Veranlagungshandbuch Einkommensteuer 2014

Einkommensteuergesetz
Einkommensteuer-Durchführungsverordnung
Einkommensteuer-Richtlinien
Amtliche Hinweise
Rechtsprechung · Anweisungen
Anlagen
Anhang

Im Anhang
Auslandsinvestitionsgesetz · Außensteuergesetz · Zinsinformationsverordnung ·
Umwandlungssteuergesetz · Investmentsteuergesetz · Zweites Wohnungsbaugesetz ·
Betriebsrentengesetz · Handelsgesetzbuch (Auszug) · Baugesetzbuch (Auszug) · Wohnflächen-VO ·
Forstschäden-Ausgleichsgesetz · Bundeskindergeldgesetz · Solidaritätszuschlagsgesetz ·
VO zu § 180 Abs. 2 AO · Tabellen

Bearbeitet von
Ltd. Ministerialrat Hermann Brandenberg
Ministerialrat Karl-Heinz Boveleth
Ministerialrat Christoph Schmitz

Stand: 1. März 2015

IDW
IDW VERLAG GMBH

MIX
Papier aus verantwortungsvollen Quellen
FSC® C006701
FSC
www.fsc.org

66. Auflage

Das Werk einschließlich aller seiner Teile ist urheberrechtlich geschützt. Jede Verwertung außerhalb der engen Grenzen des Urheberrechtsgesetzes ist ohne vorherige schriftliche Einwilligung des Verlages unzulässig und strafbar. Dies gilt insbesondere für Vervielfältigungen, Übersetzungen, Mikroverfilmungen und die Einspeicherung und Verbreitung in elektronischen Systemen. Es wird darauf hingewiesen, dass im Werk verwendete Markennamen und Produktbezeichnungen dem marken-, kennzeichen- oder urheberrechtlichen Schutz unterliegen.

© 2015 IDW Verlag GmbH, Tersteegenstraße 14, 40474 Düsseldorf
Die IDW Verlag GmbH ist ein Unternehmen des Instituts der Wirtschaftsprüfer in Deutschland e.V. (IDW).
Satz: Merlin Digital GmbH, Essen
Druck und Verarbeitung: CPI books GmbH, Ulm
Elektronische Fassung: doctronic GmbH & Co. KG, Bonn
PN 51896/0/0 KN 11546

Die Angaben in diesem Werk wurden sorgfältig erstellt und entsprechen dem Wissensstand bei Redaktionsschluss. Da Hinweise und Fakten jedoch dem Wandel der Rechtsprechung und der Gesetzgebung unterliegen, kann für die Richtigkeit und Vollständigkeit der Angaben in diesem Werk keine Haftung übernommen werden. Gleichfalls werden die in diesem Werk abgedruckten Texte und Abbildungen einer üblichen Kontrolle unterzogen; das Auftreten von Druckfehlern kann jedoch gleichwohl nicht völlig ausgeschlossen werden, so dass für aufgrund von Druckfehlern fehlerhafte Texte und Abbildungen ebenfalls keine Haftung übernommen werden kann.

ISBN 978-3-8021-1993-4

Bibliografische Information der Deutschen Bibliothek
Die Deutsche Bibliothek verzeichnet diese Publikation in der Deutschen Nationalbibliografie; detaillierte bibliografische Daten sind im Internet über http://www.d-nb.de abrufbar.

www.idw-verlag.de

Vorwort

Das vorliegende Handbuch enthält die Rechtsgrundlagen für die Veranlagung zur Einkommensteuer für 2014.

In dieser Ausgabe wird das Amtliche Handbuch für 2014 des BMF vollständig berücksichtigt. Dies gilt vor allem für die neuen amtlichen Hinweise. Über die amtliche Ausgabe hinaus sind noch weitere wichtige Arbeitsmaterialien in diesem Band enthalten.

Es werden zwei Fassungen des Einkommensteuergesetzes abgedruckt. Anfangs wird das Einkommensteuergesetz in seiner neuesten Fassung unter Berücksichtigung aller bis zur Drucklegung beschlossenen Gesetzesänderungen wiedergegeben. Dies sind z. B. die Änderungen durch das Gesetz zur Anpassung steuerlicher Regelungen an die Rechtsprechung des BVerfG, Gesetz zur Anpassung des nationalen Steuerrechts an den Beitritt Kroatiens zur EU und zur Änderung weiterer steuerlicher Vorschriften sowie das sog. Zollkodexanpassungsgesetz.

Daran anschließend ist der Gesetzestext in der für den Veranlagungszeitraum 2014 geltenden Fassung abgedruckt. Den einzelnen §§ des Einkommensteuergesetzes zugeordnet sind die Vorschriften der Einkommensteuer-Durchführungsverordnung sowie die entsprechenden Abschnitte der Einkommensteuer-Richtlinien 2012.

Im Anschluss an die Richtlinien werden die neuen amtlichen Hinweise auf Rechtsprechung, BMF-Schreiben und einschlägige Rechtsvorschriften außerhalb des Einkommensteuerrechts abgedruckt. Über diese Hinweise hinaus werden weitere Verwaltungsanweisungen mit zugänglichen Fundstellen (Bundessteuerblatt, Fachzeitschriften) zitiert. Die wichtigsten dieser Anweisungen wurden zusätzlich mit ihrem vollen Wortlaut in die Anlagen aufgenommen. Die Anlagen wurden geordnet nach den jeweiligen §§. Von den neuen Anlagen sind insbesondere die Anweisungen zu folgenden Themen von Bedeutung:

Neues Anwendungsschreiben zu § 3 Nr. 26a und 26b EStG (Anl. § 003-03); Anwendungsregelungen zu den neuen § 4f und § 5 Abs. 7 EStG (Anl. § 004f-01); neues Grundsatzschreiben zur ordnungsmäßigen Buchführung sowie zum Datenzugriff (Anl. § 005-05); Anwendungsschreiben zur Teilwertabschreibung nach § 6 Abs. 1 Nr. 1 und 2 EStG (Anl. § 006-08); Bildung und Auflösung einer § 6b-Rücklage bei Mitunternehmerschaften (Anl. §006b-02); Steuerliche Anerkennung von Aufwands- und Rückspenden (Anl. § 010b-04). Hinzuweisen ist ferner auf das überarbeitete Schreiben zur Abgeltungssteuer (Anlage § 020-08) zum Begriff der nahestehenden Person (Rz. 136).

Die den einzelnen §§ des Einkommensteuergesetzes ebenfalls zugeordneten Zusammenstellungen der BFH-Entscheidungen enthalten die im Bundessteuerblatt II 2013 und 2014 veröffentlichten Urteile. Diese Zusammenstellungen erfolgen zusätzlich zu den amtlichen Hinweisen.

Im Anhang werden die wichtigsten Nebengesetze mit ihrer aktuellen Fassung wiedergegeben.

Die für den VZ 2014 geltenden Einkommensteuertabellen sind zusätzlich zum amtlichen Handbuch im Anhang 22 abgedruckt.

Aktuelle Änderungen gegenüber der 65. Auflage werden durch Randstriche gekennzeichnet.

Mit dem Handbuch erhalten Sie Zugriff zur zugehörigen Online-Fassung mit den Inhalten der Jahrgänge 2008 bis 2014 und können damit auch den aktuellen Jahrgang in digitaler Form nutzen. Der Zugriff auf zurückliegende Veranlagungszeiträume wird erleichtert und es steht eine umfangreiche Ergänzung des aktuellen Handbuches zur Verfügung. Durch den Online-Zugriff ist keine Installation notwendig; Sie können von jedem Rechner mit Internetzugang auf die Gesetzesgrundlagen zugreifen.

Die Auswahl und Bearbeitung des Materials sowie die redaktionelle Betreuung der 66. Auflage lag in den Händen der Herren Leitender Ministerialrat Hermann Brandenberg, Ministerialrat Christoph Schmitz und Ministerialrat Karl-Heinz Boveleth. Für Anregungen und Wünsche zum Inhalt dieses Werkes sind wir jederzeit dankbar.

Düsseldorf, im Februar 2015

Die Bearbeiter
IDW Verlag

Inhaltsverzeichnis

	Seite
Vorwort	V
Inhaltsverzeichnis	VII
Abkürzungsverzeichnis	XXXVII
Fundstellennachweis zu den Vorschriften der EStDV	XLI
Einkommensteuergesetz (neueste Fassung – Stand: 1. 1. 2015)	1

Rechtsgrundlagen für den VZ 2014

I. Steuerpflicht

EStG § 1	Steuerpflicht	166
EStR		
R 1	Steuerpflicht	166
EStG § 1a		167

II. Einkommen

1. Sachliche Voraussetzungen für die Besteuerung

EStG § 2	Umfang der Besteuerung, Begriffsbestimmungen	170
EStDV		
§ 1	Anwendung auf Ehegatten und Lebenspartner	171
EStR		
R 2	Umfang der Besteuerung	171
EStG § 2a	Negative Einkünfte mit Bezug zu Drittstaaten	174
EStR		
R 2a	Negative ausländische Einkünfte	175
EStG § 2b	Negative Einkünfte aus der Beteiligung an Verlustzuweisungsgesellschaften und ähnlichen Modellen (weggefallen)	

2. Steuerfreie Einnahmen

EStG § 3	Steuerbefreiungen	181
EStR		
R 3.0	Steuerbefreiungen nach anderen Gesetzen, Versorgungen und Verträgen	181
R 3.1 – 3.66	Steuerbefreiungen auf Grund des § 3 EStG	181
EStDV		
§ 4	Steuerfreie Einnahmen	201
EStG § 3a	(weggefallen)	
EStG § 3b	Steuerfreiheit von Zuschlägen für Sonntags-, Feiertags- oder Nachtarbeit	203
EStG § 3c	Anteilige Abzüge	204

3. Gewinn

EStG § 4	Gewinnbegriff im allgemeinen	206
EStDV		
§ 6	Eröffnung, Erwerb, Aufgabe und Veräußerung eines Betriebs	209
EStR		
R 4.1	Betriebsvermögensvergleich	210
R 4.2	Betriebsvermögen	211
R 4.3	Einlagen und Entnahmen	230

R 4.4	Bilanzberichtigung und Bilanzänderung	236
R 4.5	Einnahmenüberschussrechnung	239
R 4.6	Wechsel der Gewinnermittlungsart	243
	Anlage: Übersicht über die Berichtigung des Gewinns bei Wechsel der Gewinnermittlungsart	244
R 4.7	Betriebseinnahmen und -ausgaben	246
R 4.8	Rechtsverhältnisse zwischen Angehörigen	252
R 4.9	Abziehbare Steuern (unbesetzt)	
R 4.10	Geschenke, Bewirtung, andere die Lebensführung berührende Betriebsausgaben	260
R 4.11	Besondere Aufzeichnung	266
R 4.12	Entfernungspauschale, nicht abziehbare Fahrtkosten, Reisekosten und Mehraufwendungen für doppelte Haushaltsführung	267
R 4.13	Abzugsverbot für Sanktionen	268
R 4.14	Abzugsverbot für Zuwendungen im Sinne des § 4 Abs. 5 Satz 1 Nr. 10 EStG	270
EStG § 4a	**Gewinnermittlungszeitraum, Wirtschaftsjahr**	**275**
EStDV		
§ 8b	Wirtschaftsjahr	275
§ 8c	Wirtschaftsjahr bei Land- und Forstwirten	275
EStR		
R 4a	Gewinnermittlung bei einem vom Kalenderjahr abweichenden Wirtschaftsjahr	276
EStG § 4b	**Direktversicherung**	**279**
EStR		
R 4b	Direktversicherung	279
EStG § 4c	**Zuwendungen an Pensionskassen**	**281**
EStR		
R 4c	Zuwendungen an Pensionskassen	281
EStG § 4d	**Zuwendungen an Unterstützungskassen**	**283**
EStR		
R 4d	Zuwendungen an Unterstützungskassen	286
EStG § 4e	**Beiträge an Pensionsfonds**	**294**
EStG § 4f	**Verpflichtungsübernahmen, Schuldbeitritte und Erfüllungsübernahmen**	**295**
EStG § 4g	**Bildung eines Ausgleichspostens bei Entnahme nach § 4 Abs. 1 Satz 3**	**296**
EStG § 4h	**Betriebsausgabenabzug für Zinsaufwendungen (Zinsschranke)**	**297**
EStG § 5	**Gewinn bei Kaufleuten und bei bestimmten anderen Gewerbetreibenden**	**299**
EStR		
R 5.1	Allgemeines zum Betriebsvermögensvergleich nach § 5 EStG	300
R 5.2	Ordnungsmäßige Buchführung	301
R 5.3	Bestandsaufnahme des Vorratsvermögens	304
R 5.4	Bestandsmäßige Erfassung des beweglichen Anlagevermögens	305
R 5.5	Immaterielle Wirtschaftsgüter	307
R 5.6	Rechnungsabgrenzungen	310
R 5.7	Rückstellungen	313
EStG § 5a	**Gewinnermittlung bei Handelsschiffen im internationalen Verkehr**	**325**
EStG § 5b	**Elektronische Übermittlung von Bilanzen sowie Gewinn- und Verlustrechnungen**	**328**
EStG § 6	**Bewertung**	**329**
EStDV		
§ 8	Eigenbetrieblich genutzte Grundstücke von untergeordnetem Wert	333

EStR

R 6.1	Anlagevermögen und Umlaufvermögen	333
R 6.2	Anschaffungskosten	334
R 6.3	Herstellungskosten	338
R 6.4	Aufwendungen im Zusammenhang mit einem Grundstück	340
R 6.5	Zuschüsse für Anlagegüter	347
R 6.6	Übertragung stiller Reserven bei Ersatzbeschaffung	349
R 6.7	Teilwert	353
R 6.8	Bewertung des Vorratsvermögens	356
R 6.9	Bewertung nach unterstellten Verbrauchs- und Veräußerungsfolgen	358
R 6.10	Bewertung von Verbindlichkeiten	360
R 6.11	Bewertung von Rückstellungen	361
R 6.12	Bewertung von Entnahmen und Einlagen	364
R 6.13	Bewertungsfreiheit für geringwertige Wirtschaftsgüter und Bildung eines Sammelpostens	365
R 6.14	Unentgeltliche Übertragung von Betrieben, Teilbetrieben und Mitunternehmeranteilen	369
R 6.15	Überführung und Übertragung von Einzelwirtschaftgütern	369

EStG § 6a Pensionsrückstellung 372

EStR

R 6a	Rückstellungen für Pensionsverpflichtungen	373

EStG § 6b Übertragung stiller Reserven bei der Veräußerung bestimmter Anlagegüter 388

EStR

R 6b.1	Ermittlung des Gewinns aus der Veräußerung bestimmter Anlagegüter im Sinne des § 6b EStG	390
R 6b.2	Übertragung aufgedeckter stiller Reserven und Rücklagenbildung nach § 6b EStG	392
R 6b.3	Sechsjahresfrist im Sinne des § 6b Abs. 4 Satz 1 Nr. 2 EStG	396

EStG § 6c Übertragung stiller Reserven bei der Veräußerung bestimmter Anlagegüter bei der Ermittlung des Gewinns nach § 4 Abs. 3 EStG oder nach Durchschnittssätzen 399

EStR

R 6c	Übertragung stiller Reserven bei der Veräußerung bestimmter Anlagegüter bei der Ermittlung des Gewinns nach § 4 Abs. 3 EStG oder nach Durchschnittssätzen	399

EStG § 6d Euroumrechnungsrücklage (nicht abgedruckt)

EStG § 7 Absetzung für Abnutzung oder Substanzverringerung 402

EStDV

§ 9a	Anschaffung, Herstellung	404
§ 10	Absetzung für Abnutzung im Fall des § 4 Abs. 3 des Gesetzes	404
§ 10a	(weggefallen)	
§ 11c	Absetzung für Abnutzung bei Gebäuden	404
§ 11d	Absetzung für Abnutzung oder Substanzverringerung bei nicht zu einem Betriebsvermögen gehörenden Wirtschaftsgütern, die der Steuerpflichtige unentgeltlich erworben hat	405

EStR

R 7.1	Abnutzbare Wirtschaftsgüter	405
R 7.2	Wirtschaftsgebäude, Mietwohnneubauten und andere Gebäude	408
R 7.3	Bemessungsgrundlage für die AfA	410
R 7.4	Höhe der AfA	413
R 7.5	Absetzung für Substanzverringerung	421

	EStG § 7a	Gemeinsame Vorschriften für erhöhte Absetzungen und Sonderabschreibungen	423
	EStR		
	R 7a	Gemeinsame Vorschriften für erhöhte Absetzungen und Sonderabschreibungen	424
	EStG § 7b	**Erhöhte Absetzungen für Einfamilienhäuser, Zweifamilienhäuser und Eigentumswohnungen**	430
	EStDV		
	§ 15	Erhöhte Absetzungen für Einfamilienhäuser, Zweifamilienhäuser und Eigentumswohnungen	430
	EStG § 7c	**Erhöhte Absetzungen für Baumaßnahmen an Gebäuden zur Schaffung neuer Mietwohnungen**...	431
	EStG § 7d	**Erhöhte Absetzungen für Wirtschaftsgüter, die dem Umweltschutz dienen**..	432
	EStR		
	R 7d	Weitergeltung der Anordnungen zu § 7d EStG	433
	EStG § 7e	(weggefallen)	
	EStG § 7f	**Bewertungsfreiheit für abnutzbare Wirtschaftsgüter des Anlagevermögens privater Krankenhäuser**	435
	EStR		
	R 7f	Weitergeltung der Anordnungen zu § 7f EStG	435
	EStG § 7g	**Investitionsabzugsbeträge und Sonderabschreibungen zur Förderung kleiner und mittlerer Betriebe**.............................	436
	EStG § 7h	**Erhöhte Absetzungen bei Gebäuden in Sanierungsgebieten und städtebaulichen Entwicklungsbereichen**.......................	439
	EStR		
	R 7h	Erhöhte Absetzungen nach § 7h EStG von Aufwendungen für bestimmte Maßnahmen an Gebäuden in Sanierungsgebieten und städtebaulichen Entwicklungsbereichen...	439
	EStG § 7i	**Erhöhte Absetzungen bei Baudenkmalen**........................	443
	EStR		
	R 7i	Erhöhte Absetzungen nach § 7i EStG von Aufwendungen für bestimmte Baumaßnahmen an Baudenkmalen.....................................	443
	EStG § 7k	**Erhöhte Absetzungen für Wohnungen mit Sozialbindung**..........	446
4.	**Überschuss der Einnahmen über die Werbungskosten**		
	EStG § 8	Einnahmen	448
	EStG § 9	Werbungskosten	449
	EStG § 9a	Pauschbeträge für Werbungskosten	453
	EStR		
	R 9a	Pauschbeträge für Werbungskosten	453
4a.	**Umsatzsteuerrechtlicher Vorsteuerabzug**		
	EStG § 9b	....	454
	EStR		
	R 9b	Auswirkungen der Umsatzsteuer auf die Einkommensteuer	454
5.	**Sonderausgaben**		
	EStG § 10	....	457
	EStDV		
	§ 29	Anzeigepflichten bei Versicherungsverträgen	463
	§ 30	Nachversteuerung bei Versicherungsverträgen	463

EStR
R 10.1 Sonderausgaben (Allgemeines) 463
R 10.2 Unterhaltsleistungen an den geschiedenen oder dauernd getrennt lebenden Ehegatten 464
R 10.3 Versorgungsleistungen 465
R 10.3a Versorgungsausgleich 466
R 10.4 Vorsorgeaufwendungen (Allgemeines) 466
R 10.5 Versicherungsbeiträge 467
R 10.6 Nachversteuerung von Versicherungsbeiträgen 469
R 10.7 Kirchensteuern und Kirchenbeiträge 469
R 10.8 Kinderbetreuungskosten 470
R 10.9 Aufwendungen für die Berufsausbildung 471
R 10.10 Schulgeld 472
R 10.11 Kürzung des Vorwegabzugs bei der Günstigerprüfung 473
EStG § 10a Zusätzliche Altersvorsorge 476
EStG § 10b Steuerbegünstigte Zwecke 479
EStDV
§ 50 Zuwendungsnachweis 480
EStR
R 10b.1 Ausgaben zur Förderung steuerbegünstigter Zwecke im Sinne des § 10b Abs. 1 und 1a EStG 482
R 10b.2 Zuwendungen an politische Parteien 485
R 10b.3 Begrenzung des Abzugs der Ausgaben für steuerbegünstigte Zwecke 485
EStG § 10c Sonderausgaben-Pauschbetrag 488
EStG § 10d Verlustabzug 489
EStR
R 10d Verlustabzug 489
EStG § 10e Steuerbegünstigung der zu eigenen Wohnzwecken genutzten Wohnung im eigenen Haus 496
EStG § 10f Steuerbegünstigung für zu eigenen Wohnzwecken genutzte Baudenkmale und Gebäude in Sanierungsgebieten und städtebaulichen Entwicklungsbereichen 499
EStR
R 10f Steuerbegünstigung für zu eigenen Wohnzwecken genutzte Baudenkmale und Gebäude in Sanierungsgebieten und städtebaulichen Entwicklungsbereichen .. 499
EStG § 10g Steuerbegünstigung für schutzwürdige Kulturgüter, die weder zur Einkunfterzielung noch zu eigenen Wohnzwecken genutzt werden ... 501
EStR
R 10g Steuerbegünstigung für schutzwürdige Kulturgüter, die weder zur Einkunfterzielung noch zu eigenen Wohnzwecken genutzt werden 502
EStG § 10h Steuerbegünstigung der unentgeltlich zu Wohnzwecken überlassenen Wohnung im eigenen Haus 503
EStG § 10i Vorkostenabzug bei einer nach dem Eigenheimzulagengesetz begünstigten Wohnung 504

6. **Vereinnahmung und Verausgabung**
EStG § 11 505
EStR
R 11 Vereinnahmung und Verausgabung 505
EStG § 11a Sonderbehandlung von Erhaltungsaufwand bei Gebäuden in Sanierungsgebieten und städtebaulichen Entwicklungsbereichen 509

EStR
R 11a Sonderbehandlung von Erhaltungsaufwand bei Gebäuden in Sanierungsgebieten und städtebaulichen Entwicklungsbereichen 509

EStG § 11b **Sonderbehandlung von Erhaltungsaufwand bei Baudenkmalen** 510

EStR
R 11b Sonderbehandlung von Erhaltungsaufwand bei Baudenkmalen 510

7. **Nicht abzugsfähige Ausgaben**
EStG § 12 511
EStR
R 12.1 Abgrenzung der Kosten der Lebensführung von den Betriebsausgaben und Werbungskosten 511
R 12.2 Studienreisen, Fachkongresse 514
R 12.3 Geldstrafen und ähnliche Rechtsnachteile............................... 514
R 12.4 Nichtabziehbare Steuern und Nebenleistungen. 515
R 12.5 Zuwendungen 516
R 12.6 Wiederkehrende Leistungen... 516

8. **Die einzelnen Einkunftsarten**
   a) Land- und Forstwirtschaft (§ 2 Abs. 1 Satz 1 Nr. 1)
EStG § 13 Einkünfte aus Land- und Forstwirtschaft........................ 518
EStDV
§ 51 Pauschale Ermittlung der Gewinne aus Holznutzungen.................... 519
EStR
R 13.1 Freibetrag für Land- und Forstwirte..................................... 519
R 13.2 Abgrenzung der gewerblichen und landwirtschaftlichen Tierzucht und Tierhaltung, Feststellung der Tierbestände 520
R 13.3 Land- und forstwirtschaftliches Betriebsvermögen 522
R 13.4 Rechtsverhältnisse zwischen Angehörigen in einem landwirtschaftlichen Betrieb... 524
R 13.5 Ermittlung des Gewinns aus Land- und Forstwirtschaft. 525
R 13.6 Buchführung bei Gartenbaubetrieben, Saatzuchtbetrieben, Baumschulen und ähnlichen Betrieben. 527

EStG § 13a **Ermittlung des Gewinns aus Land- und Forstwirtschaft nach Durchschnittssätzen** 529
EStR
R 13a.1 Anwendung der Gewinnermittlung nach Durchschnittssätzen 529
R 13a.2 Ermittlung des Gewinns aus Land- und Forstwirtschaft nach Durchschnittssätzen 532
EStG § 14 **Veräußerung des Betriebs** 535
EStR
R 14 Wechsel im Besitz von Betrieben, Teilbetrieben und Betriebsteilen........... 535
EStG § 14a **Vergünstigungen bei der Veräußerung bestimmter land- und forstwirtschaftlicher Betriebe** 538

b) Gewerbebetrieb (§ 2 Abs. 1 Satz 1 Nr. 2)
EStG § 15 **Einkünfte aus Gewerbebetrieb** 540
EStR
R 15.1 Selbständigkeit... 541
R 15.2 Nachhaltigkeit 544
R 15.3 Gewinnerzielungsabsicht 545
R 15.4 Beteiligung am allgemeinen wirtschaftlichen Verkehr..................... 548

R 15.5	Abgrenzung des Gewerbebetriebs von der Land- und Forstwirtschaft	548
R 15.6	Abgrenzung des Gewerbebetriebs von der selbständigen Arbeit	554
R 15.7	Abgrenzung des Gewerbebetriebs von der Vermögensverwaltung	564
R 15.8	Mitunternehmerschaft	577
R 15.9	Steuerliche Anerkennung von Familiengesellschaften	586
R 15.10	Verlustabzugsbeschränkungen nach § 15 Abs. 4 EStG	591
EStG § 15a	**Verluste bei beschränkter Haftung**	**595**

EStR

R 15a	Verluste bei beschränkter Haftung	596
EStG § 15b	**Verluste im Zusammenhang mit Steuerstundungsmodellen**	**604**
EStG § 16	**Veräußerung des Betriebs**	**606**

EStR

R 16	Veräußerung des gewerblichen Betriebs	607
EStG § 17	**Veräußerung von Anteilen an Kapitalgesellschaften**	**632**

EStDV

§ 53	Anschaffungskosten bestimmter Anteile an Kapitalgesellschaften	633
§ 54	Übersendung von Urkunden durch Notare	633

EStR

R 17	Veräußerung von Anteilen an einer Kapitalgesellschaft	634

c) Selbständige Arbeit (§ 2 Abs. 1 Satz 1 Nr. 3)

EStG § 18		647

EStR

R 18.1	Abgrenzung der selbständigen Arbeit gegenüber anderer Einkunftsarten	647
R 18.2	Betriebsvermögen	649
R 18.3	Veräußerungsgewinn nach § 18 Abs. 3 EStG	651

d) Nichtselbständige Arbeit (§ 2 Abs. 1 Satz 1 Nr. 4)

EStG § 19		654

e) Kapitalvermögen (§ 2 Abs. 1 Satz 1 Nr. 5)

EStG § 20		658

EStR

R 20.1	Werbungskosten bei Einkünften aus Kapitalvermögen	662
R 20.2	Einnahmen aus Kapitalvermögen	664

f) Vermietung und Verpachtung (§ 2 Abs. 1 Satz 1 Nr. 6)

EStG § 21		669

EStDV

§ 82a	Erhöhte Absetzungen von Herstellungskosten und Sonderbehandlung von Erhaltungsaufwand für bestimmte Anlagen und Einrichtungen bei Gebäuden	669
§ 82b	Behandlung größeren Erhaltungsaufwands bei Wohngebäuden	670
§ 82g	Erhöhte Absetzungen von Herstellungskosten für bestimmte Baumaßnahmen	670
§ 82i	Erhöhte Absetzungen von Herstellungskosten bei Baudenkmälern	671

EStR

R 21.1	Erhaltungsaufwand und Herstellungsaufwand	671
R 21.2	Einnahmen und Werbungskosten	673
R 21.3	Verbilligt überlassene Wohnung	679
R 21.4	Miet- und Pachtverträge zwischen Angehörigen und Partnern einer nichtehelichen Lebensgemeinschaft	680
R 21.5	Behandlung von Zuschüssen	682
R 21.6	Miteigentum und Gesamthand	683

R 21.7	Substanzausbeuterechte	684

g) Sonstige Einkünfte (§ 2 Abs. 1 Satz 1 Nr. 7)

EStG § 22	Arten der sonstigen Einkünfte	687
EStDV		
§ 55	Ermittlung des Ertrags aus Leibrenten in besonderen Fällen	692
EStR		
R 22.1	Besteuerung von wiederkehrenden Bezügen mit Ausnahme der Leibrenten	694
R 22.2	Wiederkehrende Bezüge bei ausländischen Studenten und Schülern	695
R 22.3	Besteuerung von Leibrenten und anderen Leistungen i. S. d. § 22 Nr. 1 Satz 3 Buchstabe a Doppelbuchstabe bb EStG	695
R 22.4	Besteuerung von Leibrenten i. S. d. § 22 Nr. 1 Satz 3 Buchstabe a Doppelbuchstabe bb EStG	696
R 22.5	Renten nach § 2 Abs. 2 der 32. DV zum Umstellungsgesetz (UGDV)	700
R 22.6	Versorgungsleistungen – unbesetzt –	700
R 22.7	Leistungen auf Grund eines schuldrechtlichen Versorgungsausgleichs – unbesetzt –	700
R 22.8	Besteuerung von Leistungen im Sinne des § 22 Nr. 3 EStG	701
R 22.9	Besteuerung von Bezügen im Sinne des § 22 Nr. 4 EStG	703
R 22.10	Besteuerung von Leistungen i. S. d. § 22 Nr. 5 EStG	703
EStG § 22a	Rentenbezugsmitteilung an die zentrale Stelle	705
EStG § 23	Private Veräußerungsgeschäfte	707

h) Gemeinsame Vorschriften

EStG § 24		712
EStR		
R 24.1	Begriff der Entschädigung im Sinne des § 24 Nr. 1 EStG	712
R 24.2	Nachträgliche Einkünfte	715
EStG § 24a	Altersentlastungsbetrag	718
EStR		
R 24a	Altersentlastungsbetrag	719
EStG § 24b	Entlastungsbetrag für Alleinerziehende	721

III. Veranlagung

EStG § 25	Veranlagungszeitraum, Steuererklärungspflicht	723
EStDV		
§ 56	Steuererklärungspflicht	723
§ 60	Unterlagen zur Steuererklärung	723
EStR		
R 25	Verfahren bei der Veranlagung von Ehegatten nach § 26a EStG	724
EStG § 26	Veranlagung von Ehegatten	726
EStR		
R 26	Voraussetzungen für die Anwendung des § 26 EStG	726
EStG § 26a	Einzelveranlagung von Ehegatten	729
EStDV		
§ 61	Antrag auf hälftige Verteilung von Abzugsbeträgen im Fall des § 26a des Gesetzes	729
§ 62d	Anwendung des § 10d des Gesetzes bei der Veranlagung von Ehegatten	729
EStR		
R 26a	Getrennte Veranlagung von Ehegatten nach § 26a EStG	729
EStG § 26b	Zusammenveranlagung von Ehegatten	731

EStR
R 26b Zusammenveranlagung von Ehegatten nach § 26b EStG 731
EStG § 26c (weggefallen)
EStG § 27 (weggefallen)
EStG § 28 Besteuerung bei fortgesetzter Gütergemeinschaft 733

IV. Tarif

EStG § 31 Familienleistungsausgleich 734
EStR
R 31 Familienleistungsausgleich... 734
EStG § 32 Kinder, Freibeträge für Kinder................................. 738
EStR
R 32.1 Im ersten Grad mit dem Steuerpflichtigen verwandte Kinder 740
R 32.2 Pflegekinder... 740
R 32.3 Allgemeines zur Berücksichtigung von Kindern 742
R 32.4 Kinder, die Arbeit suchen... 742
R 32.5 Kinder, die für einen Beruf ausgebildet werden 743
R 32.6 Kinder, die sich in einer Übergangszeit von höchstens vier Monaten zwischen zwei Ausbildungsabschnitten befinden................................. 746
R 32.7 Kinder, die mangels Ausbildungsplatz ihre Berufsausbildung nicht beginnen oder fortsetzen können 746
R 32.8 Kinder, die ein freiwilliges soziales oder ökologisches Jahr oder freiwillige Dienste leisten 749
R 32.9 Kinder, die wegen körperlicher, geistiger oder seelischer Behinderung außerstande sind, sich selbst zu unterhalten 749
R 32.10 Erwerbstätigkeit... 754
R 32.11 Verlängerungstatbestände bei Arbeit suchenden Kindern und Kindern in Berufsausbildung... 760
R 32.12 Höhe der Freibeträge für Kinder in Sonderfällen 760
R 32.13 Übertragung der Freibeträge für Kinder 761
EStG § 32a Einkommensteuertarif... 763
EStG § 32b Progressionsvorbehalt 765
EStR
R 32b Progressionsvorbehalt.. 767
EStG § 32c Tarifbegrenzung bei Gewinneinkünften 771
EStG § 32d Gesonderter Steuertarif für Einkünfte aus Kapitalvermögen........ 772
EStR
R 32d Gesonderter Tarif für Einkünfte aus Kapitalvermögen.................... 773
EStG § 33 Außergewöhnliche Belastungen 775
EStDV
§ 64 Nachweis von Krankheitskosten 775
EStR
R 33.1 Außergewöhnliche Belastungen allgemeiner Art......................... 776
R 33.2 Aufwendungen für existentiell notwendige Gegenstände 776
R 33.3 Aufwendungen wegen Pflegebedürftigkeit............................. 777
R 33.4 Aufwendungen wegen Krankheit, Behinderung sowie für Integrationsmaßnahmen.. 777
EStG § 33a Außergewöhnliche Belastung in besonderen Fällen 790
EStR
R 33a.1 Aufwendungen für den Unterhalt und eine etwaige Berufsausbildung 791

XV

R 33a.2 Freibetrag zur Abgeltung des Sonderbedarfs eines sich in Berufsausbildung befindenden, auswärtig untergebrachten, volljährigen Kindes 796
R 33a.3 Zeitanteilige Ermäßigung nach § 33a Abs. 3 EStG. 797
EStG § 33b Pauschbeträge für behinderte Menschen, Hinterbliebene und Pflegepersonen 800
EStDV
§ 65 Nachweis der Behinderung. 801
EStR
R 33b Pauschbeträge für behinderte Menschen, Hinterbliebene und Pflegepersonen .. 802
EStG § 34 Außerordentliche Einkünfte 805
EStR
R 34.1 Umfang der steuerbegünstigten Einkünfte 805
R 34.2 Steuerberechnung unter Berücksichtigung der Tarifermäßigung 806
R 34.3 Besondere Voraussetzungen für die Anwendung des § 34 Abs. 1 EStG. 811
R 34.4 Anwendung des § 34 Abs. 1 auf Einkünfte aus der Vergütung für eine mehrjährige Tätigkeit (§ 34 Abs. 2 Nr. 4 EStG). 813
R 34.5 Anwendung der Tarifermäßigung nach § 34 Abs. 3 EStG 815
EStG § 34a Begünstigung der nicht entnommenen Gewinne 816
EStG § 34b Steuersätze bei Einkünften aus außerordentlichen Holznutzungen ... 818
EStDV
§ 68 Nutzungssatz, Betriebsgutachten, Betriebswerk. 818
EStR
R 34b.1 Gewinnermittlung 819
R 34b.2 Ordentliche und außerordentliche Holznutzungen 820
R 34b.3 Ermittlung der Einkünfte aus außerordentlichen Holznutzungen 821
R 34b.4 Ermittlung der Steuersätze 821
R 34b.5 Umfang der Tarifvergünstigung. 824
R 34b.6 Voraussetzungen für die Anwendung der Tarifvergünstigung. 826
R 34b.7 Billigkeitsmaßnahmen nach § 34b Abs. 5 EStG 826
R 34b.8 Rücklage nach § 3 des Forstschäden-Ausgleichsgesetzes 827

V. Steuerermäßigungen
1. Steuerermäßigung bei ausländischen Einkünften
EStG § 34c. 828
EStDV
§ 68a Einkünfte aus mehreren ausländischen Staaten. 829
§ 68b Nachweis über die Höhe der ausländischen Einkünfte und Steuern 829
EStR
R 34c Anrechnung und Abzug ausländischer Steuern 829
EStG § 34d Ausländische Einkünfte 833

2. Steuerermäßigung bei Einkünften aus Land- und Forstwirtschaft
EStG § 34e. 835

2a. Steuerermäßigung für Steuerpflichtige mit Kindern bei Inanspruchnahme erhöhter Absetzungen für Wohngebäude oder der Steuerbegünstigungen für eigengenutztes Wohneigentum
EStG § 34f. 836

2b. Steuerermäßigung bei Zuwendungen an politische Parteien und an unabhängige Wählervereinigungen
EStG § 34g. 837

3. **Steuerermäßigung bei Einkünften aus Gewerbebetrieb**
   EStG § 35 839
   EStR
   R 35   Steuerermäßigung bei Einkünften aus Gewerbebetrieb 840

4. **Steuerermäßigung bei Aufwendungen für haushaltsnahe Beschäftigungsverhältnisse, haushaltsnahe Dienstleistungen und Handwerkerleistungen**
   EStG § 35a   Steuerermäßigung bei Aufwendungen für haushaltsnahe Beschäftigungsverhältnisse, haushaltsnahe Dienstleistungen und Handwerkerleistungen 841

5. **Steuerermäßigung bei Belastung mit Erbschaftsteuer**
   EStG § 35b   Steuerermäßigung bei Belastung mit Erbschaftsteuer 843

VI. Steuererhebung

1. **Erhebung der Einkommensteuer**
   EStG § 36   Entstehung und Tilgung der Einkommensteuer 844
   EStR
   R 36   Anrechnung von Steuervorauszahlungen und von Steuerabzugsbeträgen 844
   EStG § 37   Einkommensteuer-Vorauszahlung 847
   EStR
   R 37   Einkommensteuer-Vorauszahlung 848
   EStG § 37a   Pauschalierung der Einkommensteuer durch Dritte 849
   EStG § 37b   Pauschalierung der Einkommensteuer bei Sachzuwendungen 850

2. **Steuerabzug vom Arbeitslohn (Lohnsteuer)**
   EStG § 38   Erhebung der Lohnsteuer 851
   EStG § 38a   Höhe der Lohnsteuer 852
   EStG § 38b   Lohnsteuerklassen, Zahl der Kinderfreibeträge 852
   EStG § 39   Lohnsteuerabzugsmerkmale 854
   EStG § 39a   Freibetrag und Hinzurechnungsbetrag 855
   EStG § 39b   Einbehaltung der Lohnsteuer 857
   EStG § 39c   Einbehaltung der Lohnsteuer ohne Lohnsteuerabzugsmerkmale 860
   EStG § 39d   (weggefallen)
   EStG § 39e   Verfahren zur Bildung und Anwendung der elektronischen Lohnsteuerabzugsmerkmale 860
   EStG § 39f   Faktorverfahren anstelle Steuerklassenkombinatione III/V 863
   EStG § 40   Pauschalierung der Lohnsteuer in besonderen Fällen 864
   EStG § 40a   Pauschalierung der Lohnsteuer für Teilzeitbeschäftigte und geringfügig Beschäftigte 865
   EStG § 40b   Pauschalierung der Lohnsteuer bei bestimmten Zukunftssicherungsleistungen 866
   EStG § 41   Aufzeichnungspflichten beim Lohnsteuerabzug 866
   EStG § 41a   Anmeldung und Abführung der Lohnsteuer 867
   EStG § 41b   Abschluss des Lohnsteuerabzugs 868
   EStG § 41c   Änderung des Lohnsteuerabzugs 870
   EStG §§ 42 und 42a (weggefallen)
   EStG § 42b   Lohnsteuer-Jahresausgleich durch den Arbeitgeber 870
   EStG § 42c   (weggefallen)

XVII

EStG § 42d	Haftung des Arbeitgebers und Haftung bei Arbeitnehmerüberlassung	872
EStG § 42e	Anrufungsauskunft	873
EStG § 42f	Lohnsteuer-Außenprüfung	873
EStG § 42g	Lohnsteuer-Nachschau	874

3. **Steuerabzug vom Kapitalertrag (Kapitalertragsteuer)**

EStG § 43	Kapitalerträge mit Steuerabzug	875
EStG § 43a	Bemessung der Kapitalertragsteuer	879
EStG § 43b	Bemessung der Kapitalertragsteuer bei bestimmten Gesellschaften	881
	Anlage 2 zum Einkommensteuergesetz (zu § 43b) – Gesellschaften i. S. der Richtlinie Nr. 2011/96 EU	881
EStG § 44	Entrichtung der Kapitalertragsteuer	885
EStG § 44a	Abstandnahme vom Steuerabzug	888
EStR R 44a	(unbesetzt)	
EStG § 44b	Erstattung der Kapitalertragsteuer	893
EStR R 44b.1	Erstattung von Kapitalertragsteuer durch das BZSt nach den §§ 44b und 45b EStG	894
R 44b.2	Einzelantrag beim BZSt (§ 44b EStG)	894
EStG § 45	Ausschluss der Erstattung von Kapitalertragsteuer	896
EStG § 45a	Anmeldung und Bescheinigung der Kapitalertragsteuer	897
EStG § 45b	(aufgehoben)	
EStR R 45b	Sammelantrag beim BZSt (§ 45b EStG)	899
EStG § 45c	(weggefallen)	
EStG § 45d	Mitteilungen an das Bundeszentralamt für Steuern	901
EStG § 45e	Ermächtigung für Zinsinformationsverordnung	902

4. **Veranlagung von Steuerpflichtigen mit steuerabzugspflichtigen Einkünften**

EStG § 46	Veranlagung bei Bezug von Einkünften aus nichtselbständiger Arbeit	903
EStDV § 70	Ausgleich von Härten in bestimmten Fällen	904
EStR R 46.1	Veranlagung nach § 46 Abs. 2 Nr. 2 EStG	904
R 46.2	Veranlagung nach § 46 Abs. 2 Nr. 8 EStG	905
R 46.3	Härteausgleich	906
EStG § 47	(weggefallen)	

VII. Steuerabzug bei Bauleistungen

EStG § 48	Steuerabzug	907
EStG § 48a	Verfahren	908
EStG § 48b	Freistellungsbescheinigung	908
EStG § 48c	Anrechnung	909
EStG § 48d	Besonderheiten im Fall von Doppelbesteuerungsabkommen	909

VIII. Besteuerung beschränkt Steuerpflichtiger

EStG § 49	Beschränkt steuerpflichtige Einkünfte	910
EStR R 49.1	Beschränkte Steuerpflicht bei Einkünften aus Gewerbebetrieb	911

R 49.2	Beschränkte Steuerpflicht bei Einkünften aus selbständiger Arbeit	914
R 49.3	Bedeutung der Besteuerungsmerkmale im Ausland bei beschränkter Steuerpflicht	914
EStG § 50	**Sondervorschriften für beschränkt Steuerpflichtige**	915
EStR		
R 50	Bemessunggrundlage für die Einkommensteuer und Steuerermäßigung für ausländische Steuern	916
EStG § 50a	**Steuerabzug bei beschränkt Steuerpflichtigen**	917
EStDV		
§ 73a	Begriffsbestimmungen	918
§ 73c	Zeitpunkt des Zufließens im Sinne des § 50a Abs. 5 Satz 1 des Gesetzes	919
§ 73d	Aufzeichnungen, Aufbewahrungspflichten, Steueraufsicht	919
§ 73e	Einbehaltung, Abführung und Anmeldung der Steuer von Vergütungen im Sinne des § 50a Abs. 1 und 7 des Gestzes (§ 50a Abs. 5 des Gesetzes)	919
§ 73f	Steuerabzug in den Fällen des § 50a Abs. 6 des Gesetzes	920
§ 73g	Haftungsbescheid	920
EStR		
R 50a.1	Steuerabzug bei Lizenzgebühren, Vergütungen für die Nutzung von Urheberrechten und bei Veräußerung von Schutzrechten usw.	920
R 50a.2	Berechnung des Steuerabzugs nach § 50a EStG in besonderen Fällen	921

IX. Sonstige Vorschriften, Bußgeld-, Ermächtigungs- und Schlussvorschriften

EStG § 50b	**Prüfungsrecht**	923
EStG § 50c	**(weggefallen)**	
EStR		
R 50c	Wertminderung von Anteilen durch Gewinnausschüttungen	924
EStG § 50d	**Besonderheiten im Fall von Doppelbesteuerungsabkommen und der §§ 43b und 50g**	925
EStG § 50e	**Bußgeldvorschriften; Nichtverfolgung von Steuerstraftaten bei geringfügiger Beschäftigung in Privathaushalten**	930
EStG § 50f	**Bußgeldvorschriften**	931
EStG § 50g	**Entlastung vom Steuerabzug bei Zahlungen von Zinsen und Lizenzgebühren zwischen verbundenen Unternehmen verschiedener Mitgliedstaaten der Europäischen Union**	932
Anlage 3 (zu § 50g)		934
EStG § 50h	**Bestätigung für Zwecke der Entlastung von Quellensteuern in einem anderen Mitgliedstaat der Europäischen Union oder der Schweizerischen Eidgenossenschaft**	937
EStG § 50i	**Besteuerung bestimmter Einkünfte und Anwendung von Doppelbesteuerungsabkommen**	938
EStG § 51	**Ermächtigungen**	939
EStDV		
§ 81	Bewertungsfreiheit für bestimmte Wirtschaftsgüter des Anlagevermögens im Kohlen- und Erzbergbau	948
§ 82b	Behandlung größeren Erhaltungsaufwands bei Wohngebäuden	950
§ 82f	Bewertungsfreiheit für Handelsschiffe, für Schiffe, die der Seefischerei dienen, und für Luftfahrzeuge	950
EStG § 51a	**Festsetzung und Erhebung von Zuschlagsteuern**	952
EStG § 52	**Anwendungsvorschriften**	955
EStDV		
§ 84	Anwendungsvorschriften	964

EStG § 52a	Anwendungsvorschriften zur Einführung einer Abgeltungsteuer auf Kapitalerträge und Veräußerungsgewinne....................	967
EStG § 52b	Übergangsregelungen bis zur Anwendung der elektronischen Lohnsteuerabzugsmerkmale........................	968
EStG § 53	Sondervorschrift zur Steuerfreistellung des Existenzminimums eines Kindes in den Veranlagungszeiträumen 1983 bis 1995............	970
EStG § 55	Schlussvorschriften (Sondervorschriften für die Gewinnermittlung nach § 4 oder nach Durchschnittssätzen bei vor dem 1. Juli 1970 angeschafftem Grund und Boden).........................	971
EStR		
R 55	Bodengewinnbesteuerung.............................	972
EStG § 56	Sondervorschriften für Steuerpflichtige in dem in Artikel 3 des Einigungsvertrages genannten Gebiet..........................	974
EStG § 57	Besondere Anwendungsregeln aus Anlass der Herstellung der Einheit Deutschlands...........................	975
EStG § 58	Weitere Anwendungen von Rechtsvorschriften, die vor Herstellung der Einheit Deutschlands in dem in Artikel 3 des Einigungsvertrages genannten Gebiet gegolten haben......................	976
EStG §§ 59 bis 61 (weggefallen)		

X. Kindergeld

EStG § 62	Anspruchsberechtigte................................	977
EStG § 63	Kinder..........................	978
EStG § 64	Zusammentreffen mehrerer Ansprüche........................	979
EStG § 65	Andere Leistungen für Kinder........................	980
EStG § 66	Höhe des Kindergeldes, Zahlungszeitraum......................	981
EStG § 67	Antrag...................................	982
EStG § 68	Besondere Mitwirkungspflichten........................	983
EStG § 69	Überprüfung des Fortbestehens von Anspruchsvoraussetzungen durch Meldedaten-Übermittlung.......................	984
EStG § 70	Festsetzung und Zahlung des Kindergeldes.....................	985
EStG § 71	(weggefallen)	
EStG § 72	Festsetzung und Zahlung des Kindergeldes an Angehörige des Öffentlichen Dienstes.............................	987
EStG § 73	(weggefallen)	
EStG § 74	Zahlung des Kindergeldes in Sonderfällen......................	990
EStG § 75	Aufrechnung....................................	991
EStG § 76	Pfändung.....................................	992
EStG § 77	Erstattung von Kosten im Vorverfahren......................	994
EStG § 78	Übergangsregelungen...............................	995

XI. Altersvorsorgezulage

EStG § 79	Zulageberechtigte..................................	996
EStG § 80	Anbieter.......................................	996
EStG § 81	Zentrale Stelle....................................	996
EStG § 81a	Zuständige Stelle..................................	996
EStG § 82	Altersvorsorgebeiträge..............................	997
EStG § 83	Altersvorsorgezulage..............................	998
EStG § 84	Grundzulage....................................	998
EStG § 85	Kinderzulage.....................................	999

EStG § 86	Mindeststeigenbeitrag	999
EStG § 87	Zusammentreffen mehrerer Verträge	1000
EStG § 88	Entstehung des Anspruchs auf Zulage	1000
EStG § 89	Antrag	1000
EStG § 90	Verfahren	1001
EStG § 91	Datenerhebung und Datenabgleich	1002
EStG § 92	Bescheinigung	1002
EStG § 92a	Verwendung für eine selbst genutzte Wohnung	1003
EStG § 92b	Verfahren bei Verwendung für eine selbst genutzte Wohnung	1007
EStG § 93	Schädliche Verwendung	1007
EStG § 94	Verfahren bei schädlicher Verwendung	1009
EStG § 95	Sonderfälle der Rückzahlung	1009
EStG § 96	Anwendung der Abgabenordnung, allgemeine Vorschriften	1010
EStG § 97	Übertragbarkeit	1010
EStG § 98	Rechtsweg	1011
EStG § 99	Ermächtigung	1011

Anlagen

Anlage	Inhalt	Seite
§ 002-01	Vorläufige Steuerfestsetzung im Hinblick auf anhängige Musterverfahren (§ 165 Abs. 1 AO) BMF vom 16.05.2011 – IV A 3 – S 0338/07/10010, 2011/0314156 (BStBl. I S. 464)	1013
§ 002-02	Besteuerung von Preisgeldern BMF vom 5.9.1996 IV B 1 – S 2121 – 34/96 (BStBl. I S. 1150)	1017
§ 002-03	Steuerfestsetzung in Fällen vermuteter Liebhaberei OFD Nürnberg vom 28.4.1986 S 2113 – 15/St 21	1018
§ 002a-01	Abzug von ausländischen Betriebsstättenverlusten BMF vom 13.7.2009 – IV B 5 – S 2118-a/07/10004	1019
§ 003-01	Teileinkünfteverfahren bei zuvor vorgenommener Teilwertabschreibungen OFD Niedersachsen vom 2.9.2010 – S 2128 – 8 – St 222/221	1020
§ 003-02	(unbesetz)	
§ 003-03	Steuerfreie Einnahmen aus ehrenamtlicher Tätigkeit; Anwendungsschreiben zu § 3 Nummer 26a und 26b EStG BMF vom 21.11.2014 – IV C 4 – S 2121/07/0010:032, 2014/0847902	1021
§ 003-04	Steuerbefreiungen für nebenberufliche Tätigkeiten nach § 3 Nr. 26 EStG OFD Frankfurt vom 20.1.2011 – S 2245 A – 2 – St 213	1024
§ 003c-01	Anwendung des Teileinkünfteverfahrens in der steuerlichen Gewinnermittlung BMF vom 23.10.2013 – IV C 6 – S 2128/07/10001, 2013/0935028	1028
§ 004-01	Übersicht über die Berichtigung des Gewinns bei Wechsel in der Gewinnermittlungsart	1031
§ 004-02	Nutzungsüberlassung von Betrieben mit Substanzerhaltungspflicht des Berechtigten – sog. Eiserne Verpachtung BMF vom 21.2.2002 – IV A 6 – S 2132 – 4/02 (BStBl. I S. 262)	1032
§ 004-03	Ertragsteuerliche Behandlung von Sanierungsgewinnen BMF vom 27.3.2003 – IV A 6 – S 2140 – 8/03 (BStBl. I S. 240) OFD Niedersachsen vom 27.06.2011 – S 2140 – 8 – St 244	1035
§ 004-04	Ertragsteuerliche Behandlung von Mietereinbauten und Mieterumbauten; hier: Anwendung der Grundsätze der BFH-Urteile vom 26. Februar 1975 I R 32/73 und I R 184/73 (BStBl. II S. 443) BMF vom 15.1.1976 IV B 2 – S 2133 – 1/76 (BStBl. I S. 66)	1043

Anlage	Inhalt	Seite
§ 004-05	Ertragsteuerliche Behandlung von Leasing-Verträgen über bewegliche Wirtschaftsgüter BMF vom 19.4.1971 IV B 2 – S 2170 – 31/71 (BStBl. I S. 264)	1045
§ 004-06	Ertragsteuerliche Behandlung von Finanzierungs-Leasing-Verträgen über unbewegliche Wirtschaftsgüter BMWF vom 21.3.1972 F/IV B 2 – S 2170 – 11/72 (BStBl. I S. 188)	1049
§ 004-07	Ertragsteuerliche Behandlung von Finanzierungs-Leasing-Verträgen; hier: Aufteilung der Leasing-Raten in einen Zins- und Kostenanteil sowie in einen Tilgungsanteil FM NRW vom 13.12.1973 S 2170 – 5/41 – V B 1/S 2170 – 5/21 – V B 1	1052
§ 004-08	Bilanzmäßige Behandlung von Leasing-Verträgen beim Leasing-Geber FM NRW vom 13.5.1980 S 2170 – 5/21 – V B 1	1054
§ 004-09	Einkommensteuerrechtliche Beurteilung eines Immobilien-Leasing-Vertrages mit degressiven Leasing-Raten BMF vom 10.10.1983 IV B 2 – S 2170 – 83/83 (BStBl. I S. 431)	1055
§ 004-10	Ertragsteuerliche Behandlung von Finanzierungs-Leasing-Verträgen über unbewegliche Wirtschaftsgüter; hier: Betriebsgewöhnliche Nutzungsdauer und Restbuchwert bei Wirtschaftsgebäuden BMF vom 9.6.1987 IV B 2 – S 2170 – 14/87 (BStBl. 1987 I S. 440)	1056
§ 004-11	Ertragsteuerliche Behandlung von Teilamortisations-Leasing-Verträgen über bewegliche Wirtschaftsgüter BMF vom 22.12.1975 IV B 2 – S 2170 – 161/75	1057
§ 004-12	Ertragsteuerliche Behandlung von Teilamortisations-Leasing-Verträgen über unbewegliche Wirtschaftsgüter BMF vom 23.12.1991 IV B 2 – S 2170 – 115/91 (BStBl. 1992 I S. 13)	1059
§ 004-13	Forfaitierung von Forderungen aus Leasing-Verträgen BMF vom 9.1.1996 IV B 2 – S 2170 – 135/95	1061
§ 004-14	Betriebsausgabenpauschale bei der Ermittlung der Einkünfte aus hauptberuflicher selbständiger, schriftstellerischer oder journalistischer Tätigkeit, aus wissenschaft- licher, künstlerischer und schriftstellerischer Nebentätigkeit sowie aus nebenamtlicher Lehr- und Prüfungstätigkeit BMF vom 21.1.1994 IV B 4 – S 2246 – 5/94 (BStBl. I S. 112)	1062
§ 004-15	Ertragsteuerliche Behandlung von Incentive-Reisen BMF vom 14.10.1996 IV B 2 – S 2143 – 23/96 (BStBl. I S. 1192)	1063
§ 004-16	Entnahme von Grundstücken bei Bestellung eines Nießbrauches oder Erbbaurechts FM Sachsen vom 21.5.1991 – 32 – S 2236 – 14410 – 1 OFD Münster vom 08.09.2011 – S 2177 – 193 – St 23-33	1065
§ 004-17	Abzugsverbot für die Zuwendung von Vorteilen i. S. des § 4 Abs. 5 Satz 1 Nr. 10 EStG BMF vom 10.10.2002 – IV A 6 – S 2145 – 35/02 (BStBl. I S. 1031)	1066
§ 004-18	Bilanzänderung bei Mitunternehmerschaften OFD Rheinland vom 13.7.2012 – S 2141 – 2012/0001 – St 14 –	1076
§ 004-19	Bildung gewillkürten Betriebsvermögens bei der Gewinnermittlung nach § 4 Abs. 3 EStG BMF vom 17.11.2004 – IV B 2 – S 2134 – 2/04 (BStBl. I S. 1064)	1077
§ 004-20	Steuerliche Behandlung von Reisekosten und Reisekostenvergütungen bei Auslandsdienstreisen und -geschäftsreisen ab 1.1.2014 und ab 1.1.2015 BMF vom 11.11.2013 – IV C 5 – S 2353/08/10006: 004.	1078
§ 004-21	Bilanzänderung nach § 4 Abs. 2 Satz 2 EStG i. d. F. des Steuerbereinigungsgesetzes 1999 BMF vom 18.5.2000 – IV C 2 – S 2141 – 15/00 (BStBl. I S. 587)	1093

Anlage	Inhalt	Seite
§ 004-22	Auswirkungen der Reform des steuerlichen Reisekostenrechts zum 1. Januar 2014 für die Gewinnennittlung BMF vom 23.12.2014 – IV C 6 – S 2145/10/10005 :001, 2014/1085209	1094
§ 004-23	Abzug von Schuldzinsen als Betriebsausgaben oder Werbungskosten – Aufgabe der sog. Sekundärfolgenrechtsprechung durch den BFH BMF vom 11.8.1994 – IV B 2 – S 2242 – 33/94 (BStBl. I S. 603)	1098
§ 004-24	(unbesetzt)	
§ 004-25	Rückstellungen für nicht abziehbare Betriebsausgaben, insbesondere Gewerbesteuerrückstellungen OFD Frankfurt vom 18.3.2011 – S 2137 A – 63 – St 210	1099
§ 004-26	Aufwendungen für Auslandssprachkurse als Werbungskosten oder Betriebsausgaben BMF vom 26.9.2003 – IV A 5 – S 2227 – 1/03 (BStBl. I S. 447)	1099
§ 004-27	Nachweis von Bewirtungsaufwendungen BMF vom 21.11.1994 IV B 2 – S 2145 – 165/94 (BStBl. I S. 855)	1100
§ 004-28	(unbesetz)	
§ 004-29	Einbringung zum Privatvermögen gehörender Wirtschaftsgüter in das betriebliche Gesamthandsvermögen einer Personengesellschaft BMF vom 11.7.2011 – IV C 6 – S 2178/09/10001, 2011/0524044 (BStBl. I S. 713)	1102
§ 004-30	Einbringungsvorgänge nach § 24 UmwStG bei Gewinnermittlung nach § 4 Abs. 3 EStG Vfg OFD Hannover vom 25.1.2007 – S 1978d – 10 – St 0 33.	1106
§ 004-31	Behandlung der vom Erbbauberechtigten gezahlten Erschließungskosten im Betriebsvermögen OFD Düsseldorf vom 10.11.1993 S 2133 A – St 11 H	1107
§ 004-32	(unbesetzt)	
§ 004-33	Zuordnung von Lebensversicherungsverträgen zum Betriebs- oder Privatvermögen OFD Düsseldorf vom 7.5.2003 – S 2134 A – St 11	1108
§ 004-34	Ertragsteuerliche Behandlung von Teilhaberversicherungen OFD Münster vom 19.3.1991 S 2144 – 47 – St 11-31	1109
§ 004-35	Beiträge zu einer Praxisgründungs- oder Betriebsunterbrechungsversicherung als Betriebsausgaben OFD Frankfurt vom 21.10.1986 S 2134 A – 10 – St II 20	1109
§ 004-36	Bilanzierung von Zerobonds (Null-Kupon-Anleihen) BMF vom 5.3.1987 IV B 2 – S 2133 – 1/87 (BStBl. 1987 I S. 394)	1110
§ 004-37	Steuerliche Anerkennung von Darlehensverträgen zwischen Angehörigen BMF vom 23.12.2010 – IV C 6 – S 2144/07/10004, 2010/0862046	1111
§ 004-38	Finale Entnahme und finale Betriebsaufgabe BMF vom 18.11.2011 – IV C 6 – S 2134/10/10004, 2011/0802578.	1114
§ 004-39	Schuldzinsen nach einer Betriebsaufgabe oder Betriebsveräußerung OFD Frankfurt vom 19.4.2000 – S 2144 A – 80 – St II 20 –	1115
§ 004-40	Bilanzsteuerliche Behandlung von Zinsen auf Steuerstattungen und Steuernach- forderungen nach § 233a AO OFD Münster vom 2.6.1993 S 2133 – 169 – St 12-31	1118
§ 004-41	(unbesetzt)	
§ 004-42	Ertragsteuerliche Behandlung des Sponsoring BMF vom 18.2.1998 – IV B 2 – S 2144 – 40/98 (BStBl 1998 I S. 212)	1119
§ 004-43	Einkommensteuerrechtliche Behandlung der Aufwendungen für ein häusliches Arbeitszimmer BMF vom 2.3.2011 – IV C 6 – S 2145/07/10002, 2011/0150549 (BStBl. I S. 195)	1121

Anlage	Inhalt	Seite
§ 004-44	Ertragsteuerliche Behandlung von im Eigentum des Grundeigentümers stehenden Bodenschätzen BMF vom 7.10.1998 -IV B 2 – S 2134 – 67/98 (BStBl. 1998 I S. 1221)	1129
§ 004-45	Umfang des dazugehörenden Grund und Bodens i.S. d. § 52 Abs. 15 EStG BMF vom 4.6.1997 – S 2135 – 7/97 (BStBl. 1997 I S. 630)	1132
§ 004-46	Betrieblicher Schuldzinsenabzugs gemäß § 4 Abs. 4a BMF vom 17.11.2005 – IV B – S 2144 – 50/05 (BStBl. I S. 1019) und vom 12.6.2006 – IV B 2 – S 2144 – 39/06 (BStBl. I S. 416)	1134
§ 004-47	Aufwendungen für VIP-Logen in Sportstadien BMF vom 22.8.2005 – IV B 2 – S 2144 – 41/05 (BStBl. I S. 845) und Anwendung der Vereinfachungsregelungen auf vergleichbare Sachverhalte BMF vom 11.7.2000 – IV B 2 – S 2144 – 53/06 (BStBl. I S. 447)	1145
§ 004-48	(unbesetzt)	
§ 004-49	Standardisierte Einnahmenüberschussrechnung nach § 60 Absatz 4 EStDV; Anlage EÜR 2013 BMF vom 11.9.2013 – IV C 6 – S 2142/07/10001: 006.	1150
§ 004-50	Zuordnung der Steuerberatungskosten zu den Betriebsausgaben, Werbungskosten oder Kosten der Lebensführung BMF vom 21.12.2007 – IV B 2 – S 2144/07/002	1151
§ 004-51	Gewinne aus einem Planinsolvenzverfahren, aus einer Schuldbefreiung oder einer Verbraucherinsolvenz BMF vom 22.12.2009 – IV C 6 – S 2140/07/10001	1153
§ 004d-01	Zuwendungen an Unterstützungskassen BMF vom 28.11.1996 IV B 2 – S 2144c – 44/96 (BStBl. I S. 1435)	1154
§ 004d-02	Beitrag an rückgedeckte Unterstützungskassen nach § 4d Abs. 1 Satz 1 Nr. 1 Satz 1 Buchstabe c EStG BMF vom 31.1.2002 – IV A 6 – S 2144c – 9/01 (BStBl. I S. 214)	1158
§ 004e-01	Übertragung von Versorgungsanwartschaften und Versorgungsverpflichtungen auf Pensionsfonds BMF vom 26.10.2006 – IV B 2 – S 2144 – 57/06 (BStBl. I S. 709)	1160
§ 004f-01	Regelungen in § 4f und § 5 Abs. 7 EStG zu Verpflichtungsübernahme, Schuldbeitritt und Erfüllungsübernahme OFD Magdeburg vom 2.6.2014 – S 2133 – 27 – St 21	1162
§ 004h-01	Zinsschranke BMF vom 4.7.2008 – IV C 7 – S 2742-a/07/10001 (BStBl. I S. 718).	1166
§ 005-01	Ordnungsmäßigkeit der Buchführung im Falle der Offene-Posten-Buchhaltung FM NRW vom 10.6.1963 S 2153 – 1 – V B 1 (BStBl. II S. 93)	1181
§ 005-02	Verwendung von Mikrofilmaufnahmen zur Erfüllung gesetzlicher Aufbewahrungs- pflichten BMF vom 1.2.1984 IV A 7 – S 0318 – 1/84 (BStBl. I S. 155)	1182
§ 005-03	Anwendungserlaß zur AO BMF vom 31.1.2013 (BStBl. I S. 118)	1185
§ 005-04	Ertragsteuerliche Behandlung von Domainnamen OFD Koblenz vom 23.5.2007 – S 2133 A – St 314 –........................	1188
§ 005-05	Grundsätze zur ordnungsmäßigen Führung und Aufbewahrung von Büchern, Aufzeichnungen und Unterlagen in elektronischer Form sowie zum Datenzugriff (GoBD) BMF vom 14.11.2014 – IV A 4 – S 0316/13/10003, 2014/0353090.	1189
§ 005-06	Bekämpfung des Schwarzeinkaufs; hier: Aufzeichnung des Warenausgangs gem. § 144 AO BMF vom 13.7.1992 IV A 7 – S 0314 – 1/92 (BStBl. I S. 490)	1211
§ 005-07	Grundsätze ordnungsmäßiger Buchführung (GoB); Verbuchung von Bargeschäften im Einzelhandel BMF vom 5.4.2004 – IV D 2 – S 0315 – 9/04 (BStBl. I S. 419)	1211

Anlage	Inhalt	Seite
§ 005-08	Aufbewahrung digitaler Unterlagen bei Bargeschäften BMF vom 26.11.2010 – IV A 4 – S 0316/08/10004-07, 2010/0946087	1212
§ 005-09	Bildung von Rechnungsabgrenzungsposten (§ 5 Abs. 5 Satz 1 EStG); Vorausset- zungen der „bestimmten Zeit" BMF vom 15.3.1995 IV B 2 – S 2133 – 5/95 (BStBl. I S. 183)	1214
§ 005-10	Rechnungsabgrenzungsposten für öffentliche Zuschüsse; – BFH-Urteil vom 5. April 1984 – BStBl. II S. 552 – BMF vom 2.9.1985 IV B 2 – S 2133 – 27/85 (BStBl. 1985 I S. 568)	1214
§ 005-11	Anwendung des § 5 Abs. 2a im Zusammenhang mit Rangrücktrittsvereinbarungen BMF vom 8.9.2006 – IV B 2 – S 2133 – 10/06 (BStBl. I S. 497)	1215
§ 005-12	Bilanzsteuerliche Behandlung des Geschäfts- oder Firmenwerts, des Praxiswerts und sog. firmenwertähnlicher Wirtschaftsgüter BMF vom 20.11.1986 IV B 2 – S 2172 – 13/86 (BStBl. 1986 I S. 532)	1217
§ 005-13	Steuerrechtliche Behandlung des Wirtschaftsguts „Praxiswert" BMF vom 15.01.1995 IV B 2 – S 2172 – 15/94 (BStBl. 1995 I S. 14)	1219
§ 005-14	Maßgeblichkeit der handelsrechtlichen GoB für die steuerliche Gewinnermittlung; Änderung des § 5 Absatz 1 EStG durch BilMoG BMF vom 12.3.2010 – IV C 6 – S 2133/09/1001, 2010/0188935	1220
§ 005-15	Steuerbilanzrechtliche Bildung von Bewertungseinheiten OFD Rheinland vom 11.03.2011 – S 2133-2011/0002 – St 141	1224
§ 005-16	Rückstellungen für Zuwendungen anläßlich eines Dienstjubiläums BMF vom 8.12.2008 – IV C 6 – S 2137/07/10002	1226
§ 005-17	Steuerbilanzielle Behandlung von Optionsprämien beim Stillhalter BMF vom 12.1.2004 – IV A 6- S 2133 – 17/03 (BStBl. I S. 192)	1231
§ 005-18	Wirtschaftliche Verursachung als Voraussetzung für Rückstellungsbildung BMF vom 21.3.2003 – IV A 6 – S 2137 – 2/03 (BStBl. I S. 125)	1232
§ 005-19	Eigenjagdrecht auf Flächen eines land- und forstwirtschaftlichen Betriebs BMF vom 23.6.1999 – IV C 2 – S 2520 – 12/99 (BStBl. 1999 I S. 593)	1232
§ 005-20	Ertragsteuerliche Behandlung von Film- und Fernsehfonds BMF vom 23.2.2001 – IV A 6 – S 2241 – 8/01 (BStBl. I S. 175) und BMF vom 5.8.2003 – IV A 6 – S 2241 – 81/03 (BStBl. I S. 406)	1233
§ 005-21	(unbesetzt)	
§ 005-22	Rückstellung für die Verpflichtung aus der Rückabwicklung eines durchgeführten Kaufvertrages BMF vom 21.2.2002 – IV A 6 – S 2137 – 14/02 (BStBl. I S. 335)	1242
§ 005-23	Rückstellung für ungewisse Verbindlichkeiten BMF vom 21.6.2005 – IV B 2 – S 2137 – 19/05 (BStBl. I S. 802)	1243
§ 005-24	Ertragsteuerliche Behandlung der in Zusammenhang mit dem Abschluss eines längerfristigen Mobilfunkdienstleistungsvertrags oder eines Prepaid-Vertrages gewährten Vergünstigungen BMF vom 20.6.2005 – IV B 2 – S 2134 – 17/05 (BStBl. I S. 801)	1244
§ 005-25	Rückstellungen für die Aufbewahrung von Geschäftsunterlagen FinSen Berlin vom 13.9.2006 – III A – S 2175 – 1/06 Bayer. Landesamt für Steuern vom 31.1.2014 – S 2175.2.120/4 St 32	1246
§ 005-26	Rückstellungen für Verpflichtungen, zu viel vereinnahmte Entgelte mit künftigen Einnahmen zu verrechnen (Verrechnungsverpflichtungen) BMF vom 22.11.2013 – IV C 6 – S 2137/09/10004:003, 2013/1066445	1251
§ 005-27	Rückstellung wegen zukünftiger Betriebsprüfungen bei Großbetrieben BMF vom 7.3.2013 – IV C 6 – S 2137/12/10001, 2013/0214527	1252
§ 005b-01	Elektronische Übermittlung von Bilanzen sowie Gewinn- und Verlustrechnungen BdF vom 19.1.2010 – IV C 6 – S 2133-b/0, 2009/0865962	1253

Anlage	Inhalt	Seite
§ 005b-02	Elektronische Übermittlung von Bilanzen sowie Gewinn- und Verlustrechnungen; Anwendungsschreiben zur Veröffentlichung der Taxonomie BMF 28.9.2011 – IV C 6 – S 2133-b/11/10009, 2011/0770620 (BStBl. I S. 854)..	1255
§ 006-01	(unbesetzt)	
§ 006-02	Voraussetzungen für den Ansatz von Festwerten sowie deren Bemessung BMF vom 8.3.1993 – IV B 2 – S 2174a – 1/93.	1261
§ 006-03	Ertragsteuerliche Erfassung der Nutzung eines betrieblichen Kraftfahrzeugs zu Privatfahrten, zu Fahrten zwischen Wohnung und Betriebsstätte sowie zu Familienheimfahrten BMF vom 18.11.2009 – IV C 6 – S 2177/07/10004	1262
§ 006-04	Bewertung von Verbindlichkeiten in der Steuerbilanz BMF vom 23.8.1999 – IV C 2 – S 2175 – 25/99 (BStBl. 1999 I S. 818)	1269
§ 006-05	Abnutzbarkeit entgeltlich erworbener Warenzeichen (Marken) und Arzneimittelzulassungen BMF vom 12.7.1999 – IV C 2 – S 2172 – 11/99 (BStBl. I S. 686)	1269
§ 006-06	Steuerliche Behandlung der Anwachsung OFD Berlin vom 19.7.2002 – St 122 – S 2241 – 2/02	1270
§ 006-07	Bewertung von Unternehmen und Anteilen an Kapitalgesellschaften BMF vom 22.9.2011 – IV C 6 – S 2170 /10/10001, 2011/0723781 (BStBl. I S. 859)	1270
§ 006-08	Teilwertabschreibung gemäß § 6 Absatz 1 Nummer 1 und 2 EStG; Voraussichtlich dauernde Wertminderung, Wertaufholungsgebot BMF vom 22.7.2014 – IV C 6 – S 2171-b/09/10002, 2014/0552934 (BStBl. I S. 1162)	1271
§ 006-09	Übertragung und Überführung von einzelnen Wirtschaftsgütern nach § 6 Absatz 5 EStG BMF vom 8.12.2011 – IV C 6 – S 2241/10/10002, 2011/0973858.	1277
§ 006-10	Rechtsprechung des BVerfG zur Absenkung der Beteiligungsgrenze des § 17 EStG: Auswirkungen auf Einlagen und Einbringungen von Beteiligungen BMF vom 21.12.2011 – IV C 6 – S 2178/11/10001, 2011/0939512.	1286
§ 006-11	Zweifelsfragen zu § 6 Abs. 3 EStG im Zusammenhang mit der unentgeltlichen Übertragung von Mitunternehmeranteilen mit Sonderbetriebsvermögen sowie Anteilen von Mitunternehmeranteilen mit Sonderbetriebsvermögen BMF vom 3.3.2005 – IV B 2 – S 2241 – 14/05 (BStBl. I S. 458)	1290
§ 006-12	Private Nutzung von Elektro- und Hybridelektrofahrzeugen BMF vom 5.6.2014 – IV C 6 – S 2177/13/10002, 2014/0308252 (BStBl. I S. 835)	1296
§ 006-13	Anschaffungsnahe Aufwendungen im Sinne des § 6 Abs. 1a EStG OFD Rheinland vom 6.7.2010 – S 2211 – 1001 – St 232 Bayer. Landesamt für Steuern vom 6.8.2010 – S 2211.1.1-4/2 St 32	1300
§ 006-14	Abzinsung von Verbindlichkeiten und Rückstellungen nach § 6 Abs. 1 Nrn. 3 und 3a EStG BMF vom 26.5.2005 – IV B 2 – S 2175 – 7/05 (BStBl. I S. 699)	1302
§ 006-15	Aufwendungen zur Einführung eines betrieblichen Softwaresystems BMF vom 18.11.2005 – IV B 2 – S 2172 – 37/05 (BStBl. I S. 1025)	1314
§ 006-16	Bilanzsteuerrechtliche Behandlung von schadstoffbelasteten Grundstücken BMF vom 11.5.2010 – IV C 6 – S 2137/07/10004, 2010/0367332	1317
§ 006-17	Ertragsteuerliche Behandlung vom Emissionsberechtigungen BMF vom 6.12.2005 – IV B 2 – S 2134a – 42/05 (BStBl. I S. 1047)	1319
§ 006-18	(unbesetzt)	
§ 006-19	Geringwertige Wirtschaftsgüter nach § 6 Abs. 2 EStG und Sammelpostens nach § 6 Abs. 2a EStG BMF vom 30.9.2010 – IV C 6 – S 2180/09/10001, 2010/0750885	1324

Anlage	Inhalt	Seite
§ 006-20	1. Anwendung des § 6 Absatz 5 Satz 3 Nummer 2 EStG bei Übertragung eines einzelnen Wirtschaftsguts und Übernahme von Verbindlichkeiten innerhalb einer Mitunternehmerschaft; 2. Unentgeltliche Übertragung eines Mitunternehmeranteils nach § 6 Absatz 3 EStG bei gleichzeitiger Ausgliederung von Wirtschaftsgütern des Sonderbetriebsvermögens nach § 6 Absatz 5 EStG BMF vom 12.9.2013 – IV C 6 – S 2241/10/10002, 2013/0837216	1329
§ 006-21	Ermittlung der Herstellungskosten nach R 6.3 EStR 2012 BMF vom 26.3.2013 – IV C 6 – S 2133/09/10001:004, 2012/1160068	1332
§ 006a-01	Rückdeckung von Pensionsverpflichtungen FM NRW vom 22.2.1963 S 2135 – 24 – V B 1/S 2138 – 1 – V B 1 (BStBl. II S. 47)	1332
§ 006a-02	Berücksichtigung von Renten aus der gesetzlichen Rentenversicherung bei der Bewertung von Pensionsrückstellungen BMF vom 15.3.2007 – IV B 2 – S 2176/07/0003 (BStBl. I S. 290) BMF vom 5.5.2008 – S 2176/07/0003 (BStBl. I S. 570).....................	1333
§ 006a-03	(unbesetzt)	
§ 006a-04	Pensionsrückstellungen für betriebliche Teilrenten BMF vom 25.4.1995 IV B 2 – S 2176 – 8/95 (BStBl. I S. 250)	1345
§ 006a-05	Maßgebliches Pensionsalter bei Bewertung von Pensionsrückstellungen BMF vom 5.5.2008 – IV C 6 – S 2176/07/0009 (BStBl. I S. 569)	1346
§ 006a-06	Bilanzsteuerliche Berücksichtigung von Altersteilzeitvereinbarungen im Rahmen des sog. Blockmodells nach dem Altersteilzeitgesetz BMF vom 28.3.2007 – IV B 2 – S 2175/07/0002 (BStBl. I S. 297)	1348
§ 006a-07	Berücksichtigung von Vordienstzeiten bei Pensionsrückstellungen BMF vom 22.12.1997 – IV B 2 – S 2176 – 120/97 (BStBl. 1997 I S. 1020)	1353
§ 006a-08	Steuerrechtliche Behandlung von Aufwendungen des Arbeitgebers für die betriebliche Altersversorgung des im Betrieb mitarbeitenden Ehegatten BMF vom 4.9.1984 IV B 1 – S 2176 – 85/84 (BStBl. I S. 495)	1354
§ 006a-09	Steuerrechtliche Behandlung von Aufwendungen des Arbeitgebers für die betriebliche Altersversorgung des im Betrieb mitarbeitenden Ehegatten BMF vom 9.1.1986 IV B 1 – S 2176 – 2/86 (BStBl. I S. 7)	1358
§ 006a-10	Pensionsrückstellung für beherrschende Gesellschafter-Geschäftsführer von Kapitalgesellschaften BMF vom 3.7.2009 – IV C 6 – S 2176/07/10004, 2009/0439435	1359
§ 006a-11	Rückstellungen bei Arbeitsfreistellungen BMF vom 11.11.1999 – IV C 2 – S 2176 – 102/99 (BStBl. 1999 I S. 959)	1360
§ 006a-12	Pensionsrückstellungen bei Erbringung der Versorgungsleistungen durch externe Versorgungsträger im sog. Umlageverfahren BMF vom 26.1.2010 – IV C 6 – S 2176/07/10005, 2010/0026474	1363
§ 006a-13	Übertragung der Pensionsverpflichtung auf eine Unterstützungskasse BMF vom 2.7.1999 – IV C 2 – S 2176 – 61/99 (BStBl. 1999 I S. 594)	1365
§ 006a-14	Rückstellungen nach § 6a EStG bei wertpapiergebundenen Pensionszusagen BMF vom 17.12.2002 – IV A 6 – S 2176 – 47/02 (BStBl. I S. 1397)	1365
§ 006a-15	Hinterbliebenenversorgung für die Lebensgefährtin oder Lebensgefährten BMF vom 25.7.2002 – IV A 6 – S 2176 – 28/02 (BStBl. I S. 706)	1366
§ 006a-16	Nachholverbot nach § 6a Abs. 4 EStG bei einer fehlerhaften Rückstellungszuführung aufgrund eines Rechtsirrtums BMF vom 11.12.2003 – IV A 6 – S 2176 – 70/03	1366
§ 006a-17	Berücksichtigung von überdurchschnittlich hohen Versorgungsanwartschaften (Überversorgung) BMF vom 3.11.2004 – IV B 2 – S 2176 – 18/04 (BStBl. I S. 1045)	1367

XXVII

Anlage	Inhalt	Seite
§ 006a-18	Bilanzsteuerrechtliche Berücksichtigung von Abfindungsklauseln in Pensionszusagen nach § 6a EStG BMF vom 6.4.2005 – IV B 2 – S 2176 – 10/05 (BStBl. I S. 619) BMF vom 1.9.2005 – IV B 2 – S 2176 – 48/05.	1371
§ 006a-19	Übergang auf die „Richttafeln 2005 G" von Professor Heubeck BMF vom 16.12.2005 – IV B 2 – S 2176 – 106/05 (BStBl. I S. 1054).	1373
§ 006a-20	(unbesetzt)	
§ 006a-21	Bilanzsteuerrechtliche Berücksichtigung von sog. Nur-Pensionen BMF vom 13.12.2012 – IV C 6 – S 2176/07/10007, 2012/1133464	1375
§ 006a-22	Auswirkungen des Gesetzes zur Struktur des Versorgungsausgleichs auf Unterstützungskassen nach § 4d EStG und Pensionszusagen nach § 6a EStG BMF vom 12.11.2010 – IV C 6 – S 2144-c/07/10001, 2010/0892687	1376
§ 006a-23	Bewertung von Pensionsrückstellungen BMF vom 9.12.2011 – IV C 6 – S 2176/07/10004, 2011/0991968.	1378
§ 006a-24	Berücksichtigung von gewinnabhängigen Pensionsleistungen bei der Bewertung von Pensionsrückstellungen nach § 6a EStG BMF vom 18.10.2013 – IV C 6 – S 2176/12/10001, 2013/0402762	1380
§ 006b-01	Bildung von Rücklagen nach § 6b Abs. 10 EStG bei Personengesellschaft OFD Frankfurt vom 1.9.2003 – S 2139 A – 24 – St II.201	1381
§ 006b-02	Bildung und Auflösung einer § 6b-Rücklage bei der Veräußerung eines gesamten Mitunternehmeranteils FM Schleswig-Holstein vom 2.9.2014 – VI 306 – S 2139 – 134	1383
§ 007-01	Sonderabschreibungen nach dem FördG und degressive AfA bei Baumaßnahmen an einem Dachgeschoß BMF vom 10.7.1996 IV B 3 – S 1988 – 80/96 (BStBl. I S. 689)	1384
§ 007-02	(unbesetzt)	
§ 007-03	Beginn der AfA und AfA-Bemessungsgrundlage bei Fertigstellung von Teilen eines Gebäudes zu verschiedenen Zeitpunkten	1388
§ 007-04	Einlage eines im Privatvermögen entdeckten Bodenschatzes OFD Frankfurt vom 12.2.2009 – S 2134 A – 17 – St 210	1389
§ 007-05	AfA-Bemessungsgrundlage nach Einlage von zuvor zur Erzielung von Überschusseinkünften genutzten Wirtschaftsgütern BMF vom 27.10.2010 – IV C 3 – S 2190/09/10007, 2010/0764153	1390
§ 007g-01	Zweifelsfragen zum Investitionsabzugsbetrag nach § 7g Abs. 1 bis 4 und 7 EStG BMF vom 20.11.2013 – IV C 6 – S 2139-b/07/10002, 2013/1044077.	1392
§ 007g-02	Verzinsung der Steuernachforderungen gemäß § 233a der Abgabenordnung bei der Rückgängigmachung von Investitionsabzugsbeträgen nach § 7g Absatz 3 EStG BMF vom 15.8.2014 – IV C 6 – S 2139-b/07/10002, IV A 3 – S 0460a/08/10001, 2014/0694271 (BStBl. I S. 1174).	1404
§ 007i-01	Bescheinigungsrichtlinien zu den Steuervergünstigungen für Baudenkmale nach den §§ 7i, 10f und 11b EStG Ministerium für Stadtentwicklung und Verkehr NRW vom 17.3.1998 – II B 2 – 57.00	1405
§ 007i-02	Reichweite der Bindungswirkung der Bescheinigung nach § 7h Abs. 2, § 7i Abs. 2 EStG BMF vom 16.5.2007 – IV C 3 – S 2198a/07/0001 (BStBl. I S. 475) OFD Magdeburg vom 3.5.2011 – S 2198a – 6 – St 222.	1414
§ 009-01	Pauschale Kilometersätze ab 1. Januar 2002 BMF vom 20.8.2001 – IV C 5 – S 2353 – 312/01 (BStBl. I S. 541)	1417
§ 009-02	Einkommensteuerliche Behandlung der aufgrund der Veräußerung eines Wirtschaftsguts nach §15a UStG zurückgezahlten Vorsteuerbeträge (§ 9b Abs.2 EStG) BMF vom 23.8.1993 IV B 2 – S 2170 – 46/93 (BStBl. I S. 698)	1418
§ 010-01	Wiederkehrende Leistungen im Zusammenhang mit einer Vermögensübertragung BMF vom 11.3.2010 – IV C 3 – S 2221/09/10004, 2010/0188949	1419

Anlage	Inhalt	Seite
§ 010-02	Finanzierungen unter Einsatz von Lebensversicherungen nach den Änderungen durch das StÄndG 1992 BMF vom 15.6.2000 – IV C 4 – S 2221 – 86/00 (BStBl. I S. 1118)	1433
§ 010-03	Gesonderte Feststellung der Steuerpflicht von Zinsen aus einer Lebensversicherung nach § 9 der Verordnung zu § 180 Abs. 2 AO BMF vom 16.7.2012 – IV A 3 – S 0361/12/10001, 2012/0653652 (BStBl. I S. 686)	1446
§ 010-04	Beiträge zur Kranken- und Pflegeversicherung eines Kindes als Sonderausgaben bei den Eltern OFD Magdeburg vom 03.11.2011 – S 2221 – 118 – St 224	1448
§ 010-05	Vertragsänderungen bei Versicherungen auf dem Erlebens- oder Todesfall BMF vom 22.8.2002 – IV C 4 – S 2221 – 211/02 (BStBl. I S. 827)	1449
§ 010-06	Berücksichtigung von Schulgeldzahlungen als Sonderausgaben BMF vom 9.3.2009 – IV C 4 – S 2221/07/0007, 2009/0158048	1460
§ 010-07	Steuerliche Berücksichtigung von Kinterbetreuungskosten ab 2012 BMF vom 14.3.2012 – IV C 4 – S 2221/07/0012:012, 2012/0204082	1462
§ 010-08	Außergewöhnliche Instandhaltungen als dauernde Last im Sinne des § 10 Abs. 1 Nr. 1a EStG BMF vom 21.7.2003 – IV C 4 – S 2221 – 81/03 (BStBl. I S. 405)	1467
§ 010-09	Sonderausgabenabzug für an ausländische Sozialversicherungsträger geleistete Beiträge BMF vom 8.10.2013 – IV C 3 – S 2221/09/10013:001	1469
§ 010-10	Einkommensteuerrechtliche Behandlung des Versorgungsausgleichs BMF vom 24.7.2013 (BStBl. I S. 1022) – S 2222/09/10041, 2010/0256374 BMF vom 9.4.2010 – S 2221/09/10024, 2010/0267359	1472
§ 010-11	Einkommensteuerrechtliche Behandlung von Vorsorgeaufwendungen und Altersbezügen BMF vom 19.8.2013 – IV C 3 – S 2221/12/10010: 004	1483
§ 010-12	Einkommensteuerrechtliche Behandlung von Berufsausbildungskosten BMF vom 22.9.2010 – IV C 4 – S 2227/07/10002:002, 2010/0416045	1539
§ 010-13	Sonderausgabenabzug bei Beiträgen an berufsständische Versorgungseinrichtungen BMF vom 8.7.2014 – IV C 3 – S 2221/07/10037: 005, 2014/0604397	1545
§ 010b-01	Steuerlicher Spendenabzug: Muster für Zuwendungsbestätigungen BMF vom 7.11.2013 – IV C 4 – S 2223/07/0018:005, 2013/0239390	1550
§ 010b-02	Anwendungsschreiben zu § 10b Absatz 1a EStG – Zuwendungen an Stiftungen BMF vom 15.9.2014 – IV C 4 – S 2223/07/0006:005, 2014/0761691 (BStBl. I S. 1278)	1554
§ 010b-03	Anwendungsschreiben zu § 10b EStG n. F. ab 2007 BMF vom 18.12.2008 – IV C 4 – S 2223/07/0020	1555
§ 010b-04	Steuerliche Anerkennung von Spenden durch den Verzicht auf einen zuvor vereinbarten Aufwendungsersatz (Aufwandsspende) bzw. einen sonstigen Anspruch BMF vom 7.6.1999 – IV C 4 – S 2223 – 111/99 BMF vom 25.11.2014 – IV C 4 – S 2223/07/0010:005, 2014/0766502	1558
§ 010b-05	Spendenhaftung nach § 10b Abs. 4 EStG OFD Frankfurt vom 17.6.2010 – S 2223 A – 95 – St 53	1561
§ 010b-06	Gesonderte Feststellung des verbleibenden Abzugsbetrages nach § 10b Abs. 1a EStG für Zuwendungen in den Vermögensstock OFD Münster vom 9.2.2010 – S 2223 – 118 – St 13-33	1563
§ 010b-07	(unbesetzt)	
§ 010b-08	Grundzüge des Spendenabzugs nach § 10b EStG OFD Münster vom 20.6.2012 – S 2223 – 239 – St 13 – 31	1566
§ 010d-01	Verlustabzug nach § 10d EStG in Erbfällen BMF vom 24.7.2008 – IV C 4 – S 2225/07/0006 (BStBl. I S. 809)	1570

Anlage	Inhalt	Seite
§ 010d-02	Verlustabzugsbeschränkungen bei besonderen Verrechnungsbeschränkungen (§§ 2b, 15 Abs. 4, 22 und 23 EStG) BMF vom 29.11.2004 – IV C 8 – S 2225 – 5/04 (BStBl. I S. 1097)	1571
§ 010d-03	Vererbbarkeit von Verlusten; Anwendung der Rechtsprechung auf andere Verlustverrechnungskreise FM Schleswig-Holstein vom 23.03.2011 – VI 303 – S 2225 – 033 OFD Koblenz vom 20.07.2011 – S 2225 A – St 32 1........................	1573
§ 010d-04	Mindestgewinnbesteuerung nach § 10d Absatz 2 Satz 1 und 2 EStG; Beschluss des Bundesfinanzhofs vom 26. August 2010 – I B 49/10 – BMF vom 19.10.2011 – IV C 2 – S 2741/10/10002, 2010/1012683 (BStBl. I S. 974)	1578
§ 011-01	Umsatzsteuervorauszahlungen als regelmäßig wiederkehrende Ausgaben BMF vom 10.11.2008 – IV C 3 – S 2226/07/10001 (BStBl. I S. 958) OFD Rheinland vom 29.6.2009 – S 2142 – 2009/003 – St 142................	1580
§ 012-01	Steuerliche Behandlung gemischter Aufwendungen BMF vom 6.7.2010 – IV C 3 – S 2227/07/10003:002, 2010/0522213	1582
§ 013-01	Bewertung von Tieren in land- und forstwirtschaftlich tätigen Betrieben nach § 6 Abs. 1 Nr. 1 und 2 EStG BMF vom 14.12.2001 – IV A 6 – S 2170 – 36/01 (BStBl. I S. 864).............	1586
§ 013-02	Besteuerung der Forstwirtschaft BMF vom 16.5.2012 – IV D 4 – S 2332/0-01, 2012/0205152	1590
§ 013-03	Ertragsteuerliche Behandlung von Biogasanlagen und der Erzeugung von Energie aus Biogas BMF vom 6.3.2006 – IV C 2 – S 2236 – 10/05 (BStBl. I S. 248)................	1593
§ 014-01	Verpachtung land- und forstwirtschaftlicher Betriebe BMF vom 1.12.2000 IV A 6 – S 2242 – 16/00	1595
§ 015-01	Abgrenzung zwischen gewerblichen und freiberuflichen Einkünften bei interprofessionellen Mitunternehmerschaften OFD Hannover vom 1.7.2007 – G 1401 – 24 – StO 252	1596
§ 015-02	Schenkweise als Kommanditisten in eine Kommanditgesellschaft aufgenommene minderjährige Kinder als Mitunternehmer; hier: Anwendung des BFH-Urteils vom 10. November 1987 (BStBl. 1989 II S. 758) BMF vom 5.10.1989 IV B 2 – S 2241 – 48/89 (BStBl. 1989 I S. 378)	1597
§ 015-03	Ertragsteuerliche Behandlung von Darlehn, die eine Personengesellschaft ihren Gesellschaftern gewährt OFD Münster vom 4.12.2009 S 2241 – 79 – St 11-31	1598
§ 015-04	Zurechnung der einem Mitunternehmen gehörenden Anteile einer GmbH zum Sonderbetriebsvermögen Vfg OFD München vom 2.4.2001 – S 2134 – 4/6 – St 41	1601
§ 015-05	Sonderbetriebsvermögen bei Schwester-Personengesellschaften; Mitunternehmerische Betriebsaufspaltung BMF vom 28.4.1998 – IV B 2 – S 2241 – 42/98 (BStBl. 1998 I S. 583)	1603
§ 015-06	Abgrenzung zwischen privater Vermögensverwaltung und gewerblichem Grundstückshandel BMF vom 26.3.2004 – IV A 6 – S 2240 – 46/04 (BStBl. I S. 434)..............	1607
§ 015-07	Verlustabzugsbeschränkung bei atypisch stillen Gesellschaften nach § 15 Abs. 4 Satz 6 EStG BMF vom 19.11.2008 – IV C 6 – S 2119/07/10001 (BStBl. I S. 970)	1619
§ 015-08	Pensionszusagen einer Personengesellschaft an einen Gesellschafter und dessen Hinterbliebenen BMF vom 29.1.2008 – IV B 2 – S 2176/07/0001 (BStBl. I S. 317)	1623
§ 015-09	Anteile an einer Komplementär-GmbH als funktional wesentliche Betriebsgrundlage FM Berlin vom 27.12.2010 – III B – S 2241 – 3/2003.......................	1627

Anlage	Inhalt	Seite
§ 015-10	Personelle Verflechtung bei Betriebsaufspaltung – Zusammenrechnung von Ehegattenanteilen BMF vom 18.11.1986 IV B 2 – S 2240 – 25/86 (BStBl. 1986 I S. 537)	1630
§ 015-11	(unbesetzt)	
§ 015-12	(unbesetzt)	
§ 015-13	Abgrenzung von vermögensverwaltender und gewerblicher Tätigkeit bei Ein-Objekt-Gesellschaften BMF vom 1.4.2009 – IV C 6 – S 2240/08/10008	1632
§ 015-14	Gesamtdarstellung Betriebsaufspaltung OFD Frankfurt vom 21.5.2008 – S 2240 A – 28 – St 219	1634
§ 015-15	Einkunftsermittlung bei im Betriebsvermögen gehaltenen Beteiligungen an vermögensverwaltenden Personengesellschaften BMF vom 29.4.1994 IV B 2 – S 2241 – 9/94/IV B 4 – S 0361 – 11/94 (BStBl. I S. 282)	1648
§ 015-16	Abfärberegelung bei ärztlichen Gemeinschaftspraxen BMF vom 14.5.1997 – IV B 4 – S 2246 – 23/97 (BStBl. I S. 566) und Bayer. Landesamt für Steuern vom 20.4.2007 – S 2240 – 21 St 32/St 33	1651
§ 015-17	Haftungsbeschränkung bei einer Gesellschaft bürgerlichen Rechts BMF vom 18.7.2000 – IV C 2 – S 2241 – 56/00 (BStBl. I S. 1198) BMF vom 28.8.2001 – IV A 6 – S 2240 – 99/01 (BStBl. I S. 614)	1653
§ 015-18	Bedeutung von Einstimmigkeitsabreden beim Besitzunternehmen für das Vorliegen einer personellen Verflechtung im Rahmen einer Betriebsaufspaltung BMF vom 7.10.2002 – IV A 6 – S 2240 – 134/02 (BStBl. I S. 1028)	1656
§ 015-19	Einkommensteuerrechtliche Behandlung von Venture Capital und Private Equity Fonds BMF vom 16.12.2003 – IV A 6 – S 2240 – 153/03 (BStBl. 2004 I S. 40)	1659
§ 015-20	Ertragsteuerliche Behandlung von Photovoltaikanlagen und Blockheizkraftwerken OFD Münster vom 10.7.2012 – S 2172 – 12 – St 12 – 32	1665
§ 015a-01	Zweifelsfragen zur Anwendung des § 15a EStG BMF vom 8.5.1981 IV B 2 – S 2241 – 102/81 (BStBl. I S. 308)	1669
§ 015a-02	Eigenkapitalersetzende Darlehen und Finanzplandarlehen OFD Hannover vom 13.7.2007 – S 2241a – 90 – StO 222/221	1673
§ 015a-03	(unbesetzt)	
§ 015a-04	Berücksichtigung von Kapitalrücklagen bei der Ermittlung des Kapitalkontos für Zwecke des § 15a EStG OFD Hannover vom 14.5.2007 – S 2241 – 79 – StO 221/222	1675
§ 015a-05	(unbesetzt)	
§ 015a-06	Begriff des Kapitalkontos i. S. des § 15a EStG und Begriff der nicht unwahrschein- lichen Vermögensminderung i. S. des § 15a EStG BMF vom 20.2.1992 IV B 2 – S 2241a – 8/92 (BStBl. I S. 123)	1676
§ 015a-07	(unbesetzt)	
§ 015a-08	Umfang des Kapitalkontos i. S. des § 15a Abs. 1 Satz 1 EStG BMF vom 30.5.1997 IV B 2 – S 2241a – 51/93 II (BStBl. 1997 I S.627)	1678
§ 015a-09	Saldierung von Gewinnen und Verlusten aus dem Gesellschaftsvermögen mit Gewinnen und Verlusten aus dem Sonderbetriebsvermögen BMF vom 15.12.1993 IV B 2 – S 2241a – 57/93 (BStBl. I S. 976)	1681
§ 015a-10	Sinngemäße Anwendung des § 15a Abs. 5 Nr. 2 2. Alt. EStG bei den Einkünften aus Vermietung und Verpachtung von Gesellschaften bürgerlichen Rechts; BMF vom 30.6.1994 IV B 3 – S 2253b – 12/94 (BStBl. I S. 355)	1682
§ 015a-11	Negatives Kapitalkonto eines Kommanditisten OFD München vom 7.5.2004 – S 2241 – 26 St 41/42	1684

XXXI

Anlage	Inhalt	Seite
§ 015a-12	Anwendung des § 15 a EStG bei mehrstöckigen Personengesellschaften OFD Frankfurt vom 04.11.2010 – S 2241a A – 7 – St 213	1689
§ 015b-01	Anwendungsschreiben zu § 15b EStG BMF vom 17.7.2007 – IV B 2 – S 2241b/07/0001 (BStBl. I S. 542)	1691
§ 016-01	Ausscheiden eines Mitunternehmers gegen Sachwertabfindung Senfin Berlin vom 3.2.2012 – III B – S 2242/1/2009 –	1699
§ 016-02	Ertragsteuerliche Fragen im Zusammenhang mit einem derivativen Geschäfts- oder Firmenwert bei Aufgabe eines verpachteten Betriebs OFD Düsseldorf vom 23.4.1991 S 2242 A – St 11 H	1700
§ 016-03	(unbesetzt)	
§ 016-04	Zweifelsfragen im Zusammenhang mit der Ausübung des Verpächterwahlrechts gemäß R 139 Abs. 5 EStR BMF vom 17.10.1994 IV B 2 – S 2242 – 47/94 (BStBl. I S. 771)	1701
§ 016-05	Ertragsteuerliche Behandlung der Erbengemeinschaft und ihrer Auseinandersetzung BMF vom 14.3.2006 IV B 2 – S 2242 – 7/06 (BStBl. I S. 253)	1703
§ 016-06	Ertragsteuerliche Behandlung der vorweggenommenen Erbfolge BMF vom 13.1.1993 IV B 3 – S 2190 – 37/92 (BStBl. 1993 I S. 80)	1724
§ 016-07	Veräußerung einer zum Betriebsvermögen gehörenden Beteiligung an einer Kapital- gesellschaft, die im Einzeleigentum der Gesellschafter einer Personengesellschaft steht OFD Münster vom 11.9.1987 S 2242 – 62 – St 11-31	1737
§ 016-08	Anwendung des Halbeinkünfteverfahrens bei der Veräußerung von Betrieben, Teilbetrieben, Mitunternehmeranteilen und Beteiligungen an Kapitalgesellschaften gegen wiederkehrende Leistungen und Wahl der Zuflussbesteuerung BMF vom 3.8.2004 – IV A 6 – S 2244 – 16/04	1738
§ 016-09	Gewährung des Freibetrags nach § 16 Abs. 4 EStG und der Tarifermäßigung nach § 34 Abs. 3 EStG BMF vom 20.12.2005 – IV B 2 – S 2242 – 18/05 (BStBl. 2006 I S. 7)	1741
§ 016-10	Realteilung BMF vom 28.2.2006 – IV B 2 – S 2242 – 6/06 (BStBl. I S. 228)	1743
§ 016-11	Veräußerung eines Mitunternehmeranteils und Anwendung der §§ 16, 34 EStG OFD Koblenz vom 28.2.2007 – S 2243 A – St 313	1747
§ 017-01	Absenkung der Beteiligungsgrenze in § 17 EStG auf 1 % BMF vom 27.5.2013 – IV C 6 – S 2244/12/10001, 2013/0463063	1749
§ 017-02	Nachträgliche Änderung eines Veräußerungsgewinns i. S. von § 17 EStG FM NRW vom 1.3.1994 S 2244 – 9 – V B 1	1749
§ 017-03	Auflösung einer Kapitalgesellschaft i. S. des § 17 Abs. 4 EStG OFD Frankfurt vom 19.7.2005 – S 2244 A – 19 – St II 2.05	1750
§ 017-04	Auswirkungen des MoMiG auf nachträgliche Anschaffungskosten gemäß § 17 Abs. 2 EStG BMF vom 21.10.2010 - IV C 6-S 2244/08/10001, 2010/0810418	1753
§ 017-05	Rückwirkende Absenkung der Beteiligungsgrenze in § 17 Absatz 1 Satz 4 EStG BdF-Schreiben vom 20.12.2010 – IV C 6 – S 2244/10/10001, 2010/1006836	1757
§ 018-01	Ertragsteuerliche Behandlung von ärztlichen Laborleistungen BMF vom 12.2.2009 – IV C 6 – S 2246/08/10001 SenVerw Berlin vom 25.8.2009 – III B – S 2246 – 3/2008	1760
§ 018-02	Aufgabe der Vervielfältigungstheorie bei einer sonstigen selbständigen Tätigkeit i. S. v. § 18 Abs. 1 Nr. 3 EStG OFD Koblenz vom 23.09.2011 – S 2246 A – St 31 4	1762
§ 018-03	Einkünfte aus freiberuflicher Tätigkeit in Heil-, Heilhilfsberufen BMF vom 22.10.2004 – IV B 2 – S 2246 – 3/04 (BStBl. I S. 1030)	1763

Anlage	Inhalt	Seite
§ 018-04	Veräußerungsgewinn bei Fortführung der freiberuflichen Tätigkeit BMF vom 28.7.2003 – IV A 6 – S 2242 – 4/03 und OFD Koblenz vom 15.12.2006 – S 2249 A – St 311	1765
§ 018-05	Einkommensteuerrechtliche Behandlung der Geldleistungen bei Kindern in Kindertagespflege BMF vom 17.12.2007 – IV C 3 – S 2342/07/0001 (BStBl. 2008 I S. 17)	1767
§ 018-06	Einkommensteuerrechtliche Behandlung der Geldleistungen für Kinder in Vollzeitpflege BMF vom 21.4.2011 – IV C 3 – S 2342/07/0001:126, 2010/0744706 (BStBl. I S. 487)	1768
§ 018-07	Steuerliche Behandlung neuer Organisationsformen ärztlicher Betätigung OFD Frankfurt vom 16.6.2008 – S 2246 A – 33 – St 210	1771
§ 018-08	Einkommensteuerliche Behandlung des Kaufs kassenärztlicher Zulassungen OFD Magdeburg vom 29.2.2012 – S 2134a – 15 – St 213	1773
§ 020-01	Zurechnung von Zinsen und Erhebung der Kapitalertragsteuer im Erbfall Landesamt für Finanzen und Steuern Sachsen vom 16.4.2013 – S 2252 110/1-211	1775
§ 020-02	Steuerliche Behandlung der rechnungsmäßigen und außerrechnungsmäßigen Zinsen aus Lebensversicherungen BMF vom 31.8.1979 IV B 4 – S 2252 – 77/79 (BStBl. I S. 592)	1776
§ 020-03	Steuerliche Behandlung der rechnungsmäßigen und außerrechnungsmäßigen Zinsen aus Lebensversicherungen BMF vom 13.11.1985 IV B 4 – S 2252 – 150/85 (BStBl. I S. 661)	1782
§ 020-04	Steuerliche Erfassung der Zinsen auf Steuererstattungen gemäß § 233a AO BMF vom 5.10.2000 IV C 1 – S 2252 – 231/00 (BStBl. I S. 1508) Bayer. Landesamt für Steuer vom 08.09.2011 – S 2252.21.1-6/4 St 32	1703
§ 020-05	Steuerrechtliche Zuordnung einer verdeckten Gewinnausschüttung BMF vom 20.5.1999 – IV C 6 – S 2252 – 8/99 (BStBl. 1999 I S. 514)	1787
§ 020-06	Vermögensverlagerung von Eltern auf minderjährige Kinder Vfg OFD Magdeburg vom 26.1.2007 – S 2252 – 90 – St 214	1788
§ 020-07	Besteuerung von Versicherungsverträgen nach § 20 Abs. 1 Nr. 6 EStG BMF vom 1.10.2009 – IV C 1 – S 2252/07/0001	1789
§ 020-08	Einführungsschreiben zur Abgeltungsteuer BMF vom 9.10.2012 – IV C 1 – S 2252/10/1013, 2012/0948384	1811
§ 020-09	Steuerliche Auswirkungen der Anhebung des Mindestrentenalters für Vorsorgeverträge BMF vom 6.3.2012 – IV C 3 – S 2220/11/10002, 2012/0186064	1874
§ 020-10	Einkünfte aus Kapitalvermögen beim Umtausch von Griechenland-Anleihen BMF vom 9.3.2012 – IV C 1 – S 2252/0:016, 2012/0222645	1876
§ 020-11	Prämien wertlos gewordener Optionen als Werbungskosten bei einem Termingeschäft BMF vom 27.3.2013 – IV C I – S 2256/07/10005:013, 2013/02883	1877
§ 020-12	Folgen der „Umqualifizierung" von Einkünften i. S. des § 20 Absatz 2 Satz 1 Nummer 1 EStG in Einkünfte i. S. des § 17 EStG BMF vom 16.12.2014 – IV C 1 – S 2252/14/10001:001, 2014/1106737	1878
§ 021-01	Abgrenzung von Anschaffungskosten, Herstellungskosten und Erhaltungsaufwendungen bei Baumaßnahmen BMF vom 18.7.2003 – IV C 3 – S 2211 – 94/03 (BStBl. I S. 386)	1881
§ 021-02	(unbesetzt)	
§ 021-03	Einkunftserzielung bei den Einkünften aus Vermietung und Verpachtung BMF vom 8.10.2004 – IV C 3 – S 2253 – 91/04 (BStBl. I S. 933)	1888
§ 021-04	Zurechnung von Einkünften aus Vermietung und Verpachtung bei Treuhandverhältnissen BMF vom 1.9.1994 IV B 3 – S 2253a – 15/94 (BStBl. I S. 604)	1901

Anlage	Inhalt	Seite
§ 021-05	Einkommensteuerrechtliche Behandlung von Gesamtobjekten, von vergleichbaren Modellen mit nur einem Kapitalanleger und von gesellschafts- sowie gemeinschafts- rechtlich verbundenen Personenzusammenschlüssen (geschlossene Fonds) BMF vom 20.10.2003 – IV C 3 – S 2253 a – 48/03 (BStBl. I S. 546)	1904
§ 021-06	Verfahren bei der Geltendmachung von negativen Einkünften aus der Beteiligung an Verlustzuweisungsgesellschaften und vergleichbaren Modellen BMF vom 13.7.1992 IV A 5 – S 0361 – 19/92 (BStBl. I S. 404)	1913
§ 021-07	Abziehbarkeit von zugewendeten Aufwendungen in Fällen des sog. abgekürzten Vertragswerks (Drittaufwand) BMF vom 7.7.2008 – IV C 1 – S 2211/07/10007 (BStBl. I S. 717)	1919
§ 021-08	Einkommensteuerrechtliche Behandlung des Nießbrauchs und anderer Nutzungsrechte bei Einkünften aus Vermietung und Verpachtung BMF vom 30.9.2013 – IV C 1 – S 2253/07/10004, 2013/0822518	1920
§ 021-09	Schuldzinsen für Anschaffungskosten als nachträgliche Werbungskosten bei den Einkünften aus Vermietung und Verpachtung BMF vom 28.3.2013 – IV C 1 – S 2211/11/10001:001, 2013/0146961	1930
§ 021-10	Wertpapierpensionsgeschäfte BMF vom 28.6.1984 – IV B 2 – S 2170 – 44/84 (BStBl. I S. 394)	1931
§ 021-11	(unbesetzt)	
§ 021-12	Zahlung von Erschließungskosten durch den Erbbauberechtigten; hier: Auswir- kungen des BFH-Urteils vom 21. November 1989 (BStBl. 1990 II S. 310) BMF vom 16.12.1991 IV B 3 – S 2253 – 67/91 (BStBl. 1991 I S. 1011)	1932
§ 021-13	Vermietung eines Büroraumes an den Arbeitgeber BMF vom 13.12.2005 – IV C 3 – S 2253 – 112/05 (BStBl. 2006 I S. 4)	1934
§ 021-14	Ermittlung der ortsüblichen Marktmiete bei verbilligt überlassenen Wohnungen Bayer. Landesamt für Steuern vom 25.1.2008 – S 2253 – 38 St 32/33	1936
§ 021-15	Ermittlung der ortsüblichen Miete bei Objekten, für die kein Mietspiegel vorhanden ist Senfin Berlin vom 24.1.2012 – S 2253 – 1/2012 – 2 –.	1937
§ 021-16	(unbesetzt)	
§ 021-17	Mietverträge mit einem Unterhaltsberechtigten OFD Berlin vom 28.6.2000 – St 179 – S 2253 – 3/91	1938
§ 021-18	Mietverträge mit nahen Angehörigen – neue Rechtsprechung OFD Frankfurt/M. vom 29.9.2006 – S 2253 A – 46 – St 214	1939
§ 021-19	Einkommensteuerrechtliche Fragen im Zusammenhang mit der Vermögensrückgabe im Beitrittsgebiet bei den Einkünften aus Vermietung und Verpachtung BMF vom 11.1.1993 IV B 3 – S 2211 – 66/92 (BStBl. I S. 18)	1941
§ 021-20	Schuldzinsenabzug bei einem Darlehen für die Herstellung und Anschaffung eines teilweise vermieteten und teilweise selbstgenutzten Gebäudes BMF vom 16.4.2004 – IV C 3 – S. 2211 – 36/04 (BStBl. I S. 464)	1942
§ 021-21	Instandhaltungsrücklage bei Eigentumswohnungen OFD Frankfurt vom 30.3.2000 – S 2211 A – 12 – St II 23 –.	1944
§ 021-22	Abziehbarkeit von Erhaltungsaufwendungen bei zunächst vermieteter und später selbstgenutzter Wohnung BMF vom 26.11.2001 – IV C 3 – S 2211 – 53/01 (BStBl. I S. 868)	1945
§ 021-23	Nach Aufgabe der Vermietungstätigkeit entstandene Schuldzinsen zur Finanzierung sofort abziehbarer Werbungskosten als nachträgliche Wohnungskosten BMF vom 3.5.2006 – IV C 3 – S 2211 – 11/06 (BStBl. I S. 363) BMF vom 15.1.2014 – IV C1 – S 2211/11/10001:001,2014/0019176	1946
§ 022-01	(unbesetzt)	

Anlage	Inhalt	Seite
§ 022-02	Besteuerung von Schadensersatzrenten BMF vom 15.7.2009 – IV C 3 – S 2255/08/10012	1948
§ 022-03	Beratungs-, Prozeß- und ähnliche Kosten im Zusammenhang mit Rentenansprüchen BMF vom 20.11.1997 – IV B 5 – S 2255 – 356/97 (BStBl. 1998 I S. 126)	1949
§ 022-04	Einkommensteuerrechtliche Behandlung der Überschußbeteiligung bei fälligen privaten Rentenversicherungen BMF-Schreiben vom 26.11.1998 – IV C 3 – S 2255 – 35/98 (BStBl. I S. 1508)	1949
§ 022-05	Aufteilung von Leistungen bei der nachgelagerten Besteuerung nach § 22 Nr. 5 EStG BMF vom 11.11.2004 – IV C 3 – S 2257b – 47/04 (BStBl. I S. 1061)	1950
§ 023-01	Neuregelung der Besteuerung privater Grundstücksgeschäfte nach § 23 EStG BMF vom 5.10.2000 – S 2256 – 263/00 (BStBl. I S. 1383)	1952
§ 023-02	Rückwirkende Verlängerung der Veräußerungsfrist bei Spekulationsgeschäften von zwei auf zehn Jahre; Umsetzung des Beschlusses des Bundesverfassungs- gerichts (BStBl. 2011 II, S. . . . .) TOP 3 der ESt VI/2010 BdF-Schreiben vom 20.12.2010 – IV C 1 – S 2256/07/10001:006, 2010/1015920	1962
§ 024b-01	Entlastungsbetrag für Alleinerziehende – Anwendungsschreiben BMF vom 29.10.2004 – IV C 4 – S 2281 – 515/04 (BStBl. I S. 1042)	1964
§ 032-01	Steuerliche Berücksichtigung volljähriger Kinder ab 2012 BMF vom 7.12.2011 – IV C 4-S 2282/07/0001-01, 2011/0978333	1968
§ 032-02	Steuerliche Berücksichtigung behinderter Kinder BMF vom 22.11.2010 – IV C 4 – S 2282/07/0006-01, 2010/0912635	1976
§ 032-03	Übertragung der Freibeträge für Kinder nach § 32 Absatz 6 Satz 6 bis 11 EStG BMF vom 28.6.2013 – IV C 4 – S 2282-a/l 0/10002, 2013/0518616	1980
§ 033-01	Aufwendungen für die krankheits- oder behinderungsbedingte Unterbringung eines nahen Angehörigen in einem als außergewöhnliche Belastung BMF vom 2.12.2002 – IV C 4 – S 2284 – 108/02 und BMF vom 20.1.2003 – IV C 4 – S 2284 – 2/03 (BStBl. I S. 89)	1982
§ 033-02	Kfz-Aufwendungen als außergewöhnliche Belastung BMF vom 29.4.1996 IV B 1 – S 2284 – 27/96 (BStBl. I S. 446)	1985
§ 033-03	(unbesetzt)	
§ 033-04	Aufwendungen für eine behindertengerechte Umrüstung eines PKW als außerge- wöhnliche Belastung Bayer. Landesamt für Steuern vom 28.5.2010 – S 2284.1.1-2/6 St 32	1986
§ 033a-01	Unterhaltsaufwendungen für Personen im Ausland als außergewöhnliche Belastung BMF vom 7.6.2010 – IV C 4 – S 2285/07/0006:001, 2010/0415753	1987
§ 033a-02	Berücksichtigung ausländischer Verhältnisse; Ländergruppeneinteilung ab 2014 BMF vom 18.11.2013 – IV C 4 – S 2285/07/0005:013, 2013/1038632	1998
§ 033a-03	Allgemeine Hinweise zur Berücksichtigung von Unterhaltsaufwendungen nach § 33a Abs. 1 EStG als außergewöhnliche Belastung BMF vom 7.6.2010 – IV C 4 – S 2285/07/0006:001, 2010/0415733	2001
§ 034-01	Zweifelsfragen im Zusammenhang mit der ertragsteuerlichen Behandlung von Entlassungsentschädigungen BMF vom 1.11.2013 – IV C 4 – S 2290/13/1002,2013/0929313	2007
§ 034a-01	Anwendungsschreiben zu § 34a EStG BMF vom 11.8.2008 – IV C 6 – S 2290-a/07/10002 (BStBl. I S. 838)	2014
§ 034c-01	Verzeichnis ausländischer Steuern, die der deutschen Einkommensteuer entsprechen	2024
§ 035-01	Anrechnung der Gewerbesteuer auf die Einkommensteuer BMF vom 24.2.2009 – IV C 6 – S 2296-a/08/10002	2030

XXXV

Anlage	Inhalt	Seite
§ 035a-01	Anwendungsschreiben zu § 35a EStG BdF vom 17.1.2014 – IV C 4 – S 2296-b/07/0003 :004, 2014/0023765	2037
§ 037b-01	Pauschalierung der Einkommensteuer bei Sachzuwendungen nach § 37b EStG BMF vom 29.4.2008 – IV B 2 – S 2297-b/07/0001 (BStBl. I S. 566)	2064
§ 037b-02	Zeitpunkt der Wahlrechtsausübung nach § 37b Abs. 1 EStG Bayer. Landesamt für Steuern vom 26.6.2009 – S 2297a.1.1 – 1 – St 32/33	2069
§ 048-01	Steuerabzug von Vergütungen für im Inland erbrachte Bauleistungen BMF vom 27.12.2002 – IV A 5 – S 2272 – 1/02 (BStBl. I S. 1399)	2070
§ 048-02	Neuausgabe der Freistellungsbescheinigungen nach § 48b EStG als Folgebescheinigung BMF vom 20.9.2004 – IV A 5 – S 2272b – 11/04 (BStBl. I S. 862)	2088

Anhang

Anhang 1:	**Gesetz über steuerliche Maßnahmen bei Auslandsinvestitionen der deutschen Wirtschaft (Auslandsinvestitionsgesetz – AIG)**	2089
Anhang 2:	**Gesetz über die Besteuerung bei Auslandsbeziehungen (Außensteuergesetz – AStG)**	2093
Anhang 3:	**Zinsinformationsverordnung (ZIV)**	2111
Anhang 3a:	Einführungsschreiben zur Zinsinformationsverordnung BMF vom 30.1.2008 – IV C 1 – S 2402-a/0 (BStBl. I S. 320)	2121
Anhang 4:	**Umwandlungssteuergesetz vom 7. Dezember 2006**	2145
Anhang 4a:	**Anwendungserlass zum Umwandlungsgesetz**	2161
Anhang 4b:	**Einbringung nach § 20 UmwStG: Bindung an die Wertansätze der übernehmenden Gesellschaft** FM Mecklenburg-Vorpommern vom 1.11.2012	2282
Anhang 5:	(unbesetzt)	
Anhang 6:	(unbesetzt)	
Anhang 7:	**Bundeskindergeldgesetz (BKGG)**	2285
Anhang 8:	(unbesetzt)	
Anhang 9:	**Solidaritätszuschlaggesetz 1995**	2294
Anhang 10:	**Investitionszulagengesetz 2010 (InvZulG)**	2297
Anhang 11:	**Investmentsteuergesetz (InvStG)**	2305
Anhang 12:	(unbesetzt)	
Anhang 13:	(unbesetzt)	
Anhang 14:	**Gesetz zum Ausgleich von Auswirkungen besonderer Schadensereignisse in der Forstwirtschaft (Forstschäden-Ausgleichs-Gesetz)**	2332
Anhang 15:	**Handelsgesetzbuch**	2336
Anhang 15a:	**Einführungsgesetz zum Handelsgesetzbuch**	2350
Anhang 16:	**Betriebsrentengesetz (BetrAVG)**	2352
Anhang 17:	**Zweites Wohnungsbaugesetz (II. WoBauG)**	2369
Anhang 18:	**Wohnflächenverordnung (WoFlV)**	2371
Anhang 19:	**Baugesetzbuch (BauGB)**	2374
Anhang 20:	**Verordnung über die gesonderte Feststellung von Besteuerungsgrundlagen nach § 180 Abs. 2 der Abgabenordnung**	2375
Anhang 21:	(unbesetzt)	
Anhang 22:	**Einkommensteuertabellen 2014**	2378

Stichwortverzeichnis 2393

Abkürzungsverzeichnis

A	=	Abschnitt
a.a.O.	=	am angegebenen Ort
ABL.EG	=	am Amtsblatt EG
Abs.	=	Absatz
AEAO	=	Anwendungserlass zur Abgabenordnung
ADV	=	Automatische Datenverarbeitung
ÄndG	=	Änderungsgesetz
ÄndVO	=	Änderungsverordnung
a. F.	=	alte Fassung
AfaA	=	Absetzung für außergewöhnliche Abnutzung
AfA	=	Absetzung für Abnutzung
AFG	=	Arbeitsförderungsgesetz
AfS	=	Absetzung für Substanzverringerung
AG	=	Aktiengesellschaft
AIG	=	Auslandsinvestitionsgesetz
AktG	=	Aktiengesetz
AltEinKG	=	Alterseinkünftegesetz
AO	=	Abgabenordnung
ASpG	=	Altsparergesetz
AStG	=	Außensteuergesetz
ATE	=	Auslandstätigkeitserlass
AusfFördG	=	Gesetz über steuerliche Maßnahmen zur Förderung der Ausfuhr
AuslInvestmG	=	Auslandinvestment-Gesetz
AVmG	=	Altersvermögensgesetz
BAföG	=	Bundesausbildungsförderungsgesetz
BAG	=	Bundesarbeitsgericht
BAnz.	=	Bundesanzeiger
BauGB	=	Baugesetzbuch
BauNVO	=	Baunutzungsverordnung
BB	=	Betriebs-Berater
BdF	=	Bundesminister der Finanzen
BerlinFG	=	Berlinförderungsgesetz
BErzGG	=	Erziehungsgeld nach dem Bundeserziehungsgeldgesetz
Betriebsrentengesetz	=	Gesetz zur Verbesserung der betrieblichen Altersversorgung
BewDV	=	Durchführungsverordnung zum Bewertungsgesetz
BewG	=	Bewertungsgesetz
BewRGR	=	Richtlinien zur Bewertung des Grundvermögens
BfF	=	Bundesamt für Finanzen
BFH	=	Bundesfinanzhof
BGB	=	Bürgerliches Gesetzbuch
BGBl.	=	Bundesgesetzblatt
BiLMoG	=	Gesetz zur Modernisierung des Bilanzrechts
BiRiLiG	=	Bilanzrichtliniengesetz
BKGG	=	Bundeskindergeldgesetz
BMF	=	Bundesminister der Finanzen
BMWF	=	Bundesminister für Wirtschaft und Finanzen
BSHG	=	Bundessozialhilfegesetz
BStBl.	=	Bundessteuerblatt
BuchO	=	Buchungsordnung
BV	=	Berechnungsverordnung
BV	=	Betriebsvermögen
BVerfG	=	Bundesverfassungsgericht
BVerfGE	=	Amtliche Sammlung der Entscheidungen des BVerfG
BVG	=	Bundesversorgungsgesetz

BZSt	=	Bundeszentralamt für Steuern
bzw.	=	beziehungsweise
DA-FamEStG	=	Dienstanweisung zur Durchführung des steuerlichen Familienleistungsausgleichs
DB	=	Der Betrieb
DBA	=	Doppelbesteuerungsabkommen
DMBilG	=	D-Markbilanzgesetz
DStR	=	Deutsches Steuerrecht
DV	=	Durchführungsverordnung
EEAO	=	Einführungserlaß zur AO 1977
EFG	=	Entscheidungen der Finanzgerichte
EG	=	Europäische Gemeinschaft
EGAO	=	Einführungsgesetz zur Abgabenordnung
EigZulG	=	Eigenheimzulagengesetz
EntwLStG	=	Entwicklungsländer-Steuergesetz
ErbStG	=	Erbschaftsteuergesetz
EStDV	=	Einkommensteuer-Durchführungsverordnung
EStG	=	Einkommensteuergesetz
EStH	=	Amtliches Einkommensteuer-Handbuch
EStR	=	Einkommensteuer-Richtlinien
EU	=	Europäische Union
EuGH	=	Europäischer Gerichtshof
EWR	=	Europäischer Wirtschaftsraum
FELEG	=	Gesetz zur Förderung der Einstellung der landwirtschaftlichen Erwerbstätigkeit
FGO	=	Finanzgerichtsordnung
FÖJG	=	Gesetz zur Förderung eines freiwilligen ökologischen Jahres (FÖJ-Förderungsgesetz)
FördG	=	Gesetz über Sonderabschreibungen und Abzugsbeträge im Fördergebiet (Fördergebietsgesetz)
FR	=	Finanz-Rundschau
FVG	=	Finanzverwaltungsgesetz
GBl.	=	Gesetzblatt der DDR
GbR	=	Gesellschaft bürgerlichen Rechts
GdB	=	Grad der Behinderung
G.d.E.	=	Gesamtbetrag der Einkünfte
gem.	=	gemäß
GenG	=	Genossenschaftsgesetz
GewStDV	=	Gewerbesteuer-Durchführungsverordnung
GewStG	=	Gewerbesteuergesetz
GewStR	=	Gewerbesteuer-Richtlinien
GG	=	Grundgesetz
ggf.	=	gegebenenfalls
GmbH	=	Gesellschaft mit beschränkter Haftung
GmbHG	=	GmbH-Gesetz
GrStDV	=	Grundsteuer-Durchführungsverordnung
GrStG	=	Grundsteuergesetz
GVBl Bln.	=	Gesetz- und Verordnungsblatt für Berlin
H	=	Hinweis
HAG	=	Heimarbeitsgesetz
HGB	=	Handelsgesetzbuch
i. d. F.	=	in der Fassung
i. d. R.	=	in der Regel
i. H. v.	=	in Höhe von
i. S. d.	=	im Sinne des/der
i. V. m.	=	in Verbindung mit

InsO	=	Insolvenzverordnung
InvG	=	Investmentgesetz
InvStG	=	Investmentsteuergesetz
InvZulG	=	Investitionszulagengesetz
JStG	=	Jahressteuergesetz
KAGG	=	Gesetz über Kapitalanlagegesellschaften
KapErhStG	=	Kapitalerhöhungssteuergesetz
KapGes	=	Kapitalgesellschaft
KapSt	=	Kapitalertragsteuer
KAV	=	Kindergeldauszahlungsverordnung
Kfz	=	Kraftfahrzeug
KG	=	Kommanditgesellschaft
KGaA	=	Kommanditgesellschaft auf Aktien
KHBV	=	Krankenhaus-Buchführungsverordnung
KHG	=	Krankenhausfinanzierungsgesetz
Kj.	=	Kalenderjahr
KStG	=	Körperschaftsteuergesetz
KStR	=	Körperschaftsteuer-Richtlinien
KWG	=	Gesetz über das Kreditwesen
LAG	=	Lastenausgleichsgesetz
LPartG	=	Lebenspartnerschaftsgesetz
LStDV	=	Lohnsteuer-Durchführungsverordnung
LStH	=	Amtliches Lohnsteuer-Handbuch
LStR	=	Lohnsteuer-Richtlinien
MaBV	=	Makler- und Bauträgerverordnung
MdF	=	Ministerium der Finanzen
MDK	=	Medizinischer Dienst der Krankenkassen
MinBlFin	=	Ministerialblatt des Bundesministers der Finanzen
NJW	=	Neue Juristische Wochenschrift
NSt	=	Neues Steuerrecht von A bis Z
NWB	=	Neue Wirtschafts Briefe
OFD	=	Oberfinanzdirektion
OFH	=	Oberster Finanzgerichtshof
OHG	=	Offene Handelsgesellschaft
OWIG	=	Gesetz über Ordnungswidrigkeiten
PartG	=	Parteiengesetz
PersGes	=	Personengesellschaft
PartGG	=	Partnerschaftsgesellschaftsgesetz
PflegeVG	=	Gesetz zur sozialen Absicherung des Risikos der Pflegebedürftigkeit (Pflege-Versicherungsgesetz)
R	=	Richtlinie
RdNr.	=	Randnummer
Rz.	=	Randziffer
RdF	=	Reichsminister der Finanzen
RepG	=	Reparationsschädengesetz
RFH	=	Reichsfinanzhof
RGBl	=	Reichsgesetzblatt
RStBl	=	Reichssteuerblatt
s.	=	siehe
SachBezVO	=	Sachbezugsverordnung
SaDV	=	Sammelantrags-Datenträger-Verordnung

SchwbG	=	Schwerbehindertengesetz
SdE	=	Summe der Einkünfte
SGB	=	Sozialgesetzbuch
StÄndG	=	Steueränderungsgesetz
StBlNRW	=	Steuerblatt Nordrhein-Westfalen
StEK	=	Steuer-Erlass-Kartei
StGB	=	Strafgesetzbuch
Stpfl.	=	Steuerpflichtiger, Steuerpflichtige
StPO	=	Strafprozessordnung
StraBEG	=	Strafbefreiungserklärungsgesetz
StSenkG	=	Steuersenkungsgesetz
StZBl Bln	=	Steuer- und Zollblatt für Berlin
Tz.	=	Textziffer
UmwStG	=	Gesetz über steuerliche Maßnahmen bei Änderung der Unternehmensform (Umwandlungssteuergesetz)
USG	=	Unterhaltssicherungsgesetz
UStG	=	Umsatzsteuergesetz
UStR	=	Umsatzsteuer-Richtlinien
VAG	=	Versicherungsaufsichtgesetz
VAK	=	Vollarbeitskräfte
VE	=	Vieheinheiten
VermBDV	=	Verordnung zur Durchführung des Vermögensbildungsgesetzes
VermBG	=	Vermögensbildungsgesetz
vGA	=	verdeckte Gewinnausschüttung
vgl.	=	vergleiche
VO	=	Verordnung
VVG	=	Versicherungsvertragsgesetz
VwVfG	=	Verwaltungsverfahrensgesetz
VZ	=	Veranlagungszeitraum
WEG	=	Wohnungseigentumsgesetz
Wg.	=	Wirtschaftsgut
WiGBl	=	Gesetzblatt der Verwaltung des Vereinigten Wirtschaftsgebiets
Wj.	=	Wirtschaftsjahr
WoBauFördG	=	Gesetz zur Förderung des Wohnungsbaues (Wohnungsbauförderungsgesetz)
WoBauG	=	Wohnungsbaugesetz (Wohnungsbau- und Familienheimgesetz)
WoFlV	=	Wohnflächenverordnung
WoPDV	=	Verordnung zur Durchführung des Wohnungsbau-Prämiengesetzes
WoPG	=	Wohnungsbau-Prämiengesetz
WoPR	=	Richtlinien zum Wohnungsbau-Prämiengesetz
WPg	=	Die Wirtschaftsprüfung
WÜD	=	Wiener Übereinkommen über diplomatische Beziehungen
WÜK	=	Wiener Übereinkommen über konsularische Beziehungen
z. B.	=	zum Beispiel
ZDG	=	Zivildienstgesetz
ZPO	=	Zivilprozeßordnung
ZRFG	=	Zonenrandförderungsgesetz
ZugabeVO	=	Zugabe-Verordnung
ZuwG	=	Zuwendungsgesetz
ZvE	=	zu versteuerndes Einkommen

Fundstellennachweis zu den Vorschriften der EStDV

§ ... EStDV	Bezeichnung	abgedruckt zu § ... EStG
1	Anwendung auf Ehegatten und Lebenspartner	2
2 bis 3	weggefallen	–
4	Steuerfreie Einnahmen	3
5	weggefallen	–
6	Eröffnung, Erwerb, Aufgabe und Veräußerung eines Betriebs	4
7	weggefallen	–
8	Eigenbetrieblich genutzte Grundstücke von untergeordnetem Wert	6
8a	weggefallen	–
8b	Wirtschaftsjahr	4a
8c	Wirtschaftsjahr bei Land- und Forstwirten	4a
9	weggefallen	–
9a	Anschaffung, Herstellung	7
10	Absetzung für Abnutzung im Fall des § 4 Abs. 3 des Gesetzes	7
10a	weggefallen	7
11 bis 11b	weggefallen	–
11c	Absetzung für Abnutzung bei Gebäuden	7
11d	Absetzung für Abnutzung oder Substanzverringerung bei nicht zu einem Betriebsvermögen gehörenden Wirtschaftsgütern, die der Steuerpflichtige unentgeltlich erworben hat	7
12 bis 14	weggefallen	–
15	Erhöhte Absetzungen für Einfamilienhäuser, Zweifamilienhäuser und Eigentumswohnungen	7b
16 bis 28	weggefallen	–
29	Anzeigepflichten bei Versicherungsverträgen	10
30	Nachversteuerung bei Versicherungsverträgen	10
31 bis 47	weggefallen	–
48	weggefallen	–
49	weggefallen	–
50	Zuwendungsnachweis	10b
51	Pauschale Ermittlung der Gewinne aus Holznutzungen	13
52	weggefallen	–
53	Anschaffungskosten bestimmter Anteile an Kapitalgesellschaften	17
54	Übersendung von Urkunden durch die Notare	17
55	Ermittlung des Ertrags aus Leibrenten in besonderen Fällen	22
56	Steuererklärungspflicht	25

§ ... EStDV	Bezeichnung	abgedruckt zu § ... EStG
57 bis 59	weggefallen	–
60	Unterlagen zur Steuererklärung	25
61	Antrag auf hälftge Verteilung von Abzugsbeträgen im Fall des § 26a des Gesetzes	26a
62 bis 62c	weggefallen	–
62d	Anwendung des § 10d des Gesetzes bei der Veranlagung von Ehegatten	26a
63	weggefallen	–
64	Nachweis von Krankheitskosten	33
65	Nachweis der Behinderung	33b
66 bis 67	weggefallen	–
68	Nutzungssatz, Betriebsgutachten, Betriebswerk	34b
68a	Einkünfte aus mehreren ausländischen Staaten	34c
68b	Nachweis über die Höhe der ausländischen Einkünfte und Steuern	34c
68c bis 69a	weggefallen	–
70	Ausgleich von Härten in bestimmten Fällen	46
71 bis 73	weggefallen	–
73a	Begriffsbestimmungen	50a
73c	Zeitpunkt des Zufließens i.S. des § 50a Abs. 5 Satz 1 des Gesetzes	50a
73d	Aufzeichnungen, Aufbewahrungspflichten, Steueraufsicht	50a
73e	Einbehaltung, Abführung und Anmeldung der Aufsichtsratsteuer und der Steuer von Vergütungen i. S. des § 50a Abs. 4 und 7 des Gesetzes (§ 50a Abs. 5 des Gesetzes)	50a
73f	Steuerabzug in den Fällen des § 50a Abs. 6 EStG	50a
73g	Haftungsbescheid	50a
73h bis 80	weggefallen	–
81	Bewertungsfreiheit für bestimmte Wirtschaftsgüter des Anlagevermögens im Kohlen- und Erzbergbau	51
82	weggefallen	–
82a	Erhöhte Absetzungen von Herstellungskosten und Sonderbehandlung von Erhaltungsaufwand für bestimme Anlagen und Einrichtungen bei Gebäuden	21
82b	Behandlung größeren Erhaltungsaufwands bei Wohngebäuden	21
82c bis 82e	weggefallen	–
82f	Bewertungsfreiheit für Handelsschiffe, für Schiffe, die der Seeschifferei dienen, und für Luftfahrzeuge	51
82g	Erhöhte Absetzungen von Herstellungskosten für bestimmte Baumaßnahmen	21
82h	weggefallen	–

§ ... EStDV	Bezeichnung	abgedruckt zu § ... EStG
82i	Erhöhte Absetzungen von Herstellungskosten bei Baudenkmälern	21
82k bis 83a	weggefallen	–
84	Anwendungsvorschriften	52

1) Der auf den folgenden Seiten abgedruckte Wortlaut beruht auf der Bekanntmachung der Neufassung des EStG vom 8. Oktober 2009 (BGBl. I S. 3366) in der ab 1. September 2009 geltenden Fassung nebst der Berichtigung der Bekanntmachung der Neufassung vom 8. Dezember 2009 (BGBl. I S. 3862). Folgende Änderungen wurden berücksichtigt:
   1. Artikel 1 des Gesetzes vom 22. Dezember 2009 (BGBl. I S. 3950),
   2. Artikel 1 des Gesetzes vom 8. April 2010 (BGBl. I S. 386),
   3. Artikel 1 des Jahressteuergesetzes 2010 (JStG 2010) vom 8. Dezember 2010 (BGBl. I S. 1768),
   4. Artikel 8 des Restrukturierungsgesetzes vom 9. Dezember 2010 (BGBl. I S. 1900),
   5. Artikel 1 des Gesetzes vom 5. April 2011 (BGBl. I S. 554),
   6. Artikel 7 des Gesetzes vom 22. Juni /BGBl. I S. 1126),
   7. Artikel 1 des Steuervereinfachungsgesetzes vom 1. November 2011 (BGBl. I S. 2131),
   8. Artikel 2 des Betreibungsrichtlinieumsetzungsgesetzes vom 7. Dezember 2011 (BGBl. I S. 2592),
   9. Artikel 20 des Gesetzes zur Verbesserung der Eingliederungschancen am Arbeitsmarkt vom 20. Dezember 2011 (BGBl. I S. 2854),
   10. Art. 13 des Gesetzes zur Neuordnung der Organisation der landwirtschaftlichen Sozialversicherung (LSV-Neuordnungsgesetz LSV-NOG),
   11. Gesetz zur Änderung des Gemeindefinanzreformgesetzes und von steuerlichen Vorschriften (GemFinRefG/StRÄndG) vom 8. Mai 2012 (BGBl. I S. 1030),
   12. Art. 1 des Gesetzes zur Änderung und Vereinfachung der Unternehmerbesteuerung und des steuerlichen Reisekostenrechts vom 20. Februar 2013 (BGBl. I S. 285),
   13. Gesetz zum Abbau der Kalten Progression vom 20. Februar 2013 (BGBl. I S. 283),
   14. Art. 2 des Gesetzes zur Stärkung des Ehrenamtes (Ehrenamtsstärkungsgesetz), vom 21. März 2013 (BGBl. I S. 556; BStBl. I S. 339),
   15. Art. 2 des Gesetzes zur Fortentwicklung des Meldewesen (MeldfortG) vom 3. Mai 2013 (BGBl. I S. 1084),
   16. Gesetz zur Verbesserung der steuerlichen Förderung der privaten Altersvorsorge (Altersvorsorge – Verbesserungsgesetz – AltVerbG) vom 24. Juni 2013 (BStBl. I S. 790),
   17. Art. 2 des Gesetzes zur Umsetzung der Amtshilferichtlinie sowie zur Änderung steuerlicher Vorschriften (Amtshilferichtlinie – Umsetzungsgesetz – AmtshilfeRLUmsG) vom 26. Juni 2013 (BGBl. I S. 1809; BStBl. I S. 801),
   18. Gesetz zur Änderung des Einkommensteuergesetzes in Umsetzung der Entscheidung des Bundesverfassungsgerichtes vom 7. Mai 2013, vom 15. Juli 2013 (BGBl. I S. 2397; BStBl. I S. 898),
   19. Art. 11 des Gesetzes zur Anpassung des Investmentsteuergesetzes und anderer Gesetze an das AIFM – Umsetzungsgesetz (AIFM – Steuer-Anpassungsgesetz – AIFM – StAnpG) vom 18. Dezember 2013 (BGBl. I S. 4318; BStBl. 2014 S. 2),
   20. Gesetz zur Anpassung steuerlicher Regelungen an die Rechtsprechung des Bundesverfassungsgerichts vom 18. Juli 2014 (BGBl. I 2014 S. 1042),
   21. Gesetz zur Anpassung des nationalen Steuerrechts an den Beitritt Kroatiens zur EU und zur Änderung weiterer steuerlicher Vorschriften (KroatienAnpG) vom 25. Juli 2014,
   22. Gesetz zur Änderung des Gesetzes zur Fortentwicklung des Meldewesens (MeldFortGÄndG) vom 20. November 2014 (BGBl. I 2014 S. 1738),
   23. Gesetz zur Änderung des Freizügigkeitsgesetzes/EU und weiterer Vorschriften (FreizügG/EU2004uaÄndG 2014) vom 2. Dezember 2014 (BGBl. I 2014 S. 1922),
   24. Gesetz zur Anpassung der Abgabenordnung an den Zollkodex der Union und zur Änderung weiterer steuerlicher Vorschriften vom 22. Dezember 2014 (BGBl. I 2014 S. 2417).

2) Nach § 52 Abs. 1 EStG gilt die nachstehende Fassung – soweit in den Absätzen **2 bis 50** und § 52a nichts anderes bestimmt ist, erstmals für den Veranlagungszeitraum 2015. Beim Steuerabzug vom Arbeitslohn gilt Satz 1 mit der Maßgabe, dass diese Fassung erstmals auf den laufenden Arbeitslohn anzuwenden ist, der für einen nach dem 31. Dezember 2014 endenden Lohnzahlungszeitraum gezahlt wird, und auf sonstige Bezüge, die nach dem 31. Dezember 2014 zufließen.

Einkommensteuergesetz (EStG)

(Neueste Fassung – Stand: 22.12.2014)[1)]

I. Steuerpflicht

§ 1
Steuerpflicht

(1) [1]Natürliche Personen, die im Inland einen Wohnsitz oder ihren gewöhnlichen Aufenthalt haben, sind unbeschränkt einkommensteuerpflichtig. [2]Zum Inland im Sinne dieses Gesetzes gehört auch der der Bundesrepublik Deutschland zustehende Anteil

1. am Festlandsockel, soweit dort Naturschätze des Meeresgrundes und des Meeresuntergrundes erforscht oder ausgebeutet werden, und
2. an der ausschließlichen Wirtschaftszone, soweit dort Energieerzeugungsanlagen errichtet oder betrieben werden, die erneuerbare Energien nutzen.

(2) [1]Unbeschränkt einkommensteuerpflichtig sind auch deutsche Staatsangehörige, die

1. im Inland weder einen Wohnsitz noch ihren gewöhnlichen Aufenthalt haben und
2. zu einer inländischen juristischen Person des öffentlichen Rechts in einem Dienstverhältnis stehen und dafür Arbeitslohn aus einer inländischen öffentlichen Kasse beziehen,

sowie zu ihrem Haushalt gehörende Angehörige, die die deutsche Staatsangehörigkeit besitzen oder keine Einkünfte oder nur Einkünfte beziehen, die ausschließlich im Inland einkommensteuerpflichtig sind. [2]Dies gilt nur für natürliche Personen, die in dem Staat, in dem sie ihren Wohnsitz oder ihren gewöhnlichen Aufenthalt haben, lediglich in einem der beschränkten Einkommensteuerpflicht ähnlichen Umfang zu einer Steuer vom Einkommen herangezogen werden.

(3) [1]Auf Antrag werden auch natürliche Personen als unbeschränkt einkommensteuerpflichtig behandelt, die im Inland weder einen Wohnsitz noch ihren gewöhnlichen Aufenthalt haben, soweit sie inländische Einkünfte im Sinne des § 49 haben. [2]Dies gilt nur, wenn ihre Einkünfte im Kalenderjahr mindestens zu 90 Prozent der deutschen Einkommensteuer unterliegen oder die nicht der deutschen Einkommensteuer unterliegenden Einkünfte den Grundfreibetrag nach § 32a Abs. 1 Satz 2 Nr. 1 nicht übersteigen; dieser Betrag ist zu kürzen, soweit es nach den Verhältnissen im Wohnsitzstaat des Steuerpflichtigen notwendig und angemessen ist. [3]Inländische Einkünfte, die nach einem Abkommen zur Vermeidung der Doppelbesteuerung nur der Höhe nach beschränkt besteuert werden dürfen, gelten hierbei als nicht der deutschen Einkommensteuer unterliegend. [4]Unberücksichtigt bleiben bei der Ermittlung der Einkünfte nach Satz 2 nicht der deutschen Einkommensteuer unterliegende Einkünfte, die im Ausland nicht besteuert werden, soweit vergleichbare Einkünfte im Inland steuerfrei sind. [5]Weitere Voraussetzung ist, dass die Höhe der nicht der deutschen Einkommensteuer unterliegenden Einkünfte durch eine Bescheinigung der zuständigen ausländischen Steuerbehörde nachgewiesen wird. [6]Der Steuerabzug nach § 50a ist ungeachtet der Sätze 1 bis 4 vorzunehmen.

(4) Natürliche Personen, die im Inland weder einen Wohnsitz noch ihren gewöhnlichen Aufenthalt haben, sind vorbehaltlich der Absätze 2 und 3 und des § 1a beschränkt einkommensteuerpflichtig, wenn sie inländische Einkünfte im Sinne des § 49 haben.

§ 1a

(1) [1]Für Staatsangehörige eines Mitgliedstaates der Europäischen Union oder eines Staates, auf den das Abkommen über den Europäischen Wirtschaftsraum anwendbar ist, die nach § 1 Abs. 1 unbeschränkt einkommensteuerpflichtig sind oder die nach § 1 Abs. 3 als unbeschränkt einkommensteuerpflichtig zu behandeln sind, gilt bei Anwendung von § 10 Abs. 1a und § 26 Abs. 1 Satz 1 Folgendes:

1. [1]Aufwendungen im Sinne des § 10 Absatz 1a sind auch dann als Sonderausgaben abziehbar, wenn der Empfänger der Leistung oder Zahlung nicht unbeschränkt einkommensteuerpflichtig ist. [2]Voraussetzung ist, dass
   a) der Empfänger seinen Wohnsitz oder gewöhnlichen Aufenthalt im Hoheitsgebiet eines anderen Mitgliedstaates der Europäischen Union oder eines Staates, auf das Abkommen über den Europäischen Wirtschaftsraum Anwendung findet und
   b) die Besteuerung der nach § 10 Absatz 1a zu berücksichtigenden Leistung oder Zahlung beim Empfänger durch eine Bescheinigung der zuständigen ausländischen Steuerbehörde nachgewiesen wird;
2. [1]der nicht dauernd getrennt lebende Ehegatte ohne Wohnsitz oder gewöhnlichen Aufenthalt im Inland wird auf Antrag für die Anwendung des § 26 Abs. 1 Satz 1 als unbeschränkt einkommensteuerpflichtig behandelt. [2]Nummer 1 Satz 2 gilt entsprechend. [3]Bei Anwendung des § 1 Abs. 3 Satz 2 ist auf die Einkünfte beider Ehegatten abzustellen und der Grundfreibetrag nach § 32a Abs. 1 Satz 2 Nr. 1 zu verdoppeln.

(2) Für unbeschränkt einkommensteuerpflichtige Personen im Sinne des § 1 Abs. 2, die die Voraussetzungen des § 1 Abs. 3 Satz 2 bis 5 erfüllen, für unbeschränkt einkommensteuerpflichtige Personen im Sinne des § 1 Abs. 3, die die Voraussetzungen des § 1 Abs. 2 Satz 1 Nr. 1 und 2 erfüllen und an einem ausländischen Dienstort tätig sind, gilt die Regelung des Absatzes 1 Nr. 2 entsprechend mit der Maßgabe, dass auf Wohnsitz oder gewöhnlichen Aufenthalt im Staat des ausländischen Dienstortes abzustellen ist.

---

1) Siehe Seite XLIV.

II. Einkommen
1. Sachliche Voraussetzungen für die Besteuerung

§ 2
Umfang der Besteuerung, Begriffsbestimmungen

(1) ¹Der Einkommensteuer unterliegen
1. Einkünfte aus Land- und Forstwirtschaft,
2. Einkünfte aus Gewerbebetrieb,
3. Einkünfte aus selbständiger Arbeit,
4. Einkünfte aus nichtselbständiger Arbeit,
5. Einkünfte aus Kapitalvermögen,
6. Einkünfte aus Vermietung und Verpachtung,
7. sonstige Einkünfte im Sinne des § 22,

die der Steuerpflichtige während seiner unbeschränkten Einkommensteuerpflicht oder als inländische Einkünfte während seiner beschränkten Einkommensteuerpflicht erzielt. ²Zu welcher Einkunftsart die Einkünfte im einzelnen Fall gehören, bestimmt sich nach den §§ 13 bis 24.

(2) ¹Einkünfte sind
1. bei Land- und Forstwirtschaft, Gewerbebetrieb und selbständiger Arbeit der Gewinn (§§ 4 bis 7k und 13a),
2. bei den anderen Einkunftsarten der Überschuss der Einnahmen über die Werbungskosten (§§ 8 bis 9a).

²Bei Einkünften aus Kapitalvermögen tritt § 20 Abs. 9 vorbehaltlich der Regelung in § 32d Abs. 2 an die Stelle der §§ 9 und 9a.

(3) Die Summe der Einkünfte, vermindert um den Altersentlastungsbetrag, den Entlastungsbetrag für Alleinerziehende und den Abzug nach § 13 Abs. 3, ist der Gesamtbetrag der Einkünfte.

(4) Der Gesamtbetrag der Einkünfte, vermindert um die Sonderausgaben und die außergewöhnlichen Belastungen, ist das Einkommen.

(5) ¹Das Einkommen, vermindert um die Freibeträge nach § 32 Abs. 6 und um die sonstigen vom Einkommen abzuziehenden Beträge, ist das zu versteuernde Einkommen; dieses bildet die Bemessungsgrundlage für die tarifliche Einkommensteuer. ²Knüpfen andere Gesetze an den Begriff des zu versteuernden Einkommens an, ist für deren Zweck das Einkommen in allen Fällen des § 32 um die Freibeträge nach § 32 Abs. 6 zu vermindern.

(5a) ¹Knüpfen außersteuerliche Rechtsnormen an die in den vorstehenden Absätzen definierten Begriffe (Einkünfte, Summe der Einkünfte, Gesamtbetrag der Einkünfte, Einkommen, zu versteuerndes Einkommen) an, erhöhen sich für deren Zwecke diese Größen um die nach § 32d Abs. 1 und nach § 43 Abs. 5 zu besteuernden Beträge sowie um die nach § 3 Nr. 40 steuerfreien Beträge und mindern sich um die nach § 3c Abs. 2 nicht abziehbaren Beträge. ²Knüpfen außersteuerliche Rechtsnormen an die in den Absätzen 1 bis 3 genannten Begriffe (Einkünfte, Summe der Einkünfte, Gesamtbetrag der Einkünfte) an, mindern sich für deren Zwecke diese Größen um die nach § 10 Absatz 1 Nummer 5 abziehbaren Kinderbetreuungskosten.

(5b) Soweit Rechtsnormen dieses Gesetzes an die in den vorstehenden Absätzen definierten Begriffe (Einkünfte, Summe der Einkünfte, Gesamtbetrag der Einkünfte, Einkommen, zu versteuerndes Einkommen) anknüpfen, sind Kapitalerträge nach § 32d Abs. 1 und § 43 Abs. 5 nicht einzubeziehen.

(6) ¹Die tarifliche Einkommensteuer, vermindert um die anzurechnenden ausländischen Steuern und die Steuerermäßigungen, vermehrt um die Steuer nach § 32d Absatz 3 und 4, die Steuer nach § 34c Absatz 5 und den Zuschlag nach § 3 Absatz 4 Satz 2 des Forstschäden-Ausgleichsgesetzes in der Fassung der Bekanntmachung vom 26. August 1985 (BGBl. I S. 1756), das zuletzt durch Artikel 18 des Gesetzes vom 19. Dezember 2008 (BGBl. I S. 2794) geändert worden ist, in der jeweils geltenden Fassung, ist die festzusetzende Einkommensteuer. ²Wurde der Gesamtbetrag der Einkünfte in den Fällen des § 10a Abs. 2 um Sonderausgaben nach § 10a Abs. 1 gemindert, ist für die Ermittlung der festzusetzenden Einkommensteuer der Anspruch auf Zulage nach Abschnitt XI der tariflichen Einkommensteuer hinzuzurechnen; bei der Ermittlung der dem Steuerpflichtigen zustehenden Zulage bleibt die Erhöhung der Grundzulage nach § 84 Satz 2 außer Betracht. ³Wird das Einkommen in den Fällen des § 31 um die Freibeträge nach § 32 Abs. 6 gemindert, ist der Anspruch auf Kindergeld nach Abschnitt X der tariflichen Einkommensteuer hinzuzurechnen.

(7) ¹Die Einkommensteuer ist eine Jahressteuer. ²Die Grundlagen für ihre Festsetzung sind jeweils für ein Kalenderjahr zu ermitteln. ³Besteht während eines Kalenderjahrs sowohl unbeschränkte als auch beschränkte Einkommensteuerpflicht, so sind die während der beschränkten Einkommensteuerpflicht erzielten inländischen Einkünfte in eine Veranlagung zur unbeschränkten Einkommensteuerpflicht einzubeziehen.

(8) Die Regelung dieses Gesetzes für Ehegatten und Ehen sind auch auf Lebenspartner und Lebenspartnerschaften anzuwenden.

§ 2a
Negative Einkünfte mit Bezug zu Drittstaaten

(1) ¹Negative Einkünfte
1. aus einer in einem Drittstaat belegenen land- und forstwirtschaftlichen Betriebsstätte,
2. aus einer in einem Drittstaat belegenen gewerblichen Betriebsstätte,
3. a) aus dem Ansatz des niedrigeren Teilwerts eines zu einem Betriebsvermögen gehörenden Anteils an einer Drittstaaten-Körperschaft oder

   b) aus der Veräußerung oder Entnahme eines zu einem Betriebsvermögen gehörenden Anteils an einer Drittstaaten-Körperschaft oder aus der Auflösung oder Herabsetzung des Kapitals einer Drittstaaten-Körperschaft,
4. in den Fällen des § 17 bei einem Anteil an einer Drittstaaten-Kapitalgesellschaft,
5. aus der Beteiligung an einem Handelsgewerbe als stiller Gesellschafter und aus partiarischen Darlehen, wenn der Schuldner Wohnsitz, Sitz oder Geschäftsleitung in einem Drittstaat hat,

6. a) aus der Vermietung oder der Verpachtung von unbeweglichem Vermögen oder von Sachinbegriffen, wenn diese in einem Drittstaat belegen sind, oder

 b) aus der entgeltlichen Überlassung von Schiffen, sofern der Überlassende nicht nachweist, dass diese ausschließlich oder fast ausschließlich in einem anderen Staat als einem Drittstaat eingesetzt worden sind, es sei denn, es handelt sich um Handelsschiffe, die

 aa) von einem Vercharterer ausgerüstet überlassen, oder

 bb) an in einem anderen als in einem Drittstaat ansässige Ausrüster, die die Voraussetzungen des § 510 Abs. 1 HGB erfüllen, überlassen, oder

 cc) insgesamt nur vorübergehend an in einem Drittstaat ansässige Ausrüster, die die Voraussetzungen des § 510 Abs. 1 HGB erfüllen, überlassen worden sind, oder

 c) aus dem Ansatz des niedrigeren Teilwerts oder der Übertragung eines zu einem Betriebsvermögen gehörenden Wirtschaftsguts im Sinne der Buchstaben a und b,

7. a) aus dem Ansatz des niedrigeren Teilwerts, der Veräußerung oder Entnahme eines zu einem Betriebsvermögen gehörenden Anteils an

 b) aus der Auflösung oder Herabsetzung des Kapitals

 c) in den Fällen des § 17 bei einem Anteil an einer Körperschaft mit Sitz oder Geschäftsleitung in einem anderen Staat als einem Drittstaat, soweit die negativen Einkünfte auf einen der in den Nummern 1 bis 6 genannten Tatbestände zurückzuführen sind,

dürfen nur mit positiven Einkünften der jeweils selben Art mit Ausnahme der Fälle der Nummer 6 Buchstabe b aus demselben Staat, in den Fällen der Nummer 7 auf Grund von Tatbeständen der jeweils selben Art aus demselben Staat, ausgeglichen werden; sie dürfen auch nicht nach § 10d abgezogen werden. ²Den negativen Einkünften sind Gewinnminderungen gleichgestellt. ³Soweit die negativen Einkünfte nicht nach Satz 1 ausgeglichen werden können, mindern sie die positiven Einkünfte der jeweils selben Art, die der Steuerpflichtige in den folgenden Veranlagungszeiträumen aus demselben Staat, in den Fällen der Nummer 7 auf Grund von Tatbeständen der jeweils selben Art aus demselben Staat, erzielt. ⁴Die Minderung ist nur insoweit zulässig, als die negativen Einkünfte in den vorangegangenen Veranlagungszeiträumen nicht berücksichtigt werden konnten (verbleibende negative Einkünfte). ⁵Die am Schluss eines Veranlagungszeitraums verbleibenden negativen Einkünfte sind gesondert festzustellen; § 10d Abs. 4 gilt sinngemäß.

(2) ¹Absatz 1 Satz 1 Nr. 2 ist nicht anzuwenden, wenn der Steuerpflichtige nachweist, dass die negativen Einkünfte aus einer gewerblichen Betriebsstätte in einem Drittstaat stammen, die ausschließlich oder fast ausschließlich die Herstellung oder Lieferung von Waren, außer Waffen, die Gewinnung von Bodenschätzen sowie die Bewirkung gewerblicher Leistungen zum Gegenstand hat, soweit diese nicht in der Errichtung oder dem Betrieb von Anlagen, die dem Fremdenverkehr dienen, oder in der Vermietung oder der Verpachtung von Wirtschaftsgütern einschließlich der Überlassung von Rechten, Plänen, Mustern, Verfahren, Erfahrungen und Kenntnissen bestehen; das unmittelbare Halten einer Beteiligung von mindestens einem Viertel am Nennkapital einer Kapitalgesellschaft, die ausschließlich oder fast ausschließlich die vorgenannten Tätigkeiten zum Gegenstand hat, sowie die mit dem Halten der Beteiligung in Zusammenhang stehende Finanzierung gilt als Bewirkung gewerblicher Leistungen, wenn die Kapitalgesellschaft weder ihre Geschäftsleitung noch ihren Sitz im Inland hat. ²Absatz 1 Satz 1 Nr. 3 und 4 ist nicht anzuwenden, wenn der Steuerpflichtige nachweist, dass die in Satz 1 genannten Voraussetzungen bei der Körperschaft entweder seit ihrer Gründung oder während der letzten fünf Jahre vor und in dem Veranlagungszeitraum vorgelegen haben, in dem die negativen Einkünfte bezogen werden.

(2a) ¹Bei der Anwendung der Absätze 1 und 2 sind
1. als Drittstaaten die Staaten anzusehen, die nicht Mitgliedstaaten der Europäischen Union sind;
2. Drittstaaten-Körperschaften und Drittstaaten-Kapitalgesellschaften solche, die weder ihre Geschäftsleitung noch ihren Sitz in einem Mitgliedstaat der Europäischen Union haben.

²Bei Anwendung des Satzes 1 sind den Mitgliedstaaten der Europäischen Union die Staaten gleichgestellt, auf die das Abkommen über den Europäischen Wirtschaftsraum anwendbar ist, sofern zwischen der Bundesrepublik Deutschland und dem anderen Staat auf Grund der Amtshilferichtlinie gemäß § 2 Absatz 2 des EU-Amtshilfegesetzes oder einer vergleichbaren zwei- oder mehrseitigen Vereinbarung Auskünfte erteilt werden, die erforderlich sind, um die Besteuerung durchzuführen.

2. Steuerfreie Einnahmen
§ 3
Steuerfrei sind

1. a) Leistungen aus einer Krankenversicherung, aus einer Pflegeversicherung und aus der gesetzlichen Unfallversicherung,

 b) Sachleistungen und Kinderzuschüsse aus den gesetzlichen Rentenversicherungen einschließlich der Sachleistungen nach dem Gesetz über die Alterssicherung der Landwirte,

 c) Übergangsgeld nach dem Sechsten Buch Sozialgesetzbuch und Geldleistungen nach den §§ 10, 36 bis 39 des Gesetzes über die Alterssicherung der Landwirte,

 d) das Mutterschaftsgeld nach dem Mutterschutzgesetz, der Reichsversicherungsordnung und dem Gesetz über die Krankenversicherung der Landwirte, die Sonderunterstützung für im Familienhaushalt beschäftigte Frauen, der Zuschuss zum

Mutterschaftsgeld nach dem Mutterschutzgesetz sowie der Zuschuss bei Beschäftigungsverboten für die Zeit vor oder nach einer Entbindung sowie für den Entbindungstag während einer Elternzeit nach beamtenrechtlichen Vorschriften;

2. a) das Arbeitslosengeld, das Teilarbeitslosengeld, das Kurzarbeitergeld, der Zuschuss zum Arbeitsentgelt, das Übergangsgeld, der Gründungszuschuss nach dem Dritten Buch Sozialgesetzbuch sowie die übrigen Leistungen nach dem Dritten Buch Sozialgesetzbuch und den entsprechenden Programmen des Bundes und der Länder, soweit sie Arbeitnehmern oder Arbeitsuchenden oder zur Förderung der Aus- oder Weiterbildung oder Existenzgründung der Empfänger gewährt werden,

   b) das Insolvenzgeld, Leistungen auf Grund der in § 169 und § 175 Absatz 2 des Dritten Buches Sozialgesetzbuch genannten Ansprüche sowie Zahlungen des Arbeitgebers an einen Sozialleistungsträger auf Grund des gesetzlichen Forderungsübergangs nach § 115 Absatz 1 des Zehnten Buches Sozialgesetzbuch, wenn ein Insolvenzereignis nach § 165 Absatz 1 Satz 2 auch in Verbindung mit Satz 3 des Dritten Buches Sozialgesetzbuch vorliegt,

   c) die Arbeitslosenbeihilfe nach dem Soldatenversorgungsgesetz,

   d) Leistungen zur Sicherung des Lebensunterhalts und zur Eingliederung in Arbeit nach dem Zweiten Buch Sozialgesetzbuch,

   e) mit den in den Nummern 1 bis 2 Buchstabe d genannten Leistungen vergleichbare Leistungen ausländischer Rechtsträger, die ihren Sitz in einem Mitgliedstaat der Europäischen Union, in einem Staat, auf den das Abkommen über den Europäischen Wirtschaftsraum Anwendung findet oder in der Schweiz haben;

3. a) Rentenabfindungen nach § 107 des Sechsten Buches Sozialgesetzbuch, nach § 21 des Beamtenversorgungsgesetzes oder entsprechendem Landesrecht und nach § 43 des Soldatenversorgungsgesetzes in Verbindung mit § 21 des Beamtenversorgungsgesetzes,

   b) Beitragserstattungen an den Versicherten nach den §§ 210 und 286d des Sechsten Buches Sozialgesetzbuch sowie nach den §§ 204, 205 und 207 des Sechsten Buches Sozialgesetzbuch, Beitragserstattungen nach den §§ 75 und 117 des Gesetzes über die Alterssicherung der Landwirte und nach § 26 des Vierten Buches Sozialgesetzbuch,

   c) Leistungen aus berufsständischen Versorgungseinrichtungen, die den Leistungen nach den Buchstaben a und b entsprechen,

   d) Kapitalabfindungen und Ausgleichszahlungen nach § 48 des Beamtenversorgungsgesetzes oder entsprechendem Landesrecht und nach den §§ 28 bis 35 und 38 des Soldatenversorgungsgesetzes;

4. bei Angehörigen der Bundeswehr, der Bundespolizei, der Zollverwaltung, der Bereitschaftspolizei der Länder, der Vollzugspolizei und der Berufsfeuerwehr der Länder und Gemeinden und bei Vollzugsbeamten der Kriminalpolizei des Bundes, der Länder und Gemeinden

   a) der Geldwert der ihnen aus Dienstbeständen überlassenen Dienstkleidung,

   b) Einkleidungsbeihilfen und Abnutzungsentschädigungen für die Dienstkleidung der zum Tragen oder Bereithalten von Dienstkleidung Verpflichteten und für dienstlich notwendige Kleidungsstücke der Vollzugsbeamten der Kriminalpolizei sowie der Angehörigen der Zollverwaltung,

   c) im Einsatz gewährte Verpflegung oder Verpflegungszuschüsse,

   d) der Geldwert der auf Grund gesetzlicher Vorschriften gewährten Heilfürsorge;

5. a) die Geld- und Sachbezüge, die Wehrpflichtige während des Wehrdienstes nach § 4 des Wehrpflichtgesetzes erhalten,

   b) die Geld- und Sachbezüge, die Zivildienstleistende nach § 35 des Zivildienstgesetzes erhalten,

   c) der nach § 2 Absatz 1 des Wehrsoldgesetzes an Soldaten im Sinne des § 1 Absatz 1 des Wehrsoldgesetzes gezahlte Wehrsold,

   d) die an Reservistinnen und Reservisten der Bundeswehr im Sinne des § 1 des Reservistinnen- und Reservistengesetzes nach dem Wehrsoldgesetz gezahlten Bezüge,

   e) die Heilfürsorge, die Soldaten nach § 6 des Wehrsoldgesetzes und Zivildienstleistende nach § 35 des Zivildienstgesetzes erhalten,

   f) das an Personen, die einen in § 32 Absatz 4 Satz 1 Nummer 2 Buchstabe d genannten Freiwilligendienst leisten, gezahlte Taschengeld oder eine vergleichbare Geldleistung;

6. ¹Bezüge, die auf Grund gesetzlicher Vorschriften aus öffentlichen Mitteln versorgungshalber an Wehrdienstbeschädigte, im Freiwilligen Wehrdienst Beschädigte, Zivildienstbeschädigte und im Bundesfreiwilligendienst Beschädigte oder ihre Hinterbliebenen, Kriegsbeschädigte, Kriegshinterbliebene und ihnen gleichgestellte Personen gezahlt werden, soweit es sich nicht um Bezüge handelt, die auf Grund der Dienstzeit gewährt werden. ²Gleichgestellte im Sinne des Satzes 1 sind auch Personen, die Anspruch auf Leistungen nach dem Bundesversorgungsgesetz oder auf Unfallfürsorgeleistungen nach dem Soldatenversorgungsgesetz, Beamtenversorgungsgesetz oder vergleichbarem Landesrecht haben;

7. Ausgleichsleistungen nach dem Lastenausgleichsgesetz, Leistungen nach dem Flüchtlingshilfegesetz, dem Bundesvertriebenengesetz, dem Reparationsschädengesetz, dem Vertriebenenzuwendungsgesetz, dem NS-Ver-

folgtenentschädigungsgesetz sowie Leistungen nach dem Entschädigungsgesetz und nach dem Ausgleichsleistungsgesetz, soweit sie nicht Kapitalerträge im Sinne des § 20 Abs. 1 Nr. 7 und Abs. 2 sind;

8. Geldrenten, Kapitalentschädigungen und Leistungen im Heilverfahren, die auf Grund gesetzlicher Vorschriften zur Wiedergutmachung nationalsozialistischen Unrechts gewährt werden. ²Die Steuerpflicht von Bezügen aus einem aus Wiedergutmachungsgründen neu begründeten oder wieder begründeten Dienstverhältnis sowie von Bezügen aus einem früheren Dienstverhältnis, die aus Wiedergutmachungsgründen neu gewährt oder wieder gewährt werden, bleibt unberührt;

8a. Renten wegen Alters und Renten wegen verminderter Erwerbsfähigkeit aus der gesetzlichen Rentenversicherung, die an Verfolgte im Sinne des § 1 des Bundesentschädigungsgesetzes gezahlt werden, wenn rentenrechtliche Zeiten auf Grund der Verfolgung in der Rente enthalten sind. ²Renten wegen Todes aus der gesetzlichen Rentenversicherung, wenn der verstorbene Versicherte Verfolgter im Sinne des § 1 des Bundesentschädigungsgesetzes war und wenn rentenrechtliche Zeiten auf Grund der Verfolgung in dieser Rente enthalten sind;

9. Erstattungen nach § 23 Abs. 2 Satz 1 Nr. 3 und 4 sowie nach § 39 Abs. 4 Satz 2 des Achten Buches Sozialgesetzbuch;

10. Einnahmen einer Gastfamilie für die Aufnahme eines behinderten oder von Behinderung bedrohten Menschen nach § 2 Abs. 1 des Neunten Buches Sozialgesetzbuch zur Pflege, Betreuung, Unterbringung und Verpflegung, die auf Leistungen eines Leistungsträgers nach dem Sozialgesetzbuch beruhen.²Für Einnahmen im Sinne des Satzes 1, die nicht auf Leistungen eines Leistungsträgers nach dem Sozialgesetzbuch beruhen, gilt Entsprechendes bis zur Höhe der Leistungen nach dem Zwölften Buch Sozialgesetzbuch. ³Überschreiten die auf Grund der in Satz 1 bezeichneten Tätigkeit bezogenen Einnahmen der Gastfamilie den steuerfreien Betrag, dürfen die mit der Tätigkeit in unmittelbarem wirtschaftlichen Zusammenhang stehenden Ausgaben abweichend von § 3c nur insoweit als Betriebsausgaben abgezogen werden, als sie den Betrag der steuerfreien Einnahmen übersteigen;

11. Bezüge aus öffentlichen Mitteln oder aus Mitteln einer öffentlichen Stiftung, die wegen Hilfsbedürftigkeit oder als Beihilfe zu dem Zweck bewilligt werden, die Erziehung oder Ausbildung, die Wissenschaft oder Kunst unmittelbar zu fördern. ²Darunter fallen nicht Kinderzuschläge und Kinderbeihilfen, die auf Grund der Besoldungsgesetze, besonderer Tarife oder ähnlicher Vorschriften gewährt werden. ³Voraussetzung für die Steuerfreiheit ist, dass der Empfänger mit den Bezügen nicht zu einer bestimmten wissenschaftlichen oder künstlerischen Gegenleistung oder zu einer bestimmten Arbeitnehmertätigkeit verpflichtet wird. ⁴Den Bezügen aus öffentlichen Mitteln wegen Hilfsbedürftigkeit gleichgestellt sind Beitragsermäßigungen und Prämienrückzahlungen eines Trägers der gesetzlichen Krankenversicherung für nicht in Anspruch genommene Beihilfeleistungen;

12. aus einer Bundeskasse oder Landeskasse gezahlte Bezüge, die zum einen

    a) in einem Bundesgesetz oder Landesgesetz,

    b) auf Grundlage einer bundesgesetzlichen oder landesgesetzlichen Ermächtigung beruhenden Bestimmung oder

    c) von der Bundesregierung oder einer Landesregierung

    als Aufwandsentschädigung festgesetzt sind und die zum anderen jeweils auch als Aufwandsentschädigung im Haushaltsplan ausgewiesen werden. ²Das Gleiche gilt für andere Bezüge, die als Aufwandsentschädigung aus öffentlichen Kassen an öffentliche Dienste leistende Personen gezahlt werden, soweit nicht festgestellt wird, dass sie für Verdienstausfall oder Zeitverlust gewährt werden oder den Aufwand, der dem Empfänger erwächst, offenbar übersteigen;

13. die aus öffentlichen Kassen gezahlten Reisekostenvergütungen, Umzugskostenvergütungen und Trennungsgelder. ²Die als Reisekostenvergütung gezahlten Vergütungen für Verpflegung sind nur insoweit steuerfrei, als sie die Pauschbeträge nach § 9 Absatz 4a nicht übersteigen; Trennungsgelder sind nur insoweit steuerfrei, als sie die nach § 9 Absatz 1 Satz 3 Nummer 5 und Absatz 4a abziehbaren Aufwendungen nicht übersteigen;

14. Zuschüsse eines Trägers der gesetzlichen Rentenversicherung zu den Aufwendungen eines Rentners für seine Krankenversicherung und von dem gesetzlichen Rentenversicherungsträger getragene Anteile (§ 249a des Fünften Buches Sozialgesetzbuch) an den Beiträgen für die gesetzliche Krankenversicherung;

15. (weggefallen)

16. die Vergütungen, die Arbeitnehmer außerhalb des öffentlichen Dienstes von ihrem Arbeitgeber zur Erstattung von Reisekosten, Umzugskosten oder Mehraufwendungen bei doppelter Haushaltsführung erhalten, soweit sie die nach § 9 als Werbungskosten abziehbaren Aufwendungen nicht übersteigen;

17. Zuschüsse zum Beitrag nach § 32 des Gesetzes über die Alterssicherung der Landwirte;

18. das Aufgeld für ein an die Bank für Vertriebene und Geschädigte (Lastenausgleichsbank) zugunsten des Ausgleichsfonds (§ 5 des Lastenausgleichsgesetzes) gegebenes Darlehen, wenn das Darlehen nach § 7f des Gesetzes in der Fassung der Bekanntmachung vom 15. September 1953 (BGBl. I S. 1355) im Jahr der Hingabe als Betriebsausgabe abzugsfähig war;

19. (weggefallen)

20. die aus öffentlichen Mitteln des Bundespräsidenten aus sittlichen oder sozialen Gründen gewährten Zuwendungen an besonders verdiente Personen oder ihre Hinterbliebenen;

21. (weggefallen)

22. (weggefallen)

23. die Leistungen nach dem Häftlingshilfegesetz, dem Strafrechtlichen Rehabilitierungsgesetz, dem Verwaltungsrechtlichen Rehabilitierungsgesetz und dem Beruflichen Rehabilitierungsgesetz;

24. Leistungen, die auf Grund des Bundeskindergeldgesetzes gewährt werden;

25. Entschädigungen nach dem Infektionsschutzgesetz vom 20. Juli 2000 (BGBl. I S. 1045);

26. Einnahmen aus nebenberuflichen Tätigkeiten als Übungsleiter, Ausbilder, Erzieher, Betreuer oder vergleichbaren nebenberuflichen Tätigkeiten, aus nebenberuflichen künstlerischen Tätigkeiten oder der nebenberuflichen Pflege alter, kranker oder behinderter Menschen im Dienst oder im Auftrag einer juristischen Person des öffentlichen Rechts, die in einem Mitgliedstaat der Europäischen Union oder in einem Staat belegen ist, auf den das Abkommen über den Europäischen Wirtschaftsraum Anwendung findet, oder einer unter § 5 Abs. 1 Nr. 9 des Körperschaftsteuergesetzes fallenden Einrichtung zur Förderung gemeinnütziger, mildtätiger und kirchlicher Zwecke (§§ 52 bis 54 der Abgabenordnung) bis zur Höhe von insgesamt 2400 Euro im Jahr. ²Überschreiten die Einnahmen für die in Satz 1 bezeichneten Tätigkeiten den steuerfreien Betrag, dürfen die mit den nebenberuflichen Tätigkeiten in unmittelbarem wirtschaftlichen Zusammenhang stehenden Ausgaben abweichend von § 3c nur insoweit als Betriebsausgaben oder Werbungskosten abgezogen werden, als sie den Betrag der steuerfreien Einnahmen übersteigen;

26a. ¹Einnahmen aus nebenberuflichen Tätigkeiten im Dienst oder Auftrag einer juristischen Person des öffentlichen Rechts, die in einem Mitgliedstaat der Europäischen Union oder in einem Staat belegen ist, auf den das Abkommen über den Europäischen Wirtschaftsraum Anwendung findet, oder einer unter § 5 Abs. 1 Nr. 9 des Körperschaftsteuergesetzes fallenden Einrichtung zur Förderung gemeinnütziger, mildtätiger und kirchlicher Zwecke (§§ 52 bis 54 der Abgabenordnung) bis zur Höhe von insgesamt 720 Euro im Jahr. ²Die Steuerbefreiung ist ausgeschlossen, wenn für die Einnahmen aus der Tätigkeit – ganz oder teilweise – eine Steuerbefreiung nach § 3 Nr. 12, 26 oder 26b gewährt wird. ³Überschreiten die Einnahmen für die in Satz 1 bezeichneten Tätigkeiten den steuerfreien Betrag, dürfen die mit den nebenberuflichen Tätigkeiten in unmittelbarem wirtschaftlichen Zusammenhang stehenden Ausgaben abweichend von § 3c nur insoweit als Betriebsausgaben oder Werbungskosten abgezogen werden, als sie den Betrag der steuerfreien Einnahmen übersteigen;

26b. Aufwandsentschädigungen nach § 1835a des Bürgerlichen Gesetzbuchs, soweit sie zusammen mit den steuerfreien Einnahmen im Sinne der Nummer 26 den Freibetrag nach Nummer 26 Satz 1 nicht überschreiten. ²Nummer 26 Satz 2 gilt entsprechend;

27. der Grundbetrag der Produktionsaufgaberente und das Ausgleichsgeld nach dem Gesetz zur Förderung der Einstellung der landwirtschaftlichen Erwerbstätigkeit bis zum Höchstbetrag von 18 407 Euro;

28. die Aufstockungsbeträge im Sinne des § 3 Abs. 1 Nr. 1 Buchstabe a sowie die Beiträge und Aufwendungen im Sinne des § 3 Abs. 1 Nr. 1 Buchstabe b und des § 4 Abs. 2 des Altersteilzeitgesetzes, die Zuschläge, die versicherungsfrei Beschäftigte im Sinne des § 27 Abs. 1 Nr. 1 bis 3 des Dritten Buches Sozialgesetzbuch zur Aufstockung der Bezüge bei Altersteilzeit nach beamtenrechtlichen Vorschriften oder Grundsätzen erhalten sowie die Zahlungen des Arbeitgebers zur Übernahme der Beiträge im Sinne des § 187a des Sechsten Buches Sozialgesetzbuch, soweit sie 50 Prozent der Beiträge nicht übersteigen;

29. das Gehalt und die Bezüge,

a) die die diplomatischen Vertreter ausländischer Staaten, die ihnen zugewiesenen Beamten und die in ihren Diensten stehenden Personen erhalten. ²Dies gilt nicht für deutsche Staatsangehörige oder für im Inland ständig ansässige Personen;

b) der Berufskonsuln, der Konsulatsangehörigen und ihres Personals, soweit sie Angehörige des Entsendestaats sind. ²Dies gilt nicht für Personen, die im Inland ständig ansässig sind oder außerhalb ihres Amtes oder Dienstes einen Beruf, ein Gewerbe oder eine andere gewinnbringende Tätigkeit ausüben;

30. Entschädigungen für die betriebliche Benutzung von Werkzeugen eines Arbeitnehmers (Werkzeuggeld), soweit sie die entsprechenden Aufwendungen des Arbeitnehmers nicht offensichtlich übersteigen;

31. die typische Berufskleidung, die der Arbeitgeber seinem Arbeitnehmer unentgeltlich oder verbilligt überlässt; dasselbe gilt für eine Barablösung eines nicht nur einzelvertraglichen Anspruchs auf Gestellung von typischer Berufskleidung, wenn die Barablösung betrieblich veranlasst ist und die entsprechenden Aufwendungen des Arbeitnehmers nicht offensichtlich übersteigt;

32. die unentgeltliche oder verbilligte Sammelbeförderung eines Arbeitnehmers zwischen Wohnung und erster Tätigkeitsstätte sowie bei Fahrten nach § 9 Absatz 1 Satz 3 Nummer 4 Satz 3 mit einem vom Arbeitgeber gestellten Beförderungsmittel, soweit die Sammelbeförderung für den betrieblichen Einsatz des Arbeitnehmers notwendig ist;

33. zusätzlich zum ohnehin geschuldeten Arbeitslohn erbrachte Leistungen des Arbeitgebers zur Unterbringung und Betreuung von nicht schulpflichtigen Kindern der Arbeitnehmer in Kindergärten oder vergleichbaren Einrichtungen;
34. zusätzlich zum ohnehin geschuldeten Arbeitslohn erbrachte Leistungen des Arbeitgebers zur Verbesserung des allgemeinen Gesundheitszustands und der betrieblichen Gesundheitsförderung, die hinsichtlich Qualität, Zweckbindung und Zielgerichtetheit den Anforderungen der §§ 20 und 20a des Fünften Buches Sozialgesetzbuch genügen, soweit sie 500 Euro im Kalenderjahr nicht übersteigen;
34a. zusätzlich zum ohnehin geschuldeten Arbeitslohn erbrachte Leistungen des Arbeitgebers

   a) an ein Dienstleistungsunternehmen, das den Arbeitnehmer hinsichtlich der Betreuung von Kindern oder pflegebedürftigen Angehörigen berät oder hierfür Betreuungspersonen vermittelt sowie

   b) zur kurzfristigen Betreuung von Kindern im Sinne des § 32 Absatz 1, die das 14. Lebensjahr noch nicht vollendet haben oder die wegen einer vor Vollendung des 25. Lebensjahres eingetretenen körperlichen, geistigen oder seelischen Behinderung außerstande sind, sich selbst zu unterhalten oder pflegebedürftigen Angehörigen des Arbeitnehmers, wenn die Betreuung aus zwingenden und beruflich veranlassten Gründen notwendig ist, auch wenn sie im privaten Haushalt des Arbeitnehmers stattfindet, soweit die Leistungen 600 Euro im Kalenderjahr nicht übersteigen;

35. die Einnahmen der bei der Deutsche Post AG, Deutsche Postbank AG oder Deutsche Telekom AG beschäftigten Beamten, soweit die Einnahmen ohne Neuordnung des Postwesens und der Telekommunikation nach den Nummern 11 bis 13 und 64 steuerfrei wären;
36. Einnahmen für Leistungen zur Grundpflege oder hauswirtschaftlichen Versorgung bis zur Höhe des Pflegegeldes nach § 37 des Elften Buches Sozialgesetzbuch, wenn diese Leistungen von Angehörigen des Pflegebedürftigen oder von anderen Personen, die damit eine sittliche Pflicht im Sinne des § 33 Abs. 2 gegenüber dem Pflegebedürftigen erfüllen, erbracht werden. ²Entsprechendes gilt, wenn der Pflegebedürftige Pflegegeld aus privaten Versicherungsverträgen nach den Vorgaben des Elften Buches Sozialgesetzbuch oder eine Pauschalbeihilfe nach Beihilfevorschriften für häusliche Pflege erhält;
37. (weggefallen)
38. Sachprämien, die der Steuerpflichtige für die persönliche Inanspruchnahme von Dienstleistungen von Unternehmen unentgeltlich erhält, die diese zum Zwecke der Kundenbindung im allgemeinen Geschäftsverkehr in einem jedermann zugänglichen planmäßigen Verfahren gewähren, soweit der Wert der Prämien 1 080 Euro im Kalenderjahr nicht übersteigt;
39. ¹der Vorteil des Arbeitnehmers im Rahmen eines gegenwärtigen Dienstverhältnisses aus der unentgeltlichen oder verbilligten Überlassung von Vermögensbeteiligungen im Sinne des § 2 Abs. 1 Nr. 1 Buchstabe a, b und f bis l und Abs. 2 bis 5 des Fünften Vermögensbildungsgesetzes in der Fassung der Bekanntmachung vom 4. März 1994 (BGBl. I S. 406), zuletzt geändert durch Artikel 2 des Gesetzes vom 7. März 2009 (BGBl. I S. 451), in der jeweils geltenden Fassung, am Unternehmen des Arbeitgebers, soweit der Vorteil insgesamt 360 Euro im Kalenderjahr nicht übersteigt. ²Voraussetzung für die Steuerfreiheit ist, dass die Beteiligung mindestens allen Arbeitnehmern offensteht, die im Zeitpunkt der Bekanntgabe des Angebots ein Jahr oder länger ununterbrochen in einem gegenwärtigen Dienstverhältnis zum Unternehmen stehen. ³Als Unternehmen des Arbeitgebers im Sinne des Satzes 1 gilt auch ein Unternehmen im Sinne des § 18 des Aktiengesetzes. ⁴Als Wert der Vermögensbeteiligung ist der gemeine Wert anzusetzen;
40. 40 Prozent

   a) der Betriebsvermögensmehrungen oder Einnahmen aus der Veräußerung oder der Entnahme von Anteilen an Körperschaften, Personenvereinigungen und Vermögensmassen, deren Leistungen beim Empfänger zu Einnahmen im Sinne des § 20 Abs. 1 Nr. 1 und 9 gehören oder an einer Organgesellschaft im Sinne des § 14 oder 17 des Körperschaftsteuergesetzes oder aus deren Auflösung oder Herabsetzung von deren Nennkapital oder aus dem Ansatz eines solchen Wirtschaftsguts mit dem Wert, der sich nach § 6 Abs. 1 Nr. 2 Satz 3 ergibt, soweit sie zu den Einkünften aus Land- und Forstwirtschaft, aus Gewerbebetrieb oder aus selbständiger Arbeit gehören. ²Dies gilt nicht, soweit der Ansatz des niedrigeren Teilwerts in vollem Umfang zu einer Gewinnminderung geführt hat und soweit diese Gewinnminderung nicht durch Ansatz eines Werts, der sich nach § 6 Abs. 1 Nr. 2 Satz 3 ergibt, ausgeglichen worden ist. ³Satz 1 gilt außer für Betriebsvermögensmehrungen aus dem Ansatz mit dem Wert, der sich nach § 6 Abs. 1 Nr. 2 Satz 3 ergibt, ebenfalls nicht, soweit Abzüge nach § 6b oder ähnliche Abzüge voll steuerwirksam vorgenommen worden sind,

   b) des Veräußerungspreises im Sinne des § 16 Abs. 2, soweit er auf die Veräußerung von Anteilen an Körperschaften, Personenvereinigungen und Vermögensmassen entfällt, deren Leistungen beim Empfänger zu Einnahmen im Sinne des § 20 Abs. 1 Nr. 1 und 9 gehören oder an einer Organgesellschaft im Sinne des § 14 oder 17 des Körperschaftsteuergesetzes. ²Satz 1 ist in den Fällen des § 16 Abs. 3 entsprechend anzuwenden. ³Buchstabe a Satz 3 gilt entsprechend,

c) des Veräußerungspreises oder des gemeinen Werts im Sinne des § 17 Abs. 2. ²Satz 1 ist in den Fällen des § 17 Abs. 4 entsprechend anzuwenden,

d) der Bezüge im Sinne des § 20 Abs. 1 Nr. 1 und der Einnahmen im Sinne des § 20 Abs. 1 Nr. 9. ²Dies gilt nur, soweit sie das Einkommen der leistenden Körperschaft nicht gemindert haben. ³Satz 1 Buchstabe d Satz 2 gilt nicht, soweit eine verdeckte Gewinnausschüttung das Einkommen einer dem Steuerpflichtigen nahe stehenden Person erhöht hat und § 32a des Körperschaftsteuergesetzes auf die Veranlagung dieser nahe stehenden Person keine Anwendung findet,

e) der Bezüge im Sinne des § 20 Abs. 1 Nr. 2,

f) der besonderen Entgelte oder Vorteile im Sinne des § 20 Abs. 3, die neben den in § 20 Abs. 1 Nr. 1 und Abs. 2 Satz 1 Nr. 2 Buchstabe a bezeichneten Einnahmen oder an deren Stelle gewährt werden,

g) des Gewinns aus der Veräußerung von Dividendenscheinen und sonstigen Ansprüchen im Sinne des § 20 Abs. 2 Satz 1 Nr. 2 Buchstabe a,

h) des Gewinns aus der Abtretung von Dividendenansprüchen oder sonstigen Ansprüchen im Sinne des § 20 Abs. 2 Satz 1 Nr. 2 Buchstabe a in Verbindung mit § 20 Abs. 2 Satz 2,

i) der Bezüge im Sinne des § 22 Nr. 1 Satz 2, soweit diese von einer nicht von der Körperschaftsteuer befreiten Körperschaft, Personenvereinigung oder Vermögensmasse stammen.

²Dies gilt für Satz 1 Buchstabe d bis h nur in Verbindung mit § 20 Abs. 8. ³Satz 1 Buchstabe a, b und d bis h ist nicht anzuwenden für Anteile, die bei Kreditinstituten und Finanzdienstleistungsinstituten nach § 1a des Kreditwesengesetzes in Verbindung mit den Artikeln 102 bis 106 der Verordnung (EU) Nr. 575/2013 des Europäischen Parlaments und des Rates vom 26. Juni 2013 über Aufsichtsanforderungen an Kreditinstitute und Wertpapierfirmen und zur Änderung der Verordnung (EU) Nr. 646/2012 (ABl. L 176 vom 27.6.2013, S. 1) oder unmittelbar nach den Artikeln 102 bis 106 der Verordnung (EU) Nr. 575/2013 dem Handelsbuch zuzurechnen sind; Gleiches gilt für Anteile, die von Finanzunternehmen im Sinne des Gesetzes über das Kreditwesen mit dem Ziel der kurzfristigen Erzielung eines Eigenhandelserfolges erworben werden. ⁴Satz 3 zweiter Halbsatz gilt auch für Kreditinstitute, Finanzdienstleistungsinstitute und Finanzunternehmen mit Sitz in einem anderen Mitgliedstaat der Europäischen Union oder in einem anderen Vertragsstaat des EWR-Abkommens.

40a. 40 Prozent der Vergütungen im Sinne des § 18 Abs. 1 Nr. 4;

41. a) Gewinnausschüttungen, soweit für das Kalenderjahr oder Wirtschaftsjahr, in dem sie bezogen werden, oder für die vorangegangenen sieben Kalenderjahre oder Wirtschaftsjahre aus einer Beteiligung an derselben ausländischen Gesellschaft Hinzurechnungsbeträge (§ 10 Abs. 2 des Außensteuergesetzes)[1] der Einkommensteuer unterlegen haben, § 11 Abs. 1 und 2 des Außensteuergesetzes[2] in der Fassung des Artikels 12 des Gesetzes vom 21. Dezember 1993 (BGBl. I S. 2310) nicht anzuwenden war und der Steuerpflichtige dies nachweist; § 3c Abs. 2 gilt entsprechend;

b) Gewinne aus der Veräußerung eines Anteils an einer ausländischen Kapitalgesellschaft sowie aus deren Auflösung oder Herabsetzung ihres Kapitals, soweit für das Kalenderjahr oder Wirtschaftsjahr, in dem sie bezogen werden, oder für die vorangegangenen sieben Kalenderjahre oder Wirtschaftsjahre aus einer Beteiligung an derselben ausländischen Gesellschaft Hinzurechnungsbeträge (§ 10 Abs. 2 des Außensteuergesetzes)[3] der Einkommensteuer unterlegen haben, § 11 Abs. 1 und 2 des Außensteuergesetzes[4] in der Fassung des Artikels 12 des Gesetzes vom 21. Dezember 1993 (BGBl. I S. 2310) nicht anzuwenden war, der Steuerpflichtige dies nachweist und der Hinzurechnungsbetrag ihm nicht als Gewinnanteil zugeflossen ist.

²Die Prüfung, ob Hinzurechnungsbeträge der Einkommensteuer unterlegen haben, erfolgt im Rahmen der gesonderten Feststellung nach § 18 des Außensteuergesetzes.[5]

42. die Zuwendungen, die auf Grund des Fulbright-Abkommens gezahlt werden;

43. der Ehrensold für Künstler sowie Zuwendungen aus Mitteln der Deutschen Künstlerhilfe, wenn es sich um Bezüge aus öffentlichen Mitteln handelt, die wegen der Bedürftigkeit des Künstlers gezahlt werden;

44. Stipendien, die aus öffentlichen Mitteln oder von zwischenstaatlichen oder überstaatlichen Einrichtungen, denen die Bundesrepublik Deutschland als Mitglied angehört, zur Förderung der Forschung oder zur Förderung der wissenschaftlichen oder künstlerischen Ausbildung oder Fortbildung gewährt werden. ²Das Gleiche gilt für Stipendien, die zu den in

---

1) Siehe Anhang 2.
2) Siehe Anhang 2.
3) Siehe Anhang 2.
4) Siehe Anhang 2.
5) Siehe Anhang 2.

Satz 1 bezeichneten Zwecken von einer Einrichtung, die von einer Körperschaft des öffentlichen Rechts errichtet ist oder verwaltet wird, oder von einer Körperschaft, Personenvereinigung oder Vermögensmasse im Sinne des § 5 Abs. 1 Nr. 9 des Körperschaftsteuergesetzes gegeben werden. ³Voraussetzung für die Steuerfreiheit ist, dass

a) die Stipendien einen für die Erfüllung der Forschungsaufgabe oder für die Bestreitung des Lebensunterhalts und die Deckung des Ausbildungsbedarfs erforderlichen Betrag nicht übersteigen und nach den von dem Geber erlassenen Richtlinien vergeben werden,

b) der Empfänger im Zusammenhang mit dem Stipendium nicht zu einer bestimmten wissenschaftlichen oder künstlerischen Gegenleistung oder zu einer bestimmten Arbeitnehmertätigkeit verpflichtet ist;

45. die Vorteile des Arbeitnehmers aus der privaten Nutzung von betrieblichen Datenverarbeitungsgeräten und Telekommunikationsgeräten sowie deren Zubehör, aus zur privaten Nutzung überlassenen System- und Anwendungsprogrammen, die der Arbeitgeber auch in seinem Betrieb einsetzt, und aus den im Zusammenhang mit diesen Zuwendungen erbrachten Dienstleistungen. ²Satz 1 entsprechend für Steuerpflichtige, denen die Vorteile im Rahmen einer Tätigkeit zugewendet werden, für die sie eine Aufwandsentschädigung im Sinne des § 3 Nummer 12 erhalten;

46. (weggefallen)

47. Leistungen nach § 14a Abs. 4 und § 14b des Arbeitsplatzschutzgesetzes;

48. Leistungen nach dem Unterhaltssicherungsgesetz, soweit sie nicht nach dessen § 15 Abs. 1 Satz 2 steuerpflichtig sind;

49. (weggefallen)

50. die Beträge, die der Arbeitnehmer vom Arbeitgeber erhält, um sie für ihn auszugeben (durchlaufende Gelder), und die Beträge, durch die Auslagen des Arbeitnehmers für den Arbeitgeber ersetzt werden (Auslagenersatz);

51. Trinkgelder, die anlässlich einer Arbeitsleistung dem Arbeitnehmer von Dritten freiwillig und ohne dass ein Rechtsanspruch auf sie besteht, zusätzlich zu dem Betrag gegeben werden, der für diese Arbeitsleistung zu zahlen ist;

52. (weggefallen);

53. die Übertragung von Wertguthaben nach § 7f Abs. 1 Satz 1 Nr. 2 des Vierten Buches Sozialgesetzbuch auf die Deutsche Rentenversicherung Bund. ²Die Leistungen aus dem Wertguthaben durch die Deutsche Rentenversicherung Bund gehören zu den Einkünften aus nichtselbständiger Arbeit im Sinne des § 19. ³Von ihnen ist Lohnsteuer einzubehalten;

54. Zinsen aus Entschädigungsansprüchen für deutsche Auslandsbonds im Sinne der §§ 52 bis 54 des Bereinigungsgesetzes für deutsche Auslandsbonds in der im Bundesgesetzblatt Teil III, Gliederungsnummer 4139-2, veröffentlichten bereinigten Fassung, soweit sich die Entschädigungsansprüche gegen den Bund oder die Länder richten. ²Das Gleiche gilt für die Zinsen aus Schuldverschreibungen und Schuldbuchforderungen, die nach den §§ 9, 10 und 14 des Gesetzes zur näheren Regelung der Entschädigungsansprüche für Auslandsbonds in der im Bundesgesetzblatt Teil III, Gliederungsnummer 4139-3, veröffentlichten bereinigten Fassung vom Bund oder von den Ländern für Entschädigungsansprüche erteilt oder eingetragen werden;

55. der in den Fällen des § 4 Abs. 2 Nr. 2 und Abs. 3 des Betriebsrentengesetzes[1] vom 19. Dezember 1974 (BGBl. I S. 3610), das zuletzt durch Artikel 8 des Gesetzes vom 5. Juli 2004 (BGBl. I S. 1427) geändert worden ist, in der jeweils geltenden Fassung geleistete Übertragungswert nach § 4 Abs. 5 des Betriebsrentengesetzes,[2] wenn die betriebliche Altersversorgung beim ehemaligen und neuen Arbeitgeber über einen Pensionsfonds, eine Pensionskasse oder ein Unternehmen der Lebensversicherung durchgeführt wird. ²Satz 1 gilt auch, wenn der Übertragungswert vom ehemaligen Arbeitgeber oder von einer Unterstützungskasse an den neuen Arbeitgeber oder eine andere Unterstützungskasse geleistet wird. ³Die Leistungen des neuen Arbeitgebers, der Unterstützungskasse, des Pensionsfonds, der Pensionskasse oder des Unternehmens der Lebensversicherung auf Grund des Betrages nach Satz 1 und 2 gehören zu den Einkünften, zu denen die Leistungen gehören würden, wenn die Übertragung nach § 4 Abs. 2 Nr. 2 und Abs. 3 des Betriebsrentengesetzes[3] nicht stattgefunden hätte;

55a. die nach § 10 des Versorgungsausgleichsgesetzes vom 3. April 2009 (BGBl. I S. 700) in der jeweils geltenden Fassung (interne Teilung) durchgeführte Übertragung von Anrechten für die ausgleichsberechtigte Person zu Lasten von Anrechten der ausgleichspflichtigen Person. ²Die Leistungen aus diesen Anrechten gehören bei der ausgleichsberechtigten Person zu den Einkünften, zu denen die Leistungen bei der ausgleichspflichtigen Person gehören würden, wenn die interne Teilung nicht stattgefunden hätte;

55b. der nach § 14 des Versorgungsausgleichsgesetzes (externe Teilung) geleistete Ausgleichswert zur Begründung von Anrechten für die ausgleichsberechtigte Person zu Lasten von Anrechten der ausgleichspflichtigen Person, soweit Leistungen aus diesen Anrechten zu steuerpflichtigen Einkünften nach den §§ 19, 20 und 22 führen würden. ²Satz 1 gilt nicht, soweit

---

1) Siehe Anhang 16.
2) Siehe Anhang 16.
3) Siehe Anhang 16.

Leistungen, die auf dem begründeten Anrecht beruhen, bei der ausgleichsberechtigten Person zu Einkünften nach § 20 Abs. 1; Nr. 6 oder § 22 Nr. 1 Satz 3 Buchstabe a Doppelbuchstabe bb führen würden. ³Der Versorgungsträger der ausgleichspflichtigen Person hat den Versorgungsträger der ausgleichsberechtigten Person über die für die Besteuerung der Leistungen erforderlichen Grundlagen zu informieren. ⁴Dies gilt nicht, wenn der Versorgungsträger der ausgleichsberechtigten Person die Grundlagen bereits kennt oder aus den bei ihm vorhandenen Daten feststellen kann und dieser Umstand dem Versorgungsträger der ausgleichspflichtigen Person mitgeteilt worden ist;

55c. Übertragungen von Altersvorsorgevermögen im Sinne des § 92 auf einen anderen auf den Namen des Steuerpflichtigen lautenden Altersvorsorgevertrag (§ 1 Absatz 1 Satz 1 Nummer 10 Buchstabe b des Altersvorsorgeverträge-Zertifizierungsgesetzes), soweit die Leistungen zu steuerpflichtigen Einkünften nach § 22 Nummer 5 führen würden. ²Dies gilt entsprechend

    a) wenn Anwartschaften der betrieblichen Altersversorgung abgefunden werden, soweit das Altersvorsorgevermögen zugunsten eines auf den Namen des Steuerpflichtigen lautenden Altersvorsorgevertrages geleistet wird,

    b) wenn im Fall des Todes des Steuerpflichtigen das Altersvorsorgevermögen auf einen auf den Namen des Ehegatten lautenden Altersvorsorgevertrag übertragen wird, wenn die Ehegatten im Zeitpunkt des Todes des Zulageberechtigten nicht dauernd getrennt gelebt haben (§ 26 Absatz 1) und ihren Wohnsitz oder gewöhnlichen Aufenthalt in einem Mitgliedstaat der Europäischen Union oder einem Staat hatten, auf den das Abkommen über den Europäischen Wirtschaftsraum anwendbar ist;

55d. Übertragungen von Anrechten aus einem nach § 5a Altersvorsorgeverträge-Zertifizierungsgesetz zertifizierten Vertrag auf einen anderen auf den Namen des Steuerpflichtigen lautenden nach § 5a Altersvorsorgeverträge-Zertifizierungsgesetz zertifizierten Vertrag;

55e. die auf Grund eines Abkommens mit einer zwischen- oder überstaatlichen Einrichtung übertragenen Werte von Anrechten auf Altersversorgung, soweit diese zur Begründung von Anrechten auf Altersversorgung bei einer zwischen- oder überstaatlichen Einrichtung dienen. ²Die Leistungen auf Grund des Betrags nach Satz 1 gehören zu den Einkünften, zu denen die Leistungen gehören, die die übernehmende Versorgungseinrichtung im Übrigen erbringt;

56. Zuwendungen des Arbeitgebers nach § 19 Abs. 1 Satz 1 Nr. 3 Satz 1 aus dem ersten Dienstverhältnis an eine Pensionskasse zum Aufbau einer nicht kapitalgedeckten betrieblichen Altersversorgung, bei der eine Auszahlung der zugesagten Alters-, Invaliditäts- oder Hinterbliebenenversorgung in Form einer Rente oder eines Auszahlungsplans (§ 1 Abs. 1 Satz 1 Nr. 4 des Altersvorsorgeverträge-Zertifizierungsgesetzes) vorgesehen ist, soweit diese Zuwendungen im Kalenderjahr 1 Prozent der Beitragsbemessungsgrenze in der allgemeinen Rentenversicherung nicht übersteigen. ²Der in Satz 1 genannte Höchstbetrag erhöht sich ab 1. Januar 2014 auf 2 Prozent, ab 1. Januar 2020 auf 3 Prozent und ab 1. Januar 2025 auf 4 Prozent der Beitragsbemessungsgrenze in der allgemeinen Rentenversicherung. ³Die Beträge nach den Sätzen 1 und 2 sind jeweils um die nach § 3 Nr. 63 Satz 1, 3 oder Satz 4 steuerfreien Beträge zu mindern;

57. die Beträge, die die Künstlersozialkasse zugunsten des nach dem Künstlersozialversicherungsgesetz Versicherten aus dem Aufkommen von Künstlersozialabgabe und Bundeszuschuss an einen Träger der Sozialversicherung oder an den Versicherten zahlt;

58. das Wohngeld nach dem Wohngeldgesetz, die sonstigen Leistungen aus öffentlichen Haushalten und Zweckvermögen zur Senkung der Miete oder Belastung im Sinne des § 11 Abs. 2 Nr. 4 des Wohngeldgesetzes sowie öffentliche Zuschüsse zur Deckung laufender Aufwendungen und Zinsvorteile bei Darlehen, die aus öffentlichen Haushalten gewährt werden, für eine zu eigenen Wohnzwecken genutzte Wohnung im eigenen Haus oder eine zu eigenen Wohnzwecken genutzte Eigentumswohnung, soweit die Zuschüsse und Zinsvorteile die Vorteile aus einer entsprechenden Förderung mit öffentlichen Mitteln nach dem Zweiten Wohnungsbaugesetz, dem Wohnraumförderungsgesetz oder einem Landesgesetz zur Wohnraumförderung nicht überschreiten, der Zuschuss für die Wohneigentumsbildung in innerstädtischen Altbauquartieren nach den Regelungen zum Stadtumbau Ost in den Verwaltungsvereinbarungen über die Gewährung von Finanzhilfen des Bundes an die Länder nach Artikel 104a Abs. 4 des Grundgesetzes zur Förderung städtebaulicher Maßnahmen;

59. die Zusatzförderung nach § 88e des Zweiten Wohnungsbaugesetzes und nach § 51f des Wohnungsbaugesetzes für das Saarland und Geldleistungen, die ein Mieter zum Zwecke der Wohnkostenentlastung nach dem Wohnraumförderungsgesetz oder einem Landesgesetz zur Wohnraumförderung, erhält, soweit die Einkünfte dem Mieter zuzurechnen sind, und die Vorteile aus einer mietweisen Wohnungsüberlassung im Zusammenhang mit einem Arbeitsverhältnis, soweit sie die Vorteile aus einer entsprechenden Förderung nach dem zweiten Wohnungsbaugesetz, nach dem Wohnraumförderungsgesetz oder einem Landesgesetz zur Wohnraumförderung nicht überschreiten.

60. Leistungen aus öffentlichen Mitteln an Arbeitnehmer des Steinkohlen-, Pechkohlen- und Erzbergbaues, des Braunkohlentiefbaues und der Eisen- und Stahlindustrie aus Anlass von

Stilllegungs-, Einschränkungs-, Umstellungs- oder Rationalisierungsmaßnahmen;

61. Leistungen nach § 4 Abs. 1 Nr. 2, § 7 Abs. 3, §§ 9, 10 Abs. 1, §§ 13, 15 des Entwicklungshelfer-Gesetzes;

62. Ausgaben des Arbeitgebers für die Zukunftssicherung des Arbeitnehmers, soweit der Arbeitgeber dazu nach sozialversicherungsrechtlichen oder anderen gesetzlichen Vorschriften oder nach einer auf gesetzlicher Ermächtigung beruhenden Bestimmung verpflichtet ist und es sich nicht um Zuwendungen oder Beiträge des Arbeitgebers nach den Nummern 56 und 63 handelt. ²Den Ausgaben des Arbeitgebers für die Zukunftssicherung, die auf Grund gesetzlicher Verpflichtung geleistet werden, werden gleichgestellt Zuschüsse des Arbeitgebers zu den Aufwendungen des Arbeitnehmers

   a) für eine Lebensversicherung,
   b) für die freiwillige Versicherung in der gesetzlichen Rentenversicherung,
   c) für eine öffentlich-rechtliche Versicherungs- oder Versorgungseinrichtung seiner Berufsgruppe,

   wenn der Arbeitnehmer von der Versicherungspflicht in der gesetzlichen Rentenversicherung befreit worden ist. ³Die Zuschüsse sind nur insoweit steuerfrei, als sie insgesamt bei Befreiung von der Versicherungspflicht in der allgemeinen Rentenversicherung die Hälfte und bei Befreiung von der Versicherungspflicht in der knappschaftlichen Rentenversicherung zwei Drittel der Gesamtaufwendungen des Arbeitnehmers nicht übersteigen und nicht höher sind als der Betrag, der als Arbeitgeberanteil bei Versicherungspflicht in der allgemeinen Rentenversicherung oder in der knappschaftlichen Rentenversicherung zu zahlen wäre. ⁴Die Sätze 2 und 3 gelten sinngemäß für Beiträge des Arbeitgebers zu einer Pensionskasse, wenn der Arbeitnehmer bei diesem Arbeitgeber nicht im Inland beschäftigt ist und der Arbeitgeber keine Beiträge zur gesetzlichen Rentenversicherung im Inland leistet; Beiträge des Arbeitgebers zu einer Rentenversicherung auf Grund gesetzlicher Verpflichtung sind anzurechnen;

63. Beiträge des Arbeitgebers aus dem ersten Dienstverhältnis an einen Pensionsfonds, eine Pensionskasse oder für eine Direktversicherung zum Aufbau einer kapitalgedeckten betrieblichen Altersversorgung, bei der eine Auszahlung der zugesagten Alters-, Invaliditäts- oder Hinterbliebenenversorgungsleistungen in Form einer Rente oder eines Auszahlungsplans (§ 1 Abs. 1 Satz 1 Nr. 4 des Altersvorsorgeverträge-Zertifizierungsgesetzes vom 26. Juni 2001 (BGBl. I S. 1310, 1322), das zuletzt durch Artikel 7 des Gesetzes vom 5. Juli 2004 (BGBl. I S. 1427) geändert worden ist, in der jeweils geltenden Fassung vorgesehen ist, soweit die Beiträge im Kalenderjahr 4 Prozent der Beitragsbemessungsgrenze in der allgemeinen Rentenversicherung nicht übersteigen. ²Dies gilt nicht, soweit der Arbeitnehmer nach § 1a Abs. 3 des Betriebsrentengesetzes[1)] verlangt hat, dass die Voraussetzungen für eine Förderung nach § 10a oder Abschnitt XI erfüllt werden. ³Der Höchstbetrag nach Satz 1 erhöht sich um 1 800 Euro, wenn die Beiträge im Sinne des Satzes 1 auf Grund einer Versorgungszusage geleistet werden, die nach dem 31. Dezember 2004 erteilt wurde. ⁴Aus Anlass der Beendigung des Dienstverhältnisses geleistete Beiträge im Sinne des Satzes 1 sind steuerfrei, soweit sie 1 800 Euro vervielfältigt mit der Anzahl der Kalenderjahre, in denen das Dienstverhältnis des Arbeitnehmers zu dem Arbeitgeber bestanden hat, nicht übersteigen; der vervielfältigte Betrag vermindert sich um die nach den Sätzen 1 und 3 steuerfreien Beiträge, die der Arbeitgeber in dem Kalenderjahr, in dem das Dienstverhältnis beendet wird, und in den sechs vorangegangenen Kalenderjahren erbracht hat; Kalenderjahre vor 2005 sind dabei jeweils nicht zu berücksichtigen;

64. ¹bei Arbeitnehmern, die zu einer inländischen juristischen Person des öffentlichen Rechts in einem Dienstverhältnis stehen und dafür Arbeitslohn aus einer inländischen öffentlichen Kasse beziehen, die Bezüge für eine Tätigkeit im Ausland insoweit, als sie den Arbeitslohn übersteigen, der dem Arbeitnehmer bei einer gleichwertigen Tätigkeit am Ort der zahlenden öffentlichen Kasse zustehen würde. ²Satz 1 gilt auch, wenn das Dienstverhältnis zu einer anderen Person besteht, die den Arbeitslohn entsprechend den im Sinne des Satzes 1 geltenden Vorschriften ermittelt, der Arbeitslohn aus einer öffentlichen Kasse gezahlt wird und ganz oder im Wesentlichen aus öffentlichen Mitteln aufgebracht wird. ³Bei anderen für einen begrenzten Zeitraum in das Ausland entsandten Arbeitnehmern, die dort einen Wohnsitz oder gewöhnlichen Aufenthalt haben, ist der ihnen von einem inländischen Arbeitgeber gewährte Kaufkraftausgleich steuerfrei, soweit er den für vergleichbare Auslandsdienstbezüge nach § 55 des Bundesbesoldungsgesetzes zulässigen Betrag nicht übersteigt;

65. a) Beiträge des Trägers der Insolvenzsicherung (§ 14 des Betriebsrentengesetzes)[2)] zugunsten eines Versorgungsberechtigten und seiner Hinterbliebenen an eine Pensionskasse oder ein Unternehmen der Lebensversicherung zur Ablösung von Verpflichtungen, die der Träger der Insolvenzsicherung im Sicherungsfall gegenüber dem Versorgungsberechtigten und seinen Hinterbliebenen hat,

   b) Leistungen zur Übernahme von Versorgungsleistungen oder unverfallbarer Versorgungsanwartschaften durch eine Pensionskasse oder ein Unternehmen der Le-

---

1) Siehe Anhang 16.
2) Siehe Anhang 16.

bensversicherung in den in § 4 Abs. 4 des Betriebsrentengesetzes[1]) bezeichneten Fällen und

c) der Erwerb von Ansprüchen durch den Arbeitnehmer gegenüber einem Dritten im Fall der Eröffnung des Insolvenzverfahrens oder in den Fällen des § 7 Abs. 1 Satz 4 des Betriebsrentengesetzes,[2]) soweit der Dritte neben dem Arbeitgeber für die Erfüllung von Ansprüchen auf Grund bestehender Versorgungsverpflichtungen oder Versorgungsanwartschaften gegenüber dem Arbeitnehmer und dessen Hinterbliebenen einsteht; dies gilt entsprechend, wenn der Dritte für Wertguthaben aus einer Vereinbarung über die Altersteilzeit nach dem Altersteilzeitgesetz vom 23. Juli 1996 (BGBl. I S. 1078), zuletzt geändert durch Artikel 234 der Verordnung vom 31. Oktober 2006 (BGBl. I S. 2407), in der jeweils geltenden Fassung oder auf Grund von Wertguthaben aus einem Arbeitszeitkonto in den im ersten Halbsatz genannten Fällen für den Arbeitgeber einsteht.

²In den Fällen nach Buchstabe a, b und c gehören die Leistungen der Pensionskasse, des Unternehmens der Lebensversicherung oder des Dritten zu den Einkünften, zu denen jene Leistungen gehören würden, die ohne Eintritt eines Falles nach Buchstabe a, b und c zu erbringen wären. ³Soweit sie zu den Einkünften aus nichtselbständiger Arbeit im Sinne des § 19 gehören, ist von ihnen Lohnsteuer einzubehalten. ⁴Für die Erhebung der Lohnsteuer gelten die Pensionskasse, das Unternehmen der Lebensversicherung oder der Dritte als Arbeitgeber und der Leistungsempfänger als Arbeitnehmer;

66. Leistungen eines Arbeitgebers oder einer Unterstützungskasse an einen Pensionsfonds zur Übernahme bestehender Versorgungsverpflichtungen oder Versorgungsanwartschaften durch den Pensionsfonds, wenn ein Antrag nach § 4d Abs. 3 oder § 4e Abs. 3 gestellt worden ist;

67. a) das Erziehungsgeld nach dem Bundeserziehungsgeldgesetz und vergleichbare Leistungen der Länder,

b) das Elterngeld nach dem Bundeselterngeld- und Elternzeitgesetz und vergleichbare Leistungen der Länder,

c) Leistungen für Kindererziehung an Mütter der Geburtsjahrgänge vor 1921 nach den §§ 294 bis 299 des Sechsten Buches Sozialgesetzbuch sowie

d) Zuschläge, die nach den §§ 50a bis 50e des Beamtenversorgungsgesetzes oder nach §§ 70 bis 74 des Soldatenversorgungsgesetzes oder nach vergleichbaren Regelungen der Länder für ein vor dem 1. Januar 2015 geborenes Kind oder für eine vor dem 1. Januar 2015 begonnene Zeit der Pflege einer pflegebedürftigen Person zu gewähren sind; im Falle des Zusammentreffens von Zeiten für mehrere Kinder nach § 50b des Beamtenversorgungsgesetzes oder § 71 des Soldatenversorgungsgesetzes oder nach vergleichbaren Regelungen der Länder gilt dies, wenn eines der Kinder vor dem 1. Januar 2015 geboren ist;

68. die Hilfen nach dem Gesetz über die Hilfe für durch Anti-D-Immunprophylaxe mit dem Hepatitis-C-Virus infizierte Personen vom 2. August 2000 (BGBl. I S. 1270);

69. die von der Stiftung „Humanitäre Hilfe für durch Blutprodukte HIV-infizierte Personen" nach dem HIV-Hilfegesetz vom 24. Juli 1995 (BGBl. I S. 972) gewährten Leistungen;

70. die Hälfte

a) der Betriebsvermögensmehrungen oder Einnahmen aus der Veräußerung von Grund und Boden und Gebäuden, die am 1. Januar 2007 mindestens fünf Jahre zum Anlagevermögen eines inländischen Betriebsvermögens des Steuerpflichtigen gehören, wenn diese auf Grund eines nach dem 31. Dezember 2006 und vor dem 1. Januar 2010 rechtswirksam abgeschlossenen obligatorischen Vertrages an eine REIT-Aktiengesellschaft oder einen Vor-REIT veräußert werden,

b) der Betriebsvermögensmehrungen, die auf Grund der Eintragung eines Steuerpflichtigen in das Handelsregister als REIT-Aktiengesellschaft im Sinne des REIT-Gesetzes vom 28. Mai 2007 (BGBl. I S. 914) durch Anwendung des § 13 Abs. 1 und 3 Satz 1 des Körperschaftsteuergesetzes auf Grund und Boden und Gebäude entstehen, wenn diese Wirtschaftsgüter vor dem 1. Januar 2005 angeschafft oder hergestellt wurden, und die Schlussbilanz im Sinne des § 13 Abs. 1 und 3 des Körperschaftsteuergesetzes auf einen Zeitpunkt vor dem 1. Januar 2010 aufzustellen ist.

²Satz 1 ist nicht anzuwenden,

a) wenn der Steuerpflichtige den Betrieb veräußert oder aufgibt und der Veräußerungsgewinn nach § 34 besteuert wird,

b) soweit der Steuerpflichtige von den Regelungen der §§ 6b und 6c Gebrauch macht,

c) soweit der Ansatz des niedrigeren Teilwerts in vollem Umfang zu einer Gewinnminderung geführt hat und soweit diese Gewinnminderung nicht durch den Ansatz eines Werts, der sich nach § 6 Abs. 1 Nr. 1 Satz 4 ergibt, ausgeglichen worden ist,

d) wenn im Falle des Satzes 1 Buchstabe a der Buchwert zuzüglich der Veräußerungs-

---

1) Siehe Anhang 16.
2) Siehe Anhang 16.

EStG

kosten den Veräußerungserlös oder im Falle des Satzes 1 Buchstabe b der Buchwert den Teilwert übersteigt. ²Ermittelt der Steuerpflichtige den Gewinn nach § 4 Abs. 3, treten an die Stelle des Buchwerts die Anschaffungs- oder Herstellungskosten verringert um die vorgenommenen Absetzungen für Abnutzung oder Substanzverringerung,

e) soweit vom Steuerpflichtigen in der Vergangenheit Abzüge bei den Anschaffungs- oder Herstellungskosten von Wirtschaftsgütern im Sinne des Satzes 1 nach § 6b oder ähnliche Abzüge voll steuerwirksam vorgenommen worden sind,

f) wenn es sich um eine Übertragung im Zusammenhang mit Rechtsvorgängen handelt, die dem Umwandlungssteuergesetz[1] unterliegen und die Übertragung zu einem Wert unterhalb des gemeinen Werts erfolgt.

³Die Steuerbefreiung entfällt rückwirkend, wenn

a) innerhalb eines Zeitraums von vier Jahren seit dem Vertragsschluss im Sinne des Satzes 1 Buchstabe a der Erwerber oder innerhalb eines Zeitraums von vier Jahren nach dem Stichtag der Schlussbilanz im Sinne des Satzes 1 Buchstabe b die REIT-Aktiengesellschaft den Grund und Boden oder das Gebäude veräußert,

b) der Vor-REIT oder ein anderer Vor-REIT als sein Gesamtrechtsnachfolger den Status als Vor-REIT gemäß § 10 Absatz 3 Satz 1 des REIT-Gesetzes verliert,

c) die REIT-Aktiengesellschaft innerhalb eines Zeitraums von vier Jahren seit dem Vertragsschluss im Sinne des Satzes 1 Buchstabe a oder nach dem Stichtag der Schlussbilanz im Sinne des Satzes 1 Buchstabe b in keinem Veranlagungszeitraum die Voraussetzungen für die Steuerbefreiung erfüllt,

d) die Steuerbefreiung der REIT-Aktiengesellschaft innerhalb eines Zeitraums von vier Jahren seit dem Vertragsschluss im Sinne des Satzes 1 Buchstabe a oder nach dem Stichtag der Schlussbilanz im Sinne des Satzes 1 Buchstabe b endet,

e) das Bundeszentralamt für Steuern dem Erwerber im Sinne des Satzes 1 Buchstabe a den Status als Vor-REIT im Sinne des § 2 Satz 4 des REIT-Gesetzes vom 28. Mai 2007 (BGBl. I S. 914) bestandskräftig aberkannt hat.

⁴Die Steuerbefreiung entfällt auch rückwirkend, wenn die Wirtschaftsgüter im Sinne des Satzes 1 Buchstabe a vom Erwerber an den Veräußerer oder eine ihm nahe stehende Person im Sinne des § 1 Abs. 2 des Außensteuergesetzes[2] überlassen werden und der Veräußerer oder eine ihm nahe stehende Person im Sinne des § 1 Abs. 2 des Außensteuergesetzes nach Ablauf einer Frist von zwei Jahren seit Eintragung des Erwerbers als REIT-Aktiengesellschaft in das Handelsregister an dieser mittelbar oder unmittelbar zu mehr als 50 Prozent beteiligt ist. ⁵Der Grundstückserwerber haftet für die sich aus dem rückwirkenden Wegfall der Steuerbefreiung ergebenden Steuern;

71. die aus einer öffentlichen Kasse gezahlten Zuschüsse für den Erwerb eines Anteils an einer Kapitalgesellschaft in Höhe von 20 Prozent der Anschaffungskosten, höchstens jedoch 50 000 Euro. ²Voraussetzung ist, dass

a) der Anteil an der Kapitalgesellschaft länger als drei Jahre gehalten wird,

b) die Kapitalgesellschaft, deren Anteile erworben werden,

 aa) nicht älter ist als zehn Jahre, wobei das Datum der Eintragung der Gesellschaft in das Handelsregister maßgeblich ist,

 bb) weniger als 50 Mitarbeiter (Vollzeitäquivalente) hat,

 cc) einen Jahresumsatz oder eine Jahresbilanzsumme von höchstens 10 Millionen Euro hat und

 dd) nicht börsennotiert ist und keinen Börsengang vorbereitet,

c) der Zuschussempfänger das 18. Lebensjahr vollendet hat oder eine GmbH ist, deren Anteilseigner das 18. Lebensjahr vollendet haben und

d) für den Erwerb des Anteils kein Fremdkapital eingesetzt wird.

§ 3a
(weggefallen)

§ 3b
Steuerfreiheit von Zuschlägen für
Sonntags-, Feiertags- oder Nachtarbeit

(1) Steuerfrei sind Zuschläge, die für tatsächlich geleistete Sonntags-, Feiertags- oder Nachtarbeit neben dem Grundlohn gezahlt werden, soweit sie

1. für Nachtarbeit 25 Prozent,

2. vorbehaltlich der Nummern 3 und 4 für Sonntagsarbeit 50 Prozent,

3. vorbehaltlich der Nummer 4 für Arbeit am 31. Dezember ab 14 Uhr und an den gesetzlichen Feiertagen 125 Prozent,

4. für Arbeit am 24. Dezember ab 14 Uhr, am 25. und 26. Dezember sowie am 1. Mai 150 Prozent

des Grundlohns nicht übersteigen.

(2) ¹Grundlohn ist der laufende Arbeitslohn, der dem Arbeitnehmer bei der für ihn maßgebenden regelmäßigen Arbeitszeit für den jeweiligen Lohnzahlungszeitraum zusteht; er ist in einen Stundenlohn umzurechnen und mit höchstens 50 Euro an-

---

1) Siehe Anhang 4.
2) Siehe Anhang 2.

zusetzen. ²Nachtarbeit ist die Arbeit in der Zeit von 20 Uhr bis 6 Uhr. ³Sonntagsarbeit und Feiertagsarbeit ist die Arbeit in der Zeit von 0 Uhr bis 24 Uhr des jeweiligen Tages. ⁴Die gesetzlichen Feiertage werden durch die am Ort der Arbeitsstätte geltenden Vorschriften bestimmt.

(3) Wenn die Nachtarbeit vor 0 Uhr aufgenommen wird, gilt abweichend von den Absätzen 1 und 2 Folgendes:

1. Für Nachtarbeit in der Zeit von 0 Uhr bis 4 Uhr erhöht sich der Zuschlagssatz auf 40 Prozent,
2. als Sonntagsarbeit und Feiertagsarbeit gilt auch die Arbeit in der Zeit von 0 Uhr bis 4 Uhr des auf den Sonntag oder Feiertag folgenden Tages.

§ 3c
Anteilige Abzüge

(1) Ausgaben dürfen, soweit sie mit steuerfreien Einnahmen in unmittelbarem wirtschaftlichen Zusammenhang stehen, nicht als Betriebsausgaben oder Werbungskosten abgezogen werden; Absatz 2 bleibt unberührt.

(2) ¹Betriebsvermögensminderungen, Betriebsausgaben, Veräußerungskosten oder Werbungskosten, die mit den dem § 3 Nr. 40 zugrunde liegenden Betriebsvermögensmehrungen oder Einnahmen oder mit Vergütungen nach § 3 Nr. 40a in wirtschaftlichem Zusammenhang stehen, dürfen unabhängig davon, in welchem Veranlagungszeitraum die Betriebsvermögensmehrungen oder Einnahmen anfallen, bei der Ermittlung der Einkünfte nur zu 60 Prozent abgezogen werden; Entsprechendes gilt, wenn bei der Ermittlung der Einkünfte der Wert des Betriebsvermögens oder des Anteils am Betriebsvermögen oder die Anschaffungs- oder Herstellungskosten oder der an deren Stelle tretende Wert mindernd zu berücksichtigen sind. ²Satz 1 ist auch für Betriebsvermögensminderungen oder Betriebsausgaben im Zusammenhang mit einer Darlehensforderung oder aus der Inanspruchnahme von Sicherheiten anzuwenden, die für ein Darlehen hingegeben wurden, wenn das Darlehen oder die Sicherheit von einem Steuerpflichtigen gewährt wird, der zu mehr als einem Viertel unmittelbar oder mittelbar am Grund- oder Stammkapital der Körperschaft, der das Darlehen gewährt wurde, beteiligt ist oder war. ³Satz 2 ist insoweit nicht anzuwenden, als nachgewiesen wird, dass auch ein fremder Dritter das Darlehen bei sonst gleichen Umständen gewährt oder noch nicht zurückgefordert hätte; dabei sind nur die eigenen Sicherungsmittel der Körperschaft zu berücksichtigen. ⁴Die Sätze 2 und 3 gelten entsprechend für Forderungen aus Rechtshandlungen, die einer Darlehensgewährung wirtschaftlich vergleichbar sind. ⁵Gewinne aus dem Ansatz des nach § 6 Absatz 1 Nummer 2 Satz 3 maßgeblichen Werts bleiben bei der Ermittlung der Einkünfte außer Ansatz, soweit auf die vorangegangene Teilwertabschreibung Satz 2 angewendet worden ist. ⁶Satz 1 ist außerdem ungeachtet eines wirtschaftlichen Zusammenhangs mit den dem § 3 Nummer 40 zugrunde liegenden Betriebsvermögensmehrungen oder Einnahmen oder mit Vergütungen nach § 3 Nummer 40a auch auf Betriebsvermögensminderungen, Betriebsausgaben oder Veräußerungskosten eines Gesellschafters einer Körperschaft anzuwenden, soweit diese mit einer im Gesellschaftsverhältnis veranlassten unentgeltlichen Überlassung von Wirtschaftsgütern an diese Körperschaft oder bei einer teilentgeltlichen Überlassung von Wirtschaftsgütern mit dem unentgeltlichen Teil in Zusammenhang stehen und der Steuerpflichtige zu mehr als einem Viertel unmittelbar oder mittelbar am Grund- oder Stammkapital dieser Körperschaft beteiligt ist oder war. ⁷Für die Anwendung des Satzes 1 ist die Absicht zur Erzielung von Betriebsvermögensmehrungen oder Einnahmen im Sinne des § 3 Nummer 40 oder von Vergütungen im Sinne des § 3 Nummer 40a ausreichend. ⁸Satz 1 gilt auch für Wertminderungen des Anteils an einer Organgesellschaft, die nicht auf Gewinnausschüttungen zurückzuführen sind. ⁹§ 8b Abs. 10 des Körperschaftsteuergesetzes gilt sinngemäß.

(3) Betriebsvermögensminderungen, Betriebsausgaben oder Veräußerungskosten, die mit den Betriebsvermögensmehrungen oder Einnahmen im Sinne des § 3 Nr. 70 in wirtschaftlichem Zusammenhang stehen, dürfen unabhängig davon, in welchem Veranlagungszeitraum die Betriebsvermögensmehrungen oder Einnahmen anfallen, nur zur Hälfte abgezogen werden.

3. Gewinn
§ 4
Gewinnbegriff im Allgemeinen

(1) ¹Gewinn ist der Unterschiedsbetrag zwischen dem Betriebsvermögen am Schluss des Wirtschaftsjahrs und dem Betriebsvermögen am Schluss des vorangegangenen Wirtschaftsjahrs, vermehrt um den Wert der Entnahmen und vermindert um den Wert der Einlagen. ²Entnahmen sind alle Wirtschaftsgüter (Barentnahmen, Waren, Erzeugnisse, Nutzungen und Leistungen), die der Steuerpflichtige dem Betrieb für sich, für seinen Haushalt oder für andere betriebsfremde Zwecke im Laufe des Wirtschaftsjahrs entnommen hat. ³Einer Entnahme für betriebsfremde Zwecke steht der Ausschluss oder die Beschränkung des Besteuerungsrechts der Bundesrepublik Deutschland hinsichtlich des Gewinns aus der Veräußerung oder der Nutzung eines Wirtschaftsguts gleich. ⁴Ein Ausschluss oder eine Beschränkung des Besteuerungsrechts hinsichtlich des Gewinns aus der Veräußerung eines Wirtschaftsguts liegt insbesondere vor, wenn ein bisher einer inländischen Betriebsstätte des Steuerpflichtigen zuzuordnendes Wirtschaftsgut einer ausländischen Betriebsstätte zuzuordnen ist. ⁵Satz 3 gilt nicht für Anteile an einer Europäischen Gesellschaft oder Europäischen Genossenschaft in den Fällen

1. einer Sitzverlegung der Europäischen Gesellschaft nach Artikel 8 der Verordnung (EG) Nr. 2157/2001 des Rates vom 8. Oktober 2001 über das Statut der Europäischen Gesellschaft (SE) (ABl. EG Nr. L 294 S. 1), zuletzt geändert durch die Verordnung (EG) Nr. 885/ 2004 des Rates vom 26. April 2004 (ABl. EU Nr. L 168 S. 1), und

2. einer Sitzverlegung der Europäischen Genossenschaft nach Artikel 7 der Verordnung (EG) Nr. 1435/2003 des Rates vom 22. Juli 2003 über

das Statut der Europäischen Genossenschaft (SCE) (ABl. EU Nr. L 207 S. 1). [6]Ein Wirtschaftsgut wird nicht dadurch entnommen, dass der Steuerpflichtige zur Gewinnermittlung nach § 13a übergeht. [7]Eine Änderung der Nutzung eines Wirtschaftsguts, die bei Gewinnermittlung nach Satz 1 keine Entnahme ist, ist auch bei Gewinnermittlung nach § 13a keine Entnahme. [8]Einlagen sind alle Wirtschaftsgüter (Bareinzahlungen und sonstige Wirtschaftsgüter), die der Steuerpflichtige dem Betrieb im Laufe des Wirtschaftsjahrs zugeführt hat; einer Einlage steht die Begründung des Besteuerungsrechts der Bundesrepublik Deutschland hinsichtlich des Gewinns aus der Veräußerung eines Wirtschaftsguts gleich. [9]Bei der Ermittlung des Gewinns sind die Vorschriften über die Betriebsausgaben, über die Bewertung und über die Absetzung für Abnutzung oder Substanzverringerung zu befolgen.

(2) [1]Der Steuerpflichtige darf die Vermögensübersicht (Bilanz) auch nach ihrer Einreichung beim Finanzamt ändern, soweit sie den Grundsätzen ordnungsmäßiger Buchführung unter Befolgung der Vorschriften dieses Gesetzes nicht entspricht; die Änderung ist nicht zulässig, wenn die Vermögensübersicht (Bilanz) einer Steuerfestsetzung zugrunde liegt, die nicht mehr aufgehoben oder geändert werden kann. [2]Darüber hinaus ist eine Änderung der Vermögensübersicht (Bilanz) nur zulässig, wenn sie in einem engen zeitlichen und sachlichen Zusammenhang mit einer Änderung nach Satz 1 steht und soweit die Auswirkung der Änderung nach Satz 1 auf den Gewinn reicht.

(3) [1]Steuerpflichtige, die nicht auf Grund gesetzlicher Vorschriften verpflichtet sind, Bücher zu führen und regelmäßig Abschlüsse zu machen, und die auch keine Bücher führen und keine Abschlüsse machen, können als Gewinn den Überschuss der Betriebseinnahmen über die Betriebsausgaben ansetzen. [2]Hierbei scheiden Betriebseinnahmen und Betriebsausgaben aus, die im Namen und für Rechnung eines anderen vereinnahmt und verausgabt werden (durchlaufende Posten). [3]Die Vorschriften über die Bewertungsfreiheit für geringwertige Wirtschaftsgüter (§ 6 Abs. 2), die Bildung eines Sammelpostens (§ 6 Abs. 2a) und über die Absetzung für Abnutzung oder Substanzverringerung sind zu befolgen. [4]Die Anschaffungs- oder Herstellungskosten für nicht abnutzbare Wirtschaftsgüter des Anlagevermögens, für Anteile an Kapitalgesellschaften, für Wertpapiere und vergleichbare nicht verbriefte Forderungen und Rechte, für Grund und Boden sowie Gebäude des Umlaufvermögens sind erst im Zeitpunkt des Zuflusses des Veräußerungserlöses oder bei Entnahme im Zeitpunkt der Entnahme als Betriebsausgaben zu berücksichtigen. [5]Die Wirtschaftsgüter des Anlagevermögens und Wirtschaftsgüter des Umlaufvermögens im Sinne des Satzes 4 sind unter Angabe des Tages der Anschaffung oder Herstellung und der Anschaffungs- oder Herstellungskosten oder des an deren Stelle getretenen Werts in besondere, laufend zu führende Verzeichnisse aufzunehmen.

(4) Betriebsausgaben sind die Aufwendungen, die durch den Betrieb veranlasst sind.

(4a) [1]Schuldzinsen sind nach Maßgabe der Sätze 2 bis 4 nicht abziehbar, wenn Überentnahmen getätigt worden sind. [2]Eine Überentnahme ist der Betrag, um den die Entnahmen die Summe des Gewinns und der Einlagen des Wirtschaftsjahrs übersteigen. [3]Die nicht abziehbaren Schuldzinsen werden typisiert mit sechs Prozent der Überentnahme des Wirtschaftsjahrs zuzüglich der Überentnahmen vorangegangener Wirtschaftsjahre und abzüglich der Beträge, um die in den vorangegangenen Wirtschaftsjahren der Gewinn und die Einlagen die Entnahmen überstiegen haben (Unterentnahmen), ermittelt; bei der Ermittlung der Überentnahme ist vom Gewinn ohne Berücksichtigung der nach Maßgabe dieses Absatzes nicht abziehbaren Schuldzinsen auszugehen. [4]Der sich dabei ergebende Betrag, höchstens jedoch der um 2 050 Euro verminderte Betrag der im Wirtschaftsjahr angefallenen Schuldzinsen, ist dem Gewinn hinzuzurechnen. [5]Der Abzug von Schuldzinsen für Darlehen zur Finanzierung von Anschaffungs- oder Herstellungskosten von Wirtschaftsgütern des Anlagevermögens bleibt unberührt. [6]Die Sätze 1 bis 5 sind bei Gewinnermittlung nach § 4 Abs. 3 sinngemäß anzuwenden; hierzu sind Entnahmen und Einlagen gesondert aufzuzeichnen.

(5) [1]Die folgenden Betriebsausgaben dürfen den Gewinn nicht mindern:

1. [1]Aufwendungen für Geschenke an Personen, die nicht Arbeitnehmer des Steuerpflichtigen sind. [2]Satz 1 gilt nicht, wenn die Anschaffungs- oder Herstellungskosten der dem Empfänger im Wirtschaftsjahr zugewendeten Gegenstände insgesamt 35 Euro nicht übersteigen;

2. [1]Aufwendungen für die Bewirtung von Personen aus geschäftlichem Anlass, soweit sie 70 Prozent der Aufwendungen übersteigen, die nach der allgemeinen Verkehrsauffassung als angemessen anzusehen und deren Höhe und betriebliche Veranlassung nachgewiesen sind. [2]Zum Nachweis der Höhe und der betrieblichen Veranlassung der Aufwendungen hat der Steuerpflichtige schriftlich die folgenden Angaben zu machen: Ort, Tag, Teilnehmer und Anlass der Bewirtung sowie Höhe der Aufwendungen. [3]Hat die Bewirtung in einer Gaststätte stattgefunden, so genügen Angaben zu dem Anlass und den Teilnehmern der Bewirtung; die Rechnung über die Bewirtung ist beizufügen;

3. Aufwendungen für Einrichtungen des Steuerpflichtigen, soweit sie der Bewirtung, Beherbergung oder Unterhaltung von Personen, die nicht Arbeitnehmer des Steuerpflichtigen sind, dienen (Gästehäuser) und sich außerhalb des Orts eines Betriebs des Steuerpflichtigen befinden;

4. Aufwendungen für Jagd oder Fischerei, für Segeljachten oder Motorjachten sowie für ähnliche Zwecke und für die hiermit zusammenhängenden Bewirtungen;

5. [1]Mehraufwendungen für die Verpflegung des Steuerpflichtigen. [2]Wird der Steuerpflichtige vorübergehend von seiner Wohnung und dem Mittelpunkt seiner dauerhaft angelegten betrieblichen Tätigkeit entfernt betrieblich tätig,

sind die Mehraufwendungen für Verpflegung nach Maßgabe des § 9 Absatz 4a abziehbar;

6. Aufwendungen für die Wege des Steuerpflichtigen zwischen Wohnung und Betriebsstätte und für Familienheimfahrten, soweit in den folgenden Sätzen nichts anderes bestimmt ist. ²Zur Abgeltung dieser Aufwendung ist § 9 Absatz 1 Satz 3 Nummer 4 Satz 2 bis 6 und Nummer 5 Satz 5 bis 7 und Absatz 2 entsprechend anwenden. ³Bei der Nutzung eines Kraftfahrzeugs dürfen die Aufwendungen in Höhe des positiven Unterschiedsbetrags zwischen 0,03 Prozent des inländischen Listenpreises im Sinne des § 6 Absatz 1 Nummer 4 Satz 2 des Kraftfahrzeugs im Zeitpunkt der Erstzulassung je Kalendermonat für jeden Entfernungskilometer und dem sich nach § 9 Absatz 1 Satz 3 Nummer 4 Satz 2 bis 6 oder Absatz 2 ergebenden Betrag sowie Aufwendungen für Familienheimfahrten in Höhe des positiven Unterschiedsbetrags zwischen 0,002 Prozent des inländischen Listenpreises im Sinne des § 6 Absatz 1 Nummer 4 Satz 2 für jeden Entfernungskilometer und dem sich nach § 9 Absatz 1 Satz 3 Nummer 5 Satz 5 bis 7 oder Absatz 2 ergebenden Betrag den Gewinn nicht mindern; ermittelt der Steuerpflichtige die private Nutzung des Kraftfahrzeugs nach § 6 Absatz 1 Nummer 4 Satz 1 oder Satz 3, treten an die Stelle des mit 0,03 oder 0,002 Prozent des inländischen Listenpreises ermittelten Betrags für Fahrten zwischen Wohnung und Betriebsstätte und für Familienheimfahrten die auf diese Fahrten entfallenden tatsächlichen Aufwendungen; § 6 Absatz 1 Nr. 4 Satz 3 zweiter Halbsatz gilt sinngemäß;

6a. die Mehraufwendungen für eine betrieblich veranlasste doppelte Haushaltsführung, soweit sie die nach § 9 Absatz 1 Satz 3 Nummer 5 Satz 1 bis 4 abziehbaren Beträge und die Mehraufwendungen für betrieblich veranlasste Übernachtungen, soweit sie die nach § 9 Absatz 1 Satz 3 Nummer 5a abziehbaren Beträge übersteigen;

6b. ¹Aufwendungen für ein häusliches Arbeitszimmer sowie die Kosten der Ausstattung. ²Dies gilt nicht, wenn für die betriebliche oder berufliche Tätigkeit kein anderer Arbeitsplatz zur Verfügung steht. ³In diesem Fall wird die Höhe der abziehbaren Aufwendungen auf 1 250 Euro begrenzt; die Beschränkung der Höhe nach gilt nicht, wenn das Arbeitszimmer den Mittelpunkt der gesamten betrieblichen und beruflichen Betätigung bildet;

7. andere als die in den Nummern 1 bis 6 und 6b bezeichneten Aufwendungen, die die Lebensführung des Steuerpflichtigen oder anderer Personen berühren, soweit sie nach allgemeiner Verkehrsauffassung als unangemessen anzusehen sind;

8. ¹von einem Gericht oder einer Behörde im Geltungsbereich dieses Gesetzes oder von Organen der Europäische Union festgesetzte Geldbußen, Ordnungsgelder und Verwarnungsgelder. ²Dasselbe gilt für Leistungen zur Erfüllung von Auflagen oder Weisungen, die in einem berufsgerichtlichen Verfahren erteilt werden, soweit die Auflagen oder Weisungen nicht lediglich der Wiedergutmachung des durch die Tat verursachten Schadens dienen. ³Die Rückzahlung von Ausgaben im Sinne der Sätze 1 und 2 darf den Gewinn nicht erhöhen. ⁴Das Abzugsverbot für Geldbußen gilt nicht, soweit der wirtschaftliche Vorteil, der durch den Gesetzesverstoß erlangt wurde, abgeschöpft worden ist, wenn die Steuern vom Einkommen und Ertrag, die auf den wirtschaftlichen Vorteil entfallen, nicht abgezogen worden sind; Satz 3 ist insoweit nicht anzuwenden;

8a. Zinsen auf hinterzogene Steuern nach § 235 der Abgabenordnung;

9. Ausgleichszahlungen, die in den Fällen der §§ 14 und 17 des Körperschaftsteuergesetzes an außenstehende Anteilseigner geleistet werden;

10. ¹die Zuwendung von Vorteilen sowie damit zusammenhängende Aufwendungen, wenn die Zuwendung der Vorteile eine rechtswidrige Handlung darstellt, die den Tatbestand eines Strafgesetzes oder eines Gesetzes verwirklicht, das die Ahndung mit einer Geldbuße zulässt. ²Gerichte, Staatsanwaltschaften oder Verwaltungsbehörden haben Tatsachen, die sie dienstlich erfahren und die den Verdacht einer Tat im Sinne des Satzes 1 begründen, der Finanzbehörde für Zwecke des Besteuerungsverfahrens und zur Verfolgung von Steuerstraftaten und Steuerordnungswidrigkeiten mitzuteilen. ³Die Finanzbehörde teilt Tatsachen, die den Verdacht einer Straftat oder einer Ordnungswidrigkeit im Sinne des Satzes 1 begründen, der Staatsanwaltschaft oder der Verwaltungsbehörde mit. ⁴Diese unterrichten die Finanzbehörde von dem Ausgang des Verfahrens und der zugrundeliegenden Tatsachen;

11. Aufwendungen, die mit unmittelbaren oder mittelbaren Zuwendungen von nicht einlagefähigen Vorteilen an natürliche oder juristische Personen oder Personengesellschaften zur Verwendung in Betrieben in tatsächlichem oder wirtschaftlichem Zusammenhang stehen, deren Gewinn nach § 5a Abs. 1 ermittelt wird;

12. Zuschläge nach § 162 Abs. 4 der Abgabenordnung;

13. Jahresbeiträge nach § 12 Abs. 2 des Restrukturierungsfondsgesetzes.

²Das Abzugsverbot gilt nicht, soweit die in den Nummern 2 bis 4 bezeichneten Zwecke Gegenstand einer mit Gewinnabsicht ausgeübten Betätigung des Steuerpflichtigen sind. ³§ 12 Nr. 1 bleibt unberührt.

(5a) (weggefallen)

(5b) Die Gewerbesteuer und die darauf entfallenden Nebenleistungen sind keine Betriebsausgaben.

(6) Aufwendungen zur Förderung staatspolitischer Zwecke (§ 10b Abs. 2) sind keine Betriebsausgaben.

(7) ¹Aufwendungen im Sinne des Absatzes 5 Satz 1 Nr. 1 bis 4, 6b und 7 sind einzeln und getrennt von den sonstigen Betriebsausgaben aufzuzeichnen. ²Soweit diese Aufwendungen nicht bereits nach Absatz 5 vom Abzug ausgeschlossen sind, dürfen sie bei der

Gewinnermittlung nur berücksichtigt werden, wenn sie nach Satz 1 besonders aufgezeichnet sind.

(8) Für Erhaltungsaufwand bei Gebäuden in Sanierungsgebieten und städtebaulichen Entwicklungsbereichen sowie bei Baudenkmalen gelten die §§ 11a und 11b entsprechend.

(9) ¹Aufwendungen des Steuerpflichtigen für seine Berufsausbildung oder für sein Studium sind nur dann Betriebsausgaben, wenn der Steuerpflichtige zuvor bereits eine Erstausbildung (Berufsausbildung oder Studium) abgeschlossen hat. ²§ 9 Absatz 6 Satz 2 bis 5 gilt entsprechend.

§ 4a
Gewinnermittlungszeitraum, Wirtschaftsjahr

(1) ¹Bei Land- und Forstwirten und bei Gewerbetreibenden ist der Gewinn nach dem Wirtschaftsjahr zu ermitteln. ²Wirtschaftsjahr ist
1. bei Land- und Forstwirten der Zeitraum vom 1. Juli bis zum 30. Juni. ²Durch Rechtsverordnung kann für einzelne Gruppen von Land- und Forstwirten ein anderer Zeitraum bestimmt werden, wenn das aus wirtschaftlichen Gründen erforderlich ist;
2. bei Gewerbetreibenden, deren Firma im Handelsregister eingetragen ist, der Zeitraum, für den sie regelmäßig Abschlüsse machen. ²Die Umstellung des Wirtschaftsjahrs auf einen vom Kalenderjahr abweichenden Zeitraum ist steuerlich nur wirksam, wenn sie im Einvernehmen mit dem Finanzamt vorgenommen wird;
3. bei anderen Gewerbetreibenden das Kalenderjahr. ²Sind sie gleichzeitig buchführende Land- und Forstwirte, so können sie mit Zustimmung des Finanzamts den nach Nummer 1 maßgebenden Zeitraum als Wirtschaftsjahr für den Gewerbebetrieb bestimmen, wenn sie für den Gewerbebetrieb Bücher führen und für diesen Zeitraum regelmäßig Abschlüsse machen.

(2) Bei Land- und Forstwirten und bei Gewerbetreibenden, deren Wirtschaftsjahr vom Kalenderjahr abweicht, ist der Gewinn aus Land- und Forstwirtschaft oder aus Gewerbebetrieb bei der Ermittlung des Einkommens in folgender Weise zu berücksichtigen:
1. ¹Bei Land- und Forstwirten ist der Gewinn des Wirtschaftsjahrs auf das Kalenderjahr, in dem das Wirtschaftsjahr beginnt, und auf das Kalenderjahr, in dem das Wirtschaftsjahr endet, entsprechend dem zeitlichen Anteil aufzuteilen. ²Bei der Aufteilung sind Veräußerungsgewinne im Sinne des § 14 auszuscheiden und dem Gewinn des Kalenderjahrs hinzuzurechnen, in dem sie entstanden sind;
2. bei Gewerbetreibenden gilt der Gewinn des Wirtschaftsjahrs als in dem Kalenderjahr bezogen, in dem das Wirtschaftsjahr endet.

§ 4b
Direktversicherung

¹Der Versicherungsanspruch aus einer Direktversicherung, die von einem Steuerpflichtigen aus betrieblichem Anlass abgeschlossen wird, ist dem Betriebsvermögen des Steuerpflichtigen nicht zuzurechnen, soweit am Schluss des Wirtschaftsjahrs hinsichtlich der Leistungen des Versicherers die Person, auf deren Leben die Lebensversicherung abgeschlossen ist, oder ihre Hinterbliebenen bezugsberechtigt sind. ²Das gilt auch, wenn der Steuerpflichtige die Ansprüche aus dem Versicherungsvertrag abgetreten oder beliehen hat, sofern er sich der bezugsberechtigten Person gegenüber schriftlich verpflichtet, sie bei Eintritt des Versicherungsfalls so zu stellen, als ob die Abtretung oder Beleihung nicht erfolgt wäre.

§ 4c
Zuwendungen an Pensionskassen

(1) ¹Zuwendungen an eine Pensionskasse dürfen von dem Unternehmen, das die Zuwendungen leistet (Trägerunternehmen), als Betriebsausgaben abgezogen werden, soweit sie auf einer in der Satzung oder im Geschäftsplan der Kasse festgelegten Verpflichtung oder auf einer Anordnung der Versicherungsaufsichtsbehörde beruhen oder der Abdeckung von Fehlbeträgen bei der Kasse dienen. ²Soweit die allgemeinen Versicherungsbedingungen und die fachlichen Geschäftsunterlagen im Sinne des § 5 Abs. 3 Nr. 2 Halbsatz 2 des Versicherungsaufsichtsgesetzes nicht zum Geschäftsplan gehören, gelten diese als Teil des Geschäftsplans.

(2) Zuwendungen im Sinne des Absatzes 1 dürfen als Betriebsausgaben nicht abgezogen werden, soweit die Leistungen der Kasse, wenn sie vom Trägerunternehmen unmittelbar erbracht würden, bei diesem nicht betrieblich veranlasst wären.

§ 4d
Zuwendungen an Unterstützungskassen

(1) ¹Zuwendungen an eine Unterstützungskasse dürfen von dem Unternehmen, das die Zuwendungen leistet (Trägerunternehmen), als Betriebsausgaben abgezogen werden, soweit die Leistungen der Kasse, wenn sie vom Trägerunternehmen unmittelbar erbracht würden, bei diesem betrieblich veranlasst wären und sie die folgenden Beträge nicht übersteigen:
1. ¹bei Unterstützungskassen, die lebenslänglich laufende Leistungen gewähren:
    a) das Deckungskapital für die laufenden Leistungen nach der dem Gesetz als Anlage 1 beigefügten Tabelle. ²Leistungsempfänger ist jeder ehemalige Arbeitnehmer des Trägerunternehmens, der von der Unterstützungskasse Leistungen erhält; soweit die Kasse Hinterbliebenenversorgung gewährt, ist Leistungsempfänger der Hinterbliebene eines ehemaligen Arbeitnehmers des Trägerunternehmens, der von der Kasse Leistungen erhält. ³Dem ehemaligen Arbeitnehmer stehen andere Personen gleich, denen Leistungen der Alters-, Invaliditäts- oder Hinterbliebenenversorgung aus Anlass ihrer ehemaligen Tätigkeit für das Trägerunternehmen zugesagt worden sind;
    b) in jedem Wirtschaftsjahr für jeden Leistungsanwärter,

aa) wenn die Kasse nur Invaliditätsversorgung oder nur Hinterbliebenenversorgung gewährt, jeweils 6 Prozent,

bb) wenn die Kasse Altersversorgung mit oder ohne Einschluss von Invaliditätsversorgung oder Hinterbliebenenversorgung gewährt, 25 Prozent

der jährlichen Versorgungsleistungen, die der Leistungsanwärter oder, wenn nur Hinterbliebenenversorgung gewährt wird, dessen Hinterbliebene nach den Verhältnissen am Schluss des Wirtschaftsjahrs der Zuwendung im letzten Zeitpunkt der Anwartschaft, spätestens zum Zeitpunkt des Erreichens der Regelaltersgrenze der gesetzlichen Rentenversicherung erhalten können. ²Leistungsanwärter ist jeder Arbeitnehmer oder ehemalige Arbeitnehmer des Trägerunternehmens, der von der Unterstützungskasse schriftlich zugesagte Leistungen erhalten kann und am Schluss des Wirtschaftsjahrs, in dem die Zuwendung erfolgt, das 27. Lebensjahr vollendet hat; soweit die Kasse nur Hinterbliebenenversorgung gewährt, gilt als Leistungsanwärter jeder Arbeitnehmer oder ehemalige Arbeitnehmer des Trägerunternehmens, der am Schluss des Wirtschaftsjahrs, in dem die Zuwendung erfolgt, das 27. Lebensjahr vollendet hat und dessen Hinterbliebene die Hinterbliebenenversorgung erhalten können. ³Das Trägerunternehmen kann bei der Berechnung nach Satz 1 statt den dort maßgebenden Betrags den Durchschnittsbetrag der von der Kasse im Wirtschaftsjahr an Leistungsempfänger im Sinne des Buchstabens a Satz 2 gewährten Leistungen zugrunde legen. ⁴In diesem Fall sind Leistungsanwärter im Sinne des Satzes 2 nur die Arbeitnehmer oder ehemaligen Arbeitnehmer des Trägerunternehmens, die am Schluss des Wirtschaftsjahrs, in dem die Zuwendung erfolgt, das 50. Lebensjahr vollendet haben. ⁵Dem Arbeitnehmer oder ehemaligen Arbeitnehmer als Leistungsanwärter stehen andere Personen gleich, denen schriftlich Leistungen der Alters-, Invaliditäts- oder Hinterbliebenenversorgung aus Anlass ihrer Tätigkeit für das Trägerunternehmen zugesagt worden sind;

c) den Betrag des Beitrags, den die Kasse an einen Versicherer zahlt, soweit sie sich die Mittel für ihre Versorgungsleistungen, die der Leistungsanwärter oder Leistungsempfänger nach den Verhältnissen am Schluss des Wirtschaftsjahrs der Zuwendung erhalten kann, durch Abschluss einer Versicherung verschafft. ²Bei Versicherungen für einen Leistungsanwärter ist der Abzug des Beitrags nur zulässig, wenn der Leistungsanwärter die in Buchstabe b Satz 2 und 5 genannten Voraussetzungen erfüllt, die Versicherung für die Dauer bis zu dem Zeitpunkt abgeschlossen ist, für den erstmals Leistungen der Altersversorgung vorgesehen sind, mindestens jedoch bis zu dem Zeitpunkt, an dem der Leistungsanwärter das 55. Lebensjahr vollendet hat, und während dieser Zeit jährlich Beiträge gezahlt werden, die der Höhe nach gleichbleiben oder steigen. ³Das gleiche gilt für Leistungsanwärter, die das 27. Lebensjahr noch nicht vollendet haben, für Leistungen der Invaliditäts- oder Hinterbliebenenversorgung, für Leistungen der Altersversorgung unter der Voraussetzung, dass die Leistungsanwartschaft bereits unverfallbar ist. ⁴Ein Abzug ist ausgeschlossen, wenn die Ansprüche aus der Versicherung der Sicherung eines Darlehens dienen. ⁵Liegen die Voraussetzungen der Sätze 1 bis 4 vor, sind die Zuwendungen nach den Buchstaben a und b in dem Verhältnis zu vermindern, in dem die Leistungen der Kasse durch die Versicherung gedeckt sind;

d) den Betrag, den die Kasse einem Leistungsanwärter im Sinne des Buchstabens b Satz 2 und 5 vor Eintritt des Versorgungsfalls als Abfindung für künftige Versorgungsleistungen gewährt, den Übertragungswert nach § 4 Abs. 5 des Betriebsrentengesetzes¹⁾ oder den Betrag, den sie an einen anderen Versorgungsträger zahlt, der eine ihr obliegende Versorgungsverpflichtung übernommen hat.

²Zuwendungen dürfen nicht als Betriebsausgaben abgezogen werden, wenn das Vermögen der Kasse ohne Berücksichtigung künftiger Versorgungsleistungen am Schluss des Wirtschaftsjahrs das zulässige Kassenvermögen übersteigt. ³Bei der Ermittlung des Vermögens der Kasse ist am Schluss des Wirtschaftsjahrs vorhandener Grundbesitz mit 200 Prozent der Einheitswerte anzusetzen, die zu dem Feststellungszeitpunkt maßgebend sind, der dem Schluss des Wirtschaftsjahres folgt; Ansprüche aus einer Versicherung sind mit dem Wert des geschäftsplanmäßigen Deckungskapitals zuzüglich der Guthaben aus Beitragsrückerstattung am Schluss des Wirtschaftsjahres anzusetzen, und das übrige Vermögen ist mit dem gemeinen Wert am Schluss des Wirtschaftsjahrs zu bewerten. ⁴Zulässiges Kassenvermögen ist die Summe aus dem Deckungskapital für alle am Schluss des Wirtschaftsjahrs laufenden Leistungen nach der dem Gesetz als Anlage 1 beigefügten Tabelle für Leistungsempfänger im Sinne des Satzes 1 Buchstabe a und dem Achtfachen der nach Satz 1 Buchstabe b abzugsfähigen Zuwendungen. ⁵Soweit sich die Kasse die Mittel für ihre Leistungen durch Abschluss einer Versicherung verschafft, ist, wenn die Voraussetzungen für den Abzug des Beitrags nach Satz 1 Buchstabe c erfüllt sind, zulässiges Kassenvermögen der Wert des geschäftsplanmäßigen Deckungskapitals aus der Versicherung am Schluss des Wirtschaftsjahrs; in diesem Fall ist das zulässige Kassenvermögen nach Satz 4 in dem Verhältnis zu vermindern, in dem die Leistungen der Kasse durch

---

1) Siehe Anhang 16.

die Versicherung gedeckt sind. ⁶Soweit die Berechnung des Deckungskapitals nicht zum Geschäftsplan gehört, tritt an die Stelle des geschäftsplanmäßigen Deckungskapitals der nach § 176 Abs. 3 des Gesetzes über den Versicherungsvertrag berechnete Zeitwert, beim zulässigen Kassenvermögen ohne Berücksichtigung des Guthabens aus Beitragsrückerstattung. ⁷Gewährt eine Unterstützungskasse an Stelle von lebenslänglich laufenden Leistungen eine einmalige Kapitalleistung, so gelten 10 Prozent der Kapitalleistung als Jahresbetrag einer lebenslänglich laufenden Leistung;

2. ¹bei Kassen, die keine lebenslänglich laufenden Leistungen gewähren, für jedes Wirtschaftsjahr 0,2 Prozent der Lohn- und Gehaltssumme des Trägerunternehmens, mindestens jedoch den Betrag der von der Kasse in einem Wirtschaftsjahr erbrachten Leistungen, soweit dieser Betrag höher ist als die in den vorangegangenen fünf Wirtschaftsjahren vorgenommenen Zuwendungen abzüglich der in dem gleichen Zeitraum erbrachten Leistungen. ²Diese Zuwendungen dürfen nicht als Betriebsausgaben abgezogen werden, wenn das Vermögen der Kasse am Schluss des Wirtschaftsjahrs das zulässige Kassenvermögen übersteigt. ³Als zulässiges Kassenvermögen kann 1 Prozent der durchschnittlichen Lohn- und Gehaltssumme der letzten drei Jahre angesetzt werden. ⁴Hat die Kasse bereits 10 Wirtschaftsjahre bestanden, darf das zulässige Kassenvermögen zusätzlich die Summe der in den letzten 10 Wirtschaftsjahren gewährten Leistungen nicht übersteigen. ⁵Für die Bewertung des Vermögens der Kasse gilt Nummer 1 Satz 3 entsprechend. ⁶Bei der Berechnung der Lohn- und Gehaltssumme des Trägerunternehmens sind Löhne und Gehälter von Personen, die von der Kasse keine nicht lebenslänglich laufenden Leistungen erhalten können, auszuscheiden.

²Gewährt eine Kasse lebenslänglich laufende und nicht lebenslänglich laufende Leistungen, so gilt Satz 1 Nr. 1 und 2 nebeneinander. ³Leistet ein Trägerunternehmen Zuwendungen an mehrere Unterstützungskassen, so sind diese Kassen bei der Anwendung der Nummern 1 und 2 als Einheit zu behandeln.

(2) ¹Zuwendungen im Sinne des Absatzes 1 sind von dem Trägerunternehmen in dem Wirtschaftsjahr als Betriebsausgaben abzuziehen, in dem sie geleistet werden. ²Zuwendungen, die bis zum Ablauf eines Monats nach Aufstellung oder Feststellung der Bilanz des Trägerunternehmens für den Schluss eines Wirtschaftsjahrs geleistet werden, können von dem Trägerunternehmen noch für das abgelaufene Wirtschaftsjahr durch eine Rückstellung gewinnmindernd berücksichtigt werden. ³Übersteigen die in einem Wirtschaftsjahr geleisteten Zuwendungen die nach Absatz 1 abzugsfähigen Beträge, so können die übersteigenden Beträge im Wege der Rechnungsabgrenzung auf die folgenden drei Wirtschaftsjahre vorgetragen und im Rahmen der für diese Wirtschaftsjahre abzugsfähigen Beträge als Betriebsausgaben behandelt werden. ⁴§ 5 Abs. 1 Satz 2 ist nicht anzuwenden.

(3) ¹Abweichend von Absatz 1 Satz 1 Nr. 1 Satz 1 Buchstabe d und Absatz 2 können auf Antrag die insgesamt erforderlichen Zuwendungen an die Unterstützungskasse für den Betrag, den die Kasse an einen Pensionsfonds zahlt, der eine ihr obliegende Versorgungsverpflichtung ganz oder teilweise übernommen hat, nicht im Wirtschaftsjahr der Zuwendung, sondern erst in dem dem Wirtschaftsjahr der Zuwendung folgenden zehn Wirtschaftsjahren gleichmäßig verteilt als Betriebsausgaben abgezogen werden. ²Der Antrag ist unwiderruflich; der jeweilige Rechtsnachfolger ist an den Antrag gebunden.

§ 4e
Beiträge an Pensionsfonds

(1) Beiträge an einen Pensionsfonds im Sinne des § 112 des Versicherungsaufsichtsgesetzes dürfen von dem Unternehmen, das die Beiträge leistet (Trägerunternehmen), als Betriebsausgaben abgezogen werden, soweit sie auf einer festgelegten Verpflichtung beruhen oder der Abdeckung von Fehlbeträgen bei dem Fonds dienen.

(2) Beiträge im Sinne des Absatzes 1 dürfen als Betriebsausgaben nicht abgezogen werden, soweit die Leistungen des Fonds, wenn sie vom Trägerunternehmen unmittelbar erbracht würden, bei diesem nicht betrieblich veranlasst wären.

(3) ¹Der Steuerpflichtige kann auf Antrag die insgesamt erforderlichen Leistungen an einen Pensionsfonds zur teilweisen oder vollständigen Übernahme einer bestehenden Versorgungsverpflichtung oder Versorgungsanwartschaft durch den Pensionsfonds erst in dem dem Wirtschaftsjahr der Übertragung folgenden zehn Wirtschaftsjahren gleichmäßig verteilt als Betriebsausgaben abziehen. ²Der Antrag ist unwiderruflich; der jeweilige Rechtsnachfolger ist an den Antrag gebunden. ³Ist eine Pensionsrückstellung nach § 6a gewinnerhöhend aufzulösen, ist Satz 1 mit der Maßgabe anzuwenden, dass die Leistungen an den Pensionsfonds im Wirtschaftsjahr der Übertragung in Höhe der aufgelösten Rückstellung als Betriebsausgaben abgezogen werden können; der die aufgelöste Rückstellung übersteigende Betrag ist in den Wirtschaftsjahr der Übertragung folgenden zehn Wirtschaftsjahren gleichmäßig verteilt als Betriebsausgaben abzuziehen. ⁴Satz 3 gilt entsprechend, wenn es im Zuge der Leistungen des Arbeitgebers an den Pensionsfonds zu Vermögensübertragungen einer Unterstützungskasse an den Arbeitgeber kommt.

§ 4f[1)]
Verpflichtungsübernahmen, Schuldbeitritte und Erfüllungsübernahmen

(1) ¹Werden Verpflichtungen übertragen, die beim ursprünglich Verpflichteten Ansatzverboten, Beschränkungen oder Bewertungsvorbehalten unterlegen haben, ist der sich aus diesem Vorgang ergebende Aufwand im Wirtschaftsjahr der Schuldübernahme und den nachfolgenden 14 Jahren gleichmäßig verteilt als Betriebsausgabe abziehbar. ²Ist auf

---

1) Zur zeitlichen Anwendung vgl. § 52 Abs. 8 EStG.

Grund der Übertragung einer Verpflichtung ein Passivposten gewinnerhöhend aufzulösen, ist Satz 1 mit der Maßgabe anzuwenden, dass der sich ergebende Aufwand im Wirtschaftsjahr der Schuldübernahme in Höhe des aufgelösten Passivpostens als Betriebsausgabe abzuziehen ist; der den aufgelösten Passivposten übersteigende Betrag ist in dem Wirtschaftsjahr der Schuldübernahme und den nachfolgenden 14 Wirtschaftsjahren gleichmäßig verteilt als Betriebsausgabe abzuziehen. ³Eine Verteilung des sich ergebenden Aufwands unterbleibt, wenn die Schuldübernahme im Rahmen einer Veräußerung oder Aufgabe des ganzen Betriebes oder des gesamten Mitunternehmeranteils im Sinne der §§ 14, 16 Absatz i, 3 und 3a sowie des § 18 Absatz 3 erfolgt; dies gilt auch, wenn ein Arbeitnehmer unter Mitnahme seiner erworbenen Pensionsansprüche zu einem neuen Arbeitgeber wechselt oder wenn der Betrieb am Schluss des vorangehenden Wirtschaftsjahres die Größenmerkmale des § 7g Absatz 1 Satz 2 Nummer 1 Buchstabe a bis c nicht überschreitet. ⁴Erfolgt die Schuldübernahme im Fall einer Teilbetriebsveräußerung oder -aufgabe im Sinne der §§ 14, 16 Absatz 1, 3 und 3a sowie des § 18 Absatz 3, ist ein Veräußerungs- oder Aufgabeverlust um den Aufwand im Sinne des Satzes 1 zu vermindern, soweit dieser den Verlust begründet oder erhöht hat. ⁵Entsprechendes gilt für den einen aufgelösten Passivposten übersteigenden Betrag im Sinne des Satzes 2. ⁶Für den hinzugerechneten Aufwand gelten Satz 2 zweiter Halbsatz und Satz 3 entsprechend. ⁷Der jeweilige Rechtsnachfolger des ursprünglichen Verpflichteten ist an die Aufwandsverteilung nach den Sätzen 1 bis 6 gebunden.

(2) Wurde für Verpflichtungen im Sinne des Absatzes 1 ein Schuldbeitritt oder eine Erfüllungsübernahme mit ganzer oder teilweiser Schuldfreistellung vereinbart, gilt für die vom Freistellungsberechtigten an den Freistellungsverpflichteten erbrachten Leistungen Absatz 1 Satz 1, 2 und 7 entsprechend.

§ 4g
Bildung eines Ausgleichspostens bei Entnahme nach § 4 Abs. 1 Satz 3

(1) ¹Ein unbeschränkt Steuerpflichtiger kann in Höhe des Unterschiedsbetrags zwischen dem Buchwert und dem nach § 6 Abs. 1 Nr. 4 Satz 1 zweiter Halbsatz anzusetzenden Wert eines Wirtschaftsguts des Anlagevermögens auf Antrag einen Ausgleichsposten bilden, soweit das Wirtschaftsgut infolge seiner Zuordnung zu einer Betriebsstätte desselben Steuerpflichtigen in einem anderen Mitgliedstaat der Europäischen Union gemäß § 4 Abs. 1 Satz 3 als entnommen gilt. ²Der Ausgleichsposten ist für jedes Wirtschaftsgut getrennt auszuweisen. ³Das Antragsrecht kann für jedes Wirtschaftsjahr nur einheitlich für sämtliche Wirtschaftsgüter ausgeübt werden. ⁴Der Antrag ist unwiderruflich. ⁵Die Vorschriften des Umwandlungssteuergesetzes¹⁾ bleiben unberührt.

(2) ¹Der Ausgleichsposten ist im Wirtschaftsjahr der Bildung und in den vier folgenden Wirtschaftsjahren zu jeweils einem Fünftel gewinnerhöhend aufzulösen. ²Er ist in vollem Umfang gewinnerhöhend aufzulösen,

1. wenn das als entnommen geltende Wirtschaftsgut aus dem Betriebsvermögen des Steuerpflichtigen ausscheidet,
2. wenn das als entnommen geltende Wirtschaftsgut aus der Besteuerungshoheit der Mitgliedstaaten der Europäischen Union ausscheidet oder
3. wenn die stillen Reserven des als entnommen geltenden Wirtschaftsguts im Ausland aufgedeckt werden oder in entsprechender Anwendung der Vorschriften des deutschen Steuerrechts hätten aufgedeckt werden müssen.

(3) ¹Wird die Zuordnung eines Wirtschaftsguts zu einer anderen Betriebsstätte des Steuerpflichtigen in einem anderen Mitgliedstaat der Europäischen Union im Sinne des Absatzes 1 innerhalb der tatsächlichen Nutzungsdauer, spätestens jedoch vor Ablauf von fünf Jahren nach Änderung der Zuordnung, aufgehoben, ist der für dieses Wirtschaftsgut gebildete Ausgleichsposten ohne Auswirkungen auf den Gewinn aufzulösen und das Wirtschaftsgut mit den fortgeführten Anschaffungskosten, erhöht um zwischenzeitlich gewinnerhöhend berücksichtigte Auflösungsbeträge im Sinne der Absätze 2 und 5 Satz 2 und um den Unterschiedsbetrag zwischen dem Rückführungswert und dem Buchwert im Zeitpunkt der Rückführung, höchstens jedoch mit dem gemeinen Wert, anzusetzen. ²Die Aufhebung der geänderten Zuordnung ist ein Ereignis im Sinne des § 175 Abs. 1 Nr. 2 der Abgabenordnung.

(4) ¹Die Absätze 1 bis 4 finden entsprechende Anwendung bei der Ermittlung des Überschusses der Betriebseinnahmen über die Betriebsausgaben gemäß § 4 Abs. 3. ²Wirtschaftsgüter, für die ein Ausgleichsposten nach Absatz 1 gebildet worden ist, sind in ein laufend zu führendes Verzeichnis aufzunehmen. ³Der Steuerpflichtige hat darüber hinaus Aufzeichnungen zu führen, aus denen die Bildung und Auflösung der Ausgleichsposten hervorgeht. ⁴Die Aufzeichnungen nach den Sätzen 2 und 3 sind der Steuererklärung beizufügen.

(5) ¹Der Steuerpflichtige ist verpflichtet, der zuständigen Finanzbehörde die Entnahme oder ein Ereignis im Sinne des Absatzes 2 unverzüglich anzuzeigen. ²Kommt der Steuerpflichtige dieser Anzeigepflicht, seinen Aufzeichnungspflichten nach Absatz 2 oder seinen sonstigen Mitwirkungspflichten im Sinne des § 90 der Abgabenordnung nicht nach, ist der Ausgleichsposten dieses Wirtschaftsguts gewinnerhöhend aufzulösen.

§ 4h
Betriebsausgabenabzug für Zinsaufwendungen (Zinsschranke)

(1) ¹Zinsaufwendungen eines Betriebs sind abziehbar in Höhe des Zinsertrags, darüber hinaus nur bis zur Höhe des verrechenbaren EBITDA. ²Das verrechenbare EBITDA ist 30 Prozent des um die Zinsaufwendungen und um die nach § 6 Absatz 2 Satz 1 abzuziehenden, um die nach § 6 Absatz 2a Satz 2 gewinnmindernd aufzulösenden und nach § 7 abgesetzten Beträge erhöhten und um die Zinserträge verminderten maßgeblichen Gewinns. ³Soweit das

---
1) Siehe Anhang 4.

verrechenbare EBITDA die um die Zinserträge geminderten Zinsaufwendungen des Betriebs übersteigt, ist es in die folgenden fünf Wirtschaftsjahre vorzutragen (EBITDA-Vortrag); ein EBITDA-Vortrag entsteht nicht in Wirtschaftsjahren, in denen Absatz 2 die Anwendung von Absatz 1 Satz 1 ausschließt. ⁴Zinsaufwendungen, die nach Satz 1 nicht abgezogen werden können, sind bis zur Höhe der EBITDA-Vorträge aus vorangegangenen Wirtschaftsjahren abziehbar und mindern die EBITDA-Vorträge in ihrer zeitlichen Reihenfolge. ⁵Danach verbleibende nicht abziehbare Zinsaufwendungen sind in die folgenden Wirtschaftsjahre vorzutragen (Zinsvortrag). ⁶Sie erhöhen die Zinsaufwendungen dieser Wirtschaftsjahre, nicht aber den maßgeblichen Gewinn.

(2) ¹Absatz 1 Satz 1 ist nicht anzuwenden, wenn

a) der Betrag der Zinsaufwendungen, soweit er den Betrag der Zinserträge übersteigt, weniger als drei Millionen Euro beträgt,

b) der Betrieb nicht oder nur anteilmäßig zu einem Konzern gehört oder

c) der Betrieb zu einem Konzern gehört und seine Eigenkapitalquote am Schluss des vorangegangenen Abschlussstichtages gleich hoch oder höher ist als die des Konzerns (Eigenkapitalvergleich). ²Ein Unterschreiten der Eigenkapitalquote des Konzerns um bis zu zwei Prozentpunkte ist unschädlich.

³Eigenkapitalquote ist das Verhältnis des Eigenkapitals zur Bilanzsumme; sie bemisst sich nach dem Konzernabschluss, der den Betrieb umfasst, und ist für den Betrieb auf der Grundlage des Jahresabschlusses oder Einzelabschlusses zu ermitteln. ⁴Wahlrechte sind im Konzernabschluss und im Jahresabschluss oder Einzelabschluss einheitlich auszuüben; bei gesellschaftsrechtlichen Kündigungsrechten ist insoweit mindestens das Eigenkapital anzusetzen, das sich nach den Vorschriften des Handelsgesetzbuchs ergeben würde. ⁵Bei der Ermittlung der Eigenkapitalquote des Betriebs ist das Eigenkapital um einen im Konzernabschluss enthaltenen Firmenwert, soweit er auf den Betrieb entfällt, und um die Hälfte von Sonderposten mit Rücklagenanteil (§ 273 des Handelsgesetzbuchs) zu erhöhen sowie um das Eigenkapital, das keine Stimmrechte vermittelt – mit Ausnahme von Vorzugsaktien –, die Anteile an anderen Konzerngesellschaften und um Einlagen der letzten sechs Monate vor dem maßgeblichen Abschlussstichtag, soweit ihnen Entnahmen oder Ausschüttungen innerhalb der ersten sechs Monate nach dem maßgeblichen Abschlussstichtag gegenüberstehen, zu kürzen. ⁶Die Bilanzsumme ist um Kapitalforderungen zu kürzen, die nicht im Konzernabschluss ausgewiesen sind und denen Verbindlichkeiten im Sinne des Absatzes 3 in mindestens gleicher Höhe gegenüberstehen. ⁷Sonderbetriebsvermögen ist dem Betrieb der Mitunternehmerschaft zuzuordnen, soweit es im Konzernvermögen enthalten ist.

⁸Die für den Eigenkapitalvergleich maßgeblichen Abschlüsse sind einheitlich nach den International Financial Reporting Standards (IFRS) zu erstellen. ⁹Hiervon abweichend können Abschlüsse nach dem Handelsrecht eines Mitgliedstaats der Europäischen Union verwendet werden, wenn kein Konzernabschluss nach den IFRS zu erstellen ist und für keines der letzten fünf Wirtschaftsjahre ein Konzernabschluss nach den IFRS erstellt wurde; nach den Generally Accepted Accounting Principles der Vereinigten Staaten von Amerika (US-GAAP) aufzustellende und offen zu legende Abschlüsse sind zu verwenden, wenn kein Konzernabschluss nach den IFRS oder dem Handelsrecht eines Mitgliedstaats der Europäischen Union zu erstellen und offen zu legen ist. ¹⁰Der Konzernabschluss muss den Anforderungen an die handelsrechtliche Konzernrechnungslegung genügen oder die Voraussetzungen, unter denen ein Abschluss nach den §§ 291 und 292 des Handelsgesetzbuchs befreiende Wirkung hätte. ¹¹Wurde der Jahresabschluss oder Einzelabschluss nicht nach denselben Rechnungslegungsstandards wie der Konzernabschluss aufgestellt, ist die Eigenkapitalquote des Betriebs in einer Überleitungsrechnung nach den für den Konzernabschluss geltenden Rechnungslegungsstandards zu ermitteln. ¹²Die Überleitungsrechnung ist einer prüferischen Durchsicht zu unterziehen. ¹³Auf Verlangen der Finanzbehörde ist der Abschluss oder die Überleitungsrechnung des Betriebs durch einen Abschlussprüfer zu prüfen, der die Voraussetzungen des § 319 des Handelsgesetzbuchs erfüllt.

¹⁴Ist ein dem Eigenkapitalvergleich zugrunde gelegter Abschluss unrichtig und führt der zutreffende Abschluss zu einer Erhöhung der nach Absatz 1 nicht abziehbaren Zinsaufwendungen, ist ein Zuschlag entsprechend § 162 Abs. 4 Satz 1 und 2 der Abgabenordnung festzusetzen. ¹⁵Bemessungsgrundlage für den Zuschlag sind die nach Absatz 1 nicht abziehbaren Zinsaufwendungen. ¹⁶§ 162 Abs. 4 Satz 4 bis 6 der Abgabenordnung gilt sinngemäß.

²Ist eine Gesellschaft, bei der der Gesellschafter als Mitunternehmer anzusehen ist, unmittelbar oder mittelbar einer Körperschaft nachgeordnet, gilt für die Gesellschaft § 8a Abs. 2 und 3 des Körperschaftsteuergesetzes entsprechend.

(3) ¹Maßgeblicher Gewinn ist der nach den Vorschriften dieses Gesetzes mit Ausnahme des Absatzes 1 ermittelte steuerpflichtige Gewinn. ²Zinsaufwendungen sind Vergütungen für Fremdkapital, die den maßgeblichen Gewinn gemindert haben. ³Zinserträge sind Erträge aus Kapitalforderungen jeder Art, die den maßgeblichen Gewinn erhöht haben. ⁴Die Auf- und Abzinsung unverzinslicher oder niedrig verzinslicher Verbindlichkeiten oder Kapitalforderungen führen ebenfalls zu Zinserträgen oder Zinsaufwendungen. ⁵Ein Betrieb gehört zu einem Konzern, wenn er nach dem für die Anwendung des Absatzes 2 Satz 1 Buchstabe c zugrunde gelegten Rechnungslegungsstandard mit einem oder mehreren anderen Betrieben konsolidiert wird oder werden könnte. ⁶Ein Betrieb gehört für Zwecke des Absatzes 2 auch zu einem Konzern, wenn seine Finanz-

und Geschäftspolitik mit einem oder mehreren anderen Betrieben einheitlich bestimmt werden kann.

(4) ¹Der EBITDA-Vortrag und der Zinsvortrag sind gesondert festzustellen. ²Zuständig ist das für die gesonderte Feststellung des Gewinns und Verlusts der Gesellschaft zuständige Finanzamt, im Übrigen das für die Besteuerung zuständige Finanzamt. ³§ 10d Abs. 4 gilt sinngemäß. ⁴Feststellungsbescheide sind zu erlassen, aufzuheben oder zu ändern, soweit sich die nach Satz 1 festzustellenden Beträge ändern.

(5) ¹Bei Aufgabe oder Übertragung des Betriebs gehen ein nicht verbrauchter EBITDA-Vortrag und ein nicht verbrauchter Zinsvortrag unter. ²Scheidet ein Mitunternehmer aus einer Gesellschaft aus, gehen der EBITDA-Vortrag und der Zinsvortrag anteilig mit der Quote unter, mit der der ausgeschiedene Gesellschafter an der Gesellschaft beteiligt war. ³§ 8c des Körperschaftsteuergesetzes ist auf den Zinsvortrag einer Gesellschaft entsprechend anzuwenden, soweit an dieser unmittelbar oder mittelbar eine Körperschaft als Mitunternehmer beteiligt ist.

§ 5
Gewinn bei Kaufleuten und bei bestimmten anderen Gewerbetreibenden

(1) ¹Bei Gewerbetreibenden, die auf Grund gesetzlicher Vorschriften verpflichtet sind, Bücher zu führen und regelmäßig Abschlüsse zu machen oder die ohne eine solche Verpflichtung Bücher führen und regelmäßig Abschlüsse machen, ist für den Schluss des Wirtschaftsjahres das Betriebsvermögen anzusetzen (§ 4 Abs. 1 Satz 1), das nach den handelsrechtlichen Grundsätzen ordnungsmäßiger Buchführung auszuweisen ist, es sei denn, im Rahmen der Ausübung eines steuerlichen Wahlrechts wird oder wurde ein anderer Ansatz gewählt. ²Voraussetzung für die Ausübung steuerlicher Wahlrechte ist, dass die Wirtschaftsgüter, die nicht mit dem handelsrechlich maßgeblichen Wert in der steuerlichen Gewinnermittlung ausgewiesen werden, in besonders, laufend zu führende Verzeichnisse aufgenommen werden. ³In den Verzeichnissen sind der Tag der Anschaffung oder Herstellung, die Anschaffungs- oder Herstellungskosten, die Vorschrift des ausgeübten steuerlichen Wahlrechts und die vorgenommenen Abschreibungen nachzuweisen.

(1a) ¹Posten der Aktivseite dürfen nicht mit Posten der Passivseite verrechnet werden. ²Die Ergebnisse der in der handelsrechtlichen Rechnungslegung zur Absicherung finanzwirtschaftlicher Risiken gebildeten Bewertungseinheiten sind auch für die steuerliche Gewinnermittlung maßgeblich.

(2) Für immaterielle Wirtschaftsgüter des Anlagevermögens ist ein Aktivposten nur anzusetzen, wenn sie entgeltlich erworben wurden.

(2a) Für Verpflichtungen, die nur zu erfüllen sind, soweit künftig Einnahmen oder Gewinne anfallen, sind Verbindlichkeiten oder Rückstellungen erst anzusetzen, wenn die Einnahmen oder Gewinne angefallen sind.

(3) ¹Rückstellungen wegen Verletzung fremder Patent-, Urheber- oder ähnlicher Schutzrechte dürfen erst gebildet werden, wenn

1. der Rechtsinhaber Ansprüche wegen der Rechtsverletzung geltend gemacht hat oder
2. mit einer Inanspruchnahme wegen der Rechtsverletzung ernsthaft zu rechnen ist.

²Eine nach Satz 1 Nr. 2 gebildete Rückstellung ist spätestens in der Bilanz des dritten auf ihre erstmalige Bildung folgenden Wirtschaftsjahrs gewinnerhöhend aufzulösen, wenn Ansprüche nicht geltend gemacht worden sind.

(4) Rückstellungen für die Verpflichtung zu einer Zuwendung anläßlich eines Dienstjubiläums dürfen nur gebildet werden, wenn das Dienstverhältnis mindestens zehn Jahre bestanden hat, das Dienstjubiläum das Bestehen eines Dienstverhältnisses von mindestens fünfzehn Jahren voraussetzt, die Zusage schriftlich erteilt ist und soweit der Zuwendungsberechtigte seine Anwartschaft nach dem 31. Dezember 1992 erwirbt.

(4a) ¹Rückstellungen für drohende Verluste aus schwebenden Geschäften dürfen nicht gebildet werden. ²Das gilt nicht für Ergebnisse nach Absatz 1a Satz 2.

(4b) ¹Rückstellungen für Aufwendungen, die in künftigen Wirtschaftsjahren als Anschaffungs- oder Herstellungskosten eines Wirtschaftsguts zu aktivieren sind, dürfen nicht gebildet werden. ²Rückstellungen für die Verpflichtung zur schadlosen Verwertung radioaktiver Reststoffe sowie ausgebauter oder abgebauter radioaktiver Anlagenteile dürfen nicht gebildet werden, soweit Aufwendungen im Zusammenhang mit der Bearbeitung oder Verarbeitung von Kernbrennstoffen stehen, die aus der Aufarbeitung bestrahlter Kernbrennstoffe gewonnen worden sind und keine radioaktiven Abfälle darstellen.

(5) ¹Als Rechnungsabgrenzungsposten sind nur anzusetzen

1. auf der Aktivseite Ausgaben vor dem Abschlussstichtag, soweit sie Aufwand für eine bestimmte Zeit nach diesem Tag darstellen;
2. auf der Passivseite Einnahmen vor dem Abschlussstichtag, soweit sie Ertrag für eine bestimmte Zeit nach diesem Tag darstellen.

²Auf der Aktivseite sind ferner anzusetzen

1. als Aufwand berücksichtigte Zölle und Verbrauchsteuern, soweit sie auf am Abschlussstichtag auszuweisende Wirtschaftsgüter des Vorratsvermögens entfallen,
2. als Aufwand berücksichtigte Umsatzsteuer auf am Abschlussstichtag auszuweisende Anzahlungen.

(6) Die Vorschriften über die Entnahmen und die Einlagen, über die Zulässigkeit der Bilanzänderung, über die Betriebsausgaben, über die Bewertung und über die Absetzung für Abnutzung oder Substanzverringerung sind zu befolgen.

(7)[1] ¹Übernommene Verpflichtungen, die beim ursprünglich Verpflichteten Ansatzverboten, Beschränkungen oder Bewertungsvorbehalten unterlegen haben, sind zu den auf die Übernahme folgenden Abschlussstichtagen bei dem Übernehmer und des-

---

[1] Zur zeitlichen Anwendung vgl. § 52 Abs. 9 EStG.

sen Rechtsnachfolger so zu bilanzieren, wie sie beim ursprünglich Verpflichteten ohne Übernahme zu bilanzieren wären. ²Dies gilt in Fällen des Schuldbeitritts oder der Erfüllungsübernahme mit vollständiger oder teilweiser Schuldfreistellung für die sich aus diesem Rechtsgeschäft ergebenden Verpflichtungen sinngemäß. ³Satz 1 ist für den Erwerb eines Mitunternehmeranteils entsprechend anzuwenden. ⁴Wird eine Pensionsverpflichtung unter gleichzeitiger Übernahme von Vermögenswerten gegenüber einem Arbeitnehmer übernommen, der bisher in einem anderen Unternehmen tätig war, ist Satz 1 mit der Maßgabe anzuwenden, dass bei der Ermittlung des Teilwertes der Verpflichtung der Jahresbetrag nach § 6a Absatz 3 Satz 2 Nummer 1 so zu bemessen ist, dass zu Beginn des Wirtschaftsjahres der Übernahme der Barwert der Jahresbeträge zusammen mit den übernommenen Vermögenswerten gleich dem Barwert der künftigen Pensionsleistungen ist; dabei darf sich kein negativer Jahresbetrag ergeben. ⁵Für einen Gewinn, der sich aus der Anwendung der Sätze 1 bis 3 ergibt, kann jeweils in Höhe von vierzehn Fünfzehntel eine gewinnmindernde Rücklage gebildet werden, die in den folgenden 14 Wirtschaftsjahren jeweils mit mindestens einem Vierzehntel gewinnerhöhend aufzulösen ist (Auflösungszeitraum). ⁶Besteht eine Verpflichtung, für die eine Rücklage gebildet wurde, bereits vor Ablauf des maßgebenden Auflösungszeitraums nicht mehr, ist die insoweit verbleibende Rücklage erhöhend aufzulösen.

§ 5a
Gewinnermittlung bei Handelsschiffen im internationalen Verkehr

(1) ¹An Stelle der Ermittlung des Gewinns nach § 4 Abs. 1 oder § 5 ist bei einem Gewerbebetrieb mit Geschäftsleitung im Inland der Gewinn, soweit er auf den Betrieb von Handelsschiffen im internationalen Verkehr entfällt, auf unwiderruflichen Antrag des Steuerpflichtigen nach der in seinem Betrieb geführten Tonnage zu ermitteln, wenn die Bereederung dieser Handelsschiffe im Inland durchgeführt wird. ²Der im Wirtschaftsjahr erzielte Gewinn beträgt pro Tag des Betriebs für jedes im internationalen Verkehr betriebene Handelsschiff für jeweils volle 100 Nettotonnen (Nettoraumzahl)

0,92 Euro bei einer Tonnage bis zu 1 000 Nettotonnen,

0,69 Euro für die 1 000 Nettotonnen übersteigende Tonnage bis zu 10 000 Nettotonnen,

0,46 Euro für die 10 000 Nettotonnen übersteigende Tonnage bis zu 25 000 Nettotonnen,

0,23 Euro für die 25 000 Nettotonnen übersteigende Tonnage.

(2) ¹Handelsschiffe werden im internationalen Verkehr betrieben, wenn eigene oder gecharterte Seeschiffe, die im Wirtschaftsjahr überwiegend in einem inländischen Seeschiffsregister eingetragen sind, in diesem Wirtschaftsjahr überwiegend zur Beförderung von Personen oder Gütern im Verkehr mit oder zwischen ausländischen Häfen, innerhalb eines ausländischen Hafens oder zwischen einem ausländischen Hafen und der Hohen See eingesetzt werden. ²Zum Betrieb von Handelsschiffen im internationalen Verkehr gehören auch ihre Vercharterung, wenn sie vom Vercharterer ausgerüstet worden sind, und die unmittelbar mit ihrem Einsatz oder ihrer Vercharterung zusammenhängenden Neben- und Hilfsgeschäfte einschließlich der Veräußerung der Handelsschiffe und der unmittelbar ihrem Betrieb dienenden Wirtschaftsgüter. ³Der Einsatz und die Vercharterung von gecharterten Handelsschiffen gilt nur dann als Betrieb von Handelsschiffen im internationalen Verkehr, wenn gleichzeitig eigene oder ausgerüstete Handelsschiffe im internationalen Verkehr betrieben werden. ⁴Sind gecharterte Handelsschiffe nicht in einem inländischen Seeschiffsregister eingetragen, gilt Satz 3 unter der weiteren Voraussetzung, dass im Wirtschaftsjahr die Nettotonnage der gecharterten Handelsschiffe das Dreifache der nach den Sätzen 1 und 2 im internationalen Verkehr betriebenen Handelsschiffe nicht übersteigt; für die Berechnung der Nettotonnage sind jeweils die Nettotonnen pro Schiff mit der Anzahl der Betriebstage nach Absatz 1 zu vervielfältigen. ⁵Dem Betrieb von Handelsschiffen im internationalen Verkehr ist gleichgestellt, wenn Seeschiffe, die im Wirtschaftsjahr überwiegend in einem inländischen Seeschiffsregister eingetragen sind, in diesem Wirtschaftsjahr überwiegend außerhalb der deutschen Hoheitsgewässer zum Schleppen, Bergen oder zur Aufsuchung von Bodenschätzen eingesetzt werden; die Sätze 2 bis 4 sind sinngemäß anzuwenden.

(3) ¹Der Antrag auf Anwendung der Gewinnermittlung nach Absatz 1 ist im Wirtschaftsjahr der Anschaffung oder Herstellung des Handelsschiffs (Indienststellung) mit Wirkung ab Beginn dieses Wirtschaftsjahres zu stellen. ²Vor Indienststellung des Handelsschiffs durch den Betrieb von Handelsschiffen im internationalen Verkehr erwirtschaftete Gewinne sind in diesem Fall nicht zu besteuern; Verluste sind weder ausgleichsfähig noch verrechenbar. ³Bereits erlassene Steuerbescheide sind insoweit zu ändern. ⁴Das gilt auch dann, wenn der Steuerbescheid unanfechtbar geworden ist; die Festsetzungsfrist endet insoweit nicht, bevor die Festsetzungsfrist für den Veranlagungszeitraum abgelaufen ist, in dem der Gewinn erstmals nach Absatz 1 ermittelt wird. ⁵Wird der Antrag auf Anwendung der Gewinnermittlung nach Absatz 1 nicht nach Satz 1 im Wirtschaftsjahr der Anschaffung oder Herstellung des Handelsschiffs (Indienststellung) gestellt, kann er erstmals in dem Wirtschaftsjahr gestellt werden, das jeweils nach Ablauf eines Zeitraumes von zehn Jahren, vom Beginn des Jahres der Indienststellung gerechnet, endet. ⁶Die Sätze 2 bis 4 sind insoweit nicht anwendbar. ⁷Der Steuerpflichtige ist an die Gewinnermittlung nach Absatz 1 vom Beginn des Wirtschaftsjahres an, in dem er den Antrag stellt, zehn Jahre gebunden. ⁸Nach Ablauf dieses Zeitraumes kann er den Antrag mit Wirkung für den Beginn jedes folgenden Wirtschaftsjahrs bis zum Ende des Jahres unwiderruflich zurücknehmen. ⁹An die Gewinnermittlung nach allgemeinen Vorschriften ist der Steuerpflichtige ab dem Beginn des Wirtschaftsjahres, in dem er den Antrag zurücknimmt, zehn Jahre gebunden.

(4) ¹Zum Schluss des Wirtschaftsjahres, das der erstmaligen Anwendung des Absatzes 1 vorangeht (Übergangsjahr), ist für jedes Wirtschaftsgut, das

unmittelbar dem Betrieb von Handelsschiffen im internationalen Verkehr dient, der Unterschiedsbetrag zwischen Buchwert und Teilwert in ein besonderes Verzeichnis aufzunehmen. ²Der Unterschiedsbetrag ist gesondert und bei Gesellschaften im Sinne des § 15 Abs. 1 Satz 1 Nr. 2 einheitlich festzustellen. ³Der Unterschiedsbetrag nach Satz 1 ist dem Gewinn hinzuzurechnen:

1. in den dem letzten Jahr der Anwendung des Absatzes 1 folgenden fünf Wirtschaftsjahren jeweils in Höhe von mindestens einem Fünftel,
2. in dem Jahr, in dem das Wirtschaftsgut aus dem Betriebsvermögen ausscheidet oder in dem es nicht mehr unmittelbar dem Betrieb von Handelsschiffen im internationalen Verkehr dient,
3. in dem Jahr des Ausscheidens eines Gesellschafters hinsichtlich des auf ihn entfallenden Anteils.

⁴Die Sätze 1 bis 3 sind entsprechend anzuwenden, wenn der Steuerpflichtige Wirtschaftsgüter des Betriebsvermögens dem Betrieb von Handelsschiffen im internationalen Verkehr zuführt.

(4a) ¹Bei Gesellschaften im Sinne des § 15 Abs. 1 Satz 1 Nr. 2 tritt für die Zwecke dieser Vorschrift an die Stelle des Steuerpflichtigen die Gesellschaft. ²Der nach Absatz 1 ermittelte Gewinn ist den Gesellschaftern entsprechend ihrem Anteil am Gesellschaftsvermögen zuzurechnen. ³Vergütungen im Sinne des § 15 Abs. 1 Satz 1 Nr. 2 und Satz 2 sind hinzuzurechnen.

(5) ¹Gewinne nach Absatz 1 umfassen auch Einkünfte nach § 16. ²Die §§ 34, 34c Abs. 1 bis 3 und § 35 sind nicht anzuwenden. ³Rücklagen nach den §§ 6b und 6d sind beim Übergang zur Gewinnermittlung nach Absatz 1 dem Gewinn im Erstjahr hinzuzurechnen; bis zum Übergang in Anspruch genommene Investitionsabzugsbeträge nach § 7g Abs. 1 sind nach Maßgabe des § 7g Abs. 3 rückgängig zu machen. ⁴Für die Anwendung des § 15a ist der nach § 4 Abs. 1 oder § 5 ermittelte Gewinn zugrunde zu legen.

(6) In der Bilanz zum Schluss des Wirtschaftsjahres, in dem Absatz 1 letztmalig angewendet wird, ist für jedes Wirtschaftsgut, das unmittelbar dem Betrieb von Handelsschiffen im internationalen Verkehr dient, der Teilwert anzusetzen.

§ 5b
Elektronische Übermittlung von Bilanzen sowie Gewinn- und Verlustrechnungen

(1) ¹Wird der Gewinn nach § 4 Abs. 1, § 5 oder § 5a ermittelt, so ist der Inhalt der Bilanz sowie der Gewinn- und Verlustrechnung nach amtlich vorgeschriebenem Datensatz durch Datenfernübertragung zu übermitteln. ²Enthält die Bilanz Ansätze oder Beträge, die den steuerlichen Vorschriften nicht entsprechen, so sind diese Ansätze oder Beträge durch Zusätze oder Anmerkungen den steuerlichen Vorschriften anzupassen und nach amtlich vorgeschriebenem Datensatz durch Datenfernübertragung zu übermitteln. ³Der Steuerpflichtige kann auch eine den steuerlichen Vorschriften entsprechende Bilanz nach amtlich vorgeschriebenem Datensatz durch Datenfernübertragung übermitteln. ⁴§ 150 Abs. 7 der Abgabenordnung gilt entsprechend. ⁵Im Fall der Eröffnung des Betriebs sind die Sätze 1 bis 4 für den Inhalt der Eröffnungsbilanz entsprechend anzuwenden.

(2) ¹Auf Antrag kann die Finanzbehörde zur Vermeidung unbilliger Härten auf eine elektronische Übermittlung verzichten. ²§ 150 Abs. 8 der Abgabenordnung gilt entsprechend.

§ 6
Bewertung

(1) Für die Bewertung der einzelnen Wirtschaftsgüter, die nach § 4 Abs. 1 oder nach § 5 als Betriebsvermögen anzusetzen sind, gilt das Folgende:

1. ¹Wirtschaftsgüter des Anlagevermögens, die der Abnutzung unterliegen, sind mit den Anschaffungs- oder Herstellungskosten oder dem an deren Stelle tretenden Wert, vermindert um die Absetzungen für Abnutzung, erhöhte Absetzungen, Sonderabschreibungen, Abzüge nach § 6b und ähnliche Abzüge, anzusetzen. ²Ist der Teilwert aufgrund einer voraussichtlich dauernden Wertminderung niedriger, so kann dieser angesetzt werden. ³Teilwert ist der Betrag, den ein Erwerber des ganzen Betriebs im Rahmen des Gesamtkaufpreises für das einzelne Wirtschaftsgut ansetzen würde; dabei ist davon auszugehen, dass der Erwerber den Betrieb fortführt. ⁴Wirtschaftsgüter, die bereits am Schluss des vorangegangenen Wirtschaftsjahrs zum Anlagevermögen des Steuerpflichtigen gehört haben, sind in den folgenden Wirtschaftsjahren gemäß Satz 1 anzusetzen, es sei denn, der Steuerpflichtige weist nach, dass ein niedrigerer Teilwert nach Satz 2 angesetzt werden kann.

1a. ¹Zu den Herstellungskosten eines Gebäudes gehören auch Aufwendungen für Instandsetzungs- und Modernisierungsmaßnahmen, die innerhalb von drei Jahren nach der Anschaffung des Gebäudes durchgeführt werden, wenn die Aufwendungen ohne die Umsatzsteuer 15 Prozent der Anschaffungskosten des Gebäudes übersteigen (anschaffungsnahe Herstellungskosten). ²Zu diesen Aufwendungen gehören nicht die Aufwendungen für Erweiterungen im Sinne des § 255 Abs. 2 Satz 1 des Handelsgesetzbuchs[1]) sowie Aufwendungen für Erhaltungsarbeiten, die jährlich üblicherweise anfallen.

2. ¹Andere als die in Nummer 1 bezeichneten Wirtschaftsgüter des Betriebs (Grund und Boden, Beteiligungen, Umlaufvermögen) sind mit den Anschaffungs- oder Herstellungskosten oder dem an deren Stelle tretenden Wert, vermindert um Abzüge nach § 6b und ähnliche Abzüge, anzusetzen. ²Ist der Teilwert (Nummer 1 Satz 3) aufgrund einer voraussichtlich dauernden Wertminderung niedriger, so kann dieser angesetzt werden. ³Nummer 1 Satz 4 gilt entsprechend.

2a. ¹Steuerpflichtige, die den Gewinn nach § 5 ermitteln, können für den Wertansatz gleich-

---
[1]) Siehe Anhang 15.

artiger Wirtschaftsgüter des Vorratsvermögens unterstellen, dass die zuletzt angeschafften oder hergestellten Wirtschaftsgüter zuerst verbraucht oder veräußert worden sind, soweit dies den handelsrechtlichen Grundsätzen ordnungsmäßiger Buchführung entspricht. ²Der Vorratsbestand am Schluss des Wirtschaftsjahres, das der erstmaligen Anwendung der Bewertung nach Satz 1 vorangeht, gilt mit seinem Bilanzansatz als erster Zugang des neuen Wirtschaftsjahres. ³Von der Verbrauchs- oder Veräußerungsfolge nach Satz 1 kann in den folgenden Wirtschaftsjahren nur mit Zustimmung des Finanzamts abgewichen werden.

2b. ¹Steuerpflichtige, die in den Anwendungsbereich des § 340 des Handelsgesetzbuchs fallen, haben die zu Handelszwecken erworbenen Finanzinstrumente, die nicht in einer Bewertungseinheit im Sinn des § 5 Abs. 1a Satz 2 abgebildet werden, mit dem beizulegenden Zeitwert abzüglich eines Risikoabschlages (§ 340e Abs. 3 des Handelsgesetzbuchs) zu bewerten. ²Nummer 2 Satz 2 ist nicht anzuwenden.

3. ¹Verbindlichkeiten sind unter sinngemäßer Anwendung der Vorschriften der Nummer 2 anzusetzen und mit einem Zinssatz von 5,5 Prozent abzuzinsen. ²Ausgenommen von der Abzinsung sind Verbindlichkeiten, deren Laufzeit am Bilanzstichtag weniger als 12 Monate beträgt, und Verbindlichkeiten, die verzinslich sind oder auf einer Anzahlung oder Vorausleistung beruhen.

3a. Rückstellungen sind höchstens insbesondere unter Berücksichtigung folgender Grundsätze anzusetzen:

a) bei Rückstellungen für gleichartige Verpflichtungen ist auf der Grundlage der Erfahrungen in der Vergangenheit aus der Abwicklung solcher Verpflichtungen die Wahrscheinlichkeit zu berücksichtigen, dass der Steuerpflichtige nur zu einem Teil der Summe dieser Verpflichtungen in Anspruch genommen wird;

b) Rückstellungen für Sachleistungsverpflichtungen sind mit den Einzelkosten und den angemessenen Teilen der notwendigen Gemeinkosten zu bewerten;

c) künftige Vorteile, die mit der Erfüllung der Verpflichtung voraussichtlich verbunden sein werden, sind, soweit sie nicht als Forderungen zu aktivieren sind, bei ihrer Bewertung wertmindernd zu berücksichtigen;

d) ¹Rückstellungen für Verpflichtungen, für deren Entstehen im wirtschaftlichen Sinne der laufende Betrieb ursächlich ist, sind zeitanteilig in gleichen Raten anzusammeln. ²Rückstellungen für gesetzliche Verpflichtungen zur Rücknahme und Verwertung von Erzeugnissen, die vor Inkrafttreten entsprechender gesetzlicher Verpflichtungen in Verkehr gebracht worden sind, sind zeitanteilig in gleichen Raten bis zum Beginn der jeweiligen Erfüllung anzusammeln; Buchstabe e ist insoweit nicht anzuwenden. ³Rückstellungen für die Verpflichtung, ein Kernkraftwerk stillzulegen, sind ab dem Zeitpunkt der erstmaligen Nutzung bis zum Zeitpunkt, in dem mit der Stilllegung begonnen werden muss, zeitanteilig in gleichen Raten anzusammeln; steht der Zeitpunkt der Stilllegung nicht fest, beträgt der Zeitraum für die Ansammlung 25 Jahre;

e) ¹Rückstellungen für Verpflichtungen sind mit einem Zinssatz von 5,5 Prozent abzuzinsen; Nummer 3 Satz 2 ist entsprechend anzuwenden. ²Für die Abzinsung von Rückstellungen für Sachleistungsverpflichtungen ist der Zeitraum bis zum Beginn der Erfüllung maßgebend. ³Für die Abzinsung von Rückstellungen für die Verpflichtung, ein Kernkraftwerk stillzulegen, ist der sich aus Buchstabe d Satz 3 ergebende Zeitraum maßgebend; und

f) Bei der Bewertung sind die Wertverhältnisse am Bilanzstichtag maßgebend; künftige Preis- und Kostensteigerungen dürfen nicht berücksichtigt werden.

4. ¹Entnahmen des Steuerpflichtigen für sich, für seinen Haushalt oder für andere betriebsfremde Zwecke sind mit dem Teilwert anzusetzen; in den Fällen des § 4 Abs. 1 Satz 3 ist die Entnahme mit dem gemeinen Wert anzusetzen. ²Die private Nutzung eines Kraftfahrzeugs, das zu mehr als 50 Prozent betrieblich genutzt wird, ist für jeden Kalendermonat mit 1 vom Hundert des inländischen Listenpreises im Zeitpunkt der Erstzulassung zuzüglich der Kosten für Sonderausstattungen einschließlich Umsatzsteuer anzusetzen; bei der privaten Nutzung von Fahrzeugen mit Antrieb ausschließlich durch Elektromotoren, die ganz oder überwiegend aus mechanischen oder elektrochemischen Energiespeichern oder aus emissionsfrei betriebenen Energiewandlern gespeist werden (Elektrofahrzeuge), oder von extern aufladbaren Hybridelektrofahrzeugen, ist der Listenpreis dieser Kraftfahrzeuge um die darin enthaltenen Kosten des Batteriesystems im Zeitpunkt der Erstzulassung des Kraftfahrzeugs wie folgt zu mindern: für bis zum 31. Dezember 2013 angeschaffte Kraftfahrzeuge um 500 Euro pro Kilowattstunde der Batteriekapazität, dieser Betrag mindert sich für in den Folgejahren angeschaffte Kraftfahrzeuge um jährlich 50 Euro pro Kilowattstunde der Batteriekapazität; die Minderung pro Kraftfahrzeug beträgt höchstens 10 000 Euro; dieser Höchstbetrag mindert sich für in den Folgejahren angeschaffte Kraftfahrzeuge um jährlich 500 Euro. ³Die private Nutzung kann abweichend von Satz 2 mit den auf die Privatfahrten entfallenden Aufwendungen angesetzt werden, wenn die für das Kraftfahrzeug insgesamt entstehenden Aufwendungen durch Belege und das Verhältnis der privaten zu den übrigen Fahrten durch ein ordnungsgemäßes Fahrtenbuch nachgewiesen werden; bei der privaten Nutzung von Fahrzeugen mit Antrieb ausschließlich durch Elektromotoren, die ganz oder überwiegend aus mechanischen

oder elektrochemischen Energiespeichern oder aus emissionsfrei betriebenen Energiewandlern gespeist werden (Elektrofahrzeuge), oder von extern aufladbaren Hybridelektrofahrzeugen, sind die der Berechnung der Entnahme zugrunde zu legenden insgesamt entstandenen Aufwendungen um die nach Satz 2 in pauschaler Höhe festgelegten Aufwendungen, die auf das Batteriesystem entfallen, zu mindern. [4]Wird ein Wirtschaftsgut unmittelbar nach seiner Entnahme einer nach § 5 Abs. 1 Nr. 9 des Körperschaftsteuergesetzes von der Körperschaftsteuer befreiten Körperschaft, Personenvereinigung oder Vermögensmasse oder einer juristischen Person des öffentlichen Rechts zur Verwendung für steuerbegünstigte Zwecke im Sinne des § 10b Abs. 1 Satz 1 unentgeltlich überlassen, so kann die Entnahme mit dem Buchwert angesetzt werden. [5]Satz 4 gilt nicht für die Entnahme von Nutzungen und Leistungen.

5. [1]Einlagen sind mit dem Teilwert für den Zeitpunkt der Zuführung anzusetzen; sie sind jedoch höchstens mit den Anschaffungs- oder Herstellungskosten anzusetzen, wenn das zugeführte Wirtschaftsgut

   a) innerhalb der letzten drei Jahre vor dem Zeitpunkt der Zuführung angeschafft oder hergestellt worden ist,
   b) ein Anteil an einer Kapitalgesellschaft ist und der Steuerpflichtige an der Gesellschaft im Sinne des § 17 Abs. 1 oder 6 beteiligt ist; § 17 Abs. 2 Satz 5 gilt entsprechend, oder
   c) ein Wirtschaftsgut im Sinne des § 20 Abs. 2 ist.

   [2]Ist die Einlage ein abnutzbares Wirtschaftsgut, so sind die Anschaffungs- oder Herstellungskosten um Absetzungen für Abnutzung zu kürzen, die auf den Zeitraum zwischen der Anschaffung oder Herstellung des Wirtschaftsguts und der Einlage entfallen. [3]Ist die Einlage ein Wirtschaftsgut, das vor der Zuführung aus einem Betriebsvermögen des Steuerpflichtigen entnommen worden ist, so tritt an die Stelle der Anschaffungs- oder Herstellungskosten der Wert, mit dem die Entnahme angesetzt worden ist, und an die Stelle des Zeitpunkts der Anschaffung oder Herstellung der Zeitpunkt der Entnahme.

5a. In den Fällen des § 4 Abs. 1 Satz 8 zweiter Halbsatz ist das Wirtschaftsgut mit dem gemeinen Wert anzusetzen.

6. Bei Eröffnung eines Betriebs ist Nummer 5 entsprechend anzuwenden.

7. Bei entgeltlichem Erwerb eines Betriebs sind die Wirtschaftsgüter mit dem Teilwert, höchstens jedoch mit den Anschaffungs- oder Herstellungskosten anzusetzen.

(2) [1]Die Anschaffungs- oder Herstellungskosten oder der nach Absatz 1 Nummer 5 bis 6 an deren Stelle tretende Wert von abnutzbaren beweglichen Wirtschaftsgütern des Anlagevermögens, die einer selbständigen Nutzung fähig sind, können im Wirtschaftsjahr der Anschaffung, Herstellung oder Einlage des Wirtschaftsguts oder der Eröffnung des Betriebs in voller Höhe als Betriebsausgaben abgezogen werden, wenn die Anschaffungs- oder Herstellungskosten, vermindert um einen darin enthaltenen Vorsteuerbetrag (§ 9b Absatz 1), oder der nach Absatz 1 Nummer 5 bis 6 an deren Stelle tretende Wert für das einzelne Wirtschaftsgut 410 Euro nicht übersteigen. [2]Ein Wirtschaftsgut ist einer selbständigen Nutzung nicht fähig, wenn es nach seiner betrieblichen Zweckbestimmung nur zusammen mit anderen Wirtschaftsgütern des Anlagevermögens genutzt werden kann und die in den Nutzungszusammenhang eingefügten Wirtschaftsgüter technisch aufeinander abgestimmt sind. [3]Das gilt auch, wenn das Wirtschaftsgut aus dem betrieblichen Nutzungszusammenhang gelöst und in einen anderen betrieblichen Nutzungszusammenhang eingefügt werden kann. [4]Wirtschaftsgüter im Sinne des Satzes 1, deren Wert 150 Euro übersteigt, sind unter Angabe des Tages der Anschaffung, Herstellung oder Einlage des Wirtschaftsguts oder der Eröffnung des Betriebs und der Anschaffungs- oder Herstellungskosten oder des nach Absatz 1 Nummer 5 bis 6 an deren Stelle tretenden Werts in ein besonderes, laufend zu führendes Verzeichnis aufzunehmen. [5]Das Verzeichnis braucht nicht geführt zu werden, wenn diese Angaben aus der Buchführung ersichtlich sind.

(2a) [1]Abweichend von Absatz 2 Satz 1 kann für die abnutzbaren beweglichen Wirtschaftsgüter des Anlagevermögens, die einer selbständigen Nutzung fähig sind, im Wirtschaftsjahr der Anschaffung, Herstellung oder Einlage- des Wirtschaftsguts oder der Eröffnung des Betriebs ein Sammelposten gebildet werden, wenn die Anschaffungs- oder Herstellungskosten, vermindert um einen darin enthaltenen Vorsteuerbetrag (§ 9b Absatz 1), oder der nach Absatz 1 Nummer 5 bis 6 an deren Stelle tretende Wert für das einzelne Wirtschaftsgut 150 Euro, aber nicht 1 000 Euro übersteigen. [2]Der Sammelposten ist im Wirtschaftsjahr der Bildung und den folgenden vier Wirtschaftsjahren mit jeweils einem Fünftel gewinnmindernd aufzulösen. [3]Scheidet ein Wirtschaftsgut im Sinne des Satzes 1 aus dem Betriebsvermögen aus, wird der Sammelposten nicht vermindert. [4]Die Anschaffungs- oder Herstellungskosten oder der nach Absatz 1 Nummer 5 bis 6 an deren Stelle tretende Wert von abnutzbaren beweglichen Wirtschaftsgütern des Anlagevermögens, die einer selbständigen Nutzung fähig sind, können im Wirtschaftsjahr der Anschaffung, Herstellung oder Einlage des Wirtschaftsguts oder der Eröffnung des Betriebs in voller Höhe als Betriebsausgaben abgezogen werden, wenn die Anschaffungs- oder Herstellungskosten, vermindert um einen darin enthaltenen Vorsteuerbetrag (§ 9b Absatz 1), oder der nach Absatz 1 Nummer 5 bis 6 an deren Stelle tretende Wert für das einzelne Wirtschaftsgut 150 Euro nicht übersteigen. [5]Die Sätze 1 bis 3 sind für alle in einem Wirtschaftsjahr angeschafften, hergestellten oder eingelegten Wirtschaftsgüter einheitlich anzuwenden.

(3) [1]Wird ein Betrieb, ein Teilbetrieb oder der Anteil eines Mitunternehmers an einem Betrieb unentgeltlich übertragen, so sind bei der Ermittlung des Gewinns des bisherigen Betriebsinhabers (Mitunternehmers) die Wirtschaftsgüter mit den Werten

anzusetzen, die sich nach den Vorschriften über die Gewinnermittlung ergeben; dies gilt auch bei der unentgeltlichen Aufnahme einer natürlichen Person in ein bestehendes Einzelunternehmen sowie bei der unentgeltlichen Übertragung eines Teils eines Mitunternehmeranteils auf eine natürliche Person. ²Satz 1 ist auch anzuwenden, wenn der bisherige Betriebsinhaber (Mitunternehmer) Wirtschaftsgüter, die weiterhin zum Betriebsvermögen derselben Mitunternehmerschaft gehören, nicht überträgt, sofern der Rechtsnachfolger den übernommenen Mitunternehmeranteil über einen Zeitraum von mindestens fünf Jahren nicht veräußert oder aufgibt. ³Der Rechtsnachfolger ist an diese Werte gebunden.

(4) Wird ein einzelnes Wirtschaftsgut außer in den Fällen der Einlage (§ 4 Abs. 1 Satz 8) unentgeltlich in das Betriebsvermögen eines anderen Steuerpflichtigen übertragen, gilt sein gemeiner Wert für das aufnehmende Betriebsvermögen als Anschaffungskosten.

(5) ¹Wird ein einzelnes Wirtschaftsgut von einem Betriebsvermögen in ein anderes Betriebsvermögen desselben Steuerpflichtigen überführt, ist bei der Überführung der Wert anzusetzen, der sich nach den Vorschriften über die Gewinnermittlung ergibt, sofern die Besteuerung der stillen Reserven sichergestellt ist; § 4 Absatz 1 Satz 4 ist entsprechend anzuwenden. ²Satz 1 gilt auch für die Überführung aus einem eigenen Betriebsvermögen des Steuerpflichtigen in dessen Sonderbetriebsvermögen bei einer Mitunternehmerschaft und umgekehrt sowie für die Überführung zwischen verschiedenen Sonderbetriebsvermögen desselben Steuerpflichtigen bei verschiedenen Mitunternehmerschaften. ³Satz 1 gilt entsprechend, soweit ein Wirtschaftsgut

1. unentgeltlich oder gegen Gewährung oder Minderung von Gesellschaftsrechten aus einem Betriebsvermögen des Mitunternehmers in das Gesamthandsvermögen einer Mitunternehmerschaft und umgekehrt,
2. unentgeltlich oder gegen Gewährung oder Minderung von Gesellschaftsrechten aus dem Sonderbetriebsvermögen eines Mitunternehmers in das Gesamthandsvermögen derselben Mitunternehmerschaft oder einer anderen Mitunternehmerschaft, an der er beteiligt ist, und umgekehrt oder
3. unentgeltlich zwischen den jeweiligen Sonderbetriebsvermögen verschiedener Mitunternehmer derselben Mitunternehmerschaft

übertragen wird. ⁴Wird das nach Satz 3 übertragene Wirtschaftsgut innerhalb einer Sperrfrist veräußert oder entnommen, ist rückwirkend auf den Zeitpunkt der Übertragung der Teilwert anzusetzen, es sei denn, die bis zur Übertragung entstandenen stillen Reserven sind durch Erstellung einer Ergänzungsbilanz dem übertragenden Gesellschafter zugeordnet worden; diese Sperrfrist endet drei Jahre nach Abgabe der Steuererklärung des Übertragenden für den Veranlagungszeitraum, in dem die in Satz 3 bezeichnete Übertragung erfolgt ist. ⁵Der Teilwert ist auch anzusetzen, soweit in den Fällen des Satzes 3 der Anteil einer Körperschaft, Personenvereinigung oder Vermögensmasse an dem Wirtschaftsgut unmittelbar oder mittelbar begründet wird oder dieser sich erhöht. ⁶Soweit innerhalb von sieben Jahren nach der Übertragung des Wirtschaftsguts nach Satz 3 der Anteil einer Körperschaft, Personenvereinigung oder Vermögensmasse an dem übertragenen Wirtschaftsgut aus einem anderen Grund unmittelbar oder mittelbar begründet wird oder dieser sich erhöht, ist rückwirkend auf den Zeitpunkt der Übertragung ebenfalls der Teilwert anzusetzen.

(6) ¹Wird ein einzelnes Wirtschaftsgut im Wege des Tausches übertragen, bemessen sich die Anschaffungskosten nach dem gemeinen Wert des hingegebenen Wirtschaftsguts. ²Erfolgt die Übertragung im Wege der verdeckten Einlage, erhöhen sich die Anschaffungskosten der Beteiligung an der Kapitalgesellschaft um den Teilwert des eingelegten Wirtschaftsguts. ³In den Fällen des Absatzes 1 Satz 1 Buchstabe a erhöhen sich die Anschaffungskosten im Sinne des Satzes 2 um den Einlagewert des Wirtschaftsguts. ⁴Absatz 5 bleibt unberührt.

(7) Im Fall des § 4 Absatz 3 sind
1. bei der Bemessung der Absetzungen für Abnutzung oder Substanzverringerung die sich bei der Anwendung der Absätze 3 bis 6 ergebenden Werte als Anschaffungskosten zugrunde zu legen und
2. die Bewertungsvorschriften des Absatzes 1 Nummer 1a und der Nummern 4 bis 7 entsprechend anzuwenden.

§ 6a
Pensionsrückstellung

(1) Für eine Pensionsverpflichtung darf eine Rückstellung (Pensionsrückstellung) nur gebildet werden, wenn und soweit

1. der Pensionsberechtigte einen Rechtsanspruch auf einmalige oder laufende Pensionsleistungen hat,
2. die Pensionszusage keine Pensionsleistungen in Abhängigkeit von künftigen gewinnabhängigen Bezügen vorsieht und keinen Vorbehalt enthält, dass die Pensionsanwartschaft oder die Pensionsleistung gemindert oder entzogen werden kann, es sei denn, ein solcher Vorbehalt erstreckt sich nur auf Tatbestände, bei deren Vorliegen nach allgemeinen Rechtsgrundsätzen unter Beachtung billigen Ermessens eine Minderung oder ein Entzug der Pensionsanwartschaft oder der Pensionsleistung zulässig ist, und
3. die Pensionszusage schriftlich erteilt ist; die Pensionszusage muss eindeutige Angaben zu Art, Form, Voraussetzungen und Höhe der in Aussicht gestellten künftigen Leistungen enthalten.

(2) Eine Pensionsrückstellung darf erstmals gebildet werden

1. vor Eintritt des Versorgungsfalls für das Wirtschaftsjahr, in dem die Pensionszusage erteilt wird, frühestens jedoch für das Wirtschaftsjahr, bis zu dessen Mitte der Pensionsberechtigte das 27. Lebensjahr vollendet oder für das Wirtschaftsjahr, in dessen Verlauf die Pensionsan-

wartschaft gemäß den Vorschriften des Betriebsrentengesetzes[1] unverfallbar wird,

2. nach Eintritt des Versorgungsfalls für das Wirtschaftsjahr, in dem der Versorgungsfall eintritt.

(3) ¹Eine Pensionsrückstellung darf höchstens mit dem Teilwert der Pensionsverpflichtung angesetzt werden. ²Als Teilwert einer Pensionsverpflichtung gilt

1. ¹vor Beendigung des Dienstverhältnisses des Pensionsberechtigten der Barwert der künftigen Pensionsleistungen am Schluss des Wirtschaftsjahrs abzüglich des sich auf denselben Zeitpunkt ergebenden Barwertes betragsmäßig gleich bleibender Jahresbeträge, bei einer Entgeltumwandlung im Sinne von § 1 Abs. 2 des Betriebsrentengesetzes[2] mindestens jedoch der Barwert der gemäß den Vorschriften des Betriebsrentengesetzes[3] unverfallbaren künftigen Pensionsleistungen am Schluss des Wirtschaftsjahres. ²Die Jahresbeträge sind so zu bemessen, dass am Beginn des Wirtschaftsjahres, in dem das Dienstverhältnis begonnen hat, ihr Barwert gleich dem Barwert der künftigen Pensionsleistungen ist; die künftigen Pensionsleistungen sind dabei mit dem Betrag anzusetzen, der sich nach den Verhältnissen am Bilanzstichtag ergibt. ³Es sind die Jahresbeträge zugrunde zu legen, die vom Beginn des Wirtschaftsjahres, in dem das Dienstverhältnis begonnen hat, bis zu dem in der Pensionszusage vorgesehenen Zeitpunkt des Eintritts des Versorgungsfalls rechnungsmäßig aufzubringen sind. ⁴Erhöhungen oder Verminderungen der Pensionsleistungen nach dem Schluss des Wirtschaftsjahres, die hinsichtlich des Zeitpunkts ihres Wirksamwerdens oder ihres Umfangs ungewiss sind, sind bei der Berechnung des Barwertes der künftigen Pensionsleistungen und der Jahresbeträge erst zu berücksichtigen, wenn sie eingetreten sind. ⁵Wird die Pensionszusage erst nach dem Beginn des Dienstverhältnisses erteilt, so ist die Zwischenzeit für die Berechnung der Jahresbeträge nur insoweit als Wartezeit zu behandeln, als sie in der Pensionszusage als solche bestimmt ist. ⁶Hat das Dienstverhältnis schon vor der Vollendung des 27. Lebensjahrs des Pensionsberechtigten bestanden, so gilt es als zu Beginn des Wirtschaftsjahres begonnen, bis zu dessen Mitte der Pensionsberechtigte das 27. Lebensjahr vollendet; in diesem Fall gilt für davor liegende Wirtschaftsjahre als Teilwert der Barwert der gemäß den Vorschriften des Betriebsrentengesetzes[4] unverfallbaren künftigen Pensionsleistungen am Schluss des Wirtschaftsjahres;

2. nach Beendigung des Dienstverhältnisses des Pensionsberechtigten unter Aufrechterhaltung seiner Pensionsanwartschaft oder nach Eintritt des Versorgungsfalls der Barwert der künftigen Pensionsleistungen am Schluss des Wirtschaftsjahres; Nummer 1 Satz 4 gilt sinngemäß.

³Bei der Berechnung des Teilwerts der Pensionsverpflichtung sind ein Rechnungszinsfuß von 6 Prozent und die anerkannten Regeln der Versicherungsmathematik anzuwenden.

(4) ¹Eine Pensionsrückstellung darf in einem Wirtschaftsjahr höchstens um den Unterschied zwischen dem Teilwert der Pensionsverpflichtung am Schluss des Wirtschaftsjahres und am Schluss des vorangegangenen Wirtschaftsjahres erhöht werden. ²Soweit der Unterschiedsbetrag auf der erstmaligen Anwendung neuer oder geänderter biometrischer Rechnungsgrundlagen beruht, kann er nur auf mindestens drei Wirtschaftsjahre gleichmäßig verteilt der Pensionsrückstellung zugeführt werden; Entsprechendes gilt beim Wechsel auf andere biometrische Rechnungsgrundlagen. ³In dem Wirtschaftsjahr, in dem mit der Bildung einer Pensionsrückstellung frühestens begonnen werden darf (Erstjahr), darf die Rückstellung bis zur Höhe des Teilwerts der Pensionsverpflichtung am Schluss des Wirtschaftsjahres gebildet werden; diese Rückstellung kann auf das Erstjahr und die beiden folgenden Wirtschaftsjahre gleichmäßig verteilt werden. ⁴Erhöht sich in einem Wirtschaftsjahr gegenüber dem vorangegangenen Wirtschaftsjahr der Barwert der künftigen Pensionsleistungen um mehr als 25 Prozent, so kann die für dieses Wirtschaftsjahr zulässige Erhöhung der Pensionsrückstellung auf dieses Wirtschaftsjahr und die beiden folgenden Wirtschaftsjahre gleichmäßig verteilt werden. ⁵Am Schluss des Wirtschaftsjahres, in dem das Dienstverhältnis des Pensionsberechtigten unter Aufrechterhaltung seiner Pensionsanwartschaft endet oder der Versorgungsfall eintritt, darf die Pensionsrückstellung stets bis zur Höhe des Teilwerts der Pensionsverpflichtung gebildet werden; die für dieses Wirtschaftsjahr zulässige Erhöhung der Pensionsrückstellung kann auf dieses Wirtschaftsjahr und die beiden folgenden Wirtschaftsjahre gleichmäßig verteilt werden. ⁶Satz 2 gilt in den Fällen der Sätze 3 bis 5 entsprechend.

(5) Die Absätze 3 und 4 gelten entsprechend, wenn der Pensionsberechtigte zu dem Pensionsverpflichteten in einem anderen Rechtsverhältnis als einem Dienstverhältnis steht.

§ 6b
Übertragung stiller Reserven bei der Veräußerung bestimmter Anlagegüter

(1) ¹Steuerpflichtige, die

Grund und Boden,

Aufwuchs auf Grund und Boden mit dem dazugehörigen Grund und Boden, wenn der Aufwuchs zu einem land- und forstwirtschaftlichen Betriebsvermögen gehört,

Gebäude oder Binnenschiffe,

---

1) Siehe Anhang 16.
2) Siehe Anhang 16.
3) Siehe Anhang 16.
4) Siehe Anhang 16.

veräußern, können im Wirtschaftsjahr der Veräußerung von den Anschaffungs- oder Herstellungskosten der in Satz 2 bezeichneten Wirtschaftsgüter, die im Wirtschaftsjahr der Veräußerung oder im vorangegangenen Wirtschaftsjahr angeschafft oder hergestellt worden sind, einen Betrag bis zur Höhe des bei der Veräußerung entstandenen Gewinns abziehen. ²Der Abzug ist zulässig bei den Anschaffungs- oder Herstellungskosten von

1. Grund und Boden,
   soweit der Gewinn bei der Veräußerung von Grund und Boden entstanden ist,
2. Aufwuchs auf Grund und Boden mit dem dazugehörigen Grund und Boden, wenn der Aufwuchs zu einem land- und forstwirtschaftlichen Betriebsvermögen gehört,
   soweit der Gewinn bei der Veräußerung von Grund und Boden oder der Veräußerung von Aufwuchs auf Grund und Boden mit dem dazugehörigen Grund und Boden entstanden ist,
3. Gebäuden,
   soweit der Gewinn bei der Veräußerung von Grund und Boden, von Aufwuchs auf Grund und Boden mit dem dazugehörigen Grund und Boden oder Gebäuden entstanden ist, oder
4. Binnenschiffen,
   soweit der Gewinn bei der Veräußerung von Binnenschiffen entstanden ist.

³Der Anschaffung oder Herstellung von Gebäuden steht ihre Erweiterung, ihr Ausbau oder ihr Umbau gleich. ⁴Der Abzug ist in diesem Fall nur von dem Aufwand für die Erweiterung, den Ausbau oder den Umbau der Gebäude zulässig.

(2) ¹Gewinn im Sinne des Absatzes 1 Satz 1 ist der Betrag, um den der Veräußerungspreis nach Abzug der Veräußerungskosten den Buchwert übersteigt, mit dem das veräußerte Wirtschaftsgut im Zeitpunkt der Veräußerung anzusetzen gewesen wäre. ²Buchwert ist der Wert, mit dem ein Wirtschaftsgut nach § 6 anzusetzen ist.

(3) ¹Soweit Steuerpflichtige den Abzug nach Absatz 1 nicht vorgenommen haben, können sie im Wirtschaftsjahr der Veräußerung eine den steuerlichen Gewinn mindernde Rücklage bilden. ²Bis zur Höhe dieser Rücklage können sie von den Anschaffungs- oder Herstellungskosten der in Absatz 1 Satz 2 bezeichneten Wirtschaftsgüter, die in den folgenden vier Wirtschaftsjahren angeschafft oder hergestellt worden sind, im Wirtschaftsjahr ihrer Anschaffung oder Herstellung einen Betrag unter Berücksichtigung der Einschränkungen des Absatzes 1 Satz 2 bis 4 abziehen. ³Die Frist von vier Jahren verlängert sich bei neu hergestellten Gebäuden auf sechs Jahre, wenn mit ihrer Herstellung vor dem Schluss des vierten auf die Bildung der Rücklage folgenden Wirtschaftsjahrs begonnen worden ist. ⁴Die Rücklage ist in Höhe des abgezogenen Betrags gewinnerhöhend aufzulösen. ⁵Ist eine Rücklage am Schluss des vierten auf ihre Bildung folgenden Wirtschaftsjahres noch vorhanden, so ist sie in diesem Zeitpunkt gewinnerhöhend aufzulösen, soweit nicht ein Abzug von den Herstellungskosten von Gebäuden in Betracht kommt, mit deren Herstellung bis zu diesem Zeitpunkt begonnen worden ist; ist die Rücklage am Schluss des sechsten auf ihre Bildung folgenden Wirtschaftsjahres noch vorhanden, so ist sie in diesem Zeitpunkt gewinnerhöhend aufzulösen.

(4) ¹Voraussetzung für die Anwendung der Absätze 1 und 3 ist, dass

1. der Steuerpflichtige den Gewinn nach § 4 Abs. 1 oder § 5 ermittelt,
2. die veräußerten Wirtschaftsgüter im Zeitpunkt der Veräußerung mindestens sechs Jahre ununterbrochen zum Anlagevermögen einer inländischen Betriebsstätte gehört haben,
3. die angeschafften oder hergestellten Wirtschaftsgüter zum Anlagevermögen einer inländischen Betriebsstätte gehören,
4. der bei der Veräußerung entstandene Gewinn bei der Ermittlung des im Inland steuerpflichtigen Gewinns nicht außer Ansatz bleibt und
5. der Abzug nach Absatz 1 und die Bildung und Auflösung der Rücklage nach Absatz 3 in der Buchführung verfolgt werden können.

²Der Abzug nach den Absätzen 1 und 3 ist bei Wirtschaftsgütern, die zu einem land- und forstwirtschaftlichen Betrieb gehören oder der selbständigen Arbeit dienen, nicht zulässig, wenn der Gewinn bei der Veräußerung von Wirtschaftsgütern eines Gewerbebetriebs entstanden ist.

(5) An die Stelle der Anschaffungs- oder Herstellungskosten im Sinne des Absatzes 1 tritt in den Fällen, in denen das Wirtschaftsgut im Wirtschaftsjahr vor der Veräußerung angeschafft oder hergestellt worden ist, der Buchwert am Schluss des Wirtschaftsjahres der Anschaffung oder Herstellung.

(6) ¹Ist ein Betrag nach Absatz 1 oder 3 abgezogen worden, so tritt für die Absetzungen für Abnutzung oder Substanzverringerung oder in den Fällen des § 6 Abs. 2 und Abs. 2a im Wirtschaftsjahr des Abzugs der verbleibende Betrag an die Stelle der Anschaffungs- oder Herstellungskosten. ²In den Fällen des § 7 Abs. 4 Satz 1 und Abs. 5 sind die um den Abzugsbetrag nach Absatz 1 oder 3 geminderten Anschaffungs- oder Herstellungskosten maßgebend.

(7) Soweit eine nach Absatz 3 Satz 1 gebildete Rücklage gewinnerhöhend aufgelöst wird, ohne dass ein entsprechender Betrag nach Absatz 3 abgezogen wird, ist der Gewinn des Wirtschaftsjahrs, in dem die Rücklage aufgelöst wird, für jedes volle Wirtschaftsjahr, in dem die Rücklage bestanden hat, um 6 Prozent des aufgelösten Rücklagenbetrags zu erhöhen.

(8) ¹Werden Wirtschaftsgüter im Sinne des Absatzes 1 zum Zweck der Vorbereitung oder Durchführung von städtebaulichen Sanierungs- oder Entwicklungsmaßnahmen an einen in Satz 2 bezeichneten Erwerber übertragen, sind die Absätze 1 bis 7 mit der Maßgabe anzuwenden, daß

1. die Fristen des Absatzes 3 Satz 2, 3 und 5 sich jeweils um drei Jahre verlängern und
2. an die Stelle der in Absatz 4 Nr. 2 bezeichneten Frist von sechs Jahren eine Frist von zwei Jahren tritt.

EStG

²Erwerber im Sinne des Satzes 1 sind Gebietskörperschaften, Gemeindeverbände, Verbände im Sinne des § 166 Abs. 4 des Baugesetzbuchs, Planungsverbände nach § 205 des Baugesetzbuchs, Sanierungsträger nach § 157 des Baugesetzbuchs, Entwicklungsträger nach § 167 des Baugesetzbuchs sowie Erwerber, die städtebauliche Sanierungsmaßnahmen als Eigentümer selbst durchführen (§ 147 Abs. 2 und § 148 Abs. 1 des Baugesetzbuchs).

(9) Absatz 8 ist nur anzuwenden, wenn die nach Landesrecht zuständige Behörde bescheinigt, dass die Übertragung der Wirtschaftsgüter zum Zweck der Vorbereitung oder Durchführung von städtebaulichen Sanierungs- oder Entwicklungsmaßnahmen an einen der in Absatz 8 Satz 2 bezeichneten Erwerber erfolgt ist.

(10) ¹Steuerpflichtige, die keine Körperschaften, Personenvereinigungen oder Vermögensmassen sind, können Gewinne aus der Veräußerung von Anteilen an Kapitalgesellschaften bis zu einem Betrag von 500 000 Euro auf die im Wirtschaftsjahr der Veräußerung oder in den folgenden zwei Wirtschaftsjahren angeschafften Anteile an Kapitalgesellschaften oder angeschafften oder hergestellten abnutzbaren beweglichen Wirtschaftsgüter oder auf die im Wirtschaftsjahr der Veräußerung oder in den folgenden vier Wirtschaftsjahren angeschafften oder hergestellten Gebäude nach Maßgabe der Sätze 2 bis 11 übertragen. ²Wird der Gewinn im Jahr der Veräußerung auf Gebäude oder abnutzbare bewegliche Wirtschaftsgüter übertragen, so kann ein Betrag bis zur Höhe des Gewinns einschließlich eines entstandenen und nicht nach § 3 Nr. 40 Satz 1 Buchstabe a und b in Verbindung mit § 3c Abs. 2 steuerbefreiten Betrags von den Anschaffungs- oder Herstellungskosten für Gebäude oder abnutzbare bewegliche Wirtschaftsgüter abgezogen werden. ³Wird der Gewinn im Jahr der Veräußerung auf Anteile an Kapitalgesellschaften übertragen, mindern sich die Anschaffungskosten der Anteile an Kapitalgesellschaften in Höhe des Veräußerungsgewinns einschließlich des nach § 3 Nr. 40 Satz 1 Buchstabe a und b in Verbindung mit § 3c Abs. 2 steuerbefreiten Betrages. ⁴Absatz 2, Absatz 4 Satz 1 Nr. 1, 2, 3, 5 und Satz 2 sowie Absatz 5 sind sinngemäß anzuwenden. ⁵Soweit Steuerpflichtige den Abzug nach Sätzen 1 bis 4 nicht vorgenommen haben, können sie eine Rücklage nach Maßgabe des Satzes 1 einschließlich des nach § 3 Nr. 40 Satz 1 Buchstabe a und b in Verbindung mit § 3c Abs. 2 steuerbefreiten Betrages bilden. ⁶Bei der Auflösung der Rücklage gelten die Sätze 2 und 3 sinngemäß. ⁷Im Fall des Satzes 2, ist die Rücklage in gleicher Höhe um den nach § 3 Nr. 40 Satz 1 Buchstabe a und b in Verbindung mit § 3c Abs. 2 steuerbefreiten Betrag aufzulösen. ⁸Ist eine Rücklage am Schluss des vierten auf ihre Bildung folgenden Wirtschaftsjahrs noch vorhanden, so ist sie in diesem Zeitpunkt gewinnerhöhend aufzulösen. ⁹Soweit der Abzug nach Satz 6 nicht vorgenommen wurde, ist der Gewinn des Wirtschaftsjahrs, in dem die Rücklage aufgelöst wird, für jedes solche Wirtschaftsjahr, in dem die Rücklage bestanden hat, um 6 Prozent des nicht nach § 3 Nr. 40 Satz 1 Buchstabe a und b in Verbindung mit § 3c Abs. 2 steuerbefreiten aufgelösten Rücklagenbetrags zu erhöhen. ¹⁰Für die zum Gesamthandsvermögen von Personengesellschaften oder Gemeinschaften gehörenden Anteile an Kapitalgesellschaften gelten die Sätze 1 bis 9 nur, soweit an den Personengesellschaften und Gemeinschaften keine Körperschaften, Personenvereinigungen oder Vermögensmassen beteiligt sind.

§ 6c
Übertragung stiller Reserven bei der Veräußerung bestimmter Anlagegüter bei der Ermittlung des Gewinns nach § 4 Abs. 3 oder nach Durchschnittssätzen

(1) ¹§ 6b mit Ausnahme des § 6b Abs. 4 Nr. 1 ist entsprechend anzuwenden, wenn der Gewinn nach § 4 Abs. 3 oder die Einkünfte aus Land- und Forstwirtschaft nach Durchschnittssätzen ermittelt werden. ²Soweit nach § 6b Abs. 3 eine Rücklage gebildet werden kann, ist ihre Bildung als Betriebsausgabe (Abzug) und ihre Auflösung als Betriebseinnahme (Zuschlag) zu behandeln; der Zeitraum zwischen Abzug und Zuschlag gilt als Zeitraum, in dem die Rücklage bestanden hat.

(2) ¹Voraussetzung für die Anwendung des Absatzes 1 ist, dass die Wirtschaftsgüter, bei denen ein Abzug von den Anschaffungs- oder Herstellungskosten oder von dem Wert nach § 6b Abs. 5 vorgenommen worden ist, in besondere, laufend zu führende Verzeichnisse aufgenommen werden. ²In den Verzeichnissen sind der Tag der Anschaffung oder Herstellung, die Anschaffungs- oder Herstellungskosten, der Abzug nach § 6b Abs. 1 und 3 in Verbindung mit Absatz 1, die Absetzungen für Abnutzung, die Abschreibungen sowie die Beträge nachzuweisen, die nach § 6b Abs. 3 in Verbindung mit Absatz 1 als Betriebsausgaben (Abzug) oder Betriebseinnahmen (Zuschlag) behandelt worden sind.

§ 6d
Euroumrechnungsrücklage

(1) ¹Ausleihungen, Forderungen und Verbindlichkeiten im Sinne des Artikels 43 des Einführungsgesetzes zum Handelsgesetzbuch, die auf Währungseinheiten der an der europäischen Währungsunion teilnehmenden anderen Mitgliedstaaten oder auf die ECU im Sinne des Artikels 2 der Verordnung (EG) Nr. 1103/97 des Rates vom 17. Juni 1997 (ABl. EGL Nr. 162 S. 1) lauten, sind am Schluss des ersten nach dem 31. Dezember 1998 endenden Wirtschaftsjahres mit dem vom Rat der Europäischen Union gemäß Artikel 109l Abs. 4 Satz 1 des EG-Vertrages unwiderruflich festgelegten Umrechnungskurs umzurechnen und mit dem sich danach ergebenden Wert anzusetzen. ²Der Gewinn, der sich aus diesem jeweiligen Ansatz für das einzelne Wirtschaftsgut ergibt, kann in eine steuerliche Gewinn mindernde Rücklage eingestellt werden. ³Die Rücklage ist gewinnhöhend aufzulösen, soweit das Wirtschaftsgut, aus dessen Bewertung sich der in die Rücklage eingestellte Gewinn ergeben hat, aus dem Betriebsvermögen ausscheidet. ⁴Die Rücklage ist spätestens am Schluss des fünften nach dem 31. Dezember 1998 endenden Wirtschaftsjahres gewinnerhöhend aufzulösen.

(2) ¹In die Euroumrechnungsrücklage gemäß Absatz 1 Satz 2 können auch Erträge eingestellt werden, die sich aus der Aktivierung von Wirtschaftsgütern

auf Grund der unwiderruflichen Festlegung der Umrechnungskurse ergeben. ²Absatz 1 Satz 3 gilt entsprechend.

(3) Die Bildung und Auflösung der jeweiligen Rücklage müssen in der Buchführung verfolgt werden können.

§ 7
Absetzung für Abnutzung oder Substanzverringerung

(1) ¹Bei Wirtschaftsgütern, deren Verwendung oder Nutzung durch den Steuerpflichtigen zur Erzielung von Einkünften sich erfahrungsgemäß auf einen Zeitraum von mehr als einem Jahr erstreckt, ist jeweils für ein Jahr der Teil der Anschaffungs- oder Herstellungskosten abzusetzen, der bei gleichmäßiger Verteilung dieser Kosten auf die Gesamtdauer der Verwendung oder Nutzung auf ein Jahr entfällt (Absetzung für Abnutzung in gleichen Jahresbeträgen). ²Die Absetzung bemisst sich hierbei nach der betriebsgewöhnlichen Nutzungsdauer des Wirtschaftsguts. ³Als betriebsgewöhnliche Nutzungsdauer des Geschäfts- oder Firmenwerts eines Gewerbebetriebs oder eines Betriebs der Land- und Forstwirtschaft gilt ein Zeitraum von fünfzehn Jahren. ⁴Im Jahr der Anschaffung oder Herstellung des Wirtschaftsguts vermindert sich für dieses Jahr der Absetzungsbetrag nach Satz 1 um jeweils ein Zwölftel für jeden vollen Monat, der dem Monat der Anschaffung oder Herstellung vorangeht. ⁵Bei Wirtschaftsgütern, die nach einer Verwendung zur Erzielung von Einkünften im Sinne des § 2 Abs. 1 Satz 1 Nummer 4 bis 7 in ein Betriebsvermögen eingelegt worden sind, mindert sich der Einlagewert um die Absetzungen für Abnutzung oder Substanzverringerung, Sonderabschreibungen oder erhöhte Absetzungen, die bis zum Zeitpunkt der Einlage vorgenommen worden sind, höchstens jedoch bis zu den fortgeführten Anschaffungs- oder Herstellungskosten; ist der Einlagewert niedriger als dieser Wert, bemisst sich die weitere Absetzung für Abnutzung vom Einlagewert. ⁶Bei beweglichen Wirtschaftsgütern des Anlagevermögens, bei denen es wirtschaftlich begründet ist, die Absetzung für Abnutzung nach Maßgabe der Leistung des Wirtschaftsguts vorzunehmen, kann der Steuerpflichtige dieses Verfahren statt der Absetzung für Abnutzung in gleichen Jahresbeträgen anwenden, wenn er den auf das einzelne Jahr entfallenden Umfang der Leistung nachweist. ⁷Absetzungen für außergewöhnliche technische oder wirtschaftliche Abnutzung sind zulässig; soweit der Grund hierfür in späteren Wirtschaftsjahren entfällt, ist in den Fällen der Gewinnermittlung nach § 4 Abs. 1 oder nach § 5 eine entsprechende Zuschreibung vorzunehmen.

(2) ¹Bei beweglichen Wirtschaftsgütern des Anlagevermögens, die nach dem 31. Dezember 2008 und vor dem 1. Januar 2011 angeschafft oder hergestellt worden sind, kann der Steuerpflichtige statt der Absetzung für Abnutzung in gleichen Jahresbeträgen die Absetzung für Abnutzung in fallenden Jahresbeträgen bemessen. ²Die Absetzung für Abnutzung in fallenden Jahresbeträgen kann nach einem unveränderlichen Prozentsatz vom jeweiligen Buchwert (Restwert) vorgenommen werden; der dabei anzuwendende Prozentsatz darf höchstens das Zweieinhalbfache des bei der Absetzung für Abnutzung in gleichen Jahresbeträgen in Betracht kommenden Prozentsatzes betragen und 25 Prozent nicht übersteigen. ³Absatz 1 Satz 4 und § 7a Abs. 8 gelten entsprechend. ⁴Bei Wirtschaftsgütern, bei denen die Absetzung für Abnutzung in fallenden Jahresbeträgen bemessen wird, sind Absetzungen für außergewöhnliche technische oder wirtschaftliche Abnutzung nicht zulässig.

(3) ¹Der Übergang von der Absetzung für Abnutzung in fallenden Jahresbeträgen zur Absetzung für Abnutzung in gleichen Jahresbeträgen ist zulässig. ²In diesem Fall bemisst sich die Absetzung für Abnutzung vom Zeitpunkt des Übergangs an nach dem dann noch vorhandenen Restwert und der Restnutzungsdauer des einzelnen Wirtschaftsguts. ³Der Übergang von der Absetzung für Abnutzung in gleichen Jahresbeträgen zur Absetzung für Abnutzung in fallenden Jahresbeträgen ist nicht zulässig.

(4) ¹Bei Gebäuden sind abweichend von Absatz 1 als Absetzung für Abnutzung die folgenden Beträge bis zur vollen Absetzung abzuziehen:

1. bei Gebäuden, soweit sie zu einem Betriebsvermögen gehören und nicht Wohnzwecken dienen und für die der Bauantrag nach dem 31. März 1985 gestellt worden ist, jährlich 3 Prozent,

2. bei Gebäuden, soweit sie die Voraussetzungen der Nummer 1 nicht erfüllen und die

    a) nach dem 31. Dezember 1924 fertiggestellt worden sind, jährlich 2 Prozent,

    b) vor dem 1. Januar 1925 fertiggestellt worden sind, jährlich 2,5 Prozent

der Anschaffungs- oder Herstellungskosten; Absatz 1 Satz 5 gilt entsprechend. ²Beträgt die tatsächliche Nutzungsdauer eines Gebäudes in den Fällen des Satzes 1 Nr. 1 weniger als 33 Jahre, in den Fällen des Satzes 1 Nr. 2 Buchstabe a weniger als 50 Jahre, in den Fällen des Satzes 1 Nr. 2 Buchstabe b weniger als 40 Jahre, so können an Stelle der Absetzungen nach Satz 1 die der tatsächlichen Nutzungsdauer entsprechenden Absetzungen für Abnutzung vorgenommen werden. ³Absatz 1 letzter Satz bleibt unberührt. ⁴Bei Gebäuden im Sinne der Nummer 2 rechtfertigt die für die Gebäude im Sinne der Nummer 1 geltende Regelung weder die Anwendung des Absatzes 1 letzter Satz noch den Ansatz des niedrigeren Teilwerts (§ 6 Abs. 1 Nr. 1 Satz 2).

(5) ¹Bei Gebäuden, die in einem Mitgliedstaat der Europäischen Union oder einem anderen Staat belegen sind, auf den das Abkommen über den Europäischen Wirtschaftsraum (EWR-Abkommen) angewendet wird, und die vom Steuerpflichtigen hergestellt oder bis zum Ende des Jahres der Fertigstellung angeschafft worden sind, können abweichend von Absatz 4 als Absetzung für Abnutzung die folgenden Beträge abgezogen werden:

1. bei Gebäuden im Sinne des Absatzes 4 Satz 1 Nr. 1, die vom Steuerpflichtigen auf Grund eines vor dem 1. Januar 1994 gestellten Bauantrags hergestellt oder auf Grund eines vor diesem

Zeitpunkt rechtswirksam abgeschlossenen obligatorischen Vertrags angeschafft worden sind,

- im Jahr der Fertigstellung und in den folgenden drei Jahren jeweils 10 Prozent,
- in den darauffolgenden drei Jahren jeweils 5 Prozent,
- in den darauf folgenden 18 Jahren jeweils 2,5 Prozent,

2. bei Gebäuden im Sinne des Absatzes 4 Satz 1 Nr. 2, die vom Steuerpflichtigen auf Grund eines vor dem 1. Januar 1995 gestellten Bauantrags hergestellt oder auf Grund eines vor diesem Zeitpunkt rechtswirksam abgeschlossenen obligatorischen Vertrags angeschafft worden sind

- im Jahr der Fertigstellung und in den folgenden sieben Jahren jeweils 5 Prozent,
- in den darauf folgenden sechs Jahren jeweils 2,5 Prozent,
- in den darauf folgenden 36 Jahren jeweils 1,25 Prozent,

3. bei Gebäuden im Sinne des Absatzes 4 Satz 1 Nr. 2, soweit sie Wohnzwecken dienen, die vom Steuerpflichtigen

a) auf Grund eines nach dem 28. Februar 1989 und vor dem 1. Januar 1996 gestellten Bauantrags hergestellt oder nach dem 28. Februar 1989 auf Grund eines nach dem 28. Februar 1989 und vor dem 1. Januar 1996 rechtswirksam abgeschlossenen obligatorischen Vertrags angeschafft worden sind,

- im Jahr der Fertigstellung und in den folgenden drei Jahren jeweils 7 Prozent,
- in den darauffolgenden sechs Jahren jeweils 5 Prozent,
- in den darauffolgenden sechs Jahren jeweils 2 Prozent,
- in den darauffolgenden 24 Jahren jeweils 1,25 Prozent,

b) auf Grund eines nach dem 31. Dezember 1995 und vor dem 1. Januar 2004 gestellten Bauantrags hergestellt oder auf Grund eines nach dem 31. Dezember 1995 und vor dem 1. Januar 2004 rechtswirksam abgeschlossenen obligatorischen Vertrags angeschafft worden sind,

- im Jahr der Fertigstellung und in den folgenden 7 Jahren jeweils 5 Prozent,
- in den darauf folgenden 6 Jahren jeweils 2,5 Prozent,
- in den darauf folgenden 36 Jahren jeweils 1,25 Prozent

c) auf Grund eines nach dem 31. Dezember 2003 und vor dem 1. Januar 2006 gestellten Bauantrags hergestellt oder auf Grund eines nach dem 31. Dezember 2003 und vor dem 1. Januar 2006 rechtswirksam abgeschlossenen obligatorischen Vertrags angeschafft worden sind,

- im Jahr der Fertigstellung und in den folgenden 9 Jahren jeweils 4 Prozent,
- in den darauf folgenden 8 Jahren jeweils 2,5 Prozent,
- in den darauf folgenden 32 Jahren jeweils 1,25 Prozent.

der Anschaffungs- oder Herstellungskosten. [2]Im Fall der Anschaffung kann Satz 1 nur angewendet werden, wenn der Hersteller für das veräußerte Gebäude weder Absetzungen für Abnutzung nach Satz 1 vorgenommen noch erhöhte Absetzungen oder Sonderabschreibungen in Anspruch genommen hat. [3]Absatz 1 Satz 4 gilt nicht.

(5a) Die Absätze 4 und 5 sind auf Gebäudeteile, die selbständige unbewegliche Wirtschaftsgüter sind, sowie auf Eigentumswohnungen und auf im Teileigentum stehende Räume entsprechend anzuwenden.

(6) Bei Bergbauunternehmen, Steinbrüchen und anderen Betrieben, die einen Verbrauch der Substanz mit sich bringen, ist Absatz 1 entsprechend anzuwenden; dabei sind Absetzungen nach Maßgabe des Substanzverzehrs zulässig (Absetzung für Substanzverringerung).

§ 7a
Gemeinsame Vorschriften für erhöhte Absetzungen und Sonderabschreibungen

(1) [1]Werden in dem Zeitraum, in dem bei einem Wirtschaftsgut erhöhte Absetzungen oder Sonderabschreibungen in Anspruch genommen werden können (Begünstigungszeitraum), nachträgliche Herstellungskosten aufgewendet, so bemessen sich vom Jahr der Entstehung der nachträglichen Herstellungskosten an bis zum Ende des Begünstigungszeitraums die Absetzungen für Abnutzung, erhöhten Absetzungen und Sonderabschreibungen nach den um die nachträglichen Herstellungskosten erhöhten Anschaffungs- oder Herstellungskosten. [2]Entsprechendes gilt für nachträgliche Anschaffungskosten. [3]Werden im Begünstigungszeitraum die Anschaffungs- oder Herstellungskosten eines Wirtschaftsguts nachträglich gemindert, so bemessen sich vom Jahr der Minderung an bis zum Ende des Begünstigungszeitraums die Absetzungen für Abnutzung, erhöhten Absetzungen und Sonderabschreibungen nach den geminderten Anschaffungs- oder Herstellungskosten.

(2) [1]Können bei einem Wirtschaftsgut erhöhte Absetzungen oder Sonderabschreibungen bereits für Anzahlungen auf Anschaffungskosten oder für Teilherstellungskosten in Anspruch genommen werden, so sind die Vorschriften über erhöhte Absetzungen und Sonderabschreibungen mit der Maßgabe anzuwenden, dass an die Stelle der Anschaffungs- oder Herstellungskosten die Anzahlungen auf Anschaffungskosten oder die Teilherstellungskosten und an die Stelle des Jahres der Anschaffung oder Herstellung das Jahr der Anzahlung oder Teilherstellung treten. [2]Nach Anschaffung oder Herstellung des Wirtschaftsguts sind erhöhte Absetzungen oder Sonderabschreibungen nur zulässig, soweit sie nicht bereits für Anzahlungen auf Anschaffungskosten oder für Teilherstellungskosten in Anspruch genommen worden sind. [3]Anzahlungen auf Anschaffungskosten sind im Zeitpunkt der tatsächlichen Zahlung

aufgewendet. ⁴Werden Anzahlungen auf Anschaffungskosten durch Hingabe eines Wechsels geleistet, so sind sie in dem Zeitpunkt aufgewendet, in dem dem Lieferanten durch Diskontierung oder Einlösung des Wechsels das Geld tatsächlich zufließt. ⁵Entsprechendes gilt, wenn an Stelle von Geld ein Scheck hingegeben wird.

(3) Bei Wirtschaftsgütern, bei denen erhöhte Absetzungen in Anspruch genommen werden, müssen in jedem Jahr des Begünstigungszeitraums mindestens Absetzungen in Höhe der Absetzungen für Abnutzung nach § 7 Abs. 1 oder 4 berücksichtigt werden.

(4) Bei Wirtschaftsgütern, bei denen Sonderabschreibungen in Anspruch genommen werden, sind die Absetzungen für Abnutzung nach § 7 Abs. 1 oder 4 vorzunehmen.

(5) Liegen bei einem Wirtschaftsgut die Voraussetzungen für die Inanspruchnahme von erhöhten Absetzungen oder Sonderabschreibungen auf Grund mehrerer Vorschriften vor, so dürfen erhöhte Absetzungen oder Sonderabschreibungen nur auf Grund einer dieser Vorschriften in Anspruch genommen werden.

(6) Erhöhte Absetzungen oder Sonderabschreibungen sind bei der Prüfung, ob die in § 141 Abs. 1 Nr. 4 und 5 der Abgabenordnung bezeichneten Buchführungsgrenzen überschritten sind, nicht zu berücksichtigen.

(7) ¹Ist ein Wirtschaftsgut mehreren Beteiligten zuzurechnen und sind die Voraussetzungen für erhöhte Absetzungen oder Sonderabschreibungen nur bei einzelnen Beteiligten erfüllt, so dürfen die erhöhten Absetzungen und Sonderabschreibungen nur anteilig für diese Beteiligten vorgenommen werden. ²Die erhöhten Absetzungen oder Sonderabschreibungen dürfen von den Beteiligten, bei denen die Voraussetzungen dafür erfüllt sind, nur einheitlich vorgenommen werden.

(8) ¹Erhöhte Absetzungen oder Sonderabschreibungen sind bei Wirtschaftsgütern, die zu einem Betriebsvermögen gehören, nur zulässig, wenn sie in ein besonderes, laufend zu führendes Verzeichnis aufgenommen werden, das den Tag der Anschaffung oder Herstellung, die Anschaffungs- oder Herstellungskosten, die betriebsgewöhnliche Nutzungsdauer und die Höhe der jährlichen Absetzungen für Abnutzung, erhöhten Absetzungen und Sonderabschreibungen enthält. ²Das Verzeichnis braucht nicht geführt zu werden, wenn diese Angaben aus der Buchführung ersichtlich sind.

(9) Sind für ein Wirtschaftsgut Sonderabschreibungen vorgenommen worden, so bemessen sich nach Ablauf des maßgebenden Begünstigungszeitraums die Absetzungen für Abnutzung bei Gebäuden und bei Wirtschaftsgütern im Sinne des § 7 Abs. 5a nach dem Restwert und dem nach § 7 Abs. 4 unter Berücksichtigung der Restnutzungsdauer maßgebenden Prozentsatz, bei anderen Wirtschaftsgütern nach dem Restwert und der Restnutzungsdauer.

§ 7b
Erhöhte Absetzungen für Einfamilienhäuser, Zweifamilienhäuser und Eigentumswohnungen
(weggefallen)

§ 7c
Erhöhte Absetzungen für Baumaßnahmen an Gebäuden zur Schaffung neuer Mietwohnungen
(weggefallen)

§ 7d
Erhöhte Absetzungen für Wirtschaftsgüter, die dem Umweltschutz dienen
(weggefallen)

§ 7e
(weggefallen)

§ 7f
Bewertungsfreiheit für abnutzbare Wirtschaftsgüter des Anlagevermögens privater Krankenhäuser
(weggefallen)

§ 7g
Investitionsabzugsbeträge und Sonderabschreibungen zur Förderung kleiner und mittlerer Betriebe

(1) ¹Steuerpflichtige können für die künftige Anschaffung oder Herstellung eines abnutzbaren beweglichen Wirtschaftsguts des Anlagevermögens bis zu 40 Prozent der voraussichtlichen Anschaffungs- oder Herstellungskosten gewinnmindernd abziehen (Investitionsabzugsbetrag). ²Der Investitionsabzugsbetrag kann nur in Anspruch genommen werden, wenn

1. ¹⁾ der Betrieb am Schluss des Wirtschaftsjahres, in dem der Abzug vorgenommen wird, die folgenden Größenmerkmale nicht überschreitet:
   a) bei Gewerbebetrieben oder der selbständigen Arbeit dienenden Betrieben, die ihren Gewinn nach § 4 Abs. 1 oder § 5 ermitteln, ein Betriebsvermögen von 235 000 Euro;
   b) bei Betrieben der Land- und Forstwirtschaft einen Wirtschaftswert oder einen Ersatzwirtschaftswert von 125 000 Euro oder
   c) bei Betrieben im Sinne der Buchstaben a und b, die ihren Gewinn nach § 4 Abs. 3 ermitteln, ohne Berücksichtigung des Investitionsabzugsbetrages einen Gewinn von 100 000 Euro;

2. der Steuerpflichtige beabsichtigt, das begünstigte Wirtschaftsgut voraussichtlich
   a) in den nächsten Wirtschaftsjahr des Abzugs folgenden drei Wirtschaftsjahren anzuschaffen oder herzustellen;
   b) mindestens bis zum Ende des dem Wirtschaftsjahr der Anschaffung oder Herstellung folgenden Wirtschaftsjahres in einer inländischen Betriebsstätte des Betriebs ausschließlich oder fast ausschließlich betrieblich zu nutzen und

1) Hinweis auf § 52 Abs. 23 Sätze 5 und 6.

3. der Steuerpflichtige das begünstigte Wirtschaftsgut in den beim Finanzamt einzureichenden Unterlagen seiner Funktion nach benennt und die Höhe der voraussichtlichen Anschaffungs- oder Herstellungskosten angibt.

³Abzugsbeträge können auch dann in Anspruch genommen werden, wenn dadurch ein Verlust entsteht oder sich erhöht. ⁴Die Summe der Beträge, die im Wirtschaftsjahr des Abzugs und in den drei vorangegangenen Wirtschaftsjahren nach Satz 1 insgesamt abgezogen und nicht nach Absatz 2 hinzugerechnet oder nach Absatz 3 oder 4 rückgängig gemacht wurden, darf je Betrieb 200 000 Euro nicht übersteigen.

(2) ¹Im Wirtschaftsjahr der Anschaffung oder Herstellung des begünstigten Wirtschaftsguts ist der für dieses Wirtschaftsgut in Anspruch genommene Investitionsabzugsbetrag in Höhe von 40 Prozent der Anschaffungs- oder Herstellungskosten gewinnerhöhend hinzuzurechnen; die Hinzurechnung darf den nach Absatz 1 abgezogenen Betrag nicht übersteigen. ²Die Anschaffungs- oder Herstellungskosten des Wirtschaftsguts können in dem in Satz 1 genannten Wirtschaftsjahr um bis zu 40 Prozent, höchstens jedoch um die Hinzurechnung nach Satz 1, gewinnmindernd herabgesetzt werden; die Bemessungsgrundlage für die Absetzungen für Abnutzung, erhöhten Absetzungen und Sonderabschreibungen sowie die Anschaffungs- oder Herstellungskosten im Sinne von § 6 Abs. 2 und 2a verringern sich entsprechend.

(3) ¹Soweit der Investitionsabzugsbetrag nicht bis zum Ende des dritten auf das Wirtschaftsjahr des Abzugs folgenden Wirtschaftsjahres nach Absatz 2 hinzugerechnet wurde, ist der Abzug nach Absatz 1 rückgängig zu machen. ²Wurde der Gewinn des maßgebenden Wirtschaftsjahres bereits einer Steuerfestsetzung oder einer gesonderten Feststellung zugrunde gelegt, ist der entsprechende Steuer- oder Feststellungsbescheid insoweit zu ändern. ³Das gilt auch dann, wenn der Steuer- oder Feststellungsbescheid bestandskräftig geworden ist; die Festsetzungsfrist endet insoweit nicht, bevor die Festsetzungsfrist für den Veranlagungszeitraum abgelaufen ist, in dem das dritte auf das Wirtschaftsjahr des Abzugs folgende Wirtschaftsjahr endet. ⁴§ 233a Absatz 2a der Abgabenordnung ist nicht anzuwenden.

(4) ¹Wird in den Fällen des Absatzes 2 das Wirtschaftsgut nicht bis zum Ende des dem Wirtschaftsjahr der Anschaffung oder Herstellung folgenden Wirtschaftsjahres in einer inländischen Betriebsstätte des Betriebs ausschließlich oder fast ausschließlich betrieblich genutzt, sind der Abzug nach Absatz 1 sowie die Herabsetzung der Anschaffungs- oder Herstellungskosten, die Verringerung der Bemessungsgrundlage und die Hinzurechnung nach Absatz 2 rückgängig zu machen. ²Wurden die Gewinne der maßgebenden Wirtschaftsjahre bereits Steuerfestsetzungen oder gesonderten Feststellungen zugrunde gelegt, sind die entsprechenden Steuer- oder Feststellungsbescheide insoweit zu ändern. ³Das gilt auch dann, wenn die Steuer- oder Feststellungsbescheide bestandskräftig geworden sind; die Festsetzungsfristen enden insoweit nicht, bevor die Festsetzungsfrist für den Veranlagungszeitraum abgelaufen ist, in dem die Voraussetzungen des Absatzes 1 Satz 2 Nr. 2 Buchstabe b erstmals nicht mehr vorliegen. ⁴§ 233a Abs. 2a der Abgabenordnung ist nicht anzuwenden.

(5) Bei abnutzbaren beweglichen Wirtschaftsgütern des Anlagevermögens können unter den Voraussetzungen des Absatzes 6 im Jahr der Anschaffung oder Herstellung und in den vier folgenden Jahren neben den Absetzungen für Abnutzung nach § 7 Abs. 1 oder Abs. 2 Sonderabschreibungen bis zu insgesamt 20 Prozent der Anschaffungs- oder Herstellungskosten in Anspruch genommen werden.

(6) Die Sonderabschreibungen nach Absatz 5 können nur in Anspruch genommen werden, wenn

1. der Betrieb zum Schluss des Wirtschaftsjahres, das der Anschaffung oder Herstellung vorangeht, die Größenmerkmale des Absatzes 1 Satz 2 Nr. 1 nicht überschreitet, und

2. das Wirtschaftsgut im Jahr der Anschaffung oder Herstellung und im darauf folgenden Wirtschaftsjahr in einer inländischen Betriebsstätte des Betriebs des Steuerpflichtigen ausschließlich oder fast ausschließlich betrieblich genutzt wird; Absatz 4 gilt entsprechend.

(7) Bei Personengesellschaften und Gemeinschaften sind die Absätze 1 bis 6 mit der Maßgabe anzuwenden, dass an die Stelle des Steuerpflichtigen die Gesellschaft oder die Gemeinschaft tritt.

§ 7h
Erhöhte Absetzungen bei Gebäuden in Sanierungsgebieten und städtebaulichen Entwicklungsbereichen

(1) ¹Bei einem im Inland belegenen Gebäude in einem förmlich festgelegten Sanierungsgebiet oder städtebaulichen Entwicklungsbereich kann der Steuerpflichtige abweichend von § 7 Abs. 4 und 5 im Jahr der Herstellung und in den folgenden sieben Jahren jeweils bis zu 9 Prozent und in den folgenden vier Jahren jeweils bis zu 7 Prozent der Herstellungskosten für Modernisierungs- und Instandsetzungsmaßnahmen im Sinne des § 177 des Baugesetzbuchs¹⁾ absetzen. ²Satz 1 ist entsprechend anzuwenden auf Herstellungskosten für Maßnahmen, die der Erhaltung, Erneuerung und funktionsgerechten Verwendung eines Gebäudes im Sinne des Satzes 1 dienen, das wegen seiner geschichtlichen, künstlerischen oder städtebaulichen Bedeutung erhalten bleiben soll, und zu deren Durchführung sich der Eigentümer neben bestimmten Modernisierungsmaßnahmen gegenüber der Gemeinde verpflichtet hat. ³Der Steuerpflichtige kann die erhöhten Absetzungen im Jahr des Abschlusses der Maßnahme und in den folgenden elf Jahren auch für Anschaffungskosten in Anspruch nehmen, die auf Maßnahmen im Sinne der Sätze 1 und 2 entfallen, soweit diese nach dem rechtswirksamen Abschluss eines obligatorischen Erwerbsvertrags oder eines gleichstehenden Rechtsakts durchgeführt worden sind. ⁴Die erhöhten Absetzungen können nur in Anspruch genommen werden, soweit die Herstellungs-

---
1) Siehe Anhang 19.

oder Anschaffungskosten durch Zuschüsse aus Sanierungs- oder Entwicklungsförderungsmitteln nicht gedeckt sind. [5]Nach Ablauf des Begünstigungszeitraums ist ein Restwert den Herstellungs- oder Anschaffungskosten des Gebäudes oder dem an deren Stelle tretenden Wert hinzuzurechnen; die weiteren Absetzungen für Abnutzung sind einheitlich für das gesamte Gebäude nach dem sich hiernach ergebenden Betrag und dem für das Gebäude maßgebenden Prozentsatz zu bemessen.

(2) [1]Der Steuerpflichtige kann die erhöhten Absetzungen nur in Anspruch nehmen, wenn er durch eine Bescheinigung der zuständigen Gemeindebehörde die Voraussetzungen des Absatzes 1 für das Gebäude und die Maßnahmen nachweist. [2]Sind ihm Zuschüsse aus Sanierungs- oder Entwicklungsförderungsmitteln gewährt worden, so hat die Bescheinigung auch deren Höhe zu enthalten; werden ihm solche Zuschüsse nach Ausstellung der Bescheinigung gewährt, so ist diese entsprechend zu ändern.

(3) Die Absätze 1 und 2 sind auf Gebäudeteile, die selbständige unbewegliche Wirtschaftsgüter sind, sowie auf Eigentumswohnungen und auf im Teileigentum stehende Räume entsprechend anzuwenden.

§ 7i
Erhöhte Absetzungen bei Baudenkmalen

(1) [1]Bei einem im Inland belegenen Gebäude, das nach den jeweiligen landesrechtlichen Vorschriften ein Baudenkmal ist, kann der Steuerpflichtige abweichend von § 7 Abs. 4 und 5 im Jahr der Herstellung und in den folgenden sieben Jahren jeweils bis zu 9 Prozent und in den folgenden vier Jahren jeweils bis zu 7 Prozent der Herstellungskosten für Baumaßnahmen, die nach Art und Umfang zur Erhaltung des Gebäudes als Baudenkmal oder zu seiner sinnvollen Nutzung erforderlich sind, absetzen. [2]Eine sinnvolle Nutzung ist nur anzunehmen, wenn das Gebäude in der Weise genutzt wird, dass die Erhaltung der schützenswerten Substanz des Gebäudes auf die Dauer gewährleistet ist. [3]Bei einem im Inland belegenen Gebäudeteil, das nach den jeweiligen landesrechtlichen Vorschriften ein Baudenkmal ist, sind die Sätze 1 und 2 entsprechend anzuwenden. [4]Bei einem im Inland belegenen Gebäude oder Gebäudeteil, das für sich allein nicht die Voraussetzungen für ein Baudenkmal erfüllt, aber Teil einer Gebäudegruppe oder Gesamtanlage ist, die nach den jeweiligen landesrechtlichen Vorschriften als Einheit geschützt ist, kann der Steuerpflichtige die erhöhten Absetzungen von den Herstellungskosten für Baumaßnahmen vornehmen, die nach Art und Umfang zur Erhaltung des schützenswerten äußeren Erscheinungsbildes der Gebäudegruppe oder Gesamtanlage erforderlich sind. [5]Der Steuerpflichtige kann die erhöhten Absetzungen im Jahr des Abschlusses der Baumaßnahme und in den folgenden elf Jahren auch für Anschaffungskosten in Anspruch nehmen, die auf Baumaßnahmen im Sinne der Sätze 1 bis 4 entfallen, soweit diese nach dem rechtswirksamen Abschluss eines obligatorischen Erwerbsvertrages oder eines gleichstehenden Rechtsakts durchgeführt worden sind. [6]Die Baumaßnahmen müssen in Abstimmung mit der in Absatz 2 bezeichneten Stelle durchgeführt worden sein. [7]Die erhöhten Absetzungen können nur in Anspruch genommen werden, soweit die Herstellungs- oder Anschaffungskosten nicht durch Zuschüsse aus öffentlichen Kassen gedeckt sind. [8]§ 7h Abs. 1 Satz 5 ist entsprechend anzuwenden.

(2) [1]Der Steuerpflichtige kann die erhöhten Absetzungen nur in Anspruch nehmen, wenn eine Bescheinigung der nach Landesrecht zuständigen oder von der Landesregierung bestimmten Stelle die Voraussetzungen des Absatzes 1 für das Gebäude oder Gebäudeteil und für die Erforderlichkeit der Aufwendungen nachweist. [2]Hat eine der für Denkmalschutz oder Denkmalpflege zuständigen Behörden ihm Zuschüsse gewährt, so hat die Bescheinigung auch deren Höhe zu enthalten; werden ihm solche Zuschüsse nach Ausstellung der Bescheinigung gewährt, so ist diese entsprechend zu ändern.

(3) § 7h Abs. 3 ist entsprechend anzuwenden.

§ 7k
Erhöhte Absetzungen
für Wohnungen mit Sozialbindung
(weggefallen)

4. Überschuss der Einnahmen
über dieWerbungskosten

§ 8
Einnahmen

(1) Einnahmen sind alle Güter, die in Geld oder Geldeswert bestehen und dem Steuerpflichtigen im Rahmen einer der Einkunftsarten des § 2 Abs. 1 Satz 1 Nr. 4 bis 7 zufließen.

(2) [1]Einnahmen, die nicht in Geld bestehen (Wohnung, Kost, Waren, Dienstleistungen und sonstige Sachbezüge), sind mit den um übliche Preisnachlässe geminderten üblichen Endpreisen am Abgabeort anzusetzen. [2]Für die private Nutzung eines betrieblichen Kraftfahrzeugs zu privaten Fahrten gilt § 6 Abs. 1 Nr. 4 Satz 2 entsprechend. [3]Kann das Kraftfahrzeug auch für Fahrten zwischen Wohnung und erster Tätigkeitsstätte sowie Fahrten nach § 9 Absatz 1 Satz 3 Nummer 4a Satz 3 genutzt werden, erhöht sich der Wert in Satz 2 für jeden Kalendermonat um 0,03 Prozent des Listenpreises im Sinne des § 6 Abs. 1 Nr. 4 Satz 2 für jeden Kilometer der Entfernung zwischen Wohnung und erster Tätigkeitsstätte sowie Fahrten nach § 9 Absatz 1 Satz 3 Nummer 4a Satz 3. [4]Der Wert nach den Sätzen 2 und 3 kann mit dem auf die private Nutzung und die Nutzung zu Fahrten zwischen Wohnung und erster Tätigkeitsstätte sowie Fahrten nach § 9 Absatz 1 Satz 3 Nummer 4a Satz 3 entfallenden Teil der gesamten Kraftfahrzeugaufwendungen angesetzt werden, wenn die durch das Kraftfahrzeug insgesamt entstehenden Aufwendungen durch Belege und das Verhältnis der privaten Fahrten und der Fahrten zwischen Wohnung und erster Tätigkeitsstätte sowie Fahrten nach § 9 Absatz 1 Satz 3 Nummer 4a Satz 3 zu den übrigen Fahrten durch ein ordnungsgemäßes Fahrtenbuch nachgewiesen werden; § 6 Absatz 1 Nummer 4 Satz 2 zweiter Halbsatz gilt entsprechend. [5]Die Nutzung des Kraftfahrzeugs zu einer Familienheimfahrt im Rahmen einer doppelten Haushaltsführung ist mit 0,002 Prozent des Listenpreises im Sinne des § 6 Abs. 1 Nr. 4 Satz 2 für jeden Kilometer

der Entfernung zwischen dem Ort des eigenen Hausstandes und dem Beschäftigungsort anzusetzen; dies gilt nicht, wenn für diese Fahrt ein Abzug von Werbungskosten nach § 9 Abs. 1 Satz 3 Nummer 5 Satz 5 und 6 in Betracht käme; Satz 4 ist sinngemäß anzuwenden. ⁶Bei Arbeitnehmern, für deren Sachbezüge durch Rechtsverordnung nach § 17 Abs. 1 Satz 1 Nr. 4 des Vierten Buches Sozialgesetzbuch Werte bestimmt worden sind, sind diese Werte maßgebend. ⁷Die Werte nach Satz 6 sind auch bei Steuerpflichtigen anzusetzen, die nicht der gesetzlichen Rentenversicherungspflicht unterliegen. ⁸Wird dem Arbeitnehmer während einer beruflichen Tätigkeit außerhalb seiner Wohnung und ersten Tätigkeitsstätte vom Arbeitgeber oder auf dessen Veranlassung von einem Dritten eine Mahlzeit zur Verfügung gestellt, ist diese Mahlzeit mit dem Wert nach Satz 6 (maßgebender amtlicher Sachbezugswert nach der Sozialversicherungsentgeltverordnung) anzusetzen, wenn der Preis für die Mahlzeit 60 Euro nicht übersteigt. ⁹Der Ansatz einer nach Satz 8 bewerteten Mahlzeit unterbleibt, wenn beim Arbeitnehmer für ihm entstehende Mehraufwendungen für Verpflegung ein Werbungskostenabzug nach § 9 Absatz 4a Satz 1 bis 7 in Betracht käme. ¹⁰Die oberste Finanzbehörde eines Landes kann mit Zustimmung des Bundesministeriums der Finanzen für weitere Sachbezüge der Arbeitnehmer Durchschnittswerte festsetzen. ¹¹Sachbezüge, die nach Satz 1 zu bewerten sind, bleiben außer Ansatz, wenn die sich nach Anrechnung der vom Steuerpflichtigen gezahlten Entgelte ergebenden Vorteile insgesamt 44 Euro im Kalendermonat nicht übersteigen.

(3) ¹Erhält ein Arbeitnehmer auf Grund seines Dienstverhältnisses Waren oder Dienstleistungen, die vom Arbeitgeber nicht überwiegend für den Bedarf seiner Arbeitnehmer hergestellt, vertrieben oder erbracht werden und deren Bezug nicht nach § 40 pauschal versteuert wird, so gelten als deren Werte abweichend von Absatz 2 die um vier Prozent geminderten Endpreise, zu denen der Arbeitgeber oder der dem Abgabeort nächstansässige Abnehmer die Waren oder Dienstleistungen fremden Letztverbrauchern im allgemeinen Geschäftsverkehr anbietet. ²Die sich nach Abzug der vom Arbeitnehmer gezahlten Entgelte ergebenden Vorteile sind steuerfrei, soweit sie aus dem Dienstverhältnis insgesamt 1 080 Euro im Kalenderjahr nicht übersteigen.

§ 9
Werbungskosten

(1) ¹Werbungskosten sind Aufwendungen zur Erwerbung, Sicherung und Erhaltung der Einnahmen. ²Sie sind bei der Einkunftsart abzuziehen, bei der sie erwachsen sind. ³Werbungskosten sind auch

1. ¹Schuldzinsen und auf besonderen Verpflichtungsgründen beruhende Renten und dauernde Lasten, soweit sie mit einer Einkunftsart in wirtschaftlichem Zusammenhang stehen. ²Bei Leibrenten kann nur der Anteil abgezogen werden, der sich nach § 22 Nr. 1 Satz 3 Buchstabe a Doppelbuchstabe bb ergibt;
2. Steuern vom Grundbesitz, sonstige öffentliche Abgaben und Versicherungsbeiträge, soweit solche Ausgaben sich auf Gebäude oder auf Gegenstände beziehen, die dem Steuerpflichtigen zur Einnahmeerzielung dienen;
3. Beiträge zu Berufsständen und sonstigen Berufsverbänden, deren Zweck nicht auf einen wirtschaftlichen Geschäftsbetrieb gerichtet ist;
4. ¹Aufwendungen des Arbeitnehmers für die Wege zwischen Wohnung und erster Tätigkeitsstätte im Sinne des Absatzes 4. ²Zur Abgeltung dieser Aufwendungen ist für jeden Arbeitstag, an dem der Arbeitnehmer die erste Tätigkeitsstätte aufsucht, eine Entfernungspauschale für jeden vollen Kilometer der Entfernung zwischen Wohnung und erster Tätigkeitsstätte von 0,30 Euro anzusetzen, höchstens jedoch 4 500 Euro im Kalenderjahr; ein höherer Betrag als 4 500 Euro ist anzusetzen, soweit der Arbeitnehmer einen eigenen oder ihm zur Nutzung überlassenen Kraftwagen benutzt. ³Die Entfernungspauschale gilt nicht für Flugstrecken und Strecken mit steuerfreier Sammelbeförderung nach § 3 Nummer 32. ⁴Für die Bestimmung der Entfernung ist die kürzeste Straßenverbindung zwischen Wohnung und erster Tätigkeitsstätte maßgebend; eine andere als die kürzeste Straßenverbindung kann zugrunde gelegt werden, wenn diese offensichtlich verkehrsgünstiger ist und vom Arbeitnehmer regelmäßig für die Wege zwischen Wohnung und erster Tätigkeitsstätte benutzt wird. ⁵Nach § 8 Absatz 2 Satz 11 oder Absatz 3 steuerfreie Sachbezüge für Fahrten zwischen Wohnung und erster Tätigkeitsstätte mindern den nach Satz 2 abziehbaren Betrag; ist der Arbeitgeber selbst der Verkehrsträger, ist der Preis anzusetzen, den ein dritter Arbeitgeber an den Verkehrsträger zu entrichten hätte. ⁶Hat ein Arbeitnehmer mehrere Wohnungen, so sind die Wege von einer Wohnung, die nicht der ersten Tätigkeitsstätte am nächsten liegt, nur zu berücksichtigen, wenn sie den Mittelpunkt der Lebensinteressen des Arbeitnehmers bildet und nicht nur gelegentlich aufgesucht wird.

4a. ¹Aufwendungen des Arbeitnehmers für beruflich veranlasste Fahrten, die nicht Fahrten zwischen Wohnung und erster Tätigkeitsstätte im Sinne des Absatzes 4 sowie keine Familienheimfahrten sind. ²Anstelle der tatsächlichen Aufwendungen, die dem Arbeitnehmer durch die persönliche Benutzung eines Beförderungsmittels entstehen, können die Fahrtkosten mit den pauschalen Kilometersätzen angesetzt werden, die für das jeweils benutzte Beförderungsmittel (Fahrzeug) als höchste Wegstreckenentschädigung nach dem Bundesreisekostengesetz festgesetzt sind. ³Hat ein Arbeitnehmer keine erste Tätigkeitsstätte (§ 9 Absatz 4) und hat er nach den dienst- oder arbeitsrechtlichen Festlegungen sowie den diese ausfüllenden Absprachen und Weisungen zur Aufnahme seiner beruflichen Tätigkeit dauerhaft denselben Ort oder dasselbe weiträumige Tätigkeitsgebiet typischerweise arbeitstäglich aufzusuchen, gilt Absatz 1 Satz 3 Nummer 4 und Absatz 2 für die Fahrten von der Wohnung zu diesem Ort oder dem zur Wohnung nächstgelegenen Zugang zum Tätigkeitsgebiet entsprechend. ⁴Für die

EStG

Fahrten innerhalb des weiträumigen Tätigkeitsgebietes gelten die Sätze 1 und 2 entsprechend;

5. ¹notwendige Mehraufwendungen, die einem Arbeitnehmer wegen einer beruflich veranlassten doppelten Haushaltsführung entstehen. ²Eine doppelte Haushaltsführung liegt nur vor, wenn der Arbeitnehmer außerhalb des Ortes seiner ersten Tätigkeitsstätte einen eigenen Hausstand unterhält und auch am Ort der ersten Tätigkeitsstätte wohnt. ³Das Vorliegen eines eigenen Hausstands setzt das Innehaben einer Wohnung sowie eine finanzielle Beteiligung an den Kosten der Lebensführung voraus. ⁴Als Unterkunftskosten für eine doppelte Haushaltsführung können im Inland die tatsächlichen Aufwendungen für die Nutzung der Unterkunft angesetzt werden, höchstens 1 000 Euro im Monat. ⁵Aufwendungen für die Wege vom Ort der ersten Tätigkeitsstätte zum Ort des eigenen Hausstandes und zurück (Familienheimfahrt) können jeweils nur für eine Familienheimfahrt wöchentlich abgezogen werden. ⁶Zur Abgeltung der Aufwendungen für eine Familienheimfahrt ist eine Entfernungspauschale von 0,30 Euro für jeden vollen Kilometer der Entfernung zwischen dem Ort des eigenen Hausstandes und dem Ort der ersten Tätigkeitsstätte anzusetzen. ⁷Nummer 4 Satz 3 bis 5 ist entsprechend anzuwenden. ⁸Aufwendungen für Familienheimfahrten mit einem dem Steuerpflichtigen im Rahmen einer Einkunftsart überlassenen Kraftfahrzeug werden nicht berücksichtigt.

5a. ¹notwendige Mehraufwendungen eines Arbeitnehmers für beruflich veranlasste Übernachtungen an einer Tätigkeitsstätte, die nicht erste Tätigkeitsstätte ist. ²Übernachtungskosten sind die tatsächlichen Aufwendungen für die persönliche Inanspruchnahme einer Unterkunft zur Übernachtung. ³Soweit höhere Übernachtungskosten anfallen, weil der Arbeitnehmer eine Unterkunft gemeinsam mit Personen nutzt, die in keinem Dienstverhältnis zum selben Arbeitgeber stehen, sind nur diejenigen Aufwendungen anzusetzen, die bei alleiniger Nutzung durch den Arbeitnehmer angefallen wären. ⁴Nach Ablauf von 48 Monaten einer längerfristigen beruflichen Tätigkeit an derselben Tätigkeitsstätte, die nicht erste Tätigkeitsstätte ist, können Unterkunftskosten nur noch bis zur Höhe des Betrags nach Nummer 5 angesetzt werden. ⁵Eine Unterbrechung dieser beruflichen Tätigkeit an derselben Tätigkeitsstätte führt zu einem Neubeginn, wenn die Unterbrechung mindestens sechs Monate dauert.

6. ¹Aufwendungen für Arbeitsmittel, zum Beispiel für Werkzeuge und typische Berufskleidung. ²Nummer 7 bleibt unberührt;

7. ¹Absetzungen für Abnutzung und für Substanzverringerung und erhöhte Absetzungen. ²§ 6 Absatz 2 Satz 1 bis 3 ist in Fällen der Anschaffung oder Herstellung von Wirtschaftsgütern entsprechend anzuwenden.

(2) ¹Durch die Entfernungspauschalen sind sämtliche Aufwendungen abgegolten, die durch die Wege zwischen Wohnung und erster Tätigkeitsstätte im Sinne des Absatz 4 und durch die Familienheimfahrten veranlasst sind. ²Aufwendungen für die Benutzung öffentlicher Verkehrsmittel können angesetzt werden, soweit sie den im Kalenderjahr insgesamt als Entfernungspauschale abziehbaren Betrag übersteigen. ³Behinderte Menschen,

1. deren Grad der Behinderung mindestens 70 beträgt,

2. deren Grad der Behinderung weniger als 70, aber mindestens 50 beträgt und die in ihrer Bewegungsfähigkeit im Straßenverkehr erheblich beeinträchtigt sind,

können an Stelle der Entfernungspauschalen die tatsächlichen Aufwendungen für die Wege zwischen Wohnung und erster Tätigkeitsstätte und für die Familienheimfahrten ansetzen. ⁴Die Voraussetzungen der Nummern 1 und 2 sind durch amtliche Unterlagen nachzuweisen.

(3) Absatz 1 Satz 3 Nummer 4 bis 5a sowie die Absätze 2 und 4a gelten bei den Einkunftsarten im Sinne des § 2 Abs. 1 Satz 1 Nr. 5 bis 7 entsprechend.

(4) ¹Erste Tätigkeitsstätte ist die ortsfeste betriebliche Einrichtung des Arbeitgebers, eines verbundenen Unternehmens (§ 15 des Aktiengesetzes) oder eines vom Arbeitgeber bestimmten Dritten, der der Arbeitnehmer dauerhaft zugeordnet ist. ²Die Zuordnung im Sinne des Satzes 1 wird durch die dienst- oder arbeitsrechtlichen Festlegungen sowie die diese ausfüllenden Absprachen und Weisungen bestimmt. ³Von einer dauerhaften Zuordnung ist insbesondere auszugehen, wenn der Arbeitnehmer unbefristet, für die Dauer des Dienstverhältnisses oder über einen Zeitraum von 48 Monaten hinaus an einer solchen Tätigkeitsstätte tätig werden soll. ⁴Fehlt eine solche dienst- oder arbeitsrechtliche Festlegung auf eine Tätigkeitsstätte oder ist sie nicht eindeutig, ist erste Tätigkeitsstätte die betriebliche Einrichtung, an der der Arbeitnehmer dauerhaft

1. typischerweise arbeitstäglich tätig werden soll oder

2. je Arbeitswoche zwei volle Arbeitstage oder mindestens ein Drittel seiner vereinbarten regelmäßigen Arbeitszeit tätig werden soll.

⁵Je Dienstverhältnis hat der Arbeitnehmer höchstens eine erste Tätigkeitsstätte. ⁶Liegen die Voraussetzungen der Sätze 1 bis 4 für mehrere Tätigkeitsstätten vor, ist diejenige Tätigkeitsstätte erste Tätigkeitsstätte, die der Arbeitgeber bestimmt. ⁷Fehlt es an dieser Bestimmung oder ist sie nicht eindeutig, ist die der Wohnung örtlich am nächsten liegende Tätigkeitsstätte die erste Tätigkeitsstätte. ⁸Als erste Tätigkeitsstätte gilt auch eine Bildungseinrichtung, die außerhalb eines Dienstverhältnisses zum Zwecke eines Vollzeitstudiums oder einer vollzeitigen Bildungsmaßnahme aufgesucht wird; die Regelungen für Arbeitnehmer nach Absatz 1 Satz 3 Nummer 4 und 5 sowie Absatz 4a sind entsprechend anzuwenden.

(4a) ¹Mehraufwendungen des Arbeitnehmers für die Verpflegung sind nur nach Maßgabe der folgenden Sätze als Werbungskosten abziehbar. ²Wird der Arbeitnehmer außerhalb seiner Wohnung und ersten Tätigkeitsstätte beruflich tätig (auswärtige berufliche Tätigkeit), ist zur Abgeltung der ihm tatsächlich entstandenen, beruflich veranlassten Mehraufwendungen eine Verpflegungspauschale anzusetzen. ³Diese beträgt

1. 24 Euro für jeden Kalendertag, an dem der Arbeitnehmer 24 Stunden von seiner Wohnung und ersten Tätigkeitsstätte abwesend ist,
2. jeweils 12 Euro für den An- und Abreisetag, wenn der Arbeitnehmer an diesem, einem anschließenden oder vorhergehenden Tag außerhalb seiner Wohnung übernachtet,
3. 12 Euro für den Kalendertag, an dem der Arbeitnehmer ohne Übernachtung außerhalb seiner Wohnung mehr als 8 Stunden von seiner Wohnung und der ersten Tätigkeitsstätte abwesend ist; beginnt die auswärtige berufliche Tätigkeit an einem Kalendertag und endet am nachfolgenden Kalendertag ohne Übernachtung, werden 12 Euro für den Kalendertag gewährt, an dem der Arbeitnehmer den überwiegenden Teil der insgesamt mehr als 8 Stunden von seiner Wohnung und der ersten Tätigkeitsstätte abwesend ist.

⁴Hat der Arbeitnehmer keine erste Tätigkeitsstätte, gelten die Sätze 2 und 3 entsprechend; Wohnung im Sinne der Sätze 2 und 3 ist der Hausstand, der den Mittelpunkt der Lebensinteressen des Arbeitnehmers bildet sowie eine Unterkunft am Ort der ersten Tätigkeitsstätte im Rahmen der doppelten Haushaltsführung. ⁵Bei einer Tätigkeit im Ausland treten an die Stelle der Pauschbeträge nach Satz 3 länderweise unterschiedliche Pauschbeträge, die für die Fälle der Nummer 1 mit 120 sowie der Nummern 2 und 3 mit 80 Prozent der Auslandstagegelder nach dem Bundesreisekostengesetz vom Bundesministerium der Finanzen im Einvernehmen mit den obersten Finanzbehörden der Länder aufgerundet auf volle Euro festgesetzt werden; dabei bestimmt sich der Pauschbetrag nach dem Ort, den der Arbeitnehmer vor 24 Uhr Ortszeit zuletzt erreicht, oder, wenn dieser Ort im Inland liegt, nach dem letzten Tätigkeitsort im Ausland. ⁶Der Abzug der Verpflegungspauschalen ist auf die ersten drei Monate einer längerfristigen beruflichen Tätigkeit an derselben Tätigkeitsstätte beschränkt. ⁷Eine Unterbrechung der beruflichen Tätigkeit an derselben Tätigkeitsstätte führt zu einem Neubeginn, wenn sie mindestens vier Wochen dauert. ⁸Wird dem Arbeitnehmer anlässlich oder während einer Tätigkeit außerhalb seiner ersten Tätigkeitsstätte vom Arbeitgeber oder auf dessen Veranlassung von einem Dritten eine Mahlzeit zur Verfügung gestellt, sind die nach den Sätzen 3 und 5 ermittelten Verpflegungspauschalen zu kürzen:

1. für Frühstück um 20 Prozent,
2. für Mittag- und Abendessen um jeweils 40 Prozent,

der nach Satz 3 Nummer 1 gegebenenfalls in Verbindung mit Satz 5 maßgebenden Verpflegungspauschale für einen vollen Kalendertag; die Kürzung darf die ermittelte Verpflegungspauschale nicht übersteigen. ⁹Satz 8 gilt auch, wenn Reisekostenvergütungen wegen der zur Verfügung gestellten Mahlzeiten einbehalten oder gekürzt werden oder die Mahlzeiten nach § 40 Absatz 2 Satz 1 Nummer 1a pauschal besteuert werden. ¹⁰Hat der Arbeitnehmer für die Mahlzeit ein Entgelt gezahlt, mindert dieser Betrag den Kürzungsbetrag nach Satz 8. ¹¹Erhält der Arbeitnehmer steuerfreie Erstattungen für Verpflegung, ist ein Werbungskostenabzug insoweit ausgeschlossen. ¹²Die Verpflegungspauschalen nach den Sätzen 3 und 5, die Dreimonatsfrist nach den Sätzen 6 und 7 sowie die Kürzungsregelungen nach den Sätzen 8 bis 10 gelten entsprechend auch für den Abzug von Mehraufwendungen für Verpflegung, die bei einer beruflich veranlassten doppelten Haushaltsführung entstehen, soweit der Arbeitnehmer vom eigenen Hausstand im Sinne des § 9 Absatz 1 Satz 3 Nummer 5 abwesend ist; dabei ist für jeden Kalendertag innerhalb der Dreimonatsfrist, an dem gleichzeitig eine Tätigkeit im Sinne des Satzes 2 oder des Satzes 4 ausgeübt wird, nur der jeweils höchste in Betracht kommende Pauschbetrag abziehbar. ¹³Die Dauer einer Tätigkeit im Sinne des Satzes 2 an dem Tätigkeitsort, an dem die doppelte Haushaltsführung begründet wurde, ist auf die Dreimonatsfrist anzurechnen, wenn sie ihr unmittelbar vorausgegangen ist.

(5) ¹§ 4 Abs. 5 Satz 1 Nr. 1 bis 4, 6b bis 8a, 10, 12 und Abs. 6 gilt sinngemäß. ²§ 6 Abs. 1 Nr. 1a gilt entsprechend.

(6) ¹Aufwendungen des Steuerpflichtigen für seine Berufsausbildung oder für sein Studium sind nur dann Werbungskosten, wenn der Steuerpflichtige zuvor bereits eine Erstausbildung (Berufsausbildung oder Studium) abgeschlossen hat oder wenn die Berufsausbildung oder das Studium im Rahmen eines Dienstverhältnisses stattfindet. ²Eine Berufsausbildung als Erstausbildung nach Satz 1 liegt vor, wenn eine geordnete Ausbildung mit einer Mindestdauer von 12 Monaten bei vollzeitiger Ausbildung und einer Abschlussprüfung durchgeführt wird. ³Eine geordnete Ausbildung liegt vor, wenn sie auf der Grundlage von Rechts- oder Verwaltungsvorschriften oder internen Vorschriften eines Bildungsträgers durchgeführt wird. ⁴Ist eine Abschlussprüfung nach dem Ausbildungsplan nicht vorgesehen, gilt die Ausbildung mit der tatsächlichen planmäßigen Beendigung als abgeschlossen. ⁵Eine Berufsausbildung als Erstausbildung hat auch abgeschlossen, wer die Abschlussprüfung einer durch Rechts- oder Verwaltungsvorschriften geregelten Berufsausbildung mit einer Mindestdauer von 12 Monaten bestanden hat, ohne dass er zuvor die entsprechende Berufsausbildung durchlaufen hat.

§ 9a
Pauschbeträge für Werbungskosten

¹Für Werbungskosten sind bei der Ermittlung der Einkünfte die folgenden Pauschbeträge abzuziehen, wenn nicht höhere Werbungskosten nachgewiesen werden:

1. a) von den Einnahmen aus nichtselbstständiger Arbeit vorbehaltlich Buchstabe b:
   ein Arbeitnehmer-Pauschbetrag von 1 000 Euro;
   b) von den Einnahmen aus nichtselbstständiger Arbeit, soweit es sich um Versorgungsbezüge im Sinne des § 19 Abs. 2 handelt:
   ein Pauschbetrag von 102 Euro;
2. (weggefallen)

3. von den Einnahmen im Sinne des § 22 Nr. 1, 1a und 5: ein Pauschbetrag von insgesamt 102 Euro.

²Der Pauschbetrag nach Satz 1 Nr. 1 Buchstabe b darf nur bis zur Höhe der um den Versorgungsfreibetrag einschließlich des Zuschlags zum Versorgungsfreibetrag (§ 19 Abs. 2) geminderten Einnahmen, die Pauschbeträge nach Satz 1 Nr. 1 Buchstabe a und Nr. 3 dürfen nur bis zur Höhe der Einnahmen abgezogen werden.

4a. Umsatzsteuerrechtlicher Vorsteuerabzug

§ 9b

(1) Der Vorsteuerbetrag nach § 15 des Umsatzsteuergesetzes gehört, soweit er bei der Umsatzsteuer abgezogen werden kann, nicht zu den Anschaffungs- oder Herstellungskosten des Wirtschaftsguts, auf dessen Anschaffung oder Herstellung er entfällt.

(2) ¹Wird der Vorsteuerabzug nach § 15a des Umsatzsteuergesetzes berichtigt, so sind die Mehrbeträge als Betriebseinnahme oder Einnahmen zu behandeln, wenn sie im Rahmen einer der Einkunftsarten der § 2 Absatz 1 Satz 1 bezogen werden; die Minderbeträge sind als Betriebsausgaben oder Werdbungskosten zu behandeln, wenn sie durch den Betrieb veranlasst sind oder der Erwerbung, Sicherung und Erhaltung von Einnahmen dienen. ²Die Anschaffungs- oder Herstellungskosten bleiben in den Fällen des Satzes 1 unberührt.

§ 9c
Kinderbetreuungskosten
(aufgehoben)

5. Sonderausgaben

§ 10

(1) Sonderausgaben sind die folgenden Aufwendungen, wenn sie weder Betriebsausgaben noch Werbungskosten sind oder wie Betriebsausgaben oder Werbungskosten behandelt werden:

1. (weggefallen)
2. a) Beiträge zu den gesetzlichen Rentenversicherungen oder zur landwirtschaftlichen Alterskasse sowie zu berufsständischen Versorgungseinrichtungen, die den gesetzlichen Rentenversicherungen vergleichbare Leistungen erbringen;
   b) Beiträge des Steuerpflichtigen
      aa) zum Aufbau einer eigenen kapitalgedeckten Altersversorgung, wenn der Vertrag nur die Zahlung einer monatlichen, auf das Leben des Steuerpflichtigen bezogenen lebenslangen Leibrente nicht vor Vollendung des 62. Lebensjahres oder zusätzlich die ergänzende Absicherung des Eintritts der Berufsunfähigkeit (Berufsunfähigkeitsrente), der verminderten Erwerbsfähigkeit (Erwerbsminderungsrente) oder von Hinterbliebenen (Hinterbliebenenrente) vorsieht. Hinterbliebene in diesem Sinne sind der Ehegatte des Steuerpflichtigen und die Kinder, für die er Anspruch auf Kindergeld oder auf einen Freibetrag nach § 32 Absatz 6 hat. ²Der Anspruch auf Waisenrente darf längstens für den Zeitraum bestehen, in dem der Rentenberechtigte die Voraussetzungen für die Berücksichtigung als Kind im Sinne des § 32 erfüllt;
      bb) für seine Absicherung gegen den Eintritt der Berufsunfähigkeit oder der verminderten Erwerbsfähigkeit (Versicherungsfall), wenn der Vertrag nur die Zahlung einer monatlichen, auf das Leben des Steuerpflichtigen bezogenen lebenslangen Leibrente für einen Versicherungsfall vorsieht, der bis zur Vollendung des 67. Lebensjahres eingetreten ist. ²Der Vertrag kann die Beendigung der Rentenzahlung wegen eines medizinisch begründeten Wegfalls der Berufsunfähigkeit oder der verminderten Erwerbsfähigkeit vorsehen. ³Die Höhe der zugesagten Rente kann vom Alter des Steuerpflichtigen bei Eintritt des Versicherungsfalls abhängig gemacht werden, wenn der Steuerpflichtige das 55. Lebensjahr vollendet hat.

²Die Ansprüche nach Buchstaben b dürfen nicht vererblich, nicht übertragbar, nicht beleihbar, nicht veräußerbar und nicht kapitalisierbar sein. ³Anbieter und Steuerpflichtiger können vereinbaren, dass bis zu zwölf Monatsleistungen in einer Auszahlung zusammengefasst werden oder eine Kleinbetragsrente im Sinne von § 93 Absatz 3 Satz 2 abgefunden wird. Bei der Berechnung der Kleinbetragsrente sind alle bei einem Anbieter bestehenden Verträge des Steuerpflichtigen jeweils nach Buchstabe b Doppelbuchstabe aa oder Doppelbuchstabe bb zusammenzurechnen. ⁵Neben den genannten Auszahlungsformen darf kein weiterer Anspruch auf Auszahlungen bestehen. ⁶Zu den Beiträgen nach den Buchstaben b ist der nach § 3 Nr. 62 steuerfreie Arbeitgeberanteil zur gesetzlichen Rentenversicherung und ein diesem gleichgestellter steuerfreier Zuschuss des Arbeitgebers hinzuzurechnen. ⁷Beiträge nach § 168 Abs. 1 Nr. 1b oder 1c oder nach § 172 Abs. 3 oder 3a des Sechsten Buches Sozialgesetzbuch werden abweichend von Satz 2 nur auf Antrag des Steuerpflichtigen hinzugerechnet.

3. ¹Beiträge zu
   a) Krankenversicherungen, soweit diese zur Erlangung eines durch das Zwölfte Buch Sozialgesetzbuch bestimmten sozialhilfegleichen Versorgungsniveaus erforderlich sind und sofern auf die Leistungen ein Anspruch besteht. ²Für Beiträge zur gesetzlichen Krankenversicherung sind dies die nach dem Dritten Titel des Ersten Abschnitts des Achten Kapitels des Fünften Buches Sozialgesetzbuch oder die nach dem Sechsten Abschnitt des Zweiten Gesetzes

über die Krankenversicherung der Landwirte festgesetzten Beiträge. ³Für Beiträge zu einer privaten Krankenversicherung sind dies die Beitragsanteile, die auf Vertragsleistungen entfallen, die, mit Ausnahme der auf das Krankengeld entfallenden Beitragsanteile, in Art, Umfang und Höhe den Leistungen nach dem Dritten Kapitel des Fünften Buches Sozialgesetzbuch vergleichbar sind; § 12 Absatz 1d des Versicherungsaufsichtsgesetzes in der Fassung der Bekanntmachung vom 17. Dezember 1992 (BGBl. 1993 I S. 2), das zuletzt durch Artikel 4 und 6 Absatz 2 des Gesetzes vom 17. Oktober 2008 (BGBl. I S. 1982) geändert worden ist, gilt entsprechend. ⁴Wenn sich aus den Krankenversicherungsbeiträgen nach Satz 2 ein Anspruch auf Krankengeld oder ein Anspruch auf eine Leistung, die anstelle von Krankengeld gewährt wird, ergeben kann, ist der jeweilige Beitrag um 4 Prozent zu vermindern;

b) gesetzlichen Pflegeversicherungen (soziale Pflegeversicherung und private Pflege-Pflichtversicherung).

²Als eigene Beiträge des Steuerpflichtigen werden auch die vom Steuerpflichtigen im Rahmen der Unterhaltsverpflichtung getragenen eigenen Beiträge im Sinne des Buchstaben a oder des Buchstaben b eines Kindes behandelt, für das ein Anspruch auf einen Freibetrag nach § 32 Absatz 6 oder auf Kindergeld besteht. ³Hat der Steuerpflichtige in den Fällen des Absatzes 1a Nummer 1 eigene Beiträge im Sinne des Buchstaben a oder des Buchstaben b zum Erwerb einer Krankenversicherung oder gesetzlichen Pflegeversicherung für einen geschiedenen oder dauernd getrennt lebenden unbeschränkt einkommensteuerpflichtigen Ehegatten geleistet, dann werden diese abweichend von Satz 1 als eigene Beiträge des geschiedenen oder dauernd getrennt lebenden unbeschränkt einkommensteuerpflichtigen Ehegatten behandelt. ⁴Beiträge, die für nach Ablauf des Veranlagungszeitraums beginnende Beitragsjahre geleistet werden und in der Summe das Zweieinhalbfache der auf den Veranlagungszeitraum entfallenden Beiträge überschreiten, sind in dem Veranlagungszeitraum anzusetzen, für den sie geleistet wurden; dies gilt nicht für Beiträge, soweit sie der unbefristeten Beitragsminderung nach Vollendung des 62. Lebensjahrs dienen;

3a. Beiträge zu Kranken- und Pflegeversicherungen, soweit diese nicht nach Nummer 3 zu berücksichtigen sind; Beiträge zu Versicherungen gegen Arbeitslosigkeit, zu Erwerbs- und Berufsunfähigkeitsversicherungen, die nicht unter Nummer 2 Satz 1 Buchstabe b fallen, zu Unfall- und Haftpflichtversicherungen sowie zu Risikoversicherungen, die nur für den Todesfall eine Leistung vorsehen; Beiträge zu Versicherungen im Sinne des § 10 Absatz 1 Nummer 2 Buchstabe b Doppelbuchstabe bb bis dd in der am 31. Dezember 2004 geltenden Fassung, wenn die Laufzeit dieser Versicherungen vor dem 1. Januar 2005 begonnen hat und ein Versicherungsbeitrag bis zum 31. Dezember 2004 entrichtet wurde; § 10 Absatz 1 Nummer 2 Satz 2 bis 6 und Absatz 2 Satz 2 in der am 31. Dezember 2004 geltenden Fassung ist in diesen Fällen weiter anzuwenden;

4. gezahlte Kirchensteuer; dies gilt nicht, soweit die Kirchensteuer als Zuschlag zur Kapitalertragsteuer oder als Zuschlag auf die nach dem gesonderten Tarif des § 32d Absatz 1 ermittelte Einkommensteuer gezahlt wurde;

5. zwei Drittel der Aufwendungen, höchstens 4 000 Euro je Kind, für Dienstleistungen zur Betreuung eines zum Haushalt des Steuerpflichtigen gehörenden Kindes im Sinne des § 32 Absatz 1, welches das 14. Lebensjahr noch nicht vollendet hat oder wegen einer vor Vollendung des 25. Lebensjahres eingetretenen körperlichen, geistigen oder seelischen Behinderung außerstande ist, sich selbst zu unterhalten. ²Dies gilt nicht für Aufwendungen für Unterricht, die Vermittlung besonderer Fähigkeiten sowie für sportliche und andere Freizeitbetätigungen. ³Ist das zu betreuende Kind nicht nach § 1 Absatz 1 oder Absatz 2 unbeschränkt einkommensteuerpflichtig, ist der in Satz 1 genannte Betrag zu kürzen, soweit es nach den Verhältnissen im Wohnsitzstaat des Kindes notwendig und angemessen ist. ⁴Voraussetzung für den Abzug der Aufwendungen nach Satz 1 ist, dass der Steuerpflichtige für die Aufwendungen eine Rechnung erhalten hat und die Zahlung auf das Konto des Erbringers der Leistung erfolgt ist;

6. (weggefallen);

7. ¹Aufwendungen für die eigene Berufsausbildung bis zu 6 000 Euro im Kalenderjahr. ²Bei Ehegatten, die die Voraussetzungen des § 26 Abs. 1 Satz 1 erfüllen, gilt Satz 1 für jeden Ehegatten. ³Zu den Aufwendungen im Sinne des Satzes 1 gehören auch Aufwendungen für eine auswärtige Unterbringung. ⁴§ 4 Abs. 5 Satz 1 Nr. 6b sowie § 9 Abs. 1 Satz 3 Nr. 4 und 5, Absatz 2, Absatz 4 Satz 8 und Absatz 4a sind bei der Ermittlung der Aufwendungen anzuwenden.

8. (weggefallen);

9. 30 Prozent des Entgelts, höchstens 5 000 Euro, das der Steuerpflichtige für ein Kind, für das er Anspruch auf einen Freibetrag nach § 32 Abs. 6 oder auf Kindergeld hat, für dessen Besuch einer Schule in freier Trägerschaft oder einer überwiegend privat finanzierten Schule entrichtet, mit Ausnahme des Entgelts für Beherbergung, Betreuung und Verpflegung. ²Voraussetzung ist, dass die Schule in einem Mitgliedstaat der Europäischen Union oder in einem Staat belegen ist, auf den das Abkommen über den Europäischen Wirtschaftsraum Anwendung findet, und die Schule zu einem von dem zuständigen inländischen Ministerium eines Landes, von der Kultusministerkonferenz der Länder oder von einer inländischen Zeugnisanerkennungsstelle anerkannten oder einem inländischen Abschluss an einer öffentlichen Schule als gleichwertig anerkannten allgemein

bildenden oder berufsbildenden Schul-, Jahrgangs- oder Berufsabschluss führt. ³Der Besuch einer anderen Einrichtung, die auf einen Schul-, Jahrgangs- oder Berufsabschluss im Sinne des Satzes 2 ordnungsgemäß vorbereitet, steht einem Schulbesuch im Sinne des Satzes 1 gleich. ⁴Der Besuch einer Deutschen Schule im Ausland steht dem Besuch einer solchen Schule gleich, unabhängig von ihrer Belegenheit. ⁵Der Höchstbetrag nach Satz 1 wird für jedes Kind, bei dem die Voraussetzungen vorliegen, je Elternpaar nur einmal gewährt.

(1a) Sonderausgaben sind auch die folgenden Aufwendungen:

1. ¹Unterhaltsleistungen an den geschiedenen oder dauernd getrennt lebenden unbeschränkt einkommensteuerpflichtigen Ehegatten, wenn der Geber dies mit Zustimmung des Empfängers beantragt, bis zu 13 805 Euro im Kalenderjahr. ²Der Höchstbetrag nach Satz 1 erhöht sich um den Betrag der im jeweiligen Veranlagungszeitraum nach Absatz 1 Nummer 3 für die Absicherung des geschiedenen oder dauernd getrennt lebenden unbeschränkt einkommensteuerpflichtigen Ehegatten aufgewandten Beiträge. ³Der Antrag kann jeweils nur für ein Kalenderjahr gestellt und nicht zurückgenommen werden. ⁴Die Zustimmung ist mit Ausnahme der nach § 894 der Zivilprozessordnung als erteilt geltenden bis auf Widerruf wirksam. ⁵Der Widerruf ist vor Beginn des Kalenderjahres, für das die Zustimmung erstmals nicht gelten soll, gegenüber dem Finanzamt zu erklären. ⁶Die Sätze 1 bis 5 gelten für Fälle der Nichtigkeit oder der Aufhebung der Ehe entsprechend;

2. auf besonderen Verpflichtungsgründen beruhende, lebenslange und wiederkehrende Versorgungsleistungen, die nicht mit Einkünften in wirtschaftlichem Zusammenhang stehen, die bei der Veranlagung außer Betracht bleiben, wenn der Empfänger unbeschränkt einkommensteuerpflichtig ist. Dies gilt nur für

    a) Versorgungsleistungen im Zusammenhang mit der Übertragung eines Mitunternehmeranteils an einer Personengesellschaft, die eine Tätigkeit im Sinne der §§ 13, 15 Absatz 1 Satz 1 Nummer 1 oder des § 18 Absatz 1 ausübt,

    b) Versorgungsleistungen im Zusammenhang mit der Übertragung eines Betriebs oder Teilbetriebs, sowie

    c) Versorgungsleistungen im Zusammenhang mit der Übertragung eines mindestens 50 Prozent betragenden Anteils an einer Gesellschaft mit beschränkter Haftung, wenn der Übergeber als Geschäftsführer tätig war und der Übernehmer diese Tätigkeit nach der Übertragung übernimmt.

    ²Satz 2 gilt auch für den Teil der Versorgungsleistungen, der auf den Wohnteil eines Betriebs der Land- und Forstwirtschaft entfällt;

3. ¹Ausgleichsleistungen zur Vermeidung eines Versorgungsausgleichs nach § 6 Absatz 1 Satz 2 Nummer 2 und § 23 des Versorgungsausgleichsgesetzes sowie § 1408 Absatz 2 und § 1587 des Bürgerlichen Gesetzbuchs, soweit der Verpflichtete dies mit Zustimmung des Berechtigten beantragt. ²Nummer 1 Satz 3 bis 5 gilt entsprechend;

4. Ausgleichszahlungen im Rahmen des Versorgungsausgleichs nach den §§ 20 bis 22 und 26 des Versorgungsausgleichsgesetzes und nach den §§ 1587f, 1587g und 1587i des Bürgerlichen Gesetzbuchs in der bis zum 31. August 2009 geltenden Fassung sowie nach § 3a des Gesetzes zur Regelung von Härten im Versorgungsausgleich, soweit der ihnen zu Grunde liegenden Einnahmen bei der ausgleichspflichtigen Person der Besteuerung unterliegen, wenn die ausgleichsberechtigte Person unbeschränkt einkommensteuerpflichtig ist.

(2) ¹Voraussetzung für den Abzug der in Absatz 1 Nummern 2, 3 und 3a bezeichneten Beträge (Vorsorgeaufwendungen) ist, dass sie

1. nicht in unmittelbarem wirtschaftlichen Zusammenhang mit steuerfreien Einnahmen stehen; steuerfreie Zuschüsse zu einer Kranken oder Pflegeversicherung stehen insgesamt in unmittelbarem wirtschaftlichen Zusammenhang mit den Vorsorgeaufwendungen im Sinne des Absatzes 1 Nummer 3,

2. geleistet werden an

    a) Versicherungsunternehmen,

    aa) die ihren Sitz oder ihre Geschäftsleitung in einem Mitgliedstaat der Europäischen Union oder einem Vertragsstaat des Abkommens über den Europäischen Wirtschaftsraum haben und das Versicherungsgeschäft im Inland betreiben dürfen, oder

    bb) denen die Erlaubnis zum Geschäftsbetrieb im Inland erteilt ist.

    ¹Darüber hinaus werden Beiträge nur berücksichtigt, wenn es sich bei Beiträgen im Sinne des Absatzes 1 Nummer 3 Satz 1 Buchstabe a an eine Einrichtung handelt, die eine anderweitige Absicherung im Krankheitsfall im Sinne des § 5 Absatz 1 Nummer 13 des Fünften Buches Sozialgesetzbuch oder eine der Beihilfe oder freien Heilfürsorge vergleichbare Absicherung im Sinne des § 193 Absatz 3 Satz 2 Nummer 2 des Versicherungsvertragsgesetzes gewährt. ²Dies gilt entsprechend, wenn ein Steuerpflichtiger, der weder seinen Wohnsitz noch seinen gewöhnlichen Aufenthalt im Inland hat, mit den Beiträgen einen Versicherungsschutz im Sinne des Absatzes 1 Nummer 3 Satz 1 erwirbt,

    b) berufsständische Versorgungseinrichtungen,

    c) einen Sozialversicherungsträger oder

    d) einen Anbieter im Sinne des § 80.

    ²Vorsorgeaufwendungen nach Absatz 1 Nummer 2 Buchstabe b werden nur berücksichtigt, wenn

1. die Beiträge zugunsten eines Vertrags geleistet wurden, der nach § 5a des Altersvorsorgever-

träge-Zertifizierungsgesetzes zertifiziert ist; wobei die Zertifizierung Grundlagenbescheid im Sinne des § 171 Absatz 10 der Abgabenordnung ist, und

2. der Steuerpflichtige gegenüber dem Anbieter in die Datenübermittlung nach Absatz 2a eingewilligt hat.

³Vorsorgeaufwendungen nach Absatz 1 Nummer 3 werden nur berücksichtigt, wenn der Steuerpflichtige gegenüber dem Versicherungsunternehmen, dem Träger der gesetzlichen Kranken- und Pflegeversicherung, der Künstlersozialkasse oder einer Einrichtung im Sinne des Satzes 1 Nr. 2 Buchstabe a Satz 2 in die Datenübermittlung nach Absatz 2a eingewilligt hat; die Einwilligung gilt für alle aus dem Versicherungsverhältnis ergebenden Zahlungsverpflichtungen als erteilt, wenn die Beiträge mit der elektronischen Lohnsteuerbescheinigung (§ 41b Absatz 1 Satz 2) oder der Rentenbezugsmitteilung (§ 22a Absatz 1 Satz 1 Nummer 5) übermittelt werden.

(2a) ¹Der Steuerpflichtige hat in die Datenübermittlung nach Absatz 2 gegenüber der übermittelnden Stelle schriftlich einzuwilligen, spätestens bis zum Ablauf des zweiten Kalenderjahres, das auf das Beitragsjahr (Kalenderjahr, in dem die Beiträge geleistet worden sind) folgt; übermittelnde Stelle ist bei Vorsorgeaufwendungen nach Absatz 1 Nummer 2 Buchstabe b der Anbieter, bei Vorsorgeaufwendungen nach Absatz 1 Nummer 3 das Versicherungsunternehmen, der Träger der gesetzlichen Kranken- und Pflegeversicherung, die Künstlersozialkasse oder eine Einrichtung im Sinne des Absatzes 2 Satz 1 Nr. 2 Buchstabe a Satz 2. ²Die Einwilligung gilt auch für die folgenden Beitragsjahre, es sei denn, der Steuerpflichtige widerruft diese schriftlich gegenüber der übermittelnden Stelle. ³Der Widerruf muss vor Beginn des Beitragsjahres, für das die Einwilligung erstmals nicht mehr gelten soll, der übermittelnden Stelle vorliegen. ⁴Die übermittelnde Stelle hat bei Vorliegen einer Einwilligung

1. nach Absatz 2 Satz 2 Nummer 2 die Höhe der im jeweiligen Beitragsjahr geleisteten Beiträge nach Absatz 1 Nummer 2 Buchstabe b und die Zertifizierungsnummer,

2. nach Absatz 2 Satz 3 die Höhe der im jeweiligen Beitragsjahr geleisteten und erstatteten Beiträge nach Absatz 1 Nummer 3, soweit diese nicht mit der elektronischen Lohnsteuerbescheinigung oder der Rentenbezugsmitteilung zu übermitteln sind,

unter Angabe der Vertrags- oder Versicherungsdaten, des Datums der Einwilligung und der Identifikationsnummer (§ 139b der Abgabenordnung) nach amtlich vorgeschriebenem Datensatz durch Datenfernübertragung an die zentrale Stelle (§ 81) bis zum 28. Februar des dem Beitragsjahr folgenden Kalenderjahres zu übermitteln; sind Versicherungsnehmer und versicherte Person nicht identisch, sind zusätzlich die Identifikationsnummer und das Geburtsdatum des Versicherungsnehmers anzugeben. ⁵§ 22a Absatz 2 gilt entsprechend. ⁶Wird die Einwilligung nach Ablauf des Beitragsjahres, jedoch innerhalb der in Satz 1 genannten Frist abgegeben, sind die Daten bis zum Ende des folgenden Kalenderviertljahres zu übermitteln. ⁷Stellt die übermittelnde Stelle fest, dass

1. die an die zentrale Stelle übermittelten Daten unzutreffend sind oder

2. der zentralen Stelle ein Datensatz übermittelt wurde, obwohl die Voraussetzungen hierfür nicht vorlagen,

ist dies unverzüglich durch Übermittlung eines Datensatzes an die zentrale Stelle zu korrigieren oder zu stornieren. ⁸Ein Steuerbescheid ist zu ändern, soweit

1. Daten nach den Sätzen 4, 6 oder Satz 7 vorliegen oder

2. eine Einwilligung in die Datenübermittlung nach Absatz 2 Satz 2 Nummer 2 oder nach Absatz 2 Satz 3 nicht vorliegt

und sich hierdurch eine Änderung der festgesetzten Steuer ergibt. ⁹Die übermittelnde Stelle hat den Steuerpflichtigen über die Höhe der nach den Sätzen 4, 6 oder Satz 7 übermittelten Beiträge für das Beitragsjahr zu unterrichten. ¹⁰§ 150 Absatz 6 der Abgabenordnung gilt entsprechend. ¹¹Das Bundeszentralamt für Steuern kann die bei Vorliegen der Einwilligung nach Absatz 2 Satz 3 übermittelten Daten prüfen; die §§ 193 bis 203 der Abgabenordnung sind sinngemäß anzuwenden. ¹²Wer vorsätzlich oder grob fahrlässig eine unzutreffende Höhe der Beiträge im Sinne des Absatzes 1 Nummer 3 übermittelt, haftet für die entgangene Steuer. ¹³Diese ist mit 30 Prozent des zu hoch ausgewiesenen Betrags anzusetzen.

(3) ¹Vorsorgeaufwendungen nach Absatz 1 Nummer 2 sind bis zu dem Höchstbetrag zur knappschaftlichen Rentenversicherung, aufgerundet auf einen vollen Betrag in Euro, zu berücksichtigen. ²Bei zusammenveranlagten Ehegatten verdoppelt sich der Höchstbetrag. ³Der Höchstbetrag nach Satz 1 oder 2 ist bei Steuerpflichtigen, die

1. Arbeitnehmer sind und die während des ganzen oder eines Teils des Kalenderjahres

   a) in der gesetzlichen Rentenversicherung versicherungsfrei oder auf Antrag des Arbeitgebers von der Versicherungspflicht befreit waren und denen für den Fall ihres Ausscheidens aus der Beschäftigung auf Grund des Beschäftigungsverhältnisses eine lebenslängliche Versorgung oder an deren Stelle eine Abfindung zusteht oder die in der gesetzlichen Rentenversicherung nachzuversichern sind oder

   b) nicht der gesetzlichen Rentenversicherungspflicht unterliegen, eine Berufstätigkeit ausgeübt und im Zusammenhang damit auf Grund vertraglicher Vereinbarungen Anwartschaftsrechte auf eine Altersversorgung erworben haben, oder

2. Einkünfte im Sinne des § 22 Nr. 4 erzielen und die ganz oder teilweise ohne eigene Beitragsleistung einen Anspruch auf Altersversorgung erwerben,

um den Betrag zu kürzen, der, bezogen auf die Einnahmen aus der Tätigkeit, die die Zugehörigkeit zum genannten Personenkreis begründen, dem Gesamtbeitrag (Arbeitgeber- und Arbeitnehmeranteil) zur allgemeinen Rentenversicherung entspricht. ⁴Im Ka-

EStG

lenderjahr 2013 sind 76 Prozent der nach den Sätzen 1 bis 3 ermittelten Vorsorgeaufwendungen anzusetzen. [5]Der sich danach ergebende Betrag, vermindert um den nach § 3 Nr. 62 steuerfreien Arbeitgeberanteil zur gesetzlichen Rentenversicherung und einen diesem gleichgestellten steuerfreien Zuschuss des Arbeitgebers, ist als Sonderausgabe abziehbar. [6]Der Prozentsatz in Satz 4 erhöht sich in den folgenden Kalenderjahren bis zum Kalenderjahr 2025 um je 2 Prozentpunkte je Kalenderjahr. [7]Beiträge nach § 168 Abs. 1 Nr. 1b oder 1c oder nach § 172 Abs. 3 oder 3a des Sechsten Buches Sozialgesetzbuch vermindern den abziehbaren Betrag nach Satz 5 nur, wenn der Steuerpflichtige die Hinzurechnung dieser Beiträge zu den Vorsorgeaufwendungen nach Absatz 1 Nr. 2 Satz 7 beantragt hat.

(4) [1]Vorsorgeaufwendungen im Sinne des Absatzes 1 Nummer 3 und 3a können je Kalenderjahr insgesamt bis 2 800 Euro abgezogen werden. [2]Der Höchstbetrag beträgt 1 900 Euro bei Steuerpflichtigen, die ganz oder teilweise ohne eigene Aufwendungen einen Anspruch auf vollständige oder teilweise Erstattung oder Übernahme von Krankheitskosten haben oder für deren Krankenversicherung Leistungen im Sinne des § 3 Nummer 9, 14, 57 oder 62 erbracht werden. [3]Bei zusammen veranlagten Ehegatten bestimmt sich der gemeinsame Höchstbetrag aus der Summe der jedem Ehegatten unter den Voraussetzungen von Satz 1 und 2 zustehenden Höchstbeträge. [4]Übersteigen die Vorsorgeaufwendungen im Sinne des Absatzes 1 Nummer 3 die nach den Sätzen 1 bis 3 zu berücksichtigenden Vorsorgeaufwendungen, sind diese abzuziehen und ein Abzug von Vorsorgeaufwendungen im Sinne des Absatzes 1 Nummer 3a scheidet aus.

(4a) [1]Ist in den Kalenderjahren 2013 bis 2019 der Abzug der Vorsorgeaufwendungen nach Absatz 1 Nummer 2 Buchstabe a, Absatz 1 Nummer 3 und Nummer 3a in der für das Kalenderjahr 2004 geltenden Fassung des § 10 Abs. 3 mit folgenden Höchstbeträgen für den Vorwegabzug

Kalenderjahr	Vorwegabzug für den Steuerpflichtigen	Vorwegabzug im Falle der Zusammenveranlagung von Ehegatten
2013	2 100	4 200
2014	1 800	3 600
2015	1 500	3 000
2016	1 200	2 400
2017	900	1 800
2018	600	1 200
2019	300	600

zuzüglich des Erhöhungsbetrages nach Satz 3 günstiger, ist der sich danach ergebende Betrag anstelle des Abzugs nach Absatz 3 und 4 anzusetzen. [2]Mindestens ist bei Anwendung des Satzes 1 der Betrag anzusetzen, der sich ergeben würde, wenn zusätzlich noch die Vorsorgeaufwendungen nach Absatz 1 Nr. 2 Buchstabe b in die Günstigerprüfung einbezogen werden würden; der Erhöhungsbetrag nach Satz 3 ist nicht hinzuzurechnen. [3]Erhöhungsbetrag sind die Beiträge nach Absatz 1 Nr. 2 Buchstabe b, soweit sie nicht den um die Beiträge nach Absatz 1 Nr. 2 Buchstabe a und den nach § 3 Nummer 62 steuerfreien Arbeitgeberanteil zur gesetzlichen Rentenversicherung und einen diesem gleichgestellten steuerfreien Zuschuss vermindeten Höchstbetrag nach Absatz 3 Satz 1 bis 3 überschreiten; Absatz 3 Satz 4 und 6 gilt entsprechend.

(4b) [1]Erhält der Steuerpflichtige für die von ihm für einen anderen Veranlagungszeitraum geleisteten Aufwendungen im Sinne des Satzes 2 einen steuerfreien Zuschuss, ist dieser den erstatteten Aufwendungen gleichzustellen. [2]Übersteigen bei den Sonderausgaben nach Absatz 1 Nummer 2 bis 3a die im Veranlagungszeitraum erstatteten Aufwendungen die geleisteten Aufwendungen (Erstattungsüberhang), ist der Erstattungsüberhang mit anderen im Rahmen der jeweiligen Nummer anzusetzenden Aufwendungen zu verrechnen. [3]Ein verbleibender Betrag des sich bei den Aufwendungen nach Absatz 1 Nummer 3 und 4 ergebenden Erstattungsüberhangs ist dem Gesamtbetrag der Einkünfte hinzuzurechnen. [4]Behörden im Sinne des § 6 Absatz 1 der Abgabenordnung und andere öffentliche Stellen, die einem Steuerpflichtigen für die von ihm geleisteten Beiträge im Sinne des Absatzes 1 Nummer 2, 3 und 3a steuerfreie Zuschüsse gewähren oder Vorsorgeaufwendungen im Sinne dieser Vorschrift erstatten (übermittelnde Stelle), haben der zentralen Stelle jährlich die zur Gewährung und Prüfung des Sonderausgabenabzugs nach § 10 erforderlichen Daten nach amtlich vorgeschriebenem Datensatz durch Datenfernübertragung zu übermitteln. Ein Steuerbescheid ist zu ändern, soweit Daten nach Satz 4 vorliegen und sich hierdurch oder durch eine Korrektur oder Stornierung der entsprechenden Daten eine Änderung der festgesetzten Steuer ergibt. § 22a Absatz 2 sowie § 150 Absatz 6 der Abgabenordnung gelten entsprechend.

(5) Durch Rechtsverordnung wird bezogen auf den Versicherungstarif bestimmt, wie der nicht abziehbare Teil der Beiträge zum Erwerb eines Krankenversicherungsschutzes im Sinne des Absatzes 1 Nummer 3 Buchstabe a Satz 3 durch einheitliche prozentuale Abschläge auf die zugunsten des jeweiligen Tarifs gezahlte Prämie zu ermitteln ist, soweit der nicht abziehbare Beitragsteil nicht bereits als gesonderter Tarif oder Tarifbaustein ausgewiesen wird.

(6) [1]Absatz 1 Nummer 2 Buchstabe b Doppelbuchstabe aa ist für Vertragsabschlüsse vor dem 1. Januar 2012 mit der Maßgabe anzuwenden, dass der Vertrag die Zahlung der Leibrente nicht vor der Vollendung des 60. Lebensjahres vorsehen darf. [2]Für Verträge im Sinne des Absatzes 1 Nummer 2 Buchstabe b, die vor dem 1. Januar 2011 abgeschlossen wurden, und bei Kranken- und Pflegeversicherungen im Sinne des Absatzes 1 Nummer 3, bei denen das Versicherungsverhältnis vor dem 1. Januar 2011 bestanden hat, ist Absatz 2 Satz 2 Nummer 2 und Satz 3 mit der Maßgabe anzuwenden, dass die erforderliche Einwilligung zur Datenübermittlung als erteilt gilt, wenn

1. die übermittelnde Stelle den Steuerpflichtigen schriftlich darüber informiert, dass sie

    a) von einer Einwilligung ausgeht und

b) die Daten an die zentrale Stelle übermittelt und
2. der Steuerpflichtige dem nicht innerhalb einer Frist von vier Wochen nach Erhalt der Information nach Nummer 1 schriftlich widerspricht.

§ 10a
Zusätzliche Altersvorsorge

(1) ¹In der inländischen gesetzlichen Rentenversicherung Pflichtversicherte können Altersvorsorgebeiträge (§ 82) zuzüglich der dafür nach Abschnitt XI zustehenden Zulage jährlich bis zu 2 100 Euro als Sonderausgaben abziehen; das Gleiche gilt für
1. Empfänger von inländischer Besoldung nach dem Bundesbesoldungsgesetz oder einem Landesbesoldungsgesetz,
2. Empfänger von Amtsbezügen aus einem inländischen Amtsverhältnis, deren Versorgungsrecht die entsprechende Anwendung des § 69e Abs. 3 und 4 des Beamtenversorgungsgesetzes vorsieht,
3. die nach § 5 Abs. 1 Satz 1 Nr. 2 und 3 des Sechsten Buches Sozialgesetzbuch versicherungsfrei Beschäftigten, die nach § 6 Abs. 1 Satz 1 Nr. 2 oder nach § 230 Abs. 2 Satz 2 des Sechsten Buches Sozialgesetzbuch von der Versicherungspflicht befreiten Beschäftigten, deren Versorgungsrecht die entsprechende Anwendung des § 69e Abs. 3 und 4 des Beamtenversorgungsgesetzes vorsieht,
4. Beamte, Richter, Berufssoldaten und Soldaten auf Zeit, die ohne Besoldung beurlaubt sind, für die Zeit einer Beschäftigung, wenn während der Beurlaubung die Gewährleistung einer Versorgungsanwartschaft unter den Voraussetzungen des § 5 Abs. 1 Satz 1 des Sechsten Buches Sozialgesetzbuch auf diese Beschädigung erstreckt wird, und
5. Steuerpflichtige im Sinne der Nummern 1 bis 4, die beurlaubt sind und deshalb keine Besoldung, Amtsbezüge oder Entgelt erhalten, sofern sie eine Anrechnung von Kindererziehungszeiten nach § 56 des Sechsten Buches Sozialgesetzbuch in Anspruch nehmen könnten, wenn die Versicherungsfreiheit in der inländischen gesetzlichen Rentenversicherung nicht bestehen würde,

wenn sie spätestens bis zum Ablauf des zweiten Kalenderjahres, das auf das Beitragsjahr (§ 88) folgt, gegenüber der zuständigen Stelle (§ 81a) schriftlich eingewilligt haben, dass diese der zentralen Stelle (§ 81) jährlich mitteilt, dass der Steuerpflichtige zum begünstigten Personenkreis gehört, dass die zuständige Stelle der zentralen Stelle die für die Ermittlung des Mindesteigenbeitrags (§ 86) und die Gewährung der Kinderzulage (§ 85) erforderlichen Daten übermittelt und die zentrale Stelle diese Daten für das Zulageverfahren verwenden darf. ²Bei der Erteilung der Einwilligung ist der Steuerpflichtige darauf hinzuweisen, dass er die Einwilligung vor Beginn des Kalenderjahres, für das sie erstmals nicht mehr gelten soll, gegenüber der zuständigen Stelle widerrufen kann. ³Versicherungspflichtige nach dem Gesetz über die Alterssicherung der Landwirte stehen Pflichtversicherten gleich; dies gilt auch für Personen die

1. eine Anrechnungszeit nach § 58 Absatz 1 Nummer 3 oder Nummer 6 des Sechsten Buches Sozialgesetzbuches in der gesetzlichen Rentenversicherung erhalten und
2. unmittelbar vor einer Anrechnungszeit nach § 58 Absatz 1 Nummer 3 oder Nummer 6 des Sechsten Buches Sozialgesetzbuch einer der im ersten Halbsatz, in Satz 1 oder Satz 4 genannten begünstigten Personengruppe angehörten.

⁴Die Sätze 1 und 2 gelten entsprechend für Steuerpflichtige, die nicht zum begünstigten Personenkreis nach Satz 1 oder 3 gehören und eine Rente wegen voller Erwerbsminderung oder Erwerbsunfähigkeit oder eine Versorgung wegen Dienstunfähigkeit aus einem der in Satz 1 oder 3 genannten Altersversorgungssysteme beziehen, wenn unmittelbar vor dem Bezug der entsprechenden Leistungen der Leistungsbezieher einer der in Satz 1 oder 3 genannten begünstigten Personengruppen angehörte; dies gilt nicht, wenn der Steuerpflichtige das 67. Lebensjahr vollendet hat. ⁵Bei der Ermittlung der dem Steuerpflichtigen zustehenden Zulage nach Satz 1 bleibt die Erhöhung der Grundzulage nach § 84 Satz 2 außer Betracht.

(1a) ¹Sofern eine Zulagenummer (§ 90 Abs. 1 Satz 2) durch die zentrale Stelle oder eine Versicherungsnummer nach § 147 des Sechsten Buches Sozialgesetzbuch noch nicht vergeben ist, haben die in Absatz 1 Satz 1 Nr. 1 bis 5 genannten Steuerpflichtigen über die zuständige Stelle eine Zulagenummer bei der zentralen Stelle zu beantragen. ²Für Empfänger einer Versorgung im Sinne des Absatzes 1 Satz 4 gilt Satz 1 entsprechend.

(2) ¹Ist der Sonderausgabenabzug nach Absatz 1 für den Steuerpflichtigen günstiger als der Anspruch auf die Zulage nach Abschnitt XI, erhöht sich die unter Berücksichtigung des Sonderausgabenabzugs ermittelte tarifliche Einkommensteuer um den Anspruch auf Zulage. ²In den anderen Fällen scheidet der Sonderausgabenabzug aus. ³Die Günstigerprüfung wird von Amts wegen vorgenommen.

(2a) ¹Der Sonderausgabenabzug setzt voraus, dass der Steuerpflichtige gegenüber dem Anbieter (übermittelnde Stelle) in die Datenübermittlung nach Absatz 5 Satz 1 eingewilligt hat. ² § 10 Absatz 2a Satz 1 bis Satz 3 gilt entsprechend. ³In den Fällen des Absatzes 3 Satz 2 und 5 ist die Einwilligung nach Satz 1 von beiden Ehegatten abzugeben. ⁴Hat der Zulageberechtigte den Anbieter nach § 89 Abs. 1a bevollmächtigt oder liegt dem Anbieter ein Zulageantrag nach § 89 Absatz 1 vor, gilt die Einwilligung nach Satz 1 für das jeweilige Beitragsjahr als erteilt.

(3) ¹Der Abzugsbetrag nach Absatz 1 steht im Falle der Veranlagung von Ehegatten nach § 26 Abs. 1 jedem Ehegatten unter den Voraussetzungen des Absatzes 1 gesondert zu. ²Gehört nur ein Ehegatte zu dem nach Absatz 1 begünstigten Personenkreis und ist der andere Ehegatte nach § 79 Satz 2 zulageberechtigt, sind bei dem nach Absatz 1 abzugsberechtigten Ehegatten die von beiden Ehegatten geleisteten Altersvorsorgebeiträge und die dafür zustehenden Zulagen bei der Anwendung der Absätze 1 und 2 zu berücksichtigen. ³Der Höchstbetrag nach Absatz 1 Satz 1 erhöht sich in den Fällen des Satzes 2 um 60 Euro. ⁴Dabei sind die von dem Ehe-

gatten, der zu dem nach Absatz 1 begünstigten Personenkreis gehört, geleisteten Altersvorsorgebeiträge vorrangig zu berücksichtigen, jedoch mindestens 60 Euro der von dem anderen Ehegatten geleisteten Altersvorsorgebeiträge. ⁵Gehören beide Ehegatten zu dem nach Absatz 1 begünstigten Personenkreis und liegt ein Fall der Veranlagung nach § 26 Abs. 1 vor, ist bei der Günstigerprüfung nach Absatz 2 der Anspruch auf Zulage beider Ehegatten anzusetzen.

(4) ¹Im Falle des Absatzes 2 Satz 1 stellt das Finanzamt die über den Zulageanspruch nach Abschnitt XI hinausgehende Steuerermäßigung gesondert fest und teilt diese der zentralen Stelle (§ 81) mit; § 10d Abs. 4 Satz 3 bis 5 gilt entsprechend. ²Sind Altersvorsorgebeiträge zu Gunsten von mehreren Verträgen geleistet worden, erfolgt die Zurechnung im Verhältnis der nach Absatz 1 berücksichtigten Altersvorsorgebeiträge. ³Ehegatten ist der nach Satz 1 festzustellende Betrag auch im Falle der Zusammenveranlagung jeweils getrennt zuzurechnen; die Zurechnung erfolgt im Verhältnis der nach Absatz 1 berücksichtigten Altersvorsorgebeiträge. ⁴Werden Altersvorsorgebeiträge nach Absatz 3 Satz 2 berücksichtigt, die der nach § 79 Satz 2 zulageberechtigte Ehegatte zugunsten eines auf seinen Namen lautenden Vertrages geleistet hat, ist die hierauf entfallende Steuerermäßigung dem Ehegatten zuzurechnen, zu dessen Gunsten die Altersvorsorgebeiträge geleistet wurden. ⁵Die Übermittlung an die zentrale Stelle erfolgt unter Angabe der Vertragsnummer und der Identifikationsnummer (§ 139b der Abgabenordnung) sowie der Zulage- oder Versicherungsnummer nach § 147 des Sechsten Buches Sozialgesetzbuch.

(5) ¹Die übermittelnde Stelle hat bei Vorliegen einer Einwilligung nach Absatz 2a die Höhe der im jeweiligen Beitragsjahr zu berücksichtigenden Altersvorsorgebeiträge unter Angabe der Vertragsdaten, des Datums der Einwilligung nach Absatz 2a, der Identifikationsnummer (§ 139b der Abgabenordnung) sowie der Zulage- oder der Versicherungsnummer nach § 147 des Sechsten Buches Sozialgesetzbuch nach amtlich vorgeschriebenem Datensatz durch Datenfernübertragung an die zentrale Stelle bis zum 28. Februar des dem Beitragsjahr folgenden Kalenderjahres zu übermitteln. ²§ 10 Absatz 2a Satz 6 bis 8 und § 22a Absatz 2 gelten entsprechend. ³Die Übermittlung erfolgt auch dann, wenn im Fall der mittelbaren Zulageberechtigung keine Altersvorsorgebeiträge geleistet worden sind. ⁴Die übrigen Voraussetzungen für den Sonderausgabenabzug nach den Absätzen 1 bis 3 werden im Wege der Datenerhebung und des automatisierten Datenabgleichs nach § 91 überprüft. ⁵Erfolgt eine Datenübermittlung nach Satz 1 und wurde noch keine Zulagenummer (§ 90 Absatz 1 Satz 2) durch die zentrale Stelle oder keine Versicherungsnummer nach § 147 des Sechsten Buches Sozialgesetzbuch vergeben, gilt § 90 Absatz 1 Satz 2 und 3 entsprechend.

(6) ¹Für die Anwendung der Absätze 1 bis 5 stehen den in der inländischen gesetzlichen Rentenversicherung Pflichtversicherten nach Absatz 1 Satz 1 die Pflichtmitglieder in einem ausländischen gesetzlichen Alterssicherungssystem gleich, wenn diese Pflichtmitgliedschaft

1. mit einer Pflichtmitgliedschaft in einem inländischen Alterssicherungssystem nach Absatz 1 Satz 1 oder 3 vergleichbar ist und
2. vor dem 1. Januar 2010 begründet wurde.

²Für die Anwendung der Absätze 1 bis 5 stehen den Steuerpflichtigen nach Absatz 1 Satz 4 die Personen gleich,

1. die aus einem ausländischen gesetzlichen Alterssicherungssystem eine Leistung erhalten, die den in Absatz 1 Satz 4 genannten Leistungen vergleichbar ist,
2. die unmittelbar vor dem Bezug der entsprechenden Leistung nach Satz 1 oder Absatz 1 Satz 1 oder 3 begünstigt waren und
3. die noch nicht das 67. Lebensjahr vollendet haben.

³Als Altersvorsorgebeiträge (§ 82) sind bei den in Satz 1 oder 2 genannten Personen nur diejenigen Beiträge zu berücksichtigen, die vom Abzugsberechtigten zugunsten seines vor dem 1. Januar 2010 abgeschlossenen Vertrags geleistet wurden. ⁴Endet die unbeschränkte Steuerpflicht eines Zulageberechtigten im Sinne des Satzes 1 oder 2 durch Aufgabe des inländischen Wohnsitzes oder gewöhnlichen Aufenthalts und wird die Person nicht nach § 1 Absatz 3 als unbeschränkt einkommensteuerpflichtig behandelt, so gelten die §§ 93 und 94 entsprechend; § 95 Absatz 2 und 3 und § 99 Absatz 1 in der am 31. Dezember 2008 geltenden Fassung sind anzuwenden.

§ 10b
Steuerbegünstigte Zwecke

(1) ¹Zuwendungen (Spenden und Mitgliedsbeiträge) zur Förderung steuerbegünstigter Zwecke im Sinne der §§ 52 bis 54 der Abgabenordnung können insgesamt bis zu

1. 20 Prozent des Gesamtbetrags der Einkünfte oder
2. 4 Promille der Summe der gesamten Umsätze und der im Kalenderjahr aufgewendeten Löhne und Gehälter

als Sonderausgaben abgezogen werden. ²Voraussetzung für den Abzug ist, dass diese Zuwendungen

1. an eine juristische Person des öffentlichen Rechts oder an eine öffentliche Dienststelle, die in einem Mitgliedstaat der Europäischen Union oder in einem Staat belegen ist, auf den das Abkommen über den Europäischen Wirtschaftsraum (EWR-Abkommen) Anwendung findet, oder
2. an eine nach § 5 Absatz 1 Nummer 9 des Körperschaftsteuergesetzes steuerbefreite Körperschaft, Personenvereinigung oder Vermögensmasse oder
3. an eine Körperschaft, Personenvereinigung oder Vermögensmasse, die in einem Mitgliedstaat der Europäischen Union oder in einem Staat belegen ist, auf den das Abkommen über den Europäischen Wirtschaftsraum (EWR-Abkommen) Anwendung findet, und die nach § 5 Absatz 1 Nummer 9 des Körperschaftsteuerge-

setzes in Verbindung mit § 5 Absatz 2 Nummer 2 zweiter Halbsatz des Körperschaftsteuergesetzes steuerbefreit wäre, wenn sie inländische Einkünfte erzielen würde, geleistet werden. ³Für nicht im Inland ansässige Zuwendungsempfänger nach Satz 2 ist weitere Voraussetzung, dass durch diese Staaten Amtshilfe und Unterstützung bei der Beitreibung geleistet werden. ⁴Amtshilfe ist der Auskunftsaustausch im Sinne oder entsprechend der Amtshilferichtlinie gemäß § 2 Absatz 2 des EU-Amtshilfegesetzes. ⁵Beitreibung ist die gegenseitige Unterstützung bei der Beitreibung von Forderungen im Sinne oder entsprechend der Beitreibungsrichtlinie einschließlich der in diesem Zusammenhang anzuwendenden Durchführungsbestimmungen in den für den jeweiligen Veranlagungszeitraum geltenden Fassungen oder eines entsprechenden Nachfolgerechtsaktes. ⁶Werden die steuerbegünstigten Zwecke des Zuwendungsempfängers im Sinne von Satz 2 Nummer 1 nur im Ausland verwirklicht, ist für den Sonderausgabenabzug Voraussetzung, dass natürliche Personen, die ihren Wohnsitz oder ihren gewöhnlichen Aufenthalt im Geltungsbereich dieses Gesetzes haben, gefördert werden oder dass die Tätigkeit dieses Zuwendungsempfängers neben der Verwirklichung der steuerbegünstigten Zwecke auch zum Ansehen der Bundesrepublik Deutschland beitragen kann. ⁷Abziehbar sind auch Mitgliedsbeiträge an Körperschaften, die Kunst und Kultur gemäß § 52 Absatz 2 Satz 1 Nummer 5 der Abgabenordnung fördern, soweit es sich nicht um Mitgliedsbeiträge nach Satz 8 Nummer 2 handelt, auch wenn den Mitgliedern Vergünstigungen gewährt werden. ⁸Nicht abziehbar sind Mitgliedsbeiträge an Körperschaften, die

1. den Sport (§ 52 Abs. 2 Satz 1 Nr. 21 der Abgabenordnung),
2. kulturelle Betätigungen, die in erster Linie der Freizeitgestaltung dienen,
3. die Heimatpflege und Heimatkunde (§ 52 Abs. 2 Satz 1 Nr. 22 der Abgabenordnung) oder
4. Zwecke im Sinne des § 52 Abs. 2 Satz 1 Nr. 23 der Abgabenordnung

fördern. ⁹Abziehbare Zuwendungen, die die Höchstbeträge nach Satz 1 überschreiten oder den um die Beträge nach § 10 Abs. 3 und 4, § 10c und § 10d verminderten Gesamtbetrag der Einkünfte übersteigen, sind im Rahmen der Höchstbeträge in den folgenden Veranlagungszeiträumen als Sonderausgaben abzuziehen. ¹⁰§ 10d Abs. 4 gilt entsprechend.

(1a) ¹Spenden zur Förderung steuerbegünstigter Zwecke im Sinne der §§ 52 bis 54 der Abgabenordnung in das zu erhaltende Vermögen (Vermögensstock) einer Stiftung, welche die Voraussetzungen des Absatzes 1 Satz 2 bis 6 erfüllt, können auf Antrag des Steuerpflichtigen im Veranlagungszeitraum der Zuwendung und in den folgenden neun Veranlagungszeiträumen bis zu einem Gesamtbetrag von 1 Million Euro bei Ehegatten, die nach den §§ 26, 26b zusammen veranlagt werden, bis zu einem Gesamtbetrag von 2 Millionen Euro zusätzlich zu den Höchstbeträgen nach Absatz 1 Satz 1 abgezogen werden. ²Nicht abzugsfähig nach Satz 1 sind Spenden in das verbrauchbare Vermögen einer Stiftung. ³Der besondere Abzugsbetrag nach Satz 1 bezieht sich auf den gesamten Zehnjahreszeitraum und kann der Höhe nach innerhalb dieses Zeitraums nur einmal in Anspruch genommen werden. ⁴§ 10d Abs. 4 gilt entsprechend.

(2) ¹Zuwendungen an politische Parteien im Sinne des § 2 des Parteiengesetzes sind bis zur Höhe von insgesamt 1 650 Euro und im Fall der Zusammenveranlagung von Ehegatten bis zur Höhe von insgesamt 3 300 Euro im Kalenderjahr abzugsfähig. ²Sie können nur insoweit als Sonderausgaben abgezogen werden, als für sie nicht eine Steuerermäßigung nach § 34g gewährt worden ist.

(3) ¹Als Zuwendung im Sinne dieser Vorschrift gilt auch die Zuwendung von Wirtschaftsgütern mit Ausnahme von Nutzungen und Leistungen. ²Ist das Wirtschaftsgut unmittelbar vor seiner Zuwendung einem Betriebsvermögen entnommen worden, so bemisst sich die Zuwendungshöhe nach dem Wert, der bei der Entnahme angesetzt wurde und nach der Umsatzsteuer, die auf die Entnahme entfällt. ³Ansonsten bestimmt sich die Höhe der Zuwendung nach dem gemeinen Wert des zugewendeten Wirtschaftsguts, wenn dessen Veräußerung im Zeitpunkt der Zuwendung keinen Besteuerungstatbestand erfüllen würde. ⁴In allen übrigen Fällen dürfen bei der Ermittlung der Zuwendungshöhe die fortgeführten Anschaffungs- oder Herstellungskosten nur überschritten werden, soweit eine Gewinnrealisierung stattgefunden hat. ⁵Aufwendungen zugunsten einer Körperschaft, die zum Empfang steuerlich abziehbarer Zuwendungen berechtigt ist, können nur abgezogen werden, wenn ein Anspruch auf die Erstattung der Aufwendungen durch Vertrag oder Satzung eingeräumt und auf die Erstattung verzichtet worden ist. ⁶Der Anspruch darf nicht unter der Bedingung des Verzichts eingeräumt worden sein.

(4) ¹Der Steuerpflichtige darf auf die Richtigkeit der Bestätigung über Spenden und Mitgliedsbeiträge vertrauen, es sei denn, dass er die Bestätigung durch unlautere Mittel oder falsche Angaben erwirkt hat oder dass ihm die Unrichtigkeit der Bestätigung bekannt oder infolge grober Fahrlässigkeit nicht bekannt war. ²Wer vorsätzlich oder grob fahrlässig eine unrichtige Bestätigung ausstellt oder veranlasst, dass Zuwendungen nicht zu den in der Bestätigung angegebenen steuerbegünstigten Zwecken verwendet werden, haftet für die entgangene Steuer. ³Diese ist mit 30 vom Hundert des zugewendeten Betrags anzusetzen. ⁴In den Fällen des Satzes 2 zweite Alternative (Veranlasserhaftung) ist vorrangig der Zuwendungsempfänger in Anspruch zu nehmen; die in diesen Fällen für den Zuwendungsempfänger handelnden natürlichen Personen sind nur in Anspruch zu nehmen, wenn die entgangene Steuer nicht nach § 47 der Abgabenordnung erloschen ist und Vollstreckungsmaßnahmen gegen den Zuwendungsempfänger nicht erfolgreich sind. ⁵Die Festsetzungsfrist für Haftungsansprüche nach Satz 2 läuft nicht ab, solange die Festsetzungsfrist für von dem Empfänger der Zuwendung geschuldete Körperschaftsteuer für den Veranlagungszeitraum nicht abgelaufen ist, in dem die unrichtige Bestätigung ausgestellt worden ist oder veranlasst wurde, dass die

Zuwendung nicht zu den in der Bestätigung angegebenen steuerbegünstigten Zwecken verwendet worden ist; § 191 Abs. 5 der Abgabenordnung ist nicht anzuwenden.

§ 10c
Sonderausgaben-Pauschbetrag

¹Für Sonderausgaben nach den § 10 Absatz 1 Nummer 1, 1a, 1b, 4, 5, 7 und 9 und nach § 10b wird ein Pauschbetrag von 36 Euro abgezogen (Sonderausgaben-Pauschbetrag), wenn der Steuerpflichtige nicht höhere Aufwendungen nachweist. ²Im Falle der Zusammenveranlagung von Ehegatten verdoppelt sich der Sonderausgaben-Pauschbetrag.

§ 10d
Verlustabzug

(1) ¹Negative Einkünfte, die bei der Ermittlung des Gesamtbetrags der Einkünfte nicht ausgeglichen werden, sind bis zu einem Betrag von 1 000 000 Euro, bei Ehegatten, die nach den §§ 26, 26b zusammenveranlagt werden, bis zu einem Betrag von 2 000 000 Euro vom Gesamtbetrag der Einkünfte des unmittelbar vorangegangenen Veranlagungszeitraums vorrangig vor Sonderausgaben, außergewöhnlichen Belastungen und sonstigen Abzugsbeträgen abzuziehen (Verlustrücktrag). ²Dabei wird der Gesamtbetrag der Einkünfte des unmittelbar vorangegangenen Veranlagungszeitraums um die Begünstigungsbeträge nach § 34a Abs. 3 Satz 1 gemindert. ³Ist für den unmittelbar vorangegangenen Veranlagungszeitraum bereits ein Steuerbescheid erlassen worden, so ist er insoweit zu ändern, als der Verlustrücktrag zu gewähren oder zu berichtigen ist. ⁴Das gilt auch dann, wenn der Steuerbescheid unanfechtbar geworden ist; die Festsetzungsfrist endet insoweit nicht, bevor die Festsetzungsfrist für den Veranlagungszeitraum abgelaufen ist, in dem die negativen Einkünfte nicht ausgeglichen werden. ⁵Auf Antrag des Steuerpflichtigen ist ganz oder teilweise von der Anwendung des Satzes 1 abzusehen. ⁶Im Antrag ist die Höhe des Verlustrücktrags anzugeben.

(2) ¹Nicht ausgeglichene negative Einkünfte, die nicht nach Absatz 1 abgezogen worden sind, sind in den folgenden Veranlagungszeiträumen bis zu einem Gesamtbetrag der Einkünfte von 1 Million Euro unbeschränkt, darüber hinaus bis zu 60 Prozent des 1 Million Euro übersteigenden Gesamtbetrags der Einkünfte vorrangig vor Sonderausgaben, außergewöhnlichen Belastungen und sonstigen Abzugsbeträgen abzuziehen (Verlustvortrag). ²Bei Ehegatten, die nach §§ 26, 26b zusammenveranlagt werden, tritt an die Stelle des Betrags von 1 Million Euro ein Betrag von 2 Millionen Euro. ³Der Abzug ist nur insoweit zulässig, als die Verluste nicht nach Absatz 1 abgezogen worden sind und in den vorangegangenen Veranlagungszeiträumen nicht nach Satz 1 und 2 abgezogen werden konnten.

(3) (weggefallen)

(4) ¹Der am Schluss eines Veranlagungszeitraums verbleibende Verlustvortrag ist gesondert festzustellen. ²Verbleibender Verlustvortrag sind die der Ermittlung des Gesamtbetrags der Einkünfte nicht ausgeglichenen negativen Einkünfte, vermindert um die nach Absatz 1 abgezogenen und die nach Absatz 2 abziehbaren Beträge und vermehrt um den auf den Schluss des vorangegangenen Veranlagungszeitraums festgestellten verbleibenden Verlustvortrag. ³Zuständig für die Feststellung ist das für die Besteuerung zuständige Finanzamt. ⁴Bei der Feststellung des verbleibenden Verlustvortrags sind die Besteuerungsgrundlagen so zu berücksichtigen, wie sie den Steuerfestsetzungen des Veranlagungszeitraums, auf dessen Schluss der verbleibende Verlustvortrag festgestellt wird, und des Veranlagungszeitraums, in dem ein Verlustrücktrag vorgenommen werden kann, zu Grunde gelegt worden sind; § 171 Absatz 10, § 175 Absatz 1 Satz 1 Nummer 1 und § 351 Absatz 2 der Abgabenordnung sowie § 42 der Finanzgerichtsordnung gelten entsprechend. ⁵Die Besteuerungsgrundlagen dürfen bei der Feststellung nur insoweit abweichend von Satz 4 berücksichtigt werden, wie die Aufhebung, Änderung oder Berichtigung der Steuerbescheide ausschließlich mangels Auswirkung auf die Höhe der festzusetzenden Steuer unterbleibt. ⁶Die Feststellungsfrist endet nicht, bevor die Festsetzungsfrist für den Veranlagungszeitraum abgelaufen ist, auf dessen Schluss der verbleibende Verlustvortrag gesondert festzustellen ist; § 181 Abs. 5 der Abgabenordnung ist nur anzuwenden, wenn die zuständige Finanzbehörde die Feststellung des Verlustvortrags pflicht pflichtwidrig unterlassen hat.

§ 10e
Steuerbegünstigung der zu eigenen Wohnzwecken genutzten Wohnung im eigenen Haus

(1) ¹Der Steuerpflichtige kann von den Herstellungskosten einer Wohnung in einem im Inland belegenen eigenen Haus oder einer im Inland belegenen eigenen Eigentumswohnung zuzüglich der Hälfte der Anschaffungskosten für den dazugehörenden Grund und Boden (Bemessungsgrundlage) im Jahr der Fertigstellung und in den drei folgenden Jahren jeweils bis zu 6 Prozent, höchstens jeweils 10 124 Euro, und in den vier darauffolgenden Jahren jeweils bis zu 5 vom Hundert, höchstens jeweils 8 437 Euro wie Sonderausgaben abziehen. ²Voraussetzung ist, dass der Steuerpflichtige die Wohnung hergestellt und in dem jeweiligen Jahr des Zeitraums nach Satz 1 (Abzugszeitraum) zu eigenen Wohnzwecken genutzt hat und die Wohnung keine Ferienwohnung oder Wochenendwohnung ist. ³Eine Nutzung zu eigenen Wohnzwecken liegt auch vor, wenn Teile einer zu eigenen Wohnzwecken genutzten Wohnung unentgeltlich zu Wohnzwecken überlassen werden. ⁴Hat der Steuerpflichtige die Wohnung angeschafft, so sind die Sätze 1 bis 3 mit der Maßgabe anzuwenden, dass an die Stelle des Jahres der Fertigstellung das Jahr der Anschaffung und an die Stelle der Herstellungskosten die Anschaffungskosten treten; hat der Steuerpflichtige die Wohnung nicht bis zum Ende des zweiten auf das Jahr der Fertigstellung folgenden Jahres angeschafft, kann von der Bemessungsgrundlage im Jahr der Anschaffung und in den drei folgenden Jahren höchstens jeweils 4 602 Euro und in den vier darauf folgenden Jahren höchstens jeweils 3 835 Euro abziehen. ⁵§ 6b Abs. 6 gilt sinngemäß. ⁶Bei einem Anteil an der zu eigenen Wohnzwecken genutzten Wohnung kann der Steuerpflichtige den entsprechenden Teil der Abzugsbeträge nach Satz 1 wie Sonderausgaben abziehen.

⁷Werden Teile der Wohnung nicht zu eigenen Wohnzwecken genutzt, ist die Bemessungsgrundlage um den auf den nicht zu eigenen Wohnzwecken entfallenden Teil zu kürzen. Satz 4 ist nicht anzuwenden, wenn der Steuerpflichtige die Wohnung oder einen Anteil daran von seinem Ehegatten anschafft und bei den Ehegatten die Voraussetzungen des § 26 Abs. 1 vorliegen.

(2) Absatz 1 gilt entsprechend für Herstellungskosten zu eigenen Wohnzwecken genutzter Ausbauten und Erweiterungen an einer im Inland belegenen, zu eigenen Wohnzwecken genutzten Wohnung.

(3) ¹Der Steuerpflichtige kann die Abzugsbeträge nach den Absätzen 1 und 2, die er in einem Jahr der Abzugszeitraums nicht ausgenutzt hat, bis zum Ende des Abzugszeitraums abziehen. ²Nachträgliche Herstellungskosten oder Anschaffungskosten, die bis zum Ende des Abzugszeitraums entstehen, können vom Jahr ihrer Entstehung an für die Veranlagungszeiträume, in denen der Steuerpflichtige Abzugsbeträge nach den Absätzen 1 und 2 hätte abziehen können, so behandelt werden, als wären sie zu Beginn des Abzugszeitraums entstanden.

(4) ¹Die Abzugsbeträge nach den Absätzen 1 und 2 kann der Steuerpflichtige nur für eine Wohnung oder für einen Ausbau oder eine Erweiterung abziehen. ²Ehegatten, bei denen die Voraussetzungen des § 26 Abs. 1 vorliegen, können die Abzugsbeträge nach den Absätzen 1 und 2 für insgesamt zwei der in Satz 1 bezeichneten Objekte abziehen, jedoch nicht gleichzeitig für zwei in räumlichem Zusammenhang belegene Objekte, wenn bei den Ehegatten im Zeitpunkt der Herstellung oder Anschaffung der Objekte die Voraussetzungen des § 26 Abs. 1 vorliegen. ³Den Abzugsbeträgen stehen die erhöhten Absetzungen nach § 7b in der jeweiligen Fassung ab Inkrafttreten des Gesetzes vom 16. Juni 1964 (BGBl. I S. 353) und nach § 15 Abs. 1 bis 4 des Berlinförderungsgesetzes in der jeweiligen Fassung ab Inkrafttreten des Gesetzes vom 11. Juli 1977 (BGBl. I S. 1213) gleich. ⁴Nutzt der Steuerpflichtige die Wohnung im eigenen Haus oder die Eigentumswohnung (Erstobjekt) nicht bis zum Ablauf des Abzugszeitraums zu eigenen Wohnzwecken und kann er deshalb die Abzugsbeträge nach den Absätzen 1 und 2 nicht mehr in Anspruch nehmen, so kann er die Abzugsbeträge nach Absatz 1 bei einer weiteren Wohnung im Sinne des Absatzes 1 Satz 1 (Folgeobjekt) in Anspruch nehmen, wenn er das Folgeobjekt innerhalb von zwei Jahren vor und drei Jahren nach Ablauf des Veranlagungszeitraums, in dem er das Erstobjekt letztmals zu eigenen Wohnzwecken genutzt hat, anschafft oder herstellt; Entsprechendes gilt bei einem Ausbau oder einer Erweiterung einer Wohnung. ⁵Im Fall des Satzes 4 ist der Abzugszeitraum für das Folgeobjekt um die Anzahl der Veranlagungszeiträume zu kürzen, in denen der Steuerpflichtige für das Erstobjekt die Abzugsbeträge nach den Absätzen 1 und 2 hätte abziehen können; hat der Steuerpflichtige das Folgeobjekt in einem Veranlagungszeitraum, in dem er das Erstobjekt noch zu eigenen Wohnzwecken genutzt hat, hergestellt oder angeschafft oder ausgebaut oder erweitert, so beginnt der Abzugszeitraum für das Folgeobjekt mit Ablauf des Veranlagungszeitraums, in dem der Steuerpflichtige das Erstobjekt letztmals zu eigenen Wohnzwecken genutzt hat. ⁶Für das Folgeobjekt sind die Prozentsätze der vom Erstobjekt verbliebenen Jahre maßgebend. ⁷Dem Erstobjekt im Sinne des Satzes 4 steht ein Erstobjekt im Sinne des § 7b Abs. 5 Satz 4 sowie des § 15 Abs. 1 und des § 15b Abs. 1 des Berlinförderungsgesetzes gleich. ⁸Ist für den Steuerpflichtigen Objektverbrauch nach den Sätzen 1 bis 3 eingetreten, kann er die Abzugsbeträge nach den Absätzen 1 und 2 für ein weiteres, in dem in Artikel 3 des Einigungsvertrages genannten Gebiet belegenes Objekt abziehen, wenn der Steuerpflichtige oder dessen Ehegatte, bei denen die Voraussetzungen des § 26 Abs. 1 vorliegen, in dem in Artikel 3 des Einigungsvertrages genannten Gebiet zugezogen ist und

1. seinen ausschließlichen Wohnsitz in diesem Gebiet zu Beginn des Veranlagungszeitraums hat oder ihn im Laufe des Veranlagungszeitraums begründet oder
2. bei mehrfachem Wohnsitz einen Wohnsitz in diesem Gebiet hat und sich dort überwiegend aufhält.

⁹Voraussetzung für die Anwendung des Satzes 8 ist, dass die Wohnung im eigenen Haus oder die Eigentumswohnung vor dem 1. Januar 1995 hergestellt oder angeschafft oder der Ausbau oder die Erweiterung vor diesem Zeitpunkt fertiggestellt worden ist. ¹⁰Die Sätze 2 und 4 bis 6 sind für im Satz 8 bezeichnete Objekte sinngemäß anzuwenden.

(5) ¹Sind mehrere Steuerpflichtige Eigentümer einer zu eigenen Wohnzwecken genutzten Wohnung, so ist Absatz 4 mit der Maßgabe anzuwenden, dass der Anteil des Steuerpflichtigen an der Wohnung einer Wohnung gleichsteht; Entsprechendes gilt bei dem Ausbau oder bei der Erweiterung einer zu eigenen Wohnzwecken genutzten Wohnung. ²Satz 1 ist nicht anzuwenden, wenn Eigentümer der Wohnung der Steuerpflichtige und sein Ehegatte sind und bei den Ehegatten die Voraussetzungen des § 26 Abs. 1 vorliegen. ³Erwirbt im Fall des Satzes 2 ein Ehegatte infolge Erbfalls einen Miteigentumsanteil an der Wohnung hinzu, so kann er die auf diesen Anteil entfallenden Abzugsbeträge nach den Absätzen 1 und 2 weiter in der bisherigen Höhe abziehen; Entsprechendes gilt, wenn im Fall des Satzes 2 während des Abzugszeitraums die Voraussetzungen des § 26 Abs. 1 wegfallen und ein Ehegatte den Anteil des anderen Ehegatten an der Wohnung erwirbt.

(5a) ¹Die Abzugsbeträge nach den Absätzen 1 und 2 können nur für Veranlagungszeiträume in Anspruch genommen werden, in denen der Gesamtbetrag der Einkünfte 61 355 Euro, bei nach § 26b zusammenveranlagten Ehegatten 122 710 Euro nicht übersteigt. ²Eine Nachholung von Abzugsbeträgen nach Absatz 3 Satz 1 ist nur für Veranlagungszeiträume möglich, in denen die in Satz 1 genannten Voraussetzungen vorgelegen haben; Entsprechendes gilt für nachträgliche Herstellungskosten oder Anschaffungskosten im Sinne des Absatzes 3 Satz 2.

(6) ¹Aufwendungen des Steuerpflichtigen, die bis zum Beginn der erstmaligen Nutzung einer Wohnung im Sinne des Absatzes 1 zu eigenen Wohnzwecken entstehen, unmittelbar mit der Herstellung oder Anschaffung des Gebäudes oder der Eigen-

tumswohnung oder der Anschaffung des dazugehörenden Grund und Bodens zusammenhängen, nicht zu den Herstellungskosten oder Anschaffungkosten der Wohnung oder zu den Anschaffungskosten des Grund und Bodens gehören und die im Fall der Vermietung oder Verpachtung der Wohnung als Werbungskosten abgezogen werden könnten, können wie Sonderausgaben abgezogen werden. ²Wird eine Wohnung bis zum Beginn der erstmaligen Nutzung zu eigenen Wohnzwecken vermietet oder zu eigenen beruflichen oder eigenen betrieblichen Zwecken genutzt und sind die Aufwendungen Werbungskosten oder Betriebsausgaben, können sie nicht wie Sonderausgaben abgezogen werden. ³Aufwendungen nach Satz 1, die Erhaltungsaufwand sind und im Zusammenhang mit der Anschaffung des Gebäudes oder der Eigentumswohnung stehen, können insgesamt nur bis zu 15 Prozent der Anschaffungskosten des Gebäudes oder der Eigentumswohnung, höchstens bis zu 15 Prozent von 76 694 Euro, abgezogen werden. ⁴Die Sätze 1 und 2 gelten entsprechend bei Ausbauten und Erweiterungen an einer zu Wohnzwecken genutzten Wohnung.

(6a) ¹Nimmt der Steuerpflichtige Abzugsbeträge für ein Objekt nach den Absätzen 1 oder 2 in Anspruch oder ist er aufgrund des Absatzes 5a zur Inanspruchnahme von Abzugsbeträgen für ein solches Objekt nicht berechtigt, so kann er die mit diesem Objekt in wirtschaftlichem Zusammenhang stehenden Schuldzinsen, die für die Zeit der Nutzung zu eigenen Wohnzwecken entstehen, im Jahr der Herstellung oder Anschaffung und in den beiden folgenden Kalenderjahren bis zur Höhe von jeweils 12 000 Deutsche Mark wie Sonderausgaben abziehen, wenn er das Objekt vor dem 1. Januar 1995 fertiggestellt oder vor diesem Zeitpunkt bis zum Ende des Jahres der Fertigstellung angeschafft hat. ²Soweit der Schuldzinsenabzug nach Satz 1 nicht in vollem Umfang im Jahr der Herstellung oder Anschaffung in Anspruch genommen werden kann, kann er in dem dritten auf das Jahr der Herstellung oder Anschaffung folgenden Kalenderjahr nachgeholt werden. ³Absatz 1 Satz 6 gilt sinngemäß.

(7) ¹Sind mehrere Steuerpflichtige Eigentümer einer zu eigenen Wohnzwecken genutzten Wohnung, so können die Abzugsbeträge nach den Absätzen 1 und 2 und die Aufwendungen nach den Absätzen 6 und 6a gesondert und einheitlich festgestellt werden. ²Die für die gesonderte Feststellung von Einkünften nach § 180 Abs. 1 Nr. 2 Buchstabe a der Abgabenordnung geltenden Vorschriften sind entsprechend anzuwenden.

§ 10f
Steuerbegünstigung für zu eigenen Wohnzwecken genutzte Baudenkmale und Gebäude in Sanierungsgebieten und städtebaulichen Entwicklungsbereichen

(1) ¹Der Steuerpflichtige kann Aufwendungen an einem eigenen Gebäude im Kalenderjahr des Abschlusses der Baumaßnahme und in den neun folgenden Kalenderjahren jeweils bis zu 9 Prozent wie Sonderausgaben abziehen, wenn die Voraussetzungen des § 7h oder des § 7i vorliegen. ²Dies gilt nur, soweit er das Gebäude in dem jeweiligen Kalenderjahr zu eigenen Wohnzwecken nutzt und die Aufwendungen nicht in die Bemessungsgrundlage nach § 10e oder dem Eigenheimzulagengesetz einbezogen hat. ³Für Zeiträume, für die der Steuerpflichtige erhöhte Absetzungen von Aufwendungen nach § 7h oder § 7i abgezogen hat, kann er für diese Aufwendungen keine Abzugsbeträge nach Satz 1 in Anspruch nehmen. ⁴Eine Nutzung zu eigenen Wohnzwecken liegt auch vor, wenn Teile einer zu eigenen Wohnzwecken genutzten Wohnung unentgeltlich zu Wohnzwecken überlassen werden.

(2) ¹Der Steuerpflichtige kann Erhaltungsaufwand, der an einem eigenen Gebäude entsteht und nicht zu den Betriebsausgaben oder Werbungskosten gehört, im Kalenderjahr des Abschlusses der Maßnahme und in den neun folgenden Kalenderjahren jeweils bis zu 9 Prozent wie Sonderausgaben abziehen, wenn die Voraussetzungen des § 11a Abs. 1 in Verbindung mit § 7h Abs. 2 oder des § 11b Satz 1 oder 2 in Verbindung mit § 7i Abs. 1 Satz 2 und Abs. 2 vorliegen. ²Dies gilt nur, soweit der Steuerpflichtige das Gebäude in dem jeweiligen Kalenderjahr zu eigenen Wohnzwecken nutzt und diese Aufwendungen nicht nach § 10e Abs. 6 oder § 10i abgezogen hat. ³Soweit der Steuerpflichtige das Gebäude während des Verteilungszeitraums zur Einkunftserzielung nutzt, ist der noch nicht berücksichtigte Teil des Erhaltungsaufwands im Jahr des Übergangs zur Einkunftserzielung wie Sonderausgaben abzuziehen. ⁴Absatz 1 Satz 4 ist entsprechend anzuwenden.

(3) ¹Die Abzugsbeträge nach den Absätzen 1 und 2 kann der Steuerpflichtige nur bei einem Gebäude in Anspruch nehmen. ²Ehegatten, bei denen die Voraussetzungen des § 26 Abs. 1 vorliegen, können die Abzugsbeträge nach Absatz 1 und 2 bei insgesamt zwei Gebäuden abziehen. ³Gebäuden im Sinne der Absätze 1 und 2 stehen Gebäude gleich, für die Abzugsbeträge nach § 52 Abs. 21 Satz 6 in Verbindung mit § 51 Abs. 1 Nr. 2 Buchstabe x oder Buchstabe y des Einkommensteuergesetzes 1987 in der Fassung der Bekanntmachung vom 27. Februar 1987 (BGBl. I S. 657) in Anspruch genommen worden sind; Entsprechendes gilt für Abzugsbeträge nach § 52 Abs. 21 Satz 7.

(4) ¹Sind mehrere Steuerpflichtige Eigentümer eines Gebäudes, so ist Absatz 3 mit der Maßgabe anzuwenden, dass der Anteil des Steuerpflichtigen an einem solchen Gebäude dem Gebäude gleichsteht. ²Erwirbt ein Miteigentümer, der für seinen Anteil bereits Abzugsbeträge nach Absatz 1 oder Absatz 2 abgezogen hat, einen Anteil an demselben Gebäude hinzu, kann er für danach von ihm durchgeführte Maßnahmen im Sinne der Absätze 1 oder 2 auch die Abzugsbeträge nach den Absätzen 1 oder 2 in Anspruch nehmen, die auf den hinzuerworbenen Anteil entfallen. ³§ 10e Abs. 5 Satz 2 und 3 sowie Abs. 7 ist sinngemäß anzuwenden.

(5) Die Absätze 1 bis 4 sind auf Gebäudeteile, die selbständige unbewegliche Wirtschaftsgüter sind, und auf Eigentumswohnungen entsprechend anzuwenden.

§ 10g
Steuerbegünstigung für schutzwürdige Kulturgüter, die weder zur Einkunftserzielung noch zu eigenen Wohnzwecken genutzt werden

(1) ¹Der Steuerpflichtige kann Aufwendungen für Herstellungs- und Erhaltungsmaßnahmen an eigenen schutzwürdigen Kulturgütern im Inland, soweit sie öffentliche oder private Zuwendungen oder etwaige aus diesen Kulturgütern erzielte Einnahmen übersteigen, im Kalenderjahr des Abschlusses der Maßnahme und in den neun folgenden Kalenderjahren jeweils bis zu 9 Prozent wie Sonderausgaben abziehen. ²Kulturgüter im Sinne des Satzes 1 sind

1. Gebäude oder Gebäudeteile, die nach den jeweiligen landesrechtlichen Vorschriften ein Baudenkmal sind,
2. Gebäude oder Gebäudeteile, die für sich allein nicht die Voraussetzungen für ein Baudenkmal erfüllen, aber Teil einer nach den jeweiligen landesrechtlichen Vorschriften als Einheit geschützten Gebäudegruppe oder Gesamtanlage sind,
3. gärtnerische, bauliche und sonstige Anlagen, die keine Gebäude oder Gebäudeteile und nach den jeweiligen landesrechtlichen Vorschriften unter Schutz gestellt sind,
4. Mobiliar, Kunstgegenstände, Kunstsammlungen, wissenschaftliche Sammlungen, Bibliotheken oder Archive, die sich seit mindestens 20 Jahren im Besitz der Familie des Steuerpflichtigen befinden oder in das Verzeichnis national wertvollen Kulturguts oder das Verzeichnis national wertvoller Archive eingetragen sind und deren Erhaltung wegen ihrer Bedeutung für Kunst, Geschichte oder Wissenschaft im öffentlichen Interesse liegt,

wenn sie in einem den Verhältnissen entsprechenden Umfang der wissenschaftlichen Forschung oder der Öffentlichkeit zugänglich gemacht werden, es sei denn, dem Zugang stehen zwingende Gründe des Denkmal- oder Archivschutzes entgegen. ³Die Maßnahmen müssen nach Maßgabe der geltenden Bestimmungen der Denkmal- und Archivpflege erforderlich und in Abstimmung mit der in Absatz 3 genannten Stelle durchgeführt worden sein; bei Aufwendungen für Herstellungs- und Erhaltungsmaßnahmen an Kulturgütern im Sinne des Satzes 2 Nr. 1 und 2 ist § 7i Abs. 1 Satz 1 bis 4 sinngemäß anzuwenden.

(2) ¹Die Abzugsbeträge nach Absatz 1 Satz 1 kann der Steuerpflichtige nur in Anspruch nehmen, soweit er die schutzwürdigen Kulturgüter im jeweiligen Kalenderjahr weder zur Erzielung von Einkünften im Sinne des § 2 noch Gebäude oder Gebäudeteile zu eigenen Wohnzwecken nutzt und die Aufwendungen nicht nach § 10e Abs. 6, § 10h Satz 3 oder § 10i abgezogen hat. ²Für Zeiträume, für die der Steuerpflichtige von Aufwendungen Absetzungen für Abnutzung, erhöhte Absetzungen, Sonderabschreibungen oder Beträge nach § 10e Abs. 1 bis 5, den §§ 10f, 10h, 15b des Berlinförderungsgesetzes oder § 7 des Fördergebietsgesetzes abgezogen hat, kann er für diese Aufwendungen keine Abzugsbeträge nach Absatz 1 Satz 1 in Anspruch nehmen; Entsprechendes gilt, wenn der Steuerpflichtige für Aufwendungen die Eigenheimzulage nach dem Eigenheimzulagengesetz in Anspruch genommen hat. ³Soweit die Kulturgüter während des Zeitraums nach Absatz 1 Satz 1 zur Einkunftserzielung genutzt werden, ist der nicht durch eine Bescheinigung berücksichtigte Teil der Aufwendungen, die auf Erhaltungsarbeiten entfallen, im Jahr des Übergangs zur Einkunftserzielung wie Sonderausgaben abzuziehen.

(3) ¹Der Steuerpflichtige kann den Abzug vornehmen, wenn er durch eine Bescheinigung der nach Landesrecht zuständigen oder von der Landesregierung bestimmten Stelle die Voraussetzungen des Absatzes 1 für das Kulturgut und für die Erforderlichkeit der Aufwendungen nachweist. ²Hat die für Denkmal- oder Archivpflege zuständige Behörden ihm Zuschüsse gewährt, so hat die Bescheinigung auch deren Höhe zu enthalten; werden ihm solche Zuschüsse nach Ausstellung der Bescheinigung gewährt, so ist diese entsprechend zu ändern.

(4) ¹Die Absätze 1 bis 3 sind auf Gebäudeteile, die selbständige unbewegliche Wirtschaftsgüter sind, sowie auf Eigentumswohnungen und im Teileigentum stehende Räume entsprechend anzuwenden. ²§ 10e Abs. 7 gilt sinngemäß.

§ 10h
Steuerbegünstigung der unentgeltlich zu Wohnzwecken überlassenen Wohnung im eigenen Haus

¹Der Steuerpflichtige kann von den Aufwendungen, die ihm durch Baumaßnahmen zur Herstellung einer eigenen Wohnung entstanden sind, im Jahr der Fertigstellung und in den drei folgenden Jahren jeweils bis zu 6 Prozent, höchstens jeweils 10 124 Euro, und in den vier darauffolgenden Jahren jeweils bis zu 5 Prozent, höchstens jeweils 8 437 Euro wie Sonderausgaben abziehen. ²Voraussetzung ist, dass

1. der Steuerpflichtige nach dem 30. September 1991 den Bauantrag gestellt oder mit der Herstellung begonnen hat,
2. die Baumaßnahmen an einem Gebäude im Inland durchgeführt worden sind, in dem der Steuerpflichtige im jeweiligen Jahr des Zeitraums nach Satz 1 eine eigene Wohnung zu eigenen Wohnzwecken nutzt,
3. die Wohnung keine Ferienwohnung oder Wochenendwohnung ist,
4. der Steuerpflichtige die Wohnung insgesamt im jeweiligen Jahr des Zeitraums nach Satz 1 voll unentgeltlich an einen Angehörigen im Sinne des § 15 Abs. 1 Nr. 3 und 4 der Abgabenordnung auf Dauer zu Wohnzwecken überlassen hat und
5. der Steuerpflichtige die Aufwendungen nicht in die Bemessungsgrundlage nach §§ 10e, 10f Abs. 1, 10g, 52 Abs. 21 Satz 6 oder nach § 7 des Fördergebietsgesetzes einbezogen hat.

³§ 10e Abs. 1 Satz 5 und 6, Abs. 3, 5a, 6 und 7 gilt sinngemäß.

§ 10i
Vorkostenabzug bei einer nach dem Eigenheimzulagengesetz begünstigten Wohnung

(1) ¹Der Steuerpflichtige kann nachstehende Vorkosten wie Sonderausgaben abziehen:

EStG

1. eine Pauschale von 1 790 Euro im Jahr der Fertigstellung oder Anschaffung, wenn er für die Wohnung im Jahr der Herstellung oder Anschaffung oder in einem der zwei folgenden Jahre eine Eigenheimzulage nach dem Eigenheimzulagengesetz in Anspruch nimmt, und
2. Erhaltungsaufwendungen bis zu 11 504 Euro, die
   a) bis zum Beginn der erstmaligen Nutzung einer Wohnung zu eigenen Wohnzwecken entstanden sind oder
   b) bis zum Ablauf des auf das Jahr der Anschaffung folgenden Kalenderjahres entstanden sind, wenn der Steuerpflichtige eine von ihm bisher als Mieter genutzte Wohnung anschafft.

²Die Erhaltungsaufwendungen nach Satz 1 Nr. 2 müssen unmittelbar mit der Herstellung oder Anschaffung des Gebäudes oder der Eigentumswohnung zusammenhängen, dürfen nicht zu den Herstellungskosten oder Anschaffungskosten der Wohnung oder zu den Anschaffungskosten des Grund und Bodens gehören und müßten im Fall der Vermietung und Verpachtung der Wohnung als Werbungskosten abgezogen werden können. ³Wird eine Wohnung bis zum Beginn der erstmaligen Nutzung zu eigenen Wohnzwecken vermietet oder zu eigenen beruflichen oder eigenen betrieblichen Zwecken genutzt und sind die Erhaltungsaufwendungen Werbungskosten oder Betriebsausgaben, können sie nicht wie Sonderausgaben abgezogen werden. ⁴Bei einem Anteil an der zu eigenen Wohnzwecken genutzten Wohnung kann der Steuerpflichtige den entsprechenden Teil der Abzugsbeträge nach Satz 1 wie Sonderausgaben abziehen. ⁵Die vorstehenden Sätze gelten entsprechend bei Ausbauten und Erweiterungen an einer zu eigenen Wohnzwecken genutzten Wohnung.

(2) ¹Sind mehrere Steuerpflichtige Eigentümer einer zu eigenen Wohnzwecken genutzten Wohnung, können die Aufwendungen nach Absatz 1 gesondert und einheitlich festgestellt werden. ²Die für die gesonderte Feststellung von Einkünften nach § 180 Abs. 1 Nr. 2 Buchstabe a der Abgabenordnung geltenden Vorschriften sind entsprechend anzuwenden.

6. Vereinnahmung und Verausgabung

§ 11

(1) ¹Einnahmen sind innerhalb des Kalenderjahrs bezogen, in dem sie dem Steuerpflichtigen zugeflossen sind. ²Regelmäßig wiederkehrende Einnahmen, die dem Steuerpflichtigen kurze Zeit vor Beginn oder kurze Zeit nach Beendigung des Kalenderjahrs, zu dem sie wirtschaftlich gehören, zugeflossen sind, gelten als in diesem Kalenderjahr bezogen. ³Der Steuerpflichtige kann Einnahmen, die auf einer Nutzungsüberlassung im Sinne des Absatzes 2 Satz 3 beruhen, insgesamt auf den Zeitraum gleichmäßig verteilen, für den die Vorauszahlung geleistet wird. ⁴Für Einnahmen aus nichtselbständiger Arbeit gilt § 38a Abs. 1 Satz 2 und 3 und § 40 Abs. 3 Satz 2. ⁵Die Vorschriften über die Gewinnermittlung (§ 4 Abs. 1, § 5) bleiben unberührt.

(2) ¹Ausgaben sind für das Kalenderjahr abzusetzen, in dem sie geleistet worden sind. ²Für regelmäßig wiederkehrende Ausgaben gilt Absatz 1 Satz 2 entsprechend. ³Werden Ausgaben für eine Nutzungsüberlassung von mehr als fünf Jahren im Voraus geleistet, sind sie insgesamt auf den Zeitraum gleichmäßig zu verteilen, für den die Vorauszahlung geleistet wird. ⁴Satz 3 ist auf ein Damnum oder Disagio nicht anzuwenden, soweit dieses marktüblich ist. ⁵§ 42 der Abgabenordnung bleibt unberührt. ⁶Die Vorschriften über die Gewinnermittlung (§ 4 Abs. 1, § 5) bleiben unberührt.

§ 11a
Sonderbehandlung von Erhaltungsaufwand bei Gebäuden in Sanierungsgebieten und städtebaulichen Entwicklungsbereichen

(1) ¹Der Steuerpflichtige kann durch Zuschüsse aus Sanierungs- oder Entwicklungsförderungsmitteln nicht gedeckten Erhaltungsaufwand für Maßnahmen im Sinne des § 177 des Baugesetzbuchs[1)] an einem im Inland belegenen Gebäude in einem förmlich festgelegten Sanierungsgebiet oder städtebaulichen Entwicklungsbereich auf zwei bis fünf Jahre gleichmäßig verteilen. ²Satz 1 ist entsprechend anzuwenden auf durch Zuschüsse aus Sanierungs- oder Entwicklungsförderungsmitteln nicht gedeckten Erhaltungsaufwand für Maßnahmen, die der Erhaltung, Erneuerung und funktionsgerechten Verwendung eines Gebäudes im Sinne des Satzes 1 dienen, das wegen seiner geschichtlichen, künstlerischen oder städtebaulichen Bedeutung erhalten bleiben soll, und zu deren Durchführung sich der Eigentümer neben bestimmten Modernisierungsmaßnahmen gegenüber der Gemeinde verpflichtet hat.

(2) ¹Wird das Gebäude während des Verteilungszeitraums veräußert, ist der noch nicht berücksichtigte Teil des Erhaltungsaufwands im Jahr der Veräußerung als Betriebsausgaben oder Werbungskosten abzusetzen. ²Das Gleiche gilt, wenn ein nicht zu einem Betriebsvermögen gehörendes Gebäude in ein Betriebsvermögen eingebracht oder wenn ein Gebäude aus dem Betriebsvermögen entnommen oder wenn ein Gebäude nicht mehr zur Einkunftserzielung genutzt wird.

(3) Steht das Gebäude im Eigentum mehrerer Personen, ist der in Absatz 1 bezeichnete Erhaltungsaufwand von allen Eigentümern auf den gleichen Zeitraum zu verteilen.

(4) § 7h Abs. 2 und 3 ist entsprechend anzuwenden.

§ 11b
Sonderbehandlung von Erhaltungsaufwand bei Baudenkmalen

¹Der Steuerpflichtige kann durch Zuschüsse aus öffentlichen Kassen nicht gedeckten Erhaltungsaufwand für ein im Inland belegenes Gebäude oder Gebäudeteil, das nach den jeweiligen landesrechtlichen Vorschriften ein Baudenkmal ist, auf zwei bis fünf Jahre gleichmäßig verteilen, soweit die Aufwendungen nach Art und Umfang zur Erhaltung des Gebäudes oder Gebäudeteils als Baudenkmal oder

---

1) Siehe Anhang 19.

EStG

zu seiner sinnvollen Nutzung erforderlich und die Maßnahmen in Abstimmung mit der in § 7i Abs. 2 bezeichneten Stelle vorgenommen worden sind. ²Durch Zuschüsse aus öffentlichen Kassen nicht gedeckten Erhaltungsaufwand für ein im Inland belegenes Gebäude oder Gebäudeteil, das für sich allein nicht die Voraussetzungen für ein Baudenkmal erfüllt, aber Teil einer Gebäudegruppe oder Gesamtanlage ist, die nach den jeweiligen landesrechtlichen Vorschriften als Einheit geschützt ist, kann der Steuerpflichtige auf zwei bis fünf Jahre gleichmäßig verteilen, soweit die Aufwendungen nach Art und Umfang zur Erhaltung des schützenswerten äußeren Erscheinungsbildes der Gebäudegruppe oder Gesamtanlage erforderlich und die Maßnahmen in Abstimmung mit der in § 7i Abs. 2 bezeichneten Stelle vorgenommen worden sind. ³§ 7h Abs. 3 und § 7i Abs. 1 Satz 2 und Abs. 2 sowie § 11a Abs. 2 und 3 sind entsprechend anzuwenden.

7. Nicht abzugsfähige Ausgaben

§ 12

Soweit in § 10 Absatz 1 Nummer 2 bis 5, 7 und 9 sowie Absatz 1a Nr. 1, den §§ 10a, 10b und den §§ 33 bis 33b nichts anderes bestimmt ist, dürfen weder bei den einzelnen Einkunftsarten noch vom Gesamtbetrag der Einkünfte abgezogen werden

1. die für den Haushalt des Steuerpflichtigen und für den Unterhalt seiner Familienangehörigen aufgewendeten Beträge. ²Dazu gehören auch die Aufwendungen für die Lebensführung, die die wirtschaftliche oder gesellschaftliche Stellung des Steuerpflichtigen mit sich bringt, auch wenn sie zur Förderung des Berufs oder der Tätigkeit des Steuerpflichtigen erfolgen;
2. freiwillige Zuwendungen, Zuwendungen auf Grund einer freiwillig begründeten Rechtspflicht und Zuwendungen an eine gegenüber dem Steuerpflichtigen oder seinem Ehegatten gesetzlich unterhaltsberechtigte Person oder deren Ehegatten, auch wenn diese Zuwendungen auf einer besonderen Vereinbarung beruhen;
3. die Steuern vom Einkommen und sonstige Personensteuern sowie die Umsatzsteuer für Umsätze, die Entnahmen sind, und die Vorsteuerbeträge auf Aufwendungen, für die das Abzugsverbot der Nummer 1 oder des § 4 Abs. 5 Satz 1 Nr. 1 bis 5, 7 oder Abs. 7 gilt; das gilt auch für die auf diese Steuern entfallenden Nebenleistungen;
4. in einem Strafverfahren festgesetzte Geldstrafen, sonstige Rechtsfolgen vermögensrechtlicher Art, bei denen der Strafcharakter überwiegt, und Leistungen zur Erfüllung von Auflagen oder Weisungen, soweit die Auflagen oder Weisungen nicht lediglich der Wiedergutmachung des durch die Tat verursachten Schadens dienen.

8. Die einzelnen Einkunftsarten
a) Land- und Forstwirtschaft
(§ 2 Abs. 1 Satz 1 Nr. 1)

§ 13
Einkünfte aus Land- und Forstwirtschaft

(1) Einkünfte aus Land- und Forstwirtschaft sind

1. ¹Einkünfte aus dem Betrieb von Landwirtschaft, Forstwirtschaft, Weinbau, Gartenbau und aus allen Betrieben, die Pflanzen und Pflanzenteile mit Hilfe der Naturkräfte gewinnen. ²Zu diesen Einkünften gehören auch die Einkünfte aus der Tierzucht und Tierhaltung, wenn im Wirtschaftsjahr

für die ersten 20 Hektar
nicht mehr als 10 Vieheinheiten,
für die nächsten 10 Hektar
nicht mehr als 7 Vieheinheiten,
für die nächsten 20 Hektar
nicht mehr als 6 Vieheinheiten
für die nächsten 50 Hektar
nicht mehr als 3 Vieheinheiten
und für die weitere Fläche
nicht mehr als 1,5 Vieheinheiten

je Hektar der vom Inhaber des Betriebs regelmäßig landwirtschaftlich genutzten Fläche erzeugt oder gehalten werden. ³Die Tierbestände sind nach dem Futterbedarf in Vieheinheiten umzurechnen. ⁴§ 51 Abs. 2 bis 5 des Bewertungsgesetzes ist anzuwenden. ⁵Die Einkünfte aus Tierzucht und Tierhaltung einer Gesellschaft, bei der die Gesellschafter als Unternehmer (Mitunternehmer) anzusehen sind, gehören zu den Einkünften im Sinne des Satzes 1, wenn die Voraussetzungen des § 51a des Bewertungsgesetzes erfüllt sind und andere Einkünfte der Gesellschafter aus dieser Gesellschaft zu den Einkünften aus Land- und Forstwirtschaft gehören;
2. Einkünfte aus sonstiger land- und forstwirtschaftlicher Nutzung (§ 62 des Bewertungsgesetzes);
3. Einkünfte aus Jagd, wenn diese mit dem Betrieb einer Landwirtschaft oder einer Forstwirtschaft im Zusammenhang steht;
4. Einkünfte von Hauberg-, Wald-, Forst- und Laubgenossenschaften und ähnlichen Realgemeinden im Sinne des § 3 Abs. 2 des Körperschaftsteuergesetzes.

(2) Zu den Einkünften im Sinne des Absatzes 1 gehören auch

1. ¹Einkünfte aus einem land- und forstwirtschaftlichen Nebenbetrieb. ²Als Nebenbetrieb gilt ein Betrieb, der dem land- und forstwirtschaftlichen Hauptbetrieb zu dienen bestimmt ist;
2. der Nutzungswert der Wohnung des Steuerpflichtigen, soweit die Wohnung die bei Betrieben gleicher Art übliche Größe nicht überschreitet und das Gebäude oder der Gebäudeteil nach den jeweiligen landesrechtlichen Vorschriften ein Baudenkmal ist.
3. die Produktionsaufgaberente nach dem Gesetz zur Förderung der Einstellung der landwirtschaftlichen Erwerbstätigkeit.

(3) ¹Die Einkünfte aus Land- und Forstwirtschaft werden bei der Ermittlung des Gesamtbetrags der Einkünfte nur berücksichtigt, soweit sie den Betrag von 900 Euro übersteigen. ²Satz 1 ist nur anzuwenden, wenn die Summe der Einkünfte 30 700 Euro nicht übersteigt. ³Im Falle der Zusammenveranlagung von Ehegatten verdoppeln sich die Beträge der Sätze 1 und 2.

(4) [1]Absatz 2 Nr. 2 findet nur Anwendung, sofern im Veranlagungszeitraum 1986 bei einem Steuerpflichtigen für die von ihm zu eigenen Wohnzwecken oder zu Wohnzwecken des Altenteilers genutzte Wohnung die Voraussetzungen für die Anwendung des § 13 Abs. 2 Nr. 2 des Einkommensteuergesetzes in der Fassung der Bekanntmachung vom 16. April 1997 (BGBl. I S. 821) vorlagen. [2]Der Steuerpflichtige kann für einen Veranlagungszeitraum nach dem Veranlagungszeitraum 1998 unwiderruflich beantragen, dass Absatz 2 Nr. 2 ab diesem Veranlagungszeitraum nicht mehr angewendet wird. [3]§ 52 Abs. 21 Satz 4 und 6 des Einkommensteuergesetzes in der Fassung der Bekanntmachung vom 16. April 1997 (BGBl. I S. 821) ist entsprechend anzuwenden. [4]Im Fall des Satzes 2 gelten die Wohnung des Steuerpflichtigen und die Altenteilerwohnung sowie der dazugehörende Grund und Boden zu dem Zeitpunkt als entnommen, bis zu dem Absatz 2 Nr. 2 letztmals angewendet wird. [5]Der Entnahmegewinn bleibt außer Ansatz. [6]Werden

1. die Wohnung und der dazugehörende Grund und Boden entnommen oder veräußert, bevor sie nach Satz 4 als entnommen gelten, oder
2. eine vor dem 1. Januar 1987 einem Dritten entgeltlich zur Nutzung überlassene Wohnung und der dazugehörende Grund und Boden für eigene Wohnzwecke oder für Wohnzwecke eines Altenteilers entnommen,

bleibt der Entnahme- oder Veräußerungsgewinn ebenfalls außer Ansatz; Nummer 2 ist nur anzuwenden, soweit nicht Wohnungen vorhanden sind, die Wohnzwecken des Eigentümers des Betriebs oder Wohnzwecken eines Altenteilers dienen und die unter Satz 4 oder unter Nummer 1 fallen.

(5) Wird Grund und Boden dadurch entnommen, dass auf diesem Grund und Boden die Wohnung des Steuerpflichtigen oder eine Altenteilerwohnung errichtet wird, bleibt der Entnahmegewinn außer Ansatz; der Steuerpflichtige kann die Regelung nur für eine zu eigenen Wohnzwecken genutzte Wohnung und für eine Altenteilerwohnung in Anspruch nehmen.

(6) [1]Werden einzelne Wirtschaftsgüter eines land- und forstwirtschaftlichen Betriebs auf einen der gemeinschaftlichen Tierhaltung dienenden Betrieb im Sinne des § 34 Abs. 6a des Bewertungsgesetzes einer Erwerbs- und Wirtschaftsgenossenschaft oder eines Vereins gegen Gewährung von Mitgliedsrechten übertragen, so ist die auf den dabei entstehenden Gewinn entfallende Einkommensteuer auf Antrag in jährlichen Teilbeträgen zu entrichten. [2]Der einzelne Teilbetrag muss mindestens ein Fünftel dieser Steuer betragen.

(7) § 15 Abs. 1 Satz 1 Nr. 2, Abs. 1a, Abs. 2 Satz 2 und 3, §§ 15a und 15b sind entsprechend anzuwenden.

§ 13a
Ermittlung des Gewinns aus Land- und Forstwirtschaft nach Durchschnittssätzen[1)]

(1) [1]Der Gewinn eines Betriebs der Land- und Forstwirtschaft ist nach den Absätzen 3 bis 7 zu ermitteln, wenn

1. der Steuerpflichtige nicht auf Grund gesetzlicher Vorschriften verpflichtet ist, für den Betrieb Bücher zu führen und regelmäßig Abschlüsse zu machen und
2. in diesem Betrieb am 15. Mai innerhalb des Wirtschaftsjahres Flächen der landwirtschaftlichen Nutzung (§ 160 Absatz 2 Satz 1 Nummer 1 Buchstabe a des Bewettungsgesetzes) selbst bewirtschaftet werden und diese Flächen 20 Hektar ohne Sondernutzungen nicht überschreiten und
3. die Tierbestände insgesamt 50 Vieheinheiten (§ 13 Absatz 1 Nummer 1) nicht übersteigen und
4. die selbst bewirtschafteten Flächen der forstwirtschaftlichen Nutzung (§ 160 Absatz 2 Satz 1 Nummer 1 Buchstabe b des Bewertungsgesetzes) 50 Hektar nicht überschreiten und
5. die selbst bewirtschafteten Flächen der Sondernutzungen (Absatz 6) die in Anlage 1a Nummer 2 Spalte 2 genannten Grenzen nicht überschreiten.

[2]Satz 1 ist auch anzuwenden, wenn nur Sondernutzungen bewirtschaftet werden und die in Anlage 1a Nummer 2 Spalte 2 genannten Grenzen nicht überschritten werden. [3]Die Sätze 1 und 2 gelten nicht, wenn der Betrieb im laufenden Wirtschaftsjahr im Ganzen zur Bewirtschaftung als Eigentümer, Miteigentümer, Nutzungsberechtigter oder durch Umwandlung übergegangen ist und der Gewinn bisher nach § 4 Absatz 1 oder 3 ermittelt wurde. [4]Der Gewinn ist letztmalig für das Wirtschaftsjahr nach Durchschnittssätzen zu ermitteln, das nach Bekanntgabe der Mitteilung endet, durch die die Finanzbehörde auf den Beginn der Buchführungspflicht (§ 141 Absatz 2 der Abgabenordnung) oder auf den Wegfall einer anderen Voraussetzung des Satzes 1 hingewiesen hat. [5]Der Gewinn ist erneut nach Durchschnittssätzen zu ermitteln, wenn die Voraussetzungen des Satzes 1 wieder vorliegen und ein Antrag nach Absatz 2 nicht gestellt wird.

(2) [1]Auf Antrag des Steuerpflichtigen ist für einen Betrieb im Sinne des Absatzes 1 der Gewinn für vier aufeinander folgende Wirtschaftsjahre nicht nach den Absätzen 3 bis 7 zu ermitteln. [2]Wird der Gewinn eines dieser Wirtschaftsjahre durch den Steuerpflichtigen nicht nach § 4 Absatz 1 oder 3 ermittelt, ist der Gewinn für den gesamten Zeitraum von vier Wirtschaftsjahren nach den Absätzen 3 bis 7 zu ermitteln. [3]Der Antrag ist bis zur Abgabe der Steuererklärung, jedoch spätestens zwölf Monate nach Ablauf des ersten Wirtschaftsjahres, auf das er sich bezieht, schriftlich zu stellen. [4]Er kann innerhalb dieser Frist zurückgenommen werden.

(3) [1]Durchschnittssatzgewinn ist die Summe aus

1. dem Gewinn der landwirtschaftlichen Nutzung,
2. dem Gewinn der forstwirtschaftlichen Nutzung,
3. dem Gewinn der Sondernutzungen,
4. den Sondergewinnen,
5. den Einnahmen aus Vermietung und Verpachtung von Wirtschaftsgütern des land- und forstwirtschaftlichen Betriebsvermögens,

---

1) Zur zeitlichen Anwendung vgl. § 52 Absatz 22a.

6. den Einnahmen aus Kapitalvermögen, soweit sie zu den Einkünften aus Land- und Forstwirtschaft gehören (§ 20 Absatz 8).

²Die Vorschriften von § 4 Absatz 4a, § 6 Absatz 2 und 2a sowie zum Investitionsabzugsbetrag und zu Sonderabschreibungen finden keine Anwendung. ³Bei abnutzbaren Wirtschaftsgütern des Anlagevermögens gilt die Absetzung für Abnutzung in gleichen Jahresbeträgen nach § 7 Absatz 1 Satz 1 bis 5 als in Anspruch genommen. ⁴Die Gewinnermittlung ist nach amtlich vorgeschriebenem Datensatz durch Datenfernübertragung spätestens mit der Steuererklärung zu übermitteln. ⁵Auf Antrag kann die Finanzbehörde zur Vermeidung unbilliger Härten auf eine elektronische Übermittlung verzichten; in diesem Fall ist der Steuererklärung eine Gewinnermittlung nach amtlich vorgeschriebenem Vordruck beizufügen. ⁶§ 150 Absatz 7 und 8 der Abgabenordnung gilt entsprechend.

(4) ¹Der Gewinn aus der landwirtschaftlichen Nutzung ist die nach den Grundsätzen des § 4 Absatz 1 ermittelte Summe aus dem Grundbetrag für die selbst bewirtschafteten Flächen und den Zuschlägen für Tierzucht und Tierhaltung. ²Als Grundbetrag je Hektar der landwirtschaftlichen Nutzung (§ 160 Absatz 2 Satz 1 Nummer 1 Buchstabe a des Bewertungsgesetzes) ist der sich aus Anlage 1a ergebende Betrag vervielfältigt mit der selbst bewirtschafteten Fläche anzusetzen. ³Als Zuschlag für Tierzucht und Tierhaltung ist im Wirtschaftsjahr je Vieheinheit der sich aus Anlage 1a jeweils ergebende Betrag vervielfältigt mit den Vieheinheiten anzusetzen.

(5) Der Gewinn aus der forstwirtschaftlichen Nutzung (§ 160 Absatz 2 Satz 1 Nummer 1 Buchstabe b des Bewertungsgesetzes) ist nach § 51 der Einkommensteuer-Durchführungsverordnung zu ermitteln.

(6) ¹Als Sondernutzungen gelten die in § 160 Absatz 2 Satz 1 Nummer 1 Buchstabe c bis e des Bewertungsgesetzes in Verbindung mit Anlage 1a Nummer 2 genannten Nutzungen. ²Bei Sondernutzungen, die die in Anlage 1a Nummer 2 Spalte 3 genannten Grenzen überschreiten, ist ein Gewinn von 1 000 Euro je Sondernutzung anzusetzen. ³Für die in Anlage 1a Nummer 2 nicht genannten Sondernutzungen ist der Gewinn nach § 4 Absatz 3 zu ermitteln.

(7) ¹Nach § 4 Absatz 3 zu en11ittelnde Sondergewinne sind

1. Gewinne
   a) aus der Veräußerung oder Entnahme von Grund und Boden und dem dazugehörigen Aufwuchs, den Gebäuden, den immateriellen Wirtschaftsgütern und den Beteiligungen; § 55 ist anzuwenden;
   b) aus der Veräußerung oder Entnahme der übrigen Wirtschaftsgüter des Anlagevermögens und von Tieren, wenn der Veräußerungspreis oder der an dessen Stelle tretende Wert für das jeweilige Wirtschaftsgut mehr als 15 000 Euro betragen hat;
   c) aus Entschädigungen, die gewährt worden sind für den Verlust, den Untergang oder die Wertminderung der in den Buchstaben a und b genannten Wirtschaftsgüter;
   d) aus der Auflösung von Rücklagen;
2. Betriebseinnahmen oder Betriebsausgaben nach § 9b Absatz 2;
3. Einnahmen aus dem Grunde nach gewerblichen Tätigkeiten, die dem Bereich der Land- und Forstwirtschaft zugerechnet werden, abzüglich der pauschalen Betriebsausgaben nach Anlage 1a Nummer 3;
4. Rückvergütungen nach § 22 des Körperschaftsteuergesetzes aus Hilfs- und Nebengeschäften.

²Die Anschaffungs- oder Herstellungskosten bei Wirtschaftsgütern des abnutzbaren Anlagevermögens mindern sich für die Dauer der Durchschnittssatzgewinnermittlung mit dem Ansatz der Gewinne nach den Absätzen 4 bis 6 um die Absetzung für Abnutzung in gleichen Jahresbeträgen. ³Die Wirtschaftsgüter im Sinne des Satzes 1 Nummer 1 Buchstabe a sind unter Angabe des Tages der Anschaffung oder Herstellung und der Anschaffungs- oder Herstellungskosten oder des an deren Stelle getretenen Werts in besondere, laufend zu führende Verzeichnisse aufzunehmen. Absatz 3 Satz 4 bis 6 gilt entsprechend.

(8) Das Bundesministerium der Finanzen wird ermächtigt, durch Rechtsverordnung mit Zustimmung des Bundesrates die Anlage 1a dadurch zu ändern, dass es die darin aufgeführten Werte turnusmäßig an die Ergebnisse der Erhebungen nach § 2 des Landwitlschaftsgesetzes und im Übrigen an Erhebungen der Finanzverwaltung anpassen kann.

Anlage 1a
(zu § 13a)

Ermittlung des Gewinns aus Land- und Forstwirtschaft nach Durchschnittssätzen

Für ein Wirtschaftsjahr betragen

1. der Grundbetrag und die Zuschläge für Tierzucht und Tierhaltung der landwirtschaftlichen Nutzung (§ 13a Absatz 4):

Gewinn pro Hektar selbst bewirtschafteter Fläche	350 EUR
bei Tierbeständen für die ersten 25 Vieheinheiten	0 EUR/ Vieheinheit
bei Tierbeständen für alle weiteren Vieheinheiten	300 EUR/ Vieheinheit

Angefangene Hektar und Vieheinheiten sind anteilig zu berücksichtigen.

2. die Grenzen und Gewinne der Sondernutzungen (§ 13a Absatz 6):

Nutzung	Grenze	Grenze
1	2	3
Weinbauliche Nutzung	0,66 ha	0,16 ha
Nutzungsteil Obstbau	1,37 ha	0,34 ha
Nutzungsteil Gemüsebau Freilandgemüse Unterglas Gemüse	0,67 ha 0,06 ha	0,17 ha 0,015 ha
Nutzungsteil Blumen/Zierpflanzenbau Freiland Zierpflanzen Unterglas Zierpflanzen	0,23 ha 0,04 ha	0,05 ha 0,01 ha
Nutzungsteil Baumschulen	0,15 ha	0,04 ha
Sondernutzung Spargel	0,42 ha	0,1 ha
Sondernutzung Hopfen	0,78 ha	0,19 ha
Binnenfischerei	2 000 kg Jahresfang	500 kg Jahresfang
Teichwirtschaft	1,6 ha	0,4 ha
Fischzucht	0,2 ha	0,05 ha
Imkerei	70 Völker	30 Völker
Wanderschäfereien	120 Mutterschafe	30 Mutterschafe
Weihnachtsbaumkulturen	0,4 ha	0,1 ha

2. in den Fällen des § 13a Absatz 7 Satz 1 Nummer 3 die Betriebsausgaben 60 Prozent der Betriebseinnahmen.

§ 14
Veräußerung des Betriebs

[1]Zu den Einkünften aus Land- und Forstwirtschaft gehören auch Gewinne, die bei der Veräußerung eines land- oder forstwirtschaftlichen Betriebs oder Teilbetriebs oder eines Anteils an einem land- und forstwirtschaftlichen Betriebsvermögen erzielt werden. [2]§ 16 gilt entsprechend mit der Maßgabe, dass der Freibetrag nach § 16 Abs. 4 nicht zu gewähren ist, wenn der Freibetrag nach § 14a Abs. 1 gewährt wird.

§ 14a
Vergünstigungen bei der Veräußerung bestimmter land- und forstwirtschaftlicher Betriebe

(1) [1]Veräußert ein Steuerpflichtiger nach dem 30. Juni 1970 und vor dem 1. Januar 2001 seinen land- und forstwirtschaftlichen Betrieb im Ganzen, so wird auf Antrag der Veräußerungsgewinn (§ 16 Abs. 2) nur insoweit zur Einkommensteuer herangezogen, als er den Betrag von 150 000 Deutsche Mark übersteigt, wenn

1. der für den Zeitpunkt der Veräußerung maßgebende Wirtschaftswert (§ 46 des Bewertungsgesetzes) des Betriebs 40 000 Deutsche Mark nicht übersteigt,

2. die Einkünfte des Steuerpflichtigen im Sinne des § 2 Abs. 1 Satz 1 Nr. 2 bis 7 in dem der Veranlagungszeitraum der Veräußerung vorangegangenen beiden Veranlagungszeiträumen jeweils den Betrag von 35 000 Deutsche Mark nicht überstiegen haben. [2]Bei Ehegatten, die nicht dauernd getrennt leben, gilt Satz 1 mit der Maßgabe, dass die Einkünfte beider Ehegatten zusammen jeweils 70 000 Deutsche Mark nicht überstiegen haben.

[2]Ist im Zeitpunkt der Veräußerung ein nach Nummer 1 maßgebender Wirtschaftswert nicht festgestellt oder sind bis zu diesem Zeitpunkt die Voraussetzungen für eine Wertfortschreibung erfüllt, so ist der Wert maßgebend, der sich für den Zeitpunkt der Veräußerung als Wirtschaftswert ergeben würde.

(2) [1]Der Anwendung des Absatzes 1 und des § 34 Abs. 1 steht nicht entgegen, wenn die zum land- und forstwirtschaftlichen Vermögen gehörenden Gebäude mit dem dazugehörigen Grund und Boden nicht mitveräußert werden. [2]In diesem Fall gelten die Gebäude mit dem dazugehörigen Grund und Boden als entnommen. [3]Der Freibetrag kommt auch dann in Betracht, wenn zum Betrieb ein forstwirtschaftlicher Teilbetrieb gehört und dieser nicht mitveräußert, sondern als eigenständiger Betrieb vom Steuerpflichtigen fortgeführt wird. [4]In diesem Falle ermäßigt sich der Freibetrag auf den Teil, der dem Verhältnis des tatsächlich entstandenen Veräußerungsgewinns zu dem bei einer Veräußerung des ganzen land- und forstwirtschaftlichen Betriebs erzielbaren Veräußerungsgewinn entspricht.

(3) [1]Als Veräußerung gilt auch die Aufgabe des Betriebs, wenn

1. die Voraussetzungen des Absatzes 1 erfüllt sind und

2. der Steuerpflichtige seinen land- und forstwirtschaftlichen Betrieb zum Zwecke der Strukturverbesserung abgegeben hat und dies durch eine Bescheinigung der nach Landesrecht zuständigen Stelle nachweist.

[2]§ 16 Abs. 3 Satz 4 und 5 gilt entsprechend.

(4) [1]Veräußert oder entnimmt ein Steuerpflichtiger nach dem 31. Dezember 1979 und vor dem 1. Januar 2006 Teile des zu einem land- und forstwirtschaftlichen Betrieb gehörenden Grund und Bodens, so wird der bei der Veräußerung oder der Entnahme entstehende Gewinn auf Antrag nur insoweit zur Einkommensteuer herangezogen, als er den Betrag von 61 800 Euro übersteigt. [2]Satz 1 ist nur anzuwenden, wenn

1. der Veräußerungspreis nach Abzug der Veräußerungskosten oder der Grund und Boden innerhalb von 12 Monaten nach der Veräußerung oder Entnahme in sachlichem Zusammenhang mit der Hoferbfolge oder Hofübernahme zur Abfindung weichender Erben verwendet wird und

2. das Einkommen des Steuerpflichtigen ohne Berücksichtigung des Gewinns aus der Veräußerung oder Entnahme und des Freibetrags in dem dem Veranlagungszeitraum der Veräußerung oder Entnahme vorangegangenen Veranlagungszeitraum den Betrag von 18 000 Euro

nicht überstiegen hat; bei Ehegatten, die nach den §§ 26, 26b zusammen veranlagt werden, erhöht sich der Betrag von 18 000 Euro auf 36 000 Euro. ³Übersteigt das Einkommen den Betrag von 18 000 Euro, so vermindert sich der Betrag von 61 800 Euro nach Satz 1 für jede angefangenen 250 Euro des übersteigenden Einkommens um 10 300 Euro; bei Ehegatten, die nach den §§ 26, 26b zusammen veranlagt werden und deren Einkommen den Betrag von 36 000 Euro übersteigt, vermindert sich der Betrag von 61 800 Euro nach Satz 1 für jede angefangenen 500 Euro des übersteigenden Einkommens um 10 300 Euro. ⁴Werden mehrere weichende Erben abgefunden, so kann der Freibetrag mehrmals, jedoch insgesamt nur einmal je weichender Erbe geltend gemacht werden, auch wenn die Abfindung in mehreren Schritten oder durch mehrere Inhaber des Betriebs vorgenommen wird. ⁵Weichender Erbe ist, wer gesetzlicher Erbe eines Inhabers eines land- und forstwirtschaftlichen Betriebs ist oder bei gesetzlicher Erbfolge wäre, aber nicht zur Übernahme des Betriebs berufen ist; eine Stellung als Mitunternehmer des Betriebs bis zur Auseinandersetzung steht einer Behandlung als weichender Erbe nicht entgegen, wenn sich die Erben innerhalb von zwei Jahren nach dem Erbfall auseinandersetzen. ⁶Ist ein zur Übernahme des Betriebs berufener Miterbe noch minderjährig, beginnt die Frist von zwei Jahren mit Eintritt der Volljährigkeit.

(5) ¹Veräußert ein Steuerpflichtiger nach dem 31. Dezember 1985 und vor dem 1. Januar 2001 Teile des zu einem land- und forstwirtschaftlichen Betrieb gehörenden Grund und Bodens, so wird der bei der Veräußerung entstehende Gewinn auf Antrag nur insoweit zur Einkommensteuer herangezogen, als er den Betrag von 90 000 Deutsche Mark übersteigt, wenn

1. der Steuerpflichtige den Veräußerungspreis nach Abzug der Veräußerungskosten zur Tilgung von Schulden verwendet, die zu dem land- und forstwirtschaftlichen Betrieb gehören und vor dem 1. Juli 1985 bestanden haben, und
2. die Voraussetzungen des Absatzes 4 Satz 2 Nr. 2 erfüllt sind.

²Übersteigt das Einkommen den Betrag von 35 000 Deutsche Mark, so vermindert sich der Betrag von 90 000 Deutsche Mark nach Satz 1 für jede angefangenen 500 Deutsche Mark des übersteigenden Einkommens um 15 000 Deutsche Mark; bei Ehegatten, die nach den §§ 26, 26b zusammen veranlagt werden und bei denen das Einkommen den Betrag von 70 000 Deutsche Mark übersteigt, vermindert sich der Betrag von 90 000 Deutsche Mark nach Satz 1 für jede angefangenen 1000 Deutsche Mark des übersteigenden Einkommens um 15 000 Deutsche Mark. ³Der Freibetrag von höchstens 90 000 Deutsche Mark wird für alle Veräußerungen im Sinne des Satzes 1 insgesamt nur einmal gewährt.

(6) Verwendet der Steuerpflichtige den Veräußerungspreis oder entnimmt er den Grund und Boden nur zum Teil zu den in den Absätzen 4 und 5 angegebenen Zwecken, so ist nur der entsprechende Teil des Gewinns aus der Veräußerung oder Entnahme steuerfrei.

(7) Auf die Freibeträge nach Absatz 4 in dieser Fassung sind die Freibeträge, die nach Absatz 4 in den vor dem 1. Januar 1986 geltenden Fassungen gewährt worden sind, anzurechnen.

b) Gewerbebetrieb
(§ 2 Abs. 1 Satz 1 Nr. 2)

§ 15
Einkünfte aus Gewerbebetrieb

(1) ¹Einkünfte aus Gewerbebetrieb sind

1. Einkünfte aus gewerblichen Unternehmen. ²Dazu gehören auch Einkünfte aus gewerblicher Bodenbewirtschaftung, z. B. aus Bergbauunternehmen und aus Betrieben zur Gewinnung von Torf, Steinen und Erden, soweit sie nicht land- oder forstwirtschaftliche Nebenbetriebe sind;
2. die Gewinnanteile der Gesellschafter einer Offenen Handelsgesellschaft, einer Kommanditgesellschaft und einer anderen Gesellschaft, bei der der Gesellschafter als Unternehmer (Mitunternehmer) des Betriebs anzusehen ist, und die Vergütungen, die der Gesellschafter von der Gesellschaft für seine Tätigkeit im Dienst der Gesellschaft oder für die Hingabe von Darlehen oder für die Überlassung von Wirtschaftsgütern bezogen hat. ²Der mittelbar über eine oder mehrere Personengesellschaften beteiligte Gesellschafter steht dem unmittelbar beteiligten Gesellschafter gleich; er ist als Mitunternehmer des Betriebs der Gesellschaft anzusehen, an der er mittelbar beteiligt ist, wenn er und die Personengesellschaften, die seine Beteiligung vermitteln, jeweils als Mitunternehmer der Betriebe der Personengesellschaften anzusehen sind, an denen sie unmittelbar beteiligt sind;
3. die Gewinnanteile der persönlich haftenden Gesellschafter einer Kommanditgesellschaft auf Aktien, soweit sie nicht auf Anteile am Grundkapital entfallen, und die Vergütungen, die der persönlich haftende Gesellschafter von der Gesellschaft für seine Tätigkeit im Dienst der Gesellschaft oder für die Hingabe von Darlehen oder für die Überlassung von Wirtschaftsgütern bezogen hat.

²Satz 1 Nr. 2 und 3 gilt auch für Vergütungen, die als nachträgliche Einkünfte (§ 24 Nr. 2) bezogen werden. ³§ 13 Abs. 5 gilt entsprechend, sofern das Grundstück im Veranlagungszeitraum 1986 zu einem gewerblichen Betriebsvermögen gehört hat.

(1a) ¹In den Fällen des § 4 Abs. 1 Satz 5 ist der Gewinn aus einer späteren Veräußerung der Anteile ungeachtet der Bestimmungen eines Abkommens zur Vermeidung der Doppelbesteuerung in der gleichen Art und Weise zu besteuern, wie die Veräußerung dieser Anteile an der Europäischen Gesellschaft oder Europäischen Genossenschaft zu besteuern gewesen wäre, wenn keine Sitzverlegung stattgefunden hätte. ²Dies gilt auch, wenn später die Anteile verdeckt in eine Kapitalgesellschaft eingelegt werden, die Europäische Gesellschaft oder Europäische Genossenschaft aufgelöst wird oder wenn ihr Kapital herabgesetzt und zurückgezahlt wird oder wenn Beträge aus dem steuerlichen Einlagenkonto im Sinne des § 27 des Körperschaftsteuergesetzes ausgeschüttet oder zurückgezahlt werden.

(2) ¹Eine selbständige nachhaltige Betätigung, die mit der Absicht, Gewinn zu erzielen, unternommen wird und sich als Beteiligung am allgemeinen wirtschaftlichen Verkehr darstellt, ist Gewerbebetrieb, wenn die Betätigung weder als Ausübung von Land- und Forstwirtschaft noch als Ausübung eines freien Berufs noch als eine andere selbständige Arbeit anzusehen ist. ²Eine durch die Betätigung verursachte Minderung der Steuern vom Einkommen ist kein Gewinn im Sinne des Satzes 1. ³Ein Gewerbebetrieb liegt, wenn seine Voraussetzungen im Übrigen gegeben sind, auch dann vor, wenn die Gewinnerzielungsabsicht nur ein Nebenzweck ist.

(3) Als Gewerbebetrieb gilt in vollem Umfang die mit Einkünfteerzielungsabsicht unternommene Tätigkeit
1. einer Offenen Handelsgesellschaft, einer Kommanditgesellschaft oder einer anderen Personengesellschaft, wenn die Gesellschaft auch eine Tätigkeit im Sinne des Absatzes 1 Nr. 1 ausübt oder gewerbliche Einkünfte im Sinne des Absatzes 1 Satz 1 Nr. 2 bezieht.
2. einer Personengesellschaft, die keine Tätigkeit im Sinne des Absatzes 1 Nr. 1 ausübt und bei der ausschließlich eine oder mehrere Kapitalgesellschaften persönlich haftende Gesellschafter sind und nur diese oder Personen, die nicht Gesellschafter sind, zur Geschäftsführung befugt sind (gewerblich geprägte Personengesellschaft). ²Ist eine gewerblich geprägte Personengesellschaft als persönlich haftender Gesellschafter an einer anderen Personengesellschaft beteiligt, so steht für die Beurteilung, ob die Tätigkeit dieser Personengesellschaft als Gewerbebetrieb gilt, die gewerblich geprägte Personengesellschaft einer Kapitalgesellschaft gleich.

(4) ¹Verluste aus gewerblicher Tierzucht oder gewerblicher Tierhaltung dürfen weder mit anderen Einkünften aus Gewerbebetrieb noch mit Einkünften aus anderen Einkunftsarten ausgeglichen werden; sie dürfen auch nicht nach § 10d abgezogen werden. ²Die Verluste mindern jedoch nach Maßgabe des § 10d die Gewinne, die der Steuerpflichtige in dem unmittelbar vorangegangenen und in den folgenden Wirtschaftsjahren aus gewerblicher Tierzucht oder gewerblicher Tierhaltung erzielt hat oder erzielt; § 10d Absatz 4 gilt entsprechend. ³Die Sätze 1 und 2 gelten entsprechend für Verluste aus Termingeschäften, durch die der Steuerpflichtige einen Differenzausgleich oder den Wert einer veränderlichen Bezugsgröße bestimmten Geldbetrag oder Vorteil erlangt. ⁴Satz 3 gilt nicht für die Geschäfte, die zum gewöhnlichen Geschäftsbetrieb bei Kreditinstituten, Finanzdienstleistungsinstituten und Finanzunternehmen im Sinne des Gesetzes über das Kreditwesen gehören oder die der Absicherung von Geschäften des gewöhnlichen Geschäftsbetriebs dienen. ⁵Satz 4 gilt nicht, wenn es sich um Geschäfte handelt, die der Absicherung von Aktiengeschäften dienen, bei denen der Veräußerungsgewinn nach § 3 Nr. 40 Satz 1 Buchstabe a und b in Verbindung mit § 3c Abs. 2 teilweise steuerfrei ist, oder die nach § 8b Abs. 2 des Körperschaftsteuergesetzes bei der Ermittlung des Einkommens außer Ansatz bleiben. ⁶Verluste aus stillen Gesellschaften, Unterbeteiligungen oder sonstigen Innengesellschaften an Kapitalgesellschaften, bei denen der Gesellschafter oder Beteiligte als Mitunternehmer anzusehen ist, dürfen weder mit Einkünften aus Gewerbebetrieb noch mit anderen Einkunftsarten ausgeglichen werden; sie dürfen auch nicht nach § 10d abgezogen werden. ⁷Die Verluste mindern jedoch nach Maßgabe des § 10d die Gewinne, die der Gesellschafter oder Beteiligte in dem unmittelbar vorangegangenen Wirtschaftsjahr oder in den folgenden Wirtschaftsjahren aus derselben stillen Gesellschaft, Unterbeteiligung oder sonstigen Innengesellschaft bezieht; § 10d Absatz 4 gilt entsprechend. ⁸Satz 6 und 7 gelten nicht, soweit der Verlust auf eine natürliche Person als unmittelbar oder mittelbar beteiligter Mitunternehmer entfällt.

§ 15a
Verluste bei beschränkter Haftung

(1) ¹Der einem Kommanditisten zuzurechnende Anteil am Verlust der Kommanditgesellschaft darf weder mit anderen Einkünften aus Gewerbebetrieb noch mit Einkünften aus anderen Einkunftsarten ausgeglichen werden, soweit ein negatives Kapitalkonto des Kommanditisten entsteht oder sich erhöht; er darf insoweit auch nicht nach § 10d abgezogen werden. ²Haftet der Kommanditist am Bilanzstichtag den Gläubigern der Gesellschaft auf Grund des § 171 Abs. 1 des Handelsgesetzbuchs, so können abweichend von Satz 1 Verluste des Kommanditisten bis zur Höhe des Betrags, um den die im Handelsregister eingetragene Einlage des Kommanditisten seine geleistete Einlage übersteigt, auch ausgeglichen oder abgezogen werden, soweit durch den Verlust ein negatives Kapitalkonto entsteht oder sich erhöht. ³Satz 2 ist nur anzuwenden, wenn derjenige, dem der Anteil zuzurechnen ist, im Handelsregister eingetragen ist, das Bestehen der Haftung nachgewiesen wird und eine Vermögensminderung auf Grund der Haftung nicht durch Vertrag ausgeschlossen oder nach Art und Weise des Geschäftsbetriebs unwahrscheinlich ist.

(1a) ¹Nachträgliche Einlagen führen weder zu einer nachträglichen Ausgleichs- oder Abzugsfähigkeit eines vorhandenen verrechenbaren Verlustes noch zu einer Ausgleichs- oder Abzugsfähigkeit des dem Kommanditisten zuzurechnenden Anteils am Verlust eines zukünftigen Wirtschaftsjahres, soweit durch den Verlust ein negatives Kapitalkonto des Kommanditisten entsteht oder sich erhöht. ²Nachträgliche Einlagen im Sinne des Satzes 1 sind Einlagen, die nach Ablauf eines Wirtschaftsjahres geleistet werden, in dem ein nicht ausgleichs- oder abzugsfähiger Verlust im Sinne des Absatzes 1 entstanden oder ein Gewinn im Sinne des Absatzes 3 Satz 1 zugerechnet worden ist.

(2) ¹Soweit der Verlust nach den Absätzen 1 und 1 a nicht ausgeglichen oder abgezogen werden darf, mindert er die Gewinne, die dem Kommanditisten in späteren Wirtschaftsjahren aus seiner Beteiligung an der Kommanditgesellschaft zuzurechnen sind. ²Der verrechenbare Verlust, der nach Abzug von einem Veräußerungs- oder Aufgabegewinn verbleibt, ist im Zeitpunkt der Veräußerung oder Aufgabe des ge-

samten Mitunternehmeranteils oder der Betriebsveräußerung oder -aufgabe bis zur Höhe der nachträglichen Einlagen im Sinne des Absatzes 1a ausgleichs- oder abzugsfähig.

(3) [1]Soweit ein negatives Kapitalkonto des Kommanditisten durch Entnahmen entsteht oder sich erhöht (Einlageminderung) und soweit nicht auf Grund der Entnahmen eine nach Absatz 1 Satz 2 zu berücksichtigende Haftung besteht oder entsteht, ist dem Kommanditisten der Betrag der Einlageminderung als Gewinn zuzurechnen. [2]Der nach Satz 1 zuzurechnende Betrag darf den Betrag der Anteile am Verlust der Kommanditgesellschaft nicht übersteigen, der im Wirtschaftsjahr der Einlageminderung und in den zehn vorangegangenen Wirtschaftsjahren ausgleichs- oder abzugsfähig gewesen ist. [3]Wird der Haftungsbetrag im Sinne des Absatzes 1 Satz 2 gemindert (Haftungsminderung) und sind im Wirtschaftsjahr der Haftungsminderung und den zehn vorangegangenen Wirtschaftsjahren Verluste nach Absatz 1 Satz 2 ausgleichs- oder abzugsfähig gewesen, so ist dem Kommanditisten der Betrag der Haftungsminderung, vermindert um auf Grund der Haftung tatsächlich geleistete Beträge, als Gewinn zuzurechnen; Satz 2 gilt sinngemäß. [4]Die nach den Sätzen 1 bis 3 zuzurechnenden Beträge mindern die Gewinne, die dem Kommanditisten im Wirtschaftsjahr der Zurechnung oder in späteren Wirtschaftsjahren aus seiner Beteiligung an der Kommanditgesellschaft zuzurechnen sind.

(4) [1]Der nach Absatz 1 nicht ausgleichs- oder abzugsfähige Verlust eines Kommanditisten, vermindert um die nach Absatz 2 abzuziehenden und vermehrt um die nach Absatz 3 hinzuzurechnenden Beträge (verrechenbarer Verlust), ist jährlich gesondert festzustellen. [2]Dabei ist von dem verrechenbaren Verlust des vorangegangenen Wirtschaftsjahrs auszugehen. [3]Zuständig für den Erlass des Feststellungsbescheids ist das für die gesonderte Feststellung des Gewinns und Verlustes der Gesellschaft zuständige Finanzamt. [4]Der Feststellungsbescheid kann nur insoweit angegriffen werden, als der verrechenbare Verlust gegenüber dem verrechenbaren Verlust des vorangegangenen Wirtschaftsjahrs sich verändert hat. [5]Die gesonderte Feststellung nach Satz 1 können mit der gesonderten und einheitlichen Feststellung der einkommensteuerpflichtigen und körperschaftsteuerpflichtigen Einkünfte verbunden werden. [6]In diesen Fällen sind die gesonderten Feststellungen des verrechenbaren Verlustes einheitlich durchzuführen.

(5) Absatz 1 Satz 1, Absatz 1a, 2 und 3 Satz 1, 2 und 4 sowie Absatz 4 gelten sinngemäß für andere Unternehmer, soweit deren Haftung der eines Kommanditisten vergleichbar ist, insbesondere für

1. stille Gesellschafter einer stillen Gesellschaft im Sinne des § 230 des Handelsgesetzbuchs, bei der der stille Gesellschafter als Unternehmer (Mitunternehmer) anzusehen ist,
2. Gesellschafter einer Gesellschaft im Sinne des Bürgerlichen Gesetzbuchs, bei der der Gesellschafter als Unternehmer (Mitunternehmer) anzusehen ist, soweit die Inanspruchnahme des Gesellschafters für Schulden in Zusammenhang mit dem Betrieb durch Vertrag ausgeschlossen oder nach Art und Weise des Geschäftsbetriebs unwahrscheinlich ist,
3. Gesellschafter einer ausländischen Personengesellschaft, bei der der Gesellschafter als Unternehmer (Mitunternehmer) anzusehen ist, soweit die Haftung des Gesellschafters für Schulden in Zusammenhang mit dem Betrieb der eines Kommanditisten oder eines stillen Gesellschafters entspricht oder soweit die Inanspruchnahme des Gesellschafters für Schulden in Zusammenhang mit dem Betrieb durch Vertrag ausgeschlossen oder nach Art und Weise des Geschäftsbetriebs unwahrscheinlich ist,
4. Unternehmer, soweit Verbindlichkeiten nur in Abhängigkeit von Erlösen oder Gewinnen aus der Nutzung, Veräußerung oder sonstigen Verwertung von Wirtschaftsgütern zu tilgen sind,
5. Mitreeder einer Reederei im Sinne des § 489 des Handelsgesetzbuches, bei der der Mitreeder als Unternehmer (Mitunternehmer) anzusehen ist, wenn die persönliche Haftung des Mitreeders für die Verbindlichkeiten der Reederei ganz oder teilweise ausgeschlossen oder soweit die Inanspruchnahme des Mitreeders für Verbindlichkeiten der Reederei nach Art und Weise des Geschäftsbetriebs unwahrscheinlich ist.

§ 15b
Verluste im Zusammenhang mit Steuerstundungsmodellen

(1) [1]Verluste im Zusammenhang mit einem Steuerstundungsmodell dürfen weder mit Einkünften aus Gewerbebetrieb noch mit Einkünften aus anderen Einkunftsarten ausgeglichen werden; sie dürfen auch nicht nach § 10d abgezogen werden. [2]Die Verluste mindern jedoch die Einkünfte, die der Steuerpflichtige in den folgenden Wirtschaftsjahren aus derselben Einkunftsquelle erzielt. [3]§ 15a ist insoweit nicht anzuwenden.

(2) [1]Ein Steuerstundungsmodell im Sinne des Absatzes 1 liegt vor, wenn auf Grund einer modellhaften Gestaltung steuerliche Vorteile in Form negativer Einkünfte erzielt werden sollen. [2]Dies ist der Fall, wenn dem Steuerpflichtigen auf Grund eines vorgefertigten Konzepts die Möglichkeit geboten werden soll, zumindest in der Anfangsphase der Investition Verluste mit übrigen Einkünften zu verrechnen. [3]Dabei ist es ohne Belang, auf welchen Vorschriften die negativen Einkünfte beruhen.

(3) Absatz 1 ist nur anzuwenden, wenn innerhalb der Anfangsphase das Verhältnis der Summe der prognostizierten Verluste zur Höhe des gezeichneten und nach dem Konzept auch aufzubringenden Kapitals oder bei Einzelinvestoren des eingesetzten Eigenkapitals 10 Prozent übersteigt.

(3a) Unabhängig von den Voraussetzungen nach den Absätzen 2 und 3 liegt ein Steuerstundungsmodell im Sinne des Absatzes 1 insbesondere vor, wenn ein Verlust aus Gewerbebetrieb entsteht oder sich erhöht, indem ein Steuerpflichtiger, der nicht auf Grund gesetzlicher Vorschriften verpflichtet ist, Bücher zu führen und regelmäßig Abschlüsse zu machen, auf Grund des Erwerbs von Wirtschaftsgütern des Umlaufvermögens sofort abziehbare Betriebsausgaben tätigt, wenn deren Übereignung ohne körperliche Übergabe durch Besitzkonstitut nach § 930 des Bürgerlichen Gesetzbuchs oder durch Abtretung des Herausgabeanspruchs nach § 931 des Bürgerlichen Gesetzbuchs erfolgt.

(4) ¹Der nach Absatz 1 nicht ausgleichsfähige Verlust ist jährlich gesondert festzustellen. ²Dabei ist von dem verrechenbaren Verlust des Vorjahres auszugehen. ³Der Feststellungsbescheid kann nur insoweit angegriffen werden, als der verrechenbare Verlust gegenüber dem verrechenbaren Verlust des Vorjahres sich verändert hat. ⁴Handelt es sich bei dem Steuerstundungsmodell um eine Gesellschaft oder Gemeinschaft im Sinne des § 180 Abs. 1 Nr. 2 Buchstabe a der Abgabenordnung, ist das für die gesonderte und einheitliche Feststellung der einkommensteuerpflichtigen und körperschaftsteuerpflichtigen Einkünfte aus dem Steuerstundungsmodell zuständige Finanzamt für den Erlass des Feststellungsbescheids nach Satz 1 zuständig; anderenfalls ist das Betriebsfinanzamt (§ 18 Abs. 1 Nr. 2 der Abgabenordnung) zuständig. ⁵Handelt es sich bei dem Steuerstundungsmodell um eine Gesellschaft oder Gemeinschaft im Sinne des § 180 Abs. 1 Nr. 2 Buchstabe a der Abgabenordnung, können die gesonderten Feststellungen nach Satz 1 mit der gesonderten und einheitlichen Feststellung der einkommensteuerpflichtigen und körperschaftsteuerpflichtigen Einkünfte aus dem Steuerstundungsmodell verbunden werden; in diesen Fällen sind die gesonderten Feststellungen nach Satz 1 einheitlich durchzuführen.

§ 16
Veräußerung des Betriebs

(1) ¹Zu den Einkünften aus Gewerbebetrieb gehören auch Gewinne, die erzielt werden bei der Veräußerung

1. des ganzen Gewerbebetriebs oder eines Teilbetriebs. ²Als Teilbetrieb gilt auch die das gesamte Nennkapital umfassende Beteiligung an einer Kapitalgesellschaft; im Fall der Auflösung der Kapitalgesellschaft ist § 17 Abs. 4 Satz 3 sinngemäß anzuwenden;
2. des gesamten Anteils eines Gesellschafters, der als Unternehmer (Mitunternehmer) des Betriebs anzusehen ist (§ 15 Abs. 1 Satz 1 Nr. 2);
3. des gesamten Anteils eines persönlich haftenden Gesellschafters einer Kommanditgesellschaft auf Aktien (§ 15 Abs. 1 Satz 1 Nr. 3).

²Gewinne, die bei der Veräußerung eines Teils eines Anteils im Sinne von Satz 1 Nr. 2 oder 3 erzielt werden, sind laufende Gewinne.

(2) ¹Veräußerungsgewinn im Sinne des Absatzes 1 ist der Betrag, um den der Veräußerungspreis nach Abzug der Veräußerungskosten den Wert des Betriebsvermögens (Absatz 1 Satz 1 Nr. 1) oder den Wert des Anteils am Betriebsvermögen (Absatz 1 Satz 1 Nr. 2 und 3) übersteigt. ²Der Wert des Betriebsvermögens oder des Anteils ist für den Zeitpunkt der Veräußerung nach § 4 Abs. 1 oder nach § 5 zu ermitteln. ³Soweit auf der Seite des Veräußerers und auf der Seite des Erwerbers dieselben Personen Unternehmer oder Mitunternehmer sind, gilt der Gewinn insoweit jedoch als laufender Gewinn.

(3) ¹Als Veräußerung gilt auch die Aufgabe des Gewerbebetriebs sowie eines Anteils im Sinne des Absatzes 1 Satz 1 Nr. 2 oder 3. ²Werden im Zuge der Realteilung einer Mitunternehmerschaft Teilbetriebe, Mitunternehmeranteile oder einzelne Wirtschaftsgüter in das jeweilige Betriebsvermögen der einzelnen Mitunternehmer übertragen, so sind bei der Ermittlung des Gewinns der Mitunternehmerschaft die Wirtschaftsgüter mit den Werten anzusetzen, die sich nach den Vorschriften über die Gewinnermittlung ergeben, sofern die Besteuerung der stillen Reserven sichergestellt ist; der übernehmende Mitunternehmer ist an diese Werte gebunden; § 4 Absatz 1 Satz 4 ist entsprechend anzuwenden. ³Dagegen ist für den jeweiligen Übertragungsvorgang rückwirkend der gemeine Wert anzusetzen, soweit bei einer Realteilung, bei der einzelne Wirtschaftsgüter übertragen worden sind, zum Buchwert übertragener Grund und Boden, übertragene Gebäude oder andere übertragene wesentliche Betriebsgrundlagen innerhalb einer Sperrfrist nach der Übertragung veräußert oder entnommen werden; diese Sperrfrist endet drei Jahre nach Abgabe der Steuererklärung der Mitunternehmerschaft für den Veranlagungszeitraum der Realteilung. ⁴Satz 2 ist bei einer Realteilung, bei der einzelne Wirtschaftsgüter übertragen werden, nicht anzuwenden, soweit die Wirtschaftsgüter unmittelbar oder mittelbar auf eine Körperschaft, Personenvereinigung oder Vermögensmasse übertragen werden; in diesem Fall ist bei der Übertragung der gemeine Wert anzusetzen. ⁵Soweit einzelne dem Betrieb gewidmete Wirtschaftsgüter im Rahmen der Aufgabe des Betriebs veräußert werden und soweit auf der Seite des Veräußerers und auf der Seite des Erwerbers dieselben Personen Unternehmer oder Mitunternehmer sind, gilt der Gewinn aus der Aufgabe des Gewerbebetriebs als laufender Gewinn. ⁶Werden die einzelnen dem Betrieb gewidmeten Wirtschaftsgüter im Rahmen der Aufgabe des Betriebs veräußert, so sind die Veräußerungspreise anzusetzen. ⁷Werden die Wirtschaftsgüter nicht veräußert, so ist der gemeine Wert im Zeitpunkt der Aufgabe anzusetzen. ⁸Bei Aufgabe eines Gewerbebetriebs, an dem mehrere Personen beteiligt waren, ist für jeden einzelnen Beteiligten der gemeine Wert der Wirtschaftsgüter anzusetzen, die er bei der Auseinandersetzung erhalten hat.

(3a) Einer Aufgabe des Gewerbebetriebs steht der Ausschluss oder die Beschränkung des Besteuerungsrechts der Bundesrepublik Deutschland hinsichtlich des Gewinns aus der Veräußerung sämtlicher Wirtschaftsgüter des Betriebs oder eines Teilbetriebs gleich; § 4 Absatz 1 Satz 4 gilt entsprechend.

(3b) ¹In den Fällen der Betriebsunterbrechung und der Betriebsverpachtung im Ganzen gilt ein Gewerbebetrieb sowie ein Anteil im Sinne des Absatzes 1 Satz 1 Nummer 2 oder Nummer 3 nicht als aufgegeben, bis

1. der Steuerpflichtige die Aufgabe im Sinne des Absatzes 3 Satz 1 ausdrücklich gegenüber dem Finanzamt erklärt oder
2. dem Finanzamt Tatsachen bekannt werden, aus denen sich ergibt, dass die Voraussetzungen für eine Aufgabe im Sinne des Absatzes 3 Satz 1 erfüllt sind.

²Die Aufgabe des Gewerbebetriebs oder Anteils im Sinne des Absatzes 1 Satz 1 Nummer 2 oder Nummer 3 ist in den Fällen des Satzes 1 Nummer 1 rückwirkend für den vom Steuerpflichtigen gewählten Zeitpunkt anzuerkennen, wenn die Aufgabeerklärung spätestens drei Monate nach diesem Zeitpunkt abgegeben wird. ³Wird die Aufgabeerklärung nicht spätestens drei Monate nach dem vom Steuerpflichtigen gewählten Zeitpunkt abgegeben, gilt der Gewerbebetrieb oder Anteil im Sinne des Absatzes 1 Satz 1 Nummer 2 oder Nummer 3 erst in dem Zeitpunkt als aufgegeben, in dem die Aufgabeerklärung beim Finanzamt eingeht.

(4) ¹Hat der Steuerpflichtige das 55. Lebensjahr vollendet oder ist er im sozialversicherungsrechtlichen Sinne dauernd berufsunfähig, so wird der Veräußerungsgewinn auf Antrag zur Einkommensteuer nur herangezogen, soweit er 45 000 Euro übersteigt. ²Der Freibetrag ist dem Steuerpflichtigen nur einmal zu gewähren. ³Er ermäßigt sich um den Betrag, um den der Veräußerungsgewinn 136 000 Euro übersteigt.

(5) Werden bei einer Realteilung, bei der Teilbetriebe oder einzelne Mitunternehmer übertragen werden, Anteile an einer Körperschaft, Personenvereinigung oder Vermögensmasse unmittelbar oder mittelbar von einem nicht von § 8b Abs. 2 des Körperschaftsteuergesetzes begünstigten Steuerpflichtigen auf einen von § 8b Abs. 2 des Körperschaftsteuergesetzes begünstigten Mitunternehmer übertragen, ist abweichend von Absatz 3 Satz 2 rückwirkend auf den Zeitpunkt der Realteilung der gemeine Wert anzusetzen, wenn der übernehmende Mitunternehmer die Anteile innerhalb eines Zeitraums von sieben Jahren nach der Realteilung unmittelbar oder mittelbar durch einen Vorgang nach § 22 Abs. 1 Satz 6 Nr. 1 bis 5 des Umwandlungssteuergesetzes¹⁾ weiter überträgt; § 22 Abs. 2 Satz 3 des Umwandlungssteuergesetzes²⁾ gilt entsprechend.

§ 17
Veräußerung von Anteilen an Kapitalgesellschaften

(1) ¹Zu den Einkünften aus Gewerbebetrieb gehört auch der Gewinn aus der Veräußerung von Anteilen an einer Kapitalgesellschaft, wenn der Veräußerer innerhalb der letzten fünf Jahre am Kapital der Gesellschaft unmittelbar oder mittelbar zu mindestens 1 Prozent beteiligt war. ²Die verdeckte Einlage von Anteilen an einer Kapitalgesellschaft in eine Kapitalgesellschaft steht der Veräußerung der Anteile gleich. ³Anteile an einer Kapitalgesellschaft sind Aktien, Anteile an einer Gesellschaft mit beschränkter Haftung, Genussscheine oder ähnliche Beteiligungen und Anwartschaften auf solche Beteiligungen. ⁴Hat der Veräußerer den veräußerten Anteil innerhalb der letzten fünf Jahre vor der Veräußerung unentgeltlich erworben, so gilt Satz 1 entsprechend, wenn der Veräußerer zwar nicht selbst, aber der Rechtsvorgänger oder, sofern der Anteil nacheinander unentgeltlich übertragen worden ist, einer der Rechtsvorgänger innerhalb der letzten fünf Jahre im Sinne von Satz 1 beteiligt war.

(2) ¹Veräußerungsgewinn im Sinne des Absatzes 1 ist der Betrag, um den der Veräußerungspreis nach Abzug der Veräußerungskosten die Anschaffungskosten übersteigt. ²In den Fällen des Absatzes 1 Satz 2 tritt an die Stelle des Veräußerungspreises der Anteile ihr gemeiner Wert. ³Weist der Veräußerer nach, dass ihm die Anteile bereits im Zeitpunkt der Begründung der unbeschränkten Steuerpflicht nach § 1 Abs. 1 zuzurechnen waren und dass der bis zu diesem Zeitpunkt entstandene Vermögenszuwachs auf Grund gesetzlicher Bestimmungen des Wegzugsstaats im Wegzugsstaat einer der Steuer nach § 6 des Außensteuergesetzes³⁾ vergleichbaren Steuer unterlegen hat, tritt an die Stelle der Anschaffungskosten der Wert, den der Wegzugsstaat bei der Berechnung der der Steuer nach § 6 des Außensteuergesetzes vergleichbaren Steuer angesetzt hat, höchstens jedoch der gemeine Wert. ⁴Satz 3 ist in den Fällen des § 6 Abs. 3 des Außensteuergesetzes nicht anzuwenden. ⁵Hat der Veräußerer den veräußerten Anteil unentgeltlich erworben, so sind als Anschaffungskosten des Anteils die Anschaffungskosten des Rechtsvorgängers maßgebend, der den Anteil zuletzt entgeltlich erworben hat. ⁶Ein Veräußerungsverlust ist nicht zu berücksichtigen, soweit er auf Anteile entfällt,

a) die der Steuerpflichtige innerhalb der letzten fünf Jahre unentgeltlich erworben hatte. ²Dies gilt nicht, soweit der Rechtsvorgänger anstelle des Steuerpflichtigen den Veräußerungsverlust hätte geltend machen können;

b) die entgeltlich erworben worden sind und nicht innerhalb der gesamten letzten fünf Jahre zu einer Beteiligung des Steuerpflichtigen im Sinne von Abs. 1 Satz 1 gehört haben. ²Dies gilt nicht für innerhalb der letzten fünf Jahre erworbene Anteile, deren Erwerb zur Begründung einer Beteiligung des Steuerpflichtigen im Sinne von Abs. 1 Satz 1 geführt hat oder die nach Begründung der Beteiligung im Sinne von Abs. 1 Satz 1 erworben worden sind.

(3) ¹Der Veräußerungsgewinn wird zur Einkommensteuer nur herangezogen, soweit er den Teil von 9 060 Euro übersteigt, der dem veräußerten Anteil an der Kapitalgesellschaft entspricht. ²Der Freibetrag ermäßigt sich um den Betrag, um den der Veräußerungsgewinn den Teil von 36 100 Euro übersteigt, der dem veräußerten Anteil an der Kapitalgesellschaft entspricht.

(4) ¹Als Veräußerung im Sinne des Absatzes 1 gilt auch die Auflösung einer Kapitalgesellschaft, die Kapitalherabsetzung, wenn das Kapital zurückgezahlt wird, und die Ausschüttung oder Zurückzahlung von Beträgen aus dem steuerlichen Einlagenkonto im Sinne des § 27 des Körperschaftsteuergesetzes. ²In diesen Fällen ist als Veräußerungspreis der gemeine Wert des dem Steuer-pflichtigen zugeteilten oder zurückgezahlten Vermögens der Kapitalgesellschaft anzusehen. ³Satz 1 gilt nicht, soweit die Bezüge nach § 20

---
1) Siehe Anhang 4.
2) Siehe Anhang 4.
3) Siehe Anhang 2.

Abs. 1 Nr. 1 oder Nr. 2 zu den Einnahmen aus Kapitalvermögen gehören.

(5) ¹Die Beschränkung oder der Ausschluss des Besteuerungsrechts der Bundesrepublik Deutschland hinsichtlich des Gewinns aus der Veräußerung der Anteile an einer Kapitalgesellschaft im Fall der Verlegung des Sitzes oder des Orts der Geschäftsleitung der Kapitalgesellschaft in einen anderen Staat stehen der Veräußerung der Anteile zum gemeinen Wert gleich. ²Dies gilt nicht in den Fällen der Sitzverlegung einer Europäischen Gesellschaft nach Artikel 8 der Verordnung (EG) Nr. 2157/2001 und der Sitzverlegung einer anderen Kapitalgesellschaft in einen anderen Mitgliedstaat der Europäischen Union. ³In diesen Fällen ist der Gewinn aus einer späteren Veräußerung der Anteile ungeachtet der Bestimmungen eines Abkommens zur Vermeidung der Doppelbesteuerung in der gleichen Art und Weise zu besteuern, wie die Veräußerung dieser Anteile zu besteuern gewesen wäre, wenn keine Sitzverlegung stattgefunden hätte. ⁴§ 15 Abs. 1 a Satz 2 ist entsprechend anzuwenden.

(6) Als Anteile im Sinne des Absatzes 1 Satz 1 gelten auch Anteile an Kapitalgesellschaften, an denen der Veräußerer innerhalb der letzten fünf Jahre am Kapital der Gesellschaft nicht unmittelbar oder mittelbar zu mindestens 1 Prozent beteiligt war, wenn

1. die Anteile auf Grund eines Einbringungsvorgangs im Sinne des Umwandlungssteuergesetzes¹⁾, bei dem nicht der gemeine Wert zum Ansatz kam, erworben wurden und
2. zum Einbringungszeitpunkt für die eingebrachten Anteile die Voraussetzungen von Absatz 1 Satz 1 erfüllt waren oder die Anteile auf einer Sacheinlage im Sinne von § 20 Abs 1 des Umwandlungssteuergesetzes²⁾ vom 7. Dezember 2006 (BGBl. 1 S. 2782, 2791) in der jeweils geltenden Fassung beruhen.

(7) Als Anteile im Sinne des Absatzes 1 Satz 1 gelten auch Anteile an einer Genossenschaft einschließlich der Europäischen Genossenschaft.

c) Selbständige Arbeit
(§ 2 Abs. 1 Satz 1 Nr. 3)

§ 18

(1) Einkünfte aus selbständiger Arbeit sind
1. ¹Einkünfte aus freiberuflicher Tätigkeit. ²Zu der freiberuflichen Tätigkeit gehören die selbständig ausgeübte wissenschaftliche, künstlerische, schriftstellerische, unterrichtende oder erzieherische Tätigkeit, die selbständige Berufstätigkeit der Ärzte, Zahnärzte, Tierärzte, Rechtsanwälte, Notare, Patentanwälte, Vermessungsingenieure, Ingenieure, Architekten, Handelschemiker, Wirtschaftsprüfer, Steuerberater, beratenden Volks- und Betriebswirte, vereidigten Buchprüfer, Steuerbevollmächtigten, Heilpraktiker, Dentisten, Krankengymnasten, Journalisten, Bildberichterstatter, Dolmetscher, Übersetzer, Lotsen und ähnlicher Berufe. ³Ein Angehöriger eines freien Berufs im Sinne der Sätze 1 und 2 ist auch dann freiberuflich tätig, wenn er sich der Mithilfe fachlich vorgebildeter Arbeitskräfte bedient; Voraussetzung ist, dass er auf Grund eigener Fachkenntnisse leitend und eigenverantwortlich tätig wird. ⁴Eine Vertretung im Fall vorübergehender Verhinderung steht der Annahme einer leitenden und eigenverantwortlichen Tätigkeit nicht entgegen.
2. Einkünfte der Einnehmer einer staatlichen Lotterie, wenn sie nicht Einkünfte aus Gewerbebetrieb sind;
3. Einkünfte aus sonstiger selbständiger Arbeit, z. B. Vergütungen für die Vollstreckung von Testamenten, für Vermögensverwaltung und für die Tätigkeit als Aufsichtsratsmitglied;
4. Einkünfte, die ein Beteiligter an einer vermögensverwaltenden Gesellschaft oder Gemeinschaft, deren Zweck im Erwerb, Halten und in der Veräußerung von Anteilen an Kapitalgesellschaften besteht, als Vergütung für Leistungen zur Förderung des Gesellschafts- oder Gemeinschaftszwecks erzielt, wenn der Anspruch auf die Vergütung unter der Voraussetzung eingeräumt worden ist, dass die Gesellschafter oder Gemeinschafter ihr eingezahltes Kapital vollständig zurückerhalten haben; § 15 Abs. 3 ist nicht anzuwenden.

(2) Einkünfte nach Absatz 1 sind auch dann steuerpflichtig, wenn es sich nur um eine vorübergehende Tätigkeit handelt.

(3) ¹Zu den Einkünften aus selbständiger Arbeit gehört auch der Gewinn, der bei der Veräußerung des Vermögens oder eines selbständigen Teils des Vermögens oder eines Anteils am Vermögen erzielt wird, das der selbständigen Arbeit dient. ²§ 16 Abs. 1 Satz 1 Nr. 1 und 2 und Abs. 1 Satz 2 sowie Abs. 2 bis 4 gilt entsprechend.

(4) ¹§ 13 Abs. 5 gilt entsprechend, sofern das Grundstück im Veranlagungszeitraum 1986 zu einem der selbständigen Arbeit dienenden Betriebsvermögen gehört hat. ²§ 15 Abs. 1 Satz 1 Nr. 2, Abs. 1a, Abs. 2 Satz 2 und 3, §§ 15a und 15b sind entsprechend anzuwenden.

d) Nichtselbständige Arbeit
(§ 2 Abs. 1 Satz 1 Nr. 4)

§ 19

(1) ¹Zu den Einkünften aus nichtselbständiger Arbeit gehören
1. Gehälter, Löhne, Gratifikationen, Tantiemen und andere Bezüge und Vorteile für eine Beschäftigung im öffentlichen oder privaten Dienst;
1a. ¹Zuwendungen des Arbeitgebers an seinen Arbeitnehmer und dessen Begleitpersonen anlässlich von Veranstaltungen auf betrieblicher Ebene mit gesellschaftlichem Charakter (Betriebsveranstaltung). Zuwendungen im Sinne des Satzes 1 sind alle Aufwendungen des Arbeitgebers einschließlich Umsatzsteuer unab-

---
1) Siehe Anhang 4.
2) Siehe Anhang 4.

hängig davon, ob sie einzelnen Arbeitnehmern individuell zurechenbar sind oder ob es sich um einen rechnerischen Anteil an den Kosten der Betriebsveranstaltung handelt, die der Arbeitgeber gegenüber Dritten für den äußeren Rahmen der Betriebsveranstaltung aufwendet. ²Soweit solche Zuwendungen den Betrag von 110 Euro je Betriebsveranstaltung und teilnehmenden Arbeitnehmer übersteigen, gehören sie nicht zu den Einkünften aus nichtselbständiger Arbeit, wenn die Teilnahme an der Betriebsveranstaltung allen Angehörigen des Betriebs oder eines Betriebsteils offensteht. ³Satz 3 gilt für bis zu zwei Betriebsveranstaltungen jährlich. ⁴Die Zuwendungen im Sinne des Satzes 1 sind abweichend von § 8 Absatz 2 mit den anteilig auf den Arbeitnehmer und dessen Begleitpersonen entfallenden Aufwendungen des Arbeitgebers im Sinne des Satzes 2 anzusetzen;

2. Wartegelder, Ruhegelder, Witwen- und Waisengelder und andere Bezüge und Vorteile aus früheren Dienstleistungen, auch soweit sie von Arbeitgebern ausgleichspflichtiger Personen an ausgleichsberechtigte Personen infolge einer nach § 10 oder § 14 des Versorgungsausgleichsgesetzes durchgeführten Teilung geleistet werden;

3. laufende Beiträge und laufende Zuwendungen des Arbeitgebers aus einem bestehenden Dienstverhältnis an einen Pensionsfonds, eine Pensionskasse oder für eine Direktversicherung für eine betriebliche Altersversorgung. ²Zu den Einkünften aus nichtselbständiger Arbeit gehören auch Sonderzahlungen, die der Arbeitgeber neben den laufenden Beiträgen und Zuwendungen an eine solche Versorgungseinrichtung leistet, mit Ausnahme der Zahlungen des Arbeitgebers

   a) zur erstmaligen Bereitstellung der Kapitalausstattung zur Erfüllung der Solvabilitätsvorschriften nach den §§ 53c und 114 des Versicherungsaufsichtsgesetzes,

   b) zur Wiederherstellung einer angemessenen Kapitalausstattung nach unvorhersehbaren Verlusten oder zur Finanzierung der Verstärkung der Rechnungsgrundlagen auf Grund einer unvorhersehbaren und nicht nur vorübergehenden Änderung der Verhältnisse, wobei die Sonderzahlungen nicht zu einer Absenkung des laufenden Beitrags führen oder durch die Absenkung des laufenden Beitrags Sonderzahlungen ausgelöst werden dürfen,

   c) in der Rentenbezugszeit nach § 112 Absatz 1a des Versicherungsaufsichtsgesetzes oder

   d) in Form von Sanierungsgeldern.

   Sonderzahlungen des Arbeitgebers sind insbesondere Zahlungen an eine Pensionskasse anlässlich

   a) seines Ausscheidens aus einer nicht im Wege der Kapitaldeckung finanzierten betrieblichen Altersversorgung oder

   b) des Wechsels von einer nicht im Wege der Kapitaldeckung zu einer anderen nicht im Wege der Kapitaldeckung finanzierten betrieblichen Altersversorgung.

   ³Von Sonderzahlungen im Sinne des Satzes 2 zweiter Halbsatz Buchstabe b ist bei laufenden und wiederkehrenden Zahlungen entsprechend dem periodischen Bedarf nur auszugehen, soweit die Bemessung der Zahlungsverpflichtungen des Arbeitgebers in das Versorgungssystem nach dem Wechsel die Bemessung der Zahlungsverpflichtung zum Zeitpunkt des Wechsels übersteigt. ⁴Sanierungsgelder sind Sonderzahlungen des Arbeitgebers an eine Pensionskasse anlässlich der Systemumstellung einer nicht im Wege der Kapitaldeckung finanzierten betrieblichen Altersversorgung auf der Finanzierungs- oder Leistungsseite, die der Finanzierung der zum Zeitpunkt der Umstellung bestehenden Versorgungsverpflichtungen oder Versorgungsanwartschaften dienen; bei laufenden und wiederkehrenden Zahlungen entsprechend dem periodischen Bedarf ist nur von Sanierungsgeldern auszugehen, soweit die Bemessung der Zahlungsverpflichtungen des Arbeitgebers in das Versorgungssystem nach der Systemumstellung die Bemessung der Zahlungsverpflichtung zum Zeitpunkt der Systemumstellung übersteigt.

²Es ist gleichgültig, ob es sich um laufende oder um einmalige Bezüge handelt und ob ein Rechtsanspruch auf sie besteht.

(2) ¹Von Versorgungsbezügen bleiben ein nach einem Prozentsatz ermittelter, auf einen Höchstbetrag begrenzter Betrag (Versorgungsfreibetrag) und ein Zuschlag zum Versorgungsfreibetrag steuerfrei. ²Versorgungsbezüge sind.

1. das Ruhegehalt, Witwen- oder Waisengeld, der Unterhaltsbeitrag oder ein gleichartiger Bezug

   a) auf Grund beamtenrechtlicher oder entsprechender gesetzlicher Vorschriften,

   b) nach beamtenrechtlichen Grundsätzen von Körperschaften, Anstalten oder Stiftungen des öffentlichen Rechts oder öffentlich-rechtlichen Verbänden von Körperschaften

   oder

2. in anderen Fällen Bezüge und Vorteile aus früheren Dienstleistungen wegen Erreichens einer Altersgrenze, verminderter Erwerbsfähigkeit oder Hinterbliebenenbezüge; Bezüge wegen Erreichens einer Altersgrenze gelten erst dann als Versorgungsbezüge, wenn der Steuerpflichtige das 63. Lebensjahr oder, wenn er schwerbehindert ist, das 60. Lebensjahr vollendet hat.

³Der maßgebende Prozentsatz, der Höchstbetrag des Versorgungsfreibetrags und der Zuschlag zum Versorgungsfreibetrag sind der nachstehenden Tabelle zu entnehmen:

EStG

Jahr des Versorgungs-beginns	Versorgungsfreibetrag		Zuschlag zum Versorgungs-freibetrag in Euro
	in % der Versorgungs-bezüge	Höchst-betrag in Euro	
bis 2005	40,0	3 000	900
ab 2006	38,4	2 880	864
2007	36,8	2 760	828
2008	35,2	2 640	792
2009	33,6	2 520	756
2010	32,0	2 400	720
2011	30,4	2 280	684
2012	28,8	2 160	648
2013	27,2	2 040	612
2014	25,6	1 920	576
2015	24,0	1 800	540
2016	22,4	1 680	504
2017	20,8	1 560	468
2018	19,2	1 440	432
2019	17,6	1 320	396
2020	16,0	1 200	360
2021	15,2	1 140	342
2022	14,4	1 080	324
2023	13,6	1 020	306
2024	12,8	960	288
2025	12,0	900	270
2026	11,2	840	252
2027	10,4	780	234
2028	9,6	720	216
2029	8,8	660	198
2030	8,0	600	180
2031	7,2	540	162
2032	6,4	480	144
2033	5,6	420	126
2034	4,8	360	108
2035	4,0	300	90
2036	3,2	240	72
2037	2,4	180	54
2038	1,6	120	36
2039	0,8	60	18
2040	0,0	0	0

[4]Bemessungsgrundlage für den Versorgungsfreibetrag ist
 a) bei Versorgungsbeginn vor 2005
  das Zwölffache des Versorgungsbezugs für Januar 2005,
 b) bei Versorgungsbeginn ab 2005
  das Zwölffache des Versorgungsbezugs für den ersten vollen Monat,
jeweils zuzüglich voraussichtlicher Sonderzahlungen im Kalenderjahr, auf die zu diesem Zeitpunkt ein Rechtsanspruch besteht. [5]Der Zuschlag zum Versorgungsfreibetrag darf nur bis zur Höhe der um den Versorgungsfreibetrag geminderten Bemessungsgrundlage berücksichtigt werden. [6]Bei mehreren Versorgungsbezügen mit unterschiedlichem Bezugsbeginn bestimmen sich der insgesamt berücksichtigungsfähige Höchstbetrag des Versorgungsfreibetrags und der Zuschlag zum Versorgungsfreibetrag nach dem Jahr des Beginns des ersten Versorgungsbezugs. [7]Folgt ein Hinterbliebenenbezug einem Versorgungsbezug, bestimmen sich der Prozentsatz, der Höchstbetrag des Versorgungsfreibetrags und der Zuschlag zum Versorgungsfreibetrag für den Hinterbliebenenbezug nach dem Jahr des Beginns des Versorgungsbezugs. [8]Der nach den Sätzen 3 bis 7 berechnete Versorgungsfreibetrag und Zuschlag zum Versorgungsfreibetrag gelten für die gesamte Laufzeit des Versorgungsbezugs. [9]Regelmäßige Anpassungen des Versorgungsbezugs führen nicht zu einer Neuberechnung. [10]Abweichend hiervon sind der Versorgungsfreibetrag und der Zuschlag zum Versorgungsfreibetrag neu zu berechnen, wenn sich der Versorgungsbezug wegen Anwendung von Anrechnungs-, Ruhens-, Erhöhungs- oder Kürzungsregelungen erhöht oder vermindert. [11]In diesen Fällen sind die Sätze 3 bis 7 mit dem geänderten Versorgungsbezug als Bemessungsgrundlage im Sinne des Satzes 4 anzuwenden; im Kalenderjahr der Änderung sind der höchste Versorgungsfreibetrag und Zuschlag zum Versorgungsfreibetrag maßgebend. [12]Für jeden vollen Kalendermonat, für den keine Versorgungsbezüge gezahlt werden, ermäßigen sich der Versorgungsfreibetrag und der Zuschlag zum Versorgungsfreibetrag in diesem Kalenderjahr um je ein Zwölftel.

§ 19a
Überlassung von Vermögensbeteiligungen an Arbeitnehmer

(weggefallen)

e) Kapitalvermögen
(§ 2 Abs. 1 Satz 1 Nr. 5)

§ 20

(1) Zu den Einkünften aus Kapitalvermögen gehören
1. [1]Gewinnanteile (Dividenden), Ausbeuten und sonstige Bezüge aus Aktien, Genussrechten, mit denen das Recht am Gewinn und Liquidationserlös einer Kapitalgesellschaft verbunden ist, aus Anteilen an Gesellschaften mit beschränkter Haftung, an Erwerbs- und Wirtschaftsgenossenschaften sowie an bergbautreibenden Vereinigungen, die die Rechte einer juristischen Person haben. [2]Zu den sonstigen Bezügen gehören auch verdeckte Gewinnausschüttungen. [3]Die Bezüge gehören nicht zu den Einnahmen, soweit sie aus Ausschüttungen einer Körperschaft stammen, für die Beträge aus dem steuerlichen Einlagekonto im Sinne des § 27 des Körperschaftsteuergesetzes als verwendet gelten. [4]Als sonstige Bezüge gelten auch Einnahmen, die an Stelle der Bezüge im Sinne des Satzes 1 von einem anderen als dem Anteilseigner nach Absatz 5 bezogen werden, wenn die Aktien mit Dividendenberechtigung erworben,

aber ohne Dividendenanspruch geliefert werden;

2. ¹Bezüge, die nach der Auflösung einer steuerpflichtigen Körperschaft oder Personenvereinigung im Sinne der Nummer 1 anfallen und die nicht in der Rückzahlung von Nennkapital bestehen; Nummer 1 Satz 3 gilt entsprechend. ²Gleiches gilt für Bezüge, die auf Grund einer Kapitalherabsetzung oder nach der Auflösung einer unbeschränkt steuerpflichtigen Körperschaft oder Personenvereinigung im Sinne der Nummer 1 anfallen und die als Gewinnausschüttung im Sinne des § 28 Abs. 2 Satz 2 und 4 des Körperschaftsteuergesetzes gelten;

3. (weggefallen);

4. ¹Einnahmen aus der Beteiligung an einem Handelsgewerbe als stiller Gesellschafter und aus partiarischen Darlehen, es sei denn, dass der Gesellschafter oder Darlehnsgeber als Mitunternehmer anzusehen ist. ²Auf Anteile des stillen Gesellschafters am Verlust des Betriebs sind § 15 Abs. 4 Satz 6 bis 8 und § 15a sinngemäß anzuwenden;

5. ¹Zinsen aus Hypotheken und Grundschulden und Renten aus Rentenschulden. ²Bei Tilgungshypotheken und Tilgungsgrundschulden ist nur der Teil der Zahlungen anzusetzen, der als Zins auf den jeweiligen Kapitalrest entfällt;

6. der Unterschiedsbetrag zwischen der Versicherungsleistung und der Summe der auf sie entrichteten Beiträge (Erträge) im Erlebensfall oder bei Rückkauf des Vertrags bei Rentenversicherungen mit Kapitalwahlrecht, soweit nicht die lebenslange Rentenzahlung gewählt und erbracht wird, und bei Kapitalversicherungen mit Sparanteil, wenn der Vertrag nach dem 31. Dezember 2004 abgeschlossen worden ist. ²Wird die Versicherungsleistung nach Vollendung des 60. Lebensjahres des Steuerpflichtigen und nach Ablauf von zwölf Jahren seit dem Vertragsabschluss ausgezahlt, ist die Hälfte des Unterschiedsbetrags anzusetzen. ³Bei entgeltlichem Erwerb des Anspruchs auf die Versicherungsleistung treten an die Stelle der vor dem Erwerb entrichteten Beiträge. ⁴Die Sätze 1 bis 3 sind auf Erträge aus fondsgebundenen Lebensversicherungen, auf Erträge im Erlebensfall bei Rentenversicherungen ohne Kapitalwahlrecht, soweit keine lebenslange Rentenzahlung vereinbart und erbracht wird, und auf Erträge bei Rückkauf des Vertrages bei Rentenversicherungen ohne Kapitalwahlrecht entsprechend anzuwenden. ⁵Ist in einem Versicherungsvertrag eine gesonderte Verwaltung von speziell für diesen Vertrag zusammengestellten Kapitalanlagen vereinbart, die nicht auf öffentlich vertriebene Investmentfondsanteile oder Anlagen, die die Entwicklung eines veröffentlichten Indexes abbilden, beschränkt ist, und kann der wirtschaftlich Berechtigte unmittelbar oder mittelbar über die Veräußerung der Vermögensgegenstände und die Wiederanlage der Erlöse bestimmen (vermögensverwaltender Versicherungsvertrag), sind die dem Versicherungsunternehmen zufließenden Erträge dem wirtschaftlich Berechtigten aus dem Versicherungsvertrag zuzurechnen; Sätze 1 bis 4 sind nicht anzuwenden. ⁶Satz 2 ist nicht anzuwenden, wenn

   a) in einem Kapitallebensversicherungsvertrag mit vereinbarter laufender Beitragszahlung in mindestens gleichbleibender Höhe bis zum Zeitpunkt des Erlebensfalls die vereinbarte Leistung bei Eintritt des versicherten Risikos weniger als 50 Prozent der Summe der für die gesamte Vertragsdauer zu zahlenden Beiträge beträgt und

   b) bei einem Kapitallebensversicherungsvertrag die vereinbarte Leistung bei Eintritt des versicherten Risikos das Deckungskapital oder den Zeitwert der Versicherung spätestens fünf Jahre nach Vertragsabschluss nicht um mindestens 10 Prozent des Deckungskapitals, des Zeitwerts oder der Summe der gezahlten Beiträge übersteigt.

   ²Dieser Prozentsatz darf bis zum Ende der Vertragslaufzeit in jährlich gleichen Schritten auf Null sinken. ³Hat der Steuerpflichtige Ansprüche aus einem von einer anderen Person abgeschlossenen Vertrag entgeltlich erworben, gehört zu den Einkünften aus Kapitalvermögen auch der Unterschiedsbetrag zwischen der Versicherungsleistung bei Eintritt eines versicherten Risikos und den Aufwendungen für den Erwerb und Erhalt des Versicherungsanspruches; insoweit findet Satz 2 keine Anwendung. ⁴Satz 7 gilt nicht, wenn die versicherte Person den Versicherungsanspruch von einem Dritten erwirbt oder aus anderen Rechtsverhältnissen entstandene Abfindungs- und Ausgleichsansprüche arbeitsrechtlicher, erbrechtlicher oder familienrechtlicher Art durch Übertragung von Ansprüchen aus Versicherungsverträgen erfüllt werden;

7. ¹Erträge aus sonstigen Kapitalforderungen jeder Art, wenn die Rückzahlung des Kapitalvermögens oder ein Entgelt für die Überlassung des Kapitalvermögens zur Nutzung zugesagt oder geleistet worden ist, auch wenn die Höhe der Rückzahlung oder des Entgelts von einem ungewissen Ereignis abhängt. ²Dies gilt unabhängig von der Bezeichnung und der zivilrechtlichen Ausgestaltung der Kapitalanlage. ³Erstattungszinsen im Sinne des § 233a der Abgabenordnung sind Erträge im Sinne des Satzes 1;

8. Diskontbeträge von Wechseln und Anweisungen einschließlich der Schatzwechsel;

9. ¹Einnahmen aus Leistungen einer nicht von der Körperschaftsteuer befreiten Körperschaft, Personenvereinigung oder Vermögensmasse im Sinne des § 1 Abs. 1 Nr. 3 bis 5 des Körperschaftsteuergesetzes, die Gewinnausschüttungen im Sinne der Nummer 1 wirtschaftlich vergleichbar sind, soweit sie nicht bereits zu den Einnahmen im Sinne der Nummer 1 gehören; Nummer 1 Satz 2, 3 und Nummer 2 gelten, entsprechend. ²Satz 1 ist auf Leistungen von ver-

gleichbaren Körperschaften, Personenvereinigungen oder Vermögensmassen, die weder Sitz noch Geschäftsleitung im Inland haben, entsprechend anzuwenden;

10. a) Leistungen eines nicht von der Körperschaftsteuer befreiten Betriebs gewerblicher Art im Sinne des § 4 des Körperschaftsteuergesetzes mit eigener Rechtspersönlichkeit, die zu mit Gewinnausschüttungen im Sinne der Nummer 1 Satz 1 wirtschaftlich vergleichbaren Einnahmen führen; Nummer 1 Satz 2, 3 und Nummer 2 gelten, entsprechend;

b) ¹der nicht den Rücklagen zugeführte Gewinn und verdeckte Gewinnausschüttungen eines nicht von der Körperschaftsteuer befreiten Betriebs gewerblicher Art im Sinne des § 4 des Körperschaftsteuergesetzes ohne eigene Rechtspersönlichkeit, der den Gewinn durch Betriebsvermögensvergleich ermittelt oder Umsätze einschließlich der steuerfreien Umsätze, ausgenommen die Umsätze nach § 4 Nr. 8 bis 10 des Umsatzsteuergesetzes, von mehr als 350 000 Euro im Kalenderjahr oder einen Gewinn von mehr als 30 000 Euro im Wirtschaftsjahr hat, sowie der Gewinn im Sinne des § 22 Abs. 4 des Umwandlungssteuergesetzes.¹⁾ ²Die Auflösung der Rücklagen zu Zwecken außerhalb des Betriebs gewerblicher Art führt zu einem Gewinn im Sinne des Satzes 1, in Fällen der Einbringung nach dem Achten Teil des Umwandlungssteuergesetzes²⁾ gelten die Rücklagen als aufgelöst. ³Bei dem Geschäft der Veranstaltung von Werbesendungen der inländischen öffentlich-rechtlichen Rundfunkanstalten gelten drei Viertel des Einkommens im Sinne des § 8 Abs. 1 Satz 3 des Körperschaftsteuergesetzes als Gewinn im Sinne des Satzes 1. ⁴Die Sätze 1 und 2 sind bei wirtschaftlichen Geschäftsbetrieben der von der Körperschaftsteuer befreiten Körperschaften, Personenvereinigungen oder Vermögensmassen entsprechend anzuwenden. ⁵Nummer 1 Satz 3 gilt entsprechend. ⁶Satz 1 in der am 12. Dezember 2006 geltenden Fassung ist für Anteile, die einbringungsgeboren im Sinne des § 21 des Umwandlungssteuergesetzes in der am 12. Dezember 2006 geltenden Fassung sind, weiter anzuwenden;

11. Stillhalterprämien, die für die Einräumung von Optionen vereinnahmt werden; schließt der Stillhalter ein Glattstellungsgeschäft ab, mindern sich die Einnahmen aus den Stillhalterprämien um die im Glattstellungsgeschäft gezahlten Prämien.

(2) ¹Zu den Einkünften aus Kapitalvermögen gehören auch

1. der Gewinn aus der Veräußerung von Anteilen an einer Körperschaft im Sinne des Absatzes 1 Nr. 1. ²Anteile an einer Körperschaft sind auch Genussrechte im Sinne des Absatzes 1 Nr. 1, den Anteilen im Sinne des Absatzes 1 Nr. 1 ähnliche Beteiligungen und Anwartschaften auf Anteile im Sinne des Absatzes 1 Nr. 1;

2. der Gewinn aus der Veräußerung

a) von Dividendenscheinen und sonstigen Ansprüchen durch den Inhaber des Stammrechts, wenn die dazugehörigen Aktien oder sonstigen Anteile nicht mitveräußert werden. ²Soweit eine Besteuerung nach Satz 1 erfolgt ist, tritt diese insoweit an die Stelle der Besteuerung nach Absatz 1;

b) von Zinsscheinen und Zinsforderungen durch den Inhaber oder ehemaligen Inhaber der Schuldverschreibung, wenn die dazugehörigen Schuldverschreibungen nicht mitveräußert werden. ²Entsprechendes gilt für die Einlösung von Zinsscheinen und Zinsforderungen durch den ehemaligen Inhaber der Schuldverschreibung.

²Satz 1 gilt sinngemäß für die Einnahmen aus der Abtretung von Dividenden- oder Zinsansprüchen oder sonstigen Ansprüchen im Sinne des Satzes 1, wenn die dazugehörigen Anteilsrechte oder Schuldverschreibungen nicht in einzelnen Wertpapieren verbrieft sind. ³Satz 2 gilt auch bei der Abtretung von Zinsansprüchen aus Schuldbuchforderungen, die in ein öffentliches Schuldbuch eingetragen sind;

3. der Gewinn

a) bei Termingeschäften, durch die der Steuerpflichtige einen Differenzausgleich oder einen durch den Wert einer veränderlichen Bezugsgröße bestimmten Geldbetrag oder Vorteil erlangt;

b) aus der Veräußerung eines als Termingeschäft ausgestalteten Finanzinstruments;

4. der Gewinn aus der Veräußerung von Wirtschaftsgütern, die Erträge im Sinne des Absatzes 1 Nr. 4 erzielen;

5. der Gewinn aus der Übertragung von Rechten im Sinne des Absatzes 1 Nr. 5;

6. der Gewinn aus der Veräußerung von Ansprüchen auf eine Versicherungsleistung im Sinne des Absatzes 1 Nr. 6. ²Das Versicherungsunternehmen hat nach Kenntniserlangung von einer Veräußerung unverzüglich Mitteilung an das für den Steuerpflichtigen zuständige Finanzamt zu machen und auf Verlangen des Steuerpflichtigen eine Bescheinigung über die Höhe der entrichteten Beiträge im Zeitpunkt der Veräußerung zu erteilen;

7. der Gewinn aus der Veräußerung von sonstigen Kapitalforderungen jeder Art im Sinne des Absatzes 1 Nr. 7;

8. der Gewinn aus der Übertragung oder Aufgabe einer die Einnahmen im Sinne des Absatzes 1 Nr. 9 vermittelnden Rechtsposition.

---

1) Siehe Anhang 4.
2) Siehe Anhang 4.

⁴Als Veräußerung im Sinne des Satzes 1 gilt auch die Einlösung, Rückzahlung, Abtretung oder verdeckte Einlage in eine Kapitalgesellschaft; in den Fällen von Satz 1 Nr. 4 gilt auch die Vereinnahmung eines Auseinandersetzungsguthabens als Veräußerung. ⁵Die Anschaffung oder Veräußerung einer unmittelbaren oder mittelbaren Beteiligung an einer Personengesellschaft gilt als Anschaffung oder Veräußerung der anteiligen Wirtschaftsgüter.

(3) Zu den Einkünften aus Kapitalvermögen gehören auch besondere Entgelte oder Vorteile, die neben den in den Absätzen 1 und 2 bezeichneten Einnahmen oder an deren Stelle gewährt werden.

(3a) ¹Korrekturen im Sinne des § 43a Absatz 3 Satz 7 sind erst zu dem dort genannten Zeitpunkt zu berücksichtigen. ²Weist der Steuerpflichtige durch eine Bescheinigung der auszahlenden Stelle nach, dass sie die Korrektur nicht vorgenommen hat und auch nicht vornehmen wird, kann der Steuerpflichtige die Korrektur nach § 32d Absatz 4 und 6 geltend machen.

(4) ¹Gewinn im Sinne des Absatzes 2 ist der Unterschied zwischen den Einnahmen aus der Veräußerung nach Abzug der Aufwendungen, die im unmittelbaren sachlichen Zusammenhang mit dem Veräußerungsgeschäft stehen, und den Anschaffungskosten; bei nicht in Euro getätigten Geschäften sind die Einnahmen im Zeitpunkt der Veräußerung und die Anschaffungskosten im Zeitpunkt der Anschaffung in Euro umzurechnen. ²In den Fällen der verdeckten Einlage tritt an die Stelle der Einnahmen aus der Veräußerung der Wirtschaftsgüter ihr gemeiner Wert; der Gewinn ist für das Kalenderjahr der verdeckten Einlage anzusetzen. ³Ist ein Wirtschaftsgut im Sinne des Absatzes 2 in das Privatvermögen durch Entnahme oder Betriebsaufgabe überführt worden, tritt an die Stelle der Anschaffungskosten der nach § 6 Abs. 1 Nr. 4 oder § 16 Abs. 3 angesetzte Wert. ⁴In den Fällen des Absatzes 2 Satz 1 Nr. 6 gelten die entrichteten Beiträge im Sinne des Absatzes 2 Satz 1 Nr. 6 Satz 1 als Anschaffungskosten; ist ein entgeltlicher Erwerb vorausgegangen, gelten auch die nach dem Erwerb entrichteten Beiträge als Anschaffungskosten. ⁵Gewinn bei einem Termingeschäft ist der Differenzausgleich oder der durch den Wert einer veränderlichen Bezugsgröße bestimmte Geldbetrag oder Vorteil abzüglich der Aufwendungen, die im unmittelbaren sachlichen Zusammenhang mit dem Termingeschäft stehen. ⁶Bei unentgeltlichem Erwerb sind dem Einzelrechtsnachfolger für Zwecke dieser Vorschrift die Anschaffung, die Überführung des Wirtschaftsguts in das Privatvermögen, der Erwerb eines Rechts aus Termingeschäften oder die Beiträge im Sinne des Absatzes 2 Satz 1 Nr. 6 Satz 1 durch den Rechtsvorgänger zuzurechnen. ⁷Bei vertretbaren Wertpapieren, die einem Verwahrer zur Sammelverwahrung im Sinne des § 5 des Depotgesetzes in der Fassung der Bekanntmachung vom 11. Januar 1995 (BGBl. I S. 34), das zuletzt durch Artikel 4 des Gesetzes vom 5. April 2004 (BGBl. I S. 502) geändert worden ist, in der jeweils geltenden Fassung anvertraut worden sind, ist zu unterstellen, dass die zuerst angeschafften Wertpapiere zuerst veräußert wurden.

(4a) ¹Werden Anteile an einer Körperschaft, Vermögensmasse oder Personenvereinigung gegen Anteile an einer anderen Körperschaft, Vermögensmasse oder Personenvereinigung getauscht und wird der Tausch auf Grund gesellschaftsrechtlicher Maßnahmen vollzogen, die von den beteiligten Unternehmen ausgehen, treten abweichend von Absatz 2 Satz 1 und den §§ 13 und 21 des Umwandlungssteuergesetzes[1)] die übernommenen Anteile steuerlich an die Stelle der bisherigen Anteile, wenn das Recht der Bundesrepublik Deutschland hinsichtlich der Besteuerung des Gewinns aus der Veräußerung der erhaltenen Anteile nicht ausgeschlossen oder beschränkt ist oder die Mitgliedstaaten der Europäischen Union bei einer Verschmelzung Artikel 8 der Richtlinie 90/434/EWG anzuwenden haben; in diesem Fall ist der Gewinn aus einer späteren Veräußerung der erworbenen Anteile ungeachtet der Bestimmungen eines Abkommens zur Vermeidung der Doppelbesteuerung in der gleichen Art und Weise zu besteuern, wie die Veräußerung der Anteile an der übertragenden Körperschaft zu besteuern wäre, und § 15 Abs. 1a Satz 2 entsprechend anzuwenden. ²Erhält der Steuerpflichtige in den Fällen des Satzes 1 zusätzlich zu den Anteilen eine Gegenleistung, gilt diese als Ertrag im Sinne des Absatzes 1 Nr. 1. ³Besitzt bei sonstigen Kapitalforderungen im Sinne des Absatzes 1 Nr. 7 der Inhaber das Recht, bei Fälligkeit anstelle der Zahlung eines Geldbetrags vom Emittenten die Lieferung von Wertpapieren zu verlangen oder besitzt der Emittent das Recht, bei Fälligkeit dem Inhaber anstelle der Zahlung eines Geldbetrags Wertpapiere anzudienen und macht der Inhaber der Forderung oder der Emittent von diesem Recht Gebrauch, ist abweichend von Absatz 4 Satz 1 das Entgelt für den Erwerb der Forderung als Veräußerungspreis der Forderung und als Anschaffungskosten der erhaltenen Wertpapiere anzusetzen; Satz 2 gilt entsprechend. ⁴Werden Bezugsrechte veräußert oder ausgeübt, die nach § 186 des Aktiengesetzes, § 55 des Gesetzes betreffend die Gesellschaften mit beschränkter Haftung oder eines vergleichbaren ausländischen Rechts einen Anspruch auf Abschluss eines Zeichnungsvertrags begründen, wird der Teil der Anschaffungskosten der Altanteile, der auf das Bezugsrecht entfällt, bei der Ermittlung des Gewinns nach Absatz 4 Satz 1 mit 0 Euro angesetzt. ⁵Werden einem Steuerpflichtigen Anteile im Sinne des Absatzes 2 Satz 1 Nr. 1 zugeteilt, ohne dass dieser eine gesonderte Gegenleistung zu entrichten hat, werden der Ertrag und die Anschaffungskosten dieser Anteile mit 0 Euro angesetzt, wenn die Voraussetzungen der Sätze 3 und 4 nicht vorliegen und die Ermittlung der Höhe des Kapitalertrags nicht möglich ist. ⁶Soweit es auf die steuerliche Wirksamkeit einer Kapitalmaßnahme im Sinne der vorstehenden Sätze 1 bis 5 ankommt, ist auf den Zeitpunkt der Einbuchung in das Depot des Steuerpflichtigen abzustellen. ⁷Geht Vermögen einer Körperschaft durch Abspaltung auf andere Körperschaften über, gelten abweichend von Satz 5 und § 15

[1)] Siehe Anhang 4.

des Umwandlungssteuergesetzes die Sätze 1 und 2 entsprechend.

(5) ¹Einkünfte aus Kapitalvermögen im Sinne des Absatzes 1 Nr. 1 und 2 erzielt der Anteilseigner. ²Anteilseigner ist derjenige, dem nach § 39 der Abgabenordnung die Anteile an dem Kapitalvermögen im Sinne des Absatzes 1 Nr. 1 im Zeitpunkt des Gewinnverteilungsbeschlusses zuzurechnen sind. ³Sind einem Nießbraucher oder Pfandgläubiger die Einnahmen im Sinne des Absatzes 1 Nr. 1 oder 2 zuzurechnen, gilt er als Anteilseigner.

(6) ¹Verluste aus Kapitalvermögen dürfen nicht mit Einkünften aus anderen Einkunftsarten ausgeglichen werden; sie dürfen auch nicht nach § 10d abgezogen werden. ²Die Verluste mindern jedoch die Einkünfte, die der Steuerpflichtige in den folgenden Veranlagungszeiträumen aus Kapitalvermögen erzielt. ³§ 10d Abs. 4 ist sinngemäß anzuwenden. ⁴Verluste aus Kapitalvermögen im Sinne des Absatzes 2 Satz 1 Nr. 1 Satz 1, die aus der Veräußerung von Aktien entstehen, dürfen nur mit Gewinnen aus Kapitalvermögen im Sinne des Absatzes 2 Satz 1 Nr. 1 Satz 1, die aus der Veräußerung von Aktien entstehen, ausgeglichen werden; die Sätze 2 und 3 gelten sinngemäß. ⁵Verluste aus Kapitalvermögen, die der Kapitalertragsteuer unterliegen, dürfen nur verrechnet werden oder mindern die Einkünfte, die der Steuerpflichtige in den folgenden Veranlagungszeiträumen aus Kapitalvermögen erzielt, wenn eine Bescheinigung im Sinne des § 43a Abs. 3 Satz 4 vorliegt.

(7) ¹§ 15b ist sinngemäß anzuwenden. ²Ein vorgefertigtes Konzept im Sinne des § 15b Abs. 2 Satz 2 liegt auch vor, wenn die positiven Einkünfte nicht der tariflichen Einkommensteuer unterliegen.

(8) ¹Soweit Einkünfte der in den Absätzen 1, 2 und 3 bezeichneten Art zu den Einkünften aus Land- und Forstwirtschaft, aus Gewerbebetrieb, aus selbständiger Arbeit oder aus Vermietung und Verpachtung gehören, sind sie diesen Einkünften zuzurechnen. ²Absatz 4a findet insoweit keine Anwendung.

(9) ¹Bei der Ermittlung der Einkünfte aus Kapitalvermögen ist als Werbungskosten ein Betrag von 801 Euro abzuziehen (Sparer-Pauschbetrag); der Abzug der tatsächlichen Werbungskosten ist ausgeschlossen. ²Ehegatten, die zusammen veranlagt werden, wird ein gemeinsamer Sparer-Pauschbetrag von 1 602 Euro gewährt. ³Der gemeinsame Sparer-Pauschbetrag ist bei der Einkunftsermittlung bei jedem Ehegatten je zur Hälfte abzuziehen; sind die Kapitalerträge eines Ehegatten niedriger als 801 Euro, so ist der anteilige Sparer-Pauschbetrag insoweit, als er die Kapitalerträge dieses Ehegatten übersteigt, bei dem anderen Ehegatten abzuziehen. ⁴Der Sparer-Pauschbetrag und der gemeinsame Sparer-Pauschbetrag dürfen nicht höher sein als die nach Maßgabe des Absatzes 6 verrechneten Kapitalerträge.

f) Vermietung und Verpachtung
(§ 2 Abs. 1 Satz 1 Nr. 6)

§ 21

(1) ¹Einkünfte aus Vermietung und Verpachtung sind

1. Einkünfte aus Vermietung und Verpachtung von unbeweglichem Vermögen, insbesondere von Grundstücken, Gebäuden, Gebäudeteilen, Schiffen, die in ein Schiffsregister eingetragen sind, und Rechten, die den Vorschriften des bürgerlichen Rechts über Grundstücke unterliegen (z. B. Erbbaurecht, Mineralgewinnungsrecht);
2. Einkünfte aus Vermietung und Verpachtung von Sachinbegriffen, insbesondere von beweglichem Betriebsvermögen;
3. Einkünfte aus zeitlich begrenzter Überlassung von Rechten, insbesondere von schriftstellerischen, künstlerischen und gewerblichen Urheberrechten, von gewerblichen Erfahrungen und von Gerechtigkeiten und Gefällen;
4. Einkünfte aus der Veräußerung von Miet- und Pachtzinsforderungen, auch dann, wenn die Einkünfte im Veräußerungspreis von Grundstücken enthalten sind und die Miet- oder Pachtzinsen sich auf einen Zeitraum beziehen, in dem der Veräußerer noch Besitzer war.

²§§ 15a und 15b sind sinngemäß anzuwenden.

(2) ¹Beträgt das Entgelt für die Überlassung einer Wohnung zu Wohnzwecken weniger als 66 Prozent der ortsüblichen Marktmiete, so ist die Nutzungsüberlassung in einen entgeltlichen und einen unentgeltlichen Teil aufzuteilen. ²Beträgt das Entgelt bei auf Dauer angelegter Wohnungsvermietung mindestens 66 Prozent der ortsüblichen Miete, gilt die Wohnungsvermietung als entgeltlich.

(3) Einkünfte der in den Absätzen 1 und 2 bezeichneten Art sind Einkünften aus anderen Einkunftsarten zuzurechnen, soweit sie zu diesen gehören.

g) Sonstige Einkünfte
(§ 2 Abs. 1 Satz 1 Nr. 7)

§ 22
Arten der sonstigen Einkünfte

Sonstige Einkünfte sind

1. ¹Einkünfte aus wiederkehrenden Bezügen, soweit sie nicht zu den in § 2 Abs. 1 Nr. 1 bis 6 bezeichneten Einkunftsarten gehören; § 15b ist sinngemäß anzuwenden. ²Werden die Bezüge freiwillig oder auf Grund einer freiwillig begründeten Rechtspflicht oder einer gesetzlich unterhaltsberechtigten Person gewährt, so sind sie nicht dem Empfänger zuzurechnen; dem Empfänger sind dagegen zuzurechnen
   a) Bezüge, die von einer Körperschaft, Personenvereinigung oder Vermögensmasse außerhalb der Erfüllung steuerbegünstigter Zwecke im Sinne der §§ 52 bis 54 der Abgabenordnung gewährt werden, und
   b) Bezüge im Sinne des § 1 der Verordnung über die Steuerbegünstigung von Stiftungen, die an die Stelle von Familienfideikommissen getreten sind, in der im Bundesgesetzblatt Teil III, Gliederungsnummer 611-4-3, veröffentlichten bereinigten Fassung.

³Zu den in Satz 1 bezeichneten Einkünften gehören auch

a) Leibrenten und andere Leistungen,

aa) die aus den gesetzlichen Rentenversicherungen, der landwirtschaftlichen Alterskasse, den berufsständischen Versorgungseinrichtungen und aus Rentenversicherungen im Sinne des § 10 Abs. 1 Nr. 2 Buchstabe b erbracht werden, soweit sie jeweils der Besteuerung unterliegen. [2]Bemessungsgrundlage für den der Besteuerung unterliegenden Anteil ist der Jahresbetrag der Renten. [3]Der der Besteuerung unterliegende Anteil ist nach dem Jahr des Rentenbeginns und dem in diesem Jahr maßgebenden Prozentsatz aus der nachstehenden Tabelle zu entnehmen:

Jahr des Rentenbeginns	Besteuerungsanteil in %
Bis 2005	50
ab 2006	52
2007	54
2008	56
2009	58
2010	60
2011	62
2012	64
2013	66
2014	68
2015	70
2016	72
2017	74
2018	76
2019	78
2020	80
2021	81
2022	82
2023	83
2024	84
2025	85
2026	86
2027	87
2028	88
2029	89
2030	90
2031	91
2032	92
2033	93
2034	94
2035	95
2036	96
2037	97
2038	98
2039	99
2040	100

[4]Der Unterschiedsbetrag zwischen dem Jahresbetrag der Rente und dem der Besteuerung unterliegenden Anteil der Rente ist der steuerfreie Teil der Rente. [5]Dieser gilt ab dem Jahr, das dem Jahr des Rentenbeginns folgt, für die gesamte Laufzeit des Rentenbezugs. [6]Abweichend hiervon ist der steuerfreie Teil der Rente bei einer Veränderung des Jahresbetrags der Rente in dem Verhältnis anzupassen, in dem der veränderte Jahresbetrag der Rente zum Jahresbetrag der Rente steht, der der Ermittlung des steuerfreien Teils der Rente zugrunde liegt. [7]Regelmäßige Anpassungen des Jahresbetrags der Rente führen nicht zu einer Neuberechnung und bleiben bei einer Neuberechnung außer Betracht. [8]Folgen nach dem 31. Dezember 2004 Renten aus derselben Versicherung einander nach, gilt für die spätere Rente Satz 3 mit der Maßgabe, dass sich der Prozentsatz nach dem Jahr richtet, das sich ergibt, wenn die Laufzeit der vorhergehenden Renten von dem Jahr des Beginns der späteren Rente abgezogen wird; der Vomhundertsatz kann jedoch nicht niedriger bemessen werden als der für das Jahr 2005;

bb) die nicht solche im Sinne des Doppelbuchstaben aa sind und bei denen in den einzelnen Bezügen Einkünfte aus Erträgen des Rentenrechts enthalten sind. [2]Dies gilt auf Antrag auch für Leibrenten und andere Leistungen, soweit diese auf bis zum 31. Dezember 2004 geleisteten Beiträgen beruhen, welche oberhalb des Betrags des Höchstbeitrags zur gesetzlichen Rentenversicherung gezahlt wurden; der Steuerpflichtige muss nachweisen, dass der Betrag des Höchstbeitrags mindestens zehn Jahre überschritten wurde; soweit hiervon im Versorgungsausgleich übertragene Rentenanwartschaften betroffen sind, gilt § 4 Abs. 1 und 2 des Versorgungsausgleichsgesetzes entsprechend. [3]Als Ertrag des Rentenrechts gilt für die gesamte Dauer des Rentenbezugs der Unterschiedsbetrag zwischen dem Jahresbetrag der Rente und dem Betrag, der sich bei gleichmäßiger Verteilung des Kapitalwerts der Rente auf ihre voraussichtliche Laufzeit ergibt; dabei ist der Kapitalwert nach dieser Laufzeit zu berechnen. [7]Der Ertrag des Rentenrechts (Ertragsanteil) ist aus der nachstehenden Tabelle zu entnehmen:

Bei Beginn der Rente vollendetes Lebensjahr des Rentenberechtigten	Ertragsanteil in %
0 bis 1	59
2 bis 3	58

EStG

Bei Beginn der Rente vollendetes Lebensjahr des Rentenberechtigten	Ertragsanteil in %
4 bis 5	57
6 bis 8	56
9 bis 10	55
11 bis 12	54
13 bis 14	53
15 bis 16	52
17 bis 18	51
19 bis 20	50
21 bis 22	49
23 bis 24	48
25 bis 26	47
27	46
28 bis 29	45
30 bis 31	44
32	43
33 bis 34	42
35	41
36 bis 37	40
38	39
39 bis 40	38
41	37
42	36
43 bis 44	35
45	34
46 bis 47	33
48	32
49	31
50	30
51 bis 52	29
53	28
54	27
55 bis 56	26
57	25
58	24
59	23
60 bis 61	22
62	21
63	20
64	19
65 bis 66	18
67	17
68	16
69 bis 70	15
71	14
72 bis 73	13
74	12
75	11
76 bis 77	10
78 bis 79	9
80	8
81 bis 82	7
83 bis 84	6
85 bis 87	5
88 bis 91	4
92 bis 93	3
94 bis 96	2
ab 97	1

[4]Die Ermittlung des Ertrags aus Leibrenten, die vor dem 1. Januar 1955 zu laufen begonnen haben, und aus Renten, deren Dauer von der Lebenszeit mehrerer Personen oder einer anderen Person als des Rentenberechtigten abhängt, sowie aus Leibrenten, die auf eine bestimmte Zeit beschränkt sind, wird durch eine Rechtsverordnung bestimmt;

b) Einkünfte aus Zuschüssen und sonstigen Vorteilen, die als wiederkehrende Bezüge gewährt werden;

1a. Einkünfte aus Leistungen und Zahlungen nach § 10 Absatz 1a, soweit für diese die Voraussetzungen für den Sonderausgabenabzug beim Leistungs- oder Zahlungsverpflichteten nach § 10 Absatz 1a erfüllt sind;

2. Einkünfte aus privaten Veräußerungsgeschäften im Sinne des § 23;

3. [1]Einkünfte aus Leistungen, soweit sie weder zu anderen Einkunftsarten (§ 2 Abs. 1 Nr. 1 bis 6) noch zu den Einkünften im Sinne der Nummern 1, 1a, 2 oder 4 gehören, z. B. Einkünfte aus gelegentlichen Vermittlungen und aus der Vermietung beweglicher Gegenstände. [2]Solche Einkünfte sind nicht einkommensteuerpflichtig, wenn sie weniger als 256 Euro im Kalenderjahr betragen haben. [3]Übersteigen die Werbungskosten die Einnahmen, so darf der übersteigende Betrag bei Ermittlung des Einkommens nicht ausgeglichen werden; er darf auch nicht nach § 10d abgezogen werden. [4]Die Verluste mindern jedoch nach Maßgabe des § 10d die Einkünfte, die der Steuerpflichtige in dem unmittelbar vorangegangenen Veranlagungszeitraum oder in den folgenden Veranlagungszeiträumen aus Leistungen im Sinne des Satzes 1 erzielt hat oder erzielt; § 10d Abs. 4 gilt entsprechend;

4. [1]Entschädigungen, Amtszulagen, Zuschüsse zu Kranken- und Pflegeversicherungsbeiträgen, Übergangsgelder, Überbrückungsgelder, Sterbegelder, Versorgungsabfindungen, Versorgungsbezüge, die auf Grund des Abgeordnetengesetzes oder des Europaabgeordnetengesetzes sowie vergleichbare Bezüge, die auf Grund der entsprechenden Gesetze der Länder gezahlt werden, und die Entschädigungen, das

Übergangsgeld, das Ruhegehalt und die Hinterbliebenenversorgung, die auf Grund des Abgeordnetenstatuts des Europäischen Parlaments von der Europäischen Union gezahlt werden. ²Werden zur Abgeltung des durch das Mandat veranlassten Aufwandes Aufwandsentschädigungen gezahlt, so dürfen die durch das Mandat veranlassten Aufwendungen nicht als Werbungskosten abgezogen werden. ³Wahlkampfkosten zur Erlangung eines Mandats im Bundestag, im Europäischen Parlament oder im Parlament eines Landes dürfen nicht als Werbungskosten abgezogen werden. ⁴Es gelten entsprechend

a) für Nachversicherungsbeiträge auf Grund gesetzlicher Verpflichtung nach den Abgeordnetengesetzen im Sinne des Satzes 1 und für Zuschüsse zu Kranken- und Pflegeversicherungsbeiträgen § 3 Nr. 62,

b) für Versorgungsbezüge § 19 Abs. 2 nur bezüglich des Versorgungsfreibetrags; beim Zusammentreffen mit Versorgungsbezügen im Sinne des § 19 Abs. 2 Satz 2 bleibt jedoch insgesamt höchstens ein Betrag in Höhe des Versorgungsfreibetrags nach § 19 Abs. 2 Satz 3 im Veranlagungszeitraum steuerfrei,

c) für das Übergangsgeld, das in einer Summe gezahlt wird, und für die Versorgungsabfindung § 34 Abs. 1,

d) für die Gemeinschaftssteuer, die auf die Entschädigungen, das Übergangsgeld, das Ruhegehalt und die Hinterbliebenenversorgung auf Grund des Abgeordnetenstatuts des Europäischen Parlaments von der Europäischen Union erhoben wird, § 34c Abs. 1; dabei sind die im ersten Halbsatz genannten Einkünfte für die entsprechende Anwendung des § 34c Abs. 1 wie ausländische Einkünfte und die Gemeinschaftssteuer wie eine der deutschen Einkommensteuer entsprechende ausländische Steuer zu behandeln;

5. Leistungen aus Altersvorsorgeverträgen, Pensionsfonds, Pensionskassen und Direktversicherungen. ²Soweit die Leistungen nicht auf Beiträgen, auf die § 3 Nr. 63, § 10a oder Abschnitt XI angewendet wurde, nicht auf Zulagen im Sinne des Abschnitts XI, nicht auf Zahlungen im Sinne des § 92a Abs. 2 Satz 4 Nr. 1 und des § 92a Abs. 3 Satz 9 Nr. 2, nicht auf steuerfreien Leistungen nach § 3 Nr. 66 und nicht auf Ansprüchen beruhen, die durch steuerfreie Zuwendungen nach § 3 Nr. 56 oder die durch die nach § 3 Nr. 55b Satz 1 oder § 3 Nummer 55c steuerfreie Leistung aus einem neu begründeten Anrecht erworben wurden,

a) ist bei lebenslangen Renten sowie bei Berufsunfähigkeits-, Erwerbsminderungs- und Hinterbliebenenrenten Nummer 1 Satz 3 Buchstabe a entsprechend anzuwenden,

b) ist bei Leistungen aus Versicherungsverträgen, Pensionsfonds, Pensionskassen und Direktversicherungen, die nicht solche nach Buchstabe a sind, § 20 Abs. 1 Nr. 6 in der jeweils für den Vertrag geltenden Fassung entsprechend anzuwenden,

c) unterliegt bei anderen Leistungen der Unterschiedsbetrag zwischen der Leistung und der Summe der auf sie entrichteten Beiträge der Besteuerung; § 20 Abs. 1 Nr. 6 Satz 2 gilt entsprechend.

³In den Fällen des § 93 Abs. 1 Satz 1 und 2 gilt das ausgezahlte geförderte Altersvorsorgevermögen nach Abzug der Zulagen im Sinne des Abschnitts XI als Leistung im Sinne des Satzes 2. ⁴Als Leistung im Sinne des Satzes 1 gilt auch der Verminderungsbetrag nach § 92a Abs. 2 Satz 5 und der Auflösungsbetrag nach § 92a Abs. 3 Satz 5. ⁵Der Auflösungsbetrag nach § 92a Abs. 2 Satz 6 wird zu 70 Prozent als Leistung nach Satz 1 erfasst. ⁶Tritt nach dem Beginn der Auszahlungsphase zu Lebzeiten des Zulageberechtigten der Fall des § 92a Abs. 3 Satz 1 ein, dann ist

a) innerhalb eines Zeitraums bis zum zehnten Jahr nach dem Beginn der Auszahlungsphase das Eineinhalbfache,

b) innerhalb eines Zeitraums zwischen dem zehnten und 20. Jahr nach dem Beginn der Auszahlungsphase das Einfache

des nach Satz 5 noch nicht erfassten Auflösungsbetrags als Leistung nach Satz 1 zu erfassen; § 92a Abs. 3 Satz 9 gilt entsprechend mit der Maßgabe, dass als noch nicht zurückgeführter Betrag im Wohnförderkonto der nicht erfasste Auflösungsbetrag gilt. ⁷Bei erstmaligem Bezug von Leistungen, in den Fällen des § 93 Abs. 1 sowie bei Änderung der im Kalenderjahr auszuzahlenden Leistung hat der Anbieter (§ 80) nach Ablauf des Kalenderjahres dem Steuerpflichtigen nach amtlich vorgeschriebenem Muster den Betrag der im abgelaufenen Kalenderjahr zugeflossenen Leistungen im Sinne der Sätze 1 bis 3 je gesondert mitzuteilen. ⁸Werden dem Steuerpflichtigen Abschluss- und Vertriebskosten eines Altersvorsorgevertrages erstattet, gilt der Erstattungsbetrag als Leistung im Sinne des Satzes 1. ⁹In den Fällen des § 3 Nummer 55a richtet sich die Zuordnung zu Satz 1 oder Satz 2 bei der ausgleichsberechtigten Person danach, wie eine nur auf die Ehezeit bezogene Zuordnung der sich aus dem übertragenen Anrecht ergebenden Leistung zu Satz 1 oder Satz 2 bei der ausgleichspflichtigen Person im Zeitpunkt der Übertragung ohne die Teilung vorzunehmen gewesen wäre. ¹⁰Dies gilt sinngemäß in den Fällen des § 3 Nummer 55 und 55e. ¹¹Wird eine Versorgungsverpflichtung nach § 3 Nummer 66 auf einen Pensionsfonds übertragen und hat der Steuerpflichtige bereits vor dieser Übertragung Leistungen auf Grund dieser Versorgungsverpflichtung erhalten, so sind insoweit auf die Leistungen aus dem Pensionsfonds im Sinne des Satzes 1 die Beträge nach § 9a Satz 1 Nummer 1 und § 19 Absatz 2 entsprechend anzuwenden; § 9a Satz 1 Nummer 3 ist nicht anzuwenden. ¹²Wird auf Grund einer internen Teilung nach § 10 des Versorgungsausgleichsgesetzes oder einer externen Teilung nach § 14 des Versorgungsausgleichsgesetzes ein Anrecht zugunsten der ausgleichsberechtigten Person begründet, so gilt dieser Vertrag insoweit zu dem gleichen Zeitpunkt als abgeschlossen wie der Vertrag der ausgleichspflichtigen Person, wenn die aus dem Vertrag der ausgleichspflichtigen Person ausgezahlten Leistungen zu einer Besteuerung nach Satz 2 führen.

§ 22a
Rentenbezugsmitteilungen an die zentrale Stelle

(1) ¹Die Träger der gesetzlichen Rentenversicherung, die landwirtschaftliche Alterskasse, die berufsständischen Versorgungseinrichtungen, die Pensionskassen, die Pensionsfonds, die Versicherungsunternehmen, die Unternehmen, die Verträge im Sinne des § 10 Abs. 1 Nr. 2 Buchstabe b anbieten, und die Anbieter im Sinne des § 80 (Mitteilungspflichtige) haben der zentralen Stelle (§ 81) bis zum 1. März des Jahres, das auf das Jahr folgt, in dem eine Leibrente oder andere Leistung nach § 22 Nr. 1 Satz 3 Buchstabe a und § 22 Nr. 5 Satz 1 bis 3 einem Leistungsempfänger zugeflossen ist, unter Beachtung der im Bundessteuerblatt veröffentlichten Auslegungsvorschriften der Finanzverwaltung folgende Daten zu übermitteln (Rentenbezugsmitteilung):

1. ¹Identifikationsnummer (§ 139b der Abgabenordnung), Familienname, Vorname und Geburtsdatum des Leistungsempfängers. ²Ist dem Mitteilungspflichtigen eine ausländische Anschrift des Leistungsempfängers bekannt, ist diese anzugeben. ³In diesen Fällen ist auch die Staatsangehörigkeit des Leistungsempfängers, soweit bekannt, mitzuteilen;
2. je gesondert den Betrag der Leibrenten und anderen Leistungen im Sinne des § 22 Nr. 1 Satz 3 Buchstabe a Doppelbuchstabe aa, bb Satz 4 und Doppelbuchstabe bb Satz 5 in Verbindung mit § 55 Abs. 2 der Einkommensteuer-Durchführungsverordnung sowie im Sinne des § 22 Nr. 5. ²Der im Betrag der Rente enthaltene Teil, der ausschließlich auf einer Anpassung der Rente beruht, ist gesondert mitzuteilen;
3. Zeitpunkt des Beginns und des Endes des jeweiligen Leistungsbezugs; folgen nach dem 31. Dezember 2004 Renten aus derselben Versicherung einander nach, ist auch die Laufzeit der vorhergehenden Renten mitzuteilen;
4. Bezeichnung und Anschrift des Mitteilungspflichtigen;
5. die Beiträge im Sinne des § 10 Absatz 1 Nummer 3 Buchstabe a Satz 1 und 2 und Buchstabe b, soweit diese vom Mitteilungspflichtigen an die Träger der gesetzlichen Kranken- und Pflegeversicherung abgeführt werden;
6. die dem Leistungsempfänger zustehenden Beitragszuschüsse nach § 106 des Sechsten Buches Sozialgesetzbuch;
7. ab dem 1. Januar 2017 ein gesondertes Merkmal für Verträge, auf denen gefördertes Altersvorsorgevermögen gebildet wurde; die zentrale Stelle ist in diesen Fällen berechtigt, die Daten dieser Rentenbezugsmitteilung im Zulagekonto zu speichern und zu verarbeiten.

²Die Datenübermittlung nach amtlich vorgeschriebenen Datensatz hat durch Datenfernübertragung zu erfolgen. ³Im Übrigen ist § 150 Abs. 6 der Abgabenordnung entsprechend anzuwenden.

(2) ¹Der Leistungsempfänger hat dem Mitteilungspflichtigen seine Identifikationsnummer mitzuteilen. ²Teilt der Leistungsempfänger die Identifikationsnummer dem Mitteilungspflichtigen trotz Aufforderung nicht mit, übermittelt das Bundeszentralamt für Steuern dem Mitteilungspflichtigen auf dessen Anfrage die Identifikationsnummer des Leistungsempfängers; weitere Daten dürfen nicht übermittelt werden. ³In der Anfrage dürfen nur die in § 139b Abs. 3 der Abgabenordnung genannten Daten des Leistungsempfängers angegeben werden, soweit sie dem Mitteilungspflichtigen bekannt sind. ⁴Die Anfrage des Mitteilungspflichtigen und die Antwort des Bundeszentralamtes für Steuern sind über die zentrale Stelle zu übermitteln. ⁵Die zentrale Stelle führt eine ausschließlich automatisierte Prüfung der ihr übermittelten Daten daraufhin durch, ob sie vollständig und schlüssig sind und ob das vorgeschriebene Datenformat verwendet worden ist. ⁶Sie speichert die Daten des Leistungsempfängers nur für Zwecke dieser Prüfung bis zur Übermittlung an das Bundeszentralamt für Steuern oder an den Mitteilungspflichtigen. ⁷Die Daten sind für die Übermittlung zwischen der zentralen Stelle und dem Bundeszentralamt für Steuern zu verschlüsseln. ⁸Für die Anfrage gilt Absatz 1 Satz 2 und 3 entsprechend. ⁹Der Mitteilungspflichtige darf die Identifikationsnummer nur verwenden, soweit dies für die Erfüllung der Mitteilungspflicht nach Absatz 1 Satz 1 erforderlich ist.

(3) Der Mitteilungspflichtige hat den Leistungsempfänger jeweils darüber zu unterrichten, dass die Leistung der zentralen Stelle mitgeteilt wird.

(4) ¹Die zentrale Stelle (§ 81) kann bei den Mitteilungspflichtigen ermitteln, ob sie ihre Pflichten nach Absatz 1 erfüllt haben. ²Die §§ 193 bis 203 der Abgabenordnung gelten sinngemäß. ³Auf Verlangen der zentralen Stelle haben die Mitteilungspflichtigen ihre Unterlagen, soweit sie im Ausland geführt und aufbewahrt werden, verfügbar zu machen.

(5) ¹Wird eine Rentenbezugsmitteilung innerhalb der in Absatz 1 Satz 1 genannten Frist übermittelt, so ist für jeden angefangenen Monat, in dem die Rentenbezugsmitteilung noch aussteht, ein Betrag in Höhe von 10 Euro für jede ausstehende Rentenbezugsmitteilung an die zentrale Stelle zu entrichten (Verspätungsgeld). ²Die Erhebung erfolgt durch die zentrale Stelle im Rahmen ihrer Prüfung nach Absatz 4. ³Von der Erhebung ist abzusehen, soweit die Fristüberschreitung auf Gründen beruht, die der Mitteilungspflichtige nicht zu vertreten hat. ⁴Das Handeln eines gesetzlichen Vertreters oder eines Erfüllungsgehilfen steht dem eigenen Handeln gleich. ⁵Das von einem Mitteilungspflichtigen zu entrichtende Verspätungsgeld darf 50 000 Euro für alle für einen Veranlagungszeitraum zu übermittelnden Rentenbezugsmitteilungen nicht übersteigen.

§ 23
Private Veräußerungsgeschäfte

(1) ¹Private Veräußerungsgeschäfte (§ 22 Nr. 2) sind

1. Veräußerungsgeschäfte bei Grundstücken und Rechten, die den Vorschriften des bürgerlichen Rechts über Grundstücke unterliegen (z. B. Erbbaurecht, Mineralgewinnungsrecht), bei denen der Zeitraum zwischen Anschaffung und Veräußerung nicht mehr als zehn Jahre beträgt. ²Gebäude und Außenanlagen sind einzubeziehen, soweit sie innerhalb dieses Zeitraums errichtet, ausgebaut oder erweitert werden; dies gilt entsprechend für Gebäudeteile, die selbständige unbewegliche Wirtschaftsgüter sind, sowie für Eigentumswohnungen und im Teileigentum stehende Räume. ³Ausgenommen sind Wirtschaftsgüter, die im Zeitraum zwischen Anschaffung oder Fertigstellung und Veräußerung ausschließlich zu eigenen Wohnzwecken oder im Jahr der Veräußerung und in den beiden vorangegangenen Jahren zu eigenen Wohnzwecken genutzt wurden;

2. Veräußerungsgeschäfte bei anderen Wirtschaftsgütern, bei denen der Zeitraum zwischen Anschaffung und Veräußerung nicht mehr als ein Jahr beträgt. ²Ausgenommen sind Veräußerungen von Gegenständen des täglichen Gebrauchs. ³Bei Anschaffung und Veräußerung mehrerer gleichartiger Fremdwährungsbeträge ist zu unterstellen, dass die zuerst angeschafften Beträge zuerst veräußert wurden. ⁴Bei Wirtschaftsgütern im Sinne von Satz 1, aus deren Nutzung als Einkunftsquelle zumindest in einem Kalenderjahr Einkünfte erzielt werden, erhöht sich der Zeitraum auf zehn Jahre.

²Als Anschaffung gilt auch die Überführung eines Wirtschaftsguts in das Privatvermögen des Steuerpflichtigen durch Entnahme oder Betriebsaufgabe. ³Bei unentgeltlichem Erwerb ist dem Einzelrechtsnachfolger für Zwecke dieser Vorschrift die Anschaffung oder die Überführung des Wirtschaftsguts in das Privatvermögen durch den Rechtsvorgänger zuzurechnen. ⁴Die Anschaffung oder Veräußerung einer unmittelbaren oder mittelbaren Beteiligung an einer Personengesellschaft gilt als Anschaffung oder Veräußerung der anteiligen Wirtschaftsgüter. ⁵Als Veräußerung im Sinne des Satzes 1 Nr. 1 gilt auch

1. die Einlage eines Wirtschaftsguts in das Betriebsvermögen, wenn die Veräußerung aus dem Betriebsvermögen innerhalb eines Zeitraums von zehn Jahren seit Anschaffung des Wirtschaftsguts erfolgt, und
2. die verdeckte Einlage in eine Kapitalgesellschaft.

(2) Einkünfte aus privaten Veräußerungsgeschäften der in Absatz 1 bezeichneten Art sind den Einkünften aus anderen Einkunftsarten zuzurechnen, soweit sie zu diesen gehören.

(3) ¹Gewinn oder Verlust aus Veräußerungsgeschäften nach Absatz 1 ist der Unterschied zwischen Veräußerungspreis einerseits und den Anschaffungs- oder Herstellungskosten und den Werbungskosten andererseits. ²In den Fällen des Absatzes 1 Satz 5 Nr. 1 tritt an die Stelle des Veräußerungspreises der für den Zeitpunkt der Einlage nach § 6 Abs. 1 Nr. 5 angesetzte Wert, in den Fällen des Absatzes 1 Satz 5 Nr. 2 der gemeine Wert. ³In den Fällen des Absatzes 1 Satz 2 tritt an die Stelle der Anschaffungs- oder Herstellungskosten der nach § 6 Abs. 1 Nr. 4 oder § 16 Abs. 3 angesetzte Wert. ⁴Die Anschaffungs- oder Herstellungskosten mindern sich um Absetzungen für Abnutzung, erhöhte Absetzungen und Sonderabschreibungen, soweit sie bei der Ermittlung der Einkünfte im Sinne des § 2 Abs. 1 Satz 1 Nr. 4 bis 7 abgezogen worden sind. ⁵Gewinne bleiben steuerfrei, wenn der aus den privaten Veräußerungsgeschäften erzielte Gesamtgewinn im Kalenderjahr weniger als 600 Euro betragen hat. ⁶In den Fällen des Absatzes 1 Satz 5 Nr. 1 sind Gewinne oder Verluste für das Kalenderjahr, in dem der Preis für die Veräußerung aus dem Betriebsvermögen zugeflossen ist, in den Fällen des Absatzes 1 Satz 5 Nr. 2 für das Kalenderjahr der verdeckten Einlage anzusetzen. ⁷Verluste dürfen nur bis zur Höhe des Gewinns, den der Steuerpflichtige im gleichen Kalenderjahr aus privaten Veräußerungsgeschäften erzielt hat, ausgeglichen werden; sie dürfen nicht nach § 10d abgezogen werden. ⁸Die Verluste mindern jedoch nach Maßgabe des § 10d die Einkünfte, die der Steuerpflichtige in dem unmittelbar vorangegangenen Veranlagungszeitraum oder in den folgenden Veranlagungszeiträumen aus privaten Veräußerungsgeschäften nach Absatz 1 erzielt hat oder erzielt; § 10d Abs. 4 gilt entsprechend.

h) Gemeinsame Vorschriften

§ 24

Zu den Einkünften im Sinne des § 2 Abs. 1 gehören auch

1. Entschädigungen, die gewährt worden sind
    a) als Ersatz für entgangene oder entgehende Einnahmen oder
    b) für die Aufgabe oder Nichtausübung einer Tätigkeit, für die Aufgabe einer Gewinnbeteiligung oder einer Anwartschaft auf eine solche;
    c) als Ausgleichszahlungen an Handelsvertreter nach § 89b des Handelsgesetzbuchs;

2. Einkünfte aus einer ehemaligen Tätigkeit im Sinne des § 2 Abs. 1 Nr. 1 bis 4 oder aus einem früheren Rechtsverhältnis im Sinne des § 2 Abs. 1 Nr. 5 bis 7, und zwar auch dann, wenn sie dem Steuerpflichtigen als Rechtsnachfolger zufließen;

3. Nutzungsvergütungen für die Inanspruchnahme von Grundstücken für öffentliche Zwecke sowie Zinsen auf solche Nutzungsvergütungen und auf Entschädigungen, die mit der Inanspruchnahme von Grundstücken für öffentliche Zwecke zusammenhängen.

§ 24a
Altersentlastungsbetrag

¹Der Altersentlastungsbetrag ist bis zu einem Höchstbetrag im Kalenderjahr ein nach einem Prozentsatz ermittelter Betrag des Arbeitslohns und der positiven Summe der Einkünfte, die nicht solche aus nichtselbständiger Arbeit sind. ²Bei der Bemessung des Betrags bleiben außer Betracht:

EStG

1. Versorgungsbezüge im Sinne des § 19 Abs. 2;
2. Einkünfte aus Leibrenten im Sinne des § 22 Nr. 1 Satz 3 Buchstabe a;
3. Einkünfte im Sinne des § 22 Nr. 4 Satz 4 Buchstabe b;
4. Einkünfte im Sinne des § 22 Nr. 5 Satz 1, soweit § 22 Nr. 5 Satz 11 anzuwenden ist;
5. Einkünfte im Sinne des § 22 Nr. 5 Satz 2 Buchstabe a.

³Der Altersentlastungsbetrag wird einem Steuerpflichtigen gewährt, der vor dem Beginn des Kalenderjahres, in dem er sein Einkommen bezogen hat, das 64. Lebensjahr vollendet hatte. ⁴Im Fall der Zusammenveranlagung von Ehegatten zur Einkommensteuer sind die Sätze 1 bis 3 für jeden Ehegatten gesondert anzuwenden. ⁵Der maßgebende Prozentsatz und der Höchstbetrag des Altersentlastungsbetrags sind der nachstehenden Tabelle zu entnehmen:

Das auf die Vollendung des 64. Lebensjahres folgende Kalenderjahr	Altersentlastungsbetrag	
	in % der Einkünfte	Höchstbetrag in Euro
2005	40,0	1 900
2006	38,4	1 824
2007	36,8	1 748
2008	35,2	1 672
2009	33,6	1 596
2010	32,0	1 520
2011	30,4	1 444
2012	28,8	1 368
2013	27,2	1 292
2014	25,6	1 216
2015	24,0	1 140
2016	22,4	1 064
2017	20,8	988
2018	19,2	912
2019	17,6	836
2020	16,0	760
2021	15,2	722
2022	14,4	684
2023	13,6	646
2024	12,8	608
2025	12,0	570
2026	11,2	532
2027	10,4	494
2028	9,6	456
2029	8,8	418
2030	8,0	380
2031	7,2	342
2032	6,4	304
2033	5,6	266
2034	4,8	228
2035	4,0	190
2036	3,2	152
2037	2,4	114
2038	1,6	76
2039	0,8	38
2040	0,0	0

§ 24b
Entlastungsbetrag für Alleinerziehende

(1) ¹Allein stehende Steuerpflichtige können einen Entlastungsbetrag in Höhe von 1 308 Euro im Kalenderjahr von der Summe der Einkünfte abziehen, wenn zu ihrem Haushalt mindestens ein Kind gehört, für das ihnen ein Freibetrag nach § 32 Abs. 6 oder Kindergeld zusteht. ²Die Zugehörigkeit zum Haushalt ist anzunehmen, wenn das Kind in der Wohnung des allein stehenden Steuerpflichtigen gemeldet ist. ³Ist das Kind bei mehreren Steuerpflichtigen gemeldet, steht der Entlastungsbetrag nach Satz 1 demjenigen Alleinstehenden zu, der die Voraussetzungen auf Auszahlung des Kindergeldes nach § 64 Abs. 2 Satz 1 erfüllt oder erfüllen würde in Fällen, in denen nur ein Anspruch auf einen Freibetrag nach § 32 Abs. 6 besteht.

(2) ¹Allein stehend im Sinne des Absatzes 1 sind Steuerpflichtige, die nicht die Voraussetzungen für die Anwendung des Splitting-Verfahrens (§ 26 Abs. 1) erfüllen oder verwitwet sind und keine Haushaltsgemeinschaft mit einer anderen volljährigen Person bilden, es sei denn, für diese steht ihnen ein Freibetrag nach § 32 Abs. 6 oder Kindergeld zu oder es handelt sich um ein Kind im Sinne des § 63 Abs. 1 Satz 1, das einen Dienst nach § 32 Abs. 5 Satz 1 Nr. 1 und 2 leistet oder eine Tätigkeit nach § 32 Abs. 5 Satz 1 Nr. 3 ausübt. ²Ist die andere Person mit Haupt- oder Nebenwohnsitz in der Wohnung des Steuerpflichtigen gemeldet, wird vermutet, dass sie mit dem Steuerpflichtigen gemeinsam wirtschaftet (Haushaltsgemeinschaft). ³Diese Vermutung ist widerlegbar, es sei denn, der Steuerpflichtige und die andere Person leben in einer eheähnlichen oder lebenspartnerschaftsähnlichen Gemeinschaft.

(3) Für jeden vollen Kalendermonat, in dem die Voraussetzungen des Absatzes 1 nicht vorgelegen haben, ermäßigt sich der Entlastungsbetrag um ein Zwölftel.

III. Veranlagung

§ 25
Veranlagungszeitraum, Steuererklärungspflicht

(1) Die Einkommensteuer wird nach Ablauf des Kalenderjahrs (Veranlagungszeitraum) nach dem Einkommen veranlagt, das der Steuerpflichtige in diesem Veranlagungszeitraum bezogen hat, soweit nicht nach § 43 Abs. 5 und § 46 eine Veranlagung unterbleibt.

(2) (weggefallen)

(3) ¹Die steuerpflichtige Person hat für den Veranlagungszeitraum eine eigenhändig unterschriebene Einkommensteuererklärung abzugeben.

EStG

²Wählen Ehegatten die Zusammenveranlagung (§ 26b), haben sie eine gemeinsame Steuererklärung abzugeben, die von beiden eigenhändig zu unterschreiben ist.

(4) ¹Die Erklärung nach Absatz 3 ist nach amtlich vorgeschriebenem Datensatz durch Datenfernübertragung zu übermitteln, wenn Einkünfte nach § 2 Abs. 1 Satz 1 Nr. 1 bis 3 erzielt werden und es sich nicht um einen der Veranlagungsfälle gemäß § 46 Abs. 2 Nr. 2 bis 8 handelt. ²Auf Antrag kann die Finanzbehörde zur Vermeidung unbilliger Härten auf eine Übermittlung durch Datenfernübertragung verzichten.

§ 26
Veranlagung von Ehegatten

(1) ¹Ehegatten können zwischen der Einzelveranlagung (§ 26a) und der Zusammenveranlagung (§ 26b) wählen, wenn

1. beide unbeschränkt einkommensteuerpflichtig im Sinne des § 1 Absatz 1 oder 2 oder des § 1a sind,
2. sie nicht dauernd getrennt leben und
3. bei ihnen die Voraussetzungen aus den Nummern 1 und 2 zu Beginn des Veranlagungszeitraums vorgelegen haben oder im Laufe des Veranlagungszeitraums eingetreten sind.

²Hat ein Ehegatte in dem Veranlagungszeitraum, in dem seine zuvor bestehende Ehe aufgelöst worden ist, eine neue Ehe geschlossen und liegen bei ihm und dem neuen Ehegatten die Voraussetzungen des Satzes 1 vor, bleibt die zuvor bestehende Ehe für die Anwendung des Satzes 1 unberücksichtigt.

(2) ¹Ehegatten werden einzeln veranlagt, wenn einer der Ehegatten die Einzelveranlagung wählt. ²Ehegatten werden zusammen veranlagt, wenn beide Ehegatten die Zusammenveranlagung wählen. ³Die Wahl wird für den betreffenden Veranlagungszeitraum durch Angabe in der Steuererklärung getroffen. ⁴Die Wahl der Veranlagungsart innerhalb eines Veranlagungszeitraums kann nach Eintritt der Unanfechtbarkeit des Steuerbescheids nur noch geändert werden, wenn

1. ein Steuerbescheid, der die Ehegatten betrifft, aufgehoben, geändert oder berichtigt wird und
2. die Änderung der Wahl der Veranlagungsart der zuständigen Finanzbehörde bis zum Eintritt der Unanfechtbarkeit des Änderungs- oder Berichtigungsbescheids schriftlich oder elektronisch mitgeteilt oder zur Niederschrift erklärt worden ist und
3. der Unterschiedsbetrag aus der Differenz der festgesetzten Einkommensteuer entsprechend der bisher gewählten Veranlagungsart und der festzusetzenden Einkommensteuer, die sich bei einer geänderten Ausübung der Wahl der Veranlagungsarten ergeben würde, positiv ist. ²Die Einkommensteuer der einzeln veranlagten Ehegatten ist hierbei zusammenzurechnen.

(3) Wird von dem Wahlrecht nach Absatz 2 nicht oder nicht wirksam Gebrauch gemacht, so ist eine Zusammenveranlagung durchzuführen.

§ 26a
Einzelveranlagung von Ehegatten

(1) ¹Bei der Einzelveranlagung von Ehegatten sind jedem Ehegatten die von ihm bezogenen Einkünfte zuzurechnen. ²Einkünfte eines Ehegatten sind nicht allein deshalb zum Teil dem anderen Ehegatten zuzurechnen, weil dieser bei der Erzielung der Einkünfte mitgewirkt hat.

(2) ¹Sonderausgaben, außergewöhnliche Belastungen und die Steuerermäßigung nach § 35a werden demjenigen Ehegatten zugerechnet, der die Aufwendungen wirtschaftlich getragen hat. ²Auf übereinstimmenden Antrag der Ehegatten werden sie jeweils zur Hälfte abgezogen. ³Der Antrag des Ehegatten, der die Aufwendungen wirtschaftlich getragen hat, ist in begründeten Einzelfällen ausreichend. ⁴§ 26 Absatz 2 Satz 3 gilt entsprechend.

(3) Die Anwendung des § 10d für den Fall des Übergangs von der Einzelveranlagung zur Zusammenveranlagung und von der Zusammenveranlagung zur Einzelveranlagung zwischen zwei Veranlagungszeiträumen, wenn bei beiden Ehegatten nicht ausgeglichene Verluste vorliegen, wird durch Rechtsverordnung der Bundesregierung mit Zustimmung des Bundesrates geregelt.

§ 26b
Zusammenveranlagung von Ehegatten

Bei der Zusammenveranlagung von Ehegatten werden die Einkünfte, die die Ehegatten erzielt haben, zusammengerechnet, den Ehegatten gemeinsam zugerechnet und, soweit nichts anderes vorgeschrieben ist, die Ehegatten sodann gemeinsam als Steuerpflichtiger behandelt.

§ 26c[1]
Besondere Veranlagung für den Veranlagungszeitraum der Eheschließung

(1) ¹Bei besonderer Veranlagung für den Veranlagungszeitraum der Eheschließung werden Ehegatten so behandelt, als ob sie diese Ehe nicht geschlossen hätten. ²§ 12 Nummer 2 bleibt unberührt. ³§ 26a Absatz 1 gilt sinngemäß.

(2) Bei der besonderen Veranlagung ist das Verfahren nach § 32a Absatz 5 anzuwenden, wenn der zu veranlagende Ehegatte zu Beginn des Veranlagungszeitraums verwitwet war und bei ihm die Voraussetzungen des § 32a Absatz 6 Nummer 1 vorgelegen hatten.

§ 27
(weggefallen)

§ 28
Besteuerung bei fortgesetzter Gütergemeinschaft

Bei fortgesetzter Gütergemeinschaft gelten Einkünfte, die in das Gesamtgut fallen, als Einkünfte des überlebenden Ehegatten, wenn dieser unbeschränkt steuerpflichtig ist.

---

1) § 26c ist letztmals für den Verangungszeitraum 2012 anzuwenden.

§§ 29 und 30
(weggefallen)

IV. Tarif

§ 31
Familienleistungsausgleich

¹Die steuerliche Freistellung eines Einkommensbetrags in Höhe des Existenzminimums eines Kindes einschließlich der Bedarfe für Betreuung und Erziehung oder Ausbildung wird im gesamten Veranlagungszeitraum entweder durch die Freibeträge nach § 32 Abs. 6 oder durch Kindergeld nach Abschnitt X bewirkt. ²Soweit das Kindergeld dafür nicht erforderlich ist, dient es der Förderung der Familie. ³Im laufenden Kalenderjahr wird Kindergeld als Steuervergütung monatlich gezahlt. ⁴Bewirkt der Anspruch auf Kindergeld für den gesamten Veranlagungszeitraum die nach Satz 1 gebotene steuerliche Freistellung nicht vollständig und werden deshalb bei der Veranlagung zur Einkommensteuer die Freibeträge nach § 32 Abs. 6 vom Einkommen abgezogen, erhöht sich die unter Abzug dieser Freibeträge ermittelte tarifliche Einkommensteuer um den Anspruch auf Kindergeld für den gesamten Veranlagungszeitraum; bei nicht zusammenveranlagten Eltern wird der Kindergeldanspruch im Umfang des Kinderfreibetrags angesetzt. ⁵Satz 4 gilt entsprechend für mit dem Kindergeld vergleichbare Leistungen nach § 65. ⁶Besteht nach ausländischem Recht Anspruch auf Leistungen für Kinder, wird dieser insoweit nicht berücksichtigt, als er das inländische Kindergeld übersteigt.

§ 32
Kinder, Freibeträge für Kinder

(1) Kinder sind
1. im ersten Grad mit dem Steuerpflichtigen verwandte Kinder,
2. Pflegekinder (Personen, mit denen der Steuerpflichtige durch ein familienähnliches, auf längere Dauer berechnetes Band verbunden ist, sofern er sie nicht zu Erwerbszwecken in seinen Haushalt aufgenommen hat und das Obhuts- und Pflegeverhältnis zu den Eltern nicht mehr besteht).

(2) ¹Besteht bei einem angenommenen Kind das Kindschaftsverhältnis zu den leiblichen Eltern weiter, ist es vorrangig als angenommenes Kind zu berücksichtigen. ²Ist ein im ersten Grad mit dem Steuerpflichtigen verwandtes Kind zugleich ein Pflegekind, ist es vorrangig als Pflegekind zu berücksichtigen.

(3) Ein Kind wird in dem Kalendermonat, in dem es lebend geboren wurde, und in jedem folgenden Kalendermonat, zu dessen Beginn es das 18. Lebensjahr noch nicht vollendet hat, berücksichtigt.

(4) ¹Ein Kind, das das 18. Lebensjahr vollendet hat, wird berücksichtigt, wenn es
1. noch nicht das 21. Lebensjahr vollendet hat, nicht in einem Beschäftigungsverhältnis steht und bei einer Agentur für Arbeit im Inland als Arbeitsuchender gemeldet ist oder
2. noch nicht das 25. Lebensjahr vollendet hat und
   a) für einen Beruf ausgebildet wird oder
   b) sich in einer Übergangszeit von höchstens vier Monaten befindet, die zwischen zwei Ausbildungsabschnitten oder zwischen einem Ausbildungsabschnitt und der Ableistung des gesetzlichen Wehr- oder Zivildienstes, einer vom Wehr- oder Zivildienst befreienden Tätigkeit als Entwicklungshelfer oder als Dienstleistender im Ausland nach § 14b des Zivildienstgesetzes oder der Ableistung des freiwilligen Wehrdienstes nach § 58b des Soldatengesetzes oder der Ableistung eines freiwilligen Dienstes im Sinne des Buchstaben d liegt, oder
   c) eine Berufsausbildung mangels Ausbildungsplatzes nicht beginnen oder fortsetzen kann oder
   d) ein freiwilliges soziales Jahr oder ein freiwilliges ökologisches Jahr im Sinne des Jugendfreiwilligendienstegesetzes oder einen Freiwilligendienst im Sinne der Verordnung (EU) Nr. 1288/2013 des Europäischen Parlaments und des Rates vom 11. Dezember 2013 zur Einrichtung von „Erasmus+", dem Programm der Union für allgemeine und berufliche Bildung, Jugend und Sport, und zur Aufhebung der Beschlüsse Nr. 1719/2006/EG, Nr. 1720/2006/EG und Nr·. 1298/2008/EG (ABl. L 347 vom 20.12.2013, S. 50) oder einen anderen Dienst im Ausland im Sinne von § 5 des Bundesfreiwilligendienstgesetzes oder einen entwicklungspolitischen Freiwilligendienst „weltwärts" im Sinne der Richtlinie des Bundesministeriums für wirtschaftliche Zusammenarbeit und Entwicklung vom 1. August 2007 (BAnz. 2008 S. 1297) oder einen Freiwilligendienst aller Generationen im Sinne von § 2 Absatz 1a des Siebten Buches Sozialgesetzbuch oder einen Internationalen Jugendfreiwilligendienst im Sinne der Richtlinie des Bundesministeriums für Familie, Senioren, Frauen und Jugend vom 20. Dezember 2010 (GMBl S. 1778) oder einen Bundesfreiwilligendienst im Sinne des Bundesfreiwilligendienstgesetzes leistet oder
3. wegen körperlicher, geistiger oder seelischer Behinderung außerstande ist, sich selbst zu unterhalten; Voraussetzung ist, dass die Behinderung vor Vollendung des 25. Lebensjahres eingetreten ist.

²Nach Abschluss einer erstmaligen Berufsausbildung oder eines Erststudiums wird ein Kind in den Fällen des Satzes 1 Nummer 2 nur berücksichtigt, wenn das Kind keiner Erwerbstätigkeit nachgeht. ³Eine Erwerbstätigkeit mit bis zu 20 Stunden regelmäßiger wöchentlicher Arbeitszeit, ein Ausbildungsdienstverhältnis oder ein geringfügiges Beschäftigungsverhältnis im Sinne der §§ 8 und 8a des Vierten Buches Sozialgesetzbuch sind unschädlich.

(5) ¹In den Fällen des Absatzes 4 Satz 1 Nr. 1 oder Nr. 2 Buchstabe a und b wird ein Kind, das
1. den gesetzlichen Grundwehrdienst oder Zivildienst geleistet hat, oder

2. sich an Stelle des gesetzlichen Grundwehrdienstes freiwillig für die Dauer von nicht mehr als drei Jahren zum Wehrdienst verpflichtet hat, oder

3. eine vom gesetzlichen Grundwehrdienst oder Zivildienst befreiende Tätigkeit als Entwicklungshelfer im Sinne des § 1 Abs. 1 des Entwicklungshelfer-Gesetzes ausgeübt hat,

für einen der Dauer dieser Dienste oder der Tätigkeit entsprechenden Zeitraum, höchstens für die Dauer des inländischen gesetzlichen Grundwehrdienstes oder bei anerkannten Kriegsdienstverweigerern für die Dauer des inländischen gesetzlichen Zivildienstes über das 21. oder 25. Lebensjahr hinaus berücksichtigt. [2]Wird der gesetzliche Grundwehrdienst oder Zivildienst in einem Mitgliedstaat der Europäischen Union oder einem Staat, auf den das Abkommen über den Europäischen Wirtschaftsraum Anwendung findet, geleistet, so ist die Dauer dieses Dienstes maßgebend. [3]Absatz 4 Satz 2 und 3 gilt entsprechend.

(6) [1]Bei der Veranlagung zur Einkommensteuer wird für jedes zu berücksichtigende Kind des Steuerpflichtigen ein Freibetrag von 2 184 Euro für das sächliche Existenzminimum des Kindes (Kinderfreibetrag) sowie ein Freibetrag von 1 320 Euro für den Betreuungs- und Erziehungs- oder Ausbildungsbedarf des Kindes vom Einkommen abgezogen. [2]Bei Ehegatten, die nach den §§ 26, 26b zusammen zur Einkommensteuer veranlagt werden, verdoppeln sich die Beträge nach Satz 1, wenn das Kind zu beiden Ehegatten in einem Kindschaftsverhältnis steht. [3]Die Beträge nach Satz 2 stehen dem Steuerpflichtigen auch dann zu, wenn

1. der andere Elternteil verstorben oder nicht unbeschränkt einkommensteuerpflichtig ist oder
2. der Steuerpflichtige allein das Kind angenommen hat oder das Kind nur zu ihm in einem Pflegekindschaftsverhältnis steht.

[4]Für ein nicht nach § 1 Abs. 1 oder 2 unbeschränkt einkommensteuerpflichtiges Kind können die Beträge nach den Sätzen 1 bis 3 nur abgezogen werden, soweit sie nach den Verhältnissen seines Wohnsitzstaates notwendig und angemessen sind. [5]Für jeden Kalendermonat, in dem die Voraussetzungen für einen Freibetrag nach den Sätzen 1 bis 4 nicht vorliegen, ermäßigen sich die dort genannten Beträge um ein Zwölftel. [6]Abweichend von Satz 1 wird einem unbeschränkt einkommensteuerpflichtigen Elternpaar, bei dem die Voraussetzungen des § 26 Absatz 1 Satz 1 nicht vorliegen, auf Antrag eines Elternteils der dem anderen Elternteil zustehende Kinderfreibetrag auf ihn übertragen, wenn er, nicht jedoch der andere Elternteil, seiner Unterhaltspflicht gegenüber dem Kind für das Kalenderjahr im Wesentlichen nachkommt oder der andere Elternteil mangels Leistungsfähigkeit nicht unterhaltspflichtig ist. [7]Eine Übertragung nach Satz 6 scheidet für Zeiträume aus, für die Unterhaltsleistungen nach dem Unterhaltsvorschussgesetz gezahlt werden. [8]Bei minderjährigen Kindern wird dem Elternteil, in dessen Wohnung das Kind nicht gemeldet ist, zustehende Freibetrag für den Betreuungs- und Erziehungs- oder Ausbildungsbedarf auf Antrag des anderen Elternteils auf diesen übertragen, wenn bei dem Elternpaar die Voraussetzungen des § 26 Absatz 1 Satz 1 nicht vorliegen. [9]Eine Übertragung nach Satz 8 scheidet aus, wenn der Übertragung widersprochen wird, weil der Elternteil, bei dem das Kind nicht gemeldet ist, Kinderbetreuungskosten trägt oder das Kind regelmäßig in einem nicht unwesentlichen Umfang betreut. [10]Die den Eltern nach den Sätzen 1 bis 9 zustehenden Freibeträge können auf Antrag auch auf einen Stiefelternteil oder Großelternteil übertragen werden, wenn dieser das Kind in seinen Haushalt aufgenommen hat oder dieser einer Unterhaltspflicht gegenüber dem Kind unterliegt. [11]Die Übertragung nach Satz 10 kann auch mit Zustimmung des berechtigten Elternteils erfolgen, die nur für künftige Kalenderjahre widerrufen werden kann.

§ 32a
Einkommensteuertarif

(1) [1]Die tarifliche Einkommensteuer in den Veranlagungszeiträumen ab 2014 bemisst sich nach dem zu versteuernden Einkommen. [2]Sie beträgt vorbehaltlich der §§ 32b, 32d, 34, 34a, 34b und 34c jeweils in Euro für zu versteuernde Einkommen

1. bis 8 354 Euro (Grundfreibetrag): 0;
2. von 8 355 Euro bis 13 469 Euro: $(974{,}58 \cdot y + 1\,400) \cdot y$;
3. von 13 470 Euro bis 52 881 Euro: $(228{,}74 \cdot z + 2\,397) \cdot z + 971$;
4. von 52 882 Euro bis 250 730 Euro: $0{,}42 \cdot x - 8\,239$;
5. von 250 731 Euro an: $0{,}45 \cdot x - 15\,761$.

[3]„y" ist ein Zehntausendstel des den Grundfreibetrag übersteigenden Teils des auf einen vollen Euro-Betrag abgerundeten zu versteuernden Einkommens. [4]„z" ist ein Zehntausendstel des 13 469 Euro übersteigenden Teils des auf einen vollen Euro-Betrag abgerundeten zu versteuernden Einkommens. [5]„x" ist das auf einen vollen Euro-Betrag abgerundete zu versteuernde Einkommen. [6]Der sich ergebende Steuerbetrag ist auf den nächsten vollen Euro-Betrag abzurunden.

(2) (weggefallen)

(3) (weggefallen)

(4) (weggefallen)

(5) Bei Ehegatten, die nach den §§ 26, 26b zusammen zur Einkommensteuer veranlagt werden, beträgt die tarifliche Einkommensteuer vorbehaltlich der §§ 32b, 32d, 34, 34a, 34b und 34c das Zweifache des Steuerbetrags, der sich für die Hälfte ihres gemeinsam zu versteuernden Einkommens nach Absatz 1 ergibt (Splitting-Verfahren).

(6) [1]Das Verfahren nach Absatz 5 ist auch anzuwenden zur Berechnung der tariflichen Einkommensteuer für das zu versteuernde Einkommen

1. bei einem verwitweten Steuerpflichtigen für den Veranlagungszeitraum, der dem Kalenderjahr folgt, in dem der Ehegatte verstorben ist, wenn der Steuerpflichtige und sein verstorbener Ehegatte im Zeitpunkt seines Todes die Voraussetzungen des § 26 Abs. 1 Satz 1 erfüllt haben,

2. bei einem Steuerpflichtigen, dessen Ehe in dem Kalenderjahr, in dem er sein Einkommen bezogen hat, aufgelöst worden ist, wenn in diesem Kalenderjahr
   a) der Steuerpflichtige und sein bisheriger Ehegatte die Voraussetzungen des § 26 Abs. 1 Satz 1 erfüllt haben,
   b) der bisherige Ehegatte wieder geheiratet hat und
   c) der bisherige Ehegatte und dessen neuer Ehegatte ebenfalls die Voraussetzungen des § 26 Abs. 1 Satz 1 erfüllen.

²Voraussetzung für die Anwendung des Satzes 1 ist, dass der Steuerpflichtige nicht nach den §§ 26, 26a einzeln zur Einkommensteuer veranlagt wird.

§ 32b
Progressionsvorbehalt

(1) ¹Hat ein zeitweise oder während des gesamten Veranlagungszeitraums unbeschränkt Steuerpflichtiger oder ein beschränkt Steuerpflichtiger, auf den § 50 Abs. 2 Satz 2 Nr. 4 Anwendung findet,
1. a) Arbeitslosengeld, Teilarbeitslosengeld, Zuschüsse zum Arbeitsentgelt, Kurzarbeitergeld, Insolvenzgeld, Übergangsgeld nach dem Dritten Buch Sozialgesetzbuch; Insolvenzgeld, das nach § 170 Absatz 1 des Dritten Buches Sozialgesetzbuch einem Dritten zusteht, ist dem Arbeitnehmer zuzurechnen,
   b) Krankengeld, Mutterschaftsgeld, Verletztengeld, Übergangsgeld oder vergleichbare Lohnersatzleistungen nach dem Fünften, Sechsten oder Siebten Buch Sozialgesetzbuch, der Reichsversicherungsordnung, dem Gesetz über die Krankenversicherung der Landwirte oder dem Zweiten Gesetz über die Krankenversicherung der Landwirte,
   c) Mutterschaftsgeld, Zuschuss zum Mutterschaftsgeld, die Sonderunterstützung nach dem Mutterschutzgesetz sowie den Zuschuss bei Beschäftigungsverboten für die Zeit vor oder nach einer Entbindung sowie für den Entbindungstag während einer Elternzeit nach beamtenrechtlichen Vorschriften,
   d) Arbeitslosenbeihilfe nach dem Soldatenversorgungsgesetz,
   e) Entschädigungen für Verdienstausfall nach dem Infektionsschutzgesetz vom 20. Juli 2000 (BGBl. I S. 1045),
   f) Versorgungskrankengeld oder Übergangsgeld nach dem Bundesversorgungsgesetz,
   g) nach § 3 Nr. 28 steuerfreie Aufstockungsbeträge oder Zuschläge,
   h) Verdienstausfallentschädigung nach dem Unterhaltssicherungsgesetz,
   i) (weggefallen)
   j) Elterngeld nach dem Bundeselterngeld- und Elternzeitgesetz,
   k) nach § 3 Nummer 2 Buchstabe e steuerfreie Leistungen, wenn vergleichbare Leistungen inländischer öffentlicher Kassen nach den Buchstaben a bis j dem Progressionsvorbehalt unterfallen, oder

2. ausländische Einkünfte, die im Veranlagungszeitraum nicht der deutschen Einkommensteuer unterlegen haben; dies gilt nur für Fälle der zeitweisen unbeschränkten Steuerpflicht einschließlich der in § 2 Abs. 7 Satz 3 geregelten Fälle, ausgenommen sind Einkünfte, die nach einem sonstigen zwischenstaatlichen Übereinkommen im Sinne der Nummer 4 steuerfrei sind und die nach diesem Übereinkommen nicht unter dem Vorbehalt der Einbeziehung bei der Berechnung der Einkommensteuer stehen,
3. Einkünfte, die nach einem Abkommen zur Vermeidung der Doppelbesteuerung steuerfrei sind,
4. Einkünfte, die nach einem sonstigen zwischenstaatlichen Übereinkommen unter dem Vorbehalt der Einbeziehung bei der Berechnung der Einkommensteuer steuerfrei sind,
5. Einkünfte, die bei Anwendung von § 1 Abs. 3 oder § 1 a oder § 50 Abs. 2 Satz 2 Nr. 4 im Veranlagungszeitraum bei der Ermittlung des zu versteuernden Einkommens unberücksichtigt bleiben, weil sie nicht der deutschen Einkommensteuer oder einem Steuerabzug unterliegen; ausgenommen sind Einkünfte, die nach einem sonstigen zwischenstaatlichen Übereinkommen im Sinne der Nummer 4 steuerfrei sind und die nach diesem Übereinkommen nicht unter dem Vorbehalt der Einbeziehung bei der Berechnung der Einkommensteuer stehen,

bezogen, so ist auf das nach § 32a Abs. 1 zu versteuernde Einkommen ein besonderer Steuersatz anzuwenden. ²Satz 1 Nr. 3 gilt nicht für Einkünfte
1. aus einer anderen als in einem Drittstaat belegenen land- und forstwirtschaftlichen Betriebsstätte,
2. aus einer anderen als in einem Drittstaat belegenen gewerblichen Betriebsstätte, die nicht die Voraussetzungen des § 2a Abs. 2 Satz 1 erfüllt,
3. aus der Vermietung oder der Verpachtung von unbeweglichem Vermögen oder von Sachinbegriffen, wenn diese in einem anderen Staat als in einem Drittstaat belegen sind, oder
4. aus der entgeltlichen Überlassung von Schiffen, sofern diese ausschließlich oder fast ausschließlich in einem anderen als einem Drittstaat eingesetzt worden sind, es sei denn, es handelt sich um Handelsschiffe, die
   a) von einem Vercharterer ausgerüstet überlassen oder
   b) an in einem anderen als in einem Drittstaat ansässige Ausrüster, die die Voraussetzungen des § 510 Abs. 1 des Handelsgesetzbuchs erfüllen, überlassen oder
   c) insgesamt nur vorübergehend an in einem Drittstaat ansässige Ausrüster, die die Voraussetzungen des § 510 Abs. 1 des Handelsgesetzbuchs erfüllen, überlassen worden sind, oder
5. aus dem Ansatz des niedrigeren Teilwerts oder der Übertragung eines zu einem Betriebsvermögen gehörenden Wirtschaftsguts im Sinne der Nummern 3 und 4.

³§ 2a Abs. 2a und § 15b sind sinngemäß anzuwenden.

(1a) Als unmittelbar von einem unbeschränkt Steuerpflichtigen bezogene ausländischen Einkünfte im Sinne des Absatzes 1 Nr. 3 gelten auch die ausländischen Einkünfte, die eine Organgesellschaft im Sinne des § 14 oder § 17 des Körperschaftsteuergesetzes bezogen hat und die nach einem Abkommen zur Vermeidung der Doppelbesteuerung steuerfrei sind, in dem Verhältnis, in dem dem unbeschränkt Steuerpflichtigen das Einkommen der Organgesellschaft bezogen auf das gesamte Einkommen der Organgesellschaft im Veranlagungszeitraum zugerechnet wird.

(2) ¹Der besondere Steuersatz nach Absatz 1 ist der Steuersatz, der sich ergibt, wenn bei der Berechnung der Einkommensteuer das nach § 32a Abs. 1 zu versteuernde Einkommen vermehrt oder vermindert wird um

1. im Fall des Absatzes 1 Nr. 1 die Summe der Leistungen nach Abzug des Arbeitnehmer-Pauschbetrags (§ 9a Satz 1 Nr. 1), soweit er nicht bei der Ermittlung der Einkünfte aus nichtselbständiger Arbeit abziehbar ist;
2. im Fall des Absatzes 1 Nr. 2 bis 5 die dort bezeichneten Einkünfte, wobei die darin enthaltenen außerordentlichen Einkünfte mit einem Fünftel zu berücksichtigen sind. ²Bei der Ermittlung der Einkünfte im Fall des Absatzes 1 Nr. 2 bis 5

   a) ist der Arbeitnehmer-Pauschbetrag (§ 9a Satz 1 Nr. 1 Buchstabe a) abzuziehen, soweit er nicht bei der Ermittlung der Einkünfte aus nichtselbständiger Arbeit abziehbar ist;
   b) sind Werbungskosten nur insoweit abzuziehen, als sie zusammen mit den bei der Ermittlung der Einkünfte aus nichtselbständiger Arbeit abziehbaren Werbungskosten den Arbeitnehmer-Pauschbetrag (§ 9a Satz 1 Nr. 1 Buchstabe a) übersteigen.
   c) sind bei Gewinnermittlung nach § 4 Absatz 3 die Anschaffungs- oder Herstellungskosten für Wirtschaftsgüter des Umlaufvermögens im Zeitpunkt des Zuflusses des Veräußerungserlöses oder bei Entnahme im Zeitpunkt der Entnahme als Betriebsausgaben zu berücksichtigen. § 4 Absatz 3 Satz 5 gilt entsprechend.

(3) ¹Die Träger der Sozialleistungen im Sinne des Absatzes 1 Nr. 1 haben die Daten über die im Kalenderjahr gewährten Leistungen sowie die Dauer des Leistungszeitraums für jeden Empfänger bis zum 28. Februar des Folgejahres nach amtlich vorgeschriebenem Datensatz durch amtlich bestimmte Datenfernübertragung zu übermitteln, soweit die Leistungen nicht auf der Lohnsteuerbescheinigung (§ 41b Abs. 1 Satz 2 Nr. 5) auszuweisen sind; § 41b Abs. 2 und § 22a Abs. 2 gelten entsprechend. ²Der Empfänger der Leistungen ist entsprechend zu informieren und auf die steuerliche Behandlung dieser Leistungen und seine Steuererklärungspflicht hinzuweisen. ³In den Fällen des § 170 Abs. 1 des Dritten Buches Sozialgesetzbuch ist Empfänger des an Dritte ausgezahlten Insolvenzgeldes der Arbeitnehmer, der seinen Arbeitsentgeltanspruch übertragen hat.

(4) (weggefallen)

§ 32c
Tarifbegrenzung bei Gewinneinkünften

(weggefallen)

§ 32d
Gesonderter Steuertarif für Einkünfte aus Kapitalvermögen

(1) ¹Die Einkommensteuer für Einkünfte aus Kapitalvermögen, die nicht unter § 20 Abs. 8 fallen, beträgt 25 Prozent. ²Die Steuer nach Satz 1 vermindert sich um die nach Maßgabe des Absatzes 5 anrechenbaren ausländischen Steuern. ³Im Fall der Kirchensteuerpflicht ermäßigt sich die Steuer nach den Sätzen 1 und 2 um 25 Prozent der auf die Kapitalerträge entfallenden Kirchensteuer. ⁴Die Einkommensteuer beträgt damit $\frac{e-4q}{4+k}$.

⁵Dabei sind „e" die nach den Vorschriften des § 20 ermittelten Einkünfte, „q" die nach Maßgabe des Absatzes 5 anrechenbaren ausländische Steuer und „k" der für die Kirchensteuer erhebende Religionsgesellschaft (Religionsgemeinschaft) geltende Kirchensteuersatz.

(2) ¹Absatz 1 gilt nicht

1. für Kapitalerträge im Sinne des § 20 Abs. 1 Nr. 4 und 7 sowie Abs. 2 Satz 1 Nr. 4 und 7,

   a) wenn Gläubiger und Schuldner einander nahe stehende Personen sind, soweit die den Kapitalerträgen entsprechenden Aufwendungen beim Schuldner Betriebsausgaben oder Werbungskosten im Zusammenhang mit Einkünften sind, die der inländischen Besteuerung unterliegen und § 20 Absatz 9 Satz 1 zweiter Halbsatz keine Anwendung findet,
   b) wenn sie von einer Kapitalgesellschaft oder Genossenschaft an einen Anteilseigner gezahlt werden, der zu mindestens 10 Prozent an der Gesellschaft oder Genossenschaft beteiligt ist. ²Dies gilt auch, wenn der Gläubiger der Kapitalerträge eine dem Anteilseigner nahe stehende Person ist, oder
   c) soweit ein Dritter die Kapitalerträge schuldet und diese Kapitalanlage im Zusammenhang mit einer Kapitalüberlassung an einen Betrieb des Gläubigers steht. ³Dies gilt entsprechend, wenn Kapital überlassen wird

      aa) an eine dem Gläubiger der Kapitalerträge nahestehende Person oder
      bb) an eine Personengesellschaft, bei der der Gläubiger der Kapitalerträge oder eine diesem nahestehende Person als Mitunternehmer beteiligt ist oder
      cc) an eine Kapitalgesellschaft oder Genossenschaft, an der der Gläubiger der Kapitalerträge oder eine diesem nahestehende Person zu mindestens 10 Prozent beteiligt ist,

      sofern der Dritte auf den Gläubiger oder eine diesem nahestehende Person zurückgreifen kann. ⁴Ein Zusammenhang ist anzunehmen, wenn die Kapitalanlage und die Kapitalüberlassung auf einem einheitlichen Plan beruhen. ⁵Hiervon ist insbesondere dann auszugehen, wenn die Kapitalüberlassung in engem zeitlichen Zusammenhang mit einer Kapitalanlage steht oder die jeweiligen Zinsvereinbarungen miteinander verknüpft sind. ⁶Von einem Zusammenhang ist jedoch nicht auszugehen, wenn die Zinsvereinbarungen marktüblich sind oder die Anwendung des Absatzes 1 beim Steuerpflichtigen zu keinem Belastungsvorteil führt. ⁷Die Sätze 1 bis 5 gelten sinngemäß, wenn das überlassene Kapital vom Gläubiger der Kapitalerträge für die Erzielung von Einkünften im Sinne des § 2 Abs. 1 Satz 1 Nr. 4, 6 und 7 eingesetzt wird.

²Insoweit findet § 20 Abs. 6 und 9 keine Anwendung;

2. für Kapitalerträge im Sinne des § 20 Abs. 1 Nr. 6 Satz 2. ²Insoweit findet § 20 Abs. 6 keine Anwendung;

3. auf Antrag für Kapitalerträge im Sinne des § 20 Abs. 1 Nr. 1 und 2 aus einer Beteiligung an einer Kapitalgesellschaft, wenn der Steuerpflichtige im Veranlagungszeitraum, für den der Antrag erstmals gestellt wird, unmittelbar oder mittelbar

   a) zu mindestens 25 Prozent an der Kapitalgesellschaft beteiligt ist oder

   b) zu mindestens 1 Prozent an der Kapitalgesellschaft beteiligt und beruflich für diese tätig ist.

²Insoweit finden § 3 Nr. 40 Satz 2 und § 20 Abs. 6 und 9 keine Anwendung. ³Der Antrag gilt für die jeweilige Beteiligung erstmals für den Veranlagungszeitraum, für den er gestellt worden ist. ⁴Er ist spätestens zusammen mit der Einkommensteuererklärung für den jeweiligen Veranlagungszeitraum zu stellen und gilt, solange er nicht widerrufen wird, auch für die folgenden vier Veranlagungszeiträume, ohne dass die Antragsvoraussetzungen erneut zu belegen sind. ⁵Die Widerrufserklärung muss dem Finanzamt spätestens mit der Steuererklärung für den Veranlagungszeitraum zugehen, für den die Sätze 1 bis 4 erstmals nicht mehr angewandt werden sollen. ⁶Nach einem Widerruf ist ein erneuter Antrag des Steuerpflichtigen für diese Beteiligung an der Kapitalgesellschaft nicht mehr zulässig;

4. für Bezüge im Sinne des § 20 Absatz 1 Nummer 1 und für Einnahmen im Sinne des § 20 Absatz 1 Nummer 9, soweit sie das Einkommen der leistenden Körperschaft gemindert haben; dies gilt nicht, soweit eine verdeckte Gewinnausschüttung das Einkommen einer dem Steuerpflichtigen nahe stehenden Person erhöht hat und § 32a des Körperschaftsteuergesetzes auf die Veranlagung dieser nahe stehenden Person keine Anwendung findet.

(3) ¹Steuerpflichtige Kapitalerträge, die nicht der Kapitalertragsteuer unterlegen haben, hat der Steuerpflichtige in seiner Einkommensteuererklärung anzugeben. ²Für diese Kapitalerträge erhöht sich die tarifliche Einkommensteuer um den nach Absatz 1 ermittelten Betrag.

(4) Der Steuerpflichtige kann mit der Einkommensteuererklärung für Kapitalerträge, die der Kapitalertragsteuer unterlegen haben, eine Steuerfestsetzung entsprechend Absatz 3 Satz 2 insbesondere in Fällen eines nicht vollständig ausgeschöpften Sparer-Pauschbetrags, einer Anwendung der Ersatzbemessungsgrundlage nach § 43a Abs. 2 Satz 7, eines noch nicht im Rahmen des § 43a Abs. 3 berücksichtigten Verlusts, eines Verlustvortrags nach § 20 Abs. 6 und noch nicht berücksichtigter ausländischer Steuern, zur Überprüfung des Steuereinbehalts dem Grund oder der Höhe nach oder zur Anwendung von Absatz 1 Satz 3 beantragen.

(5) ¹In den Fällen der Absätze 3 und 4 ist bei unbeschränkt Steuerpflichtigen, die mit ausländischen Kapitalerträgen in dem Staat, aus dem die Kapitalerträge stammen, zu einer der deutschen Einkommensteuer entsprechenden Steuer herangezogen werden, die auf ausländische Kapitalerträge festgesetzte und gezahlte und um einen entstandenen Ermäßigungsanspruch gekürzte ausländische Steuer, jedoch höchstens 25 Prozent ausländische Steuer auf den einzelnen Kapitalertrag, auf die deutsche Steuer anzurechnen. ²Soweit in einem Abkommen zur Vermeidung der Doppelbesteuerung die Anrechnung einer ausländischen Steuer einschließlich einer als gezahlt geltenden Steuer auf die deutsche Steuer vorgesehen ist, gilt Satz 1 entsprechend. ³Die ausländischen Steuern sind nur bis zur Höhe der auf die im jeweiligen Veranlagungszeitraum bezogenen Kapitalerträge im Sinne des Satzes 1 entfallenden deutschen Steuer anzurechnen.

(6) ¹Auf Antrag des Steuerpflichtigen werden anstelle der Anwendung der Absätze 1, 3 und 4 die nach § 20 ermittelten Kapitaleinkünfte den Einkünften im Sinne des § 2 hinzugerechnet und der tariflichen Einkommensteuer unterworfen, wenn dies zu einer niedrigeren Einkommensteuer einschließlich Zuschlagsteuern führt (Günstigerprüfung). ²Absatz 5 ist mit der Maßgabe anzuwenden, dass die nach dieser Vorschrift ermittelten ausländischen Steuern auf die zusätzliche tarifliche Einkommensteuer anzurechnen sind, die auf die hinzugerechneten Kapitaleinkünfte entfällt. ³Der Antrag kann für den jeweiligen Veranlagungszeitraum nur einheitlich für sämtliche Kapitalerträge gestellt werden. ⁴Bei zusammenveranlagten Ehegatten kann der Antrag nur für sämtliche Kapitalerträge beider Ehegatten gestellt werden.

§ 33
Außergewöhnliche Belastungen

(1) Erwachsen einem Steuerpflichtigen zwangsläufig größere Aufwendungen als der überwiegenden Mehrzahl der Steuerpflichtigen gleicher Einkommensverhältnisse, gleicher Vermögensverhältnisse und gleichen Familienstands (außergewöhnliche Belastung), so wird auf Antrag die Einkommensteuer dadurch ermäßigt, dass der Teil der Aufwendungen, der die dem Steuerpflichtigen zumutbare Belastung (Absatz 3) übersteigt, vom Gesamtbetrag der Einkünfte abgezogen wird.

(2) [1]Aufwendungen erwachsen dem Steuerpflichtigen zwangsläufig, wenn er sich ihnen aus rechtlichen, tatsächlichen oder sittlichen Gründen nicht entziehen kann und soweit die Aufwendungen den Umständen nach notwendig sind und einen angemessenen Betrag nicht übersteigen. [2]Aufwendungen, die zu den Betriebsausgaben, Werbungskosten oder Sonderausgaben gehören, bleiben dabei außer Betracht; das gilt für Aufwendungen im Sinne des § 10 Abs. 1 Nr. 7 und 9 nur insoweit, als sie als Sonderausgaben abgezogen werden können. [3]Aufwendungen, die durch Diätverpflegung entstehen, können nicht als außergewöhnliche Belastung berücksichtigt werden. [4]Aufwendungen für die Führung eines Rechtsstreits (Prozesskosten) sind vom Abzug ausgeschlossen, es sei denn, es handelt sich um Aufwendungen, ohne die der Steuerpflichtige Gefahr liefe, seine Existenzgrundlage zu verlieren und seine lebensnotwendigen Bedürfnisse in dem üblichen Rahmen nicht mehr befriedigen zu können.

(3) [1]Die zumutbare Belastung beträgt

bei einem Gesamtbetrag der Einkünfte	bis 15 340 EUR	über 15 340 EUR bis 51 130 EUR	über 51 130 EUR
1. bei Steuerpflichtigen, die keine Kinder haben und bei denen die Einkommensteuer			
a) nach 32a Abs. 1	5	6	7
b) nach § 32a Abs. 5 oder 6 (Splitting-Verfahren	4	5	6
zu berechnen ist;			
2. bei Steuerpflichtigen mit			
a) einem Kind oder zwei Kindern,	2	3	4
b) drei oder mehr Kindern	1	1	2
	Prozent des Gesamtbetrags der Einkünfte		

[2]Als Kinder des Steuerpflichtigen zählen die, für die er Anspruch auf einen Freibetrag nach § 32 Abs. 6 oder auf Kindergeld hat.

(4) Die Bundesregierung wird ermächtigt, durch Rechtsverordnung mit Zustimmung des Bundesrates die Einzelheiten des Nachweises von Aufwendungen nach Absatz 1 zu bestimmen.

§ 33a
Außergewöhnliche Belastung in besonderen Fällen

(1) [1]Erwachsen einem Steuerpflichtigen Aufwendungen für den Unterhalt und eine etwaige Berufsausbildung einer dem Steuerpflichtigen oder seinem Ehegatten gegenüber gesetzlich unterhaltsberechtigten Person, so wird auf Antrag die Einkommensteuer dadurch ermäßigt, dass die Aufwendungen bis zu 8 354 Euro im Kalenderjahr vom Gesamtbetrag der Einkünfte abgezogen werden. [2]Der Höchstbetrag nach Satz 1 erhöht sich um den Betrag der im jeweiligen Veranlagungszeitraum nach § 10 Absatz 1 Nummer 3 für die Absicherung der unterhaltsberechtigten Person aufgewandten Beiträge; dies gilt nicht für Kranken- und Pflegeversicherungsbeiträge, die bereits nach § 10 Absatz 1 Nummer 3 Satz 1 anzusetzen sind. [3]Der gesetzlich unterhaltsberechtigten Person gleichgestellt ist eine Person, wenn bei ihr zum Unterhalt bestimmte inländische öffentliche Mittel mit Rücksicht auf die Unterhaltsleistungen des Steuerpflichtigen gekürzt werden. [4]Voraussetzung ist, dass weder der Steuerpflichtige noch eine andere Person Anspruch auf einen Freibetrag nach § 32 Abs. 6 oder auf Kindergeld für die unterhaltene Person hat und die unterhaltene Person kein oder nur ein geringes Vermögen besitzt; ein angemessenes Hausgrundstück im Sinne von § 90 Absatz 2 Nummer 8 des Zwölften Buches Sozialgesetzbuch bleibt unberücksichtigt. [5]Hat die unterhaltene Person andere Einkünfte oder Bezüge, so vermindert sich die Summe der nach Satz 1 und Satz 2 ermittelten Beträge um den Betrag, um den diese Einkünfte und Bezüge den Betrag von 624 Euro im Kalenderjahr übersteigen, sowie um die von der unterhaltenen Person als Ausbildungshilfe aus öffentlichen Mitteln oder von Förderungseinrichtungen, die hierfür öffentliche Mittel erhalten, bezogenen Zuschüsse; zu den Bezügen gehören auch steuerfreie Gewinne nach den §§ 14, 16 Absatz 4, § 17 Absatz 3 und § 18 Absatz 3, die nach § 19 Absatz 2 steuerfrei bleibenden Einkünfte sowie Sonderabschreibungen und erhöhte Absetzungen, soweit sie die höchstmöglichen Absetzungen für Abnutzung nach § 7 übersteigen. [6]Ist die unterhaltene Person nicht unbeschränkt einkommensteuerpflichtig, so können die Aufwendungen nur abgezogen werden, soweit sie nach den Verhältnissen des Wohnsitzstaats der unterhaltenen Person notwendig und angemessen sind, höchstens jedoch der Betrag, der sich nach den Sätzen 1 bis 5 ergibt; ob der Steuerpflichtige zum Unterhalt gesetzlich verpflichtet ist, ist nach inländischen Maßstäben zu beurteilen. [7]Werden die Aufwendungen für eine unterhaltene Person von mehreren Steuerpflichtigen getragen, so wird bei jedem der Teil des sich hiernach ergebenden Betrags abgezogen, der seinem Anteil am Gesamtbetrag der Leistungen entspricht. [8]Nicht auf Euro lautende Beträge sind entsprechend dem für Ende September des Jahres vor dem Veranlagungszeitraum von der Europäischen Zentralbank bekannt gegebenen Referenzkurs umzurechnen. [9]Voraussetzung für den Abzug der Aufwendungen ist die Angabe der erteilten Identifikationsnummer (§ 139b der Abgabenordnung) der unterhaltenen Person in der Steuererklärung des Unterhaltsleistenden, wenn die unterhaltene Person der unbeschränkten oder beschränkten Steuerpflicht unterliegt. [10]Die unterhaltene Person ist für diese Zwecke verpflichtet, dem Unterhaltsleistenden die ihr erteilte Identifikationsnummer (§ 139b der Abgabenordnung) mitzuteilen. Kommt die unterhaltene Person dieser Verpflichtung nicht nach, ist der Unterhaltsleistende berechtigt, bei der für ihn zuständigen Finanzbehörde die Identifikationsnummer der unterhaltenen Person zu erfragen.

EStG

(2) ¹Zur Abgeltung des Sonderbedarfs eines sich in Berufsausbildung befindenden, auswärtig untergebrachten, volljährigen Kindes, für das Anspruch auf einen Freibetrag nach § 32 Abs. 6 oder Kindergeld besteht, kann der Steuerpflichtige einen Freibetrag in Höhe von 924 Euro je Kalenderjahr vom Gesamtbetrag der Einkünfte abziehen. ²Für ein nicht unbeschränkt einkommensteuerpflichtiges Kind mindert sich der vorstehende Betrag nach Maßgabe des Absatzes 1 Satz 6. ³Erfüllen mehrere Steuerpflichtige für dasselbe Kind die Voraussetzungen nach Satz 1, so kann der Freibetrag insgesamt nur einmal abgezogen werden. ⁴Jedem Elternteil steht grundsätzlich die Hälfte des Abzugsbetrags nach den Sätzen 1 und 2 zu. ⁵Auf gemeinsamen Antrag der Eltern ist eine andere Aufteilung möglich.

(3) ¹Für jeden vollen Kalendermonat, in dem die in den Absätzen 1 und 2 bezeichneten Voraussetzungen nicht vorgelegen haben, ermäßigen sich die dort bezeichneten Beträge um je ein Zwölftel. ²Eigene Einkünfte und Bezüge der nach Absatz 1 unterhaltenen Person, die auf diese Kalendermonate entfallen, vermindern den nach Satz 1 ermäßigten Höchstbetrag nicht. ³Als Ausbildungshilfe bezogene Zuschüsse der nach Absatz 1 unterhaltenen Person mindern nur den zeitanteiligen Höchstbetrag der Kalendermonate, für die sie bestimmt sind.

(4) In den Fällen der Absätze 1 und 2 kann wegen der in diesen Absätzen bezeichneten Aufwendungen der Steuerpflichtige eine Steuerermäßigung nach § 33 nicht in Anspruch nehmen.

§ 33b
Pauschbeträge für behinderte Menschen, Hinterbliebene und Pflegepersonen

(1) ¹Wegen der Aufwendungen für die Hilfe bei den gewöhnlichen und regelmäßig wiederkehrenden Verrichtungen des täglichen Lebens, für die Pflege sowie für einen erhöhten Wäschebedarf können behinderte Menschen unter den Voraussetzungen des Absatzes 2 anstelle einer Steuerermäßigung nach § 33 einen Pauschbetrag nach Absatz 3 geltend machen (Behinderten-Pauschbetrag). ²Das Wahlrecht kann für die genannten Aufwendungen im jeweiligen Veranlagungszeitraum nur einheitlich ausgeübt werden.

(2) Die Pauschbeträge erhalten

1. behinderte Menschen, deren Grad der Behinderung auf mindestens 50 festgestellt ist;
2. behinderte Menschen, deren Grad der Behinderung auf weniger als 50, aber mindestens auf 25 festgestellt ist, wenn
   a) dem behinderten Menschen wegen seiner Behinderung nach gesetzlichen Vorschriften Renten oder andere laufende Bezüge zustehen, und zwar auch dann, wenn das Recht auf die Bezüge ruht oder der Anspruch auf die Bezüge durch Zahlung eines Kapitals abgefunden worden ist, oder
   b) die Behinderung zu einer dauernden Einbuße der körperlichen Beweglichkeit geführt hat oder auf einer typischen Berufskrankheit beruht.

(3) ¹Die Höhe des Pauschbetrags richtet sich nach dem dauernden Grad der Behinderung. ²Als Pauschbeträge werden gewährt bei einem Grad der Behinderung

von 25 und 30	310 Euro
von 35 und 40	430 Euro
von 45 und 50	570 Euro
von 55 und 60	720 Euro
von 65 und 70	890 Euro
von 75 und 80	1 060 Euro
von 85 und 90	1 230 Euro
von 95 und 100	1 420 Euro.

³Für behinderte Menschen, die hilflos im Sinne des Absatzes 6 sind, und für Blinde erhöht sich der Pauschbetrag auf 3 700 Euro.

(4) ¹Personen, denen laufende Hinterbliebenenbezüge bewilligt worden sind, erhalten auf Antrag einen Pauschbetrag von 370 Euro (Hinterbliebenen-Pauschbetrag), wenn die Hinterbliebenenbezüge geleistet werden

1. nach dem Bundesversorgungsgesetz oder einem anderen Gesetz, das die Vorschriften des Bundesversorgungsgesetzes über Hinterbliebenenbezüge für entsprechend anwendbar erklärt, oder
2. nach den Vorschriften über die gesetzliche Unfallversicherung oder
3. nach den beamtenrechtlichen Vorschriften an Hinterbliebene eines an den Folgen eines Dienstunfalls verstorbenen Beamten oder
4. nach den Vorschriften des Bundesentschädigungsgesetzes über die Entschädigung für Schäden an Leben, Körper oder Gesundheit.

²Der Pauschbetrag wird auch dann gewährt, wenn das Recht auf die Bezüge ruht oder der Anspruch auf die Bezüge durch Zahlung eines Kapitals abgefunden worden ist.

(5) ¹Steht der Behinderten-Pauschbetrag oder der Hinterbliebenen-Pauschbetrag einem Kind zu, für das der Steuerpflichtige Anspruch auf einen Freibetrag nach § 32 Abs. 6 auf oder Kindergeld hat, so wird der Pauschbetrag auf Antrag auf den Steuerpflichtigen übertragen, wenn ihn das Kind nicht in Anspruch nimmt. ²Dabei ist der Pauschbetrag grundsätzlich auf beide Elternteile je zur Hälfte aufzuteilen, es sei denn, der Kinderfreibetrag wurde auf einen Elternteil übertragen. ³Auf gemeinsamen Antrag der Eltern ist eine andere Aufteilung möglich. ⁴In diesen Fällen besteht für Aufwendungen, für die der Behinderten-Pauschbetrag gilt, kein Anspruch auf eine Steuerermäßigung nach § 33.

(6) ¹Wegen der außergewöhnlichen Belastungen, die einem Steuerpflichtigen durch die Pflege einer Person erwachsen, die nicht nur vorübergehend hilflos ist, kann er an Stelle einer Steuerermäßigung nach § 33 einen Pauschbetrag von 924 Euro im Kalenderjahr geltend machen (Pflegepauschbetrag), wenn er dafür keine Einnahmen erhält. ²Zu diesen Einnahmen zählt unabhängig von der Verwendung nicht das von den Eltern eines behinderten Kindes für dieses Kind empfangene Pflegegeld. ³Hilflos im Sinne des Satzes 1 ist eine Person, wenn sie für eine Reihe von häufig und regelmäßig wiederkehrenden Verrichtungen zur Sicherung ihrer persönlichen

Existenz im Ablauf eines jeden Tages fremder Hilfe dauernd bedarf. ⁴Diese Voraussetzungen sind auch erfüllt, wenn die Hilfe in Form einer Überwachung oder einer Anleitung zu den in Satz 3 genannten Verrichtungen erforderlich ist oder wenn die Hilfe zwar nicht dauernd geleistet werden muss, jedoch eine ständige Bereitschaft zur Hilfeleistung erforderlich ist. ⁵Voraussetzung ist, dass der Steuerpflichtige die Pflege entweder in seiner Wohnung oder in der Wohnung des Pflegebedürftigen persönlich durchführt und diese Wohnung in einem Mitgliedstaat der Europäischen Union oder in einem Staat belegen ist, auf den das Abkommen über den Europäischen Wirtschaftsraum anzuwenden ist. ⁶Wird ein Pflegebedürftiger von mehreren Steuerpflichtigen im Veranlagungszeitraum gepflegt, wird der Pauschbetrag nach der Zahl der Pflegepersonen, bei denen die Voraussetzungen der Sätze 1 bis 5 vorliegen, geteilt.

(7) Die Bundesregierung wird ermächtigt, durch Rechtsverordnung mit Zustimmung des Bundesrates zu bestimmen, wie nachzuweisen ist, dass die Voraussetzungen für die Inanspruchnahme der Pauschbeträge vorliegen.

§ 33c
(weggefallen)

§ 34
Außerordentliche Einkünfte

(1) ¹Sind in dem zu versteuernden Einkommen außerordentliche Einkünfte enthalten, so ist die auf alle im Veranlagungszeitraum bezogenen außerordentlichen Einkünfte entfallende Einkommensteuer nach den Sätzen 2 bis 4 zu berechnen. ²Die für die außerordentlichen Einkünfte anzusetzende Einkommensteuer beträgt das Fünffache des Unterschiedsbetrags zwischen der Einkommensteuer für das um diese Einkünfte verminderte zu versteuernde Einkommen (verbleibendes zu versteuerndes Einkommen) und der Einkommensteuer für das verbleibende zu versteuernde Einkommen zuzüglich eines Fünftels dieser Einkünfte. ³Ist das verbleibende zu versteuernde Einkommen negativ und das zu versteuernde Einkommen positiv, so beträgt die Einkommensteuer das Fünffache der auf ein Fünftel des zu versteuernden Einkommens entfallenden Einkommensteuer. ⁴Die Sätze 1 bis 3 gelten nicht für außerordentliche Einkünfte im Sinne des Abs. 2 Nr. 1, wenn der Steuerpflichtige auf diese Einkünfte ganz oder teilweise § 6b oder § 6c anwendet.

(2) Als außerordentliche Einkünfte kommen nur in Betracht:
1. Veräußerungsgewinne im Sinne der §§ 14, 14a Abs. 1, der §§ 16 und 18 Abs. 3 mit Ausnahme des steuerpflichtigen Teils der Veräußerungsgewinne, die nach § 3 Nr. 40 Buchstabe b in Verbindung mit § 3c Abs. 2 teilweise steuerbefreit sind;
2. Entschädigungen im Sinne des § 24 Nr. 1;
3. Nutzungsvergütungen und Zinsen im Sinne des § 24 Nr. 3, soweit sie für einen Zeitraum von mehr als drei Jahren nachgezahlt werden;
4. Vergütungen für mehrjährige Tätigkeiten; mehrjährig ist eine Tätigkeit, soweit sie sich über

mindestens zwei Veranlagungszeiträume erstreckt und einen Zeitraum von mehr als zwölf Monaten umfasst.

(3) ¹Sind in dem zu versteuernden Einkommen außerordentliche Einkünfte im Sinne des Absatzes 2 Nr. 1 enthalten, so kann auf Antrag abweichend von Absatz 1 die auf den Teil dieser außerordentlichen Einkünfte, der den Betrag von insgesamt 5 Millionen Euro nicht übersteigt, entfallende Einkommensteuer nach einem ermäßigten Steuersatz bemessen werden, wenn der Steuerpflichtige das 55. Lebensjahr vollendet hat oder wenn er im sozialversicherungsrechtlichen Sinne dauernd berufsunfähig ist. ²Der ermäßigte Steuersatz beträgt 56 Prozent des durchschnittlichen Steuersatzes, der sich ergäbe, wenn die tarifliche Einkommensteuer nach dem gesamten zu versteuernden Einkommen zuzüglich dem Progressionsvorbehalt unterliegenden Einkünfte zu bemessen wäre, mindestens jedoch 14 Prozent. ³Auf das um die in Satz 1 genannten Einkünfte verminderte zu versteuernde Einkommen (verbleibendes zu versteuerndes Einkommen) sind vorbehaltlich des Absatzes 1 die allgemeinen Tarifvorschriften anzuwenden. ⁴Die Ermäßigung nach den Sätzen 1 bis 3 kann der Steuerpflichtige nur einmal im Leben in Anspruch nehmen. ⁵Erzielt der Steuerpflichtige in einem Veranlagungszeitraum mehr als einen Veräußerungs- oder Aufgabengewinn im Sinne des Satzes 1, kann er die Ermäßigung nach den Sätzen 1 bis 3 nur für einen Veräußerungs- oder Aufgabegewinn beantragen. ⁶Absatz 1 Satz 4 ist entsprechend anzuwenden.

§ 34a
Begünstigung der nicht entnommenen Gewinne

(1) ¹Sind in dem zu versteuernden Einkommen nicht entnommene Gewinne aus Land- und Forstwirtschaft, Gewerbebetrieb oder selbständiger Arbeit (§ 2 Abs. 1 Satz 1 Nr. 1 bis 3) im Sinne des Absatzes 2 enthalten, ist die Einkommensteuer für diese Gewinne auf Antrag des Steuerpflichtigen ganz oder teilweise mit einem Steuersatz von 28,25 Prozent zu berechnen; dies gilt nicht, soweit für die Gewinne der Freibetrag nach § 16 Abs. 4 oder die Steuerermäßigung nach § 34 Abs. 3 in Anspruch genommen wird oder es sich um Gewinne im Sinne des § 18 Abs. 1 Nr. 4 handelt. ²Der Antrag nach Satz 1 ist für jeden Betrieb oder Mitunternehmeranteil für jeden Veranlagungszeitraum gesondert bei dem für die Einkommensbesteuerung zuständigen Finanzamt zu stellen. ³Bei Mitunternehmeranteilen kann der Steuerpflichtige den Antrag nur stellen, wenn sein Anteil am nach § 4 Abs. 1 Satz 1 oder § 5 ermittelten Gewinn mehr als 10 Prozent beträgt oder 10 000 Euro übersteigt. ⁴Der Antrag kann bis zur Unanfechtbarkeit des Einkommensteuerbescheids für den nächsten Veranlagungszeitraum vom Steuerpflichtigen ganz oder teilweise zurückgenommen werden; der Einkommensteuerbescheid ist entsprechend zu ändern. ⁵Die Festsetzungsfrist endet insoweit nicht, bevor die Festsetzungsfrist für den nächsten Veranlagungszeitraum abgelaufen ist.

(2) Der nicht entnommene Gewinn des Betriebs oder Mitunternehmeranteils ist der nach § 4 Abs. 1 Satz 1 oder § 5 ermittelte Gewinn vermindert um den

positiven Saldo der Entnahmen und Einlagen des Wirtschaftsjahres.

(3) ¹Der Begünstigungsbetrag ist der im Veranlagungszeitraum nach Absatz 1 Satz 1 auf Antrag begünstigte Gewinn. ²Der Begünstigungsbetrag des Veranlagungszeitraums, vermindert um die darauf entfallende Steuerbelastung nach Absatz 1 und den darauf entfallenden Solidaritätszuschlag, vermehrt um den nachversteuerungspflichtigen Betrag des Vorjahres und den auf diesen Betrieb oder Mitunternehmeranteil nach Absatz 5 übertragenen nachversteuerungspflichtigen Betrag, vermindert um den Nachversteuerungsbetrag im Sinne des Absatzes 4 und den auf einen anderen Betrieb oder Mitunternehmeranteil nach Absatz 5 übertragenen nachversteuerungspflichtigen Betrag, ist der nachversteuerungspflichtige Betrag des Betriebs oder Mitunternehmeranteils zum Ende des Veranlagungszeitraums. ³Dieser ist für jeden Betrieb oder Mitunternehmeranteil jährlich gesondert festzustellen.

(4) ¹Übersteigt der positive Saldo der Entnahmen und Einlagen des Wirtschaftsjahres bei einem Betrieb oder Mitunternehmeranteil den nach § 4 Abs. 1 Satz 1 oder § 5 ermittelten Gewinn (Nachversteuerungsbetrag), ist vorbehaltlich Absatz 5 eine Nachversteuerung durchzuführen, soweit zum Ende des vorangegangenen Veranlagungszeitraums ein nachversteuerungspflichtiger Betrag nach Absatz 3 festgestellt wurde. ²Die Einkommensteuer auf den Nachversteuerungsbetrag beträgt 25 Prozent. ³Der Nachversteuerungsbetrag ist um die Beträge, die für die Erbschaftsteuer (Schenkungsteuer) anlässlich der Übertragung des Betriebs oder Mitunternehmeranteils entnommen wurden, zu vermindern.

(5) ¹Die Übertragung oder Überführung eines Wirtschaftsguts nach § 6 Abs. 5 Satz 1 bis 3 führt unter den Voraussetzungen des Absatzes 4 zur Nachversteuerung. ²Eine Nachversteuerung findet nicht statt, wenn der Steuerpflichtige beantragt, den nachversteuerungspflichtigen Betrag in Höhe des Buchwerts des übertragenen oder überführten Wirtschaftsguts, höchstens jedoch in Höhe des Nachversteuerungsbetrags, den die Übertragung oder Überführung des Wirtschaftsguts ausgelöst hätte, auf den anderen Betrieb oder Mitunternehmeranteil zu übertragen.

(6) ¹Eine Nachversteuerung des nachversteuerungspflichtigen Betrags nach Absatz 4 ist durchzuführen

1. in den Fällen der Betriebsveräußerung oder -aufgabe im Sinne der §§ 14, 16 Abs. 1 und 3 sowie des § 18 Abs. 3,
2. in den Fällen der Einbringung eines Betriebs oder Mitunternehmeranteils in eine Kapitalgesellschaft oder eine Genossenschaft sowie in den Fällen des Formwechsels einer Personengesellschaft in eine Kapitalgesellschaft oder Genossenschaft,
3. wenn der Gewinn nicht mehr nach § 4 Abs. 1 Satz 1 oder § 5 ermittelt wird oder
4. wenn der Steuerpflichtige dies beantragt.

²In den Fällen der Nummern 1 und 2 ist die nach Absatz 4 geschuldete Einkommensteuer auf Antrag des Steuerpflichtigen oder seines Rechtsnachfolgers in regelmäßigen Teilbeträgen für einen Zeitraum von höchstens zehn Jahren seit Eintritt der ersten Fälligkeit zinslos zu stunden, wenn ihre alsbaldige Einziehung mit erheblichen Härten für den Steuerpflichtigen verbunden wäre.

(7) ¹In den Fällen der unentgeltlichen Übertragung eines Betriebs oder Mitunternehmeranteils nach § 6 Abs. 3 hat der Rechtsnachfolger den nachversteuerungspflichtigen Betrag fortzuführen. ²In den Fällen der Einbringung eines Betriebs oder Mitunternehmeranteils zu Buchwerten nach § 24 des Umwandlungssteuergesetzes¹⁾ geht der für den eingebrachten Betrieb oder Mitunternehmenteil festgestellte nachversteuerungspflichtige Betrag auf den neuen Mitunternehmeranteil über.

(8) Negative Einkünfte dürfen nicht mit ermäßigt besteuerten Gewinnen im Sinne von Absatz 1 Satz 1 ausgeglichen werden; sie dürfen insoweit auch nicht nach § 10d abgezogen werden.

(9) ¹Zuständig für den Erlass der Feststellungsbescheide über den nachversteuerungspflichtigen Betrag ist das für die Einkommensbesteuerung zuständige Finanzamt. ²Die Feststellungsbescheide können nur insoweit angegriffen werden, als sich der nachversteuerungspflichtige Betrag gegenüber dem nachversteuerungspflichtigen Betrag des Vorjahres verändert hat. ³Die gesonderten Feststellungen nach Satz 1 können mit dem Einkommensteuerbescheid verbunden werden.

(10) ¹Sind Einkünfte aus Land- und Forstwirtschaft, Gewerbebetrieb oder selbständiger Arbeit nach § 180 Abs. 1 Nr. 2 Buchstabe a oder b der Abgabenordnung gesondert festzustellen, können auch die Höhe der Entnahmen und Einlagen sowie weitere für die Tarifermittlung nach den Absätzen 1 bis 7 erforderliche Besteuerungsgrundlagen gesondert festgestellt werden. ²Zuständig für die gesonderten Feststellungen nach Satz 1 ist das Finanzamt, dass für die gesonderte Feststellung nach § 180 Abs. 1 Nr. 2 der Abgabenordnung zuständig ist. ³Die gesonderten Feststellungen nach Satz 1 können mit der Feststellung nach § 180 Abs. 1 Nr. 2 der Abgabenordnung verbunden werden. ⁴Die Feststellungsfrist für die gesonderte Feststellung nach Satz 1 endet nicht vor Ablauf der Feststellungsfrist für die Feststellung nach § 180 Abs. 1 Nr. 2 der Abgabenordnung.

(11) ¹Der Bescheid über die gesonderte Feststellung des nachversteuerungspflichtigen Betrags ist zu erlassen, aufzuheben oder zu ändern, soweit der Steuerpflichtige einen Antrag nach Absatz 1 stellt oder diesen ganz oder teilweise zurücknimmt und sich die Besteuerungsgrundlagen im Einkommensteuerbescheid ändern. ²Dies gilt entsprechend, wenn der Erlass, die Aufhebung oder Änderung des Einkommensteuerbescheids mangels steuerlicher Auswirkung unterbleibt. ³Die Feststellungsfrist endet nicht vor der Festsetzungsfrist für den Veranlagungszeitraum abgelaufen ist, auf dessen Schluss der nachversteuerungspflichtige Betrag des Betriebs

---
1) Siehe Anhang 4.

oder Mitunternehmeranteils gesondert festzustellen ist.

§ 34b
Steuersätze bei Einkünften aus außerordentlichen Holznutzungen

(1) ¹Außerordentliche Holznutzungen sind
1. Holznutzungen, die aus volks- oder staatswirtschaftlichen Gründen erfolgt sind. ²Sie liegen nur insoweit vor, als sie durch gesetzlichen oder behördlichen Zwang veranlasst sind;
2. Holznutzungen infolge höherer Gewalt (Kalamitätsnutzungen). ²Sie sind durch Eis-, Schnee-, Windbruch oder Windwurf, Erdbeben, Bergrutsch, Insektenfraß, Brand oder durch Naturereignisse mit vergleichbaren Folgen verursacht. ³Hierzu gehören nicht die Schäden, die in der Forstwirtschaft regelmäßig entstehen.

(2) ¹Zur Ermittlung der Einkünfte aus außerordentlichen Holznutzungen sind von den Einnahmen sämtlicher Holznutzungen die damit in sachlichem Zusammenhang stehenden Betriebsausgaben abzuziehen. ²Das nach Satz 1 ermittelte Ergebnis ist auf die ordentlichen und außerordentlichen Holznutzungsarten aufzuteilen, in dem die außerordentlichen Holznutzungen zur gesamten Holznutzung ins Verhältnis gesetzt wird. ³Bei einer Gewinnermittlung durch Betriebsvermögensvergleich sind die im Wirtschaftsjahr veräußerten Holzmengen maßgebend. ⁴Bei einer Gewinnermittlung nach den Grundsätzen des § 4 Absatz 3 ist von den Holzmengen auszugehen, die den im Wirtschaftsjahr zugeflossenen Einnahmen zugrunde liegen. ⁵Die Sätze 1 bis 4 gelten für entnommenes Holz entsprechend.

(3) Die Einkommensteuer bemisst sich für die Einkünfte aus außerordentlichen Holznutzungen im Sinne des Absatzes 1
1. nach der Hälfte des durchschnittlichen Steuersatzes, der sich ergäbe, wenn die tarifliche Einkommensteuer nach dem gesamten zu versteuernden Einkommen zuzüglich der dem Progressionsvorbehalt unterliegenden Einkünfte zu bemessen wäre
2. nach dem halben Steuersatz der Nummer 1, soweit sie den Nutzungssatz (§ 68 der Einkommensteuer-Durchführungsverordnung) übersteigen.

(4) Einkünfte aus außerordentlichen Holznutzungen sind nur anzuerkennen, wenn
1. das im Wirtschaftsjahr veräußerte oder entnommene Holz mengenmäßig getrennt nach ordentlichen und außerordentlichen Holznutzungen nachgewiesen wird und
2. Schäden infolge höherer Gewalt unverzüglich nach Feststellung des Schadensfalls der zuständigen Finanzbehörde mitgeteilt und nach der Aufarbeitung mengenmäßig nachgewiesen werden.

(5) Die Bundesregierung wird ermächtigt, durch Rechtsverordnung mit Zustimmung des Bundesrates
1. die Steuersätze abweichend von Absatz 3 für ein Wirtschaftsjahr aus sachlichen Billigkeitsgründen zu regeln,
2. die Anwendung des § 4a des Forstschäden-Ausgleichsgesetzes für ein Wirtschaftsjahr aus sachlichen Billigkeitsgründen zu regeln,

wenn besondere Schadensereignisse nach Absatz 1 Nummer 2 vorliegen und eine Einschlagsbeschränkung (§ 1 Absatz 1 des Forstschäden-Ausgleichsgesetzes) nicht angeordnet wurde.

V. Steuerermäßigungen
1. Steuerermäßigung bei ausländischen Einkünften

§ 34c

(1) ¹Bei unbeschränkt Steuerpflichtigen, die mit ausländischen Einkünften in dem Staat, aus dem die Einkünfte stammen, zu einer der deutschen Einkommensteuer entsprechenden Steuer herangezogen werden, ist die festgesetzte und gezahlte und um einen entstandenen Ermäßigungsanspruch gekürzte ausländische Steuer auf die deutsche Einkommensteuer anzurechnen, die auf die Einkünfte aus diesem Staat entfällt; das gilt nicht für Einkünfte aus Kapitalvermögen, auf die § 32d Abs. 1 und 3 bis 6 anzuwenden ist. ²Die auf die ausländischen Einkünfte nach Satz 1 erster Halbsatz entfallende deutsche Einkommensteuer ist in der Weise zu ermitteln, dass der sich bei der Veranlagung des zu versteuernden Einkommens, einschließlich der ausländischen Einkünfte, nach den §§ 32a, 32b, 34, 34a und 34b ergebende durchschnittliche Steuersatz auf die ausländischen Einkünfte anzuwenden ist. ³Bei der Ermittlung des zu versteuernden Einkommens und der ausländischen Einkünfte sind die Einkünfte nach Satz 1 zweiter Halbsatz nicht zu berücksichtigen; bei der Ermittlung der ausländischen Einkünfte sind die ausländischen Einkünfte nicht zu berücksichtigen, die in dem Staat, aus dem sie stammen, nach dessen Recht nicht besteuert werden. ⁴Gehören ausländische Einkünfte der in § 34d Nr. 3, 4, 6, 7 und 8 Buchstabe c genannten Art zum Gewinn eines inländischen Betriebes, sind bei ihrer Ermittlung Betriebsausgaben und Betriebsvermögensminderungen abzuziehen, die mit den diesen Einkünften zugrunde liegenden Einnahmen in wirtschaftlichem Zusammenhang stehen. ⁵Die ausländischen Steuern sind nur insoweit anzurechnen, als sie auf die im Veranlagungszeitraum bezogenen Einkünfte entfallen.

(2) Statt der Anrechnung (Absatz 1) ist die ausländische Steuer auf Antrag bei der Ermittlung der Einkünfte abzuziehen, soweit sie auf ausländische Einkünfte entfällt, die nicht steuerfrei sind.

(3) Bei unbeschränkt Steuerpflichtigen, bei denen eine ausländische Steuer vom Einkommen nach Absatz 1 nicht angerechnet werden kann, weil die Steuer nicht der deutschen Einkommensteuer entspricht oder nicht in dem Staat erhoben wird, aus dem die Einkünfte stammen, oder weil keine ausländischen Einkünfte vorliegen, ist die festgesetzte und gezahlte und um einen entstandenen Ermäßigungsanspruch gekürzte ausländische Steuer bei der Ermittlung der Einkünfte abzuziehen, soweit sie auf Einkünfte entfällt, die der deutschen Einkommensteuer unterliegen.

(4) (weggefallen)

(5) Die obersten Finanzbehörden der Länder oder die von ihnen beauftragten Finanzbehörden können mit Zustimmung des Bundesministeriums der Finanzen die auf ausländische Einkünfte entfallende deutsche Einkommensteuer ganz oder zum Teil erlassen oder in einem Pauschbetrag festsetzen, wenn es aus volkswirtschaftlichen Gründen zweckmäßig ist oder die Anwendung des Absatzes 1 besonders schwierig ist.

(6) ¹Die Absätze 1 bis 3 sind vorbehaltlich der Sätze 2 bis 6 nicht anzuwenden, wenn die Einkünfte aus einem ausländischen Staat stammen, mit dem ein Abkommen zur Vermeidung der Doppelbesteuerung besteht. ²Soweit in einem Abkommen zur Vermeidung der Doppelbesteuerung die Anrechnung einer ausländischen Steuer auf die deutsche Einkommensteuer vorgesehen ist, sind Absatz 1 Satz 2 bis 5 und Absatz 2 entsprechend auf die nach dem Abkommen anzurechnende ausländische Steuer anzuwenden; das gilt nicht für Einkünfte, auf die § 32d Abs. 1 und 3 bis 6 anzuwenden ist; bei nach dem Abkommen als gezahlt geltenden ausländischen Steuerbeträgen sind Absatz 1 Satz 3 und Absatz 2 nicht anzuwenden. ³Absatz 1 Satz 3 gilt auch dann entsprechend, wenn die Einkünfte in dem ausländischen Staat nach dem Abkommen zur Vermeidung der Doppelbesteuerung mit diesem Staat nicht besteuert werden können. ⁴Bezieht sich ein Abkommen zur Vermeidung der Doppelbesteuerung nicht auf eine Steuer vom Einkommen dieses Staates, so sind die Absätze 1 und 2 entsprechend anzuwenden. ⁵Absatz 3 ist anzuwenden, wenn der Staat, mit dem ein Abkommen zur Vermeidung der Doppelbesteuerung besteht, Einkünfte besteuert, die nicht aus diesem Staat stammen, es sei denn, die Besteuerung hat ihre Ursache in einer Gestaltung, für die wirtschaftliche oder sonst beachtliche Gründe fehlen, oder das Abkommen gestattet dem Staat die Besteuerung dieser Einkünfte. ⁶In den Fällen des § 50d Abs. 9 sind die Absätze 1 bis 3 und Satz 6 entsprechend anzuwenden.

(7) Durch Rechtsverordnung können Vorschriften erlassen werden über

1. die Anrechnung ausländischer Steuern, wenn die ausländischen Einkünfte aus mehreren fremden Staaten stammen,

2. den Nachweis über die Höhe der festgesetzten und gezahlten ausländischen Steuern,

3. die Berücksichtigung ausländischer Steuern, die nachträglich erhoben oder zurückgezahlt werden.

§ 34d
Ausländische Einkünfte

Ausländische Einkünfte im Sinne des § 34c Abs. 1 bis 5 sind

1. Einkünfte aus einer in einem ausländischen Staat betriebenen Land- und Forstwirtschaft (§§ 13 und 14) und Einkünfte der in den Nummern 3, 4, 6, 7 und 8 Buchstabe c genannten Art, soweit sie zu den Einkünften aus Land- und Forstwirtschaft gehören;

2. Einkünfte aus Gewerbebetrieb (§§ 15 und 16),

   a) die durch eine in einem ausländischen Staat belegene Betriebsstätte oder durch einen in einem ausländischen Staat tätigen ständigen Vertreter erzielt werden, und Einkünfte der in den Nummern 3, 4, 6, 7 und 8 Buchstabe c genannten Art, soweit sie zu den Einkünften aus Gewerbebetrieb gehören,

   b) die aus Bürgschafts- und Avalprovisionen erzielt werden, wenn der Schuldner Wohnsitz, Geschäftsleitung oder Sitz in einem ausländischen Staat hat, oder

   c) die durch den Betrieb eigener oder gecharterter Seeschiffe oder Luftfahrzeuge aus Beförderungen zwischen ausländischen oder von ausländischen zu inländischen Häfen erzielt werden, einschließlich der Einkünfte aus anderen mit solchen Beförderungen zusammenhängenden, sich auf das Ausland erstreckenden Beförderungsleistungen;

3. Einkünfte aus selbständiger Arbeit (§ 18), die in einem ausländischen Staat ausgeübt oder verwertet wird oder worden ist, und Einkünfte der in den Nummern 4, 6, 7 und 8 Buchstabe c genannten Art, soweit sie zu den Einkünften aus selbständiger Arbeit gehören;

4. Einkünfte aus der Veräußerung von

   a) Wirtschaftsgütern, die zum Anlagevermögen eines Betriebs gehören, wenn die Wirtschaftsgüter in einem ausländischen Staat belegen sind,

   b) Anteilen an Kapitalgesellschaften, wenn die Gesellschaft Geschäftsleitung oder Sitz in einem ausländischen Staat hat;

5. ¹Einkünfte aus nichtselbständiger Arbeit (§ 19), die in einem ausländischen Staat ausgeübt oder, ohne im Inland ausgeübt zu werden oder worden zu sein, in einem ausländischen Staat verwertet wird oder worden ist, und Einkünfte, die von ausländischen öffentlichen Kassen mit Rücksicht auf ein gegenwärtiges oder früheres Dienstverhältnis gewährt werden. ²Einkünfte, die von inländischen öffentlichen Kassen einschließlich der Kassen der Deutschen Bundesbahn und der Deutschen Bundesbank mit Rücksicht auf ein gegenwärtiges oder früheres Dienstverhältnis gewährt werden, gelten auch dann als inländische Einkünfte, wenn die Tätigkeit in einem ausländischen Staat ausgeübt wird oder worden ist;

6. Einkünfte aus Kapitalvermögen (§ 20), wenn der Schuldner Wohnsitz, Geschäftsleitung oder Sitz in einem ausländischen Staat hat oder das Kapitalvermögen durch ausländischen Grundbesitz gesichert ist;

7. Einkünfte aus Vermietung und Verpachtung (§ 21), soweit das unbewegliche Vermögen oder die Sachinbegriffe in einem ausländischen Staat belegen oder die Rechte zur Nutzung in einem ausländischen Staat überlassen worden sind;

8. sonstige Einkünfte im Sinne des § 22, wenn

   a) der zur Leistung der wiederkehrenden Bezüge Verpflichtete Wohnsitz, Geschäftsleitung oder Sitz in einem ausländischen Staat hat,

b) bei privaten Veräußerungsgeschäften die veräußerten Wirtschaftsgüter in einem ausländischen Staat belegen sind,

c) bei Einkünften aus Leistungen einschließlich der Einkünfte aus Leistungen im Sinne des § 49 Abs. 1 Nr. 9 der zur Vergütung der Leistung Verpflichtete Wohnsitz, Geschäftsleitung oder Sitz in einem ausländischen Staat hat.

2. Steuerermäßigung bei Einkünften aus Land- und Forstwirtschaft

§ 34e
(aufgehoben)

2a. Steuerermäßigung für Steuerpflichtige mit Kindern bei Inanspruchnahme erhöhter Absetzungen für Wohngebäude oder der Steuerbegünstigungen für eigengenutztes Wohneigentum

§ 34f

(1) ¹Bei Steuerpflichtigen, die erhöhte Absetzungen nach § 7b oder nach § 15 des Berlinförderungsgesetzes in Anspruch nehmen, ermäßigt sich die tarifliche Einkommensteuer, vermindert um die sonstigen Steuerermäßigungen mit Ausnahme der §§ 34g und 35, auf Antrag um je 600 Deutsche Mark für das zweite und jedes weitere Kind des Steuerpflichtigen oder seines Ehegatten. ²Voraussetzung ist,

1. dass der Steuerpflichtige das Objekt, bei einem Zweifamilienhaus mindestens eine Wohnung, zu eigenen Wohnzwecken nutzt oder wegen des Wechsels des Arbeitsortes nicht zu eigenen Wohnzwecken nutzen kann und
2. dass es sich einschließlich des ersten Kindes um Kinder im Sinne des § 32 Abs. 1 bis 5 oder 6 Satz 7 handelt, die zum Haushalt des Steuerpflichtigen gehören oder in dem für die erhöhten Absetzungen maßgebenden Begünstigungszeitraum gehört haben, wenn diese Zugehörigkeit auf Dauer angelegt ist oder war.

(2) ¹Bei Steuerpflichtigen, die die Steuerbegünstigung nach § 10e Abs. 1 bis 5 oder nach § 15b des Berlinförderungsgesetzes in Anspruch nehmen, ermäßigt sich die tarifliche Einkommensteuer, vermindert um die sonstigen Steuerermäßigungen mit Ausnahme des § 34g, auf Antrag um je 512 Euro für jedes Kind des Steuerpflichtigen oder seines Ehegatten im Sinne des § 32 Abs. 1 bis 5 oder 6 Satz 7. ²Voraussetzung ist, dass das Kind zum Haushalt des Steuerpflichtigen gehört oder in dem für die Steuerbegünstigung maßgebenden Zeitraum gehört hat, wenn diese Zugehörigkeit auf Dauer angelegt ist oder war.

(3) ¹Bei Steuerpflichtigen, die die Steuerbegünstigung nach § 10e Abs. 1, 2, 4 und 5 in Anspruch nehmen, ermäßigt sich die tarifliche Einkommensteuer, vermindert um die sonstigen Steuerermäßigungen auf Antrag um je 512 Euro für jedes Kind des Steuerpflichtigen oder seines Ehegatten im Sinne des § 32 Abs. 1 bis 5 oder 6 Satz 7. ²Voraussetzung ist, dass das Kind zum Haushalt des Steuerpflichtigen gehört oder in dem für die Steuerbegünstigung maßgebenden Zeitraum gehört hat, wenn diese Zugehörigkeit auf Dauer angelegt ist oder war. ³Soweit sich der Betrag der Steuerermäßigung nach Satz 1 bei der Ermittlung der festzusetzenden Einkommensteuer nicht steuerentlastend auswirkt, ist er von der tariflichen Einkommensteuer der zwei vorangegangenen Veranlagungszeiträume abzuziehen. ⁴Steuerermäßigungen, die nach den Sätzen 1 und 3 nicht berücksichtigt werden können, können bis zum Ende des Abzugszeitraums im Sinne des § 10e und in den zwei folgenden Veranlagungszeiträumen abgezogen werden. ⁵Ist für einen Veranlagungszeitraum bereits ein Steuerbescheid erlassen worden, so ist er insoweit zu ändern, als die Steuerermäßigung nach den Sätzen 3 und 4 zu gewähren oder zu berichtigen ist; die Verjährungsfristen enden insoweit nicht, bevor die Verjährungsfrist für den Veranlagungszeitraum abgelaufen ist, für den die Steuerermäßigung nach Satz 1 beantragt worden ist.

(4) ¹Die Steuerermäßigungen nach den Absätzen 2 oder 3 kann der Steuerpflichtige insgesamt nur bis zur Höhe der Bemessungsgrundlage der Abzugsbeträge nach § 10e Abs. 1 oder 2 in Anspruch nehmen. ²Die Steuerermäßigung nach den Absätzen 1, 2 und 3 Satz 1 kann der Steuerpflichtige im Kalenderjahr nur für ein Objekt in Anspruch nehmen.

2b. Steuerermäßigung bei Zuwendungen an politische Parteien und an unabhängige Wählervereinigungen

§ 34g

¹Die tarifliche Einkommensteuer, vermindert um die sonstigen Steuerermäßigungen mit Ausnahme des § 34f Abs. 3, ermäßigt sich bei Zuwendungen an

1. politische Parteien im Sinne des § 2 des Parteiengesetzes und
2. Vereine ohne Parteicharakter, wenn
   a) der Zweck des Vereins ausschließlich darauf gerichtet ist, durch Teilnahme mit eigenen Wahlvorschlägen an Wahlen auf Bundes-, Landes- oder Kommunalebene bei der politischen Willensbildung mitzuwirken, und
   b) der Verein auf Bundes-, Landes- oder Kommunalebene bei der jeweils letzten Wahl wenigstens ein Mandat errungen oder der zuständigen Wahlbehörde oder dem zuständigen Wahlorgan angezeigt hat, dass er mit eigenen Wahlvorschlägen auf Bundes-, Landes- oder Kommunalebene an der jeweils nächsten Wahl teilnehmen will.

²Nimmt der Verein an der jeweils nächsten Wahl nicht teil, wird die Ermäßigung nur für die bis zum Wahltag an ihn geleisteten Beiträge und Spenden gewährt. ³Die Ermäßigung für Beiträge und Spenden an den Verein wird erst wieder gewährt, wenn er sich mit eigenen Wahlvorschlägen an einer Wahl beteiligt hat. ⁴Die Ermäßigung wird in diesem Fall nur für Beiträge und Spenden gewährt, die nach Beginn des Jahres, in dem die Wahl stattfindet, geleistet werden.

²Die Ermäßigung beträgt 50 Prozent der Ausgaben, höchstens jeweils 825 Euro für Ausgaben nach den Nummern 1 und 2, im Falle der Zusammenveranlagung von Ehegatten höchstens jeweils 1 650 Euro. ³§ 10b Abs. 3 und 4 gilt entsprechend.

3. Steuerermäßigung bei Einkünften aus Gewerbebetrieben

§ 35

(1) ¹Die tarifliche Einkommensteuer, vermindert um die sonstigen Steuerermäßigungen mit Ausnahme der §§ 34f, 34g und 35a, ermäßigt sich, soweit sie anteilig auf im zu versteuernden Einkommen enthaltene gewerbliche Einkünfte entfällt (Ermäßigungshöchstbetrag),
1. bei Einkünften aus gewerblichen Unternehmen im Sinne des § 15 Abs. 1 Satz 1 Nr. 1

   um das 3,8fache des jeweils für den dem Veranlagungszeitraum entsprechenden Erhebungszeitraum nach § 14 des Gewerbesteuergesetzes für das Unternehmen festgesetzten Steuermessbetrags (Gewerbesteuer-Messbetrag); Absatz 3 Satz 5 ist entsprechend anzuwenden;
2. bei Einkünften aus Gewerbebetrieb als Mitunternehmer im Sinne des § 15 Abs. 1 Satz 1 Nr. 2 oder als persönlich haftender Gesellschafter einer Kommanditgesellschaft auf Aktien im Sinne des § 15 Abs. 1 Satz 1 Nr. 3

   um das 3,8fache des jeweils für den dem Veranlagungszeitraum entsprechenden Erhebungszeitraum festgesetzten anteiligen Gewerbesteuer-Messbetrags.

²Der Ermäßigungshöchstbetrag ist wie folgt zu ermitteln:

$$\frac{\text{Summe der positiven gewerblichen Einkünfte}}{\text{Summe aller positiven Einkünfte}} \cdot \text{geminderte tarifliche Steuer}$$

³Gewerbliche Einkünfte im Sinne der Sätze 1 und 2 sind die der Gewerbesteuer unterliegenden Gewinne und Gewinnanteile, soweit sie nicht nach anderen Vorschriften von der Steuerermäßigung nach § 35 ausgenommen sind. ⁴Geminderte tarifliche Steuer ist die tarifliche Steuer nach Abzug von Beträgen auf Grund der Anwendung zwischenstaatlicher Abkommen und nach Anrechnung der ausländischen Steuern nach § 32d Absatz 6 Satz 2, § 34c Absatz 1 und 6 dieses Gesetzes und § 12 des Außensteuergesetzes.[1] ⁵Der Abzug des Steuerermäßigungsbetrags ist auf die tatsächlich zu zahlende Gewerbesteuer beschränkt.

(2) ¹Bei Mitunternehmerschaften im Sinne des § 15 Abs. 1 Satz 1 Nr. 2 und 3 oder bei Kommanditgesellschaften auf Aktien im Sinne des § 15 Abs. 1 Satz 1 Nr. 3 ist der Betrag des Gewerbesteuer-Messbetrags, die tatsächlich zu zahlende Gewerbesteuer und der auf die einzelnen Mitunternehmer oder auf die persönlich haftenden Gesellschafter entfallende Anteil gesondert und einheitlich festzustellen. ²Der Anteil eines Mitunternehmers am Gewerbesteuer-Messbetrag richtet sich nach seinem Anteil am Gewinn der Mitunternehmerschaft nach Maßgabe des allgemeinen Gewinnverteilungsschlüssels; Vorabgewinnanteile sind nicht zu berücksichtigen. ³Wenn auf Grund der Bestimmungen in einem Abkommen zur Vermeidung der Doppelbesteuerung bei der Festsetzung des Gewerbesteuer-Messbetrags für eine Mitunternehmerschaft nur der auf einen Teil der Mitunternehmer entfallende anteilige Gewerbeertrag berücksichtigt wird, ist der Gewerbesteuer-Messbetrag nach Maßgabe des allgemeinen Gewinnverteilungsschlüssels in voller Höhe auf diese Mitunternehmer entsprechend ihrer Anteile am Gewerbeertrag der Mitunternehmerschaft aufzuteilen. ⁴Der anteilige Gewerbesteuer-Messbetrag ist als Prozentsatz mit zwei Nachkommastellen gerundet zu ermitteln. ⁵Bei der Feststellung nach Satz 1 sind anteilige Gewerbesteuer-Messbeträge, die aus einer Beteiligung an einer Mitunternehmerschaft stammen, einzubeziehen.

(3) ¹Zuständig für die gesonderte Feststellung nach Absatz 2 ist das für die gesonderte Feststellung der Einkünfte zuständige Finanzamt. ²Für die Ermittlung des Steuerabzugs nach Absatz 1 sind die Festsetzung des Gewerbesteuer-Messbetrags, die Feststellung des Anteils an dem festzusetzenden Gewerbesteuer-Messbetrag nach Absatz 2 Satz 1 und die Festsetzung der Gewerbesteuer Grundlagenbescheide. ³Für die Ermittlung des anteiligen Gewerbesteuer-Messbetrags nach Absatz 2 sind die Festsetzung des Gewerbesteuer-Messbetrags und die Festsetzung des anteiligen Gewerbesteuer-Messbetrags aus der Beteiligung an einer Mitunternehmerschaft Grundlagenbescheide.

(4) Für die Aufteilung und die Feststellung der tatsächlich zu zahlenden Gewerbesteuer bei Mitunternehmerschaften im Sinne des § 15 Abs. 1 Satz 1 Nr. 2 und bei Kommanditgesellschaften auf Aktien im Sinne des § 15 Abs. 1 Satz 1 Nr. 3 gelten die Absätze 2 und 3 entsprechend.

4. Steuerermäßigung bei Aufwendungen für haushaltsnahe Beschäftigungsverhältnisse, haushaltsnahe Dienstleistungen und Handwerkerleistungen

§ 35a

(1) Für haushaltsnahe Beschäftigungsverhältnisse, bei denen es sich um eine geringfügige Beschäftigung im Sinne des § 8a des Vierten Buches Sozialgesetzbuch handelt, ermäßigt sich die tarifliche Einkommensteuer, vermindert um die sonstigen Steuerermäßigungen, auf Antrag um 20 Prozent, höchstens 510 Euro, der Aufwendungen des Steuerpflichtigen.

(2) ¹Für andere als in Absatz 1 aufgeführte haushaltsnahe Beschäftigungsverhältnisse oder für die Inanspruchnahme von haushaltsnahen Dienstleistungen, die nicht Dienstleistungen nach Absatz 3 sind, ermäßigt sich die tarifliche Einkommensteuer, vermindert um die sonstigen Steuerermäßigungen, auf Antrag um 20 Prozent, höchstens 4 000 Euro, der Aufwendungen des Steuerpflichtigen. ²Die Steuermäßigung kann auch in Anspruch genommen wer-

---

[1] Siehe Anhang 2.

den für die Inanspruchnahme von Pflege- und Betreuungsleistungen sowie für Aufwendungen, die einem Steuerpflichtigen wegen der Unterbringung in einem Heim oder zur dauernden Pflege erwachsen, soweit darin Kosten für Dienstleistungen enthalten sind, die mit denen einer Hilfe im Haushalt vergleichbar sind.

(3) [1]Für die Inanspruchnahme von Handwerkerleistungen für Renovierungs-, Erhaltungs- und Modernisierungsmaßnahmen, ermäßigt sich die tarifliche Einkommensteuer, vermindert um die sonstigen Steuerermäßigungen, auf Antrag um 20 Prozent, der Aufwendungen des Steuerpflichtigen, höchstens jedoch um 1 200 Euro. [2]Dies gilt nicht für öffentlich geförderte Maßnahmen, für die zinsverbilligte Darlehen oder steuerfreie Zuschüsse in Anspruch genommen werden.

(4) [1]Die Steuerermäßigung nach den Absätzen 1 bis 3 kann nur in Anspruch genommen werden, wenn das Beschäftigungsverhältnis, die Dienstleistung oder die Handwerkerleistung in einem in der Europäischen Union oder dem Europäischen Wirtschaftsraum liegenden Haushalt des Steuerpflichtigen oder – bei Pflege- und Betreuungsleistungen – der gepflegten oder betreuten Person ausgeübt oder erbracht wird. [2]In den Fällen des Absatzes 2 Satz 2 zweiter Halbsatz ist Voraussetzung, dass das Heim oder der Ort der dauernden Pflege in der Europäischen Union oder dem Europäischen Wirtschaftsraum liegt.

(5) [1]Die Steuerermäßigungen nach den Absätzen 1 bis 3 können nur in Anspruch genommen werden, soweit die Aufwendungen nicht Betriebsausgaben oder Werbungskosten darstellen und soweit sie nicht als Sonderausgaben oder als außergewöhnliche Belastung berücksichtigt worden sind; für Aufwendungen, die dem Grunde nach unter § 10 Absatz 1 Nummer 5 fallen, ist eine Inanspruchnahme ebenfalls ausgeschlossen. [2]Der Abzug von der tariflichen Einkommensteuer nach den Absätzen 2 und 3 gilt nur für Arbeitskosten. [3]Voraussetzung für die Inanspruchnahme der Steuerermäßigung für haushaltsnahe Dienstleistungen nach Absatz 2 oder für Handwerkerleistungen nach Absatz 3 ist, dass der Steuerpflichtige für die Aufwendungen eine Rechnung erhalten hat und die Zahlung auf das Konto des Erbringers der Leistung erfolgt ist. [4]Leben zwei Alleinstehende in einem Haushalt zusammen, können sie die Höchstbeträge nach den Absätzen 1 bis 3 insgesamt jeweils nur einmal in Anspruch nehmen.

5. Steuerermäßigung bei Belastung mit Erbschaftsteuer

§ 35b
Steuerermäßigung bei Belastung mit Erbschaftsteuer

[1]Sind bei der Ermittlung des Einkommens Einkünfte berücksichtigt worden, die im Veranlagungszeitraum oder in den vorangegangenen vier Veranlagungszeiträumen als Erwerb von Todes wegen der Erbschaftsteuer unterlegen haben, so wird auf Antrag die um sonstige Steuerermäßigungen gekürzte tarifliche Einkommensteuer, die auf diese Einkünfte entfällt, um den in Satz 2 bestimmten Prozentsatz ermäßigt. [2]Der Prozentsatz bestimmt sich nach dem Verhältnis, in dem die festgesetzte Erbschaftsteuer zu dem Betrag steht, der sich ergibt, wenn dem steuerpflichtigen Erwerb (§ 10 Abs. 1 des Erbschaftsteuer- und Schenkungsteuergesetzes) die Freibeträge nach den §§ 16 und 17 und der steuerfreie Betrag nach § 5 des Erbschaftsteuer- und Schenkungsteuergesetzes hinzugerechnet werden.

VI. Steuererhebung
1. Erhebung der Einkommensteuer

§ 36
Entstehung und Tilgung der Einkommensteuer

(1) Die Einkommensteuer entsteht, soweit in diesem Gesetz nichts anderes bestimmt ist, mit Ablauf des Veranlagungszeitraums.

(2) [1]Auf die Einkommensteuer werden angerechnet:
1. die für den Veranlagungszeitraum entrichteten Einkommensteuer-Vorauszahlungen (§ 37);
2. die durch Steuerabzug erhobene Einkommensteuer, soweit sie auf die bei der Veranlagung erfassten Einkünfte oder auf die nach § 3 Nr. 40 dieses Gesetzes oder nach § 8b Abs. 1 und 6 Satz 2 des Körperschaftsteuergesetzes bei der Ermittlung des Einkommens außer Ansatz bleibenden Bezüge entfällt und nicht die Erstattung beantragt oder durchgeführt worden ist. [2]Die durch Steuerabzug erhobene Einkommensteuer wird nicht angerechnet, wenn die in § 45a Abs. 2 oder 3 bezeichnete Bescheinigung nicht vorgelegt worden ist. [3]In den Fällen des § 8b Abs. 6 Satz 2 des Körperschaftsteuergesetzes ist es für die Anrechnung ausreichend, wenn die Bescheinigung nach § 45a Abs. 2 und 3 vorgelegt wird, die dem Gläubiger der Kapitalerträge ausgestellt worden ist.

(3) [1]Die Steuerbeträge nach Absatz 2 Nr. 2 sind jeweils auf volle Euro aufzurunden. [2]Bei den durch Steuerabzug erhobenen Steuern ist die Summe der Beträge einer einzelnen Abzugsteuer aufzurunden.

(4) [1]Wenn sich nach der Abrechnung ein Überschuss zuungunsten des Steuerpflichtigen ergibt, hat der Steuerpflichtige (Steuerschuldner) diesen Betrag, soweit er den fällig gewordenen, aber nicht entrichteten Einkommensteuer-Vorauszahlungen entspricht, sofort, im Übrigen innerhalb eines Monats nach Bekanntgabe des Steuerbescheids zu entrichten (Abschlusszahlung). [2]Wenn sich nach der Abrechnung ein Überschuss zugunsten des Steuerpflichtigen ergibt, wird dieser nach Bekanntgabe des Steuerbescheids ausgezahlt. [3]Bei Ehegatten, die nach den §§ 26, 26b zusammen zur Einkommensteuer veranlagt worden sind, wirkt die Auszahlung an einen Ehegatten auch für und gegen den anderen Ehegatten.

(5) [1]In den Fällen des § 16 Absatz 3a kann auf Antrag des Steuerpflichtigen die festgesetzte Steuer, die auf den Aufgabegewinn und der durch den Wechsel der Gewinnermittlungsart erzielten Gewinn entfällt, in fünf gleichen Jahresraten entrichtet werden, wenn die Wirtschaftsgüter einem Betriebsvermögen des Steuerpflichtigen in einem anderen Mitgliedstaat der Europäischen Union oder des Europäischen Wirtschaftsraums zuzuordnen sind, sofern durch diese

Staaten Amtshilfe entsprechend oder im Sinne der Amtshilferichtlinie gemäß § 2 Absatz 2 des EU-Amtshilfegesetzes und gegenseitige Unterstützung bei der Beitreibung im Sinne der Beitreibungsrichtlinie einschließlich der in diesem Zusammenhang anzuwendenden Durchführungsbestimmungen in den für den jeweiligen Veranlagungszeitraum geltenden Fassungen oder eines entsprechenden Nachfolgerechtsakts geleistet werden. ²Die erste Jahresrate ist innerhalb eines Monats nach Bekanntgabe des Steuerbescheids zu entrichten; die übrigen Jahresraten sind jeweils am 31. Mai der Folgejahre fällig. ³Die Jahresraten sind nicht zu verzinsen. ⁴Wird der Betrieb oder Teilbetrieb während dieses Zeitraums eingestellt, veräußert oder in andere als die in Satz 1 genannten Staaten verlegt, wird die noch nicht entrichtete Steuer innerhalb eines Monats nach diesem Zeitpunkt fällig; Satz 2 bleibt unberührt. ⁵Ändert sich die festgesetzte Steuer, sind die Jahresraten entsprechend anzupassen.

§ 37
Einkommensteuer-Vorauszahlung

(1) ¹Der Steuerpflichtige hat am 10. März, 10. Juni, 10. September und 10. Dezember Vorauszahlungen auf die Einkommensteuer zu entrichten, die er für den laufenden Veranlagungszeitraum voraussichtlich schulden wird. ²Die Einkommensteuer-Vorauszahlung entsteht jeweils mit Beginn des Kalendervierteljahrs, in dem die Vorauszahlungen zu entrichten sind, oder, wenn die Steuerpflicht erst im Laufe des Kalendervierteljahrs begründet wird, mit Begründung der Steuerpflicht.

(2) (weggefallen)

(3) ¹Das Finanzamt setzt die Vorauszahlungen durch Vorauszahlungsbescheid fest. ²Die Vorauszahlungen bemessen sich grundsätzlich nach der Einkommensteuer, die sich nach Anrechnung der Steuerabzugsbeträge (§ 36 Abs. 2 Nr. 2) bei der letzten Veranlagung ergeben hat. ³Das Finanzamt kann bis zum Ablauf des auf den Veranlagungszeitraum folgenden 15. Kalendermonats die Vorauszahlungen an die Einkommensteuer anpassen, die sich für den Veranlagungszeitraum voraussichtlich ergeben wird; dieser Zeitraum verlängert sich auf 23 Monate, wenn die Einkünfte aus Land- und Forstwirtschaft bei der erstmaligen Steuerfestsetzung die anderen Einkünfte voraussichtlich überwiegen werden. ⁴Bei der Anwendung der Sätze 2 und 3 bleiben Aufwendungen im Sinne des § 10 Abs. 1 Nummer 4, 5, 7 und 9 sowie Absatz 1a, der §§ 10b und 33 sowie die abziehbaren Beträge nach § 33a, wenn die Aufwendungen und abziehbaren Beträge insgesamt 600 Euro nicht übersteigen, außer Ansatz. ⁵Die Steuerermäßigung nach § 34a bleibt außer Ansatz. ⁶Bei der Anwendung der Sätze 2 und 3 bleibt die Sonderausgabenabzug nach § 10a Abs. 1 außer Ansatz. ⁷Außer Ansatz bleiben bis zur Anschaffung oder Fertigstellung der Objekte im Sinne des § 10e Abs. 1 und 2 und § 10h auch die Aufwendungen, die nach § 10e Abs. 6 und § 10h Satz 3 wie Sonderausgaben abgezogen werden; Entsprechendes gilt auch für Aufwendungen, die nach § 10i für nach dem Eigenheimzulagengesetz begünstigte Objekte wie Sonderausgaben abgezogen werden. ⁸Negative Einkünfte aus der Vermietung oder Verpachtung eines Gebäudes im Sinne des § 21 Abs. 1 Satz 1 Nr. 1 werden bei der Festsetzung der Vorauszahlungen nur für Kalenderjahre berücksichtigt, die nach der Anschaffung oder Fertigstellung dieses Gebäudes beginnen. ⁹Wird ein Gebäude vor dem Kalenderjahr seiner Fertigstellung angeschafft, tritt an die Stelle der Anschaffung die Fertigstellung. ¹⁰Satz 8 gilt nicht für negative Einkünfte aus der Vermietung oder Verpachtung eines Gebäudes, für das erhöhte Absetzungen nach den §§ 14a, 14c oder 14d des Berlinförderungsgesetzes oder Sonderabschreibungen nach § 4 des Fördergebietsgesetzes in Anspruch genommen werden. ¹¹Satz 8 gilt für negative Einkünfte aus der Vermietung oder Verpachtung eines anderen Vermögensgegenstandes im Sinne des § 21 Abs. 1 Satz 1 Nr. 1 bis 3 entsprechend mit der Maßgabe, dass an die Stelle der Anschaffung oder Fertigstellung die Aufnahme der Nutzung durch den Steuerpflichtigen tritt. ¹²In den Fällen des § 31, in denen die gebotene steuerliche Freistellung eines Einkommensbetrags in Höhe des Existenzminimums eines Kindes durch das Kindergeld nicht in vollem Umfang bewirkt wird, bleiben bei der Anwendung der Sätze 2 und 3 Freibeträge nach § 32 Abs. 6 und zu verrechnendes Kindergeld außer Ansatz.

(4) ¹Bei einer nachträglichen Erhöhung der Vorauszahlungen ist die letzte Vorauszahlung für den Veranlagungszeitraum anzupassen. ²Der Erhöhungsbetrag ist innerhalb eines Monats nach Bekanntgabe des Vorauszahlungsbescheids zu entrichten.

(5) ¹Vorauszahlungen sind nur festzusetzen, wenn sie mindestens 400 Euro im Kalenderjahr und mindestens 100 Euro für einen Vorauszahlungszeitpunkt betragen. ²Festgesetzte Vorauszahlungen sind nur zu erhöhen, wenn sich der Erhöhungsbetrag im Fall des Absatzes 3 Satz 2 bis 5 für einen Vorauszahlungszeitpunkt auf mindestens 100 Euro, im Fall des Absatzes 4 auf mindestens 5 000 Euro beläuft.

(6) ¹Absatz 3 ist, soweit die erforderlichen Daten nach § 10 Absatz 2 Satz 3 noch nicht nach § 10 Absatz 2a übermittelt wurden, mit der Maßgabe anzuwenden, dass

1. als Beiträge im Sinne des § 10 Absatz 1 Nummer 3 Buchstabe a die für den letzten Veranlagungszeitraum geleisteten

    a) Beiträge zugunsten einer privaten Krankenversicherung vermindert um 20 Prozent oder

    b) Beiträge zur gesetzlichen Krankenversicherung vermindert um 4 Prozent,

2. als Beiträge im Sinne des § 10 Absatz 1 Nummer 3 Buchstabe b die bei der letzten Veranlagung berücksichtigten Beiträge zugunsten einer gesetzlichen Pflegeversicherung

anzusetzen sind; mindestens jedoch 1 500 Euro. ²Bei zusammen veranlagten Ehegatten ist der in Satz 1 genannte Betrag von 1 500 Euro zu verdoppeln.

§ 37a
Pauschalierung der Einkommensteuer durch Dritte

(1) ¹Das Finanzamt kann auf Antrag zulassen, dass das Unternehmen, das Sachprämien im Sinne des § 3 Nr. 38 gewährt, die Einkommensteuer für den

Teil der Prämien, der nicht steuerfrei ist, pauschal erhebt. ²Bemessungsgrundlage der pauschalen Einkommensteuer ist der gesamte Wert der Prämien, die den im Inland ansässigen Steuerpflichtigen zufließen. ³Der Pauschsteuersatz beträgt 2,25 Prozent.

(2) ¹Auf die pauschale Einkommensteuer ist § 40 Abs. 3 sinngemäß anzuwenden. ²Das Unternehmen hat die Prämienempfänger von der Steuerübernahme zu unterrichten.

(3) ¹Über den Antrag entscheidet das Betriebsstättenfinanzamt des Unternehmens (§ 41a Abs. 1 Satz 1 Nr. 1). ²Hat das Unternehmen mehrere Betriebsstättenfinanzämter, so ist das Finanzamt der Betriebsstätte zuständig, in der die für die pauschale Besteuerung maßgebenden Prämien ermittelt werden. ³Die Genehmigung zur Pauschalierung wird mit Wirkung für die Zukunft erteilt und kann zeitlich befristet werden; sie erstreckt sich auf alle im Geltungszeitraum ausgeschütteten Prämien.

(4) Die pauschale Einkommensteuer gilt als Lohnsteuer und ist von dem Unternehmen in der Lohnsteuer-Anmeldung der Betriebsstätte im Sinne des Absatzes 3 anzumelden und spätestens am zehnten Tag nach Ablauf des für die Betriebsstätte maßgebenden Lohnsteuer-Anmeldungszeitraums an das Betriebsstättenfinanzamt abzuführen.

§ 37b
Pauschalierung der Einkommensteuer bei Sachzuwendungen

(1) ¹Steuerpflichtige können die Einkommensteuer einheitlich für alle innerhalb eines Wirtschaftsjahres gewährten

1. betrieblich veranlassten Zuwendungen, die zusätzlich zur ohnehin vereinbarten Leistung oder Gegenleistung erbracht werden, und
2. Geschenke im Sinne des § 4 Abs. 5 Satz 1 Nr. 1,

die nicht in Geld bestehen, mit einem Pauschsteuersatz von 30 Prozent erheben. ²Bemessungsgrundlage der pauschalen Einkommensteuer sind die Aufwendungen des Steuerpflichtigen einschließlich Umsatzsteuer; bei Zuwendungen an Arbeitnehmer verbundener Unternehmen ist Bemessungsgrundlage mindestens der sich nach § 8 Abs. 3 Satz 1 ergebende Wert. ³Die Pauschalierung ist ausgeschlossen,

1. soweit die Aufwendungen je Empfänger und Wirtschaftsjahr oder
2. wenn die Aufwendungen für die einzelne Zuwendung

den Betrag von 10 000 Euro übersteigen.

(2) ¹Absatz 1 gilt auch für betrieblich veranlasste Zuwendungen an Arbeitnehmer des Steuerpflichtigen, soweit sie nicht in Geld bestehen und zusätzlich zum ohnehin geschuldeten Arbeitslohn erbracht werden. ²In den Fällen des § 8 Abs. 2 Satz 2 bis 10, Abs. 3, § 40 Abs. 2 sowie in Fällen, in denen Vermögensbeteiligungen überlassen werden, ist Absatz 1 nicht anzuwenden; Entsprechendes gilt, soweit die Zuwendungen nach § 40 Abs. 1 pauschaliert worden sind. ³§ 37a Abs. 1 bleibt unberührt.

(3) ¹Die pauschal besteuerten Sachzuwendungen bleiben bei der Ermittlung der Einkünfte des Empfängers außer Ansatz. ²Auf die pauschale Einkommensteuer ist § 40 Abs. 3 sinngemäß anzuwenden. ³Der Steuerpflichtige hat den Empfänger von der Steuerübernahme zu unterrichten.

(4) ¹Die pauschale Einkommensteuer gilt als Lohnsteuer und ist von dem die Sachzuwendung gewährenden Steuerpflichtigen in der Lohnsteuer-Anmeldung nach § 41 Abs. 2 anzumelden und spätestens am zehnten Tag nach Ablauf des für die Betriebsstätte maßgebenden Lohnsteuer-Anmeldungszeitraums an das Betriebsstättenfinanzamt abzuführen. ²Hat der Steuerpflichtige mehrere Betriebsstätten im Sinne des Satzes 1, so ist das Finanzamt der Betriebsstätte zuständig, in der die für die pauschale Besteuerung maßgebenden Sachbezüge ermittelt werden.

2. Steuerabzug vom Arbeitslohn (Lohnsteuer)

§ 38
Erhebung der Lohnsteuer

(1) ¹Bei Einkünften aus nichtselbständiger Arbeit wird die Einkommensteuer durch Abzug vom Arbeitslohn erhoben (Lohnsteuer), soweit der Arbeitslohn von einem Arbeitgeber gezahlt wird, der

1. im Inland einen Wohnsitz, seinen gewöhnlichen Aufenthalt, seine Geschäftsleitung, seinen Sitz, eine Betriebsstätte oder einen ständigen Vertreter im Sinne der §§ 8 bis 13 der Abgabenordnung hat (inländischer Arbeitgeber) oder
2. einem Dritten (Entleiher) Arbeitnehmer gewerbsmäßig zur Arbeitsleistung im Inland überlässt, ohne inländischer Arbeitgeber zu sein (ausländischer Verleiher).

²Inländischer Arbeitgeber im Sinne des Satzes 1 ist in den Fällen der Arbeitnehmerentsendung auch das in Deutschland ansässige aufnehmende Unternehmen, das den Arbeitslohn für die ihm geleistete Arbeit wirtschaftlich trägt; Voraussetzung hierfür ist nicht, dass das Unternehmen dem Arbeitnehmer den Arbeitslohn im eigenen Namen und für eigene Rechnung auszahlt. ³Der Lohnsteuer unterliegt auch der im Rahmen des Dienstverhältnisses von einem Dritten gewährte Arbeitslohn, wenn der Arbeitgeber weiß oder erkennen kann, dass derartige Vergütungen erbracht werden; dies ist insbesondere anzunehmen, wenn Arbeitgeber und Dritter verbundene Unternehmen im Sinne von § 15 des Aktiengesetzes sind.

(2) ¹Der Arbeitnehmer ist Schuldner der Lohnsteuer. ²Die Lohnsteuer entsteht in dem Zeitpunkt, in dem der Arbeitslohn dem Arbeitnehmer zufließt.

(3) ¹Der Arbeitgeber hat die Lohnsteuer für Rechnung des Arbeitnehmers bei jeder Lohnzahlung vom Arbeitslohn einzubehalten. ²Bei juristischen Personen des öffentlichen Rechts hat die öffentliche Kasse, die den Arbeitslohn zahlt, die Pflichten des Arbeitgebers. ³In den Fällen der nach § 7f Abs. 1 Satz 1 Nr. 2 des Vierten Buches Sozialgesetzbuch an die Deutsche Rentenversicherung Bund übertragenen Wertguthaben hat die Deutsche Rentenversicherung Bund bei Inanspruchnahme des Wertguthabens die Pflichten des Arbeitgebers.

(3a) ¹Soweit sich aus einem Dienstverhältnis oder einem früheren Dienstverhältnis tarifvertragliche Ansprüche des Arbeitnehmers auf Arbeitslohn unmittelbar gegen einen Dritten mit Wohnsitz, Geschäftsleitung oder Sitz im Inland richten und von diesem durch die Zahlung von Geld erfüllt werden, hat der Dritte die Pflichten des Arbeitgebers. ²In anderen Fällen kann das Finanzamt zulassen, dass ein Dritter mit Wohnsitz, Geschäftsleitung oder Sitz im Inland die Pflichten des Arbeitgebers im eigenen Namen erfüllt. ³Voraussetzung ist, dass der Dritte

1. sich hierzu gegenüber dem Arbeitgeber verpflichtet hat,
2. den Lohn auszahlt oder er nur Arbeitgeberpflichten für von ihm vermittelte Arbeitnehmer übernimmt und
3. die Steuererhebung nicht beeinträchtigt wird.

⁴Die Zustimmung erteilt das Betriebsstättenfinanzamt des Dritten auf dessen Antrag im Einvernehmen mit dem Betriebsstättenfinanzamt des Arbeitgebers; sie darf mit Nebenbestimmungen versehen werden, die die ordnungsgemäße Steuererhebung sicherstellen und die Überprüfung des Lohnsteuerabzugs nach § 42f erleichtern sollen. ⁵Die Zustimmung kann mit Wirkung für die Zukunft widerrufen werden. ⁶In den Fällen der Sätze 1 und 2 sind die das Lohnsteuerverfahren betreffenden Vorschriften mit der Maßgabe anzuwenden, dass an die Stelle des Arbeitgebers der Dritte tritt; der Arbeitgeber ist von seinen Pflichten befreit, soweit der Dritte diese Pflichten erfüllt hat. ⁷Erfüllt der Dritte die Pflichten des Arbeitgebers, kann er den Arbeitslohn, der einem Arbeitnehmer in demselben Lohnabrechnungszeitraum aus mehreren Dienstverhältnissen zufließt, für die Lohnsteuerermittlung und in der Lohnsteuerbescheinigung zusammenrechnen.

(4) ¹Wenn der vom Arbeitgeber geschuldete Barlohn zur Deckung der Lohnsteuer nicht ausreicht, hat der Arbeitnehmer dem Arbeitgeber den Fehlbetrag zur Verfügung zu stellen oder der Arbeitgeber einen entsprechenden Teil der anderen Bezüge des Arbeitnehmers zurückzubehalten. ²Soweit der Arbeitnehmer seiner Verpflichtung nicht nachkommt und der Arbeitgeber den Fehlbetrag nicht durch Zurückbehaltung von anderen Bezügen des Arbeitnehmers aufbringen kann, hat der Arbeitgeber dies dem Betriebsstättenfinanzamt (§ 41a Abs. 1 Satz 1 Nr. 1) anzuzeigen. ³Der Arbeitnehmer hat dem Arbeitgeber die von einem Dritten gewährten Bezüge (Absatz 1 Satz 3) am Ende des jeweiligen Lohnzahlungszeitraums anzugeben; macht der Arbeitnehmer keine Angabe oder eine erkennbar unrichtige Angabe macht, hat der Arbeitgeber dies dem Betriebsstättenfinanzamt anzuzeigen. ⁴Das Finanzamt hat die zuwenig erhobene Lohnsteuer vom Arbeitnehmer nachzufordern.

§ 38a
Höhe der Lohnsteuer

(1) ¹Die Jahreslohnsteuer bemisst sich nach dem Arbeitslohn, den der Arbeitnehmer im Kalenderjahr bezieht (Jahresarbeitslohn). ²Laufender Arbeitslohn gilt in dem Kalenderjahr als bezogen, in dem der Lohnzahlungszeitraum endet; in den Fällen des § 39b Abs. 5 Satz 1 tritt der Lohnabrechnungszeitraum an die Stelle des Lohnzahlungszeitraums. ³Arbeitslohn, der nicht als laufender Arbeitslohn gezahlt wird (sonstige Bezüge), wird in dem Kalenderjahr bezogen, in dem er dem Arbeitnehmer zufließt.

(2) Die Jahreslohnsteuer wird nach dem Jahresarbeitslohn so bemessen, dass sie der Einkommensteuer entspricht, die der Arbeitnehmer schuldet, wenn er ausschließlich Einkünfte aus nichtselbständiger Arbeit erzielt.

(3) ¹Vom laufenden Arbeitslohn wird die Lohnsteuer jeweils mit dem auf den Lohnzahlungszeitraum fallenden Teilbetrag der Jahreslohnsteuer erhoben, die sich bei Umrechnung des laufenden Arbeitslohns auf einen Jahresarbeitslohn ergibt. ²Von sonstigen Bezügen wird die Lohnsteuer mit dem Betrag erhoben, der zusammen mit der Lohnsteuer für den laufenden Arbeitslohn des Kalenderjahrs und für die im Kalenderjahr bereits gezahlte sonstige Bezüge die voraussichtliche Jahreslohnsteuer ergibt.

(4) Bei der Ermittlung der Lohnsteuer werden die Besteuerungsgrundlagen des Einzelfalls durch die Einreihung der Arbeitnehmer in Steuerklassen (§ 38b), Feststellung von Freibeträgen und Hinzurechnungsbeträgen (§ 39a) sowie Bereitstellung von elektronischen Lohnsteuerabzugsmerkmalen (§ 39e) oder Ausstellung von entsprechenden Bescheinigungen für den Lohnsteuerabzug (§ 39 Absatz 3 und § 39e Absatz 7 und 8) berücksichtigt.

§ 38b
Lohnsteuerklassen,
Zahl der Kinderfreibeträge

(1) ¹Für die Durchführung des Lohnsteuerabzugs werden Arbeitnehmer in Steuerklassen eingereiht. ²Dabei gilt Folgendes:

1. In die Steuerklasse I gehören Arbeitnehmer, die
   a) unbeschränkt einkommensteuerpflichtig sind und
      aa) ledig sind,
      bb) verheiratet, verwitwet oder geschieden sind und bei denen die Voraussetzungen für die Steuerklasse III oder IV nicht erfüllt sind; oder
   b) beschränkt einkommensteuerpflichtig sind;
2. in die Steuerklasse II gehören die unter Nummer 1 Buchstabe a bezeichneten Arbeitnehmer, wenn bei ihnen der Entlastungsbetrag für Alleinerziehende (§ 24b) zu berücksichtigen ist;
3. in die Steuerklasse III gehören Arbeitnehmer,
   a) die verheiratet sind, wenn beide Ehegatten unbeschränkt einkommensteuerpflichtig sind und nicht dauernd getrennt leben und
      aa) der Ehegatte des Arbeitnehmers keinen Arbeitslohn bezieht oder
      bb) der Ehegatte des Arbeitnehmers auf Antrag beider Ehegatten in die Steuerklasse V eingereiht wird,
   b) die verwitwet sind, wenn sie und ihr verstorbener Ehegatte im Zeitpunkt seines Todes unbeschränkt einkommensteuerpflichtig waren und in diesem Zeitpunkt nicht dauernd getrennt gelebt haben, für das Kalenderjahr, das dem Kalenderjahr folgt, in dem der Ehegatte verstorben ist,

c) deren Ehe aufgelöst worden ist, wenn

   aa) im Kalenderjahr der Auflösung der Ehe beide Ehegatten unbeschränkt einkommensteuerpflichtig waren und nicht dauernd getrennt gelebt haben und

   bb) der andere Ehegatte wieder geheiratet hat, von seinem neuen Ehegatten nicht dauernd getrennt lebt und er und sein neuer Ehegatte unbeschränkt einkommensteuerpflichtig sind,

   für das Kalenderjahr, in dem die Ehe aufgelöst worden ist;

4. in die Steuerklasse IV gehören Arbeitnehmer, die verheiratet sind, wenn beide Ehegatten unbeschränkt einkommensteuerpflichtig sind und nicht dauernd getrennt leben und der Ehegatte des Arbeitnehmers ebenfalls Arbeitslohn bezieht;

5. in die Steuerklasse V gehören die unter Nummer 4 bezeichneten Arbeitnehmer, wenn der Ehegatte des Arbeitnehmers auf Antrag beider Ehegatten in die Steuerklasse III eingereiht wird;

6. die Steuerklasse VI gilt bei Arbeitnehmern, die nebeneinander von mehreren Arbeitgebern Arbeitslohn beziehen, für die Einbehaltung der Lohnsteuer vom Arbeitslohn aus dem zweiten und einem weiteren Dienstverhältnis sowie in den Fällen des § 39c.

³Als unbeschränkt einkommensteuerpflichtig im Sinne der Nummern 3 und 4 gelten nur Personen, die die Voraussetzungen des § 1 Abs. 1 oder 2 oder des § 1a erfüllen.

(2) ¹Für ein minderjähriges und nach § 1 Absatz 1 unbeschränkt einkommensteuerpflichtiges Kind im Sinne des § 32 Absatz 1 Nummer 1 und Absatz 3 werden bei der Anwendung der Steuerklassen I bis IV die Kinderfreibeträge als Lohnsteuerabzugsmerkmal nach § 39 Absatz 1 wie folgt berücksichtigt:

1. mit Zähler 0,5, wenn der Arbeitnehmer der Kinderfreibetrag nach § 32 Absatz 6 Satz 1 zusteht, oder

2. mit Zähler 1, wenn dem Arbeitnehmer der Kinderfreibetrag zusteht, weil

   a) die Voraussetzungen des § 32 Absatz 6 Satz 2 vorliegen oder

   b) der andere Elternteil vor dem Beginn des Kalenderjahres verstorben ist oder

   c) der Arbeitnehmer allein das Kind angenommen hat.

²Soweit dem Arbeitnehmer Kinderfreibeträge nach § 32 Absatz 1 bis 6 zustehen, die nicht nach Satz 1 berücksichtigt werden, ist die Zahl der Kinderfreibeträge auf Antrag vorbehaltlich des § 39a Absatz 1 Nummer 6 zu Grunde zu legen. ³In den Fällen des Satzes 2 können die Kinderfreibeträge für mehrere Jahre gelten, wenn nach den tatsächlichen Verhältnissen zu erwarten ist, dass die Voraussetzungen bestehen bleiben. ⁴Bei Anwendung der Steuerklassen III und IV sind auch Kinder des Ehegatten bei der Zahl der Kinderfreibeträge zu berücksichtigen. ⁵Der Antrag kann nur nach amtlich vorgeschriebenem Vordruck gestellt werden.

(3) ¹Auf Antrag des Arbeitnehmers kann abweichend von Absatz 1 oder 2 eine für ihn ungünstigere Steuerklasse oder geringere Zahl der Kinderfreibeträge als Lohnsteuerabzugsmerkmal gebildet werden. ²Dieser Antrag ist nach amtlich vorgeschriebenem Vordruck zu stellen und vom Arbeitnehmer eigenhändig zu unterschreiben.

§ 39
Lohnsteuerabzugsmerkmale

(1) ¹Für die Durchführung des Lohnsteuerabzugs werden auf Veranlassung des Arbeitnehmers Lohnsteuerabzugsmerkmale gebildet (§ 39a Absatz 1 und 4, § 39e Absatz 1 in Verbindung mit § 39e Absatz 4 Satz 1 und nach § 39e Absatz 8). ²Soweit Lohnsteuerabzugsmerkmale nicht nach § 39e Absatz 1 Satz 1 automatisiert gebildet werden oder davon abweichend zu bilden sind, ist das Finanzamt für die Bildung der Lohnsteuerabzugsmerkmale nach den §§ 38b und 39a und die Bestimmung ihrer Geltungsdauer zuständig. ³Für die Bildung der Lohnsteuerabzugsmerkmale sind die von den Meldebehörden nach § 39e Absatz 2 Satz 2 mitgeteilten Daten vorbehaltlich einer nach Satz 2 abweichenden Bildung durch das Finanzamt bindend. ⁴Die Bildung der Lohnsteuerabzugsmerkmale ist eine gesonderte Feststellung von Besteuerungsgrundlagen im Sinne des § 179 Absatz 1 der Abgabenordnung, die unter dem Vorbehalt der Nachprüfung steht. ⁵Die Bildung und die Änderung der Lohnsteuerabzugsmerkmale sind dem Arbeitnehmer bekannt zu geben. ⁶Die Bekanntgabe richtet sich nach § 119 Absatz 2 der Abgabenordnung und § 39e Absatz 6. ⁷Der Bekanntgabe braucht keine Belehrung über den zulässigen Rechtsbehelf beigefügt zu werden. ⁸Ein schriftlicher Bescheid mit einer Belehrung über den zulässigen Rechtsbehelf ist jedoch zu erteilen, wenn einem Antrag des Arbeitnehmers auf Bildung oder Änderung der Lohnsteuerabzugsmerkmale nicht oder nicht in vollem Umfang entsprochen wird oder der Arbeitnehmer die Erteilung eines Bescheids beantragt. ⁹Vorbehaltlich des Absatzes 5 ist § 153 Absatz 2 der Abgabenordnung nicht anzuwenden.

(2) ¹Für die Bildung und die Änderung der Lohnsteuerabzugsmerkmale nach Absatz 1 Satz 2 des nach § 1 Absatz 1 unbeschränkt einkommensteuerpflichtigen Arbeitnehmers ist das Wohnsitzfinanzamt im Sinne des § 19 Absatz 1 Satz 1 und 2 der Abgabenordnung und in den Fällen des Absatzes 4 Nummer 5 das Betriebsstättenfinanzamt nach § 41a Absatz 1 Satz 1 Nummer 1 zuständig. ²Ist der Arbeitnehmer nicht nach § 1 Absatz 1 unbeschränkt einkommensteuerpflichtig, nach § 1 Absatz 3 als unbeschränkt einkommensteuerpflichtig zu behandeln oder beschränkt einkommensteuerpflichtig, ist das Betriebsstättenfinanzamt für die Bildung und die Änderung der Lohnsteuerabzugsmerkmale zu-ständig. ³Ist der nach § 1 Absatz 3 als unbeschränkt einkommensteuerpflichtig zu behandelnde Arbeitnehmer gleichzeitig bei mehreren inländischen Arbeitgebern tätig, ist für die Bildung der weiteren Lohnsteuerabzugsmerkmale das Betriebsstättenfinanzamt zuständig, das erstmals Lohnsteuerabzugsmerkmale gebildet hat. ⁴Bei Ehegatten, die beide Arbeitslohn von inländischen Arbeitgebern

beziehen, ist das Betriebsstättenfinanzamt des älteren Ehegatten zuständig.

(3) ¹Wurde einem Arbeitnehmer in den Fällen des Absatzes 2 Satz 2 keine Identifikationsnummer zugeteilt, hat ihm das Betriebsstättenfinanzamt auf seinen Antrag hin eine Bescheinigung für den Lohnsteuerabzug auszustellen. ²In diesem Fall tritt an die Stelle der Identifikationsnummer das vom Finanzamt gebildete lohnsteuerliche Ordnungsmerkmal nach § 41b Absatz 2 Satz 1 und 2. ³Die Bescheinigung der Steuerklasse I kann auch der Arbeitgeber beantragen, wenn dieser den Antrag nach Satz 1 im Namen des Arbeitnehmers stellt. ⁴Diese Bescheinigung ist als Beleg zum Lohnkonto zu nehmen und während des Dienstverhältnisses, längstens bis zum Ablauf des jeweiligen Kalenderjahres, aufzubewahren.

(4) ¹Lohnsteuerabzugsmerkmale sind
1. Steuerklasse (§ 38b Absatz 1) und Faktor (§ 39f),
2. Zahl der Kinderfreibeträge bei den Steuerklassen I bis IV (§ 38b Absatz 2),
3. Freibetrag und Hinzurechnungsbetrag (§ 39a),
4. Höhe der Beiträge für eine private Krankenversicherung und für eine private Pflege-Pflichtversicherung (§ 39b Absatz 2 Satz 5 Nummer 3 Buchstabe d) für die Dauer von zwölf Monaten, wenn der Arbeitnehmer dies beantragt,
5. Mitteilung, dass der von einem Arbeitgeber gezahlte Arbeitslohn nach einem Abkommen zur Vermeidung der Doppelbesteuerung von der Lohnsteuer freizustellen ist, wenn der Arbeitnehmer oder der Arbeitgeber dies beantragt.

(5) ¹Treten bei einem Arbeitnehmer die Voraussetzungen für eine für ihn ungünstigere Steuerklasse oder geringere Zahl der Kinderfreibeträge ein, ist der Arbeitnehmer verpflichtet, dem Finanzamt dies mitzuteilen und die Steuerklasse und die Zahl der Kinderfreibeträge umgehend ändern zu lassen. ²Dies gilt insbesondere, wenn die Voraussetzungen für die Berücksichtigung des Entlastungsbetrags für Alleinerziehende, für die die Steuerklasse II zur Anwendung kommt, entfallen. ³Eine Mitteilung ist nicht erforderlich, wenn die Abweichung einen Sachverhalt betrifft, der zu einer Änderung der Daten führt, die nach § 39e Absatz 2 Satz 2 von den Meldebehörden zu übermitteln sind. ⁴Kommt der Arbeitnehmer seiner Verpflichtung nicht nach, ändert das Finanzamt die Steuerklasse und die Zahl der Kinderfreibeträge von Amts wegen. ⁵Unterbleibt die Änderung der Lohnsteuerabzugsmerkmale, hat das Finanzamt zu wenig erhobene Lohnsteuer vom Arbeitnehmer nachzufordern, wenn diese 10 Euro übersteigt.

(6) ¹Ändern sich die Voraussetzungen für die Steuerklasse oder für die Zahl der Kinderfreibeträge zu Gunsten des Arbeitnehmers, kann dieser beim Finanzamt die Änderung der Lohnsteuerabzugsmerkmale beantragen. ²Die Änderung ist mit Wirkung von dem ersten Tag des Monats an vorzunehmen, in dem erstmals die Voraussetzungen für die Änderung vorlagen. ³Ehegatten, die beide in einem Dienstverhältnis stehen, können einmalig im Laufe des Kalenderjahres beim Finanzamt die Änderung der Steuerklassen beantragen. ⁴Dies gilt unabhängig von der automatisierten Bildung der Steuerklassen nach § 39e Absatz 3 Satz 3 sowie einer von den Ehegatten gewünschten Änderung dieser automatisierten Bildung. ⁵Das Finanzamt hat eine Änderung nach Satz 3 mit Wirkung vom Beginn des Kalendermonats vorzunehmen, der auf die Antragstellung folgt. ⁶Für eine Berücksichtigung der Änderung im laufenden Kalenderjahr ist der Antrag nach Satz 1 oder 3 spätestens bis zum 30. November zu stellen.

(7) ¹Wird ein unbeschränkt einkommensteuerpflichtiger Arbeitnehmer beschränkt einkommensteuerpflichtig, hat er dies dem Finanzamt unverzüglich mitzuteilen. ²Das Finanzamt hat die Lohnsteuerabzugsmerkmale vom Zeitpunkt des Eintritts der beschränkten Einkommensteuerpflicht an zu ändern. ³Absatz 1 Satz 5 bis 8 gilt entsprechend. ⁴Unterbleibt die Mitteilung, hat das Finanzamt zu wenig erhobene Lohnsteuer vom Arbeitnehmer nachzufordern, wenn diese 10 Euro übersteigt.

(8) ¹Der Arbeitgeber darf die Lohnsteuerabzugsmerkmale nur für die Einbehaltung der Lohn- und Kirchensteuer verwenden. ²Er darf sie ohne Zustimmung des Arbeitnehmers nur offenbaren, soweit dies gesetzlich zugelassen ist.

(9) ¹Ordnungswidrig handelt, wer vorsätzlich oder leichtfertig entgegen Absatz 8 ein Lohnsteuerabzugsmerkmal verwendet. ²Die Ordnungswidrigkeit kann mit einer Geldbuße bis zu zehntausend Euro geahndet werden.

§ 39a
Freibetrag und Hinzurechnungsbetrag

(1) Auf Antrag des unbeschränkt einkommensteuerpflichtigen Arbeitnehmers ermittelt das Finanzamt die Höhe eines vom Arbeitslohn insgesamt abzuziehenden Freibetrags aus der Summe der folgenden Beträge:
1. Werbungskosten, die bei den Einkünften aus nichtselbständiger Arbeit anfallen, soweit sie den Arbeitnehmer-Pauschbetrag (§ 9a Satz 1 Nr. 1 Buchstabe a) oder bei Versorgungsbezügen den Pauschbetrag (§ 9a Satz 1 Nr. 1 Buchstabe b) übersteigen,
2. Sonderausgaben im Sinne des § 10 Abs. 1 Nummer 4, 5, 7 und 9 sowie Absatz 1a und des § 10b, soweit sie den Sonderausgaben-Pauschbetrag von 36 Euro übersteigen,
3. der Betrag, der nach den §§ 33, 33a und 33b Abs. 6 wegen außergewöhnlicher Belastungen zu gewähren ist,
4. die Pauschbeträge für behinderte Menschen und Hinterbliebene (§ 33b Abs. 1 bis 5),
5. die folgenden Beträge, wie sie nach § 37 Abs. 3 bei der Festsetzung von Einkommensteuer-Vorauszahlungen zu berücksichtigen sind:
   a) die Beträge, die nach § 10d Abs. 2, §§ 10e, 10f, 10g, 10h, 10i, nach § 15b des Berlinförderungsgesetzes oder nach § 7 des Fördergebietsgesetzes abgezogen werden können,
   b) die negative Summe der Einkünfte im Sinne des § 2 Abs. 1 Satz 1 Nr. 1 bis 3, 6 und 7 und

der negativen Einkünfte im Sinne des § 2 Abs. 1 Satz 1 Nr. 5,

c) das Vierfache der Steuerermäßigung nach den §§ 34f und 35a,

6. die Freibeträge nach § 32 Abs. 6 für jedes Kind im Sinne des § 32 Abs. 1 bis 4, für das kein Anspruch auf Kindergeld besteht. ²Soweit für diese Kinder Kinderfreibeträge nach § 38b Absatz 2 berücksichtigt worden sind, ist die Zahl der Kinderfreibeträge entsprechend zu vermindern. ³Der Arbeitnehmer ist verpflichtet, den nach Satz 1 ermittelten Freibetrag ändern zu lassen, wenn für das Kind ein Kinderfreibetrag nach § 38b Absatz 2 berücksichtigt wird,

7. ein Betrag für ein zweites oder ein weiteres Dienstverhältnis insgesamt bis zur Höhe des auf volle Euro abgerundeten zu versteuernden Jahresbetrags nach § 39b Absatz 2 Satz 5, bis zu dem nach der Steuerklasse des Arbeitnehmers, die für den Lohnsteuerabzug vom Arbeitslohn aus dem ersten Dienstverhältnis anzuwenden ist, Lohnsteuer nicht zu erheben ist. ²Voraussetzung ist, dass

   a) der Jahresarbeitslohn aus dem ersten Dienstverhältnis geringer ist als der nach Satz 1 maßgebende Eingangsbetrag und

   b) in Höhe des Betrags für ein zweites oder ein weiteres Dienstverhältnis zugleich für das erste Dienstverhältnis ein Betrag ermittelt wird, der dem Arbeitslohn hinzuzurechnen ist (Hinzurechnungsbetrag).

³Soll für das erste Dienstverhältnis auch ein Freibetrag nach den Nummern 1 bis 6 und 8 ermittelt werden, ist nur der diesen Freibetrag übersteigende Betrag als Hinzurechnungsbetrag zu berücksichtigen. ⁴Ist der Freibetrag höher als der Hinzurechnungsbetrag, ist nur der den Hinzurechnungsbetrag übersteigende Freibetrag zu berücksichtigen.

8. der Entlastungsbetrag für Alleinerziehende (§ 24b) bei Verwitweten, die nicht in Steuerklasse II gehören.

²Der insgesamt abzuziehende Freibetrag und der Hinzurechnungsbetrag gelten mit Ausnahme von Satz 1 Nummer 4 und vorbehaltlich der Sätze 3 bis 5 für das gesamte Dauer eines Kalenderjahres. Die Summe der nach Satz 1 Nummer 1 bis 3 sowie 5 bis 8 ermittelten Beträge wird längstens für einen Zeitraum von zwei Kalenderjahren ab Beginn des Kalenderjahres, für das der Freibetrag erstmals gilt, berücksichtigt. ²Der Arbeitnehmer kann eine Änderung des Freibetrags innerhalb dieses Zeitraums beantragen, wenn sich die Verhältnisse zu seinen Gunsten ändern. ³Ändern sich die Verhältnisse zu seinen Ungunsten, ist er verpflichtet, dies dem Finanzamt umgehend anzuzeigen.

(2) ¹Der Antrag nach Absatz 1 ist nach amtlich vorgeschriebenem Vordruck zu stellen und vom Arbeitnehmer eigenhändig zu unterschreiben. ²Die Frist für die Antragstellung beginnt am 1. Oktober des Vorjahres, für das der Freibetrag gelten soll. ³Sie endet am 30. November des Kalenderjahres, in dem der Freibetrag gilt. ⁴Der Antrag ist hinsichtlich eines Freibetrags aus der Summe der nach Absatz 1 Satz 1 Nummer 1 bis 3 und 8 in Betracht kommenden Aufwendungen und Beträge unzulässig, wenn die Aufwendungen im Sinne des § 9, soweit sie den Arbeitnehmer-Pauschbetrag übersteigen, die Aufwendungen im Sinne des § 10 Abs. 1 Nr. 1, 1a, 1b, 4, 5, 7 und 9, der §§ 10b und 33 sowie die abziehbaren Beträge nach den §§ 24b, 33a und 33b Abs. 6 insgesamt 600 Euro nicht übersteigen. ⁵Das Finanzamt kann auf nähere Angaben des Arbeitnehmers verzichten, wenn er

1. höchstens den Freibetrag beantragt, der für das vorangegangene Kalenderjahr ermittelt wurde, und

2. versichert, dass sich die maßgebenden Verhältnisse nicht wesentlich geändert haben.

⁶Das Finanzamt hat den Freibetrag durch Aufteilung in Monatsfreibeträge, falls erforderlich in Wochen- und Tagesfreibeträge, jeweils auf die verbleibenden auf die Antragstellung folgenden Monate des Kalenderjahres gleichmäßig zu verteilen. ⁷Abweichend hiervon darf ein Freibetrag, der im Monat Januar eines Kalenderjahres beantragt wird, mit Wirkung vom 1. Januar dieses Kalenderjahres an berücksichtigt werden. ⁸Ist der Arbeitnehmer beschränkt einkommensteuerpflichtig, hat das Finanzamt den nach Absatz 4 ermittelten Freibetrag durch Aufteilung in Monatsfreibeträge, falls erforderlich in Wochen und Tagesbeiträge, jeweils auf die voraussichtliche Dauer des Dienstverhältnisses im Kalenderjahr gleichmäßig zu verteilen. ⁹Die Sätze 5 bis 8 gelten für den Hinzurechnungsbetrag nach Absatz 1 Satz 1 Nummer 7 entsprechend.

(3) ¹Für Ehegatten, die beide unbeschränkt einkommensteuerpflichtig sind und nicht dauernd getrennt leben, ist jeweils die Summe der nach Absatz 1 Satz 1 Nr. 2 bis 8 in Betracht kommenden Beträge gemeinsam zu ermitteln; der in Absatz 1 Satz 1 Nr. 2 genannte Betrag ist zu verdoppeln. ²Für die Anwendung des Absatzes 2 Satz 4 ist die Summe der für beide Ehegatten in Betracht kommenden Aufwendungen im Sinne des § 9, soweit sie jeweils den Arbeitnehmer-Pauschbetrag übersteigen, und der Aufwendungen im Sinne des § 10 Absatz 1 Nummer 4, 5, 7 und 9 sowie Absatz 1a, der §§ 10b und 33 und 33b Absatz 6 maßgebend. ³Die nach Satz 1 ermittelte Summe ist je zur Hälfte auf die Ehegatten aufzuteilen, wenn für jeden Ehegatten Lohnsteuerabzugsmerkmale gebildet werden und die Ehegatten keine andere Aufteilung beantragen. ⁴Für eine andere Aufteilung gilt Absatz 1 Satz 2 entsprechend. ⁵Für einen Arbeitnehmer, dessen Ehe in dem Kalenderjahr, für das der Freibetrag gilt, aufgelöst worden ist und dessen bisheriger Ehegatte in demselben Kalenderjahr wieder geheiratet hat, sind die nach Absatz 1 in Betracht kommenden Beträge ausschließlich auf Grund der in seiner Person erfüllten Voraussetzungen zu ermitteln. ⁶Satz 1 zweiter Halbsatz ist auch anzuwenden, wenn die tarifliche Einkommensteuer nach § 32a Absatz 6 zu ermitteln ist.

(4) ¹Für einen beschränkt einkommensteuerpflichtigen Arbeitnehmer, für den § 50 Absatz 1 Satz 4 anzuwenden ist, ermittelt das Finanzamt auf Antrag einen Freibetrag, der vom Arbeitslohn insgesamt abzuziehen ist, aus der Summe der folgenden Beträge:

EStG

1. Werbungskosten, die bei den Einkünften aus nichtselbständiger Arbeit anfallen, soweit sie den Arbeitnehmer-Pauschbetrag (§ 9a Satz 1 Nummer 1 Buchstabe a) oder bei Versorgungsbezügen den Pauschbetrag (§ 9a Satz 1 Nummer 1 Buchstabe b) übersteigen,
2. Sonderausgaben im Sinne des § 10b, soweit sie den Sonderausgaben-Pauschbetrag (§ 10c) übersteigen, und die wie Sonderausgaben abziehbaren Beträge nach § 10e oder § 10i, jedoch erst nach Fertigstellung oder Anschaffung des begünstigten Objekts oder nach Fertigstellung der begünstigten Maßnahme,
3. den Freibetrag oder den Hinzurechnungsbetrag nach Absatz 1 Satz 1 Nummer 7.

²Der Antrag kann nur nach amtlich vorgeschriebenem Vordruck bis zum Ablauf des Kalenderjahres gestellt werden, für das die Lohnsteuerabzugsmerkmale gelten.

(5) Ist zuwenig Lohnsteuer erhoben worden, weil ein Freibetrag unzutreffend als Lohnsteuerabzugsmerkmal ermittelt worden ist, hat das Finanzamt den Fehlbetrag vom Arbeitnehmer nachzufordern, wenn er 10 Euro übersteigt.

§ 39b
Einbehaltung der Lohnsteuer

(1) Bei unbeschränkt und beschränkt einkommensteuerpflichtigen Arbeitnehmern hat der Arbeitgeber den Lohnsteuerabzug nach Maßgabe der Absätze 2 bis 6 durchzuführen.

(2) ¹Für die Einbehaltung der Lohnsteuer vom laufenden Arbeitslohn hat der Arbeitgeber die Höhe des laufenden Arbeitslohns im Lohnzahlungszeitraum festzustellen und auf einen Jahresarbeitslohn hochzurechnen. ²Der Arbeitslohn eines monatlichen Lohnzahlungszeitraums ist mit zwölf, der Arbeitslohn eines wöchentlichen Lohnzahlungszeitraums mit 360/7 und der Arbeitslohn eines täglichen Lohnzahlungszeitraums mit 360 zu vervielfältigen. ³Von dem hochgerechneten Jahresarbeitslohn sind ein etwaiger Versorgungsfreibetrag (§ 19 Abs. 2) und Altersentlastungsbetrag (§ 24a) abzuziehen. ⁴Außerdem ist der hochgerechnete Jahresarbeitslohn um einen etwaigen als Lohnsteuerabzugsmerkmal für den Lohnzahlungszeitraum mitgeteilten Freibetrag (§ 39a Absatz 1) oder Hinzurechnungsbetrag (§ 39a Absatz 1 Satz 1 Nummer 7), vervielfältigt unter sinngemäßer Anwendung von Satz 2, zu vermindern oder zu erhöhen. ⁵Der so verminderte oder erhöhte hochgerechnete Jahresarbeitslohn, vermindert um
1. den Arbeitnehmer-Pauschbetrag (§ 9a Satz 1 Nr. 1 Buchstabe a) oder bei Versorgungsbezügen den Pauschbetrag (§ 9a Satz 1 Nr. 1 Buchstabe b) und den Zuschlag zum Versorgungsfreibetrag (§ 19 Abs. 2) in den Steuerklassen I bis V,
2. den Sonderausgaben-Pauschbetrag (§ 10c Satz 1) in den Steuerklassen I bis V,
3. eine Vorsorgepauschale aus den Teilbeträgen
   a) für die Rentenversicherung bei Arbeitnehmern, die in der gesetzlichen Rentenversicherung pflichtversichert oder von der gesetzlichen Rentenversicherung nach § 6 Absatz 1 Nummer 1 des Sechsten Buches Sozialgesetzbuch befreit sind, in den Steuerklassen I bis VI in Höhe des Betrags, der bezogen auf den Arbeitslohn 50 Prozent des Beitrags in der allgemeinen Rentenversicherung unter Berücksichtigung der jeweiligen Beitragsbemessungsgrenzen entspricht,
   b) für die Krankenversicherung bei Arbeitnehmern, die in der gesetzlichen Krankenversicherung versichert sind, in den Steuerklassen I bis VI in Höhe des Betrags, der bezogen auf den Arbeitslohn unter Berücksichtigung der Beitragsbemessungsgrenze, den ermäßigten Beitragssatz (§ 243 des Fünften Buches Sozialgesetzbuch) und den Zusatzbeitragssatz der Krankenkasse (§ 242 des Fünften Buches Sozialgesetzbuch) dem Arbeitnehmeranteil eines pflichtversicherten Arbeitnehmers entspricht,
   c) für die Pflegeversicherung bei Arbeitnehmern, die in der sozialen Pflegeversicherung versichert sind, in den Steuerklassen I bis VI in Höhe des Betrags, der bezogen auf den Arbeitslohn unter Berücksichtigung der Beitragsbemessungsgrenze und den bundeseinheitlichen Beitragssatz dem Arbeitnehmeranteil eines pflichtversicherten Arbeitnehmers entspricht, erhöht um den Beitragszuschlag des Arbeitnehmers nach § 55 Absatz 3 des Elften Buches Sozialgesetzbuch, wenn die Voraussetzungen dafür vorliegen,
   d) für die Krankenversicherung und für die private Pflege-Pflichtversicherung bei Arbeitnehmern, die nicht unter Buchstabe b und c fallen, in den Steuerklassen I bis V in Höhe der dem Arbeitgeber mitgeteilten Beiträge im Sinne des § 10 Absatz 1 Nummer 3, etwaig vervielfältigt unter sinngemäßer Anwendung von Satz 2 auf einen Jahresbetrag, vermindert um den Betrag, der bezogen auf den Arbeitslohn unter Berücksichtigung der Beitragsbemessungsgrenze und den ermäßigten Beitragssatz in der gesetzlichen Krankenversicherung sowie den bundeseinheitlichen Beitragssatz in der sozialen Pflegeversicherung dem Arbeitgeberanteil für einen pflichtversicherten Arbeitnehmer entspricht, wenn der Arbeitgeber gesetzlich verpflichtet ist, Zuschüsse zu den Kranken- und Pflegeversicherungsbeiträgen des Arbeitnehmers zu leisten;

⁶Entschädigungen im Sinne des § 24 Nummer 1 sind bei Anwendung der Buchstaben a bis c nicht zu berücksichtigen; mindestens ist für die Summe der Teilbeträge nach den Buchstaben b und c oder für den Teilbetrag nach Buchstabe d ein Betrag in Höhe von 12 Prozent des Arbeitslohns, höchstens 1 900 Euro in den Steuerklassen I, II, IV, V, VI und höchstens 3 000 Euro in der Steuerklasse III anzusetzen,
4. den Entlastungsbetrag für Alleinerziehende (§ 24b) in der Steuerklasse II,

ergibt den zu versteuernden Jahresbetrag. ⁶Für den zu versteuernden Jahresbetrag ist die Jahreslohnsteuer in den Steuerklassen I, II und IV nach § 32a Abs. 1 sowie in der Steuerklasse III nach § 32a Abs. 5 zu berechnen. ⁷In den Steuerklassen V und VI ist die

95

Jahreslohnsteuer zu berechnen, die sich aus dem Zweifachen des Unterschiedsbetrags zwischen dem Steuerbetrag für das Eineinviertelfache und dem Steuerbetrag für das Dreiviertelfache des zu versteuernden Jahreslohnsteuerbetrags nach § 32a Abs. 1 ergibt; die Jahreslohnsteuer beträgt jedoch mindestens 14 Prozent des Jahresbetrags, für den 9 763 Euro übersteigenden Teil des Jahresbetrags höchstens 42 Prozent und für den 26 441 Euro übersteigenden Teil des zu versteuernden Jahresbetrags jeweils 42 Prozent sowie für den 200 584 Euro übersteigenden Teil des zu versteuernden Jahresbetrags jeweils 45 Prozent. [8]Für die Lohnsteuerberechnung ist die als Lohnsteuerabzugsmerkmal mitgeteilte Steuerklasse maßgebend. [9]Die monatliche Lohnsteuer ist 1/12, die wöchentliche Lohnsteuer sind 7/360 und die tägliche Lohnsteuer ist 1/360 der Jahreslohnsteuer. [10]Bruchteile eines Cents, die sich bei der Berechnung nach den Sätzen 2 und 9 ergeben, bleiben jeweils außer Ansatz. [11]Die auf den Lohnzahlungszeitraum entfallende Lohnsteuer ist vom Arbeitgeber einzubehalten. [12]Das Betriebsstättenfinanzamt kann allgemein oder auf Antrag zulassen, dass die Lohnsteuer unter den Voraussetzungen des § 42b Abs. 1 nach dem voraussichtlichen Jahresarbeitslohn ermittelt wird, wenn gewährleistet ist, dass die zutreffende Jahreslohnsteuer (§ 38a Abs. 2) nicht unterschritten wird.

(3) [1]Für die Einbehaltung der Lohnsteuer von einem sonstigen Bezug hat der Arbeitgeber den voraussichtlichen Jahresarbeitslohn ohne den sonstigen Bezug festzustellen. [2]Hat der Arbeitnehmer Lohnsteuerbescheinigungen aus früheren Dienstverhältnissen des Kalenderjahres nicht vorgelegt, so ist bei der Ermittlung des voraussichtlichen Jahresarbeitslohns der Arbeitslohn für Beschäftigungszeiten bei früheren Arbeitgebern mit dem Betrag anzusetzen, der sich ergibt, wenn der laufende Arbeitslohn im Monat der Zahlung des sonstigen Bezugs entsprechend der Beschäftigungsdauer bei früheren Arbeitgebern hochgerechnet wird. [3]Der voraussichtliche Jahresarbeitslohn ist um den Versorgungsfreibetrag (§ 19 Abs. 2) und den Altersentlastungsbetrag (§ 24a), wenn die Voraussetzungen für den Abzug dieser Beträge jeweils erfüllt sind, sowie um einen etwaigen als Lohnsteuerabzugsmerkmal mitgeteilten Jahresfreibetrag zu vermindern und um einen etwaigen Jahreshinzurechnungsbetrag zu erhöhen. [4]Für den so ermittelten Jahresarbeitslohn (maßgebender Jahresarbeitslohn) ist die Lohnsteuer nach Maßgabe des Absatzes 2 Satz 5 bis 7 zu ermitteln. [5]Außerdem ist die Jahreslohnsteuer für den maßgebenden Jahresarbeitslohn unter Einbeziehung des sonstigen Bezugs zu ermitteln. [6]Dabei ist der sonstige Bezug, um den Versorgungsfreibetrag und den Altersentlastungsbetrag zu vermindern, wenn die Voraussetzungen für den Abzug dieser Beträge jeweils erfüllt sind und soweit sie nicht bei der Steuerberechnung für den maßgebenden Jahresarbeitslohn berücksichtigt worden sind. [7]Für die Lohnsteuerberechnung ist die als Lohnsteuerabzugsmerkmal mitgeteilte Steuerklasse maßgebend. [8]Der Unterschiedsbetrag zwischen den ermittelten Jahreslohnsteuerbeträgen ist die Lohnsteuer, die vom sonstigen Bezug einzubehalten ist. [9]Die Lohnsteuer ist bei einem sonstigen Bezug im Sinne des § 34 Abs. 1 und 2 Nr. 2 und 4 in der Weise zu ermäßigen, dass der sonstige Bezug bei der Anwendung des Satzes 5 mit einem Fünftel anzusetzen und der Unterschiedsbetrag im Sinne des Satzes 8 zu verfünffachen ist; § 34 Abs. 1 Satz 3 ist sinngemäß anzuwenden. [10]Ein sonstiger Bezug im Sinne des § 34 Absatz 1 und 2 Nummer 4 ist bei der Anwendung des Satzes 4 in die Bemessungsgrundlage für die Vorsorgepauschale nach Absatz 2 Satz 5 Nummer 3 einzubeziehen.

(4) In den Kalenderjahren 2010 bis 2024 ist Absatz 2 Satz 5 Nummer 3 Buchstabe a mit der Maßgabe anzuwenden, dass im Kalenderjahr 2010 der ermittelte Betrag auf 40 Prozent begrenzt und dieser Prozentsatz in jedem folgenden Kalenderjahr um je 4 Prozentpunkte erhöht wird.

(5) [1]Wenn der Arbeitgeber für den Lohnzahlungszeitraum lediglich Abschlagzahlungen leistet und eine Lohnabrechnung für einen längeren Zeitraum (Lohnabrechnungszeitraum) vornimmt, kann er den Lohnabrechnungszeitraum als Lohnzahlungszeitraum behandeln und die Lohnsteuer abweichend von § 38 Abs. 3 bei der Lohnabrechnung einbehalten. [2]Satz 1 gilt nicht, wenn der Lohnabrechnungszeitraum fünf Wochen übersteigt oder die Lohnabrechnung nicht innerhalb von drei Wochen nach dessen Ablauf erfolgt. [3]Das Betriebsstättenfinanzamt kann anordnen, dass die Lohnsteuer von den Abschlagszahlungen einzubehalten ist, wenn die Erhebung der Lohnsteuer sonst nicht gesichert erscheint. [4]Wenn wegen einer besonderen Entlohnungsart weder ein Lohnzahlungszeitraum noch ein Lohnabrechnungszeitraum festgestellt werden kann, gilt als Lohnzahlungszeitraum die Summe der tatsächlichen Arbeitstage oder Arbeitswochen.

(6) [1]Das Bundesministerium der Finanzen hat im Einvernehmen mit den obersten Finanzbehörden der Länder auf der Grundlage der Absätze 2 und 3 einen Programmablaufplan für die maschinelle Berechnung der Lohnsteuer aufzustellen und bekannt zu machen. [2]Im Programmablaufplan kann von den Regelungen in den Absätzen 2 und 3 abgewichen werden, wenn sich das Ergebnis der maschinellen Berechnung der Lohnsteuer an das Ergebnis einer Veranlagung zur Einkommensteuer anlehnt.

§ 39c
Einbehaltung der Lohnsteuer
ohne Lohnsteuerabzugsmerkmale

(1) [1]Solange der Arbeitnehmer dem Arbeitgeber zum Zweck des Abrufs der elektronischen Lohnsteuerabzugsmerkmale (§ 39e Absatz 4 Satz 1) die ihm zugeteilte Identifikationsnummer sowie den Tag der Geburt schuldhaft nicht mitteilt oder das Bundeszentralamt für Steuern die Mitteilung elektronischer Lohnsteuerabzugsmerkmale ablehnt, hat der Arbeitgeber die Lohnsteuer nach Steuerklasse VI zu ermitteln. [2]Kann der Arbeitgeber die elektronischen Lohnsteuerabzugsmerkmale wegen technischer Störungen nicht abrufen oder hat der Arbeitnehmer die fehlende Mitteilung der ihm zuzuteilenden Identifikationsnummer nicht zu vertreten, hat der Arbeitgeber für die Lohnsteuerberechnung die voraussichtlichen Lohnsteuerabzugsmerkmale im Sinne des § 38b längstens für die Dauer von drei Kalendermonaten zu Grunde zu legen. [3]Hat nach Ablauf der drei Kalendermonate der Arbeitnehmer

die Identifikationsnummer sowie den Tag der Geburt nicht mitgeteilt, ist rückwirkend Satz 1 anzuwenden. ⁴Sobald dem Arbeitgeber in den Fällen des Satzes 2 die elektronischen Lohnsteuerabzugsmerkmale vorliegen, sind die Lohnsteuerermittlungen für die vorangegangenen Monate zu überprüfen und, falls erforderlich, zu ändern. ⁵Die zu wenig oder zu viel einbehaltene Lohnsteuer ist jeweils bei der nächsten Lohnabrechnung auszugleichen.

(2) ¹Ist ein Antrag nach § 39 Absatz 3 Satz 1 oder § 39e Absatz 8 nicht gestellt, hat der Arbeitgeber die Lohnsteuer nach Steuerklasse VI zu ermitteln. ²Legt der Arbeitnehmer binnen sechs Wochen nach Eintritt in das Dienstverhältnis oder nach Beginn des Kalenderjahres eine Bescheinigung für den Lohnsteuerabzug vor, ist Absatz 1 Satz 4 und 5 sinngemäß anzuwenden.

(3) ¹In den Fällen des § 38 Absatz 3a Satz 1 kann der Dritte die Lohnsteuer für einen sonstigen Bezug mit 20 Prozent unabhängig von den Lohnsteuerabzugsmerkmalen des Arbeitnehmers ermitteln, wenn der maßgebende Jahresarbeitslohn nach § 39b Absatz 3 zuzüglich des sonstigen Bezugs 10 000 Euro nicht übersteigt. ²Bei der Feststellung des maßgebenden Jahresarbeitslohns sind nur die Lohnzahlungen des Dritten zu berücksichtigen.

§ 39d
(weggefallen)

§ 39e
Verfahren zur Bildung und Anwendung
der elektronischen Lohnsteuerabzugsmerkmale

(1) ¹Das Bundeszentralamt für Steuern bildet für jeden Arbeitnehmer grundsätzlich automatisiert die Steuerklasse und für die bei den Steuerklassen I bis IV zu berücksichtigenden Kinder die Zahl der Kinderfreibeträge nach § 38b Absatz 2 Satz 1 als Lohnsteuerabzugsmerkmale (§ 39 Absatz 4 Satz 1 Nummer 1 und 2); für Änderungen gilt § 39 Absatz 2 entsprechend. ²Soweit das Finanzamt Lohnsteuerabzugsmerkmale nach § 39 bildet, teilt es sie dem Bundeszentralamt für Steuern zum Zweck der Bereitstellung für den automatisierten Abruf durch den Arbeitgeber mit. ³Lohnsteuerabzugsmerkmale sind frühestens bereitzustellen mit Wirkung von Beginn des Kalenderjahres an, für die sie anzuwenden sind, jedoch nicht für einen Zeitpunkt vor Beginn des Dienstverhältnisses.

(2) Das Bundeszentralamt für Steuern speichert zum Zweck der Bereitstellung automatisiert abrufbarer Lohnsteuerabzugsmerkmale für den Arbeitgeber die Lohnsteuerabzugsmerkmale unter Angabe der Identifikationsnummer sowie für jeden Steuerpflichtigen folgende Daten zu den in § 139b Absatz 3 der Abgabenordnung genannten Daten hinzu:

1. rechtliche Zugehörigkeit zu einer steuererhebenden Religionsgemeinschaft sowie Datum des Eintritts und Austritts,
2. melderechtlichen Familienstand sowie den Tag der Begründung oder Auflösung des Familienstands und bei Verheirateten die Identifikationsnummer des Ehegatten,
3. Kinder mit ihrer Identifikationsnummer.

²Die nach Landesrecht für das Meldewesen zuständigen Behörden (Meldebehörden) haben dem Bundeszentralamt für Steuern unter Angabe der Identifikationsnummer und des Tages der Geburt die in Satz 1 Nummer 1 bis 3 bezeichneten Daten und deren Änderungen im Melderegister mitzuteilen. ³In den Fällen des Satzes 1 Nummer 3 besteht die Mitteilungspflicht nur, wenn das Kind mit Hauptwohnsitz oder alleinigem Wohnsitz im Zuständigkeitsbereich der Meldebehörde gemeldet ist und solange das Kind das 18. Lebensjahr noch nicht vollendet hat. ⁴Sofern die Identifikationsnummer noch nicht zugeteilt wurde, teilt die Meldebehörde die Daten unter Angabe des Vorläufigen Bearbeitungsmerkmals nach § 139b Absatz 6 Satz 2 der Abgabenordnung mit. ⁵Für die Datenübermittlung gilt § 6 Absatz 2a der Zweiten Bundesmeldedatenübermittlungsverordnung vom 31. Juli 1995 (BGBl. I S. 1011), die zuletzt durch Artikel 1 der Verordnung vom 11. März 2011 (BGBl. I S. 325) geändert worden ist, in der jeweils geltenden Fassung entsprechend.

(3) ¹Das Bundeszentralamt für Steuern hält die Identifikationsnummer, den Tag der Geburt, Merkmale für den Kirchensteuerabzug und die Lohnsteuerabzugsmerkmale des Arbeitnehmers nach § 39 Absatz 4 zum unentgeltlichen automatisierten Abruf durch den Arbeitgeber nach amtlich vorgeschriebenem Datensatz bereit (elektronische Lohnsteuerabzugsmerkmale). ²Bezieht ein Arbeitnehmer nebeneinander von mehreren Arbeitgebern Arbeitslohn, sind für jedes weitere Dienstverhältnis elektronische Lohnsteuerabzugsmerkmale zu bilden. ³Haben Arbeitnehmer im Laufe des Kalenderjahres geheiratet, gilt für die automatisierte Bildung der Steuerklassen Folgendes:

1. Steuerklasse III ist zu bilden, wenn die Voraussetzungen des § 38b Absatz 1 Satz 2 Nummer 3 Buchstabe a Doppelbuchstabe aa vorliegen;
2. für beide Ehegatten ist Steuerklasse IV zu bilden, wenn die Voraussetzungen des § 38b Absatz 1 Satz 2 Nummer 4 vorliegen.

⁴Das Bundeszentralamt für Steuern führt die elektronischen Lohnsteuerabzugsmerkmale des Arbeitnehmers zum Zweck ihrer Bereitstellung nach Satz 1 mit der Wirtschafts-Identifikationsnummer (§ 139c der Abgabenordnung) des Arbeitgebers zusammen.

(4) ¹Der Arbeitnehmer hat jedem seiner Arbeitgeber bei Eintritt in das Dienstverhältnis zum Zweck des Abrufs der Lohnsteuerabzugsmerkmale mitzuteilen,

1. wie die Identifikationsnummer sowie der Tag der Geburt lauten,
2. ob es sich um das erste oder ein weiteres Dienstverhältnis handelt (§ 38b Absatz 1 Satz 2 Nummer 6) und
3. ob und in welcher Höhe ein nach § 39a Absatz 1 Satz 1 Nummer 7 festgestellter Freibetrag abgerufen werden soll.

²Der Arbeitgeber hat bei Beginn des Dienstverhältnisses die elektronischen Lohnsteuerabzugsmerkmale für den Arbeitnehmer beim Bundeszentralamt für Steuern durch Datenfernübertragung

abzurufen und sie in das Lohnkonto für den Arbeitnehmer zu übernehmen. ³Für den Abruf der elektronischen Lohnsteuerabzugsmerkmale hat sich der Arbeitgeber zu authentifizieren und seine Wirtschafts-Identifikationsnummer, die Daten des Arbeitnehmers nach Satz 1 Nummer 1 und 2, den Tag des Beginns des Dienstverhältnisses und etwaige Angaben nach Satz 1 Nummer 3 mitzuteilen. ⁴Zur Plausibilitätsprüfung der Identifikationsnummer hält das Bundeszentralamt für Steuern für den Arbeitgeber entsprechende Regeln bereit. ⁵Der Arbeitgeber hat den Tag der Beendigung des Dienstverhältnisses unverzüglich dem Bundeszentralamt für Steuern durch Datenfernübertragung mitzuteilen. ⁶Beauftragt der Arbeitgeber einen Dritten mit der Durchführung des Lohnsteuerabzugs, hat sich der Dritte für den Datenabruf zu authentifizieren und zusätzlich seine Wirtschafts-Identifikationsnummer mitzuteilen. ⁷Für die Verwendung der elektronischen Lohnsteuerabzugsmerkmale gelten die Schutzvorschriften des § 39 Absatz 8 und 9 sinngemäß.

(5) ¹Die abgerufenen elektronischen Lohnsteuerabzugsmerkmale sind vom Arbeitgeber für die Durchführung des Lohnsteuerabzugs des Arbeitnehmers anzuwenden, bis

1. ihm das Bundeszentralamt für Steuern geänderte elektronische Lohnsteuerabzugsmerkmale zum Abruf bereitgestellt oder
2. der Arbeitgeber dem Bundeszentralamt für Steuern die Beendigung des Dienstverhältnisses mitteilt.

²Sie sind in der üblichen Lohnabrechnung anzugeben. ³Der Arbeitgeber ist verpflichtet, die vom Bundeszentralamt für Steuern bereitgestellten Mitteilungen und elektronischen Lohnsteuerabzugsmerkmale monatlich anzufragen und abzurufen.

(6) ¹Gegenüber dem Arbeitgeber gelten die Lohnsteuerabzugsmerkmale (§ 39 Absatz 4) mit dem Abruf der elektronischen Lohnsteuerabzugsmerkmale als bekannt gegeben. ²Einer Rechtsbehelfsbelehrung bedarf es nicht. ³Die Lohnsteuerabzugsmerkmale gelten gegenüber dem Arbeitnehmer als bekannt gegeben, sobald der Arbeitgeber dem Arbeitnehmer den Ausdruck der Lohnabrechnung mit den nach Absatz 5 Satz 2 darin ausgewiesenen elektronischen Lohnsteuerabzugsmerkmalen ausgehändigt oder elektronisch bereitgestellt hat. ⁴Die elektronischen Lohnsteuerabzugsmerkmale sind dem Steuerpflichtigen auf Antrag vom zuständigen Finanzamt mitzuteilen oder elektronisch bereitzustellen. ⁵Wird dem Arbeitnehmer bekannt, dass die elektronischen Lohnsteuerabzugsmerkmale zu seinen Gunsten von den nach § 39 zu bildenden Lohnsteuerabzugsmerkmalen abweichen, ist er verpflichtet, dies dem Finanzamt unverzüglich mitzuteilen. ⁶Der Steuerpflichtige kann beim zuständigen Finanzamt

1. den Arbeitgeber benennen, der zum Abruf von elektronischen Lohnsteuerabzugsmerkmalen berechtigt ist (Positivliste) oder nicht berechtigt ist (Negativliste). ²Hierfür hat der Arbeitgeber dem Arbeitnehmer seine Wirtschafts-Identifikationsnummer mitzuteilen. ³Für die Verwendung der Wirtschafts-Identifikationsnummer gelten die Schutzvorschriften des § 39 Absatz 8 und 9 sinngemäß; oder
2. die Bildung oder die Bereitstellung der elektronischen Lohnsteuerabzugsmerkmale allgemein sperren oder allgemein freischalten lassen.

⁷Macht der Steuerpflichtige von seinem Recht nach Satz 6 Gebrauch, hat er die Positivliste, die Negativliste, die allgemeine Sperrung oder die allgemeine Freischaltung in einem bereitgestellten elektronischen Verfahren oder nach amtlich vorgeschriebenem Vordruck dem Finanzamt zu übermitteln. ⁸Werden wegen einer Sperrung nach Satz 6 einem Arbeitgeber, der Daten abrufen möchte, keine elektronischen Lohnsteuerabzugsmerkmale bereitgestellt, wird dem Arbeitgeber die Sperrung mitgeteilt und dieser hat die Lohnsteuer nach Steuerklasse VI zu ermitteln.

(7) ¹Auf Antrag des Arbeitgebers kann das Betriebsstättenfinanzamt zur Vermeidung unbilliger Härten zulassen, dass er nicht am Abrufverfahren teilnimmt. ²Dem Antrag eines Arbeitgebers ohne maschinelle Lohnabrechnung, der ausschließlich Arbeitnehmer im Rahmen einer geringfügigen Beschäftigung in seinem Privathaushalt im Sinne des § 8a des Vierten Buches Sozialgesetzbuch beschäftigt, ist stattzugeben. ³Der Arbeitgeber hat dem Antrag unter Angabe seiner Wirtschafts-Identifikationsnummer ein Verzeichnis der beschäftigten Arbeitnehmer mit Angabe der jeweiligen Identifikationsnummer und des Tages der Geburt des Arbeitnehmers beizufügen. ⁴Der Antrag ist nach amtlich vorgeschriebenem Vordruck jährlich zu stellen und vom Arbeitgeber zu unterschreiben. ⁵Das Betriebsstättenfinanzamt übermittelt dem Arbeitgeber für die Durchführung des Lohnsteuerabzugs für ein Kalenderjahr eine arbeitgeberbezogene Bescheinigung mit den Lohnsteuerabzugsmerkmalen des Arbeitnehmers (Bescheinigung für den Lohnsteuerabzug) sowie etwaige Änderungen. ⁶Diese Bescheinigung sowie die Änderungsmitteilungen sind als Belege zum Lohnkonto zu nehmen und bis zum Ablauf des Kalenderjahres aufzubewahren. ⁷Absatz 5 Satz 1 und 4 sowie Absatz 6 Satz 3 gelten entsprechend. ⁸Der Arbeitgeber hat den Tag der Beendigung des Dienstverhältnisses unverzüglich dem Betriebsstättenfinanzamt mitzuteilen.

(8) ¹Ist einem nach § 1 Absatz 1 unbeschränkt einkommensteuerpflichtigen Arbeitnehmer keine Identifikationsnummer zugeteilt, hat das Wohnsitzfinanzamt auf Antrag eine Bescheinigung für den Lohnsteuerabzug für die Dauer eines Kalenderjahres auszustellen. ²Diese Bescheinigung ersetzt die Verpflichtung und Berechtigung des Arbeitgebers zum Abruf der elektronischen Lohnsteuerabzugsmerkmale (Absätze 4 und 6). ³In diesem Fall tritt an die Stelle der Identifikationsnummer das lohnsteuerliche Ordnungsmerkmal nach § 41b Absatz 2 Satz 1 und 2. ⁴Für die Durchführung des Lohnsteuerabzugs hat der Arbeitnehmer seinem Arbeitgeber vor dem Kalenderjahres oder bei Eintritt in das Dienstverhältnis die nach Satz 1 ausgestellte Bescheinigung für den Lohnsteuerabzug vorzulegen. ⁵§ 39c Absatz 1 Satz 2 bis 5 ist sinngemäß anzuwenden. ⁶Der Arbeitgeber hat die Bescheinigung für den Lohnsteuerabzug entgegen-

zunehmen und während des Dienstverhältnisses, längstens bis zum Ablauf des jeweiligen Kalenderjahres, aufzubewahren.

(9) Ist die Wirtschafts-Identifikationsnummer noch nicht oder nicht vollständig eingeführt, tritt an ihre Stelle die Steuernummer der Betriebsstätte oder des Teils des Betriebs des Arbeitgebers, in dem der für den Lohnsteuerabzug maßgebende Arbeitslohn des Arbeitnehmers ermittelt wird (§ 41 Absatz 2).

(10) Die beim Bundeszentralamt für Steuern nach Absatz 2 Satz 1 gespeicherten Daten können auch zur Prüfung und Durchführung der Einkommensbesteuerung (§ 2) des Steuerpflichtigen für Veranlagungszeiträume ab 2005 verwendet werden.

§ 39f
Faktorverfahren anstelle Steuerklassenkombination III/V

(1) [1]Bei Ehegatten, die in die Steuerklasse IV gehören (§ 38b Absatz 1 Satz 2 Nummer 4), hat das Finanzamt auf Antrag beider Ehegatten nach § 39a anstelle der Steuerklassenkombination III/V (§ 38b Absatz 1 Satz 2 Nr. 5) als Lohnsteuerabzugsmerkmal jeweils die Steuerklasse IV in Verbindung mit einem Faktor zur Ermittlung der Lohnsteuer zu bilden, wenn der Faktor kleiner als 1 ist. [2]Der Faktor ist Y : X und vom Finanzamt mit drei Nachkommastellen ohne Rundung zu berechnen. [3]„Y" ist die voraussichtliche Einkommensteuer für beide Ehegatten nach dem Splittingverfahren (§ 32a Abs. 5) unter Berücksichtigung der in § 39b Abs. 2 genannten Abzugsbeträge. [4]„X" ist die Summe der voraussichtlichen Lohnsteuer bei Anwendung der Steuerklasse IV für jeden Ehegatten. [5]In die Bemessungsgrundlage für Y werden jeweils neben den Jahresarbeitslöhnen der ersten Dienstverhältnisse zusätzlich nur Beträge einbezogen, die nach § 39a Abs. 1 Satz 1 Nummer 1 bis 6 als Freibetrag ermittelt und als Lohnsteuerabzugsmerkmal gebildet werden könnten; Freibeträge werden neben dem Faktor nicht als Lohnsteuerabzugsmerkmal gebildet. [6]In den Fällen des § 39a Absatz 1 Satz 1 Nummer 7 sind bei der Ermittlung von Y und X die Hinzurechnungsbeträge zu berücksichtigen; die Hinzurechnungsbeträge sind zusätzlich als Lohnsteuerabzugsmerkmal für das erste Dienstverhältnis zu bilden. [7]Arbeitslöhne aus zweiten und weiteren Dienstverhältnissen (Steuerklasse VI) sind im Faktorverfahren nicht zu berücksichtigen.

(2) Für die Einbehaltung der Lohnsteuer vom Arbeitslohn hat der Arbeitgeber Steuerklasse IV und den Faktor anzuwenden.

(3) [1]§ 39 Absatz 6 Satz 3 und 5 gilt sinngemäß. [2]§ 39a ist anzuwenden mit der Maßgabe, dass ein Antrag nach amtlich vorgeschriebenem Vordruck (§ 39a Abs. 2) nur erforderlich ist, wenn bei der Faktorermittlung zugleich Beträge nach § 39a Abs. 1 Satz 1 Nr. 1 bis 6 berücksichtigt werden sollen.

(4) Das Faktorverfahren ist im Programmablaufplan für die maschinelle Berechnung der Lohnsteuer (§ 39b Abs. 6) zu berücksichtigen.

§ 40
Pauschalierung der Lohnsteuer in besonderen Fällen

(1) [1]Das Betriebsstättenfinanzamt (§ 41a Abs. 1 Satz 1 Nr. 1) kann auf Antrag des Arbeitgebers zulassen, dass die Lohnsteuer mit einem unter Berücksichtigung der Vorschriften des § 38a zu ermittelnden Pauschsteuersatz erhoben wird, soweit

1. von dem Arbeitgeber sonstige Bezüge in einer größeren Zahl von Fällen gewährt werden oder
2. in einer größeren Zahl von Fällen Lohnsteuer nachzuerheben ist, weil der Arbeitgeber die Lohnsteuer nicht vorschriftsmäßig einbehalten hat.

[2]Bei der Ermittlung des Pauschsteuersatzes ist zu berücksichtigen, dass die in Absatz 3 vorgeschriebene Übernahme der pauschalen Lohnsteuer durch den Arbeitgeber für den Arbeitnehmer eine in Geldeswert bestehende Einnahme im Sinne des § 8 Abs. 1 darstellt (Nettosteuersatz). [3]Die Pauschalierung ist in den Fällen der Nummer 1 ausgeschlossen, soweit der Arbeitgeber einem Arbeitnehmer sonstige Bezüge von mehr als 1 000 Euro im Kalenderjahr gewährt. [4]Der Arbeitgeber hat dem Antrag eine Berechnung beizufügen, aus der sich der durchschnittliche Steuersatz unter Zugrundelegung der durchschnittlichen Jahresarbeitslöhne und der durchschnittlichen Jahreslohnsteuer in jeder Steuerklasse für diejenigen Arbeitnehmer ergibt, denen die Bezüge gewährt werden sollen oder gewährt worden sind.

(2) [1]Abweichend von Absatz 1 kann der Arbeitgeber die Lohnsteuer mit einem Pauschsteuersatz von 25 Prozent erheben, soweit er

1. arbeitstäglich Mahlzeiten im Betrieb an die Arbeitnehmer unentgeltlich oder verbilligt abgibt oder Barzuschüsse an ein anderes Unternehmen leistet, das arbeitstäglich Mahlzeiten an die Arbeitnehmer unentgeltlich oder verbilligt abgibt. [2]Voraussetzung ist, dass die Mahlzeiten nicht als Lohnbestandteile vereinbart werden,
1a. oder auf seine Veranlassung ein Dritter den Arbeitnehmern anlässlich einer beruflichen Tätigkeit außerhalb seiner Wohnung und ersten Tätigkeitsstätte Mahlzeiten zur Verfügung stellt, die nach § 8 Absatz 2 Satz 8 und 9 mit dem Sachbezugswert anzusetzen sind,
2. Arbeitslohn aus Anlass von Betriebsveranstaltungen zahlt,
3. Erholungsbeihilfen gewährt, wenn diese zusammen mit Erholungsbeihilfen, die in demselben Kalenderjahr früher gewährt worden sind, 156 Euro für den Arbeitnehmer, 104 Euro für dessen Ehegatten und 52 Euro für jedes Kind nicht übersteigen und der Arbeitgeber sicherstellt, dass die Beihilfen zu Erholungszwecken verwendet werden,
4. Vergütungen für Verpflegungsmehraufwendungen anlässlich einer Tätigkeit im Sinne des § 9 Absatz 4a Satz 2 oder Satz 4 zahlt, soweit die Vergütungen die nach § 9 Absatz 4a Satz 3, 5 und 6 zustehenden Pauschalen um nicht mehr als 100 Prozent übersteigen,

EStG

5. den Arbeitnehmern zusätzlich zum ohnehin geschuldeten Arbeitslohn unentgeltlich oder verbilligt Datenverarbeitungsgeräte übereignet; das gilt auch für Zubehör und Internetzugang. ²Das Gleiche gilt für Zuschüsse des Arbeitgebers, die zusätzlich zum ohnehin geschuldeten Arbeitslohn zu den Aufwendungen des Arbeitnehmers für die Internetnutzung gezahlt werden.

²Der Arbeitgeber kann die Lohnsteuer mit einem Pauschsteuersatz von 15 Prozent für Sachbezüge in Form der unentgeltlichen oder verbilligten Beförderung eines Arbeitnehmers zwischen Wohnung und erster Tätigkeitsstätte sowie Fahrten nach § 9 Absatz 1 Satz 3 Nummer 4a Satz 3 und für zusätzlich zum ohnehin geschuldeten Arbeitslohn geleistete Zuschüsse zu den Aufwendungen des Arbeitnehmers für Fahrten zwischen Wohnung und erster Tätigkeitsstätte erheben, soweit diese Bezüge den Betrag nicht übersteigen, den der Arbeitnehmer nach § 9 Abs. 1 Satz 3 Nummer 4 und Abs. 2 als Werbungskosten geltend machen könnte, wenn die Bezüge nicht pauschal besteuert würden. ³Die nach Satz 2 pauschal besteuerten Bezüge mindern die nach § 9 Abs. 1 Satz 3 Nummer 4 und Abs. 2 abziehbaren Werbungskosten; sie bleiben bei der Anwendung des § 40a Abs. 1 bis 4 außer Ansatz.

(3) ¹Der Arbeitgeber hat die pauschale Lohnsteuer zu übernehmen. ²Er ist Schuldner der pauschalen Lohnsteuer; auf den Arbeitnehmer abgewälzte pauschale Lohnsteuer gilt als zugeflossener Arbeitslohn und mindert nicht die Bemessungsgrundlage. ³Der pauschal besteuerte Arbeitslohn und die pauschale Lohnsteuer bleiben bei einer Veranlagung zur Einkommensteuer und beim Lohnsteuer-Jahresausgleich außer Ansatz. ⁴Die pauschale Lohnsteuer ist weder auf die Einkommensteuer noch auf die Jahreslohnsteuer anzurechnen.

§ 40a
Pauschalierung der Lohnsteuer für Teilzeitbeschäftigte und geringfügig Beschäftigte

(1) ¹Der Arbeitgeber kann unter Verzicht auf den Abruf von elektronischen Lohnsteuerabzugsmerkmalen (§ 39e Absatz 4 Satz 2) oder die Vorlage einer Bescheinigung für den Lohnsteuerabzug (§ 39 Absatz 3 oder § 39e Absatz 7 oder Absatz 8) bei Arbeitnehmern, die nur kurzfristig beschäftigt werden, die Lohnsteuer mit einem Pauschsteuersatz von 25 Prozent des Arbeitslohns erheben. ²Eine kurzfristige Beschäftigung liegt vor, wenn der Arbeitnehmer bei dem Arbeitgeber gelegentlich, nicht regelmäßig wiederkehrend beschäftigt wird, die Dauer der Beschäftigung 18 zusammenhängende Arbeitstage nicht übersteigt und

1. der Arbeitslohn während der Beschäftigungsdauer 62 Euro durchschnittlich je Arbeitstag nicht übersteigt oder
2. die Beschäftigung zu einem unvorhersehbaren Zeitpunkt sofort erforderlich wird.

(2) Der Arbeitgeber kann unter Verzicht auf den Abruf von elektronischen Lohnsteuerabzugsmerkmalen (§ 39e Absatz 4 Satz 2) oder die Vorlage einer Bescheinigung für den Lohnsteuerabzug (§ 39 Absatz 3 oder § 39e Absatz 7 oder Absatz 8) die Lohnsteuer einschließlich Solidaritätszuschlag und Kirchensteuern (einheitliche Pauschsteuer) für das Arbeitsentgelt aus geringfügigen Beschäftigungen im Sinne des § 8 Abs. 1 Nr. 1 oder des § 8a des Vierten Buches Sozialgesetzbuch, für das er Beiträge nach § 168 Abs. 1 Nr. 1c (geringfügig versicherungspflichtig Beschäftigte) oder nach § 172 Abs. 3 oder 3a (versicherungsfrei oder von der Versicherungspflicht befreite geringfügig Beschäftigte) oder nach § 276a Absatz 1 (versicherungsfrei geringfügig Beschäftigte) des Sechsten Buches Sozialgesetzbuch zu entrichten hat, mit einem einheitlichen Pauschsteuersatz in Höhe von insgesamt 2 Prozent des Arbeitsentgelts erheben.

(2a) Hat der Arbeitgeber in den Fällen des Absatzes 2 keine Beiträge nach § 168 Abs. 1 Nr. 1b oder 1c oder nach § 172 Abs. 3 oder 3a oder nach § 276a Abs. 1 des Sechsten Buches Sozialgesetzbuch zu entrichten, kann er unter Verzicht auf den Abruf von elektronischen Lohnsteuerabzugsmerkmalen (§ 39e Absatz 4 Satz 2) oder die Vorlage einer Bescheinigung für den Lohnsteuerabzug (§ 39 Absatz 3 oder § 39e Absatz 7 oder Absatz 8) die Lohnsteuer mit einem Pauschsteuersatz in Höhe von 20 Prozent des Arbeitsentgelts erheben.

(3) ¹Abweichend von den Absätzen 1 und 2a kann der Arbeitgeber unter Verzicht auf den Abruf von elektronischen Lohnsteuerabzugsmerkmalen (§ 39e Absatz 4 Satz 2) oder die Vorlage einer Bescheinigung für den Lohnsteuerabzug (§ 39 Absatz 3 oder § 39e Absatz 7 oder Absatz 8) bei Aushilfskräften, die in Betrieben der Land- und Forstwirtschaft im Sinne des § 13 Abs. 1 Nr. 1 bis 4 ausschließlich mit typisch land- oder forstwirtschaftlichen Arbeiten beschäftigt werden, die Lohnsteuer mit einem Pauschsteuersatz von 5 Prozent des Arbeitslohns erheben. ²Aushilfskräfte im Sinne dieser Vorschrift sind Personen, die für die Ausführung und für die Dauer von Arbeiten, die nicht ganzjährig anfallen, beschäftigt werden; eine Beschäftigung mit anderen land- und forstwirtschaftlichen Arbeiten ist unschädlich, wenn deren Dauer 25 Prozent der Gesamtbeschäftigungsdauer nicht überschreitet. ³Aushilfskräfte sind nicht Arbeitnehmer, die zu den land- und forstwirtschaftlichen Fachkräften gehören oder die der Arbeitgeber mehr als 180 Tage im Kalenderjahr beschäftigt.

(4) Die Pauschalierungen nach den Absätzen 1 und 3 sind unzulässig

1. bei Arbeitnehmern, deren Arbeitslohn während der Beschäftigungsdauer durchschnittlich je Arbeitsstunde 12 Euro übersteigt,
2. bei Arbeitnehmern, die für eine andere Beschäftigung von demselben Arbeitgeber Arbeitslohn beziehen, der nach den § 39b oder § 39c dem Lohnsteuerabzug unterworfen wird.

(5) Auf die Pauschalierungen nach den Absätzen 1 bis 3 ist § 40 Abs. 3 anzuwenden.

(6) ¹Für die Erhebung der einheitlichen Pauschsteuer nach Absatz 2 ist die Deutsche Rentenversicherung Knappschaft – Bahn – See zuständig. ²Die Regelungen zum Steuerabzug vom Arbeitslohn sind entsprechend anzuwenden. ³Für die Anmeldung, Abführung und Vollstreckung der einheitlichen Pauschsteuer sowie die Erhebung eines Säum-

niszuschlags und das Mahnverfahren für die einheitliche Pauschsteuer gelten dabei die Regelungen für die Beiträge nach § 168 Abs. 1 Nr. 1b oder 1c oder nach § 172 Abs. 3 oder 3a oder nach § 276a Abs. 1 des Sechsten Buches Sozialgesetzbuch. ⁴Die Deutsche Rentenversicherung Knappschaft – Bahn – See hat die einheitliche Pauschsteuer auf die erhebungsberechtigten Körperschaften aufzuteilen; dabei entfallen aus Vereinfachungsgründen 90 Prozent der einheitlichen Pauschsteuer auf die Lohnsteuer, 5 Prozent auf den Solidaritätszuschlag und 5 Prozent auf die Kirchensteuern. ⁵Die erhebungsberechtigten Kirchen haben sich auf eine Aufteilung des Kirchensteueranteils zu verständigen und diesen der Deutsche Rentenversicherung Knappschaft – Bahn – See mitzuteilen. ⁶Die Deutsche Rentenversicherung Knappschaft – Bahn – See ist berechtigt, die einheitliche Pauschsteuer nach Absatz 2 zusammen mit den Sozialversicherungsbeiträgen beim Arbeitgeber einzuziehen.

§ 40b
Pauschalierung der Lohnsteuer bei bestimmten Zukunftssicherungsleistungen

(1) Der Arbeitgeber kann die Lohnsteuer von den Zuwendungen zum Aufbau einer nicht kapitalgedeckten betrieblichen Altersversorgung an eine Pensionskasse mit einem Pauschsteuersatz von 20 vom Hundert der Zuwendungen erheben.

(2) ¹Absatz 1 gilt nicht, soweit die zu besteuernden Zuwendungen des Arbeitgebers für den Arbeitnehmer 1 752 Euro im Kalenderjahr übersteigen oder nicht aus seinem ersten Dienstverhältnis bezogen werden. ²Sind mehrere Arbeitnehmer gemeinsam in der Pensionskasse versichert, so gilt als Zuwendung für den einzelnen Arbeitnehmer der Teilbetrag, der sich bei einer Aufteilung der gesamten Zuwendungen durch die Zahl der begünstigten Arbeitnehmer ergibt, wenn dieser Teilbetrag 1 752 Euro nicht übersteigt; hierbei sind Arbeitnehmer, für die Zuwendungen von mehr als 2 148 Euro im Kalenderjahr geleistet werden, nicht einzubeziehen. ³Für Zuwendungen, die der Arbeitgeber für den Arbeitnehmer aus Anlass der Beendigung des Dienstverhältnisses erbracht hat, vervielfältigt sich der Betrag von 1 752 Euro mit der Anzahl der Kalenderjahre, in denen das Dienstverhältnis des Arbeitnehmers zu dem Arbeitgeber bestanden hat; in diesem Fall ist Satz 2 nicht anzuwenden. ⁴Der vervielfältigte Betrag vermindert sich um die nach Absatz 1 pauschal besteuerten Zuwendungen, die der Arbeitgeber in dem Kalenderjahr, in dem das Dienstverhältnis beendet wird, und in den sechs vorangegangenen Kalenderjahren erbracht hat.

(3) Von den Beiträgen für eine Unfallversicherung des Arbeitnehmers kann der Arbeitgeber die Lohnsteuer mit einem Pauschsteuersatz von 20 Prozent der Beiträge erheben, wenn mehrere Arbeitnehmer gemeinsam in einem Unfallversicherungsvertrag versichert sind und der Teilbetrag, der sich bei einer Aufteilung der gesamten Beiträge nach Abzug der Versicherungsteuer durch die Zahl der begünstigten Arbeitnehmer ergibt, 62 Euro im Kalenderjahr nicht übersteigt.

(4) In den Fällen des § 19 Abs. 1 Satz 1 Nr. 3 Satz 2 hat der Arbeitgeber die Lohnsteuer mit einem Pauschsteuersatz in Höhe von 15 Prozent der Sonderzahlungen zu erheben.

(5) ¹§ 40 Abs. 3 ist anzuwenden. ²Die Anwendung des § 40 Abs. 1 Satz 1 Nr. 1 auf Bezüge im Sinne des Absatzes 1, des Absatzes 3 und des Absatzes 4 ist ausgeschlossen.

§ 41
Aufzeichnungspflichten beim Lohnsteuerabzug

(1) ¹Der Arbeitgeber hat am Ort der Betriebsstätte (Absatz 2) für jeden Arbeitnehmer und jedes Kalenderjahr ein Lohnkonto zu führen. ²In das Lohnkonto sind die nach § 39e Absatz 4 Satz 2 und Absatz 5 Satz 3 abgerufenen elektronischen Lohnsteuerabzugsmerkmale sowie die für den Lohnsteuerabzug erforderlichen Merkmale aus der vom Finanzamt ausgestellten Bescheinigung für den Lohnsteuerabzug (§ 39 Absatz 3 oder § 39e Absatz 7 oder Absatz 8) zu übernehmen. ³Bei jeder Lohnzahlung für das Kalenderjahr, für das das Lohnkonto gilt, sind im Lohnkonto die Art und Höhe des gezahlten Arbeitslohns einschließlich der steuerfreien Bezüge sowie die einbehaltene oder übernommene Lohnsteuer einzutragen; an die Stelle der Lohnzahlung tritt in den Fällen des § 39b Abs. 5 Satz 1 die Lohnabrechnung. ⁴Ferner sind das Kurzarbeitergeld, das Schlechtwettergeld, das Winterausfallgeld, der Zuschuss zum Mutterschaftsgeld nach dem Mutterschutzgesetz, der Zuschuss bei Beschäftigungsverboten für die Zeit vor oder nach einer Entbindung sowie für den Entbindungstag während einer Elternzeit nach beamtenrechtlichen Vorschriften, die Entschädigungen für Verdienstausfall nach dem Infektionsschutzgesetz vom 20. Juli 2000 (BGBl. I S. 1045), sowie die nach § 3 Nr. 28 steuerfreien Aufstockungsbeträge oder Zuschläge einzutragen. ⁵Ist während der Dauer des Dienstverhältnisses in anderen Fällen als in denen des Satzes 5 der Anspruch auf Arbeitslohn für mindestens fünf aufeinander folgende Arbeitstage im Wesentlichen weggefallen, so ist dies jeweils durch Eintragung des Großbuchstabens U zu vermerken. ⁶Hat der Arbeitgeber die Lohnsteuer von einem sonstigen Bezug in dem ersten Dienstverhältnis berechnet und ist dabei der Arbeitslohn aus früheren Dienstverhältnissen des Kalenderjahres außer Betracht geblieben, so ist dies durch Eintragung des Großbuchstabens S zu vermerken. ⁷Die Bundesregierung wird ermächtigt, durch Rechtsverordnung mit Zustimmung des Bundesrates vorzuschreiben, welche Einzelangaben im Lohnkonto aufzuzeichnen sind. ⁸Dabei können für Arbeitnehmer mit geringem Arbeitslohn und für die Fälle der §§ 40 bis 40b Aufzeichnungserleichterungen sowie für steuerfreie Bezüge Aufzeichnungen außerhalb des Lohnkontos zugelassen werden. ⁹Die Lohnkonten sind bis zum Ablauf des sechsten Kalenderjahrs, das auf das zuletzt eingetragene Lohnzahlung folgt, aufzubewahren.

(2) ¹Betriebsstätte ist der Betrieb oder Teil des Betriebs des Arbeitgebers, in dem der für die Durchführung des Lohnsteuerabzugs maßgebende Arbeitslohn ermittelt wird. ²Wird der maßgebende Arbeitslohn nicht in dem Betrieb oder einem Teil des Betriebs des Arbeitgebers oder nicht im Inland ermittelt, so gilt als Betriebsstätte der Mittelpunkt der geschäftlichen Leitung des Arbeitgebers im Inland;

im Fall des § 38 Abs. 1 Satz 1 Nr. 2 gilt als Betriebsstätte der Ort im Inland, an dem die Arbeitsleistung ganz oder vorwiegend stattfindet. ³Als Betriebsstätte gilt auch der inländische Heimathafen deutscher Handelsschiffe, wenn die Reederei im Inland keine Niederlassung hat.

§ 41a
Anmeldung und Abführung der Lohnsteuer

(1) ¹Der Arbeitgeber hat spätestens am zehnten Tag nach Ablauf eines jeden Lohnsteuer-Anmeldungszeitraums

1. dem Finanzamt, in dessen Bezirk sich die Betriebsstätte (§ 41 Abs. 2) befindet (Betriebsstättenfinanzamt), eine Steuererklärung einzureichen, in der er die Summen der im Lohnsteuer-Anmeldungszeitraum einzubehaltenden und zu übernehmenden Lohnsteuer angibt (Lohnsteuer-Anmeldung),
2. die im Lohnsteuer-Anmeldungszeitraum insgesamt einbehaltene und übernommene Lohnsteuer an das Betriebsstättenfinanzamt abzuführen.

²Die Lohnsteuer-Anmeldung ist nach amtlich vorgeschriebenem Datensatz durch Datenfernübertragung nach Maßgabe der Steuerdaten-Übermittlungsverordnung zu übermitteln. ³Auf Antrag kann das Finanzamt zur Vermeidung unbilliger Härten auf die elektronische Übermittlung verzichten; in diesem Fall ist die Lohnsteuer-Anmeldung nach amtlich vorgeschriebenem Vordruck abzugeben und vom Arbeitgeber oder von einer zu seiner Vertretung berechtigten Person zu unterschreiben. ⁴Der Arbeitgeber wird von der Verpflichtung zur Abgabe weiterer Lohnsteuer-Anmeldungen befreit, wenn er Arbeitnehmer, für die er Lohnsteuer einzubehalten oder zu übernehmen hat, nicht mehr beschäftigt und das dem Finanzamt mitteilt.

(2) ¹Lohnsteuer-Anmeldungszeitraum ist grundsätzlich der Kalendermonat. ²Lohnsteuer-Anmeldungszeitraum ist das Kalendervierteljahr, wenn die abzuführende Lohnsteuer für das vorangegangene Kalenderjahr mehr als 1 080 Euro, aber nicht mehr als 4 000 Euro betragen hat; Lohnsteuer-Anmeldungszeitraum ist das Kalenderjahr, wenn die abzuführende Lohnsteuer für das vorangegangene Kalenderjahr nicht mehr als 1 080 Euro betragen hat. ³Hat die Betriebsstätte nicht während des ganzen vorangegangenen Kalenderjahrs bestanden, so ist die für das vorangegangene Kalenderjahr abzuführende Lohnsteuer für die Feststellung des Lohnsteuer-Anmeldungszeitraums auf einen Jahresbetrag umzurechnen. ⁴Wenn die Betriebsstätte im vorangegangenen Kalenderjahr noch nicht bestanden hat, ist die auf einen Jahresbetrag umgerechnete Lohnsteuer für den ersten vollen Kalendermonat nach der Eröffnung der Betriebsstätte abzuführende Lohnsteuer maßgebend.

(3) ¹Die oberste Finanzbehörde des Landes kann bestimmen, dass die Lohnsteuer nicht dem Betriebsstättenfinanzamt, sondern einer anderen öffentlichen Kasse anzumelden und an diese abzuführen ist; die Kasse erhält insoweit die Stellung einer Landesfinanzbehörde. ²Das Betriebsstättenfinanzamt oder die zuständige andere öffentliche Kasse können anordnen, dass die Lohnsteuer abweichend von dem nach Absatz 1 maßgebenden Zeitpunkt anzumelden und abzuführen ist, wenn die Abführung der Lohnsteuer nicht gesichert erscheint.

(4) ¹Arbeitgeber, die eigene oder gecharterte Handelsschiffe betreiben, dürfen vom Gesamtbetrag der anzumeldenden und abzuführenden Lohnsteuer einen Betrag von 40 Prozent der Lohnsteuer der auf solchen Schiffen in einem zusammenhängenden Arbeitsverhältnis von mehr als 183 Tagen beschäftigten Besatzungsmitgliedern abziehen und einbehalten. ²Die Handelsschiffe müssen in einem inländischen Seeschiffsregister eingetragen sein, die deutsche Flagge führen und zur Beförderung von Personen oder Gütern im Verkehr mit oder zwischen ausländischen Häfen, innerhalb eines ausländischen Hafens oder zwischen einem ausländischen Hafen und der Hohen See betrieben werden. ³Die Sätze 1 und 2 sind entsprechend anzuwenden, wenn Seeschiffe im Wirtschaftsjahr überwiegend außerhalb der deutschen Hoheitsgewässer zum Schleppen, Bergen oder zur Aufsuchung von Bodenschätzen oder zur Vermessung von Energielagerstätten unter dem Meeresboden eingesetzt werden. ⁴Ist für den Lohnsteuerabzug die Lohnsteuer nach der Steuerklasse V oder VI zu ermitteln, so bemisst sich der Betrag nach Satz 1 nach der Lohnsteuer der Steuerklasse I.

§ 41b
Abschluss des Lohnsteuerabzugs

(1) ¹Bei Beendigung eines Dienstverhältnisses oder am Ende des Kalenderjahres hat der Arbeitgeber das Lohnkonto des Arbeitnehmers abzuschließen. ²Auf Grund der Eintragungen im Lohnkonto hat der Arbeitgeber spätestens bis zum 28. Februar des Folgejahres nach amtlich vorgeschriebenem Datensatz auf elektronischem Weg nach Maßgabe der Steuerdaten-Übermittlungsverordnung vom 28. Januar 2003 (BGBl. I S. 139), zuletzt geändert durch Artikel 1 der Verordnung vom 26. Juni 2007 (BGBl. I S. 1185), in der jeweils geltenden Fassung, insbesondere folgende Angaben zu übermitteln (elektronische Lohnsteuerbescheinigung):

1. Name, Vorname, Tag der Geburt und Anschrift des Arbeitnehmers, die abgerufenen elektronischen Lohnsteuerabzugsmerkmale oder die auf der entsprechenden Bescheinigung für den Lohnsteuerabzug eingetragenen Lohnsteuerabzugsmerkmale, die Bezeichnung und die Nummer des Finanzamts, an das die Lohnsteuer abgeführt worden ist, sowie die Steuernummer des Arbeitgebers,
2. die Dauer des Dienstverhältnisses während des Kalenderjahres sowie die Anzahl der nach § 41 Abs. 1 Satz 6 vermerkten Großbuchstaben U,
3. die Art und Höhe des gezahlten Arbeitslohns sowie den nach § 41 Abs. 1 Satz 6 vermerkten Großbuchstaben S,
4. die einbehaltene Lohnsteuer, den Solidaritätszuschlag und die Kirchensteuer,
5. das Kurzarbeitergeld, das Schlechtwettergeld, das Winterausfallgeld, den Zuschuss zum Mutterschaftsgeld nach dem Mutterschutzgesetz, die Entschädigungen für Verdienstausfall nach

dem Infektionsschutzgesetz vom 20. Juli 2000 (BGBl. I S. 1045), zuletzt geändert durch Artikel 11 § 3 des Gesetzes vom 6. August 2002 (BGBl. I S. 3082), in der jeweils geltenden Fassung, sowie die nach § 3 Nr. 28 steuerfreien Aufstockungsbeträge oder Zuschläge,

6. die auf die Entfernungspauschale anzurechnenden steuerfreien Arbeitgeberleistungen für Fahrten zwischen Wohnung und erster Tätigkeitsstätte sowie Fahrten nach § 9 Absatz 1 Satz 3 Nummer 4a Satz 3,
7. die pauschal besteuerten Arbeitgeberleistungen für Fahrten zwischen Wohnung und erster Tätigkeitsstätte sowie Fahrten nach § 9 Absatz 1 Satz 3 Nummer 4a Satz 3,
8. für die dem Arbeitnehmer zur Verfügung gestellten Mahlzeiten nach § 8 Absatz 2 Satz 8 den Großbuchstaben M,
9. für die steuerfreie Sammelbeförderung nach § 3 Nr. 32 den Großbuchstaben F,
10. die nach § 3 Nr. 13 und 16 steuerfrei gezahlten Verpflegungszuschüsse und Vergütungen bei doppelter Haushaltsführung,
11. Beiträge zu den gesetzlichen Rentenversicherungen und an berufsständische Versorgungseinrichtungen, getrennt nach Arbeitgeber- und Arbeitnehmeranteil,
12. die nach § 3 Nr. 62 gezahlten Zuschüsse zur Kranken- und Pflegeversicherung,
13. die Beiträge des Arbeitnehmers zur gesetzlichen Krankenversicherung und zur sozialen Pflegeversicherung,
14. die Beiträge des Arbeitnehmers zur Arbeitslosenversicherung,
15. den nach § 39b Absatz 2 Satz 5 Nummer 3 Buchstabe d berücksichtigten Teilbetrag der Vorsorgepauschale.

³Der Arbeitgeber hat dem Arbeitnehmer einen nach amtlich vorgeschriebenem Muster gefertigten Ausdruck der elektronischen Lohnsteuerbescheinigung mit Angabe der Identifikationsnummer (§ 139b der Abgabenordnung) oder des lohnsteuerlichen Ordnungsmerkmals (Absatz 2) auszuhändigen oder elektronisch bereitzustellen. ⁴Soweit der Arbeitgeber nicht zur elektronischen Übermittlung nach Absatz 1 Satz 2 verpflichtet ist, hat er nach Ablauf des Kalenderjahres oder wenn das Dienstverhältnis vor Ablauf des Kalenderjahres beendet wird, eine Lohnsteuerbescheinigung nach amtlich vorgeschriebenem Muster auszustellen. ⁵Er hat dem Arbeitnehmer diese Bescheinigung auszuhändigen. ⁶Nicht ausgehändigte Bescheinigungen für den Lohnsteuerabzug mit Lohnsteuerbescheinigungen hat der Arbeitgeber dem Betriebsstättenfinanzamt einzureichen.

(2) ¹Ist dem Arbeitgeber die Identifikationsnummer (§ 139b der Abgabenordnung) des Arbeitnehmers nicht bekannt, hat er für die Datenübermittlung nach Absatz 1 Satz 2 aus dem Namen, Vornamen und Geburtsdatum des Arbeitnehmers ein Ordnungsmerkmal nach amtlich festgelegter Regel für den Arbeitnehmer zu bilden und das Ordnungsmerkmal zu verwenden. ²Er darf das lohnsteuerliche Ordnungsmerkmal nur für die Zuordnung der elektronischen Lohnsteuerbescheinigung oder sonstiger für das Besteuerungsverfahren erforderlicher Daten zu einem bestimmten Steuerpflichtigen und für Zwecke des Besteuerungsverfahrens erheben, bilden, verarbeiten oder verwenden.

(2a) ¹Ordnungswidrig handelt, wer vorsätzlich oder leichtfertig entgegen Absatz 2 das Ordnungsmerkmal verwendet. ²Die Ordnungswidrigkeit kann mit einer Geldbuße bis zu zehntausend Euro geahndet werden.

(3) ¹Arbeitgeber ohne maschinelle Lohnabrechnung, der ausschließlich Arbeitnehmer im Rahmen einer geringfügigen Beschäftigung in seinem Privathaushalt im Sinne des § 8a des Vierten Buches Sozialgesetzbuch beschäftigt und keine elektronische Lohnsteuerbescheinigung erteilt, hat an Stelle der elektronischen Lohnsteuerbescheinigung nach amtlich vorgeschriebenem Muster auszustellen. ²Der Arbeitgeber hat dem Arbeitnehmer die Lohnsteuerbescheinigung auszuhändigen. ³In den übrigen Fällen hat der Arbeitgeber die Lohnsteuerbescheinigung dem Betriebsstättenfinanzamt einzureichen.

(4) Die Absätze 1 bis 3 gelten nicht für Arbeitnehmer, soweit sie Arbeitslohn bezogen haben, der nach den §§ 40 bis 40b pauschal besteuert worden ist.

§ 41c
Änderung des Lohnsteuerabzugs

(1) ¹Der Arbeitgeber ist berechtigt, bei der jeweils nächstfolgenden Lohnzahlung bisher erhobene Lohnsteuer zu erstatten oder noch nicht erhobene Lohnsteuer nachträglich einzubehalten,

1. wenn ihm elektronische Lohnsteuerabzugsmerkmale zum Abruf zur Verfügung gestellt werden oder ihm der Arbeitnehmer eine Bescheinigung für den Lohnsteuerabzug mit Eintragungen vorlegt, die auf einen Zeitpunkt vor Abruf der Lohnsteuerabzugsmerkmale oder vor Vorlage der Bescheinigung für den Lohnsteuerabzug zurückwirken, oder
2. wenn er erkennt, dass er die Lohnsteuer bisher nicht vorschriftsmäßig einbehalten hat; dies gilt auch bei rückwirkender Gesetzesänderung.

²In den Fällen des Satzes 1 Nummer 2 ist der Arbeitgeber jedoch verpflichtet, wenn ihm dies wirtschaftlich zumutbar ist.

(2) ¹Die zu erstattende Lohnsteuer ist dem Betrag zu entnehmen, den der Arbeitgeber für die Arbeitnehmer insgesamt an Lohnsteuer einbehalten oder übernommen hat. ²Wenn die zu erstattende Lohnsteuer aus dem Betrag nicht gedeckt werden kann, der insgesamt an Lohnsteuer einzubehalten oder zu übernehmen ist, wird der Fehlbetrag dem Arbeitgeber auf Antrag vom Betriebsstättenfinanzamt ersetzt.

(3) ¹Nach Ablauf des Kalenderjahres oder, wenn das Dienstverhältnis vor Ablauf des Kalenderjahres endet, nach Beendigung des Dienstverhältnisses, ist die Änderung des Lohnsteuerabzugs nur bis zur Übermittlung oder Ausschreibung der Lohnsteuerbescheinigung zulässig. ²Bei Änderung des Lohnsteuerabzugs nach Ablauf des Kalenderjahres ist die

nachträglich einzubehaltende Lohnsteuer nach dem Jahresarbeitslohn zu ermitteln. ³Eine Erstattung von Lohnsteuer ist nach Ablauf des Kalenderjahres nur im Wege des Lohnsteuer-Jahresausgleichs nach § 42b zulässig. ⁴Eine Minderung der einzubehaltenden und zu übernehmenden Lohnsteuer (§ 41a Absatz 1 Satz 1 Nummer 1) nach § 164 Absatz 2 Satz 1 der Abgabenordnung ist nach der Übermittlung oder Ausschreibung der Lohnsteuerbescheinigung nur dann zulässig, wenn sich der Arbeitnehmer ohne vertraglichen Anspruch und gegen den Willen des Arbeitgebers Beträge verschafft hat, für die Lohnsteuer einbehalten wurde. ⁵In diesem Fall hat der Arbeitgeber die bereits übermittelte oder ausgestellte Lohnsteuerbescheinigung zu berichtigen und sie als geändert gekennzeichnet an die Finanzverwaltung zu übermitteln; § 41b Absatz 1 gilt entsprechend. ⁶Der Arbeitgeber hat seinen Antrag zu begründen und die Lohnsteuer-Anmeldung (§ 41a Absatz 1 Satz 1) zu berichtigen.

(4) ¹Der Arbeitgeber hat die Fälle, in denen er die Lohnsteuer nach Absatz 1 nicht nachträglich einbehält oder die Lohnsteuer nicht nachträglich einbehalten kann, weil

1. der Arbeitnehmer vom Arbeitgeber Arbeitslohn nicht mehr bezieht oder
2. der Arbeitgeber nach Ablauf des Kalenderjahres bereits die Lohnsteuerbescheinigung übermittelt oder ausgeschrieben hat,

dem Betriebsstättenfinanzamt unverzüglich anzuzeigen. ²Das Finanzamt hat die zu wenig erhobene Lohnsteuer vom Arbeitnehmer nachzufordern, wenn der nachzufordernde Betrag 10 Euro übersteigt. ³§ 42d bleibt unberührt.

§§ 42 und 42a
(weggefallen)

§ 42b
Lohnsteuer-Jahresausgleich durch den Arbeitgeber

(1) ¹Der Arbeitgeber ist berechtigt, seinen unbeschränkt einkommensteuerpflichtigen Arbeitnehmern, die während des abgelaufenen Kalenderjahres (Ausgleichsjahr) ständig in einem zu ihm bestehenden Dienstverhältnis gestanden haben, die für das Ausgleichsjahr einbehaltene Lohnsteuer insoweit zu erstatten, als sie die auf den Jahresarbeitslohn entfallende Jahreslohnsteuer übersteigt (Lohnsteuer-Jahresausgleich). ²Er ist zur Durchführung des Lohnsteuer-Jahresausgleichs verpflichtet, wenn er am 31. Dezember des Ausgleichsjahres mindestens zehn Arbeitnehmer beschäftigt. ³Der Arbeitgeber darf den Lohnsteuer-Jahresausgleich nicht durchführen, wenn

1. der Arbeitnehmer es beantragt oder
2. der Arbeitnehmer für das Ausgleichsjahr oder für einen Teil des Ausgleichsjahres nach den Steuerklassen V oder VI zu besteuern war oder
3. der Arbeitnehmer für einen Teil des Ausgleichsjahres nach den Steuerklassen II, III oder IV zu besteuern war oder
3a. bei der Lohnsteuerberechnung ein Freibetrag oder Hinzurechnungsbetrag zu berücksichtigen war oder
3b. das Faktorverfahren angewandt wurde oder
4. der Arbeitnehmer im Ausgleichsjahr Kurzarbeitergeld, Schlechtwettergeld, Winterausfallgeld, Zuschuss zum Mutterschaftsgeld nach dem Mutterschutzgesetz, Zuschuss bei Beschäftigungsverboten für die Zeit vor oder nach einer Entbindung sowie für den Entbindungstag während einer Elternzeit nach beamtenrechtlichen Vorschriften, Entschädigungen für Verdienstausfall nach dem Infektionsschutzgesetz vom 20. Juli 2000 (BGBl. I S. 1045), oder nach § 3 Nr. 28 steuerfreie Aufstockungsbeträge oder Zuschläge bezogen hat oder
4a. die Anzahl der im Lohnkonto oder in der Lohnsteuerbescheinigung eingetragenen Großbuchstaben U mindestens eins beträgt oder
5. für den Arbeitnehmer im Ausgleichsjahr im Rahmen der Vorsorgepauschale jeweils nur zeitweise Beträge nach § 39b Absatz 2 Satz 5 Nummer 3 Buchstabe a bis d oder der Beitragszuschlag nach § 39b Absatz 2 Satz 5 Nummer 3 Buchstabe c berücksichtigt wurden oder sich im Ausgleichsjahr der Zusatzbeitragssatz (§ 39b Absatz 2 Satz 5 Nummer 3 Buchstabe b) geändert hat oder
6. der Arbeitnehmer im Ausgleichsjahr ausländische Einkünfte aus nichtselbständiger Arbeit bezogen hat, die nach einem Abkommen zur Vermeidung der Doppelbesteuerung oder unter Progressionsvorbehalt nach § 34c Abs. 5 von der Lohnsteuer freigestellt waren.

(2) ¹Für den Lohnsteuer-Jahresausgleich hat der Arbeitgeber den Jahresarbeitslohn aus dem zu ihm bestehenden Dienstverhältnis festzustellen. ²Dabei bleiben Bezüge im Sinne des § 34 Abs. 1 und Abs. 2 Nr. 2 und 4 außer Ansatz, wenn der Arbeitnehmer nicht jeweils die Einbeziehung in den Jahreslohnsteuerausgleich beantragt. ³Vom Jahresarbeitslohn sind der etwa in Betracht kommende Versorgungsfreibetrag und Zuschlag zum Versorgungsfreibetrag und der etwa in Betracht kommende Altersentlastungsbetrag abzuziehen. ⁴Für den so geminderten Jahresarbeitslohn ist die Jahreslohnsteuer nach § 39b Absatz 2 Satz 6 und 7 zu ermitteln nach Maßgabe der Steuerklasse, die die für den letzten Lohnzahlungszeitraum des Ausgleichsjahres als elektronisches Lohnsteuerabzugsmerkmal abgerufen oder auf der Bescheinigung für den Lohnsteuerabzug oder etwaigen Mitteilungen über Änderungen zuletzt eingetragen wurde. ⁵Den Betrag, um den die sich hiernach ergebende Jahreslohnsteuer die Lohnsteuer unterschreitet, die von dem zugrunde gelegten Jahresarbeitslohn insgesamt erhoben worden ist, hat der Arbeitgeber dem Arbeitnehmer zu erstatten. ⁶Bei der Ermittlung der insgesamt erhobenen Lohnsteuer ist die Lohnsteuer auszuscheiden, die von den nach Satz 2 außer Ansatz gebliebenen Bezügen einbehalten worden ist.

(3) ¹Der Arbeitgeber darf den Lohnsteuer-Jahresausgleich frühestens bei der Lohnabrechnung für den letzten im Ausgleichsjahr endenden Lohnzahlungszeitraum, spätestens bei der Lohnabrechnung für den letzten Lohnzahlungszeitraum, der im Monat März des dem Ausgleichsjahr folgenden Kalenderjahres endet, durchführen. ²Die zu erstattende

Lohnsteuer ist dem Betrag zu entnehmen, den der Arbeitgeber für seine Arbeitnehmer für den Lohnzahlungszeitraum insgesamt an Lohnsteuer erhoben hat. ³§ 41c Abs. 2 Satz 2 ist anzuwenden.

(4) ¹Im Lohnkonto für das Ausgleichsjahr ist die im Lohnsteuer-Jahresausgleich erstattete Lohnsteuer gesondert einzutragen. ²In der Lohnsteuerbescheinigung für das Ausgleichsjahr ist der sich nach Verrechnung der erhobenen Lohnsteuer mit der erstatteten Lohnsteuer ergebende Betrag als erhobene Lohnsteuer einzutragen.

§ 42c
(weggefallen)

§ 42d
Haftung des Arbeitgebers und Haftung bei Arbeitnehmerüberlassung

(1) Der Arbeitgeber haftet

1. für die Lohnsteuer, die er einzubehalten und abzuführen hat,
2. für die Lohnsteuer, die er beim Lohnsteuer-Jahresausgleich zu Unrecht erstattet hat,
3. für die Einkommensteuer (Lohnsteuer), die auf Grund fehlerhafter Angaben im Lohnkonto oder in der Lohnsteuerbescheinigung verkürzt wird,
4. für die Lohnsteuer, die in den Fällen des § 38 Abs. 3a der Dritte zu übernehmen hat.

(2) Der Arbeitgeber haftet nicht, soweit Lohnsteuer nach § 39 Abs. 5 oder § 39a Abs. 5 nachzufordern ist und in den vom Arbeitgeber angezeigten Fällen des § 38 Abs. 4 Satz 2 und 3 und des § 41c Abs. 4.

(3) ¹Soweit die Haftung des Arbeitgebers reicht, sind der Arbeitgeber und der Arbeitnehmer Gesamtschuldner. ²Das Betriebsstättenfinanzamt kann die Steuerschuld oder Haftungsschuld nach pflichtgemäßem Ermessen gegenüber jedem Gesamtschuldner geltend machen. ³Der Arbeitgeber kann auch dann in Anspruch genommen werden, wenn der Arbeitnehmer zur Einkommensteuer veranlagt wird. ⁴Der Arbeitnehmer kann im Rahmen der Gesamtschuldnerschaft nur in Anspruch genommen werden,

1. wenn der Arbeitgeber die Lohnsteuer nicht vorschriftsmäßig vom Arbeitslohn einbehalten hat,
2. wenn der Arbeitnehmer weiß, dass der Arbeitgeber die einbehaltene Lohnsteuer nicht vorschriftsmäßig angemeldet hat. ²Dies gilt nicht, wenn der Arbeitnehmer den Sachverhalt dem Finanzamt unverzüglich mitgeteilt hat.

(4) ¹Für die Inanspruchnahme des Arbeitgebers bedarf es keines Haftungsbescheids und keines Leistungsgebots, soweit der Arbeitgeber

1. die einzubehaltene Lohnsteuer angemeldet hat oder
2. nach Abschluss einer Lohnsteuer-Außenprüfung seine Zahlungsverpflichtung schriftlich anerkennt.

²Satz 1 gilt entsprechend für die Nachforderung zu übernehmender pauschaler Lohnsteuer.

(5) Von der Geltendmachung der Steuernachforderung oder Haftungsforderung ist abzusehen, wenn diese insgesamt 10 Euro nicht übersteigt.

(6) ¹Soweit einem Dritten (Entleiher) Arbeitnehmer im Sinne des § 1 Absatz 1 Satz 1 des Arbeitnehmerüberlassungsgesetzes in der Fassung der Bekanntmachung vom 3. Februar 1995 (BGBl. I S. 158), das zuletzt durch Artikel 26 des Gesetzes vom 20. Dezember 2011 (BGBl. I S. 2854) geändert worden ist zur Arbeitsleistung überlassen werden, haftet er mit Ausnahme der Fälle, in denen eine Arbeitnehmerüberlassung nach § 1 Abs. 3 des Arbeitnehmerüberlassungsgesetzes vorliegt, neben dem Arbeitgeber. ²Der Entleiher haftet nicht, wenn der Überlassung eine Erlaubnis nach § 1 des Arbeitnehmerüberlassungsgesetzes in der jeweils geltenden Fassung zugrunde liegt und soweit er nachweist, dass er den nach § 51 Abs. 1 Nr. 2 Buchstabe d vorgesehenen Mitwirkungspflichten nachgekommen ist. ³Der Entleiher haftet ferner nicht, wenn er über das Vorliegen einer Arbeitnehmerüberlassung ohne Verschulden irrte. ⁴Die Haftung beschränkt sich auf die Lohnsteuer für die Zeit, für die ihm der Arbeitnehmer überlassen worden ist. ⁵Soweit die Haftung des Entleihers reicht, sind der Arbeitgeber, der Entleiher und der Arbeitnehmer Gesamtschuldner. ⁶Der Entleiher darf auf Zahlung nur in Anspruch genommen werden, soweit die Vollstreckung in das inländische bewegliche Vermögen des Arbeitgebers fehlgeschlagen ist oder keinen Erfolg verspricht; § 219 Satz 2 der Abgabenordnung ist entsprechend anzuwenden. ⁷Ist durch die Umstände der Arbeitnehmerüberlassung die Lohnsteuer schwer zu ermitteln, so ist die Haftungsschuld mit 15 Prozent des zwischen Verleiher und Entleiher vereinbarten Entgelts ohne Umsatzsteuer anzunehmen, solange der Entleiher nicht glaubhaft macht, dass die Lohnsteuer, für die er haftet, niedriger ist. ⁸Die Absätze 1 bis 5 sind entsprechend anzuwenden. ⁹Die Zuständigkeit des Finanzamts richtet sich nach dem Ort der Betriebsstätte des Verleihers.

(7) Soweit der Entleiher Arbeitgeber ist, haftet der Verleiher wie ein Entleiher nach Absatz 6.

(8) ¹Das Finanzamt kann hinsichtlich der Lohnsteuer der Leiharbeitnehmer anordnen, dass der Entleiher einen bestimmten Teil des mit dem Verleiher vereinbarten Entgelts einzubehalten und abzuführen hat, wenn dies zur Sicherung des Steueranspruchs notwendig ist; Absatz 6 Satz 4 ist anzuwenden. ²Der Verwaltungsakt kann auch mündlich erlassen werden. ³Die Höhe des einzubehaltenden und abzuführenden Teils des Entgelts bedarf keiner Begründung, wenn der in Absatz 6 Satz 7 genannte Prozentsatz nicht überschritten wird.

(9) ¹Der Arbeitgeber haftet auch dann, wenn ein Dritter nach § 38 Abs. 3a dessen Pflichten trägt. ²In diesen Fällen haftet der Dritte neben dem Arbeitgeber. ³Soweit die Haftung des Dritten reicht, sind der Arbeitgeber, der Dritte und der Arbeitnehmer Gesamtschuldner. ⁴Absatz 3 Satz 2 bis 4 ist anzuwenden; Absatz 4 gilt auch für die Inanspruchnahme des Dritten. ⁵Im Fall des § 38 Abs. 3a Satz 2 beschränkt sich die Haftung des Dritten auf die Lohnsteuer, die für die Zeit zu erheben ist, für die er sich gegenüber dem Arbeitgeber zur Vornahme des

Lohnsteuerabzugs verpflichtet hat; der maßgebende Zeitraum endet nicht, bevor der Dritte seinem Betriebsstättenfinanzamt die Beendigung seiner Verpflichtung gegenüber dem Arbeitgeber angezeigt hat. [6]In den Fällen des § 38 Abs. 3a Satz 7 ist als Haftungsschuld der Betrag zu ermitteln, um den die Lohnsteuer, die für den gesamten Arbeitslohn des Lohnzahlungszeitraums zu berechnen und einzubehalten ist, die insgesamt tatsächlich einbehaltene Lohnsteuer übersteigt. [7]Betrifft die Haftungsschuld mehrere Arbeitgeber, so ist sie bei fehlerhafter Lohnsteuerberechnung nach dem Verhältnis der Arbeitslöhne und für nachträglich zu erfassende Arbeitslohnbeträge nach dem Verhältnis dieser Beträge auf die Arbeitgeber aufzuteilen. [8]In den Fällen des § 38 Abs. 3a ist das Betriebsstättenfinanzamt des Dritten für die Geltendmachung der Steuer- oder Haftungsschuld zuständig.

§ 42e
Anrufungsauskunft

[1]Das Betriebsstättenfinanzamt hat auf Anfrage eines Beteiligten darüber Auskunft zu geben, ob und inwieweit im einzelnen Fall die Vorschriften über die Lohnsteuer anzuwenden sind. [2]Sind für einen Arbeitgeber mehrere Betriebsstättenfinanzämter zuständig, so erteilt die Auskunft das Finanzamt, in dessen Bezirk sich die Geschäftsleitung (§ 10 der Abgabenordnung) des Arbeitgebers im Inland befindet. [3]Ist dieses Finanzamt kein Betriebsstättenfinanzamt, so ist das Finanzamt zuständig, in dessen Bezirk sich die Betriebsstätte mit den meisten Arbeitnehmern befindet. [4]In den Fällen der Sätze 2 und 3 hat der Arbeitgeber sämtliche Betriebsstättenfinanzämter, das Finanzamt der Geschäftsleitung und erforderlichenfalls die Betriebsstätte mit den meisten Arbeitnehmern anzugeben sowie zu erklären, für welche Betriebsstätten die Auskunft von Bedeutung ist.

§ 42f
Lohnsteuer-Außenprüfung

(1) Für die Außenprüfung der Einbehaltung oder Übernahme und Abführung der Lohnsteuer ist das Betriebsstättenfinanzamt zuständig.

(2) [1]Für die Mitwirkungspflicht des Arbeitgebers bei der Außenprüfung gilt § 200 der Abgabenordnung. [2]Darüber hinaus haben die Arbeitnehmer des Arbeitgebers dem mit der Prüfung Beauftragten jede gewünschte Auskunft über Art und Höhe ihrer Einnahmen zu geben und auf Verlangen die etwa in ihrem Besitz befindlichen Bescheinigungen für den Lohnsteuerabzug sowie die Belege über bereits entrichtete Lohnsteuer vorzulegen. [3]Dies gilt auch für Personen, bei denen es streitig ist, ob sie Arbeitnehmer des Arbeitgebers sind oder waren.

(3) [1]In den Fällen des § 38 Abs. 3a ist für die Außenprüfung das Betriebsstättenfinanzamt des Dritten zuständig; § 195 Satz 2 der Abgabenordnung bleibt unberührt. [2]Die Außenprüfung ist auch beim Arbeitgeber zulässig; dessen Mitwirkungspflichten bleiben neben den Pflichten des Dritten bestehen.

(4) Auf Verlangen des Arbeitgebers können die Außenprüfung und die Prüfungen durch die Träger der Rentenversicherung (§ 28p des Vierten Buches Sozialgesetzbuch) zur gleichen Zeit durchgeführt werden.

§ 42g
Lohnsteuer-Nachschau

(1) Die Lohnsteuer-Nachschau dient der Sicherstellung einer ordnungsgemäßen Einbehaltung und Abführung der Lohnsteuer. Sie ist ein besonderes Verfahren zur zeitnahen Aufklärung steuererheblicher Sachverhalte.

(2) [1]Eine Lohnsteuer-Nachschau findet während der üblichen Geschäfts- und Arbeitszeiten statt. [2]Dazu können die mit der Nachschau Beauftragten ohne vorherige Ankündigung und außerhalb einer Lohnsteuer-Außenprüfung Grundstücke und Räume von Personen, die eine gewerbliche oder berufliche Tätigkeit ausüben, betreten. [3]Wohnräume dürfen gegen den Willen des Inhabers nur zur Verhütung dringender Gefahren für die öffentliche Sicherheit und Ordnung betreten werden.

(3) [1]Die von der Lohnsteuer-Nachschau betroffenen Personen haben dem mit der Nachschau Beauftragten auf Verlangen Lohn- und Gehaltsunterlagen, Aufzeichnungen, Bücher, Geschäftspapiere und andere Urkunden über die der Lohnsteuer-Nachschau unter liegenden Sachverhalte vorzulegen und Auskünfte zu erteilen, soweit dies zur Feststellung einer steuerlichen Erheblichkeit zweckdienlich ist. [2]§ 42f Absatz 2 Satz 2 und 3 gilt sinngemäß.

(4) [1]Wenn die bei der Lohnsteuer-Nachschau getroffenen Feststellungen hierzu Anlass geben, kann ohne vorherige Prüfungsanordnung (§ 196 der Abgabenordnung) zu einer Lohnsteuer-Außenprüfung nach § 42f übergegangen werden. [2]Auf den Übergang zur Außenprüfung wird schriftlich hingewiesen.

(5) Werden anlässlich einer Lohnsteuer-Nachschau Verhältnisse festgestellt, die für die Festsetzung und Erhebung anderer Steuern erheblich sein können, so ist die Auswertung der Feststellungen insoweit zulässig, als ihre Kenntnis für die Besteuerung der in Absatz 2 genannten Personen oder anderer Personen von Bedeutung sein kann.

3. Steuerabzug vom Kapitalertrag (Kapitalertragsteuer)

§ 43
Kapitalerträge mit Steuerabzug

(1) [1]Bei den folgenden inländischen und in den Fällen der Nummern 6, 7 Buchstabe a und Nummern 8 bis 12 sowie Satz 2 auch ausländischen Kapitalerträgen wird die Einkommensteuer durch Abzug vom Kapitalertrag (Kapitalertragsteuer) erhoben:

1. Kapitalerträgen im Sinne des § 20 Absatz 1 Nummer 1, soweit diese nicht nachfolgend in Nummer 1a gesondert genannt sind, und Kapitalerträgen im Sinne des § 20 Absatz 1 Nummer 2.

1a. Kapitalerträgen im Sinne des § 20 Absatz 1 Nummer 1 aus Aktien und Genussscheinen, die entweder gemäß § 5 des Depotgesetzes zur Sammelverwahrung durch eine Wertpapiersammelbank zugelassen sind und dieser zur

EStG

Sammelverwahrung im Inland anvertraut wurden, bei denen eine Sonderverwahrung gemäß § 2 Satz 1 des Depotgesetzes erfolgt oder bei denen die Erträge gegen Aushändigung der Dividendenscheine oder sonstigen Erträgnisscheine ausgezahlt oder gutgeschrieben werden;

2. ¹Zinsen aus Teilschuldverschreibungen, bei denen neben der festen Verzinsung ein Recht auf Umtausch in Gesellschaftsanteile (Wandelanleihen) oder eine Zusatzverzinsung, die sich nach der Höhe der Gewinnausschüttungen des Schuldners richtet (Gewinnobligationen), eingeräumt ist, und Zinsen aus Genussrechten, die nicht in § 20 Abs. 1 Nr. 1 genannt sind. ²Zu den Gewinnobligationen gehören nicht solche Teilschuldverschreibungen, bei denen der Zinsfuß nur vorübergehend herabgesetzt und gleichzeitig eine von den jeweiligen Gewinnergebnis des Unternehmens abhängige Zusatzverzinsung bis zur Höhe des ursprünglichen Zinsfußes festgelegt worden ist. ³Zu den Kapitalerträgen im Sinne des Satzes 1 gehören nicht die Bundesbankgenussrechte im Sinne des § 3 Abs. 1 des Gesetzes über die Liquidation der Deutschen Reichsbank und der Deutschen Golddiskontbank in der im Bundesgesetzblatt Teil III, Gliederungsnummer 7620-6, veröffentlichten bereinigten Fassung, das zuletzt durch das Gesetz vom 17. Dezember 1975 (BGBl. I S. 3123) geändert worden ist. ⁴Beim Steuerabzug auf Kapitalerträge sind die für den Steuerabzug nach Nummer 1a geltenden Vorschriften entsprechend anzuwenden, wenn

   a) die Teilschuldverschreibungen und Genussrechte gemäß § 5 des Depotgesetzes zur Sammelverwahrung durch eine Wertpapiersammelbank zugelassen sind und dieser zur Sammelverwahrung im Inland anvertraut wurden,

   b) die Teilschuldverschreibungen und Genussrechte gemäß § 2 Satz 1 des Depotgesetzes gesondert aufbewahrt werden oder

   c) die Erträge der Teilschuldverschreibungen und Genussrechte gegen Aushändigung der Erträgnisscheine ausgezahlt oder gutgeschrieben werden;

3. Kapitalerträgen im Sinne des § 20 Abs. 1 Nr. 4;

4. ¹Kapitalerträgen im Sinne des § 20 Abs. 1 Nr. 6 Satz 1 bis 6; § 20 Abs. 1 Nr. 6 Satz 2 und 3 in der am 1. Januar 2008 anzuwendenden Fassung bleiben für Zwecke der Kapitalertragsteuer unberücksichtigt. ²Der Steuerabzug vom Kapitalertrag ist in den Fällen des § 20 Abs. 1 Nr. 6 Satz 4 in der am 31. Dezember 2004 geltenden Fassung nur vorzunehmen, wenn das Versicherungsunternehmen auf Grund einer Mitteilung des Finanzamts weiß oder infolge der Verletzung eigener Anzeigeverpflichtungen nicht weiß, dass die Kapitalerträge nach dieser Vorschrift zu den Einkünften aus Kapitalvermögen gehören;

5. (weggefallen)

6. ausländischen Kapitalerträgen im Sinne der Nummern 1 und 1a;

7. ¹Kapitalerträgen im Sinne des § 20 Abs. 1 Nr. 7 außer bei Kapitalerträgen im Sinne der Nummer 2, wenn

   a) es sich um Zinsen aus Anleihen und Forderungen handelt, die in ein öffentliches Schuldbuch oder in ein ausländisches Register eingetragen oder über die Sammelurkunden im Sinne des § 9a des Depotgesetzes oder Teilschuldverschreibungen ausgegeben sind;

   b) der Schuldner der nicht in Buchstabe a genannten Kapitalerträge ein inländisches Kreditinstitut oder ein inländisches Finanzdienstleistungsinstitut im Sinne des Gesetzes über das Kreditwesen ist. ²Kreditinstitut in diesem Sinne ist auch die Kreditanstalt für Wiederaufbau, eine Bausparkasse, ein Versicherungsunternehmen für Erträge aus Kapitalanlagen, die mit Einlagegeschäften bei Kreditinstituten vergleichbar sind, die Deutsche Postbank AG, die Deutsche Bundesbank bei Geschäften mit jedermann einschließlich ihrer Betriebsangehörigen im Sinne der §§ 22 und 25 des Gesetzes über die Deutsche Bundesbank und eine inländische Zweigstelle oder Zweigniederlassung eines ausländischen Unternehmens im Sinne der §§ 53 und 53b des Gesetzes über das Kreditwesen, nicht aber eine ausländische Zweigstelle eines inländischen Kreditinstituts oder eines inländischen Finanzdienstleistungsinstituts. ³Die inländische Zweigstelle oder Zweigniederlassung gilt an Stelle des ausländischen Unternehmens als Schuldner der Kapitalerträge.

7a. Kapitalerträgen im Sinne des § 20 Abs. 1 Nr. 9;

7b. Kapitalerträgen im Sinne des § 20 Abs. 1 Nr. 10 Buchstabe a;

7c. Kapitalerträgen im Sinne des § 20 Abs. 1 Nr. 10 Buchstabe b;

8. Kapitalerträgen im Sinne des § 20 Abs. 1 Nr. 11;

9. Kapitalerträgen im Sinne des § 20 Abs. 2 Satz 1 Nr. 1 Satz 1 und 2;

10. Kapitalerträgen im Sinne des § 20 Abs. 2 Satz 1 Nr. 2 Buchstabe b und Nr. 7;

11. Kapitalerträgen im Sinne des § 20 Abs. 2 Satz 1 Nr. 3;

12. Kapitalerträgen im Sinne des § 20 Abs. 2 Satz 1 Nr. 8.

²Dem Steuerabzug unterliegen auch Kapitalerträge im Sinne des § 20 Abs. 3, die neben den in den Nummern 1 bis 12 bezeichneten Kapitalerträgen oder an deren Stelle gewährt werden. ³Der Steuerabzug ist ungeachtet des § 3 Nr. 40 und des § 8b des Körperschaftsteuergesetzes vorzunehmen. ⁴Für Zwecke des Kapitalertragsteuerabzugs gilt die Übertragung eines von einer auszahlenden Stelle verwahrten oder verwalteten Wirtschaftsguts im Sinne des § 20 Abs. 2 auf einen anderen Gläubiger als Veräußerung des Wirtschaftsguts. ⁵Satz 4 gilt nicht, wenn der Steuerpflichtige der auszahlenden Stelle unter Benennung der in Satz 6 Nummer 4 bis 6 bezeichneten Daten mitteilt, dass es sich um eine unentgeltliche Über-

tragung handelt. ⁶Die auszahlende Stelle hat in den Fällen des Satzes 5 folgende Daten dem für sie zuständigen Betriebsstättenfinanzamt bis zum 31. Mai des jeweiligen Folgejahres nach amtlich vorgeschriebenem Datensatz auf elektronischem Weg nach Maßgabe der Steuerdaten-Übermittlungsverordnung in der jeweils geltenden Fassung mitzuteilen:

1. Bezeichnung der auszahlenden Stelle,
2. das zuständige Betriebsstättenfinanzamt,
3. das übertragene Wirtschaftsgut, den Übertragungszeitpunkt, den Wert zum Übertragungszeitpunkt und die Anschaffungskosten des Wirtschaftsguts,
4. Name, Geburtsdatum, Anschrift und Identifikationsnummer des Übertragenden,
5. Name, Geburtsdatum, Anschrift und Identifikationsnummer des Empfängers sowie die Bezeichnung des Kreditinstituts, der Nummer des Depots, des Kontos oder des Schuldbuchkontos,
6. soweit bekannt, das persönliche Verhältnis (Verwandtschaftsverhältnis, Ehe, Lebenspartnerschaft) zwischen Übertragendem und Empfänger.

(1a) (weggefallen)

(2) ¹Der Steuerabzug ist außer in den Fällen des Absatzes 1 Satz 1 Nr. 1a und 7c nicht vorzunehmen, wenn Gläubiger und Schuldner der Kapitalerträge (Schuldner) oder die auszahlende Stelle im Zeitpunkt des Zufließens dieselbe Person sind. ²Der Steuerabzug ist außerdem nicht vorzunehmen, wenn in den Fällen des Absatzes 1 Satz 1 Nr. 6, 7 und 8 bis 12 Gläubiger der Kapitalerträge ein inländisches Kreditinstitut oder inländisches Finanzdienstleistungsinstitut nach Absatz 1 Satz 1 Nr. 7 Buchstabe b oder eine inländische Kapitalverwaltungsgesellschaft ist. ³Bei Kapitalerträgen im Sinne des Absatzes 1 Satz 1 Nr. 6 und 8 bis 12 ist ebenfalls kein Steuerabzug vorzunehmen, wenn

1. eine unbeschränkt steuerpflichtige Körperschaft, Personenvereinigung oder Vermögensmasse, die nicht unter Satz 2 oder § 44a Abs. 4 Satz 1 fällt, Gläubigerin der Kapitalerträge ist, oder
2. die Kapitalerträge Betriebseinnahmen eines inländischen Betriebs sind und der Gläubiger der Kapitalerträge dies gegenüber der auszahlenden Stelle nach amtlich vorgeschriebenem Muster erklärt; dies gilt entsprechend für Kapitalerträge aus Options- und Termingeschäften im Sinne des Absatzes 1 Satz 1 Nr. 8 und 11, wenn sie zu den Einkünften aus Vermietung und Verpachtung gehören.

⁴Im Fall § 1 Abs. 1 Nr. 4 und 5 des Körperschaftsteuergesetzes ist Satz 3 Nr. 1 nur anzuwenden, wenn die Körperschaft, Personenvereinigung oder Vermögensmasse durch eine Bescheinigung des für sie zuständigen Finanzamts ihre Zugehörigkeit zu dieser Gruppe von Steuerpflichtigen nachweist. ⁵Die Bescheinigung ist unter dem Vorbehalt des Widerrufs auszustellen. ⁶Die Fälle des Satzes 3 Nr. 2 hat die auszahlende Stelle gesondert aufzuzeichnen und die Erklärung der Zugehörigkeit der Kapitalerträge zu den Betriebseinnahmen oder zu den Einnahmen aus Vermietung und Verpachtung sechs Jahre aufzubewahren; die Frist beginnt mit dem Schluss des Kalenderjahres, in dem die Freistellung letztmalig berücksichtigt wird. ⁷Die auszahlende Stelle hat in den Fällen des Satzes 3 Nr. 2 daneben die Konto- oder Depotbezeichnung oder die sonstige Kennzeichnung des Geschäftsvorgangs, Vor- und Zunamen des Gläubigers sowie die Identifikationsnummer nach § 139b der Abgabenordnung bzw. bei Personenmehrheit den Firmennamen und die zugehörige Steuernummer nach amtlich vorgeschriebenem Datensatz zu speichern und durch Datenfernübertragung zu übermitteln. ⁸Das Bundesministerium der Finanzen wird den Empfänger der Datenlieferungen sowie den Zeitpunkt der erstmaligen Übermittlung durch ein im Bundessteuerblatt zu veröffentlichendes Schreiben mitteilen.

(3) ¹Kapitalerträge im Sinne des Absatzes 1 Satz 1 Nr. 1 Satz 1 sowie Nr. 1a bis 4 sind inländische, wenn der Schuldner Wohnsitz, Geschäftsleitung oder Sitz im Inland hat; Kapitalerträge im Sinne des Absatzes 1 Satz 1 Nr. 4 sind auch dann inländische, wenn der Schuldner eine Niederlassung im Sinne des § 106, § 110a oder § 110d des Versicherungsaufsichtsgesetzes im Inland hat. ²Kapitalerträge im Sinne des Absatzes 1 Satz 1 Nr. 1 Satz 2 sind inländische, wenn der Schuldner der veräußerten Ansprüche die Voraussetzungen des Satzes 1 erfüllt. ³Kapitalerträge im Sinne des § 20 Abs. 1 Nr. 1 Satz 4 sind inländische, wenn der Emittent der Aktien Geschäftsleitung oder Sitz im Inland hat. ⁴Kapitalerträge im Sinne des Absatzes 1 Satz 1 Nr. 6 sind ausländische, wenn weder die Voraussetzungen nach Satz 1 noch nach Satz 2 vorliegen.

(4) Der Steuerabzug ist auch dann vorzunehmen, wenn die Kapitalerträge beim Gläubiger zu den Einkünften aus Land- und Forstwirtschaft, aus Gewerbebetrieb, aus selbständiger Arbeit oder aus Vermietung und Verpachtung gehören.

(5) ¹Für Kapitalerträge im Sinne des § 20, soweit sie der Kapitalertragsteuer unterlegen haben, ist die Einkommensteuer mit dem Steuerabzug abgegolten; die Abgeltungswirkung des Steuerabzugs tritt nicht ein, wenn der Gläubiger nach § 44 Absatz 1 Satz 8 und 9 und Absatz 5 in Anspruch genommen werden kann. ²Dies gilt nicht in Fällen des § 32d Abs. 2 und für Kapitalerträge, die zu den Einkünften aus Land- und Forstwirtschaft, aus Gewerbebetrieb, aus selbständiger Arbeit oder aus Vermietung und Verpachtung gehören. ³Auf Antrag des Gläubigers werden Kapitalerträge im Sinne des Satzes 1 in die besondere Besteuerung von Kapitalerträgen nach § 32d einbezogen. ⁴Eine vorläufige Festsetzung der Einkommensteuer im Sinne des § 165 Absatz 1 Satz 2 Nummer 2 bis 4 der Abgabenordnung umfasst auch Einkünfte im Sinne des Satzes 1, für die der Antrag nach Satz 3 nicht gestellt worden ist.

§ 43a
Bemessung der Kapitalertragsteuer

(1) ¹Die Kapitalertragsteuer beträgt
1. in den Fällen des § 43 Abs. 1 Satz 1 Nr. 1 bis 4, 6 bis 7a und 8 bis 12 sowie Satz 2:

   25 Prozent des Kapitalertrags;

2. in den Fällen des § 43 Abs. 1 Satz 1 Nr. 7b und 7c: 15 Prozent des Kapitalertrags.

²Im Fall einer Kirchensteuerpflicht ermäßigt sich die Kapitalertragsteuer um 25 Prozent der auf die Kapitalerträge entfallenden Kirchensteuer. ³§ 32d Abs. 1 Satz 4 und 5 gilt entsprechend.

(2) ¹Dem Steuerabzug unterliegen die vollen Kapitalerträge ohne jeden Abzug. ²In den Fällen des § 43 Abs. 1 Satz 1 Nr. 9 bis 12 bemisst sich der Steuerabzug nach § 20 Abs. 4 und 4a, wenn die Wirtschaftsgüter von der die Kapitalerträge auszahlenden Stelle erworben oder veräußert und seitdem verwahrt oder verwaltet worden sind. ³Überträgt der Steuerpflichtige die Wirtschaftsgüter auf ein anderes Depot, hat die abgebende inländische auszahlende Stelle der übernehmenden inländischen auszahlenden Stelle die Anschaffungsdaten mitzuteilen. ⁴Satz 3 gilt in den Fällen des § 43 Abs. 1 Satz 5 entsprechend. ⁵Handelt es sich bei der abgebenden auszahlenden Stelle um ein Kreditinstitut oder Finanzdienstleistungsinstitut mit Sitz in einem anderen Mitgliedstaat der Europäischen Union in einem anderen Vertragsstaat des EWR-Abkommens vom 3. Januar 1994 (ABl. EG Nr. L 1 S. 3) in der jeweils geltenden Fassung oder in einem anderen Vertragsstaat nach Artikel 17 Abs. 2 Ziffer i der Richtlinie 2003/48/EG vom 3. Juni 2003 im Bereich der Besteuerung von Zinserträgen (ABl. EU Nr. L 157 S. 38), kann der Steuerpflichtige den Nachweis nur durch eine Bescheinigung des ausländischen Instituts führen; dies gilt entsprechend für eine in diesem Gebiet belegene Zweigstelle eines inländischen Kreditinstituts oder Finanzdienstleistungsinstituts. ⁶In allen anderen Fällen ist ein Nachweis der Anschaffungsdaten nicht zulässig. ⁷Sind die Anschaffungsdaten nicht nachgewiesen, bemisst sich der Steuerabzug nach 30 Prozent der Einnahmen aus der Veräußerung oder Einlösung der Wirtschaftsgüter. ⁸In den Fällen des § 43 Abs. 1 Satz 4 gelten der Börsenpreis zum Zeitpunkt der Übertragung zuzüglich Stückzinsen als Einnahmen aus der Veräußerung und die mit dem Depotübertrag verbundenen Kosten als Veräußerungskosten im Sinne des § 20 Abs. 4 Satz 1. ⁹Zur Ermittlung des Börsenpreises ist der niedrigste am Vortag der Übertragung im regulierten Markt notierte Kurs anzusetzen; liegt am Vortag eine Notierung nicht vor, so werden die Wirtschaftsgüter mit dem letzten innerhalb von 30 Tagen vor dem Übertragungstag im regulierten Markt notierten Kursen angesetzt; Entsprechendes gilt für Wertpapiere, die im Inland in den Freiverkehr einbezogen sind oder in einem anderen Staat des Europäischen Wirtschaftsraums zum Handel an einem geregelten Markt im Sinne des Artikels 1 Nr. 13 der Richtlinie 93/22/EWG des Rates vom 10. Mai 1993 über Wertpapierdienstleistungen (ABl. EG Nr. L 141 S. 27) zugelassen sind. ¹⁰Liegt ein Börsenpreis nicht vor, bemisst sich die Steuer nach 30 Prozent der Anschaffungskosten. ¹¹Die übernehmende auszahlende Stelle hat als Anschaffungskosten den von der abgebenden Stelle angesetzten Börsenpreis anzusetzen und die bei der Übertragung als Einnahmen aus der Veräußerung angesetzten Stückzinsen nach Absatz 3 zu berücksichtigen. ¹²Satz 9 gilt entsprechend. ¹³Liegt ein Börsenpreis nicht vor, bemisst sich der Steuerabzug nach 30 Prozent der Einnahmen aus der Veräußerung oder Einlösung der Wirtschaftsgüter. ¹⁴Hat die auszahlende Stelle die Wirtschaftsgüter vor dem 1. Januar 1994 erworben oder veräußert und seitdem verwahrt oder verwaltet, kann sie den Steuerabzug nach 30 Prozent der Einnahmen aus der Veräußerung oder Einlösung der Wertpapiere und Kapitalforderungen bemessen. ¹⁵Abweichend von den Sätzen 2 bis 14 bemisst sich der Steuerabzug bei Kapitalerträgen aus nicht für einen marktmäßigen Handel bestimmten schuldbuchfähigen Wertpapieren des Bundes und der Länder oder bei Kapitalerträgen im Sinne des § 43 Abs. 1 Satz 1 Nr. 7 Buchstabe b aus nicht in Inhaber- oder Orderschuldverschreibungen verbrieften Kapitalforderungen nach dem vollen Kapitalertrag ohne jeden Abzug.

(3) ¹Die auszahlende Stelle hat ausländische Steuern auf Kapitalerträge nach Maßgabe des § 32d Abs. 5 zu berücksichtigen. ²Sie hat unter Berücksichtigung des § 20 Abs. 6 Satz 4 im Kalenderjahr negative Kapitalerträge einschließlich gezahlter Stückzinsen bis zur Höhe der positiven Kapitalerträge auszugleichen; liegt ein gemeinsamer Freistellungsauftrag im Sinne des § 44a Abs. 2 Satz 1 Nr. 1 in Verbindung mit § 20 Abs. 9 Satz 2 vor, erfolgt ein gemeinsamer Ausgleich. ³Der nicht ausgeglichene Verlust ist auf das nächste Kalenderjahr zu übertragen. ⁴Auf Verlangen des Gläubigers der Kapitalerträge hat sie über die Höhe eines nicht ausgeglichenen Verlusts eine Bescheinigung nach amtlich vorgeschriebenem Muster zu erteilen; der Verlustübertrag entfällt in diesem Fall. ⁵Der unwiderrufliche Antrag auf Erteilung der Bescheinigung muss bis zum 15. Dezember des laufenden Jahres der auszahlenden Stelle zugehen. ⁶Überträgt der Gläubiger der Kapitalerträge seine im Depot befindlichen Wirtschaftsgüter vollständig auf ein anderes Depot, hat die abgebende auszahlende Stelle der übernehmenden auszahlenden Stelle auf Verlangen des Gläubigers der Kapitalerträge die Höhe des nicht ausgeglichenen Verlusts mitzuteilen; eine Bescheinigung nach Satz 4 darf in diesem Fall nicht erteilt werden. ⁷Erfährt die auszahlende Stelle nach Ablauf des Kalenderjahres von der Veränderung einer Bemessungsgrundlage oder einer zu erhebenden Kapitalertragsteuer, hat sie die entsprechende Korrektur zum Zeitpunkt ihrer Kenntnisnahme vorzunehmen; § 44 Absatz 5 bleibt unberührt. ⁸Die vorstehenden Sätze gelten nicht in den Fällen des § 20 Abs. 8 und des § 44 Abs. 1 Satz 4 Nr. 1 Buchstabe a Doppelbuchstabe bb sowie bei Körperschaften, Personenvereinigungen oder Vermögensmassen.

(4) ¹Die Absätze 2 und 3 gelten entsprechend für die das Bundesschuldbuch führende Stelle oder eine Landesschuldenverwaltung als auszahlende Stelle. ²Werden die Wertpapiere oder Forderungen von einem Kreditinstitut oder einem Finanzdienstleistungsinstitut mit der Maßgabe der Verwahrung und Verwaltung durch die das Bundesschuldbuch führende Stelle oder eine Landesschuldenverwaltung erworben, hat das Kreditinstitut oder das Finanzdienstleistungsinstitut der das Bundesschuldbuch führenden Stelle oder einer Landesschuldenverwaltung zusammen mit den im Schuldbuch einzutragenden Wertpapieren und Forderungen den Er-

werbszeitpunkt und die Anschaffungsdaten sowie in Fällen des Absatzes 2 den Erwerbspreis der für einen marktmäßigen Handel bestimmten schuldbuchfähigen Wertpapiere des Bundes oder der Länder und außerdem mitzuteilen, dass es diese Wertpapiere und Forderungen erworben oder veräußert und seitdem verwahrt oder verwaltet hat.

§ 43b
Bemessung der Kapitalertragsteuer bei bestimmten Gesellschaften

(1) ¹Auf Antrag wird die Kapitalertragsteuer für Kapitalerträge im Sinne des § 20 Abs. 1 Nr. 1, die einer Muttergesellschaft, die weder ihren Sitz noch ihre Geschäftsleitung im Inland hat, oder einer in einem anderen Mitgliedstaat der Europäischen Union gelegenen Betriebsstätte dieser Muttergesellschaft, aus Ausschüttungen einer Tochtergesellschaft zufließen, nicht erhoben. ²Satz 1 gilt auch für Ausschüttungen einer Tochtergesellschaft, die einer in einem anderen Mitgliedstaat der Europäischen Union gelegenen Betriebsstätte einer unbeschränkt steuerpflichtigen Muttergesellschaft zufließen. ³Ein Zufluss an die Betriebsstätte liegt nur vor, wenn die Beteiligung an der Tochtergesellschaft tatsächlich zu dem Betriebsvermögen der Betriebsstätte gehört. ⁴Die Sätze 1 bis 3 gelten nicht für Kapitalerträge im Sinne des § 20 Abs. 1 Nr. 1, die anlässlich der Liquidation oder Umwandlung einer Tochtergesellschaft zufließen.

(2) ¹Muttergesellschaft im Sinne des Absatzes 1 ist jede Gesellschaft, die die in der Anlage 2¹⁾ zu diesem Gesetz bezeichneten Voraussetzungen erfüllt und nach Artikel 3 Absatz 1 Buchstabe a der Richtlinie 2011/96/EU des Rates vom 30. November 2011 über das gemeinsame Steuersystem der Mutter- und Tochtergesellschaften verschiedener Mitgliedstaaten (ABl. L 345 vom 29.12.2011, S. 8), die zuletzt durch die Richtlinie 2013/13/EU (ABl. L 141 vom 28.5.2013, S. 30) geändert worden ist, zum Zeitpunkt der Entstehung der Kapitalertragsteuer gemäß § 44 Absatz 1 Satz 2 nachweislich mindestens zu 10 Prozent unmittelbar am Kapital der Tochtergesellschaft (Mindestbeteiligung) beteiligt ist. ²Ist die Mindestbeteiligung zu diesem Zeitpunkt nicht erfüllt, ist der Zeitpunkt des Gewinnverteilungsbeschlusses maßgeblich. ³Tochtergesellschaft im Sinne des Absatzes 1 sowie des Satzes 1 ist jede unbeschränkt steuerpflichtige Gesellschaft, die die in der Anlage 2 zu diesem Gesetz und in Artikel 3 Abs. 1 Buchstabe b der Richtlinie 2011/96 EU bezeichneten Voraussetzungen erfüllt. ⁴Weitere Voraussetzung ist, dass die Beteiligung nachweislich ununterbrochen zwölf Monate besteht. ⁵Wird dieser Beteiligungszeitraum nach dem Zeitpunkt der Entstehung der Kapitalertragsteuer gemäß § 44 Abs. 1 Satz 2 vollendet, ist die einbehaltene und abgeführte Kapitalertragsteuer nach § 50d Abs. 1 zu erstatten; das Freistellungsverfahren nach § 50d Abs. 2 ist ausgeschlossen.

(2a) Betriebsstätte im Sinne der Absätze 1 und 2 ist eine feste Geschäftseinrichtung in einem anderen Mitgliedstaat der Europäischen Union, durch die die Tätigkeit der Muttergesellschaft ganz oder teilweise ausgeübt wird, wenn das Besteuerungsrecht für die Gewinne dieser Geschäftseinrichtung nach dem jeweils geltenden Abkommen zur Vermeidung der Doppelbesteuerung dem Staat, in dem sie gelegen ist, zugewiesen wird und diese Gewinne in diesem Staat der Besteuerung unterliegen.

(3) (weggefallen)

(4) (weggefallen)

§ 44
Entrichtung der Kapitalertragsteuer

(1) ¹Schuldner der Kapitalertragsteuer ist in den Fällen des § 43 Abs. 1 Satz 1 Nr. 1 bis 7b und 8 bis 12 sowie Satz 2 der Gläubiger der Kapitalerträge. ²Die Kapitalertragsteuer entsteht in dem Zeitpunkt, in dem die Kapitalerträge dem Gläubiger zufließen. ³In diesem Zeitpunkt haben in den Fällen des § 43 Absatz 1 Satz 1 Nummer 1, 2 bis 4 sowie 7a und 7b der Schuldner der Kapitalerträge, jedoch in den Fällen des § 43 Absatz 1 Satz 1 Nummer 1 Satz 2 die für den Verkäufer der Wertpapiere den Verkaufsauftrag ausführende Stelle im Sinne des Satzes 4 Nummer 1, und in den Fällen des § 43 Absatz 1 Satz 1 Nummer 1a, 6, 7 und 8 bis 12 sowie Satz 2 die die Kapitalerträge auszahlende Stelle den Steuerabzug für Rechnung des Gläubigers der Kapitalerträge vorzunehmen. ⁴Die die Kapitalerträge auszahlende Stelle ist

1. in den Fällen des § 43 Abs. 1 Satz 1 Nr. 6, 7 Buchstabe a und Nr. 8 bis 12 sowie Satz 2

   a) das inländische Kreditinstitut oder das inländische Finanzdienstleistungsinstitut im Sinne des § 43 Abs. 1 Satz 1 Nr. 7 Buchstabe b, das inländische Wertpapierhandelsunternehmen oder die inländische Wertpapierhandelsbank

      aa) das die Teilschuldverschreibungen, die Anteile an einer Sammelschuldbuchforderung, die Wertrechte, die Zinsscheine verwahrt oder verwaltet oder deren Veräußerung durchführt und die Kapitalerträge auszahlt oder gutschreibt oder in den Fällen des § 43 Abs. 1 Satz 1 Nummer 8 und 11 die Kapitalerträge auszahlt oder gutschreibt

      bb) das die Kapitalerträge gegen Aushändigung der Zinsscheine oder der Teilschuldverschreibungen einem anderen als einem ausländischen Kreditinstitut oder einem ausländischen Finanzdienstleistungsinstitut auszahlt oder gutschreibt;

   b) der Schuldner der Kapitalerträge in den Fällen des § 43 Abs. 1 Satz 1 Nr. 7 Buchstabe a und Nr. 10 unter den Voraussetzungen des Buchstabens a, wenn kein inländisches Kreditinstitut oder kein inländisches Finanzdienstleistungsinstitut die die Kapitalerträge auszahlende Stelle ist;

2. in den Fällen des § 43 Abs. 1 Satz 1 Nr. 7 Buchstabe b das inländische Kreditinstitut oder das inländische Finanzdienstleistungsinstitut, das die

---

1) Anlage 2 abgedruckt hinter § 43b in der für 2014 geltenden Fassung.

Kapitalerträge als Schuldner auszahlt oder gutschreibt;

3. In den Fällen des § 43 Absatz 1 Satz 1 Nummer 1a

   a) das inländische Kredit- oder Finanzdienstleistungsinstitut im Sinne des § 43 Absatz 1 Satz 1 Nummer 7 Buchstabe b, das inländische Wertpapierhandelsunternehmen oder die inländische Wertpapierhandelsbank welche die Anteile verwahrt oder verwaltet und die Kapitalerträge auszahlt oder gutschreibt oder die Kapitalerträge gegen Aushändigung der Dividendenscheine auszahlt oder gutschreibt oder die Kapitalerträge an eine ausländische Stelle auszahlt,

   b) die Wertpapiersammelbank, der die Anteile zur Sammelverwahrung anvertraut wurden, wenn sie die Kapitalerträge an eine ausländische Stelle auszahlt,

   c) der Schuldner der Kapitalerträge, soweit die Wertpapiersammelbank, der die Anteile zur Sammelverwahrung anvertraut wurden, keine Dividendenregulierung vornimmt; die Wertpapiersammetbank hat dem Schuldner der Kapitalerträge den Umfang der Bestände ohne Dividendenregulierung mitzuteilen.

⁵Die innerhalb eines Kalendermonats einbehaltene Steuer ist jeweils bis zum zehnten des folgenden Monats an das Finanzamt abzuführen, das für die Besteuerung

1. des Schuldners der Kapitalerträge,
2. der den Verkaufsauftrag ausführenden Stelle oder
3. der die Kapitalerträge auszahlenden Stelle

nach dem Einkommen zuständig ist; bei Kapitalerträgen im Sinne des § 43 Abs. 1 Satz 1 Nr. 1 ist die einbehaltene Steuer in dem Zeitpunkt abzuführen, in dem die Kapitalerträge dem Gläubiger zufließen. ⁶Dabei ist die Kapitalertragsteuer, die zu demselben Zeitpunkt abzuführen ist, jeweils auf den nächsten vollen Euro-Betrag abzurunden. ⁷Wenn Kapitalerträge ganz oder teilweise nicht in Geld bestehen (§ 8 Abs. 2) und der in Geld geleistete Kapitalertrag nicht zur Deckung der Kapitalertragsteuer ausreicht, hat der Gläubiger der Kapitalerträge dem zum Steuerabzug Verpflichteten den Fehlbetrag zur Verfügung zu stellen. ⁸Soweit der Gläubiger seiner Verpflichtung nicht nachkommt, hat der zum Steuerabzug Verpflichtete dies dem für ihn zuständigen Betriebsstättenfinanzamt anzuzeigen. ⁹Das Finanzamt hat die zu wenig erhobene Kapitalertragsteuer vom Gläubiger der Kapitalerträge nachzufordern.

(1a) ¹Werden inländische Aktien über eine ausländische Stelle mit Dividendenberechtigung erworben, aber ohne Dividendenanspruch geliefert und leitet die ausländische Stelle auf die Erträge im Sinne des § 20 Absatz 1 Nummer 1 Satz 4 einen einbehaltenen Steuerbetrag im Sinne des § 43a Absatz 1 Satz 1 Nummer 1 an eine inländische Wertpapiersammelbank weiter, ist diese zur Abführung der einbehaltenen Steuer verpflichtet. ²Bei Kapitalerträgen im Sinne des § 43 Absatz 1 Satz 1 Nummer 1 und 2 gilt Satz 1 entsprechend.

(2) ¹Gewinnanteile (Dividenden) und andere Kapitalerträge im Sinne des § 43 Abs. 1 Satz 1 Nr. 1, deren Ausschüttung von einer Körperschaft beschlossen wird, fließen dem Gläubiger der Kapitalerträge an dem Tag zu (Absatz 1), der im Beschluss als Tag der Auszahlung bestimmt worden ist. ²Ist die Ausschüttung nur festgesetzt, ohne dass über den Zeitpunkt der Auszahlung ein Beschluss gefasst worden ist, so gilt als Zeitpunkt des Zufließens der Tag nach der Beschlussfassung. ³Für Kapitalerträge im Sinne des § 20 Abs. 1 Nr. 1 Satz 4 gelten diese Zuflusszeitpunkte entsprechend.

(3) ¹Ist bei Einnahmen aus der Beteiligung an einem Handelsgewerbe als stiller Gesellschafter in dem Beteiligungsvertrag über den Zeitpunkt der Ausschüttung keine Vereinbarung getroffen, so gilt der Kapitalertrag am Tag nach der Aufstellung der Bilanz oder einer sonstigen Feststellung des Gewinnanteils des stillen Gesellschafters, spätestens jedoch sechs Monate nach Ablauf des Wirtschaftsjahres, für das der Kapitalertrag ausgeschüttet oder gutgeschrieben werden soll, als zugeflossen. ²Bei Zinsen aus partiarischen Darlehen gilt Satz 1 entsprechend.

(4) Haben Gläubiger und Schuldner der Kapitalerträge vor dem Zufließen ausdrücklich Stundung des Kapitalertrags vereinbart, weil der Schuldner vorübergehend zur Zahlung nicht in der Lage ist, so ist der Steuerabzug erst mit Ablauf der Stundungsfrist vorzunehmen.

(5) ¹Die Schuldner der Kapitalerträge, die den Verkaufsauftrag ausführende Stelle oder die die Kapitalerträge auszahlenden Stellen haften für die Kapitalertragsteuer, die sie einzubehalten und abzuführen haben, es sei denn, sie weisen nach, dass sie die ihnen auferlegten Pflichten weder vorsätzlich noch grob fahrlässig verletzt haben. ²Der Gläubiger der Kapitalerträge wird nur in Anspruch genommen,

1. wenn der Schuldner, die den Verkaufsauftrag ausführende Stelle oder die die Kapitalerträge auszahlende Stelle die Kapitalerträge nicht vorschriftsmäßig gekürzt hat,

2. wenn der Gläubiger weiß, dass der Schuldner oder die die Kapitalerträge auszahlende Stelle die einbehaltene Kapitalertragsteuer nicht vorschriftsmäßig abgeführt hat, und dies dem Finanzamt nicht unverzüglich mitteilt oder

3. wenn das die Kapitalerträge auszahlende inländische Kreditinstitut oder das inländische Finanzdienstleistungsinstitut die Kapitalerträge zu Unrecht ohne Abzug der Kapitalertragsteuer ausgezahlt hat.

³Für die Inanspruchnahme des Schuldners der Kapitalerträge, der den Verkaufsauftrag ausführenden Stelle und der die Kapitalerträge auszahlenden Stelle bedarf es keines Haftungsbescheids, soweit der Schuldner, die den Verkaufsauftrag ausführende Stelle oder die die Kapitalerträge auszahlende Stelle die einbehaltene Kapitalertragsteuer richtig angemeldet hat oder soweit sie ihre Zahlungsverpflichtungen gegenüber dem Finanzamt oder dem Prüfungsbeamten des Finanzamts schriftlich anerkennen.

(6) ¹In den Fällen des § 43 Abs. 1 Satz 1 Nr. 7c gilt die juristische Person des öffentlichen Rechts und die von der Körperschaftsteuer befreite Körperschaft, Personenvereinigung oder Vermögensmasse als Gläubiger und der Betrieb gewerblicher Art und der wirtschaftliche Geschäftsbetrieb als Schuldner der Kapitalerträge. ²Die Kapitalertragsteuer entsteht, auch soweit sie auf verdeckte Gewinnausschüttungen entfällt, die im abgelaufenen Wirtschaftsjahr vorgenommen worden sind, im Zeitpunkt der Bilanzerstellung; sie entsteht spätestens acht Monate nach Ablauf des Wirtschaftsjahres; in den Fällen des § 20 Abs. 1 Nr. 10 Buchstabe b Satz 2 am Tag nach der Beschlussfassung über die Verwendung und in den Fällen des § 22 Abs. 4 des Umwandlungssteuergesetzes¹⁾ am Tag nach der Veräußerung. ³Die Kapitalertragsteuer entsteht in den Fällen des § 20 Abs. 1 Nr. 10 Buchstabe b Satz 3 zum Ende des Wirtschaftsjahres. ⁴Die Absätze 1 bis 4 und 5 Satz 2 sind entsprechend anzuwenden. ⁵Der Schuldner der Kapitalerträge haftet für die Kapitalertragsteuer, soweit sie auf verdeckte Gewinnausschüttungen und auf Veräußerungen im Sinne des § 22 Abs. 4 des Umwandlungssteuergesetzes²⁾ entfällt.

(7) ¹In den Fällen des § 14 Abs. 3 des Körperschaftsteuergesetzes entsteht die Kapitalertragsteuer in dem Zeitpunkt der Feststellung der Handelsbilanz der Organgesellschaft; sie entsteht spätestens acht Monate nach Ablauf des Wirtschaftsjahrs der Organgesellschaft. ²Die entstandene Kapitalertragsteuer ist an dem auf den Entstehungszeitpunkt nachfolgenden Werktag an das Finanzamt abzuführen, dass für die Besteuerung der Organgesellschaft nach dem Einkommen zuständig ist. ³Im Übrigen sind die Absätze 1 bis 4 entsprechend anzuwenden.

§ 44a
Abstandnahme vom Steuerabzug

(1) ¹Soweit die Kapitalerträge zusammen mit den Kapitalerträgen, für die die Kapitalertragsteuer nach § 44b zu erstatten ist oder nach Absatz 10 kein Steuerabzug vorzunehmen ist, den Sparer-Pauschbetrag nach § 20 Absatz 9 nicht übersteigen, ist ein Steuerabzug nicht vorzunehmen bei Kapitalerträgen im Sinne des

1. § 43 Absatz 1 Satz 1 Nummer 1 und 2 aus Genussrechten oder

2. § 43 Absatz 1 Satz 1 Nummer 1 und 2 aus Anteilen, die von einer Kapitalgesellschaft ihren Arbeitnehmern überlassen worden sind und von ihr, einem von der Kapitalgesellschaft bestellten Treuhänder, einem inländischen Kreditinstitut oder einer inländischen Zweigniederlassung einer der in § 53b Absatz 1 oder 7 des Kreditwesengesetzes genannten Unternehmen verwahrt werden, und

3. § 43 Absatz 1 Satz 1 Nummer 3 bis 7 und 8 bis 12 sowie Satz 2, die einem unbeschränkt einkommensteuerpflichtigen Gläubiger zufließen.

²Den Arbeitnehmern im Sinne des Satzes 1 stehen Arbeitnehmer eines mit der Kapitalgesellschaft verbundenen Unternehmens nach § 15 des Aktiengesetzes sowie frühere Arbeitnehmer der Kapitalgesellschaft oder eines mit ihr verbundenen Unternehmens gleich. ³Den von der Kapitalgesellschaft überlassenen Anteilen stehen Aktien gleich, die den Arbeitnehmern bei einer Kapitalerhöhung auf Grund ihres Bezugsrechts aus den von der Kapitalgesellschaft überlassenen Aktien zugeteilt worden sind oder die den Arbeitnehmern auf Grund einer Kapitalerhöhung aus Gesellschaftsmitteln gehören. ³Bei Kapitalerträgen im Sinne des § 43 Absatz 1 Satz 1 Nummer 1, 2 bis 7 und 8 bis 12 sowie Satz 2, die einem unbeschränkt einkommensteuerpflichtigen Gläubiger zufließen, ist der Steuerabzug vorzunehmen, wenn anzunehmen ist, dass auch für Fälle der Günstigerprüfung nach § 32d Absatz 6 keine Steuer entsteht.

(2) ¹Voraussetzung für die Abstandnahme vom Steuerabzug nach Absatz 1, dass dem nach § 44 Abs. 1 zum Steuerabzug Verpflichteten in den Fällen

1. des Absatzes 1 Satz 1 ein Freistellungsauftrag des Gläubigers der Kapitalerträge nach amtlich vorgeschriebenem Muster oder

2. des Absatzes 1 Satz 4 eine Nichtveranlagungs-Bescheinigung des für den Gläubiger zuständigen Wohnsitzfinanzamts

vorliegt. ²In den Fällen des Satzes 1 Nr. 2 ist die Bescheinigung unter dem Vorbehalt des Widerrufs auszustellen. ³Ihre Geltungsdauer darf höchstens drei Jahre betragen und muss am Schluss eines Kalenderjahrs enden. ⁴Fordert das Finanzamt die Bescheinigung zurück oder erkennt der Gläubiger, dass die Voraussetzungen für ihre Erteilung weggefallen sind, so hat er dem Finanzamt die Bescheinigung zurückzugeben.

(2a) ¹Ein Freistellungsauftrag kann nur erteilt werden, wenn der Gläubiger der Kapitalerträge seine Identifikationsnummer (§ 139b der Abgabenordnung) und bei gemeinsamen Freistellungsaufträgen auch die Identifikationsnummer des Ehegatten mitteilt. ²Ein Freistellungsauftrag ist ab dem 1. Januar 2016 unwirksam, wenn der Meldestelle im Sinne des § 45d Absatz 1 Satz 1 keine Identifikationsnummer des Gläubigers der Kapitalerträge und bei gemeinsamen Freistellungsaufträgen auch keine des Ehegatten vorliegen. ³Sofern der Meldestelle im Sinne des § 45d Absatz 1 Satz 1 die Identifikationsnummer nicht bereits bekannt ist, kann sie diese beim Bundeszentralamt für Steuern abfragen. ⁴In der Anfrage dürfen nur die in § 139b Absatz 3 der Abgabenordnung genannten Daten des Gläubigers der Kapitalerträge und bei gemeinsamen Freistellungsaufträgen die des Ehegatten angegeben werden, soweit sie der Meldestelle bekannt sind. ⁵Die Anfrage hat nach amtlich vorgeschriebenem Datensatz durch Datenfernübertragung zu erfolgen. ⁶Im Übrigen ist § 150 Absatz 6 der Abgabenordnung entsprechend anzuwenden. ⁷Das Bundeszentralamt für Steuern teilt der Meldestelle die Identifikationsnummer mit, sofern die übermittelten Daten mit den nach § 139b Absatz 3 der Abgabenordnung beim Bundeszentralamt für Steuern gespeicherten Daten

---
1) Siehe Anhang 4.
2) Siehe Anhang 4.

übereinstimmen. ⁸Die Meldestelle darf die Identifikationsnummer nur verwenden, soweit dies zur Erfüllung von steuerlichen Pflichten erforderlich ist.

(3) Der nach § 44 Abs. 1 zum Steuerabzug Verpflichtete hat in seinen Unterlagen das Finanzamt, das die Bescheinigung erteilt hat, den Tag der Ausstellung der Bescheinigung und die in der Bescheinigung angegebene Steuer- und Listennummer zu vermerken sowie die Freistellungsaufträge aufzubewahren.

(4) ¹Ist der Gläubiger

1. eine von der Körperschaftsteuer befreite inländische Körperschaft, Personenvereinigung oder Vermögensmasse oder
2. eine inländische juristische Person des öffentlichen Rechts,

so ist der Steuerabzug bei Kapitalerträgen im Sinne des § 43 Abs. 1 Satz 1 Nr. 4, 6, 7 und 8 bis 12 sowie Satz 2 nicht vorzunehmen. ²Dies gilt auch, wenn es sich bei den Kapitalerträgen um Bezüge im Sinne des § 20 Abs. 1 Nr. 1 und 2 handelt, die der Gläubiger von einer von der Körperschaftsteuer befreiten Körperschaft bezieht. ³Voraussetzung ist, dass der Gläubiger dem Schuldner oder dem die Kapitalerträge auszahlenden inländischen Kreditinstitut oder inländischen Finanzdienstleistungsinstitut durch eine Bescheinigung des für seine Geschäftsleitung oder seinen Sitz zuständigen Finanzamts nachweist, dass er eine Körperschaft, Personenvereinigung oder Vermögensmasse im Sinne des Satzes 1 Nr. 1 oder 2 ist. ⁴Absatz 2 Satz 2 bis 4 und Abs. 3 gelten entsprechend. ⁵Die in Satz 3 bezeichnete Bescheinigung wird nicht erteilt, wenn die Kapitalerträge in den Fällen des Satzes 1 Nr. 1 in einem wirtschaftlichen Geschäftsbetrieb anfallen, für den die Befreiung von der Körperschaftsteuer ausgeschlossen ist, oder wenn sie in den Fällen des Satzes 1 Nr. 2 in einem nicht von der Körperschaftsteuer befreiten Betrieb gewerblicher Art anfallen. ⁶Ein Steuerabzug ist auch nicht vorzunehmen bei Kapitalerträgen im Sinne des § 49 Absatz 1 Nummer 5 Buchstabe c und d, die einem Anleger zufließen, der eine nach den Rechtsvorschriften eines Mitgliedstaates der Europäischen Union oder des Europäischen Wirtschaftsraums gegründete Gesellschaft im Sinne des Artikels 54 des Vertrags über die Arbeitsweise der Europäischen Union oder des Artikels 34 des Abkommens über den Europäischen Wirtschaftsraum mit Sitz und der Geschäftsleitung innerhalb des Hoheitsgebietes eines dieser Staaten ist, und der einer Körperschaft im Sinne des § 5 Absatz 1 Nummer 3 des Körperschaftsteuergesetzes vergleichbar ist; soweit es sich um eine nach den Rechtsvorschriften eines Mitgliedstaates des Europäischen Wirtschaftsraums gegründete Gesellschaft oder eine Gesellschaft mit Ort und Geschäftsleitung in diesem Staat handelt, ist zusätzliche Voraussetzung, dass mit diesem Staat ein Amtshilfeabkommen besteht.

(4a) ¹Absatz 4 ist entsprechend auf Personengesellschaften im Sinne des § 212 Absatz 1 des Fünften Buches Sozialgesetzbuch anzuwenden. ²Dabei tritt die Personengesellschaft an die Stelle des Gläubigers der Kapitalerträge.

(4b) ¹Werden Kapitalerträge im Sinne des § 43 Absatz 1 Satz 1 Nummer 1 von einer Genossenschaft an ihre Mitglieder gezahlt, hat sie den Steuerabzug nicht vorzunehmen, wenn ihr für das jeweilige Mitglied

1. eine Nichtveranlagungs-Bescheinigung nach Absatz 2 Satz 1 Nummer 2,
2. eine Bescheinigung nach Absatz 3 Satz 4,
3. eine Bescheinigung nach Absatz 7 Satz 4 oder
4. eine Bescheinigung nach Absatz 8 Satz 3 vorliegt; in diesen Fällen ist ein Steuereinbehalt in Höhe von drei Fünfteln vorzunehmen.

²Eine Genossenschaft hat keinen Steuerabzug vorzunehmen, wenn ihr ein Freistellungsauftrag erteilt wurde, der auch Kapitalerträge im Sinne des Satzes 1 erfasst, soweit die Kapitalerträge zusammen mit den Kapitalerträgen, für die nach Absatz 1 kein Steuerabzug vorzunehmen ist oder für die die Kapitalertragsteuer nach § 44b zu erstatten ist, den mit dem Freistellungsauftrag beantragten Freibetrag nicht übersteigen. ³Dies gilt auch, wenn die Genossenschaft einen Verlustausgleich nach § 43a Absatz 3 Satz 2 unter Einbeziehung von Kapitalerträgen im Sinne des Satzes 1 durchgeführt hat.

(5) ¹Bei Kapitalerträgen im Sinne des § 43 Abs. 1 Satz 1 Nr. 1, 2, 6, 7 und 8 bis 12 sowie Satz 2, die einem unbeschränkt oder beschränkt einkommensteuerpflichtigen Gläubiger zufließen, ist der Steuerabzug nicht vorzunehmen, wenn die Kapitalerträge Betriebseinnahmen des Gläubigers sind und die Kapitalertragsteuer bei ihm auf Grund der Art seiner Geschäfte auf Dauer höher wäre als die gesamte festzusetzende Einkommensteuer oder Körperschaftsteuer. ²Ist der Gläubiger ein Lebens- oder Krankenversicherungsunternehmen als Organgesellschaft, ist für die Anwendung des Satzes 1 eine bestehende Organschaft im Sinne des § 14 des Körperschaftsteuergesetzes nicht zu berücksichtigen, wenn die beim Organträger anzurechnende Kapitalertragsteuer, einschließlich der Kapitalertragsteuer des Lebens- oder Krankenversicherungsunternehmens, die auf Grund von § 19 Abs. 5 des Körperschaftsteuergesetzes anzurechnen wäre, höher wäre, als die gesamte festzusetzende Körperschaftsteuer. ³Für die Prüfung der Voraussetzung des Satzes 2 ist auf den Antrag auf Erteilung einer Bescheinigung im Sinne des Satzes 4 vorangehenden drei Veranlagungszeiträume abzustellen. ⁴Die Voraussetzung des Satzes 1 ist durch eine Bescheinigung des für den Gläubiger zuständigen Finanzamts nachzuweisen. ⁵Die Bescheinigung ist unter dem Vorbehalt des Widerrufs auszustellen. ⁶Die Voraussetzung des Satzes 2 ist gegenüber dem für den Gläubiger zuständigen Finanzamt durch eine Bescheinigung des für den Organträger zuständigen Finanzamts nachzuweisen.

(6) ¹Voraussetzung für die Abstandnahme vom Steuerabzug nach den Absätzen 1, 4 und 5 bei Kapitalerträgen im Sinne des § 43 Abs. 1 Satz 1 Nr. 6, 7 und 8 bis 12 sowie Satz 2 ist, dass die Teilschuldverschreibungen, die Anteile an der Sammelschuldbuchforderung, die Wertrechte, die Einlagen und Guthaben oder sonstigen Wirtschaftsgüter im Zeitpunkt des Zufließens der Einnahmen unter dem Na-

men des Gläubigers der Kapitalerträge bei der die Kapitalerträge auszahlenden Stelle verwahrt oder verwaltet werden. ²Ist dies nicht der Fall, ist die Bescheinigung nach § 45a Abs. 2 durch einen entsprechenden Hinweis zu kennzeichnen. ³Wird bei einem inländischen Kredit- oder Finanzdienstleistungsinstitut im Sinne des § 43 Absatz 1 Satz 1 Nummer 7 Buchstabe b ein Konto oder Depot für eine gemäß § 5 Absatz 1 Nummer 9 des Körperschaftsteuergesetzes befreite Stiftung im Sinne des § 1 Absatz 1 Nummer 5 des Körperschaftsteuergesetzes auf den Namen eines anderen Berechtigten geführt und ist das Konto oder Depot durch einen Zusatz zur Bezeichnung eindeutig sowohl vom übrigen Vermögen des anderen Berechtigten zu unterscheiden als auch steuerlich der Stiftung zuzuordnen, so gilt es für die Anwendung des Absatzes 4, des Absatzes 7, des Absatzes 10 Satz 1 Nummer 3 und des § 44b Absatz 6 in Verbindung mit Absatz 7 als im Namen der Stiftung geführt.

(7) ¹Ist der Gläubiger eine inländische

1. Körperschaft, Personenvereinigung oder Vermögensmasse im Sinne des § 5 Abs. 1 Nr. 9 des Körperschaftsteuergesetzes oder
2. Stiftung des öffentlichen Rechts, die ausschließlich und unmittelbar gemeinnützigen oder mildtätigen Zwecken dient, oder
3. juristische Person des öffentlichen Rechts, die ausschließlich und unmittelbar kirchlichen Zwecken dient,

so ist der Steuerabzug bei Kapitalerträgen im Sinne des § 43 Abs. 1 Satz 1 Nr. 1, 2, 3 und 7a bis 7c nicht vorzunehmen. ²Voraussetzung für die Anwendung des Satzes 1 ist, dass der Gläubiger durch eine Bescheinigung des für seine Geschäftsleitung oder seinen Sitz zuständigen Finanzamts nachweist, dass er eine Körperschaft, Personenvereinigung oder Vermögensmasse nach Satz 1 ist. ³Absatz 4 gilt entsprechend.

(8) ¹Ist der Gläubiger

1. eine nach § 5 Abs. 1 mit Ausnahme der Nummer 9 des Körperschaftsteuergesetzes oder nach anderen Gesetzen von der Körperschaftsteuer befreite Körperschaft, Personenvereinigung oder Vermögensmasse oder
2. eine inländische juristische Person des öffentlichen Rechts, die nicht in Absatz 7 bezeichnet ist,

so ist der Steuerabzug bei Kapitalerträgen im Sinne des § 43 Abs. 1 Satz 1 Nummer 1, 2, 3 und 7a nur in Höhe von drei Fünfteln vorzunehmen. ²Voraussetzung für die Anwendung des Satzes 1 ist, dass der Gläubiger durch eine Bescheinigung des für seine Geschäftsleitung oder seinen Sitz zuständigen Finanzamts nachweist, dass er eine Körperschaft, Personenvereinigung oder Vermögensmasse im Sinne des Satzes 1 ist. ³Absatz 4 gilt entsprechend.

(8a) ¹Absatz 8 ist entsprechend auf Personengesellschaften im Sinne des § 212 Absatz 1 des Fünften Buches Sozialgesetzbuch anzuwenden. ²Dabei tritt die Personengesellschaft an die Stelle des Gläubigers der Kapitalerträge.

(9) ¹Ist der Gläubiger der Kapitalerträge im Sinne des § 43 Abs. 1 eine beschränkt steuerpflichtige Körperschaft im Sinne des § 2 Nr. 1 des Körperschaftsteuergesetzes, so werden zwei Fünftel der einbehaltenen und abgeführten Kapitalertragsteuer erstattet. ²§ 50d Abs. 1 Satz 3 bis 12, Abs. 3 und 4 ist entsprechend anzuwenden. ³Der Anspruch auf eine weitergehende Freistellung und Erstattung nach § 50d Abs. 1 in Verbindung mit § 43b oder § 50g oder nach einem Abkommen zur Vermeidung der Doppelbesteuerung bleibt unberührt. ⁴Verfahren nach den vorstehenden Sätzen und nach § 50d Abs. 1 soll das Bundeszentralamt für Steuern verbinden.

(10) ¹Werden Kapitalerträge im Sinne des § 43 Absatz 1 Satz 1 Nummer 1a gezahlt, hat die auszahlende Stelle keinen Steuerabzug vorzunehmen, wenn

1. der auszahlenden Stelle eine Nichtveranlagungs-Bescheinigung nach Absatz 2 Satz 1 Nummer 2 für den Gläubiger vorgelegt wird,
2. der auszahlenden Stelle eine Bescheinigung nach Absatz 5 für den Gläubiger vorgelegt wird,
3. der auszahlenden Stelle eine Bescheinigung nach Absatz 7 Satz 2 für den Gläubiger vorgelegt wird oder
4. der auszahlenden Stelle eine Bescheinigung nach Absatz 8 Satz 2 für den Gläubiger vorgelegt wird; in diesen Fällen ist ein Steuereinbehalt in Höhe von drei Fünfteln vorzunehmen.

²Wird der auszahlenden Stelle ein Freistellungsauftrag erteilt, der auch Kapitalerträge im Sinne des Satzes 1 erfasst, oder führt diese einen Verlustausgleich nach § 43a Absatz 3 Satz 2 unter Einbeziehung von Kapitalerträgen im Sinne des Satzes 1 durch, so hat sie den Steuerabzug nicht vorzunehmen, soweit die Kapitalerträge zusammen mit den Kapitalerträgen, für die nach Absatz 1 kein Steuerabzug vorzunehmen ist oder die Kapitalertragsteuer nach § 44b zu erstatten ist, den im Freistellungsauftrag beantragten Freistellungsbetrag nicht übersteigen. ³Absatz 6 ist entsprechend anzuwenden. ⁴Werden Kapitalerträge im Sinne des § 43 Absatz 1 Satz 1 Nummer 1a von einer auszahlenden Stelle im Sinne des § 44 Absatz 1 Satz 4 Nummer 3 an eine ausländische Stelle ausgezahlt, hat diese auszahlende Stelle über den von ihr vor der Zahlung in das Ausland von diesen Kapitalerträgen vorgenommenen Steuerabzug der letzten inländischen auszahlenden Stelle in der Wertpapierverwahrkette, welche die Kapitalerträge auszahlt oder gutschreibt, auf deren Antrag eine Sammel-Steuerbescheinigung über die Summe der eigenen und der für Kunden verwahrten Aktien nach amtlich vorgeschriebenem Muster auszustellen. ⁵Der Antrag darf nur für Aktien gestellt werden, die mit Dividendenberechtigung erworben und mit Dividendenanspruch geliefert wurden. ⁶Wird eine solche Sammel-Steuerbescheinigung beantragt, ist die Ausstellung von Einzel-Steuerbescheinigungen oder die Weiterleitung eines Antrags zur Ausstellung einer Einzel-Steuerbescheinigung über den Steuerabzug von denselben Kapitalerträgen ausgeschlossen; die Sammel-Steuerbescheinigung ist als solche zu kennzeichnen. ⁷Auf die ihr ausgestellte Sammel-Steuerbescheinigung wendet die letzte inländische aus-

EStG

zahlende Stelle § 44b Absatz 6 mit der Maßgabe an, dass sie von den ihr nach dieser Vorschrift eingeräumten Möglichkeiten Gebrauch zu machen hat.

§ 44b
Erstattung der Kapitalertragsteuer

(1) (weggefallen)

(2) (weggefallen)

(3) (weggefallen)

(4) (weggefallen)

(5) ¹Ist Kapitalertragsteuer einbehalten oder abgeführt worden, obwohl eine Verpflichtung hierzu nicht bestand, oder hat der Gläubiger dem nach § 44 Absatz 1 zum Steuerabzug Verpflichteten die Bescheinigung nach § 43 Absatz 2 Satz 4, den Freistellungsauftrag, die Nichtveranlagungs-Bescheinigung oder die Bescheinigungen nach § 44a Absatz 4 oder 5 erst zu einem Zeitpunkt vorgelegt, zu dem die Kapitalertragsteuer bereits abgeführt war, oder nach diesem Zeitpunkt erst die Erklärung nach § 43 Absatz 2 Satz 3 Nummer 2 abgegeben, ist auf Antrag des nach § 44 Absatz 1 zum Steuerabzug Verpflichteten die Steueranmeldung (§ 45a Absatz 1) insoweit zu ändern; stattdessen kann der zum Steuerabzug Verpflichtete bei der folgenden Steueranmeldung die abzuführende Kapitalertragsteuer entsprechend kürzen. ²Erstattungsberechtigt ist der Antragsteller. ³Die vorstehenden Sätze sind in den Fällen des Absatzes 6 nicht anzuwenden. ⁴Solange noch keine Steuerbescheinigung nach § 45a erteilt ist, hat der zum Steuerabzug Verpflichtete das Verfahren nach Satz 1 zu betreiben.

(6) ¹Werden Kapitalerträge im Sinne des § 43 Absatz 1 Satz 1 Nummer 1 und 2 durch ein inländisches Kredit- oder Finanzdienstleistungsinstitut im Sinne des § 43 Absatz 1 Satz 1 Nummer 7 Buchstabe b, das die Wertpapiere, Wertrechte oder sonstigen Wirtschaftsgüter unter dem Namen des Gläubigers verwahrt oder verwaltet, als Schuldner der Kapitalerträge oder für Rechnung des Schuldners gezahlt, kann das Kredit- oder Finanzdienstleistungsinstitut die einbehaltene und abgeführte Kapitalertragsteuer dem Gläubiger der Kapitalerträge bis zur Ausstellung einer Steuerbescheinigung, längstens bis zum 31. März des auf den Zufluss der Kapitalerträge folgenden Kalenderjahres, unter den folgenden Voraussetzungen erstatten:

1. dem Kredit- oder Finanzdienstleistungsinstitut wird eine Nichtveranlagungs-Bescheinigung nach § 44a Absatz 2 Satz 1 Nummer 2 für den Gläubiger vorgelegt,
2. dem Kredit- oder Finanzdienstleistungsinstitut wird eine Bescheinigung nach § 44a Absatz 5 für den Gläubiger vorgelegt,
3. dem Kredit- oder Finanzdienstleistungsinstitut wird eine Bescheinigung nach § 44a Absatz 7 Satz 2 für den Gläubiger vorgelegt und eine Abstandnahme war nicht möglich oder
4. dem Kredit- oder Finanzdienstleistungsinstitut wird eine Bescheinigung nach § 44a Absatz 8 Satz 2 für den Gläubiger vorgelegt und die teilweise Abstandnahme war nicht möglich; in diesen Fällen darf die Kapitalertragsteuer nur in Höhe von zwei Fünfteln erstattet werden.

²Das erstattende Kredit- oder Finanzdienstleistungsinstitut haftet in sinngemäßer Anwendung des § 44 Absatz 5 für zu Unrecht vorgenommene Erstattungen; für die Zahlungsaufforderung gilt § 219 Satz 2 der Abgabenordnung entsprechend. ³Das Kredit- oder Finanzdienstleistungsinstitut hat die Summe der Erstattungsbeträge in der Steueranmeldung gesondert anzugeben und von der von ihm abzuführenden Kapitalertragsteuer abzusetzen. ⁴Wird dem Kredit- oder Finanzdienstleistungsinstitut ein Freistellungsauftrag erteilt, der auch Kapitalerträge im Sinne des Satzes 1 erfasst, oder führt das Institut einen Verlustausgleich nach § 43a Absatz 3 Satz 2 unter Einbeziehung von Kapitalerträgen im Sinne des Satzes 1 aus, so hat es bis zur Ausstellung der Steuerbescheinigung, längstens bis zum 31. März des auf den Zufluss der Kapitalerträge folgenden Kalenderjahres, die einbehaltene und abgeführte Kapitalertragsteuer auf diese Kapitalerträge zu erstatten; Satz 2 ist entsprechend anzuwenden.

(7) ¹Eine Gesamthandsgemeinschaft kann für ihre Mitglieder im Sinne des § 44a Absatz 7 oder Absatz 8 eine Erstattung der Kapitalertragsteuer bei dem für die gesonderte Feststellung ihrer Einkünfte zuständigen Finanzamt beantragen. ²Die Erstattung ist unter den Voraussetzungen des § 44a Absatz 4, 7 oder Absatz 8 und in dem dort bestimmten Umfang zu gewähren.

§ 44c
(weggefallen)

§ 45
Ausschluss der Erstattung von Kapitalertragsteuer

¹In den Fällen, in denen die Dividende an einen anderen als an den Anteilseigner ausgezahlt wird, ist die Erstattung von Kapitalertragsteuer an den Zahlungsempfänger ausgeschlossen. ²Satz 1 gilt nicht für den Erwerber eines Dividendenscheins oder sonstigen Anspruchs in den Fällen des § 20 Abs. 2 Satz 1 Nr. 2 Buchstabe a Satz 2. ³In den Fällen des § 20 Abs. 2 Satz 1 Nr. 2 Buchstabe b ist die Erstattung von Kapitalertragsteuer an den Erwerber von Zinsscheinen nach § 37 Abs. 2 der Abgabenordnung ausgeschlossen.

§ 45a
Anmeldung und Bescheinigung der Kapitalertragsteuer

(1) ¹Die Anmeldung der einbehaltenen Kapitalertragsteuer ist dem Finanzamt innerhalb der in § 44 Abs. 1 oder Abs. 7 bestimmten Frist nach amtlich vorgeschriebenem Vordruck auf elektronischem Weg nach Maßgabe der Steuerdaten- Übermittlungsverordnung zu übermitteln; die auszahlende Stelle hat die Kapitalertragsteuer oder die Erträge im Sinne des § 43 Absatz 1 Satz 1 Nummer 1a jeweils gesondert für das Land, in dem sich der Ort der Geschäftsleitung des Schuldners der Kapitalerträge befindet, anzugeben. ²Satz 1 gilt entsprechend, wenn ein Steuerabzug nicht oder nicht in voller Höhe vorzunehmen ist. ³Der Grund für die Nichtabführung ist anzugeben. ⁴Auf Antrag kann das Finanzamt zur Vermeidung unbilliger Härten auf eine elektronische Übermittlung verzichten; in diesem Fall ist die Ka-

115

pitalertragsteuer-Anmeldung von dem Schuldner, der den Verkaufsauftrag ausführenden Stelle, der auszahlenden Stelle oder einer vertretungsberechtigten Person zu unterschreiben.

(2) ¹Folgende Stellen sind verpflichtet, dem Gläubiger der Kapitalerträge auf Verlangen eine Bescheinigung nach amtlich vorgeschriebenem Muster auszustellen, die die nach § 32d erforderlichen Angaben enthält; bei Vorliegen der Voraussetzungen des
1. § 43 Absatz 1 Satz 1 Nummer 1, 2 bis 4, 7a und 7b der Schuldner der Kapitalerträge,
2. § 43 Absatz 1 Salz 1 Nummer 1a, 6, 7 und 8 bis 12 sowie Satz 2 die die Kapitalerträge auszahlende Stelle vorbehaltlich des Absatzes 3 und
3. § 44 Absatz 1a die zur Abführung der Steuer verpflichtete Stelle.

²Die Bescheinigung braucht nicht unterschrieben zu werden, wenn sie in einem maschinellen Verfahren ausgedruckt worden ist und den Aussteller erkennen lässt. ³§ 44a Abs. 6 gilt sinngemäß; über die zu kennzeichnenden Bescheinigungen haben die genannten Institute und Unternehmen Aufzeichnungen zu führen. ⁴Diese müssen einen Hinweis auf den Buchungsbeleg über die Auszahlung an den Empfänger der Bescheinigung enthalten.

(3) ¹Werden Kapitalerträge für Rechnung des Schuldners durch ein inländisches Kreditinstitut oder ein inländisches Finanzdienstleistungsinstitut gezahlt, so hat an Stelle des Schuldners das Kreditinstitut oder das Finanzdienstleistungsinstitut die Bescheinigung zu erteilen, sofern nicht die Voraussetzungen des Absatzes 2 Satz 1 erfüllt sind. ²Satz 1 gilt in den Fällen des § 20 Abs. 1 Nr. 1 Satz 4 entsprechend; der Emittent der Aktien gilt insoweit als Schuldner der Kapitalerträge.

(4) ¹Eine Bescheinigung nach Absatz 2 oder 3 ist auch zu erteilen, wenn in Vertretung des Gläubigers ein Antrag auf Erstattung der Kapitalertragsteuer nach § 44b auf Erstattung der Kapitalertragsteuer nach § 44b gestellt worden ist oder gestellt wird. ²Satz 1 gilt entsprechend, wenn nach § 44a Abs. 8 Satz 1 der Steuerabzug nicht in voller Höhe vorgenommen worden ist.

(5) ¹Eine Ersatzbescheinigung darf nur ausgestellt werden, wenn die Urschrift nach den Angaben des Gläubigers abhanden gekommen oder vernichtet ist. ²Die Ersatzbescheinigung muss als solche gekennzeichnet sein. ³Über die Ausstellung von Ersatzbescheinigungen hat der Aussteller Aufzeichnungen zu führen.

(6) ¹Eine Bescheinigung, die den Absätzen 2 bis 5 nicht entspricht, hat der Aussteller zurückzufordern und durch eine berichtigte Bescheinigung zu ersetzen. ²Die berichtigte Bescheinigung ist als solche zu kennzeichnen. ³Wird die zurückgeforderte Bescheinigung nicht innerhalb eines Monats nach Zusendung der berichtigten Bescheinigung an den Aussteller zurückgegeben, hat der Aussteller nach seinen Unterlagen für den Empfänger zuständige Finanzamt schriftlich zu benachrichtigen.

(7) ¹Der Aussteller einer Bescheinigung, die den Absätzen 2 bis 5 nicht entspricht, haftet für die auf Grund der Bescheinigung verkürzten Steuern oder zu Unrecht gewährten Steuervorteile. ²Ist die Bescheinigung nach Absatz 3 durch ein inländisches Kreditinstitut oder ein inländisches Finanzdienstleistungsinstitut auszustellen, so haftet der Schuldner auch, wenn er zum Zweck der Bescheinigung unrichtige Angaben macht. ³Der Aussteller haftet nicht
1. in den Fällen des Satzes 2,
2. wenn er die ihm nach Absatz 6 obliegenden Verpflichtungen erfüllt hat.

§ 45b
(weggefallen)

§ 45c
(weggefallen)

§ 45d
Mitteilungen an das Bundeszentralamt für Steuern

(1) ¹Wer nach § 44 Abs. 1 dieses Gesetzes und § 7 des Investmentsteuergesetzes[1)] zum Steuerabzug verpflichtet ist (Meldestelle), hat dem Bundeszentralamt für Steuern bis zum 1. März des Jahres, das auf das Jahr folgt, in dem die Kapitalerträge den Gläubigern zufließen, folgende Daten zu übermitteln:
1. Vor- und Zuname, Identifikationsnummer (§ 139b der Abgabenordnung) sowie das Geburtsdatum des Gläubigers der Kapitalerträge; bei einem gemeinsamen Freistellungsauftrag sind die Daten beider Ehegatten zu übermitteln,
2. Anschrift des Gläubigers der Kapitalerträge,
3. bei den Kapitalerträgen, für die ein Freistellungsauftrag erteilt worden ist,
   a) die Kapitalerträge, bei denen vom Steuerabzug Abstand genommen worden ist oder bei denen auf Grund des Freistellungsauftrags gemäß § 44b Absatz 6 Satz 4 dieses Gesetzes oder gemäß § 7 Absatz 5 Satz 1 des Investmentsteuergesetzes Kapitalertragsteuer erstattet wurde,
   b) die Kapitalerträge, bei denen die Erstattung von Kapitalertragsteuer beim Bundeszentralamt für Steuern beantragt worden ist,
4. die Kapitalerträge, bei denen auf Grund einer Nichtveranlagungs-Bescheinigung einer natürlichen Person nach § 44a Absatz 2 Satz 1 Nummer 2 vom Steuerabzug Abstand genommen oder eine Erstattung vorgenommen wurde,
5. Name und Anschrift der Meldestelle.

²Die Daten sind nach amtlich vorgeschriebenem Datensatz durch Datenfernübertragung zu übermitteln; im Übrigen ist § 150 Absatz 6 der Abgabenordnung entsprechend anzuwenden.

(2) ¹Das Bundeszentralamt für Steuern darf den Sozialleistungsträgern die Daten nach Absatz 1 mitteilen, soweit dies zur Überprüfung des der Sozialleistung zu berücksichtigenden Einkommens oder Vermögens erforderlich ist oder der Betroffene zustimmt. ²Für Zwecke des Satzes 1 ist das Bundes-

---
1) Siehe Anhang 11.

zentralamt für Steuern berechtigt, die ihm von den Sozialleistungsträgern übermittelten Daten mit den vorhandenen Daten nach Absatz 1 im Wege des automatisierten Datenabgleichs zu überprüfen und das Ergebnis den Sozialleistungsträgern mitzuteilen.

(3) [1]Ein inländischer Versicherungsvermittler im Sinne des § 59 Abs. 1 des Versicherungsvertragsgesetzes hat bis zum 30. März des Folgejahres das Zustandekommen eines Vertrages im Sinne des § 20 Abs. 1 Nr. 6 zwischen einer im Inland ansässigen Person und einem Versicherungsunternehmen mit Sitz und Geschäftsleitung im Ausland gegenüber dem Bundeszentralamt für Steuern mitzuteilen; dies gilt nicht, wenn das Versicherungsunternehmen eine Niederlassung im Inland hat oder das Versicherungsunternehmen dem Bundeszentralamt für Steuern bis zu diesem Zeitpunkt das Zustandekommen eines Vertrages angezeigt und den Versicherungsvermittler hierüber in Kenntnis gesetzt hat. [2]Folgende Daten sind zu übermitteln:

1. Vor- und Zuname sowie Geburtsdatum, Anschrift und Identifikationsnummer des Versicherungsnehmers,
2. Name und Anschrift des Versicherungsunternehmens sowie Vertragsnummer oder sonstige Kennzeichnung des Vertrages,
3. Name und Anschrift des Versicherungsvermittlers, wenn die Mitteilung nicht vom Versicherungsunternehmen übernommen wurde,
4. Laufzeit und garantierte Versicherungssumme oder Beitragssumme für die gesamte Laufzeit,
5. Angabe, ob es sich um einen konventionellen, einen fondsgebundenen oder einen vermögensverwaltenden Versicherungsvertrag handelt.

[3]Daten sind nach amtlich vorgeschriebenem Datensatz durch Datenfernübertragung zu übermitteln; im Übrigen ist § 150 Absatz 6 der Abgabenordnung entsprechend anzuwenden.

§ 45e
Ermächtigung für Zinsinformationsverordnung

[1]Die Bundesregierung wird ermächtigt, durch Rechtsverordnung mit Zustimmung des Bundesrates die Richtlinie 2003/48/EG des Rates vom 3. Juni 2003 (ABl. EU Nr. L 157 S. 38) in der jeweils geltenden Fassung im Bereich der Besteuerung von Zinserträgen umzusetzen. [2]§ 45d Abs. 1 Satz 2 und Abs. 2 ist entsprechend anzuwenden.

4. Veranlagung von Steuerpflichtigen mit steuerabzugspflichtigen Einkünften

§ 46
Veranlagung bei Bezug von Einkünften aus nichtselbständiger Arbeit

(1) (weggefallen)

(2) [1]Besteht das Einkommen ganz oder teilweise aus Einkünften aus nichtselbständiger Arbeit, von denen ein Steuerabzug vorgenommen worden ist, so wird eine Veranlagung nur durchgeführt,

1. wenn die positive Summe der einkommensteuerpflichtigen Einkünfte, die nicht dem Steuerabzug vom Arbeitslohn zu unterwerfen waren, vermindert um die darauf entfallenden Beträge nach § 13 Abs. 3 und § 24a, oder die positive Summe der Einkünfte und Leistungen, die dem Progressionsvorbehalt unterliegen, jeweils mehr als 410 Euro beträgt;
2. wenn der Steuerpflichtige nebeneinander von mehreren Arbeitgebern Arbeitslohn bezogen hat; das gilt nicht, soweit nach § 38 Abs. 3a Satz 7 Arbeitslohn von mehreren Arbeitgebern für den Lohnsteuerabzug zusammengerechnet worden ist;
3. wenn bei einem Steuerpflichtigen die Summe der beim Steuerabzug vom Arbeitslohn nach § 39b Absatz 2 Satz 5 Nummer 3 Buchstabe b bis d berücksichtigten Teilbeträge der Vorsorgepauschale größer ist als die abziehbaren Vorsorgeaufwendungen nach § 10 Absatz 1 Nummer 3 und Nummer 3a in Verbindung mit Absatz 4 und der im Kalenderjahr insgesamt erzielte Arbeitslohn 10 700 Euro übersteigt, oder bei Ehegatten, die die Voraussetzungen des § 26 Absatz 1 erfüllen, der im Kalenderjahr von den Ehegatten insgesamt erzielte Arbeitslohn 20 200 Euro übersteigt;
3a. wenn von Ehegatten, die nach den §§ 26, 26b zusammen zur Einkommensteuer zu veranlagen sind, beide Arbeitslohn bezogen haben und einer für den Veranlagungszeitraum oder einen Teil davon nach der Steuerklasse V oder VI besteuert oder bei der Steuerklasse IV der Faktor (§ 39f) eingetragen worden ist;
4. wenn für einen Steuerpflichtigen ein Freibetrag im Sinne des § 39a Absatz 1 Satz 1 Nummer 1 bis 3, 5 oder Nummer 6 ermittelt worden ist und der im Kalenderjahr insgesamt erzielte Arbeitslohn 10 700 Euro übersteigt oder bei Ehegatten, die die Voraussetzungen des § 26 Absatz 1 erfüllen, der im Kalenderjahr von den Ehegatten insgesamt erzielte Arbeitslohn 20 200 Euro übersteigt; dasselbe gilt für einen Steuerpflichtigen, der zum Personenkreis des § 1 Absatz 2 gehört oder für einen beschränkt einkommensteuerpflichtigen Arbeitnehmer, wenn diese Eintragungen auf einer Bescheinigung für den Lohnsteuerabzug nach § 39 Absatz 3 Satz 1 erfolgt sind;
4a. wenn bei einem Elternpaar, bei dem die Voraussetzungen des § 26 Abs. 1 Satz 1 nicht vorliegen,
   a) (weggefallen)
   b) (weggefallen)
   c) (weggefallen)
   d) im Fall des § 33a Abs. 2 Satz 5 das Elternpaar gemeinsam eine Aufteilung des Abzugsbetrags in einem anderen Verhältnis als je zur Hälfte beantragt oder
   e) im Fall des § 33b Abs. 5 Satz 3 das Elternpaar gemeinsam eine Aufteilung des Pauschbetrags für behinderte Menschen oder des Pauschbetrags für Hinterbliebene in einem anderen Verhältnis als je zur Hälfte beantragt.

[2]Die Veranlagungspflicht besteht für jeden Elternteil, der Einkünfte aus nichtselbständiger Arbeit bezogen hat;

5. wenn bei einem Steuerpflichtigen die Lohnsteuer für einen sonstigen Bezug im Sinne des § 34 Abs. 1 und 2 Nr. 2 und 4 nach § 39b Abs. 3 Satz 9 oder für einen sonstigen Bezug nach § 39c Abs. 5 ermittelt wurde;

5a. wenn der Arbeitgeber die Lohnsteuer von einem sonstigen Bezug berechnet hat und dabei der Arbeitslohn aus früheren Dienstverhältnissen des Kalenderjahres außer Betracht geblieben ist (§ 39b Abs. 3 Satz 2, § 41 Abs. 1 Satz 6, Großbuchstabe S);

6. wenn die Ehe des Arbeitnehmers im Veranlagungszeitraum durch Tod, Scheidung oder Aufhebung aufgelöst worden ist und er oder sein Ehegatte der aufgelösten Ehe im Veranlagungszeitraum wieder geheiratet hat;

7. wenn
   a) für einen unbeschränkt Steuerpflichtigen im Sinne des § 1 Absatz 1 bei der Bildung der Lohnsteuerabzugsmerkmale (§ 39) ein Ehegatte im Sinne des § 1a Absatz 1 Nummer 2 berücksichtigt worden ist oder
   b) für einen Steuerpflichtigen, der zum Personenkreis des § 1 Absatz 3 oder des § 1a gehört, Lohnsteuerabzugsmerkmale nach § 39 Absatz 2 gebildet worden sind; das nach § 39 Absatz 2 Satz 2 bis 4 zuständige Betriebsstättenfinanzamt ist dann auch für die Veranlagung zuständig;

8. wenn die Veranlagung beantragt wird, insbesondere zur Anrechnung von Lohnsteuer auf die Einkommensteuer. ²Der Antrag ist durch Abgabe einer Einkommensteuererklärung zu stellen.

(3) ¹In den Fällen des Absatzes 2 ist ein Betrag in Höhe der einkommensteuerpflichtigen Einkünfte, von denen der Steuerabzug vom Arbeitslohn nicht vorgenommen worden ist und die nicht nach § 32d Absatz 6 der tariflichen Einkommensteuer unterworfen wurden, vom Einkommen abzuziehen, wenn diese Einkünfte insgesamt nicht mehr als 410 Euro betragen. ²Der Betrag nach Satz 1 vermindert sich um den Altersentlastungsbetrag, soweit dieser den unter Verwendung des nach § 24a Satz 5 maßgebenden Prozentsatzes ermittelten Anteil des Arbeitslohns mit Ausnahme der Versorgungsbezüge im Sinne des § 19 Abs. 2 übersteigt, und um den nach § 13 Abs. 3 zu berücksichtigenden Betrag.

(4) ¹Kommt nach Absatz 2 eine Veranlagung zur Einkommensteuer nicht in Betracht, so gilt die Einkommensteuer, die auf die Einkünfte aus nichtselbständiger Arbeit entfällt, für den Steuerpflichtigen durch den Lohnsteuerabzug als abgegolten, soweit er nicht für zuwenig erhobene Lohnsteuer in Anspruch genommen werden kann. ²§ 42b bleibt unberührt.

(5) Durch Rechtsverordnung kann in den Fällen des Absatzes 2 Nr. 1, in denen die einkommensteuerpflichtigen Einkünfte, von denen der Steuerabzug vom Arbeitslohn nicht vorgenommen worden ist und die nicht nach § 32d Absatz 2 der tariflichen Einkommensteuer unterworfen wurden, den Betrag von 410 Euro übersteigen, die Besteuerung so gemildert werden, dass auf die volle Besteuerung dieser Einkünfte stufenweise übergeleitet wird.

§ 47
(weggefallen)

VII. Steuerabzug bei Bauleistungen

§ 48
Steuerabzug

(1) ¹Erbringt jemand im Inland eine Bauleistung (Leistender) an einen Unternehmer im Sinne des § 2 des Umsatzsteuergesetzes oder an eine juristische Person des öffentlichen Rechts (Leistungsempfänger), ist der Leistungsempfänger verpflichtet, von der Gegenleistung einen Steuerabzug in Höhe von 15 Prozent für Rechnung des Leistenden vorzunehmen. ²Vermietet der Leistungsempfänger Wohnungen, so ist Satz 1 nicht auf Bauleistungen für diese Wohnungen anzuwenden, wenn er nicht mehr als zwei Wohnungen vermietet. ³Bauleistungen sind alle Leistungen, die der Herstellung, Instandsetzung, Instandhaltung, Änderung oder Beseitigung von Bauwerken dienen. ⁴Als Leistender gilt auch derjenige, der über eine Leistung abrechnet, ohne sie erbracht zu haben.

(2) ¹Der Steuerabzug muss nicht vorgenommen werden, wenn der Leistende dem Leistungsempfänger eine im Zeitpunkt der Gegenleistung gültige Freistellungsbescheinigung nach § 48b Abs. 1 Satz 1 vorlegt oder die Gegenleistung im laufenden Kalenderjahr den folgenden Betrag voraussichtlich nicht übersteigen wird:

1. 15 000 Euro, wenn der Leistungsempfänger ausschließlich steuerfreie Umsätze nach § 4 Nr. 12 Satz 1 des Umsatzsteuergesetzes ausführt,
2. 5 000 Euro in den übrigen Fällen.

²Für die Ermittlung des Betrags sind die für denselben Leistungsempfänger erbrachten und voraussichtlich zu erbringenden Bauleistungen zusammenzurechnen.

(3) Gegenleistung im Sinne des Absatzes 1 ist das Entgelt zuzüglich Umsatzsteuer.

(4) Wenn der Leistungsempfänger den Steuerabzugsbetrag angemeldet und abgeführt hat,
1. ist § 160 Abs. 1 Satz 1 der Abgabenordnung nicht anzuwenden,
2. sind § 42d Abs. 6 und 8 und § 50a Abs. 7 nicht anzuwenden.

§ 48a
Verfahren

(1) ¹Der Leistungsempfänger hat bis zum 10. Tag nach Ablauf des Monats, in dem die Gegenleistung im Sinne des § 48 erbracht wird, eine Anmeldung nach amtlich vorgeschriebenem Vordruck abzugeben, in der er den Steuerabzug für den Anmeldungszeitraum selbst zu berechnen hat. ²Der Abzugsbetrag ist am 10. Tag nach Ablauf des Anmeldungszeitraums fällig und an das für den Leistenden zuständige Finanzamt für Rechnung des Leistenden abzuführen. ³Die Anmeldung des Abzugsbetrages steht einer Steueranmeldung gleich.

(2) Der Leistungsempfänger hat mit dem Leistenden unter Angabe
1. des Namens und der Anschrift des Leistenden,

2. des Rechnungsbetrages, des Rechnungsdatums und des Zahlungstags,
3. der Höhe des Steuerabzugs und
4. des Finanzamts, bei dem der Abzugsbetrag angemeldet worden ist,

über den Steuerabzug abzurechnen.

(3) [1]Der Leistungsempfänger haftet für einen nicht oder zu niedrig abgeführten Abzugsbetrag. [2]Der Leistungsempfänger haftet nicht, wenn ihm im Zeitpunkt der Gegenleistung eine Freistellungsbescheinigung (§ 48b) vorgelegen hat, auf deren Rechtmäßigkeit er vertrauen konnte. [3]Er darf insbesondere dann nicht auf eine Freistellungsbescheinigung vertrauen, wenn diese durch unlautere Mittel oder durch falsche Angaben erwirkt wurde und ihm dies bekannt oder infolge grober Fahrlässigkeit nicht bekannt war. [4]Den Haftungsbescheid erlässt das für den Leistungsempfänger zuständige Finanzamt.

(4) § 50b gilt entsprechend.

§ 48b
Freistellungsbescheinigung

(1) [1]Auf Antrag des Leistenden hat das für ihn zuständige Finanzamt, wenn der zu sichernde Steueranspruch nicht gefährdet erscheint und ein inländischer Empfangsbevollmächtigter bestellt ist, eine Bescheinigung nach amtlich vorgeschriebenen Vordruck zu erteilen, die den Leistungsempfänger von der Pflicht zum Steuerabzug befreit. [2]Eine Gefährdung kommt insbesondere dann in Betracht, wenn der Leistende
1. Anzeigepflichten nach § 138 der Abgabenordnung nicht erfüllt,
2. seiner Auskunfts- und Mitwirkungspflicht nach § 90 der Abgabenordnung nicht nachkommt,
3. den Nachweis der steuerlichen Ansässigkeit durch Bescheinigung der zuständigen ausländischen Steuerbehörde nicht erbringt.

(2) Eine Bescheinigung soll erteilt werden, wenn der Leistende glaubhaft macht, dass keine zu sichernden Steueransprüche bestehen.

(3) In der Bescheinigung sind anzugeben:
1. Name, Anschrift und Steuernummer des Leistenden,
2. Geltungsdauer der Bescheinigung,
3. Umfang der Freistellung sowie der Leistungsempfänger, wenn sie nur für bestimmte Bauleistungen gilt,
4. das ausstellende Finanzamt.

(4) Wird eine Freistellungsbescheinigung aufgehoben, die nur für bestimmte Bauleistungen gilt, ist dies den betroffenen Leistungsempfängern mitzuteilen.

(5) Wenn eine Freistellungsbescheinigung vorliegt, gilt § 48 Abs. 4 entsprechend.

(6) [1]Das Bundeszentralamt für Steuern erteilt dem Leistungsempfänger im Sinne des § 48 Abs. 1 Satz 1 im Wege einer elektronischen Abfrage Auskunft über die beim Bundeszentralamt für Steuern gespeicherten Freistellungsbescheinigungen. [2]Mit dem Antrag auf die Erteilung einer Freistellungsbescheinigung stimmt der Antragsteller zu, dass seine Daten nach § 48b Abs. 3 beim Bundeszentralamt für Steuern gespeichert werden und dass über die gespeicherten Daten an die Leistungsempfänger Auskunft gegeben wird.

§ 48c
Anrechnung

(1) [1]Soweit der Abzugsbetrag einbehalten und angemeldet worden ist, wird er auf vom Leistenden zu entrichtende Steuern nacheinander wie folgt angerechnet:
1. die nach § 41a Abs. 1 einbehaltene und angemeldete Lohnsteuer,
2. die Vorauszahlungen auf die Einkommen- oder Körperschaftsteuer,
3. die Einkommen- oder Körperschaftsteuer des Besteuerungs- oder Veranlagungszeitraums, in dem die Leistung erbracht worden ist, und
4. die vom Leistenden im Sinne der §§ 48, 48a anzumeldenden und abzuführenden Abzugsbeträge.

[2]Die Anrechnung nach Satz 1 Nummer 2 kann nur für Vorauszahlungszeiträume innerhalb des Besteuerungs- oder Veranlagungszeitraums erfolgen, in dem die Leistung erbracht worden ist. [3]Die Anrechnung nach Satz 1 Nummer 2 darf nicht zu einer Erstattung führen.

(2) [1]Auf Antrag des Leistenden erstattet das nach § 20a Abs. 1 der Abgabenordnung zuständige Finanzamt den Abzugsbetrag. [2]Die Erstattung setzt voraus, dass der Leistende nicht zur Abgabe von Lohnsteueranmeldungen verpflichtet ist und eine Veranlagung zur Einkommen- oder Körperschaftsteuer nicht in Betracht kommt oder der Leistende glaubhaft macht, dass im Veranlagungszeitraum keine zu sichernden Steueransprüche entstehen werden. [3]Der Antrag ist nach amtlich vorgeschriebenen Muster bis zum Ablauf des zweiten Kalenderjahres zu stellen, das auf das Jahr folgt, in dem der Abzugsbetrag angemeldet worden ist; weitergehende Fristen nach einem Abkommen zur Vermeidung der Doppelbesteuerung bleiben unberührt.

(3) Das Finanzamt kann die Anrechnung ablehnen, soweit der angemeldete Abzugsbetrag nicht abgeführt worden ist und Anlass zu der Annahme besteht, dass ein Missbrauch vorliegt.

§ 48d
Besonderheiten im Fall von Doppelbesteuerungsabkommen

(1) [1]Können Einkünfte, die dem Steuerabzug nach § 48 unterliegen, nach einem Abkommen zur Vermeidung der Doppelbesteuerung nicht besteuert werden, so sind die Vorschriften über die Einbehaltung, Abführung und Anmeldung der Steuer durch den Schuldner der Gegenleistung ungeachtet des Abkommens anzuwenden. [2]Unberührt bleibt der Anspruch des Gläubigers der Gegenleistung auf Erstattung der einbehaltenen und abgeführten Steuer. [3]Der Anspruch ist durch Antrag nach § 48c Absatz 2 geltend zu machen. [4]Der Gläubiger der Gegenleistung hat durch eine Bestätigung der für ihn zuständigen Steuerbehörde des anderen Staates nachzuweisen, dass er dort ansässig ist. [5]§ 48b gilt entsprechend. [6]Der Leistungsempfänger kann sich im

Haftungsverfahren nicht auf die Rechte des Gläubigers aus dem Abkommen berufen.

(2) Unbeschadet des § 5 Abs. 1 Nr. 2 des Finanzverwaltungsgesetzes liegt die Zuständigkeit für Entlastungsmaßnahmen nach Absatz 1 bei dem nach 20a der Abgabenordnung zuständigen Finanzamt.

VIII. Besteuerung beschränkt Steuerpflichtiger

§ 49
Beschränkt steuerpflichtige Einkünfte

(1) Inländische Einkünfte im Sinne der beschränkten Einkommensteuerpflicht (§ 1 Abs. 4) sind

1. Einkünfte aus einer im Inland betriebenen Land- und Forstwirtschaft (§§ 13, 14);
2. ¹Einkünfte aus Gewerbebetrieb (§§ 15 bis 17)
    a) für den im Inland eine Betriebsstätte unterhalten wird oder ein ständiger Vertreter bestellt ist,
    b) die durch den Betrieb eigener oder gecharterter Seeschiffe oder Luftfahrzeuge aus Beförderungen zwischen inländischen und von inländischen zu ausländischen Häfen erzielt werden, einschließlich der Einkünfte aus anderen mit solchen Beförderungen zusammenhängenden, sich auf das Inland erstreckenden Beförderungsleistungen,
    c) die von einem Unternehmen im Rahmen einer internationalen Betriebsgemeinschaft oder eines Pool-Abkommens, bei denen ein Unternehmen mit Sitz oder Geschäftsleitung im Inland die Beförderung durchführt, aus Beförderungen und Beförderungsleistungen nach Buchstabe b erzielt werden,
    d) die, soweit sie nicht zu den Einkünften im Sinne der Nummern 3 und 4 gehören, durch im Inland ausgeübte oder verwertete künstlerische, sportliche, artistische, unterhaltende oder ähnliche Darbietungen erzielt werden, einschließlich der Einkünfte aus anderen mit diesen Leistungen zusammenhängenden Leistungen, unabhängig davon, wem die Einnahmen zufließen,
    e) die unter den Voraussetzungen des § 17 erzielt werden, wenn es sich um Anteile an einer Kapitalgesellschaft handelt,
        aa) die ihren Sitz oder ihre Geschäftsleitung im Inland hat oder
        bb) bei deren Erwerb auf Grund eines Antrags nach § 13 Abs. 2 oder § 21 Abs. 2 Satz 3 Nr. 2 des Umwandlungssteuergesetzes¹⁾ nicht der gemeine Wert der eingebrachten Anteile angesetzt worden ist oder auf die § 17 Abs. 5 Satz 2 anzuwenden war,
    f) die, soweit sie nicht zu den Einkünften im Sinne des Buchstaben a gehören, durch
        aa) Vermietung und Verpachtung oder
        bb) Veräußerung

    von inländischem unbeweglichem Vermögen, von Sachinbegriffen oder Rechten, die im Inland belegen oder in ein inländisches öffentliches Buch oder Register eingetragen sind oder deren Verwertung in einer inländischen Betriebsstätte oder anderen Einrichtung erfolgt, erzielt werden. ³Als Einkünfte aus Gewerbebetrieb gelten auch die Einkünfte aus Tätigkeiten im Sinne dieses Buchstabens, die von einer Körperschaft im Sinne des § 2 Nr. 1 des Körperschaftsteuergesetzes erzielt werden, die mit einer Kapitalgesellschaft oder sonstigen juristischen Person im Sinne des § 1 Abs. 1 Nr. 1 bis 3 des Körperschaftsteuergesetzes vergleichbar ist oder
    g) die aus der Verschaffung der Gelegenheit erzielt werden, einen Berufssportler als solchen im Inland vertraglich zu verpflichten; dies gilt nur, wenn die Gesamteinnahmen 10 000 Euro übersteigen;
3. Einkünfte aus selbständiger Arbeit (§ 18), die im Inland ausgeübt oder verwertet wird oder worden ist oder für die im Inland eine feste Einrichtung oder eine Betriebsstätte unterhalten wird;
4. Einkünfte aus nichtselbständiger Arbeit (§ 19), die
    a) im Inland ausgeübt oder verwertet wird oder worden ist,
    b) aus inländischen öffentlichen Kassen einschließlich der Kassen des Bundeseisenbahnvermögens und der Deutschen Bundesbank mit Rücksicht auf ein gegenwärtiges oder früheres Dienstverhältnis gewährt werden, ohne dass ein Zahlungsanspruch gegenüber der inländischen öffentlichen Kasse bestehen muss,
    c) als Vergütung für eine Tätigkeit als Geschäftsführer, Prokurist oder Vorstandsmitglied einer Gesellschaft mit Geschäftsleitung im Inland bezogen werden,
    d) als Entschädigung im Sinne des § 24 Nr. 1 für die Auflösung eines Dienstverhältnisses gezahlt werden, soweit die für die zuvor ausgeübte Tätigkeit bezogenen Einkünfte der inländischen Besteuerung unterlegen haben,
    e) an Bord eines im internationalen Luftverkehr eingesetzten Luftfahrzeugs ausgeübt wird, das von einem Unternehmen mit Geschäftsleitung im Inland betrieben wird;
5. Einkünfte aus Kapitalvermögen im Sinne des
    a) § 20 Abs. 1 Nr. 1 mit Ausnahme der Erträge aus Investmentanteilen im Sinne des § 2 des Investmentsteuergesetzes²⁾, Nr. 2, 4, 6 und 9, wenn der Schuldner Wohnsitz, Geschäftsleitung oder Sitz im Inland hat oder wenn es

---
1) Siehe Anhang 4.
2) Siehe Anhang 11.

sich um Fälle des § 44 Abs. 1 Satz 4 Nr. 1 Buchstabe a Doppelbuchstabe bb dieses Gesetzes handelt; dies gilt auch für Erträge aus Wandelanleihen und Gewinnobligationen,

b) § 20 Abs. 1 Nr. 1 in Verbindung mit den §§ 2 und 7 des Investmentsteuergesetzes[1)]

   aa) bei Erträgen im Sinne des § 7 Abs. 3 des Investmentsteuergesetzes,[2)]

   bb) bei Erträgen im Sinne des § 7 Abs. 1, 2 und 4 des Investmentsteuergesetzes,[3)] wenn es sich um Fälle des § 44 Abs. 1 Satz 4 Nr. 1 Buchstabe a Doppelbuchstabe bb dieses Gesetzes handelt.

c) § 20 Abs. 1 Nr. 5 und 7, wenn

   aa) das Kapitalvermögen durch inländischen Grundbesitz, durch inländische Rechte, die den Vorschriften des bürgerlichen Rechts über Grundstücke unterliegen, oder durch Schiffe, die in ein inländisches Schiffsregister eingetragen sind, unmittelbar oder mittelbar gesichert ist. ²Ausgenommen sind Zinsen aus Anleihen und Forderungen, die in ein öffentliches Schuldbuch eingetragen oder über die Sammelurkunden im Sinne des § 9a des Depotgesetzes oder Teilschuldverschreibungen ausgegeben sind, oder

   bb) das Kapitalvermögen aus Genussrechten besteht, die nicht in § 20 Abs. 1 Nr. 1 genannt sind,

d) § 43 Abs. 1 Satz 1 Nr. 7 Buchstabe a, Nr. 9 und 10 sowie Satz 2, wenn sie von einem Schuldner oder von einem inländischen Kreditinstitut oder einem inländischen Finanzdienstleistungsinstitut im Sinne des § 43 Abs. 1 Satz 1 Nr. 7 Buchstabe b einem anderen als einem ausländischen Kreditinstitut oder einem ausländischen Finanzdienstleistungsinstitut

   aa) gegen Aushändigung der Zinsscheine ausgezahlt oder gutgeschrieben werden und die Teilschuldverschreibungen nicht von dem Schuldner, dem inländischen Kreditinstitut oder dem inländischen Finanzdienstleistungsinstitut verwahrt werden oder

   bb) gegen Übergabe der Wertpapiere ausgezahlt oder gutgeschrieben werden und diese vom Kreditinstitut weder verwahrt noch verwaltet werden.

²§ 20 Abs. 3 gilt entsprechend.

6. Einkünfte aus Vermietung und Verpachtung (§ 21), soweit sie nicht zu den Einkünften im Sinne der Nummern 1 bis 5 gehören, wenn das unbewegliche Vermögen, die Sachinbegriffe oder Rechte im Inland belegen oder in ein inländisches öffentliches Buch oder Register eingetragen sind oder in einer inländischen Betriebsstätte oder in einer anderen Einrichtung verwertet werden;

7. sonstige Einkünfte im Sinne des § 22 Nr. 1 Satz 3 Buchstabe a, die von den inländischen gesetzlichen Rentenversicherungsträgern, der inländischen landwirtschaftlichen Alterskasse, den inländischen berufsständischen Versorgungseinrichtungen, den inländischen Versicherungsunternehmen oder sonstigen inländischen Zahlstellen gewährt werden; dies gilt entsprechend für Leibrenten und andere Leistungen ausländischer Zahlstellen, wenn die Beiträge, die den Leistungen zugrunde liegen, nach § 10 Absatz 1 Nummer 2 ganz oder teilweise bei der Ermittlung der Sonderausgaben berücksichtigt wurden;

8. sonstige Einkünfte im Sinne des § 22 Nr. 2, soweit es sich um private Veräußerungsgeschäfte handelt, mit

   a) inländischen Grundstücken oder

   b) inländischen Rechten, die den Vorschriften des bürgerlichen Rechts über Grundstücke unterliegen;

8a. sonstige Einkünfte im Sinne des § 22 Nr. 4;

9. sonstige Einkünfte im Sinne des § 22 Nr. 3, auch wenn sie bei Anwendung dieser Vorschrift einer anderen Einkunftsart zuzurechnen wären, soweit es sich um Einkünfte aus inländischen unterhaltenden Darbietungen, aus der Nutzung beweglicher Sachen im Inland oder aus der Überlassung der Nutzung oder des Rechts auf Nutzung von gewerblichen, technischen, wissenschaftlichen und ähnlichen Erfahrungen, Kenntnissen und Fertigkeiten, zum Beispiel Plänen, Mustern und Verfahren, handelt, die im Inland genutzt werden oder worden sind; dies gilt nicht, soweit es sich um steuerpflichtige Einkünfte im Sinne der Nummern 1 bis 8 handelt;

10. sonstige Einkünfte im Sinne des § 22 Nummer 5; dies gilt auch für Leistungen ausländischer Zahlstellen, soweit die Leistungen bei einem unbeschränkt Steuerpflichtigen zu Einkünften nach § 22 Nummer 5 Satz 1 führen würden oder wenn die Beiträge, die den Leistungen zugrunde liegen, nach § 10 Absatz 1 Nummer 2 ganz oder teilweise bei der Ermittlung der Sonderausgaben berücksichtigt wurden.

(2) Im Ausland gegebene Besteuerungsmerkmale bleiben außer Betracht, soweit bei ihrer Berücksichtigung inländische Einkünfte im Sinne des Absatzes 1 nicht angenommen werden könnten.

(3) ¹Bei Schifffahrt- und Luftfahrtunternehmen sind die Einkünfte im Sinne des Absatzes 1 Nr. 2 Buchstabe b mit 5 Prozent der für diese Beförderungsleistungen vereinbarten Entgelte anzusetzen. ²Das gilt auch, wenn solche Einkünfte durch eine inländische Betriebsstätte oder einen inländischen ständigen Vertreter erzielt werden (Absatz 1 Nr. 2

---

1) Siehe Anhang 11.
2) Siehe Anhang 11.
3) Siehe Anhang 11.

Buchstabe a). ³Das gilt nicht in den Fällen des Absatzes 1 Nr. 2 Buchstabe c oder soweit das deutsche Besteuerungsrecht nach einem Abkommen zur Vermeidung der Doppelbesteuerung ohne Begrenzung des Steuersatzes aufrechterhalten bleibt.

(4) ¹Abweichend von Absatz 1 Nr. 2 sind Einkünfte steuerfrei, die ein beschränkt Steuerpflichtiger mit Wohnsitz oder gewöhnlichem Aufenthalt in einem ausländischen Staat durch den Betrieb eigener oder gecharterter Schiffe oder Luftfahrzeuge aus einem Unternehmen bezieht, dessen Geschäftsleitung sich in dem ausländischen Staat befindet. ²Voraussetzung für die Steuerbefreiung ist, dass dieser ausländische Staat Steuerpflichtigen mit Wohnsitz oder gewöhnlichem Aufenthalt im Geltungsbereich dieses Gesetzes eine entsprechende Steuerbefreiung für derartige Einkünfte gewährt und dass das Bundesministerium für Verkehr, Bau und Stadtentwicklung die Steuerbefreiung nach Satz 1 für verkehrspolitisch unbedenklich erklärt hat.

§ 50
Sondervorschriften für beschränkt Steuerpflichtige

(1) ¹Beschränkt Steuerpflichtige dürfen Betriebsausgaben (§ 4 Abs. 4 bis 8) oder Werbungskosten (§ 9) nur insoweit abziehen, als sie mit inländischen Einkünften in wirtschaftlichem Zusammenhang stehen. ²§ 32a Abs. 1 ist mit der Maßgabe anzuwenden, dass das zu versteuernde Einkommen um den Grundfreibetrag des § 32a Abs. 1 Satz 2 Nr. 1 erhöht wird; dies gilt bei Einkünften nach § 49 Absatz 1 Nummer 4 nur in Höhe des diese Einkünfte abzüglich der nach Satz 3 abzuziehenden Aufwendungen übersteigenden Teils des Grundfreibetrags. ³Die §§ 10, 10a, 10c, 16 Abs. 4, die §§ 24b, 32, 32a Abs. 6, die §§ 33, 33a, 33b und 35a sind nicht anzuwenden. ⁴Hiervon abweichend sind bei Arbeitnehmern, die Einkünfte aus nichtselbständiger Arbeit im Sinne des § 49 Absatz 1 Nummer 4 beziehen, § 10 Absatz 1 Nummer 2 Buchstabe a, Nummer 3 und Absatz 3 sowie § 10c anzuwenden, soweit die Aufwendungen auf die Zeit entfallen, in der Einkünfte im Sinne des § 49 Absatz 1 Nummer 4 erzielt wurden und die Einkünfte nach § 49 Absatz 1 Nummer 4 nicht übersteigen. ⁵Die Jahres- und Monatsbeträge der Pauschalen nach § 9a Satz 1 Nr. 1 und § 10c ermäßigen sich zeitanteilig, wenn Einkünfte im Sinne des § 49 Abs. 1 Nr. 4 nicht während eines vollen Kalenderjahres oder Kalendermonats zugeflossen sind.

(2) ¹Die Einkommensteuer für Einkünfte, die dem Steuerabzug vom Arbeitslohn oder vom Kapitalertrag oder dem Steuerabzug auf Grund des § 50a unterliegen, gilt bei beschränkt Steuerpflichtigen durch den Steuerabzug als abgegolten. ²Satz 1 gilt nicht

1. für Einkünfte eines inländischen Betriebs;
2. wenn nachträglich festgestellt wird, dass die Voraussetzungen der unbeschränkten Einkommensteuerpflicht im Sinne des § 1 Abs. 2 oder Abs. 3 oder des § 1a nicht vorgelegen haben; § 39 Abs. 7 ist sinngemäß anzuwenden;
3. in Fällen des § 2 Abs. 7 Satz 3;
4. für Einkünfte aus nichtselbständiger Arbeit im Sinne des § 49 Abs. 1 Nr. 4,
   a) wenn als Lohnsteuerabzugsmerkmal ein Freibetrag nach § 39a Absatz 4 gebildet worden ist oder
   b) wenn die Veranlagung zur Einkommensteuer beantragt wird (§ 46 Abs. 2 Nr. 8);
5. für Einkünfte im Sinne des § 50a Abs. 1 Nr. 1, 2 und 4, wenn die Veranlagung zur Einkommensteuer beantragt wird.

³In den Fällen des Satzes 2 Nr. 4 erfolgt die Veranlagung durchs das Betriebsstättenfinanzamt, das nach § 39 Absatz 2 Satz 2 oder Satz 4 für die Bildung und die Änderung der Lohnsteuerabzugsmerkmale zuständig ist. ⁴Bei mehreren Betriebsstättenfinanzämtern ist das Betriebsstättenfinanzamt zuständig, in dessen Bezirk der Arbeitnehmer zuletzt beschäftigt war. ⁵Bei Arbeitnehmern mit Steuerklasse VI ist das Betriebsstättenfinanzamt zuständig, in dessen Bezirk der Arbeitnehmer zuletzt unter Anwendung der Steuerklasse I beschäftigt war. ⁶Hat der Arbeitgeber für den Arbeitnehmer keine elektronischen Lohnsteuerabzugsmerkmale (§ 39e Absatz 4 Satz 2) abgerufen und wurde keine Bescheinigung für den Lohnsteuerabzug nach § 39 Absatz 3 Satz 1 oder § 39e Absatz 7 Satz 5 ausgestellt, ist das Betriebsstättenfinanzamt zuständig, in dessen Bezirk der Arbeitnehmer zuletzt beschäftigt war. ⁷Satz 2 Nr. 4 Buchstabe b und Nr. 5 gilt nur für Staatsangehörige eines Mitgliedstaats der Europäischen Union oder eines anderen Staates, auf den das Abkommen über den Europäischen Wirtschaftsraum Anwendung findet, die im Hoheitsgebiet eines dieser Staaten ihren Wohnsitz oder gewöhnlichen Aufenthalt haben.

(3) § 34c Abs. 1 bis 3 ist bei Einkünften aus Land- und Forstwirtschaft, Gewerbebetrieb oder selbständiger Arbeit, für die im Inland ein Betrieb unterhalten wird, entsprechend anzuwenden, soweit darin nicht Einkünfte aus einem ausländischen Staat enthalten sind, mit denen der beschränkt Steuerpflichtige dort in einem der unbeschränkten Steuerpflicht ähnlichen Umfang zu einer Steuer vom Einkommen herangezogen wird.

(4) Die obersten Finanzbehörden der Länder oder die von ihnen beauftragten Finanzbehörden können mit Zustimmung des Bundesministeriums der Finanzen die Einkommensteuer bei beschränkt Steuerpflichtigen ganz oder zum Teil erlassen oder in einem Pauschbetrag festsetzen, wenn dies im besonderen öffentlichen Interesse liegt; ein besonderes öffentliches Interesse besteht insbesondere

1. an der inländischen Veranstaltung international bedeutsamer kultureller und sportlicher Ereignisse, wenn deren Ausrichtung ein internationaler Wettbewerb stattfindet, oder
2. am inländischen Auftritt einer ausländischen Kulturvereinigung, wenn ihr Auftritt wesentlich aus öffentlichen Mitteln gefördert wird.

§ 50a
Steuerabzug bei beschränkt Steuerpflichtigen

(1) Die Einkommensteuer wird bei beschränkt Steuerpflichtigen im Wege des Steuerabzugs erhoben

1. bei Einkünften, die durch im Inland ausgeübte künstlerische, sportliche, artistische, unterhal-

tende oder ähnliche Darbietungen erzielt werden, einschließlich der Einkünfte aus anderen mit diesen Leistungen zusammenhängenden Leistungen, unabhängig davon, wem die Einkünfte zufließen (§ 49 Abs. 1 Nr. 2 bis 4 und 9), es sei denn, es handelt sich um Einkünfte aus nichtselbständiger Arbeit, die bereits dem Steuerabzug vom Arbeitslohn nach § 38 Abs. 1 Satz 1 Nr. 1 unterliegen,

2. bei Einkünften aus der inländischen Verwertung von Darbietungen im Sinne der Nummer 1 (§ 49 Abs. 1 Nr. 2 bis 4 und 6),

3. bei Einkünften, die aus Vergütungen für die Überlassung der Nutzung oder des Rechts auf Nutzung von Rechten, insbesondere von Urheberrechten und gewerblichen Schutzrechten, von gewerblichen, technischen, wissenschaftlichen und ähnlichen Erfahrungen, Kenntnissen und Fertigkeiten, zum Beispiel Plänen, Mustern und Verfahren, herrühren, sowie bei Einkünften, die aus der Verschaffung der Gelegenheit erzielt werden, einen Berufssportler über einen begrenzten Zeitraum vertraglich zu verpflichten (§ 49 Abs. 1 Nr. 2, 3, 6 und 9),

4. bei Einkünften, die Mitgliedern des Aufsichtsrats, Verwaltungsrats, Grubenvorstands oder anderen mit der Überwachung der Geschäftsführung von Körperschaften, Personenvereinigungen und Vermögensmassen im Sinne des § 1 des Körperschaftsteuergesetzes beauftragten Personen sowie von anderen inländischen Personenvereinigungen des privaten und öffentlichen Rechts, bei denen die Gesellschafter nicht als Unternehmer (Mitunternehmer) anzusehen sind, für die Überwachung der Geschäftsführung gewährt werden (§ 49 Abs. 1 Nr. 3).

(2) [1]Der Steuerabzug beträgt 15 Prozent, in den Fällen des Absatzes 1 Nr. 4 beträgt er 30 Prozent der gesamten Einnahmen. [2]Vom Schuldner der Vergütung ersetzte oder übernommene Reisekosten gehören nur insoweit zu den Einnahmen, als die Fahrt- und Übernachtungsauslagen die tatsächlichen Kosten und die Vergütungen für Verpflegungsmehraufwand die Pauschbeträge nach § 4 Abs. 5 Satz 1 Nr. 5 übersteigen. [3]Bei Einkünften im Sinne des Absatzes 1 Nr. 1 wird ein Steuerabzug nicht erhoben, wenn die Einnahmen je Darbietung 250 Euro nicht übersteigen.

(3) [1]Der Schuldner der Vergütung kann von den Einnahmen in den Fällen des Absatzes 1 Nr. 1, 2 und 4 mit ihnen in unmittelbarem wirtschaftlichem Zusammenhang stehende Betriebsausgaben oder Werbungskosten abziehen, die ihm ein beschränkt Steuerpflichtiger in einer für das Bundeszentralamt für Steuern nachprüfbaren Form nachgewiesen hat oder die vom Schuldner der Vergütung übernommen worden sind. [2]Das gilt nur, wenn der beschränkt Steuerpflichtige Staatsangehöriger eines Mitgliedstaats der Europäischen Union oder eines anderen Staates ist, auf das Abkommen über den Europäischen Wirtschaftsraum Anwendung findet, und im Hoheitsgebiet eines dieser Staaten seinen Wohnsitz oder gewöhnlichen Aufenthalt hat. [3]Es gilt entsprechend bei einer beschränkt steuerpflichtigen Körperschaft, Personenvereinigung oder Vermögensmasse im Sinne des § 32 Abs. 4 des Körperschaftsteuergesetzes. [4]In diesen Fällen beträgt der Steuerabzug von den nach Abzug der Betriebsausgaben oder Werbungskosten verbleibenden Einnahmen (Nettoeinnahmen), wenn

1. Gläubiger der Vergütung eine natürliche Person ist, 30 Prozent,

2. Gläubiger der Vergütung eine Körperschaft, Personenvereinigung oder Vermögensmasse ist, 15 Prozent.

(4) [1]Hat der Gläubiger einer Vergütung seinerseits Steuern für Rechnung eines anderen beschränkt steuerpflichtigen Gläubigers einzubehalten (zweite Stufe), kann er vom Steuerabzug absehen, wenn seine Einnahmen bereits dem Steuerabzug nach Absatz 2 unterlegen haben. [2]Wenn der Schuldner der Vergütung auf zweiter Stufe Betriebsausgaben oder Werbungskosten nach Absatz 3 geltend macht, die Veranlagung nach § 50 Abs. 2 Satz 2 Nr. 5 beantragt oder die Erstattung der Abzugsteuer nach § 50d Abs. 1 oder einer anderen Vorschrift beantragt, hat er die sich nach Absatz 2 oder Absatz 3 ergebende Steuer zu diesem Zeitpunkt zu entrichten; Absatz 5 gilt entsprechend.

(5) [1]Die Steuer entsteht in dem Zeitpunkt, in dem die Vergütung dem Gläubiger zufließt. [2]In diesem Zeitpunkt hat der Schuldner der Vergütung den Steuerabzug für Rechnung des Gläubigers (Steuerschuldner) vorzunehmen. [3]Er hat die innerhalb eines Kalendervierteljahres einbehaltene Steuer jeweils bis zum zehnten des dem Kalendervierteljahr folgenden Monats an das Bundeszentralamt für Steuern abzuführen. [4]Der Schuldner der Vergütung haftet für die Einbehaltung und Abführung der Steuer. [5]Der Steuerschuldner kann in Anspruch genommen werden, wenn der Schuldner der Vergütung den Steuerabzug nicht vorschriftsmäßig vorgenommen hat. [6]Der Schuldner der Vergütung ist verpflichtet, dem Gläubiger auf Verlangen die folgenden Angaben nach amtlich vorgeschriebenem Muster zu bescheinigen:

1. den Namen und die Anschrift des Gläubigers,
2. die Art der Tätigkeit und Höhe der Vergütung in Euro
3. den Zahlungstag,
4. den Betrag der einbehaltenen und abgeführten Steuer nach Absatz 2 oder Absatz 3.

(6) Die Bundesregierung kann durch Rechtsverordnung mit Zustimmung des Bundesrates bestimmen, dass bei Vergütungen für die Nutzung oder das Recht auf Nutzung von Urheberrechten (Absatz 1 Nr. 3), die nicht unmittelbar an den Gläubiger, sondern an einen Beauftragten geleistet werden, anstelle des Schuldners der Vergütung der Beauftragte die Steuer einzubehalten und abzuführen hat und für die Einbehaltung und Abführung haftet.

(7) [1]Das Finanzamt des Vergütungsgläubigers kann anordnen, dass der Schuldner der Vergütung für Rechnung des Gläubigers (Steuerschuldner) die Einkommensteuer von beschränkt steuerpflichtigen Einkünften, soweit diese nicht bereits dem Steuerabzug unterliegen, im Wege des Steuerabzugs einzubehalten und abzuführen hat, wenn dies zur Si-

cherung des Steueranspruchs zweckmäßig ist. ²Der Steuerabzug beträgt 25 Prozent der gesamten Einnahmen, bei Körperschaften, Personenvereinigungen oder Vermögensmassen 15 Prozent der gesamten Einnahmen; das Finanzamt kann die Höhe des Steuerabzugs hiervon abweichend an die voraussichtlich geschuldete Steuer anpassen. ³Absatz 5 gilt entsprechend mit der Maßgabe, dass die Steuer bei dem Finanzamt anzumelden und abzuführen ist, das den Steuerabzug angeordnet hat; das Finanzamt kann anordnen, dass die innerhalb eines Monats einbehaltene Steuer jeweils bis zum zehnten des Folgemonats anzumelden und abzuführen ist. ⁴§ 50 Abs. 2 Satz 1 ist nicht anzuwenden.

IX. Sonstige Vorschriften, Bußgeld-, Ermächtigungs- und Schlussvorschriften

§ 50b
Prüfungsrecht

¹Die Finanzbehörden sind berechtigt, Verhältnisse, die für die Anrechnung oder Vergütung von Körperschaftsteuer, für die Anrechnung oder Erstattung von Kapitalertragsteuer, für die Nichtvornahme des Steuerabzugs, für die Ausstellung der Jahresbescheinigung nach § 24c oder für die Mitteilungen an das Bundeszentralamt für Steuern nach § 45e von Bedeutung sind oder der Aufklärung bedürfen, bei den am Verfahren Beteiligten zu prüfen. ²Die §§ 193 bis 203 der Abgabenordnung gelten sinngemäß.

§ 50c
Wertminderung von Anteilen
durch Gewinnausschüttungen

(weggefallen)

§ 50d
Besonderheiten im Fall von
Doppelbesteuerungsabkommen und der
§§ 43b und 50g

(1) ¹Können Einkünfte, die dem Steuerabzug vom Kapitalertrag oder dem Steuerabzug auf Grund des § 50a unterliegen, nach den §§ 43b, 50g oder nach einem Abkommen zur Vermeidung der Doppelbesteuerung nicht oder nur nach einem niedrigeren Steuersatz besteuert werden, so sind die Vorschriften über die Einbehaltung, Abführung und Anmeldung der Steuer ungeachtet der §§ 43b und 50g und des Abkommens anzuwenden. ²Unberührt bleibt der Anspruch des Gläubigers der Kapitalerträge oder Vergütungen auf völlige oder teilweise Erstattung der einbehaltenen und abgeführten oder der auf Grund Haftungsbescheid oder Nachforderungsbescheid entrichteten Steuer. ³Die Erstattung erfolgt auf Antrag des Gläubigers der Kapitalerträge oder Vergütungen auf der Grundlage eines Freistellungsbescheids; der Antrag ist nach amtlich vorgeschriebenem Vordruck bei dem Bundeszentralamt für Steuern zu stellen. ⁴Dem Vordruck ist in den Fällen des § 43 Absatz 1 Satz 1 Nummer 1a eine Bescheinigung nach § 45a Absatz 2 beizufügen. ⁵Der zu erstattende Betrag wird nach Bekanntgabe der Freistellungsbescheids ausgezahlt. ⁶Hat der Gläubiger der Vergütungen im Sinne des § 50a nach § 50a Abs. 5 Steuern für Rechnung beschränkt steuerpflichtiger Gläubiger einzubehalten, kann die Auszahlung des Erstattungsanspruchs davon abhängig gemacht werden, dass er die Zahlung der von ihm einzubehaltenden Steuer nachweist, hierfür Sicherheit leistet oder unwiderruflich die Zustimmung zur Verrechnung seines Erstattungsanspruchs mit seiner Steuerzahlungsschuld erklärt. ⁷Das Bundeszentralamt für Steuern kann zulassen, dass Anträge auf maschinell verwertbaren Datenträgern gestellt werden. ⁸Der Antragsteller hat in den Fällen des § 43 Absatz 1 Satz 1 Nummer 1a zu versichern, dass ihm eine Bescheinigung im Sinne des § 45a Absatz 2 vorliegt oder, soweit er selbst die Kapitalerträge als auszahlende Stelle dem Steuerabzug unterworfen hat, nicht ausgestellt wurde; er hat die Bescheinigung zehn Jahre nach Antragstellung aufzubewahren. ⁹Die Frist für den Antrag auf Erstattung beträgt vier Jahre nach Ablauf des Kalenderjahres, in dem die Kapitalerträge oder Vergütungen bezogen worden sind. ¹⁰Die Frist nach Satz 9 endet nicht vor Ablauf von sechs Monaten nach dem Zeitpunkt der Entrichtung der Steuer. ¹¹Ist der Gläubiger der Kapitalerträge oder Vergütungen eine Person, der die Kapitalerträge oder Vergütungen nach diesem Gesetz oder nach dem Steuerrecht des anderen Vertragsstaats nicht zugerechnet werden, steht der Anspruch auf völlige oder teilweise Erstattung des Steuerabzugs vom Kapitalertrag oder nach § 50a auf Grund eines Abkommens zur Vermeidung der Doppelbesteuerung nur der Person zu, der die Kapitalerträge oder Vergütungen nach den Steuergesetzen des anderen Vertragsstaats als Einkünfte oder Gewinne einer ansässigen Person zugerechnet werden. ¹²Für die Erstattung der Kapitalertragsteuer gilt § 45 entsprechend. ¹³Der Schuldner der Kapitalerträge oder Vergütungen kann sich vorbehaltlich des Absatzes 2 nicht auf die Rechte des Gläubigers aus dem Abkommen berufen.

(1a) ¹Der nach Absatz 1 in Verbindung mit § 50g zu erstattende Betrag ist zu verzinsen. ²Der Zinslauf beginnt zwölf Monate nach Ablauf des Monats, in dem der Antrag auf Erstattung und alle für die Entscheidung erforderlichen Nachweise vorliegen, frühestens am Tag der Entrichtung der Steuer durch den Schuldner der Kapitalerträge oder Vergütungen. ³Er endet mit Ablauf des Tages, an dem der Freistellungsbescheid wirksam wird. ⁴Wird der Freistellungsbescheid aufgehoben, geändert oder nach § 129 der Abgabenordnung berichtigt, ist eine bisherige Zinsfestsetzung zu ändern. ⁵§ 233a Abs. 5 der Abgabenordnung gilt sinngemäß. ⁶Für die Höhe und Berechnung der Zinsen gilt § 238 der Abgabenordnung. ⁷Auf die Festsetzung der Zinsen ist § 239 der Abgabenordnung sinngemäß anzuwenden. ⁸Die Vorschriften dieses Absatzes sind nicht anzuwenden, wenn der Steuerabzug keine abgeltende Wirkung hat (§ 50 Abs. 2).

(2) ¹In den Fällen der §§ 43b, 50a Abs. 1, § 50g kann der Schuldner der Kapitalerträge oder Vergütungen den Steuerabzug nach Maßgabe von § 43b oder § 50g oder des Abkommens unterlassen oder nach einem niedrigeren Steuersatz vornehmen, wenn das Bundeszentralamt für Steuern dem Gläubiger auf Grund eines von ihm nach amtlich vorgeschriebenem Vordruck gestellten Antrags bescheinigt, dass die Voraussetzungen dafür vorliegen (Freistellung im Steuerabzugsverfahren); dies gilt auch bei Ka-

pitalerträgen, die einer nach einem Abkommen zur Vermeidung der Doppelbesteuerung im anderen Vertragsstaat ansässigen Kapitalgesellschaft, die am Nennkapital einer unbeschränkt steuerpflichtigen Kapitalgesellschaft im Sinne des § 1 Abs. 1 Nr. 1 des Körperschaftsteuergesetzes zu mindestens einem Zehntel unmittelbar beteiligt ist und im Staat ihrer Ansässigkeit den Steuern vom Einkommen oder Gewinn unterliegt, ohne davon befreit zu sein, von der unbeschränkt steuerpflichtigen Kapitalgesellschaft zufließen. ²Die Freistellung kann unter dem Vorbehalt des Widerrufs erteilt und von Auflagen oder Bedingungen abhängig gemacht werden. ³Sie kann in den Fällen des § 50a Abs. 1 von der Bedingung abhängig gemacht werden, dass die Erfüllung der Verpflichtungen nach § 50a Abs. 5 nachgewiesen werden, soweit die Vergütungen an andere beschränkt Steuerpflichtige weitergeleitet werden. ⁴Die Geltungsdauer der Bescheinigung nach Satz 1 beginnt frühestens an dem Tag, an dem der Antrag beim Bundeszentralamt für Steuern eingeht; sie beträgt mindestens ein Jahr und darf drei Jahre nicht überschreiten; der Gläubiger der Kapitalerträge oder der Vergütungen ist verpflichtet, den Wegfall der Voraussetzungen für die Freistellung unverzüglich dem Bundeszentralamt für Steuern mitzuteilen. ⁵Voraussetzung für die Abstandnahme vom Steuerabzug ist, dass dem Schuldner der Kapitalerträge oder Vergütungen die Bescheinigung nach Satz 1 vorliegt. ⁶Über den Antrag ist innerhalb von drei Monaten zu entscheiden. ⁷Die Frist beginnt mit der Vorlage aller für die Entscheidung erforderlichen Nachweise. ⁸Bestehende Anmeldeverpflichtungen bleiben unberührt.

(3) ¹Eine ausländische Gesellschaft hat keinen Anspruch auf völlige oder teilweise Entlastung nach Absatz 1 oder Absatz 2, soweit Personen an ihr beteiligt sind, denen die Erstattung oder Freistellung nicht zustände, wenn sie die Einkünfte unmittelbar erzielten, und die von der ausländischen Gesellschaft im betreffenden Wirtschaftsjahr erzielten Bruttoerträge nicht aus eigener Wirtschaftstätigkeit stammen, sowie

1. in Bezug auf diese Erträge für die Einschaltung der ausländischen Gesellschaft wirtschaftliche oder sonst beachtliche Gründe fehlen oder
2. die ausländische Gesellschaft nicht mit einem für ihren Geschäftszweck angemessen eingerichteten Geschäftsbetrieb am allgemeinen wirtschaftlichen Verkehr teilnimmt.

²Maßgebend sind ausschließlich die Verhältnisse der ausländischen Gesellschaft; organisatorische, wirtschaftliche oder sonst beachtliche Merkmale der Unternehmen, die der ausländischen Gesellschaft nahe stehen (§ 1 Abs. 2 des Außensteuergesetzes¹⁾), bleiben außer Betracht. ³An einer eigenen Wirtschaftstätigkeit fehlt es, soweit die ausländische Gesellschaft ihre Bruttoerträge aus der Verwaltung von Wirtschaftsgütern erzielt oder ihre wesentlichen Geschäftstätigkeiten auf Dritte überträgt. ⁴Die Feststellungslast für das Vorliegen wirtschaftlicher oder sonst beachtlicher Gründe im Sinne von Satz 1 Nummer 1 sowie des Geschäftsbetriebs im Sinne von Satz 1 Nummer 2 obliegt der ausländischen Gesellschaft. ⁵Die Sätze 1 bis 3 sind nicht anzuwenden, wenn mit der Hauptgattung der Aktien der ausländischen Gesellschaft ein wesentlicher und regelmäßiger Handel an einer anerkannten Börse stattfindet oder für die ausländische Gesellschaft die Vorschriften des Investmentsteuergesetzes²⁾ gelten.

(4) ¹Der Gläubiger der Kapitalerträge oder Vergütungen im Sinne des § 50a hat nach amtlich vorgeschriebenem Vordruck durch eine Bestätigung der für ihn zuständigen Steuerbehörde des anderen Staates nachzuweisen, dass er dort ansässig ist oder die Voraussetzungen des § 50g Abs. 3 Nr. 5 Buchstabe c erfüllt sind. ²Das Bundesministerium der Finanzen kann im Einvernehmen mit den obersten Finanzbehörden der Länder erleichterte Verfahren oder vereinfachte Nachweise zulassen.

(5) ¹Abweichend von Absatz 2 kann das Bundeszentralamt für Steuern in den Fällen des § 50a Abs. 1 Nr. 3 den Schuldner der Vergütung auf Antrag allgemein ermächtigen, den Steuerabzug zu unterlassen oder nach einem niedrigeren Steuersatz vorzunehmen (Kontrollmeldeverfahren). ²Die Ermächtigung kann in Fällen geringer steuerlicher Bedeutung erteilt und mit Auflagen verbunden werden. ³Einer Bestätigung nach Absatz 4 Satz 1 bedarf es im Kontrollmeldeverfahren nicht. ⁴Inhalt der Auflage kann die Angabe des Namens, des Wohnortes oder des Ortes des Sitzes oder der Geschäftsleitung des Schuldners und des Gläubigers, der Art der Vergütung, des Bruttobetrags und der Zeitpunkte der Zahlungen sowie des einbehaltenen Steuerbetrags sein. ⁵Mit dem Antrag auf Teilnahme am Kontrollmeldeverfahren gilt die Zustimmung des Gläubigers und des Schuldners zur Weiterleitung der Angaben des Schuldners an den Wohnsitz- oder Sitzstaat des Gläubigers als erteilt. ⁶Die Ermächtigung ist als Beleg aufzubewahren. ⁷Absatz 2 Satz 8 gilt entsprechend.

(6) Soweit Absatz 2 nicht anwendbar ist, gilt Absatz 5 auch für Kapitalerträge im Sinne des § 43 Abs. 1 Satz 1 Nr. 1 und 4, wenn sich im Zeitpunkt der Zahlung des Kapitalertrags der Anspruch auf Besteuerung nach einem niedrigeren Steuersatz ohne nähere Ermittlung feststellen lässt.

(7) Werden Einkünfte im Sinne des § 49 Abs. 1 Nr. 4 aus einer Kasse einer juristischen Person des öffentlichen Rechts im Sinne der Vorschrift eines Abkommens zur Vermeidung der Doppelbesteuerung über den öffentlichen Dienst gewährt, so ist diese Vorschrift bei Bestehen eines Dienstverhältnissen mit einer anderen Person in der Weise auszulegen, dass die Vergütungen für der erstgenannten Person geleistete Dienste gezahlt werden, wenn sie ganz oder im Wesentlichen aus öffentlichen Mitteln aufgebracht werden.

(8) ¹Sind Einkünfte eines unbeschränkt Steuerpflichtigen aus nichtselbständiger Arbeit (§ 19) nach einem Abkommen zur Vermeidung der Doppelbesteuerung von der Bemessungsgrundlage der deutschen Steuer auszunehmen, wird die Frei-

---

1) Siehe Anhang 2.
2) Siehe Anhang 11.

stellung bei der Veranlagung ungeachtet des Abkommens nur gewährt, soweit der Steuerpflichtige nachweist, dass der Staat, dem nach dem Abkommen das Besteuerungsrecht zusteht, auf dieses Besteuerungsrecht verzichtet hat oder dass die in diesem Staat auf die Einkünfte festgesetzten Steuern entrichtet wurden. ²Wird ein solcher Nachweis erst geführt, nachdem die Einkünfte in eine Veranlagung zur Einkommensteuer einbezogen wurden, ist der Steuerbescheid insoweit zu ändern. ³§ 175 Abs. 1 Satz 2 der Abgabenordnung ist entsprechend anzuwenden.

(9) ¹Sind Einkünfte eines unbeschränkt Steuerpflichtigen nach einem Abkommen zur Vermeidung der Doppelbesteuerung von der Bemessungsgrundlage der deutschen Steuer auszunehmen, so wird die Freistellung der Einkünfte ungeachtet des Abkommens nicht gewährt, wenn

1. der andere Staat die Bestimmungen des Abkommens so anwendet, dass die Einkünfte in diesem Staat von der Besteuerung auszunehmen sind oder nur zu einem durch das Abkommen begrenzten Steuersatz besteuert werden können, oder
2. die Einkünfte in dem anderen Staat nur deshalb nicht steuerpflichtig sind, weil sie von einer Person bezogen werden, die in diesem Staat nicht auf Grund ihres Wohnsitzes, ständigen Aufenthalts, des Ortes ihrer Geschäftsleitung, des Sitzes oder eines ähnlichen Merkmals unbeschränkt steuerpflichtig ist.

²Nummer 2 gilt nicht für Dividenden, die nach einem Abkommen zur Vermeidung der Doppelbesteuerung von der Bemessungsgrundlage der deutschen Steuer auszunehmen sind, es sei denn, die Dividenden sind bei der Ermittlung des Gewinns der ausschüttenden Gesellschaft abgezogen worden. ³Bestimmungen eines Abkommens zur Vermeidung der Doppelbesteuerung, sowie Absatz 8 und § 20 Abs. 2 des Außensteuergesetzes¹⁾ bleiben unberührt, soweit sie jeweils die Freistellung von Einkünften in einem weitergehenden Umfang einschränken.

(10) ¹Sind auf eine Vergütung im Sinne des § 15 Absatz 1 Satz 1 Nummer 2 Satz 1 zweiter Halbsatz und Nummer 3 zweiter Halbsatz die Vorschriften eines Abkommens zur Vermeidung der Doppelbesteuerung anzuwenden und enthält das Abkommen keine solche Vergütungen betreffende ausdrückliche Regelung, gilt die Vergütung für Zwecke der Anwendung des Abkommens zur Vermeidung der Doppelbesteuerung ausschließlich als Teil des Unternehmensgewinns des vergütungsberechtigten Gesellschafters. ²Satz 1 gilt auch für die durch das Sonderbetriebsvermögen veranlassten Erträge und Aufwendungen. ³Die Vergütung des Gesellschafters ist ungeachtet der Vorschriften eines Abkommens zur Vermeidung der Doppelbesteuerung über die Zuordnung von Vermögenswerten zu einer Betriebsstätte derjenigen Betriebsstätte der Gesellschaft zuzurechnen, der der Aufwand für die der Vergütung zugrunde liegende Leistung zuzuordnen ist; die in Satz 2 genannten Erträge und Aufwendungen sind der Betriebsstätte zuzurechnen, der die

Vergütung zuzuordnen ist. ⁴Die Sätze 1 bis 3 gelten auch in den Fällen des § 15 Absatz 1 Satz 1 Nummer 2 Satz 2 sowie in den Fällen des § 15 Absatz 1 Satz 2 entsprechend. ⁵Sind Einkünfte im Sinne der Sätze 1 bis 4 einer Person zuzurechnen, die nach einem Abkommen zur Vermeidung der Doppelbesteuerung als im anderen Staat ansässig gilt, und weist der Steuerpflichtige nach, dass der andere Staat die Einkünfte besteuert, ohne die darauf entfallende deutsche Steuer anzurechnen, ist die in diesem Staat nachweislich auf diese Einkünfte festgesetzte und gezahlte und um einen entstandenen Ermäßigungsanspruch gekürzte, der deutschen Einkommensteuer entsprechende, anteilige ausländische Steuer bis zur Höhe der anteilig auf diese Einkünfte entfallenden deutschen Einkommensteuer anzurechnen. ⁶Satz 5 gilt nicht, wenn das Abkommen zur Vermeidung der Doppelbesteuerung eine ausdrückliche Regelung für solche Einkünfte enthält. Die Sätze 1 bis 6

1. sind nicht auf Gesellschaften im Sinne des § 15 Absatz 3 Nummer 2 anzuwenden;
2. gelten entsprechend, wenn die Einkünfte zu den Einkünften aus selbständiger Arbeit im Sinne des § 18 gehören; dabei tritt der Artikel über die selbständige Arbeit an die Stelle des Artikels über die Unternehmenseinkünfte, wenn das Abkommen zur Vermeidung der Doppelbesteuerung einen solchen Artikel enthält.

⁷Absatz 9 Satz 1 Nummer 1 bleibt unberührt.

(11) ¹Sind Dividenden beim Zahlungsempfänger nach einem Abkommen zur Vermeidung der Doppelbesteuerung von der Bemessungsgrundlage der deutschen Steuer auszunehmen, wird die Freistellung ungeachtet des Abkommens nur insoweit gewährt, als die Dividenden nach deutschem Steuerrecht nicht einer anderen Person zuzurechnen sind. ²Soweit die Dividenden nach deutschem Steuerrecht einer anderen Person zuzurechnen sind, werden sie bei dieser Person freigestellt, wenn sie bei ihr als Zahlungsempfänger nach Maßgabe des Abkommens freigestellt würden.

§ 50e
Bußgeldvorschriften; Nichtverfolgung von Steuerstraftaten bei geringfügiger Beschäftigung in Privathaushalten

(1) ¹Ordnungswidrig handelt, wer vorsätzlich oder leichtfertig entgegen § 45d Abs. 1 Satz 1, § 45d Abs. 3 Satz 1, der nach § 45e erlassenen Rechtsverordnung oder den unmittelbar geltenden Verträgen mit den in Artikel 17 der Richtlinie 2003/48/EG genannten Staaten und Gebieten eine Mitteilung nicht, nicht richtig, nicht vollständig oder nicht rechtzeitig abgibt. ²Die Ordnungswidrigkeit kann mit einer Geldbuße bis zu fünftausend Euro geahndet werden.

(1a) Verwaltungsbehörde im Sinne des § 36 Absatz 1 Nummer 1 des Gesetzes über Ordnungswidrigkeiten ist in den Fällen des Absatzes 1 Satz 1 das Bundeszentralamt für Steuern.

(2) ¹Liegen die Voraussetzungen des § 40a Abs. 2 vor, werden Steuerstraftaten (§§ 369 bis 376 der Abgabenordnung) als solche nicht verfolgt, wenn der

---
1) Anhang 2.

Arbeitgeber in den Fällen des § 8a des Vierten Buches Sozialgesetzbuch entgegen § 41a Abs. 1 Nr. 1, auch in Verbindung mit Abs. 2 und 3 und § 51a, und § 40a Abs. 6 Satz 3 dieses Gesetzes in Verbindung mit § 28a Abs. 7 Satz 1 des Vierten Buches Sozialgesetzbuch für das Arbeitsentgelt die Lohnsteuer-Anmeldung und die Anmeldung der einheitlichen Pauschsteuer nicht oder nicht rechtzeitig durchführt und dadurch Steuern verkürzt oder für sich oder einen anderen nicht gerechtfertigte Steuervorteile erlangt. ³Die Freistellung von der Verfolgung nach Satz 1 gilt auch für den Arbeitnehmer einer in Satz 1 genannten Beschäftigung, der die Finanzbehörde pflichtwidrig über steuerlich erhebliche Tatsachen aus dieser Beschäftigung in Unkenntnis lässt. ³Die Bußgeldvorschriften der §§ 377 bis 384 der Abgabenordnung bleiben mit der Maßgabe anwendbar, dass § 378 der Abgabenordnung auch bei vorsätzlichem Handeln anwendbar ist.

§ 50f
Bußgeldvorschriften

(1) Ordnungswidrig handelt, wer vorsätzlich oder leichtfertig

1. entgegen § 22a Absatz 1 Satz 1 und 2 dort genannte Daten nicht, nicht richtig, nicht vollständig oder nicht rechtzeitig übermittelt oder eine Mitteilung nicht, nicht richtig, nicht vollständig oder nicht rechtzeitig macht oder

2. entgegen § 22a Absatz 2 Satz 9 die Identifikationsnummer für andere als die dort genannten Zwecke verwendet.

(2) Die Ordnungswidrigkeit kann in den Fällen des Absatzes 1 Nummer 1 mit einer Geldbuße bis zu fünfzigtausend Euro und in den übrigen Fällen mit einer Geldbuße bis zu zehntausend Euro geahndet werden.

(3) Verwaltungsbehörde im Sinne des § 36 Absatz 1 Nummer 1 des Gesetzes über Ordnungswidrigkeiten ist die zentrale Stelle nach § 81.

§ 50g
Entlastung vom Steuerabzug bei Zahlungen von Zinsen und Lizenzgebühren zwischen verbundenen Unternehmen verschiedener Mitgliedstaaten der Europäischen Union

(1) ¹Auf Antrag werden die Kapitalertragsteuer für Zinsen und die Steuer auf Grund des § 50a für Lizenzgebühren, die von einem Unternehmen der Bundesrepublik Deutschland oder einer dort gelegenen Betriebsstätte eines Unternehmens eines anderen Mitgliedstaates der Europäischen Union als Schuldner an ein Unternehmen eines anderen Mitgliedstaates der Europäischen Union, oder an eine in einem anderen Mitgliedstaat der Europäischen Union gelegene Betriebsstätte eines Unternehmens eines Mitgliedstaates der Europäischen Union als Gläubiger gezahlt werden, nicht erhoben. ²Erfolgt die Besteuerung durch Veranlagung, werden die Zinsen und die Lizenzgebühren bei der Ermittlung der Einkünfte nicht erfasst. ³Voraussetzung für die Anwendung der Sätze 1 und 2 ist, dass der Gläubiger der Zinsen oder Lizenzgebühren ein mit dem Schuldner verbundenes Unternehmen oder dessen Betriebsstätte ist. ⁴Die Sätze 1 bis 3 sind nicht anzuwenden, wenn die Zinsen oder Lizenzgebühren an eine Betriebsstätte eines Unternehmens eines Mitgliedstaates der Europäischen Union als Gläubiger gezahlt werden, die in einem Staat außerhalb der Europäischen Union oder im Inland gelegen ist und in der die Tätigkeit des Unternehmens ganz oder teilweise ausgeübt wird.

(2) Absatz 1 ist nicht anzuwenden auf die Zahlung von

1. Zinsen,

   a) die nach deutschem Recht als Gewinnausschüttung behandelt werden (§ 20 Abs. 1 Nr. 1 Satz 2) oder

   b) die auf Forderungen beruhen, die einen Anspruch auf Beteiligung am Gewinn des Schuldners begründen;

2. Zinsen oder Lizenzgebühren, die den Betrag übersteigen, den der Schuldner und der Gläubiger ohne besondere Beziehungen, die zwischen den beiden oder einem von ihnen und einem Dritten auf Grund von Absatz 3 Nr. 5 Buchstabe b bestehen, vereinbart hätten.

(3) Für die Anwendung der Absätze 1 und 2 gelten die folgenden Begriffsbestimmungen und Beschränkungen:

1. Der Gläubiger muss der Nutzungsberechtigte sein. ²Nutzungsberechtiger ist

   a) ein Unternehmen, wenn es die Einkünfte im Sinne von § 2 Abs. 1 erzielt;

   b) eine Betriebsstätte, wenn

      aa) die Forderung, das Recht oder der Gebrauch von Informationen, auf Grund derer/dessen Zahlungen von Zinsen oder Lizenzgebühren geleistet werden, tatsächlich zu der Betriebsstätte gehört und

      bb) die Zahlungen der Zinsen oder Lizenzgebühren Einkünfte darstellen, auf Grund derer die Gewinne der Betriebsstätte in dem Mitgliedstaat der Europäischen Union, in dem sie gelegen ist, zu einer der in Nummer 5 Satz 1 Buchstabe a Doppelbuchstabe cc genannten Steuern beziehungsweise im Fall Belgiens dem „impôt des non-résidents/belasting van de nietverblijfhouders" beziehungsweise im Fall Spaniens dem „Impuesto sobre la Renta de no Residentes" oder zu einer mit diesen Steuern identischen oder weitgehend ähnlichen Steuer herangezogen werden, die nach dem jeweiligen Zeitpunkt des Inkrafttretens der Richtlinie 2003/49/EG des Rates vom 3. Juni 2003 über eine gemeinsame Steuerregelung für Zahlungen von Zinsen und Lizenzgebühren zwischen verbundenen Unternehmen verschiedener Mitgliedstaaten (ABl. L 157 vom 26.6.2003, S. 49), die zuletzt durch die Richtlinie 2013/13/EU (ABl. L 141 vom 28.5.2013, S. 30) geändert worden ist, anstelle der bestehenden Steuern oder ergänzend zu ihnen eingeführt wird.

2. Eine Betriebsstätte gilt nur dann als Schuldner der Zinsen oder Lizenzgebühren, wenn die Zahlung bei der Ermittlung des Gewinns der Betriebsstätte eine steuerlich abzugsfähige Betriebsausgabe ist.

3. Gilt eine Betriebsstätte eines Unternehmens eines Mitgliedstaates der Europäischen Union als Schuldner oder Gläubiger von Zinsen oder Lizenzgebühren, so wird kein anderer Teil des Unternehmens als Schuldner oder Gläubiger der Zinsen oder Lizenzgebühren angesehen.

4. Im Sinne des Absatzes 1 sind
   a) „Zinsen" Einkünfte aus Forderungen jeder Art, auch wenn die Forderungen durch Pfandrechte an Grundstücken gesichert sind, insbesondere Einkünfte aus öffentlichen Anleihen und aus Obligationen einschließlich der damit verbundenen Aufgelder und der Gewinne aus Losanleihen; Zuschläge für verspätete Zahlung und die Rückzahlung von Kapital gelten nicht als Zinsen;
   b) „Lizenzgebühren" Vergütungen jeder Art, die für die Nutzung oder das Recht auf Nutzung von Urheberrechten an literarischen, künstlerischen oder wissenschaftlichen Werken, einschließlich kinematografischer Filme und Software, von Patenten, Marken, Mustern oder Modellen, Plänen, geheimen Formeln oder Verfahren oder für die Mitteilung gewerblicher, kaufmännischer oder wissenschaftlicher Erfahrungen gezahlt werden; Zahlungen für die Nutzung oder das Recht auf Nutzung gewerblicher, kaufmännischer oder wissenschaftlicher Ausrüstungen gelten als Lizenzgebühren.

5. Die Ausdrücke „Unternehmen eines Mitgliedstaates der Europäischen Union", „verbundenes Unternehmen" und „Betriebsstätte" bedeuten:
   a) „Unternehmen eines Mitgliedstaates der Europäischen Union" jedes Unternehmen, das
      aa) eine der in Anlage 3 Nr. 1[1)] zu diesem Gesetz aufgeführten Rechtsformen aufweist und
      bb) nach dem Steuerrecht eines Mitgliedstaates in diesem Mitgliedstaat ansässig ist und nicht nach einem zwischen dem betreffenden Staat und einem Staat außerhalb der Europäischen Union geschlossenen Abkommen zur Vermeidung der Doppelbesteuerung von Einkünften für steuerliche Zwecke als außerhalb der Gemeinschaft ansässig gilt und
      cc) einer der in Anlage 3 Nr. 2[2)] zu diesem Gesetz aufgeführten Steuern unterliegt und nicht von ihr befreit ist. Entsprechendes gilt für eine mit diesen Steuern identische oder weitgehend ähnliche Steuer, die nach dem jeweiligen Zeitpunkt des Inkrafttretens der Richtlinie 2003/49/EG des Rates vom 3. Juni 2003 (ABl. L 157 vom 26.6.2003, S. 49), zuletzt geändert durch die Richtlinie 2013/13/EU (ABl. L 141 vom 28.5.2013, S. 30) anstelle der bestehenden Steuern oder ergänzend zu ihnen eingeführt wird.

      [2]Ein Unternehmen ist im Sinne von Doppelbuchstabe bb einem Mitgliedstaat der Europäischen Union ansässig, wenn es der unbeschränkten Steuerpflicht im Inland oder einer vergleichbaren Besteuerung in einem anderen Mitgliedstaat der Europäischen Union nach dessen Rechtsvorschriften unterliegt.

   b) [1]„Verbundenes Unternehmen" jedes Unternehmen, das dadurch mit eine zweiten Unternehmen verbunden ist, dass
      aa) das erste Unternehmen unmittelbar mindestens zu 25 Prozent an dem Kapital des zweiten Unternehmens beteiligt ist oder
      bb) das zweite Unternehmen unmittelbar mindestens zu 25 Prozent an dem Kapital des ersten Unternehmens beteiligt ist oder
      cc) ein drittes Unternehmen unmittelbar mindestens zu 25 Prozent an dem Kapital des ersten Unternehmens und dem Kapital des zweiten Unternehmens beteiligt ist.

      [2]Die Beteiligungen dürfen nur zwischen Unternehmen bestehen, die in einem Mitgliedstaat der Europäischen Union ansässig sind.

   c) „Betriebsstätte" eine feste Geschäftseinrichtung in einem Mitgliedstaat der Europäischen Union, in der die Tätigkeit eines Unternehmens eines anderen Mitgliedstaats der Europäischen Union ganz oder teilweise ausgeübt wird.

6. (weggefallen)

(4) [1]Die Entlastung nach Absatz 1 ist zu versagen oder zu entziehen, wenn der hauptsächliche Beweggrund oder einer der hauptsächlichen Beweggründe für Geschäftsvorfälle die Steuervermeidung oder der Missbrauch sind. [2]§ 50d Abs. 3 bleibt unberührt.

(5) Entlastungen von der Kapitalertragsteuer für Zinsen und der Steuer auf Grund des § 50a nach einem Abkommen zur Vermeidung der Doppelbesteuerung, die weiter gehen als die nach Absatz 1 gewährten, werden durch Absatz 1 nicht eingeschränkt.

(6) [1]Ist im Fall des Absatzes 1 Satz 1 eines der Unternehmen ein Unternehmen der Schweizerischen Eidgenossenschaft oder ist eine in der Schweizerischen Eidgenossenschaft gelegene Betriebsstätte eines Unternehmens eines anderen Mitgliedstaats der Europäischen Union Gläubiger der Zinsen oder

---

1) Anlage 3 Nr. 1 abgedruckt hinter § 50g in der für 2014 geltenden Fassung.
2) Anlage 3 Nr. 2 abgedruckt hinter § 50g in der für 2014 geltenden Fassung.

Lizenzgebühren, gelten die Absätze 1 bis 5 entsprechend mit der Maßgabe, dass die Schweizerische Eidgenossenschaft insoweit einem Mitgliedstaat der Europäischen Union gleichgestellt ist. ²Absatz 3 Nr. 5 Buchstabe a gilt entsprechend mit der Maßgabe, dass ein Unternehmen der Schweizerischen Eidgenossenschaft jedes Unternehmen ist, das

1. eine der folgenden Rechtsformen aufweist:
   – Aktiengesellschaft/société anonyme/società anonima;
   – Gesellschaft mit beschränkter Haftung/société à responsabilité limitée/ società a responsabilità limitata;
   – Kommanditaktiengesellschaft/société en commandite par actions/società in accomandita per azioni, und
2. nach dem Steuerrecht der Schweizerischen Eidgenossenschaft dort ansässig ist und nicht nach einem zwischen der Schweizerischen Eidgenossenschaft und einem Staat außerhalb der Europäischen Union geschlossenen Abkommen zur Vermeidung der Doppelbesteuerung von Einkünften für steuerliche Zwecke als außerhalb der Gemeinschaft oder der Schweizerischen Eidgenossenschaft ansässig gilt, und
3. unbeschränkt der schweizerischen Körperschaftsteuer unterliegt, ohne von ihr befreit zu sein.

§ 50h
Bestätigung für Zwecke der Entlastung von Quellensteuern in einem anderen Mitgliedstaat der Europäischen Union oder der Schweizerischen Eidgenossenschaft

Auf Antrag hat das Finanzamt, das für die Besteuerung eines Unternehmens der Bundesrepublik Deutschland oder einer dort gelegenen Betriebsstätte eines Unternehmens eines anderen Mitgliedstaats der Europäischen Union im Sinne des § 50g Abs. 3 Nr. 5 oder eines Unternehmens der Schweizerischen Eidgenossenschaft im Sinne des § 50g Abs. 6 Satz 2 zuständig ist, für die Entlastung von der Quellensteuer dieses Staats auf Zinsen oder Lizenzgebühren im Sinne des § 50g zu bescheinigen, dass das empfangende Unternehmen steuerlich im Inland ansässig ist oder die Betriebsstätte im Inland gelegen ist.

§ 50i
Besteuerung bestimmter Einkünfte und Anwendung von Doppelbesteuerungsabkommen

(1) ¹Sind Wirtschaftsgüter des Betriebsvermögens oder sind Anteile im Sinne des § 17 vor dem 29. Juni 2013 in das Betriebsvermögen einer Personengesellschaft im Sinne des § 15 Absatz 3 übertragen oder überführt worden, und ist eine Besteuerung der stillen Reserven im Zeitpunkt der Übertragung oder Überführung unterblieben, so ist der Gewinn, den ein Steuerpflichtiger, der im Sinne eines Abkommens zur Vermeidung der Doppelbesteuerung im anderen Vertragsstaat ansässig ist, aus der späteren Veräußerung oder Entnahme dieser Wirtschaftsgüter oder Anteile erzielt, ungeachtet entgegenstehender Bestimmungen des Abkommens zur Vermeidung der Doppelbesteuerung zu versteuern. ²Als Übertragung oder Überführung von Anteilen im Sinne des § 17 in das Betriebsvermögen einer Personengesellschaft gilt auch die Gewährung neuer Anteile an eine Personengesellschaft, die bisher auch eine Tätigkeit im Sinne des § 15 Absatz 1 Satz 1 Nummer 1 ausgeübt hat oder gewerbliche Einkünfte im Sinne des § 15 Absatz 1 Satz 1 Nummer 2 bezogen hat, im Rahmen der Einbringung eines Betriebs oder Teilbetriebs oder eines Mitunternehmeranteils dieser Personengesellschaft in eine Körperschaft nach § 20 des Umwandlungssteuergesetzes, wenn der Einbringungszeitpunkt vor dem 29. Juni 2013 liegt und die Personengesellschaft nach der Einbringung als Personengesellschaft im Sinne des § 15 Absatz 3 fortbesteht. ³Auch die laufenden Einkünfte aus der Beteiligung an der Personengesellschaft, auf die die in Satz 1 genannten Wirtschaftsgüter oder Anteile übertragen oder überführt oder der im Sinne des Satzes 2 neue Anteile gewährt wurden, sind ungeachtet entgegenstehender Bestimmungen des Abkommens zur Vermeidung der Doppelbesteuerung zu versteuern. ⁴Die Sätze 1 und 3 gelten sinngemäß, wenn Wirtschaftsgüter vor dem 29. Juni 2013 Betriebsvermögen eines Einzelunternehmens oder einer Personengesellschaft geworden sind, die deswegen Einkünfte als Gewerbebetrieb erzielen, weil der Steuerpflichtige sowohl im überlassenden Betrieb als auch im nutzenden Betrieb allein oder zusammen mit anderen Gesellschaftern einen einheitlichen geschäftlichen Betätigungswillen durchsetzen kann und dem nutzenden Betrieb eine wesentliche Betriebsgrundlage zur Nutzung überlässt.

(2) ¹Im Rahmen von Umwandlungen und Einbringungen im Sinne des § 1 des Umwandlungssteuergesetzes sind Sachgesamtheiten, die Wirtschaftsgüter und Anteile im Sinne des Absatzes 1 enthalten, abweichend von den Bestimmungen des Umwandlungssteuergesetzes, stets mit dem gemeinen Wert anzusetzen. ²Ungeachtet des § 6 Absatz 3 und 5 gilt Satz 1 für die Überführung oder Übertragung

1. der Wirtschaftsgüter und Anteile im Sinne des Absatzes 1 aus dem Gesamthandsvermögen der Personengesellschaft im Sinne des Absatzes 1 oder aus dem Sonderbetriebsvermögen eines Mitunternehmers dieser Personengesellschaft oder
2. eines Mitunternehmeranteils an dieser Personengesellschaft

entsprechend. ³Werden die Wirtschaftsgüter oder Anteile im Sinne des Absatzes 1 von der Personengesellschaft für eine Betätigung im Sinne des § 15 Absatz 2 genutzt (Strukturwandel), gilt Satz 1 entsprechend. ⁴Absatz 1 Satz 4 bleibt unberührt.

§ 51
Ermächtigungen

(1) Die Bundesregierung wird ermächtigt, mit Zustimmung des Bundesrates

1. zur Durchführung dieses Gesetzes Rechtsverordnungen zu erlassen, soweit dies zur Wahrung der Gleichmäßigkeit bei der Besteuerung, zur Beseitigung von Unbilligkeiten in Härtefällen, zur Steuerfreistellung des Existenzminimums

oder zur Vereinfachung des Besteuerungsverfahrens erforderlich ist, und zwar:

a) über die Abgrenzung der Steuerpflicht, die Beschränkung der Steuererklärungspflicht auf die Fälle, in denen eine Veranlagung in Betracht kommt, über die den Einkommensteuererklärungen beizufügenden Unterlagen und über die Beistandspflichten Dritter,

b) über die Ermittlung der Einkünfte und die Feststellung des Einkommens einschließlich der abzugsfähigen Beträge,

c) über die Höhe von besonderen Betriebsausgaben-Pauschbeträgen für Gruppen von Betrieben, bei denen hinsichtlich der Besteuerungsgrundlagen annähernd gleiche Verhältnisse vorliegen, wenn der Steuerpflichtige Einkünfte aus Gewerbebetrieb (§ 15) oder selbständiger Arbeit (§ 18) erzielt, in Höhe eines Prozentsatzes der Umsätze im Sinne des § 1 Abs. 1 Nr. 1 des Umsatzsteuergesetzes; Umsätze aus der Veräußerung von Wirtschaftsgütern des Anlagevermögens sind nicht zu berücksichtigen. [2]Einen besonderen Betriebsausgaben-Pauschbetrag dürfen nur Steuerpflichtige in Anspruch nehmen, die ihren Gewinn durch Einnahme-Überschussrechnung nach § 4 Abs. 3 ermitteln. [3]Bei der Festlegung der Höhe der besonderen Betriebsausgaben-Pauschbetrags ist der Zuordnung der Betriebe entsprechend der Klassifikation der Wirtschaftszweige, Fassung für Steuerstatistiken, Rechnung zu tragen. [4]Bei der Ermittlung der besonderen Betriebsausgaben-Pauschbeträge sind alle Betriebsausgaben mit Ausnahme der an das Finanzamt gezahlten Umsatzsteuer zu berücksichtigen. [5]Bei der Veräußerung oder Entnahme von Wirtschaftsgütern des Anlagevermögens sind die Anschaffungs- oder Herstellungskosten, vermindert um die Absetzungen für Abnutzung nach § 7 Abs. 1 und 4 sowie die Veräußerungskosten neben dem besonderen Betriebsausgaben-Pauschbetrag abzugsfähig. [6]Der Steuerpflichtige kann im folgenden Veranlagungszeitraum zur Ermittlung der tatsächlichen Betriebsausgaben übergehen. [7]Wechselt der Steuerpflichtige zur Ermittlung der tatsächlichen Betriebsausgaben, sind die abnutzbaren Wirtschaftsgüter des Anlagevermögens mit ihren Anschaffungs- oder Herstellungskosten, vermindert um die Absetzungen für Abnutzung nach § 7 Abs. 1 oder 4, in ein laufend zu führendes Verzeichnis aufzunehmen. [8]§ 4 Abs. 3 Satz 5 bleibt unberührt. [9]Nach dem Wechsel zur Ermittlung der tatsächlichen Betriebsausgaben ist eine erneute Inanspruchnahme des besonderen Betriebsausgaben-Pauschbetrags erst nach Ablauf der folgenden vier Veranlagungszeiträume zulässig; die §§ 140 und 141 der Abgabenordnung bleiben unberührt.

d) über die Veranlagung, die Anwendung der Tarifvorschriften und die Regelung der Steuerentrichtung einschließlich der Steuerabzüge,

e) über die Besteuerung der beschränkt Steuerpflichtigen einschließlich eines Steuerabzugs,

f) in Fällen, in denen ein Sachverhalt zu ermitteln und steuerrechtlich zu beurteilen ist, der sich auf Vorgänge außerhalb des Geltungsbereichs dieses Gesetzes bezieht, und außerhalb des Geltungsbereichs dieses Gesetzes ansässige Beteiligte oder andere Personen nicht wie bei Vorgängen innerhalb des Geltungsbereichs dieses Gesetzes zur Mitwirkung bei der Ermittlung des Sachverhalts herangezogen werden können, zu bestimmen,

aa) in welchem Umfang Aufwendungen im Sinne des § 4 Absatz 4 oder des § 9 den Gewinn oder den Überschuss der Einnahmen über die Werbungskosten nur unter Erfüllung besonderer Mitwirkungs- und Nachweispflichten mindern dürfen. Die besonderen Mitwirkungs- und Nachweispflichten können sich erstrecken auf

aaa) die Angemessenheit der zwischen nahestehenden Personen im Sinne des § 1 Absatz 2 des Außensteuergesetzes in ihren Geschäftsbeziehungen vereinbarten Bedingungen,

bbb) die Angemessenheit der Gewinnabgrenzung zwischen unselbständigen Unternehmensteilen,

ccc) die Pflicht zur Einhaltung von für nahestehende Personen geltenden Dokumentations- und Nachweispflichten auch bei Geschäftsbeziehungen zwischen nicht nahestehenden Personen,

ddd) die Bevollmächtigung der Finanzbehörde durch den Steuerpflichtigen, in seinem Namen mögliche Auskunftsansprüche gegenüber den von der Finanzbehörde benannten Kreditinstituten außergerichtlich und gerichtlich geltend zu machen;

bb) dass eine ausländische Gesellschaft ungeachtet des § 50d Absatz 3 nur dann einen Anspruch auf völlige oder teilweise Entlastung vom Steuerabzug nach § 50d Absatz 1 und 2 oder § 44a Absatz 9 hat, soweit sie die Ansässigkeit der an ihr unmittelbar oder mittelbar beteiligten natürlichen Personen, deren Anteil unmittelbar oder mittelbar 10 Prozent übersteigt, darlegt und nachweisen kann;

cc) dass § 2 Absatz 5b Satz 1, § 32d Absatz 1 und § 43 Absatz 5 in Bezug auf Einkünfte im Sinne des § 20 Absatz 1 Nummer 1 und die steuerfreien Einnahmen nach § 3 Nummer 40 Satz 1 und

EStG

2 nur dann anzuwenden sind, wenn die Finanzbehörde bevollmächtigt wird, im Namen des Steuerpflichtigen mögliche Auskunftsansprüche gegenüber den von der Finanzbehörde benannten Kreditinstituten außergerichtlich und gerichtlich geltend zu machen.

Die besonderen Nachweis- und Mitwirkungspflichten aufgrund dieses Buchstabens gelten nicht, wenn die außerhalb des Geltungsbereichs dieses Gesetzes ansässigen Beteiligten oder andere Personen in einem Staat oder Gebiet ansässig sind, mit dem ein Abkommen besteht, das die Erteilung von Auskünften entsprechend Artikel 26 des Musterabkommens der OECD zur Vermeidung der Doppelbesteuerung auf dem Gebiet der Steuern vom Einkommen und vom Vermögen in der Fassung von 2005 vorsieht oder der Staat oder das Gebiet Auskünfte in einem vergleichbaren Umfang erteilt oder die Bereitschaft zu einer entsprechenden Auskunftserteilung besteht;

2. Vorschriften durch Rechtsverordnung zu erlassen

   a) über die sich aus der Aufhebung oder Änderung von Vorschriften dieses Gesetzes ergebenden Rechtsfolgen, soweit dies zur Wahrung der Gleichmäßigkeit bei der Besteuerung oder zur Beseitigung von Unbilligkeiten in Härtefällen erforderlich ist;

   b) (weggefallen)

   c) über den Nachweis von Zuwendungen im Sinne des § 10b einschließlich erleichterter Nachweisanforderungen;

   d) ¹über Verfahren, die in den Fällen des § 38 Abs. 1 Satz 1 Nr. 2 den Steueranspruch der Bundesrepublik Deutschland sichern oder die sicherstellen, dass bei Befreiungen im Ausland ansässiger Leiharbeitnehmer von der Steuer der Bundesrepublik Deutschland auf Grund von Abkommen zur Vermeidung der Doppelbesteuerung die ordnungsgemäße Besteuerung im Ausland gewährleistet ist. ²Hierzu kann nach Maßgabe zwischenstaatlicher Regelungen bestimmt werden, dass

   aa) der Entleiher in dem hierzu notwendigen Umfang an derartigen Verfahren mitwirkt,

   bb) er sich im Haftungsverfahren nicht auf die Freistellungsbestimmungen des Abkommens berufen kann, wenn er seine Mitwirkungspflichten verletzt;

   e) bis m) (weggefallen);

   n) ¹über Sonderabschreibungen

   aa) im Tiefbaubetrieb des Steinkohlen-, Pechkohlen-, Braunkohlen- und Erzbergbaues bei Wirtschaftsgütern des Anlagevermögens unter Tage und bei bestimmten mit dem Grubenbetrieb unter Tage in unmittelbarem Zusammenhang stehenden, der Förderung, Seilfahrt, Wasserhaltung und Wetterführung sowie der Aufbereitung des Minerals dienenden Wirtschaftsgütern des Anlagevermögens über Tage, soweit die Wirtschaftsgüter

   für die Errichtung von neuen Förderschachtanlagen, auch in Form von Anschlussschachtanlagen,

   für die Errichtung neuer Schächte sowie die Erweiterung des Grubengebäudes und den durch Wasserzuflüsse aus stillliegenden Anlagen bedingten Ausbau der Wasserhaltung bestehender Schachtanlagen,

   für Rationalisierungsmaßnahmen in der Hauptschacht-, Blindschacht-, Strecken- und Abbauförderung, im Streckenvortrieb, in der Gewinnung, Versatzwirtschaft, Seilfahrt, Wetterführung und Wasserhaltung sowie in der Aufbereitung,

   für die Zusammenfassung von mehreren Förderschachtanlagen zu einer einheitlichen Förderschachtanlage und

   für den Wiederaufschluss stillliegender Grubenfelder und Feldesteile,

   bb) im Tagebaubetrieb des Braunkohlen- und Erzbergbaues bei bestimmten Wirtschaftsgütern des beweglichen Anlagevermögens (Grubenaufschluss, Entwässerungsanlagen, Großgeräte sowie Einrichtungen des Grubenrettungswesens und der Ersten Hilfe und im Erzbergbau auch Aufbereitungsanlagen), die

   für die Erschließung neuer Tagebaue, auch in Form von Anschlusstagebauen,

   für Rationalisierungsmaßnahmen bei laufenden Tagebauen,

   beim Übergang zum Tieftagebau für die Freilegung und Gewinnung der Lagerstätte und

   für die Wiederinbetriebnahme stillgelegter Tagebaue

   von Steuerpflichtigen, die den Gewinn nach § 5 ermitteln, vor dem 1. Januar 1990 angeschafft oder hergestellt werden. ²Die Sonderabschreibungen können bereits für Anzahlungen auf Anschaffungskosten und für Teilherstellungskosten zugelassen werden. ³Hat der Steuerpflichtige vor dem 1. Januar 1990 die Wirtschaftsgüter bestellt oder mit ihrer Herstellung begonnen, so können die Sonderabschreibungen auch für nach dem 31. Dezember 1989 und vor dem 1. Januar 1991 angeschaffte oder hergestellte Wirtschaftsgüter sowie für vor dem 1. Januar 1991 geleistete Anzahlungen auf Anschaffungskosten und entstandene Teilherstellungskosten in Anspruch genommen werden. ⁴Voraussetzung für die Inanspruchnahme der Sonderabschreibungen ist, dass die Förderungswürdigkeit der bezeichneten Vorhaben von der obersten Landesbehörde für Wirtschaft im Einvernehmen mit dem Bundesministerium für Wirtschaft und Technologie bescheinigt worden ist. ⁵Die Sonderabschreibungen können im Wirtschaftsjahr der Anschaffung oder Herstellung und in den vier folgenden Wirtschaftsjahren in Anspruch genommen werden, und zwar

> bei beweglichen Wirtschaftsgütern des Anlagevermögens
>
> bis zu insgesamt 50 Prozent,
>
> bei unbeweglichen Wirtschaftsgütern des Anlagevermögens
>
> bis zu insgesamt 30 Prozent

der Anschaffungs- oder Herstellungskosten.

⁶Bei den begünstigten Vorhaben im Tagebaubetrieb des Braunkohlen- und Erzbergbaues kann außerdem zugelassen werden, dass die vor dem 1. Januar 1991 aufgewendeten Kosten für den Vorabraum bis zu 50 Prozent als sofort abzugsfähige Betriebsausgaben behandelt werden;

o) (weggefallen);

p) ¹über die Bemessung der Absetzungen für Abnutzung oder Substanzverringerung bei nicht zu einem Betriebsvermögen gehörenden Wirtschaftsgütern, die vor dem 21. Juni 1948 angeschafft oder hergestellt oder die unentgeltlich erworben sind. ²Hierbei kann bestimmt werden, dass die Absetzungen für Abnutzung oder Substanzverringerung nicht nach den Anschaffungs- oder Herstellungskosten, sondern nach Hilfswerten (am 21. Juni 1948 maßgebender Einheitswert, Anschaffungs- oder Herstellungskosten des Rechtsvorgängers abzüglich der von ihm vorgenommenen Absetzungen, fiktive Anschaffungskosten an einem noch zu bestimmenden Stichtag) zu bemessen sind. ³Zur Vermeidung von Härten kann zugelassen werden, dass an Stelle der Absetzungen für Abnutzung, die nach dem am 21. Juni 1948 maßgebenden Einheitswert zu bemessen sind, der Betrag abgezogen wird, der für das Wirtschaftsgut in dem Veranlagungszeitraum 1947 als Absetzung für Abnutzung geltend gemacht werden konnte. ⁴Für das Land Berlin tritt in den Sätzen 1 bis 3 an die Stelle des 21. Juni 1948 jeweils der 1. April 1949;

q) ¹über erhöhte Absetzungen bei Herstellungskosten

aa) für Maßnahmen, die für den Anschluss eines im Inland belegenen Gebäudes an eine Fernwärmeversorgung einschließlich der Anbindung an das Heizsystem erforderlich sind, wenn die Fernwärmeversorgung überwiegend aus Anlagen der Kraft-Wärme-Kopplung, zur Verbrennung von Müll oder zur Verwertung von Abwärme gespeist wird,

bb) für den Einbau von Wärmepumpenanlagen, Solaranlagen und Anlagen zur Wärmerückgewinnung in einem im Inland belegenen Gebäude einschließlich der Anbindung an das Heizsystem,

cc) für die Errichtung von Windkraftanlagen, wenn die mit diesen Anlagen erzeugte Energie überwiegend entweder unmittelbar oder durch Verrechnung mit Elektrizitätsbezügen des Steuerpflichtigen von einem Elektrizitätsversorgungsunternehmen zur Versorgung eines im Inland belegenen Gebäudes des Steuerpflichtigen verwendet wird, einschließlich der Anbindung an das Versorgungssystem des Gebäudes,

dd) für die Errichtung von Anlagen zur Gewinnung von Gas, das aus pflanzlichen oder tierischen Abfallstoffen durch Gärung unter Sauerstoffabschluss entsteht, wenn dieses Gas zur Beheizung eines im Inland belegenen Gebäudes des Steuerpflichtigen oder zur Warmwasserbereitung in einem solchen Gebäude des Steuerpflichtigen verwendet wird, einschließlich der Anbindung an das Versorgungssystem des Gebäudes,

ee) für den Einbau einer Warmwasseranlage zur Versorgung von mehr als einer Zapfstelle und einer zentralen Heizungsanlage oder bei einer zentralen Heizungs- und Warmwasseranlage für den Einbau eines Heizkessels, eines Brenners, einer zentralen Steuerungseinrichtung, einer Wärmeabgabeeinrichtung und eine Änderung der Abgasanlage in einem im Inland belegenen Gebäude oder in einer im Inland belegenen Eigentumswohnung, wenn mit dem Einbau nicht vor Ablauf von zehn Jahren seit Fertigstellung dieses Gebäudes begonnen worden ist und der Einbau nach dem 30. Juni 1985 fertiggestellt worden ist; Entsprechendes gilt bei Anschaffungskosten für neue Einzelöfen, wenn keine Zentralheizung vorhanden ist.

²Voraussetzung für die Gewährung der erhöhten Absetzungen ist, dass die Maßnahmen vor dem 1. Januar 1992 fertiggestellt worden sind; in den Fällen des Satzes 1 Doppelbuchstabe aa müssen die Gebäude vor dem 1. Juli 1983 fertiggestellt worden sein, es sei denn, dass der Anschluss nicht schon im Zusammenhang mit der Errichtung des Gebäudes möglich war. ³Die erhöhten Absetzungen dürfen jährlich 10 Prozent der Aufwendungen nicht übersteigen. ⁴Sie dürfen nicht gewährt werden, wenn für dieselbe Maßnahme eine Investitionszulage in Anspruch genommen wird. ⁵Sind die Aufwendungen Erhaltungsaufwand und entstehen sie bei einer zu eigenen Wohnzwecken genutzten Wohnung im eigenen Haus, für die der Nutzungswert nicht mehr besteuert wird, und liegen in den Fällen des Satzes 1 Doppelbuchstabe aa die Voraussetzungen

EStG

des Satzes 2 zweiter Halbsatz vor, so kann der Abzug dieser Aufwendungen wie Sonderausgaben mit gleichmäßiger Verteilung auf das Kalenderjahr, in dem die Arbeiten abgeschlossen worden sind, und die neun folgenden Kalenderjahre zugelassen werden, wenn die Maßnahme vor dem 1. Januar 1992 abgeschlossen worden ist;

r) [1]nach denen Steuerpflichtige größere Aufwendungen

    aa) für die Erhaltung von nicht zu einem Betriebsvermögen gehörenden Gebäuden, die überwiegend Wohnzwecken dienen,

    bb) zur Erhaltung eines Gebäudes in einem förmlich festgelegten Sanierungsgebiet oder städtebaulichen Entwicklungsbereich, die für Maßnahmen im Sinne des § 177 des Baugesetzbuchs[1]) sowie für bestimmte Maßnahmen, die der Erhaltung, Erneuerung und funktionsgerechten Verwendung eines Gebäudes dienen, das wegen seiner geschichtlichen, künstlerischen oder städtebaulichen Bedeutung erhalten bleiben soll, und zu deren Durchführung sich der Eigentümer neben bestimmten Modernisierungsmaßnahmen gegenüber der Gemeinde verpflichtet hat, aufgewendet worden sind,

    cc) zur Erhaltung von Gebäuden, die nach den jeweiligen landesrechtlichen Vorschriften Baudenkmale sind, soweit die Aufwendungen nach Art und Umfang zur Erhaltung des Gebäudes als Baudenkmal und zu seiner sinnvollen Nutzung erforderlich sind,

auf zwei bis fünf Jahre gleichmäßig verteilen können. ²In den Fällen der Doppelbuchstaben bb und cc ist Voraussetzung, dass der Erhaltungsaufwand vor dem 1. Januar 1990 entstanden ist. ³In den Fällen von Doppelbuchstabe cc sind die Denkmaleigenschaft des Gebäudes und die Voraussetzung, dass die Aufwendungen nach Art und Umfang zur Erhaltung des Gebäudes als Baudenkmal und zu seiner sinnvollen Nutzung erforderlich sind, durch eine Bescheinigung der nach Landesrecht zuständigen oder von der Landesregierung bestimmten Stelle nachzuweisen;

s) [1]nach denen bei Anschaffung oder Herstellung von abnutzbaren beweglichen und bei Herstellung von abnutzbaren unbeweglichen Wirtschaftsgütern des Anlagevermögens auf Antrag ein Abzug von der Einkommensteuer für den Veranlagungszeitraum der Anschaffung oder Herstellung bis zur Höhe von 7,5 Prozent der Anschaffungs- oder Herstellungskosten dieser Wirtschaftsgüter vorgenommen werden kann, wenn eine Störung des gesamtwirtschaftlichen Gleichgewichts eingetreten ist oder sich abzeichnet, die eine nachhaltige Verringerung der Umsätze oder der Beschäftigung zur Folge hatte oder erwarten lässt, insbesondere bei einem erheblichen Rückgang der Nachfrage nach Investitionsgütern oder Bauleistungen. ²Bei der Bemessung des von der Einkommensteuer abzugsfähigen Betrags dürfen nur berücksichtigt werden

    aa) die Anschaffungs- oder Herstellungskosten von beweglichen Wirtschaftsgütern, die innerhalb eines jeweils festzusetzenden Zeitraums, der ein Jahr nicht übersteigen darf (Begünstigungszeitraum), angeschafft oder hergestellt werden,

    bb) [1]die Anschaffungs- oder Herstellungskosten von beweglichen Wirtschaftsgütern, die innerhalb des Begünstigungszeitraums bestellt und angezahlt werden oder mit deren Herstellung innerhalb des Begünstigungszeitraums begonnen wird, wenn sie innerhalb eines Jahres, bei Schiffen innerhalb zweier Jahre nach Ablauf des Begünstigungszeitraums geliefert oder fertig gestellt werden. ²Soweit bewegliche Wirtschaftsgüter im Sinne des Satzes 1 mit Ausnahme von Schiffen nach Ablauf eines Jahres, aber vor Ablauf zweier Jahre nach dem Ende des Begünstigungszeitraums geliefert oder fertiggestellt werden, dürfen bei Bemessung des Abzugs von der Einkommensteuer die bis zum Ablauf eines Jahres nach dem Ende des Begünstigungszeitraums aufgewendeten Anzahlungen und Teilherstellungskosten berücksichtigt werden,

    cc) die Herstellungskosten von Gebäuden, bei denen innerhalb des Begünstigungszeitraums der Antrag auf Baugenehmigung gestellt wird, wenn sie bis zum Ablauf von zwei Jahren nach dem Ende des Begünstigungszeitraums fertiggestellt werden;

dabei scheiden geringwertige Wirtschaftsgüter im Sinne des § 6 Abs. 2 und Wirtschaftsgüter, die in gebrauchtem Zustand erworben werden, aus. ³Von der Begünstigung können außerdem Wirtschaftsgüter ausgeschlossen werden, für die Sonderabschreibungen, erhöhte Absetzungen oder die Investitionszulage nach § 19 des Berlinförderungsgesetzes in Anspruch genommen werden. ⁴In den Fällen des Satzes 2 Doppelbuchstabe bb und cc können bei Bemessung des von der Einkommensteuer abzugsfähigen Betrags bereits die im Begünstigungszeitraum, im Fall des Satzes 2 Doppelbuchstabe bb Satz 2 auch die bis zum Ablauf eines Jahres nach dem Ende des Begünstigungszeitraums aufgewendeten An-

---

1) Siehe Anhang 19.

zahlungen und Teilherstellungskosten berücksichtigt werden; der Abzug von der Einkommensteuer kann insoweit schon für den Veranlagungszeitraum vorgenommen werden, in dem die Anzahlungen oder Teilherstellungskosten aufgewendet worden sind. ⁵Übersteigt der von der Einkommensteuer abzugsfähige Betrag die für den Veranlagungszeitraum der Anschaffung oder Herstellung geschuldete Einkommensteuer, so kann der übersteigende Betrag von der Einkommensteuer für den darauffolgenden Veranlagungszeitraum abgezogen werden. ⁶Entsprechendes gilt, wenn in den Fällen des Satzes 2 Doppelbuchstabe bb und cc der Abzug von der Einkommensteuer bereits für Anzahlungen oder Teilherstellungskosten geltend gemacht wird. ⁷Der Abzug von der Einkommensteuer darf jedoch die für den Veranlagungszeitraum der Anschaffung oder Herstellung und den folgenden Veranlagungszeitraum insgesamt zu entrichtende Einkommensteuer nicht übersteigen. ⁸In den Fällen des Satzes 2 Doppelbuchstabe bb Satz 2 gilt dies mit der Massgabe, dass an die Stelle des Veranlagungszeitraums der Anschaffung oder Herstellung der Veranlagungszeitraum tritt, in dem zuletzt Anzahlungen oder Teilherstellungskosten aufgewendet worden sind. ⁹Werden begünstigte Wirtschaftsgüter von Gesellschaften im Sinne des § 15 Abs. 1 Satz 1 Nr. 2 und 3 angeschafft oder hergestellt, so ist der abzugsfähige Betrag nach dem Verhältnis der Gewinnanteile einschließlich der Vergütungen aufzuteilen. ¹⁰Die Anschaffungs- oder Herstellungskosten der Wirtschaftsgüter, die bei Bemessung des von der Einkommensteuer abzugsfähigen Betrags berücksichtigt worden sind, werden durch den Abzug von der Einkommensteuer nicht gemindert. ¹¹Rechtsverordnungen auf Grund dieser Ermächtigung bedürfen der Zustimmung des Bundestages. ¹²Die Zustimmung gilt als erteilt, wenn der Bundestag nicht binnen vier Wochen nach Eingang der Vorlage der Bundesregierung die Zustimmung verweigert hat;

t) (weggefallen)

u) ¹über Sonderabschreibungen bei abnutzbaren Wirtschaftsgütern des Anlagevermögens, die der Forschung oder Entwicklung dienen und nach dem 18. Mai 1983 und vor dem 1. Januar 1990 angeschafft oder hergestellt werden. ²Voraussetzung für die Inanspruchnahme der Sonderabschreibungen ist, dass die beweglichen Wirtschaftsgüter ausschließlich und die unbeweglichen Wirtschaftsgüter zu mehr als 33 1/3 Prozent der Forschung oder Entwicklung dienen. ³Die Sonderabschreibungen können auch für Ausbauten und Erweiterungen an bestehenden Gebäuden, Gebäudeteilen, Eigentumswohnungen oder im Teileigentum stehenden Räumen zugelassen werden, wenn die ausgebauten oder neu hergestellten Gebäudeteile zu mehr als 33 1/3 Prozent der Forschung oder Entwicklung dienen. ⁴Die Wirtschaftsgüter dienen der Forschung oder Entwicklung, wenn sie verwendet werden

  aa) zur Gewinnung von neuen wissenschaftlichen oder technischen Erkenntnissen und Erfahrungen allgemeiner Art (Grundlagenforschung) oder

  bb) zur Neuentwicklung von Erzeugnissen oder Herstellungsverfahren oder

  cc) zur Weiterentwicklung von Erzeugnissen oder Herstellungsverfahren, soweit wesentliche Änderungen dieser Erzeugnisse oder Verfahren entwickelt werden.

⁵Die Sonderabschreibungen können im Wirtschaftsjahr der Anschaffung oder Herstellung und in den vier folgenden Wirtschaftsjahren in Anspruch genommen werden, und zwar

  aa) bei beweglichen Wirtschaftsgütern des Anlagevermögens bis zu insgesamt 40 Prozent,

  bb) bei unbeweglichen Wirtschaftsgütern des Anlagevermögens, die zu mehr als 66 2/3 Prozent der Forschung oder Entwicklung dienen,

  bis zu insgesamt 15 Prozent,

  die nicht zu mehr als 66 2/3 Prozent, aber zu mehr als 33 1/3 Prozent der Forschung oder Entwicklung dienen,

  bis zu insgesamt 10 Prozent,

  cc) bei Ausbauten und Erweiterungen an bestehenden Gebäuden, Gebäudeteilen, Eigentumswohnungen oder im Teileigentum stehenden Räumen, wenn die ausgebauten oder neu hergestellten Gebäudeteile

  zu mehr als 66 2/3 Prozent der Forschung oder Entwicklung dienen,

  bis zu insgesamt 15 Prozent,

  zu nicht mehr als 66 2/3 Prozent, aber zu mehr als 33 1/3 Prozent der Forschung oder Entwicklung dienen,

  bis zu insgesamt 10 Prozent

der Anschaffungs- oder Herstellungskosten. ⁶Sie können bereits für Anzahlungen auf Anschaffungskosten und für Teilherstellungskosten zugelassen werden. ⁷Die Sonderabschreibungen sind nur unter der Bedingung zuzulassen, dass die Wirtschaftsgüter und die ausgebauten oder neu hergestellten Gebäudeteile mindestens drei Jahre nach ihrer Anschaffung oder Herstellung in dem erforderlichen Umfang der Forschung oder Entwicklung in einer inländischen Betriebsstätte des Steuerpflichtigen dienen;

v) (weggefallen);

w) ¹über Sonderabschreibungen bei Handelsschiffen, die aufgrund eines vor dem

25. April 1996 abgeschlossenen Schiffbauvertrags hergestellt, in einem inländischen Seeschiffsregister eingetragen und vor dem 1. Januar 1999 von Steuerpflichtigen angeschafft oder hergestellt worden sind, die den Gewinn nach § 5 ermitteln. ²Im Fall der Anschaffung eines Handelsschiffes ist weitere Voraussetzung, dass das Schiff vor dem 1. Januar 1996 in ungebrauchtem Zustand vom Hersteller oder nach dem 31. Dezember 1995 auf Grund eines vor dem 25. April 1996 abgeschlossenen Kaufvertrags bis zum Ablauf des vierten auf das Jahr der Fertigstellung folgenden Jahres erworben worden ist. ³Bei Steuerpflichtigen, die in eine Gesellschaft im Sinne von § 15 Abs. 1 Satz 1 Nr. 2 und Abs. 3 nach Abschluss des Schiffbauvertrags (Unterzeichnung des Hauptvertrags) eingetreten sind, dürfen Sonderabschreibungen nur zugelassen werden, wenn sie der Gesellschaft vor dem 1. Januar 1999 beitreten. ⁴Die Sonderabschreibungen können im Wirtschaftsjahr der Anschaffung oder Herstellung und in den vier folgenden Wirtschaftsjahren bis zu insgesamt 40 Prozent der Anschaffungs- oder Herstellungskosten in Anspruch genommen werden. ⁵Sie können bereits für Anzahlungen auf Anschaffungskosten und für Teilherstellungskosten zugelassen werden. ⁶Die Sonderabschreibungen sind nur unter der Bedingung zuzulassen, dass die Handelsschiffe innerhalb eines Zeitraums von acht Jahren nach ihrer Anschaffung oder Herstellung nicht veräußert werden; für Anteile an einem Handelsschiff gilt dies entsprechend. ⁷Die Sätze 1 bis 6 gelten für Schiffe, die der Seefischerei dienen, entsprechend. ⁸Für Luftfahrzeuge, die vom Steuerpflichtigen hergestellt oder in ungebrauchtem Zustand vom Hersteller erworben worden sind und die zur gewerbsmäßigen Beförderung von Personen oder Sachen im internationalen Luftverkehr oder zur Verwendung zu sonstigen gewerblichen Zwecken im Ausland bestimmt sind, gelten die Sätze 1 bis 4 und 6 mit der Maßgabe entsprechend, dass an die Stelle der Eintragung in ein inländisches Seeschiffsregister die Eintragung in die deutsche Luftfahrzeugrolle, an die Stelle des Höchstsatzes von 40 Prozent ein Höchstsatz von 30 Prozent und bei der Vorschrift des Satzes 6 an die Stelle des Zeitraums von acht Jahren ein Zeitraum von sechs Jahren treten;

x) ¹über erhöhte Absetzungen bei Herstellungskosten für Modernisierungs- und Instandsetzungsmaßnahmen im Sinne des § 177 des Baugesetzbuchs[1] sowie für bestimmte Maßnahmen, die der Erhaltung, Erneuerung und funktionsgerechten Verwendung eines Gebäudes dienen, das wegen seiner geschichtlichen, künstlerischen oder städtebaulichen Bedeutung erhalten bleiben soll, und zu deren Durchführung sich der Eigentümer neben bestimmten Modernisierungsmaßnahmen gegenüber der Gemeinde verpflichtet hat, die für Gebäude in einem förmlich festgelegten Sanierungsgebiet oder städtebaulichen Entwicklungsbereich aufgewendet worden sind; Voraussetzung ist, dass die Maßnahmen vor dem 1. Januar 1991 abgeschlossen worden sind. ²Die erhöhten Absetzungen dürfen jährlich 10 Prozent der Aufwendungen nicht übersteigen;

y) ¹über erhöhte Absetzungen für Herstellungskosten an Gebäuden, die nach den jeweiligen landesrechtlichen Vorschriften Baudenkmale sind, soweit die Aufwendungen nach Art und Umfang zur Erhaltung des Gebäudes als Baudenkmal und zu seiner sinnvollen Nutzung erforderlich sind; Voraussetzung ist, dass die Maßnahmen vor dem 1. Januar 1991 abgeschlossen worden sind. ²Die Denkmaleigenschaft des Gebäudes und die Voraussetzung, dass die Aufwendungen nach Art und Umfang zur Erhaltung des Gebäudes als Baudenkmal und zu seiner sinnvollen Nutzung erforderlich sind, sind durch eine Bescheinigung der nach Landesrecht zuständigen oder von der Landesregierung bestimmten Stelle nachzuweisen. ³Die erhöhten Absetzungen dürfen jährlich 10 Prozent der Aufwendungen nicht übersteigen;

3. die in § 4a Abs. 1 Satz 2 Nr. 1, § 10 Abs. 5, § 22 Nr. 1 Satz 3 Buchstabe a, § 26a Abs. 3, § 34c Abs. 7, § 46 Abs. 5 und § 50a Abs. 6 vorgesehenen Rechtsverordnungen zu erlassen.

(2) ¹Die Bundesregierung wird ermächtigt, durch Rechtsverordnung Vorschriften zu erlassen, nach denen die Inanspruchnahme von Sonderabschreibungen und erhöhten Absetzungen sowie die Bemessung der Absetzung für Abnutzung in fallenden Jahresbeträgen ganz oder teilweise ausgeschlossen werden kann, wenn eine Störung des gesamtwirtschaftlichen Gleichgewichts eingetreten ist oder sich abzeichnet, die erhebliche Preissteigerungen mit sich gebracht hat oder erwarten lässt, insbesondere, wenn die Inlandsnachfrage nach Investitionsgütern oder Bauleistungen das Angebot wesentlich übersteigt. ²Die Inanspruchnahme von Sonderabschreibungen und erhöhten Absetzungen sowie die Bemessung der Absetzung für Abnutzung in fallenden Jahresbeträgen darf nur ausgeschlossen werden

1. ¹für bewegliche Wirtschaftsgüter, die innerhalb eines jeweils festzusetzenden Zeitraums, der frühestens mit dem Tage beginnt, an dem die Bundesregierung ihren Beschluss über die Verordnung bekanntgibt, und der ein Jahr nicht übersteigen darf, angeschafft oder hergestellt werden. ²Für bewegliche Wirtschaftsgüter, die vor Beginn dieses Zeitraums bestellt und angezahlt worden sind oder mit deren Herstellung vor Beginn dieses Zeitraums angefangen worden ist, darf jedoch die Inanspruchnahme von Sonderabschreibungen und erhöhten Absetzungen so-

---
[1] Siehe Anhang 19.

wie die Bemessung der Absetzung für Abnutzung in fallenden Jahresbeträgen nicht ausgeschlossen werden;

2. ¹für bewegliche Wirtschaftsgüter und für Gebäude, die in dem in Nummer 1 bezeichneten Zeitraum bestellt werden oder mit deren Herstellung in diesem Zeitraum begonnen wird. ²Als Beginn der Herstellung gilt bei Gebäuden der Zeitpunkt, in dem der Antrag auf Baugenehmigung gestellt wird.

³Rechtsverordnungen auf Grund dieser Ermächtigung bedürfen der Zustimmung des Bundestages und des Bundesrates. ⁴Die Zustimmung gilt als erteilt, wenn der Bundesrat nicht binnen drei Wochen, der Bundestag nicht binnen vier Wochen nach Eingang der Vorlage der Bundesregierung die Zustimmung verweigert hat.

(3) ¹Die Bundesregierung wird ermächtigt, durch Rechtsverordnung mit Zustimmung des Bundesrates Vorschriften zu erlassen, nach denen die Einkommensteuer einschließlich des Steuerabzugs vom Arbeitslohn, des Steuerabzugs vom Kapitalertrag und des Steuerabzugs bei beschränkt Steuerpflichtigen

1. ¹um höchstens 10 Prozent herabgesetzt werden kann. ²Der Zeitraum, für den die Herabsetzung gilt, darf ein Jahr nicht übersteigen; er soll sich mit dem Kalenderjahr decken. ³Voraussetzung ist, dass eine Störung des gesamtwirtschaftlichen Gleichgewichts eingetreten ist oder sich abzeichnet, die eine nachhaltige Verringerung der Umsätze oder der Beschäftigung zur Folge hatte oder erwarten lässt, insbesondere bei einem erheblichen Rückgang der Nachfrage nach Investitionsgütern und Bauleistungen oder Verbrauchsgütern;

2. ¹um höchstens 10 Prozent erhöht werden kann. ²Der Zeitraum, für den die Erhöhung gilt, darf ein Jahr nicht übersteigen; er soll sich mit dem Kalenderjahr decken. ³Voraussetzung ist, dass eine Störung des gesamtwirtschaftlichen Gleichgewichts eingetreten ist oder sich abzeichnet, die erhebliche Preissteigerungen mit sich gebracht hat oder erwarten lässt, insbesondere, wenn die Nachfrage nach Investitionsgütern und Bauleistungen oder Verbrauchsgütern das Angebot wesentlich übersteigt.

²Rechtsverordnungen auf Grund dieser Ermächtigung bedürfen der Zustimmung des Bundestages.

(4) Das Bundesministerium der Finanzen wird ermächtigt,

1. im Einvernehmen mit den obersten Finanzbehörden der Länder die Vordrucke für

    a) (weggefallen)

    b) die Erklärungen zur Einkommensbesteuerung,

    c) die Anträge nach § 38b Absatz 2, nach § 39a Absatz 2, in dessen Vordrucke der Antrag nach § 39f einzubeziehen ist, die Anträge nach § 39a Absatz 4 sowie die Anträge zu den elektronischen Lohnsteuerabzugsmerkmalen (§ 38b Absatz 3 und § 39e Absatz 4 Satz 7),

    d) die Lohnsteueranmeldung (§ 41a Abs. 1),

    e) die Anmeldung der Kapitalertragsteuer (§ 45a Abs. 1) und den Freistellungsauftrag nach § 44a Abs. 2 Satz 1 Nr. 1,

    f) die Anmeldung des Abzugsbetrags (§ 48a),

    g) die Erteilung der Freistellungsbescheinigung (§ 48b),

    h) die Anmeldung der Abzugsteuer (§ 50a),

    i) die Entlastung von der Kapitalertragsteuer und vom Steuerabzug nach § 50a auf Grund von Abkommen zur Vermeidung der Doppelbesteuerung

    und die Muster der Bescheinigungen für den Lohnsteuerabzug nach § 39 Absatz 3 Satz 1 und § 39e Absatz 7 Satz 5, des Ausdrucks der elektronischen Lohnsteuerbescheinigung (§ 41b Absatz 1), das Muster der Lohnsteuerbescheinigung nach § 41 b Absatz 3 Satz 1, der Anträge auf Erteilung einer Bescheinigung für den Lohnsteuerabzug nach § 39 Absatz 3 Satz 1 und § 39e Absatz 7 Satz 1 sowie der in § 45a Absatz 2 und 3 und § 50a Absatz 5 Satz 6 vorgesehenen Bescheinigungen zu bestimmen;

1a. Im Einvernehmen mit den obersten Finanzbehörden der Länder auf der Basis der §§ 32a und 39b einen Programmablaufplan für die Herstellung von Lohnsteuertabellen zur manuellen Berechnung der Lohnsteuer aufzustellen und bekannt zu machen. ²Der Lohnstufenabstand beträgt bei den Jahrestabellen 36. ³Die in den Tabellenstufen auszuweisende Lohnsteuer ist aus der Obergrenze der Tabellenstufen zu berechnen und muss an der Obergrenze der maschinell berechneten Lohnsteuer übereinstimmen. ⁴Die Monats-, Wochen- und Tagestabellen sind aus den Jahrestabellen abzuleiten;

1b. im Einvernehmen mit den obersten Finanzbehörden der Länder den Mindestumfang der nach § 5b elektronisch zu übermittelnden Bilanz und Gewinn- und Verlustrechnung zu bestimmen;

1c. durch Rechtsverordnung zur Durchführung dieses Gesetzes mit Zustimmung des Bundesrates Vorschriften über einen von dem vorgesehenen erstmaligen Anwendungszeitpunkt gemäß § 52 Abs. 15a in der Fassung des Artikels 1 des Gesetzes vom 20. Dezember 2008 (BGBl. I S. 2850) abweichenden späteren Anwendungszeitpunkt zu erlassen, wenn bis zum 31. Dezember 2010 erkennbar ist, dass die technischen oder organisatorischen Voraussetzungen für eine Umsetzung der in § 5b Abs. 1 in der Fassung des Artikels 1 des Gesetzes vom 20. Dezember 2008 (BGBl. I S. 2850) vorgesehenen Verpflichtung nicht ausreichen.

2. den Wortlaut dieses Gesetzes und der zu diesem Gesetz erlassenen Rechtsverordnungen in der jeweils geltenden Fassung satzweise numeriert mit neuem Datum und in neuer Paragraphenfolge bekanntzumachen und dabei Unstimmigkeiten im Wortlaut zu beseitigen.

EStG

§ 51a
Festsetzung und Erhebung von Zuschlagsteuern

(1) Auf die Festsetzung und Erhebung von Steuern, die nach der Einkommensteuer bemessen werden (Zuschlagsteuern), sind die Vorschriften dieses Gesetzes entsprechend anzuwenden.

(2) [1]Bemessungsgrundlage ist die Einkommensteuer, die abweichend von § 2 Abs. 6 unter Berücksichtigung von Freibeträgen nach § 32 Abs. 6 in allen Fällen des § 32 festzusetzen wäre. [2]Zur Ermittlung der Einkommensteuer im Sinne des Satzes 1 ist das zu versteuernde Einkommen um die nach § 3 Nr. 40 steuerfreien Beträge zu erhöhen und um die nach § 3c Abs. 2 nicht abziehbaren Beträge zu mindern. [3]§ 35 ist bei der Ermittlung der festzusetzenden Einkommensteuer nach Satz 1 nicht anzuwenden.

(2a) [1]Vorbehaltlich des § 40a Abs. 2 in der Fassung des Gesetzes vom 23. Dezember 2002 (BGBl. I S. 4621) ist beim Steuerabzug vom Arbeitslohn Bemessungsgrundlage die Lohnsteuer; beim Steuerabzug vom laufenden Arbeitslohn und beim Jahresausgleich ist die Lohnsteuer maßgebend, die sich ergibt, wenn der nach § 39b Abs. 2 Satz 5 zu versteuernde Jahresbetrag für die Steuerklassen I, II und III um den Kinderfreibetrag von 4 368 Euro sowie den Freibetrag für den Betreuungs- und Erziehungs- oder Ausbildungsbedarf von 2 640 Euro und für die Steuerklasse IV um den Kinderfreibetrag von 2 184 Euro sowie den Freibetrag für den Betreuungs- und Erziehungs- oder Ausbildungsbedarf von 1 320 Euro für jedes Kind vermindert wird, für das eine Kürzung der Freibeträge für Kinder nach § 32 Abs. 6 Satz 4 nicht in Betracht kommt. [2]Bei der Anwendung des § 39b für die Ermittlung der Zuschlagsteuern ist die als Lohnsteuerabzugsmerkmal gebildete Zahl der Kinderfreibeträge maßgebend. [3]Bei Anwendung des § 39f ist beim Steuerabzug vom laufenden Arbeitslohn die Lohnsteuer maßgebend, die sich bei Anwendung des nach § 39f Abs. 1 ermittelten Faktors auf den nach den Sätzen 1 und 2 ermittelten Betrag ergibt.

(2b) Wird die Einkommensteuer nach § 43 Abs. 1 durch Abzug vom Kapitalertrag (Kapitalertragsteuer) erhoben, wird die darauf entfallende Kirchensteuer nach dem Kirchensteuersatz der Religionsgemeinschaft, der der Kirchensteuerpflichtige angehört, als Zuschlag zur Kapitalertragsteuer erhoben.

(2c) [1]Der zur Vornahme des Steuerabzugs vom Kapitalertrag Verpflichtete (Kirchensteuerabzugsverpflichteter) hat die auf die Kapitalertragsteuer nach Absatz 2b entfallende Kirchensteuer nach folgenden Maßgaben einzubehalten:

1. Das Bundeszentralamt für Steuern speichert unabhängig von und zusätzlich zu den in § 139b Absatz 3 der Abgabenordnung genannten und nach § 39e gespeicherten Daten des Steuerpflichtigen den Kirchensteuersatz der steuererhebenden Religionsgemeinschaft des Kirchensteuerpflichtigen sowie die ortsbezogenen Daten, mit deren Hilfe der Kirchensteuerpflichtige seiner Religionsgemeinschaft zugeordnet werden kann. [2]Die Daten werden als automatisiert abrufbares Merkmal für den Kirchensteuerabzug bereitgestellt;

2. sofern dem Kirchensteuerabzugsverpflichteten die Identifikationsnummer des Schuldners der Kapitalertragsteuer nicht bereits bekannt ist, kann er sie beim Bundeszentralamt für Steuern anfragen. [2]In der Anfrage dürfen nur die in § 139b Absatz 3 der Abgabenordnung genannten Daten des Schuldners der Kapitalertragsteuer angegeben werden, soweit sie dem Kirchensteuerabzugsverpflichteten bekannt sind. [3]Die Anfrage hat nach amtlich vorgeschriebenem Datensatz durch Datenfernübertragung zu erfolgen. [4]Im Übrigen ist die Steuerdaten-Übermittlungsverordnung entsprechend anzuwenden. [5]Das Bundeszentralamt für Steuern teilt dem Kirchensteuerabzugsverpflichteten die Identifikationsnummer mit, sofern die übermittelten Daten mit den nach § 139b Absatz 3 der Abgabenordnung beim Bundeszentralamt für Steuern gespeicherten Daten übereinstimmen;

3. der Kirchensteuerabzugsverpflichtete hat unter Angabe der Identifikationsnummer und des Geburtsdatums des Schuldners der Kapitalertragsteuer einmal jährlich im Zeitraum vom 1. September bis 31. Oktober beim Bundeszentralamt für Steuern anzufragen, ob der Schuldner der Kapitalertragsteuer am 31. August des betreffenden Jahres (Stichtag) kirchensteuerpflichtig ist (Regelabfrage). [2]Für Kapitalerträge im Sinne des § 43 Absatz 1 Nummer 4 aus Versicherungsverträgen hat der Kirchensteuerabzugsverpflichtete eine auf den Zuflusszeitpunkt der Kapitalerträge bezogene Abfrage (Anlassabfrage) an das Bundeszentralamt für Steuern zu richten. [3]Im Übrigen kann der Kirchensteuerabzugsverpflichtete eine Anlassabfrage bei Begründung einer Geschäftsbeziehung oder auf Veranlassung des Kunden an das Bundeszentralamt für Steuern richten. [4]Auf die Anfrage hin teilt das Bundeszentralamt für Steuern dem Kirchensteuerabzugsverpflichteten die rechtliche Zugehörigkeit zu einer steuererhebenden Religionsgemeinschaft und den für die Religionsgemeinschaft geltenden Kirchensteuersatz zum Zeitpunkt der Anfrage als automatisiert abrufbares Merkmal nach Nummer 1 mit. [5]Rechtzeitig vor Regel- oder Anlassabfrage ist der Schuldner der Kapitalertragsteuer vom Kirchensteuerabzugsverpflichteten auf die bevorstehende Datenabfrage sowie das gegenüber dem Bundeszentralamt für Steuern bestehende Widerspruchsrecht, das sich auf die Übermittlung von Daten zur Religionszugehörigkeit bezieht (Absatz 2e Satz 1), schriftlich oder in anderer geeigneter Form hinzuweisen. [6]Anträge auf das Setzen der Sperrvermerke, die im aktuellen Kalenderjahr für eine Regelabfrage berücksichtigt werden sollen, müssen bis zum 30. Juni beim Bundeszentralamt für Steuern eingegangen sein. Alle übrigen Sperrvermerke können nur berücksichtigt werden, wenn sie spätestens zwei Monate vor der Abfrage des Kirchensteuerabzugsverpflichteten eingegangen sind. Dies gilt für den Widerruf entsprechend. [7]Der Hinweis hat individuell zu erfolgen. [8]Gehört der Schuldner der Kapitalertragsteuer keiner steuererhebenden Religionsgemeinschaft an oder hat er

dem Abruf von Daten zur Religionszugehörigkeit widersprochen (Sperrvermerk), so teilt das Bundeszentralamt für Steuern dem Kirchensteuerabzugsverpflichteten zur Religionszugehörigkeit einen neutralen Wert (Nullwert) mit. [9]Der Kirchensteuerabzugsverpflichtete hat die vorhandenen Daten zur Religionszugehörigkeit unverzüglich zu löschen, wenn ein Nullwert übermittelt wurde;

4. im Falle einer am Stichtag oder im Zuflusszeitpunkt bestehenden Kirchensteuerpflicht hat der Kirchensteuerabzugsverpflichtete den Kirchensteuerabzug für die steuererhebende Religionsgemeinschaft durchzuführen und den Kirchensteuerbetrag an das für ihn zuständige Finanzamt abzuführen. [2]§ 45a Absatz 1 gilt entsprechend; in der Steueranmeldung sind die nach Satz 1 einbehaltenen Kirchensteuerbeträge für jede steuererhebende Religionsgemeinschaft jeweils als Summe anzumelden. [3]Die auf Grund der Regelabfrage vom Bundeszentralamt für Steuern bestätigte Kirchensteuerpflicht hat der Kirchensteuerabzugsverpflichtete dem Kirchensteuerabzug des auf den Stichtag folgenden Kalenderjahres zu Grunde zu legen. [4]Das Ergebnis einer Anlassabfrage wirkt anlassbezogen.

[2]Die Daten gemäß Nummer 3 sind nach amtlich vorgeschriebenem Datensatz durch Datenfernübertragung zu übermitteln. [3]Die Verbindung der Anfrage nach Nummer 2 mit der Anfrage nach Nummer 3 zu einer Anfrage ist zulässig. [4]Auf Antrag kann das Bundeszentralamt für Steuern zur Vermeidung unbilliger Härten auf die elektronische Übermittlung verzichten. [5]§ 44 Absatz 5 ist mit der Maßgabe anzuwenden, dass der Haftungsbescheid von dem für den Kirchensteuerabzugsverpflichteten zuständigen Finanzamt erlassen wird. [6]§ 45a Absatz 2 ist mit der Maßgabe anzuwenden, dass die steuererhebende Religionsgemeinschaft angegeben wird. [7]Sind an den Kapitalerträgen ausschließlich Ehegatten beteiligt, wird der Anteil an den Kapitalerträgen hälftig ermittelt. [8]Der Kirchensteuerabzugsverpflichtete darf die von ihm für die Durchführung des Kirchensteuerabzugs erhobenen Daten ausschließlich für diesen Zweck verwenden. [9]Er hat organisatorisch dafür Sorge zu tragen, dass im Zugriff auf diese Daten für andere Zwecke gesperrt ist. [10]Für andere Zwecke dürfen der Kirchensteuerabzugsverpflichtete und die beteiligte Finanzbehörde die Daten nur verwenden, soweit der Kirchensteuerpflichtige zustimmt oder dies gesetzlich zugelassen ist.

(2d) [1]Wird die nach Absatz 2b zu erhebende Kirchensteuer nicht nach Absatz 2c als Kirchensteuerabzug vom Kirchensteuerabzugsverpflichteten einbehalten, wird sie nach Ablauf des Kalenderjahres nach dem Kapitalertragsteuerbetrag veranlagt, der sich ergibt, wenn die Steuer auf Kapitalerträge nach § 32d Abs. 1 Satz 4 und 5 errechnet wird; wenn Kirchensteuer auf Kapitalerträge als Kirchensteuerabzug nach Absatz 2c erhoben wurde, wird eine Veranlagung auf Antrag des Steuerpflichtigen durchgeführt. [2]Der Abzugsverpflichtete hat dem Kirchensteuerpflichtigen auf dessen Verlangen hin eine Bescheinigung über die einbehaltene Kapitalertragsteuer zu erteilen. [3]Der Kirchensteuerpflichtige hat die erhobene Kapitalertragsteuer zu erklären und die Bescheinigung nach Satz 2 oder nach § 45a Abs. 2 oder 3 vorzulegen.

(2e) [1]Der Schuldner der Kapitalertragsteuer kann unter Angabe seiner Identifikationsnummer nach amtlich vorgeschriebenem Vordruck schriftlich beim Bundeszentralamt für Steuern beantragen, dass der automatisierte Datenabruf seiner rechtlichen Zugehörigkeit zu einer steuererhebenden Religionsgemeinschaft bis auf schriftlichen Widerruf unterbleibt (Sperrvermerk). [2]Das Bundeszentralamt für Steuern kann für die Abgabe der Erklärungen nach Satz 1 ein sicheres Verfahren zur Verfügung stellen. [3]Der Sperrvermerk verpflichtet den Kirchensteuerpflichtigen für jeden Veranlagungszeitraum, in dem Kapitalertragsteuer einbehalten worden ist, zur Abgabe einer Steuererklärung zum Zwecke der Veranlagung nach Absatz 2d Satz 1. [4]Das Bundeszentralamt für Steuern übermittelt für jeden Veranlagungszeitraum, in dem der Sperrvermerk abgerufen worden ist, an das Wohnsitzfinanzamt Name und Anschrift des Kirchensteuerabzugsverpflichteten, an den im Fall des Absatzes 2c Nummer 3 auf Grund des Sperrvermerks ein Nullwert im Sinne des Absatzes 2c Satz 1 Nummer 3 Satz 6 mitgeteilt worden ist. [5]Das Wohnsitzfinanzamt fordert den Kirchensteuerpflichtigen zur Abgabe einer Steuererklärung nach § 149 Absatz 1 Satz 1 und 2 der Abgabenordnung auf.

(3) Ist die Einkommensteuer für Einkünfte, die dem Steuerabzug unterliegen, durch den Steuerabzug abgegolten oder werden solche Einkünfte bei der Veranlagung zur Einkommensteuer oder beim Lohnsteuer-Jahresausgleich nicht erfasst, gilt dies für die Zuschlagsteuer entsprechend.

(4) [1]Die Vorauszahlungen auf Zuschlagsteuern sind gleichzeitig mit den festgesetzten Vorauszahlungen auf die Einkommensteuer zu entrichten; § 37 Abs. 5 ist nicht anzuwenden. [2]Solange ein Bescheid über die Vorauszahlungen auf Zuschlagsteuern nicht erteilt worden ist, sind die Vorauszahlungen ohne besondere Aufforderung nach Maßgabe der für die Zuschlagsteuern geltenden Vorschriften zu entrichten. [3]§ 240 Abs. 1 Satz 3 der Abgabenordnung ist insoweit nicht anzuwenden; § 254 Abs. 2 der Abgabenordnung gilt insoweit sinngemäß.

(5) [1]Mit einem Rechtsbehelf gegen die Zuschlagsteuer kann weder die Bemessungsgrundlage noch die Höhe des zu versteuernden Einkommens angegriffen werden. [2]Wird die Bemessungsgrundlage geändert, ändert sich die Zuschlagsteuer entsprechend.

(6) Die Absätze 1 bis 5 gelten für die Kirchensteuern nach Maßgabe landesrechtlicher Vorschriften.

§ 52
Anwendungsvorschriften

(1)[1)] ¹Diese Fassung des Gesetzes ist, soweit in den folgenden Absätzen nichts anderes bestimmt ist, erstmals für den Veranlagungszeitraum 2015 anzuwenden. ²Beim Steuerabzug vom Arbeitslohn gilt Satz 1 mit der Maßgabe, dass diese Fassung erstmals auf den laufenden Arbeitslohn anzuwenden ist, der für einen nach dem 31. Dezember 2014 endenden Lohnzahlungszeitraum gezahlt wird, und auf sonstige Bezüge, die nach dem 31. Dezember 2014 zufließen. ³Beim Steuerabzug vom Kapitalertrag gilt Satz 1 mit der Maßgabe, dass diese Fassung des Gesetzes erstmals auf Kapitalerträge anzuwenden ist, die dem Gläubiger nach dem 31. Dezember 2014 zufließen.

(2) ¹§ 2a Absatz 1 Satz 1 Nummer 6 Buchstabe b in der am 1. Januar 2000 geltenden Fassung ist erstmals auf negative Einkünfte eines Steuerpflichtigen anzuwenden, die er aus einer entgeltlichen Überlassung von Schiffen auf Grund eines nach dem 31. Dezember 1999 rechtswirksam abgeschlossenen obligatorischen Vertrags oder gleichstehenden Rechtsakts erzielt. ²Für negative Einkünfte im Sinne des § 2a Absatz 1 und 2 in der am 24. Dezember 2008 geltenden Fassung, die vor dem 25. Dezember 2008 nach § 2a Absatz 1 Satz 5 bestandskräftig gesondert festgestellt wurden, ist § 2a Absatz 1 Satz 3 bis 5 in der am 24. Dezember 2008 geltenden Fassung weiter anzuwenden. ³§ 2a Absatz 3 Satz 3, 5 und 6 in der am 29. April 1997 geltenden Fassung ist für Veranlagungszeiträume ab 1999 weiter anzuwenden, soweit sich ein positiver Betrag im Sinne des § 2a Absatz 3 Satz 3 in der am 29. April 1997 geltenden Fassung ergibt oder soweit eine in einem ausländischen Staat belegene Betriebsstätte im Sinne des § 2a Absatz 4 in der Fassung des § 52 Absatz 3 Satz 8 in der vor dem 30. Juli 2014 geltenden Fassung in eine Kapitalgesellschaft umgewandelt, übertragen oder aufgegeben wird. ⁴Insoweit ist in § 2a Absatz 3 Satz 5 letzter Halbsatz in der am 29. April 1997 geltenden Fassung die Angabe „§ 10d Absatz 3" durch die Angabe „§ 10d Absatz 4" zu ersetzen.

(3) § 2b in der Fassung der Bekanntmachung vom 19. Oktober 2002 (BGBl. I S. 4210; 2003 I S. 179) ist weiterhin für Einkünfte aus einer Einkunftsquelle im Sinne des § 2b anzuwenden, die der Steuerpflichtige nach dem 4. März 1999 und vor dem 11. November 2005 rechtswirksam erworben oder begründet hat.

(4) ¹§ 3 Nummer 5 in der am 30. Juni 2013 geltenden Fassung ist vorbehaltlich des Satzes 2 erstmals für den Veranlagungszeitraum 2013 anzuwenden. ²§ 3 Nummer 5 in der am 29. Juni 2013 geltenden Fassung ist weiterhin anzuwenden für freiwillig Wehrdienst Leistende, die das Dienstverhältnis vor dem 1. Januar 2014 begonnen haben. ³§ 3 Nummer 10 in der am 31. Dezember 2005 geltenden Fassung ist weiter anzuwenden für ausgezahlte Übergangsbeihilfen an Soldatinnen auf Zeit und Soldaten auf Zeit, wenn das Dienstverhältnis vor dem 1. Januar 2006 begründet worden ist. ⁴Auf fortlaufende Leistungen nach dem Gesetz über die Heimkehrerstiftung vom 21. Dezember 1992 (BGBl. I S. 2094, 2101), das zuletzt durch Artikel 1 des Gesetzes vom 10. Dezember 2007 (BGBl. I S. 2830) geändert worden ist, in der jeweils geltenden Fassung ist § 3 Nummer 19 in der am 31. Dezember 2010 geltenden Fassung weiter anzuwenden. ⁵§ 3 Nummer 40 ist erstmals anzuwenden für

1. Gewinnausschüttungen, auf die bei der ausschüttenden Körperschaft der nach Artikel 3 des Gesetzes vom 23. Oktober 2000 (BGBl. I S. 1433) aufgehobene Vierte Teil des Körperschaftsteuergesetzes nicht mehr anzuwenden ist; für die übrigen in § 3 Nummer 40 genannten Erträge im Sinne des § 20 gilt Entsprechendes;

2. Erträge im Sinne des § 3 Nummer 40 Satz 1 Buchstabe a, b, c und j nach Ablauf des ersten Wirtschaftsjahres der Gesellschaft, an der die Anteile bestehen, für das das Körperschaftsteuergesetz in der Fassung des Artikels 3 des Gesetzes vom 23. Oktober 2000 (BGBl. I S. 1433) erstmals anzuwenden ist.

⁶§ 3 Nummer 40 Satz 3 und 4 in der am 12. Dezember 2006 geltenden Fassung ist für Anteile, die einbringungsgeboren im Sinne des § 21 des Umwandlungssteuergesetzes in der am 12. Dezember 2006 geltenden Fassung sind, weiter anzuwenden. ⁷Bei vom Kalenderjahr abweichenden Wirtschaftsjahren ist § 3 Nummer 40 Buchstabe d Satz 2 in der am 30. Juni 2013 geltenden Fassung erstmals für den Veranlagungszeitraum anzuwenden, in dem das Wirtschaftsjahr endet, das nach dem 31. Dezember 2013 begonnen hat. ⁸§ 3 Nummer 40a in der am 6. August 2004 geltenden Fassung ist auf Vergütungen im Sinne des § 18 Absatz 1 Nummer 4 anzuwenden, wenn die vermögensverwaltende Gesellschaft oder Gemeinschaft nach dem 31. März 2002 und vor dem 1. Januar 2009 gegründet worden ist oder soweit die Vergütungen in Zusammenhang mit der Veräußerung von Anteilen an Kapitalgesellschaften stehen, die nach dem 7. November 2003 und vor dem 1. Januar 2009 erworben worden sind. ⁹§ 3 Nummer 40a in der am 19. August 2008 geltenden Fassung ist erstmals auf Vergütungen im Sinne des § 18 Absatz 1 Nummer 4 anzuwenden, wenn die vermögensverwaltende Gesellschaft oder Gemeinschaft nach dem 31. Dezember 2008 gegründet worden ist. ¹⁰§ 3 Nummer 63 ist bei Beiträgen für eine Direktversicherung nicht anzuwenden, wenn die entsprechende Versorgungszusage vor dem 1. Januar 2005 erteilt wurde und der Arbeitnehmer gegenüber dem Arbeitgeber für diese Beiträge auf die Anwendung des § 3 Nummer 63 verzichtet hat. ¹¹Der Verzicht gilt für die Dauer des Dienstverhältnisses; er ist bis zum 30. Juni 2005 oder bei einem späteren Arbeitgeberwechsel bis zur ersten Beitragsleistung zu erklären. ¹²§ 3 Nummer 63 Satz 3 und 4 ist nicht anzuwenden, wenn § 40b Absatz 1 und 2 in der am 31. Dezember 2004 geltenden Fassung angewendet wird. ¹³§ 3 Nummer 71 in der am 31. Dezember 2014 geltenden Fassung ist erstmals für den Veranlagungszeitraum 2013 anzuwenden.

---

1) Art. 3 des Kroatienanpassungsgesetzes vom 25.7.2014. Die Anwendungsregelung ab VZ 2015 betrifft vor allem nachfolgende Vorschriften: §§ 1 Abs. 1 Satz 2; 3 Nr. 2, Nr. 4; 32b Abs. 1 Satz 1 Nr. 1; 33a Abs. 1; 39b Abs. 2; 41a Abs. 2 Satz 2; 42b Abs. 1 Satz 3 Nr. 3.

(5) ¹§ 3c Absatz 2 Satz 3 und 4 in der am 12. Dezember 2006 geltenden Fassung ist für Anteile, die einbringungsgeboren im Sinne des § 21 des Umwandlungssteuergesetzes in der am 12. Dezember 2006 geltenden Fassung sind, weiter anzuwenden. ²§ 3c Absatz 2 in der am 31. Dezember 2014 geltenden Fassung ist erstmals für Wirtschaftsjahre anzuwenden, die nach dem 31. Dezember 2014 beginnen.

(6) ¹§ 4 Absatz 1 Satz 4 in der Fassung des Artikels 1 des Gesetzes vom 8. Dezember 2010 (BGBl. I S. 1768) gilt in allen Fällen, in denen § 4 Absatz 1 Satz 3 anzuwenden ist. ²§ 4 Absatz 3 Satz 4 ist nicht anzuwenden, soweit die Anschaffungs- oder Herstellungskosten vor dem 1. Januar 1971 als Betriebsausgaben abgesetzt worden sind. ³§ 4 Absatz 3 Satz 4 und 5 in der Fassung des Artikels 1 des Gesetzes vom 28. April 2006 (BGBl. I S. 1095) ist erstmals für Wirtschaftsgüter anzuwenden, die nach dem 5. Mai 2006 angeschafft, hergestellt oder in das Betriebsvermögen eingelegt werden. ⁴Die Anschaffungs- oder Herstellungskosten für nicht abnutzbare Wirtschaftsgüter des Anlagevermögens, die vor dem 5. Mai 2006 angeschafft, hergestellt oder in das Betriebsvermögen eingelegt wurden, sind erst im Zeitpunkt des Zuflusses des Veräußerungserlöses oder im Zeitpunkt der Entnahme als Betriebsausgaben zu berücksichtigen. ⁵§ 4 Absatz 4a in der Fassung des Gesetzes vom 22. Dezember 1999 (BGBl. I S. 2601) ist erstmals für das Wirtschaftsjahr anzuwenden, das nach dem 31. Dezember 1998 endet. ⁶Über- und Unterentnahmen vorangegangener Wirtschaftsjahre bleiben unberücksichtigt. ⁷Bei vor dem 1. Januar 1999 eröffneten Betrieben sind im Fall der Betriebsaufgabe bei der Überführung von Wirtschaftsgütern aus dem Betriebsvermögen in das Privatvermögen die Buchwerte nicht als Entnahme anzusetzen; im Fall der Betriebsveräußerung ist nur der Veräußerungsgewinn als Entnahme anzusetzen. ⁸§ 4 Absatz 5 Satz 1 Nummer 5 in der Fassung des Artikels 1 des Gesetzes vom 20. Februar 2013 (BGBl. I S. 285) ist erstmals ab dem 1. Januar 2014 anzuwenden. ⁹§ 4 Absatz 5 Satz 1 Nummer 6a in der Fassung des Artikels 1 des Gesetzes vom 20. Februar 2013 (BGBl. I S. 285) ist erstmals ab dem 1. Januar 2014 anzuwenden.

(7) § 4d Absatz 1 Satz 1 Nummer 1 Satz 1 in der Fassung des Artikels 5 Nummer 1 des Gesetzes vom 10. Dezember 2007 (BGBl. I S. 2838) ist erstmals bei nach dem 31. Dezember 2008 zugesagten Leistungen der betrieblichen Altersversorgung anzuwenden.

(8) § 4f in der Fassung des Gesetzes vom 18. Dezember 2013 (BGBl. I S. 4318) ist erstmals für Wirtschaftsjahre anzuwenden, die nach dem 28. November 2013 enden.

(9) ¹§ 5 Absatz 7 in der Fassung des Gesetzes vom 18. Dezember 2013 (BGBl. I S. 4318) ist erstmals für Wirtschaftsjahre anzuwenden, die nach dem 28. November 2013 enden. ²Auf Antrag kann § 5 Absatz 7 auch für frühere Wirtschaftsjahre angewendet werden. ³Bei Schuldübertragungen, Schuldbeitritten und Erfüllungsübernahmen, die vor dem 14. Dezember 2011 vereinbart wurden, ist § 5 Absatz 7 Satz 5 mit der Maßgabe anzuwenden, dass für einen Gewinn, der sich aus der Anwendung von § 5 Absatz 7 Satz 1 bis 3 ergibt, jeweils in Höhe von 19 Zwanzigsteln eine gewinnmindernde Rücklage gebildet werden kann, die in den folgenden 19 Wirtschaftsjahren jeweils mit mindestens einem Neunzehntel gewinnerhöhend aufzulösen ist.

(10) ¹§ 5a Absatz 3 in der Fassung des Artikels 9 des Gesetzes vom 29. Dezember 2003 (BGBl. I S. 3076) ist erstmals für das Wirtschaftsjahr anzuwenden, das nach dem 31. Dezember 2005 endet. ²§ 5a Absatz 3 Satz 1 in der am 31. Dezember 2003 geltenden Fassung ist weiterhin anzuwenden, wenn der Steuerpflichtige im Fall der Anschaffung das Handelsschiff auf Grund eines vor dem 1. Januar 2006 rechtswirksam abgeschlossenen schuldrechtlichen Vertrags angeschafft oder im Fall der Herstellung mit der Herstellung des Handelsschiffs vor dem 1. Januar 2006 begonnen hat in Fällen des Satzes 2 muss der Antrag auf Anwendung des § 5a Absatz 1 spätestens bis zum Ablauf des Wirtschaftsjahres gestellt werden, das vor dem 1. Januar 2008 endet. ³Soweit Ansparabschreibungen im Sinne des § 7g Absatz 3 in der am 17. August 2007 geltenden Fassung zum Zeitpunkt des Übergangs zur Gewinnermittlung nach § 5a Absatz 1 noch nicht gewinnerhöhend aufgelöst worden sind, ist § 5a Absatz 5 Satz 3 in der am 17. August 2007 geltenden Fassung weiter anzuwenden.

(11) § 5b in der Fassung des Artikels 1 des Gesetzes vom 20. Dezember 2008 (BGBl. I S. 2850) ist erstmals für Wirtschaftsjahre anzuwenden, die nach dem 31. Dezember 2010 beginnen.

(12) ¹§ 6 Absatz 1 Nummer 4 Satz 2 und 3 in der am 30. Juni 2013 geltenden Fassung ist für Fahrzeuge mit Antrieb ausschließlich durch Elektromotoren, die ganz oder überwiegend aus mechanischen oder elektrochemischen Energiespeichern oder aus emissionsfrei betriebenen Energiewandlern gespeist werden (Elektrofahrzeuge), oder für extern aufladbare Hybridelektrofahrzeuge anzuwenden, die vor dem 1. Januar 2023 angeschafft werden. ²§ 6 Absatz 5 Satz 1 zweiter Halbsatz in der am 14. Dezember 2010 geltenden Fassung gilt in allen Fällen, in denen § 4 Absatz 1 Satz 3 anzuwenden ist.

(13) ¹§ 6a Absatz 2 Nummer 1 erste Alternative und Absatz 3 Satz 2 Nummer 1 Satz 6 erster Halbsatz in der am 1. Januar 2001 geltenden Fassung ist bei Pensionsverpflichtungen gegenüber Berechtigten anzuwenden, denen der Pensionsverpflichtete erstmals eine Pensionszusage nach dem 31. Dezember 2000 erteilt hat; § 6a Absatz 2 Nummer 1 zweite Alternative sowie § 6a Absatz 3 Satz 2 Nummer 1 Satz 6 und § 6a Absatz 3 Satz 2 Nummer 1 Satz 6 zweiter Halbsatz sind bei Pensionsverpflichtungen anzuwenden, die auf einer nach dem 31. Dezember 2000 vereinbarten Entgeltumwandlung im Sinne von § 1 Absatz 2 des Betriebsrentengesetzes beruhen. ²§ 6a Absatz 2 Nummer 1 und Absatz 3 Satz 2 Nummer 1 Satz 6 in der am 1. September 2009 geltenden Fassung ist erstmals bei nach dem 31. Dezember 2008 erteilten Pensionszusagen anzuwenden.

(14) § 6b Absatz 10 Satz 11 in der am 12. Dezember 2006 geltenden Fassung ist für Anteile, die einbringungsgeboren im Sinne des § 21 des Umwandlungssteuergesetzes in der am 12. Dezember 2006 geltenden Fassung sind, weiter anzuwenden.

(15) ¹Bei Wirtschaftsgütern, die vor dem 1. Januar 2001 angeschafft oder hergestellt worden sind, ist § 7 Absatz 2 Satz 2 in der Fassung des Gesetzes vom 22. Dezember 1999 (BGBl. I S. 2601) weiter anzuwenden. ²Bei Gebäuden, soweit sie zu einem Betriebsvermögen gehören und nicht Wohnzwecken dienen, ist § 7 Absatz 4 Satz 1 und 2 in der am 31. Dezember 2000 geltenden Fassung weiter anzuwenden, wenn der Steuerpflichtige im Fall der Herstellung vor dem 1. Januar 2001 mit der Herstellung des Gebäudes begonnen hat oder im Fall der Anschaffung das Objekt auf Grund eines vor dem 1. Januar 2001 rechtswirksam abgeschlossenen obligatorischen Vertrags oder gleichstehenden Rechtsakts angeschafft hat. ³Als Beginn der Herstellung gilt bei Gebäuden, für die eine Baugenehmigung erforderlich ist, der Zeitpunkt, in dem der Bauantrag gestellt wird; bei baugenehmigungsfreien Gebäuden, für die Bauunterlagen einzureichen sind, der Zeitpunkt, in dem die Bauunterlagen eingereicht werden.

(16) ¹In Wirtschaftsjahren, die nach dem 31. Dezember 2008 und vor dem 1. Januar 2011 enden, ist § 7g Absatz 1 Satz 2 Nummer 1 mit der Maßgabe anzuwenden, dass bei Gewerbebetrieben oder der selbständigen Arbeit dienenden Betrieben, die ihren Gewinn nach § 4 Absatz 1 oder§ 5 ermitteln, ein Betriebsvermögen von 335 000 Euro, bei Betrieben der Land- und Forstwirtschaft ein Wirtschaftswert oder Ersatzwirtschaftswert von 175 000 Euro und bei Betrieben, die ihren Gewinn nach § 4 Absatz 3 ermitteln, ohne Berücksichtigung von Investitionsabzugsbeträgen ein Gewinn von 200 000 Euro nicht überschritten wird. ²Bei Wirtschaftsgütern, die nach dem 31. Dezember 2008 und vor dem 1. Januar 2011 angeschafft oder hergestellt worden sind, ist § 7g Absatz 6 Nummer 1 mit der Maßgabe anzuwenden, dass der Betrieb zum Schluss des Wirtschaftsjahres, das der Anschaffung oder Herstellung vorangeht, die Größenmerkmale des Satzes 1 nicht überschreitet.

(17) § 9b Absatz 2 in der Fassung des Artikels 11 des Gesetzes vom 18. Dezember 2013 (BGBl. I S. 4318) ist auf Mehr- und Minderbeträge infolge von Änderungen der Verhältnisse im Sinne von § 15a des Umsatzsteuergesetzes anzuwenden, die nach dem 28. November 2013 eingetreten sind.

(18) ¹§ 10 Absatz 1 Nummer 2 in der am 1. Januar 2015 geltenden Fassung ist auf alle Versorgungsleistungen anzuwenden, die auf Vermögensübertragungen beruhen, die nach dem 31. Dezember 2007 vereinbart worden sind. ²Für Versorgungsleistungen, die auf Vermögensübertragungen beruhen, die vor dem 1. Januar 2008 vereinbart worden sind, gilt dies nur, wenn das übertragene Vermögen nur deshalb einen ausreichenden Ertrag bringt, weil ersparte Aufwendungen, mit Ausnahme des Nutzungsvorteils eines vom Vermögensübernehmer zu eigenen Zwecken genutzten Grundstücks, zu den Erträgen des Vermögens gerechnet werden. ³§ 10 Absatz 1 Nummer 5 in der am 1. Januar 2012 geltenden Fassung gilt auch für Kinder, die wegen einer vor dem 1. Januar 2007 in der Zeit ab Vollendung des 25. Lebensjahres und vor Vollendung des 27. Lebensjahres eingetretenen körperlichen, geistigen oder seelischen Behinderung außerstande sind,

sich selbst zu unterhalten. ⁴§ 10 Absatz 4b Satz 4 bis 6 in der am 30. Juni 2013 geltenden Fassung ist erstmals für die Übermittlung der Daten des Veranlagungszeitraums 2016 anzuwenden. ⁵§ 10 Absatz 5 in der am 31. Dezember 2009 geltenden Fassung ist auf Beiträge zu Versicherungen im Sinne des § 10 Absatz 1 Nummer 2 Buchstabe b Doppelbuchstabe bb bis dd in der am 31. Dezember 2004 geltenden Fassung weiterhin anzuwenden, wenn die Laufzeit dieser Versicherungen vor dem 1. Januar 2005 begonnen hat und ein Versicherungsbeitrag bis zum 31. Dezember 2004 entrichtet wurde.

(19) ¹Für nach dem 31. Dezember 1986 und vor dem 1. Januar 1991 hergestellte oder angeschaffte Wohnungen im eigenen Haus oder Eigentumswohnungen sowie in diesem Zeitraum fertiggestellte Ausbauten oder Erweiterungen ist § 10e in der am 30. Dezember 1989 geltenden Fassung weiter anzuwenden. ²Für nach dem 31. Dezember 1990 hergestellte oder angeschaffte Wohnungen im eigenen Haus oder Eigentumswohnungen sowie in diesem Zeitraum fertiggestellte Ausbauten oder Erweiterungen ist § 10e in der am 28. Juni 1991 geltenden Fassung weiter anzuwenden. ³Abweichend von Satz 2 ist § 10e Absatz 1 bis 5 und 6 bis 7 in der am 28. Juni 1991 geltenden Fassung erstmals für den Veranlagungszeitraum 1991 bei Objekten im Sinne des § 1 Oe Absatz 1 und 2 anzuwenden, wenn im Fall der Herstellung der Steuerpflichtige nach dem 30. September 1991 den Bauantrag gestellt oder mit der Herstellung des Objekts begonnen hat oder im Fall der Anschaffung der Steuerpflichtige das Objekt nach dem 30. September 1991 auf Grund eines nach diesem Zeitpunkt rechtswirksam abgeschlossenen obligatorischen Vertrags oder gleichstehenden Rechtsakts angeschafft hat oder mit der Herstellung des Objekts nach dem 30. September 1991 begonnen worden ist. ⁴§ 10e Absatz 5a ist erstmals bei den in § 10e Absatz 1 und 2 bezeichneten Objekten anzuwenden, wenn im Fall der Herstellung der Steuerpflichtige den Bauantrag nach dem 31. Dezember 1991 gestellt oder, falls ein solcher nicht erforderlich ist, mit der Herstellung nach diesem Zeitpunkt begonnen hat, oder im Fall der Anschaffung der Steuerpflichtige das Objekt auf Grund eines nach dem 31. Dezember 1991 rechtswirksam abgeschlossenen obligatorischen Vertrags oder gleichstehenden Rechtsakts angeschafft hat.§ 10e Absatz 1 Satz 4 in der am 27. Juni 1993 geltenden Fassung und § 10e Absatz 6 Satz 3 in der am 30. Dezember 1993 geltenden Fassung sind erstmals anzuwenden, wenn der Steuerpflichtige das Objekt auf Grund eines nach dem 31. Dezember 1993 rechtswirksam abgeschlossenen obligatorischen Vertrags oder gleichstehenden Rechtsakts angeschafft hat. ⁵§ 10e ist letztmals anzuwenden, wenn der Steuerpflichtige im Fall der Herstellung vor dem 1. Januar 1996 mit der Herstellung des Objekts begonnen hat oder im Fall der Anschaffung das Objekt auf Grund eines vor dem 1. Januar 1996 rechtswirksam abgeschlossenen obligatorischen Vertrags oder gleichstehenden Rechtsakts angeschafft hat. ⁶Als Beginn der Herstellung gilt bei Objekten, für die eine Baugenehmigung erforderlich ist, der Zeitpunkt, in dem der Bauantrag gestellt wird; bei baugenehmigungsfreien Objekten, für die Bauunterlagen einzureichen sind, gilt als Be-

ginn der Herstellung der Zeitpunkt, in dem die Bauunterlagen eingereicht werden.

(20) [1]§ 10h ist letztmals anzuwenden, wenn der Steuerpflichtige vor dem 1. Januar 1996 mit der Herstellung begonnen hat. [2]Als Beginn der Herstellung gilt bei Baumaßnahmen, für die eine Baugenehmigung erforderlich ist, der Zeitpunkt, in dem der Bauantrag gestellt wird; bei baugenehmigungsfreien Baumaßnahmen, für die Bauunterlagen einzureichen sind, gilt als Beginn der Herstellung der Zeitpunkt, in dem die Bauunterlagen eingereicht werden.

(21) [1]§ 10i in der am 1. Januar 1996 geltenden Fassung ist letztmals anzuwenden, wenn der Steuerpflichtige im Fall der Herstellung vor dem 1. Januar 1999 mit der Herstellung des Objekts begonnen hat oder im Fall der Anschaffung das Objekt auf Grund eines vor dem 1. Januar 1999 rechtswirksam abgeschlossenen obligatorischen Vertrags oder gleichstehenden Rechtsakts angeschafft hat. [2]Als Beginn der Herstellung gilt bei Objekten, für die eine Baugenehmigung erforderlich ist, der Zeitpunkt, in dem der Bauantrag gestellt wird; bei baugenehmigungsfreien Objekten, für die Bauunterlagen einzureichen sind, gilt als Beginn der Herstellung der Zeitpunkt, in dem die Bauunterlagen eingereicht werden.

(22) Für die Anwendung des § 13 Absatz 7 in der am 31. Dezember 2005 geltenden Fassung gilt Absatz 25 entsprechend.

(22a) [1]§ 13a in der am 31. Dezember 2014 geltenden Fassung ist letztmals für das Wirtschaftsjahr anzuwenden, das vor dem 31. Dezember 2015 endet. [2]§ 13a in der am 1. Januar 2015 geltenden Fassung ist erstmals für das Wirtschaftsjahr anzuwenden, das nach dem 30. Dezember 2015 endet. [3]Die Bindungsfrist auf Grund des § 13a Absatz 2 Satz 1 in der am 31. Dezember 2014 geltenden Fassung bleibt bestehen.

(23) § 15 Absatz 4 Satz 2 und 7 in der am 30. Juni 2013 geltenden Fassung ist in allen Fällen anzuwenden, in denen am 30. Juni 2013 die Feststellungsfrist noch nicht abgelaufen ist.

(24) [1]§ 15a ist nicht auf Verluste anzuwenden, soweit sie
1. durch Sonderabschreibungen nach § 82f der Einkommensteuer-Durchführungsverordnung,
2. durch Absetzungen für Abnutzung in fallenden Jahresbeträgen nach § 7 Absatz 2 von den Herstellungskosten oder von den Anschaffungskosten von in ungebrauchtem Zustand vom Hersteller erworbenen Seeschiffen, die in einem inländischen Seeschiffsregister eingetragen sind,

entstehen; Nummer 1 gilt nur bei Schiffen, deren Anschaffungs- oder Herstellungskosten zu mindestens 30 Prozent durch Mittel finanziert werden, die weder unmittelbar noch mittelbar in wirtschaftlichem Zusammenhang mit der Aufnahme von Krediten durch den Gewerbebetrieb stehen, zu dessen Betriebsvermögen das Schiff gehört. [2]§ 15a ist in diesen Fällen erstmals anzuwenden auf Verluste, die in nach dem 31. Dezember 1999 beginnenden Wirtschaftsjahren entstehen, wenn der Schiffbauvertrag vor dem 25. April 1996 abgeschlossen worden ist und der Gesellschafter der Gesellschaft vor dem 1. Januar 1999 beigetreten ist; soweit Verluste, die in Betrieb der Gesellschaft entstehen und nach Satz 1 oder nach § 15a Absatz 1 Satz 1 ausgleichsfähig oder abzugsfähig sind, zusammen das Eineinviertelfache der insgesamt geleisteten Einlage übersteigen, ist § 15a auf Verluste anzuwenden, die in nach dem 31. Dezember 1994 beginnenden Wirtschaftsjahren entstehen. [3]Scheidet ein Kommanditist oder ein anderer Mitunternehmer, dessen Haftung der eines Kommanditisten vergleichbar ist und dessen Kapitalkonto in der Steuerbilanz der Gesellschaft auf Grund von ausgleichs oder abzugsfähigen Verlusten negativ geworden ist, aus der Gesellschaft aus oder wird in einem solchen Fall die Gesellschaft aufgelöst, so gilt der Betrag, den der Mitunternehmer nicht ausgleichen muss, als Veräußerungsgewinn im Sinne des § 16. In Höhe der nach Satz 3 als Gewinn zuzurechnenden Beträge sind bei den anderen Mitunternehmern unter Berücksichtigung der für die Zurechnung von Verlusten geltenden Grundsätze Verlustanteile anzusetzen. [4]Bei der Anwendung des § 15a Absatz 3 sind nur Verluste zu berücksichtigen, auf die § 15a Absatz 1 anzuwenden ist.

(25) [1]§ 15b in der Fassung des Artikels 1 des Oesetzes vom 22. Dezember 2005 (BGBl. I S. 3683) ist nur auf Verluste der dort bezeichneten Steuerstundungsmodelle anzuwenden, denen der Steuerpflichtige nach dem 10. November 2005 beigetreten ist oder für die nach dem 10. November 2005 mit dem Außenvertrieb begonnen wurde. [2]Der Außenvertrieb beginnt in dem Zeitpunkt, in dem die Voraussetzungen für die Veräußerung der konkret bestimmbaren Fondsanteile erfüllt sind und die Gesellschaft selbst oder über ein Vertriebsunternehmen mit Außenwirkung an den Markt herangetreten ist. [3]Dem Beginn des Außenvertriebs stehen der Beschluss von Kapitalerhöhungen und die Reinvestition von Erlösen in neue Projekte gleich Besteht das Steuerstundungsmodell nicht im Erwerb eines Anteils an einem geschlossenen Fonds, ist § 15b in der Fassung des Artikels 1 des Gesetzes vom 22. Dezember 2005 (BGBl. I S. 3683) anzuwenden, wenn die Investition nach dem 10. November 2005 rechtsverbindlich getätigt wurde. [4]§ 15b Absatz 3a ist erstmals auf Verluste der dort bezeichneten Steuerstundungsmodelle anzuwenden, bei denen Wirtschaftsgüter des Umlaufvermögens nach dem 28. November 2013 angeschafft, hergestellt oder in das Betriebsvermögen eingelegt werden.

(26) Für die Anwendung des § 18 Absatz 4 Satz 1 in der Fassung des Artikels 1 des Gesetzes vom 22. Dezember 2005 (BGBl. I S. 3683) gilt Absatz 25 entsprechend.

(26a) § 19 Absatz 1 Satz 1 Nummer 3 Satz 2 und 3 in der am 31. Dezember 2014 geltenden Fassung gilt für alle Zahlungen des Arbeitgebers nach dem 30. Dezember 2014.

(27) § 19a in der am 31. Dezember 2008 geltenden Fassung ist weiter anzuwenden, wenn
1. die Vermögensbeteiligung vor dem 1. April 2009 überlassen wird oder
2. auf Grund einer am 31. März 2009 bestehenden Vereinbarung ein Anspruch auf die unentgeltliche oder verbilligte Überlassung einer Vermögensbeteiligung besteht sowie die Vermögens-

beteiligung vor dem 1. Januar 2016 überlassen wird und der Arbeitgeber bei demselben Arbeitnehmer im Kalenderjahr nicht § 3 Nummer 39 anzuwenden hat.

(28) ¹Für die Anwendung des § 20 Absatz 1 Nummer 4 Satz 2 in der am 31. Dezember 2005 geltenden Fassung gilt Absatz 25 entsprechend. ²Für die Anwendung von § 20 Absatz 1 Nummer 4 Satz 2 und Absatz 2b in der am 1. Januar 2007 geltenden Fassung gilt Absatz 25 entsprechend. § 20 Absatz 1 Nummer 6 in der Fassung des Gesetzes vom 7. September 1990 (BGBl. I S. 1898) ist erstmals auf nach dem 31. Dezember 1974 zugeflossene Zinsen aus Versicherungsverträgen anzuwenden, die nach dem 31. Dezember 1973 abgeschlossen worden sind. ³§ 20 Absatz 1 Nummer 6 in der Fassung des Gesetzes vom 20. Dezember 1996 (BGBl. I S. 2049) ist erstmals auf Zinsen aus Versicherungsverträgen anzuwenden, bei denen die Ansprüche nach dem 31. Dezember 1996 entgeltlich erworben worden sind. ⁴Für Kapitalerträge aus Versicherungsverträgen, die vor dem 1. Januar 2005 abgeschlossen worden sind, ist § 20 Absatz 1 Nummer 6 in der am 31. Dezember 2004 geltenden Fassung mit der Maßgabe weiterhin anzuwenden, dass in Satz 3 die Wörter „§ 10 Absatz 1 Nummer 2 Buchstabe b Satz 5" durch die Wörter „§ 10 Absatz 1 Nummer 2 Buchstabe b Satz 6" ersetzt werden. ⁵§ 20 Absatz 1 Nummer 6 Satz 3 in der Fassung des Artikels 1 des Gesetzes vom 13. Dezember 2006 (BGBl. I S. 2878) ist erstmals anzuwenden auf Versicherungsleistungen im Erlebensfall bei Versicherungsverträgen, die nach dem 31. Dezember 2006 abgeschlossen werden, und auf Versicherungsleistungen bei Rückkauf eines Vertrages nach dem 31. Dezember 2006. § 20 Absatz 1 Nummer 6 Satz 2 ist für Vertragsabschlüsse nach dem 31. Dezember 2011 mit der Maßgabe anzuwenden, dass die Versicherungsleistung nach Vollendung des 62. Lebensjahres des Steuerpflichtigen ausgezahlt wird. ⁶§ 20 Absatz 1 Nummer 6 Satz 6 in der Fassung des Artikels 1 des Gesetzes vom 19. Dezember 2008 (BGBl. I S. 2794) ist für alle Versicherungsverträge anzuwenden, die nach dem 31. März 2009 abgeschlossen werden oder bei denen die erstmalige Beitragsleistung nach dem 31. März 2009 erfolgt. ⁷Wird auf Grund einer internen Teilung nach § 10 des Versorgungsausgleichsgesetzes oder einer externen Teilung nach § 14 des Versorgungsausgleichsgesetzes ein Anrecht in Form eines Versicherungsvertrags zugunsten der ausgleichsberechtigten Person begründet, so gilt dieser Vertrag insoweit zu dem gleichen Zeitpunkt als abgeschlossen wie derjenige der ausgleichspflichtigen Person. ⁸§ 20 Absatz 1 Nummer 6 Satz 7 und 8 ist auf Versicherungsleistungen anzuwenden, die auf Grund eines nach dem 31. Dezember 2014 eingetretenen Versicherungsfalles ausgezahlt werden. ⁹§ 20 Absatz 2 Satz 1 Nummer 1 in der am 18. August 2007 geltenden Fassung ist erstmals auf Gewinne aus der Veräußerung von Anteilen anzuwenden, die nach dem 31. Dezember 2008 erworben wurden. ¹⁰§ 20 Absatz 2 Satz 1 Nummer 3 in der am 18. August 2007 geltenden Fassung ist erstmals auf Gewinne aus Termingeschäften anzuwenden, bei denen der Rechtserwerb nach dem 31. Dezember 2008 stattgefunden hat. ¹¹§ 20 Absatz 2 Satz 1 Nummer 4, 5 und 8 in der am 18. August 2007 geltenden Fassung ist erstmals auf Gewinne anzuwenden, bei denen die zugrunde liegenden Wirtschaftsgüter, Rechte oder Rechtspositionen nach dem 31. Dezember 2008 erworben oder geschaffen wurden. ¹²§ 20 Absatz 2 Satz 1 Nummer 6 in der am 18. August 2007 geltenden Fassung ist erstmals auf die Veräußerung von Ansprüchen nach dem 31. Dezember 2008 anzuwenden, bei denen der Versicherungsvertrag nach dem 31. Dezember 2004 abgeschlossen wurde; dies gilt auch für Versicherungsverträge, die vor dem 1. Januar 2005 abgeschlossen wurden, sofern bei einem Rückkauf zum Veräußerungszeitpunkt die Erträge nach § 20 Absatz 1 Nummer 6 in der am 31. Dezember 2004 geltenden Fassung steuerpflichtig wären. ¹³§ 20 Absatz 2 Satz 1 Nummer 7 in der Fassung des Artikels 1 des Gesetzes vom 14. August 2007 (BGBl. I S. 1912) ist erstmals auf nach dem 31. Dezember 2008 zufließende Kapitalerträge aus der Veräußerung sonstiger Kapitalforderungen anzuwenden. ¹⁴Für Kapitalerträge aus Kapitalforderungen, die zum Zeitpunkt des vor dem 1. Januar 2009 erfolgten Erwerbs zwar Kapitalforderungen im Sinne des § 20 Absatz 1 Nummer 7 in der am 31. Dezember 2008 anzuwendenden Fassung, aber nicht Kapitalforderungen im Sinne des § 20 Absatz 2 Satz 1 Nummer 4 in der am 31. Dezember 2008 anzuwendenden Fassung sind, ist § 20 Absatz 2 Satz 1 Nummer 7 nicht anzuwenden; für die bei der Veräußerung in Rechnung gestellten Stückzinsen ist Satz 15 anzuwenden· Kapitalforderungen im Sinne des § 20 Absatz 2 Satz 1 Nummer 4 in der am 31. Dezember 2008 anzuwendenden Fassung liegen auch vor, wenn die Rückzahlung nur teilweise garantiert ist oder wenn eine Trennung zwischen Ertrags- und Vermögensebene möglich erscheint. ¹⁵Bei Kapitalforderungen, die zwar nicht die Voraussetzungen von § 20 Absatz 1 Nummer 7 in der am 31. Dezember 2008 geltenden Fassung, aber die Voraussetzungen von § 20 Absatz 1 Nummer 7 in der am 18. August 2007 geltenden Fassung erfüllen, ist § 20 Absatz 2 Satz 1 Nummer 7 in Verbindung mit § 20 Absatz 1 Nummer 7 vorbehaltlich der Regelung in Absatz 31 Satz 2 und 3 auf alle nach dem 30. Juni 2009 zufließenden Kapitalerträge anzuwenden, es sei denn, die Kapitalforderung wurde vor dem 15. März 2007 angeschafft. ¹⁶§ 20 Absatz 4a Satz 3 in der Fassung des Artikels 1 des Gesetzes vom 8. Dezember 2010 (BGBl. I S. 1768) ist erstmals für Wertpapiere anzuwenden, die nach dem 31. Dezember 2009 geliefert wurden, sofern für die Lieferung § 20 Absatz 4 anzuwenden ist.

(29) Für die Anwendung des § 21 Absatz 1 Satz 1 in der am 31. Dezember 2005 geltenden Fassung gilt Absatz 25 entsprechend.

(30) Für die Anwendung des § 22 Nummer 1 Satz 3 zweiter Halbsatz in der am 31. Dezember 2005 geltenden Fassung gilt Absatz 25 entsprechend.

(31) ¹§ 23 Absatz 1 Satz 1 Nummer 2 in der am 18. August 2007 geltenden Fassung ist erstmals auf Veräußerungsgeschäfte anzuwenden, bei denen die Wirtschaftsgüter nach dem 31. Dezember 2008 auf Grund eines nach diesem Zeitpunkt rechtswirksam abgeschlossenen obligatorischen Vertrags oder gleichstehenden Rechtsakts angeschafft wurden;

§ 23 Absatz 1 Satz 1 Nummer 2 Satz 2 in der am 14. Dezember 2010 geltenden Fassung ist erstmals auf Veräußerungsgeschäfte anzuwenden, bei denen die Gegenstände des täglichen Gebrauchs auf Grund eines nach dem 13. Dezember 2010 rechtskräftig abgeschlossenen Vertrags oder gleichstehenden Rechtsakts angeschafft wurden. ²§ 23 Absatz 1 Satz 1 Nummer 2 in der am 1. Januar 1999 geltenden Fassung ist letztmals auf Veräußerungsgeschäfte anzuwenden, bei denen die Wirtschaftsgüter vor dem 1. Januar 2009 erworben wurden. ³§ 23 Absatz 1 Satz 1 Nummer 4 ist auf Termingeschäfte anzuwenden, bei denen der Erwerb des Rechts auf einen Differenzausgleich, Geldbetrag oder Vorteil nach dem 31. Dezember 1998 und vor dem 1. Januar 2009 erfolgt. ⁴§ 23 Absatz 3 Satz 4 in der arn 1. Januar 2000 geltenden Fassung ist auf Veräußerungsgeschäfte anzuwenden, bei denen der Steuerpflichtige das Wirtschaftsgut nach dem 31. Juli 1995 und vor dem 1. Januar 2009 angeschafft oder nach dem 31. Dezember 1998 und vor dem 1. Januar 2009 fertiggestellt hat; § 23 Absatz 3 Satz 4 in der am 1. Januar 2009 geltenden Fassung ist auf Veräußerungsgeschäfte anzuwenden, bei denen der Steuerpflichtige das Wirtschaftsgut nach dem 31. Dezember 2008 angeschafft oder fertiggestellt hat. ⁵§ 23 Absatz 1 Satz 2 und 3 sowie Absatz 3 Satz 3 in der arn 12. Dezember 2006 geltenden Fassung sind für Anteile, die einbringungsgeboren im Sinne des § 21 des Umwandlungssteuergesetzes in der am 12. Dezember 2006 geltenden Fassung sind, weiter anzuwenden.

(32) ¹§ 32 Absatz 4 Satz 1 Nummer 3 in der Fassung des Artikels 1 des Gesetzes vom 19. Juli 2006 (BGBl. I S. 1652) ist erstmals für Kinder anzuwenden, die im Veranlagungszeitraum 2007 wegen einer vor Vollendung des 25. Lebensjahres eingetretenen körperlichen, geistigen oder seelischen Behinderung außerstande sind, sich selbst zu unterhalten; für Kinder, die wegen einer vor dem 1. Januar 2007 in der Zeit ab der Vollendung des 25. Lebensjahres und vor Vollendung des 27. Lebensjahres eingetretenen körperlichen, geistigen oder seelischen Behinderung außerstande sind, sich selbst zu unterhalten, ist § 32 Absatz 4 Satz 1 Nummer 3 weiterhin in der bis zum 31. Dezember 2006 geltenden Fassung anzuwenden. ²§ 32 Absatz 5 ist nur noch anzuwenden, wenn das Kind den Dienst oder die Tätigkeit vor dem 1. Juli 2011 angetreten hat. ³Für die nach § 10 Absatz 1 Nummer 2 Buchstabe b und den §§ 10a, 82 begünstigten Verträge, die vor dem 1. Januar 2007 abgeschlossen wurden, gelten für das Vorliegen einer begünstigten Hinterbliebenenversorgung die Altersgrenzen des § 32 in der bis zum 31. Dezember 2006 geltenden Fassung. ⁴Dies gilt entsprechend für die Anwendung des § 93 Absatz 1 Satz 3 Buchstabe b.

(33) ¹§ 32b Absatz 2 Satz 1 Nummer 2 Satz 2 Buchstabe c ist erstmals auf Wirtschaftsgüter des Umlaufvermögens anzuwenden, die nach dem 28. Februar 2013 angeschafft, hergestellt oder in das Betriebsvermögen eingelegt werden. ²§ 32b Absatz 1 Satz 3 in der Fassung des Artikels 11 des Gesetzes vom 18. Dezember 2013 (BGBl. I S. 4318) ist in allen offenen Fällen anzuwenden.

(34) § 34a in der Fassung des Artikels 1 des Gesetzes vorn 19. Dezember 2008 (BGBl. I S. 2794) ist erstmals für den Veranlagungszeitraum 2008 anzuwenden.

(34a) Für Veranlagungszeiträume bis einschließlich 2014 ist § 34c Absatz 1 Satz 2 in der bis zum 31. Dezember 2014 geltenden Fassung in allen Fällen, in denen die Einkommensteuer noch nicht bestandskräftig festgesetzt ist, mit der Maßgabe anzuwenden, dass an die Stelle der Wörter „Summe der Einkünfte" die Wörter „Summe der Einkünfte abzüglich des Altersentlastungsbetrages (§ 24a), des Entlastungsbetrages für Alleinerziehende (§ 24b), der Sonderausgaben (§§ 10, 10a, 10b, 10c), der außergewöhnlichen Belastungen (§§ 33 bis 33b), der berücksichtigten Freibeträge für Kinder (§§ 31, 32 Absatz 6) und des Grundfreibetrages (§ 32a Absatz 1 Satz 2 Nummer 1) treten.

(35) ¹§ 34f Absatz 3 und 4 Satz 2 in der Fassung des Gesetzes vorn 25. Februar 1992 (BGBl. I S. 297) ist erstmals anzuwenden bei Inanspruchnahme der Steuerbegünstigung nach § 10e Absatz 1 bis 5 in der Fassung des Gesetzes vom 25. Februar 1992 (BGBl. I S. 297). ²§ 34f Absatz 4 Satz 1 ist erstmals anzuwenden bei Inanspruchnahme der Steuerbegünstigung nach § 10e Absatz 1 bis 5 oder nach § 15b des Berlinförderungsgesetzes für nach dem 31. Dezember 1991 hergestellte oder angeschaffte Objekte.

(36) ¹Das Bundesministerium der Finanzen kann im Einvernehmen mit den obersten Finanzbehörden der Länder in einem Schreiben mitteilen, wann die in § 39 Absatz 4 Nummer 4 und 5 genannten Lahnsteuerabzugsmerkmale erstmals abgerufen werden können (§ 39e Absatz 3 Satz 1). ²Dieses Schreiben ist im Bundessteuerblatt zu veröffentlichen.

(37) ¹Das Bundesministerium der Finanzen kann im Einvernehmen mit den obersten Finanzbehörden der Länder in einem Schreiben mitteilen, ab wann die Regelungen in § 39a Absatz 1 Satz 3 bis 5 erstnrals angewendet werden. ²Dieses Schreiben ist im Bundessteuerblatt zu veröffentlichen.

(38) § 40a Absatz 2, 2a und 6 in der am 31. Juli 2014 geltenden Fassung ist erstmals ab dem Kalenderjahr 2013 anzuwenden.

(39) Haben Arbeitnehmer im Laufe des Kalenderjahres geheiratet, wird längstens bis zum Ablauf des Kalenderjahres 2017 abweichend von § 39e Absatz 3 Satz 3 für jeden Ehegatten automatisiert die Steuerklasse IV gebildet, wenn die Voraussetzungen des § 38b Absatz 1 Satz 2 Nummer 3 oder Nummer 4 vorliegen.

(40) ¹§ 40b Absatz 1 und 2 in der arn 31. Dezember 2004 geltenden Fassung ist weiter anzuwenden auf Beiträge für eine Direktversicherung des Arbeitnehmers und Zuwendungen an eine Pensionskasse, die auf Grund einer Versorgungszusage geleistet werden, die vor dem 1. Januar 2005 erteilt wurde. ²Sofern die Beiträge für eine Direktversicherung die Voraussetzungen des § 3 Nummer 63 erfüllen, gilt dies nur, wenn der Arbeitnehmer nach Absatz 4 gegenüber dem Arbeitgeber für diese Beiträge auf die Anwendung des § 3 Nummer 63 verzichtet hat.

(41) Bei der Veräußerung oder Einlösung von Wertpapieren und Kapitalforderungen, die von der das Bundesschuldbuch führenden Stelle oder einer Landesschuldenverwaltung verwahrt oder verwaltet

werden können, bemisst sich der Steuerabzug nach den bis zum 31. Dezember 1993 geltenden Vorschriften, wenn die Wertpapier- und Kapitalforderungen vor dem 1. Januar 1994 emittiert worden sind; dies gilt nicht für besonders in Rechnung gestellte Stückzinsen.

(42) § 43 Absatz 1 Satz 1 Nummer 7 Buchstabe b Satz 2 in der Fassung des Artikels 1 des Gesetzes vom 13. Dezember 2006 (BGBl. I S. 2878) ist erstmals auf Verträge anzuwenden, die nach dem 31. Dezember 2006 abgeschlossen werden.

(43) ¹Ist ein Freistellungsauftrag im Sinne des § 44a vor dem 1. Januar 2007 unter Beachtung des § 20 Absatz 4 in der bis dahin geltenden Fassung erteilt worden, darf der nach § 44 Absatz 1 zum Steuerabzug Verpflichtete den angegebenen Freistellungsbetrag nur zu 56,37 Prozent berücksichtigen. ²Sind in dem Freistellungsauftrag der gesamte Sparer-Freibetrag nach § 20 Absatz 4 in der Fassung des Artikels 1 des Gesetzes vom 19. Juli 2006 (BGBl. I S. 1652) und der gesamte Werbungskosten-Pauschbetrag nach § 9a Satz 1 Nummer 2 in der Fassung des Artikels 1 des Gesetzes vom 19. Juli 2006 (BGBl. I S. 1652) angegeben, ist der Werbungskosten-Pauschbetrag in voller Höhe zu berücksichtigen.

(44) § 44 Absatz 6 Satz 2 und 5 in der am 12. Dezember 2006 geltenden Fassung ist für Anteile, die einbringungsgeboren im Sinne des § 21 des Umwandlungssteuergesetzes in der am 12. Dezember 2006 geltenden Fassung sind, weiter anzuwenden.

(45) § 45d Absatz 1 in der am 14. Dezember 2010 geltenden Fassung ist erstmals für Kapitalerträge anzuwenden, die ab dem 1. Januar 2013 zufließen; eine Übermittlung der Identifikationsnummer hat für Kapitalerträge, die vor dem 1. Januar 2016 zufließen, nur zu erfolgen, wenn die Identifikationsnummer der Meldestelle vorliegt.

(46) Der Zeitpunkt der erstmaligen Anwendung des § 50 Absatz 2 in der am 18. August 2009 geltenden Fassung wird durch eine Rechtsverordnung der Bundesregierung bestimmt, die der Zustimmung des Bundesrates bedarf; dieser Zeitpunkt darf nicht vor dem 31. Dezember 2011 liegen.

(47) ¹Der Zeitpunkt der erstmaligen Anwendung des § 50a Absatz 3 und 5 in der am 18. August 2009 geltenden Fassung wird durch eine Rechtsverordnung der Bundesregierung bestimmt, die der Zustimmung des Bundesrates bedarf; dieser Zeitpunkt darf nicht vor dem 31. Dezember 2011 liegen. ²§ 50a Absatz 7 in der am 31. Juli 2014 geltenden Fassung ist erstmals auf Vergütungen anzuwenden, für die der Steuerabzug nach dem 31. Dezember 2014 angeordnet worden ist.

(48) ¹§ 50i Absatz 1 Satz 1 und 2 ist auf die Veräußerung oder Entnahme von Wirtschaftsgütern oder Anteilen anzuwenden, die nach dem 29. Juni 2013 stattfindet. ²Hinsichtlich der laufenden Einkünfte aus der Beteiligung an der Personengesellschaft ist die Vorschrift in allen Fällen anzuwenden, in denen die Einkommensteuer noch nicht bestandskräftig festgesetzt worden ist. ³§ 50i Absatz 1 Satz 4 in der am 30. Juli 2014 geltenden Fassung ist erstmals auf die Veräußerung oder Entnahme von Wirtschaftsgütern oder Anteilen anzuwenden, die nach dem 31. Dezember 2013 stattfindet. ⁴§ 50i Absatz 2 Satz 1 gilt für Umwandlungen und Einbringungen, bei denen der Umwandlungsbeschluss nach dem 31. Dezember 2013 erfolgt ist oder der Einbringungsvertrag nach dem 31. Dezember 2013, geschlossen worden ist. ⁵§ 50i Absatz 2 Satz 2 gilt für Übertragungen und Überführungen und § 50i Absatz 2 Satz 3 für einen Strukturwandel nach dem 31. Dezember 2013.

(49) § 51a Absatz 2c und 2e in der am 30. Juni 2013 geltenden Fassung ist erstmals auf nach dem 31. Dezember 2014 zufließende Kapitalerträge anzuwenden.

(49a) ¹Die §§ 62, 63 und 67 in der am 9. Dezember 2014 geltenden Fassung sind für Kindergeldfestsetzungen anzuwenden, die Zeiträume betreffen, die nach dem 31. Dezember 2015 beginnen. ²Die §§ 62, 63 und 67 in der am 9. Dezember 2014 geltenden Fassung sind auch für Kindergeldfestsetzungen anzuwenden, die Zeiträume betreffen, die vor dem 1. Januar 2016 liegen, der Antrag auf Kindergeld aber erst nach dem 31. Dezember 2015 gestellt wird.

(50) § 70 Absatz 4 in der am 31. Dezember 2011 geltenden Fassung ist weiter für Kindergeldfestsetzungen anzuwenden, die Zeiträume betreffen, die vor dem 1. Januar 2012 enden.

§ 52a
Anwendungsvorschriften zur Einführung einer Abgeltungsteuer auf Kapitalerträge und Veräußerungsgewinne

(aufgehoben)

§ 52b
Übergangsregelungen bis zur Anwendung der elektronischen Lohnsteuerabzugsmerkmale

(1) ¹Die Lohnsteuerkarte 2010 und die Bescheinigung für den Lohnsteuerabzug (Absatz 3) gelten mit den eingetragenen Lohnsteuerabzugsmerkmalen auch für den Steuerabzug vom Arbeitslohn ab dem 1. Januar 2011 bis zur erstmaligen Anwendung der elektronischen Lohnsteuerabzugsmerkmale durch den Arbeitgeber (Übergangszeitraum). ²Voraussetzung ist, dass der Arbeitgeber entweder die Lohnsteuerkarte 2010 oder die Bescheinigung für den Lohnsteuerabzug vorliegt. In diesem Übergangszeitraum hat der Arbeitgeber die Lohnsteuerkarte 2010 und die Bescheinigung für den Lohnsteuerabzug

1. während des Dienstverhältnisses aufzubewahren, er darf sie nicht vernichten;
2. dem Arbeitnehmer zur Vorlage beim Finanzamt vorübergehend zu überlassen sowie
3. nach Beendigung des Dienstverhältnisses innerhalb einer angemessenen Frist herauszugeben.

²Nach Ablauf des auf den Einführungszeitraum (Absatz 5 Satz 2) folgenden Kalenderjahres darf der Arbeitgeber die Lohnsteuerkarte 2010 und die Bescheinigung für den Lohnsteuerabzug vernichten. ³Ist auf der Lohnsteuerkarte 2010 eine Lohnsteuerbescheinigung erteilt und die Lohnsteuerkarte an den Arbeitnehmer herausgegeben worden, kann der Arbeitgeber bei fortbestehendem Dienstverhältnis die Lohnsteuerabzugsmerkmale der Lohnsteuerkarte 2010 im Übergangszeitraum weiter anwenden,

wenn der Arbeitnehmer schriftlich erklärt, dass die Lohnsteuerabzugsmerkmale der Lohnsteuerkarte 2010 weiterhin zutreffend sind.

(2) ¹Für Eintragungen auf der Lohnsteuerkarte 2010 und in der Bescheinigung für den Lohnsteuerabzug im Übergangszeitraum ist das Finanzamt zuständig. ²Der Arbeitnehmer ist verpflichtet, die Eintragung der Steuerklasse und der Zahl der Kinderfreibeträge auf der Lohnsteuerkarte 2010 und in der Bescheinigung für den Lohnsteuerabzug umgehend durch das Finanzamt ändern zu lassen, wenn die Eintragung von den Verhältnissen zu Beginn des jeweiligen Kalenderjahres im Übergangszeitraum zu seinen Gunsten abweicht. ³Diese Verpflichtung gilt auch in den Fällen, in denen die Steuerklasse II bescheinigt ist und die Voraussetzungen für die Berücksichtigung des Entlastungsbetrags für Alleinerziehende (§ 24b) im Laufe des Kalenderjahres entfallen. ⁴Kommt der Arbeitnehmer seiner Verpflichtung nicht nach, so hat das Finanzamt die Eintragung von Amts wegen zu ändern; der Arbeitnehmer hat die Lohnsteuerkarte 2010 und die Bescheinigung für den Lohnsteuerabzug dem Finanzamt auf Verlangen vorzulegen.

(3) Hat die Gemeinde für den Arbeitnehmer keine Lohnsteuerkarte für das Kalenderjahr 2010 ausgestellt oder ist die Lohnsteuerkarte 2010 verloren gegangen, unbrauchbar geworden oder zerstört worden, hat das Finanzamt im Übergangszeitraum auf Antrag des Arbeitnehmers eine Bescheinigung für den Lohnsteuerabzug nach amtlich vorgeschriebenem Muster (Bescheinigung für den Lohnsteuerabzug) auszustellen. Diese Bescheinigung tritt an die Stelle der Lohnsteuerkarte 2010.

(4) ¹Beginnt ein nach § 1 Absatz 1 unbeschränkt einkommensteuerpflichtiger lediger Arbeitnehmer im Übergangszeitraum ein Ausbildungsdienstverhältnis als erstes Dienstverhältnis, kann der Arbeitgeber auf die Vorlage einer Bescheinigung für den Lohnsteuerabzug verzichten. In diesem Fall hat der Arbeitgeber die Lohnsteuer nach der Steuerklasse I zu ermitteln; der Arbeitnehmer hat dem Arbeitgeber seine Identifikationsnummer sowie den Tag der Geburt und die rechtliche Zugehörigkeit zu einer steuererhebenden Religionsgemeinschaft mitzuteilen und schriftlich zu bestätigen, dass es sich um das erste Dienstverhältnis handelt. ²Der Arbeitgeber hat die Erklärung des Arbeitnehmers bis zum Ablauf des Kalenderjahres als Beleg zum Lohnkonto aufzubewahren.

(5) ¹Das Bundesministerium der Finanzen hat im Einvernehmen mit den obersten Finanzbehörden der Länder den Zeitpunkt der erstmaligen Anwendung der ELStAM für die Durchführung des Lohnsteuerabzugs ab dem Kalenderjahr 2013 oder einem späteren Anwendungszeitpunkt zum Zeitpunkt des erstmaligen Abrufs der ELStAM durch den Arbeitgeber (Starttermin) in einem Schreiben zu bestimmen, das im Bundessteuerblatt zu veröffentlichen ist. ²Darin ist für die Einführung des Verfahrens der elektronischen Lohnsteuerabzugsmerkmale ein Zeitraum zu bestimmen (Einführungszeitraum). ³Der Arbeitgeber oder sein Vertreter (§ 39e Absatz 4 Satz 6) hat im Einführungszeitraum die nach § 39e gebildeten ELStAM abzurufen und für die auf den Abrufzeitpunkt folgende nächste Lohnabrechnung anzuwenden. ⁴Für den Abruf der ELStAM hat sich der Arbeitgeber oder sein Vertreter zu authentifizieren und die Steuernummer der Betriebsstätte oder des Teils des Betriebs des Arbeitgebers, in dem der für die Durchführung des Lohnsteuerabzugs maßgebende Arbeitslohn des Arbeitnehmers ermittelt wird (§ 41 Absatz 2), die Identifikationsnummer und den Tag der Geburt des Arbeitnehmers sowie, ob es sich um das erste oder ein weiteres Dienstverhältnis handelt, mitzuteilen. ⁵Er hat ein erstes Dienstverhältnis mitzuteilen, wenn auf der Lohnsteuerkarte 2010 oder der Bescheinigung für den Lohnsteuerabzug eine der Steuerklassen I bis V (§ 38b Absatz 1 Satz 2 Nummer 1 bis 5) eingetragen ist oder wenn die Lohnsteuerabzugsmerkmale nach Absatz 4 gebildet worden sind. ⁶Ein weiteres Dienstverhältnis (§ 38b Absatz 1 Satz 2 Nummer 6) ist mitzuteilen, wenn die Voraussetzungen des Satzes 5 nicht vorliegen. ⁷Der Arbeitgeber hat die ELStAM in das Lohnkonto zu übernehmen und gemäß der übermittelten zeitlichen Gültigkeitsangabe anzuwenden.

(5a) ¹Nachdem der Arbeitgeber die ELStAM für die Durchführung des Lohnsteuerabzugs angewandt hat, sind die Übergangsregelungen in Absatz 1 Satz 1 und in den Absätzen 2 bis 5 nicht mehr anzuwenden. ²Die Lohnsteuerabzugsmerkmale der vorliegenden Lohnsteuerkarte 2010 und der Bescheinigung für den Lohnsteuerabzug gelten nicht mehr. ³Wenn die nach § 39e Absatz 1 Satz 1 gebildeten Lohnsteuerabzugsmerkmale den tatsächlichen Verhältnissen des Arbeitnehmers nicht entsprechen, hat das Finanzamt auf dessen Antrag eine besondere Bescheinigung für den Lohnsteuerabzug (Besondere Bescheinigung für den Lohnsteuerabzug) mit den Lohnsteuerabzugsmerkmalen des Arbeitnehmers auszustellen sowie etwaige Änderungen einzutragen (§ 39 Absatz 1 Satz 2) und die Abrufberechtigung des Arbeitgebers auszusetzen. ⁴Die Gültigkeit dieser Bescheinigung ist auf längstens zwei Kalenderjahre zu begrenzen. ⁵§ 39e Absatz 5 Satz 1 und Absatz 7 Satz 6 gilt entsprechend. Die Lohnsteuerabzugsmerkmale der Besonderen Bescheinigung für den Lohnsteuerabzugs sind für die Durchführung des Lohnsteuerabzugs nur dann für den Arbeitgeber maßgebend, wenn ihm gleichzeitig die Lohnsteuerkarte 2010 vorliegt oder unter den Voraussetzungen des Absatzes 1 Satz 2 vorgelegen hat oder eine Bescheinigung für den Lohnsteuerabzug für das erste Dienstverhältnis des Arbeitnehmers vorliegt. ⁶Abweichend von Absatz 5 Satz 3 und 7 kann der Arbeitgeber nach dem erstmaligen Abruf der ELStAM die Lohnsteuer im Einführungszeitraum längstens für die Dauer von sechs Kalendermonaten weiter nach Lohnsteuerabzugsmerkmalen der Lohnsteuerkarte 2010, der Bescheinigung für den Lohnsteuerabzug oder den nach Absatz 4 maßgebenden Lohnsteuerabzugsmerkmalen erheben, wenn der Arbeitnehmer zustimmt. ⁷Dies gilt auch, wenn der Arbeitgeber die ELStAM im Einführungszeitraum erstmals angewandt hat.

(6) bis (8) (weggefallen)

(9) Ist der unbeschränkt einkommensteuerpflichtige Arbeitnehmer seinen Verpflichtungen nach Ab-

EStG

satz 2 Satz 2 und 3 nicht nachgekommen und kommt eine Veranlagung zur Einkommensteuer nach § 46 Absatz 2 Nummer 1 bis 7 nicht in Betracht, kann das Finanzamt den Arbeitnehmer zur Abgabe einer Einkommensteuererklärung auffordern und eine Veranlagung zur Einkommensteuer durchführen.

§ 53
Sondervorschriften zur Steuerfreistellung des Existenzminimums eines Kindes in den Veranlagungszeiträumen 1983 bis 1995

¹In den Veranlagungszeiträumen 1983 bis 1995 sind in Fällen, in denen die Einkommensteuer noch nicht formell bestandskräftig oder hinsichtlich der Höhe der Kinderfreibeträge vorläufig festgesetzt ist, für jedes bei der Festsetzung berücksichtigte Kind folgende Beträge als Existenzminimum des Kindes steuerfrei zu belassen:

1983	3 732 Deutsche Mark,
1984	3 864 Deutsche Mark,
1985	3 924 Deutsche Mark,
1986	4 296 Deutsche Mark,
1987	4 416 Deutsche Mark,
1988	4 572 Deutsche Mark,
1989	4 752 Deutsche Mark,
1990	5 076 Deutsche Mark,
1991	5 388 Deutsche Mark,
1992	5 676 Deutsche Mark,
1993	5 940 Deutsche Mark,
1994	6 096 Deutsche Mark,
1995	6 168 Deutsche Mark.

²Im übrigen ist § 32 in der für den jeweiligen Veranlagungszeitraum geltenden Fassung anzuwenden. ³Für die Prüfung, ob die nach Satz 1 und 2 gebotene Steuerfreistellung bereits erfolgt ist, ist das dem Steuerpflichtigen im jeweiligen Veranlagungszeitraum zustehende Kindergeld mit dem auf das bisherige zu versteuernde Einkommen des Steuerpflichtigen in demselben Veranlagungszeitraum anzuwendenden Grenzsteuersatz in einen Freibetrag umzurechnen; dies gilt auch dann, soweit das Kindergeld dem Steuerpflichtigen im Wege eines zivilrechtlichen Ausgleichs zusteht. ⁴Die Umrechnung des zustehenden Kindergeldes ist entsprechend dem Umfang der bisher abgezogenen Kinderfreibeträge vorzunehmen. ⁵Bei einem unbeschränkt einkommensteuerpflichtigen Elternpaar, bei dem die Voraussetzungen des § 26 Abs. 1 Satz 1 nicht vorliegen, ist eine Änderung der bisherigen Inanspruchnahme des Kinderfreibetrags unzulässig. ⁶Erreicht die Summe aus dem bei der bisherigen Einkommensteuerfestsetzung abgezogenen Kinderfreibetrag und dem nach Satz 3 und 4 berechneten Freibetrag nicht den nach Satz 1 und 2 für den jeweiligen Veranlagungszeitraum maßgeblichen Betrag, ist der Unterschiedsbetrag vom bisherigen zu versteuernden Einkommen abzuziehen und die Einkommensteuer neu festzusetzen. ⁷Im Zweifel hat der Steuerpflichtige die Voraussetzungen durch Vorlage entsprechender Unterlagen nachzuweisen.

§ 54
(weggefallen)

§ 55
Schlußvorschriften
(Sondervorschriften für die Gewinnermittlung nach § 4 oder nach Durchschnittssätzen bei vor dem 1. Juli 1970 angeschafftem Grund und Boden)

(1) ¹Bei Steuerpflichtigen, deren Gewinn für das Wirtschaftsjahr, in das der 30. Juni 1970 fällt, nicht nach § 5 zu ermitteln ist, gilt für Grund und Boden, der mit Ablauf des 30. Juni 1970 zu ihrem Anlagevermögen gehört hat, als Anschaffungs- oder Herstellungskosten (§ 4 Abs. 3 Satz 4 und § 6 Abs. 1 Nr. 2 Satz 1) das Zweifache des nach den Absätzen 2 bis 4 zu ermittelnden Ausgangsbetrags. ²Zum Grund und Boden im Sinne des Satzes 1 gehören nicht die mit ihm in Zusammenhang stehenden Wirtschaftsgüter und Nutzungsbefugnisse.

(2) ¹Bei der Ermittlung des Ausgangsbetrags des zum land- und forstwirtschaftlichen Vermögen (§ 33 Abs. 1 Satz 1 des Bewertungsgesetzes in der Fassung der Bekanntmachung vom 10. Dezember 1965 – BGBl. I S. 1861 –, zuletzt geändert durch das Bewertungsänderungsgesetz 1971 vom 27. Juli 1971 – BGBl. I S. 1157) gehörenden Grund und Bodens ist seine Zuordnung zu den Nutzungen und Wirtschaftsgütern (§ 34 Abs. 2 des Bewertungsgesetzes) am 1. Juli 1970 maßgebend; dabei sind die Hof- und Gebäudeflächen sowie die Hausgärten im Sinne des § 40 Abs. 3 des Bewertungsgesetzes nicht in die einzelne Nutzung einzubeziehen. ²Es sind anzusetzen:

1. ¹bei Flächen, die nach dem Bodenschätzungsgesetz vom 20. Dezember 2007 (BGBl. I S. 3150, 3176) in der jeweils geltenden Fassung zu schätzen sind, für jedes katastermäßig abgegrenzte Flurstück der Betrag in Deutsche Mark, der sich ergibt, wenn die für das Flurstück am 1. Juli 1970 im amtlichen Verzeichnis nach § 2 Abs. 2 der Grundbuchordnung (Liegenschaftskataster) ausgewiesene Ertragsmesszahl vervierfacht wird. ²Abweichend von Satz 1 sind für Flächen der Nutzungsteile

   a) Hopfen, Spargel, Gemüsebau und Obstbau 2,05 Euro je Quadratmeter,

   b) Blumen- und Zierpflanzenbau sowie Baumschulen 2,56 Euro je Quadratmeter

   anzusetzen, wenn der Steuerpflichtige dem Finanzamt gegenüber bis zum 30. Juni 1972 eine Erklärung über die Größe, Lage und Nutzung der betreffenden Flächen abgibt,

2. für Flächen der forstwirtschaftlichen Nutzung je Quadratmeter 0,51 Euro,

3. für Flächen der weinbaulichen Nutzung der Betrag, der sich unter Berücksichtigung der maßgebenden Lagenvergleichszahl (Vergleichszahl der einzelnen Weinbaulage, § 39 Abs. 1 Satz 3 und § 57 des Bewertungsgesetzes), die für ausbauende Betriebsweise mit Fassweinerzeugung anzusetzen ist, aus der nachstehenden Tabelle ergibt:

EStG

Lagenvergleichszahl	Ausgangsbetrag je Quadratmeter in Euro
bis 20	1,28
21 bis 30	1,79
31 bis 40	2,56
41 bis 50	3,58
51 bis 60	4,09
61 bis 70	4,60
71 bis 100	5,11
über 100	6,39

4. für Flächen der sonstigen land- und forstwirtschaftlichen Nutzung, auf die Nummer 1 keine Anwendung findet, je Quadratmeter 0,51 Euro,
5. für Hofflächen, Gebäudeflächen und Hausgärten im Sinne des § 40 Abs. 3 des Bewertungsgesetzes je Quadratmeter 2,56 Euro,
6. für Flächen des Geringstlandes je Quadratmeter 0,13 Euro,
7. für Flächen des Abbaulandes je Quadratmeter 0,26 Euro,
8. für Flächen des Unlandes je Quadratmeter 0,05 Euro.

(3) [1]Lag am 1. Juli 1970 kein Liegenschaftskataster vor, in dem Ertragsmeßzahlen ausgewiesen sind, so ist der Ausgangsbetrag in sinngemäßer Anwendung des Absatzes 2 Satz 2 Nr. 1 Satz 1 auf der Grundlage der durchschnittlichen Ertragsmeßzahl der landwirtschaftlichen Nutzung eines Betriebs zu ermitteln, die die Grundlage für die Hauptfeststellung des Einheitswerts auf den 1. Januar 1964 bildet. [2]Absatz 2 Satz 2 Nr. 1 Satz 2 bleibt unberührt.

(4) Bei nicht zum land- und forstwirtschaftlichen Vermögen gehörenden Grund und Boden ist als Ausgangsbetrag anzusetzen:
1. [1]Für unbebaute Grundstücke der auf den 1. Januar 1964 festgestellte Einheitswert. [2]Wird auf den 1. Januar 1964 kein Einheitswert festgestellt oder hat sich der Bestand des Grundstücks nach dem 1. Januar 1964 und vor dem 1. Juli 1970 verändert, so ist der Wert maßgebend, der sich ergeben würde, wenn das Grundstück nach seinem Bestand vom 1. Juli 1970 und nach den Wertverhältnissen vom 1. Januar 1964 zu bewerten wäre;
2. für bebaute Grundstücke der Wert, der sich nach Nummer 1 ergeben würde, wenn das Grundstück unbebaut wäre.

(5) [1]Weist der Steuerpflichtige nach, dass der Teilwert für Grund und Boden im Sinne des Absatzes 1 am 1. Juli 1970 höher ist als das Zweifache des Ausgangsbetrags, so ist auf Antrag des Steuerpflichtigen der Teilwert als Anschaffungs- oder Herstellungskosten anzusetzen. [2]Der Antrag ist bis zum 31. Dezember 1975 bei dem Finanzamt zu stellen, das für die Ermittlung des Gewinns aus dem Betrieb zuständig ist. [3]Der Teilwert ist gesondert festzustellen. [4]Vor dem 1. Januar 1974 braucht diese Feststellung nur zu erfolgen, wenn ein berechtigtes Interesse des Steuerpflichtigen gegeben ist. [5]Die Vorschriften der Abgabenordnung und der Finanzgerichtsordnung über die gesonderte Feststellung von Besteuerungsgrundlagen gelten entsprechend.

(6) [1]Verluste, die bei der Veräußerung oder Entnahme von Grund und Boden im Sinne des Absatzes 1 entstehen, dürfen bei der Ermittlung des Gewinns in Höhe des Betrags nicht berücksichtigt werden, um den der ausschließlich auf den Grund und Boden entfallende Veräußerungspreis oder der an dessen Stelle tretende Wert nach Abzug der Veräußerungskosten unter dem Zweifachen des Ausgangsbetrags liegt. [2]Entsprechendes gilt bei Anwendung des § 6 Abs. 1 Nr. 2 Satz 2.

(7) Grund und Boden, der nach § 4 Abs. 1 Satz 5 des Einkommensteuergesetzes 1969 nicht anzusetzen war, ist wie eine Einlage zu behandeln; er ist dabei mit dem nach Absatz 1 oder 5 maßgebenden Wert anzusetzen.

§ 56
Sondervorschriften für Steuerpflichtige in dem in Artikel 3 des Einigungsvertrages genannten Gebiet

Bei Steuerpflichtigen, die am 31. Dezember 1990 einen Wohnsitz oder ihren gewöhnlichen Aufenthalt in dem in Artikel 3 des Einigungsvertrages genannten Gebiet und im Jahre 1990 keinen Wohnsitz oder gewöhnlichen Aufenthalt im bisherigen Geltungsbereich dieses Gesetzes hatten, gilt Folgendes:
1. § 7 Abs. 5 ist auf Gebäude anzuwenden, die in dem in Artikel 3 des Einigungsvertrages genannten Gebiet nach dem 31. Dezember 1990 angeschafft oder hergestellt worden sind.
2. (weggefallen)

§ 57
Besondere Anwendungsregeln aus Anlass der Herstellung der Einheit Deutschlands

(1) Die §§ 7c, 7f, 7g, 7k und 10e dieses Gesetzes, die §§ 76, 78, 82a und 82f der Einkommensteuer-Durchführungsverordnung sowie die §§ 7 und 12 Abs. 3 des Schutzbaugesetzes sind auf Tatbestände anzuwenden, die in dem in Artikel 3 des Einigungsvertrages genannten Gebiet nach dem 31. Dezember 1990 verwirklicht worden sind.

(2) Die §§ 7b und 7d dieses Gesetzes sowie die §§ 81, 82d, 82g und 82i der Einkommensteuer-Durchführungsverordnung sind nicht auf Tatbestände anzuwenden, die in dem in Artikel 3 des Einigungsvertrages genannten Gebiet verwirklicht worden sind.

(3) Bei der Anwendung des § 7g Abs. 2 Nr. 1 und des § 14a Abs. 1 ist in dem in Artikel 3 des Einigungsvertrages genannten Gebiet anstatt vom maßgebenden Einheitswert des Betriebs der Land- und Forstwirtschaft und der darin ausgewiesenen Werten vom Ersatzwirtschaftswert nach § 125 des Bewertungsgesetzes auszugehen.

(4) [1]§ 10d Abs. 1 ist mit der Maßgabe anzuwenden, dass der Sonderausgabenabzug erstmals von dem für die zweite Hälfte des Veranlagungszeitraums 1990 ermittelten Gesamtbetrag der Einkünfte vorzunehmen ist. [2]§ 10d Abs. 2 und 3 ist auch für Verluste anzuwenden, die in dem in Artikel 3 des Einigungsvertrages genannten Gebiet im Veranlagungszeitraum 1990 entstanden sind.

EStG

(5) § 22 Nr. 4 ist auf vergleichbare Bezüge anzuwenden, die auf Grund des Gesetzes über Rechtsverhältnisse der Abgeordneten der Volkskammer der Deutschen Demokratischen Republik vom 31. Mai 1990 (GBl. I Nr. 30 S. 274) gezahlt worden sind.

(6) § 34f Abs. 3 Satz 3 ist erstmals auf die in dem in Artikel 3 des Einigungsvertrags genannten Gebiet für die zweite Hälfte des Veranlagungszeitraums 1990 festgesetzte Einkommensteuer anzuwenden.

§ 58
Weitere Anwendung von Rechtsvorschriften, die vor Herstellung der Einheit Deutschlands in dem in Artikel 3 des Einigungsvertrages genannten Gebiet gegolten haben

(1) Die Vorschriften über Sonderabschreibungen nach § 3 Abs. 1 des Steueränderungsgesetzes vom 6. März 1990 (GBl. I Nr. 17 S. 136) in Verbindung mit § 7 der Durchführungsbestimmung zum Gesetz zur Änderung der Rechtsvorschriften über die Einkommen-, Körperschaft- und Vermögensteuer – Steueränderungsgesetz – vom 16. März 1990 (GBl. I Nr. 21 S. 195) sind auf Wirtschaftsgüter weiter anzuwenden, die nach dem 31. Dezember 1989 und vor dem 1. Januar 1991 in dem in Artikel 3 des Einigungsvertrages genannten Gebiet angeschafft oder hergestellt worden sind.

(2) ¹Rücklagen nach § 3 Abs. 2 des Steueränderungsgesetzes vom 6. März 1990 (GBl. I Nr. 17 S. 136) in Verbindung mit § 8 der Durchführungsbestimmung zum Gesetz zur Änderung der Rechtsvorschriften über die Einkommen-, Körperschaft- und Vermögensteuer – Steueränderungsgesetz – vom 16. März 1990 (GBl. I Nr. 21 S. 195) dürfen, soweit sie zum 31. Dezember 1990 zulässigerweise gebildet worden sind, auch nach diesem Zeitpunkt fortgeführt werden. ²Sie sind spätestens im Veranlagungszeitraum 1995 gewinn- oder sonst einkünfteerhöhend aufzulösen. ³Sind vor dieser Auflösung begünstigte Wirtschaftsgüter angeschafft oder hergestellt worden, sind die in der Rücklage eingestellten Beträge von den Anschaffungs- oder Herstellungskosten abzuziehen; die Rücklage ist in Höhe des abgezogenen Betrags im Veranlagungszeitraum der Anschaffung oder Herstellung gewinn- oder sonst einkünfteerhöhend aufzulösen.

(3) Die Vorschrift über den Steuerabzugsbetrag nach § 9 Abs. 1 der Durchführungsbestimmung zum Gesetz zur Änderung der Rechtsvorschriften über die Einkommen-, Körperschaft- und Vermögensteuer – Steueränderungsgesetz – vom 16. März 1990 (GBl. I Nr. 21 S. 195) ist für Steuerpflichtige weiter anzuwenden, die vor dem 1. Januar 1991 in dem in Artikel 3 des Einigungsvertrages genannten Gebiet eine Betriebsstätte begründet haben, wenn sie von dem Tag der Begründung der Betriebsstätte an zwei Jahre lang die Tätigkeit ausüben, die Gegenstand der Betriebsstätte ist.

§§ 59 bis 61
(weggefallen)

X. Kindergeld

§ 62
Anspruchsberechtigte

(1) ¹Für Kinder im Sinne des § 63 hat Anspruch auf Kindergeld nach diesem Gesetz, wer

1. im Inland einen Wohnsitz oder seinen gewöhnlichen Aufenthalt hat oder
2. ohne Wohnsitz oder gewöhlichen Aufenthalt im Inland
   a) nach § 1 Abs. 2 unbeschränkt einkommensteuerpflichtig ist oder
   b) nach § 1 Abs. 3 als unbeschränkt einkommensteuerpflichtig behandelt wird.

²Voraussetzung für den Anspruch nach Satz 1 ist, dass der Berechtigte durch die an ihn vergebene Identifikationsnummer (§ 139b der Abgabenordnung) identifiziert wird. ³Die nachträgliche Vergabe der Identifikationsnummer wirkt auf Monate zurück, in denen die Voraussetzungen des Satzes 1 vorliegen.[1)]

(2) Ein nicht freizügigkeitsberechtigter Ausländer erhält Kindergeld nur, wenn er

1. eine Niederlassungserlaubnis besitzt,
2. eine Aufenthaltserlaubnis besitzt, die zur Ausübung einer Erwerbstätigkeit berechtigt oder berechtigt hat, es sei denn, die Aufenthaltserlaubnis wurde
   a) nach §16 oder § 17 des Aufenthaltsgesetzes erteilt,
   b) nach § 18 Abs. 2 des Aufenthaltsgesetzes erteilt und die Zustimmung der Bundesagentur für Arbeit darf nach der Beschäftigungsverordnung nur für einen bestimmten Höchstzeitraum erteilt werden,
   c) nach § 23 Abs. 1 des Aufenthaltsgesetzes wegen eines Krieges in seinem Heimatland oder nach den §§ 23a, 24, 25 Abs. 3 bis 5 des Aufenthaltsgesetzes erteilt

   oder
3. eine in Nummer 2 Buchstabe c genannte Aufenthaltserlaubnis besitzt und
   a) sich seit mindestens drei Jahren rechtmäßig, gestattet oder geduldet im Bundesgebiet aufhält und
   b) im Bundesgebiet berechtigt erwerbstätig ist, laufende Geldleistungen nach dem Dritten Buch Sozialgesetzbuch bezieht oder Elternzeit in Anspruch nimmt.

§ 63
Kinder

(1) ¹Als Kinder werden berücksichtigt

1. Kinder im Sinne des § 32 Abs. 1,
2. vom Berechtigten in seinen Haushalt aufgenommene Kinder seines Ehegatten,
3. vom Berechtigten in seinen Haushalt aufgenommene Enkel.

²§ 32 Abs. 3 bis 5 gilt entsprechend. ³Voraussetzung für die Berücksichtigung ist die Identifizierung des

---

1) Zeitliche Geltung: § 52 Absatz 49a.

Kindes durch die an dieses Kind vergebene Identifikationsnummer (§ 139b der Abgabenordnung). ⁴Ist das Kind nicht nach einem Steuergesetz steuerpflichtig (§ 139a Absatz 2 der Abgabenordnung), ist es in anderer geeigneter Weise zu identifizieren. ⁵Die nachträgliche Identifizierung oder nachträgliche Vergabe der Identifikationsnummer wirkt auf Monate zurück, in denen die Voraussetzungen der Sätze 1 bis 4 vorliegen.¹⁾ ⁶Kinder, die weder einen Wohnsitz noch ihren gewöhnlichen Aufenthalt im Inland, in einem Mitgliedstaat der Europäischen Union oder in einem Staat, auf den das Abkommen über den Europäischen Wirtschaftsraum Anwendung findet, haben, werden nicht berücksichtigt, es sei denn, sie leben im Haushalt eines Berechtigten im Sinne des § 62 Abs. 1 Satz 1 Nr. 2 Buchstabe a. ⁷Kinder im Sinne von § 2 Abs. 4 Satz 2 des Bundeskindergeldgesetzes²⁾ werden nicht berücksichtigt.

(2) Die Bundesregierung wird ermächtigt, durch Rechtsverordnung, die nicht der Zustimmung des Bundesrates bedarf, zu bestimmen, dass einem Berechtigten, der im Inland erwerbstätig ist oder sonst seine hauptsächlichen Einkünfte erzielt, für seine in Absatz 1 Satz 3 erster Halbsatz bezeichneten Kinder Kindergeld ganz oder teilweise zu leisten ist, soweit dies mit Rücksicht auf die durchschnittlichen Lebenshaltungskosten für Kinder in deren Wohnsitzstaat und auf die dort gewährten dem Kindergeld vergleichbaren Leistungen geboten ist.

§ 64
Zusammentreffen mehrerer Ansprüche

(1) Für jedes Kind wird nur einem Berechtigten Kindergeld gezahlt.

(2) ¹Bei mehreren Berechtigten wird das Kindergeld demjenigen gezahlt, der das Kind in seinen Haushalt aufgenommen hat. ²Ist ein Kind in den gemeinsamen Haushalt von Eltern, einem Elternteil und dessen Ehegatten, Pflegeeltern oder Großeltern aufgenommen worden, so bestimmen diese untereinander den Berechtigten. ³Wird eine Bestimmung nicht getroffen, so bestimmt das Familiengericht auf Antrag den Berechtigten. ⁴Den Antrag kann stellen, wer ein berechtigtes Interesse an der Zahlung des Kindergeldes hat. ⁵Lebt ein Kind im gemeinsamen Haushalt von Eltern und Großeltern, so wird das Kindergeld vorrangig einem Elternteil gezahlt; es wird an einen Großelternteil gezahlt, wenn der Elternteil gegenüber der zuständigen Stelle auf seinen Vorrang schriftlich verzichtet hat.

(3) ¹Ist das Kind nicht in den Haushalt eines Berechtigten aufgenommen, so erhält das Kindergeld derjenige, der dem Kind eine Unterhaltsrente zahlt. ²Zahlen mehrere Berechtigte dem Kind Unterhaltsrenten, so erhält das Kindergeld derjenige, der dem Kind die höchste Unterhaltsrente zahlt. ³Werden gleich hohe Unterhaltsrenten gezahlt oder zahlt keiner der Berechtigten dem Kind Unterhalt, so bestimmen die Berechtigten untereinander, wer das Kindergeld erhalten soll. ⁴Wird eine Bestimmung nicht getroffen, so gilt Absatz 2 Satz 3 und 4 entsprechend.

§ 65
Andere Leistungen für Kinder

(1) ¹Kindergeld wird nicht für ein Kind gezahlt, für das eine der folgenden Leistungen zu zahlen ist oder bei entsprechender Antragstellung zu zahlen wäre:
1. Kinderzulagen aus der gesetzlichen Unfallversicherung oder Kinderzuschüsse aus den gesetzlichen Rentenversicherungen,
2. Leistungen für Kinder, die im Ausland gewährt werden und dem Kindergeld oder einer der unter Nummer 1 genannten Leistungen vergleichbar sind,
3. Leistungen für Kinder, die von einer zwischen- oder überstaatlichen Einrichtung gewährt werden und dem Kindergeld vergleichbar sind.

²Soweit es für die Anwendung von Vorschriften dieses Gesetzes auf den Erhalt von Kindergeld ankommt, stehen die Leistungen nach Satz 1 dem Kindergeld gleich. ³Steht ein Berechtigter in einem Versicherungspflichtverhältnis zur Bundesagentur für Arbeit nach § 24 des Dritten Buches Sozialgesetzbuch oder ist versicherungsfrei nach § 28 Absatz 1 Nr. 1 des Dritten Buches Sozialgesetzbuch oder steht er im Inland in einem öffentlich-rechtlichen Dienst- oder Amtsverhältnis, so wird sein Anspruch auf Kindergeld für ein Kind nicht nach Satz 1 Nr. 3 mit Rücksicht darauf ausgeschlossen, dass sein Ehegatte als Beamter, Ruhestandsbeamter oder sonstiger Bediensteter der Europäischen Union für das Kind Anspruch auf Kinderzulage hat.

(2) Ist in den Fällen des Absatzes 1 Satz 1 Nr. 1 der Bruttobetrag der anderen Leistung niedriger als das Kindergeld nach § 66, wird Kindergeld in Höhe des Unterschiedsbetrages gezahlt, wenn er mindestens 5 Euro beträgt.

§ 66
Höhe des Kindergeldes, Zahlungszeitraum

(1) ¹Das Kindergeld beträgt monatlich für erste und zweite Kinder jeweils 184 Euro, für dritte Kinder 190 Euro und für das vierte und jedes weitere Kind jeweils 215 Euro. ²Darüber hinaus wird für jedes Kind, für das im Kalenderjahr 2009 mindestens für einen Kalendermonat ein Anspruch auf Kindergeld besteht, für das Kalenderjahr 2009 ein Einmalbetrag in Höhe von 100 Euro gezahlt.

(2) Das Kindergeld wird monatlich vom Beginn des Monats an gezahlt, in dem die Anspruchsvoraussetzungen erfüllt sind, bis zum Ende des Monats, in dem die Anspruchsvoraussetzungen wegfallen.

§ 67
Antrag

¹Das Kindergeld ist bei der zuständigen Familienkasse schriftlich zu beantragen. ²Den Antrag kann außer dem Berechtigten auch stellen, wer ein berechtigtes Interesse an der Leistung des Kindergeldes hat. ³In Fällen des Satzes 2 ist § 62 Absatz 1 Satz 2 bis 3 anzuwenden. ⁴Der Berechtigte ist zu diesem Zweck verpflichtet, demjenigen, der ein berechtigtes Interesse an der Leistung des Kindergeldes hat, seine an ihn vergebene Identifikationsnummer

---

1) Zeitliche Geltung: § 52 Absatz 49a.
2) Siehe Anhang 7.

EStG

(§ 139b der Abgabenordnung) mitzuteilen. ⁵Kommt der Berechtigte dieser Verpflichtung nicht nach, teilt die zuständige Familienkasse demjenigen, der ein berechtigtes Interesse an der Leistung des Kindergeldes hat, auf seine Anfrage die Identifikationsnummer des Berechtigten mit.

§ 68
Besondere Mitwirkungspflichten

(1) ¹Wer Kindergeld beantragt oder erhält, hat Änderungen in den Verhältnissen, die für die Leistung erheblich sind oder über die im Zusammenhang mit der Leistung Erklärungen abgegeben worden sind, unverzüglich der zuständigen Familienkasse mitzuteilen. ²Ein Kind, das das 18. Lebensjahr vollendet hat, ist auf Verlangen der Familienkasse verpflichtet, an der Aufklärung des für die Kindergeldzahlung maßgebenden Sachverhalts mitzuwirken; § 101 der Abgabenordnung findet insoweit keine Anwendung.

(2) (weggefallen)

(3) Auf Antrag des Berechtigten erteilt die das Kindergeld auszahlende Stelle eine Bescheinigung über das für das Kalenderjahr ausgezahlte Kindergeld.

(4) Die Familienkassen dürfen den die Bezüge im öffentlichen Dienst anweisenden Stellen Auskunft über den für die jeweilige Kindergeldzahlung maßgebenden Sachverhalt erteilen.

§ 69
Überprüfung des Fortbestehens von Anspruchsvoraussetzungen durch Meldedaten-Übermittlung

Die Meldebehörden übermitteln in regelmäßigen Abständen den Familienkassen nach Maßgabe einer auf Grund des § 56 Absatz 1 Nummer 2 des Bundesmeldegesetzes zu erlassenden Rechtsverordnung die in § 34 Absatz 1 und 2 des Bundesmeldegesetzes¹⁾ genannten Daten aller Einwohner, zu deren Person im Melderegister Daten von minderjährigen Kindern gespeichert sind, und dieser Kinder, soweit die Daten nach ihrer Art für die Prüfung der Rechtmäßigkeit des Bezuges von Kindergeld geeignet sind.

§ 70
Festsetzung und Zahlung des Kindergeldes

(1) ¹Das Kindergeld nach § 62 wird von den Familienkassen durch Bescheid festgesetzt und ausgezahlt.

(2) ¹Soweit in den Verhältnissen, die für den Anspruch auf Kindergeld erheblich sind, Änderungen eintreten, ist die Festsetzung des Kindergeldes mit Wirkung vom Zeitpunkt der Änderung der Verhältnisse aufzuheben oder zu ändern. ²Ist die Änderung einer Kindergeldfestsetzung nur wegen einer Anhebung der in § 66 Abs. 1 genannten Kindergeldbeträge erforderlich, kann von der Erteilung eines schriftlichen Änderungsbescheides abgesehen werden.

(3) ¹Materielle Fehler der letzten Festsetzung können durch Aufhebung oder Änderung der Festsetzung mit Wirkung ab dem auf die Bekanntgabe der Aufhebung oder Änderung der Festsetzung folgenden Monat beseitigt werden. ²Bei der Aufhebung oder Änderung der Festsetzung nach Satz 1 ist § 176 der Abgabenordnung entsprechend anzuwenden; dies gilt nicht für Monate, die nach der Verkündung der maßgeblichen Entscheidung eines obersten Bundesgerichts beginnen.

§ 71
(weggefallen)

§ 72
Festsetzung und Zahlung des Kindergeldes an Angehörige des öffentlichen Dienstes

(1) ¹Steht Personen, die

1. in einem öffentlich-rechtlichen Dienst-, Amts- oder Ausbildungsverhältnis stehen, mit Ausnahme der Ehrenbeamten, oder

2. Versorgungsbezüge nach beamten- oder soldatenrechtlichen Vorschriften oder Grundsätzen erhalten oder

3. Arbeitnehmer des Bundes, eines Landes, einer Gemeinde, eines Gemeindeverbandes oder einer sonstigen Körperschaft, einer Anstalt oder einer Stiftung des öffentlichen Rechts sind, einschließlich der zu ihrer Berufsausbildung Beschäftigten,

Kindergeld nach Maßgabe dieses Gesetzes zu, wird es von den Körperschaften, Anstalten oder Stiftungen des öffentlichen Rechts festgesetzt und ausgezahlt. ²Die genannten juristischen Personen sind insoweit Familienkasse.

(2) Der Deutschen Post AG, der Deutschen Postbank AG und der Deutschen Telekom AG obliegt die Durchführung dieses Gesetzes für ihre jeweiligen Beamten und Versorgungsempfänger in Anwendung des Absatzes 1.

(3) Absatz 1 gilt nicht für Personen, die ihre Bezüge oder Arbeitsentgelt

1. von einem Dienstherrn oder Arbeitgeber im Bereich der Religionsgesellschaften des öffentlichen Rechts oder

2. von einem Spitzenverband der Freien Wohlfahrtspflege, einem diesem unmittelbar oder mittelbar angeschlossenen Mitgliedsverband oder einer einem solchen Verband angeschlossenen Einrichtung oder Anstalt

erhalten.

(4) Die Absätze 1 und 2 gelten nicht für Personen, die voraussichtlich nicht länger als sechs Monate in den Kreis der in Absatz 1 Satz 1 Nr. 1 bis 3 und Absatz 2 Bezeichneten eintreten.

(5) Obliegt mehreren Rechtsträgern die Zahlung von Bezügen oder Arbeitsentgelt (Absatz 1 Satz 1) gegenüber einem Berechtigten, so ist für die Durchführung dieses Gesetzes zuständig:

1. bei Zusammentreffen von Versorgungsbezügen mit anderen Bezügen oder Arbeitsentgelt der

---

1) Geltung: Ab 1. Mai 2015 (Absatz 4 des Gesetzes zur Fortentwicklung des Meldewesens (MeldeFortG) vom 3. Mai 2013 BGBl. I S. 1084.

Rechtsträger, dem die Zahlung der anderen Bezüge oder des Arbeitsentgelts obliegt;
2. bei Zusammentreffen mehrerer Versorgungsbezüge der Rechtsträger, dem die Zahlung der neuen Versorgungsbezüge im Sinne der beamtenrechtlichen Ruhensvorschriften obliegt;
3. bei Zusammentreffen von Arbeitsentgelt (Absatz 1 Satz 1 Nr. 3) mit Bezügen aus einem der in Absatz 1 Satz 1 Nr. 1 bezeichneten Rechtsverhältnisse der Rechtsträger, dem die Zahlung dieser Bezüge obliegt;
4. bei Zusammentreffen mehrerer Arbeitsentgelte (Absatz 1 Satz 1 Nr. 3) der Rechtsträger, dem die Zahlung des höheren Arbeitsentgelts obliegt oder – falls die Arbeitsentgelte gleich hoch sind – der Rechtsträger, zu dem das zuerst begründete Arbeitsverhältnis besteht.

(6) ¹Scheidet ein Berechtigter im Laufe eines Monats aus dem Kreis der in Absatz 1 Satz 1 Nr. 1 bis 3 Bezeichneten aus oder tritt er im Laufe eines Monats in diesen Kreis ein, so wird das Kindergeld für diesen Monat von der Stelle gezahlt, die bis zum Ausscheiden oder Eintritt des Berechtigten zuständig war. ²Dies gilt nicht, soweit die Zahlung von Kindergeld für ein Kind in Betracht kommt, das erst nach dem Ausscheiden oder Eintritt bei der Berechnung nach § 63 zu berücksichtigen ist. ³Ist in einem Fall des Satzes 1 das Kindergeld bereits für einen folgenden Monat gezahlt worden, so muss der für diesen Monat Berechtigte die Zahlung gegen sich gelten lassen.

(7) ¹In den Abrechnungen der Bezüge und des Arbeitsentgelts ist das Kindergeld gesondert auszuweisen, wenn es zusammen mit den Bezügen oder dem Arbeitsentgelt ausgezahlt wird. ²Der Rechtsträger hat die Summe des von ihm für alle Berechtigten ausgezahlten Kindergeldes dem Betrag, den er insgesamt an Lohnsteuer einzubehalten hat, zu entnehmen und bei der nächsten Lohnsteuer-Anmeldung gesondert abzusetzen. ³Übersteigt das insgesamt ausgezahlte Kindergeld den Betrag, der insgesamt an Lohnsteuer abzuführen ist, so wird der übersteigende Betrag dem Rechtsträger auf Antrag von dem Finanzamt, an das die Lohnsteuer abzuführen ist, aus den Einnahmen der Lohnsteuer ersetzt.

(8) ¹Abweichend von Absatz 1 Satz 1 werden Kindergeldansprüche aufgrund über- oder zwischenstaatlicher Rechtsvorschriften durch die Familienkassen der Bundesagentur für Arbeit festgesetzt und ausgezahlt. ²Dies gilt auch für Fälle, in denen Kindergeldansprüche sowohl nach Maßgabe dieses Gesetzes als auch auf Grund über- oder zwischenstaatlicher Rechtsvorschriften bestehen.

§ 73
(weggefallen)

§ 74
Zahlung des Kindergeldes in Sonderfällen

(1) ¹Das für ein Kind festgesetzte Kindergeld nach § 66 Abs. 1 kann an das Kind ausgezahlt werden, wenn der Kindergeldberechtigte ihm gegenüber seiner gesetzlichen Unterhaltspflicht nicht nachkommt. ²Kindergeld kann an Kinder, die bei der Festsetzung des Kindergeldes berücksichtigt werden, bis zur Höhe des Betrages, der sich bei entsprechender Anwendung des § 76 ergibt, ausgezahlt werden. ³Dies gilt auch, wenn der Kindergeldberechtigte mangels Leistungsfähigkeit nicht unterhaltspflichtig ist oder nur Unterhalt in Höhe eines Betrages zu leisten braucht, der geringer ist als das für die Auszahlung in Betracht kommende Kindergeld. ⁴Die Auszahlung kann auch an die Person oder Stelle erfolgen, dem das Kind Unterhalt gewährt.

(2) Für Erstattungsansprüche der Träger von Sozialleistungen gegen die Familienkasse gelten die §§ 102 bis 109 und 111 bis 113 des Zehnten Buches Sozialgesetzbuch entsprechend.

§ 75
Aufrechnung

(1) Mit Ansprüchen auf Erstattung von Kindergeld kann die Familienkasse gegen Ansprüche auf Kindergeld bis zu deren Hälfte aufrechnen, wenn der Leistungsberechtigte nicht nachweist, dass er dadurch hilfebedürftig im Sinne der Vorschriften des Zwölften Buches Sozialgesetzbuch über die Hilfe zum Lebensunterhalt oder im Sinne der Vorschriften des Zweiten Buches Sozialgesetzbuch über die Leistungen zur Sicherung des Lebensunterhalts wird.

(2) Absatz 1 gilt für die Aufrechnung eines Anspruchs auf Erstattung von Kindergeld gegen einen späteren Kindergeldanspruch eines mit dem Erstattungspflichtigen in Haushaltsgemeinschaft lebenden Berechtigten entsprechend, soweit es sich um laufendes Kindergeld für ein Kind handelt, das bei beiden berücksichtigt werden kann oder konnte.

§ 76
Pfändung

¹Der Anspruch auf Kindergeld kann nur wegen gesetzlicher Unterhaltsansprüche eines Kindes, das bei der Festsetzung des Kindergeldes berücksichtigt wird, gepfändet werden. ²Für die Höhe des pfändbaren Betrages gilt:

1. ¹Gehört das unterhaltsberechtigte Kind zum Kreis der Kinder, für die dem Leistungsberechtigten Kindergeld gezahlt wird, so ist eine Pfändung bis zu dem Betrag möglich, der bei gleichmäßiger Verteilung des Kindergeldes auf jedes dieser Kinder entfällt. ²Ist das Kindergeld durch die Berücksichtigung eines weiteren Kindes erhöht, für das einer dritten Person Kindergeld oder dieser oder dem Leistungsberechtigten eine andere Geldleistung für Kinder zusteht, so bleibt der Erhöhungsbetrag bei der Bestimmung des pfändbaren Betrages des Kindergeldes nach Satz 1 außer Betracht.

2. Der Erhöhungsbetrag nach Nummer 1 Satz 2 ist zugunsten jedes bei der Festsetzung des Kindergeldes berücksichtigten unterhaltsberechtigten Kindes zu dem Anteil pfändbar, der bei gleichmäßiger Verteilung auf alle Kinder, die bei der Festsetzung des Kindergeldes zu Gunsten des Leistungsberechtigten berücksichtigt werden, ergibt.

§ 76a
Kontenpfändung und Pfändung von Bargeld

(1) ¹Wird Kindergeld auf das Konto des Berechtigten oder in den Fällen des § 74 Abs. 1 Satz 1 bis 3 bzw. § 76 auf das Konto des Kindes bei einem Geldinstitut überwiesen, ist die Forderung, die durch die Gutschrift entsteht, für die Dauer von sieben Tagen seit der Gutschrift der Überweisung unpfändbar. ²Eine Pfändung des Guthabens gilt als mit der Maßgabe ausgesprochen, dass sie das Guthaben in Höhe der in Satz 1 bezeichneten Forderung während der sieben Tage nicht erfasst.

(2) ¹Das Geldinstitut ist dem Schuldner innerhalb der sieben Tage zur Leistung aus dem nach Absatz 1 Satz 2 von der Pfändung nicht erfassten Guthaben nur soweit verpflichtet, als der Schuldner nachweist oder als dem Geldinstitut sonst bekannt ist, dass das Guthaben von der Pfändung nicht erfasst ist. ²Soweit das Geldinstitut hiernach geleistet hat, gilt Absatz 1 Satz 2 nicht.

(3) ¹Leistung, die das Geldinstitut innerhalb der sieben Tage aus dem nach Absatz 1 Satz 2 von der Pfändung nicht erfassten Guthaben an den Gläubiger bewirkt, ist dem Schuldner gegenüber unwirksam. ²Das gilt auch für eine Hinterlegung.

(4) Bei Empfängern laufender Kindergeldleistungen sind die in Absatz 1 genannten Forderungen nach Ablauf von sieben Tagen seit der Gutschrift sowie Bargeld insoweit nicht der Pfändung unterworfen, als ihr Betrag dem unpfändbaren Teil der Leistungen für die Zeit von der Pfändung bis zum nächsten Zahlungstermin entspricht.

§ 77
Erstattung von Kosten im Vorverfahren

(1) ¹Soweit der Einspruch gegen die Kindergeldfestsetzung erfolgreich ist, hat die Familienkasse demjenigen, der den Einspruch erhoben hat, die zur zweckentsprechenden Rechtsverfolgung oder Rechtsverteidigung notwendigen Aufwendungen zu erstatten. ²Dies gilt auch, wenn der Einspruch nur deshalb keinen Erfolg hat, weil die Verletzung einer Verfahrens- oder Formvorschrift nach § 126 der Abgabenordnung unbeachtlich ist. ³Aufwendungen, die durch das Verschulden eines Erstattungsberechtigten entstanden sind, hat dieser selbst zu tragen; das Verschulden eines Vertreters ist dem Vertretenen zuzurechnen.

(2) Die Gebühren und Auslagen eines Bevollmächtigten oder Beistandes, der nach den Vorschriften des Steuerberatungsgesetzes zur geschäftsmäßigen Hilfeleistung in Steuersachen befugt ist, sind erstattungsfähig, wenn dessen Zuziehung notwendig war.

(3) ¹Die Familienkasse setzt auf Antrag den Betrag der zu erstattenden Aufwendungen fest. ²Die Kostenentscheidung bestimmt auch, ob die Zuziehung eines Bevollmächtigten oder Beistandes im Sinne des Absatzes 2 notwendig war.

§ 78
Übergangsregelungen

(1) bis (4) (weggefallen)

(5) ¹Abweichend von § 64 Abs. 2 und 3 steht Berechtigten, die für Dezember 1990 für ihre Kinder Kindergeld in dem in Artikel 3 des Einigungsvertrages genannten Gebiet bezogen haben, das Kindergeld für diese Kinder auch für die folgende Zeit zu, solange sie ihren Wohnsitz oder gewöhnlichen Aufenthalt in diesem Gebiet beibehalten und die Voraussetzungen ihrer Berücksichtigung weiterhin erfüllen. ²§ 64 Abs. 2 und 3 ist insoweit erst für die Zeit vom Beginn des Monats an anzuwenden, in dem ein hierauf gerichteter Antrag bei der zuständigen Stelle eingegangen ist; der hiernach Berechtigte muss die nach Satz 1 geleisteten Zahlungen gegen sich gelten lassen.

XI. Altersvorsorgezulage
§ 79
Zulageberechtigte

¹Die in § 10a Absatz 1 genannten Personen haben Anspruch auf eine Altersvorsorgezulage (Zulage). ²Ist nur ein Ehegatte nach Satz 1 begünstigt, so ist auch der andere Ehegatte zulageberechtigt, wenn

1. beide Ehegatten nicht dauernd getrennt leben (§ 26 Absatz 1),
2. beide Ehegatten ihren Wohnsitz oder gewöhnlichen Aufenthalt in einem Mitgliedstaat der Europäischen Union oder einem Staat haben, auf den das Abkommen über den Europäischen Wirtschaftsraum anwendbar ist,
3. ein auf den Namen des anderen Ehegatten laufender Altersvorsorgevertrag besteht,
4. der andere Ehegatte zugunsten des Altersvorsorgevertrags nach Nummer 3 im jeweiligen Beitragsjahr mindestens 60 Euro geleistet hat und
5. die Auszahlungsphase des Altersvorsorgevertrags nach Nummer 3 noch nicht begonnen hat.

³Satz 1 gilt entsprechend für die in § 10a Absatz 6 Satz 1 und 2 genannten Personen, sofern sie unbeschränkt steuerpflichtig sind oder für das Beitragsjahr nach § 1 Absatz 3 als unbeschränkt steuerpflichtig behandelt werden.

§ 80
Anbieter

Anbieter im Sinne dieses Gesetzes sind Anbieter von Altersvorsorgeverträgen gemäß § 1 Abs. 2 des Altersvorsorgeverträge-Zertifizierungsgesetzes sowie die in § 82 Abs. 2 genannten Versorgungseinrichtungen.

§ 81
Zentrale Stelle

Zentrale Stelle im Sinne dieses Gesetzes ist die Deutsche Rentenversicherung Bund.

§ 81a
Zuständige Stelle

¹Zuständige Stelle ist bei einem

1. Empfänger von Besoldung nach dem Bundesbesoldungsgesetz oder einem Landesbesoldungsgesetz die die Besoldung anordnende Stelle,
2. Empfänger von Amtsbezügen im Sinne des § 10a Abs. 1 Satz 1 Nr. 2 die die Amtsbezüge anordnende Stelle,

EStG

3. versicherungsfrei Beschäftigten sowie bei einem von der Versicherungspflicht befreiten Beschäftigten im Sinne des § 10a Abs. 1 Satz 1 Nr. 3 der die Versorgung gewährleistende Arbeitgeber der rentenversicherungsfreien Beschäftigung,
4. Beamten, Richter, Berufssoldaten und Soldaten auf Zeit im Sinne des § 10a Abs. 1 Satz 1 Nr. 4 der zur Zahlung des Arbeitsentgelts verpflichtete Arbeitgeber und
5. Empfänger einer Versorgung im Sinne des § 10a Abs. 1 Satz 4 die die Versorgung anordnende Stelle.

²Für die in § 10a Abs. 1 Satz 1 Nr. 5 genannten Steuerpflichtigen gilt Satz 1 entsprechend.

§ 82
Altersvorsorgebeiträge

(1) ¹Geförderte Altersvorsorgebeiträge sind im Rahmen des in § 10a Absatz 1 Satz 1 genannten Höchstbetrages
1. Beiträge,
2. Tilgungsleistungen,

die der Zulageberechtigte (§ 79) bis zum Beginn der Auszahlungsphase zugunsten eines auf seinen Namen lautenden Vertrags leistet, der nach § 5 des Altersvorsorgeverträge-Zertifizierungsgesetzes zertifiziert ist (Altersvorsorgevertrag). ²Die Zertifizierung ist Grundlagenbescheid im Sinne des § 171 Abs. 10 der Abgabenordnung. ³Als Tilgungsleistungen gelten auch Beiträge, die vom Zulageberechtigten zugunsten eines auf seinen Namen lautenden Altersvorsorgevertrags im Sinne des § 1 Abs. 1a Satz 1 Nr. 3 des Altersvorsorgeverträge-Zertifizierungsgesetzes erbracht wurden und die zur Tilgung eines im Rahmen des Altersvorsorgevertrags abgeschlossenen Darlehens abgetreten wurden. ⁴Im Fall der Übertragung von gefördertem Altersvorsorgevermögen nach § 1 Abs. 1 Satz 1 Nr. 10 Buchstabe b des Altersvorsorgeverträge-Zertifizierungsgesetzes in einen Altersvorsorgevertrag im Sinne des § 1 Abs. 1a Satz 1 Nr. 3 des Altersvorsorgeverträge-Zertifizierungsgesetzes gelten die Beiträge nach Satz 1 ab dem Zeitpunkt der Übertragung als Tilgungsleistungen nach Satz 3; eine erneute Förderung nach § 10a oder Abschnitt XI erfolgt insoweit nicht. ⁵Tilgungsleistungen nach den Sätzen 1 und 3 werden nur berücksichtigt, wenn das zugrunde liegende Darlehen für eine nach dem 31. Dezember 2007 vorgenommene wohnungswirtschaftliche Verwendung im Sinne des § 92a Abs. 1 Satz 1 eingesetzt wurde. ⁶Bei einer Aufgabe der Selbstnutzung nach § 92a Absatz 3 Satz 1 gelten im Beitragsjahr der Aufgabe der Selbstnutzung auch die nach der Aufgabe der Selbstnutzung geleisteten Beiträge oder Tilgungsleistungen als Altersvorsorgebeiträge nach Satz 1. ⁷Bei einer Reinvestition nach § 92a Absatz 3 Satz 9 Nummer 1 gelten im Beitragsjahr der Reinvestition auch die davor geleisteten Beiträge oder Tilgungsleistungen als Altersvorsorgebeiträge nach Satz 1. ⁸Bei einem beruflich bedingten Umzug nach § 92a Absatz 4 gelten

1. im Beitragsjahr des Wegzugs auch die nach dem Wegzug und
2. im Beitragsjahr des Wiedereinzugs auch die vor dem Wiedereinzug

geleisteten Beiträge und Tilgungsleistungen als Altersvorsorgebeiträge nach Satz 1.

(2) ¹Zu den Altersvorsorgebeiträgen gehören auch
a) die aus dem individuell versteuerten Arbeitslohn des Arbeitnehmers geleisteten Beiträge an einen Pensionsfonds, eine Pensionskasse oder eine Direktversicherung zum Ausbau einer kapitalgedeckten betrieblichen Altersversorgung und
b) Beiträge des Arbeitnehmers und des ausgeschiedenen Arbeitnehmers, die dieser im Fall der zunächst durch Entgeltumwandlung (§ 1a des Betriebsrentengesetzes)[1)] finanzierten und nach § 3 Nr. 63 oder § 10a und diesem Abschnitt geförderten kapitalgedeckten betrieblichen Altersversorgung nach Maßgabe des § 1a Abs. 4 und § 1b Abs. 5 Satz 1 Nr. 2 des Betriebsrentengesetzes[2)] selbst erbringt,

wenn eine Auszahlung der zugesagten Altersversorgungsleistung in Form einer Rente oder eines Auszahlungsplans (§ 1 Abs. 1 Satz 1 Nr. 4 des Altersvorsorgeverträge-Zertifizierungsgesetzes) vorgesehen ist. ²Die §§ 3 und 4 des Betriebsrentengesetzes[3)] stehen dem vorbehaltlich des § 93 nicht entgegen.

(3) Zu den Altersvorsorgebeiträgen gehören auch die Beitragsanteile, die zur Absicherung der verminderten Erwerbsfähigkeit des Zulageberechtigten und zur Hinterbliebenenversorgung verwendet werden, wenn in der Leistungsphase die Auszahlung in Form einer Rente erfolgt.

(4) Nicht zu den Altersvorsorgebeiträgen zählen
1. Aufwendungen, die vermögenswirksame Leistungen nach dem Fünften Vermögensbildungsgesetz in der jeweils geltenden Fassung darstellen,
2. prämienbegünstigte Aufwendungen nach dem Wohnungsbau-Prämiengesetz in der Fassung der Bekanntmachung vom 30. Oktober 1997 (BGBl. I S. 2678), zuletzt geändert durch Artikel 5 des Gesetzes vom 29. Dezember 2003 (BGBl. I S. 3076), in der jeweils geltenden Fassung,
3. Aufwendungen, die im Rahmen des § 10 als Sonderausgaben geltend gemacht werden,
4. Zahlungen nach § 92a Abs. 2 Satz 4 Nr. 1 und Abs. 3 Satz 9 Nr. 2, oder
5. Übertragungen im Sinne des § 3 Nummer 55 bis 55c.

(5) ¹Der Zulageberechtigte kann für ein abgelaufenes Beitragsjahr bis zum Beitragsjahr 2011 Altersvorsorgebeiträge auf einen auf seinen Namen lautenden Altersvorsorgevertrag leisten, wenn
1. der Anbieter des Altersvorsorgevertrags davon Kenntnis erhält, in welcher Höhe und für welches Beitragsjahr die Altersvorsorgebeiträge berücksichtigt werden sollen,

---
1) Siehe Anhang 16.
2) Siehe Anhang 16.
3) Siehe Anhang 16.

2. in dem Beitragsjahr, für das die Altersvorsorgebeiträge berücksichtigt werden sollen, ein Altersvorsorgevertrag bestanden hat,
3. im fristgerechten Antrag auf Zulage für dieses Beitragsjahr eine Zulageberechtigung nach § 79 Satz 2 angegeben wurde, aber tatsächlich eine Zulageberechtigung nach § 79 Satz 1 vorliegt,
4. die Zahlung der Altersvorsorgebeiträge für abgelaufene Beitragsjahre bis zum Ablauf von zwei Jahren nach Erteilung der Bescheinigung nach § 92, mit der zuletzt Ermittlungsergebnisse für dieses Beitragsjahr bescheinigt wurden, längstens jedoch bis zum Beginn der Auszahlungsphase des Altersvorsorgevertrages erfolgt und
5. der Zulageberechtigte vom Anbieter in hervorgehobener Weise darüber informiert wurde oder dem Anbieter seine Kenntnis darüber versichert, dass die Leistungen aus diesen Altersvorsorgebeiträgen der vollen nachgelagerten Besteuerung nach § 22 Nummer 5 Satz 1 unterliegen.

²Wurden die Altersvorsorgebeiträge dem Altersvorsorgevertrag gutgeschrieben und sind die Voraussetzungen nach Satz 1 erfüllt, so hat der Anbieter der zentralen Stelle (§ 81) die entsprechenden Daten nach § 89 Absatz 2 Satz 1 für das zurückliegende Beitragsjahr nach einem mit der zentralen Stelle abgestimmten Verfahren mitzuteilen. ³Die Beträge nach Satz 1 gelten für die Ermittlung der zu zahlenden Altersvorsorgezulage nach § 83 als Altersvorsorgebeiträge für das Beitragsjahr, für das sie gezahlt wurden. ⁴Für die Anwendung des § 10a Absatz 1 Satz 1 sowie bei der Ermittlung der dem Steuerpflichtigen zustehenden Zulage im Rahmen des § 2 Absatz 6 und des § 10a sind die nach Satz 1 gezahlten Altersvorsorgebeiträge weder für das Beitragsjahr nach Satz 1 Nummer 2 noch für das Beitragsjahr der Zahlung zu berücksichtigen.

§ 83
Altersvorsorgezulage

In Abhängigkeit von den geleisteten Altersvorsorgebeiträgen wird eine Zulage gezahlt, die sich aus einer Grundzulage (§ 84) und einer Kinderzulage (§ 85) zusammensetzt.

§ 84
Grundzulage

¹Jeder Zulageberechtigte erhält eine Grundzulage; diese beträgt jährlich 154 Euro. ²Für Zulageberechtigte nach § 79 Satz 1, die zu Beginn des Beitragsjahres (§ 88) das 25. Lebensjahr noch nicht vollendet haben, erhöht sich die Grundzulage nach Satz 1 um einmalig 200 Euro. ³Die Erhöhung nach Satz 2 ist für das erste nach dem 31. Dezember 2007 beginnende Beitragsjahr zu gewähren, für das eine Altersvorsorgezulage beantragt wird.

§ 85
Kinderzulage

(1) ¹Die Kinderzulage beträgt für jedes Kind, für das dem Zulageberechtigten Kindergeld ausgezahlt wird, jährlich 185 Euro. ²Für ein nach dem 31. Dezember 2007 geborenes Kind erhöht sich die Kinderzulage nach Satz 1 auf 300 Euro. ³Der Anspruch auf Kinderzulage entfällt für den Veranlagungszeitraum, für den das Kindergeld insgesamt zurückgefordert wird. ⁴Erhalten mehrere Zulageberechtigte für dasselbe Kind Kindergeld, steht die Kinderzulage demjenigen zu, dem für den ersten Anspruchszeitraum (§ 66 Abs. 2) im Kalenderjahr Kindergeld ausgezahlt worden ist.

(2) ¹Bei Eltern, die miteinander verheiratet sind, nicht dauernd getrennt leben (§ 26 Absatz 1) und ihren Wohnsitz oder gewöhnlichen Aufenthalt in einem Mitgliedstaat der Europäischen Union oder einem Staat haben, auf den das Abkommen über den Europäischen Wirtschaftsraum (EWR-Abkommen) anwendbar ist, wird die Kinderzulage der Mutter zugeordnet, auf Antrag beider Eltern dem Vater. ²Bei Eltern, die miteinander eine Lebenspartnerschaft führen, nicht dauernd getrennt leben (§ 26 Absatz 1) und ihren Wohnsitz oder gewöhnlichen Aufenthalt in einem Mitgliedstaat der Europäischen Union oder einem Staat haben, auf den das EWR-Abkommen anwendbar ist, ist die Kinderzulage dem Lebenspartner zuzuordnen, dem das Kindergeld ausgezahlt wird, auf Antrag beider Eltern dem anderen Lebenspartner. ³Der Antrag kann für ein abgelaufenes Beitragsjahr nicht zurückgenommen werden.

§ 86
Mindesteigenbeitrag

(1) ¹Die Zulage nach den §§ 84 und 85 wird gekürzt, wenn der Zulageberechtigte nicht den Mindesteigenbeitrag leistet. ²Dieser beträgt jährlich 4 Prozent der Summe der in dem Kalenderjahr vorangegangenen Kalenderjahr

1. erzielten beitragspflichtigen Einnahmen im Sinne des Sechsten Buches Sozialgesetzbuch,
2. bezogenen Besoldung und Amtsbezüge,
3. in den Fällen des § 10a Abs. 1 Satz 1 Nr. 3 und 4 erzielten Einnahmen, die beitragspflichtig wären, wenn die Versicherungsfreiheit in der gesetzlichen Rentenversicherung nicht bestehen würde und
4. bezogenen Rente wegen voller Erwerbsminderung oder Erwerbsunfähigkeit oder bezogenen Versorgungsbezüge wegen Dienstunfähigkeit in den Fällen des § 10a Abs. 1 Satz 4,

jedoch nicht mehr als des in § 10a Absatz 1 Satz 1 genannten Höchstbetrag, vermindert um die Zulage nach den §§ 84 und 85; gehört der Ehegatte einem Personenkreis nach § 79 Satz 2 an, berechnet sich der Mindesteigenbeitrag des nach § 79 Satz 1 Begünstigten unter Berücksichtigung der den Ehegatten insgesamt zustehenden Zulagen. ³Auslandsbezogene Bestandteile nach den §§ 52 ff. des Bundesbesoldungsgesetzes oder entsprechenden Regelungen eines Landesbesoldungsgesetzes bleiben unberücksichtigt. ⁴Als Sockelbetrag sind ab dem Jahr 2005 jährlich 60 Euro zu leisten. ⁵Ist der Sockelbetrag höher als der Mindesteigenbeitrag nach Satz 2, so ist der Sockelbetrag als Mindesteigenbeitrag zu leisten. ⁶Die Kürzung der Zulage ermittelt sich nach dem Verhältnis der Altersvorsorgebeiträge zum Mindesteigenbeitrag.

(2) ¹Ein nach § 79 Satz 2 begünstigter Ehegatte hat Anspruch auf eine ungekürzte Zulage, wenn der zum begünstigten Personenkreis nach § 79 Satz 1 gehörende Ehegatte seinen geförderten Mindest-

eigenbeitrag unter Berücksichtigung der den Ehegatten insgesamt zustehenden Zulagen erbracht hat. ²Werden bei einer in der gesetzlichen Rentenversicherung pflichtversicherten Person beitragspflichtige Einnahmen zugrunde gelegt, die höher sind als das tatsächlich erzielte Entgelt oder die Entgeltersatzleistung, ist das tatsächlich erzielte Entgelt oder der Zahlbetrag der Entgeltersatzleistung für die Berechnung des Mindesteigenbeitrags zu berücksichtigen. ³Für die nicht erwerbsmäßig ausgeübte Pflegetätigkeit einer nach § 3 Satz 1 Nummer 1a des Sechsten Buches Sozialgesetzbuch rentenversicherungspflichtigen Person ist für die Berechnung des Mindesteigenbeitrags ein tatsächlich erzieltes Entgelt von 0 Euro zu berücksichtigen.

(3) ¹Für Versicherungspflichtige nach dem Gesetz über die Alterssicherung der Landwirte ist Absatz 1 mit der Maßgabe anzuwenden, dass auch die Einkünfte aus Land- und Forstwirtschaft im Sinne des § 13 des zweiten dem Beitragsjahr vorangegangenen Veranlagungszeitraums als beitragspflichtige Einnahmen des vorangegangenen Kalenderjahres gelten. ²Negative Einkünfte im Sinne des Satzes 1 bleiben unberücksichtigt, wenn weitere nach Absatz 1 oder Absatz 2 zu berücksichtigende Einnahmen erzielt werden.

(4) Wird nach Ablauf des Beitragsjahres festgestellt, dass die Voraussetzungen für die Gewährung einer Kinderzulage nicht vorgelegen haben, ändert sich dadurch nicht die Berechnung des Mindesteigenbeitrags für dieses Beitragsjahr nicht.

(5) Bei den in § 10a Absatz 6 Satz 1 und 2 genannten Personen ist der Summe nach Absatz 1 Satz 2 die Summe folgender Einnahmen und Leistungen aus dem dem Kalenderjahr vorangegangenen Kalenderjahr hinzuzurechnen:

1. die erzielten Einnahmen aus der Tätigkeit, die die Zugehörigkeit zum Personenkreis des § 10a Absatz 6 Satz 1 begründet, und
2. die bezogenen Leistungen im Sinne des § 10a Absatz 6 Satz 2 Nummer 1.

§ 87
Zusammentreffen mehrerer Verträge

(1) ¹Zahlt der nach § 79 Satz 1 Zulageberechtigte Altersvorsorgebeiträge zugunsten mehrerer Verträge, so wird die Zulage nur für zwei dieser Verträge gewährt. ²Der insgesamt nach § 86 zu leistende Mindesteigenbeitrag muss zugunsten dieser Verträge geleistet worden sein. ³Die Zulage ist entsprechend dem Verhältnis der auf diese Verträge geleisteten Beiträge zu verteilen.

(2) ¹Der nach § 79 Satz 2 Zulageberechtigte kann die Zulage für das jeweilige Beitragsjahr nicht auf mehrere Altersvorsorgeverträge verteilen. ²Es ist nur der Altersvorsorgevertrag begünstigt, für den zuerst die Zulage beantragt wird.

§ 88
Entstehung des Anspruchs auf Zulage

Der Anspruch auf die Zulage entsteht mit Ablauf des Kalenderjahres, in dem die Altersvorsorgebeiträge geleistet worden sind (Beitragsjahr).

§ 89
Antrag

(1) ¹Der Zulageberechtigte hat den Antrag auf Zulage nach amtlich vorgeschriebenem Vordruck bis zum Ablauf des zweiten Kalenderjahres, das auf das Beitragsjahr (§ 88) folgt, bei dem Anbieter seines Vertrages einzureichen. ²Hat der Zulageberechtigte im Beitragsjahr Altersvorsorgebeiträge für mehrere Verträge gezahlt, so hat er mit dem Zulageantrag zu bestimmen, auf welche Verträge die Zulage überwiesen werden soll. ³Beantragt der Zulageberechtigte die Zulage für mehr als zwei Verträge, so wird die Zulage nur für die zwei Verträge mit den höchsten Altersvorsorgebeiträgen gewährt. ⁴Sofern eine Zulagenummer (§ 90 Abs. 1 Satz 2) durch die zentrale Stelle (§ 81) oder eine Versicherungsnummer nach § 147 des Sechsten Buches Sozialgesetzbuch für den nach § 79 Satz 2 berechtigten Ehegatten noch nicht vergeben ist, hat dieser über seinen Anbieter eine Zulagenummer bei der zentralen Stelle zu beantragen. ⁵Der Antragsteller ist verpflichtet, dem Anbieter unverzüglich eine Änderung der Verhältnisse mitzuteilen, die zu einer Minderung oder zum Wegfall des Zulageanspruchs führt.

(1a) ¹Der Zulageberechtigte kann den Anbieter seines Vertrages schriftlich bevollmächtigen, für ihn abweichend von Absatz 1 die Zulage für jedes Beitragsjahr zu beantragen. ²Absatz 1 Satz 5 gilt mit Ausnahme der Mitteilung geänderter beitragspflichtiger Einnahmen entsprechend. ³Ein Widerruf der Vollmacht ist bis zum Ablauf des Beitragsjahres, für das der Anbieter keinen Antrag auf Zulage stellen soll, gegenüber dem Anbieter zu erklären.

(2) ¹Der Anbieter ist verpflichtet,
a) die Vertragsdaten,
b) die Versicherungsnummer nach § 147 des Sechsten Buches Sozialgesetzbuch, die Zulagenummer des Zulageberechtigten und dessen Ehegatten oder einen Antrag auf Vergabe einer Zulagenummer eines nach § 79 Satz 2 berechtigten Ehegatten,
c) die vom Zulageberechtigten mitgeteilten Angaben zur Ermittlung des Mindesteigenbeitrags (§ 86),
d) die für die Gewährung der Kinderzulage erforderlichen Daten,
e) die Höhe der geleisteten Altersvorsorgebeiträge und
f) das Vorliegen einer nach Absatz 1a erteilten Vollmacht

als die für die Ermittlung und Überprüfung des Zulageanspruchs und Durchführung des Zulageverfahrens erforderlichen Daten zu erfassen. ²Er hat die Daten der bei ihm im Laufe eines Kalendervierteljahres eingegangenen Anträge bis zum Ende des folgenden Monats nach amtlich vorgeschriebenem Datensatz durch amtlich bestimmte Datenfernübertragung an die zentrale Stelle zu übermitteln. ³Dies gilt auch im Fall des Absatzes 1 Satz 5.

(3) ¹Ist der Anbieter nach Absatz 1a Satz 1 bevollmächtigt worden, hat er der zentralen Stelle die nach Absatz 2 Satz 1 erforderlichen Angaben für jedes Kalenderjahr bis zum Ablauf des auf das Beitrags-

EStG

jahr folgenden Kalenderjahres zu übermitteln. ²Liegt die Bevollmächtigung erst nach dem im Satz 1 genannten Meldetermin vor, hat der Anbieter die Angaben bis zum Endes des folgenden Kalendervierteljahres nach der Bevollmächtigung, spätestens jedoch bis zum Ablauf der in Absatz 1 Satz 1 genannten Antragsfrist, zu übermitteln. ³Absatz 2 Satz 2 und 3 gilt sinngemäß.

§ 90
Verfahren

(1) ¹Die zentrale Stelle ermittelt auf Grund der von ihr erhobenen oder der ihr übermittelten Daten, ob und in welcher Höhe ein Zulagenanspruch besteht. ²Soweit der zuständige Träger der Rentenversicherung keine Versicherungsnummer vergeben hat, vergibt die zentrale Stelle zur Erfüllung der ihr nach diesem Abschnitt zugewiesenen Aufgaben eine Zulagenummer. ³Die zentrale Stelle teilt im Falle eines Antrags nach § 10a Abs. 1a der zuständigen Stelle, im Falle eines Antrags nach § 89 Abs. 1 Satz 4 dem Anbieter die Zulagenummer mit; von dort wird sie an den Antragsteller weitergeleitet.

(2) ¹Die zentrale Stelle veranlasst die Auszahlung an den Anbieter zugunsten der Zulageberechtigten durch die zuständige Kasse. ²Ein gesonderter Zulagenbescheid ergeht vorbehaltlich des Absatzes 4 nicht. ³Der Anbieter hat die erhaltenen Zulagen unverzüglich den begünstigten Verträgen gutzuschreiben. ⁴Zulagen, die nach Beginn der Auszahlungsphase für das Altersvorsorgevermögen von der zentralen Stelle an den Anbieter überwiesen werden, können vom Anbieter an den Anleger ausgezahlt werden. ⁵Besteht kein Zulagenanspruch, so teilt die zentrale Stelle dies dem Anbieter durch Datensatz mit. ⁶Die zentrale Stelle teilt dem Anbieter die Altersvorsorgebeiträge im Sinne des § 82, auf die § 10a oder dieser Abschnitt angewendet wurde, durch Datensatz mit.

(3) ¹Erkennt die zentrale Stelle nachträglich, dass der Zulagenanspruch ganz oder teilweise nicht besteht oder weggefallen ist, so hat sie zu Unrecht gutgeschriebene oder ausgezahlte Zulagen zurückzufordern und dies dem Anbieter durch Datensatz mitzuteilen. ²Bei bestehendem Vertragsverhältnis hat der Anbieter das Konto zu belasten. ³Die ihm im Kalendervierteljahr mitgeteilten Rückforderungsbeträge hat er bis zum zehnten Tag des dem Kalendervierteljahr folgenden Monats in einem Betrag bei der zentralen Stelle anzumelden und an diese abzuführen. ⁴Die Anmeldung nach Satz 3 ist nach amtlich vorgeschriebenem Vordruck abzugeben. ⁵Sie gilt als Steueranmeldung im Sinne der Abgabenordnung.

(4) ¹Eine Festsetzung der Zulage erfolgt nur auf besonderen Antrag des Zulageberechtigten. ²Der Antrag ist schriftlich innerhalb eines Jahres vom Antragsteller an den Anbieter zu richten; die Frist beginnt mit der Erteilung der Bescheinigung nach § 92, die die Ermittlungsergebnisse für das Beitragsjahr enthält, für das eine Festsetzung der Zulage erfolgen soll. ³Der Anbieter leitet den Antrag der zentralen Stelle zur Festsetzung zu. ⁴Er hat dem Antrag eine Stellungnahme und die zur Festsetzung erforderlichen Unterlagen beizufügen. ⁵Die zentrale Stelle teilt die Festsetzung auch dem Anbieter mit. ⁶Im Übrigen gilt Absatz 3 entsprechend.

§ 90a
Anmeldeverfahren

(weggefallen)

§ 91
Datenerhebung und Datenabgleich

(1) ¹Für die Berechnung und Überprüfung der Zulage sowie die Überprüfung des Vorliegens der Voraussetzungen des Sonderausgabenabzugs nach § 10a übermitteln die Träger der gesetzlichen Rentenversicherung, die landwirtschaftliche Alterskasse, die Bundesagentur für Arbeit, die Meldebehörden, die Familienkassen und die Finanzämter der zentralen Stelle auf Anforderung die bei ihnen vorhandenen Daten nach § 89 Abs. 2 durch Datenfernübertragung; für Zwecke der Berechnung des Mindesteigenbeitrags für ein Beitragsjahr darf die zentrale Stelle bei den Trägern der gesetzlichen Rentenversicherung und der landwirtschaftlichen Alterskasse die bei ihnen vorhandenen Daten zu den beitragspflichtigen Einnahmen sowie in den Fällen des § 10a Abs. 1 Satz 4 zur Höhe der bezogenen Rente wegen voller Erwerbsminderung oder Erwerbsunfähigkeit erheben, sofern diese nicht von Anbieter nach § 89 ermittelt worden sind. ²Für Zwecke der Überprüfung nach Satz 1 darf die zentrale Stelle die ihr übermittelten Daten mit den ihr nach § 89 Abs. 2 übermittelten Daten automatisiert abgleichen. ³Führt die Überprüfung zu einer Änderung der ermittelten oder festgesetzten Zulage, ist dies dem Anbieter mitzuteilen. ⁴Ergibt die Überprüfung eine Abweichung von dem in der Steuerfestsetzung berücksichtigten Sonderausgabenabzug nach § 10a oder der gesonderten Feststellung nach § 10a Abs. 4, ist dies dem Finanzamt mitzuteilen; die Steuerfestsetzung oder die gesonderte Feststellung ist insoweit zu ändern.

(2) ¹Die zuständige Stelle hat der zentralen Stelle die Daten nach § 89 Abs. 1 Satz 1 zweiter Halbsatz bis zum 31. März des dem Beitragsjahr folgenden Kalenderjahres durch Datenfernübertragung zu übermitteln. ²Liegt die Einwilligung nach § 10a Abs. 1 Satz 1 zweiter Halbsatz erst nach dem in Satz 1 genannten Meldetermin vor, hat die zuständige Stelle die Daten spätestens bis zum Ende des folgenden Kalendervierteljahres nach Erteilung der Einwilligung nach Maßgabe von Satz 1 zu übermitteln.

§ 92
Bescheinigung

¹Der Anbieter hat dem Zulageberechtigten jährlich eine Bescheinigung nach amtlich vorgeschriebenem Muster zu erteilen über

1. die Höhe der im abgelaufenen Beitragsjahr geleisteten Altersvorsorgebeiträge (Beiträge und Tilgungsleistungen),

2. die im abgelaufenen Beitragsjahr getroffenen, aufgehobenen oder geänderten Ermittlungsergebnisse (§ 90),

3. die Summe der bis zum Ende des abgelaufenen Beitragsjahres dem Vertrag gutgeschriebenen Zulagen,

157

4. die Summe der bis zum Ende des abgelaufenen Beitragsjahres geleisteten Altersvorsorgebeiträge (Beiträge und Tilgungsleistungen),
5. den Stand des Altersvorsorgevermögens,
6. den Stand des Wohnförderkontos (§ 92a Abs. 2 Satz 1), sofern er diesen von der zentralen Stelle mitgeteilt bekommen hat, und
7. die Bestätigung der durch den Anbieter erfolgten Datenübermittlung an die zentrale Stelle im Fall des § 10a Abs. 5 Satz 1.

²Einer jährlichen Bescheinigung bedarf es nicht, wenn zu Satz 1 Nummer 1, 2, 6 und 7 keine Angaben erforderlich sind und sich zu Satz 1 Nummer 3 bis 5 keine Änderungen gegenüber der zuletzt erteilten Bescheinigung ergeben. ³Liegen die Voraussetzungen des Satzes 2 nur hinsichtlich der Angabe nach Satz 1 Nummer 6 nicht vor und wurde die Geschäftsbeziehung im Hinblick auf den jeweiligen Altersvorsorgevertrag zwischen Zulageberechtigtem und Anbieter beendet, weil

1. das angesparte Kapital vollständig aus dem Altersvorsorgevertrag entnommen wurde oder
2. das gewährte Darlehen vollständig getilgt wurde,

bedarf es keiner jährlichen Bescheinigung, wenn der Anbieter dem Zulageberechtigten in einer Bescheinigung im Sinne dieser Vorschrift Folgendes mitteilt: „Das Wohnförderkonto erhöht sich bis zum Beginn der Auszahlungsphase jährlich um 2 Prozent, solange Sie keine Zahlungen zur Minderung des Wohnförderkontos leisten." ⁴Der Anbieter kann dem Zulageberechtigten mit dessen Einverständnis die Bescheinigung auch elektronisch bereitstellen.

§ 92a
Verwendung für eine selbst genutzte Wohnung

(1) ¹Der Zulageberechtigte kann das in einem Altersvorsorgevertrag gebildete und nach § 10a oder nach diesem Abschnitt geförderte Kapital in vollem Umfang oder, wenn das verbleibende geförderte Restkapital mindestens 3 000 Euro beträgt, teilweise wie folgt verwenden (Altersvorsorge-Eigenheimbetrag):

1. bis zum Beginn der Auszahlungsphase unmittelbar für die Anschaffung oder Herstellung einer Wohnung oder zur Tilgung eines zu diesem Zweck aufgenommenen Darlehens, wenn das dafür entnommene Kapital mindestens 3 000 Euro beträgt, oder
2. bis zum Beginn der Auszahlungsphase unmittelbar für den Erwerb von Pflicht-Geschäftsanteilen an einer eingetragenen Genossenschaft für die Selbstnutzung einer Genossenschaftswohnung oder zur Tilgung eines zu diesem Zweck aufgenommenen Darlehens, wenn das dafür entnommene Kapital mindestens 3 000 Euro beträgt, oder
3. bis zum Beginn der Auszahlungsphase unmittelbar für die Finanzierung eines Umbaus einer Wohnung, wenn
   a) das dafür entnommene Kapital
      aa) mindestens 6 000 Euro beträgt und für einen innerhalb eines Zeitraums von drei Jahren nach der Anschaffung oder Herstellung der Wohnung vorgenommenen Umbau verwendet wird oder
      bb) mindestens 20 000 Euro beträgt,
   b) das dafür entnommene Kapital zu mindestens 50 Prozent auf Maßnahmen entfällt, die die Vorgaben der DIN 18040 Teil 2, Ausgabe September 2011, soweit baustrukturell möglich, erfüllen, und der verbleibende Teil der Kosten der Reduzierung von Barrieren in oder an der Wohnung dient; die zweckgerechte Verwendung ist durch einen Sachverständigen zu bestätigen; und
   c) der Zulageberechtigte oder ein Mitnutzer der Wohnung für die Umbaukosten weder eine Förderung durch Zuschüsse noch eine Steuerermäßigung nach § 35a in Anspruch nimmt oder nehmen wird noch die Berücksichtigung als außergewöhnliche Belastung nach § 33 beantragt hat oder beantragen wird und dies schriftlich bestätigt. ²Diese Bestätigung ist bei der Antragstellung nach § 92b Absatz 1 Satz 1 gegenüber der zentralen Stelle abzugeben. Bei der Inanspruchnahme eines Darlehens im Rahmen eines Altersvorsorgevertrags nach § 1 Absatz 1a des Altersvorsorgeverträge-Zertifizierungsgesetzes hat der Zulageberechtigte die Bestätigung gegenüber seinem Anbieter abzugeben.

²Die DIN 18040 ist im Beuth-Verlag GmbH, Berlin und Köln, erschienen und beim Deutschen Patent- und Markenamt in München archivmäßig gesichert niedergelegt. ³Die technischen Mindestanforderungen für die Reduzierung von Barrieren in oder an der Wohnung nach Satz 1 Nummer 3 Buchstabe b werden durch das Bundesministerium für Verkehr, Bau und Stadtentwicklung im Einvernehmen mit dem Bundesministerium der Finanzen festgelegt und im Bundesbaublatt veröffentlicht. Sachverständige im Sinne dieser Vorschrift sind nach Landesrecht Bauvorlageberechtigte sowie nach § 91 Absatz 1 Nummer 8 der Handwerksordnung öffentlich bestellte und vereidigte Sachverständige, die für ein Sachgebiet bestellt sind, das die Barrierefreiheit und Barrierereduzierung in Wohngebäuden umfasst, und die eine besondere Sachkunde oder ergänzende Fortbildung auf diesem Gebiet nachweisen. Eine nach Satz 1 begünstigte Wohnung ist

1. eine Wohnung in einem eigenen Haus oder
2. eine eigene Eigentumswohnung oder
3. eine Genossenschaftswohnung einer eingetragenen Genossenschaft,

wenn diese Wohnung in einem Mitgliedstaat der Europäischen Union oder in einem Staat, auf den das Abkommen über den Europäischen Wirtschaftsraum (EWR-Abkommen) anwendbar ist, belegen ist und die Hauptwohnung oder den Mittelpunkt der Lebensinteressen des Zulageberechtigten darstellt. ³Einer Wohnung im Sinne des Satzes 5 steht ein eigentumsähnliches oder lebenslanges Dauerwohnrecht nach § 33 des Wohnungseigentumsgesetzes gleich, soweit Vereinbarungen nach § 39 des Wohnungseigentumsgesetzes getroffen werden. ⁴Bei der

Ermittlung des Restkapitals nach Satz 1 ist auf den Stand des geförderten Altersvorsorgevermögens zum Ablauf des Tages abzustellen, an dem die zentrale Stelle den Bescheid nach § 92b ausgestellt hat. [5]Der Altersvorsorge-Eigenheimbetrag gilt nicht als Leistung aus einem Altersvorsorgevertrag, die dem Zulageberechtigten im Zeitpunkt der Auszahlung zufließt.

(2) [1]Der Altersvorsorge-Eigenheimbetrag, die Tilgungsleistungen im Sinne des § 82 Absatz 1 Satz 1 Nummer 2 und die hierfür gewährten Zulagen sind durch die zentrale Stelle in Bezug auf den zugrunde liegenden Altersvorsorgevertrag gesondert zu erfassen (Wohnförderkonto); die zentrale Stelle teilt für jeden Altersvorsorgevertrag, für den sie ein Wohnförderkonto (Altersvorsorgevertrag mit Wohnförderkonto) führt, dem Anbieter jährlich den Stand des Wohnförderkontos nach amtlich vorgeschriebenem Datensatz durch Datenfernübertragung mit. [2]Beiträge, die nach § 82 Absatz 1 Satz 3 wie Tilgungsleistungen behandelt wurden, sind im Zeitpunkt der unmittelbaren Darlehenstilgung einschließlich der zur Tilgung eingesetzten Zulagen und Erträge in das Wohnförderkonto aufzunehmen; zur Tilgung eingesetzte ungeförderte Beiträge einschließlich der darauf entfallenden Erträge fließen dem Zulageberechtigten in diesem Zeitpunkt zu. [3]Nach Ablauf eines Beitragsjahres, letztmals für das Beitragsjahr des Beginns der Auszahlungsphase, ist der sich aus dem Wohnförderkonto ergebende Gesamtbetrag um 2 Prozent zu erhöhen. [4]Das Wohnförderkonto ist zu vermindern um

1. Zahlungen des Zulageberechtigten auf einen auf seinen Namen lautenden zertifizierten Altersvorsorgevertrag nach § 1 Absatz 1 des Altersvorsorgeverträge-Zertifizierungsgesetzes bis zum Beginn der Auszahlungsphase zur Minderung der in das Wohnförderkonto eingestellten Beträge; der Anbieter, bei dem die Einzahlung erfolgt, hat die Einzahlung der zentralen Stelle nach amtlich vorgeschriebenem Datensatz durch Datenfernübertragung mitzuteilen; erfolgt die Einzahlung nicht auf den Altersvorsorgevertrag mit Wohnförderkonto, hat der Zulageberechtigte dem Anbieter, bei dem die Einzahlung erfolgt, die Vertragsdaten des Altersvorsorgevertrags mit Wohnförderkonto mitzuteilen; diese hat der Anbieter der zentralen Stelle zusätzlich mitzuteilen;

2. den Verminderungsbetrag nach Satz 5.

[5]Verminderungsbetrag ist der sich mit Ablauf des Kalenderjahres des Beginns der Auszahlungsphase ergebende Stand des Wohnförderkontos dividiert durch die Anzahl der Jahre bis zur Vollendung des 85. Lebensjahres des Zulageberechtigten; als Beginn der Auszahlungsphase gilt der vom Zulageberechtigten und Anbieter vereinbarte Zeitpunkt, der zwischen der Vollendung des 60. Lebensjahres und des 68. Lebensjahres des Zulageberechtigten liegen muss; ist ein Auszahlungszeitpunkt nicht vereinbart, so gilt die Vollendung des 67. Lebensjahres als Beginn der Auszahlungsphase. [6]Anstelle einer Verminderung nach Satz 5 kann der Zulageberechtigte jederzeit in der Auszahlungsphase von der zentralen Stelle die Auflösung des Wohnförderkontos verlangen (Auflösungsbetrag). [7]Der Anbieter hat im Zeitpunkt der unmittelbaren Darlehenstilgung die Beträge nach Satz 2 erster Halbsatz und der Anbieter eines Altersvorsorgevertrags mit Wohnförderkonto hat zu Beginn der Auszahlungsphase den Zeitpunkt des Beginns der Auszahlungsphase der zentralen Stelle nach amtlich vorgeschriebenem Datensatz durch Datenfernübertragung mitzuteilen. [8]Wird gefördertes Altersvorsorgevermögen nach § 93 Absatz 2 Satz 1 von einem Anbieter auf einen anderen auf den Namen des Zulageberechtigten lautenden Altersvorsorgevertrag vollständig übertragen und hat die zentrale Stelle für den bisherigen Altersvorsorgevertrag ein Wohnförderkonto geführt, so schließt sie das Wohnförderkonto des bisherigen Vertrags und führt es zu dem neuen Altersvorsorgevertrag fort. [9]Erfolgt eine Zahlung nach Satz 4 Nummer 1 oder nach Absatz 3 Satz 9 Nummer 2 auf einen anderen Altersvorsorgevertrag als auf den Altersvorsorgevertrag mit Wohnförderkonto, schließt die zentrale Stelle das Wohnförderkonto des bisherigen Vertrags und führt es ab dem Zeitpunkt der Einzahlung für den Altersvorsorgevertrag fort, auf den die Einzahlung erfolgt ist. [10]Die zentrale Stelle teilt die Schließung des Wohnförderkontos dem Anbieter des bisherigen Altersvorsorgevertrags mit Wohnförderkonto mit.

(2a) [1]Geht im Rahmen der Regelung von Scheidungsfolgen der Eigentumsanteil des Zulageberechtigten an der Wohnung im Sinne des Absatzes 1 Satz 5 ganz oder teilweise auf den anderen Ehegatten über, geht das Wohnförderkonto in Höhe des Anteils, der dem Verhältnis des übergegangenen Eigentumsanteils zum verbleibenden Eigentumsanteil entspricht, mit allen Rechten und Pflichten auf den anderen Ehegatten über; dabei ist auf das Lebensalter des anderen Ehegatten abzustellen. [2]Hat der andere Ehegatte das Lebensalter für den vertraglich vereinbarten Beginn der Auszahlungsphase oder, soweit kein Beginn der Auszahlungsphase vereinbart wurde, das 67. Lebensjahr im Zeitpunkt des Übergangs des Wohnförderkontos bereits überschritten, so gilt als Beginn der Auszahlungsphase der Zeitpunkt des Übergangs des Wohnförderkontos. [3]Der Zulageberechtigte hat den Übergang des Eigentumsanteils der zentralen Stelle nachzuweisen. [4]Dazu hat er die für die Anlage eines Wohnförderkontos erforderlichen Daten des anderen Ehegatten mitzuteilen. [5]Die Sätze 1 bis 4 gelten entsprechend für Ehegatten, die im Zeitpunkt des Todes des Zulageberechtigten

1. nicht dauernd getrennt gelebt haben (§ 26 Absatz 1) und

2. ihren Wohnsitz oder gewöhnlichen Aufenthalt in einem Mitgliedstaat der Europäischen Union oder einem Staat hatten, auf den das Abkommen über den Europäischen Wirtschaftsraum anwendbar ist.

(3) [1]Nutzt der Zulageberechtigte die Wohnung im Sinne des Absatzes 1 Satz 5, für die ein Altersvorsorge-Eigenheimbetrag verwendet oder für die eine Tilgungsförderung im Sinne des § 82 Absatz 1 in Anspruch genommen worden ist, nicht nur vorübergehend nicht mehr zu eigenen Wohnzwecken, hat er dies dem Anbieter, in der Auszahlungsphase der zentralen Stelle, unter Angabe des Zeitpunkts

EStG

der Aufgabe der Selbstnutzung mitzuteilen. ²Eine Aufgabe der Selbstnutzung liegt auch vor, soweit der Zulageberechtigte das Eigentum an der Wohnung aufgibt. ³Die Mitteilungspflicht gilt entsprechend für den Rechtsnachfolger der begünstigten Wohnung, wenn der Zulageberechtigte stirbt. ⁴Die Anzeigepflicht entfällt, wenn das Wohnförderkonto vollständig zurückgeführt worden ist, es sei denn, es liegt ein Fall des § 22 Nummer 5 Satz 6 vor. ⁵Im Fall des Satzes 1 gelten die im Wohnförderkonto erfassten Beträge als Leistungen aus einem Altersvorsorgevertrag, die dem Zulageberechtigten nach letztmaliger Erhöhung des Wohnförderkontos nach Absatz 2 Satz 3 zum Ende des Veranlagungszeitraums, in dem die Selbstnutzung aufgegeben wurde, zufließen; das Wohnförderkonto ist aufzulösen (Auflösungsbetrag). ⁶Verstirbt der Zulageberechtigte, ist der Auflösungsbetrag ihm noch zuzurechnen. ⁷Der Anbieter hat der zentralen Stelle den Zeitpunkt der Aufgabe nach amtlich vorgeschriebenem Datensatz durch Datenfernübertragung mitzuteilen. ⁸Wurde im Fall des Satzes 1 eine Tilgungsförderung nach § 82 Absatz 1 Satz 3 in Anspruch genommen und erfolgte keine Einstellung in das Wohnförderkonto nach Absatz 2 Satz 2, sind die Beiträge, die nach § 82 Absatz 1 Satz 3 wie Tilgungsleistungen behandelt wurden, sowie die darauf entfallenden Zulagen und Erträge in ein Wohnförderkonto aufzunehmen und anschließend die weiteren Regelungen dieses Absatzes anzuwenden; Absatz 2 Satz 2 zweiter Halbsatz und Satz 7 gilt entsprechend. ⁹Die Sätze 5 bis 7 sowie § 20 sind nicht anzuwenden, wenn

1. der Zulageberechtigte einen Betrag in Höhe des noch nicht zurückgeführten Betrags im Wohnförderkonto innerhalb von zwei Jahren vor dem Veranlagungszeitraum und von fünf Jahren nach Ablauf des Veranlagungszeitraums, in dem er die Wohnung letztmals zu eigenen Wohnzwecken genutzt hat, für eine weitere Wohnung im Sinne des Absatzes 1 Satz 5 verwendet,
2. der Zulageberechtigte einen Betrag in Höhe des noch nicht zurückgeführten Betrags im Wohnförderkonto innerhalb eines Jahres nach Ablauf des Veranlagungszeitraums, in dem er die Wohnung letztmals zu eigenen Wohnzwecken genutzt hat, auf einen auf seinen Namen lautenden zertifizierten Altersvorsorgevertrag zahlt; Absatz 2 Satz 4 Nummer 1 ist entsprechend anzuwenden,
3. die Ehewohnung auf Grund einer richterlichen Entscheidung nach § 1361b des Bürgerlichen Gesetzbuchs oder nach der Verordnung über die Behandlung der Ehewohnung und des Hausrats dem anderen Ehegatten zugewiesen wird oder
4. der Zulageberechtigte krankheits- oder pflegebedingt die Wohnung nicht mehr bewohnt, sofern er Eigentümer dieser Wohnung bleibt, sie ihm weiterhin zur Selbstnutzung zur Verfügung steht und sie nicht von Dritten, mit Ausnahme seines Ehegatten, genutzt wird.

¹⁰Der Zulageberechtigte hat dem Anbieter, in der Auszahlungsphase der zentralen Stelle, die Reinvestitionsabsicht und den Zeitpunkt der Reinvestition im Rahmen der Mitteilung nach Satz 1 oder die Aufgabe der Reinvestitionsabsicht mitzuteilen; in den Fällen des Absatzes 2a und des Satzes 9 Nummer 3 gelten die Sätze 1 bis 9 entsprechend für den anderen, geschiedenen oder überlebenden Ehegatten, wenn er die Wohnung nicht nur vorübergehend nicht mehr zu eigenen Wohnzwecken nutzt. ¹¹Satz 5 ist mit der Maßgabe anzuwenden, dass der Eingang der Mitteilung der aufgegebenen Reinvestitionsabsicht, spätestens jedoch der 1. Januar

1. des sechsten Jahres nach dem Jahr der Aufgabe der Selbstnutzung bei einer Reinvestitionsabsicht nach Satz 9 Nummer 1 oder
2. des zweiten Jahres nach dem Jahr der Aufgabe der Selbstnutzung bei einer Reinvestitionsabsicht nach Satz 9 Nummer 2 als Zeitpunkt der Aufgabe gilt.

(4) ¹Absatz 3 sowie § 20 sind auf Antrag des Steuerpflichtigen nicht anzuwenden, wenn er

1. die Wohnung im Sinne des Absatzes 1 Satz 5 auf Grund eines beruflich bedingten Umzugs für die Dauer der beruflich bedingten Abwesenheit nicht selbst nutzt; wird während dieser Zeit mit einer anderen Person ein Nutzungsrecht für diese Wohnung vereinbart, ist diese Vereinbarung von vorneherein entsprechend zu befristen,
2. beabsichtigt, die Selbstnutzung wieder aufzunehmen und
3. die Selbstnutzung spätestens mit der Vollendung seines 67. Lebensjahres aufnimmt.

²Der Steuerpflichtige hat den Antrag bei der zentralen Stelle zu stellen und dabei die notwendigen Nachweise zu erbringen. ³Die zentrale Stelle erteilt dem Steuerpflichtigen einen Bescheid über die Bewilligung des Antrags und informiert den Anbieter des Altersvorsorgevertrags mit Wohnförderkonto des Zulageberechtigten über die Bewilligung, eine Wiederaufnahme der Selbstnutzung nach einem beruflich bedingten Umzug und den Wegfall der Voraussetzungen nach diesem Absatz; die Information hat nach amtlich vorgeschriebenem Datensatz durch Datenfernübertragung zu erfolgen. ⁴Entfällt eine der in Satz 1 genannten Voraussetzungen, ist Absatz 3 mit der Maßgabe anzuwenden, dass bei einem Wegfall der Voraussetzung nach Satz 1 Nr. 1 als Zeitpunkt der Aufgabe der Zeitpunkt des Wegfalls der Voraussetzung und bei einem Wegfall der Voraussetzung nach Satz 1 Nr. 2 oder Nr. 3 der Eingang der Mitteilung des Steuerpflichtigen nach Absatz 3 als Zeitpunkt der Aufgabe gilt, spätestens jedoch die Vollendung des 67. Lebensjahres des Steuerpflichtigen.

§ 92b
Verfahren bei Verwendung für eine selbst genutzte Wohnung

(1) ¹Der Zulageberechtigte hat die Verwendung des Kapitals nach § 92a Absatz 1 Satz 1 spätestens zehn Monate vor dem Beginn der Auszahlungsphase des Alters Vorsorgevertrags im Sinne des § 1 Absatz 1 Nummer 2 des Altersvorsorgeverträge-Zertifizierungsgesetzes bei der zentralen Stelle zu beantragen und dabei die notwendigen Nachweise zu erbringen. ²Er hat zu bestimmen, aus welchen Altersvorsorgeverträgen der Altersvorsorge-Eigenheimbetrag ausgezahlt werden soll. ³Die zentrale Stelle teilt dem Zulageberechtigten durch Bescheid und den Anbietern der in Satz 2 genannten Altersvorsorgeverträge nach

amtlich vorgeschriebenem Datensatz durch Datenfernübertragung mit, bis zu welcher Höhe eine wohnungswirtschaftliche Verwendung im Sinne des § 92a Absatz 1 Satz 1 vorliegen kann.

(2) ¹Die Anbieter der in Absatz 1 Satz 2 genannten Altersvorsorgeverträge dürfen den Altersvorsorge-Eigenheimbetrag auszahlen, sobald sie die Mitteilung nach Absatz 1 Satz 3 erhalten haben. ²Sie haben der zentralen Stelle nach amtlich vorgeschriebenem Datensatz durch Datenfernübertragung Folgendes anzuzeigen:

1. den Auszahlungszeitpunkt und den Auszahlungsbetrag,
2. die Summe der bis zum Auszahlungszeitpunkt dem Altersvorsorgevertrag gutgeschriebenen Zulagen,
3. die Summe der bis zum Auszahlungszeitpunkt geleisteten Altersvorsorgebeiträge und
4. den Stand des geförderten Altersvorsorgevermögens im Zeitpunkt der Auszahlung.

(3) ¹Die zentrale Stelle stellt zu Beginn der Auszahlungsphase und in den Fällen des § 92a Absatz 2a und 3 Satz 5 den Stand des Wohnförderkontos, soweit für die Besteuerung erforderlich, den Verminderungsbetrag und den Auflösungsbetrag von Amts wegen gesondert fest. ²Die zentrale Stelle teilt die Feststellung dem Zulageberechtigten, in den Fällen des § 92a Absatz 2a Satz 1 auch dem anderen Ehegatten durch Bescheid und dem Anbieter nach amtlich vorgeschriebenem Datensatz durch Datenfernübertragung mit. ³Der Anbieter hat auf Anforderung der zentralen Stelle die zur Feststellung erforderlichen Unterlagen vorzulegen. ⁴Auf Antrag des Zulageberechtigten stellt die zentrale Stelle den Stand des Wohnförderkontos gesondert fest. ⁵§ 90 Abs. 4 Satz 2 bis 5 gilt entsprechend.

§ 93
Schädliche Verwendung

(1) ¹Wird gefördertes Altersvorsorgevermögen nicht unter den in § 1 Abs. 1 Satz 1 Nr. 4 und 10 Buchstabe c des Altersvorsorgeverträge-Zertifizierungsgesetzes oder § 1 Abs. 1 Satz 1 Nr. 4, 5 und 10 Buchstabe c des Altersvorsorgeverträge-Zertifizierungsgesetzes in der bis zum 31. Dezember 2004 geltenden Fassung genannten Voraussetzungen an den Zulageberechtigten ausgezahlt (schädliche Verwendung), sind die auf das ausgezahlte geförderte Altersvorsorgevermögen entfallenden Zulagen und die nach § 10a Abs. 4 gesondert festgestellten Beträge (Rückzahlungsbetrag) zurückzuzahlen. ²Dies gilt auch bei einer Auszahlung nach Beginn der Auszahlungsphase (§ 1 Abs. 1 Satz 1 Nr. 2 des Altersvorsorgeverträge-Zertifizierungsgesetzes) und bei Auszahlungen im Falle des Todes des Zulageberechtigten. ³Hat der Zulageberechtigte Zahlungen im Sinne des § 92a Abs. 2 Satz 4 Nr. 1 oder § 92a Abs. 3 Satz 9 Nr. 2 geleistet, dann handelt es sich bei dem hierauf beruhenden Altersvorsorgevermögen um gefördertes Altersvorsorgevermögen im Sinne des Satzes 1; der Rückzahlungsbetrag bestimmt sich insoweit nach der für die in das Wohnförderkonto eingestellten Beträge gewährten Förderung. ⁴Eine Rückzahlungsverpflichtung besteht nicht für den Teil der Zulagen und der Steuermäßigung,

a) der auf nach § 1 Abs. 1 Satz 1 Nr. 2 des Altersvorsorgeverträge-Zertifizierungsgesetzes angespartes gefördertes Altersvorsorgevermögen entfällt, wenn es in Form einer Hinterbliebenenrente an die dort genannten Hinterbliebenen ausgezahlt wird; dies gilt auch für Leistungen im Sinne des § 82 Abs. 3 an Hinterbliebene des Steuerpflichtigen;

b) der den Beitragsanteilen zuzuordnen ist, die für die zusätzliche Absicherung der verminderten Erwerbsfähigkeit und eine zusätzliche Hinterbliebenenabsicherung ohne Kapitalbildung verwendet worden sind;

c) der auf gefördertes Altersvorsorgevermögen entfällt, das im Falle des Todes des Zulageberechtigten auf einen auf den Namen des Ehegatten lautenden Altersvorsorgevertrag übertragen wird, wenn die Ehegatten im Zeitpunkt des Todes des Zulageberechtigten nicht dauernd getrennt gelebt haben (§ 26 Absatz 1) und ihren Wohnsitz oder gewöhnlichen Aufenthalt in einem Mitgliedstaat der Europäischen Union oder einem Staat hatten, auf den das Abkommen über den Europäischen Wirtschaftsraum (EWR-Abkommen) anwendbar ist;

d) der auf den Altersvorsorge-Eigenheimbetrag entfällt.

(1a) ¹Eine schädliche Verwendung liegt nicht vor, wenn gefördertes Altersvorsorgevermögen auf Grund einer internen Teilung nach § 10 des Versorgungsausgleichsgesetzes oder auf Grund einer externen Teilung nach § 14 des Versorgungsausgleichsgesetzes auf einen zertifizierten Altersvorsorgevertrag oder eine nach § 82 Abs. 2 begünstigte betriebliche Altersversorgung übertragen wird; die auf das übertragene Anrecht entfallende steuerliche Förderung geht mit allen Rechten und Pflichten auf die ausgleichsberechtigte Person über. ²Eine schädliche Verwendung liegt ebenfalls nicht vor, wenn gefördertes Altersvorsorgevermögen auf Grund einer externen Teilung nach § 14 des Versorgungsausgleichsgesetzes auf die Versorgungsausgleichskasse oder die gesetzliche Rentenversicherung übertragen wird; die Rechte und Pflichten der ausgleichspflichtigen Person aus der steuerlichen Förderung des übertragenen Anteils entfallen. ³In den Fällen der Sätze 1 und 2 teilt die zentrale Stelle der ausgleichspflichtigen Person die Höhe der auf die Ehezeit im Sinne des § 3 Absatz 1 des Versorgungsausgleichsgesetzes oder die Lebenspartnerschaftszeit im Sinne des § 20 Absatz 2 des Lebenspartnerschaftsgesetzes entfallenden gesondert festgestellten Beträge nach § 10a Absatz 4 und die ermittelten Zulagen mit. ⁴Die entsprechenden Beträge sind monatsweise zuzuordnen. ⁵Die zentrale Stelle teilt die geänderte Zuordnung der gesondert festgestellten Beträge nach § 10a Absatz 4 sowie der ermittelten Zulagen der ausgleichspflichtigen und in den Fällen des Satzes 1 auch der ausgleichsberechtigten Person durch Feststellungsbescheid mit. ⁶Nach Eintritt der Unanfechtbarkeit dieses Feststellungsbescheids informiert die zentrale Stelle den Anbieter durch einen Datensatz über die geänderte Zuordnung.

(2) ¹Die Übertragung von gefördertem Altersvorsorgevermögen auf einen anderen auf den Namen

EStG

des Zulageberechtigten lautenden Altersvorsorgevertrag (§ 1 Abs. 1 Satz 1 Nr. 10 Buchstabe b des Altersvorsorgeverträge-Zertifizierungsgesetzes) stellt keine schädliche Verwendung dar. ²Dies gilt sinngemäß in den Fällen des § 4 Abs. 2 und 3 des Betriebsrentengesetzes[1)], wenn das geförderte Altersvorsorgevermögen auf eine der in § 82 Abs. 2 Buchstabe a genannten Einrichtungen der betrieblichen Altersversorgung zum Aufbau einer kapitalgedeckten betrieblichen Altersversorgung übertragen und eine lebenslange Altersversorgung im Sinne des § 1 Abs. 1 Satz 1 Nr. 4 des Altersvorsorgeverträge-Zertifizierungsgesetzes oder § 1 Abs. 1 Satz 1 Nr. 4 und 5 des Altersvorsorgeverträge-Zertifizierungsgesetzes in der bis zum 31. Dezember 2004 geltenden Fassung vorgesehen wird. ³In den übrigen Fällen der Abfindung von Anwartschaften der betrieblichen Altersversorgung gilt dies, soweit das geförderte Altersvorsorgevermögen zu Gunsten eines auf den Namen des Zulageberechtigten lautenden Altersvorsorgevertrages geleistet wird.

(3) ¹Auszahlungen zur Abfindung einer Kleinbetragsrente zu Beginn der Auszahlungsphase gelten nicht als schädliche Verwendung. ²Eine Kleinbetragsrente ist eine Rente, die bei gleichmäßiger Verrentung des gesamten zu Beginn der Auszahlungsphase zur Verfügung stehenden Kapitals eine monatliche Rente ergibt, die 1 Prozent der monatlichen Bezugsgröße nach § 18 des Vierten Buches Sozialgesetzbuch nicht übersteigt. ³Bei der Berechnung dieses Betrags sind alle bei einem Anbieter bestehenden Verträge des Zulageberechtigten insgesamt zu berücksichtigen, auf die nach diesem Abschnitt geförderte Altersvorsorgebeiträge geleistet wurden.

(4) ¹Wird bei einem einheitlichen Vertrag nach § 1 Absatz 1a Satz 1 'Nummer 2 zweiter Halbsatz des Altersvorsorgeverträge-Zertifizierungsgesetzes das. Darlehen nicht wohnungswirtschaftlich im Sinne des § 92a Absatz 1 Satz 1 verwendet, liegt zum Zeitpunkt der Darlehensauszahlung eine schädliche Verwendung des geförderten Altersvorsorgevermögens vor, es sei denn, das geförderte Altersvorsorgevermögen wird innerhalb eines Jahres nach Ablauf des Veranlagungszeitraums, in dem das Darlehen ausgezahlt wurde, auf einen anderen zertifizierten Altersvorsorgevertrag übertragen, der auf den Namen des Zulageberechtigten lautet. ²Der Zulageberechtigte hat dem Anbieter die Absicht zur Kapitalübertragung, den Zeitpunkt der Kapitalübertragung bis zum Zeitpunkt der Darlehenauszahlung und die Aufgabe der Absicht zur Kapitalübertragung mitzuteilen. ³Wird die Absicht zur Kapitalübertragung aufgegeben, tritt die schädliche Verwendung zu dem Zeitpunkt ein, zu dem die Mitteilung des Zulageberechtigten hierzu beim Anbieter eingeht, spätestens aber am 1. Januar des zweiten Jahres nach dem Jahr, in dem das Darlehen ausgezahlt wurde.

§ 94
Verfahren bei schädlicher Verwendung

(1) ¹In den Fällen des § 93 Abs. 1 hat der Anbieter der zentralen Stelle vor der Auszahlung des geförderten Altersvorsorgevermögens die schädliche Verwendung nach amtlich vorgeschriebenem Datensatz durch amtlich bestimmte Datenfernübertragung anzuzeigen. ²Die zentrale Stelle ermittelt den Rückzahlungsbetrag und teilt diesen dem Anbieter durch Datensatz mit. ³Der Anbieter hat den Rückzahlungsbetrag einzubehalten, mit der nächsten Anmeldung nach § 90 Abs. 3 anzumelden und an die zentrale Stelle abzuführen. ⁴Der Anbieter hat die einbehaltenen und abgeführten Beträge der zentralen Stelle nach amtlich vorgeschriebenem Datensatz durch amtlich bestimmte Datenfernübertragung mitzuteilen und diese Beträge dem Zulageberechtigten zu bescheinigen. ⁵In den Fällen des § 93 Abs. 3 gilt Satz 1 entsprechend.

(2) ¹Eine Festsetzung des Rückzahlungsbetrags erfolgt durch die zentrale Stelle auf besonderen Antrag des Zulageberechtigten oder sofern die Rückzahlung nach Absatz 1 ganz oder teilweise nicht möglich oder nicht erfolgt ist. ²§ 90 Abs. 4 Satz 2 bis 6 gilt entsprechend; § 90 Absatz 4 Satz 5 gilt auch, wenn die Geschäftsbeziehung im Hinblick auf den jeweiligen Altersvorsorgevertrag zwischen dem Zulageberechtigten und dem Anbieter beendet wurde. ³Im Rückforderungsbescheid sind auch die vom Anbieter bereits einbehaltenen und abgeführten Beträge nach Maßgabe der Bescheinigung nach Absatz 1 Satz 4 anzurechnen. ⁴Der Zulageberechtigte hat den verbleibenden Rückzahlungsbetrag innerhalb eines Monats nach Bekanntgabe des Rückforderungsbescheids an die zuständige Kasse zu entrichten. ⁵Die Frist für die Festsetzung des Rückzahlungsbetrags beträgt vier Jahre und beginnt mit Ablauf des Kalenderjahres, in dem die Auszahlung im Sinne des § 93 Abs. 1 erfolgt ist.

§ 95
Sonderfälle der Rückzahlung

(1) Die §§ 93 und 94 gelten entsprechend, wenn

1. sich der Wohnsitz oder gewöhnliche Aufenthalt des Zulageberechtigten außerhalb der Mitgliedstaaten der Europäischen Union und der Staaten befindet, auf die das Abkommen über den Europäischen Wirtschaftsraum (EWR-Abkommen) anwendbar ist, oder wenn der Zulageberechtigte ungeachtet eines Wohnsitzes oder gewöhnlichen Aufenthaltes in einem dieser Staaten nach einem Abkommen zur Vermeidung der Doppelbesteuerung mit einem dritten Staat als außerhalb des Hoheitsgebiets dieser Staaten ansässig gilt und

2. entweder keine Zulageberechtigung besteht oder der Vertrag in der Auszahlungsphase ist.

(2) ¹Auf Antrag des Zulageberechtigten ist der Rückzahlungsbetrag im Sinne des § 93 Abs. 1 Satz 1 zunächst bis zum Beginn der Auszahlung zu stunden. ²Die Stundung ist zu verlängern, wenn der Rückzahlungsbetrag mit mindestens 15 Prozent der Leistungen aus dem Vertrag getilgt wird. ³Die Stundung endet, wenn das geförderte Altersvorsorgevermögen nicht unter den in § 1 Abs. 1 Satz 1 Nr. 4 des Altersvorsorgeverträge-Zertifizierungsgesetzes genannten Voraussetzungen an den Zulageberechtigten ausgezahlt wird. ⁴Der Stundungsantrag ist

---

[1)] Siehe Anhang 16.

über den Anbieter an die zentrale Stelle zu richten. ⁵Die zentrale Stelle teilt ihre Entscheidung auch dem Anbieter mit.

(3) Wurde der Rückzahlungsbetrag nach Absatz 2 gestundet und

1. verlegt der ehemals Zulageberechtigte seinen ausschließlichen Wohnsitz oder gewöhnlichen Aufenthalt in einen Mitgliedstaat der Europäischen Union oder einen Staat, auf den das Abkommen über den Europäischen Wirtschaftsraum (EWR-Abkommen) anwendbar ist, oder
2. wird der ehemals Zulageberechtigte erneut zulageberechtigt,

sind der Rückzahlungsbetrag und die bereits entstandenen Stundungszinsen von der zentralen Stelle zu erlassen.

§ 96
Anwendung der Abgabenordnung, allgemeine Vorschriften

(1) ¹Auf die Zulagen und die Rückzahlungsbeträge sind die für Steuervergütungen geltenden Vorschriften der Abgabenordnung entsprechend anzuwenden. ²Dies gilt nicht für § 163 der Abgabenordnung.

(2) ¹Der Anbieter haftet als Gesamtschuldner neben dem Zulageempfänger für die Zulagen und die nach § 10a Abs. 4 gesondert festgestellten Beträge, die wegen seiner vorsätzlichen oder grob fahrlässigen Pflichtverletzung zu Unrecht gezahlt, nicht einbehalten oder nicht zurückgezahlt worden sind. ²Für die Inanspruchnahme des Anbieters ist die zentrale Stelle zuständig.

(3) Die zentrale Stelle hat auf Anfrage des Anbieters Auskunft über die Anwendung des Abschnitts XI zu geben.

(4) ¹Die zentrale Stelle kann beim Anbieter ermitteln, ob er seine Pflichten erfüllt hat. ²Die §§ 193 bis 203 der Abgabenordnung gelten sinngemäß. ³Auf Verlangen der zentralen Stelle hat der Anbieter ihr Unterlagen, soweit sie im Ausland geführt und aufbewahrt werden, verfügbar zu machen.

(5) Der Anbieter erhält vom Bund oder den Ländern keinen Ersatz für die ihm aus diesem Verfahren entstehenden Kosten.

(6) ¹Der Anbieter darf die im Zulageverfahren bekannt gewordenen Verhältnisse der Beteiligten nur für das Verfahren verwerten. ²Er darf sie ohne Zustimmung der Beteiligten nur offenbaren, soweit dies gesetzlich zugelassen ist.

(7) ¹Für die Zulage gelten die Strafvorschriften des § 370 Abs. 1 bis 4, der §§ 371, 375 Abs. 1 und des § 376 sowie die Bußgeldvorschriften der §§ 378, 379 Abs. 1 und 4 und der §§ 383 und 384 der Abgabenordnung entsprechend. ²Für das Strafverfahren wegen einer Straftat nach Satz 1 sowie der Begünstigung einer Person, die eine solche Tat begangen hat, gelten die §§ 385 bis 408, für das Bußgeldverfahren wegen einer Ordnungswidrigkeit nach Satz 1 die §§ 409 bis 412 der Abgabenordnung entsprechend.

§ 97
Übertragbarkeit

¹Das nach § 10a oder Abschnitt XI geförderte Altersvorsorgevermögen einschließlich seiner Erträge, die geförderten laufenden Altersvorsorgebeiträge und der Anspruch auf die Zulage sind nicht übertragbar. ²§ 93 Abs. 1a und § 4 des Betriebsrentengesetzes[1]) bleiben unberührt.

§ 98
Rechtsweg

In öffentlich-rechtlichen Streitigkeiten über die aufgrund des Abschnitts XI ergehenden Verwaltungsakte ist der Finanzrechtsweg gegeben.

§ 99
Ermächtigung

(1) Das Bundesministerium der Finanzen wird ermächtigt, die Vordrucke für die Anträge nach § 89 für die Anmeldung nach § 90 Abs. 3 und für die in den §§ 92 und 94 Abs. 1 Satz 4 vorgesehenen Bescheinigungen und im Einvernehmen mit den obersten Finanzbehörden der Länder den Vordruck für die nach § 22 Nummer 5 Satz 7 vorgesehenen Bescheinigung und den Inhalt und Aufbau der für die Durchführung des Zulageverfahrens zu übermittelnden Datensätze zu bestimmen.

(2) ¹Das Bundesministerium der Finanzen wird ermächtigt, im Einvernehmen mit dem Bundesministerium für Arbeit und Soziales und dem Bundesministerium des Innern durch Rechtsverordnung mit Zustimmung des Bundesrates Vorschriften zur Durchführung dieses Gesetzes über das Verfahren für die Ermittlung, Festsetzung, Auszahlung, Rückzahlung und Rückforderung der Zulage sowie die Rückzahlung und Rückforderung der nach § 10a Abs. 4 festgestellten Beträge zu erlassen. ²Hierzu gehören insbesondere

1. Vorschriften über Aufzeichnungs-, Aufbewahrungs-, Bescheinigungs- und Anzeigepflichten des Anbieters,
2. Grundsätze des vorgesehenen Datenaustausches zwischen den Anbietern, der zentralen Stelle, den Trägern der gesetzlichen Rentenversicherung, der Bundesagentur für Arbeit, den Meldebehörden, den Familienkassen, den zuständigen Stellen und den Finanzämtern und
3. Vorschriften über Mitteilungspflichten, die für die Erteilung der Bescheinigungen nach § 22 Nr. 5 Satz 7 und § 92 erforderlich sind.

---

1) Siehe Anhang 16.

Die für den
Veranlagungszeitraum 2014
geltenden Rechtsgrundlagen
(EStG 2011[1] – EStDV 2006[2] – EStR 2012 –
– amtliche Hinweise 2014)

Einführung

(1) Die Einkommensteuer-Richtlinien in der geänderten Fassung (Einkommensteuer-Richtlinien 2012) sind Weisungen an die Finanzbehörden zur einheitlichen Anwendung des Einkommensteuerrechts, zur Vermeidung unbilliger Härten und zur Verwaltungsvereinfachung.

(2) Die EStR 2012 sind für die Veranlagung zur Einkommensteuer ab dem VZ 2012 anzuwenden. Die EStR 2012 sind auch auf frühere VZ anzuwenden, soweit sie lediglich eine Erläuterung der Rechtslage darstellen.

(3) Anordnungen, die mit den nachstehenden Richtlinien im Widerspruch stehen, sind nicht mehr anzuwenden.

(4) Diesen Richtlinien liegt, soweit im Einzelnen keine andere Fassung angegeben ist, das Einkommensteuergesetz i.d.F. der Bekanntmachung vom 8. Oktober 2009 (BGBl. I S. 3366, 3862), zuletzt geändert durch Artikel 11 des Gesetzes zur Anpassung des Investmentsteuergesetz und anderen Gesetze an das AIFM-Umsetzungsgesetz (AIFM – Steuer-Anpassungsgesetz – AIFMStANPG) vom 18. Dezember 2013 BGBl. I 2013, S. 4318 zu Grunde.

(5) Die Anordnungen, die in den Vorschriften über den Steuerabzug vom Arbeitslohn (Lohnsteuer) und in den dazu ergangenen Lohnsteuer-Richtlinien über die Ermittlung der Einkünfte aus nichtselbständiger Arbeit enthalten sind, gelten entsprechend auch für die Veranlagung zur Einkommensteuer.

---

1) Einkommensteuergesetz in der Fassung der Bekanntmachung vom 8. Oktober 2009 (BGBl. I S. 3366, 3862), zuletzt geändert durch Artikel 4 und 5 des Gesetzes zur Anpassung der Abgabenordnung an den Zollkodex der Union und zur Änderung weiterer steuerlicher Vorschriften vom 22. Dezember 2014 BGBl. I 2014, S. 2417. Die nachstehende Fassung gilt nach § 52 Abs. 1 soweit in § 52 Abs. 2 bis 68 und in § 52a nichts anderes bestimmt ist – für den VZ 2014.

2) Neufassung in der Fassung der Bekanntmachung vom 10. Mai 2000 (BGBl. I S. 717) zuletzt geändert durch das Ehrenamtstärkungsgesetz vom 21. März 2013 BGBl. I S. 556 und die Verordnung zur Übertragung der Zuständigkeit nach §§ 50 und 50a EStG vom 24. Juni 2013 BGBl. I S. 1679.

§ 1

I. Steuerpflicht

§ 1

(1) ¹Natürliche Personen, die im Inland einen Wohnsitz oder ihren gewöhnlichen Aufenthalt haben, sind unbeschränkt einkommensteuerpflichtig. ²Zum Inland im Sinne dieses Gesetzes gehört auch der der Bundesrepublik Deutschland zustehende Anteil am Festlandsockel, soweit dort Naturschätze des Meeresgrundes und des Meeresuntergrundes erforscht oder ausgebeutet werden oder dieser der Energieerzeugung unter Nutzung erneuerbarer Energien dient.

(2) ¹Unbeschränkt einkommensteuerpflichtig sind auch deutsche Staatsangehörige, die
1. im Inland weder einen Wohnsitz noch ihren gewöhnlichen Aufenthalt haben und
2. zu einer inländischen juristischen Person des öffentlichen Rechts in einem Dienstverhältnis stehen und dafür Arbeitslohn aus einer inländischen öffentlichen Kasse beziehen,

sowie zu ihrem Haushalt gehörende Angehörige, die die deutsche Staatsangehörigkeit besitzen oder keine Einkünfte oder nur Einkünfte beziehen, die ausschließlich im Inland einkommensteuerpflichtig sind. ²Dies gilt nur für natürliche Personen, die in dem Staat, in dem sie ihren Wohnsitz oder ihren gewöhnlichen Aufenthalt haben, lediglich in einem der beschränkten Einkommensteuerpflicht ähnlichen Umfang zu einer Steuer vom Einkommen herangezogen werden.

(3) ¹Auf Antrag werden auch natürliche Personen als unbeschränkt einkommensteuerpflichtig behandelt, die im Inland weder einen Wohnsitz noch ihren gewöhnlichen Aufenthalt haben, soweit sie inländische Einkünfte im Sinne des § 49 haben. ²Dies gilt nur, wenn ihre Einkünfte im Kalenderjahr mindestens zu 90 Prozent der deutschen Einkommensteuer unterliegen oder die nicht der deutschen Einkommensteuer unterliegenden Einkünfte den Grundfreibetrag nach § 32a Abs. 1 Satz 2 Nr. 1 nicht übersteigen; dieser Betrag ist zu kürzen, soweit es nach den Verhältnissen im Wohnsitzstaat des Steuerpflichtigen notwendig und angemessen ist. ³Inländische Einkünfte, die nach einem Abkommen zur Vermeidung der Doppelbesteuerung nur der Höhe nach beschränkt besteuert werden dürfen, gelten hierbei als nicht der deutschen Einkommensteuer unterliegend. ⁴Unberücksichtigt bleiben bei der Ermittlung der Einkünfte nach Satz 2 nicht der deutschen Einkommensteuer unterliegende Einkünfte, die im Ausland nicht besteuert werden, soweit vergleichbare Einkünfte im Inland steuerfrei sind. ⁵Weitere Voraussetzung ist, dass die Höhe der nicht der deutschen Einkommensteuer unterliegenden Einkünfte durch eine Bescheinigung der zuständigen ausländischen Steuerbehörde nachgewiesen wird. ⁶Der Steuerabzug nach § 50a ist ungeachtet der Sätze 1 bis 4 vorzunehmen.

(4) Natürliche Personen, die im Inland weder einen Wohnsitz noch ihren gewöhnlichen Aufenthalt haben, sind vorbehaltlich der Absätze 2 und 3 und des § 1a beschränkt einkommensteuerpflichtig, wenn sie inländische Einkünfte im Sinne des § 49 haben.

EStR und Hinweise

EStR 2012 zu § 1 EStG

R 1 Steuerpflicht

¹Unbeschränkt steuerpflichtig gemäß § 1 Abs. 2 EStG sind insbesondere von der Bundesrepublik Deutschland ins Ausland entsandte deutsche Staatsangehörige, die Mitglied einer diplomatischen Mission oder konsularischen Vertretung sind – einschließlich der zu ihrem Haushalt gehörenden Angehörigen –, soweit die Voraussetzungen des § 1 Abs. 2 EStG erfüllt sind. ²Für einen ausländischen Ehegatten gilt dies auch, wenn er die Staatsangehörigkeit des Empfangsstaates besitzt. ³Für die Anwendung des § 1a Abs. 1 Nr. 2 EStG ist Voraussetzung, dass der Stpfl. selbst als unbeschränkt Stpfl. nach § 1 Abs. 3 EStG zu behandeln ist; die Einkunftsgrenzen des § 1 Abs. 3 Satz 2 und des § 1a Abs. 1 Nr. 2 Satz 3 EStG sind daher nacheinander gesondert zu prüfen.

§ 1a

§ 1a

(1) ¹Für Staatsangehörige eines Mitgliedstaates der Europäischen Union oder eines Staates, auf den das Abkommen über den Europäischen Wirtschaftsraum anwendbar ist, die nach § 1 Abs. 1 unbeschränkt einkommensteuerpflichtig sind oder die nach § 1 Abs. 3 als unbeschränkt einkommensteuerpflichtig zu behandeln sind, gilt bei Anwendung von § 10 Abs. 1 Nr. 1, 1a und 1b und § 26 Abs. 1 Satz 1 Folgendes:

1. ¹Unterhaltsleistungen an den geschiedenen oder dauernd getrennt lebenden Ehegatten (§ 10 Abs. 1 Nr. 1) sind auch dann als Sonderausgaben abziehbar, wenn der Empfänger nicht unbeschränkt einkommensteuerpflichtig ist. ²Voraussetzung ist, dass der Empfänger seinen Wohnsitz oder gewöhnlichen Aufenthalt im Hoheitsgebiet eines anderen Mitgliedstaates der Europäischen Union oder eines Staates hat, auf den das Abkommen über den Europäischen Wirtschaftsraum Anwendung findet. ³Weitere Voraussetzung ist, dass die Besteuerung der Unterhaltszahlungen beim Empfänger durch eine Bescheinigung der zuständigen ausländischen Steuerbehörde nachgewiesen wird;

1a. auf besonderen Verpflichtungsgründen beruhende Versorgungsleistungen (§10 Abs. 1 Nr. 1a) sind auch dann als Sonderausgaben abziehbar, wenn der Empfänger nicht unbeschränkt einkommensteuerpflichtig ist. ²Nummer 1 Satz 2 und 3 gilt entsprechend;

1b. ¹Ausgleichszahlungen im Rahmen des Versorgungsausgleichs nach den §§ 20, 21, 22 und 26 des Versorgungsausgleichsgesetzes, §§ 1587f, 1587g, 1587i des Bürgerlichen Gesetzbuchs und § 3a des Gesetzes zur Regelung von Härten im Versorgungsausgleich (§10 Absatz 1 Nummer 1b) sind auch dann als Sonderausgaben abziehbar, wenn die ausgleichsberechtigte Person nicht unbeschränkt einkommensteuerpflichtig ist. ²Nummer 1 Satz 2 und 3 gilt entsprechend;

2. ¹der nicht dauernd getrennt lebende Ehegatte ohne Wohnsitz oder gewöhnlichen Aufenthalt im Inland wird auf Antrag für die Anwendung des § 26 Abs. 1 Satz 1 als unbeschränkt einkommensteuerpflichtig behandelt. ²Nummer 1 Satz 2 gilt entsprechend. ³Bei Anwendung des § 1 Abs. 3 Satz 2 ist auf die Einkünfte beider Ehegatten abzustellen und der Grundfreibetrag nach § 32a Abs. 1 Satz 2 Nr. 1 zu verdoppeln;

(2) Für unbeschränkt einkommensteuerpflichtige Personen im Sinne des § 1 Abs. 2, die die Voraussetzungen des § 1 Abs. 3 Satz 2 bis 5 erfüllen, und für unbeschränkt einkommensteuerpflichtige Personen im Sinne des § 1 Abs. 3, die die Voraussetzungen des § 1 Abs. 2 Satz 1 Nr. 1 und 2 erfüllen und an einem ausländischen Dienstort tätig sind, gilt die Regelung des Absatzes 1 Nr. 2 entsprechend mit der Maßgabe, dass auf Wohnsitz oder gewöhnlichen Aufenthalt im Staat des ausländischen Dienstortes abzustellen ist.

Hinweise

H 1a Allgemeines

Die unbeschränkte Einkommensteuerpflicht erstreckt sich auf sämtliche inländische und ausländische Einkünfte, soweit nicht für bestimmte Einkünfte abweichende Regelungen bestehen, z. B. in DBA oder in anderen zwischenstaatlichen Vereinbarungen.

Auslandskorrespondenten

→ BMF vom 13.3.1998 (BStBl. I S. 351)

Auslandslehrkräfte und andere nicht entsandte Arbeitnehmer

Befinden sich an deutsche Auslandsschulen vermittelte Lehrer und andere nicht entsandte Arbeitnehmer in einem Dienstverhältnis zu einer inländischen juristischen Person des öffentlichen Rechts, beziehen hierfür Arbeitslohn aus einer inländischen öffentlichen Kasse (→ BMF vom 9.7.1990 – BStBl. I S. 324) und sind in den USA (→ BMF vom 10.11.1994 – BStBl. I S. 853) bzw. Kolumbien und Ecuador (→ BMF vom 17.6.1996 – BStBl. IS. 688) tätig, ergibt sich ihre unbeschränkte Einkommensteuerpflicht grundsätzlich bereits aus § 1 Abs. 2 EStG.

Beschränkte Steuerpflicht nach ausländischem Recht

Ob eine Person in dem Staat, in dem sie ihren Wohnsitz oder gewöhnlichen Aufenthalt hat, lediglich in einem der beschränkten Einkommensteuerpflicht ähnlichen Umfang zu einer Steuer vom

Einkommen herangezogen wird (§ 1 Abs. 2 Satz 2 EStG), ist nach den Vorschriften des maßgebenden ausländischen Steuerrechts zu prüfen (→ BFH vom 22.2.2006 – BStBl. 2007 II S. 106).

Diplomaten und sonstige Beschäftigte ausländischer Vertretungen in der Bundesrepublik
→ *§ 3 Nr. 29 EStG*

Doppelbesteuerungsabkommen
→ *Verzeichnis der Abkommen zur Vermeidung der Doppelbesteuerung*

Einkünfteermittlung
Die Einkünfteermittlung nach § 1 Abs. 3 Satz 2 EStG vollzieht sich in zwei Stufen. Zunächst ist in einem ersten Schritt die Summe der Welteinkünfte zu ermitteln. Dabei sind sämtliche Einkünfte, unabhängig davon, ob sie im In- oder Ausland erzielt wurden, nach deutschem Recht zu ermitteln. In einem zweiten Schritt sind die Welteinkünfte in Einkünfte, die der deutschen Einkommensteuer unterliegen, und in Einkünfte, die diese Voraussetzungen nicht erfüllen, aufzuteilen. Überschreiten die so ermittelten ausländischen Einkünfte die absolute Wesentlichkeitsgrenze des § 1 Abs. 3 Satz 2 i. V. m. § 1a Abs. 1 Nr. 2 Satz 3 EStG, ist eine Zusammenveranlagung zur Einkommensteuer auch dann ausgeschlossen, wenn sie, nach dem Recht des Wohnsitzstaates ermittelt, unterhalb der absoluten Wesentlichkeitsgrenze liegen (→ BFH vom 20.8.2008 – BStBl. 2009 II S. 708).

Erweiterte beschränkte Steuerpflicht
→ *§§ 2 und 5 AStG*[1)]

Erweiterte unbeschränkte Steuerpflicht und unbeschränkte Steuerpflicht auf Antrag
→ *§ 1 Abs. 2 bzw. § 1 Abs. 3 in Verbindung mit § 1a Abs. 2 EStG:*
Im Ausland bei internationalen Organisationen beschäftigte Deutsche fallen nicht unter § 1 Abs. 2 oder § 1 Abs. 3 in Verbindung mit § 1a Abs. 2 EStG, da sie ihren Arbeitslohn nicht aus einer inländischen öffentlichen Kasse beziehen. Mitarbeiter des Goethe-Instituts mit Wohnsitz im Ausland stehen nicht zu einer inländischen juristischen Person des öffentlichen Rechts in einem Dienstverhältnis und sind daher nicht nach § 1 Abs. 2 EStG unbeschränkt einkommensteuerpflichtig (→ BFH vom 22.2.2006 – BStBl. 2007 II S. 106).

→ *BMF vom 8.10.1996 (BStBl. I S. 1191)* – **Auszug –:**
Billigkeitsregelung in Fällen, in denen ein Steuerpflichtiger und sein nicht dauernd getrennt lebender Ehegatte zunächst unter den Voraussetzungen des § 1 Abs. 2 EStG unbeschränkt einkommensteuerpflichtig sind bzw. unter den Voraussetzungen des § 1 Abs. 3 in Verbindung mit § 1a Abs. 2 EStG auf Antrag als unbeschränkt steuerpflichtig behandelt werden,
– *der Steuerpflichtige dann aus dienstlichen Gründen in das Inland versetzt wird,*
– *der nicht dauernd getrennt lebende Ehegatte aus persönlichen Gründen noch für kurze Zeit im Ausland verbleibt und*
– *die Voraussetzungen des § 1a Abs. 1 EStG nicht erfüllt sind.*

→ *BMF vom 4.10.2011 (BStBl. I S. 961)*[2)]
→ *Berücksichtigung ausländischer Verhältnisse; Ländergruppeneinteilung ab 2012.*[3)]
→ *Die in § 1 Abs. 3 Satz 3 EStG aufgeführten inländischen Einkünfte, die nach einem DBA nur der Höhe nach beschränkt besteuert werden dürfen, sind in die inländische Veranlagung gemäß § 46 Abs. 2 Nr. 7 Buchstabe b i. V. m. § 1 Abs. 3 EStG einzubeziehen (→ BFH vom 13.11.2002 – BStBl. 2003 II S. 587).*

Europäischer Wirtschaftsraum
Mitgliedstaaten des EWR sind die Mitgliedstaaten der EU, Island, Norwegen und Liechtenstein.

Freistellung von deutschen Abzugsteuern
→ *§ 50d EStG, Besonderheiten im Fall von DBA*

Schiffe
Schiffe unter Bundesflagge rechnen auf hoher See zum Inland.
→ *BFH vom 12.11.1986 (BStBl. 1987 II S. 377)*

Unbeschränkte Steuerpflicht – auf Antrag –
– → *BMF vom 30.12.1996 (BStBl. I S. 1506)*

---

1) Siehe Anhang 2.
2) Siehe Anlage § 033a-02.
3) Siehe Anlage § 033a-02.

- Die zum Nachweis der Höhe der nicht der deutschen Steuer unterliegenden Einkünfte erforderliche Bescheinigung der zuständigen ausländischen Steuerbehörde ist auch dann vorzulegen, wenn der Stpfl. angibt, keine derartigen Einkünfte erzielt zu haben (sog. Nullbescheinigung). Die Verwendung eines bestimmten Vordrucks für die Bescheinigung ist gesetzlich nicht vorgeschrieben (→ BFH vom 8.9.2010 – BStBl. 2011 II S. 447).,

Wechsel der Steuerpflicht

→ – § 2 Abs. 7 Satz 3 EStG

Wohnsitz/Gewöhnlicher Aufenthalt in der Schweiz

§ 1a Abs. 1 EStG ist bei Staatsangehörigen eines Mitgliedstaates der EU oder eines EWR-Staates bei Vorliegen der übrigen Voraussetzungen auch anwendbar, wenn

- der Empfänger der Leistungen i. S. d. Nr. 1 und 1a
- die ausgleichsberechtigte Person i. S. d. Nr. 1b oder
- der Ehegatte/Lebenspartner i. S. d. Nr. 2

seinen/ihren Wohnsitz oder gewöhnlichen Aufenthalt in der Schweif haben (→ BMF vom 16.9.2013 – BStBl. I S. 1325).

II. Einkommen
1. Sachliche Voraussetzungen für die Besteuerung

§ 2 Umfang der Besteuerung, Begriffsbestimmungen

(1) ¹Der Einkommensteuer unterliegen
1. Einkünfte aus Land- und Forstwirtschaft,
2. Einkünfte aus Gewerbebetrieb,
3. Einkünfte aus selbständiger Arbeit,
4. Einkünfte aus nichtselbständiger Arbeit,
5. Einkünfte aus Kapitalvermögen,
6. Einkünfte aus Vermietung und Verpachtung,
7. sonstige Einkünfte im Sinne des § 22,

die der Steuerpflichtige während seiner unbeschränkten Einkommensteuerpflicht oder als inländische Einkünfte während seiner beschränkten Einkommensteuerpflicht erzielt. ²Zu welcher Einkunftsart die Einkünfte im einzelnen Fall gehören, bestimmt sich nach den §§ 13 bis 24.

(2) ¹Einkünfte sind
1. bei Land- und Forstwirtschaft, Gewerbebetrieb und selbständiger Arbeit der Gewinn (§§ 4 bis 7k und 13a),
2. bei den anderen Einkunftsarten der Überschuss der Einnahmen über die Werbungskosten (§§ 8 bis 9a).

²Bei Einkünften aus Kapitalvermögen tritt § 20 Abs. 9 vorbehaltlich der Regelung in § 32d Abs. 2 an die Stelle der §§ 9 und 9a.

(3) ¹Die Summe der Einkünfte, vermindert um den Altersentlastungsbetrag, den Entlastungsbetrag für Alleinerziehende und den Abzug nach § 13 Abs. 3, ist der Gesamtbetrag der Einkünfte.

(4) Der Gesamtbetrag der Einkünfte, vermindert um die Sonderausgaben und die außergewöhnlichen Belastungen, ist das Einkommen.

(5) ¹Das Einkommen, vermindert um die Freibeträge nach § 32 Abs. 6 und um die sonstigen vom Einkommen abzuziehenden Beträge, ist das zu versteuernde Einkommen; dieses bildet die Bemessungsgrundlage für die tarifliche Einkommensteuer ²Knüpfen andere Gesetze an den Begriff des zu versteuernden Einkommens an, ist für deren Zweck das Einkommen in allen Fällen des § 32 um die Freibeträge nach § 32 Abs. 6 zu vermindern.

(5a) ¹Knüpfen außersteuerliche Rechtsnormen an die in den vorstehenden Absätzen definierten Begriffe (Einkünfte, Summe der Einkünfte, Gesamtbetrag der Einkünfte, Einkommen, zu versteuerndes Einkommen) an, erhöhen sich für deren Zwecke diese Größen um die nach § 32d Abs. 1 und nach § 43 Abs. 5 zu besteuernden Beträge sowie um die nach § 3 Nr. 40 steuerfreien Beträge und mindern sich um die nach § 3c Abs. 2 nicht abziehbaren Beträge. ²Knüpfen außersteuerliche Rechtsnormen an die in den Absätzen 1 bis 3 genannten Begriffe (Einkünfte, Summe der Einkünfte, Gesamtbetrag der Einkünfte) an, mindern sich für deren Zwecke diese Größen um die nach § 10 Absatz 1 Nummer 5 abziehbaren Kinderbetreuungskosten.

(5b) Soweit Rechtsnormen dieses Gesetzes an die in den vorstehenden Absätzen definierten Begriffe (Einkünfte, Summe der Einkünfte, Gesamtbetrag der Einkünfte, Einkommen, zu versteuerndes Einkommen) anknüpfen, sind Kapitalerträge nach § 32d Abs. 1 und § 43 Abs. 5 nicht einzubeziehen.

(6) ¹Die tarifliche Einkommensteuer, vermindert um die anzurechnenden ausländischen Steuern und die Steuerermäßigungen, vermehrt um die Steuer nach § 32d Absatz 3 und 4, die Steuer nach § 34c Absatz 5 und den Zuschlag nach § 3 Absatz 4 Satz 2 des Forstschäden-Ausgleichsgesetzes[1)] in der Fassung der Bekanntmachung vom 26. August 1985 (BGBl. I

---
1) Siehe Anhang 14.

S. 1756), das zuletzt durch Artikel 18 des Gesetzes vom 19. Dezember 2008 (BGBl. I S. 2794) geändert worden ist, in der jeweils geltenden Fassung, ist die festzusetzende Einkommensteuer. ²Wurde der Gesamtbetrag der Einkünfte in den Fällen des § 10a Abs. 2 um Sonderausgaben nach § 10a Abs. 1 gemindert, ist für die Ermittlung der festzusetzenden Einkommensteuer der Anspruch auf Zulage nach Abschnitt XI der tariflichen Einkommensteuer hinzuzurechnen; bei der Ermittlung der dem Steuerpflichtigen zustehenden Zulage bleibt die Erhöhung der Grundzulage nach § 84 Satz 2 außer Betracht. ³Wird das Einkommen in den Fällen des § 31 um die Freibeträge nach § 32 Abs. 6 gemindert, ist der Anspruch auf Kindergeld nach Abschnitt X der tariflichen Einkommensteuer hinzuzurechnen.

(7) ¹Die Einkommensteuer ist eine Jahressteuer. ²Die Grundlagen für ihre Festsetzung sind jeweils für ein Kalenderjahr zu ermitteln. ³Besteht während eines Kalenderjahres sowohl unbeschränkte als auch beschränkte Einkommensteuerpflicht, so sind die während der beschränkten Einkommensteuerpflicht erzielten inländischen Einkünfte in eine Veranlagung zur unbeschränkten Einkommensteuerpflicht einzubeziehen.

(8) Die Regelungen dieses Gesetzes zu Ehegatten und Ehen sind auch auf Lebenspartner und Lebenspartnerschaften anzuwenden.

EStDV

§ 1 Anwendung auf Ehegatten und Lebenspartner

Die Regelungen dieser Verordnung zu Ehegatten und Ehen sind auch auf Lebenspartner und Lebenspartnerschaften anzuwenden.

§§ 2 und 3 (weggefallen)

EStR und Hinweise

EStR 2012 zu § 2 EStG

R 2 Umfang der Besteuerung

(1) Das zu versteuernde Einkommen ist wie folgt zu ermitteln:

1		Summe der Einkünfte aus den Einkunftsarten
2	=	Summe der Einkünfte
3	–	Altersentlastungsbetrag (§ 24a EStG)
4	–	Entlastungsbetrag für Alleinerziehende (§ 24b EStG)
5	–	Freibetrag für Land- und Forstwirte (§ 13 Abs. 3 EStG)
6	+	Hinzurechnungsbetrag (§ 52 Abs. 3 Satz 5 EStG sowie § 8 Abs. 5 Satz 2 AIG) [1])
7	=	Gesamtbetrag der Einkünfte (§ 2 Abs. 3 EStG)
8	–	Verlustabzug nach § 10d EStG
9	–	Sonderausgaben (§§ 10, 10a, 10b, 10c EStG)
10	–	außergewöhnliche Belastungen (§§ 33 bis 33b EStG)
11	–	Steuerbegünstigung der zu Wohnzwecken genutzten Wohnungen, Gebäude und Baudenkmale sowie der schutzwürdigen Kulturgüter (§§ 10e bis 10i EStG, § 52 Abs. 21 Satz 6 EStG i. d. F. vom 16.4.1997, BGBl. I S. 821 und § 7 FördG)
12	+	Erstattungsüberhänge (§ 10 Abs. 4b Satz 3 EStG)
13	+	zuzurechnendes Einkommen gemäß § 15 Abs. 1 AStG [2])
14	=	Einkommen (§ 2 Abs. 4 EStG)
15	–	Freibeträge für Kinder (§§ 31, 32 Abs. 6 EStG)
16	–	Härteausgleich nach § 46 Abs. 3 EStG, § 70 EStDV
17	=	z. v. E. (§ 2 Abs. 5 EStG).

---

1) ¹Siehe Anhang 1.
2) Siehe Anhang 2.

§ 2

(2) Die festzusetzende Einkommensteuer ist wie folgt zu ermitteln:

1		Steuerbetrag a) nach § 32a Abs. 1, 5, § 50 Abs. 1 Satz 2 EStG oder b) nach dem bei Anwendung des Progressionsvorbehalts (§ 32b EStG) oder der Steuersatzbegrenzung sich ergebenden Steuersatz
2	+	Steuer auf Grund Berechnung nach den §§ 34, 34b EStG
3	+	Steuer auf Grund Berechnung nach § 34a Abs. 1, 4 bis 6 EStG
4	=	tarifliche Einkommensteuer (§ 32a Abs. 1, 5 EStG)
5	−	Minderungsbetrag nach Punkt 11 Ziffer 2 des Schlussprotokolls zu Artikel 23 DBA Belgien in der durch Artikel 2 des Zusatzabkommens vom 5.11.2002 geänderten Fassung (BGBl. 2003 II S. 1615)
6	−	ausländische Steuern nach § 34c Abs. 1 und 6 EStG, § 12 AStG
7	−	Steuerermäßigung nach § 35 EStG
8	−	Steuerermäßigung für Stpfl. mit Kindern bei Inanspruchnahme erhöhter Absetzungen für Wohngebäude oder der Steuerbegünstigungen für eigengenutztes Wohneigentum (§ 34f Abs. 1 und 2 EStG)
9	−	Steuerermäßigung bei Zuwendungen an politische Parteien und unabhängige Wählervereinigungen (§ 34g EStG)
10	−	Steuerermäßigung nach § 34f Abs. 3 EStG
11	−	Steuerermäßigung nach § 35a EStG
12	−	Ermäßigung bei Belastung mit Erbschaftsteuer (§ 35b EStG)
13	+	Steuer aufgrund Berechnung nach § 32d Abs. 3 und 4 EStG
14	+	Steuern nach § 34c Abs. 5 EStG
15	+	Nachsteuer nach § 10 Abs. 5 EStG i. V. m. § 30 EStDV
16	+	Zuschlag nach § 3 Abs. 4 Satz 2 Forstschäden-Ausgleichsgesetz
17	+	Anspruch auf Zulage für Altersvorsorge, wenn Beiträge als Sonderausgaben abgezogen worden sind (§ 10a Abs. 2 EStG)
18	+	Anspruch auf Kindergeld oder vergleichbare Leistungen, soweit in den Fällen des § 31 EStG das Einkommen um Freibeträge für Kinder gemindert wurde
19	=	festzusetzende Einkommensteuer (§ 2 Abs. 6 EStG)

Hinweise

H 2 Keine Einnahmen oder Einkünfte

Bei den folgenden Leistungen handelt es sich nicht um Einnahmen oder Einkünfte:

– *Arbeitnehmer-Sparzulagen (§ 13 Abs. 3 VermBG)*

– *Investitionszulagen nach dem InvZulG*

– *Neue Anteilsrechte auf Grund der Umwandlung von Rücklagen in Nennkapital (§§ 1, 7 KapErhStG)*

– *Wohnungsbau-Prämien (§ 6 WoPG)*

Lebenspartner und Lebenspartnerschaften

§ 2 Abs. 8 EStG gilt nur für Lebenspartner und Lebenspartnerschaften i. S. d. § 1 Abs. 1 PartG. Andere Lebensgmeinschaften fallen nicht unter diese Vorschrift, selbst wenn die Partner ihre Rechtsbeziehungen auf eine vertragliche Grundlage gestellt haben (→ BFH vom 26.6.2014 – BStBl. II S. 829).

Liebhaberei

bei Einkünften aus

– *Land- und Forstwirtschaft H 13.5 (Liebhaberei) → H 13a.2 (Liebhaberei).*

– *Gewerbebetrieb → H 15.3 (Abgrenzung der Gewinnerzielungsabsicht zur Liebhaberei), H 16 (2) (Liebhaberei)*

– *selbständiger Arbeit → H 18.1 (Gewinnerzielungsabsicht).*

– *Kapitalvermögen → H 20.1 (Schuldzinsen)*

– *Vermietung und Verpachtung → H 21.2 (Einkünfteerzielungsabsicht)*

Preisgelder
- → *BMF vom 5.9.1996 (BStBl. I S. 1150)* unter Berücksichtigung der Änderung durch BMF vom 23.12.2002 (BStBl. 2003 I S. 76).[1]
- *Fernseh-Preisgelder → BMF vom 27.5.2008 (BStBl. I S. 645).*

Steuersatzbegrenzung
Bei der Festsetzung der Einkommensteuer ist in den Fällen der Steuersatzbegrenzung die rechnerische Gesamtsteuer quotal aufzuteilen und sodann der Steuersatz für die der Höhe nach nur beschränkt zu besteuernden Einkünfte zu ermäßigen (→ *BFH vom 13.11.2002 – BStBl. 2003 II S. 587).*

Weitere Verwaltungsanweisungen
(soweit nicht in den Hinweisen enthalten)

Zu § 2 EStG
1. Steuerfestsetzung in Fällen der vermuteten Liebhaberei (Vfg OFD Nürnberg vom 28.4.1986)[2]

---

1) Siehe Anlage § 002-02.
2) Siehe Anlage § 002-03.

§ 2a

§ 2a Negative Einkünfte mit Bezug zu Drittstaaten[1)]

(1) ¹Negative Einkünfte

1. aus einer in einem Drittstaat belegenen land- und forstwirtschaftlichen Betriebsstätte,
2. aus einer in einem Drittstaat belegenen gewerblichen Betriebsstätte,
3. a) aus dem Ansatz des niedrigeren Teilwerts eines zu einem Betriebsvermögen gehörenden Anteils an einer Drittstaaten-Körperschaft oder

   b) aus der Veräußerung oder Entnahme eines zu einem Betriebsvermögen gehörenden Anteils an einer Drittstaaten-Körperschaft oder aus der Auflösung oder Herabsetzung des Kapitals einer Drittstaaten-Körperschaft,
4. in den Fällen des § 17 bei einem Anteil an einer Drittstaaten-Kapitalgesellschaft,
5. aus der Beteiligung an einem Handelsgewerbe als stiller Gesellschafter und aus partiarischen Darlehen, wenn der Schuldner Wohnsitz, Sitz oder Geschäftsleitung in einem Drittstaat hat,
6. a) aus der Vermietung oder der Verpachtung von unbeweglichem Vermögen oder von Sachinbegriffen, wenn diese in einem Drittstaat belegen sind, oder

   b) aus der entgeltlichen Überlassung von Schiffen, sofern der Überlassende nicht nachweist, dass diese ausschließlich oder fast ausschließlich in einem anderen Staat als einem Drittstaat eingesetzt worden sind, es sei denn, es handelt sich um Handelsschiffe, die

       aa) von einem Vercharterer ausgerüstet überlassen oder

       bb) an in einem anderen als in einem Drittstaat ansässige Ausrüster, die die Voraussetzungen des § 510 Abs. 1 HGB erfüllen, überlassen oder

       cc) insgesamt nur vorübergehend an in einem Drittstaat ansässige Ausrüster, die die Voraussetzungen des § 510 Abs. 1 HGB erfüllen, überlassen

   worden sind, oder

   c) aus dem Ansatz des niedrigeren Teilwerts oder der Übertragung eines zu einem Betriebsvermögen gehörenden Wirtschaftsguts im Sinne der Buchstaben a und b,
7. a) aus dem Ansatz des niedrigeren Teilwerts, der Veräußerung oder Entnahme eines zu einem Betriebsvermögen gehörenden Anteils an

   b) aus der Auflösung oder Herabsetzung des Kapitals,

   c) in den Fällen des § 17 bei einem Anteil an

einer Körperschaft mit Sitz oder Geschäftsleitung in einem anderen Staat als einem Drittstaat, soweit die negativen Einkünfte auf einen der in den Nummern 1 bis 6 genannten Tatbestände zurückzuführen sind,

dürfen nur mit positiven Einkünften der jeweils selben Art und – mit Ausnahme der Fälle der Nummer 6 Buchstabe b – aus demselben Staat, in den Fällen der Nummer 7 auf Grund von Tatbeständen der jeweils selben Art aus demselben Staat, ausgeglichen werden; sie dürfen auch nicht nach § 10d abgezogen werden. ²Den negativen Einkünften sind Gewinnminderungen gleichgestellt. ³Soweit die negativen Einkünfte nicht nach Satz 1 ausgeglichen werden können, mindern sie die positiven Einkünfte der jeweils selben Art, die der Steuerpflichtige in den folgenden Veranlagungszeiträumen aus demselben Staat, in den Fällen der Nummer 7 auf Grund von Tatbeständen der jeweils selben Art aus demselben Staat, erzielt. ⁴Die Minderung ist nur insoweit zulässig, als die negativen Einkünfte in den vorangegangenen Veranlagungszeiträumen nicht berücksichtigt werden konnten (verbleibende negative Einkünfte). ⁵Die am Schluss eines Veranlagungszeitraums verbleibenden negativen Einkünfte sind gesondert festzustellen; § 10d Abs. 4 gilt sinngemäß.

(2) ¹Absatz 1 Satz 1 Nr. 2 ist nicht anzuwenden, wenn der Steuerpflichtige nachweist, dass die negativen Einkünfte aus einer gewerblichen Betriebsstätte in einem Drittstaat stammen, die

---

1) Wegen der Anwendung von § 2a siehe § 52 Abs. 2.

ausschließlich oder fast ausschließlich die Herstellung oder Lieferung von Waren, außer Waffen, die Gewinnung von Bodenschätzen sowie die Bewirkung gewerblicher Leistungen zum Gegenstand hat, soweit diese nicht in der Errichtung oder dem Betrieb von Anlagen, die dem Fremdenverkehr dienen, oder in der Vermietung oder der Verpachtung von Wirtschaftsgütern einschließlich der Überlassung von Rechten, Plänen, Mustern, Verfahren, Erfahrungen und Kenntnissen bestehen; das unmittelbare Halten einer Beteiligung von mindestens einem Viertel am Nennkapital einer Kapitalgesellschaft, die ausschließlich oder fast ausschließlich die vorgenannten Tätigkeiten zum Gegenstand hat, sowie die mit dem Halten der Beteiligung in Zusammenhang stehende Finanzierung gilt als Bewirkung gewerblicher Leistungen, wenn die Kapitalgesellschaft weder ihre Geschäftsleitung noch ihren Sitz im Inland hat. ²Absatz 1 Satz 1 Nr. 3 und 4 ist nicht anzuwenden, wenn der Steuerpflichtige nachweist, dass die in Satz 1 genannten Voraussetzungen bei der Körperschaft entweder seit ihrer Gründung oder während der letzten fünf Jahre vor und in dem Veranlagungszeitraum vorgelegen haben, in dem die negativen Einkünfte bezogen werden.

(2a) ¹Bei der Anwendung der Absätze 1 und 2 sind

1. als Drittstaaten die Staaten anzusehen, die nicht Mitgliedstaaten der Europäischen Union sind;

2. Drittstaaten-Körperschaften und Drittstaaten-Kapitalgesellschaften solche, die weder ihre Geschäftsleitung noch ihren Sitz in einem Mitgliedstaat der Europäischen Union haben.

²Bei Anwendung des Satzes 1 sind den Mitgliedstaaten der Europäischen Union die Staaten gleichgestellt, auf die das Abkommen über den Europäischen Wirtschaftsraum anwendbar ist, sofern zwischen der Bundesrepublik Deutschland und dem anderen Staat auf Grund der Amtshilferichtlinie gemäß § 2 Absatz 2 des EU-Amtshilfegesetzes oder einer vergleichbaren zwei- oder mehrseitigen Vereinbarung Auskünfte erteilt werden, die erforderlich sind, um die Besteuerung durchzuführen.

EStR und Hinweise
EStR 2012 zu § 2a EStG

R 2a Negative ausländische Einkünfte

Einkünfte derselben Art

(1) ¹Einkünfte der jeweils selben Art nach § 2a Abs. 1 EStG sind grundsätzlich alle unter einer Nummer aufgeführten Tatbestände, für die die Anwendung dieser Nummer nicht nach § 2a Abs. 2 EStG ausgeschlossen ist. ²Die Nummern 3 und 4 sind zusammenzufassen. ³Negative Einkünfte nach Nummer 7, die mittelbar auf einen bei der inländischen Körperschaft verwirklichten Tatbestand der Nummern 1 bis 6 zurückzuführen sind, dürfen beim Anteilseigner mit positiven Einkünften der Nummer 7 ausgeglichen werden, wenn die Einkünfte auf Tatbestände derselben Nummer oder im Fall der Nummern 3 und 4 dieser beiden Nummern zurückzuführen sind. ⁴Einkünfte der Nummer 7 sind auch mit Einkünften nach der jeweiligen Nummer auszugleichen, auf deren Tatbestände die Einkünfte der Nummer 7 zurückzuführen sind. ⁵Positive Einkünfte aus einem Staat können nicht mit negativen Einkünften derselben Art aus demselben Staat aus vorhergehenden Veranlagungszeiträumen ausgeglichen werden, wenn hinsichtlich der positiven Einkünfte eine im DBA vorgesehene Rückfallklausel eingreift und die positiven Einkünfte deshalb als Besteuerungsgrundlage zu erfassen sind.

Betriebsstättenprinzip

(2) ¹Für jede ausländische Betriebsstätte ist gesondert zu prüfen, ob negative Einkünfte vorliegen. ²Negative Einkünfte aus einer nicht aktiven gewerblichen Betriebsstätte dürfen nicht mit positiven Einkünften aus einer aktiven gewerblichen Betriebsstätte ausgeglichen werden.

Prüfung der Aktivitätsklausel

(3) ¹Ob eine gewerbliche Betriebsstätte ausschließlich oder fast ausschließlich eine aktive Tätigkeit nach § 2a Abs. 2 EStG zum Gegenstand hat, ist für jedes Wirtschaftsjahr gesondert zu prüfen. ²Maßgebend ist hierfür das Verhältnis der Bruttoerträge. ³Soweit es sich um Verluste zu Beginn bzw. am Ende einer Tätigkeit handelt, ist nach der funktionalen Betrachtungsweise festzustellen, ob diese Verluste im Hinblick auf die aufzunehmende oder anlaufende aktive Tätigkeit entstanden oder nach Ende der Tätigkeit durch diese verursacht worden sind.

§ 2a

Gesamtrechtsnachfolge

(4) Soweit im Rahmen des UmwStG[1)] ein Verlust im Sinne des § 10d Abs. 4 Satz 2 EStG übergeht, geht auch die Verpflichtung zur Nachversteuerung nach § 52 Abs. 3 Satz 5, 6 und 8 EStG über.

Umwandlung

(5) Umwandlung im Sinne des § 52 Abs. 3 Satz 8 EStG ist nicht nur eine solche nach dem Umwandlungsgesetz oder im Sinne des Umwandlungssteuergesetzes[2)], d. h. eine Einbringung der ausländischen Betriebsstätte in eine Kapitalgesellschaft gegen Gewährung von Gesellschaftsrechten, vielmehr jede Form des „Aufgehens" der Betriebsstätte in eine Kapitalgesellschaft.

Verlustausgleich

(6) Negative und positive Einkünfte nach § 2a Abs. 1 EStG sind in der Weise miteinander auszugleichen, dass die positiven und ggf. tarifbegünstigten Einkünfte um die negativen Einkünfte der jeweils selben Art und aus demselben Staat, in den Fällen des § 2a Abs. 1 Satz 1 Nr. 6 Buchstabe b derselben Art, zu vermindern ist.

Zusammenveranlagung

(7) Bei zusammenveranlagten Ehegatten sind negative Einkünfte nach § 2a Abs. 1 EStG des einen Ehegatten mit positiven Einkünften des anderen Ehegatten der jeweils selben Art und aus demselben Staat, in den Fällen des § 2a Abs. 1 Satz 1 Nr. 6 Buchstabe b derselben Art, auszugleichen oder zu verrechnen, soweit sie nicht mit eigenen positiven Einkünften ausgeglichen oder verrechnet werden können.

Anwendung von § 3 Nr. 40, § 3c EStG

(8) Die Verrechnung von negativen Einkünften nach § 2a Abs. 1 EStG mit positiven Einkünften der jeweils selben Art und aus demselben Staat, in den Fällen des § 2a Abs. 1 Satz 1 Nr. 6 Buchstabe b derselben Art, erfolgt jeweils nach Anwendung des § 3 Nr. 40 und des § 3c EStG.

Hinweise

H 2a Allgemeines

§ 2a Abs. 1 EStG schränkt für die dort abschließend aufgeführten Einkünfte aus Quellen in Drittstaaten den Verlustausgleich und Verlustabzug ein. Hiervon ausgenommen sind nach § 2a Abs. 2 EStG insbesondere negative Einkünfte aus einer gewerblichen Betriebsstätte in einem Drittstaat, die die dort genannten Aktivitätsvoraussetzungen erfüllt. Der eingeschränkte Verlustausgleich bedeutet, dass die negativen Einkünfte nur mit positiven Einkünften derselben Art (→ R 2a) und aus demselben Staat ausgeglichen werden dürfen. Darüber hinaus dürfen sie in den folgenden VZ mit positiven Einkünften derselben Art und aus demselben Staat verrechnet werden. Die in einem VZ nicht ausgeglichenen oder verrechneten negativen Einkünfte sind zum Schluss des VZ gesondert festzustellen. Die Regelungen in § 2a Abs. 1 und 2 EStG wirken sich bei negativen Einkünften aus Drittstaaten, mit denen kein DBA besteht oder mit denen ein DBA besteht, nach dem die Einkünfte von der deutschen Besteuerung nicht freigestellt sind, unmittelbar auf die Besteuerungsgrundlage aus. Bei nach DBA steuerfreien Einkünften wirkt sich § 2a Abs. 1 und 2 EStG im Rahmen des Progressionsvorbehalts auf den Steuersatz aus (→ H 32b und → BFH vom 17.11.1999 – BStBl. 2000 II S. 605).

Demgegenüber ermöglicht § 2a Absatz 3 EStG in der bis einschließlich VZ 1998 geltenden Fassung (Bekanntmachung vom 16.4.1997 – BGBl. I S. 821, nachfolgend: EStG a. F.) auf Antrag den Verlustausgleich und Verlustabzug für Verluste aus gewerblichen Betriebsstätten in einem ausländischen Staat, mit dem ein DBA besteht, wenn die Einkünfte nach dem DBA in Deutschland steuerbefreit und die Aktivitätsvoraussetzungen des § 2a Abs. 2 EStG a. F. erfüllt sind. Fallen in einem späteren VZ insgesamt positive gewerbliche Einkünfte aus diesem Staat an, ist eine → Nachversteuerung durchzuführen. In diesem Fall ist ein Betrag bis zur Höhe des abgezogenen Verlustes bei der Ermittlung des Gesamtbetrags der Einkünfte hinzuzurechnen. (§ 52 Abs. 3 EStG i.v.m. § 2a Abs. 3 Satz 3 bis 6 EStG a. F.).

Beteiligungen an inländischen Körperschaften mit Auslandsbezug (§ 2a Abs. 1 Satz 1 Nr. 7 EStG)

Beispiel 1 *(Einkünfte nur nach § 2a Abs. 1 Satz 1 Nr. 7 EStG):*

Der Steuerpflichtige hält im Betriebsvermögen eine Beteiligung an der inländischen Kapitalgesellschaft A, die eine nicht aktive gewerbliche Betriebsstätte im Staat X (kein EU-/EWR-Staat) hat. Außerdem hat er im Privatvermögen eine Beteiligung an der inländischen Kapitalgesell-

---

1) Siehe Anhang 4.
2) Siehe Anhang 4.

schaft B, die ebenfalls über eine nicht aktive gewerbliche Betriebsstätte im Staat X verfügt. Während die A in den Jahren 01 bis 03 in ihrer ausländischen Betriebsstätte Verluste erleidet, erzielt die B in diesem Zeitraum Gewinne. Im Jahr 02 nimmt der Steuerpflichtige eine Teilwertabschreibung auf die Beteiligung an der A vor. Im Jahr 03 veräußert der Steuerpflichtige die Beteiligung an der B und erzielt hieraus einen Veräußerungsgewinn nach § 17 EStG.

Die Gewinnminderung aufgrund der Teilwertabschreibung in 02 erfüllt einen Tatbestand des § 2a Abs. 1 Satz 1 Nr. 7 (hier Buchstabe a) i. V. m. Nr. 2 EStG.

Die Veräußerung der Beteiligung an der B in 03 erfüllt einen Tatbestand des § 2a Abs. 1 Satz 1 Nr. 7 (hier Buchstabe c) i. V. m. Nr. 2 EStG. Die negativen Einkünfte aus der Teilwertabschreibung in 02 sind daher in 03 mit dem Veräußerungsgewinn zu verrechnen.

Beispiel 2 *(Einkünfte nach § 2a Abs. 1 Satz 1 Nr. 7 und Nr. 1 bis 6 EStG):*

Der Steuerpflichtige hat eine nicht aktive gewerbliche Betriebsstätte im Staat X und eine Beteiligung an einer inländischen Kapitalgesellschaft A, die in X ebenfalls eine nicht aktive gewerbliche Betriebsstätte unterhält. Während der Steuerpflichtige mit seiner ausländischen Betriebsstätte Gewinne erzielt, erleidet die ausländische Betriebsstätte der A Verluste. Der Steuerpflichtige veräußert die Beteiligung an der A mit Verlust.

Die negativen Einkünfte aus der Veräußerung der Beteiligung erfüllen einen Tatbestand des § 2a Abs. 1 Satz 1 Nr. 7 (Buchstabe a oder c) i. V. m. Nr. 2 EStG. Sie sind mit den positiven Einkünften aus der eigengewerblichen ausländischen Betriebsstätte auszugleichen, da diese Betriebsstätte den Tatbestand des § 2a Abs. 1 Satz 1 Nr. 2 EStG erfüllt.

Betriebsstätte
→ *§ 12 AO*

Einkünfteermittlung
Die Einkünfte sind unabhängig von der Einkünfteermittlung im Drittstaat nach den Vorschriften des deutschen Einkommensteuerrechts zu ermitteln. Dabei sind alle Betriebsausgaben oder Werbungskosten zu berücksichtigen, die mit den im Drittstaat erzielten Einnahmen in wirtschaftlichem Zusammenhang stehen.

Einkunftsart i. S. des § 2a Abs. 1 EStG

– *Welche Einkunftsart i S. des § 2a Abs. 1 EStG vorliegt, richtet sich nur nach den im Drittstaat gegebenen Merkmalen (sog. isolierende Betrachtungsweise;* → *BFH vom 21.8.1990 – BStBl. 1991 II S. 126).*

– *Eine nach deutschem Steuerrecht gebotene Umqualifizierung durch § 8 Abs. 2 KStG ist ohne Bedeutung (*→ *BFH vom 31.3.2004 – BStBl. 2004 II S. 742).*

Nachversteuerung

– *Allgemeines*

§ 2a Abs. 3 EStG in der bis einschließlich VZ 1998 geltenden Fassung (Bekanntmachung vom 16.4.1997 – BGBl. I S. 821, nachfolgend EStG a. F.) ermöglichte auf Antrag den Verlustausgleich und Verlustabzug für Verluste aus gewerblichen Betriebsstätten in einem ausländischen Staat, mit dem ein DBA besteht, wenn die Einkünfte nach dem DBA in Deutschland steuerbefreit und die Aktivitätsvoraussetzungen des § 2a Abs. 2 EStG a. F. erfüllt sind.

 § 2a Abs. 3 und 4 i.d.F. der Bekanntmachung vom 16.4.1997 (BGBl. I S. 821) lautete:

 „ (3) ¹Sind nach einem Abkommen zur Vermeidung der Doppelbesteuerung bei einem unbeschränkt Steuerpflichtigen aus einer in einem ausländischen Staat belegenen Betriebsstätte stammende Einkünfte aus gewerblicher Tätigkeit von der Einkommensteuer zu befreien, so ist auf Antrag des Steuerpflichtigen ein Verlust, der sich nach den Vorschriften des inländischen Steuerrechts bei diesen Einkünften ergibt, bei der Ermittlung des Gesamtbetrags der Einkünfte abzuziehen, soweit er vom Steuerpflichtigen ausgeglichen oder abgezogen werden könnte, wenn die Einkünfte nicht von der Einkommensteuer zu befreien wären, und soweit er nach diesem Abkommen zu befreiende positive Einkünfte aus gewerblicher Tätigkeit aus anderen in diesem ausländischen Staat belegenen Betriebsstätten übersteigt. ²Soweit der Verlust dabei nicht ausgeglichen wird, ist bei Vorliegen der Voraussetzungen des § 10d der Verlustabzug zulässig. ³Der nach den Sätzen 1 und 2 abgezogene Betrag ist, soweit sich in einem der folgenden Veranlagungszeiträume bei den nach diesem Abkommen zu befreienden Einkünften aus gewerblicher Tätigkeit aus in diesem ausländischen Staat belegenen Betriebsstätten insgesamt ein positiver Betrag ergibt, in dem betreffenden Veranlagungszeitraum bei der Ermittlung des Gesamtbetrags der Einkünfte wieder hinzuzurechnen. ⁴Satz 3 ist nicht

§ 2a

anzuwenden, wenn der Steuerpflichtige nachweist, daß nach den für ihn geltenden Vorschriften des ausländischen Staates ein Abzug von Verlusten in anderen Jahren als dem Verlustjahr allgemein nicht beansprucht werden kann. ⁵Der am Schluß eines Veranlagungszeitraums nach den Sätzen 3 und 4 der Hinzurechnung unterliegende und noch nicht hinzugerechnete (verbleibende) Betrag ist gesondert festzustellen; § 10d Abs. 3 gilt entsprechend. 6)In die gesonderte Feststellung nach Satz 5 einzubeziehen ist der nach § 2 Abs. 1 Satz 3 und 4 des Gesetzes über steuerliche Maßnahmen bei Auslandsinvestitionen der deutschen Wirtschaft vom 18. August 1969 (BGBl. I S. 1214), das zuletzt durch Artikel 8 des Gesetzes vom 25. Juli 1988 (BGBl. I S. 1093) geändert worden ist, der Hinzurechnung unterliegende und noch nicht hinzugerechnete Betrag."

Fallen in einem späteren VZ insgesamt positive gewerbliche Einkünfte aus diesem Staat an, ist eine Nachversteuerung durchzuführen. In diesem Fall ist ein Betrag bis zur Höhe des abgezogenen Verlustes bei der Ermittlung des G. d. E. hinzuzurechnen (§ 52 Abs. 3 EStG i. V. m. § 2a Abs. 3 Satz 3 bis 6 EStG a. F.).

Der nach § 2a Abs. 3 Satz 1 und 2 EStG a. F. abgezogene Betrag ist, soweit sich in einem der folgenden VZ bei den nach diesem Abkommen zu befreienden Einkünften aus gewerblicher Tätigkeit aus in diesem ausländischen Staat belegene Betriebsstätten insgesamt ein positiver Betrag ergibt, in dem betreffenden VZ bei der Ermittlung des G. d. E. wieder hinzuzurechnen (§ 2a Abs. 3 Satz 3 EStG a. F.). § 2a Abs. 3 Satz 3 EStG a. F. ist auch dann anzuwenden, wenn nach den Vorschriften des ausländischen Staates ein Abzug von Verlusten in anderen Jahren als dem Verlustjahr allgemein nicht beansprucht werden kann (→ § 52 Abs. 3 Satz 3 EStG). Der am Schluss eines VZ nach den § 2a Abs. 3 Satz 3 und 4 EStG a. F. der Hinzurechnung unterliegende und noch nicht hinzugerechnete (verbleibende) Betrag ist gesondert festzustellen; § 10d Abs. 4 EStG gilt entsprechend. In die gesonderte Feststellung nach Satz 5 einzubeziehen ist der nach § 2 Abs. 1 Satz 3 und 4 AIG der Hinzurechnung unterliegende und noch nicht hinzugerechnete Betrag.

→ § 52 Abs. 3 Satz 5 EStG

Eine Nachversteuerung kommt nach § 52 Abs. 3 Satz 5 i. V. m. Satz 8 außerdem in Betracht, soweit eine in einem ausländischen Staat belegene Betriebsstätte

– in eine Kapitalgesellschaft umgewandelt,
– übertragen oder
– aufgegeben

wird. Eine Nachversteuerung kommt letztmals im VZ 2008 in Betracht (§ 52 Abs. 3 Satz 3 EStG). Die Nachversteuerung erfolgt in diesen Fällen auf folgender Rechtsgrundlage:

Wird eine in einem ausländischen Staat belegene Betriebsstätte

1. in eine Kapitalgesellschaft umgewandelt oder
2. entgeltlich oder unentgeltlich übertragen oder
3. aufgegeben, jedoch die ursprünglich von der Betriebsstätte ausgeübte Geschäftstätigkeit ganz oder teilweise von einer Gesellschaft, an der der inländische Stpfl. zu mindestens 10 % unmittelbar oder mittelbar beteiligt ist, oder von einer ihm nahestehenden Person i. S. d. § 1 Abs. 2 AStG fortgeführt,

ist ein nach § 2a Abs. 3 Satz 1 und 2 EStG a. F. abgezogener Verlust, soweit er nach § 2a Abs. 3 Satz 3 EStG a. F. nicht wieder hinzugerechnet worden ist oder nicht noch hinzuzurechnen ist, im VZ der Umwandlung, Übertragung oder Aufgabe in entsprechender Anwendung des § 2a Abs. 3 Satz 3 EStG a. F. den G. d. E. hinzuzurechnen. Dies gilt entsprechend bei Beendigung der unbeschränkten Einkommensteuerpflicht durch Aufgabe des Wohnsitzes oder des gewöhnlichen Aufenthalts sowie bei Beendigung der Ansässigkeit im Inland auf Grund der Bestimmungen eines DBA.

→ § 52 Abs. 3 Satz 8 EStG

Einzelfragen

– Nachversteuerung auch, wenn sich Verluste nur auf Grund deutscher Gewinnermittlungsvorschriften ergeben haben; dies Gleiches gilt, wenn in dem ausländischen Staat wegen vorgeschriebener pauschalierter Gewinnermittlung keine Verluste ausgewiesen werden können (→ BMF vom 5.2.1979 – BStBl. I S. 117).

– In Veräußerungsfällen ist bei der Hinzurechnung weder der Freibetrag nach § 16 Abs. 4 EStG noch die Tarifermäßigung nach § 34 EStG zu gewähren (→ BFH vom 16.11.1989 – BStBl. 1990 II S. 204).

- *Nachversteuerung auch hinsichtlich der Verluste, die vor 1982 abgezogen worden sind (→ BFH vom 20.9.1989 – BStBl. 1990 II S. 112).*
- *Wird eine Personengesellschaft im Ausland als juristische Person besteuert, steht dies der Anwendung des § 52 Abs. 3 Satz 3 EStG i. V. m. § 2a Abs. 3 Satz 3, 5 und 6 EStG i. d. F. der Bekanntmachung vom 16.4.1997 (BGBl.I S. 821) nicht entgegen (→ BFH vom 16.11.1989 – BStBl. 1990 II S. 204).*
- *Die Entscheidung, ob und in welcher Weise sich positive gewerbliche Einkünfte i. S. d. § 52 Abs. 3 Satz 3 EStG i. V.M. § 2a Abs. 3 Satz 3, 5 und 6 EStG a. F. auswirken, ist im Veranlagungsverfahren zu treffen. Im Rahmen eines evtl. Feststellungsverfahrens hat das Betriebsstättenfinanzamt lediglich sämtliche tatsächlichen und rechtlichen Voraussetzungen festzustellen (→ BFH vom 21.8.1990 – BStBl. 1991 II S. 126).*

Prüfung der Aktivitätsklausel
- *Sowohl der Handel mit Grundstücken als auch derjenige mit Rechten fallen nicht unter den Begriff „Lieferung von Waren" i. S. d. § 2a Abs. 2 EStG (→ BFH vom 18.7.2001 – BStBl. 2003 II S. 48).*
- *Der Handel mit Jagd- und Sportmunition ist keine Lieferung von Waffen i. S. d. § 2a Abs. 2 EStG (→ BFH vom 30.4.2003 – BStBl. II S. 918).*
- *Auf einem Datenträger verkörperte Standardsoftware ist „Ware" i. S. d. § 2a Abs. 2 EStG (→ BFH vom 28.10.2008 – BStBl. 2009 II S. 527).*

Verlustabzug in Erbfällen
- *negative ausländische Einkünfte i. S. d. § 2a Abs. 1 EStG → R 10dAbs. 9 Satz 9*
- *Nachversteuerung gem. § 2a Abs. 3 EStG a. F. → R10d Abs. 9 Satz 13*
- *Hinzurechnung bei Verlusten nach § 2 AIG → R 10d Abs. 9 Satz 14*

Verluste bei beschränkter Haftung (§ 15a EStG)
- → *R 15a Abs. 5*

Verluste aus VZ vor 1992

Negative ausländische Einkünfte, die in den VZ 1985 – 1991 entstanden und bis zum VZ 1991 einschließlich nicht ausgeglichen worden sind, sind in die VZ ab 1992 zeitlich unbegrenzt vorzutragen (→ BFH vom 30.6.2005 – BStBl. II S. 641).

Waffen

Der Handel mit Jagd- und Sportmunition ist keine Lieferung von Waffen im Sinne des § 2a Abs. 2 EStG (→ BFH vom 30.4.2003 – BStBl. II S. 918).

§ 2b

§ 2b Negative Einkünfte aus der Beteiligung an Verlustzuweisungsgesellschaften und ähnlichen Modellen

(weggefallen)

2. Steuerfreie Einnahmen

§ 3 Steuerbefreiungen

EStR 2012 zu § 3 EStG

EStR und Hinweise

R 3.0 Steuerbefreiungen nach anderen Gesetzen, Verordnungen und Verträgen

[1]Gesetze und Verordnungen, die die Deckung des Landbedarfs der öffentlichen Hand regeln, bestimmen zum Teil, dass Geschäfte und Verhandlungen, die der Durchführung der Landbeschaffung und der Landentschädigung dienen, von allen Gebühren und Steuern des Bundes, der Länder und der sonstigen öffentlichen Körperschaften befreit sind. [2]Die Befreiung erstreckt sich nicht auf die Einkommensteuer für Gewinne aus diesen Rechtsgeschäften.

Hinweise

H 3.0 Steuerbefreiungen auf Grund zwischenstaatlicher Vereinbarungen
→ *Anlage zum BMF-Schreiben vom 18.3.2013 (BStBl. I S. 404)*

Steuerbefreiungen nach anderen Gesetzen, Verordnungen und Verträgen

– *Unterschiedsbeträge nach § 17 Abs. 1 Arbeitssicherstellungsgesetz;*
– *Leistungen nach Abschnitt 2 des Conterganstiftungsgesetzes (§ 17).*

§ 3 EStG Steuerfrei sind

1. a) Leistungen aus einer Krankenversicherung, aus einer Pflegeversicherung und aus der gesetzlichen Unfallversicherung,

   b) Sachleistungen und Kinderzuschüsse aus den gesetzlichen Rentenversicherungen einschließlich der Sachleistungen nach dem Gesetz über die Alterssicherung der Landwirte,

   c) Übergangsgeld nach dem Sechsten Buch Sozialgesetzbuch und Geldleistungen nach den §§ 10, 36 bis 39 des Gesetzes über die Alterssicherung der Landwirte,

   d) das Mutterschaftsgeld nach dem Mutterschutzgesetz, der Reichsversicherungsordnung und dem Gesetz über die Krankenversicherung der Landwirte, die Sonderunterstützung für im Familienhaushalt beschäftigte Frauen, der Zuschuss zum Mutterschaftsgeld nach dem Mutterschutzgesetz sowie Zuschuss bei Beschäftigungsverboten für die Zeit vor oder nach einer Entbindung sowie für den Entbindungstag während einer Elternzeit nach beamtenrechtlichen Vorshriften;

EStR 2012 zu § 3 Nr. 1 EStG

Hinweise

H 3.1 Allgemeines

– *Leistungen aus der gesetzlichen Kranken- und Unfallversicherung sind Bar- und Sachleistungen (→ §§ 21-22 SGB I).*
– *Zur Rechtsnachfolge bei diesen Leistungen (→ §§ 56-59 SGB I).*

Krankenversicherung

Steuerfrei sind auch Leistungen aus einer ausländischen Krankenversicherung (→ BFH vom 26.5.1998 – BStBl. II S. 581).

Unfallversicherung

Die Steuerfreiheit kann auch für Leistungen aus einer ausländischen gesetzlichen Unfallversicherung in Betracht kommen (→ BFH vom 7.8.1959 – BStBl. III S. 462).

§ 3

R 3.2

§ 3 EStG Steuerfrei sind

...

2. das Arbeitslosengeld, das Teilarbeitslosengeld, das Kurzarbeitergeld, das Winterausfallgeld, die Arbeitslosenhilfe, der Zuschuss zum Arbeitsentgelt, das Übergangsgeld, das Unterhaltsgeld, die Eingliederungshilfe, das Überbrückungsgeld, der Gründungszuschuss, der Existenzgründungszuschuss nach dem Dritten Buch Sozialgesetzbuch oder dem Arbeitsförderungsgesetz sowie das aus dem Europäischen Sozialfonds finanzierte Unterhaltsgeld und die aus Landesmitteln ergänzten Leistungen aus dem Europäischen Sozialfonds zur Aufstockung des Überbrückungsgeldes nach dem Dritten Buch Sozialgesetzbuch oder dem Arbeitsförderungsgesetz und die übrigen Leistungen nach dem Dritten Buch Sozialgesetzbuch oder dem Arbeitsförderungsgesetz und den entsprechenden Programmen des Bundes und der Länder, soweit sie Arbeitnehmern oder Arbeitsuchenden oder zur Förderung der Ausbildung oder Fortbildung der Empfänger gewährt werden, sowie Leistungen auf Grund der in § 141m Abs. 1 und § 141n Abs. 2 des Arbeitsförderungsgesetzes oder § 169 und § 175 Absatz 2 des Dritten Buches Sozialgesetzbuch genannten Ansprüche, Leistungen auf Grund der in § 115 Abs. 1 des Zehnten Buches Sozialgesetzbuch in Verbindung mit § 117 Abs. 4 Satz 1 oder § 134 Abs. 4, § 160 Abs. 1 Satz 1 und § 166a des Arbeitsförderungsgesetzes oder in Verbindung mit § 157 Abs. 3 oder § 198 Satz 2 Nr. 6, § 335 Abs. 3 des Dritten Buches Sozialgesetzbuch genannten Ansprüche, wenn über das Vermögen des ehemaligen Arbeitgebers des Arbeitslosen das Konkursverfahren, Gesamtvollstreckungsverfahren oder Insolvenzverfahren eröffnet worden ist oder einer der Fälle des § 141b Abs. 3 des Arbeitsförderungsgesetzes oder des § 165 Abs. 1 Nr. 2 oder 3 des Dritten Buches Sozialgesetzbuch vorliegt, und der Altersübergangsgeld-Ausgleichsbetrag nach § 249e Abs. 4a des Arbeitsförderungsgesetzes in der bis zum 31. Dezember 1997 geltenden Fassung;

EStR 2012 zu § 3 Nr. 2 EStG

R 3.2
[1]Aus dem Ausland bezogenes Arbeitslosengeld gehört nicht zu den nach § 3 Nr. 2 EStG steuerfreien Leistungen. [2]Es handelt sich dabei um wiederkehrende Bezüge i. S. d. § 22 Nr. 1 EStG, die ggf. nach dem DBA mit einem ausländischen Staat steuerfrei sein können.

Hinweise

H 3.2 Existenzgründerzuschuss
> *Zuschüsse zur Förderung von Existenzgründern aus Mitteln des Europäischen Sozialfonds und aus Landesmitteln sind nicht steuerfrei, wenn sie nicht der Aufstockung des Überbrückungsgeldes nach dem SGB III dienen (→ BFH vom 26.6.2002 – BStBl. II S. 697).*
> **Leistungen nach dem SGB III**
> → *R 3.2 LStR 2013*

§ 3 EStG Steuerfrei sind

...

2a. die Arbeitslosenbeihilfe und die Arbeitslosenhilfe nach dem Soldatenversorgungsgesetz;

2b. Leistungen zur Sicherung des Lebensunterhalts und zur Eingliederung in Arbeit nach dem Zweiten Buch Sozialgesetzbuch;

3. a) Rentenabfindungen nach § 107 des Sechsten Buches Sozialgesetzbuch, nach § 21 des Beamtenversorgungsgesetzes oder entsprechendem Landesrecht und nach § 43 des Soldatenversorgungsgesetzes in Verbindung mit § 21 des Beamtenversorgungsgesetzes,

   b) Beitragserstattungen an den Versicherten nach den §§ 210 und 286d des Sechsten Buches Sozialgesetzbuch sowie nach den §§ 204, 205 und 207 des Sechsten Buches Sozialgesetzbuch, Beitragserstattungen nach den §§ 75 und 117 des Gesetzes über die Alterssicherung der Landwirte und nach § 26 des Vierten Buches Sozialgesetzbuch,

    c) Leistungen aus berufsständischen Versorgungseinrichtungen, die den Leistungen nach den Buchstaben a und b entsprechen,

    d) Kapitalabfindungen und Ausgleichszahlungen nach § 48 des Beamtenversorgungsgesetzes oder entsprechendem Landesrecht und nach den §§ 28 bis 35 und 38 des Soldatenversorgungsgesetzes;

4. bei Angehörigen der Bundeswehr, der Bundespolizei, des Zollfahndungsdienstes, der Bereitschaftspolizei der Länder, der Vollzugspolizei und der Berufsfeuerwehr der Länder und Gemeinden und bei Vollzugsbeamten der Kriminalpolizei des Bundes, der Länder und Gemeinden

    a) der Geldwert der ihnen aus Dienstbeständen überlassenen Dienstkleidung,

    b) Einkleidungsbeihilfen und Abnutzungsentschädigungen für die Dienstkleidung der zum Tragen oder Bereithalten von Dienstkleidung Verpflichteten und für dienstlich notwendige Kleidungsstücke der Vollzugsbeamten der Kriminalpolizei und der Zollfahndungsbeamten,

    c) im Einsatz gewährte Verpflegung oder Verpflegungszuschüsse,

    d) der Geldwert der aufgrund gesetzlicher Vorschriften gewährten Heilfürsorge;

5. a) die Geld- und Sachbezüge, die Wehrpflichtige während des Wehrdienstes nach § 4 des Wehrpflichtgesetzes erhalten,

    b) die Geld- und Sachbezüge, die Zivildienst leistende nach § 35 des Zivildienstgesetzes erhalten,

    c) der nach § 2 Absatz 1 des Wehrsoldgesetzes an Soldaten im Sinne des § 1 Absatz 1 des Wehrsoldgesetzes gezahlte Wehrsold,

    d) die an Reservistinnen und Reservisten der Bundeswehr im Sinne des § 1 des Reservistinnen- und Reservistengesetzes nach dem Wehrsoldgesetz gezahlten Bezüge,

    e) die Heilfürsorge, die Soldaten nach § 6 des Wehrsoldgesetzes und Zivildienstleistende nach § 35 des Zivildienstgesetzes erhalten,

    f) das an Personen, die einen in § 32 Absatz 4 Satz 1 Nummer 2 Buchstabe d genannten Freiwilligendienst leisten, gezahlte Taschengeld oder eine vergleichbare Geldleistung;

Hinweise

H 3.5   Geld- und Sachbezüge an Wehrpflichtige und Zivildienstleistende
    → *R 3.5 LStR 2013*

§ 3 EStG Steuerfrei sind

...

6. [1]Bezüge, die auf Grund gesetzlicher Vorschriften aus öffentlichen Mitteln versorgungshalber an Wehrdienstbeschädigte, im Freiwilligen Wehrdienst Beschädigte, Zivildienstbeschädigte und im Bundesfreiwilligendienst Beschädigte oder ihre Hinterbliebenen, Kriegsbeschädigte, Kriegshinterbliebene und ihnen gleichgestellte Personen gezahlt werden, soweit es sich nicht um Bezüge handelt, die auf Grund der Dienstzeit gewährt werden. [2]Gleichgestellte im Sinne des Satzes 1 sind auch Personen, die Anspruch auf Leistungen nach dem Bundesversorgungsgesetz oder auf Unfallfürsorgeleistungen nach dem Soldatenversorgungsgesetz, Beamtenversorgungsgesetz oder vergleichbarem Landesrecht haben;[1)]

---

1) Inkrafttreten: 31.7.2014 (Art. 28 Kroatienanpassungsgesetz vom 25.7.2014, BGBl. I S. 1266).

§ 3 — R 3.6, 3.7, 3.8

Hinweise

H 3.6 Bezüge aus EU-Mitgliedstaaten

§ 3 Nr. 6 EStG ist auch auf Bezüge von Kriegsbeschädigten und gleichgestellten Personen anzuwenden, die aus öffentlichen Mitteln anderer EU-Mitgliedstaaten gezahlt werden (→ BFH vom 22.1.1997 – BStBl. II S. 358).

Gesetzliche Bezüge der Wehr- und Zivildienstbeschädigten, Kriegsbeschädigten, ihrer Hinterbliebenen und der ihnen gleichgestellten Personen

→ R 3.6 LStR 2013

§ 3 EStG Steuerfrei sind

...

7. Ausgleichsleistungen nach dem Lastenausgleichsgesetz, Leistungen nach dem Flüchtlingshilfegesetz, dem Bundesvertriebenengesetz, dem Reparationsschädengesetz, dem Vertriebenenzuwendungsgesetz, dem NS-Verfolgtenentschädigungsgesetz sowie Leistungen nach dem Entschädigungsgesetz und nach dem Ausgleichsleistungsgesetz, soweit sie nicht Kapitalerträge im Sinne des § 20 Abs. 1 Nr. 7 und Abs. 2 sind;

Hinweise

H 3.7 Allgemeines

Steuerfrei sind insbesondere folgende Leistungen, soweit sie nicht in Form zurückzahlbarer Darlehen, z. B. Eingliederungsdarlehen gewährt werden:

Flüchtlingshilfegesetz (FlüHG)
– laufende Beihilfe – Beihilfe zum Lebensunterhalt;
– besondere laufende Beihilfe (§§ 10 bis 16a FlüHG);

Lastenausgleichsgesetz (LAG)
– Hauptentschädigung – einschließlich des Zinszuschlags – im Sinne des § 250 Abs. 3 und des § 252 Abs. 2 LAG – (§§ 243 bis 252, 258 LAG);
– Kriegsschadenrente – Unterhaltshilfe und Entschädigungsrente – (§§ 261 bis 292 LAG);
– Hausratentschädigungen (§§ 293 bis 297 LAG), Leistungen aus dem Härtefonds (§§ 301, 301a, 301b LAG);
– Leistungen auf Grund sonstiger Förderungsmaßnahmen (§ 302 LAG)

§ 3 EStG Steuerfrei sind

...

8. ¹Geldrenten, Kapitalentschädigungen und Leistungen im Heilverfahren, die auf Grund gesetzlicher Vorschriften zur Wiedergutmachung nationalsozialistischen Unrechts gewährt werden. ²Die Steuerpflicht von Bezügen aus einem aus Wiedergutmachungsgründen neu begründeten oder wieder begründeten Dienstverhältnis sowie von Bezügen aus einem früheren Dienstverhältnis, die aus Wiedergutmachungsgründen neu gewährt oder wieder gewährt werden, bleibt unberührt;

Hinweise

H 3.8 Wiedergutmachungsleistungen
→ Bundesentschädigungsgesetz
→ Bundesgesetz zur Wiedergutmachung nationalsozialistischen Unrechts in der Kriegsopferversorgung
→ Bundesgesetz zur Wiedergutmachung nationalsozialistischen Unrechts in der Kriegsopferversorgung für Berechtigte im Ausland
→ Entschädigungsrentengesetz
→ Wiedergutmachungsrecht der Länder

§ 3 EStG Steuerfrei sind

...

8a. Renten wegen Alters und Renten wegen verminderter Erwerbsfähigkeit aus der gesetzlichen Rentenversicherung, die an Verfolgte im Sinne des § 1 des Bundesentschädigungsgesetzes gezahlt werden, wenn rentenrechtliche Zeiten auf Grund der Verfolgung in der Rente enthalten sind. ²Renten wegen Todes aus der gesetzlichen Rentenversicherung, wenn der verstorbene Versicherte Verfolgter im Sinne des § 1 des Bundesentschädigungsgesetzes war und wenn rentenrechtliche Zeiten auf Grund der Verfolgung in dieser Rente enthalten sind;

9. Erstattungen nach § 23 Abs. 2 Satz 1 Nr. 3 und 4 sowie nach § 39 Abs. 4 Satz 2 des Achten Buches Sozialgesetzbuch;

10. ¹Einnahmen einer Gastfamilie für die Aufnahme eines behinderten oder von Behinderung bedrohten Menschen nach § 2 Abs. 1 des Neunten Buches Sozialgesetzbuch zur Pflege, Betreuung, Unterbringung und Verpflegung, die auf Leistungen eines Leistungsträgers nach dem Sozialgesetzbuch beruhen.²Für Einnahmen im Sinne des Satzes 1, die nicht auf Leistungen eines Leistungsträgers nach dem Sozialgesetzbuch beruhen, gilt Entsprechendes bis zur Höhe der Leistungen nach dem Zwölften Buch Sozialgesetzbuch. ³Überschreiten die auf Grund der in Satz 1 bezeichneten Tätigkeit bezogenen Einnahmen der Gastfamilie den steuerfreien Betrag, dürfen die mit der Tätigkeit in unmittelbarem wirtschaftlichen Zusammenhang stehenden Ausgaben abweichend von § 3c nur insoweit als Betriebsausgaben abgezogen werden, als sie den Betrag der steuerfreien Einnahmen übersteigen;

11. ¹Bezüge aus öffentlichen Mitteln oder aus Mitteln einer öffentlichen Stiftung, die wegen Hilfsbedürftigkeit oder als Beihilfe zu dem Zweck bewilligt werden, die Erziehung oder Ausbildung, die Wissenschaft oder Kunst unmittelbar zu fördern. ²Darunter fallen nicht Kinderzuschläge und Kinderbeihilfen, die auf Grund der Besoldungsgesetze, besonderer Tarife oder ähnlicher Vorschriften gewährt werden. ³Voraussetzungen für die Steuerfreiheit ist, dass der Empfänger mit den Bezügen nicht zu einer bestimmten wissenschaftlichen oder künstlerischen Gegenleistung oder zu einer bestimmten Arbeitnehmertätigkeit verpflichtet wird. ⁴Den Bezügen aus öffentlichen Mitteln wegen Hilfsbedürftigkeit gleichgestellt sind Beitragsermäßigungen und Prämienrückzahlungen eines Trägers der gesetzlichen Krankenversicherung für nicht in Anspruch genommene Beihilfeleistungen;

Hinweise

H 3.11 Beihilfen

Entscheidendes Merkmal der Beihilfe ist ihre Unentgeltlichkeit und Einseitigkeit. Leistungen, die im Rahmen eines entgeltlichen Austauschgeschäfts erbracht werden, können nicht als Beihilfe qualifiziert werden. Danach sind die von den Jugendämtern an Vollzeitpflegeeltern geleisteten Pflegegelder nach § 3 Nr. 11 EStG steuerfrei. Demgegenüber sind Pflegesätze, die an ein erwerbsmäßig betriebenes Kinderhaus für die Unterbringung von Kindern gezahlt werden, keine Beihilfen im Sinne des § 3 Nr. 11 EStG (→ BFH vom 23.9.1998 – BStBl. 1999 II S. 133).

Beihilfen und Unterstützungen, die wegen Hilfsbedürftigkeit gewährt werden

→ *R 3.11 LStR 2013*

Beihilfen zu Lebenshaltungskosten

können die Erziehung und Ausbildung, nicht aber die Wissenschaft und Kunst unmittelbar fördern (→ BFH vom 27.4.2006 – BStBl. II S. 755).

Erziehungs- und Ausbildungsbeihilfen

→ *H 3.11 (Steuerfreiheit nach § 3 Nr. 11 EStG) LStH 2014*

Öffentliche Stiftung

Eine öffentliche Stiftung liegt vor, wenn

a) die Stiftung selbst juristische Person des öffentlichen Rechts ist oder

　　b) *das Stiftungsvermögen im Eigentum einer juristischen Person des öffentlichen Rechts steht*
oder

　　c) *die Stiftung von einer juristischen Person des öffentlichen Rechts verwaltet wird.*

Zur Definition der öffentlichen Stiftung → *BVerfGE 15; S. 46, 66*
Im Übrigen richtet sich der Begriff nach Landesrecht.

Pflegegeld

– *Zur Behandlung der Geldleistungen für Kinder in* **Vollzeitpflege** *für die Erziehung in einer Tagesgruppe, für Heimerziehung und für die intensive sozialpädagogische Einzelbetreuung* → *BMF vom 24.4.2011 (BStBl. I S. 487).* [1]

– *Zur Behandlung der Geldleistungen für Kinder in* **Kindertagespflege** → *H 18.1 (Kindertagespflege)*

– *Beihilfen*

§ 3 EStG Steuerfrei sind

...

12. ¹aus einer Bundeskasse oder Landeskasse gezahlte Bezüge, die zum einen

　　a) in einem Bundesgesetz oder Landesgesetz,

　　b) auf Grundlage einer bundesgesetzlichen oder landesgesetzlichen Ermächtigung beruhenden Bestimmung oder

　　c) von der Bundesregierung oder einer Landesregierung

als Aufwandsentschädigung festgesetzt sind und die zum anderen jeweils auch als Aufwandsentschädigung im Haushaltsplan ausgewiesen werden. ²Das Gleiche gilt für andere Bezüge, die als Aufwandsentschädigung aus öffentlichen Kassen an öffentliche Dienste leistende Personen gezahlt werden, soweit nicht festgestellt wird, dass sie für Verdienstausfall oder Zeitverlust gewährt werden oder den Aufwand, der dem Empfänger erwächst, offenbar übersteigen;

Hinweise

H 3.12 Aufwandsentschädigungen aus öffentlichen Kassen
　　→ *R 3.12 LStR 2013*
　　→ *H 3.11 (Öffentliche Kassen) LStH 2013*

§ 3 EStG Steuerfrei sind

...

13. ¹die aus öffentlichen Kassen gezahlten Reisekostenvergütungen, Umzugskostenvergütungen und Trennungsgelder. ²Die als Reisekostenvergütungen gezahlten Vergütungen für Verpflegung sind nur insoweit steuerfrei, als sie die Pauschbeträge nach § 9 Absatz 4a nicht übersteigen; Trennungsgelder sind nur insoweit steuerfrei, als sie die nach § 9 Absatz 1 Satz 3 Nummer 5 und Absatz 4a abziehbaren Aufwendungen nicht übersteigen;

Hinweise

H 3.13 Reisekostenvergütungen, Umzugskostenvergütungen und Trennungsgelder aus öffentlichen Kassen
　　→ *R 3.13 LStR 2013*
　　→ *H 3.11 (Öffentliche Kassen) LStH 2014*

---

1) Siehe Anlage § 018-06.

§ 3 EStG Steuerfrei sind

...

14. Zuschüsse eines Trägers der gesetzlichen Rentenversicherung zu den Aufwendungen eines Rentners für seine Krankenversicherung und von dem gesetzlichen Rentenversicherungsträger getragene Anteile (§ 249a des Fünften Buches Sozialgesetzbuch) an den Beiträgen für die gesetzliche Krankenversicherung;

Hinweise

H 3.14 Zuschüsse zur Krankenversicherung der Rentner
Die Steuerbefreiung gilt auch für Zuschüsse gem. §§ 106 und 315 SGB VI.

§ 3 EStG Steuerfrei sind

...

15. (weggefallen)
16. die Vergütungen, die Arbeitnehmer außerhalb des öffentlichen Dienstes von ihrem Arbeitgeber zur Erstattung von Reisekosten, Umzugskosten oder Mehraufwendungen bei doppelter Haushaltsführung erhalten, soweit sie die nach § 9 als Werbungskosten abziehbaren Aufwendungen nicht übersteigen;
17. Zuschüsse zum Beitrag nach § 32 des Gesetzes über die Alterssicherung der Landwirte;
18. das Aufgeld für ein an die Bank für Vertriebene und Geschädigte (Lastenausgleichsbank) zugunsten des Ausgleichsfonds (§ 5 des Lastenausgleichsgesetzes) gegebenes Darlehen, wenn das Darlehen nach § 7f des Gesetzes in der Fassung der Bekanntmachung vom 15. September 1953 (BGBl. I S. 1355) im Jahr der Hingabe als Betriebsausgabe abzugsfähig war;
19. (weggefallen)
20. die aus öffentlichen Mitteln des Bundespräsidenten aus sittlichen oder sozialen Gründen gewährten Zuwendungen an besonders verdiente Personen oder ihre Hinterbliebenen;
21. (weggefallen)
22. (weggefallen)
23. die Leistungen nach dem Häftlingshilfegesetz, dem Strafrechtlichen Rehabilitierungsgesetz, dem Verwaltungsrechtlichen Rehabilitierungsgesetz und dem Beruflichen Rehabilitierungsgesetz;
24. Leistungen, die auf Grund des Bundeskindergeldgesetzes[1] gewährt werden;
25. Entschädigungen nach dem Infektionsschutzgesetz vom 20. Juli 2000 (BGBl. I S. 1045);
26. ¹Einnahmen aus nebenberuflichen Tätigkeiten als Übungsleiter, Ausbilder, Erzieher, Betreuer oder vergleichbaren nebenberuflichen Tätigkeiten, aus nebenberuflichen künstlerischen Tätigkeiten oder der nebenberuflichen Pflege alter, kranker oder behinderter Menschen im Dienst oder im Auftrag einer juristischen Person des öffentlichen Rechts, die in einem Mitgliedstaat der Europäischen Union oder in einem Staat belegen ist, auf den das Abkommen über den Europäischen Wirtschaftsraum Anwendung findet, oder einer unter § 5 Abs. 1 Nr. 9 des Körperschaftsteuergesetzes fallenden Einrichtung zur Förderung gemeinnütziger, mildtätiger und kirchlicher Zwecke (§§ 52 bis 54 der Abgabenordnung) bis zur Höhe von insgesamt 2 400 Euro im Jahr. ²Überschreiten die Einnahmen für die in Satz 1 bezeichneten Tätigkeiten den steuerfreien Betrag, dürfen die mit den nebenberuflichen Tätigkeiten in unmittelbarem wirtschaftlichen Zusammenhang stehenden Ausgaben abweichend von § 3c nur insoweit als Betriebsausgaben oder Werbungskosten abgezogen werden, als sie den Betrag der steuerfreien Einnahmen übersteigen;

---

1) Siehe Anhang 7.

§ 3 — R 3.26, 3.26a, 3.26b

Hinweise

H 3.26 Steuerbefreiung für nebenberufliche Tätigkeiten
→ *R 3.26 LStR 2013*

§ 3 EStG Steuerfrei sind

...

26a. [1]Einnahmen aus nebenberuflichen Tätigkeiten im Dienst oder Auftrag einer juristischen Person des öffentlichen Rechts, die in einem Mitgliedstaat der Europäischen Union oder in einem Staat belegen ist, auf den das Abkommen über den Europäischen Wirtschaftsraum Anwendung findet, oder einer unter § 5 Abs. 1 Nr. 9 des Körperschaftsteuergesetzes fallenden Einrichtung zur Förderung gemeinnütziger, mildtätiger und kirchlicher Zwecke (§§ 52 bis 54 der Abgabenordnung) bis zur Höhe von insgesamt 720 Euro im Jahr. [2]Die Steuerbefreiung ist ausgeschlossen, wenn für die Einnahmen aus der Tätigkeit – ganz oder teilweise – eine Steuerbefreiung nach § 3 Nr. 12, 26 oder 26b gewährt wird. [3]Überschreiten die Einnahmen für die in Satz 1 bezeichneten Tätigkeiten den steuerfreien Betrag, dürfen die mit den nebenberuflichen Tätigkeiten in unmittelbarem wirtschaftlichen Zusammenhang stehenden Ausgaben abweichend von § 3c nur insoweit als Betriebsausgaben oder Werbungskosten abgezogen werden, als sie den Betrag der steuerfreien Einnahmen übersteigen;

EStR 2012 zu § 3 Nr. 26a

R 3.26a

(1) Voraussetzung der Begünstigung des § 3 Nr. 26a EStG ist, unabhängig davon, ob die nebenberufliche Tätigkeit im Dienst oder Auftrag einer juristischen Person des öffentlichen Rechts oder einer unter § 5 Abs. 1 Nr. 9 KStG fallenden Einrichtung ausgeübt wird, dass die Tätigkeit der Förderung gemeinnütziger, mildtätiger oder kirchlicher Zwecke dient.

(2) Bei Vorliegen auch der übrigen gesetzlichen Voraussetzungen können ehrenamtlich tätige Schiedsrichter im Amateurbereich – im Gegensatz zu Amateursportlern – die Steuerbefreiung nach § 3 Nr. 26a EStG in Anspruch nehmen.

Hinweise

H 3.26a Anwendungsschreiben
→ *BMF vom 21.11.2014 (BStBl. I S. 1581)* [1)]

§ 3 EStG Steuerfrei sind

...

26b. [1]Aufwandsentschädigungen nach § 1835a des Bürgerlichen Gesetzbuchs, soweit sie zusammen mit den steuerfreien Einnahmen im Sinne der Nummer 26 den Freibetrag nach Nummer 26 Satz 1 nicht überschreiten. [2]Nummer 26 Satz 2 gilt entsprechend;

Hinweise

H 3.26b Anwendungsschreiben
→ *BMF vom 21.11.2014 (BStBl. I S. 1581)* [2)]

---

1) Siehe Anlage § 003-03.
2) Siehe Anlage § 003-03.

R 3.29 § 3

§ 3 EStG Steuerfrei sind

...

27. der Grundbetrag der Produktionsaufgaberente und das Ausgleichsgeld nach dem Gesetz zur Förderung der Einstellung der landwirtschaftlichen Erwerbstätigkeit bis zum Höchstbetrag von 18 407 Euro;
28. die Aufstockungsbeträge im Sinne des § 3 Abs. 1 Nr. 1 Buchstabe a sowie die Beiträge und Aufwendungen im Sinne des § 3 Abs. 1 Nr. 1 Buchstabe b und des § 4 Abs. 2 des Altersteilzeitgesetzes, die Zuschläge, die versicherungsfrei Beschäftigte im Sinne des § 27 Abs. 1 Nr. 1 bis 3 des Dritten Buches Sozialgesetzbuch zur Aufstockung der Bezüge bei Altersteilzeit nach beamtenrechtlichen Vorschriften oder Grundsätzen erhalten sowie die Zahlungen des Arbeitgebers zur Übernahme der Beiträge im Sinne des § 187a des Sechsten Buches Sozialgesetzbuch, soweit sie 50 vom Hundert der Beiträge nicht übersteigen;
29. das Gehalt und die Bezüge,
    a) die die diplomatischen Vertreter ausländischer Staaten, die ihnen zugewiesenen Beamten und die in ihren Diensten stehenden Personen erhalten. ²Dies gilt nicht für deutsche Staatsangehörige oder für im Inland ständig ansässige Personen;
    b) der Berufskonsuln, der Konsulatsangehörigen und ihres Personals, soweit sie Angehörige des Entsendestaats sind. ²Dies gilt nicht für Personen, die im Inland ständig ansässig sind oder außerhalb ihres Amtes oder Dienstes einen Beruf, ein Gewerbe oder eine andere gewinnbringende Tätigkeit ausüben;

EStR 2012 zu § 3 Nr. 29

R 3.29

§ 3 Nr. 29 findet auf Wahlkonsuln keine Anwendung.

Hinweise

H 3.29 Wiener Übereinkommen
– vom 18.4.1961 über **diplomatische Beziehungen (WÜD)**, *für die Bundesrepublik Deutschland in Kraft getreten am 11.12.1964 (BGBl. II S. 959),*
– vom 24.4.1963 über **konsularische Beziehungen (WÜK)**, *für die Bundesrepublik Deutschland in Kraft getreten am 7.10.1971 (BGBl. 1969 II S. 1587).*

Inhalte:
1. *Nach dem WÜD ist u. a. ein Diplomat einer ausländischen Mission und nach dem WÜK ein Konsularbeamter einer ausländischen konsularischen Vertretung, sofern er weder die deutsche Staatsangehörigkeit besitzt noch im Geltungsbereich des EStG ständig ansässig ist, im Geltungsbereich des EStG von allen staatlichen, regionalen und kommunalen Personal- und Realsteuern oder -abgaben befreit (Artikel 34 WÜD – Artikel 49 Abs. 1 und Artikel 71 Abs. 1 WÜK).*
2. *Die Befreiung gilt u. a. nicht für Steuern und sonstige Abgaben von privaten Einkünften, deren Quelle sich im Empfangsstaat befindet. Das bedeutet, dass ein ausländischer Diplomat oder ein ausländischer Konsularbeamter nur mit seinen inländischen Einkünften im Sinne des § 49 EStG steuerpflichtig ist und auch dann nur, soweit nicht § 3 Nr. 29 EStG eingreift oder in einem Doppelbesteuerungsabkommen abweichende Regelungen getroffen sind. Die bezeichneten Personen sind somit im Geltungsbereich des EStG nur beschränkt einkommensteuerpflichtig (§ 1 Abs. 4 EStG).*
3. *Gleiches gilt auch*
    a) *für die zum Haushalt eines ausländischen Diplomaten gehörenden Familienmitglieder, wenn sie nicht die deutsche Staatsangehörigkeit besitzen (Artikel 37 Abs. 1 WÜD),*
    b) *für die Familienmitglieder, die im gemeinsamen Haushalt eines Konsularbeamten einer ausländischen konsularischen Vertretung leben (Artikel 49 Abs. 1 WÜK), wenn sie weder die deutsche Staatsangehörigkeit besitzen noch im Geltungsbereich des EStG ständig ansässig sind (Artikel 71 Abs. 2 WÜK).*

4. *Familienmitglieder im Sinne der beiden Wiener Übereinkommen sind:*
   a) *der Ehegatte und die minderjährigen Kinder der privilegierten Person, vorausgesetzt, dass sie mit ihr in einem Haushalt leben. Eine vorübergehende Abwesenheit, z. B. zum auswärtigen Studium, ist hierbei ohne Bedeutung.*
   b) *die volljährigen unverheirateten Kinder sowie die Eltern und Schwiegereltern der privilegierten Person – unter der Voraussetzung der Gegenseitigkeit –, soweit sie mit der privilegierten Person in einem Haushalt leben und von ihr wirtschaftlich abhängig sind. Die Frage der wirtschaftlichen Abhängigkeit ist nach den Einkommens- und Vermögensverhältnissen des betreffenden Familienmitglieds von der Steuerverwaltung des Aufenthaltsstaates zu beurteilen. Diese Beurteilung erfolgt im Einzelfall nach der Abgabe einer Erklärung über das Einkommen und das Vermögen des betreffenden Familienmitglieds.*
5. *Für andere als die unter Nummer 4 genannten Personen (entferntere Verwandte der privilegierten Person in gerader Linie oder in der Seitenlinie) kommt eine Anwendung des Artikels 37 WÜD oder des Artikels 49 WÜK grundsätzlich nicht in Betracht. In besonderen Fällen prüft das Auswärtige Amt im Einvernehmen mit den zuständigen Bundesressorts, ob die besonderen Umstände dieses Falles eine andere Entscheidung rechtfertigen.*
6. *Die Mitglieder/Bediensteten des Verwaltungs- und technischen Personals ausländischer Missionen / konsularischer Vertretungen und die zu ihrem Haushalt gehörenden sowie die mit ihnen im gemeinsamen Haushalt lebenden Familienmitglieder sind wie Diplomaten / Konsularbeamte zu behandeln, wenn sie weder deutsche Staatsangehörige noch im Geltungsbereich des EStG ständig ansässig sind (Artikel 37 Abs. 2 WÜD, Artikel 49 Abs. 1 und Artikel 71 Abs. 2 WÜK).*
7. *Bei Mitgliedern des **dienstlichen** Hauspersonals einer ausländischen Mission bzw. einer ausländischen konsularischen Vertretung sind die Dienstbezüge im Geltungsbereich des EStG steuerfrei, wenn diese Personen weder deutsche Staatsangehörige noch im Geltungsbereich des EStG ständig ansässig sind (Artikel 37 Abs. 3 WÜD – Artikel 49 Abs. 2 und Artikel 71 Abs. 2 WÜK).*
8. *Bei **privaten** Hausangestellten sind die Bezüge, die sie von Mitgliedern einer ausländischen Mission auf Grund ihres Arbeitsverhältnisses erhalten, steuerfrei, wenn sie weder deutsche Staatsangehörige noch im Geltungsbereich des EStG ständig ansässig sind (Artikel 37 Abs. 4 WÜD).*
9. *Anderen Mitgliedern des Personals einer ausländischen Mission und privaten Hausangestellten, die deutsche Staatsangehörige sind oder die im Geltungsbereich des EStG ständig ansässig sind, steht Steuerfreiheit nur insoweit zu, als besondere Regelungen, z. B. in Doppelbesteuerungsabkommen, für den Geltungsbereich des EStG getroffen sind (Artikel 38 Abs. 2 WÜD).*
10. *Vom Tage des Inkrafttretens des WÜD bzw. des WÜK ist die Verwaltungsanordnung der Bundesregierung vom 13.10.1950 (MinBlFin 1950 S. 631) nur noch auf Mitglieder solcher ausländischer Missionen oder ausländischer konsularischer Vertretungen und die dort bezeichneten Bediensteten anzuwenden, deren Entsendestaat dem WÜD oder dem WÜK noch nicht rechtswirksam beigetreten ist.*

§ 3 EStG Steuerfrei sind

...

30. **Entschädigungen für die betriebliche Benutzung von Werkzeugen eines Arbeitnehmers (Werkzeuggeld), soweit sie die entsprechenden Aufwendungen des Arbeitnehmers nicht offensichtlich übersteigen;**
31. **die typische Berufskleidung, die der Arbeitgeber seinem Arbeitnehmer unentgeltlich oder verbilligt überlässt; dasselbe gilt für eine Barablösung eines nicht nur einzelvertraglichen Anspruchs auf Gestellung von typischer Berufskleidung, wenn die Barablösung betrieblich veranlasst ist und die entsprechenden Aufwendungen des Arbeitnehmers nicht offensichtlich übersteigt;**
32. **die unentgeltliche oder verbilligte Sammelbeförderung eines Arbeitnehmers zwischen Wohnung und erster Tätigkeitsstätte sowie bei Fahrten nach § 9 Absatz 1 Satz 3 Num-**

mer 4a Satz 3 mit einem vom Arbeitgeber gestellten Beförderungsmittel, soweit die Sammelbeförderung für den betrieblichen Einsatz des Arbeitnehmers notwendig ist;

33. zusätzlich zum ohnehin geschuldeten Arbeitslohn erbrachte Leistungen des Arbeitgebers zur Unterbringung und Betreuung von nicht schulpflichtigen Kindern der Arbeitnehmer in Kindergärten oder vergleichbaren Einrichtungen;

34. zusätzlich zum ohnehin geschuldeten Arbeitslohn erbrachte Leistungen des Arbeitgebers zur Verbesserung des allgemeinen Gesundheitszustands und der betrieblichen Gesundheitsförderung, die hinsichtlich Qualität, Zweckbindung und Zielgerichtetheit den Anforderungen der §§ 20 und 20a des Fünften Buches Sozialgesetzbuch genügen, soweit sie 500 Euro im Kalenderjahr nicht übersteigen;

35. ¹die Einnahmen der bei der Deutsche Post AG, Deutsche Postbank AG oder Deutsche Telekom AG beschäftigten Beamten, soweit die Einnahmen ohne Neuordnung des Postwesens und der Telekommunikation nach den Nummern 11 bis 13 und 64 steuerfrei wären;

36. ¹Einnahmen für Leistungen zur Grundpflege oder hauswirtschaftlichen Versorgung bis zur Höhe des Pflegegeldes nach § 37 des Elften Buches Sozialgesetzbuch, wenn diese Leistungen von Angehörigen des Pflegebedürftigen oder von anderen Personen, die damit eine sittliche Pflicht im Sinne des § 33 Abs. 2 gegenüber dem Pflegebedürftigen erfüllen, erbracht werden. ²Entsprechendes gilt, wenn der Pflegebedürftige Pflegegeld aus privaten Versicherungsverträgen nach den Vorgaben des Elften Buches Sozialgesetzbuch oder eine Pauschalbeihilfe nach Beihilfevorschriften für häusliche Pflege erhält;

37. (weggefallen)

38. Sachprämien, die der Steuerpflichtige für die persönliche Inanspruchnahme von Dienstleistungen von Unternehmen unentgeltlich erhält, die diese zum Zwecke der Kundenbindung im allgemeinen Geschäftsverkehr in einem jedermann zugänglichen planmäßigen Verfahren gewähren, soweit der Wert der Prämien 1 080 Euro im Kalenderjahr nicht übersteigt;

39. ¹der Vorteil des Arbeitnehmers im Rahmen eines gegenwärtigen Dienstverhältnisses aus der unentgeltlichen oder verbilligten Überlassung von Vermögensbeteiligungen im Sinne des § 2 Abs. 1 Nr. 1 Buchstabe a, b und f bis l und Abs. 2 bis 5 des Fünften Vermögensbildungsgesetzes in der Fassung der Bekanntmachung vom 4. März 1994 (BGBl. I S. 406), zuletzt geändert durch Artikel 2 des Gesetzes vom 7. März 2009 (BGBl. I S. 451), in der jeweils geltenden Fassung, am Unternehmen des Arbeitgebers, soweit der Vorteil insgesamt 360 Euro im Kalenderjahr nicht übersteigt. ²Voraussetzung für die Steuerfreiheit ist, dass die Beteiligung mindestens allen Arbeitnehmern offensteht, die im Zeitpunkt der Bekanntgabe des Angebots ein Jahr oder länger ununterbrochen in einem gegenwärtigen Dienstverhältnis zum Unternehmen stehen. ³Als Unternehmen des Arbeitgebers im Sinne des Satzes 1 gilt auch ein Unternehmen im Sinne des § 18 des Aktiengesetzes. ⁴Als Wert der Vermögensbeteiligung ist der gemeine Wert anzusetzen;

40. 40 Prozent

    a) der Betriebsvermögensmehrungen oder Einnahmen aus der Veräußerung oder der Entnahme von Anteilen an Körperschaften, Personenvereinigungen und Vermögensmassen, deren Leistungen beim Empfänger zu Einnahmen im Sinne des § 20 Abs. 1 Nr. 1 und 9 gehören, oder an einer Organgesellschaft im Sinne des § 14 oder § 17 des Körperschaftsteuergesetzes oder aus deren Auflösung oder Herabsetzung von deren Nennkapital oder aus dem Ansatz eines solchen Wirtschaftsguts mit dem Wert, der sich nach § 6 Abs. 1 Nr. 2 Satz 3 ergibt, soweit sie zu den Einkünften aus Land- und Forstwirtschaft, aus Gewerbebetrieb oder aus selbständiger Arbeit gehören. ²Dies gilt nicht, soweit der Ansatz des niedrigeren Teilwerts in vollem Umfang zu einer Gewinnminderung geführt hat und soweit diese Gewinnminderung nicht durch Ansatz eines Werts, der sich nach § 6 Abs. 1 Nr. 2 Satz 3 ergibt, ausgeglichen worden ist. ³Satz 1 gilt außer für Betriebsvermögensmehrungen aus dem Ansatz mit dem Wert, der sich nach § 6 Abs. 1 Nr. 2 Satz 3 ergibt, ebenfalls nicht, soweit Abzüge nach § 6b oder ähnliche Abzüge voll steuerwirksam vorgenommen worden sind,

b) des Veräußerungspreises im Sinne des § 16 Abs. 2, soweit er auf die Veräußerung von Anteilen an Körperschaften, Personenvereinigungen und Vermögensmassen entfällt, deren Leistungen beim Empfänger zu Einnahmen im Sinne des § 20 Abs. 1 Nr. 1 und 9 gehören, oder an einer Organgesellschaft im Sinne der §§ 14, 17 oder 18 des Körperschaftsteuergesetzes. ²Satz 1 ist in den Fällen des § 16 Abs. 3 entsprechend anzuwenden. ³Buchstabe a Satz 3 gilt entsprechend,

c) des Veräußerungspreises oder des gemeinen Werts im Sinne des § 17 Abs. 2. ²Satz 1 ist in den Fällen des § 17 Abs. 4 entsprechend anzuwenden,

d) der Bezüge im Sinne des § 20 Abs. 1 Nr. 1 und der Einnahmen im Sinne des § 20 Abs. 1 Nr. 9. ²Dies gilt nur, soweit sie das Einkommen der leistenden Körperschaft nicht gemindert haben.[1)] ³Satz 1 Buchstabe d Satz 2 gilt nicht, soweit eine verdeckte Gewinnausschüttung das Einkommen einer dem Steuerpflichtigen nahe stehenden Person erhöht hat und § 32a des Körperschaftsteuergesetzes auf die Veranlagung dieser nahe stehenden Person keine Anwendung findet,

e) der Bezüge im Sinne des § 20 Abs. 1 Nr. 2,

f) der besonderen Entgelte oder Vorteile im Sinne des § 20 Abs. 3, die neben den in § 20 Abs. 1 Nr. 1 und Abs. 2 Satz 1 Nr. 2 Buchstabe a bezeichneten Einnahmen oder an deren Stelle gewährt werden,

g) des Gewinns aus der Veräußerung von Dividendenscheinen und sonstigen Ansprüchen im Sinne des § 20 Abs. 2 Satz 1 Nr. 2 Buchstabe a,

h) des Gewinns aus der Abtretung von Dividendenansprüchen oder sonstigen Ansprüchen im Sinne des § 20 Abs. 2 Satz 1 Nummer 2 Buchstabe a in Verbindung mit § 20 Abs. 2 Satz 2.

i) der Bezüge im Sinne des § 22 Nr. 1 Satz 2, soweit diese von einer nicht von der Körperschaftsteuer befreiten Körperschaft, Personenvereinigung oder Vermögensmasse stammen.

²Dies gilt für Satz 1 Buchstabe d bis h nur in Verbindung mit § 20 Abs. 8. ³Satz 1 Buchstabe a, b und d bis h ist nicht anzuwenden für Anteile, die bei Kreditinstituten und Finanzdienstleistungsinstituten nach § 1a des Kreditwesengesetzes in Verbindung mit den Artikeln 102 bis 106 der Verordnung (EU) Nr. 575/2013 des Europäischen Parlaments und des Rates vom 26. Juni 2013 über Aufsichtsanforderungen an Kreditinstitute und Wertpapierfirmen und zur Änderung der Verordnung (EU) Nr. 646/2012 (ABl. L 176 vom 27.6.2013, S. 1) oder unmittelbar nach den Artikeln 102 bis 106 der Verordnung (EU) Nr. 575/2013 dem Handelsbuch zuzurechnen sind; Gleiches gilt für Anteile, die von Finanzunternehmen im Sinne des Gesetzes über das Kreditwesen mit dem Ziel der kurzfristigen Erzielung eines Eigenhandelserfolges erworben werden. ⁴Satz 3 zweiter Halbsatz gilt auch für Kreditinstitute, Finanzdienstleistungsinstitute und Finanzunternehmen mit Sitz in einem anderen Mitgliedstaat der Europäischen Union oder in einem anderen Vertragsstaat des EWR-Abkommens;

EStR 2012 zu § 3 Nr. 40

R 3.40 Teileinkünfteverfahren
Bei der Veräußerung einbringungsgeborener Anteile ist R 3.40 EStR 2008 weiter anzuwenden.

R 3.40 EStR 2008:
Erfolgt die Veräußerung einbringungsgeborener Anteile, für die § 21 UmwStG in der am 21.5.2003 geltenden Fassung (UmwStG a. F.) gem. § 27 Abs. 3 Nr. 3 UmwStG weiterhin anzuwenden ist, innerhalb

---

[1)] Nr. 40 Buchstabe d Satz 2 in der Fassung des Amtshilferichtlinienumsetzungsgesetz ist erstmals für den VZ 2014 anzuwenden. Bei vom Kalenderjahr abweichenden Wirtschaftsjahr erstmals für den VZ in dem das Wj. endet, das nach dem 31.12.2013 begonnen hat (§ 52 Absatz 4 Satz 7).

von sieben Jahren nach der Einbringung, ist der Veräußerungsgewinn nach § 52 Abs. 4b Satz 2 EStG i. V. m. § 3 Nr. 40 Satz 3 EStG in der am 12.12.2006 geltenden Fassung (EStG a. F.) in vollem Umfang steuerpflichtig, da kein Fall des § 3 Nr. 40 Satz 4 EStG a. F. (Rückausnahme) vorliegt. Dieselbe Rechtsfolge (Vollbesteuerung) tritt ein, wenn innerhalb der Sieben-Jahres-Frist keine Veräußerung stattfindet, sondern ein Antrag nach §21 Abs. 2 Satz 1 Nr. 1 UmwStG a. F. gestellt wird. Mit Besteuerung der in den einbringungsgeborenen Anteilen enthaltenen stillen Reserven nach § 21 Abs. 2 Satz 1 Nr. 1 UmwStG a. F. verlieren die Anteile ihre Eigenschaft „einbringungsgeboren" zu sein. Werden diese Anteile später veräußert, findet in den Fällen des §17 EStG und in den Fällen des § 23 EStG in der bis zum 31.12.2008 geltenden Fassung § 3 Nr. 40 EStG Anwendung.

Hinweise

H 3.40 Wertaufholungen

Wertaufholungen nach § 6 Abs. 1 Nr. 2 Satz 3 EstG, denen in früheren Jahren sowohl voll steuerwirksame als auch nur teilweise steuerwirksame Abschreibungen von Anteilen auf den niedrigeren Teilwert vorangegangen sind, sind zunächst mit den nur teilweise steuerwirksamen und erst danach – mit der Folge der vollen Steuerpflicht daraus resultierender Gewinne – mit den voll steuerwirksamen Teilwertabschreibungen zu verrechnen (→ BFH vom 19.8.2009 – BStBl. 2010 II S. 760).

§ 3 EStG Steuerfrei sind

...

40a. die Hälfte der Vergütungen im Sinne des § 18 Abs. 1 Nr. 4 [1];

41. a) Gewinnausschüttungen, soweit für das Kalenderjahr oder Wirtschaftsjahr, in dem sie bezogen werden, oder für die vorangegangenen sieben Kalenderjahre oder Wirtschaftsjahre aus einer Beteiligung an derselben ausländischen Gesellschaft Hinzurechnungsbeträge (§ 10 Abs. 2 des Außensteuergesetzes) [2] der Einkommensteuer unterlegen haben, § 11 Abs. 1 und 2 des Außensteuergesetzes [3] in der Fassung des Artikels 12 des Gesetzes vom 21. Dezember 1993 (BGBl. I S. 2310) nicht anzuwenden war und der Steuerpflichtige dies nachweist; § 3c Abs. 2 gilt entsprechend;

b) Gewinne aus der Veräußerung eines Anteils an einer ausländischen Kapitalgesellschaft sowie aus deren Auflösung oder Herabsetzung ihres Kapitals, soweit für das Kalenderjahr oder Wirtschaftsjahr, in dem sie bezogen werden, oder für die vorangegangenen sieben Kalenderjahre oder Wirtschaftsjahre aus einer Beteiligung an derselben ausländischen Gesellschaft Hinzurechnungsbeträge (§ 10 Abs. 2 des Außensteuergesetzes) [4] der Einkommensteuer unterlegen haben, § 11 Abs. 1 und 2 des Außensteuergesetzes [5] in der Fassung des Artikels 12 des Gesetzes vom 21. Dezember 1993 (BGBl. I S. 2310) nicht anzuwenden war, der Steuerpflichtige dies nachweist und der Hinzurechnungsbetrag ihm nicht als Gewinnanteil zugeflossen ist.

²Die Prüfung, ob Hinzurechnungsbeträge der Einkommensteuer unterlegen haben, erfolgt im Rahmen der gesonderten Feststellung nach § 18 des Außensteuergesetzes. [6]

42. die Zuwendungen, die auf Grund des Fulbright-Abkommens gezahlt werden;

Hinweise

H 3.42 Fulbright-Abkommen

Neues Fulbright-Abkommen vom 20.11.1962, in Kraft getreten am 24.1.1964, → BGBl. 1964 II S. 27, 215.

---

1) Hinweis auf § 52 Abs. 4 Satz 8f.
2) Siehe Anhang 2.
3) Siehe Anhang 2.
4) Siehe Anhang 2.
5) Siehe Anhang 2.
6) Siehe Anhang 2.

§ 3

§ 3 EStG Steuerfrei sind

...

43. der Ehrensold für Künstler sowie Zuwendungen aus Mitteln der Deutschen Künstlerhilfe, wenn es sich um Bezüge aus öffentlichen Mitteln handelt, die wegen der Bedürftigkeit des Künstlers gezahlt werden;

44. ¹Stipendien, die aus öffentlichen Mitteln oder von zwischenstaatlichen oder überstaatlichen Einrichtungen, denen die Bundesrepublik Deutschland als Mitglied angehört, zur Förderung der Forschung oder zur Förderung der wissenschaftlichen oder künstlerischen Ausbildung oder Fortbildung gewährt werden. ²Das Gleiche gilt für Stipendien, die zu den in Satz 1 bezeichneten Zwecken von einer Einrichtung, die von einer Körperschaft des öffentlichen Rechts errichtet ist oder verwaltet wird, oder von einer Körperschaft, Personenvereinigung oder Vermögensmasse im Sinne des § 5 Abs. 1 Nr. 9 des Körperschaftsteuergesetzes gegeben werden. ³Voraussetzung für die Steuerfreiheit ist, dass

   a) die Stipendien einen für die Erfüllung der Forschungsaufgabe oder für die Bestreitung des Lebensunterhalts und die Deckung des Ausbildungsbedarfs erforderlichen Betrag nicht übersteigen und nach den von dem Geber erlassenen Richtlinien vergeben werden,

   b) der Empfänger im Zusammenhang mit dem Stipendium nicht zu einer bestimmten wissenschaftlichen oder künstlerischen Gegenleistung oder zu einer bestimmten Arbeitnehmertätigkeit verpflichtet ist,

EStR 2012 zu § 3 Nr. 44

R 3.44

¹Die Prüfung, ob die Voraussetzungen für die Steuerfreiheit der Stipendien vorliegen, hat für inländische Stipendiengeber das Finanzamt vorzunehmen, das für die Veranlagung des Stipendiengebers zur Körperschaftsteuer zuständig ist oder zuständig wäre, wenn der Geber steuerpflichtig wäre. ²Dieses Finanzamt hat auf Anforderung des Stipendienempfängers oder des für ihn zuständigen Finanzamts eine Bescheinigung über die Voraussetzungen des § 3 Nr. 44 Satz 3 EStG zu erteilen. ³Auch eine in der EU oder dem EWR ansässige Körperschaft, Personenvereinigung oder Vermögensmasse i. S. d. § 5 Abs. 1 Nr. 9 KStG kann steuerfreie Stipendien vergeben, soweit sie bei sinngemäßer Anwendung der §§ 51 ff. AO gemeinnützig wäre und ein Amtshilfeabkommen mit dem Ansässigkeitsstaat besteht. Das Vorliegen der Voraussetzungen der §§ 51 ff. AO hat der Stipendienempfänger gegenüber dem für ihn zuständigen Finanzamt durch Vorlage entsprechender Unterlagen (z. B. Satzung, Tätigkeitsbericht) nachzuweisen.

Hinweise

H 3.44 Beihilfen zum Lebensunterhalt

Die Steuerbefreiung von Forschungsstipendien nach § 3 Nr. 44 EStG umfasst sowohl die der Erfüllung der Forschungsaufgaben (Sachbeihilfen) als auch die der Bestreitung des Lebensunterhalts dienenden Zuwendungen (→ BFH vom 20.3.2003 – BStBl. 2004 II S. 190)

Stipendien

Zwischen einem nach § 3 Nr. 44 EStG steuerfrei gewährten Stipendium für Studienzwecke und den im Zusammenhang mit dem Stipendium entstehenden Mehraufwendungen besteht regelmäßig ein unmittelbarer wirtschaftlicher Zusammenhang im Sinne des § 3c EStG (→ BFH vom 9.11.1976 – BStBl. 1977 II S. 207).

§ 3 EStG Steuerfrei sind

...

45. die Vorteile des Arbeitnehmers aus der privaten Nutzung von betrieblichen Datenverarbeitungsgeräten und Telekommunikationsgeräten sowie deren Zubehör, aus zur privaten Nutzung überlassenen System- und Anwendungsprogrammen, die der Arbeit-

gebrauch in seinem Betrieb einsetzt, und aus den im Zusammenhang mit diesen Zuwendungen erbrachten Dienstleistungen;

Hinweise

H 3.45 Gewinneinkünfte
  § 3 Nr. 45 EStG gilt nicht entsprechend für Gewinneinkünfte (→ BFH vom 21.6.2006 – BStBl. II S. 715).

§ 3 EStG Steuerfrei sind

...

46. (weggefallen)
47. Leistungen nach § 14a Abs. 4 und § 14b des Arbeitsplatzschutzgesetzes;
48. Leistungen nach dem Unterhaltssicherungsgesetz, soweit sie nicht nach dessen § 15 Abs. 1 Satz 2 steuerpflichtig sind;
49. (weggefallen)
50. die Beträge, die der Arbeitnehmer vom Arbeitgeber erhält, um sie für ihn auszugeben (durchlaufende Gelder), und die Beträge, durch die Auslagen des Arbeitnehmers für den Arbeitgeber ersetzt werden (Auslagenersatz);
51. Trinkgelder, die anlässlich einer Arbeitsleistung dem Arbeitnehmer von Dritten freiwillig und ohne dass ein Rechtsanspruch auf sie besteht, zusätzlich zu dem Betrag gegeben werden, der für diese Arbeitsleistung zu zahlen ist;
52. (weggefallen);
53. die Übertragung von Wertguthaben nach § 7f Abs. 1 Satz 1 Nr. 2 des Vierten Buches Sozialgesetzbuch auf die Deutsche Rentenversicherung Bund. ²Die Leistungen aus dem Wertguthaben durch die Deutsche Rentenversicherung Bund gehören zu den Einkünften aus nichtselbständiger Arbeit im Sinne des § 19. ³Von ihnen ist Lohnsteuer einzubehalten;
54. ¹Zinsen aus Entschädigungsansprüchen für deutsche Auslandsbonds im Sinne der §§ 52 bis 54 des Bereinigungsgesetzes für deutsche Auslandsbonds in der im Bundesgesetzblatt Teil III, Gliederungsnummer 4139-2, veröffentlichten bereinigten Fassung, soweit sich die Entschädigungsansprüche gegen den Bund oder die Länder richten. ²Das Gleiche gilt für die Zinsen aus Schuldverschreibungen und Schuldbuchforderungen, die nach den §§ 9, 10 und 14 des Gesetzes zur näheren Regelung der Entschädigungsansprüche für Auslandsbonds in der im Bundesgesetzblatt Teil III, Gliederungsnummer 4139-3, veröffentlichten bereinigten Fassung vom Bund oder von den Ländern für Entschädigungsansprüche erteilt oder eingetragen werden;
55. ¹der in den Fällen des § 4 Abs. 2 Nr. 2 und Abs. 3 des Betriebsrentengesetzes[1] vom 19. Dezember 1974 (BGBl. I S. 3610), das zuletzt durch Artikel 8 des Gesetzes vom 5. Juli 2004 (BGBl. I S. 1427) geändert worden ist, in der jeweils geltenden Fassung geleistete Übertragungswert nach § 4 Abs. 5 des Betriebsrentengesetzes,[2] wenn die betriebliche Altersversorgung bei ehemaligen und neuen Arbeitgeber über einen Pensionsfonds, eine Pensionskasse oder ein Unternehmen der Lebensversicherung durchgeführt wird. ²Satz 1 gilt auch, wenn der Übertragungswert vom ehemaligen Arbeitgeber oder von einer Unterstützungskasse an den neuen Arbeitgeber oder eine andere Unterstützungskasse geleistet wird. ³Die Leistungen des neuen Arbeitgebers, der Unterstützungskasse, des Pensionsfonds, der Pensionskasse oder des Unternehmens der Lebensversicherung auf Grund des Betrages nach Satz 1 und 2 gehören zu den Einkünften, zu denen die

---
1) Siehe Anhang 16.
2) Siehe Anhang 16.

Leistungen gehören würden, wenn die Übertragung nach § 4 Abs. 2 Nr. 2 und Abs. 3 des Betriebsrentengesetzes[1)] nicht stattgefunden hätte;

55a. die nach § 10 des Versorgungsausgleichsgesetzes vom 3. April 2009 (BGBl. I S. 700) in der jeweils geltenden Fassung (interne Teilung) durchgeführte Übertragung von Anrechten für die ausgleichsberechtigte Person zu Lasten von Anrechten der ausgleichspflichtigen Person. ²Die Leistungen aus diesen Anrechten gehören bei der ausgleichsberechtigten Person zu den Einkünften, zu denen die Leistungen bei der ausgleichspflichtigen Person gehören würden, wenn die interne Teilung nicht stattgefunden hätte;

55b. der nach § 14 des Versorgungsausgleichsgesetzes (externe Teilung) geleistete Ausgleichswert zur Begründung von Anrechten für die ausgleichsberechtigte Person zu Lasten von Anrechten der ausgleichspflichtigen Person, soweit Leistungen aus diesen Anrechten zu steuerpflichtigen Einkünften nach den §§ 19, 20 und 22 führen würden. ²Satz 1 gilt nicht, soweit Leistungen, die auf dem begründeten Anrecht beruhen, bei der ausgleichsberechtigten Person zu Einkünften nach § 20 Abs. 1 Nr. 6 oder § 22 Nr. 1 Satz 3 Buchstabe a Doppelbuchstabe bb führen würden. ³Der Versorgungsträger der ausgleichspflichtigen Person hat den Versorgungsträger der ausgleichsberechtigten Person über die für die Besteuerung der Leistungen erforderlichen Grundlagen zu informieren. ⁴Dies gilt nicht, wenn der Versorgungsträger der ausgleichsberechtigten Person die Grundlagen bereits kennt oder aus den bei ihm vorhandenen Daten feststellen kann und dieser Umstand dem Versorgungsträger der ausgleichspflichtigen Person mitgeteilt worden ist;

55c. Übertragungen von Altersvorsorgevermögen im Sinne des § 92 auf einen anderen auf den Namen des Steuerpflichtigen lautenden Altersvorsorgevertrag (§ 1 Absatz 1 Satz 1 Nummer 10 Buchstabe b des Altersvorsorgeverträge-Zertifizierungsgesetzes), soweit die Leistungen zu steuerpflichtigen Einkünften nach § 22 Nummer 5 führen würden. ²Dies gilt entsprechend

   a) wenn Anwartschaften der betrieblichen Altersversorgung abgefunden werden, soweit das Altersvorsorgevermögen zugunsten eines auf den Namen des Steuerpflichtigen lautenden Altersvorsorgevertrages geleistet wird,

   b) wenn im Fall des Todes des Steuerpflichtigen das Altersvorsorgevermögen auf einen auf den Namen des Ehegatten lautenden Altersvorsorgevertrag übertragen wird, wenn die Ehegatten im Zeitpunkt des Todes des Zulageberechtigten nicht dauernd getrennt gelebt haben (§ 26 Absatz 1) und ihren Wohnsitz oder gewöhnlichen Aufenthalt in einem Mitgliedstaat der Europäischen Union oder einem Staat hatten, auf den das Abkommen über den Europäischen Wirtschaftsraum anwendbar ist;

55d. Übertragungen von Anrechten aus einem nach § 5a Altersvorsorgeverträge-Zertifizierungsgesetz zertifizierten Vertrag auf einen anderen auf den Namen des Steuerpflichtigen lautenden nach § 5a Altersvorsorgeverträge-Zertifizierungsgesetz zertifizierten Vertrag;

55e. die auf Grund eines Abkommens mit einer zwischen- oder überstaatlichen Einrichtung übertragenen Werte von Anrechten auf Altersversorgung, soweit diese zur Begründung von Anrechten auf Altersversorgung bei einer zwischen- oder überstaatlichen Einrichtung dienen. ²Die Leistungen auf Grund des Betrags nach Satz 1 gehören zu den Einkünften, zu denen die Leistungen gehören, die die übernehmende Versorgungseinrichtung im Übrigen erbringt;

56. ¹Zuwendungen des Arbeitgebers nach § 19 Abs. 1 Satz 1 Nr. 3 Satz 1 aus dem ersten Dienstverhältnis an eine Pensionskasse zum Aufbau einer nicht kapitalgedeckten betrieblichen Altersversorgung, bei der eine Auszahlung der zugesagten Alters-, Invaliditäts- oder Hinterbliebenenversorgung in Form einer Rente oder eines Auszahlungsplans (§ 1 Abs. 1 Satz 1 Nr. 4 des Altersvorsorgeverträge-Zertifizierungsgesetzes) vorgesehen ist, soweit diese Zuwendungen im Kalenderjahr 1 Prozent der Beitragsbemessungsgrenze in der allgemeinen Rentenversicherung nicht übersteigen. ²Der in Satz 1 ge-

---

1) Siehe Anhang 16.

nannte Höchstbetrag erhöht sich ab 1. Januar 2014 auf 2 Prozent, ab 1. Januar 2020 auf 3 Prozent und ab 1. Januar 2025 auf 4 Prozent der Beitragsbemessungsgrenze in der allgemeinen Rentenversicherung. ³Die Beträge nach den Sätzen 1 und 2 sind jeweils um die nach § 3 Nr. 63 Satz 1, 3 oder Satz 4 steuerfreien Beträge zu mindern;

57. die Beträge, die die Künstlersozialkasse zugunsten des nach dem Künstlersozialversicherungsgesetz Versicherten aus dem Aufkommen von Künstlersozialabgabe und Bundeszuschuss an einen Träger der Sozialversicherung oder an den Versicherten zahlt;

58. das Wohngeld nach dem Wohngeldgesetz, die sonstigen Leistungen aus öffentlichen Haushalten oder Zweckvermögen zur Senkung der Miete oder Belastung im Sinne des § 11 Abs. 2 Nr. 4 des Wohngeldgesetzes sowie öffentliche Zuschüsse zur Deckung laufender Aufwendungen und Zinsvorteile bei Darlehen, die aus öffentlichen Haushalten gewährt werden, für eine zu eigenen Wohnzwecken genutzte Wohnung im eigenen Haus oder eine zu eigenen Wohnzwecken genutzte Eigentumswohnung, soweit die Zuschüsse und Zinsvorteile die Vorteile aus einer entsprechenden Förderung mit öffentlichen Mitteln nach dem Zweiten Wohnungsbaugesetz, dem Wohnraumförderungsgesetz oder einem Landesgesetz zur Wohnraumförderung nicht überschreiten, der Zuschuss für die Wohneigentumsbildung in innerstädtischen Altbauquartieren nach den Regelungen zum Stadtumbau Ost in den Verwaltungsvereinbarungen über die Gewährung von Finanzhilfen des Bundes an die Länder nach Artikel 104a Abs. 4 des Grundgesetzes zur Förderung städtebaulicher Maßnahmen;

59. die Zusatzförderung nach § 88e des Zweiten Wohnungsbaugesetzes und nach § 51f des Wohnungsbaugesetzes für das Saarland und Geldleistungen, die ein Mieter zum Zwecke der Wohnkostenentlastung nach dem Wohnraumförderungsgesetz oder einem Landesgesetz zur Wohnraumförderung erhält, soweit die Einkünfte dem Mieter zuzurechnen sind, und die Vorteile aus einer mietweisen Wohnungsüberlassung im Zusammenhang mit einem Arbeitsverhältnis, soweit sie die Vorteile aus einer entsprechenden Förderung nach dem Zweiten Wohnungsbaugesetz, nach dem Wohnraumförderungsgesetz oder einem Landesgesetz zur Wohnraumförderung nicht überschreiten;

60. Leistungen aus öffentlichen Mitteln an Arbeitnehmer des Steinkohlen-, Pechkohlen- und Erzbergbaues, des Braunkohlentiefbaues und der Eisen- und Stahlindustrie aus Anlass von Stillegungs-, Einschränkungs-, Umstellungs- oder Rationalisierungsmaßnahmen;

61. Leistungen nach § 4 Abs. 1 Nr. 2, § 7 Abs. 3, §§ 9, 10 Abs. 1, §§ 13, 15 des Entwicklungshelfer-Gesetzes;

62. ¹Ausgaben des Arbeitgebers für die Zukunftssicherung des Arbeitnehmers, soweit der Arbeitgeber dazu nach sozialversicherungsrechtlichen oder anderen gesetzlichen Vorschriften oder nach einer auf gesetzlicher Ermächtigung beruhenden Bestimmung verpflichtet ist und es sich nicht um Zuwendungen oder Beiträge des Arbeitgebers nach den Nummern 56 und 63 handelt. ²Den Ausgaben des Arbeitgebers für die Zukunftssicherung, die auf Grund gesetzlicher Verpflichtung geleistet werden, werden gleichgestellt Zuschüsse des Arbeitgebers zu den Aufwendungen des Arbeitnehmers

   a) für eine Lebensversicherung,

   b) für die freiwillige Versicherung in der gesetzlichen Rentenversicherung,

   c) für eine öffentlich-rechtliche Versicherungs- oder Versorgungseinrichtung seiner Berufsgruppe,

   wenn der Arbeitnehmer von der Versicherungspflicht in der gesetzlichen Rentenversicherung befreit worden ist. ³Die Zuschüsse sind nur insoweit steuerfrei, als sie insgesamt bei Befreiung von der Versicherungspflicht in der allgemeinen Rentenversicherung die Hälfte und bei Befreiung von der Versicherungspflicht in der knappschaftlichen Rentenversicherung zwei Drittel der Gesamtaufwendungen des Arbeitnehmers nicht übersteigen und nicht höher sind als der Betrag, der als Arbeitgeberanteil bei Versicherungspflicht in der allgemeinen Rentenversicherung oder in der knappschaftlichen Rentenversicherung zu zahlen wäre. ⁴Die Sätze 2 und 3 gelten sinngemäß für Beiträge des Arbeitgebers zu einer Pensionskasse, wenn der Arbeitnehmer bei diesem Arbeitgeber nicht im Inland beschäftigt ist und der Arbeitgeber keine Beiträge zur gesetzlichen Rentenversicherung im Inland leistet; Beiträge des Arbeitgebers zu einer Rentenversicherung auf Grund gesetzlicher Verpflichtung sind anzurechnen;

63. [1] Beiträge des Arbeitgebers aus dem ersten Dienstverhältnis an einen Pensionsfonds, eine Pensionskasse oder für eine Direktversicherung zum Aufbau einer kapitalgedeckten betrieblichen Altersversorgung, bei der eine Auszahlung der zugesagten Alters-, Invaliditäts- oder Hinterbliebenenversorgungsleistungen in Form einer Rente oder eines Auszahlungsplans (§ 1 Abs. 1 Satz 1 Nr. 4 des Altersvorsorgeverträge-Zertifizierungsgesetzes vom 26. Juni 2001 (BGBl. I S. 1310, 1322), das zuletzt durch Artikel 7 des Gesetzes vom 5. Juli 2004 (BGBl. I S. 1427) geändert worden ist, in der jeweils geltenden Fassung vorgesehen ist, soweit die Beiträge im Kalenderjahr 4 Prozent der Beitragsbemessungsgrenze in der allgemeinen Rentenversicherung nicht übersteigen. ²Dies gilt nicht, soweit der Arbeitnehmer nach § 1a Abs. 3 des Betriebsrentengesetzes[2] verlangt hat, dass die Voraussetzungen für eine Förderung nach § 10a oder Abschnitt XI erfüllt werden. ³Der Höchstbetrag nach Satz 1 erhöht sich um 1 800 Euro, wenn die Beiträge im Sinne des Satzes 1 auf Grund einer Versorgungszusage geleistet werden, die nach dem 31. Dezember 2004 erteilt wurde. ⁴Aus Anlass der Beendigung des Dienstverhältnisses geleistete Beiträge im Sinne des Satzes 1 sind steuerfrei, soweit sie 1 800 Euro vervielfältigt mit der Anzahl der Kalenderjahre, in denen das Dienstverhältnis des Arbeitnehmers zu dem Arbeitgeber bestanden hat, nicht übersteigen; der vervielfältigte Betrag vermindert sich um die nach den Sätzen 1 und 3 steuerfreien Beiträge, die der Arbeitgeber in dem Kalenderjahr, in dem das Dienstverhältnis beendet wird, und in den sechs vorangegangenen Kalenderjahren erbracht hat; Kalenderjahre vor 2005 sind dabei jeweils nicht zu berücksichtigen;

64. ¹bei Arbeitnehmern, die zu einer inländischen juristischen Person des öffentlichen Rechts in einem Dienstverhältnis stehen und dafür Arbeitslohn aus einer inländischen öffentlichen Kasse beziehen, die Bezüge für eine Tätigkeit im Ausland insoweit, als sie den Arbeitslohn übersteigen, der dem Arbeitnehmer bei einer gleichwertigen Tätigkeit am Ort der zahlenden öffentlichen Kasse zustehen würde. ²Satz 1 gilt auch, wenn das Dienstverhältnis zu einer anderen Person besteht, die den Arbeitslohn entsprechend den im Sinne des Satzes 1 geltenden Vorschriften ermittelt, der Arbeitslohn aus einer öffentlichen Kasse gezahlt wird und ganz oder im Wesentlichen aus öffentlichen Mitteln aufgebracht wird. ³Bei anderen für einen begrenzten Zeitraum in das Ausland entsandten Arbeitnehmern, die dort einen Wohnsitz oder gewöhnlichen Aufenthalt haben, ist der ihnen von einem inländischen Arbeitgeber gewährte Kaufkraftausgleich steuerfrei, soweit er den für vergleichbare Auslandsdienstbezüge nach § 55 des Bundesbesoldungsgesetzes zulässigen Betrag nicht übersteigt;

65. a) Beiträge des Trägers der Insolvenzsicherung (§ 14 des Betriebsrentengesetzes)[3] zugunsten eines Versorgungsberechtigten und seiner Hinterbliebenen an eine Pensionskasse oder ein Unternehmen der Lebensversicherung zur Ablösung von Verpflichtungen, die der Träger der Insolvenzsicherung im Sicherungsfall gegenüber dem Versorgungsberechtigten und seinen Hinterbliebenen hat,

    b) Leistungen zur Übernahme von Versorgungsleistungen oder unverfallbaren Versorgungsanwartschaften durch eine Pensionskasse oder ein Unternehmen der Lebensversicherung in den in § 4 Abs. 4 des Betriebsrentengesetzes[4] bezeichneten Fällen und

    c) der Erwerb von Ansprüchen durch den Arbeitnehmer gegenüber einem Dritten im Falle der Eröffnung des Insolvenzverfahrens oder in den Fällen des § 7 Abs. 1 Satz 4

1) Zur Anwendung siehe § 52 Abs. 4 S. 10 ff.
2) Siehe Anhang 16.
3) Siehe Anhang 16.
4) Siehe Anhang 16.

des Betriebsrentengesetzes[1] soweit der Dritte neben dem Arbeitgeber für die Erfüllung von Ansprüchen auf Grund bestehender Versorgungsverpflichtungen oder Versorgungsanwartschaften gegenüber dem Arbeitnehmer und dessen Hinterbliebenen einsteht; dies gilt entsprechend, wenn der Dritte für Wertguthaben aus einer Vereinbarung über die Altersteilzeit nach dem Altersteilzeitgesetz vom 23. Juli 1996 (BGBl. I S. 1078), zuletzt geändert durch Artikel 234 der Verordnung vom 31. Oktober 2006 (BGBl. I S. 2407), in der jeweils geltenden Fassung oder auf Grund von Wertguthaben aus einem Arbeitszeitkonto in den im ersten Halbsatz genannten Fällen für den Arbeitgeber einsteht.

²In den Fällen nach Buchstabe a, b und c gehören die Leistungen der Pensionskasse, des Unternehmens der Lebensversicherung oder des Dritten zu den Einkünften, zu denen jene Leistungen gehören würden, die ohne Eintritt eines Falles nach Buchstabe a, b und c zu erbringen wären. ³Soweit sie zu den Einkünften aus nichtselbständiger Arbeit im Sinne des § 19 gehören, ist von ihnen Lohnsteuer einzubehalten. ⁴Für die Erhebung der Lohnsteuer gelten die Pensionskasse, das Unternehmen der Lebensversicherung oder der Dritte als Arbeitgeber und der Leistungsempfänger als Arbeitnehmer;

Hinweise

H 3.65 Insolvenzsicherung
→ *R 3.65 LStR 2013*

§ 3 EStG Steuerfrei sind
...

66. Leistungen eines Arbeitgebers oder einer Unterstützungskasse an einen Pensionsfonds zur Übernahme bestehender Versorgungsverpflichtungen oder Versorgungsanwartschaften durch den Pensionsfonds, wenn ein Antrag nach § 4d Abs. 3 oder § 4e Abs. 3 gestellt worden ist;
67. das Erziehungsgeld nach dem Bundeserziehungsgeldgesetz und vergleichbare Leistungen der Länder, das Elterngeld nach dem Bundeselterngeld- und Elternzeitgesetz und vergleichbare Leistungen der Länder sowie Leistungen für Kindererziehung an Mütter der Geburtsjahrgänge vor 1921 nach den §§ 294 bis 299 des Sechsten Buches Sozialgesetzbuch und die Zuschläge nach den §§ 50a bis 50e des Beamtenversorgungsgesetzes oder den §§ 70 bis 74 des Soldatenversorgungsgesetzes.
68. die Hilfen nach dem Gesetz über die Hilfe für durch Anti-D-Immunprophylaxe mit dem Hepatitis-C-Virus infizierte Personen vom 2. August 2000 (BGBl. I S. 1270);
69. die von der Stiftung „Humanitäre Hilfe für durch Blutprodukte HIV-infizierte Personen" nach dem HIV-Hilfegesetz vom 24. Juli 1995 (BGBl. I S. 972) gewährten Leistungen.
70. ¹die Hälfte
    a) der Betriebsvermögensmehrungen oder Einnahmen aus der Veräußerung von Grund und Boden und Gebäuden, die am 1. Januar 2007 mindestens fünf Jahre zum Anlagevermögen eines inländischen Betriebsvermögens des Steuerpflichtigen gehören, wenn diese auf Grund eines nach dem 31. Dezember 2006 und vor dem 1. Januar 2010 rechtswirksam abgeschlossenen obligatorischen Vertrages an eine REIT-Aktiengesellschaft oder einen Vor-REIT veräußert werden,
    b) der Betriebsvermögensmehrungen, die auf Grund der Eintragung eines Steuerpflichtigen in das Handelsregister als REIT-Aktiengesellschaft im Sinne des REIT-Gesetzes vom 28. Mai 2007 (BGBl. I S. 914) durch Anwendung des § 13 Abs. 1 und 3 Satz 1 des Körperschaftsteuergesetzes auf Grund und Boden und Gebäude entstehen, wenn diese Wirtschaftsgüter vor dem 1. Januar 2005 angeschafft oder hergestellt wurden, und die Schlussbilanz im Sinne des § 13 Abs. 1 und 3 des Körperschaftsteuergesetzes auf einen Zeitpunkt vor dem 1. Januar 2010 aufzustellen ist.

---

1) Siehe Anhang 16.

§ 3

²Satz 1 ist nicht anzuwenden,

a) wenn der Steuerpflichtige den Betrieb veräußert oder aufgibt und der Veräußerungsgewinn nach § 34 besteuert wird,

b) soweit der Steuerpflichtige von den Regelungen der §§ 6b und 6c Gebrauch macht,

c) soweit der Ansatz des niedrigeren Teilwerts in vollem Umfang zu einer Gewinnminderung geführt hat und soweit diese Gewinnminderung nicht durch den Ansatz eines Werts, der sich nach § 6 Abs. 1 Nr. 1 Satz 4 ergibt, ausgeglichen worden ist,

d) wenn im Falle des Satzes 1 Buchstabe a der Buchwert zuzüglich der Veräußerungskosten den Veräußerungserlös oder im Falle des Satzes 1 Buchstabe b der Buchwert den Teilwert übersteigt. ²Ermittelt der Steuerpflichtige den Gewinn nach § 4 Abs. 3, treten an die Stelle des Buchwerts die Anschaffungs- oder Herstellungskosten verringert um die vorgenommenen Absetzungen für Abnutzung oder Substanzverringerung,

e) soweit vom Steuerpflichtigen in der Vergangenheit Abzüge bei den Anschaffungs- oder Herstellungskosten von Wirtschaftsgütern im Sinne des Satzes 1 nach § 6b oder ähnliche Abzüge voll steuerwirksam vorgenommen worden sind,

f) wenn es sich um eine Übertragung im Zusammenhang mit Rechtsvorgängen handelt, die dem Umwandlungssteuergesetz[1)] unterliegen und die Übertragung zu einem Wert unterhalb des gemeinen Werts erfolgt.

³Die Steuerbefreiung entfällt rückwirkend, wenn

a) innerhalb eines Zeitraums von vier Jahren seit dem Vertragsschluss im Sinne des Satzes 1 Buchstabe a der Erwerber oder innerhalb eines Zeitraums von vier Jahren nach dem Stichtag der Schlussbilanz im Sinne des Satzes 1 Buchstabe b die REIT-Aktiengesellschaft den Grund und Boden oder das Gebäude veräußert,

b) der Vor-REIT oder ein anderer Vor-REIT als sein Gesamtrechtsnachfolger den Status als Vor-REIT gemäß § 10 Absatz 3 Satz 1 des REIT-Gesetzes verliert,

c) die REIT-Aktiengesellschaft innerhalb eines Zeitraums von vier Jahren seit dem Vertragsschluss im Sinne des Satzes 1 Buchstabe a oder nach dem Stichtag der Schlussbilanz im Sinne des Satzes 1 Buchstabe b in keinem Veranlagungszeitraum die Voraussetzungen für die Steuerbefreiung erfüllt,

d) die Steuerbefreiung der REIT-Aktiengesellschaft innerhalb eines Zeitraums von vier Jahren seit dem Vertragsschluss im Sinne des Satzes 1 Buchstabe a oder nach dem Stichtag der Schlussbilanz im Sinne des Satzes 1 Buchstabe b endet,

e) das Bundeszentralamt für Steuern dem Erwerber im Sinne des Satzes 1 Buchstabe a den Status als Vor-REIT im Sinne des § 2 Satz 4 des REIT-Gesetzes vom 28. Mai 2007 (BGBl. I S. 914) bestandskräftig aberkannt hat.

⁴Die Steuerbefreiung entfällt auch rückwirkend, wenn die Wirtschaftsgüter im Sinne des Satzes 1 Buchstabe a vom Erwerber an den Veräußerer oder eine ihm nahe stehende Person im Sinne des § 1 Abs. 2 des Außensteuergesetzes[2)] überlassen werden und der Veräußerer oder eine ihm nahe stehende Person im Sinne des § 1 Abs. 2 des Außensteuergesetzes[3)] nach Ablauf einer Frist von zwei Jahren seit Eintragung des Erwerbers als REIT-Aktiengesellschaft in das Handelsregister an dieser mittelbar oder unmittelbar zu mehr als 50 Prozent beteiligt ist. ⁵Der Grundstückserwerber haftet für die sich aus dem rückwirkenden Wegfall der Steuerbefreiung ergebenden Steuern.

71. die aus einer öffentlichen Kasse gezahlten Zuschüsse für den Erwerb eines Anteils an einer Kapitalgesellschaft in Höhe von 20 Prozent der Anschaffungskosten, höchstens jedoch 50 000 Euro. ²Voraussetzung ist, dass

a) der Anteil an der Kapitalgesellschaft länger als drei Jahre gehalten wird,

---

1) Siehe Anhang 4.
2) Siehe Anhang 2.
3) Siehe Anhang 2.

b) die Kapitalgesellschaft, deren Anteile erworben werden,

aa) nicht älter ist als zehn Jahre, wobei das Datum der Eintragung der Gesellschaft in das Handelsregister maßgeblich ist,

bb) weniger als 50 Mitarbeiter (Vollzeitäquivalente) hat,

cc) einen Jahresumsatz oder eine Jahresbilanzsumme von höchstens 10 Millionen Euro hat und

dd) nicht börsennotiert ist und keinen Börsengang vorbereitet,

c) der Zuschussempfänger das 18. Lebensjahr vollendet hat oder eine GmbH ist, deren Anteilseigner das 18. Lebensjahr vollendet haben und

d) für den Erwerb des Anteils kein Fremdkapital eingesetzt wird.

EStDV

§ 4 Steuerfreie Einnahmen

Die Vorschriften der Lohnsteuer-Durchführungsverordnung über die Steuerpflicht oder die Steuerfreiheit von Einnahmen aus nichtselbständiger Arbeit sind bei der Veranlagung anzuwenden.

§ 5 (weggefallen)

Weitere Verwaltungsanweisungen
(soweit nicht in den Hinweisen enthalten)

Zu § 3 EStG

1. Entschädigungen an die Mitglieder der Aufsichtsgremien der Rundfunk- und Fernsehanstalten (Vfg OFD Erfurt vom 17.1.1994, DStR 1994 S. 655)
2. Neues Darlehen nach Ablauf der Zinsbindungsfrist fällt nicht unter die Übergangsregelung des § 52 Abs. 2b EStG zu Zinszuschüssen des Arbeitgebers (Erlaß Saarland vom 8.9.1994, DStR 1994 S. 1537)
3. Beihilfen des Europäischen Sozialfonds zur Praxisgründung an Ärzte und zur Schaffung von Dauerarbeitsplätzen sind steuerpflichtige Betriebseinnahmen (BdF-Schreiben vom 22.2.1996, FR 1996 S. 325)
4. Vergütungen für das Personal bei Tests für medizinische Studiengänge sind nicht nach § 3 Nr. 26 EStG steuerfrei (Vfg OFD Erfurt vom 5.3.1996, FR 1996 S. 295)
5. Teileinkünfteverfahren bei zuvor vorgenommenen Teilwertabschreibungen (Vfg OFD Niedersachsen vom 2.9.2010)[1]
6. Steuerbefreiung nach § 3 Nr. 26 EStG für nebenberufliche Tätigkeiten – Gesamtdarstellung mit Einzelfällen (Vfg OFD Frankfurt vom 22.1.2011)[2]
7. Die Steuerbefreiung nach § 3 Nr. 10 EStG für Gastfamilien behinderten Menschen gilt bereits ab 2008 (Vfg OFD Frankfurt vom 7.5.2009 – S 2342 A – 69 – St 213)

Rechtsprechungsauswahl

BFH vom 12.12.13 X R 39 (BStBl. 2014 II S. 572): Bei der Prüfung der Sanierungsbedürftigkeit eines Einzelunternehmers ist auch dessen private Leistungsfähigkeit einschließlich des Privatvermögens zu beleuchten

BFH vom 27.8.13 VIII R 34/11 (BStBl. 2014 II S. 248): Ehrenamtliche Vorstandstätigkeit für ein Versorgungswerk als Leistung öffentlicher Dienste i. S. des § 3 Nr. 12 Satz 2 EStG

BFH vom 17.10.12 VIII R 57/09 (BStBl. 2013 II S. 799): Steuerfreiheit nach § 3 Nr. 12 Satz 1 EStG für Aufwandsentschädigungen ehrenamtlicher Betreuer nach § 1835a BGB

BFH vom 18.7.12 X R 28/10 (BStBl. 2013 II S. 444): Anwendung des Halbeinkünfteverfahrens im Rahmen der gesonderten und einheitlichen Feststellung von Besteuerungsgrundlagen

---

1) Siehe Anlage § 003-01.
2) Siehe Anlage § 003-04.

§ 3a

§ 3a (weggefallen)

§ 3b

§ 3b Steuerfreiheit von Zuschlägen für Sonntags-, Feiertags- oder Nachtarbeit

(1) Steuerfrei sind Zuschläge, die für tatsächlich geleistete Sonntags-, Feiertags- oder Nachtarbeit neben dem Grundlohn gezahlt werden, soweit sie

1. für Nachtarbeit 25 Prozent,
2. vorbehaltlich der Nummern 3 und 4 für Sonntagsarbeit 50 Prozent,
3. vorbehaltlich der Nummer 4 für Arbeit am 31. Dezember ab 14 Uhr und an den gesetzlichen Feiertagen 125 Prozent,
4. für Arbeit am 24. Dezember ab 14 Uhr, am 25. und 26. Dezember sowie am 1. Mai 150 Prozent

des Grundlohns nicht übersteigen.

(2) [1]Grundlohn ist der laufende Arbeitslohn, der dem Arbeitnehmer bei der für ihn maßgebenden regelmäßigen Arbeitszeit für den jeweiligen Lohnzahlungszeitraum zusteht; er ist in einen Stundenlohn umzurechnen und mit höchstens 50 Euro anzusetzen. [2]Nachtarbeit ist die Arbeit in der Zeit von 20 Uhr bis 6 Uhr. [3]Sonntagsarbeit und Feiertagsarbeit ist die Arbeit in der Zeit von 0 Uhr bis 24 Uhr des jeweiligen Tages. [4]Die gesetzlichen Feiertage werden durch die am Ort der Arbeitsstätte geltenden Vorschriften bestimmt.

(3) Wenn die Nachtarbeit vor 0 Uhr aufgenommen wird, gilt abweichend von den Absätzen 1 und 2 Folgendes:

1. Für Nachtarbeit in der Zeit von 0 Uhr bis 4 Uhr erhöht sich der Zuschlagssatz auf 40 Prozent,
2. als Sonntagsarbeit und Feiertagsarbeit gilt auch die Arbeit in der Zeit von 0 Uhr bis 4 Uhr des auf den Sonntag oder Feiertag folgenden Tages.

§ 3c Anteilige Abzüge

(1) Ausgaben dürfen, soweit sie mit steuerfreien Einnahmen in unmittelbarem wirtschaftlichen Zusammenhang stehen, nicht als Betriebsausgaben oder Werbungskosten abgezogen werden; Absatz 2 bleibt unberührt.

(2) ¹Betriebsvermögensminderungen, Betriebsausgaben, Veräußerungskosten oder Werbungskosten, die mit den dem § 3 Nr. 40 zugrunde liegenden Betriebsvermögensmehrungen oder Einnahmen oder mit Vergütungen nach § 3 Nr. 40a in wirtschaftlichem Zusammenhang stehen, dürfen unabhängig davon, in welchem Veranlagungszeitraum die Betriebsvermögensmehrungen oder Einnahmen anfallen, bei der Ermittlung der Einkünfte nur zu 60 Prozent abgezogen werden; Entsprechendes gilt, wenn bei der Ermittlung der Einkünfte der Wert des Betriebsvermögens oder des Anteils am Betriebsvermögen oder die Anschaffungs- oder Herstellungskosten oder der an deren Stelle tretende Wert mindernd zu berücksichtigen sind. ²Für die Anwendung des Satzes 1 ist die Absicht zur Erzielung von Betriebsvermögensmehrungen oder Einnahmen im Sinne des § 3 Nummer 40 oder von Vergütungen im Sinne des § 3 Nummer 40a ausreichend. ³Satz 1 gilt auch für Wertminderungen des Anteils an einer Organgesellschaft, die nicht auf Gewinnausschüttungen zurückzuführen sind. ⁴§ 8b Abs. 10 des Körperschaftsteuergesetzes gilt sinngemäß.

(3) Betriebsvermögensminderungen, Betriebsausgaben oder Veräußerungskosten, die mit den Betriebsvermögensmehrungen oder Einnahmen im Sinne des § 3 Nr. 70 in wirtschaftlichem Zusammenhang stehen, dürfen unabhängig davon, in welchem Veranlagungszeitraum die Betriebsvermögensmehrungen oder Einnahmen anfallen, nur zur Hälfte abgezogen werden.

Hinweise

H 3c Anwendung des Teileinkünfteverfahrens in der steuerlichen Gewinnermittlung
→ *BMF vom 23.10.2013 (BStBl I S. 1269)* [1)]

Hinzurechnungsbetrag

Hinzurechnungen nach §§ 7, 10 AStG sind keine Einnahmen i. S. d. § 3c Abs. 1 EStG (→ BFH vom 7.9.2005 – BStBl. 2006 II S.537).

Zusammenhang mit steuerfreien Einnahmen

Ein unmittelbarer wirtschaftlicher Zusammenhang mit steuerfreien Einnahmen liegt vor, wenn Einnahmen und Ausgaben durch dasselbe Ereignis veranlasst sind. Dies ist der Fall, wenn steuerfreie Einnahmen dazu bestimmt sind, Aufwendungen zu ersetzen, die mit Einkünften i. S. d. § 2 EStG in wirtschaftlichem Zusammenhang stehen. Daraus folgt, dass die Steuerfreiheit von Einnahmen, die der Erstattung von Ausgaben dienen, durch § 3c Abs. 1 EStG rückgängig gemacht wird. Eine Aufteilung der Ausgaben in einen abziehbaren und einen nicht abziehbaren Teil nach dem Verhältnis der steuerfreien zu den steuerpflichtigen Einnahmen kommt nicht in Betracht. Diese Wirkungsweise des § 3c Abs. 1 EStG rechtfertigt sich daraus, dass erstattete Ausgaben den Stpfl. nicht belasten und daher seine steuerpflichtigen Einkünfte auch nicht mindern dürfen (→ BFH vom 27.4.2006 – BStBl. II S 755).

Rechtsprechungsauswahl

BFH vom 6.5.14 IX R 19/13 (BStBl. II S. 682): Anwendung des Teilabzugsverbots bei Rückzahlung von Stammkapital

BFH vom 14.7.10 X R 62/08 (BStBl. 2014 II S. 320): Besteuerung von Destinatszahlungen unter Anwendung des Halbeinkünfteverfahrens – Einfluss von Anwendungsvorschriften auf materielles Recht

BFH vom 17.7.13 X R 17/11 (BStBl. II S. 817): Anwendung des Halbabzugsverbots auf laufende Aufwendungen in Fällen des vorübergehenden Pachtverzichts bei Betriebsaufspaltung – Feststellungslast für das Vorliegen der Voraussetzungen des § 3c Abs. 2 EStG

---

1) Siehe Anlage § 003c-01.

§ 3c

BFH vom 28.2.13 IV R 49/11 (BStBl. II S. 802): Anwendbarkeit des Teilabzugsverbots des § 3c Abs. 2 EStG auf laufende Aufwendungen – Nutzungsüberlassung an Kapitalgesellschaft – Änderung von Steuerbescheiden bei feststehender endgültiger Einnahmelosigkeit der Beteiligung

BFH vom 18.4.12 X R 7/10 (BStBl. 2013 II S. 791): Anwendbarkeit des Halbabzugsverbots auf Teilwertabschreibungen auf Gesellschafterdarlehen und auf Forderungsverzichte bei nicht mehr werthaltigen Gesellschafterdarlehen – Begriff des wirtschaftlichen Zusammenhangs i. S. des § 3c Abs. 2 Satz 1 EStG

BFH vom 18.4.12 X R 5/10 (BStBl. 2013 II S. 785): Anwendbarkeit des Halbabzugsverbots auf Teilwertabschreibungen auf Gesellschafterdarlehen und auf Rückstellungen für die drohende Inanspruchnahme aus Bürgschaften – Begriff des wirtschaftlichen Zusammenhangs i. S. des § 3c Abs. 2 Satz 1 EStG

3. Gewinn

§ 4 Gewinnbegriff im allgemeinen

(1) ¹Gewinn ist der Unterschiedsbetrag zwischen dem Betriebsvermögen am Schluss des Wirtschaftsjahrs und dem Betriebsvermögen am Schluss des vorangegangenen Wirtschaftsjahrs, vermehrt um den Wert der Entnahmen und vermindert um den Wert der Einlagen. ²Entnahmen sind alle Wirtschaftsgüter (Barentnahmen, Waren, Erzeugnisse, Nutzungen und Leistungen), die der Steuerpflichtige dem Betrieb für sich, für seinen Haushalt oder für andere betriebsfremde Zwecke im Laufe des Wirtschaftsjahrs entnommen hat. ³Einer Entnahme für betriebsfremde Zwecke steht der Ausschluss oder die Beschränkung des Besteuerungsrechts der Bundesrepublik Deutschland hinsichtlich des Gewinns aus der Veräußerung oder der Nutzung eines Wirtschaftsguts gleich. ⁴Ein Ausschluss oder eine Beschränkung des Besteuerungsrechts hinsichtlich des Gewinns aus der Veräußerung eines Wirtschaftsguts liegt insbesondere vor, wenn ein bisher einer inländischen Betriebsstätte des Steuerpflichtigen zuzuordnendes Wirtschaftsgut einer ausländischen Betriebsstätte zuzuordnen ist. ⁵Satz 3 gilt nicht für Anteile an einer Europäischen Gesellschaft oder Europäischen Genossenschaft in den Fällen

1. einer Sitzverlegung der Europäischen Gesellschaft nach Artikel 8 der Verordnung (EG) Nr. 2157/2001 des Rates vom 8. Oktober 2001 über das Statut der Europäischen Gesellschaft (SE) (ABl. EG Nr. L 294 S. 1), zuletzt geändert durch die Verordnung (EG) Nr. 885/2004 des Rates vom 26. April 2004 (ABl. EU Nr. L 168 S. 1), und

2. einer Sitzverlegung der Europäischen Genossenschaft nach Artikel 7 der Verordnung (EG) Nr. 1435/2003 des Rates vom 22. Juli 2003 über das Statut der Europäischen Genossenschaft (SCE) (ABl. EU Nr. L 207 S. 1).

⁶Ein Wirtschaftsgut wird nicht dadurch entnommen, dass der Steuerpflichtige zur Gewinnermittlung nach § 13a übergeht. ⁷Eine Änderung der Nutzung eines Wirtschaftsguts, die bei Gewinnermittlung nach Satz 1 keine Entnahme ist, ist auch bei Gewinnermittlung nach § 13a keine Entnahme. ⁸Einlagen sind alle Wirtschaftsgüter (Bareinzahlungen und sonstige Wirtschaftsgüter), die der Steuerpflichtige dem Betrieb im Laufe des Wirtschaftsjahrs zugeführt hat; einer Einlage steht die Begründung des Besteuerungsrechts der Bundesrepublik Deutschland hinsichtlich des Gewinns aus der Veräußerung eines Wirtschaftsguts gleich. ⁹Bei der Ermittlung des Gewinns sind die Vorschriften über die Betriebsausgaben, über die Bewertung und über die Absetzung für Abnutzung oder Substanzverringerung zu befolgen.

(2) ¹Der Steuerpflichtige darf die Vermögensübersicht (Bilanz) auch nach ihrer Einreichung beim Finanzamt ändern, soweit sie den Grundsätzen ordnungsmäßiger Buchführung unter Befolgung der Vorschriften dieses Gesetzes nicht entspricht; diese Änderung ist nicht zulässig, wenn die Vermögensübersicht (Bilanz) einer Steuerfestsetzung zugrunde liegt, die nicht mehr aufgehoben oder geändert werden kann. ²Darüber hinaus ist eine Änderung der Vermögensübersicht (Bilanz) nur zulässig, wenn sie in einem engen zeitlichen und sachlichen Zusammenhang mit einer Änderung nach Satz 1 steht und soweit die Auswirkung der Änderung nach Satz 1 auf den Gewinn reicht.

(3) ¹Steuerpflichtige, die nicht auf Grund gesetzlicher Vorschriften verpflichtet sind, Bücher zu führen und regelmäßig Abschlüsse zu machen, und die auch keine Bücher führen und keine Abschlüsse machen, können als Gewinn den Überschuss der Betriebseinnahmen über die Betriebsausgaben ansetzen. ²Hierbei scheiden Betriebseinnahmen und Betriebsausgaben aus, die im Namen und für Rechnung eines anderen vereinnahmt und verausgabt werden (durchlaufende Posten). ³Die Vorschriften über die Bewertungsfreiheit für geringwertige Wirtschaftsgüter (§ 6 Abs. 2), die Bildung eines Sammelpostens (§ 6 Abs. 2a) und über die Absetzung für Abnutzung oder Substanzverringerung sind zu befolgen. ⁴Die Anschaffungs- oder Herstellungskosten für nicht abnutzbare Wirtschaftsgüter des Anlagevermögens, für Anteile an Kapitalgesellschaften, für Wertpapiere und vergleichbare nicht verbriefte Forderungen und Rechte, für Grund und Boden sowie Gebäude des Umlaufvermögens sind erst im Zeitpunkt des Zuflusses des Veräußerungserlöses oder bei Entnahme im Zeitpunkt der Entnahme als Betriebsausgaben zu berücksichtigen. ⁵Die Wirtschaftsgüter des Anlagevermögens und Wirtschaftsgüter des Umlaufvermögens im Sinne des Satzes 4

sind unter Angabe des Tages der Anschaffung oder Herstellung und der Anschaffungs- oder Herstellungskosten oder des an deren Stelle getretenen Werts in besondere, laufend zu führende Verzeichnisse aufzunehmen.

(4) Betriebsausgaben sind die Aufwendungen, die durch den Betrieb veranlasst sind.

(4a) [1]Schuldzinsen sind nach Maßgabe der Sätze 2 bis 4 nicht abziehbar, wenn Überentnahmen getätigt worden sind. [2]Eine Überentnahme ist der Betrag, um den die Entnahmen die Summe des Gewinns und der Einlagen des Wirtschaftsjahres übersteigen. [3]Die nicht abziehbaren Schuldzinsen werden typisiert mit sechs Prozent der Überentnahme des Wirtschaftsjahres zuzüglich der Überentnahmen vorangegangener Wirtschaftsjahre und abzüglich der Beträge, um die in den vorangegangenen Wirtschaftsjahren der Gewinn und die Einlagen die Entnahmen überstiegen haben (Unterentnahmen), ermittelt; bei der Ermittlung der Überentnahme ist vom Gewinn ohne Berücksichtigung der nach Maßgabe dieses Absatzes nicht abziehbaren Schuldzinsen auszugehen. [4]Der sich dabei ergebende Betrag, höchstens jedoch der um 2 050 Euro verminderte Betrag der im Wirtschaftsjahr angefallenen Schuldzinsen, ist dem Gewinn hinzuzurechnen. [5]Der Abzug von Schuldzinsen für Darlehen zur Finanzierung von Anschaffungs- oder Herstellungskosten von Wirtschaftsgütern des Anlagevermögens bleibt unberührt. [6]Die Sätze 1 bis 5 sind bei der Gewinnermittlung nach § 4 Abs. 3 sinngemäß anzuwenden; hierzu sind Entnahmen und Einlagen gesondert aufzuzeichnen.

(5) [1]Die folgenden Betriebsausgaben dürfen den Gewinn nicht mindern:

1. [1]Aufwendungen für Geschenke an Personen, die nicht Arbeitnehmer des Steuerpflichtigen sind. [2]Satz 1 gilt nicht, wenn die Anschaffungs- oder Herstellungskosten der dem Empfänger im Wirtschaftsjahr zugewendeten Gegenstände insgesamt 35 Euro nicht übersteigen;

2. [1]Aufwendungen für die Bewirtung von Personen aus geschäftlichem Anlass, soweit sie 70 Prozent der Aufwendungen übersteigen, die nach der allgemeinen Verkehrsauffassung als angemessen anzusehen und deren Höhe und betriebliche Veranlassung nachgewiesen sind. [2]Zum Nachweis der Höhe und der betrieblichen Veranlassung der Aufwendungen hat der Steuerpflichtige schriftlich die folgenden Angaben zu machen: Ort, Tag, Teilnehmer und Anlass der Bewirtung sowie Höhe der Aufwendungen. [3]Hat die Bewirtung in einer Gaststätte stattgefunden, so genügen Angaben zu dem Anlass und den Teilnehmern der Bewirtung; die Rechnung über die Bewirtung ist beizufügen;

3. Aufwendungen für Einrichtungen des Steuerpflichtigen, soweit sie der Bewirtung, Beherbergung oder Unterhaltung von Personen, die nicht Arbeitnehmer des Steuerpflichtigen sind, dienen (Gästehäuser) und sich außerhalb des Orts eines Betriebs des Steuerpflichtigen befinden;

4. Aufwendungen für Jagd oder Fischerei, für Segeljachten oder Motorjachten sowie für ähnliche Zwecke und für die hiermit zusammenhängenden Bewirtungen;

5. Mehraufwendungen für die Verpflegung des Steuerpflichtigent. [2]Wird der Steuerpflichtige vorübergehend von seiner Wohnung und dem Mittelpunkt seiner dauerhaft angelegten betrieblichen Tätigkeit entfernt betrieblich tätig, sind die Mehraufwendungen für Verpflegung nach Maßgabe des § 9 Absatz 4a abziehbar;

    a) 24 Stunden abwesend ist, ein Pauschbetrag von 24 Euro,

    b) weniger als 24 Stunden, aber mindestens 14 Stunden abwesend ist, ein Pauschbetrag von 12 Euro,

    c) weniger als 14 Stunden, aber mindestens 8 Stunden abwesend ist, ein Pauschbetrag von 6 Euro

    abzuziehen; eine Tätigkeit, die nach 16.00 Uhr begonnen und vor 8.00 Uhr des nachfolgenden Kalendertages beendet wird, ohne dass eine Übernachtung stattfindet, ist mit der gesamten Abwesenheitsdauer dem Kalendertag der überwiegenden Abwesenheit zuzurechnen. [3]Wird der Steuerpflichtige bei seiner individuellen betrieblichen Tätigkeit typischerweise nur an ständig wechselnden Tätigkeitsstätten oder auf einem Fahrzeug tätig, gilt Satz 2 entsprechend; dabei ist allein die Dauer der Abwesenheit von der Wohnung maßgebend. ⁴Bei einer Tätigkeit im Ausland treten an die Stelle der Pauschbeträge nach Satz 2 länderweise unterschiedliche Pauschbeträge, die für die Fälle der Buchstaben a, b und c mit 120, 80 und 40 Prozent der höchsten Auslandstagegelder nach dem Bundesreisekostengesetz vom Bundesministerium der Finanzen im Einvernehmen mit den obersten Finanzbehörden der Länder aufgerundet auf volle Euro festgesetzt werden; dabei bestimmt sich der Pauschbetrag nach dem Ort, den der Steuerpflichtige vor 24 Uhr Ortszeit zuletzt erreicht, oder, wenn dieser Ort im Inland liegt, nach dem letzten Tätigkeitsort im Ausland. ⁵Bei einer längerfristigen vorübergehenden Tätigkeit an derselben Tätigkeitsstätte beschränkt sich der pauschale Abzug nach Satz 2 auf die ersten drei Monate. ⁶Die Abzugsbeschränkung nach Satz 1, die Pauschbeträge nach den Sätzen 2 und 4 sowie die Dreimonatsfrist nach Satz 5 gelten auch für den Abzug von Verpflegungsmehraufwendungen bei einer aus betrieblichem Anlass begründeten doppelten Haushaltsführung; dabei ist für jeden Kalendertag innerhalb der Dreimonatsfrist, an dem gleichzeitig eine Tätigkeit im Sinne des Satzes 2 oder 3 ausgeübt wird, nur der jeweils höchste in Betracht kommende Pauschbetrag abzuziehen und die Dauer einer Tätigkeit im Sinne des Satzes 2 an dem Beschäftigungsort, der zur Begründung der doppelten Haushaltsführung geführt hat, auf die Dreimonatsfrist anzurechnen, wenn die ihr unmittelbar vorausgegangen ist;

6. Aufwendungen für die Wege des Steuerpflichtigen zwischen Wohnung und Betriebsstätte und für Familienheimfahrten, soweit in den folgenden Sätzen nichts anderes bestimmt ist. ²Zur Abgeltung dieser Aufwendungen ist § 9 Absatz 1 Satz 3 Nummer 4 Satz 2 bis 6 und Nummer 5 Satz 5 bis 7 und Absatz 2 entsprechend anzuwenden. ³Bei der Nutzung eines Kraftfahrzeugs dürfen die Aufwendungen in Höhe des positiven Unterschiedsbetrags zwischen 0,03 Prozent des inländischen Listenpreises im Sinne des § 6 Absatz 1 Nummer 4 Satz 2 des Kraftfahrzeugs im Zeitpunkt der Erstzulassung je Kalendermonat für jeden Entfernungskilometer und dem sich nach § 9 Absatz 1 Satz 3 Nummer 4 Satz 2 bis 6 oder Absatz 2 ergebenden Betrag sowie Aufwendungen für Familienheimfahrten in Höhe des positiven Unterschiedsbetrags zwischen 0,002 Prozent des inländischen Listenpreises im Sinne des § 6 Absatz 1 Nummer 4 Satz 2 für jeden Entfernungskilometer und dem sich nach § 9 Absatz 1 Satz 3 Nummer 5 Satz 5 bis 7 oder Absatz 2 ergebenden Betrag den Gewinn nicht mindern; ermittelt der Steuerpflichtige die private Nutzung des Kraftfahrzeugs nach § 6 Absatz 1 Nummer 4 Satz 1 oder Satz 3, treten an die Stelle des mit 0,03 oder 0,002 Prozent des inländischen Listenpreises ermittelten Betrags für Fahrten zwischen Wohnung und Betriebsstätte und für Familienheimfahrten die auf diese Fahrten entfallenden tatsächlichen Aufwendungen; § 6 Absatz 1 Nummer 4 Satz 3 zweiter Halbsatz gilt sinngemäß;

6a. die Mehraufwendungen für eine betrieblich veranlasste doppelte Haushaltsführung, soweit sie die nach § 9 Absatz 1 Satz 3 Nummer 5 Satz 1 bis 4 abziehbaren Beträge und die Mehraufwendungen für betrieblich veranlasste Übernachtungen, soweit sie die nach § 9 Absatz 1 Satz 3 Nummer 5a abziehbaren Beträge übersteigen;

6b. Aufwendungen für ein häusliches Arbeitszimmer sowie die Kosten der Ausstattung. ²Dies gilt nicht, wenn für die betriebliche oder berufliche Tätigkeit kein anderer Arbeitsplatz zur Verfügung steht. ³In diesem Fall wird die Höhe der abziehbaren Aufwendungen auf 1 250 Euro begrenzt; die Beschränkung der Höhe nach gilt nicht, wenn das Arbeitszimmer den Mittelpunkt der gesamten betrieblichen und beruflichen Betätigung bildet;

7. andere als die in den Nummern 1 bis 6 und 6b bezeichneten Aufwendungen, die die Lebensführung des Steuerpflichtigen oder anderer Personen berühren, soweit sie nach allgemeiner Verkehrsauffassung als unangemessen anzusehen sind;

8. ¹von einem Gericht oder einer Behörde im Geltungsbereich dieses Gesetzes oder von Organen der Europäischen Union festgesetzte Geldbußen, Ordnungsgelder und Verwarnungsgelder. ²Dasselbe gilt für Leistungen zur Erfüllung von Auflagen oder Weisungen, die in einem berufsgerichtlichen Verfahren erteilt werden, soweit die Auflagen oder Weisungen nicht lediglich der Wiedergutmachung des durch die Tat verursachten Schadens dienen. ³Die Rückzahlung von Ausgaben im Sinne der Sätze 1 und 2 darf den

Gewinn nicht erhöhen. ⁴Das Abzugsverbot für Geldbußen gilt nicht, soweit der wirtschaftliche Vorteil, der durch den Gesetzesverstoß erlangt wurde, abgeschöpft worden ist, wenn die Steuern vom Einkommen und Ertrag, die auf den wirtschaftlichen Vorteil entfallen, nicht abgezogen worden sind; Satz 3 ist insoweit nicht anzuwenden.

8a. Zinsen auf hinterzogene Steuern nach § 235 der Abgabenordnung;

9. Ausgleichszahlungen, die in den Fällen der §§ 14 und 17 des Körperschaftsteuergesetzes an außenstehende Anteilseigner geleistet werden.

10. ¹die Zuwendung von Vorteilen sowie damit zusammenhängende Aufwendungen, wenn die Zuwendung der Vorteile eine rechtswidrige Handlung darstellt, die den Tatbestand eines Strafgesetzes oder eines Gesetzes verwirklicht, das die Ahndung mit einer Geldbuße zuläßt. ²Gerichte, Staatsanwaltschaften oder Verwaltungsbehörden haben Tatsachen, die sie dienstlich erfahren und die den Verdacht einer Tat im Sinne des Satzes 1 begründen, der Finanzbehörde für Zwecke des Besteuerungsverfahrens und zur Verfolgung von Steuerstraftaten und Steuerordnungswidrigkeiten mitzuteilen. ³Die Finanzbehörde teilt Tatsachen, die den Verdacht einer Straftat oder einer Ordnungswidrigkeit im Sinne des Satzes 1 begründen, der Staatsanwaltschaft oder der Verwaltungsbehörde mit. ⁴Diese unterrichten die Finanzbehörde von dem Ausgang des Verfahrens und den zugrundeliegenden Tatsachen;

11. Aufwendungen, die mit unmittelbaren oder mittelbaren Zuwendungen von nicht einlagefähigen Vorteilen an natürliche oder juristische Personen oder Personengesellschaften zur Verwendung in Betrieben in tatsächlichem oder wirtschaftlichem Zusammenhang stehen, deren Gewinn nach § 5a Abs. 1 ermittelt wird;

12. Zuschläge nach § 162 Abs. 4 der Abgabenordnung.

13. Jahresbeiträge nach § 12 Absatz 2 des Restrukturierungsfondsgesetzes.

²Das Abzugsverbot gilt nicht, soweit die in den Nummern 2 bis 4 bezeichneten Zwecke Gegenstand einer mit Gewinnabsicht ausgeübten Betätigung des Steuerpflichtigen sind. ³§ 12 Nr. 1 bleibt unberührt.

(5a) (weggefallen)

(5b) Die Gewerbesteuer und die darauf entfallenden Nebenleistungen sind keine Betriebsausgaben.

(6) Aufwendungen zur Förderung staatspolitischer Zwecke (§ 10b Abs. 2) sind keine Betriebsausgaben.

(7) ¹Aufwendungen im Sinne des Absatzes 5 Satz 1 Nr. 1 bis 4, 6b und 7 sind einzeln und getrennt von den sonstigen Betriebsausgaben aufzuzeichnen. ²Soweit diese Aufwendungen nicht bereits nach Absatz 5 vom Abzug ausgeschlossen sind, dürfen sie bei der Gewinnermittlung nur berücksichtigt werden, wenn sie nach Satz 1 besonders aufgezeichnet sind.

(8) Für Erhaltungsaufwand bei Gebäuden in Sanierungsgebieten und städtebaulichen Entwicklungsbereichen sowie bei Baudenkmalen gelten die §§ 11a und 11b entsprechend.

(9) Aufwendungen des Steuerpflichtigen für seine erstmalige Berufsausbildung oder für ein Erststudium, das zugleich eine Erstausbildung vermittelt, sind keine Betriebsausgaben.

EStDV

§ 6 Eröffnung, Erwerb, Aufgabe und Veräußerung eines Betriebs

(1) Wird ein Betrieb eröffnet oder erworben, so tritt bei der Ermittlung des Gewinns an die Stelle des Betriebsvermögens am Schluss des vorangegangenen Wirtschaftsjahrs das Betriebsvermögen im Zeitpunkt der Eröffnung oder des Erwerbs des Betriebs.

(2) Wird ein Betrieb aufgegeben oder veräußert, so tritt bei der Ermittlung des Gewinns an die Stelle des Betriebsvermögens am Schluss des Wirtschaftsjahrs das Betriebsvermögen im Zeitpunkt der Aufgabe oder der Veräußerung des Betriebs.

§ 7 (weggefallen)

§ 8 **Eigenbetrieblich genutzte Grundstücke von untergeordnetem Wert** (abgedruckt hinter § 6 EStG)

§ 8a (weggefallen)

EStR und Hinweise
EStR 2012 zu § 4 EStG
R 4.1 Betriebsvermögensvergleich

Betriebe der Land- und Forstwirtschaft

(1) ¹Bei einem Betrieb der Land- und Forstwirtschaft ist der Gewinn durch Betriebsvermögensvergleich nach § 4 Abs. 1 EStG zu ermitteln, wenn der Land- und Forstwirt nach den §§ 140, 141 AO verpflichtet ist, für diesen Betrieb Bücher zu führen und auf Grund jährlicher Bestandsaufnahmen Abschlüsse zu machen. ²Werden für den Betrieb freiwillig Bücher geführt und auf Grund jährlicher Bestandsaufnahmen Abschlüsse gemacht, ist der Gewinn durch Betriebsvermögensvergleich nach § 4 Abs. 1 EStG zu ermitteln, wenn der Antrag nach § 13a Abs. 2 Nr. 1 EStG gestellt worden ist oder der Gewinn aus anderen Gründen nicht nach § 13a EStG zu ermitteln ist.

Gewerbliche Betriebe

(2) ¹Bei einem gewerblichen Betrieb, für den die Verpflichtung besteht, Bücher zu führen und auf Grund jährlicher Bestandsaufnahmen Abschlüsse zu machen oder für den freiwillig Bücher geführt und regelmäßig Abschlüsse gemacht werden, muss der Gewerbetreibende den Gewinn durch Betriebsvermögensvergleich nach § 5 EStG ermitteln. ²Für Handelsschiffe im internationalen Verkehr kann der Gewinn auf Antrag nach § 5a EStG ermittelt werden. ³Werden für einen gewerblichen Betrieb, für den Buchführungspflicht besteht, keine Bücher geführt, oder ist die Buchführung nicht ordnungsmäßig (→ R 5.2 Abs. 2), so ist der Gewinn nach § 5 EStG unter Berücksichtigung der Verhältnisse des Einzelfalles, unter Umständen unter Anwendung von Richtsätzen, zu schätzen. ⁴Das Gleiche gilt, wenn für einen gewerblichen Betrieb freiwillig Bücher geführt und Abschlüsse gemacht werden, die Buchführung jedoch nicht ordnungsmäßig ist. ⁵Bei gewerblichen Betrieben, bei denen die Voraussetzungen der Sätze 1 bis 4 nicht vorliegen, kann der Gewinn durch Einnahmenüberschussrechnung nach § 4 Abs. 3 EStG ermittelt werden, wenn der Gewerbetreibende für den Betrieb diese Gewinnermittlungsart gewählt hat.

Personengesellschaften

(3) Absätze 1 und 2 gelten sinngemäß.

Beteiligung an einer ausländischen Personengesellschaft

(4) ¹Sind unbeschränkt steuerpflichtige Personen an einer ausländischen Personengesellschaft beteiligt, die im Inland weder eine Betriebsstätte unterhält noch einen ständigen Vertreter bestellt hat, ist der Gewinn der Personengesellschaft zur Ermittlung der Höhe der Gewinnanteile der unbeschränkt steuerpflichtigen Personen nach § 4 Abs. 1 oder 3 EStG zu ermitteln. ²Eine Buchführungspflicht nach § 140 AO kann auch eine ausländische Rechtsnorm begründen. ³Bei der Gewinnermittlung nach § 4 Abs. 1 EStG sind alle Geschäftsvorfälle unter Beachtung der Grundsätze ordnungsmäßiger Buchführung zu berücksichtigen, auch wenn sie in einer ausländischen Währung ausgewiesen sind. ⁴Das Ergebnis einer in ausländischer Währung aufgestellten Steuerbilanz ist in Euro nach einem Umrechnungsverfahren umzurechnen, das nicht gegen die deutschen Grundsätze ordnungsmäßiger Buchführung verstößt.

Ordnungsmäßigkeit der Buchführung

(5) ¹Für die Ordnungsmäßigkeit der Buchführung bei Gewinnermittlung nach § 4 Abs. 1 EStG gelten R 5.2 bis 5.4 sinngemäß. ²§ 141 Abs. 1 und § 142 AO bleiben unberührt.

Hinweise

H 4.1 Aufzeichnungs- und Buchführungspflichten
- **von Angehörigen der freien Berufe**
  → H 18.2
- *für das steuerliche* **Sonderbetriebsvermögen einer Personengesellschaft** *(→ R 4.2 Abs. 2) nach § 141 Abs. 1 AO obliegen nicht dem einzelnen Gesellschafter, sondern der Personengesellschaft (→ BFH vom 23.10.1990 – BStBl. 1991 II S. 401); Übertragung auf die Mitunternehmer ist nicht zulässig (→ BFH vom 11.3.1992 – BStBl. II S. 797). Die Gewinnermittlung für das Sonderbetriebsvermögen hat hierbei nach dem gleichen Gewinnermittlungszeitraum und*

nach der gleichen Gewinnermittlungsart wie bei der Personengesellschaft zu erfolgen (→ BFH vom 11.12.1986 – BStBl. 1987 II S. 553 und vom 11.3.1992 – BStBl. II S. 797).

Gewinnermittlung
- *bei Beteiligung an ausländischer Personengesellschaft*
  → *R 4.1 Abs. 4 und BFH vom 13.9.1989 – BStBl. 1990 II S. 57*
  Für Zwecke der Anwendung des Progressionsvorbehalts auf Gewinnanteile ist R 4.1 Abs. 4 entsprechend anzuwenden (→ BFH vom 22.5.1991 – BStBl. 1992 II S. 94).
- *bei Handelsschiffen im internationalen Verkehr,*
  → *BMF vom 12.6.2002 (BStBl. I S. 614), unter Berücksichtigung der Änderungen durch BMF vom 31.10.2008 (BStBl. I S. 956) und vom 10.9.2013 (BStBl. I S. 1152).*
- *bei Land- und Forstwirtschaft*
  → *R 13.5*
  → *Buchführung in land- und forstwirtschaftlichen Betrieben (→ BMF vom 15.12.1981 – BStBl. I S. 878)*

Gewinnschätzung
- *Bei einem gewerblichen Betrieb, für den keine Buchführungspflicht besteht, für den freiwillig keine Bücher geführt werden und für den nicht festgestellt werden kann, daß der Steuerpflichtige die Gewinnermittlung nach § 4 Abs. 3 EStG gewählt hat (→ BFH vom 30.9.1980 – BStBl. 1981 II S. 301), ist der Gewinn nach § 4 Abs. 1 EStG unter Berücksichtigung der Verhältnisse des Einzelfalles, unter Umständen unter Anwendung von Richtsätzen, zu schätzen. Hat der Steuerpflichtige dagegen für den Betrieb zulässigerweise die Gewinnermittlung nach § 4 Abs. 3 EStG gewählt, so ist auch eine Gewinnschätzung in dieser Gewinnermittlungsart durchzuführen (BFH vom 2.3.1982 – BStBl. 1984 II S. 504).*
- → *bei abweichendem Wirtschaftsjahr → R 4a Abs. 4*
- *bei einem Freiberufler, der seinen Gewinn für ein vom Kalenderjahr abweichendes Wirtschaftsjahr ermittelt hat, → H 4a (Freiberufler)*

Sanierungsgewinn
Ertragsteuerliche Behandlung von Sanierungsgewinnen; Steuerstundung und Steuererlass aus sachlichen Billigkeitsgründen (§§ 163, 222, 227 AO) → BMF vom 27.3.2003 (BStBl. I S. 240). [1]

EStR 2012 zu § 4 EStG

R 4.2 Betriebsvermögen

R 4.2 (1) Allgemeines

(1) [1]Wirtschaftsgüter, die ausschließlich und unmittelbar für eigenbetriebliche Zwecke des Steuerpflichtigen genutzt werden oder dazu bestimmt sind, sind **notwendiges Betriebsvermögen**. [2]Eigenbetrieblich genutzte Wirtschaftsgüter sind auch dann notwendiges Betriebsvermögen, wenn sie nicht in der Buchführung und in den Bilanzen ausgewiesen sind. [3]Wirtschaftsgüter, die in einem gewissen objektiven Zusammenhang mit dem Betrieb stehen und ihn zu fördern bestimmt und geeignet sind, können
– bei Gewinnermittlung durch Betriebsvermögensvergleich (→ R 4.1) oder durch Einnahmenüberschussrechnung (→ R 4.5) – als **gewillkürtes Betriebsvermögen** behandelt werden. [4]Wirtschaftsgüter, die nicht Grundstücke oder Grundstücksteile sind und die zu mehr als 50 v. H. eigenbetrieblich genutzt werden, sind in vollem Umfang notwendiges Betriebsvermögen. [5]Werden sie zu mehr als 90 v. H. privat genutzt, gehören sie in vollem Umfang zum notwendigen Privatvermögen. [6]Bei einer betrieblichen Nutzung von mindestens 10 v. H. bis zu 50 v. H. ist eine Zuordnung dieser Wirtschaftsgüter zum gewillkürten Betriebsvermögen in vollem Umfang möglich. [7]Wird ein Wirtschaftsgut in mehreren Betrieben des Steuerpflichtigen genutzt, so ist die gesamte eigenbetriebliche Nutzung maßgebend.

Hinweise

H 4.2 (1) Anwartschaften auf Hinterbliebenenversorgung bei Betriebsaufspaltung

Im Fall einer Betriebsaufspaltung sind Anwartschaften auf Hinterbliebenenversorgung, die auf einer dem Geschäftsführer der Betriebs-Kapitalgesellschaft erteilten Pensionszusage beruhen, im Besitzunternehmen auch dann nicht bereits während der Anwartschaftszeit zu ak-

---

1) Siehe Anlage § 004-03.

tivieren, wenn in der Betriebs-Kapitalgesellschaft die Zuführungsbeträge zur Pensionsrückstellung, soweit sie auf die Hinterbliebenenversorgung entfallen, als verdeckte Gewinnausschüttung zu beurteilen sind (→ BFH vom 23.3.2011 – BStBl. 2012 II S. 188)

Beteiligungen
- Eine Beteiligung gehört zum notwendigen Betriebsvermögen, wenn sie dazu bestimmt ist, die betriebliche Betätigung des Stpfl. entscheidend zu fördern oder wenn sie dazu dient, den Absatz von Produkten des Stpfl. zu gewährleisten (→ BFH vom 2.9.2008).
- **Anteil eines Steuerberaters an einer GmbH**, deren Betrieb der Steuerberatungspraxis wesensfremd ist, gehört auch dann nicht zum Betriebsvermögen, wenn er in der Absicht erworben wurde, das steuerliche Mandat der GmbH zu erlangen (→ BFH vom 22.1.1981 – BStBl. II S. 564), oder wenn die anderen Gesellschafter der GmbH Mandanten des Steuerberaters sind und der Beteiligung wirtschaftliches Eigengewicht beizumessen ist (→ BFH vom 23.5.1985 – BStBl. II S. 517). Der Anteil eines Steuerberaters an einer GmbH gehört dagegen zum notwendigen Betriebsvermögen, wenn er ihn zur Begleichung seiner Honoraransprüche zu dem Zweck erhält, ihn später unter Realisierung einer Wertsteuerung zu veräußern (→ BFH vom 1.2.2001 – BStBl. II S. 546).
- **Anteil an Wohnungsbau-GmbH** kann zum notwendigen Betriebsvermögen eines Malermeisters gehören (→ BFH vom 8.12.1993 – BStBl. 1994 II S. 296).
- Freiwillig gezeichnete **Genossenschaftsanteile** sind nur dann notwendiges Betriebsvermögen, wenn sie für den Betrieb eine konkrete und unmittelbare Funktion besitzen (→ BFH vom 4.2.1998 – BStBl. II S. 301).
- Die Zuordnung der Beteiligung an einer Komplementär-GmbH zum notwendigen Betriebsvermögen eines Betriebsaufspaltungs-Besitzunternehmens wird nicht schon dadurch ausgeschlossen, dass die Komplementär-GmbH weder zum Besitzunternehmen noch zur Betriebs-Kapitalgesellschaft unmittelbare Geschäftsbeziehungen unterhält. In derartigen Fällen setzt eine Zuordnung zum notwendigen Betriebsvermögen voraus, dass die Komplementär-GmbH entscheidenden Einfluss auf den Geschäftsbetrieb der Gesellschaft (GmbH & Co. KG) besitzt, die auf Grund ihrer intensiven und dauerhaften Geschäftsbeziehungen, zum Betriebsunternehmen oder Betriebsvermögen die gewerbliche Betätigung des Stpfl. entscheidend fördert. Weiterhin ist erforderlich, dass der Stpfl. seinerseits durch das Halten der Beteiligung an der Komplementär-GmbH in der Lage ist, deren Einfluss auf das geschäftliche Verhalten der GmbH & Co. KG maßgeblich zu fördern (→ BFH vom 12.6.2013 – BStBl. II S. 907).
- → Wertpapiere
- → H 18.2 (Geldgeschäfte)

Bodenschatz
- Land- und Forstwirte können im eigenen Grund und Boden entdeckte Bodenschätze, deren Ausbeute einem Pächter übertragen ist, nicht als gewillkürtes Betriebsvermögen behandeln (→ BFH vom 28.10.1982 – BStBl. 1983 II S. 106).
- Zu der Frage, wann ein im Eigentum des Grundstückseigentümers stehender Bodenschatz als Wirtschaftsgut entsteht und ob ein solches Wirtschaftsgut dem Betriebs- oder Privatvermögen zuzuordnen ist → BMF vom 7.10.1998 (BStBl. I S. 1221).[1)]
- Das selbständige Wirtschaftsgut Bodenschatz stellt weder notwendiges noch gewillkürtes Betriebsvermögen eines land- und forstwirtschaftlichen Betriebs dar, wenn es ausschließlich zum Zweck des gewerblichen Abbaus durch Dritte erworben wurde (→ BFH vom 24.1.2008 – BStBl. 2009 II S. 449).
- → H 6.2

Darlehnsforderung eines Steuerberaters gegen seinen Mandanten
ist notwendiges Betriebsvermögen, wenn das Darlehen gewährt wurde, um eine Honorarforderung zu retten (→ BFH vom 22.4.1980 – BStBl. II S. 571).

Dividendenansprüche
Keine phasengleiche Aktivierung von Dividendenansprüchen bei Beteiligung einer Kapitalgesellschaft an einer anderen Kapitalgesellschaft, wenn nicht durch objektiv nachprüfbare Umstände belegt ist, dass am maßgeblichen Bilanzstichtag ein unwiderruflicher Ent-

---
1) Siehe Anlage § 004-44.

schluss zur Ausschüttung eines bestimmten Betrags vorliegt → BFH vom 7.2.2007 (BStBl. 2008 II S. 340). Dies gilt auch für die Bilanzierung von Gewinnansprüchen in Fällen, in denen Gesellschafter einer Kapitalgesellschaft bilanzierende Einzelunternehmer oder Personengesellschaften sind, sowie in Fällen einer Betriebsaufspaltung, wenn sich die Beteiligung an einer Kapitalgesellschaft im Sonderbetriebsvermögen II des Gesellschafters einer Personengesellschaft befindet. Die Rechtsgrundsätze gelten auch für Bilanzstichtage nach In-Kraft-Treten des BiRiLiG (→ BFH vom 31.10.2000 – BStBl. 2001 II S. 185).

→ aber Zinsansprüche aus Genussrechten.

Durchlaufende Posten

Durchlaufende Posten sind auch bei Betriebsvermögensvergleich grundsätzlich gewinneutral zu behandeln. Die Gewinneutralität ergibt sich durch Aktivierung bzw. Passivierung gleichhoher Wertzugänge und Wertabgänge. Bei Gewinnermittlung durch Betriebsvermögensvergleich setzt die Gewinneutralität nicht voraus, dass das Geschäft erkennbar in fremden Namen und für fremde Rechnung getätigt wird. Die Gewinneutralität findet ihre Grenze in § 159 AO (→ BFH vom 13.8.1997 – BStBl. 1998 II S. 161).

Eiserne Verpachtung

Zur Gewinnermittlung bei der Verpachtung von Betrieben mit Substanzerhaltungspflicht des Pächters nach §§ 582a, 1048 BGB → BMF vom 21.2.2002 (BStBl. I S. 262). [1]

Erwerb mit betrieblichen Mitteln

Ein Wirtschaftsgut gehört nicht schon allein deshalb zum notwendigen Betriebsvermögen, weil es mit betrieblichen Geldmitteln erworben wurde (→ BFH vom 18.12.1996 – BStBl. II S. 351).

Forderungen

– *Gemäß § 252 Abs. 1 Nr. 4 zweiter Halbsatz HGB*[2] *sind Forderungen nur zu berücksichtigen, wenn sie am Abschlussstichtag realisiert sind. Diese Voraussetzung liegt vor, wenn eine Forderung entweder rechtlich bereits entstanden ist oder die für die Entstehung wesentlichen wirtschaftlichen Ursachen im abgelaufenen Geschäftsjahr gesetzt worden sind und der Kaufmann mit der künftigen rechtlichen Entstehung des Anspruchs fest rechnen kann. Dies ist z. B. der Fall, wenn der Leistungsverpflichtete die von ihm geschuldete Erfüllungshandlung erbracht hat; danach sind Provisionsansprüche aus Vermittlungsleistungen mit Abschluss des jeweiligen Kaufvertrages und der Vereinbarung des Leistungsentgeltes, spätestens mit der Lieferung an den Auftraggeber, realisiert (→ BFH vom 3.8.2005 – BStBl. 2006 II S. 20)*

– *Nicht entstandene Rückgriffsansprüche sind als Forderungen nur zu berücksichtigen, soweit sie einem Ausfall der Forderung unmittelbar nachfolgen und nicht bestritten sind (→ BFH vom 8.11.2000 – BStBl. 2001 II S. 349).*

– *Umstrittene Forderungen können erst am Schluss des Wirtschaftsjahres angesetzt werden, in dem über den Anspruch rechtskräftig entschieden wird oder in dem eine Einigung mit dem Schuldner zustande kommt (→ BFH vom 14.3.2006 – BStBl. II S.650).*

Gewillkürtes Betriebsvermögen

– *Die Steuerpflichtigen haben kein (freies) Wahlrecht, gewillkürtes Betriebsvermögen oder Privatvermögen zu bilden. Vielmehr muss für die Bildung gewillkürten Betriebsvermögens eine betriebliche Veranlassung gegeben sein. Die Wirtschaftsgüter müssen objektiv „betriebsdienlich" sein. Die Willkürung muss ihr auslösendes Moment im Betrieb haben. Deshalb muss der Steuerpflichtige darlegen, welche Beziehung das Wirtschaftsgut zum Betrieb hat und welche vernünftigen wirtschaftlichen Überlegungen ihn veranlasst haben, des Wirtschaftsgut als Betriebsvermögen zu behandeln (BFH vom 24.2.2000 – BStBl. II S. 297).*

– *Die Zuordnung eines Wirtschaftsguts zum gewillkürten Betriebsvermögen bei Einlage muss unmissverständlich in einer Weise kundgemacht werden, dass ein sachverständiger Dritter ohne weitere Erklärung des Steuerpflichtigen die Zugehörigkeit zum Betriebsvermögen erkennen kann (→ BFH vom 22.9.1993 – BStBl. 1994 II S. 172).*

---

1) Siehe Anlage § 004-02.
2) Siehe Anhang 15.

- Die Zuordnung zum gewillkürten Betriebsvermögen erfordert, dass der notwendige Widmungsakt zeitnah in den Büchern oder in Aufzeichnungen dokumentiert wird (→ BFH vom 27.6.2006 – BStBl. IIS. 874).
- Die Einlage von Wirtschaftsgütern als gewillkürtes Betriebsvermögen ist nicht zulässig, wenn erkennbar ist, dass die betreffenden Wirtschaftsgüter dem Betrieb keinen Nutzen, sondern nur Verluste bringen werden (→ BFH vom 19.2.1997 – BStBl. II S. 399).

Gewinnrealisierung

- Der Zeitpunkt der Gewinnrealisierung wird beim Verkauf von Vermögensgegenständen im Allgemeinen als erfüllt angesehen, wenn der Vermögensgegenstand ausgeliefert, der Anspruch auf die Gegenleistung entstanden und die Gefahr des zufälligen Untergangs auf den Käufer übergegangen ist. Die Forderung aus dem Verkauf eines Grundstücks ist demnach mit dem Übergang von Besitz, Gefahr, Nutzen und Lasten realisiert (→ BFH vom 8.9.2005 – BStBl. 2006 II S. 26).
- Gewinnrealisierung ist bei Übertragung des wirtschaftlichen Eigentums an einem Grundstück auch anzunehmen, wenn der Käufer am Bilanzstichtag des Veräußerungsjahres noch das Recht hat, unter bestimmten Voraussetzungen vom Kaufvertrag zurückzutreten (→ BFH vom 25.1.1996 – BStBl. 1997 II S. 382. Zur Bildung einer Rückstellung → H 5.7 (1) Rückabwicklung.
- Der Gewinn aus einer Inkassotätigkeit ist realisiert, wenn und soweit dem Unternehmer für eine selbständig abrechenbare und vergütungsfähige (Teil-)Leistung gegenüber seinem Auftraggeber ein prinzipiell unentziehbarer Provisionsanspruch zusteht (→ BFH vom 29.11.2007 – BStBl. 2008 II S. 557).
- Die Gewinnrealisierung tritt bei Planungsleistungen eines Ingenieurs nicht erst mit der Abnahme oder Stellung der Honorarschlussrechnung ein, sondern bereits dann, wenn der Anspruch auf Abschlagszahlungen nach § 8 Abs. 2 Honorarordnung für Architekten und Ingenieure (HOAI) entstanden ist. Abschlagszahlungen nach § 8 Abs. 2 HOAI sind nicht wie Anzahlungen auf schwebende Geschäfte zu bilanzieren (→ BFH vom 14.5.2014 – BStBl. II S. 968).

Gold

- **Barrengold** kommt als gewillkürtes Betriebsvermögen jedenfalls für solche gewerblichen Betriebe nicht in Betracht, die nach ihrer Art oder Kapitalausstattung kurzfristig auf Liquidität für geplante Investitionen angewiesen sind (→ BFH vom 18.12.1996 – BStBl. 1997 II S. 351)
- **Zahngold**; zum notwendigen Betriebsvermögen eines Zahnarztes gehört nicht nur das zu sofortiger betrieblicher Verwendung angeschaffte Zahngold, sondern auch das aus Goldabfällen stammende Altgold sowie in der Regel das zu Beistellungszwecken erworbene Dentalgold (→ BFH vom 12.3.1992 – BStBl. 1993 II S. 36); der Erwerb von **Feingold** ist nicht betrieblich veranlaßt (→ BFH vom 17.4.1986 – BStBl. II S. 607).

Instandhaltungsrückstellung

Ein bilanzierender Stpfl., dem eine Eigentumswohnung gehört und der Zahlungen in eine von der Wohnungseigentümergemeinschaft gebildeten Instandhaltungsrückstellung geleistet hat, muss seine Beteiligung an der Instandhaltungsrückstellung mit dem Betrag der geleisteten und noch nicht verbrauchten Einzahlungen aktivieren (→ BFH vom 5.10.2011 – BStBl. 2012 II S. 244).

Kreditgrundlage/Liquiditätsreserve

- Wirtschaftsgüter, die weder zum notwendigen Betriebsvermögen noch zum notwendigen Privatvermögen gehören, können als gewillkürtes Betriebsvermögen berücksichtigt werden, wenn sie objektiv geeignet und vom Betriebsinhaber erkennbar dazu bestimmt sind, den Betrieb zu fördern. Förderungsmöglichkeiten in diesem Sinne bieten Wirtschaftsgüter insbesondere auch, wenn sie als **Kreditgrundlage** oder **Liquiditätsreserve** geeignet sind oder z. B. **höhere Erträge** bringen. In Betracht kommen neben Bargeld oder Bankguthaben vor allem risikofreie und leicht liquidierbare Wertpapiere (→BFH vom 18.12.1996 – BStBl. 1997 II S. 351 und vom 19.2.1997 – BStBl. II S. 399).
- → aber Termin- und Optionsgeschäfte
- Ein Wirtschaftsgut gehört nicht schon allein deshalb zum notwendigen Betriebsvermögen, weil es mit betrieblichen Mitteln erworben wurde oder der **Sicherung betrieblicher Kredite** dient (→ BFH vom 13.8.1964 – BStBl. III S. 502).

- → *H 4.2 (2) Sonderbetriebsvermögen*

Leasing

Voraussetzungen für die Zurechnung des Leasing-Gegenstandes beim Leasing-Geber
- → *BMF vom 19.4.1971 (BStBl. I S. 264)*[1]
- → *BMF vom 21.3.1972 (BStBl. I S. 188)*[2]
- → *BMF vom 22.12.1975*[3]
- → *BMF vom 23.12.1991 (BStBl. 1992 I S. 13)*[4]

Lebensversicherungen

- *Ein Anspruch aus einer Versicherung gehört zum notwendigen Privatvermögen, soweit das versicherte Risiko privater Natur und mithin der Abschluß der Versicherung privat veranlaßt ist. Dies ist insbesondere der Fall, wenn die Versicherung von einem Unternehmen auf das Leben oder den Todesfall des (Mit-)Unternehmers oder eines nahen Angehörigen abgeschlossen wird (→ BFH vom 14.3.1996 – BStBl. 1997 II S. 343).*

- *Schließt ein Unternehmen einen Versicherungsvertrag auf das Leben oder den Tod eines fremden Dritten ab, und ist Bezugsberechtigter nicht der Dritte, sondern das Unternehmen, so kann der Anspruch auf die Versicherungsleistung zum Betriebsvermögen gehören (→ BFH vom 14.3.1996 – BStBl. 1997 II S. 343).*

- *Ansprüche aus Lebensversicherungsverträgen, die zur Tilgung oder Sicherung betrieblicher Darlehen dienen oder zu dienen bestimmt sind, werden durch die Abtretung oder Beleihung oder durch eine Hinterlegung der Police nicht zu Betriebsvermögen. Eine von einer Personengesellschaft auf das Leben ihrer Gesellschafter abgeschlossene Lebensversicherung (Teilhaberversicherung) gehört auch dann nicht zum Betriebsvermögen, wenn die Versicherungsleistungen zur Abfindung der Hinterbliebenen im Falle des Todes eines Gesellschafters verwendet werden sollen (→ BFH vom 6.2.1992 – BStBl. II S. 653).*

- *Schließt eine Personenhandelsgesellschaft eine Lebensversicherung auf das Leben eines Angehörigen eines Gesellschafters ab, können Ansprüche und Verpflichtungen aus dem Vertrag dem Betriebsvermögen zuzuordnen sein, wenn der Zweck der Vertragsgestaltung darin besteht, Mittel für die Tilgung betrieblicher Kredite anzusparen und das für Lebensversicherungen charakteristische Element der Absicherung des Todesfallrisikos bestimmter Personen demgegenüber in den Hintergrund tritt. Der Anspruch der Gesellschaft gegen den Versicherer ist in Höhe des geschäftsplanmäßigen Deckungskapitals zum Bilanzstichtag zu aktivieren. Die diesen Betrag übersteigenden Anteile der Prämienzahlungen sind als Betriebsausgaben abziehbar (→ BFH vom 3.3.2011 – BStBl. II S. 552).*

Nutzungsänderung

→ *H 4.2 (4)*
→ *H 4.3 (2–4)*

Nutzungsrechte/Nutzungsvorteile

- *Unentgeltlich erworbene Nutzungsrechte/Nutzungsvorteile sind keine selbständigen Wirtschaftsgüter (→ BFH vom 26.10.1987 – BStBl. II 1988, S. 348).*

- *Zur Berücksichtigung von Eigenaufwand und Drittaufwand bei Grundstücken und Grundstücksteilen → H 4.7 (Eigenaufwand für ein fremdes Wirtschaftsgut), (Drittaufwand)*

- *Nutzt ein Ehegatte einen Gebäudeteil eines im Miteigentum stehenden Einfamilienhauses für betriebliche Zwecke insgesamt in Ausübung seines Rechtes als Miteigentümer, ergibt sich für die über seinen Miteigentumsanteil hinausgehende Nutzung kein gesondertes Nutzungsrecht, das ein Wirtschaftsgut im Betriebsvermögen des Stpfl. bildet und stille Reserven entstehen lassen könnte. Die betriebliche Nutzung entfällt mit ihrer Beendigung steuerneutral (→ BFH vom 29.4.2008 – BStBl. II S. 749).*

Schadensersatzforderung

Bestrittene Schadensersatzforderung ist auch nach Betriebsaufgabe noch Betriebsvermögen (→ BFH vom 10.2.1994 – BStBl. II S. 564).

---

1) Siehe Anlage § 004-05.
2) Siehe Anlage § 004-06.
3) Siehe Anlage § 004-11.
4) Siehe Anlage § 004-12.

Steuererstattungsansprüche

Zum Zeitpunkt der Aktivierung von in einem Musterverfahren gerichtlich bestätigten Steuererstattungsansprüchen, die vom Finanzamt bestritten worden waren, → BFH vom 31.8.2011 (BStBl. 2012 II S. 190).

Termin- und Optionsgeschäfte

Branchenuntypische Termin- und Optionsgeschäfte sind dem betrieblichen Bereich regelmäßig auch dann nicht zuzuordnen, wenn generell die Möglichkeit besteht, damit Gewinne zu erzielen. Branchenuntypische Termingeschäfte sind betrieblich veranlasst, wenn sie der Absicherung unternehmensbedingter Kursrisiken dienen und nach Art, Inhalt und Zweck ein Zusammenhang mit dem Betrieb besteht, wobei das einzelne Termingeschäft nach den im Zeitpunkt des Vertragsabschlusses bekannten Umständen geeignet und dazu bestimmt sein muss, das Betriebskapital tatsächlich zu verstärken. Unbedingte Termingeschäfte und Optionsgeschäfte scheiden auch unter dem Gesichtspunkt einer betrieblichen Liquiditätsreserve im Falle branchenfremder Betätigungen als gewillkürtes Betriebsvermögen aus, da sie auf Grund ihres spekulativen Charakters in die Nähe von Spiel und Wette zu rücken sind (→ BFH vom 19.2.1997 – BStBl. II S. 399). Die Zuordnung von (Devisen-) Termingeschäften zum gewillkürten Betriebsvermögen setzt neben einem eindeutigen, nach außen manifestierten Widmungsakt des Unternehmers voraus, dass die Geschäfte im Zeitpunkt ihrer Widmung zu betrieblichen Zwecken objektiv geeignet sind, das Betriebskapital zu verstärken. Die objektive Eignung solcher Geschäfte zur Förderung des Betriebes ist bei branchenfremden Unternehmen nicht ohne weiteres ausgeschlossen, unterliegt aber wegen der hohen Risikoträchtigkeit der Geschäfte strengen Anforderungen (→ BFH vom 20.4.1999 – BStBl. II S. 466).

Umsatzsteuererstattungsansprüche

Umsatzsteuererstattungsansprüche aufgrund einer Rechnungskorrektur sind im Jahr der Rechnungskorrektur zu aktivieren (→ BFH vom 15.3.2012 – BStBl. II S, 719).

Unternehmensrückgabe nach dem Vermögensgesetz (VermG) *(→ BMF vom 10.5.1994 – BStBl. I S. 286, 380).*

Vorsteuer-Ansprüche*können bereits zu einem Zeitpunkt aktiviert werden, in dem noch keine berichtigten Rechnungen vorliegen (→ BFH vom 12.5.1993 – BStBl. II S. 786).*

Wertpapiere

– *können gewillkürtes Betriebsvermögen eines Gewerbebetriebs sein, wenn nicht bereits bei ihrem Erwerb oder ihrer Einlage erkennbar ist, dass sie dem Betrieb keinen Nutzen, sondern nur Verluste bringen (→ BFH vom 18.10.2006 – BStBl. 2007 II S. 259). Die Zurechnung von Wertpapieren zum gewillkürten Betriebsvermögen scheidet nicht allein deshalb aus, weil sie in spekulativer Absicht, mit Kredit erworben und Kursverluste billigend in Kauf genommen wurden (→ BFH vom 19.2.1997 – BStBl. II S. 399):*

– *werden durch ihre Verpfändung für Betriebskredite in der Regel nicht zum notwendigen Betriebsvermögen (→ BFH vom 17.3.1966 – BStBl. III S. 350).*

– *Erwirbt ein Rüben anbauender Landwirt Aktien einer Zuckerfabrik, die satzungsgemäß mit Anbau- und Lieferverpflichtung verbunden sind, spricht eine tatsächliche Vermutung dafür, dass er diese Wertpapiere nicht als bloße Kapitalanlage, sondern zu betrieblichen Zwecken angeschafft hat und dass ihm andererseits diese Aktien aber auch nur aus betrieblichen Gründen überlassen wurden. Diese Aktien sind auch dann notwendiges Betriebsvermögen, wenn die damit verbundenen Rechte und Pflichten viele Jahre nicht beansprucht oder eingefordert worden sind (→ BFH vom 11.12.2003 – BStBl. 2004 II S. 280).*

Wertpapierfonds, *Anspruch auf Ausschüttungen*

Der Anspruch auf Ausschüttungen eines Wertpapierfonds ist zu aktivieren, sobald nach den Vertragsbedingungen ein unmittelbarer schuldrechtlicher Anspruch auf Ausschüttung entstanden ist und ein konstitutiver Ausschüttungsbeschluss dazu nicht erforderlich ist (→ BFH vom 18.5.1994 – BStBl. 1995 II S. 54). Sofern in den Vertragsbedingungen lediglich ausgeführt wird, dass ordentliche Erträge grundsätzlich ausgeschüttet werden, führt dies alleine noch nicht zur Entstehung eines Ausschüttungsanspruchs. Vielmehr entsteht ein Ausschüttungsanspruch in diesen Fällen erst durch die Konkretisierung im Ausschüttungsbeschluss (→ BMF vom 18.8.2009 – BStBl. I S. 931, Rz. 28).

Windpark

– *Ein Windpark besteht aus mehreren selbständigen Wirtschaftsgütern. Jede Windkraftanlage, die in einem Windpark betrieben wird, stellt mit Fundament einschließlich des da-*

zugehörigen Transformators nebst der verbindenden Verkabelung ein zusammengesetztes Wirtschaftsgut dar. Daneben ist die Verkabelung von den Transformatoren bis zum Stromnetz des Energieversorgers zusammen mit der Übergabestation als weiteres zusammengesetztes Wirtschaftsgut zu behandeln, soweit dadurch mehrere Windkraftanlagen miteinander verbunden werden. Auch die Zuwegung stellt ein eigenständiges Wirtschaftsgut dar (→ BFH vom 14.4.2011 – BStBl. II S. 696).

- → H 7.4 *(Nutzungsdauer)*

Wirtschaftsgut

- **Auffüllrecht**

    Das Recht, ein Grundstück mit Klärschlamm zu verfüllen, ist kein vom Grund und Boden verselbständigtes Wirtschaftsgut (→ BFH vom 20.3.2003 – BStBl. II S. 878).

- **Begriff**

    Wirtschaftsgüter sind Sachen, Rechte oder tatsächliche Zustände, konkrete Möglichkeiten oder Vorteile für den Betrieb, deren Erlangung der Kaufmann sich etwas kosten lässt, die einer besonderen Bewertung zugänglich sind, in der Regel eine Nutzung für mehrere Wirtschaftsjahre erbringen und zumindest mit dem Betrieb übertragen werden können (→ BFH vom 19.6.1997 – BStBl. II S. 808).

- **Eingetauschte Wirtschaftsgüter**

    Für notwendiges Betriebsvermögen eingetauschte Wirtschaftsgüter werden grundsätzlich zunächst (notwendiges) Betriebsvermögen (→ BFH vom 18.12.1996 – BStBl. 1997 II S. 351).

    → H 6b.1 *(Entnahme, Tausch).*

- **Leitungsanlagen** als *selbständige Wirtschaftsgüter* → *BMF vom 30.5.1997 (BStBl. I S. 567).*

- **Verlustbringende Wirtschaftsgüter**

    Wirtschaftsgüter, die bisher im Privatvermögen geführt wurden, dürfen nicht in das – gewillkürte – Betriebsvermögen aufgenommen werden, wenn damit lediglich der Zweck verfolgt wird, sich bereits abzeichnende Verluste aus dem Privatvermögen in den betrieblichen Bereich zu verlagern. Entsprechendes gilt, wenn beim Erwerb des Wirtschaftsgutes bereits erkennbar ist, dass der Erwerb dem Betrieb keinen Nutzen, sondern nur Verluste bringen kann (→ BFH vom 19.2.1997 – BStBl. II S. 399).

Zinsansprüche aus Genussrechten

Zinsansprüche aus Genussrechten entstehen im Gegensatz zu → Dividendenansprüchen nicht erst durch einen Gewinnverwendungsbeschluss als selbständiges Recht, sondern bereits mit Ablauf des zugrunde liegenden Zinszeitraums. Sie sind daher in der Bilanz des Wirtschaftsjahres zu aktivieren, in dem der Zinszeitraum abläuft. Dies gilt auch dann, wenn nach den Genussrechtsbedingungen der Schuldner die Ansprüche nicht bedienen muss, solange hierdurch bei ihm ein Bilanzverlust entsteht oder sich erhöhen würde (→ BFH vom 18.12.2002 – BStBl. II S. 400).

Zuzahlung des Veräußerers

→ H 6.2

EStR 2012 zu § 4 EStG

R 4.2 (2) Betriebsvermögen bei Personengesellschaften

(2) [1]Das Betriebsvermögen i S. des Absatzes 1 umfasst bei einer Personengesellschaft sowohl die Wirtschaftsgüter, die zum Gesamthandsvermögen der Mitunternehmer gehören, als auch diejenigen Wirtschaftsgüter, die einem, mehreren oder allen Mitunternehmern gehören (Sonderbetriebsvermögen). [2]Wirtschaftsgüter, die einem, mehreren oder allen Mitunternehmern gehören und die nicht Gesamthandsvermögen der Mitunternehmer der Personengesellschaft sind, gehören zum **notwendigen Betriebsvermögen**, wenn sie entweder unmittelbar dem Betrieb der Personengesellschaft dienen (Sonderbetriebsvermögen I) oder unmittelbar zur Begründung oder Stärkung der Beteiligung des Mitunternehmers an der Personengesellschaft eingesetzt werden sollen (Sonderbetriebsvermögen II). [3]Solche Wirtschaftsgüter können zum **gewillkürten Betriebsvermögen** gehören, wenn sie objektiv geeignet und subjektiv dazu bestimmt sind, den Betrieb der Gesellschaft (Sonderbetriebsvermögen I) oder die Beteiligung des Gesellschafters (Sonderbetriebsvermögen II) zu fördern. [4]Auch ein einzelner Gesellschafter kann gewillkürtes Sonderbetriebsvermögen bilden.

§ 4 R 4.2

Hinweise

H 4.2 (2) Anteile an Kapitalgesellschaften

Der Anteil eines Mitunternehmers an einer Kapitalgesellschaft gehört zu seinem Sonderbetriebsvermögen II, wenn

– zwischen dem Unternehmen der Personengesellschaft und dem der Kapitalgesellschaft eine enge wirtschaftliche Verflechtung besteht und der Mitunternehmer – ggf. zusammen mit anderen Mitunternehmern der Personengesellschaft – die Kapitalgesellschaft beherrscht und die Kapitalgesellschaft nicht in erheblichem Umfang anderweitig tätig ist, oder

– der Kommanditist einer GmbH & Co KG an der Komplementär-GmbH beteiligt ist und die GmbH außer ihrer Geschäftsführertätigkeit für die KG keine eigene Tätigkeit, die nicht von untergeordneter Bedeutung ist, ausübt, oder

– sich die Stärkung der Beteiligung des Mitunternehmers an der Personengesellschaft durch die Beteiligung an der Kapitalgesellschaft aus anderen Umständen ergibt.

→ BFH vom 23.1.2001 (BStBl. II S. 825).

Anteile an Kapitalgesellschaften – Einzelfälle

– Die Beteiligung des Gesellschafters einer Besitzpersonengesellschaft an der Betriebskapitalgesellschaft gehört zu seinem notwendigen Sonderbetriebsvermögen II bei der Besitzpersonengesellschaft (→ BFH vom 16.4.1991 (BStBl. II S. 832).

– Die Beteiligung an einer Kapitalgesellschaft kann auch dann notwendiges Sonderbetriebsvermögen II des Gesellschafters einer Personengesellschaft sein, wenn die Beteiligung keinen beherrschenden Einfluss vermittelt. Dies ist z. B. der Fall, wenn die Personengesellschaft von der in der gleichen Branche tätigen Kapitalgesellschaft organisatorisch und wirtschaftlich abhängig ist (→ BFH vom 3.3.1998 – BStBl. S. 383). Die Unterhaltung von Geschäftsbeziehungen zu einer Kapitalgesellschaft, wie sie üblicherweise auch mit anderen Unternehmen bestehen, reicht selbst dann, wenn diese Beziehungen besonders intensiv sind, nicht aus, um die Anteile des Gesellschafters einer Personengesellschaft an der Kapitalgesellschaft als notwendiges Sonderbetriebsvermögen II anzusehen (→ BFH vom 28.6.2006 – BStBl. 2007 II S. 378 und vom 13.2.2008 – BStBl. 2009 II S. 414).

– Beteiligt sich der Gesellschafter einer GmbH an dieser als atypisch stiller Gesellschafter, so gehört der Anteil an der GmbH zu seinem Sonderbetriebsvermögen II, sofern nicht die GmbH noch einer anderen Geschäftstätigkeit von nicht ganz untergeordneter Bedeutung nachgeht (→ BFH vom 15.10.1998 – BStBl. 1999 III S. 286).

– Der Geschäftsanteil eines Kommanditisten an der Kommanditisten-GmbH derselben KG gehört dann zu seinem Sonderbetriebsvermögen II bei der KG, wenn die Kommanditisten-GmbH keiner eigenen Geschäftstätigkeit nachgeht und ihr alleiniger Zweck die Beteiligung an der KG in einem erheblichen Umfang ist (→ BFH vom 23.1.2001 – BStBl. II S. 825).

Darlehen an Gesellschafter

→ H 4.3 (2-4) Personengesellschaften

Gesellschafterforderung

– Um eine schuldrechtliche Forderung des Gesellschafters gegen die Gesellschaft und nicht um Eigenkapital der Gesellschaft handelt es sich bei einem Gesellschafterkonto dann, wenn der Gesellschafter insoweit einen unentziehbaren, nur nach den §§ 362 bis 397 BGB erlöschenden Anspruch gegen die Gesellschaft haben soll, der auch in der Insolvenz der Gesellschaft wie eine Forderung eines Dritten geltend gemacht werden kann und der noch vor der eigentlichen Auseinandersetzung über das Gesellschaftsvermögen zu erfüllen ist, also nicht lediglich einen Teil des Auseinandersetzungsguthabens darstellt (→ BFH vom 26.6.2007 – BStBl. II 2008 S. 103).

– → BMF vom 30.5.1997 (BStBl. I S. 627), Tz. 4[1)]

Lebensversicherungen

→ H 4.2 (1)

Nießbrauch

→ H 4.3 (2-4) Keine Entnahme des Grundstücks oder Grundstücksteils

---

1) Siehe Anlage § 015a-08

R 4.2

Nießbrauch an Gesellschaftsanteil
→ *H 15.8 (1) Nießbrauch*
Sonderbetriebseinnahmen und -ausgaben
→ *H 4.7*
Sonderbetriebsvermögen
- **Ausgleichsanspruch** *eines Kommanditisten*
  → *H 15.8 (1)*
- *bei* **Betriebsaufspaltung**
  → *H 15.7 (4) Sonderbetriebsvermögen*
- *bei* **ehelicher Gütergemeinschaft**
  → *H 4.2 (12) Gütergemeinschaft*
- *Die* **Einlage** *von* **Wirtschaftsgütern des gewillkürten Sonderbetriebsvermögens** *muss mit der gleichen Eindeutigkeit geschehen wie die Einlage eines Wirtschaftsgutes des gewillkürten Betriebsvermögens in ein Einzelunternehmen. Besondere Bedeutung kommt dabei der buchmäßigen Behandlung zu, wenn diese auch nicht stets entscheidend ist (→ BFH vom 23.10.1990 – BStBl. 1991 II S. 401). → H 4.2 (1) Gewillkürtes Betriebsvermögen.*
- *bei* **Land- und Forstwirtschaft** *oder* **freiberuflicher Tätigkeit**
  Notwendiges und gewillkürtes Sonderbetriebsvermögen kann es auch bei Mitunternehmern geben, die sich zur gemeinsamen Ausübung eines land- und forstwirtschaftlichen Betriebes oder eines freien Berufs zusammengeschlossen haben (→ BFH vom 2.12.1982 – BStBl. 1983 II S. 215).
- *zur* **Unterscheidung** *zwischen Sonderbetriebsvermögen I und Sonderbetriebsvermögen II → BFH vom 7.7.1992 (BStBl. 1993 II S. 328).*
- *Für die Zuordnung von Sicherheiten zum notwendigen passiven Sonderbetriebsvermögen einer Personengesellschaft für Verbindlichkeiten einer GmbH, die in wirtschaftlicher Verbindung zur Personengesellschaft steht, an der aber nur die Personengesellschaft, nicht jedoch der Gesellschafter beteiligt ist, kommt es – wie bei der Zurechung von Wirtschaftsgütern zum aktiven Sonderbetriebsvermögen – maßgebend auf den Veranlassungszusammenhang an. Der erforderliche Veranlassungszusammenhang kann nur bejaht werden, wenn die Sicherheitsbestellung ausschließlich und eindeutig durch die Beteiligung an der Personengesellschaft veranlasst ist und dies der Mitunternehmer erforderlichenfalls nachweist. Im Rahmen der zur Feststellung des Veranlassungszusammenhangs notwendigen Gesamtwürdigung kommt der Frage, inwieweit die Sicherheiten zu markt- bzw. fremdüblichen Bedingungen gewährt worden sind, besondere Bedeutung zu (→ BFH vom 27.6.2006 – BStBl. II S. 874).*

EStR 2012 zu § 4 EStG

R 4.2 (3) Gebäudeteile, die selbständige Wirtschaftsgüter sind

(3) [1]Gebäudeteile, die nicht in einem einheitlichen Nutzungs- und Funktionszusammenhang mit dem Gebäude stehen, sind selbständige Wirtschaftsgüter. [2]Ein Gebäudeteil ist selbständig, wenn er besonderen Zwecken dient, mithin in einem von der eigentlichen Gebäudenutzung verschiedenen Nutzungs- und Funktionszusammenhang steht. [3]Selbständige Gebäudeteile in diesem Sinne sind:

1. Betriebsvorrichtungen (→ R 7.1 Abs. 3);
2. Scheinbestandteile (→ R 7.1 Abs. 4);
3. Ladeneinbauten, → Schaufensteranlagen, Gaststätteneinbauten, Schalterhallen von Kreditinstituten sowie ähnliche Einbauten, die einem schnellen Wandel des modischen Geschmacks unterliegen; als Herstellungskosten dieser Einbauten kommen nur Aufwendungen für Gebäudeteile in Betracht, die statisch für das gesamte Gebäude unwesentlich sind, z. B. Aufwendungen für Trennwände, Fassaden, Passagen sowie für die Beseitigung und Neuerrichtung von nichttragenden Wänden und Decken;
4. sonstige → Mietereinbauten;
5. sonstige selbständige Gebäudeteile (→ Absatz 4).

§ 4 R 4.2

⁴Dachintegrierte Fotovoltaikanlagen (z. B. in Form von Solardachsteinen) sind wie selbstständige bewegliche Wirtschaftsgüter zu behandeln.

Hinweise

H 4.2 (3) Zur Abgrenzung zwischen dem Gebäude und solchen Bestandteilen, die nicht der Gebäudenutzung selbst, sondern einem davon verschiedenen Zweck dienen → BFH vom 30.1.1995 – BStBl. II S. 281)

Mietereinbauten

- → BMF vom 15.1.1976 (BStBl. I S. 66); zur Höhe der AfA bei unbeweglichen Wirtschaftsgütern aber → H 7.4. [1)]

- Mietereinbauten und -umbauten sind in der Bilanz des Mieters zu aktivieren, wenn es sich um gegenüber dem Gebäude selbständige Wirtschaftsgüter (verschiedener Nutzungs- und Funktionszusammenhang) handelt, für die der Mieter Herstellungskosten aufgewendet hat, die Wirtschaftsgüter seinen Betriebsvermögen zuzurechnen sind und die Nutzung durch den Mieter zur Einkünfteerzielung sich erfahrungsgemäß über einen Zeitraum von mehr als einem Jahr erstreckt (→ BFH vom 15.10.1996 –BStBl. 1997 II S. 533). Das gegenüber dem Gebäude selbständige, materielle Wirtschaftsgut kann beweglich oder unbeweglich sein. Ein bewegliches Wirtschaftsgut liegt vor, wenn der Mieter sachenrechtlicher Eigentümer ist (Scheinbestandteil, § 95 BGB) oder eine Betriebsvorrichtung (§ 68 Abs. 2 Nr. 2 BewG) des Mieters besteht. Dagegen handelt es sich bei dem besonderen Zwecken dienenden und daher in einem von der eigentlichen Gebäudenutzung verschiedenen Nutzungs- und Funktionszusammenhang stehenden Gebäudebestandteil um ein unbewegliches Wirtschaftsgut. Das gilt auch für einen Gebäudebestandteil, der im wirtschaftlichen Eigentum des Mieters steht (→ BFH vom 11.6.1997 – BStBl. II S. 774)

- Mietereinbauten als selbständige Wirtschaftsgüter beim Mieter auf Grund wirtschaftlichen Eigentums → BFH vom 28.7.1993 (BStBl. 1994 II S. 164) und vom 11.6.1997 (BStBl. II S. 774)

Schaufensteranlage und Beleuchtungsanlage zum Schaufenster sind auch bei Neubauten selbständige Gebäudeteile → BFH vom 29.3.1965 (BStBl. III S. 291).

EStR 2012 zu § 4 EStG

R 4.2 (4) Unterschiedliche Nutzungen und Funktionen eines Gebäudes

(4) ¹Wird ein Gebäude teils eigenbetrieblich, teils fremdbetrieblich, teils zu eigenen und teils zu fremden Wohnzwecken genutzt, ist jeder der vier unterschiedlich genutzten Gebäudeteile ein besonderes Wirtschaftsgut, weil das Gebäude in verschiedenen Nutzungs- und Funktionszusammenhängen steht. ²Wohnräume, die wegen Vermietung an Arbeitnehmer des Steuerpflichtigen notwendiges Betriebsvermögen sind, gehören zu dem eigenbetrieblich genutzten Gebäudeteil. ³Die Vermietung zu hoheitlichen, zu gemeinnützigen oder zu Zwecken eines Berufsverbands gilt als fremdbetriebliche Nutzung. ⁴Wird ein Gebäude oder Gebäudeteil fremdbetrieblich genutzt, handelt es sich auch dann um ein einheitliches Wirtschaftsgut, wenn es verschiedenen Personen zu unterschiedlichen betrieblichen Nutzungen überlassen wird. ⁵Eine Altenteilerwohnung ist im Falle der Entnahme nach § 13 Abs. 4 EStG stets als besonderes Wirtschaftsgut anzusehen.

Hinweise

H 4.2 (4) Mehrere Baulichkeiten

sind selbständige Wirtschaftsgüter, auch wenn sie auf demselben Grundstück errichtet wurden und in einem einheitlichen Nutzungs- und Funktionszusammenhang stehen, z. B. Anbauten bei Gebäuden, es sei denn, sie sind baulich derart miteinander verbunden, daß die Teile des Bauwerks nicht ohne weitere erhebliche Bauaufwendungen voneinander getrennt werden können (→ BFH vom 5.12.1974 – BStBl. 1975 II S. 344, vom 21.7.1977 – BStBl. 1978 II S. 78 und vom 15.9.1977 – BStBl. 1978 II S. 123), oder sie besitzen keine eigene Standfestigkeit (→ BFH vom 25.1.2007 – BStBl. 2007 II S. 586).

---

1) Siehe Anlage § 004-04.

R 4.2

Miteigentum

Jeder nach R 4.2 Abs. 4 Satz 1 selbständige Gebäudeteil ist in so viele Wirtschaftsgüter aufzuteilen, wie Gebäudeeigentümer vorhanden sind (→ BFH vom 9.7.1992 – BStBl. II S. 948).

Nutzung im Rahmen mehrerer Betrieben
- *Dient ein Gebäude (Gebäudeteil) ausschließlich eigenbetrieblichen Zwecken, so ist eine weitere Aufteilung auch dann nicht vorzunehmen, wenn es (er) im Rahmen mehrerer selbständiger (eigener) Betriebe genutzt wird (→ BFH vom 29.9.1994 – BStBl. 1995 II S. 72). → R 4.2 (1) Satz 7*
- *Von selbständigen Wirtschaftsgütern ist bei gleichen Nutzungsverhältnissen jedoch dann auszugehen, wenn das Gebäude (der Gebäudeteil) nach dem WEG in* **Teileigentum** *aufgeteilt wurde (→ BFH vom 29.9.1994 – BStBl. 1995 II S. 72).*

Nutzungsänderung
- *Ein zunächst betrieblich genutzter Gebäudeteil verliert ohne Entnahmehandlung seine Eigenschaft als Betriebsvermögen nicht dadurch, dass er zu fremden Wohnzwecken vermietet wird und sich in dem Gebäude ein weiterer zu fremden Wohnzwecken vermieteter Gebäudeteil befindet, der zum Privatvermögen gehört (→ BFH vom 10.11.2004 – BStBl. 2005 II S. 334).*
- *Die Nutzungsänderung eines bisher zum Privatvermögen gehörenden Gebäudeteils, der nunmehr für fremdgewerbliche Zwecke genutzt wird, führt nicht zur Zwangseinlage ins Betriebsvermögen, auch wenn ein weiterer, schon vorher für fremdbetriebliche Zwecke vermieteter Gebäudeteil dem gewillkürten Betriebsvermögen zugeordnet worden ist (→ BFH vom 21.4.2005 – BStBl. II S. 604).*

Selbständige Wirtschaftsgüter

nach Nutzung und Funktion des Gebäudeteils → BFH vom 30.1.1995 (BStBl. II S. 281)

EStR 2012 zu § 4 EStG

R 4.2 (5) Abgrenzung der selbständigen von den unselbständigen Gebäudeteilen

(5) [1]Ein Gebäudeteil ist unselbständig, wenn er der eigentlichen Nutzung als Gebäude dient. [2]→ Unselbständige Gebäudteile sind auch räumlich vom Gebäude getrennt errichtete Baulichkeiten, die in einem so engen Nutzungs- und Funktionszusammenhang mit dem Gebäude stehen, dass es ohne diese Baulichkeiten als unvollständig erscheint.

Hinweise

H 4.2 (5) Unselbständige Gebäudeteile sind z. B.:
- *Bäder und Schwimmbecken in Hotels,*
- *Heizungsanlagen, Be- und Entlüftungsanlagen, Klimaanlagen, Warmwasseranlagen und Müllschluckanlagen, außer wenn sie ganz oder überwiegend einem Betriebsvorgang dienen,*
- *Sprinkleranlagen, außer wenn mit ihnen das Gewerbe unmittelbar betrieben wird,*
- *Beleuchtungsanlagen, außer Spezialbeleuchtungsanlagen, die nicht zur Gebäudebeleuchtung erforderlich sind,*
- *Personenaufzüge, Rolltreppen oder Fahrtreppen, die zur Bewältigung des Publikumsverkehrs dienen,*

(→ Gleich lautende Ländererlasse vom 5.6.2013 – BStBl. I S. 734).
- *Umzäunung oder Garage bei einem Wohngebäude (→ BFH vom 15.12.1977 – BStBl. 1978 II S. 210 und vom 28.6.1983 – BStBl. 1984 II S. 196); aber → H 7.1 (Garagen).*

EStR 2012 zu § 4 EStG

R 4.2 (6) Aufteilung der Anschaffungs- oder Herstellungskosten bei Gebäudeteilen

(6) [1]Die Anschaffungs- oder Herstellungskosten des gesamten Gebäudes sind auf die einzelnen Gebäudeteile aufzuteilen. [2]Für die Aufteilung ist das Verhältnis der Nutzfläche eines Gebäudeteils zur Nutzfläche des ganzen Gebäudes maßgebend, es sei denn, die Aufteilung nach dem Verhältnis der Nutzflächen führt zu einem unangemessenen Ergebnis. [3]Von einer solchen Aufteilung kann aus Vereinfachungsgründen abgesehen werden, wenn sie aus steuerlichen Gründen nicht erforderlich ist. [4]Die

§ 4 R 4.2

Nutzfläche ist in sinngemäßer Anwendung der Verordnung zur Berechnung der Wohnfläche (Wohnflächenverordnung – WoFlV) vom 25.11.2003 (BGBl. I S. 2346)[1)] in der jeweils geltenden Fassung zu ermitteln.

R 4.2 (7) Grundstücke und Grundstücksteile als notwendiges Betriebsvermögen

(7) ¹Grundstücke und Grundstücksteile, die ausschließlich und unmittelbar für eigenbetriebliche Zwecke des Steuerpflichtigen genutzt werden, gehören regelmäßig zum notwendigen Betriebsvermögen. ²Wird ein Teil eines Gebäudes eigenbetrieblich genutzt, so gehört der zum Gebäude gehörende Grund und Boden anteilig zum notwendigen Betriebsvermögen; in welchem Umfang der Grund und Boden anteilig zum Betriebsvermögen gehört, ist unter Berücksichtigung der Verhältnisse des Einzelfalles zu ermitteln.

Hinweise

H 4.2 (7) Anteilige Zugehörigkeit *des Grund und Bodens. Der Grund und Boden gehört grundsätzlich im Verhältnis der Zugehörigkeit des Gebäudes oder Gebäudeteils zum Betriebsvermögen*
→ *BFH vom 27.1.1977 (BStBl. II S. 388) und vom 12.7.1979 (BStBl. 1980 II S. 5).*

Eigenaufwand für ein fremdes Wirtschaftsgut

– → *H 4.7*

Ferienwohnung

Ferienwohnungen, die ein Steuerpflichtiger unter Einschaltung seines auf die Vermittlung von Immobilien, Mietverträgen und Verträgen über Ferienobjekte gerichteten Gewerbebetriebs vermietet, können zum notwendigen Betriebsvermögen des Gewerbebetriebs gehören (→BFH vom 13.11.1996 – BStBl. 1997 II S. 247).

Grundstück, *das zur Rettung einer betrieblichen Forderung ersteigert wird, ist notwendiges Betriebsvermögen (→ BFH vom 11.11.1987 – BStBl. 1988 II S. 424).*

Land- und forstwirtschaftlicher Betrieb

– *Erwirbt ein Landwirt einen langfristig verpachteten landwirtschaftlichen Betrieb in der erkennbaren Absicht, die Bewirtschaftung dieses Betriebes alsbald zu übernehmen, entsteht vom Erwerb an notwendiges Betriebsvermögen, wenn der Bewirtschaftungswille sich auch in einem überschaubaren Zeitraum verwirklichen läßt (→ BFH vom 12.9.1991 – BStBl. 1992 II S. 134).*

– *Eine vom Verpächter hinzuerworbene landwirtschaftliche Nutzfläche wird notwendiges Betriebsvermögen des verpachteten Betriebs, wenn sie nach dem Erwerb in das Pachtverhältnis einbezogen wird, und zwar selbst dann, wenn sie im Zeitpunkt des Erwerbs noch anderweitig verpachtet war (→ BFH vom 24.9.1998 – BStBl. II 1999 S. 55).*

– *Eine durch Anpflanzung und Samenflug entstandene Waldfläche ist auch ohne Bearbeitung und Bestandspflege Teil eines Forstbetriebs, solange die Fläche nicht derart umgestaltet wird, dass von einer Entnahme ins Privatvermögen oder der Entstehung notwendigen Privatvermögens auszugehen ist (→ BFH vom 18.5.2000 – BStBl. II S. 524).*

Miteigentum

Gehört ein Grundstück nur teilweise dem Betriebsinhaber, so kann es nur insoweit Betriebsvermögen sein, als es dem Betriebsinhaber gehört; das gilt auch dann, wenn ein Grundstück Ehegatten gemeinsam gehört (→ BFH vom 23.11.1995 – BStBl. 1996 II S. 193).

Rettung einer betrieblichen Forderung

Ein Grundstück, das zur Rettung einer betrieblichen Forderung ersteigert wird, ist notwendiges Betriebsvermögen (→ BFH vom 11.11.1987 – BStBl. 1988 II S. 424).

Umlegungsverfahren

Die Betriebsvermögenseigenschaft eines in das Umlegungsverfahren eingebrachten Grundstücks setzt sich nur insoweit an dem zugeteilten Grundstück fort, als dieses in Erfüllung des Sollanspruchs gem. §56 Abs. 1 Satz 1 BauGB zugeteilt wird. Die Zuordnung des den Sollanspruch übersteigenden ideellen Teils des Grundstücks zum Betriebs- oder Privatvermögen ist eigenständig nach den allgemeinen Grundsätzen zu beurteilen (→ BFH vom 23.9.2009 – BStBl. 2010 II S. 270).

---

1) Siehe Anhang 18.

Vermietung an Arbeitnehmer

Grundstücke, die an Arbeitnehmer vermietet werden, sind notwendiges Betriebsvermögen des Arbeitgebers, wenn für die Vermietung gerade an Arbeitnehmer betriebliche Gründe maßgebend waren (→ BFH vom 1.12.1976 – BStBl. 1977 II S. 315).

Zeitpunkt der erstmaligen Zugehörigkeit zum Betriebsvermögen

Eigenbetrieblich genutzte Grundstücke und Grundstücksteile sind ab ihrer endgültigen Funktionszuweisung notwendiges Betriebsvermögen, auch wenn der konkrete Einsatz im Betrieb erst in der Zukunft liegt; das gilt auch dann, wenn es an einer Willenserklärung des Steuerpflichtigen oder eines Ausweises in der Buchführung und in den Bilanzen fehlt (→ BFH vom 6.3.1991 – BStBl. II S. 829).

EStR 2012 zu § 4 EStG

R 4.2 (8) Grundstücksteile von untergeordnetem Wert

(8) [1]Eigenbetrieblich genutzte Grundstücksteile brauchen nicht als Betriebsvermögen behandelt zu werden, wenn ihr Wert nicht mehr als ein Fünftel des gemeinen Werts des gesamten Grundstücks und nicht mehr als 20 500 Euro beträgt (§ 8 EStDV). [2]Dabei ist auf den Wert des Gebäudeteils zuzüglich des dazugehörenden Grund und Bodens abzustellen. [3]Bei der Prüfung, ob der Wert eines Grundstücksteils mehr als ein Fünftel des Werts des ganzen Grundstücks beträgt, ist in der Regel das Verhältnis der Nutzflächen zueinander zugrunde zu legen. [4]Ein Grundstücksteil ist mehr als 20 500 Euro wert, wenn der Teil des gemeinen Werts des ganzen Grundstücks, der nach dem Verhältnis der Nutzflächen auf den Grundstücksteil entfällt, 20 500 Euro übersteigt. [5]Führt der Ansatz der Nutzflächen zu einem unangemessenen Wertverhältnis der beiden Grundstücksteile, so ist bei ihrer Wertermittlung anstelle der Nutzflächen der Rauminhalt oder ein anderer im Einzelfall zu einem angemessenen Ergebnis führender Maßstab zugrunde zu legen. [6]Sind → Zubehörräume (Nebenräume) vorhanden, kann der Stpfl. die Aufteilung auch nach dem Verhältnis der Haupträume vornehmen. [7]Beträgt der Wert des eigenbetrieblich genutzten Grundstücksteils nicht mehr als ein Fünftel des gesamten Grundstückswerts und nicht mehr als 20 500 Euro, besteht ein Wahlrecht, den Grundstücksteil weiterhin als Betriebsvermögen zu behandeln oder zum Teilwert zu entnehmen. [8]Zur Berücksichtigung von Betriebsausgaben, wenn der Grundstücksteil zu Recht nicht als Betriebsvermögen behandelt wird (→ R 4.7 Abs. 2 Satz 4).

Hinweise

H 4.2 (8) Einlage *des Grundstücksteils im Zeitpunkt des Überschreitens der absoluten Wertgrenze*
→ *BFH vom 21.7.1967 (BStBl. III S. 752).*

Zubehörräume*im Sinne des § 2 Abs. 3 Nr. 1 WoFLV brauchen in die Berechnung des eigenbetrieblich genutzten Anteils nicht einbezogen zu werden (→ BFH vom 21.2.1990 – BStBl. II S. 578). → H 4.7 (Nebenräume)*

EStR 2012 zu § 4 EStG

R 4.2 (9) Grundstücke und Grundstücksteile als gewillkürtes Betriebsvermögen

(9) [1]Ermitteln Steuerpflichtige den Gewinn durch Betriebsvermögensvergleich oder durch Einnahmeüberschussrechnung nach § 4 Abs. 3 EStG, können sie die Grundstücke oder Grundstücksteile, die nicht eigenbetrieblich genutzt werden und weder eigenen Wohnzwecken dienen noch Dritten zu Wohnzwecken unentgeltlich überlassen sind, sondern z. B. zu Wohnzwecken oder zur gewerblichen Nutzung an Dritte vermietet sind, als **gewillkürtes Betriebsvermögen** behandeln, wenn die Grundstücke oder die Grundstücksteile in einem gewissen objektiven Zusammenhang mit dem Betrieb stehen und ihn zu fördern bestimmt und geeignet sind. [2]Wegen dieser Voraussetzungen bestehen für den Ansatz von Wirtschaftsgütern als gewillkürtes Betriebsvermögen Einschränkungen, die sich nicht nur aus den Besonderheiten des einzelnen Betriebs, sondern auch aus der jeweiligen Einkunftsart ergeben können. [3]Daher können Land- und Forstwirte Mietwohn- und Geschäftshäuser, die sie auf zugekauftem, bisher nicht zum Betriebsvermögen gehörenden Grund und Boden errichtet oder einschließlich Grund und Boden erworben haben, regelmäßig nicht als Betriebsvermögen behandeln. [4]Dagegen kann ein Land- und Forstwirt, der sein bisher land- und forstwirtschaftlich genutztes Grundstück bebaut und das Gebäude an Betriebsfremde vermietet, dieses als gewillkürtes Betriebsvermögen behandeln, wenn dadurch das Gesamtbild der land- und forstwirtschaftlichen Tätigkeit nicht wesentlich verändert wird. [5]In Grenzfällen hat der Steuerpflichtige darzutun, welche Beziehung das Grundstück oder der Grundstück-

§ 4 R 4.2

steil zu seinem Betrieb hat und welche → vernünftigen wirtschaftlichen Überlegungen ihn veranlasst haben, das Grundstück oder den Grundstücksteil als gewillkürtes Betriebsvermögen zu behandeln.
⁶Wird ein Gebäude oder ein Gebäudeteil als gewillkürtes Betriebsvermögen behandelt, so gehört auch der dazugehörende Grund und Boden zum Betriebsvermögen.

Hinweise

H 4.2 (9) Beispiele für zulässigerweise gebildetes gewillkürtes Betriebsvermögen:

– *Ein von einem freiberuflich Tätigen zur künftigen Betriebserweiterung erworbenes Grundstück kann gewillkürtes Betriebsvermögen sein (→ BFH vom 15.4.1981 – BStBl. II S. 618).*

– *Ein bilanzierender Gewerbetreibender kann in der Regel Grundstücke, die nicht zum notwendigen Privatvermögen gehören, z. B. Mietwohngrundstücke, als Betriebsvermögen behandeln, es sei denn, dass dadurch das Gesamtbild der gewerblichen Tätigkeit zu verändert wird, dass es den Charakter einer Vermögensnutzung im nicht gewerblichen Bereich erhält (→ BFH vom 10.12.1964 – BStBl. 1965 III S. 377).*

Besonderheiten *bei* **land- und** *forstwirtschaftlichen Betrieben*

– *Für die Willkürung eines Wirtschaftsguts muss es in Bezug auf die betreffende land- und forstwirtschaftliche Tätigkeit von der Sache oder vom Gegenstand her objektiv geeignet sein, den land- und forstwirtschaftlichen Betrieb zu fördern; es muss in einem gewissen objektiven Zusammenhang mit dem Betrieb stehen. Gewillkürtes Betriebsvermögen in der Land- und Forstwirtschaft können nur verpachtete land- und forstwirtschaftlich genutzte Grundstücke und alle Wirtschaftsgüter sein, deren Nutzung innerhalb der Land- und Forstwirtschaft möglich ist (→ aber R 4.2 (9) Satz 4). Wirtschaftsgüter, die dem Betrieb der Land- und Forstwirtschaft wesensfremd sind und denen eine sachliche Beziehung zum Betrieb fehlt, können auch nicht im Wege der Willkürung zum Betriebsvermögen werden (→ BFH vom 28.10.1982 – BStBl. 1983 II S. 106).*

– *Werden bisher zum notwendigen Betriebsvermögen gehörende Grundstücke entgeltlich zu fremden Wohn- oder Geschäftszwecken genutzt und so umgestaltet, dass sie einer land- und forstwirtschaftlichen Nutzung nicht mehr zugeführt werden können, wird das Gesamtbild der land- und forstwirtschaftlichen Tätigkeit nicht wesentlich verändert, wenn der Umfang dieser Grundstücke nicht mehr als 10 % der Gesamtfläche des Betriebs beträgt (→ BFH vom 24.3.2011 – BStBl. II S. 692 bei Bestellung von Erbbaurechten zur Errichtung von Wohngebäuden; → BFH vom 22.8.2002 – BStBl. 2003 II S. 16 bei Bebauung und Vermietung).*

Gewillkürtes Sonderbetriebsvermögen

→ H 4.2 (12)

Nachweis der Zuordnung zum gewillkürten Betriebsvermögen

Die Zuordnung eines Wirtschaftsguts zum gewillkürten Betriebsvermögen ist unmissverständlich in einer solchen Weise zu dokumentieren, dass ein sachverständiger Dritter ohne weitere Erklärung des Stpfl. die Zugehörigkeit des Wirtschaftsguts zum Betriebsvermögen erkennen kann (→ BFH vom 2.10.2003 – BStBl. 2004 II S. 985 und BMF vom 17.11.2004 – BStBl. I S. 1064).[1]

Umlegungsverfahren

→ H 4.2 (7)

Verlustbringende Grundstücke und Grundstücksteile

→ H 4.2. (1) Wirtschaftsgut – Verlustbringende Wirtschaftsgüter

Vernünftige wirtschaftliche Überlegungen für die Behandlung als gewillkürtes Betriebsvermögen

Darlegungspflicht durch den Stpfl.

– → *BFH vom 22.11.1960 (BStBl. 1961 III S. 97) zum Fall eines Bäckermeisters*

– → *BFH vom 1.12.1960 (BStBl. 1961 III S. 154) zum Fall einer Rechtsanwalts- und Notarpraxis.*

---

1) Siehe Anlage § 004-19.

R 4.2 § 4

EStR 2012 zu § 4 EStG

R 4.2 (10) Einheitliche Behandlung des Grundstücks

(10) ¹Auch wenn ein Grundstück zu mehr als der Hälfte die Voraussetzungen für die Behandlung als Betriebsvermögen (→ Absätze 7 und 9) erfüllt, können weitere Grundstücksteile, bei denen die Voraussetzungen des Absatzes 9 nicht vorliegen, nicht als Betriebsvermögen behandelt werden; Ausnahmen gelten für Baudenkmale bei den Einkünften aus Land- und Forstwirtschaft (§ 13 Abs. 2 Nr. 2 und Abs. 4 EStG). ²Soweit das Grundstück bzw. Gebäude vor dem 1.1.1999 angeschafft, hergestellt oder eingelegt worden ist, gelten die Anweisungen in R 13 Abs. 10 Sätze 1, 3 und 4 EStR 1999 weiter.

R 4.2 (11) Grundstücke und Grundstücksteile im Gesamthandsvermögen einer Personengesellschaft

(11) ¹Gehört ein Grundstück zum **Gesamthandsvermögen** der Mitunternehmer einer Personengesellschaft, gehört es grundsätzlich zum notwendigen Betriebsvermögen. ²Dies gilt auch dann, wenn bei der Einbringung des Grundstücks oder Grundstücksteils in das Betriebsvermögen der Personengesellschaft vereinbart worden ist, dass Gewinne und Verluste aus dem Grundstück oder Grundstücksteil ausschließlich dem einbringenden Gesellschafter zugerechnet werden. ³Dient ein im Gesamthandseigentum der Gesellschafter einer Personengesellschaft stehendes Grundstück teilweise der privaten Lebensführung eines, mehrerer oder aller Mitunternehmer der Gesellschaft, braucht der andere Grundstücksteil nicht als Betriebsvermögen behandelt zu werden, wenn für diesen Grundstücksteil die Grenzen des § 8 EStDV nicht überschritten sind; Absatz 8 Satz 2 ff ist entsprechend anzuwenden.

Hinweise

H 4.2 (11) Ausnahme bei privater Nutzung

Ein zum Gesamthandsvermögen gehörendes Wirtschaftsgut kann nicht Betriebsvermögen sein, wenn es ausschließlich oder fast ausschließlich der privaten Lebensführung eines, mehrerer oder aller Mitunternehmer der Gesellschaft dient. Deshalb ist z. B. ein zum Gesamthandsvermögen gehörendes Einfamilienhaus, das unentgeltlich von einem Gesellschafter nicht nur vorübergehend für eigene Wohnzwecke genutzt wird, steuerlich nicht Betriebsvermögen der Personengesellschaft. Dann handelt es sich um notwendiges Privatvermögen der Gesellschafter (→ BFH vom 16.3.1983 – BStBl. II S. 459).

→ *H 18 (Teilentgeltliche Überlassung)*

EStR 2012 zu § 4 EStG

R 4.2 (12) Grundstücke und Grundstücksteile im Sonderbetriebsvermögen

(12) ¹Grundstücke oder Grundstücksteile, die **nicht Gesamthandsvermögen** der Mitunternehmer der Personengesellschaft sind, sondern einem, mehreren oder allen Mitunternehmern gehören, aber dem Betrieb der Personengesellschaft ausschließlich und unmittelbar dienen, sind als Sonderbetriebsvermögen notwendiges Betriebsvermögen der Personengesellschaft. ²Dient ein Grundstück dem Betrieb der Personengesellschaft nur zum Teil, sind die dem Mitunternehmer zuzurechnenden Grundstücksteile lediglich mit ihrem betrieblich genutzten Teil notwendiges Betriebsvermögen. ³Betrieblich genutzte Grundstücksteile, die im Verhältnis zum Wert des **ganzen Grundstücks** – nicht im Verhältnis zum Wert des Grundstücksteils des Gesellschafters – von untergeordnetem Wert sind (→ § 8 EStDV), brauchen nicht als Sonderbetriebsvermögen behandelt zu werden. ⁴Jeder Mitunternehmer kann dieses Wahlrecht ausüben; sind mehrere Gesellschafter zugleich Eigentümer dieses Grundstücks, braucht das Wahlrecht nicht einheitlich ausgeübt zu werden. ⁵Absatz 8 Satz 2 ff. ist entsprechend anzuwenden.

Hinweise

H 4.2 (12) Angehörige eines Gesellschafters

Wohnung, die an den im Einzelunternehmen tätigen Sohn eines Einzelunternehmers zu Wohnzwecken vermietet ist, bleibt bei Einbringung des Unternehmens in eine KG (Sonder-)Betriebsvermögen, wenn das Gebäude weiterhin als (Sonder)Betriebsvermögen bilanziert wird und objektive Merkmale fehlen, die darauf schließen lassen, dass eine spätere Verwendung als Werkswohngebäude ausgeschlossen erscheint (→ BFH vom 11.10. 1979 – BStBl. 1980 II S. 40).

Gewillkürtes Sonderbetriebsvermögen

- Grundstücke oder Grundstücksteile im Allein- oder Miteigentum eines oder mehrerer Mitunternehmer können gewillkürtes Sonderbetriebsvermögen dieser Mitunternehmer sein (→ BFH vom 3.12.1964 – BStBl. 1965 III S. 92, vom 23.7.1975 – BStBl. 1976 II S. 180 und vom 21.10.1976 – BStBl. 1977 II S. 150).
- **Mietwohngrundstück** als gewillkürtes Sonderbetriebsvermögen eines Gesellschafters → BFH vom 17.5.1990 (BStBl. 1991 II S. 216).
- → R 4.1 (9)

Gütergemeinschaft

Wird eine im gemeinsamen Eigentum von Eheleuten stehende und im gemeinsamen land- und forstwirtschaftlichen Betrieb bewirtschaftete Forstfläche in das Alleineigentum eines Ehegatten übertragen, spricht eine tatsächliche Vermutung dafür, dass die bestehenden wirtschaftlichen Beziehungen aufrechterhalten bleiben und es sich nunmehr um Sonderbetriebsvermögen des Ehegatten, nicht aber um einen selbständigen Forstbetrieb handelt (→ BFH vom 16.2.1995 – BStBl. II S. 592).

Miteigentum von Nichtgesellschaften

Zum notwendigen Sonderbetriebsvermögen einer Personengesellschaft sind die den Gesellschaftern zustehenden Anteile an einem Grundstück zu rechnen, das der Personengesellschaft dient, sich aber im Eigentum einer Gesamthandsgemeinschaft (z. B. Erbengemeinschaft) befindet, an der auch Nichtgesellschafter beteiligt sind (→ BFH vom 18.3.1958 – BStBl. III S. 262).

Notwendiges Sonderbetriebsvermögen

- Stellt ein Gesellschafter einer Personengesellschaft, deren Gesellschaftszweck in der **Errichtung und Vermarktung von Eigentumswohnungen im Bauherrenmodell** besteht, ein ihm gehörendes Grundstück für diese Zwecke zur Verfügung, ist das Grundstück dem notwendigen Sonderbetriebsvermögen zuzurechnen (→ BFH vom 19.2.1991 – BStBl. II S. 789).
- An die Personengesellschaft zur betrieblichen Nutzung **vermietete Grundstücke oder Grundstücksteile**, die im Eigentum eines oder mehrerer Gesellschafter stehen, sind notwendiges Sonderbetriebsvermögen → BFH vom 2.12.1982 (BStBl. 1983 II S. 215). Das gilt auch bei Weitervermietung des Grundstücks oder Grundstücksteils durch die Gesellschaft → BFH vom 23.5.1991 (BStBl. II S. 800).
- Zur Frage, ob bei einer mitunternehmerischen Betriebsaufspaltung oder bei der Vermietung an eine Schwester-Personengesellschaft notwendiges Sonderbetriebsvermögen vorliegt (→ BMF vom 28.4.1998 (BStBl. I S. 583).[1]

Überlassung zu Wohnzwecken

Ein Grundstück, das ein Gesellschafter einer Personengesellschaft einem anderen Gesellschafter für dessen Wohnzwecke unentgeltlich überlässt, ist notwendiges Privatvermögen (→ BFH vom 8.2.1996 – BStBl. II S. 308).

Untervermietung

Vermietet der Gesellschafter einer Personengesellschaft einem Dritten ein Grundstück, damit dieser es der Gesellschaft zur betrieblichen Nutzung überlässt, ist das Grundstück Sonderbetriebsvermögen des Gesellschafters (→ BFH vom 15.1.1981 – BStBl. II S. 314); das gilt auch

- wenn der Gesellschafter das Grundstück zu einem Zeitpunkt erworben und an den Dritten vermietet hat, in dem er noch nicht Gesellschafter war; das Grundstück wird dann in dem Zeitpunkt Sonderbetriebsvermögen, in dem er in die Gesellschaft eintritt (→ BFH vom 9.9.1993 – BStBl. 1994 II S. 250);
- in Bezug auf den Grund und Boden bei Bestellung eines Erbbaurechts zugunsten des Dritten, der das von ihm errichtete Gebäude der Gesellschaft überlässt (→ BFH vom 7.4.1994 – BStBl. II S. 796);
- für ein Grundstück, das die der Gesellschafter einer Personengesellschaft an einen Dritten vermietet, damit dieser es der Gesellschaft im Rahmen eines Pachtvertrages zur Nut-

---

[1] Siehe Anlage § 015-05.

R 4.2 § 4

zung überlässt, selbst wenn der Mietvertrag langfristig, der Pachtvertrag jedoch (nur) auf unbestimmte Dauer abgeschlossen ist (→ BFH vom 24.2.2005 – BStBl. II S. 578).

EStR 2012 zu § 4 EStG

R 4.2 (13) Keine Bindung an die Einheitsbewertung oder Bedarfsbewertung
(13) Für die einkommensteuerrechtliche Behandlung von Grundstücken und Grundstücksteilen als Betriebsvermögen kommt es nicht darauf an, wie ein Grundstück bei der Einheitsbewertung oder Bedarfsbewertung behandelt worden ist.

R 4.2 (14) Erweiterte Anwendung
(14) Die Absätze 7 bis 13 gelten entsprechend für das Wohnungseigentum und das Teileigentum im Sinne des WEG sowie für auf Grund eines Erbbaurechts errichtete Gebäude.

R 4.2 (15) Verbindlichkeiten
(15) [1]Mit der Entnahme eines fremdfinanzierten Wirtschaftsguts des Anlagevermögens wird die zur Finanzierung des Wirtschaftsguts aufgenommene betriebliche Schuld zu einer privaten Schuld. [2]Umgekehrt wird mit der Einlage eines fremdfinanzierten Wirtschaftsguts die zur Finanzierung des Wirtschaftsguts aufgenommene private Schuld zu einer betrieblichen Schuld. [3]Wird ein betrieblich genutztes, fremdfinanziertes Wirtschaftsgut veräußert, oder scheidet es aus der Vermögenssphäre des Steuerpflichtigen aus, wird die zur Finanzierung des Wirtschaftsguts aufgenommene Schuld eine privat veranlasste Schuld, soweit der Veräußerungserlös oder eine andere für das Ausscheiden des Wirtschaftsguts erhaltene Leistung entnommen wird.

Hinweise

H 4.2 (15) Ablösung einer Schuld
Wird eine Schuld zur Ablösung einer bereits bestehenden Schuld aufgenommen, rechnet die neue Schuld nur insoweit zum Betriebsvermögen, als die abgelöste Schuld betrieblich veranlasst war (→ BFH vom 15.11.1990 – BStBl. 1991 II S. 226).

Aufwandsbeiträge bei Franchiseverträgen

Von Franchisenehmern in einen „gemeinsamen Werbeetat" eingezahlte und zum Bilanzstichtag noch nicht verbrauchte zweckgebundene Werbebeiträge sind beim Franchisegeber als sonstige Verbindlichkeiten auszuweisen und demgemäß erfolgsneutral zu behandeln (→ BFH vom 22.8.2007 – BStBl. 2008 II S. 284).

Betriebsaufgabe oder -veräußerung im Ganzen

– **Schulden,** *die während des Bestehens des Betriebs entstanden sind, bleiben betrieblich veranlasst, wenn der Betrieb insgesamt veräußert oder aufgegeben wird und soweit der Veräußerungserlös oder die Verwertung von Aktivvermögen zur Tilgung einer zurückbehaltenen, ehemals betrieblichen Schuld nicht ausreichen (→ BFH vom 21.11.1989 – BStBl. 1990 II S. 213 und vom 12.11.1997 – BStBl. 1998 II S. 144). Wird der Veräußerungserlös nicht zur Tilgung der zurückbehaltenen Schuld verwendet, oder wird Aktivvermögen entnommen und dadurch einer Verwertung entzogen, mindert sich die betrieblich veranlasste Schuld um den Betrag des Veräußerungserlöses oder um den Verkehrswert des entnommenen Aktivvermögens (→ BFH vom 11.12.1980 – BStBl. 1981 II S. 463), es sei denn, mit dem Veräußerungserlös wird ein anderes Betriebsvermögen erworben. Die zurückbehaltene Schuld rechnet dann zu dem neu erworbenen Betriebsvermögen (→ BFH vom 7.8.1990 – BStBl. 1991 II S. 14). Werden die ins Privatvermögen überführten Wirtschaftsgüter im Rahmen einer anderen Einkunftsart genutzt, stehen die durch die ursprünglich betrieblichen Verbindlichkeiten verursachten Schuldzinsen nun im wirtschaftlichen Zusammenhang mit dieser neuen Einkunftsart und können bei dieser ggf. als Betriebsausgaben oder Werbungskosten, steuerlich geltend gemacht werden (→ BFH vom 28.3.2007 – BStBl. II S. 642).*

– **Zurück behaltene Verbindlichkeiten** *bleiben Betriebsschulden, soweit bei Aufgabe oder Veräußerung eines Betriebes der Verwertung von Aktivvermögen oder der Tilgung von Betriebsschulden* **Hindernisse** *entgegen stehen. Dies betrifft nur solche Verwertungshindernisse, die ihren Grund in der ursprünglich betrieblichen Sphäre haben. Nicht tilg-*

bare frühere Betriebsschulden bleiben solange noch betrieblich veranlasst, bis ein etwaiges Verwertungshindernis entfallen ist (→ BFH vom 28.3.2007 – BStBl. II S. 642).

– Eine betrieblich veranlasste Rentenverpflichtung ist nach Betriebsaufgabe weiterhin als Betriebsschuld zu behandeln, wenn sie zwar durch die bei der Aufgabe erzielten Erlöse hätte abgelöst werden können, der Rentenberechtigte der Ablösung aber nicht zugestimmt hat (→ BFH vom 22.9.1999 – BStBl. 2000 II S. 120).

– Zahlt der Gesellschafter einer **Personengesellschaft** Zinsen für Verbindlichkeiten, die die Gesellschaft bei Aufgabe ihres Betriebs nicht getilgt hat, obwohl ihr bei ordnungsgemäßer Abwicklung ausreichende Mittel zur Verfügung gestanden hätten, kann er die Zinsen nicht als (nachträgliche) Betriebsausgaben abziehen. Das gilt auch für Zinsen auf Verbindlichkeiten, die einem Gesellschafter im wirtschaftlichen Zusammenhang mit seinem Sonderbetriebsvermögen entstanden sind, wenn er die Aktivwerte dieses Vermögens bei Beendigung seiner Mitunternehmerstellung nicht zur Tilgung der Verbindlichkeiten verwendet. Zahlt ein Gesellschafter aber Zinsen für fortbestehende Gesellschafterverbindlichkeiten, so muss er sich nicht entgegenhalten lassen, dass er die Aktivwerte seines Sonderbetriebsvermögens zur Tilgung dieser Verbindlichkeiten hätte einsetzen können (→ BFH vom 13.2.1996 – BStBl. II S. 291).

Betriebsschuld

– Eine Verbindlichkeit gehört zum Betriebsvermögen, wenn sie durch den Betrieb veranlasst ist (Betriebsschuld). Für die Bestimmung des Veranlassungszusammenhangs ist allein die Verwendung der aufgenommenen Mittel ausschlaggebend. Eine für Betriebszwecke aufgenommene Verbindlichkeit ist unabhängig davon eine Betriebsschuld, ob der Steuerpflichtige die fremdfinanzierten betrieblichen Aufwendungen auch durch eigene Mittel hätte bestreiten können oder ob der Betrieb über aktives Betriebsvermögen oder stille Reserven verfügt. Die betriebliche Veranlassung einer Verbindlichkeit wird nicht dadurch berührt, dass der betriebliche Fremdmittelbedarf auf Entnahmen beruht; → aber Finanzierung von Entnahmen. Eine Verbindlichkeit ist aber nicht deshalb eine Betriebsschuld, weil Eigenmittel für betriebliche Zwecke eingesetzt worden sind und aus diesem Grunde Fremdmittel für private Zwecke aufgenommen werden mussten; → Umschuldung Privatschuld in Betriebsschuld (BFH vom 8.12.1997 – BStBl. 1998 II S. 193).

– Werden die von einem Versicherungsmakler für Rechnung der Versicherungsgesellschaften vereinnahmten Versicherungsbeiträge (durchlaufende Posten) abredewidrig für private Zwecke verwendet und damit dessen Betriebsvermögen entzogen, werden zugleich die Auskehrungsverbindlichen in Privatschulden umqualifiziert (→ BFH vom 15.5.2008 – BStBl. II S. 715).

Finanzierung von Entnahmen

Werden Fremdmittel nicht zur Finanzierung betrieblicher Aufwendungen, sondern tatsächlich zur Finanzierung einer Entnahme aufgenommen, liegt keine Betriebsschuld vor. Ein solcher Fall ist gegeben, wenn dem Betrieb keine entnahmefähigen Barmittel zur Verfügung stehen und die Entnahme erst dadurch möglich wird, dass Fremdmittel in das Unternehmen fließen. Unerheblich ist, ob die Fremdmittel einem betrieblichen Konto zufließen, von welchem zuvor wegen fehlender Barmittel mit schulderhöhender Wirkung aus privaten Gründen Beträge abgebucht wurden (→ BFH vom 8.12.1997 – BStBl. 1998 II S. 193).

Fortfall der Rentenverpflichtung

Der Wegfall einer zum Erwerb eines betrieblichen Grundstücks eingegangenen Rentenverpflichtung infolge des Todes des Rentenberechtigten führt zu ihrer erfolgswirksamen Ausbuchung in der Bilanz zum Ende des betreffenden Wirtschaftsjahrs. Das gilt auch, wenn die Rentenverpflichtung in früheren Wirtschaftsjahren im Rahmen einer Bilanzberichtigung erfolgsneutral eingebucht worden ist (→ BFH vom 26.6.1996 – BStBl. II S. 601).

Gemischt genutztes Grundstück

Wird durch einheitlichen Kaufvertrag ein gemischt genutztes Grundstück erworben und die Kaufpreisschuld teils mit Fremd-, teils mit Eigenmitteln beglichen, ohne dass eine Zuordnung der Finanzierungsmittel erfolgt, so sind die Zinszahlungen nur im Verhältnis des betrieblich zum privat genutzten Anteil als Betriebsausgabe abziehbar. Keine vorrangige Tilgung des privat veranlassten Teiles (→ BFH vom 7.11.1991 – BStBl. 1992 II S. 141). Im Falle einer Zuordnung der Finanzierungsmittel gelten die Grundsätze des BMF-Schreibens vom

16.4.2004 (BStBl. I S. 464)[1] entsprechend für Grundstücke, die teilweise betrieblich und privat genutzt werden.

Optionsprämie

Für die Verpflichtung des Veräußerers einer Option (Stillhalter), auf Verlangen des Optionsberechtigten innerhalb der Optionsfrist den Optionsgegenstand zu verkaufen oder zu kaufen (Call/Put-Option), ist eine Verbindlichkeit in Höhe der dafür vereinnahmten Prämie auszuweisen; die Verbindlichkeit ist erst bei Ausübung oder Verfall der Option auszubuchen. Für das die Höhe der Optionsprämie übersteigende Risiko darf nach § 5 Abs. 4a Satz 1 EStG keine Rückstellung für drohende Verluste gebildet werden (→ BMF vom 12.1.2004 – BStBl. I S. 192).[2]

Rangrücktrittsvereinbarungen

Zur Passivierung von Verbindlichkeiten bei Vereinbarung eines einfachen oder qualifizierten Rangrücktritts → BMF vom 8.9.2006 (BStBl. I S. 497).[3]

Rückverkaufsoption

Zur bilanzsteuerrechtlichen Beurteilung der Rückverkaufsoption im Kfz-Handel → BMF vom 12.10.2011 (BStBl. I S. 967)

Schadenersatz für GmbH-Verbindlichkeiten

Wird der Gesellschafter einer vermögenslosen GmbH für deren Verbindlichkeiten im Wege des Durchgriffs in Anspruch genommen, sind die Verbindlichkeiten in seinem Einzelunternehmen Gewinn mindernd zu passivieren, wenn seine zum Ersatz verpflichtende Handlung dessen Betriebseinnahmen erhöhte (→ BFH vom 6.3.2003 – BStBl. II S. 658).

→ H 6.2 (Beteiligung an Kapitalgesellschaft)

Schuldzinsenabzug nach § 4 Abs. 4a EStG

- → BMF vom 17.11.2005 (BStBl. I S. 1019) unter Berücksichtigung der Änderungen durch BMF vom 7.5.2008 (BStBl. I S. 588).[4]
- → BMF vom 12.6.2006 (BStBl. I S. 416) zur Berücksichtigung von vor dem 1.1.1999 entstandenen Unterentnahmen[5]

Sekundärfolgenrechtsprechung

→ H 4.7 Schuldzinsen

Umsatzsteuer

Zu Unrecht ausgewesene Umsatzsteuer ist, wenn keine Steuerhinterziehung vorliegt, in dem Jahr zu passivieren, in dem sie durch den Ausweis in der Rechnung entstanden ist (→ BFH vom 15.3.2012 – BStBl. II S. 719).

Umschuldung Privatschuld in Betriebsschuld

Werden Eigenmittel für betriebliche Zwecke und deshalb Fremdmittel für private Zwecke verwendet, so begründet die Fremdmittelaufnahme keine Betriebsschuld. Ein privates Darlehen kann nicht durch eine bloße wirtschaftliche Umschuldung in eine Betriebsschuld umgewandelt werden. Werden aber im Betrieb erzielte Einnahmen zur Tilgung eines privaten Darlehens entnommen und wird deshalb ein neues Darlehen zur Finanzierung von betrieblichen Aufwendungen aufgenommen, stellt das neue Darlehen eine Betriebsschuld dar (→ BFH vom 8.12.1997 – BStBl. 1998 II S. 193).

EStR 2012 zu § 4 EStG

R 4.2 (16) Betriebsvermögen bei Schätzung des Gewinns oder bei Gewinnermittlung nach § 13a Abs. 3 bis 6 EStG

(16) Wird der Gewinn geschätzt (→ R 4.1 Abs. 2) oder nach § 13a Abs. 3 bis 6 EStG ermittelt, kommt gewillkürtes Betriebsvermögen nur in den Fällen des § 13a Abs. 6 Satz 2 EStG, des Wechsels der Gewinnermittlungsart und der Nutzungsänderung in Betracht (→ § 4 Abs. 1 Satz 6 und 7 EStG).

---

1) Siehe Anlage § 021-20.
2) Siehe Anlage § 005-17.
3) Anlage § 005-11.
4) Anlage § 004-46.
5) Siehe Anlage § 004-46.

Hinweise

H 4.2 (16) Beibehaltung von gewillkürtem Betriebsvermögen *nach einer Nutzungsänderung*
→ *R 4.3 Abs. 3*

Gewillkürtes Betriebsvermögen
Bei der Ermittlung des Gewinns nach § 13a EStG kann gewillkürtes Betriebsvermögen nicht gebildet werden (→ BFH vom 23.5.1991 – BStBl. II S. 798).

EStR 2012 zu § 4 EStG

R 4.3 Einlagen und Entnahmen

R 4.3 (1) Einlagen

(1) ¹**Gegenstand von Einlagen** können abnutzbare und nicht abnutzbare, materielle und immaterielle Wirtschaftsgüter aller Art sein, unabhängig davon, ob sie dem Anlage- oder dem Umlaufvermögen zuzuordnen sind. ²Einer Einlage steht die Begründung des Besteuerungsrechts der Bundesrepublik Deutschland hinsichtlich des Gewinns aus der Veräußerung eines Wirtschaftsgutes gleich (Verstrickung). ³Darunter fällt insbesondere die Überführung eines Wirtschaftsguts aus einer ausländischen Betriebsstätte, deren Einkünfte nach einem DBA von der inländischen Besteuerung freigestellt sind, ins Inland.

Hinweise

H 4.3 (1) Banküberweisung
Eine Einlage ist bei Zahlung durch Banküberweisung erst geleistet, wenn die Gutschrift auf dem Empfängerkonto erfolgt ist (→ BFH vom 11.12.1990 – BStBl. 1992 II S. 232).

Bodenschatz
→ *H 4.2 (1)*

Gewillkürtes Betriebsvermögen
→ *H 4.2 (1)*

Immaterielle Wirtschaftsgüter
→ *R 5.5 Abs. 3 Satz 3 und 4*

Nutzungsänderung
→ *H 4.2 (4)*

Nutzungsrechte/Nutzungsvorteile
Die bloße Nutzung eines **fremden** *Wirtschaftsguts zu betrieblichen Zwecken kann nicht eingelegt werden; dies gilt auch für unentgeltlich* **erworbene** *dingliche oder obligatorische Nutzungsrechte (→ BFH vom 26.10.1987 – BStBl. 1988 II S. 348 und vom 20.9.1990 – BStBl. 1991 II S. 82).*

Personengesellschaften
Die Einbringung von Einzelwirtschaftsgütern des Privatvermögens in das betriebliche Gesamthandsvermögen einer Personengesellschaft oder anderen Gesamthandsgemeinschaft gegen Gewährung von Gesellschaftsrechten stellt keine Einlage, sondern einen tauschähnlichen Vorgang dar (→ BMF vom 29.3.2000 – BStBl. I S. 462 und BMF vom 11.7.2011 – BStBl. I S. 713).[1]

Sacheinlage in das Vermögen einer Kapitalgesellschaft
Ein Wirtschaftsgut, das dem Vermögen einer Kapitalgesellschaft im Rahmen einer Überpari-Emission als Sacheinlage zugeführt worden ist, ist auch im Hinblick auf jenen Teilbetrag des Einbringungswertes, der über den Nennbetrag der Stammeinlageverpflichtung des Einlegenden hinausgeht und gem. § 272 Abs. 2 Nr. 1 HGB in die Kapitalrücklage einzustellen ist, ein vollentgeltlicher Vorgang und keine verdeckte Einlage (→ BFH vom 24.4.2007 – BStBl. 2008 II S. 253).

---

1) Siehe Anlage § 004-29.

R 4.3 § 4

Unterlassene Bilanzierung

Die nachträgliche Aktivierung eines zum notwendigen Betriebsvermögen gehörenden Wirtschaftsguts, das bisher nicht bilanziert worden ist, ist keine Einlage. Es handelt sich vielmehr um eine fehlerberichtigende Einbuchung (→ BFH vom 24.10.2001 – BStBl. 2002 II S. 75).

→ H 4.4

Verdeckte Einlage

– Verdeckte Einlage ist die Zuwendung eines bilanzierbaren Vermögensvorteils aus gesellschaftsrechtlichen Gründen ohne Entgelt in Gestalt von Gesellschaftsrechten. Als verdeckte Einlage sind nur Wirtschaftsgüter geeignet, die das Vermögen der Kapitalgesellschaft durch den Ansatz oder die Erhöhung eines Aktivpostens oder durch den Wegfall oder die Verminderung eines Passivpostens vermehrt haben (→ BFH vom 6.11.2003 – BStBl. 2004 II S. 416).

– **Verdeckte Einlage eines Geschäfts- oder Firmenwerts,** der bei Veräußerung eines Einzelunternehmens an eine GmbH unentgeltlich übergeben

– Maßgebendes Kriterium für einen Übergang des Geschäfts- oder Firmenwerts von einem Einzelunternehmen auf eine Kapitalgesellschaft im Wege der verdeckten Einlage ist, dass dem nutzenden Unternehmen die materiellen und immateriellen Wirtschaftsgüter sowie die sonstigen Faktoren, welche sich im Geschäfts- oder Firmenwert niederschlagen, auf einer vertraglichen Grundlage überlassen werden, die Nutzung auf Dauer angelegt ist und kein Rechtsanspruch auf Rückgabe dieser Wirtschaftsgüter besteht (→ BFH vom 2.9.2008 – BStBl. 2009 II S. 634).

Vorbehaltsnießbrauch

In den Fällen der Einräumung eines Vorbehaltsnießbrauchs liegt hinsichtlich des Nießbrauchrechts im Ergebnis keine Einlage vor (→ BFH vom 16.12.1988 – BStBl. 1989 II S. 763).

→ H 4.3 (2-4) Vorbehaltsnießbrauch.

→ H 4.7 (Nießbrauch) zu Betriebsausgaben eines Nießbrauchers

EStR 2012 zu § 4 EStG

R 4.3 (2) Entnahmen

(2) ¹Ein Wirtschaftsgut wird entnommen, wenn es aus dem betrieblichen in den privaten oder einen anderen betriebsfremden Bereich übergeht. ²Einer Entnahme für betriebsfremde Zwecke steht auch der Ausschluss oder die Beschränkung des Besteuerungsrechts der Bundesrepublik Deutschland hinsichtlich des Gewinns aus der Veräußerung oder der Nutzung eines Wirtschaftsgutes gleich (Entstrickung). ³Neben der Überführung eines Wirtschaftsgutes vom Inland in eine ausländische Betriebsstätte nach § 4 Abs. 1 Satz 4 EStG (Entnahme eines Wirtschaftsgutes) fällt darunter insbesondere die Nutzung eines Wirtschaftsgutes, das einer inländischen Betriebsstätte des Stpfl. zuzuordnen ist, durch eine ausländische Betriebsstätte (Entnahme der Nutzung), deren Einkünfte nach einem DBA von der inländischen Besteuerung freigestellt sind oder bei der Besteuerung ausländische Steuern nach § 34c EStG oder nach § 26 KStG oder auf Grund eines DBA anzurechnen sind. ⁴Eine Entnahme liegt nicht vor in Fällen einer Strukturänderung eines Betriebs mit der Folge, dass die Einkünfte aus dem Betrieb einer anderen Einkunftsart zuzurechnen sind (z. B. wenn ein land- und forstwirtschaftlicher Betrieb wegen Überschreitens der Grenzen des § 13 Abs. 1 Nr. 1 EStG zu einem Gewerbebetrieb wird oder wenn eine freiberufliche Praxis durch Übergang i. S. des § 6 Abs. 3 EStG auf nicht qualifizierte Rechtsnachfolger zu einem Gewerbebetrieb wird).

R 4.3 (3) Entnahmehandlung

(3) ¹Eine Entnahme erfordert regelmäßig eine Entnahmehandlung, die von einem Entnahmewillen getragen wird. ²Wirtschaftsgüter, die zur Zeit der Aufnahme in das Betriebsvermögen zulässigerweise zum Betriebsvermögen gerechnet worden sind, bleiben daher grundsätzlich so lange Betriebsvermögen, bis sie durch eine eindeutige, unmissverständliche Handlung oder schlüssige – → Entnahmehandlung des Steuerpflichtigen Privatvermögen werden. ³Bei buchführenden Steuerpflichtigen bietet die Buchung einen wesentlichen Anhalt, ob und wann ein Wirtschaftsgut entnommen worden ist. ⁴Eine Entnahme liegt auch ohne Entnahmeerklärung oder Entnahmebuchung vor, wenn der Steuerpflichtige die bisherige betriebliche oder berufliche Nutzung eines Wirtschaftsguts auf Dauer so ändert, dass es seine Beziehung zum Betrieb verliert und dadurch zu notwendigem Privatvermögen wird. ⁵Eine **Nutzungsänderung**, durch die das Wirtschaftsgut zwar seinen Charakter als notwendiges Betriebsvermögen verliert, jedoch nicht zu notwendigem Privatvermögen wird, ist ohne eindeutige Entnahmeerklärung des Steuer-

pflichtigen keine Entnahme des Wirtschaftsguts; das gilt auch bei Gewinnermittlung nach § 4 Abs. 3 und nach § 13a EStG (§ 4 Abs. 1 Satz 7 EStG) sowie bei Vollschätzung.

R 4.3 (4) Gegenstand einer Entnahme

(4) ¹Gegenstand einer Entnahme können alle Wirtschaftsgüter sein, die zum notwendigen oder gewillkürten Betriebsvermögen gehören, also auch immaterielle (Einzel-) Wirtschaftsgüter, z. B. ein Verlagswert, sowie Nutzungen und Leistungen, auch wenn sie in der Bilanz nicht angesetzt werden können. ²Im Fall des gewerblichen Betriebs einer Fotovoltaikanlage ist der private Verbrauch des Stroms keine private Verwendung der Anlage, sondern eine Sachentnahme des produzierten Stroms.

Hinweise

H 4.3 (2-4) Altenteilerwohnung

→ R 4.2 Abs. 4, Satz 5

Entnahmehandlung

Für die Eindeutigkeit einer Entnahmehandlung ist ein Verhalten des Steuerpflichtigen erforderlich, durch das die Verknüpfung des Wirtschaftsgutes mit dem Betriebsvermögen unmißverständlich gelöst wird. Es bedarf nicht stets einer buchmäßigen Darstellung der Entnahme. Es kann auch ein anderes schlüssiges Verhalten genügen, durch das die Verbindung des Wirtschaftsguts zum Betrieb gelöst wird (→ BFH vom 9.8.1989 – BStBl. 1990 II S. 128 und vom 25.6.2003 – BStBl. 2004 II S. 403). Der Tatbestand der Entnahme ist auch erfüllt, wenn dem Steuerpflichtigen die an die Entnahme geknüpften Rechtsfolgen, insbesondere die Gewinnverwirklichung, nicht bewusst werden (→ BFH vom 31.1.1985 – BStBl. II S. 395).

– → *Nachweispflicht*

– → *Nutzungsänderung*

– → *Personengesellschaften*

– → *Schenkung*

Erbauseinandersetzung und vorweggenommene Erbfolge

→ BMF vom 14.3.2006 (BStBl. I S. 253)[1]. → BMF vom 13.1.1993 (BStBl. I S. 80)[2] unter Berücksichtigung der Änderungen durch BMF vom 26.2.2007 (BStBl. II S. 269).

Geschäfts- oder Firmenwert

Ein Geschäfts- oder Firmenwert kann nicht wie andere Einzelwirtschaftsgüter für sich entnommen werden, da er nur im Rahmen eines lebenden Betriebs, Teilbetriebs oder Mitunternehmeranteils übertragen werden kann (→BFH vom 24.11.1982 – BStBl. 1983 II S. 113).

– → *Verlagswert*

Gewinnrealisierung

Steuerpflichtiger Entnahmegewinn ist der gesamte Unterschiedsbetrag zwischen dem Entnahmewert (§ 6 Abs. 1 Nr. 4 EStG) und dem Buchwert des entnommenen Wirtschaftsguts im Zeitpunkt der Entnahme. Das gilt auch dann, wenn das Wirtschaftsgut vor der Entnahme auch privat genutzt und die private Nutzung als Entnahme behandelt worden ist (→ BFH vom 24.9.1959 – BStBl. III S. 466; → Nutzungsentnahme). Zur Feststellung des Entnahmewerts von Nutzungen und Leistungen können die für die Bewertung von Sachbezügen entwickelten Grundsätze herangezogen werden (→ BFH vom 22.7.1988 – BStBl. II S. 995).

Grundstücke oder Grundstücksteile

Wird auf einem bisher unbebauten Betriebsgrundstück ein zum Privatvermögen gehörendes Gebäude (z. B. ein auf Dauer zu eigenen Wohnzwecken bestimmtes Gebäude) errichtet, wird der Grund und Boden durch die Bebauung entnommen (→ BFH vom 27.1.1977 – BStBl. II S. 388 und vom 11.3.1980 – BStBl. II S. 740 und vom 14.5.2009 – BStBl. II S. 811). Eine **anteilige Entnahme** *des Grund und Bodens liegt vor, wenn auf einem Betriebsgrundstück ein Gebäude errichtet wird, das teilweise Privatvermögen ist (→ BFH vom 24.11.1982 – BStBl. 1983 II S. 365). Ggf. bleibt der Entnahmegewinn außer Ansatz (→ § 13 Abs. 5, § 15 Abs. 1 Satz 3 und § 18 Abs. 4 Satz 1 EStG).*

---

1) Siehe Anlage § 016-05.
2) Siehe Anlage § 016-06.

→ *Personengesellschaften*
Incentive-Reisen
→ *BMF vom 14.10.1996 – BStBl. I S. 1192*[1]

Keine Entnahme des Grundstücks oder Grundstücksteils liegt ohne Hinzutreten weiterer Umstände in folgenden Fällen vor:

- **Erbbaurecht** – *Belastung eines land- und forstwirtschaftlich genutzten Grundstücks mit einem entgeltlich eingeräumten Erbbaurecht, wenn der vereinbarte Erbbauzins nicht weniger als 10 % des ortsüblichen Erbbauzinses beträgt und die Nutzungsänderung nicht mehr als 10 % der Gesamtfläche des Betriebs erfasst (→ BFH vom 24.3.2011 – BStBl. II S. 692).*

- **Erklärung von Einkünften aus Vermietung und Verpachtung,** *ohne dass der Steuerpflichtige die naheliegenden steuerrechtlichen Folgerungen aus einer Entnahme zieht, wie Gewinnrealisierung nach § 6 Abs.1 EStG, unabhängig davon, ob innerhalb oder außerhalb der Buchführung (→ BFH vom 9.8.1989 – BStBl. II S. 128).*

- **Gebäudeabriss,** *wenn die betriebliche Nutzung der Freifläche möglich ist (→ BFH vom 6.11.1991 – BStBl. 1993 II S. 391).*

- *Im* **Hinzuerwerb** *eines im Privatvermögen verbleibenden Miteigentumsanteils an einem Grundstück im Wege der Erbfolge liegt keine Entnahme des zum gewillkürten Betriebsvermögen gehörenden Anteils (→ BFH vom 8.3.1990 – BStBl. 1994 II S. 559).*

- **Landwirtschaftlich genutzte Grundstücke**
  - *bei Bebauung ursprünglich landwirtschaftlicher Grundstücke mitEinfamilienhäusern, die anschließend an betriebsfremde Personen vermietet werden, wenn die Nutzungsänderung nur eine Fläche erfasst, die im Vergleich zur Gesamtfläche des Betriebs von geringer Bedeutung ist (→ BFH vom 22.8.2002 – BStBl. 2003 II S. 16),*
  → H 4.2 (9) *Besonderheiten bei land- und forstwirtschaftlichen Betrieben;*
  - *bei denen keine ertragreiche Bewirtschaftung mehr möglich ist (→ BFH vom 12.11.1992 – BStBl. 1993 II S. 430).*

- *Ursprünglich landwirtschaftlich genutzte Flächen eines Betriebs, die verpachtet wurden und nach Ablauf des Pachtverhältnisses nicht wieder aktiv bewirtschaftet werden, sondern brach liegen, bleiben Betriebsvermögen und können nur durch eindeutige Erklärung dem Finanzamt gegenüber entnommen werden (→ BFH vom 17.1.2002 – BStBl. II S. 356).*

- *Ohne Entnahmeerklärung verlieren ursprünglich landwirtschaftlich genutzte Grundstücke durch eine Nutzungsänderung, die nicht zu notwendigem Privatvermögen führt, ihre Eigenschaft als landwirtschaftliches Betriebsvermögen nur, wenn eine eindeutige Entnahmehandlung vorliegt.Deshalb scheidet ein zuvor zum notwendigen Betriebsvermögen gehörendes Grundstück nicht bereits dadurch aus dem Betriebsvermögen aus, dass es als Bauland behandelt wird und im Hinblick auf die geringe Größe und die umliegende Bebauung nicht mehr landwirtschaftlich genutzt werden kann (→ BFH vom 14.5.2009 – BStBl. II S. 811).*

- **Nießbrauch** – *ein Grundstück, das zum Sonderbetriebsvermögen des Gesellschafters einer GbR gehört, wird durch die Bestellung eines Nießbrauchs am Gesellschaftsanteil und am Grundstück grundsätzlich nicht entnommen (→ BFH vom 1.3.1994 – BStBl. 1995 II S. 241).*

- **Nutzung** – *nur vorübergehende Nutzung zu eigenen Wohnzwecken (→ BFH vom 17.1.1974 – BStBl. II S. 240).*

- **Nutzungsänderung**
  - *Bisher betrieblich genutzte und seitdem ungenutzte (freie) Grundstücksflächen, deren spätere betriebliche Nutzung möglich bleibt, verbleiben ohne eine von einem Entnahmewillen getragene Entnahmehandlung im Betriebsvermögen (→ BFH vom 6.11.1991 – BStBl. 1993 II S. 391).*
  - *Ein zunächst betrieblich genutzter Gebäudeteil verliert seine Eigenschaft als Betriebsvermögen nicht dadurch, dass er zu fremden Wohnzwecken vermietet wird und sich in*

---
[1] Siehe Anlage § 004-15.

dem Gebäude ein weiterer zu fremden Wohnzwecken vermieteter Gebäudeteil befindet, der zum Privatvermögen gehört (→ BFH vom 10.11.2004 – BStBl. 2005 II S. 334).

– Vermindert sich der Umfang der betrieblichen Nutzung eines Wirtschaftsguts, das dem Betriebsvermögen eines Unternehmens wegen einer mehr als 10 %-igen betrieblichen Nutzung zugeordnet wurde, in einem Folgejahr auf unter 10 %, so ändert dies an der Zuordnung zum gewillkürten Betriebsvermögen nichts, weil eine solche Nutzungsänderung keine Entnahme darstellt. Etwas anderes gilt nur bei einer der Art nach auf Dauer angelegten Nutzungsänderung (→ BFH vom 21.8.2012 – BStBl. 2013 II S. 117).

– **Nutzungsrecht** – Belastung eines Grundstücks mit der Einräumung eines unentgeltlichen Nutzungsrechts und anschließende Anmietung vom Nutzungsberechtigten durch den Grundstückseigentümer (→ BFH vom 11.11.1988 – BStBl. 1989 II S. 872).

Nachweispflicht

Wer sich darauf beruft, dass ein als Betriebsvermögen ausgewiesenes Wirtschaftsgut vor vielen Jahren entnommen worden sei, muss die Entnahmehandlung nachweisen (→ BFH vom 23.11.2000 – BStBl. 2001 II S. 232).

Nutzungsentnahme

– Grundstücke oder Grundstücksteile → BFH vom 11.11.1988 (BStBl. 1989 II S. 872) und → H 4.7 (Teilentgeltliche Überlassung).
– Betrieblicher Pkw bei Unfall auf Privatfahrt → BFH vom 24.5.1989 (BStBl. 1990 II S. 8); → R 4.7 Abs. 1 Satz 3 bis 5.
– Betrieblicher Pkw bei Diebstahl auf Privatfahrt (→ BFH vom 18.4.2007 – BStBl. II S. 762); → Private Kraftfahrzeugnutzung

Personengesellschaften

– Die Übertragung eines Einzelwirtschaftsguts aus dem betrieblichen Gesamthandsvermögen einer Personengesellschaft oder anderen Gesamthandsgemeinschaft in das Privatvermögen eines Gesellschafters gegen Minderung von Gesellschaftsrechten stellt keine Entnahme, sondern einen tauschähnlichen Vorgang dar (→ BMF vom 29.3.2000 – BStBl. I S. 462 und BMF vom 11.7.2011 – BStBl. I S. 713).[1)]
– Eine (anteilige) Entnahme liegt nicht vor, wenn ein Wirtschaftsgut des Gesamthandsvermögens einer Personengesellschaft zu fremdüblichen Bedingungen an einen Gesellschafter veräußert wird (→ BFH vom 28.7.1998 – BStBl. 1999 II S. 53)
– Eine Entnahme liegt vor, wenn ein zum Gesamthandsvermögen einer Personengesellschaft gehörendes Betriebsgrundstück durch einen oder mehrere Gesellschafter mit Zustimmung der Gesellschaft für private Wohnzwecke des oder der Gesellschafter bebaut wird (→ BFH vom 30.6.1987 – BStBl. 1988 II S. 418). Eine Entnahme des Grundstücks liegt dagegen nicht vor, wenn der Gesellschafter ein der Personengesellschaft gehörendes Grundstück für private Zwecke bebaut und nachfolgend zu fremdüblichen Bedingungen erwirbt (→ BFH vom 28.7.1998 – BStBl. 1999 II S. 53).
– Wird ein Wirtschaftsgut aus dem Gesamthandsvermögen einer Personengesellschaft mit Zustimmung aller Gesellschafter derart entnommen, dass es Eigentum nur eines Gesellschafters wird, so wird der Entnahmegewinn allen Gesellschaftern zugerechnet, falls die stillen Reserven dem begünstigten Gesellschafter geschenkt worden sind (→ BFH vom 28.9.1995 – BStBl. 1996 II S. 276).
– Gewährt eine Personengesellschaft einem Gesellschafter ein Darlehen ohne betriebliche Veranlassung, so gehört dieses Darlehen privatrechtlich weiter zum Gesamthandsvermögen. Da das Darlehen steuerlich nicht zum Betriebsvermögen gehört, ist es als Entnahme zu behandeln, die allen Gesellschaftern anteilig unter Minderung ihrer Kapitalkonten zuzurechnen ist (→BFH vom 9.5.1996 – BStBl. II S. 642). Eine Entnahme und kein Darlehen liegt auch vor, wenn neben dem festen Kapitalkonto lediglich ein weiteres Konto zur Erfassung von Gewinnen, Einlagen und Entnahmen der Gesellschafter geführt wird, auf dem auch Verluste verbucht werden (→ BFH vom 27.6.1996 – BStBl. 1997 II S. 36).

Private Kraftfahrzeugnutzung

– Ertragsteuerliche Erfassung der Nutzung eines betrieblichen Kraftfahrzeugs zu Privatfahrten, zu Fahrten zwischen Wohnung und Betriebsstätte sowie zu Familienheimfahrten

---

1) Siehe Anlage § 004-29.

nach § 4 Abs. 5 Satz 1 Nr. 6 und § 6 Abs. 1 Nr. 4 Satz1 bis 3 EStG (→ BMF vom 18.11.2009 – BStBl. I S. 1326 unter Berücksichtigung der Änderungen durch BMF vom 15.11.2012 – BStBl. I S. 1099).[1)]

- Nutzung eines betrieblichen Kraftfahrzeugs für private Fahrten, Fahrten zwischen Wohnung und Betriebsstätte/erster Tätigkeitsstätte und Familienheimfahrten; Nutzung von Elektro- und Hybridelektrofahrzeugen (→ BMF vom 5.6.2014 – BStBl. I S. 835)[2)].
- Zerstörung eines betrieblichen Kraftfahrzeugs anläßlich einer Privatfahrt → BFH vom 24.5.1989 (BStBl. 1990 II S. 8) und R 4.7 Abs. 1 Satz 3 bis 5.
- Wird der zum Betriebsvermögen gehörende Pkw während einer privat veranlagten Nutzung gestohlen, ist der Vermögensverlust nicht gewinnmindernd zu berücksichtigen (→ BFH vom 18.4.2007 – BStBl. II S. 762).
- Nutzungsänderung

Schenkung

- Bei der schenkweisen Übertragung eines Wirtschaftsguts fehlt es an einer → Entnahmehandlung, wenn der Steuerpflichtige wirtschaftlicher Eigentümer bleibt (→ BFH vom 5.5.1983 – BStBl. II S. 631).

→ Personengesellschaften.

Verlagswert

Entnahme als Einzelwirtschaftsgut möglich (→ BFH vom 24.11.1982 – BStBl. 1983 II S. 113).

→ Geschäfts- oder Firmenwert

Verlustdeckung bei einer Schwester-KG

Die Gewinnverwendung zur Deckung des Verlusts einer Schwester-KG ist eine Entnahme (→ BFH vom 26.1.1995 – BStBl. II S. 589).

Vorbehaltsnießbrauch

Wird ein Wirtschaftsgut aus außerbetrieblichen Gründen einem Dritten unter Vorbehalt des Nießbrauchs unentgeltlich übereignet und das Wirtschaftsgut auf Grund des Nießbrauchsrechts weiterhin betrieblich genutzt, so wird das Wirtschaftsgut insgesamt entnommen, nicht nur ein um den Wert des Nießbrauchs geminderter Teil des Wirtschaftsguts (→ BFH vom 28.2.1974 – BStBl. II S. 481, vom 2.8.1983 – BStBl. II S. 735 und vom 8.12.1983 – BStBl. 1984 II S. 202).

→ Nutzungsentnahme

Wettbewerbsverbot

Wird der Gesellschafter einer Personengesellschaft oder der Gesellschafter-Geschäftsführer ihrer Komplementär-GmbH im Handelszweig der Personengesellschaft tätig, kann dadurch ein Schadensersatzanspruch der Gesellschaft wegen Verstoßes gegen das Wettbewerbsverbot entstehen. Verzichten die anderen Gesellschafter ohne betriebliche Veranlassung auf die Geltendmachung des Anspruchs, liegt eine Entnahme der Forderung vor. Ein Schadensersatzanspruch entsteht allerdings nicht, wenn die anderen Gesellschafter mit der Tätigkeit des Gesellschafters ausdrücklich oder stillschweigend einverstanden waren; zu einer Entnahme kommt es dann nicht (→ BFH vom 23.3.1995 – BStBl. II S. 637).

Wochenendhaus

Wird ein W. auf einem Betriebsgrundstück errichtet, werden Grund und Boden und das W. erst dann notwendiges Privatvermögen und damit entnommen, wenn die Absicht der künftigen Verwendung des W. zu eigenen Wohnzwecken in Erklärungen oder in einem eindeutigen Verhalten des Steuerpflichtigen zum Ausdruck kommt (→ BFH vom 29.4.1970 – BStBl. II S. 754).

---

1) Siehe Anlage § 006-03.
2) Siehe Anlage § 006-12.

§ 4

R 4.4

EStR 2012 zu § 4 EStG

R 4.4 Bilanzberichtigung und Bilanzänderung

Bilanzberichtigung

(1) ¹Ist ein Ansatz in der Bilanz unrichtig, so kann der Steuerpflichtige nach § 4 Abs. 2 Satz 1 EStG den Fehler durch eine entsprechende Mitteilung an das Finanzamt berichtigen (**Bilanzberichtigung**). ²Ein Ansatz in der Bilanz ist unrichtig, wenn er unzulässig ist, d. h., wenn er gegen zwingende Vorschriften des Einkommensteuerrechts oder des Handelsrechts oder gegen die einkommensteuerrechtlich zu beachtenden handelsrechtlichen Grundsätze ordnungsmäßiger Buchführung verstößt. *³Eine Bilanzberichtigung ist unzulässig, wenn der Bilanzansatz im Zeitpunkt der Bilanzaufstellung subjektiv richtig ist. ⁴Subjektiv richtig ist jede der im Zeitpunkt der Bilanzaufstellung der kaufmännischen Sorgfalt entsprechende Bilanzierung. ⁵Entspricht ein Bilanzansatz im Zeitpunkt der Bilanzaufstellung den Grundsätzen höchstrichterlicher Rechtsprechung, wird dieser durch eine Änderung der Rechtsprechung nicht unrichtig. ⁶Hat der Stpfl. entsprechend der im Zeitpunkt der Bilanzaufstellung bestehenden Verwaltungsauffassung bilanziert, hält er aber einen davon abweichenden Ansatz für richtig, ist eine Bilanzberichtigung bei einer Änderung der Verwaltungsauffassung auf Grund höchstrichterlicher Rechtsprechung zulässig, wenn er durch Zusätze oder Vermerke bei der Aufstellung der Bilanz dokumentiert hat, dass er einen von der Verwaltungsauffassung abweichenden Ansatz begehrt. ⁷Die Dokumentation ist zusammen mit der Steuererklärung beim Finanzamt einzureichen. ⁸Soweit keine steuerlichen Ansatz- oder Bewertungsvorbehalte gelten, ist ein von der Handelsbilanz abweichender Ansatz in der Steuerbilanz als ausreichende Dokumentation anzusehen.* ¹⁾ ⁹Soweit eine Bilanzberichtigung nicht möglich ist, ist der falsche Bilanzansatz grundsätzlich in der Schlussbilanz des ersten Jahres, dessen Veranlagung geändert werden kann, erfolgswirksam richtig zu stellen. ¹⁰Bei Land- und Forstwirten mit vom Kalenderjahr abweichendem Wirtschaftsjahr müssen beide Veranlagungen, denen die Schlussbilanz zugrunde liegt (→ § 4a Abs. 2 Nr. 1 EStG), geändert werden können.

Bilanzänderung

(2) ¹Wenn steuerrechtlich, in den Fällen des § 5 EStG auch handelsrechtlich, verschiedene Ansätze für die Bewertung eines Wirtschaftsguts zulässig sind und der Steuerpflichtige demgemäß zwischen mehreren Wertansätzen wählen kann, so trifft er durch die Einreichung der Steuererklärung an das Finanzamt seine Entscheidung. ²Eine Änderung dieser Entscheidung zugunsten eines anderen zulässigen Ansatzes ist eine **Bilanzänderung**. ³Eine Bilanzänderung liegt nicht vor, wenn sich einem Stpfl. erst nach Einreichung der Bilanz die Möglichkeit eröffnet, erstmalig sein Wahlrecht auszuüben. ⁴Eine Bilanzänderung ist zulässig, wenn sie in einem engen zeitlichen und sachlichen Zusammenhang mit einer Bilanzberichtigung steht und soweit die Auswirkung der Bilanzberichtigung auf den Gewinn reicht. ⁵Ein enger zeitlicher und sachlicher Zusammenhang zwischen Bilanzberichtigung und Bilanzänderung setzt voraus, dass sich beide Maßnahmen auf dieselbe Bilanz beziehen und die Bilanzänderung unverzüglich nach der Bilanzberichtigung vorgenommen wird. ⁶Bei einer Mitunternehmerschaft brauchen sich beide Maßnahmen nicht auf die Bilanz der Mitunternehmerschaft (Gesamthandsbilanz, Ergänzungsbilanz und Sonderbilanz); beispielsweise kann eine Bilanzberichtigung in der Gesamthandsbilanz eine Bilanzänderung in der Ergänzungsbilanz oder Sonderbilanz des Mitunternehmers oder der Mitunternehmer zulassen.

Hinweise

H 4.4 Berichtigung einer Bilanz, die einer bestandskräftigen Veranlagung zugrunde liegt

— Die Berichtigung einer Bilanz, die einer bestandskräftigen Veranlagung zu Grunde liegt, ist nur insoweit möglich, als die Veranlagung nach den Vorschriften der AO, insbesondere nach § 164 Abs. 1, § 173 oder § 175 Abs. 1 Satz 1 Nr. 2 AO, noch geändert werden kann oder die Bilanzberichtigung sich auf die Höhe der veranlagten Steuer nicht auswirken würde (→ BFH vom 27.3.1962 – BStBl. III S. 273 und vom 5.9.2001 – BStBl. 2002 II S. 134).

— Die Berichtigung eines unrichtigen Bilanzansatzes in einer **Anfangsbilanz** ist nicht zulässig, wenn diese Bilanz der Veranlagung eines früheren Jahres als **Schlußbilanz** zugrunde gelegen hat, die nach den Vorschriften der AO nicht mehr geändert werden kann, und wenn sich bei einer Änderung dieser Veranlagung ergebende höhere Steueranspruch wegen Ablaufs der Festsetzungsfrist erloschen wäre (→ BFH vom 29.11.1965 – BStBl. 1966 III S. 142). Unter Durchbrechung des Bilanzenzusammenhangs kann eine Berichtigung der Anfangsbilanz des ersten Jahres, bei dessen Veranlagung sich die Berichtigung auswirken kann, ausnahmsweise

---

1) R 4.4 Abs. 1 Sätze 3–9 EStR 2012 überholt durch BFH vom 31.1.2013 (BStBl. II S. 317).

in Betracht kommen, wenn ein Steuerpflichtiger zur Erlangung beachtlicher ungerechtfertigter Steuervorteile bewusst einen Aktivposten zu hoch oder einen Passivposten zu niedrig angesetzt hat, ohne dass die Möglichkeit besteht, die Veranlagung des Jahres zu ändern, bei der sich der unrichtige Bilanzansatz ausgewirkt hat (→ BFH vom 3.7.1956 – BStBl. II S. 250).

Bilanzänderung

- Der enge zeitliche und sachliche Zusammenhang zwischen Bilanzberichtigung und Bilanzänderung setzt voraus, dass sich beide Maßnahmen auf dieselbe Bilanz beziehen. Die Änderung der Bilanz eines bestimmten Wirtschaftsjahres ist danach unabhängig von der Frage, auf welche Wirtschaftsgüter oder Rechnungsabgrenzungsposten sich die Berichtigung dieser Bilanz bezieht, bis zur Höhe des gesamten Berichtigungsbetrages zulässig. Ein zeitlicher Zusammenhang liegt darüber hinaus nur vor, wenn die Bilanz unverzüglich nach einer Bilanzberichtigung geändert wird (→ BMF vom 18.5.2000 – BStBl. I S. 587).
- Der Zusammenhang einer Bilanzänderung mit einer Bilanzberichtigung liegt auch dann vor, wenn sich die Gewinnänderung im Rahmen der Bilanzberichtigung aus der Nicht- oder der fehlerhaften Verbuchung von Entnahmen und Einlagen ergibt (→ BFH vom 31.5.2007 – BStBl. 2008 II S. 665); außerbilanzielle Gewinnerhöhungen berühren dagegen keinen Bilanzansatz und ermöglichen deshalb keine Bilanzänderung (→ BMF vom 13.8.2008 – BStBl. I S. 845).
- Im Rahmen einer zulässigen Bilanzänderung kann der Stpfl. ihm zustehende, im Jahr der Bilanzänderung aber noch nicht oder nicht in voller Höhe geltend gemachte Sonderabschreibungen erstmals oder mit einem höheren Betrag in Anspruch nehmen. Dies gilt auch dann, wenn er die im Jahr der Bilanzänderung noch nicht ausgeschöpften Sonderabschreibungen in den Bilanzen der Folgejahre schon beansprucht hat (→ BFH vom 25.10.2007 – BStBl. 2008 II S. 226).

Bilanzberichtigung

- Eine Bilanzberichtigung darf nur der Steuerpflichtige selbst vornehmen (→ BFH vom 13.6.2006 – BStBl. 2007 II S. 94). Hält das FA eine Bilanz für fehlerhaft, darf es diese Bilanz der Besteuerung nicht zugrunde legen und muss eine eigene Gewinnermittlung durch Betriebsvermögensvergleich mit ggf. auf der Grundlage der Bilanz abgeänderten Werten vornehmen (→ BFH vom 4.11.1999 – BStBl. 2000 II S. 129 und vom 31.1.2013 – BStBl. II S. 317).
- Das Finanzamt ist auch dann nicht an die rechtliche Beurteilung gebunden, die der vom Stpfl. aufgestellten Bilanz und deren einzelnen Ansätzen zugrunde liegt, wenn diese Beurteilung aus der Sicht eines ordentlichen und gewissenhaften Kaufmanns im Zeitpunkt der Bilanzaufstellung vertretbar war. Das gilt auch für eine in diesem Zeitpunkt von der Verwaltung und Rechtsprechung praktizierte, später aber geänderte Rechtsauffassung (→ BFH vom 31.1.2013 – BStBl. II S. 317).
- Eine Bilanz kann berichtigt werden, wenn ein darin enthaltener Ansatz nicht gegen Grundsätze ordnungsmäßiger Buchführung, sondern nur gegen steuerrechtliche Vorschriften verstößt. Kann eine Bilanz auf verschiedenen Wegen berichtigt werden, obliegt die Auswahl des Korrekturwegs dem Unternehmer (→ BFH vom 14.3.2006 – BStBl. II S. 799).
- **Absetzung für Abnutzung:** Sind in den Vorjahren im Hinblick auf eine zu niedrige Bemessungsgrundlage zu wenig AfA geltend gemacht worden, kann die letzte Anfangsbilanz gewinnneutral berichtigt werden, indem der richtige höhere Anfangswert gekürzt um die tatsächlich vorgenommenen Absetzungsbeträge in die Bilanz eingestellt wird (→ BFH vom 29.10.1991 – BStBl. 1992 II S. 512, 516). →H 7.4 (Unterlassene oder überhöhte AfA).
- Die Voraussetzungen für eine Bilanzberichtigung sind für die Einkommensteuer und Gewerbesteuer gesondert zu prüfen. Eine Bilanzberichtigung für Zwecke der Gewerbesteuer hindert daher nicht die entsprechende einkommensteuerrechtliche Korrektur in einem späteren VZ (→ BFH vom 6.9.2000 – BStBl. 2001 II S. 106).
- Bewertung von mit land- und forstwirtschaftlichem Grund und Boden im Zusammenhang stehenden Milchlieferrechten → BMF vom 5.11.2014 (BStBl. I S. 1503).
- Sind in den Vorjahren Sonderabschreibungen im Rahmen einer zulässigen Bilanzänderung anderweitig verteilt worden, sind nach den Grundsätzen des Bilanzenzusammenhangs nunmehr fehlerhafte Ansätze in den Bilanzen der Folgejahre zu berichtigen (→ BFH vom 25.10.2007 – BStBl. 2008 II S. 226)
- Maßgebender Zeitpunkt für die Bestimmung, welche Bilanz zu berichtigen ist (Bilanz der Fehlerquelle oder eine spätere Bilanz), ist der Zeitpunkt der Einspruchsentscheidung, weil das

§ 4 R 4.4

Finanzamt darin abschließend über die Frage der Bilanzberichtigung befindet (→ BFH vom 19.7.2011 – BStBl. II S. 1017).

Einnahmenüberschussrechnung

→ H 4.5 (1) Änderung der Einnahmenüberschussrechnung

Fehlerhafte Gewinnverteilung bei Personengesellschaften

Bei einer Personengesellschaft ist die fehlerhafte Gewinnverteilung, die einer bestandskräftigen Feststellung zu Grunde liegt, in der Schlussbilanz des ersten noch änderbaren Feststellungszeitraums richtig zu stellen (→ BFH vom 11.2.1988 – BStBl. II S. 825). Die Fehlerkorrektur ist nicht zulässig, wenn für den dem Feststellungszeitraum der Berichtigung vorangegangenen Feststellungszeitraum eine Feststellung nicht durchgeführt wurde und wegen Ablaufs der Feststellungsfrist nicht nachgeholt werden kann (→ BFH vom 28.1.1992 – BStBl. II S. 881).

Nachträgliche Auflösung der negativen Kapitalkonten eines Kommanditisten aufgrund des Bilanzenzusammenhangs → *BFH vom 10.12.1991 (BStBl. 1992 II S. 650).*

Nicht erkannte Mitunternehmerschaft

Wurde unter Verkennung einer Mitunternehmerschaft eine Bilanz für ein Einzelunternehmen vorgelegt, ist die Inanspruchnahme des § 6b EStG in der erstmalig vorgelegten Mitunternehmerbilanz keine Bilanzänderung i. S.d. § 4 Abs. 2 Satz 2 EStG (→ BFH vom 18.8.2005 – BStBl. 2006 II S. 165).

Richtigstellung eines unrichtigen Bilanzansatzes

Ein unrichtiger Bilanzansatz ist in der ersten Schlussbilanz richtigzustellen, in der dies unter Beachtung der für den Eintritt der Bestandskraft und der Verjährung maßgebenden Vorschriften möglich ist, und zwar grundsätzlich erfolgswirksam. Anzusetzen ist der Wert, mit dem das Wirtschaftsgut bei von vornherein zutreffender bilanzieller Behandlung – also bei Beachtung sämtlicher Gewinnermittlungsvorschriften – in dieser Bilanz erscheinen würde (→BFH vom 10.12.1997 – BStBl. 1998 II S. 377). Die Korrektur eines fehlerhaften Bilanzansatzes setzt voraus, dass noch ein Bilanzierungsfehler vorliegt (→ BFH vom 11.2.1998 – BStBl. II S. 503).

Tausch

Eine beim Tausch unterbliebene Ausbuchung des hingetauschten Wirtschaftsguts und Einbuchung einer Forderung auf Lieferung des eingetauschten Wirtschaftsguts ist in der ersten noch änderbaren Schlussbilanz erfolgswirksam nachzuholen (→ BFH vom 14.12.1982 – BStBl. 1983 II S. 303).

Unterlassene Bilanzierung

– *Die rechtliche Beurteilung der Zugehörigkeit **eines Wirtschaftsguts** zum notwendigen Betriebsvermögen wird nicht dadurch berührt, dass es bisher nicht bilanziert worden ist. Ein Wirtschaftsgut des notwendigen Betriebsvermögens ist bei unterlassener Aktivierung mit dem Wert einzubuchen, der sich ergeben würde, wenn das Wirtschaftsgut von Anfang an richtig bilanziert worden wäre. In diesem Fall ist bei der Ermittlung des Einbuchungswerts eine „Schattenrechnung" (Absetzung der bisher unterlassenen AfA-Beträge von den Anschaffungs- oder Herstellungskosten) durchzuführen (→ BFH vom 24.10.2001 – BStBl. 2002 II S. 75).*

– *Im Fall eines **„nicht erkannten Gewerbebetriebs"**, für den erst in einem späteren Wirtschaftsjahr nach der Betriebseröffnung mit der Bilanzierung begonnen wird, sind bei erstmaliger Bilanzaufstellung die Grundsätze des formellen Bilanzenzusammenhangs unbeachtlich. Der erste Bilanzansatz eines zuvor nicht bilanzierten Wirtschaftsguts des notwendigen Betriebsvermögens bemisst sich nach dem Wert, mit dem es bei von Beginn an richtiger Bilanzierung zu Buche stehen würde. Die Einbuchung in die Anfangsbilanz erfolgt gewinnneutral (→ BFH vom 26.11.2008 – BStBl. 2009 II S. 407).*

Unterlassene Erfassung einer Entnahme

Erfolgsneutrale Ausbuchung bei unterlassener Erfassung einer Entnahme (→ BFH vom 21.10.1976 – BStBl. 1977 II S. 148).

Eine Verbindlichkeit

– *die gewinnwirksam zu Unrecht passiviert worden ist, ist grundsätzlich gewinnerhöhend aufzulösen (BFH vom 22.1.1985 – BStBl. II S. 308),*

– *deren gewinnmindernde Passivierung der Stpfl. nicht bewusst rechtswidrig oder willkürlich unterlassen, hat, ist gewinnmindernd einzustellen (→ BFH vom 2.5 1984 – BStBl. II S. 695).*

Dies gilt auch dann, wenn der Betrieb inzwischen unentgeltlich, also unter Fortführung der Buchwerte, auf einen anderen übertragen wurde (→ BFH vom 9.6.1964 – BStBl. 1965 III S. 48) oder wenn der Betrieb zulässigerweise zum Buchwert in eine Personengesellschaft eingebracht wurde (→ BFH vom. 8.12.1988 – BStBl. 1989 II S: 407).

Wahlrecht eines Mitunternehmers

Mitunternehmerbezogene Wahlrechte sind von dem Mitunternehmer persönlich auszuüben. Grundsätzlich wird vermutet, dass die Sonderbilanz mit dem Mitunternehmer abgestimmt ist. Diese Vermutung gilt nicht bei einem ausgeschiedenen Gesellschafter oder wenn der Finanzbehörde bekannt ist, dass zwischen dem Mitunternehmer und der Mitunternehmerschaft ernstliche Meinungsverschiedenheiten bestehen. In diesen Fällen ist die von der Mitunternehmerschaft aufgestellte Sonderbilanz keine Bilanz, die das Änderungsverbot des § 4 Abs. 2 Satz 2 EStG auslöst (→ BFH vom 25.1.2006 – BStBl. II S. 418).

Zu Unrecht bilanziertes Wirtschaftsgut des Privatvermögens

Ein zu Unrecht bilanziertes Wirtschaftsgut des Privatvermögens ist gewinnneutral auszubuchen (→ BFH vom 26.2.1976 – BStBl. II S. 378).

EStR 2012 zu § 4 EStG

R 4.5 Einnahmenüberschussrechnung

R 4.5 (1) Anwendungsbereich

(1) [1]Der Steuerpflichtige kann nach § 4 Abs. 3 EStG als Gewinn den Überschuss der Betriebseinnahmen über die Betriebsausgaben ansetzen, wenn er auf Grund gesetzlicher Vorschriften (→ R 4.1 Abs. 1, 2 und 4) nicht verpflichtet ist, Bücher zu führen und regelmäßig Abschlüsse zu machen, er dies auch nicht freiwillig tut, und sein Gewinn nicht nach Durchschnittssätzen (§ 13a EStG) zu ermitteln ist. [2]Die Buchführung wegen der Eigenschaft des Betriebs als Testbetrieb für den agrarpolitischen Bericht der Bundesregierung oder als Betrieb des Informationsnetzes landwirtschaftlicher Buchführung (INLB) und die Auflagenbuchführung entsprechend den Richtlinien des Bundesministeriums für Verbraucherschutz, Ernährung und Landwirtschaft schließen die Gewinnermittlung nach § 4 Abs. 3 EStG nicht aus. [3]Der Gewinn eines Steuerpflichtigen ist nach den für diese Gewinnermittlungsart maßgebenden Grundsätzen zu ermitteln, wenn der Betrieb zwar die Voraussetzungen für die Gewinnermittlung nach § 13a EStG erfüllt, aber ein Antrag nach § 13a Abs. 2 EStG gestellt worden ist.

Hinweise

H 4.5 (1) Änderung der Einnahmenüberschussrechnung

Die Vorschriften über die Bilanzberichtigung (§ 4 Abs. 2 Satz 1 EStG) und die Bilanzänderung (§ 4 Abs. 2 Satz 2 EStG) sind auf die Einnahmenüberschussrechnung nicht anwendbar (→ BFH vom 21.6.2006 – BStBl. II S. 712 und vom 30.8.2001 – BStBl. 2002 II S. 49).

Anlage EUR

→ *H 25*

Ergänzungsrechnung

Bei der Gewinnermittlung nach §4 Abs. 3 EStG sind die Anschaffungskosten eines Gesellschafters für den Erwerb seiner mitunternehmerischen Beteiligung in einer steuerlichen Ergänzungsrechnung nach Maßgabe der Grundsätze über die Aufstellung von Ergänzungsbilanzen zu erfassen, wenn sie in der Einnahmenüberschussrechnung der Gesamthand nicht berücksichtigt werden können (→ BFH vom 24.6.2009 – BStBl. II S. 993).

Gewinnschätzung *nach den Grundsätzen des § 4 Abs. 3 EStG*

→ *H 4.1 (Gewinnschätzung)*

Unternehmensrückgabe

Zur Unternehmensrückgabe nach dem Vermögensgesetz im Beitrittsgebiet bei Einnahmenüberschussregelung → BMF vom 10.5.1994 (BStBl. I S. 286), Tzn. 88 und 89).

Wahl der Gewinnermittlungsart

– *Die Entscheidung eines Steuerpflichtigen, seinen Gewinn durch Einnahmenüberschussrechnung zu ermitteln, muss sich nach außen dokumentiert haben. Das Sammeln z. B. der maßgebenden Einnahmebelege reicht hierfür aus (→ BFH vom 13.10.1989 – BStBl. 1990 II S. 287).*

§ 4 R 4.5

- *Der Stpfl. muss die dem Finanzamt gegenüber wirksam getroffene Entscheidung, den Gewinn durch Einnahmenüberschussrechnung zu ermitteln, nicht jährlich wiederholen (→ BFH vom 24.9.2008 – BStBl. 2009 II S. 368).*
- *Zeichnet ein nicht buchführungspflichtiger Steuerpflichtiger nur Einnahmen und Ausgaben auf, so kann er nicht verlangen, dass seiner Besteuerung ein nach § 4 Abs. 1 EStG geschätzter Gewinn zugrunde gelegt wird. Durch den Verzicht auf die Aufstellung einer Eröffnungsbilanz und auf die Einrichtung einer den jeweiligen Stand des Vermögens darstellenden Buchführung hat er die Gewinnermittlung durch Einnahmenüberschussrechnung gewählt (→ BFH vom 2.3.1978 – BStBl. II S. 431).*
- *Die Wahl der Gewinnermittlung durch Einnahmenüberschussrechnung kann nicht unterstellt werden, wenn der Steuerpflichtige bestreitet, betriebliche Einkünfte erzielt zu haben (→ BFH vom 8.3.1989 – BStBl. II S. 714).*
- *Erzielt ein Stpfl. Gewinneinkünfte und hat er die Gewinnermittlung durch Einnahmenüberschussrechnung gewählt, ist er daran auch gebunden, wenn seine Einkünfte nicht mehr als freiberuflich, sondern als gewerblich eingestuft werden (→ BFH vom 8.10.2008 – BStBl. 2009 II S. 238).*
- *Das Recht zur Wahl der Gewinnermittlung durch Einnahmenüberschussrechnung entfällt erst mit der Erstellung eines Abschlusses und nicht bereits mit der Einrichtung einer Buchführung oder der Aufstellung einer Eröffnungsbilanz (→ BFH vom 19.3.2009 – BStBl. II S. 659).*
- *Das Wahlrecht zur Gewinnermittlung durch Einnahmenüberschussrechnung ist grundsätzlich nicht dadurch ausgeübt, dass der Stpfl. die vermeintlichen Überschusseinkünfte durch Gegenüberstellung der Einnahmen und Werbungskosten ermittelt hat (→ BFH vom 30.01.2013 – BStBl. II S. 684).*
- → *H 4.6 (Wechsel zum Betriebsvermögensvergleich).*

EStR 2012 zu § 4 EStG

R 4.5 (2) Zeitliche Erfassung von Betriebseinnahmen und -ausgaben

(2) ¹Bei der Gewinnermittlung nach § 4 Abs. 3 EStG sind die Betriebseinnahmen und die Betriebsausgaben nach den Grundsätzen des § 11 EStG zu erfassen. ²Das gilt auch für Vorschüsse, Teil- und Abschlagszahlungen. ³Hat ein Steuerpflichtiger Gelder in fremdem Namen und für fremde Rechnung verausgabt, ohne dass er entsprechende Gelder vereinnahmt, so kann er in dem Wirtschaftsjahr, in dem er nicht mehr mit einer Erstattung der verausgabten Gelder rechnen kann, eine Betriebsausgabe in Höhe des nicht erstatteten Betrags absetzen. ⁴Soweit der nicht erstattete Betrag in einem späteren Wirtschaftsjahr erstattet wird, ist er als Betriebseinnahme zu erfassen.

Hinweise

H 4.5 (2) Darlehen

Geldbeträge, die dem Betrieb durch die Aufnahme von Darlehen zugeflossen sind, stellen keine Betriebseinnahmen und Geldbeträge, die zur Tilgung von Darlehen geleistet werden, keine Betriebsausgaben dar (→ BFH vom 8.10.1969 – BStBl. 1970 II S. 44).

Darlehensverluste *und der* **Verlust von Beteiligungen an Kapitalgesellschaften** *können nur dann wie Betriebsausgaben abgesetzt werden, wenn besondere Umstände ihre ausschließliche Zugehörigkeit zur betrieblichen Sphäre ergeben (→ BFH vom 2.9.1971 – BStBl. 1972 II S. 334, vom 11.3.1976 – BStBl. II S. 380 und vom 23.11.1978 – BStBl. 1979 II S. 109). Für den Zeitpunkt und den Umfang einer etwaigen Berücksichtigung derartiger Verluste ist maßgeblich, wann und in welcher Höhe die für das Darlehen oder die Beteiligung aufgewendeten Mittel endgültig verlorengegangen sind (→ BFH vom 23.11.1978 – BStBl. 1979 II S. 109).*

Diebstahl

Ein durch Diebstahl eingetretener Geldverlust führt nur dann zu einer Betriebsausgabe, wenn der betriebliche Zusammenhang anhand konkreter und objektiv greifbarer Anhaltspunkte festgestellt ist (→ BFH vom 28.11.1991 – BStBl. 1992 II S. 343).

Fremdwährungsdarlehen

Die Mehrausgaben, die sich bei der Tilgung eines Fremdwährungsdarlehens nach einer Kurssteigerung der ausländischen Währung ergeben, sind im Zeitpunkt der Zahlung als Be-

triebsausgabe, umgerechnet in Euro, abzuziehen; wird infolge eines Kursrückgangs der ausländischen Währung ein geringerer als der ursprünglich zugeflossene Betrag zurückgezahlt, ist der Unterschiedsbetrag, umgerechnet in Euro, im Zeitpunkt der Zahlung als Betriebseinnahme zu erfassen (→ BFH vom 15.11.1990 – BStBl. 1991 II S. 228).

Investitionszuschüsse bei Einnahmenüberschussrechnung

→ H 6.5

Sacheinnahmen *sind wie Geldeingänge in dem Zeitpunkt als Betriebseinnahme zu erfassen, in dem der Sachwert zufließt (→ BFH vom 12.3.1992 – BStBl. 1993 II S. 36).*

Tauschvorgänge

Durch die Lieferung von zum Betriebsvermögen gehörenden Wirtschaftsgütern im Tausch gegen andere Wirtschaftsgüter hat der Stpfl. eine Betriebseinnahme i. S. d. § 4 Abs. 3 EStG realisiert, da ihm dadurch ein geldwerter Gegenstand zugegangen ist und dieser Zugang im Hinblick auf die Hingabe von Betriebsgegenständen betrieblich veranlasst ist. Ob die erlangte Gegenleistung in den betrieblichen oder in den privaten Bereich des Stpfl. gelangt ist, hat dafür keine Bedeutung. Eine Betriebseinnahme setzt nicht voraus, dass die erlangte Leistung Betriebsvermögen wird (→ BFH vom 17.4.1986 – BStBl. II S. 607).

Vereinnahmte Umsatzsteuerbeträge

→ *H 9b (Gewinnermittlung nach § 4 Abs. 3 EStG und Ermittlung des Überschusses der Einnahmen über die Werbungskosten)*

Vorschußweise gezahlte Honorare *sind auch dann zugeflossen, wenn im Zeitpunkt der Veranlagung feststeht, daß sie teilweise zurückzuzahlen sind; das „Behaltendürfen" ist nicht Merkmal des Zuflusses (BFH vom 29.4.1982 – BStBl. II S. 593 – und vom 13.10.1989 – BStBl. 1990 II S. 287).*

Wirtschaftsjahr

§ 11 Abs. 1 Satz 2 EStG ist auch bei abweichendem Wirtschaftsjahr in der Land- und Forstwirtschaft anzuwenden (→ BFH vom 23.9.1999 – BStBl. 2000 II S. 121).

Zahngold

Ausgaben *eines* **Zahnarztes** *mit Gewinnermittlung nach § 4 Abs. 3 EStG für* **Zahngold** *(→ H 4.2 (1) Gold) bilden auch dann Betriebsausgaben, wenn der angeschaffte Goldvorrat den Verbrauch für einige Jahre deckt (→ BFH vom 12.7.1990 (BStBl. 1991 II S. 13 und vom 12.3.1992 – BStBl. 1993 II S. 36); Indiz dafür ist der Verbrauch der Vorräte innerhalb eines Zeitraums von maximal sieben Jahren oder der Nachweis, dass bei Anschaffung mit einem Verbrauch innerhalb dieses Zeitraums zu rechnen war (→ BFH vom 26.5.1994 – BStBl. II S. 750).*

Zufluss von Betriebseinnahmen

– **Zufluss von Provisionszahlungen** → *H 11 (Provisionen)*
– **Zufluss von Zahlungen des Auftraggebers an ein Versorgungswerk** *als Betriebseinnahmen des Auftragnehmers im Zeitpunkt des Eingangs beim Versorgungswerk (→ BFH vom 1.10.1993 – BStBl. 1994 II S. 179).*
– **Veräußerungserlös** *– der Erlös aus dem Verkauf eines Wirtschaftsgutes ist stets im Jahr des Zuflusses anzusetzen (→ BFH vom 16.2.1995 – BStBl. II S. 635); bei Inanspruchnahme des § 6c EStG → aber R 6c Abs. 1 Satz 3 und 4.*

EStR 2012 zu § 4 EStG

R 4.5 (3) Abnutzbare und nicht abnutzbare Anlagegüter

(3) ¹Zu den Betriebseinnahmen gehören auch die Einnahmen aus der Veräußerung von abnutzbaren und nicht abnutzbaren Anlagegütern sowie vereinnahmte Umsatzsteuerbeträge. ²Die Anschaffungs- oder Herstellungskosten für Anlagegüter, die der Abnutzung unterliegen, z. B. Einrichtungsgegenstände, Maschinen, der Geschäfts- oder Firmenwert oder der Praxiswert, dürfen nur im Wege der AfA und auf die Nutzungsdauer des Wirtschaftsgutes verteilt werden, sofern nicht § 6 Abs. 2 oder Abs. 2a EStG anzuwenden ist. ³Neben den Vorschriften über die AfA, die Absetzung für Substanzverringerung, die Bewertungsfreiheit für geringwertige Wirtschaftsgüter oder die Bildung eines Sammelpostens gelten auch die Regelungen über erhöhte Absetzungen und über Sonderabschreibungen. ⁴Die vorgenommenen Abschreibungen sind in die besonderen, laufend zu führenden Verzeichnisse des Anlagevermögens aufzunehmen. ⁵Die Anschaffungs- oder Herstellungskosten oder der an deren Stelle tretende Wert sind bei nicht abnutzbaren Wirtschaftsgütern des Anlagevermögens, z. B. Grund und Boden, Genossenschafts-

anteile, Wald einschließlich Erstaufforstung, erst im Zeitpunkt des Zuflusses des Veräußerungserlöses oder im Zeitpunkt der Entnahme als Betriebsausgaben zu berücksichtigen, soweit die Aufwendungen vor dem 1.1.1971 nicht bereits zum Zeitpunkt der Zahlung abgesetzt worden sind.

Hinweise

H 4.5 (3) Eiserne Verpachtung
> Zur Gewinnermittlung bei der Verpachtung von Betrieben mit Substanzerhaltungspflicht des Pächters nach §§ 582a, 1048 BGB → BMF vom 21.2.2002 (BStBl. I S. 262). [1)]
> **Veräußerung abnutzbarer Wirtschaftsgüter/Unterlassene AfA**
> Soweit Anschaffungs- oder Herstellungskosten für abnutzbare Wirtschaftsgüter des Anlagevermögens bis zur Veräußerung noch nicht im Wege der AfA berücksichtigt worden sind, sind sie grundsätzlich (Besonderheit: → R 4.5 Abs. 5) im Wirtschaftsjahr der Veräußerung als Betriebsausgaben abzusetzen, soweit die AfA nicht willkürlich unterlassen worden sind (→ BFH vom 16.2.1995 – BStBl. II S. 635). Eine Nachholung unterlassener AfA-Beträge kommt dagegen nicht in Betracht für Zeiträume, in denen das Wirtschaftsgut zu Unrecht nicht als Betriebsvermögen erfasst worden war (→ BFH vom 22.6.2010 – BStBl. II S. 1035).

EStR 2012 zu § 4 EStG

R 4.5 (4) Leibrenten

(4) [1]Erwirbt ein Steuerpflichtiger mit Gewinnermittlung nach § 4 Abs. 3 EStG ein Wirtschaftsgut des **Anlagevermögens oder des Umlaufvermögens i. S. d. § 4 Abs. 3 Satz 4 EStG** gegen eine Leibrente, so ergeben sich die Anschaffungskosten für dieses Wirtschaftsgut aus dem Barwert der Leibrentenverpflichtung. [2]Die einzelnen Rentenzahlungen sind in Höhe ihres Zinsanteils Betriebsausgaben. [3]Der Zinsanteil ergibt sich aus dem Unterschiedsbetrag zwischen den Rentenzahlungen einerseits und dem jährlichen Rückgang des Barwerts der Leibrentenverpflichtung andererseits. [4]Aus Vereinfachungsgründen ist es nicht zu beanstanden, wenn die einzelnen Rentenzahlungen in voller Höhe mit dem Barwert der ursprünglichen Rentenverpflichtung verrechnet werden; sobald die Summe der Rentenzahlungen diesen Wert übersteigt, sind die darüber hinausgehenden Rentenzahlungen in vollem Umfang als Betriebsausgabe abzusetzen. [5]Bei vorzeitigem Fortfall der Rentenverpflichtung ist der Betrag als Betriebseinnahme anzusetzen, der nach Abzug aller bis zum Fortfall geleisteten Rentenzahlungen von dem ursprünglichen Barwert verbleibt. [6]Erwirbt ein Steuerpflichtiger mit Gewinnermittlung nach § 4 Abs. 3 EStG Wirtschaftsgüter des **Umlaufvermögens** – mit Ausnahme der in § 4 Abs. 3 Satz 4 EStG aufgeführten Wirtschaftsgüter – gegen eine Leibrente, so stellen die Rentenzahlungen zum Zeitpunkt ihrer Verausgabung in voller Höhe Betriebsausgaben dar. [7]Der Fortfall einer solchen Leibrentenverpflichtung führt nicht zu einer Betriebseinnahme.

Hinweise

H 4.5 (4) Fortfall der Rentenverpflichtung
> Fällt die zur Anschaffung von Wirtschaftsgütern des Anlagevermögens eingegangene Rentenverpflichtung fort, z. B. bei Tod des Rentenberechtigten, so liegt eine Betriebseinnahme in Höhe des Barwertes vor, den die Rentenverpflichtung im Augenblick ihres Fortfalls hatte (→ BFH vom 31.8.1972 – BStBl. 1973 II S. 51).
> **Nachträgliche Erhöhung der Rente**
> Die infolge einer Wertsicherungsklausel nachträglich eingetretene Erhöhung einer Rente ist in vollem Umfang beim Betriebsausgabenabzug im Zeitpunkt der jeweiligen Zahlung zu berücksichtigen (→ BFH vom 23.2.1984 – BStBl. II S. 516 und vom 23.5.1991 – BStBl. II S. 796).

EStR 2012 zu § 4 EStG

R 4.5 (5) Raten und Veräußerungsrenten

(5) [1]Veräußert der Stpfl. Wirtschaftsgüter i. S. d. § 4 Abs. 3 Satz 4 EStG gegen einen in Raten zu zahlenden Kaufpreis oder gegen eine Veräußerungsrente, ist in jedem Wirtschaftsjahr in Höhe der in demselben Wirtschaftsjahr zufließenden Kaufpreisraten oder Rentenzahlungen ein Teilbetrag der Anschaf-

---
1) Siehe Anlage § 004-02.

fungs- oder Herstellungskosten als Betriebsausgaben abzusetzen. ²Bei der Veräußerung abnutzbarer Wirtschaftsgüter des Anlagevermögens kann der Stpfl. hinsichtlich der noch nicht im Wege der AfA als Betriebsausgaben berücksichtigten Anschaffungs- oder Herstellungskosten, abweichend von den allgemeinen Grundsätzen, entsprechend verfahren. ³Wird die Kaufpreisforderung uneinbringlich, ist der noch nicht abgesetzte Betrag in dem Wirtschaftsjahr als Betriebsausgabe zu berücksichtigen, in dem der Verlust eintritt.

R 4.5 (6) Betriebsveräußerung oder -aufgabe

(6) ¹Veräußert ein Steuerpflichtiger, der den Gewinn nach § 4 Abs. 3 EStG ermittelt, den Betrieb, ist der Steuerpflichtige so zu behandeln, als wäre er im Augenblick der Veräußerung zunächst zur Gewinnermittlung durch Betriebsvermögensvergleich nach § 4 Abs. 1 EStG übergegangen. (Wechsel der Gewinnermittlungsart, → R 4.6). ²Dies gilt auch bei der Veräußerung eines Teilbetriebs oder des gesamten Mitunternehmeranteiles und bei der Aufgabe¹⁾ eines Betriebs sowie in den Fällen der Einbringung, unabhängig davon, ob die Einbringung zu Buch-, Zwischen- oder gemeinen Werten erfolgt.

Hinweise

H 4.5 (6) Einbringungsgewinn

Im Falle der Einnahmenüberschussrechnung muss der Einbringungsgewinn auf der Grundlage einer Einbringungsbilanz und einer Eröffnungsbilanz der Gesellschaft ermittelt werden (→ BFH vom 18.10.1999 – BStBl. 2000 II S. 123).

Fehlende Schlussbilanz

Ist auf den Zeitpunkt der Betriebsveräußerung eine Schlussbilanz nicht erstellt worden, und hat dies nicht zur Erlangung ungerechtfertigter Steuervorteile geführt, sind in späteren Jahren gezahlte Betriebssteuern und andere Aufwendungen, die durch den veräußerten oder aufgegebenen Betrieb veranlasst sind, nachträgliche Betriebsausgaben (→ BFH vom 13.5.1980 – BStBl. II S. 692).

Nachträgliche Betriebsausgaben

→ *H 24.2 (Nachträgliche Werbungskosten/Betriebsausgaben)*

Tod eines Gesellschafters

Hat eine Personengesellschaft ihren Gewinn durch Einnahmenüberschussrechnung ermittelt, ist sie zur Feststellung der für die Berechnung des Veräußerungsgewinns erforderlichen Buchwerte im Fall der Übernahme aller Wirtschaftsgüter der Personengesellschaft durch die verbleibenden Gesellschafter bei Ableben eines Gesellschafters so zu behandeln, als wäre sie im Augenblick des Todes des Gesellschafters zur Gewinnermittlung nach § 4 Abs. 1 EStG übergegangen. Der Übergangsgewinn ist anteilig dem verstorbenen Gesellschafter zuzurechnen, auch wenn er im wesentlichen auf der Zurechnung auf die anderen Gesellschafter übergehender Honorarforderung beruht (→ BFH vom 13.11.1997 – BStBl. 1998 II S. 290).

Übergangsgewinn

Die wegen des Übergangs von der Einnahmenüberschussrechnung zum Betriebsvermögensbereich erforderlichen Hinzurechnungen und Abrechnungen sind nicht bei dem Veräußerungsgewinn, sondern bei dem laufenden Gewinn des Wirtschaftsjahres vorzunehmen, in dem die Veräußerung stattfindet (→ BFH vom 23.11.1961 – BStBl. 1962 III S. 199); die dem Gewinn hinzuzurechnenden Beträge können nicht verteilt werden (→ BFH vom 13.9.2001 – BStBl. 2002 II S. 287).

EStR 2012 zu § 4 EStG

R 4.6 Wechsel der Gewinnermittlungsart
Wechsel zum Betriebsvermögensvergleich

(1) ¹Neben den Fällen des Übergangs von der Gewinnermittlung nach § 4 Abs. 3 EStG zur Gewinnermittlung nach § 4 Abs. 1 oder § 5 EStG ist eine → Gewinnberichtigung auch erforderlich, wenn nach

---

1) Bei der Realteilung ohne Spitzenausgleich einer Mitunternehmerschaft, die ihren Gewinn durch Einnahmeüberschussrechnung ermittelt, besteht aber keine Verpflichtung zur Erstellung einer Realteilungsbilanz nebst Übergangsgewinnermittlung, wenn die Buchwerte fortgeführt werden und die Mitunternehmer unter Aufrechterhaltung dieser Gewinnermittlungsart ihre Tätigkeit in Einzelunternehmen weiterbetreiben (→ BFH vom 11.4.2013 – III R 23/12).

einer Einnahmenüberschussrechnung im folgenden Jahr der Gewinn nach § 13a Abs. 3 bis 5 EStG ermittelt wird. ²Bei dem Übergang zur Gewinnermittlung durch Betriebsvermögensvergleich kann zur Vermeidung von Härten auf Antrag des Steuerpflichtigen der Übergangsgewinn (Saldo aus Zu- und Abrechnungen) gleichmäßig entweder auf das Jahr des Übergangs und das folgende Jahr oder auf das Jahr des Übergangs und die beiden folgenden Jahre **verteilt** werden. ⁴Wird der Betrieb vor Ablauf des Verteilungszeitraums veräußert oder aufgegeben, erhöhen die noch nicht berücksichtigten Beträge den laufenden Gewinn des letzten Wirtschaftsjahrs. ⁵Die zum Anlagevermögen gehörenden nicht abnutzbaren Wirtschaftsgüter und die in § 4 Abs. 3 Satz 4 EStG genannten Wirtschaftsgüter des Umlaufvermögens sind in der Eröffnungsbilanz mit dem Wert nach § 4 Abs. 3 Satz 5 EStG anzusetzen.

Wechsel zur Einnahmenüberschussrechnung

(2) Beim Übergang von der Gewinnermittlung durch Betriebsvermögensvergleich (§ 4 Abs. 1 oder § 5 EStG) zur Gewinnermittlung nach § 4 Abs. 3 EStG sind die durch den Wechsel der Gewinnermittlungsart bedingten Hinzurechnungen und Abrechnungen im ersten Jahr nach dem Übergang zur Gewinnermittlung nach § 4 Abs. 3 EStG vorzunehmen.

Anlage (zu R 4.6)

Übersicht über die Berichtigung des Gewinns bei Wechsel der Gewinnermittlungsart

Übergang	Berichtigung des Gewinns im ersten Jahr nach dem Übergang:
1. von der Einnahmenüberschussrechnung zum Bestandsvergleich, zur Durchschnittssatzgewinnermittlung oder zur Richtsatzschätzung	Der Gewinn des ersten Jahres ist insbesondere um die folgenden Hinzurechnungen und Abrechnungen zu berichtigen: + Warenbestand + Warenforderungsanfangsbestand + Sonstige Forderungen − Warenschuldenanfangsbestand + Anfangsbilanzwert (Anschaffungskosten) der nicht abnutzbaren Wirtschaftsgüter des Anlagevermögens (mit Ausnahme des Grund und Bodens), soweit diese während der Dauer der Einnahmenüberschussrechnung angeschafft und ihre Anschaffungskosten vor dem 1.1.1971 als Betriebsausgaben abgesetzt wurden, ohne dass ein Zuschlag nach § 4 Abs. 3 Satz 2 EStG in den vor dem Steuerneuordnungsgesetz geltenden Fassungen gemacht wurde.
2. vom Bestandsvergleich, von der Durchschnittssatzgewinnermittlung oder von der Richtsatzschätzung zur Einnahmenüberschussrechnung	Der Überschuss der Betriebseinnahmen über die Betriebsausgaben ist im ersten Jahr insbesondere um die folgenden Hinzurechnungen und Abrechnungen zu berichtigen: + Warenschuldenbestand des Vorjahres − Warenendbestand des Vorjahres − Warenforderungsbestand des Vorjahres − Sonstige Forderungen. Sind in früheren Jahren Korrektivposten gebildet und noch nicht oder noch nicht in voller Höhe aufgelöst worden, ist dies bei Hinzurechnung des Unterschiedsbetrags zu berücksichtigen; noch nicht aufgelöste Zuschläge vermindern, noch nicht aufgelöste Abschläge erhöhen den Unterschiedsbetrag.

Bei der Anwendung der vorstehenden Übersicht ist Folgendes zu beachten:
– Die Übersicht ist nicht erschöpfend. Beim Wechsel der Gewinnermittlungsart sind auch andere als die oben bezeichneten Positionen durch Zu- und Abrechnungen zu berücksichtigen. Das gilt insbesondere für Rückstellungen sowie für die Rechnungsabgrenzungsposten, z. B. im Voraus gezahlte

R 4.6 § 4

Miete und im Voraus vereinnahmte Zinsen, soweit die Einnahmen oder Ausgaben bei der Einnahmenüberschussrechnung nicht gem. § 11 Abs. 1 Satz 3 oder Abs. 2 Satz 3 EStG verteilt werden.
- Die Zu- und Abrechnungen unterbleiben für Wirtschaftsgüter des Umlaufvermögens und Schulden für Wirtschaftsgüter des Umlaufvermögens, die von § 4 Abs. 3 Satz 4 EStG erfasst werden. Zur zeitlichen Anwendung dieser Regelung → § 52 Abs. 10 Satz 2 und 3 EStG.

Hinweise

H 4.6 Ansatz- oder Bewertungswahlrechte *gelten beim Übergang zum Betriebsvermögensvergleich als nicht ausgeübt (→ BFH zu § 13a EStG vom 14.4.1988 – BStBl. II S. 672).*

Bewertung von Wirtschaftsgütern
Die einzelnen Wirtschaftsgüter sind beim Übergang zum Betriebsvermögensvergleich mit den Werten anzusetzen, mit denen sie zu Buch stehen würden, wenn von Anfang an der Gewinn durch Betriebsvermögensvergleich ermittelt worden wäre (→ BFH vom 23.11.1961 – BStBl. 1962 III S. 199).

Erneuter Wechsel der Gewinnermittlungsart
Nach einem Wechsel der Gewinnermittlungsart ist der Steuerpflichtige grundsätzlich für drei Wirtschaftsjahre an diese Wahl gebunden. Nur bei Vorliegen eines besonderen wirtschaftlichen Grundes (z. B. Einbringung nach § 24 UmwStG[1]) kann er vor Ablauf dieser Frist zurück wechseln (→ BFH vom 9.11.2000 – BStBl. 2001 II S. 102).

Gewinnberichtigungen beim Wechsel der Gewinnermittlungsart
- **Wechsel zum Betriebsvermögensvergleich**
  Der Übergang erfordert, dass Betriebsvorgänge, die bisher nicht berücksichtigt worden sind, beim ersten Betriebsvermögensvergleich berücksichtigt werden (→ BFH vom 28.5.1968 – BStBl. II S. 650 und vom 24.1.1985 – BStBl. II S. 255).
- **Wechsel zur Einnahmenüberschussrechnung**
  Soweit sich die Betriebsvorgänge, die den durch den Wechsel der Gewinnermittlungsart bedingten Korrekturen entsprechen, noch nicht im ersten Jahr nach dem Übergang zur Einnahmenüberschussrechnung ausgewirkt haben, können die Korrekturen auf Antrag grundsätzlich in dem Jahr vorgenommen werden, in dem sich die Betriebsvorgänge auswirken (→ BFH vom 17.1.1963 – BStBl. S. 228).

Gewinnschätzungen bei Einnahmenüberschussrechnung
→ *H 4.1 (Gewinnschätzung)*

Keine Verteilung des Übergangsgewinns
- *beim Übergang vom Betriebsvermögensvergleich zur Einnahmenüberschussrechnung (→ BFH vom 3.10.1961 – BStBl. III S. 565);*
- *bei Einbringung eines Betriebes in eine Personengesellschaft zu Buchwerten (→ BFH vom 13.9.2001 – BStBl. 2002 II S. 287).*

Keine Verteilung des Übergangsverlusts
Ein Übergangsverlust, der bei einem Wechsel von der Einnahmenüberschussrechnung zur Gewinnermittlung durch Betriebsvermögensvergleich entsteht, ist nicht auf das Jahr des Übergangs und die beiden Folgejahre zu verteilen (→ BFH vom 23.7.2013 – BStBl. II S. 820).

Land- und Forstwirtschaft
- *Bewertung von Vieh in der Übergangsbilanz → H 13.3 (Übergang zur Buchführung)*
- *Wird zugleich mit dem Übergang von der Einnahmenüberschussrechnung zum Betriebsvermögensvergleich ein landwirtschaftlicher Betrieb infolge Strukturwandels zum Gewerbebetrieb, ist die Gewinnberichtigung bei den Einkünften aus Gewerbebetrieb vorzunehmen, es liegen keine nachträglichen Einkünfte aus Land- und Forstwirtschaft vor (→ BFH vom 1.7.1981 – BStBl. II S. 780).*
- *Wechsel der Gewinnermittlung allgemein → R 13.5 Abs. 2*

Übersicht *über die Berichtigung des Gewinns bei Wechsel in der Gewinnermittlungsart*
→ *Anlage 1[2] (Im Anschluss an R 4.6 abgedruckt)*

---
1) Siehe Anhang 4.
2) Siehe auch Anlage § 004-01.

§ 4 R 4.6, 4.7

Unterbliebene Gewinnkorrekturen

Eine bei einem früheren Übergang vom Betriebsvermögensvergleich zur Einnahmenüberschussrechnung oder umgekehrt zu Unrecht unterbliebene Gewinnkorrektur darf bei der aus Anlass eines erneuten Wechsels in der Gewinnermittlungsart erforderlich gewordenen Gewinnkorrektur nicht berücksichtigt werden, soweit der Fehler nicht mehr berichtigt werden kann (→ BFH vom 23.7.1970 – BStBl. II S. 745).

Wird ein Betrieb unentgeltlich auf einen Dritten übertragen, so sind Hinzurechnungen und Abrechnungen, die infolge des Übergangs zu einer anderen Gewinnermittlungsart oder infolge Schätzung des Gewinns bei dem Rechtsvorgänger zu Recht nicht berücksichtigt worden sind, in der Weise bei dem Erwerber zu berücksichtigen, in der sie ohne die unentgeltliche Übertragung des Betriebes bei dem Rechtsvorgänger zu berücksichtigen gewesen wären (→ BFH vom 1.4.1971 – BStBl. II S. 526 und vom 7.12.1971 – BStBl. 1972 II S. 338).

Wechsel zum Betriebsvermögensvergleich

Bei einem Wechsel von der Einnahmenüberschussrechnung zum Betriebsvermögensvergleich hat der Stpfl. das Wahlrecht zum Betriebsvermögensvergleich erst dann wirksam ausgeübt, wenn er zeitnah eine Eröffnungsbilanz aufstellt, eine ordnungsmäßige kaufmännische Buchführung einrichtet und aufgrund von Bestandsaufnahmen einen Abschluss macht (→ BFH vom 19.10.2005 – BStBl. II S. 509).

EStR 2012 zu § 4 EStG

R 4.7 Betriebseinnahmen und -ausgaben

Betriebseinnahmen und -ausgaben bei gemischtgenutzten Wirtschaftsgütern

(1) ¹Gehört ein Wirtschaftsgut zum Betriebsvermögen, sind Aufwendungen einschließlich AfA, soweit sie der privaten Nutzung des Wirtschaftsguts zuzurechnen sind, keine Betriebsausgaben. ²Gehört ein Wirtschaftsgut zum Privatvermögen, sind die Aufwendungen einschließlich AfA, die durch die betriebliche Nutzung des Wirtschaftsguts entstehen, Betriebsausgaben. ³Wird ein Wirtschaftsgut des Betriebsvermögens während seiner Nutzung zu privaten Zwecken des Steuerpflichtigen zerstört, tritt bezüglich der stillen Reserven, die sich bis zu seiner Zerstörung gebildet haben, keine Gewinnrealisierung ein. ⁴In Höhe des Restbuchwerts liegt eine Nutzungsentnahme vor. ⁵Eine Schadensersatzforderung für das während der privaten Nutzung zerstörte Wirtschaftsgut ist als → Betriebseinnahme zu erfassen, wenn und soweit sie über den Restbuchwert hinausgeht. ⁶Die Leistung der Kaskoversicherung wegen Diebstahls eines zum Betriebsvermögen gehörenden PKW ist unabhängig von seiner Nutzung zu privaten Zwecken in vollem Umfang Betriebseinnahme, wenn der Pkw während einer betrieblichen Nutzung gestohlen wurde. ⁷Wurde der Pkw während einer privaten Nutzung gestohlen, gilt Satz 5 entsprechend.

Betriebseinnahmen und -ausgaben bei Grundstücken

(2) ¹Entgelte aus eigenbetrieblich genutzten Grundstücken oder Grundstücksteilen, z. B. Einnahmen aus der Vermietung von Sälen in Gastwirtschaften, sind → Betriebseinnahmen. ²Das gleiche gilt für alle Entgelte, die für die Nutzung von Grundstücken oder Grundstücksteilen erzielt werden, die zum gewillkürten Betriebsvermögen gehören. ³Aufwendungen für Grundstücke oder Grundstücksteile, die zum Betriebsvermögen gehören, sind vorbehaltlich des § 4 Abs. 5 Satz 1 Nr. 6b EStG stets Betriebsausgaben; dies gilt auch im Falle einer → teilentgeltlichen Überlassung aus außerbetrieblichen Gründen. ⁴Aufwendungen für einen Grundstücksteil (einschließlich AfA), der eigenbetrieblich genutzt wird, sind vorbehaltlich des § 4 Abs. 5 Satz 1 Nr. 6b EStG auch dann Betriebsausgaben, wenn der Grundstücksteil wegen seines untergeordneten Wertes (→ § 8 EStDV, R 4.2 Absatz 8) nicht als Betriebsvermögen behandelt wird.

Bewirtungen

(3) Der Vorteil aus einer Bewirtung im Sinne des § 4 Abs. 5 Satz 1 Nr. 2 EStG ist aus Vereinfachungsgründen beim bewirteten Steuerpflichtigen nicht als Betriebseinnahme zu erfassen.

Hinweise

H 4.7 Abgrenzung der Betriebsausgaben von den nicht abziehbaren Kosten der Lebensführung
→ *H 12.1 – H 12.2*

Auflösung des Mietvertrags
Aufwendungen für vorzeitige Auflösung des Mietvertrags über eine Wohnung sind Betriebsausgaben bei ausschließlich betrieblich veranlasster Verlegung des Lebensmittelpunkts (→ BFH vom 1.12.1993 – BStBl. 1994 II S. 323).

Betreuervergütung
Vergütungen für einen ausschließlich zur Vermögenssorge bestellten Betreuer stellen Betriebsausgaben bei den mit dem verwalteten Vermögen erzielten Einkünften dar, sofern die Tätigkeit des Betreuers weder einer kurzfristigen Abwicklung des Vermögens noch der Verwaltung ertraglosen Vermögens dient (→ BFH vom 14.9.1999 – BStBl. 2000 II S. 69).

Betriebseinnahmen *sind in Anlehnung an § 8 Abs. 1 und § 4 Abs. 4 EStG alle Zugänge in Geld oder Geldeswert, die durch den Betrieb veranlasst sind. Ein Wertzuwachs ist betrieblich veranlasst, wenn insoweit ein nicht nur äußerlicher, sondern sachlicher, wirtschaftlicher Zusammenhang gegeben ist (→ BFH vom 14.3.2006 – BStBl. II S. 650).*

Drittaufwand
Trägt ein Dritter Kosten, die durch die Einkünfteerzielung des Steuerpflichtigen veranlasst sind, können sie als so genannter Drittaufwand nicht Betriebsausgaben oder Werbungskosten des Steuerpflichtigen sein. Bei Anschaffungs- oder Herstellungskosten liegt Drittaufwand vor, wenn ein Dritter sie trägt und das angeschaffte oder hergestellte Wirtschaftsgut vom Steuerpflichtigen zur Erzielung von Einkünften genutzt wird. Aufwendungen eines Dritten können allerdings im Falle der so genannten Abkürzung des Zahlungswegs als Aufwendungen des Steuerpflichtigen zu werten sein; Abkürzung des Zahlungswegs bedeutet die Zuwendung eines Geldbetrags an den Steuerpflichtigen in der Weise, dass der Zuwendende im Einvernehmen mit dem Steuerpflichtigen dessen Schuld tilgt, statt ihm den Geldbetrag unmittelbar zu geben, wenn also der Dritte für Rechnung des Steuerpflichtigen an dessen Gläubiger leistet (→ BFH vom 23.8.1999 – BStBl. II S. 782, 785). Aufwendungen eines Dritten sind auch dann Betriebsausgaben oder Werbungskosten des Stpfl., wenn sie auf einem von einem Dritten im eigenen Namen, aber im Interesse des Stpfl. abgeschlossenen Werkvertrag beruhen und der Dritte die geschuldete Zahlung auch selbst leistet (→ BFH vom 28.9.2010 – BStBl. 2011 II S. 271). Bei Kreditverbindlichkeiten und anderen Dauerschuldverhältnissen (z. B. Miet- und Pachtverträge) kommt eine Berücksichtigung der Zahlung unter dem Gesichtspunkt der Abkürzung des Vertragswegs nicht in Betracht (→ BMF vom 7.7.2008 – BStBl. I S. 717). Deshalb können Schuldzinsen, die ein Ehegatte auf seine Darlehensverbindlichkeit zahlt, vom anderen Ehegatten auch dann nicht als Betriebsausgaben oder Werbungskosten abgezogen werden, wenn die Darlehensbeträge zur Anschaffung von Wirtschaftsgütern zur Einkünfteerzielung verwendet wurden (→ BFH vom 24.2.2000 – BStBl. II S. 314). Bezahlt hingegen der andere Ehegatte die Zinsen aus eigenen Mitteln, bilden sie bei ihm abziehbare Betriebsausgaben oder Werbungskosten. Nehmen Ehegatten gemeinsam ein gesamtschuldnerisches Darlehen zur Finanzierung eines Wirtschaftsguts auf, das nur einem von ihnen gehört und von diesem zur Einkünfteerzielung genutzt wird, sind die Schuldzinsen in vollem Umfang bei den Einkünften des Eigentümer-Ehegatten als Betriebsausgaben oder Werbungskosten abziehbar (→ BFH vom 2.12.1999 – BStBl. 2000 II S. 310 und 312). Werden die laufenden Aufwendungen für ein Wirtschaftsgut, das dem nicht einkünfteerzielenden Ehegatten gehört, gemeinsam getragen, kann der das Wirtschaftsgut einkünfteerzielend nutzende (andere) Ehegatte nur die nutzungsorientierten Aufwendungen (z. B. bei einem Arbeitszimmer die anteiligen Energiekosten und die das Arbeitszimmer betreffenden Reparaturkosten) als Betriebsausgaben oder Werbungskosten geltend machen (→ BFH vom 23.8.1999 – BStBl. II S. 782, 786).

Druckbeihilfen
Die einem Verlag von Autoren für die Veröffentlichung des Werkes gewährten Druckbeihilfen sind Betriebseinnahmen (→ BFH vom 3.7.1997 – BStBl. 1998 II S. 244).

Eigenaufwand für ein fremdes Wirtschaftsgut
– *Trägt ein Steuerpflichtiger aus betrieblichem Anlass die Anschaffungs- oder Herstellungskosten für ein Gebäude, das im Alleineigentum oder Miteigentum eines Dritten steht, mit dessen Zustimmung und darf er den Eigentumsanteil des Dritten unentgeltlich nutzen, ist der Steuerpflichtige wirtschaftlicher Eigentümer des Gebäudes, wenn ihm bei Beendigung der Nutzung dem Dritten gegenüber ein Anspruch auf Entschädigung aus einer vertraglichen Vereinbarung oder gesetzlich (§§ 951, 812 BGB) zusteht. Dem Hersteller eines Gebäudes auf einem fremden Grundstück steht in der Regel ein Ersatzanspruch gemäß §§ 951, 812 BGB zu, wenn er die Baulichkeit auf Grund eines Nutzungsrechts im eigenen Interesse und ohne Zuwendungsabsicht errichtet hat. In Errichtungsfällen spricht auch bei Ehegatten keine tat-*

sächliche Vermutung für eine Zuwendungsabsicht oder eine still schweigende Abbedingung des gesetzlichen Ausgleichsanspruchs. Entsprechendes gilt für Gebäudeteile (→ BFH vom 14.5.2002 – BStBl. II S. 741 und vom 25.6.2003 – BStBl. 2004 II S. 403).

- Ist der Stpfl. nicht wirtschaftlicher Eigentümer und hat er Anschaffungs- oder Herstellungskosten für ein im Miteigentum oder in fremdem Eigentum stehendes Wirtschaftsgut im betrieblichen Interesse getragen, wird dieser Aufwand bei ihm „wie ein materielles Wirtschaftsgut" behandelt; das bedeutet, dass der Aufwand nach den für das materielle Wirtschaftsgut geltenden AfA-Regelungen abzuschreiben ist, ohne dass es sich auch im Übrigen um ein Wirtschaftsgut handelt (→ BFH vom 30.1.1995 – BStBl. II S. 281, vom 25.2.2010 – BStBl. II S. 670 und vom 19.12.2012 –BStBl. 2013 S. 387). Ein bei Beendigung der Nutzung noch nicht abgeschriebener Restwert wird erfolgsneutral ausgebucht und ist dem Eigentümer des Wirtschaftsguts als Anschaffungs- oder Herstellungskosten zuzurechnen (→ BFH vom 19.12.2012 – BStBl. 2013 II S. 387).

- Ehegatten, die gemeinsam die Herstellungskosten des von ihnen bewohnten Hauses getragen haben und die darin jeweils einen Raum zur Einkünfteerzielung nutzen, können jeweils die auf diesen Raum entfallende Herstellungskosten für die Dauer dieser Nutzung als Betriebsausgaben oder Werbungskosten (AfA **nach Gebäudegrundsätzen**) geltend machen. Die Bemessungsgrundlage für die auf den jeweiligen Raum entfallende AfA ist zu schätzen, soweit die Herstellungskosten nicht eindeutig dem Raum zugeordnet werden können. Maßstab ist das Verhältnis der Nutz- und Wohnflächen (→ BFH vom 23.8.1999 – BStBl. II S. 774).

- Beteiligt sich ein Steuerpflichtiger (Ehegatte) finanziell an den Anschaffungs- oder Herstellungskosten eines Hauses, das dem anderen Ehegatten gehört, und nutzt er Räume dieses Gebäudes zur Einkünfteerzielung, kann er die auf diese Räume entfallenden eigenen Aufwendungen grundsätzlich als Betriebsausgaben oder Werbungskosten (AfA nach Gebäudegrundsätzen) abziehen. Bemessungsgrundlage der AfA sind die auf diese Räume entfallenden Anschaffungs- oder Herstellungskosten, soweit sie der Kostenbeteiligung des Steuerpflichtigen entsprechen (→ BFH vom 23.8.1999 – BStBl. II S. 778).

- Der Stpfl. trägt die Herstellungskosten für ein fremdes, aber zu betrieblichen Zwecken genutztes Gebäude auch dann im eigenen betrieblichen Interesse, wenn er als Gegenleistung für die Nutzungsbefugnis des Grundstücks auf einen Ersatzanspruch verzichtet (→ BFH vom 25.2.2010 – BStBl. II S. 670).

Eigenprovisionen

Provisionen, die ein Versicherungsvertreter vom Versicherungsunternehmen für den Abschluss eigener privater Versicherungen (z. B. Lebensversicherungen für sich oder seine Ehefrau) in gleicher Weise erhält wie für die Vermittlung von Versicherungsabschlüssen mit Dritten (sog. Eigenprovisionen), sind Betriebseinnahmen (→ BFH vom 27.5.1998 – BStBl. II S. 618). Das gleiche gilt für Vergütungen, die ein Vermittler von Beteiligungen an Personengesellschaften von einem Dritten für die Zeichnung eigener Beteiligungen an diesen Gesellschaften erhält. Sie sind nicht in der Gewinnermittlung der Personengesellschaft (als Sonderbetriebseinnahmen oder Minderung der anteilig auf den Vermittler entfallenden Anschaffungskosten) zu berücksichtigen (→ BFH vom 14.3.2012 – BStBl. II S. 498).

Entschädigungen

Neben Förderzinsen zum Abbau von Bodenschätzen gezahlte Entschädigungen für entgangene/ entgehende Einnahmen sind Betriebseinnahmen, wenn die Flächen Betriebsvermögen bleiben (→ BFH vom 15.3.1994 – BStBl. II S. 840).

Erbschaft

Eine für den Betrieb eines Stpfl. (z. B. Altenheim) bestimmte Erbschaft ist als Betriebseinnahme zu versteuern (→ BFH vom 14.3.2006 – BStBl. II S. 650).

Erstausbildung

Aufwendungen für die erstmalige Berufsausbildung oder ein Erststudium → BMF vom 22.9.2010 (BStBl. I S. 721).[1)]

Fachtagung

Der geldwerte Vorteil aus der Teilnahme an einer vom Geschäftspartner organisierten Fachtagung, die den üblichen Rahmen geschäftlicher Gespräche überschreitet, ist Betriebseinnahme (→ BFH vom 26.9.1995 – BStBl. 1996 II S. 273).

---

1) Siehe Anlage § 010-12.

Fonds, geschlossene
Zur Abgrenzung zwischen Betriebsausgaben, Anschaffungskosten und Herstellungskosten → BMF vom 20.10.2003 (BStBl. I S. 546) [1].

Gemischtgenutzte Wirtschaftsgüter
– *Werden nicht zum Betriebsvermögen gehörende Wirtschaftsgüter auch betrieblich genutzt, so können Aufwendungen einschließlich der AfA, die durch die betriebliche Nutzung entstehen, als Betriebsausgaben abgesetzt werden, wenn die betriebliche Nutzung nicht nur von untergeordneter Bedeutung ist und der betriebliche Nutzungsanteil sich leicht und einwandfrei anhand von Unterlagen nach objektiven, nachprüfbaren Merkmalen – ggf. im Wege der Schätzung – von den nicht abziehbaren Kosten der Lebenshaltung trennen läßt (→ BFH vom 13.3.1964 – BStBl. III S. 455).*
– *Zu Fahrtkosten bei Geschäftsreisen → R 4.12 Abs. 2*

Gewinnanteile des stillen Gesellschafters
Die an den typisch stillen Gesellschafter gezahlten Gewinnanteile sind insoweit keine Betriebsausgaben, als der Geschäftsinhaber die Vermögenseinlage des stillen Gesellschafters zu privaten Zwecken verwendet hat (→ BFH vom 6.3.2003 – BStBl. II S. 656).

Incentive-Reisen
→ BMF vom 14.10.1996 (BStBl. I S. 1192) [2]

Losveranstaltungen
– *Wird von einer Provision das Entgelt für Lose unmittelbar einbehalten und werden die Gewinne in vollem Umfang durch die Losentgelte finanziert, ist der Erwerb der Lose bereits Teil der Einkommensverwendung. Die Vorteile daraus stehen mit der Einkommenserzielung in keinem steuerlich relevanten Sachzusammenhang. Dies gilt auch dann, wenn die Lose nur von solchen Personen erworben werden können, die Leistungen gegenüber dem die Auslosung vornehmenden Unternehmen erbracht haben (z. B. selbständige Außendienstmitarbeiter einer Bausparkasse) (→ BFH vom 2.9.2008 – BStBl. 2010 II S. 550).*
– *Der Gewinn aus Losen, die Vertriebsmitarbeiter für die Erzielung bestimmter Umsätze erhalten, ist betrieblich veranlasst (→ BFH vom 2.9.2008 – BStBl. 2010 II S. 550).*

Mobilfunkdienstleistungsverträge
Vergünstigungen im Zusammenhang mit dem Abschluss von Mobilfunkdienstleistungsverträgen als Betriebseinnahmen → BMF vom 20.6.2005 (BStBl. I S. 801), Rdnr. 11 ff. [3]

Nachträgliche Betriebsausgaben
→ H 24.2 (Nachträgliche Betriebsausgaben/Werbungskosten)

Nebenräume
Entscheidet sich ein Steuerpflichtiger, betrieblich oder beruflich genutzte Nebenräume in die Kostenberechnung einzubeziehen, so sind die Kosten nach dem Verhältnis des gesamten betrieblich oder beruflich genutzten Bereichs (= betrieblich oder beruflich genutzte Haupt- und Nebenräume) zu der Gesamtfläche (= Haupt- und Nebenräume) aufzuteilen (→ BFH vom 21.2.1990 – BStBl. II S. 578 und vom 5.9.1990 – BStBl. 1991 II S. 389).

Nießbrauch
– *Aufwendungen des Steuerpflichtigen im Zusammenhang mit dem betrieblich genutzten Grundstück oder Grundstücksteil sind Betriebsausgaben; hierzu gehören auch die abschreibbaren Anschaffungs- oder Herstellungskosten, die der Steuerpflichtige selbst getragen hat (→ BFH vom 16.12.1988 – BStBl. 1989 II S. 763 und vom 20.9.1989 – BStBl. 1990 II S. 368).*
– *Der Vermächtnisnießbraucher ist nicht berechtigt, AfA auf Anschaffungs- oder Herstellungskosten des Erblassers in Anspruch zu nehmen (→ BFH vom 28.9.1995 – BStBl. 1996 II S. 440).*

Photovoltaikanlage
Wird eine Photovoltaikanlage betrieben, die auf das Dach eines im Übrigen nicht der Einkünfteerzielung dienenden Gebäudes aufgesetzt ist, können anteilige Gebäudekosten nicht als Betriebsausgaben im Wege der sog. Aufwandseinlage bei der Ermittlung der gewerblichen Einkünfte des Betriebs „Stromerzeugung" berücksichtigt werden. Die Photovoltaikanlage als Betriebsvor-

---

1) Siehe Anlage § 021-05.
2) Siehe Anlage § 004-15.
3) Siehe Anlage § 005-24.

richtung und das Gebäude stellen jeweils eigenständige Wirtschaftsgüter dar (→ BFH vom 17.10.2013 – BStBl. 2014 II S. 372).

Praxisausfallversicherung
Eine Praxisausfallversicherung, durch die im Falle einer krankheitsbedingten Arbeitsunfähigkeit des Stpfl. die fortlaufenden Kosten seines Betriebes ersetzt werden, gehört dessen Lebensführungsbereich an. Die Beiträge zu dieser Versicherung stellen daher keine Betriebsausgaben dar, die Versicherungsleistung ist nicht steuerbar. Wird neben dem privaten Risiko der Erkrankung zugleich aber ein betriebliches Risiko versichert (z.B. die behördlich verfügte Quarantäne gegen einen Arzt), steht § 12 Nr. 1 EStG dem Abzug der hierauf entfallenden Versicherungsbeiträge als Betriebsausgaben nicht entgegen. Maßstab für den anteiligen Betriebsausgabenabzug ist das Verhältnis der Prämien mit und ohne betrieblichen Versicherungsanteil (→ BFH vom 19.5.2009 – BStBl. 2010 II S. 168).

Preisgelder als Betriebseinnahmen
→ BMF vom 5.9.1996 (BStBl. I S. 1150) unter Berücksichtigung der Änderungen durch BMF vom 23.12.2002 (BStBl. 2003 I S. 76) [1]

Prozesskosten
Prozesskosten, die einem Erben im Zusammenhang mit der Anfechtung des Testaments entstehen, stellen auch dann keine Betriebsausgaben dar, wenn zum Nachlaß ein Gewerbebetrieb gehört (→ BFH vom 17.6.1999 – BStBl. II S. 600).

Risikolebensversicherung
Beiträge für eine Risikolebensversicherung sind. nicht betrieblich veranlasst, weil dadurch das Leben des Versicherungsnehmers und nicht ein betriebliches Risiko abgesichert wird (→ BFH vom 23.4.2013 – BStBl. II S. 615.

Schadensersatz als Betriebseinnahme
Bei Schadensersatzleistungen eines Steuerberaters oder seines Haftpflichtversicherers wegen vermeidbar zuviel entrichteter Steuern kommt es entscheidend darauf an, ob die Entrichtung der Steuer zu einer Betriebsausgabe führt oder in die außerbetriebliche Sphäre fällt. Schadensersatz wegen einer zu hohen Einkommensteuerfestsetzung ist daher beim Mandanten keine Betriebseinnahme. Schadensersatz wegen einer zu hohen Körperschaftsteuerfestsetzung ist beim Mandanten Betriebseinnahme (→ BFH vom 18.6.1998 – BStBl. II S. 621).

Schätzung von Betriebsausgaben
– *Von tatsächlich geleisteten Betriebsausgaben kann grundsätzlich nur ausgegangen werden, wenn deren betriebliche Veranlassung und Höhe nachgewiesen ist. Gelingt dieser Nachweis der Höhe nach nicht, obwohl offensichtlich Ausgaben angefallen sein müssen, sind die nicht feststellbaren Besteuerungsgrundlagen zu schätzen (§ 162 Abs. 2 Satz 2 AO). Die Schätzung muss insgesamt in sich schlüssig, wirtschaftlich vernünftig und möglich sein. Eine grobe, griffweise Schätzung kann diesen Anforderungen nur genügen, wenn keinerlei Möglichkeiten zur näheren Präzisierung der Schätzungsmethode, wie z. B. durch Anlehnung an die Richtsatzsammlung oder anhand von Erfahrungswerten der Finanzverwaltung bezüglich bestimmten Aufwandes, besteht. Die geltend gemachten Betriebsausgaben sind um angemessene Unsicherheitsabschläge zu kürzen. Nach der Schätzung ist zu prüfen, ob und inwieweit die fehlende Benennung der Zahlungsempfänger gemäß § 160 AO dem Abzug der geschätzten Ausgaben entgegensteht (→ BFH vom 24.6.1997 – BStBl. 1998 II S. 51).*

– → *Verhältnis von Betriebsausgaben und Werbungskostenpauschale*

Schuldzinsen
– *Schuldzinsenabzug nach § 4 Abs. 4a EStG → BMF vom 17.11.2005 (BStBl. I S. 1019) unter Berücksichtigung der Änderungen durch BMF vom 7.5.2008 (BStBl. I S. 588)* [2] *→ BMF vom 12.6.2006 (BStBl. I S. 416) zur Berücksichtigung von vor dem 1.1.1999 entstandenen Unterentnahmen.*

– *Schuldzinsen aus der Finanzierung von*
  – *Pflichtteilsverbindlichkeiten*
  – *Vermächtnisschulden*
  – *Erbersatzverbindlichkeiten*

---
1) Siehe Anlage § 002-02.
2) Siehe Anlage § 004-46.

- Zugewinnausgleichsschulden
- Abfindungsschulden nach der Höfeordnung
- Abfindungsschulden im Zusammenhang mit der Vererbung eines Anteils an einer Personengesellschaft im Wege der qualifizierten Nachfolgeklausel oder im Wege der qualifizierten Eintrittsklausel

dürfen nicht als Betriebsausgaben oder Werbungskosten abgezogen werden (→ BMF vom 11.8.1994 –BStBl. I S. 603).[1]

- → H 4.2 (15) (Betriebsschuld)

Sonderbetriebseinnahmen und -ausgaben
- Erträge und Aufwendungen des Gesellschafters einer in § 15 Abs. 1 Satz 1 Nr. 2 EStG genannten Personengesellschaft, die durch seine Beteiligung an der Gesellschaft veranlasst sind, sind bei ihm als Sonderbetriebseinnahmen oder -ausgaben zu erfassen und müssen auch Eingang in die einheitliche Gewinnfeststellung finden. Von Sonderbetriebsausgaben, die den Gewinnanteil des Gesellschafters mindern, sind die Betriebsausgaben abzugrenzen, die nur den Gewinn des eigenen Gewerbebetriebs des Gesellschafters mindern, z. B. eigene Rechts- und Beratungskosten (→ BFH vom 18.5.1995 – BStBl. 1996 II S. 295).
- Schuldzinsen für vom Gesellschafter übernommene Darlehensschulden der Mitunternehmerschaft sind als Sonderbetriebsausgaben des Gesellschafters abziehbar, wenn mit der Schuldübernahme eine vom Gesellschafter zu erbringende Einlageverpflichtung erfüllt wird. Wird eine andere Verpflichtung durch die Schuldübernahme erfüllt, liegen Sonderbetriebsausgaben vor, wenn mit der Schuldübernahme eine das Sonderbetriebsvermögen betreffende Verbindlichkeit des Gesellschafters erfüllt wird (→ BFH vom 28.10.1999 – BStBl. 2000 II S. 390).
- → H 15.8 (3)Tätigkeitsvergütungen

Sponsoring
→ BMF vom 18.2.1998 (BStBl. I S. 212)[2]

Steuerberatungskosten
Zuordnung der Steuerberatungskosten zu den Betriebsausgaben, Werbungskosten oder Kosten der Lebensführung → BMF vom 21.12.2007 (BStBl. 2008 I S. 256).[3]

Teilentgeltliche Überlassung *von Grundstücken oder Grundstücksteilen aus außerbetrieblichen Gründen ist als Nutzungsentnahme zu behandeln (→ BFH vom 24.3.2011 – BStBl. II S. 692).*

Unentgeltliche Übertragung *eines Grundstücks oder Grundstücksteils an eine betriebsfremde Person unter Vorbehalt eines Nutzungsrechts für betriebliche Zwecke.*

Aufwendungen des Steuerpflichtigen im Zusammenhang mit dem betrieblich genutzten Grundstück oder Grundstücksteil sind Betriebsausgaben (→ BFH vom 26.10.1987 – BStBl. 1988 II S. 348); hierzu gehören auch die abschreibbaren Anschaffungs- oder Herstellungskosten, die der Steuerpflichtige selbst getragen hat (→ BFH vom 16.12.1988 – BStBl. 1989 II S. 763 und vom 20.9.1989 – BStBl. 1990 II S. 368); Bemessungsgrundlage für die künftige Abschreibung ist der Entnahmewert (Teilwert/Buchwert) → R 7.3 Abs. 6, R 7.4 Abs. 10; → BFH vom 20.9.1989 – BStBl. 1990 II S. 368).

Veräußerung eines zum Betriebsvermögens gehörenden auch privat genutzten Wirtschaftsguts

Wird ein zum Betriebsvermögen gehörendes Wirtschaftsgut, das teilweise privat genutzt worden ist, veräußert, so ist der gesamte Veräußerungserlös Betriebseinnahme (→ BFH vom 24.9.1959 – BStBl. III S. 466).

Verhältnis von Betriebsausgaben und Werbungskostenpauschale

Aufwendungen für unterschiedliche Einkunftsarten sind – ggf. im Schätzungswege – in Betriebsausgaben und Werbungskosten aufzuteilen und den jeweiligen Einkunftsarten, durch die sie veranlasst sind, zuzuordnen. Der Stpfl. kann keine beliebige Bestimmung treffen und neben der Werbungskostenpauschale sämtliche nachgewiesenen Aufwendungen als Betriebsausgaben geltend machen (→ BFH vom 10.6.2008 – BStBl. II S. 937).

---

1) Siehe Anlage § 004-23.
2) Siehe Anlage § 004-42.
3) Siehe Anlage § 004-50.

Veruntreute Betriebseinnahmen

– *Veruntreut ein Gesellschafter Betriebseinnahmen der Personengesellschaft, indem er veranlasst, dass in Kundenrechnungen der Gesellschaft ein Konto angegeben wird, von dem die übrigen Gesellschafter keine Kenntnis haben, und verwendet er anschließend die dortigen Zahlungseingänge für private Zwecke, ist die nach Aufdeckung des Vorgangs an die Mitgesellschafter geleistete Ausgleichszahlung nicht betrieblich veranlasst, wenn Inhaber des Kontos die Gesellschaft ist, die Zahlungseingänge als Betriebseinnahme der Gesellschaft behandelt werden und der Gewinn nach dem allgemeinen Schlüssel verteilt wird. Eine betriebliche Veranlassung liegt vor, wenn die veruntreuten Gelder dem Gesellschafter allein als Einkünfte zugerechnet worden sind (→ BFH vom 8.6.2000 – BStBl. II S. 670).*

– *Entgehen der Gesellschaft Einnahmen, weil ein Mitunternehmer die der Gesellschaft zustehenden Einnahmen auf ein eigenes Konto leitet, handelt es sich bei den Einnahmen um Sonderbetriebseinnahmen des ungetreuen Mitunternehmers (→ BFH vom 22.6.2006 – BStBl. II S.838).*

– *Unberechtigte Entnahmen führen beim ungetreuen Gesellschafter, anders als im Fall der Umleitung von der Gesellschaft zustehenden Betriebseinnahmen auf das eigene Konto, nicht zu Betriebseinnahmen (→ BFH vom 14.12.2000 – BStBl. 2001 II S. 238).*

VIP-Logen

– *Aufwendungen für VIP-Logen in Sportstätten → BMF vom 22.8.2005 (BStBl. I S. 845) unter Berücksichtigung der Änderungen durch BMF vom 29.4.2008 (BStBl. I S. 566),* [1] *Rz. 15.*

– *Anwendung der Vereinfachungsregelungen auf ähnliche Sachverhalte → BMF vom 11.7.2006 (BStBl. I S. 447) unter Berücksichtigung der Änderungen durch BMF vom 29.4.2008 (BStBl. I S. 566),* [2] *Rz. 15.*

Vorweggenommene Betriebsausgaben

– *sind abziehbar bei ausreichend bestimmbarem Zusammenhang zwischen den Aufwendungen und der Einkunftsart, → BFH vom 15.4.1992 (BStBl. II S. 819); die Zahlung einer in einem Ausbildungsverhältnis begründeten Vertragsstrafe kann zu Betriebsausgaben führen → BFH vom 22.6.2006 – BStBl. 2007 II S. 4).*

– *bei Aufwendungen für eine berufliche Fort- und Weiterbildung → BMF vom 22.9.2010 (BStBl. I S. 721).* [3]

Wahlkampfkosten

Wahlkampfkosten eines Bewerbers um ein ehrenamtliches Stadtratsmandat, aus dem Einünfte im Sinne des § 18 Abs. 1 Nr. 3 EStG bezogen werden, können als Betriebsausgaben abzugsfähig sein (→ BFH vom 25.1.1996 – BStBl. II S. 431).

EStR 2012 zu § 4 EStG

R 4.8 Rechtsverhältnisse zwischen Angehörigen
Arbeitsverhältnisse zwischen Ehegatten

(1) Arbeitsverhältnisse zwischen Ehegatten können steuerrechtlich nur anerkannt werden, wenn sie ernsthaft vereinbart und entsprechend der Vereinbarung tatsächlich durchgeführt werden.

Arbeitsverhältnisse mit Personengesellschaften

(2) ¹Für die einkommensteuerrechtliche Beurteilung des Arbeitsverhältnisses eines Ehegatten mit einer Personengesellschaft, die von dem anderen Ehegatten auf Grund seiner wirtschaftlichen Machtstellung beherrscht wird, z. B. in der Regel bei einer Beteiligung zu mehr als 50 v. H., gelten die Grundsätze für die steuerliche Anerkennung von Ehegattenarbeitsverhältnissen im Allgemeinen entsprechend. ²Beherrscht der Mitunternehmer-Ehegatte die Personengesellschaft nicht, kann allgemein davon ausgegangen werden, dass der mitarbeitende Ehegatte in der Gesellschaft die gleiche Stellung wie ein fremder Arbeitnehmer hat und das Arbeitsverhältnis deshalb steuerrechtlich anzuerkennen ist.

Arbeitsverhältnisse zwischen Eltern und Kindern

(3) ¹Für die bürgerlich-rechtliche Wirksamkeit eines Arbeits- oder Ausbildungsvertrags mit einem minderjährigen Kind ist die Bestellung eines Ergänzungspflegers nicht erforderlich. ²→ Arbeitsverhältnisse mit Kindern unter 15 Jahren verstoßen jedoch im Allgemeinen gegen das Jugendarbeitsschutzgesetz; sie

---

1) Siehe Anlage § 004-47.
2) Siehe Anlage § 004-47.
3) Siehe Anlage § 010-12.

R 4.8 § 4

sind nichtig und können deshalb auch steuerrechtlich nicht anerkannt werden. ³Die Gewährung freier Wohnung und Verpflegung kann als Teil der Arbeitsvergütung zu behandeln sein, wenn die Leistungen auf arbeitsvertraglichen Vereinbarungen beruhen.

Hinweise

H 4.8 Arbeitsverhältnis mit Kindern
- → *Ausbildungs- oder Fortbildungsaufwendungen*
- → *Aushilfstätigkeiten von Kindern*
- *Beruht die Mitarbeit von Kindern im elterlichen Betrieb auf einem Ausbildungs- oder Arbeitsverhältnis, so gelten für dessen steuerrechtliche Anerkennung den Ehegatten-Arbeitsverhältnissen entsprechende Grundsätze (→ BFH vom 10.3.1988 – BStBl. II S. 877 und vom 29.10.1997 – BStBl. 1998 II S. 149).*
- *Ein steuerrechtlich anzuerkennendes Arbeitsverhältnis bei Hilfeleistungen von Kindern im elterlichen Betrieb liegt nicht vor bei geringfügigen oder typischerweise privaten Verrichtungen (→ BFH vom 9.12.1993 – BStBl. 1994 II S. 298);* → *gelegentliche Hilfeleistung.*
- → *Unterhalt*

Arbeitsverhältnisse zwischen Ehegatten
- **Betriebliche Altersversorgung, Direktversicherung**
  → *H 4b Arbeitnehmer-Ehegatten*
- **Der steuerrechtlichen Anerkennung eines Arbeitsverhältnisses steht entgegen:**
  = *Arbeitnehmer-Ehegatte hebt monatlich vom betrieblichen Bankkonto des Arbeitgeber-Ehegatten einen größeren Geldbetrag ab und teilt diesen selbst auf in das benötigte Haushaltsgeld und das ihm zustehende monatliche Arbeitsentgelt (→ BFH vom 20.4.1989 – BStBl. II S. 655).*
  = *Fehlen einer Vereinbarung über die Höhe des Arbeitslohns (→ BFH vom 8.3.1962 – BStBl. III S. 218.*
  = *Langzeitige Nichtauszahlung des vereinbarten Arbeitslohns zum üblichen Zahlungszeitpunkt; statt dessen z. B. jährliche Einmalzahlung (→ BFH vom 14.10.1981 – BStBl. 1982 II S. 119). Das gilt auch dann, wenn das Arbeitsverhältnis bereits seit mehreren Jahren ordnungsgemäß durchgeführt wurde und im Veranlagungsjahr Lohnsteuer und Sozialabgaben abgeführt wurden (→ BFH vom 25.7.1991 – BStBl. II S. 842).*
  = *Wechselseitige Verpflichtung zur Arbeitsleistung; ein Arbeitsvertrag ist nicht durchführbar, wenn sich Ehegatten, die beide einen Betrieb unterhalten, wechselseitig verpflichten, mit ihrer vollen Arbeitskraft jeweils im Betrieb des anderen tätig zu sein. Wechselseitige Teilzeitarbeitsverträge können jedoch anerkannt werden, wenn die Vertragsgestaltungen insgesamt einem* → *Fremdvergleich standhalten (→ BFH vom 12.10.1988 – BStBl. 1989 II S. 354).*
- **Der steuerrechtlichen Anerkennung eines Arbeitsverhältnisses kann entgegenstehen:**
  = *Arbeitsentgelt in Form von Schecks, die der Arbeitnehmer-Ehegatte regelmäßig auf das private Konto des Arbeitgeber-Ehegatten einzahlt (→ BFH vom 28.2.1990 – BStBl. II S. 548).*
  = *Überweisung des Arbeitsentgelts des Arbeitnehmer-Ehegatten auf ein Konto des Arbeitgeber-Ehegatten, über das dem Arbeitnehmer-Ehegatten nur ein Mitverfügungsrecht zusteht (BFH vom 24.3.1983 – BStBl. II S. 663), oder auf ein Bankkonto des Gesellschafterehegatten, über das dem Arbeitnehmer-Ehegatten nur ein Mitverfügungsrecht zusteht (BFH vom 20.10.1983 – BStBl. 1984 II S. 298).*
- **Der steuerrechtlichen Anerkennung eines Arbeitsverhältnisses steht nicht entgegen:**
  = *Darlehensgewährung des Arbeitnehmer-Ehegatten an den Arbeitgeber-Ehegatten in Höhe des Arbeitsentgelts ohne rechtliche Verpflichtung, nachdem dieses in die Verfügungsmacht des Arbeitnehmer-Ehegatten gelangt ist. Das gilt auch, wenn der Arbeitnehmer-Ehegatte jeweils im Fälligkeitszeitpunkt über den an ihn ausgezahlten Nettoarbeitslohn ausdrücklich dadurch verfügt, daß er den Auszahlungsanspruch in eine Darlehensforderung umwandelt (→ BFH vom 17.7.1984 – BStBl. 1986 II S. 48). Werden dagegen Arbeits- und Darlehensvereinbarungen von Ehegatten in einer Weise miteinander verknüpft, dass das Arbeitsentgelt ganz oder teilweise bereits als Darlehen behandelt wird, bevor er in die Verfügungsmacht des Arbeitnehmer-Ehegatten gelangt ist, so ist zur Anerkennung des Arbeitsverhältnisses erforderlich, dass auch der Darlehensvertrag wie ein unter Fremden üblicher*

§ 4 — R 4.8

    Vertrag mit eindeutigen Zins- und Rückzahlungsvereinbarungen abgeschlossen und durchgeführt wird (→ BFH vom 23.4.1975 – BStBl. II S. 579).

= *Schenkung – Laufende Überweisung des Arbeitsentgelts auf ein Sparbuch des Arbeitnehmer-Ehegatten, von dem dieser ohne zeitlichen Zusammenhang mit den Lohnzahlungen größere Beträge abhebt und dem Arbeitgeber-Ehegatten schenkt (→ BFH vom 4.11.1986 – BStBl. 1987 II S. 336).*

= *Teilüberweisung des Arbeitsentgelts als vermögenswirksame Leistungen nach dem Vermögensbildungsgesetz auf Verlangen des Arbeitnehmer-Ehegatten auf ein Konto des Arbeitgeber-Ehegatten oder auf ein gemeinschaftliches Konto beider Ehegatten (→ BFH vom 19.9.1975 – BStBl. 1976 II S. 81).*

= *Überweisung des Arbeitsentgelts auf ein Bankkonto des Arbeitnehmer-Ehegatten, für das der Arbeitgeber-Ehegatte unbeschränkte Verfügungsvollmacht besitzt (→ BFH vom 16.1.1974 – BStBl. II S. 294).*

= *Vereinbartes Arbeitsentgelt ist unüblich niedrig, es sei denn, das Arbeitsentgelt ist so niedrig bemessen, dass er nicht mehr als Gegenleistung für eine begrenzte Tätigkeit des Arbeitnehmer-Ehegatten angesehen werden kann, weil ein rechtsgeschäftlicher Bindungswille fehlt (→ BFH vom 22.3.1990 – BStBl. II S. 776).*

    → Gehaltsumwandlung, -verzicht

= *Zahlung des Arbeitsentgelts auf ein „Oder-Konto" bei im übrigen ernsthaft vereinbarten und tatsächlich durchgeführten Ehegatten-Arbeitsverhältnissen (BVerfG vom 7.11.1995 – BStBl. 1996 II S. 34).*

- **Direktversicherung**

    → H 4b Arbeitnehmer-Ehegatten.

- **Gehaltsumwandlung, -verzicht**

Begnügt sich der Arbeitnehmer-Ehegatte mit unangemessen niedrigen Aktivbezügen, ist die Dienstleistung in einen entgeltlichen und einen unentgeltlichen Teil zu zerlegen. Betrieblich veranlaßt ist nur der entgeltliche Teil. Verzichtet der Arbeitnehmer-Ehegatte ganz auf sein Gehalt, ist von einer in vollem Umfang privat veranlassten familiären Mitarbeit auszugehen. Entsprechendes gilt, wenn ein Arbeitnehmer-Ehegatte ohne entsprechende Absicherung seines Anspruchs zugunsten eines erst viele Jahre später fällig werdenden Ruhegehalts auf seine Aktivbezüge verzichtet (→ BFH vom 25.7.1995 – BStBl. 1996 II S. 153).

    → BMF vom 9.1.1986 (BStBl. I S. 7).

- **Rückstellungen für Pensionsverpflichtungen**

= *Bei einer Pensionszusage an den Arbeitnehmer-Ehegatten, die an die Stelle einer fehlenden Anwartschaft aus der gesetzlichen Rentenversicherung getreten ist, können sich die Rückstellungsbeträge grundsätzlich nicht gewinnmindernd auswirken, soweit die Aufwendungen die wirtschaftliche Funktion der Arbeitnehmerbeiträge haben. Fiktive Arbeitgeberbeiträge in der Zeit zwischen dem Beginn des steuerrechtlich anerkannten Arbeitsverhältnisses und der Erteilung der Pensionszusage können nicht als Betriebsausgaben berücksichtigt werden (→ BFH vom 14.7.1989 – BStBl. II S. 969).*

= → H 6a (10).

- **Rückwirkung**

Rückwirkende Vereinbarungen sind steuerrechtlich nicht anzuerkennen (BFH vom 29.11.1988 – BStBl. 1989 II S. 281).

- **Sonderzuwendungen**

wie z. B. Weihnachts- und Urlaubsgelder, Sonderzulagen, Tantiemen, können dann als Betriebsausgaben abgezogen werden, wenn sie vor Beginn des Leistungsaustauschs klar und eindeutig vereinbart worden sind und auch einem → Fremdvergleich standhalten (→ BFH vom 26.2.1988 – BStBl. II S. 606 und vom 10.3.1988 – BStBl. II S. 877).

- **Unterarbeitsverhältnis**

Ist ein Arbeitnehmer wegen anderer beruflicher Verpflichtungen nicht in der Lage, ein Aufgabengebiet in vollem Umfang selbst zu betreuen, kommt ein Ehegatten-Unterarbeitsverhältnis hierüber jedenfalls dann nicht in Betracht, wenn solche Tätigkeiten sonst ehrenamtlich von Dritten unentgeltlich übernommen werden (→ BFH vom 22.11.1996 – BStBl. 1997 II S. 187).

– **Zukunftssicherung**

Voraussetzungen für die Anerkennung von Maßnahmen zur Zukunftssicherung bei Ehegatten-Arbeitsverhältnissen → H 6a Abs. 10 und H 4b (Arbeitnehmer-Ehegatten).

Aushilfstätigkeiten von Kindern

Bei Verträgen über Aushilfstätigkeiten von Kindern ist der → Fremdvergleich im Einzelfall vorzunehmen (→ BFH vom 9.12.1993 – BStBl. 1994 II S. 298).

Bildungsaufwendungen für Kinder

– *Ausbildungs- oder Fortbildungsaufwendungen für Kinder sind in der Regel nicht abziehbare Lebenshaltungskosten. Aufwendungen für die Fortbildung von im Betrieb mitarbeitenden Kindern (z. B. für den Besuch einer Meisterfachschule) sind Betriebsausgaben, wenn die hierzu getroffenen Vereinbarungen klar und eindeutig sind und nach Inhalt und Durchführung dem zwischen Fremden Üblichen entsprechen, insbesondere auch Bindungsfristen und Rückzahlungsklauseln enthalten (→ BFH vom 14.12.1990 – BStBl. 1991 II S. 305).*

– *Aufwendungen für den Meisterlehrgang eines nicht im Betrieb mitarbeitenden Kindes sind nicht allein deshalb Betriebsausgaben, weil sie eine spätere Unternehmensnachfolge vorbereiten sollen (→ BFH vom 29.10.1997 – BStBl. 1998 II S. 149).*

– *Die Aufwendungen für die Facharztausbildung des als Nachfolger vorgesehenen Kindes sind ohne den Nachweis, dass sie auch für fremde Dritte im Betrieb des Stpfl. oder üblicherweise in anderen – nach Größe und Branche - vergleichbaren Betrieben getätigt worden wären, nicht betrieblich veranlasst (→ BFH vom 6.11.2012 – BStBl. 2013 IIS. 309).*

Darlehensverhältnisse zwischen Angehörigen

→ *BMF vom 23.12.2010 unter Berücksichtigung der Änderugen durch BFM vom 29.4.2014 (BStBl. I S. 809).* [1)]

→ *Personengesellschaften; –Abtretung.*

→ *Personengesellschaften; – Darlehen.*

– **Schenkungsbegründetes Darlehen**

= *Die Kürze der zwischen Schenkung und Darlehensgewährung liegenden Zeit begründet keine unwiderlegbare Vermutung für die gegenseitige Abhängigkeit der beiden Verträge (BMF vom 23.12.2010).* [2)] *Dem gegenüber kann bei einem längeren Abstand zwischen Schenkungs- und Darlehensvertrag eine auf einem Gesamtplan beruhende sachliche Verknüpfung bestehen (→ BFH vom 22.1.2002 – BStBl. II S. 685).*

= *Geht dem Darlehen eines minderjährigen Kindes an einen Elternteil eine Schenkung des anderen Elternteils voraus, und liegt diesen Rechtsgeschäften ein Gesamtplan der Eltern zur Schaffung von steuerlich abziehbaren Aufwendungen zugrunde (= sachliche Abhängigkeit), so kann hierin auch bei zeitlicher Unabhängigkeit zwischen Schenkung und Darlehen ein Missbrauch von Gestaltungsmöglichkeiten des Rechts (§ 42 AO) liegen (→ BFH vom 26.3.1996 – BStBl. II S. 443).*

= *Ein Darlehensvertrag zwischen einer Personengesellschaft und dem Kind des beherrschenden Gesellschafters über einen Geldbetrag, den das Kind zuvor von diesem geschenkt bekommen hat, ist nicht anzuerkennen, wenn zwischen Schenkung und Darlehensvertrag eine auf einem Gesamtplan beruhende sachliche Verknüpfung besteht (→ BFH vom 22.1.2002 – BStBl. II S. 685).*

– → *Sicherung des Darlehensanspruchs*

– **Verknüpfung von Arbeits- und Darlehensvereinbarungen zwischen Ehegatten**

→ *Arbeitsverhältnisse zwischen Ehegatten, – Der steuerrechtlichen Anerkennung eines Arbeitsverhältnisses steht nicht entgegen, = Darlehensgewährung*

Eheschließung

Mehrere Jahre vor der Ehe abgeschlossene ernsthafte Arbeitsverträge zwischen den Ehegatten sind steuerrechtlich in der Regel auch nach der Eheschließung anzuerkennen, wenn sich mit der Eheschließung in der Tätigkeit des im Betrieb beschäftigten Ehegatten nichts ändert und auch die Auszahlung des Arbeitslohns vor und nach der Heirat in gleicher Weise vollzogen wird (→ BFH vom 21.10.1966 – BStBl. 1967 III S. 22).

---

1) Siehe Anlage § 004-37.
2) Siehe Anlage § 004-37.

§ 4 R 4.8

Erbfolgeregelungen
- *Ertragsteuerliche Behandlung der Erbengemeinschaft und ihrer Auseinandersetzung → BMF vom 14.3.2006 (BStBl. I S. 253)* [1]
- *Ertragsteuerliche Behandlung der vorweggenommenen Erbfolge → BMF vom 13.1.1993 (BStBl. I S. 80). unter Berücksichtigung der Änderungen durch BMF vom 26.2.2007 (BStBl. I S. 269).* [2]
- *Einkommensteuerrechtliche Behandlung von wiederkehrenden Leistungen im Zusammenhang mit einer Vermögensübertragung → BMF vom 11.3.2010 (BStBl. I S. 227).* [3]

Fremdvergleich
- *Angehörigen steht es frei, ihre Rechtsverhältnisse untereinander so zu gestalten, dass sie steuerlich möglichst günstig sind. Die steuerrechtliche Anerkennung des Vereinbarten setzt voraus, dass die Verträge zivilrechtlich wirksam zustande gekommen sind (→ BMF vom 23.12.2010 – BStBl. 2011 I S. 32 unter Berücksichtigung der Änderungen durch BFM vom 29.4.2014 (BStBl. I S. 809).)* [4]*, inhaltlich dem zwischen Fremden Üblichen entsprechen und so auch durchgeführt werden. Maßgebend für die Beurteilung ist die Gesamtheit der objektiven Gegebenheiten. Dabei kann einzelnen dieser Beweisanzeichen je nach Lage des Falles im Rahmen der Gesamtbetrachtung eine unterschiedliche Bedeutung zukommen. Dementsprechend schließt nicht jede Abweichung vom Üblichen notwendigerweise die steuerrechtliche Anerkennung des Vertragsverhältnisses aus. An den Nachweis, dass es sich um ein ernsthaftes Vertragsverhältnis handelt, sind um so strengere Anforderungen zu stellen, je mehr die Umstände auf eine private Veranlassung des Rechtsverhältnisses hindeuten → BFH vom 28.1.1997 – BStBl. II S. 655).*
- *Die Grundsätze des sog. Fremdvergleichs rechtfertigen es nicht, an Stelle der im Vertrag tatsächlich vereinbarten Leistung der Besteuerung eine höhere Gegenleistung unter Hinweis darauf zugrunde zu legen, dass eine solche unter fremden Dritten gefordert (und erbracht) worden wäre (→ BFH vom 31.5.2001 – BStBl. II S. 756).*
- *Leistet der als Arbeitnehmer beschäftigte Angehörige unbezahlte Mehrarbeit über seine vertragliche Stundenzahl hinaus, steht dies der Annahme, dass das Arbeitsverhältnis sei tatsächlich durchgeführt worden, grundsätzlich nicht entgegen. Etwas anderes gilt; nur wenn die vereinbarte Vergütung nicht mehr als Gegenleistung für die Tätigkeit des Angehörigen angesehen werden kann und deshalb auf das Fehlen eines Rechtsbindungswillens zu schließen ist (→ BFH vom 17.7.2013 – X R 31/12).*
- → H 6a (9)
- **Personengesellschaften** – *Die Grundsätze des Fremdvergleichs gelten entsprechend für die Verträge einer Personengesellschaft, die von nahen Angehörigen des anderen Vertragspartners beherrscht wird. Hierbei kommt es auf den rechtlichen und wirtschaftlichen Gehalt des jeweiligen Geschäfts und nicht auf die Bezeichnung durch die Vertragsparteien (→ BFH vom 19.5.1996 – BStBl. II S. 642). Schließt eine Personengesellschaft aufeinander abgestimmte Arbeitsverträge mit den Angehörigen ihrer Gesellschafter, bei denen keiner der Gesellschafter als allein beherrschend angesehen werden kann, ist der Fremdvergleich bei jedem einzelnen Arbeitsvertrag durchzuführen (→ BFH vom 20.10.1983 – BStBl. 1984 II S. 298). Ein Gesellschafter, der nicht in der Lage ist, für sich allein einen beherrschenden Einfluss auszuüben, ist dann einem beherrschenden Gesellschafter gleichzustellen, wenn er gemeinsam mit anderen Gesellschaftern einen Gegenstand von gemeinsamem Interesse in gegenseitiger Abstimmung regelt (→ BFH vom 18.12.2001 – BStBl. 2002 II S. 353).*
- → *Personengesellschaften; – Abtretung*
- → *Personengesellschaften; – Darlehen*
- → *Umdeutung*
- **Umfang**
  = *Der Fremdvergleich ist nur einheitlich für den gesamten Vertrag anzustellen. Das Herauslösen einzelner Vertragsteile, wie z. B. einzelner Tätigkeiten aus einem Arbeitsvertrag, ist nicht möglich. Der Vertrag kann auch nicht mit Blick auf diese Vertragsteile teilweise*

---

1) Siehe Anlage § 016-05.
2) Siehe Anlage § 016-06.
3) Siehe Anlage § 010-01.
4) Siehe Anlage § 004-37.

steuerrechtlich anerkannt werden, wenn der Vertrag im Übrigen dem Fremdvergleich nicht standhält (→ BFH vom 9.12.1993 – BStBl. 1994 II S. 298).

= *Wird zur Finanzierung eines Kaufvertrags zwischen nahen Angehörigen ein Darlehensvertrag mit einer Bank abgeschlossen, sind die in dem Darlehensvertrag getroffenen Vereinbarungen auch dann nicht in den Fremdvergleich hinsichtlich des Kaufvertrags einzubeziehen, wenn der Verkäufer zugleich Sicherungsgeber ist (→ BFH vom 15.10.2002 – BStBl. 2003 II S. 243).*

= → *Mehrere Verträge zwischen Angehörigen*

Gelegentliche Hilfeleistung

Arbeitsverträge über gelegentliche Hilfeleistungen durch Angehörige sind steuerrechtlich nicht anzuerkennen, weil sie zwischen fremden Personen nicht vereinbart worden wären (→ BFH vom 9.12.1993 – BStBl. 1994 II S. 298).

Gesellschaftsverträge zwischen Angehörigen

→ *R 15.9*

→ *Umdeutung*

Gewinnanteile aus geschenkter typisch stiller Beteiligung

Werden Geldbeträge vom Betriebsinhaber an seine minderjährigen Kinder mit der Auflage zugewendet, diese ihm wieder als Einlage im Rahmen einer typisch stillen Beteiligung zur Verfügung zu stellen, sind die Gewinnanteile nicht als Betriebsausgaben abziehbar, wenn eine Verlustbeteiligung ausgeschlossen ist (→ BFH vom 21.10.1992 – BStBl. 1993 II S. 289).

Mehrere Verträge zwischen Angehörigen

Bei der Prüfung, ob die Leistungsbeziehungen zwischen nahen Angehörigen dem → Fremdvergleich standhalten, sind mehrere zeitlich und sachlich zusammenhängende Verträge nicht isoliert, sondern in ihrer Gesamtheit zu würdigen (→ BFH vom 13.12.1995 – BStBl. 1996 II S. 180).

Miet- und Pachtverträge zwischen Angehörigen

– → *R 21.4*

– → *Sonstige Rechtsverhältnisse zwischen Angehörigen*

Minderjährige Kinder

– **Ergänzungspfleger** – *Bei Verträgen zwischen Eltern und minderjährigen Kindern, die nicht Arbeitsverträge sind, (→ R 4.8 Abs. 3), ist ein Ergänzungspfleger zu bestellen, damit die Vereinbarungen bürgerlich-rechtlich wirksam zustande kommen und so eine klare Trennung bei der Verwaltung des Kindesvermögens und des elterlichen Vermögens gewährleistet ist (→ BFH vom 23.4.1992 – BStBl. II S. 1024 und BMF vom 30.9.2013 – BStBl. I S. 1184).* [1])

– **Schwebend unwirksame Verträge, Insichgeschäfte** – *Die klaren und ernsthaft gewollten Vereinbarungen (→ Fremdvergleich) müssen zu Beginn des maßgeblichen Rechtsverhältnisses oder bei Änderung des Verhältnisses für die Zukunft getroffen werden. Ein Insichgeschäft i. S. des § 181 BGB ist solange – schwebend – unwirksam, bis die Wirksamkeit z. B. durch Bestellung eines Ergänzungspflegers oder mit Erreichen der Volljährigkeit eines minderjährigen Kindes nachgeholt wird. Die nachträgliche Genehmigung des Rechtsgeschäftes hat zivilrechtlich zur Folge, dass die schwebende Unwirksamkeit des Vertrages rückwirkend entfällt (§ 108 Abs. 3, § 184 Abs. 1 BGB). Steuerrechtlich entfaltet sie grundsätzlich keine Rückwirkung. Im Regelfall sind die steuerrechtlichen Folgerungen erst von dem Zeitpunkt an zu ziehen, zu dem die schwebende Unwirksamkeit entfallen ist (→ BFH vom 31.10.1989 – BStBl. 1992 II S. 506), es sei denn, die steuerrechtliche Rückwirkung ist ausdrücklich gesetzlich zugelassen (§ 41 Abs. 1 AO). Ausnahmsweise sind tatsächlich durchgeführte Verträge zwischen nahen Angehörigen von Anfang an steuerlich zu berücksichtigen, wenn den Vertragspartnern die Nichtbeachtung der Formvorschriften nicht angelastet werden kann und sie zeitnah nach dem Erkennen der Unwirksamkeit oder dem Auftauchen von Zweifeln an der Wirksamkeit des Vertrages die erforderlichen Maßnahmen eingeleitet haben, um die Wirksamkeit herbeizuführen oder klarzustellen (→ BFH vom 13.7.1999 – BStBl. 2000 II S. 386).*

Nichteheliche Lebensgemeinschaften

Die für die steuerliche Beurteilung von Verträgen zwischen Ehegatten geltenden Grundsätze können nicht auf Verträge zwischen Partner einer nichtehelichen Lebensgemeinschaft – aus-

---

1) Siehe Anlage § 021-08.

genommen eingetragene Lebenspartnerschaften – übertragen werden (→ BFH vom 14.4.1988 – BStBl. II S. 670 und → R 21.4).

Personengesellschaften

– **Abtretung** – Tritt der Gesellschafter einer Personengesellschaft ihm gegen die Gesellschaft zustehende Darlehensansprüche zur Ablösung von Pflichtteilsansprüchen an einen Angehörigen ab, der die Beträge der Gesellschaft weiterhin als Darlehen beläßt, so sind die an den neuen Darlehensgläubiger gezahlten Darlehenszinsen Betriebsausgaben der Personengesellschaft. Der Betriebsausgabenabzug kann nicht vom Ergebnis eines → Fremdvergleichs hinsichtlich der Darlehensbedingungen abhängig gemacht werden, wenn der Abtretende die Gesellschaft nicht beherrscht (→ BFH vom 15.12.1988 – BStBl. 1989 II S. 500).
– → Arbeitsverhältnisse zwischen Ehegatten
– → Darlehensverhältnisse zwischen Angehörigen
– → Fremdvergleich
– **Vermögen einer Personengesellschaft** kann nicht als Vermögen des Gesellschafterehegatten angesehen werden. Deshalb liegt ein Vermögenszugang beim Arbeitnehmer-Ehegatten auch dann vor, wenn das Arbeitsentgelt auf ein gemeinschaftliches Konto der Ehegatten überwiesen wird, über das jeder Ehegatte ohne Mitwirkung des anderen verfügen kann (→ BFH vom 24.3.1983 – BStBl. II S. 663).
– Keine betriebliche Veranlassung bei Vergabe eines zinslosen und ungesicherten Darlehens durch eine Personengesellschaft an ihren Gesellschafter. Die Frage der betrieblichen Veranlassung der Geldhingabe ist auf der Grundlage eines Fremdvergleichs zu beurteilen (→ BFH vom 9.5.1996 – BStBl. II S. 642). Wird neben dem (festen) Kapitalkonto lediglich ein weiteres Konto zur Erfassung von Gewinnen, Einlagen und Entnahmen der Gesellschafter geführt, handelt es sich nicht um ein Darlehenskonto, wenn auf dem Konto auch Verluste verbucht werden (→ BFH vom 27.6.1996 – BStBl. 1997 II S. 36).
– → Sicherung des Darlehensanspruchs
– Unterbeteiligung von Kindern an einer vermögensverwaltenden Personengesellschaft → H 21.6.

Rechtsfolgen bei fehlender Anerkennung

– Ist ein **Arbeitsverhältnis** steuerrechtlich nicht anzuerkennen, so sind Lohnzahlungen einschließlich einbehaltener und abgeführter Lohn- und Kirchensteuerbeträge, für den mitarbeitenden Ehegatten einbehaltene und abgeführte Sozialversicherungsbeiträge (Arbeitgeber- und Arbeitnehmeranteil) und vermögenswirksame Leistungen, die der Arbeitgeber-Ehegatte nach dem Vermögensbildungsgesetz erbringt, nicht als Betriebsausgaben abziehbar (→ BFH vom 8.2.1983 – BStBl. II S. 496 und vom 10.4.1990 – BStBl. II S. 741).
– **Zinsen** aus einem ertragsteuerlichen nicht anzuerkennenden Darlehen unter nahen Angehörigen sind keine Betriebsausgaben; beim Empfänger sind sie keine Einkünfte aus Kapitalvermögen (→ BFH vom 2.8.1994 – BStBl. 1995 II S. 264).

Scheidungsklausel

Erwirbt ein Ehegatte (A) mit vom anderen Ehegatten (B) geschenkten Mitteln ein Grundstück, welches für betriebliche Zwecke an B vermietet wird, bgründet weder die Schenkung der Mittel, die Vereinbarung zwischen den Ehegatten, für den Fall der Beendigung des Güterstandes auf andere Weise als den Tod, das erworbene Grundstück auf den anderen Ehegatten zu übertragen (sog. Scheidungsklausel), noch die B eingeräumte Möglichkeit zu seinen Gunsten oder zugunsten eines Dritten eine Auflassungsvormerkung in das Grundbuch eintragen zu lassen, wirtschaftliches Eigentum des B (→ BFH vom 4.2.1998 – BStBl. II S 542).

Schenkung

– → Arbeitsverhältnisse zwischen Ehegatten; – Der steuerrechtlichen Anerkennung eines Arbeitsverhältnisses steht nicht entgegen; = Schenkung.
– → Darlehensverhältnisse zwischen Angehörigen; – Schenkungsbegründetes Darlehen.

Sicherung des Darlehensanspruchs

– Bei einem Darlehen einer Personengesellschaft an ihren Gesellschafter kann nicht ein künftiger Gewinnanteil des Gesellschafters als Sicherheit angesehen werden. Unüblich ist auch die Unverzinslichkeit eines Darlehens (→ BFH vom 9.5.1996 – BStBl. II S. 642).
– Die fehlende verkehrsübliche Sicherung des Darlehensanspruchs wird bei langfristigen Darlehen zwischen nahen Angehörigen als Indiz für die außerbetriebliche Veranlassung des Dar-

lehens gewertet, wobei als langfristig jedenfalls Darlehen mit einer Laufzeit von mehr als vier Jahren angesehen werden (→ BFH vom 9.5.1996 – BStBl. II S. 642). Eine langfristige Darlehensvereinbarung zwischen Eltern und Kindern kann trotz teilweise fehlender Sicherheiten steuerrechtlich anerkannt werden, wenn die Kinder bei Darlehensabschluss bereits volljährig sind, nicht mehr im Haushalt der Eltern leben und wirtschaftlich von den Eltern unabhängig sind (→ BFH vom 18.12.1990 – BStBl. 1991 II S. 911).

Sonstige Rechtsverhältnisse zwischen Angehörigen

– *Für die einkommensteuerrechtliche Beurteilung von Miet- und Pachtverträgen, Darlehensverträgen und ähnlichen Verträgen sind die Grundsätze zur steuerlichen Anerkennung von Ehegatten-Arbeitsverhältnissen entsprechend anzuwenden (→ BFH vom 28.1.1997 – BStBl. II S. 655).*

– *→ Fremdvergleich*

Umdeutung

Die steuerliche Beurteilung muss von dem ausgehen, was die Steuerpflichtigen rechtsgültig vereinbart haben, und zwar auch dann, wenn die Vereinbarung aus privater Veranlassung von dem abweicht, was unter fremden Dritten üblich ist. Haben die Beteiligten einen Gesellschaftsvertrag über eine Unterbeteiligung abgeschlossen, und kann der Gesellschaftsvertrag wegen der nicht fremdüblichen Ausgestaltung zu Lasten der Unterbeteiligung steuerlich nicht anerkannt werden, kann an die Stelle des wirksam abgeschlossenen Gesellschaftsvertrags für die steuerliche Beurteilung **nicht** *ein tatsächlich* **nicht** *existenter Vertrag über ein partiarisches Darlehen gesetzt werden (→ BFH vom 6.7.1995 – BStBl. 1996 II S. 269).*

Unterhalt

Beschränkt sich der Steuerpflichtige darauf, dem mitarbeitenden Kind Unterhalt zu gewähren (Beköstigung, Bekleidung, Unterkunft und Taschengeld), so liegen steuerlich nicht abziehbare Lebenshaltungskosten vor (→ BFH vom 19.8.1971 – BStBl. 1972 II S. 172).

Wirtschaftsüberlassungsvertrag

Bei nach dem 31.12.2007 abgeschlossenen Wirtschaftsüberlassungsverträgen liegt keine begünstigte Vermögensübertragung im Zusammenhang mit Versorgungsleistungen vor (→ BMF vom 11.3.2010 – BStBl. I S. 227, Rzn. 22, 81). [1)]

Wohnungsüberlassung an geschiedenen oder dauernd getrennt lebenden Ehegatten

→ H 21.4 (Vermietung an Unterhaltsberechtigte)

EStR 2012 zu § 4 EStG

R 4.9 Abziehbare Steuern
– unbesetzt –

Hinweise

H 4.9 Änderung von bestandskräftigen Veranlagungen

Mehrbeträge an abziehbaren Steuern, die sich durch eine Betriebsprüfung ergeben haben, sind für sich allein keine neuen Tatsachen im Sinne des § 173 Abs. 1 Nr. 2 AO, die eine Änderung der bestandskräftigen Veranlagungen der Jahre rechtfertigen würden, zu denen die → Mehrsteuern wirtschaftlich gehören (→ BFH vom 10.8.1961 – BStBl. III S. 534).

Mehrsteuern

Ändern sich die Mehrsteuern bis zur Bestandskraft der Veranlagungen, so sind die Änderungen bei diesen Veranlagungen zu berücksichtigen (BFH vom 19.12.1961 – BStBl. 1962 III S. 64).

Rückstellung für künftige Steuernachforderungen

Die Behauptung des Stpfl., dass nach allgemeiner Erfahrung bei einer Betriebsprüfung mit Steuernachforderungen zu rechnen sei, rechtfertigt nicht die Bildung einer Rückstellung (→ BFH vom 13.1.1966 – BStBl. III S. 189). Abzugsfähige Steuern sind grundsätzlich dem Jahr zu belasten, zu dem sie wirtschaftlich gehören. Dagegen ist eine Rückstellung für hinterzogene Steuern bis zur Bilanzaufstellung erst zu dem Bilanzstichtag zu bilden, zu dem der Stpfl. mit der Aufdeckung der Steuerhinterziehung rechnen musste, bei einer Außen- oder Steuerfahndungsprüfung frühes-

---

1) Siehe Anlage § 010-01.

§ 4

tens mit der Beanstandung einer bestimmten Sachbehandlung durch den Prüfer (→ BFH vom 27.11.2001 – BStBl. 2002 II S. 731 und vom 22.8.2012 – BStBl. 2013 II S. 76).

EStR 2012 zu § 4 EStG

R 4.10 Geschenke, Bewirtung, andere die Lebensführung berührende Betriebsausgaben

R 4.10 (1) Allgemeines

(1) ¹Durch § 4 Abs. 5 Satz 1 Nr. 1 bis 7 i. V. m. Abs. 7 EStG wird der Abzug von betrieblich veranlassten Aufwendungen, die die Lebensführung des Steuerpflichtigen oder anderer Personen berühren, eingeschränkt. ²Vor Anwendung dieser Vorschriften ist stets zu prüfen, ob die als Betriebsausgaben geltend gemachten Aufwendungen z. B. für Repräsentation, Bewirtung und Unterhaltung von Geschäftsfreunden, Reisen, Kraftfahrzeughaltung bereits zu den nicht abziehbaren Kosten der Lebensführung im Sinne des § 12 Nr. 1 EStG gehören. ³Die nach § 4 Abs. 5 und 7 EStG nicht abziehbaren Betriebsausgaben sind keine Entnahmen im Sinne des § 4 Abs. 1 Satz 2 EStG.

Hinweise

H 4.10 (1) Abgrenzung der Betriebsausgaben von den Lebenshaltungskosten
→ H 12.1 – H 12.2

Ferienwohnung

Mehraufwendungen für Verpflegung und Reisekosten im Zusammenhang mit einem mehrwöchigen Aufenthalt in der eigenen, sonst gewerblich genutzten Ferienwohnung sind nur dann Betriebsausgaben, wenn der Aufenthalt während der normalen Arbeitszeit vollständig mit Arbeiten für die Wohnung ausgefüllt war (→ BFH vom 25.11.1993 – BStBl. 1994 II S. 350).

Häusliches Arbeitszimmer

– → *BMF vom 2.3.2011 (BStBl. I S. 195).* [1]

Segel- oder Motoryachten

– *Segel- oder Motoryachten als „schwimmendes Konferenzzimmer" → BFH vom 3.2.1993 – (BStBl. II S. 367).*

– *Aufwendungen für Wege zwischen Wohnung und Betriebsstätte → H 4.12 Motorboot.*

– *Vom allgemeinen Betriebsausgabenabzug ausgeschlossen sind nur solche Aufwendungen, die einer sportlichen Betätigung, der Unterhaltung von Geschäftsfreunden, der Freizeitgestaltung oder der Repräsentation dienen. Die Anwendbarkeit des Abzugsverbots nach § 4 Abs. 5 Satz 1 Nr. 4 EStG hängt nicht von der Art des Wasserfahrzeugs, sondern von dessen konkreter Bestimmung ab, wobei die Bestimmung durch den Fahrzeugtyp indiziert sein kann (→ BFH vom 10.5.2001 – BStBl. II S. 575)*

– *Kosten für eine Schiffsreise (z. B. für eine sog. Regattabegleitfahrt) mit Geschäftspartnern sind grundsätzlich nicht als Betriebsausgaben abziehbar, wenn ein Zusammenhang mit der Unterhaltung der Teilnehmer oder der Repräsentation des Unternehmens nicht ausgeschlossen werden kann (→ BFH vom 2.8.2012 – BStBl. II S. 824),*

Sozialeinrichtungen

§ 4 Abs. 5 EStG ist nach seinem Sinn und Zweck nicht auf Aufwendungen für betriebliche Sozialeinrichtungen anwendbar (→ BFH vom 30.7.1980 – BStBl. 1981 II S. 58).

Veräußerung von Wirtschaftsgütern im Sinne des § 4 Abs. 5 EStG

Zur Berechnung des Veräußerungsgewinns ist als Buchwert der Wert anzusetzen, der sich unter Berücksichtigung der Absetzungen ergibt, die nicht abziehbare Aufwendungen im Sinne des § 4 Abs. 5 oder 7 EStG waren (→ BFH vom 12.12.1973 – BStBl. 1974 II S. 207).

VIP-Logen

– *Aufwendungen für VIP-Logen in Sportstätten → BMF vom 22.8.2005 (BStBl. I S. 845). unter Berücksichtigung der Änderungen durch BMF vom 29.4.2008 (BStBl. I S. 566),* [2] *Rz. 15.*

---

1) Siehe Anlage § 004-43.
2) Siehe Anlage § 004-47.

R 4.10 § 4

- *Anwendung der Vereinfachungsregelungen auf ähnliche Sachverhalte* → *BMF vom 11.7.2006 (BStBl. I S. 447). unter Berücksichtigung der Änderungen durch BMF vom 29.4.2008 (BStBl. I S. 566),* [1] *Rz. 15.*

EStR 2012 zu § 4 EStG

R 4.10 (2) Geschenke

(2) [1]Nach § 4 Abs. 5 Satz 1 Nr. 1 EStG dürfen Aufwendungen für betrieblich veranlasste Geschenke (→ Geschenk) an natürliche Personen, die nicht Arbeitnehmer des Steuerpflichtigen sind, oder an juristische Personen grundsätzlich nicht abgezogen werden. [2]Personen, die zu dem Steuerpflichtigen auf Grund eines Werkvertrags oder eines Handelsvertretervertrags in ständiger Geschäftsbeziehung stehen, sind den Arbeitnehmern des Steuerpflichtigen **nicht** gleichgestellt. [3]Entstehen die Aufwendungen für ein Geschenk in einem anderen Wirtschaftsjahr als dem, in dem der Gegenstand geschenkt wird, und haben sich die Aufwendungen in dem Wirtschaftsjahr, in dem sie gemacht wurden, gewinnmindernd ausgewirkt, so ist, wenn ein Abzug nach § 4 Abs. 5 Satz 1 Nr. 1 EStG ausgeschlossen ist, im Wirtschaftsjahr der Schenkung eine entsprechende Gewinnerhöhung vorzunehmen. [4]Das Abzugsverbot greift nicht, wenn die zugewendeten Wirtschaftsgüter beim Empfänger ausschließlich betrieblich genutzt werden können.

R 4.10 (3)

(3) [1]Zu den Anschaffungs- oder Herstellungskosten eines Geschenks zählen auch die Kosten einer Kennzeichnung des Geschenks als Werbeträger sowie die Umsatzsteuer (→ § 9b EStG), wenn der Abzug als Vorsteuer ohne Berücksichtigung des § 15 Abs. 1a UStG ausgeschlossen ist; Verpackungs- und Versandkosten gehören nicht dazu. [2]Übersteigen die Anschaffungs- oder Herstellungskosten eines Geschenks an einen Empfänger oder, wenn an einen Empfänger im Wirtschaftsjahr mehrere Geschenke gegeben werden, die Anschaffungs- oder Herstellungskosten aller Geschenke an diesen Empfänger die Freigrenze gem. § 4 Abs. 5 Satz 1 Nr. 1 EStG, so entfällt der Abzug in vollem Umfang.

R 4.10 (4)

(4) [1]Ein → Geschenk setzt eine **unentgeltliche Zuwendung** an einen Dritten voraus. [2]Die Unentgeltlichkeit ist nicht gegeben, wenn die Zuwendung als Entgelt für eine bestimmte Gegenleistung des Empfängers anzusehen ist. [3]Sie wird jedoch nicht schon dadurch ausgeschlossen, dass mit der Zuwendung der Zweck verfolgt wird, Geschäftsbeziehungen zu sichern oder zu verbessern oder für ein Erzeugnis zu werben. [4]Ein Geschenk im Sinne des § 4 Abs. 5 Satz 1 Nr. 1 EStG ist danach regelmäßig anzunehmen, wenn ein Steuerpflichtiger einem Geschäftsfreund oder dessen Beauftragten ohne rechtliche Verpflichtung und ohne zeitlichen oder sonstigen unmittelbaren Zusammenhang mit einer Leistung des Empfängers eine Bar- oder Sachzuwendung gibt. [5]Keine Geschenke sind beispielsweise

1. Kränze und Blumen bei Beerdigungen,
2. Spargeschenkgutscheine der Kreditinstitute und darauf beruhende Gutschriften auf dem Sparkonto anlässlich der Eröffnung des Sparkontos oder weiterer Einzahlungen,
3. Preise anlässlich eines Preisausschreibens oder einer Auslobung,

[6]Zu den Geschenken im Sinne des § 4 Abs. 5 Satz 1 Nr. 1 EStG rechnen ebenfalls nicht die Bewirtung, die damit verbundene Unterhaltung und die Beherbergung von Personen aus geschäftlichem Anlass; → Absätze 5 ff.

Hinweise

H 4.10 (2-4) Freigrenze für Geschenke nach § 4 Abs. 5 Satz 1 Nr. 1 EStG

→ H 9b.

Geschenk

Ob eine Vermögenszuwendung unentgeltlich als Geschenk oder entgeltlich gemacht wird, entscheidet nach bürgerlichem Recht die hierüber zwischen den Beteiligten getroffene Vereinbarung. Ein Geschenk liegt nur vor, wenn beide Seiten über die Unentgeltlichkeit einig sind. Daher liegt schon dann kein Geschenk vor, wenn eine Seite von der Entgeltlichkeit der Zuwendung ausgeht (→ BFH vom 23.6.1993 – BStBl. II S. 806).

Selbständige Tätigkeit eines Angestellten

Übt ein Angestellter unter Mithilfe anderer Angestellter desselben Arbeitgebers auch eine selbständige Tätigkeit aus, so handelt es sich bei diesen Mitarbeitern nicht um Arbeitnehmer

---

1) Siehe Anlage § 004-47.

des Angestellten und zugleich selbständig Tätigen (→ BFH vom 8.11.1994 – BStBl. 1985 II S. 286).

EStR 2012 zu § 4 EStG

R 4.10 (5) Bewirtung und Bewirtungsaufwendungen

(5) ¹Eine → **Bewirtung** i. S. des § 4 Abs. 5 Satz 1 Nr. 2 EStG liegt vor, wenn Personen beköstigt werden. ²Dies ist stets dann der Fall, wenn die Darreichung von Speisen und/oder Getränken eindeutig im Vordergrund steht. ³**Bewirtungsaufwendungen** sind Aufwendungen für den Verzehr von Speisen, Getränken und sonstigen Genussmitteln. ⁴Dazu können auch Aufwendungen gehören, die zwangsläufig im Zusammenhang mit der Bewirtung anfallen, wenn sie im Rahmen des insgesamt geforderten Preises von untergeordneter Bedeutung sind, wie z. B. Trinkgelder und Garderobengebühren. ⁵Die Beurteilung der Art der Aufwendungen richtet sich grundsätzlich nach der Hauptleistung. ⁶Werden dem bewirtenden Steuerpflichtigen die Bewirtungsaufwendungen im Rahmen eines Entgelts ersetzt (z. B. bei einer Seminargebühr oder einem Beförderungsentgelt), unterliegen diese Aufwendungen nicht der in § 4 Abs. 5 Satz 1 Nr. 2 EStG festgelegten Kürzung. ⁷Dies gilt nur, wenn die Bewirtung in den Leistungsaustausch einbezogen ist. ⁸Die nach § 15 Abs. 1a UStG nichtabziehbare Vorsteuer unterliegt dem Abzugsverbot des § 12 Nr. 3 EStG. ⁹Keine Bewirtung liegt vor bei

1. Gewährung von Aufmerksamkeiten in geringem Umfang (wie Kaffee, Tee, Gebäck) z. B. anlässlich betrieblicher Besprechungen, wenn es sich hierbei um eine übliche Geste der Höflichkeit handelt; die Höhe der Aufwendungen ist dabei nicht ausschlaggebend;
2. Produkt-/Warenverkostungen z. B. im Herstellungsbetrieb, beim Kunden, beim (Zwischen-) Händler, bei Messeveranstaltungen; hier besteht ein unmittelbarer Zusammenhang mit dem Verkauf der Produkte oder Waren. ²Voraussetzung für den unbeschränkten Abzug ist, dass nur das zu veräußernde Produkt und ggf. Aufmerksamkeiten (z. B. Brot anlässlich einer Weinprobe) gereicht werden. ³Diese Aufwendungen können als Werbeaufwand unbeschränkt als Betriebsausgaben abgezogen werden. ⁴Entsprechendes gilt, wenn ein Dritter mit der Durchführung der Produkt-/Warenverkostung beauftragt war.

¹⁰Solche Aufwendungen können unbegrenzt als Betriebsausgaben abgezogen werden.

R 4.10 (6) Betrieblicher und geschäftlicher Anlass

(6) ¹Betrieblich veranlasste Aufwendungen für die Bewirtung von Personen können geschäftlich oder nicht geschäftlich (→ Absatz 7) bedingt sein. ²Ein geschäftlicher Anlass besteht insbesondere bei der Bewirtung von Personen, zu denen schon Geschäftsbeziehungen bestehen oder zu denen sie angebahnt werden sollen. ³Auch die Bewirtung von Besuchern des Betriebs z. B. im Rahmen der Öffentlichkeitsarbeit ist geschäftlich veranlasst. ⁴Bei geschäftlichem Anlass sind die Bewirtungsaufwendungen nach § 4 Abs. 5 Satz 1 Nr. 2 Satz 1 EStG nicht zum Abzug zugelassen, soweit sie den dort genannten Prozentsatz der angemessenen und nachgewiesenen Aufwendungen übersteigen. ⁵Hierbei sind zunächst folgende Kosten auszuscheiden:

1. Teile der Bewirtungskosten, die privat veranlasst sind;
2. Teile der Bewirtungsaufwendungen, die nach allgemeiner Verkehrsauffassung als unangemessen anzusehen sind (→ Angemessenheit);
3. Bewirtungsaufwendungen, deren Höhe und betriebliche Veranlassung nicht nachgewiesen sind (→ Abs. 8);
4. Bewirtungaufwendungen, die wegen Verletzung der besonderen Aufzeichnungspflichten nicht abgezogen werden können (→ § 4 Abs. 7 EStG, R 4.11);
5. Aufwendungen, die nach ihrer Art keine Bewirtungsaufwendungen sind (z. B. Kosten für eine Musikkapelle anläßlich einer Informations- oder Werbeveranstaltung und andere Nebenkosten), es sei denn, sie sind von untergeordneter Bedeutung (z. B. Trinkgelder → Absatz 5); solche Aufwendungen sind in vollem Umfang abziehbar, wenn die übrigen Voraussetzungen vorliegen.

⁶Die verbleibenden Aufwendungen fallen unter die Abzugsbegrenzung. ⁷Die Abzugsbegrenzung gilt bei der Bewirtung von Personen aus geschäftlichem Anlass auch für den Teil der Aufwendungen, der auf den an der Bewirtung teilnehmenden Steuerpflichtigen oder dessen Arbeitnehmer entfällt. ⁸Aufwendungen für die Bewirtung von Personen aus geschäftlichem Anlass **in der Wohnung des Steuerpflichtigen** gehören regelmäßig nicht zu den Betriebsausgaben, sondern zu den Kosten der Lebensführung (§ 12 Nr. 1 EStG) ⁹Bei Bewirtungen in einer betriebseigenen Kantine wird aus Vereinfachungsgründen zugelassen, dass die Aufwendungen nur aus den Sachkosten der verabreichten Speisen und Getränke sowie den Personalkosten ermittelt werden; es ist nicht zu beanstanden, wenn – im Wirt-

schaftsjahr einheitlich – je Bewirtung ein Betrag von 15 Euro angesetzt wird, wenn dieser Ansatz nicht zu einer offenbar unzutreffenden Besteuerung führt. [10]Unter dem Begriff „betriebseigene Kantine" sind alle betriebsinternen Einrichtungen zu verstehen, die es den Arbeitnehmern des Unternehmens ermöglichen, Speisen und Getränke einzunehmen, und die für fremde Dritte nicht ohne weiteres zugänglich sind. [11]Auf die Bezeichnung der Einrichtung kommt es nicht an; zu Kantinen können deshalb auch Einrichtungen gehören, die im Betrieb als „Casino" oder „Restaurant" bezeichnet werden.

R 4.10 (7)

(7) [1]Nicht geschäftlich, sondern allgemein betrieblich veranlasst ist ausschließlich die Bewirtung von Arbeitnehmern des bewirtenden Unternehmens. [2]Geschäftlich veranlasst ist danach die Bewirtung von Arbeitnehmern von gesellschaftsrechtlich verbundenen Unternehmen (z. B. Mutter- oder Tochterunternehmen) und mit ihnen vergleichbaren Personen. [3]Nur in dem Maße, wie die Aufwendungen auf die nicht geschäftlich veranlasste Bewirtung von Arbeitnehmern des bewirtenden Unternehmens entfallen, können sie unbegrenzt abgezogen werden. [4]Bei Betriebsfesten ist die Bewirtung von Angehörigen oder von Personen, die zu ihrer Gestaltung beitragen, unschädlich.

R 4.10 (8) Nachweis

(8) [1]Der Nachweis der Höhe und der betrieblichen Veranlassung der Aufwendungen durch schriftliche Angaben zu Ort, Tag, Teilnehmer und Anlass der Bewirtung sowie Höhe der Aufwendungen ist gesetzliches Tatbestandsmerkmal für den Abzug der Bewirtungsaufwendungen als Betriebsausgaben. [2]Bei Bewirtung in einer Gaststätte genügen neben der beizufügenden Rechnung Angaben zu dem Anlass und den Teilnehmern der Bewirtung; auch hierbei handelt es sich um ein gesetzliches Tatbestandsmerkmal für den Abzug der Bewirtungsaufwendungen als Betriebsausgaben. [3]Aus der Rechnung müssen sich Name und Anschrift der Gaststätte sowie der Tag der Bewirtung ergeben. [4]Die Rechnung muss auch den Namen des bewirtenden Steuerpflichtigen enthalten; dies gilt nicht, wenn der Gesamtbetrag der Rechnung 150 Euro nicht übersteigt. [5]Die schriftlichen Angaben können auf der Rechnung oder getrennt gemacht werden. [6]Erfolgen die Angaben getrennt von der Rechnung, müssen das Schriftstück über die Angaben und die Rechnung grundsätzlich zusammengefügt werden. [7]Ausnahmsweise genügt es, den Zusammenhang dadurch darzustellen, dass auf der Rechnung und dem Schriftstück über die Angaben Gegenseitigkeitshinweise angebracht werden, so dass Rechnung und Schriftstück jederzeit zusammengefügt werden können. [8]Die Rechnung muss den Anforderungen des § 14 UStG genügen und maschinell erstellt und registriert sein. [9] Die in Anspruch genommenen Leistungen sind nach Art, Umfang, Entgelt und Tag der Bewirtung in der Rechnung gesondert zu bezeichnen; die für den Vorsteuerabzug ausreichende Angabe „Speisen und Getränke" und die Angabe der für die Bewirtung in Rechnung gestellten Gesamtsumme sind für den Betriebsausgabenabzug nicht ausreichend.

R 4.10 (9)

(9) [1]Zur Bezeichnung der Teilnehmer der Bewirtung ist grundsätzlich die Angabe ihres Namens erforderlich. [2]Auf die Angabe der Namen kann jedoch verzichtet werden, wenn ihre Feststellung dem Steuerpflichtigen nicht zugemutet werden kann. [3]Das ist z. B. bei Bewirtungen anlässlich von Betriebsbesichtigungen durch eine größere Personenzahl und bei vergleichbaren Anlässen der Fall. [4]In diesen Fällen sind die Zahl der Teilnehmer der Bewirtung sowie eine die Personengruppe kennzeichnende Sammelbezeichnung anzugeben. [5]Die Angaben über den Anlass der Bewirtung müssen den Zusammenhang mit einem geschäftlichen Vorgang oder einer Geschäftsbeziehung erkennen lassen.

Hinweise

H 4.10 (5-9) Angemessenheit

> *Die Angemessenheit ist vor allem nach den jeweiligen Branchenverhältnissen zu beurteilen (→ BFH vom 14.4.1988 – BStBl. II S. 771); → H 4.10 (12).*

> **Anlass der Bewirtung**
>
> *Angaben wie „Arbeitsgespräch", „Infogespräch" oder „Hintergrundgespräch" als Anlass der Bewirtung sind nicht ausreichend (→ BFH vom 15.1.1998 – BStBl. II S. 263).*

> **Aufteilung von Bewirtungsaufwendungen** *in einen betrieblichen und einen privaten Teil.*

> *Der eigene Verzehraufwand eines Gewerbetreibenden in Gaststätten, in denen er seine Waren mit Hilfe von aufgestellten Automaten vertreibt, ist nur insoweit als betrieblich veranlasster Aufwand abziehbar, wie im Einzelnen nachgewiesen wird, dass dabei die*

private Lebensführung als unbedeutend in den Hintergrund getreten ist (→ BFH vom 14.4.1988 – BStBl. II S. 771).

→ H 12.1 (Gemischte Aufwendugen)
Bewirtung
Eine Bewirtung im Sinne des § 4 Abs. 5 Satz 1 Nr. 2 EStG liegt nur vor, wenn die Darreichung von Speisen und/oder Getränken eindeutig im Vordergrund steht (→ BFH vom 16.2.1990 – BStBl. II S. 575). Keine Bewirtungsaufwendungen sind daher Aufwendungen für die Darbietung anderer Leistungen (wie insbesondere Varieté, Striptease und Ähnliches), wenn der insgesamt geforderte Preis in einem offensichtlichen Mißverhältnis zum Wert der verzehrten Speisen und/oder Getränke steht (→ BFH vom 16.2.1990 – BStBl. II S. 575); solche Aufwendungen sind insgesamt nach § 4 Abs. 5 Satz 1 Nr. 7 EStG zu beurteilen (→ R 4.10 (12)) und ggf. aufzuteilen. Die nach Aufteilung auf eine Bewirtung entfallenden Aufwendungen unterliegen sodann der Abzugsbegrenzung des § 4 Abs. 5 Satz 1 Nr. 2 EStG.

Bewirtung im gastronomischen Unternehmensbereich
Die Abzugsbegrenzung findet keine Anwendung, wenn die Bewirtungsaufwendungen entweder anlässlich einer Bewirtung von zahlenden Gästen (z. B. bei der Bewirtung von Fluggästen durch eine Fluggesellschaft) oder durch Präsentationen bestimmter Speisen zu Werbezwecken anfallen (→ BFH vom 7.9.2011 – BStBl. 2012 II S. 194).

Bewirtung mehrerer Personen
Werden mehrere Personen bewirtet, so müssen grundsätzlich die Namen aller Teilnehmer der Bewirtung, ggf. auch des Steuerpflichtigen und seiner Arbeitnehmer angegeben werden (→ BFH vom 25.2.1988 – BStBl. II S. 581).

Bewirtung von Personen aus geschäftlichem Anlaß
– *Keine Betriebseinnahme → R 4.7 Abs. 3*
– *Steuerliche Anerkennung der Aufwendungen als Betriebsausgaben nach R 4.10 Abs. 6 → BMF vom 21.11.1994 (BStBl. I S. 855).* [1]

Journalisten
Journalisten können die nach § 4 Abs. 5 Satz 1 Nr. 2 Satz 1 EStG geforderten Angaben zu Teilnehmern und Anlass einer Bewirtung in der Regel nicht unter Berufung auf das Pressegeheimnis verweigern (→ BFH vom 15.1.1998 – BStBl. II S. 263).

Nachholung von Angaben
Die zum Nachweis von Bewirtungsaufwendungen erforderlichen schriftlichen Angaben müssen zeitnah gemacht werden (→ BFH vom 25.3.1988 – BStBl. II S. 655). Die Namensangabe darf vom Rechnungsaussteller auf der Rechnung oder durch eine sie ergänzende Urkunde nachgeholt werden (→ BFH vom 27.6.1990 – BStBl. II S. 903 und vom 2.10.1990 – BStBl. 1991 II S. 174).

Name des bewirtenden Steuerpflichtigen
Angabe ist Voraussetzung für den Nachweis der betrieblichen Veranlassung (→ BFH vom 13.7.1994 – BStBl. II S. 894).

Schulungsveranstaltung
Bewirtet ein Unternehmen im Rahmen einer Schulungsveranstaltung Personen, die nicht seine Arbeitnehmer sind, unterliegt der Bewirtungsaufwand der Abzugsbeschränkung gem. § 4 Abs. 5 Satz 1 Nr. 2 EStG (→ BFH vom 18.9.2007 – BStBl. 2008 II S. 116).

Schweigepflicht
Rechtsanwälte können die nach § 4 Abs. 5 Satz 1 Nr. 2 EStG erforderlichen Angaben zu Teilnehmern und Anlass einer Bewirtung in der Regel nicht unter Berufung auf die anwaltliche Schweigepflicht verweigern (→ BFH vom 26.2.2004 – BStBl. II S. 502).

Unterschrift
Das zum Nachweis der betrieblichen Veranlassung der Bewirtung vom Steuerpflichtigen erstellte Schriftstück ist von diesem zu unterschreiben (→ BFH vom 15.1.1998 – BStBl. II S. 263).

---
[1] Siehe Anlage § 004-27.

Unvollständige Angaben

Sind die Angaben lückenhaft, so können die Aufwendungen auch dann nicht abgezogen werden, wenn der Steuerpflichtige ihre Höhe und betriebliche Veranlassung in anderer Weise nachweist oder glaubhaft macht (→ BFH vom 30.1.1986 – BStBl. II S. 488).

EStR 2012 zu § 4 EStG

R 4.10 (10) Gästehäuser

(10) ¹Nach § 4 Abs. 5 Satz 1 Nr. 3 EStG können Aufwendungen für Einrichtungen, die der Bewirtung oder Beherbergung von Geschäftsfreunden dienen (Gästehäuser) und sich außerhalb des Orts des Betriebs des Steuerpflichtigen befinden, nicht abgezogen werden. ²Dagegen können Aufwendungen für Gästehäuser am Ort des Betriebs oder für die Unterbringung von Geschäftsfreunden in fremden Beherbergungsbetrieben, soweit sie ihrer Höhe nach angemessen sind (→ Absatz 12), als Betriebsausgaben berücksichtigt werden. ³Als „Betrieb" in diesem Sinne gelten auch Zweigniederlassungen und Betriebsstätten mit einer gewissen Selbständigkeit, die üblicherweise von Geschäftsfreunden besucht werden.

R 4.10 (11)

(11) ¹Zu den nicht abziehbaren Aufwendungen für Gästehäuser im Sinne des § 4 Abs. 5 Satz 1 Nr. 3 EStG gehören sämtliche mit dem Gästehaus im Zusammenhang stehenden Ausgaben einschließlich der Absetzung für Abnutzung. ²Wird die Beherbergung und Bewirtung von Geschäftsfreunden in einem Gästehaus außerhalb des Orts des Betriebs gegen Entgelt vorgenommen und erfordert das Gästehaus einen ständigen Zuschuss, so ist dieser Zuschuss nach § 4 Abs. 5 Satz 1 Nr. 3 EStG nicht abziehbar.

Hinweise

H 4.10 (10-11) Ferienhausüberlassung an Arbeitnehmer

Aufwendungen des Arbeitgebers für seinen Arbeitnehmern unentgeltlich zur Verfügung gestellte Ferienhäuser sind unbegrenzt als Betriebsausgaben abziehbar und zwar auch dann, wenn die Ferienhäuser im Ausland belegen sind (→ BFH vom 9.4.1997 – BStBl. II S. 539).

Ort des Betriebs *im Sinne des § 4 Abs. 5 Satz 1 Nr. 3 EStG ist regelmäßig die politische Gemeinde (→ BFH vom 9.4.1968 – BStBl. II S. 603).*

EStR 2012 zu § 4 EStG

R 4.10 (12) Angemessenheit von Aufwendungen

(12) Als die Lebensführung berührende Aufwendungen, die auf ihre → Angemessenheit zu prüfen sind, kommen insbesondere in Betracht

1. die Kosten der Übernachtung anlässlich einer Geschäftsreise,
2. die Aufwendungen für die Unterhaltung und Beherbergung von Geschäftsfreunden, soweit der Abzug dieser Aufwendungen nicht schon nach den Absätzen 1, 10 und 11 ausgeschlossen ist,
3. die Aufwendungen für die Unterhaltung von Personenkraftwagen (→ Kraftfahrzeug) und für die Nutzung eines Flugzeugs,
4. die Aufwendungen für die Ausstattung der Geschäftsräume, z. B. der Chefzimmer und Sitzungsräume.

Hinweise

H 4.10 (12) Angemessenheit

Bei der Prüfung der Angemessenheit von Aufwendungen nach § 4 Abs. 5 Satz 1 Nr. 7 EStG ist darauf abzustellen, ob ein ordentlicher und gewissenhafter Unternehmer angesichts der erwarteten Vorteile die Aufwendungen ebenfalls auf sich genommen hätte. Neben der Größe des Unternehmens, der Höhe des längerfristigen Umsatzes und des Gewinns sind vor allem die Bedeutung des Repräsentationsaufwands für den Geschäftserfolg und seine Üblichkeit in vergleichbaren Betrieben als Beurteilungskriterien heranzuziehen (→ BFH vom 20.8.1986 – BStBl. II S. 904, vom 26.1.1988 – BStBl. II S. 629 und vom 14.4.1988 – BStBl. II S. 771).

Hubschrauber

Bei der Angemessenheitsprüfung ist darauf abzustellen, ob ein ordentlicher und gewissenhafter Unternehmer einen Hubschrauber angesichts der erwarteten Vorteile und Kosten ebenfalls als Transportmittel eingesetzt hätte. Dies ist von Fall zu Fall neu zu entscheiden. Sollte sich dabei ergeben, dass die Kosten des Hubschraubers dessen Nutzen deutlich übersteigen, so ist ein Teil der Hubschrauberkosten nicht als Betriebsausgaben abziehbar (→ BFH vom 27.2.1985 – BStBl. II S. 458).

Kraftfahrzeug

Die Anschaffungskosten eines als „unangemessen" anzusehenden Kfz fallen als solche nicht unmittelbar unter das Abzugsverbot. Bei Zugehörigkeit des Fahrzeugs zum Betriebsvermögen sind sie vielmehr in vollem Umfang zu aktivieren (→ BFH vom 8.10.1987 – BStBl. II S. 853). Ob und inwieweit ein unangemessner betrieblicher Repräsentationsaufwand i. S. d. § 4 Abs. 5 Satz 1 Nr. 7 EStG bei Beschaffung und Unterhaltung eines Kfz vorliegt, ist danach zu beurteilen, ob ein ordentlicher und gewissenhafter Unternehmer – ungeachtet seiner Freiheit, den Umfang seiner Erwerbsaufwendungen selbst bestimmen zu dürfen – angesichts der erwarteten Vorteile und Kosten die Aufwendungen ebenfalls auf sich genommen hätte (→ BFH vom 29.4.2014 – BStBl. II S. 679). Zu den unter das Abzugsverbot des § 4 Abs. 5 Satz 1 Nr. 7 EStG fallenden Kraftfahrzeugaufwendungen gehört vor allem die AfA nach § 7 Abs. 1 EStG. Diese kann nur insoweit als Betriebsausgabe abgezogen werden, als sie auf den als „angemessen" anzusehenden Teil der Anschaffungskosten entfällt. Die übrigen Betriebskosten (Kfz-Steuer und -Versicherung, Kraftstoff, Instandsetzungs-, Wartungs- und Pflegekosten, Garagenmiete usw.) werden in der Regel nicht als „unangemessen" i. S. des § 4 Abs. 5 Satz 1 Nr. 7 EStG anzusehen sein, da diese Aufwendungen auch für ein „angemessenes" Fahrzeug angefallen wären (→ BFH vom 8.10.1987 – BStBl. II S. 853).

EStR 2012 zu § 4 EStG

R 4.11 Besondere Aufzeichnung

(1) ¹Das Erfordernis der besonderen Aufzeichnung ist erfüllt, wenn für jede der in § 4 Abs. 7 EStG bezeichneten Gruppen von Aufwendungen ein besonderes Konto oder eine besondere Spalte geführt wird. ²Es ist aber auch ausreichend, wenn für diese Aufwendungen zusammengenommen **ein** Konto oder **eine** Spalte geführt wird. ³In diesem Fall muss sich aus jeder Buchung oder Aufzeichnung die Art der Aufwendung ergeben. ⁴Das gilt auch dann, wenn verschiedene Aufwendungen bei einem Anlass zusammentreffen, z. B. wenn im Rahmen einer Bewirtung von Personen aus geschäftlichem Anlass Geschenke gegeben werden.

(2) ¹Bei den Aufwendungen für Geschenke muss der Name des Empfängers aus der Buchung oder dem Buchungsbeleg zu ersehen sein. ²Aufwendungen für Geschenke gleicher Art können in einer Buchung zusammengefasst werden (Sammelbuchung), wenn

1. die Namen der Empfänger der Geschenke aus einem Buchungsbeleg ersichtlich sind oder
2. im Hinblick auf die Art des zugewendeten Gegenstandes, z. B. Taschenkalender, Kugelschreiber, und wegen des geringen Werts des einzelnen Geschenks die Vermutung besteht, dass die Freigrenze gem. § 4 Abs. 5 Satz 1 Nr. 1 EStG bei dem einzelnen Empfänger im Wirtschaftsjahr nicht überschritten wird; eine Angabe der Namen der Empfänger ist in diesem Fall nicht erforderlich.

Hinweise

H 4.11 Besondere Aufzeichnung

– *Die Pflicht zur besonderen Aufzeichnung ist erfüllt, wenn diese Aufwendungen fortlaufend, zeitnah und bei Gewinnermittlung durch Betriebsvermögensvergleich auf besonderen Konten im Rahmen der Buchführung gebucht oder bei Einnahmenüberschussrechnung von Anfang an getrennt von den sonstigen Betriebsausgaben einzeln aufgezeichnet werden (→ BFH vom 22.1.1988 – BStBl. II S. 535).*

– *Statistische Zusammenstellungen oder die geordnete Sammlung von Belegen genügen nur dann, wenn zusätzlich die Summe der Aufwendungen periodisch und zeitnah auf einem besonderen Konto eingetragen wird oder vergleichbare Aufzeichnungen geführt werden (→ BFH vom 26.2.1988 – BStBl. II S. 613).*

– *Eine Aufzeichnung auf besonderen Konten liegt nicht vor, wenn die bezeichneten Aufwendungen auf Konten gebucht werden, auf denen auch nicht besonders aufzeichnungs-*

pflichtige Aufwendungen gebucht sind (→ BFH vom 10.1.1974 – BStBl. II S. 211 und vom 19.8.1980 – BStBl. II S. 745). Bei der Aufzeichnung von Bewirtungsaufwendungen ist es jedoch nicht erforderlich, dass getrennte Konten für Aufwendungen für die Bewirtung von Personen aus geschäftlichem Anlass und für Aufwendungen für die Bewirtung von Personen aus sonstigem betrieblichem Anlass geführt werden (→ BFH vom 19.8.1999 – BStBl. 2000 II S. 203).

- *Zur besonderen Aufzeichnung von Aufwendungen für ein häusliches Arbeitszimmer → BMF vom 3.4.2007 (BStBl. I S. 442), Rdnr. 17.*

Verstoß gegen die besondere Aufzeichnungspflicht

Ein Verstoß gegen die besondere Aufzeichnungspflicht nach § 4 Abs. 7 EStG hat zur Folge, dass die nicht besonders aufgezeichneten Aufwendungen nicht abgezogen werden können (→ BFH vom 22.1.1988 – BStBl. II S. 535). Dies gilt nicht für eine Fehlbuchung, die sich nach dem Rechtsgedanken des § 129 Satz 1 AO als offenbare Unrichtigkeit darstellt (→ BFH vom 19.8.1999 – BStBl. 2000 II S. 203).

EStR 2012 zu § 4 EStG

R 4.12 Entfernungspauschale, nicht abziehbare Fahrtkosten, Reisekosten und Mehraufwendungen bei doppelter Haushaltsführung

Aufwendungen für Wege zwischen Wohnung und Betrieb

(1) ¹Die Regelungen in den LStR zu Aufwendungen für Wege zwischen Wohnung und regelmäßiger Arbeitsstätte sind entsprechend anzuwenden. ²Ein Betriebsausgabenabzug in Höhe der Entfernungspauschale nach § 4 Abs. 5 Satz 1 Nr. 6 Satz 2 EStG kommt auch dann in Betracht, wenn die nach § 4 Abs. 5 Satz 1 Nr. 6 Satz 3 EStG ermittelten Werte geringer sind als die Entfernungspauschale. ³Wird an einem Tag aus betrieblichen oder beruflichen Gründen der Weg zwischen Wohnung und Betriebsstätte mehrfach zurückgelegt, darf die Entfernungspauschale nur einmal pro Tag berücksichtigt werden. ⁴Die Regelung des § 4 Abs. 5 Satz 1 Nr. 6 EStG gilt nicht für Fahrten zwischen Betriebsstätten. ⁵Unter Betriebsstätte ist im Zusammenhang mit Geschäftsreisen (Abs. 2), anders als in § 12 AO, die (von der Wohnung getrennte) Betriebsstätte zu verstehen. ⁶Das ist der Ort, an dem oder von dem aus die betrieblichen Leistungen erbracht werden. ⁷Die Betriebsstätte eines See- und Hafenlotsen ist danach nicht das häusliche Arbeitszimmer, sondern das Lotsrevier oder die Lotsenstation.

Reisekosten

(2) ¹Die Regelungen in den LStR zu Reisekosten sind sinngemäß anzuwenden. ²Der Ansatz pauschaler Kilometersätze[1] ist nur für private Beförderungsmittel zulässig.

Mehraufwendungen bei doppelter Haushaltsführung

(3) Die Regelungen in den LStR zu Mehraufwendungen bei doppelter Haushaltsführung sind entsprechend anzuwenden.

Hinweise

H 4.12 Abzug als Werbungskosten

Abzug von Aufwendungen für Wege zwischen Wohnung und Arbeitsstätte (jetzt: erste Tätigkeitsstätte) und von Mehraufwendungen wegen doppelter Haushaltsführung bei Arbeitnehmern als Werbungskosten → R 9.10 und 9.11 LStR 2013, → H 9.10 und H 9.11 LStH 2014 sowie BMF vom 24.10.2014 (BStBl. I S. 1412).

Behinderte Menschen

- *Auch bei Steuerpflichtigen, die zu dem in § 9 Abs. 2 EStG bezeichneten Personenkreis gehören, kann grundsätzlich nur eine Hin- und Rückfahrt für jeden Arbeitstag berücksichtigt werden (→ BFH vom 2.4.1976 – BStBl. II S. 452).*
- *Nachweis der Behinderung → § 65 EStDV, H 33b (Nachweis der Behinderung)*

Betriebsstätte

→ *BMF vom 23.12.2014 (BStBl. 2015 I S. 26)*[2]

---

1) Siehe Anlage § 009-01.
2) Siehe Anlage § 004-22.

Doppelte Haushaltsführung
→ *BMF vom 23.12.2014 (BStBl. 2015 I S. 26)* [1]

Gesamtaufwendungen für das Kraftfahrzeug
→ *BMF vom 18.11.2009 (BStBl. I S. 1326), Rdnr. 32* [2]

Miterledigung betrieblicher Angelegenheiten
Werden anlässlich einer Fahrt zwischen Wohnung und Betriebsstätte oder umgekehrt andere betriebliche oder berufliche Angelegenheiten miterledigt, so können die dadurch bedingten Mehraufwendungen in voller Höhe als Betriebsausgaben abgezogen werden (→ BFH vom 17.2.1977 – BStBl. II S. 543).

Motorboot
Aufwendungen für Wege zwischen Wohnung und Betriebsstätte mit einem Motorboot (Yacht) sind nicht generell nach § 4 Abs. 5 Satz 1 Nr. 4 EStG vom steuerlichen Abzug ausgeschlossen, sondern unterliegen der Abzugsbegrenzung nach § 4 Abs. 5 Satz 1 Nr. 6 Satz 1 (jetzt Abs. 5a) EStG (→ BFH vom 10.5.2001 – BStBl. II S. 575).

Pauschbeträge für Verpflegungsmehraufwendungen bei Auslandsgeschäftsreisen
→ *BMF vom 17.12.2009 (BStBl. I S. 1601).* [3]

Pkw-Nutzung für Familienheimfahrten
Die Abzugsbegrenzung für Familienheimfahrten nach § 4 Abs. 5 Satz 1 Nr. 6 EStG ist verfassungsgemäß (→ BFH vom 19.6.2013 – BStBl. II S. 812).

Reisekosten
→ *BMF vom 23.12.2014 (BStBl. 2015 I S. 26)* [4]

Wege zwischen Wohnung und Betriebsstätten
– → *BMF vom 23.12.2014 (BStBl. 2015 I S. 26)* [5]
– → *BMF vom 18.11.2009 (BStBl. I S. 1326) unter Berücksichtigung der Änderungen durch BMF vom 15.11.2012 – BStBl. I S. 1099.* [6]
– *Bei Nutzung von Elektro- und Hybridelektrofahrzeugen* → *BMF vom 5.6.2014 (BStBl. I S. 835).* [7]

EStR 2012 zu § 4 EStG

R 4.13 Abzugsverbot für Sanktionen

Abzugsverbot

(1) ¹Geldbußen, Ordnungsgelder und Verwarnungsgelder, die von einem Gericht oder einer Behörde in der Bundesrepublik Deutschland oder von Organen der Europäischen Gemeinschaften festgesetzt werden, dürfen nach § 4 Abs. 5 Satz 1 Nr. 8 Satz 1 EStG den Gewinn auch dann nicht mindern, wenn sie betrieblich veranlasst sind. ²Dasselbe gilt für Leistungen zur Erfüllung von Auflagen oder Weisungen, die in einem berufsgerichtlichen Verfahren erteilt werden, soweit die Auflagen oder Weisungen nicht lediglich der Wiedergutmachung des durch die Tat verursachten Schadens dienen (§ 4 Abs. 5 Satz 1 Nr. 8 Satz 2 EStG). ³Dagegen gilt das Abzugsverbot nicht für Nebenfolgen vermögensrechtlicher Art, z. B. die Abführung des Mehrerlöses nach § 8 des Wirtschaftsstrafgesetzes, den Verfall nach § 29a OWiG und die Einziehung nach § 22 OWiG.

Geldbußen

(2) ¹Zu den Geldbußen rechnen alle Sanktionen, die nach dem Recht der Bundesrepublik Deutschland so bezeichnet sind, insbesondere Geldbußen nach dem Ordnungswidrigkeitenrecht einschließlich der nach § 30 OWiG vorgesehenen Geldbußen gegen juristische Personen oder Personenvereinigungen, Geldbußen nach den berufsgerichtlichen Gesetzen des Bundes oder der Länder, z. B. die Bundesrechtsanwaltsordnung, der Bundesnotarordnung, der Patentanwaltsordnung, der Wirtschaftsprüferordnung

---

1) Siehe Anlage § 004-22.
2) Siehe Anlage § 006-03.
3) Siehe Anlage § 004-20.
4) Siehe Anlage § 004-22.
5) Siehe Anlage § 004-22.
6) Siehe Anlage § 006-03.
7) Siehe Anlage § 006-12.

oder dem Steuerberatungsgesetz sowie Geldbußen nach den Disziplinargesetzen des Bundes oder der Länder. ²Geldbußen, die von Organen der Europäischen Union festgesetzt werden, sind Geldbußen nach den Artikeln 101, 102, 103 Abs. 2 des Vertrages über die Arbeitsweise der Europäischen Union (AEUV) insbesondere i. V. m. Artikel 23 Abs. 2 der Verordnung (EG) Nr. 1/2003 des Rates vom 16.12.2002. ³Betrieblich veranlasste Geldbußen, die von Gerichten oder Behörden anderer Staaten festgesetzt werden, fallen nicht unter das Abzugsverbot.

Einschränkung des Abzugsverbotes für Geldbußen

(3) ¹Das Abzugsverbot für Geldbußen, die von Gerichten oder Behörden in der Bundesrepublik Deutschland oder von Organen der Europäischen Union verhängt werden, gilt uneingeschränkt für den Teil, der die rechtswidrige und vorwerfbare Handlung ahndet. ²Für den Teil, der den rechtswidrig erlangten wirtschaftlichen Vorteil abschöpft, gilt das Abzugsverbot für die Geldbuße nur dann uneingeschränkt, wenn bei der Berechnung des Vermögensvorteils die darauf entfallende ertragsteuerliche Belastung – ggf. im Wege der Schätzung – berücksichtigt worden ist. ³Macht der Steuerpflichtige durch geeignete Unterlagen glaubhaft, dass diese ertragsteuerliche Belastung nicht berücksichtigt und der gesamte rechtswidrig erlangte Vermögensvorteil abgeschöpft wurde, so darf der auf die Abschöpfung entfallende Teil der Geldbuße als Betriebsausgabe abgezogen werden. ⁴Die von der Europäischen Kommission festgesetzten Geldbußen wegen Verstoßes gegen das Wettbewerbsrecht enthalten keinen Anteil, der den rechtswidrig erlangten wirtschaftlichen Vorteil abschöpft und unterliegen in vollem Umfang dem Betriebsausgabenabzugsverbot.

Ordnungsgelder

(4) ¹Ordnungsgelder sind die nach dem Recht der Bundesrepublik Deutschland so bezeichneten Unrechtsfolgen, die namentlich in den Verfahrensordnungen oder in verfahrensrechtlichen Vorschriften anderer Gesetze vorgesehen sind, z. B. das Ordnungsgeld gegen einen Zeugen wegen Verletzung seiner Pflicht zum Erscheinen und das Ordnungsgeld nach § 890 ZPO wegen Verstoßes gegen eine nach einem Vollstreckungstitel (z. B. Urteil) bestehende Verpflichtung, eine Handlung zu unterlassen oder die Vornahme einer Handlung zu dulden. ²Nicht unter das Abzugsverbot fallen Zwangsgelder.

Verwarnungsgelder

(5) Verwarnungsgelder sind die in § 56 OWiG so bezeichneten geldlichen Einbußen, die dem Betroffenen aus Anlass einer geringfügigen Ordnungswidrigkeit, z. B. wegen falschen Parkens, mit seinem Einverständnis auferlegt werden, um der Verwarnung Nachdruck zu verleihen.

Hinweise

H 4.13 Abschöpfung

Bemisst sich die wegen eines Wettbewerbsverstoßes festgesetzte Geldbuße – über den regulären gesetzlichen Höchstbetrag hinaus – unter Einbeziehung des durch die Zuwiderhandlung erlangten Mehrerlöses, wird zugleich der wirtschaftliche Vorteil abgeschöpft. Hat die Bußgeldbehörde die Ertragsteuern, die auf diesen Vorteil entfallen, bei der Festsetzung nicht berücksichtigt, mindert die Geldbuße bis zu den gesetzlich zulässigen Höchstbeträgen den Gewinn. Darauf, dass sich der abschöpfende Teil der einheitlichen Geldbuße eindeutig abgrenzen läßt, kommt es nicht an (→ BFH vom 9.6.1999 – BStBl. II S. 658).

Abzugsverbot für Geldstrafen, die in einem anderen Staat festgesetzt werden

→ *R 12.3*

Ausländisches Gericht

Von a. G. verhängte Geldstrafe kann bei Widerspruch zu wesentlichen Grundsätzen der deutschen Rechtsordnung Betriebsausgabe sein (→ BFH vom 31.7.1991 – BStBl. 1992 II S. 85).

EU-Geldbußen

Eine von der Europäischen Kommission wegen eines Kartellrechtsverstoßes verhängte Geldbuße, die sich nach dem Grundbetrag i. s. d. Art. 23 Abs. 3 EG-Verordnung 1/2003 bemisst, enthält keinen Abschöpfungsanteil (→ BFH vom 7.11.2013 – BStBl. 2014 II S. 306).

Leistungen zur Erfüllung von Auflagen oder Weisungen

Hinsichtlich des Abzugsverbots von Leistungen zur Erfüllung von Auflagen und Weisungen, die in einem berufsgerichtlichen Verfahren erteilt werden, → H 12.3.

Rückstellungen

→ *H 5.1 (1) Nicht abziehbare Betriebsausgaben.*

§ 4 R 4.13, 4.14

Verfahrenskosten

Bei betrieblich veranlassten Sanktionen sind die mit diesen zusammenhängenden Verfahrenskosten, insbesondere Gerichts- und Anwaltsgebühren, auch dann abziehbare Betriebsausgaben, wenn die Sanktion selbst nach § 4 Abs. 5 Satz 1 Nr. 8 EStG vom Abzug ausgeschlossen ist (→ BFH vom 19.2.1982 – BStBl. II S. 467).

EStR 2012 zu § 4 EStG

R 4.14 Abzugsverbot für Zuwendungen im Sinne des § 4 Abs. 5 Satz 1 Nr. 10 EStG

[1]→ Zuwendungen im Sinne des § 4 Abs. 5 Satz 1 Nr. 10 EStG dürfen nicht als Betriebsausgaben abgezogen werden, wenn mit der Zuwendung von Vorteilen objektiv gegen das Straf- oder Ordnungswidrigkeitenrecht verstoßen wird; auf ein Verschulden des Zuwendenden, auf die Stellung eines Strafantrags oder auf eine tatsächliche Ahndung kommt es nicht an. [2]Mit der Anknüpfung an die Tatbestände des Straf- und Ordnungswidrigkeitenrechts werden auch Leistungen an ausländische Amtsträger und Abgeordnete vom Abzugsverbot erfasst. [3]Wird dem Finanzamt auf Grund einer Mitteilung des Gerichts, der Staatsanwaltschaft oder einer Verwaltungsbehörde nach § 4 Abs. 5 Satz 1 Nr. 10 Satz 2 EStG erstmals bekannt, dass eine rechtswidrige Handlung im Sinne des § 4 Abs. 5 Satz 1 Nr. 10 Satz 1 EStG vorliegt, ist der Steuerbescheid nach den Vorschriften der AO zu ändern.

Hinweise

H 4.14 Umfang des Abzugsverbots

Das für die „Zuwendung von Vorteilen sowie damit zusammenhängenden Aufwendungen" geltende Abzugsverbot des § 4 Abs. 5 Satz 1 Nr. 10 EStG erfasst nicht nur die Bestechungsgelder als solche, sondern auch die Kosten eines nachfolgenden Strafverfahrens sowie Aufwendungen, die auf Grund einer im Strafurteil ausgesprochenen Verfallsanordnung entstehen. Zur Vermeidung einer verfassungswidrigen Doppelbelastung gilt das Abzugsverbot für verfallene Beträge jedoch nicht, wenn das Strafgericht die Ertragsteuerbelastung bei der ·Bemessung. des Verfallsbetrags nicht mindernd berücksichtigt hat (→ BFH vom 14.5.2014 – BStBl. II S. 684).

Zuwendungen

- *Abzugsverbot für die Zuwendung von Vorteilen im Sinne des § 4 Abs. 5 Satz 1 Nr. 10 EStG → BMF vom 10.10.2002 (BStBl. I S. 1031).*[1)]
- *Tatbestände des Straf- und Ordnungswidrigkeitsrechts im Sinne des § 4 Abs. 5 Satz 1 Nr. 10 EStG sind:*
  - *§ 108b StGB (Wählerbestechung)*
  - *§ 108e StGB (Abgeordnetenbestechung)*
  - *§ 299 Abs. 2 und 3 StGB (Bestechung im in- und ausländischen geschäftlichen Verkehr)*
  - *§ 333 StGB (Vorteilsgewährung)*
  - *§ 334 StGB (Bestechung)*
  - *Artikel 2 § 2 des Gesetzes zur Bekämpfung internationaler Bestechung (Bestechung ausländischer Abgeordneter im Zusammenhang mit internationalem Zahlungsverkehr)*
  - *§ 119 Abs. 1 des Betriebsverfassungsgesetzes (Straftaten gegen Betriebsverfassungsorgane und ihre Mitglieder)*
  - *§ 81 Abs. 3 Nr. 2 i. V. m. § 21 Abs. 2 des Gesetzes gegen Wettbewerbsbeschränkungen (Vorteilsgewährung für wettbewerbsbeschränkendes Verhalten)*
  - *§ 405 Abs. 3 Nr. 7 des Aktiengesetzes (Vorteilsgewährung in Bezug auf das Stimmverhalten in der Hauptversammlung)*
  - *§ 152 Abs. 1 Nr. 2 des Gesetzes betreffend die Erwerbs- und Wirtschaftsgenossenschaften (Vorteilsgewährung in Bezug auf das Abstimmungsverhalten in der Generalversammlung)*
  - *§ 23 Abs. 1 Nr. 3 des Gesetzes über Schuldverschreibungen aus Gesamtemissionen – SchVG (Vorteilsgewährung in Bezug auf die Abstimmung in der Gläubigerversammlung).*

---

1) Siehe Anlage § 004-17.

R 4.14, 4.15 § 4

– *Art. 2 § 1 EU-Bestechungsgesetz i. V. m. §§ 332, 334 StGB (Vorteilsgewährung an Amtsträger)*

H 4.15 Abzugsverbot für Gewerbesteuer
Das Abzugsverbot für die Gewerbesteuer ist verfassungsgemäß (→ BFH vom 16.1.2014 – BStBl. II S. 531).

Weitere Verwaltungsanweisungen
(soweit nicht in den Hinweisen enthalten)

Zu § 4 Abs. 1 EStG

1. Garage auf dem Grundstücke des Wohngebäudes als Betriebsvermögen (Vfg OFD Münster vom 28.7.1986, BB 1986 S. 2254)
2. Bilanzierung von Zerobonds (BdF-Schreiben vom 5.3.1987)[1]
3. Ertragsteuerliche Behandlung von Baggerseen – Bilanzierung – Absetzungen für Substanzverringerung (Vfg OFD Münster vom 7.9.1987, NSt 1987, Nr. 20 S. 7)
4. Gewinnrealisierung bei Kauf auf Probe oder mit Rückgaberecht (Vfg OFD Münster vom 12.6.1989, DB 1989 S. 1496)
5. Steuerliche Behandlung von Darlehen, die eine Personengesellschaft ihren Gesellschaftern gewährt (Vfg OFD Münster vom 18. 2. 1994)[2]
6. Zurechnung eines GmbH-Anteils zum Sonderbetriebsvermögen des Kommanditisten einer GmbH u. Co. KG (Vfg OFD München vom 2.4.2001)[3]
7. Entnahme von Grundstücken bei Bestellung eines Nießbrauchs- oder Erbbaurechts (Erlaß Sachsen vom 21.5.1991 und Vfg OFD Münster vom 8.9.2011)[4]
8. Ausbildungsplatzförderungsprogramm Ost – Staatliche Zuschüsse sind steuerpflichtige Einnahmen, für die ein Rechnungsabgrenzungsposten zu bilden ist (Erlaß Sachsen-Anhalt vom 25.3.1992, DB 1992 S. 864)
9. Ertragsteuerliche Folgen aus der Änderung des ehelichen Güterrechts im Beitrittsgebiet (BdF-Schreiben vom 15.9.1992, BStBl. I S. 542)
10. Behandlung der vom Erbbauberechtigten gezahlten Erschließungskosten im Betriebsvermögen (Vfg OFD Düsseldorf vom 10.11.1992)[5]
11. Entgeltliche Bestellung eines Erbbaurechts auf land- und forstwirtschaftlichen Grundstücken (Vfg OFD München vom 5.11.1992, FR 1993 S. 26)
12. Bilanzsteuerliche Behandlung von Zinsen auf Steuererstattungen und Steuernachforderungen nach § 233a AO (Vfg OFD Münster vom 2.6.1993)[6]
13. Starthilfezuschüsse in den neuen Bundesländern sind als Betriebseinnahmen zu behandeln (Erlaß Berlin vom 16. 8.1993, DB 1993 S. 2361)
14. Bilanzsteuerliche Behandlung freiwillig übernommener Genossenschaftsanteile und der sog. Zweitkonten bei Warengenossenschaften (Vfg OFD Düsseldorf vom 6.9.1993, FR 1993 S. 649)
15. Nutzungsentnahme bei Wirtschaftgütern, für die Sonderabschreibungen nach dem FördG in Anspruch genommen werden (Vfg OFD Berlin vom 27.2.1996, FR 1996 S. 434)
16. Zuschüsse für Anlagegüter – Investitionszulagen sind keine Zuschüsse i.S. der R 34 EStR (Vfg OFD Cottbus vom 7.1.1999, DB 1999 S. 308)
17. Die private Nutzung von Telekommunikationseinrichtungen durch den Unternehmer ist eine private Nutzungsentnahme. – Keine analoge Anwendung des § 3 Nr. 45 EStG (BdF-Schreiben vom 6.5.2002, DStR 2002 S. 999)
18. Versteuerung des Provisionsanspruchs beim Versicherungsvertreter bei Verträgen aus dem Altersvermögensgesetz (BdF-Schreiben vom 28.5.2002, DB 2002 S. 1348)

---

1) Siehe Anlage § 004-36.
2) Siehe Anlage § 015-03.
3) Siehe Anlage § 015-04.
4) Siehe Anlage § 004-16.
5) Siehe Anlage § 004-31.
6) Siehe Anlage § 004-40.

§ 4

Zu § 4 Abs. 3 EStG

1. Einbringung eines Betriebes in eine Personengesellschaft bei Gewinnermittlung nach § 4 Abs. 3 EStG (Vfg OFD Hannover vom 25.1.2007)[1]

Zu § 4 Abs. 4 EStG

1. Aufwendungen für betrieblich genutzte Grundstücke in Fällen, in denen der Stpfl. wegen des Nutzungsrechts eines Dritten gleichzeitig Eigentümer und Mieter des Grundstücks ist – Abzug der Mietzahlungen, aber kein Abzug der AfA (BdF-Schreiben vom 14.4.1986, BStBl. 1986 I S. 262)[2]
2. Ermittlung der auf ein häusliches Arbeitszimmer entfallenden anteiligen Aufwendungen (Vfg OFD Düsseldorf vom 11.9.1986, DB 1986 S. 2144)[3]
3. Beiträge zu einer Praxisgründungs- oder Betriebsunterbrechungsversicherung als Betriebsausgaben (Vfg OFD Frankfurt vom 21.10.1986)[4]
4. Kosten für Auszubildende in der Hauswirtschaft eines land- und forstwirtschaftlichen Betriebes können bis zu 50 v. H. ohne besonderen Nachweis als Betriebsausgaben abgezogen werden (Vfg OFD Frankfurt vom 26.1.1987, StEK EStG § 13 Nr. 485)
5. Abzug von Beiträgen zu Rechtsschutzversicherungen als Betriebsausgaben oder Werbungskosten (Vfg OFD Hannover vom 29.9.1987, DStR 1988 S. 115)
6. Ertragsteuerliche Behandlung der Weitergabe der Investitionszulage in Leasingfällen (Vfg OFD Köln vom 2.8.1988, DB 1988 S. 1973)
7. Aufwendungen für schadstoffreduzierende Nachrüstmaßnahmen bei Kfz sind Erhaltungsaufwendungen (Vfg OFD Nürnberg vom 2.11.1989, DStR 1990 S. 85)
8. Beiträge an den Wirtschaftsrat der CDU e. V. als Betriebsausgaben (Erlaß Bremen vom 13.2.1990, WPg 1990 S. 407)
9. Beiträge an die landwirtschaftliche Alterskasse und Leistungen nach dem Sozialversicherungs-Beitragsentlastungsgesetz (Vfg OFD Bremen vom 20.3.1990, DStR 1990 S. 352)
10. Behandlung von Aufwendungen von Sportärzten für die Teilnahme an Fortbildungslehrgängen (Vfg OFD Kiel vom 22.3.1990, DStR 1990 S. 424)[5]
11. Ertragsteuerliche Behandlung von Teilhaberversicherungen (Vfg OFD Münster vom 19.3.1991)[6]
12. Zuordnung von Lebensversicherungsverträgen zum Betriebs- oder Privatvermögen (Vfg OFD Düsseldorf vom 7.5.2003)[7]
13. Betriebsausgaben im Zusammenhang mit dem 65. Geburtstag eines Gesellschafter-Geschäftsführers (BdF-Schreiben vom 3.8.1992, DB 1992 S. 2007)
14. Betriebsausgabenpauschale bei hauptberuflicher schriftstellerischer, journalistischer Tätigkeit sowie bei wissenschaftlicher, künstlerischer und schriftstellerischer Nebentätigkeit und aus nebenberuflicher Lehr- und Prüfungstätigkeit (BdF-Schreiben vom 21.1.1994)[8]
15. Vergebliche Aufwendungen im Zusammenhang mit der Unternehmensrückgabe nach dem VermG (BdF-Schreiben vom 25.7.1994, DStR 1994 S. 1195)
16. Aufwendungen eines Arbeitnehmervertreters im Aufsichtsrat als Betriebsausgaben oder Werbungskosten (Vfg OFD Frankfurt/M. vom 20.3.1995, DB 1995 S. 1310)
17. Beiträge an Verkehrsvereine (Vfg OFD Frankfurt/M. vom 20.3.1995, FR 1995 S. 553)
18. Zertifikatsaufwendungen nach ISO 9001 bis 9003 als Betriebsausgaben (BdF-Schreiben vom 22.1.1998, DB 1998 S. 344)
19. Humanitäre Hilfszahlungen an ehemalige Zwangsarbeiter sind Betriebsausgaben – beim Empfänger sind sie nicht steuerbar (Vfg OFD München vom 4.2.2000, DB 2000 S. 398 und Vfg OFD Frankfurt vom 21.8.2000, DB 2000 S. 1990)

---

1) Siehe Anlage § 004-30.
2) Verwaltungsauffassung bestätigt durch BFH-Urteil vom 11.11.1988 (BStBl. 1989 II S. 872).
3) Siehe dazu auch das BFH-Urteil vom 10.4.1987 (BStBl. 1987 II S. 500).
4) Siehe Anlage § 004-35.
5) Siehe dazu auch BFH-Urteil vom 15.3.1990 (BStBl. II S. 736).
6) Siehe Anlage § 004-34.
7) Siehe Anlage § 004-33.
8) Siehe Anlage § 004-14.

§ 4

20. Aufwendungen für eine Bildschirmarbeitsbrille des Arbeitnehmers sind Betriebsausgaben (BdF-Schreiben vom 3.2.2000, DB 2000 S. 647)
21. Schuldzinsen nach einer Betriebsaufgabe oder Betriebsveräußerung (Vfg OFD Frankfurt vom 19.4.2000)[1]
22. Keine Anerkennung des sog. umgekehrten Zwei-Konten-Modells (Vfg OFD Chemnitz vom 17.9.2001 S. 1889)
23. Zuwendungen der Wirtschaft für die Planung oder den Bau von Straßen/Autobahnen als Betriebsausgaben (Vfg OFD Hannover vom 26.8.2004, DB 2004 S. 2018)
24. Beiträge zur gesetzlichen Unfallversicherung bei Unternehmern (Erlass FM Bremen vom 2.6.2004, DB 2004 S. 2130 und Vfg OFD Magdeburg vom 9.7.2004, DStR 2004 S. 1607; Vfg OFD Koblenz vom 14.2.2005, DStR 2005 S. 960)
25. Die Grunderwerbsteuer beim Wechsel im Gesellschafterbestand einer Personengesellschaft und bei der Anteilsvereinigung gehört zu den Anschaffungsnebenkosten (Vfg Bayer. Landesamt für Steuern vom 20.8.2007; DStR 2007 S. 1679)
26. Ab 2008 sind nur die tatsächlichen Übernachtungskosten bei Auslandsgeschäftsreisen als Betriebsausgaben abziehbar (Vfg. OFD Frankfurt vom 3.6.2008, DB 2008 S. 2109)

Zu § 4 Abs. 5, 5b und 6 EStG

1. Abzug von Aufwendungen für Geschenke eines Pharma-Unternehmens an Krankenhäuser und Ärzte (Vfg OFD Münster vom 14.4.1989, DB 1989 S. 954)
2. Bewirtungskosten für Mitglieder bei Generalversammlungen von Genossenschaften und für Mitglieder einer Vertreterversammlung einer Genossenschaft (Vfg OFD Kiel vom 10.3.1998, DB 1998 S. 751)
3. Die Bewirtung von freien Mitarbeitern und Handelsvertretern fällt unter die Abzugsbeschränkung des § 4 Abs. 5 Nr. 2 EStG (Vfg OFD Koblenz vom 19.5.2004, DStR 2004 S. 1607)
4. Rückstellungen für nichtabziehbare Betriebsausgaben, insbesondere Gewerbesteuerrückstellungen (Vfg OFD Frankfurt vom 18.3.2011)[2]
5. Veranstaltung von Golfturnieren durch Automobilvertragshändler als nichtabziehbare Betriebsausgaben nach § 4 Abs. 5 Satz 1 Nr. 4 EStG (Vfg OFD Hannover vom 20.5.2009 – S 2145 – 80 – StO 224)
6. Zum Abzugsverbot bei Geldbußen nach § 4 Abs. 5 Satz 1 Nr. 8 EStG: Geldbußen bei Verstößen gegen das EG-Wettbewerbsrecht sind rein bestrafender Natur und enthalten keinen Abschöpfungsanteil (Vfg Bay. LZSt vom 5.11.2010)

Rechtsprechungsauswahl

Zu § 4 EStG

BFH vom 14.5.14 X R 23/12 (BStBl. II S. 684): Abzugsverbot für Bestechungsgelder umfasst auch Kosten des Strafverfahrens und einen für verfallen erklärten Betrag

BFH vom 24.4.14 VIII R 33/10 (BStBl. II S. 777): Lotsrevier einer Lotsenbrüderschaft als weiträumige Betriebsstätte

BFH vom 29.4.14 VIII R 20/12 (BStBl. II S. 679): Unangemessener Fahrzeugaufwand eines Freiberuflers

BFH vom 26.2.14 VI R 11/12 (BStBl. II S. 674): „Kein anderer Arbeitsplatz" i. S. des § 4 Abs. 5 Satz 1 Nr. 6b Satz 2 EStG

BFH vom 26.2.14 VI R 37/13 (BStBl. II S. 570): Häusliches Arbeitszimmer bei Poolarbeitsplatz

BFH vom 26.2.14 VI R 40/12 (BStBl. II S. 568): Häusliches Arbeitszimmer bei Telearbeitsplatz

BFH vom 12.2.14 IV R 22/10 (BStBl. II S. 621): Schuldzinsen einer Personengesellschaft für ein Darlehen ihres Gesellschafters fallen nicht in den Anwendungsbereich des § 4 Abs. 4a EStG

---

1) Siehe Anlage § 004-39.
2) Siehe Anlage § 004-25.

§ 4

BFH vom 16.1.14 I R 21/12 (BStBl. II S. 531): Verfassungsmäßigkeit des Abzugsverbots für Gewerbesteuer – Keine ernstlichen Zweifel an der Verfassungsmäßigkeit der Hinzurechnungen nach § 8 Nr. 1 GewStG 2002 n. F. – Kein subjektives Nettoprinzip bei Kapitalgesellschaften

BFH vom 12.12.13 IV R 17/10 (BStBl. 2014 II S. 316): Unentgeltliche Übertragung des Verpachtungsbetriebs auf den bisherigen Betriebspächter keine Einlage i. S. des § 4 Abs. 4a EStG – Steuerliche Folgen der sog. Konfusion

BFH vom 21.12.13 IX R 23/12 (BStBl. 2014 II S. 312): Vorlage an den Großen Senat zur Aufteilbarkeit der Kosten für ein häusliches Arbeitszimmer

BFH vom 7.11.13 IV R 4/12 (BStBl. 2014 II S. 306): Abziehbarkeit von EU-Geldbußen

BFH vom 5.11.13 VIII R 22/12 (BStBl. 2014 II S. 165): Kein Betriebsausgabenabzug für Aufwendungen für ein Studium, welches eine Erstausbildung vermittelt und nicht im Rahmen eines Dienstverhältnisses stattfindet

BFH vom 22.10.13 X R 26/11 (BStBl. 2014 II S. 374): Darlehensverträge zwischen nahen Angehörigen: Abgrenzung nach dem Anlass der Darlehensaufnahme

BFH vom 17.7.13 X R 31/12 (BStBl. II S. 1015): Arbeitsverträge zwischen nahen Angehörigen: Anerkennung des Arbeitsverhältnisses bei tatsächlich erbrachter Mehrarbeit

BFH vom 23.7.13 VIII R 17/10 (BStBl. II S. 820): Keine Verteilung eines Übergangsverlusts aus Billigkeitsgründen

BFH vom 17.7.13 X R 31/12 (BStBl. II S. 1015): Arbeitsverträge zwischen nahen Angehörigen: Anerkennung des Arbeitsverhältnisses bei tatsächlich erbrachter Mehrarbeit

BFH vom 12.6.13 X R 2/10 (BStBl. II S. 907): Beteiligung an einer Komplementär-GmbH als notwendiges Betriebsvermögen eines Besitzeinzelunternehmens

BFH vom 7.5.13 VIII R 51/10 (BStBl. II S. 808): Kein Betriebsausgabenabzug für Aufwendungen für Reisen an ausländische Ferienorte zur Erholung und Anfertigung von Lehrbüchern; fehlende Trennbarkeit bei nicht unwesentlicher privater Mitveranlassung

BFH vom 23.4.13 VIII R 4/10 (BStBl. II S. 615): Gegenseitige Risikolebensversicherungen von Gesellschaftern einer GbR: Kein Betriebsausgabenabzug der Beiträge – Anforderungen an die Begründung eines FG-Urteils

BFH vom 28.2.13 III R 94/10 (BStBl. II S. 725): Verpflegungsmehraufwandspauschale für einen Unternehmensberater: Dreimonatsfrist bei einer längerfristigen vorübergehenden Auswärtstätigkeit an derselben Tätigkeitsstätte ist verfassungsgemäß – Aussetzung eines Rechtsbehelfsverfahrens bis zu einer Entscheidung über eine Billigkeitsmaßnahme

BFH vom 31.1.13 GrS 1/10 (BStBl. II S. 317): Aufgabe des subjektiven Fehlerbegriffs hinsichtlich bilanzieller Rechtsfragen – Maßgeblichkeit der objektiven Rechtslage

BFH vom 15.1.13 VIII R 7/10 (BStBl. II S. 374): Aufwendungen für ein häusliches Arbeitszimmer in einem allein genutzten Zweifamilienhaus – Einbindung eines Arbeitsraums in die häusliche Sphäre

BFH vom 6.11.12 VIII R 49/10 (BStBl. 2013 II S. 309): Aufwendungen für die Facharztausbildung des als Nachfolger vorgesehenen Sohnes

BFH vom 21.8.12 VIII R 32/09 (BStBl. 2013 II S. 16): Begrenzter Schuldzinsenabzug – Einlage – Gestaltungsmissbrauch – Betriebliche Veranlassung einer Darlehensaufnahme

BFH vom 21.8.12 VIII R 11/11 (BStBl. 2013 II S. 117): Keine Entnahme eines betrieblich genutzten PKW bei Absinken des betrieblichen Nutzungsumfangs auf unter 10 % – Grundsatz der Abschnittsbesteuerung – Kein Vertrauenstatbestand durch Nichtbeanstandung einer steuerrechtlich fehlerhaften Handhabung in Vorjahren

BFH vom 26.4.12 IV R 44/09 (BStBl. 2013 II S. 142): Verkauf von Betriebsvermögen des Gesellschafters an Zebragesellschaft; keine Aufdeckung stiller Reserven entsprechend betrieblicher Beteiligung

BFH vom 23.2.12 IV R 19/08 (BStBl. 2013 II S. 151): Schuldzinsenabzug bei auf ein Kontokorrentkonto ausgezahltem Investitionsdarlehen – Aufteilung und Zuordnung betrieblicher Kontokorrentzinsen

§ 4a Gewinnermittlungszeitraum, Wirtschaftsjahr

(1) ¹Bei Land- und Forstwirten und bei Gewerbetreibenden ist der Gewinn nach dem Wirtschaftsjahr zu ermitteln. ²Wirtschaftsjahr ist

1. ¹bei Land- und Forstwirten der Zeitraum vom 1. Juli bis zum 30. Juni. ²Durch Rechtsverordnung kann für einzelne Gruppen von Land- und Forstwirten ein anderer Zeitraum bestimmt werden, wenn das aus wirtschaftlichen Gründen erforderlich ist;
2. ¹bei Gewerbetreibenden, deren Firma im Handelsregister eingetragen ist, der Zeitraum, für den sie regelmäßig Abschlüsse machen. ²Die Umstellung des Wirtschaftsjahrs auf einen vom Kalenderjahr abweichenden Zeitraum ist steuerlich nur wirksam, wenn sie im Einvernehmen mit dem Finanzamt vorgenommen wird;
3. ¹bei anderen Gewerbetreibenden das Kalenderjahr. ²Sind sie gleichzeitig buchführende Land- und Forstwirte, so können sie mit Zustimmung des Finanzamts den nach Nummer 1 maßgebenden Zeitraum als Wirtschaftsjahr für den Gewerbebetrieb bestimmen, wenn sie für den Gewerbebetrieb Bücher führen und für diesen Zeitraum regelmäßig Abschlüsse machen.

(2) ¹Bei Land- und Forstwirten und bei Gewerbetreibenden, deren Wirtschaftsjahr vom Kalenderjahr abweicht, ist der Gewinn aus Land- und Forstwirtschaft oder aus Gewerbebetrieb bei der Ermittlung des Einkommens in folgender Weise zu berücksichtigen:

1. ¹Bei Land- und Forstwirten ist der Gewinn des Wirtschaftsjahrs auf das Kalenderjahr, in dem das Wirtschaftsjahr beginnt, und auf das Kalenderjahr, in dem das Wirtschaftsjahr endet, entsprechend dem zeitlichen Anteil aufzuteilen. ²Bei der Aufteilung sind Veräußerungsgewinne im Sinne des § 14 auszuscheiden und dem Gewinn des Kalenderjahrs hinzuzurechnen, in dem sie entstanden sind;
2. bei Gewerbetreibenden gilt der Gewinn des Wirtschaftsjahrs als in dem Kalenderjahr bezogen, in dem das Wirtschaftsjahr endet.

EStDV

§ 8b Wirtschaftsjahr

¹Das Wirtschaftsjahr umfasst einen Zeitraum von zwölf Monaten. ²Es darf einen Zeitraum von weniger als zwölf Monaten umfassen, wenn

1. *ein Betrieb eröffnet, erworben, aufgegeben oder veräußert wird oder*
2. *¹ein Steuerpflichtiger von regelmäßigen Abschlüssen auf einen bestimmten Tag zu regelmäßigen Abschlüssen auf einen anderen bestimmten Tag übergeht. ²Bei Umstellung eines Wirtschaftsjahrs, das mit dem Kalenderjahr übereinstimmt, auf ein vom Kalenderjahr abweichendes Wirtschaftsjahr und bei Umstellung eines vom Kalenderjahr abweichenden Wirtschaftsjahrs auf ein anderes vom Kalenderjahr abweichendes Wirtschaftsjahr gilt dies nur, wenn die Umstellung im Einvernehmen mit dem Finanzamt vorgenommen wird.*

§ 8c Wirtschaftsjahr bei Land- und Forstwirten[1]

(1) ¹Als Wirtschaftsjahr im Sinne des § 4a Abs. 1 Nr. 1 des Gesetzes können Betriebe mit

1. *einem Futterbauanteil von 80 Prozent und mehr der Fläche der landwirtschaftlichen Nutzung den Zeitraum vom 1. Mai bis 30. April,*
2. *reiner Forstwirtschaft den Zeitraum vom 1. Oktober bis 30. September,*
3. *reinem Weinbau den Zeitraum vom 1. September bis 31. August*

bestimmen. ²Ein Betrieb der in Satz 1 bezeichneten Art liegt auch dann vor, wenn daneben in geringem Umfang noch eine andere land- und forstwirtschaftliche Nutzung vorhanden ist. ³Soweit die Oberfinanzdirektionen vor dem 1. Januar 1955 ein anderes als die in § 4a Abs. 1 Nr. 1 des Gesetzes

---

1) Zur Anwendung siehe § 84 Abs. 2 EStDV.

oder in Satz 1 bezeichneten Wirtschaftsjahre festgesetzt haben, kann dieser andere Zeitraum als Wirtschaftsjahr bestimmt werden; dies gilt nicht für den Weinbau.

(2) ¹Gartenbaubetriebe und reine Forstbetriebe können auch das Kalenderjahr als Wirtschaftsjahr bestimmen. ²Stellt ein Land- und Forstwirt von einem vom Kalenderjahr abweichenden Wirtschaftsjahr auf ein mit dem Kalenderjahr übereinstimmendes Wirtschaftsjahr um, verlängert sich das letzte vom Kalenderjahr abweichende Wirtschaftsjahr um den Zeitraum bis zum Beginn des ersten mit dem Kalenderjahr übereinstimmenden Wirtschaftsjahr; ein Rumpfwirtschaftsjahr ist nicht zu bilden. ³Stellt ein Land- und Forstwirt das Wirtschaftsjahr für einen Betrieb mit reinem Weinbau auf ein Wirtschaftsjahr im Sinne des Absatzes 1 Satz 1 Nr. 3 um, gilt Satz 2 entsprechend.

(3) Buchführende Land- und Forstwirte im Sinne des § 4a Abs. 1 Satz 2 Nr. 3 Satz 2 des Gesetzes sind Land- und Forstwirte, die auf Grund einer gesetzlichen Verpflichtung oder ohne eine solche Verpflichtung Bücher führen und regelmäßig Abschlüsse machen.

§ 9 (weggefallen)

EStR und Hinweise
EStR 2012 zu § 4 EStG
R 4a Gewinnermittlung bei einem vom Kalenderjahr abweichenden Wirtschaftsjahr

Umstellung des Wirtschaftsjahrs

(1) ¹Eine Umstellung des Wirtschaftsjahrs liegt nicht vor, wenn ein Steuerpflichtiger, der Inhaber eines Betriebs ist, einen weiteren Betrieb erwirbt und für diesen Betrieb ein anderes Wirtschaftsjahr als der Rechtsvorgänger wählt. ²Werden mehrere bisher getrennt geführte Betriebe eines Steuerpflichtigen zu einem Betrieb zusammengefasst und führt der Steuerpflichtige das abweichende Wirtschaftsjahr für einen der Betriebe fort, liegt keine zustimmungsbedürftige Umstellung des Wirtschaftsjahrs vor.

Zustimmung des Finanzamts zum abweichenden Wirtschaftsjahr

(2) ¹Das Wahlrecht zur Bestimmung des Wirtschaftsjahrs kann durch die Erstellung des Jahresabschlusses oder außerhalb des Veranlagungsverfahrens ausgeübt werden. ²Bei Umstellung des Wirtschaftsjahrs nach § 4a Abs. 2 Satz 1 Nr. 3 EStG ist dem Antrag zu entsprechen, wenn der Steuerpflichtige Bücher führt, in denen die Betriebseinnahmen und die Betriebsausgaben für den land- und forstwirtschaftlichen Betrieb und für den Gewerbebetrieb getrennt aufgezeichnet werden, und der Steuerpflichtige für beide Betriebe getrennte Abschlüsse fertigt. ³Die Geldkonten brauchen nicht getrennt geführt zu werden.

Abweichendes Wirtschaftsjahr bei Betriebsverpachtung

(3) Sind die Einkünfte aus der Verpachtung eines gewerblichen Betriebs Einkünfte aus Gewerbebetrieb (→ R 16 Abs. 5), kann der Verpächter ein abweichendes Wirtschaftsjahr beibehalten, wenn die Voraussetzungen des § 4a Abs. 1 Satz 2 Nr. 2 oder Nr. 3 Satz 2 EStG weiterhin erfüllt sind.

Gewinnschätzung bei abweichendem Wirtschaftsjahr

(4) Wird bei einem abweichenden Wirtschaftsjahr der Gewinn geschätzt, ist die Schätzung nach dem abweichenden Wirtschaftsjahr vorzunehmen.

Zeitpunkt der Gewinnrealisierung

(5) Der Gewinn aus der Veräußerung oder Aufgabe eines Mitunternehmeranteils ist auch dann im Jahr der Veräußerung oder Aufgabe zu versteuern, wenn die Mitunternehmerschaft ein abweichendes Wirtschaftsjahr hat.

Hinweise

H 4a Antrag auf Umstellung des Wirtschaftsjahrs außerhalb des Veranlagungsverfahrens
Über einen außerhalb des Veranlagungsverfahrens gestellten Antrag auf Erteilung der Zustimmung zur Umstellung des Wirtschaftsjahrs hat das Finanzamt durch besonderen Bescheid zu entscheiden (→ BFH vom 24.1.1963 – BStBl. III S. 142).

Ausscheiden einzelner Gesellschafter
Das Ausscheiden eines Gesellschafters aus einer fortbestehenden Personengesellschaft führt nicht zur Bildung eines Rumpfwirtschaftsjahres (→ BFH vom 24.11.1988 – BStBl. 1989 II S. 312).

Der Gewinn wird im Kalenderjahr des Ausscheidens bezogen (→ BFH vom 18.8.2010 – BStBl. II S. 1043).

Betriebsaufspaltung
Wählt eine im Wege der Betriebsaufspaltung entstandene Betriebsgesellschaft ein vom Kalenderjahr abweichendes Wirtschaftsjahr, so ist dies keine zustimmungsbedürftige Umstellung (→ BFH vom 27.9.1979 – BStBl. 1980 II S. 94).

Doppelstöckige Personengesellschaft
– *Wählt eine Personenobergesellschaft, die selbst keine aktive Wirtschaftstätigkeit ausübt, ihr Wirtschaftsjahr in der Weise, dass dieses kurze Zeit vor dem Wirtschaftsjahr der Personenuntergesellschaft endet, liegt hierin eine missbräuchliche Gestaltung, da die Gewinne der Untergesellschaft nicht im laufenden VZ, sondern einen VZ später steuerlich erfasst werden und hierdurch eine einjährige „Steuerpause" eintritt; dies gilt nicht nur bei der zustimmungspflichtigen Umstellung des Wirtschaftsjahres, sondern auch bei der – nicht zustimmungsbedürftigen – Festlegung des vom Kalenderjahr abweichenden Wirtschaftsjahres anlässlich der Betriebseröffnung (→ BFH vom 18.12.1991 – BStBl. 1992 II S. 486).*

– *Legt eine Personenobergesellschaft ihr Wirtschaftsjahr abweichend von den Wirtschaftsjahren der Untergesellschaft fest, liegt hierin jedenfalls dann kein Missbrauch von Gestaltungsmöglichkeiten des Rechts, wenn dadurch die Entstehung eines Rumpfwirtschaftsjahres vermieden wird (→ BFH vom 9.11.2006 – BStBl. 2010 II S. 230).*

Freiberufler
– *Ermittelt ein Freiberufler seinen Gewinn für ein vom Kalenderjahr abweichendes Wirtschaftsjahr, kann die Gewinnermittlung der Besteuerung nicht zugrunde gelegt werden. Der im Kalenderjahr bezogene Gewinn ist im Wege der Schätzung zu ermitteln. Dies kann in der Regel durch eine zeitanteilige Aufteilung der für die abweichenden Wirtschaftsjahre ermittelten Gewinne erfolgen (→ BFH vom 23.9.1999 – BStBl. 2000 II S. 24).*

– *Eine in das Handelsregister eingetragene KG, die nur Einkünfte aus selbständiger Arbeit erzielt, kann kein vom Kalenderjahr abweichendes Wirtschaftsjahr bilden (→ BFH vom 18.5.2000 – BStBl. II S. 498).*

Gewinnschätzung
→ H 4.1

Rumpfwirtschaftsjahr
Bei der Umstellung des Wirtschaftsjahrs darf nur ein Rumpfwirtschaftsjahr entstehen (→ BFH vom 7.2.1969 – BStBl. II S. 337).

Umwandlung
– *In der Umwandlung oder Einbringung eines Einzelunternehmens in eine neu gegründete Personengesellschaft liegt eine Neueröffnung eines Betriebes. Der Zeitpunkt der Umwandlung oder Einbringung ist das Ende des Wirtschaftsjahres des bisherigen Einzelunternehmens und der Beginn des ersten Wirtschaftsjahres der neugegründeten Personengesellschaft (→ BFH vom 26.5.1994 – BStBl. II S. 891).*

– *Wird ein bisher als Personengesellschaft geführter Betrieb nach Ausscheiden der Mitgesellschafter als Einzelunternehmen fortgeführt, liegt darin die Eröffnung eines neuen Betriebes mit der Folge, dass das Wirtschaftsjahr der Personengesellschaft im Zeitpunkt der Umwandlung endet und das erste Wirtschaftsjahr des Einzelunternehmens beginnt (→ BFH vom 10.2.1989 – BStBl. II S. 519).*

Verpachtung eines Betriebs der Land- und Forstwirtschaft
Sind die Einkünfte aus der Verpachtung eines Betriebs der Land- und Forstwirtschaft als Einkünfte aus Land- und Forstwirtschaft zu behandeln, so ist für die Ermittlung des Gewinns weiterhin das nach § 4a Abs. 1 Nr. 1 EStG oder § 8c EStDV in Betracht kommende abweichende Wirtschaftsjahr maßgebend (→ BFH vom 11.3.1965 – BStBl. III S. 286).

Wirtschaftsjahr bei Land- und Forstwirten
Das Wirtschaftsjahr bei Land- und Forstwirten richtet sich nach der Art der Bewirtschaftung. Eine unschädliche andere land- oder forstwirtschaftliche Nutzung in geringem Umfang im Sinne des § 8c Abs. 1 Satz 2 EStDV liegt nur vor, wenn der Vergleichswert der anderen land- und forstwirtschaftlichen Nutzung etwa 10 v. H. des Wertes der gesamten land- und forstwirtschaftlichen Nutzungen nicht übersteigt (→ BFH vom 3.12.1987 – BStBl. 1988 II S. 269).

§ 4a

Zustimmungsbedürftige Umstellung des Wirtschaftsjahrs

- *Die Zustimmung ist nur dann zu erteilen, wenn der Steuerpflichtige in der Organisation des Betriebs gelegene gewichtige Gründe für die Umstellung des Wirtschaftsjahrs anführen kann; es ist jedoch nicht erforderlich, dass die Umstellung des Wirtschaftsjahrs betriebsnotwendig ist (→ BFH vom 9.1.1974 – BStBl. II S. 238).*
- *Die Umstellung des Wirtschaftsjahres eines im Wege der* **Gesamtrechtsnachfolge** *auf Erben übergegangenen Unternehmens auf einen vom Kalenderjahr abweichenden Zeitraum bedarf der Zustimmung des Finanzamtes (→ BFH vom 22.8.1968 – BStBl. 1969 II S. 34).*
- *Wird die Umstellung des Wirtschaftsjahrs wegen* **Inventurschwierigkeiten** *begehrt, kann die Zustimmung zur Umstellung des Wirtschaftsjahrs zu versagen sein, wenn die Buchführung nicht ordnungsmäßig ist und auch nicht sichergestellt ist, dass durch die Umstellung des Wirtschaftsjahrs die Mängel der Buchführung beseitigt werden (→ BFH vom 9.11.1966 – BStBl. 1967 III S. 111).*
- *Will ein Pächter sein Wirtschaftsjahr auf das vom Kalenderjahr abweichende* **Pachtjahr** *umstellen, weil dieses in mehrfacher Beziehung für die Abrechnung mit dem Verpächter maßgebend ist, ist die Zustimmung im allgemeinen zu erteilen (→ BFH vom 8.10.1969 – BStBl. 1970 II S. 85).*
- *Bei Forstbetrieben bedarf die Umstellung eines mit dem Kalenderjahr übereinstimmenden Wirtschaftsjahres auf das sog.* **Forstwirtschaftsjahr***(1.10.-30.9.) der Zustimmung des Finanzamts (→ BFH vom 23.9.1999 – BStBl. 2000 II S. 5).*
- *Die Erlangung einer „Steuerpause" oder anderer steuerlicher Vorteile ist kein betrieblicher Grund, der für die Zustimmung des Finanzamts zur Umstellung des Wirtschaftsjahrs rechtfertigt (→ BFH vom 24.4.1980 – BStBl. 1981 II S. 50 und vom 15.6.1983 – BStBl. II S. 672).*

Weitere Verwaltungsanweisungen
(soweit nicht in den Hinweisen enthalten)

Zu § 4a EStG

1. Veräußerung von Mitunternehmeranteilen bei abweichendem Wirtschaftsjahr (Vfg OFD Frankfurt vom 16.2.1990, DStR 1990 S. 316)[1)]
2. Bei einer Partnerschaftsgesellschaft ist die Vereinbarung eines abweichenden Wirtschaftsjahres nicht zulässig (BdF-Schreiben vom 21.12.1994, DB 1995 S. 183)

Rechtsprechungsauswahl

BFH vom 18.8.10 X R 8/07 (BStBl. II S. 1043): Zurechnung des Gewinns bei Ausscheiden eines Mitunternehmers aus einer Mitunternehmerschaft mit abweichendem Wirtschaftsjahr – Besteuerungszeitpunkt des Anteils am laufenden Gewinn – Einheitliche und gesonderte Feststellung der Einkünfte nach § 180 Abs. 1 Mr. 2 Buchst, a AO

BFH vom 9.11.06 IV R 21/05 (BStBl. 2010 II S. 230): Kein Missbrauch von Gestaltungsmöglichkeiten, wenn eine Personen-Obergesellschaft ihr Wirtschaftsjahr abweichend von dem der Untergesellschaft festlegt und dadurch ein Rumpfwirtschaftsjahr vermieden wird

---

1) Siehe dazu jetzt R 4a Abs. 5 EStR.

§ 4b Direktversicherung

¹Der Versicherungsanspruch aus einer Direktversicherung, die von einem Steuerpflichtigen aus betrieblichem Anlass abgeschlossen wird, ist dem Betriebsvermögen des Steuerpflichtigen nicht zuzurechnen, soweit am Schluss des Wirtschaftsjahrs hinsichtlich der Leistungen des Versicherers die Person, auf deren Leben die Lebensversicherung abgeschlossen ist, oder ihre Hinterbliebenen bezugsberechtigt sind. ²Das gilt auch, wenn der Steuerpflichtige die Ansprüche aus dem Versicherungsvertrag abgetreten oder beliehen hat, sofern er sich der bezugsberechtigten Person gegenüber schriftlich verpflichtet, sie bei Eintritt des Versicherungsfalls so zu stellen, als ob die Abtretung oder Beleihung nicht erfolgt wäre.

EStR 2012 zu § 4 EStG

EStR und Hinweise

R 4b Direktversicherung

Begriff

(1) ¹Eine Direktversicherung ist eine Lebensversicherung auf das Leben des Arbeitnehmers, die durch den Arbeitgeber abgeschlossen worden ist und bei der der Arbeitnehmer oder seine Hinterbliebenen hinsichtlich der Leistungen des Versicherers ganz oder teilweise bezugsberechtigt sind (→ § 1b Abs. 2 Satz 1 Betriebsrentengesetz)[1]. ²Dasselbe gilt für eine Lebensversicherung auf das Leben des Arbeitnehmers, die nach Abschluss durch den Arbeitnehmer vom Arbeitgeber übernommen worden ist. ³Dagegen liegt begrifflich keine Direktversicherung vor, wenn der Arbeitgeber für den Ehegatten eines verstorbenen früheren Arbeitnehmers eine Lebensversicherung abschließt. ⁴Als Versorgungsleistungen können Leistungen der Alters-, Invaliditäts- oder Hinterbliebenenversorgung in Betracht kommen. ⁵Es ist gleichgültig, ob es sich um Kapitalversicherungen – einschl. Risikoversicherungen –, Rentenversicherungen oder fondsgebundene Lebensversicherungen handelt und welche → Laufzeit vereinbart wird. ⁶Unfallversicherungen sind keine Lebensversicherungen, auch wenn bei Unfall mit Todesfolge eine Leistung vorgesehen ist. ⁷Dagegen gehören Unfallzusatzversicherungen und Berufsunfähigkeitszusatzversicherungen, die im Zusammenhang mit Lebensversicherungen abgeschlossen werden, sowie selbständige Berufsunfähigkeitsversicherungen und Unfallversicherungen mit Prämienrückgewähr, bei denen der Arbeitnehmer Anspruch auf Prämienrückgewähr hat, zu den Direktversicherungen.

(2) ¹Die Bezugsberechtigung des Arbeitnehmers oder seiner Hinterbliebenen muss vom Versicherungsnehmer (Arbeitgeber) der Versicherungsgesellschaft gegenüber erklärt werden (§ 159 VVG). ²Die Bezugsberechtigung kann widerruflich oder unwiderruflich sein; bei widerruflicher Bezugsberechtigung sind die Bedingungen eines Widerrufs steuerlich unbeachtlich. ³Unbeachtlich ist auch, ob die Anwartschaft des Arbeitnehmers arbeitsrechtlich bereits unverfallbar ist.

Behandlung bei der Gewinnermittlung

(3) ¹Die Beiträge zu Direktversicherungen sind sofort abziehbare Betriebsausgaben. ²Eine Aktivierung der Ansprüche aus der Direktversicherung kommt beim Arbeitgeber vorbehaltlich Satz 5 erst in Betracht, wenn eine der in § 4b EStG genannten Voraussetzungen weggefallen ist, z. B. wenn der Arbeitgeber von einem Widerrufsrecht Gebrauch gemacht hat. ³In diesen Fällen ist der Anspruch grundsätzlich mit dem geschäftsplanmäßigen Deckungskapital der Versicherungsgesellschaft zu aktivieren zuzüglich eines etwa vorhandenen Guthabens aus Beitragsrückerstattungen; soweit eine Berechnung des Deckungskapitals nicht zum Geschäftsplan gehört, tritt an die Stelle des geschäftsplanmäßigen Deckungskapitals der nach § 169 Abs. 4 VVG berechnete Zeitwert. ⁴Die Sätze 1 bis 3 gelten auch für Versicherungen gegen Einmalprämie; bei diesen Versicherungen kommt eine Aktivierung auch nicht unter dem Gesichtspunkt der Rechnungsabgrenzung in Betracht, da sie keinen Aufwand für eine „bestimmte Zeit" (§ 5 Abs. 5 Satz 1 Nr. 1 EStG) darstellen. ⁵Sind der Arbeitnehmer oder seine Hinterbliebenen nur für bestimmte Versicherungsfälle oder nur hinsichtlich eines Teils der Versicherungsleistungen bezugsberechtigt, sind die Ansprüche aus der Direktversicherung insoweit zu aktivieren, als der Arbeitgeber bezugsberechtigt ist.

(4) ¹Die Verpflichtungserklärung des Arbeitgebers nach § 4b Satz 2 EStG muss an dem Bilanzstichtag schriftlich vorliegen, an dem die Ansprüche aus dem Versicherungsvertrag ganz oder zum Teil abgetreten oder beliehen sind. ²Liegt diese Erklärung nicht vor, so sind die Ansprüche aus dem Versicherungsvertrag dem Arbeitgeber zuzurechnen.

---
1) Siehe Anhang 16.

§ 4b
R 4b

Sonderfälle

(5) Die Absätze 1 bis 4 gelten entsprechend für Personen, die nicht Arbeitnehmer sind, für die jedoch aus Anlass ihrer Tätigkeit für das Unternehmen Direktversicherungen abgeschlossen worden sind (§ 17 Abs. 1 Satz 2 Betriebsrentengesetz)[1], z. B. Handelsvertreter und Zwischenmeister.

Hinweise

H 4b Abgrenzung der Direktversicherung von einem Sparvertrag

> Ist das für eine Versicherung typische Todesfallwagnis und bereits bei Vertragsabschluss das Rentenwagnis ausgeschlossen, liegt ein atypischer Sparvertrag und keine begünstigte Direktversicherung vor (→ BFH vom 9.11.1990 – BStBl. 1991 II S. 189 und R 40b Abs. 2 Satz 2 bis 4 LStR 2013).

Arbeitnehmer-Ehegatten

> Zur steuerlichen Behandlung von Aufwendungen für die betriebliche Altersversorgung des mitarbeitenden Ehegatten → BMF vom 4.9.1984 (BStBl. I S. 495); ergänzt durch BMF vom 9.1.1986 (BStBl. I S. 7). Die Aufwendungen sind nur als Betriebsausgaben anzuerkennen, soweit sie einem Fremdvergleich (→ H 4.8) standhalten.[2]

Beleihung von Versicherungsansprüchen

> Vorauszahlung von Versicherungsleistungen (sog. Policendarlehen) stehen einer Beleihung des Versicherungsanspruchs gleich (→ BFH vom 19.12.1973 – BStBl. 1974 II S. 237).

Gesellschafter-Geschäftsführer

> Der ertragsteuerlichen Anerkennung einer zu Gunsten des beherrschenden Gesellschafter-Geschäftsführers einer Kapitalgesellschaft abgeschlossenen Direktversicherung steht nicht entgegen, dass als vertraglicher Fälligkeitstermin für die Erlebensleistung das 65. Lebensjahr des Begünstigten vereinbart wird.

Hinterbliebenenversorgung für den Lebensgefährten

> → BMF vom 25.7.2002 (BStBl. I S. 706).[3]

Konzerngesellschaft

> → R 40b.1 Satz 3 LStR 2013.

Überversorgung

> Zur bilanzsteuerrechtlichen Berücksichtigung von überdurchschnittlich hohen Versorgungsanwartschaften (Überversorgung) → BMF vom 3.11.2004 (BStBl. I S. 1045)[4] und vom 16.6.2008 (BStBl. I S. 681).
> → H 6a (17)

Weitere Verwaltungsanweisungen
(soweit nicht in den Hinweisen enthalten)

Zu § 4b EStG

1. Auswirkungen des BiRiLiG auf die betriebliche Altersversorgung (BdF-Schreiben vom 13.3.1987)[5]

---

1) Siehe Anhang 16.
2) Siehe Anlagen § 006a-08 und § 006a-09.
3) Siehe Anlage § 006a-15.
4) Siehe Anlage § 006a-17.
5) Siehe Anlage § 006a-03.

§ 4c Zuwendungen an Pensionskassen

(1) ¹Zuwendungen an eine Pensionskasse dürfen von dem Unternehmen, das die Zuwendungen leistet (Trägerunternehmen), als Betriebsausgaben abgezogen werden, soweit sie auf einer in der Satzung oder im Geschäftsplan der Kasse festgelegten Verpflichtung oder auf einer Anordnung der Versicherungsaufsichtsbehörde beruhen oder der Abdeckung von Fehlbeträgen bei der Kasse dienen. ²Soweit die allgemeinen Versicherungsbedingungen und die fachlichen Geschäftsunterlagen im Sinne des § 5 Abs. 3 Nr. 2 Halbsatz 2 des Versicherungsaufsichtsgesetzes nicht zum Geschäftsplan gehören, gelten diese als Teil des Geschäftsplans.

(2) Zuwendungen im Sinne des Absatzes 1 dürfen als Betriebsausgaben nicht abgezogen werden, soweit die Leistungen der Kasse, wenn sie vom Trägerunternehmen unmittelbar erbracht würden, bei diesem nicht betrieblich veranlasst wären.

EStR und Hinweise
EStR 2012 zu § 4 EStG

R 4c Zuwendungen an Pensionskassen

Pensionskassen

(1) Als Pensionskassen sind sowohl rechtsfähige Versorgungseinrichtungen im Sinne des → § 1b Abs. 3 Satz 1 Betriebsrentengesetz[1] als auch rechtlich unselbständige Zusatzversorgungseinrichtungen des öffentlichen Dienstes im Sinne des → § 18 Betriebsrentengesetz[2] anzusehen, die den Leistungsberechtigten (Arbeitnehmer und Personen im Sinne des → § 17 Abs. 1 Satz 2 Betriebsrentengesetz[3] sowie deren Hinterbliebene) auf ihre Leistungen einen Rechtsanspruch gewähren.

Zuwendungen

(2) ¹Der Betriebsausgabenabzug kommt sowohl für laufende als auch für einmalige Zuwendungen in Betracht. ²Zuwendungen an eine Pensionskasse sind auch abziehbar, wenn die Kasse ihren Sitz oder ihre Geschäftsleitung im Ausland hat.

(3) ¹Zuwendungen zur Abdeckung von Fehlbeträgen sind auch dann abziehbar, wenn sie nicht auf einer entsprechenden Anordnung der Versicherungsaufsichtsbehörde beruhen. ²Für die Frage, ob und in welcher Höhe ein Fehlbetrag vorliegt, ist das Vermögen der Kasse nach den handelsrechtlichen Grundsätzen ordnungsmäßiger Buchführung unter Berücksichtigung des von der Versicherungsaufsichtsbehörde genehmigten Geschäftsplans bzw. der in § 4c Abs. 1 Satz 2 EStG genannten Unterlagen anzusetzen. ³Für Pensionskassen mit Sitz oder Geschäftsleitung im Ausland sind die für inländische Pensionskassen geltenden Grundsätze anzuwenden.

(4) ¹Zuwendungen an die Kasse dürfen als Betriebsausgaben nicht abgezogen werden, soweit die Leistungen der Kasse, wenn sie vom Trägerunternehmen unmittelbar erbracht würden, bei diesem nicht betrieblich veranlasst wären. ²Nicht betrieblich veranlasst sind z. B. Leistungen der Kasse an den Inhaber (Unternehmer, Mitunternehmer) des Trägerunternehmens oder seine Angehörigen. ³Für Angehörige gilt das Verbot nicht, soweit die Zuwendungen im Rahmen eines steuerlich anzuerkennenden Arbeitsverhältnisses gemacht werden (→ R 4.8). ⁴Die allgemeinen Gewinnermittlungsgrundsätze bleiben durch § 4c Abs. 2 EStG unberührt; auch bei nicht unter das Abzugsverbot fallenden Zuwendungen ist daher zu prüfen, ob sie nach allgemeinen Bilanzierungsgrundsätzen zu aktivieren sind, z. B. bei Zuwendungen, die eine Gesellschaft für ein Tochterunternehmen erbringt.

(5) ¹Für Zuwendungen, die vom Trägerunternehmen nach dem Bilanzstichtag geleistet werden, ist bereits zum Bilanzstichtag ein Passivposten zu bilden, sofern zu diesem Zeitpunkt eine entsprechende Verpflichtung besteht (Bestimmung in der Satzung oder im Geschäftsplan der Kasse, Anordnung der Aufsichtsbehörde). ²Werden Fehlbeträge der Kasse abgedeckt, ohne dass hierzu eine Verpflichtung des Trägerunternehmens besteht, kann in sinngemäßer Anwendung des § 4d Abs. 2 EStG zum Bilanzstichtag eine Rückstellung gebildet werden, wenn innerhalb eines Monats nach Aufstellung oder Feststellung der Bilanz des Trägerunternehmens die Zuwendung geleistet oder die Abdeckung des Fehlbetrags verbindlich zugesagt wird.

---

1) Siehe Anhang 16.
2) Siehe Anhang 16.
3) Siehe Anhang 16.

§ 4c R 4c

Hinweise

H 4c Hinterbliebenenversorgung für den Lebensgefährten
→ *BMF vom 25.7.2002 (BStBl. I S. 706).* [1]
Zusatzversorgungseinrichtung
Eine nicht rechtsfähige Zusatzversorgungseinrichtung des öffentlichen Dienstes ist eine Pensionskasse im Sinne von § 4c EStG (→ BFH vom 22.9.1995 – BStBl. 1996 II S. 136).

---

1) Siehe Anlage § 006a-15.

§ 4d

§ 4d Zuwendungen an Unterstützungskassen

(1) ¹Zuwendungen an eine Unterstützungskasse dürfen von dem Unternehmen, das die Zuwendungen leistet (Trägerunternehmen), als Betriebsausgaben abgezogen werden, soweit die Leistungen der Kasse, wenn sie vom Trägeruntenehmen unmittelbar erbracht würden, bei diesem betrieblich veranlasst wären und sie die folgenden Beträge nicht übersteigen:

1. ¹bei Unterstützungskassen, die lebenslänglich laufende Leistungen gewähren:

    a) das Deckungskapital für die laufenden Leistungen nach der dem Gesetz als Anlage 1[1]) beigefügten Tabelle. ²Leistungsempfänger ist jeder ehemalige Arbeitnehmer des Trägerunternehmens, der von der Unterstützungskasse Leistungen erhält; soweit die Kasse Hinterbliebenenversorgung gewährt, ist Leistungsempfänger der Hinterbliebene eines ehemaligen Arbeitnehmers des Trägerunternehmens, der von der Kasse Leistungen erhält. ³Dem ehemaligen Arbeitnehmer stehen andere Personen gleich, denen Leistungen der Alters-, Invaliditäts-oder Hinterbliebenenversorgung aus Anlass ihrer ehemaligen Tätigkeit für das Trägerunternehmen zugesagt worden sind;

    b) in jedem Wirtschaftsjahr für jeden Leistungsanwärter,

       aa) wenn die Kasse nur Invaliditätsversorgung oder nur Hinterbliebenenversorgung gewährt, jeweils 6 Prozent,

       bb) wenn die Kasse Altersversorgung mit oder ohne Einschluss von Invaliditätsversorgung oder Hinterbliebenenversorgung gewährt, 25 Prozent

    der jährlichen Versorgungsleistungen, die der Leistungsanwärter oder, wenn nur Hinterbliebenenversorgung gewährt wird, dessen Hinterbliebene nach den Verhältnissen am Schluss des Wirtschaftsjahrs der Zuwendung im letzten Zeitpunkt der Anwartschaft, spätestens zum Zeitpunkt des Erreichens der Regelaltersgrenze der gesetzlichen Rentenversicherung erhalten können. ²Leistungsanwärter ist jeder Arbeitnehmer oder ehemalige Arbeitnehmer des Trägerunternehmens, der von der Unterstützungskasse schriftlich zugesagte Leistungen erhalten kann und am Schluss des Wirtschaftsjahrs, in dem die Zuwendung erfolgt, das 27. Lebensjahr vollendet hat; soweit die Kasse nur Hinterbliebenenversorgung gewährt, gilt als Leistungsanwärter jeder Arbeitnehmer oder ehemalige Arbeitnehmer des Trägerunternehmens, der am Schluss des Wirtschaftsjahrs, in dem die Zuwendung erfolgt, das 27. Lebensjahr vollendet hat und dessen Hinterbliebene die Hinterbliebenenversorgung erhalten können. ³Das Trägerunternehmen kann bei der Berechnung nach Satz 1 statt des dort maßgebenden Betrags den Durchschnittsbetrag der von der Kasse im Wirtschaftsjahr an Leistungsempfänger im Sinne des Buchstabens a Satz 2 gewährten Leistungen zugrunde legen. ⁴In diesem Fall sind Leistungsanwärter im Sinne des Satzes 2 nur die Arbeitnehmer oder ehemaligen Arbeitnehmer des Trägerunternehmens, die am Schluss des Wirtschaftsjahrs, in dem die Zuwendung erfolgt, das 50. Lebensjahr vollendet haben. ⁵Dem Arbeitnehmer oder ehemaligen Arbeitnehmer als Leistungsanwärter stehen andere Personen gleich, denen schriftlich Leistungen der Alters-, Invaliditäts- oder Hinterbliebenenversorgung aus Anlass ihrer Tätigkeit für das Trägerunternehmen zugesagt worden sind;

    c) den Betrag des Beitrags, den die Kasse an einen Versicherer zahlt, soweit sie sich die Mittel für ihre Versorgungsleistungen, die der Leistungsanwärter oder Leistungsempfänger nach den Verhältnissen am Schluss des Wirtschaftsjahrs der Zuwendung erhalten kann, durch Abschluss einer Versicherung verschafft. ²Bei Versicherungen für einen Leistungsanwärter ist der Abzug des Beitrags nur zulässig, wenn der Leistungsanwärter die in Buchstabe b Satz 2 und 5 genannten Voraussetzungen erfüllt, die Versicherung für die Dauer bis zu dem Zeitpunkt abgeschlossen ist, für den erstmals Leistungen der Altersversorgung vorgesehen sind, mindestens jedoch bis zu dem Zeitpunkt, an dem der Leistungsanwärter das 55. Lebensjahr vollendet hat, und während dieser Zeit jährlich Beiträge gezahlt werden, die der Höhe nach gleichbleiben

---

1) Die Tabelle ist im Anschluß an diese Vorschrift abgedruckt.

§ 4d

oder steigen. ³Das Gleiche gilt für Leistungsanwärter, die das 27. Lebensjahr noch nicht vollendet haben, für Leistungen der Invaliditäts- oder Hinterbliebenenversorgung, für Leistungen der Altersversorgung unter der Voraussetzung, dass die Leistungsanwartschaft bereits unverfallbar ist. ⁴Ein Abzug ist ausgeschlossen, wenn die Ansprüche aus der Versicherung der Sicherung eines Darlehens dienen. ⁵Liegen die Voraussetzungen der Sätze 1 bis 4 vor, sind die Zuwendungen nach den Buchstaben a und b in dem Verhältnis zu vermindern, in dem die Leistungen der Kasse durch die Versicherung gedeckt sind.

d) den Betrag, den die Kasse einem Leistungsanwärter im Sinne des Buchstabens b Satz 2 und 5 vor Eintritt des Versorgungsfalls als Abfindung für künftige Versorgungsleistungen gewährt, den Übertragungswert nach § 4 Abs. 5 des Betriebsrentengesetzes[1)] oder den Betrag, den sie an einen anderen Versorgungsträger zahlt, der eine ihr obliegende Versorgungsverpflichtung übernommen hat.

²Zuwendungen dürfen nicht als Betriebsausgaben abgezogen werden, wenn das Vermögen der Kasse ohne Berücksichtigung künftiger Versorgungsleistungen am Schluss des Wirtschaftsjahrs das zulässige Kassenvermögen übersteigt. ³Bei der Ermittlung des Vermögens der Kasse ist am Schluss des Wirtschaftsjahrs vorhandener Grundbesitz mit 200 Prozent der Einheitswerte einzusetzen, die zu dem Feststellungszeitpunkt maßgebend sind, der dem Schluss des Wirtschaftsjahrs folgt; Ansprüche aus einer Versicherung sind mit dem Wert des geschäftsplanmäßigen Deckungskapitals zuzüglich der Guthaben aus Beitragsrückerstattung am Schluss des Wirtschaftsjahrs anzusetzen und das übrige Vermögen ist mit dem gemeinen Wert am Schluss des Wirtschaftsjahrs zu bewerten. ⁴Zulässiges Kassenvermögen ist die Summe aus dem Deckungskapital für alle am Schluss des Wirtschaftsjahrs laufenden Leistungen nach der dem Gesetz als Anlage 1 beigefügten Tabelle[2)] für Leistungsempfänger im Sinne des Satzes 1 Buchstabe a und dem Achtfachen der nach Satz 1 Buchstabe b abzugsfähigen Zuwendungen. ⁵Soweit sich die Kasse die Mittel für ihre Leistungen durch Abschluss einer Versicherung verschafft, ist, wenn die Voraussetzungen für den Abzug des Beitrags nach Satz 1 Buchstabe c erfüllt sind, zulässiges Kassenvermögen der Wert des geschäftsplanmäßigen Deckungskapitals aus der Versicherung am Schluss des Wirtschaftsjahres; in diesem Fall ist das zulässige Kassenvermögen nach Satz 4 in dem Verhältnis zu vermindern, in dem die Leistungen der Kasse durch die Versicherung gedeckt sind. ⁶Soweit die Berechnung des Deckungskapitals nicht zum Geschäftsplan gehört, tritt an die Stelle des geschäftsplanmäßigen Deckungskapitals der nach § 176 Abs. 3 des Gesetzes über den Versicherungsvertrag berechnete Zeitwert, beim zulässigen Kassenvermögen ohne Berücksichtigung der Guthaben aus Beitragsrückerstattung. ⁷Gewährt eine Unterstützungskasse an Stelle von lebenslänglich laufenden Leistungen eine einmalige Kapitalleistung, so gelten 10 Prozent der Kapitalleistung als Jahresbetrag einer lebenslänglich laufenden Leistung;

2. ¹bei Kassen, die keine lebenslänglich laufenden Leistungen gewähren, für jedes Wirtschaftsjahr 0,2 Prozent der Lohn- und Gehaltssumme des Trägerunternehmens, mindestens jedoch den Betrag der von der Kasse in einem Wirtschaftsjahr erbrachten Leistungen, soweit dieser Betrag höher ist als die in den vorangegangenen fünf Wirtschaftsjahren vorgenommenen Zuwendungen abzüglich der in dem gleichen Zeitraum erbrachten Leistungen. ²Diese Zuwendungen dürfen nicht als Betriebsausgaben abgezogen werden, wenn das Vermögen der Kasse am Schluss des Wirtschaftsjahrs das zulässige Kassenvermögen übersteigt. ³Als zulässiges Kassenvermögen kann 1 Prozent der durchschnittlichen Lohn- und Gehaltssumme der letzten drei Jahre angesetzt werden. ⁴Hat die Kasse bereits 10 Wirtschaftsjahre bestanden, darf das zulässige Kassenvermögen zusätzlich die Summe der in den letzten 10 Wirtschaftsjahren gewährten Leistungen nicht übersteigen. ⁵Für die Bewertung des Vermögens der Kasse gilt Nr. 1 Satz 3 entsprechend. ⁶Bei der Berechnung der Lohn- und Gehaltssumme des Trägerunternehmens sind Löhne und Gehälter von Personen, die von der Kasse keine nicht lebenslänglich laufenden Leistungen erhalten können, auszuscheiden.

---

1) Siehe Anhang 16.
2) Die Tabelle ist im Anschluss an diese Vorschrift abgedruckt.

§ 4d

²Gewährt eine Kasse lebenslänglich laufende und nicht lebenslänglich laufende Leistungen, so gilt Satz 1 Nr. 1 und 2 nebeneinander. ³Leistet ein Trägerunternehmen Zuwendungen an mehrere Unterstützungskassen, so sind diese Kassen bei der Anwendung der Nummern 1 und 2 als Einheit zu behandeln.

(2) ¹Zuwendungen im Sinne des Absatzes 1 sind von dem Trägerunternehmen in dem Wirtschaftsjahr als Betriebsausgaben abzuziehen, in dem sie geleistet werden. ²Zuwendungen, die bis zum Ablauf eines Monats nach Aufstellung oder Feststellung der Bilanz des Trägerunternehmens für den Schluss eines Wirtschaftsjahrs geleistet werden, können von dem Trägerunternehmen noch für das abgelaufene Wirtschaftsjahr durch eine Rückstellung gewinnmindernd berücksichtigt werden. ³Übersteigen die in einem Wirtschaftsjahr geleisteten Zuwendungen die nach Absatz 1 abzugsfähigen Beträge, so können die übersteigenden Beträge im Wege der Rechnungsabgrenzung auf die folgenden drei Wirtschaftsjahre vorgetragen und im Rahmen der für diese Wirtschaftsjahre abzugsfähigen Beträge als Betriebsausgaben behandelt werden. ⁴§ 5 Abs. 1 Satz 2 ist nicht anzuwenden.

(3) ¹Abweichend von Absatz 1 Satz 1 Nr. 1 Satz 1 Buchstabe d und Absatz 2 können auf Antrag die insgesamt erforderlichen Zuwendungen an die Unterstützungskasse für den Betrag, den die Kasse an einen Pensionsfonds zahlt, der eine ihr obliegende Versorgungsverpflichtung ganz oder teilweise übernommen hat, nicht im Wirtschaftsjahr der Zuwendung, sondern erst in den dem Wirtschaftsjahr der Zuwendung folgenden zehn Wirtschaftsjahren gleichmäßig verteilt als Betriebsausgaben abgezogen werden. ²Der Antrag ist unwiderruflich; der jeweilige Rechtsnachfolger ist an den Antrag gebunden.

Anlage 1 zum Einkommensteuergesetz
(zu § 4d Abs. 1 EStG)

Tabelle für die Errechnung des Deckungskapitals für lebenslänglich laufende Leistungen von Unterstützungskassen

Erreichtes Alter des Leistungsempfängers (Jahre)	Die Jahresbeiträge der laufenden Leistungen sind zu vervielfachen bei Leistungen	
	an männliche Leistungsempfänger mit	an weibliche Leistungsempfänger mit
1	2	3
bis 26	11	17
27 bis 29	12	17
30	13	17
31 bis 35	13	16
36 bis 39	14	16
40 bis 46	14	15
47 und 48	14	14
49 bis 52	13	14
53 bis 56	13	13
57 und 58	13	12
59 und 60	12	12
61 bis 63	12	11
64	11	11
65 bis 67	11	10

§ 4d

Erreichtes Alter des Leistungs- empfängers (Jahre)	Die Jahresbeiträge der laufenden Leistungen sind zu vervielfachen bei Leistungen	
	an männliche Leistungs- empfänger mit	an weibliche Leistungs- empfänger mit
1	2	3
68 bis 71	10	9
72 bis 74	9	8
75 bis 77	8	7
78	8	6
79 bis 81	7	6
82 bis 84	6	5
85 bis 87	5	4
88	4	4
89 und 90	4	3
91 bis 93	3	3
94	3	2
95 und älter	2	2

EStR und Hinweise

EStR 2012 zu § 4d EStG

R 4d Zuwendungen an Unterstützungskassen

R 4d (1) Unterstützungskasse

(1) [1]Für die Höhe der abziehbaren Zuwendungen an die → Unterstützungskasse kommt es nicht darauf an, ob die Kasse von der Körperschaftsteuer befreit ist oder nicht. [2]Wegen der Zuwendungen an Unterstützungskassen bei Bildung von Pensionsrückstellungen für die gleichen Versorgungsleistungen an denselben Empfängerkreis → R 6a Abs. 15.

Hinweise

H 4d (1) Allgemeines

→ *BMF vom 28.11.1996 (BStBl. I S. 1435):* [1]

1. *Konzeptions- und Verwaltungskosten,*
2. *Leistungsanwärter und Leistungsempfänger,*
3. *Ermittlung der Rückdeckungsquote,*
4. *Verwendung von Gewinngutschriften,*
5. *Unterbrechung der laufenden Beitragszahlung oder Beitragseinstellung,*
6. *Rückdeckungsversicherungen für unter 30jährige Leistungsanwärter,*
7. *zulässiges Kassenvermögen bei abweichender Fälligkeit der Versorgungs- und Versicherungsleistungen,*
8. *Übergangsregelung nach § 52 Abs. 5 Satz 2 EStG a. F.,*
9. *zulässiges Kassenvermögen für nicht lebenslänglich laufende Leistungen,*
10. *tatsächliches Kassenvermögen und überhöhte Zuwendungen.*

---
1) Siehe Anlage § 004d-01.

Hinterbliebenenversorgung für den Lebensgefährten

→ *BMF vom 25.7.2002 (BStBl. I S. 706).* [1]

Übertragung von Unterstützungskassenzusagen auf Pensionsfonds

Zur Übertragung von Unterstützungskassenzusagen auf Pensionsfonds nach § 4d Abs. 3 und § 4e Abs. 3 EStG i. V. m. § 3 Nr. 66 EStG → BMF vom 26.10.2006 (BStBl. I S. 709). [2]

Überversorgung

Zur bilanzsteuerrechtlichen Berücksichtigung von überdurchschnittlich hohen Versorgungsanwartschaften (Überversorgung) → BMF vom 3.11.2004 (BStBl. I S. 1045) [3] *und vom 16.6.2008 (BStBl. I S. 681).*

Unterstützungskasse

Eine Unterstützungskasse ist eine rechtsfähige Versorgungseinrichtung, die auf ihre Leistungen keinen Rechtsanspruch gewährt (→ BFH vom 5.11.1992 – BStBl. 1993 II S. 185 → § 1b Abs. 4 Betriebsrentengesetz) [4].

Versorgungsausgleich

Zu den Auswirkungen des Gesetzes zur Strukturreform des Versorgungsausgleiches (VAStrRefG) auf Unterstützungskassen → BMF vom 12.11.2010 (BStBl. I S. 1303).

Zuwendungen

Zuwendungen im Sinne des § 4d EStG sind Vermögensübertragungen, die die Unterstützungskasse einseitig bereichern und nicht auf einem Leistungsaustausch beruhen. Es ist unerheblich, ob die Zuwendung auf einer Verpflichtung des Trägerunternehmens beruht oder freiwillig erfolgt (→ BFH vom 5.11.1992 – BStBl. 1993 II S. 185).

EStR 2012 zu § 4d EStG

R 4d (2) Leistungsarten

(2) [1]Bei den von der Kasse aus Anlass einer Tätigkeit für das Trägerunternehmen erbrachten Leistungen muss es sich um Leistungen der Alters-, Invaliditäts- oder Hinterbliebenenversorgung oder um Leistungen bei Arbeitslosigkeit oder zur Hilfe in sonstigen Notlagen handeln. [2]Für die Frage, ob Leistungen der betrieblichen Altersversorgung vorliegen, ist ausschließlich § 1 Betriebsrentengesetz [5] maßgebend. [3]Werden Leistungen in Aussicht gestellt, die mit denen einer Kapitallebensversicherung mit steigender Todesfallleistung vergleichbar sind, müssen diese nicht die in LStR geforderten Voraussetzungen an den Mindesttodesfallschutz erfüllen. [4]Der Bezug von Leistungen der Altersversorgung setzt mindestens die Vollendung des 60. Lebensjahrs voraus; nur in berufsspezifischen Ausnahmefällen kann eine niedrigere Altersgrenze zwischen 55 und 60 in Betracht kommen. [5]Für Zusagen, die nach dem 31.12.2011 erteilt werden, tritt an die Stelle des 60. Lebensjahres regelmäßig das 62. Lebensjahr. [6]Für andere als die vorgenannten Leistungen sind Zuwendungen i S. vom § 4d EStG durch das Trägerunternehmen mit steuerlicher Wirkung nicht möglich. [7]Zu den lebenslänglich laufenden Leistungen gehören alle laufenden (wiederkehrenden) Leistungen, soweit sie nicht von vornherein nur für eine bestimmte Anzahl von Jahren oder bis zu einem bestimmten Lebensalter des Leistungsberechtigten vorgesehen sind. [8]Vorbehalte, nach denen Leistungen an den überlebenden Ehegatten bei einer Wiederverheiratung oder Invaliditätsrenten bei einer Wiederaufnahme einer Arbeitstätigkeit wegfallen, berühren die Eigenschaft der Renten als lebenslänglich laufende Leistungen nicht. [9]Dasselbe gilt, wenn eine Invaliditätsrente bei Erreichen einer bestimmten Altersgrenze von einer Altersrente der Unterstützungskasse abgelöst wird. [10]Keine lebenslänglich laufenden Leistungen sind z. B. Überbrückungszahlungen für eine bestimmte Zeit, Waisenrenten, abgekürzte Invaliditätsrenten und zeitlich von vornherein begrenzte Leistungen an den überlebenden Ehegatten.

---

1) Siehe Anlage § 006a-15.
2) Siehe Anlage § 004e-01.
3) Siehe Anlage § 006a-17.
4) Siehe Anhang 16.
5) Siehe Anhang 16.

§ 4d   R 4d

Hinweise

H 4d (2) Lebenslänglich laufende Leistungen
Auch einmalige Kapitalleistungen einer Unterstützungskasse in geringem Umfang sind als lebenslänglich laufende Leistungen im Sinne von § 4d EStG anzusehen (→ BFH vom 15.6.1994 – BStBl. 1995 II S. 21).

EStR 2012 zu § 4d EStG

R 4d (3) Zuwendungen zum Deckungskapital
(3) [1]Das Deckungskapital für die bereits laufenden Leistungen (§ 4d Abs. 1 Satz 1 Nr. 1 Satz 1 Buchstabe a EStG) kann der Kasse sofort bei Beginn der Leistungen oder, solange der Leistungsempfänger lebt, in einem späteren Wirtschaftsjahr in einem Betrag oder verteilt auf mehrere Wirtschaftsjahre zugewendet werden. [2]Mithin kann

1. das Deckungskapital für eine Rente an einen früheren Arbeitnehmer in dem Zeitraum, in dem der frühere Arbeitnehmer Leistungsempfänger ist,
2. das Deckungskapital für eine Rente an den überlebenden Ehegatten in dem Zeitraum, in dem dieser Leistungsempfänger ist, und
3. das Deckungskapital für eine Rente im Falle der Ehescheidung oder der Aufhebung einer eingetragenen Lebenspartnerschaft an den Ausgleichsberechtigten nach dem VersAusglG in dem Zeitraum, in dem dieser Leistungsempfänger ist,

zugewendet werden. [3]Das Deckungskapital für die Rente an den überlebenden Ehegatten kann selbst dann ungeschmälert zugewendet werden, wenn das Deckungskapital für die Rente an den früheren Arbeitnehmer bereits voll zugewendet war. [4]Auf die Anrechnung des im Deckungskapital für die Rente an den früheren Arbeitnehmer enthaltenen Anteils für die Anwartschaft auf Rente an den überlebenden Ehegatten wird aus Praktikabilitätsgründen verzichtet. [5]Das für die Zuwendungen maßgebende Deckungskapital ist jeweils nach dem erreichten Alter des Leistungsempfängers zu Beginn der Leistungen oder zum Zeitpunkt der Leistungserhöhung und nach der Höhe der Jahresbeträge dieser Leistungen zu berechnen; das Alter des Leistungsberechtigten ist nach dem bürgerlichen Recht (§ 187 Abs. 2 Satz 2, § 188 Abs. 2 BGB) zu bestimmen. [6]Bei den am 1.1.1975 bereits laufenden Leistungen ist für die Bemessung weiterer Zuwendungen auf das Deckungskapital von der als Anlage 1 dem Einkommensteuergesetz[1]) beigefügten Tabelle und von dem Lebensalter auszugehen, das der Berechtigte am 1.1.1975 erreicht hat; auf das so ermittelte Deckungskapital sind die früheren Zuwendungen zum Deckungskapital anzurechnen. [7]Lässt sich in den Fällen, in denen ein Trägerunternehmen die nach dem Zuwendungsgesetz (ZuwG) vom 26.3.1952 (BGBl. I S. 206) höchstzulässigen Jahreszuwendungen nicht ausgeschöpft und die Zuwendungen nicht nach den im ZuwG aufgeführten Kategorien gegliedert hat, nicht mehr feststellen, welcher Teil dieser Zuwendungen auf das Deckungskapital vorgenommen wurde, kann das Trägerunternehmen die Gliederung der früheren Zuwendungen nach eigener Entscheidung vornehmen.

Hinweise

H 4d (3) Berechnungsbeispiel für die Zuwendung zum Deckungskapital
Deckungskapital zum 31.12.01 für die in 01 beginnenden laufenden Leistungen von jährlich 1 000 € an die männlichen Leistungsempfänger

A (63 Jahre): 12 x 1 000 € =   12 000 €
B (58 Jahre): 13 x 1 000 € =   13 000 €
                                  —————
                                  25 000 €

Der Kasse werden hiervon 01 nur 10 000 € zugewendet.

Im Wirtschaftsjahr 02 oder in späteren Wirtschaftsjahren können der Kasse für die Leistungen an diese Empfänger nach § 4d Abs. 1 Satz 1 Nr. 1 Buchstabe a EStG insgesamt 25 000 € – 10 000 € = 15 000 € zugewendet werden.

R 4d (4) Zuwendungen zum Reservepolster
(4) [1]Für die Ermittlung der Höhe der zulässigen Zuwendungen zum Reservepolster nach § 4d Abs. 1 Satz 1 Nr. 1 Satz 1 Buchstabe b EStG besteht ein Wahlrecht. [2]Das Trägerunternehmen kann entweder von

---
1) Die Tabelle ist im Anschluss an § 4d EStG abgedruckt.

den jährlichen Versorgungsleistungen ausgehen, welche die jeweils begünstigten Leistungsanwärter im letzten Zeitpunkt der Anwartschaft, spätestens im Zeitpunkt des Erreichens der Regelaltersgrenze der gesetzlichen Rentenversicherung (§§ 35 und 235 SGB V), nach dem Leistungsplan der Kasse erhalten können (Grundsatzregelung). [3]Statt dessen kann auch vom Durchschnittsbetrag der von der Kasse im Wirtschaftsjahr tatsächlich gewährten lebenslänglich laufenden Leistungen ausgegangen werden (Sonderregelung). [4]Das Trägerunternehmen hat in dem Wirtschaftsjahr, ab dem dieses Wahlrecht besteht bzw. in dem erstmals Leistungen über eine Unterstützungskasse zugesagt werden, zu entscheiden, ob die Ermittlung der Höhe der Zuwendungen zum Reservepolster nach der Grundsatzregelung oder der Sonderregelung erfolgen soll. [5]An die getroffene Wahl ist es grundsätzlich fünf Wirtschaftsjahre lang gebunden. [6]Die für das Wirtschaftsjahr zulässigen Zuwendungen zum Reservepolster ergeben sich, wenn auf den jeweils ermittelten Betrag die nach § 4d Abs. 1 Satz 1 Nr. 1 Satz 1 Buchstabe b Satz 1 EStG maßgebenden Prozentsätze angewandt werden; im Fall der Sonderregelung ist das Ergebnis mit der Anzahl der berücksichtigungsfähigen Leistungsanwärter zu vervielfältigen. [7]Wird die Zuwendungshöhe nach der Grundsatzregelung berechnet,sind die einem Leistungsanwärter jeweils schriftlich zugesagten erreichbaren Leistungen nach den Verhältnissen am Ende des Wirtschaftsjahrs der Kasse maßgebend. [8]Änderungen, die erst nach dem Bilanzstichtag wirksam werden, sind nur zu berücksichtigen, wenn sie am Bilanzstichtag bereits feststehen. [9]Die Leistungen sind jeweils bezogen auf die einzelnen zulässigen Zuwendungssätze getrennt zu erfassen, wobei im Falle des § 4d Abs. 1 Satz 1 Nr. 1 Satz 1 Buchstabe b Satz 1 Doppelbuchstabe aa EStG jeweils gesondert die Leistungen der Invaliditätsversorgung bzw. Hinterbliebenenversorgung und im Falle des Doppelbuchstabens bb die Leistungen der Altersversorgung zu berücksichtigen sind. [10]Wird die Zuwendungshöhe nach der Sonderregelung berechnet, ist vom Durchschnittsbetrag der von der Kasse in ihrem Wirtschaftsjahr tatsächlich gewährten lebenslänglich laufenden Leistungen auszugehen. [11]Zur Vereinfachung kann statt einer genaueren Berechnung als Durchschnittsbetrag der Betrag angenommen werden, der sich ergibt, wenn die Summe der im Wirtschaftsjahr der Kasse tatsächlich gezahlten lebenslänglich laufenden Leistungen durch die Zahl der am Ende ihres Wirtschaftsjahrs vorhandenen berücksichtigungsfähigen Leistungsempfänger geteilt wird. [12]Auf diesen Durchschnittsbetrag sind die Zuwendungssätze von jeweils 25 %, 12 % oder 6 % anzuwenden.

Hinweise

H 4d (4)   Ermittlungszeitpunkt für die Höhe der Zuwendungen an eine Unterstützungskasse
→ *BMF vom 7. 1. 1994 – BStBl. I S. 18*

Nährungsverfahren

Zur Berücksichtigung von Renten aus der gesetzlichen Rentenversicherung → *BMF vom 15.3.2007 (BStBl. I S. 290) und vom 5.5.2008 (BStBl. I S. 570).* [1)]

EStR 2012 zu § 4d EStG

R 4d (5) Leistungsanwärter

(5) [1]Der Kreis der Leistungsanwärter umfasst grundsätzlich alle Arbeitnehmer und ehemaligen Arbeitnehmer des Trägerunternehmens, die von der Unterstützungskasse schriftlich zugesagte Leistungen erhalten können, soweit sie nicht bereits Empfänger lebenslänglich laufender Leistungen sind. [2]Bei Zusagen von Hinterbliebenenversorgung ohne Altersversorgung gilt die Person als Leistungsanwärter, bei deren Ableben die Hinterbliebenenversorgung einsetzt; hierbei ist nicht zu prüfen, ob Angehörige vorhanden sind, die im Versorgungsfall Anspruch auf eine Versorgung haben. [3]Angehörige des Unternehmers oder von Mitunternehmern des Trägerunternehmens dürfen nur als Leistungsanwärter berücksichtigt werden, soweit ein steuerlich anzuerkennendes Arbeitsverhältnis (→ R 4.8) vorliegt. [4]Personen, die mit einer unverfallbaren Anwartschaft aus dem Trägerunternehmen ausgeschieden sind, gehören unter den vorstehenden Voraussetzungen zu den Leistungsanwärtern, solange die Kasse mit einer späteren Inanspruchnahme zu rechnen hat; sofern der Kasse nicht bereits vorher bekannt ist, dass Leistungen nicht zu gewähren sind, braucht bei diesen Personen die Frage, ob die Kasse mit einer Inanspruchnahme zu rechnen hat, erst nach Erreichen der Altersgrenze geprüft zu werden. [5]Personen, bei denen bis zum Ablauf des auf das Erreichen der Altersgrenze folgenden Wirtschaftsjahrs nicht feststeht, dass die Kasse mit einer Inanspruchnahme zu rechnen hat, gehören vom Ende dieses Wirtschaftsjahrs an nicht mehr zu den Leistungsanwärtern.

---

1) Siehe Anlage § 006a-02.

§ 4d

R 4d (6) Rückgedeckte Unterstützungskasse
Allgemeines

(6) ¹Soweit die Unterstützungskasse die einem Leistungsempfänger oder einem Leistungsanwärter zugesagten Leistungen ganz oder teilweise durch den Abschluss einer Versicherung abgesichert hat, liegt eine rückgedeckte Unterstützungskasse vor. ²Ist der Betriebsausgabenabzug nach § 4d Abs. 1 Satz 1 Nr. 1 Buchstabe c EStG ausgeschlossen, so können die Zuwendungen im Rahmen des § 4d Abs. 1 Satz 1 Nr. 1 Satz 1 Buchstabe a und b EStG abgezogen werden. ³Die Voraussetzungen für den Betriebsausgabenabzug nach § 4d Abs. 1 Satz 1 Nr. 1 Satz 1 Buchstabe c EStG sind auch dann erfüllt, wenn die Unterstützungskasse ihre Ansprüche aus von ihr abgeschlossenen Rückdeckungsversicherungsverträgen an die begünstigten Arbeitnehmer verpfändet, denen sie Leistungen in Aussicht gestellt hat.

R 4d (7) Zuwendungen für Leistungsempfänger

(7) ¹Werden die zugesagten Leistungen erst nach Eintritt des Versorgungsfalls rückgedeckt, können hierfür Einmalprämien mit steuerlicher Wirkung zugewendet werden. ²§ 4d Abs. 1 Satz 1 Nr. 1 Satz 1 Buchstabe c Satz 2 bis 4 EStG ist nicht anzuwenden.

R 4d (8) Zuwendungen für Leistungsanwärter

(8) ¹Das Trägerunternehmen kann den für den einzelnen Leistungsanwärter an die Kasse zugewendeten Betrag der Versicherungsprämie nur als Betriebsausgaben geltend machen, wenn die Unterstützungskasse laufende Prämien zu entrichten hat. ²Dies ist bei Zusagen einer Altersversorgung der Fall, wenn es sich um eine Versicherung handelt, bei der in jedem Jahr zwischen Vertragsabschluss und Zeitpunkt, für den erstmals Leistungen der Altersversorgung vorgesehen sind, Prämien zu zahlen sind. ³Der Zeitpunkt, für den erstmals Leistungen der Altersversorgung vorgesehen sind, darf nicht vor Vollendung des 55. Lebensjahrs des begünstigten Leistungsanwärters liegen. ⁴Werden Leistungen der Invaliditäts- oder Hinterbliebenenversorgung rückversichert, muss die abgeschlossene Versicherung eine Mindestlaufzeit bis zu dem Zeitpunkt haben, in dem der Leistungsanwärter sein 55. Lebensjahr vollendet. ⁵Eine Versicherung mit kürzerer Laufzeit ist nur begünstigt, wenn feststeht, dass im Anschluss an die Laufzeit des Versicherungsvertrags eine Zusage auf Altersversorgung besteht; ist diese rückgedeckt, müssen die Voraussetzungen der Sätze 2 und 3 erfüllt sein. ⁶Der Abzug der Zuwendungen als Betriebsausgabe ist in dem Wirtschaftsjahr ausgeschlossen, in dem die Kasse zu irgendeinem Zeitpunkt die Ansprüche aus der Versicherung zur Sicherung eines Darlehens verwendet. ⁷Soweit einem Leistungsanwärter vor Vollendung des 28. Lebensjahrs (bei erstmaliger Zusage vor dem 1.1.2001: des 30. Lebensjahrs, bei erstmaliger Zusage nach dem 31.12.2008: des 27. Lebensjahres) Zusagen mit vertraglicher Unverfallbarkeit gewährt werden, können hierfür laufende Prämien als Zuwendungen nur berücksichtigt werden, wenn die Bestimmungen der vertraglichen Unverfallbarkeit mindestens den Berechnungsvorschriften des § 2 Betriebsrentengesetz[1]) entsprechen.

R 4d (9) Kürzung der als Betriebsausgabe abzugsfähigen Prämien

(9) ¹Laufende Prämien sind bezogen auf die notwendige und vereinbarte Versicherungssumme nur begünstigt, wenn sie der Höhe nach entweder gleich bleiben oder steigen. ²Eine gleichbleibende Prämie liegt in diesen Fällen auch vor, wenn die von der Unterstützungskasse jährlich zu zahlende Prämie mit Gewinngutschriften aus dem Versicherungsvertrag verrechnet wird. ³In diesen Fällen kann der Kasse nur der verbleibende Restbetrag steuerbegünstigt zugewendet werden. ⁴Entsprechendes gilt, wenn die Gewinngutschriften durch die Kasse nicht mit fälligen Prämien verrechnet und auch nicht zur Erhöhung der Rückdeckungsquote hinsichtlich der bestehenden Zusage verwendet werden. ⁵Beruht die Verminderung der Beiträge auf einer Änderung der Versorgungszusage und sind die Prämien nach der Vertragsänderung mindestens in konstanter Höhe bis zum Eintritt des Versorgungsfalles zu zahlen, sind die Zuwendungen weiterhin als Betriebsausgaben abzugsfähig; Entsprechendes gilt bei der Änderung von Entgeltumwandlungsvereinbarungen. ⁶Eine Änderung der Versorgungszusage liegt auch dann vor, wenn der Arbeitgeber auf Verlangen des Arbeitnehmers eine Entgeltumwandlung im Wege einer vertraglichen Vereinbarung reduziert. ⁷Dies gilt unabhängig davon, aus welchem Grund die Gehaltsumwandlung vermindert wird. ⁸Sinkende Beiträge an eine rückgedeckte Unterstützungskasse führen auch dann (ausnahmsweise) nicht zu einer Versagung des Betriebsausgabenabzuges, wenn sich die Beitragsminderung aus gesetzlich vorgegebenen Faktoren ergibt (z. B. aus der Erhöhung der Beitragsbemessungsgrenzen in der gesetzlichen Rentenversicherung) und die Prämienzahlungen nach der Minderung mindestens in konstanter Höhe bis zum Eintritt des Versorgungsfalles zu leisten sind.

---

1) Siehe Anhang 16.

R 4d § 4d

R 4d (10) Nachweispflicht

(10) Das Trägerunternehmen hat die Voraussetzungen des § 4d Abs. 1 Satz 1 Nr. 1 Satz 1 Buchstabe c EStG im Jahr der Zuwendung nachzuweisen.

Hinweise

H 4d (10) Rückdeckungsversicherung

> Der Betriebsausgabenabzug von Zuwendungen an eine rückgedeckte Unterstützungskasse nach § 4d Abs. 1 Satz 1 Nr. 1 Satz 1 Buchstabe c EStG ist bei einer Beleihung oder Abtretung von Ansprüchen aus der Rückdeckungsversicherung ausgeschlossen. Die Inanspruchnahme von Vorauszahlungen steht einer Beleihung gleich (→ BFH vom 28.2.2002 – BStBl. II S. 358).
>
> **Zweifelsfragen bei Zuwendungen an rückgedeckte Unterstützungskassen**
> → BMF vom 31.1.2002 (BStBl. I S. 214):[1]
> 1. Versicherung gegen laufende Einmalbeiträge,
> 2. Sinkende Beiträge auf Grund einer Bemessung nach variablen Gehaltsbestandteilen
> → H 4d (1) Allgemeines

EStR 2012 zu § 4d EStG

R 4d (11) Zuwendungen für nicht lebenslänglich laufende Leistungen – unbesetzt –

Hinweise

H 4d (11) Beispiel

> | | |
> |---|---:|
> | Lohn- und Gehaltssumme des Trägerunternehmens im Wirtschaftsjahr 01 ... | 1 000 000 € |
> | Die Zuwendung beträgt 01 .... | 1 000 € |
> | und liegt damit unter der möglichen Zuwendung von 0,2 v. H. von 1 000 000 € = 2 000 €. | |
> | Lohn- und Gehaltssumme 02 bis 05 je .... | 1 200 000 € |
> | Zuwendungen 02 bis 05 je 0,2 v. H. von 1 200 000 €, zusammen .... | 9 600 € |
> | Kassenleistungen 01 bis 05 zusammen .... | 4 000 € |
> | Lohn- und Gehaltssumme 06 .... | 1 500 000 € |
> | Tatsächliche Kassenleistungen 06 .... | 12 000 € |
> | In 06 können der Kasse statt der normalen Zuwendung von 0,2 v. H. von 1 500 000 € = 3 000 € zugewendet werden: | |
> | – die tatsächlichen Kassenleistungen 06 von .... | 12 000 € |
> | – abzüglich der aus den vorangegangenen 5 Wirtschaftsjahren noch nicht durch Leistungen aufgezehrten Zuwendungen (10 600 € – 4 000 € =) .... | 6 600 € |
> | | 5 400 € |

EStR 2012 zu § 4d EStG

R 4d (12) Lohn- und Gehaltssumme

(12) ¹Zur Lohn- und Gehaltssumme im Sinne des § 4d Abs. 1 Satz 1 Nr. 2 EStG gehören alle Arbeitslöhne im Sinne des § 19 Abs. 1 Satz 1 Nr. 1 EStG, soweit sie nicht von der Einkommensteuer befreit sind. ²Zuschläge für Mehrarbeit und für Sonntags-, Feiertags- und Nachtarbeit gehören zur Lohn- und Gehaltssumme, auch soweit sie steuerfrei sind. ³Wegen der Vergütungen an Personen, die nicht Arbeitnehmer sind, → Absatz 15.

R 4d (13) Kassenvermögen der Unterstützungskasse

(13) ¹Zuwendungen an eine Unterstützungskasse sind beim Trägerunternehmen nur abziehbar, soweit am Schluss des Wirtschaftsjahrs der Kasse das tatsächliche Kassenvermögen nicht höher ist als das zulässige Kassenvermögen (§ 4d Abs. 1 Satz 1 Nr. 1 Satz 2 bis 7 und Nr. 2 Satz 2 bis 6 EStG). ²Dabei ist die

---
1) Siehe Anlage § 004d-02.

§ 4d

Unterstützungskasse bei der Ermittlung ihres zulässigen Kassenvermögens nicht an die Bewertungsmethode gebunden, die das Trägerunternehmen bei der Ermittlung des Dotierungsrahmens zum Reservepolster (→ Absatz 4) angewandt hat. ³Weicht das Wirtschaftsjahr der Kasse von dem des Trägerunternehmens ab, ist für die Frage, ob das tatsächliche Kassenvermögen das zulässige Kassenvermögen übersteigt, das Wirtschaftsjahr der Kasse maßgebend, das vor dem Ende des Wirtschaftsjahrs des Trägerunternehmens endet. ⁴Bei Kassen, die sowohl lebenslänglich laufende als auch nicht lebenslänglich laufende Leistungen gewähren, ist sowohl das tatsächliche als auch das zulässige Kassenvermögen für beide Gruppen von Leistungen gemeinsam festzustellen.

Hinweise

H 4d (13) Beispiel:

Tatsächliches Kassenvermögen einer Unterstützungskasse mit lebenslänglich laufenden und nicht lebenslänglich laufenden Leistungen am 31.12.02 vor der Zuwendung für 02 720 000 €.

Die Kasse zahlt an bereits laufenden jährlichen Altersrenten seit 01 an 14 Berechtigte insgesamt 33 600 €, d. h. durchschnittlich 2 400 €.

Das Deckungskapital hierfür betrug bei Beginn der Leistungen im Jahr 01 340 000 €, zum 31.12.02 336 000 € (340 000 € voll zugewendet).

Am 1. 1. 02 kommen 3 laufende Leistungen mit je 2 400 € Jahresrente hinzu (Alter der männlichen Berechtigten 65 Jahre). Die Kasse hat daneben insgesamt 80 Leistungsanwärter, denen nach dem 31.12.2000 vom Trägerunternehmen eine Zusage erteilt wurde. Diesen ist nach den Verhältnissen zum 31.12.02 eine Jahresrente von je 2 400 € zugesagt. 10 Leistungsanwärter haben am 31.12.02 das 28. Lebensjahr noch nicht vollendet. 10 Leistungsanwärter haben zu diesem Zeitpunkt das 50. Lebensjahr vollendet. Die Lohn- und Gehaltssumme des Trägerunternehmens beträgt in allen Jahren je 1 500 000 €.

Der Kasse können 02 folgende Beträge zugewendet werden:

a) *Das Deckungskapital für die neu hinzugekommenen laufenden Leistungen in Höhe von 11 x 2 400 € x 3 =* .... 79 200 €

b) *Zuwendungen zum Reservepolster für lebenslänglich laufende Leistungen:*

    aa) *Nach dem Grundsatz:*
    2400 €,
    hiervon 25 v. H. (§ 4d Abs. 1 Satz 1 Nr. 1 Satz 1 Buchstabe b Satz 1 Doppelbuchstabe bb EStG) = 600 €, vervielfältigt mit der Zahl der berücksichtigungsfähigen Leistungsanwärter: 600 € x 70 = ... 42 000 €

    bb) *Nach der Sonderregelung:*
    Durchschnitt der laufenden Leistungen 02:
    33 600 € + (3 x 2 400 €) = 40 800 €:
    17 Empfänger = 2 400 €,
    hiervon 25 v. H. (§ 4d Abs. 1 Satz 1 Nr. 1 Satz 1 Buchstabe b Satz 1 Doppelbuchstabe bb EStG) = 600 €, vervielfältigt mit der Zahl der berücksichtigungsfähigen Leistungsanwärter: 600 € x 70 = ... 6 000 €

c) *Zuwendungen für nicht lebenslänglich laufende Leistungen:*
    0,2 v. H. von 1 500 000 €. .... 3 000 €

Der Zuwendungsumfang beträgt unter Berücksichtigung von
b) aa) 124 200 € und unter Berücksichtigung von
b) bb) 88 200 €.

Zulässiges Kassenvermögen am 31. 12. 02:
Deckungskapital für die laufenden Leistungen (336 000 € + 79 200 € =) ...... 415 200 €
Reservepolster für lebenslänglich laufende Leistungen
– *nach b) aa) 42 000 € x 8 =* .... 336 000 €
– *nach b) bb) 6 000 € x 8* .... 48 000 €
Reservepolster für nicht lebenslänglich laufende Leistungen
(1 v. H. von 1 500 000 € =) .... 15 000 €

Das tatsächliche Kassenvermögen von bisher 720 000 € würde nach der Zuwendung von 124 200 € – b) aa) – insgesamt 844 200 € betragen und damit das zulässige Kassenvermögen von (415 200 € + 336 000 € + 15 000 €) 766 200 € um 78 000 € übersteigen. Es sind deshalb nicht 124 200 €, sondern nur (124 200 € – 78 000 €) 46 200 € der Zuwendungen als Betriebsausgaben abziehbar. Unter Berücksichtigung des Zuwendungsumfangs unter b) bb) beträgt das zulässige Kassenvermögen nur (415 200 € + 48 000 € + 15 000 €) 478 200 €. In diesem Fall kann die Zuwendung in 02 nicht als Betriebsausgabe abgezogen werden.

EStR 2012 zu § 4d EStG

R 4d (14) Sonderfälle

(14) ¹Bei Konzern- und Gruppenkassen ist die Bemessungsgrundlage für die Zuwendungen zum Reservepolster für jedes Trägerunternehmen gesondert nach den bei diesen Unternehmen vorliegenden Tatbeständen zu errechnen. ²Die auf das einzelne Trägerunternehmen entfallenden Teile des tatsächlichen und zulässigen Kassenvermögens sind ebenfalls jeweils getrennt festzustellen.

Hinweise

H 4d (14) Zuwendungen an mehrere Kassen

Leistet ein Trägerunternehmen Zuwendungen an mehrere Unterstützungskassen, so sind diese Kassen bei der Ermittlung der Höhe der steuerbegünstigten Zuwendungen im Sinne von § 4d EStG als Einheit zu behandeln (→ § 4d Abs. 1 Satz 3 EStG). Soweit danach der Betriebsausgabenabzug nach § 4d Abs. 1 Satz 3 EStG beschränkt ist, gilt dies auch für den Fall, dass bei getrennter Betrachtung infolge der Unterdotierung einer oder mehrerer Kassen der Abzug nicht beschränkt wäre. Daran ändert sich selbst dann nichts, wenn sich der durch die Kassen begünstigte Kreis der Arbeitnehmer nicht überschneidet (→ BFH vom 8.11.1989 – BStBl. 1990 II S. 210).

EStR 2012 zu § 4d EStG

R 4d (15)

(15) ¹Bei der Berechnung der Zuwendungen können neben den Arbeitnehmern auch Personen berücksichtigt werden, die nicht Arbeitnehmer sind, z. B. Handelsvertreter, wenn ihnen nach der Satzung der Unterstützungskasse Leistungen aus Anlass ihrer Tätigkeit für ein Trägerunternehmen zugesagt worden sind (§ 17 Abs. 1 Satz 2 Betriebsrentengesetz)[1]. ²Die Provisionszahlungen oder sonstigen Entgelte an diese Personen sind zur Lohn- und Gehaltssumme im Sinne des § 4d Abs. 1 Satz 1 Nr. 2 EStG zu rechnen.

Rechtsprechungsauswahl

BFH vom 19.6.07 VIII R 100/04 (BStBl. II S. 930): Grundsätze zur sog. Überversorgung gelten auch für Unterstützungskassen nach § 4d EStG

---

1) Siehe Anhang 16.

§ 4e Beiträge an Pensionsfonds

(1) Beiträge an einen Pensionsfonds im Sinne des § 112 des Versicherungsaufsichtsgesetzes dürfen von dem Unternehmen, das die Beiträge leistet (Trägerunternehmen), als Betriebsausgaben abgezogen werden, soweit sie auf einer festgelegten Verpflichtung beruhen oder der Abdeckung von Fehlbeträgen bei dem Fonds dienen.

(2) Beiträge im Sinne des Absatzes 1 dürfen als Betriebsausgaben nicht abgezogen werden, soweit die Leistungen des Fonds, wenn sie vom Trägerunternehmen unmittelbar erbracht würden, bei diesem nicht betrieblich veranlasst wären.

(3) ¹Der Steuerpflichtige kann auf Antrag die insgesamt erforderlichen Leistungen an einen Pensionsfonds zur teilweisen oder vollständigen Übernahme einer bestehenden Versorgungsverpflichtung oder Versorgungsanwartschaft durch den Pensionsfonds erst in den dem Wirtschaftsjahr der Übertragung folgenden zehn Wirtschaftsjahren gleichmäßig verteilt als Betriebsausgaben abziehen. ²Der Antrag ist unwiderruflich; der jeweilige Rechtsnachfolger ist an den Antrag gebunden. ³Ist eine Pensionsrückstellung nach § 6a gewinnerhöhend aufzulösen, ist Satz 1 mit der Maßgabe anzuwenden, dass die Leistungen an den Pensionsfonds im Wirtschaftsjahr der Übertragung in Höhe der aufgelösten Rückstellung als Betriebsausgaben abgezogen werden können; der die aufgelöste Rückstellung übersteigende Betrag ist in den dem Wirtschaftsjahr der Übertragung folgenden zehn Wirtschaftsjahren gleichmäßig verteilt als Betriebsausgaben abzuziehen. ⁴Satz 3 gilt entsprechend, wenn es im Zuge der Leistungen des Arbeitgebers an den Pensionsfonds zu Vermögensübertragungen einer Unterstützungskasse an den Arbeitgeber kommt.

Hinweise

H 4e Pensionsfonds

Als Pensionsfonds im Sinne des § 112 VAG sind nur rechtsfähige Versorgungseinrichtungen in der Rechtsform einer AG oder eines Pensionsfondsvereins auf Gegenseitigkeit anzusehen, die den Leistungsberechtigten (Arbeitnehmer, ehemalige Arbeitnehmer und Personen im Sinne des § 17 Abs. 1 Satz 2 Betriebsrentengesetz)[1] einen eigenen Anspruch ausschließlich auf Altersversorgungsleistungen gegen den Pensionsfonds einräumen (→ §§ 112, 113 VAG).

Übertragung von Versorgungszusagen auf Pensionsfonds

Zur Übertragung von Versorgungsverpflichtungen und Versorgungsanwartschaften auf Pensionsfonds nach § 4e Abs. 3 EStG i. V. m. § 3 Nr. 66 EStG → BMF vom 26.10.2006 (BStBl. I S. 709)[2].

---

1) Siehe Anhang 16.
2) Siehe Anlage § 004e-01.

§ 4f Verpflichtungsübernahmen, Schuldbeitritte und Erfüllungsübernahmen

(1) ¹Werden Verpflichtungen übertragen, die beim ursprünglich Verpflichteten Ansatzverboten, Beschränkungen oder Bewertungsvorbehalten unterlegen haben, ist der sich aus diesem Vorgang ergebende Aufwand im Wirtschaftsjahr der Schuldübernahme und den nachfolgenden 14 Jahren gleichmäßig verteilt als Betriebsausgabe abziehbar. ²Ist auf Grund der Übertragung einer Verpflichtung ein Passivposten gewinnerhöhend aufzulösen, ist Satz 1 mit der Maßgabe anzuwenden, dass der sich ergebende Aufwand im Wirtschaftsjahr der Schuldübernahme in Höhe des aufgelösten Passivpostens als Betriebsausgabe abzuziehen ist; der den aufgelösten Passivposten übersteigende Betrag ist in dem Wirtschaftsjahr der Schuldübernahme und den nachfolgenden 14 Wirtschaftsjahren gleichmäßig verteilt als Betriebsausgabe abzuziehen. ³Eine Verteilung des sich ergebenden Aufwands unterbleibt, wenn die Schuldübernahme im Rahmen einer Veräußerung oder Aufgabe des ganzen Betriebes oder des gesamten Mitunternehmeranteils im Sinne der §§ 14, 16 Absatz 1, 3 und 3a sowie des § 18 Absatz 3 erfolgt; dies gilt auch, wenn ein Arbeitnehmer unter Mitnahme seiner erworbenen Pensionsansprüche zu einem neuen Arbeitgeber wechselt oder wenn der Betrieb am Schluss des vorangehenden Wirtschaftsjahres die Größenmerkmale des § 7g Absatz 1 Satz 2 Nummer 1 Buchstabe a bis c nicht überschreitet. ⁴Erfolgt die Schuldübernahme in dem Fall einer Teilbetriebsveräußerung oder -aufgabe im Sinne der §§ 14, 16 Absatz 1, 3 und 3a sowie des § 18 Absatz 3, ist ein Veräußerungs- oder Aufgabeverlust um den Aufwand im Sinne des Satzes 1 zu vermindern, soweit dieser den Verlust begründet oder erhöht hat. ⁵Entsprechendes gilt für den einen aufgelösten Passivposten übersteigenden Betrag im Sinne des Satzes 2. ⁶Für den hinzugerechneten Aufwand gelten Satz 2 zweiter Halbsatz und Satz 3 entsprechend. ⁷Der jeweilige Rechtsnachfolger des ursprünglichen Verpflichteten ist an die Aufwandsverteilung nach den Sätzen 1 bis 6 gebunden.

(2) Wurde für Verpflichtungen im Sinne des Absatzes 1 ein Schuldbeitritt oder eine Erfüllungsübernahme mit ganzer oder teilweiser Schuldfreistellung vereinbart, gilt für die vom Freistellungsberechtigten an den Freistellungsverpflichteten erbrachten Leistungen Absatz 1 Satz 1, 2 und 7 entsprechend.

Weitere Verwaltungsanweisungen
(soweit nicht in den Hinweisen enthalten)

Zu § 4f EStG

Regelungen in § 4f und § 5 Abs. 7 EStG zu Verpflichtungsübernahme, Schuldbeitritt und Erfüllungsübernahme (Vfg. OFD Magdeburg vom 2.6.2014)[1]

---

1) Siehe Anlage § 004f-01.

§ 4g

§ 4g Bildung eines Ausgleichspostens bei Entnahme nach § 4 Abs. 1 Satz 3

(1) ¹Ein unbeschränkt Steuerpflichtiger kann in Höhe des Unterschiedsbetrags zwischen dem Buchwert und dem nach § 6 Abs. 1 Nr. 4 Satz 1 zweiter Halbsatz anzusetzenden Wert eines Wirtschaftsguts des Anlagevermögens auf Antrag einen Ausgleichsposten bilden, soweit das Wirtschaftsgut infolge seiner Zuordnung zu einer Betriebsstätte desselben Steuerpflichtigen in einem anderen Mitgliedstaat der Europäischen Union gemäß § 4 Abs. 1 Satz 3 als entnommen gilt. ²Der Ausgleichsposten ist für jedes Wirtschaftsgut getrennt auszuweisen. ³Das Antragsrecht kann für jedes Wirtschaftsjahr nur einheitlich für sämtliche Wirtschaftsgüter ausgeübt werden. ⁴Der Antrag ist unwiderruflich. ⁵Die Vorschriften des Umwandlungssteuergesetzes[1)] bleiben unberührt.

(2) ¹Der Ausgleichsposten ist im Wirtschaftsjahr der Bildung und in den vier folgenden Wirtschaftsjahren zu jeweils einem Fünftel gewinnerhöhend aufzulösen. ²Er ist in vollem Umfang gewinnerhöhend aufzulösen,
1. wenn das als entnommen geltende Wirtschaftsgut aus dem Betriebsvermögen des Steuerpflichtigen ausscheidet,
2. wenn das als entnommen geltende Wirtschaftsgut aus der Besteuerungshoheit der Mitgliedstaaten der Europäischen Union ausscheidet oder
3. wenn die stillen Reserven des als entnommen geltenden Wirtschaftsguts im Ausland aufgedeckt werden oder in entsprechender Anwendung der Vorschriften des deutschen Steuerrechts hätten aufgedeckt werden müssen.

(3) ¹Wird die Zuordnung eines Wirtschaftsguts zu einer anderen Betriebsstätte des Steuerpflichtigen in einem anderen Mitgliedstaat der Europäischen Union im Sinne des Absatzes 1 innerhalb der tatsächlichen Nutzungsdauer, spätestens jedoch vor Ablauf von fünf Jahren nach Änderung der Zuordnung, aufgehoben, ist der für dieses Wirtschaftsgut gebildete Ausgleichsposten ohne Auswirkungen auf den Gewinn aufzulösen und das Wirtschaftsgut mit den fortgeführten Anschaffungskosten, erhöht um zwischenzeitlich gewinnerhöhend berücksichtigte Auflösungsbeträge im Sinne der Absätze 2 und 5 Satz 2 und um den Unterschiedsbetrag zwischen dem Rückführungswert und dem Buchwert im Zeitpunkt der Rückführung, höchstens jedoch mit dem gemeinen Wert, anzusetzen. ²Die Aufhebung der geänderten Zuordnung ist ein Ereignis im Sinne des § 175 Abs. 1 Nr. 2 der Abgabenordnung.

(4) ¹Die Absätze 1 bis 4 finden entsprechende Anwendung bei der Ermittlung des Überschusses der Betriebseinnahmen über die Betriebsausgaben gemäß § 4 Abs. 3. ²Wirtschaftsgüter, für die ein Ausgleichsposten nach Absatz 1 gebildet worden ist, sind in ein laufend zu führendes Verzeichnis aufzunehmen. ³Der Steuerpflichtige hat darüber hinaus Aufzeichnungen zu führen, aus denen die Bildung und Auflösung der Ausgleichsposten hervorgeht. ⁴Die Aufzeichnungen nach den Sätzen 2 und 3 sind der Steuererklärung beizufügen.

(5) ¹Der Steuerpflichtige ist verpflichtet, der zuständigen Finanzbehörde die Entnahme oder ein Ereignis im Sinne des Absatzes 2 unverzüglich anzuzeigen. ²Kommt der Steuerpflichtige dieser Anzeigepflicht, seinen Aufzeichnungspflichten nach Absatz 4 oder seinen sonstigen Mitwirkungspflichten im Sinne des § 90 der Abgabenordnung nicht nach, ist der Ausgleichsposten dieses Wirtschaftsguts gewinnerhöhend aufzulösen.

---

1) Siehe Anhang 4.

§ 4h

§ 4h Betriebsausgabenabzug für Zinsaufwendungen (Zinsschranke)

(1) [1]Zinsaufwendungen eines Betriebs sind abziehbar in Höhe des Zinsertrags, darüber hinaus nur bis zur Höhe des verrechenbaren EBITDA. [2]Das verrechenbare EBITDA ist 30 Prozent des um die Zinsaufwendungen und um die nach § 6 Absatz 2 Satz 1 abzuziehenden, nach § 6 Absatz 2a Satz 2 gewinnmindernd aufzulösenden und nach § 7 abgesetzten Beträge erhöhten und um die Zinserträge verminderten maßgeblichen Gewinns. [3]Soweit das verrechenbare EBITDA die um die Zinserträge geminderten Zinsaufwendungen des Betriebs übersteigt, ist es in die folgenden fünf Wirtschaftsjahre vorzutragen (EBITDA-Vortrag); ein EBITDA-Vortrag entsteht nicht in Wirtschaftsjahren, in denen Absatz 2 die Anwendung von Absatz 1 Satz 1 ausschließt. [4]Zinsaufwendungen, die nach Satz 1 nicht abgezogen werden können, sind bis zur Höhe der EBITDA-Vorträge aus vorangegangenen Wirtschaftsjahren abziehbar und mindern die EBITDA-Vorträge in ihrer zeitlichen Reihenfolge. [5]Danach verbleibende nicht abziehbare Zinsaufwendungen sind in die folgenden Wirtschaftsjahre vorzutragen (Zinsvortrag). [6]Sie erhöhen die Zinsaufwendungen dieser Wirtschaftsjahre, nicht aber den maßgeblichen Gewinn.

(2) [1]Absatz 1 Satz 1 ist nicht anzuwenden, wenn

a) der Betrag der Zinsaufwendungen, soweit er den Betrag der Zinserträge übersteigt, weniger als drei Millionen Euro beträgt,

b) der Betrieb nicht oder nur anteilmäßig zu einem Konzern gehört oder

c) der Betrieb zu einem Konzern gehört und seine Eigenkapitalquote am Schluss des vorangegangenen Abschlussstichtages gleich hoch oder höher ist als die des Konzerns (Eigenkapitalvergleich). [2]Ein Unterschreiten der Eigenkapitalquote des Konzerns bis zu zwei Prozentpunkte ist unschädlich.

[3]Eigenkapitalquote ist das Verhältnis des Eigenkapitals zur Bilanzsumme; sie bemisst sich nach dem Konzernabschluss, der den Betrieb umfasst, und ist für den Betrieb auf der Grundlage des Jahresabschlusses oder Einzelabschlusses zu ermitteln. [4]Wahlrechte sind im Konzernabschluss und im Jahresabschluss oder Einzelabschluss einheitlich auszuüben; bei gesellschaftsrechtlichen Kündigungsrechten ist insoweit mindestens das Eigenkapital anzusetzen, das sich nach den Vorschriften des Handelsgesetzbuchs ergeben würde. [5]Bei der Ermittlung der Eigenkapitalquote des Betriebs ist das Eigenkapital um einen im Konzernabschluss enthaltenen Firmenwert, soweit er auf den Betrieb entfällt, und um die Hälfte von Sonderposten mit Rücklagenanteil (§ 273 des Handelsgesetzbuchs) zu erhöhen sowie um das Eigenkapital, das keine Stimmrechte vermittelt – mit Ausnahme von Vorzugsaktien –, die Anteile an anderen Konzerngesellschaften und um Einlagen der letzten sechs Monate vor dem maßgeblichen Abschlussstichtag, soweit ihnen Entnahmen oder Ausschüttungen innerhalb der ersten sechs Monate nach dem maßgeblichen Abschlussstichtag gegenüberstehen, zu kürzen. [6]Die Bilanzsumme ist um Kapitalforderungen zu kürzen, die nicht im Konzernabschluss ausgewiesen sind und denen Verbindlichkeiten im Sinne des Absatzes 3 in mindestens gleicher Höhe gegenüberstehen. [7]Sonderbetriebsvermögen ist dem Betrieb der Mitunternehmerschaft zuzuordnen, soweit es im Konzernvermögen enthalten ist.

[8]Die für den Eigenkapitalvergleich maßgeblichen Abschlüsse sind einheitlich nach den International Financial Reporting Standards (IFRS) zu erstellen. [9]Hiervon abweichend können Abschlüsse nach dem Handelsrecht eines Mitgliedstaats der Europäischen Union verwendet werden, wenn kein Konzernabschluss nach den IFRS zu erstellen und offen zu legen ist und für keines der letzten fünf Wirtschaftsjahre ein Konzernabschluss nach den IFRS erstellt wurde; nach den Generally Accepted Accounting Principles der Vereinigten Staaten von Amerika (US-GAAP) aufzustellende und offen zu legende Abschlüsse sind zu verwenden, wenn kein Konzernabschluss nach den IFRS oder dem Handelsrecht eines Mitgliedstaats der Europäischen Union zu erstellen und offen zu legen ist. [10]Der Konzernabschluss muss den Anforderungen an die handelsrechtliche Konzernrechnungslegung genügen oder die Voraussetzungen erfüllen, unter denen ein Abschluss nach den §§ 291 und 292 des Handelsgesetzbuchs befreiende Wirkung hätte. [11]Wurde der Jahresabschluss oder Einzelabschluss nicht nach denselben Rechnungslegungsstandards wie der Kon-

§ 4h

zernabschluss aufgestellt, ist die Eigenkapitalquote des Betriebs in einer Überleitungsrechnung nach den für den Konzernabschluss geltenden Rechnungslegungsstandards zu ermitteln. [12]Die Überleitungsrechnung ist einer prüferischen Durchsicht zu unterziehen. [13]Auf Verlangen der Finanzbehörde ist der Abschluss oder die Überleitungsrechnung des Betriebs durch einen Abschlussprüfer zu prüfen, der die Voraussetzungen des § 319 des Handelsgesetzbuchs erfüllt. [14]Ist ein dem Eigenkapitalvergleich zugrunde gelegter Abschluss unrichtig und führt der zutreffende Abschluss zu einer Erhöhung der nach Absatz 1 nicht abziehbaren Zinsaufwendungen, ist ein Zuschlag entsprechend § 162 Abs. 4 Satz 1 und 2 der Abgabenordnung festzusetzen. [15]Bemessungsgrundlage für den Zuschlag sind die nach Absatz 1 nicht abziehbaren Zinsaufwendungen. [16]§ 162 Abs. 4 Satz 4 bis 6 der Abgabenordnung gilt sinngemäß.

[2]Ist eine Gesellschaft, bei der der Gesellschafter als Mitunternehmer anzusehen ist, unmittelbar oder mittelbar einer Körperschaft nachgeordnet, gilt für die Gesellschaft § 8a Abs. 2 und 3 des Körperschaftsteuergesetzes entsprechend.

(3) [1]Maßgeblicher Gewinn ist der nach den Vorschriften dieses Gesetzes mit Ausnahme des Absatzes 1 ermittelte steuerpflichtige Gewinn. [2]Zinsaufwendungen sind Vergütungen für Fremdkapital, die den maßgeblichen Gewinn gemindert haben. [3]Zinserträge sind Erträge aus Kapitalforderungen jeder Art, die den maßgeblichen Gewinn erhöht haben. [4]Die Auf- und Abzinsung unverzinslicher oder niedrig verzinslicher Verbindlichkeiten oder Kapitalforderungen führen ebenfalls zu Zinserträgen oder Zinsaufwendungen. [5]Ein Betrieb gehört zu einem Konzern, wenn er nach dem für die Anwendung des Absatzes 2 Satz 1 Buchstabe c zugrunde gelegten Rechnungslegungsstandard mit einem oder mehreren anderen Betrieben konsolidiert wird oder werden könnte. [6]Ein Betrieb gehört für Zwecke des Absatzes 2 auch zu einem Konzern, wenn seine Finanz- und Geschäftspolitik mit einem oder mehreren anderen Betrieben einheitlich bestimmt werden kann.

(4) [1]Der EBITDA-Vortrag und der Zinsvortrag sind gesondert festzustellen. [2]Zuständig ist das für die gesonderte Feststellung des Gewinns und Verlusts der Gesellschaft zuständige Finanzamt, im Übrigen das für die Besteuerung zuständige Finanzamt. [3]§ 10d Abs. 4 gilt sinngemäß. [4]Feststellungsbescheide sind zu erlassen, aufzuheben oder zu ändern, soweit sich die nach Satz 1 festzustellenden Beträge ändern.

(5) [1]Bei Aufgabe oder Übertragung des Betriebs gehen ein nicht verbrauchter EBITDA-Vortrag und ein nicht verbrauchter Zinsvortrag unter. [2]Scheidet ein Mitunternehmer aus einer Gesellschaft aus, gehen der EBITDA-Vortrag und der Zinsvortrag anteilig mit der Quote unter, mit der der ausgeschiedene Gesellschafter an der Gesellschaft beteiligt war. [3]§ 8c des Körperschaftsteuergesetzes ist auf den Zinsvortrag einer Gesellschaft entsprechend anzuwenden, soweit an dieser unmittelbar oder mittelbar eine Körperschaft als Mitunternehmer beteiligt ist.

§ 5

§ 5 Gewinn bei Kaufleuten und bei bestimmten anderen Gewerbetreibenden

(1) ¹Bei Gewerbetreibenden, die auf Grund gesetzlicher Vorschriften verpflichtet sind, Bücher zu führen und regelmäßig Abschlüsse zu machen oder die ohne eine solche Verpflichtung Bücher führen und regelmäßig Abschlüsse machen, ist für den Schluss des Wirtschaftsjahres das Betriebsvermögen anzusetzen (§ 4 Abs. 1 Satz 1), das nach den handelsrechtlichen Grundsätzen ordnungsmäßiger Buchführung auszuweisen ist, es sei denn, im Rahmen der Ausübung eines steuerlichen Wahlrechts wird oder wurde ein anderer Ansatz gewählt. ²Voraussetzung für die Ausübung steuerlicher Wahlrechte ist, dass die Wirtschaftsgüter, die nicht mit dem handelsrechtlich maßgeblichen Wert in der steuerlichen Gewinnermittlung ausgewiesen werden, in besondere, laufend zu führende Verzeichnisse aufgenommen werden. ³In den Verzeichnissen sind der Tag der Anschaffung oder Herstellung, die Anschaffungs- oder Herstellungskosten, die Vorschrift des ausgeübten steuerlichen Wahlrechts und die vorgenommenen Abschreibungen nachzuweisen.

(1a) ¹Posten der Aktivseite dürfen nicht mit Posten der Passivseite verrechnet werden. ²Die Ergebnisse der in der handelsrechtlichen Rechnungslegung zur Absicherung finanzwirtschaftlicher Risiken gebildeten Bewertungseinheiten sind auch für die steuerliche Gewinnermittlung maßgeblich.

(2) Für immaterielle Wirtschaftsgüter des Anlagevermögens ist ein Aktivposten nur anzusetzen, wenn sie entgeltlich erworben wurden.

(2a) Für Verpflichtungen, die nur zu erfüllen sind, soweit künftig Einnahmen oder Gewinne anfallen, sind Verbindlichkeiten oder Rückstellungen erst anzusetzen, wenn die Einnahmen oder Gewinne angefallen sind.

(3) ¹Rückstellungen wegen Verletzung fremder Patent-, Urheber- oder ähnlicher Schutzrechte dürfen erst gebildet werden, wenn

1. der Rechtsinhaber Ansprüche wegen der Rechtsverletzung geltend gemacht hat oder
2. mit einer Inanspruchnahme wegen der Rechtsverletzung ernsthaft zu rechnen ist.

²Eine nach Satz 1 Nr. 2 gebildete Rückstellung ist spätestens in der Bilanz des dritten auf ihre erstmalige Bildung folgenden Wirtschaftsjahrs gewinnerhöhend aufzulösen, wenn Ansprüche nicht geltend gemacht worden sind.

(4) Rückstellungen für die Verpflichtung zu einer Zuwendung anlässlich eines Dienstjubiläums dürfen nur gebildet werden, wenn das Dienstverhältnis mindestens zehn Jahre bestanden hat, das Dienstjubiläum das Bestehen eines Dienstverhältnisses von mindestens fünfzehn Jahren voraussetzt, die Zusage schriftlich erteilt ist und soweit der Zuwendungsberechtigte seine Anwartschaft nach dem 31. Dezember 1992 erwirbt.

(4a) ¹Rückstellungen für drohende Verluste aus schwebenden Geschäften dürfen nicht gebildet werden. ²Das gilt nicht für Ergebnisse nach Absatz 1a Satz 2.

(4b) ¹Rückstellungen für Aufwendungen, die in künftigen Wirtschaftsjahren als Anschaffungs- oder Herstellungskosten eines Wirtschaftsguts zu aktivieren sind, dürfen nicht gebildet werden. ²Rückstellungen für die Verpflichtung zur schadlosen Verwertung radioaktiver Reststoffe sowie ausgebauter oder abgebauter radioaktiver Anlagenteile dürfen nicht gebildet werden, soweit Aufwendungen im Zusammenhang mit der Bearbeitung oder Verarbeitung von Kernbrennstoffen stehen, die aus der Aufarbeitung bestrahlter Kernbrennstoffe gewonnen worden sind und keine radioaktiven Abfälle darstellen.

(5) ¹Als Rechnungsabgrenzungsposten sind nur anzusetzen

1. auf der Aktivseite Ausgaben vor dem Abschlussstichtag, soweit sie Aufwand für eine bestimmte Zeit nach diesem Tag darstellen;
2. auf der Passivseite Einnahmen vor dem Abschlussstichtag, soweit sie Ertrag für eine bestimmte Zeit nach diesem Tag darstellen.

²Auf der Aktivseite sind ferner anzusetzen

1. als Aufwand berücksichtigte Zölle und Verbrauchsteuern, soweit sie auf am Abschlussstichtag auszuweisende Wirtschaftsgüter des Vorratsvermögens entfallen,

2. als Aufwand berücksichtigte Umsatzsteuer auf am Abschlussstichtag auszuweisende Anzahlungen.

(6) Die Vorschriften über die Entnahmen und die Einlagen, über die Zulässigkeit der Bilanzänderung, über die Betriebsausgaben, über die Bewertung und über die Absetzung für Abnutzung oder Substanzverringerung sind zu befolgen.

(7)[1] ¹Übernommene Verpflichtungen, die beim ursprünglich Verpflichteten Ansatzverboten, Beschränkungen oder Bewertungsvorbehalten unterlegen haben, sind zu den auf die Übernahme folgenden Abschlussstichtagen bei dem Übernehmer und dessen Rechtsnachfolger so zu bilanzieren, wie sie beim ursprünglich Verpflichteten ohne Übernahme zu bilanzieren wären. ²Dies gilt in Fällen des Schuldbeitritts oder der Erfüllungsübernahme mit vollständiger oder teilweiser Schuldfreistellung für die sich aus diesem Rechtsgeschäft ergebenden Verpflichtungen sinngemäß. ³Satz 1 ist für den Erwerb eines Mitunternehmeranteils entsprechend anzuwenden. ⁴Wird eine Pensionsverpflichtung unter gleichzeitiger Übernahme von Vermögenswerten gegenüber einem Arbeitnehmer übernommen, der bisher in einem anderen Unternehmen tätig war, ist Satz 1 mit der Maßgabe anzuwenden, dass bei der Ermittlung des Teilwertes der Verpflichtung der Jahresbetrag nach § 6a Absatz 3 Satz 2 Nummer 1 so zu bemessen ist, dass zu Beginn des Wirtschaftsjahres der Übernahme der Barwert der Jahresbeträge zusammen mit den übernommenen Vermögenswerten gleich dem Barwert der künftigen Pensionsleistungen ist; dabei darf sich kein negativer Jahresbetrag ergeben. ⁵Für einen Gewinn, der sich aus der Anwendung der Sätze 1 bis 3 ergibt, kann jeweils in Höhe von vierzehn Fünfzehntel eine gewinnmindernde Rücklage gebildet werden, die in den folgenden 14 Wirtschaftsjahren jeweils mit mindestens einem Vierzehntel gewinnerhöhend aufzulösen ist (Auflösungszeitraum). ⁶Besteht eine Verpflichtung, für die eine Rücklage gebildet wurde, bereits vor Ablauf des maßgebenden Auflösungszeitraums nicht mehr, ist die insoweit verbleibende Rücklage erhöhend aufzulösen.

EStR und Hinweise

EStR 2012 zu § 5 EStG

R 5.1 Allgemeines zum Betriebsvermögensvergleich nach § 5 EStG – unbesetzt –

Hinweise

H 5.1 Besonderes, laufend zu führendes Verzeichnis
→ *BMF vom 12.3.2010 (BStBl. I S. 239), Rn. 19 ff.*[2]

Betriebsvermögensvergleich für gewerbliche Betriebe
→ *R 4.1 Abs. 2*

Bodengewinnbesteuerung
→ *H 55 (Abschreibung auf den niedrigeren Teilwert, Bodengewinnbesteuerung)*

Buchführungspflicht einer Personenhandelsgesellschaft *für ihr gesamtes Betriebsvermögen (→ R 4.2 Abs. 2) einschließlich etwaigen Sonderbetriebsvermögens der Gesellschafter ergibt sich aus § 141 AO (→ BFH vom 23.10.1990 – BStBl. 1991 II S. 401 und vom 11.3.1992 – BStBl. II S. 797).*

Buchführungs- und Aufzeichnungspflichten nach anderen Gesetzen
→ *AEAO zu § 140 AO*

Gesetzliche Vorschriften *für die Buchführung und den Jahresabschluss im Sinne des § 5 Abs. 1 Satz 1 EStG sind die handelsrechtlichen Vorschriften (§§ 238, 240, 242, 264-264c, 336, 340a und*

---

1) Absatz 7 ist erstmals für Wj. anzuwenden, die nach dem 28.11.2013 enden. Auf Antrag kann Absatz 7 auch für frühere Wj. angewendet werden. Bei Schuldübertragungen, Schuldbeitritten und Erfüllungsübernahmen, die vor dem 14.12.2011 vereinbart wurden, ist Absatz 7 Satz 5 mit der Maßgabe anzuwenden, dass für einen Gewinn, der sich aus der Anwendung von Absatz 7 Satz 1 bis 3 ergibt, jeweils in Höhe von 19 Zwanzigsteln eine gewinnmindernde Rücklage gebildet werden kann, die in den folgenden 19 Wj. jeweils mit mindestens einem Neunzehntel gewinnerhöhend aufzulösen ist: § 52 Abs. 9 EStG.

2) Siehe Anlage § 005-14.

341a HGB)[1] *und die Vorschriften des § 141 AO. Nicht darunter fallen Vorschrifen, die nur die Führung bestimmter Geschäftsbücher vorschreiben, aber keine Abschlüsse verlangen*
Gewinnermittlung für Sonderbetriebsvermögen *der Gesellschafter einer gewerblich tätigen Personenhandelsgesellschaft (→ R 4.2 Abs. 2) richtet sich ebenfalls nach § 5 EStG (→ BFH vom 11.3.1992 – BStBl. II S. 797), sie erfolgt in der Weise, dass die Steuerbilanz der Gesellschaft mit den Ergebnissen etwaiger Ergänzungsbilanzen und den Sonderbilanzen der Gesellschafter zusammengefasst wird.*

Handelsregister

– **Eintragung im Handelsregister** *ist für Annahme eines Gewerbetriebs allein nicht entscheidend (→ BFH vom 29.1.1952 – BStBl. III S. 99 und vom 14.2.1956 – BStBl. III S. 103).*

– **Personengesellschaft** *– Ist eine Personengesellschaft in das Handelsregister eingetragen, so besteht die Vermutung, dass gewerbliche Einkünfte vorliegen (→ BFH vom 6.10.1977 – BStBl. 1978 II S. 54). Diese Vermutung kann durch den Nachweis widerlegt werden, dass die Personengesellschaft eindeutig kein Handelsgewerbe betreibt (→ BFH vom 19. 3.1981 – BStBl. II S.527).*

Maßgeblichkeit

Zur Maßgeblichkeit der handelsrechtlichen Grundsätze ordnungsmäßiger Buchführung für die steuerliche Gewinnermittlung → BMF vom 12.3.2010 (BStBl. I S. 239) unter Berücksichtigung der Änderungen durch BMF vom 22.6.2010 (BStBl. I S. 597).[2]

EStR 2012 zu § 5 EStG

R 5.2 Ordnungsmäßige Buchführung

Kreditgeschäfte und ihre periodenweise Erfassung

(1) [1]Bei Kreditgeschäften sind die Entstehung der Forderungen und Schulden und ihre Tilgung grundsätzlich als getrennte Geschäftsvorfälle zu behandeln. [2]Bei einer doppelten Buchführung ist für Kreditgeschäfte in der Regel ein → Kontokorrentkonto, unterteilt nach Schuldnern und Gläubigern zu führen. [3]Es ist jedoch nicht zu beanstanden, wenn Waren- und Kostenrechnungen, die innerhalb von acht Tagen nach Rechnungseingang oder innerhalb der ihrem gewöhnlichen Durchlauf durch den Betrieb entsprechenden Zeit beglichen werden, kontokorrentmäßig nicht erfasst werden. [4]Werden bei der Erstellung der Buchführung die Geschäftsvorfälle nicht laufend, sondern nur periodenweise gebucht, ist es nicht zu beanstanden, wenn die Erfassung der Kreditgeschäfte eines Monats im Grundbuch bis zum Ablauf des folgenden Monats erfolgt, sofern durch organisatorische Vorkehrungen sichergestellt ist, dass Buchführungsunterlagen bis zu ihrer Erfassung im Grundbuch nicht verlorengehen, z. B. durch laufende Numerierung der eingehenden und ausgehenden Rechnungen oder durch ihre Ablage in besonderen Mappen oder Ordnern. [5]Neben der Erfassung der Kreditgeschäfte in einem Grundbuch müssen die unbaren Geschäftsvorfälle, aufgegliedert nach Geschäftspartnern, kontenmäßig dargestellt werden. [6]Dies kann durch Führung besonderer Personenkonten oder durch eine geordnete Ablage der nicht ausgeglichenen Rechnungen (Offene-Posten-Buchhaltung) erfüllt werden. [7]Ist die Zahl der Kreditgeschäfte verhältnismäßig gering, so gelten hinsichtlich ihrer Erfassung die folgenden Erleichterungen:

a) Besteht kein laufender unbarer Geschäftsverkehr mit Geschäftspartnern, müssen für jeden Bilanzstichtag über die an diesem Stichtag bestehenden Forderungen und Schulden Personenübersichten aufgestellt werden.

b) [1]Einzelhändler und Handwerker können Krediteinkäufe und Kreditverkäufe kleineren Umfangs vereinfacht buchen. [2]Es genügt, wenn sie die Wareneinkäufe auf Kredit im Wareneingangsbuch in einer besonderen Spalte als Kreditgeschäfte kennzeichnen und den Tag der Begleichung der Rechnung vermerken. [3]Bei Kreditverkäufen reicht es aus, wenn sie einschließlich der Zahlung in einer Kladde festgehalten werden, die als Teil der Buchführung aufzubewahren ist. [4]Außerdem müssen in beiden Fällen für jeden Bilanzstichtag Personenübersichten aufgestellt werden.

Mängel der Buchführung

(2) [1]Enthält die Buchführung **formelle** Mängel, so ist ihre Ordnungsmäßigkeit nicht zu beanstanden, wenn das sachliche Ergebnis der Buchführung dadurch nicht beeinflusst wird und die Mängel kein erheblicher Verstoß gegen die Anforderungen an die → zeitgerechte Erfassung der Geschäftsvorfälle, die besonderen Anforderungen bei Kreditgeschäften, die Aufbewahrungsfristen sowie die Besonderheiten

---

1) Anhang 15.
2) Siehe Anlage § 005-14.

§ 5 R 5.2

bei der Buchführung auf Datenträgern sind. ²Enthält die Buchführung **materielle** Mängel, z. B. wenn Geschäftsvorfälle nicht oder falsch gebucht sind, so wird ihre Ordnungsmäßigkeit dadurch nicht berührt, wenn es sich dabei um unwesentliche Mängel handelt, z. B. wenn nur unbedeutende Vorgänge nicht oder falsch dargestellt sind. ³Die Fehler sind dann zu berichtigen oder das Buchführungsergebnis ist durch eine Zuschätzung richtigzustellen. ⁴Bei schwerwiegenden materiellen Mängeln gilt R 4.1 Abs. 2 Satz 3.

Hinweise

H 5.2 Allgemeines

Bei der Gewinnermittlung nach § 5 EStG sind – soweit sich aus den Steuergesetzen nichts anderes ergibt – die handelsrechtlichen Rechnungslegungsvorschriften sowie die Vorschriften der §§ 140 bis 148, 154 AO zu beachten. Handelsrechtliche Rechnungslegungsvorschriften im Sinne des Satzes 1 sind die Vorschriften des Ersten Abschnitts, für bestimmte Personenhandelsgesellschaften und Kapitalgesellschaften außerdem die des Zweiten Abschnitts des Dritten Buchs des HGB. Entsprechen die Buchführung und die Aufzeichnungen des Steuerpflichtigen diesen Vorschriften, so sind sie der Besteuerung zugrunde zu legen, soweit nach den Umständen des Einzelfalls kein Anlass ist, ihre sachliche Richtigkeit zu beanstanden (§ 158 AO).

Aufbewahrungspflichten

- → *§ 147 AO (Ordnungsvorschriften für die Aufbewahrung von Unterlagen)*
- → *AEAO zu § 147 AO*[1)]
- *Haben Rechnungen usw. Buchfunktion, z. B. bei der Offene-Posten-Buchhaltung, so sind sie so lange wie Bücher aufzubewahren (§ 146 Abs. 5 i. V. m. § 147 Abs. 3 AO).*
- *Eine Aufbewahrung der Registrierkassenstreifen, Kassenzettel, Bons und dergleichen ist im Einzelfall nicht erforderlich, wenn der Zweck der Aufbewahrung in anderer Weise gesichert und die Gewähr der Vollständigkeit der von Registrierkassenstreifen usw. übertragenen Aufzeichnungen nach den tatsächlichen Verhältnissen gegeben ist (→ BFH vom 12.5.1966 – BStBl. III S. 371). Zum Verzicht auf die Aufbewahrung von Kassenstreifen bei Einsatz von Registrierkassen → BMF vom 9.1.1996 (BStBl. I S. 34)*

Aufzeichnungspflichten

Besondere A. nach § 4 Abs. 7 EStG → R 4.11.

Bargeschäfte

Grundsätze ordnungsmäßiger Buchführung; Verbuchung von Bargeschäften im Einzelhandel, Identitätsnachweis → BMF vom 5.4.2004 (BStBl. I S. 419).[2)]

Belegablage

Anforderungen an eine geordnete und übersichtliche Belegablage, BFH vom 16.9.1964 (BStBl. III S. 654) und vom 23.9.1966 (BStBl. 1967 III S. 23).[3)]

Beweiskraft der Buchführung

→ *AEAO zu § 158 AO.*[4)]

Freie Berufe

Die Angehörigen der freien Berufe, die ihren Gewinn nach § 4 Abs. 1 EStG auf Grund ordnungsmäßiger Buchführung ermitteln, müssen bei der Buchung der Geschäftsvorfälle die allgemeinen Regeln der kaufmännischen Buchführung befolgen (→ BFH vom 18.2.1966 – BStBl. III S. 496). Das in § 252 Abs. 1 Nr. 4 2. Halbsatz HGB[5)] *geregelte Realisationsprinzip findet auch für die Gewinnermittlung bilanzierender Freiberuflicher Anwendung (→ BFH vom 10.9.1998 – BStBl. 1999 II S. 21).*

Gesellschafterwechsel

Eine Personengesellschaft ist nicht verpflichtet, auf den Stichtag eines Gesellschafterwechsels ein Zwischenbilanz aufzustellen (→ BFH vom 9.12.1976 – BStBl. 1977 II S. 241).

---

1) Siehe Anlage § 005-03.
2) Siehe Anlage § 005-07.
3) Siehe Anlage § 005-01.
4) Siehe Anlage § 005-03.
5) Siehe Anlage § 005-01.

Grundbuchaufzeichnungen

Die Funktion der Grundbuchaufzeichnungen kann auf Dauer auch durch eine geordnete und übersichtliche Belegablage erfüllt werden (§ 239 Abs. 4 HGB[1]; § 146 Abs. 5 AO).

Grundsätze ordnungsmäßiger Buchführung (GoB)

- Eine Buchführung ist ordnungsmäßig, wenn die für die kaufmännische Buchführung erforderlichen Bücher geführt werden, die Bücher förmlich in Ordnung sind und der Inhalt sachlich richtig ist (→ BFH vom 24.7.1997 – BStBl. 1998 II S. 51).
- Ein bestimmtes Buchführungssystem ist nicht vorgeschrieben; allerdings muss bei Kaufleuten die Buchführung den Grundsätzen der doppelten Buchführung entsprechen (§ 242 Abs. 3 HGB)[2]. Im Übrigen muss die Buchführung so beschaffen sein, dass sie einem sachverständigen Dritten innerhalb angemessener Zeit einen Überblick über die Geschäftsvorfälle und über die Vermögenslage des Unternehmens vermitteln kann. Die Geschäftsvorfälle müssen sich in ihrer Entstehung und Abwicklung verfolgen lassen (§ 238 Abs. 1 HGB[3]; → auch BFH vom 18.2.1966 – BStBl. III S. 496 und vom 23.9.1966 – BStBl. 1967 III S. 23).
- Grundsätze ordnungsmäßiger DV-gestützter Buchführungssysteme (GoBS) → BMF vom 7.11.1995 – BStBl. I S. 738.[4]
- Bei Aufstellung der Bilanz sind alle wertaufhellenden Umstände zu berücksichtigen, die für die Verhältnisse am Bilanzstichtag von Bedeutung sind. (→ BFH vom 20.8.2003 – BStBl. II S. 941). Als „wertaufhellend" sind nur die Umstände zu berücksichtigen, die zum Bilanzstichtag bereits objektiv vorlagen und nach dem Bilanzstichtag, aber vor dem Tag der Bilanzerstellung lediglich bekannt oder erkennbar wurden (→ BFH vom 19.10.2005 – BStBl. 2006 II S. 371).
- Verbuchung von Bargeschäften im Einzelhandel → BMF vom 5.4.2004 (BStBl. I S. 419).[5]
- → Zeitgerechte Erfassung

Inventurunterlagen

Vorlage der I. → BFH vom 25.3.1966 (BStBl. III S. 487).

Jahresabschluss

Der Jahresabschluss muss „innerhalb der einem ordnungsmäßigen Geschäftsgang entsprechenden Zeit" (§ 243 Abs. 3 HGB[6]) aufgestellt werden (→ BFH vom 6.12.1983 – BStBl. 1984 II S. 227); bei Kapitalgesellschaften gilt § 264 Abs. 1 HGB; bei bestimmten Personenhandelsgesellschaften gilt § 264a i.V.m. § 264 Abs. 1 HGB, soweit nicht § 264b HGB zur Anwendung kommt; bei Versicherungsunternehmen gilt § 341a Abs. 1 HGB).

Kontokorrentkonto

Eine Buchführung ohne Kontokorrentkonto kann ordnungsmäßig sein, wenn die Honorarforderungen der Zeitfolge nach in einem Hilfsbuch erfasst sind und wenn der Steuerpflichtige oder ein sachverständiger Dritter daraus in angemessener Zeit einen Überblick über die Außenstände gewinnen kann (→ BFH vom 18.2.1966 – BStBl. III S. 496).

Mikrofilmaufnahmen

Verwendung zur Erfüllung gesetzlicher Aufbewahrungspflichten → BMF vom 1.2.1984 (BStBl. I S. 155).[7]

Personenübersichten

Wo ein laufender unbarer Geschäftsverkehr mit Geschäftsfreunden, der im Interesse der erforderlichen Übersicht die Führung eines kontenmäßig gegliederten Geschäftsfreundebuches sachlich notwendig macht, nicht gegeben ist, genügt es, wenn die unbaren Geschäftsvorfälle in Tagebüchern zeitfolgemäßig aufgezeichnet und im Kontokorrentbuch lediglich die am Bilanzstichtag bestehenden Forderungen und Schulden ausgewiesen werden (→ BFH vom 23.2.1951 – BStBl. III S. 75).

---

1) Siehe Anhang 15.
2) Siehe Anhang 15.
3) Siehe Anhang 15.
4) Siehe jetzt Anlage § 005-05.
5) Siehe Anlage § 005-07.
6) Siehe Anhang 15.
7) Siehe Anlage § 005-02.

§ 5 R 5.2, 5.3

Zeitgerechte Erfassung

Die Eintragungen in den Geschäftsbüchern und die sonst erforderlichen Aufzeichnungen müssen vollständig, richtig, zeitgerecht und geordnet vorgenommen werden (§ 239 Abs. 2 HGB[1]). Die zeitgerechte Erfassung der Geschäftsvorfälle erfordert – mit Ausnahme des baren Zahlungsverkehrs – keine tägliche Aufzeichnung. Es muss jedoch ein zeitlicher Zusammenhang zwischen den Vorgängen und ihrer buchmäßigen Erfassung bestehen (→ BFH vom 25.3.1992 – BStBl. II S. 1010).

EStR 2012 zu § 5 EStG

R 5.3 Bestandsaufnahme des Vorratsvermögens

Inventur

(1) ¹Die → Inventur für den Bilanzstichtag braucht nicht am Bilanzstichtag vorgenommen zu werden. ²Sie muss aber **zeitnah** – in der Regel innerhalb einer Frist von **zehn Tagen** vor oder nach dem Bilanzstichtag – durchgeführt werden. ³Dabei muss sichergestellt sein, dass die Bestandsveränderungen zwischen dem Bilanzstichtag und dem Tag der Bestandsaufnahme anhand von Belegen oder Aufzeichnungen ordnungsgemäß berücksichtigt werden. ⁴Können die Bestände aus besonderen, insbesondere klimatischen Gründen nicht zeitnah, sondern erst in einem größeren Zeitabstand vom Bilanzstichtag aufgenommen werden, sind an die Belege und Aufzeichnungen über die zwischenzeitlichen Bestandsveränderungen strenge Anforderungen zu stellen.

Zeitverschobene Inventur

(2) ¹Nach § 241 Abs. 3 HGB[2] kann die jährliche körperliche Bestandsaufnahme ganz oder teilweise innerhalb der letzten drei Monate vor oder der ersten zwei Monate nach dem Bilanzstichtag durchgeführt werden. ²Der dabei festgestellte Bestand ist nach Art und Menge in einem besonderen Inventar zu verzeichnen, das auch auf Grund einer → permanenten Inventur erstellt werden kann. ³Der in dem besonderen Inventar erfasste Bestand ist auf den Tag der Bestandsaufnahme (Inventurstichtag) nach allgemeinen Grundsätzen zu bewerten. ⁴Der sich danach ergebende Gesamtwert des Bestands ist dann wertmäßig auf den Bilanzstichtag fortzuschreiben oder zurückzurechnen. ⁵Der Bestand braucht in diesem Fall auf den Bilanzstichtag nicht nach Art und Menge festgestellt zu werden; es genügt die Feststellung des Gesamtwerts des Bestands auf den Bilanzstichtag. ⁶Die Bestandsveränderungen zwischen dem Inventurstichtag und dem Bilanzstichtag brauchen ebenfalls nicht nach Art und Menge aufgezeichnet zu werden. ⁷Sie müssen nur wertmäßig erfasst werden. ⁸Das Verfahren zur wertmäßigen Fortschreibung oder Rückrechnung des Gesamtwerts des Bestands am Inventurstichtag auf den Bilanzstichtag muss den Grundsätzen ordnungsmäßiger Buchführung entsprechen. ⁹Die Fortschreibung des Warenbestands kann dabei nach der folgenden Formel vorgenommen werden, wenn die Zusammensetzung des Warenbestands am Bilanzstichtag von der des Warenbestands am Inventurstichtag nicht wesentlich abweicht: Wert des Warenbestands am Bilanzstichtag = Wert des Warenbestands am Inventurstichtag zuzüglich Wareneingang abzüglich Wareneinsatz (Umsatz abzüglich des durchschnittlichen Rohgewinns). ¹⁰Voraussetzung für die Inanspruchnahme von steuerlichen Vergünstigungen, für die es auf die Zusammensetzung der Bestände am Bilanzstichtag ankommt, wie z. B. bei der Bewertung nach § 6 Abs. 1 Nr. 2a EStG ist jedoch, dass die tatsächlichen Bestände dieser Wirtschaftsgüter am Bilanzstichtag durch körperliche Bestandsaufnahme oder durch → permanente Inventur nachgewiesen werden.

Nichtanwendbarkeit der permanenten und der zeitverschobenen Inventur

(3) Eine → permanente oder eine zeitverschobene Inventur ist nicht zulässig

1. für Bestände, bei denen durch Schwund, Verdunsten, Verderb, leichte Zerbrechlichkeit oder ähnliche Vorgänge ins Gewicht fallende unkontrollierbare Abgänge eintreten, es sei denn, dass diese Abgänge auf Grund von Erfahrungssätzen schätzungsweise annähernd zutreffend berücksichtigt werden können;
2. für Wirtschaftsgüter, die – abgestellt auf die Verhältnisse des jeweiligen Betriebs – besonders wertvoll sind.

Fehlerhafte Bestandsaufnahme

(4) ¹Fehlt eine körperliche Bestandsaufnahme oder enthält das Inventar in formeller oder materieller Hinsicht nicht nur unwesentliche Mängel, ist die Buchführung nicht als ordnungsmäßig anzusehen. ²R 5 Abs. 2 gilt entsprechend.

---

1) Siehe Anhang 15.
2) Siehe Anhang 15.

R 5.3, 5.4 § 5

Anwendungsbereich

(5) Die Absätze 1 bis 4 gelten entsprechend für Steuerpflichtige, die nach § 141 Abs. 1 AO verpflichtet sind, Bücher zu führen und auf Grund jährlicher Bestandsaufnahme regelmäßig Abschlüsse zu machen, oder die freiwillig Bücher führen und regelmäßig Abschlüsse machen.

Hinweise

H 5.3 Inventur

- *Nach § 240 Abs. 2, § 242 Abs. 1 und 2 HGB*[1] *haben Kaufleute für den Schluss eines jeden Geschäftsjahrs ein Inventar, eine Bilanz und eine Gewinn- und Verlustrechnung aufzustellen. Das Inventar, in dem die einzelnen Vermögensgegenstände nach Art, Menge und unter Angabe ihres Werts genau zu verzeichnen sind (→ BFH vom 23.6.1971 – BStBl. II S. 709), ist auf Grund einer* **körperlichen Bestandsaufnahme** *(Inventur) zu erstellen.*
- *Inventurerleichterungen → § 241 Abs. 1 HGB*[2]*, → R 6.8 Abs. 4 (Gruppenbewertung) → H 6.8 (Festwert).*
- *→ Permanente Inventur*

Permanente Inventur

Auf Grund des § 241 Abs. 2 HGB[3] *kann das Inventar für den Bilanzstichtag auch ganz oder teilweise auf Grund einer* **permanenten Inventur** *erstellt werden. Der Bestand für den Bilanzstichtag kann in diesem Fall nach Art und Menge anhand von Lagerbüchern (Lagerkarteien) festgestellt werden, wenn die folgenden Voraussetzungen erfüllt sind:*

1. *In den Lagerbüchern und Lagerkarteien müssen alle Bestände und alle Zugänge und Abgänge einzeln nach Tag, Art und Menge (Stückzahl, Gewicht oder Kubikinhalt) eingetragen werden. Alle Eintragungen müssen belegmäßig nachgewiesen werden.*
2. *In jedem Wirtschaftsjahr muss mindestens einmal durch körperliche Bestandsaufnahme geprüft werden, ob das Vorratsvermögen, das in den Lagerbüchern oder Lagerkarteien ausgewiesen wird, mit den tatsächlich vorhandenen Beständen übereinstimmt (→ BFH vom 11.11.1966 – BStBl. 1967 III S. 113). Die Prüfung braucht nicht gleichzeitig für alle Bestände vorgenommen werden. Sie darf sich aber nicht nur auf Stichproben oder die Verprobung eines repräsentativen Querschnitts beschränken; die Regelung in § 241 Abs. 1 HGB*[4] *bleibt unberührt. Die Lagerbücher und Lagerkarteien sind nach dem Ergebnis der Prüfung zu berichtigen. Der Tag der körperlichen Bestandsaufnahme ist in den Lagerbüchern oder Lagerkarteien zu vermerken.*
3. *Über die Durchführung und das Ergebnis der körperlichen Bestandsaufnahme sind Aufzeichnungen (Protokolle) anzufertigen, die unter Angabe des Zeitpunkts der Aufnahme von den aufnehmenden Personen zu unterzeichnen sind. Die Aufzeichnungen sind wie Handelsbücher zehn Jahre aufzubewahren.*

Zeitliche Erfassung von Waren

Gekaufte Waren gehören wirtschaftlich zum Vermögen des Kaufmanns, sobald er die Verfügungsmacht in Gestalt des unmittelbaren oder mittelbaren Besitzes an ihr erlangt hat. Dies ist bei „schwimmender" Ware erst nach Erhalt des Konossements oder des Auslieferungsscheins der Fall (→ BFH vom 3.8.1988 – BStBl. 1989 II S. 21).

EStR 2012 zu § 5 EStG

R 5.4 Bestandsmäßige Erfassung des beweglichen Anlagevermögens

Allgemeines

(1) [1]Nach § 240 Abs. 2 HGB[5], §§ 140 und 141 AO besteht die Verpflichtung, für jeden Bilanzstichtag auch ein Verzeichnis der Gegenstände des beweglichen Anlagevermögens aufzustellen (**Bestandsverzeichnis**).[2]In das Bestandsverzeichnis müssen sämtliche beweglichen Gegenstände des Anlagevermögens, auch wenn sie bereits in voller Höhe abgeschrieben sind, aufgenommen werden. [3]Das gilt

---

1) Siehe Anhang 15.
2) Siehe Anhang 15.
3) Siehe Anhang 15.
4) Siehe Anhang 15.
5) Anhang 15.

§ 5

nicht für geringwertige Wirtschaftsgüter (§ 6 Abs. 2a EStG), und für Wirtschaftsgüter, die in einem Sammelposten erfaßt werden (§ 6 Abs. 2a EStG), und für die mit einem → Festwert angesetzten Wirtschaftsgüter ⁴Das Bestandsverzeichnis muss

1. die genaue Bezeichnung des Gegenstandes und
2. seinen Bilanzwert am Bilanzstichtag

enthalten. ⁵Das Bestandsverzeichnis ist auf Grund einer jährlichen körperlichen Bestandsaufnahme aufzustellen; R 5.3 Abs. 1 bis 3 gilt sinngemäß.

Zusammenfassen mehrerer Gegenstände

(2) ¹Gegenstände, die eine geschlossene Anlage bilden, können statt in ihren einzelnen Teilen als **Gesamtanlage** in das Bestandsverzeichnis eingetragen werden, z. B. die einzelnen Teile eines Hochofens einschließlich Zubehör, die einzelnen Teile einer Breitbandstraße einschließlich Zubehör, die Überlandleitungen einschließlich der Masten usw. eines Elektrizitätswerks, die entsprechenden Anlagen von Gas- und Wasserwerken sowie die Wasser-, Gas- und sonstigen Rohrleitungen innerhalb eines Fabrikationsbetriebs. ²Voraussetzung ist, dass die AfA auf die Gesamtanlage einheitlich vorgenommen werden. ³Gegenstände der gleichen Art können unter Angabe der Stückzahl im Bestandsverzeichnis zusammengefasst werden, wenn sie in demselben Wirtschaftsjahr angeschafft sind, die gleiche Nutzungsdauer und die gleichen Anschaffungskosten haben und nach der gleichen Methode abgeschrieben werden.

Bestandsaufnahme und Wertanpassung bei Festwerten

(3) ¹Für Gegenstände des beweglichen Anlagevermögens, die zulässigerweise mit einem → Festwert angesetzt worden sind, ist im Regelfall an jedem dritten, spätestens aber an jedem fünften Bilanzstichtag, eine körperliche Bestandsaufnahme vorzunehmen. ²Übersteigt der für diesen Bilanzstichtag ermittelte Wert den bisherigen Festwert um mehr als 10 v. H., so ist der ermittelte Wert als neuer Festwert maßgebend. ³Der bisherige Festwert ist solange um die Anschaffungs- oder Herstellungskosten der im Festwert erfassten und nach dem Bilanzstichtag des vorangegangenen Wirtschaftsjahrs angeschafften oder hergestellten Wirtschaftsgüter aufzustocken, bis der neue Festwert erreicht ist. ⁴Ist der ermittelte Wert niedriger als der bisherige Festwert, so kann der Steuerpflichtige den ermittelten Wert als neuen Festwert ansetzen. ⁵Übersteigt der ermittelte Wert den bisherigen Festwert um nicht mehr als 10 v. H., so kann der bisherige Festwert beibehalten werden.

Keine Inventur bei fortlaufendem Bestandsverzeichnis

(4) ¹Der Steuerpflichtige braucht die jährliche körperliche Bestandsaufnahme (→ Absatz 1) für steuerliche Zwecke nicht durchzuführen, wenn er jeden Zugang und jeden Abgang laufend in das Bestandsverzeichnis einträgt und die am Bilanzstichtag vorhandenen Gegenstände des beweglichen Anlagevermögens auf Grund des fortlaufend geführten Bestandsverzeichnisses ermittelt werden können; in diesem Fall müssen aus dem Bestandsverzeichnis außer den in Absatz 1 bezeichneten Angaben noch ersichtlich sein:

1. der Tag der Anschaffung oder Herstellung des Gegenstandes,
2. die Höhe der Anschaffungs- oder Herstellungskosten oder, wenn die Anschaffung oder Herstellung vor dem 21.6.1948[1]) oder im Beitrittsgebiet[2]) vor dem 1.7.1990 erfolgt ist, die in Euro umgerechneten Werte der DM-Eröffnungsbilanz,
3. der Tag des Abgangs.

²Wird das Bestandsverzeichnis in der Form einer **Anlagekartei** geführt, ist der Bilanzansatz aus der Summe der einzelnen Bilanzwerte (→ Absatz 1 Satz 4 Nr. 2) der Anlagekartei nachzuweisen. ³Ist das Bestandsverzeichnis nach den einzelnen Zugangsjahren und Abschreibungssätzen gruppenweise geordnet, kann auf die Angabe des Bilanzwerts am Bilanzstichtag für den einzelnen Gegenstand (→ Absatz 1 Satz 4 Nr. 2) verzichtet werden, wenn für jede Gruppe in besonderen Zusammenstellungen die Entwicklung der Bilanzwerte unter Angabe der Werte der Abgänge und des Betrags der AfA summenmäßig festgehalten wird. ⁴Die in Absatz 1 Satz 4 Nr. 1 und unter den in Satz 1 Nr. 1 bis 3 bezeichneten Angaben müssen auch in diesem Fall für den einzelnen Gegenstand aus dem Bestandsverzeichnis ersichtlich sein. ⁵Die Sachkonten der Geschäftsbuchhaltung können als Bestandsverzeichnis gelten, wenn sie die in Absatz 1 und unter den in Satz 1 Nr. 1 bis 3 bezeichneten Angaben enthalten und wenn durch diese Angaben die Übersichtlichkeit der Konten nicht beeinträchtigt wird.

---

1) Für Berlin (West): 1.4.1949; für das Saarland: 6.7.1959.
2) Das in Artikel 3 des Einigungsvertrags genannte Gebiet → Einigungsvertragsgesetz vom 23.9.1990 BGBl. II S. 885, 890.

Erleichterungen

(5) Das Finanzamt kann unter Abweichung von den Absätzen 1 bis 4 für einzelne Fälle Erleichterungen bewilligen.

Hinweise

H 5.4 Festwert

– → H 6.8

– Kein Zugang von Wirtschaftsgütern des Anlagevermögens, deren Nutzungsdauer zwölf Monate nicht übersteigt (kurzlebige Wirtschaftsgüter) zum Festwert (→ BFH vom 26.8.1993 – BStBl. 1994 II S. 232).

– Voraussetzungen für den Ansatz von Festwerten sowie deren Bemessung bei der Bewertung des beweglichen Anlagevermögens und des Vorratsvermögens → BMF vom 8.3.1993 (BStBl. I S. 276).[1]

Fehlende Bestandsaufnahme

Ein materieller Mangel der Buchführung kann auch vorliegen, wenn die körperliche Bestandsaufnahme nach R 5.4 Absatz 1 fehlt oder unvollständig ist, es sei denn, dass eine körperliche Bestandsaufnahme nach R 5.4 Absatz 5 nicht erforderlich ist. (→ BFH vom 14.12.1966 – BStBl. 1967 III S. 247).

Fehlendes Bestandsverzeichnis

Fehlt das Bestandsverzeichnis oder ist es unvollständig, so kann darin ein materieller Mangel der Buchführung liegen (→ BFH vom 14.12.1966 – BStBl. 1967 III S. 247).

EStR 2012 zu § 5 EStG

R 5.5 Immaterielle Wirtschaftsgüter

Allgemeines

(1) [1]Als → immaterielle (unkörperliche) Wirtschaftsgüter kommen in Betracht: Rechte, rechtsähnliche Werte und sonstige Vorteile. [2]Trivialprogramme sind abnutzbare bewegliche und selbständig nutzbare Wirtschaftsgüter. [3]Computerprogramme, deren Anschaffungskosten nicht mehr als 410 Euro betragen, sind wie Trivialprogramme zu behandeln. [4]→ Keine immateriellen Wirtschaftsgüter sind die nicht selbständig bewertbaren geschäftswertbildenden Faktoren.

Entgeltlicher Erwerb

(2) [1]Für → immaterielle Wirtschaftsgüter des Anlagevermögens ist ein Aktivposten nur anzusetzen, wenn sie entgeltlich erworben (§ 5 Abs. 2 EStG) oder in das Betriebsvermögen eingelegt (→ R 4.3 Abs. 1) wurden. [2]Ein → immaterielles Wirtschaftsgut ist entgeltlich erworben worden, wenn es durch einen Hoheitsakt oder ein Rechtsgeschäft gegen Hingabe einer bestimmten Gegenleistung übergegangen oder eingeräumt worden ist. [3]Es ist nicht erforderlich, dass das Wirtschaftsgut bereits vor Abschluss des Rechtsgeschäfts bestanden hat; es kann auch erst durch den Abschluss des Rechtsgeschäfts entstehen, z. B. bei entgeltlich erworbenen Belieferungsrechten. [4]Ein entgeltlicher Erwerb eines → immateriellen Wirtschaftsguts liegt auch bei der Hingabe eines sog. verlorenen Zuschusses vor, wenn der Zuschussgeber von dem Zuschussempfänger eine bestimmte Gegenleistung erhält oder eine solche nach den Umständen zu erwarten ist oder wenn der Zuschussgeber durch die Zuschusshingabe einen besonderen Vorteil erlangt, der nur für ihn wirksam ist.

Kein Aktivierungsverbot

(3) [1]Das Aktivierungsverbot des § 5 Abs. 2 EStG wird nicht wirksam, wenn ein beim Rechtsvorgänger aktiviertes → immaterielles Wirtschaftsgut des Anlagevermögens im Rahmen der unentgeltlichen Übertragung eines Betriebs, Teilbetriebs oder Mitunternehmeranteils auf einen anderen übergeht (→ Geschäfts- oder Firmenwert/Praxiswert). [2]In diesem Fall hat der Erwerber dieses immaterielle Wirtschaftsgut mit dem Betrag zu aktivieren, mit dem es beim Rechtsvorgänger aktiviert war (§ 6 Abs. 3 EStG). [3]Das Aktivierungsverbot findet auch dann keine Anwendung, wenn ein → immaterielles Wirtschaftsgut des Anlagevermögens eingelegt wird.

---

1) Siehe Anlage § 006-02.

§ 5 R 5.5

Hinweise

H 5.5 Abgrenzung zu materiellen Wirtschaftsgütern

Zur Einordnung von Wirtschaftsgütern mit materiellen und immateriellen Komponenten, wird vorrangig auf das wirtschaftliche Interesse abgestellt, d. h. wofür der Kaufpreis gezahlt wird (Wertrelation) und ob es dem Erwerber überwiegend auf den materiellen oder den immateriellen Gehalt ankommt. Daneben wird auch danach unterschieden, ob der Verkörperung eine eigenständige Bedeutung zukommt oder ob sie lediglich als „Träger" den immateriellen Gehalt festhalten soll. Bücher und Tonträger sind als materielle Wirtschaftsgüter anzusehen (→ BFH vom 30.10.2008 – BStBl. 2009 II S. 421).

Arzneimittelzulassungen

Eine entgeltlich erworbene Arzneimittelzulassung ist dem Grund nach ein abnutzbares Wirtschaftsgut (→ BMF vom 12.7.1999 – BStBl. I S. 686). [1]

→ Warenzeichen (Marke)

Auffüllrecht

Das Recht, ein Grundstück mit Klärschlamm zu verfüllen, ist kein vom Grund und Boden verselbständigtes Wirtschaftsgut (→ BFH vom 20.3.2003 – BStBl. II S. 878).

Belieferungsrechte aus Abonnentenverträgen

Gelegentlich eines Erwerbs von Belieferungsrechten aus Abonnentenverträgen entstandene Aufwendungen begründen noch nicht den entgeltlichen Erwerb eines immateriellen Wirtschaftsguts (→ BFH vom 3.8.1993 – BStBl. 1994 II S. 444).

Emissionsberechtigungen

Ertragsteuerliche Behandlung von Emissionsberechtigungen nach dem Treibhausgas-Emissionshandelsgesetz → BMF vom 6.12.2005 (BStBl. I S. 1047) unter Berücksichtigung der Änderungen durch BMF vom 7.3.2013 (BStBl. I S. 275). [2]

Erbbaurecht *als grundstücksgleiches Recht i. S. des BGB, Vermögensgegenstand i. S. des Handelsrechts und Wirtschaftsgut i. S. des Steuerrechts; grundsätzlich beim Anlagevermögen auszuweisen, jedoch kein immaterielles Wirtschaftsgut → BFH vom 4.6.1991 (BStBl. 1992 II S. 70).*

Geschäfts- und Firmenwert/Praxiswert

– *Firmenwert bei vorweggenommener Erbfolge → BMF vom 13.1.1993 (BStBl. I S. 80).* [3] *unter Berücksichtigung der Änderungen durch BMF vom 26.2.2007 (BStBl. I S. 269).*

– *Geschäfts- oder Firmenwert, der bei Veräußerung eines Einzelunternehmens an eine GmbH unentgeltlich übergeht, kann Gegenstand einer verdeckten Einlage sein (→ BFH vom 24.3.1987 – BStBl. II S. 705); zu den hierfür maßgebenden Kriterien → H 4.3 (1) Verdeckte Einlage.*

– *Unterscheidung zwischen Geschäftswert und Praxiswert → BFH vom 13.3.1991 (BStBl. II S. 595).*

– *Unterscheidung zwischen (selbständigen) immateriellen Einzelwirtschaftsgütern und (unselbständigen) geschäftswertbildenden Faktoren → BFH vom 7.11.1985 (BStBl. 1986 II S. 176) und vom 30.3.1994 (BStBl. II S. 903).*

– *Das „Vertreterrecht" eines Handelsvertreters ist ein immaterielles Wirtschaftsgut, das nicht mit einem Geschäfts- oder Firmenwert gleichzusetzen ist (→ BFH vom 12.7.2007 – BStBl. II S. 959).*

– *Bei der Aufteilung eines Unternehmens in Teilbetriebe geht der Geschäftswert nicht notwendigerweise unter (→ BFH vom 27.3.1996 – BStBl. II S. 576).*

– *Wird einem ausscheidenden Mitunternehmer eine Abfindung gezahlt, die auch den selbst geschaffenen, bisher nicht bilanzierten Geschäftswert abgilt, ist der darauf entfallende Anteil der Abfindung als derivativer Geschäftswert zu aktivieren. Der auf den originären Geschäftswert anfallende Anteil bleibt außer Ansatz (→ BFH vom 16.5.2002 – BStBl. 2003 II S. 10).*

– *Der Geschäftswert ist Ausdruck der Gewinnchancen eines Unternehmens, soweit diese nicht auf einzelnen Wirtschaftsgütern oder der Person des Unternehmers beruhen, sondern auf dem Betrieb eines lebenden Unternehmens (→ BFH vom 26.11.2009 – BStBl. 2010 II S. 609).*

---

1) Siehe Anlage § 006-05.
2) Siehe Anlage 006-17.
3) Siehe Anlage § 016-06.

– → *H 6.1 (Geschäfts- oder Firmenwert), (Praxiswert/Soziatätspraxiswert).*
Gewinnermittlung nach § 4 Abs. 1 oder Abs. 3 EStG
R 5.5 gilt bei der Gewinnermittlung nach § 4 Abs. 1 und 3 EStG sinngemäß (→ §141 Abs. 1 Satz 2 AO, BFH vom 8.11.1979 – BStBl. 1980 II S. 146).
Güterfernverkehrskonzessionen
- *Keine AfA von entgeltlich erworbenen G.(→ BFH vom 4.12.1991 – BStBl. 1992 II S. 383 und vom 22.1.1992 – BStBl. II S. 529).*
- *Zur Abschreibung auf den niedrigeren Teilwert (→ BMF vom 12.3.1996 – BStBl. I S. 372).*

Immaterielle Wirtschaftsgüter des Anlagevermögens – *unentgeltliche Übertragung zwischen Schwestergesellschaften führt zur verdeckten Gewinnausschüttung an die Muttergesellschaft und anschließende verdeckte Einlage in die begünstigte Schwestergesellschaft (→ BFH vom 20.8.1986 – BStBl. 1987 II S. 455).*
Immaterielle Wirtschaftsgüter *sind u. a.*
- **Belieferungsrechte, Optionsrechte, Konzessionen** *(→ BFH vom 10.8.1989 – BStBl. 1990 II S. 15),*
- **Computerprogramme** *(→ BFH vom 3.7.1987 – BStBl. II S. 728, S. 787 –, vom 28.7.1994 – BStBl. II S. 873 und vom 18.5.2011 – BStBl. II S. 865); siehe aber* → *Keine immateriellen Wirtschaftsgüter,*
- **Datensammlungen,** *die speziell für den Stpfl. erhoben werden und auch nur von diesem verwertet werden dürfen (→ BFH vom 30.10.2008 – BStBl. 2009 II S. 421).*
- **Domain-Namen** *(→ BFH vom 19.10.2006 – BStBl. 2007 II S. 301),* → *H 7.1. (Domain-Namen),*
- **Filmrechte** *(→ BFH vom 20.9.1995 – BStBl. 1997 II S. 320 und BMF vom 23.2.2001 – BStBl. I S. 175 unter Berücksichtigung der Änderungen durch BMF vom 5.8.2003 – BStBl. I S. 406).* [1]
- **Lizenzen,** *ungeschützte Erfindungen, Gebrauchsmuster, Fabrikationsverfahren, Know-how, Tonträger in der Schallplattenindustrie (→ BFH vom 28.5.1979 – BStBl. II S. 734),*
- **Patente,** *Markenrechte, Urheberrechte, Verlagsrechte (→ BFH vom 24.11.1982 – BStBl. 1983 II S. 113),*
- **Rezeptur eines Pflanzenschutzmittels** *(→ BFH vom 8.9.2011 – BStBl. 2012 II S. 122),*
- **Rückverkaufsoption** *im Kfz-Handel (→ BMF vom 12.10.2011 – BStBl. I S. 967).*
- **Spielerlaubnisse nach Maßgabe des Lizenzspielerstatuts des Deutschen Fußballbundes** *→ BFH vom 14.12.2011 (BStBl. 2012 II S. 238).*
- **Zuckerrübenlieferrechte** *(→ BMF vom 25.6.2008 – BStBl. I S. 682, Rz. 23).*

Keine immateriellen Wirtschaftsgüter, *sondern materielle (körperliche) und zugleich abnutzbare bewegliche Wirtschaftsgüter sind, wenn sie nicht unter anderen rechtlichen Gesichtspunkten, z. B. als Kundenkartei oder Verlagsarchiv, als immaterielle Wirtschaftsgüter anzusehen sind,* **Computerprogramme** *(→ Immaterielle Wirtschaftsgüter), die keine Befehlsstruktur enthalten, sondern nur Bestände von Daten, die allgemein bekannt und jedermann zugänglich sind, z. B. mit Zahlen und Buchstaben (→ BFH vom 5.2.1988 – BStBl. II S. 737 und vom 2.9.1988 – BStBl. 1989 II S. 160).*

Kein entgeltlicher Erwerb *liegt u. a. vor bei*
- *Aufwendungen, die nicht Entgelt für den Erwerb eines Wirtschaftsguts von einem Dritten, sondern nur Arbeitsaufwand oder sonstiger Aufwand, z. B. Honorar für Dienstleistungen, für einen im Betrieb selbst geschaffenen Wert oder Vorteil sind (→ BFH vom 26.2.1975 – BStBl. II S. 443).*
- **Aufwendungen, die lediglich einen Beitrag zu den Kosten einer vom Steuerpflichtigen mitbenutzten Einrichtung bilden,** *z. B. Beiträge zum Ausbau einer öffentlichen Straße oder zum Bau einer städtischen Kläranlage; diese Aufwendungen gehören zu den nicht aktivierbaren Aufwendungen für einen selbstgeschaffenen Nutzungsvorteil (→ BFH vom 26.2.1980 – BStBl. II S. 687 und vom 25.8.1982 – BStBl. 1983 II S. 38),*
- **selbstgeschaffenen** → **immateriellen Wirtschaftsgütern,** *z. B. Patente (→ BFH vom 8.11.1979 – BStBl. 1980 II S. 146).*

---

[1] Siehe Anlage § 005-20.

Kundenstamm
- *Der Kundenstamm ist beim Erwerb eines Unternehmens in der Regel kein selbständig bewertbares → immaterielles Wirtschaftsgut, sondern ein geschäftswertbildender Faktor (→ BFH vom 16.9.1970 – BStBl. 1971 II S. 175 und vom 25.11.1981 – BStBl. 1982 II S. 189).*
- *Kundenstamm und Lieferantenbeziehungen, die selbständig übertragen werden können, sind immaterielle Wirtschaftsgüter und nicht identisch mit dem Geschäfts- oder Firmenwert (→ BFH vom 26.11.2009 – BStBl. 2010 II S. 609).*

Mietereinbauten
Einbauten oder Umbauten des Mieters sind als Herstellungskosten eines materiellen Wirtschaftsguts zu aktivieren, wenn sie unmittelbar besonderen Zwecken dienen und in diesem Sinne in einem von der eigentlichen Gebäudenutzung verschiedenen Funktionszusammenhang stehen (→ BFH vom 26.2.1975 – BStBl. II S. 443 und BMF vom 15.1.1976 – BStBl. I S. 66). [1]

Milchlieferrechte
→ BMF vom 5.11.2014 (BStBl. I S. 1503)

Nutzungsrechte, *die durch Baumaßnahmen des Nutzungsberechtigten entstanden sind.*
→ H 4.7 Eigenaufwand für ein fremdes Wirtschaftsgut

Pensionszusagen. *Ansprüche aus Pensionszusagen nach dem Betriebsrentengesetz* [2] *können nicht aktiviert werden (→ BFH vom 14.12.1988 – BStBl. 1989 II S. 323).*

Schwebende Arbeitsverträge *mit im Unternehmen tätigen Arbeitnehmern sind keine → immateriellen Wirtschaftsgüter, sondern nicht selbständig bewertbare geschäftswertbildende Faktoren (→ BFH vom 7.11.1985 – BStBl. 1986 II S. 176).*

Softwaresysteme
Bilanzsteuerliche Beurteilung von Aufwendungen zur Einführung eines betriebswirtschaftlichen Softwaresystems (ERP-Software) → BMF vom 18.11.2005 (BStBl. I S. 1025).

Vertreterrecht
Löst ein Handelsvertreter durch Vereinbarung mit dem Geschäftsherrn den Ausgleichsanspruch (§ 89b HGB) seines Vorgängers in einer bestimmten Höhe ab, erwirbt er damit entgeltlich ein immaterielles Wirtschaftsgut „Vertreterrecht" (→ BFH vom 18.1.1989 – BStBl. II S. 549). Dieses ist nicht mit einem Geschäfts- oder Firmenwert gleichzusetzen (→ BFH vom 12.7.2007 – BStBl. II S. 959).

Warenzeichen (Marke)
Ein entgeltlich erworbenes Warenzeichen (Marke) ist dem Grunde nach ein abnutzbares Wirtschaftsgut (→ BMF vom 12.7.1999 – BStBl. I S. 686). [3]

EStR 2012 zu § 5 EStG

R 5.6 Rechnungsabgrenzungen

Transitorische Posten

(1) ¹Nach § 5 Abs. 5 Satz 1 EStG ist die Rechnungsabgrenzung auf die sog. transitorischen Posten beschränkt. ²Es kommen danach für die Rechnungsabgrenzung in der Regel nur Ausgaben und Einnahmen in Betracht, die vor dem Abschlussstichtag angefallen, aber erst der Zeit nach dem Abschlussstichtag zuzurechnen sind.

Bestimmte Zeit nach dem Abschlussstichtag

(2) Die Bildung eines Rechnungsabgrenzungspostens ist nur zulässig, soweit die vor dem Abschlussstichtag angefallenen Ausgaben oder Einnahmen Aufwand oder Ertrag für eine → bestimmte Zeit nach dem Abschlussstichtag darstellen.

(3) ¹**Antizipative Posten** (Ausgaben oder Einnahmen nach dem Bilanzstichtag, die Aufwand oder Ertrag für einen Zeitraum vor diesem Tag darstellen) dürfen als Rechnungsabgrenzungsposten nur in den Fällen des § 5 Abs. 5 Satz 2 EStG ausgewiesen werden. ²Soweit sich aus den ihnen zugrundeliegenden Geschäftsvorfällen bereits Forderungen oder Verbindlichkeiten ergeben haben, sind sie als solche zu bilanzieren.

---

1) Siehe Anlage § 004-04.
2) Siehe Anhang 16.
3) Siehe Anlage § 006-05.

R 5.6 § 5

Hinweise

H 5.6 Abschlussgebühren

können eine (Gegen-)leistung darstellen, die dem jeweiligen Bausparvertrag als Entgelt für den eigentlichen Vertragsabschluss zuzuordnen sind, sie wirken sich unmittelbar mit ihrer Vereinnahmung erfolgswirksam aus und sind bilanziell nicht passiv abzugrenzen (→ BFH vom 11.2.1998 – BStBl. II S. 381).

Auflösung von Rechnungsabgrenzungsposten im Zusammenhang mit Zinsaufwand

Der Rechnungsabgrenzungsposten ist ratierlich über die gesamte Darlehenslaufzeit, bei Tilgungs- oder Abzahlungsdarlehen degressiv nach der Zinsstaffelmethode und bei Endfälligkeitsdarlehen linear, aufzulösen. Bei vorzeitiger Sondertilgung des Darlehens ist der Rechnungsabgrenzungsposten im Verhältnis der Sondertilgung zu dem Gesamtdarlehensbetrag aufzulösen (→ BFH vom 24.6.2009 – BStBl. II S. 781).

Ausbeuteverträge

Vorausgezahlte Ausbeuteentgelte für Bodenschätze, mit deren Abbau vor dem Bilanzstichtag bereits begonnen wurde, sind in einen Rechnungsabgrenzungsposten einzustellen, der über die jährlich genau festzustellende Fördermenge aufzulösen ist; ist mit dem Abbau vor dem Bilanzstichtag noch nicht begonnen worden, ist das vorausgezahlte Entgelt als Anzahlung zu behandeln (→ BFH vom 25.10.1994 – BStBl. 1995 II S. 312).

Bestimmte Zeit nach dem Abschlussstichtag

liegt vor

– wenn die abzugrenzenden Ausgaben und Einnahmen für einen bestimmten nach dem Kalenderjahr bemessenen Zeitraum bezahlt oder vereinnahmt werden, z.B. monatliche, vierteljährliche, halbjährliche **Mietvorauszahlungen** oder Zahlung der Miete im Voraus für einen Messestand für eine zeitlich feststehende Messe; (→ BFH vom 9.12.1993 – BStBl. 1995 II S. 202).

– bei **Übernahme von Erschließungskosten und Kanalanschlussgebühren** durch den **Erbbauberechtigten** (→ BFH vom 17.4.1985 – BStBl. II S. 617).

– bei zeitlich nicht begrenzten Dauerleistungen, wenn sich rechnerisch ein **Mindestzeitraum** bestimmen lässt (→ BFH vom 9.12.1993 – BStBl. 1995 II S. 202, BMF vom 15.3.1995 – BStBl. I S. 183).[1)]

liegt nicht vor

– wenn sich der Zeitraum nur durch **Schätzung** ermitteln lässt (→ BFH vom 3.11.1982 – BStBl. 1983 II S. 132),

– bei planmäßiger oder betriebsgewöhnlicher **Nutzungsdauer** eines abnutzbaren Sachanlageguts (→ BFH vom 22.1.1992 – BStBl. II S. 488).

Darlehen mit fallenden Zinssätzen

Der Darlehensnehmer hat bei einer Vereinbarung fallender Zinssätze einen aktiven Rechnungsabgrenzungsposten zu bilden, wenn im Falle einer vorzeitigen Vertragsbeendigung die anteilige Erstattung der bereits gezahlten Zinsen verlangt werden kann oder wenn das Darlehensverhältnis nur aus wichtigem Grund gekündigt werden kann und keine konkreten Anhaltspunkte für eine solche vorzeitige Beendigung bestehen (→ BFH vom 27.7.2011 – BStBl. 2012 II S. 284).

Dauerschuldverhältnis

– Die Entschädigung für die Aufhebung eines für eine bestimmte Laufzeit begründeten Schuldverhältnisses kann nicht in einen passiven Rechnungsabgrenzungsposten eingestellt werden (→ BFH vom 23.2.2005 – BStBl. II S. 481).

– Eine Vergütung, die der Kreditgeber für seine Bereitschaft zu einer für ihn nachteiligen Änderung der Vertragskonditionen vom Kreditnehmer vereinnahmt hat, ist in der Bilanz des Kreditgebers nicht passiv abzugrenzen (→ BFH vom 7.3.2007 – BStBl. II S. 697).

Erbbaurecht

Für im Voraus gezahlte Erbbauzinsen ist ein Rechnungsabgrenzungsposten zu bilden (→ BFH vom 20.11.1980 – BStBl. 1981 II S. 398).

---

1) Siehe Anlage § 005-09.

Ertragszuschüsse
Für Ertragszuschüsse ist ggf. ein passiver Rechnungsabgrenzungsposten zu bilden (→ BFH vom 5.4.1984 – BStBl. II S. 552 sowie BMF vom 2.9.1985 – BStBl. I S. 568). [1]

Filmherstellungskosten
→ BMF vom 23.2.2001 (BStBl. I S. 175) unter Berücksichtigung der Änderungen durch BMF vom 5.8.2003 (BStBl. I S. 406), Tz. 34 und 35 [2]

Finanzierungskosten
- → H 6.10 (Damnum, Kreditbedingungen, Umschuldung, Vermittlungsprovision, Zinsfestschreibung)
- Für ein bei der Ausgabe einer festverzinslichen Schuldverschreibung mit bestimmter Laufzeit vereinbartes Disagio ist in der Steuerbilanz ein Rechnungsabgrenzungsposten zu aktivieren (→ BFH vom 29.11.2006 – BStBl. 2009 II S. 955).

Forfaitierung von Forderungen aus Leasing-Verträgen
→ BMF vom 9.1.1996 (BStBl. I S. 9) [3] und → BFH vom 24.7.1996 (BStBl. 1997 II S. 122).
Abweichend von Abschnitt III 2 Buchstabe b des BMF-Schreibens vom 9.1.1996 [4] ist bei der sog. Restwertforfaitierung aus Teilamortisationsverträgen die Zahlung des Dritten an den Leasinggeber steuerlich als ein Darlehen an den Leasinggeber zu beurteilen. Die Forfaitierungserlöse sind von ihm nicht als Erträge aus zukünftigen Perioden passiv abzugrenzen, sondern als Verbindlichkeiten auszuweisen und bis zum Ablauf der Grundmietzeit ratierlich aufzuzinsen (→ BFH vom 8.11.2000 – BStBl. 2001 II S. 722).

Garantiegebühr
Wegen vereinnahmter Garantiegebühr gebildeter passiver Rechnungsabgrenzungsposten ist während der Garantiezeit insoweit aufzulösen, als die Vergütung auf den bereits abgelaufenen Garantiezeitraum entfällt (→ BFH vom 23.3.1995 – BStBl. II S. 772).

Gewinnermittlung nach § 4 Abs. 1 EStG
R 5.6 gilt bei der Gewinnermittlung nach § 4 Abs. 1 EStG sinngemäß (→ § 141 Abs. 1 Satz 2 AO, BFH vom 20.11.1980 – BStBl. 1981 II S. 398).

Honorare
Sind im voraus erhaltene Honorare zeitraumbezogen und besteht für den gesamten Zeitraum eine Dauerverpflichtung, ist für die anteilig auf folgende Wirtschaftsjahre entfallenden Honorare ein passiver Rechnungsabgrenzungsposten zu bilden (→ BFH vom 10.9.1998 – BStBl. 1999 II S. 21).

Investitionszuschüsse
- Soweit Zuschüsse zu Anschaffungs- oder Herstellungskosten eines Wirtschaftsgutes geleistet werden, sind sie nicht passiv abzugrenzen (→ BFH vom 22.1.1992 – BStBl. II S. 488).
- → R 6.5

Kraftfahrzeugsteuer
Für gezahlte Kraftfahrzeugsteuer ist ein Rechnungsabgrenzungsposten zu aktivieren, soweit die Steuer auf die voraussichtliche Zulassungszeit des Fahrzeuges im nachfolgenden Wirtschaftsjahr entfällt (→ BFH vom 19.5.2010 – BStBl. II S. 967).

Leasingvertrag mit degressiven Leasingraten – Behandlung beim Leasingnehmer
- **Immobilienleasing**

  Bilanzsteuerrechtlich ist die Summe der während der vertraglichen Grundmietzeit geschuldeten Jahresmieten in jährlich gleichbleibenden Beträgen auf die Grundmietzeit zu verteilen und demgemäß der Teil der vertraglichen Jahresmieten, der in den ersten Jahren der Grundmietzeit über den sich für die gesamte Grundmietzeit ergebenden Jahresaufwand hinaus geht, zu aktivieren (→ BFH vom 12.8.1982 – BStBl. II S. 696 und → BMF vom 10.10.1983 – BStBl. I S. 431) [4]

- **Mobilienleasing**

  Für degressive Raten beim Leasing beweglicher Wirtschaftsgüter des Anlagevermögens ist kein aktiver Rechnungsabgrenzungsposten zu bilden (→ BFH vom 28.2.2001 – BStBl. II. S. 645).

---
1) Siehe Anlage § 005-10.
2) Siehe Anlage § 005-20.
3) Siehe Anlage § 004-13.
4) Siehe Anlage § 004-09. Siehe auch das BdF-Schreiben vom 28.6.2002 (DB 2002 S. 1530).

Maklerprovision

Für Maklerprovisionen im Zusammenhang mit dem Abschluss eines Mietvertrages kann kein aktiver Rechnungsabgrenzungsposten gebildet werden (→ *BFH vom 19.6.1997 – BStBl. II S. 808*).

Mobilfunkdienstleistungsverträge

Vergünstigungen im Zusammenhang mit dem Abschluss von Mobilfunkdienstleistungsverträgen → *BMF vom 20.6.2005 (BStBl. I S. 801)*[1])

Öffentlich Private Partnerschaft – ÖPP – (auch Public Private Partnership – PPP –)

– Zum A-Modell → *BMF vom 4.10.2005 (BStBl. I S. 916)*.

– Zur Anwendbarkeit auf andere Modelle und zur Bildung eines Passivpostens für künftige Instandhaltungsaufwendungen → *BMF vom 27.5.2013 (BStBl. I S. 722)*.

Öffentlich-rechtliche Verpflichtungen

Die Bildung passiver Rechnungsabgrenzungsposten ist nicht auf Fälle beschränkt, in denen Vorleistungen im Rahmen eines gegenseitigen Vertrags erbracht werden (→ *BFH vom 26.6.1979 – BStBl. II S. 625*). Sie kann auch in Fällen geboten sein, in denen die gegenseitigen Verpflichtungen ihre Grundlage im öffentlichen Recht haben (→ *BFH vom 17.9.1987 – BStBl. 1988 II S. 327*).

Urlaubsgeld bei abweichendem Wirtschaftsjahr

Es hängt von den Vereinbarungen der Vertragspartner ab, ob Urlaubsgeld, das bei einem abweichenden Wirtschaftsjahr vor dem Bilanzstichtag für das gesamte Urlaubsjahr bezahlt wird, anteilig aktiv abzugrenzen ist (→ *BFH vom 6.4.1993 – BStBl. II S. 709*).

Zeitbezogene Gegenleistung

Der Vorleistung des einen Vertragsteils muss eine zeitbezogene Gegenleistung des Vertragspartners gegenüberstehen (→ *BFH vom 11.7.1973 – BStBl. II S. 840 und vom 4.3.1976 – BStBl. 1977 II S. 380*) und der Zeitraum, auf den sich die Vorleistung des einen Vertragsteils bezieht, muss bestimmt sein (→ *BFH vom 7.3.1973 – BStBl. II S. 565*).

Zinszuschuss

– Der kapitalisiert ausgezahlte Zinszuschuss für die Aufnahme eines langjährigen Kapitalmarktdarlehens ist passiv abzugrenzen (→ *BFH vom 24.6.2009 – BStBl. II S. 781*).

– → *Auflösung von Rechnungsabgrenzungsposten im Zusammenhang mit Zinsaufwand*.

EStR 2012 zu § 5 EStG

R 5.7 Rückstellungen

R 5.7 (1) Bilanzieller Ansatz von Rückstellungen

(1) ¹Die nach den handelsrechtlichen Grundsätzen ordnungsmäßiger Buchführung gem. § 249 HGB anzusetzenden Rückstellungen sind auch in den steuerlichen Gewinnermittlung (Steuerbilanz) zu bilden, soweit eine betriebliche Veranlassung besteht und steuerliche Sondervorschriften, z.B. § 5 Abs. 2a, 3, 4, 4a, 4b, 6 und § 6a EStG nicht entgegenstehen. ²Ungeachtet des Abzugsverbotes des § 4 Abs. 5b EStG ist in der Steuerbilanz eine Gewerbesteuerrückstellung zu bilden; dadurch verursachte Gewinnauswirkungen sind außerbilanziell zu neutralisieren.

Hinweise

H 5.7 (1) Bewertung von Rückstellungen

→ *R 6.11*

Drohverlust

→ *Optionsprämie*

→ *H 4.2 (15)*

→ *Rückverkaufsoption*

→ *H 4.2 (15)*

→ *Teilwertabschreibung*

---

1) Siehe Anlage § 005-24.

Die Teilwertabschreibung hat gegenüber der Drohverlustrückstellung Vorrang. Das Verbot der Rückstellungen für drohende Verluste (§ 5 Abs. 4a Satz 1 EStG) erfasst nur denjenigen Teil des Verlustes, der durch die Teilwertabschreibung nicht verbraucht ist (→ BFH vom 7.9.2005 – BStBl. 2006 II S. 298).

Eiserne Verpachtung
Zur Gewinnermittlung bei der Verpachtung von Betrieben mit Substanzerhaltungspflicht des Pächters nach §§ 582a, 1048 BGB → BMF vom 21.2.2002 (BStBl. I S. 262). [1]

ERA-Anpassungsfonds in der Metall- und Elektroindustrie
→ BMF vom 2.4.2007 (BStBl. I S. 301).

Handelsrechtliches Passivierungswahlrecht
Besteht handelsrechtlich ein Wahlrecht zur Bildung einer Rückstellung darf die Rückstellung steuerrechtlich nicht gebildet werden (→ BMF vom 12.3.2010 – BStBl. I S. 239). [2]

Jubiläumszuwendungen
Zu den Voraussetzungen für die Bildung von Rückstellungen für Zuwendungen anlässlich eines Dienstjubiläums → BMF vom 8.12.2008 (BStBl. I S. 1013). [3]

Nicht abziehbare Betriebsausgaben
Eine handelsbilanziell gebildete und damit für das Steuerrecht maßgebliche Rückstellung ist außerbilanziell zu neutralisieren, soweit der Rückstellung nicht abziehbare Betriebsausgaben i. S. d. § 4 Abs. 5 EStG zugrunde liegen (→ BFH vom 7.11.2013 – BStBl. 2014 II S. 306).

Rückabwicklung
Für die Bildung von Rückstellungen im Zusammenhang mit Rückgewährschuldverhältnissen ist wie folgt zu differenzieren:

– *Ein Verkäufer darf wegen seiner Verpflichtung zur Rückerstattung dann keine Rückstellung bilden, wenn er am Bilanzstichtag mit einem Rücktritt vom Kaufvertrag, bei Verbraucherverträgen mit Widerrufs- oder Rückgaberecht mit dessen Ausübung, nicht rechnen muss; das gilt auch dann, wenn noch vor der Aufstellung der Bilanz der Rücktritt erklärt bzw. das Widerrufs- oder Rückgaberecht ausgeübt wird.*

– *Ist jedoch bereits am Bilanzstichtag eine Vertragsauflösung durch Erklärung des Rücktritts bzw. Ausübung des Widerrufs- oder Rückgaberechts wahrscheinlich, so ist eine Rückstellung für ungewisse Verbindlichkeiten wegen des Risikos der drohenden Vertragsauflösung zu bilden. Ist der Verkäufer auf Grund eines Rücktrittsrechts bzw. eines Widerrufs- oder Rückgaberechts verpflichtet, die bereits verkaufte und übergebene Sache wieder zurückzunehmen, steht die Vorschrift des § 5 Abs. 4b Satz 1 EStG der Rückstellungsbildung nicht entgegen. Die Rückstellung ist in Höhe der Differenz zwischen dem zurückzugewährenden Kaufpreis und dem Buchwert des veräußerten Wirtschaftsguts zu bilden. Sie neutralisiert damit lediglich den Veräußerungsgewinn.*

(→ BMF vom 21.2.2002 – BStBl. I S. 335). [4]

EStR 2012 zu § 5 EStG

R 5.7 (2) Rückstellungen für ungewisse Verbindlichkeiten
Grundsätze
(2) Eine Rückstellung für ungewisse Verbindlichkeiten ist nur zu bilden, wenn
1. es sich um eine Verbindlichkeit gegenüber einem anderen oder eine öffentlich-rechtliche Verpflichtung handelt,
2. die Verpflichtung vor dem Bilanzstichtag wirtschaftlich verursacht ist,
3. mit einer Inanspruchnahme aus einer nach ihrer Entstehung oder Höhe ungewissen Verbindlichkeit ernsthaft zu rechnen ist und
4. die Aufwendungen in künftigen Wirtschaftsjahren nicht zu Anschaffungs- oder Herstellungskosten für ein Wirtschaftsgut führen.

---

1) Siehe Anlage § 004-02.
2) Siehe Anlage § 005-14.
3) Siehe Anlage § 005-16.
4) Siehe Anlage § 005-22.

R 5.7 (3) Verpflichtung gegenüber einem anderen

(3) ¹Die Bildung einer Rückstellung für ungewisse Verbindlichkeiten setzt – als Abgrenzung zur → Aufwandsrückstellung – eine Verpflichtung gegenüber einem anderen voraus. ²Die Verpflichtung muss den Verpflichteten wirtschaftlich wesentlich belasten. ³Die Frage, ob eine Verpflichtung den Stpfl. wesentlich belastet, ist nicht nach dem Aufwand für das einzelne Vertragsverhältnis, sondern nach der Bedeutung der Verpflichtung das Unternehmen zu beurteilen.

Hinweise

H 5.7 (3) Abrechnungsverpflichtung

Für die sich aus § 14 VOB/B ergebende Verpflichtung zur Abrechnung gegenüber dem Besteller ist eine Rückstellung zu bilden (→ BFH vom 25.2.1986 – BStBl. II S. 788); Entsprechendes gilt für die Abrechnungsverpflichtung nach den allgemeinen Bedingungen für die Gasversorgung/Elektrizitätsversorgung (→ BFH vom 18.1.1995 – BStBl. II S. 742).

Aufwandsrückstellungen

können in der Steuerbilanz nicht gebildet werden (→ BFH vom 8.10.1987 – BStBl. 1988 II S. 57, vom 12.12.1991 – BStBl. 1992 II S. 600 und vom 8.11.2000 – BStBl. 2001 II S. 570); Ausnahmen → R 5.7 Abs. 11.

Faktischer Leistungszwang

Eine Rückstellung für ungewisse Verbindlichkeiten ist nicht nur für Verpflichtungen aus einem am Bilanzstichtag bestehenden Vertrag zu bilden, sondern auch für Verpflichtungen, die sich aus einer Branchenübung ergeben (faktischer Leistungszwang). Dies ist z. B. der Fall, wenn ein Unternehmen von seinen Kunden Zuschüsse zu den Herstellungskosten für Werkzeuge erhält, die es bei der Preisgestaltung für die von ihm mittels dieser Werkzeuge herzustellenden und zu liefernden Produkte preismindernd berücksichtigen muss; die Rückstellung ist über die voraussichtliche Dauer der Lieferverpflichtung aufzulösen (→ BFH vom 29.11.2000 – BStBl. II 2002 S. 655).

Gesellschaftsvertraglich begründete Pflicht zur Prüfung des Jahresabschlusses

Für die Verpflichtung zur Prüfung des Jahresabschlusses einer Personengesellschaft darf eine Rückstellung nicht gebildet werden, wenn diese Verpflichtung ausschließlich durch den Gesellschaftsvertrag begründet worden ist (→ BFH vom 5.6.2014 – BStBl. II S. 886).

Kostenüberdeckung

Ist eine sog. Kostenüberdeckung nach Maßgabe öffentlich-rechtlicher Vorschriften in der folgenden Kalkulationsperiode auszugleichen (Rückgabe der Kostenüberdeckung durch entsprechende Preiskalkulation der Folgeperiode), liegt eine rückstellungsfähige Ungewisse Verbindlichkeit vor (→ BFH vom 6.2.2013 – BStBl. II S. 954).

Pfandrückstellungen

Für die Verpflichtung zur Rückgabe von Pfandgeld sind Rückstellungen zu bilden; deren Höhe richtet sich nach den Umständen des Einzelfalles (→ BMF vom 13.6.2005 – BStBl. I S. 715 und BFH vom 6.10.2009 – BStBl. 2010 II S. 232).

→ H 5.7 (6)

Provisionsfortzahlungen an einen Handelsvertreter

Eine Passivierung als Verbindlichkeit oder Rückstellung ist anders als bei einem Ausgleichsanspruch eines Handelsvertreters (→ H 5.7 (5)) grundsätzlich möglich, wenn die Zahlung unabhängig von aus der ehemaligen Tätigkeit stammenden zukünftigen erheblichen Vorteilen des vertretenen Unternehmens ist und sie nicht für ein Wettbewerbsverbot vorgenommen wird. Steht die Provisionsverpflichtung unter einer aufschiebenden Bedingung, ist die Wahrscheinlichkeit des Eintritts der Bedingung zu prüfen (→ BMF vom 21.6.2005 – BStBl. I S. 802).

Rückzahlungsverpflichtung

Eine Rückstellung für mögliche Honorar-Rückzahlungsverpflichtungen kann nur gebildet werden, wenn am Bilanzstichtag mehr Gründe für als gegen das Bestehen einer solchen Verpflichtung sprechen. Ein gegen eine dritte Person in einer vergleichbaren Sache ergangenes erstinstanzliches Urteil genügt für sich allein noch nicht, um für das Bestehen einer entsprechenden Verbindlichkeit überwiegende Gründe annehmen zu können (→ BFH vom 19.10.2005 – BStBl. 2006 II S. 371).

§ 5 R 5.7

Werkzeugkostenzuschuss
→ *Faktischer Leistungszwang*

EStR 2012 zu § 5 EStG

R 5.7 (4) Öffentlich-rechtliche Verpflichtung

(4) ¹Auch eine öffentlich-rechtliche Verpflichtung kann Grundlage für eine Rückstellung für ungewisse Verbindlichkeiten sein; zur Abgrenzung von nicht zulässigen reinen Aufwandsrückstellungen ist jedoch Voraussetzung, dass die Verpflichtung hinreichend konkretisiert ist, d. h. es muss ein inhaltlich bestimmtes Handeln durch Gesetz oder Verwaltungsakt innerhalb eines bestimmbaren Zeitraums vorgeschrieben und an die Verletzung der Verpflichtung müssen Sanktionen geknüpft sein. ²Ergibt sich eine öffentlich-rechtliche Verpflichtung nicht unmittelbar aus einem Gesetz, sondern setzt sie den Erlass einer behördlichen Verfügung (Verwaltungsakt) voraus, ist eine Rückstellung für ungewisse Verbindlichkeiten erst zu bilden, wenn die zuständige Behörde einen vollziehbaren Verwaltungsakt erlassen hat, der ein bestimmtes Handeln vorschreibt.

Hinweise

H 5.7 (4) Öffentliche Leitsätze

Allgemeine öffentliche Leitsätze, z. B. die Verpflichtung der Wohnungsbauunternehmen, im Interesse der Volkswirtschaft die errichteten Wohnungen zu erhalten, rechtfertigen keine Rückstellung (→ BFH vom 26.5.1976 – BStBl. II S. 622).

Rückstellungen für öffentlich-rechtliche Verpflichtungen sind u. a. zulässig für:

– *Verpflichtung zur Aufstellung der Jahresabschlüsse (→ BFH vom 20.3.1980 – BStBl. II S. 297).*

– *Verpflichtung zur Buchung laufender Geschäftsvorfälle des Vorjahres (→ BFH vom 25.3.1992 – BStBl. II S. 1010).*

– *Gesetzliche Verpflichtung zur Prüfung der Jahresabschlüsse, zur Veröffentlichung des Jahresabschlusses im Bundesanzeiger, zur Erstellung des Lageberichts und zur Erstellung der die Betriebssteuern des abgelaufenen Jahres betreffenden Steuererklärungen (→ BFH vom 23.7.1980 – BStBl. 1981 II S. 62, 63), aber → H 5.7 (3) Gesellschaftsvetraglich begründete Pflicht zur Prüfung des Jahresabschlusses.*

– *Verpflichtung zur Aufbewahrung von Geschäftsunterlagen gemäß § 257 HGB und § 147 AO (→ BFH vom 19.8.2002 – BStBl. 2003 II S. 131).*

– *Verpflichtungen zur Wiederaufbereitung (Recycling) und Entsorgung von Bauschutt (→ BFH vom 25.3.2004 – BStBl. 2006 II S. 644 und vom 21.9.2005 – BStBl. 2006 II S. 647). § 5 Abs. 4b EStG ist zu beachten.*

– *Zulassungskosten (Gebühren) für ein neu entwickeltes Pflanzenschutzmittel (→ BFH vom 8.9.2011 - BStBl. 2012 II S. 122).*

nicht zulässig für:

– *Verpflichtung zur Durchführung der Hauptversammlung (→ BFH vom 23.7.1980 – BStBl. 1981 II S. 62).*

– *Künftige Betriebsprüfungskosten, solange es an einer Prüfungsanordnung fehlt (→ BFH vom 24.8.1972 – BStBl. 1973 II S. 55); das gilt nicht für Großbetriebe → BMF vom 7.3.2013 (BStBl. I S. 274)*

– *Künftige Beitragszahlungen an den Pensionssicherungsverein (→ BFH vom 6.12.1995 – BStBl. 1996 II S. 406).*

– *Verpflichtung zur Erstellung der Einkommensteuererklärung und der Erklärung zur gesonderten und einheitlichen Feststellung des Gewinns einer Personengesellschaft (→ BFH vom 24.11.1983 – BStBl. 1984 II S. 301).*

– *Verpflichtung zur Entsorgung eigenen Abfalls (→ BFH vom 8.11.2000 – BStBl. 2001 II S. 570).*

– *Gesetzliche Verpflichtungen, wenn die Rechtsnorm eine Frist für die Erfüllung enthält und diese am Bilanzstichtag noch nicht abgelaufen ist (→ BFH vom 13.12.2007 – BStBl. 2008 II S. 516 und BFH vom 6.2.2013 – BStBl. II S. 686 und vom 17.10.2013 – BStBl. 2014 II S. 302).*

Sanierungsverpflichtungen

Zur Bildung von Rückstellungen für Verpflichtungen zu Sanierung von schadstoffbelasteten Grundstücken → BMF vom 11.5.2010 (BStBl. I S. 495). [1]

EStR 2012 zu § 5 EStG

R 5.7 (5) Wirtschaftliche Verursachung

(5) ¹Rückstellungen für ungewisse Verbindlichkeiten sind erstmals im Jahresabschluss des Wirtschaftsjahrs zu bilden, in dem sie wirtschaftlich verursacht sind. ²Die Annahme einer wirtschaftlichen Verursachung setzt voraus, dass der Tatbestand, an den das Gesetz oder der Vertrag der Verpflichtung knüpft, im Wesentlichen verwirklicht ist. ³Die Erfüllung der Verpflichtung darf nicht nur an Vergangenes anknüpfen, sondern muss auch Vergangenes abgelten.

Hinweise

H 5.7 (5) Altersteilzeitverpflichtungen

Zur bilanziellen Berücksichtigung von Altersteilzeitverpflichtungen nach dem Altersteilzeitgesetz (AltTZG) → BMF vom 28.3.2007 – BStBl. I S. 297) unter Berücksichtigung der Änderungen durch BMF vom 11.3.2008 (BStBl. I S. 496). [2]

Arbeitsfreistellung

Rückstellungen für Verpflichtungen zur Gewährung von Vergütungen für die Zeit der Arbeitsfreistellung vor Ausscheiden aus dem Dienstverhältnis und Jahreszusatzleistungen im Jahr des Eintritts des Versorgungsfalls (→ BMF vom 11.11.1999 – BStBl. I S. 959)[3] *und vom 28.3.2007 – BStBl. I S. 297)*[4]

Ausgleichsanspruch Handelsvertreter

– *Eine Rückstellung für die Verpflichtung zur Zahlung eines Ausgleichs an einen Handelsvertreter nach § 89b HGB ist vor Beendigung des Vertragsverhältnisses nicht zulässig, da wesentliche Voraussetzung für einen solchen Ausgleich ist, dass dem Unternehmer aus der früheren Tätigkeit des Vertreters mit hoher Wahrscheinlichkeit noch nach Beendigung des Vertragsverhältnisses erhebliche Vorteile erwachsen (→ BFH vom 20.1.1983 – BStBl. II S. 375).*

– *Zur Abgrenzung gegenüber einer Provisionsfortzahlung → H 5.7 (3) Provisionsfortzahlungen an einen Handelsvertreter*

Beihilfen an Pensionäre

Für die Verpflichtung, Pensionären und aktiven Mitarbeitern während der Zeit ihres Ruhestandes in Krankheits-, Geburts- und Todesfällen Beihilfen zu gewähren, ist eine Rückstellung zu bilden (→ BFH vom 30.1.2002 – BStBl. 2003 II S. 279).

Entstandene Verpflichtungen

Eine am Bilanzstichtag bereits rechtlich entstandene öffentlich-rechtliche Verpflichtung ist zu diesem Zeitpunkt auch wirtschaftlich verursacht (→ BFH vom 17.10.2013 – BStBl. 2014 II S. 302).

Garantierückstellungen

Garantierückstellungen, mit denen das Risiko künftigen Aufwands durch kostenlose Nacharbeiten oder durch Ersatzlieferungen oder aus Minderungen oder Schadenersatzleistungen wegen Nichterfüllung auf Grund gesetzlicher oder vertraglicher Gewährleistungen erfasst werden soll, können bei Vorliegen der entsprechenden Voraussetzungen als Einzelrückstellungen für die bis zum Tag der Bilanzaufstellung bekanntgewordenen einzelnen Garantiefälle oder als Pauschalrückstellung gebildet werden. Für die Bildung von Pauschalrückstellungen ist Voraussetzung, dass der Kaufmann auf Grund der Erfahrungen in der Vergangenheit mit einer gewissen Wahrscheinlichkeit mit Garantieinanspruchnahmen rechnen muss oder dass sich aus der branchenmäßigen Erfahrung und der individuellen Gestaltung des Betriebs die

---

1) Siehe Anlage § 006-16.
2) Siehe Anlage § 006a-06.
3) Siehe Anlage § 006a-11.
4) Siehe Anlage § 006a-06.

Wahrscheinlichkeit ergibt, Garantieleistungen erbringen zu müssen (→ BFH vom 30.6.1983 – BStBl. 1984 II S. 263 und vom 24.3.1999 – BStBl. 2001 II S. 612).

Gutscheine

Für Gutscheine, die einen Anspruch auf preisermäßigte künftige Leistungen gewähren, können im Ausgabejahr keine Rückstellungen gebildet werden (→ BFH vom 19.9.2012 – BStBl. 2013 II S. 123).

Jubiläumsrückstellung

Zu den Voraussetzungen für die Bildung einer Rückstellung für Jubiläumszuwendungen → BMF vom 8.12.2008.[1)]

Nachbetreuungsleistungen bei Hörgeräte-Akustikern

Nachbetreuungsverpflichtungen sind im Zeitpunkt der Veräußerung der Hörhilfen auch wirtschaftlich verursacht (→ BMF vom 12.10.2005 – BStBl. I S. 953).

Prozesskosten

Bei am Bilanzstichtag noch nicht anhängigen Verfahren/Instanzen fehlt es grundsätzlich an der wirtschaftlichen Verursachung (→ BFH vom 6.12.1995 – BStBl. 1996 II S. 406).

Sonderzahlungen an Versorgungseinrichtungen

Für Sonderzahlungen an Versorgungseinrichtungen zur Schließung künftiger Deckungslücken können wegen fehlender wirtschaftlicher Verursachung vor dem Bilanzstichtag keine Rückstellungen gebildet werden (→ BFH vom 27.1.2010 – BStBl. II S. 614).

Zinszahlung

Eine Verpflichtung zur Zinszahlung ist am Bilanzstichtag nur insoweit wirtschaftlich verursacht, als damit eine Zeitspanne vor dem Bilanzstichtag abgegolten wird (→ BFH vom 6.12.1995 – BStBL. 1996 II S. 406).

Zuwendungen aus Anlass eines Geschäfts- oder Firmenjubiläums

Für rechtsverbindlich zugesagte Zuwendungen aus Anlass eines Geschäfts- und Firmenjubiläums, die sich nach der Dauer der Betriebszugehörigkeit der einzelnen Mitarbeiter bemessen, ist eine Rückstellung in dem Umfang zu bilden, in dem die Anspruchsvoraussetzungen durch die vergangene Betriebszugehörigkeit des jeweiligen Mitarbeiters erfüllt sind. Die Regelung für Zuwendungen aus Anlass eines Dienstjubiläums (§ 5 Abs. 4 EStG) gilt dafür nicht (→ BFH vom 29.11.2000 – BStBl. 2004 II S. 41).

EStR 2012 zu § 5 EStG

R 5.7 (6) Wahrscheinlichkeit der Inanspruchnahme

(6) [1]Rückstellungen für ungewisse Verbindlichkeiten setzen in tatsächlicher Hinsicht voraus, dass die Verbindlichkeiten, die den Rückstellungen zugrunde liegen, bis zum Bilanzstichtag entstanden sind oder aus Sicht am Bilanzstichtag mit einiger Wahrscheinlichkeit entstehen werden und der Steuerpflichtige spätestens bei Bilanzaufstellung ernsthaft damit rechnen muss, hieraus in Anspruch genommen zu werden. [2]Die Wahrscheinlichkeit der Inanspruchnahme ist auf Grund objektiver, am Bilanzstichtag vorliegender und spätestens bei Aufstellung der Bilanz erkennbarer Tatsachen aus der Sicht eines sorgfältigen und gewissenhaften Kaufmanns zu beurteilen; es müssen mehr Gründe für als gegen die Inanspruchnahme sprechen.

Hinweise

H 5.7 (6) Allgemeines

Eine Inanspruchnahme ist wahrscheinlich, wenn der Stpfl. nach den Umständen, die am Bilanzstichtag objektiv vorlagen und bis zum Zeitpunkt der Bilanzerstellung bekannt oder erkennbar wurden, ernstlich damit rechnen musste, aus der Verpflichtung in Anspruch genommen zu werden. Er darf im Hinblick auf seine Inanspruchnahme nicht die pessimistischste Alternative wählen; für die Inanspruchnahme müssen mehr Gründe dafür als dagegen sprechen (→ BFH vom 19.10.2005 – BStBl. 2006 II S. 371).

---

1) Siehe Anlage § 005-16.

Entdeckung

Die Wahrscheinlichkeit der Inanspruchnahme ist gegeben, wenn die anspruchsbegründenden Tatsachen bis zum Tag der Bilanzaufstellung entdeckt sind (→ BFH vom 2.10.1992 – BStBl. 1993 II S. 153).

Hinterzogene Steuern

Hinterzogene Lohnsteuer ist vom Arbeitgeber in dem Zeitpunkt zurückzustellen, in dem er mit seiner Haftungsinanspruchnahme ernsthaft rechnen muß (→ BFH vom 16.2.1996 – BStBl. II S. 592)

Patronatserklärungen

Die Passivierung von Rückstellungen für Verpflichtungen aus sog. harten Patronatserklärungen setzt voraus, dass die Gefahr der Inanspruchnahme aus der Verpflichtung ernsthaft droht. Eine Inanspruchnahme aus einer konzerninternen Patronatserklärung der Muttergesellschaft für ein Tochterunternehmen droht dann nicht, wenn das Schuldnerunternehmen zwar in der Krise ist, innerhalb des Konzerns ein Schwesterunternehmen aber die erforderliche Liquidität bereitstellt und auf Grund der gesellschaftsrechtlichen Verbundenheit nicht damit zu rechnen ist, dass dieses Schwesterunternehmen Ansprüche gegen die Muttergesellschaft geltend machen wird (→ BFH vom 25.10.2006 – BStBl. 2007 II S. 384).

Pfandrückstellungen

– Im Rahmen der im Getränkehandel branchenüblichen Abläufe von laufenden Geschäftsbeziehungen kann nur in begründeten Einzelfällen (z. B. wenn die Geschäftsbeziehungen beendet werden oder eine Aufforderung unmittelbar bevorsteht, das gesamte Leergut zu einem bestimmten Termin zurückzugeben) mit der vorzeitigen Inanspruchnahme des Verpflichteten zur Rückgabe des Leergutes gerechnet werden (→ BFH vom 25.4.2006 – BStBl. II S. 749 und vom 6.10.2009 – BStBl. 2010 II S. 232).

– → H 5.7 (3)

Schadensersatz

– Bei einseitigen Verbindlichkeiten ist die Wahrscheinlichkeit der Inanspruchnahme erst gegeben, wenn der Gläubiger die sich aus ihnen ergebende (mögliche) Berechtigung kennt. Dies gilt auch für öffentlich-rechtliche Verbindlichkeiten (→ BFH vom 19.10.1993 – BStBl. II S. 891).

– Bei privat-rechtlichen Schadensersatzansprüchen ist entweder die Kenntnis des Gläubigers von den den Schadensersatzanspruch begründenden Umständen oder zumindest eine derartige unmittelbar bevorstehende Kenntniserlangung erforderlich (→ BFH vom 25.4.2006 – BStBl. II S. 749).

EStR 2012 zu § 5 EStG

R 5.7 (7) Rückstellungen für Erfüllungsrückstand bei schwebenden Geschäften
Schwebende Geschäfte

(7) ¹Schwebende Geschäfte sind gegenseitige Verträge i. S. d. §§ 320 ff. BGB (z. B. Dauerschuldverhältnisse wie Arbeits- oder Mietverträge), die von den Beteiligten noch nicht voll erfüllt sind. ²Noch zu erbringende unwesentliche Nebenleistungen stehen der Beendigung des Schwebezustandes nicht entgegen. ³Verpflichtungen aus schwebenden Geschäften werden nicht passiviert, es sei denn, das Gleichgewicht von Leistung und Gegenleistung ist durch Erfüllungsrückstände gestört; in diesen Fällen sind Rückstellungen für Erfüllungsrückstand auszuweisen.

R 5.7 (8) Erfüllungsrückstand

(8) ¹Ein Erfüllungsrückstand entsteht, wenn ein Vertragspartner seine Leistung erbracht hat, der andere Vertragspartner die entsprechende Gegenleistung jedoch noch schuldet. ²Eine Fälligkeit der vertraglich noch geschuldeten Leistung zum Bilanzstichtag ist nicht erforderlich. ³Erfüllungsrückstände eines Vermieters liegen z. B. vor, wenn sich die allgemeine Pflicht zur Erhaltung der vermieteten Sache in der Notwendigkeit einzelner Erhaltungsmaßnahmen konkretisiert hat und der Vermieter die Maßnahmen unterlässt. ⁴Die wirtschaftliche Verursachung der Verpflichtung richtet sich nach Absatz 5.

§ 5 R 5.7

Hinweise

H 5.7 (8) Erfüllungsrückstand

- Ein Erfüllungsrückstand liegt insbesondere vor, wenn der Schuldner einer Verpflichtung nicht nachgekommen ist, die er im abgelaufenen Wirtschaftsjahr hätte erfüllen müssen (→ BFH vom 3.12.1991 – BStBl. 1993 II S. 89). Die noch ausstehende Gegenleistung muss eine Vorleistung abgelten und ihr damit synallagmatisch zweckgerichtet und zeitlich zuordenbar sein (→ BFH vom 5.4.2006 – BStBl. II S. 593).
- Für die Verpflichtung zur Lohnfortzahlung im Krankheitsfall kann keine Rückstellung gebildet werden (→ BFH vom 27.6.2001 – BStBl. II S. 758).
- Für die Verpflichtung eines Vermieters, den Mietgegenstand zum Ende der Mietzeit zu veräußern und den Veräußerungserlös insoweit an den Mieter auszuzahlen, als er einen vertraglich vereinbarten, unter dem Buchwert zum Vertragsende liegenden Restwert übersteigt, ist eine anzusammelnde und abzuzinsende Rückstellung in der Höhe zu passivieren, in der der vereinbarte Restwert unter dem Buchwert des Mietgegenstands liegt (→ BFH vom 21.9.2011 – BStBl. 2012 II S. 197).
- Für Verpflichtungen zur Nachbetreuung bereits abgeschlossener Versicherungen sind Rückstellungen wegen Erfüllungsrückstandes zu bilden (→ BMF vom 20.11.2012 – BStBl. I S. 1100), vom 12.12.2013 – BStBl. 2014 II S. 517 und vom 27.2.2014 – BStBl. II S. 675).

EStR 2012 zu § 5 EStG

R 5.7 (9) Einzelfälle
Leistungen auf Grund eines Sozialplans

(9) [1]Rückstellungen für Leistungen auf Grund eines Sozialplans nach den §§ 111, 112 des Betriebsverfassungsgesetzes sind insbesondere unter Beachtung der Grundsätze in den Absätzen 5 und 6 im Allgemeinen ab dem Zeitpunkt zulässig, in dem der Unternehmer den Betriebsrat über die geplante Betriebsänderung nach § 111 Satz 1 des Betriebsverfassungsgesetzes unterrichtet hat. [2]Die Voraussetzungen für die Bildung von Rückstellungen für ungewisse Verbindlichkeiten liegen am Bilanzstichtag auch vor, wenn der Betriebsrat erst nach dem Bilanzstichtag, aber vor der Aufstellung oder Feststellung der Bilanz unterrichtet wird und der Unternehmer sich bereits vor dem Bilanzstichtag zur Betriebsänderung entschlossen oder schon vor dem Bilanzstichtag eine wirtschaftliche Notwendigkeit bestanden hat, eine zur Aufstellung eines Sozialplans verpflichtende Maßnahme durchzuführen. [3]Soweit vorzeitig betriebliche Pensionsleistungen bei alsbaldigem Ausscheiden infolge der Betriebsänderung erbracht werden, richtet sich die Rückstellungsbildung ausschließlich nach § 6a EStG. [4]Die vorstehenden Grundsätze gelten sinngemäß für Leistungen, die auf Grund einer auf Tarifvertrag oder Betriebsvereinbarung beruhenden vergleichbaren Vereinbarung zu erbringen sind.

R 5.7 (10) Patent-, Urheber- oder ähnliche Schutzrechte

(10) [1]Rückstellungen für ungewisse Verbindlichkeiten wegen Benutzung einer offengelegten, aber noch nicht patentgeschützten Erfindung sind nur unter den Voraussetzungen zulässig, die nach § 5 Abs. 3 EStG für Rückstellungen wegen Verletzung eines Patentrechts gelten. [2]Das Auflösungsgebot in § 5 Abs. 3 EStG bezieht sich auf alle Rückstellungsbeträge, die wegen der Verletzung ein und desselben Schutzrechts passiviert worden sind. [3]Hat der Stpfl. nach der erstmaligen Bildung der Rückstellung das Schutzrecht weiterhin verletzt und deshalb die Rückstellung in den folgenden Wirtschaftsjahren erhöht, beginnt für die Zuführungsbeträge keine neue Frist. [4]Nach Ablauf der Drei-Jahres-Frist sind weitere Rückstellungen wegen Verletzung desselben Schutzrechts nicht zulässig, solange Ansprüche nicht geltend gemacht worden sind.

Hinweise

H 5.7 (10) Patentverletzung

- Die Bildung einer Rückstellung wegen Verletzung fremder Patentrechte nach § 5 Abs. 3 Satz 1 Nr. 2 EStG setzt nicht voraus, dass der Patentinhaber von der Rechtsverletzung Kenntnis erlangt hat.
- Wird ein und dasselbe Schutzrecht in mehreren Jahren verletzt, bestimmt sich der Ablauf der dreijährigen Auflösungsfrist i. S. d. § 5 Abs. 3 Satz 2 EStG nach der erstmaligen Rechtsverletzung.

  (→ BFH vom 9.2.2006 – BStBl. II S. 517).

R 5.7 § 5

EStR 2012 zu § 5 EStG

R 5.7 (11) Instandhaltung und Abraumbeseitigung

(11) ¹Die nach den Grundsätzen des § 249 Abs. 1 Satz 2 Nr. 1 HGB[1)] gebildete Rückstellung ist auch in der Steuerbilanz anzusetzen. ²Das Gleiche gilt für die Bildung von Rückstellungen für unterlassene Aufwendungen für Abraumbeseitigungen, die im folgenden Wirtschaftsjahr nachgeholt werden. ³Bei unterlassener Instandhaltung muss es sich um Erhaltungsarbeiten handeln, die bis zum Bilanzstichtag bereits erforderlich gewesen wären, aber erst nach dem Bilanzstichtag durchgeführt werden. ⁴Rückstellungen für Abraumbeseitigungen auf Grund rechtlicher Verpflichtungen sind nach § 249 Abs. 1 Satz 1 HGB[2)] (ungewisse Verbindlichkeit) zu bilden.

Hinweise

H 5.7 (11) Turnusmäßige Erhaltungsarbeiten

Bei Erhaltungsarbeiten, die erfahrungsgemäß in ungefähr gleichem Umfang und in gleichen Zeitabständen anfallen und turnusgemäß durchgeführt werden, liegt in der Regel keine unterlassene Instandhaltung vor (→ BFH vom 15.12.1955 – BStBl. III S. 172).

EStR 2012 zu § 5 EStG

R 5.7 (12) Kulanzleistungen

(12) Rückstellungen nach § 249 Abs. 1 Satz 2 Nr. 2 HGB[3)] für Gewährleistungen, die ohne rechtliche Verpflichtungen erbracht werden, sind nur zulässig, wenn sich der Kaufmann den Gewährleistungen aus geschäftlichen Erwägungen nicht entziehen kann.

Hinweise

H 5.7 (12) Garantierückstellungen

→ *H 5.7 (5)*

Geschäftliche Erwägungen

Geschäftliche Erwägungen sind anzunehmen, wenn am Bilanzstichtag unter Berücksichtigung des pflichtgemäßen Ermessens des vorsichtigen Kaufmanns damit zu rechnen ist, dass Kulanzleistungen auch in Zukunft bewilligt werden müssen (→ BFH vom 6.4.1965 – BStBl. III S. 383).

EStR 2012 zu § 5 EStG

R 5.7 (13) Auflösung von Rückstellungen

(13) Rückstellungen sind aufzulösen, soweit die Gründe hierfür entfallen.

Hinweise

H 5.7 (13) Auflösung

Rückstellungen sind auch dann aufzulösen, wenn

- *nach dem Bilanzstichtag, aber vor der Bilanzerstellung Umstände bekannt werden, die am Bilanzstichtag objektiv vorlagen, aus denen sich ergibt, dass mit einer Inanspruchnahme nicht mehr zu rechnen ist (→ BFH vom 30.1.2002 – BStBl. II S. 688);*
- *die Verbindlichkeit trotz weiterbestehender rechtlicher Verpflichtung keine wirtschaftliche Belastung mehr darstellt (→ BFH vom 22.11.1988 – BStBl. 1989 II S. 359).*

Erfolgsneutrale Auslösung

Eine Rückstellung ist erfolgsneutral aufzulösen, wenn der Wegfall der Voraussetzungen für ihre Bildung und Beibehaltung auf Umständen beruht, die als Einlage im Sinne des § 4 Abs. 1 Satz 3 EStG zu beurteilen sind (→ BFH vom 12.4.1989 – BStBl. II S. 612).

---

1) Siehe Anhang 15.
2) Siehe Anhang 15.
3) Siehe Anhang 15.

§ 5 R 5.7

Rechtsmittel

- *Eine Rückstellung wegen einer gerichtsanhängigen Schadensersatzverpflichtung ist erst aufzulösen, wenn über die Verpflichtung endgültig und rechtskräftig ablehnend entschieden ist (→ BFH vom 27.11.1997 – BStBl. 1998 II S. 375).*
- *Eine Rückstellung ist nicht aufzulösen, wenn der Steuerpflichtige in einer Instanz obsiegt hat, der Prozessgegner gegen diese Entscheidung aber noch ein Rechtsmittel einlegen kann (→ BFH vom 30.1.2002 – BStBl. II S. 688).*
- *Ein nach dem Bilanzstichtag, aber vor dem Zeitpunkt der Bilanzaufstellung erfolgter Verzicht des Prozessgegners auf ein Rechtsmittel wirkt nicht auf die Verhältnisse am Bilanzstichtag zurück (→ BFH vom 30.1.2002 – BStBl. II S. 688).*

Schadensersatz

→ *Rechtsmittel*

Verhandlungen

Wird am Bilanzstichtag über den Wegfall einer Verpflichtung verhandelt, so rechtfertig dies die Auflösung einer gebildeten Rückstellung grundsätzlich nicht (→ BFH vom 17.11.1987 – BStBl. 1988 II S. 430).

Weitere Verwaltungsanweisungen
(soweit nicht in den Hinweisen enthalten)

Zu § 5 EStG

1. Ordnungsmäßigkeit der Buchführung im Falle der Offene-Posten-Buchhaltung (Erlaß des FM NRW)[1)]
2. Finanzierungs-Gesellschaften für Großinvestitionen Hier: Zurechnung von Wirtschaftsgütern (BdF-Schreiben vom 9.10.1970, BStBl. 1970 I S. 1003)
3. Behandlung von Finanzierungs-Leasing-Verträgen Hier: Höhe des Zinssatzes bei der Aufteilung der Leasing-Raten in einen Zins- und Kostenanteil sowie in einen Tilgungsanteil (Erlaß des FM NRW vom 13.12.1973)[2)]
4. Übergang immaterieller Wirtschaftsgüter bei verdeckter Gewinnausschüttung (BdF-Schreiben vom 24.6.1977, BStBl. 1977 I S. 350)
5. Bilanzierungsfrist und Ordnungsmäßigkeit der Buchführung (BdF-Schreiben vom 28.6.1979, BStBl. 1979 I S. 370)
6. Umsatzsteuer auf Anzahlungen (BdF-Schreiben vom 24.3.1980, BStBl. 1980 I S. 188)
7. Behandlung von Leasing-Verträgen beim Leasing-Geber (Erlaß des FM NRW)[3)]
8. Immobilien-Leasing-Vertrag mit degressiven Leasing-Raten (BdF-Schreiben vom 10.10.1983[4)] und BdF-Schreiben vom 28.6.2002, DB 2002 S. 1530)
9. Großrisikenrückstellung für die Produkthaftpflicht-Versicherung von Pharma-Risiken (BdF-Schreiben vom 8.5.1991, BStBl. I S. 535)
10. Breitbandanlagen gewerblicher Unternehmer – Aktivierung der Herstellungskosten und Abschreibung auf 8 Jahre (Vfg OFD Frankfurt vom 14.5.1986, WPg 1986 S. 423)
11. Rückstellungen für Produkthaftpflichtrisiken – Produzentenhaftung (Vfg OFD Münster vom 28.7.1986, DStR 1986 S. 757)
12. Rückstellungen für künftige Beiträge an den Pensionssicherungsverein auf Gegenseitigkeit (BdF-Schreiben vom 23.12.1986, FR 1987 S. 59)
13. Bilanzierung von Zerobonds (BdF-Schreiben vom 5.3.1987)[5)]
14. Betriebliche Altersversorgung – Auswirkung der durch das BiRiLiG geänderten handelsrechtlichen Vorschriften (BdF-Schreiben vom 13.3.1987)[6)]

---

1) Siehe Anlage § 005-01.
2) Siehe Anlage § 004-07.
3) Siehe Anlage § 004-08.
4) Siehe Anlage § 004-09.
5) Siehe Anlage § 004-36.
6) Siehe Anlage § 006a-03.

§ 5

15. Finanzierungs-Leasing-Verträge über Immobilien – Betriebsgewöhnliche Nutzungsdauer und Restbuchwert bei Wirtschaftsgebäuden (BdF-Schreiben vom 9.6.1987)[1]
16. Ertragsteuerliche Behandlung von Baggerseen – Bilanzierung – Absetzungen für Substanzverringerung (Vfg OFD Münster vom 7.9.1987, NSt 1987, Nr. 20 S. 7)
17. Rückstellungen für die Verpflichtung zur Zahlung von Vorruhestandsleistungen im Baugewerbe (Vfg OFD München vom 27.10.1987, WPg 1988 S. 87)
18. Ertragsteuerliche Behandlung der Weitergabe der Investitionszulage in Leasingfällen (Vfg OFD Köln vom 2.8.1988, DB 1988 S. 1973)
19. Ertragsteuerliche Behandlung von Teilamortisations-Leasing-Verträgen über bewegliche Wirtschaftsgüter (BdF-Schreiben vom 22.12.1975)[2]
20. Rückstellungen für Prämien- und Bonusverbindlichkeiten im Sparverkehr – Abzinsung (BdF-Schreiben vom 18.11.1991, DB 1992 S. 67)
21. Feststellung des Festwertes nach Abschnitt 31 Abs. 4 EStR – Maßgeblicher Zeitpunkt der körperlichen Bestandsaufnahme (Vfg OFD Düsseldorf vom 24.2. 1992, DB 1992 S. 760)
22. Ausbildungsplatzförderungsprogramm Ost – Staatliche Zuschüsse sind steuerpflichtige Einnahmen, für die ein Rechnungsabgrenzungsposten zu bilden ist (Erlaß Sachsen-Anhalt vom 25.3.1992, DB 1992 S. 864)
23. Rückstellungen für Schadensersatzansprüche aufgrund deliktischen Verhaltens – Zeitpunkt der erstmaligen Rückstellungsbildung (BdF-Schreiben vom 20.5. 1992, DStR 1992 S. 912)
24. Bilanzsteuerliche Behandlung freiwillig übernommener Genossenschaftsanteile und der sog. Zweitkonten bei Warengenossenschaften (Vfg. OFD Düsseldorf vom 6.9.1993, FR 1993 S. 649)
25. Unternehmensrückgabe nach dem Vermögensgesetz (BdF-Schreiben vom 10.5.1994, BStBl. I S. 286)
26. Verlorene Zuschüsse bei Bierlieferungsverträgen (BdF-Schreiben vom 11.7. 1995, DB 1995 S. 1637)
27. Keine Rückstellung für tarifvertragliche Übergangsgelder (Erlaß Nordrhein-Westfalen vom 23.1.1997, FR 1997 S. 317)
28. An Handelsketten gezahlte Zuschüsse (Vfg OFD Münster vom 24.1.1997, FR 1997 S. 191)
29. Rückstellungen für die Verpflichtung zur Modernisierung und Instandsetzung nach dem Altschuldenhilfegesetz (Erlaß Sachsen-Anhalt vom 6.4.1998, DB 1998 S. 1589)
30. Passive Rechnungsabgrenzung bei Erträgen aus grenzüberschreitender Vermietung und Rückmietung von Wirtschaftsgütern (Erlaß Berlin vom 22.4.1999, DB 1999 S. 1631)
31. Rückstellung wegen der Verpflichtung zur Zahlung einer Produktionsabgabe bei der Zuckerherstellung (Vfg OFD Kiel, DB 2000 S. 697)
32. Rückstellungen für Bürgschaftsverpflichtungen und ähnliche vertragliche Garantien (Vfg OFD Nürnberg vom 12.4.2002, FR 2002 S. 645)
33. Baukostenzuschüsse bei Energieversorgungsunternehmen (BdF-Schreiben vom 27.5.2003, BStBl. I S. 361)
34. Ausdruck und Aufbewahrung eines elektronischen Kontoauszugs im Onlinebanking-Verfahren (Vfg OFD München vom 6.8.2004, DStR 2004 S. 1707)
35. Rückstellungen für die Aufbewahrung von Geschäftsunterlagen (Vfg Bayer. Landesamt für Steuern vom 31.1.2014)[3]
36. Ertragsteuerliche Behandlung von Domainnamen (Vfg OFD Koblenz vom 23.5.2007)[4]
37. Rückstellungen für künftige Aufwendungen zur Anpassung des betrieblichen EDV-Systems an die „Grundsätze zum Datenzugriff und zur Prüfbarkeit digitaler Unterlagen" (vgl. § 147 Abs. 6 AO) sind nicht zulässig (Vfg OFD Rheinland vom 5.11.2008, DB 2008 S. 2730)
38. Steuerbilanzrechtliche Bildung von Bewertungseinheiten (Vfg OFD Rheinland vom 11.3.2011)[5]

1) Siehe Anlage § 004-10.
2) Siehe Anlage § 004-11.
3) Siehe Anlage § 005-25.
4) Siehe Anlage § 005-04.
5) Siehe Anlage § 005-15.

§ 5

Rechtsprechungsauswahl

BFH vom 5.6.14 IV R 26/11 (BStBl. II S. 886): Für gesellschaftsvertraglich begründete Pflichten zur Prüfung von Jahresabschlüssen dürfen keine Rückstellungen gebildet werden

BFH vom 27.2.14 III R 14/11 (BStBl. II S. 675): Bildung von Rückstellungen für die Nachbetreuung von Versicherungsverträgen setzt eine entsprechende rechtliche Verpflichtung voraus

BFH vom 12.12.13 X R 25/11 (BStBl. 2014 II S. 517): Rückstellungen für die Verpflichtung zur Nachbetreuung von Versicherungsverträgen sind bis zur erstmaligen Erfüllung der Bestandspflegepflicht abzuzinsen; die Darlegungs- und Beweislast trifft den Steuerpflichtigen

BFH vom 17.10.13 IV R 7/11 (BStBl. 2014 II S. 302): Eine am Bilanzstichtag rechtlich entstandene öffentlich-rechtliche Verpflichtung ist auch wirtschaftlich verursacht – Künftige Vorteile sind nur bei einem sachlichen Zusammenhang mit der zu erfüllenden Verpflichtung gegenzurechnen

BFH vom 6.2.13 I R 62/11 (BStBl. 2013 II S. 954): Für Kostenüberdeckungen kommunaler Zweckverbände sind Rückstellungen für ungewisse Verbindlichkeiten zu passivieren

BFH vom 15.5.13 I R 77/08 (BStBl. II S. 730): Rechnungsabgrenzung bei Handy-Subventionen

BFH vom 6.2.13 I R 62/11 (BStBl. II S. 954): Für Kostenüberdeckungen kommunaler Zweckverbände sind Rückstellungen für ungewisse Verbindlichkeiten zu passivieren

BFH vom 6.2.13 I R 8/12 (BStBl. II S. 686): Rückstellungen für öffentlich-rechtliche Verpflichtungen können erst passiviert werden, wenn die in der maßgeblichen Rechtsnorm enthaltene Frist für die Erfüllung abgelaufen ist

BFH vom 19.9.12 IV R 45/09 (BStBl. 2013 II S. 123): Keine Bilanzierung von Verbindlichkeiten oder Rückstellungen im Ausgabejahr für Gutscheine auf künftige Leistungen

BFH vom 22.8.12 X R 23/10 (BStBl. 2013 II S. 76): Rückstellungen für hinterzogene Steuern können erst am Ende des Wirtschaftsjahres passiviert werden, in dem mit der Aufdeckung der Steuerhinterziehung zu rechnen ist

BFH vom 6.6.2012 I R 99/10 (BStBl. 2013 II S.196): Rückstellungen wegen künftiger Betriebsprüfung bei Großbetrieben

§ 5a

§ 5a Gewinnermittlung bei Handelsschiffen im internationalen Verkehr [1]

(1) ¹Anstelle der Ermittlung des Gewinns nach § 4 Abs. 1 oder § 5 ist bei einem Gewerbebetrieb mit Geschäftsleitung im Inland der Gewinn, soweit er auf den Betrieb von Handelsschiffen im internationalen Verkehr entfällt, auf unwiderruflichen Antrag des Steuerpflichtigen nach der in seinem Betrieb geführten Tonnage zu ermitteln, wenn die Bereederung dieser Handelsschiffe im Inland durchgeführt wird. ²Der im Wirtschaftsjahr erzielte Gewinn beträgt pro Tag des Betriebs für jedes im internationalen Verkehr betriebene Handelsschiff für jeweils volle 100 Nettotonnen (Nettoraumzahl)

0,92 Euro bei einer Tonnage bis zu 1 000 Nettotonnen,

0,69 Euro für die 1 000 Nettotonnen übersteigende Tonnage bis zu 10 000 Nettotonnen,

0,46 Euro für die 10 000 Nettotonnen übersteigende Tonnage bis zu 25 000 Nettotonnen,

0,23 Euro für die 25 000 Nettotonnen übersteigende Tonnage.

(2) ¹Handelsschiffe werden im internationalen Verkehr betrieben, wenn eigene oder gecharterte Seeschiffe, die im Wirtschaftsjahr überwiegend in einem inländischen Seeschiffsregister eingetragen sind, in diesem Wirtschaftsjahr überwiegend zur Beförderung von Personen oder Gütern im Verkehr mit oder zwischen ausländischen Häfen, innerhalb eines ausländischen Hafens oder zwischen einem ausländischen Hafen und der Hohen See eingesetzt werden. ²Zum Betrieb von Handelsschiffen im internationalen Verkehr gehören auch ihre Vercharterung, wenn sie vom Vercharterer ausgerüstet worden sind, und die unmittelbar mit ihrem Einsatz oder ihrer Vercharterung zusammenhängenden Neben- und Hilfsgeschäfte einschließlich der Veräußerung der Handelsschiffe und der unmittelbar ihrem Betrieb dienenden Wirtschaftsgüter. ³Der Einsatz und die Vercharterung von gecharterten Handelsschiffen gilt nur dann als Betrieb von Handelsschiffen im internationalen Verkehr, wenn gleichzeitig eigene oder ausgerüstete Handelsschiffe im internationalen Verkehr betrieben werden. ⁴Sind gecharterte Handelsschiffe nicht in einem inländischen Seeschiffsregister eingetragen, gilt Satz 3 unter der weiteren Voraussetzung, dass im Wirtschaftsjahr die Nettotonnage der gecharterten Handelsschiffe das Dreifache der nach den Sätzen 1 und 2 im internationalen Verkehr betriebenen Handelsschiffe nicht übersteigt; für die Berechnung der Nettotonnage sind jeweils die Nettotonnen pro Schiff mit der Anzahl der Betriebstage nach Absatz 1 zu vervielfältigen. ⁵Dem Betrieb von Handelsschiffen im internationalen Verkehr ist gleichgestellt, wenn Seeschiffe, die im Wirtschaftsjahr überwiegend in einem inländischen Seeschiffsregister eingetragen sind, in diesem Wirtschaftsjahr überwiegend außerhalb der deutschen Hoheitsgewässer zum Schleppen, Bergen oder zur Aufsuchung von Bodenschätzen eingesetzt werden; die Sätze 2 bis 4 sind sinngemäß anzuwenden.

(3) ¹Der Antrag auf Anwendung der Gewinnermittlung nach Absatz 1 ist im Wirtschaftsjahr der Anschaffung oder Herstellung des Handelsschiffs (Indienststellung) mit Wirkung ab Beginn dieses Wirtschaftsjahres zu stellen. ²Vor Indienststellung des Handelsschiffs durch den Betrieb von Handelsschiffen im internationalen Verkehr erwirtschaftete Gewinne sind in diesem Fall nicht zu besteuern; Verluste sind weder ausgleichsfähig noch verrechenbar. ³Bereits erlassene Steuerbescheide sind insoweit zu ändern. ⁴Das gilt auch dann, wenn der Steuerbescheid unanfechtbar geworden ist; die Festsetzungsfrist endet insoweit nicht, bevor die Festsetzungsfrist für den Veranlagungszeitraum abgelaufen ist, in dem der Gewinn erstmals nach Absatz 1 ermittelt wird. ⁵Wird der Antrag auf Anwendung der Gewinnermittlung nach Absatz 1 nicht nach Satz 1 im Wirtschaftsjahr der Anschaffung oder Herstellung des Handelsschiffs (Indienststellung) gestellt, kann er erstmals in dem Wirtschaftsjahr gestellt werden, das jeweils nach Ablauf eines Zeitraumes von zehn Jahren, vom Beginn des Jahres der Indienststellung gerechnet, endet. ⁶Die Sätze 2 bis 4 sind insoweit nicht anwendbar. ⁷Der Steuerpflichtige ist an die Gewinnermittlung nach Absatz 1 vom Beginn des Wirtschaftsjahres an, in dem er den Antrag stellt, zehn Jahre gebunden. ⁸Nach Ablauf dieses Zeitraumes kann er den Antrag auf Wirkung für den Beginn jedes folgenden Wirtschaftsjahres bis zum Ende des Jahres unwiderruflich zurücknehmen. ⁹An die Gewinnermittlung nach allgemeinen

---

1) Zur zeitlichen Anwendung, § 52 Absatz 10.

§ 5a

Vorschriften ist der Steuerpflichtige ab dem Beginn des Wirtschaftsjahres, in dem er den Antrag zurücknimmt, zehn Jahre gebunden.[1)]

(4) ¹Zum Schluss des Wirtschaftsjahres, das der erstmaligen Anwendung des Absatzes 1 vorangeht (Übergangsjahr), ist für jedes Wirtschaftsgut, das unmittelbar dem Betrieb von Handelsschiffen im internationalen Verkehr dient, der Unterschiedsbetrag zwischen Buchwert und Teilwert in ein besonderes Verzeichnis aufzunehmen. ²Der Unterschiedsbetrag ist gesondert und bei Gesellschaften im Sinne des § 15 Abs. 1 Satz 1 Nr. 2 einheitlich festzustellen. ³Der Unterschiedesbetrag nach Satz 1 ist dem Gewinn hinzuzurechnen:

1. in den dem letzten Jahr der Anwendung des Absatzes 1 folgenden fünf Wirtschaftsjahren jeweils in Höhe von mindestens einem Fünftel,
2. in dem Jahr, in dem das Wirtschaftsgut aus dem Betriebsvermögen ausscheidet oder in dem es nicht mehr unmittelbar dem Betrieb von Handelsschiffen im internationalen Verkehr dient,
3. in dem Jahr des Ausscheidens eines Gesellschafters hinsichtlich des auf ihn entfallenden Anteils.

⁴Die Sätze 1 bis 3 sind entsprechend anzuwenden, wenn der Steuerpflichtige Wirtschaftsgüter des Betriebsvermögens dem Betrieb von Handelsschiffen im internationalen Verkehr zuführt.

(4a) ¹Bei Gesellschaften im Sinne des § 15 Abs. 1 Satz 1 Nr. 2 tritt für die Zwecke dieser Vorschrift an die Stelle des Steuerpflichtigen die Gesellschaft. ²Der nach Absatz 1 ermittelte Gewinn ist den Gesellschaftern entsprechend ihrem Anteil am Gesellschaftsvermögen zuzurechnen. ³Vergütungen im Sinne des § 15 Abs. 1 Satz 1 Nr. 2 und Satz 2 sind hinzuzurechnen.

(5) ¹Gewinne nach Absatz 1 umfassen auch Einkünfte nach § 16. ²Die §§ 34, 34c Abs. 1 bis 3 und § 35 sind nicht anzuwenden. ³Rücklagen nach den §§ 6b und 6d sind beim Übergang zur Gewinnermittlung nach Absatz 1 dem Gewinn im Erstjahr hinzuzurechnen; bis zum Übergang in Anspruch genommene Investitionsabzugsbeträge nach § 7g Abs. 1 sind nach Maßgabe des § 7g Abs. 3 rückgängig zu machen. ⁴Für die Anwendung des § 15a ist der nach § 4 Abs. 1 oder § 5 ermittelte Gewinn zugrunde zu legen.

(6) In der Bilanz zum Schluss des Wirtschaftsjahres, in dem Absatz 1 letztmalig angewendet wird, ist für jedes Wirtschaftsgut, das unmittelbar dem Betrieb von Handelsschiffen im internationalen Verkehr dient, der Teilwert anzusetzen.

Hinweise

H 5a Allgemeines

→ *BMF vom 12.6.2002 (BStBl. I S. 614) unter Berücksichtigung der Änderungen durch BMF vom 31.10.2008 (BStBl. I S. 956), Rz. 12 Satz 2 bis Rz. 14 sind überholt und nicht mehr anzuwenden (→ BFH vom 16.1.2014 – BStBl. II S. 774).*

Feststellung eines Unterschiedsbetrags

Ein Unterschiedsbetrag ist nur für diejenigen Wirtschaftsgüter festzustellen, die in der Steuerbilanz des Wirtschaftsjahres, das den erstmaligen Anwendung der Tonnagebesteuerung vorangeht, anzusetzen sind (→ BFH vom 29.11.2012 – BStBl. 2013 II S. 324).

Hilfsgeschäft

Die Veräußerung eines Schiffs stellt nur dann ein Hilfsgeschäft i. S. d. § 5a Abs. 2 Satz 2 EStG dar, wenn dieses Schiff zunächst in der Absicht eingesetzt wurde, langfristig Handelsschiffe i. S. d. § 5a EStG zu betreiben. Der Erwerb und die Veräußerung eines Schiffes mit dem Ziel, aus dem Veräußerungserlös erst ein anderes i. S. d. § 5a EStG langfristig betriebenes Handelsschiff zu erwerben, ist kein Hilfsgeschäft nach § 5a Abs. 2 Satz 2 EStG (→ BFH vom 26.9.2013 – BStBl. 2014 II S. 253).

Hinzurechnung einer Sondervergütung nach § 5a Abs. 4a Satz 3 EStG

Sondervergütungen i. S. d. § 15 Abs. 1 Satz 1 Nr. 2 EStG sind auch in den Jahren vor Indienststellung eines Handelsschiffes dem nach § 5a Abs. 1 EStG pauschal ermittelten Gewinn (dieser

---

1) Wegen der Anwendung siehe § 52 Abs. 15.

beträgt mangels Tonnage und mangels Betriebstagen 0 Euro) in vollem Umfang nach § 5a Abs. 4a Satz 3 EStG hinzuzurechnen (→ BFH vom 6.2.2014 – BStBl. II S. 522).

Hinzurechnung eines Unterschiedsbetrags nach § 5a Abs. 4 Satz 3 Nr. 3 EStG

Der in dem Jahr des Ausscheidens eines Gesellschafters hinsichtlich des auf ihn entfallenden Anteils gem. § 5a Abs. 4 Satz 3 Nr. 3 EStG dem Gewinn hinzuzurechnende Unterschiedsbetrag nach § 5a Abs. 4 Satz 1 EStG führt nicht zu einem nach den §§ 16, 34 EStG steuerbegünstigten Veräußerungsgewinn (→ BFH vom 19.7.2011 – BStBl. II S. 878).

Langfristiger Betrieb von Handelsschiffen

Die Anwendung der Gewinnermittlung nach der Tonnage setzt die Absicht zum langfristigen Betrieb von Handelsschiffen im internationalen Verkehr voraus. Wird der schuldrechtliche Vertrag über die Veräußerung eines Schiffes schon innerhalb eines Jahres seit dem Zeitpunkt geschlossen, zu dem erstmals alle übrigen Voraussetzungen des § 5a EStG vorlagen (Jahresfrist), spricht eine widerlegliche Vermutung dafür, dass .schon zu Beginn der Jahresfrist nicht die nach § 5a EStG erforderliche Absicht zum langfristigen Betrieb von Handelsschiffen bestand (→ BFH vom 26.9.2013 – BStBl. 2014 II S. 253).

Rechtsprechungsauswahl

BFH vom 16.1.14 IV R 15/13 (BStBl. II S. 774): Antragsfrist des § 5a Abs. 3 Satz 1 EStG a. F. beginnt frühestens ab dem Wirtschaftsjahr, in dem der Steuerpflichtige auch die Voraussetzungen des § 5a Abs. 2 Satz 1 EStG erfüllt; vorherige Verluste (aus Hilfsgeschäften) sind – anders als die abweichende Regelung in § 5a Abs. 3 Satz 2 EStG n. F. – ausgleichsfähig oder verrechenbar

BFH vom 13.11.13 I R 67/12 (BStBl. 2014 II S. 172): DBA-Belgien: Besteuerungsrecht für die Hinzurechnung des Unterschiedsbetrages nach § 5a EStG 2002 bei Veräußerung eines Mitunternehmeranteils

BFH vom 26.9.13 IV R 46/10 (BStBl. 2014 II S. 253): Absicht zum langfristigen Betrieb von Handelsschiffen als Voraussetzung für die Anwendung der Gewinnermittlung nach der Tonnage

BFH vom 21.10.10 IV R 23/08 (BStBl. 2011 II S. 277): Kein Hinzurechnungswahlrecht nach § 5a Abs. 4 Satz 3 EStG 1999 — Objektiver Wille des Gesetzgebers zur Auslegung des Wortlauts einer Norm

BFH vom 19.7.11 IV R 42/10 (BStBl. II S. 878): Hinzurechnender Unterschiedsbetrag gem. § 5a Abs. 4 EStG bei Ausscheiden eines Gesellschafters nicht als Veräußerungsgewinn steuerbegünstigt

§ 5b

§ 5b Elektronische Übermittlung von Bilanzen sowie Gewinn- und Verlustrechnungen

(1) ¹Wird der Gewinn nach § 4 Abs. 1, § 5 oder § 5a ermittelt, so ist der Inhalt der Bilanz sowie der Gewinn- und Verlustrechnung nach amtlich vorgeschriebenem Datensatz durch Datenfernübertragung zu übermitteln. ²Enthält die Bilanz Ansätze oder Beträge, die den steuerlichen Vorschriften nicht entsprechen, so sind diese Ansätze oder Beträge durch Zusätze oder Anmerkungen den steuerlichen Vorschriften anzupassen und nach amtlich vorgeschriebenem Datensatz durch Datenfernübertragung zu übermitteln. ³Der Steuerpflichtige kann auch eine den steuerlichen Vorschriften entsprechende Bilanz nach amtlich vorgeschriebenem Datensatz durch Datenfernübertragung übermitteln. ⁴§ 150 Abs. 7 der Abgabenordnung gilt entsprechend. ⁵Im Fall der Eröffnung des Betriebs sind die Sätze 1 bis 4 für den Inhalt der Eröffnungsbilanz entsprechend anzuwenden.

(2) ¹Auf Antrag kann die Finanzbehörde zur Vermeidung unbilliger Härten auf eine elektronische Übermittlung verzichten. ²§ 150 Abs. 8 der Abgabenordnung gilt entsprechend.

Hinweise

H 5b Allgemeines

Anwendungsschreiben zur Veröffentlichung der Taxonomie → *BMF vom 28.9.2011 (BStBl. I S. 855) unter Berücksichtigung der Änderungen durch BMF vom 5.6.2012 (BStBl. I S. 598).*[1)]

Taxonomie
- *BMF vom 27.6.2013 (BStBl. I S. 844).*
- *BMF vom 13.6.2014 (BStBl. I S. 896).*

---

1) Siehe Anlage § 005b-02.

§ 6

§ 6 Bewertung

(1) ¹Für die Bewertung der einzelnen Wirtschaftsgüter, die nach § 4 Abs. 1 oder nach § 5 als Betriebsvermögen anzusetzen sind, gilt das Folgende:

1. ¹Wirtschaftsgüter des Anlagevermögens, die der Abnutzung unterliegen, sind mit den Anschaffungs- oder Herstellungskosten oder dem an deren Stelle tretenden Wert, vermindert um die Absetzungen für Abnutzung, erhöhte Absetzungen, Sonderabschreibungen, Abzüge nach § 6b und ähnliche Abzüge, anzusetzen. ²Ist der Teilwert aufgrund einer voraussichtlich dauernden Wertminderung niedriger, so kann dieser angesetzt werden. ³Teilwert ist der Betrag, den ein Erwerber des ganzen Betriebs im Rahmen des Gesamtkaufpreises für das einzelne Wirtschaftsgut ansetzen würde; dabei ist davon auszugehen, dass der Erwerber den Betrieb fortführt. ⁴Wirtschaftsgüter, die bereits am Schluss des vorangegangenen Wirtschaftsjahrs zum Anlagevermögen des Steuerpflichtigen gehört haben, sind in den folgenden Wirtschaftsjahren gemäß Satz 1 anzusetzen, es sei denn, der Steuerpflichtige weist nach, dass ein niedrigerer Teilwert nach Satz 2 angesetzt werden kann.

1a. ¹Zu den Herstellungskosten eines Gebäudes gehören auch Aufwendungen für Instandsetzungs- und Modernisierungsmaßnahmen, die innerhalb von drei Jahren nach der Anschaffung des Gebäudes durchgeführt werden, wenn die Aufwendungen ohne die Umsatzsteuer 15 Prozent der Anschaffungskosten des Gebäudes übersteigen (anschaffungsnahe Herstellungskosten). ²Zu diesen Aufwendungen gehören nicht die Aufwendungen für Erweiterungen im Sinne des § 255 Abs. 2 Satz 1 des Handelsgesetzbuchs[1]) sowie Aufwendungen für Erhaltungsarbeiten, die jährlich üblicherweise anfallen.

2. ¹Andere als die in Nummer 1 bezeichneten Wirtschaftsgüter des Betriebs (Grund und Boden, Beteiligungen, Umlaufvermögen) sind mit den Anschaffungs- oder Herstellungskosten oder dem an deren Stelle tretenden Wert, vermindert um Abzüge nach § 6b und ähnliche Abzüge, anzusetzen. ²Ist der Teilwert (Nummer 1 Satz 3) aufgrund einer voraussichtlich dauernden Wertminderung niedriger, so kann dieser angesetzt werden. ³Nummer 1 Satz 4 gilt entsprechend.

2a. ¹Steuerpflichtige, die den Gewinn nach § 5 ermitteln, können für den Wertansatz gleichartiger Wirtschaftsgüter des Vorratsvermögens unterstellen, dass die zuletzt angeschafften oder hergestellten Wirtschaftsgüter zuerst verbraucht oder veräußert worden sind, soweit dies den handelsrechtlichen Grundsätzen ordnungsmäßiger Buchführung entspricht. ²Der Vorratsbestand am Schluss des Wirtschaftsjahrs, das der erstmaligen Anwendung der Bewertung nach Satz 1 vorangeht, gilt mit seinem Bilanzansatz als erster Zugang des neuen Wirtschaftsjahrs. ³Von der Verbrauchs- oder Veräußerungsfolge nach Satz 1 kann in den folgenden Wirtschaftsjahren nur mit Zustimmung des Finanzamts abgewichen werden.

2b. ¹Steuerpflichtige, die in den Anwendungsbereich des § 340 des Handelsgesetzbuchs fallen, haben die zu Handelszwecken erworbenen Finanzinstrumente, die nicht in einer Bewertungseinheit im Sinn des § 5 Abs. 1a Satz 2 abgebildet werden, mit dem beizulegenden Zeitwert abzüglich eines Risikoabschlages (§ 340e Abs. 3 des Handelsgesetzbuchs) zu bewerten. ²Nummer 2 Satz 2 ist nicht anzuwenden.

3. ¹Verbindlichkeiten sind unter sinngemäßer Anwendung der Vorschriften der Nummer 2 anzusetzen und mit einem Zinssatz von 5,5 Prozent abzuzinsen. ²Ausgenommen von der Abzinsung sind Verbindlichkeiten, deren Laufzeit am Bilanzstichtag weniger als 12 Monate beträgt, und Verbindlichkeiten, die verzinslich sind oder auf einer Anzahlung oder Vorausleistung beruhen.

3a. Rückstellungen sind höchstens insbesondere unter Berücksichtigung folgender Grundsätze anzusetzen:

    a) bei Rückstellungen für gleichartige Verpflichtungen ist auf der Grundlage der Erfahrungen in der Vergangenheit aus der Abwicklung solcher Verpflichtungen die

---
1) Siehe Anhang 15.

§ 6

Wahrscheinlichkeit zu berücksichtigen, dass der Steuerpflichtige nur zu einem Teil der Summe dieser Verpflichtungen in Anspruch genommen wird;

b) Rückstellungen für Sachleistungsverpflichtungen sind mit den Einzelkosten und den angemessenen Teilen der notwendigen Gemeinkosten zu bewerten;

c) künftige Vorteile, die mit der Erfüllung der Verpflichtung voraussichtlich verbunden sein werden, sind, soweit sie nicht als Forderung zu aktivieren sind, bei ihrer Bewertung wertmindernd zu berücksichtigen;

d) ¹Rückstellungen für Verpflichtungen, für deren Entstehen im wirtschaftlichen Sinne der laufende Betrieb ursächlich ist, sind zeitanteilig in gleichen Raten anzusammeln. ²Rückstellungen für gesetzliche Verpflichtungen zur Rücknahme und Verwertung von Erzeugnissen, die vor Inkrafttreten entsprechender gesetzlicher Verpflichtungen in Verkehr gebracht worden sind, sind zeitanteilig in gleichen Raten bis zum Beginn der jeweiligen Erfüllung anzusammeln; Buchstabe e ist insoweit nicht anzuwenden. ³Rückstellungen für die Verpflichtung, ein Kernkraftwerk stillzulegen, sind ab dem Zeitpunkt der erstmaligen Nutzung bis zum Zeitpunkt, in dem mit der Stilllegung begonnen werden muss, zeitanteilig in gleichen Raten anzusammeln; steht der Zeitpunkt der Stilllegung nicht fest, beträgt der Zeitraum für die Ansammlung 25 Jahre;

e) ¹Rückstellungen für Verpflichtungen sind mit einem Zinssatz von 5,5 Prozent abzuzinsen; Nummer 3 Satz 2 ist entsprechend anzuwenden. ²Für die Abzinsung von Rückstellungen für Sachleistungsverpflichtungen ist der Zeitraum bis zum Beginn der Erfüllung maßgebend. ³Für die Abzinsung von Rückstellungen für die Verpflichtung, ein Kernkraftwerk stillzulegen, ist der sich aus Buchstabe d Satz 3 ergebende Zeitraum maßgebend; und

f) bei der Bewertung sind die Wertverhältnisse am Bilanzstichtag maßgebend; künftige Preis- und Kostensteigerungen dürfen nicht berücksichtigt werden.

4. ¹Entnahmen des Steuerpflichtigen für sich, für seinen Haushalt oder für andere betriebsfremde Zwecke sind mit dem Teilwert anzusetzen; in den Fällen des § 4 Abs. 1 Satz 3 ist die Entnahme mit dem gemeinen Wert anzusetzen; in den Fällen des § 4 Abs. 1 Satz 3 ist die Entnahme mit dem gemeinen Wert anzusetzen. ²Die private Nutzung eines Kraftfahrzeugs, das zu mehr als 50 vom Hundert betrieblich genutzt wird, ist für jeden Kalendermonat mit 1 Prozent des inländischen Listenpreises im Zeitpunkt der Erstzulassung zuzüglich der Kosten für Sonderausstattung einschließlich Umsatzsteuer anzusetzen; bei der privaten Nutzung von Fahrzeugen mit Antrieb ausschließlich durch Elektromotoren, die ganz oder überwiegend aus mechanischen oder elektrochemischen Energiespeichern oder aus emissionsfrei betriebenen Energiewandlern gespeist werden (Elektrofahrzeuge), oder von extern aufladbaren Hybridelektrofahrzeugen, ist der Listenpreis dieser Kraftfahrzeuge um die darin enthaltenen Kosten des Batteriesystems im Zeitpunkt der Erstzulassung des Kraftfahrzeugs wie folgt zu mindern: für bis zum 31. Dezember 2013 angeschaffte Kraftfahrzeuge um 500 Euro pro Kilowattstunde der Batteriekapazität, dieser Betrag mindert sich für in den Folgejahren angeschaffte Kraftfahrzeuge um jährlich 50 Euro pro Kilowattstunde der Batteriekapazität; die Minderung pro Kraftfahrzeug beträgt höchstens 10 000 Euro; dieser Höchstbetrag mindert sich für in den Folgejahren angeschaffte Kraftfahrzeuge um jährlich 500 Euro. ³Die private Nutzung kann abweichend von Satz 2 mit den auf die Privatfahrten entfallenden Aufwendungen angesetzt werden, wenn die für das Kraftfahrzeug insgesamt entstehenden Aufwendungen durch Belege und das Verhältnis der privaten zu den übrigen Fahrten durch ein ordnungsgemäßes Fahrtenbuch nachgewiesen werden; bei der privaten Nutzung von Fahrzeugen mit Antrieb ausschließlich durch Elektromotoren, die ganz oder überwiegend aus mechanischen oder elektrochemischen Energiespeichern oder aus emissionsfrei betriebenen Energiewandlern gespeist werden (Elektrofahrzeuge), oder von extern aufladbaren Hybridelektrofahrzeugen, sind die der Berechnung der Entnahme zugrunde zu legenden insgesamt entstandenen Aufwendungen um die nach Satz 2 in pauschaler Höhe festgelegten Aufwendungen, die auf das Batteriesystem entfallen, zu mindern. ⁴Wird ein Wirtschaftsgut unmittelbar nach seiner Entnahme einer

§ 6

nach § 5 Abs. 1 Nr. 9 des Körperschaftsteuergesetzes von der Körperschaftsteuer befreiten Körperschaft, Personenvereinigung oder Vermögensmasse oder einer juristischen Person des öffentlichen Rechts zur Verwendung für steuerbegünstigte Zwecke im Sinne des § 10b Abs. 1 Satz 1 unentgeltlich überlassen, so kann die Entnahme mit dem Buchwert angesetzt werden. ⁵Satz 5 gilt nicht für die Entnahme von Nutzungen und Leistungen.

5. ¹Einlagen sind mit dem Teilwert für den Zeitpunkt der Zuführung anzusetzen; sie sind jedoch höchstens mit den Anschaffungs- oder Herstellungskosten anzusetzen, wenn das zugeführte Wirtschaftsgut

   a) innerhalb der letzten drei Jahre vor dem Zeitpunkt der Zuführung angeschafft oder hergestellt worden ist,

   b) ein Anteil an einer Kapitalgesellschaft ist und der Steuerpflichtige an der Gesellschaft im Sinne von § 17 Abs. 1 oder 6 beteiligt ist; § 17 Abs. 2 Satz 4 gilt entsprechend, oder

   c) ein Wirtschaftsgut im Sinne des § 20 Abs. 2 ist.

   ²Ist die Einlage ein abnutzbares Wirtschaftsgut, so sind die Anschaffungs- oder Herstellungskosten um Absetzungen für Abnutzung zu kürzen, die auf den Zeitraum zwischen der Anschaffung oder Herstellung des Wirtschaftsguts und der Einlage entfallen. ³Ist die Einlage ein Wirtschaftsgut, das vor der Zuführung aus einem Betriebsvermögen des Steuerpflichtigen entnommen worden ist, so tritt an die Stelle der Anschaffungs- oder Herstellungskosten der Wert, mit dem die Entnahme angesetzt worden ist, und an die Stelle des Zeitpunkts der Anschaffung oder Herstellung der Zeitpunkt der Entnahme.

5a. In den Fällen des § 4 Abs. 1 Satz 8 zweiter Halbsatz ist das Wirtschaftsgut mit dem gemeinen Wert anzusetzen.

6. Bei Eröffnung eines Betriebs ist Nummer 5 entsprechend anzuwenden.

7. Bei entgeltlichem Erwerb eines Betriebs sind die Wirtschaftsgüter mit dem Teilwert, höchstens jedoch mit den Anschaffungs- oder Herstellungskosten anzusetzen.

(2) ¹Die Anschaffungs- oder Herstellungskosten oder der nach Absatz 1 Nummer 5 bis 6 an deren Stelle tretende Wert von abnutzbaren beweglichen Wirtschaftsgütern des Anlagevermögens, die einer selbständigen Nutzung fähig sind, können im Wirtschaftsjahr der Anschaffung, Herstellung oder Einlage des Wirtschaftsguts oder der Eröffnung des Betriebs in voller Höhe als Betriebsausgaben abgezogen werden, wenn die Anschaffungs- oder Herstellungskosten, vermindert um einen darin enthaltenen Vorsteuerbetrag (§ 9b Absatz 1), oder der nach Absatz 1 Nummer 5 bis 6 an deren Stelle tretende Wert für das einzelne Wirtschaftsgut 410 Euro nicht übersteigen. ²Ein Wirtschaftsgut ist einer selbständigen Nutzung nicht fähig, wenn es nach seiner betrieblichen Zweckbestimmung nur zusammen mit anderen Wirtschaftsgütern des Anlagevermögens genutzt werden kann und die in den Nutzungszusammenhang eingefügten Wirtschaftsgüter technisch aufeinander abgestimmt sind. ³Das gilt auch, wenn das Wirtschaftsgut aus dem betrieblichen Nutzungszusammenhang gelöst und in einen anderen betrieblichen Nutzungszusammenhang eingefügt werden kann. ⁴Wirtschaftsgüter im Sinne des Satzes 1, deren Wert 150 Euro übersteigt, sind unter Angabe des Tages der Anschaffung, Herstellung oder Einlage des Wirtschaftsguts oder der Eröffnung des Betriebs und der Anschaffungs- oder Herstellungskosten oder des nach Absatz 1 Nummer 5 bis 6 an deren Stelle tretenden Werts in ein besonderes, laufend zu führendes Verzeichnis aufzunehmen. ⁵Das Verzeichnis braucht nicht geführt zu werden, wenn diese Angaben aus der Buchführung ersichtlich sind.

(2a) ¹Abweichend von Absatz 2 Satz 1 kann für die abnutzbaren beweglichen Wirtschaftsgüter des Anlagevermögens, die einer selbständigen Nutzung fähig sind, im Wirtschaftsjahr der Anschaffung, Herstellung oder Einlage des Wirtschaftsguts oder der Eröffnung des Betriebs ein Sammelposten gebildet werden, wenn die Anschaffungs- oder Herstellungskosten, vermindert um einen darin enthaltenen Vorsteuerbetrag (§ 9b Absatz 1), oder der nach Absatz 1 Nummer 5 bis 6 an deren Stelle tretende Wert für das einzelne Wirtschaftsgut 150 Euro, aber nicht 1 000 Euro übersteigen. ²Der Sammelposten ist im Wirtschaftsjahr der Bildung und den folgenden vier Wirtschaftsjahren mit jeweils einem Fünftel gewinnmindernd auf-

§ 6

zulösen. ³Scheidet ein Wirtschaftsgut im Sinne des Satzes 1 aus dem Betriebsvermögen aus, wird der Sammelposten nicht vermindert. ⁴Die Anschaffungs- oder Herstellungskosten oder der nach Absatz 1 Nummer 5 bis 6 an deren Stelle tretende Wert von abnutzbaren beweglichen Wirtschaftsgütern des Anlagevermögens, die einer selbständigen Nutzung fähig sind, können im Wirtschaftsjahr der Anschaffung, Herstellung oder Einlage des Wirtschaftsguts oder der Eröffnung des Betriebs in voller Höhe als Betriebsausgaben abgezogen werden, wenn die Anschaffungs- oder Herstellungskosten, vermindert um einen darin enthaltenen Vorsteuerbetrag (§ 9b Absatz 1), oder der nach Absatz 1 Nummer 5 bis 6 an deren Stelle tretende Wert für das einzelne Wirtschaftsgut 150 Euro nicht übersteigen. ⁵Die Sätze 1 bis 3 sind für alle in einem Wirtschaftsjahr angeschafften, hergestellten oder eingelegten Wirtschaftsgüter einheitlich anzuwenden.

(3) ¹Wird ein Betrieb, ein Teilbetrieb oder der Anteil eines Mitunternehmers an einem Betrieb unentgeltlich übertragen, so sind bei der Ermittlung des Gewinns des bisherigen Betriebsinhabers (Mitunternehmers) die Wirtschaftsgüter mit den Werten anzusetzen, die sich nach den Vorschriften über die Gewinnermittlung ergeben; dies gilt auch bei der unentgeltlichen Aufnahme einer natürlichen Person in ein bestehendes Einzelunternehmen sowie bei der unentgeltlichen Übertragung eines Teils eines Mitunternehmeranteils auf eine natürliche Person. ²Satz 1 ist auch anzuwenden, wenn der bisherige Betriebsinhaber (Mitunternehmer) Wirtschaftsgüter, die weiterhin zum Betriebsvermögen derselben Mitunternehmerschaft gehören, nicht überträgt, sofern der Rechtsnachfolger den übernommenen Mitunternehmeranteil über einen Zeitraum von mindestens fünf Jahren nicht veräußert oder aufgibt. ³Der Rechtsnachfolger ist an die in Satz 1 genannten Werte gebunden.

(4) Wird ein einzelnes Wirtschaftsgut außer in den Fällen der Einlage (§ 4 Abs. 1 Satz 8) unentgeltlich in das Betriebsvermögen eines anderen Steuerpflichtigen übertragen, gilt sein gemeiner Wert für das aufnehmende Betriebsvermögen als Anschaffungskosten.

(5) ¹Wird ein einzelnes Wirtschaftsgut von einem Betriebsvermögen in ein anderes Betriebsvermögen desselben Steuerpflichtigen überführt, ist bei der Überführung der Wert anzusetzen, der sich nach den Vorschriften über die Gewinnermittlung ergibt, sofern die Besteuerung der stillen Reserven sichergestellt ist; § 4 Abs. 1 Satz 4 ist entsprechend anzuwenden. ²Satz 1 gilt auch für die Überführung aus einem eigenen Betriebsvermögen des Steuerpflichtigen in dessen Sonderbetriebsvermögen bei einer Mitunternehmerschaft und umgekehrt sowie für die Überführung zwischen verschiedenen Sonderbetriebsvermögen desselben Steuerpflichtigen bei verschiedenen Mitunternehmerschaften. ³Satz 1 gilt entsprechend, soweit ein Wirtschaftsgut

1. unentgeltlich oder gegen Gewährung oder Minderung von Gesellschaftsrechten aus einem Betriebsvermögen des Mitunternehmers in das Gesamthandsvermögen einer Mitunternehmerschaft und umgekehrt,
2. unentgeltlich oder gegen Gewährung oder Minderung von Gesellschaftsrechten aus dem Sonderbetriebsvermögen eines Mitunternehmers in das Gesamthandsvermögen derselben Mitunternehmerschaft oder einer anderen Mitunternehmerschaft, an der er beteiligt ist, und umgekehrt oder
3. unentgeltlich zwischen den jeweiligen Sonderbetriebsvermögen verschiedener Mitunternehmer derselben Mitunternehmerschaft

übertragen wird. ⁴Wird das nach Satz 3 übertragene Wirtschaftsgut innerhalb einer Sperrfrist veräußert oder entnommen, ist rückwirkend auf den Zeitpunkt der Übertragung der Teilwert anzusetzen, es sei denn, die bis zur Übertragung entstandenen stillen Reserven sind durch Erstellung einer Ergänzungsbilanz dem übertragenden Gesellschafter zugeordnet worden; diese Sperrfrist endet drei Jahre nach Abgabe der Steuererklärung des Übertragenden für den Veranlagungszeitraum, in dem die in Satz 3 bezeichnete Übertragung erfolgt ist. ⁵Der Teilwert ist auch anzusetzen, soweit in den Fällen des Satzes 3 der Anteil einer Körperschaft, Personenvereinigung oder Vermögensmasse an dem Wirtschaftsgut unmittelbar oder mittelbar begründet wird oder dieser sich erhöht. ⁶Soweit innerhalb von sieben Jahren nach der Übertragung des Wirtschaftsguts nach Satz 3 der Anteil einer Körperschaft, Personenvereinigung oder Vermögensmasse an dem übertragenen Wirtschaftsgut aus einem anderen Grund unmittelbar oder mittelbar begründet wird oder dieser sich erhöht, ist rückwirkend auf den Zeitpunkt der Übertragung ebenfalls der Teilwert anzusetzen.

(6) ¹Wird ein einzelnes Wirtschaftsgut im Wege des Tausches übertragen, bemessen sich die Anschaffungskosten nach dem gemeinen Wert des hingegebenen Wirtschaftsguts. ²Erfolgt die Übertragung im Wege der verdeckten Einlage, erhöhen sich die Anschaffungskosten der Beteiligung an der Kapitalgesellschaft um den Teilwert des eingelegten Wirtschaftsguts. ³In den Fällen des Absatzes 1 Nr. 5 Satz 1 Buchstabe a erhöhen sich die Anschaffungskosten im Sinne des Satzes 2 um den Einlagewert des Wirtschaftsguts. ⁴Absatz 5 bleibt unberührt.

(7) Im Fall des § 4 Absatz 3 sind

1. bei der Bemessung der Absetzungen für Abnutzung oder Substanzverringerung die sich bei der Anwendung der Absätze 3 bis 6 ergebenden Werte als Anschaffungskosten zugrunde zu legen und

2. die Bewertungsvorschriften des Absatzes 1 Nummer 1a und der Nummern 4 bis 7 entsprechend anzuwenden.

EStDV

§ 7 Unentgeltliche Übertragung eines Betriebs, eines Teilbetriebs, eines Mitunternehmeranteils oder einzelner Wirtschaftsgüter, die zu einem Betriebsvermögen gehören

(weggefallen)

§ 8 Eigenbetrieblich genutzte Grundstücke von untergeordnetem Wert

Eigenbetrieblich genutzte Grundstücksteile brauchen nicht als Betriebsvermögen behandelt zu werden, wenn ihr Wert nicht mehr als ein Fünftel des gemeinen Werts des gesamten Grundstücks und nicht mehr als 20 500 Euro beträgt.

EStR und Hinweise

EStR 2012 zu § 6 EStG

R 6.1 Anlagevermögen und Umlaufvermögen

(1) ¹Zum **Anlagevermögen** gehören die Wirtschaftsgüter, die bestimmt sind, dauernd dem Betrieb zu dienen. ²Ob ein Wirtschaftsgut zum Anlagevermögen gehört, ergibt sich aus dessen Zweckbestimmung, nicht aus seiner Bilanzierung. ³Ist die Zweckbestimmung nicht eindeutig feststellbar, kann die Bilanzierung Anhaltspunkt für die Zuordnung zum Anlagevermögen sein. ⁴Zum Anlagevermögen können immaterielle Wirtschaftsgüter, Sachanlagen und Finanzanlagen gehören ⁵Zum abnutzbaren Anlagevermögen gehören insbesondere die auf Dauer dem Betrieb gewidmeten Gebäude, technischen Anlagen und Maschinen sowie die Betriebs- und Geschäftsausstattung. ⁶Zum nicht abnutzbaren Anlagevermögen gehören insbesondere Grund und Boden, Beteiligungen und andere Finanzanlagen, wenn sie dazu bestimmt sind, dauernd dem Betrieb zu dienen. ⁷Ein Wirtschaftsgut des Anlagevermögens, dessen Veräußerung beabsichtigt ist, bleibt so lange Anlagevermögen, wie sich seine bisherige Nutzung nicht ändert, auch wenn bereits vorbereitende Maßnahmen zu seiner Veräußerung getroffen worden sind. ⁸Bei Grundstücken des Anlagevermögens, die bis zu ihrer Veräußerung unverändert genutzt werden, ändert somit selbst eine zum Zwecke der Veräußerung vorgenommene Parzellierung des Grund und Bodens oder Aufteilung des Gebäudes in Eigentumswohnungen nicht die Zugehörigkeit zum Anlagevermögen.

(2) Zum **Umlaufvermögen** gehören die Wirtschaftsgüter, die zur Veräußerung, Verarbeitung oder zum Verbrauch angeschafft oder hergestellt worden sind, insbesondere Roh-, Hilfs- und Betriebsstoffe, Erzeugnisse und Waren, Kassenbestände.

§ 6 R 6.1, 6.2

Hinweise

H 6.1 Anlagevermögen
Begriff → *§ 247 Abs. 2 HGB*[1)]
Umfang → *Gliederungsschema in § 266 Abs. 2 HGB*[2)]

Baumbestand
Der in einem selbständigen Nutzungs- und Funktionszusammenhang stehende Baumbestand gehört als Wirtschaftsgut zum nicht abnutzbaren Anlagevermögen eines Forstbetriebs (→ BMF vom 16.5.2012 – BStBl. I S. 595).

Erwerb von Wirtschaftsgütern kurz vor Betriebsveräußerung
Wirtschaftsgüter, die zum Zweck der dauerhaften Einbindung in einen bereits bestehenden Geschäftsbetrieb erworben werden, sind auch dann im Anlagevermögen auszuweisen, wenn die gesamte organisatorische Einheit (Betrieb einschließlich erworbener Wirtschaftsgüter) kurze Zeit später mit der Absicht der Weiterführung veräußert wird (→ BFH vom 10.8.2005 – BStBl. 2006 II S. 58).

Filme
In echter Auftragsproduktion hergestellte Filme sind immaterielle Wirtschaftsgüter des Umlaufvermögens (→ BFH vom 20.9.1995 – BStBl. 1997 II S. 320).

Geschäfts- oder Firmenwert
Zur bilanzsteuerlichen Behandlung des Geschäfts- oder Firmenwerts und sogenannter firmenwertähnlicher Wirtschaftsgüter → BMF vom 20.11.1986 (BStBl. I S. 532).[3)]
→ H 5.5 (Geschäfts- oder Firmenwert/Praxiswert)

Gewerblicher Gundstückshandel
→ BMF vom 26.3.2004 (BStBl. I S. 434)[4)] Tz. 33.

Grund und Boden eines land- und forstwirtschaftlichen Betriebs
→ BMF vom 26.3.2004 (BStBl. I S. 434), Tz. 27[5)]

Halbfertige Bauten auf fremdem Grund und Boden werden als Vorräte dem Umlaufvermögen zugeordnet (→ BFH vom 7.9.2005 – BStBl. 2006 II S. 298).
→ H 6.7

Leergut bei Getränkeindustrie ist Anlagevermögen (→ BMF vom 13.6.2005 – BStBl. I S. 715).
Musterhäuser rechnen zum Anlagevermögen (→ BFH vom 31.3.1977 – BStBl. II S. 684).

Praxiswert/Sozietätspraxiswert
→ BMF vom 15.1.1995 (BStBl. I S. 14).[6)]

Rohstoff
Zum Begriff des Rohstoffs und seiner Zuordnung zum Umlauf (Vorrats-)vermögen → BFH vom 2.12.1987 (BStBl. 1988 II S. 502).

Umlaufvermögen
Umfang → *Gliederungsschema in § 266 Abs. 2 HGB*[7)]
Vorführ- und Dienstwagen rechnen zum Anlagevermögen (→ BFH vom 17.11.1981 – BStBl. 1982 II S. 344).

EStR 2012 zu § 6 EStG

R 6.2 Anschaffungskosten
¹Wird ein Wirtschaftsgut gegen Übernahme einer → Rentenverpflichtung erworben, kann der als → Anschaffungskosten zu behandelnde Barwert der Rente abweichend von den §§ 12 ff. BewG auch nach

---

1) Siehe Anhang 15
2) Siehe Anhang 15
3) Siehe Anlage § 005-12.
4) Siehe Anlage § 015-06.
5) Siehe Anlage § 015-06.
6) Siehe Anlage § 005-13.
7) Siehe Anhang 15.

versicherungsmathematischen Grundsätzen berechnet werden. ²Dagegen sind die Anschaffungskosten eines Wirtschaftsgutes, das mittels Ratenkauf ohne gesonderte Zinsvereinbarung erworben wird, stets mit dem nach §§ 12 ff. BewG ermittelten Barwert im Zeitpunkt der Anschaffung anzusetzen.

Hinweise

H 6.2 Ablösezahlungen im Profifußball

Zahlungen an den abgebenden Verein für den Transfer von Spielern sind aktivierungspflichtige Anschaffungskosten. Zu aktivieren sind auch die an Spielervermittler gezahlten Provisionen soweit sie im Zusammenhang mit Vereinswechseln von Spielern gezahlt werden. Hingegen sind gezahlte Provisionen, die für Spieler gezahlt werden, die ablösefrei zu einem anderen Verein wechseln, als sofort abziehbare Betriebsausgaben zu behandeln. Gleiches gilt für Ausbildungs- und Förderungsentschädigungen, die für ablösefrei zu einem anderen Verein gewechselte Spieler gezahlt werden (→ BFH vom 14.12.2011 – BStBl. 2012 II S. 238).

Anschaffungskosten

Begriff und Umfang → § 255 Abs. 1 HGB[1]

Ausländische Währung

- *Bei einem Anschaffungsgeschäft in ausländischer Währung ist der Wechselkurs im Anschaffungszeitpunkt für die Berechnung der Anschaffungskosten maßgebend (→ BFH vom 16.12.1977 – BStBl. 1978 II S. 233).*

- *Ist der in einer Fremdwährung geleistete Einzahlungsbetrag eines Gesellschafters in die Kapitalrücklage der Kapitalgesellschaft, durch den sich die Anschaffungskosten seiner Beteiligung erhöht haben, später an den Gesellschafter zurückzuzahlen und hat sich der – in €. – berechnete Wert jenes Betrags inzwischen durch einen Kursverlust der fremden Währung vermindert, so entsteht für den Gesellschafter auch dann kein sofort abziehbarer Aufwand, wenn er die Beteiligung im Betriebsvermögen hält. Der Anspruch auf die Rückzahlung ist bei Gewinnermittlung durch Bestandsvergleich mit demjenigen Wert anzusetzen, der sich unter Berücksichtigung des Wechselkurses am Tag der Darlehensgewährung oder – im Fall der dauernden Wertminderung – eines ggf. niedrigeren Kurses am Bilanzstichtag ergibt (→ BFH vom 27.4.2000 – BStBl. 2001 II S. 168).*

Ausschüttung aus dem steuerlichen Einlagekonto im Sinne des § 27 KStG

Die Ausschüttung aus dem Eigenkapital nach § 27 KStG verringert wie eine → Rückzahlung aus Kapitalherabsetzung die Anschaffungskosten der Beteiligung an einer Kapitalgesellschaft.

→ BMF vom 4.6.2003 (BStBl. I S. 366)

→ BMF vom 16.3.1994 (BStBl. II S. 527) und vom 19.7.1994 (BStBl. 1995 II S. 362).

Ausschüttungen aus dem steuerlichen Einlagekonto im Sinne des § 27 KStG sind als Beteiligungsertrag zu erfassen, soweit sie den Buchwert übersteigen (→ BFH vom 20.4.1999 – BStBl. II S. 647).

Beteiligung an Kapitalgesellschaft

Die Anschaffungskosten einer betrieblichen Beteiligung an einer Kapitalgesellschaft umfassen neben den ursprünglichen Anschaffungskosten auch die Nachschüsse sowie alle sonstigen Kapitalzuführungen durch die Gesellschafter, die auf der Ebene der Kapitalgesellschaft zu offenen oder verdeckten Einlagen führen. Sie umschließen – anders als im Bereich des § 17 EStG (→ R 17 Abs. 5) – nicht die Zuführung von Fremdkapital, wie die Gewährung von Darlehen, oder Bürgschaftsleistungen von Gesellschaftern; die entsprechende Darlehensforderung ist vielmehr ein eigenständiges Wirtschaftsgut im Betriebsvermögen des Gesellschafters (→ BFH vom 20.4.2005 – BStBl. II S. 694).

Disagio

Dem Veräußerer erstattete Damnum-/Disagiobeträge gehören beim Erwerber zu den Anschaffungskosten, wenn deren verpflichtende Erstattung im Kaufvertrag als Teil des Kaufpreises vereinbart worden ist (→ BFH vom 17.2.1981 – BStBl. II S. 466).

Einlagenrückgewähr

- *→ Kapitalherabsetzung (Rückzahlung aus Kapitalherabsetzung).*
- *→ Ausschüttung aus dem steuerlichen Einlagekonto im Sinne des § 27 KStG*

---

[1] Siehe Anhang 15.

§ 6 R 6.2

Erbauseinandersetzung und vorweggenommene Erbfolge

Anschaffungskosten bei Erbauseinandersetzung und vorweggenommener Erbfolge → BMF vom 14.3.2006 (BStBl. I S. 253) und vom 13.1.1993 (BStBl. I S. 80)[1] unter Berücksichtigung der Änderungen durch BMF vom 26.2.2007 (BStBl. I S. 269).

Erbbaurecht

– *Zu den Anschaffungskosten des Wirtschaftsguts „Erbbaurecht" gehören auch einmalige Aufwendungen wie Grunderwerbsteuer, Maklerprovision, Notar- und Gerichtsgebühren (→ BFH vom 4.6.1991 – BStBl. 1992 II S. 70) jedoch nicht vorausgezahlte oder in einem Einmalbetrag gezahlte Erbbauzinsen (→ BFH vom 4.6.1991 – BStBl. 1992 II S. 70).*

– *Beim Erwerb eines „bebauten" Erbbaurechts entfallen die gesamten Anschaffungskosten auf das Gebäude, wenn der Erwerber dem bisherigen Erbbauberechtigten nachweislich ein Entgelt nur für den Gebäudeanteil gezahlt hat, während er gegenüber dem Erbbauverpflichteten (Grundstückseigentümer) nur zur Zahlung des laufenden Erbbauzinses verpflichtet ist (→ BFH vom 15.11.1994 – BStBl. 1995 II S. 374).*

– *→ H 6.4 Erschließungs-, Straßenanlieger- und andere Beiträge.*

Forderung auf Rückzahlung eines Fremdwährungsdarlehens

In der Bilanz ist der Anspruch auf Rückzahlung eines in Fremdwährung gewährten Darlehens mit demjenigen Wert anzusetzen, der sich unter Berücksichtigung des Wechselkurses am Tag der Darlehensgewährung oder – im Fall der dauernden Wertminderung – eines ggf. niedrigeren Kurses am Bilanzstichtag ergibt (→ BFH vom 27.4.2000 – BStBl. 2001 II S. 168).

Gemeinkosten *gehören nicht zu den Anschaffungskosten (→ BFH vom 13.4.1988 – BStBl. II S. 892).*

Grunderwerbsteuer bei Anteilsvereinigung

Die infolge einer Sacheinlage von Gesellschaftsanteilen auf Grund Anteilsvereinigung ausgelöste Grunderwerbsteuer ist von der aufnehmenden Gesellschaft nicht als Anschaffungs(neben)kosten der eingebrachten Anteile zu aktivieren (→ BFH vom 20.4.2011 – BStBl. II S. 761).

Grundstücke

→ H 6.4 (ABC der Aufwendungen im Zusammenhang mit einem Grundstück).

Kapitalherabsetzung

– *Rückzahlung aus Kapitalherabsetzung*

  Die Rückzahlung aus Kapitalherabsetzung verringert die Anschaffungskosten der Beteiligung an einer Kapitalgesellschaft, soweit die Rückzahlung nicht zu den Einnahmen i. S. d. § 20 Abs. 1 Nr. 2 EStG rechnet (→ BFH vom 29.6.1995 – BStBl. II S. 725 und BMF vom 4.6.2003 – BStBl. I S. 366).

– *Kapitalherabsetzung durch Einziehung von Aktien*

  Bei einer vereinfachten Kapitalherabsetzung durch Einziehung unentgeltlich zur Verfügung gestellter Aktien (§ 237 Abs. 3 Nr. 1, Abs. 4 und 5 AktG) gehen die anteiligen Buchwerte der von einem Aktionär zur Einziehung zur Verfügung gestellten Aktien mit deren Übergabe auf die dem Aktionär verbleibenden Aktien anteilig über, soweit die Einziehung bei diesen Aktien zu einem Zuwachs an Substanz führt. Soweit die Einziehung der von dem Aktionär zur Verfügung gestellten Aktien bei den Aktien anderer Aktionäre zu einem Zuwachs an Substanz führt, ist der auf die eingezogenen Aktien entfallende anteilige Buchwert von dem Aktionär ergebniswirksam auszubuchen (→ BFH vom 10.8.2005 – BStBl. 2006 II S. 22).

Mitunternehmeranteil

– *Für den Erwerber stellen die Aufwendungen zum Erwerb des Anteils einschließlich eines negativen Kapitalkontos Anschaffungskosten dar; ggf. sind sie oder Teile davon als Ausgleichsposten in der Ergänzungsbilanz des Erwerbers zu berücksichtigen (→ BFH vom 21.4.1994 – BStBl. II S. 745).*

– *Ist die Abfindung eines ausscheidenden Gesellschafters geringer als sein Kapitalkonto, sind in der Steuerbilanz in Höhe der Differenz die Buchwerte der bilanzierten Wirtschaftsgüter abzustocken. Buchwerte für Bargeld und Guthaben bei Geldinstituten können infolge des Nominalwertprinzips nicht abgestockt werden. Ist der Differenzbetrag höher als die möglichen Abstockungen, so muss im Übrigen ein passiver Ausgleichsposten gebildet werden, der*

---

[1] Siehe Anlagen § 016-05 und § 016-06.

mit künftigen Verlusten zu verrechnen und spätestens bei Beendigung der Beteiligung gewinnerhöhend aufzulösen ist. (→ BFH vom 12.12.1996 – BStBl. 1998 II S. 180).

Nebenkosten gehören zu den Anschaffungskosten, soweit sie dem Wirtschaftsgut einzeln zugeordnet werden können (→ BFH vom 13.10.1983 – BStBl. 1984 II S. 101). Sie können nur dann aktiviert werden, wenn auch die Anschaffungs(haupt)kosten aktiviert werden können (→ BFH vom 19.6.1997 – BStBl. II S. 808).

Preisnachlass oder Rabatt
Der Preisnachlass, der nicht von dem Verkäufer (Hersteller), sondern von dem Händler (Agent) aus dessen Provision gewährt wird, mindert ebenso wie ein vom Verkäufer gewährter Rabatt die Anschaffungskosten (→ BFH vom 22.4.1988 – BStBl. II S. 901).

Rentenverpflichtung
Der Barwert einer übernommenen Rentenverpflichtung ist grundsätzlich nach den §§ 12 ff. BewG zu ermitteln (→ BFH vom 31.1.1980 – BStBl. II S. 491).

→ siehe aber R 6.2

Rückzahlung einer offenen Gewinnausschüttung
→ H 17 (5)

Schuldübernahmen
- **Schuldübernahmen** rechnen zu den Anschaffungskosten (→ BFH vom 31.5.1972 – BStBl. II S. 696 und vom 2.10.1984 – BStBl. 1985 II S. 320).
- → Erbauseinandersetzung und vorweggenommene Erbfolge

Skonto
Die Anschaffungskosten von Wirtschaftsgütern mindern sich weder im Anschaffungszeitpunkt noch zum nachfolgenden Bilanzstichtag um einen möglichen Skontoabzug, sondern erst im Zeitpunkt seiner tatsächlichen Inanspruchnahme (→ BFH vom 27.2.1991 – BStBl. II S. 456).

Tätigkeitsvergütungen
→ H 15.8 (3)

Vorsteuerbeträge
Zur Behandlung von Vorsteuerbeträgen, die nach dem UStG nicht abgezogen werden können, als Anschaffungskosten → § 9b Abs. 1 EStG.

Wahlrecht eines Mitunternehmers
→ H 4.4

Waren
Werden die Anschaffungskosten von Waren nach dem Verkaufswertverfahren durch retrograde Berechnung in der Weise ermittelt, daß von den ausgezeichneten Preisen die kalkulierte Handelsspanne abgezogen wird, ist dieses Verfahren nicht zu beanstanden; bei am Bilanzstichtag bereits herabgesetzten Preisen darf jedoch nicht von der ursprünglich kalkulierten Handelsspanne, sondern nur von dem verbleibenden Verkaufsaufschlag ausgegangen werden (→ BFH vom 27.10.1983 – BStBl. 1984 II S. 35).

Wertaufholungsgebot bei Beteiligungen
- Für die Bemessung der Anschaffungskosten einer Beteiligung ist im Rahmen des steuerlichen Wertaufholungsgebotes als Obergrenze auf die historischen Anschaffungskosten der Beteiligung und nicht auf den unter Anwendung des sog. Tauschgutachters fortgeführten Buchwert abzustellen (→ BFH vom 24.4.2007 – BStBl. II S. 707).
- → H 3.40 (Wertaufholungen)

Wertsicherungsklausel
Die Anschaffungskosten eines gegen Übernahme einer Rentenverpflichtung erworbenen Wirtschaftsguts bleiben unverändert, wenn sich der Barwert der Rentenverpflichtung auf Grund einer Wertsicherungsklausel nachträglich erhöht (→ BFH vom 27.1.1998 – BStBl. II S. 537).

Zuzahlung des Veräußerers
Zuzahlungen im Rahmen eines Anschaffungsvorgangs führen nicht zum passiven Ausweis „negativer Anschaffungskosten". Vielmehr ist beim Erwerber ein passiver Ausgleichsposten auszuweisen, es sei denn, die Zuzahlung ist als Entgelt für eine gesonderte Leistung des Erwerbers, beispielsweise für eine Übernahme einer Bürgschaft, anzusehen (→ BFH vom 26.4.2006 – BStBl. II S. 656).

§ 6 R 6.2, 6.3

Zwangsversteigerung

Zu den Anschaffungskosten beim Erwerb eines Grundstücks im Zwangsversteigerungsverfahren gehört nicht nur das Gebot nebst den dazugehörigen Kosten, zu denen dem die Zwangsversteigerung betreibenden Grundpfandgläubiger das Grundstück zugeschlagen wird, sondern auch die gemäß § 91 des Zwangsversteigerungsgesetzes erloschenen nachrangigen eigenen Grundpfandrechte des Gläubigers, soweit sie nicht ausgeboten sind, wenn ihr Wert durch den Verkehrswert des ersteigerten Grundstücks gedeckt ist → BFH vom 11.11.1987 (BStBl. 1988 II S. 424).

EStR 2012 zu § 6 EStG

R 6.3 Herstellungskosten

(1) ¹In die **Herstellungskosten** eines Wirtschaftsguts sind auch angemessene Teile der notwendigen **Materialgemeinkosten** und **Fertigungsgemeinkosten** (→ Absatz 2), der angemessenen Kosten der allgemeinen Verwaltung, der angemessenen Aufwendungen für soziale Einrichtungen des Betriebs, für freiwillige soziale Leistungen und für die betriebliche Altersversorgung (→ Absatz 3), sowie der **Wertverzehr von Anlagevermögen**, soweit er durch die Herstellung des Wirtschaftsguts veranlasst ist (→ Absatz 4) einzubeziehen.

(2) Zu den **Materialgemeinkosten und den Fertigungsgemeinkosten**, gehören u. a. auch die Aufwendungen für folgende Kostenstellen:

- Lagerhaltung, Transport und Prüfung des Fertigungsmaterials,
- Vorbereitung und Kontrolle der Fertigung,
- Werkzeuglager,
- Betriebsleitung, Raumkosten, Sachversicherungen,
- Unfallstationen und Unfallverhütungseinrichtungen der Fertigungsstätten,
- Lohnbüro, soweit in ihm die Löhne und Gehälter der in der Fertigung tätigen Arbeitnehmer abgerechnet werden.

(3) ¹Zu den Kosten für die allgemeine Verwaltung gehören u. a. die Aufwendungen für Geschäftsleitung, Einkauf und Wareneingang, Betriebsrat, Personalbüro, Nachrichtenwesen, Ausbildungswesen, Rechnungswesen – z. B. Buchführung, Betriebsabrechnung, Statistik und Kalkulation –, Feuerwehr, Werkschutz sowie allgemeine Fürsorge einschließlich Betriebskrankenkasse. ²Zu den Aufwendungen für soziale Einrichtungen gehören z. B. Aufwendungen für Kantine einschließlich der Essenszuschüsse sowie für Freizeitgestaltung der Arbeitnehmer. ³Freiwillige soziale Leistungen sind nur zuzurechnen, wenn sie nicht arbeitsvertraglich oder tarifvertraglich vereinbart worden sind; hierzu können z. B. Jubiläumsgeschenke, Wohnungs- und andere freiwillige Beihilfen, Weihnachtszuwendungen oder Aufwendungen für die Beteiligung der Arbeitnehmer am Ergebnis des Unternehmens gehören. ⁴Aufwendungen für die betriebliche Altersversorgung sind Beiträge an Direktversicherungen und Pensionsfonds, Zuwendungen an Pensions- und Unterstützungskassen sowie Zuführungen zu Pensionsrückstellungen.

(4) ¹Als **Wertverzehr des Anlagevermögens**, soweit er der Fertigung der Erzeugnisse gedient hat, ist grundsätzlich der Betrag anzusetzen, der bei der Bilanzierung des Anlagevermögens als AfA berücksichtigt ist. ²Es ist nicht zu beanstanden, wenn ein Stpfl., der bei der Bilanzierung des beweglichen Anlagevermögens die AfA in fallenden Jahresbeträgen vorgenommen hat, bei der Berechnung der Herstellungskosten der Erzeugnisse die AfA in gleichen Jahresbeträgen (§ 7 Abs. 1 Satz 1 und 2 EStG) berücksichtigt. ³In diesem Fall muss der Stpfl. jedoch dieses Absetzungsverfahren auch dann bei der Berechnung der Herstellungskosten beibehalten, wenn gegen Ende der Nutzungsdauer die AfA in fallenden Jahresbeträgen niedriger sind als die AfA in gleichen Jahresbeträgen. ⁴Der Wertverzehr des der Fertigung dienenden Anlagevermögens ist bei der Berechnung der Herstellungskosten der Erzeugnisse auch dann in Höhe der sich nach den Anschaffungs- oder Herstellungskosten des Anlagevermögens ergebenden AfA in gleichen Jahresbeträgen zu berücksichtigen, wenn der Stpfl. Bewertungsfreiheiten, Sonderabschreibungen oder erhöhte Absetzungen in Anspruch genommen und diese nicht in die Herstellungskosten der Erzeugnisse einbezogen hat. ⁵Der Wertverzehr von Wirtschaftsgütern i. S. d. § 6 Abs. 2 oder 2a EStG darf nicht in die Berechnung der Herstellungskosten der Erzeugnisse einbezogen werden. ⁶Teilwertabschreibungen auf das Anlagevermögen i. S. d. § 6 Abs. 1 Nr. 1 Satz 2 EStG sind bei der Berechnung der Herstellungskosten der Erzeugnisse nicht zu berücksichtigen.

(5) ¹Das handelsrechtliche Bewertungswahlrecht für Fremdkapitalzinsen gilt auch für die steuerliche Gewinnermittlung. ²Sind handelsrechtlich Fremdkapitalzinsen in die Herstellungskosten einbezogen

R 6.3 § 6

worden, sind sie gem. § 5 Abs. 1 Satz 1 Halbsatz 1 EStG auch in der steuerlichen Gewinnermittlung als Herstellungskosten zu beurteilen.

(6) ¹Die **Steuern** vom **Einkommen** gehören nicht zu den steuerlich abziehbaren Betriebsausgaben und damit auch nicht zu den Herstellungskosten. ²Entsprechendes gilt für die Gewerbesteuer (§ 4 Abs. 5b EStG). ³Die **Umsatzsteuer** gehört zu den Vertriebskosten, die die Herstellungskosten nicht berühren.

(7) Wird ein Betrieb infolge teilweiser Stilllegung oder mangelnder Aufträge nicht voll ausgenutzt, sind die dadurch verursachten Kosten bei der Berechnung der Herstellungskosten nicht zu berücksichtigen.

(8) Bei am Bilanzstichtag noch nicht fertiggestellten Wirtschaftsgütern (→ halbfertige Arbeiten) ist es für die Aktivierung der Herstellungskosten unerheblich, ob die bis zum Bilanzstichtag angefallenen Aufwendungen bereits zur Entstehung eines als Einzelheit greifbaren Wirtschaftsgutes geführt haben.

(9) Soweit die Absätze 1 und 3 von R 6.3 Abs. 4 EStR 2008 abweichen, darf R 6.3 Abs. 4 EStR 2008 weiterhin für Wirtschaftsgüter angewendet werden, mit deren Herstellung vor Veröffentlichung der EStAR 2012 im Bundessteuerblatt begonnen wurde.[1]

EStR 2008 zu § 6 EStG

R 6.3 Abs. 4

(4) ¹Das handelsrechtliche → Bewertungswahlrecht für Kosten der allgemeinen Verwaltung und Aufwendungen für soziale Einrichtungen des Betriebs, für freiwillige soziale Leistungen und für betriebliche Altersversorgung sowie für → Zinsen für Fremdkapital gilt auch für die Steuerbilanz; Voraussetzung für die Berücksichtigung als Teil der Herstellungskosten ist, dass in der Handelsbilanz entsprechend verfahren wird. ²Zu den Kosten für die allgemeine Verwaltung gehören u. a. die Aufwendungen für Geschäftsleitung, Einkauf und Wareneingang, Betriebsrat, Personalbüro, Nachrichtenwesen, Ausbildungswesen, Rechnungswesen – z. B. Buchführung, Betriebsabrechnung, Statistik und Kalkulation –, Feuerwehr, Werkschutz sowie allgemeine Fürsorge einschließlich Betriebskrankenkasse. ³Zu den Aufwendungen für soziale Einrichtungen gehören z. B. Aufwendungen für Kantine einschließlich der Essenszuschüsse sowie für Freizeitgestaltung der Arbeitnehmer. ⁴Freiwillige soziale Leistungen sind nur Aufwendungen, die nicht arbeitsvertraglich oder tarifvertraglich vereinbart worden sind; hierzu können z. B. Jubiläumsgeschenke, Wohnungs- und andere freiwillige Beihilfen, Weihnachtszuwendungen oder Aufwendungen für die Beteiligung der Arbeitnehmer am Ergebnis des Unternehmens gehören. ⁵Aufwendungen für die betriebliche Altersversorgung sind Beiträge zu Direktversicherungen, Zuwendungen an Pensions- und Unterstützungskassen; Pensionsfonds sowie Zuführungen zu Pensionsrückstellungen.

Hinweise

H 6.3 Abraumvorrat

Kosten der Schaffung eines Abraumvorrats bei der Mineralgewinnung sind Herstellungskosten (→ BFH vom 23.11.1978 – BStBl. 1979 II S. 143).

Ausnutzung von Produktionsanlagen

Die nicht volle Ausnutzung von Produktionsanlagen führt nicht zu einer Minderung der in die Herstellungskosten einzubeziehenden Fertigungsgemeinkosten, wenn sich die Schwankung in der Kapazitätsausnutzung aus der Art der Produktion, wie z. B. der Zuckerfabrik als Folge der Abhängigkeit von natürlichen Verhältnissen, ergibt (→ BFH vom 15.2.1966 – BStBl. III S. 468).

→ R 6.3 Abs. 7

Bewertungswahlrecht

Handelsrechtliches Bewertungswahlrecht führt steuerrechtlich zum Ansatz des höchsten nach Handels- und Steuerrecht zulässigen Werts, soweit nicht auch steuerrechtlich ein inhaltsgleiches Wahlrecht besteht (→ BFH vom 21.10.1993 – BStBl. 1994 II S. 176).

Geldbeschaffungskosten *gehören nicht zu den Herstellungskosten (→ BFH vom 24.5.1968 – BStBl. II S. 574).*

Halbfertige Arbeiten

Bei Wirtschaftsgütern, die am Bilanzstichtag noch nicht fertiggestellt sind, mit deren Herstellung aber bereits begonnen worden ist, sind die bis zum Bilanzstichtag angefallenen Herstellungskosten zu aktivieren, soweit nicht von ihrer Einbeziehung abgesehen werden kann (→ BFH vom 23.11.1978 – BStBl. 1979 II S. 143).

---

1) Aber → BMF vom 26.3.2013 (BStBl. I S. 296), Anlage § 006-21.

§ 6 — R 6.3, 6.4

→ *H 6.1 und* → *H 6.7 (Halbfertige Bauten auf fremdem Grund und Boden).*

Herstellungskosten
Begriff und Umfang → *§ 255 Abs. 2 HGB*[1] *sowie BFH vom 4.7.1990 (BStBl. II S. 830).*

Kalkulatorische Kosten
*Kalkulatorische Kosten sind nicht tatsächlich entstanden und rechnen deshalb **nicht** zu den Herstellungskosten. Das gilt z. B. für:*
- **Zinsen für Eigenkapital** *(→ BFH vom 30.6.1955 – BStBl. III S. 238)*
- **Wert der eigenen Arbeitsleistung** *(fiktiver Unternehmerlohn des Einzelunternehmers → BFH vom 10.5.1995 – BStBl. II S. 713); nicht dagegen Tätigkeitsvergütung im Sinne des § 15 Abs. 1 Satz 1 Nr. 2 EStG, die dem Gesellschafter von der Gesellschaft im Zusammenhang mit der Herstellung eines Wirtschaftsguts gewährt wird (→ BFH vom 8.2.1996 – BStBl. II S. 427) → H 6.4. (Arbeitsleistungen)*

Vorsteuerbeträge
Zur Behandlung von Vorsteuerbeträgen, die nach dem UStG nicht abgezogen werden können, als Herstellungskosten → § 9b Abs. 1 EStG

Zinsen für Fremdkapital
→ *§ 255 Abs. 3 HGB*[2] *sowie R 6.3 Abs. 5.*

EStR 2012 zu § 6 EStG

R 6.4 Aufwendungen im Zusammenhang mit einem Grundstück

Anschaffungsnahe Herstellungskosten

(1) ¹Zu den Instandsetzungs- und Modernisierungsmaßnahmen i. S. d. § 6 Abs. 1 Nr. 1a EStG gehört auch die Beseitigung versteckter Mängel. ²Bei teilentgeltlichem Erwerb des Gebäudes können anschaffungsnahe Herstellungskosten nur im Verhältnis zum entgeltlichen Teil des Erwerbsvorgangs gegeben sein.

Kinderspielplatz

(2)¹Entstehen dem Steuerpflichtigen Aufwendungen für die Anlage eines Kinderspielplatzes im Zusammenhang mit der Errichtung eines Wohngebäudes, liegen nur dann Herstellungskosten des Gebäudes vor, wenn die Gemeinde als Eigentümerin den Kinderspielplatz angelegt und dafür Beiträge von den Grundstückseigentümern erhoben hat. ²In allen anderen Fällen (Errichtung des Spielplatzes auf einem Grundstück des Steuerpflichtigen oder als gemeinsamer Spielplatz mit anderen Hauseigentümern) entsteht durch die Aufwendungen ein selbständig zu bewertendes Wirtschaftsgut, dessen Nutzungsdauer im Allgemeinen mit zehn Jahren angenommen werden kann.

Hinweise

H 6.4 Abbruchkosten

Wird ein Gebäude oder ein Gebäudeteil abgerissen, so sind für die steuerrechtliche Behandlung folgende Fälle zu unterscheiden:

1. *Der Steuerpflichtige hatte das Gebäude auf einem ihm bereits gehörenden Grundstück errichtet,*
2. *Der Steuerpflichtige hatte das Gebäude in der Absicht erworben, es als Gebäude zu nutzen (Erwerb ohne Abbruchabsicht),*
3. *Der Steuerpflichtige hat das Gebäude zum Zweck des Abbruchs erworben (Erwerb mit Abbruchabsicht),*
4. *der Steuerpflichtige plant den Abbruch eines zum Privatvermögen gehörenden Gebäudes und die Errichtung eines zum Betriebsvermögen gehörenden Gebäudes (Einlage mit Abbruchabsicht).*

aber: → *Abbruchkosten bei vorheriger Nutzung außerhalb der Einkünfteerzielung.*

In den Fällen der Nummern 1 und 2 sind im Jahr des Abbruchs die Abbruchkosten und der Restbuchwert des abgebrochenen Gebäudes sofort abziehbare Betriebsausgaben (zu Nr. 1 → BFH vom 21.6.1963 – BStBl. III S. 477 und vom 28.3.1973 – BStBl. II S. 678, zu Nr. 2 → BFH

---

1) Siehe Anhang 15.
2) Siehe Anhang 15.

vom 12.6.1978 – BStBl. II S. 620). Dies gilt auch bei einem in Teilabbruchabsicht erworbenen Gebäude für die Teile, deren Abbruch nicht geplant war. Die darauf entfallenden Abbruchkosten und der anteilige Restbuchwert sind ggf. im Wege der Schätzung zu ermitteln (→ BFH vom 15.10.1996 – BStBl. 1997 II S. 325).

Im Fall der Nummer 3 gilt Folgendes:

a) War das Gebäude technisch oder wirtschaftlich nicht verbraucht, so gehören sein Buchwert und die Abbruchkosten, wenn der Abbruch des Gebäudes mit der Herstellung eines neuen Wirtschaftsguts in einem engen wirtschaftlichen Zusammenhang steht, zu den Herstellungskosten dieses Wirtschaftsguts, sonst zu den Anschaffungkosten des Grund und Bodens (→ BFH vom 4.12.1984 – BStBl. 1985 II S 208). Müssen bei einem in Teilabbruchabsicht erworbenen Gebäude umfangreichere Teile als geplant abgerissen werden, gehören die Abbruchkosten und der Restwert des abgerissenen Gebäudes insoweit zu den Herstellungskosten des neuen Gebäudes, als sie auf Gebäudeteile entfallen, die bei Durchführung des im Erwerbszeitpunkt geplanten Umbaus ohnehin hätten entfernt werden sollen. Dieser Anteil ist ggf. im Wege der Schätzung zu ermitteln (→ BFH vom 15.10.1996 – BStBl. 1997 II S. 325).

b) War das Gebäude im Zeitpunkt des Erwerbs objektiv wertlos, so entfällt der volle Anschaffungspreis auf den Grund und Boden (→ BFH vom 15.2.1989 – BStBl. II S. 604); für die Abbruchkosten gilt Buchstabe a entsprechend.

Wird mit dem Abbruch eines Gebäudes innerhalb von drei Jahren nach dem Erwerb begonnen, so spricht der Beweis des ersten Anscheins dafür, dass der Erwerber das Gebäude in der Absicht erworben hat, es abzureißen. Der Steuerpflichtige kann diesen Anscheinsbeweis durch den Gegenbeweis entkräften, z. B. dass es zu dem Abbruch erst aufgrund eines ungewöhnlichen Geschehensablaufs gekommen ist. Damit ist nicht ausgeschlossen, dass in besonders gelagerten Fällen, z. B. bei großen Arrondierungskäufen, auch bei einem Zeitraum von mehr als drei Jahren zwischen Erwerb und Beginn des Abbruchs der Beweis des ersten Anscheins für einen Erwerb in Abbruchabsicht spricht (→ BFH vom 12.6.1978 – BStBl. II S. 620). Für den Beginn der Dreijahresfrist ist in der Regel der Abschluss des obligatorischen Rechtsgeschäfts maßgebend (→ BFH vom 6.2.1979 – BStBL. II S. 509).

Im Fall der Nummer 4 gehören der Wert des abgebrochenen Gebäudes und die Abbruchkosten zu den Herstellungskosten des neu zu errichtenden Gebäudes; der Einlagewert des Gebäudes ist nicht schon deshalb mit 0 € anzusetzen, weil sein Abbruch beabsichtigt ist (→ BFH vom 9.2.1983 – BStBl. II S. 451).

Abbruchkosten bei vorheriger Nutzung außerhalb der Einkünfteerzielung

Wurde das abgebrochene Gebäude zuvor zu eigenen Wohnzwecken oder anderen nicht einkommensteuerlich relevanten Zwecken genutzt, stehen die Abbruchkosten und ggf. die Absetzungen für außergewöhnliche Abnutzung ausschließlich im Zusammenhang mit dem Neubau und bilden Herstellungskosten des neuen Gebäudes (→ BFH vom 16.4.2002 – BStBl. II S. 805).

Abgrenzung der selbständigen von den unselbständigen Gebäudeteilen

→ R 4.2 Abs. 5

Abgrenzung von Anschaffungs-, Herstellungskosten und Erhaltungsaufwendungen

→ R 21.1 und → BMF vom 18.7.2003 (BStBl. I S. 386)[1)]

Ablöse- und Abstandzahlungen

→ – Entschädigungs- oder Abfindungszahlungen an Mieter oder Pächter

→ – Stellplätze

Aufwendungen zur Ablösung des Erbbaurechts zählen zu den Herstellungskosten des anschließend auf dem Grundstück nach dem Abriss der vorhandenen Bebauung neu errichteten Gebäudes (→ BFH vom 13.12.2005 – BStBl. 2006 II S. 461).

Abtragung unselbständiger Gebäudeteile

→ – Baumängelbeseitigung

Anschaffungskosten des Grund und Bodens

→ – Erdarbeiten

→ – Erschließungs-, Straßenanlieger- und andere Beiträge

→ – Hausanschlusskosten

---

1) Siehe Anlage § 021-01 und Anlage § 006-13.

→ – Zwangsräumung
Anschaffungsnahe Herstellungskosten
- → *BMF vom 18.7.2003 (BStBl. I S. 386), Rz. 38*[1)]
- *Aufwendungen im Zusammenhang mit der Anschaffung eines Gebäudes sind unabhängig davon, ob sie auf jährlich üblicherweise anfallenden Erhaltungsarbeiten i. S. d. § 6 Abs. 1 Nr. 1a Satz 2 EStG beruhen, nicht als Erhaltungsaufwand sofort abziehbar, wenn sie im Rahmen einheitlich zu würdigender Instandsetzungs- und Modernisierungsmaßnahmen i. S. d. § 6 Abs. 1 Nr. 1a Satz 1 EStG anfallen (→ BFH vom 25.8.2009 – BStBl. 2010 II S. 125).*

Arbeitsleistung
Zu den Herstellungskosten des Gebäudes zählt nicht der Wert der eigenen Arbeitsleistung (→ BFH vom 10.5.1995 – BStBl. II S. 713).
→ *H 6.3 (Kalkulatorische Kosten)*
→ *Tätigkeitsvergütung*

Ausgleichsbeträge nach § 154 BauGB
Die anlässlich einer städtebaulichen Sanierungsmaßnahme zu zahlenden Ausgleichs- oder Ablösungsbeträge sind
- *als Anschaffungs- oder Herstellungskosten zu behandeln, wenn das Grundstück in seiner Substanz oder seinem Wesen verändert wird (z. B. bei einer erstmaligen Erschließung oder bei Maßnahmen zur Verbesserung der Bebaubarkeit) oder*
- *als Werbungskosten/Betriebsausgaben sofort abziehbar, wenn z. B. vorhandene Anlagen ersetzt oder modernisiert werden.*

Die Erhöhung des Grundstückswerts allein führt noch nicht zu Anschaffungs-/Herstellungskosten. Die Aufwendungen sind nur dann als Anschaffungs-/Herstellungskosten zu behandeln, wenn
- *die Bodenwerterhöhung 10 % überschreitet und*
- *die Bodenwerterhöhung auf Verbesserungen der Erschließung und/oder Bebaubarkeit beruht.*

→ *BMF vom 8.9.2003 (BStBl. I S. 489) einschließlich Vordruck „Bescheinigung über sanierungsrechtliche Ausgleichs- oder Ablösungsbeträge nach dem Baugesetzbuch (§ 154 BauGB)"*

Außenanlagen
Hofbefestigungen und Straßenzufahrt stehen grundsätzlich mit einem Betriebsgebäude in keinem einheitlichen Nutzungs- und Funktionszusammenhang. Die Aufwendungen gehören daher nicht zu den Herstellungskosten des Gebäudes (→ BFH vom 1.7.1983 – BStBl. II S. 686).
→ *– Erdarbeiten*
→ *– Gartenanlage*

Baumaterial aus Enttrümmerung
Zu den Herstellungskosten des Gebäudes gehört auch der Wert des bei der Enttrümmerung eines kriegszerstörten Gebäudes gewonnenen und wiederverwendeten Baumaterials (→ BFH vom 5.12.1963 – BStBl. 1964 III S. 299).

Bauplanungskosten
Zu den Herstellungskosten des Gebäudes gehören auch vergebliche Planungskosten, wenn der Steuerpflichtige die ursprüngliche Planung zwar nicht verwirklicht, später aber ein die beabsichtigten Zwecke erfüllendes Gebäude erstellt (→ BFH vom 29.11.1983 – BStBl. 1984 II S. 303, 306) und den Aufwendungen tatsächlich erbrachte Leistungen gegenüberstehen (→ BFH vom 8.9.1998 – BStBl. 1999 II S. 20).
→ *– Honorare*

Baumängelbeseitigung
Aufwendungen zur Beseitigung von Baumängeln vor Fertigstellung des Gebäudes (mangelhafte Bauleistungen) gehören zu den Herstellungskosten des Gebäudes (→ BFH vom 31.3.1992 – BStBl. II S. 805). Das gilt auch dann, wenn sie zwar bei der Herstellung des Gebäudes aufgetreten, aber erst nach seiner Fertigstellung behoben worden sind (→ BFH vom 1.12.1987 – BStBl. 1988 II S. 431) sowie in den Fällen, in denen noch während der Bauzeit unselbständige Gebäudeteile wieder abgetragen werden müssen (→ BFH vom 30.8.1994 – BStBl. 1995 II S. 306).
→ *H 7.5 (AfaA)*

---

1) Siehe Anlage § 021-01.

→ – *Prozesskosten*

→ – *Vorauszahlungen*

Bauzeitversicherung

Beiträge für die Bauzeitversicherung gehören nicht zu den Herstellungskosten des Gebäudes. Sie können nach den allgemeinen Grundsätzen als (vorweggenommene) Betriebsausgaben oder Werbungskosten abgezogen werden (→ BFH vom 25.2.1976 – BStBl. 1980 II S. 294).

Betriebsvorrichtungen

Aufwendungen für das Entfernen von Betriebsvorrichtungen gehören zu den Herstellungskosten des Gebäudes, wenn dieses dadurch wesentlich verbessert wird (→ BFH vom 25.1.2006 – BStBl. II S. 707).

Dingliche Belastungen

Erwirbt ein Stpfl. ein mit einem dinglichen Nutzungsrecht belastetes Grundstück, führt er seinem Vermögen ein um dieses Nutzungsrecht eingeschränktes Eigentum an diesem Grundstück zu. Dingliche Belastungen begründen keine Verbindlichkeiten, deren Übernahme zu Anschaffungskosten des Grundstücks führt (→ BFH vom 17.11.2004 – BStBl. 2008 II S. 296).

Eigenkapitalvermittlungsprovision und andere Gebühren bei geschlossenen Fonds

→ *BMF vom 20.10.2003 (BStBl. I S. 546)* [1].

Einbauküche

Aufwendungen für eine Einbauküche können nur insoweit zu den Herstellungskosten einer Eigentumswohnung gehören, als sie auf die Spüle und den – nach der regionalen Verkehrsauffassung erforderlichen – Kochherd entfallen (→ BFH vom 13.3.1990 – BStBl. II S. 514).

Einbauten als unselbständige Gebäudeteile

Aufwendungen für Einbauten als unselbständige Gebäudeteile gehören – soweit die unselbständigen Gebäudeteile nicht Betriebsvorrichtungen sind – zu den Herstellungskosten des Gebäudes (→ BFH vom 26.11.1973 – BStBl. 1974 II S. 132).

Entschädigungs- oder Abfindungszahlungen an Mieter oder Pächter *für vorzeitige Räumung eines Grundstücks zur Errichtung eines Gebäudes gehören zu den Herstellungskosten des neuen Gebäudes (→ BFH vom 9.2.1983 – BStBl. II S. 451).*

Erdarbeiten

= **Buschwerk und Bäume**

Zu den Herstellungskosten eines Gebäudes oder einer Außenanlage rechnen neben den Aufwendungen für die beim Bau anfallenden üblichen Erdarbeiten auch die Kosten für das Freimachen des Baugeländes von **Buschwerk und Bäumen,** *soweit dies für die Herstellung des Gebäudes und der Außenanlage erforderlich ist (→ BFH vom 26.8.1994 – BStBl. 1995 II S. 71).*

= **Hangabtragung**

Die beim Bau eines Gebäudes regelmäßig anfallenden Erdarbeiten (Abtragung, Lagerung, Einplanierung bzw. Abtransport des Mutterbodens, der Aushub des Bodens für die Baugrube, seine Lagerung und ggf. sein Abtransport) gehören zu den Herstellungskosten des Gebäudes und der Außenanlage. Aufwendungen, die unmittelbar der erstmaligen oder einer wesentlich verbesserten Nutzung des Wirtschaftsguts Grund und Boden dienen, sind unter der Voraussetzung, dass der Grund und Boden durch diese Maßnahmen eine über seinen ursprünglichen Zustand hinausgehende wesentliche Verbesserung erfährt, nachträgliche Herstellungskosten des Grund und Bodens, ansonsten sofort abziehbare Betriebsausgaben (→ BFH vom 27.1.1994 – BStBl. II S. 512).

Erschließungs-, Straßenanlieger- und andere Beiträge

= **Ansiedlungsbeitrag**

Der vom Käufer eines Grundstücks gezahlte Ansiedlungsbeitrag gehört nicht zu den Herstellungskosten des Gebäudes, sondern zu den Anschaffungskosten des Grundstücks (Grund und Boden), wenn die Zahlung dieses Beitrags lediglich in Erfüllung einer Verpflichtung des ausschließlich Grund und Boden betreffenden Kaufvertrags erfolgt ist (→ BFH vom 9.12.1965 – BStBl. 1966 III S. 191).

---

[1] Siehe Anlage § 021-05.

§ 6   R 6.4

= **Erbbaurecht**

Wird ein Gebäude im Erbbaurecht errichtet und zahlt der Erbbauberechtigte den Erschließungsbeitrag, so gehört der Beitrag weder ganz noch teilweise zu den Herstellungskosten des im Erbbaurecht errichteten Gebäudes (→ BFH vom 22.2.1967 – BStBl. III S. 417).

→ H 5.6, (Erbbaurecht), (Bestimmte Zeit nach dem Abschlussstichtag)
→ H 6.2
→ H 21.2

= **Erstmalige Beiträge, Ersetzung, Modernisierung**

Beiträge zur Finanzierung erstmaliger Anlagen sind nachträgliche Anschaffungskosten des Grund und Bodens, wenn durch die Baumaßnahmen, für die die Beiträge geleistet worden sind, eine Werterhöhung des Grund und Bodens eintritt, die unabhängig von der Bebauung des Grundstücks und dem Bestand eines auf dem Grundstück errichteten Gebäudes ist, und die Beiträge in einem Sachbezug zum Grundstück stehen. Werden hingegen Erschließungsanlagen ersetzt oder modernisiert, führen Erschließungsbeiträge zu Erhaltungsaufwendungen, es sei denn, das Grundstück wird hierdurch ausnahmsweise in seiner Substanz oder in seinem Wesen verändert (→ BFH vom 22.3.1994 – BStBl. II S. 842 und vom 3.7.1997 – BStBl. II S. 811 und vom 3.8.2005 – BStBl. 2006 II S. 369).

Erhaltungsaufwendungen sind daher

a) nachträgliche Straßenbaukostenbeiträge für ein bereits durch eine Straße erschlossenes Grundstück, die eine Gemeinde für die bauliche Veränderung des Straßenbelags und des Gehwegs zur Schaffung einer verkehrsberuhigten Zone erhebt (→ BFH vom 22.3.1994 – BStBl. II S. 842).

b) die Kanalanschlussgebühren, wenn eine eigene Sickergrube oder Kläranlage ersetzt wird (→ BFH vom 13.9.1984 – BStBl. 1985 II S. 49 und vom 4.11.1986 – BStBl. 1987 II S. 333). Werden durch eine einheitliche Erschließungsmaßnahme bisher als Weideland genutzte Flächen bebaubar, handelt es sich bei den darauf entfallenden Abwasserbeiträgen jedoch um nachträgliche Anschaffungskosten für den Grund und Boden, auch wenn ein Wohngebäude, das mit erschlossen wird, bereits über eine Sickergrube verfügte (→ BFH vom 11.12.2003 – BStBl. 2004 II S. 282).

Flächenbeiträge

Ein Flächenbeitrag nach § 58 Abs. 1 BauGB kann zu nachträglichen Anschaffungskosten des Grund und Bodens führen, und zwar auch dann, wenn ein förmliches Umlegungsverfahren durch privatrechtliche Vereinbarungen vermieden wurde (→ BFH vom 6.7.1989 – BStBl. 1990 II S. 126).

Privatstraße

Aufwendungen des Erwerbers eines Grundstücks für eine von einem Dritten zu errichtende Privatstraße stellen auch dann Anschaffungskosten eines selbständigen abnutzbaren Wirtschaftsgutes dar, wenn die Straße der erstmaligen Erschließung des Grundstücks dient (→ BFH vom 19.10.1999 – BStBl. 2000 II S. 257).

Zweit- oder Zusatzerschließung

Beiträge für die Zweit- oder Zusatzerschließung eines Grundstücks durch eine weitere Straße sind nachträgliche Anschaffungskosten des Grund und Bodens, wenn sich der Wert des Grundstücks aufgrund einer Erweiterung der Nutzbarkeit oder einer günstigeren Lage erhöht. Das gilt auch dann, wenn ein durch einen Privatweg an das öffentliche Straßennetz angebundenes Grundstück zusätzlich durch eine erstmals errichtete öffentliche Straße erschlossen wird (→ BFH vom 12.1.1995 – BStBl. II S. 632, vom 7.11.1995 – BStBl. 1996 II S. 89 und 190 und vom 19.12.1995 – BStBl. 1996 II S. 134), oder wenn das Grundstück mittels eingetragener Zufahrtsbaulast auf dem Nachbargrundstück eine erweiterte Nutzbarkeit und damit ein besonderes, über den bisherigen Zustand hinausgehendes Gepräge erlangt (→ BFH vom 20.7.2010 – BStBl. 2011 II S. 35).

Fahrtkosten des Steuerpflichtigen zur Baustelle gehören in tatsächlicher Höhe zu den Herstellungskosten (→ BFH vom 10.5.1995 – BStBl. II S. 713).

Gartenanlage

Die zu einem Gebäude gehörende Gartenanlage ist ein selbständiges Wirtschaftsgut (→ BFH vom 30.1.1996 – BStBl. 1997 II S. 25).

→ – Umzäunung

→ – R 21.1 Abs. 3
Gebäude
Begriff → R 7.1 Abs. 5
– *Gebäudebestandteile*
Gebäudebestandteile
→ – *Einbauküche*
→ – *Heizungsanlagen*
→ – *Kassettendecken*
→ – *Waschmaschine*
→ – *R 7.1 Abs. 6 selbständige Gebäudeteile*
→ – *H 4.2 (5) unselbständige Gebäudeteile*
Generalüberholung
→ BMF vom 18.7.2003 (BStBl. I S. 386)[1]
Grunderwerbsteuer
= *Aussetzungszinsen für Grunderwerbsteuer gehören nicht zu den Anschaffungskosten (→ BFH vom 25.7. 1995 – BStBl. II S. 835).*
= *Säumniszuschläge zur Grunderwerbsteuer rechnen zu den Anschaffungskosten des Grundstücks (→ BFH vom 14.1.1992 – BStBl. II S. 464).*

Hausanschlusskosten
= **Anlagen zur Ableitung von Abwässern**
Der von den Hauseigentümern an die Gemeinde zu zahlende Kanalbaubeitrag (Kanalanschlussgebühr) gehört zu den nachträglichen Anschaffungskosten des Grund und Bodens. Die Aufwendungen der Hauseigentümer für die Herstellung der Zuleitungsanlagen von dem Haus zu dem öffentlichen Kanal (Hausanschlusskosten) einschließlich der sogenannten Kanalanstichgebühr gehören dagegen zu den Herstellungskosten des Gebäudes (→ BFH vom 24.11.1967 – BStBl. 1968 II S. 178).
= **Anschlüsse an Versorgungsnetze (Strom, Gas, Wasser, Wärme)**
Die Kosten für den Anschluss eines Hauses an Versorgungsnetze gehören zu den Herstellungskosten des Gebäudes (→ BFH vom 15.1.1965 – BStBl. III S. 226). Werden hingegen vorhandene Anschlüsse ersetzt, handelt es sich um Erhaltungsaufwendungen. Erhaltungsaufwendungen sind auch Aufwendungen für den erstmaligen Anschluss an das Erdgasnetz im Zusammenhang mit der Umstellung einer bereits vorhandenen Heizungsanlage.

Heizungsanlagen
Eine in ein Gebäude eingebaute Heizungsanlage ist regelmäßig als Gebäudebestandteil anzusehen. Für die Annahme einer Betriebsvorrichtung ist es nicht ausreichend, wenn eine Heizungsanlage für einen Betrieb aufgrund brandschutzrechtlicher Bestimmungen oder einfachgesetzlicher Umweltschutzbestimmungen vorgeschrieben ist. Entscheidend ist, ob die Gegenstände von ihrer Funktion her unmittelbar zur Ausübung des Gewerbes benutzt werden (→ BFH vom 7.9.2000 – BStBl. 2001 II S. 253).

Honorare
Hat der Steuerpflichtige ein zur Erzielung von Einkünften bestimmtes Gebäude geplant, aber nicht errichtet, und muss er deshalb an den Architekten ein gesondertes Honorar für Bauüberwachung und Objektbetreuung zahlen, ohne dass der Architekt solche Leistungen tatsächlich erbracht hat, gehören diese Aufwendungen nicht zu den Herstellungskosten eines später errichteten anderen Gebäudes, sondern sind als Betriebsausgaben/Werbungskosten abziehbar (→ BFH vom 8.9.1998 – BStBl. 1999 II S. 20).

→ – *Bauplanungskosten*

Instandsetzung
→ BMF vom 18.7.2003 (BStBl. I S. 386)[2]

---
1) Siehe Anlage § 021-01.
2) Siehe Anlage § 021-01.

§ 6 R 6.4

Renovierungskosten, die der Veräußerer der Wohnung im Kaufvertrag in Rechnung stellt, sind Bestandteil des Kaufpreises und deshalb Anschaffungskosten der Wohnung (→ BFH vom 17.12.1996 – BStBl. 1997 II S. 348).

Kassettendecken
Die Aufwendungen für eine abgehängte, mit einer Beleuchtungsanlage versehene Kassettendecke eines Büroraums gehören zu den Herstellungskosten des Gebäudes, weil die Kassettendecke Gebäudebestandteil und nicht Betriebsvorrichtung ist (→ BFH vom 8.10.1987 – BStBl. 1988 II S. 440).

Modernisierung
→ *BMF vom 18.7.2003 (BStBl. I S. 386)* [1])

Prozesskosten *teilen als Folgekosten das rechtliche Schicksal der Aufwendungen, um die gestritten wurde. Gehören die Aufwendungen, um die gestritten wurde, zu den Herstellungskosten eines Gebäudes, gilt dies auch für die Prozesskosten (→ BFH vom 1.12.1987 – BStBl. 1988 II S. 431).*

Im **Restitutionsverfahren** *nach dem VermG zum Ausgleich von Instandsetzungs- und Modernisierungsaufwendungen an einem rückübertragenen Gebäude geleistete Zahlungen stellen Anschaffungskosten dar (→ BFH vom 11.1.2005 – BStBl. II S. 477).*

Stellplätze
Aufwendungen für die Ablösung der Verpflichtung zur Errichtung von Stellplätzen gehören auch dann zu den Herstellungskosten eines Gebäudes, wenn eine Verpflichtung zur nachträglichen Herstellung von Stellplätzen bei bereits bestehenden baulichen Anlagen abgelöst wird (→ BFH vom 8.3.1984 – BStBl. II S. 702). Bei (Nutzungs-)Änderung eines Gebäudes gehören sie zu den Herstellungskosten, wenn die zur Änderung führende Baumaßnahme als Herstellung im Sinne von § 255 Abs. 2 HGB [2]) *anzusehen ist (→ BFH vom 6.5.2003 – BStBl. II S. 710).*

Tätigkeitsvergütung
Zahlt eine Personengesellschaft, die ein Betriebsgebäude errichtet, einem ihrer Gesellschafter für die Bauaufsicht und für die Koordinierung der Handwerkerarbeiten Arbeitslohn, so gehört dieser auch dann zu den Herstellungskosten des Gebäudes, wenn es sich um eine Tätigkeitsvergütung im Sinne des § 15 Abs. 1 Satz 1 Nr. 2 EStG handelt (→ BFH vom 8.2.1996 – BStBl. II S. 427).

→ *H 6.3 (Kalkulatorische Kosten)*
→ *– Arbeitsleistung*

Umzäunung
Aufwendungen für die Umzäunung eines Mietwohngrundstücks (z. B. Maschendrahtzaun) können in einem einheitlichen Nutzungs- und Funktionszusammenhang mit dem Gebäude stehen und gehören daher in der Regel zu den Gebäudeherstellungskosten (→ BFH vom 15.12.1977 – BStBl. 1978 II S. 210). Ein solcher Zusammenhang ist bei einem Betriebsgrundstück jedoch im Allgemeinen zu verneinen (→ BFH vom 1.7.1983 – BStBl. II S. 686). Diese Grundsätze gelten auch für angemessene Aufwendungen für das Anpflanzen von Hecken, Büschen und Bäumen an den Grundstücksgrenzen (lebende Umzäunung) (→ BFH vom 30.6.1966 – BStBl. III S. 541).

Versorgungsnetz
→ *– Erschließungs-, Straßenanlieger- und andere Beiträge*
→ *– Hausanschlusskosten*

Vorauszahlungen auf Herstellungskosten, *für die der Steuerpflichtige infolge Insolvenz des Bauunternehmers keine Bauleistungen erhalten hat und die er auch nicht zurückerlangen kann, gehören nicht zu den Herstellungskosten des Gebäudes, sondern können unter den allgemeinen Voraussetzungen als Betriebsausgaben bzw. Werbungskosten abgezogen werden. Stehen ihnen jedoch Herstellungsleistungen des Bauunternehmers gegenüber, gehören sie zu den Herstellungskosten eines Gebäudes, selbst wenn die Herstellungsleistungen mangelhaft sind (→ BFH vom 31.3.1992 – BStBl. II S. 805). Vorauszahlungen auf Anschaffungskosten können als Betriebsausgaben oder Werbungskosten abgezogen werden, wenn das Anschaffungsgeschäft nicht zustande gekommen ist und eine Rückzahlung nicht erlangt werden kann (→BFH vom 28.6.2002 – BStBl. II S. 758).*

→ *– Baumängelbeseitigung*

---
1) Siehe Anlage § 021-01.
2) Siehe Anhang 15.

Wärmerückgewinnungsanlage

Eine Wärmerückgewinnungsanlage ist nicht schon deshalb als Betriebsvorrichtung zu beurteilen, weil es sich bei den Kühlzellen, deren abgegebene Wärme durch die Anlage aufbereitet wird, um eine Betriebsvorrichtung handelt. Eine Betriebsvorrichtung kann jedoch dann vorliegen, wenn die Anlage dem in einem Gebäude ausgeübten Gewerbebetrieb unmittelbar dient und der Zweck, das Gebäude zu beheizen und mit Warmwasser zu versorgen, demgegenüber in den Hintergrund tritt (→ BFH vom 5.9.2002 – BStBl. II S. 877).

Waschmaschine

Eine Waschmaschine ist kein Gebäudebestandteil, sondern ein selbständiges bewegliches Wirtschaftsgut. Das gilt auch dann, wenn sie auf einem Zementsockel angeschraubt ist und den Mietern gegen Entgelt zur Verfügung steht (→ BFH vom 30.10.1970 – BStBl. 1971 II S. 95).

Wesentliche Verbesserung

– *→ BMF vom 18.7.2003 (BStBl. I S. 386)*[1]

– *Baumaßnahmen an einem betrieblich genutzten Gebäude oder Gebäudeteil führen zu einer wesentlichen Verbesserung i. S. d. § 255 Abs. 2 Satz 1 Alternative 3 HGB, wenn durch sie eine neue betriebliche Gebrauchs- oder Verwendungsmöglichkeit (→ BFH vom 25.1.2006 – BStBl. II S. 707) oder eine höherwertige (verbesserte) Nutzbarkeit (→ BFH vom 25.9.2007 – BStBl. II 2008 S. 218) geschaffen wird.*

Wohnrechtsablösung

Aufwendungen für die Wohnrechtsablösung durch den Miterben führen zu nachträglichen Anschaffungskosten (→ BFH vom 28.11.1991 – BStBl. 1992 II S. 381 und vom 3.6.1992 – BStBl. 1993 II S. 98).

Zwangsräumung

Wird ein unbebautes, besetztes Grundstück zwangsweise geräumt, um es anschließend teilweise bebauen und teilweise als Freifläche vermieten zu können, sind die Aufwendungen für die Zwangsräumung, soweit sie die zu bebauende Fläche betreffen, Herstellungskosten der später errichteten Gebäude, und soweit sie die Freifläche betreffen, Anschaffungskosten des Grund und Bodens (→ BFH vom 18.5.2004 – BStBl. II S. 872).

EStR 2012 zu § 6 EStG

R 6.5 Zuschüsse für Anlagegüter

Begriff des Zuschusses

(1) ¹Ein Zuschuss ist ein Vermögensvorteil, den ein Zuschussgeber zur Förderung eines – zumindest auch – in seinem Interesse liegenden Zwecks dem Zuschussempfänger zuwendet. ²Fehlt ein Eigeninteresse des Leistenden, liegt kein Zuschuss vor. ³In der Regel wird ein Zuschuss auch nicht vorliegen, wenn ein unmittelbarer wirtschaftlicher Zusammenhang mit einer Leistung des Zuschussempfängers feststellbar ist.

Wahlrecht

(2) ¹Werden Anlagegüter mit Zuschüssen aus öffentlichen oder privaten Mitteln angeschafft oder hergestellt, hat der Steuerpflichtige ein → Wahlrecht. ²Er kann die Zuschüsse als Betriebseinnahmen ansetzen; in diesem Fall werden die Anschaffungs- oder Herstellungskosten der betreffenden Wirtschaftsgüter durch die Zuschüsse nicht berührt. ³Er kann die Zuschüsse aber auch erfolgsneutral behandeln; in diesem Fall dürfen die Anlagegüter, für die die Zuschüsse gewährt worden sind, nur mit den Anschaffungs- oder Herstellungskosten bewertet werden, die der Steuerpflichtige **selbst**, also ohne Berücksichtigung der Zuschüsse **aufgewendet** hat. ⁴Weicht die Bewertung von der Handelsbilanz ab, sind die entsprechenden Anlagegüter in ein besonderes, laufend zu führendes Verzeichnis aufzunehmen (§ 5 Abs. 1 Satz 2 EStG).

Nachträglich gewährte Zuschüsse

(3) ¹Werden Zuschüsse, die erfolgsneutral behandelt werden, erst nach der Anschaffung oder Herstellung von Anlagegütern gewährt, so sind sie **nachträglich** von den gebuchten Anschaffungs- oder Herstellungskosten abzusetzen. ²Ebenso ist zu verfahren, wenn die Anlagen mit Hilfe eines **Darlehens** angeschafft oder hergestellt worden sind und der nachträglich gewährte Zuschuss auf dieses Darlehen verrechnet oder zur Tilgung des Darlehens verwendet wird.

---

1) Siehe Anlage § 021-01.

§ 6 — R 6.5

Im Voraus gewährte Zuschüsse

(4) ¹Werden Zuschüsse gewährt, die erfolgsneutral behandelt werden sollen, wird aber das Anlagegut ganz oder teilweise erst in einem auf die Gewährung des Zuschusses folgenden Wirtschaftsjahr angeschafft oder hergestellt, kann in Höhe der – noch – nicht verwendeten Zuschussbeträge eine steuerfreie **Rücklage** gebildet werden, die im Wirtschaftsjahr der Anschaffung oder Herstellung auf das Anlagegut zu übertragen ist. ²Zur Erfüllung der Aufzeichnungspflichten nach § 5 Abs. 1 Satz 2 EStG ist bei der Bildung der steuerfreien Rücklage der Ansatz in der Steuerbilanz ausreichend. ³Die Aufnahme des Wirtschaftsguts in das besondere Verzeichnis ist erst bei Übertragung der Rücklage erforderlich.

Hinweise

H 6.5 Baukostenzuschüsse bei Energieversorgungsunternehmen

Nicht rückzahlbare Beiträge (Baukostenzuschüsse), die Versorgungsunternehmen dem Kunden als privatem oder gewerblichem Endabnehmer oder dem Weiterverteiler im Zusammenhang mit der Herstellung des Versorgungsanschlusses als Baukostenzuschüsse in Rechnung stellen, sind Zuschüsse im Sinne von R 6.5. Das gilt für von Windkraftanlagenbetreibern gezahlte Baukostenzuschüsse bei Energieversorgungsunternehmen entsprechend (→ BMF vom 27.5.2003 – BStBl. I S. 361).

Betriebsunterbrechungsversicherung

Leistungen der Betriebsunterbrechungsversicherung sind keine Zuschüsse

→ BFH vom 29.4.1982 – (BStBl. II S. 591).

→ H 6.6 (1) Entschädigung

Geld- oder Bauleistungen

Geld- oder Bauleistungen des Mieters zur Erstellung eines Gebäudes sind keine Zuschüsse, sondern zusätzliches Nutzungsentgelt für die Gebrauchsüberlassung des Grundstücks (→ BFH vom 28.10.1980 – BStBl. 1981 II S. 161).

Investitionszulagen sind keine Zuschüsse

→ § 12 InvZulG 2007

Investitionszuschüsse bei Einnahmenüberschussrechnung

Erhält ein Stpfl., der seinen Gewinn nach § 4 Abs. 3 EStG ermittelt, für die Anschaffung oder Herstellung bestimmter Wirtschaftsgüter öffentliche Investitionszuschüsse, mindern diese die Anschaffungs- oder Herstellungskosten bereits im Jahr der Bewilligung und nicht im Jahr der Auszahlung. Sofern der Stpfl. den Zuschuss sofort als Betriebseinnahme versteuern will, muss er das entsprechende Wahlrecht ebenfalls im Jahr der Zusage ausüben (→ BFH vom 29.11.2007 – BStBl. 2008 II S. 561).

Mietzuschüsse

→ R 21.5 Abs. 3

Nachträglich gewährte Zuschüsse

Zur AfA → R 7.3 Abs. 4

Öffentliche Zuschüsse unter Auflage

→ H 21.5 (Zuschüsse)

Rechnungsabgrenzungsposten

→ H 5.6 (Investitionszuschüsse)

Wahlrecht

Das Wahlrecht, Investitionszuschüsse aus öffentlichen Mitteln nicht als Betriebseinnahmen zu erfassen, sondern von den Anschaffungs- bzw. Herstellungskosten des bezuschussten Wirtschaftsguts abzusetzen (→ R 6.5 Abs. 2), ist rechtens (→ BFH vom 5.6.2003 – BStBl. II S. 801). Mit der Bildung von Wertberichtigungsposten nach der KHBV übt ein Krankenhausträger das Wahlrecht im Sinne einer Minderung der Anschaffungs- oder Herstellungskosten der mit Fördermitteln angeschafften oder hergestellten Anlagegüter aus (→ BFH vom 26. 11.1996 – BStBl. 1997 II S. 390).

R 6.6 § 6

EStR 2012 zu § 6 EStG

R 6.6 Übertragung stiller Reserven bei Ersatzbeschaffung

R 6.6 (1) Allgemeines

(1) ¹Die Gewinnverwirklichung durch Aufdeckung stiller Reserven kann in bestimmten Fällen der Ersatzbeschaffung vermieden werden. ²Voraussetzung ist, dass

1. ein Wirtschaftsgut des Anlage- oder Umlaufvermögens infolge höherer Gewalt oder infolge oder zur Vermeidung eines behördlichen Eingriffs gegen → Entschädigung aus dem Betriebsvermögen ausscheidet,
2. innerhalb einer bestimmten Frist ein funktionsgleiches Wirtschaftsgut (Ersatzwirtschaftsgut) angeschafft oder hergestellt wird, auf dessen Anschaffungs- oder Herstellungskosten die aufgedeckten stillen Reserven übertragen werden und
3. das Wirtschaftsgut wegen der Abweichung von der Handelsbilanz in ein besonderes laufend zu führendes Verzeichnis aufgenommen wird (§ 5 Abs. 1 Satz 2 EStG).

Hinweise

H 6.6 (1) Aufdeckung stiller Reserven

Das Unterlassen der Aufdeckung stiller Reserven in bestimmten Fällen der Ersatzbeschaffung ist aus einer einschränkenden Auslegung des Realisationsgrundsatzes herzuleiten; es gibt keinen durchgängigen Gewinnrealisierungszwang für sämtliche Veräußerungsvorgänge (→ BFH vom 14.11.1990 – BStBl. 1991 II S. 222).

Einlage

Die Einlage eines Wirtschaftsguts in das Betriebsvermögen ist keine Ersatzbeschaffung (→ BFH vom 11.12.1984 – BStBl. 1985 II S. 250).

Entnahme

Eine Gewinnverwirklichung kann nicht durch Ersatzbeschaffung vermieden werden, wenn ein Wirtschaftsgut durch Entnahme aus dem Betriebsvermögen ausscheidet (→ BFH vom 24.5.1973 – BStBl. II S. 582).

Entschädigung

– *Eine Entschädigung i. S. von R 6.6 Abs. 1 liegt nur vor, soweit sie für das aus dem Betriebsvermögen ausgeschiedene Wirtschaftsgut als solches und nicht für Schäden gezahlt worden ist, die die Folge des Ausscheidens aus dem Betriebsvermögen sind (z. B. Entschädigungen für künftige Nachteile beim Wiederaufbau, Ertragswertentschädigung für die Beeinträchtigung des verbleibenden Betriebs); ausnahmsweise können auch Zinsen in die Entschädigung i. S. von R 6.6 Abs. 1 einzubeziehen sein (→ BFH vom 29.4.1982 – BStBl. II S. 568).*

– *Leistungen einer Betriebsunterbrechungsversicherung, soweit diese die Mehrkosten für die beschleunigte Wiederbeschaffung eines durch Brand zerstörten Wirtschaftsguts übernimmt, sind Entschädigungen i. S. von R. 6.6 Abs. 1 (→ BFH vom 9.12.1982 – BStBl. 1983 II S. 371).*

– *Es ist nicht schädlich, wenn die Entschädigung für das ausgeschiedene Wirtschaftsgut in einem Sachwert besteht, der Privatvermögen wird (→ BFH vom 19.12.1972 – BStBl. 1973 II S. 297).*

– *Wird einem vorsteuerabzugsberechtigten Unternehmer anläßlich eines Versicherungsfalls der Wiederbeschaffungswert einschließlich Umsatzsteuer ersetzt, so ist auch die Umsatzsteuer Teil der Entschädigung (→ BFH vom 24.6.1999 – BStBl. II S. 561).*

Ersatzwirtschaftsgut

– *Ein Ersatzwirtschaftsgut setzt nicht nur ein der Art nach funktionsgleiches Wirtschaftsgut voraus, es muss auch funktionsgleich genutzt werden (→ BFH vom 29.4.1999 – BStBl. II S. 488).*

– *Rücklagen für Ersatzbeschaffung können nur gebildet werden, wenn das Ersatzwirtschaftsgut in demselben Betrieb angeschafft oder hergestellt wird, dem auch das entzogene Wirtschaftsgut diente. Das gilt nicht, wenn die durch Enteignung oder höhere Gewalt entstandene Zwangslage zugleich den Fortbestand des bisherigen Betriebes selbst gefährdet oder beeinträchtigt hat (→ BFH vom 22.1.2004 – BStBl. II S. 421).*

§ 6

Veräußerung

Scheidet ein Wirtschaftsgut infolge einer behördlichen Anordnung oder zur Vermeidung eines behördlichen Eingriffs durch Veräußerung aus dem Betriebsvermögen aus, tritt an die Stelle der Entschädigung der Veräußerungserlös (→ BFH vom 12.6.2001 – BStBl. II S. 830).

EStR 2012 zu § 6 EStG

R 6.6 (2) Höhere Gewalt – behördlicher Eingriff

(2) [1]Höhere Gewalt liegt vor, wenn das Wirtschaftsgut infolge von Elementarereignissen wie z. B. Brand, Sturm oder Überschwemmung sowie durch andere unabwendbare Ereignisse wie z. B. Diebstahl oder unverschuldeten Unfall ausscheidet; eine Mithaftung auf Grund Betriebsgefahr ist unschädlich. [2]Fälle eines behördlichen Eingriffs sind z. B. Maßnahmen zur Enteignung oder Inanspruchnahme für Verteidigungszwecke.

Hinweise

H 6.6 (2) Behördlicher Eingriff

ist zu **bejahen**
- *bei Enteignung (*→ *BFH vom 14.11.1990 – BStBl. 1991 II S. 222)*
- *bei behördlichen Bauverboten (*→ *BFH vom 17.10.1961 – BStBl. III S. 566 und vom 6.5.1971 – BStBl. II S. 664)*
- *bei behördlich angeordneter Betriebsunterbrechung (*→ *BFH vom 8.10.1975 – BStBl. 1976 II S. 186)*

ist zu **verneinen**
- *bei Ausübung eines Wiederkaufsrechts durch die Gemeinde (*→ *BFH vom 21.2.1978 – BStBl. II S. 428)*
- *bei Aufstellung eines Bebauungsplans, der die bisherige Nutzung des Grundstücks wegen Bestandsschutzes unberührt lässt, selbst wenn dadurch eine sinnvolle Betriebserweiterung oder -umstellung ausgeschlossen wird; bei Veräußerung zur Durchführung erforderlicher Maßnahmen zur Strukturanpassung kann aber eine Gewinnverwirklichung unter den Voraussetzungen der §§ 6b, 6c EStG vermieden werden (*→ *BFH vom 14.11.1990 – BStBl. 1991 II S. 222)*
- *bei Veräußerung infolge einer wirtschaftlichen Zwangslage, selbst wenn die Unterlassung der Veräußerung unter Berücksichtigung aller Umstände eine wirtschaftliche Fehlmaßnahme gewesen wäre (*→ *BFH vom 20.8.1964 – BStBl. III S. 504)*
- *bei Tausch von Grundstücken oder Veräußerung eines Grundstücks und Erwerb eines Ersatzgrundstücks, wenn lediglich ein gewisses öffentliches Interesse an den Maßnahmen besteht (*→ *BFH vom 29.3.1979 – BStBl. II S. 412)*
- *bei privatrechlich bedingten Zwangssituationen auf Grund zivilrechtlicher Vorgaben, z. B. bei der Übertragung von Aktien gegen Barabfindung gem. § 327a AktG, sog. Squeeze-out (*→ *BFH vom 13.10.2010 – BStBl. 2014 II S. 943)*

Höhere Gewalt

ist zu **bejahen**
- *bei Abriss eines Gebäudes wegen erheblicher, kurze Zeit nach der Fertigstellung auftretender Baumängel (*→ *BFH vom 18.9.1987 – BStBl. 1988 II S. 330)*
- *bei Ausscheiden eines Wirtschaftsgutes infolge eines unverschuldet erlittenen Verkehrsunfalls (*→ *BFH vom 14.10.1999 – BStBl. 2001 II S. 130); auch* → *R 6.6 Abs. 2 Satz 1.*

ist zu **verneinen**
- *bei Unbrauchbarwerden einer Maschine infolge eines Material- oder Konstruktionsfehlers oder eines Bedienungsfehlers (*→ *BFH vom 15.5.1975 – BStBl. II S. 692).*

EStR 2012 zu § 6 EStG

R 6.6 (3) Übertragung aufgedeckter stiller Reserven

(3) [1]Bei einem ausgeschiedenen Betriebsgrundstück mit aufstehendem Gebäude können beim Grund und Boden und beim Gebäude aufgedeckte stillen Reserven jeweils auf neu angeschafften Grund und

R 6.6 § 6

Boden oder auf ein neu angeschafftes oder hergestelltes Gebäude übertragen werden. ²Soweit eine Übertragung der bei dem Grund und Boden aufgedeckten stillen Reserven auf die Anschaffungskosten des erworbenen Grund und Bodens nicht möglich ist, können die stillen Reserven auf die Anschaffungs- oder Herstellungskosten des Gebäudes übertragen werden. ³Entsprechendes gilt für die bei dem Gebäude aufgedeckten stillen Reserven.

Hinweise

H 6.6 (3) Buchwert

Wegen des Begriffs Buchwert → R 6b.1 Abs. 3.

Mehrentschädigung

Scheidet ein Wirtschaftsgut gegen Barzahlung und gegen Erhalt eines Ersatzwirtschaftsguts aus dem Betriebsvermögen aus oder wird die für das Ausscheiden eines Wirtschaftsguts erhaltene Entschädigung nicht in voller Höhe zur Beschaffung eines Ersatzwirtschaftsguts verwendet, so dürfen die aufgedeckten stillen Reserven nur anteilig auf das Ersatzwirtschaftsgut übertragen werden (→ BFH vom 3.9.1957 – BStBl. III S. 386).

Beispiel

Letzter Buchwert des ausgeschiedenen Wirtschaftsguts	*30 000 €*
Entschädigung oder Gegenleistung für das ausgeschieden Wirtschaftsgut (Wert des Ersatzwirtschaftsguts zuzüglich der erhaltenen Barzahlung)	*50 000 €*
Aufgedeckte stille Reserven	*20 000 €*
Anschaffungs- oder Herstellungskosten des Ersatzwirtschaftsguts	*40 000 €*
Zu übertragende stille Reserven anteilig $\frac{20\,000 \times 40\,000}{50\,000} =$	*16 000 €*
Das Ersatzwirtschaftsgut wird angesetzt mit (40 000 € – 16 000 € =)	*24 000 €*
Steuerpflichtiger Gewinn in Höhe der nicht übertragbaren stillen Reserven (20 000 € – 16 000 € =)	*4 000 €*

Teilwertabschreibung

Eine Teilwertabschreibung auf das Ersatzwirtschaftsgut ist nur möglich, wenn der nach der Übertragung der stillen Reserven verbleibende Betrag höher ist als der Teilwert (→ BFH vom 5.2.1981 – BStBl. II S. 432).

Übertragung aufgedeckter stiller Reserven

Die zu übertragenden stillen Reserven bemessen sich auch dann nach dem Unterschied zwischen der Entschädigung und dem Buchwert des ausgeschiedenen Wirtschaftsguts, wenn die Entschädigung höher ist als der Teilwert (→ BFH vom 9.12.1982 – BStBl. 1983 II S. 371).

Vorherige Anschaffung

Die Gewinnverwirklichung wegen eines behördlichen Eingriffs kann auch vermieden werden, wenn das Ersatzwirtschaftsgut vor dem Eingriff angeschafft oder hergestellt wurde. Erforderlich ist jedoch ein ursächlicher Zusammenhang zwischen Veräußerung und Ersatzbeschaffung (→ BFH vom 12.6.2001 – BStBl. II S. 830).

EStR 2012 zu § 6 EStG

R 6.6 (4) Rücklage für Ersatzbeschaffung

(4) ¹Soweit am Schluss des Wirtschaftsjahrs, in dem das Wirtschaftsgut aus dem Betriebsvermögen ausgeschieden ist, noch keine Ersatzbeschaffung vorgenommen wurde, kann in Höhe der aufgedeckten stillen Reserven eine steuerfreie Rücklage gebildet werden, wenn zu diesem Zeitpunkt eine Ersatzbeschaffung ernstlich geplant und zu erwarten ist. ²Die Nachholung der Rücklage für Ersatzbeschaffung in einem späteren Wirtschaftsjahr ist nicht zulässig. ³Eine Rücklage, die auf Grund des Ausscheidens eines beweglichen Wirtschaftsgutes gebildet wurde, ist am Schluss des ersten auf ihre Bildung folgenden Wirtschaftsjahres gewinnerhöhend aufzulösen, wenn bis dahin ein Ersatzwirtschaftsgut weder angeschafft noch hergestellt worden ist. ⁴Die Frist von einem Jahr verlängert sich bei einer Rücklage, die auf Grund des Ausscheidens eines Wirtschaftsgutes i. S. d. § 6b Abs. 1 Satz 1 EStG gebildet wurde, auf vier Jahre; bei neu hergestellten Gebäuden verlängert sich die Frist auf sechs Jahre. ⁵Die Frist von einem Jahr kann im Einzelfall angemessen auf bis zu vier Jahre verlängert werden, wenn der Stpfl. glaubhaft macht, dass die Ersatzbeschaffung noch ernstlich geplant und zu erwarten ist, aber aus besonderen

§ 6 R 6.6

Gründen noch nicht durchgeführt werden konnte. ⁶Eine Verlängerung auf bis zu sechs Jahre ist möglich, wenn die Ersatzbeschaffung im Zusammenhang mit der Neuherstellung eines Gebäudes i. S. d. Satzes 4 2. Halbsatz erfolgt. ⁷Zur Erfüllung der Aufzeichnungspflichten nach § 5 Abs. 1 Satz 2 EStG ist bei der Bildung der steuerfreien Rücklage der Ansatz in der Steuerbilanz ausreichend. ⁸Im Zeitpunkt der Ersatzbeschaffung ist die Rücklage durch Übertragung auf die Anschaffungs- oder Herstellungskosten des Ersatzwirtschaftsgutes aufzulösen. ⁹Absatz 3 gilt entsprechend.

Hinweise

H 6.6 (4) Betriebsaufgabe/Betriebsveräußerung

> Wegen der Besteuerung eines Gewinns aus der Auflösung einer Rücklage für Ersatzbeschaffung anlässlich der Veräußerung oder Aufgabe eines Betriebs → H 16 Abs. 9 (Rücklage).

EStR 2012 zu § 6 EStG

R 6.6 (5) Gewinnermittlung nach § 4 Abs. 3 EStG

(5) ¹Die vorstehenden Grundsätze gelten bei Gewinnermittlung durch Einnahmenüberschussrechnung sinngemäß. ²Ist die Entschädigungsleistung höher als der im Zeitpunkt des Ausscheidens noch nicht abgesetzte Teil der Anschaffungs- oder Herstellungskosten, kann der darüber hinausgehende Betrag im Wirtschaftsjahr der Ersatzbeschaffung von den Anschaffungs- oder Herstellungskosten des Ersatzwirtschaftsguts sofort voll abgesetzt werden. ³Fließt die Entschädigungsleistung nicht in dem Wirtschaftsjahr zu, in dem der Schaden entstanden ist, so ist es aus Billigkeitsgründen nicht zu beanstanden, wenn der Steuerpflichtige den noch nicht abgesetzten Betrag der Anschaffungs- oder Herstellungskosten des ausgeschiedenen Wirtschaftsguts in dem Wirtschaftsjahr berücksichtigt, in dem die Entschädigung geleistet wird. ⁴Wird der Schaden nicht in dem Wirtschaftsjahr beseitigt, in dem er eingetreten ist oder in dem die Entschädigung gezahlt wird, ist es aus Billigkeitsgründen auch nicht zu beanstanden, wenn sowohl der noch nicht abgesetzte Betrag der Anschaffungs- oder Herstellungskosten des ausgeschiedenen Wirtschaftsguts als auch die Entschädigungsleistung erst in dem Wirtschaftsjahr berücksichtigt werden, in dem der Schaden beseitigt wird. ⁵Voraussetzung ist, dass die Anschaffung oder Herstellung eines Ersatzwirtschaftsguts am Schluss des Wirtschaftsjahrs, in dem der Schadensfall eingetreten ist, ernstlich geplant und zu erwarten ist und dass das Ersatzwirtschaftsgut bei beweglichen Gegenständen bis zum Schluss des ersten, bei Wirtschaftsgütern i. S. d. § 6b Abs. 1 Satz 1 EStG bis zum Schluss des vierten und bei neu hergestellten Gebäuden bis zum Schluss des sechsten Wirtschaftsjahres, das auf das Wirtschaftsjahr des Eintritts des Schadensfalles folgt, angeschafft oder hergestellt oder bestellt worden ist. ⁶Absatz 4 Satz 5 und 6 gilt entsprechend.

Hinweise

H 6.6 (5) Wechsel der Gewinnermittlungsart

> Eine Rücklage für Ersatzbeschaffung kann auch fortgeführt werden, wenn der Steuerpflichtige von der Gewinnermittlung durch Betriebsvermögensvergleich zur Einnahmenüberschussrechnung übergeht (→ BFH vom 29.4.1999 – BStBl. II S. 488).

EStR 2012 zu § 6 EStG

R 6.6 (6) Gewinnermittlung nach Durchschnittssätzen

(6) Wird der Gewinn nach Durchschnittssätzen gemäß § 13a EStG ermittelt, sind das zwangsweise Ausscheiden von Wirtschaftsgütern und die damit zusammenhängenden Entschädigungsleistungen auf Antrag nicht zu berücksichtigen, wenn eine Ersatzbeschaffung zeitnah vorgenommen wird; die Fristen in Absatz 4 Satz 3 bis 6 gelten entsprechend.

R 6.6 (7) Beschädigung

(7) ¹Erhält der Steuerpflichtige für ein Wirtschaftsgut, das infolge höherer Gewalt oder eines behördlichen Eingriffs beschädigt worden ist, eine Entschädigung, so kann in Höhe der Entschädigung eine Rücklage gebildet werden, wenn das Wirtschaftsgut erst in einem späteren Wirtschaftsjahr repariert wird. ²Die Rücklage ist im Zeitpunkt der Reparatur in voller Höhe aufzulösen. ³Ist die Reparatur bei beweglichen Gegenständen am Ende des ersten und bei Wirtschaftsgütern i. S. d. § 6b Abs. 1 Satz 1 EStG

Ende des vierten auf die Bildung der Rücklage folgenden Wirtsrhaftsiahres noch nicht durchgeführt, ist die Rücklage zu diesem Zeitpunkt aufzulösen. ⁴Absatz 4 Satz 5 und 7 gilt entsprechend.

Hinweise

H 6.6 (7) Beispiel für den Fall der Beschädigung
Beschädigung des Wirtschaftsguts im Jahr 01, Versicherungsleistung auf Grund der Beschädigung im Jahr 01 50 000 €; Schadensbeseitigung im Jahr 02, Reparaturaufwand 49 000 €.

Rücklage für Ersatzbeschaffung im Jahr 01 (Entschädigung 50 000 €) .... 50 000 €
Reparaturaufwand im Jahr 02 .... 49 000 €
Erfolgswirksame Rücklagenauflösung im Jahr 02 in voller Höhe .... 50 000 €
Steuerpflichtiger Gewinn .... 1 000 €

Gewinnübertragung
Wegen der Gewinne, die bei der Veräußerung bestimmter Anlagegüter entstanden und nach § 6b oder § 6c EStG begünstigt sind, → auch R 6b1. bis R 6c.

EStR 2012 zu § 6 EStG

R 6.7 Teilwert

¹Der Teilwert kann nur im Wege der → Schätzung nach den Verhältnissen des Einzelfalls ermittelt werden. ²Zur Ermittlung des niedrigeren Teilwerts bestehen → Teilwertvermutungen. ³Die Teilwertvermutung kann widerlegt werden. ⁴Sie ist widerlegt, wenn der Steuerpflichtige anhand konkreter Tatsachen und Umstände darlegt und nachweist, dass die Anschaffung oder Herstellung eines bestimmten Wirtschaftsguts von Anfang an eine Fehlmaßnahme war, oder dass zwischen dem Zeitpunkt der Anschaffung oder Herstellung und dem maßgeblichen Bilanzstichtag Umstände eingetreten sind, die die Anschaffung oder Herstellung des Wirtschaftsguts nachträglich zur Fehlmaßnahme werden lassen. ⁵Die Teilwertvermutung ist auch widerlegt, wenn der Nachweis erbracht wird, dass die Wiederbeschaffungskosten am Bilanzstichtag niedriger als der vermutete Teilwert sind. ⁶Der Nachweis erfordert es, dass die behaupteten Tatsachen objektiv feststellbar sind.

Hinweise

H 6.7 Abbruchabsicht
Bei der Ermittlung des Teilwerts eines Gebäudes ist die Abbruchabsicht nicht zu berücksichtigen (→ BFH vom 7.12.1978 – BStBl. II S. 729).

Beteiligung
Zur Bestimmung des Teilwerts einer Beteiligung → BFH vom 7.11.1990 (BStBl. 1991 II S. 342) und vom 6.11.2003 (BStBl. 2004 II S. 416).

Einlage
Teilwert bei Einlage im Zusammenhang mit einer Betriebseröffnung
→ H 6.12 (Teilwert)
→ BFH vom 29.4.1999 (BStBl. 2004 II S. 639)

Ersatzteile im Kfz-Handel
→ BFH vom 24.2.1994 (BStBl. II S. 514)

Fehlmaßnahme
Eine Fehlmaßnahme liegt unabhängig von der Ertragslage des Betriebs vor, wenn der wirtschaftliche Nutzen der Anschaffung oder Herstellung eines Wirtschaftsguts bei objektiver Betrachtung deutlich hinter dem für den Erwerb oder die Herstellung getätigten Aufwand zurückbleibt und demgemäss dieser Aufwand so unwirtschaftlich war, dass er von einem gedachten Erwerber des gesamten Betriebs im Kaufpreis nicht honoriert würde (→ BFH vom 20.5.1988 – BStBl. 1989 II S. 269).

→ Überpreis

Forderungen
– *Der Wertberichtigung von Forderungen steht nicht entgegen, dass sie nach dem Tage der Bilanzerstellung (teilweise) erfüllt worden sind und der Gläubiger den Schuldner weiterhin beliefert hat (→ BFH vom 20.8.2003 – BStBl. II S. 941).*

- Bei Forderungen aus Schuldscheindarlehen kann im Allgemeinen aus dem Anstieg der Marktzinsen nicht auf einen unter den Anschaffungskosten liegenden Teilwert geschlossen werden (→ BFH vom 19.5.1998 – BStBl. 1999 II S. 277).
- Gekündigte Darlehensforderungen, bei denen Erlöse nur noch aus der Verwertung der Sicherheiten aber nicht mehr aus Zinszahlungen zu erwarten sind, sind im Rahmen einer Teilwertabschreibung auf den Betrag der voraussichtlichen Erlöse zu vermindern und auf den Zeitpunkt abzuzinsen, zu dem mit dem Eingang der Erlöse zu rechnen ist (→ BFH vom 24.10.2006 – BStBl. 2007 II S. 469).
- Bei einer eingeschränkten Solvenz des Schuldners eines ungekündigten Darlehens hängt die Abzinsung vom Umfang der noch zu erwartenden Teilleistungen ab (→ BFH vom 24.10.2006 – BStBl. 2007 II S. 469).
- Der Teilwert einer Forderung des Besitzunternehmens gegen die Betriebsgesellschaft kann nur nach den Maßstäben abgeschrieben werden, die für die Teilwertberichtigung der Beteiligung am Betriebsunternehmen durch das Besitzunternehmen bestehen; es ist eine Gesamtbetrachtung der Ertragsaussichten von Besitz- und Betriebsunternehmen notwendig (→ BFH vom 14.10.2009 – BStBl. 2010 II S. 274).
- Die auf der Unverzinslichkeit einer im Anlagevermögen gehaltenen Forderung beruhende Teilwertminderung ist keine voraussichtlich dauernde Wertminderung und rechtfertigt deshalb keine Teilwertabschreibung (→ BMF vom 16.7.2014 – BStBl. I S. 1162, Rn. 21).[1)]

Halbfertige Bauten auf fremdem Grund und Boden
- Halbfertige Bauten auf fremdem Grund und Boden sind mit den Herstellungskosten der halbfertigen Arbeiten, ohne die in solchen Arbeiten ruhenden, im laufenden Geschäftsbetrieb noch nicht aufzudeckenden Gewinnanteile anzusetzen. Bei der Einbringung zum gemeinen Wert oder Zwischenwerten nach dem UmwStG[2)] gehören zum gemeinen Wert halbfertiger Arbeiten auch darin enthaltene anteilige Gewinne (→ BFH vom 10.7.2002 – BStBl. II S. 784).
- Eine → Teilwertabschreibung auf halbfertige Bauten auf fremdem Grund und Boden ist hinsichtlich des gesamten Verlusts aus dem noch nicht abgewickelten Auftrag bis zur Höhe der aktivierten Herstellungskosten zulässig und nicht auf den dem jeweiligen Fertigungsstand entsprechenden Anteil begrenzt. Die Höhe der Teilwertabschreibung ist nach der retrograden Bewertungsmethode (→ H 6.8) zu ermitteln. Eine → Teilwertabschreibung ist regelmäßig nicht zulässig, wenn
  - die Verpflichtung zur Fertigstellung des Bauvorhabens entfallen ist,
  - selbständige Teilleistungen abgenommen werden oder
  - die Aufträge bewusst verlustbringend kalkuliert werden (→ BFH vom 7.9.2005 – BStBl. 2006 II S. 298); → Verlustprodukte.
- → H 6.1

Investitionszuschüsse mindern grundsätzlich nicht den Teilwert der bezuschussten Wirtschaftsgüter (→BFH vom 19.7.1995 – BStBl. 1996 II S. 28).

Retrograde Wertermittlung

Bei der retrograden Ermittlung des Teilwerts von Wirtschaftsgütern können nach dem Bilanzstichtag entstehende Selbstkosten nur insoweit berücksichtigt werden, als auch ein gedachter Erwerber sie berechtigterweise geltend machen könnte (→ BFH vom 9.11.1994 – BStBl. 1995 II S. 336).

→ H 6.8 (Retrograde Bewertungsmethode)

Schätzung

Im Rahmen der Schätzung des Teilwerts gelten die Wiederbeschaffungskosten als Ober- und der Einzelveräußerungspreis als Untergrenze (→ BFH vom 25.8.1983 – BStBl. 1984 II S. 33).

Teilwertabschreibung
- Zur Teilwertabschreibung, zur voraussichtlich dauernden Wertminderung und zum Wertaufholungsgebot → BMF vom 16.7.2014 (BStBl. I S. 1162).[3)]

---

1) Siehe Anlage § 006–08.
2) Siehe Anhang 4.
3) Siehe Anlage § 006–08.

R 6.7   **§ 6**

- Die Teilwertabschreibung hat gegenüber der Drohverlustrückstellung Vorrang, Das Verbot der Rückstellungen für drohende Verluste (§ 5 Abs. 4a Satz 1 EStG) erfasst nur denjenigen Teil des Verlustes, der durch die Teilwertabschreibung nicht verbraucht ist (→ BFH vom 7.9.2005 – BStBl. 2006 II S. 298).
- Keine Teilwertabschreibung bei Einnahmenüberschussrechnung (→ BFH vom 21.6.2006 – BStBl. II S. 712).
- Zur Teilwertabschreibung schadstoffbelasteter Grundstücke → BMF vom 11.5.2010 (BStBl. I S. 495).
- Zur Anwendung des Teileinkünfteverfahrens bei Teilwertabschreibungen auf Darlehensforderungen → BMF vom 23.10.2013 (BStBl. I S. 1289). [1]
- → H 17 (8) Einlage einer wertgeminderten Beteiligung

Teilwertbegriff

Der Teilwert ist ein ausschließlich objektiver Wert, der von der Marktlage am Bilanzstichtag bestimmt wird; es ist unerheblich, ob die Zusammensetzung und Nutzbarkeit eines Wirtschaftsguts von besonderen Kenntnissen und Fertigkeiten des Betriebsinhabers abhängt (→ BFH vom 31.1.1991 – BStBl. II S. 627).

Teilwertvermutungen

1. Im Zeitpunkt des Erwerbs oder der Fertigstellung eines Wirtschaftsguts entspricht der Teilwert den Anschaffungs- oder Herstellungkosten (→ BFH vom 13.4.1988 – BStBl. II S. 892; nicht ohne weiteres anwendbar bei Erwerb eines Unternehmens oder Mitunternehmeranteils → BFH vom 6.7.1995 – BStBl. II S. 831).
2. Bei nicht abnutzbaren Wirtschaftsgütern des Anlagevermögens entspricht der Teilwert auch zu späteren, dem Zeitpunkt der Anschaffung oder Herstellung nachfolgenden Bewertungsstichtagen den Anschaffungs- oder Herstellungskosten (→ BFH vom 21.7.1982 – BStBl. II S. 758).
3. Bei abnutzbaren Wirtschaftgütern des Anlagevermögens entspricht der Teilwert zu späteren, dem Zeitpunkt der Anschaffung oder Herstellung nachfolgenden Bewertungsstichtagen den um die lineare AfA verminderten Anschaffungs- oder Herstellungskosten (→ BFH vom 30.11.1988 – BStBl. 1989 II S. 183).
4. Bei Wirtschaftsgütern des Umlaufvermögens entspricht der Teilwert grundsätzlich den Wiederbeschaffungskosten. Der Teilwert von zum Absatz bestimmten Waren hängt jedoch auch von deren voraussichtlichem Veräußerungserlös (Börsen- oder Marktpreis) ab (→ BFH vom 27.10.1983 – BStBl. 1984 II S. 35).
5. Der Teilwert einer Beteiligung entspricht im Zeitpunkt ihres Erwerbs den Anschaffungskosten. Für ihren Wert sind nicht nur die Ertragslage und die Ertragsaussichten, sondern auch der Vermögenswert und die funktionale Bedeutung des Beteiligungsunternehmens, insbesondere im Rahmen einer Betriebsaufspaltung, maßgebend (→ BFH vom 6.11.2003 – BStBl. 2004 II S. 416).

Überpreis

Die → Teilwertvermutung gilt auch bei Zahlung eines Überpreises. Ein beim Erwerb eines Grundstücks gezahlter Überpreis rechtfertigt allein keine Teilwertabschreibung auf den niedrigeren Vergleichswert zu einem späteren Bilanzstichtag. Eine Berufung auf eine → Fehlmaßnahme allein im Hinblick auf die Zahlung eines Überpreises ist ausgeschlossen. Der Überpreis nimmt jedoch an einer aus anderen Gründen gerechtfertigten Teilwertabschreibung in dem Verhältnis teil, das dem gegenüber dem Anschaffungszeitpunkt gesunkenen Vergleichswert entspricht (→ BFH vom 7.2.2002 – BStBl. 2002 II S. 294).

Unrentabler Betrieb

Zur Abschreibung auf den niedrigeren Teilwert bei unrentablem Betrieb
→ BFH vom 1.3.1994 (BStBl. II S. 569) und vom 20.9.1989 (BStBl. 1990 II S. 206)

Verlustprodukte

Eine Teilwertabschreibung ist bei sog. „bewussten Verlustprodukten" jedenfalls dann nicht zulässig, wenn das Unternehmen Gewinne erzielt (→ BFH vom 29.4.1999 – BStBl. II S. 681).

Vorzugspreise einer Gemeinde

Bei der Ermittlung des Teilwerts eines Grundstücks sind Vorzugspreise, die eine Gemeinde Erwerbern vergleichbarer Grundstücke aus ansiedlungspolitischen Gründen einräumt, nur zu be-

---
1) Siehe Anlage § 003c-01.

rücksichtigen, wenn die Gemeinde dadurch nachhaltig, über längere Zeit und mit in etwa gleichbleibenden Beträgen in das Marktgeschehen eingreift, so dass zum Bilanzstichtag auch andere Eigentümer ihre Grundstücke nicht teurer verkaufen können (→ BFH vom 8. 9.1994 – BStBl. 1995 II S. 309).

Wertaufholungsgebot
Zum Wertaufholungsgebot → BMF vom 16.7.2014 (BStBl. I S. 1162).[1]
→ H 6.2 (Wertaufholungsgebot bei Beteiligungen)

Wiederbeschaffungskosten
umfassen auch die Anschaffungsnebenkosten (→ BFH vom 29.4.1999 – BStBl. 2004 II S. 639).

Zeitpunkt der Teilwertabschreibung
Eine Teilwertabschreibung kann nur zum Bilanzstichtag und nicht auf einen beliebigen Tag zwischen zwei Bilanzstichtagen vorgenommen werden (→ BFH vom 5.2.1981, BStBl. II S. 432).

EStR 2012 zu § 6 EStG

R 6.8 Bewertung des Vorratsvermögens
Niedrigerer Teilwert

(1) ¹Wirtschaftsgüter des Vorratsvermögens, insbesondere Roh-, Hilfs- und Betriebsstoffe, unfertige und fertige Erzeugnisse sowie Waren, sind nach § 6 Abs. 1 Nr. 2 EStG mit ihren Anschaffungs- oder Herstellungskosten (→ R 6.2 und 6.3) anzusetzen. ²Ist der Teilwert (→ R 6.7) am Bilanzstichtag auf Grund einer voraussichtlich dauernden Wertminderung niedriger, so kann dieser angesetzt werden. ³Die Vornahme einer außerplanmäßigen Abschreibung in der Handelsbilanz ist nicht zwingend in der Steuerbilanz durch eine Teilwertabschreibung nachzuvollziehen; der Stpfl. kann darauf auch verzichten. ⁴Bei einer Abweichung von der Handelsbilanz sind die Wirtschaftsgüter in besondere, laufend zu führende Verzeichnisse aufzunehmen (§ 5 Abs. 1 Satz 2 EStG).

(2) ¹Der Teilwert von Wirtschaftsgütern des Vorratsvermögens, deren Einkaufspreis am Bilanzstichtag unter die Anschaffungskosten gesunken ist, deckt sich in der Regel mit deren Wiederbeschaffungskosten am Bilanzstichtag, und zwar auch dann, wenn mit einem entsprechenden Rückgang der Verkaufspreise nicht gerechnet zu werden braucht. ²Bei der Bestimmung des Teilwerts von nicht zum Absatz bestimmten Vorräten (z. B. → Ärztemuster) kommt es nicht darauf an, welcher Einzelveräußerungspreis für das jeweilige Wirtschaftsgut erzielt werden könnte. ³Sind Wirtschaftsgüter des Vorratsvermögens, die zum Absatz bestimmt sind, durch Lagerung, Änderung des modischen Geschmacks oder aus anderen Gründen im Wert gemindert, ist als niedrigerer Teilwert der Betrag anzusetzen, der von dem voraussichtlich erzielbaren Veräußerungserlös nach Abzug des durchschnittlichen Unternehmergewinns und des nach dem Bilanzstichtag noch anfallenden betrieblichen Aufwands verbleibt ⁴Im Regelfall kann davon ausgegangen werden, dass der Teilwert dem Betrag entspricht, der sich nach Kürzung des erzielbaren Verkaufserlöses um den nach dem Bilanzstichtag noch anfallenden Teil des durchschnittlichen Rohgewinnaufschlags ergibt. ⁵Soweit es dem Stpfl. auf Grund der tatsächlichen Gegebenheiten des Betriebs, z. B. wegen Fehlens entsprechender Warenwirtschaftssysteme, nicht möglich ist, die für die Ermittlung des Teilwerts nach Satz 3 (sog. Subtraktionsmethode) notwendigen Daten zu Grunde zu legen, ist es nicht zu beanstanden, wenn der Teilwert nach folgender Formel ermittelt wird (sog. Formelmethode):

$$X = Z : (1 + Y1 + Y2 \times W).$$

⁶Dabei sind:
- X   der zu suchende Teilwert
- Z   der erzielbare Verkaufspreis
- Y1   der Durchschnittsunternehmergewinnprozentsatz (bezogen auf die Anschaffungskosten)
- Y2   der Rohgewinnaufschlagsrest
- W   der Prozentsatz an Kosten, der noch nach Abzug des durchschnittlichen Unternehmergewinnprozentsatzes vom Rohgewinnaufschlagssatz nach dem Bilanzstichtag anfällt

⁷Macht ein Steuerpflichtiger für Wertminderungen eine Teilwertabschreibung geltend, muss er die voraussichtliche dauernde Wertminderung nachweisen. ⁸Dazu muss er Unterlagen vorlegen, die aus den Verhältnissen seines Betriebs gewonnen sind und die eine sachgemäße Schätzung des Teilwerts ermöglichen. ⁹In der Regel sind die tatsächlich erzielten Verkaufspreise für die im Wert geminderten Wirtschaftsgüter in der Weise und in einer so großen Anzahl von Fällen nachzuweisen, dass sich daraus ein

---
1) Siehe Anlage § 006-08.

R 6.8 § 6

repräsentativer Querschnitt für die zu bewertenden Wirtschaftsgüter ergibt und allgemeine Schlussfolgerungen gezogen werden können. [10]Bei Wirtschaftsgütern des Vorratsvermögens, für die ein Börsen- oder Marktpreis besteht, darf dieser nicht überschritten werden, es sei denn, dass der objektive Wert der Wirtschaftsgüter höher ist oder nur vorübergehende, völlig außergewöhnliche Umstände den Börsen- oder Marktpreis beeinflusst haben; der Wertansatz darf jedoch die Anschaffungs- oder Herstellungskosten nicht übersteigen.

Einzelbewertung

(3) [1]Die Wirtschaftsgüter des Vorratsvermögens sind grundsätzlich **einzeln** zu bewerten. [2]Enthält das Vorratsvermögen am Bilanzstichtag Wirtschaftsgüter, die im Verkehr nach Maß, Zahl oder Gewicht bestimmt werden (vertretbare Wirtschaftsgüter) und bei denen die Anschaffungs- oder Herstellungskosten wegen Schwankungen der Einstandspreise im Laufe des Wirtschaftsjahrs im einzelnen nicht mehr einwandfrei feststellbar sind, ist der Wert dieser Wirtschaftsgüter zu **schätzen**.[3]In diesen Fällen stellt die **Durchschnittsbewertung** (Bewertung nach dem gewogenen Mittel der im Laufe des Wirtschaftsjahrs erworbenen und gegebenenfalls zu Beginn des Wirtschaftsjahrs vorhandenen Wirtschaftsgüter) ein zweckentsprechendes Schätzungsverfahren dar.

Gruppenbewertung

(4) [1]Zur Erleichterung der Inventur und der Bewertung können gleichartige Wirtschaftsgüter des Vorratsvermögens jeweils zu einer **Gruppe** zusammengefasst und mit dem gewogenen Durchschnittswert angesetzt werden. [2]Die Gruppenbildung und → Gruppenbewertung darf nicht gegen die Grundsätze ordnungsmäßiger Buchführung verstoßen. [3]Gleichartige Wirtschaftsgüter brauchen für die Zusammenfassung zu einer Gruppe (→ R 6.9 Abs. 3) nicht gleichwertig zu sein. [4]Es muss jedoch für sie ein Durchschnittswert bekannt sein. [5]Das ist der Fall, wenn bei der Bewertung der gleichartigen Wirtschaftsgüter ein ohne Weiteres feststellbarer, nach den Erfahrungen der betreffenden Branche sachgemäßer Durchschnittswert verwendet wird. [6]Macht der Steuerpflichtige glaubhaft, dass in seinem Betrieb in der Regel die zuletzt beschafften Wirtschaftsgüter zuerst verbraucht oder veräußert werden – das kann sich z. B. aus der Art der Lagerung ergeben –, kann diese Tatsache bei der Ermittlung der Anschaffungs- oder Herstellungskosten berücksichtigt werden. [7]Zur Bewertung nach unterstelltem Verbrauchsfolgeverfahren → R 6.9.

Hinweise

H 6.8 Ärztemuster

Ein als unverkäuflich gekennzeichnetes Ärztemuster ist grundätzlich mit den Herstellungskosten zu aktivieren (→ BFH vom 30.1.1980 – BStBl. II S. 327).

Beispiele für die Bewertung von Wirtschaftsgütern des Vorratsvermögens, die durch Lagerung, Änderung des modischen Geschmacks oder aus anderen Gründen im Wert gemindert sind (R 36 Abs. 2 ff.)

Subtraktionsmethode

Die Anwendung der Subtraktionsmethode setzt voraus, dass aus der Betriebsabrechnung die nach dem Bilanzstichtag bei den einzelnen Kostenarten noch jeweils anfallenden Kosten ersichtlich sind.

Beispiel

Der Stpfl. hat einen Warenbestand einer zu bewertenden Gruppe mit Anschaffungskosten von 10 000 €. Der Rohgewinnaufschlagssatz für diese Warengruppe beträgt 100 %. Der noch erzielbare Verkaufspreis beträgt 40 % des ursprünglichen Verkaufspreises (40 % von 20 000 € = 8 000 €). Der durchschnittliche Unternehmergewinn beträgt 5 % des nach erzielbaren Verkaufspreises (= 400 €). Nach dem Bilanzstichtag fallen ausweislich der Betriebsabrechnung noch 70 % der betrieblichen Kosten an. Die betrieblichen Kosten errechnen sich ausgehend von dem ursprünglich geplanten Verkaufspreis (20 000 €), der um die Anschaffungskosten und den durchschnittlichen Unternehmergewinn, bezogen auf den ursprünglichen Verkaufspreis (5 % von 20 000 € = 1 000 €), vermindert wird.

Niedrigerer Teilwert = voraussichtlich erzielbarer Verkaufserlös ./. durchschnittlicher Unternehmergewinn ./. des nach dem Bilanzstichtag noch anfallenden betrieblichen Aufwands

X = 8 000 € ./. 400 € ./. 70 % von 9 000 € (ursprünglicher Verkaufspreis 20 000 € ./. durchschnittlicher Unternehmergewinn 1 000 € ./. Anschaffungskosten 10 000 €)

X = 8 000 € ./. 400 € ./. 6 300 €

X = 1 300 €

§ 6 R 6.8, 6.9

Formelmethode

In den Fällen, in denen der Stpfl. keine Betriebsabrechnung hat, die die für die Ermittlung des Teilwerts nach der Subtraktionsmethode notwendigen Daten liefert, ist es nicht zu beanstanden, die Formelmethode zu Grunde zu legen.

Beispiel

Der Stpfl. hat einen Warenbestand einer zu bewertenden Gruppe mit Anschaffungskosten von 10 000 €. Sein durchschnittlicher Rohgewinnaufschlagsatz beträgt 150 % [der Anschaffungskosten]. Der noch erzielbare Verkaufspreis beträgt 75 % des ursprünglichen Verkaufspreises (75 % von 25 000 € = 18 750 €). Der durchschnittliche Unternehmergewinn beträgt 5 % des ursprünglichen Verkaufspreises, das entspricht 12,5 % der Anschaffungskosten. Die nach dem Bilanzstichtag noch anfallenden betrieblichen Kosten, d. h. der dann noch anfallende Kostenanteil des ursprünglichen Rohgewinnaufschlagsatzes ohne den hierin enthaltenen Gewinnanteil, werden mit 60 % geschätzt.

$X = 18\ 750\ € : (1 + 12,5\ \% + 137,5\ \% \times 60\ \%)$

$X = 18\ 750\ € : (1 + 0,125 + 0,825)$

$X = 18\ 750\ € : 1,95$

$X = 9\ 615\ €$

Ersatzteile im Kfz-Handel

→ H 6.7

Festwert

Begriff und Zulässigkeit → *§ 240 Abs. 3 i. V. m. § 256 Satz 2 HGB*[1])

Ansatzvoraussetzungen und Bemessung → *BMF vom 8.3.1993 (BStBl. I S. 276).*[2])

Bestandsaufnahme und Wertanpassung → *R 5.4 Abs. 3 Satz 2 bis 5*

→ H 5.4

Der Festwert darf nur der Erleichterung der Inventur und der Bewertung, nicht jedoch dem Ausgleich von Preisschwankungen, insbesondere Preissteigerungen, dienen (→ BFH vom 1.3.1955 – BStBl. III S. 144 und vom 3.3.1955 – BStBl. III S. 222).

Gruppenbewertung

→ *§ 240 Abs. 4 i. V. m. § 256 Satz 2 HGB*[3])

Retrograde Bewertungsmethode

Die verlustfreie Bewertung von Waren und sonstigem Vorratsvermögen ist nicht auf die Bewertung großer Warenlager beschränkt, bei denen es technisch schwierig ist, die Wareneinstandspreise im Einzelnen zu ermitteln, sie kann auch bei individualisierbaren Wirtschaftsgütern mit bekannten Anschaffungskosten und selbst dann eine geeignete Methode zur Ermittlung des Teilwerts sein, wenn am Bilanzstichtag der kalkulierte oder der nach den Erfahrungen der Vergangenheit voraussichtlich erzielbare Veräußerungserlös den Anschaffungskosten entspricht oder darunter liegt. Bei der retrograden Bestimmung des Teilwerts sind als Selbstkosten insbesondere die noch anfallenden Verkaufs-, Vertriebs- und Reparaturkosten sowie ggf. auch anteilige betriebliche Fixkosten zu berücksichtigen (→ BFH vom 25.7.2000 – BStBl. 2001 II S. 566).

→ *H 6.7 (Retrograde Wertermittlung)*

Wertlosigkeit

Wirtschaftsgüter, die wertlos oder so gut wie wertlos sind, dürfen auch von Steuerpflichtigen, die den Gewinn nach § 4 Abs. 1 EStG ermitteln, nicht mit den Anschaffungs- oder Herstellungskosten ausgewiesen werden (→ BFH vom 1.12.1950 – BStBl. 1951 III S. 10).

EStR 2012 zu § 6 EStG

R 6.9 Bewertung nach unterstellten Verbrauchs- und Veräußerungsfolgen

Allgemeines

(1) ¹Andere Bewertungsverfahren mit unterstellter Verbrauchs- oder Veräußerungsfolge als die in § 6 Abs. 1 Nr. 2a EStG genannte Lifo-Methode sind steuerrechtlich nicht zulässig. ²Die Anwendung der

---

1) Siehe Anhang 15.
2) Siehe Anlage § 006-02.
3) Siehe Anhang 15.

Lifo-Methode setzt nicht voraus, dass der Stpfl. die Wirtschaftsgüter auch in der Handelsbilanz nach dieser Methode bewertet. ³Eine Einzelbewertung der Wirtschaftsgüter in der Handelsbilanz steht der Anwendung der Lifo-Methode nicht entgegen. ⁴Bei einer Abweichung von der Handelsbilanz sind die Wirtschaftsgüter in besondere, laufend zu führende Verzeichnisse aufzunehmen (§ 5 Abs. 1 Satz 2 EStG).

Grundsätze ordnungsmäßiger Buchführung

(2) ¹Die Lifo-Methode muss den handelsrechtlichen Grundsätzen ordnungsgemäßer Buchführung entsprechen. ²Das bedeutet nicht, dass die Lifo-Methode mit der tatsächlichen Verbrauchs- oder Veräußerungsfolge übereinstimmen muss; sie darf jedoch, wie z. B. bei leicht verderblichen Waren, nicht völlig unvereinbar mit dem betrieblichen Geschehensablauf sein. ³Die Lifo-Methode muss nicht auf das gesamte Vorratsvermögen angewandt werden. ⁴Sie darf auch bei der Bewertung der Materialbestandteile unfertiger oder fertiger Erzeugnisse angewandt werden, wenn der Materialbestandteil dieser Wirtschaftsgüter in der Buchführung getrennt erfasst wird und dies handelsrechtlichen Grundsätzen ordnungsmäßiger Buchführung entspricht.

Gruppenbildung

(3) ¹Für die Anwendung der Lifo-Methode können gleichartige Wirtschaftsgüter zu Gruppen zusammengefasst werden. ²Zur Beurteilung der Gleichartigkeit sind die kaufmännischen Gepflogenheiten, insbesondere die marktübliche Einteilung in Produktklassen unter Beachtung der Unternehmensstruktur, und die allgemeine Verkehrsanschauung heranzuziehen. ³Wirtschaftsgüter mit erheblichen Qualitätsunterschieden sind nicht gleichartig. ⁴Erhebliche Preisunterschiede sind Anzeichen für Qualitätsunterschiede.

Methoden der Lifo-Bewertung

(4) ¹Die Bewertung nach der Lifo-Methode kann sowohl durch **permanente Lifo** als auch durch **Perioden-Lifo** erfolgen. ²Die permanente Lifo setzt eine laufende mengen- und wertmäßige Erfassung aller Zu- und Abgänge voraus. ³Bei der Perioden-Lifo wird der Bestand lediglich zum Ende des Wirtschaftsjahrs bewertet. ⁴Dabei können Mehrbestände mit dem Anfangsbestand zu einem neuen Gesamtbestand zusammengefasst oder als besondere Posten (**Layer**) ausgewiesen werden. ⁵Bei der Wertermittlung für die Mehrbestände ist von den Anschaffungs- oder Herstellungskosten der ersten Lagerzugänge des Wirtschaftsjahrs oder von den durchschnittlichen Anschaffungs- oder Herstellungskosten aller Zugänge des Wirtschaftsjahrs auszugehen. ⁶Minderbestände sind beginnend beim letzten Layer zu kürzen.

Wechsel der Bewertungsmethoden

(5) ¹Von der Lifo-Methode kann in den folgenden Wirtschaftsjahren nur mit Zustimmung des Finanzamts abgewichen werden (§ 6 Abs. 1 Nr. 2a Satz 3 EStG). ²Der Wechsel der Methodenwahl bei Anwendung der Lifo-Methode (→ Absatz 4) bedarf nicht der Zustimmung des Finanzamts. ³Der Grundsatz der → Bewertungsstetigkeit ist jedoch zu beachten.

Niedrigerer Teilwert

(6) ¹Wird der Ansatz des niedrigeren Teilwerts gewählt (§ 6 Abs. 1 Nr. 2 Satz 2 EStG), ist der Teilwert der zu einer Gruppe zusammengefassten Wirtschaftsgüter mit dem Wertansatz, der sich nach Anwendung der Lifo-Methode ergibt, zu vergleichen. ²Hat der Stpfl. Layer gebildet (→ Absatz 4), ist der Wertansatz des einzelnen Layer mit dem Teilwert zu vergleichen und kann gegebenenfalls gesondert auf den niedrigeren Teilwert abgeschrieben werden.

Übergang zur Lifo-Methode

(7) Der beim Übergang zur Lifo-Methode vorhandene Warenbestand ist mit dem steuerrechtlich zulässigen Wertansatz fortzuführen, den der Steuerpflichtige in der Handelsbilanz des Wirtschaftsjahrs gewählt hat, das dem Wirtschaftsjahr des Übergangs zur Lifo-Methode vorangeht (Ausgangswert).

Hinweise

H 6.9 Bewertungsstetigkeit
→ *§ 252 Abs. 1 Nr. 6 HGB*[1]

Gebrauchtwagen
Keine Anwendung der sog. Lifo-Methode → BFH vom 20.6.2000 – (BStBl. 2001 II S. 636).

---

1) Siehe Anhang 15.

§ 6 — R 6.9, 6.10

Grundsätze ordnungsmäßiger Buchführung
Eine Bewertung nach der sog. Lifo-Methode entspricht nicht den handelsrechtlichen Grundsätzen ordnungsmäßiger Buchführung und ist deshalb auch steuerrechtlich ausgeschlossen, wenn Vorräte mit – absolut betrachtet – hohen Erwerbsaufwendungen in Frage stehen, die Anschaffungskosten ohne Weiteres identifiziert und den einzelnen Vermögensgegenständen angesichts derer individueller Merkmale ohne Schwierigkeiten zugeordnet werden können (→ BFH vom 20.6.2000 – BStBl. 2001 II S. 636).

EStR 2012 zu § 6 EStG

R 6.10 Bewertung von Verbindlichkeiten – unbesetzt –

Hinweise

H 6.10 Abzinsung
Grundsätze für die Abzinsung von Verbindlichkeiten nach § 6 Abs. 1 Nr. 3 EStG (→ BMF vom 26.5.2005 (BStBl. I S. 699). [1]

Anschaffungskosten
Als Anschaffungskosten einer Verbindlichkeit gilt der Nennwert (Rückzahlungsbetrag) der Verbindlichkeit (→ BFH vom 4.5.1977 – BStBl. II S. 802)

Bearbeitungsgebühren
Gebühren, die ein Schuldner an ein Kreditinstitut für die Übernahme einer Bürgschaft zu zahlen hat, sind auf die Zeit, für die sich das Kreditinstitut vertraglich verbürgt hat, aktiv abzugrenzen (→ BFH vom 19.1.1978 – BStBl. II S. 262).

Damnum
Darlehensschulden, bei denen der dem Schuldner zugefallene Betrag (Ausgabebetrag) niedriger als der Rückzahlungsbetrag ist, sind mit dem Rückzahlungsbetrag anzusetzen; der Unterschiedsbetrag (Agio, Disagio, Damnum, Abschluss-, Bearbeitungs- oder Verwaltungsgebühren) ist als Rechnungsabgrenzungsposten auf die Laufzeit des Darlehens zu verteilen (→ BFH vom 19.1.1978 – BStBl. II S. 262).

→ aber Zinsfestschreibung

Eiserne Verpachtung
Zur Gewinnermittlung bei der Verpachtung von Betrieben mit Substanzerhaltungspflicht des Pächters nach §§ 582a, 1048 BGB → BMF vom 21.2.2002 (BStBl. I S. 262). [2]

Fremdwährungsverbindlichkeiten
Voraussichtlich dauernde Werterhöhung bei Kursschwankungen unterliegenden Verbindlichkeiten (→ BMF vom 16.7.2014 – BStBl. I S. 1162). [3]

Kreditbedingungen
Eine Verbesserung der allgemeinen Kreditbedingungen seit der Darlehensaufnahme rechtfertigt es nicht, einen bei der Kreditaufnahme aktivierten Rechnungsabgrenzungsposten niedriger anzusetzen (→ BFH vom 20.11.1969 – BStBl. 1970 II S. 209).

Optionsprämie
→ H 4.2 (15)

Rangrücktrittsvereinbarungen
Zur Passivierung von Verbindlichkeiten bei Vereinbarung eines einfachen oder qualifizierten Rangrücktritts → BMF vom 8.9.2006 (BStBl. I S.497). [4]

Rentenverpflichtungen
– *Rentenverpflichtungen sind – vorbehaltlich → R 6a – mit dem Barwert anzusetzen (→ BFH vom 31.1.1980 – BStBl. II S. 491).*

---

1) Siehe Anlage § 006-14.
2) Siehe Anlage § 004-02.
3) Siehe Anlage § 006-08.
4) Siehe Anlage § 005-11.

– Ergibt sich bei einer betrieblichen Versorgungsrente aus dem Inhalt der Versorgungszusage, dass eine rechtliche Abhängigkeit zwischen den Pensionszahlungen und der Erzielung von Gewinnen aus dem Betrieb nicht gegeben ist, so kann die Passivierung der Rentenverpflichtung nicht mit der Begründung versagt werden, die Rentenzahlungen belasteten die Gewinne späterer Jahre (→ BFH vom 7.4.1994 – BStBl. II S. 740).

Umschuldung

Im Falle einer Umschuldung ist der bisherige Rechnungsabgrenzungsposten nur dann in voller Höhe aufzulösen, wenn die abgegrenzten Beträge in keinem wirtschaftlichen Zusammenhang mit dem neuen oder veränderten Darlehen stehen (→ BFH vom 13.3.1974 – BStBl. II S. 359).

Verjährung

Eine Verbindlichkeit ist gewinnerhöhend auszubuchen, wenn anzunehmen ist, dass sich der Schuldner auf deren Verjährung beruft (→ BFH vom 9.2.1993 – BStBl. II S. 543).

Vermittlungsprovision

Aufwendungen, die dem Darlehensnehmer im Zusammenhang mit der Darlehensaufnahme durch Zahlungen an Dritte entstehen, z. B. Vermittlungsprovisionen, sind Betriebsausgaben des Jahres, in dem sie anfallen (→ BFH vom 4.5.1977 – BStBl. II S. 802).

Wohnungsbaudarlehen

Abzinsung → BMF vom 23.8.1999 – BStBl. I S. 818. [1]

Zahlungsunfähigkeit

Der Umstand, dass der Schuldner bei Fälligkeit der Verpflichtung zahlungsunfähig ist, rechtfertigt allein keine gewinnerhöhende Ausbuchung der Verbindlichkeit (→ BFH vom 9.2.1993 – BStBl. II S. 747).

Zinsfestschreibung

Ist der Zinsfestschreibungszeitraum kürzer als die Darlehenslaufzeit, so ist der Rechnungsabgrenzungsposten für ein Disagio, Damnum, etc. auf diesen Zeitraum zu verteilen (→ BFH vom 21.4.1988 – BStBl. 1989 II S. 722).

EStR 2012 zu § 6 EStG

R 6.11 Bewertung von Rückstellungen

Gegenrechnung von Vorteilen

(1) [1]Die Gegenrechnung setzt voraus, dass am Bilanzstichtag nach den Umständen des jeweiligen Einzelfalles mehr Gründe für als gegen den Eintritt des Vorteils sprechen. [2]Die Möglichkeit, dass künftig wirtschaftliche Vorteile eintreten könnten, genügt für die Gegenrechnung nicht. [3]Bei Rückstellungen, die in einem vor dem 1.1.2005 endenden Wirtschaftsjahr gebildet wurden, kann für die Gewinnauswirkung, die sich in einem vor dem 1.1.2005 endenden Wirtschaftsjahr aus der erstmaligen Anwendung von Satz 1 ergibt, jeweils in Höhe von neun Zehnteln eine Gewinn mindernde Rücklage gebildet werden, die in den folgenden neun Wirtschaftsjahren jeweils mit mindestens einem Neuntel Gewinn erhöhend aufzulösen ist (Auflösungszeitraum); sonstige gewinnwirksame Änderungen der Bewertung der Rückstellung bleiben unberücksichtigt. [4]Satz 3 ist nur anzuwenden, wenn die Gegenrechnung nicht auf einer vertraglichen Vereinbarung beruht. [5]Scheidet eine Rückstellung, für die eine Rücklage nach Satz 3 gebildet wurde, während des Auflösungszeitraums aus dem Betriebsvermögen aus, ist auch die Rücklage zum Ende des Wirtschaftsjahres des Ausscheidens in vollem Umfang gewinnerhöhend aufzulösen.

Ansammlung

(2) [1]In den Fällen, in denen der laufende Betrieb des Unternehmens im wirtschaftlichen Sinn ursächlich für die Entstehung der Verpflichtung ist, ist der Rückstellungsbetrag durch jährliche Zuführungsraten in den Wirtschaftsjahren anzusammeln. [2]Dies ist insbesondere der Fall bei Verpflichtungen zur Erneuerung oder zum Abbruch von Betriebsanlagen. [3]Verpflichtungen, die von Jahr zu Jahr nicht nur im wirtschaftlichen Sinne, sondern tatsächlich zunehmen, sind bezogen auf den am Bilanzstichtag tatsächlich entstandenen Verpflichtungsumfang zu bewerten. [4]Dies ist beispielsweise der Fall bei Verpflichtungen zur Rekultivierung oder zum Auffüllen abgebauter Hohlräume. [5]Die Summe der in früheren Wirtschaftsjahren angesammelten Rückstellungsraten ist am Bilanzstichtag auf das Preisniveau dieses Stichtags anzuheben. [6]Der Aufstockungsbetrag ist der Rückstellung in einem Einmalbetrag zuzuführen; eine gleichmäßige Verteilung auf die einzelnen Jahre bis zur Erfüllung der Verbindlichkeit kommt insoweit nicht in Betracht.

---

1) Siehe Anlage § 006-04.

§ 6 R 6.11

Niedrigerer handelsrechtlicher Wert

(3) ¹Mit Ausnahme der Pensionsrückstellungen darf die Höhe der Rückstellung in der Steuerbilanz den zulässigen Ansatz in der Handelsbilanz nicht überschreiten. ²Für den Gewinn, der sich aus der erstmaligen Anwendung des Gesetzes zur Modernisierung des Bilanzrechts (Bilanzrechtsmodernisierungsgesetz – BilMoG) vom 15. Mai 2009 (BGBl. 2009 S. 1102) durch die Auflösung von Rückstellungen ergibt, die bereits in dem vor dem 1. Januar 2010 endenden Wirtschaftsjahr passiviert wurden, kann jeweils in Höhe von vierzehn Fünfzehntel eine gewinnmindernde Rücklage passiviert werden, die in den folgenden vierzehn Wirtschaftsjahren jeweils mit mindestens einem Fünfzehntel gewinnerhöhend aufzulösen ist (Auflösungszeitraum). ³Besteht eine Verpflichtung, für die eine Rücklage passiviert wurde, bereits vor Ablauf des maßgebenden Auflösungszeitraums nicht mehr, ist die insoweit verbleibende Rücklage zum Ende des Wirtschaftsjahres des Wegfalls der Verpflichtung in vollem Umfang gewinnerhöhend aufzulösen; Entsprechendes gilt, wenn sich der Verpflichtungsumfang innerhalb des Auflösungszeitraums verringert.

Hinweise

H 6.11 Abzinsung

Grundsätze für die Abzinsung von Rückstellungen nach § 6 Abs. 1 Nr. 3a Buchstabe e EStG → BMF vom 26.5.2005 (BStBl. I S. 699). ¹⁾

Altersteilzeitverpflichtungen

Zur Bewertung von Rückstellungen für Altersteilzeitverpflichtungen nach dem Altersteilzeitgesetz (AltTZG) → BMF vom 28.3.2007 – BStBl. I S. 297) unter Berücksichtigung der Änderungen durch BMF vom 11.3.2008 (BStBl. I S. 496). ²⁾

Ansammlung

Bei Ansammlungsrückstellungen ist das Stichtagsprinzip zu beachten. Wird beispielsweise das einer Beseitigungspflicht für Bauten auf fremdem Grund und Boden zugrunde liegende Rechtsverhältnis über das Vertragsende hinaus fortgesetzt (Änderung des bisherigen Vertrages oder Begründung eines neuen Rechtsverhältnisses), ist der verlängerte Nutzungszeitraum bei der Rückstellungsbewertung zu berücksichtigen (→ BFH vom 2.7.2014 – BStBl. II S. 979).

Arbeitsfreistellung

Rückstellungen für Verpflichtungen zur Gewährung von Vergütungen für die Zeit der Arbeitsfreistellung vor Ausscheiden aus dem Dienstverhältnis und Jahreszusatzleistungen im Jahr des Eintritts des Versorgungsfalls (→ BMF vom 11.11.1999 – BStBl. I S. 959). ³⁾

Aufbewahrung von Geschäftsunterlagen

– Die Rückstellung ist in Höhe des voraussichtlichen Erfüllungsbetrags zu bilden. Hierbei ist zu berücksichtigen, welche Unterlagen tatsächlich aufbewahrungspflichtig sind und wie lange die Aufbewahrungspflicht für die einzelnen Unterlagen noch besteht. Für die Berechnung der Rückstellung sind nur diejenigen Unterlagen zu berücksichtigen, die zum betreffenden Bilanzstichtag entstanden sind (→ BFH vom 18.1.2011 – BStBl. II S. 496).

– Eine Rückstellung für die Verpflichtung zur Aufbewahrung von Geschäftsunterlagen kann Finanzierungskosten (Zinsen) für die zur Aufbewahrung genutzten Räume auch dann enthalten, wenn die Anschaffung/Herstellung der Räume nicht unmittelbar (einzel)finanziert worden ist, sondern der Aufbewahrungspflichtige, seine gesamten liquiden Eigen- und Fremdmittel in einen „Pool" gegeben und hieraus sämtliche Aufwendungen seines Geschäftsbetriebs finanziert hat (sog. Poolfinanzierung). Voraussetzung für die Berücksichtigung der Zinsen (als Teil der notwendigen Gemeinkosten) ist in diesem Fall, dass sie sich durch Kostenschlüsselung verursachungsgerecht der Anschaffung/Herstellung der Räume zuordnen lassen und dass sie angemessen sind (→ BFH vom 11.10.2012 – BStBl. 2013 II S. 676).

Auflösung von Drohverlustrückstellungen

→ BMF vom 23.12.1997 (BStBl. I S. 1021)

---

1) Siehe Anlage § 006-14.
2) Siehe Anlage § 006a-06.
3) Siehe Anlage § 006a-11.

Deponien
Zur Bewertung der Rückstellungen für Aufwendungen zur Stilllegung, Rekultivierung und Nachsorge von Deponien → BMF vom 25.7.2005 (BStBl. I S. 826) und BFH vom 5.5.2011 (BStBl. 2012 II S. 98).

Eiserne Verpachtung
Zur Gewinnermittlung bei der Verpachtung von Betrieben mit Substanzerhaltungspflicht des Pächters nach §§ 582a, 1048 BGB → BMF vom 21.2.2002 (BStBl. I S. 262). [1]

Gratifikationen
Bei der Rückstellung für die Verpflichtung zur Gewährung einer Gratifikation ist die Fluktuation mindernd zu berücksichtigen. (→ BFH vom 7.7.1983 – BStBl. II S. 753).

Jubiläumszuwendugnen
Zur Bewertung von Rückstellungen für Zuwendungen anlässlich eines Dienstjubiläums → BMF vom 8.12.2008 (BStBl. I S. 1013). [2]

Nachbetreuung abgeschlossener Versicherungen
– Zur Bewertung von Rückstellungen für Verpflichtungen zur Nachbetreuung bereits abgeschlossener Versicherungen (→ BMF vom 20.11.2012 – BStBl. I S. 1100).

– Ist der Stpfl. vertraglich zur Betreuung von Versicherungsverträgen verpflichtet und erbringt er tatsächlich auch entsprechende Nachbetreuungsleistungen, hat er Aufzeichnungen zu führen, die so konkret und spezifiziert sein müssen, dass eine angemessene Schätzung der Höhe der zu erwartenden Betreuungsaufwendungen sowie des Zeitraums bis zum Beginn der erstmaligen Durchführung von Betreuungsmaßnahmen (Abzinsungszeitraum) möglich ist. Kann er keine der Rechtsprechung entsprechenden Aufzeichnungen über den Umfang der Betreuungsleistungen vorlegen, muss sich die dann vorzunehmende Schätzung des Betreuungsaufwandes im Hinblick auf die den Stpfl. treffende Darlegungs- und Beweislast im unteren Rahmen bewegen (→ BFH vom 12.12.2013 – BStBl. 2014 II S. 517).

Rückabwicklung
→ H 5.7 (1)

Rückgriffsansprüche
(Unbestrittene) Rückgriffsansprüche sind bei der Bewertung von Rückstellungen zu berücksichtigen, wenn sie nicht als eigenständige Forderung zu aktivieren sind und derart in einem unmittelbaren Zusammenhang mit der drohenden Inanspruchnahme stehen, dass sie dieser wenigstens teilweise spiegelbildlich entsprechen, sie in rechtlich verbindlicher Weise der Entstehung oder Erfüllung der Verbindlichkeit zwangsläufig nachfolgen und sie vollwertig sind (→ BFH vom 17.2.1993 – BStBl. II S. 437 und vom BFH vom 3.8.1993 – BStBl. 1994 II S. 444).

Schadenrückstellungen der Versicherungswirtschaft
→ BMF vom 16.8.2000 (BStBl. I S. 1218) und vom 4.11.2013 (BStBl. I S. 1332).

Sparprämien
Rückstellungen für die Leistung einer Sparprämie bei Ablauf eines Sparvertrags sind über die Laufzeit des Sparvertrages anzusammeln und abzuzinsen (→ BFH vom 15.7.1998 – BStBl. II S. 728).

Urlaubsverpflichtung
Bei der Ermittlung der Höhe der rückständigen Urlaubsverpflichtung sind das Bruttoarbeitsentgelt, die Arbeitgeberanteile zur Sozialversicherung, das Urlaubsgeld und andere lohnabhängige Nebenkosten zu berücksichtigen. Nicht zu berücksichtigen sind jährlich vereinbarte Sondervergütungen (z. B. Weihnachtsgeld, Tantiemen oder Zuführungen zu Pensions- und Jubiläumsrückstellungen) sowie Gehaltssteigerungen nach dem Bilanzstichtag (→ BFH vom 6.12.1995 – BStBl. 1996 II S. 406).

Verwendung von Wirtschaftsgütern
Können Wirtschaftsgüter, z. B. Roh-, Hilfs- und Betriebsstoffe oder unfertige Erzeugnisse, die bereits am Bilanzstichtag vorhanden waren, bei der Erfüllung von Sachleistungsverpflichtungen verwendet werden, sind sie mit ihren Buchwerten zu berücksichtigen (→ BFH vom 26.6.1975 – BStBl. II S. 700).

---

1) Siehe Anlage § 004-02.
2) Siehe Anlage § 005-16.

§ 6

Weihnachtsgeld

In einer Rückstellung für zu zahlendes Weihnachtsgeld bei abweichendem Wirtschaftsjahr kann nur der Teil der Vergütung berücksichtigt werden, der bei zeitproportionaler Aufteilung des Weihnachtsgeldes auf die Zeit vom Beginn des Kalenderjahrs bis zum Bilanzstichtag entfällt (→ BFH vom 26. 6.1980 – BStBl. II S. 506).

EStR 2012 zu § 6 EStG

R 6.12 Bewertung von Entnahmen und Einlagen

(1) ¹Bei **Einlage** eines abnutzbaren Wirtschaftsguts innerhalb von drei Jahren nach der Anschaffung oder Herstellung sind die Anschaffungs- oder Herstellungskosten um AfA nach § 7 EStG, erhöhte Absetzungen sowie etwaige Sonderabschreibungen zu kürzen, die auf den Zeitraum zwischen der Anschaffung oder der Herstellung des Wirtschaftsguts und der Einlage entfallen. ²In diesen Fällen sind die Anschaffungs- oder Herstellungskosten auch dann um die AfA nach § 7 EStG zu kürzen, wenn das Wirtschaftsgut nach einer Nutzung außerhalb der Einkunftsarten eingelegt wird.

(2) ¹Die einer Entnahme gleichgestellte Entstrickung ist mit dem gemeinen Wert anzusetzen. ²Der gemeine Wert entspricht regelmäßig dem Fremdvergleichspreis.

(3) Das Buchwertprivileg des § 6 Abs. 1 Nr. 4 Satz 4 EStG findet auch dann Anwendung, wenn die übernehmende steuerbegünstigte Körperschaft das ihr unentgeltlich zur Verwendung für steuerbegünstigte Zwecke i. S. d. § 10b Abs. 1 Satz 1 EStG überlassene Wirtschaftsgut zeitnah weiterveräußert.

Hinweise

H 6.12 Anteilsvereinigung bei verdeckter Einlage

Die in Folge der Einlage auf Grund Anteilsvereinigung entstehenden Grunderwerbsteuern erhöhen weder den Teilwert der eingelegten Anteile noch sind sie den bereits vorher gehaltenen (Alt-)Anteilen als nachträgliche Anschaffungs(neben)kosten zuzurechnen (→ BFH vom 14.3.2011 – BStBl. 2012 II S. 281).

Bausparvertrag

Einlage eines nicht zugeteilten Bausparvertrags ins Betriebsvermögen höchstens mit den gezahlten Bauspareinlagen einschließlich der aufgelaufenen Guthabenzinsen und der Abschlussgebühren (→ BFH vom 13.1.1994 – BStBl. II S. 454).

Bodenschatz

Ein im eigenen Grund und Boden entdecktes Kiesvorkommen ist ein materielles Wirtschaftsgut, das bei Zuführung zum Betriebsvermögen mit dem Teilwert zu bewerten ist. Absetzungen für Substanzverringerung dürfen nicht aufwandswirksam vorgenommen werden (→ BFH vom 4.12.2006 – BStBl. 2007 II S. 588).

Buchwertprivileg

– bei Betriebsaufgabe → R 16 Abs. 2 Satz 7

– zulässig bei Entnahmen im Fall des Übergangs von Sonderbetriebsvermögen auf den Erben, wenn die Gesellschaft auf Grund einer Fortsetzungsklausel mit den bisherigen Gesellschaftern fortgeführt wird (→ BFH vom 5.2.2002 – BStBl. 2003 II S. 237).

Einlage eines Anteils an einer Kapitalgesellschaft

– Die Einlage eines Anteils an einer Kapitalgesellschaft ist mit den Anschaffungskosten zu bewerten, wenn der Stpfl. an der Gesellschaft im Zeitpunkt der Einlage i. S. v. § 17 Abs. 1 oder 6 EStG beteiligt ist. Dem steht nicht entgegen, dass es sich bei dem eingelegten Geschäftsanteil selbst nicht um eine Beteiligung i. S.v. §17 Abs. 1 oder 6 EStG handelt. Erforderlich und ausreichend ist vielmehr, dass der Stpfl. an der Kapitalgesellschaft überhaupt i. S. v. § 17 Abs. 1 oder 6 EStG beteiligt ist (→ BFH vom 5.6.2008 – BStBl. II S. 965).

– Einlagen von Beteiligungen i. S. v. § 17 EStG in ein Betriebsvermögen sind mit den Anschaffungskosten zu bewerten. Die Grundsätze der Entscheidung des BVerfG vom 7.7.2010 (BStBl. 2011 II S. 86) sind erst im Zeitpunkt der Veräußerung durch außerbilanzielle Korrektur des Gewinns aus der Veräußerung der Beteiligung anzuwenden (→ BMF vom 21.12.2011 – BStBl. 2012 I S. 42).

Einlage einer wertgeminderten Beteiligung

→ H 17 Abs. 8

Einlagewert nach vorangegangener Entnahme

Der Einlagewert nach § 6 Abs. 1 Nr. 5 Satz 3 EStG ist auch dann anzusetzen, wenn die vorangegangene Entnahme aus dem Betriebsvermögen steuerfrei gewesen ist (→ BFH vom 20.4.2005 – BStBl. II S. 698).

Geringwertiges Wirtschaftsgut

Sind bei Einlage innerhalb von drei Jahren nach der Anschaffung oder Herstellung die Anschaffungs- oder Herstellungskosten während der Zugehörigkeit des Wirtschaftsguts zum Privatvermögen nach § 9 Abs. 1 Satz 3 Nr. 7 Satz 2 EStG in voller Höhe als Werbungskosten abgesetzt worden, beträgt der Einlagewert 0 € (→ BFH vom 27.1.1994 – BStBl. II S. 638).

Nutzungen

Die Entnahme von Nutzungen ist mit den tatsächlichen Selbstkosten des Steuerpflichtigen zu bewerten (→ BFH vom 24.5.1989 – BStBl. 1990 II S. 8).

Private Kraftfahrzeugnutzung

– *→ BMF vom 18.11.2009 (BStBl. I S. 1326) unter Berücksichtigung der Änderungen durch BMF vom 15.11.2012 (BStBl. I S. 1099).*[1]
– *Bei Nutzung von Elektro- und Hybridelektrofahrzeugen → BMF vom 5.6.2014 (BStBl. I S. 835).*[2]
– *→ H 12.4 (Umsatzsteuer bei Anwendung der 1 % Regelung)*

Teilwert

– *Bei Einlagen im Zusammenhang mit einer Betriebseröffnung entspricht der Teilwert grundsätzlich dem gemeinen Wert der eingelegten Wirtschaftsgüter. Anschaffungsnebenkosten sind dabei zu berücksichtigen (→ BFH vom 29.4.1999 – BStBl. 2004 II S. 639).*
– *Ein geschenktes Wirtschaftsgut ist auch dann mit dem Teilwert ins Betriebsvermögen des Beschenkten einzulegen, wenn der Schenker das eingelegte Wirtschaftsgut innerhalb der letzten drei Jahre vor der Einlage angeschafft, hergestellt oder entnommen hat (→ BFH vom 14.7.1993 – BStBl. 1994 II S. 15).*

Übertragung eines Kommanditanteils unter dem Buchwert des Anteils

Annahme einer Einlage in Höhe der Differenz zwischen fortzuführendem Buchwert und fehlendem oder niedrigerem Erwerbspreis bei privat veranlasster unentgeltlicher oder teilentgeltlicher Übertragung eines Kommanditanteils unter dem Buchwert des Anteils (→ BFH vom 7.2.1995 – BStBl. II S. 770).

Verdeckte Einlage

– *Die Bewertung der verdeckten Einlage einer **Beteiligung** im Sinne des § 17 Abs. 1 Satz 1 EStG bei der aufnehmenden Kapitalgesellschaft erfolgt mit dem Teilwert (→ BMF vom 2.11.1998 – BStBl. I S. 1227 und BFH vom 4.3.2011 – BStBl. 2012 II S. 341).*
– *Behandlung der Einbringung zum Privatvermögen gehörender Wirtschaftsgüter in das betriebliche Gesamthandsvermögen einer Personengesellschaft → BMF vom 29.3.2000 (BStBl. I S. 462) und BMF vom 11.7.2011 (BStBl. I S. 713).*
– *Anteile an einer Kapitalgesellschaft, die eine juristische Person des öffentlichen Rechts in eine Tochtergesellschaft eingelegt hat, sind bei der Tochtergesellschaft mit dem Teilwert und nicht mit den Anschaffungskosten anzusetzen (→ BFH vom 14.3.2011 – BStBl. 2012 II S. 281).*

EStR 2012 zu § 6 EStG

R 6.13 Bewertungsfreiheit für geringwertige Wirtschaftsgüter und Bildung eines Sammelpostens

(1) ¹Die Frage, ob ein Wirtschaftsgut des Anlagevermögens selbständig nutzungsfähig ist, stellt sich regelmäßig für solche Wirtschaftsgüter, die in einem Betrieb zusammen mit anderen Wirtschaftsgütern genutzt werden. ²Für die Entscheidung in dieser Frage ist maßgeblich auf die betriebliche Zweckbestimmung des Wirtschaftsguts abzustellen ³Hiernach ist ein Wirtschaftsgut des Anlagevermögens einer selbständigen Nutzung nicht fähig, wenn folgende Voraussetzungen kumulativ vorliegen:

1. Das Wirtschaftsgut kann nach seiner betrieblichen Zweckbestimmung nur zusammen mit anderen Wirtschaftsgütern des Anlagevermögens genutzt werden,

---

1) Siehe Anlage § 006-03.
2) Siehe Anlage § 006-12.

§ 6 R 6.13

2. das Wirtschaftsgut ist mit den anderen Wirtschaftsgütern des Anlagevermögens in einen ausschließlichen betrieblichen Nutzungszusammenhang eingefügt, d. h., es tritt mit den in den Nutzungszusammenhang eingefügten anderen Wirtschaftsgütern des Anlagevermögens nach außen als einheitliches Ganzes in Erscheinung, wobei für die Bestimmung dieses Merkmals im Einzelfall die Festigkeit der Verbindung, ihre technische Gestaltung und ihre Dauer von Bedeutung sein können,
3. das Wirtschaftsgut ist mit den anderen Wirtschaftsgütern des Anlagevermögens technisch abgestimmt.

[4]Dagegen bleiben Wirtschaftsgüter, die zwar in einen betrieblichen Nutzungszusammenhang mit anderen Wirtschaftsgütern eingefügt und technisch aufeinander abgestimmt sind, dennoch selbständig nutzungsfähig, wenn sie nach ihrer betrieblichen Zweckbestimmung auch ohne die anderen Wirtschaftsgüter im Betrieb genutzt werden können (z. B. Müllbehälter eines Müllabfuhrunternehmens). [5]Auch Wirtschaftsgüter, die nach ihrer betrieblichen Zweckbestimmung nur mit anderen Wirtschaftsgütern genutzt werden können, sind selbständig nutzungsfähig, wenn sie nicht in einen Nutzungszusammenhang eingefügt sind, so dass die zusammen nutzbaren Wirtschaftsgüter des Betriebs nach außen nicht als ein einheitliches Ganzes in Erscheinung treten (z. B. Bestecke, Trivialprogramme). [6]Selbständig nutzungsfähig sind ferner Wirtschaftsgüter, die nach ihrer betrieblichen Zweckbestimmung nur zusammen mit anderen Wirtschaftsgütern genutzt werden können, technisch mit diesen Wirtschaftsgütern aber nicht abgestimmt sind (z. B. Paletten, Einrichtungsgegenstände).

(2) Bei der Beurteilung der Frage, ob die Anschaffungs- oder Herstellungskosten für das einzelne Wirtschaftsgut 150 Euro, 410 Euro oder 1 000 Euro nicht übersteigen, ist,
1. wenn von den Anschaffungs- oder Herstellungskosten des Wirtschaftsgutes ein Betrag nach § 6b oder § 6c EStG abgesetzt worden ist, von den nach § 6b Abs. 6 EStG maßgebenden
2. wenn die Anschaffungs- oder Herstellungskosten nach § 7g Abs. 2 Satz 2 EStG gewinnmindernd herabgesetzt wurden, von den geminderten
3. wenn das Wirtschaftsgut mit einem erfolgsneutral behandelten Zuschuss aus öffentlichen oder privaten Mitteln nach R 6.5 angeschafft oder hergestellt worden ist, von den um den Zuschuss gekürzten
4. und wenn von den Anschaffungs- oder Herstellungskosten des Wirtschaftsgutes ein Betrag nach R 6.6 abgesetzt worden ist, von den um diesen Betrag gekürzten

Anschaffungs- oder Herstellungskosten auszugehen.

(3) Stellt ein Stpfl. ein selbständig bewertungsfähiges und selbständig nutzungsfähiges Wirtschaftsgut aus erworbenen Wirtschaftsgütern her, muss die Sofortabschreibung gem. § 6 Abs. 2 EStG oder die Einstellung in den Sammelposten gem. § 6 Abs. 2a EStG in dem Wirtschaftsjahr erfolgen, in dem das Wirtschaftsgut fertig gestellt worden ist.

(4) [1]Wurden die Anschaffungs- oder Herstellungskosten eines Wirtschaftsguts gem. § 6 Abs. 2 oder Abs. 2a Satz 4 EStG im Jahr der Anschaffung oder Herstellung in voller Höhe als Betriebsausgaben abgesetzt, sind in späteren Wirtschaftsjahren nachträgliche Anschaffungs- oder Herstellungskosten im Jahr ihrer Entstehung ebenfalls in voller Höhe als Betriebsausgaben zu behandeln. [2]Dies gilt unabhängig davon, ob sie zusammen mit den ursprünglichen Anschaffungs- oder Herstellungskosten den Betrag von 410 Euro bzw. im Falle der Bildung des Sammelpostens gem. § 6 Abs. 2a EStG von 150 Euro übersteigen.

(5) [1]Für jedes Wirtschaftsjahr, in dem vom einheitlich für alle Anlagegüter i. S. d. §6 Abs. 2a EStG auszuübenden Antragsrecht zur Bildung eines Sammelpostens Gebrauch gemacht wurde, ist ein gesonderter Sammelposten zu bilden. [2]Nachträgliche Anschaffungs- oder Herstellungskosten, die nicht im Wirtschaftsjahr der Anschaffung oder Herstellung angefallen sind, erhöhen den Sammelposten des Wirtschaftsjahres, in dem die nachträglichen Anschaffungs- oder Herstellungskosten anfallen. [3]Macht der Stpfl. in diesem Wirtschaftsjahr vom Wahlrecht nach § 6 Abs. 2a EStG keinen Gebrauch, beschränkt sich der Sammelposten auf die nachträglichen Anschaffungs- oder Herstellungskosten der betroffenen Wirtschaftsgüter. [4]Dies gilt unabhängig davon, ob die nachträglichen Anschaffungs- oder Herstellungskosten zusammen mit den ursprünglichen Anschaffungs- oder Herstellungskosten den Betrag von 1.000 Euro übersteigen.

(6) [1]Der Sammelposten i. S. d. § 6 Abs. 2a EStG ist kein Wirtschaftsgut, sondern eine Rechengröße und damit beispielsweise einer Teilwertabschreibung nicht zugänglich. [2]Ein Sammelposten i. S. d. § 6 Abs. 2a EStG wird nicht dadurch vermindert, dass ein oder mehrere darin erfasste Wirtschaftsgüter durch Veräußerung oder Entnahme oder auf Grund höherer Gewalt (R 6.6 Abs. 2) aus dem Betriebsvermögen des Stpfl. ausscheiden. [3]Dies gilt auch für Wirtschaftsgüter, die nach § 6 Abs. 3 EStG zusammen mit einem Teilbetrieb übertragen, nach § 6 Abs. 5 EStG in ein anderes Betriebsvermögen überführt oder

R 6.13 § 6

übertragen oder nach den §§ 20, 24 UmwStG[1] zusammen mit einem Teilbetrieb in eine Kapital- oder Personengesellschaft eingebracht werden.

Hinweise

H 6.13 Allgemeines

Zweifelsfragen zur bilanziellen Behandlung geringwertiger Wirtschaftsgüter und zum Sammelposten → BMF vom 30.9.2010 (BStBl. I S. 755).[2]

Einlage

Zur **Einlage** *von geringwertigen Wirtschaftsgütern, für die die Bewertungsfreiheit bereits während der Zugehörigkeit zum Privatvermögen in Anspruch genommen wurde → H 6.12 (Geringwertiges Wirtschaftsgut).*

Private Mitbenutzung

Hat ein Steuerpflichtiger die Anschaffungs- und Herstellungskosten eines geringwertigen Wirtschaftsguts im Jahr der Anschaffung oder Herstellung in voller Höhe als Betriebsausgaben abgesetzt, so muss er den Teil der Aufwendungen, der dem privaten Nutzungsanteil entspricht, während der Nutzungszeit des Wirtschaftsguts dem Gewinn jeweils in dem Umfang hinzurechnen, der der tatsächlichen Nutzung in jedem Wirtschaftsjahr entspricht (→ BFH vom 13.3.1964 – BStBl. III S. 455).

Selbständige Bewertbarkeit bzw. Nutzungsfähigkeit

Die selbständige Nutzungsfähigkeit verbundener oder gemeinsam genutzter Wirtschaftsgüter ist kein Kriterium bei der Beurteilung der selbständigen Bewertbarkeit. Ein selbständig bewertbares Wirtschaftsgut liegt vor, wenn es in seiner Einzelheit von Bedeutung und bei einer Veräußerung greifbar ist. Ob es auch selbständig genutzt werden kann, hängt neben dem Zweck, den zwei oder mehrere bewegliche Sachen gemeinsam zu erfüllen haben, vor allem vom Grad der Festigkeit einer eventuell vorgenommenen Verbindung (§ 93 BGB), dem Zeitraum, auf den eine eventuelle Verbindung oder die gemeinsame Nutzung angelegt sind, sowie dem äußeren Erscheinungsbild ab. Erscheinen die beweglichen Gegenstände danach für sich genommen unvollständig oder erhält ein Gegenstand ohne den oder die anderen ein negatives Gepräge, ist regelmäßig von einem einheitlichen Wirtschaftsgut auszugehen; Entsprechendes gilt für Sachen, die in einen unbeweglichen Gegenstand eingebaut werden (→ BFH vom 5.9.2002 – BStBl. II S. 877).

ABC: *Beispiele für* **selbständig nutzungsfähige Wirtschaftsgüter**

– *Ausstellungsgegenstände – einzelne Gegenstände, die zu einer Verkaufsausstellung (z. B. Sanitärausstellung) zusammengefasst sind, es sei denn, einzelne der zu der Ausstellung zusammengefassten Wirtschaftsgüter haben ihre selbständige Bewertbarkeit dadurch verloren, dass sie fest und auf längere Dauer mit anderen Gegenständen verbunden sind und nur in dieser technischen Verbundenheit ihren bestimmungsgemäßen Zweck erfüllen können, z. B. Badewanne und Armaturen (→ BFH vom 9.8.2001 – BStBl. II S. 842).*
– *Bestecke in Gaststätten, Hotels, Kantinen (→ BFH vom 19.11.1953 – BStBl. 1954 III S. 18)*
– *Bibliothek eines Rechtsanwalts (→ BFH vom 17.5.1968 – BStBl. II S. 566)*
– *Bücher einer Leih- oder Fachbücherei (→ BFH vom 8.12.1967 – BStBl. 1968 II S. 149)*
– *Einrichtungsgegenstände in Läden, Werkstätten, Büros, Hotels, Gaststätten u. ä. – auch als Erstausstattung und in einheitlichem Stil (→ BFH vom 29.7.1966 – BStBl. 1967 III S. 61)*
– *Fässer/Flaschen (→ BFH vom 1.7.1981 – BStBl. 1982 II S. 246)*
– *Grundausstattung einer Kfz-Werkstatt mit Spezialwerkzeugen (→ BFH vom 17.5.1968 – BStBl. II S. 571)*
– *Instrumentarium eines Arztes, auch als Grundausstattung (→ BFH vom 17.5.1968 – BStBl. II S. 566)*
– *Kisten (→ BFH vom 1.7.1981 – BStBl. 1982 II S. 246)*
– *Lampen als selbständige Wirtschaftsgüter (Steh-, Tisch- und Hängelampen; → BFH vom 17.5.1968 – BStBl. II S. 567)*
– *Leergut (→ BFH vom 1.7.1981 – BStBl. 1982 II S. 246)*

---

1) Siehe Anhang 4.
2) Siehe Anlage § 006-19.

§ 6   R 6.13

- Legehennen in eiererzeugenden Betrieben
- Möbel in Hotels und Gaststätten, auch als Erstausstattung (→ BFH vom 17.5.1968 – BStBl. II S. 566)
- Müllbehälter eines Müllabfuhrunternehmens, auch Systemmüllbehälter
- Musterbücher und -kollektionen im Tapeten- und Buchhandel (→ BFH vom 25.11.1965 – BStBl. 1966 III S. 86)
- Notfallkoffer eines Arztes und darin enthaltene Geräte wie Sauerstoffflasche, Beatmungsbeutel, Absauggerät (→ BFH vom 7.9.2000 – BStBl. 2001 II S. 41).
- Paletten zum Transport und zur Lagerung von Waren (→ BFH vom 9.12.1977 – BStBl. 1978 II S. 322 und vom 25.8.1989 – BStBl. 1990 II S. 82)
- Regale, die aus genormten Stahlregalteilen zusammengesetzt und nach ihrer betrieblichen Zweckbestimmung in der Regel auf Dauer in dieser Zusammensetzung genutzt werden (→ BFH vom 26.7.1979 – BStBl. 1980 II S. 176) sowie Regale,die zu Schrankwänden zusammengesetzt sind (→ BFH vom 9.8.2001 – BStBl. 2002 II S. 100).
- Ruhebänke als Werbeträger
- Schallplatten
- Schreibtischkombinationsteile, die nicht fest miteinander verbunden sind, wie z. B. Tisch, Rollcontainer, Computerbeistelltisch (→ BFH vom 21.7.1998 – BStBl. II S. 789) sowie einzelne Elemente einer aus genormten Teilen zusammengesetzten und verschraubten Schreibtischkombination, es sei denn, das einzelne Element ist aus technischen Gründen (z. B. wegen fehlender Standfestigkeit) nicht selbständig nutzungsfähig (→ BFH vom 9.8.2001 – BStBl. 2002 II S. 100).
- Schriftenminima in einem Druckereibetrieb (→ BFH vom 18.11.1975 – BStBl. 1976 II S. 214)
- Spezialbeleuchtungsanlagen in einem Schaufenster (→ BFH vom 5.3.1974 – BStBl. II S. 353)
- Spinnkannen einer Weberei (→ BFH vom 9.12.1977 – BStBl. 1978 II S. 322)
- Straßenleuchten (→ BFH vom 28.3.1973 – BStBl. 1974 II S. 2)
- Tonbandkassetten
- Transportkästen in einer Weberei zum Transport von Garnen (→ BFH vom 17.5.1968 – BStBl. II S. 568)
- Trivialprogramme (→ R 5.5 Abs. 1)
- Videokassetten
- Wäsche in Hotels (→ BFH vom 17.5.1968 – BStBl. II S. 566)

ABC der nicht selbständig nutzungsfähigen Wirtschaftsgüter
- Beleuchtungsanlage als Lichtband zur Beleuchtung in Fabrikräumen und Werkhallen (→ BFH vom 5.10.1956 – BStBl. III S. 376) oder zur Beleuchtung einzelner Stockwerke eines Wohnhauses (→ BFH vom 5.3.1974 – BStBl. II S. 353)
- Bestuhlung in Kinos und Theatern (→ BFH vom 5.10.1966 – BStBl. III S. 686)
- Bohrer in Verbindung mit Werkzeugmaschinen (→ Maschinenwerkzeuge)
- Drehbank mit als Antrieb eingebautem Elektromotor (→ BFH vom 14.12.1966 – BStBl. 1967 II S. 247)
- Drehstähle in Verbindung mit Werkzeugmaschinen (→ Maschinenwerkzeuge)
- EDV-Kabel nebst Zubehör zur Vernetzung einer EDV-Anlage: Kabel, die als Verlängerung der Verbindung der Peripheriegeräte mit der Zentraleinheit genutzt werden, sind zwar selbständig bewertungsfähig, nicht jedoch selbständig nutzungsfähig und somit keine geringwertigen Wirtschaftsgüter (→ BFH vom 25.11.1999 – BStBl. 2002 II S. 233),
- Elektromotor zum Einzelantrieb einer Maschine, einer Drehbank oder eines Webstuhls (→ BFH vom 16.12.1958 – BStBl. 1959 III S. 77)
- Ersatzteile für Maschinen usw. (→ BFH vom 17.5.1968 – BStBl. II S. 568)
- Formen (→ BFH vom 9.3.1967 – BStBl. III S. 283)
- Formplatten (→ BFH vom 30.3.1967 – BStBl. III S. 302)
- Fräser in Verbindung mit Werkzeugmaschinen (→ Maschinenwerkzeuge)
- Gerüst- und Schalungsteile sowie Schalungstafeln, die genormt und technisch aufeinander abgestimmt sind (→ BFH vom 29.7.1966 – BStBl. 1967 III S. 151)

R 6.13, 6.14, 6.15 § 6

- *Kühlkanäle (→ BFH vom 17.4.1985 – BStBl. 1988 II S. 126)*
- *Leuchtstoffröhren (→ Beleuchtungsanlage)*
- *Lichtbänder (→ Beleuchtungsanlage)*
- *Lithographien (→ BFH vom 15.3.1991 – BStBl. II S. 682)*
- *Maschinenwerkzeuge und -verschleißteile (→ BFH vom 6.10.1995 – BStBl. 1996 II S. 166)*
- *Peripheriegeräte einer PC-Anlage; dies gilt nicht für so genannte Kombinations-Geräte und für externe Datenspeicher (→ BFH vom 19.2.2004 – BStBl. II S. 958).*
- *Pflanzen von Dauerkulturen (→ BFH vom 30.11.1978 – BStBl. 1979 II S. 281)*
- *Regalteile (→ BFH vom 20.11.1970 – BStBl. 1971 II S. 155; zu Regalen aus genormten Stahlregalteilen → Beispiele für selbständig nutzungsfähige Wirtschaftsgüter)*
- *Sägeblätter in Diamantsägen und -gattern (→ BFH vom 19.10.1972 – BStBl. 1973 II S. 53)*
- *Stanzwerkzeuge in Verbindung mit Werkzeugmaschinen (→ Maschinenwerkzeuge)*
- *Webstuhlmotor (→ Elektromotor)*
- *Werkzeuge (→ Maschinenwerkzeuge)*

EStR 2012 zu § 6 EStG

R 6.14 Unentgeltliche Übertragung von Betrieben, Teilbetrieben und Mitunternehmeranteilen
– unbesetzt –

Hinweise

H 6.14 Anteile an einer Betriebskapitalgesellschaft
sind wesentliche Betriebsgrundlagen i. S. d. funktionalen Betrachtungsweise (→ BFH vom 4.7.2007 – BStBl. II S. 772).

Beteiligung an einer Kapitalgesellschaft
Eine das gesamte Nennkapital umfassende Beteiligung an einer Kapitalgesellschaft ist kein Teilbetrieb i. S. d. § 6 Abs. 3 EStG (→ BFH vom 20.7.2005 – BStBl. 2006 II S. 457).

Realteilung
→ BMF vom 28.2.2006 (BStBl. I S. 228). [1]

Unentgeltliche Übertragung von Mitunternehmeranteilen mit Sonderbetriebsvermögen
→ BMF vom 3.3.2005 (BStBl. I S. 458) [2] unter Berücksichtigung der Änderungen durch BMF vom 7.12.2006 (BStBl. I S. 766, Tzn. 22 und 23).

EStR 2012 zu § 6 EStG

R 6.15 Überführung und Übertragung von Einzelwirtschaftsgütern
In den Fällen des § 6 Abs. 5 Satz 4 ESfG ist rückwirkend auf den Zeitpunkt der Übertragung der Teilwert auch dann anzusetzen, wenn die bis zur Übertragung entstandenen stillen Reserven durch Erstellung einer Ergänzungsbilanz dem übertragenden Gesellschafter zugeordnet worden sind, durch die Übertragung jedoch keine Änderung des Anteils des übertragenden Gesellschafters an dem übertragenen Wirtschaftsgut eingetreten ist.

Hinweise

H 6.15 Allgemeines
Zu Zweifelsfragen zur Überführung und Übertragung von einzelnen Wirtschaftsgütern → BMF vom 18.12.2011) [3]

---

1) Siehe Anlage § 016-10.
2) Siehe Anlage § 006-11.
3) Siehe Anlage § 006-09.

§ 6

Weitere Verwaltungsanweisungen
(soweit nicht in den Hinweisen enthalten)

Zu § 6 Abs. 1 Nr. 1 EStG

1. Breitbandanlagen gewerblicher Unternehmer – Aktivierung der Herstellungskosten und Abschreibung auf 8 Jahre (Vfg OFD Frankfurt vom 14.5.1986, WPg 1986 S. 423)
2. AfA auf Apothekenrealrechte nach § 7 Abs. 1 Satz 3 EStG zulässig (BdF-Schreiben vom 20.4.1989, DB 1989 S. 1544)
3. Auswirkungen des EG-Binnenmarktes auf Grenzspediteure und ähnliche Unternehmen – Rückstellungen für Abfindungen an Arbeitnehmer (Vfg OFD Düsseldorf vom 15. 11.1989, DStR 1990 S. 147 und vom 20.12.1990, DStR 1991 S. 281)
4. Steuerrechtliche Behandlung des Wirtschaftsguts Praxiswert (BdF-Schreiben vom 15.1.1995)[1]
5. Die Übertragung einer Rücklage für Ersatzbeschaffung nur auf Ersatzwirtschaftsgüter im Inland (Vfg OFD Frankfurt/M. vom 31.3.1995, DStR 1995 S. 1309)
6. Handels- und steuerrechtliche Behandlung rückerstatteter Betriebsgrundstücke an Berechtigte außerhalb des Beitrittsgebiets (BdF-Schreiben vom 5.5.1995, DStR 1995 S. 1551)

Zu § 6 Abs. 1 Nr. 2 und Nr. 2 a EStG

1. Anschaffungskosten junger GmbH-Anteile bei Einzahlung des Ausgabebetrags in Teilbeträgen Hier: Bilanzierung der Einzahlungsverpflichtung (Erlaß Niedersachsen vom 30.1.1989, DB 1989 S. 355)
2. Redaktionskosten als Teil der Herstellungskosten (BdF-Schreiben vom 26.11.1975, BStBl. 1975 I S. 1080)
3. Lifo-Bewertung – Gruppeneinteilung in der Sekundärrohstoff- und Entsorgungswirtschaft (Vfg OFD München vom 15.6.1992, DB 1992 S. 1602)
4. DMBilG – Stetigkeitsgrundsatz und Obergrenze bei der Bewertung von Beteiligungen (BdF-Schreiben vom 10.4.1995, BStBl. I S. 249)
5. Bilanzsteuerliche Behandlung von NE-Metallvorräten (BdF-Schreiben vom 2.6.1989, BStBl. I S. 179)
6. Wertberichtigung von Lagervorräten unter dem Gesichtspunkt der Gängigkeit (Vfg OFD Frankfurt vom 17.7.1997, DB 1997 S. 1795)
7. Wertaufholung nach § 6 Abs. 1 Nr. 2 EStG bei landwirtschaftlich genutzten Grundstücken (Erlass Niedersachsen vom 18.6.2002, DB 2002 S. 1348)
8. Teilwertabschreibung auf den Grund und Boden (Vfg OFD Frankfurt vom 15.10.2003, FR 2004 S. 51)

Zu § 6 Abs. 1 Nr. 3-7 EStG

1. Rückstellungen für unterlassene Instandhaltung (BdF-Schreiben vom 11.4.1984, vgl. BStBl. I S. 261)
2. Steuerliche Behandlung der Baulandumlegung bzw. Flurbereinigung – Übergangsregelung zum BFH-Urteil vom 13.3.1986, BStBl. 1986 II S. 711 (BdF-Schreiben vom 19.4.1988, BStBl. I S. 152)
3. Verbindlichkeiten aus Sparkonten bei Kreditinstituten beim Ausbleiben von Ein- und Auszahlungen (Erlaß Brandenburg vom 11.11.1992, FR 1993 S. 142)[2]
4. Bewertung von Sachspenden als Durchlaufspenden mit dem Buchwert (Erlaß Sachsen vom 27.12.1993, FR 1994 S. 99)
5. Abgeltung außergewöhnlicher Kfz-Kosten durch den pauschalen Nutzungswert (Vfg OFD Frankfurt vom 23.12.1998, FR 1999 S. 325)

Zu § 6 Abs. 1a EStG

1. Anschaffungsnahe Aufwendungen i. S. des § 6 Abs. 1a EStG (Vfg OFD Rheinland vom 6.7.2010 und Vfg Bayer. LFSt vom 6.8.2010)[3]

Zu § 6 Abs. 2 EStG

1. Gerüst- und Schalungsteile (koord. Ländererlaß, FM NRW vom 12.12.1961, BStBl. 1961 II S. 194)
2. Begriff der selbständigen Nutzung (BdF-Schreiben vom 9.4.1976, BStBl. 1976 I S. 262)

---

1) Siehe Anlage § 005-13.
2) Siehe dazu auch das BFH-Urteil vom 27.3.1996 (BStBl. II S. 470).
3) Siehe Anlage § 006-13.

§ 6

3. Kanaldielen (BdF-Schreiben vom 8.10.1981, BStBl. 1981 I S. 626)
4. Computerdrucker und Festplatte sind einheitlich mit dem Computer abzuschreiben (Vfg OFD Kiel vom 19.7.1993, FR 1993 S. 586)

Zu § 6 Abs. 3-6 EStG

1. Steuerliche Behandlung der Anwachsung (Vfg OFD Berlin vom 19.7.2002)[1]

Rechtsprechungsauswahl

BFH vom 20.3.14 VI R 35/12 BStBl. II S. 643): Wechsel zur Fahrtenbuchmethode

BFH vom 19.3.14 X R 28/12 (BStBl. II S. 629): Teilentgeltliche Übertragung einzelner Wirtschaftsgüter: Beitrittsaufforderung an das BMF

BFH vom 17.12.13 VIII R 42/12 BStBl. 2014 II S. 319): Kursverluste bei Hybridanleihen mit gestuften Zinsversprechen ohne Laufzeitbegrenzung und ohne Emissionsrendite

BFH vom 24.7.13 IV R 1/10 (BStBl. 2014 II S. 246): Keine Begrenzung des Betriebsausgabenabzuges gemäß § 6 Abs. 2 EStG (geringwertige Wirtschaftsgüter) bei zu erwartendem Schlachtwert

BFH vom 10.4.13 I R 80/12 (BStBl. II S. 1004): BVerfG-Vorlage: Unzulässige Buchwertübertragung von Wirtschaftsgütern zwischen beteiligungsidentischen Personengesellschaften gleichheitswidrig?

BFH vom 12.1.12 IV R 4/09 (BStBl. 2014 II S. 443): Rücklage für Ersatzbeschaffung: Reinvestitiosfrist undAnforderungen an Investtitionsabsicht sowie Voraussetzungen für die Aktivierung einer Forderung

BFH vom 21.9.11 I R 89/10 (BStBl. 2014 II S. 612): Teilwertabschreibung auf börsennotierte Aktien im Anlagevermögen bei voraussichtlich dauernder Wertminderung

BFH vom 21.9.11 I R 7/11 (BStBl. 2014 II S. 616): Teilwertabschreibung auf Investmentanteile im Anlagevermögen bei voraussichtlich dauernder Wertminderung

BFH vom 13.10.10 I R 79/09 (BStBl. 2014 II S. 943): Keine Rücklage für Ersatzbeschaffung beim sog. Squeeze-out – Verfassungs- und unionsrechtliche Zulässigkeit des Abzugsverbots nach § 8b Abs. 3 KStG für Veräußerungsverluste und Teilwertabschreibungen

BFM vom 19.6.13 VIII R 24/09 (BStBl. II S. 812): Verfassungsmäßigkeit der Erfassung der PKW-Nutzung für Familienheimfahrten bei Gewinnermittlung

BFM vom 15.5.13 IX R 36/12 (BStBl. II S. 732): Umbau als Erweiterung i. S. von § 255 Abs. 2 Satz 1 HGB – Abgrenzung zwischen nachträglichen Herstellungskosten und Erhaltungsaufwendungen bei Umbau eines Flachdachs zu einem Satteldach

BFM vom 10.4.13 I R 80/12 (BStBl. II S. 1004): BVerfG-Vorlage: Unzulässige Buchwertübertragung von Wirtschaftsgütern zwischen beteiligungsidentischen Personengesellschaften gleichheitswidrig?

BFM vom 4.12.12 VIII R 42/09 (BStBl. 2013 II S. 365): Anscheinsbeweis und 1 %-Regelung – Klagebefugnis einer aufgelösten GbR

BFM vom 24.10.12 I R 43/11 (BStBl. 2013 II S. 162): Keine Teilwertabschreibung wegen Unverzinslichkeit einer Forderung

BFM vom 11.10.12 I R 66/11 (BStBl. 2013 II S. 676): Bei der Bewertung von Rückstellungen für die Verpflichtung zur Aufbewahrung von Geschäftsunterlagen sind Finanzierungskosten auch bei sog. Poolfinanzierung der zur Aufbewahrung genutzten Räume zu berücksichtigen

BFM vom 18.9.12 VIII R 28/10 (BStBl. 2013 II S. 120): Begrenzung der 1%-Regelung auf die Gesamtkosten bei Vermietung von Kfz an Personengesellschaft durch ihre Gesellschafter

---

1) Siehe Anlage § 006-06.

§ 6a

§ 6a Pensionsrückstellung

(1) Für eine Pensionsverpflichtung darf eine Rückstellung (Pensionsrückstellung) nur gebildet werden, wenn und soweit

1. der Pensionsberechtigte einen Rechtsanspruch auf einmalige oder laufende Pensionsleistungen hat,
2. die Pensionszusage keine Pensionsleistungen in Abhängigkeit von künftigen gewinnabhängigen Bezügen vorsieht und keinen Vorbehalt enthält, dass die Pensionsanwartschaft oder die Pensionsleistung gemindert oder entzogen werden kann, oder ein solcher Vorbehalt sich nur auf Tatbestände erstreckt, bei deren Vorliegen nach allgemeinen Rechtsgrundsätzen unter Beachtung billigen Ermessens eine Minderung oder ein Entzug der Pensionsanwartschaft oder der Pensionsleistung zulässig ist, und
3. die Pensionszusage schriftlich erteilt ist; die Pensionszusage muss eindeutige Angaben zu Art, Form, Voraussetzungen und Höhe der in Aussicht gestellten künftigen Leistungen enthalten.

(2) Eine Pensionsrückstellung darf erstmals gebildet werden

1. vor Eintritt des Versorgungsfalls für das Wirtschaftsjahr, in dem die Pensionszusage erteilt wird, frühestens jedoch für das Wirtschaftsjahr, bis zu dessen Mitte der Pensionsberechtigte das 27. Lebensjahr vollendet oder für das Wirtschaftsjahr, in dessen Verlauf die Pensionsanwartschaft gemäß den Vorschriften des Betriebsrentengesetzes[1] unverfallbar wird,
2. nach Eintritt des Versorgungsfalls für das Wirtschaftsjahr, in dem der Versorgungsfall eintritt.

(3) ¹Eine Pensionsrückstellung darf höchstens mit dem Teilwert der Pensionsverpflichtung angesetzt werden. ²Als Teilwert einer Pensionsverpflichtung gilt

1. ¹vor Beendigung des Dienstverhältnisses des Pensionsberechtigten der Barwert der künftigen Pensionsleistungen am Schluss des Wirtschaftsjahrs abzüglich des sich auf denselben Zeitpunkt ergebenden Barwerts betragsmäßig gleich bleibender Jahresbeträge, bei einer Entgeltumwandlung im Sinne von § 1 Abs. 2 des Betriebsrentengesetzes[2] mindestens jedoch der Barwert der gemäß den Vorschriften des Betriebsrentengesetzes[3] unverfallbaren künftigen Pensionsleistungen am Schluss des Wirtschaftsjahres. ²Die Jahresbeträge sind so zu bemessen, dass am Beginn des Wirtschaftsjahres, in dem das Dienstverhältnis begonnen hat, ihr Barwert gleich dem Barwert der künftigen Pensionsleistungen ist; die künftigen Pensionsleistungen sind dabei mit dem Betrag anzusetzen, der sich nach den Verhältnissen am Bilanzstichtag ergibt. ³Es sind die Jahresbeträge zugrunde zu legen, die vom Beginn des Wirtschaftsjahres, in dem das Dienstverhältnis begonnen hat, bis zu dem in der Pensionszusage vorgesehenen Zeitpunkt des Eintritts des Versorgungsfalls rechnungsmäßig aufzubringen sind. ⁴Erhöhungen oder Verminderungen der Pensionsleistungen nach dem Schluss des Wirtschaftsjahres, die hinsichtlich des Zeitpunktes ihres Wirksamwerdens oder ihres Umfangs ungewiss sind, sind bei der Berechnung des Barwerts der künftigen Pensionsleistungen und der Jahresbeträge erst zu berücksichtigen, wenn sie eingetreten sind. ⁵Wird die Pensionszusage erst nach dem Beginn des Dienstverhältnisses erteilt, so ist die Zwischenzeit für die Berechnung der Jahresbeträge nur insoweit als Wartezeit zu behandeln, als sie in der Pensionszusage als solche bestimmt ist. ⁶Hat das Dienstverhältnis schon vor der Vollendung des 27. Lebensjahrs des Pensionsberechtigten bestanden, so gilt es als zu Beginn des Wirtschaftsjahres begonnen, bis zu dessen Mitte der Pensionsberechtigte das 27. Lebensjahr vollendet; in diesem Fall gilt für davor liegende Wirtschaftsjahre als Teilwert der Barwert der gemäß den Vor-

---

1) Siehe Anhang 16.
2) Siehe Anhang 16.
3) Siehe Anhang 16.

schriften des Betriebsrentengesetzes[1] unverfallbaren künftigen Pensionsleistungen am Schluss des Wirtschaftsjahres;

2. nach Beendigung des Dienstverhältnisses des Pensionsberechtigten unter Aufrechterhaltung seiner Pensionsanwartschaft oder nach Eintritt des Versorgungsfalls der Barwert der künftigen Pensionsleistungen am Schluss des Wirtschaftsjahres; Nummer 1 Satz 4 gilt sinngemäß.

[3]Bei der Berechnung des Teilwerts der Pensionsverpflichtung sind ein Rechnungszinsfuß von 6 Prozent und die anerkannten Regeln der Versicherungsmathematik anzuwenden.

(4) [1]Eine Pensionsrückstellung darf in einem Wirtschaftsjahr höchstens um den Unterschied zwischen dem Teilwert der Pensionsverpflichtung am Schluss des Wirtschaftsjahrs und am Schluss des vorangegangenen Wirtschaftsjahres erhöht werden. [2]Soweit der Unterschiedsbetrag auf der erstmaligen Anwendung neuer oder geänderter biometrischer Rechnungsgrundlagen beruht, kann er nur auf mindestens drei Wirtschaftsjahre gleichmäßig verteilt der Pensionsrückstellung zugeführt werden; Entsprechendes gilt beim Wechsel auf andere biometrische Rechnungsgrundlagen. [3]In dem Wirtschaftsjahr, in dem mit der Bildung einer Pensionsrückstellung frühestens begonnen werden darf (Erstjahr), darf die Rückstellung bis zur Höhe des Teilwerts der Pensionsverpflichtung am Schluss des Wirtschaftsjahrs gebildet werden; diese Rückstellung kann auf das Erstjahr und die beiden folgenden Wirtschaftsjahre gleichmäßig verteilt werden. [4]Erhöht sich in einem Wirtschaftsjahr gegenüber dem vorangegangenen Wirtschaftsjahr der Barwert der künftigen Pensionsleistungen um mehr als 25 Prozent, so kann die für dieses Wirtschaftsjahr zulässige Erhöhung der Pensionsrückstellung auf dieses Wirtschaftsjahr und die beiden folgenden Wirtschaftsjahre gleichmäßig verteilt werden. [5]Am Schluss des Wirtschaftsjahrs, in dem das Dienstverhältnis des Pensionsberechtigten unter Aufrechterhaltung seiner Pensionsanwartschaft endet oder der Versorgungsfall eintritt, darf die Pensionsrückstellung stets bis zur Höhe des Teilwerts der Pensionsverpflichtung gebildet werden; die für dieses Wirtschaftsjahr zulässige Erhöhung der Pensionsrückstellung kann auf dieses Wirtschaftsjahr und die beiden folgenden Wirtschaftsjahre gleichmäßig verteilt werden. [6]Satz 2 gilt in den Fällen der Sätze 3 bis 5 entsprechend.

(5) Die Absätze 3 und 4 gelten entsprechend, wenn der Pensionsberechtigte zu dem Pensionsverpflichteten in einem anderen Rechtsverhältnis als einem Dienstverhältnis steht.

EStR und Hinweise

EStR 2012 zu § 6a EStG

R 6a Rückstellungen für Pensionsverpflichtungen

R 6a (1) Zulässigkeit von Pensionsrückstellungen

(1) [1]Nach § 249 HGB[2] müssen für unmittelbare Pensionszusagen Rückstellungen in der Handelsbilanz gebildet werden. [2]Entsprechend dem Grundsatz der Maßgeblichkeit der Handelsbilanz hat die handelsrechtliche Passivierungspflicht die Passivierungspflicht für Pensionszusagen in der Steuerbilanz dem Grunde, aber nicht der Höhe nach zur Folge, wenn die Voraussetzungen des § 6a Abs. 1 und 2 EStG vorliegen. [3]Für laufende Pensionen und Anwartschaften auf Pensionen, die vor dem 1.1.1987 rechtsverbindlich zugesagt worden sind (Altzusagen), gilt nach Artikel 28 des Einführungsgesetzes zum HGB in der durch Gesetz vom 19.12.1985 (BGBl. I S. 2355, BStBl. 1986 I S. 94) geänderten Fassung weiterhin das handels- und steuerrechtliche Passivierungswahlrecht; insoweit sind die Anweisungen in Abschnitt 41 EStR 1984 mit Ausnahme des Absatzes 24 Satz 5 und 6 weiter anzuwenden. [4]Für die Frage, wann eine Pension oder eine Anwartschaft auf eine Pension rechtsverbindlich zugesagt worden ist, ist die erstmalige, zu einem Rechtsanspruch führende arbeitsrechtliche Verpflichtungserklärung maßgebend. [5]Für Pensionsverpflichtungen, für die der Berechtigte einen Rechtsanspruch auf Grund einer unmittelbaren Zusage nach dem 31.12.1986 erworben hat (→ Neuzusagen), gelten die folgenden Absätze.

---

1) Siehe Anhang 16.
2) Siehe Anhang 15.

§ 6a — R 6a

Hinweise

H 6a (1) **Abgrenzung bei Arbeitsfreistellung**

Eine Zusage, nach der Leistungen fällig werden, ohne dass das Dienstverhältnis formal beendet ist, ist nicht als Zusage auf Leistungen der betrieblichen Altersversorgung anzusehen. Für eine derartige Verpflichtung darf insoweit eine Rückstellung nach § 6a EStG nicht gebildet werden (→ BMF vom 11.11.1999 – BStBl. I S. 959, RdNr. 2). [1]

Beihilfen an Pensionäre

Die Verpflichtung, Pensionären und aktiven Mitarbeitern während der Zeit ihres Ruhestandes in Krankheits-, Geburts- und Todesfällen Beihilfen zu gewähren, ist keine Pensionsverpflichtung (→ BFH vom 30.1.2002 – BStBl. 2003 II S. 279).

→ H 5.7 (4)

Einstandspflicht

Die Verpflichtung des Arbeitgebers, wegen des nicht ausreichenden Vermögens einer Unterstützungskasse für den Ausfall von Versorgungsleistungen gegenüber seinen Arbeitnehmern einstehen zu müssen, erfüllt die Voraussetzungen für eine Pensionsrückstellung nicht. Das gilt auch für Versorgungsverpflichtungen des Erwerbers eines Betriebs, auf den die Arbeitsverhältnisse mit den durch die Unterstützungskasse begünstigten Arbeitnehmern nach § 613a BGB übergegangen sind (→ BFH vom 16.12.2002 – BStBl. 2003 II S. 347).

Gewinnabhängige Pensionsleistungen

– *Am Bilanzstichtag bereits feststehende gewinnabhängige Pensionsleistungen sind zu berücksichtigen, wenn und soweit sie dem Grunde und der Höhe nach eindeutig bestimmt sind und die Erhöhung der Versorgungsleistungen schriftlich durch eine Ergänzung der Pensionszusage festgeschrieben wurde (→ BMF vom 18.10.2013 – BStBl. I S.1268)* [2].

– → H 6a (7) Schriftformerfordernis

Hinterbliebenenversorgung für den Lebensgefährten

→ BMF vom 25.7.2002 (BStBl. I S. 706). [3]

Jahreszusatzleistungen

Für Jahreszusatzleistungen im Jahr des Eintritts des Versorgungsfalls darf eine Rückstellung nach § 6a EStG nicht gebildet werden → BMF vom 11.11.1999 – (BStBl. I S. 959, RdNr. 23) [1].

Nur-Pensionszusagen

Sog. Nur-Pensionszusagen sind unter den Voraussetzungen des § 6a EStG bilanzsteuerrechtlich anzuerkennen (→ BMF vom 16.6.2008 – BStBl. I S. 681) [4]

Pensionsverpflichtungen innerhalb einer GmbH & Co. KG

– *Zur Pensionszusage an einen Gesellschafter durch die Komplementär-GmbH → BMF vom 29.1.2008 (BStBl. I S. 317), RdNrn. 12-14.* [5]

– *Sagt die Komplementär-GmbH einer GmbH & Co. KG ihrem gesellschaftsfremden Geschäftsführer eine Pension zu und kann sie nach dem Gesellschaftsvertrag von der KG Ersatz der Versorgungsleistungen verlangen, ist die bei der GmbH zu bildende Pensionsrückstellung durch einen Aufwendungsersatzanspruch zu neutralisieren. Bei der KG ist eine Rückstellung für ungewisse Verbindlichkeiten zu bilden, deren Höhe sich nach § 6a EStG bestimmt (→ BFH vom 7.2.2002 – BStBl. 2005 II S. 88).*

Personengesellschaft

Bilanzsteuerliche Behandlung von Pensionszusagen einer Personengesellschaft an einen Gesellschafter und dessen Hinterbliebene → BMF vom 29.1.2008 (BStBl. I S. 317). [6]

Versorgungsausgleich

Zu den Auswirkungen des Gesetzes zur Strukturreform des Versorgungsausgleichs (VAStrRefG) auf Pensionszusagen → BMF vom 12.11.2010 (BStBl. I S. 1303).

---

1) Siehe Anlage § 006a-11.
2) Siehe Anlage § 006a-24.
3) Siehe Anlage § 006a-15.
4) Siehe Anlage § 006a-21.
5) Siehe Anlage § 015-08.
6) Siehe Anlage § 015-08.

EStR 2012 zu § 6a EStG

R 6a (2) Rechtsverbindliche Verpflichtung

(2) ¹Eine rechtsverbindliche Pensionsverpflichtung ist z. B. gegeben, wenn sie auf Einzelvertrag, Gesamtzusage (Pensionsordnung), Betriebsvereinbarung, Tarifvertrag oder Besoldungsordnung beruht. ²Bei Pensionsverpflichtungen, die nicht auf Einzelvertrag beruhen, ist eine besondere Verpflichtungserklärung gegenüber dem einzelnen Berechtigten nicht erforderlich. ³Ob eine rechtsverbindliche Pensionsverpflichtung vorliegt, ist nach arbeitsrechtlichen Grundsätzen zu beurteilen. ⁴Für ausländische Arbeitnehmer sind Pensionsrückstellungen unter den gleichen Voraussetzungen zu bilden wie für inländische Arbeitnehmer.

R 6a (3) Schädlicher Vorbehalt

(3) ¹Ein schädlicher Vorbehalt im Sinne des § 6a Abs. 1 Nr. 2 EStG liegt vor, wenn der Arbeitgeber die Pensionszusage nach freiem Belieben, d. h. nach seinen eigenen Interessen ohne Berücksichtigung der Interessen des Pensionsberechtigten, widerrufen kann. ²Ein Widerruf nach freiem Belieben ist nach dem Urteil des Bundesarbeitsgerichts (BAG) vom 14.12.1956 (BStBl. 1959 I S. 258) gegenüber einem noch aktiven Arbeitnehmer im allgemeinen zulässig, wenn die Pensionszusage eine der folgenden Formeln

"freiwillig und ohne Rechtsanspruch",
"jederzeitiger Widerruf vorbehalten",
"ein Rechtsanspruch auf die Leistungen besteht nicht",
"die Leistungen sind unverbindlich"

oder ähnliche Formulierungen enthält, sofern nicht besondere Umstände eine andere Auslegung rechtfertigen. ³Solche besonderen Umstände liegen nicht schon dann vor, wenn das Unternehmen in der Vergangenheit tatsächlich Pensionszahlungen geleistet oder eine Rückdeckungsversicherung abgeschlossen hat oder Dritten gegenüber eine Verpflichtung zur Zahlung von Pensionen eingegangen ist oder wenn die unter den oben bezeichneten Vorbehalten gegebene Pensionszusage die weitere Bestimmung enthält, dass der Widerruf nur nach „billigem Ermessen" ausgeübt werden darf oder dass im Fall eines Widerrufs die gebildeten Rückstellungen dem Versorgungszweck zu erhalten sind. ⁴Vorbehalte der oben bezeichneten Art in einer Pensionszusage schließen danach die Bildung von Rückstellungen für Pensionsanwartschaften aus. ⁵Befindet sich der Arbeitnehmer bereits im Ruhestand oder steht er unmittelbar davor, so ist der Widerruf von Pensionszusagen, die unter den oben bezeichneten Vorbehalten erteilt worden sind, nach dem BAG-Urteil vom 14.12.1956 nicht mehr nach freiem Belieben, sondern nur noch nach billigem Ermessen (→ Absatz 4) zulässig. ⁶Enthält eine Pensionszusage die oben bezeichneten allgemeinen Widerrufsvorbehalte, so ist die Rückstellungsbildung vorzunehmen, sobald der Arbeitnehmer in den Ruhestand tritt; dies gilt auch hinsichtlich einer etwa zugesagten Hinterbliebenenversorgung.

Hinweise

H 6a (3) Abfindungsklauseln

Zu **schädlichen** *Abfindungsklauseln in Pensionszusagen* → *BMF vom 6.4.2005 (BStBl. I S. 619) und vom 1.9.2005 (BStBl. I S. 860)* ¹⁾

Externe Versorgungsträger

Werden die künftigen Pensionsleistungen aus einer Versorgungszusage voraussichtlich von einem externen Versorgungsträger (z. B. Versorgungskasse) erbracht, scheidet die Bildung einer Rückstellung nach § 6a EStG aus (→ BFH vom 5.4.2006 – BStBl. II S. 688 und vom 8.10.2008 – BStBl. 2010 II S. 186). Zur Anwendung der vorgenannten Urteile, zur Abgrenzung des sog. Umlageverfahrens von sog. Erstattungsverfahren und allgemein zur Bildung von Pensionsrückstellungen nach § 6a EStG bei Erbringung der Versorgungsleistungen durch externe Versorgungsträger (→ BMF vom 26.1.2010 – BStBl. I S. 138). ²⁾

Übertragung auf eine Unterstützungskasse

Ist vereinbart, dass die Pensionsverpflichtung nach Eintritt des Versorgungsfalles auf eine Unterstützungskasse übertragen wird, kann eine Rückstellung nicht gebildet werden (→ BMF vom 2.7.1999 – BStBl. I S. 594). ³⁾

---

1) Siehe Anlage § 006a-18.
2) Siehe Anlage § 006a-12.
3) Siehe Anlage § 006a-13.

§ 6a

EStR 2012 zu § 6a EStG

R 6a (4) Unschädlicher Vorbehalt

(4) ¹Ein unschädlicher Vorbehalt im Sinne des § 6a Abs. 1 Nr. 2 EStG liegt vor, wenn der Arbeitgeber den Widerruf der Pensionszusage bei geänderten Verhältnissen nur nach billigem Ermessen (§ 315 BGB), d. h. unter verständiger Abwägung der berechtigten Interessen des Pensionsberechtigten einerseits und des Unternehmens andererseits aussprechen kann. ²Das gilt in der Regel für die Vorbehalte, die eine Anpassung der zugesagten Pensionen an nicht voraussehbare künftige Entwicklungen oder Ereignisse, insbesondere bei einer wesentlichen Verschlechterung der wirtschaftlichen Lage des Unternehmens, einer wesentlichen Änderung der Sozialversicherungsverhältnisse oder der Vorschriften über die steuerliche Behandlung der Pensionsverpflichtungen oder bei einer Treupflichtverletzung des Arbeitnehmers vorsehen. ³Danach sind z. B. die folgenden Vorbehalte als unschädlich anzusehen:

1. als allgemeiner Vorbehalt:

   „Die Firma behält sich vor, die Leistungen zu kürzen oder einzustellen, wenn die bei Erteilung der Pensionszusage maßgebenden Verhältnisse sich nachhaltig so wesentlich geändert haben, dass der Firma die Aufrechterhaltung der zugesagten Leistungen auch unter objektiver Beachtung der Belange des Pensionsberechtigten nicht mehr zugemutet werden kann";

2. als spezielle Vorbehalte:

   „Die Firma behält sich vor, die zugesagten Leistungen zu kürzen oder einzustellen, wenn

   a) die wirtschaftliche Lage des Unternehmens sich nachhaltig so wesentlich verschlechtert hat, dass ihm eine Aufrechterhaltung der zugesagten Leistungen nicht mehr zugemutet werden kann, oder

   b) der Personenkreis, die Beiträge, die Leistungen oder das Pensionierungsalter bei der gesetzlichen Sozialversicherung oder anderen Versorgungseinrichtungen mit Rechtsanspruch sich wesentlich ändern, oder

   c) die rechtliche, insbesondere die steuerrechtliche Behandlung der Aufwendungen, die zur planmäßigen Finanzierung der Versorgungsleistungen von der Firma gemacht werden oder gemacht worden sind, sich so wesentlich ändert, dass der Firma die Aufrechterhaltung der zugesagten Leistungen nicht mehr zugemutet werden kann, oder

   d) der Pensionsberechtigte Handlungen begeht, die in grober Weise gegen Treu und Glauben verstoßen oder zu einer fristlosen Entlassung berechtigen würden",

   oder inhaltlich ähnliche Formulierungen. ⁴Hat der Arbeitnehmer die Möglichkeit, anstelle einer bisher zugesagten Altersversorgung eine Erhöhung seiner laufenden Bezüge zu verlangen, so liegt hierin kein schädlicher Vorbehalt.

Hinweise

H 6a (4) Abfindungsklauseln

Zu **unschädlichen** Abfindungsklauseln in Pensionszusagen → BMF vom 6.4.2005 (BStBl. I S. 619) und vom 1.9.2005 (BStBl. I S. 860).[1]

EStR 2012 zu § 6a EStG

R 6a (5) Vorbehalt (Sonderfälle)

(5) ¹In besonderen Vorbehalten werden oft bestimmte wirtschaftliche Tatbestände bezeichnet, bei deren Eintritt die zugesagten Pensionsleistungen gekürzt oder eingestellt werden können. ²Es wird z. B. vereinbart, dass die Pensionen gekürzt oder eingestellt werden können, wenn der Umsatz, der Gewinn oder das Kapital eine bestimmte Grenze unterschreiten oder wenn mehrere Verlustjahre vorliegen oder wenn die Pensionsleistungen einen bestimmten Prozentsatz der Lohn- und Gehaltssumme überschreiten. ³Diese Vorbehalte sind nur dann als unschädlich anzusehen, wenn sie in dem Sinne ergänzt werden, es müsse bei den bezeichneten Tatbeständen eine so erhebliche und nachhaltige Beeinträchtigung der Wirtschaftslage des Unternehmens vorliegen, dass es dem Unternehmen nicht mehr zumutbar ist, die Pensionszusage aufrechtzuerhalten, oder dass es aus unternehmerischer Verantwortung geboten erscheint, die Versorgungsleistungen einzuschränken oder einzustellen.

---

1) Siehe Anlage § 006a-18.

R 6a (6)

(6) ¹Der Vorbehalt, dass der Pensionsanspruch erlischt, wenn das Unternehmen veräußert wird oder aus anderen Gründen ein Wechsel des Unternehmers eintritt (sog. Inhaberklausel), ist steuerlich schädlich. ²Entsprechendes gilt für Vorbehalte oder Vereinbarungen, nach denen die Haftung aus einer Pensionszusage auf das Betriebsvermögen beschränkt wird, es sei denn, es gilt eine gesetzliche Haftungsbeschränkung für alle Verpflichtungen gleichermaßen, wie z. B. bei Kapitalgesellschaften.

Hinweise

H 6a (6) Gewichtung des Widerrufsvorbehalts

Bei der Beurteilung, ob ein schädlicher oder unschädlicher Vorbehalt vorliegt, ist ein strenger Maßstab anzulegen (→ BFH vom 6.10.1967 – BStBl. 1968 II S. 90).

EStR 2012 zu § 6a EStG

R 6a (7) Schriftform

(7) ¹Für die nach § 6a Abs. 1 Nr. 3 EStG vorgeschriebene Schriftform kommt jede schriftliche Festlegung in Betracht, aus der sich der Pensionsanspruch nach Art und Höhe ergibt, z. B. Einzelvertrag, Gesamtzusage (Pensionsordnung), Betriebsvereinbarung, Tarifvertrag, Gerichtsurteil. ²Bei Gesamtzusagen ist eine schriftliche Bekanntmachung in geeigneter Form nachzuweisen, z. B. durch ein Protokoll über den Aushang im Betrieb. ³Die Schriftform muss am Bilanzstichtag vorliegen. ⁴Für Pensionsverpflichtungen, die auf betrieblicher Übung oder auf dem → Grundsatz der Gleichbehandlung beruhen, kann wegen der fehlenden Schriftform keine Rückstellung gebildet werden; dies gilt auch dann, wenn arbeitsrechtlich (→ § 1b Abs. 1 Satz 4 Betriebsrentengesetz)¹⁾ eine unverfallbare Anwartschaft besteht, es sei denn, dem Arbeitnehmer ist beim Ausscheiden eine schriftliche Auskunft nach § 2 Abs. 6 Betriebsrentengesetz²⁾ erteilt worden. ⁵Pensionsrückstellungen müssen insoweit vorgenommen werden, als sich die Versorgungsleistungen aus der schriftlichen Festlegung dem Grunde und der Höhe nach ergeben. ⁶Zahlungsbelege allein stellen keine solche Festlegung dar.

Hinweise

H 6a (7) Grundsatz der Gleichbehandlung

Die wegen arbeitsrechtlicher Entscheidungen notwendige Ergänzung einer bestehenden Witwenversorgung um eine Witwerversorgung ist erst wirksam, wenn die Ergänzung schriftlich vorgenommen wurde.

Schriftformerfordernis

– *Voraussetzung für die steuerliche Anerkennung einer Pensionsrückstellung nach § 6a EStG ist u. a. eine schriftlich erteilte Pensionszusage. Die Vereinbarung muss neben dem Zusagezeitpunkt eindeutige und präzise Angaben zu Art, Form, Voraussetzungen und Höhe der in Aussicht gestellten künftigen Leistungen enthalten. Sofern es zur eindeutigen Ermittlung der in Aussicht gestellten Leistungen erforderlich ist, sind auch Angaben für die versicherungsmathematische Ermittlung der Höhe der Versorgungsverpflichtung (z. B. anzuwendender Rechnungszinsfuß oder anzuwendende biometrische Ausscheidewahrscheinlichkeiten) schriftlich festzulegen. Sind diese Angaben nicht vorhanden, scheidet die Bildung einer Pensionsrückstellung jedenfalls in der Steuerbilanz aus (BMF vom 28.8.2001 – BStBl. I S. 594).*

– *Eine schriftliche Pensionszusage liegt auch dann vor, wenn der Verpflichtete eine schriftliche Erklärung mit dem erforderlichen Inhalt abgibt und der Berechtigte die Zusage nach den Regeln des Zivilrechtes (z.B. durch mündliche Erklärung) annimmt (→ BFH vom 27.4.2005 – BStBl. II S. 702).*

– *Am Bilanzstichtag bereits feststehende gewinnabhängige Pensionsleistungen sind bei der Bewertung einzubeziehen, wenn und soweit sie dem Grunde und der Höhe nach eindeutig bestimmt sind und die Erhöhung der Versorgungsleistungen schriftlich durch eine Ergänzung der Pensionszusage gem. § 6a Abs. 1 Nr. 3 EStG festgeschrieben werden. Unabhängig vom maßgebenden Gewinnentstehungsjahr können die zusätzlichen Versorgungsleistungen wegen des Schriftformerfordernisses erstmals an dem der schriftlichen*

---

1) Siehe Anhang 16.
2) Siehe Anhang 16.

§ 6a   R 6a

Festschreibung folgenden Bilanzstichtag bei der Rückstellungsbewertung berücksichtigt werden. Es wird nicht beanstandet, wenn die bis zum 8.11.2013, feststehenden und entstandenen gewinnabhängigen Pensionsleistungen, die an bereits zum Jeweiligen Bilanzstichtag erwirtschaftete und zugeteilte Gewinne gebunden sind, bis spätestens zum 31.12.2014, schriftlich zugesagt werden (→ BMF vom 18.10.2013 – BStBl. I S.1268). [1)]

EStR 2012 zu § 6a EStG

R 6a (8) Beherrschende Gesellschafter-Geschäftsführer von Kapitalgesellschaften

(8) ¹Für die Bildung von Pensionsrückstellungen für beherrschende Gesellschafter-Geschäftsführer von Kapitalgesellschaften ist zu unterstellen, dass die Jahresbeträge nach § 6a Abs. 3 Satz 2 Nr. 1 Satz 3 EStG vom Beginn des Dienstverhältnisses, frühestens vom nach Absatz 10 Satz 3 maßgebenden Alter, bis zur vertraglich vorgesehenen Altersgrenze, mindestens jedoch bis zum folgenden geburtsjahrabhängigen Pensionsalter aufzubringen sind:

für Geburtsjahrgänge	Pensionsalter
bis 1952	65
ab 1953 bis 1961	66
ab 1962	67

²Als Beginn des Dienstverhältnisses gilt der Eintritt in das Unternehmen als Arbeitnehmer. ³Das gilt auch dann, wenn der Geschäftsführer die Pensionszusage erst nach Erlangung der beherrschenden Stellung erhalten hat. ⁴Absatz 11 Satz 1, 3 bis 6, 8, 9 und 13 bis 15 ist nicht anzuwenden. ⁵Für anerkannt schwer behinderte Menschen kann geburtsjahrabhängig eine vertragliche Altersgrenze wie folgt zugrunde gelegt werden:

für Geburtsjahrgänge	Pensionsalter
bis 1952	60
ab 1953 bis 1961	61
ab 1962	62.

Hinweise

H 6a (8)   Erstmalige Anwendung der durch R 6a Abs. 8 EStÄR geänderten Pensionsalter

Die geänderten Mindestpensionsalter gelten grundsätzlich für Wirtschaftsjahre, die nach dem 31.12.2007 enden. Es ist jedoch nicht zu beanstanden, wenn die neuen Pensionsalter erstmals in der Bilanz des Wirtschaftsjahres berücksichtigt werden, das nach dem 30.12.2009 endet. Der Übergang hat einheitlich für alle betroffenen Pensionsrückstellungen des Unternehmens zu erfolgen (→ BMF vom 3.7.2009 – BStBl. I S.712).

Vorgezogene Altersgrenze

Eine vertraglich vorgesehene geringere Altersgrenze als die in → R 6a Abs. 8 Satz 1 genannten Mindestpensionsalter kann für die Berechnung der Pensionsrückstellung nur dann zugrunde gelegt werden, wenn besondere Umstände nachgewiesen werden, die ein niedrigeres Pensionsalter rechtfertigen (→ BFH vom 23.1.1991 – BStBl. II S. 379).

EStR 2012 zu § 6a EStG

R 6a (9) Ehegatten-Arbeitsverhältnisse – unbesetzt –

Hinweise

H 6a (9)   Anerkennungsgrundsätze

An den Nachweis der Ernsthaftigkeit von Pensionszusagen an → Arbeitnehmer-Ehegatten sind mitRücksicht auf die besonderen persönlichen Beziehungen der Vertragspartner strenge Anforderungen zu stellen. Es ist insbesondere zu prüfen, ob die Pensionszusage nach den Umständen des Einzelfalls dem Grunde und der Höhe nach angemessen ist (→ BFH vom 14.7.1989 – BStBl. II S. 969). Für Pensionszusagen, die im Rahmen eines steuerlich anzuerkennenden Arbeitsverhältnisses dem → Arbeitnehmer-Ehegatten gegeben werden, sind Pensionsrückstellungen zu bilden, wenn

  1. eine ernstlich gewollte, klar und eindeutig vereinbarte Verpflichtung vorliegt,

---
1) Siehe Anlage § 006a-24.

2. die Zusage dem Grunde nach angemessen ist und

3. der Arbeitgeber-Ehegatte auch tatsächlich mit der Inanspruchnahme aus der gegebenen Pensionszusage rechnen muss.

→ *BMF vom 4.9.1984 – BStBl. I S. 495 und vom 9.1.1986 – BStBl. I S. 7.*[1]

Arbeitnehmer-Ehegatten

Pensionszusagen zwischen Ehegatten, die im Rahmen von steuerlich anzuerkennenden Arbeitsverhältnissen (→ R 4.8) erteilt werden, sind auch steuerlich zu beachten und berechtigen zur Bildung von Pensionsrückstellungen (→ BVerfG vom 22.7.1970 – BStBl. II S. 652).

Fremdvergleich

Eine betriebliche Veranlassung einer Pensionszusage an einen Arbeitnehmer, der naher Angehöriger des Arbeitgebers ist, ist nicht allein deshalb zu verneinen, weil keine fremden Arbeitnehmer mit vergleichbaren Tätigkeitsmerkmalen im Betrieb beschäftigt werden und auch bei anderen Betrieben gleicher Größenordnung keine vergleichbaren Beschäftigungsverhältnisse ermittelt werden können. Maßgebend ist eine Gesamtwürdigung aller Umstände des konkreten Einzelfalls (→ BFH vom 18.12.2001 – BStBl. 2002 II S. 353).

Rückdeckungsversicherung

Prämienzahlungen für eine Rückdeckungsversicherung einer Pensionszusage an den Arbeitnehmer-Ehegatten können als Betriebsausgaben behandelt werden, wenn auch die Pensionszusage als rückstellungsfähig anerkannt werden kann (→ BMF vom 4.9.1984 – BStBl. I S. 495).[2]

Verpflichtungsumfang

Für die Bildung der Pensionsrückstellung bei Pensionszusagen zwischen Ehegatten in Einzelunternehmen kommt nur eine Zusage auf Alters-, Invaliden- und Waisenrente in Betracht (→ BMF vom 4.9.1984 – BStBl. I S. 495).[1]

Witwen- Witwerversorgung

Eine Zusage auf Witwen- oder Witwerversorgung ist im Rahmen von Ehegatten-Pensionszusagen in Einzelunternehmen nicht rückstellungsfähig, da hier bei Eintritt des Versorgungsfalls Anspruch und Verpflichtung in einer Person zusammenfallen (→ BMF vom 4.9.1984 – BStBl. I S. 495)[1] *– dies gilt auch dann, wenn in der Zusage vereinbart ist, dass sie durch eine mögliche Eheschließung oder Betriebsveräußerung nicht berührt wird.*

EStR 2012 zu § 6a EStG

R 6a (10) Höhe der Pensionsrückstellung

(10)[1]Als Beginn des Dienstverhältnisses ist ein früherer Zeitpunkt als der tatsächliche Dienstantritt zugrunde zu legen (sog. Vordienstzeiten), wenn auf Grund gesetzlicher Vorschriften Zeiten außerhalb des Dienstverhältnisses als Zeiten der Betriebszugehörigkeit gelten, z. B. § 8 Abs. 3 des Soldatenversorgungsgesetzes, § 6 Abs. 2 des Arbeitsplatzschutzgesetzes. [2]Bei der Ermittlung des Teilwertes einer Pensionsverpflichtung sind folgende Mindestalter zu beachten:

Erteilung der Pensionszusage	maßgebendes Mindestalter
vor dem 1.1.2001	30
nach dem 31.12.2000 und vor dem 1.1.2009	28
nach dem 31.12.2008	27

[3]Ergibt sich durch die Anrechnung von Vordienstzeiten ein fiktiver Dienstbeginn, der vor der Vollendung des nach Satz 2 maßgebenden Lebensjahres des Berechtigten liegt, gilt das Dienstverhältnis als zu Beginn des Wirtschaftsjahres begonnen, bis zu dessen Mitte der Berechtigte dieses Lebensjahr vollendet (→ § 6a Abs. 3 Satz 2 Nr. 1 letzter Satz EStG).

---

1) Siehe Anlagen § 006a-08 und § 006a-09.
2) Siehe Anlage § 006a-08.

§ 6a

Hinweise

H 6a (10) Betriebsübergang

Für die Anwendung des § 613a BGB ist entscheidend, ob das im Zeitpunkt des Betriebsübergangs bestehende Dienstverhältnis als Arbeitsverhältnis anzusehen ist (→ BFH vom 10.8.1994 – BStBl. 1995 II S. 250).

Tatsächlicher Dienstantritt

Bei der Ermittlung des Diensteintrittsalters ist – unabhängig vom Bestehen eines Rumpfwirtschaftsjahres – auf den Beginn des Kalenderjahres des Diensteintritts abzustellen (→ BFH vom 21.8.2007 – BStBl. 2008 II S. 513). Als Beginn des Dienstverhältnisses ist grundsätzlich der tatsächliche Dienstantritt im Rahmen des bestehenden Dienstverhältnisses anzusehen (→ BFH vom 25.5.1988 – BStBl. II S. 720); das Dienstverhältnis wird nicht unterbrochen, wenn der Steuerpflichtige auf Grund gesetzlicher Vorschriften in die Pflichten des Dienstverhältnisses eintritt (z. B. § 613a BGB).

Vordienstzeiten

Zur Berücksichtigung von vertraglichen Vordienstzeiten (→ BMF vom 22.12.1997 – BStBl. I S. 1020 und BFH vom 7.2.2002 (BStBl. 2005 II S. 88). [1)]

EStR 2005 zu § 6a EStG

R 6a (11)

(11) [1]Bei der Ermittlung des Teilwerts der Pensionsanwartschaft ist das vertraglich vereinbarte Pensionsalter zugrunde zu legen (Grundsatz). [2]Der Steuerpflichtige kann für alle oder für einzelne Pensionsverpflichtungen von einem höheren Pensionsalter ausgehen, sofern mit einer Beschäftigung des Arbeitnehmers bis zu diesem Alter gerechnet werden kann (erstes Wahlrecht). [3]Bei der Ermittlung des Teilwerts der Pensionsanwartschaft nach § 6a Abs. 3 EStG kann mit Rücksicht auf § 6 Betriebsrentengesetz[2)] anstelle des vertraglichen Pensionsalters nach Satz 1 für alle oder für einzelne Pensionsverpflichtungen als Zeitpunkt des Eintritts des Versorgungsfalls der Zeitpunkt der frühestmöglichen Inanspruchnahme der vorzeitigen Altersrente aus der gesetzlichen Rentenversicherung angenommen werden (zweites Wahlrecht). [4]Voraussetzung für die Ausübung des zweiten Wahlrechts ist, dass in der Pensionszusage festgelegt ist, in welcher Höhe Versorgungsleistungen von diesem Zeitpunkt an gewährt werden. [5]Bei der Ausübung des zweiten Wahlrechts braucht nicht geprüft zu werden, ob im Arbeitnehmer die sozialversicherungsrechtlichen Voraussetzungen für die vorzeitige Inanspruchnahme der Altersrente erfüllen wird. [6]Das zweite Wahlrecht kann unabhängig von der Wahl des Pensionsalters für die Berechnung der unverfallbaren Versorgungsanwartschaften nach § 2 Betriebsrentengesetz[3)] ausgeübt werden. [7]Das erste Wahlrecht ist in der Bilanz des Wirtschaftsjahrs auszuüben, in dem mit der Bildung der Pensionsrückstellung begonnen wird. [8]Das zweite Wahlrecht ist in der Bilanz des Wirtschaftsjahrs auszuüben, in dem die Festlegung nach Satz 4 getroffen worden ist. [9]Hat der Steuerpflichtige das zweite Wahlrecht ausgeübt und ändert sich danach der Zeitpunkt der frühestmöglichen Inanspruchnahme der vorzeitigen Altersrente aus der gesetzlichen Rentenversicherung (z. B. durch Beendigung des Arbeitsverhältnisses), ist die Änderung zum Ende des betreffenden Wirtschaftsjahrs zu berücksichtigen; ist in diesem Wirtschaftsjahr die Festlegung nach Satz 4 für den neuen Zeitpunkt nicht getroffen worden, ist das vertragliche Pensionsalter nach Satz 1 bei der Ermittlung des Teilwerts der Pensionsanwartschaft zugrunde zu legen. [10]Die gegenüber einem Berechtigten getroffene Wahl gilt einheitlich für die gesamte Pensionsverpflichtung, einschließlich einer etwaigen Entgeltumwandlung im Sinne von § 1 Abs. 2 Betriebsrentengesetz[4)]. [11]Der Rückstellungsbildung kann nur die Pensionsleistung zugrunde gelegt werden, die zusagegemäß bis zum Pensionsalter erreichbar ist, für das sich der Steuerpflichtige bei Ausübung der Wahlrechte entscheidet. [12]Setzt der Arbeitnehmer nach Erreichen dieses Alters seine Tätigkeit fort und erhöht sich dadurch sein Ruhegehaltsanspruch, ist der Rückstellung in dem betreffenden Wirtschaftsjahr der Unterschiedsbetrag zwischen der nach den vorstehenden Sätzen höchstzulässigen Rückstellung (Soll-Rückstellung) und dem versicherungsmathematischen Barwert der um den Erhöhungsbetrag vermehrten Pensionsleistungen zuzuführen. [13]Hat der Steuerpflichtige bei der Ermittlung des Teilwerts einer Pensionsanwartschaft bereits bisher vom zweiten Wahlrecht Gebrauch gemacht, ist er bei einer Änderung des frühestmöglichen Pensionsalters auf Grund einer gesetzlichen Neuregelung auch künftig an diese Ent-

---

1) Siehe Anlage § 006a-07.
2) Siehe Anhang 16.
3) Siehe Anhang 16.
4) Siehe Anhang 16.

scheidung gebunden; Satz 4 ist zu beachten. ¹⁴Für die sich wegen der Änderung des frühestmöglichen Pensionsalters ergebende Änderung der Teilwerte der Pensionsanwartschaft gilt das Nachholverbot, das sich aus § 6a Abs. 4 EStG herleitet, nicht. ¹⁵Liegen die in Satz 4 genannten Voraussetzungen für die Anwendung des zweiten Wahlrechts am Bilanzstichtag nicht vor, ist das vertragliche Pensionsalter nach Satz 1 bei der Ermittlung des Teilwerts der Pensionsanwartschaft zugrunde zu legen.

Hinweise

H 6a (11) Betriebliche Teilrenten
→ *BMF vom 25.4.1995 (BStBl. I S. 250)*[1]

Pensionsalter

Zu den Auswirkungen des RV-Altersgrenzenanpassungsgesetzes vom 20.4.2007 (BGBl. I S. 554) auf das bei der Pensionsrückstellungsbewertung maßgebende Pensionsalter → BMF vom 5.5.2008 (BStBl. I S. 569)[2]

EStR 2012 zu § 6a EStG

R 6a (12) Entgeltumwandlungen

(12) ¹Für Pensionsverpflichtungen, die auf nach dem 31.12.2000 vereinbarten Entgeltumwandlungen im Sinne von § 1 Abs. 2 Betriebsrentengesetz[3] beruhen, ist vor Vollendung des 28. Lebensjahres (für nach dem 31.12. 2008 erstmals erteilte Pensionszusagen: des 27. Lebensjahres) des Pensionsberechtigten eine Rückstellung in Höhe des Barwerts der nach den §§ 1 und 2 Betriebsrentengesetz[4] unverfallbaren künftigen Pensionsleistungen zu bilden (§ 6a Abs. 2 Nr. 1 zweite Alternative und § 6a Abs. 3 Satz 2 Nr. 1 Satz 6 zweiter Halbsatz EStG); nach Vollendung des 28. Lebensjahres (für nach dem 31.12. 2008 erstmals erteilte Pensionszusagen: des 27. Lebensjahres) des Pensionsberechtigten ist für diese Pensionsverpflichtungen für die Ermittlung des Teilwerts nach § 6a Abs. 3 Satz 2 Nr. 1 Satz 1 1. Halbsatz EStG eine Vergleichsrechnung erforderlich. ²Dabei sind der Wert nach § 6a Abs. 3 Satz 2 Nr. 1 Satz 1 1. Halbsatz EStG und der Barwert der unverfallbaren künftigen Pensionsleistungen zu berechnen; der höhere Wert ist anzusetzen. ³Bei der Vergleichsrechnung sind die für einen Berechtigten nach dem 31.12.2000 vereinbarten Entgeltumwandlungen als Einheit zu behandeln. ⁴Die Regelungen des Satzes 1 gelten nicht für Pensionsverpflichtungen, soweit sie auf Grund einer vertraglichen Vereinbarung unverfallbar sind.

Hinweise

H 6a (12) Übertragung von Pensionszusagen auf Pensionsfonds

Zur Übertragung von Versorgungsverpflichtungen und Versorgungsanwartschaften auf Pensionsfonds nach § 4a Abs. 3 EStG i.V.m. § 3 Nr. 66 EStG → BMF vom 26.10.2006 (BStBl. I S. 709)[5]

EStR 2012 zu § 6a EStG

R 6a (13) Arbeitgeberwechsel[6]

(13) Übernimmt ein Steuerpflichtiger in einem Wirtschaftsjahr eine Pensionsverpflichtung gegenüber einem Arbeitnehmer, der bisher in einem anderen Unternehmen tätig gewesen ist, unter gleichzeitiger Übernahme von Vermögenswerten, ist bei der Ermittlung des Teilwerts der Verpflichtung der Jahresbetrag im Sinne des § 6a Abs. 3 Satz 2 Nr. 1 EStG so zu bemessen, dass zu Beginn des Wirtschaftsjahrs der Übernahme der Barwert der Jahresbeträge zusammen mit den übernommenen Vermögenswerten gleich dem Barwert der künftigen Pensionsleistungen ist; dabei darf sich kein negativer Jahresbetrag ergeben.

---

1) Siehe Anlage § 006a-04.
2) Siehe Anlage § 006a-02.
3) Siehe Anhang 16.
4) Siehe Anhang 16.
5) Siehe Anlage § 004e-01.
6) → § 5 Abs. 7 Satz 4 EStG.

§ 6a

R 6a (14) Berücksichtigung von Renten aus der gesetzlichen Rentenversicherung

(14) Sieht die Pensionszusage vor, dass die Höhe der betrieblichen Rente in bestimmter Weise von der Höhe der Renten aus der gesetzlichen Rentenversicherung abhängt, so darf die Pensionsrückstellung in diesen Fällen nur auf der Grundlage der von dem Unternehmen nach Berücksichtigung der Renten aus der gesetzlichen Rentenversicherung tatsächlich noch selbst zu zahlenden Beträge berechnet werden.

Hinweise

H 6a (14) Näherungsverfahren

> Zur Berücksichtigung von Renten aus der gesetzlichen Rentenversicherung → BMF vom 5.5.2008, BStBl. I S. 570). [1]

EStR 2012 zu § 6a EStG

R 6a (15) Doppelfinanzierung

(15) [1]Wenn die gleichen Versorgungsleistungen an denselben Empfängerkreis sowohl über eine Pensions- oder Unterstützungskasse oder einen Pensionsfonds als auch über Pensionsrückstellungen finanziert werden sollen, ist die Bildung einer Pensionsrückstellung nicht zulässig. [2]Eine schädliche Überschneidung liegt dagegen nicht vor, wenn es sich um verschiedene Versorgungsleistungen handelt, z. B. bei der Finanzierung der Invaliditätsrenten über Pensions- oder Unterstützungskassen und der Altersrenten über Pensionsrückstellungen oder der Finanzierung rechtsverbindlich zugesagter Leistungen über Rückstellungen und darüber hinausgehender freiwilliger Leistungen über eine Unterstützungskasse.

Hinweise

H 6a (15) Überschneidung

> Die Bildung von Pensionsrückstellungen und Zuwendungen an Pensions- und Unterstützungskassen schließen sich gegenseitig aus → BFH vom 12.1.1958 – BStBl. III S. 186).

EStR 2012 zu § 6a EStG

R 6a (16) Handelsvertreter

(16) [1]Sagt der Unternehmer dem selbständigen Handelsvertreter eine Pension zu, muss sich der Handelsvertreter die versprochene Versorgung nach § 89b Abs. 1 Satz 1 Nr. 3 HGB[2] auf seinen Ausgleichsanspruch anrechnen lassen. [2]Die Pensionsverpflichtung des Unternehmers wird also durch die Ausgleichsverpflichtung nicht gemindert, es sei denn, es ist etwas anderes vereinbart.

R 6a (17) Stichtagsprinzip

(17) [1]Für die Bildung der Pensionsrückstellung sind die Verhältnisse am Bilanzstichtag maßgebend. [2]Änderungen der Bemessungsgrundlagen, die erst nach dem Bilanzstichtag wirksam werden, sind zu berücksichtigen, wenn sie am Bilanzstichtag bereits feststehen. [3]Danach sind Erhöhungen von Anwartschaften und laufenden Renten, die nach dem Bilanzstichtag eintreten, in die Rückstellungsberechnung zum Bilanzstichtag einzubeziehen, wenn sowohl ihr Ausmaß als auch der Zeitpunkt ihres Eintritts am Bilanzstichtag feststehen. [4]Wird die Höhe der Pension z. B. von Bezugsgrößen der gesetzlichen Rentenversicherung beeinflusst, sind künftige Änderungen dieser Bezugsgrößen, die am Bilanzstichtag bereits feststehen, z. B. die ab 1.1. des Folgejahrs geltende Beitragsbemessungsgrenze, bei der Berechnung der Pensionsrückstellung zum Bilanzstichtag zu berücksichtigen. [5]Die für das Folgejahr geltenden Bezugsgrößen stehen in dem Zeitpunkt fest, in dem die jeweilige Sozialversicherungs-Rechengrößenverordnung im Bundesgesetzblatt verkündet wird.

Hinweise

H 6a (17) Mehrjährige Gehaltssteigerung (Beispiel):

> Ein Arbeitnehmer hat eine Pensionszusage in Höhe von 10% des letzten vor Eintritt des Versorgungsfalls bezogenen Gehalts. Am 10.12.01 wird rechtsverbindlich vereinbart, dass sich das derzeitige Gehalt von 3 000,– € mit Wirkung vom 1.4.02 auf 3 150,– € und mit Wirkung

---

1) Siehe Anlage § 006a-02.
2) Jetzt § 89b Abs. 1 Satz 1 Nr. 2 HGB.

vom 1.2.03 auf 3 250,– € erhöht. Die dadurch vereinbarten Erhöhungen des Pensionsanspruchs von 15,– € monatlich zum 1.4.02 und von 10 € monatlich zum 1.2.03 sind bereits bei der Rückstellungsberechnung zum 31.12.01 zu berücksichtigen.

Steigerungen der Versorgungsansprüche

Fest zugesagte prozentuale Rentenerhöhungen sind bei der Bewertung der Pensionsrückstellung zu berücksichtigen (→ BFH vom 17.5.1995 – BStBl. 1996 II S. 423); Entsprechendes gilt für zugesagte prozentuale Steigerungen der Rentenanwartschaft (→ BFH vom 25.10.1995 – BStBl. 1996 II S. 403).

Mögliche künftige Anpassungen nach § 16 Abs. 1 Betriebsrentengesetz[1] *sind nicht rückstellungsfähig (→ BFH vom 6.12.1995 – BStBl. 1996 II S. 406).*

Überversorgung

– *Zur bilanzsteuerrechtlichen Berücksichtigung von überdurchschnittlich hohen Versorgungsanwartschaften (Überversorgung) → BMF vom 3.11.2004 (BStBl. I S. 1045)*[2] *und vom 16.6.2008 (BStBl. I S. 681).*[3]

– *Wird eine Versorgungszusage trotz dauerhaft reduzierter Aktivbezüge nicht ihrerseits vermindert, liegt eine Überversorgung vor, die zu einer Kürzung der Pensionsrückstellung nach § 6a EStG führt (→ BFH vom 27.3.2012 – BStBl. II S. I R 56/11).*

Wertpapiergebundene Pensionszusagen

Pensionsrückstellungen können nur insoweit gebildet werden, als der Versorgungsanspruch auf die garantierte Mindestleistung entfällt. Zusätzliche Leistungen, die vom Wert bestimmter Wertpapiere (z. B. Fondsanteile, Aktien) zu einem festgelegten künftigen Zeitpunkt (z. B. Eintritt des Versorgungsfalles) abhängen, sind nicht zu berücksichtigen (→ BMF vom 17.12.2002 – BStBl. I S. 1397).[4]

EStR 2012 zu § 6a EStG

R 6a (18) Inventurerleichterung

(18) ¹Die Pensionsverpflichtungen sind grundsätzlich auf Grund einer körperlichen Bestandsaufnahme (Feststellung der pensionsberechtigten Personen und der Höhe ihrer Pensionsansprüche) für den Bilanzstichtag zu ermitteln. ²In Anwendung von § 241 Abs. 3 HGB[5] kann der für die Berechnung der Pensionsrückstellungen maßgebende Personenstand auch auf einen Tag (Inventurstichtag) innerhalb von drei Monaten vor oder zwei Monaten nach dem Bilanzstichtag aufgenommen werden, wenn sichergestellt ist, dass die Pensionsverpflichtungen für den Bilanzstichtag ordnungsgemäß bewertet werden können. ³Es ist nicht zu beanstanden, wenn im Fall der Vorverlegung der Bestandsaufnahme bei der Berechnung der Pensionsrückstellungen wie folgt verfahren wird:

1. Die für den Inventurstichtag festgestellten Pensionsverpflichtungen sind bei der Berechnung der Pensionsrückstellungen für den Bilanzstichtag mit ihrem Wert vom Bilanzstichtag anzusetzen.

2. ¹Aus Vereinfachungsgründen können bei der Berechnung der Pensionsrückstellungen für den Bilanzstichtag die folgenden Veränderungen der Pensionsverpflichtungen, die in der Zeit vom Inventurstichtag bis zum Bilanzstichtag eintreten, unberücksichtigt bleiben:

   a) Veränderungen, die auf biologischen Ursachen, z. B. Tod, Invalidität, beruhen;

   b) Veränderungen durch normale Zu- oder Abgänge von pensionsberechtigten Personen oder durch Übergang in eine andere Gehalts- oder Pensionsgruppe, z. B. Beförderung. ²Außergewöhnliche Veränderungen, z. B. Stillegung oder Eröffnung eines Teilbetriebs, bei Massenentlassungen oder bei einer wesentlichen Erweiterung des Kreises der pensionsberechtigten Personen, sind bei der Rückstellungsberechnung für den Bilanzstichtag zu berücksichtigen.

   ²Allgemeine Leistungsänderungen für eine Gruppe von Verpflichtungen, die nicht unter Satz 1 Buchstabe a oder b fallen, sind bei der Rückstellungsberechnung für den Bilanzstichtag mindestens näherungsweise zu berücksichtigen; für den folgenden Bilanzstichtag ist der sich dann ergebende tatsächliche Wert anzusetzen.

---

1) Siehe Anhang 16.
2) Siehe Anlage § 006a-17.
3) Siehe Anlage § 006a-21.
4) Siehe Anlage § 006a-14.
5) Siehe Anhang 15.

§ 6a

3. Soweit Veränderungen der Pensionsverpflichtungen nach Nummer 2 bei der Berechnung der Rückstellungen für den Bilanzstichtag unberücksichtigt bleiben, sind sie zum nächsten Bilanzstichtag bis zur steuerlich zulässigen Höhe zu berücksichtigen.
4. Werden werterhöhende Umstände, die nach Nummer 2 bei der Berechnung der Rückstellungen für den Bilanzstichtag unberücksichtigt bleiben können, dennoch in die Rückstellungsberechnung einbezogen, sind bei der Rückstellungsberechnung auch wertmindernde Umstände, die nach Nummer 2 außer Betracht bleiben können, zu berücksichtigen.
5. ¹Die Nummern 2 bis 4 gelten nicht, wenn bei einem Steuerpflichtigen am Inventurstichtag nicht mehr als 20 Pensionsberechtigte vorhanden sind. ²Sie gelten ferner nicht für Vorstandsmitglieder und Geschäftsführer von Kapitalgesellschaften.

R 6a (19) Ausscheiden eines Anwärters

(19) ¹Die Rückstellung für Pensionsverpflichtungen gegenüber einer Person, die mit einer unverfallbaren Versorgungsanwartschaft ausgeschieden ist, ist beizubehalten, solange das Unternehmen mit einer späteren Inanspruchnahme zu rechnen hat. ²Sofern dem Unternehmen nicht bereits vorher bekannt ist, dass Leistungen nicht zu gewähren sind, braucht die Frage, ob mit einer Inanspruchnahme zu rechnen ist, erst nach Erreichen der vertraglich vereinbarten Altersgrenze geprüft zu werden. ³Steht bis zum Ende des Wirtschaftsjahrs, das auf das Wirtschaftsjahr des Erreichens der Altersgrenze folgt, die spätere Inanspruchnahme nicht fest, so ist die Rückstellung zu diesem Zeitpunkt aufzulösen.

Hinweise

H 6a (19) Ablösung der Rente

> *Bei der Bewertung einer Pensionsverpflichtung kann eine Ablösungsvereinbarung erst berücksichtigt werden, wenn sie feststeht (→ BFH vom 7.4.1994 – BStBl. II S. 740).*

EStR 2012 zu § 6a EStG

R 6a (20) Zuführung zur Pensionsrückstellung

(20) Nach § 249 HGB[1)] in Verbindung mit § 6a Abs. 4 EStG muss in einem Wirtschaftsjahr der Rückstellung der Unterschiedsbetrag zwischen dem Teilwert am Schluss des Wirtschaftsjahrs und dem Teilwert am Schluss des vorangegangenen Wirtschaftsjahrs zugeführt werden.

Hinweise

H 6a (20) Nachholverbot

> – *Das Nachholverbot gilt nicht, wenn am Schluss des vorangegangenen Wirtschaftsjahres eine Pensionsverpflichtung bestand, für die in der Vorjahresbilanz keine Rückstellung gebildet werden konnte. Entsprechendes gilt, wenn zwar in der Vorjahresbilanz eine Pensionsrückstellung gebildet werden, diese aber nur einen Teil der bestehenden Verpflichtung abdecken durfte (→ BFH vom 8.10.2008 – BStBl. 2010 II S. 186).*
>
> – *Ist eine Rückstellung nicht gebildet worden, weil ihr die BFH-Rechtsprechung entgegenstand, so führt die Aufgabe dieser Rechtsprechung nicht dazu, dass für die Zeit bis zur Aufgabe dieser Rechtsprechung das Nachholverbot des § 6a Abs. 4 EStG gilt. Die Rückstellung kann spätestens in dem Jahr, in dem die Rechtsprechung aufgegeben wird, in vollem Umfang nachgeholt werden (→ BFH vom 7.4.1994 -BStBl. II S. 740).*
>
> – *Das Nachholverbot ist auch bei Pensionsrückstellungen anzuwenden, die in einem vorangegangenen Wirtschaftsjahr aufgrund einer zulässigen Bewertungsmethode niedriger als möglich bewertet worden sind (→ BFH vom 10.7.2002 – BStBl. 2003 II S. 936).*
>
> – *Beruht der fehlende oder fehlerhafte Ansatz einer Pensionsrückstellung auf einen Rechtsirrtum, ist das Nachholverbot anzuwenden. Das gilt unabhängig davon, ob nach den Umständen des jeweiligen Einzelfalles eine willkürliche Gewinnverschiebung anzunehmen ist (→ BMF vom 11.12.2003 – BStBl. I S. 746).*
>
> – *Wurde infolge eines Berechnungsfehlers eine Pensionsrückstellung in einer früheren Bilanz mit einem Wert angesetzt, der unterhalb des Teilwerts liegt, greift das Nachholverbot (→ BFH vom 14.1.2009 – BStBl. II S. 457).*

---

1) Siehe Anhang 15.

– Das Nachholverbot geht dem Grundsatz des formellen Bilanzzusammenhangs vor (→ BFH vom 13.2.2008 – BStBl. II S. 673).

EStR 2012 zu § 6a EStG

R 6a (21) Auflösung der Pensionsrückstellung

(21) ¹Auflösungen oder Teilauflösungen in der Steuerbilanz sind nur insoweit zulässig, als sich die Höhe der Pensionsverpflichtung gemindert hat. ²Wird die Pensionszusage widerrufen (→ Absätze 3 bis 6), ist die Pensionsrückstellung in der nächstfolgenden Bilanz gewinnerhöhend aufzulösen und ist erst wieder zu passivieren, wenn die Zusage mit unschädlichen Vorbehalten wieder in Kraft gesetzt wird (z. B. durch rechtskräftiges Urteil oder Vergleich). ³Ist die Rückstellung ganz oder teilweise aufgelöst worden, ohne dass sich die Pensionsverpflichtung entsprechend geändert hat, ist die Steuerbilanz insoweit unrichtig. ⁴Dieser Fehler ist im Wege der Bilanzberichtigung (→ R 4.4) zu korrigieren. ⁵Dabei ist die Rückstellung in Höhe des Betrags anzusetzen, der nicht hätte aufgelöst werden dürfen, höchstens jedoch mit dem Teilwert der Pensionsverpflichtung.

Hinweise

H 6a (21) Richttafeln 2005 G
→ BMF vom 16.12.2005 (BStBl. I S. 1054) [1])

EStR 2012 zu § 6a EStG

R 6a (22)

(22) ¹Nach dem Zeitpunkt des vertraglich vorgesehenen Eintritts des Versorgungsfalles oder eines gewählten früheren Zeitpunktes (→ zweites Wahlrecht, Absatz 11 Satz 3) ist die Pensionsrückstellung in jedem Wirtschaftsjahr in Höhe des Unterschiedsbetrages zwischen dem versicherungsmathematischen Barwert der künftigen Pensionsleistungen am Schluss des Wirtschaftsjahres und der am Schluss des vorangegangenen Wirtschaftsjahres passivierten Pensionsrückstellung gewinnerhöhend aufzulösen; die laufenden Pensionsleistungen sind dabei als Betriebsausgaben abzusetzen. ²Eine Pensionsrückstellung ist auch dann in Höhe des Unterschiedsbetrages nach Satz 1 aufzulösen, wenn der Pensionsberechtigte nach dem Zeitpunkt des vertraglich vorgesehenen Eintritts des Versorgungsfalles noch weiter gegen Entgelt tätig bleibt („technischer Rentner"), es sei denn, dass bereits die Bildung der Rückstellung auf die Zeit bis zu dem voraussichtlichen Ende der Beschäftigung des Arbeitnehmers verteilt worden ist (→ Absatz 11). ³Ist für ein Wirtschaftsjahr, das nach dem Zeitpunkt des vertraglich vorgesehenen Eintritts des Versorgungsfalls endet, die am Schluss des vorangegangenen Wirtschaftsjahrs ausgewiesene Rückstellung niedriger als der versicherungsmathematische Barwert der künftigen Pensionsleistungen am Schluss des Wirtschaftsjahrs, darf die Rückstellung erst von dem Wirtschaftsjahr ab aufgelöst werden, in dem der Barwert der künftigen Pensionsleistungen am Schluss des Wirtschaftsjahrs niedriger ist als der am Schluss des vorangegangenen Wirtschaftsjahrs ausgewiesene Betrag der Rückstellung. ⁴In dem Wirtschaftsjahr, in dem eine bereits laufende Pensionsleistung herabgesetzt wird oder eine Hinterbliebenenrente beginnt, darf eine bisher ausgewiesene Rückstellung, die höher ist als der Barwert, nur bis zur Höhe dieses Barwerts aufgelöst werden.

R 6a (23) Rückdeckungsversicherung

(23)¹Eine aufschiebend bedingte Abtretung des Rückdeckungsanspruchs an den pensionsberechtigten Arbeitnehmer für den Fall, dass der Pensionsanspruch durch bestimmte Ereignisse gefährdet wird, z. B. bei Insolvenz des Unternehmens, wird – soweit er nicht im Insolvenzfall nach § 9 Abs. 2 Betriebsrentengesetz [2]) auf den Träger der Insolvenzsicherung übergeht – erst wirksam, wenn die Bedingung eintritt (§ 158 Abs. 1 BGB). ²Die Rückdeckungsversicherung behält deshalb bis zum Eintritt der Bedingung ihren bisherigen Charakter bei. ³Wird durch Eintritt der Bedingung die Abtretung an den Arbeitnehmer wirksam, wird die bisherige Rückdeckungsversicherung zu einer Direktversicherung.

---

1) Siehe Anlage § 006a-19.
2) Siehe Anhang 16.

§ 6a

Hinweise

H 6a (23) Begriff der Rückdeckungsversicherung

Eine Rückdeckungsversicherung liegt vor, wenn
- *dem Arbeitnehmer ausreichend bestimmt eine Versorgung aus den Mitteln des Arbeitgebers zugesagt ist,*
- *zur Gewährleistung der Mittel für die Ausführung dieser Versorgung eine Sicherheit geschaffen ist,*
- *die Sicherung nicht zusätzlich den Belangen des Arbeitnehmers dient, sondern allein oder überwiegend den Belangen des Arbeitgebers zu dienen bestimmt ist.*

Das ist gewährleistet, wenn der Arbeitgeber Versicherungsnehmer, alleiniger Prämienzahler und Bezugsberechtigter auf die Versicherungsleistungen ist (BFH vom 28.6.2001 – BStBl. 2002 II S. 724).

Getrennte Bilanzierung

Der Rückdeckungsanspruch einerseits und die Pensionsverpflichtung andererseits stellen unabhängig voneinander zu bilanzierende Wirtschaftsgüter dar (→ BFH vom 25.2.2004 – BStBl. II S. 654). Eine Saldierung des Rückdeckungsanspruches mit der Pensionsrückstellung ist auch dann nicht zulässig, wenn eine solche nicht passiviert werden muss, weil es sich um eine Altzusage (→ R 6a Abs. 1 Satz 3) handelt (→ BFH vom 28.6.2001 – BStBl. 2002 II S. 724). Auch bei Rückdeckung in voller Höhe (kongruente Rückdeckung) ist eine Saldierung nicht zulässig (→ BFH vom 25.2.2004 – BStBl. II S. 654).

Rückdeckungsanspruch

- *Ansprüche aus der Rückdeckung von Pensionsverpflichtungen sind als Forderungen grundsätzlich mit ihren Anschaffungskosten anzusetzen. Das sind die bis zum jeweiligen Bilanzstichtag vom Versicherungsnehmer unmittelbar aufgewendeten Spareanteile der Versicherungsprämien (Sparbeiträge) zzgl. der Zinsansprüche sowie der Guthaben aus Überschussbeteiligungen. Hierfür ist das vom Versicherer jeweils nachgewiesene Deckungskapital (Deckungsrückstellung) die Bewertungsgrundlage und der Bewertungsmaßstab. Hierzu gehören alle aus dem Versicherungsvertragsverhältnis resultierenden Ansprüche gegen den Versicherer (z. B. Guthaben aus Überschussbeteiligungen, verzinsliche Ansammlungen, Anwartschaft auf Hinterbliebenenleistungen usw.). Eine Begrenzung des Bilanzansatzes auf den Betrag der passivierten Pensionsrückstellung ist nicht zulässig (→ BFH vom 25.2.2004 – BStBl. II S. 654).*
- *Der Anspruch aus der Rückdeckung einer Zusage auf Hinterbliebenenversorgung ist mit dem vom Versicherer nachgewiesenen Deckungskapital (Deckungsrückstellung) zu aktivieren (→ BFH vom 9.8.2006 – BStBl. II S. 762).*
- *Der Anspruch aus einer Kapitallebensversicherung, die mit einer Berufsunfähigkeits-Zusatzversicherung kombiniert ist, ist auch nach Eintritt der Berufsunfähigkeit als ein einheitliches Wirtschaftsgut zu aktivieren und mit dem Rechnungszinssatz zu bemessen, den der Versicherer für die Berechnung der Deckungsrückstellung für die Lebensversicherung verwendet hat (→ BFH vom 10.6.2009 – BStBl. 2010 II S. 32).*

Teilwertabschreibung

Eine Teilwertabschreibung von Ansprüchen aus der Rückdeckung von Pensionsverpflichtungen kommt nur in Betracht, wenn besondere Anhaltspunkte vorliegen, die den Abschluss der Rückdeckungsversicherung als geschäftliche Fehlmaßnahme erscheinen lassen. Die Tatsache, dass der Rückkaufswert einer Versicherung das angesammelte Deckungskapital regelmäßig unterschreitet, rechtfertigt keine Teilwertabschreibung auf diesen Wert, solange der Rückkauf nicht beabsichtigt ist oder wenn der Rückkauf mit Rentenbeginn ausgeschlossen ist (→ BFH vom 25.2.2004 – BStBl. II S. 654).

Vereinfachungsregelung

Wegen einer Vereinfachungsregelung bei der Aktivierung des Rückdeckungsanspruches → BMF vom 30.6.1975 (BStBl. I S. 716) A IV Abs. 25.

Rechtsprechungsauswahl

BFH vom 3.3.2010 I R 31/09 (BStBl. 2013 II S. 781): Bildung von Pensionsrückstellungen nach § 6a EStG für gewinnabhängige Pensionsleistungen

§ 6a

BFH vom 27.3.12 I R 56/11 (BStBl. II S. 665): Wird eine Versorgungszusage trotz dauerhaft reduzierter Aktivbezüge nicht entsprechend vermindert, liegt eine sog. Überversorgung vor, die zu einer Kürzung der Pensionsrückstellung nach § 6a EStG führt

§ 6b

§ 6b Übertragung stiller Reserven bei der Veräußerung bestimmter Anlagegüter

(1) ¹Steuerpflichtige, die

Grund und Boden,

Aufwuchs auf Grund und Boden mit dem dazugehörigen Grund und Boden, wenn der Aufwuchs zu einem land- und forstwirtschaftlichen Betriebsvermögen gehört,

Gebäude oder Binnenschiffe

veräußern, können im Wirtschaftsjahr der Veräußerung von den Anschaffungs- oder Herstellungskosten der in Satz 2 bezeichneten Wirtschaftsgüter, die im Wirtschaftsjahr der Veräußerung oder im vorangegangenen Wirtschaftsjahr angeschafft oder hergestellt worden sind, einen Betrag bis zur Höhe des bei der Veräußerung entstandenen Gewinns abziehen. ²Der Abzug ist zulässig bei den Anschaffungs- oder Herstellungskosten von

1. Grund und Boden,

    soweit der Gewinn bei der Veräußerung von Grund und Boden entstanden ist,

2. Aufwuchs auf Grund und Boden mit dem dazugehörigen Grund und Boden, wenn der Aufwuchs zu einem land- und forstwirtschaftlichen Betriebsvermögen gehört,

    soweit der Gewinn bei der Veräußerung von Grund und Boden oder der Veräußerung von Aufwuchs auf Grund und Boden mit dem dazugehörigen Grund und Boden entstanden ist,

3. Gebäuden,

    soweit der Gewinn bei der Veräußerung von Grund und Boden, von Aufwuchs auf Grund und Boden mit dem dazugehörigen Grund und Boden oder Gebäuden entstanden ist, oder

4. Binnenschiffen, soweit der Gewinn bei der Veräußerung von Binnenschiffen entstanden ist.

³Der Anschaffung oder Herstellung von Gebäuden steht ihre Erweiterung, ihr Ausbau oder ihr Umbau gleich. ⁴Der Abzug ist in diesem Fall nur von dem Aufwand für die Erweiterung, den Ausbau oder den Umbau der Gebäude zulässig.

(2) ¹Gewinn im Sinne des Absatzes 1 Satz 1 ist der Betrag, um den der Veräußerungspreis nach Abzug der Veräußerungskosten den Buchwert übersteigt, mit dem das veräußerte Wirtschaftsgut im Zeitpunkt der Veräußerung anzusetzen gewesen wäre. ²Buchwert ist der Wert, mit dem ein Wirtschaftsgut nach § 6 anzusetzen ist.

(3) ¹Soweit Steuerpflichtige den Abzug nach Absatz 1 nicht vorgenommen haben, können sie im Wirtschaftsjahr der Veräußerung eine den steuerlichen Gewinn mindernde Rücklage bilden. ²Bis zur Höhe dieser Rücklage können sie von den Anschaffungs- oder Herstellungskosten der in Absatz 1 Satz 2 bezeichneten Wirtschaftsgüter, die in den folgenden vier Wirtschaftsjahren angeschafft oder hergestellt worden sind, im Wirtschaftsjahr ihrer Anschaffung oder Herstellung einen Betrag unter Berücksichtigung der Einschränkungen des Absatzes 1 Satz 2 bis 4 abziehen. ³Die Frist von vier Jahren verlängert sich bei neu hergestellten Gebäuden auf sechs Jahre, wenn mit ihrer Herstellung vor dem Schluss des vierten auf die Bildung der Rücklage folgenden Wirtschaftsjahres begonnen worden ist. ⁴Die Rücklage ist in Höhe des abgezogenen Betrags gewinnerhöhend aufzulösen. ⁵Ist eine Rücklage am Schluss des vierten auf ihre Bildung folgenden Wirtschaftsjahres noch vorhanden, so ist sie in diesem Zeitpunkt gewinnerhöhend aufzulösen, soweit nicht ein Abzug von den Herstellungskosten von Gebäuden in Betracht kommt, mit deren Herstellung bis zu diesem Zeitpunkt begonnen worden ist; ist die Rücklage am Schluss des sechsten auf ihre Bildung folgenden Wirtschaftsjahres noch vorhanden, so ist sie in diesem Zeitpunkt gewinnerhöhend aufzulösen.

(4) ¹Voraussetzung für die Anwendung der Absätze 1 und 3 ist, dass

1. der Steuerpflichtige den Gewinn nach § 4 Abs. 1 oder § 5 ermittelt,

2. die veräußerten Wirtschaftsgüter im Zeitpunkt der Veräußerung mindestens sechs Jahre ununterbrochen zum Anlagevermögen einer inländischen Betriebsstätte gehört haben.

§ 6b

3. die angeschafften oder hergestellten Wirtschaftsgüter zum Anlagevermögen einer inländischen Betriebsstätte gehören,
4. der bei der Veräußerung entstandene Gewinn bei der Ermittlung des im Inland steuerpflichtigen Gewinns nicht außer Ansatz bleibt und
5. der Abzug nach Absatz 1 und die Bildung und Auflösung der Rücklage nach Absatz 3 in der Buchführung verfolgt werden können.

²Der Abzug nach den Absätzen 1 und 3 ist bei Wirtschaftsgütern, die zu einem land- und forstwirtschaftlichen Betrieb gehören oder der selbständigen Arbeit dienen, nicht zulässig, wenn der Gewinn bei der Veräußerung von Wirtschaftsgütern eines Gewerbebetriebs entstanden ist.

(5) An die Stelle der Anschaffungs- oder Herstellungskosten im Sinne des Absatzes 1 tritt in den Fällen, in denen das Wirtschaftsgut im Wirtschaftsjahr vor der Veräußerung angeschafft oder hergestellt worden ist, der Buchwert am Schluss des Wirtschaftsjahrs der Anschaffung oder Herstellung.

(6) ¹Ist ein Betrag nach Absatz 1 oder 3 abgezogen worden, so tritt für die Absetzungen für Abnutzung oder Substanzverringerung oder in den Fällen des § 6 Abs. 2 und Absatz 2a im Wirtschaftsjahr des Abzugs der verbleibende Betrag an die Stelle der Anschaffungs- oder Herstellungskosten. ²In den Fällen des § 7 Abs. 4 Satz 1 und Abs. 5 sind die um den Abzugsbetrag nach Absatz 1 oder 3 geminderten Anschaffungs- oder Herstellungskosten maßgebend.

(7) Soweit eine nach Absatz 3 Satz 1 gebildete Rücklage gewinnerhöhend aufgelöst wird, ohne dass ein entsprechender Betrag nach Absatz 3 abgezogen wird, ist der Gewinn des Wirtschaftsjahres, in dem die Rücklage aufgelöst wird, für jedes volle Wirtschaftsjahr, in dem die Rücklage bestanden hat, um 6 Prozent des aufgelösten Rücklagenbetrags zu erhöhen.

(8) ¹Werden Wirtschaftsgüter im Sinne des Absatzes 1 zum Zweck der Vorbereitung oder Durchführung von städtebaulichen Sanierungs- oder Entwicklungsmaßnahmen an einen der in Satz 2 bezeichneten Erwerber übertragen, sind die Absätze 1 bis 7 mit der Maßgabe anzuwenden, dass

1. die Fristen des Absatzes 3 Satz 2, 3 und 5 sich jeweils um drei Jahre verlängern und
2. an die Stelle der in Absatz 4 Nr. 2 bezeichneten Frist von sechs Jahren eine Frist von zwei Jahren tritt.

²Erwerber im Sinne des Satzes 1 sind Gebietskörperschaften, Gemeindeverbände, Verbände im Sinne des § 166 Abs. 4 des Baugesetzbuchs, Planungsverbände nach § 205 des Baugesetzbuchs, Sanierungsträger nach § 157 des Baugesetzbuchs, Entwicklungsträger nach § 167 des Baugesetzbuchs sowie Erwerber, die städtebauliche Sanierungsmaßnahmen als Eigentümer selbst durchführen (§ 147 Abs. 2 und § 148 Abs. 1 des Baugesetzbuchs).

(9) Absatz 8 ist nur anzuwenden, wenn die nach Landesrecht zuständige Behörde bescheinigt, dass die Übertragung der Wirtschaftsgüter zum Zweck der Vorbereitung oder Durchführung von städtebaulichen Sanierungs- oder Entwicklungsmaßnahmen an einen der in Absatz 8 Satz 2 bezeichneten Erwerber erfolgt ist.

(10) ¹Steuerpflichtige, die keine Körperschaften, Personenvereinigungen oder Vermögensmassen sind, können Gewinne aus der Veräußerung von Anteilen an Kapitalgesellschaften bis zu einem Betrag von 500 000 Euro auf die im Wirtschaftsjahr der Veräußerung oder in den folgenden zwei Wirtschaftsjahren angeschafften Anteile an Kapitalgesellschaften oder angeschafften oder hergestellten abnutzbaren beweglichen Wirtschaftsgüter oder auf die im Wirtschaftsjahr der Veräußerung oder in den folgenden vier Wirtschaftsjahren angeschafften oder hergestellten Gebäude nach Maßgabe der Sätze 2 bis 11 übertragen. ²Wird der Gewinn im Jahr der Veräußerung auf Gebäude oder abnutzbare bewegliche Wirtschaftsgüter übertragen, so kann ein Betrag bis zur Höhe des bei der Veräußerung entstandenen und nicht nach § 3 Nr. 40 Satz 1 Buchstabe a und b in Verbindung mit § 3c Abs. 2 steuerbefreiten Betrags von den Anschaffungs- oder Herstellungskosten für Gebäude oder abnutzbare bewegliche Wirtschaftsgüter abgezogen werden. ³Wird der Gewinn im Jahr der Veräußerung

§ 6b

auf Anteile an Kapitalgesellschaften übertragen, mindern sich die Anschaffungskosten der Anteile an Kapitalgesellschaften in Höhe des Veräußerungsgewinns einschließlich des nach § 3 Nr. 40 Satz 1 Buchstabe a und b in Verbindung mit § 3c Abs. 2 steuerbefreiten Betrages. [4]Absatz 2, Absatz 4 Satz 1 Nr. 1, 2, 3, 5 und Satz 2 sowie Absatz 5 sind sinngemäß anzuwenden. [5]Soweit Steuerpflichtige den Abzug nach den Sätzen 1 bis 4 nicht vorgenommen haben, können sie eine Rücklage nach Maßgabe des Satzes 1 einschließlich des nach § 3 Nr. 40 Satz 1 Buchstabe a und b in Verbindung mit § 3c Abs. 2 steuerbefreiten Betrages bilden. [6]Bei der Auflösung der Rücklage gelten die Sätze 2 und 3 sinngemäß. [7]Im Fall des Satzes 2, ist die Rücklage in gleicher Höhe um den nach § 3 Nr. 40 Satz 1 Buchstabe a und b in Verbindung mit § 3c Abs. 2 steuerbefreiten Betrag aufzulösen. [8]Ist eine Rücklage am Schluss des vierten auf ihre Bildung folgenden Wirtschaftsjahres noch vorhanden, so ist sie in diesem Zeitpunkt gewinnerhöhend aufzulösen. [9]Soweit der Abzug nach Satz 6 nicht vorgenommen wurde, ist der Gewinn des Wirtschaftsjahres, in dem die Rücklage aufgelöst wird, für jedes volle Wirtschaftsjahr, in dem die Rücklage bestanden hat, um 6 Prozent des nicht nach § 3 Nr. 40 Satz 1 Buchstabe a und b in Verbindung mit § 3c Abs. 2 steuerbefreiten aufgelösten Rücklagenbetrags zu erhöhen. [10]Für die zum Gesamthandsvermögen von Personengesellschaften oder Gemeinschaften gehörenden Anteile an Kapitalgesellschaften gelten die Sätze 1 bis 9 nur, soweit an den Personengesellschaften und Gemeinschaften keine Körperschaften, Personenvereinigungen oder Vermögensmassen beteiligt sind.[1)]

EStDV

§ 9a Anschaffung, Herstellung

(abgedruckt hinter § 7 EStG)

EStR und Hinweise

EStR 2012 zu § 6b EStG

R 6b.1 Ermittlung des Gewinns aus der Veräußerung bestimmter Anlagegüter im Sinne des § 6b EStG
Begriff der Veräußerung

(1) [1]Es ist ohne Bedeutung, ob der Unternehmer das Wirtschaftsgut freiwillig veräußert oder ob die Veräußerung unter Zwang erfolgt, z. B. infolge oder zur Vermeidung eines behördlichen Eingriffs oder im Wege einer Zwangsversteigerung. [2]Die Veräußerung setzt den Übergang eines Wirtschaftsguts von einer Person auf eine andere voraus. [3]Auch der Tausch von Wirtschaftsgütern ist eine Veräußerung. [4]Die Überführung von Wirtschaftsgütern aus einem Betrieb in einen anderen Betrieb des Steuerpflichtigen und die Überführung von Wirtschaftsgütern aus dem Betriebsvermögen in das Privatvermögen sowie das Ausscheiden von Wirtschaftsgütern infolge höherer Gewalt sind keine Veräußerungen. [5]In den Fällen des rückwirkenden Teilwertansatzes nach § 6 Abs. 5 Satz 4 EStG ist eine Gewinnübertragung nach § 6b EStG zulässig, wenn die Übertragung des Wirtschaftsgutes entgeltlich (z. B. gegen Gewährung von Gesellschaftsrechten) erfolgt ist.

Buchwert

(2) [1]Buchwert ist der Wert, der sich für das Wirtschaftsgut im Zeitpunkt seiner Veräußerung ergeben würde, wenn für diesen Zeitpunkt eine Bilanz aufzustellen wäre. [2]Das bedeutet, dass bei abnutzbaren Anlagegütern auch noch AfA nach § 7 EStG, erhöhte Absetzungen sowie etwaige Sonderabschreibungen für den Zeitraum vom letzten Bilanzstichtag bis zum Veräußerungszeitpunkt vorgenommen werden können. [3]Eine Wertaufholung nach § 6 Abs. 1 Nr. 1 Satz 4 oder § 7 Abs. 1 Satz 7 EStG ist vorzunehmen.

---

1) § 6b Abs. 10 Satz 11 ist für Anteile, die einbringungsgeboren im Sinne des § 21 UmwStG sind, in der bisherigen Fassung weiter anzuwenden (§ 52 Abs. 18b).

Hinweise

H 6b.1 Abbruchkosten

Kosten für den anlässlich einer Veräußerung des Grund und Bodens erfolgten Abbruch eines Gebäudes stellen laufenden Aufwand dar und haben keine Auswirkung auf die Höhe des Veräußerungsgewinns i. S. d. § 6b Abs. 2 EStG (→ BFH vom 27.2.1991 – BStBl. II S. 628).

Aufwuchs auf Grund und Boden
- *Begriff*
  Aufwuchs auf dem Grund und Boden sind die Pflanzen, die auf dem Grund und Boden gewachsen und noch darin verwurzelt sind (→ BFH vom 7.5.1987 – BStBl. II S. 670).
- *Veräußerungsvorgänge*
  Die Anwendung des § 6b EStG ist auch dann möglich, wenn Aufwuchs auf Grund und Boden und der dazugehörige Grund und Boden in engem sachlichen (wirtschaftlichen) und zeitlichen Zusammenhang an zwei verschiedene Erwerber veräußert werden und die Veräußerungen auf einem einheitlichen Veräußerungsentschluss beruhen (→ BFH vom 7.5.1987 – BStBl. II S. 670).

Entnahme
Erwirbt der Steuerpflichtige für die Hingabe eines Wirtschaftsguts ein Wirtschaftsgut des Privatvermögens oder wird er dafür von einer privaten Schuld befreit, so liegt eine nach § 6b EStG nicht begünstigte Entnahme vor (→ BFH vom 23.6.1981 – BStBl. 1982 II S. 18); siehe aber → Tausch.

Grund und Boden
- *Der Begriff „Grund und Boden" umfasst nur den „nackten" Grund und Boden → BFH vom 24.8.1989 – BStBl. II S. 1016).*
- *Das Recht ein Grundstück mit Klärschlamm zu verfüllen, ist kein vom Grund und Boden verselbständigtes Wirtschaftsgut (→ BFH vom 20.3.2003 – BStBl. II S. 878).*

Nicht begünstigte Wirtschaftsgüter
Zum Grund und Boden rechnen nicht
- *Gebäude,*
- *Bodenschätze, soweit sie als Wirtschaftsgut bereits entstanden sind,*
- *Eigenjagdrechte (→ BMF vom 23.6.1999 – BStBl. I S. 593)[1]*
- *grundstücksgleiche Rechte,*
- *Be- und Entwässerungsanlagen,*
- *stehendes Holz,*
- *Obst und Baumschulanlagen,*
- *Korbweidenkulturen,*
- *Rebanlagen,*
- *Spargelanlagen,*
- *Feldinventar,*
- *Rechte, den Grund und Boden zu nutzen (→ BFH vom 24.8.1989 – BStBl. II S. 1016).*

Tausch
Bei tauschweiser Hingabe eines betrieblichen Wirtschaftsguts setzt die Inanspruchnahme des § 6b EStG voraus, dass der Anspruch auf das eingetauschte Wirtschaftsgut (zunächst) Betriebsvermögen wird (→ BFH vom 29.6.1995 – BStBl. 1996 II S. 60); siehe aber → Entnahme.

Umlegungs- und Flubereinigungsverfahren
Zwischen Grundstücken, die in ein Umlegungs- oder Flurbereinigungsverfahren eingebracht werden und den daraus im Zuteilungswege erlangten Grundstücken besteht Identität, soweit die eingebrachten und erlangten Grundstücke wertgleich sind; eine Gewinnrealisierung nach Tauschgrundsätzen tritt insoweit nicht ein (→ BFH vom 13.3.1986 – BStBl. II S. 711).

Veräußerung
Veräußerung ist die entgeltliche Übertragung des wirtschaftlichen Eigentums an einem Wirtschaftsgut (→ BFH vom 27.8.1992 – BStBl. 1993 II S. 225).

---

[1] Siehe Anlage § 005-19.

Veräußerung aus dem Gesamthandsvermögen

Veräußert eine Personengesellschaft ein Wirtschaftsgut aus dem Gesamthandsvermögen an einen Gesellschafter zu Bedingungen, die bei entgeltlichen Veräußerungen zwischen Fremden üblich sind, und wird das Wirtschaftsgut bei dem Erwerber Privatvermögen, so ist der dabei realisierte Gewinn insgesamt, d. h. auch soweit der Erwerber als Gesellschafter am Vermögen der veräußernden Personengesellschaft beteiligt ist, ein begünstigungsfähiger Veräußerungsgewinn (→ BFH vom 10.7.1980 – BStBl. 1981 II S. 84)

Zeitpunkt des Übergangs des wirtschaftlichen Eigentums

Das wirtschaftliche Eigentum ist in dem Zeitpunkt übertragen, in dem die Verfügungsmacht (Herrschaftsgewalt) auf den Erwerber übergeht. In diesem Zeitpunkt scheidet das Wirtschaftsgut bestandsmäßig aus dem Betriebsvermögen des veräußernden Steuerpflichtigen aus und darf dementsprechend (auch handelsrechtlich) nicht mehr bilanziert werden (→ BFH vom 27.2.1986 – BStBl. II S. 552).

→ *H 4.2 (1) Gewinnrealisierung bei Rücktrittsrecht*

EStR 2012 zu § 6b EStG

R 6b.2 Übertragung aufgedeckter stiller Reserven und Rücklagenbildung nach § 6b EStG

Abzug des begünstigten Gewinns

(1) [1]Voraussetzung für den Abzug des begünstigten Gewinns von den Anschaffungs- oder Herstellungskosten eines Wirtschaftsguts nach § 6b Abs. 1, 3 oder 10 EStG ist, dass das Wirtschaftsgut wegen der Abweichung von der Handelsbilanz in ein besonderes, laufend zu führendes Verzeichnis aufgenommen wird (→ § 5 Abs. 1 Satz 2 EStG). [2]Nach § 6b Abs. 1 oder Abs. 10 Satz 1 bis 3 EStG kann der Abzug nur in dem Wirtschaftsjahr vorgenommen werden, in dem der begünstigte Gewinn entstanden ist (Veräußerungsjahr). [3]Ist das Wirtschaftsgut in diesem Wirtschaftsjahr angeschafft oder hergestellt worden, ist der Abzug von den gesamten in diesem Wirtschaftsjahr anfallenden Anschaffungs- oder Herstellungskosten vorzunehmen. [4]Dies gilt unabhängig davon, ob das Wirtschaftsgut vor oder nach der Veräußerung angeschafft oder hergestellt worden ist. [5]Ist das Wirtschaftsgut in dem Wirtschaftsjahr angeschafft oder hergestellt worden, das dem Veräußerungsjahr vorangegangen ist, ist der Abzug nach § 6b Abs. 1 EStG von dem Buchwert nach § 6b Abs. 5 EStG vorzunehmen. [6]Sind im Veräußerungsjahr noch nachträgliche Anschaffungs- oder Herstellungskosten angefallen, ist der Abzug von dem um diese Kosten erhöhten Buchwert vorzunehmen. [7]Nach § 6b Abs. 3 oder Abs. 10 EStG kann der Abzug nur in dem Wirtschaftsjahr vorgenommen werden, in dem das Wirtschaftsgut angeschafft oder hergestellt worden ist. [8]Der Abzug ist von den gesamten in diesem Wirtschaftsjahr angefallenen Anschaffungs- oder Herstellungskosten des Wirtschaftsguts vorzunehmen. [9]Bei nachträglichen Herstellungskosten, die durch die Erweiterung, den Ausbau oder den Umbau eines Gebäudes oder Schiffes entstehen, ist der Abzug nach § 6 Abs. 1, Abs. 3 oder Abs. 10 EStG unabhängig vom Zeitpunkt der ursprünglichen Anschaffung oder Herstellung dieses Wirtschaftsguts zulässig.

Rücklagenbildung

(2) [1]Zur Erfüllung der Aufzeichnungspflichten nach § 5 Abs. 1 Satz 2 EStG ist bei der Bildung der steuerfreien Rücklage der Ansatz in der Steuerbilanz ausreichend. [2]Die Aufnahme des Wirtschaftsguts in das besondere Verzeichnis ist erst bei Übertragung der Rücklage erforderlich.

(3) [1]Rücklagen nach § 6b Abs. 3 oder Abs. 10 EStG können in der Bilanz in einem Posten zusammengefasst werden. [2]In der Buchführung muss aber im Einzelnen nachgewiesen werden, bei welchen Wirtschaftsgütern der in die Rücklage eingestellte Gewinn entstanden und auf welche Wirtschaftsgüter er übertragen oder wann die Rücklage gewinnerhöhend aufgelöst worden ist.

Rücklagenauflösung

(4) Wird der Gewinn des Steuerpflichtigen in einem Wirtschaftsjahr, das in den nach § 6b Abs. 3 oder Abs. 10 EStG maßgebenden Zeitraum fällt, geschätzt, weil keine Bilanz aufgestellt wurde, ist die Rücklage in diesem Wirtschaftsjahr gewinnerhöhend aufzulösen und ein Betrag in Höhe der Rücklage im Rahmen der Gewinnschätzung zu berücksichtigen.

Gewinnzuschlag

(5) [1]Der → Gewinnzuschlag nach § 6b Abs. 7 oder Abs. 10 EStG ist in den Fällen vorzunehmen, in denen ein Abzug von den Anschaffungs- oder Herstellungskosten begünstigter Wirtschaftsgüter nicht oder nur teilweise vorgenommen worden ist und die Rücklage oder der nach Abzug verbleibende Rücklagenbetrag aufgelöst wird. [2]Ein Gewinnzuschlag ist demnach auch vorzunehmen, soweit die Auflösung

einer Rücklage vor Ablauf der in § 6b Abs. 3 oder Abs. 10 EStG genannten Fristen erfolgt (vorzeitige Auflösung der Rücklage).

Übertragungsmöglichkeiten

(6) ¹Ein Steuerpflichtiger kann den begünstigten Gewinn, der in einem als **Einzelunternehmen** geführten Betrieb entstanden ist, vorbehaltlich der Regelung in § 6b Abs. 4 Satz 2 EStG auf Wirtschaftsgüter übertragen, die

1. zu demselben oder einem anderen als Einzelunternehmen geführten Betrieb des Steuerpflichtigen gehören oder
2. zum Betriebsvermögen einer Personengesellschaft gehören, an der der Stpfl. als Mitunternehmer beteiligt ist, soweit die Wirtschaftsgüter dem Stpfl. als Mitunternehmer zuzurechnen sind.

²Ein Stpfl. kann den begünstigten Gewinn aus der Veräußerung eines Wirtschaftsgutes, das zu seinem Sonderbetriebsvermögen bei einer Mitunternehmerschaft gehört, vorbehaltlich der Regelung in § 6b Abs. 4 Satz 2 EStG auf Wirtschaftsgüter übertragen, die

1. zu demselben Sonderbetriebsvermögen des Stpfl. oder zum Sonderbetriebsvermögen des Stpfl. bei einer anderen Personengesellschaft gehören oder
2. zum Gesamthandsvermögen der Personengesellschaft, der das veräußerte Wirtschaftsgut gedient hat, oder zum Gesamthandsvermögen einer anderen Personengesellschaft gehören, soweit die Wirtschaftsgüter dem Stpfl. als Mitunternehmer zuzurechnen sind, oder
3. zu einem als Einzelunternehmen geführten Betrieb des Stpfl. gehören.

³Wegen der Rücklage bei Betriebsveräußerung oder -aufgabe → Absatz 10.

(7) Der begünstigte Gewinn aus der Veräußerung eines Wirtschaftsguts, das zum Gesamthandsvermögen einer **Personengesellschaft** gehört, kann übertragen werden

1. auf Wirtschaftsgüter, die zum Gesamthandsvermögen der Personengesellschaft gehören,
2. auf Wirtschaftsgüter, die zum Sonderbetriebsvermögen eines Mitunternehmers der Personengesellschaft gehören, aus deren Betriebsvermögen das veräußerte Wirtschaftsgut ausgeschieden ist, soweit der begünstigte Gewinn anteilig auf diesen Mitunternehmer entfällt;
3. vorbehaltlich der Regelung in § 6b Abs. 4 Satz 2 EStG auf Wirtschaftsgüter, die zum Betriebsvermögen eines anderen als Einzelunternehmen geführten Betriebs eines Mitunternehmers gehören, soweit der begünstigte Gewinn anteilig auf diesen Mitunternehmer entfällt,
4. vorbehaltlich der Regelung in § 6b Abs. 4 Satz 2 EStG auf Wirtschaftsgüter, die zum Gesamthandsvermögen einer anderen Personengesellschaft oder zum Sonderbetriebsvermögen des Mitunternehmers bei einer anderen Personengesellschaft gehören, soweit diese Wirtschaftsgüter dem Mitunternehmer der Gesellschaft, aus deren Betriebsvermögen das veräußerte Wirtschaftsgut ausgeschieden ist, zuzurechnen sind und soweit der begünstigte Gewinn anteilig auf diesen Mitunternehmer entfällt.

(8) ¹Wird der begünstigte Gewinn, der bei der Veräußerung eines Wirtschaftsguts entstanden ist, bei den Anschaffungs- oder Herstellungskosten eines Wirtschaftsguts eines anderen Betriebs des Steuerpflichtigen berücksichtigt, ist er erfolgsneutral dem für den veräußernden Betrieb aufzustellenden Bilanz hinzuzurechnen. ²Gleichzeitig ist ein Betrag in Höhe des begünstigten Gewinns von den Anschaffungs- oder Herstellungskosten der in dem anderen Betrieb angeschafften oder hergestellten Wirtschaftsgüter erfolgsneutral (zu Lasten des Kapitalkontos) abzusetzen. ³Eine nach § 6b Abs. 3 oder Abs. 10 EStG gebildete Rücklage kann auf einen anderen Betrieb erst in dem Wirtschaftsjahr übertragen werden, in dem der Abzug von den Anschaffungs- oder Herstellungskosten bei Wirtschaftsgütern des anderen Betriebs vorgenommen wird.

Rücklage bei Änderung der Unternehmensform

(9) ¹Bei der Umwandlung eines Einzelunternehmens in eine Personengesellschaft kann die bisherige Einzelunternehmer eine von ihm gebildete Rücklage in einer Ergänzungsbilanz weiterführen. ²Wird eine Personengesellschaft in ein Einzelunternehmen umgewandelt, so kann der den Betrieb fortführende Gesellschafter eine Rücklage der Gesellschaft insoweit weiterführen, als sie (anteilig) auf ihn entfällt. ³Bei der Realteilung einer Personengesellschaft unter Fortführung entsprechender Einzelunternehmen kann die Rücklage anteilig in den Einzelunternehmen fortgeführt werden.

Rücklage bei Betriebsveräußerung

(10) ¹Veräußert ein Steuerpflichtiger seinen Betrieb, zu dessen Betriebsvermögen eine Rücklage im Sinne des § 6b Abs. 3 oder Abs. 10 EStG gehört, oder bildet er eine solche Rücklage anlässlich der Betriebsveräußerung, kann er die Rücklage noch für die Zeit weiterführen, für die sie ohne Veräußerung des Betriebs zulässig gewesen wäre. ²Wegen der Übertragungsmöglichkeit → Absatz 6 und 7. ³Wird eine

§ 6b R 6b

Rücklage, die nicht anlässlich der Betriebsveräußerung gebildet worden ist, weitergeführt, kann für den Veräußerungsgewinn der Freibetrag nach § 16 Abs. 4 EStG und eine Tarifermäßigung nach § 34 EStG nur in Anspruch genommen werden, wenn die Rücklage keine stille Reserven enthält, die bei der Veräußerung einer wesentlichen Grundlage des Betriebs aufgedeckt worden sind. ⁴Liegen die Voraussetzungen für die Weiterführung der Rücklage nicht oder nicht mehr vor, ist sie gewinnerhöhend aufzulösen. ⁵Wird eine Rücklage allerdings im Rahmen einer Betriebsveräußerung aufgelöst, so gehört der dabei entstehende Gewinn zum Veräußerungsgewinn. ⁶Diese Grundsätze gelten bei der Veräußerung eines Mitunternehmeranteils, bei der Auflösung einer Personengesellschaft und bei der Aufgabe eines Betriebs entsprechend.

Wechsel der Gewinnermittlungsart

(11) ¹Geht ein Steuerpflichtiger während des Zeitraums, für den eine nach § 6b Abs. 3 oder Abs. 10 EStG gebildete Rücklage fortgeführt werden kann, von der Gewinnermittlung nach § 4 Abs. 1 oder § 5 EStG zur Gewinnermittlung nach § 4 Abs. 3 EStG oder nach Durchschnittsätzen (§ 13a EStG) über, gelten für die Fortführung und die Übertragungsmöglichkeiten dieser Rücklage die Vorschriften des § 6c EStG. ²Geht der Steuerpflichtige von der Gewinnermittlung nach § 4 Abs. 3 EStG oder nach Durchschnittssätzen (§ 13a EStG) zur Gewinnermittlung nach § 4 Abs. 1 oder § 5 EStG über und sind im Zeitpunkt des Wechsels der Gewinnermittlungsart nach § 6c EStG begünstigte Gewinne noch nicht aufzulösen, ist in Höhe der noch nicht übertragenen Gewinne eine Rücklage in der Übergangsbilanz auszuweisen. ³Für die weitere Behandlung dieser Rücklage gelten die Vorschriften des § 6b EStG.

Gewinne aus der Veräußerung von Anteilen an Kapitalgesellschaften [1]

(12) ¹Für die Berechnung des Höchstbetrages nach § 6b Abs. 10 Satz 1 EStG ist der einzelne Mitunternehmer als Stpfl. anzusehen, mit der Folge, dass der Höchstbetrag von 500 000 Euro für jeden Mitunternehmer zur Anwendung kommt. ²Dabei ist für die zeitliche Zuordnung der Gewinne bei abweichendem Wirtschaftsjahr auf den VZ abzustellen, dem die entstandenen Gewinne aus der Veräußerung nach § 4a EStG zuzuordnen sind.

(13) ¹Eine Übertragung des Gewinns auf die in dem der Veräußerung vorangegangenen Wirtschaftsjahr angeschafften oder hergestellten Wirtschaftsgüter sieht § 6b Abs. 10 Satz 1 EStG (anders als § 6b Abs. 1 Satz 1 EStG) ausdrücklich nicht vor. ²Eine Übertragung des Gewinns ist auf die frühestens im gleichen Wirtschaftsjahr angeschafften oder hergestellten Reinvestitionsgüter möglich.

Hinweise

H 6b.2 Anschaffungszeitpunkt

Gehen Besitz, Nutzen und Lasten eines Wirtschaftsguts erst zum ersten Tag des folgenden Wirtschaftsjahres über, so ist das Wirtschaftsgut erst in diesem Wirtschaftsjahr angeschafft (→ BFH vom 7.11.1991 – BStBl. 1992 II S. 398).

Eigenaufwand für ein fremdes Wirtschaftsgut

Die Übertragung einer Rücklage auf Eigenaufwand, den der Stpfl. im betrieblichen Interesse für ein im Miteigentum oder in fremdem Eigentum stehendes Gebäude geleistet hat (→ H 4.7), ist nicht zulässig; die Behandlung „wie ein materielles Wirtschaftsgut" ist auf die Anwendung der AfA-Vorschriften beschränkt (→ BFH vom 19.12.2012 – BStBl. 2013 II S. 387).

Einlage

Die Einlage eines Wirtschaftsguts in das Betriebsvermögen ist keine Anschaffung im Sinne des § 6b EStG (→ BFH vom 11.12.1984 – BStBl. 1985 II S. 250).

Gewinnzuschlag

Die Rücklage hat auch dann während des ganzen Wirtschaftsjahrs bestanden, wenn sie buchungstechnisch bereits während des laufenden Wirtschaftsjahrs aufgelöst worden ist (→ BFH vom 26.10.1989 – BStBl. 1990 II S. 290).

Beispiel zur Berechnung des Gewinnzuschlags

Ein Steuerpflichtiger, dessen Wirtschaftsjahr mit dem Kalenderjahr übereinstimmt, veräußert am 1.2.01 ein Wirtschaftsgut. Der nach § 6b EStG begünstigte Gewinn beträgt 400 000 €. Der Steuerpflichtige bildet in der Bilanz des Jahres 01 eine Rücklage in Höhe von 400 000 €, die er auch in den Bilanzen der Jahre 02 und 03 ausweist. Am 1.10.04 erwirbt er ein begünstigtes Wirtschaftsgut, dessen Anschaffungskosten 300 000 € betragen. Der Steuerpflichtige nimmt ei-

---

1) Siehe dazu auch Anlage § 006b-01.

nen gewinnmindernden Abzug von 300 000 € vor und löst die gesamte Rücklage gewinnerhöhend auf.

Der Gewinn aus der Auflösung der Rücklage beträgt 400 000 € – davon werden 300 000 € nach § 6b Abs. 3 Satz 4 EStG und 100 000 € nach § 6b Abs. 3 Satz 5 EStG aufgelöst. Bemessungsgrundlage für den Gewinnzuschlag sind 100 000 €. Die Rücklage hat in den Wirtschaftsjahren 01 bis 04 bestanden. Der Gewinnzuschlag ist für jedes volle Wirtschaftsjahr des Bestehens der Rücklage vorzunehmen; das sind die Wirtschaftsjahre 02 bis 04, denn im Wirtschaftsjahr 04 kann die Auflösung der Rücklage erst zum Bilanzabschluss und nicht bereits zum Zeitpunkt der Wiederanlage erfolgen.

Der Gewinnzuschlag beträgt 3 x 6 v. H. von 100 000 € = 18 000 €.

Herstellungsbeginn

Der für die Verlängerung der Auflösungsfrist nach § 6b Abs. 3 Satz 3 EStG maßgebende Herstellungsbeginn kann die Einreichung des Bauantrages sein (→ BFH vom 15.10.1981 – BStBl. 1982 II S. 63).

Ein vor Einreichung des Bauantrags durchgeführter Gebäudeabbruch zum Zweck der Errichtung eines Neubaus kann als Beginn der Herstellung in Betracht kommen (→ BFH vom 12.6.1978 – BStBl. II S. 620).

Mittelbare Grundstücksschenkung

Eine Rücklage kann nicht auf ein im Wege der mittelbaren Grundstücksschenkung erworbenes Grundstück übertragen werden (→ BFH vom 23.4.2009 – BStBl. 2010 II S. 664).

Rücklage bei Betriebsveräußerung

– Gewinne aus der Auflösung von Rücklagen, die nicht im Rahmen eines Gewinns aus einer Betriebsveräußerung oder -aufgabe angefallen sind, sind nicht tarifbegünstigt (→ BFH vom 4.2.1982 – BStBl. II S. 348).

– Die Zulässigkeit der Rücklage nach § 6b Abs. 3 EStG setzt nicht voraus, dass die Mittel aus der Rücklage für eine Reinvestition noch zur Verfügung stehen und eine konkrete Reinvestitionsabsicht besteht. Es genügt, dass die spätere Übertragung der Rücklage auf ein begünstigtes Reinvestitionsobjekt am Bilanzstichtag objektiv möglich ist (→ BFH vom 12.12.2000 – BStBl. 2001 II S. 282).

– Nicht der Gewerbesteuer unterliegende Gewinne aus der Veräußerung oder Aufgabe eines Gewerbebetriebes können, soweit sie auf nach § 6b Absatz 1 Satz 1 EStG begünstigte Wirtschaftsgüter entfallen, auf Wirtschaftsgüter eines land- und forstwirtschaftlichen Betriebs oder einer selbständigen Tätigkeit übertragen werden (→ BFH vom 30.8.2012 – BStBl. II S. 877).

Rücklagenauflösung

Voraussetzung für die Übertragung der Rücklage ist, dass das Gebäude bis zum Schluss des sechsten Wirtschaftsjahrs nach Bildung der Rücklage fertiggestellt wird. Die Rücklage kann in diesem Fall zum Ende des vierten auf die Bildung folgenden Wirtschaftsjahres nur noch in der Höhe der noch zu erwartenden Herstellungskosten für das Gebäude beibehalten werden (→ BFH vom 26.10.1989 – BStBl. 1990 II S. 290).

Rücklagenbildung

– Die Rücklage ist in der Bilanz des Wirtschaftsjahrs zu bilden, in dem der Veräußerungsgewinn entstanden ist; es handelt sich um die Ausübung eines Bilanzierungswahlrechts (→ BFH vom 30.3.1989 – BStBl. II S. 560). Das Bilanzierungswahlrecht für die Bildung und Auflösung der Rücklage ist immer durch entsprechenden Bilanzansatz im „veräußernden" Betrieb auszuüben, auch wenn sie auf Wirtschaftsgüter eines anderen Betriebs des Stpfl. übertragen werden soll (→ BFH vom 19.12.2012 – BStBl. 2013 IIS. 313).

– Wird der Gewinn vom Finanzamt geschätzt, weil der Stpfl. keine Bilanz erstellt hat, ist die Bildung der Rücklage nicht zulässig (→ BFH vom 24.1.1990 – BStBl. II S. 426).

– Bei Mitunternehmern ist die Entscheidung, ob die Voraussetzungen für die Bildung einer Rücklage vorliegen, im Gewinnfeststellungsverfahren zu treffen (→ BFH vom 25.7.1979 – BStBl. 1980 II S. 43).

Veräußerungspreis

Der Steuerpflichtige kann die Rücklage, die er für den Gewinn aus der Veräußerung eines Wirtschaftsgut gebildet hat, rückwirkend (§ 175 Abs. 1 Satz 1 Nr. 2 AO) aufstocken, wenn sich der

§ 6b

Veräußerungspreis in einem späteren VZ erhöht (→ BFH vom 13.9.2000 – BStBl. 2001 II S. 641).

Wahlrecht eines Mitunternehmers
→ H 4.4

Wirtschaftsjahr

Im Fall der unentgeltlichen Betriebsübernahme während des laufenden Wirtschaftsjahres ist das entstehende Rumpfwirtschaftsjahr beim Betriebsübergeber mit dem entstehenden Rumpfwirtschaftsjahr beim Betriebsübernehmer zu verklammern und lediglich als ein Wirtschaftsjahr i. S. d. § 6b Abs. 3 und 7 EStG zu werten (→ BFH vom 23.4.2009 – BStBl. 2010 II S. 664).

Zeitliche Zuordnung von Gewinnen aus der Veräußerung von Anteilen an Kapitalgesellschaften

Beispiel:

A betreibt ein Einzelunternehmen und ist außerdem als Mitunternehmer zu 50 % an der A-B OHG beteiligt, die gewerbliche Einkünfte erzielt. Im Einzelunternehmen entspricht das Wirtschaftsjahr dem Kalenderjahr. Die OHG hat ein abweichendes Wirtschaftsjahr vom 1.7. bis 30.6.

A veräußert in seinem Einzelunternehmen im Jahr 02 Anteile an Kapitalgesellschaften mit einem Gewinn von 400 000 €. Auch die A-B OHG veräußert Anteile an Kapitalgesellschaften mit einem Gewinn von 400 000 €, wovon 200 000 € anteilig auf A entfallen, im Februar 02 (Variante 1) oder im November 02 (Variante 2).

Rechtsfolgen

Variante 1:

a) *Einzelunternehmen:*

Der Gewinn aus der Veräußerung (400 000 €) ist dem VZ 02 zuzuordnen.

b) *A-B OHG:*

Der Gewinn des abweichenden Wirtschaftsjahres 01/02 ist im VZ 02 steuerlich zu erfassen. Aus diesem Grund ist der Gewinn aus der Veräußerung (Gewinnanteil des A: 200 000 €) ebenfalls dem VZ 02 zuzuordnen.

c) *Höchstbetrag 500 000 €:*

Da dem VZ 02 Gewinne des A aus der Veräußerung von Anteilen an Kapitalgesellschaften in Höhe von insgesamt 600 000 € zuzuordnen sind, kommt bei ihm der Höchstbetrag von 500 000 € zum Tragen. A kann wählen, in welchem Unternehmen er den über den Höchstbetrag hinaus gehenden Gewinn von 100 000 € als laufenden Gewinn, der ggf. dem Teileinkünfteverfahren unterliegt, ansetzt.

Variante 2:

a) *Einzelunternehmen:*

Der Gewinn aus der Veräußerung (400 000 €) ist dem VZ 02 zuzuordnen.

b) *A-B OHG:*

Der Gewinn des abweichenden Wirtschaftjahres 02/03 ist im VZ 03 steuerlich zu erfassen. Aus diesem Grund ist der Gewinn aus der Veräußerung (Gewinnanteil des A: 200 000 €) ebenfalls dem VZ 03 zuzuordnen.

c) *Höchstbetrag 500 000 €:*

Da die Gewinne des A aus der Veräußerung von Anteilen an Kapitalgesellschaften in Höhe von 400 000 € dem VZ 02 und in Höhe von 200 000 € dem VZ 03 zuzuordnen sind, ist der Höchstbetrag von 500 000 € in keinem der beiden VZ überschritten.

EStR 2012 zu § 6b EStG

R 6b.3 Sechs-Jahres-Frist im Sinne des § 6 b Abs. 4 Nr. 2 EStG

(1) [1]Zur Frage der Zugehörigkeit eines Wirtschaftsguts zum Anlagevermögen → R 6.1. [2]Wirtschaftsgüter, die sechs Jahre zum Betriebsvermögen des Steuerpflichtigen gehört haben, können in der Regel als Anlagevermögen angesehen werden, es sei denn, dass besondere Gründe vorhanden sind, die einer Zurechnung zum Anlagevermögen entgegenstehen. [3]Hat der Steuerpflichtige mehrere inländische Betriebsstätten oder Betriebe, deren Einkünfte zu verschiedenen Einkunftsarten gehören, ist die Sechs-Jahres-Frist auch dann gewahrt, wenn das veräußerte Wirtschaftsgut innerhalb der letzten sechs Jahre zum Betriebsvermögen verschiedener Betriebe oder Betriebsstätten des Steuerpflichtigen gehörte.

R 6b § 6b

(2) Ist ein neues Wirtschaftsgut unter Verwendung von gebrauchten Wirtschaftsgütern hergestellt worden, ist die Voraussetzung des § 6b Abs. 4 Satz 1 Nr. 2 EStG nur erfüllt, wenn seit der Fertigstellung dieses Wirtschaftsguts sechs Jahre vergangen sind und das Wirtschaftsgut seit dieser Zeit ununterbrochen zum Anlagevermögen einer inländischen Betriebsstätte des veräußernden Steuerpflichtigen gehört hat.

(3) [1]Die Dauer der Zugehörigkeit eines Wirtschaftsguts zum Betriebsvermögen wird durch nachträgliche Herstellungskosten nicht berührt. [2]Das gilt auch dann, wenn es sich bei den nachträglichen Herstellungskosten um Aufwendungen für einen Ausbau, einen Umbau oder eine Erweiterung eines Gebäudes handelt. [3]Entstehen dagegen durch Baumaßnahmen selbständige Gebäudeteile, so gilt Absatz 2 entsprechend.

(4) Bei einem Wirtschaftsgut, das an Stelle eines infolge höherer Gewalt oder infolge oder zur Vermeidung eines behördlichen Eingriffs aus dem Betriebsvermögen ausgeschiedenen Wirtschaftsguts angeschafft oder hergestellt worden ist (Ersatzwirtschaftsgut im Sinne von R 6.6 Abs. 1 Satz 2 Nr. 2), ist die Sechs-Jahres-Frist erfüllt, wenn das zwangsweise ausgeschiedene Wirtschaftsgut und das Ersatzwirtschaftsgut zusammen sechs Jahre zum Anlagevermögen des Steuerpflichtigen gehört haben.

(5) Werden beim Übergang eines Betriebs oder Teilbetriebs die Buchwerte fortgeführt, so ist für die Berechnung der Sechs-Jahres-Frist des § 6b Abs. 4 Satz 1 Nr. 2 EStG die Besitzzeit des Rechtsvorgängers der Besitzzeit des Rechtsnachfolgers hinzuzurechnen.

(6) [1]Sind Anteile an einer Kapitalgesellschaft durch Kapitalerhöhung aus Gesellschaftsmitteln entstanden, ist der Besitzzeit dieser (neuen) Anteilsrechte die Besitzzeit der (alten) Anteilsrechte hinzuzurechnen, auf die die (neuen) Anteilsrechte entfallen sind. [2]Der Besitzzeit von Bezugsrechten ist die Besitzzeit der (alten) Anteilsrechte hinzuzurechnen, von denen sie abgespalten sind. [3]Anteilsrechte, die bei einer Kapitalerhöhung gegen Leistung einer Einlage erworben worden sind, können jedoch nicht – auch nicht teilweise – als mit den aus den alten Anteilsrechten abgespaltenen Bezugsrechten wirtschaftlich identisch angesehen werden. [4]Sie erfüllen deshalb nur dann die Voraussetzung des § 6b Abs. 4 Satz 1 Nr. 2 EStG, wenn sie selbst mindestens sechs Jahre ununterbrochen zum Anlagevermögen einer inländischen Betriebsstätte des Stpfl. gehört haben.

Hinweise

H 6b.3 Baulandumlegungen

→ *H 6b.1 (Umlegungs- und Flurbereinigungsverfahren)*

Erbbauauseinandersetzung/vorweggenommene Erbfolge

Wegen der Besitzzeitanrechnung im Falle der Erbauseinandersetzung und der vorweggenommenen Erbfolge → BMF vom 14.3.2006 (BStBl. I S. 253) und

→ *BMF vom 13.1.1993 (BStBl. I S. 80) unter Berücksichtigung der Änderungenn durch BMF vom 26.2.2007 (BStBl. I S. 269).* [1)]

Weitere Verwaltungsanweisungen (soweit nicht in den Hinweisen enthalten)

Zu § 6b EStG

1. Reinvestitionsfrist nach § 6b Abs. 3 EStG; Beginn der Herstellung von Gebäuden (BdF-Schreiben vom 12.4.1979, BStBl. 1979 I S. 223)
2. Abgrenzung von Anlage- und Umlaufvermögen bei Wertpapieren (BdF-Schreiben vom 13.7.1992, DB 1992 S. 1553)
3. Vorbesitzzeit nach § 6b Abs. 4 Nr. 2 EStG bei Veräußerungsgewinn nach § 13 Abs. 3 Satz 10 KStG (BdF-Schreiben vom 7.1.1994, BStBl. I S. 17)
4. Beginn der Herstellung von Gebäuden i. S. von § 6b Abs. 3 Satz 3 EStG bei vorherigem Abriß bestehender Altgebäude (Vfg OFD Frankfurt vom 27. 3.1993, DStR 1995 S. 1112)
5. Veräußerung von eigenen Anteilen einer Kapitalgesellschaft und Übertragung stiller Reserven nach § 6b EStG (Vfg OFD Frankfurt/M. vom 27.3.1995, DStR 1995 S. 1111)
6. Städtebauliche Sanierungs- oder Entwicklungsmaßnahmen i. S. des § 6b Abs. 8 EStG (Vfg OFD Kiel vom 14.2.2000, DB 2000 S. 647)

---

1) Siehe Anlagen § 016-05 und § 016-06.

§ 6b

7. § 6b Abs. 10 EStG findet auch in den Fällen des § 6c EStG Anwendung (BdF-Schreiben vom 14.10.2002, DB 2002 S. 2513)
8. Bildung von Rücklagen nach § 6b Abs. 10 EStG bei Personengesellschaften (Vfg OFD Frankfurt vom 1.9.2003)[1)]
9. § 6b EStG findet auch Anwendung, wenn das veräußerte und das angeschaffte Wirtschaftsgut, auf das die stillen Reserven übertragen werden, identisch ist, wie z. B. bei unentgeltlichen Übertragungsvorgängen zwischen Schwesterpersonengesellschaften (Vfg OFD Koblenz vom 23.12.2003, DStR 2004 S. 314)
10. Bildung und Auflösung einer § 6b-Rücklage bei der Veräußerung eines gesamten Mitunternehmeranteils (Erlass FM Schleswig-Holstein vom 2.9.2014)[2)]

Rechtsprechungsauswahl

BFH vom 30.1.13 III R 72/11 (BStBl. II S. 684): Ausübung des Gewinnermittlungswahlrechts und Rücklagenbildung nach § 6b oder § 6c EStG

BFH vom 19.12.12 IV R 41/09 (BStBl. 2013 II S. 313): Ausübung des Wahlrechts bei Übertragung der § 6b-Rücklage in einen anderen Betrieb

BFH vom 30.8.12 IV R 28/09 (BStBl. II S. 877): Reinvestition aus gewerblichem Veräußerungsgewinn auf Wirtschaftsgut eines land- und forstwirtschaftlichen Betriebs

---

1) Siehe Anlage § 006b-01
2) Siehe Anlage § 006b-02.

§ 6c Übertragung stiller Reserven bei der Veräußerung bestimmter Anlagegüter bei der Ermittlung des Gewinns nach § 4 Abs. 3 oder nach Durchschnittssätzen

(1) [1]§ 6b mit Ausnahme des § 6b Abs. 4 Nr. 1 ist entsprechend anzuwenden, wenn der Gewinn nach § 4 Abs. 3 oder die Einkünfte aus Land- und Forstwirtschaft nach Durchschnittssätzen ermittelt werden. [2]Soweit nach § 6b Abs. 3 eine Rücklage gebildet werden kann, ist ihre Bildung als Betriebsausgabe (Abzug) und ihre Auflösung als Betriebseinnahme (Zuschlag) zu behandeln; der Zeitraum zwischen Abzug und Zuschlag gilt als Zeitraum, in dem die Rücklage bestanden hat.

(2) [1]Voraussetzung für die Anwendung des Absatzes 1 ist, dass die Wirtschaftsgüter, bei denen ein Abzug von den Anschaffungs- oder Herstellungskosten oder von dem Wert nach § 6b Abs. 5 vorgenommen worden ist, in besondere, laufend zu führende Verzeichnisse aufgenommen werden. [2]In den Verzeichnissen sind der Tag der Anschaffung oder Herstellung, die Anschaffungs- oder Herstellungskosten, der Abzug nach § 6b Abs. 1 und 3 in Verbindung mit Absatz 1, die Absetzungen für Abnutzung, die Abschreibungen sowie die Beträge nachzuweisen, die nach § 6b Abs. 3 in Verbindung mit Absatz 1 als Betriebsausgaben (Abzug) oder Betriebseinnahmen (Zuschlag) behandelt worden sind.

EStR und Hinweise

EStR 2012 zu § 6c EStG

R 6c Übertragung stiller Reserven bei der Veräußerung bestimmter Anlagegüter bei der Ermittlung des Gewinns nach § 4 Abs. 3 EStG oder nach Durchschnittssätzen

(1) [1]Für die Ermittlung des nach § 6c EStG begünstigten Gewinns gilt § 6b Abs. 2 EStG entsprechend. [2]Danach ist bei der Veräußerung eines nach § 6c EStG begünstigten Wirtschaftsguts ohne Rücksicht auf den Zeitpunkt des Zufließens des Veräußerungspreises als Gewinn der Betrag begünstigt, um den der Veräußerungspreis nach Abzug der Veräußerungskosten die Aufwendungen für das veräußerte Wirtschaftsgut übersteigt, die bis zu seiner Veräußerung noch nicht als Betriebsausgaben abgesetzt worden sind. [3]Der Veräußerungspreis ist also in voller Höhe im Veräußerungszeitpunkt als Betriebseinnahme zu behandeln, auch wenn er nicht gleichzeitig zufließt. [4]Der (früher oder später) tatsächlich zufließende Veräußerungserlös bleibt außer Betracht, wird also nicht als Betriebseinnahme angesetzt. [5]Ein nach § 6c EStG in Verbindung mit § 6b Abs. 1 Satz 1 EStG vorgenommener Abzug von den Anschaffungs- oder Herstellungskosten begünstigter Investitionen ist als Betriebsausgabe zu behandeln. [6]Soweit der Steuerpflichtige im Jahr der Veräußerung keinen Abzug in Höhe des begünstigten Gewinns von den Anschaffungs- und Herstellungskosten der im Veräußerungszeitpunkt durchgeführten begünstigten Neuinvestitionen und auch keinen Abzug von dem Betrag nach § 6b Abs. 5 EStG der im Vorjahr angeschafften oder hergestellten begünstigten Wirtschaftsgüter vornimmt, kann er im Jahr der Veräußerung eine fiktive Betriebsausgabe absetzen. [7]Diese Betriebsausgabe ist innerhalb des Zeitraums, in dem bei einem buchführenden Steuerpflichtigen eine nach § 6b Abs. 3 EStG gebildete Rücklage auf Neuinvestitionen übertragen werden kann (Übertragungsfrist), durch fiktive Betriebseinnahmen in Höhe der Beträge auszugleichen, die nach § 6c EStG in Verbindung mit § 6b EStG von den Anschaffungs- oder Herstellungskosten begünstigter Investitionen abgezogen und als Betriebsausgabe behandelt werden. [8]In Höhe des am Ende der Übertragungsfrist verbleibenden Betrags ist eine (sich in vollem Umfang gewinnerhöhend auswirkende) Betriebseinnahme anzusetzen. [9]Soweit nur für einen Teil des Veräußerungsgewinnes § 6c EStG in Anspruch genommen wird, gelten vorstehende Regelungen für den entsprechenden Teil des Veräußerungserlöses bzw. Veräußerungsgewinns.

(2) [1]Wird der Gewinn vom Finanzamt geschätzt, ist der Abzug nicht zulässig. [2]Wird der Gewinn des Steuerpflichtigen in einem Wirtschaftsjahr, das in den nach § 6b Abs. 3 EStG maßgebenden Zeitraum fällt, geschätzt, ist ein Zuschlag in Höhe des ursprünglichen Abzugsbetrags vorzunehmen; § 6b Abs. 7 EStG ist zu beachten.

(3) § 6b Abs. 10 EStG ist entsprechend anzuwenden.

Hinweise

H 6c Antrag auf Rücklage

Wird der Gewinn nach § 4 Abs. 3 EStG ermittelt und ein Antrag auf Rücklage nach § 6b EStG gestellt, ist der Antrag dahin auszulegen, dass ein Abzug nach § 6c Abs. 1 EStG begehrt wird (→ BFH vom 30.01.2013 – BStBl. II S. 684).

§ 6c R 6c

Berechnungsbeispiel

Ein Steuerpflichtiger, der den Gewinn nach § 4 Abs. 3 EStG ermittelt, hat ein Werkstattgebäude für 15 000 € veräußert, auf das im Veräußerungszeitpunkt noch insgesamt 3 000 € AfA hätten vorgenommen werden können. Die Veräußerungskosten betragen 1 000 €. Der Steuerpflichtige will für den bei der Veräußerung erzielten Gewinn § 6c EStG in Anspruch nehmen. Er nimmt im Veräußerungsjahr für 4 000 € und in den beiden folgenden Wirtschaftsjahren für 1 000 € und 2 000 € nach § 6b Abs. 1 Satz 3 EStG begünstigte Erweiterungen an seinem Ladengebäude vor.

Der Veräußerungserlös gilt ohne Rücksicht darauf, wann er tatsächlich zufließt, als im Veräußerungsjahr vereinnahmt. Entsprechend gelten die Veräußerungskosten als im Veräußerungsjahr verausgabt. Die Veräußerung des Werkstattgebäudes führt deshalb zu einem nach § 6c EStG begünstigten Gewinn von 15 000 € (Veräußerungserlös) – 3 000 € („Restbuchwert") – 1 000 € (Veräußerungskosten) = 11 000 €. Da der Steuerpflichtige im Veräußerungsjahr von den Anschaffungs- oder Herstellungskosten der in diesem Jahr vorgenommenen Neuinvestitionen einen Abzug von 4 000 € vornimmt, liegt in Höhe dieser 4 000 € eine Betriebsausgabe vor, so dass sich von dem Gewinn aus der Veräußerung des Gebäudes nur noch ein Betrag von (11 000 – 4 000 =) 7 000 € auswirkt. In Höhe dieser 7 000 € kann der Steuerpflichtige im Veräußerungsjahr noch eine fiktive Betriebsausgabe absetzen und damit den bei der Veräußerung entstandenen Gewinn neutralisieren.

In dem auf die Veräußerung folgenden Wirtschaftsjahr nimmt er von den Anschaffungs- oder Herstellungskosten der Neuinvestitionen einen Abzug von 1 000 € vor, der als Betriebsausgabe zu behandeln ist. Er hat infolgedessen eine fiktive Betriebseinnahme von 1 000 € anzusetzen, um den Vorgang zu neutralisieren.

Im zweiten auf die Veräußerung folgenden Wirtschaftsjahr nimmt er von den Anschaffungs- oder Herstellungskosten der Neuinvestitionen einen Abzug von 2 000 € vor, der als Betriebsausgabe zu behandeln ist. Er hat deshalb in diesem Wirtschaftsjahr eine fiktive Betriebseinnahme von 2 000 € anzusetzen, um den Vorgang zu neutralisieren.

Durch die beiden fiktiven Betriebseinnahmen von 1 000 € und 2 000 € ist die fiktive Betriebsausgabe im Jahr der Veräußerung von 7 000 € bis auf einen Betrag von 4 000 € ausgeglichen. In Höhe dieses Betrags hat der Steuerpflichtige spätestens im vierten auf die Veräußerung folgenden Wirtschaftsjahrs eine weitere (sich in vollem Umfang gewinnerhöhend auswirkende) fiktive Betriebseinnahme anzusetzen, wenn er nicht bis zum Schluss des vierten auf die Veräußerung folgenden Wirtschaftsjahrs mit der Herstellung eines neuen Gebäudes begonnen hat.

Soweit der Steuerpflichtige einen Abzug von den Anschaffungs- oder Herstellungskosten angeschaffter oder hergestellter Wirtschaftsgüter vorgenommen hat, kann er von dem Wirtschaftsgut keine AfA, erhöhte Absetzungen oder Sonderabschreibungen mehr vornehmen.

Wechsel der Gewinnermittlungsart

Zur Behandlung eines nach §§ 6b, 6c EStG begünstigten Gewinns bei Wechsel der Gewinnermittlung → R 6b.2 Abs. 11.

Zeitpunkt der Wahlrechtsausübung

Das Wahlrecht der Gewinnübertragung nach § 6c EStG kann bis zum Eintritt der formellen Bestandskraft der Steuerfestsetzung ausgeübt werden; seine Ausübung ist auch nach Ergehen eines Urteils in der Tatsacheninstanz bis zum Ablauf der Rechtsmittelfrist zulässig. In diesem Fall ist die Steuerfestsetzung in entsprechender Anwendung des § 175 Abs. 1 Satz 1 Nr. 2 AO zu ändern (→ BFH vom 30.8.2001 – BStBl. 2002 II S. 49).

§ 6d

§ 6d Euroumrechnungsrücklage
(letztmals abgedruckt im Veranlagungshandbuch Einkommensteuer 2006)

§ 7

§ 7 Absetzung für Abnutzung oder Substanzverringerung

(1) ¹Bei Wirtschaftsgütern, deren Verwendung oder Nutzung durch den Steuerpflichtigen zur Erzielung von Einkünften sich erfahrungsgemäß auf einen Zeitraum von mehr als einem Jahr erstreckt, ist jeweils für ein Jahr der Teil der Anschaffungs- oder Herstellungskosten abzusetzen, der bei gleichmäßiger Verteilung dieser Kosten auf die Gesamtdauer der Verwendung oder Nutzung auf ein Jahr entfällt (Absetzung für Abnutzung in gleichen Jahresbeträgen). ²Die Absetzung bemisst sich hierbei nach der betriebsgewöhnlichen Nutzungsdauer des Wirtschaftsguts. ³Als betriebsgewöhnliche Nutzungsdauer des Geschäfts- oder Firmenwerts eines Gewerbebetriebs oder eines Betriebs der Land- und Forstwirtschaft gilt ein Zeitraum von fünfzehn Jahren. ⁴Im Jahr der Anschaffung oder Herstellung des Wirtschaftsguts vermindert sich für dieses Jahr der Absetzungsbetrag nach Satz 1 um jeweils ein Zwölftel für jeden vollen Monat, der dem Monat der Anschaffung oder Herstellung vorangeht. ⁵Bei Wirtschaftsgütern, die nach einer Verwendung zur Erzielung von Einkünften im Sinne des § 2 Abs. 1 Satz 1 Nummer 4 bis 7 in ein Betriebsvermögen eingelegt worden sind, mindert sich der Einlagewert um die Absetzungen für Abnutzung oder Substanzverringerung, Sonderabschreibungen oder erhöhte Absetzungen, die bis zum Zeitpunkt der Einlage vorgenommen worden sind, höchstens jedoch bis zu den fortgeführten Anschaffungs- oder Herstellungskosten; ist der Einlagewert niedriger als dieser Wert, bemisst sich die weitere Absetzung für Abnutzung vom Einlagewert. ⁶Bei beweglichen Wirtschaftsgütern des Anlagevermögens, bei denen es wirtschaftlich begründet ist, die Absetzung für Abnutzung nach Maßgabe der Leistung des Wirtschaftsguts vorzunehmen, kann der Steuerpflichtige dieses Verfahren statt der Absetzung für Abnutzung in gleichen Jahresbeträgen anwenden, wenn er den auf das einzelne Jahr entfallenden Umfang der Leistung nachweist. ⁷Absetzungen für außergewöhnliche technische oder wirtschaftliche Abnutzung sind zulässig; soweit der Grund hierfür in späteren Wirtschaftsjahren entfällt, ist in den Fällen der Gewinnermittlung nach § 4 Abs. 1 oder nach § 5 eine entsprechende Zuschreibung vorzunehmen.

(2) ¹Bei beweglichen Wirtschaftsgütern des Anlagevermögens, die nach dem 31. Dezember 2008 und vor dem 1. Januar 2011 angeschafft oder hergestellt worden sind, kann der Steuerpflichtige statt der Absetzung für Abnutzung in gleichen Jahresbeträgen die Absetzung für Abnutzung in fallenden Jahresbeträgen bemessen. ²Die Absetzung für Abnutzung in fallenden Jahresbeträgen kann nach einem unveränderlichen Prozentsatz vom jeweiligen Buchwert (Restwert) vorgenommen werden; der dabei anzuwendende Prozentsatz darf höchstens das Zweieinhalbfache des bei der Absetzung für Abnutzung in gleichen Jahresbeträgen in Betracht kommenden Prozentsatzes betragen und 25 Prozent nicht übersteigen. ³Absatz 1 Satz 4 und § 7a Abs. 8 gelten entsprechend. ⁴Bei Wirtschaftsgütern, bei denen die Absetzung für Abnutzung in fallenden Jahresbeträgen bemessen wird, sind Absetzungen für außergewöhnliche technische oder wirtschaftliche Abnutzung nicht zulässig.

(3) ¹Der Übergang von der Absetzung für Abnutzung in fallenden Jahresbeträgen zur Absetzung für Abnutzung in gleichen Jahresbeträgen ist zulässig. ²In diesem Fall bemisst sich die Absetzung für Abnutzung vom Zeitpunkt des Übergangs an nach dem dann noch vorhandenen Restwert und der Restnutzungsdauer des einzelnen Wirtschaftsguts. ³Der Übergang von der Absetzung für Abnutzung in gleichen Jahresbeträgen zur Absetzung für Abnutzung in fallenden Jahresbeträgen ist nicht zulässig.

(4) ¹Bei Gebäuden sind abweichend von Absatz 1 als Absetzung für Abnutzung die folgenden Beträge bis zur vollen Absetzung abzuziehen:

1. bei Gebäuden, soweit sie zu einem Betriebsvermögen gehören und nicht Wohnzwecken dienen und für die der Bauantrag nach dem 31. März 1985 gestellt worden ist, jährlich 3 Prozent,
2. bei Gebäuden, soweit sie die Voraussetzungen der Nummer 1 nicht erfüllen und die
    a) nach dem 31. Dezember 1924 fertiggestellt worden sind, jährlich 2 Prozent,
    b) vor dem 1. Januar 1925 fertiggestellt worden sind, jährlich 2,5 Prozent

der Anschaffungs- oder Herstellungskosten; Abs. 1 Satz 5 gilt entsprechend. ²Beträgt die tatsächliche Nutzungsdauer eines Gebäudes in den Fällen des Satzes 1 Nr. 1 weniger als 33 Jahre, in den Fällen des Satzes 1 Nr. 2 Buchstabe a weniger als 50 Jahre, in den Fällen des Satzes 1 Nr. 2 Buchstabe b weniger als 40 Jahre, so können an Stelle der Absetzungen nach Satz 1 die der tatsächlichen Nutzungsdauer entsprechenden Absetzungen für Abnutzung vorgenommen werden. ³Absatz 1 letzter Satz bleibt unberührt. ⁴Bei Gebäuden im Sinne der Nummer 2 rechtfertigt die für Gebäude im Sinne der Nummer 1 geltende Regelung weder die Anwendung des Absatzes 1 letzter Satz noch den Ansatz des niedrigeren Teilwerts (§ 6 Abs. 1 Nr. 1 Satz 2).

(5) Bei Gebäuden, die in einem Mitgliedstaat der Europäischen Union oder einem anderen Staat belegen sind, auf den das Abkommen über den Europäischen Wirtschaftsraum (EWR-Abkommen) angewendet wird, und die vom Steuerpflichtigen hergestellt oder bis zum Ende des Jahres der Fertigstellung angeschafft worden sind, können abweichend von Absatz 4 als Absetzung für Abnutzung die folgenden Beträge abgezogen werden:

1. bei Gebäuden im Sinne des Absatzes 4 Satz 1 Nr. 1, die vom Steuerpflichtigen auf Grund eines vor dem 1. Januar 1994 gestellten Bauantrags hergestellt oder auf Grund eines vor diesem Zeitpunkt rechtswirksam abgeschlossenen obligatorischen Vertrags angeschafft worden sind,

   im Jahr der Fertigstellung und in den folgenden 3 Jahren jeweils 10   Prozent,
   in den darauffolgenden 3 Jahren   jeweils 5   Prozent,
   in den darauffolgenden 18 Jahren   jeweils 2,5 Prozent,

2. bei Gebäuden im Sinne des Absatzes 4 Satz 1 Nr. 2, die vom Steuerpflichtigen auf Grund eines vor dem 1. Januar 1995 gestellten Bauantrags hergestellt oder auf Grund eines vor diesem Zeitpunkt rechtswirksam abgeschlossenen obligatorischen Vertrags angeschafft worden sind,

   im Jahr der Fertigstellung und in den folgenden 7 Jahren jeweils 5   Prozent,
   in den darauffolgenden 6 Jahren   jeweils 2,5 Prozent,
   in den darauffolgenden 36 Jahren   jeweils 1,25 Prozent,

3. bei Gebäuden im Sinne des Absatzes 4 Satz 1 Nr. 2, soweit sie Wohnzwecken dienen, die vom Steuerpflichtigen

   a) auf Grund eines nach dem 28. Februar 1989 und vor dem 1. Januar 1996 gestellten Bauantrags hergestellt oder nach dem 28. Februar 1989 auf Grund eines nach dem 28. Februar 1989 und vor dem 1. Januar 1996 rechtswirksam abgeschlossenen obligatorischen Vertrags angeschafft worden sind,

      im Jahr der Fertigstellung und in den folgenden 3 Jahren jeweils 7   Prozent,
      in den darauffolgenden 6 Jahren   jeweils 5   Prozent,
      in den darauffolgenden 6 Jahren   jeweils 2   Prozent,
      in den darauffolgenden 24 Jahren   jeweils 1,25 Prozent

   b) auf Grund eines nach dem 31. Dezember 1995 und vor dem 1. Januar 2004 gestellten Bauantrags hergestellt oder auf Grund eines nach dem 31. Dezember 1995 und vor dem 1. Januar 2004 rechtswirksam abgeschlossenen obligatorischen Vertrags angeschafft worden sind,

      – im Jahr der Fertigstellung und in den folgenden 7 Jahren jeweils 5 Prozent,
      – in den darauffolgenden 6 Jahren jeweils 2,5 Prozent,
      – in den darauf folgenden 36 Jahren jeweils 1,25 Prozent

   c) auf Grund eines nach dem 31. Dezember 2003 und vor dem 1. Januar 2006 gestellten Bauantrags hergestellt oder auf Grund eines nach dem 31. Dezember 2003 und vor dem 1. Januar 2006 rechtswirksam abgeschlossenen obligatorischen Vertrags angeschafft worden sind,

      – im Jahr der Fertigstellung und in den folgenden 9 Jahren jeweils 4 Prozent,
      – in den darauffolgenden 8 Jahren jeweils 2,5 Prozent,
      – in den darauf folgenden 32 Jahren jeweils 1,25 Prozent

der Anschaffungs- oder Herstellungskosten. ²Im Fall der Anschaffung kann Satz 1 nur angewendet werden, wenn der Hersteller für das veräußerte Gebäude weder Absetzungen für Abnutzung nach Satz 1 vorgenommen noch erhöhte Absetzungen oder Sonderabschreibungen in Anspruch genommen hat. ³Absatz 1 Satz 4 gilt nicht.

(5a) Die Absätze 4 und 5 sind auf Gebäudeteile, die selbständige unbewegliche Wirtschaftsgüter sind, sowie auf Eigentumswohnungen und auf im Teileigentum stehende Räume entsprechend anzuwenden.

(6) Bei Bergbauunternehmen, Steinbrüchen und anderen Betrieben, die einen Verbrauch der Substanz mit sich bringen, ist Absatz 1 entsprechend anzuwenden; dabei sind Absetzungen nach Maßgabe des Substanzverzehrs zulässig (Absetzung für Substanzverringerung).

EStDV

§ 9a Anschaffung, Herstellung

Jahr der Anschaffung ist das Jahr der Lieferung, Jahr der Herstellung ist das Jahr der Fertigstellung.

§ 10 Absetzung für Abnutzung im Fall des § 4 Abs. 3 des Gesetzes

(1) ¹Bei nicht in dem in Artikel 3 des Einigungsvertrages genannten Gebiet belegenen Gebäuden, die bereits am 21. Juni 1948 zum Betriebsvermögen gehört haben, sind im Fall des § 4 Abs. 3 des Gesetzes für die Bemessung der Absetzung für Abnutzung als Anschaffungs- oder Herstellungskosten höchstens die Werte zugrunde zu legen, die sich bei sinngemäßer Anwendung des § 16 Abs. 1 des D-Markbilanzgesetzes in der im Bundesgesetzblatt Teil III, Gliederungsnummer 4140-1, veröffentlichten bereinigten Fassung ergeben würden. ²In dem Teil des Landes Berlin, in dem das Grundgesetz bereits vor dem 3. Oktober 1990 galt, tritt an die Stelle des 21. Juni 1948 der 1. April 1949.

(2) Für Gebäude, die zum Betriebsvermögen eines Betriebs oder einer Betriebsstätte im Saarland gehören, gilt Absatz 1 mit der Maßgabe, dass an die Stelle des 21. Juni 1948 der 6. Juli 1959 sowie an die Stelle des § 16 Abs. 1 des D-Markbilanzgesetzes der § 8 Abs. 1 und der § 11 des D-Markbilanzgesetzes für das Saarland in der im Bundesgesetzblatt Teil III, Gliederungsnummer 4140-2, veröffentlichten bereinigten Fassung treten.

§ 10a (weggefallen)

§§ 11 – 11b (weggefallen)

§ 11c Absetzung für Abnutzung bei Gebäuden

(1) ¹Nutzungsdauer eines Gebäudes im Sinne des § 7 Abs. 4 Satz 2 des Gesetzes ist der Zeitraum, in dem ein Gebäude voraussichtlich seiner Zweckbestimmung entsprechend genutzt werden kann. ²Der Zeitraum der Nutzungsdauer beginnt

1. *bei Gebäuden, die der Steuerpflichtige vor dem 21. Juni 1948 angeschafft oder hergestellt hat, mit dem 21. Juni 1948;*

2. *bei Gebäuden, die der Steuerpflichtige nach dem 20. Juni 1948 hergestellt hat, mit dem Zeitpunkt der Fertigstellung;*

3. *bei Gebäuden, die der Steuerpflichtige nach dem 20. Juni 1948 angeschafft hat, mit dem Zeitpunkt der Anschaffung.*

³Für im Land Berlin belegene Gebäude treten an die Stelle des 20. Juni 1948 jeweils der 31. März 1949 und an die Stelle des 21. Juni 1948 jeweils der 1. April 1949. ⁴Für im Saarland belegene Gebäude treten an die Stelle des 20. Juni 1948 jeweils der 19. November 1947 und an die Stelle des 21. Juni 1948 jeweils der 20. November 1947; soweit im Saarland belegene Gebäude zu einem Betriebsvermögen gehören, treten an die Stelle des 20. Juni 1948 jeweils der 5. Juli 1959 und an die Stelle des 21. Juni 1948 jeweils der 6. Juli 1959.

(2) ¹Hat der Steuerpflichtige nach § 7 Abs. 4 Satz 3 des Gesetzes bei einem Gebäude eine Absetzung für außergewöhnliche technische oder wirtschaftliche Abnutzung vorgenommen, so bemessen sich die Absetzungen für Abnutzung von dem folgenden Wirtschaftsjahr oder Kalenderjahr an nach den Anschaffungs- oder Herstellungskosten des Gebäudes abzüglich des Betrags der Absetzung für außergewöhnliche technische oder wirtschaftliche Abnutzung. ²Entsprechendes gilt, wenn der Steuerpflichtige ein zu einem Betriebsvermögen gehörendes Gebäude nach § 6 Abs. 1 Nr. 1 Satz 2 des Gesetzes mit dem niedrigeren Teilwert angesetzt hat. ³Im Falle der Zuschreibung nach § 7 Abs. 4 Satz 3 des Gesetzes oder der Wertaufholung nach § 6 Abs. 1 Nr. 1 Satz 4 des Gesetzes erhöht sich die Bemessungsgrundlage für die Absetzungen für Abnutzung von dem folgenden Wirtschaftsjahr oder Kalenderjahr an um den Betrag der Zuschreibung oder Wertaufholung.

§ 11d Absetzung für Abnutzung oder Substanzverringerung bei nicht zu einem Betriebvermögen gehörenden Wirtschaftsgütern, die der Steuerpflichtige unentgeltlich erworben hat

(1) ¹Bei den nicht zu einem Betriebsvermögen gehörenden Wirtschaftsgütern, die der Steuerpflichtige unentgeltlich erworben hat, bemessen sich die Absetzungen für Abnutzung nach den Anschaffungs- oder Herstellungskosten des Rechtsvorgängers oder dem Wert, der beim Rechtsvorgänger an deren Stelle getreten ist oder treten würde, wenn dieser noch Eigentümer wäre, zuzüglich der vom Rechtsnachfolger aufgewendeten Herstellungskosten und nach dem Prozentsatz, der für den Rechtsvorgänger maßgebend sein würde, wenn er noch Eigentümer des Wirtschaftsguts wäre. ²Absetzungen für Abnutzung durch den Rechtsnachfolger sind nur zulässig, soweit die vom Rechtsvorgänger und vom Rechtsnachfolger zusammen vorgenommenen Absetzungen für Abnutzung, erhöhten Absetzungen und Abschreibungen bei dem Wirtschaftsgut noch nicht zur vollen Absetzung geführt haben. ³Die Sätze 1 und 2 gelten für die Absetzung für Substanzverringerung und für erhöhte Absetzungen entsprechend.

(2) Bei Bodenschätzen, die der Steuerpflichtige auf einem ihm gehörenden Grundstück entdeckt hat, sind Absetzungen für Substanzverringerung nicht zulässig.

§ 12 (weggefallen)

EStR und Hinweise

EStR 2012 zu § 7 EStG

R 7.1 Abnutzbare Wirtschaftsgüter

Allgemeines

(1) AfA ist vorzunehmen für

1. bewegliche Wirtschaftsgüter (§ 7 Abs. 1 Satz 1, 2, 4 bis 7 EStG),
2. immaterielle Wirtschaftsgüter (§ 7 Abs. 1 Satz 1 bis 5 und 7 EStG),
3. → unbewegliche Wirtschaftsgüter, die keine Gebäude oder Gebäudeteile sind (§ 7 Abs. 1 Satz 1, 2, 5 und 7 EStG) und
4. Gebäude und Gebäudeteile (§ 7 Abs. 1 Satz 5 und Abs. 4, 5 und 5a EStG),

die zur Erzielung von Einkünften verwendet werden und einer → wirtschaftlichen oder technischen Abnutzung unterliegen.

→ Bewegliche Wirtschaftsgüter

(2) ¹Bewegliche Wirtschaftsgüter können nur Sachen (§ 90 BGB), Tiere (§ 90 a BGB) und Scheinbestandteile (§ 95 BGB) sein. ²Schiffe und Flugzeuge sind auch dann bewegliche Wirtschaftsgüter, wenn sie im Schiffsregister bzw. in der Luftfahrzeugrolle eingetragen sind.

(3) → ¹Betriebsvorrichtungen sind selbständige Wirtschaftsgüter, weil sie nicht in einem einheitlichen Nutzungs- und Funktionszusammenhang mit dem Gebäude stehen. ²Sie gehören auch dann zu den beweglichen Wirtschaftsgütern, wenn sie wesentliche Bestandteile eines Grundstücks sind.

(4) → ¹Scheinbestandteile entstehen, wenn bewegliche Wirtschaftsgüter zu einem vorübergehenden Zweck in ein Gebäude eingefügt werden. ²Einbauten zu vorübergehenden Zwecken sind auch

1. die vom Steuerpflichtigen für seine eigenen Zwecke vorübergehend eingefügten Anlagen,

§ 7 R 7.1

2. die vom Vermieter oder Verpächter zur Erfüllung besonderer Bedürfnisse des Mieters oder Pächters eingefügten Anlagen, deren Nutzungsdauer nicht länger als die Laufzeit des Vertragsverhältnisses ist.

→ **Gebäude und** → **Gebäudeteile**

(5) ¹Für den Begriff des Gebäudes sind die Abgrenzungsmerkmale des Bewertungsrechts maßgebend. ²Ein Gebäude ist ein Bauwerk auf eigenem oder fremdem Grund und Boden, das Menschen oder Sachen durch räumliche Umschließung Schutz gegen äußere Einflüsse gewährt, den Aufenthalt von Menschen gestattet, fest mit dem Grund und Boden verbunden, von einiger Beständigkeit und standfest ist.

(6) Zu den selbständigen unbeweglichen Wirtschaftsgütern im Sinne des § 7 Abs. 5a EStG gehören insbesondere Mietereinbauten und -umbauten, die keine Scheinbestandteile oder Betriebsvorrichtungen sind, Ladeneinbauten und ähnliche Einbauten (→ R 4.2 Abs. 3 Satz 3 Nr. 3) sowie sonstige selbständige Gebäudeteile im Sinne des → R 4.2 Abs. 3 Satz 3 Nr. 5.

Hinweise

H 7.1 Arzneimittelzulassungen

Eine entgeltlich erworbene Arzneimittelzulassung ist dem Grunde nach ein abnutzbares Wirtschaftsgut (→ BMF vom 12.7.1999 – BStBl. I S. 686). ¹⁾

Betriebsvorrichtungen

Zur Abgrenzung von den Betriebsgrundstücken sind die allgemeinen Grundsätze des Bewertungsrechts anzuwenden. → § 68 Abs. 2 Nr. 2, § 99 Abs. 1 Nr. 1 BewG; gleichlautende Erlasse der obersten Finanzbehörden der Länder vom 5.6.2013 (BStBl. I S. 734).

Bewegliche Wirtschaftsgüter

Immaterielle Wirtschaftsgüter (→ R 5.5 Abs. 1) gehören nicht zu den beweglichen Wirtschaftsgütern (→ BFH vom 22.5.1979 – BStBl. II S. 634).

Domain-Namen ²⁾

Aufwendungen, die für die Übertragung eines Domain-Namens an den bisherigen Domaininhaber geleistet werden, sind Anschaffungskosten für ein in der Regel nicht abnutzbares immaterielles Wirtschaftsgut (→ BFH vom 19.10.2006 – BStBl. 2007 II S. 301).

Drittaufwand

→ H 4.7

Eigenaufwand für ein fremdes Wirtschaftsgut

→ H 4.7

Garagen

Garagen, die auf dem Gelände eines großen Mietwohnungskomplexes nachträglich errichtet werden, sind dann als selbständige Wirtschaftsgüter gesondert abzuschreiben, wenn ihre Errichtung nicht Bestandteil der Baugenehmigung für das Mietwohngebäude war und kein enger Zusammenhang zwischen der Nutzung der Wohnungen und der Garagen besteht, weil die Zahl der Garagen hinter der Zahl der Wohnungen deutlich zurückbleibt und die Garagen zum Teil an Dritte vermietet sind (→ BFH 22.9.2005 – BStBl. 2006 II S. 169).

Gebäude

- *Ein Container ist ein Gebäude, wenn er nach seiner individuellen Zweckbestimmung für eine dauernde Nutzung an einem Ort aufgestellt ist und seine Beständigkeit durch die ihm zugedachte Ortsfestigkeit auch im äußeren Erscheinungsbild deutlich wird (→ BFH vom 23.9.1988 – BStBl. 1989 II S. 113).*
- *Ein sog. Baustellencontainer ist kein Gebäude, da es an der Ortsfestigkeit fehlt (→ BFH vom 18.6.1986 – BStBl. II S. 787).*
- *Bürocontainer, die auf festen Fundamenten ruhen, sind Gebäude (→ BFH vom 25.4.1996 – BStBl. II S. 613).*
- *Eine Tankstellenüberdachung mit einer Fläche von mehr als 400 m² ist ein Gebäude (→ BFH vom 28.9.2000 – BStBl. 2001 II S. 137).*

---

1) Siehe Anlage § 006-05.
2) Siehe auch Anlage § 005-04.

- *Musterhäuser der Fertighausindustrie sind Gebäude. Dies gilt auch dann, wenn das Musterhaus primär Präsentations- und Werbezwecken dient (→ BFH vom 23.9.2008 – BStBl. 2009 II S. 986).*

Gebäudeteile

Gebäudeteile sind selbständige Wirtschaftsgüter und deshalb gesondert abzuschreiben, wenn sie mit dem Gebäude nicht in einem einheitlichen Nutzungs- und Funktionszusammenhang stehen (→ BFH vom 26.11.1973 – BStBl. 1974 II S. 132).

→ R 4.2 Abs. 4

Geschäfts- oder Firmenwert

Zur Abschreibung des Geschäfts- oder Firmenwerts → BMF vom 20.11.1986 (BStBl. I S. 532) [1]

Mietereinbauten

Mieterein- und -umbauten als unbewegliche Wirtschaftsgüter, die keine Gebäude oder Gebäudeteile sind → BMF vom 15.1.1976 (BStBl. I S. 66) [2]*. Zur Höhe der AfA bei Mietereinbauten → H 7.4.*

Nießbrauch und andere Nutzungsrechte

Zur Abschreibung bei Bestellung eines Nießbrauchs oder eines anderen Nutzungsrechts bei Einkünften aus Vermietung und Verpachtung → BMF vom 30.9.2013 (BStBl. I S. 1184). [3]

Berücksichtigung von Aufwendungen bei der unentgeltlichen Nutzungsüberlassung von Gebäuden oder Gebäudeteilen (Eigen- und Drittaufwand) → H 4.7 (Drittaufwand, Eigenaufwand für ein fremdes Wirtschaftsgut)

Praxiswert

Zur Abschreibung des Praxiswerts → BMF vom 15.1.1995 (BStBl. I S. 14) [4]

Scheinbestandteile

Eine Einfügung zu einem vorübergehenden Zweck ist anzunehmen, wenn die Nutzungsdauer der eingefügten beweglichen Wirtschaftsgüter länger als die Nutzungsdauer ist, für die sie eingebaut werden, die eingefügten beweglichen Wirtschaftsgüter auch nach ihrem Ausbau noch einen beachtlichen Wiederverwendungswert repräsentieren und nach den Umständen, insbesondere nach Art und Zweck der Verbindung, damit gerechnet werden kann, dass sie später wieder entfernt werden (→ BFH vom 24.11.1970 – BStBl. 1971 II S. 157 und vom 4.12.1970 – BStBl. 1971 II S. 165).

Unbewegliche Wirtschaftsgüter, die keine Gebäude oder Gebäudeteile sind

- *Außenanlagen wie Einfriedungen bei Betriebsgrundstücken (→ BFH vom 2.6.1971 – BStBl. II S. 673);*
- *Hof- und Platzbefestigungen, Straßenzufahrten und Umzäunungen bei Betriebsgrundstücken (→ BFH vom 1.7.1983 – BStBl. II S. 686 und vom 10.10.1990 – BStBl. 1991 II S. 59), wenn sie nicht ausnahmsweise Betriebsvorrichtungen sind (→ BFH vom 30.4.1976 – BStBl. II S. 527), nicht aber Umzäunungen bei Wohngebäuden, wenn sie in einem einheitlichen Nutzungs- und Funktionszusammenhang mit dem Gebäude stehen (→ BFH vom 30.6.1966 – BStBl. III S. 541 und vom 15.12.1977 – BStBl. 1978 II S. 210 sowie R 21.1 Abs. 5 S. 1);*

Warenzeichen (Marke)

ein entgeltlich erworbenes Warenzeichen (Marke) ist dem Grunde nach ein abnutzbares Wirtschaftsgut (→ BMF vom 12.7.1999 – BStBl. I S. 686). [5]

Wirtschaftliche oder technische Abnutzung

- *Ständig in Gebrauch befindliche Möbelstücke unterliegen einer technischen Abnutzung, auch wenn die Gegenstände schon 100 Jahre alt sind und im Wert steigen (→ BFH vom 31.1.1986 – BStBl. II S. 355).*
- *Gemälde eines anerkannten Meisters sind keine abnutzbaren Wirtschaftsgüter (→ BFH vom 2.12.1977 – BStBl. 1978 II S. 164).*

---

1) Siehe Anlage § 005-12.
2) Siehe Anlage § 004-04.
3) Siehe Anlage § 021-08.
4) Siehe Anlage § 005-13.
5) Siehe Anlage § 006-05.

§ 7 — R 7.1, 7.2

- *Sammlungs- und Anschauungsobjekte sind keine abnutzbaren Wirtschaftsgüter (→ BFH vom 9.8.1989 – BStBl. 1990 II S. 50).*

Wirtschaftsüberlassungsvertrag
Bei Überlassung der Nutzung eines landwirtschaftlichen Betriebs im Rahmen eines sog. Wirtschaftsüberlassungsvertrags steht dem Eigentümer und Nutzungsverpflichteten die AfA für die in seinem Eigentum verbliebenen Wirtschaftsgüter auch weiterhin zu (→ BFH vom 23.1.1992 – BStBl. 1993 II S. 327 und BMF vom 29.4.1993 – BStBl. I S. 337).

EStR 2012 zu § 7 EStG

R 7.2 Wirtschaftsgebäude, Mietwohnneubauten und andere Gebäude

→ **Wohnzwecke**

(1) ¹Ein Gebäude dient Wohnzwecken, wenn es dazu bestimmt und geeignet ist, Menschen auf Dauer Aufenthalt und Unterkunft zu ermöglichen. ²Wohnzwecken dienen auch Wohnungen, die aus besonderen betrieblichen Gründen an Betriebsangehörige überlassen werden, z. B. Wohnungen für den Hausmeister, für das Fachpersonal, für Angehörige der Betriebsfeuerwehr und für andere Personen, auch wenn diese aus betrieblichen Gründen unmittelbar im Werksgelände ständig einsatzbereit sein müssen. ³Gebäude dienen nicht Wohnzwecken, soweit sie zur vorübergehenden Beherbergung von Personen bestimmt sind, wie z. B. Ferienwohnungen sowie Gemeinschaftsunterkünfte, in denen einzelne Plätze z.B. für ausländische Flüchtlinge zur Verfügung gestellt werden.

(2) Zu den Räumen, die Wohnzwecken dienen, gehören z. B.

1. die Wohn- und Schlafräume, Küchen und Nebenräume einer Wohnung,
2. die zur räumlichen Ausstattung einer Wohnung gehörenden Räume, wie Bodenräume, Waschküchen, Kellerräume, Trockenräume, Speicherräume, Vorplätze, Bade- und Duschräume, Fahrrad- und Kinderwagenräume usw., gleichgültig, ob sie zur Benutzung durch den einzelnen oder zur gemeinsamen Benutzung durch alle Hausbewohner bestimmt sind, und
3. die zu einem Wohngebäude gehörenden Garagen.

(3) ¹Räume, die sowohl Wohnzwecken als auch gewerblichen oder beruflichen Zwecken dienen, sind, je nachdem, welchem Zweck sie überwiegend dienen, entweder ganz den Wohnzwecken oder ganz den gewerblichen oder beruflichen Zwecken dienenden Räumen zuzurechnen. ²Das häusliche Arbeitszimmer des Mieters ist zur Vereinfachung den Wohnzwecken dienenden Räumen zuzurechnen.

→ **Bauantrag**

(4) ¹Unter Bauantrag ist das Schreiben zu verstehen, mit dem die landesrechtlich vorgesehene Genehmigung für den beabsichtigten Bau angestrebt wird. ²Zeitpunkt der Beantragung einer Baugenehmigung ist der Zeitpunkt, zu dem der Bauantrag bei der nach Landesrecht zuständigen Behörde gestellt wird; maßgebend ist regelmäßig der Eingangsstempel dieser Behörde. ³Das gilt auch dann, wenn die Bauplanung nach Beantragung der Baugenehmigung geändert wird, ohne dass ein neuer Bauantrag erforderlich ist. ⁴Ist ein Bauantrag abgelehnt worden und die Baugenehmigung erst auf Grund eines neuen Antrags erteilt worden, ist Zeitpunkt der Antragstellung der Eingang des neuen Bauantrags bei der zuständigen Behörde. ⁵Bei baugenehmigungsfreien Bauvorhaben, für die Bauunterlagen einzureichen sind, ist der Zeitpunkt maßgebend, zu dem die Bauunterlagen eingereicht werden. ⁶Bei baugenehmigungsfreien Bauvorhaben, für die keine Bauunterlagen einzureichen sind, tritt an die Stelle des Bauantrags der Beginn der Herstellung.

→ **Obligatorischer Vertrag**

(5) Ein obligatorischer Vertrag über den Erwerb eines Grundstücks (Kaufvertrag oder Kaufanwartschaftsvertrag) ist zu dem Zeitpunkt rechtswirksam abgeschlossen, zu dem er notariell beurkundet ist.

Hinweise

H 7.2 Bauantrag

Anträge, die die Finanzierung des geplanten Baus betreffen, sowie sog. Bauvoranfragen bei der Baugenehmigungsbehörde sind nicht als Bauanträge anzusehen, weil sie nicht die Erlangung der Baugenehmigung, sondern nur die Klärung von Vorfragen zum Ziel haben (→ BFH vom 28.3.1966 – BStBl. III S. 454 und vom 7.3.1980 – BStBl. II S. 411).

Wird die Bauplanung nach Beantragung der Baugenehmigung so grundlegend geändert, dass ein neuer Bauantrag gestellt werden muss, so ist Zeitpunkt der Antragstellung der Eingang des neuen Bauantrags bei der zuständigen Behörde (→ BFH vom 28.9.1982 – BStBl. 1983 II S. 146).

Die Bauanzeige steht einem Bauantrag gleich (→ BFH vom 18.10.1990 – BStBl. II S. 754)

Obligatorischer Vertrag

Mit einem obligatorischen Erwerbsvertrag wird zum einen eine beidseitige Bindung von Voreigentümer und Erwerber definiert, zum anderen – notariell beurkundet – ein objektiv eindeutiger Zeitpunkt hierfür festgelegt (→ BFH vom 19.2.2013 – BStBl. II S. 482). Ein obligatorischer Vertrag gilt auch dann in dem Zeitpunkt der notariellen Beurkundung als rechtswirksam abgeschlossen, wenn der Vertrag erst nach Eintritt einer aufschiebenden Bedingung oder nach Ablauf einer Frist wirksam werden soll oder noch einer Genehmigung bedarf; bei einem Vertragsabschluss durch einen Vertreter ohne Vertretungsmacht gilt der obligatorische Vertrag im Zeitpunkt der Abgabe der Genehmigungserklärung durch den Vertretenen als rechtswirksam abgeschlossen (→ BFH vom 2.2.1982 – BStBl. II S. 390).

Wohnzwecke

- *Die Nutzung zu Wohnzwecken setzt die Eignung der betreffenden Räume zur eigenständigen Haushaltsführung und die tatsächliche und rechtliche Sachherrschaft der Bewohner über sie voraus. Die Räume müssen überdies als Mindestausstattung eine Heizung, eine Küche, ein Bad und eine Toilette enthalten. Die überlassenen Wohneinheiten müssen aber nicht notwendig mit einem eigenen Bad/WC oder einer eigenen Küche ausgestattet sein. Das Merkmal „Wohnzwecken dienen" kann auch dann erfüllt sein, wenn die Möglichkeit des Einbaus einer Kochgelegenheit oder die Möglichkeit der Mitbenutzung von Küche und Bad/WC gegeben ist. Die tatsächliche und rechtliche Sachherrschaft über die Räume haben die Bewohner dann, wenn sie die ihnen überlassenen Zimmer abschließen und anderen Personen den Zutritt verwehren können. Auch die Unterbringung in einem Mehrbettzimmer steht der Beurteilung einer Nutzung zu Wohnzwecken nicht entgegen. Unerheblich ist, ob und in welchem Umfang der Bewohner in den Räumen neben dem Wohnen weitere Dienstleistungen in Anspruch nimmt (→ BFH vom 30.9.2003 – BStBl. II 2004 S. 223 – zum Pflegezimmer; BStBl. II 2004 S. 225 zum betreuten Wohnen; BStBl. II 2004 S. 221 und BFH vom 15.12.2005 – BStBl. 2006 II S. 559 zum Pflegeheim).*
- *Wohnungen, deren einzelne Zimmer in der Regel für zwölf Monate an obdachlose Suchtkranke vermietet werden, um sie auf ein selbständiges Wohnen vorzubereiten, dienen Wohnzwecken (→ BFH vom 15.12.2005 – BStBl. 2006 II S. 561).*
- *Das häusliche Arbeitszimmer eines Arbeitnehmers im eigenen Haus dient nicht Wohnzwecken (→ BFH vom 30.6.1995 – BStBl. II S. 598).*
- *Ein Gebäude, das Ferienwohnungen enthält, die für kürzere Zeiträume an wechselnde Feriengäste vermietet werden, dient nicht Wohnzwecken (→ BFH vom 14.3.2000 – BStBl. 2001 II S. 66).*

Zeitliche Anwendung bei linearer Gebäude-AfA

Die weitere Anwendung des linearen AfA-Satzes von 4 % bei Wirtschaftsgebäuden (§ 7 Abs. 4 Satz 1 Nr. 1 i. V. m. § 52 Abs. 21b EStG) ist auf den Herstellungsbeginn oder die Anschaffung durch den abschreibungsberechtigten Stpfl. abzustellen.

Bei Personengesellschaften ist der Gesellschafter abschreibungsberechtigter Stpfl. im Sinne der Anwendungsvorschrift. Maßgebend ist danach, ob der betreffende Stpfl. bei Beginn der Herstellung oder bei der Anschaffung durch die Personengesellschaft bereits Gesellschafter ist. Tritt ein Gesellschafter nach dem Herstellungsbeginn oder der Anschaffung durch die Gesellschaft bei, ist für ihn für die Anwendung des AfA-Satzes auf den Zeitpunkt des Beitritts abzustellen. Erfolgt der Beitritt eines Gesellschafters nach dem 31.12.2000, ist insoweit der auf 3 % abgesenkte AfA-Satz maßgebend. Entsprechendes gilt bei Gemeinschaften.

Der Bauantrag fingiert in den Fällen, in denen eine Baugenehmigung erforderlich ist, den Herstellungsbeginn. In den Fällen, in denen der Bauantrag vor dem 1.1.2001 gestellt worden ist und ein Erwerber das noch unbebaute Grundstück oder teilfertige Gebäude nach dem 31.12.2000 vom Antragsteller erworben hat und das Gebäude auf Grund des vor dem 1.1.2001 gestellten Bauantrags fertig stellt, ist deshalb nicht die Stellung des Bauantrags durch den Veräußerer, sondern

- *bei Erwerb eines teilfertigen Gebäudes der Abschluss des Kaufvertrags und*
- *bei Erwerb eines unbebauten Grundstücks der tatsächliche Beginn der Bauarbeiten*

jeweils durch den abschreibungsberechtigten Erwerber maßgebend (→ BMF vom 5.8.2002 – BStBl. I S. 710).

→ Bauantrag

§ 7 R 7.3

EStR 2012 zu § 7 EStG

R 7.3 Bemessungsgrundlage für die AfA

Entgeltlicher Erwerb und Herstellung

(1) ¹Bemessungsgrundlage für die AfA sind grundsätzlich die Anschaffungs- oder Herstellungskosten des Wirtschaftsguts oder der an deren Stelle tretende Wert, z. B. § 6 Abs. 5 Satz 4 bis 6, § 7a Abs. 9 und § 7b Abs. 1 Satz 2 EStG und § 7g Abs. 2 Satz 2 EStG; §§ 10 und 10a EStDV. ²Wird ein teilfertiges Gebäude erworben und fertig gestellt, gehören zu den Herstellungskosten die Anschaffungskosten des teilfertigen Gebäudes und die Herstellungskosten zur Fertigstellung des Gebäudes.

→ **Fertigstellung von Teilen eines Gebäudes zu verschiedenen Zeitpunkten** [1]

(2) Wird bei der Errichtung eines zur unterschiedlichen Nutzung bestimmten Gebäudes zunächst ein zum Betriebsvermögen gehörender Gebäudeteil und danach ein zum Privatvermögen gehörender Gebäudeteil fertig gestellt, so hat der Steuerpflichtige ein Wahlrecht, ob er vorerst in die AfA-Bemessungsgrundlage des fertig gestellten Gebäudeteils die Herstellungskosten des noch nicht fertig gestellten Gebäudeteils einbezieht oder ob er hierauf verzichtet.

Unentgeltlicher Erwerb

(3) Bei unentgeltlich erworbenen Wirtschaftsgütern sind § 6 Abs. 3 und 4 EStG und § 11d EStDV sowohl im Fall der Gesamtrechtsnachfolge als auch im Fall der Einzelrechtsnachfolge anzuwenden.

Zuschüsse, Übertragung stiller Reserven

(4) ¹Ist dem Steuerpflichtigen im Jahr der Anschaffung oder Herstellung eines Wirtschaftsguts für dieses Wirtschaftsgut ein Zuschuss bewilligt worden, den er nach R 6.5 erfolgsneutral behandelt, oder hat er einen Abzug nach § 6b Abs. 1, 3 oder 10 EStG oder nach R 6.6 vorgenommen, ist die AfA von den um den Zuschuss oder Abzugsbetrag geminderten Anschaffungs- oder Herstellungskosten zu bemessen. ²Ist dem Steuerpflichtigen der Zuschuss in einem auf das Jahr der Anschaffung oder Herstellung folgenden Wirtschaftsjahr bewilligt worden oder hat er den Abzug zulässigerweise in einem auf das Jahr der Anschaffung oder Herstellung des Wirtschaftsguts folgenden Wirtschaftsjahr vorgenommen, bemisst sich die weitere AfA in den Fällen des § 7 Abs. 4 Satz 1 und Abs. 5 EStG ebenfalls nach den um den Zuschuss- oder Abzugsbetrag geminderten Anschaffungs- oder Herstellungskosten, in allen anderen Fällen nach dem um den Zuschuss- oder Abzugsbetrag geminderten Buchwert oder Restwert des Wirtschaftsguts.

→ **Nachträgliche Herstellungskosten**

(5) ¹Sind nachträgliche Herstellungsarbeiten an einem Wirtschaftsgut so umfassend, dass hierdurch ein anderes Wirtschaftsgut entsteht, ist die weitere AfA nach der Summe aus dem Buchwert oder Restwert des bisherigen Wirtschaftsguts und nach den nachträglichen Herstellungskosten zu bemessen. ²Aus Vereinfachungsgründen kann der Steuerpflichtige bei unbeweglichen Wirtschaftsgütern von der Herstellung eines anderen Wirtschaftsguts ausgehen, wenn der im zeitlichen und sachlichen Zusammenhang mit der Herstellung des Wirtschaftsguts angefallene Bauaufwand zuzüglich des Werts der Eigenleistung nach überschlägiger Berechnung den Verkehrswert des bisherigen Wirtschaftsguts übersteigt. [2]

Einlage, → Entnahme, Nutzungsänderung und Übergang zur Buchführung

(6) ¹Bei Wirtschaftsgütern, die der Steuerpflichtige aus einem Betriebsvermögen in das Privatvermögen überführt hat, ist die weitere AfA nach dem Teilwert (§ 6 Abs. 1 Nr. 4 Satz 1 EStG) oder gemeinen Wert (§ 16 Abs. 3 Satz 6 bis 8 EStG) zu bemessen, mit dem das Wirtschaftsgut bei der Überführung steuerlich erfasst worden ist. ²Dagegen bleiben die Anschaffungs- oder Herstellungskosten oder der an deren Stelle tretende Wert des Wirtschaftsguts für die weitere AfA als Bemessungsgrundlage maßgebend, wenn

1. a) ein Gebäude nach vorhergehender Nutzung zu eigenen Wohnzwecken oder zu fremden Wohnzwecken auf Grund unentgeltlicher Überlassung zur Erzielung von Einkünften im Sinne des § 21 EStG oder

   b) ein bewegliches Wirtschaftsgut nach einer Nutzung außerhalb der Einkunftsarten zur Erzielung von Einkünften im Sinne des § 2 Abs. 1 Satz 1 Nr. 4 bis 7 EStG

   verwendet wird oder

2. ein Wirtschaftsgut nach vorhergehender Gewinnermittlung durch Schätzung oder nach Durchschnittssätzen (§ 13a EStG) bilanziert wird.

---

1) Siehe dazu auch Anlage § 007-03.
2) Das Wahlrecht gilt auch für den Erwerber eines Gebäudes (Erlaß Brandenburg vom 12.10.1998, FR 1998 S. 1060).

Hinweise

H 7.3 Anschaffungskosten

- *bei Erbauseinandersetzung* → *BMF vom 14.3.2006 (BStBl. I S. 253).* [1)]
- *bei Modernisierung von Gebäuden* → *BMF vom 18.7.2003 (BStBl. II S.386).* [2)]
- *bei vorweggenommener Erbfolge* → *BMF vom 13.1.1993 (BStBl. I S. 80) unter Berücksichtigung der Änderungen durch BMF vom 26.2.2007 (BStBl. I S. 269).* [3)]
- *Bei Tieren in land- und forstwirtschaftlich tätigen Betrieben sind die Anschaffungs- oder Herstellungskosten zur Berechnung der AfA um den Schlachtwert zu mindern* → *BMF vom 14.11.2001 (BStBl. I S. 864), Rn. 24.* [4)]
- *Bei Schiffen sind die Anschaffungs- oder Herstellungskosten zur Berechnung der AfA um den Schrottwert zu mindern (*→ *BFH vom 22.7.1971 – BStBl. II S. 800).*
- *Aufwendungen für Baumaßnahmen, mit denen der Verkäufer einer Eigentumswohnung oder eine seiner Firmen zeitgleich mit dem Abschluss des Kaufvertrags beauftragt wird, gehören zu den Anschaffungskosten der Eigentumswohnung (*→ *BFH vom 17.12.1996 – BStBl. 1997 II S. 348).*
- *Bei Erwerb einer Eigentumswohnung gehört der im Kaufpreis enthaltene Anteil für das in der Instandhaltungsrückstellung angesammelte Guthaben nicht zu den Anschaffungskosten der Eigentumswohnung (*→ *BFH vom 9.10.1991 – BStBl. 1992 II S. 152).*
- *Zu den Anschaffungskosten gehören auch die Übernahme von Verbindlichkeiten des Veräußerers sowie Aufwendungen des Erwerbers zur Beseitigung bestehender Beschränkung seiner Eigentümerbefugnis i. S. d. § 903 BGB (z. B. Ablösung dinglicher Nutzungsrechte wie Erbbaurecht, Vermächtnisnießbrauch oder Wohnungsrecht) oder Zahlungen aufgrund der Anfechtung des Kaufvertrags durch einen Gläubiger nach § 3 Abs. 2 AnfG (*→ *BFH vom 17.4.2007 – BStBl. II S. 956).*
- *Anschaffungskosten bei Einbringung von Miteigentumsanteilen an Grundstücken in eine vermögensverwaltende Personengesellschaft bemessen sich nach dem gemeinen Wert des hingegebenen Gebäudeteils. Soweit ein Gesellschafter an zwei Gebäuden Anteile (hinzu)erworben hat, ist der gemeine Wert des hingegebenen Gebäudeteils nach dem Verhältnis der gemeinen Werte der erworbenen Anteile aufzuteilen (*→ *BFH vom 2.4.2008 – BStBl. II S. 679).*
- *Bringen die Miteigentümer mehrerer Grundstücke ihre Miteigentumsanteile in eine Personengesellschaft mit Vermietungseinkünften ein, sind keine Anschaffungsvorgänge gegeben, soweit die den Gesellschaftern nach der Übertragung ihrer Miteigentumsanteile nach § 39 Abs. 2 Nr. 2 AO zuzurechnenden Anteile an den Grundstücken ihre bisherigen Miteigentumsanteile nicht übersteigen (*→ *BFH vom 2.4.2008 – BStBl. II S. 679).*

Dachgeschoß
Baumaßnahmen an einem Dachgeschoß → *BMF vom 10.7.1996 (BStBl. I S. 689)* [5)]

Einlage eines Wirtschaftsguts
- *Zur Bemessungsgrundlage für die AfA nach Einlage von zuvor zur Erzielung von Überschusseinkünften genutzten Wirtschaftsgütern* → *BMF vom 27.10.2010 (BStBl. I S. 1204)* [6)]
- *Die Einbringung von Wirtschaftsgütern des Privatvermögens in eine gewerbliche Personengesellschaft gegen die Gewährung von Gesellschaftsrechten begründet keine Einlage i. S. v. § 7 Abs. 1 Satz 5 EStG (*→ *BFH vom 24.1.2008 – BStBl. 2011 II S. 617).*

Fertigstellung von Teilen eines Gebäudes zu verschiedenen Zeitpunkten [7)]
Bei der Errichtung eines zur unterschiedlichen Nutzung bestimmten Gebäudes sind die Herstellungskosten des noch nicht fertiggestellten selbständigen Gebäudeteils in die AfA-Bemessungsgrundlage des bereits fertiggestellten Gebäudeteils einzubeziehen (→ *BFH vom 9.8.1989 – BStBl. 1991 II S. 132). Vgl. aber das Wahlrecht nach* → *R 7.3 Abs. 2.*

---

1) Siehe Anlage § 016-05.
2) Siehe Anlage § 021-01.
3) Siehe Anlage § 016-06.
4) Siehe Anlage § 013-01.
5) Siehe Anlage § 007-01.
6) Siehe Analge § 007-05.
7) Siehe dazu auch Anlage § 007-03.

§ 7 R 7.3

Kaufpreisaufteilung

- *Anschaffungskosten eines bebauten Grundstücks sind nicht nach der sog. Restwertmethode, sondern nach dem Verhältnis der Verkehrswerte oder Teilwerte auf den Grund und Boden und auf das Gebäude aufzuteilen (→ BFH vom 10.10.2000 – BStBl. 2001 II S. 183). Das gilt auch bei der Anschaffung von Eigentumswohnungen; dabei rechtfertigt die eingeschränkte Nutzungs- und Verfügungsmöglichkeit des Wohnungseigentümers hinsichtlich seines Bodenanteils keinen niedrigeren Wertansatz des Bodenanteils (→ BFH vom 15.1.1985 – BStBl. II S. 252).*
- *Aufteilung der Anschaffungskosten bei Erwerb eines Gebäudes mit mehreren Wohnungen, von denen eine Wohnung mit einem Wohnrecht belastet ist → BMF vom 30.9.2013 (BStBl. I S. 1184, Rz. 50).* [1)]

Nachträgliche Anschaffungs- oder Herstellungskosten

Sind für ein Wirtschaftsgut nachträgliche Anschaffungs- oder Herstellungskosten aufgewendet worden, ohne dass hierdurch ein anderes Wirtschaftsgut entstanden ist, bemisst sich die weitere AfA

- *in den Fällen des § 7 Abs. 4 Satz 1 und Abs. 5 EStG nach der bisherigen Bemessungsgrundlage zuzüglich der nachträglichen Anschaffungs- oder Herstellungskosten (→ BFH vom 20.2.1975 – BStBl. II S. 412 und vom 20.1.1987 – BStBl. II S. 491),*
- *in den Fällen des § 7 Abs. 1, Abs. 4 Satz 2 und § 7 Abs. 2 a. F. EStG nach dem Buchwert oder Restwert zuzüglich der nachträglichen Anschaffungs- oder Herstellungskosten (→ BFH vom 25.11.1970 – BStBl. 1971 II S. 142).*
- *Zu den nachträglichen Anschaffungskosten gehören Abwehrkosten zur Befriedigung eines den Kaufvertrag nach § 3 Abs. 2 AnfG anfechtenden Gläubigers (→ BFH vom 17.4.2007 – BStBl. 2007 II S. 956).*

Keine nachträglichen Herstellungskosten, *sondern Herstellungskosten für ein anderes Wirtschaftsgut entstehen, wenn das bisherige Wirtschaftsgut im Wesen geändert und so tiefgreifend umgestaltet oder in einem solchen Ausmaß erweitert wird, dass die eingefügten neuen Teile der Gesamtsache das Gepräge geben und die verwendeten Altteile bedeutungs- und wertmäßig untergeordnet erscheinen. Das kann z. B. der Fall sein bei*

- *einem mit dem Gebäude verschachtelten Anbau (→ BFH vom 25.1.2007 – BStBl. II S. 586).*
- *Umbau einer einfachen Scheune in eine Pferdeklinik (→ BFH vom 26.1.1978 – BStBl. II S. 280),*
- *Umbau eines alten Gasthofs in eine moderne Gastwirtschaft (→ BFH vom 26.1.1978 – BStBl. II S. 363),*
- *Umbau einer Hochdruck-Rotationsmaschine zu einer Flachdruck(Offset-)maschine (→ BFH vom 6.12.1991 – BStBl. 1992 II S. 452),*
- *Umgestaltung von Pflanztischen in ein automatisches Tischbewässerungssystem (→ BFH vom 28.9.1990 – BStBl. 1991 II S. 361).*
- *Umbau einer Mühle zu einem Wohnhaus (→ BFH vom 31.3.1992 – BStBl. II S. 808).*

Überführung in das Privatvermögen

- *Bei der Überführung eines Wirtschaftsguts in das Privatvermögen ist die AfA auch dann nach dem Wert zu bemessen, mit dem das Wirtschaftsgut steuerlich erfasst worden ist, wenn er falsch ermittelt worden ist (→ BMF vom 30.10.1992 – BStBl. I S. 651).*
- *Die AfA ist nach den ursprünglichen Anschaffungs- oder Herstellungskosten zu bemessen, wenn bei einer vorangegangenen Überführung eines Wirtschaftsguts in das Privatvermögen der Entnahmegewinn kraft gesetzlicher Regelung außer Ansatz geblieben ist (→ BFH vom 3.5.1994 – BStBl. II S. 749). Das Gleiche gilt, wenn die Überführung nicht erkannt und in Folge dessen die stillen Reserven nicht erfasst worden sind und steuerliche Konsequenzen nicht mehr gezogen werden können (→ BFH vom 14.12.1999 – BStBl. 2000 II S. 656).*
- *Die AfA ist im Fall einer Betriebsaufgabe auch dann nach dem gemeinen Wert zu bemessen, wenn der Gewinn wegen des Freibetrags nach § 16 Abs. 4 EStG steuerfrei ist (→ BFH vom 14.12.1999 – BStBl. 2000 II S. 656).*

---

1) Siehe Anlage § 021-08.

R 7.4 § 7

EStR 2012 zu § 7 EStG

R 7.4 Höhe der AfA

Beginn der AfA

(1) ¹AfA ist vorzunehmen, sobald ein Wirtschaftsgut angeschafft oder hergestellt ist. ²Ein Wirtschaftsgut ist im Zeitpunkt seiner → Lieferung angeschafft. ³Ist Gegenstand eines Kaufvertrags über ein Wirtschaftsgut auch dessen Montage durch den Verkäufer, ist das Wirtschaftsgut erst mit der Beendigung der Montage geliefert. ⁴Wird die Montage durch den Steuerpflichtigen oder in dessen Auftrag durch einen Dritten durchgeführt, ist das Wirtschaftsgut bereits bei Übergang der wirtschaftlichen Verfügungsmacht an den Steuerpflichtigen geliefert; das zur Investitionszulage ergangene BFH-Urteil vom 2.9.1988 (BStBl. II S. 1009) ist ertragsteuerrechtlich nicht anzuwenden. ⁵Ein Wirtschaftsgut ist im Zeitpunkt seiner → Fertigstellung hergestellt.

AfA im Jahr der Anschaffung, Herstellung oder Einlage

(2) ¹Der auf das Jahr der Anschaffung oder Herstellung entfallende AfA-Betrag vermindert sich zeitanteilig für den Zeitraum, in dem das Wirtschaftsgut nach der Anschaffung oder Herstellung nicht zur Erzielung von Einkünften verwendet wird; dies gilt auch für die AfA nach § 7 Abs. 5 EStG. ²Bei Wirtschaftsgütern, die im Laufe des Wirtschaftsjahres in das Betriebsvermögen eingelegt werden, gilt § 7 Abs. 1 Satz 4 EStG entsprechend.

Bemessung der AfA nach der → Nutzungsdauer

(3) ¹Die AfA ist grundsätzlich so zu bemessen, dass die Anschaffungs- oder Herstellungskosten nach Ablauf der betriebsgewöhnlichen Nutzungsdauer des Wirtschaftsguts voll abgesetzt sind. ²Bei einem Gebäude gilt Satz 1 nur, wenn die technischen oder wirtschaftlichen Umstände dafür sprechen, dass die tatsächliche Nutzungsdauer eines Wirtschaftsgebäudes (§ 7 Abs. 4 Satz 1 Nr. 1 EStG) weniger als 33 Jahre (bei Bauantrag/obligatorischem Vertrag nach dem 31.12.2000) oder 25 Jahre (bei Bauantrag/obligatorischem Vertrag vor dem 1.1.2001) bzw. eines anderen Gebäudes weniger als 50 Jahre (bei vor dem 1.1.1925 fertiggestellten Gebäuden weniger als 40 Jahre) beträgt. ³Satz 2 gilt entsprechend bei Mietereinbauten und -umbauten, die keine Scheinbestandteile oder Betriebsvorrichtungen sind.

Bemessung der linearen AfA bei Gebäuden nach typisierten Prozentsätzen

(4) ¹In anderen als den in Absatz 3 Satz 2 und 3 bezeichneten Fällen sind die in § 7 Abs. 4 Satz 1 EStG genannten AfA-Sätze maßgebend. ²Die Anwendung niedrigerer AfA-Sätze ist ausgeschlossen. ³Die AfA ist bis zur vollen Absetzung der Anschaffungs- oder Herstellungskosten vorzunehmen.

Wahl der AfA-Methode

(5) ¹Anstelle der AfA in gleichen Jahresbeträgen (§ 7 Abs. 1 Satz 1 und 2 EStG) kann bei beweglichen Wirtschaftsgütern des Anlagevermögens AfA nach Maßgabe der Leistung (§ 7 Abs. 1 Satz 6 EStG) vorgenommen werden, wenn deren Leistung in der Regel erheblich schwankt und deren Verschleiß dementsprechend wesentliche Unterschiede aufweist. ²Voraussetzung für AfA nach Maßgabe der Leistung ist, dass der auf das einzelne Wirtschaftsjahr entfallende Umfang der Leistung nachgewiesen wird. ³Der Nachweis kann z. B. bei einer Maschine durch ein die Anzahl der Arbeitsvorgänge registrierendes Zählwerk, einen Betriebsstundenzähler oder bei einem Kraftfahrzeug durch den Kilometerzähler geführt werden.

(6) ¹Die degressive AfA nach § 7 Abs. 5 EStG ist nur mit den in dieser Vorschrift vorgeschriebenen Staffelsätzen zulässig. ²Besteht ein Gebäude aus sonstigen selbständigen Gebäudeteilen (→ R 4.2 Abs. 3 Satz 3 Nr. 5), sind für die einzelnen Gebäudeteile unterschiedliche AfA-Methoden und AfA-Sätze zulässig.

→ Wechsel der AfA-Methode bei Gebäuden

(7) ¹Ein Wechsel der AfA-Methode ist bei Gebäuden vorzunehmen, wenn

1. ein Gebäude in einem auf das Jahr der Anschaffung oder Herstellung folgenden Jahr die Voraussetzungen des § 7 Abs. 4 Satz 1 Nr. 1 EStG erstmals erfüllt oder

2. ein Gebäude in einem auf das Jahr der Anschaffung oder Herstellung folgenden Jahr die Voraussetzungen des § 7 Abs. 4 Satz 1 Nr. 1 EStG nicht mehr erfüllt oder

3. ein nach § 7 Abs. 5 Satz 1 Nr. 3 EStG abgeschriebener Mietwohnneubau nicht mehr Wohnzwecken dient.

²In den Fällen des Satzes 1 Nr. 1 ist die weitere AfA nach § 7 Abs. 4 Satz 1 Nr. 1 EStG, in den Fällen des Satzes 1 Nr. 2 und 3 ist die weitere AfA nach § 7 Abs. 4 Satz 1 Nr. 2 Buchstabe a EStG zu bemessen.[1)]

Ende der AfA

(8) ¹Bei Wirtschaftsgütern, die im Laufe eines Wirtschaftsjahrs oder Rumpfwirtschaftsjahrs veräußert oder aus dem Betriebsvermögen entnommen werden oder nicht mehr zur Erzielung von Einkünften im Sinne des § 2 Abs. 1 Satz 1 Nr. 4 bis 7 EStG dienen, kann für dieses Jahr nur der Teil des auf ein Jahr entfallenden AfA-Betrags abgesetzt werden, der dem Zeitraum zwischen dem Beginn des Jahrs und der Veräußerung, Entnahme oder Nutzungsänderung entspricht. ²Das gilt entsprechend, wenn im Laufe eines Jahrs ein Wirtschaftsgebäude künftig Wohnzwecken dient oder ein nach § 7 Abs. 5 Satz 1 Nr. 3 EStG abgeschriebener Mietwohnneubau künftig nicht mehr Wohnzwecken dient.

AfA nach nachträglichen Anschaffungs- oder Herstellungskosten

(9) ¹Bei nachträglichen Herstellungskosten für Wirtschaftsgüter, die nach § 7 Abs. 1, 2 oder 4 EStG abgeschrieben werden, ist die Restnutzungsdauer unter Berücksichtigung des Zustands des Wirtschaftsguts im Zeitpunkt der Beendigung der nachträglichen Herstellungsarbeiten neu zu schätzen. ²In den Fällen des § 7 Abs. 4 Satz 2 EStG ist es aus Vereinfachungsgründen nicht zu beanstanden, wenn die weitere AfA nach dem bisher angewandten Prozentsatz bemessen wird. ³Bei der Bemessung der AfA für das Jahr der Entstehung von nachträglichen Anschaffungs- und Herstellungskosten sind diese so zu berücksichtigen, als wären sie zu Beginn des Jahres aufgewendet worden. ⁴Ist durch die nachträglichen Herstellungsarbeiten ein anderes Wirtschaftsgut entstanden (→ R 7.3 Abs. 5), ist die weitere AfA nach § 7 Abs. 1 oder Abs. 4 oder nach der voraussichtlichen Nutzungsdauer des anderen Wirtschaftsguts oder nach § 7 Abs. 4 Satz 1 EStG zu bemessen.[2)] ⁵Die degressive AfA nach § 7 Abs. 5 EStG ist nur zulässig, wenn das andere Wirtschaftsgut ein Neubau ist.

AfA nach Einlage, Entnahme oder Nutzungsänderung oder nach Übergang zur Buchführung

(10) ¹Nach einer Einlage, Entnahme oder Nutzungsänderung eines Wirtschaftsguts oder nach Übergang zur Buchführung (→ R 7.3 Abs. 6) ist die weitere AfA wie folgt vorzunehmen:

1. Hat sich die AfA-Bemessungsgrundlage für das Wirtschaftsgut geändert (→ R 7.3 Abs. 6), ist die weitere AfA nach § 7 Abs. 1, 2 oder 4 Satz 2 EStG und der tatsächlichen künftigen Nutzungsdauer oder nach § 7 Abs. 4 Satz 1 EStG zu bemessen[3)].

2. ¹Bleiben die Anschaffungs- oder Herstellungskosten des Wirtschaftsguts als Bemessungsgrundlage der AfA maßgebend (→ R 7.3 Abs. 6 Satz 2), ist die weitere AfA grundsätzlich nach dem ursprünglich angewandten Absetzungsverfahren zu bemessen. ²Die AfA kann nur noch bis zu dem Betrag abgezogen werden, der von der Bemessungsgrundlage nach Abzug von AfA, erhöhten Absetzungen und Sonderabschreibungen verbleibt (→ AfA-Volumen). ³Ist für das Wirtschaftsgut noch nie AfA vorgenommen worden, ist die AfA nach § 7 Abs. 1, 2 oder 4 Satz 2 EStG und der tatsächlichen gesamten Nutzungsdauer oder nach § 7 Abs. 4 Satz 1 oder Abs. 5 EStG zu bemessen.[4)] ⁴Nach dem Übergang zur Buchführung oder zur Einkünfteerzielung kann die AfA nur noch bis zu dem Betrag abgezogen werden, der von der Bemessungsgrundlage nach Abzug der Beträge verbleibt, die entsprechend der gewählten AfA-Methode auf den Zeitraum vor dem Übergang entfallen.

²Besteht ein Gebäude aus mehreren selbständigen Gebäudeteilen und wird der Nutzungsumfang eines Gebäudeteils infolge einer Nutzungsänderung des Gebäudes ausgedehnt, bemisst sich die weitere AfA von der neuen Bemessungsgrundlage insoweit nach § 7 Abs. 4 EStG. ³Das Wahlrecht nach Satz 1 Nr. 2 Satz 3 und 4 bleibt unberührt.

Absetzungen für außergewöhnliche technische oder wirtschaftliche Abnutzung bei Gebäuden

(11) ¹Absetzungen für außergewöhnliche technische oder wirtschaftliche Abnutzung (→ AfaA) sind nach dem Wortlaut des Gesetzes nur bei Gebäuden zulässig, bei denen die AfA nach § 7 Abs. 4 EStG

---

1) Siehe dazu aber das BFH-Urteil vom 15.2.2005 – IX R 32/03 (BStBl. 2006 II S. 51):
„Wird ein zunächst zu fremden Wohnzwecken genutztes und gemäß § 7 Abs. 5 Satz 1 Nr. 3 EStG mit 7 v. H. degressiv abgeschriebenes Gebäude nunmehr zu fremdbetrieblichen Zwecken genutzt, so muss der Steuerpflichtige nicht zur linearen AfA gemäß § 7 Abs. 4 Satz 1 Nr. 2 Buchst. a EStG übergehen, sondern kann weiterhin eine degressive AfA gemäß § 7 Abs. 5 Satz 1 Nr. 2 EStG in Höhe von 5 v. H. beanspruchen (entgegen R 7.4 Abs. 7 Satz 2. Halbsatz EStR)."

2) Satz 4 gilt entsprechend in den Fällen des § 7 Abs. 2 EStG i. d. F. des Gesetz zur Umsetzung steuerrechtlicher Regelungen des Maßnahmenpakets „Beschäftigungssicherung durch Wachstumsstärkung".

3) Satz 1 Nr. 1 gilt entsprechend in den Fällen des § 7 Abs. 2 EStG i. d. F. des Gesetz zur Umsetzung steuerrechtlicher Regelungen des Maßnahmenpakets „Beschäftigungssicherung durch Wachstumsstärkung".

4) Satz 1 Nr. 2 Satz 3 gilt entsprechend in den Fällen des § 7 Abs. 2 EStG i. d. F. des Gesetz zur Umsetzung steuerrechtlicher Regelungen des Maßnahmenpakets „Beschäftigungssicherung durch Wachstumsstärkung".

bemessen wird. ²AfaA sind jedoch auch bei Gebäuden nicht zu beanstanden, bei denen AfA nach § 7 Abs. 5 EStG vorgenommen wird.

Hinweise

H 7.4 AfaA

Wird ein im Privatvermögen gehaltenes Fahrzeug bei einer betrieblich veranlassten Fahrt infolge eines Unfalls beschädigt und nicht repariert, ist die Vermögenseinbuße im Wege der AfaA nach § 7 Abs. 1 Satz 7 EStG gewinnmindernd zu berücksichtigen. Die bei der Bemessung der AfaA zu Grunde zu legenden Anschaffungskosten sind um die (normale) AfA zu kürzen, die der Stpfl. hätte in Anspruch nehmen können, wenn er das Fahrzeug ausschließlich zur Einkünfteerzielung verwendet hätte (→ BFH vom 24.11.1994 – BStBl. 1995 II S. 318).

AfaA sind grundsätzlich im Jahr des Schadenseintritts, spätestens jedoch im Jahr der Entdeckung des Schadens vorzunehmen (→ BFH vom 1.12.1992 – BStBl. 1994 II S. 11 und 12). Dies gilt unabhängig von evtl. Ersatzansprüchen gegen eine Versicherung (→ BFH vom 13.3.1998 – BStBl. II S. 443).

Eine AfaA setzt voraus, dass die wirtschaftliche Nutzbarkeit eines Wirtschaftsguts durch außergewöhnliche Umstände gesunken ist (→ BFH vom 8.7.1980 – BStBl. II S. 743) oder das Wirtschaftsgut eine Substanzeinbuße (Technische Abnutzung) erleidet (→ BFH vom 24.1.2008 – BStBl. 2009 II S. 449).

Baumängel vor Fertigstellung eines Gebäudes rechtfertigen keine AfaA (→ BFH vom 31.3.1992 – BStBl. II S. 805), auch wenn infolge dieser Baumängel noch in der Bauphase unselbständige Gebäudeteile wieder abgetragen werden (→ BFH vom 30.8.1994 – BStBl. 1995 II S. 306); dies gilt auch, wenn die Baumängel erst nach der Fertigstellung oder Anschaffung entdeckt werden (→ BFH vom 27.1.1993 – BStBl. II S. 702 und vom 14.1.2004 – BStBl. II S. 592).

Absetzungen für außergewöhnliche Abnutzung aus wirtschaftlichen Gründen können abgezogen werden, wenn sich nach der Kündigung des Mietverhältnisses herausstellt, dass das auf die Bedürfnisse des Mieters ausgerichtete Gebäude nicht mehr oder nur noch eingeschränkt nutzbar ist und auch durch eine (nicht steuerbare) Veräußerung nicht mehr sinnvoll verwendet werden kann (→ BFH vom 17.9.2008 – BStBl. 2009 II S. 301).

Eine AfaA ist vorzunehmen, wenn

– ein Gebäude durch Abbruch, Brand oder ähnliche Ereignisse aus dem Betriebsvermögen ausgeschieden ist (→ BFH vom 7.5.1969 – BStBl. II S. 464),

– bei einem Umbau bestimmte Teile eines Gebäudes ohne vorherige Abbruchabsicht entfernt werden (→ BFH vom 15.10.1996 – BStBl. 1997 II S. 325) oder

– ein Gebäude abgebrochen wird (→ H 6.4 Abbruchkosten).

Eine AfaA ist nicht vorzunehmen, wenn

– ein zum Privatvermögen gehörendes objektiv technisch oder wirtschaftlich noch nicht verbrauchtes Gebäude abgerissen wird, um ein unbebautes Grundstück veräußern zu können (→ BFH vom 6.3.1979 – BStBl. II S. 551), oder wenn es in der Absicht eines grundlegenden Umbaus erworben wird (→ BFH vom 4.12.1984 – BStBl. 1985 II S. 208 und 20.4.1993 – BStBl. II S. 504),

– im Verfahren nach dem WEG die Nutzung von erworbenen Gebäudeteilen als Wohnung untersagt wird, sich darin ein dem Kaufobjekt von vornherein anhaftender Mangel zeigt und die Parteien des Kaufvertrages die Gewährleistung hinsichtlich der Nutzungsmöglichkeiten der Sache ausgeschlossen haben (→ BFH vom 14.1.2004 – BStBl. II S. 592).

– die bestehende Substanz zum Abbau eines Bodenschatzes weiterhin vorhanden ist und auch abgebaut werden kann (→ BFH vom 24.1.2008 – BStBl. 2009 II S. 449).

AfA nach einer Nutzungsänderung

Beispiele:

1. AfA-Verbrauch bei Umwidmung eines Gebäudes zur Einkünfteerzielung

Eine im Jahr 01 fertig gestellte und am 1.12.01 erworbene Eigentumswohnung wird vom Dezember 01 bis Februar 03 vom Steuerpflichtigen selbst bewohnt und ab März 03 vermietet.

Der Steuerpflichtige hat ab dem Jahr 03 die Wahl zwischen der linearen AfA nach § 7 Abs. 4 Satz 1 Nr. 2 EStG (Fall 1) und der degressiven AfA nach § 7 Abs. 5 Satz 1 Nr. 3 Buchstabe c EStG (Fall 2).

		Fall 1		Fall 2
Anschaffungskosten im Jahr 01		300 000 €		300 000 €
AfA-Verbrauch				
im Jahr 01	1/12 von 2 %	500 €	4 %	12 000 €
im Jahr 02	2 %	6 000 €	4 %	12 000 €
im Jahr 03	2/12 von 2 %	1 000 €	2/12 von 4 %	2 000 €
insgesamt		7 500 €		26 000 €
verbleibendes AfA-Volumen		292 500 €		274 000 €
AfA ab Übergang zur Einkünfteerzielung				
im Jahr 03	10/12 von 2 %	5 000 €	10/12 von 4 %	10 000 €
ab Jahr 04	je 2 %	6 000 €		
im Jahr 04 bis 10			je 4 %	12 000 €
im Jahr 11 bis 18			je 2,5 %	7 500 €
ab Jahr 19			je 1,25 %	3 750 €

2. **AfA bei Änderung des Nutzungsumfangs eines Gebäudeteils**

   Von den gesamten Herstellungskosten in Höhe von 600 000 € eines zum Betriebsvermögen gehörenden Gebäudes, das je zur Hälfte eigenbetrieblichen Zwecken und fremden Wohnzwecken dient, entfallen je 300 000 € auf die beiden selbstständigen Gebäudeteile. Der eigenbetrieblich genutzte Gebäudeteil wird nach § 7 Abs. 5 Satz 1 Nr. 1 EStG degressiv, der zu fremden Wohnzwecken genutzte Gebäudeteil nach § 7 Abs. 4 Satz 1 Nr. 2 EStG linear abgeschrieben. Die jährliche AfA beträgt

   a) für den eigenbetrieblich genutzten Gebäudeteil
      10 % von 300 000 € = 30 000 €,

   b) für den zu fremden Wohnzwecken genutzten Gebäudeteil
      2 % von 300 000 € = 6 000 €.

   Vom Beginn des 3. Jahres an wird die eigenbetriebliche Nutzung auf ein Drittel des bisher zu Wohnzwecken genutzten Gebäudeteils ausgedehnt. Von diesem Zeitpunkt an beträgt die AfA-Bemessungsgrundlage für den eigenbetrieblich genutzten Gebäudeteil 400 000 €, für den zu fremden Wohnzwecken genutzten Gebäudeteil 200 000 €. Für den nunmehr eigenbetrieblich genutzten Teil des bisherigen zu fremden Wohnzwecken genutzten Gebäudeteils ist die lineare AfA künftig mit dem höheren AfA-Satz des § 7 Abs. 4 Satz 1 Nr. 1 EStG vorzunehmen. Die AfA Beträgt somit im 3. Jahr

   a) für den eigenbetrieblich genutzten Gebäudeteil
      10 % von 300 000 € = 30 000 €,
      + 3 % von 100 000 € = 3 000 €,

   b) für den zu fremden Wohnzwecken genutzten Gebäudeteil
      2 % von 200 000 € = 4 000 €.

AfA nach nachträglichen Anschaffungs- und Herstellungskosten
Beispiele:

1. Degressive AfA nach § 7 Abs. 2 EStG a. F. bei nachträglichen Herstellungskosten

   Für eine im Jahr 01 angeschafftes bewegliches Wirtschaftsgut mit einer betriebsgewöhnlichen Nutzungsdauer von 12 Jahren, für das degressive AfA von (8 1/3 % x 2 =) 16 2/3 % vorgenommen worden ist, werden im Jahre 06 nachträgliche Herstellungskosten aufgewendet. Danach beträgt die neu geschätzte Restnutzungsdauer 8 Jahre.

Restwert Ende 05	4 100 €
nachträgliche Herstellungskosten 06	+ 3 900 €
Bemesssungsgrundlage ab 06	8 000 €

   Die degressive AfA im Jahre 06 beträgt (12,5 % x 2, höchstens jedoch) 20 % von 8 000 €.

2. Lineare AfA nach § 7 Abs. 4 Satz 1 Nr. 2 EStG bei nachträglichen Herstellungskosten

   Ein zu Beginn des Jahres 01 angeschafftes Gebäude, für das lineare AfA nach § 7 Abs. 4 Satz 1 Nr. 2 EStG vorgenommen worden ist, wird im Jahre 24 erweitert. Die Restnutzungsdauer beträgt danach noch mindestens 50 Jahre.

R 7.4 § 7

Anschaffungskosten im Jahr 01 .... 200 000 €
AfA in den Jahren 01 bis 23: 23 x 2 % = 92 000 €
nachträgliche Herstellungskosten im Jahr 24 .... + 100 000 €

Bemessungsgrundlage ab Jahr 24 .... 300 000 €

Vom Jahr 24 bis zur vollen Absetzung des Betrags von 208 000 € (Restwert 108 000 € zuzüglich nachträglicher Herstellungskosten 100 000 €) beträgt die AfA jährlich 2 % von 300 000 € = 6 000 €.

3. Degressive AfA nach § 7 Abs. 5 EStG bei nachträglichen Herstellungskosten

Ein im Jahr 01 fertig gestelltes Gebäude, für das degressive AfA nach § 7 Abs. 5 Satz 1 Nr. 1 EStG vorgenommen worden ist, wird im Jahr 06 erweitert.

Herstellungskosten im Jahr 01 .... 200 000 €
AfA in den Jahren 01 bis 04: 4 x 10 % = 80 000 €
AfA im Jahr 05: 1 x 5 % = 10 000 €
nachträgliche Herstellungskosten im Jahr 06 .... + 80 000 €
Bemessungsgrundlage ab Jahr 06 .... 280 000 €

In den Jahren 06 bis 07 beträgt die AfA je 5 % = 14 000 €; in den Jahren 08 bis 25 beträgt die AfA je 2,5 % = 7 000 € (insgesamt 126 000 €).

Herstellungskosten im Jahr 01 .... 200 000 €
AfA in den Jahren 01 bis 04 .... – 60 000 €
AfA im Jahr 05 .... – 10 000 €
nachträgliche Herstellungskosten im Jahr 05 .... – 20 000 €
AfA in den Jahren 05 bis 07 .... – 25 000 €
AfA in den Jahren 08 bis 25 .... – 25 000 €
Restwert 31.12.25 ....   20 000 €

Ab dem Jahr 26 bis zur vollen Absetzung des Restwerts von 36.000 € beträgt die AfA nach § 7 Abs. 4 Satz 1 Nr. 1 i. V. m. § 52 Abs. 21b Satz 1 EStG 4 % von 280.000 € = 11.200 €, soweit keine kürzere Restnutzungsdauer i. S. d. § 7 Abs. 4 Satz 2 EStG vorliegt.

AfA-Tabellen
- Zur Anwendung der amtlichen AfA-Tabellen → BMF vom 6.12.2001 (BStBl. I S. 860).
- Wer eine von den amtlichen AfA-Tabellen abweichende Nutzungsdauer geltend macht, hat entsprechende Gründe substantiiert vorzutragen (→ BFH vom 14.4.2011 – BStBl. II S. 696).

AfA-Volumen

Übergang
- *von der Schätzung zur Buchführung*

  Die Buchwerte der abnutzbaren Anlagegüter sind, ausgehend von den Anschaffungs- oder Herstellungskosten, vermindert um die übliche AfA zu schätzen; übliche AfA ist die AfA in gleichen Jahresbeträgen nach einer den amtlichen AfA-Tabellen zu entnehmenden Nutzungsdauer. Für den Zeitraum der Schätzung können weder der Stpfl. noch das Finanzamt eine von den amtlichen AfA-Tabellen abweichende Nutzungsdauer geltend machen (→ BFH vom 5.12.1985 – BStBl. 1986 II S. 390).

- *von der Gewinnermittlung nach Durchschnittssätzen zur Buchführung*

  - Zur Ermittlung der in die Übergangsbilanz einzustellenden Buchwerte der abnutzbaren Anlagegüter sind die Anschaffungs- oder Herstellungskosten beweglicher Anlagegüter um die übliche AfA zu mindern, die den amtlichen AfA-Tabellen zu entnehmen sind. Das Wesen der Gewinnermittlung nach Durchschnittssätzen schließt Abweichungen von den sich hiernach ergebenden AfA-Sätzen aus (→ BFH vom 12.12.1985 – BStBl. 1986 II S. 392).

  - Vorhandene geringwertige Wirtschaftsgüter, die vor dem 1.1.2008 angeschafft oder hergestellt worden sind, sind in der Übergangsbilanz mit ihren Anschaffungs- oder Herstellungskosten, vermindert um die AfA nach § 7 EStG, anzusetzen, die während der Gewinnermittlung nach Durchschnittssätzen angefallen wäre. Es kann nicht unterstellt wer-

den, dass in dieser Zeit das Wahlrecht gemäß § 6 Abs. 2 EStG a. F. ausgeübt worden ist (→ BFH vom 17.3.1988 – BStBl. II S. 770).
- Beim Wechsel von der Gewinnermittlung nach Durchschnittssätzen zum Bestandsvergleich bestimmen sich die in die Übergangsbilanz einzustellenden Buchwerte landwirtschaftlicher Betriebsgebäude nach den Anschaffungs- oder Herstellungskosten, gemindert um die im Zeitpunkt der Errichtung und im Laufe der Nutzung der Gebäude übliche AfA. Die besonderen betrieblichen Verhältnisse sind auch dann unbeachtlich, wenn für diesen Zeitpunkt amtliche AfA-Tabellen nicht zur Verfügung gestanden haben (→ BFH vom 5.6.2003 – BStBl. II S. 801).
- Umwidmung eines Wirtschaftsgutes in den Bereich der Einkünfteerzielung
Werden Wirtschaftsgüter der bisher nicht der Einünfteerzielung dienenden Vermögens umgewidmet und nunmehr zur Erzielung von Überschusseinkünften genutzt, sind die Anschaffungs- oder Herstellungskosten auf die Gesamtnutzungsdauer einschließlich der Zeit vor der Umwidmung zu verteilen. Als Werbungskosten (AfA) ist nur der Teil der Anschaffungs- oder Herstellungskosten abziehbar, der auf die Zeit nach der Umwidmung entfällt. § 6 Abs. 1 Nr. 5 Satz 1 EStG ist nicht entsprechend anwendbar (→ BFH vom 14.2.1989 – BStBl. II S. 922; → H 6.12 Geringwertiges Wirtschaftsgut).

Degressive AfA in Erwerbsfällen

§ 7 Abs. 5 Satz 2 EStG schließt die Inanspruchnahme der degressiven AfA nach § 7 Abs. 5 EStG durch den Erwerber nur für das Jahr der Fertigstellung aus. Im folgenden Jahr kann der Erwerber zur degressiven AfA übergehen (→ BFH vom 3.4.2001 – BStBl. II S. 599).

Degressive AfA nach Einlage

Die degressive AfA nach einer Einlage ist nur zulässig, wenn das Gebäude bis zum Ende des Jahres der Fertigstellung in ein Betriebsvermögen eingelegt wird (→ BFH vom 18.5.2010 – BStBl. 2014 II S. 13).

Entnahme eines Gebäudes

Für ein Gebäude, das **im Jahr der Fertigstellung** aus dem Betriebsvermögen entnommen worden ist, ist die Inanspruchnahme der degressiven AfA nach § 7 Abs. 5 EStG für den Zeitraum der Zugehörigkeit zum Privatvermögen im Jahr der Entnahme ausgeschlossen, wenn für das Gebäude bereits während der Zugehörigkeit zum Betriebsvermögen degressive AfA in Anspruch genommen worden ist. Im folgenden Jahr kann der Steuerpflichtige zur degressiven AfA übergeben (→ BFH vom 3.4.2001 – BStBl. II S. 599).

Für ein Gebäude, das **nach dem Jahr der Fertigstellung** unter Aufdeckung der stillen Reserven entnommen worden ist, kann die degressive AfA nach § 7 Abs. 5 EStG nicht mehr vorgenommen werden (→ BFH vom 8.11. 1994 – BStBl. 1995 II S. 170).

Fertigstellung

- Ein Wirtschaftsgut ist fertiggestellt, sobald es seiner Zweckbestimmung entsprechend genutzt werden kann (→ BFH vom 20.2.1975 – BStBl. II S. 412, vom 11.3.1975 – BStBl. II S. 659 und vom 21.7.1989 – BStBl. II S. 906).
- Ein Gebäude ist fertiggestellt, wenn die wesentlichen Bauarbeiten abgeschlossen sind und der Bau so weit errichtet ist, dass der Bezug der Wohnungen zumutbar ist oder dass das Gebäude für den Betrieb in all seinen wesentlichen Bereichen nutzbar ist (→ BFH vom 11.3.1975 – BStBl. II S. 659 und vom 21.7.1989 – BStBl. II S. 906).
- Ein Gebäude ist nicht fertiggestellt, wenn Türen, Böden und der Innenputz noch fehlen (→ BFH vom 21.7.1989 – BStBl. II S. 906).
- Auf die Höhe der noch ausstehenden Herstellungskosten im Verhältnis zu den gesamten Herstellungskosten des Gebäudes kommt es nicht an (→ BFH vom 16.12.1988 – BStBl. 1989 II S. 203).
- Gebäudeteile, die aufgrund ihrer unterschiedlichen Funktion selbständige Wirtschaftsgüter sind, sind fertiggestellt, sobald diese Teile bestimmungsgemäß nutzbar sind (→ BFH vom 9.8.1989 – BStBl. 1991 II S. 132). Zur AfA-Bemessungsgrundlage → R 7.3 Abs. 2.
- Eine Eigentumswohnung ist mit der Bezugsfertigkeit fertiggestellt, auch wenn zu diesem Zeitpunkt zivilrechtlich noch kein Wohneigentum begründet und die Teilungserklärung noch nicht abgegeben worden ist (→ BGH vom 26.1.1999 – BStBl. II S. 589)
- Gebrauchstiere sind bei der ersten Ingebrauchnahme fertiggestellt (→ BMF vom 14.11.2001 – BStBl. I S. 864).

– Die bestimmungsgemäße Nutzbarkeit einer Dauerkultur beginnt mit ihrer Ertragsreife (→ BMF vom 17.9.1990 – BStBl. I S. 420).

Lieferung

Ein Wirtschaftsgut ist geliefert, wenn der Erwerber nach dem Willen der Vertragsparteien darüber wirtschaftlich verfügen kann; das ist in der Regel der Fall, wenn Eigenbesitz, Gefahr, Nutzen und Lasten auf den Erwerber übergehen (→ BFH vom 28.4.1977 – BStBl. II S. 553).

Liegt der Zeitpunkt des Übergangs eines Wirtschaftsguts auf den Erwerber im Schnittpunkt von zwei Zeiträumen, so ist das Wirtschaftsgut mit Beginn des zweiten Zeitraums geliefert (→ BFH vom 7.11.1991 – BStBl. 1992 II S. 398).

Wirtschaftlicher Übergang bei Leasing- und Mietkauf-Verträgen → BMF vom 28.6.2001 (BStBl. I S. 379) – Rz. 144.

Mietereinbauten

– Bei Mietereinbauten und -umbauten, die keine Scheinbestandteile oder Betriebsvorrichtungen sind, bestimmt sich die AfA abweichend von Nr. 10 des BMF-Schreibens vom 15.1.1976 (BStBl. I S. 66)[1)] nach den für Gebäuden geltenden Grundsätzen → BFH vom 15.10.1996 (BStBl. 1997 II S. 553).

– Zur Nutzungsdauer von Ladeneinbauten, Schaufensteranlagen und Gaststätteneinbauten → BMF vom 30.5.1996 (BStBl. I S. 643).

Musterhäuser

Der Abschreibungssatz gem. §7 Abs. 4 Satz 1 Nr. 1 EStG gilt auch für Musterhäuser. In die Bemessung der tatsächlichen Nutzungsdauer gem. § 7 Abs. 4 Satz 2 EStG ist bei Musterhäusern auch der Zeitraum einer nach dem Ausscheiden aus dem Betrieb sich voraussichtlich anschließenden Nutzung des Hauses als Wohngebäude einzubeziehen. Das gilt auch für auf fremdem Grund und Boden errichtete Fertighäuser, die zum Zwecke der Veräußerung demontiert und andernorts wieder aufgebaut werden müssen (→ BFH vom 23.9.2008 – BStBl. 2009 II S. 986).

Nachträgliche Anschaffungs- oder Herstellungskosten

Werden nachträgliche Anschaffungs- oder Herstellungskosten für Wirtschaftsgüter aufgewendet, die nach § 7 Abs. 1 oder Abs. 4 Satz 2 EStG oder § 7 Abs. 2 EStG a. F. abgeschrieben werden, so bemisst sich die AfA vom Jahr der Entstehung der nachträglichen Anschaffungs- oder Herstellungskosten an nach der Restnutzungsdauer (→ BFH vom 25.11.1970 – BStBl. 1971 II S. 142).

Werden nachträgliche Anschaffungs- oder Herstellungskosten für Gebäude aufgewendet, die nach § 7 Abs. 4 Satz 1 oder Abs. 5 EStG abgeschrieben werden, so ist der für das Gebäude geltende Vomhundertsatz anzuwenden (→ BFH vom 20.2.1975 – BStBl. II S. 412 und vom 20.1.1987 – BStBl. II S. 491).

Wird in den Fällen des § 7 Abs. 4 Satz 1 EStG auf diese Weise die volle Absetzung innerhalb der tatsächlichen Nutzungsdauer nicht erreicht, so kann die AfA vom Zeitpunkt der Beendigung der nachträglichen Herstellungsarbeiten an nach der Restnutzungsdauer des Gebäudes bemessen werden (→ BFH vom 7.6.1977 – BStBl. II S. 606).

Neubau

Die AfA nach § 7 Abs. 5 EStG kann nur bei Neubauten in Anspruch genommen werden. Bei Umbauten, Ausbauten und Modernisierungsmaßnahmen liegt ein Neubau nicht bereits dann vor, wenn sich dadurch die Zweckbestimmung des Gebäudes ändert. Er entsteht nur, wenn die eingefügten Neubauteile dem Gesamtgebäude das Gepräge geben, so dass es in bautechnischer Hinsicht neu ist. Das ist insbesondere dann der Fall, wenn die tragenden Gebäudeteile (z. B. Fundamente, tragende Außen- und Innenwände, Geschossdecken und die Dachkonstruktion) in überwiegendem Umfang ersetzt werden (→ BFH vom 25.5.2004 – BStBl. II S. 783).

Bei Anbauten liegt ein Neubau vor, wenn

– dadurch selbständige Wirtschaftsgüter i. S. d. R 4.2 geschaffen werden oder

– sie mit dem bestehenden Gebäude verschachtelt sind, und die Neubauteile dem Gesamtgebäude das Gepräge geben; hierfür sind regelmäßig die Größen- und Wertverhältnisse der Alt- und Neubauteile maßgebend (→ BFH vom 25.1.2007 – BStBl. II S. 586).

Für Eigentumswohnungen, die durch die rechtliche Umwandlung eines bestehenden Gebäudes geschaffen werden, kann keine AfA nach § 7 Abs. 5 EStG in Anspruch genommen werden (→ BFH vom 24.11.1992 – BStBl. 1993 II S. 188).

---

1) Siehe Anlage § 004-04.

§ 7   R 7.4

Für neu geschaffene Wohnungen, die in einem einheitlichen Nutzungs- und Funktionszusammenhang mit einer bereits vorhandenen Wohnung stehen, kann keine AfA nach § 7 Abs. 5 EStG in Anspruch genommen werden (→ BFH vom 7.7.1998, BStBl. II S. 625).

Zur degressiven AfA nach § 7 Abs. 5 EStG bei Baumaßnahmen an einem Dachgeschoß → BMF vom 10.7.1996 (BStBl. I S. 689). [1)]

Nutzungsdauer

- → *AfA-Tabellen*
- Anschaffungs- oder Herstellungskosten eines Wirtschaftsguts sind nur dann nach § 7 EStG zu verteilen, wenn die Nutzungsdauer des Wirtschaftsguts zwölf Monate (Jahreszeitraum im Sinne eines Zeitraums von 365 Tagen) übersteigt (→ BFH vom 26.8.1993 – BStBl. 1994 II S. 232).
- Die Nutzungsdauer eines Wirtschaftsguts entspricht regelmäßig dem Zeitraum, in dem es sich technisch abnutzt. Eine kürzere wirtschaftliche Nutzungsdauer liegt nicht vor, wenn das Wirtschaftsgut zwar nicht mehr entsprechend der ursprünglichen Zweckbestimmung rentabel nutzbar ist, aber noch einen erheblichen Verkaufswert hat (→ BFH vom 14.4.2011 – BStBl. II S. 696).
- Die AfA auf das entgeltlich erworbene immaterielle Wirtschaftsgut „Vertreterrecht" (Ablösung des dem Vorgänger-Vertreter zustehenden Ausgleichsanspruchs durch Vereinbarung mit dem Geschäftsherrn) bemisst sich nach der für den Einzelfall zu bestimmenden betriebsgewöhnlichen Nutzungsdauer. Die Regelung des § 7 Abs. 1 Satz 3 EStG zur betriebsgewöhnlichen Nutzungsdauer des Geschäfts- oder Firmenwerts findet auf das Vertreterrecht keine Anwendung (→ BFH vom 12.7.2007 – BStBl. II S. 959).
- Zur Nutzungsdauer des Geschäfts- oder Firmenwerts, des Praxiswerts und sogenannter firmenwertähnlicher Wirtschaftsgüter → BMF vom 20.11.1986 (BStBl. I S. 532) und BMF vom 15.1.1995 (BStBl. I S. 14) [2)].
- Begriff der Nutzungsdauer eines Gebäudes → § 11c Abs. 1 EStDV
- Die Absicht, ein zunächst noch genutztes Gebäude abzubrechen oder zu veräußern, rechtfertigt es nicht, eine kürzere Nutzungsdauer des Gebäudes zugrundezulegen (→ BFH vom 15.12.1981 – BStBl. 1982 II S. 385).
- Eine Verkürzung der Nutzungsdauer kann erst angenommen werden, wenn die Gebäudeabbruchvorbereitungen soweit gediehen sind, dass die weitere Nutzung in der bisherigen oder einer anderen Weise so gut wie ausgeschlossen ist (→ BFH vom 8.7.1980 – BStBl. II S. 743).
- Die der tatsächlichen Nutzungsdauer entsprechende AfA kann erst vorgenommen werden, wenn der Zeitpunkt der Nutzungsbeendigung des Gebäudes feststeht, z. B. weil sich der Steuerpflichtige verpflichtet hat, das Gebäude zu einem bestimmten Zeitpunkt abzubrechen (→ BFH vom 22.8.1984 – BStBl. 1985 II S. 126).
- Nutzungsdauer für Ladeneinbauten, Schaufensteranlagen und Gaststätteneinbauten → BMF vom 30.5.1996 (BStBl. I S. 643).
- Zur Nutzungsdauer der Wirtschaftsgüter eines Windparks → BFH vom 14.4.2011 (BStBl. II S. 696) und vom 1.2.2012 (BStBl. II S. 407).

Rückgängigmachung des Anschaffungsvorgangs

Eine AfA ist nicht zu gewähren, wenn der Anschaffungsvorgang in vollem Umfang rückgängig gemacht wird. Auf den Zeitpunkt der Rückzahlung der Aufwendungen, die als Anschaffungskosten geltend gemacht worden sind, kommt es nicht an (→ BFH vom 19.12.2007 – BStBl. 2008 II S. 480).

Teil des auf ein Jahr entfallenden AfA-Betrags

Die AfA nach § 7 Abs. 5 EStG ist im Jahr der Anschaffung oder Herstellung eines Gebäudes in Höhe des vollen Jahresbetrags abzuziehen (→ BFH vom 19.2.1974 – BStBl. II S. 704; → aber R 7.4 Abs. 2 Satz 1).

Bei Veräußerung eines Gebäudes kann die degressive AfA nach § 7 Abs. 5 EStG nur zeitanteilig abgezogen werden (→ BFH vom 18.8.1977 – BStBl. II S. 835).

---

1) Siehe Anlage § 007-01.
2) Siehe Anlagen § 005-12 und § 005-13.

Unterlassene oder überhöhte AfA
- **AfA – Allgemein**

  Ist AfA nach § 7 Abs. 1 oder Abs. 4 Satz 2 EStG oder § 7 Abs. 2 EStG a. F. unterblieben, so kann sie in der Weise nachgeholt werden, dass die noch nicht abgesetzten Anschaffungs- oder Herstellungskosten (Buchwert) entsprechend der bei dem Wirtschaftsgut angewandten Absetzungsmethode auf die noch verbleibende Restnutzungssdauer verteilt werden (→ BFH vom 21.2.1967 – BStBl. III S. 386 und vom 3.7.1980 – BStBl. 1981 II S. 255).

- **Lineare Gebäude-AfA**

  Ist AfA nach § 7 Abs. 4 Satz 1 EStG überhöht vorgenommen worden oder unterblieben und hat sich die tatsächliche Nutzungsdauer des Gebäudes nicht geändert, so sind weiterhin die gesetzlich vorgeschriebenen Vomhundertsätze anzusetzen, so dass sich ein anderer Abschreibungszeitraum als von 25, 33, 40 oder 50 Jahren ergibt (→ BFH vom 3.7.1984 – BStBl. II S. 709, vom 20.1.1987 – BStBl. II S. 491 und vom 11.12.1987 – BStBl. 1988 II S. 335). Die Berichtigung zu hoch vorgenommener und verfahrensrechtlich nicht mehr änderbarer AfA ist bei Gebäuden im Privatvermögen in der Weise vorzunehmen, dass die gesetzlich vorgeschriebenen Abschreibungssätze auf die bisherige Bemessungsgrundlage bis zur vollen Absetzung des noch vorhandenen Restbuchwerts angewendet werden (→ BFH vom 21.11.2013 – BStBl. 2014 II S. 563).

- **Degressive Gebäude-AfA**

  Ist AfA nach § 7 Abs. 5 EStG überhöht vorgenommen worden, so ist die weitere AfA während des verbleibenden Abschreibungszeitraums weiterhin von den ungekürzten Anschaffungs- oder Herstellungskosten vorzunehmen (→ BFH vom 4.5.1993 – BStBl. II S. 661).

- **Betriebsvermögen**

  Bisher unterlassene AfA kann nicht nachgeholt werden, wenn ein Wirtschaftsgut des notwendigen Betriebsvermögens im Wege der Fehlerberichtigung erstmals als Betriebsvermögen ausgewiesen wird (→ BFH vom 24.10.2001 – BStBl. 2002 II S. 75). Dies gilt wegen des Prinzips der Gesamtgewinngleichheit entsprechend auch bei der Gewinnermittlung durch Einnahmenüberschussrechnung, wenn das Wirtschaftsgut verspätet als Betriebsvermögen erfasst wird (BFH-Urteil vom 22.6.2010 – BStBl. II S, 1035).

- **Unberechtigte Steuervorteile**

  AfA, die unterblieben ist, um dadurch unberechtigte Steuervorteile zu erlangen, darf nicht nachgeholt werden (→ BFH vom 3.7.1980 – BStBl. 1981 II S. 255 und vom 20.1.1987 – BStBl. II S. 491).

- **Verlustzuweisungsgesellschaft**

  Geht eine Verlustzuweisungsgesellschaft nach ihrem Betriebskonzept von einer erheblich längeren Nutzungsdauer eines Wirtschaftsguts als in den amtlichen AfA-Tabellen angegeben aus und beruht ihre Betriebsführung überwiegend auf diesem Umstand, wird die in ihrem Betriebskonzept zugrunde gelegte Nutzungsdauer angewandt. Unberührt davon bleiben Wirtschaftsgüter, wenn der für die Anschaffung oder Herstellung maßgebliche obligatorische Vertrag oder gleichstehende Rechtsakt vor dem 5.3.1999 rechtswirksam abgeschlossen und das Wirtschaftsgut vor dem 1.1.2001 angeschafft oder hergestellt wurde (→ BMF vom 15.6.1999 – BStBl. I S. 543).

- **Wechsel der AfA-Methode bei Gebäuden**

  Der Wechsel zwischen den Absetzungsverfahren nach § 7 Abs. 5 EStG sowie zwischen den Absetzungsverfahren nach § 7 Abs. 4 EStG und § 7 Abs. 5 EStG ist unzulässig (→ BFH vom 10.3.1987 – BStBl. II S. 618).

  → aber: degressive AfA nach § 7 Abs. 5 EStG in Erwerbsfällen.

EStR 2012 zu § 7 EStG

R 7.5 Absetzung für Substanzverringerung

[1]Absetzungen für Substanzverringerung (AfS) sind beim unentgeltlichen Erwerb eines → Bodenschatzes nur zulässig, soweit der Rechtsvorgänger Anschaffungskosten für ein Wirtschaftsgut aufgewendet hat. [2]AfS sind vorzunehmen, sobald mit dem Abbau des Bodenschatzes begonnen wird. [3]Sie berechnen sich nach dem Verhältnis der im Wirtschaftsjahr geförderten Menge des Bodenschatzes zur gesamten geschätzten Abbaumenge. [4]AfS, die unterblieben sind, um dadurch unberechtigte Steuervorteile zu erlangen, dürfen nicht nachgeholt werden.

§ 7   R 7.5

Hinweise

H 7.5 Bodenschatz
– Bei Bodenschätzen, die ein Steuerpflichtiger auf einem ihm gehörenden Grundstück im Privatvermögen entdeckt und in sein (Sonder-)Betriebsvermögen einlegt, sind AfS nicht zulässig (→ BFH vom 4.12.2006 – BStBl. II 2007 S. 508).
– → H 4.2 (1)

Unterbliebene AfS

Unterbliebene AfS kann in der Weise nachgeholt werden, dass sie in gleichen Beträgen auf die restliche Nutzungsdauer verteilt wird (→ BFH vom 21.2. 1967 – BStBl. III S. 460).

Weitere Verwaltungsanweisungen
(soweit nicht in den Hinweisen enthalten)

Zu § 7 EStG

1. Anschaffungsnahe Aufwendungen – Beginn der 3-Jahres-Frist mit Übertragung des wirtschaftlichen Eigentums (Vfg OFD Kiel vom 28.3.1990, DStR 1990 S. 424)
2. AfA bei Gebäuden nach Ablauf eines Begünstigungszeitraums (BdF-Schreiben vom 20.7.1992 und vom 21.12.1992, BStBl. I S. 415 und 734)
3. Beginn der AfA und AfA-Bemessungsgrundlage bei Fertigstellung von Teilen eines Gebäudes zu verschiedenen Zeitpunkten (Vfg OFD Düsseldorf vom 24.5.1993)[1)]
4. AfA bei Gebäuden, die mit einer Betriebsvorrichtung verbunden sind (Vfg Frankfurt/M. vom 28.12.1994, FR 1995 S. 287)
5. AfA bei Parkhäusern: Nutzungsdauer i. d. R. 30 Jahre (Vfg OFD Frankfurt/M. vom 9.1.1995, DB 1995 S. 402)
6. AfA bei second-hand-Schiffen (Vfg OFD Hannover vom 14.1.1998, FR 1998 S. 288)
7. Gebäude, die ausschließlich dem Einzelhandel dienen, sind mit 3 % liniar abzuschreiben (Vfg OFD Hannover vom 8.10.2008, DB 2008 S. 2567)

Rechtsprechungsauswahl

BFH vom 21.11.13 IX R 12/13 (BStBl. 2014 II S. 563): Berichtigung zu hoch vorgenommener AfA bei Gebäuden im Privatvermögen – Keine degressive AfA nach Ablauf des Begünstigungszeitraums der Sonder-AfA

BFH vom 18.5.10 X R 7/08 (BStBl. 2014 II S. 13): Voraussetzungen für degressive AfA nach Einlage

BFH vom 17.3.10 IV R 3/08 BStBl. 2014 II S. 512): Nutzungsdauer von Zuckerrübenlieferrechten als abnutzbare immaterielle Wirtschaftsgüter

BFH vom 1.2.12 I R 57/10 (BStBl. II S. 407): Abschreibungsbeginn bei Windkraftanlagen – Übergang des wirtschaftlichen Eigentums – Bindung des Revisionsgerichts an die Tatsachen- und Beweiswürdigung durch das FG

---

1) Siehe Anlage § 007-03.

§ 7a

§ 7a Gemeinsame Vorschriften für erhöhte Absetzungen und Sonderabschreibungen

(1) ¹Werden in dem Zeitraum, in dem bei einem Wirtschaftsgut erhöhte Absetzungen oder Sonderabschreibungen in Anspruch genommen werden können (Begünstigungszeitraum), nachträgliche Herstellungskosten aufgewendet, so bemessen sich vom Jahr der Entstehung der nachträglichen Herstellungskosten an bis zum Ende des Begünstigungszeitraums die Absetzungen für Abnutzung, erhöhten Absetzungen und Sonderabschreibungen nach den um die nachträglichen Herstellungskosten erhöhten Anschaffungs- oder Herstellungskosten. ²Entsprechendes gilt für nachträgliche Anschaffungskosten. ³Werden im Begünstigungszeitraum die Anschaffungs- oder Herstellungskosten eines Wirtschaftsguts nachträglich gemindert, so bemessen sich vom Jahr der Minderung an bis zum Ende des Begünstigungszeitraums die Absetzungen für Abnutzung, erhöhten Absetzungen und Sonderabschreibungen nach den geminderten Anschaffungs- oder Herstellungskosten.

(2) ¹Können bei einem Wirtschaftsgut erhöhte Absetzungen oder Sonderabschreibungen bereits für Anzahlungen auf Anschaffungskosten oder für Teilherstellungskosten in Anspruch genommen werden, so sind die Vorschriften über erhöhte Absetzungen und Sonderabschreibungen mit der Maßgabe anzuwenden, dass an die Stelle der Anschaffungs- oder Herstellungskosten die Anzahlungen auf Anschaffungskosten oder die Teilherstellungskosten und an die Stelle des Jahres der Anschaffung oder Herstellung das Jahr der Anzahlung oder Teilherstellung treten. ²Nach Anschaffung oder Herstellung des Wirtschaftsguts sind erhöhte Absetzungen oder Sonderabschreibungen nur zulässig, soweit sie nicht bereits für Anzahlungen auf Anschaffungskosten oder für Teilherstellungskosten in Anspruch genommen worden sind. ³Anzahlungen auf Anschaffungskosten sind im Zeitpunkt der tatsächlichen Zahlung aufgewendet. ⁴Werden Anzahlungen auf Anschaffungskosten durch Hingabe eines Wechsels geleistet, so sind sie in dem Zeitpunkt aufgewendet, in dem dem Lieferanten durch Diskontierung oder Einlösung des Wechsels das Geld tatsächlich zufließt. ⁵Entsprechendes gilt, wenn an Stelle von Geld ein Scheck hingegeben wird.

(3) Bei Wirtschaftsgütern, bei denen erhöhte Absetzungen in Anspruch genommen werden, müssen in jedem Jahr des Begünstigungszeitraums mindestens Absetzungen in Höhe der Absetzungen für Abnutzung nach § 7 Abs. 1 oder 4 berücksichtigt werden.

(4) Bei Wirtschaftsgütern, bei denen Sonderabschreibungen in Anspruch genommen werden, sind die Absetzungen für Abnutzung nach § 7 Abs. 1 oder 4 vorzunehmen.

(5) Liegen bei einem Wirtschaftsgut die Voraussetzungen für die Inanspruchnahme von erhöhten Absetzungen oder Sonderabschreibungen auf Grund mehrerer Vorschriften vor, so dürfen erhöhte Absetzungen oder Sonderabschreibungen nur auf Grund einer dieser Vorschriften in Anspruch genommen werden.

(6) Erhöhte Absetzungen oder Sonderabschreibungen sind bei der Prüfung, ob die in § 141 Abs. 1 Nr. 4 und 5 der Abgabenordnung bezeichneten Buchführungsgrenzen überschritten sind, nicht zu berücksichtigen.

(7) ¹Ist ein Wirtschaftsgut mehreren Beteiligten zuzurechnen und sind die Voraussetzungen für erhöhte Absetzungen oder Sonderabschreibungen nur bei einzelnen Beteiligten erfüllt, so dürfen die erhöhten Absetzungen und Sonderabschreibungen nur anteilig für diese Beteiligten vorgenommen werden. ²Die erhöhten Absetzungen oder Sonderabschreibungen dürfen von den Beteiligten, bei denen die Voraussetzungen dafür erfüllt sind, nur einheitlich vorgenommen werden.

(8) ¹Erhöhte Absetzungen oder Sonderabschreibungen sind bei Wirtschaftsgütern, die zu einem Betriebsvermögen gehören, nur zulässig, wenn sie in ein besonderes, laufend zu führendes Verzeichnis aufgenommen werden, das den Tag der Anschaffung oder Herstellung, die Anschaffungs- oder Herstellungskosten, die betriebsgewöhnliche Nutzungsdauer und die Höhe der jährlichen Absetzungen für Abnutzung, erhöhten Absetzungen und Sonderabschreibungen enthält. ²Das Verzeichnis braucht nicht geführt zu werden, wenn diese Angaben aus der Buchführung ersichtlich sind.

(9) Sind für ein Wirtschaftsgut Sonderabschreibungen vorgenommen worden, so bemessen sich nach Ablauf des maßgebenden Begünstigungszeitraums die Absetzungen für Abnut-

§ 7a

zung bei Gebäuden und bei Wirtschaftsgütern im Sinne des § 7 Abs. 5a nach dem Restwert und dem nach § 7 Abs. 4 unter Berücksichtigung der Restnutzungsdauer maßgebenden Prozentsatz, bei anderen Wirtschaftsgütern nach dem Restwert und der Restnutzungsdauer.

EStR und Hinweise
EStR 2012 zu § 7a EStG

R 7a Gemeinsame Vorschriften für erhöhte Absetzungen und Sonderabschreibungen

Allgemeines

(1) [1]Die Vorschriften des § 7a EStG sind auch auf alle erhöhten Absetzungen und Sonderabschreibungen anzuwenden, die ihre Rechtsgrundlage nicht im Einkommensteuergesetz haben. [2]§ 7a EStG ist nur dann nicht anzuwenden, wenn oder soweit dies in der jeweiligen Vorschrift über die erhöhten Absetzungen oder Sonderabschreibungen ausdrücklich bestimmt ist.

Begünstigungszeitraum

(2) [1]Der Begünstigungszeitraum im Sinne des § 7a Abs. 1 Satz 1 EStG umfasst die in der jeweiligen Vorschrift bestimmte Anzahl von Jahren. [2]Er verkürzt sich bei den Sonderabschreibungen nach § 4 Abs. 3 FördG und bei den erhöhten Absetzungen auf die Jahre, in denen die insgesamt zulässigen Sonderabschreibungen oder erhöhten Absetzungen tatsächlich vorgenommen worden sind. [3]Der Begünstigungszeitraum für Anzahlungen auf Anschaffungskosten und für Teilherstellungskosten endet mit Ablauf des Jahres, das dem Jahr der Anschaffung oder Herstellung oder der Beendigung nachträglicher Herstellungsarbeiten vorangeht. [4]Im Jahr der Anschaffung oder Herstellung beginnt ein neuer Begünstigungszeitraum für die Anschaffungs- oder Herstellungskosten.

Nachträgliche Anschaffungs- oder Herstellungskosten im Begünstigungszeitraum

(3) [1]Nachträgliche Anschaffungs- oder Herstellungskosten im Sinne des § 7a Abs. 1 Satz 1 und 2 EStG sind im Jahr ihrer Entstehung so zu berücksichtigen, als wären sie zu Beginn des Jahres aufgewendet worden. [2]§ 7a Abs. 1 EStG ist nicht anzuwenden, wenn nachträgliche Herstellungskosten selbständig abgeschrieben werden, z. B. nach den §§ 7h oder 7i EStG oder nach § 4 Abs. 3 FördG, oder wenn nachträgliche Herstellungsarbeiten so umfassend sind, daß hierdurch ein anderes Wirtschaftsgut entsteht (→ R 7.3 Abs. 5).

Minderung der Anschaffungs- oder Herstellungskosten im Begünstigungszeitraum

(4) [1]Nachträgliche Minderungen der Anschaffungs- oder Herstellungskosten im Sinne des § 7a Abs. 1 Satz 3 EStG sind im Jahr der Minderung so zu berücksichtigen, als wäre die Minderung zu Beginn des Jahres eingetreten. [2]Zuschüsse mindern die Bemessungsgrundlage im Jahr der Bewilligung des Zuschusses. [3]Wird ein Zuschuss zurückgezahlt, ist der Rückforderungsbetrag im Jahr des Entstehens der Rückforderungsverpflichtung der bisherigen Bemessungsgrundlage für die AfA, für die erhöhten Absetzungen und für die Sonderabschreibungen hinzuzurechnen und so zu berücksichtigen, als wäre der Betrag zu Beginn des Jahres zurückgefordert worden. [4]Die Sätze 2 und 3 gelten sinngemäß

1. bei Gewinnermittlung durch Betriebsvermögensvergleich oder Einnahmenüberschussrechnung und
2. bei Ermittlung der Einkünfte durch Überschuss der Einnahmen über die Werbungskosten.

Anzahlungen auf Anschaffungskosten

(5) [1]→ Anzahlungen auf Anschaffungskosten sind Zahlungen, die nach dem rechtswirksamen Abschluss des obligatorischen Vertrags (→ R 7.2 Abs. 5) und vor der Lieferung eines Wirtschaftsguts auf die endgültigen Anschaffungskosten geleistet werden, soweit sie diese nicht übersteigen. [2]Ohne Bedeutung ist, ob die Zahlungen verzinst werden oder zu einer Kaufpreisminderung führen. [3]Anzahlungen auf die Anschaffungskosten eines bebauten Grundstücks sind jeweils nach dem voraussichtlichen Verhältnis der Verkehrswerte oder Teilwerte auf den Grund und Boden und das Gebäude aufzuteilen. [4]Keine Anzahlungen sind → willkürlich geleistete Zahlungen. [5]Zahlungen können auch dann willkürlich sein, wenn sie vertraglich vereinbart sind. [6]Eine Zahlung gilt nicht als willkürlich, wenn das Wirtschaftsgut spätestens im folgenden Jahr geliefert wird. [7]Bei Erwerb eines Gebäudes ist die Willkürlichkeit von Zahlungen auch nicht anzunehmen, soweit im Jahr der Zahlung und im folgenden Kalenderjahr voraussichtlich eine Gegenleistung erbracht wird, die die Anforderung eines Teilbetrags nach § 3 Abs. 2 MaBV rechtfertigen würde. [8]Soweit die Zahlungen willkürlich sind, sind sie in dem Jahr als Anzahlung zu berücksichtigen, das dem Jahr vorausgeht, in dem die Anforderung eines entsprechenden Teilbetrags nach § 3 Abs. 2 MaBV voraussichtlich gerechtfertigt wäre. [9]Keine Anzahlungen sind auch Zahlungen auf ein Treuhand- oder Notaranderkonto sowie Zahlungen, die im Interesse des Steuerpflichtigen einem Konto gutgeschrieben werden, über das der Zahlungsempfänger nicht frei verfügen kann. [10]Keine Anzahlungen sind deshalb Zahlungen, die der Steuerpflichtige unter der Bedingung geleistet hat, dass das

Konto des Zahlungsempfängers zugunsten des Steuerpflichtigen gesperrt ist. [11]Die Anerkennung einer Zahlung als Anzahlung wird jedoch nicht ausgeschlossen, wenn der Steuerpflichtige bedingungslos gezahlt und der Zahlungsempfänger über den Zahlungsbetrag verfügt hat, indem er seine Kaufpreisforderung abgetreten oder das Konto verpfändet hat, z. B. um eine Bankbürgschaft zugunsten des Steuerpflichtigen zu erhalten. [12]Dabei ist es ohne Bedeutung, ob die Abtretung oder Verpfändung vor oder nach dem Zeitpunkt der Zahlung wirksam geworden ist[1]).

Teilherstellungskosten

(6) [1]Zu den → Teilherstellungskosten eines Gebäudes gehören auch die Aufwendungen für das bis zum Ende des Wirtschaftsjahrs auf der Baustelle angelieferte, aber noch nicht verbaute Baumaterial. [2]Unerheblich ist, ob in dem Wirtschaftsjahr bereits Zahlungen für Teilherstellungskosten geleistet sind. [3]Auch bei Teilzahlungen an einen Unternehmer, der beauftragt ist, ein Bauobjekt als Generalunternehmer zu einem Festpreis herzustellen, bemessen sich die AfA, erhöhten Absetzungen und Sonderabschreibungen nur nach den tatsächlich entstandenen Teilherstellungskosten. [4]Soweit sich die Zahlungen am Baufortschritt ausrichten, können sie aus Vereinfachungsgründen als Anhaltspunkt für die Höhe der entstandenen Teilherstellungskosten dienen.

Kumulationsverbot

(7) Das Kumulationsverbot nach § 7a Abs. 5 EStG bezieht sich nicht auf die Fälle, in denen nachträgliche Anschaffungs- oder Herstellungskosten Gegenstand einer eigenen Abschreibungsvergünstigung sind und sowohl für das Wirtschaftsgut in seinem ursprünglichen Zustand als auch für die nachträglichen Anschaffungs- oder Herstellungskosten Abschreibungsvergünstigungen auf Grund verschiedener Vorschriften in Betracht kommen.

Verlustklausel

(8) [1]Die Verlustklausel des § 7a Abs. 6 EStG i. d. F. der Bekanntmachung vom 21.6.1979 (BGBl. I S. 721, BStBl. I S. 379) ist im Rahmen der Übergangsregelung zu § 15a EStG (§ 52 Abs. 22 und 33 EStG) weiter anzuwenden, und zwar wegen der Betriebsbezogenheit der Verlustklausel auf das gesamte Betriebsergebnis. [2]Im Rahmen dieser Übergangsregelung ist die Verlustklausel bei allen erhöhten Absetzungen und Sonderabschreibungen anzuwenden, die für zu einem Betriebsvermögen gehörende Wirtschaftsgüter in Anspruch genommen werden, soweit die Anwendung der Verlustklausel nicht ausdrücklich eingeschränkt oder ausgeschlossen worden ist.

AfA bei Gebäuden nach Ablauf des Begünstigungszeitraums

(9) [1]Bei Gebäuden, für die Sonderabschreibungen nach § 58 Abs. 1 EStG, nach § 3 ZRFG, nach den §§ 3 und 4 FördG oder nach § 76 EStDV a. F. oder erhöhte Absetzungen nach § 14 Abs. 1 oder § 14a Abs. 4 oder § 14d Abs. 1 Nr. 2 oder § 15 Abs. 2 Satz 2 BerlinFG oder nach § 14a BerlinFG 1976 in der Fassung der Bekanntmachung vom 18.2.1976 (BGBl. I S. 353, BStBl. I S. 102) und den vorherigen Fassungen dieser Vorschrift vorgenommen worden sind, ist die lineare AfA in Anlehnung an § 7 Abs. 4 Satz 1 EStG nach einem um den Begünstigungszeitraum verminderten Abschreibungszeitraum von 25 Jahren, 33 Jahren, 40 Jahren oder 50 Jahren zu bemessen. [2]In den Fällen des § 76 EStDV a. F. ist die Restwertabschreibung höchstens nach dem um den Begünstigungszeitraum verminderten Abschreibungszeitraum von 30 Jahren (§ 76 Abs. 4 Satz 3 EStDV a. F.) zu bemessen. [3]Die Regelung nach Satz 1 gilt nicht, wenn der Restwert nach Ablauf eines Begünstigungszeitraums den Anschaffungs- oder Herstellungskosten des Gebäudes oder dem an deren Stelle tretenden Wert hinzuzurechnen ist (z. B. § 7b Abs. 2 Satz 3, § 7c Abs. 5 Satz 1 EStG, § 82a Abs. 1 Satz 2 EStDV) oder nach einem festen Prozentsatz abzuschreiben ist (z. B. § 7b Abs. 1 Satz 2 EStG).

AfA bei anderen Wirtschaftsgütern nach Ablauf des Begünstigungszeitraums

(10) [1]Die Restnutzungsdauer des Wirtschaftsguts ist bei Beginn der Restwertabschreibung neu zu schätzen. [2]Es ist jedoch nicht zu beanstanden, wenn für die weitere Bemessung der AfA die um den Begünstigungszeitraum verminderte ursprüngliche Nutzungsdauer des Wirtschaftsguts als Restnutzungsdauer zugrunde gelegt wird. [3]Wurden für ein Wirtschaftsgut neben den Sonderabschreibungen nach § 7g Abs. 5 EStG AfA nach § 7 Abs. 2 EStG vorgenommen, kann dieses auch nach Ablauf des maßgebenden Begünstigungszeitraums weiterhin nach § 7 Abs. 2 EStG abgeschrieben werden.

---

1) Vgl. dazu auch das BdF-Schreiben vom 27.12.1995 (BStBl. I S. 80)

§ 7a

Hinweise

H 7a Anzahlungen auf Anschaffungskosten

a) Begriff

Vorleistungen, die in Erfüllung eines zu einem späteren Zeitpunkt noch zu vollziehenden Anschaffungsgeschäfts erbracht werden (→ BFH vom 2.6.1978 – BStBl. II S. 475 und vom 21.11.1980 – BStBl. 1981 II S. 179.

Keine Anzahlungen auf Anschaffungskosten sind Zahlungen gelegentlich eines Anschaffungsgeschäfts, durch die eine Tilgung der Kaufpreisschuld nicht eintritt (→ BFH vom 4.3.1983 – BStBl. II S. 509).

Eine Wechselhingabe kann nicht als in Erfüllung eines Anschaffungsgeschäfts erbracht angesehen werden, wenn sie für den Empfänger keinen wirtschaftlichen Wert hat (→ BFH vom 28.11.1980 – BStBl. 1981 II S. 286).

b) Abschlagszahlungen nach MaBV

Nach § 3 Abs. 2 MaBV in der ab 1.6.1997 anzuwendenden Fassung (BGBl. 1997 I S. 272) ist der Bauträger ermächtigt, Abschlagszahlungen entsprechend dem Bauablauf in bis zu sieben Teilbeträgen anzufordern, wobei die Teilbeträge aus den folgenden Prozentsätzen zusammengesetzt werden können:

30 v.H. der Vertragssumme in den Fällen, in denen Eigentum an einem Grundstück übertragen werden soll, oder 20 v. H. der Vertragssumme in den Fällen, in denen ein Erbbaurecht bestellt oder übertragen werden soll, nach Beginn der Erdarbeiten,

von der restlichen Vertragssumme

40 v. H. nach Rohbaufertigstellung, einschließlich Zimmererarbeiten,
8 v. H. für die Herstellung der Dachflächen und Dachrinnen,
3 v. H. für die Rohinstallation der Heizungsanlagen,
3 v. H. für die Rohinstallation der Sanitäranlagen,
3 v. H. für die Rohinstallation der Elektroanlagen,
10 v. H. für den Fenstereinbau, einschließlich der Verglasung,
6 v. H. für den Innenputz, ausgenommen Beiputzarbeiten,
3 v. H. für den Estrich,
4 v. H. für Fliesenarbeiten im Sanitärbereich,
12 v. H. nach Bezugsfertigkeit und Zug um Zug gegen Besitzübergabe,
3 v. H. für die Fassadenarbeiten,
5 v. H. nach vollständiger Fertigstellung.

Über die Teilbeträge nach § 3 Abs. 2 MaBV hinausgehende Zahlungen sind nicht willkürlich, wenn der Bauträger Sicherheit nach § 7 MaBV geleistet hat und keine Anhaltspunkte für eine willkürliche Zahlung gegeben sind (→ BFH vom 14.1.2004 – BStBl. II S. 750).

c) Zeitpunkt

Anzahlungen sind nicht schon im Zeitpunkt der Diskontierung des Wechsels aufgewendet, wenn der Diskonterlös für die Laufzeit des Wechsels auf einem Festgeldkonto angelegt wird und der Diskontnehmer während der Laufzeit des Wechsels nicht über den Wechselgegenwert verfügen kann (→ BFH vom 30.10.1986 – BStBl. 1987 II S. 137).

Zeitpunkt der Anzahlung ist grundsätzlich der Zeitpunkt, in dem der Schuldner seiner Bank den Überweisungsauftrag erteilt hat (→ BFH vom 22.5.1987 – BStBl. II S. 673).

Beispiele:

1. Nachträgliche Anschaffungs- oder Herstellungskosten

An einem im April 01 angeschafften beweglichen Wirtschaftsgut mit einer betriebsgewöhnlichen Nutzungsdauer von 10 Jahren, für das im Jahr 01 die nach § 7g EStG zulässigen Sonderabschreibungen von 20 v. H. und die lineare AfA in Anspruch genommen worden sind, werden nachträgliche Herstellungsarbeiten vorgenommen und im Jahr 05 beendet. Die nachträglichen Herstellungskosten entstehen im Dezember 04 und im Januar 05.

Anschaffungskosten	10 000 €
Abschreibungen 01 bis 03:	
a) 3 x 10 v. H. von 10 000 €.	– 3 000 €
b) 20 v. H. von 10 000 €.	– 2 000 €

Buchwert 31.12.03	5 000 €
nachträgliche Herstellungskosten 04	+ 1 800 €
	6 800 €

Abschreibungen 04:
a) 10 v. H. von 11 800 €		− 1 180 €
b) 20 v. H. von 11 800 €	2 360 €	
abzüglich bisherige Sonderabschreibungen	2 000 €	− 360 €
Buchwert 31.12.04		5 260 €
nachträgliche Herstellungskosten 05		+ 200 €
		5 460 €

Abschreibungen 05:
a) 10 v. H. von 12 000 €		− 1 200 €
b) 20 v. H. von 12 000 €	2 400 €	
abzüglich bisherige Sonderabschreibungen	2 360 €	− 40 €
Restwert 31.12.05		4 220 €

2. Minderung der Anschaffungs- oder Herstellungskosten

An einem Gebäude werden im Jahr 01 Baumaßnahmen im Sinne des § 7i EStG durchgeführt. Im Februar 03 wird ein Zuschuss bewilligt.

Herstellungskosten	100 000 €
Erhöhte Absetzungen 01 bis 02:	
2 x 10 v. H. von 100 000 €	− 20 000 €
Buchwert 31.12.02	80 000 €
Zuschuss 03	− 40 000 €
	40 000 €
Erhöhte Absetzungen 03 bis 08:	
6 x 10 v. H. von 60 000 € =	− 36 000 €
Erhöhte Absetzungen 09 (Rest)	− 4 000 €
Buchwert 31.12.09	0 €

3. Rückforderung eines Zuschusses

Sachverhalt wie in Beispiel 2 mit der Ergänzung, daß der Zuschuss im Jahr 04 zurückgefordert wird.

Herstellungskosten	100 000 €
Erhöhte Absetzungen 01 bis 02:	
2 x 10 v. H. von 100 000 €	− 20 000 €
Buchwert 31.12.02	80 000 €
Zuschuss 03	− 40 000 €
	40 000 €
Erhöhte Absetzungen 03:	
10 v. H. von 60 000 €	− 6 000 €
Buchwert 31.12.03	34 000 €
Rückforderung Zuschuss 04	+ 40 000 €
	74 000 €
Erhöhte Absetzungen 04 bis 10:	
7 x 10 v. H. von 100 000 €	− 70 000 €
Restwert 31.12.10	4 000 €

4. AfA bei Gebäuden nach Ablauf des Begünstigungszeitraums

Für ein im Januar 01 hergestelltes Wirtschaftsgebäude sind in den Jahren 01 bis 03 die nach § 4 FördG zulässigen Sonderabschreibungen vorgenommen worden. Nach Ablauf des Begünstigungszeitraums am 31.12.05 beträgt die restliche Abschreibungsdauer des Gebäudes noch 20 Jahre.

Herstellungskosten	500 000 €
Abschreibungen 01 bis 03:	
AfA 3 x 4 v. H. = 12 v. H. =	– 60 000 €
Sonderabschreibungen 50 v. H. =	– 250 000 €
Abschreibungen 04 und 05:	
AfA 2 x 4 v. H. = 8 v. H. =	– 40 000 €
Restwert 31.12.05 =	
Bemessungsgrundlage ab 06	150 000 €

Vom Jahr 06 an beträgt die AfA jeweils 5 v. H. = 7 500 € jährlich.

Degressive AfA

Die AfA nach § 7 Abs. 5 EStG gehört nicht zu den erhöhten Absetzungen (→ BFH vom 25.5.2004 – BStBl. II S. 783). § 7a Abs. 4 EStG bezieht sich nur auf die kumulative Inanspruchnahme von Sonderabschreibungen und degressiver AfA in ein und demselben VZ (→ BFH vom 14.3.2006 – BStBl. II S. 799).

Mehrere Beteiligte

– *Sind Wirtschaftsgüter mehreren Beteiligten zuzurechnen, so können erhöhte Absetzungen und Sonderabschreibungen grundsätzlich nur einheitlich von allen Beteiligten in Anspruch genommen werden (→ BFH vom 7.8.1986 – BStBl. II S. 910).*

– *→ R 21.6 Abs. 1 Satz 3*

– *Nur der Gesellschafter, nicht die Personengesellschaft, ist zur Inanspruchnahme der erhöhten Absetzungen berechtigt. Scheidet ein Gesellschafter nach Durchführung der begünstigten Maßnahmen aus der Gesellschaft aus und übernehmen die übrigen Gesellschafter dessen Anteil (Anwachsung), so sind jedem der verbliebenen Gesellschafter nur in Höhe seiner ursprünglichen Beteiligung begünstigte Herstellungskosten zuzurechnen (→ BFH vom 17.7.2001 – BStBl. II S. 760).*

– *Übernimmt im Rahmen der Liquidation einer vermögensverwaltenden Personengesellschaft ein Gesellschafter das weitgehend aus einem einzigen Wirtschaftsgut bestehende Gesellschaftsvermögen im Wege der Übertragung von Aktiva und Passiva, liegt hierin keine Anschaffung eines Unternehmens, sondern eine Gesamtrechtsnachfolge des zuletzt verbleibenden Gesellschafters in das Gesellschaftsvermögen der Gesellschaft (→ BFH vom 25.6.2002 – BStBl. II S. 756).*

Teilherstellungskosten

Teilherstellungskosten sind die Aufwendungen, die bis zum Ende des Wirtschaftsjahrs durch den Verbrauch von Gütern und die Inanspruchnahme von Diensten für die Herstellung eines Wirtschaftsguts entstanden sind (→ BFH vom 15.11.1985 – BStBl. 1986 II S. 367).

Anzahlungen auf Teilherstellungskosten sind nicht begünstigt (→ BFH vom 10.3.1982 – BStBl. II S. 426).

Verzeichnis

Das nach § 7a Abs. 8 EStG erforderliche Verzeichnis braucht erst im Zeitpunkt der Inanspruchnahme der erhöhten Absetzungen oder Sonderabschreibungen erstellt zu werden (→ BFH vom 9.8.1984 – BStBl. 1985 II S. 47).

Willkürlich geleistete Zahlungen

Willkürlich geleistete Zahlungen sind keine Anzahlungen (→ BFH vom 3.2.1987 – BStBl. II S. 492).

§ 7a

Weitere Verwaltungsanweisungen
(soweit nicht in den Hinweisen enthalten)

Zu § 7a EStG

1. AfA bei Gebäuden nach Ablauf eines Begünstigungszeitraums (BdF-Schreiben vom 20.7.1992 und vom 21.12.1992, BStBl. I S. 415 und 734)
2. Anzahlungen auf Anschaffungskosten – Doppelfunktion einer Bank als Darlehens- und Bürgschaftsgeber (Erlaß Berlin vom 12.11.1996, DB 1997 S. 352)
3. Willkürlichkeit von Anzahlungen bei Vorauszahlung des Kaufpreises gegen Preisnachlaß (Vfg OFD Düsseldorf vom 2.10.1998, DB 1998 S. 2244)

§ 7b Erhöhte Absetzungen für Einfamilienhäuser, Zweifamilienhäuser und Eigentumswohnungen

(weggefallen)

EStDV

§ 15 Erhöhte Absetzungen für Einfamilienhäuser, Zweifamilienhäuser und Eigentumswohnungen

(1) Bauherr ist, wer auf eigene Rechnung und Gefahr ein Gebäude baut oder bauen läßt.

(2) In den Fällen des § 7b des Gesetzes in den vor Inkrafttreten des Gesetzes vom 22. Dezember 1981 (BGBl. I S. 1523) geltenden Fassungen und des § 54 des Gesetzes in der Fassung der Bekanntmachung vom 24. Januar 1984 (BGBl. I S. 113)[1] *ist § 15 der Einkommensteuer-Durchführungsverordnung 1979 (BGBl. 1980 I S. 1801), geändert durch die Verordnung vom 11. Juni 1981 (BGBl. I S. 526), weiter anzuwenden.*

§§ 16 bis 21 (weggefallen)

---

[1] BStBl. 1984 I S. 51.

§ 7c

§ 7c Erhöhte Absetzungen für Baumaßnahmen an Gebäuden zur Schaffung neuer Mietwohnungen

(1) Bei Wohnungen im Sinne des Absatzes 2, die durch Baumaßnahmen an Gebäuden im Inland hergestellt worden sind, können abweichend von § 7 Abs. 4 und 5 im Jahr der Fertigstellung und in den folgenden vier Jahren Absetzungen jeweils bis zu 20 Prozent der Bemessungsgrundlage vorgenommen werden.

(2) Begünstigt sind Wohnungen,
1. für die der Bauantrag nach dem 2. Oktober 1989 gestellt worden ist oder, falls ein Bauantrag nicht erforderlich ist, mit deren Herstellung nach diesem Zeitpunkt begonnen worden ist,
2. die vor dem 1. Januar 1996 fertiggestellt worden sind und
3. für die keine Mittel aus öffentlichen Haushalten unmittelbar oder mittelbar gewährt werden.

(3) ¹Bemessungsgrundlage sind die Aufwendungen, die dem Steuerpflichtigen durch die Baumaßnahme entstanden sind, höchstens jedoch 60 000 Deutsche Mark je Wohnung. ²Sind durch die Baumaßnahmen Gebäudeteile hergestellt worden, die selbständige unbewegliche Wirtschaftsgüter sind, gilt für die Herstellungskosten, für die keine Absetzungen nach Absatz 1 vorgenommen werden, § 7 Abs. 4; § 7b Abs. 8 bleibt unberührt.

(4) Die erhöhten Absetzungen können nur in Anspruch genommen werden, wenn die Wohnung vom Zeitpunkt der Fertigstellung bis zum Ende des Begünstigungszeitraums fremden Wohnzwecken dient.

(5) ¹Nach Ablauf des Begünstigungszeitraums ist ein Restwert den Anschaffungs- oder Herstellungskosten des Gebäudes oder dem an deren Stelle tretenden Wert hinzuzurechnen; die weiteren Absetzungen für Abnutzung sind einheitlich für das gesamte Gebäude nach dem sich hiernach ergebenden Betrag und dem für das Gebäude maßgebenden Prozentsatz zu bemessen. ²Satz 1 ist auf Gebäudeteile, die selbständig unbewegliche Wirtschaftsgüter sind, und auf Eigentumswohnungen entsprechend anzuwenden.

EStDV

§ 23 (weggefallen)

Hinweise

H 7c Zur Anwendung → *BMF vom 17.2.1992 (BStBl. I S. 115).*

Weitere Verwaltungsanweisungen
(soweit nicht in den Hinweisen enthalten)
1. § 7c EStG ist nicht anzuwenden, wenn der Anleger in einem Bauherrenmodell nach den Grundsätzen des BFH-Urteils vom 19.11.1989 (BStBl. 1990 II S. 299) als Erwerber der Wohnung zu beurteilen ist (BdF-Schreiben vom 30.7.1991, DStR 1991 S. 1421)
2. Kumulierungsverbot nach § 7c Abs. 2 Nr. 3 EStG bei Rückzahlung der öffentlichen Mittel (Erlaß Bayern vom 29.7.1993, DB 1993 S. 1900)

§ 7d

§ 7d Erhöhte Absetzungen für Wirtschaftsgüter, die dem Umweltschutz dienen

(1) ¹Bei abnutzbaren beweglichen und unbeweglichen Wirtschaftsgütern des Anlagevermögens, bei denen die Voraussetzungen des Absatzes 2 vorliegen und die nach dem 31. Dezember 1974 und vor dem 1. Januar 1991 angeschafft oder hergestellt worden sind, können abweichend von § 7 im Wirtschaftsjahr der Anschaffung oder Herstellung bis zu 60 Prozent und in den folgenden Wirtschaftsjahren bis zur vollen Absetzung jeweils bis zu 10 Prozent der Anschaffungs- oder Herstellungskosten abgesetzt werden. ²Nicht in Anspruch genommene erhöhte Absetzungen können nachgeholt werden. ³Nachträgliche Anschaffungs- oder Herstellungskosten, die vor dem 1. Januar 1991 entstanden sind, können abweichend von § 7a Abs. 1 so behandelt werden, als wären sie im Wirtschaftsjahr der Anschaffung oder Herstellung entstanden.

(2) Die erhöhten Absetzungen nach Absatz 1 können nur in Anspruch genommen werden, wenn

1. die Wirtschaftsgüter in einem im Inland belegenen Betrieb des Steuerpflichtigen unmittelbar und zu mehr als 70 Prozent dem Umweltschutz dienen und
2. die von der Landesregierung bestimmte Stelle bescheinigt, dass
   a) die Wirtschaftsgüter zu dem in Nummer 1 bezeichneten Zweck bestimmt und geeignet sind und
   b) die Anschaffung oder Herstellung der Wirtschaftsgüter im öffentlichen Interesse erforderlich ist.

(3) ¹Die Wirtschaftsgüter dienen dem Umweltschutz, wenn sie dazu verwendet werden,

1. a) den Anfall von Abwasser oder
   b) Schädigungen durch Abwasser oder
   c) Verunreinigungen der Gewässer durch andere Stoffe als Abwasser oder
   d) Verunreinigungen der Luft oder
   e) Lärm oder Erschütterungen
   zu verhindern, zu beseitigen oder zu verringern oder
2. Abfälle nach den Grundsätzen des Abfallbeseitigungsgesetzes zu beseitigen.

²Die Anwendung des Satzes 1 ist nicht dadurch ausgeschlossen, dass die Wirtschaftsgüter zugleich für Zwecke des innerbetrieblichen Umweltschutzes verwendet werden.

(4) ¹Die Absätze 1 bis 3 sind auf nach dem 31. Dezember 1974 und vor dem 1. Januar 1991 entstehende nachträgliche Herstellungskosten bei Wirtschaftsgütern, die dem Umweltschutz dienen und die vor dem 1. Januar 1975 angeschafft oder hergestellt worden sind, mit der Maßgabe entsprechend anzuwenden, dass im Wirtschaftsjahr der Fertigstellung der nachträglichen Herstellungsarbeiten erhöhte Absetzungen bis zur vollen Höhe der nachträglichen Herstellungskosten vorgenommen werden können. ²Das Gleiche gilt, wenn bei Wirtschaftsgütern, die nicht dem Umweltschutz dienen, nachträgliche Herstellungskosten nach dem 31. Dezember 1974 und vor dem 1. Januar 1991 dadurch entstehen, dass ausschließlich aus Gründen des Umweltschutzes Veränderungen vorgenommen werden.

(5) ¹Die erhöhten Absetzungen nach Absatz 1 können bereits für Anzahlungen auf Anschaffungskosten und für Teilherstellungskosten in Anspruch genommen werden. ²§ 7a Abs. 2 ist mit der Maßgabe anzuwenden, dass die Summe der erhöhten Absetzungen 60 Prozent der bis zum Ende des jeweiligen Wirtschaftsjahrs insgesamt aufgewendeten Anzahlungen oder Teilherstellungskosten nicht übersteigen darf. ³Satz 1 gilt in den Fällen des Absatzes 4 sinngemäß.

(6) Die erhöhten Absetzungen nach den Absätzen 1 bis 5 werden unter der Bedingung gewährt, dass die Voraussetzung des Absatzes 2 Nr. 1

1. in den Fällen des Absatzes 1 mindestens fünf Jahre nach der Anschaffung oder Herstellung der Wirtschaftsgüter,
2. in den Fällen des Absatzes 4 Satz 1 mindestens fünf Jahre nach Beendigung der nachträglichen Herstellungsarbeiten

erfüllt wird.

(7) ¹Steuerpflichtige, die nach dem 31. Dezember 1974 und vor dem 1. Januar 1991 durch Hingabe eines Zuschusses zur Finanzierung der Anschaffungs- oder Herstellungskosten von abnutzbaren Wirtschaftsgütern im Sinne des Absatzes 2 ein Recht auf Mitbenutzung dieser Wirtschaftsgüter erwerben, können bei diesem Recht abweichend von § 7 erhöhte Absetzungen nach Maßgabe des Absatzes 1 oder 4 Satz 1 vornehmen. ²Die erhöhten Absetzungen können nur in Anspruch genommen werden, wenn der Empfänger

1. den Zuschuss unverzüglich und unmittelbar zur Finanzierung der Anschaffung oder Herstellung der Wirtschaftsgüter oder der nachträglichen Herstellungsarbeiten bei den Wirtschaftsgütern verwendet und
2. dem Steuerpflichtigen bestätigt, dass die Voraussetzung der Nummer 1 vorliegt und dass für die Wirtschaftsgüter oder die nachträglichen Herstellungsarbeiten eine Bescheinigung nach Absatz 2 Nr. 2 erteilt ist.

³Absatz 6 gilt sinngemäß.

(8) ¹Die erhöhten Absetzungen nach den Absätzen 1 bis 7 können nicht für Wirtschaftsgüter in Anspruch genommen werden, die in Betrieben oder Betriebsstätten verwendet werden, die in den letzten zwei Jahren vor dem Beginn des Kalenderjahrs, in dem das Wirtschaftsgut angeschafft oder hergestellt worden ist, errichtet worden sind. ²Die Verlagerung von Betrieben oder Betriebsstätten gilt nicht als Errichtung im Sinne des Satzes 1, wenn die in Absatz 2 Nr. 2 bezeichnete Behörde bestätigt, dass die Verlagerung im öffentlichen Interesse aus Gründen des Umweltschutzes erforderlich ist.

EStR

EStR 2012 zu § 7d EStG

R 7d Weitergeltung der Anordnungen zu § 7d EStG
R 77 EStR 1993 ist weiter anzuwenden.

§ 7e

§ 7e (weggefallen)

EStDV

§ 13 (weggefallen)

§ 22 (weggefallen)

§§ 23 bis 28 (weggefallen)

§ 7f Bewertungsfreiheit für abnutzbare Wirtschaftsgüter des Anlagevermögens privater Krankenhäuser

(1) Steuerpflichtige, die im Inland ein privates Krankenhaus betreiben, können unter den Voraussetzungen des Absatzes 2 bei abnutzbaren Wirtschaftsgütern des Anlagevermögens, die dem Betrieb dieses Krankenhauses dienen, im Jahr der Anschaffung oder Herstellung und in den vier folgenden Jahren Sonderabschreibungen vornehmen, und zwar

1. bei beweglichen Wirtschaftsgütern des Anlagevermögens bis zur Höhe von insgesamt 50 Prozent,
2. bei unbeweglichen Wirtschaftsgütern des Anlagevermögens bis zur Höhe von insgesamt 30 Prozent

der Anschaffungs- oder Herstellungskosten.

(2) Die Abschreibungen nach Absatz 1 können nur in Anspruch genommen werden, wenn bei dem privaten Krankenhaus im Jahr der Anschaffung oder Herstellung der Wirtschaftsgüter und im Jahr der Inanspruchnahme der Abschreibungen die in § 67 Abs. 1 oder 2 der Abgabenordnung bezeichneten Voraussetzungen erfüllt sind.

(3) Die Abschreibungen nach Absatz 1 können bereits für Anzahlungen auf Anschaffungskosten und für Teilherstellungkosten in Anspruch genommen werden.

(4) [1]Die Abschreibungen nach den Absätzen 1 und 3 können nur für Wirtschaftsgüter in Anspruch genommen werden, die der Steuerpflichtige vor dem 1. Januar 1996 bestellt oder herzustellen begonnen hat. [2]Als Beginn der Herstellung gilt bei Baumaßnahmen, für die eine Baugenehmigung erforderlich ist, der Zeitpunkt, in dem der Bauantrag gestellt worden ist.

EStR

EStR 2012 zu § 7f EStG

R 7f Weitergeltung der Anordnungen zu § 7f EStG
R 82 EStR 1999 ist weiter anzuwenden.

§ 7g

§ 7g Investitionsabzugsbeträge und Sonderabschreibungen zur Förderung kleiner und mittlerer Betriebe

(1) ¹Steuerpflichtige können für die künftige Anschaffung oder Herstellung eines abnutzbaren beweglichen Wirtschaftsguts des Anlagevermögens bis zu 40 Prozent der voraussichtlichen Anschaffungs- oder Herstellungskosten gewinnmindernd abziehen (Investitionsabzugsbetrag). ²Der Investitionsabzugsbetrag kann nur in Anspruch genommen werden, wenn

1. der Betrieb am Schluss des Wirtschaftsjahres, in dem der Abzug vorgenommen wird, die folgenden Größenmerkmale nicht überschreitet:

    a) bei Gewerbebetrieben oder der selbständigen Arbeit dienenden Betrieben, die ihren Gewinn nach § 4 Abs. 1 oder § 5 ermitteln, ein Betriebsvermögen von 235 000 Euro;

    b) bei Betrieben der Land- und Forstwirtschaft einen Wirtschaftswert oder einen Ersatzwirtschaftswert von 125 000 Euro oder

    c) bei Betrieben im Sinne der Buchstaben a und b, die ihren Gewinn nach § 4 Abs. 3 ermitteln, ohne Berücksichtigung des Investitionsabzugsbetrages einen Gewinn von 100 000 Euro;

2. der Steuerpflichtige beabsichtigt, das begünstigte Wirtschaftsgut voraussichtlich

    a) in den dem Wirtschaftsjahr des Abzugs folgenden drei Wirtschaftsjahren anzuschaffen oder herzustellen;

    b) mindestens bis zum Ende des dem Wirtschaftsjahr der Anschaffung oder Herstellung folgenden Wirtschaftsjahres in einer inländischen Betriebsstätte des Betriebs ausschließlich oder fast ausschließlich betrieblich zu nutzen und

3. der Steuerpflichtige das begünstigte Wirtschaftsgut in den beim Finanzamt einzureichenden Unterlagen seiner Funktion nach benennt und die Höhe der voraussichtlichen Anschaffungs- oder Herstellungskosten angibt.

³Abzugsbeträge können auch dann in Anspruch genommen werden, wenn dadurch ein Verlust entsteht oder sich erhöht. ⁴Die Summe der Beträge, die im Wirtschaftsjahr des Abzugs und in den drei vorangegangenen Wirtschaftsjahren nach Satz 1 insgesamt abgezogen und nicht nach Absatz 2 hinzugerechnet oder nach Absatz 3 oder 4 rückgängig gemacht wurden, darf je Betrieb 200 000 Euro nicht übersteigen.

(2) ¹Im Wirtschaftsjahr der Anschaffung oder Herstellung des begünstigten Wirtschaftsguts ist der für dieses Wirtschaftsgut in Anspruch genommene Investitionsabzugsbetrag in Höhe von 40 Prozent der Anschaffungs- oder Herstellungskosten gewinnerhöhend hinzuzurechnen; die Hinzurechnung darf den nach Absatz 1 abgezogenen Betrag nicht übersteigen. ²Die Anschaffungs- oder Herstellungskosten des Wirtschaftsguts können in dem in Satz 1 genannten Wirtschaftsjahr um bis zu 40 Prozent, höchstens jedoch um die Hinzurechnung nach Satz 1, gewinnmindernd herabgesetzt werden; die Bemessungsgrundlage für die Absetzungen für Abnutzung, erhöhten Absetzungen und Sonderabschreibungen sowie die Anschaffungs- oder Herstellungskosten im Sinne von § 6 Abs. 2 und 2a verringern sich entsprechend.

(3) ¹Soweit der Investitionsabzugsbetrag nicht bis zum Ende des dritten auf das Wirtschaftsjahr des Abzugs folgenden Wirtschaftsjahres nach Absatz 2 hinzugerechnet wurde, ist der Abzug nach Absatz 1 rückgängig zu machen. ²Wurde der Gewinn des maßgebenden Wirtschaftsjahres bereits einer Steuerfestsetzung oder einer gesonderten Feststellung zugrunde gelegt, ist der entsprechende Steuer- oder Feststellungsbescheid insoweit zu ändern. ³Das gilt auch dann, wenn der Steuer- oder Feststellungsbescheid bestandskräftig geworden ist; die Festsetzungsfrist endet insoweit nicht, bevor die Festsetzungsfrist für den Veranlagungszeitraum abgelaufen ist, in dem das dritte auf das Wirtschaftsjahr des Abzugs folgende Wirtschaftsjahr endet. ⁴§ 233a Absatz 2a der Abgabenordnung ist nicht anzuwenden.

(4) ¹Wird in den Fällen des Absatzes 2 das Wirtschaftsgut nicht bis zum Ende des dem Wirtschaftsjahr der Anschaffung oder Herstellung folgenden Wirtschaftsjahres in einer inländischen Betriebsstätte des Betriebs ausschließlich oder fast ausschließlich betrieblich ge-

nutzt, sind der Abzug nach Absatz 1 sowie die Herabsetzung der Anschaffungs- oder Herstellungskosten, die Verringerung der Bemessungsgrundlage und die Hinzurechnung nach Absatz 2 rückgängig zu machen. ²Wurden die Gewinne der maßgebenden Wirtschaftsjahre bereits Steuerfestsetzungen oder gesonderten Feststellungen zugrunde gelegt, sind die entsprechenden Steuer- oder Feststellungsbescheide insoweit zu ändern. ³Das gilt auch dann, wenn die Steuer- oder Feststellungsbescheide bestandskräftig geworden sind; die Festsetzungsfristen enden insoweit nicht, bevor die Festsetzungsfrist für den Veranlagungszeitraum abgelaufen ist, in dem die Voraussetzungen des Absatzes 1 Satz 2 Nr. 2 Buchstabe b erstmals nicht mehr vorliegen. ⁴§ 233a Abs. 2a der Abgabenordnung ist nicht anzuwenden.

(5) Bei abnutzbaren beweglichen Wirtschaftsgütern des Anlagevermögens können unter den Voraussetzungen des Absatzes 6 im Jahr der Anschaffung oder Herstellung und in den vier folgenden Jahren neben den Absetzungen für Abnutzung nach § 7 Abs. 1 oder Abs. 2 Sonderabschreibungen bis zu insgesamt 20 Prozent der Anschaffungs- oder Herstellungskosten in Anspruch genommen werden.

(6) Die Sonderabschreibungen nach Absatz 5 können nur in Anspruch genommen werden, wenn

1. der Betrieb zum Schluss des Wirtschaftsjahres, das der Anschaffung oder Herstellung vorangeht, die Größenmerkmale des Absatzes 1 Satz 2 Nr. 1 nicht überschreitet, und

2. das Wirtschaftsgut im Jahr der Anschaffung oder Herstellung und im darauf folgenden Wirtschaftsjahr in einer inländischen Betriebsstätte des Betriebs des Steuerpflichtigen ausschließlich oder fast ausschließlich betrieblich genutzt wird; Absatz 4 gilt entsprechend.

(7) Bei Personengesellschaften und Gemeinschaften sind die Absätze 1 bis 6 mit der Maßgabe anzuwenden, dass an die Stelle des Steuerpflichtigen die Gesellschaft oder die Gemeinschaft tritt.

Hinweise

H 7g Investitionsabzugsbetrag

Zu Zweifelsfragen zum Investitionsabzugsbetrag nach § 7g Abs. 1 bis 4 und 7 EStG → BMF vom 20.11.2013 (BStBl. I S. 1493) [1)]

Weitere Verwaltungsanweisungen
(soweit nicht in den Hinweisen enthalten)

Zu § 7g EStG

1. Die Regelung über den Investitionsabzugsbetrag nach § 7g EStG n. F. gilt gemäß § 52 Abs. 23 EStG auch im Falle der Gewinnermittlung nach § 4 Abs. 3 EStG bereits ab 2007 (OFD Rheinland vom 27.6.2008, DB 2008 S. 2623).

Rechtsprechungsauswahl

BFH vom 6.2.14 VI R 34/12 (BStBl. II S. 619): Investitionsabzugsbeträge nach § 7g EStG bewirken eine zinslose Steuerstundung und beeinflussen nicht die Leistungsfähigkeit eines zum Unterhalt Verpflichteten

BFH vom 22.8.12 X R 21/09 (BStBl. 2014 II S. 447): Vorlage an den Großen Senat des BFH zur Rechtsfrage, ob Ansparabschreibungen nach § 7g EStG a. F. auch in Kenntnis einer beabsichtigten Buchwerteinbringung in Anspruch genommen werden können

BFH vom 17.1.12 VIII R 48/10 (BStBl. 2013 II S. 952): Für die Inanspruchnahme eines Investitionsabzugsbetrages ist es grundsätzlich unbeachtlich, ob die Investition bei Abgabe der Steuererklärung bereits durchgeführt wurde oder ob im Zeitpunkt der Anschaffung oder Herstellung die Absicht bestand, einen Investitionsabzugsbetrag in Anspruch zu nehmen

---

1) Siehe Anlage § 007g-01.

§ 7g

BFH vom 8.6.11 I R 90/10 (BStBl. 2013 II S. 949): Für die Inanspruchnahme von Investitionsabzugsbeträgen notwendigen Angaben können auch noch im Einspruchs- oder Klageverfahren vervollständigt werden

BFH vom 29.3.11 VIII R 28/08 (BStBl. 2014 II S. 299): Ansparabschreibungen nach § 7b EStG a. F. können in Anspruch genommen werden, wenn zwischen verschiedenen dem Steuerpflichtigen zuzurechnenden Betriebsvermögen eine rechtliche und wirtschaftliche Kontinuität besteht

BFH vom 26.11.09 VIII B 190/09 (BStBl. 2013 II S. 946): Der Inanspruchnahme eines Investitionsabzugsbetrages für die geplante Anschaffung eines weiteren betrieblich genutzten PKW steht nicht entgegen, dass bei einem bereits vorhandenen PKW die 1%-Regelung angewendet wird

BFH vom 20.1.12 X R 42/11 (BStBl. 2013 II S. 719): Inanspruchnahme von Investitionsabzugsbeträgen nach § 7g EStG in Jahren vor Abschluss der Betriebseröffnung setzt nicht zwingend eine verbindliche Bestellung des begünstigten Wirtschaftsguts voraus – Investitionsabzugsbeträge können auch im Nachgang zur Steuererklärung geltend gemacht werden

BFH vom 7.1.12 VIII R 48/10 (BStBl. 2013 II S. 952): Für die Inanspruchnahme eines Investitionsabzugsbetrages ist es grundsätzlich unbeachtlich, ob die Investition bei Abgabe der Steuererklärung bereits durchgeführt wurde oder ob im Zeitpunkt der Anschaffung oder Herstellung die Absicht bestand, einen Investitionsabzugsbetrag in Anspruch zu nehmen

BFH vom 26.11.09 VIII B 190/09 (BStBl. 2013 II S. 946): Der Inanspruchnahme eines Investitionsabzugsbetrages für die geplante Anschaffung eines weiteren betrieblich genutzten PKW steht nicht entgegen, dass bei einem bereits vorhandenen PKW die 1 %-Regelung angewendet wird

BFH vom 8.6.11 I R 90/10 (BStBl. 2013 II S. 949): Für die Inanspruchnahme von Investitionsabzugsbeträgen notwendige Angaben können auch noch im Einspruchs- oder Klageverfahren vervollständigt werden

BFH vom 17.6.10 III R 43/06 (BStBl. 2013 II S. 8): § 7g EStG kann nachträglich nicht mehr in Anspruch genommen werden, wenn die Rücklage mehr als zwei Jahre nach der Investition gebildet wird

BFH vom 18.5.11 X R 26/09 (BStBl. II S. 865): Grundsätzlich keine Anwendung von § 7g EStG bei auf Datenträgern gespeicherter Standardsoftware

§ 7h Erhöhte Absetzungen bei Gebäuden in Sanierungsgebieten und städtebaulichen Entwicklungsbereichen

(1) [1]Bei einem im Inland belegenen Gebäude in einem förmlich festgelegten Sanierungsgebiet oder städtebaulichen Entwicklungsbereich kann der Steuerpflichtige abweichend von § 7 Abs. 4 und 5 im Jahr der Herstellung und in den folgenden sieben Jahren jeweils bis zu 9 Prozent und in den folgenden vier Jahren jeweils bis zu 7 Prozent der Herstellungskosten für Modernisierungs- und Instandsetzungsmaßnahmen im Sinne des § 177 des Baugesetzbuchs[1]) absetzen. [2]Satz 1 ist entsprechend anzuwenden auf Herstellungskosten für Maßnahmen, die der Erhaltung, Erneuerung und funktionsgerechten Verwendung eines Gebäudes im Sinne des Satzes 1 dienen, das wegen seiner geschichtlichen, künstlerischen oder städtebaulichen Bedeutung erhalten bleiben soll, und zu deren Durchführung sich der Eigentümer neben bestimmten Modernisierungsmaßnahmen gegenüber der Gemeinde verpflichtet hat. [3]Der Steuerpflichtige kann die erhöhten Absetzungen im Jahr des Abschlusses der Maßnahme und in den folgenden elf Jahren auch für Anschaffungskosten in Anspruch nehmen, die auf Maßnahmen im Sinne der Sätze 1 und 2 entfallen, soweit diese nach dem rechtswirksamen Abschluss eines obligatorischen Erwerbsvertrages oder eines gleichstehenden Rechtsakts durchgeführt worden sind. [4]Die erhöhten Absetzungen können nur in Anspruch genommen werden, soweit die Herstellungs- oder Anschaffungskosten durch Zuschüsse aus Sanierungs- oder Entwicklungsförderungsmitteln nicht gedeckt sind. [5]Nach Ablauf des Begünstigungszeitraums ist ein Restwert den Herstellungs- oder Anschaffungskosten des Gebäudes oder dem an deren Stelle tretenden Wert hinzuzurechnen; die weiteren Absetzungen für Abnutzung sind einheitlich für das gesamte Gebäude nach dem sich hiernach ergebenden Betrag und dem für das Gebäude maßgebenden Prozentsatz zu bemessen.

(2) [1]Der Steuerpflichtige kann die erhöhten Absetzungen nur in Anspruch nehmen, wenn er durch eine Bescheinigung der zuständigen Gemeindebehörde die Voraussetzungen des Absatzes 1 für das Gebäude und die Maßnahmen nachweist. [2]Sind ihm Zuschüsse aus Sanierungs- oder Entwicklungsförderungsmitteln gewährt worden, so hat die Bescheinigung auch deren Höhe zu enthalten; werden ihm solche Zuschüsse nach Ausstellung der Bescheinigung gewährt, so ist diese entsprechend zu ändern.

(3) Die Absätze 1 und 2 sind auf Gebäudeteile, die selbständige unbewegliche Wirtschaftsgüter sind, sowie auf Eigentumswohnungen und auf im Teileigentum stehende Räume entsprechend anzuwenden.

EStR und Hinweise
EStR 2012 zu § 7h EStG

R 7h Erhöhte Absetzungen nach § 7h EStG von Aufwendungen für bestimmte Maßnahmen an Gebäuden in Sanierungsgebieten und städtebaulichen Entwicklungsbereichen

(1) Den Miteigentümern eines Gebäudes stehen erhöhte Absetzungen nach § 7h EStG grundsätzlich im Verhältnis ihrer Eigentumsanteile zu; auf R 21.6 wird hingewiesen.

(2) Wird ein Gebäude, bei dem erhöhte Absetzungen nach § 7h EStG vorgenommen werden, aus dem Betriebsvermögen in das Privatvermögen oder umgekehrt überführt, ist eine sich dabei ergebende Erhöhung oder Minderung der Bemessungsgrundlage dem Teil des Gebäudes zuzuordnen, für den keine erhöhten Absetzungen nach § 7h EStG gewährt werden.

(3) [1]Werden erhöhte Absetzungen nach § 7h EStG in Anspruch genommen, braucht aus Vereinfachungsgründen das Vorliegen der Voraussetzungen nur für den VZ geprüft zu werden, in dem die begünstigten Baumaßnahmen fertiggestellt worden sind. [2]Die Nachholung versehentlich unterlassener erhöhter Absetzungen nach § 7h EStG ist nicht möglich.

(4) [1]Die zuständige Gemeindebehörde hat nach den länderspezifischen → Bescheinigungsrichtlinien zu prüfen,

1. ob das Gebäude in einem förmlich festgelegten Sanierungsgebiet oder städtebaulichen Entwicklungsbereich belegen ist,

---
1) Siehe Anhang 19.

§ 7h

2. ob Modernisierungs- und Instandsetzungsmaßnahmen im Sinne des § 177 BauGB[1]) oder andere Maßnahmen im Sinne des § 7h Abs. 1 Satz 2 durchgeführt worden sind,
3. in welcher Höhe Aufwendungen, die die vorstehenden Voraussetzungen erfüllen, angefallen sind,
4. inwieweit Zuschüsse aus öffentlichen Mitteln durch eine der für Sanierungsgebiete oder städtebauliche Entwicklungsbereiche zuständigen Behörde bewilligt worden sind oder nach Ausstellung der Bescheinigung bewilligt werden (Änderung der Bescheinigung).

²Die Bescheinigung unterliegt weder in rechtlicher noch in tatsächlicher Hinsicht der Nachprüfung durch die Finanzbehörden. ³Es handelt sich hierbei um einen Verwaltungsakt in Form eines Grundlagenbescheides, an den die Finanzbehörden im Rahmen des gesetzlich vorgegebenen Umfangs gebunden sind (§ 175 Abs. 1 S. 1 Nr. 1 AO). ⁴Ist jedoch offensichtlich, dass die Bescheinigung für Maßnahmen erteilt worden ist, bei denen die Voraussetzungen nicht vorliegen, hat die Finanzbehörde ein Remonstrationsrecht, d. h. sie kann die Gemeindebehörde zur Überprüfung veranlassen sowie um Rücknahme oder Änderung der Bescheinigung nach Maßgabe des § 48 Abs. 1 VwVfG bitten. ⁵Die Gemeindebehörde ist verpflichtet, dem Finanzamt die Rücknahme oder Änderung der Bescheinigung mitzuteilen (§ 4 Mitteilungsverordnung).

(5) Die Finanzbehörden haben zu prüfen,
1. ob die vorgelegte Bescheinigung von der zuständigen Gemeindebehörde ausgestellt worden ist,
2. ob die bescheinigten Aufwendungen steuerrechtlich dem Gebäude im Sinne des § 7h Abs. 1 EStG zuzuordnen sind,
3. ob die bescheinigten Aufwendungen zu den Herstellungskosten oder den nach § 7h Abs. 1 Satz 3 EStG begünstigten Anschaffungskosten, zu den sofort abziehbaren Betriebsausgaben oder Werbungskosten, insbesondere zum Erhaltungsaufwand, oder zu den nicht abziehbaren Ausgaben gehören,
4. ob weitere Zuschüsse für die bescheinigten Aufwendungen gezahlt werden oder worden sind,
5. ob die Aufwendungen bei einer Einkunftsart oder bei einem zu eigenen Wohnzwecken genutzten Gebäude wie Sonderausgaben (→ § 10f EStG) berücksichtigt werden können,
6. in welchem VZ die erhöhten Absetzungen, die Verteilung von Erhaltungsaufwand (→ § 11a EStG) oder der Abzug wie Sonderausgaben (→ § 10f EStG) erstmals in Anspruch genommen werden können.

(6) ¹Eine begünstigte Maßnahme im Sinne des § 7h Abs. 1 Satz 1 EStG liegt auch vor, wenn die Modernisierungs- und Instandhaltungsmaßnahmen aufgrund einer konkreten vertraglichen Vereinbarung zwischen Eigentümer und Gemeinde durchgeführt werden. ²Die Prüfungs- und Bescheinigungspflicht im Sinne des Abs. 4 besteht auch in diesen Fällen. ³Baumaßnahmen, die ohne konkrete vertragliche Vereinbarung auf freiwilliger Grundlage durchgeführt werden, sind von dem Begünstigungstatbestand des § 7h Abs. 1 Satz 1 EStG nicht erfasst.

(7) Für die Begünstigung von Modernisierungs- und Instandsetzungsmaßnahmen i. S. d. § 177 BauGB ist es unschädlich, wenn die zugrunde liegende Sanierungssatzung während oder nach Durchführung der Maßnahmen aufgehoben wird.

Hinweise

H 7h Bauherrenmodelle

Zu den Besonderheiten bei Baumaßnahmen i. S. d. §§ 7h und 7i EStG im Rahmen von Bauherrenmodellen → BMF vom 20.10.2003 (BStBl. I S. 546), RdNr. 10[2])

Begünstigte Baumaßnahmen

Begünstigt sind nur Herstellungskosten an einem im Sanierungsgebiet liegenden, bestehenden Gebäude, nicht hingegen der Neubau oder Wiederaufbau von Gebäuden (→ BFH vom 2.9.2008 – BStBl. 2009 II S. 596)

Bescheinigungsrichtlinien

Übersicht über die Veröffentlichung der länderspezifischen Bescheinigungsrichtlinien → BMF vom 10.11.2000 (BStBl. I S. 1513) und vom 8.11.2004 (BStBl. I S. 1048).

---

1) Siehe Anhang 19.
2) Siehe Anlage § 021-05.

Bindungswirkung der Bescheinigung

- *Die Bindungswirkung der Bescheinigung umfasst nicht die persönliche Abzugsberechtigung (→ BFH vom 21.8.2001 – BStBl. 2003 II S. 910)*
- *Reichweite der Bindungswirkung → BMF vom 16.5.2007 (BStBl. I S. 475).* [1)]

Gleichstehender Rechtsakt

An den einem obligatorischen Erwerbsvertrag gleichstehenden Rechtsakt sind hinsichtlich seiner Rechtsbindung und der Rechtsklarheit dieselben Anforderungen zu stellen wie an den obligatorischen Erwerbsvertrag. Es bedarf einer formgerechten schuldrechtlichen Erwerbsverpflichtung, von der sich kein Beteiligter mehr einseitig lösen kann. Hierzu zählt insbesondere der Erbfall, der Zuschlag im Zwangsversteigerungsverfahren oder der Erwerb von Anteilen an einer Personengesellschaft. Ein unwiderrufliches Kaufangebot begründet weder eine beidseitige Verpflichtung noch] definiert es einen konkreten Erwerbszeitpunkt und stellt mithin keinen gleichstehenden Rechtsakt i. S. d. §§ 7h, 7i EStG dar (→ BFH vom 19.2.2013 – BStBl. II S. 482).

Personengesellschaft

Erhöhte Absetzungen nach Ausscheiden eines Gesellschafters → H 7a Mehrere Beteiligte.

Verwaltungsverfahrensgesetz

§ 48 VwVfg – Rücknahme eines rechtswidrigen Verwaltungsaktes

(1) ¹Ein rechtswidriger Verwaltungsakt kann, auch nachdem er unanfechtbar geworden ist, ganz oder teilweise mit Wirkung für die Zukunft oder für die Vergangenheit zurückgenommen werden. ²Ein Verwaltungsakt, der ein Recht oder einen rechtlich erheblichen Vorteil begründet oder bestätigt hat (begünstigender Verwaltungsakt), darf nur unter den Einschränkungen der Absätze 2 bis 4 zurückgenommen werden.

(2) ¹Ein rechtswidriger Verwaltungsakt, der eine einmalige oder laufende Geldleistung oder teilbare Sachleistung gewährt oder hierfür Voraussetzung ist, darf nicht zurückgenommen werden, soweit der Begünstigte auf den Bestand des Verwaltungsaktes vertraut hat und sein Vertrauen unter Abwägung mit dem öffentlichen Interesse an einer Rücknahme schutzwürdig ist. ²Das Vertrauen ist in der Regel schutzwürdig, wenn der Begünstigte gewährte Leistungen verbraucht oder eine Vermögensdisposition getroffen hat, die er nicht mehr oder nur unter unzumutbaren Nachteilen rückgängig machen kann. ³Auf Vertrauen kann sich der Begünstigte nicht berufen, wenn er

1. *den Verwaltungsakt durch arglistige Täuschung, Drohung oder Bestechung erwirkt hat;*
2. *den Verwaltungsakt durch Angaben erwirkt hat, die in wesentlicher Beziehung unrichtig oder unvollständig waren;*
3. *die Rechtswidrigkeit des Verwaltungsaktes kannte oder infolge grober Fahrlässigkeit nicht kannte.*
4. *In den Fällen des Satzes 3 wird der Verwaltungsakt in der Regel mit Wirkung für die Vergangenheit zurückgenommen.*

(3) ¹Wird ein rechtswidriger Verwaltungsakt, der nicht unter Absatz 2 fällt, zurückgenommen, so hat die Behörde dem Betroffenen auf Antrag den Vermögensnachteil auszugleichen, den dieser dadurch erleidet, dass er auf den Bestand des Verwaltungsaktes vertraut hat, soweit sein Vertrauen unter Abwägung mit dem öffentlichen Interesse schutzwürdig ist. ²Absatz 2 Satz 3 ist anzuwenden. ³Der Vermögensnachteil ist jedoch nicht über den Betrag des Interesses hinaus zu ersetzen, das der Betroffene an dem Bestand des Verwaltungsaktes hat. ⁴Der auszugleichende Vermögensnachteil wird durch die Behörde festgesetzt. ⁵Der Anspruch kann nur innerhalb eines Jahres geltend gemacht werden; die Frist beginnt, sobald die Behörde den Betroffenen auf sie hingewiesen hat.

(4) ¹Erhält die Behörde von Tatsachen Kenntnis, welche die Rücknahme eines rechtswidrigen Verwaltungsaktes rechtfertigen, so ist die Rücknahme nur innerhalb eines Jahres seit dem Zeitpunkt der Kenntnisnahme zulässig. ²Dies gilt nicht im Falle des Absatzes 2 Satz 3 Nr. 1.

(5) Über die Rücknahme entscheidet nach Unanfechtbarkeit des Verwaltungsaktes die nach § 3 zuständige Behörde; dies gilt auch dann, wenn der zurückzunehmende Verwaltungsakt von einer anderen Behörde erlassen worden ist.

---

1) Siehe Anlage § 007i-02.

§ 7h

Weitere Verwaltungsanweisungen
(soweit nicht in den Hinweisen enthalten)

1. Anwendung des § 7h Abs. 1 Satz 3 EStG (Anschaffungskosten) auch für Veranlagungszeiträume vor 1990 (Vfg OFD Frankfurt vom 8.11.1990, DStR 1991 S. 217)
2. Erhöhte Absetzungen nach § 7h EStG – Begriff der Sanierungsgebiete und städtebaulichen Entwicklungsbereiche (Vfg OFD Frankfurt vom 27.5.1991, DStR 1991 S. 1082)
3. Keine erhöhten Absetzungen nach § 7h EStG bei Wiederaufbau eines abgebrochenen Gebäudes (Vfg OFD München vom 1.8.1994, FR 1994 S. 617)
4. Die Gemeindebehörde muss auch die Höhe der begünstigten Aufwendungen bescheinigen – gegen BFH-Urteil vom 4.5.2004, BStBl. 2005 II S. 171 (Vfg OFD Düsseldorf vom 24.8.2005 – S 2198b A – St 214
5. Stadtumbaumaßnahmen im Sinne der §§ 171a bis 171d BauGB sind nicht nach § 7h EStG begünstigt (Vfg Bayer. Landesamt für Steuern vom 9.1.2006; DB 2006 S. 128)

Rechtsprechungsauswahl

BFH vom 19.2.13 IX R 32/12 (BStBl. II S. 482): Ein erst nach Ablauf seiner befristeten Unwiderruflichkeit angenommenes notarielles Kaufangebot ist kein „gleichstehender Rechtsakt" i. S. von § 7h Abs. 1 Satz 3 bzw. § 7i Abs. 1 Satz 5 EStG

BFH vom 2.9.08 X R 7/07 (BStBl. 2009 II S. 596): Enthält die Bescheinigung nach § 7h Abs. 2 EStG den Hinweis, dass sie nicht alleinige Voraussetzung für die Inanspruchnahme der Steuervergünstigung ist, obliegt die Prüfung der steuerlichen Voraussetzungen des Fördertatbestands der Finanzbehörde

BFH vom 22.9.05 IX R 13/04 (BStBl. 2007 II S. 373): Bindungswirkung einer Bescheinigung der Gemeindebehörde nach § 7h Abs. 2 EstG

BFH vom 4.5.04 XI R 38/01 (BStBl. 2005 II S. 171): Zur Bindungswirkung der Bescheinigung der Gemeindebehörde über Baumaßnahmen in Sanierungsbetrieben

§ 7i Erhöhte Absetzungen bei Baudenkmalen

(1) ¹Bei einem im Inland belegenen Gebäude, das nach den jeweiligen landesrechtlichen Vorschriften ein Baudenkmal ist, kann der Steuerpflichtige abweichend von § 7 Abs. 4 und 5 im Jahr der Herstellung und in den folgenden sieben Jahren jeweils bis zu 9 Prozent und in den folgenden vier Jahren jeweils bis zu 7 Prozent der Herstellungskosten für Baumaßnahmen, die nach Art und Umfang zur Erhaltung des Gebäudes als Baudenkmal oder zu seiner sinnvollen Nutzung erforderlich sind, absetzen. ²Eine sinnvolle Nutzung ist nur anzunehmen, wenn das Gebäude in der Weise genutzt wird, dass die Erhaltung der schützenswerten Substanz des Gebäudes auf die Dauer gewährleistet ist. ³Bei einem im Inland belegenen Gebäudeteil, das nach den jeweiligen landesrechtlichen Vorschriften ein Baudenkmal ist, sind die Sätze 1 und 2 entsprechend anzuwenden. ⁴Bei einem im Inland belegenen Gebäude oder Gebäudeteil, das für sich allein nicht die Voraussetzungen für ein Baudenkmal erfüllt, aber Teil einer Gebäudegruppe oder Gesamtanlage ist, die nach den jeweiligen landesrechtlichen Vorschriften als Einheit geschützt ist, kann der Steuerpflichtige die erhöhten Absetzungen von den Herstellungskosten für Baumaßnahmen vornehmen, die nach Art und Umfang zur Erhaltung des schützenswerten äußeren Erscheinungsbildes der Gebäudegruppe oder der Gesamtanlage erforderlich sind. ⁵Der Steuerpflichtige kann die erhöhten Absetzungen im Jahr des Abschlusses der Baumaßnahme und in den folgenden elf Jahren auch für Anschaffungskosten in Anspruch nehmen, die auf Baumaßnahmen im Sinne der Sätze 1 bis 4 entfallen, soweit diese nach dem rechtswirksamen Abschluss eines obligatorischen Erwerbsvertrages oder eines gleichstehenden Rechtsakts durchgeführt worden sind. ⁶Die Baumaßnahmen müssen in Abstimmung mit der in Absatz 2 bezeichneten Stelle durchgeführt worden sein. ⁷Die erhöhten Absetzungen können nur in Anspruch genommen werden, soweit die Herstellungs- oder Anschaffungskosten nicht durch Zuschüsse aus öffentlichen Kassen gedeckt sind. ⁸§ 7h Abs. 1 Satz 5 ist entsprechend anzuwenden.

(2) ¹Der Steuerpflichtige kann die erhöhten Absetzungen nur in Anspruch nehmen, wenn er durch eine Bescheinigung der nach Landesrecht zuständigen oder von der Landesregierung bestimmten Stelle die Voraussetzungen des Absatzes 1 für das Gebäude oder Gebäudeteil und für die Erforderlichkeit der Aufwendungen nachweist. ²Hat eine der für Denkmalschutz oder Denkmalpflege zuständigen Behörden ihm Zuschüsse gewährt, so hat die Bescheinigung auch deren Höhe zu enthalten; werden ihm solche Zuschüsse nach Ausstellung der Bescheinigung gewährt, so ist diese entsprechend zu ändern.

(3) § 7h Abs. 3 ist entsprechend anzuwenden.

EStR und Hinweise

EStR 2012 zu § 7i EStG

R 7i Erhöhte Absetzungen nach § 7i EStG von Aufwendungen für bestimmte Baumaßnahmen an Baudenkmalen

(1) R 7h Abs. 1 bis 3 gilt entsprechend.

(2) ¹Die nach Landesrecht zuständige Denkmalbehörde hat zu prüfen und zu bescheinigen,

1. ob das Gebäude oder der Gebäudeteil nach den landesrechtlichen Vorschriften ein Baudenkmal ist,
2. ob die Baumaßnahmen nach Art und Umfang
   a) zur Erhaltung des Gebäudes oder Gebäudeteils als Baudenkmal oder zu seiner sinnvollen Nutzung,
   b) bei einem Gebäude, das Teil einer geschützten Gesamtanlage oder Gebäudegruppe ist, zur Erhaltung des schützenswerten äußeren Erscheinungsbildes der Gesamtanlage oder Gebäudegruppe

   erforderlich waren,
3. ob die Arbeiten vor Beginn und bei Planungsänderungen vor Beginn der geänderten Vorhaben mit der Bescheinigungsbehörde abgestimmt waren,
4. in welcher Höhe Aufwendungen, die die vorstehenden Voraussetzungen erfüllen, angefallen sind,

§ 7i   R 7i

5. ob und in welcher Höhe Zuschüsse aus öffentlichen Mitteln durch eine der für den Denkmalschutz oder Denkmalpflege zuständigen Behörden bewilligt worden sind oder nach Ausstellung der Bescheinigung bewilligt werden (Änderung der Bescheinigung).

²R 7h Abs. 4 Satz 2 bis 5 gilt entsprechend.

(3) ¹Die Finanzbehörden haben zu prüfen,
1. ob die vorgelegte Bescheinigung von der nach Landesrecht zuständigen oder der von den Landesregierungen bestimmten Behörde ausgestellt worden ist,
2. ob die bescheinigten Aufwendungen zu den Herstellungskosten oder den nach § 7i Abs. 1 Satz 5 EStG begünstigten Anschaffungskosten, zu den sofort abziehbaren Betriebsausgaben oder Werbungskosten, insbesondere zum Erhaltungsaufwand, oder zu den nicht abziehbaren Ausgaben gehören,
3. ob die bescheinigten Aufwendungen steuerrechtlich dem Gebäude oder Gebäudeteil im Sinne des § 7i Abs. 1 EStG zuzurechnen sind,
4. ob weitere Zuschüsse für die bescheinigten Aufwendungen gezahlt werden oder worden sind,
5. ob die Aufwendungen bei einer Einkunftsart oder bei einem zu eigenen Wohnzwecken genutzten Gebäude wie Sonderausgaben (→ § 10f EStG) berücksichtigt werden können,
6. in welchem VZ die erhöhten Absetzungen, die Verteilung von Erhaltungsaufwand (→ § 11b EStG) oder der Abzug wie Sonderausgaben (→ § 10f EStG) erstmals in Anspruch genommen werden können.

²Fällt die Eigenschaft als Baudenkmal innerhalb des Begünstigungszeitraums weg, so können die erhöhten Absetzungen ab dem Jahr, das auf den Wegfall folgt, nicht weiter in Anspruch genommen werden.

Hinweise

H 7i **Bauherrenmodelle**
Zu den Besonderheiten bei Baumaßnahmen i. S. d. §§ 7h und 7i EStG im Rahmen von Bauherrenmodellen → BMF vom 20.10.2003 (BStBl. I S. 546), RdNr. 10

Bescheinigungsbehörde
Übersicht über die zuständigen Bescheinigungsbehörden → BMF vom 6.1.2009 (BStBl. I S. 39).

Bescheinigungsrichtlinien
Übersicht über die Veröffentlichung der länderspezifischen Bescheinigungsrichtlinien → BMF vom 10.11.2000 (BStBl. I S. 1513) und vom 8.11.2004 (BStBl. I S. 1049) [1)]

Bindungswirkung der Bescheinigung
- *Sind die bescheinigten Aufwendungen steuerrechtlich den (nachträglichen) Herstellungskosten eines selbständigen, vom Baudenkmal getrennten Wirtschaftsguts (z. B. den Außenanlagen, dem Grund und Boden, einer getrennt vom Baudenkmal errichteten Tiefgarage) zuzurechnen, sind die Finanzbehörden nicht an die Bescheinigung gebunden (→ BFH vom 15.10.1996 – BStBl. 1997 II S. 176). Ob ein zusätzlich errichtetes Bauwerk Bestandteil des als Denkmal geschützten Gebäudes oder ein selbstständiges neues Gebäude bildet, ist keine denkmalrechtliche, sondern eine steuerrechtliche Frage, die von den Finanzbehörden eigenständig zu prüfen ist (→ BFH vom 14.1.2003 – BStBl. II S. 916).*
- *Sind die bescheinigten Aufwendungen den nachträglichen Herstellungskosten des Baudenkmals zuzurechnen, sind die Finanzbehörden an die Bescheinigung auch dann gebunden, wenn diese unzutreffend ist. Das Remonstrationsrecht der Finanzbehörden (→ R 7i Abs. 2 Satz 2) bleibt unberührt (→ BFH vom 5.11.1996 – BStBl. 1997 II S. 244).*
- *Die Bindungswirkung der Bescheinigung umfasst nicht die persönliche Abzugsberechtigung (→ BFH vom 6.3.2001 – BStBl. II S. 796).*
- *Reichweite der Bindungswirkung → BMF vom 16.5.2007 (BStBl. I S. 475).* [2)]
- *Die Voraussetzungen des § 7i EStG sind nicht erfüllt, wenn die Bescheinigung keine Angaben zur Höhe der begünstigten Aufwendungen enthält (→ BFH vom 11.6.2002 – BStBl. 2003 II S. 578).*

---

1) Siehe Anlage § 007i-01.
2) Siehe Anlage § 007i-02.

Gleichstehender Rechtsakt
→ *H 7h*
Neubau
Denkmal i. S. d. § 7i EStG kann steuerrechtlich auch ein Neubau im bautechnischen Sinne sein. Nicht förderungsfähig sind hingegen der Wiederaufbau oder die völlige Neuerrichtung des Gebäudes (→ BFH vom 24.6.2009 – BStBl. II S. 960)
Personengesellschaft
Erhöhte Absetzungen nach Ausscheiden eines Gesellschafters → H 7a (Mehrere Beteiligte)
Teilherstellungskosten
Die erhöhten Absetzungen nach § 7i EStG können hinsichtlich einzelner Baumaßnahmen bereits im Jahr des Abschlusses der jeweiligen Maßnahme und nicht erst bei Beendigung der Gesamtbaumaßnahme vorgenommen werden, wenn die einzelne Baumaßnahme von anderen sachlich abgrenzbar und als solche abgeschlossen ist (→ BFH vom 20.8.2002 – BStBl. 2003 II S. 582).
Veräußerung
Im Jahr der Veräußerung des Baudenkmals kann der Steuerpflichtige die erhöhten Absetzungen mit dem vollen Jahresbetrag in Anspruch nehmen (→ BFH vom 18.6.1996 – BStBl. II S. 645).

Verwaltungsanweisungen

1. Anwendung des § 7i Abs. 1 Satz 5 EStG (Anschaffungskosten) auch für Veranlagungszeiträume vor 1990 (Vfg OFD Frankfurt vom 8.11.1990, DStR 1991 S. 217)
2. Bescheinigungsrichtlinien zu den Steuervergünstigungen für Baudenkmale nach den §§ 7i, 10f und 11b EStG (Erlaß Nordrhein-Westfalen vom 17.3.1998)[1]
3. Erhöhte Absetzungen nach den §§ 7h, 7i EStG bei Beitritt eines Gesellschafters (Erlass Berlin vom 29.8.2001, FR 2002, S. 48)
4. Gesonderte und einheitliche Feststellungen bei Steuervergünstigungen nach den §§ 7h, 7i, 10f, 11a und 11b EStG in Bauträgerfällen (Vfg OFD Kiel vom 7.8.2003 DB 2003 S. 2147)
5. Zur zeitlichen Anwendung der Absenkung des Abschreibungssatzes nach § 7i EStG (§ 52 Abs. 23b EStG):
   – Das Einreichen von Antragsunterlagen für die denkmalrechtliche Erlaubnis ist einem Bauantrag gleichzusetzen.
   – In Bauträgerfällen kommt es auf den Zeitpunkt der Antragstellung durch den Bauträger/Initiator an.

   (Vfg OFD Koblenz vom 3.6.2004, DStR 2004 S. 1561)

Rechtsprechungsauswahl

BFH vom 7.12.10 IX R 46/09 (BStBl. 2012 II S. 310): Umwandlung eines tilgungsfreien Darlehens für Baudenkmalerhaltung in einen verlorenen Baukostenzuschuss nach Ablauf des Begünstigungszeitraums führt nicht rückwirkend zur Herstellungskostenminderung

BFH vom 24.6.09 X R 8/08 (BStBl. II S. 960): Neubau im bautechnischen Sinne als steuerbegünstigtes Baudenkmal – Zur Bindungswirkung der Bescheinigung der Denkmalbehörde bei fehlendem Hinweis auf das eigenständige Prüfungsrecht des Finanzamts

BFH vom 20.6.07 X R 13/06 (BStBl. II S. 879): Private Zuschüsse zu Aufwendungen für Baudenkmale

---

1) Siehe Anlage § 007i-01.

§ 7k

§ 7k Erhöhte Absetzungen für Wohnungen mit Sozialbindung

(1) ¹Bei Wohnungen im Sinne des Absatzes 2 können abweichend von § 7 Abs. 4 und 5 im Jahr der Fertigstellung und in den folgenden vier Jahren jeweils bis zu 10 Prozent und in den folgenden fünf Jahren jeweils bis zu 7 Prozent der Herstellungskosten oder Anschaffungskosten abgesetzt werden. ²Im Fall der Anschaffung ist Satz 1 nur anzuwenden, wenn der Hersteller für die veräußerte Wohnung weder Absetzungen für Abnutzung nach § 7 Abs. 5 vorgenommen noch erhöhte Absetzungen oder Sonderabschreibungen in Anspruch genommen hat. ³Nach Ablauf dieser zehn Jahre sind als Absetzungen für Abnutzung bis zur vollen Absetzung jährlich 3 1/3 Prozent des Restwerts abzuziehen; § 7 Abs. 4 Satz 2 gilt entsprechend.

(2) Begünstigt sind Wohnungen im Inland,
1. a) für die der Bauantrag nach dem 28. Februar 1989 gestellt worden ist und die vom Steuerpflichtigen hergestellt worden sind oder
   b) die vom Steuerpflichtigen nach dem 28. Februar 1989 auf Grund eines nach diesem Zeitpunkt rechtswirksam abgeschlossenen obligatorischen Vertrags bis zum Ende des Jahres der Fertigstellung angeschafft worden sind,
2. die vor dem 1. Januar 1996 fertiggestellt worden sind,
3. für die keine Mittel aus öffentlichen Haushalten unmittelbar oder mittelbar gewährt werden,
4. die im Jahr der Anschaffung oder Herstellung und in den folgenden neun Jahren (Verwendungszeitraum) dem Steuerpflichtigen zu fremden Wohnzwecken dienen und
5. für die der Steuerpflichtige für jedes Jahr des Verwendungszeitraums, in dem er die Wohnungen vermietet hat, durch eine Bescheinigung nachweist, dass die Voraussetzungen des Absatzes 3 vorliegen.

(3) ¹Die Bescheinigung nach Absatz 2 Nr. 5 ist von der nach § 3 des Wohnungsbindungsgesetzes zuständigen Stelle, im Saarland von der durch die Landesregierung bestimmten Stelle (zuständige Stelle), nach Ablauf des jeweiligen Jahres des Begünstigungszeitraums für Wohnungen zu erteilen,
1. a) die der Steuerpflichtige nur an Personen vermietet hat, für die
   - aa) eine Bescheinigung über die Wohnberechtigung nach § 5 des Wohnungsbindungsgesetzes, im Saarland eine Mieteranerkennung, dass die Voraussetzungen des § 14 des Wohnungsbaugesetzes für das Saarland erfüllt sind, ausgestellt worden ist, oder
   - bb) eine Bescheinigung ausgestellt worden ist, dass sie die Voraussetzungen des § 88a Abs. 1 Buchstabe b des Zweiten Wohnungsbaugesetzes, im Saarland des § 51b Abs. 1 Buchstabe b des Wohnungsbaugesetzes für das Saarland, erfüllen,

   und wenn die Größe der Wohnung die in dieser Bescheinigung angegebene Größe nicht übersteigt, oder
   b) für die der Steuerpflichtige keinen Mieter im Sinne des Buchstabens a gefunden hat und für die ihm die zuständige Stelle nicht innerhalb von 6 Wochen nach seiner Anforderung einen solchen Mieter nachgewiesen hat,

   und
2. bei denen die Höchstmiete nicht überschritten worden ist. ²Die Landesregierungen werden ermächtigt, die Höchstmiete in Anlehnung an die Beträge nach § 72 Abs. 3 des Zweiten Wohnungsbaugesetzes, im Saarland unter Berücksichtigung der Besonderheiten des Wohnungsbaugesetzes für das Saarland, durch Rechtsverordnung festzusetzen. ³In der Rechtsverordnung ist eine Erhöhung der Mieten in Anlehnung an die Erhöhung der Mieten im öffentlich geförderten sozialen Wohnungsbau zuzulassen. ⁴§ 4 des Gesetzes zur Regelung der Miethöhe bleibt unberührt.

²Bei Wohnungen, für die der Bauantrag nach dem 31. Dezember 1992 gestellt worden ist und die vom Steuerpflichtigen hergestellt worden sind oder die vom Steuerpflichtigen auf Grund eines nach dem 31. Dezember 1992 rechtswirksam abgeschlossenen obligatorischen Vertrags

angeschafft worden sind, gilt Satz 1 Nummer 1 Buchstabe a mit der Maßgabe, dass der Steuerpflichtige die Wohnungen nur an Personen vermietet hat, die im Jahr der Fertigstellung zu ihm in einem Dienstverhältnis gestanden haben, und ist Satz 1 Nummer 1 Buchstabe b nicht anzuwenden.

Hinweise

H 7k Zur Anwendung → *BMF vom 17.2.1992 (BStBl. I S. 115).*

Weitere Verwaltungsanweisungen
(soweit nicht in den Hinweisen enthalten)

1. Ausstellen von Bescheinigungen nach § 7k Abs. 2 Nr. 5 EStG (Erlaß Baden-Württemberg vom 5.4.1990, WPg 1990 S. 347)
2. Beschränkung der erhöhten Absetzungen nach § 7k auf den Werkwohnungsbau – Zweifelsfragen zur Arbeitnehmereigenschaft des Mieters und zum Mieterwechsel (Erlaß Schleswig-Holstein vom 5.7.1994, DB 1994 S. 1493)

§ 8

4. Überschuss der Einnahmen über die Werbungskosten

§ 8 Einnahmen

(1) Einnahmen sind alle Güter, die in Geld oder Geldeswert bestehen und dem Steuerpflichtigen im Rahmen einer der Einkunftsarten des § 2 Abs. 1 Satz 1 Nr. 4 bis 7 zufließen.

(2) ¹Einnahmen, die nicht in Geld bestehen (Wohnung, Kost, Waren, Dienstleistungen und sonstige Sachbezüge), sind mit den um übliche Preisnachlässe geminderten üblichen Endpreisen am Abgabeort anzusetzen. ²Für die private Nutzung eines betrieblichen Kraftfahrzeugs zu privaten Fahrten gilt § 6 Abs. 1 Nr. 4 Satz 2 entsprechend. ³Kann das Kraftfahrzeug auch für Fahrten zwischen Wohnung und erster Tätigkeitsstätte sowie Fahrten nach § 9 Absatz 1 Satz 3 Nummer 4a Satz 3 genutzt werden, erhöht sich der Wert in Satz 2 für jeden Kalendermonat um 0,03 Prozent des Listenpreises im Sinne des § 6 Abs. 1 Nr. 4 Satz 2 für jeden Kilometer der Entfernung zwischen Wohnung und erster Tätigkeitsstätte sowie Fahrten nach § 9 Absatz 1 Satz 3 Nummer 4a Satz 3. ⁴Der Wert nach den Sätzen 2 und 3 kann mit dem auf die private Nutzung und die Nutzung zu Fahrten zwischen Wohnung und erster Tätigkeitsstätte sowie Fahrten nach § 9 Absatz 1 Satz 3 Nummer 4a Satz 3 entfallenden Teil der gesamten Kraftfahrzeugaufwendungen angesetzt werden, wenn die durch das Kraftfahrzeug insgesamt entstehenden Aufwendungen durch Belege und das Verhältnis der privaten Fahrten und der Fahrten zwischen Wohnung und erster Tätigkeitsstätte sowie Fahrten nach § 9 Absatz 1 Satz 3 Nummer 4a Satz 3 zu den übrigen Fahrten durch ein ordnungsgemäßes Fahrtenbuch nachgewiesen werden; § 6 Absatz 1 Nummer 4 Satz 3 zweiter Halbsatz gilt entsprechend. ⁵Die Nutzung des Kraftfahrzeugs zu einer Familienheimfahrt im Rahmen einer doppelten Haushaltsführung ist mit 0,002 Prozent des Listenpreises im Sinne des § 6 Abs. 1 Nr. 4 Satz 2 für jeden Kilometer der Entfernung zwischen dem Ort des eigenen Hausstandes und dem Beschäftigungsort anzusetzen; dies gilt nicht, wenn für diese Fahrt ein Abzug von Werbungskosten nach § 9 Abs. 1 Satz 3 Nummer 5 Satz 5 und 6 in Betracht käme; Satz 4 ist sinngemäß anzuwenden. ⁶Bei Arbeitnehmern, für deren Sachbezüge durch Rechtsverordnung nach § 17 Abs. 1 Satz 1 Nr. 4 des Vierten Buches Sozialgesetzbuch Werte bestimmt worden sind, sind diese Werte maßgebend. ⁷Die Werte nach Satz 6 sind auch bei Steuerpflichtigen anzusetzen, die nicht der gesetzlichen Rentenversicherungspflicht unterliegen. Wird dem Arbeitnehmer während einer beruflichen Tätigkeit außerhalb seiner Wohnung und ersten Tätigkeitsstätte oder im Rahmen einer beruflich veranlassten doppelten Haushaltsführung vom Arbeitgeber oder auf dessen Veranlassung von einem Dritten eine Mahlzeit zur Verfügung gestellt, ist diese Mahlzeit mit dem Wert nach Satz 6 (maßgebender amtlicher Sachbezugswert nach der Sozialversicherungsentgeltverordnung) anzusetzen, wenn der Preis für die Mahlzeit 60 Euro nicht übersteigt. ⁹Der Ansatz einer nach Satz 8 bewerteten Mahlzeit unterbleibt, wenn beim Arbeitnehmer für ihm entstehende Mehraufwendungen für Verpflegung ein Werbungskostenabzug nach § 9 Absatz 4a Satz 1 bis 7 in Betracht käme. ¹⁰Die oberste Finanzbehörde eines Landes kann mit Zustimmung des Bundesministeriums der Finanzen für weitere Sachbezüge der Arbeitnehmer Durchschnittswerte festsetzen. ⁹Sachbezüge, die nach Satz 1 zu bewerten sind, bleiben außer Ansatz, wenn sich die nach Anrechnung der vom Steuerpflichtigen gezahlten Entgelte ergebenden Vorteile insgesamt 44 Euro im Kalendermonat nicht übersteigen.

(3) ¹Erhält ein Arbeitnehmer auf Grund seines Dienstverhältnisses Waren oder Dienstleistungen, die vom Arbeitgeber nicht überwiegend für den Bedarf seiner Arbeitnehmer hergestellt, vertrieben oder erbracht werden und deren Bezug nicht nach § 40 pauschal versteuert wird, so gelten als deren Werte abweichend von Absatz 2 die um vier Prozent geminderten Endpreise, zu denen der Arbeitgeber oder der dem Abgabeort nächstansässige Abnehmer die Waren oder Dienstleistungen fremden Letztverbrauchern im allgemeinen Geschäftsverkehr anbietet. ²Die sich nach Abzug der vom Arbeitnehmer gezahlten Entgelte ergebenden Vorteile sind steuerfrei, soweit sie aus dem Dienstverhältnis insgesamt 1 080 Euro im Kalenderjahr nicht übersteigen.

Verwaltungsanweisungen [1]

---

[1] Wegen Verwaltungsanweisungen und BFH-Rechtsprechung zu § 8 EStG vgl. unsere Broschüre Lohnsteuer 2015.

§ 9

§ 9 Werbungskosten

(1) ¹Werbungskosten sind Aufwendungen zur Erwerbung, Sicherung und Erhaltung der Einnahmen. ²Sie sind bei der Einkunftsart abzuziehen, bei der sie erwachsen sind. ³Werbungskosten sind auch

1. ¹Schuldzinsen und auf besonderen Verpflichtungsgründen beruhende Renten und dauernde Lasten, soweit sie mit einer Einkunftsart in wirtschaftlichem Zusammenhang stehen. ²Bei Leibrenten kann nur der Anteil abgezogen werden, der sich nach § 22 Nr. 1 Satz 3 Buchstabe a Doppelbuchstabe bb ergibt;

2. Steuern vom Grundbesitz, sonstige öffentliche Abgaben und Versicherungsbeiträge, soweit solche Ausgaben sich auf Gebäude oder auf Gegenstände beziehen, die dem Steuerpflichtigen zur Einnahmeerzielung dienen;

3. Beiträge zu Berufsständen und sonstigen Berufsverbänden, deren Zweck nicht auf einen wirtschaftlichen Geschäftsbetrieb gerichtet ist;

4. ¹Aufwendungen des Arbeitnehmers für die Wege zwischen Wohnung und erster Tätigkeitsstätte im Sinne des Absatzes 4. ²Zur Abgeltung dieser Aufwendungen ist für jeden Arbeitstag, an dem der Arbeitnehmer die erste Tätigkeitsstätte aufsucht, eine Entfernungspauschale für jeden vollen Kilometer der Entfernung zwischen Wohnung und erster Tätigkeitsstätte von 0,30 Euro anzusetzen, höchstens jedoch 4 500 Euro im Kalenderjahr; ein höherer Betrag als 4 500 Euro ist anzusetzen, soweit der Arbeitnehmer einen eigenen oder ihm zur Nutzung überlassenen Kraftwagen benutzt. ³Die Entfernungspauschale gilt nicht für Flugstrecken und Strecken mit steuerfreier Sammelbeförderung nach § 3 Nummer 32. ⁴Für die Bestimmung der Entfernung ist die kürzeste Straßenverbindung zwischen Wohnung und erster Tätigkeitsstätte maßgebend; eine andere als die kürzeste Straßenverbindung kann zugrunde gelegt werden, wenn diese offensichtlich verkehrsgünstiger ist und vom Arbeitnehmer regelmäßig für die Wege zwischen Wohnung und erster Tätigkeitsstätte benutzt wird. ⁵Nach § 8 Absatz 2 Satz 11 oder Absatz 3 steuerfreie Sachbezüge für Fahrten zwischen Wohnung und erster Tätigkeitsstätte mindern den nach Satz 2 abziehbaren Betrag; ist der Arbeitgeber selbst der Verkehrsträger, ist der Preis anzusetzen, den ein dritter Arbeitgeber an den Verkehrsträger zu entrichten hätte. ⁶Hat ein Arbeitnehmer mehrere Wohnungen, so sind die Wege von einer Wohnung, die nicht der ersten Tätigkeitsstätte am nächsten liegt, nur zu berücksichtigen, wenn sie den Mittelpunkt der Lebensinteressen des Arbeitnehmers bildet und nicht nur gelegentlich aufgesucht wird.

4a. ¹Aufwendungen des Arbeitnehmers für beruflich veranlasste Fahrten, die nicht Fahrten zwischen Wohnung und erster Tätigkeitsstätte im Sinne des Absatzes 4 sowie keine Familienheimfahrten sind. ²Anstelle der tatsächlichen Aufwendungen, die dem Arbeitnehmer durch die persönliche Benutzung eines Beförderungsmittels entstehen, können die Fahrtkosten mit den pauschalen Kilometersätzen angesetzt werden, die für das jeweils benutzte Beförderungsmittel (Fahrzeug) als höchste Wegstreckenentschädigung nach dem Bundesreisekostengesetz festgesetzt sind. ³Hat ein Arbeitnehmer keine erste Tätigkeitsstätte (§ 9 Absatz 4) und hat er nach den dienst- oder arbeitsrechtlichen Festlegungen sowie den diese ausfüllenden Absprachen und Weisungen zur Aufnahme seiner beruflichen Tätigkeit dauerhaft denselben Ort oder dasselbe weiträumige Tätigkeitsgebiet typischerweise arbeitstäglich aufzusuchen, gilt Absatz 1 Satz 3 Nummer 4 und Absatz 2 für die Fahrten von der Wohnung zu diesem Ort oder dem zur Wohnung nächstgelegenen Zugang zum Tätigkeitsgebiet entsprechend. ⁴Für die Fahrten innerhalb des weiträumigen Tätigkeitsgebietes gelten die Sätze 1 und 2 entsprechend;

5. ¹notwendige Mehraufwendungen, die einem Arbeitnehmer wegen einer beruflich veranlassten doppelten Haushaltsführung entstehen. ²Eine doppelte Haushaltsführung liegt nur vor, wenn der Arbeitnehmer außerhalb des Ortes seiner ersten Tätigkeitsstätte einen eigenen Hausstand unterhält und auch am Ort der ersten Tätigkeitsstätte wohnt. ³Das Vorliegen eines eigenen Hausstands setzt das Innehaben einer Wohnung sowie eine finanzielle Beteiligung an den Kosten der Lebensführung voraus. ⁴Als Unterkunftskosten für eine doppelte Haushaltsführung können im Inland die tatsächlichen Aufwendungen

§ 9

für die Nutzung der Unterkunft angesetzt werden, höchstens 1 000 Euro im Monat. ⁵Aufwendungen für die Wege vom Ort der ersten Tätigkeitsstätte zum Ort des eigenen Hausstandes und zurück (Familienheimfahrt) können jeweils nur für eine Familienheimfahrt wöchentlich abgezogen werden. ⁶Zur Abgeltung der Aufwendungen für eine Familienheimfahrt ist eine Entfernungspauschale von 0,30 Euro für jeden vollen Kilometer der Entfernung zwischen dem Ort des eigenen Hausstandes und dem Ort der ersten Tätigkeitsstätte anzusetzen. ⁷Nummer 4 Satz 3 bis 5 ist entsprechend anzuwenden. ⁸Aufwendungen für Familienheimfahrten mit einem dem Steuerpflichtigen im Rahmen einer Einkunftsart überlassenen Kraftfahrzeug werden nicht berücksichtigt.

5a. ¹notwendige Mehraufwendungen eines Arbeitnehmers für beruflich veranlasste Übernachtungen an einer Tätigkeitsstätte, die nicht erste Tätigkeitsstätte ist. ²Übernachtungskosten sind die tatsächlichen Aufwendungen für die persönliche Inanspruchnahme einer Unterkunft zur Übernachtung. ³Soweit höhere Übernachtungskosten anfallen, weil der Arbeitnehmer eine Unterkunft gemeinsam mit Personen nutzt, die in keinem Dienstverhältnis zum selben Arbeitgeber stehen, sind nur diejenigen Aufwendungen anzusetzen, die bei alleiniger Nutzung durch den Arbeitnehmer angefallen wären. ⁴Nach Ablauf von 48 Monaten einer längerfristigen beruflichen Tätigkeit an derselben Tätigkeitsstätte, die nicht erste Tätigkeitsstätte ist, können Unterkunftskosten nur noch bis zur Höhe des Betrags nach Nummer 5 angesetzt werden. ⁵Eine Unterbrechung dieser beruflichen Tätigkeit an derselben Tätigkeitsstätte führt zu einem Neubeginn, wenn die Unterbrechung mindestens sechs Monate dauert.

6. ¹Aufwendungen für Arbeitsmittel, zum Beispiel für Werkzeuge und typische Berufskleidung. ²Nummer 7 bleibt unberührt;

7. ¹Absetzungen für Abnutzung und für Substanzverringerung und erhöhte Absetzungen. ²§ 6 Abs. 2 Satz 1 bis 3 ist in Fällen der Anschaffung oder Herstellung von Wirtschaftsgütern entsprechend anzuwenden.

(2) ¹Durch die Entfernungspauschalen sind sämtliche Aufwendungen abgegolten, die durch die Wege zwischen Wohnung und erster Tätigkeitsstätte im Sinne des Absatz 4 und durch die Familienheimfahrten veranlasst sind. ²Aufwendungen für die Benutzung öffentlicher Verkehrsmittel können angesetzt werden, soweit sie den im Kalenderjahr insgesamt als Entfernungspauschale abziehbaren Betrag übersteigen. ³Behinderte Menschen,

1. deren Grad der Behinderung mindestens 70 beträgt,
2. deren Grad der Behinderung weniger als 70, aber mindestens 50 beträgt und die in ihrer Bewegungsfähigkeit im Straßenverkehr erheblich beeinträchtigt sind,

können an Stelle der Entfernungspauschalen die tatsächlichen Aufwendungen für die Wege zwischen Wohnung und erster Tätigkeitsstätte und für die Familienheimfahrten ansetzen. ⁴Die Voraussetzungen der Nummern 1 und 2 sind durch amtliche Unterlagen nachzuweisen.

(3) Absatz 1 Satz 3 Nummern 4 bis 5a sowie die Absätze 2 und 4a gelten bei den Einkunftsarten im Sinne des § 2 Abs. 1 Satz 1 Nr. 5 bis 7 entsprechend.

(4) ¹Erste Tätigkeitsstätte ist die ortsfeste betriebliche Einrichtung des Arbeitgebers, eines verbundenen Unternehmens (§ 15 des Aktiengesetzes) oder eines vom Arbeitgeber bestimmten Dritten, der der Arbeitnehmer dauerhaft zugeordnet ist. ²Die Zuordnung im Sinne des Satzes 1 wird durch die dienst- oder arbeitsrechtlichen Festlegungen sowie die diese ausfüllenden Absprachen und Weisungen bestimmt. ³Von einer dauerhaften Zuordnung ist insbesondere auszugehen, wenn der Arbeitnehmer unbefristet, für die Dauer des Dienstverhältnisses oder über einen Zeitraum von 48 Monaten hinaus an einer solchen Tätigkeitsstätte tätig werden soll. ⁴Fehlt eine solche dienst- oder arbeitsrechtliche Festlegung auf eine Tätigkeitsstätte oder ist sie nicht eindeutig, ist erste Tätigkeitsstätte die betriebliche Einrichtung, an der der Arbeitnehmer dauerhaft

1. typischerweise arbeitstäglich tätig werden soll oder
2. je Arbeitswoche zwei volle Arbeitstage oder mindestens ein Drittel seiner vereinbarten regelmäßigen Arbeitszeit tätig werden soll.

§ 9

[5]Je Dienstverhältnis hat der Arbeitnehmer höchstens eine erste Tätigkeitsstätte. [6]Liegen die Voraussetzungen der Sätze 1 bis 4 für mehrere Tätigkeitsstätten vor, ist diejenige Tätigkeitsstätte erste Tätigkeitsstätte, die der Arbeitgeber bestimmt. [7]Fehlt es an dieser Bestimmung oder ist sie nicht eindeutig, ist die der Wohnung örtlich am nächsten liegende Tätigkeitsstätte die erste Tätigkeitsstätte. [8]Als erste Tätigkeitsstätte gilt auch eine Bildungseinrichtung, die außerhalb eines Dienstverhältnisses zum Zwecke eines Vollzeitstudiums oder einer vollzeitigen Bildungsmaßnahme aufgesucht wird; die Regelungen für Arbeitnehmer nach Absatz 1 Satz 3 Nummer 4 und 5 sowie Absatz 4a sind entsprechend anzuwenden.

(4a) [1]Mehraufwendungen des Arbeitnehmers für die Verpflegung sind nur nach Maßgabe der folgenden Sätze als Werbungskosten abziehbar. [2]Wird der Arbeitnehmer außerhalb seiner Wohnung und ersten Tätigkeitsstätte beruflich tätig (auswärtige berufliche Tätigkeit), ist zur Abgeltung der ihm tatsächlich entstandenen, beruflich veranlassten Mehraufwendungen eine Verpflegungspauschale anzusetzen. [3]Diese beträgt

1. 24 Euro für jeden Kalendertag, an dem der Arbeitnehmer 24 Stunden von seiner Wohnung und ersten Tätigkeitsstätte abwesend ist,
2. jeweils 12 Euro für den An- und Abreisetag, wenn der Arbeitnehmer an diesem, einem anschließenden oder vorhergehenden Tag außerhalb seiner Wohnung übernachtet,
3. 12 Euro für den Kalendertag, an dem der Arbeitnehmer ohne Übernachtung außerhalb seiner Wohnung mehr als 8 Stunden von seiner Wohnung und der ersten Tätigkeitsstätte abwesend ist; beginnt die auswärtige berufliche Tätigkeit an einem Kalendertag und endet am nachfolgenden Kalendertag ohne Übernachtung, werden 12 Euro für den Kalendertag gewährt, an dem der Arbeitnehmer den überwiegenden Teil der insgesamt mehr als 8 Stunden von seiner Wohnung und der ersten Tätigkeitsstätte abwesend ist.

[4]Hat der Arbeitnehmer keine erste Tätigkeitsstätte, gelten die Sätze 2 und 3 entsprechend; Wohnung im Sinne der Sätze 2 und 3 ist der Hausstand, der den Mittelpunkt der Lebensinteressen des Arbeitnehmers bildet sowie eine Unterkunft am Ort der ersten Tätigkeitsstätte im Rahmen der doppelten Haushaltsführung. [5]Bei einer Tätigkeit im Ausland treten an die Stelle der Pauschbeträge nach Satz 3 länderweise unterschiedliche Pauschbeträge, die für die Fälle der Nummer 1 mit 120 sowie der Nummern 2 und 3 mit 80 Prozent der Auslandstagegelder nach dem Bundesreisekostengesetz vom Bundesministerium der Finanzen im Einvernehmen mit den obersten Finanzbehörden der Länder aufgerundet auf volle Euro festgesetzt werden; dabei bestimmt sich der Pauschbetrag nach dem Ort, den der Arbeitnehmer vor 24 Uhr Ortszeit zuletzt erreicht, oder, wenn dieser Ort im Inland liegt, nach dem letzten Tätigkeitsort im Ausland. [6]Der Abzug der Verpflegungspauschalen ist auf die ersten drei Monate einer längerfristigen beruflichen Tätigkeit an derselben Tätigkeitsstätte beschränkt. [7]Eine Unterbrechung der beruflichen Tätigkeit an derselben Tätigkeitsstätte führt zu einem Neubeginn, wenn sie mindestens vier Wochen dauert. [8]Wird dem Arbeitnehmer anlässlich oder während einer Tätigkeit außerhalb seiner ersten Tätigkeitsstätte vom Arbeitgeber oder auf dessen Veranlassung von einem Dritten eine Mahlzeit zur Verfügung gestellt, sind die nach den Sätzen 3 und 5 ermittelten Verpflegungspauschalen zu kürzen:

1. für Frühstück um 20 Prozent,
2. für Mittag- und Abendessen um jeweils 40 Prozent,

der nach Satz 3 Nummer 1 gegebenenfalls in Verbindung mit Satz 5 maßgebenden Verpflegungspauschale für einen vollen Kalendertag; die Kürzung darf die ermittelte Verpflegungspauschale nicht übersteigen. [9]Satz 8 gilt auch, wenn Reisekostenvergütungen wegen der zur Verfügung gestellten Mahlzeiten einbehalten oder gekürzt werden oder die Mahlzeiten nach § 40 Absatz 2 Satz 1 Nummer 1a pauschal besteuert werden. [10]Hat der Arbeitnehmer für die Mahlzeit ein Entgelt gezahlt, mindert dieser Betrag den Kürzungsbetrag nach Satz 8. [11]Erhält der Arbeitnehmer steuerfreie Erstattungen für Verpflegung, ist ein Werbungskostenabzug insoweit ausgeschlossen. [12]Die Verpflegungspauschalen nach den Sätzen 3 und 5, die Dreimonatsfrist nach den Sätzen 6 und 7 sowie die Kürzungsregelungen nach den Sätzen 8 bis 10 gelten entsprechend auch für den Abzug von Mehraufwendungen für Verpflegung, die bei einer beruflich veranlassten doppelten Haushaltsführung entstehen, soweit der Arbeitnehmer vom eigenen Hausstand im Sinne des § 9 Absatz 1 Satz 3 Nummer 5

§ 9

abwesend ist; dabei ist für jeden Kalendertag innerhalb der Dreimonatsfrist, an dem gleichzeitig eine Tätigkeit im Sinne des Satzes 2 oder des Satzes 4 ausgeübt wird, nur der jeweils höchste in Betracht kommende Pauschbetrag abziehbar. [13]Die Dauer einer Tätigkeit im Sinne des Satzes 2 an dem Tätigkeitsort, an dem die doppelte Haushaltsführung begründet wurde, ist auf die Dreimonatsfrist anzurechnen, wenn sie ihr unmittelbar vorausgegangen ist.

(5) [1]§ 4 Abs. 5 Satz 1 Nr. 1 bis 5, 6b bis 8a, 10, 12 und Abs. 6 gilt sinngemäß. [2]§ 6 Abs. 1 Nr. 1a gilt entsprechend.

(6) Aufwendungen des Steuerpflichtigen für seine erstmalige Berufsausbildung oder für ein Erststudium, das zugleich eine Erstausbildung vermittelt, sind keine Werbungskosten, wenn diese Berufsausbildung oder dieses Erststudium nicht im Rahmen eines Dienstverhältnisses stattfinden.[1)]

EStDV

§ 24 (weggefallen)

---

1) Hinweis auf § 52 Absatz 23d Satz 5.

§ 9a Pauschbeträge für Werbungskosten

¹Für Werbungskosten sind bei der Ermittlung der Einkünfte die folgenden Pauschbeträge abzuziehen, wenn nicht höhere Werbungskosten nachgewiesen werden:

1. a) von den Einnahmen aus nichtselbstständiger Arbeit vorbehaltlich Buchstabe b:

    ein Arbeitnehmer-Pauschbetrag von 1 000 Euro;

    b) von den Einnahmen aus nichtselbstständiger Arbeit, soweit es sich um Versorgungsbezüge im Sinne des § 19 Abs. 2 handelt:

    ein Pauschbetrag von 102 Euro;

2. (weggefallen)

3. von den Einnahmen im Sinne des § 22 Nr. 1, 1a, 1b, 1c und 5:

    ein Pauschbetrag von insgesamt 102 Euro.

²Der Pauschbetrag nach Satz 1 Nr. 1 Buchstabe b darf nur bis zur Höhe der um den Versorgungsfreibetrag einschließlich des Zuschlags zum Versorgungsfreibetrag (§ 19 Abs. 2) geminderten Einnahmen, die Pauschbeträge nach Satz 1 Nr. 1 Buchstabe a und Nummer 3 dürfen nur bis zur Höhe der Einnahmen abgezogen werden.

EStR und Hinweise

EStR 2012 § 9a EStG

R 9a Pauschbeträge für Werbungskosten

Die Pauschbeträge für Werbungskosten sind nicht zu ermäßigen, wenn die unbeschränkte Steuerpflicht lediglich während eines Teiles des Kalenderjahres bestanden hat.

Hinweise

H 9a Beschränkt Einkommensteuerpflichtige

Zur Anwendung der Pauschbeträge für Werbungskosten bei beschränkt Einkommensteuerpflichtigen → § 50 Abs. 1 Satz 3–5 EStG

§ 9b

4a. Umsatzsteuerrechtlicher Vorsteuerabzug

§ 9b

(1) Der Vorsteuerbetrag nach § 15 des Umsatzsteuergesetzes gehört, soweit er bei der Umsatzsteuer abgezogen werden kann, nicht zu den Anschaffungs- oder Herstellungskosten des Wirtschaftsguts, auf dessen Anschaffung oder Herstellung er entfällt.

(2) ¹Wird der Vorsteuerabzug nach § 15a des Umsatzsteuergesetzes berichtigt, so sind die Mehrbeträge als Betriebseinnahmen oder Einnahmen zu behandeln, wenn sie im Rahmen einer der Einkunftsarten des § 2 Absatz 1 Satz 1 bezogen werden; die Minderbeträge sind als Betriebsausgaben oder Werbungskosten zu behandeln, wenn sie durch den Betrieb veranlasst sind oder der Erwerbung, Sicherung und Erhaltung von Einnahmen dienen. ²Die Anschaffungs- oder Herstellungskosten bleiben in den Fällen des Satzes 1 unberührt.

EStR und Hinweise

EStR 2012 zu § 9b EStG

R 9b Auswirkungen der Umsatzsteuer auf die Einkommensteuer

Allgemeines

(1) ¹Soweit ein Vorsteuerbetrag nach § 15 UStG umsatzsteuerrechtlich nicht abgezogen werden darf, ist er den Anschaffungs- oder Herstellungskosten des zugehörigen Wirtschaftsguts zuzurechnen. ²Diese Zurechnung gilt sowohl für Wirtschaftsgüter des Anlagevermögens als auch für Wirtschaftsgüter des Umlaufvermögens. ³In die Herstellungskosten sind die auf den Materialeinsatz und die Gemeinkosten entfallenden nicht abziehbaren Vorsteuerbeträge einzubeziehen.

Wertgrenzen

(2) ¹Für die Frage, ob bei den **Wirtschaftsgütern** im Sinne des § 6 Abs. 2 oder 2a oder § 9 Abs. 1 Satz 3 Nr. 7 Satz 2 EStG die Grenze von 150, 1 000 oder 410 Euro überschritten sind, ist stets von den Anschaffungs- oder Herstellungskosten abzüglich eines darin enthaltenen Vorsteuerbetrags, also von dem reinen Warenpreis ohne Vorsteuer (Nettowert), auszugehen. ²Ob der Vorsteuerbetrag umsatzsteuerrechtlich abziehbar ist, spielt in diesem Fall keine Rolle. ³Dagegen sind für die Bemessung der Freigrenze für **Geschenke** nach § 4 Abs. 5 Satz 1 Nr. 1 EStG die Anschaffungs- oder Herstellungskosten einschließlich eines umsatzsteuerrechtlich nicht abziehbaren Vorsteuerbetrags maßgebend; dabei bleibt § 15 Abs. 1a UStG unberücksichtigt.

Nicht abziehbare Vorsteuerbeträge nach § 15 Abs. 1a UStG

(3) ¹Die nach **§ 15 Abs. 1a UStG nicht abziehbaren Vorsteuerbeträge** unterliegen dem Abzugsverbot des § 12 Nr. 3 EStG. ²§ 9b EStG findet insoweit keine Anwendung.

Hinweise

H 9b Freigrenze für Geschenke nach § 4 Abs. 5 Satz 1 Nr. 1 EStG

Beispiele:

Ein Unternehmer erwirbt ein Geschenk, dessen Bruttokaufpreis 40,46 € beträgt (darin enthaltene Vorsteuer 19 % = 6,46 €)

    a) *Bei Unternehmern mit Umsätzen, die zum Vorsteuerabzug berechtigen, ist für die Bemessung der Freigrenze auf den Nettowarenwert i. H. v. 34 € abzustellen. Die Freigrenze von 35 € wird nicht überschritten.*

    b) *Bei Unternehmern mit Umsätzen, die nicht zum Vorsteuerabzug berechtigen, ist für die Bemessung der Freigrenze auf den Bruttowarenwert abzustellen. Die Freigrenze von 35 € wird überschritten.*

Geldspielautomaten

Zu den ertragsteuerlichen Auswirkungen der Umsatzsteuerfreiheit aus dem Betrieb von Geldspielautomaten → BMF vom 5.7.2006 (BStBl. I S. 418).

Gewinnermittlung nach § 4 Abs. 3 EStG und Ermittlung des Überschusses der Einnahmen über die Werbungskosten

Die vereinnahmten Umsatzsteuerbeträge (für den Umsatz geschuldete Umsatzsteuer und vom Finanzamt erstattete Vorsteuer) gehören im Zeitpunkt ihrer Vereinnahmung zu den Betriebseinnahmen oder Einnahmen, die verausgabten Umsatzsteuerbeträge (gezahlte Vorsteuer und an das Finanzamt abgeführte Umsatzsteuerbeträge) im Zeitpunkt ihrer Verausgabung zu den Betriebsausgaben oder Werbungskosten, es sei denn, daß die Vorsteuerbeträge nach R 9b Abs. 1 den Anschaffungs- oder Herstellungkosten des zugehörigen Wirtschaftsguts zuzurechnen sind und diese nicht sofort abziehbar sind (BFH vom 29.6.1982 – BStBl. II S. 755). § 4 Abs. 3 Satz 2 EStG findet insoweit keine Anwendung (BFH vom 19.02.1975 – BStBl. II S. 441). Hierbei spielt es keine Rolle, ob der Steuerpflichtige zum Vorsteuerabzug berechtigt ist und ob er seine Umsätze nach den allgemeinen umsatzsteuerrechtlichen Vorschriften versteuert oder ob die Umsatzsteuer nach § 19 Abs. 1 UStG nicht erhoben wird.

Irrtümlich erstattete Vorsteuerbeträge
Nicht abziehbare Vorsteuerbeträge sind auch bei zunächst irrtümlicher Erstattung Herstellungskosten des Wirtschaftsguts (→ BFH vom 4.6.1991 – BStBl. II S. 759).

Umsatzsteuerlich fehlgeschlagene Option
Bei umsatzsteuerlich fehlgeschlagener Option führt die Rückzahlung der Vorsteuererstattung nicht zu Werbungskosten bei den Einkünften aus Vermietung und Verpachtung (→ BFH vom 13.11.1986 – BStBl. 1987 II S. 374).

Veräußerung eines Wirtschaftsguts
Zur einkommensteuerlichen Behandlung der aufgrund der **Veräußerung eines Wirtschaftsguts** *nach § 15a UStG (Berichtigung des Vorsteuerabzugs) zurückgezahlten Vorsteuerbeträge → BMF vom 23.8.1993 (BStBl. I S. 698).* [1]

Weitere Verwaltungsanweisungen
(soweit nicht in den Hinweisen enthalten)

Zu § 9b EStG
1. Behandlung der Umsatzsteuer bei den Einkünften aus Vermietung und Verpachtung bei nicht wirksamer Umsatzsteuer-Option (Vfg OFD Düsseldorf vom 22.9.1993, DB 1993 S. 2058)
2. Anwendung des § 9b EStG bei Land- und Forstwirten, die ihre Umsätze nach Durchschnittssätzen (§ 24 UStG) versteuern (Vfg OFD Kiel vom 23.10.2001, FR 2002 S. 240)

---

[1] Siehe Anlage § 009-02.

§ 9c

§ 9c (weggefallen)

5. Sonderausgaben

§ 10

(1) Sonderausgaben sind die folgenden Aufwendungen, wenn sie weder Betriebsausgaben noch Werbungskosten sind oder wie Betriebsausgaben oder Werbungskosten behandelt werden:

1. ¹Unterhaltsleistungen an den geschiedenen oder dauernd getrennt lebenden unbeschränkt einkommensteuerpflichtigen Ehegatten, wenn der Geber dies mit Zustimmung des Empfängers beantragt, bis zu 13 805 Euro im Kalenderjahr. ²Der Höchstbetrag nach Satz 1 erhöht sich um den Betrag der im jeweiligen Veranlagungszeitraum nach Absatz 1 Nummer 3 für die Absicherung des geschiedenen oder dauernd getrennt lebenden unbeschränkt einkommensteuerpflichtigen Ehegatten aufgewandten Beiträge. ³Der Antrag kann jeweils nur für ein Kalenderjahr gestellt und nicht zurückgenommen werden. ⁴Die Zustimmung ist mit Ausnahme der nach § 894 Abs. 1 der Zivilprozessordnung als erteilt geltenden bis auf Widerruf wirksam. ⁵Der Widerruf ist vor Beginn des Kalenderjahrs, für das die Zustimmung erstmals nicht gelten soll, gegenüber dem Finanzamt zu erklären. ⁶Die Sätze 1 bis 5 gelten für Fälle der Nichtigkeit oder der Aufhebung der Ehe entsprechend;

1a. ¹auf besonderen Verpflichtungsgründen beruhende, lebenslange und wiederkehrende Versorgungsleistungen, die nicht mit Einkünften in wirtschaftlichem Zusammenhang stehen, die bei der Veranlagung außer Betracht bleiben, wenn der Empfänger unbeschränkt einkommensteuerpflichtig ist. ²Dies gilt nur für

   a) Versorgungsleistungen im Zusammenhang mit der Übertragung eines Mitunternehmeranteils an einer Personengesellschaft, die eine Tätigkeit im Sinne der §§ 13, 15 Abs. 1 Satz 1 Nr. 1 oder des § 18 Abs. 1 ausübt,

   b) Versorgungsleistungen im Zusammenhang mit der Übertragung eines Betriebs oder Teilbetriebs, sowie

   c) Versorgungsleistungen im Zusammenhang mit der Übertragung eines mindestens 50 Prozent betragenden Anteils an einer Gesellschaft mit beschränkter Haftung, wenn der Übergeber als Geschäftsführer tätig war und der Übernehmer diese Tätigkeit nach der Übertragung übernimmt.

   ³Satz 2 gilt auch für den Teil der Versorgungsleistungen, der auf den Wohnteil eines Betriebs der Land- und Forstwirtschaft entfällt;

1b. Ausgleichszahlungen im Rahmen des Versorgungsausgleichs nach den §§ 20, 21, 22 und 26 des Versorgungsausgleichsgesetzes, §§ 1587f, 1587g, 1587i des Bürgerlichen Gesetzbuchs und § 3a des Gesetzes zur Regelung von Härten im Versorgungsausgleich, soweit die ihnen zu Grunde liegenden Einnahmen bei der ausgleichspflichtigen Person der Besteuerung unterliegen, wenn die ausgleichsberechtigte Person unbeschränkt einkommensteuerpflichtig ist;

2. a) ¹Beiträge zu den gesetzlichen Rentenversicherungen oder landwirtschaftlichen Alterskassen sowie zu berufsständischen Versorgungseinrichtungen, die den gesetzlichen Rentenversicherungen vergleichbare Leistungen erbringen;

   b) Beiträge des Steuerpflichtigen

      aa) zum Aufbau einer eigenen kapitalgedeckten Altersversorgung, wenn der Vertrag nur die Zahlung einer monatlichen, auf das Leben des Steuerpflichtigen bezogenen lebenslangen Leibrente nicht vor Vollendung des 62. Lebensjahres oder zusätzlich die ergänzende Absicherung des Eintritts der Berufsunfähigkeit (Berufsunfähigkeitsrente), der verminderten Erwerbsfähigkeit (Erwerbsminderungsrente) oder von Hinterbliebenen (Hinterbliebenenrente) vorsieht. Hinterbliebene in diesem Sinne sind der Ehegatte des Steuerpflichtigen und die Kinder, für die er Anspruch auf Kindergeld oder auf einen Freibetrag nach § 32 Absatz 6 hat. ²Der Anspruch auf Waisenrente darf längstens für den Zeitraum

§ 10

bestehen, in dem der Rentenberechtigte die Voraussetzungen für die Berücksichtigung als Kind im Sinne des § 32 erfüllt;

bb) für seine Absicherung gegen den Eintritt der Berufsunfähigkeit oder der verminderten Erwerbsfähigkeit (Versicherungsfall), wenn der Vertrag nur die Zahlung einer monatlichen, auf das Leben des Steuerpflichtigen bezogenen lebenslangen Leibrente für einen Versicherungsfall vorsieht, der bis zur Vollendung des 67. Lebensjahres eingetreten ist. ²Der Vertrag kann die Beendigung der Rentenzahlung wegen eines medizinisch begründeten Wegfalls der Berufsunfähigkeit oder der verminderten Erwerbsfähigkeit vorsehen. ³Die Höhe der zugesagten Rente kann vom Alter des Steuerpflichtigen bei Eintritt des Versicherungsfalls abhängig gemacht werden, wenn der Steuerpflichtige das 55. Lebensjahr vollendet hat.

²Die Ansprüche nach Buchstaben b dürfen nicht vererblich, nicht übertragbar, nicht beleihbar, nicht veräußerbar und nicht kapitalisierbar sein. ³Neben den genannten Auszahlungsformen darf kein weiterer Anspruch auf Auszahlungen bestehen. ⁴Zu den Beiträgen nach den Buchstaben a und b ist der nach § 3 Nr. 62 steuerfreie Arbeitgeberanteil zur gesetzlichen Rentenversicherung und ein diesem gleichgestellter steuerfreier Zuschuss des Arbeitgebers hinzuzurechnen. ⁵Beiträge nach § 168 Abs. 1 Nr. 1b oder 1c oder nach § 172 Abs. 3 oder 3a des Sechsten Buches Sozialgesetzbuch werden abweichend von Satz 2 nur auf Antrag des Steuerpflichtigen hinzugerechnet.

3. ¹Beiträge zu

a) Krankenversicherungen, soweit diese zur Erlangung eines durch das Zwölfte Buch Sozialgesetzbuch bestimmten sozialhilfegleichen Versorgungsniveaus erforderlich sind und sofern auf die Leistungen ein Anspruch besteht. ²Für Beiträge zur gesetzlichen Krankenversicherung sind dies die nach dem Dritten Titel des Ersten Abschnitts des Achten Kapitels des Fünften Buches Sozialgesetzbuch oder die nach dem Sechsten Abschnitt des Zweiten Gesetzes über die Krankenversicherung der Landwirte festgesetzten Beiträge. ³Für Beiträge zu einer privaten Krankenversicherung sind dies die Beitragsanteile, die auf Vertragsleistungen entfallen, die, mit Ausnahme der auf das Krankengeld entfallenden Beitragsanteile, in Art, Umfang und Höhe den Leistungen nach dem Dritten Kapitel des Fünften Buches Sozialgesetzbuch vergleichbar sind; § 12 Absatz 1d des Versicherungsaufsichtsgesetzes in der Fassung der Bekanntmachung vom 17. Dezember 1992 (BGBl. 1993 I S. 2), das zuletzt durch Artikel 4 und 6 Absatz 2 des Gesetzes vom 17. Oktober 2008 (BGBl. I S. 1982) geändert worden ist, gilt entsprechend. ⁴Wenn sich aus den Krankenversicherungsbeiträgen nach Satz 2 ein Anspruch auf Krankengeld oder ein Anspruch auf eine Leistung, die anstelle von Krankengeld gewährt wird, ergeben kann, ist der jeweilige Beitrag um 4 Prozent zu vermindern;

b) gesetzlichen Pflegeversicherungen (soziale Pflegeversicherung und private Pflege-Pflichtversicherung).

²Als eigene Beiträge des Steuerpflichtigen werden auch die vom Steuerpflichtigen im Rahmen der Unterhaltsverpflichtung getragenen eigenen Beiträge im Sinne des Buchstaben a oder des Buchstaben b eines Kindes behandelt, für das ein Anspruch auf einen Freibetrag nach § 32 Absatz 6 oder auf Kindergeld besteht. ³Hat der Steuerpflichtige in den Fällen des Absatzes 1 Nummer 1 eigene Beiträge im Sinne des Buchstaben a oder des Buchstaben b zum Erwerb einer Krankenversicherung oder gesetzlichen Pflegeversicherung für einen geschiedenen oder dauernd getrennt lebenden unbeschränkt einkommensteuerpflichtigen Ehegatten geleistet, dann werden diese abweichend von Satz 1 als eigene Beiträge des geschiedenen oder dauernd getrennt lebenden unbeschränkt einkommensteuerpflichtigen Ehegatten behandelt. ⁴Beiträge, die für nach Ablauf des Veranlagungszeitraums beginnende Beitragsjahre geleistet werden und in der Summe das Zweieinhalbfache der auf den Veranlagungszeitraum entfallenden Beiträge überschreiten, sind in dem Veranlagungszeitraum anzusetzen, für den sie geleistet wur-

§ 10

den; dies gilt nicht für Beiträge, soweit sie der unbefristeten Beitragsminderung nach Vollendung des 62. Lebensjahrs dienen;

3a. Beiträge zu Kranken- und Pflegeversicherungen, soweit diese nicht nach Nummer 3 zu berücksichtigen sind; Beiträge zu Versicherungen gegen Arbeitslosigkeit, zu Erwerbs- und Berufsunfähigkeitsversicherungen, die nicht unter Nummer 2 Satz 1 Buchstabe b fallen, zu Unfall- und Haftpflichtversicherungen sowie zu Risikoversicherungen, die nur für den Todesfall eine Leistung vorsehen; Beiträge zu Versicherungen im Sinne des § 10 Absatz 1 Nummer 2 Buchstabe b Doppelbuchstabe bb bis dd in der am 31. Dezember 2004 geltenden Fassung, wenn die Laufzeit dieser Versicherungen vor dem 1. Januar 2005 begonnen hat und ein Versicherungsbeitrag bis zum 31. Dezember 2004 entrichtet wurde; § 10 Absatz 1 Nummer 2 Satz 2 bis 6 und Absatz 2 Satz 2 in der am 31. Dezember 2004 geltenden Fassung ist in diesen Fällen weiter anzuwenden;

4. gezahlte Kirchensteuer; dies gilt nicht, soweit die Kirchensteuer als Zuschlag zur Kapitalertragsteuer oder als Zuschlag auf die nach dem gesonderten Tarif des § 32d Absatz 1 ermittelte Einkommensteuer gezahlt wurde;

5. zwei Drittel der Aufwendungen, höchstens 4 000 Euro je Kind, für Dienstleistungen zur Betreuung eines zum Haushalt des Steuerpflichtigen gehörenden Kindes im Sinne des § 32 Absatz 1, welches das 14. Lebensjahr noch nicht vollendet hat oder wegen einer vor Vollendung des 25. Lebensjahres eingetretenen körperlichen, geistigen oder seelischen Behinderung außerstande ist, sich selbst zu unterhalten. [2]Dies gilt nicht für Aufwendungen für Unterricht, die Vermittlung besonderer Fähigkeiten sowie für sportliche und andere Freizeitbetätigungen. [3]Ist das zu betreuende Kind nicht nach § 1 Absatz 1 oder Absatz 2 unbeschränkt einkommensteuerpflichtig, ist der in Satz 1 genannte Betrag zu kürzen, soweit es nach den Verhältnissen im Wohnsitzstaat des Kindes notwendig und angemessen ist. [4]Voraussetzung für den Abzug der Aufwendungen nach Satz 1 ist, dass der Steuerpflichtige für die Aufwendungen eine Rechnung erhalten hat und die Zahlung auf das Konto des Erbringers der Leistung erfolgt ist;

6. (weggefallen);

7. [1]Aufwendungen für die eigene Berufsausbildung bis zu 6 000 Euro im Kalenderjahr. [2]Bei Ehegatten, die die Voraussetzungen des § 26 Abs. 1 Satz 1 erfüllen, gilt Satz 1 für jeden Ehegatten. [3]Zu den Aufwendungen im Sinne des Satzes 1 gehören auch Aufwendungen für eine auswärtige Unterbringung. [4]§ 4 Abs. 5 Satz 1 Nr. 6b sowie § 9 Abs. 1 Satz 3 Nr. 4 und 5, Absatz 2, Absatz 4 Satz 8 und Absatz 4a sind bei der Ermittlung der Aufwendungen anzuwenden.

8. (weggefallen);

9. 30 Prozent des Entgelts, höchstens 5 000 Euro, das der Steuerpflichtige für ein Kind, für das er Anspruch auf einen Freibetrag nach § 32 Abs. 6 oder auf Kindergeld hat, für dessen Besuch einer Schule in freier Trägerschaft oder einer überwiegend privat finanzierten Schule entrichtet, mit Ausnahme des Entgelts für Beherbergung, Betreuung und Verpflegung. [2]Voraussetzung ist, dass die Schule in einem Mitgliedstaat der Europäischen Union oder in einem Staat belegen ist, auf den das Abkommen über den Europäischen Wirtschaftsraum Anwendung findet, und die Schule zu einem von dem zuständigen inländischen Ministerium eines Landes, von der Kultusministerkonferenz der Länder oder von einer inländischen Zeugnisanerkennungsstelle anerkannten oder einem inländischen Abschluss an einer öffentlichen Schule als gleichwertig anerkannten allgemein bildenden oder berufsbildenden Schul-, Jahrgangs- oder Berufsabschluss führt. [3]Der Besuch einer anderen Einrichtung, die auf einen Schul-, Jahrgangs- oder Berufsabschluss im Sinne des Satzes 2 ordnungsgemäß vorbereitet, steht einem Schulbesuch im Sinne des Satzes 1 gleich. [4]Der Besuch einer Deutschen Schule im Ausland steht dem Besuch einer solchen Schule gleich, unabhängig von ihrer Belegenheit. [5]Der Höchstbetrag nach Satz 1 wird für jedes Kind, bei dem die Voraussetzungen vorliegen, je Elternpaar nur einmal gewährt.

(2) [1]Voraussetzung für den Abzug der in Absatz 1 Nr. 2, 3 und 3a bezeichneten Beträge (Vorsorgeaufwendungen) ist, dass sie

§ 10

1. nicht in unmittelbarem wirtschaftlichen Zusammenhang mit steuerfreien Einnahmen stehen; steuerfreie Zuschüsse zu einer Kranken- oder Pflegeversicherung stehen insgesamt in unmittelbarem wirtschaftlichen Zusammenhang mit den Vorsorgeaufwendungen im Sinne des Absatzes 1 Nummer 3,
2. geleistet werden an
   a) Versicherungsunternehmen,
      aa) die ihren Sitz oder ihre Geschäftsleitung in einem Mitgliedstaat der Europäischen Union oder einem Vertragsstaat des Abkommens über den Europäischen Wirtschaftsraum haben und das Versicherungsgeschäft im Inland betreiben dürfen, oder
      bb) denen die Erlaubnis zum Geschäftsbetrieb im Inland erteilt ist.

      Darüber hinaus werden Beiträge nur berücksichtigt, wenn es sich um Beträge im Sinne des Absatzes 1 Nummer 3 Satz 1 Buchstabe a an eine Einrichtung handelt, die eine anderweitige Absicherung im Krankheitsfall im Sinne des § 5 Absatz 1 Nummer 13 des Fünften Buches Sozialgesetzbuch oder eine der Beihilfe oder freien Heilfürsorge vergleichbare Absicherung im Sinne des § 193 Absatz 3 Satz 2 Nummer 2 des Versicherungsvertragsgesetzes gewährt. Dies gilt entsprechend, wenn ein Steuerpflichtiger, der weder seinen Wohnsitz noch seinen gewöhnlichen Aufenthalt im Inland hat, mit den Beiträgen einen Versicherungsschutz im Sinne des Absatzes 1 Nummer 3 Satz 1 erwirbt,
   b) berufsständische Versorgungseinrichtungen,
   c) einen Sozialversicherungsträger oder
   d) einen Anbieter im Sinne des § 80.

²Vorsorgeaufwendungen nach Absatz 1 Nummer 2 Buchstabe b werden nur berücksichtigt, wenn

1. die Beiträge zugunsten eines Vertrags geleistet wurden, der nach § 5a des Altersvorsorgeverträge-Zertifizierungsgesetzes zertifiziert ist, wobei die Zertifizierung Grundlagenbescheid im Sinne des § 171 Absatz 10 der Abgabenordnung ist, und
2. der Steuerpflichtige gegenüber dem Anbieter in die Datenübermittlung nach Absatz 2a eingewilligt hat.

³Vorsorgeaufwendungen nach Absatz 1 Nummer 3 werden nur berücksichtigt, wenn der Steuerpflichtige gegenüber dem Versicherungsunternehmen, dem Träger der gesetzlichen Kranken- und Pflegeversicherung, der Künstlersozialkasse oder einer Einrichtung im Sinne des Satzes 1 Nr. 2 Buchstabe a Satz 2 in die Datenübermittlung nach Absatz 2a eingewilligt hat; die Einwilligung gilt für alle sich aus dem Versicherungsverhältnis ergebenden Zahlungsverpflichtungen als erteilt, wenn die Beiträge mit der elektronischen Lohnsteuerbescheinigung (§ 41b Absatz 1 Satz 2) oder der Rentenbezugsmitteilung (§ 22a Absatz 1 Satz 1 Nummer 5) übermittelt werden.

(2a) ¹Der Steuerpflichtige hat in die Datenübermittlung nach Absatz 2 gegenüber der übermittelnden Stelle schriftlich einzuwilligen, spätestens bis zum Ablauf des zweiten Kalenderjahres, das auf das Beitragsjahr (Kalenderjahr, in dem die Beiträge geleistet worden sind) folgt; übermittelnde Stelle ist bei Vorsorgeaufwendungen nach Absatz 1 Nummer 2 Buchstabe b der Anbieter, bei Vorsorgeaufwendungen nach Absatz 1 Nummer 3 das Versicherungsunternehmen, der Träger der gesetzlichen Kranken- und Pflegeversicherung, die Künstlersozialkasse oder eine Einrichtung im Sinne des Absatzes 2 Satz 1 Nr. 2 Buchstabe a Satz 2. ²Die Einwilligung gilt auch für die folgenden Beitragsjahre, es sei denn, der Steuerpflichtige widerruft diese schriftlich gegenüber der übermittelnden Stelle. ³Der Widerruf muss vor Beginn des Beitragsjahres, für das die Einwilligung erstmals nicht mehr gelten soll, der übermittelnden Stelle vorliegen. ⁴Die übermittelnde Stelle hat bei Vorliegen einer Einwilligung

1. nach Absatz 2 Satz 2 Nummer 2 die Höhe der im jeweiligen Beitragsjahr geleisteten Beiträge nach Absatz 1 Nummer 2 Buchstabe b und die Zertifizierungsnummer,

§ 10

2. nach Absatz 2 Satz 3 die Höhe der im jeweiligen Beitragsjahr geleisteten und erstatteten Beiträge nach Absatz 1 Nummer 3, soweit diese nicht mit der elektronischen Lohnsteuerbescheinigung oder der Rentenbezugsmitteilung zu übermitteln sind,

unter Angabe der Vertrags- oder Versicherungsdaten, des Datums der Einwilligung und der Identifikationsnummer (§ 139b der Abgabenordnung) nach amtlich vorgeschriebenem Datensatz durch Datenfernübertragung an die zentrale Stelle (§ 81) bis zum 28. Februar des dem Beitragsjahr folgenden Kalenderjahres zu übermitteln; sind Versicherungsnehmer und versicherte Person nicht identisch, sind zusätzlich die Identifikationsnummer und das Geburtsdatum des Versicherungsnehmers anzugeben. [5]§ 22a Absatz 2 gilt entsprechend. [6]Wird die Einwilligung nach Ablauf des Beitragsjahres, jedoch innerhalb der in Satz 1 genannten Frist abgegeben, sind die Daten bis zum Ende des folgenden Kalendervierteljahres zu übermitteln. [7]Stellt die übermittelnde Stelle fest, dass

1. die an die zentrale Stelle übermittelten Daten unzutreffend sind oder
2. der zentralen Stelle ein Datensatz übermittelt wurde, obwohl die Voraussetzungen hierfür nicht vorlagen,

ist dies unverzüglich durch Übermittlung eines Datensatzes an die zentrale Stelle zu korrigieren oder zu stornieren. [8]Ein Steuerbescheid ist zu ändern, soweit

1. Daten nach den Sätzen 4, 6 oder Satz 7 vorliegen oder
2. eine Einwilligung in die Datenübermittlung nach Absatz 2 Satz 2 Nummer 2 oder nach Absatz 2 Satz 3 nicht vorliegt,

und sich hierdurch eine Änderung der festgesetzten Steuer ergibt. [9]Die übermittelnde Stelle hat den Steuerpflichtigen über die Höhe der nach den Sätzen 4, 6 oder Satz 7 übermittelten Beiträge für das Beitragsjahr zu unterrichten. [10]§ 150 Absatz 6 der Abgabenordnung gilt entsprechend. [11]Das Bundeszentralamt für Steuern kann die bei Vorliegen der Einwilligung nach Absatz 2 Satz 3 zu übermittelnden Daten prüfen; die §§ 193 bis 203 der Abgabenordnung sind sinngemäß anzuwenden. [12]Wer vorsätzlich oder grob fahrlässig eine unzutreffende Höhe der Beiträge im Sinne des Absatzes 1 Nummer 3 übermittelt, haftet für die entgangene Steuer. [13]Diese ist mit 30 Prozent des zu hoch ausgewiesenen Betrags anzusetzen.

(3) [1]Vorsorgeaufwendungen nach Absatz 1 Nr. 2 Satz 4 sind bis zu 20 000 Euro zu berücksichtigen. [2]Bei zusammenveranlagten Ehegatten verdoppelt sich der Höchstbetrag. [3]Der Höchstbetrag nach Satz 1 oder 2 ist bei Steuerpflichtigen, die

1. Arbeitnehmer sind und die während des ganzen oder eines Teils des Kalenderjahres
    a) in der gesetzlichen Rentenversicherung versicherungsfrei oder auf Antrag des Arbeitgebers von der Versicherungspflicht befreit waren und denen für den Fall ihres Ausscheidens aus der Beschäftigung auf Grund des Beschäftigungsverhältnisses eine lebenslängliche Versorgung oder an deren Stelle eine Abfindung zusteht oder die in der gesetzlichen Rentenversicherung nachzuversichern sind oder
    b) nicht der gesetzlichen Rentenversicherungspflicht unterliegen, eine Berufstätigkeit ausgeübt und im Zusammenhang damit auf Grund vertraglicher Vereinbarungen Anwartschaftsrechte auf eine Altersversorgung erworben haben, oder
2. Einkünfte im Sinne des § 22 Nr. 4 erzielen und die ganz oder teilweise ohne eigene Beitragsleistung einen Anspruch auf Altersversorgung erwerben,

um den Betrag zu kürzen, der, bezogen auf die Einnahmen aus der Tätigkeit, die die Zugehörigkeit zum genannten Personenkreis begründen, dem Gesamtbeitrag (Arbeitgeber- und Arbeitnehmeranteil) zur allgemeinen Rentenversicherung entspricht. [4]ImKalenderjahr 2013 sind 76 Prozent der nach den Sätzen 1 bis 3 ermittelten Vorsorgeaufwendungen anzusetzen. [5]Der sich danach ergebende Betrag, vermindert um den nach § 3 Nr. 62 steuerfreien Arbeitgeberanteil zur gesetzlichen Rentenversicherung und einen diesem gleichgestellten steuerfreien Zuschuss des Arbeitgebers, ist als Sonderausgabe abziehbar. [6]Der Prozentsatz in Satz 4 erhöht sich in den folgenden Kalenderjahren bis zum Kalenderjahr 2025 um je 2 Prozentpunkte je Kalenderjahr. [7]Beiträge nach § 168 Abs. 1 Nr. 1b oder 1c oder nach § 172 Abs. 3 oder 3a des Sechsten Buches Sozialgesetzbuch vermindern den abziehbaren Betrag nach

§ 10

Satz 5 nur, wenn der Steuerpflichtige die Hinzurechnung dieser Beiträge zu den Vorsorgeaufwendungen nach Absatz 1 Nr. 2 Satz 5 beantragt hat.

(4) [1]Vorsorgeaufwendungen im Sinne des Absatzes 1 Nummer 3 und 3a können je Kalenderjahr insgesamt bis 2 800 Euro abgezogen werden. [2]Der Höchstbetrag beträgt 1 900 Euro bei Steuerpflichtigen, die ganz oder teilweise ohne eigene Aufwendungen einen Anspruch auf vollständige oder teilweise Erstattung oder Übernahme von Krankheitskosten haben oder für deren Krankenversicherung Leistungen im Sinne des § 3 Nummer 9, 14, 57 oder 62 erbracht werden. [3]Bei zusammen veranlagten Ehegatten bestimmt sich der gemeinsame Höchstbetrag aus der Summe der jedem Ehegatten unter den Voraussetzungen von Satz 1 und 2 zustehenden Höstbeträge. [4]Übersteigen die Vorsorgeaufwendungen im Sinne des Absatzes 1 Nummer 3 die nach den Sätzen 1 bis 3 zu berücksichtigenden Vorsorgeaufwendungen, sind diese abzuziehen und ein Abzug von Vorsorgeaufwendungen im Sinne des Absatzes 1 Nummer 3a scheidet aus.

(4a) [1]Ist in den Kalenderjahren 2013 bis 2019 der Abzug der Vorsorgeaufwendungen nach Absatz 1 Nr. 2 Buchstabe a, Absatz 1 Nummer 3 und Nummer 3a in der für das Kalenderjahr 2004 geltenden Fassung des § 10 Abs. 3 mit folgenden Höchstbeträgen für den Vorwegabzug

Kalenderjahr	Vorwegabzug für den Steuerpflichtigen	Vorwegabzug im Falle der Zusammenveranlagung von Ehegatten
2013	2 100	4 200
2014	1 800	3 600
2015	1 500	3 000
2016	1 200	2 400
2017	900	1 800
2018	600	1 200
2019	300	600

zuzüglich des Erhöhungsbetrags nach Satz 3 günstiger, ist der sich danach ergebende Betrag anstelle des Abzugs nach Absatz 3 und 4 anzusetzen. [2]Mindestens ist bei Anwendung des Satzes 1 der Betrag anzusetzen, der sich ergeben würde, wenn zusätzlich noch die Vorsorgeaufwendungen nach Absatz 1 Nr. 2 Buchstabe b in die Günstigerprüfung einbezogen werden würden; der Erhöhungsbetrag nach Satz 3 ist nicht hinzuzurechnen. [3]Erhöhungsbetrag sind die Beiträge nach Absatz 1 Nr. 2 Buchstabe b, soweit sie nicht den um die Beiträge nach Absatz 1 Nr. 2 Buchstabe a und den nach § 3 Nr. 62 steuerfreien Arbeitgeberanteil zur gesetzlichen Rentenversicherung und einen diesem gleichgestellten steuerfreien Zuschuss verminderten Höchstbetrag nach Absatz 3 Satz 1 bis 3 überschreiten; Absatz 3 Satz 4 und 6 gilt entsprechend.

(4b) [1]Erhält der Steuerpflichtige für die von ihm für einen anderen Veranlagungszeitraum geleisteten Aufwendungen im Sinne des Satzes 2 einen steuerfreien Zuschuss, ist dieser den erstatteten Aufwendungen gleichzustellen. [2]Übersteigen bei den Sonderausgaben nach Absatz 1 Nummer 2 bis 3a die im Veranlagungszeitraum erstatteten Aufwendungen die geleisteten Aufwendungen (Erstattungsüberhang), ist der Erstattungsüberhang mit anderen im Rahmen der jeweiligen Nummer anzusetzenden Aufwendungen zu verrechnen. [3]Ein verbleibender Betrag des sich bei den Aufwendungen nach Absatz 1 Nummer 3 und 4 ergebenden Erstattungsüberhangs ist dem Gesamtbetrag der Einkünfte hinzuzurechnen.

(5) Durch Rechtsverordnung wird bezogen auf den Versicherungstarif bestimmt, wie der nicht abziehbare Teil der Beiträge zum Erwerb eines Krankenversicherungsschutzes im Sinne des Absatzes 1 Nummer 3 Buchstabe a Satz 3 durch einheitliche prozentuale Abschläge auf die zugunsten des jeweiligen Tarifs gezahlte Prämie zu ermitteln ist, soweit der nicht abziehbare Beitragsteil nicht bereits als gesonderter Tarif oder Tarifbaustein ausgewiesen wird.

(6) [1]Absatz 1 Nummer 2 Buchstabe b Doppelbuchstabe aa ist für Vertragsabschlüsse vor dem 1. Januar 2012 mit der Maßgabe anzuwenden, dass der Vertrag die Zahlung der Leibrente nicht vor der Vollendung des 60. Lebensjahres vorsehen darf. [2]Für Verträge im Sinne des Absatzes 1 Nummer 2 Buchstabe b, die vor dem 1 . Januar 2011 abgeschlossen wurden, und

bei Kranken- und Pflegeversicherungen im Sinne des Absatzes 1 Nummer 3, bei denen das Versicherungsverhältnis vor dem 1. Januar 2011 bestanden hat, ist Absatz 2 Satz 2 Nummer 2 und Satz 3 mit der Maßgabe anzuwenden, dass die erforderliche Einwilligung zur Datenübermittlung als erteilt gilt, wenn

1. die übermittelnde Stelle den Steuerpflichtigen schriftlich darüber informiert, dass sie
   a) von einer Einwilligung ausgeht und
   b) die Daten an die zentrale Stelle übermittelt und
2. der Steuerpflichtige dem nicht innerhalb einer Frist von vier Wochen nach Erhalt der Information nach Nummer 1 schriftlich widerspricht.

EStDV

§ 29 Anzeigepflichten bei Versicherungsverträgen

[1]Bei Versicherungen, deren Laufzeit vor dem 1. Januar 2005 begonnen hat, hat der Sicherungsnehmer nach amtlich vorgeschriebenem Muster dem für die Veranlagung des Versicherungsnehmers nach dem Einkommen zuständigen Finanzamt, bei einem Versicherungsnehmer, der im Inland weder einen Wohnsitz noch seinen gewöhnlichen Aufenthalt hat, dem für die Veranlagung des Sicherungsnehmers zuständigen Finanzamt (§§ 19, 20 der Abgabenordnung) unverzüglich die Fälle anzuzeigen, in denen Ansprüche aus Versicherungsverträgen zur Tilgung oder Sicherung von Darlehen eingesetzt werden. [2]Satz 1 gilt entsprechend für das Versicherungsunternehmen, wenn der Sicherungsnehmer Wohnsitz, Sitz oder Geschäftsleitung im Ausland hat. [3]Werden Ansprüche aus Versicherungsverträgen von Personen, die im Inland einen Wohnsitz oder ihren gewöhnlichen Aufenthalt haben (§ 1 Abs. 1 des Gesetzes), zur Tilgung oder Sicherung von Darlehen eingesetzt, sind die Sätze 1 und 2 nur anzuwenden, wenn die Darlehen den Betrag von 25 565 Euro übersteigen. [4]Der Steuerpflichtige hat dem für seine Veranlagung zuständigen Finanzamt (§ 19 der Abgabenordnung) die Abtretung und die Beleihung unverzüglich anzuzeigen.

§ 30 Nachversteuerung bei Versicherungsverträgen

[1]Eine Nachversteuerung ist durchzuführen, wenn der Sonderausgabenabzug von Beiträgen nach § 10 Abs. 1 Nr. 3 Buchstabe b des Gesetzes zu versagen ist. [2]Zu diesem Zweck ist die Steuer zu berechnen, die festzusetzen gewesen wäre, wenn der Steuerpflichtige die Beiträge nicht geleistet hätte. [3]Der Unterschied zwischen dieser und der festgesetzten Steuer ist als Nachsteuer zu erheben.

§§ 31 bis 44 (weggefallen)

EStR und Hinweise

EStR 2012 zu § 10 EStG

R 10.1 Sonderausgaben (Allgemeines)

Bei Ehegatten, die nach § 26b EStG zusammen zur Einkommensteuer veranlagt werden, kommt es für den Abzug von Sonderausgaben nicht darauf an, ob sie der Ehemann oder die Ehefrau geleistet hat.

Hinweise

H 10.1 Abkürzungen des Zahlungsweges

 Bei den Sonderausgaben kommt der Abzug von Aufwendungen eines Dritten auch unter dem Gesichtspunkt der Abkürzung des Vertragswegs nicht in Betracht (→ BMF vom 7.7.2008 – BStBl. I S. 717).[1)]

 Abzugshöhe/Abzugszeitpunkt

– Sonderausgaben sind in dem VZ abziehbar, in dem sie geleistet worden sind (§ 11 Abs. 2 EStG). Dies gilt auch, wenn sie der Steuerpflichtige mit Darlehensmitteln bestritten hat (→ BFH vom 15.3.1974 – BStBl. II S. 513). Sie dürfen nur dann bei der Ermittlung des Einkommens abgezogen werden, wenn der Steuerpflichtige tatsächlich und endgültig wirtschaftlich

---

1) Siehe Anlage § 021-07.

§ 10 — R 10.1, 10.2

belastet ist. Steht im Zeitpunkt der Zahlung, ggf. auch im Zeitpunkt der Erstattung noch nicht fest, ob der Steuerpflichtige durch die Zahlung endgültig wirtschaftlich belastet bleibt (z. B. bei Kirchensteuer im Falle der Aufhebung der Vollziehung), sind sie im Jahr des Abflusses abziehbar (→ BFH vom 24.4.2002 – BStBl. II S. 569).

– *Werden gezahlte Sonderausgaben in einem späteren VZ an den Steuerpflichtigen erstattet, ist der Erstattungsbetrag aus Gründen der Praktikabilität im Erstattungsjahr mit gleichartigen Sonderausgaben zu verrechnen mit der Folge, dass die abziehbaren Sonderausgaben des Erstattungsjahres entsprechend gemindert werden. Ist im Jahr der Erstattung der Sonderausgaben an den Steuerpflichtigen ein Ausgleich mit gleichartigen Aufwendungen nicht oder nicht in voller Höhe möglich, so ist der Sonderausgabenabzug des Jahres der Verausgabung insoweit um die nachträgliche Erstattung zu mindern; ein bereits bestandskräftiger Bescheid ist nach § 175 Abs. 1 Satz 1 Nr. 2 AO zu ändern (BFH vom 7.7.2004 – BStBl. II S. 1058 und BMF vom 11.7.2002 – BStBl. I S. 667). Ob die Sonderausgaben gleichartig sind, richtet sich nach deren Sinn und Zweck sowie deren wirtschaftlichen Bedeutung und Auswirkungen für den Stpfl.. Bei Versicherungsbeiträgen kommt es auf die Funktion der Versicherung und das abgesicherte Risiko an (→ BFH vom 21.7.2009 – BStBl. 2010 II S. 38).*

– Kirchensteuer → H 10.7 (Willkürliche Zahlungen)

EStR 2012 zu § 10 EStG

R 10.2 Unterhaltsleistungen an den geschiedenen oder dauernd getrennt lebenden Ehegatten

(1) Der Antrag nach § 10 Abs. 1 Nr. 1 EStG kann auf einen Teilbetrag der Unterhaltsleistungen beschränkt werden.

(2) ¹Die Zustimmung wirkt auch dann bis auf Widerruf, wenn sie im Rahmen eines Vergleichs erteilt wird. ²Die Zustimmung zum Abzug von Unterhaltsleistungen als Sonderausgaben dem Grunde nach wirkt auch für die Erhöhung des Höchstbetrags nach § 10 Abs. 1 Nr. 1 Satz 2 EStG. 3Dies gilt unabhängig davon, wann die Zustimmung erteilt wurde.

(3) Leistet jemand Unterhalt an mehrere Empfänger, sind die Unterhaltsleistungen an jeden bis zum Höchstbetrag abziehbar.

Hinweise

H 10.2 Allgemeines

– *Durch Antrag und Zustimmung werden alle in dem betreffenden VZ geleisteten Unterhaltsaufwendungen zu Sonderausgaben umqualifiziert. Für den Abzug ist es unerheblich, ob es sich um einmalige oder laufende Leistungen bzw. Nachzahlungen oder Vorauszahlungen handelt. Ein Abzug als außergewöhnliche Belastung ist nicht möglich, auch nicht, soweit sie den für das Realsplitting geltenden Höchstbetrag übersteigen (→ BFH vom 7.11.2000 – BStBl. 2001 II S. 338).*

– *Antrag und Zustimmung zum begrenzten Realsplitting können nicht – auch nicht übereinstimmend – zurückgenommen oder nachträglich beschränkt werden (→ BFH vom 22.9.1999 – BStBl. 2000 II S. 218).*

– *Ein Einkommensteuerbescheid ist nach § 175 Abs. 1 Satz 1 Nr. 2 AO zu ändern, wenn nach Eintritt der Bestandskraft*
  – *sowohl die Zustimmung erteilt als auch der Antrag nach § 10 Abs. 1 Nr. 1 Satz 1 EStG gestellt werden (→ BFH vom 12.7.1989 – BStBl. II S. 957) oder*
  – *der Antrag i. V. m. einer nachträglichen Zustimmungserweiterung ausgedehnt wird (→ BFH vom 28 6.2006 – BStBl. 2007 II S. 5).*

Erbe

Unterhaltsleistungen, die der Erbe nach § 1586b BGB an den geschiedenen Ehegatten des Erblassers zu erbringen hat, sind nicht als Sonderausgaben abzugsfähig (→BFH vom 12.11.1997 – BStBl. 1998 II S. 148).

Nicht unbeschränkt steuerpflichtiger Empfänger

Ist der Empfänger nicht unbeschränkt steuerpflichtig, kann ein Abzug der Unterhaltsleistungen bei Vorliegen der Voraussetzungen des § 1a Abs. 1 Nr. 1 EStG oder auf Grund eines DBA in Betracht kommen. Entsprechende Regelungen gibt es z. B. in den DBA Kanada, Artikel 18 Abs. 3 Buchst. d und Protokoll Nr. 8 (BStBl. 2002 I S. 505, 521) und den USA, Artikel 18 Abs. 3 und

Protokoll Nr. 15 (BStBl. 2008 I S. 766) sowie in der mit der Schweiz getroffenen Verständigungsvereinbarung, § 21 Abs. 2 Deutsch-Schweizerische Konsultationsvereinbarungsverordnung (BStBl. 2011 I S. 146).

Rechtsanwaltskosten, *die ein Steuerpflichtiger aufwendet, um die Zustimmung seines geschiedenen oder dauernd getrennt lebenden, unbeschränkt steuerpflichtigen Ehegatten zum begrenzten Realsplitting zu erlangen, sind keine Unterhaltsleistungen (→ BFH vom 10.3.1999 – BStBl. II S. 522).*

Unterhaltsleistungen

Es ist unerheblich, ob die Unterhaltsleistungen freiwillig oder auf Grund gesetzlicher Unterhaltspflicht erbracht werden. Auch als Unterhalt erbrachte Sachleistungen sind zu berücksichtigen. (→ BFH vom 12.4.2000 – BStBl. 2002 II S. 130).

Wohnungsüberlassung

Bei unentgeltlicher Wohnraumüberlassung kann der Mietwert als Sonderausgabe abgezogen werden. Befindet sich die überlassene Wohnung im Miteigentum des geschiedenen oder dauernd getrennt lebenden Ehegatten, kann der überlassende Ehegatte neben dem Mietwert seines Miteigentumsanteils auch die von ihm auf Grund der Unterhaltsvereinbarung getragenen verbrauchsunabhängigen Kosten für den Miteigentumsanteil des anderen Ehegatten als Sonderausgabe abziehen (→ BFH vom 12.4.2000 – BStBl. 2002 II S. 130).

Zur Wohnungsüberlassung an den geschiedenen oder dauernd getrennt lebenden Ehegatten bei Abschluss eines Mietvertrages → H 21.4 (Vermietung an Unterhaltsberechtigte)

Zustimmung

– *Die Finanzbehörden sind nicht verpflichtet zu prüfen, ob die Verweigerung der Zustimmung rechtsmissbräuchlich ist (→ BFH vom 25.7.1990 -BStBl.II S. 1022).*

– *Im Fall der rechtskräftigen Verurteilung zur Erteilung der Zustimmung (§ 894 Abs. 1 ZPO; → BFH vom 25.10.1988 – BStBl. 1989 II S. 192) wirkt sie nur für das Kalenderjahr, das Gegenstand des Rechtsstreits war.*

– *Stimmt der geschiedene oder dauernd getrennt lebende Ehegatte dem der Höhe nach beschränkten Antrag auf Abzug der Unterhaltszahlungen als Sonderausgaben zu, beinhaltet dies keine der Höhe nach unbeschränkte Zustimmung für die Folgejahre (→ BFH vom 14.4.2005 – BStBl. II S. 825).*

– *Der* **Widerruf** *der Zustimmung muss vor Beginn des Kalenderjahrs, für den er wirksam werden soll, erklärt werden. Er ist gegenüber dem Wohnsitzfinanzamt sowohl des Unterhaltsleistenden als auch des Unterhaltsempfängers möglich. Wird er gegenüber dem Wohnsitzfinanzamt des Unterhaltsempfängers erklärt, ist das Wissen dieser Behörde für die Änderungsbefugnis nach § 173 Abs. 1 Nr. 1 AO des für die Veranlagung des Unterhaltsleistenden zuständigen Finanzamtes ohne Bedeutung (→ BFH vom 2.7.2003 – BStBl. II S. 803).*

EStR 2012 zu § 10 EStG

R 10.3 Versorgungsleistungen

(1) Versorgungsleistungen, die mit steuerbefreiten Einkünften, z. B. aufgrund eines DBA, in wirtschaftlichem Zusammenhang stehen, können nicht als Sonderausgaben abgezogen werden.

(2) [1]Versorgungsleistungen, die freiwillig oder aufgrund einer freiwillig begründeten Rechtspflicht geleistet werden, sind grundsätzlich nicht als Sonderausgaben abziehbar. [2]Das gilt auch für Zuwendungen an eine gegenüber dem Steuerpflichtigen oder seinem Ehegatten gesetzlich unterhaltsberechtigte Person oder an deren Ehegatten (§ 12 Nr. 2 EStG).

Hinweise

H 10.3 Ablösung eines Nießbrauchs oder eines anderen Nutzungsrechts

→ *BMF vom 11.3.2010 (BStBl. I S. 227),* [1] *Rz. 24f und vom 30.9.2013 (BStBl. I S. 1184)* [2] *Tz. 55-67.*

---

1) Siehe Anlage § 010-01.
2) Siehe Anlage § 021-08.

§ 10

Altenteilsleistung

Der Wert unbarer Altenteilsleistungen ist nach § 2 Abs. 2 der SvEV vom 21.12.2006 (BGBl. I S. 3385) in der für den jeweiligen VZ geltenden Fassung zu schätzen (→ BFH vom 18.12.1990 – BStBl. 1991 II S. 354).

Beerdigungskosten

Soweit der Vermögensübernehmer kein Erbe und vertraglich zur Übernahme der durch den Tod des letztverstorbenen Vermögensübergebers entstandenen Beerdigungskosten verpflichtet ist, kann er die durch den Tod des letztverstorbenen Vermögensübergebers entstandenen Beerdigungskosten als dauernde Last abziehen (→ BFH vom 19.1.2010 – BStBl. II S. 544). Ist er hingegen Alleinerbe, sind die Beerdigungskosten auch dann nicht abziehbar, wenn er sich vertraglich zur Übernahme dieser Kosten verpflichtet hat (→ BFH vom 19.1.2011 – BStBl. 2011 II S. 162).

Erbbauzinsen

Erbbauzinsen, die im Zusammenhang mit der Selbstnutzung einer Wohnung im eigenen Haus anfallen, können nicht als dauernde Last abgezogen werden (→ BFH vom 24.10.1990 – BStBl. 1991 II S. 175).

Schuldzinsen

Schuldzinsen zur Finanzierung von als Sonderausgaben abziehbaren privaten Versorgungsleistungen sind nicht als Versorgungsleistungen abziehbar (→ BFH vom 14.11.2001 – BStBl. 2002 II S. 413).

Vermögensübertragung im Zusammenhang mit Versorgungsleistungen

→ *BMF vom 11.3.2010 (BStBl. I S. 227)* [1]

Vorweggenommene Erbfolge

Zur ertragsteuerlichen Behandlung der vorweggenommenen Erbfolge → BMF vom 13.1.1993 (BStBl. I S. 80) unter Berücksichtigung der Änderungen durch BMF vom 26.2.2007 (BStBl. I S. 269). [2]

EStR 2012 zu § 10 EStG

R 10.3a Versorgungsausgleich – unbesetzt –

Hinweise

H 10.3a Versorgungsausgleich i. S. d. § 10 Abs. 1 Nr. 1b EStG

Zur einkommensteuerrechtlichen Behandlung der Leistungen auf Grund eines schuldrechtlichen Versorgungsausgleichs → BMF vom 9.4.2010 (BStBl. I S. 323).

EStR 2012 zu § 10 EStG

R 10.4 Vorsorgeaufwendungen (Allgemeines)

[1]Nach § 10 Abs. 1 Nr. 3 Satz 2 EStG können eigene Beiträge des Kindes zur Basiskranken- und gesetzlichen Pflegeversicherung im Rahmen des Sonderausgabenabzugs bei den Eltern berücksichtigt werden, wenn diese das Kind, für das sie Anspruch auf einen Freibetrag nach § 32 Abs. 6 EStG oder auf Kindergeld haben, durch Unterhaltsleistungen in Form von Bar- oder Sachleistungen (z. B. Unterkunft und Verpflegung) unterstützen. [2]Ob das Kind über eigene Einkünfte verfügt, ist insoweit ohne Bedeutung. [3]Allerdings können die Basiskranken- und gesetzlichen Pflegeversicherungsbeiträge des Kindes insgesamt nur einmal als Vorsorgeaufwendungen berücksichtigt werden. [4]Entweder erfolgt die Berücksichtigung nach § 10 Abs. 1 Nr. 3 Satz 2 EStG bei den Eltern oder nach § 10 Abs. 1 Nr. 3 Satz 1 EStG beim Kind.

---

1) Siehe Anlage § 010-01.
2) Siehe Anlage § 016-06.

Hinweise

H 10.4 Abzug von Vorsorgeaufwendungen
– Zum Sonderausgabenabzug für Beiträge nach § 10 Abs. 1 Nr. 2 bis 3a EStG → BMF vom 19.8.2013 (BStBl. I S. 1087) unter Berücksichtigung der Änderungen durch BMF vom 10.1.2014 (BStBl. I S. 70)[1] Rz. 1-167.
– Zur Verfassungsmäßigkeit der beschränkten Abziehbarkeit von Altersvorsorgeaufwendungen → BFH vom 18.11.2009 (BStBl. 2010 II S. 414) und vom 9.12.2009 (BStBl. 2010 II S. 348).

Berufsständische Versorgungseinrichtungen
Liste der berufsständischen Versorgungseinrichtungen, die den gesetzlichen Rentenversicherungen vergleichbare Leistungen i. S. d. § 10 Abs. 1 Nr. 2 Satz 1 Buchstabe a EStG erbringen → BMF vom 8.7.2014 (BStBl. I S. 1098).[2]

Nichtabziehbare Vorsorgeaufwendungen
Vorsorgeaufwendungen, die mit steuerfreien Einnahmen in unmittelbarem wirtschaftlichen Zusammenhang stehen, sind nicht abziehbar.

Beispiele:
1. Gesetzliche Arbeitnehmeranteile zur Sozialversicherung, die auf steuerfreien Arbeitslohn entfallen (→ BFH vom 27.3.1981 – BStBl. II S. 530), z. B. auf Grund einer Freistellung nach einem DBA oder dem Auslandstätigkeitserlass (ATE) vom 31.10.1983 (BStBl. I S. 470);
2. Aufwendungen aus Mitteln, die nach ihrer Zweckbestimmung zur Leistung der Vorsorgeaufwendungen dienen, wie

   a) steuerfreie Zuschüsse zur Krankenversicherung der Rentner, z. B. nach § 106 SGB VI (→ H 3.14);

   b) Sonderleistungen, die Wehrpflichtige oder Zivildienstleistende unter bestimmten Voraussetzungen zum Ersatz für Beiträge zu einer Krankenversicherung, Unfallversicherung oder Haftpflichtversicherung erhalten (§ 7 USG, § 78 Abs. 1 Nr. 2 ZDG); Beiträge zu Versicherungen, die mit dem Führen und Halten von Kraftfahrzeugen zusammenhängen, z. B. Kraftfahrzeug-Haftpflichtversicherung, Kraftfahrzeug-Insassenunfallversicherung, werden nach § 7 Abs. 2 Nr. 4 USG nicht ersetzt;

   c) Beiträge zur Alters- und Hinterbliebenenversorgung, die Wehrpflichtigen und Zivildienstleistenden erstattet werden (§§ 14a und 14b Arbeitsplatzschutzgesetz; § 78 Abs. 1 Nr. 1 ZDG;

   d) steuerfreie Beträge, die Land- und Forstwirte nach dem Gesetz über die Alterssicherung der Landwirte zur Entlastung von Vorsorgeaufwendungen im Sinne des § 10 Abs. 1 Nr. 2 Buchstabe a EStG erhalten.

EStR 2012 zu § 10 EStG

R 10.5 Versicherungsbeiträge

[1]Wird ein Kraftfahrzeug teils für berufliche und teils für private Zwecke benutzt, kann der Steuerpflichtige den Teil seiner **Aufwendungen für die Kfz-Haftpflichtversicherung**, der dem Anteil der privaten Nutzung entspricht, im Rahmen des § 10 EStG als Sonderausgaben abziehen. [2]Werden Aufwendungen für Wege zwischen Wohnung und Arbeitsstätte oder Familienheimfahrten mit eigenem Kraftfahrzeug in Höhe der Entfernungspauschale nach § 9 Abs. 1 Satz 3 Nr. 4 abgezogen, können die Aufwendungen für die Kfz-Haftpflichtversicherung zur Vereinfachung in voller Höhe als Sonderausgaben anerkannt werden.

Hinweise

H 10.5 Beiträge an ausländische Sozialversicherungsträger
Zur Aufteilung der an ausländische Sozialversicherungsträger geleisteten Globalbeiträge zur Berücksichtigung der Vorsorgeaufwendungen im Rahmen des Sonderausgabenabzugs → BMF vom 8.10.2013 (BStBl. I S. 1266)[3]

---

1) Siehe Anlage § 010-11.
2) Siehe Anlage § 010-13.
3) Siehe Anlage § 010-09.

§ 10 — R 10.5

Erbschaftsteuerversicherung

- Zum Begriff der Erbschaftsteuerversicherung → BMF vom. 1.10.2009 (BStBl. I S. 1172), Rz.30
- Die Beiträge gehören zu den sonstigen Vorsorgeaufwendungen nach § 10 Abs. 1. Nr. 3a EStG (→ BMF vom 19.8.2013 – BStBl. I S. 1087, Rz. 95–98).[1]

Hausratversicherung

Beiträge sind keine Sonderausgaben.

Kapitalwahlrecht

Für vor dem 1.10.1996 abgeschlossene Verträge ist Abschnitt 88 Abs. 1 Satz 4 EStR 1987 weiter anzuwenden. Abschnitt 88 Abs. 1 Satz 4 EStR 1987 lautet: „Beiträge zu Rentenversicherungen mit Kapitalwahlrecht gegen laufende Beitragsleistung können als Sonderausgaben abgezogen werden, wenn die Auszahlung des Kapitals frühestens zu einem Zeitpunkt nach Ablauf von zwölf Jahren seit Vertragsabschluß verlangt werden kann."

Keine Sonderausgaben

Die als Sonderausgaben zu berücksichtigenden Aufwendungen sind in § 10 EStG abschließend aufgezählt. Nicht benannte Aufwendungen können nicht als Sonderausgaben abgezogen werden (→ BFH vom 4.2.2010 – BStBl. II S. 617). Hierzu zählen z. B. Beiträge für eine

- *Hausratversicherung,*
- *Kaskoversicherung,*
- *Rechtsschutzversicherung,*
- *Sachversicherung*

Krankentagegeldversicherung

Die Beiträge gehören zu den sonstigen Vorsorgeaufwendungen nach § 10 Abs. 1 Nr. 3a EStG (→ BMF vom 19.8.1013 – BStBl. I S. 1087, Rz. 95–98).[2]

Lebensversicherung (Vertragsabschluß vor dem 1.1.2005)

- *Allgemeines/Grundsätze*
- → BMF vom 22.8.2002 (BStBl. I S. 827)[3] *unter Berücksichtigung der Änderungen durch BMF vom 1.10.2009 (BStBl. I S. 1188).*
- → *Auszug aus dem EStG 2002 in der am 31.12.2004 geltenden Fassung*
- → *Verzeichnis der ausländischen Versicherungsunternehmen, denen die Erlaubnis zum Betrieb eines nach § 10 Abs. 1 Nr. 2 EStG a. F. begünstigten Versicherungszweigs im Inland erteilt ist – Stand: 1.1.2004*
- *Beiträge zu Lebensversicherungen mit Teilleistungen auf den Erlebensfall vor Ablauf der Mindestvertragsdauer von zwölf Jahren sind auch nicht teilweise als Sonderausgaben abziehbar (→ BFH vom 27.10.1987 – BStBl. 1988 II S. 132).*
- *Einsatz von Lebensversicherungen zur Tilgung oder Sicherung von Darlehen → BMF vom 15.6.2000 (BStBl. I S. 1118) und vom 16.7.2012 (BStBl. I S. 686).*[4]

Loss-of-Licence-Versicherung

Beiträge zur Berufsunfähigkeitsversicherung eines Flugzeugführers sind regelmäßig Sonderausgaben, keine Werbungskosten (→ BFH vom 13.4.1976 – BStBl. II S. 599).

Pflegekrankenversicherung

Die Beiträge zu einer ergänzenden Pflegekrankenversicherung gehören zu den sonstigen Vorsorgeaufwendungen nach § 10 Abs. 1 Nr. 3a EStG (→ BMF vom 19.8.2013 – BStBl. I S. 1087, Rz. 95–98).[5]

---

1) Siehe Anlage § 010-11.
2) Siehe Anlage § 010-11.
3) Siehe Anlage § 010-05.
4) Siehe Anlagen § 010-02 und § 010-03.
5) Siehe Anlage § 010-11.

R 10.5, 10.6, 10.7 § 10

Pflegerentenversicherung
Die Beiträge gehören zu den sonstigen Vorsorgeaufwendungen nach § 10 Abs. 1 Nr. 3a EStG (→ BMF vom 19.8.2013 – BStBl. I S. 1087, Rz. 95–98). [1]

Unfallversicherung
– *Zuordnung von Versicherungsbeiträgen zu Werbungskosten oder Sonderausgaben → BMF vom 28.10.2009 (BStBl. I S. 1275), Tz. 4*
– *Soweit die Beiträge nicht den Werbungskosten zuzuordnen sind, liegen sonstige Vorsorgeaufwendungen nach § 10 Abs. 1 Nr. 3a EStG vor (→ BMF vom 19.8.2013 – BStBl. I S. 1087, Rz. 95–98).* [2]

Versorgungsbeiträge Selbständiger
Beiträge, für die eine gesetzliche Leistungspflicht besteht, stellen, auch soweit sie auf die sog. „alte Last" entfallen, regelmäßig keine Betriebsausgaben dar, wenn sie gleichzeitig der eigenen Versorgung oder der Versorgung der Angehörigen dienen (→ BFH vom 13.4.1972 – BStBl. II S. 728 und 730).
Sie können in diesem Fall als Sonderausgaben im Rahmen des § 10 EStG abgezogen werden.

Vertragseintritt
Wer in den Lebensversicherungsvertrag eines anderen eintritt, kann nur die nach seinem Eintritt fällig werdenden Beiträge als Sonderausgaben abziehen; der Eintritt gilt nicht als neuer Vertragsabschluss (→ BFH vom 9.5.1974 – BStBl. II S. 633).

EStR 2012 zu § 10 EStG

R 10.6 Nachversteuerung von Versicherungsbeiträgen

¹Bei einer Nachversteuerung nach § 30 EStDV wird der Steuerbescheid des Kalenderjahrs, in dem die Versicherungsbeiträge für Versicherungen i. S. d. § 10 Abs. 1 Nr. 3 Buchstabe b EStG als Sonderausgabe berücksichtigt worden sind, nicht berichtigt. ²Es ist lediglich festzustellen, welche Steuer für das jeweilige Kalenderjahr festzusetzen gewesen wäre, wenn der Steuerpflichtige die Versicherungsbeiträge nicht geleistet hätte. ³Der Unterschiedsbetrag zwischen dieser Steuer und der seinerzeit festgesetzten Steuer ist als Nachsteuer für das Kalenderjahr zu erheben, in dem das steuerschädliche Ereignis eingetreten ist.

Hinweise

H 10.6 Nachsteuer
Bei Berechnung der Nachsteuer nach § 10 Abs. 5 EStG findet § 177 AO keine Anwendung; bisher nicht geltend gemachte Aufwendungen können nicht nachgeschoben werden (→ BFH vom 15.12.1999 – BStBl. 2000 II S. 292).

Nachversteuerung für Versicherungsbeiträge bei Ehegatten im Falle ihrer getrennten Veranlagung
Sind die Ehegatten in einem dem VZ 1990 vorangegangenen Kalenderjahr nach § 26a EStG in der für das betreffende Kalenderjahr geltenden Fassung getrennt veranlagt worden und waren in ihren zusammengerechneten Sonderausgaben mit Ausnahme des Abzugs für den steuerbegünstigten nicht entnommenen Gewinn und des Verlustabzugs Versicherungsbeiträge enthalten, für die eine Nachversteuerung durchzuführen ist, ist nach Abschnitt 109a EStR 1990 zu verfahren.

Veräußerung von Ansprüchen aus Lebensversicherungen
führt weder zu einer Nachversteuerung der als Sonderausgaben abgezogenen Versicherungsbeiträge noch zur Besteuerung eines etwaigen Überschusses des Veräußerungserlöses über die eingezahlten Versicherungsbeiträge (→ BMF vom 22.8.2002 – BStBl. I S. 827, RdNr. 32).

EStR 2012 zu § 10 EStG

R 10.7 Kirchensteuern und Kirchenbeiträge

(1) ¹Beiträge der Mitglieder von Religionsgemeinschaften (Kirchenbeiträge), die mindestens in einem Land als Körperschaften des öffentlichen Rechts anerkannt sind, aber während des ganzen Kalenderjahrs

---
1) Siehe Anlage § 010-11.
2) Siehe Anlage § 010-11.

§ 10 R 10.7, 10.8

keine Kirchensteuer erheben, sind aus Billigkeitsgründen wie Kirchensteuern abziehbar. ²Voraussetzung ist, dass der Steuerpflichtige über die geleisteten Beiträge eine Empfangsbestätigung der Religionsgemeinschaft vorlegt. ³Der Abzug ist bis zur Höhe der Kirchensteuer zulässig, die in dem betreffenden Land von den als Körperschaften des öffentlichen Rechts anerkannten Religionsgemeinschaften erhoben wird. ⁴Bei unterschiedlichen Kirchensteuersätzen ist der höchste Steuersatz maßgebend. ⁵Die Sätze 1 bis 4 sind nicht anzuwenden, wenn der Steuerpflichtige gleichzeitig als Mitglied einer öffentlich-rechtlichen Religionsgemeinschaft zur Zahlung von Kirchensteuer verpflichtet ist.

(2) Kirchenbeiträge, die nach Absatz 1 nicht wie Kirchensteuer als Sonderausgaben abgezogen werden, können im Rahmen des § 10b EStG steuerlich berücksichtigt werden.

Hinweise

H 10.7 Beiträge an Religionsgemeinschaften (R 10.7 Abs. 1 Satz 1 bis 3)

Die in R 10.7 Abs. 1 getroffene Regelung stellt eine Billigkeitsmaßnahme (§ 163 AO) dar, die zwingend anzuwenden ist. Der höchstmögliche Abzug beträgt 8 % bzw. 9 % der festgesetzten Einkommensteuer auf das um die Beiträge geminderte zu versteuernde Einkommen; § 51a Abs. 1 und 2 EStG ist anzuwenden (→ BFH vom 10.10.2001 – BStBl. 2002 II S. 201 und vom 12.6.2002 – BStBl. 2003 I S. 281).

Kirchensteuern an Religionsgemeinschaften in EU-/EWR-Staaten

Auch Kirchensteuerzahlungen an Religionsgemeinschaften, die in einem anderen EU-Mitgliedstaat oder in einem EWR-Staat belegen sind und die bei Inlandsansässigkeit als Körperschaft des öffentlichen Rechts anzuerkennen wären, sind als Sonderausgabe nach §10 Abs. 1 Nr. 4 EStG abziehbar. Das betrifft die Staaten Finnland (evangelisch-lutherische und orthodoxe Staatskirchen) und Dänemark (evangelisch-lutherische Staatskirche). Soweit in den vorgenannten Staaten andere Religionsgemeinschaften ansässig sind, sind für die fiktive Einordnung als Körperschaft des öffentlichen Rechts die zuständigen Innen- oder Kultusbehörden einzubeziehen) (→ BMF vom 16.11.2010 – BStBl. I S. 1311).

Kirchensteuern i. S. d. § 10 Abs. 1 Nr. 4 EStG

Sie sind Geldleistungen, die von den als Körperschaften des öffentlichen Rechts anerkannten Religionsgemeinschaften von ihren Mitgliedern auf Grund gesetzlicher Vorschriften erhoben werden. Die Kirchensteuer wird in der Regel als Zuschlagsteuer zur Einkommen- bzw. Lohnsteuer erhoben. Kirchensteuern können aber nach Maßgabe der Gesetze auch erhoben werden als Kirchensteuern vom Einkommen, vom Vermögen, vom Grundbesitz und als Kirchgeld.

Keine Kirchensteuern sind freiwillige Beiträge, die an öffentlich-rechtliche Religionsgemeinschaften oder andere religiöse Gemeinschaften entrichtet werden.

Willkürliche Zahlungen

Kirchensteuern sind grundsätzlich in dem Veranlagungszeitraum als Sonderausgabe abzugsfähig, in dem sie tatsächlich entrichtet wurden, soweit es sich nicht um willkürliche, die voraussichtliche Steuerschuld weit übersteigende Zahlungen handelt (→ BFH vom 25.1.1963 – BStBl. III S. 141).

EStR 2012 zu § 10 EStG

R 10.8 Kinderbetreuungskosten

– unbesetzt –

Hinweise

H 10.8 Abzugsbeschränkung

Die Beschränkung des Abzugs von Kinderbetreuungskosten auf zwei Drittel der Aufwendungen und einen Höchstbetrag von 4 000 Euro je Kind ist verfassungsgemäß (→ BFH vom 9.2.2012 – BStBl. II S. 567).

Anwendungsschreiben

→ BMF vom 14.3.2012 (BStBl. I S. 307) [1]

---

1) Siehe Anlage § 010-07.

EStR 2012 zu § 10 EStG

R 10.9 Aufwendungen für die Berufsausbildung

(1) ¹Erhält der Steuerpflichtige zur unmittelbaren Förderung seiner Ausbildung steuerfreie Bezüge, mit denen Aufwendungen i. S. d. § 10 Abs. 1 Nr. 7 EStG abgegolten werden, entfällt insoweit der Sonderausgabenabzug. ²Das gilt auch dann, wenn die zweckgebundenen steuerfreien Bezüge erst nach Ablauf des betreffenden Kalenderjahrs gezahlt werden. ³Zur Vereinfachung ist eine Kürzung der für den Sonderausgabenabzug in Betracht kommenden Aufwendungen nur dann vorzunehmen, wenn die steuerfreien Bezüge ausschließlich zur Bestreitung der in § 10 Abs. 1 Nr. 7 EStG bezeichneten Aufwendungen bestimmt sind. ⁴Gelten die steuerfreien Bezüge dagegen ausschließlich oder teilweise Aufwendungen für den Lebensunterhalt ab – ausgenommen solche für auswärtige Unterbringung –, z. B. Berufsausbildungsbeihilfen nach § 59 SGB III, Leistungen nach §§ 12 und 13 BAföG, sind die als Sonderausgaben geltend gemachten Berufsausbildungsaufwendungen nicht zu kürzen.

Nachlaufende Studiengebühren

(2) Staatlich gestundete Studienbeiträge, die erst nach Abschluss des Studiums gezahlt werden (sog. nachlaufende Studiengebühren), sind nach den allgemeinen Grundsätzen des § 11 Abs. 2 EStG im Jahr der Zahlung der gestundeten Beiträge und somit auch nach Abschluss der Berufsausbildung als Sonderausgaben abziehbar.

Hinweise

H 10.9 Aufwendungen i. S. d. § 10 Abs. 1 Nr. 7 EStG

– **Arbeitsmittel**

Die für Arbeitsmittel im Sinne des § 9 Abs. 1 Satz 3 Nr. 6 EStG geltenden Vorschriften sind sinngemäß anzuwenden. Schafft ein Steuerpflichtiger abnutzbare Wirtschaftsgüter von mehrjähriger Nutzungsdauer an, so sind im Rahmen des § 10 Abs. 1 Nr. 7 EStG nur die auf die Nutzungsdauer verteilten Anschaffungskosten als Sonderausgaben abziehbar (→ BFH vom 7.5.1993 – BStBl. II S. 676).

Die Anschaffungs- oder Herstellungskosten von Arbeitsmitteln einschließlich der Umsatzsteuer können im Jahr ihrer Verausgabung in voller Höhe als Sonderausgaben abgesetzt werden, wenn sie ausschließlich der Umsatzsteuer für das einzelne Arbeitsmittel 410 € nicht übersteigen (→ R 9.12 LStR 2013).

– **häusliches Arbeitszimmer**

→ *BMF vom 2.3.2011 (BStBl. I S. 195).* [1)]

– **Fachliteratur**

→ *BFH vom 28.11.1980 (BStBl. 1981 II S. 309)*

– **Mehraufwand für Verpflegung**

→ *BFH vom 3.12.1974 (BStBl. 1975 II S. 356)*

→ *R 9.6 LStR 2013*

– **Mehraufwand wegen doppelter Haushaltsführung**

→ *R 9.11 LStR 2013*

Ausbildungsdarlehen/Studiendarlehen

– *Abzugshöhe/Abzugszeitpunkt → H 10.1*

– *Aufwendungen zur Tilgung von Ausbildungs-/Studiendarlehen gehören nicht zu den abziehbaren Aufwendungen im Sinne des § 10 Abs. 1 Nr. 7 EStG (→ BFH vom 15.3.1974 – BStBl. II S. 513).*

– *Zinsen für ein Ausbildungsdarlehen gehören zu den abziehbaren Aufwendungen, auch wenn sie nach Abschluss der Berufsausbildung gezahlt werden (→ BFH vom 28.2.1992 – BStBl. II S. 834).*

– *Ist ein Ausbildungsdarlehen nebst Zuschlag zurückzuzahlen, sind die Aufwendungen für den Zuschlag Ausbildungs- und keine Werbungskosten, wenn damit nachträglich die im Zusammenhang mit der Berufsausbildung gewährten Vorteile abgegolten werden sollen und wenn der Zuschlag nicht weitaus überwiegend als Druckmittel zur Einhaltung der vorver-*

---

1) Siehe Anlage § 004-43.

traglichen Verpflichtungen zur Eingehung eines langfristigen Arbeitsverhältnisses dienen soll (→ BFH vom 28.2.1992 – BStBl. II S. 834).

Aus- und Fortbildung

→ R 9.2 LStR 2013

Auswärtige Unterbringung

Ein Student, der seinen Lebensmittelpunkt an den Studienort verlagert hat, ist regelmäßig nicht auswärts untergebracht (→ BFH vom 19.09.2012 – BStBl. 2013 II S. 264).

Beruf

Der angestrebte Beruf muss nicht innerhalb bestimmter bildungspolitischer Zielvorstellungen des Gesetzgebers liegen (→ BFH vom 18.12.1987 – BStBl. 1988 II S. 494).

Berufsausbildungskosten

Aufwendungen für die erstmalige Berufsausbildung oder ein Erststudium → BMF vom 22.9.2010 (BStBl. I S. 721).[1)]

Deutschkurs

Aufwendungen eines in Deutschland lebenden Ausländers für den Erwerb von Deutschkenntnissen sind nicht als Aufwendungen für die Berufsausbildung abziehbar (→ BFH vom 15.3.2007 – BStBl. II S. 814).

Habilitation

Aufwendungen eines wissenschaftlichen Assistenten an einer Hochschule für seine Habilitation sind Werbungskosten im Sinne von § 9 EStG (→ BFH vom 7.8.1967 – BStBl. II S. 778).

Klassenfahrt

Aufwendungen eines Berufsschülers für eine im Rahmen eines Ausbildungsdienstverhältnisses als verbindliche Schulveranstaltung durchgeführte Klassenfahrt sind in der Regel Werbungskosten (→ BFH vom 7.2.1992 – BStBl. II S. 531).

Studienreisen

→ R 12.2

Umschulung

Aufwendungen für eine Umschulungsmaßnahme, die die Grundlage dafür bildet, von einer Berufs- oder Erwerbsart zu einer anderen überzuwechseln, können vorab entstandene Werbungskosten sein (→ BFH vom 4.12.2002 – BStBl. 2003 II S. 403).

EStR 2012 zu § 10 EStG

R 10.10 Schulgeld

Kind als Vertragspartner

(1) [1]Schulgeldzahlungen eines Stpfl. sind bei diesem auch dann nach § 10 Abs. 1 Nr. 9 EStG abziehbar, wenn dessen unterhaltsberechtigtes Kind selbst Vertragspartner der Schule ist. [2]Hat der Stpfl. für das sich in der Ausbildung befindende Kind einen Anspruch auf einen Freibetrag nach § 32 Abs. 6 EStG oder auf Kindergeld, ist davon auszugehen, dass die erforderliche Unterhaltsberechtigung des Kindes besteht.

Schulbesuche im Ausland

(2) [1]Zu den nach § 10 Abs. 1 Nr. 9 EStG abziehbaren Sonderausgaben gehören u. a. Schulgeldzahlungen für den Besuch einer im EU-/EWR-Raum belegenen Bildungsstätte, wenn der Besuch mit dem „International Baccalaureate" (Internationales Abitur) abschließen soll. [2]Für die Anerkennung mehrjähriger Auslandsschulbesuche ist die Vorlage einer einmaligen Prognoseentscheidung der im Einzelfall zuständigen Behörde (z. B. Zeugnisanerkennungsstelle) ausreichend.

Hinweise

H 10.10 Allgemeines

– → BMF vom 9.3.2009 (BStBl. I S. 487)[2)]

---

1) Siehe Anlage § 010-12.
2) Siehe Anlage § 010-06.

– Der Abzug von Schulgeldzahlungen setzt nicht voraus, dass die Eltern selbst Vertragspartner des mit der Privatschule abgeschlossenen Vertrages sind (→ BFH vom 9.11.2011 – BStBl. 2012 II S. 321).

Aufwendungen für den Schulbesuch als außergewöhnliche Belastungen

→ H 33.1 – 33.4 (Schulbesuch).

Privatschule in der Schweiz

Schulgeld, das an eine schweizerische Privatschule gezahlt wird, kann nicht als Sonderausgabe abgezogen werden. Hierin liegt keine Verletzung der Kapitalverkehrsfreiheit. Das Freizügigkeitsabkommen zwischen der Europäischen Gemeinschaft und ihren Mitgliedstaaten und der Schweiz vom 21.6.1999 (BGBl. 2001 II S. 811) gewährt keinen Anspruch auf Gleichbehandlung mit Privatschulen, die in der EU oder im EWR belegen sind (→ BFH vom 9.5.2012 – BStBl. II S. 585).

Spendenabzug

Zum Spendenabzug von Leistungen der Eltern an gemeinnützige Schulvereine – Schulen in freier Trägerschaft → BMF vom 4.1.1991 (BStBl. 1992 I S. 266).

EStR 2012 zu § 10 EStG

R 10.11 Kürzung des Vorwegabzugs bei der Günstigerprüfung – unbesetzt –

Hinweise

H 10.11 Allgemeines

Ist nach § 10 Abs. 4a EStG in den Kalenderjahren 2005 bis 2019 der Abzug der Vorsorgeaufwendungen nach Absatz 1 Nr. 2 und 3 in der für das Kalenderjahr 2004 geltenden Fassung des § 10 Abs. 3 EStG mit den in § 10 Abs. 4a EStG genannten Höchstbeträgen für den Vorwegabzug günstiger, ist der sich danach ergebende Betrag anstelle des Abzugs nach Absatz 3 und 4 anzusetzen.

„§ 10 Abs. 3 EStG in der für das Kalenderjahr 2004 geltenden Fassung lautet:

(3) Für Vorsorgeaufwendungen gelten je Kalenderjahr folgende Höchstbeträge:

1. ein Grundhöchstbetrag von 1 334 Euro,
   im Fall der Zusammenveranlagung von Ehegatten von 2 668 Euro;
2. ein Vorwegabzug von 3 068 Euro,
   Im Fall der Zusammenveranlagung von Ehegatten von 6 136 Euro.

Diese Beträge sind zu kürzen um 16 vom Hundert der Summe der Einnahmen

a) aus nichtselbständiger Arbeit im Sinne des § 19 ohne Versorgungsabzüge im Sinne des § 19 Abs. 2, wenn für die Zukunftssicherung des Steuerpflichtigen Leistungen im Arbeit im Sinne des § 3 Nr. 62 erbracht werden oder der Steuerpflichtige zum Personenkreis de § 10c Abs. 3 Nr. 1 oder 2 gehört, und

b) aus der Ausübung eines Mandats im Sinne § 22 Nr. 4;

3. für Beiträge nach Absatz 1. Nr. 2 Buchstabe c ein zusätzlicher Höchstbetrag von 184 Euro für Steuerpflichtige, die nach dem 31. Dezember 1957 geboren sind;

4. Vorsorgeaufwendungen, die die nach den Nummern 1 bis 3 abziehbaren Beträge übersteigen, können zur Hälfte, höchstens bis zu 50 vom Hundert des Grundhöchstbetrags abgezogen werden (hälftiger Höchstbetrag)."

Bemessungsgrundlage für die Kürzung des Vorwegabzugs

– **Einnahmen aus einem früheren Beschäftigungsverhältnis**

Der Vorwegabzug für Vorsorgeaufwendungen ist auch für VZ nach Beendigung des Beschäftigungsverhältnisses zu kürzen, wenn in wirtschaftlichem Zusammenhang mit der früheren Beschäftigung stehender Arbeitslohn nachträglich an den Stpfl. ausgezahlt wird und dieser durch arbeitgeberfinanzierte Zukunftssicherungsleistungen oder Altersvorsorgungsansprüche begünstigt worden war (→ BFH vom 20.12.2006 – BStBl. 2007 II S. 823).

§ 10 R 10.11

– **Entlassungsentschädigung**
  Zu den Einnahmen aus nichtselbständiger Arbeit, die Bemessungsgrundlage für die Kürzung des Vorwegabzugs für Vorsorgeaufwendungen sind, gehört auch eine vom Arbeitgeber gezahlte Entlassungsentschädigung, für die kein Arbeitgeberbeitrag zu leisten war (→ BFH vom 16.10.2002 – BStBl. 2003 II S. 343).

– **Mehrere Beschäftigungsverhältnisse**
  Bei mehreren Beschäftigungsverhältnissen sind für die Kürzung des Vorwegabzugs für Vorsorgeaufwendungen nur die Einnahmen aus den Beschäftigungsverhältnissen zu berücksichtigen, in deren Zusammenhang die Voraussetzungen für eine Kürzung des Vorwegabzugs für Vorsorgeaufwendungen erfüllt sind (→ BFH vom 26.2.2004 – BStBl. II S. 720).

– **Zukunftssicherungsleistungen**
  – Zum Begriff der Zukunftssicherungsleistungen im Sinne des § 3 Nr. 62 EStG → R 3.62 LStR 2013.
  – Die Höhe der vom Arbeitgeber erbrachten Zukunftssicherungsleistungen im Sinne des § 3 Nr. 62 EStG ist für den Umfang der Kürzung des Vorwegabzugs ohne Bedeutung (→ BFH vom 16.10.2002 – BStBl. 2003 II S. 183).
  – Der Vorwegabzug ist auch dann zu kürzen, wenn der Arbeitgeber Zukunftssicherungsleistungen während des VZ nur zeitweise erbringt oder nur Beiträge zur Kranken- und Pflegeversicherung leistet (→ BFH vom 16.10.2002 – BStBl. 2003 II S. 288).
  – Der Vorwegabzug für Vorsorgeaufwendungen ist auch dann zu kürzen, wenn das Anwartschaftsrecht auf Altersversorgung nicht unverfallbar ist oder wirtschaftlich nicht gesichert erscheint. Diese Kürzung ist nicht rückgängig zu machen, wenn eine Pensionszusage in späteren Jahren widerrufen wird (→BFH vom 28.7.2004 – BStBl. 2005 II S. 94).

– **Zusammenveranlagte Ehegatten**
  Bei der Kürzung des zusammenveranlagten Ehegatten gemeinsam zustehenden Vorwegabzugs für Vorsorgeaufwendungen ist in die Bemessungsgrundlage nur der Arbeitslohn desjenigen Ehegatten einzubeziehen, für den Zukunftssicherungsleistungen im Sinne des § 3 Nr. 62 EStG erbracht worden sind oder der zum Personenkreis des § 10c Abs. 3 Nr. 1 oder 2 EStG gehört (→ BFH vom 3.12.2003 – BStBl. 2004 II S. 709).

– **Gesellschafter-Geschäftsführer von Kapitalgesellschaften**
  → BMF vom 22.5.2007 (BStBl. I S. 493)

Höchstbetrag nach § 10 Abs. 3 EStG
Der Höchstbetrag ist nicht zu kürzen:

– wenn der Arbeitgeber für die Zukunftssicherung des Stpfl. keine Leistungen i. S. d. Absatzes 3 erbracht hat. Werden später Beiträge für einen bestimmten Zeitraum nachentrichtet, ist dieser Vorgang ein rückwirkendes Ereignis i. S. d. § 175 Abs. 1 Satz 1 Nr. 2 AO; der Höchstbetrag ist zu kürzen (→ BFH vom 21.1.2004 – BStBl. II S. 650),
– wenn einem Gesellschafter-Geschäftsführer einer GmbH im Anstellungsvertrag ein Anspruch auf Ruhegehalt eingeräumt wird, dessen Art und Höhe erst später per Gesellschafterbeschluss bestimmt werden soll und die GmbH keine Aufwendungen zur Sicherstellung der künftigen Altersversorgung tätigt (→ BFH vom 14.6.2000 – BStBl. 2001 II S. 28),
– bei Pflichtversicherten nach § 2 Abs. 1 Nr. 11 Angestelltenversicherungsgesetz bzw. nach § 4 SGB VI auf Antrag Pflichtversicherten (→ BFH vom 19.5.1999 – BStBl. 2001 II S. 64),
– wenn vom Arbeitgeber ausschließlich Leistungen i. S. d. § 3 Nr. 63 EStG erbracht werden (→ BMF vom 30.1.2008 – BStBl. I S. 390).

Weitere Verwaltungsanweisungen
(soweit nicht in den Hinweisen enthalten)

Zu § 10 Abs. 1 und 2 EStG

1. Festsetzung von Einkommensteuer – Vorauszahlungen bei Durchführung des sog. Realsplittings (Vfg OFD Münster vom 3.4.1987, DStR 1987 S. 524, FR 1987 S. 257 und Vfg OFD Nürnberg vom 11.3.1988, DStR 1988 S. 26)
2. Finanzierung unter Einsatz von Lebensversicherungen bei Personengesellschaften (Vfg OFD Hannover vom 21.10.1993, DStR 1994 S. 60)

§ 10

3. Zurechnung von Altenteilsleistungen an ein Altenteiler-Ehepaar grundsätzlich je zur Hälfte (Vfg OFD Hannover vom 27.12.1993, DStR 1994 S. 393)
4. Mitgliedsbeiträge an Religionsgemeinschaften als Sonderausgaben (Vfg OFD Frankfurt/M. vom 26.1.1995, DB 1995 S. 801)
5. Zum Begriff des Entgelts i. S. des § 10 Abs. 1 Nr. 9 EStG (Vfg OFD Koblenz vom 10.12.2003 DStR 2004 S. 180)
6. Realsplitting: Die Reduzierung des in der „Anlage U" zugestimmten Betrags durch den Unterhaltsgeber mit korrespondierender Auswirkung beim Unterhaltsempfänger für einen folgenden VZ ist möglich (Vfg OFD Koblenz vom 30.7.2007, DB 2007 S. 1949)
7. Beiträge zu Kranken- und Pflegeversicherung eines Kindes als Sonderausgaben bei den Eltern (Vfg OFD Magdeburg vom 3.11.2011)[1]
8. Die insgesamt geleisteten Kranken- und Pflegeversicherungsbeiträge brauchen nicht durch eine gesonderte Bescheinigung des Versicherungsunternehmens nachgewiesen werden (FM Schleswig-Holstein vom 13.4.2011 – VI 314 – S 2221 – 179)

Rechtsprechungsauswahl

BFH vom 25.6.14 X R 16/13 (BStBl. II S. 889): Keine begünstigte Vermögensübertragung und somit kein Sonderausgabenabzug bei wiederkehrenden Leistungen aufgrund eines Wirtschaftsüberlassungsvertrages

BFH vom 25.2.14 X R 34/11 (BStBl. II S. 665): Verzicht eines Ehegatten auf Pflichtteils- oder ähnliche Ansprüche zugunsten der Zuwendung laufender Zahlungen führt im Regelfall bei Erfüllen der übrigen Voraussetzungen zu einer Vermögensübergabe gegen Versorgungsleistungen

BFH vom 14.11.13 III R 18/13 (BStBl. 2014 II S. 383): Verfassungsmäßigkeit des Abzugs von Kinderbetreuungskosten bei drei unter vierjährigen Kindern

BFH vom 15.5.13 X R 18/10 (BStBl. 2014 II S. 25): Beiträge zur Versorgungsanstalt der Bezirksschornsteinfegermeister sind keine Altersvorsorgeaufwendungen

BFH vom 14.5.13 I R 49/12 (BStBl. 2014 II S. 22): Vorabentscheidungsersuchen an den EuGH zum Abzugsausschluss für Versorgungsleistungen bei beschränkter Steuerpflicht

BFH vom 22.8.12 X R 36/09 (BStBl. 2014 II S. 109): Abzug von Leistungen im Rahmen schuldrechtlichen Versorgungsausgleichs (bzw. von schuldrechtlichen Ausgleichszahlungen)

---

[1] Siehe Anlage § 010-04 und R 10.10 EStR.

§ 10a

§ 10a Zusätzliche Altersvorsorge

(1) ¹In der inländischen gesetzlichen Rentenversicherung Pflichtversicherte können Altersvorsorgebeiträge (§ 82) zuzüglich der dafür nach Abschnitt XI zustehenden Zulage jährlich bis zu 2 100 Euro als Sonderausgaben abziehen; das Gleiche gilt für

1. Empfänger von inländischer Besoldung nach dem Bundesbesoldungsgesetz oder einem Landesbesoldungsgesetz,
2. Empfänger von Amtsbezügen aus einem inländischen Amtsverhältnis, deren Versorgungsrecht die entsprechende Anwendung des § 69e Abs. 3 und 4 des Beamtenversorgungsgesetzes vorsieht,
3. die nach § 5 Abs. 1 Satz 1 Nr. 2 und 3 des Sechsten Buches Sozialgesetzbuch versicherungsfrei Beschäftigten, die nach § 6 Abs. 1 Satz 1 Nr. 2 oder nach § 230 Abs. 2 Satz 2 des Sechsten Buches Sozialgesetzbuch von der Versicherungspflicht befreiten Beschäftigten, deren Versorgungsrecht die entsprechende Anwendung des § 69e Abs. 3 und 4 des Beamtenversorgungsgesetzes vorsieht,
4. Beamte, Richter, Berufssoldaten und Soldaten auf Zeit, die ohne Besoldung beurlaubt sind, für die Zeit einer Beschäftigung, wenn während der Beurlaubung die Gewährleistung einer Versorgungsanwartschaft unter den Voraussetzungen des § 5 Abs. 1 Satz 1 des Sechsten Buches Sozialgesetzbuch auf diese Beschäftigung erstreckt wird, und
5. Steuerpflichtige im Sinne der Nummern 1 bis 4, die beurlaubt sind und deshalb keine Besoldung, Amtsbezüge oder Entgelt erhalten, sofern sie eine Anrechnung von Kindererziehungszeiten nach § 56 des Sechsten Buches Sozialgesetzbuch in Anspruch nehmen könnten, wenn die Versicherungsfreiheit in der inländischen gesetzlichen Rentenversicherung nicht bestehen würde,

wenn sie spätestens bis zum Ablauf des zweiten Kalenderjahres, das auf das Beitragsjahr (§ 88) folgt, gegenüber der zuständigen Stelle (§ 81a) schriftlich eingewilligt haben, dass diese der zentralen Stelle (§ 81) jährlich mitteilt, dass der Steuerpflichtige zum begünstigten Personenkreis gehört, dass die zuständige Stelle der zentralen Stelle die für die Ermittlung des Mindesteigenbeitrags (§ 86) und die Gewährung der Kinderzulage (§ 85) erforderlichen Daten übermittelt und die zentrale Stelle diese Daten für das Zulageverfahren verwenden darf. ²Bei der Erteilung der Einwilligung ist der Steuerpflichtige darauf hinzuweisen, dass er die Einwilligung vor Beginn des Kalenderjahres, für das sie erstmals nicht mehr gelten soll, gegenüber der zuständigen Stelle widerrufen kann. ³Versicherungspflichtige nach dem Gesetz über die Alterssicherung der Landwirte stehen Pflichtversicherten gleich; dies gilt auch für Personen, die

1. eine Anrechnungszeit nach § 58 Absatz 1 Nummer 3 oder Nummer 6 des Sechsten Buches Sozialgesetzbuch in der gesetzlichen Rentenversicherung erhalten und
2. unmittelbar vor einer Anrechnungszeit nach § 58 Absatz 1 Nummer 3 oder Nummer 6 des Sechsten Buches Sozialgesetzbuch einer der, im ersten Halbsatz, in Satz 1 oder in Satz 4 genannten begünstigten Personengruppen angehörten.

⁴Die Sätze 1 und 2 gelten entsprechend für Steuerpflichtige, die nicht zum begünstigten Personenkreis nach Satz 1 oder 3 gehören und eine Rente wegen voller Erwerbsminderung oder Erwerbsunfähigkeit oder eine Versorgung wegen Dienstunfähigkeit aus einem der in Satz 1 oder 3 genannten Alterssicherungssysteme beziehen, wenn unmittelbar vor dem Bezug der entsprechenden Leistungen der Leistungsbezieher einer der in Satz 1 oder 3 genannten begünstigten Personengruppen angehörte; dies gilt nicht, wenn der Steuerpflichtige das 67. Lebensjahr vollendet hat. ⁵Bei der Ermittlung der dem Steuerpflichtigen zustehenden Zulage nach Satz 1 bleibt die Erhöhung der Grundzulage nach § 84 Satz 2 außer Betracht.

(1a) ¹Sofern eine Zulagenummer (§ 90 Abs. 1 Satz 2) durch die zentrale Stelle oder eine Versicherungsnummer nach § 147 des Sechsten Buches Sozialgesetzbuch noch nicht vergeben ist, haben die in Absatz 1 Satz 1 Nr. 1 bis 5 genannten Steuerpflichtigen über die zuständige Stelle eine Zulagenummer bei der zentralen Stelle zu beantragen. ²Für Empfänger einer Versorgung im Sinne des Absatzes 1 Satz 4 gilt Satz 1 entsprechend.

§ 10a

(2) ¹Ist der Sonderausgabenabzug nach Absatz 1 für den Steuerpflichtigen günstiger als der Anspruch auf die Zulage nach Abschnitt XI, erhöht sich die unter Berücksichtigung des Sonderausgabenabzugs ermittelte tarifliche Einkommensteuer um den Anspruch auf Zulage. ²In den anderen Fällen scheidet der Sonderausgabenabzug aus. ³Die Günstigerprüfung wird von Amts wegen vorgenommen.

(2a) ¹Der Sonderausgabenabzug setzt voraus, dass der Steuerpflichtige gegenüber dem Anbieter (übermittelnde Stelle) in die Datenübermittlung nach Absatz 5 Satz 1 eingewilligt hat. ²§ 10 Absatz 2a Satz 1 bis Satz 3 gilt entsprechend. ³In den Fällen des Absatzes 3 Satz 2 und 5 ist die Einwilligung nach Satz 1 von beiden Ehegatten abzugeben. ⁴Hat der Zulageberechtigte den Anbieter nach § 89 Abs. 1a bevollmächtigt oder liegt dem Anbieter ein Zulageantrag nach § 89 Abs. 1 vor, gilt die Einwilligung nach Satz 1 für das jeweilige Beitragsjahr als erteilt.

(3) ¹Der Abzugsbetrag nach Absatz 1 steht im Falle der Veranlagung von Ehegatten nach § 26 Abs. 1 jedem Ehegatten unter den Voraussetzungen des Absatzes 1 gesondert zu. ²Gehört nur ein Ehegatte zu dem nach Absatz 1 begünstigten Personenkreis und ist der andere Ehegatte nach § 79 Satz 2 zulageberechtigt, sind bei dem nach Absatz 1 abzugsberechtigten Ehegatten die von beiden Ehegatten geleisteten Altersvorsorgebeiträge und die dafür zustehenden Zulagen bei der Anwendung der Absätze 1 und 2 zu berücksichtigen. ³Der Höchstbetrag nach Absatz 1 Satz 1 erhöht sich in den Fällen des Satzes 2 um 60 Euro. ⁴Dabei sind die von dem Ehegatten, der zu dem nach Absatz 1 begünstigten Personenkreis gehört, geleisteten Altersvorsorgebeiträge vorrangig zu berücksichtigen, jedoch mindestens 60 Euro der von dem anderen Ehegatten geleisteten Altersvorsorgebeiträge. ⁵Gehören beide Ehegatten zu dem nach Absatz 1 begünstigten Personenkreis und liegt ein Fall der Veranlagung nach § 26 Abs. 1 vor, ist bei der Günstigerprüfung nach Absatz 2 der Anspruch auf Zulage beider Ehegatten anzusetzen.

(4) ¹Im Falle des Absatzes 2 Satz 1 stellt das Finanzamt die über den Zulageanspruch nach Abschnitt XI hinausgehende Steuerermäßigung gesondert fest und teilt diese der zentralen Stelle (§ 81) mit; § 10d Abs. 4 Satz 3 bis 5 gilt entsprechend. ²Sind Altersvorsorgebeiträge zu Gunsten von mehreren Verträgen geleistet worden, erfolgt die Zurechnung im Verhältnis der nach Absatz 1 berücksichtigten Altersvorsorgebeiträge. ³Ehegatten ist der nach Satz 1 festzustellende Betrag auch im Falle der Zusammenveranlagung jeweils getrennt zuzurechnen; die Zurechnung erfolgt im Verhältnis der nach Absatz 1 berücksichtigten Altersvorsorgebeiträge. ⁴Werden Altersvorsorgebeiträge nach Absatz 3 Satz 2 berücksichtigt, die der nach § 79 Satz 2 zulageberechtigte Ehegatte zugunsten eines auf seinen Namen lautenden Vertrages geleistet hat, ist die hierauf entfallende Steuerermäßigung dem Vertrag zuzurechnen, zu dessen Gunsten die Altersvorsorgebeiträge geleistet wurden. ⁵Die Übermittlung an die zentrale Stelle erfolgt unter Angabe der Vertragsnummer und der Identifikationsnummer (§ 139b der Abgabenordnung) sowie der Zulage- oder Versicherungsnummer nach § 147 des Sechsten Buches Sozialgesetzbuch.

(5) ¹Die übermittelnde Stelle hat bei Vorliegen einer Einwilligung nach Absatz 2a die Höhe der im jeweiligen Beitragsjahr zu berücksichtigenden Altersvorsorgebeiträge unter Angabe der Vertragsdaten, des Datums der Einwilligung nach Absatz 2a, der Identifikationsnummer (§ 139b der Abgabenordnung) sowie der Zulage- oder der Versicherungsnummer nach § 147 des Sechsten Buches Sozialgesetzbuch nach amtlich vorgeschriebenem Datensatz durch Datenfernübertragung an die zentrale Stelle bis zum 28. Februar des dem Beitragsjahr folgenden Kalenderjahres zu übermitteln. ²§ 10 Absatz 2a Satz 6 bis 8 und § 22a Absatz 2 gelten entsprechend. ³Die Übermittlung erfolgt auch dann, wenn im Fall der mittelbaren Zulageberechtigung keine Altersvorsorgebeiträge geleistet worden sind. ⁴Die übrigen Voraussetzungen für den Sonderausgabenabzug nach den Absätzen 1 bis 3 werden im Wege der Datenerhebung und des automatisierten Datenabgleichs nach § 91 überprüft. ⁵Erfolgt eine Datenübermittlung nach Satz 1 und wurde noch keine Zulagenummer (§ 90 Absatz 1 Satz 2) durch die zentrale Stelle oder keine Versicherungsnummer nach § 147 des Sechsten Buches Sozialgesetzbuch vergeben, gilt § 90 Absatz 1 Satz 2 und 3 entsprechend.

(6) ¹Für die Anwendung der Absätze 1 bis 5 stehen den in der inländischen gesetzlichen Rentenversicherung Pflichtversicherten nach Absatz 1 Satz 1 die Pflichtmitglieder in einem ausländischen gesetzlichen Alterssicherungssystem gleich, wenn diese Pflichtmitgliedschaft

§ 10a

1. mit einer Pflichtmitgliedschaft in einem inländischen Alterssicherungssystem nach Absatz 1 Satz 1 oder 3 vergleichbar ist und
2. vor dem 1. Januar 2010 begründet wurde.

²Für die Anwendung der Absätze 1 bis 5 stehen den Steuerpflichtigen nach Absatz 1 Satz 4 die Personen gleich,

1. die aus einem ausländischen gesetzlichen Alterssicherungssystem eine Leistung erhalten, die den in Absatz 1 Satz 4 genannten Leistungen vergleichbar ist,
2. die unmittelbar vor dem Bezug der entsprechenden Leistung nach Satz 1 oder Absatz 1 Satz 1 oder 3 begünstigt waren und
3. die noch nicht das 67. Lebensjahr vollendet haben.

³Als Altersvorsorgebeiträge (§ 82) sind bei den in Satz 1 oder 2 genannten Personen nur diejenigen Beiträge zu berücksichtigen, die vom Abzugsberechtigten zugunsten seines vor dem 1. Januar 2010 abgeschlossenen Vertrags geleistet wurden. ⁴Endet die unbeschränkte Steuerpflicht eines Zulageberechtigten im Sinne des Satzes 1 oder 2 durch Aufgabe des inländischen Wohnsitzes oder gewöhnlichen Aufenthalts und wird die Person nicht nach § 1 Absatz 3 als unbeschränkt einkommensteuerpflichtig behandelt, so gelten die §§ 93 und 94 entsprechend; § 95 Absatz 2 und 3 und § 99 Absatz 1 in der am 31. Dezember 2008 geltenden Fassung sind anzuwenden.

EStDV

§ 14 (weggefallen)

§§ 45 bis 47 (weggefallen)

Hinweise

H 10a Altersvermögensgesetz

→ BMF vom 24.7.2013 (BStBl. I S. 1022) unter Berücksichtigung der Änderungen durch BMF vom 13.1.2014 (BStBl. I S. 97) und BMF vom 13.3.2014 (BStSl. I S.554).

§ 10b

§ 10b Steuerbegünstigte Zwecke

(1) ¹Zuwendungen (Spenden und Mitgliedsbeiträge) zur Forderung steuerbegünstigter Zwecke im Sinne der §§ 52 bis 54 der Abgabenordnung können insgesamt bis zu

1. 20 Prozent des Gesamtbetrags der Einkunfte oder
2. 4 Promille der Summe der gesamten Umsätze und der im Kalenderjahr aufgewendeten Löhne und Gehälter

als Sonderausgaben abgezogen werden. ²Voraussetzung für den Abzug ist, dass diese Zuwendungen

1. an eine juristische Person des öffentlichen Rechts oder an eine öffentliche Dienststelle, die in einem Mitgliedstaat der Europäischen Union oder in einem Staat belegen ist, auf den das Abkommen über den Europäischen Wirtschaftsraum (EWR-Abkommen) Anwendung findet, oder
2. an eine nach § 5 Absatz 1 Nummer 9 des Körperschaftsteuergesetzes steuerbefreite Körperschaft, Personenvereinigung oder Vermögensmasse oder
3. an eine Körperschaft, Personenvereinigung oder Vermögensmasse, die in einem Mitgliedstaat der Europäischen Union oder in einem Staat belegen ist, auf den das Abkommen über den Europäischen Wirtschaftsraum (EWR-Abkommen) Anwendung findet, und die nach § 5 Absatz 1 Nummer 9 des Körperschaftsteuergesetzes in Verbindung mit § 5 Absatz 2 Nummer 2 zweiter Halbsatz des Körperschaftsteuergesetzes steuerbefreit wäre, wenn sie inländische Einkünfte erzielen würde,

geleistet werden. ³Für nicht im Inland ansässige Zuwendungsempfänger nach Satz 2 ist weitere Voraussetzung, dass durch diese Staaten Amtshilfe und Unterstützung bei der Beitreibung geleistet werden. ⁴Amtshilfe ist der Auskunftsaustausch im Sinne oder entsprechend der Amtshilferichtlinie gemäß § 2 Absatz 2 des EU-Amtshilfegesetzes. ⁵Beitreibung ist die gegenseitige Unterstützung bei der Beitreibung von Forderungen im Sinne oder entsprechend der Beitreibungsrichtlinie einschließlich der in diesem Zusammenhang anzuwendenden Durchführungsbestimmungen in den für den jeweiligen Veranlagungszeitraum geltenden Fassungen oder eines entsprechenden Nachfolgerechtsaktes. ⁶Werden die steuerbegünstigten Zwecke des Zuwendungsempfängers im Sinne von Satz 2 Nummer 1 nur im Ausland verwirklicht, ist für den Sonderausgabenabzug Voraussetzung, dass natürliche Personen, die ihren Wohnsitz oder ihren gewöhnlichen Aufenthalt im Geltungsbereich dieses Gesetzes haben, gefördert werden oder dass die Tätigkeit dieses Zuwendungsempfängers neben der Verwirklichung der steuerbegünstigten Zwecke auch zum Ansehen der Bundesrepublik Deutschland beitragen kann. ⁷Abziehbar sind auch Mitgliedsbeiträge an Körperschaften, die Kunst und Kultur gemäß § 52 Absatz 2 Satz 1 Nummer 5 der Abgabenordnung fördern, soweit es sich nicht um Mitgliedsbeiträge nach Satz 8 Nummer 2 handelt, auch wenn den Mitgliedern Vergünstigungen gewährt werden. ⁸Nicht abziehbar sind Mitgliedsbeiträge an Körperschaften, die

1. den Sport (§ 52 Abs. 2 Satz 1 Nr. 21 der Abgabenordnung),
2. kulturelle Betätigungen, die in erster Linie der Freizeitgestaltung dienen,
3. die Heimatpflege und Heimatkunde (§ 52 Abs. 2 Satz 1 Nr. 22 der Abgabenordnung) oder
4. Zwecke im Sinne des § 52 Abs. 2 Satz 1 Nr. 23 der Abgabenordnung

fördern. ⁹Abziehbare Zuwendungen, die die Höchstbeträge nach Satz 1 überschreiten oder die den um die Beträge nach § 10 Abs. 3 und 4, § 10c und § 10d verminderten Gesamtbetrag der Einkünfte übersteigen, sind im Rahmen der Höchstbeträge in den folgenden Veranlagungszeiträumen als Sonderausgaben abzuziehen. ¹⁰§ 10d Abs. 4 gilt entsprechend.

(1a) ¹Spenden zur Förderung steuerbegünstigter Zwecke im Sinne der §§ 52 bis 54 der Abgabenordnung in das zu erhaltende Vermögen (Vermögensstock) einer Stiftung welche die Voraussetzungen des Absatzes 1 Satz 2 bis 6 erfüllt, können auf Antrag des Steuerpflichtigen im Veranlagungszeitraum der Zuwendung und in den folgenden neun Veranlagungszeiträumen bis zu einem Gesamtbetrag von 1 Million Euro bei Ehegatten, die nach den §§ 26, 26b zusammen veranlagt werden, bis zu einem Gesamtbetrag von 2 Millionen Euro zusätzlich zu den Höchstbeträgen nach Absatz 1 Satz 1 abgezogen werden. ²Nicht abzugsfähig nach

Satz 1 sind Spenden in das verbrauchbare Vermögen einer Stiftung. ³Der besondere Abzugsbetrag nach Satz 1 bezieht sich auf den gesamten Zehnjahreszeitraum und kann der Höhe nach innerhalb dieses Zeitraums nur einmal in Anspruch genommen werden. ⁴§ 10d Abs. 4 gilt entsprechend.

(2) ¹Zuwendungen an politische Parteien im Sinne des § 2 des Parteiengesetzes sind bis zur Höhe von insgesamt 1 650 Euro und im Fall der Zusammenveranlagung von Ehegatten bis zur Höhe von insgesamt 3 300 Euro im Kalenderjahr abzugsfähig. ²Sie können nur insoweit als Sonderausgaben abgezogen werden, als für sie nicht eine Steuerermäßigung nach § 34g gewährt worden ist.

(3) ¹Als Zuwendung im Sinne dieser Vorschrift gilt auch die Zuwendung von Wirtschaftsgütern mit Ausnahme von Nutzungen und Leistungen. ²Ist das Wirtschaftsgut unmittelbar vor seiner Zuwendung einem Betriebsvermögen entnommen worden, so bemisst sich die Zuwendungshöhe nach dem Wert, der bei der Entnahme angesetzt wurde und nach der Umsatzsteuer, die auf die Entnahme entfällt. ³Ansonsten bestimmt sich die Höhe der Zuwendung nach dem gemeinen Wert des zugewendeten Wirtschaftsguts, wenn dessen Veräußerung im Zeitpunkt der Zuwendung keinen Besteuerungstatbestand erfüllen würde. ⁴In allen übrigen Fällen dürfen bei der Ermittlung der Zuwendungshöhe die fortgeführten Anschaffungs- oder Herstellungskosten nur überschritten werden, soweit eine Gewinnrealisierung stattgefunden hat. ⁵Aufwendungen zugunsten einer Körperschaft, die zum Empfang steuerlich abziehbarer Zuwendungen berechtigt ist, können nur abgezogen werden, wenn ein Anspruch auf die Erstattung der Aufwendungen durch Vertrag oder Satzung eingeräumt und auf die Erstattung verzichtet worden ist. ⁶Der Anspruch darf nicht unter der Bedingung des Verzichts eingeräumt worden sein.

(4) ¹Der Steuerpflichtige darf auf die Richtigkeit der Bestätigung über Spenden und Mitgliedsbeiträge vertrauen, es sei denn, dass er die Bestätigung durch unlautere Mittel oder falsche Angaben erwirkt hat oder dass ihm die Unrichtigkeit der Bestätigung bekannt oder infolge grober Fahrlässigkeit nicht bekannt war. ²Wer vorsätzlich oder grob fahrlässig eine unrichtige Bestätigung ausstellt oder veranlasst, dass Zuwendungen nicht zu den in der Bestätigung angegebenen steuerbegünstigten Zwecken verwendet werden, haftet für die entgangene Steuer. ³Diese ist mit 30 Prozent des zugewendeten Betrags anzusetzen. ⁴In den Fällen des Satzes 2 zweite Alternative (Veranlasserhaftung) ist vorrangig der Zuwendungsempfänger in Anspruch zu nehmen; die in diesen Fällen für den Zuwendungsempfänger handelnden natürlichen Personen sind nur in Anspruch zu nehmen, wenn die entgangene Steuer nicht nach § 47 der Abgabenordnung erloschen ist und Vollstreckungsmaßnahmen gegen den Zuwendungsempfänger nicht erfolgreich sind. ⁵Die Festsetzungsfrist für Haftungsansprüche nach Satz 2 läuft nicht ab, solange die Festsetzungsfrist für von dem Empfänger der Zuwendung geschuldete Körperschaftsteuer für den Veranlagungszeitraum nicht abgelaufen ist, in dem die unrichtige Bestätigung ausgestellt worden ist oder veranlasst wurde, dass die Zuwendung nicht zu den in der Bestätigung angegebenen steuerbegünstigten Zwecken verwendet worden ist; § 191 Abs. 5 der Abgabenordnung ist nicht anzuwenden.

EStDV

§§ 48 und 49 (weggefallen)

§ 50 Zuwendungsnachweis

(1) ¹Zuwendungen im Sinne der §§ 10b und 34g des Gesetzes dürfen nur abgezogen werden, wenn sie durch eine Zuwendungsbestätigung nachgewiesen werden, die der Empfänger unter Berücksichtigung des § 63 Abs. 5 der Abgabenordnung nach amtlich vorgeschriebenem Vordruck ausgestellt hat. ²Dies gilt nich für Zuwendungen an nicht im Inland ansässige Zuwendungsempfänger nach § 10b Abs. 1 Satz 2 Nr. 1 und 3 des Gesetzes.

(1a) ¹Der Zuwendende kann den Zuwendungsempfänger bevollmächtigen, die Zuwendungsbestätigung der Finanzbehörde nach amtlich vorgeschriebenem Datensatz durch Datenfernübertragung nach Maßgabe der Steuerdaten-Übermittlungsverordnung zu übermitteln. ²Der Zuwendende hat dem Zuwendungsempfänger zu diesem Zweck seine Identifikationsnummer (§ 139b der Abgaben-

ordnung) mitzuteilen. ³*Die Vollmacht kann nur mit Wirkung für die Zukunft widerrufen werden.* ⁴*Der Datensatz ist bis zum 28. Februar des Jahres, das auf das Jahr folgt, in dem die Zuwendung geleistet worden ist, an die Finanzbehörde zu übermitteln.*⁵*Der Zuwendungsempfänger hat dem Zuwendenden die nach Satz 1 übermittelten Daten elektronisch oder auf dessen Wunsch als Ausdruck zur Verfügung zu stellen; in beiden Fällen ist darauf hinzuweisen, dass die Daten der Finanzbehörde übermittelt worden sind.*

(2) ¹*Als Nachweis genügt der Bareinzahlungsbeleg oder die Buchungsbestätigung eines Kreditinstituts, wenn*

1. *die Zuwendung zur Hilfe in Katastrophenfällen:*

    a) *innerhalb eines Zeitraums, den die obersten Finanzbehörden der Länder im Benehmen mit dem Bundesministerium der Finanzen bestimmen, auf ein für den Katastrophenfall eingerichtetes Sonderkonto einer inländischen juristischen Person des öffentlichen Rechts, einer inländischen öffentlichen Dienststelle oder eines inländischen amtlich anerkannten Verbandes der freien Wohlfahrtspflege einschließlich seiner Mitgliedsorganisationen eingezahlt worden ist oder*

    b) *bis zur Einrichtung des Sonderkontos auf ein anderes Konto der genannten Zuwendungsempfänger geleistet wird. Wird die Zuwendung über ein als Treuhandkonto geführtes Konto eines Dritten auf eines der genannten Sonderkonten geleistet, genügt als Nachweis der Bareinzahlungsbeleg oder die Buchungsbestätigung des Kreditinstituts des Zuwendenden zusammen mit einer Kopie des Barzahlungsbelegs oder der Buchungsbestätigung des Kreditinstituts des Dritten;*

2. *die Zuwendung 200 Euro nicht übersteigt und*

    a) *der Empfänger eine inländische juristische Person des öffentlichen Rechts oder eine inländische öffentliche Dienststelle ist oder*

    b) *der Empfänger eine Körperschaft, Personenvereinigung oder Vermögensmasse im Sinne des § 5 Abs. 1 Nr. 9 des Körperschaftsteuergesetzes ist, wenn der steuerbegünstigte Zweck, für den die Zuwendung verwendet wird, und die Angaben über die Freistellung des Empfängers von der Körperschaftsteuer auf einem von ihm hergestellten Beleg augedruckt sind und darauf angegeben ist, ob es sich bei der Zuwendung um eine Spende oder einen Mitgliedsbeitrag handelt oder*

    c) *der Empfänger eine politische Partei im Sinne des § 2 des Parteiengesetzes ist und bei Spenden der Verwendungszweck auf dem vom Empfänger hergestellten Beleg aufgedruckt ist.*

²*Aus der Buchungsbestätigung müssen Name und Kontonummer oder ein sonstiges Identifizierungsmerkmal des Auftraggebers und des Empfängers, der Betrag, der Buchungstag sowie die tatsächliche Durchführung der Zahlung ersichtlich sein.* ³*In den Fällen des Satzes 1 Nummer 2 Buchstabe b hat der Zuwendende zusätzlich den vom Zuwendungsempfänger hergestellten Beleg vorzulegen.*

(2a) *Bei Zuwendungen zur Hilfe in Katastrophenfällen innerhalb eines Zeitraums, den die obersten Finanzbehörden der Länder im Benehmen mit dem Bundesministerium der Finanzen bestimmen, die über ein Konto eines Dritten an eine inländische juristische Person des öffentlichen Rechts, eine inländische öffentliche Dienststelle oder eine nach § 5 Absatz 1 Nummer 9 des Körperschaftsteuergesetzes steuerbefreite Körperschaft, Personenvereinigung oder Vermögensmasse geleistet werden, genügt als Nachweis die auf den jeweiligen Spender ausgestellte Zuwendungsbestätigung des Zuwendungsempfängers, wenn das Konto des Dritten als Treuhandkonto geführt wurde, die Spenden von dort an den Zuwendungsempfänger weitergeleitet wurden und diesem eine Liste mit den einzelnen Spendern und ihrem jeweiligen Anteil an der Spendensumme übergeben wurde.*

(3) *Als Nachweis für die Zahlung von Mitgliedsbeiträgen an politische Parteien im Sinne des § 2 des Parteiengesetzes genügt die Vorlage von Bareinzahlungsbelegen, Buchungsbestätigungen oder Beitragsquittungen.*

(4) ¹Eine in § 5 Abs. 1 Nr. 9 des Körperschaftsteuergesetzes bezeichnete Körperschaft, Personenvereinigung oder Vermögensmasse hat die Vereinnahmung der Zuwendung und ihre zweckentsprechende Verwendung ordnungsgemäß aufzuzeichnen und ein Doppel der Zuwendungsbestätigung aufzubewahren. ²Bei Sachzuwendungen und beim Verzicht auf die Erstattung von Aufwand müssen sich aus den Aufzeichnungen auch die Grundlagen für den vom Empfänger bestätigten Wert der Zuwendung ergeben.

EStR und Hinweise
EStR 2012 zu § 10b EStG

R 10b.1 Ausgaben zur Förderung steuerbegünstigter Zwecke im Sinne des § 10b Abs. 1 und Abs. 1a EStG

Begünstigte Ausgaben

(1) ¹Mitgliedsbeiträge, sonstige Mitgliedsumlagen und Aufnahmegebühren sind nicht abziehbar, wenn die diese Beträge erhebende Einrichtung Zwecke bzw. auch Zwecke verfolgt, die in § 10b Abs. 1 Satz 8 EStG genannt sind. ²Zuwendungen, die mit der Auflage geleistet werden, sie an eine bestimmte natürliche Person weiterzugeben, sind nicht abziehbar. ³Zuwendungen können nur dann abgezogen werden, wenn der Zuwendende endgültig wirtschaftlich belastet ist. ⁴Bei Sachzuwendungen aus einem Betriebsvermögen darf zuzüglich zu dem Entnahmewert im Sinne des § 6 Abs. 1 Nr. 4 EStG auch die bei der Entnahme der Sache angefallene Umsatzsteuer abgezogen werden.

Durchlaufspenden

(2) ¹Das Durchlaufspendenverfahren ist keine Voraussetzung für die steuerliche Begünstigung von Zuwendungen. ²Inländische juristische Personen des öffentlichen Rechts, die Gebietskörperschaften sind, und ihre Dienststellen sowie inländische kirchliche juristische Personen des öffentlichen Rechts können jedoch ihnen zugewendete Spenden – nicht aber Mitgliedsbeiträge, sonstige Mitgliedsumlagen und Aufnahmegebühren – an Zuwendungsempfänger im Sinne des § 10b Abs. 1 Satz 2 EStG weiterleiten. ³Die Durchlaufstelle muss die tatsächliche Verfügungsmacht über die Spendenmittel erhalten. ⁴Dies geschieht in der Regel (anders insbesondere bei → Sachspenden) durch Buchung auf deren Konto. ⁵Die Durchlaufstelle muss die Vereinnahmung der Spenden und ihre Verwendung (Weiterleitung) getrennt und unter Beachtung der haushaltsrechtlichen Vorschriften nachweisen. ⁶Vor der Weiterleitung der Spenden an eine nach § 5 Abs. 1 Nr. 9 KStG steuerbefreite Körperschaft, Personenvereinigung oder Vermögensmasse muss sie prüfen, ob die Zuwendungsempfängerin wegen Verfolgung gemeinnütziger, mildtätiger oder kirchlicher Zwecke im Sinne des § 5 Abs. 1 Nr. 9 KStG anerkannt oder vorläufig anerkannt worden ist und ob die Verwendung der Spenden für diese Zwecke sichergestellt ist. ⁷Die Zuwendungsbestätigung darf nur von der Durchlaufstelle ausgestellt werden.

Nachweis der Zuwendungen

(3) ¹Zuwendungen nach den §§ 10b und 34g EStG sind grundsätzlich durch eine vom Empfänger nach amtlich vorgeschriebenem Vordruck erstellte Zuwendungsbestätigung nachzuweisen. ²Die Zuwendungsbestätigung kann auch von einer durch Auftrag zur Entgegennahme von Zahlungen berechtigten Person unterschrieben werden.

Maschinell erstellte Zuwendungsbestätigung

(4) ¹Als Nachweis reicht eine maschinell erstellte Zuwendungsbestätigung ohne eigenhändige Unterschrift einer zeichnungsberechtigten Person aus, wenn der Zuwendungsempfänger die Nutzung eines entsprechenden Verfahrens dem zuständigen Finanzamt angezeigt hat. ²Mit der Anzeige ist zu bestätigen, dass folgende Voraussetzungen erfüllt sind und eingehalten werden:

1. die Zuwendungsbestätigungen entsprechen dem amtlich vorgeschriebenen Vordruck,
2. die Zuwendungsbestätigungen enthalten die Angabe über die Anzeige an das Finanzamt,
3. eine rechtsverbindliche Unterschrift wird beim Druckvorgang als Faksimile eingeblendet oder es wird beim Druckvorgang eine solche Unterschrift in eingescannter Form verwendet,
4. das Verfahren ist gegen unbefugten Eingriff gesichert,
5. das Buchen der Zahlungen in der Finanzbuchhaltung und das Erstellen der Zuwendungsbestätigungen sind miteinander verbunden und die Summen können abgestimmt werden, und
6. Aufbau und Ablauf des bei der Zuwendungsbestätigung angewandten maschinellen Verfahrens sind für die Finanzbehörden innerhalb angemessener Zeit prüfbar (analog § 145 AO); dies setzt eine Do-

kumentation voraus, die den Anforderungen der Grundsätze ordnungsmäßiger DV-gestützter Buchführungssysteme [1] genügt.
³Die Regelung gilt nicht für Sach- und Aufwandsspenden.

Prüfungen

(5) ¹Ist der Empfänger einer Zuwendung eine inländische juristische Person des öffentlichen Rechts, eine inländische öffentliche Dienststelle oder ein inländischer amtlich anerkannter Verband der freien Wohlfahrtspflege einschließlich seiner Mitgliedsorganisationen, kann im Allgemeinen davon ausgegangen werden, dass die Zuwendungen für steuerbegünstigte Zwecke verwendet werden. ²Das gilt auch dann, wenn der Verwendungszweck im Ausland verwirklicht wird.

Hinweise

H 10b.1 Anwendungsschreiben
→ *BMF vom 18.12.2008 (BStBl. 2009 I S. 16)*
Auflagen
Zahlungen an eine steuerbegünstigte Körperschaft zur Erfüllung einer Auflage nach § 153a StPO oder § 56b StGB sind nicht als Spende abziehbar (→ BFH vom 19.12.1990 – BStBl. 1991 II S. 234).
Aufwandsspenden
→ *BMF vom 7.6.1999 (BStBl. I S. 591).* [2]
Beitrittsspende
Eine anlässlich der Aufnahme in einen Golfclub geleistete Zahlung ist keine Zuwendung i. S. d. § 10b Abs. 1 EStG, wenn derartige Zahlungen von den Neueintretenden anlässlich ihrer Aufnahme erwartet und zumeist auch gezahlt werden (sog. Beitrittsspende). Die geleistete Zahlung ist als → Gegenleistung des Neumitglieds für den Erwerb der Mitgliedschaft und die Nutzungsmöglichkeit der Golf anlagen anzusehen (→ BFH vom 2.8.2006 – BStBl. 2007 II S. 8).
Durchlaufspendenverfahren
– → *BMF vom 7.11.2013 (BStBl. I S. 1333).*
– *Eine Durchlaufspende ist nur dann abziehbar, wenn der Letztempfänger für denjenigen VZ, für den die Spende steuerlich berücksichtigt werden soll, wegen des begünstigten Zwecks von der Körperschaftsteuer befreit ist (→ BFH vom 5.4.2006 – BStBl. 2007 II S. 450).*
– *Für den Abzug von Sachspenden im Rahmen des Durchlaufspendenverfahrens ist erforderlich, dass der Durchlaufstelle das Eigentum an der Sache verschafft wird. Bei Eigentumserwerb durch Einigung und Übergabeersatz (§§ 930, 931 BGB) ist die körperliche Übergabe der Sache an die Durchlaufstelle nicht erforderlich; es sind aber eindeutige Gestaltungsformen zu wählen, die die tatsächliche Verfügungsfreiheit der Durchlaufstelle über die Sache sicherstellen und eine Überprüfung des Ersterwerbs der Durchlaufstelle und des Zweiterwerbs der begünstigten gemeinnützigen Körperschaft ermöglichen.*
Elternleistungen an gemeinnützige Schulvereine (Schulen in freier Trägerschaft) und entsprechende Fördervereine
Als steuerlich begünstigte Zuwendungen kommen nur freiwillige Leistungen der Eltern in Betracht, die über den festgesetzten Elternbeitrag hinausgehen (→ BMF vom 4.1.1991 – BStBl. 1992 I S. 266). Setzt ein Schulträger das Schulgeld so niedrig an, dass der normale Betrieb der Schule nur durch Leistungen der Eltern an einen Förderverein aufrechterhalten werden kann, die dieser satzungsgemäß an den Schulträger abzuführen hat, so handelt es sich bei diesen Leistungen um ein Entgelt, welches im Rahmen eines → Leistungsaustausches erbracht wird und nicht um steuerlich begünstigte Zuwendungen (→ BFH vom 12.8.1999, BStBl. 2000 II S. 65).
→ *§ 10 Abs. 1 Nr. 9 EStG*
Gebrauchte Kleidung als Sachspende (Abziehbarkeit und Wertermittlung)
Bei gebrauchter Kleidung stellt sich die Frage, ob sie überhaupt noch einen gemeinen Wert (Marktwert) hat. Wird ein solcher geltend gemacht, sind die für eine Schätzung maßgeblichen Faktoren wie Neupreis, Zeitraum zwischen Anschaffung und Weggabe und der tatsächliche

---
1) Siehe Anlage § 005-05.
2) Siehe jetzt Anlage § 010b-04.

Erhaltungszustand durch den Steuerpflichtigen nachzuweisen (→ BFH vom 23.5.1989 – BStBl. II S. 879).

Gegenleistung

– *Ein Zuwendungsabzug ist ausgeschlossen, wenn die Ausgaben zur Erlangung einer Gegenleistung des Empfängers erbracht werden. Eine Aufteilung der Zuwendung in ein angemessenes Entgelt und eine den Nutzen übersteigende unentgeltliche Leistung scheidet bei einer einheitlichen Leistung aus. Auch im Fall einer Teilentgeltlichkeit fehlt der Zuwendung insgesamt die geforderte Uneigennützigkeit (→ BFH vom 2.8.2006 – BStBl. 2007 II S. 8).*

– → *Beitrittsspende*

Leistungsaustausch

Als Spenden oder Mitgliedsbeiträge bezeichnete Ausgaben, die bei wirtschaftlicher Betrachtung das Entgelt für eine Leistung der empfangenden Körperschaft darstellen, sind nicht nach § 10b EStG abziehbar (→ BFH vom 1.4.1960 – BStBl. III S. 231). → Elternleistungen an gemeinnützige Schulvereine (Schulen in freier Trägerschaft) und entsprechende Fördervereine.

Rückwirkendes Ereignis

Die Erteilung der Zuwendungsbestätigung nach § 50 EStDV ist kein rückwirkendes Ereignis im Sinne des § 175 Abs. 1 Satz 1 Nr. 2 AO (→ § 175 Abs. 2 Satz 2 AO).

Sachspenden

Zur Zuwendungsbestätigung → BMF vom 7.11.2013 (BStBl. I S. 1333) ergänzt durch BMF vom 26.3.2014 (BStBl. I S. 791). [1)]

Spenden in das zu erhaltene Vermögen

→ *BMF vom 15.9.2014 (BStBl. I S. 1278)* [2)]

Spendenhaftung

Die Ausstellerhaftung nach § 10b Abs. 4 Satz 2 1. Alternative EStG betrifft grundsätzlich den in § 10b Abs. 1 S. 1 EStG genannten Zuwendungsempfänger (z. B. Kommune, gemeinnütziger Verein). Die Haftung einer natürlichen Person kommt allenfalls dann in Frage, wenn diese Person außerhalb des ihr zugewiesenen Wirkungskreises handelt. Die Ausstellerhaftung setzt Vorsatz oder grobe Fahrlässigkeit voraus. Grobe Fahrlässigkeit liegt z. B. bei einer Kommune vor, wenn nicht geprüft wird, ob der Verein, der die Zuwendung erhält, gemeinnützig ist (→ BFH vom 24.4.2002 – BStBl. 2003 II S. 128). Unrichtig ist eine Zuwendungsbestätigung, deren Inhalt nicht der objektiven Sach- und Rechtslage entspricht. Das ist z. B. dann der Fall, wenn die Bestätigung Zuwendungen ausweist, die Entgelt für Leistungen sind (→ BFH vom 12.8.1999 – BStBl. 2000 II S. 65). Bei rückwirkender Aberkennung der Gemeinnützigkeit haftet eine Körperschaft nicht wegen Fehlverwendung, wenn sie die Zuwendung zu dem in der Zuwendungsbestätigung angegebenen begünstigten Zweck verwendet (→ BFH vom 10.9.2003 – BStBl. 2004 II S. 352).

Sponsoring

→ *BMF vom 18.2.1998 (BStBl. I S. 212)* [3)]

Vermächtniszuwendungen

Aufwendungen des Erben zur Erfüllung von Vermächtniszuwendungen an gemeinnützige Einrichtungen sind weder beim Erben (→ BFH vom 22. 9.1993 – BStBl. II S. 874) noch beim Erblasser (→ BFH vom 23.10.1996 – BStBl. 1997 II S. 239) als Zuwendungen nach § 10 b Abs. 1 EStG abziehbar.

Vertrauensschutz

– *Der Schutz des Vertrauens in die Richtigkeit einer Zuwendungsbestätigung erfasst nicht Gestaltungen, in denen die Bescheinigung zwar inhaltlich unrichtig ist, der in ihr ausgewiesene Sachverhalt aber ohnehin keinen Abzug rechtfertigt (→ BFH vom 5.4.2006 – BStBl. 2007 II S. 450).*

---

1) Siehe Anlage § 010b-01.
2) Siehe Anlage § 010b-02.
3) Anlage § 004-42.

- *Eine → Zuwendungsbestätigung begründet keinen Vertrauensschutz, wenn für den Leistenden der Zahlung angesichts der Begleitumstände klar erkennbar ist, dass die Zahlung in einem Gegenleistungsverhältnis steht (→ BFH vom 2.8.2006 – BStBl. 2007 II S. 8).*
- *→ Beitrittsspende*
- *→ Gegenleistung*

Zuwendungsbestätigung (§ 50 EStDV)
Die Zuwendungsbestätigung ist eine unverzichtbare sachliche Voraussetzung für den Zuwendungsabzug. Die Bestätigung hat jedoch nur den Zweck einer Beweiserleichterung hinsichtlich der Verwendung der Zuwendung und ist nicht bindend (→ BFH vom 23.5.1989 – BStBl. II S. 879). Entscheidend ist u. a. der Zweck, der durch die Zuwendung tatsächlich gefördert wird (→ BFH vom 15.12.1999 – BStBl. 2000 II S. 608). Eine Zuwendungsbestätigung wird vom Finanzamt nicht als Nachweis für den Zuwendungsabzug anerkannt, wenn das Datum des Steuerbescheides/Freistellungsbescheides länger als 5 Jahre bzw. das Datum der vorläufigen Bescheinigung länger als 3 Jahre seit Ausstellung der Bestätigung zurückliegt; dies gilt auch bei Durchlaufspenden (→ BMF vom 15.12.1994 – BStBl. I S. 884). Eine Aufteilung von Zuwendungen in abziehbare und nichtabziehbare Teile je nach satzungsgemäßer und nichtsatzungsgemäßer anteiliger Verwendung der Zuwendung ist unzulässig (→ BFH vom 7.11.1990 – BStBl. 1991 II S. 547).

Zur Erstellung und Verwendung der Zuwendungsbestätigungen:
→ *BMF vom 7.11.2013 (BStBl. I S. 1333) ergänzt durch BMF vom 26.3.2014 (BStBl. I S. 791).* [1)]

Zuwendungsempfänger im EU/EWR-Ausland
Der ausländische Zuwendungsempfänger muss nach der Satzung dem Stiftungsgeschäft oder der sonstigen Verfassung und nach der tatsächlichen Geschäftsführung ausschließlich und unmittelbar gemeinnützigen, mildtätigen oder kirchlichen Zwecken dienen (§§ 51 bis 68 AO). Den Nachweis hierfür hat der inländische Spender durch Vorlage geeigneter Belege zu erbringen (→ BMF vom 16.5.2011 – BStBl. I S. 559 und BFH vom 17.9.2013 – BStBl. 2014 II S. 440).

EStR 2012 zu § 10b EStG

R 10b.2 Zuwendungen an politische Parteien

[1]Zuwendungen an politische Parteien sind nur dann abziehbar, wenn die Partei bei Zufluss der Zuwendung als politische Partei im Sinne des § 2 PartG anzusehen ist. [2]Der Steuerpflichtige hat dem Finanzamt die Zuwendungen grundsätzlich durch eine von der Partei nach amtlich vorgeschriebenem Vordruck erstellte Zuwendungsbestätigung nachzuweisen. [3]R 10b.1 Abs. 3 Satz 2 und Abs. 4 gilt entsprechend.

Hinweise

H 10b.2 Parteiengesetz
→ *Parteiengesetz vom 31.1.1994 – BGBl. I S. 149, zuletzt geändert durch Artikel 1 des Zehnten Gesetzes zur Änderung des Parteiengesetzes und 28. Gesetzes zur Änderung des Abgeordnetengesetzes vom 23.8.2011 (BGBl. I S. 1748).*

Zuwendungsbestätigung (§ 50 EStDV)
→ *BMF vom 7.11.2013 (BStBl. I S. 1333) ergänzt durch BMF vom 26.3.2014 (BStBl. I S. 791).* [2)]

EStR 2012 zu § 10b EStG

R 10b.3 Begrenzung des Abzugs der Ausgaben für steuerbegünstigte Zwecke
Alternativgrenze
(1) [1]Zu den gesamten Umsätzen i. S. d. § 10b Abs. 1 Satz 1 Nr. 2 EStG gehören außer den steuerbaren Umsätzen i. S. d. § 1 UStG auch nicht steuerbare → Umsätze. [2]Der alternative Höchstbetrag wird bei einem Mitunternehmer von dem Teil der Summe der gesamten Umsätze und der im Kalenderjahr auf-

---
1) Anlage § 010b-01.
2) Anlage § 010b-01.

§ 10b

R 10b.3

gewendeten Löhne und Gehälter der Personengesellschaft berechnet, der dem Anteil des Mitunternehmers am Gewinn der Gesellschaft entspricht.

Stiftungen[1]

Hinweise

H 10b.3 Höchstbetrag in Organschaftsfällen
- → R 47 Abs. 5 KStR 2004
- *Ist ein Stpfl. an einer Personengesellschaft beteiligt, die Organträger einer körperschaftsteuerrechtlichen Organschaft ist, bleibt bei der Berechnung des Höchstbetrags der abziehbaren Zuwendungen nach § 10b Abs. 1 EStG auf Grund des Gesamtbetrags der Einkünfte das dem Stpfl. anteilig zuzurechnende Einkommen der Organgesellschaft außer Ansatz (→ BFH vom 23.1.2002 – BStBl. 2003 II S. 9).*

Kreditinstitute
Die Gewährung von Krediten und das Inkasso von Schecks und Wechsel erhöht die „Summe der gesamten Umsätze". Die Erhöhung bemisst sich jedoch nicht nach den Kreditsummen, Schecksummen und Wechselsummen, Bemessungsgrundlage sind vielmehr die Entgelte, die der Steuerpflichtige für die Kreditgewährungen und den Einzug der Schecks und Wechsel erhält (→ BFH vom 4.12.1996 – BStBl. 1997 II S. 327).

Umsätze
Zur „Summe der gesamten Umsätze" gehören die steuerbaren (steuerpflichtige und die steuerfreie → BFH vom 4.12.1996 – BStBl. 1997 II S. 327) sowie die nicht steuerbaren Umsätze (→ R 10b.3 Abs. 1 Satz 1). Ihre Bemessung richtet sich nach dem Umsatzsteuerrecht (→ BFH vom 4.12.1996 – BStBl. 1997 II S. 327).

Weitere Verwaltungsanweisungen
(soweit nicht in den Hinweisen enthalten)

Zu § 10b EStG

1. Überlagerung der spendenbegünstigten Zwecke durch den gemeinnützigen, aber nicht spendenbegünstigten Hauptzweck (Vfg OFD Frankfurt vom 11.7.2001, DB 2001 S. 1696)
2. Zuwendungen an die Stiftung „Erinnerung, Verantwortung und Zukunft" (BdF-Schreiben vom 5.9.2001, BStBl. I S. 863)
3. Spenden an Förder- und Spendensammelvereine (Vfg OFD Münster vom 26.8.2002, DB 2002 S. 1917)
4. Gehaltsrückzahlung einer steuerbegünstigten Körperschaft gegen Zuwendungsbestätigung (Vfg OFD Frankfurt vom 2.6.2003, DB 2003 S. 1545)
5. Zweckgebundene Zuwendungen an Förderverein öffentliche Schulen zur Beschaffung von Schulbüchern (Erlass Berlin vom 14.8.2003, DB 2003 S. 2094)
6. Haftung nach § 10b Abs. 4 EStG (Vfg OFD Frankfurt vom 17.6.2010)[2]
7. Vereinfachter Spendennachweis (§ 50 Abs. 2 EStDV) und Online-Banking – zusätzlich zum PC-Ausdruck ist ein vom Zahlungsempfänger hergestellter Beleg mit den erforderlichen Angaben notwendig (Vfg. OFD Frankfurt vom 8.2.2006, DB 2006 S. 530)
8. Vermögensstockspenden sind sowohl nach § 10b Abs. 1 EStG als auch nach § 10b Abs. 1a EStG als Sonderausgabe abziehbar. Der Steuerpflichtige kann wählen, ob er Vermögensstockspenden nach Abs. 1 oder nach Abs. 1a des § 10b EStG geltend macht. Er hat auch die Möglichkeit, die Vermögensstockspende aufzuteilen und einen Teilbetrag nach § 10b Abs. 1 EStG und den restlichen Teilbetrag nach § 10b Abs. 1a EStG geltend zu machen. Die einmal getroffene Wahl kann nicht nachträglich geändert werden (Vfg OFD Frankfurt vom 13.10.2008, DStR 2008 S. 2421)
9. Ein Wechsel zwischen § 10b Abs. 1 und Abs. 1a EStG ist nicht zulässig. Stellt der Stpfl. den Antrag auf Berücksichtigung von Spenden nach § 10b Abs. 1a EStG, so hat er dadurch sein Wahlrecht ausgeübt. Übersteigen die Spenden in den Vermögensstock einer Stiftung innerhalb des zuwendungsbezogenen 10-Jahres-Zeitraums den Höchstbetrag von 1 000 000 €, kann der 1 000 000 €

---

[1] Absatz 2 nicht mehr abgedruckt, da überholt auf Grund der Änderung des § 10b Abs. 1a Satz 1 EStG durch das Ehrenamtsstärkungsgesetz.
[2] Siehe Anlage § 010b-05.

§ 10b

übersteigende Teil nicht als Sonderausgaben nach § 10b Abs. 1 EStG berücksichtigt werden (Vfg OFD Frankfurt vom 13.6.2008, DB 2008 S. 2002)
10. Gesonderte Feststellung des verbleibenden Abzugsbetrages nach § 10b Abs. 1a EStG für Zuwendungen in den Vermögensstock (Vfg OFD Münster vom 9.2.2010)[1]
11. Vereinfachter Spendennachweis nach § 50 Abs. 2 EStDV bei Abwicklung von Spenden über PayPal (Vfg. Thüringer Landesfinanzdirektion vom 24.9.2012 – S 2223 A – 56 – A 2.15)
12. Verwirklichung steuerbegünstigter Zwecke im Ausland (Vfg Bayer. Landesamt für Steuern vom 22.8.2012)[2]
13. Grundzüge des Spendenabzugs nach § 10b EStG (Vfg OFD Münster vom 20.6.2013)[3]

Rechtsprechungsauswahl

BFH vom 16.2.11 X R 46/09 (BStBl. II S. 685): Zuwendungen in den Vermögensstock einer durch Erbeinsetzung von Todes wegen errichteten Stiftung keine Sonderausgabe des Erblassers, da sie erst mit dem Tod abfließen

BFH vom 2.8.06 XI R 6/03 (BStBl. 2007 II S. 8):
1. Kein Spendenabzug der Zuwendung eines Mitglieds an den eigenen Verein bei unmittelbarem und ursächlichem Zusammenhang mit einem Vorteil; Gleiches gilt im Durchlaufspendenverfahren
2. Kein Vertrauensschutz bei klar erkennbarem Entgeltscharakter

---

1) Siehe Anlage § 010b-06.
2) Siehe Anlage § 010b-02.
3) Siehe Anlage § 010b-08.

§ 10c

§ 10c Sonderausgaben-Pauschbetrag

¹Für Sonderausgaben nach § 10 Absatz 1 Nummer 1, 1a, 1b, 4, 5, 7 und 9 und nach § 10b wird ein Pauschbetrag von 36 Euro abgezogen (Sonderausgaben-Pauschbetrag), wenn der Steuerpflichtige nicht höhere Aufwendungen nachweist. ²Im Falle der Zusammenveranlagung von Ehegatten verdoppelt sich der Sonderausgaben-Pauschbetrag.

§ 10d Verlustabzug

(1) ¹Negative Einkünfte, die bei der Ermittlung des Gesamtbetrages der Einkünfte nicht ausgeglichen werden, sind bis zu einem Betrag von 1 000 000 Euro, bei Ehegatten, die nach den §§ 26, 26b zusammenveranlagt werden, bis zu einem Betrag von 2 000 000 Euro vom Gesamtbetrag der Einkünfte des unmittelbar vorangegangenen Veranlagungszeitraums vorrangig vor Sonderausgaben, außergewöhnlichen Belastungen und sonstigen Abzugsbeträgen abzuziehen (Verlustrücktrag). ²Dabei wird der Gesamtbetrag der Einkünfte des unmittelbar vorangegangenen Veranlagungszeitraums um die Begünstigungsbeträge nach § 34a Abs. 3 Satz 1 gemindert. ³Ist für den unmittelbar vorangegangenen Veranlagungszeitraum bereits ein Steuerbescheid erlassen worden, so ist er insoweit zu ändern, als der Verlustrücktrag zu gewähren oder zu berichtigen ist. ⁴Das gilt auch dann, wenn der Steuerbescheid unanfechtbar geworden ist; die Festsetzungsfrist endet insoweit nicht, bevor die Festsetzungsfrist für den Veranlagungszeitraum abgelaufen ist, in dem die negativen Einkünfte nicht ausgeglichen werden. ⁵Auf Antrag des Steuerpflichtigen ist ganz oder teilweise von der Anwendung des Satzes 1 abzusehen. ⁶Im Antrag ist die Höhe des Verlustrücktrags anzugeben.

(2) ¹Nicht ausgeglichene negative Einkünfte, die nicht nach Absatz 1 abgezogen worden sind, sind in den folgenden Veranlagungszeiträumen bis zu einem Gesamtbetrag der Einkünfte von 1 Million Euro unbeschränkt, darüber hinaus bis zu 60 Prozent des 1 Million Euro übersteigenden Gesamtbetrags der Einkünfte vorrangig vor Sonderausgaben, außergewöhnlichen Belastungen und sonstigen Abzugsbeträgen abzuziehen (Verlustvortrag). ²Bei Ehegatten, die nach §§ 26, 26b zusammenveranlagt werden, tritt an die Stelle des Betrags von 1 Million Euro ein Betrag von 2 Millionen Euro. ³Der Abzug ist nur insoweit zulässig, als die Verluste nicht nach Absatz 1 abgezogen worden sind und in den vorangegangenen Veranlagungszeiträumen nicht nach Satz 1 und 2 abgezogen werden konnten.

(3) (weggefallen)

(4) ¹Der am Schluss eines Veranlagungszeitraums verbleibende Verlustvortrag ist gesondert festzustellen. ²Verbleibender Verlustvortrag sind die bei der Ermittlung des Gesamtbetrags der Einkünfte nicht ausgeglichenen negativen Einkünfte, vermindert um die nach Absatz 1 abgezogenen und die nach Absatz 2 abziehbaren Beträge und vermehrt um den auf den Schluss des vorangegangenen Veranlagungszeitraums festgestellten verbleibenden Verlustvortrag. ³Zuständig für die Feststellung ist das für die Besteuerung zuständige Finanzamt. ⁴Bei der Feststellung des verbleibenden Verlustvortrags sind die Besteuerungsgrundlagen so zu berücksichtigen, wie sie den Steuerfestsetzungen des Veranlagungszeitraums, auf dessen Schluss der verbleibende Verlustvortrag festgestellt wird, und des Veranlagungszeitraums, in dem ein Verlustrücktrag vorgenommen werden kann, zu Grunde gelegt worden sind; § 171 Absatz 10, § 175 Absatz 1 Satz 1 Nummer 1 und § 351 Absatz 2 der Abgabenordnung sowie § 42 der Finanzgerichtsordnung gelten entsprechend. ⁵Die Besteuerungsgrundlagen dürfen bei der Feststellung nur insoweit abweichend von Satz 4 berücksichtigt werden, wie die Aufhebung, Änderung oder Berichtigung der Steuerbescheide ausschließlich mangels Auswirkung auf die Höhe der festzusetzenden Steuer unterbleibt. ⁶Die Feststellungsfrist endet nicht, bevor die Festsetzungsfrist für den Veranlagungszeitraum abgelaufen ist, auf dessen Schluss der verbleibende Verlustvortrag gesondert festzustellen ist; § 181 Abs. 5 der Abgabenordnung ist nur anzuwenden, wenn die zuständige Finanzbehörde die Feststellung des Verlustvortrags pflichtwidrig unterlassen hat.

EStR und Hinweise

EStR 2012 zu § 10d EStG

R 10d Verlustabzug

Vornahme des Verlustabzugs nach § 10d EStG

(1) ¹Der Altersentlastungsbetrag (§ 24a EStG), der Freibetrag für Land- und Forstwirte (§ 13 Abs. 3 EStG) und der Entlastungsbetrag für Alleinerziehende (§ 24b EStG) werden bei der Ermittlung des Verlustabzugs nicht berücksichtigt.

§ 10d

Begrenzung des Verlustabzugs

(2) [1]Die Begrenzung des Verlustrücktrags auf 511 500 Euro (Höchstbetrag) bezieht sich auf den **einzelnen Stpfl.**, der die negativen Einkünfte erzielt hat. [2]Bei **zusammenveranlagten Ehegatten** verdoppelt sich der Höchstbetrag auf 1 023 000 Euro und kann unabhängig davon, wer von beiden Ehegatten die positiven oder die negativen Einkünfte erzielt hat, ausgeschöpft werden. [3]Bei Personengesellschaften und Personengemeinschaften gilt der Höchstbetrag für jeden Beteiligten. [4]Über die Frage, welcher Anteil an den negativen Einkünften der **Personengesellschaft oder Personengemeinschaft** auf den einzelnen Beteiligten entfällt, ist im Bescheid über die gesonderte und einheitliche Feststellung zu entscheiden. [5]Inwieweit diese anteiligen negativen Einkünfte beim einzelnen Beteiligten nach § 10d EStG abziehbar sind, ist im Rahmen der Einkommensteuerveranlagung zu beurteilen. [6]In **Organschaftsfällen** (§ 14 KStG) bezieht sich der Höchstbetrag auf den Organträger. [7]Er ist bei diesem auf die Summe der Ergebnisse aller Mitglieder des Organkreises anzuwenden. [8]Ist der Organträger eine Personengesellschaft, ist Satz 3 zu beachten. [9]Die Sätze 1 bis 8 gelten entsprechend bei der Begrenzung des Verlustvortrags.

Wahlrecht

(3) [1]Der Antrag nach § 10d Abs. 1 Satz 4 EStG kann bis zur Bestandskraft des auf Grund des Verlustrücktrags geänderten Steuerbescheids gestellt werden. [2]Wird der Einkommensteuerbescheid des Rücktragsjahres gem. § 10d Abs. 1 Satz 2 EStG geändert, weil sich die Höhe des Verlusts im Entstehungsjahr ändert, kann das Wahlrecht nur im Umfang des Erhöhungsbetrags neu ausgeübt werden. [3]Der Antrag nach § 10d Abs. 1 Satz 5 EStG kann der Höhe nach beschränkt werden.

Verfahren bei Arbeitnehmern

(4) [1]Soll bei einem Arbeitnehmer ein Verlustabzug berücksichtigt werden, muss er dies beantragen, es sei dem, er wird bereits aus anderen Gründen zur Einkommensteuer veranlagt. [2]Erfolgt für einen VZ keine Veranlagung, so kann der in diesem VZ berücksichtigungsfähige Verlustabzug vorbehaltlich Satz 4 nicht in einem anderen VZ geltend gemacht werden. [3]Der auf den Schluss des vorangegangenen VZ festgestellte verbleibende Verlustvortrag ist in diesen Fällen in Höhe der positiven Summe der Einkünfte des VZ, in dem keine Veranlagung erfolgte, ggf. bis auf 0 Euro, zu mindern und gesondert festzustellen. [4]Für den VZ der Verlustentstehung erfolgt jedoch keine Minderung des verbleibenden Verlustvortrags, soweit der Arbeitnehmer nach § 10d Abs. 1 Satz 5 EStG auf den Verlustrücktrag verzichtet hat.

Änderung des Verlustabzugs

(5) [1]Der Steuerbescheid für den dem Verlustentstehungsjahr vorangegangenen VZ ist vorbehaltlich eines Antrags nach § 10d Abs. 1 Satz 5 EStG nach § 10d Abs. 1 Satz 3 EStG zu ändern, wenn sich bei der Ermittlung der abziehbaren negativen Einkünfte für das Verlustentstehungsjahr Änderungen ergeben, die zu einem höheren oder niedrigeren Verlustrücktrag führen. [2]Auch in diesen Fällen gilt die Festsetzungsfrist des § 10d Abs. 1 Satz 4 Halbsatz 2 EStG. [3]Wirkt sich die Änderung eines Verlustrücktrags oder -vortrags auf den Verlustvortrag aus, der am Schluss eines VZ verbleibt, so sind die betroffenen Feststellungsbescheide im Sinne des § 10d Abs. 4 EStG nach § 10d Abs. 4 Satz 4 EStG zu ändern. [4]Die bestandskräftige Feststellung eines verbleibenden Verlustvortrags kann nur nach § 10d Abs. 4 Satz 4 und 5 EStG geändert werden, wenn der Steuerbescheid, der in die Feststellung eingeflossenen geänderten Verlustkomponenten enthält, nach den Änderungsvorschriften der AO zumindest dem Grunde nach noch geändert werden könnte.

Zusammenveranlagung von Ehegatten

(6) [1]Bei der Berechnung des verbleibenden Verlustabzugs ist zunächst ein Ausgleich mit den anderen Einkünften des Ehegatten vorzunehmen, der die negativen Einkünfte erzielt hat. [2]Verbleibt bei ihm ein negativer Betrag bei der Ermittlung des G. d. E., ist dieser mit dem positiven Betrag des anderen Ehegatten auszugleichen. [3]Ist der G. d. E. negativ und wird dieser nach § 10d Abs. 1 EStG nicht oder nicht in vollem Umfang zurückgetragen, ist der verbleibende Betrag als Verlustvortrag gesondert festzustellen. [4]Absatz 1 findet entsprechende Anwendung. [5]Bei dieser Feststellung sind die negativen Einkünfte auf die Ehegatten nach dem Verhältnis aufzuteilen, in dem die auf den einzelnen Ehegatten entfallenden Verluste im VZ der Verlustentstehung zueinander stehen.

Gesonderte Feststellung des verbleibenden Verlustvortrags

(7) [1]Bei der gesonderten Feststellung des verbleibenden Verlustvortrags ist eine Unterscheidung nach Einkunftsarten und Einkunftsquellen nur insoweit vorzunehmen, als negative Einkünfte besonderen Verlustverrechnungsbeschränkungen unterliegen. [2]Über die Höhe der im Verlustentstehungsjahr nicht ausgeglichenen negativen Einkünfte wird im Steuerfestsetzungsverfahren für das Verlustrücktragsjahr und hinsichtlich des verbleibenden Verlustvortrags für die dem Verlustentstehungsjahr folgenden VZ im Feststellungsverfahren nach § 10d Abs. 4 EStG bindend entschieden. [3]Der Steuerbescheid des Ver-

lustentstehungsjahres ist daher weder Grundlagenbescheid für den Einkommensteuerbescheid des Verlustrücktragsjahres noch für den Feststellungsbescheid nach § 10d Abs. 4 EStG. [4]Der Feststellungsbescheid nach § 10d Abs. 4 EStG ist nach § 182 Abs. 1 AO Grundlagenbescheid für die Einkommensteuerfestsetzung des Folgejahres und für den auf den nachfolgenden Feststellungszeitpunkt zu erlassenden Feststellungsbescheid. [5]Er ist kein Grundlagenbescheid für den Steuerbescheid eines Verlustrücktragsjahres (§ 10d Abs. 1 EStG). [6]Der verbleibende Verlustvortrag ist auf 0 Euro festzustellen, wenn die in dem Verlustentstehungsjahr nicht ausgeglichenen negativen Einkünfte in vollem Umfang zurückgetragen werden. [7]Der verbleibende Verlustvortrag ist auch dann auf 0 Euro festzustellen, wenn ein zum Schluss des vorangegangenen VZ festgestellter verbleibender Verlustvortrag in einem folgenden VZ „aufgebraucht" worden ist.

Verlustfeststellung bei „Unterbrechung" der (un-)beschränkten Steuerpflicht

(8) [1]Der auf den Schluss eines VZ gesondert festgestellte verbleibende Verlustvortrag eines unbeschränkt oder beschränkt Stpfl. kann nach mehreren VZ, in denen der Stpfl. weder unbeschränkt noch beschränkt steuerpflichtig war, mit positiven Einkünften, die der Stpfl. nach erneuter Begründung der Steuerpflicht erzielt, verrechnet werden. [2]Dies gilt selbst dann, wenn in der Zwischenzeit keine gesonderte Feststellung des verbleibenden Verlustvortrags nach § 10d Abs. 4 EStG beantragt und durchgeführt wurde. [3]Folgejahr (Absatz 7 Satz 4) ist in diesen Fällen der VZ, in dem erstmals wieder die rechtlichen Voraussetzungen für einen Verlustabzug nach § 10d Abs. 2 EStG vorliegen.

Verlustabzug in Erbfällen

(9) [1]Zum Todeszeitpunkt nicht aufgezehrte Verluste des Erblassers können im Todesjahr nur in den Verlustausgleich nach § 2 Abs. 3 EStG bei der Veranlagung des Erblassers einfließen (Ausgleich mit positiven Einkünften des Erblassers). [2]Sie können grundsätzlich nicht im Rahmen des Verlustausgleichs und -abzugs bei der Veranlagung der Erben berücksichtigt werden. [3]Werden Ehegatten jedoch für das Todesjahr zusammen veranlagt, sind Verluste des verstorbenen Ehegatten aus dem Todesjahr zu verrechnen und Verlustvorträge des verstorbenen Ehegatten abzuziehen, § 26b EStG. [4]Werden die Ehegatten für das Todesjahr nach §§ 26, 26b EStG zusammen veranlagt und erfolgt für das Vorjahr ebenfalls eine Zusammenveranlagung, ist ein Rücktrag des nicht ausgeglichenen Verlusts des Erblassers in das Vorjahr möglich. [5]Werden die Ehegatten für das Todesjahr zusammen veranlagt und erfolgt für das Vorjahr eine Veranlagung nach § 26a EStG, ist ein Rücktrag des noch nicht ausgeglichenen Verlusts des Erblassers nur bei der Veranlagung des Erblassers zu berücksichtigen (§ 62d Abs. 1 EStDV). [6]Werden die Ehegatten für das Todesjahr nach § 26a EStG veranlagt und erfolgt für das Vorjahr eine Zusammenveranlagung, ist ein Rücktrag des nicht ausgeglichenen Verlusts des Erblassers in das Vorjahr möglich (§ 62d Abs. 2 Satz 1 EStDV). [7]Werden die Ehegatten für das Todesjahr nach § 26a EStG veranlagt und erfolgt auch für das Vorjahr eine Veranlagung nach § 26a EStG, ist ein Rücktrag des noch nicht ausgeglichenen Verlusts des Erblassers nur bei der Veranlagung des Erblassers zu berücksichtigen. [8]Für den hinterbliebenen Ehegatten sind für den Verlustvortrag und die Anwendung der sog. Mindestbesteuerung nach § 10d Abs. 2 EStG allein die auf ihn entfallenden nicht ausgeglichenen negativen Einkünfte maßgeblich. [9]Die Nichtübertragbarkeit von Verlusten auf die Erben gilt ebenso für die Regelungen in § 2a Abs. 1, § 20 Abs. 6, § 22 Nr. 3 Satz 4 EStG. [10]Gleiches gilt für Verluste nach § 22 Nr. 2 i. V. m. § 23 Abs. 3 Satz 7 bis 10 EStG, es sei denn, der Erbfall tritt bereits vor der verlustbehafteten Veräußerung ein. [11]Der zum Todeszeitpunkt nicht ausgeglichene Verlust nach § 15 Abs. 4 Satz 1 und 2 EStG darf nur in den Fällen auf den Erben übergehen, in denen der Betrieb, Teilbetrieb oder Mitunternehmeranteil nach § 6 Abs. 3 EStG auf diesen übergeht. [12]Im Erbfall übertragbar sind Verluste gem. § 15a und § 15b EStG. [13]Beim Erben ist gem. § 2a Abs. 3 EStG a. F. eine Hinzurechnung der vom Erblasser erzielten Verluste vorzunehmen (Nachversteuerungsregelung). [14]Auch bei erzielten Verlusten nach §2 AIG ist eine Hinzurechnung der vom Erblasser erzielten Verluste beim Erben durchzuführen.

Hinweise

H 10d Änderung von Steuerbescheiden infolge Verlustabzugs

– *Erneute Ausübung des Wahlrechts der Veranlagungsart*

  Ehegatten können das Wahlrecht der Veranlagungsart (z. B. getrennte Veranlagung) grundsätzlich bis zur Unanfechtbarkeit eines Berichtigungs- oder Änderungsbescheids ausüben und die einmal getroffene Wahl innerhalb dieser Frist frei widerrufen. § 351 Abs. 1 AO kommt insoweit nicht zur Anwendung (→ BFH vom 19.5.1999 – BStBl. II S. 762).

– *Rechtsfehlerkompensation*

  Mit der Gewährung des Verlustrücktrags ist insoweit eine **Durchbrechung der Bestandskraft** *des für das Rücktragsjahr ergangenen Steuerbescheids verbunden, als – ausgehend von* der bisherigen Steuerfestsetzung und den dafür ermittelten Besteuerungsgrundlagen – die Steuerschuld durch die Berücksichtigung des Verlustabzugs gemindert würde. Innerhalb dieses punktuellen Korrekturspielraums sind zugunsten und zuungunsten des Steuerpflichtigen **Rechtsfehler** im Sinne des § 177 AO zu berichtigen (→ BFH vom 27.9.1988 – BStBl. 1989 II S. 225).

– Rücktrag aus verjährtem Verlustentstehungsjahr

Im Verlustentstehungsjahr nicht ausgeglichene Verluste sind in einen vorangegangenen, nicht festsetzungsverjährten VZ auch dann zurückzutragen, wenn für das Verlustentstehungsjahr selbst bereits Festsetzungsverjährung eingetreten ist (→ BFH vom 27.1.2010 – BStBl. II S. 1009).

Besondere Verrechnungskreise

Im Rahmen des § 2b, § 15 Abs. 4 Satz 1 und 2 sowie Satz 3 bis 5 und 6 bis 8, §§ 22 Nr. 2, 3 und 23 EStG gelten gesonderte Verlustverrechnungsbeschränkungen (besondere Verrechnungskreise) (→ BFH vom 29.11.2004 – BStBl. I S. 1097).[1]

Insolvenzverfahren (Konkurs-/Vergleichs- und Gesamtvollstreckungsverfahren)

Verluste, die der Stpfl. vor und während des Konkursverfahrens erlitten hat, sind dem Grunde nach in vollem Umfang ausgleichsfähig und nach § 10d EStG abzugsfähig (→ BFH vom 4.9.1969 – BStBl. II S. 726).

Sanierungsgewinn

Ertragsteuerliche Behandlung von Sanierungsgewinnen; Steuerstundung und Steuererlass aus sachlichen Billigkeitsgründen (§§ 163, 222, 227 AO) → BMF vom 27.3.2003 (BStBl. I S. 240)[2]; zur Anwendung des BMF-Schreibens auf Gewinne aus einer Restschuldbefreiung (§§ 286 ff. InsO) und aus einer Verbraucherinsolvenz (§§ 304 ff. InsO) → BMF vom 22.12.2009 (BStBl. 2010 I S. 18).[3]

Verlustabzug bei Ehegatten

→ § 62d EStDV

Verlustabzug in Erbfällen

Der Erbe kann einen vom Erblasser nicht genutzten Verlust nach § 10d EStG nicht bei seiner eigenen Veranlagung geltend machen (→ BFH vom 17.12.2007 – BStBl. 2008 II S. 608).

→ R 10d Abs. 9

Verlustvortragsbegrenzung – Beispiel

Zusammenveranlagte Stpfl. (Verlustvortragsbegrenzung; Auswirkung bei Zusammenveranlagung, Feststellung des verbleibenden Verlustvortrags)

---

1) Siehe Anlage § 010d-02.
2) Siehe Anlage § 004-03.
3) Siehe Anlage § 004-51.

		Ehemann		Ehefrau	
Spalte 1	2	3	4	5	6
Einkünfte im lfd. VZ aus					
§ 15		1 750 000		1 250 000	
§ 22 Nr. 2 i. V. m. § 23		2 500 000		500 000	
§ 22 Nr. 3		250 000		250 000	
Verbleibender Verlustabzug aus dem vorangegangenen VZ					
nach § 10d Abs. 2		6 000 000		2 000 000	
§ 22 Nr. 2 i. V. m. § 23		500 000		4 500 000	
§ 22 Nr. 3				1 000 000	
Berechnung der S. d. E. im lfd. VZ					
§ 15		1 750 000		1 250 000	
§ 22 Nr. 2 i. V. m. § 23		2 500 000		500 000	
Verlustvortrag aus dem vorangegangenen VZ Höchstbetragsberechnung					
S. d. E. § 22 Nr. 2 i. V. m. § 23	3 000 000				
unbeschränkt abziehbar	2 000 000				
Verbleiben	1 000 000				
davon 60 %	600 000				
Höchstbetrag	2 600 000				
Verhältnismäßige Aufteilung					
Ehemann:					
$\dfrac{500\,000}{5\,000\,000} \times 2\,600\,000$	260 000				
Ehefrau:					
$\dfrac{4\,500\,000}{5\,000\,000} \times 2\,600\,000$	2 340 000				
Verlustvortrag max. in Höhe der positiven Einkünfte		260 000		500 000	
Zwischensumme		2 240 000		0	
Übertragung Verlustvolumen 2 340 000 – 500 000	1 840 000	1 840 000			
Einkünfte § 22 Nr. 2 i. V. m. § 23		400 000		0	
§ 22 Nr. 3		250 000		250 000	
Verlustvortrag aus dem vorangegangenen VZ max. in Höhe der positiven Einkünfte		250 000		250 000	
Einkünfte § 22 Nr. 3		0		0	
S. d. E.		2 150 000		1 250 000	

§ 10d

G. d. E.		3 400 000
Verlustvortrag § 10d		
Berechnung Höchstbetrag		
G. d. E.	3 400 000	
unbeschränkt abziehbar	2 000 000	
Verbleiben	1 400 000	
davon 60 %	840 000	
Höchstbetrag	2 840 000	2 840 000
Verhältnismäßige Aufteilung		
Ehemann:		
$\dfrac{6\,000\,000}{8\,000\,000} \times 2\,840\,000$	2 130 000	
Ehefrau:		
$\dfrac{2\,000\,000}{8\,000\,000} \times 2\,840\,000$	710 000	

		Ehemann	Ehefrau
Spalte 1	2	3	4
Berechnung des festzustellenden verbleibenden Verlustvortrags zum 31.12. des lfd. VZ:			
Verlustvortrag zum 31.12. des vorangegangenen VZ		6 000 000	2 000 000
Abzüglich Verlustvortrag in den lfd. VZ		2 130 000	710 000
Verbleibender Verlustvortrag zum 31.12. des lfd. VZ		3 870 000	1 290 000
Verlustvortrag zum 31.12. des vorangegangenen VZ aus § 22 Nr. 2 i. V. m. § 23		500 000	4 000 000
Abzüglich Verlustvortrag in den lfd. VZ		260 000	2 340 000
Verbleibender Verlustvortrag aus § 22 Nr. 2 i. V. m. § 23 zum 31.12. des lfd. VZ		240 000	2 160 000
Verlustvortrag zum 31.12. des vorangegangenen VZ aus § 22 Nr. 3			1 000 000
Abzüglich Verlustvortrag in den lfd. VZ			500 000
Verbleibender Verlustvortrag aus § 22 Nr. 3 zum 31.12. des lfd. VZ			500 000

Wahlrecht zum Verlustrücktrag

Der Antrag, vom Verlustrücktrag nach § 10d Abs. 1 Satz 1 EStG ganz oder teilweise abzusehen, kann bis zur Bestandskraft des den verbleibenden Verlustvortrag feststellenden Bescheids i. S. d. § 10d Abs. 4 EStG geändert oder widerrufen werden (→ BFH vom 17.9.2008 – BStBl. 2009 II S. 639).

§ 10d

Weitere Verwaltungsanweisungen
(soweit nicht in den Hinweisen enthalten)

Zu § 10d EStG

1. Berücksichtigung eines positiven Progressionsvorbehalts im Rahmen eines Verlustrücktrags bzw. -vortrags (Vfg OFD Düsseldorf vom 16.1.1992, DB 1992 S. 450)
2. Umfang und Bindungswirkung der Feststellung des verbleibenden Verlustabzugs (Vfg OFD Frankfurt vom 4.9.1997, FR 1997 S. 828)
3. Vererbbarkeit von Verlusten; Anwendung der neuen Rechtsprechung auf andere Verlustverrechnungskreise (FM Schleswig-Holstein vom 23.3.2011 und OFD Koblenz vom 20.7.2011)[1)]
4. Mindestgewinnbesteuerung nach § 10d Absatz 2 Satz 1 und 2 EStG (BMF vom 19.10.2011)[2)]

Rechtsprechungsauswahl

BFH vom 9.3.11 IX R 72/04 (BStBl. II S. 751): Verlustrücktrag nach § 10d Abs. 1 EStG in den Veranlagungszeitraum 1998 ohne Mindestbesteuerung nach § 2 Abs. 3 EStG i. d. F. des StEntlG 1999/2000/2002

BFH vom 26.8.10 I B 49/10 (BStBl. 2011 II S. 826): Mindestgewinnbesteuerung nach § 10d Abs. 2 Satz 1 und 2 EStG bei endgültigem Ausschluss der Verlustverrechnung ernstlich zweifelhaft

BFH vom 14.7.09 IX R 52/08 (BStBl. 2011 II S. 26): Erstmalige gesonderte Verlustfeststellung bei negativem Gesamtbetrag der Einkünfte nach § 10d Abs. 4 EStG

BFH vom 17.9.08 IX R 72/06 (BStBl. 2009 II S. 639): Änderung und Widerruf des Antrags auf Absehen vom Verlustrücktrag nach § 10d Abs. 1 Satz 5 EStG nur bis zur Bestandskraft der Feststellung nach § 10d Abs. 4 Satz 1 EStG

BFH vom 17.9.08 IX R 70/06 (BStBl. 2009 II S. 897): Erstmalige Verlustfeststellung nach § 10d Abs. 4 Satz 1 EStG bei bestandskräftigem Einkommensteuerbescheid, der keine nicht ausgeglichenen negativen Einkünfte berücksichtigt

BFH vom 10.7.08 IX R 90/07 (BStBl. 2009 II S. 816): Feststellungsfrist für Verlustfeststellungsbescheide nach § 10d Abs. 4 Satz 6, § 52 Abs. 25 Satz 5 EStG; § 181 Abs. 5 Satz 1 AO stellt keine Ablaufhemmung dar

BFH vom 17.12.07 GrS 2/04 (BStBl. 2008 II S. 608): Kein Übergang des vom Erblasser ungenutzten Verlustabzugs nach § 10d EStG auf den Erben

---

1) Siehe Anlage § 010d-03.
2) Siehe Anlage § 010d-04.

§ 10e

§ 10e Steuerbegünstigung der zu eigenen Wohnzwecken genutzten Wohnung im eigenen Haus

(1) ¹Der Steuerpflichtige kann von den Herstellungskosten einer Wohnung in einem im Inland belegenen eigenen Haus oder einer im Inland belegenen eigenen Eigentumswohnung zuzüglich der Hälfte der Anschaffungskosten für den dazugehörenden Grund und Boden (Bemessungsgrundlage) im Jahr der Fertigstellung und in den drei folgenden Jahren jeweils bis zu 6 Prozent, höchstens jeweils 10 124 Euro, und in den vier darauffolgenden Jahren jeweils bis zu 5 Prozent, höchstens jeweils 8 437 Euro wie Sonderausgaben abziehen. ²Voraussetzung ist, dass der Steuerpflichtige die Wohnung hergestellt und in dem jeweiligen Jahr des Zeitraums nach Satz 1 (Abzugszeitraum) zu eigenen Wohnzwecken genutzt hat und die Wohnung keine Ferienwohnung oder Wochenendwohnung ist. ³Eine Nutzung zu eigenen Wohnzwecken liegt auch vor, wenn Teile einer zu eigenen Wohnzwecken genutzten Wohnung unentgeltlich zu Wohnzwecken überlassen werden. ⁴Hat der Steuerpflichtige die Wohnung angeschafft, so sind die Sätze 1 bis 3 mit der Maßgabe anzuwenden, dass an die Stelle des Jahres der Fertigstellung das Jahr der Anschaffung und an die Stelle der Herstellungskosten die Anschaffungskosten treten; hat der Steuerpflichtige die Wohnung nicht bis zum Ende des zweiten auf das Jahr der Fertigstellung folgenden Jahres angeschafft, kann er von der Bemessungsgrundlage im Jahr der Anschaffung und in den drei folgenden Jahren höchstens jeweils 4 602 Euro und in den vier darauffolgenden Jahren höchstens jeweils 3 835 Euro abziehen. ⁵§ 6b Abs. 6 gilt sinngemäß. ⁶Bei einem Anteil an der zu eigenen Wohnzwecken genutzten Wohnung kann der Steuerpflichtige den entsprechenden Teil der Abzugsbeträge nach Satz 1 wie Sonderausgaben abziehen. ⁷Werden Teile der Wohnung nicht zu eigenen Wohnzwecken genutzt, ist die Bemessungsgrundlage um den auf den nicht zu eigenen Wohnzwecken entfallenden Teil zu kürzen. ⁸Satz 4 ist nicht anzuwenden, wenn der Steuerpflichtige die Wohnung oder einen Anteil daran von seinem Ehegatten anschafft und bei den Ehegatten die Voraussetzungen des § 26 Abs. 1 vorliegen.

(2) Absatz 1 gilt entsprechend für Herstellungskosten zu eigenen Wohnzwecken genutzter Ausbauten und Erweiterungen an einer im Inland belegenen, zu eigenen Wohnzwecken genutzten Wohnung.

(3) ¹Der Steuerpflichtige kann die Abzugsbeträge nach den Absätzen 1 und 2, die er in einem Jahr des Abzugszeitraums nicht ausgenutzt hat, bis zum Ende des Abzugszeitraums abziehen. ²Nachträgliche Herstellungskosten oder Anschaffungskosten, die bis zum Ende des Abzugszeitraums entstehen, können vom Jahr ihrer Entstehung an für die Veranlagungszeiträume, in denen der Steuerpflichtige Abzugsbeträge nach den Absätzen 1 und 2 hätte abziehen können, so behandelt werden, als wären sie zu Beginn des Abzugszeitraums entstanden.

(4) ¹Die Abzugsbeträge nach den Absätzen 1 und 2 kann der Steuerpflichtige nur für eine Wohnung oder für einen Ausbau oder eine Erweiterung abziehen. ²Ehegatten, bei denen die Voraussetzungen des § 26 Abs. 1 vorliegen, können die Abzugsbeträge nach den Absätzen 1 und 2 für insgesamt zwei der in Satz 1 bezeichneten Objekte abziehen, jedoch nicht gleichzeitig für zwei in räumlichem Zusammenhang belegene Objekte, wenn bei den Ehegatten im Zeitpunkt der Herstellung oder Anschaffung der Objekte die Voraussetzungen des § 26 Abs. 1 vorliegen. ³Den Abzugsbeträgen stehen die erhöhten Absetzungen nach § 7b in der jeweiligen Fassung ab Inkrafttreten des Gesetzes vom 16. Juni 1964 (BGBl. I S. 353)[1]) und nach § 15 Abs. 1 bis 4 des Berlinförderungsgesetzes in der jeweiligen Fassung ab Inkrafttreten des Gesetzes vom 11. Juli 1977 (BGBl. I S. 1213)[2]) gleich. ⁴Nutzt der Steuerpflichtige die Wohnung im eigenen Haus oder die Eigentumswohnung (Erstobjekt) nicht bis zum Ablauf des Abzugszeitraums zu eigenen Wohnzwecken und kann er deshalb die Abzugsbeträge nach den Absätzen 1 und 2 nicht mehr in Anspruch nehmen, so kann er die Abzugsbeträge nach Absatz 1 bei einer weiteren Wohnung im Sinne des Absatzes 1 Satz 1 (Folgeobjekt) in Anspruch nehmen, wenn er das Folgeobjekt innerhalb von zwei Jahren vor und drei Jahren nach Ablauf des Veranlagungszeitraums, in dem er das Erstobjekt letztmals zu eigenen Wohnzwecken

---

1) BStBl. I S. 384.
2) BStBl. I S. 360.

§ 10e

genutzt hat, anschafft oder herstellt; Entsprechendes gilt bei einem Ausbau oder einer Erweiterung einer Wohnung. [5]Im Fall des Satzes 4 ist der Abzugszeitraum für das Folgeobjekt um die Anzahl der Veranlagungszeiträume zu kürzen, in denen der Steuerpflichtige für das Erstobjekt die Abzugsbeträge nach den Absätzen 1 und 2 hätte abziehen können; hat der Steuerpflichtige das Folgeobjekt in einem Veranlagungszeitraum, in dem er das Erstobjekt noch zu eigenen Wohnzwecken genutzt hat, hergestellt oder angeschafft oder ausgebaut oder erweitert, so beginnt der Abzugszeitraum für das Folgeobjekt mit Ablauf des Veranlagungszeitraums, in dem der Steuerpflichtige das Erstobjekt letztmals zu eigenen Wohnzwecken genutzt hat. [6]Für das Folgeobjekt sind die Prozentsätze der vom Erstobjekt verbliebenen Jahre maßgebend. [7]Dem Erstobjekt im Sinne des Satzes 4 steht ein Erstobjekt im Sinne des § 7b Abs. 5 Satz 4 sowie des § 15 Abs. 1 und des § 15b Abs. 1 des Berlinförderungsgesetzes gleich. [8]Ist für den Steuerpflichtigen Objektverbrauch nach den Sätzen 1 bis 3 eingetreten, kann er die Abzugsbeträge nach den Absätzen 1 und 2 für ein weiteres, in dem in Artikel 3 des Einigungsvertrages genannten Gebiet belegenes Objekt abziehen, wenn der Steuerpflichtige oder dessen Ehegatte, bei denen die Voraussetzungen des § 26 Abs. 1 vorliegen, in dem in Artikel 3 des Einigungsvertrages genannten Gebiet zugezogen ist und

1. seinen ausschließlichen Wohnsitz in diesem Gebiet zu Beginn des Veranlagungszeitraums hat oder ihn im Laufe des Veranlagungszeitraums begründet oder

2. bei mehrfachem Wohnsitz einen Wohnsitz in diesem Gebiet hat und sich dort überwiegend aufhält.

[9]Voraussetzung für die Anwendung des Satzes 8 ist, dass die Wohnung im eigenen Haus oder die Eigentumswohnung vor dem 1. Januar 1995 hergestellt oder angeschafft oder der Ausbau oder die Erweiterung vor diesem Zeitpunkt fertiggestellt worden ist. [10]Die Sätze 2 und 4 bis 6 sind für in Satz 8 bezeichnete Objekte sinngemäß anzuwenden.

(5) [1]Sind mehrere Steuerpflichtige Eigentümer einer zu eigenen Wohnzwecken genutzten Wohnung, so ist Absatz 4 mit der Maßgabe anzuwenden, dass der Anteil des Steuerpflichtigen an der Wohnung einer Wohnung gleichsteht; Entsprechendes gilt bei dem Ausbau oder bei der Erweiterung einer zu eigenen Wohnzwecken genutzten Wohnung. [2]Satz 1 ist nicht anzuwenden, wenn Eigentümer der Wohnung der Steuerpflichtige und sein Ehegatte sind und bei den Ehegatten die Voraussetzungen des § 26 Abs. 1 vorliegen. [3]Erwirbt im Fall des Satzes 2 ein Ehegatte infolge Erbfalls einen Miteigentumsanteil an der Wohnung hinzu, so kann er die auf diesen Anteil entfallenden Abzugsbeträge nach den Absätzen 1 und 2 weiter in der bisherigen Höhe abziehen; Entsprechendes gilt, wenn im Fall des Satzes 2 während des Abzugszeitraums die Voraussetzungen des § 26 Abs. 1 wegfallen und ein Ehegatte den Anteil des anderen Ehegatten an der Wohnung erwirbt.

(5a) [1]Die Abzugsbeträge nach den Absätzen 1 und 2 können nur für die Veranlagungszeiträume in Anspruch genommen werden, in denen der Gesamtbetrag der Einkünfte 61 355 Euro, bei nach § 26b zusammenveranlagten Ehegatten 122 710 Euro nicht übersteigt. [2]Eine Nachholung von Abzugsbeträgen nach Absatz 3 Satz 1 ist nur für Veranlagungszeiträume möglich, in denen die in Satz 1 genannten Voraussetzungen vorgelegen haben; Entsprechendes gilt für nachträgliche Herstellungskosten oder Anschaffungskosten im Sinne des Absatzes 3 Satz 2.

(6) [1]Aufwendungen des Steuerpflichtigen, die bis zum Beginn der erstmaligen Nutzung einer Wohnung im Sinne des Absatzes 1 zu eigenen Wohnzwecken entstehen, unmittelbar mit der Herstellung oder Anschaffung des Gebäudes oder der Eigentumswohnung oder der Anschaffung des dazugehörenden Grund und Bodens zusammenhängen, nicht zu den Herstellungskosten oder Anschaffungskosten der Wohnung oder zu den Anschaffungskosten des Grund und Bodens gehören und die im Fall der Vermietung oder Verpachtung der Wohnung als Werbungskosten abgezogen werden könnten, können wie Sonderausgaben abgezogen werden. [2]Wird eine Wohnung bis zum Beginn der erstmaligen Nutzung zu eigenen Wohnzwecken vermietet oder zu eigenen beruflichen oder eigenen betrieblichen Zwecken genutzt und sind die Aufwendungen Werbungskosten oder Betriebsausgaben, können sie nicht wie Sonderausgaben abgezogen werden. [3]Aufwendungen nach Satz 1, die Erhaltungsaufwand sind und im Zusammenhang mit der Anschaffung des Gebäudes oder der Eigentums-

§ 10e

wohnung stehen, können insgesamt nur bis zu 15 Prozent der Anschaffungskosten des Gebäudes oder der Eigentumswohnung, höchstens bis zu 15 Prozent von 76 694 Euro, abgezogen werden. [4]Die Sätze 1 und 2 gelten entsprechend bei Ausbauten und Erweiterungen an einer zu Wohnzwecken genutzten Wohnung.

(6a) [1]Nimmt der Steuerpflichtige Abzugsbeträge für ein Objekt nach den Absätzen 1 oder 2 in Anspruch oder ist er aufgrund des Absatzes 5a zur Inanspruchnahme von Abzugsbeträgen für ein solches Objekt nicht berechtigt, so kann er die mit diesem Objekt in wirtschaftlichem Zusammenhang stehenden Schuldzinsen, die für die Zeit der Nutzung zu eigenen Wohnzwecken entstehen, im Jahr der Herstellung oder Anschaffung und in den beiden folgenden Kalenderjahren bis zur Höhe von jeweils 12 000 Deutsche Mark wie Sonderausgaben abziehen, wenn er das Objekt vor dem 1. Januar 1995 fertiggestellt oder vor diesem Zeitpunkt bis zum Ende des Jahres der Fertigstellung angeschafft hat. [2]Soweit der Schuldzinsenabzug nach Satz 1 nicht in vollem Umfang im Jahr der Herstellung oder Anschaffung in Anspruch genommen werden kann, kann er in dem dritten auf das Jahr der Herstellung oder Anschaffung folgenden Kalenderjahr nachgeholt werden. [3]Absatz 1 Satz 6 gilt sinngemäß.

(7) [1]Sind mehrere Steuerpflichtige Eigentümer einer zu eigenen Wohnzwecken genutzten Wohnung, so können die Abzugsbeträge nach den Absätzen 1 und 2 und die Aufwendungen nach den Absätzen 6 und 6a gesondert und einheitlich festgestellt werden. [2]Die für die gesonderte Feststellung von Einkünften nach § 180 Abs. 1 Nr. 2 Buchstabe a der Abgabenordnung geltenden Vorschriften sind entsprechend anzuwenden.

Hinweise

H 10e Steuerbegünstigung der zu eigenen Wohnzwecken genutzten Wohnung im eigenen Haus nach § 10e EStG
- → *BMF vom 31.12.1994 (BStBl. I S. 887)*

Eigenheimzulage
- *Eigenheimzulagengesetz (EigZulG)*
- *Zweifelsfragen zum Eigenheimzulagengesetz und zum Vorkostenabzug bei einer nach dem Eigenheimzulagengesetz begünstigten Wohnung (§ 10i EStG)* → *BMF vom 10.2.1998 (BStBl. I S. 190) unter Berücksichtigung der Änderungen durch BMF vom 24.10.2001 (BStBl. I S. 803), BMF vom 10.4.2002 (BStBl. I S. 525), BMF vom 18.2.2003 (BStBl. I S. 182) und BMF vom 2.10.2003 (BStBl. I S. 488).*
- *Zweifelsfragen zum Eigenheimzulagengesetz* → *BMF vom 21.12.2004 (BStBl. 2005 I S. 305).*

§ 10f Steuerbegünstigung für zu eigenen Wohnzwecken genutzte Baudenkmale und Gebäude in Sanierungsgebieten und städtebaulichen Entwicklungsbereichen.

(1) ¹Der Steuerpflichtige kann Aufwendungen an einem eigenen Gebäude im Kalenderjahr des Abschlusses der Baumaßnahme und in den neun folgenden Kalenderjahren jeweils bis zu 9 Prozent wie Sonderausgaben abziehen, wenn die Voraussetzungen des § 7h oder des § 7i vorliegen. ²Dies gilt nur, soweit er das Gebäude in dem jeweiligen Kalenderjahr zu eigenen Wohnzwecken nutzt und die Aufwendungen nicht in die Bemessungsgrundlage nach § 10e oder dem Eigenheimzulagengesetz einbezogen hat. ³Für Zeiträume, für die der Steuerpflichtige erhöhte Absetzungen von Aufwendungen nach § 7h oder § 7i abgezogen hat, kann er für diese Aufwendungen keine Abzugsbeträge nach Satz 1 in Anspruch nehmen. ⁴Eine Nutzung zu eigenen Wohnzwecken liegt auch vor, wenn Teile einer zu eigenen Wohnzwecken genutzten Wohnung unentgeltlich zu Wohnzwecken überlassen werden.

(2) ¹Der Steuerpflichtige kann Erhaltungsaufwand, der an einem eigenen Gebäude entsteht und nicht zu den Betriebsausgaben oder Werbungskosten gehört, im Kalenderjahr des Abschlusses der Maßnahme und in den neun folgenden Kalenderjahren jeweils bis zu 9 Prozent wie Sonderausgaben abziehen, wenn die Voraussetzungen des § 11a Abs. 1 in Verbindung mit § 7h Abs. 2 oder des § 11b Satz 1 oder 2 in Verbindung mit § 7i Abs. 1 Satz 2 und Abs. 2 vorliegen. ²Dies gilt nur, soweit der Steuerpflichtige das Gebäude in dem jeweiligen Kalenderjahr zu eigenen Wohnzwecken nutzt und diese Aufwendungen nicht nach § 10e Abs. 6 oder § 10i abgezogen hat. ³Soweit der Steuerpflichtige das Gebäude während des Verteilungszeitraums zur Einkunftserzielung nutzt, ist der noch nicht berücksichtigte Teil des Erhaltungsaufwands im Jahr des Übergangs zur Einkunftserzielung wie Sonderausgaben abzuziehen. ⁴Absatz 1 Satz 4 ist entsprechend anzuwenden.

(3) ¹Die Abzugsbeträge nach den Absätzen 1 und 2 kann der Steuerpflichtige nur bei einem Gebäude in Anspruch nehmen. ²Ehegatten, bei denen die Voraussetzungen des § 26 Abs. 1 vorliegen, können die Abzugsbeträge nach den Absätzen 1 und 2 bei insgesamt zwei Gebäuden abziehen. ³Gebäuden im Sinne der Absätze 1 und 2 stehen Gebäude gleich, für die Abzugsbeträge nach § 52 Abs. 21 Satz 6 in Verbindung mit § 51 Abs. 1 Nr. 2 Buchstabe x oder Buchstabe y des Einkommensteuergesetzes 1987 in der Fassung der Bekanntmachung vom 27. Februar 1987 (BGBl. I S. 657) in Anspruch genommen worden sind; Entsprechendes gilt für Abzugsbeträge nach § 52 Abs. 21 Satz 7.

(4) ¹Sind mehrere Steuerpflichtige Eigentümer eines Gebäudes, so ist Absatz 3 mit der Maßgabe anzuwenden, dass der Anteil des Steuerpflichtigen an einem solchen Gebäude dem Gebäude gleichsteht. ²Erwirbt ein Miteigentümer, der für seinen Anteil bereits Abzugsbeträge nach Absatz 1 oder Absatz 2 abgezogen hat, einen Anteil an demselben Gebäude hinzu, kann er für danach von ihm durchgeführte Maßnahmen im Sinne der Absätze 1 oder 2 auch die Abzugsbeträge nach den Absätzen 1 und 2 in Anspruch nehmen, die auf den hinzuerworbenen Anteil entfallen. ³§ 10e Abs. 5 Sätze 2 und 3 sowie Abs. 7 ist sinngemäß anzuwenden.

(5) Die Absätze 1 bis 4 sind auf Gebäudeteile, die selbständige unbewegliche Wirtschaftsgüter sind, und auf Eigentumswohnungen entsprechend anzuwenden.

EStR und Hinweise

EStR 2012 zu § 10f EStG

R 10f Steuerbegünstigung für zu eigenen Wohnzwecken genutzte Baudenkmale und Gebäude in Sanierungsgebieten und städtebaulichen Entwicklungsbereichen

R 7h und R 7i gelten entsprechend.

Hinweise

H 10f Bescheinigungsbehörde für Baudenkmale

Übersicht über die zuständigen Bescheinigungsbehörden → BMF vom 6.1.2009 (BStBl. I S. 39).

§ 10f

Bescheinigungsrichtlinien[1]
Übersicht über die Veröffentlichung der länderspezifischen Bescheinigungsrichtlinien → BMF vom 10.11.2000 (BStBl. I S. 1513) und vom 8.11.2004 (BStBl. I S. 1048).
Reichweite der Bindungswirkung der Bescheinigung
→ BMF vom 16.5.2007 (BStBl. I S. 475).[2]
Zuschüsse
Im öffentlichen Interesse geleistete Zuschüsse privater Dritter mindern die Aufwendungen für ein zu eigenen Wohnzwecken genutztes Baudenkmal, da der Stpfl. in Höhe der Zuschüsse nicht wirtschaftlich belastet ist. Die Aufwendungen sind deshalb nicht wie Sonderausgaben abziehbar (→ BFH vom 20.6.2007 – BStBl. II S. 879).

Verwaltungsanweisungen

1. Bescheinigungsrichtlinien zu den Steuervergünstigungen für Baudenkmale nach den §§ 7i, 10f und 11b EStG (Erlaß Nordrhein-Westfalen vom 17.3.1998)[3]
2. Für die bescheinigten Aufwendungen i. S. des § 10f EStG kann einheitlich insgesamt entweder die Förderung nach dem EigZulG oder der Sonderausgabenzug nach § 10f EStG in Anspruch genommen werden (Vfg OFD Erfurt vom 2.6.2003, DStR 2003 S. 1258)

---

1) Siehe Anlage § 007i-01.
2) Siehe Anlage § 007i-02.
3) Siehe Anlage § 007i-01.

§ 10g

§ 10g Steuerbegünstigung für schutzwürdige Kulturgüter, die weder zur Einkunftserzielung noch zu eigenen Wohnzwecken genutzt werden

(1) ¹Der Steuerpflichtige kann Aufwendungen für Herstellungs- und Erhaltungsmaßnahmen an eigenen schutzwürdigen Kulturgütern im Inland, soweit sie öffentliche oder private Zuwendungen oder etwaige aus diesen Kulturgütern erzielte Einnahmen übersteigen, im Kalenderjahr des Abschlusses der Maßnahme und in den neun folgenden Kalenderjahren jeweils bis zu 9 Prozent wie Sonderausgaben abziehen. ²Kulturgüter im Sinne des Satzes 1 sind

1. Gebäude oder Gebäudeteile, die nach den jeweiligen landesrechtlichen Vorschriften ein Baudenkmal sind,

2. Gebäude oder Gebäudeteile, die für sich allein nicht die Voraussetzungen für ein Baudenkmal erfüllen, aber Teil einer nach den jeweiligen landesrechtlichen Vorschriften als Einheit geschützten Gebäudegruppe oder Gesamtanlage sind,

3. gärtnerische, bauliche und sonstige Anlagen, die keine Gebäude oder Gebäudeteile und die nach den jeweiligen landesrechtlichen Vorschriften unter Schutz gestellt sind,

4. Mobiliar, Kunstgegenstände, Kunstsammlungen, wissenschaftliche Sammlungen, Bibliotheken oder Archive, die sich seit mindestens 20 Jahren im Besitz der Familie des Steuerpflichtigen befinden oder in das Verzeichnis national wertvollen Kulturgutes oder das Verzeichnis national wertvoller Archive eingetragen sind und deren Erhaltung wegen ihrer Bedeutung für Kunst, Geschichte oder Wissenschaft im öffentlichen Interesse liegt,

wenn sie in einem den Verhältnissen entsprechenden Umfang der wissenschaftlichen Forschung oder der Öffentlichkeit zugänglich gemacht werden, es sei denn, dem Zugang stehen zwingende Gründe des Denkmal- oder Archivschutzes entgegen. ³Die Maßnahmen müssen nach Maßgabe der geltenden Bestimmungen der Denkmal- und Archivpflege erforderlich und in Abstimmung mit der in Absatz 3 genannten Stelle durchgeführt worden sein; bei Aufwendungen für Herstellungs- und Erhaltungsmaßnahmen an Kulturgütern im Sinne des Satzes 2 Nr. 1 und 2 ist § 7i Abs. 1 Satz 1 bis 4 sinngemäß anzuwenden.

(2) ¹Die Abzugsbeträge nach Absatz 1 Satz 1 kann der Steuerpflichtige nur in Anspruch nehmen, soweit er die schutzwürdigen Kulturgüter im jeweiligen Kalenderjahr weder zur Erzielung von Einkünften im Sinne des § 2 noch Gebäude oder Gebäudeteile zu eigenen Wohnzwecken nutzt und die Aufwendungen nicht nach § 10e Abs. 6, § 10h Satz 3 oder § 10i abgezogen hat. ²Für Zeiträume, für die der Steuerpflichtige von Aufwendungen Absetzungen für Abnutzung, erhöhte Absetzungen, Sonderabschreibungen oder Beträge nach § 10e Abs. 1 bis 5, §§ 10f, 10h, 15b des Berlinförderungsgesetzes oder § 7 des Fördergebietsgesetzes abgezogen hat, kann er für diese Aufwendungen keine Abzugsbeträge nach Absatz 1 Satz 1 in Anspruch nehmen; Entsprechendes gilt, wenn der Steuerpflichtige für Aufwendungen die Eigenheimzulage nach dem Eigenheimzulagengesetz in Anspruch genommen hat. ³Soweit die Kulturgüter während des Zeitraums nach Absatz 1 Satz 1 zur Einkunftserzielung genutzt werden, ist der noch nicht berücksichtigte Teil der Aufwendungen, die auf Erhaltungsarbeiten entfallen, im Jahr des Übergangs zur Einkunftserzielung wie Sonderausgaben abzuziehen.

(3) ¹Der Steuerpflichtige kann den Abzug vornehmen, wenn er durch eine Bescheinigung der nach Landesrecht zuständigen oder von der Landesregierung bestimmten Stelle die Voraussetzungen des Absatzes 1 für das Kulturgut und für die Erforderlichkeit der Aufwendungen nachweist. ²Hat eine der für Denkmal- oder Archivpflege zuständigen Behörden ihm Zuschüsse gewährt, so hat die Bescheinigung auch deren Höhe zu enthalten; werden ihm solche Zuschüsse nach Ausstellung der Bescheinigung gewährt, so ist diese entsprechend zu ändern.

(4) ¹Die Absätze 1 bis 3 sind auf Gebäudeteile, die selbständige unbewegliche Wirtschaftsgüter sind, sowie auf Eigentumswohnungen und im Teileigentum stehende Räume entsprechend anzuwenden. ²§ 10e Abs. 7 gilt sinngemäß.

§ 10g R 10g

EStR und Hinweise

EStR 2012 zu § 10g EStG

R 10g Steuerbegünstigung für schutzwürdige Kulturgüter, die weder zur Einkunftserzielung noch zu eigenen Wohnzwecken genutzt werden

(1) ¹Die Bescheinigungsbehörde hat zu prüfen,
1. ob die Maßnahmen
   a) an einem Kulturgut i. S. des § 10g Abs. 1 Satz 2 EStG durchgeführt worden sind,
   b) erforderlich waren,
   c) in Abstimmung mit der zuständigen Stelle durchgeführt worden sind,
2. in welcher Höhe Aufwendungen, die die vorstehenden Voraussetzungen erfüllen, angefallen sind,
3. inwieweit Zuschüsse aus öffentlichen Mitteln durch eine der für Denkmal- oder Archivpflege zuständigen Behörden bewilligt worden sind oder nach Ausstellung der Bescheinigung bewilligt werden (Änderung der Bescheinigung).

²R 7h Abs. 4 Satz 2 bis 5 gilt entsprechend.

(2) Die Finanzbehörden haben zu prüfen,
1. ob die vorgelegte Bescheinigung von der nach Landesrecht zuständigen oder der von der Landesregierung bestimmten Behörde ausgestellt worden ist,
2. ob die bescheinigte Maßnahme an einem Kulturgut durchgeführt worden ist, das im Eigentum des Steuerpflichtigen steht,
3. ob das Kulturgut im jeweiligen Kalenderjahr weder zur Erzielung von Einkünften i. S. des § 2 EStG genutzt worden ist noch Gebäude oder Gebäudeteile zu eigenen Wohnzwecken genutzt und die Aufwendungen nicht nach § 10e Abs. 6 oder § 10h Satz 3 EStG abgezogen worden sind,
4. inwieweit die Aufwendungen etwaige aus dem Kulturgut erzielte Einnahmen übersteigen,
5. ob die bescheinigten Aufwendungen steuerrechtlich dem Kulturgut im Sinne des § 10g EStG zuzuordnen und keine Anschaffungskosten sind,
6. ob weitere Zuschüsse für die bescheinigten Aufwendungen gezahlt werden oder worden sind,
7. in welchem Veranlagungszeitraum die Steuerbegünstigung erstmals in Anspruch genommen werden kann.

Hinweise

H 10g Bescheinigungsbehörde

Übersicht über die zuständigen Bescheinigungsbehörden → *BMF vom 6.1.2009 (BStBl. I S. 39).*

Verwaltungsanweisungen

1. § 10g EStG findet auch im Bereich der Körperschaftsteuer Anwendung (Erlaß Thüringen vom 26.4.1993, DB 1993 S. 1265)

§ 10h Steuerbegünstigung der unentgeltlich zu Wohnzwecken überlassenen Wohnung im eigenen Haus

[1]Der Steuerpflichtige kann von den Aufwendungen, die ihm durch Baumaßnahmen zur Herstellung einer Wohnung entstanden sind, im Jahr der Fertigstellung und in den drei folgenden Jahren jeweils bis zu 6 Prozent, höchstens jeweils 10 124 Euro, und in den vier darauffolgenden Jahren jeweils bis zu 5 Prozent, höchstens jeweils 8 437 Euro wie Sonderausgaben abziehen. [2]Voraussetzung ist, dass

1. der Steuerpflichtige nach dem 30. September 1991 den Bauantrag gestellt oder mit der Herstellung begonnen hat,
2. die Baumaßnahmen an einem Gebäude im Inland durchgeführt worden sind, in dem der Steuerpflichtige im jeweiligen Jahr des Zeitraums nach Satz 1 eine eigene Wohnung zu eigenen Wohnzwecken nutzt,
3. die Wohnung keine Ferienwohnung oder Wochenendwohnung ist,
4. der Steuerpflichtige die Wohnung insgesamt im jeweiligen Jahr des Zeitraums nach Satz 1 voll unentgeltlich an einen Angehörigen im Sinne des § 15 Abs. 1 Nr. 3 und 4 der Abgabenordnung auf Dauer zu Wohnzwecken überlassen hat und
5. der Steuerpflichtige die Aufwendungen nicht in die Bemessungsgrundlage nach §§ 10e, 10f Abs. 1, §§ 10g, 52 Abs. 21 Satz 6 oder nach § 7 des Fördergebietsgesetzes einbezogen hat.

[3]§ 10e Abs. 1 Sätze 5 und 6, Abs. 3, 5a, 6 und 7 gelten sinngemäß.

§ 10i

§ 10i Vorkostenabzug bei einer nach dem Eigenheimzulagengesetz begünstigten Wohnung

(1) ¹Der Steuerpflichtige kann nachstehende Vorkosten wie Sonderausgaben abziehen:
1. eine Pauschale von 1 790 Euro im Jahr der Fertigstellung oder Anschaffung, wenn er für die Wohnung im Jahr der Herstellung oder Anschaffung oder in einem der zwei folgenden Jahre eine Eigenheimzulage nach dem Eigenheimzulagengesetz in Anspruch nimmt, und
2. Erhaltungsaufwendungen bis zu 11 504 Euro, die
   a) bis zum Beginn der erstmaligen Nutzung einer Wohnung zu eigenen Wohnzwecken entstanden sind oder
   b) bis zum Ablauf des auf das Jahr der Anschaffung folgenden Kalenderjahres entstanden sind, wenn der Steuerpflichtige eine von ihm bisher als Mieter genutzte Wohnung anschafft.

²Die Erhaltungsaufwendungen nach Satz 1 Nummer 2 müssen unmittelbar mit der Herstellung oder Anschaffung des Gebäudes oder der Eigentumswohnung zusammenhängen, dürfen nicht zu den Herstellungskosten oder Anschaffungskosten der Wohnung oder zu den Anschaffungskosten des Grund und Bodens gehören und müssten im Fall der Vermietung und Verpachtung der Wohnung als Werbungskosten abgezogen werden können. ³Wird eine Wohnung bis zum Beginn der erstmaligen Nutzung zu eigenen Wohnzwecken vermietet oder zu eigenen beruflichen oder eigenen betrieblichen Zwecken genutzt und sind die Erhaltungsaufwendungen Werbungskosten oder Betriebsausgaben, können sie nicht wie Sonderausgaben abgezogen werden. ⁴Bei einem Anteil an der zu eigenen Wohnzwecken genutzten Wohnung kann der Steuerpflichtige den entsprechenden Teil der Abzugsbeträge nach Satz 1 wie Sonderausgaben abziehen. ⁵Die vorstehenden Sätze gelten entsprechend bei Ausbauten und Erweiterungen an einer zu eigenen Wohnzwecken genutzten Wohnung.

(2) ¹Sind mehrere Steuerpflichtige Eigentümer einer zu eigenen Wohnzwecken genutzten Wohnung, können die Aufwendungen nach Absatz 1 gesondert und einheitlich festgestellt werden. ²Die für die gesonderte Feststellung von Einkünften nach § 180 Abs. 1 Nr. 2 Buchstabe a der Abgabenordnung geltenden Vorschriften sind entsprechend anzuwenden.

Weitere Verwaltungsanweisungen
(soweit nicht in den Hinweisen enthalten)

1. Von einheitlichen und gesonderten Feststellungen der Bemessungsgrundlage für die Eigenheimzulage und der Vorkosten nach § 10i EStG ist im Regelfall abzusehen (Vfg OFD Berlin vom 8.5.1996, FR 1996 S. 650)

§ 11

6. Vereinnahmung und Verausgabung

(1) ¹Einnahmen sind innerhalb des Kalenderjahrs bezogen, in dem sie dem Steuerpflichtigen zugeflossen sind. ²Regelmäßig wiederkehrende Einnahmen, die dem Steuerpflichtigen kurze Zeit vor Beginn oder kurze Zeit nach Beendigung des Kalenderjahrs, zu dem sie wirtschaftlich gehören, zugeflossen sind, gelten als in diesem Kalenderjahr bezogen. ³Der Steuerpflichtige kann Einnahmen, die auf einer Nutzungsüberlassung im Sinne des Absatzes 2 Satz 3 beruhen, insgesamt auf den Zeitraum gleichmäßig verteilen, für den die Vorauszahlung geleistet wird. ⁴Für Einnahmen aus nichtselbständiger Arbeit gilt § 38a Abs. 1 Sätze 2 und 3 und § 40 Abs. 3 Satz 2. ⁵Die Vorschriften über die Gewinnermittlung (§ 4 Abs. 1, § 5) bleiben unberührt.

(2) ¹Ausgaben sind für das Kalenderjahr abzusetzen, in dem sie geleistet worden sind. ²Für regelmäßig wiederkehrende Ausgaben gilt Absatz 1 Satz 2 entsprechend. ³Werden Ausgaben für eine Nutzungsüberlassung von mehr als fünf Jahre im Voraus geleistet, sind sie insgesamt auf den Zeitraum gleichmäßig zu verteilen, für den die Vorauszahlung geleistet wird. ⁴Satz 3 ist auf ein Damnum oder Disagio nicht anzuwenden, soweit dieses marktüblich ist. ⁵§ 42 der Abgabenordnung bleibt unberührt. ⁶Die Vorschriften über die Gewinnermittlung (§ 4 Abs. 1, § 5) bleiben unberührt.

EStR 2012 zu § 11 EStG

EStR und Hinweise

R 11 Vereinnahmung und Verausgabung

¹Die Vereinnahmung durch einen Bevollmächtigten reicht für die Annahme des Zuflusses beim Stpfl. aus. ²Daher sind Honorare von Privatpatienten, die ein Arzt durch eine privatärztliche Verrechnungsstelle einziehen lässt, dem Arzt bereits mit dem Eingang bei dieser Stelle zugeflossen.

Hinweise

H 11 Allgemeines

Zufluss von Einnahmen *erst mit der Erlangung der wirtschaftlichen Verfügungsmacht über ein in Geld oder Geldeswert bestehendes Wirtschaftsgut (→ BFH vom 21.11.1989 – BStBl. 1990 II S. 310 und vom 8.10.1991 – BStBl. 1992 II S. 174 und vom 11.11.2009 – BStBl. 2010 II S. 746).* **Verfügungsmacht** *wird i. d. R. erlangt im Zeitpunkt des Eintritts des Leistungserfolges oder der Möglichkeit, den Leistungserfolg herbeizuführen (→ BFH vom 21.11.1989 – BStBl. 1990 II S. 310). Sie muss nicht endgültig erlangt sein (→ BFH vom 13.10.1989 – BStBl. 1990 II S. 287).*

Kurze Zeit *bei regelmäßig wiederkehrenden Einnahmen ist i. d. R. ein Zeitraum bis zu zehn Tagen; innerhalb dieses Zeitraumes müssen die Zahlungen fällig und geleistet worden sein (→ BFH vom 24.7.1986 – BStBl. 1987 II S. 16). Auf die Fälligkeit im Jahr der wirtschaftlichen Zugehörigkeit kommt es nicht an (→ BFH vom 23.9.1999 – BStBl. 2000 II S. 121).*

Für den **Abfluss von Ausgaben** *gelten diese Grundsätze entsprechend.*

Arbeitslohn

→ § 38 a Abs. 1 Satz 2 und 3 EStG, R 38.2 LStR 2013

Arzthonorar

Die Honorare fließen dem Arzt grundsätzlich erst mit Überweisung seines Anteils durch die **kassenärztliche Vereinigung** *zu (→ BFH vom 20.2.1964 – BStBl. III S. 329).*

Die Einnahmen von der **kassenärztlichen Vereinigung** *stellen regelmäßig wiederkehrende Einnahmen dar (→ BFH vom 6.7.1995 – BStBl. 1996 II S. 266).*

Aufrechnung

Die Aufrechnung mit einer fälligen Gegenforderung stellt eine Leistung im Sinne des § 11 Abs. 2 EStG dar (→ BFH vom 19.4.1977 – BStBl. II S. 601).

§ 11

Damnum

- *Bei **vereinbarungsgemäßer** Einbehaltung eines Damnums bei Auszahlung eines Tilgungsdarlehens ist im Zeitpunkt der Kapitalauszahlung ein Abfluss anzunehmen (→ BFH vom 10.3.1970 – BStBl. II S. 453). Bei ratenweiser Auszahlung des Darlehens kommt eine entsprechende Aufteilung des Damnums nur in Betracht, wenn keine Vereinbarung der Vertragsparteien über den Abflusszeitpunkt des Damnums vorliegt (→ BFH vom 26.6.1975 – BStBl. II S. 880).*
- *Soweit für ein Damnum ein **Tilgungsstreckungsdarlehen** aufgenommen wird, fließt das Damnum mit den Tilgungsraten des Tilgungsstreckungsdarlehens ab (→ BFH vom 26.11.1974 – BStBl. 1975 II S. 330).*
- *Ein Damnum, das ein Darlehensschuldner vor Auszahlung eines aufgenommenen Darlehens zahlt, ist im VZ seiner Leistung als Werbungskosten abziehbar, es sei denn, dass die Vorauszahlung des Damnums von keinen sinnvollen wirtschaftlichen Erwägungen getragen wird (→ BFH vom 3.2.1987 – BStBl. II S. 492). Ist ein Damnum nicht mehr als drei Monate vor Auszahlung der Darlehensvaluta oder einer ins Gewicht fallenden Teilauszahlung des Darlehns (mindestens 30 % der Darlehensvaluta einschließlich Damnum) geleistet worden, kann davon ausgegangen werden, daß ein wirtschaftlich vernünftiger Grund besteht (→ BMF vom 20.10.2003 – BStBl. I S. 546, RdNr. 15).*[1]

Forderungsübergang

Zufluss beim Steuerpflichtigen, wenn der Betrag beim neuen Gläubiger eingeht (→ BFH vom 16.3.1993 – BStBl. II S. 507).

Gesamtgläubiger

Stehen mehreren Steuerpflichtigen als Gesamtgläubigern Einnahmen zu und vereinbaren sie mit dem Schuldner, dass dieser nur an einen bestimmten Gesamtgläubiger leisten soll, so tritt bei jedem der Gesamtgläubiger anteilsmäßig ein Zufluss in dem Zeitpunkt ein, in dem die Einnahmen bei dem bestimmten Gesamtgläubiger eingehen (→ BFH vom 10.12.1985 – BStBl. 1986 II S. 342).

Gewinnausschüttung

→ H 20.2 (Zuflusszeitpunkt bei Gewinnausschüttungen)

Gutschrift

Zufluss beim Steuerpflichtigen im Zeitpunkt der Gutschrift in den Büchern des Verpflichteten (Schuldners), wenn eine eindeutige und unbestrittene Leistungsverpflichtung des Schuldners besteht (diesem also insbesondere kein Leistungsverweigerungsrecht zusteht oder er sich erkennbar auf zivilrechtliche Einwendungen und Einreden gegen die Forderung des Steuerpflichtigen nicht berufen will) und der Schuldner in diesem Zeitpunkt zur Zahlung des Betrages in der Lage gewesen wäre, also nicht zahlungsunfähig war (→ BFH vom 10.7.2001 – BStBl. II S. 646 und vom 30.10.2001 – BStBl. 2002 II S. 138).

Leasing-Sonderzahlung

Verwendet ein Arbeitnehmer einen geleasten Pkw für berufliche Zwecke und macht er dafür die tatsächlichen Kosten geltend, so gehört eine bei Leasingbeginn zu erbringende Sonderzahlung in Höhe der anteiligen beruflichen Nutzung des Pkw zu den sofort abziehbaren Werbungskosten; es handelt sich bei ihr nicht um Anschaffungskosten des obligatorischen Nutzungsrechts an dem Pkw, die nur in Form von Absetzungen für Abnutzung als Werbungskosten berücksichtigt werden könnten (→ BFH vom 5.5.1994 – BStBl. II S. 643).

Novation

Vereinbaren Gläubiger und Schuldner, dass der Geldbetrag fortan aus einem anderen Rechtsgrund geschuldet wird (Novation), kann ein Zufluss und gleichzeitiger Wiederabfluss des Geldbetrages beim Gläubiger vorliegen (→ BFH vom 10.7.2001 – BStBl. II S. 646 und vom 30.10.2001 – BStBl. 2002 II S. 138).

Nutzungsrechte

Räumt der Arbeitgeber dem Arbeitnehmer im Hinblick auf das Dienstverhältnis unentgeltlich ein Nutzungsrecht an einer Wohnung ein, so fließt dem Arbeitnehmer der geldwerte Vorteil nicht im Zeitpunkt der Bestellung des Nutzungsrechts in Höhe des kapitalisierten Wertes, sondern

---

1) Siehe Anlage § 021-05.

fortlaufend in Höhe des jeweiligen Nutzungswertes der Wohnung zu (→ BFH vom 26.5.1993 – BStBl. II S. 686).

Pachtzahlungen in der Land- und Forstwirtschaft

Ermittelt ein Land- und Forstwirt seinen Gewinn nach der Einnahmenüberschussrechnung, so hat er laufende Pachtzahlungen in dem Wirtschaftsjahr zu erfassen, zu dem sie wirtschaftlich gehören, wenn sie kurze Zeit vor Beginn oder nach Ende dieses Wirtschaftsjahres fällig sind und zufließen; auf die Fälligkeit im Jahr der wirtschaftlichen Zugehörigkeit kommt es nicht an (→ BFH vom 23.9.1999 – BStBl. 2000 II S. 121).

Provisionen

Bei der Einnahmenüberschussrechnung sind Provisionen auch dann zugeflossen, wenn sie auf einem Kautionskonto zur Sicherung von Gegenforderungen des Versicherungsunternehmens gutgeschrieben werden (→ BFH vom 24.3.1993 – BStBl. II S. 499). Dagegen sind Beträge, die von dem Versicherungsunternehmen einem für den Vertreter gebildeten Stornoreservekonto gutgeschrieben werden, nicht zugeflossen, wenn die Beträge im Zeitpunkt der Gutschrift nicht fällig waren und das Guthaben nicht verzinst wird (→ BFH vom 12.11.1997 – BStBl. 1998 II S. 252).

Auch wenn feststeht, dass erhaltene Provisionsvorschüsse in späteren Jahren zurückzuzahlen sind, ist bei der Einnahmenüberschussrechnung ein Zufluss anzunehmen (→ BFH vom 13.10.1989 – BStBl. 1990 II S. 287).

Scheck

– *Der Zufluss erfolgt grundsätzlich mit Entgegennahme. Dies gilt auch dann, wenn die zugrunde liegende Vereinbarung wegen eines gesetzlichen Verbots oder wegen Sittenwidrigkeit nichtig ist (→ BFH vom 20.3.2001 – BStBl. II S. 482); die sofortige Bankeinlösung darf jedoch nicht durch zivilrechtliche Vereinbarung eingeschränkt sein (→ BFH vom 30.10.1980 – BStBl. 1981 II S. 305).*

– *Der Abfluss erfolgt grundsätzlich mit Hingabe; für den Bereich der erhöhten Absetzungen und Sonderabschreibungen auf Anzahlungen aber (→ § 7a Abs. 2 Satz 5 EStG).*

– *Der Abfluss erfolgt bei Scheckübermittlung mit der Übergabe an die Post bzw. dem Einwurf in den Briefkasten des Zahlungsempfängers (→ BFH vom 24.9.1985 – BStBl. 1986 II S. 284).*

Schneeballsystem

– *Zufluss von Scheinrenditen bei einem Schneeballsystem (→ BFH vom 28.10.2008 – BStBl. 2009 II S. 190)*

– *→ H 20.2 (Schneeballsystem)*

Sperrkonto

Zinsen auf einem Sperrkonto fließen dem Stpfl. im Zeitpunkt der Gutschrift auf dem Sperrkonto zu, soweit die Kontosperre auf einer freien Vereinbarung zwischen dem Leistenden und dem Stpfl. beruht (→ BFH vom 28.9.2011 – BStBl. 2012 II S. 315).

Stille Gesellschaft

– *Für den Zufluss der Gewinnanteile eines typisch stillen Gesellschafters gilt § 11 EStG; für Zwecke des Kapitalertragsteuerabzugs ist § 44 Abs. 3 EStG maßgeblich (→ BFH vom 28.11.1990 – BStBl. 1991 II S. 313).*

– *→ H 20.1 und H 20.2 (Stiller Gesellschafter)*

Überweisung

Abfluss im Zeitpunkt des Eingangs des Überweisungsauftrags bei der Überweisungsbank, wenn das Konto die nötige Deckung aufweist oder ein entsprechender Kreditrahmen vorhanden ist; andernfalls im Zeitpunkt der Lastschrift (→ BFH vom 6.3.1997 – BStBl. II S. 509).

Umsatzsteuervorauszahlungen/-erstattungen

Umsatzsteuervorauszahlungen sind regelmäßig wiederkehrende Ausgaben. Dies gilt für Umsatzsteuererstattungen entsprechend. (→ BFH vom 1.8.2007 – BStBl. 2008 II S. 282 und BMF vom 10.11.2008 – BStBl. I S. 598). [1]

Verrechnung

→ Aufrechnung

---

1) Siehe Anlage § 011-01.

Wechsel

Zufluss mit Einlösung oder Diskontierung des zahlungshalber hingegebenen Wechsels (→ BFH vom 5.5.1971 – BStBl. II S. 624). Entsprechendes gilt für den Abfluss.

Werbungskosten bei sonstigen Einkünften
→ *H 22.8 (Werbungskosten)*
→ *H 23 (Werbungskosten)*

Wirtschaftsjahr

§ 11 EStG ist auch bei abweichendem Wirtschaftsjahr anzuwenden (→ BFH vom 23.9.1999 – BStBl. 2000 II S. 121).

Weitere Verwaltungsanweisungen
(soweit nicht in den Hinweisen enthalten)

Zu § 11 EStG

1. Zufließen der Einnahmen von Privatärztlichen Verrechnungsstellen und Kassenärztlichen Vereinigungen (Vfg OFD Frankfurt vom 11.10.1994, FR 1995 S. 34)

Rechtsprechungsauswahl

BFH vom 7.12.10 IX R 48/07 (BStBl. 2011 II S. 345): Anwendung des § 11 Abs. 2 Satz 3 i. V. m. § 52 Abs. 30 Satz 1 EStG auf eine im Jahr im 2005 geleistete Erbbauzinszahlung aufgrund eines nach dem 15. Dezember 2004 zustande gekommenen Kaufvertrages führt nicht zu einer verfassungsrechtlich zu beanstandenden Rückwirkung

BFH vom 1.8.07 XI R 48/05 (BStBl. 2008 II S. 282): Umsatzsteuer-Vorauszahlungen können regelmäßig wiederkehrende Ausgaben i. S. des § 11 Abs. 2 Satz 2 EStG sein

§ 11a Sonderbehandlung von Erhaltungsaufwand bei Gebäuden in Sanierungsgebieten und städtebaulichen Entwicklungsbereichen

(1) ¹Der Steuerpflichtige kann durch Zuschüsse aus Sanierungs- oder Entwicklungsförderungsmitteln nicht gedeckten Erhaltungsaufwand für Maßnahmen im Sinne des § 177 des Baugesetzbuchs[1]) an einem im Inland belegenen Gebäude in einem förmlich festgelegten Sanierungsgebiet oder städtebaulichen Entwicklungsbereich auf zwei bis fünf Jahre gleichmäßig verteilen. ²Satz 1 ist entsprechend anzuwenden auf durch Zuschüsse aus Sanierungs- oder Entwicklungsförderungsmitteln nicht gedeckten Erhaltungsaufwand für Maßnahmen, die der Erhaltung, Erneuerung und funktionsgerechten Verwendung eines Gebäudes im Sinne des Satzes 1 dienen, das wegen seiner geschichtlichen, künstlerischen oder städtebaulichen Bedeutung erhalten bleiben soll, und zu deren Durchführung sich der Eigentümer neben bestimmten Modernisierungsmaßnahmen gegenüber der Gemeinde verpflichtet hat.

(2) ¹Wird das Gebäude während des Verteilungszeitraums veräußert, ist der noch nicht berücksichtigte Teil des Erhaltungsaufwands im Jahr der Veräußerung als Betriebsausgaben oder Werbungskosten abzusetzen. ²Das Gleiche gilt, wenn ein nicht zu einem Betriebsvermögen gehörendes Gebäude in ein Betriebsvermögen eingebracht oder wenn ein Gebäude aus dem Betriebsvermögen entnommen oder wenn ein Gebäude nicht mehr zur Einkunftserzielung genutzt wird.

(3) Steht das Gebäude im Eigentum mehrerer Personen, ist der in Absatz 1 bezeichnete Erhaltungsaufwand von allen Eigentümern auf den gleichen Zeitraum zu verteilen.

(4) § 7h Abs. 2 und 3 ist entsprechend anzuwenden.

EStR und Hinweise

EStR 2012 zu § 11a EStG

R 11a Sonderbehandlung von Erhaltungsaufwand bei Gebäuden in Sanierungsgebieten und städtebaulichen Entwicklungsbereichen

R 7h gilt entsprechend.

Hinweise

H 11a **Bescheinigungsrichtlinien**
Übersicht über die Veröffentlichung der länderspezifischen Bescheinigungsrichtlinien → *BMF vom 6.1.2009 (BStBl. I S. 39).*
Reichweite der Bindungswirkung der Bescheinigung
→ *BMF vom 16.5.2007 (BStBl. I S. 475).* [2])
Verteilung von Erhaltungsaufwand
→ *R 21.1 (6)*

---

1) Siehe Anhang 19.
2) Siehe Anlage § 007i-02.

§ 11b

§ 11b Sonderbehandlung von Erhaltungsaufwand bei Baudenkmalen

¹Der Steuerpflichtige kann durch Zuschüsse aus öffentlichen Kassen nicht gedeckten Erhaltungsaufwand für ein im Inland belegenes Gebäude oder Gebäudeteil, das nach den jeweiligen landesrechtlichen Vorschriften ein Baudenkmal ist, auf zwei bis fünf Jahre gleichmäßig verteilen, soweit die Aufwendungen nach Art und Umfang zur Erhaltung des Gebäudes oder Gebäudeteils als Baudenkmal oder zu seiner sinnvollen Nutzung erforderlich und die Maßnahmen in Abstimmung mit der in § 7i Abs. 2 bezeichneten Stelle vorgenommen worden sind. ²Durch Zuschüsse aus öffentlichen Kassen nicht gedeckten Erhaltungsaufwand für ein im Inland belegenes Gebäude oder Gebäudeteil, das für sich allein nicht die Voraussetzungen für ein Baudenkmal erfüllt, aber Teil einer Gebäudegruppe oder Gesamtanlage ist, die nach den jeweiligen landesrechtlichen Vorschriften als Einheit geschützt ist, kann der Steuerpflichtige auf zwei bis fünf Jahre gleichmäßig verteilen, soweit die Aufwendungen nach Art und Umfang zur Erhaltung des schützenswerten äußeren Erscheinungsbildes der Gebäudegruppe oder Gesamtanlage erforderlich und die Maßnahmen in Abstimmung mit der in § 7i Abs. 2 bezeichneten Stelle vorgenommen worden sind. ³§ 7h Abs. 3 und § 7i Abs. 1 Satz 2 und Abs. 2 sowie § 11a Abs. 2 und 3 sind entsprechend anzuwenden.

EStR und Hinweise

EStR 2012 zu § 11b EStG

R 11b Sonderbehandlung von Erhaltungsaufwand bei Baudenkmalen
R 7i gilt entsprechend.

Hinweise

H 11b Bescheinigungsbehörde
Übersicht über die zuständigen Bescheinigungsbehörden → BMF vom 6.1.2009 (BStBl. I S. 39).

Bescheinigungsrichtlinien
Übersicht über die Veröffentlichung der länderspezifischen Bescheinigungsrichtlinien → BMF vom 10.11.2000 (BStBl. I S. 1513) und vom 8.11.2004 (BStBl. I S. 1049).

Reichweite der Bindungswirkung der Bescheinigung
→ BMF vom 16.5.2007 (BStBl. I S. 475).[1]

Verteilung von Erhaltungsaufwand
→ H 21.1 (6)

Verwaltungsanweisungen

1. Bescheinigungsrichtlinien zu den Steuervergünstigungen für Baudenkmale nach den §§ 7i, 10f und 11b EStG (Erlaß Nordrhein-Westfalen vom 29. 10.1991)[2]
2. Steuervergünstigungen für Baudenkmale – steuerrechtliche Grundsätze (Vfg OFD Köln vom 10.11.1992, Anlage 98a der 46. Aufl.)

---

1) Siehe Anlage § 007i-02.
2) Siehe Anlage § 007i-01.

R 12.1 § 12

7. Nicht abzugsfähige Ausgaben

§ 12

Soweit in § 10 Absatz 1 Nummer 1, 2 bis 5, 7 und 9, den §§ 10a, 10b und den §§ 33 bis 33b nichts anderes bestimmt ist, dürfen weder bei den einzelnen Einkunftsarten noch vom Gesamtbetrag der Einkünfte abgezogen werden

1. ¹die für den Haushalt des Steuerpflichtigen und für den Unterhalt seiner Familienangehörigen aufgewendeten Beträge. ²Dazu gehören auch die Aufwendungen für die Lebensführung, die die wirtschaftliche oder gesellschaftliche Stellung des Steuerpflichtigen mit sich bringt, auch wenn sie zur Förderung des Berufs oder der Tätigkeit des Steuerpflichtigen erfolgen;

2. freiwillige Zuwendungen, Zuwendungen auf Grund einer freiwillig begründeten Rechtspflicht und Zuwendungen an eine gegenüber dem Steuerpflichtigen oder seinem Ehegatten gesetzlich unterhaltsberechtigte Person oder deren Ehegatten, auch wenn diese Zuwendungen auf einer besonderen Vereinbarung beruhen;

3. die Steuern vom Einkommen und sonstige Personensteuern sowie die Umsatzsteuer für Umsätze, die Entnahmen sind, und die Vorsteuerbeträge auf Aufwendungen, für die das Abzugsverbot der Nummer 1 oder des § 4 Abs. 5 Satz 1 Nr. 1 bis 5, 7 oder Abs. 7 gilt; das gilt auch für die auf diese Steuern entfallenden Nebenleistungen;

4. in einem Strafverfahren festgesetzte Geldstrafen, sonstige Rechtsfolgen vermögensrechtlicher Art, bei denen der Strafcharakter überwiegt, und Leistungen zur Erfüllung von Auflagen oder Weisungen, soweit die Auflagen oder Weisungen nicht lediglich der Wiedergutmachung des durch die Tat verursachten Schadens dienen;

5. Aufwendungen des Steuerpflichtigen für seine erstmalige Berufsausbildung oder für ein Erststudium, das zugleich eine Erstausbildung vermittelt, wenn diese Berufsausbildung oder dieses Erststudium nicht im Rahmen eines Dienstverhältnisses stattfinden.

EStR und Hinweise

EStR 2012 zu § 12 EStG

R 12.1 Abgrenzung der Kosten der Lebensführung von den Betriebsausgaben und Werbungskosten
– unbesetzt –

Hinweise

H 12.1 Allgemeines

Bei der Entscheidung, ob nicht abziehbare Aufwendungen für die Lebenshaltung vorliegen, kommt es im Allgemeinen weniger auf den objektiven Charakter des angeschafften Gegenstands an. sondern vielmehr auf die Funktion des Gegenstands im Einzelfall, also den tatsächlichen Verwendungszweck (→ BFH vom 20.5.2010 – BStBl. II S. 723).

Ausbildungs- und Fortbildungsaufwendungen für Kinder

Aufwendungen der Eltern für die Ausbildung oder die berufliche Fortbildung ihrer Kinder gehören grundsätzlich zu den nicht abziehbaren Lebenshaltungskosten (→ BFH vom 29.10.1997 – BStBl. 1998 II S. 149).

→ H 4.8 (Ausbildungs- und Fortbildungsaufwendungen)

Ausnahme: → § 10 Abs. 1 Nr. 9 EStG

Berufliche Tätigkeit während einer Ferienreise

Reist ein Stpfl. zur Erholung und zur Aktualisierung von Lehrbüchern an einen Ferienort, ist regelmäßig von einer nicht unwesentlichen privaten Mitveranlassung auszugehen, die bei fehlender Trennbarkeit der Reise in einen beruflichen und einen privaten Teil den Abzug der Aufwendungen als Betriebsausgaben ausschließt (→ BFH vom 7.5.2013 – BStBl. II S. 808).

§ 12

Berufsausbildungskosten

Aufwendungen für die erstmalige Berufsausbildung oder ein Erststudium → *BMF vom 22.9.2010 (BStBl. I S. 721).*[1]

Bewirtungskosten

→ *§ 4 Abs. 5 Satz 1 Nr. 2 EStG*

→ *R 4.10 Abs. 5 bis 9*

Aufwendungen für die Bewirtung von Geschäftsfreunden in der Wohnung des Steuerpflichtigen sind regelmäßig in vollem Umfang Kosten der Lebensführung (→ R 4.10 Abs. 6 Satz 8). Das Gleiche gilt für Aufwendungen des Steuerpflichtigen für die Bewirtung von Geschäftsfreunden anlässlich seines Geburtstages in einer Gaststätte (→ BFH vom 12.12.1991 – BStBl. 1992 II S. 524).

→ *Gemischte Aufwendungen*

→ *Karnevalsveranstaltungen*

Brille

→ *Medizinisch-technische Hilfsmittel und Geräte*

Bücher

Aufwendungen eines Publizisten für Bücher allgemeinbildenden Inhalts sind Kosten der Lebensführung (→ BFH vom 21.5.1992 – BStBl. II S. 1015).

Deutschkurs

Aufwendungen eines in Deutschland lebenden Ausländers für den Erwerb von Deutschkenntnissen sind regelmäßig nichtabziehbare Kosten der Lebensführung (→ BFH vom 15.3.2007 – BStBl. II S. 814 und BMF vom 6.7.2010 – BStBl. I S. 614, Rn. 19).[2]

Einbürgerungskosten

Aufwendungen für die Einbürgerung sind Kosten der Lebensführung (→ BFH vom 18.5.1984 – BStBl. II S. 588 und BMF vom 6.7.2010 – BStBl. I S. 614, Rn. 19).[3]

Erbstreitigkeiten

Der Erbfall selbst stellt im Gegensatz zur Erbauseinandersetzung einen einkommensteuerrechtlich irrelevanten privaten Vorgang dar mit der Folge, dass die Aufwendungen für die Verfolgung eigener Rechte in einem Streit über das Erbrecht der Privatvermögenssphäre zuzuordnen sind (→ BFH vom 17.6.1999 – BStBl. II S. 600).

Führerschein

Aufwendungen für den Erwerb des PKW-Führerscheins sind grundsätzlich Kosten der Lebensführung (→ BFH vom 5.8.1977 – BStBl. II S. 834 und BMF vom 6.7.2010 – BStBl. I S. 614, Rn. 19).[4]

Gemischte Aufwendungen

Bei gemischt veranlassten Aufwendungen besteht kein generelles, Aufteilungs- und Abzugsverbot (→ BFH vom 21.9.2009 – BStBl. 2010 II S. 672); zu den Folgerungen → BMF vom 6.7.2010 (BStBl. I S. 614).

Geschenke an Geschäftsfreunde

→ *§ 4 Abs. 5 Satz 1 Nr. 1 EStG*

→ *R 4.10 Abs. 2 bis 4*

Gesellschaftliche Veranstaltungen

Z. B. des Berufs-, Fach- oder Wirtschaftsverbandes oder der Gewerkschaft:

Aufwendungen sind stets Kosten der Lebensführung, und zwar auch dann, wenn die gesellschaftlichen Veranstaltungen im Zusammenhang mit einer rein fachlichen oder beruflichen Tagung oder Sitzung standen (→ BFH vom 1.8.1968 – BStBl. II S. 713).

→ *Karnevalsveranstaltungen*

→ *Kulturelle Veranstaltungen*

---

1) Siehe Anlage § 010-12.
2) Siehe Anlage § 012-01.
3) Siehe Anlage § 012-01.
4) Siehe Anlage § 012-01.

Hörapparat

→ Medinisch-technische Hilfsmittel und Geräte

Karnevalsveranstaltungen

Aufwendungen für die Einladung von Geschäftspartnern zu Karnevalsveranstaltungen sind Lebenshaltungskosten (→ BFH vom 29.3.1994 – BStBl. II S. 843).

Kleidung und Schuhe

Als Kosten der Lebensführung nicht abziehbar, selbst wenn der Steuerpflichtige sie ausschließlich bei der Berufsausübung trägt (→ BFH vom 18.4.1991 – BStBl. II S. 751 und BMF vom 6.7.2010 – BStBl. I S. 614, Rn. 4). [1]

Ausnahme: typische Berufskleidung (→ R 3.31 LStR 2013 H 9.12 (Berufskleidung) LStH 2013.

Körperpflegemittel, Kosmetika

Als Kosten der Lebensführung nicht abziehbar (→ BFH vom 6.7.1989 – BStBl. 1990 II S. 49 und BMF vom 6.7.2010 – BStBl. I S. 614, Rn. 4). [2]

Kontoführungsgebühren

Pauschale Kontoführungsgebühren sind nach dem Verhältnis beruflich und privat veranlasster Kontenbewegungen aufzuteilen (→ BFH vom 9.5.1984 – BStBl. II S. 560).

Konzertflügel einer Musiklehrerin

Kann ein Arbeitsmittel im Sinne des § 9 Abs. 1 Satz 3 Nr. 6 EStG sein (→ BFH vom 21.10.1988 – BStBl. 1989 II S. 356).

Kulturelle Veranstaltungen

Aufwendungen für den Besuch sind regelmäßig keine Werbungskosten, auch wenn dabei berufliche Interessen berührt werden (→ BFH vom 8.2.1971 – BStBl. II S. 368 betr. Musiklehrerin und BMF vom 6.7.2010 – BStBl. I S. 614, Rn. 4). [3]

Kunstwerke

Aufwendungen für Kunstwerke zur Ausschmückung eines Arbeits- oder Dienstzimmers sind Kosten der Lebensführung (→ BFH vom 12.3.1993 – BStBl. II S. 506).

Medizinisch-technische Hilfsmittel und Geräte

Aufwendungen für technische Hilfsmittel zur Behebung körperlicher Mängel können als reine Kosten der Lebensführung nicht abgezogen werden, auch wenn die Behebung des Mangels im beruflichen Interesse liegt.

→ BFH vom 8.4.1954 (BStBl. III S. 174) – Hörapparat

→ BFH vom 28.9.1990 (BStBl. 1991 II S. 27) – Bifokalbrille

→ BFH vom 23.10.1992 (BStBl. 1993 II S. 193) – Sehbrille

Nachschlagewerk

– *Allgemeines Nachschlagewerk eines Lehrers ist regelmäßig dem privaten Lebensbereich zuzuordnen (→ BFH vom 29.4.1977 – BStBl. II S. 716).*

– *Allgemeines englisches Nachschlagewerk eines Englischlehrers kann Arbeitsmittel im Sinne des § 9 Abs. 1 Satz 3 Nr. 6 EStG sein (→ BFH vom 16.10.1981 – BStBl. 1982 II S. 67).*

Personalcomputer

Eine private Mitbenutzung ist für den vollständigen Betriebsausgaben- bzw. Werbungskostenabzug unschädlich, wenn diese einen Anteil von etwa 10 % nicht übersteigt. Bei einem höheren privaten Nutzungsanteil sind die Kosten eines gemischt genutzten PC aufzuteilen. § 12 Nr. 1 Satz 2 EStG steht einer solchen Aufteilung nicht entgegen (→ BFH vom 19.2.2004 – BStBl. II S. 958).

Sponsoring

→ BMF vom 18.2.1998 (BStBl. I S. 212) [4]

---

1) Siehe Anlage § 012-01.
2) Siehe Anlage § 012-01.
3) Siehe Anlage § 012-01.
4) Siehe Anlage § 004-42.

Steuerberatungskosten
Zuordnung der Steuerberatungskosten zu den Betriebsausgaben, Werbungskosten oder Kosten der Lebensführung → BMF vom 21.12.2007 (BStBl. 2008 I S. 256).

Strafverfahren
→ H 12.3 (Kosten des Strafverfahrens, der Strafverteidigung)

Tageszeitung
Aufwendungen für den Bezug regionaler wie überregionaler Tageszeitungen gehören zu den unter § 12 Nr. 1 Satz 2 EStG fallenden Lebenshaltungskosten (→ BFH vom 7.9.1989 – BStBl. 1990 II S. 19 und BMF vom 6.7.2010 – BStBl. I S. 614, Rn. 4 und 17). [1]

Telefonanschluss in einer Wohnung
Grund- und Gesprächsgebühren sind Betriebsausgaben oder Werbungskosten, soweit sie auf die beruflich geführten Gespräche entfallen. Der berufliche Anteil ist aus dem – ggf. geschätzten – Verhältnis der beruflich und der privat geführten Gespräche zu ermitteln (→ BFH vom 21.11.1980 – BStBl. 1981 II S. 131). Zur Aufteilung der Gebühren → R 9.1 Abs. 5 LStR 2013.

Videorecorder eines Lehrers
Aufwendungen für einen Videorecorder sind regelmäßig Kosten der Lebensführung (→ BFH vom 27.9.1991 – BStBl. 1992 II S 195).

EStR 2012 zu § 12 EStG

R 12.2 Studienreisen, Fachkongresse
– unbesetzt –

Hinweise

H 12.2 Allgemeines
Aufwendungen können nur berücksichtigt werden, wenn sie durch die Einkunftserzielung veranlasst sind. Aufwendungen, die eindeutig und klar abgrenzbar ausschließlich betrieblich/beruflich oder privat veranlasst sind, sind unmittelbar dem betrieblichen/beruflichen oder privaten Teil der Aufwendungen zuzuordnen. Bei gemischt veranlassten Aufwendungen besteht kein generelles Aufteilungs- und Abzugsverbot (→ BFH vom 21.9.2009 – BStBl. 2010 II S. 672); zu den Folgerungen → BMF vom 6.7.2010 – BStBl. I S. 614). [2]

Incentive-Reisen
→ BMF vom 14.10.1996 – BStBl. I S. 1192 [3]

Nachweis der Teilnahme
Bei betrieblicher/beruflicher Veranlassung sind Aufwendungen für die Teilnahme an einem Kongress nur abziehbar, wenn feststeht, dass der Stpfl. an den Veranstaltungen teilgenommen hat (→ BFH vom 4.8.1977 – BStBl. II S. 829). An den Nachweis der Teilnahme sind strenge Anforderungen zu stellen; der Nachweis muss sich auf jede Einzelveranstaltung beziehen, braucht jedoch nicht in jedem Fall durch Anwesenheitstestat geführt zu werden (→ BFH vom 13.2.1980 – BStBl. II S. 386 und vom 11.1.2007 – BStBl. II S. 457).

EStR 2012 zu § 12 EStG

R 12.3 Geldstrafen und ähnliche Rechtsnachteile
[1]Aufwendungen i. S. d. § 12 Nr. 4 EStG können auch dann nicht abgezogen werden, wenn die Geldstrafen und ähnlichen Rechtsnachteile außerhalb des Geltungsbereichs des Gesetzes verhängt, angeordnet oder festgesetzt werden, es sei denn, sie widersprechen wesentlichen Grundsätzen der deutschen Rechtsordnung (ordre public). [2]Die Einziehung von Gegenständen, die – neben der Hauptstrafe oder nachträglich nach § 76 StGB oder unter den Voraussetzungen des § 76a StGB selbstständig – in den Fällen des § 74 Abs. 2 Nr. 1 oder § 76a StGB angeordnet oder festgesetzt worden ist, stellt eine Rechtsfolge vermögensrechtlicher Art mit überwiegendem Strafcharakter dar. [3]Die mit dem Verfall von Ge-

---

1) Siehe Anlage § 012-01.
2) Siehe Anlage § 012-01.
3) Siehe Anlage 004-15.

genständen bzw. dem Verfall von Tatentgelten (§ 73 StGB) verbundene Vermögenseinbuße dient hingegen der Gewinnabschöpfung und damit in erster Linie dem Ausgleich unrechtmäßiger Vermögensverschiebungen. [4]Ein Strafcharakter kann deshalb in der Regel nicht angenommen werden.

Hinweise

H 12.3 Abführung von Mehrerlösen
→ *R 4.13*

Geldbußen
→ *R 4.13*

Kosten des Strafverfahrens/der Strafverteidigung
a) **Die dem Strafverfahren zugrundeliegende Tat wurde in Ausübung der betrieblichen oder beruflichen Tätigkeit begangen:**
   – Kosten sind Betriebsausgaben oder Werbungskosten, da sie weder Strafe noch strafähnliche Rechtsfolge sind (→ *BFH vom 19.2.1982 – BStBl. II S. 467*).
   – Kosten des Strafverfahrens in Zusammenhang mit Bestechungsgeldern → H 4.14 Umfang des Abzugsverbots
b) **Die dem Strafverfahren zugrundeliegende Tat beruht auf privaten Gründen oder ist sowohl privat als auch betrieblich (beruflich) veranlaßt:**
   Aufwendungen sind nicht abziehbare Kosten der Lebensführung. Das gilt auch für Kosten eines Wiederaufnahmeverfahrens nach strafrechtlicher Verurteilung mit disziplinarrechtlichen Folgen (→ BFH vom 13.12.1994 – BStBl. 1995 II S. 457).

Leistungen zur Erfüllung von Auflagen oder Weisungen sind nicht abziehbar
– *bei Strafaussetzung zur Bewährung*
– *bei Verwarnung mit dem Strafvorbehalt, einen Geldbetrag zugunsten einer gemeinnützigen Einrichtung oder der Staatskasse zu zahlen oder sonst gemeinnützige Leistungen zu erbringen (§ 56b Abs. 2 Satz 1 Nr. 2 und 3, § 59a Abs. 2 StGB)*
– *bei Einstellung des Verfahrens (§ 153a Abs. 1 Satz 1 Nr. 2 und 3 StPO); gleiches gilt bei der Einstellung des Verfahrens nach dem Jugendgerichtsgesetz und im Gnadenverfahren*
– *sind ausnahmsweise abziehbar:*
   bei Ausgleichszahlungen an das geschädigte Tatopfer zur Wiedergutmachung des durch die Tat verursachten Schadens auf Grund einer Auflage nach § 56b Abs. 2 Satz 1 Nr. 1 StGB (→ BFH vom 15.1.2009 – BStBl. 2010 II S. 111).

Ordnungsgelder
→ *R 4.13*

Strafverfahren
→ *Kosten des Strafverfahrens/der Strafverteidigung*

Strafverteidigungskosten
→ *Kosten des Strafverfahrens/der Strafverteidigung*

Verwarnungsgelder
→ *R 4.13*

EStR 2012 zu § 12 EStG

R 12.4 Nichtabziehbare Steuern und Nebenleistungen – unbesetzt –

Hinweise

H 12.4 Nebenleistungen
Die folgenden Nebenleistungen (§ 3 Abs. 4 AO) sind nicht abziehbar, soweit sie auf die in § 12 Nr. 3 EStG genannten Steuerarten entfallen:
– *Aussetzungszinsen (§ 237 AO)*
– *Gebühren für verbindliche Auskünfte (§ 89 Abs. 3 AO)*
– *Hinterziehungszinsen (§ 235 AO)*

§ 12
R 12.4, 12.5, 12.6

- Kosten bei Inanspruchnahme von Finanzbehörden (§ 178a AO)
- Nachforderungszinsen (§ 233 a AO)
- Säumniszuschläge (§ 240 AO)
- Stundungszinsen (§ 234 AO)
- Verspätungszuschläge (§ 152 AO)
- Verzögerungsgelder (§ 146 Abs. 2b AO),
- Zuschlag wegen der Nichtvorlage oder Unbrauchbarkeit von Aufzeichnungen (§ 162 Abs. 4 AO)
- Zwangsgelder (§ 329 AO)

Personensteuern
- Einkommensteuer, einschl. ausländische Steuern vom Einkommen, soweit nicht § 34c Abs. 2 oder 3 EStG anzuwenden ist.
- Erbschaftsteuer
- Kapitalertragsteuer
- Kirchensteuer
- Lohnsteuer
- Solidaritätszuschlag
- Vermögensteuer

Umsatzsteuer bei Anwendung der 1 %-Regelung
Die nach § 12 Nr. 3 EStG nicht abziehbare Umsatzsteuer ist bei Anwendung der 1 %-Regelung (§ 6 Abs. 1 Nr. 4 Satz 2 EStG) nach umsatzsteuerrechtlichen Maßstäben zu ermitteln. Dabei kommt es nicht auf die tatsächlich festgesetzte Umsatzsteuer an, weil der Umsatzsteuerbescheid kein Grundlagenbescheid für den Einkommensteuerbescheid ist (→ BFH vom 7.12.2010 – BStBl. 2011 II S. 451).

EStR 2012 zu § 12 EStG

R 12.5 Zuwendungen
[1]Spenden und Mitgliedsbeiträge gehören auch dann zu den Kosten der Lebensführung, wenn sie durch betriebliche Erwägungen mit veranlasst werden. [2]Der Steuerpflichtige kann sie nur im Rahmen der → §§ 10b, 34g EStG abziehen.

R 12.6 Wiederkehrende Leistungen – unbesetzt –

Hinweise

H 12.6 Abgrenzung zwischen Unterhalts- und Versorgungsleistungen
Einkommensteuerrechtliche Behandlung von wiederkehrenden Leistungen im Zusammenhang mit einer Vermögensübertragung → BMF vom 11.3.2010 (BStBl. I S. 227).[1)]

Gesetzlich unterhaltsberechtigt
sind alle Personen, die nach bürgerlichem Recht gegen den Steuerpflichtigen oder seinen Ehegatten einen gesetzlichen Unterhaltsanspruch haben können. Es kommt nicht darauf an, ob nach den persönlichen Verhältnissen der Beteiligten ein solcher Anspruch tatsächlich besteht (→ BFH vom 8.9.1961 – BStBl. III S. 535 und vom 31.10.1973 – BStBl. 1974 II S. 86).

Unterhaltsleistungen
- an den geschiedenen oder dauernd getrennt lebenden Ehegatten fallen unter das Abzugsverbot des § 12 Nr. 2 EStG.
- die den Rahmen der gesetzlichen Unterhaltspflicht übersteigen, fallen unter das Abzugsverbot des § 12 Nr. 2 EStG (→ BFH vom 10.4.1953 – BStBl. III S. 157).

Ausnahmen:
→ § 10 Abs. 1 Nr. 1 EStG
→ § 33 a Abs. 1 EStG

---

1) Siehe Anlage § 010-01.

§ 12

Weitere Verwaltungsanweisungen
(soweit nicht in den Hinweisen enthalten)

Zu § 12 EStG

1. Behandlung von Aufwendungen von Sportärzten für die Teilnahme an Fortbildungslehrgängen (Vfg OFD Kiel vom 22.3.1990, DStR 1990 S. 424)
2. Beiträge und Spenden an den Bund der Steuerzahler sind Kosten der Lebensführung (Vfg OFD Frankfurt/M. vom 20.3.1995, DB 1995 S. 1310)
3. Gebühren für verbindliche Auskünfte sind als steuerliche Nebenleistungen vom Abzug ausgeschlossen, wenn sich die verbindliche Auskunft auf nicht abziehbare Steuern bezieht (§ 12 Nr. 3 EStG). Die Gewerbesteuer stellt nur noch bis einschließlich des VZ 2007 eine abziehbare Steuer dar (Vfg OFD Münster vom 10.4.2008, DStR 2008 S. 1139)

Rechtsprechungsauswahl

BFH vom 7.12.10 VIII R 54/07 (BStBl. 2011 II S. 451): Höhe der nach § 12 Nr. 3 EStG nicht abziehbaren Umsatzsteuer bei Anwendung der 1 %-Regelung – Verhältnis zwischen Umsatzsteuerbescheid und Einkommensteuerbescheid – Zeitpunkt der Entnahme

BFH vom 21.4.10 VI R 66/04 (BStBl. II S. 685): Aufteilung von Aufwendungen für eine gemischt veranlasste Fortbildungsveranstaltung

BFH vom 4.2.10 X R 10/08 (BStBl. II S. 617): Privat veranlasste Steuerberatungskosten sind steuerlich nicht abziehbar

BFH vom 21.9.09 GrS 1/06 (BStBl. 2010 II S. 672): Aufteilung der Aufwendungen für eine gemischt veranlasste Reise: Abziehbarkeit von Erwerbsaufwand; Nachweis der beruflichen Veranlassung von Aufwendungen

BFH vom 18.6.09 VI R 14/07 (BStBl. 2010 II S. 816): Kosten für ein Erststudium nach abgeschlossener nichtakademischer Berufsausbildung als Werbungskosten – Verfassungskonforme Auslegung des § 12 Nr. 5 EStG

BFH vom 19.5.09 VIII R 6/07 (BStBl. 2010 II S. 168): Praxisausfallversicherung gehört insoweit zu den Aufwendungen für private Lebensführung, wie sie das private Risiko einer Erkrankung versichert; § 12 Nr. 1 EStG steht einer Aufteilung der Versicherungsbeiträge nicht entgegen

BFH vom 15.1.09 VI R 37/06 (BStBl. 2010 II S. 111): Anwendungsbereich des § 12 Nr. 4 EStG – Geldauflage zur Schadenswiedergutmachung – Abzugsfähigkeit von Ausgleichszahlungen an das geschädigte Tatopfer

BFH vom 2.9.08 VIII R 2/07 (BStBl. 2010 II S. 25): Kein Abzug von Nachzahlungszinsen als Werbungskosten – § 12 Nr. 3 EStG ist verfassungsgemäß

§ 13

8. Die einzelnen Einkunftsarten

a) Land- und Forstwirtschaft (§ 2 Abs. 1 Satz 1 Nr. 1)

§ 13 Einkünfte aus Land- und Forstwirtschaft

(1) Einkünfte aus Land- und Forstwirtschaft sind

1. ¹Einkünfte aus dem Betrieb von Landwirtschaft, Forstwirtschaft, Weinbau, Gartenbau und aus allen Betrieben, die Pflanzen und Pflanzenteile mit Hilfe der Naturkräfte gewinnen. ²Zu diesen Einkünften gehören auch die Einkünfte aus der Tierzucht und Tierhaltung, wenn im Wirtschaftsjahr

für die ersten 20 Hektar	nicht mehr als 10	Vieheinheiten,
für die nächsten 10 Hektar	nicht mehr als 7	Vieheinheiten,
für die nächsten 20 Hektar	nicht mehr als 6	Vieheinheiten,
für die nächsten 50 Hektar	nicht mehr als 3	Vieheinheiten
und für die weitere Fläche	nicht mehr als 1,5	Vieheinheiten

je Hektar der vom Inhaber des Betriebs regelmäßig landwirtschaftlich genutzten Fläche erzeugt oder gehalten werden. ³Die Tierbestände sind nach dem Futterbedarf in Vieheinheiten umzurechnen. ⁴§ 51 Abs. 2 bis 5 des Bewertungsgesetzes ist anzuwenden. ⁵Die Einkünfte aus Tierzucht und Tierhaltung einer Gesellschaft, bei der die Gesellschafter als Unternehmer (Mitunternehmer) anzusehen sind, gehören zu den Einkünften im Sinne des Satzes 1, wenn die Voraussetzungen des § 51a des Bewertungsgesetzes erfüllt sind und andere Einkünfte der Gesellschafter aus dieser Gesellschaft zu den Einkünften aus Land- und Forstwirtschaft gehören;

2. Einkünfte aus sonstiger land- und forstwirtschaftlicher Nutzung (§ 62 Bewertungsgesetz);

3. Einkünfte aus Jagd, wenn diese mit dem Betrieb einer Landwirtschaft oder einer Forstwirtschaft im Zusammenhang steht;

4. Einkünfte von Hauberg-, Wald-, Forst- und Laubgenossenschaften und ähnlichen Realgemeinden im Sinne des § 3 Abs. 2 des Körperschaftsteuergesetzes.

(2) Zu den Einkünften im Sinne des Absatzes 1 gehören auch

1. Einkünfte aus einem land- und forstwirtschaftlichen Nebenbetrieb. ²Als Nebenbetrieb gilt ein Betrieb, der dem land- und forstwirtschaftlichen Hauptbetrieb zu dienen bestimmt ist;

2. der Nutzungswert der Wohnung des Steuerpflichtigen, wenn die Wohnung die bei Betrieben gleicher Art übliche Größe nicht überschreitet und das Gebäude oder der Gebäudeteil nach den jeweiligen landesrechtlichen Vorschriften ein Baudenkmal ist.

3. die Produktionsaufgaberente nach dem Gesetz zur Förderung der Einstellung der landwirtschaftlichen Erwerbstätigkeit.

(3) ¹Die Einkünfte aus Land- und Forstwirtschaft werden bei der Ermittlung des Gesamtbetrags der Einkünfte nur berücksichtigt, soweit sie den Betrag von 670 Euro übersteigen. ²Satz 1 ist nur anzuwenden, wenn die Summe der Einkünfte 30 700 Euro nicht übersteigt. ³Im Fall der Zusammenveranlagung von Ehegatten verdoppeln sich die Beträge der Sätze 1 und 2.

(4) ¹Absatz 2 Nr. 2 findet nur Anwendung, sofern im Veranlagungszeitraum 1986 bei einem Steuerpflichtigen für die von ihm zu eigenen Wohnzwecken oder zu Wohnzwecken des Altenteilers genutzte Wohnung die Voraussetzungen für die Anwendung des § 13 Abs. 2 Nr. 2 des Einkommensteuergesetzes in der Fassung der Bekanntmachung vom 16. April 1997 (BGBl. I S. 821) vorlagen. ²Der Steuerpflichtige kann für einen Veranlagungszeitraum nach dem Veranlagungszeitraum 1998 unwiderruflich beantragen, dass Absatz 2 Nr. 2 ab diesem Veranlagungszeitraum nicht mehr angewendet wird. ³§ 52 Abs. 21 Satz 4 und 6 des Einkommensteuergesetzes in der Fassung der Bekanntmachung vom 16. April 1997 (BGBl. I S. 821)

ist entsprechend anzuwenden. ⁴Im Fall des Satzes 2 gelten die Wohnung des Steuerpflichtigen und die Altenteilerwohnung sowie der dazugehörende Grund und Boden zu dem Zeitpunkt als entnommen, bis zu dem Absatz 2 Nr. 2 letztmals angewendet wird. ⁵Der Entnahmegewinn bleibt außer Ansatz. ⁶Werden

1. die Wohnung und der dazugehörende Grund und Boden entnommen oder veräußert, bevor sie nach Satz 4 als entnommen gelten, oder
2. eine vor dem 1. Januar 1987 einem Dritten entgeltlich zur Nutzung überlassene Wohnung und der dazugehörende Grund und Boden für eigene Wohnzwecke oder für Wohnzwecke eines Altenteilers entnommen,

bleibt der Entnahme- oder Veräußerungsgewinn ebenfalls außer Ansatz; Nummer 2 ist nur anzuwenden, soweit nicht Wohnungen vorhanden sind, die Wohnzwecken des Eigentümers des Betriebs oder Wohnzwecken eines Altenteilers dienen und die unter Satz 4 oder unter Nummer 1 fallen.

(5) Wird Grund und Boden dadurch entnommen, dass auf diesem Grund und Boden die Wohnung des Steuerpflichtigen oder eine Altenteilerwohnung errichtet wird, bleibt der Entnahmegewinn außer Ansatz; der Steuerpflichtige kann die Regelung nur für eine zu eigenen Wohnzwecken genutzte Wohnung und für eine Altenteilerwohnung in Anspruch nehmen.

(6) ¹Werden einzelne Wirtschaftsgüter eines land- und forstwirtschaftlichen Betriebs auf einen der gemeinschaftlichen Tierhaltung dienenden Betrieb im Sinne des § 34 Abs. 6a des Bewertungsgesetzes einer Erwerbs- und Wirtschaftsgenossenschaft oder eines Vereins gegen Gewährung von Mitgliedsrechten übertragen, so ist die auf den dabei entstehenden Gewinn entfallende Einkommensteuer auf Antrag in jährlichen Teilbeträgen zu entrichten. ²Der einzelne Teilbetrag muss mindestens ein Fünftel dieser Steuer betragen.

(7) § 15 Abs. 1 Satz 1 Nr. 2, Abs. 1a, Abs. 2 Satz 2 und 3, §§ 15a und 15b sind entsprechend anzuwenden.

EStDV

§ 51 Pauschale Ermittlung der Gewinne aus Holznutzungen

(1) Steuerpflichtige, die für ihren Betrieb nicht zur Buchführung verpflichtet sind, den Gewinn nicht nach § 4 Absatz 1 des Einkommensteuergesetzes ermitteln und deren forstwirtschaftlich genutzte Fläche 50 Hektar nicht übersteigt, können auf Antrag für ein Wirtschaftsjahr bei der Ermittlung der Gewinne aus Holznutzungen pauschale Betriebsausgaben abziehen.

(2) Die pauschalen Betriebsausgaben betragen 55 Prozent der Einnahmen aus der Verwertung des eingeschlagenen Holzes.

(3) Soweit Holz auf dem Stamm verkauft wird, betragen die pauschalen Betriebsausgaben 20 Prozent der Einnahmen aus der Verwertung des stehenden Holzes.

(4) Mit den pauschalen Betriebsausgaben nach den Absätzen 2 und 3 sind sämtliche Betriebsausgaben mit Ausnahme der Wiederaufforstungskosten und der Minderung des Buchwerts für ein Wirtschaftsgut Baumbestand abgegolten.

(5) Diese Regelung gilt nicht für die Ermittlung des Gewinns aus Waldverkäufen sowie für die übrigen Einnahmen und die damit in unmittelbarem Zusammenhang stehenden Betriebsausgaben.

EStR und Hinweise

EStR 2012 zu § 13 EStG

R 13.1 Freibetrag für Land- und Forstwirte

¹Sind mehrere Personen an dem Betrieb beteiligt (Gesellschaft, Gemeinschaft), steht der Freibetrag jedem der Beteiligten zu. ²§ 13 Abs. 3 EStG gilt auch für nachträgliche Einkünfte aus Land- und Forstwirtschaft. ³Der Freibetrag wird auch einem Steuerpflichtigen ungeschmälert gewährt, der einen Betrieb der Land- und Forstwirtschaft im Laufe eines VZ übernommen hat oder veräußert bzw. aufgibt.

§ 13

Hinweise

H 13.1 Zusammenveranlagung

Alle Einkünfte aus Land- und Forstwirtschaft sind vor Berücksichtigung des Freibetrags nach § 13 Abs. 3 EStG zusammenzurechnen (→ BFH vom 25.2.1988⁻ BStBl. II S. 827).

EStR 2012 zu § 13 EStG

R 13.2 Abgrenzung der gewerblichen und landwirtschaftlichen Tierzucht und Tierhaltung

Feststellung der Tierbestände

(1) [1]Bei der Feststellung der Tierbestände ist von den regelmäßig und nachhaltig im Wirtschaftsjahr **erzeugten** und den **im Durchschnitt** des Wirtschaftsjahres gehaltenen Tieren auszugehen. [2]Als erzeugt gelten Tiere, deren Zugehörigkeit zum Betrieb sich auf eine Mastperiode oder auf einen Zeitraum von weniger als einem Jahr beschränkt und die danach verkauft oder verbraucht werden. [3]Die übrigen Tiere sind mit dem **Durchschnittsbestand** des Wirtschaftsjahres zu erfassen. [4]Abweichend von den Sätzen 2 und 3 ist bei Mastrindern mit einer Mastdauer von weniger als einem Jahr, bei Kälbern und Jungvieh, bei Schafen unter einem Jahr und bei Damtieren unter einem Jahr stets vom Jahresdurchschnittsbestand auszugehen. [5]Der ermittelte Tierbestand ist zum Zwecke der Abgrenzung der landwirtschaftlichen Tierzucht und Tierhaltung von der gewerblichen in Vieheinheiten (VE) umzurechnen, wobei folgender Umrechnungsschlüssel maßgebend ist:

1. Für Tiere, die nach dem **Durchschnittsbestand** zu erfassen sind:

   Alpakas .... 0,08 VE
   Damtiere:
   Damtiere unter 1 Jahr .... 0,04 VE
   Damtiere 1 Jahr und älter .... 0,08 VE
   Geflügel:
   Legehennen (einschließlich einer normalen
   Aufzucht zur Ergänzung des Bestandes) .... 0,02 VE
   Legehennen aus zugekauften Junghennen .... 0,0183 VE
   Zuchtputen, -enten, -gänse .... 0,04 VE
   Kaninchen:
   Zucht- und Angorakaninchen .... 0,025 VE
   Lamas .... 0,10 VE
   Pferde:
   Pferde unter drei Jahren und Kleinpferde .... 0,70 VE
   Pferde drei Jahre und älter .... 1,10 VE
   Rindvieh:
   Kälber und Jungvieh unter 1 Jahr (einschließlich Mastkälber, Starterkälber und Fresser) .... 0,30 VE
   Jungvieh 1 bis 2 Jahre alt .... 0,70 VE
   Färsen (älter als 2 Jahre) .... 1,00 VE
   Masttiere (Mastdauer weniger als 1 Jahr) .... 1,00 VE
   Kühe (einschließlich Mutter- und Ammenkühe mit den dazugehörigen Saugkälbern) . 1,00 VE
   Zuchtbullen, Zugochsen .... 1,20 VE
   Schafe:
   Schafe unter 1 Jahr (einschließlich Mastlämmer) .... 0,05 VE
   Schafe 1 Jahr und älter .... 0,10 VE
   Schweine:
   Zuchtschweine (einschließlich Jungzuchtschweine über etwa 90 kg) .... 0,33 VE
   Strauße:
   Zuchttiere 14 Monate und älter .... 0,32 VE
   Jungtiere/Masttiere unter 14 Monate .... 0,25 VE

R 13.2 § 13

Ziegen:	0,08	VE

2. Für Tiere, die nach ihrer **Erzeugung** zu erfassen sind:

Geflügel:
Jungmasthühner
(bis zu 6 Durchgänge je Jahr – schwere Tiere)	0,0017	VE
(mehr als 6 Durchgänge je Jahr – leichte Tiere)	0,0013	VE
Junghennen	0,0017	VE
Mastenten	0,0033	VE
Mastenten in der Aufzuchtphase	0,0011	VE
Mastenten in der Mastphase	0,0022	VE

Mastputen
aus selbsterzeugten Jungputen	0,0067	VE
aus zugekauften Jungputen	0,0050	VE
Jungputen (bis etwa 8 Wochen)	0,0017	VE
Mastgänse	0,0067	VE

Kaninchen:
Mastkaninchen	0,0025	VE

Rindvieh:
Masttiere (Mastdauer 1 Jahr und mehr)	1,00	VE

Schweine:
Leichte Ferkel (bis etwa 12 kg)	0,01	VE
Ferkel (über etwa 12 bis etwa 20 kg)	0,02	VE
Schwere Ferkel und leichte Läufer (über etwa 20 bis etwa 30 kg)	0,04	VE
Läufer (über etwa 30 bis etwa 45 kg)	0,06	VE
Schwere Läufer (über etwa 45 bis etwa 60 kg)	0,08	VE
Mastschweine	0,16	VE
Jungzuchtschweine bis etwa 90 kg	0,12	VE

Wenn Schweine aus zugekauften Tieren erzeugt werden, ist dies bei der Umrechnung in VE entsprechend zu berücksichtigen:
Beispiel:
Mastschweine aus zugekauften Läufern
0,16 VE – 0,06 VE = 0,10 VE

Zuordnung

(2) [1]Übersteigt die Zahl der Vieheinheiten nachhaltig den für die maßgebende Fläche angegebenen Höchstsatz, gehört der darüber hinausgehende Tierbestand zur gewerblichen Tierzucht und Tierhaltung. [2]Es kann jedoch ein Zweig des Tierbestandes immer nur im Ganzen zur landwirtschaftlichen oder gewerblichen Tierzucht und Tierhaltung gehören. [3]Hat ein Betrieb einen Tierbestand mit mehreren Zweigen, richtet sich deren Zuordnung nach ihrer Flächenabhängigkeit. [4]Der gewerblichen Tierzucht und Tierhaltung sind zunächst die weniger flächenabhängigen Zweige des Tierbestandes zuzurechnen. [5]Weniger flächenabhängig ist die Erzeugung und Haltung von Schweinen und Geflügel, mehr flächenabhängig die Erzeugung und Haltung von Pferden, Rindvieh und Schafen. [6]Innerhalb der beiden Gruppen der weniger oder mehr flächenabhängigen Tierarten ist jeweils zuerst der → Zweig der gewerblichen Tierzucht und Tierhaltung zuzurechnen, der die größere Zahl von VE hat. [7]Für die Frage, ab wann eine landwirtschaftliche oder eine gewerbliche Tierzucht und Tierhaltung vorliegt, ist R 15.5 Abs. 2 entsprechend anzuwenden.

Regelmäßig landwirtschaftlich genutzte Fläche (→ § 51 Abs. 1 BewG)

(3) **Dazu** gehören:
- die selbstbewirtschafteten eigenen Flächen
- die selbstbewirtschafteten zugepachteten Flächen
- Flächen, die auf Grund öffentlicher Förderungsprogramme stillgelegt werden.

Nicht dazu gehören:
- Abbauland
- Geringstland
- Unland
- Hof- und Gebäudeflächen
- weinbaulich genutzte Flächen
- forstwirtschaftlich gemietete Flächen
- innerhalb der gärtnerischen Nutzung die Nutzungsteile Gemüse-, Blumen- und Zierpflanzenbau und Baumschulen.

Mit der **Hälfte** sind zu berücksichtigen:
- Obstbaulich genutzte Flächen, die so gelegt sind, dass eine regelmäßige landwirtschaftliche Unternutzung stattfindet.

Mit einem **Viertel** sind zu berücksichtigen:
- Almen
- Hutungen.

Gemeinschaftliche Tierhaltung

(4) Die vorstehenden Grundsätze der Absätze 1 bis 3 sind bei gemeinschaftlicher Tierhaltung entsprechend anzuwenden.

Hinweise

H 13.2 Hektarberechnung
Bei der Anwendung des § 13 Abs. 1 Nr. 1 EStG ist der letzte angefangene Hektar anteilig zu berücksichtigen (→ BFH vom 13.7.1989 – BStBl. II S. 1036).

Pferdehaltung
- *Die Ausbildung von Pferden zu Renn- und Turnierpferden ist dem Bereich der Land- und Forstwirtschaft zuzurechnen, wenn der Betrieb seiner Größe nach eine ausreichende Futtergrundlage bietet, die Pferde nicht nur ganz kurzfristig dort verbleiben und nach erfolgter Ausbildung an Dritte veräußert werden. Das gilt auch dann, wenn die Tiere nicht im Betrieb selbst aufgezogen, sondern als angerittene Pferde erworben werden (→ BFH vom 31.3.2004 – BStBl. II S. 742).*
- *Ein landwirtschaftlicher Betrieb wird nicht dadurch zu einem Gewerbebetrieb, dass er Pferde zukauft, sie während einer nicht nur kurzen Aufenthaltsdauer zu hochwertigen Reitpferden ausbildet und dann weiterverkauft (→ BFH vom 17.12.2008 – BStBl. 2009 II S. 453).*

Zweige des Tierbestandes bei jeder Tierart
→ *§ 51 Abs. 3 BewG (als Zweig gilt bei jeder Tierart für sich):*
- *Zugvieh*
- *Zuchtvieh*
- *Mastvieh*
- *übriges Nutzvieh*

Zuchtvieh gilt nur dann als eigener Zweig, wenn die erzeugten Jungtiere überwiegend zum Verkauf bestimmt sind, andernfalls ist es dem Zweig zuzurechnen, dessen Zucht und Haltung es überwiegend dient.

EStR 2012 zu § 13 EStG

R 13.3 Land- und forstwirtschaftliches Betriebsvermögen
– unbesetzt –

R 13.3 § 13

Hinweise

H 13.3 Baumbestand

Zur steuerlichen Behandlung des Baumbestandes → *BMF vom 16.5.2012 (BStBl. I S. 595)*.[1)]

Betrieb
- Lag nach der Einheitswertfeststellung ein landwirtschaftlicher Betrieb mit Wohn- und Wirtschaftsteil vor und überstieg die Größe der bewirtschafteten Fläche die für die Abgrenzung von einer privaten Gartenbewirtschaftung entwickelte Grenze von 3 000 m^2, ist auch einkommensteuerrechtlich von einem landwirtschaftlichen Betrieb auszugehen, sofern die Beweisanzeichen nicht erschüttert werden (→ *BFH vom 5.5.2011 – BStBl. II S. 792*).
- Ein Grundstück welches mehr als 100 km von der Hofstelle entfernt liegt, kann regelmäßig weder dem notwendigen noch dem gewillkürten Betriebsvermögen eines aktiv bewirtschafteten oder eines verpachteten landwirtschaftlichen Betriebs zugeordnet werden (→ *BFH vom 19.7.2011 – BStBl. 2012 II S. 93*).

Bewertung von Pflanzenbeständen in Baumschulen
→ *BMF vom 8.9.2009 (BStBl. I S. 927)*.

Bewertung von Tieren
→ *BMF vom 14.11.2001 (BStBl. I S. 864)*[2)]

Bewertungswahlrecht

Das einmal in Anspruch genommene Wahlrecht bindet den Landwirt grundsätzlich auch für die Zukunft (→ BFH vom 14.4.1988 – BStBl. II S. 672 und vom 17.3.1988 – BStBl. II S. 770).

Eiserne Verpachtung

Zur Gewinnermittlung bei der Verpachtung von Betrieben mit Substanzerhaltungspflicht des Pächters nach §§ 582a, 1048 BGB → BMF vom 21.2.2002 (BStBl. I S. 262).

GAP-Reform

Zu den ertragsteuerlichen Folgen aus der Umsetzung der auf EU-Ebene beschlossenen Reform der Gemeinsamen Agrarpolitik (GAP) in nationales Recht → BMF vom 25.6.2008 (BStBl. I S. 682) unter Berücksichtigung der Änderungen durch BMF vom 13.10.2008 (BStBl. I S. 939).

Übergang zur Buchführung
- Bei Übergang zur Buchführung haben Land- und Forstwirte ein Wahlrecht, ob sie das Vieh in der Übergangsbilanz nach § 6 Abs. 1 EStG mit einzeln ermittelten Anschaffungs-/Herstellungskosten oder mit Durchschnittswerten bewerten, wenn bis zum Zeitpunkt des Übergangs zur Buchführung der Gewinn nach Durchschnittssätzen auf Grund des § 13a EStG ermittelt (→ *BFH vom 1.10.1992 – BStBl. 1993 II S. 284*) oder geschätzt worden ist (→ *BFH vom 4.6.1992 – BStBl. 1993 II S. 276*),
- Wechselt der Stpfl. zur Gewinnermittlung nach § 4 Abs. 1 EStG, nachdem er von der Gewinnermittlung nach § 13a EStG zur Gewinnermittlung nach § 4 Abs. 3 EStG übergegangen war, ist bei der Bewertung der Tiere die Bewertungsmethode zugrunde zu legen, die beim Wechsel der Gewinnermittlung zu § 4 Abs. 3 EStG angewandt wurde (→ *BFH vom 16.6.1994 – BStBl. II S. 932*).

Zuordnung zum Betriebsvermögen eines im Zeitpunkt des Erwerbs verpachteten Grundstücks
- Ein landwirtschaftliches Grundstück, welches im Zeitpunkt des Erwerbs an einen Dritten verpachtet ist, gehört unmittelbar zum notwendigen Betriebsvermögen eines land- und forstwirtschaftlichen Betriebs, wenn die beabsichtigte Eigenbewirtschaftung in einem Zeitraum von bis zu zwölf Monaten erfolgt
- Dies gilt gleichermaßen bei einem Verpachtungsbetrieb, wenn das hinzuerworbene Grundstück, welches im Zeitpunkt des Erwerbs an einen Drittten verpachtet ist, in einem Zeitpunkt von bis zu zwölf Monaten von dem bisherigen Betriebspächter bewirtschaftet wird.
- Ist eine Eigen- bzw. Fremdnutzung des hinzuerworbenen Grundstücks durch den Inhaber bzw. den Pächter des land- und forstwirtschaftlichen Betriebs nicht innerhalb von zwölf Monaten möglich, kann dieses durch eine eindeutige Zuweisungsentscheidung dem gewillkürten Betriebsvermögen des Eigen- bzw. Verpachtungsbetriebs zugeordnet werden.

---

1) Siehe Anlage § 013-02.
2) Siehe Anlage § 013-01.

(→ BFH vom 19.7.2011 – BStBl. 2012 II S. 93).

EStR 2012 zu § 13 EStG
R 13.4 Rechtsverhältnisse zwischen Angehörigen in einem landwirtschaftlichen Betrieb
– unbesetzt –

Hinweise
H 13.4 Alleinunternehmerschaft
Hat ein Ehegatte sein Nutzungsrecht an seinen eigenen Grundstücken dem anderen Ehegatten auf Grund eines nachgewiesenen Nutzungsüberlassungsvertrags überlassen, kann dies die Alleinunternehmerschaft des anderen Ehegatten begründen *(→ BFH vom 14.8.1986⁻ BStBl. 1987 II S. 20 und vom 22.1.2004 – BStBl. II S. 500).*

Arbeitsverhältnisse zwischen Angehörigen
→ R 4.8

Familiengesellschaften
Eine Familiengesellschaft ist auch auf dem Gebiet der Land- und Forstwirtschaft grundsätzlich anzuerkennen *(→ BFH vom 29.5.1956⁻ BStBl. III S. 246).* → R 15.9 ist entsprechend anzuwenden.

Gütergemeinschaft
→ H 4.2 (12)
→ H 15.9 (1)

Mitunternehmerschaft zwischen Ehegatten
Ehegatten können in der Land- und Forstwirtschaft ohne ausdrücklichen Gesellschaftsvertrag eine Mitunternehmerschaft bilden, wenn jeder der Ehegatten einen erheblichen Teil der selbst bewirtschafteten land- und forstwirtschaftlichen Grundstücke zur Verfügung stellt. Dabei kommt es nicht darauf an, ob dem Ehegatten das Fruchtziehungsrecht an den zur Verfügung gestellten Grundstücken als Alleineigentümer, als Miteigentümer oder als Pächter zusteht. Der zur Begründung einer konkludenten Mitunternehmerschaft erhebliche Teil der selbst bewirtschafteten Flächen muss mindestens 10 % der insgesamt land- und forstwirtschaftlich genutzten Eigentumsflächen betragen. Dagegen kann ohne vorliegende Vereinbarungen über ein Gesellschaftsverhältnis nicht von einer Mitunternehmerschaft ausgegangen werden, wenn jeder Ehegatte einen eigenen landwirtschaftlichen Betrieb unterhält. Für diesen Fall genügt die Selbstbewirtschaftung von landwirtschaftlichen Flächen der Ehegatten nicht, um eine konkludente Mitunternehmerschaft zu begründen. Vielmehr ist erforderlich, dass die Ehegatten die Grundstücke gemeinsam in einem Betrieb bewirtschaften, sodass von einer gemeinsamen Zweckverfolgung ausgegangen werden kann *(→ BFH vom 25.9.2008 – BStBl. 2009 II S. 989).*

Von einer Mitunternehmerschaft kann ohne vorliegende Vereinbarungen über ein Gesellschaftsverhältnis nicht ausgegangen werden, wenn

– den Ehegatten gemeinsam gehörende Grundstücke für Zwecke einer Baumschule genutzt werden, weil die Erzeugnisse einer Baumschule weder Früchte noch wesentliche Bestandteile des Grundstücks darstellen *(→ BFH vom 14.8.1986 – BStBl. 1987 II S. 23),*

– einem Ehegatten der Grund und Boden und dem anderen Ehegatten das Inventar gehört *(→ BFH vom 26.11.1992 – BStBl. 1993 II S. 395),*

– ein Ehegatte lediglich auf der familiären Grundlage der ehelichen Lebensgemeinschaft geringfügige Flächen des anderen Ehegatten mitbewirtschaftet *(→ BFH vom 2.2.1989 – BStBl. II S. 504),*

– einem Ehegatten der Grund und Boden und dem anderen Ehegatten nur die Hofstelle oder ein Anteil daran gehört *(→ BFH vom 27.1.1994 – BStBl. II S. 462),*

– einem Ehegatten der Grund und Boden gehört und der andere Ehegatte ausschließlich Pachtflächen beisteuert *(→ BFH vom 7.10.1982 – BStBl. 1983 II S. 73 und vom 22.1.2004 – BStBl. II S. 500).*

Nutzungsüberlassungsvertrag zwischen Ehegatten
→ *Alleinunternehmerschaft*

Rechtsverhältnisse zwischen Angehörigen
– → R 4.8

– Ein nachträglich vor dem Arbeitsgericht mit Erfolg geltend gemachter Vergütungsanspruch wegen fehlgeschlagener Hofübergabe führt im steuerlichen Sinne nicht automatisch zu Einkünften aus nichtselbständiger Arbeit oder Einkünften aus Land- und Forstwirtschaft. Die Zahlungen sind als sonstige Einkünfte i. S. d. § 22 Nr. 3 EStG zu erfassen (→ BFH vom 8.5.2008 – BStBl. II S. 868).

Wirtschaftsüberlassungsvertrag

Ein Wirtschaftsüberlassungsvertrag kann auch vorliegen, wenn Nutzung einer anderen Person als dem künftigen Hoferben überlassen wird (→ BFH vom 26.11.1992⁻ BStBl. 1993 II S. 395).

→ H 4.8

→ H 7.1

EStR 2012 zu § 13 EStG

R 13.5 Ermittlung des Gewinns aus Land- und Forstwirtschaft

Gewinnschätzung

(1) ¹Bei Land- und Forstwirten, die zur Buchführung verpflichtet sind, aber keine ordnungsmäßigen Bücher führen, ist der Gewinn im Einzelfall zu schätzen. ²Land- und Forstwirte, die weder zur Buchführung verpflichtet sind, noch die Voraussetzungen des § 13a Abs. 1 Satz 1 Nr. 2 bis 4 EStG erfüllen, können den Gewinn entweder nach § 4 Abs. 1 EStG oder nach § 4 Abs. 3 EStG ermitteln. ³Haben sie keine Bücher im Sinne des § 4 Abs. 1 EStG geführt und auch die Betriebseinnahmen und Betriebsausgaben im Sinne des § 4 Abs. 3 EStG nicht aufgezeichnet, so ist der Gewinn zu schätzen. ⁴Richtsätze, die von den Finanzbehörden aufgestellt werden, können dabei als Anhalt dienen.

Wechsel der Gewinnermittlungsart

(2) ¹Geht ein Land- und Forstwirt zur Gewinnermittlung durch Betriebsvermögensvergleich über, ist für die Aufstellung der Übergangsbilanz nach den Grundsätzen in R 4.6 zu verfahren. ²Bei einem Wechsel der Gewinnermittlung ist zu beachten, dass die Gewinnermittlung nach § 13a Abs. 3 bis 5 EStG in diesem Zusammenhang der nach § 4 Abs. 1 EStG gleichzustellen ist. ³Beim Übergang von der Gewinnermittlung nach § 13a Abs. 3 bis 5 EStG zur Gewinnermittlung durch Betriebsvermögensvergleich sind die in die Übergangsbilanz einzustellenden Buchwerte der abnutzbaren Anlagegüter zu schätzen. ⁴Dazu sind die Anschaffungs- oder Herstellungskosten beweglicher Anlagegüter um die üblichen Absetzungen zu mindern, die den amtlichen →AfA-Tabellen zu entnehmen sind. ⁵Geringwertige Wirtschaftsgüter i. S. d. § 6 Abs. 2 EStG, die nach dem 31.12.2007 und vor dem 1.1.2010 angeschafft oder hergestellt worden sind, sind nicht anzusetzen. ⁶Der Sammelposten nach § 6 Abs. 2a EStG für Wirtschaftsgüter, die nach dem 31.12.2007 und vor dem 1.1.2010 angeschafft oder hergestellt worden sind, ist mit dem Wert zu berücksichtigen, der sich bei Gewinnermittlung nach § 4 Abs. 1 EStG ergeben hätte.

Nichtanwendung der Nutzungswertbesteuerung nach § 13 Abs. 2 Nr. 2 i. V. m. Abs. 4 EStG im Beitrittsgebiet

(3) § 13 Abs. 2 Nr. 2 EStG kommt im Beitrittsgebiet nicht zur Anwendung.

Entnahme nach § 13 Abs. 5 EStG

(4) ¹Die Steuerfreiheit des Entnahmegewinns nach § 13 Abs. 5 EStG kommt bei Land- und Forstwirten auch dann in Betracht, wenn der entsprechende Grund und Boden erst nach dem 31. Dezember 1986 Betriebsvermögen geworden ist. ²§ 13 Abs. 5 EStG findet auch im Beitrittsgebiet Anwendung.

Hinweise

H 13.5 Amtliche AfA-Tabellen

Die besonderen betrieblichen Verhältnisse sind auch dann unbeachtlich, wenn für diesen Zeitraum amtliche AfA-Tabellen nicht mehr zur Verfügung gestanden haben (→ BFH vom 10.12.1992 – BStBl. 1993 II S. 344).

Anbauverzeichnis

→ § 142 AO

Beteiligung am allgemeinen wirtschaftlichen Verkehr

Die Annahme von Einkünften aus Land- und Forstwirtschaft setzt eine Beteiligung am allgemeinen wirtschaftlichen Verkehr voraus (→ BFH vom 13.12.2001 – BStBl. 2002 II S. 80).

§ 13 R 13.5

Ersatzflächenpool
Einrichtung von Ersatzflächenpools durch Land- und Forstwirte für die Vornahme von Ausgleichsmaßnahmen nach den Naturschutzgesetzen → BMF vom 3.8.2004 (BStBl. I S. 716).

Forstwirtschaft
Der erhöhte Betriebsausgabenpauschsatz nach § 4 Abs. 1 Forstschäden-Ausgleichsgesetz ist nicht von Einnahmen aus Kalamitätsnutzungen abzusetzen, die in einem Wirtschaftsjahr nach Auslaufen einer Einschlagsbeschränkung steuerlich zu erfassen sind (→ BFH vorn 3.2.2010 – BStBl. II S. 546).

Liebhaberei
– bei getrennten Betriebszweigen Landwirtschaft und Forstwirtschaft → BFH vom 13.12.1990 (BStBl. 1991 II S. 452).
– bei Pferdezuchtbetrieben → BFH vom 27.1.2000 – (BStBl. II S. 227),
– bei einem als sog. Generationenbetrieb geführten Weinbaubetrieb → BFH vom 24.8.2000 – (BStBl. II S. 674).
– Prognosezeitraum bei Pachtbetrieben → BFH vom 11.10.2007 (BStBl. 2008 II S. 465).

Schätzung nach Richtsätzen
– Auch bei Gewinnermittlung nach § 4 Abs. 3 EStG berechtigt eine Verletzung der Mitwirkungspflicht zur Schätzung nach Richtsätzen (→ BFH vom 15.4.1999 – BStBl. 1999 II S. 481).
– Bei einer Richtsatzschätzung können keine individuellen gewinnmindernden Besonderheiten des Betriebs berücksichtigt werden (→ BFH vom 29.3.2001 – BStBl. II S. 484).

Wechsel der Gewinnermittlungsart
→ R 4.6
→ H 7.4 (AfA-Volumen)
→ Anlage (zu R 4.6)[1)]

Wohnungen im land- und forstwirtschaftlichen Betriebsvermögen, die unter § 13 Abs. 4 und 5 EStG fallen
– Zum erforderlichen und üblichen Umfang des zur Wohnung gehörenden Grund und Bodens → BMF vom 4.6.1997 (BStBl. I S. 630) und vom 2.4.2004 (BStBl. I S. 442).
– Bei Abwahl der Nutzungswertbesteuerung ist für die Frage der steuerfreien Entnahme des Grund und Bodens auf den Nutzungs- und Funktionszusammenhang zum Entnahmezeitpunkt abzustellen. Der Nutzungs- und Funktionszusammenhang mit der Wohnung ist auch dann bereits im Zeitpunkt der Abwahl der Nutzungsbesteuerung gelöst, wenn die Nutzungsänderung der Grundstücksfläche tatsächlich erst nach dem Abwahlzeitpunkt erfolgt, die Kausalkette für die spätere Nutzungsänderung indes schon vor dem Abwahlzeitpunkt unwiderruflich in Gang gesetzt worden ist (→ BFH vom 24.4.2008 – BStBl. II S. 707).
– Für die Bestimmung des zur Wohnung gehörenden Grund und Bodens sind die tatsächlichen örtlichen Verhältnisse zum Entnahmezeitpunkt und die zukünftige mögliche Nutzung maßgebend (→ BFH vom 26.9.2001 – BStBl. II S. 762).
– Der zur Wohnung gehörende Grund und Boden kann auch eine in einiger Entfernung vom Hofgrundstück belegene Gartenfläche umfassen, sofern diese vor und nach der Entnahme des Wohnhauses als Hausgarten genutzt wurde (→ BFH vom 26.9.2001 – BStBl. 2002 II S. 78).
– Die Nutzungswertbesteuerung kann rückwirkend abgewählt werden. Eine Altenteilerwohnung und der dazugehörende Grund und Boden gelten zu dem Zeitpunkt als entnommen, bis zu dem der Nutzungswert letztmals angesetzt wurde. Nach dem für die rückwirkende Abwahl der Nutzungswertbesteuerung bestimmten Zeitpunkt kann weder eine Nutzungsänderung noch eine Veräußerung der Wohnung und des dazugehörenden Grund und Bodens einen Einfluss auf die Steuerbefreiung haben (→ BFH vom 6.11.2003 – BStBl. 2004 II S. 419).
– Ein bilanziertes Grundstück kann nach der Veräußerung dann nicht mehr rückwirkend zu einem vorangegangenen Bilanzstichtag entnommen werden, wenn diese Bilanz erst nach der Veräußerung des Grundstücks aufgestellt wird (→ BFH vom 12.9.2002 – BStBl. II S. 815).

---
1) Siehe Anlage § 004-01.

R 13.5, 13.6 § 13

- Das Entnahmeprivileg des § 13 Abs. 4 Satz 6 Nr. 2 EStG enthält keine Objektbeschränkung. Nach dieser Vorschrift kann sich die steuerfreie Entnahme daher auch auf mehrere an Dritte vermietete Wohnungen beziehen, wenn diese nach der Entnahme als eine Wohnung genutzt werden und die Gesamtfläche dem konkreten Wohnbedarf angemessen ist (→ BFH vom 11.12.2003 – BStBl. 2004 II S. 277).

- Unabhängig von der Gewinnermittlungsart sind Aufwendungen für Erhaltungsmaßnahmen, die noch vor der Abwahl der Nutzungswertbesteuerung an der zu eigenen Wohnzwecken genutzten Wohnung oder einer Altenteilerwohnung durchgeführt werden, auch dann in vollem Umfang als Betriebsausgaben abziehbar, wenn die Zahlung erst nach Ablauf der Nutzungswertbesteuerung erfolgt (→ BFH vom 13.2.2003 – BStBl. II S. 837).

- Die Anwendung des § 13 Abs. 4 Satz 6 Nr. 2 EStG erfordert eine auf Dauer angelegte private Nutzung durch den Betriebsinhaber oder den Altenteiler (→ BFH vom 1.7.2004 – BStBl. II S. 947).

- Die steuerfreie Entnahme des Grund und Bodens zur Errichtung einer Altenteilerwohnung setzt voraus, dass diese Wohnung nach ihrer Fertigstellung auch tatsächlich von einem Altenteiler genutzt wird (→ BFH vom 13.10.2005 – BStBl. 2006 II S. 68).

EStR 2012 zu § 13 EStG

R 13.6 Buchführung bei Gartenbaubetrieben, Saatzuchtbetrieben, Baumschulen und ähnlichen Betrieben

[1]Auch bei Gartenbaubetrieben, Saatzuchtbetrieben, Baumschulen und ähnlichen Betrieben ist ein Anbauverzeichnis zu führen (§ 142 AO). [2]Ist einer dieser Betriebe ein Gewerbebetrieb i. S. d. § 15 EStG, ist § 142 AO nicht unmittelbar anwendbar. [3]Dennoch hat der Steuerpflichtige Bücher zu führen, die inhaltlich diesem Erfordernis entsprechen. [4]Andernfalls ist die Buchführung nicht so gestaltet, dass sie die zuverlässige Aufzeichnung aller Geschäftsvorfälle und des Vermögens ermöglicht und gewährleistet.

Weitere Verwaltungsanweisungen
(soweit nicht in den Hinweisen enthalten)

Zu §§ 13, 13a EStG

1. Verpachtung land- und forstwirtschaftl. Betriebe (BMF-Schreiben vom 1.12.2000)[1])
2. Zweifelsfragen zu § 3 des Forstschäden-Ausgleichsgesetzes vom 29.8. 1969 (BStBl. I S. 513) und Vfg OFD Münster vom 21.9.1988 (DB 1988 S. 2177)
3. Zweifelsfragen zur Behandlung von Miet- und Geschäftshäusern, die auf bisher land- und forstwirtschaftlich genutzten Grundstücken errichtet werden (Vfg OFD Nürnberg vom 22.7.1986, DStR 1986 S. 793)
4. Betrieb eines Golfplatzes durch Landwirt als Gewerbebetrieb (Erlaß FM Bayern vom 6.11.1986, StEK EStG § 13 Nr. 482)
5. Kosten für Hubschrauberspritzungen bei nichtbuchführenden Weinbauern neben Pauschsätzen abziehbar (Vfg OFD Koblenz vom 22.1.1987, DStR 1987 S. 203)
6. Vergütung für die Stillegung und Aussetzung von Anlieferungsreferenzmengen bei Milch (Vfg OFD Münster vom 21.3.1988, DStR 1988 S. 719)
7. Erträge aus überbetrieblicher Maschinenverwendung bei Gewinnermittlung nach § 13a EStG (Vfg OFD Münster vom 27.7.1989, DB 1989 S. 2098)
8. Ertragsteuerliche Behandlung der Flächenstillegungsprämie (Vfg OFD Nürnberg vom 10.10.1989, DStR 1989 S. 783)
9. Entschädigungen für die Inanspruchnahme von land- und forstwirtschaftlichem Grundbesitz (Vfg OFD Hannover vom 12.1.1994, DStR 1994 S. 503)
10. Entschädigungen nach der Nichtvermarkter-Entschädigungs-Verordnung vom 20.8. 1993 (Erlaß Niedersachsen vom 14.2.1994, DStR 1994 S. 541)
11. Bilanzierung des landwirtschaftlichen Grund und Bodens als Sonderbetriebsvermögen (Vfg OFD Rostock vom 30.3.1995, FR 1995 S. 420)
12. Gemeinsame Tierhaltung im Rahmen einer GbR und Milchquotenleasing (BdF-Schreiben vom 19.4.1995, DB 1995 S. 1051)

---
1) Siehe Anlage § 014-01.

§ 13

13. Entschädigungen für Inanspruchnahme von land- und forstwirtschaftlichem Grundbesitz für den Bau von Hochspannungsleitungen (Erlaß Bremen vom 18.1.1996, FR 1996 S. 259)
14. Produktion von sog. Nützlingen (Vfg OFD Frankfurt vom 29.1.1996, DB 1996 S. 1059)
15. Stille Gesellschaft mit nahen Angehörigen in der Land- und Forstwirtschaft (Vfg OFD München vom 4.4.1997, FR 1997 S. 426)

Rechtsprechungsauswahl

BFH vom 5.5.11 IV R 48/08 (BStBl. II S. 792): Abgrenzung eines Betriebs der Land- und Forstwirtschaft zur Gartenbewirtschaftung für Eigenbedarfszwecke

BFH vom 18.3.10 IV R 23/07 (BStBl. 2011 II S. 654): Kein Wechsel von der Aktivierung des Feldinventars zur Nichtaktivierung in späteren Wirtschaftsjahren

§ 13a

§ 13a Ermittlung des Gewinns aus Land- und Forstwirtschaft nach Durchschnittssätzen

(1) ¹Der Gewinn ist für einen Betrieb der Land- und Forstwirtschaft nach den Absätzen 3 bis 6 zu ermitteln, wenn
1. der Steuerpflichtige nicht auf Grund gesetzlicher Vorschriften verpflichtet ist, Bücher zu führen und regelmäßig Abschlüsse zu machen, und
2. die selbstbewirtschaftete Fläche der landwirtschaftlichen Nutzung (§ 34 Abs. 2 Nr. 1 Buchstabe a des Bewertungsgesetzes) ohne Sonderkulturen (§ 52 des Bewertungsgesetzes) nicht 20 Hektar überschreitet und
3. die Tierbestände insgesamt 50 Vieheinheiten (Anlage 1 zum Bewertungsgesetz) nicht übersteigen und
4. der Wert der selbstbewirtschafteten Sondernutzungen nach Absatz 5 nicht mehr als 2000 Deutsche Mark je Sondernutzung beträgt.

²Der Gewinn ist letztmalig für das Wirtschaftsjahr nach Durchschnittssätzen zu ermitteln, das nach Bekanntgabe der Mitteilung endet, durch die die Finanzbehörde auf den Beginn der Buchführungspflicht (§ 141 Abs. 2 der Abgabenordnung) oder den Wegfall einer anderen Voraussetzung des Satzes 1 hingewiesen hat.

(2) ¹Auf Antrag des Steuerpflichtigen ist für einen Betrieb im Sinne des Absatzes 1 der Gewinn für vier aufeinanderfolgende Wirtschaftsjahre nicht nach den Absätzen 3 bis 6 zu ermitteln. ²Wird der Gewinn eines dieser Wirtschaftsjahre durch den Steuerpflichtigen nicht durch Betriebsvermögensvergleich oder durch Vergleich der Betriebseinnahmen mit den Betriebsausgaben ermittelt, ist der Gewinn für den gesamten Zeitraum von vier Wirtschaftsjahren nach den Absätzen 3 bis 6 zu ermitteln. ³Der Antrag ist bis zur Abgabe der Steuererklärung, jedoch spätestens 12 Monate nach Ablauf des ersten Wirtschaftsjahres, auf das er sich bezieht, schriftlich zu stellen. ⁴Er kann innerhalb dieser Frist zurückgenommen werden.

(3) ¹Durchschnittssatzgewinn ist die Summe aus
1. dem Grundbetrag (Absatz 4),
2. den Zuschlägen für Sondernutzungen (Absatz 5),
3. den nach Absatz 6 gesondert zu ermittelnden Gewinnen,
4. den vereinnahmten Miet- und Pachtzinsen,
5. den vereinnahmten Kapitalerträgen, die sich aus Kapitalanlagen von Veräußerungserlösen im Sinne des Absatzes 6 Satz 1 Nr. 2 ergeben.

²Abzusetzen sind verausgabte Pachtzinsen und diejenigen Schuldzinsen und dauernden Lasten, die Betriebsausgaben sind. ³Die abzusetzenden Beträge dürfen insgesamt nicht zu einem Verlust führen.

(4) ¹Die Höhe des Grundbetrags richtet sich bei der landwirtschaftlichen Nutzung ohne Sonderkulturen nach dem Hektarwert (§ 40 Abs. 1 Satz 3 des Bewertungsgesetzes) der selbstbewirtschafteten Fläche. ²Je Hektar der landwirtschaftlichen Nutzung sind anzusetzen

1. bei einem Hektarwert
   bis 300 Deutsche Mark   205 Euro,
2. bei einem Hektarwert
   über 300 Deutsche Mark
   bis 500 Deutsche Mark   307 Euro,
3. bei einem Hektarwert
   über 500 Deutsche Mark
   bis 1000 Deutsche Mark   358 Euro,
4. bei einem Hektarwert
   über 1000 Deutsche Mark
   bis 1500 Deutsche Mark   410 Euro,

§ 13a

5. bei einem Hektarwert
   über 1500 Deutsche Mark
   bis 2000 Deutsche Mark   461 Euro,
6. bei einem Hektarwert
   über 2000 Deutsche Mark   512 Euro.

(5) [1]Als Sondernutzungen gelten die in § 34 Abs. 2 Nr. 1 Buchstabe b bis e des Bewertungsgesetzes genannten Nutzungen, die in § 34 Abs. 2 Nr. 2 des Bewertungsgesetzes genannten Wirtschaftsgüter, die Nebenbetriebe (§34 Abs. 2 Nr. 3 des Bewertungsgesetzes) und die Sonderkulturen (§ 52 des Bewertungsgesetzes). [2]Die Werte der Sondernutzungen sind aus den jeweils zuletzt festgestellten Einheitswerten oder den nach § 125 des Bewertungsgesetzes ermittelten Ersatzwirtschaftswerten abzuleiten. [3]Bei Sondernutzungen, deren Werte jeweils 500 Deutsche Mark übersteigen, ist für jede Sondernutzung ein Zuschlag von 512 Euro zu machen. [4]Satz 3 ist bei der forstwirtschaftlichen Nutzung nicht anzuwenden.

(6) [1]In den Durchschnittssatzgewinn sind über die nach den Absätzen 4 und 5 zu ermittelnden Beträge hinaus auch Gewinne, soweit sie insgesamt 1 534 Euro übersteigen, einzubeziehen aus

1. der forstwirtschaftlichen Nutzung,
2. der Veräußerung oder Entnahme von Grund und Boden und Gebäuden sowie der im Zusammenhang mit einer Betriebsumstellung stehenden Veräußerung oder Entnahme von Wirtschaftsgütern des übrigen Anlagevermögens,
3. Dienstleistungen und vergleichbaren Tätigkeiten, sofern diese dem Bereich der Land- und Forstwirtschaft zugerechnet und nicht für andere Betriebe der Land- und Forstwirtschaft erbracht werden,
4. der Auflösung von Rücklagen nach § 6c und von Rücklagen für Ersatzbeschaffung.

[2]Bei der Ermittlung der Gewinne nach den Nummern 1 und 2 ist § 4 Abs. 3 entsprechend anzuwenden. [3]Der Gewinn aus den in Nummer 3 genannten Tätigkeiten beträgt 35 Prozent der Einnahmen.

EStDV

§ 52 (weggefallen)

EStR und Hinweise

EStR 2012 zu § 13a EStG

R 13a.1 Anwendung der Gewinnermittlung nach Durchschnittssätzen

Zugangsvoraussetzungen (§ 13a Abs. 1 EStG)

(1) [1]Die Gewinnermittlung nach Durchschnittssätzen ist nur anwendbar, wenn selbst bewirtschaftete Flächen der landwirtschaftlichen Nutzung vorhanden sind. [2]Bei der Prüfung, ob die Grenze des § 13a Abs. 1 Satz 1 Nr. 3 EStG überschritten ist, sind R 13.2 Abs. 1 sowie die Grundsätze von R 15.5 Abs. 2 zum Strukturwandel entsprechend anzuwenden. [3]Für die Prüfung der Zugangsvoraussetzungen des § 13a Abs. 1 Satz 1 Nr. 2 und 4 EStG → R 13a.2 Abs. 1 und 2.

Wegfall der Voraussetzungen zur Gewinnermittlung nach Durchschnittssätzen

(2) [1]Die Mitteilung nach § 13a Abs. 1 Satz 2 EStG soll innerhalb einer Frist von einem Monat vor Beginn des folgenden Wirtschaftsjahres bekanntgegeben werden. [2]Bis zum Beginn dieses Wirtschaftsjahres ist der Gewinn noch nach Durchschnittssätzen zu ermitteln.

Rückkehr zur Gewinnermittlung nach Durchschnittssätzen

(3) [1]Das Wort „letztmalig" in § 13a Abs. 1 Satz 2 EStG bedeutet nicht, dass eine Rückkehr zur Gewinnermittlung nach Durchschnittssätzen zu einem späteren Zeitpunkt ausgeschlossen ist. [2]Der Gewinn ist erneut nach Durchschnittssätzen zu ermitteln, wenn die Voraussetzungen des § 13a Abs. 1 Satz 1 EStG wieder gegeben sind und ein Antrag nach § 13a Abs. 2 EStG nicht gestellt wird. [3]Bestand für den Land-

und Forstwirt Buchführungspflicht nach § 141 Abs. 1 AO, ist außerdem zuvor die Feststellung der Finanzbehörde erforderlich, dass die Voraussetzungen für die Buchführungspflicht nach § 141 Abs. 1 AO nicht mehr vorliegen (§ 141 Abs. 2 Satz 2 AO). [4]Bei einem Land- und Forstwirt, der weder buchführungspflichtig ist noch die sonstigen Voraussetzungen des § 13a Abs. 1 Satz 1 EStG erfüllt und dessen Gewinn nach § 4 Abs. 1 oder 3 EStG ermittelt wird, ist der Gewinn bereits ab dem folgenden Wirtschaftsjahr nach Durchschnittssätzen zu ermitteln, wenn bis zum Beginn dieses Wirtschaftsjahres die Voraussetzungen des § 13a Abs. 1 Satz 1 EStG wieder erfüllt sind; § 141 Abs. 2 Satz 2 AO ist nur bei wegfallender Buchführungspflicht anzuwenden. [5]Einer Mitteilung der Finanzbehörde bedarf es insoweit nicht. [6]Ist eine Mitteilung nach § 13a Abs. 1 Satz 2 EStG über den Wegfall der Voraussetzungen des § 13a Abs. 1 Satz 1 EStG ergangen und liegen bis zum Beginn des auf die Bekanntgabe der Mitteilung folgenden Wirtschaftsjahres die Voraussetzungen für die Gewinnermittlung nach Durchschnittssätzen wieder vor, hat das Finanzamt die Rechtswirkungen dieser Mitteilung zu beseitigen; § 13a EStG ist weiterhin anzuwenden.

Gewinnermittlung auf Grund eines Antrags im Sinne des § 13a Abs. 2 EStG

(4) [1]Ein Land- und Forstwirt, der seinen Gewinn auf Antrag nach § 13a Abs. 2 EStG für vier aufeinanderfolgende Wirtschaftsjahre nach § 4 Abs. 1 oder 3 EStG ermittelt, ist damit vorübergehend aus der Gewinnermittlung nach Durchschnittssätzen ausgeschieden. [2]Dabei ist Folgendes zu beachten:

1. Wird innerhalb des Vierjahreszeitraums eine der Buchführungsgrenzen des § 141 Abs. 1 AO überschritten, ist der Land- und Forstwirt rechtzeitig vor Beginn des nächstfolgenden Wirtschaftsjahres auf den Beginn der Buchführungspflicht hinzuweisen.
2. Werden innerhalb des Vierjahreszeitraums die Voraussetzungen des § 13a Abs. 1 Satz 1 Nr. 2 bis 4 EStG nicht mehr erfüllt, ist der Land- und Forstwirt vor Beginn des nächstfolgenden Wirtschaftsjahres darauf hinzuweisen, dass der Gewinn nicht mehr nach Durchschnittssätzen zu ermitteln ist.
3. Ist der Land- und Forstwirt vor Beginn eines Wirtschaftsjahres innerhalb des Vierjahreszeitraums darauf hingewiesen worden, dass der Gewinn nicht mehr nach Durchschnittssätzen zu ermitteln bzw. dass eine der Buchführungsgrenzen überschritten ist, verkürzt sich der Vierjahreszeitraum entsprechend. [2]Die Rechtsfolge des § 13a Abs. 2 Satz 2 EStG tritt nicht ein, wenn der Land- und Forstwirt für den verkürzten Vierjahreszeitraum den Gewinn nach § 4 Abs. 1 oder 3 EStG ermittelt hat.
4. Nach Ablauf des Vierjahreszeitraums ist der Gewinn wieder nach Durchschnittssätzen zu ermitteln, wenn die Voraussetzungen des § 13a Abs. 1 Satz 1 EStG
   a) erfüllt sind und der Land- und Forstwirt von der Möglichkeit der erneuten Ausübung des Wahlrechts (§ 13a Abs. 2 EStG) keinen Gebrauch macht,
   b) nicht mehr erfüllt sind, der Land- und Forstwirt aber noch nicht zur Buchführung aufgefordert oder darauf hingewiesen worden ist, dass der Gewinn nicht mehr nach Durchschnittssätzen zu ermitteln ist.

Hinweise

H 13a.1 Antrag nach § 13a Abs. 2 EStG

Ob ein derartiger Antrag gestellt wurde, ist notfalls durch Auslegung zu ermitteln.

- *Ein wirksamer Antrag liegt vor, wenn eine auf das Wirtschaftsjahr abgestellte vollständige Gewinnermittlung vorgelegt wird (→ BFH vom 4.6.1992 – BStBl. 1993 II S. 125).*
- *Der Antrag ist nur wirksam, wenn die vorgelegte Gewinnermittlung durch Einnahmenüberschussrechnung, auf tatsächlichen Aufzeichnungen der Betriebseinnahmen und Betriebsausgaben beruht (→ BFH vom 18.3.1993 – BStBl. II S. 549).*
- *Kein wirksamer Antrag liegt vor, wenn eine vom Wirtschaftsjahr abweichende Gewinnermittlung für das Kalenderjahr vorgelegt wird (→ BFH vom 28.1.1988 – BStBl. II S. 532).*

Anwendungsbereich

Für Betriebe, deren Tätigkeit sich auf Sondernutzungen (z. B. Weinbau) beschränkt, ist der Gewinn nach allgemeinen Grundsätzen zu ermitteln (→ BFH vom 13.12.2012 – BStBl. 2013 II S. 857).

Beginn der Buchführungspflicht

Die Finanzverwaltung hat den Steuerpflichtigen auf den Beginn der Buchführungspflicht hinzuweisen. Die Bekanntgabe soll mindestens einen Monat vor Beginn der Buchführungspflicht erfolgen, → AEAO zu § 141, Nr. 4.

§ 13a

Betriebsübernahme/Neugründung

Bei der Betriebsübernahme und Neugründung eines land- und forstwirtschaftlichen Betriebs bestimmt sich die Zulässigkeit der Gewinnermittlung nach Durchschnittssätzen ausschließlich nach § 13a Abs. 1 Satz 1 EStG. Die Befugnis und Verpflichtung zur Beibehaltung der Gewinnermittlung nach Durchschnittssätzen geht nicht auf den neuen Betrieb über. In diesen Fällen bedarf es keiner Mitteilung nach § 13a Abs. 1 Satz 2 EStG (→ BFH vom 26.6.1986 – BStBl. II S. 741 zur Übernahme eines land- und forstwirtschaftlichen Betriebs im Ganzen zur Bewirtschaftung als Eigentümer oder Nutzungsberechtigter) und (→ BFH vom 26.5.1994 – BStBl. II S. 891 – zur Einbringung eines land- und forstwirtschaftlichen Betriebs in eine neu gegründete Personengesellschaft).

Buchführungspflicht im Fall der Betriebsübernahme

→ § 141 Abs. 3 AO

→ R 13a.1 Abs. 5

Mitteilung nach § 13a Abs. 1 Satz 2 EStG

– Eine Mitteilung ist nicht erforderlich, wenn die Voraussetzungen zur Durchschnittssatzgewinnermittlung auf wissentlich falsche Steuererklärungen zurückzuführen sind. Mit dem bekannt werden der tatsächlichen Verhältnisse ist das Finanzamt zur Schätzung des Gewinns befugt, so als habe es rechtzeitig von dem Wegfall der Voraussetzungen der Gewinnermittlung nach Durchschnittssätzen Kenntnis erlangt und eine entsprechende Mitteilung erlassen (→ BFH vom 29.11.2001 – BStBl. 2002 II S. 147).

– Eine Mitteilung ist auch dann wirksam, wenn sie innerhalb einer Frist von weniger als 1 Monat vor Beginn des maßgebenden Wirtschaftsjahres erfolgt (→ BFH vom 29.3.2007 – BStBl. II S. 816).

Neugründung

Bei der Neugründung eines land- und forstwirtschaftlichen Betriebs bestimmt sich die Zulässigkeit der Gewinnermittlung nach Durchschnittssätzen ausschließlich nach § 13a Abs. 1 Satz 1 EStG. Als Neugründung sind auch anzusehen:

– *die Übernahme eines land- und forstwirtschaftlichen Betriebs im Ganzen zur Bewirtschaftung als Eigentümer oder Nutzungsberechtigter (→ BFH vom 26.6.1986 – BStBl. II S. 741) und*

– *die Einbringung eines land- und forstwirtschaftlichen Betriebs in eine neu gegründete Personengesellschaft (→ BFH vom 26.5.1994 – BStBl. II S. 891).*

In diesen Fällen bedarf es keiner Mitteilung nach § 13a Abs. 1 Satz 2 EStG.

EStR 2012 zu § 13a EStG

R 13a.2 Ermittlung des Gewinns aus Land- und Forstwirtschaft nach Durchschnittssätzen

Ermittlung des Grundbetrags (§ 13a Abs. 4 EStG)

(1) [1]Bei der Ermittlung des Grundbetrags sind alle selbstbewirtschafteten Flächen landwirtschaftlicher Nutzung im Sinne des § 34 Abs. 2 Nr. 1 Buchstabe a BewG ohne Sonderkulturen (§ 52 BewG) zu berücksichtigen. [2]Dazu gehören die in R 13.2 Abs. 3 Satz 1 genannten Flächen sowie die auf die landwirtschaftliche Nutzung entfallenden Hof- und Gebäudeflächen jedoch ohne den zur Wohnung gehörenden Grund und Boden; dies gilt auch, soweit die Flächen als Grundvermögen bewertet werden. [3]Maßgebend ist der Umfang der selbstbewirtschafteten Fläche zu Beginn des Wirtschaftsjahres. [4]Der Hektarwert ist nach den Vorschriften des BewG zu ermitteln. [5]Aus Vereinfachungsgründen kann als Hektarwert – auch in Fällen der Zupachtung von Einzelflächen – der im Einheitswert des Betriebs enthaltene oder der aus dem Ersatzwirtschaftswert abzuleitende Hektarwert für landwirtschaftliche Nutzungen ohne Sonderkulturen angesetzt werden. [6]Hierbei ist der festgestellte Einheitswert bzw. der im Rahmen der Grundsteuermeßbetragsveranlagung ermittelte Ersatzwirtschaftswert heranzuziehen, der auf den letzten Zeitpunkt festgestellt bzw. ermittelt worden ist, der vor dem Beginn des Wirtschaftsjahres liegt oder mit dem Beginn des Wirtschaftsjahres zusammenfällt, für den der Gewinn zu ermitteln ist. [7]Fortschreibungen und Nachfeststellungen, die nach Bestandskraft des Steuerbescheides ergehen, bleiben unberücksichtigt. [8]Werden in den alten Ländern ausschließlich zugepachtete Flächen bewirtschaftet, ist der Hektarwert der größten Fläche maßgebend. [9]Werden im Beitrittsgebiet ausschließlich zugepachtete Flächen bewirtschaftet, gilt Satz 5 entsprechend.

Zuschläge für Sondernutzungen (§ 13a Abs. 5 EStG)

(2) ¹Jede in § 34 Abs. 2 Nr. 1 Buchstabe b bis d BewG genannte Nutzung ist als einzelne Sondernutzung anzusehen. ²Bei der sonstigen land- und forstwirtschaftlichen Nutzung gilt jede einzelne Nutzungsart als selbständige Sondernutzung. ³Für die Frage, mit welchem Wert die selbstbewirtschafteten Sondernutzungen aus dem Einheitswert oder aus dem Ersatzwirtschaftswert abzuleiten sind, ist Absatz 1 entsprechend anzuwenden. ⁴Für Sondernutzungen, deren Wert 500 DM nicht übersteigt, kommt ein Zuschlag nach § 13a Abs. 5 EStG nicht in Betracht. ⁵Beträgt der Wert der Sondernutzung mehr als 2 000 DM und ist der Steuerpflichtige nicht nach § 13a Abs. 1 Satz 2 EStG auf den Wegfall der Voraussetzungen für die Gewinnermittlung nach § 13a EStG hingewiesen worden, ist auch für diese Sondernutzung nur ein Zuschlag von 512 Euro zu machen.

Sondergewinne (§ 13a Abs. 6 EStG)

(3) ¹§ 13a Abs. 6 EStG enthält eine abschließende Aufzählung der zu berücksichtigenden Betriebsvorgänge. ²In die Gewinnkorrektur aus forstwirtschaftlicher Nutzung sind alle Erträge einzubeziehen, die aus der Nutzung von Flächen der Forstwirtschaft erzielt werden. ³Die Veräußerung oder Entnahme von Wirtschaftsgütern des übrigen Anlagevermögens umfasst auch immaterielle Wirtschaftsgüter, wie z. B. ein Milchlieferrecht im Zusammenhang mit einer → Betriebsumstellung. ⁴Ein Zusammenhang zwischen der Veräußerung eines Wirtschaftsguts und einer Betriebsumstellung wird nicht dadurch gelöst, dass das Wirtschaftsgut in einem anderen Wirtschaftsjahr als der Betriebsumstellung veräußert wird, um etwa eine günstige Marktsituation auszunutzen. ⁵Eine Nutzungsänderung des Wirtschaftsguts steht einer Erfassung der Gewinnkorrektur nicht entgegen. ⁶Als Dienstleistungen und vergleichbare Tätigkeiten, die dem Bereich der Land- und Forstwirtschaft zugerechnet werden, sind die in R 15.5 genannten Tätigkeiten innerhalb der dort genannten Grenzen zu verstehen, wenn sie nicht für andere Betriebe der Land- und Forstwirtschaft erbracht werden. ⁷Bei der Nutzungsüberlassung von Wirtschaftsgütern des Betriebsvermögens sind die vereinnahmten Miet- und Pachtzinsen nicht als Gewinnkorrektur nach § 13a Abs. 6 EStG zu erfassen, sondern nach § 13a Abs. 3 Satz 1 Nr. 4 EStG, da es sich insofern nicht um Dienstleistungen und vergleichbare Tätigkeiten handelt, und zwar auch, soweit die Nutzungsüberlassung gegenüber anderen Betrieben der Land- und Forstwirtschaft erbracht wird. ⁸Bei der Gewinnermittlung nach § 13a Abs. 6 Satz 3 EStG ist von den Einnahmen einschließlich der Umsatzsteuer auszugehen.

Vereinnahmte Miet- und Pachtzinsen (§ 13a Abs. 3 Satz 1 Nr. 4 EStG)

(4) ¹Als vereinnahmte Miet- und Pachtzinsen sind sämtliche Gegenleistungen für entgeltliche Nutzungsüberlassungen anzusehen. ²Der Begriff umfasst die Entgelte für die Überlassung von Wirtschaftsgütern des Betriebsvermögens wie z. B. Grund und Boden, Gebäude, Mietwohnungen, bewegliche oder immaterielle Wirtschaftsgüter. ³Auf die Bezeichnung des Vertrags über eine Nutzungsüberlassung kommt es nicht an. ⁴Werden Wirtschaftsgüter des Betriebsvermögens im Zusammenhang mit Dienstleistungen und vergleichbaren Tätigkeiten überlassen und ist die Dienstleistung hierbei nur von untergeordneter Bedeutung, sind die Gewinne daraus als Miet- oder Pachteinnahmen nach § 13a Abs. 3 Satz 1 Nr. 4 EStG und nicht als Sondergewinne nach § 13a Abs. 6 Nr. 3 EStG zu behandeln (→ Absatz 3 Satz 7). ⁵Prämien, die für die Stilllegung landwirtschaftlicher Nutzflächen auf Grund öffentlicher Förderungsprogramme gezahlt werden, sind nicht als Miet- und Pachtzinsen anzusehen und deshalb durch den Ansatz des Grundbetrages nach § 13a Abs. 4 EStG abgegolten.

Vereinnahmte Kapitalerträge (§ 13a Abs. 3 Satz 1 Nr. 5 EStG)

(5) Bei Kapitalerträgen kommt ein Abzug von Betriebsausgaben vorbehaltlich des § 13a Abs. 3 Satz 2 EStG nicht in Betracht.

Verausgabte Pachtzinsen, Schuldzinsen und dauernde Lasten (§ 13a Abs. 3 Satz 2 EStG)

(6) ¹Schuldzinsen und dauernde Lasten sind abzugsfähig, soweit sie Betriebsausgaben sind; § 4 Abs. 4a EStG ist **nicht** zu beachten. ²Dies gilt auch für auf Sondernutzungen entfallende Beträge. ³Schuldzinsen, die im Zusammenhang mit einer Wohnung im Sinne des § 13 Abs. 2 Nr. 2 EStG stehen, sind – solange die Nutzungswertbesteuerung fortbesteht – abzusetzen, obwohl der Nutzungswert der Wohnung mit dem Ansatz des Grundbetrags abgegolten ist. ⁴Der Abzug von Pachtzinsen, Schuldzinsen und dauernden Lasten darf insgesamt nicht zu einem Verlust führen. ⁵Diese Begrenzung des Abzugs bezieht sich auf den gesamten nach den Vorschriften des § 13a EStG zu ermittelnden Gewinn.

Rumpfwirtschaftsjahr/Verlängertes Wirtschaftsjahr

(7) ¹Ist der Gewinn nach § 13a EStG für ein Rumpfwirtschaftsjahr zu ermitteln, sind der Grundbetrag und die Zuschläge für Sondernutzungen nur anteilig anzusetzen. ²Dies gilt entsprechend, wenn sich das bisherige Wirtschaftsjahr bei Umstellung des Wirtschaftsjahres nach § 8c Abs. 2 Satz 2 oder 3 EStDV verlängert.

§ 13a

Hinweise

H 13a.2 Betriebsumstellung

Eine Betriebsumstellung ist z. B.
- *die Umstellung auf viehlose Wirtschaft oder Umstellung von Milchwirtschaft auf Schweinemast (→ BFH vom 15.2.1990 – BStBl. 1991 II S. 11),*
- *eine Betriebsverpachtung ohne Aufgabeerklärung (→ BFH vom 27.2.1997 – BStBl. II S. 512).*

Hektarberechnung

→ H 13.2

Liebhaberei

Wird der Gewinn nach Durchschnittssätzen ermittelt, ist diese Gewinnermittlungsart auch für die Beurteilung der Gewinnerzielungsabsicht maßgebend. Ergeben sich bei Gewinnermittlung nach Durchschnittssätzen im Rahmen der Anwendung des § 13a Abs. 6 EStG Verluste, können diese auch eine negative Totalgewinnprognose begründen und somit zur Annahme einer Liebhaberei führen (→ BFH vom 6.3.2003 – BStBl. II S. 702).

Pensionstierhaltung

Entgelte für die Pensionspferdehaltung sind regelmäßig nicht durch den Ansatz des Grundbetrags abgegolten, es sei denn die Leistungen des Landwirts sind hauptsächlich auf die Überlassung der Futtergrundlage beschränkt. Erstrecken sich die Leistungen des Landwirts im Wesentlichen auf die Vermietung des Stallplatzes, können die Einnahmen nach § 13a Abs. 3 Satz 1 Nr. 4 EStG dem Grundbetrag hinzuzurechnen sein. Werden dagegen neben der Überlassung eines Stallplatzes weitere Leistungen (Lieferung von Futter, Einstreu und Medikamenten; Übernahme von Obhutspflichten) erbracht und handelt es sich dabei um eine einheitlich zu beurteilende Gesamtleistung, gehört diese zu den Dienstleistungen und vergleichbaren Tätigkeiten i. S. d. § 13a Abs. 6 Satz 1 Nr. 3 EStG (→ BFH vom 29.11.2007 – BStBl. 2008 II S. 425).

Schuldzinsen

Zu den Schuldzinsen gehören auch die Nebenkosten der Darlehensaufnahme und sonstige Kreditkosten einschließlich der Geldbeschaffungskosten (→ BFH vom 1.10.2002 – BStBl. 2003 II S. 399).

Vereinnahmte Miet- und Pachtzinsen

- *Die nach § 13a Abs. 3 Satz 1 Nr. 4 EStG anzusetzenden Miet- und Pachtzinsen dürfen – vorbehaltlich des § 13a Abs. 3 Satz 2 EStG – nicht um Betriebsausgaben (z. B. Umlage zur Landwirtschaftskammer und Grundsteuer) gemindert werden (→ BFH vom 5.12.2002 – BStBl. 2003 II S. 345).*
- *Umlagen und Nebenentgelte, die ein Landwirt mit Gewinnermittlung nach Durchschnittssätzen als Vermieter einer zum landwirtschaftlichen Betriebsvermögen gehörenden Wohnung zusätzlich zur Grundmiete vereinnahmt, sind in die Berechnung des Durchschnittssatzgewinns einzubeziehen (→ BFH vom 14.5.2009 – BStBl. II S. 900).*

Verwaltungsanweisungen und Rechtsprechungsauswahl

Siehe § 13 EStG.

§ 14 Veräußerung des Betriebs

¹Zu den Einkünften aus Land- und Forstwirtschaft gehören auch Gewinne, die bei der Veräußerung eines land- und forstwirtschaftlichen Betriebs oder Teilbetriebs oder eines Anteils an einem land- und forstwirtschaftlichen Betriebsvermögen erzielt werden. ²§ 16 gilt entsprechend mit der Maßgabe, dass der Freibetrag nach § 16 Abs. 4 nicht zu gewähren ist, wenn der Freibetrag nach § 14a Abs. 1 gewährt wird.

EStR 2012 zu § 14 EStG

EStR und Hinweise

R 14 Wechsel im Besitz von Betrieben, Teilbetrieben und Betriebsteilen

Veräußerungsgewinn

(1) ¹Entschädigungen, die bei der Veräußerung eines Betriebs oder Teilbetriebs im Veräußerungspreis enthalten sind, sind – vorbehaltlich der Absätze 2 und 3 – bei der Ermittlung des steuerpflichtigen Veräußerungsgewinns zugrunde zu legen. ²Die vertragliche Bezeichnung der einzelnen Teile des Veräußerungspreises ist nicht für deren steuerliche Behandlung entscheidend. ³Besondere Anlagen und Kulturen auf dem oder im Grund und Boden, die zum beweglichen Anlagevermögen oder zum Umlaufvermögen gehören, sind grundsätzlich als eigene Wirtschaftsgüter zu behandeln. ⁴Gesonderte Entgelte, die neben dem Kaufpreis für den Grund und Boden für besondere Eigenschaften des Grund und Bodens (z. B. „Geil und Gare") gezahlt werden, sind Teil des Veräußerungspreises für den Grund und Boden. ⁵Bei nichtbuchführenden Land- und Forstwirten ist der Gewinn aus der Veräußerung oder Aufgabe eines Betriebs oder Teilbetriebs nach den Grundsätzen des § 4 Abs. 1 EStG zu ermitteln und im VZ der Veräußerung oder Aufgabe nach § 14 EStG zu versteuern. ⁶Beim Übergang zum Betriebsvermögensvergleich ist davon auszugehen, dass von Bewertungswahlrechten, z. B. für Vieh und Feldinventar, kein Gebrauch gemacht wurde.

Bewertung von Feldinventar/stehender Ernte

(2) ¹Das Feldinventar/die stehende Ernte einer abgrenzbaren landwirtschaftlichen Nutzfläche ist jeweils als selbständiges Wirtschaftsgut des Umlaufvermögens anzusehen. ²Feldinventar ist die aufgrund einer Feldbestellung auf einer landwirtschaftlichen Nutzfläche vorhandene Kultur mit einer Kulturdauer von bis zu einem Jahr. ³Stehende Ernte ist der auf einer landwirtschaftlichen Nutzfläche vorhandene Bestand an erntereifem Feldinventar. ⁴Befinden sich auf einer abgrenzbaren landwirtschaftlichen Nutzfläche verschiedene Kulturarten, liegen entsprechend verschiedene selbständige Wirtschaftsgüter vor. ⁵Die Wirtschaftsgüter Feldinventar/stehende Ernte werden mit den Anschaffungs- oder Herstellungskosten einzeln bewertet (§ 6 Abs. 1 Nr. 2 Satz 1 EStG). ⁶Anstelle der tatsächlichen Anschaffungs- oder Herstellungskosten kann bei einer Einzelbewertung unter den Voraussetzungen des § 6 Abs. 1 Nr. 2 Satz 2 EStG auch der niedrigere Teilwert zum Ansatz kommen (→ R 6.8 Abs. 1 Satz 2). ⁷Für einzelne Wirtschaftsgüter jeweils einer Kulturart kann bei der Inventur und der Bewertung eine Gruppe gebildet werden (→ R 6.8 Abs. 4). ⁸Für die Bewertung können entweder betriebsindividuelle Durchschnittswerte oder standardisierte Werte (z. B. BMELV-Jahresabschluss) zugrunde gelegt werden.

Vereinfachungsregelung zur Bewertung des Feldinventars/der stehenden Ernte

(3) ¹Bei landwirtschaftlichen Betrieben oder bei landwirtschaftlichen Teilbetrieben kann zur Vereinfachung der Bewertung von einer Aktivierung der Wirtschaftsgüter des Feldinventars/der stehenden Ernte abgesehen werden. ²Voraussetzung hierfür ist, dass in der Schlussbilanz des Betriebs für vorangegangene Wirtschaftsjahre oder bei einem Wechsel zum Betriebsvermögensvergleich bzw. bei einem Wechsel von der Gewinnermittlung nach Durchschnittssätzen zur Einnahmenüberschussrechnung im Rahmen der Übergangsbilanz keine Aktivierung eines Wirtschaftsguts Feldinventar/stehende Ernte vorgenommen wurde. ³Das gilt insbesondere auch bei unentgeltlicher Rechtsnachfolge oder einem Strukturwandel von einem Gewerbebetrieb zu einem Betrieb der Land- und Forstwirtschaft. ⁴Die Vereinfachungsregelung kann nicht gesondert für einzelne Wirtschaftsgüter des Feldinventars/der stehenden Ernte, sondern nur einheitlich, bezogen auf das gesamte Feldinventar/die stehende Ernte eines Betriebs, angewendet werden. ⁵Das gilt auch dann, wenn sich der Umfang der Wirtschaftsgüter Feldinventar/stehende Ernte ändert (z. B. durch Erwerb oder Zupachtung von Flächen, Änderung der Anbauverhältnisse). ⁶Hat ein Verpächter die Vereinfachungsregelung angewendet, kann er im Fall der eisernen Verpachtung seines Betriebs von einer Aktivierung der auf Rückgabe des Feldinventars/der stehenden Ernte gerichteten Sachwertforderung absehen. ⁷Die Verpachtung führt insoweit zu keiner Gewinnrealisierung.

§ 14   R 14

Teilbetrieb

(4) ¹Die Veräußerung eines land- und forstwirtschaftlichen → Teilbetriebs liegt vor, wenn ein organisatorisch mit einer gewissen Selbständigkeit ausgestatteter Teil eines Betriebs der Land- und Forstwirtschaft veräußert wird. ²Der veräußerte Teilbetrieb muß im **Wesentlichen** die Möglichkeit bieten, künftig als selbständiger Betrieb geführt werden zu können, auch wenn dies noch einzelne Ergänzungen oder Änderungen bedingen sollte.

Veräußerung forstwirtschaftlicher Betriebe, Teilbetriebe oder einzelner forstwirtschaftlicher Grundstücksflächen

(5) Hinsichtlich des Verkaufserlöses, der auf das stehende Holz entfällt, gilt das Folgende:

1. ¹Gewinne, die bei der **Veräußerung** oder Aufgabe eines forstwirtschaftlichen **Betriebs oder Teilbetriebs** für das stehende Holz erzielt werden, sind nach § 14 EStG zu versteuern. ²Veräußerungsgewinn ist hierbei der Betrag, um den der Veräußerungspreis nach Abzug der Veräußerungskosten den Wert des Betriebsvermögens übersteigt, der nach § 4 Abs. 1 EStG für den Zeitpunkt der Veräußerung ermittelt wird. ³Ist kein Bestandsvergleich für das stehende Holz vorgenommen worden und hat der Veräußerer den forstwirtschaftlichen Betrieb oder Teilbetrieb schon am 21.6.1948[1)] besessen, ist der Gewinn aus der Veräußerung des stehenden Holzes so zu ermitteln, dass dem auf das stehende Holz entfallenden Veräußerungspreis der Betrag gegenübergestellt wird, mit dem das stehende Holz in dem für den 21.6.1948[2)] maßgebenden Einheitswert des forstwirtschaftlichen Betriebs oder Teilbetriebs enthalten war. ⁴Hat der Veräußerer den forstwirtschaftlichen Betrieb oder Teilbetrieb nach dem 20.6.1948[3)] erworben, sind bei der Ermittlung des Veräußerungsgewinns die steuerlich noch nicht berücksichtigten Anschaffungs- oder Erstaufforstungskosten für das stehende Holz dem auf das stehende Holz entfallenden Veräußerungserlös gegenüberzustellen. ⁵Bei Veräußerungen im Beitrittsgebiet ist der Buchwert zum 1.7.1990 in den Fällen, in denen kein Bestandsvergleich für das stehende Holz vorgenommen wurde, gemäß § 52 Abs. 1 DMBilG unter Anwendung der Richtlinien für die Ermittlung und Prüfung des Verkehrswertes von Waldflächen und für Nebenentschädigungen (Waldwertermittlungs-Richtlinien 1991 – WaldR91 – BAnz 100a vom 5.6.1991) zu ermitteln. ⁶Die Steuer auf den Veräußerungsgewinn ist nach § 34 Abs. 1 oder auf Antrag nach § 34 Abs. 3 EStG zu berechnen (§ 34 Abs. 2 Nr. 1 EStG).

2. ¹Die auf das stehende Holz entfallenden Einnahmen aus der **Veräußerung einzelner forstwirtschaftlicher Grundstücksflächen,** die keinen forstwirtschaftlichen → Teilbetrieb bilden, gehören zu den laufenden Einnahmen des Wirtschaftsjahrs. ²Für die Ermittlung des Gewinns gelten die Grundsätze des § 4 Abs. 1 EStG. ³Nummer 1 Satz 3 bis 5 ist entsprechend anzuwenden.

Freibetrag

(6) Die Gewährung des Freibetrags nach § 14 Satz 2 i.V.m. § 16 Abs. 4 EStG ist ausgeschlossen, wenn dem Steuerpflichtigen für eine Veräußerung oder Aufgabe, die nach dem 31.12.1995 erfolgt ist, ein Freibetrag nach § 14 Satz 2, § 16 Abs. 4 oder § 18 Abs. 3 EStG bereits gewährt worden ist.

Hinweise

H 14   Betriebsverkleinerung

Eine Verkleinerung eines land- und forstwirtschaftlichen Betriebs führt nicht zu einer Betriebsaufgabe (→ BFH vom 12.11.1992 – BStBl. 1993 II S. 430).

Eiserne Verpachtung

Zur Gewinnermittlung bei der Verpachtung von Betrieben mit Substanzerhaltungspflicht des Pächters nach §§ 582a, 1048 BGB → BMF vom 21.2.2002 (BStBl. I S. 262).[4)]

Feldinventar

Ein Landwirt, der das Feldinventar aktiviert hat, ist daran grundsätzlich auch für die Zukunft gebunden und hat keinen Anspruch darauf, aus Billigkeitsgründen zu einem Verzicht auf die Bewertung wechseln zu können (→ BFH vom 18.3.2010 BStBl. 2011 II S. 654). Andererseits bindet das in R 14 Abs. 3 eingeräumte Wahlrecht, auf die Aktivierung der Feldbestände zu verzichten, den Landwirt nicht für die Zukunft (→ BFH vom 6.4.2000 – BStBl. II S. 422).

---

1) Im Saarland: 20.11.1947.
2) Im Saarland: 20.11.1947.
3) Im Saarland: 19.11.1947.
4) Siehe Anlage § 004-02.

Körperschaft des öffentlichen Rechts als Erbin
Setzt ein Steuerpflichtiger eine Körperschaft des öffentlichen Rechts zur Erbin seines land- und forstwirtschaftlichen Betriebes ein, so führt das im Zeitpunkt des Todes zu einer Betriebsaufgabe in der Person des Erblassers (→ BFH vom 19.2.1998 – BStBl. II S. 509).

Parzellenweise Verpachtung
→ H 16 (5)

Rückverpachtung
Eine Betriebsveräußerung liegt auch vor, wenn alle wesentlichen Grundlagen eines Betriebs veräußert und sogleich an den Veräußerer zurückverpachtet werden (→ BFH vom 28.3.1985 – BStBl. II S. 508).

Teilbetrieb
- → R 14 Abs. 4 und 5 sowie → R 16 Abs. 3
- Ein forstwirtschaftlicher Teilbetrieb setzt im Fall der Veräußerung einer Teilfläche eines Nachhaltsbetriebs weder voraus, dass für die veräußerten Flächen bereits ein eigener Betriebsplan sowie eine eigene Betriebsabrechnung vorlagen, noch dass die veräußerte Fläche selbst einen Nachhaltsbetrieb mit unterschiedlichen Holzarten und Altersklassen bildet; es genügt, dass der Erwerber die Teilflächen als selbständiges, lebensfähiges Forstrevier fortführen kann (→ BFH vom 17.1.1991 – BStBl. II S. 566).

Verpachtung
Verpächter hat Wahlrecht zwischen Betriebsaufgabe und Fortführung des Betriebs (→ BFH vom 15.10.1987 – BStBl. 1988 II S. 260 und vom 28.11. 1991 – BStBl. 1992 II S. 521).

Weitere Verwaltungsanweisungen
(soweit nicht in den Hinweisen enthalten)

Zu § 14 EStG
1. Betriebsaufgabe im Falle der Verpachtung [1]

Rechtsprechungsauswahl
BFH vom 30.8.07 IV R 5/06 (BStBl. 2008 II S. 113): Voraussetzung der Betriebsaufgabe eines selbst bewirtschafteten landwirtschaftlichen Betriebs bei Verschwinden des Landwirts

---
[1] Siehe Anlagen § 014-01.

§ 14a

§ 14a Vergünstigungen bei der Veräußerung bestimmter land- und forstwirtschaftlicher Betriebe

(1) ¹Veräußert ein Steuerpflichtiger nach dem 30. Juni 1970 und vor dem 1. Januar 2001 seinen land- und forstwirtschaftlichen Betrieb im Ganzen, so wird auf Antrag der Veräußerungsgewinn (§ 16 Abs. 2) nur insoweit zur Einkommensteuer herangezogen, als er den Betrag von 150 000 Deutsche Mark übersteigt, wenn

1. der für den Zeitpunkt der Veräußerung maßgebende Wirtschaftswert (§ 46 Bewertungsgesetz) des Betriebs 40 000 Deutsche Mark nicht übersteigt,
2. die Einkünfte des Steuerpflichtigen im Sinne des § 2 Abs. 1 Satz 1 Nr. 2 bis 7 in den dem Veranlagungszeitraum der Veräußerung vorangegangenen beiden Veranlagungszeiträumen jeweils den Betrag von 35 000 Deutsche Mark nicht überstiegen haben. ²Bei Ehegatten, die nicht dauernd getrennt leben, gilt Satz 1 mit der Maßgabe, dass die Einkünfte beider Ehegatten zusammen jeweils 70 000 Deutsche Mark nicht überstiegen haben.

²Ist im Zeitpunkt der Veräußerung ein nach Nummer 1 maßgebender Wirtschaftswert nicht festgestellt oder sind bis zu diesem Zeitpunkt die Voraussetzungen für eine Wertfortschreibung erfüllt, so ist der Wert maßgebend, der sich für den Zeitpunkt der Veräußerung als Wirtschaftswert ergeben würde.

(2) ¹Der Anwendung des Absatzes 1 und des § 34 Abs. 1 steht nicht entgegen, wenn die zum land- und forstwirtschaftlichen Vermögen gehörenden Gebäude mit dem dazugehörigen Grund und Boden nicht mitveräußert werden. ²In diesem Fall gelten die Gebäude mit dem dazugehörigen Grund und Boden als entnommen. ³Der Freibetrag kommt auch dann in Betracht, wenn zum Betrieb ein forstwirtschaftlicher Teilbetrieb gehört und dieser nicht mitveräußert, sondern als eigenständiger Betrieb vom Steuerpflichtigen fortgeführt wird. ⁴In diesem Falle ermäßigt sich der Freibetrag auf den Teil, der dem Verhältnis des tatsächlich entstandenen Veräußerungsgewinns zu dem bei einer Veräußerung des ganzen land- und forstwirtschaftlichen Betriebs erzielbaren Veräußerungsgewinn entspricht.

(3) ¹Als Veräußerung gilt auch die Aufgabe des Betriebs, wenn

1. die Voraussetzungen des Absatzes 1 erfüllt sind und
2. der Steuerpflichtige seinen land- und forstwirtschaftlichen Betrieb zum Zwecke der Strukturverbesserung abgegeben hat und dies durch eine Bescheinigung der nach Landesrecht zuständigen Stelle nachweist.

²§ 16 Abs. 3 Satz 4 und 5 gilt entsprechend.

(4) ¹Veräußert oder entnimmt ein Steuerpflichtiger nach dem 31. Dezember 1979 und vor dem 1. Januar 2006 Teile des zu einem land- und forstwirtschaftlichen Betrieb gehörenden Grund und Bodens, so wird der bei der Veräußerung oder der Entnahme entstehende Gewinn auf Antrag nur insoweit zur Einkommensteuer herangezogen, als er den Betrag von 61 800 Euro übersteigt. ²Satz 1 ist nur anzuwenden, wenn

1. der Veräußerungspreis nach Abzug der Veräußerungskosten oder der Grund und Boden innerhalb von 12 Monaten nach der Veräußerung oder Entnahme in sachlichem Zusammenhang mit der Hoferbfolge oder Hofübernahme zur Abfindung weichender Erben verwendet wird und
2. das Einkommen des Steuerpflichtigen ohne Berücksichtigung des Gewinns aus der Veräußerung oder Entnahme und des Freibetrags in dem dem Veranlagungszeitraum der Veräußerung oder Entnahme vorangegangenen Veranlagungszeitraum den Betrag von 18 000 Euro nicht überstiegen hat; bei Ehegatten, die nach den §§ 26, 26b zusammen veranlagt werden, erhöht sich der Betrag von 18 000 Euro auf 36 000 Euro.

³Übersteigt das Einkommen den Betrag von 18 000 Euro, so vermindert sich der Betrag von 61 800 Euro nach Satz 1 für jede angefangenen 250 Euro des übersteigenden Einkommens um 10 300 Euro; bei Ehegatten, die nach den §§ 26, 26b zusammen veranlagt werden und deren Einkommen den Betrag von 36 000 Euro übersteigt, vermindert sich der Betrag von 61 800 Euro nach Satz 1 für jede angefangenen 500 Euro des übersteigenden Einkommens

um 10 300 Euro. ⁴Werden mehrere weichende Erben abgefunden, so kann der Freibetrag mehrmals, jedoch insgesamt nur einmal je weichender Erbe geltend gemacht werden, auch wenn die Abfindung in mehreren Schritten oder durch mehrere Inhaber des Betriebs vorgenommen wird. ⁵Weichender Erbe ist, wer gesetzlicher Erbe eines Inhabers eines land- und forstwirtschaftlichen Betriebs ist oder bei gesetzlicher Erbfolge wäre, aber nicht zur Übernahme des Betriebs berufen ist; eine Stellung als Mitunternehmer des Betriebs bis zur Auseinandersetzung steht einer Behandlung als weichender Erbe nicht entgegen, wenn sich die Erben innerhalb von zwei Jahren nach dem Erbfall auseinandersetzen. ⁶Ist ein zur Übernahme des Betriebs berufener Miterbe noch minderjährig, beginnt die Frist von zwei Jahren mit Eintritt der Volljährigkeit.

(5) ¹Veräußert ein Steuerpflichtiger nach dem 31. Dezember 1985 und vor dem 1. Januar 2001 Teile des zu einem land- und forstwirtschaftlichen Betrieb gehörenden Grund und Bodens, so wird der bei der Veräußerung entstehende Gewinn auf Antrag nur insoweit zur Einkommensteuer herangezogen, als er den Betrag von 90 000 Deutsche Mark übersteigt, wenn

1. der Steuerpflichtige den Veräußerungspreis nach Abzug der Veräußerungskosten zur Tilgung von Schulden verwendet, die zu dem land- und forstwirtschaftlichen Betrieb gehören und vor dem 1. Juli 1985 bestanden haben, und
2. die Voraussetzungen des Absatzes 4 Satz 2 Nr. 2 erfüllt sind.

²Übersteigt das Einkommen den Betrag von 35 000 Deutsche Mark, so vermindert sich der Betrag von 90 000 Deutsche Mark nach Satz 1 für jede angefangenen 500 Deutsche Mark des übersteigenden Einkommmens um 15 000 Deutsche Mark; bei Ehegatten, die nach den §§ 26, 26b zusammen veranlagt werden und bei denen das Einkommen den Betrag von 70 000 Deutsche Mark übersteigt, vermindert sich der Betrag von 90 000 Deutsche Mark nach Satz 1 für jede angefangenen 1 000 Deutsche Mark des übersteigenden Einkommens um 15 000 Deutsche Mark. ³Der Freibetrag von höchstens 90 000 Deutsche Mark wird für alle Veräußerungen im Sinne des Satzes 1 insgesamt nur einmal gewährt.

(6) Verwendet der Steuerpflichtige den Veräußerungspreis oder entnimmt er den Grund und Boden nur zum Teil zu den in den Absätzen 4 und 5 angegebenen Zwecken, so ist nur der entsprechende Teil des Gewinns aus der Veräußerung oder Entnahme steuerfrei.

(7) Auf die Freibeträge nach Absatz 4 in dieser Fassung sind die Freibeträge, die nach Absatz 4 in den vor dem 1. Januar 1986 geltenden Fassungen gewährt worden sind, anzurechnen.

b) Gewerbebetrieb (§ 2 Abs. 1 Satz 1 Nr. 2)

§ 15 Einkünfte aus Gewerbebetrieb

(1) Einkünfte aus Gewerbebetrieb sind

1. ¹Einkünfte aus gewerblichen Unternehmen. ²Dazu gehören auch Einkünfte aus gewerblicher Bodenbewirtschaftung, z. B. aus Bergbauunternehmen und aus Betrieben zur Gewinnung von Torf, Steinen und Erden, soweit sie nicht land- oder forstwirtschaftliche Nebenbetriebe sind;
2. die Gewinnanteile der Gesellschafter einer Offenen Handelsgesellschaft, einer Kommanditgesellschaft und einer anderen Gesellschaft, bei der der Gesellschafter als Unternehmer (Mitunternehmer) des Betriebs anzusehen ist, und die Vergütungen, die der Gesellschafter von der Gesellschaft für seine Tätigkeit im Dienst der Gesellschaft oder für die Hingabe von Darlehen oder für die Überlassung von Wirtschaftsgütern bezogen hat. ²Der mittelbar über eine oder mehrere Personengesellschaften beteiligte Gesellschafter steht dem unmittelbar beteiligten Gesellschafter gleich; er ist als Mitunternehmer des Betriebs der Gesellschaft anzusehen, an der er mittelbar beteiligt ist, wenn er und die Personengesellschaften, die seine Beteiligung vermitteln, jeweils als Mitunternehmer der Betriebe der Personengesellschaften anzusehen sind, an denen sie unmittelbar beteiligt sind;
3. die Gewinnanteile der persönlich haftenden Gesellschafter einer Kommanditgesellschaft auf Aktien, soweit sie nicht auf Anteile am Grundkapital entfallen, und die Vergütungen, die der persönlich haftende Gesellschafter von der Gesellschaft für seine Tätigkeit im Dienst der Gesellschaft oder für die Hingabe von Darlehen oder für die Überlassung von Wirtschaftsgütern bezogen hat.

²Satz 1 Nr. 2 und 3 gilt auch für Vergütungen, die als nachträgliche Einkünfte (§ 24 Nr. 2) bezogen werden. ³§ 13 Abs. 5 gilt entsprechend, sofern das Grundstück im Veranlagungszeitraum 1986 zu einem gewerblichen Betriebsvermögen gehört hat.

(1a) ¹In den Fällen des § 4 Abs. 1 Satz 5 ist der Gewinn aus einer späteren Veräußerung der Anteile ungeachtet der Bestimmungen eines Abkommens zur Vermeidung der Doppelbesteuerung in der gleichen Art und Weise zu besteuern, wie die Veräußerung dieser Anteile an der Europäischen Gesellschaft oder Europäischen Genossenschaft zu besteuern gewesen wäre, wenn keine Sitzverlegung stattgefunden hätte. ²Dies gilt auch, wenn später die Anteile verdeckt in eine Kapitalgesellschaft eingelegt werden, die Europäische Gesellschaft oder Europäische Genossenschaft aufgelöst wird oder wenn ihr Kapital herabgesetzt und zurückgezahlt wird oder wenn Beträge aus dem steuerlichen Einlagenkonto im Sinne des § 27 des Körperschaftsteuergesetzes ausgeschüttet oder zurückgezahlt werden.

(2) ¹Eine selbständige nachhaltige Betätigung, die mit der Absicht, Gewinn zu erzielen, unternommen wird und sich als Beteiligung am allgemeinen wirtschaftlichen Verkehr darstellt, ist Gewerbebetrieb, wenn die Betätigung weder als Ausübung von Land- und Forstwirtschaft noch als Ausübung eines freien Berufs noch als eine andere selbständige Arbeit anzusehen ist. ²Eine durch die Betätigung verursachte Minderung der Steuern vom Einkommen ist kein Gewinn im Sinne des Satzes 1. ³Ein Gewerbebetrieb liegt, wenn seine Voraussetzungen im Übrigen gegeben sind, auch dann vor, wenn die Gewinnerzielungsabsicht nur ein Nebenzweck ist.

(3) ¹Als Gewerbebetrieb gilt in vollem Umfang die mit Einkünfteerzielungsabsicht unternommene Tätigkeit

1. einer Offenen Handelsgesellschaft, einer Kommanditgesellschaft oder einer anderen Personengesellschaft, wenn die Gesellschaft auch eine Tätigkeit im Sinne des Absatzes 1 Satz 1 Nr. 1 ausübt oder gewerbliche Einkünfte im Sinne des Absatzes 1 Satz 1 Nr. 2 bezieht,
2. einer Personengesellschaft, die keine Tätigkeit im Sinne des Absatzes 1 Satz 1 Nr. 1 ausübt und bei der ausschließlich eine oder mehrere Kapitalgesellschaften persönlich haftende Gesellschafter sind und nur diese oder Personen, die nicht Gesellschafter sind, zur Geschäftsführung befugt sind (gewerblich geprägte Personengesellschaft). ²Ist eine gewerb-

lich geprägte Personengesellschaft als persönlich haftender Gesellschafter an einer anderen Personengesellschaft beteiligt, so steht für die Beurteilung, ob die Tätigkeit dieser Personengesellschaft als Gewerbebetrieb gilt, die gewerblich geprägte Personengesellschaft einer Kapitalgesellschaft gleich.

(4) ¹Verluste aus gewerblicher Tierzucht oder gewerblicher Tierhaltung dürfen weder mit anderen Einkünften aus Gewerbebetrieb noch mit Einkünften aus anderen Einkunftsarten ausgeglichen werden; sie dürfen auch nicht nach § 10d abgezogen werden. ²Die Verluste mindern jedoch nach Maßgabe des § 10d die Gewinne, die der Steuerpflichtige in dem unmittelbar vorangegangenen und in den folgenden Wirtschaftsjahren aus gewerblicher Tierzucht oder gewerblicher Tierhaltung erzielt hat oder erzielt; § 10d Absatz 4 gilt entsprechend. ³Die Sätze 1 und 2 gelten entsprechend für Verluste aus Termingeschäften, durch die der Steuerpflichtige einen Differenzausgleich oder einen durch den Wert einer veränderlichen Bezugsgröße bestimmten Geldbetrag oder Vorteil erlangt. ⁴Satz 3 gilt nicht für die Geschäfte, die zum gewöhnlichen Geschäftsbetrieb bei Kreditinstituten, Finanzdienstleistungsinstituten und Finanzunternehmen im Sinne des Gesetzes über das Kreditwesen gehören oder die der Absicherung von Geschäften des gewöhnlichen Geschäftsbetriebs dienen. ⁵Satz 4 gilt nicht, wenn es sich um Geschäfte handelt, die der Absicherung von Aktiengeschäften dienen, bei denen der Veräußerungsgewinn nach § 3 Nr. 40 Satz 1 Buchstabe a und b in Verbindung mit § 3c Abs. 2 teilweise steuerfrei ist, oder die nach § 8b Abs. 2 des Körperschaftsteuergesetzes bei der Ermittlung des Einkommens außer Ansatz bleiben. ⁶Verluste aus stillen Gesellschaften, Unterbeteiligungen oder sonstigen Innengesellschaften an Kapitalgesellschaften, bei denen der Gesellschafter oder Beteiligte als Mitunternehmer anzusehen ist, dürfen weder mit Einkünften aus Gewerbebetrieb noch aus anderen Einkunftsarten ausgeglichen werden; sie dürfen auch nicht nach § 10d abgezogen werden. ⁷Die Verluste mindern jedoch nach Maßgabe des § 10d die Gewinne, die der Gesellschafter oder Beteiligte in dem unmittelbar vorangegangenen Wirtschaftsjahr oder in den folgenden Wirtschaftsjahren aus derselben stillen Gesellschaft, Unterbeteiligung oder sonstigen Innengesellschaft bezieht; § 10d Absatz 4 gilt entsprechend. ⁸Satz 6 und 7 gelten nicht, soweit der Verlust auf eine natürliche Person als unmittelbar oder mittelbar beteiligter Mitunternehmer entfällt.

EStR und Hinweise

EStR 2012 zu § 15 EStG

R 15.1 Selbständigkeit

Versicherungsvertreter

(1) ¹Versicherungsvertreter, die Versicherungsverträge selbst vermitteln (sogenannte Spezialagenten), sind in vollem Umfang als selbständig anzusehen. ²Das gilt auch, wenn sie neben Provisionsbezügen ein mäßiges festes Gehalt bekommen. ³Soweit ein Spezialagent nebenbei auch Verwaltungsaufgaben und die Einziehung von Prämien oder Beiträgen übernommen hat, sind die Einnahmen daraus als Entgelte für selbständige Nebentätigkeit zu behandeln. ⁴Es ist dabei unerheblich, ob sich z. B. Inkassoprovisionen auf Versicherungen beziehen, die der Spezialagent selbst geworben hat, oder auf andere Versicherungen. ⁵Versicherungsvertreter, die mit einem eigenen Büro für einen bestimmten Bezirk sowohl den Bestand zu verwalten als auch neue Geschäfte abzuschließen haben und im Wesentlichen auf Provisionsbasis arbeiten, sind in der Regel Gewerbetreibende.

Hausgewerbetreibende und Heimarbeiter

(2) ¹Hausgewerbetreibende sind im Gegensatz zu Heimarbeitern, deren Tätigkeit als nichtselbständige Arbeit anzusehen ist, selbständige Gewerbetreibende. ²Die Begriffe des → Hausgewerbetreibenden und des → Heimarbeiters sind im Heimarbeitsgesetz (HAG) bestimmt. ³Wie bei Heimarbeitern ist die Tätigkeit der nach § 1 Abs. 2 Buchstabe a HAG gleichgestellten Personen, „die in der Regel allein oder mit ihren Familienangehörigen in eigener Wohnung oder selbstgewählter Betriebsstätte eine sich in regelmäßigen Arbeitsvorgängen wiederholende Arbeit im Auftrag eines anderen gegen Entgelt ausüben, ohne dass ihre Tätigkeit als gewerblich anzusehen oder dass der Auftraggeber ein Gewerbetreibender oder Zwischenmeister ist", als nichtselbständige Arbeit anzusehen. ⁴Dagegen sind die nach § 1 Abs. 2 Buchstaben b bis d HAG gleichgestellten Personen wie Hausgewerbetreibende selbständige Gewerbetreibende. ⁵Über die Gleichstellung mit Hausgewerbetreibenden entscheiden nach dem HAG die von

den zuständigen Arbeitsbehörden errichteten Heimarbeitsausschüsse. ⁶Für die Unterscheidung von Hausgewerbetreibenden und Heimarbeitern ist von dem Gesamtbild des einzelnen Falles auszugehen. ⁷Heimarbeiter ist nicht, wer fremde Hilfskräfte beschäftigt oder die Gefahr des Unternehmens, insbesondere auch wegen wertvoller Betriebsmittel, trägt. ⁸Auch eine größere Anzahl von Auftraggebern und ein größeres Betriebsvermögen können die Eigenschaft als Hausgewerbetreibender begründen. ⁹Die Tatsache der Zahlung von Sozialversicherungsbeiträgen durch den Auftraggeber ist für die Frage, ob ein Gewerbebetrieb vorliegt, ohne Bedeutung.

Sozialversicherungspflicht

(3) Arbeitnehmerähnliche Selbstständige im Sinne des § 2 Satz 1 Nr. 9 SGB VI sind steuerlich regelmäßig selbstständig tätig.

Hinweise

H 15.1 Allgemeines

Voraussetzung für die Annahme eines Gewerbebetriebes ist die Selbständigkeit der Tätigkeit, d. h., die Tätigkeit muß auf eigene Rechnung (Unternehmerrisiko) und auf eigene Verantwortung (Unternehmerinitiative) ausgeübt werden (→ BFH vom 27.08.1988 – BStBl. 1989 II S. 414).

Freie Mitarbeit

Vertraglich vereinbarte freie Mitarbeit kann Arbeitsverhältnis begründen (→ BFH vom 24.7.1992 – BStBl. 1993 II S. 155).

Generalagent

Bei den sog. Generalagenten kommt eine Aufteilung der Tätigkeit in eine selbständige und in eine nichtselbständige Tätigkeit im Allgemeinen nicht in Betracht. Im Allgemeinen ist der Generalagent ein Gewerbetreibender, wenn er das Risiko seiner Tätigkeit trägt, ein Büro mit eigenen Angestellten unterhält, trotz der bestehenden Weisungsgebundenheit in der Gestaltung seines Büros und seiner Zeiteinteilung weitgehend frei ist, der Erfolg seiner Tätigkeit nicht unerheblich von seiner Tüchtigkeit und Initiative abhängt und ihn die Beteiligten selbst als Handelsvertreter und nicht als Arbeitnehmer bezeichnen (→ BFH vom 3.10.1961 – BStBl. III S. 567). Dies gilt auch für Generalagenten eines Krankenversicherungsunternehmens (→ BFH vom 13.4.1967 – BStBl. III S. 398).

Gesamtbeurteilung

Für die Frage, ob eine Steuerpflichtiger selbständig oder nichtselbständig tätig ist, kommt es nicht allein auf die vertragliche Bezeichnung, die Art der Tätigkeit oder die Form der Entlohnung an. Entscheidend ist das Gesamtbild der Verhältnisse. Es müssen die für und gegen die Selbständigkeit sprechenden Umstände gegeneinander abgewogen werden; die gewichtigeren Merkmale sind dann für die Gesamtbeurteilung maßgebend (→ BFH vom 12.10.1989 – BStBl. 1990 II S. 64 und vom 18.1.1991 – BStBl. II S. 409).

Handelsvertreter

Ein Handelsvertreter ist auch dann selbständig tätig, wenn Betriebsvermögen nur in geringem Umfang vorhanden ist (→ BFH vom 31.10.1974 – BStBl. 1975 II S. 115 und Beschluß des BVerfG vom 25.10.1977 – BStBl. 1978 II S. 125).

Hausgewerbetreibender *ist, „wer in eigener Arbeitsstätte (eigener Wohnung oder Betriebsstätte) mit nicht mehr als zwei fremden Hilfskräften oder Heimarbeitern im Auftrag von Gewerbetreibenden oder Zwischenmeistern Waren herstellt, bearbeitet oder verpackt, wobei er selbst wesentlich am Stück mitarbeitet, jedoch die Verwertung der Arbeitsergebnisse dem unmittelbar oder mittelbar auftraggebenden Gewerbetreibenden überlässt. Beschafft der Hausgewerbetreibende die Roh- und Hilfsstoffe selbst oder arbeitet er vorübergehend unmittelbar für den Absatzmarkt, so wird hierdurch seine Eigenschaft als Hausgewerbetreibender nicht beeinträchtigt" (→ § 2 Abs. 2 Heimarbeitsgesetz).*

Heimarbeiter *ist, „wer in selbstgewählter Arbeitsstätte (eigener Wohnung oder selbstgewählter Betriebsstätte) allein oder mit seinen Familienangehörigen im Auftrag von Gewerbetreibenden oder Zwischenmeistern erwerbsmäßig arbeitet, jedoch die Verwertung der Arbeitsergebnisse dem unmittelbar oder mittelbar auftraggebenden Gewerbetreibenden überlässt. Beschafft der Heimarbeiter die Roh- und Hilfsstoffe selbst, so wird hierdurch seine Eigenschaft als Heimarbeiter nicht beeinträchtigt" (→ § 2 Abs. 1 Heimarbeitsgesetz).*

Natürliche Personen
Natürliche Personen können z. T. selbständig, z. T. nichtselbständig tätig sein (→ BFH vom 3.7.1991 – BStBl. II S. 802).

Nebentätigkeit und Aushilfstätigkeit
Zur Abgrenzung zwischen selbständiger und nichtselbständiger Tätigkeit → R 19.2 LStR 2013

Reisevertreter
Bei einem Reisevertreter ist im Allgemeinen Selbständigkeit anzunehmen, wenn er die typische Tätigkeit eines Handelsvertreters im Sinne des § 84 HGB ausübt, d. h. Geschäfte für ein anderes Unternehmen vermittelt oder abschließt und ein geschäftliches Risiko trägt. Nichtselbständigkeit ist jedoch gegeben, wenn der Reisevertreter in das Unternehmen seines Auftraggebers derart eingegliedert ist, dass er dessen Weisungen zu folgen verpflichtet ist. Ob eine derartige Unterordnung unter den geschäftlichen Willen des Auftraggebers vorliegt, richtet sich nach der von dem Reisevertreter tatsächlich ausgeübten Tätigkeit und der Stellung gegenüber seinem Auftraggeber (→ BFH vom 16.1.1952 – BStBl. III S. 79). Der Annahme der Nichtselbständigkeit steht nicht ohne weiteres entgegen, dass die Entlohnung nach dem Erfolg der Tätigkeit vorgenommen wird. Hinsichtlich der Bewegungsfreiheit eines Vertreters kommt es bei der Abwägung, ob sie für eine Selbständigkeit oder Nichtselbständigkeit spricht, darauf an, ob das Maß der Bewegungsfreiheit auf der eigenen Machtvollkommenheit des Vertreters beruht oder Ausfluss des Willens des Geschäftsherrn ist (→ BFH vom 7.12.1961 – BStBl. 1962 III S. 149).

Selbständigkeit
- *Ein Arztvertreter kann selbständig tätig sein (→ BFH vom 10.4.1953 – BStBl. III S. 142).*
- **Bauhandwerker** *sind bei nebenberuflicher „Schwarzarbeit" in der Regel nicht Arbeitnehmer des Bauherrn (→ BFH vom 21.3.1975 – BStBl. II S. 513).*
- *Übt der Beratungsstellenleiter eines Lohnsteuerhilfevereins seine Tätigkeit als freier Mitarbeiter aus, ist er selbständig tätig (→ BFH vom 10,12.1987 – BStBl. 1988 II S. 273).*
- *Ein früherer* **Berufssportler,** *der wiederholt entgeltlich bei industriellen Werbeveranstaltungen mitwirkt, ist selbständig tätig (→ BFH vom 3.11.1982 – BStBl. 1983 II S. 182).*
- *Ein Bezirksstellenleiter bei Lotto- und Totogesellschaften ist regelmäßig selbständig tätig (→ BFH vom 14.9.1967 – BStBl. 1968 II S. 193).*
- *Ein Fahrlehrer, der gegen eine tätigkeitsbezogene Vergütung unterrichtet, ist in der Regel selbständig tätig, auch wenn ihm keine Fahrschulerlaubnis erteilt worden ist (→ BFH vom 17.10.1996 – BStBl. 1997 II S. 188).*
- *Ein* **ausländisches Fotomodell,** *das zur Produktion von Werbefilmen kurzfristig im Inland tätig wird, kann selbständig tätig sein (→ BFH vom 14.6.2007 – BStBl. 2009 II S. 931).*
- *Ein* **(Berufs-)Fotomodell,** *das nur von Fall zu Fall und vorübergehend zu Werbeaufnahmen herangezogen wird, ist selbständig tätig (→ BFH vom 8.6.1967 – BStBl. III S. 618).*
- *Ein* **Fußball-Nationalspieler,** *dem der DFB Anteile an den durch die zentrale Vermarktung der Fußball-Nationalmannschaft erwirtschafteten Werbeeinnahmen überlässt, kann selbständig tätig sein (→ BFH vom 22.2.2012 – BStBl. II S. 511).*
- *Ein* **Gerichtsreferendar,** *der neben der Tätigkeit bei Gericht für einen Rechtsanwalt von Fall zu Fall tätig ist, steht zu diesem nicht in einem Arbeitsverhältnis, sondern ist selbständig tätig (→ BFH vom 22. 3.1968 – BStBl. II S. 455).*
- *Ein* **Gesellschafter-Geschäftsführer** *einer Baubetreuungs-GmbH, der neben dieser Tätigkeit als Makler und Finanzierungsvermittler tätig ist, kann insoweit selbständig tätig, als er sich zu Garantieleistungen nicht nur Dritten, sondern auch seiner Gesellschaft gegenüber gesondert verpflichtet und sich solche Dienste gesondert vergüten lässt (→ BFH vom 8.3.1989 – BStBl. II S. 572).*
- *Ein* **Knappschaftsarzt,** *der neben dieser Tätigkeit eine freie Praxis ausübt, ist auch hinsichtlich seiner Knappschaftspraxis in der Regel selbständig tätig (→ BFH vom 3.7.1959 – BStBl. III S. 344).*
- **Zur Abgrenzung zwischen selbständiger und nichtselbständiger Tätigkeit** *von* **Künstlern** *und verwandten Berufen → BMF vom 5.10.1990 (BStBl. I S. 638) unter Berücksichtigung der Neufassung der Anlage durch BMF vom 9.7.2014 (BStBl. I S. 1103); bei der Beurteilung darf nicht einseitig auf die Verpflichtung zur Teilnahme an Proben abgestellt werden (→ BFH vom 30.5.1996 – BStBl. II S. 493).*

- *Ein **Notar**, der außerdem zum Notariatsverweser bestellt ist, übt auch dieses Amt selbständig aus (→ BFH vom 12.9.1968 – BStBl. II S. 811).*
- *Ein **Rechtsanwalt**, der zudem eine Tätigkeit als Lehrbeauftragter an einer Hochschule ausübt, kann auch insoweit selbständig tätig sein (→ BFH vom 17.7.1958 – BStBl. III S. 360).*
- *Eine **nebenberufliche Lehrkraft** erzielt in der Regel Einkünfte aus selbständiger Arbeit (→ BFH vom 4.10.1984 – BStBl. 1985 II S. 51).*
- *Bestimmt ein **Rundfunkermittler** im Wesentlichen selbst den Umfang, der Tätigkeit und sind seine Einnahmen weitgehend von der Eigeninitiative abhängig, ist er selbständig tätig (→ BFH vom 2.12.1998 – BStBl. 1999 II S. 534).*
- *Ein **Spitzensportler**, der Sportgeräte öffentlich deutlich sichtbar benutzt, ist mit dem entgeltlichen Werben selbständig tätig (→ BFH vom 19.11.1985 – BStBl. 1986 II S. 424).*
- ***Nebenberufliche Vertrauensleute** einer Buchgemeinschaft sind keine Arbeitnehmer des Buchclubs, sondern selbständig tätig (→ BFH vom 11.3.1960 – BStBl. III S. 215).*
- *Eine **Werbedame**, die von ihren Auftraggebern von Fall zu Fall für jeweils kurzfristige Werbeaktionen beschäftigt wird, kann selbständig tätig sein (→ BFH vom 14.6.1985 – BStBl. II S. 661).*
- *H 67 LStH 2013.*

Versicherungsvertreter

Selbständige Versicherungsvertreter üben auch dann eine gewerbliche Tätigkeit aus, wenn sie nur für ein einziges Versicherungsunternehmen tätig sein dürfen (→ BFH vom 26.10.1977 – BStBl. 1978 II S. 137). → Generalagent

EStR 2012 zu § 15 EStG

R 15.2 Nachhaltigkeit – unbesetzt –

Hinweise

H 15.2 Einmalige Handlung

Eine einmalige Handlung stellt keine nachhaltige Betätigung dar, wenn sie nicht weitere Tätigkeiten des Steuerpflichtigen (zumindest Dulden, Unterlassen) auslöst (→ BFH vom 14.11.1963 – BStBl. 1964 III S. 139).

→ Wiederholungsabsicht

Mehrzahl selbständiger Handlungen

Nachhaltig sind auch Einzeltätigkeiten, die Teil einer in organisatorischer, technischer und finanzieller Hinsicht aufeinander abgestimmter Gesamttätigkeit sind (→ BFH vom 21.8.1985 – BStBl. 1986 II S. 88).

Nachhaltigkeit – Einzelfälle

- *Bankgeschäfte eines **Bankangestellten**, die in fortgesetzter Untreue zu Lasten der Bank getätigt werden, sind nachhaltig (→ BFH vom 3.7.1991 – BStBl. II S. 802).*
- *Zur Nachhaltigkeit bei Veräußerung von Grundstücken im Rahmen eines gewerblichen Grundstückshandels → BMF vom 26.3.2004 (BStBl. I S. 434)[1]*
- *→ H 18.1 (Nachhaltige Erfindertätigkeit).*
- *Zu den Voraussetzungen, unter denen der Erwerb eines Wirtschaftsguts **zum Zweck** der späteren **Veräußerung** als nachhaltige Tätigkeit zu beurteilen ist → BFH vom 28.4.1977 (BStBl. II S. 728) und vom 8.7.1982 (BStBl. II S. 700).*

Wertpapiere

Besteht beim An- und Verkauf festverzinslicher Wertpapiere eine Wiederholungsabsicht, kann die Tätigkeit nachhaltig sein (→ BFH vom 31.7.1990 – BStBl. 1991 II S. 66 und vom 6.3.1991 – BStBl. II S. 631).

Wiederholungsabsicht

Eine Tätigkeit ist nachhaltig, wenn sie auf Wiederholung angelegt ist. Da die Wiederholungsabsicht eine innere Tatsache ist, kommt den tatsächlichen Umständen besondere Bedeutung zu.

---

1) Siehe Anlage § 015-06.

R 15.2, 15.3 § 15

Das Merkmal der Nachhaltigkeit ist daher bei einer Mehrzahl von gleichartigen Handlungen im Regelfall zu bejahen (BFH vom 23.10.1987 – BStBl. 1988 II S. 293 und vom 12.7.1991 – BStBl. 1992 II S. 143). Bei **erkennbarer** Wiederholungsabsicht kann bereits eine einmalige Handlung den Beginn einer fortgesetzten Tätigkeit begründen (→ BFH vom 31.7.1990 – BStBl. 1991 II S. 66).

Zeitdauer
Die Zeitdauer einer Tätigkeit allein lässt nicht auf die Nachhaltigkeit schließen (→ BFH vom 21.8.1985 – BStBl. 1986 II S. 88).

Zurechnung der Tätigkeit eines Anderen
Bedingen sich die Aktivitäten zweier selbständiger Rechtssubjekte gegenseitig und sind sie derart miteinander verflochten, dass sie nach der Verkehrsanschauung als einheitlich anzusehen sind, können bei der Prüfung der Nachhaltigkeit die Handlungen des Einen dem Anderen zugerechnet werden (→ BFH vom 12.7.2007 – BStBl. II S. 885).

EStR 2012 zu § 15 EStG

R 15.3 Gewinnerzielungsabsicht – unbesetzt –

Hinweise

H 15.3 Abgrenzung der Gewinnerzielungsabsicht zur Liebhaberei
– bei einem **Architekten** → BFH vom 12.9.2002 (BStBl. 2003 II S. 85),
– bei einem **Bootshandel** mit langjährigen hohen Verlusten → BFH vom 21.7.2004 (BStBl. II S. 1063),
– bei einem **Erfinder** → BFH vom 24.3.1985 (BStBl. II S. 424),
– bei Vermietung einer **Ferienwohnung** → BFH vom 5.5.1988 (BStBl. II S. 778),
– beim Betrieb eines **Gästehauses** → BFH vom 13.12.1984 (BStBl. 1985 II S. 455),
– bei einem als sog. **Generationenbetrieb** geführten Unternehmen → BFH vom 24.8.2000 – (BStBl. II S. 674),
– bei einem unverändert fortgeführten regelmäßig Verluste bringenden **Großhandelsunternehmen** → BFH vom 19.11.1985 (BStBl. 1986 II S. 289),
– bei einem **Künstler** → BFH vom 6.3.2003 (BStBl. II S. 602),
– bei Vercharterung eines **Motorbootes** → BFH vom 28.8.1987 (BStBl. 1988 II S. 10),
– bei einer **Pferdezucht** → BFH vom 27.1.2000 (BStBl. 2000 II S. 227),
– bei einem hauptberuflich tätigen **Rechtsanwalt** → BFH vom 22.4.1998 (BStBl. II S. 663) und vom 14.12.2004 (BStBl. 2005 II S. 392),
– bei Betrieb einer **Reitschule** → BFH vom 15.11.1984 (BStBl. 1985 II S. 205),
– bei einem **Schriftsteller** → BFH vom 23.5.1985 (BStBl. II S. 515),
– bei einem **Steuerberater** → BFH vom 31.5.2001 (BStBl. 2002 II S. 276),
– bei Betrieb eines **Trabrennstalls** → BFH vom 19.7.1990 (BStBl. 1991 II S. 333).

Anlaufverluste
– Verluste der Anlaufzeit sind steuerlich nicht zu berücksichtigen, wenn die Tätigkeit von Anfang an erkennbar ungeeignet ist, auf Dauer einen Gewinn zu erbringen (→ BFH vom 23.5.1985 – BStBl. II S. 515 und vom 28.8.1987 – BStBl. 1988 II S. 10).
– Bei der Totalgewinnprognose ist zu berücksichtigen, dass sich z. B. bei Künstlern und Schriftstellern positive Einkünfte vielfach erst nach einer längeren Anlaufzeit erzielen lassen (→ BFH vom 23.5.1985 – BStBl. II S. 515 und vom 6.3.2004 – BStBl. II S. 602).
– Beruht die Entscheidung zur Neugründung eines Gewerbebetriebs im Wesentlichen auf den persönlichen Interessen und Neigungen des Stpfl., sind die entstehenden Verluste nur dann für die Dauer einer betriebsspezifischen Anlaufphase steuerlich zu berücksichtigen, wenn der Stpfl. zu Beginn seiner Tätigkeit ein schlüssiges Betriebskonzept erstellt hat, das ihn zu der Annahme veranlassen durfte, durch die gewerbliche Tätigkeit werde insgesamt ein positives Gesamtergebnis erzielt werden können. Besteht ein solches Betriebskonzept hingegen nicht und war der Betrieb bei objektiver Betrachtung nach seiner Art, nach der Gestaltung der Betriebsführung und nach den gegebenen Ertragsaussichten von vornherein zur

Erzielung eines Totalgewinns nicht in der Lage, folgt daraus, dass der Stpfl. die verlustbringende Tätigkeit nur aus im Bereich seiner Lebensführung liegenden persönlichen Gründen oder Neigungen ausgeübt hat (→ BFH vom 23.5.2007 – BStBl. II S. 874).

– Als betriebsspezifische Anlaufzeit bis zum Erforderlichwerden größerer Korrektur- und Umstrukturierungsmaßnahmen wird ein Zeitraum von weniger als fünf Jahren nur im Ausnahmefall in Betracht kommen. Daneben ist die Dauer der Anlaufphase vor allem vom Gegenstand und von der Art des jeweiligen Betriebs abhängig, so dass sich der Zeitraum, innerhalb dessen das Unterbleiben einer Reaktion auf bereits eingetretene Verluste für sich betrachtet noch nicht als Beweisanzeichen für eine mangelnde Gewinnerzielungsabsicht herangezogen werden kann, nicht allgemeinverbindlich festlegen lässt (→ BFH vom 23.5.2007 – BStBl. II S. 874).

Betriebszweige

Wird sowohl eine Landwirtschaft als auch eine Forstwirtschaft betrieben, ist die Frage der Gewinnerzielungsabsicht getrennt nach **Betriebszweigen** zu beurteilen (→ BFH vom 13.12.1990 – BStBl. 1991 II S. 452).

Beweisanzeichen

– **Betriebsführung**

Beweisanzeichen für das Vorliegen einer Gewinnerzielungsabsicht ist eine Betriebsführung, bei der Betrieb nach seiner Wesensart und der Art seiner Bewirtschaftung auf die Dauer gesehen dazu geeignet und bestimmt ist, mit Gewinn zu arbeiten. Dies erfordert eine in die Zukunft gerichtete langfristige Beurteilung, wofür die Verhältnisse eines bereits abgelaufenen Zeitraums wichtige Anhaltspunkte bieten können (→ BFH vom 5.5.1988 – BStBl. II 778).

– **Umstrukturierungsmaßnahmen**

Geeignete Umstrukturierungsmaßnahmen können ein gewichtiges Indiz für das Vorhandensein einer Gewinnerzielungsabsicht darstellen, wenn nach dem damaligen Erkenntnishorizont aus der Sicht eines wirtschaftlich vernünftig denkenden Betriebsinhabers eine hinreichende Wahrscheinlichkeit dafür bestand, dass sie innerhalb eines überschaubaren Zeitraums zum Erreichen der Gewinnzone führen würden (→ BFH vom 21.7.2004 – BStBl. II S. 1063).

– **Verlustperioden**

Bei längeren Verlustperioden muss für das Fehlen einer Gewinnerzielungsabsicht aus weiteren Beweisanzeichen die Feststellung möglich sein, dass der Steuerpflichtige die Tätigkeit nur aus den im Bereich einer Lebensführung liegenden persönlichen Gründen und Neigungen ausübt (→ BFH vom 19.11.1985 – BStBl. 1986 II S. 289). Fehlende Reaktionen auf bereits eingetretene hohe Verluste und das unveränderte Beibehalten eines verlustbringenden Geschäftskonzepts sind ein gewichtiges Beweisanzeichen für eine fehlende Gewinnerzielungsabsicht. An die Feststellung persönlicher Gründe und Motive, die den Steuerpflichtigen zur Weiterführung seines Unternehmens bewogen haben könnten, sind in diesen Fällen keine hohen Anforderungen zu stellen (→ BFH vom 17.11.2004 – BStBl. 2005 II S. 336).

Land- und Forstwirtschaft

– *Betriebszweige:* Wird sowohl eine Landwirtschaft als auch eine Forstwirtschaft betrieben, ist die Frage der Gewinnerzielungsabsicht getrennt nach Betriebszweigen zu beurteilen (→ BFH vom 13.12.1990 – BStBl. 1991 II S. 452).

– *Pachtbetrieb:* Der Beurteilungszeitraum für die Totalgewinnprognose bei einem landwirtschaftlichen Pachtbetrieb erstreckt sich nur auf die Dauer des Pachtverhältnisses. Dies gilt auch dann, wenn das Pachtverhältnis lediglich eine Vorstufe zu der später geplanten unentgeltlichen Hofübergabe ist (→ BFH vom 11.10.2007 – BStBl. 2008 II S. 465).

Personengesellschaft

– **gewerblich geprägte Personengesellschaft**

→ R 15.8 Abs. 6

– **umfassend gewerbliche Personengesellschaft**

→ H 15.8 (5) Gewinnerzielungsabsicht

Persönliche Gründe

Im Lebensführungsbereich liegende persönliche Gründe für die Fortführung einer verlustbringenden Tätigkeit

- können sich aus der Befriedigung persönlicher Neigungen oder der Erlangung wirtschaftlicher Vorteile außerhalb der Einkommensphäre ergeben (→ BFH vom 19.11.1985 – BStBl. 1986 II S. 289 und vom 31.5.2001 – BStBl. 2002 II S. 276),
- liegen vor, wenn die Fortführung der verlustbringenden Tätigkeit den Abzug von Gehaltszahlungen an nahe Angehörige ermöglichen soll (→ BFH vom 26.2.2004 – BStBl. II S. 455).
- können wegen des mit dem ausgeübten Beruf verbundenen Sozialprestiges vorliegen (→ BFH vom 14.12.2004 – BStBl. 2005 II S. 392).

Selbstkostendeckung

Ohne Gewinnerzielungsabsicht handelt, wer Einnahmen nur erzielt, um seine Selbstkosten zu decken (BFH vom 22.8.1984 – BStBl. 1985 II S. 61).

Totalgewinn

Gewinnerzielungsabsicht ist das Streben nach Betriebsvermögensmehrung in Gestalt eines Totalgewinns. Dabei ist unter dem Begriff „Totalgewinn" bei neu eröffneten Betrieben das positive Gesamtergebnis des Betriebs von der Gründung bis zur Veräußerung, Aufgabe oder Liquidation zu verstehen. Bei bereits bestehenden Betrieben sind für die Gewinnprognose die in der Vergangenheit erzielten Gewinne ohne Bedeutung. Am Ende einer Berufstätigkeit umfasst der anzustrebende Totalgewinn daher nur die verbleibenden Jahre (→ BFH vom 26.2.2004 – BStBl. II S. 455). Es kommt auf die Absicht der Gewinnerzielung an, nicht darauf, ob ein Gewinn tatsächlich erzielt worden ist (→ BFH vom 25.6.1984 – BStBl. II S. 751). Der Aufgabegewinn wird durch Gegenüberstellung des Aufgabe-Anfangsvermögens und des Aufgabe-Endvermögens ermittelt. Da Verbindlichkeiten im Anfangs- und Endvermögen jeweils – mangels stiller Reserven – mit denselben Werten enthalten sind, wirken sie sich auf die Höhe des Aufgabegewinns nicht aus (→ BFH vom 17.6.1998 – BStBl. II S. 727).

Treu und Glauben

Folgt das Finanzamt der Darstellung des Steuerpflichtigen, wonach eine Gewinnerzielungsabsicht vorliegt, kann dieser seine Darstellung nicht ohne triftigen Grund als von Anfang an falsch bezeichnen; ein solches Verhalten würde gegen die Grundsätze von Treu und Glauben verstoßen (→ BFH vom 10.10.1985 – BStBl. 1986 II S. 68).

Verlustzuweisungsgesellschaft

Bei einer Personengesellschaft, die nach Art ihrer Betriebsführung keinen Totalgewinn erreichen kann und deren Tätigkeit nach der Gestaltung des Gesellschaftsvertrags und seiner tatsächlichen Durchführung allein darauf angelegt ist, ihren Gesellschaftern Steuervorteile dergestalt zu vermitteln, dass durch Verlustzuweisungen andere Einkünfte nicht und die Verlustanteile letztlich nur in Form buchmäßiger Veräußerungsgewinne versteuert werden müssen, liegt der Grund für die Fortführung der verlustbringenden Tätigkeiten allein im Lebensführungsbereich der Gesellschafter. Bei derartigen sog. Verlustzuweisungsgesellschaften ist zu vermuten, dass sie zunächst keine Gewinnerzielungsabsicht haben. Bei ihnen liegt in der Regel eine Gewinnerzielungsabsicht erst von dem Zeitpunkt an vor, in dem nach dem Urteil eines ordentlichen Kaufmanns ein Totalgewinn wahrscheinlich erzielt werden kann. (→ BFH vom 12.12.1995 – BStBl. II S. 219).

Vorläufige Steuerfestsetzung

In Zweifelsfällen ist die Veranlagung gem. § 165 AO vorläufig durchzuführen (→ BFH vom 25.10.1989 – BStBl. 1990 II S. 278).

Wegfall des negativen Kapitalkontos

→ H 15.8 (1) Nachversteuerung des negativen Kapitalkontos

Zeitliche Begrenzung der Beteiligung

Die zeitliche Begrenzung der Beteiligung kann eine fehlende Gewinnerwartung bedingen (→ BFH vom 10.11.1977 – BStBl. 1979 II S. 15).

§ 15

EStR 2012 zu § 15 EStG

R 15.4 Beteiligung am allgemeinen wirtschaftlichen Verkehr – unbesetzt –

Hinweise

H 15.4 Allgemeines
Eine Beteiligung am wirtschaftlichen Verkehr liegt vor, wenn ein Steuerpflichtiger mit Gewinnerzielungsabsicht nachhaltig am Leistungs- oder Güteraustausch teilnimmt. Damit werden solche Tätigkeiten aus dem gewerblichen Bereich ausgeklammert, die zwar von einer Gewinnerzielungsabsicht getragen werden, aber nicht auf einen Leistungs- oder Güteraustausch gerichtet sind, z. B. Bettelei. Die Teilnahme am allgemeinen Wirtschaftsverkehr erfordert, dass die Tätigkeit des Steuerpflichtigen nach außen hin in Erscheinung tritt, er sich mit ihr an eine – wenn auch begrenzte – Allgemeinheit wendet und damit seinen Willen zu erkennen gibt, ein Gewerbe zu betreiben (→ BFH vom 9.7.1986 – BStBl. II S. 851).

Einschaltung Dritter
- Der Steuerpflichtige muss nicht in eigener Person am allgemeinen Wirtschaftsverkehr teilnehmen. Es reicht aus, dass eine derartige Teilnahme für seine Rechnung ausgeübt wird (→ BFH vom 31.7.1990 – BStBl. 1991 II S. 66).
- Eine Beteiligung am allgemeinen wirtschaftlichen Verkehr kann auch dann gegeben sein, wenn der Steuerpflichtige nur ein Geschäft mit einem Dritten tätigt, sich dieser aber in Wirklichkeit und nach außen erkennbar nach Bestimmung des Steuerpflichtigen an den allgemeinen Markt wendet (→ BFH vom 13.12.1995 – BStBl. 1996 II S. 232).

Grundstückshandel
→ BMF vom 26.3.2004 (BStBl. I S. 434)[1], Tz. 4.

Kundenkreis
- Eine Beteiligung am allgemeinen wirtschaftlichen Verkehr kann auch bei einer Tätigkeit für nur einen bestimmten Vertragspartner vorliegen (→ BFH vom 9.7.1986 – BStBl. II S. 851 und vom 12.7.1991 – BStBl. 1992 II S. 143), insbesondere wenn die Tätigkeit nach Art und Umfang dem Bild einer unternehmerischen Marktteilnahme entspricht (→ BFH vom 22.1.2003 – BStBl. II S. 464); dies gilt auch, wenn der Steuerpflichtige vertraglich an Geschäftsbeziehungen zu weiteren Personen gehindert ist (→ BFH vom 15.12.1999 – BStBl. 2000 II S. 404).
- Eine Beteiligung am allgemeinen wirtschaftlichen Verkehr kann auch vorliegen, wenn Leistungen entgeltlich nur Angehörigen gegenüber erbracht werden (→ BFH vom 13.12.2001 – BStBl. 2002 II S. 80).

Sexuelle Dienstleistungen
- Telefonsex führt zu Einkünften aus Gewerbebetrieb (→ BFH vom 23.2.2000 – BStBl. II S. 610).
- Selbständig tätige Prostituierte erzielen Einkünfte aus Gewerbebetrieb (→ BFH vom 20.2.2013 – BStBl. II S. 441).

Wettbewerbsausschluss
Die Beteiligung am allgemeinen wirtschaftlichen Verkehr kann auch dann bestehen, wenn der Wettbewerb der Gewerbetreibenden untereinander ausgeschlossen ist (→ BFH vom 13.12.1963 – BStBl. 1964 III S. 99).

EStR 2012 zu § 15 EStG

R 15.5 Abgrenzung des Gewerbebetriebs von der Land- und Forstwirtschaft
Allgemeine Grundsätze
(1) ¹Land- und Forstwirtschaft ist die planmäßige Nutzung der natürlichen Kräfte des Bodens zur Erzeugung von Pflanzen und Tieren sowie die Verwertung der dadurch selbstgewonnenen Erzeugnisse. ²Als Boden im Sinne des Satzes 1 gelten auch Substrate und Wasser. ³Ob eine land- und forstwirtschaftliche Tätigkeit vorliegt, ist jeweils nach dem Gesamtbild der Verhältnisse zu entscheiden. ⁴Liegen teils gewerbliche und teils land- und forstwirtschaftliche Tätigkeiten vor, sind die Tätigkeiten zu trennen,

---
1) Siehe Anlage § 015-06.

wenn dies nach der Verkehrsauffassung möglich ist. [5]Dies gilt auch dann, wenn sachliche und wirtschaftliche Bezugspunkte zwischen den verschiedenen Tätigkeiten bestehen. [6]Sind die verschiedenen Tätigkeiten jedoch derart miteinander verflochten, dass sie sich unlösbar gegenseitig bedingen, liegt eine einheitliche Tätigkeit vor. [7]Eine solche einheitliche Tätigkeit ist danach zu qualifizieren, ob das land-und forstwirtschaftliche oder das gewerbliche Element überwiegt. [8]Bei in Mitunternehmerschaft (→ R 15.8) geführten Betrieben ist § 15 Abs. 3 Nr. 1 EStG anzuwenden; Tätigkeiten, dem Grunde und der Höhe nach innerhalb der nachfolgenden Grenzen liegen, gelten dabei als land- und forstwirtschaftlich.

Strukturwandel

(2) [1]Durch Strukturwandel einer bisher der Land- und Forstwirtschaft zugerechneten Tätigkeit kann neben der Land- und Forstwirtschaft ein Gewerbebetrieb entstehen. [2]In diesen Fällen beginnt der Gewerbebetrieb zu dem Zeitpunkt, zu dem diese Tätigkeit dauerhaft umstrukturiert wird. [3]Hiervon ist z. B. auszugehen, wenn dem bisherigen Charakter der Tätigkeit nicht mehr entsprechende Investitionen vorgenommen, vertragliche Verpflichtungen eingegangen oder Wirtschaftsgüter angeschafft werden und dies jeweils dauerhaft dazu führt, dass die in den folgenden Absätzen genannten Grenzen erheblich überschritten werden. [4]In allen übrigen Fällen liegen nach Ablauf eines Zeitraums von drei aufeinander folgenden Wirtschaftsjahren Einkünfte aus Gewerbebetrieb vor. [5]Der Dreijahreszeitraum bezieht sich auf die nachfolgenden Umsatzgrenzen und beginnt bei einem Wechsel des Betriebsinhabers nicht neu. [6]Die vorstehenden Grundsätze gelten für den Strukturwandel von einer gewerblichen Tätigkeit zu einer land- und forstwirtschaftlichen Tätigkeit entsprechend.

Nebenbetrieb

(3) [1]Ein Nebenbetrieb muss den Hauptbetrieb fördern und ergänzen und durch den Hauptbetrieb geprägt werden. [2]Der Nebenbetrieb muss in funktionaler Hinsicht vom Hauptbetrieb abhängig sein. [3]Die Verbindung darf nicht nur zufällig oder vorübergehend und nicht ohne Nachteil für den Hauptbetrieb lösbar sein. [4]Ein Nebenbetrieb der Land- und Forstwirtschaft liegt daher vor, wenn

1. überwiegend im eigenen Hauptbetrieb erzeugte Rohstoffe be- oder verarbeitet werden und die dabei gewonnenen Erzeugnisse überwiegend für den Verkauf bestimmt sind

   oder

2. ein Land- und Forstwirt Umsätze aus der Übernahme von Rohstoffen (z. B. organische Abfälle) erzielt, diese be- oder verarbeitet und die dabei gewonnenen Erzeugnisse nahezu ausschließlich im Hauptbetrieb verwendet

und

die Erzeugnisse im Rahmen einer ersten Stufe der Be- oder Verarbeitung, die noch dem land- und forstwirtschaftlichen Bereich zuzuordnen ist, hergestellt werden. [5]Die Be- oder Verarbeitung eigener Erzeugnisse im Rahmen einer zweiten Stufe der Be- oder Verarbeitung ist eine gewerbliche Tätigkeit. [6]Die Be- oder Verarbeitung fremder Erzeugnisse ist stets eine gewerbliche Tätigkeit. [7]Unter den Voraussetzungen des Absatzes 11 können die Erzeugnisse nach den Sätzen 5 und 6 noch der Land- und Forstwirtschaft zugerechnet werden, wenn sie im Rahmen der Direktvermarktung abgesetzt werden. [8]Ein Nebenbetrieb kann auch vorliegen, wenn er ausschließlich von Land-und Forstwirten gemeinschaftlich betrieben wird und nur in deren Hauptbetrieben erzeugte Rohstoffe im Rahmen einer ersten Stufe der Be- oder Verarbeitung be- oder verarbeitet werden, oder nur Erzeugnisse gewonnen werden, die ausschließlich in diesen Betrieben verwendet werden.[9]Nebenbetriebe sind auch Substanzbetriebe (Abbauland § 43 BewG), z. B. Sandgruben, Kiesgruben, Torfstiche, wenn die gewonnene Substanz überwiegend im eigenen Hauptbetrieb verwendet wird.

Unmittelbare Verwertung organischer Abfälle

(4) [1]Die Entsorgung organischer Abfälle (z. B. Klärschlamm) in einem selbst bewirtschafteten land- und forstwirtschaftlichen Betrieb ist nur dann der Land-und Forstwirtschaft zuzurechnen, wenn sie im Rahmen einer Be- oder Verarbeitung i. S. d. Absatzes 3 geschieht oder die in Absatz 1 Satz 1 genannten Voraussetzungen im Vordergrund stehen. [2]Das Einsammeln, Abfahren und Sortieren organischer Abfälle, das mit der Ausbringung auf Flächen oder der Verfütterung an Tiere des selbst bewirtschafteten land- und forstwirtschaftlichen Betriebs in unmittelbarem sachlichem Zusammenhang steht, ist eine land- und forstwirtschaftliche Tätigkeit.

Eigene und fremde Erzeugnisse

(5) [1]Als eigene Erzeugnisse gelten alle land- und forstwirtschaftlichen Erzeugnisse, die im Rahmen des Erzeugungsprozesses im eigenen Betrieb gewonnen werden. [2]Hierzu gehören auch Erzeugnisse der ersten Stufe der Be- oder Verarbeitung und zugekaufte Waren, die als Roh-, Hilfs- oder Betriebsstoffe im Erzeugungsprozess verwendet werden. [3]Rohstoffe sind Waren, die im Rahmen des Erzeugungsprozesses weiterkultiviert werden (z. B. Jungtiere, Saatgut oder Jungpflanzen). [4]Hilfsstoffe sind Waren, die

als nicht überwiegender Bestandteil in eigene Erzeugnisse eingehen (z. B. Futtermittelzusätze, Siliermittel, Starterkulturen und Lab zur Milchverarbeitung, Trauben, Traubenmost und Verschnittwein zur Weinerzeugung, Verpackungsmaterial sowie Blumentöpfe für die eigene Produktion oder als handelsübliche Verpackung). [5]Betriebsstoffe sind Waren, die im Erzeugungsprozess verwendet werden (z. B. Düngemittel, Treibstoff und Heizöl). [6]Unerheblich ist, ob die zugekaufte Ware bereits ein land- und forstwirtschaftliches Urprodukt im engeren Sinne oder ein gewerbliches Produkt darstellt. [7]Als fremde Erzeugnisse gelten alle zur Weiterveräußerung zugekauften Erzeugnisse, Produkte oder Handelswaren, die nicht im land- und forstwirtschaftlichen Erzeugungsprozess des eigenen Betriebs verwendet werden. [8]Dies gilt unabhängig davon, ob es sich um betriebstypische bzw. -untypische Erzeugnisse, Handelsware zur Vervollständigung einer für die Art des Erzeugungsbetriebs üblichen Produktpalette oder andere Waren aller Art handelt. [9]Werden zugekaufte Roh-, Hilfs- oder Betriebsstoffe weiterveräußert, gelten diese zum Zeitpunkt der Veräußerung als fremde Erzeugnisse. [10]Dies gilt unabhängig davon, ob die Veräußerung gelegentlich (z. B. Verkauf von Diesel im Rahmen der Nachbarschaftshilfe) oder laufend (z. B. Verkauf von Blumenerde) erfolgt. [11]Die hieraus erzielten Umsätze sind bei der Abgrenzung entsprechend zu berücksichtigen.

Absatz eigener Erzeugnisse i. V. m. fremden und gewerblichen Erzeugnissen

(6) [1]Werden ausschließlich eigene Erzeugnisse (Absatz 5 Satz 1) abgesetzt, stellt dies eine Vermarktung im Rahmen der Land- und Forstwirtschaft dar, selbst wenn diese Erzeugnisse über ein eigenständiges Handelsgeschäft oder eine Verkaufsstelle (z. B. Großhandelsbetrieb, Einzelhandelsbetrieb, Ladengeschäft, Marktstand oder Verkaufswagen) abgesetzt werden. [2]Unerheblich ist die Anzahl der Verkaufsstellen oder ob die Vermarktung in räumlicher Nähe zum Betrieb erfolgt. [3]Werden durch einen Land- und Forstwirt neben eigenen Erzeugnissen auch fremde (Absatz 5 Satz 7) oder gewerbliche Erzeugnisse (Absatz 3 Satz 5 und 6) abgesetzt, liegen eine land- und forstwirtschaftliche und eine gewerbliche Tätigkeit vor. [4]Diese gewerbliche Tätigkeit kann unter den Voraussetzungen des Absatzes 11 noch der Land- und Forstwirtschaft zugerechnet werden. [5]Dagegen ist der ausschließliche Absatz fremder oder gewerblicher Erzeugnisse von Beginn an stets eine gewerbliche Tätigkeit. [6]Auf die Art und den Umfang der Veräußerung kommt es dabei nicht an.

Absatz eigener Erzeugnisse i. V. m. Dienstleistungen

(7) [1]Die Dienstleistung eines Land- und Forstwirts im Zusammenhang mit dem Absatz eigener Erzeugnisse, die über den Transport und das Einbringen von Pflanzen hinausgeht (z. B. Grabpflege, Gartengestaltung), stellt grundsätzlich eine einheitlich zu beurteilende Tätigkeit mit Vereinbarungen über mehrere Leistungskomponenten dar (gemischter Vertrag). [2]Dabei ist von einer einheitlich gewerblichen Tätigkeit auszugehen, wenn nach dem jeweiligen Vertragsinhalt der Umsatz aus den Dienstleistungen und den fremden Erzeugnissen überwiegt. [3]Die gewerbliche Tätigkeit kann unter den Voraussetzungen des Absatzes 11 noch der Land- und Forstwirtschaft zugerechnet werden.

Absatz eigen erzeugter Getränke i. V. m. besonderen Leistungen

(8) [1]Der Ausschank von eigen erzeugten Getränken i. S. d. Absatzes 5, z. B. Wein, ist lediglich eine Form der Vermarktung und somit eine land- und forstwirtschaftliche Tätigkeit. [2]Werden daneben durch einen Land- und Forstwirt Speisen und andere Getränke abgegeben, liegt insoweit eine gewerbliche Tätigkeit vor, die unter den Voraussetzungen des Absatzes 11 noch der Land- und Forstwirtschaft zugerechnet werden kann.

Verwendung von Wirtschaftsgütern

(9) [1]Verwendet ein Land- und Forstwirt Wirtschaftsgüter seines land- und forstwirtschaftlichen Betriebsvermögens, indem er diese Dritten entgeltlich überlässt oder mit ihnen für Dritte Dienstleistungen verrichtet, stellt dies eine gewerbliche Tätigkeit dar. [2]Dies gilt auch, wenn in diesem Zusammenhang fremde Erzeugnisse verwendet werden. [3]Unter den Voraussetzungen des Absatzes 11 kann die Tätigkeit noch der Land- und Forstwirtschaft zugerechnet werden, wenn der Einsatz für eigene land- und forstwirtschaftliche Zwecke einen Umfang von 10 % nicht unterschreitet. [4]Dagegen liegt ohne weiteres von Beginn an stets eine gewerbliche Tätigkeit vor, wenn ein Land- und Forstwirt Wirtschaftsgüter, die er eigens zu diesem Zweck angeschafft hat, für Dritte verwendet.

Land- und forstwirtschaftliche Dienstleistungen

(10) [1]Sofern ein Land- und Forstwirt Dienstleistungen ohne Verwendung von eigenen Erzeugnissen oder eigenen Wirtschaftsgütern verrichtet, ist dies eine gewerbliche Tätigkeit. [2]Unter den Voraussetzungen des Absatzes 11 kann die Tätigkeit noch der Land- und Forstwirtschaft zugerechnet werden, wenn ein funktionaler Zusammenhang mit typisch land- und forstwirtschaftlichen Tätigkeiten besteht.

R 15.5 § 15

Abgrenzungsregelungen

(11) [1]Gewerbliche Tätigkeiten, die nach den Absätzen 3 bis 8 dem Grunde nach die Voraussetzungen für eine Zurechnung zur Land- und Forstwirtschaft erfüllen, sind nur dann typisierend der Land- und Forstwirtschaft zuzurechnen, wenn die Umsätze aus diesen Tätigkeiten dauerhaft (Absatz 2) insgesamt nicht mehr als ein Drittel des Gesamtumsatzes und nicht mehr als 51 500 Euro im Wirtschaftsjahr betragen. [2]Diese Grenzen gelten für die Tätigkeiten nach den Absätzen 9 und 10 entsprechend. [3]Voraussetzung hierfür ist, dass die Umsätze aus den Tätigkeiten i. S. v. Satz 1 und 2 dauerhaft (Absatz 2) insgesamt nicht mehr als 50 % des Gesamtumsatzes betragen. [4]Anderenfalls liegen hinsichtlich dieser Tätigkeiten unter den Voraussetzungen des Strukturwandels Einkünfte aus Gewerbebetrieb vor. [5]Der daneben bestehende Betrieb der Land- und Forstwirtschaft bleibt hiervon unberührt. [6]Bei der Ermittlung der Umsätze ist von den Betriebseinnahmen (ohne Umsatzsteuer) auszugehen. [7]Soweit es auf den Gesamtumsatz ankommt, ist hierunter die Summe der Betriebseinnahmen (ohne Umsatzsteuer) zu verstehen.

Energieerzeugung

(12) [1]Bei der Erzeugung von Energie, z. B. durch Wind-, Solar- oder Wasserkraft, handelt es sich nicht um die planmäßige Nutzung der natürlichen Kräfte des Bodens im Sinne des Absatzes 1 Satz 1. [2]Der Absatz von Strom und Wärme führt zu Einkünften aus Gewerbebetrieb. [3]Die Erzeugung von Biogas kann eine Tätigkeit i. S. d. Absatzes 3 sein.

Beherbergung von Fremden

(13) [1]Die Abgrenzung der Einkünfte aus Gewerbebetrieb gegenüber denen aus Land- und Forstwirtschaft richtet sich bei der Beherbergung von Fremden nach den Grundsätzen von R 15.7. [2]Aus Vereinfachungsgründen ist keine gewerbliche Tätigkeit anzunehmen, wenn weniger als vier Zimmer und weniger als sechs Betten zur Beherbergung von Fremden bereitgehalten werden und keine Hauptmahlzeit gewährt wird.

(14) Soweit sich aus den Absätzen 1 bis 13 für einen Stpfl. Verschlechterungen gegenüber R 15.5 EStR 2008 ergeben, kann R 15.5 EStR 2008 für diejenigen Wirtschaftsjahre weiter angewandt werden, die vor der Veröffentlichung der EStÄR 2012 im Bundessteuerblatt beginnen.

Hinweise

H 15.5 Abgrenzung

Beispiel zur Prüfung der Umsatzgrenzen:

Ein land- und forstwirtschaftlicher Betrieb erzielt aus eigenen und fremden Erzeugnissen insgesamt einen Umsatz von 130 000 € zuzüglich Umsatzsteuer. Davon würde ein Umsatzanteil in Höhe von 45 000 € zuzüglich Umsatzsteuer aus der Veräußerung zugekaufter Erzeugnisse und zugekaufter Handelswaren erzielt. Ferner führt der Botrieb Dienstleistungen mit eigenen Maschinen für andere Land- und Forstwirte und die örtliche Gemeinde aus. Daraus werden jeweils 15 000 € Umsatz zuzüglich Umsatzsteuer erzielt.

Lösung:

Die gekauften und weiterveräußerten Erzeugnisse, Produkte und Handelswaren sind fremde Erzeugnisse (R 15.5 Abs. 5 Satz 7 EStR), da sie nicht im Rahmen des Erzeugungsprozesses im eigenen Betrieb verwendet wurden. Die Summe dar Betriebseinnahmen ohne Umsatzsteuer aus eigenen Erzeugnissen und fremden Erzeugnissen sowie der Dienstleistungen (R 15.5 Abs. 9 und 10 EStR) beträgt 160 000 €.

Die Umsätze aus fremden Erzeugnissen in Höhe von 45 000 € ohne Umsatzsteuer überschreiten weder die relative Grenze von einem Drittel des Gesamtumsatzes (= 53 333 €) noch die absolute Grenze von 51 500 € (R 15.5 Abs. 11 Satz 1 EStR).

Die Umsätze aller Dienstleistungen In Höhe von 30 000 € ohne Umsatzsteuer überschreiten weder die relative Grenze von einem Drittel des Gesamtumsatzes. (= 53 333 €) noch die absolute Grenze von 51 500 € (R 15.5 Abs. 11 Satz 2 EStR). Es ist unerheblich, ob es sich beim Leistungsempfänger um einen Land- und Forstwirt handelt.

Die Umsätze aus den Tätigkeitsbereichen Absatz von fremden Erzeugnissen und Dienstleistungen überschreiten mit insgesamt 75 000 € nicht die Grenze von 50 % des Gesamtumsatzes (= 160 000 € x 50 % = 80 000 €; R 15.5 Abs. 11 Satz 3 EStR}. Damit liegt insgesamt ein land- und forstwirtschaftlicher Betrieb vor.

§ 15 R 15.5

Beispiel zur Abgrenzung der Tätigkeiten und Zuordnung von Wirtschaftsgütern:
Landwirt L richtet im Wj. 2013/2014 in einem zum Betriebsvermögen gehörenden Wirtschaftsgebäude einen Hofladen ein, der zu 40 % dem Verkauf von eigenen land- und forstwirtschaftlichen Erzeugnissen dient und zu 60 % dem Verkauf von fremden Erzeugnissen. Die Umsätze des Betriebs entwickeln sich wie folgt:

	Nettogesamtumsatz	Nettoumsatz fremde Erzeugnisse
2013/2014	175.000 €	25.000 €
2014/2015	190.000 €	40.000 €
2015/2016	205.000 €	55.000 €
2016/2017	210.000 €	60.000 €
2017/2018	210.000 €	60.000 €

Lösung:
a) Abgrenzung
Der im Wj. 2013/2014 eingerichtete Hofladen steht aufgrund des Verkaufs eigener land- und forstwirtschaftlicher Erzeugnisse in engem sachlichem Zusammenhang mit dem land- und forstwirtschaftlichen Betrieb. Nach R 15.5 Abs. 6 EStR ist der Zu- und Verkauf fremder Erzeugnisse grundsätzlich eine gewerbliche Tätigkeit. Nach R 15.5 Abs. 11 Satz 1 EStR werden sämtliche im Hofladen erzielten Umsätze der Land- und Forstwirtschaft zugerechnet, wenn der nachhaltige Umsatzanteil sämtlicher Verkäufe von fremden Erzeugnissen (R 15.5 Abs. 5 Satz 7 EStR) nicht mehr als 1/3 des Gesamtumsatzes des land- und forstwirtschaftlichen Betriebs und nicht mehr als 51 500 € im Wj. beträgt.
In den Wj. 2013/2014 bis 2014/2015 sind die Voraussetzungen für eine Zurechnung zur Land- und Forstwirtschaft erfüllt. Ab dem Wj. 2015/2016 wird die absolute Grenze von 51 500 € überschritten. Nach R 15.5 Abs. 2 EStR entsteht jedoch erst mit Ablauf des Wj. 2017/2018 ein gesonderter Gewerbebetrieb (Drei-Jahres-Frist; allmählicher Strukturwandel).
b) Behandlung des Wirtschaftsgebäudes
Das Wirtschaftsgebäude wird eigenbetrieblich zu 60 % für gewerbliche Tätigkeiten genutzt, so dass der Hofladen mit dem dazu gehörenden Grund und Boden grundsätzlich gewerbliches Betriebsvermögen wäre. Da die Nutzung für land- und forstwirtschaftliche Tätigkeiten jedoch mindestens 10 % beträgt, (→ R 15.5 Abs. 9 Satz 3 EStR), hat es der Stpfl. in der Hand, den Umfang seiner betrieblichen Tätigkeit und seiner Betriebsausgaben zu bestimmen (→ BFH vom 4.7.1990 – BStBl. II S. 817 und vom 22.1.2004 – BStBl. II S. 512), Das Wirtschaftsgebäude kann deshalb aufgrund der Funktionszuweisung des Stpfl. auch über das Wj. 2017/2018 hinaus dem land- und forstwirtschaftlichen Betriebsvermögen zugeordnet werden.

Baumschulen
R 15.5 Abs. 5 gilt auch für Baumschulbetriebe. In solchen Betrieben ist die Aufzucht von sog. Kostpflanzen üblich. Kostpflanzen sind Pflanzen, die der Baumschulbetrieb aus selbst gestelltem Samen oder selbst gestellten Pflanzen in fremden Betrieben aufziehen lässt. Kostpflanzen sind eigene (nicht fremde) Erzeugnisse, wenn die in Kost gegebenen Sämereien oder Pflanzen in der Verfügungsgewalt des Kostgebers (des Baumschulbetriebs) bleiben und der Kostnehmer (der Betrieb, der die Aufzucht durchführt) die Rücklieferungsverpflichtung gegenüber dem Kostgeber hat. Dabei kommt es nicht darauf an, dass der Kostgeber die hingegebenen Pflanzen im eigenen land- oder forstwirtschaftlichen Betrieb erzeugt hat (→ BFH vom 16.12.1976 – BStBl. 1977 II S. 272).

Bewirtschaftungsvertrag
Ein mit einem Pachtvertrag gekoppelter Bewirtschaftungsvertrag vermittelt dem Verpächter nur dann Einkünfte aus Land- und Forstwirtschaft, wenn die Verträge nach dem Willen der Vertragsparteien auf den Verkauf der Ernte gerichtet sind. Ist hingegen nicht von einem Verkauf der Ernte auszugehen, weil neben einem festen Pachtzins lediglich ein Kostenersatz als Bewirtschaftungsentgelt vereinbart wurde, ist von einem Dienstleistungsvertrag und insofern von gewerblichen Einkünften auszugehen (→ BFH vom 29.11.2001 – BStBl. 2002 II S. 221).

Grundstücksverkäufe
– *Die Veräußerung land- und forstwirtschaftlich genutzter Grundstücke ist ein Hilfsgeschäft eines land- und forstwirtschaftlichen Betriebs und nicht Gegenstand eines selbständigen gewerblichen Unternehmens. Etwas anderes gilt allerdings dann, wenn der Landwirt wieder-*

holt innerhalb eines überschaubaren Zeitraums land- und forstwirtschaftliche Grundstücke oder Betriebe in Gewinnabsicht veräußert, die er bereits in der Absicht einer Weiterveräußerung erworben hatte (→ BFH vom 28.6.1984 – BStBl. II S. 798).

– → BMF vom 26.3.2004 (BStBl. I S. 434)[1], Tz. 27.

Klärschlamm

Ein Landwirt, der auch einen Gewerbebetrieb für Klärschlammtransporte unterhält, erzielt mit den Einnahmen für den Transport und die Ausbringung von Klärschlamm auch insoweit Einkünfte aus Gewerbebetrieb und nicht aus Landwirtschaft, als er den Klärschlamm mit Maschinen des Gewerbebetriebs auf selbstbewirtschafteten Feldern ausbringt (→ BFH vom 8.11.2007 – BStBl. 2008 II S. 356).

Nebenbetrieb

Ein Nebenbetrieb (R 15.5 Abs. 3) kann auch vorliegen, wenn die von einem Mitunternehmer ausgeübte Tätigkeit dem gemeinsam mit anderen geführten landwirtschaftlichen Hauptbetrieb zu dienen bestimmt ist (→ BFH vom 22.1.2004 – BStBl. II S. 512).

Reitpferde

– *Die Entscheidung, ob die mit der Unterhaltung eines Pensionsstalles und der Erteilung von Reitunterricht verbundene Haltung oder Zucht von Pferden einen Gewerbebetrieb oder einen Betrieb der Land- und Forstwirtschaft darstellt, ist nach den Umständen des Einzelfalles zu treffen. Die Pensionsreitpferdehaltung rechnet auch dann zur landwirtschaftlichen Tierhaltung im Sinne des § 13 Abs. 1 Nr. 1 Satz 2 EStG, wenn den Pferdeeinstellern Reitanlagen einschließlich Reithalle zur Verfügung gestellt werden (→ BFH vom 23.9.1988 – BStBl. 1989 II S. 111). Die Vermietung von Pferden zu Reitzwecken ist bei vorhandener flächenmäßiger Futtergrundlage als landwirtschaftlich anzusehen, wenn keine weiteren ins Gewicht fallenden Leistungen erbracht werden, die nicht der Landwirtschaft zuzurechnen sind (→ BFH vom 24.1.1989 – BStBl. II S. 416).*

– *Ein landwirtschaftlicher Betrieb wird nicht dadurch zu einem Gewerbebetrieb, dass er Pferde zukauft, sie während einer nicht nur kurzen Aufenthaltsdauer zu hochwertigen Reitpferden ausbildet und dann weiterverkauft (→ BFH vom 17.12.2008 – BStBl. II S. 453).*

Schlossbesichtigung

Gewinne aus Schlossbesichtigung gehören zu den Einkünften aus Gewerbebetrieb (→ BFH vom 7.8.1979 – BStBl. 1980 II S. 633).

Strukturwandel

Zur Abgrenzung eines allmählichen von einem sofortigen Strukturwandel → *BFH vom 19.2.2009 (BStBl. II S. 654).*

Tierzucht

– *Zur Frage der Abgrenzung der landwirtschaftlichen Tierzucht und Tierhaltung (§ 13 Abs. 1 Nr. 1 EStG) von der gewerblichen Tierzucht und Tierhaltung* → *R 13.2.*

– *Die Unterhaltung einer Brüterei, in der Küken aus Bruteiern gewonnen und als Eintagsküken weiterveräußert werden, stellt einen Gewerbebetrieb dar, nicht aber eine gewerbliche Tierzucht oder Tierhaltung im Sinne des § 15 Abs. 4 Satz 1 und 2 EStG (→ BFH vom 14.9.1989 – BStBl. 1990 II S. 152).*

– *Die Aufzucht und Veräußerung von Hunden ist gewerbliche Tätigkeit (→ BFH vom 30.9.1980 – BStBl. 1981 II S. 210).*

– *Die Züchtung und das Halten von Kleintieren ohne Bezug zur land- und forstwirtschaftlichen Urproduktion stellt ungeachtet einer vorhandenen Futtergrundlage eine gewerbliche Tätigkeit dar (→ BFH vom 16.12.2004 – BStBl. 2005 II S. 347).*

– *Die Unterhaltung einer Nerzzucht gehört nicht zum Bereich der land- und forstwirtschaftlichen Urproduktion (→ BFH vom 19.12.2002 – BStBl. 2003 II S. 507).*

---

1) Siehe Anlage § 015-06.

§ 15

EStR 2012 zu § 15 EStG

R 15.6 Abgrenzung des Gewerbebetriebs von der selbständigen Arbeit – unbesetzt –

Hinweise

H 15.6 Allgemeines

Die für einen Gewerbebetrieb geltenden positiven Voraussetzungen
- *Selbständigkeit (→ R 15.1),*
- *Nachhaltigkeit (→ H 15.2),*
- *Gewinnerzielungsabsicht (→ H 15.3),*
- *Beteiligung am allgemeinen wirtschaftlichen Verkehr (→ H 15.4)*

gelten auch für die selbständige Arbeit im Sinne des § 18 Abs. 1 Nr. 1 und 2 EStG. Erfordert die Ausübung eines in § 18 Abs. 1 Nr. 1 EStG genannten Berufes eine gesetzlich vorgeschriebene Berufsausbildung, so übt nur derjenige, der auf Grund dieser Berufsausbildung berechtigt ist, die betreffende Berufsbezeichnung zu führen, diesen Beruf aus (→ BFH vom 1.10.1986 – BStBl. 1987 II S. 116). Eine sonstige selbständige Tätigkeit im Sinne des § 18 Abs. 1 Nr. 3 EStG wird in der Regel gelegentlich und nur ausnahmsweise nachhaltig ausgeübt (→ BFH vom 28.6.2001 – BStBl. 2002 II S. 338).

Abgrenzung selbständiger Arbeit/Gewerbebetrieb

a) Beispiele für selbständige Arbeit

Altenpfleger, *soweit keine hauswirtschaftliche Versorgung der Patienten erfolgt (→ BMF vom 22.10.2004 – BStBl. I S. 1030),* [1]

Berufsbetreuer *i. S. v. §§ 1896 ff. BGB; die Tätigkeit fällt in der Regel unter § 18 Abs. 1 Nr. 3 EStG (→ BFH vom. 15.6.2010 – BStBl. II S. 906).*

Diätassistent *(→ BMF vom 22.10.2004 – BStBl. I S. 1030),* [2]

EDV-Berater *übt im Bereich der Systemsoftware regelmäßig eine ingenieurähnliche Tätigkeit aus. Im Bereich der Entwicklung von Anwendersoftware ist die Tätigkeit des EDV-Beraters nur dann als selbständige Tätigkeit zu qualifizieren, wenn er die Entwicklung der Anwendersoftware durch eine klassische ingenieursmäßige Vorgehensweise (Planung, Konstruktion, Überwachung) betreibt und er über eine Ausbildung, die der eines Ingenieurs vergleichbar ist, verfügt (→ BFH vom 4.5.2004 – BStBl. II S. 989).*

Ergotherapeut *(→ BMF vom 22.10.2004 – BStBl. I S. 1030),* [3]

Fachkrankenpfleger *für Krankenhaushygiene (→ BFH vom 6.9.2006 – BStBl. 2007 II S. 177),*

Hebamme/Entbindungspfleger *(→ BMF vom 22.10.2004 – BStBl. I S. 1030),* [4]

Industrie-Designer; *auch im Bereich zwischen Kunst und Gewerbe kann gewerblicher Verwendungszweck eine künstlerische Tätigkeit nicht ausschließen (→ BFH vom 14.12.1976 – BStBl. 1977 II S. 474),*

Insolvenzverwalter; *(→ BFH vom 11.8.1994 – BStBl. II S. 936), → sonstige selbständige Arbeit*

IT-Projektleiter, *wenn dieser über Kenntnisse und Fähigkeiten verfügt, die in Breite und Tiefe denen eines Diplom-Informatikers entsprechen (→ BFH vom 22.9.2009 – BStBl. 2010 II S. 404).*

Kfz-Sachverständiger, *dessen Gutachtertätigkeit mathematisch-technische Kenntnisse voraussetzt, wie sie üblicherweise nur durch eine Berufsausbildung als Ingenieur erlangt werden (→ BFH vom 10.11.1988 – BStBl. 1989 II S. 198),*

Kindererholungsheim; *der Betrieb eines Kindererholungsheims kann ausnahmsweise eine freiberufliche Tätigkeit darstellen, wenn die Kinder in erster Linie zum Zweck einer planmäßigen körperlichen, geistigen und sittlichen Erziehung auswärts untergebracht sind und*

---

1) Siehe Anlage § 018-03.
2) Siehe Anlage § 018-03.
3) Siehe Anlage § 018-03.
4) Siehe Anlage § 018-03.

die freiberufliche Tätigkeit der Gesamtleistung des Heimes das Gepräge gibt (→ BFH vom 9.4.1975 – BStBl. II S. 610),

Kinder- und Jugendlichenpsychotherapeut *(→ BMF vom 22.10.2004 – BStBl. I S. 1030),*

Kompasskompensierer *auf Seeschiffen (→ BFH vom 14.11.1957 – BStBl. 1958 III S. 3),*

Krankenpfleger/Krankenschwester, *soweit keine hauswirtschaftliche Versorgung der Patienten erfolgt (→ BMF vom 22.10.2004 – BStBl. I S. 1030)*[1] *und BFH vom 22.1.2004 (BStBl. II S. 509),*

Kunsthandwerker, *der von ihm selbst entworfene Gegenstände herstellt (→ BFH vom 26.9.1968 – BStBl. 1969 II S. 70); handwerkliche und künstlerische Tätigkeit können nebeneinander vorliegen (→ BFH vom 11.7.1991 – BStBl. II S. 889).*

Logopäde *(→ BMF vom 22.10.2004 – BStBl. I S. 1030)*[2]

Masseur *(staatlich geprüft), Heilmasseur, soweit diese nicht lediglich oder überwiegend kosmetische oder Schönheitsmassagen durchführen (→ BMF vom 22.10.2004 – BStBl. I S. 1030)*[3]

Medizinischer Bademeister, *soweit dieser auch zur Feststellung des Krankheitsbefunds tätig wird oder persönliche Heilbehandlungen am Körper des Patienten vornimmt (→ BMF vom 22.10.2004 – BStBl. I S. 1030)*[4]

Medizinisch-technischer Assistent *(→ BMF vom 22.10.2004 – BStBl. I S. 1030)*[5]

Modeschöpfer; *beratende Tätigkeit eines im Übrigen als Künstler anerkannten Modeschöpfers kann künstlerisch sein (→ BFH vom 2.10.1968 – BStBl. 1969 II S. 138),*

Orthoptist *(→ BMF vom 22.10.2004 – BStBl. I S. 1030)*[6]

Patentberichterstatter *mit wertender Tätigkeit (→ BFH vom 2.12.1970 – BStBl. 1971 II S. 233),*

Podologe/Medizinischer Fußpfleger *(→ BMF vom 22.10.2004 – BStBl. I S. 1030)*[7]

Psychologischer Psychotherapeut, *Kinder- und Jugendlichenpsychotherapeut (→ BMF vom 22.10.2004 – BStBl. I S. 1030)*[8]

Rettungsassistent *(→ BMF vom 22.10.2004 – BStBl. I S. 1030)*[9]

Schiffseichaufnehmer *(→ BFH vom 5.11.1970 – BStBl. 1971 II S. 319),*

Synchronsprecher, *der bei der Synchronisierung ausländischer Spielfilme mitwirkt (→ BFH vom 3.8.1978 – BStBl. 1979 II S. 131 und vom 12.10. 1978 – BStBl. 1981 II S. 706),*

Tanz- und Unterhaltungsorchester, *wenn es einen bestimmten Qualitätsstandard erreicht (→ BFH vom 19.8.1982 – BStBl. 1983 II S. 7),*

Umweltauditor *mit einem abgeschlossenen Chemiestudium (→ BFH vom 17.1.2007 – BStBl. II S. 519),*

Verfahrenspfleger *i. S. d. FamFG; die Tätigkeit fällt in der Regel unter § 18 Abs. 1 Nr. 3 EStG (→ BFH vom15.6.2010 – BStBl. II S. . . . .)*

Werbung; *Tätigkeit eines Künstlers im Bereich der Werbung kann künstlerisch sein, wenn sie als eigenschöpferische Leistung zu werten ist (→ BFH vom 11.7.1991 – BStBl. 1992 II S. 353),*

Zahnpraktiker *(→ BMF vom 22.10.2004 – BStBl. I S. 1030),*

Zwangsverwalter; *die Tätigkeit fällt in der Regel unter § 18 Abs. 1 Nr. 3 EStG. (→ BFH vom 12.12.2001 – BStBl. 2002 II S. 202); aber → Sonstige selbständige Arbeit.*

1) Siehe Anlage § 018-03.
2) Siehe Anlage § 018-03.
3) Siehe Anlage § 018-03.
4) Siehe Anlage § 018-03.
5) Siehe Anlage § 018-03.
6) Siehe Anlage § 018-03.
7) Siehe Anlage § 018-03.
8) Siehe Anlage § 018-03.
9) Siehe Anlage § 018-03.

§ 15 R 15.6

b) Beispiele für Gewerbebetrieb

Altenpfleger, *soweit auch eine hauswirtschaftliche Versorgung der Patienten erfolgt (→ BMF vom 22.10.2004 – BStBl. I S. 1030),* [1)]
Anlageberater/Finanzanalyst (→ *BMF vom 2.9.1988 – BStBl. 1989 II S. 24*),
Ärztepropagandist (→ *BFH vom 27.4.1961 – BStBl. III S. 315*),
Apotheken-Inventurbüro (→ *BFH vom 15.6.1965 – BStBl. III S. 556*),
Apothekenrezeptabrechner (→ *BFH vom 28.3.1974 – BStBl. II S. 515*),
Architekt, *der bei Ausübung einer beratenden Tätigkeit an der Vermittlung von Geschäftsabschlüssen mittelbar beteiligt ist (→ BFH vom 14.6.1984 – BStBl. 1985 II S. 15), oder der schlüsselfertige Gebäude errichten lässt; die Gewerblichkeit erstreckt sich in diesem Fall auch auf ggf. erbrachte Ingenieur- oder Architektenleistungen (→ BFH vom 18.10.2006 – BStBl. 2007 II S. 266),*
Artist (→ *BFH vom 16.3.1951 – BStBl. III S. 97*), *es sei denn, seine Ausbildung entspricht derjenigen eines Architekten (→ BFH vom 12.10.1999 – BStBl. 1990 II S. 64) oder eines (Wirtschafts-)Ingenieurs (→ BFH vom 6.9.2006 – BStBl. 2007 II S. 118),*
Baubetreuer (Bauberater), *die sich lediglich mit der wirtschaftlichen (finanziellen) Betreuung von Bauvorhaben befassen (→ BFH vom 29.5.1973 – BStBl. 1974 II S. 447 und vom 30.5.1973 – BStBl. II S. 668),*
Bauleiter (→ *BFH vom 22.1.1988 – BStBl. II S. 497 und vom 11.8.1999 – BStBl. II S. 31*), *es sei denn, seine Ausbildung entspricht derjenigen eines Architekten (→ BFH vom 12.10.1989 – BStBl. 1990 II S. 64) oder eines (Wirtschafts-)Ingenieurs (→ BFH vom 6.9.2006 – BStBl. 2007 II S. 118),*
Beratungsstellenleiter eines Lohnsteuerhilfevereins (→ *BFH vom 10.12.1987 – BStBl. 1988 II S. 273*),
Berufssportler (→ *BFH vom 22.1.1964 – BStBl. III S. 207*),
Bezirksschornsteinfegermeister (→ *BFH vom 13.11.1996 – BStBl. 1997 I S. 295*),
Bodybuilding-Studio, *wenn unterrichtende Tätigkeit nur die Anfangsphase der Kurse prägt und im übrigen den Kunden Trainingsgeräte zur freien Verfügung stehen (→ BFH vom 18.4.1996 – BStBl. II S. 573),*
Buchhalter (→ *BFH vom 28.6.2001 – BStBl. 2002 II S. 338*),
Buchmacher (→ *RFH vom 22.2.1939 – RStBl S. 576*),
Bühnenvermittler (→ *BFH vom 15.4.1970 – BStBl. II S. 517*),
Datenschutzbeauftragter (→ *BFH vom 5.6.2003 – BStBl. II S. 761*),
Detektiv (→ *RFH vom 15.7.1942 – RStBl S. 989*),
Dispacheur (→ *BFH vom 26.11.1992 – BStBl. 1993 II S. 235*),
EDV-Berater *übt keine ingenieurähnliche Tätigkeit aus, wenn er im Bereich der Anwendersoftware die Entwicklung qualifizierter Software nicht durch eine klassische ingenieurmäßige Vorgehensweise (Planung, Konstruktion, Überwachung) betreibt und wenn er keine Ausbildung, die der eines Ingenieurs vergleichbar ist, besitzt (→ BFH vom 4.5.2004 – BStBl. II S. 989),*
Erbensucher (→ *BFH vom 24.2.1965 – BStBl. III S. 263*),
Fahrschule, *wenn der Inhaber nicht die Fahrlehrererlaubnis besitzt (→ BFH vom 4.10.1966 – BStBl. III S. 685),*
Finanz- und Kreditberater (→ *BFH vom 13.4.1988 – BStBl. II S. 666*),
Fitness-Studio; *keine unterrichtende Tätigkeit, wenn Kunden im Wesentlichen in Gerätebedienung eingewiesen und Training in Einzelfällen überwacht wird (→ BFH vom 13.1.1994 – BStBl. II S. 362),*
Fotograf, *der Werbeaufnahmen macht; Werbeaufnahmen macht auch, wer für Zeitschriften Objekte auswählt und zum Zweck der Ablichtung arrangiert, um die von ihm oder einem anderen Fotografen dann hergestellten Aufnahmen zu veröffentlichen (→ BFH vom 19.2.1998 – BStBl. II S. 441),*
Fotomodell (→ *BFH vom 8.6.1967 – BStBl. III S. 618*),

---
1) Siehe Anlage § 018-03.

Gutachter *auf dem Gebiet der Schätzung von Einrichtungsgegenständen und Kunstwerken (→ BFH vom 22.6.1971 – BStBl. II S. 749),*
Havariesachverständiger *(→ BFH vom 22.6.1965 – BStBl. III S. 593),*
Hellseher *(→ BFH vom 30.3.1976 – BStBl. II S. 464),*
Hersteller künstlicher Menschenaugen *(→ BFH vom 25.7.1968 – BStBl. II S. 662),*
Industriepropagandisten *(→ RFH vom 25.3.1938 – RStBl S. 733),*
Ingenieure als Werber für Lieferfirmen *(→ RFH vom 30.8.1939 – RStBl 1940 S. 14),*
Inventurbüro *(→ BFH vom 28.11.1968 – BStBl. 1969 II S. 164),*
Kfz-Sachverständige ohne Ingenieurexamen, *dessen Tätigkeit keine mathematisch-technischen Kenntnisse wie die eines Ingenieurs voraussetzt (→ BFH vom 9.7.1992 – BStBl. 1993 II S. 100),*
Klavierstimmer *(→ BFH vom 22.3.1990 – BStBl. II S. 643),*
Konstrukteur, *der überwiegend Bewehrungspläne fertigt (→ BFH vom 5.10.1989 – BStBl. 1990 II S. 73),*
Krankenpfleger/Krankenschwester, *soweit auch eine hauswirtschaftliche Versorgung der Patienten erfolgt (→ BMF vom 22.1.2004 – BStBl. II S. 509),*
Kükensortierer *(→ BFH vom 16.8.1955 – BStBl. II S. 295),*
Künstleragenten *(→ BFH vom 18.4.1972 – BStBl. II S. 624),*
Makler *(→ RFH vom 1.6.1938 – RStBl S. 842),*
Marktforschungsberater *(→ BFH vom 27.2.1992 – BStBl. II S. 826),*
Masseur (staatlich geprüft) Heilmasseur, *wenn diese lediglich oder überwiegend kosmetische oder Schönheitsmassagen durchführen (→ BFH vom 26.11.1970 – BStBl. 1971 II S. 249),*
Personalberater, *der seinen Auftraggebern von ihm ausgesuchte Kandidaten für eine zu besetzende Stelle vermittelt (→ BFH vom 19.9.2002 – BStBl. 2003 II S. 25),*
Pilot *(→ BFH vom 16.5.2002 – BStBl. II S. 565),*
Probenehmer *für Erze, Metalle und Hüttenerzeugnisse (→ BFH vom 14.11.1972 – BStBl. 1973 II S. 183),*
Promotionsberater *(→ BFH vom 8.10.2008 – BStBl. 2009 II S. 238),*
Rechtsbeistand, *der mit Genehmigung des Landgerichtspräsidenten Auszüge aus Gerichtsakten für Versicherungsgesellschaften fertigt (→ BFH vom 18.3.1970 – BStBl. II S. 455),*
Restaurator, *es sei denn, er beschränkt sich auf die Erstellung von Gutachten und Veröffentlichungen und wird daher wissenschaftlich tätig oder die Tätigkeit betrifft ein Kunstwerk, dessen Beschädigung ein solches Ausmaß aufweist, dass seine Wiederherstellung eine eigenschöpferische Leistung des Restaurators erfordert (→ BFH vom 4.11.2004 – BStBl. 2005 II S. 362),*
Rezeptabrechner *für Apotheken (→ BFH vom 28.3.1974 – BStBl. II S. 515),*
Rundfunkermittler, *der im Auftrag einer Rundfunkanstalt Schwarzhörer aufspürt (→ BFH vom 2.12.1998 – BStBl. 1999 II S. 534),*
Rundfunksprecher *entfaltet in der Regel keine künstlerische Tätigkeit (→ BFH vom 20.6.1962 – BStBl. III S. 385 und vom 24.10.1963 – BStBl. III S. 589),*
Schadensregulierer *im Auftrag einer Versicherungsgesellschaft (→ BFH vom 29.8.1961 – BStBl. III S. 505),*
Schiffssachverständiger, *wenn er überwiegend reine Schadensgutachten (im Unterschied zu Gutachten über Schadens- und Unfallursachen) erstellt (→ BFH vom 21.3.1996 – BStBl. II S. 518),*
Spielerberater von Berufsfußballspielern *(→ BFH vom 26.11.1998 – BStBl. 1999 II S. 167),*
Treuhänderische Tätigkeit eines Rechtsanwaltes *für Bauherrengemeinschaften (→ BFH vom 1.2.1990 – BStBl. II S. 534), sowie eines Wirtschaftsprüfers bei einem Immobilienfonds (→ BFH vom 18.10.2006 – BStBl. 2007 II S. 266),*
Vereidigter Kursmakler *(→ BFH vom 13.9.1955 – BStBl. III S. 325),*

Versicherungsberater (→ *BFH vom 16.10.1997 – BStBl. 1998 II S. 139).

Versicherungsvertreter, *selbständiger; übt auch dann eine gewerbliche Tätigkeit aus, wenn er nur für ein einziges Versicherungsunternehmen tätig sein darf* (→ *BFH vom 26.10.1977 – BStBl. 1978 II S. 137),*

Versteigerer (→ *BFH vom 24.1.1957 – BStBl. III S. 106),*

Vortragswerber *(BFH vom 5.7.1956 – BStBl. III S. 255),*

Werbeberater (→ *BFH vom 16.1.1974 – BStBl. S. 293),*

Wirtschaftswissenschaftler, *der sich auf ein eng begrenztes Tätigkeitsgebiet, z. B. die Aufnahme und Bewertung von Warenbeständen in einem bestimmten Wirtschaftszweig, spezialisiert und diese Tätigkeit im Wesentlichen von zahlreichen Hilfskräften in einem unternehmensartig organisierten Großbüro ausführen lässt* (→ *BFH vom 28.11.1968 – BStBl. 1969 II S. 164),*

Zolldeklarant (→ *BFH vom 21.9.1989 – BStBl. 1990 II S. 153).*

Ähnliche Berufe

- *Ob ein ähnlicher Beruf vorliegt, ist durch Vergleich mit einem bestimmten Katalogberuf festzustellen* (→ *BFH vom 5.7.1973 – BStBl. II S. 730).*
- *Ein Beruf ist einem der Katalogberufe ähnlich, wenn er in wesentlichen Punkten mit ihm verglichen werden kann. Dazu gehören die Vergleichbarkeit der* **Ausbildung** *und der beruflichen* **Tätigkeit** (→ *BFH vom 12.10.1989 – BStBl. 1990 II S. 64).*
- → **Autodidakt**
- *Der Nachweis* **ingenieurähnlicher** *Tätigkeiten kann nicht durch die Tätigkeit erbracht werden, die auch anhand von Formelsammlungen und praktischen Erfahrungen ausgeübt werden kann* (→ *BFH vom 11.7.1991 – BStBl. II S. 878). Demgegenüber werden an die Breite der Tätigkeit geringere Anforderungen gestellt* (→ *BFH vom 14.3.1991 – BStBl. II S. 769). Dies gilt nicht für die dem* **beratenden Betriebswirt** *ähnlichen Berufe; bei diesen muss sich die Beratungstätigkeit wenigstens auf einen betrieblichen Hauptbereich der Betriebswirtschaft beziehen* (→ *BFH vom 12.10.1989 – BStBl. II 1990 S. 64).*
- *Ein* **Hochbautechniker** *mit den einem Architekten vergleichbaren theoretischen Kenntnissen übt auch in den Veranlagungszeiträumen eine architektenähnliche Tätigkeit aus, in denen er lediglich als Bauleiter tätig wird* (→ *BFH vom 12.10.1989 – BStBl. II 1990 S. 64).*
- *Ist für die Ausübung des Katalogberufs eine* **staatliche Erlaubnis** *erforderlich, kann die ohne staatliche Erlaubnis entfaltete Tätigkeit nicht ähnlich sein* (→ *BFH vom 13.2.2003 – BStBl. II S. 721).*
- → **Heil- und Heilberufe**
- *Eine Vergleichbarkeit der Ausbildung erfordert, dass der Tiefe und der Breite nach das Wissen des Kernbereichs des jeweiligen Fachstudiums nachgewiesen wird. Vertiefte Kenntnisse auf einem Teilgebiet des Fachstudiums reichen für eine freiberufliche Tätigkeit nicht aus* (→ *BFH vom 18.4.2007 – BStBl. II S. 781).*

Autodidakt

Verfügt der Steuerpflichtige nicht über einen entsprechenden Studienabschluss (Autodidakt), muss er eine diesem vergleichbare Tiefe und Breite seiner Vorbildung nachweisen. Da der Nachweis durch Teilnahme an Kursen oder Selbststudium auch den Erfolg der autodidaktischen Ausbildung mit umfasst, ist dieser Beweis regelmäßig schwer zu erbringen ist (→ *BFH vom 14.3.1991 – BStBl. II S. 769).*

- *Der Autodidakt kann aber ausnahmsweise den Nachweis der erforderlichen theoretischen Kenntnisse anhand eigener praktischer Arbeiten erbringen. Hierbei ist erforderlich, dass seine Tätigkeit besonders anspruchsvoll ist und nicht nur der Tiefe, sondern auch der Breite nach zumindest das Wissen des Kernbereichs eines Fachstudiums voraussetzt und den Schwerpunkt seiner Arbeit bildet* (→ *BFH vom 9.7.1992 – BStBl. 1993 II S. 100). Die praktischen Arbeiten müssen so beschaffen sein, dass aus ihnen auf eine Ausbildung, einen Kenntnisstand und eine Qualifikation geschlossen werden kann, die durch den Kernbereich eines Fachstudiums vermittelt wird* (→ *BFH vom 11.8.1999 – BStBl. 2000 II S. 31). Es ist unschädlich, wenn die Kenntnisse in einen Hauptbereich des Fachstudiums unzureichend sind, der Stpfl. jedoch insgesamt eine entsprechende Abschlussprüfung an einer Hochschule, Fachhochschule oder Berufsakademie bestehen würde* (→ *BFH vom 19.9.2002 – BStBl. 2003 II S. 27 und vom 28.8.2003 – BStBl. II S. 919).*

- Der Nachweis der erforderlichen theoretischen Kenntnisse kann auch mittels einer Wissensprüfung durch einen Sachverständigen erbracht werden (→ BFH vom 26.6.2002 – BStBl. II S. 768).
- Ein abgebrochenes Studium reicht zum Nachweis einer autodidaktischen Ausbildung nicht aus (→ BFH vom 4.5.2000 – BStBl. II S. 616).

Erbauseinandersetzung

→ BMF vom 14.3.2006 (BStBl. I S. 253).[1]

Erzieherische Tätigkeit

- Eine freiberufliche erzieherische Tätigkeit kann ohne Ablegung einer fachlichen Prüfung ausgeübt werden (→ BFH vom 25.4.1974 – BStBl. II S. 642). Eine Beratungstätigkeit, die auf Lösung von Problemen in einem bestimmten Teilbereich zwischenmenschlicher Beziehungen gerichtet ist, ist nicht erzieherisch; Voraussetzung jeder erzieherischen Tätigkeit i. S. d. § 18 Abs. 1 Nr. 1 EStG ist, dass die ganze Persönlichkeit geformt wird (→ BFH vom 11.6.1997 – BStBl. II S. 687).
- Leistet der Stpfl. Erziehungshilfe, indem er die betreuten Kinder zeitweise in seinen Haushalt aufnimmt, erzielt er Einkünfte aus einer freiberuflichen Tätigkeit, wenn die Erziehung der Gesamtheit der Betreuungsleistung das Gepräge gibt (→ BFH vom 2.10.2003 – BStBl. 2004 II S. 129).

Gemischte Tätigkeit

- **Allgemeines**

    Wird neben einer freiberuflichen eine gewerbliche Tätigkeit ausgeübt, sind die beiden Tätigkeiten steuerlich entweder getrennt oder einheitlich zu behandeln.

- **Getrennte Behandlung**

    Die Tätigkeiten sind zu trennen, sofern dies nach der Verkehrsauffassung möglich ist (→ BFH vom 2.10.2003 – BStBl. 2004 II S. 363). Betätigt sich eine natürliche Person sowohl gewerblich als auch freiberuflich und besteht zwischen den Tätigkeiten kein sachlicher und wirtschaftlicher Zusammenhang, werden nebeneinander Einkünfte aus Gewerbebetrieb und aus selbstständiger Arbeit erzielt. Aber auch wenn zwischen den Betätigungen gewisse sachliche und wirtschaftliche Berührungspunkte bestehen – also eine gemischte Tätigkeit vorliegt –, sind die Betätigungen regelmäßig getrennt zu erfassen (→ BFH vom 11.7.1991 – BStBl. 1992 II S. 353). Sind die Einkünfte nicht bereits vom Steuerpflichtigen getrennt ermittelt worden, muss eine Trennung ggf. im Wege der Schätzung erfolgen (→ BFH vom 18.1.1962 – BStBl. III S. 131).

- **Einheitliche Behandlung**

    Eine einheitliche Tätigkeit liegt nur vor, wenn die verschiedenen Tätigkeiten derart miteinander verflochten sind, dass sie sich gegenseitig unlösbar bedingen (→ BFH vom 11.7.1991 – BStBl. 1992 II S. 413). Schuldet ein Steuerpflichtiger seinem Auftraggeber einen einheitlichen Erfolg, ist die zur Durchführung des Auftrags erforderliche Tätigkeit regelmäßig als einheitliche zu beurteilen (→ BFH vom 18.10.2006 – BStBl. II S. 266). Werden in einem Betrieb nur gemischte Leistungen erbracht, ist der Betrieb danach zu qualifizieren, welche der einzelnen Tätigkeiten der Gesamttätigkeit das Gepräge gibt (→ BFH vom 2.10.2003 – BStBl. 2004 II S. 363).

- **Beispiele**

    - Der Ankauf und Verkauf von Waren ist grundsätzlich der freiberuflichen Tätigkeit derart wesensfremd, dass er zur Gewerblichkeit führt (→ H 15.8 (5) Einheitliche Gesamtbetätigung; → BFH vom 24.4.1997 – BStBl. II S. 567).
    - Werden von Architekten in Verbindung mit gewerblichen Grundstücksverkäufen Architektenaufträge jeweils in getrennten Verträgen vereinbart und durchgeführt, liegen zwei getrennte Tätigkeiten vor (→ BFH vom 23.10.1975 – BStBl. 1976 II S. 152).
    - → Heil- und Heilhilfsberufe
    - Ein Rechtsanwalt, der den Vertriebsunternehmen oder Initiatoren von Bauherren-Modellen Interessenten am Erwerb von Eigentumswohnungen nachweist oder der entsprechende Verträge vermittelt, ist insoweit nicht freiberuflich tätig (→ BFH vom 1.2.1990 – BStBl. II S. 534).

---

1) Siehe Anlage § 016-05.

§ 15 R 15.6

- *Ist ein Steuerberater für eine Bauherrengemeinschaft als Treuhänder tätig, können einzelne für die Treugeber erbrachte Leistungen, die zu den typischerweise von Steuerberatern ausgeübten Tätigkeiten gehören, als freiberuflich gewertet werden, wenn sie von den gewerblichen Treuhänderleistungen abgrenzbar sind (→ BFH vom 21.4.1994 – BStBl. II S. 650). Eine getrennte steuerliche Behandlung ist jedoch nicht möglich, wenn ein Steuerberater, der einem Vertriebsunternehmen Interessenten an den Eigentumswohnungen nachweist oder Verträge über den Erwerb vermittelt, Abnehmer bezüglich der Eigentumswohnungen steuerlich berät; die von dem Vertriebsunternehmen durch Pauschalhonorar mit vergütete Beratung ist Teil der einheitlichen gewerblichen Betätigung (→ BFH vom 9.8.1983 – BStBl. 1984 II S. 129).*
- *Ein Wirtschaftsprüfer übt eine gewerbliche Tätigkeit aus, soweit er als Treuhänder bei einem Immobilienfonds tätig wird (→ BFH vom 18.10.2006 – BStBl. 2007 II S. 266).*

Gesellschaft

- *Schließen sich Angehörige eines freien Berufs zu einer Personengesellschaft zusammen, haben die Gesellschafter nur dann freiberufliche Einkünfte, wenn alle Gesellschafter, ggf. auch die Kommandisten, die Merkmale eines freien Berufs erfüllen. Kein Gesellschafter darf nur kapitalmäßig beteiligt sein oder Tätigkeiten ausüben, die seine freiberuflichen sind (→ BFH vom 11. 6.1985 – BStBl. II S. 584 und vom 9.10.1986 – BStBl. 1987 II S. 124). Dies gilt ungeachtet des Umfangs der Beteiligung (→ BFH vom 28.10.2008 – BStBl. 2009 II S. 642). Eine Personengesellschaft, die sich aus Angehörigen unterschiedlicher freier Berufe zusammensetzt, ist nicht bereits vom Grundsatz her als gewerbliche Mitunternehmerschaft einzustufen (→ BFH vom 23.11.2000 – BStBl. 2001 II S. 241). Beratende Bauingenieure können im Rahmen einer GbR, auch wenn sie nur in geringem Umfang tätig werden, eigenverantwortlich tätig sein (→ BFH vom 20.4.1989 – BStBl. II S. 727). Eine an einer KG als Mitunternehmerin beteiligte GmbH ist selbst dann eine berufsfremde Person, wenn ihre sämtlichen Gesellschafter und ihr Geschäftsführer Angehörige eines freien Berufs sind (→ BFH vom 17.1.1980 – BStBl. II S. 336) und vom 8.4.2008 – BStBl. II S. 681). Das gilt auch dann, wenn die GmbH als alleinige Komplementärin lediglich eine Haftungsvergütung erhält, am Vermögen und Gewinn der KG nicht teilhat und von der Geschäftsführung ausgeschlossen ist (→ BFH vom 10.10.2012 – BStBl. 2013 II S. 79).*
- *Ein an einer interprofessionellen Freiberufler-Personengesellschaft beteiligter Volks- oder Betriebswirt, der dort lediglich kaufmännische Leitungsaufgaben oder sonstige Managementtätigkeiten übernimmt, ist nicht beratend und damit nicht freiberuflich tätig (→ BFH vom 28.10.2008 – BStBl. 2009 II S. 642).*
- *Eine Personengesellschaft entfaltet keine freiberufliche Tätigkeit, wenn sie als Holdinggesellschaft geschäftsleitende, kontrollierende und koordinierende kaufmännische Funktionen innerhalb einer Gruppe von freiberuflichen Unternehmen wahrnimmt (→ BFH vom 28.10.2008 BStBl. 2009 II S. 647).*
- *Üben Personengesellschaften auch nur zum Teil eine gewerbliche Tätigkeit aus, so ist ihr gesamter Betrieb als gewerblich zu behandeln → R 15.8 (5). Zur steuerrechtlichen Behandlung des Verkaufs von Kontaktlinsen nebst Pflegemitteln, von Mundhygieneartikeln sowie von Tierarzneimitteln durch ärztlichen Gemeinschaftspraxen → BMF vom 14.5.1997 (BStBl. I S. 566).[1]) Zur steuerrechtlichen Anerkennung der Ausgliederung der gewerblichen Tätigkeit auf eine personenidentische Gesellschaft (Schwestergesellschaft) → auch BFH vom 19.2.1998 (BStBl. II S. 603).*
- *Bei mehrstöckigen Personengesellschaften entfaltet die Untergesellschaft nur dann eine freiberufliche Tätigkeit, wenn neben den unmittelbar beteiligten Gesellschaftern auch sämtliche Gesellschafter der Obergesellschaft die Merkmale des freien Berufs erfüllen und als solche in der Untergesellschaft tätig sind (→ BFH vom 28.10.2008 – BStBl. 2009 II S. 642).*
- *Stellen ein Kameramann und ein Tontechniker als Gesellschafter einer Personengesellschaft für Fernsehanstalten mit Originalton unterlegtes Filmmaterial über aktuelle Ereignisse her, sind sie als Bildberichterstatter freiberuflich i. S. des § 18 Abs. 1 Nr. 1 EStG tätig (→ BFH vom 20.12.2000 – BStBl. II S. 478).*

Heil- und Heilhilfsberufe

- *Betreibt ein Arzt ein* **Krankenhaus**, *so liegt eine freiberufliche Tätigkeit vor, wenn es ein notwendiges Hilfsmittel für die ärztliche Tätigkeit darstellt und aus dem Krankenhaus ein*

---
1) Siehe Anlage § 015-16.

besonderer Gewinn nicht angestrebt wird (→ RFH vom 15.3.1939 – RStBl. S. 853). Entsprechendes gilt hinsichtlich einer von einem Arzt oder von einem Heilpraktiker, Physiotherapeuten (Krankengymnasten), Heilmasseur betriebenen **medizinischen Badeanstalt** (→ BFH vom 26.11.1970 – BStBl. II 1971 S. 249)

– Ist eine von einem Arzt betriebene Klinik, ein Kurheim oder Sanatorium ein gewerblicher Betrieb, gehören grundsätzlich auch seine im Rahmen dieses Betriebes erzielten Einnahmen aus ärztlichen Leistungen zu den Einnahmen aus Gewerbebetrieb, wenn ein ganzheitliches Heilverfahren praktiziert wird, für das ein einheitliches Entgelt zu entrichten ist (→ BFH vom 12.11.1964 – BStBl. III 1965 S. 90). Ein Arzt, der eine Privatklinik betreibt, erzielt jedoch dann gewerbliche Einkünfte aus dem Betrieb der Klinik und freiberufliche Einkünfte aus den von ihm erbrachten stationären ärztlichen Leistungen, wenn die Leistungen der Klinik einerseits und die ärztlichen Leistungen andererseits gesondert abgerechnet werden und sich nicht gegenseitig unlösbar bedingen (→ BFH vom 2.10.2003 – BStBl. 2004 II S. 363). Das gilt entsprechend, wenn der Betrieb einer medizinischen Badeanstalt als Gewerbebetrieb anzusehen ist.

– **Tierärzte**, die Medikamente oder Impfstoffe gegen Entgelt abgeben, sind gewerblich tätig (→ BFH vom 1.2.1979 – BStBl. II S. 574 und vom 27.7.1978 – BStBl. II S. 686) sowie BMF vom 14.5.1997 – BStBl. I S. 566). [1)]

– Der **Verkauf von Kontaktlinsen** nebst Pflegemitteln und von Mundhygieneartikeln ist eine gewerbliche Tätigkeit (→ BMF vom 14.5.1997 – BStBl. I S. 566). [2)]

– Soweit Heil- oder Heilhilfsberufe nicht zu den Katalogberufen zählen, ist ein solcher Beruf einem der in § 18 Abs. 1 Nr. 1 Satz 2 EStG genannten **Katalogberufe ähnlich,** wenn das typische Bild des Katalogberufs mit seinen wesentlichen Merkmalen dem Gesamtbild des zu beurteilenden Berufs vergleichbar ist. Dazu gehören die Vergleichbarkeit der jeweils ausgeübten Tätigkeit nach den sie charakterisierenden Merkmalen, die Vergleichbarkeit der Ausbildung und die Vergleichbarkeit der Bedingungen, an die das Gesetz die Ausübung des zu vergleichenden Berufs knüpft.

– Abweichend von den vorgenannten Grundsätzen stellt die Zulassung des jeweiligen Steuerpflichtigen oder die regelmäßige Zulassung seiner Berufsgruppe nach § 124 Abs. 2 SGB V durch die zuständigen Stellen der gesetzlichen Krankenkassen ein ausreichendes Indiz für das Vorliegen einer dem Katalogberuf des Krankengymnasten ähnlichen Tätigkeit dar. Fehlt es an dieser Zulassung, kann durch ein Gutachten nachgewiesen werden, ob die Ausbildung und die Erlaubnis und die Tätigkeit des Steuerpflichtigen mit den Erfordernissen des § 124 Abs. 1 Satz 1 Nr. 1 bis 3 SGB V vergleichbar sind (→ BMF vom 22.10.2004 – BStBl. I S. 1030). [3)]

Künstlerische Tätigkeit

– Eine künstlerische Tätigkeit liegt vor, wenn die Arbeiten nach ihrem Gesamtbild **eigenschöpferisch** sind und über eine hinreichende Beherrschung der Technik hinaus eine bestimmte **künstlerischen Gestaltungshöhe** erreichen (→ BFH vom 11.7.1991 – BStBl. 1992 II S. 353). Dabei ist nicht jedes einzelne von dem Künstler geschaffene Werk für sich, sondern die gesamte von ihm im VZ ausgeübte Tätigkeit zu würdigen (→ BFH vom 11.7.1960 – BStBl. III S. 453).

– Im Übrigen ist aber bei der Entscheidung der Frage, ob ein bisher freiberuflich Tätiger Gewerbetreibender wird, nicht auf die möglicherweise besonders gelagerten Umstände eines einzelnen VZ abzustellen, sondern zu prüfen, ob die **allgemeine Tendenz** zur Entwicklung eines Gewerbebetriebs hingeht (→ BFH vom 24.7.1969 – BStBl. II 1970 S. 86).

– Da die künstlerische Tätigkeit in besonderem Maße **persönlichkeitsbezogen** ist, kann sie als solche nur anerkannt werden, wenn der Künstler auf sämtliche zur Herstellung eines Kunstwerks erforderlichen Tätigkeiten den entscheidenden gestaltenden Einfluss ausübt (→ BFH vom 2.12.1980 – BStBl. II 1981 S. 170).

– Zum Verfahren bei Vorliegen einander widersprechender **Gutachten** (→ BFH vom 11.7.1991 – BStBl. II S. 889).

Laborleistungen

– → BMF vom 12.2.2009 (BStBl. I S. 398) [4)]

---

1) Siehe Anlage § 015-16.
2) Siehe Anlage § 015-16.
3) Siehe Anlage § 018-03.
4) Siehe Anlage § 018-01.

– → *Mithilfe anderer Personen*
Mitarbeit eines angestellten Berufsträgers
Betreuen ein selbständig tätiger und ein angestellter Ingenieur jeweils einzelne Projekte eigenverantwortlich und leitend, ist trotz der gleichartigen Tätigkeit eine – ggf. im Schätzungswege vorzunehmende – Aufteilung der Einkünfte nicht ausgeschlossen mit der Folge, dass die vom Unternehmensinhaber selbst betreuten Projekte der freiberuflichen Tätigkeit zuzuordnen sind, und nur die von dem Angestellten betreuten Projekte zu gewerblichen Einkünften führen (→ BFH vom 8.10.2008 – BStBl. 2009 II S. 143).

Mithilfe anderer Personen
Fachlich vorgebildete Arbeitskräfte sind nicht nur Angestellte sondern auch Subunternehmer (→ BFH vom 23.5.1984 – BStBl. II S. 823 und vom 20.12.2000 – BStBl. 2002 II S. 478).

Die Beschäftigung von fachlich vorgebildeten Mitarbeitern steht der Annahme einer freiberuflichen Tätigkeit nicht entgegen, wenn der Berufsträger auf Grund eigener Fachkenntnisse **leitend** *tätig wird und auch hinsichtlich der für den Beruf typischen Tätigkeit* **eigenverantwortlich** *mitwirkt (→ BFH vom 1.2.1990 – BStBl. II S. 507); im Fall eines Schulleiters genügt es, dass er eigenständig in den Unterricht anderer Lehrkräfte eingreift, indem er die Unterrichtsveranstaltungen mitgestaltet und ihnen damit den* **Stempel seiner Persönlichkeit** *gibt (→ BFH vom 23.1.1986 – BStBl. II S. 398). Die leitende und eigenverantwortliche Tätigkeit des Berufsträgers muss sich auf die* **Gesamttätigkeit** *seiner Berufspraxis erstrecken; es genügt somit nicht, wenn sich die auf persönlichen Fachkenntnissen beruhende Leitung und eigene Verantwortung auf einen Teil der Berufstätigkeit beschränkt (→ BFH vom 5.12.1968 – BStBl. 1969 II S. 165). Freiberufliche Arbeit leistet der Berufsträger nur, wenn die Ausführung jedes einzelnen ihm erteilten Auftrags ihm und nicht dem fachlichen Mitarbeiter, den Hilfskräften, den technischen Hilfsmitteln oder dem Unternehmen als Ganzem zuzurechnen ist, wobei in einfachen Fällen eine fachliche Überprüfung der Arbeitsleistung des Mitarbeiters genügt (→ BFH vom 1.2.1990 – BStBl. II S. 507). Danach ist z. B. in den folgenden Fällen eine* **gewerbliche Tätigkeit** *anzunehmen:*

– *Ein Steuerpflichtiger unterhält ein* **Übersetzungsbüro,** *ohne dass er selbst über Kenntnisse in den Sprachen verfügt, auf die sich die Übersetzungstätigkeit erstreckt.*

– *Ein* **Architekt** *befasst sich vorwiegend mit der Beschaffung von Aufträgen und lässt die fachliche Arbeit durch Mitarbeiter ausführen.*

– *Ein* **Ingenieur** *beschäftigt fachlich vorgebildete Arbeitskräfte und übt mit deren Hilfe eine Beratungstätigkeit auf mehreren Fachgebieten aus, die er nicht beherrscht oder nicht leitend bearbeitet (→ BFH vom 11.9.1968 – BStBl. II S. 820).*

– → *auch Mitarbeit eines angestellten Berufsträgers*

– *Ein Steuerpflichtiger betreibt eine* **Fahrschule,** *besitzt jedoch nicht die Fahrlehrererlaubnis (→ BFH vom 4.10.1966 – BStBl. III S. 685).*

– *Ein Steuerpflichtiger ist Inhaber einer* **Privatschule** *und beschäftigt eine Anzahl von Lehrkräften, ohne durch eigenen Unterricht sowie durch das Mitgestalten des von anderen Lehrkräften erteilten Unterrichts eine überwiegend eigenverantwortliche Unterrichtstätigkeit auszuüben (→ BFH vom 6.11.1969 – BStBl. 1970 II S. 214 und vom 13.12.1973 – BStBl. 1974 II S. 213); das Gleiche gilt für* **Reitunterricht** *auf einem Reiterhof → BFH vom 16.11.1978 (BStBl. 1979 II S. 246).*

– *Ein* **Facharzt für Laboratoriumsmedizin** *hat nicht ausreichend Zeit für die persönliche Mitwirkung am einzelnen Untersuchungsauftrag (→ BFH vom 21.3.1995 – BStBl. II S. 732).*

– *Ein* **Krankenpfleger** *überlässt Pflegeleistungen weitgehend seinen Mitarbeitern (→ BFH vom 5.6.1997 – BStBl. II S. 681).*

– *Ein* **Bildberichterstatter** *gibt Aufträge an andere Kameraleute und Tontechniker weiter, ohne insoweit auf die Gestaltung des Filmmaterials Einfluss zu nehmen (→ BFH vom 20.12.2000 – BStBl. 2002 II S. 478).*

Der Berufsträger darf weder die Leitung noch die Verantwortlichkeit einem Geschäftsführer oder Vertreter übertragen. Eine leitende und eigenverantwortliche Tätigkeit ist jedoch dann noch gegeben, wenn ein Berufsträger nur **vorübergehend,** *z. B. während einer Erkrankung, eines Urlaubs oder der Zugehörigkeit zu einer gesetzgebenden Körperschaft oder der Mitarbeit in einer Standesorganisation, seine Berufstätigkeit nicht selbst ausüben kann.*

Diese Grundsätze gelten bei den Einkünften nach § 18 Abs. 1 Nr. 3 EStG entsprechend (→ BFH vom 15.12.2010 – BStBl. 2011 II S. 506 und vom 26.1.2011 – BStBl. II S. 498).

Rechts- und wirtschaftsberatende Berufe

- *Zu der freien Berufstätigkeit eines Wirtschaftsprüfers, vereidigten Buchprüfers, Steuerberaters, Steuerbevollmächtigten usw. können auch die Prüfungen der laufenden Eintragungen in den Geschäftsbüchern, die Prüfung der Inventur, die Durchführung des Hauptabschlusses und die Aufstellung der Steuererklärungen gehören. Die Bücherführung für andere Personen, z. B. durch einen Steuerberater oder einen Steuerbevollmächtigten, ist ebenfalls grundsätzlich eine freiberufliche Tätigkeit (→ RFH vom 8.3.1939 – RStBl S. 577 und vom 12.9.1951 – BStBl. III S. 197).*

- *→ Gemischte Tätigkeit*

Schriftstellerische Tätigkeit

- *Ein Schriftsteller muss für die Öffentlichkeit schreiben und es muss sich um den Ausdruck eigener Gedanken handeln, mögen sich diese auch auf rein tatsächliche Vorgänge beziehen. Es ist nicht erforderlich, dass das Geschriebene einen wissenschaftlichen oder künstlerischen Inhalt hat. Der Schriftsteller braucht weder Dichter noch Künstler noch Gelehrter zu sein (→ BFH vom 14.5.1958 – BStBl. III S. 316).*

- *Die selbständige Entwicklung von Softwarelernprogrammen ist dann eine schriftstellerische Tätigkeit, wenn eigene Gedanken verfasst werden und die Programme für die Öffentlichkeit bestimmt sind (→ BFH vom 10.9.1998 – BStBl. 1999 II S. 215).*

- *Das Verfassen von Anleitungen zum Umgang mit technischen Geräten ist eine schriftstellerische Tätigkeit, wenn der auf der Grundlage mitgeteilter Daten erstellte Text als eine eigenständige gedankliche Leistung des Autors erscheint (→ BFH vom 25.4.2002 – BStBl. II S. 475).*

Sonstige selbständige Arbeit

- *Eine Tätigkeit ist auch* **eine sonstige selbstständige Arbeit** *im Sinne des § 18 Abs. 1 Nr. 3 EStG, wenn sie den dort aufgeführten Tätigkeiten* (**Vollstreckung von Testamenten, Vermögensverwaltung, Tätigkeit als Aufsichtsratsmitglied**) *ähnlich ist (→ BFH vom 28.8.2003 – BStBl. 2004 II S. 103).*

- *Eine Tätigkeit als* **Aufsichtsratsmitglied** *im Sinne des § 18 Abs. 1 Nr. 3 EStG übt derjenige aus, der mit der Überwachung der Geschäftsführung einer Gesellschaft beauftragt ist. Dies ist dann nicht der Fall, wenn vom Beauftragten im Wesentlichen Aufgaben der Geschäftsführung wahrgenommen werden (→ BFH vom 28.8.2003 – BStBl. 2004 II S. 112).*

- *Einkünfte aus einer Tätigkeit als Insolvenzverwalter oder aus der Zwangsverwaltung von Liegenschaften gehören, auch wenn sie von Rechtsanwälten erzielt werden, grundsätzlich zu den Einkünften aus sonstiger selbständiger Arbeit i. S. d. § 18 Abs. 1 Nr. 3 EStG (→ BFH vom 15.12.2010 – BStBl. 2011 II S. 505).*

- *Bei den Einkünften aus sonstiger selbständiger Arbeit i. S. v. § 18 Abs. 1 Nr. 3 EStG ist § 18 Abs. 1 Nr. 1 Satz 3 und 4 EStG entsprechend anzuwenden (→ BFH vom 15.12.2010 – BStBl. 2011 II S. 506 und vom 26.1.2011 – BStBl. II S. 498).*

Unterrichtende Tätigkeit

Der Betrieb einer **Unterrichtsanstalt** *ist dann als Ausübung eines freien Berufs anzusehen, wenn der Inhaber über entsprechende Fachkenntnisse verfügt und den Betrieb der Schule eigenverantwortlich leitet (→ Mithilfe anderer Personen). Für eine spezifisch individuelle Leistung, wie es die Lehrtätigkeit ist, gelten dabei* **besonders enge Maßstäbe** *(→ BFH vom 1.4.1982 – BStBl. II S. 589).*

Ein der Schule angeschlossenes **Internat** *rechnet zur freiberuflichen Tätigkeit, wenn das Internat ein notwendiges Hilfsmittel für die Schule ist und das Internat keine besondere Gewinnquelle neben der Schule bildet (→ BFH vom 30.6.1964 – BStBl. III S. 630). Für die Behandlung der beiden Betriebe als gemischte Tätigkeit und ihre getrennte steuerliche Behandlung → Gemischte Tätigkeit. Eine freiberufliche erzieherische Tätigkeit kann ohne Ablegung einer fachlichen Prüfung ausgeübt werden (→ BFH vom 25.4.1974 – BStBl. II S. 642).*

Der Betrieb eines **Fitness-Studios** *stellt keine unterrichtende Tätigkeit dar, wenn sich die persönliche Betreuung der Kunden im Wesentlichen auf die Einweisung in die Handhabung der Geräte und die Überwachung des Trainings in Einzelfällen beschränkt (→ BFH vom 13.1.1994 – BStBl. II S. 362). Dies gilt auch bei einem* **Bodybuilding-Studio,** *wenn die unterrichtende*

Tätigkeit nur die Anfangsphase der Kurse prägt und im Übrigen den Kunden Trainingsgeräte zur freien Verfügung stehen (→ BFH vom 18.4.1996 – BStBl. II S. 573).

Der Betrieb einer **Tanzschule** *durch eine GbR ist gewerblich, wenn diese auch einen Getränkeverkauf mit Gewinnerzielungsabsicht betreibt → BFH vom 18.5.1995 (BStBl. II S. 718).*

Verpachtung nach Erbfall

Das Ableben eines Freiberuflers führt weder zu einer Betriebsaufgabe noch geht das der freiberuflichen Tätigkeit dienende Betriebsvermögen durch den Erbfall in das Privatvermögen der Erben über (→ BFH vom 14.12.1993 – BStBl. 1994 II S. 922). Die vorübergehende Verpachtung einer freiberuflichen Praxis durch den Erben oder Vermächtnisnehmer führt dann nicht zur Betriebsaufgabe, wenn er im Begriff ist, die für die beabsichtigte Praxisfortführung erforderliche freiberufliche Qualifikation zu erlangen (→ BFH vom 12.3.1992 – BStBl. 1993 II S. 36).

Wissenschaftliche Tätigkeit

Wissenschaftlich tätig wird nicht nur, wer schöpferische oder forschende Arbeit leistet – reine Wissenschaft –, sondern auch, wer das aus der Forschung hervorgegangene Wissen und Erkennen auf konkrete Vorgänge anwendet – angewandte Wissenschaft. Keine wissenschaftliche Tätigkeit liegt vor, wenn sie im Wesentlichen in einer praxisorientierten Beratung besteht (→ BFH vom 27.2.1992 – BStBl. II S. 826).

EStR 2012 zu § 15 EStG

R 15.7 Abgrenzung des Gewerbebetriebs von der Vermögensverwaltung

R 15.7 (1) Allgemeines

(1) ¹Die bloße Verwaltung eigenen Vermögens ist regelmäßig keine gewerbliche Tätigkeit. ²Vermögensverwaltung liegt vor, wenn sich die Betätigung noch als Nutzung von Vermögen im Sinne einer Fruchtziehung aus zu erhaltenden Substanzwerten darstellt und die Ausnutzung substantieller Vermögenswerte durch Umschichtung nicht entscheidend in den Vordergrund tritt. ³Ein Gewerbebetrieb liegt dagegen vor, wenn eine selbständige nachhaltige Betätigung mit Gewinnabsicht unternommen wird, sich als Beteiligung am allgemeinen wirtschaftlichen Verkehr darstellt und über den Rahmen einer Vermögensverwaltung hinausgeht. ⁴Die Verpachtung eines Gewerbebetriebs ist grundsätzlich nicht als Gewerbebetrieb anzusehen. → aber R 16 Abs. 5.

Hinweise

H 15.7 (1) Beginn der Betriebsverpachtung

Verfahren → BFH vom 31.11.1963 (→ BStBl. 1964 III S. 124);

→ Oberste Finanzbehörden der Länder (→ BStBl. 1965 II S. 4 ff.);[1]

Betriebsaufspaltung/Gewerblicher Grundstückshandel

Gehört ein Grundstück zum Betriebsvermögen (Umlaufvermögen) eines gewerblichen Grundstückshandels und wird es im Rahmen einer Betriebsaufspaltung als eine wesentliche Betriebsgrundlage an ein Betriebsunternehmen vermietet, wird das Grundstück unter Fortführung des Buchwerts notwendiges Betriebsvermögen (Anlagevermögen) bei dem Besitzunternehmen (→ BFH vom 21.6.2001 – BStBl. 2002 II S. 537).

Einkunftsermittlung

– *Bei im Betriebsvermögen gehaltenen Beteiligungen an vermögensverwaltenden Personengesellschaften → BMF vom 29.4.1994 (BStBl. I S. 282) und vom 8.6.1999 (BStBl. I S. 592)[2] und → BFH vom 11.4.2005 (BStBl. II S. 679).*

– *Überträgt ein gewerblich tätiger Gesellschafter, einer vermögensverwaltenden Personengesellschaft (sog. Zebragesellschaft) ein Wirtschaftsgut seines Betriebsvermögens in das Gesamthandsvermögen der vermögensverwaltenden Personengesellschaft, führt dies nicht zur Aufdeckung der stillen Reserven bei dem Gesellschafter, soweit dieser an der Zebragesellschaft betrieblich beteiligt ist. Dies gilt auch dann, wenn die Übertragung zu fremdüblichen Bedingungen erfolgt. Die auf die betriebliche Beteiligung entfallenden*

1) Siehe Anlage § 016-01.
2) Siehe Anlage § 015-15.

stillen Reserven sind erst bei der Veräußerung des Wirtschaftsguts durch die Zebragesellschaft aufzudecken (→ BFH vom 26.4.2012 – BStBl. 2013 II S. 142).

Erwerb von „gebrauchten" Lebensversicherungen

Die Grenze der privaten Vermögensverwaltung zum Gewerbebetrieb wird nicht überschritten, wenn der Erwerb und das Halten „gebrauchter" Lebensversicherungen sowie der Einzug der Versicherungssumme bei Fälligkeit den Beginn und das Ende einer in erster Linie auf Fruchtziehung gerichteten Tätigkeit darstellen. Ein ausreichendes Indiz für die Qualifikation der Tätigkeit als Gewerbebetrieb ergibt sich weder aus dem Anlagevolumen oder dem Umfang der getätigten Rechtsgeschäfte noch aus der Einschaltung eines Vermittlers. Eine gewerbliche Tätigkeit kommt nur in Betracht, wenn sich der Erwerber wie ein Händler oder Dienstleister verhält (→ BFH vom 11.10.2012 – BStBl. 2013 II S. 538).

Gewerblicher Grundstückshandel

– → BMF vom 26.3.2004 – BStBl. I S. 434)[1)]

– *Veräußert der Alleingesellschafter-Geschäftsführer einer GmbH ein von ihm erworbenes unaufgeteiltes Mehrfamilienhaus an die GmbH, die er zur Aufteilung bevollmächtigt und die die entstandenen vier Eigentumswohnungen noch im selben Jahr an verschiedene Erwerber veräußert, können die Aktivitäten der GmbH nur dem Anteilseigner zugerechnet werden, wenn die Voraussetzungen eines Gestaltungsmissbrauchs vorliegen. Für einen Gestaltungsmissbrauch kann insbesondere neben weiteren Umständen sprechen, dass die Mittel für den an den Anteilseigner zu entrichtenden Kaufpreis zu einem erheblichen Teil erst aus den Weiterverkaufserlösen zu erbringen sind (→ BFH vom 18.3.2004 – BStBl. II S. 787).*

– *In der Einschaltung von nahen Angehörigen in eigene Grundstücksgeschäfte des Stpfl. kann ein Gestaltungsmissbrauch i. S. d. § 42 AO liegen (→ BFH vom 15.3.2005 – BStBl. II S. 817).*

– *Die Zwischenschaltung einer GmbH, die die Errichtung und Vermarktung von Wohnungen übernimmt, ist grundsätzlich nicht missbräuchlich, wenn die GmbH nicht funktionslos ist, d. h. wenn sie eine wesentliche – wertschöpfende – eigene Tätigkeit (z. B. Bebauung des erworbenen Grundstücks) ausübt. Die von der GmbH veräußerten Wohnungen sind dann nicht als Objekt i.S.d. Drei-Objekt-Grenze zu berücksichtigen (→ BFH vom 17.3.2010 – BStBl II S. 622).*

– *Im Rahmen des Folgebescheids darf der Gewinn aus der Veräußerung eines Anteils an einer grundbesitzenden Personengesellschaft auch dann in einen laufenden Gewinn im Rahmen eines vom Stpfl. betriebenen gewerblichen Grundstückshandels umqualifiziert werden, wenn er im Grundlagenbescheid als Veräußerungsgewinn bezeichnet worden ist (→ BFH vom 18.4.2012 – BStBl. II S. 647).*

Handel mit Beteiligungen

Die Gründung oder der Erwerb von mehreren GmbHs, die Ausstattung der Gesellschaften mit Güterfernverkehrsgenehmigungen und die anschließende Veräußerung dieser Beteiligungen begründet eine gewerbliche Tätigkeit (→ BFH vom 25.7.2001 – BStBl. II S. 809).

Teilbetrieb

Die Verpachtung eines Teilbetriebs führt nicht zu Einkünften aus Vermietung und Verpachtung, wenn sie im Rahmen des gesamten Betriebs vorgenommen wird (→ BFH vom 5.10.1976 – BStBl. 1977 II S. 42).

Venture Capital Fonds/Private Equity Fonds

Zur Abgrenzung der privaten Vermögensverwaltung vom Gewerbebetrieb bei Venture Capital Fonds und Private Equity Fonds → BMF vom 16.12.2003 (BStBl. 2004 I S. 40[2)] – berichtigt BStBl. 2006 I S. 632).

→ aber Tz. 20 Satz 2 überholt durch BFH vom 9.8.2006 (BStBl. 2007 II S. 279).

---

1) Siehe Anlage § 015-06.
2) Siehe Anlage § 015-19.

§ 15 — R 15.7

EStR 2012 zu § 15 EStG

R 15.7 (2) Vermietung und Verpachtung von Grundvermögen
(2) ¹Ein Gewerbebetrieb ist in der Regel gegeben bei der Vermietung von Ausstellungsräumen, Messeständen und bei der ständig wechselnden kurzfristigen Vermietung von Sälen, z. B. für Konzerte. ²Die Beherbergung in Gaststätten ist stets ein Gewerbebetrieb.

Hinweise

H 15.7 (2) Arbeiterwohnheim
Der Betrieb eines Arbeiterwohnheims ist im Allgemeinen als Gewerbebetrieb zu beurteilen (→ BFH vom 18.1.1973 – BStBl. II S. 561).

Architekten/Bauunternehmer
Die Errichtung von Häusern durch Architekten oder Bauunternehmer zum Zweck späterer Vermietung stellt keine gewerbliche Tätigkeit dar, auch wenn sie in großem Umfang erfolgt und erhebliche Fremdmittel eingesetzt werden (→ BFH vom 12.3.1964 – BStBl. III S. 364).

Campingplatz
Der Inhaber eines Campingplatzes ist gewerblich tätig, wenn er über die Vermietung der einzelnen Plätze für das Aufstellen von Zelten und Wohnwagen hinaus wesentliche Nebenleistungen erbringt, wie die Zurverfügungstellung sanitärer Anlagen und ihrer Reinigung, die Trinkwasserversorgung, die Stromversorgung für die Gesamtanlage und die einzelnen Standplätze, Abwässer- und Müllbeseitigung, Instandhaltung, Pflege und Überwachung des Platzes (→ BFH vom 6.10.1982 – BStBl. 1983 II S. 80). Das gilt auch, wenn die Benutzer überwiegend sog. Dauercamper sind (→ BFH vom 27.1.1983 – BStBl. II S. 426).

Ferienwohnung
Bei Vermietung einer Ferienwohnung ist ein Gewerbebetrieb gegeben, wenn sämtliche der folgenden Voraussetzungen vorliegen:

1. Die Wohnung muss für die Führung eines Haushalts voll eingerichtet sein, z. B. Möblierung, Wäsche und Geschirr enthalten. Sie muss in einem reinen Feriengebiet im Verband mit einer Vielzahl gleichartig genutzter Wohnungen liegen, die eine einheitliche Wohnanlage bilden;
2. die Werbung für die kurzfristige Vermietung der Wohnung an laufend wechselnde Mieter und die Verwaltung der Wohnung müssen von einer für de einheitliche Wohnanlage bestehenden Feriendienstorganisation durchgeführt werden;
3. die Wohnung muss jederzeit zur Vermietung bereitgehalten werden, und es muss nach Art der Rezeption eines Hotels laufend Personal anwesend sein, das mit den Feriengästen Mietverträge abschließt und abwickelt und dafür sorgt, dass die Wohnung in einem Ausstattungs-, Erhaltungs- und Reinigungszustand ist und bleibt, der die sofortige Vermietung zuläßt (→ BFH vom 25.6.1976 – BStBl. II S. 728).

Ein Gewerbebetrieb ist auch anzunehmen, wenn eine hotelmäßige Nutzung der Ferienwohnung vorliegt oder die Vermietung nach Art einer Fremdenpension erfolgt. Ausschlaggebend ist, ob wegen der Häufigkeit des Gästewechsels oder im Hinblick auf zusätzlich zu Nutzungsüberlassung erbrachten Leistungen, z. B. Bereitstellung von Wäsche und Mobiliar, Reinigung der Räume, Übernahme sozialer Betreuung, eine Unternehmensorganisation erforderlich ist, wie sie auch in Fremdenpensionen vorkommt (→ BFH vom 28.6.1984 – BStBl. II S. 211).

→ H 4.2 (7).

Fremdenpension
Die Beherbergung in Fremdenpensionen ist stets ein Gewerbebetrieb (→ BFH vom 11.7.1984 – BStBl. II S. 722).

Gewerblicher Charakter der Vermietungstätigkeit
Um der Tätigkeit der Vermögensverwaltung gewerblichen Charakter zu verleihen, müssen besondere Umstände hinzutreten. Diese können darin bestehen, dass die Verwaltung des Grundbesitzes infolge des ständigen und schnellen Wechsels der Mieter eine Tätigkeit erfordert, die über das bei langfristigen Vermietungen übliche Maß hinausgeht, oder dass der Vermieter zugleich Leistungen erbringt, die eine bloße Vermietungstätigkeit überschreiten.

Das entscheidende Merkmal liegt also darin, dass die bloße Vermögensnutzung hinter der Bereitstellung einer einheitlichen gewerblichen Organisation zurücktritt (→ BFH vom 21.8.1990 – BStBl. 1991 II S. 126).

Parkplatz

Der Betrieb eines Parkplatzes für Kurzparker ist eine gewerbliche Betätigung (→ BFH vom 9.4.2003 – BStBl. II S. 520).

Tennisplätze

Ein Gewerbebetrieb ist in der Regel bei der Vermietung von Tennisplätzen gegeben (→ BFH vom 25.10.1988 – BStBl. 1989 II S. 291).

Umfangreicher Grundbesitz

Die Vermietung und Verpachtung von Grundvermögen stellt auch dann eine bloße Vermögensverwaltung dar, wenn der vermietete Grundbesitz sehr umfangreich ist und der Verkehr mit vielen Mietern erhebliche Verwaltungsarbeit erforderlich macht (→ BFH vom 21.8.1990 – BStBl. 1991 II S. 126) oder die vermieteten Räume gewerblichen Zwecken dienen (→ BFH vom 17.1.1961, BStBl. III S. 233).

Untervermietung

Die Untervermietung von kleinen Flächen (Läden, Ständen) stellt keine gewerbliche Betätigung dar, wenn keine besonderen Umstände hinzutreten (→ BFH vom 18.3.1964 – BStBl. III S. 367).

Vermietung möblierter Zimmer

Die Vermietung, auch Untervermietung, möblierter Zimmer ist keine gewerbliche Tätigkeit. An dieser Beurteilung ändert sich auch dann nichts, wenn außer der Nutzungsüberlassung als Nebenleistung die Reinigung der Räume, die Gestellung des Frühstücks und dergleichen besonders erbracht werden. Eine gewerbliche Tätigkeit ist jedoch bei der Überlassung von Wohnraum gegeben, wenn die Nutzung des Vermögens hinter der Bereitstellung einer dem Beherbergungsbetrieb vergleichbaren Organisation zurücktritt (→ BFH vom 11.7.1984 – BStBl. II S. 722).

EStR 2012 zu § 15 EStG

R 15.7 (3) Vermietung beweglicher Gegenstände

(3) [1]Die Vermietung beweglicher Gegenstände (z. B. PKW, Wohnmobile, Boote) führt grundsätzlich zu sonstigen Einkünften im Sinne des § 22 Nr. 3 EStG, bei in ein inländisches oder ausländisches öffentliches Register eingetragenen beweglichen Sachen (Schiffe, Flugzeuge) zu Einkünften im Sinne des § 21 Abs. 1 Satz 1 Nr. 1 EStG oder bei Sachinbegriffen zu Einkünften im Sinne des § 21 Abs. 1 Satz 1 Nr. 2 EStG. [2]Eine gewerbliche Tätigkeit liegt vor, wenn im Zusammenhang mit der Vermietung ins Gewicht fallende Sonderleistungen erbracht werden oder der Umfang der Tätigkeit eine unternehmerische Organisation erfordert.

Hinweise

H 15.7 (3) Abgrenzung zur vermögensverwaltenden Tätigkeit

→ BMF vom 1.4.2009[1)]

Austausch vor Ablauf der Nutzungsdauer

Allein aus dem Umstand, dass vermietete bewegliche Wirtschaftsgüter vor Ablauf der gewöhnlichen oder tatsächlichen Nutzungsdauer gegen neuere, funktionstüchtigere Wirtschaftsgüter ausgetauscht werden, kann nicht auf eine gewerbliche Tätigkeit des Vermietungsunternehmens geschlossen werden. Der Bereich der privaten Vermögensverwaltung wird nur dann verlassen, wenn die Gebrauchsüberlassung der vermieteten Gegenstände gegenüber der Veräußerung in den Hintergrund tritt (→ BFH vom 31.5.2007 – BStBl. II S. 768).

Flugzeug

→ BMF vom 1.4.2009[2)] und BFH vom 1.8.2013 (BStBl. II S. 910).

---

1) Siehe Anlage § 015-13.
2) Siehe Anlage § 015-13.

§ 15 R 15.7

Wohnmobil

Die Vermietung nur eines Wohnmobils an wechselnde Mieter ist in der Regel keine gewerbliche Tätigkeit (→ BFH vom 12.11.1997 – BStBl. 1998 II S. 774). Der Erwerb, die Vermietung und Veräußerung von Wohnmobilen sind jedoch gewerblich, wenn die einzelnen Tätigkeiten sich gegenseitig bedingen und derart verflochten sind, dass sie nach der Verkehrsanschauung als einheitlich anzusehen sind (→ BFH vom 22.1.2003 – BStBl. II S. 464).

EStR 2012 zu § 15 EStG

R 15.7 (4) Betriebsaufspaltung – Allgemeines – unbesetzt –

Hinweise

H 15.7 (4) Allgemeines

Eine Betriebsaufspaltung liegt vor, wenn ein Unternehmen (Besitzunternehmen) eine wesentliche Betriebsgrundlage an eine gewerblich tätige Personen- oder Kapitalgesellschaft (Betriebsunternehmen) zur Nutzung überlässt (sachliche Verflechtung) und eine Person oder mehrere Personen zusammen (Personengruppe) sowohl das Besitzunternehmen als auch das Betriebsunternehmen in dem Sinne beherrschen, dass sie in der Lage sind, in beiden Unternehmen einen einheitlichen geschäftlichen Betätigungswillen durchzusetzen (personelle Verflechtung). Liegen die Voraussetzungen einer personellen und sachlichen Verflechtung vor, ist die Vermietung oder Verpachtung keine Vermögensverwaltung mehr, sondern eine gewerbliche Vermietung oder Verpachtung. Das Besitzunternehmen ist Gewerbebetrieb (→ BFH vom 12.11.1985 – BStBl. 1986 II S. 296).

Bürgschaft für die Betriebskapitalgesellschaft

Eine Bürgschaft, die ein Gesellschafter der Besitzpersonengesellschaft für Verbindlichkeiten der Betriebskapitalgesellschaft übernimmt, ist durch den Betrieb der Besitzpersonengesellschaft veranlasst und gehört zu seinem negativen Sonderbetriebsvermögen II bei der Besitzpersonengesellschaft, wenn die Übernahme der Bürgschaft zu nicht marktüblichen (fremdüblichen) Bedingungen erfolgt. Die Inanspruchnahme aus einer solchen Bürgschaft führt nicht zu nachträglichen Anschaffungskosten der Anteile an der Betriebskapitalgesellschaft (→ BFH vom 18.12.2001 – BStBl. 2002 II S. 733).

Darlehen

– *Gewähren die Gesellschafter der Betriebskapitalgesellschaft bei deren Gründung ein Darlehen, dessen Laufzeit an die Dauer ihrer Beteiligung an dieser Gesellschaft gebunden ist, gehört dieses Darlehen zu ihrem notwendigen Sonderbetriebsvermögen II bei der Besitzpersonengesellschaft (→ BFH vom 10.11.1994 – BStBl. 1995 II S. 452). Dies gilt auch für ein ungesichertes, unkündbares Darlehen der Gesellschafter der Besitzpersonengesellschaft an die Betriebskapitalgesellschaft, für das Zinsen erst zum Ende der Laufzeit des Darlehens gezahlt werden sollen (→ BFH vom 19.10.2000 – BStBl. 2001 II S. 335).*

– *Gewährt die Besitzpersonengesellschaft einer Kapitalgesellschaft, die Geschäftspartner der Betriebskapitalgesellschaft ist, ein Darlehen, gehört dieses zum notwendigen Betriebsvermögen der Besitzpersonengesellschaft (→ BFH vom 25.11.2004 – BStBl. 2005 II S. 354 und vom 20.4.2005 – BStBl. II S. 692).*

Dividendenansprüche

→ H 4.2 (1)

Eigentümergemeinschaft

Vermietet eine Eigentümergemeinschaft, an der der Besitzunternehmer nicht beherrschend beteiligt ist, ein Grundstück an die Betriebskapitalgesellschaft, ist die anteilige Zuordnung des Grundstücks zum Betriebsvermögen des Besitzunternehmens davon abhängig, ob die Vermietung an die Betriebskapitalgesellschaft durch die betrieblichen Interessen des Besitzunternehmens veranlasst ist (→ BFH vom 2.12.2004 – BStBl. 2005 II S. 340).

Forderungen

Zur Teilwertabschreibung einer Forderung des Besitzunternehmens gegen eine Betriebskapitalgesellschaft → H 6.7.

Geschäftswert

Werden bei der Begründung einer Betriebsaufspaltung sämtliche Aktiva und Passiva einschließlich der Firma mit Ausnahme des Immobilienvermögens auf die Betriebskapitalgesellschaft übertragen und das vom Besitzunternehmen zurückbehaltene Betriebsgrundstück der Betriebskapitalgesellschaft langfristig zur Nutzung überlassen, geht der im bisherigen (Einzel-)Unternehmen entstandene (originäre) Geschäftswert grundsätzlich auf die Betriebskapitalgesellschaft über (→ BFH vom 16.6.2004 – BStBl. 2005 II S. 378).

Gewinnausschüttungen

Gewinnausschüttungen einer Betriebskapitalgesellschaft an das Besitzunternehmen für die Zeit vor der Betriebsaufspaltung sind als Einnahmen aus Gewerbebetrieb zu qualifizieren, wenn der Gewinnverteilungsbeschluss nach Begründung der Betriebsaufspaltung gefasst worden ist (→ BFH vom 14.9.1999 – BStBl. 2000 II S. 255).

Kapitalerhöhung bei der Betriebskapitalgesellschaft

Wird von dem Besitzunternehmer ein Anteil an der Betriebskapitalgesellschaft gegen Leistung einer Einlage übertragen, die niedriger ist als der Wert des übernommenen Anteils, liegt in Höhe der Differenz zwischen dem Wert des übernommenen Anteils und der geleisteten Einlage eine Entnahme vor (→ BFH vom 16.4.1991 – BStBl. II S. 832 und vom 17.11.2005 – BStBl. 2006 II S. 287).

Mitunternehmerische Betriebsaufspaltung

- *Das Rechtsinstitut der Betriebsaufspaltung zwischen Schwesterpersonengesellschaften hat Vorrang vor den Rechtsfolgen aus § 15 Abs. 1 Satz 1 Nr. 2 EStG (→ BFH vom 23.4.1996 – BStBl. 1998 II S. 325 und vom 24.11.1998 – BStBl. 1999 II S. 483).*
- *→ BMF vom 28.4.1998 (BStBl. I S. 583) mit Übergangsregelung.* [1]
- *Vermieten die Miteigentümer einer Bruchteilsgemeinschaft ein Grundstück als wesentliche Betriebsgrundlage an eine von ihnen beherrschte Betriebsgesellschaft, ist regelmäßig davon auszugehen, dass sich die Miteigentümer zumindest konkludent zu einer GbR (= Besitzpersonengesellschaft) zusammengeschlossen haben (→ BFH vom 18.8.2005 – BStBl. II S. 830).*
- *Die Überlassung eines Praxisgrundstücks seitens einer ganz oder teilweise personenidentischen Miteigentümergemeinschaft an eine Freiberufler-GbR begründet keine mitunternehmerische Betriebsaufspaltung (→ BFH vom 10.11.2005 – BStBl. 2006 II S. 173).*
- *Überlässt eine ansonsten vermögensverwaltende Personengesellschaft Wirtschaftsgüter im Rahmen einer mitunternehmerischen Betriebsaufspaltung, stellen diese für die Dauer der Betriebsaufspaltung Betriebsvermögen der Besitzgesellschaft dar. Sofern auch die Voraussetzungen für Sonderbetriebsvermögen bei der Betriebspersonengesellschaft erfüllt sind, lebt diese Eigenschaft mit Ende der Betriebsaufspaltung durch Wegfall der personellen Verflechtung wieder auf (→ BFH vom 30.8.2007 – BStBl. 2008 II S. 129).*

Notwendiges Betriebsvermögen

- *Notwendiges Betriebsvermögen des Besitzunternehmens können auch Wirtschaftsgüter sein, die keine wesentlichen Betriebsgrundlagen des Betriebsunternehmens darstellen. Allerdings muss ihre Überlassung in einem unmittelbaren wirtschaftlichen Zusammenhang mit der Überlassung wesentlicher Betriebsgrundlagen stehen. Dies gilt auch für Patente und Erfindungen unabhängig davon, ob sie bereits mit Begründung der Betriebsaufspaltung oder zu einem späteren Zeitpunkt überlassen werden (→ BFH vom 23.9.1998 – BStBl. 1999 II S. 281).*
- *Gehört ein Grundstück zum Betriebsvermögen (Umlaufvermögen) eines gewerblichen Grundstückshandels und wird es im Rahmen einer Betriebsaufspaltung als eine wesentliche Betriebsgrundlage an ein Betriebsunternehmen vermietet, wird das Grundstück unter Fortführung des Buchwerts notwendiges Betriebsvermögen (Anlagevermögen) bei dem Besitzunternehmen (→ BFH vom 21.6.2001 – BStBl. 2002 II S. 537).*
- *→ Eigentümergemeinschaft*
- *Die Anteile des Besitzunternehmers an einer anderen Kapitalgesellschaft, welche intensive und dauerhafte Geschäftsbeziehungen zur Betriebskapitalgesellschaft unterhält, gehören zum notwendigen Betriebsvermögen des Besitzunternehmens. Gewährt der Besitzunternehmer dieser anderen Kapitalgesellschaft zu deren Stützung in der Krise ein Darlehen,*

---

1) Siehe Anlage § 015-05.

gehört der Anspruch auf Rückzahlung grundsätzlich ebenfalls zum notwendigen Betriebsvermögen des Besitzunternehmens (→ BFH vom 20.4.2005 – BStBl. II S. 692).

Nur-Besitzgesellschafter

Die gewerbliche Tätigkeit des Besitzunternehmens umfasst auch die Anteile und Einkünfte der Personen, die nur am Besitzunternehmen beteiligt sind (→ BFH vom 2.8.1972 – BStBl. II S. 796).

Pensionsanspruch gegenüber der Betriebskapitalgesellschaft

Die Pensionsanwartschaft des Besitzunternehmers gegenüber der Betriebskapitalgesellschaft, deren Gesellschafter-Geschäftsführer er ist, gehört nicht zu seinem Betriebsvermögen, sondern zum Privatvermögen (→ BFH vom 18.4.2002 – BStBl. 2003 II S. 149).

Sonderbetriebsvermögen

– Wird ein Wirtschaftsgut im Eigentum eines einzelnen Gesellschafters der Besitzgesellschaft unmittelbar an eine Betriebskapitalgesellschaft verpachtet, kann es Sonderbetriebsvermögen II bei der Besitzgesellschaft darstellen, wenn die Nutzungsüberlassung seitens des Gesellschafters nicht durch betriebliche oder private Interessen des Gesellschafters, sondern primär durch die betrieblichen Interessen der Besitzpersonengesellschaft oder der Betriebskapitalgesellschaft und somit gesellschaftlich veranlasst ist (→ BFH vom 10.6.1999 – BStBl. II S. 715). Diese Grundsätze gelten nicht, wenn es sich beim Betriebsunternehmen um eine Personengesellschaft handelt, an der der überlassende Gesellschafter beteiligt ist; das überlassene Wirtschaftsgut stellt dann Sonderbetriebsvermögen I des Gesellschafters bei der Betriebspersonengesellschaft dar. Diese Zuordnung geht der als Sonderbetriebsvermögen II bei der Besitzpersonengesellschaft vor (→ BFH vom 18.8.2005 – BStBl. II S. 830).

– Verpachtet eine Besitzpersonengesellschaft das gesamte Betriebsvermögen an eine Betriebskapitalgesellschaft und wird dabei auch das Betriebsgrundstück, das einigen Gesellschaftern der Besitzpersonengesellschaft gehört, von diesen an die Betriebskapitalgesellschaft vermietet, gehören die Einkünfte aus der Vermietung des Grundstückes zum gewerblichen Steuerbilanzgewinn der Besitzpersonengesellschaft (→ BFH vom 15.5.1975 – BStBl. II S. 781).

– Das Sonderbetriebsvermögen I umfasst nicht nur die der Betriebspersonengesellschaft bereits tatsächlich zur Nutzung überlassenen, sondern auch die bereits zuvor angeschafften, aber für eine spätere Nutzungsüberlassung endgültig bestimmten Wirtschaftsgüter (→ BFH vom 7.12.2000 – BStBl. 2001 II S. 316).

– Anteile eines Gesellschafters der Besitzpersonengesellschaft an einer Kapitalgesellschaft, die mit der Betriebskapitalgesellschaft in einer für diese vorteilhaften und nicht nur kurzfristigen Geschäftsbeziehung steht, sind notwendiges Sonderbetriebsvermögen II des Gesellschafters der Besitzpersonengesellschaft (→ BFH vom 25.11.2004 – BStBl. 2005 II S. 354).

– Die Annahme, dass ein vom Gesellschafter der Besitzpersonengesellschaft erworbenes Wirtschaftsgut für die betriebliche Nutzung der Betriebsgesellschaft bestimmt sei, rechtfertigt allein nicht den Schluss, dass es sich um Sonderbetriebsvermögen des Gesellschafters bei der Besitzpersonengesellschaft handelt, wenn es durch die Betriebsgesellschaft tatsächlich nie genutzt wurde (→ BFH vom 17.12.2008 – BStBl. 2009 II S. 371).

– → Bürgschaft für die Betriebskapitalgesellschaft.

– → Darlehen.

– → H 4.2 (2) Anteile an Kapitalgesellschaften.

Teileinkünfteverfahren

Zur Anwendung des Teileinkünfteverfahrens in der steuerlichen Gewinnermittlung → BMF vom 23.10.2013 (BStBl. I S. 1269).[1)]

Umfassend gewerbliche Besitzpersonengesellschaft

– Die Überlassung von Wirtschaftsgütern an ein Betriebsunternehmen hat zur Folge, dass sämtliche Einkünfte der im Übrigen nicht gewerblich tätigen Besitzpersonengesellschaft solche aus Gewerbebetrieb sind (→ BFH vom 13.11.1997 – BStBl. 1998 II S. 254).

---

1) Siehe Anlage § 003c-01.

R 15.7 § 15

– Vermieten die Gesellschafter einer Besitz-GbR als Bruchteilseigentümer Wohnungen an fremde Benutzer, so erzielen sie keine gewerblichen Einkünfte, wenn die Wohnungen nicht als (gewillkürtes) Sonderbetriebsvermögen ausgewiesen sind (→ BFH vom 27.8.1998 – BStBl. 1999 II S. 279).

Wohnungseigentümergemeinschaft

Ein Wohnungseigentümergemeinschaft im Sinne des § 10 WEG erzielt regelmäßig gewerbliche Einkünfte als Besitzunternehmen, wenn die einzelnen Wohnungen aufgrund einer Gebrauchsregelung (§ 15 WEG) an eine personenidentische Betriebskapitalgesellschaft vermietet werden (→ BFH vom 10.4.1997 – BStBl. II S. 569).

EStR 2012 zu § EStG

R 15.7. (5) Betriebsaufspaltung – Sachliche Verflechtung – unbesetzt –

Hinweise

H 15.7 (5) Beginn der sachlichen Verflechtung

– Für den Beginn der sachlichen Verflechtung ist allein die tatsächliche Überlassung von wesentlichen Betriebsgrundlagen zur Nutzung ausschlaggebend. Es ist ohne Bedeutung, ob die Überlassung (zunächst) unentgeltlich erfolgt oder ob sie auf einer schuldrechtlichen oder dinglichen Grundlage beruht (→ BFH vom 12.12.2007 – BStBl. 2008 II S. 579).

– Die Bestellung eines Erbbaurechts an einem unbebauten Grundstück führt bereits mit Abschluss des Vertrages zu einer sachlichen Verflechtung, wenn eine Bebauung für die betrieblichen Zwecke des Betriebsunternehmens vorgesehen ist (→ BFH vom 19.3.2002 – BStBl. II S. 662).

Eigentum des Besitzunternehmens

Eine sachliche Verflechtung ist auch dann gegeben, wenn verpachtete wesentliche Betriebsgrundlagen nicht im Eigentum des Besitzunternehmens stehen (→ BFH vom 12.10.1988 – BStBl. 1989 II S. 152).

Erbbaurecht

→ Beginn der sachlichen Verpflechtung

Leihe

Auch eine leihweise Überlassung wesentlicher Betriebsgrundlagen kann eine Betriebsaufspaltung begründen (→ BFH vom 24.4.1991 – BStBl. II S. 713).

Wesentliche Betriebsgrundlage

– **des Betriebsunternehmens**

Die sachlichen Voraussetzungen einer Betriebsaufspaltung liegen auch dann vor, wenn das überlassene Wirtschaftsgut bei dem Betriebsunternehmen nur eine der wesentlichen Betriebsgrundlagen darstellt (→ BFH vom 21.5.1974 – BStBl. II S. 613).

– **Betriebszweck/-führung**

Wesentliche Grundlagen eines Betriebs sind Wirtschaftsgüter, vor allem des Anlagevermögens, die zur Erreichung des Betriebszwecks erforderlich sind und ein besonderes wirtschaftliches Gewicht für die Betriebsführung bei dem Betriebsunternehmen haben (→ BFH vom 26.1.1989 – BStBl. II S. 455 und vom 24.8.1989 – BStBl. II S. 1014).

– **Büro-/Verwaltungsgebäude**

Ein Büro- und Verwaltungsgebäude ist jedenfalls dann eine wesentliche Betriebsgrundlage, wenn es die räumliche und funktionale Grundlage für die Geschäftstätigkeit des Betriebsunternehmens bildet (→ BFH vom 23.5.2000 – BStBl. II S. 621).

– **Ersetzbarkeit**

Ein Grundstück ist auch dann eine wesentliche Betriebsgrundlage, wenn das Betriebsunternehmen jederzeit am Markt ein für seine Belange gleichwertiges Grundstück mieten oder kaufen kann (→ BFH vom 26.5.1993 – BStBl. II S. 718).

– **Einfamilienhaus**
Als einziges Büro (Sitz der Geschäftsleitung) genutzte Räume in einem Einfamilienhaus stellen auch dann eine wesentliche Betriebsgrundlage dar, wenn sie nicht für Zwecke des Betriebsunternehmens besonders hergerichtet und gestaltet sind. Das gilt jedenfalls dann, wenn der Gebäudeteil nicht die in § 8 EStDV genannten Grenzen unterschreitet (→ BFH vom 13.7.2006 – BStBl. II S. 804).

– **Fabrikationsgrundstücke**
Grundstücke, die der Fabrikation dienen, gehören regelmäßig zu den wesentlichen Betriebsgrundlagen im Rahmen einer Betriebsaufspaltung (→ BFH vom 12.9.1991 – BStBl. 1992 II S. 347 und vom 26.3.1992 – BStBl. II S. 830).

– **Filialbetriebe**
Das einzelne Geschäftslokal eines Filialeinzelhandelsbetriebs ist in aller Regel auch dann eine wesentliche Betriebsgrundlage, wenn auf das Geschäftslokal weniger als 10 % der gesamten Nutzfläche des Unternehmens entfällt. Dabei ist es unbeachtlich, wenn das einzelne Geschäftslokal Verluste erwirtschaftet (→ BFH vom 19.3.2009 – BStBl. II S. 803).

– **Wirtschaftliche Bedeutung**
Ein Grundstück ist nur dann keine wesentliche Betriebsgrundlage, wenn es für das Betriebsunternehmen lediglich von geringer wirtschaftlicher Bedeutung ist (→ BFH vom 4.11.1992 – BStBl. 1993 II S. 245).

– **Stille Reserven**
Ein Wirtschaftsgut ist nicht allein deshalb als wesentliche Betriebsgrundlage im Rahmen einer Betriebsaufspaltung anzusehen, weil in ihm erhebliche stille Reserven ruhen (→ BFH vom 24.8.1989 – BStBl. II S. 1014).

– **immaterielle Wirtschaftsgüter**
Für die Begründung einer Betriebsaufspaltung ist ausreichend, wenn dem Betriebsunternehmen immaterielle Wirtschaftsgüter, z. B. der Firmenname oder Erfindungen, überlassen werden, die dem Besitzunternehmen gehören (→ BFH vom 6.11.1991 – BStBl. 1992 II S. 415).

– **Serienfabrikate**
Bei beweglichen Wirtschaftsgütern zählen auch Serienfabrikate zu den wesentlichen Betriebsgrundlagen (→ BFH vom 24.8.1989 – BStBl. II S. 1014).

– **Systemhalle**
Eine sogenannte Systemhalle kann wesentliche Betriebsgrundlage sei, wenn sie auf die Bedürfnisse des Betriebsunternehmens zugeschnitten ist (→ BFH vom 5.9.1991 – BStBl. 1992 II S. 349).

EStR 2012 zu § 15 EStG

R 15.7 (6) Betriebsaufspaltung – Personelle Verflechtung – unbesetzt –

Hinweise

H 15.7 (6) Allgemeines

Eine personelle Verflechtung liegt vor, wenn die hinter beiden Unternehmen stehenden Personen einen einheitlichen geschäftlichen Betätigungswillen haben (→ BFH vom 8.11.1971 – BStBl. 1972 II S. 63).

Beherrschungsidentität

– Ein einheitlicher geschäftlicher Betätigungswille setzt nicht voraus, dass an beiden Unternehmen die gleichen Beteiligungen derselben Personen bestehen (→ BFH vom 8.11.1971 – BStBl. 1972 II S. 63). Es genügt, dass die Personen, die das Besitzunternehmen tatsächlich beherrschen, in der Lage sind, auch in dem Betriebsunternehmen ihren Willen durchzusetzen (→ BMF vom 7.10.2002 – BStBl. I S. 1028).[1]
– Ein einheitlicher geschäftlicher Betätigungswille ist auch bei wechselseitiger Mehr-

---

[1] Siehe Anlage § 015-18.

heitsbeteiligung von zwei Personen am Besitzunternehmen und am Betriebsunternehmen anzunehmen (→ BFH vom 24.2.2000 – BStBl. II S. 417).

– In den Fällen, in denen sämtliche Anteile des Betriebsunternehmens einem einzigen Gesellschafter-Geschäftsführer gehören, kommt es darauf an, ob dieser seinen Willen auch in dem Besitzunternehmen durchsetzen kann (→ BFH vom 5.2.1981 – BStBl. II S. 376 und vom 11.11.1982 – BStBl. 1983 II S. 299).

– Die personelle Verflechtung einer GbR mit einer Betriebskapitalgesellschaft ist auch dann gegeben, wenn der Gesellschafter-Geschäftsführer der GbR, der zugleich alleiniger Geschäftsführer der Betriebskapitalgesellschaft ist, zwar von der GbR nicht vom Verbot des Selbstkontrahierens befreit ist, auf Grund seiner beherrschenden Stellung in der Betriebskapitalgesellschaft aber bewirken kann, dass auf Seiten der Betriebskapitalgesellschaft nicht er selbst als deren Vertreter auftritt (→ BFH vom 24.8.2006 – BStBl. 2007 II S. 165).

– Ist eine eingetragene Genossenschaft Rechtsträgerin des Betriebsunternehmens und zugleich Mehrheitsgesellschafterin der Besitzpersonengesellschaft, liegt eine personelle Verflechtung vor, wenn die Gesellschafter der Besitzpersonengesellschaft für Abschluss und Beendigung von Miet- und Pachtverträgen gemeinsam zur Geschäftsführung und Vertretung der Gesellschaft befugt sind und dabei mit Stimmenmehrheit nach Anteilen am Kapital der Gesellschaft entscheiden (→ BFH vom 8.9.2011 – BStBl. 2012 II S. 136).

Betriebs-AG

Im Verhältnis zu einem Betriebsunternehmen in der Rechtsform der AG kommt es darauf an, ob sich auf Grund der Befugnis, die Mitglieder der geschäftsführenden Organe des Betriebsunternehmens zu bestellen und abzuberufen, in dem Betriebsunternehmen auf Dauer nur ein geschäftlicher Betätigungswille entfalten kann, der vom Vertrauen der das Besitzunternehmen beherrschenden Person getragen ist und demgemäß mit deren geschäftlichen Betätigungswillen grundsätzlich übereinstimmt (→ BFH vom 28.1.1982 – BStBl. II S. 479); dies gilt auch für eine börsennotierte AG (→ BFH vom 23.3.2011 – BStBl. II S. 778).

Einstimmigkeitsabrede

→ BMF vom 7.10.2002 (BStBl. I S. 1028) mit Übergangsregelung. [1]

Faktische Beherrschung

→ BMF vom 7.10.2002 (BStBl. I S. 1028) [2]

Die Fähigkeit der das Besitzunternehmen beherrschenden Personen, ihren geschäftlichen Betätigungswillen in dem Betriebsunternehmen durchzusetzen, erfordert nicht notwendig einen bestimmten Anteilsbesitz an dem Betriebsunternehmen; sie kann ausnahmsweise auch auf Grund einer durch die Besonderheiten des Einzelfalls bedingten tatsächlichen Machtstellung in dem Betriebsunternehmen gegeben sein (→ BFH vom 16.6.1982 – BStBl. II S. 662). Faktische Beherrschung ist z. B. anzunehmen, wenn der Alleininhaber des Besitzunternehmens und alleiniger Geschäftsführer der Betriebskapitalgesellschaft auf Grund tatsächlicher Machtstellung jederzeit in der Lage ist, die Stimmenmehrheit in der Betriebskapitalgesellschaft zu erlangen (→ BFH vom 29.1.1997 – BStBl. II S. 437).

Keine faktische Beherrschung ist anzunehmen

– *bei einer auf Lebenszeit eingeräumten Geschäftsführerstellung in dem Betriebsunternehmen für den Besitzunternehmer (→ BFH vom 26.7.1984 – BStBl. II S. 714 und vom 26.10.1988 – BStBl. 1989 II S. 155).*

– *bei Beteiligung nicht völlig fachunkundiger Gesellschafter an dem Betriebsunternehmen (→ BFH vom 9.9.1986 – BStBl. 1987 II S. 28 und vom 12.10.1988 – BStBl. 1989 II S. 152).*

– *bei einem größeren Darlehnsanspruch gegen die Betriebskapitalgesellschaft, wenn der Gläubiger nicht vollständig die Geschäftsführung an sich zieht (→ BFH vom 1.12.1989 – BStBl. 1990 II S. 500).*

– *in den Fällen, in denen die das Besitzunternehmen beherrschenden Ehemänner bzw. Ehefrauen bei der Betriebskapitalgesellschaft, deren Anteile von den Ehefrauen bzw. Ehemännern gehalten werden, angestellt sind und vertraglich die Gesellschaftsanteile den Ehefrauen bzw. Ehemännern entzogen werden können, falls das Arbeitsverhältnis*

---

1) Siehe Anlage § 015-18.
2) Siehe Anlage § 015-18.

des jeweiligen Ehemanns bzw. der jeweiligen Ehefrau beendet wird (→ BFH vom 15.10.1998 – BStBl. 1999 II S. 445).

Gütergemeinschaft

Gehören sowohl die überlassenen wesentlichen Betriebsgrundlagen als auch die Mehrheit der Anteile an der Betriebskapitalgesellschaft zum Gesamtgut einer ehelichen Gütergemeinschaft, so sind die Voraussetzungen der personellen Verflechtung erfüllt (→ BFH vom 26.11.1992 – BStBl. 1993 II S. 876).

Insolvenz des Betriebsunternehmens

Die Eröffnung des Insolvenzverfahrens über das Vermögen des Betriebsunternehmens führt zur Beendigung der personellen Verflechtung und zur Betriebsaufgabe des Besitzunternehmens, wenn nicht das laufende Insolvenzverfahrens mit anschließender Fortsetzung des Betriebsunternehmens aufgehoben oder eingestellt wird (→ BFH vom 6.3.1997 – BStBl. II S. 460).

Interessengegensätze

Ein einheitlicher geschäftlicher Betätigungswille ist nicht anzunehmen, wenn nachgewiesen wird, dass zwischen den an dem Besitzunternehmen und dem Betriebsunternehmen beteiligten Personen tatsächlich Interessengegensätze aufgetreten sind (→ BFH vom 15.5.1975 – BStBl. II S. 781).

Mehrheit der Stimmrechte

Für die Durchsetzung eines einheitlichen geschäftlichen Betätigungswillens in einem Unternehmen ist in der Regel der Besitz der Mehrheit der Stimmrechte erforderlich (→ BFH vom 28.11.1979 – BStBl. 1980 II S. 162 und vom 18.2.1986 – BStBl. II S. 611). Ein Besitzunternehmer beherrscht die Betriebskapitalgesellschaft auch, wenn er zwar über die einfache Stimmrechtsmehrheit und nicht über die im Gesellschaftsvertrag vorgeschriebene qualifizierte Mehrheit verfügt, er aber als Gesellschafter-Geschäftsführer deren Geschäfte des täglichen Lebens beherrscht, sofern ihm die Geschäftsführungsbefugnis nicht gegen seinen Willen entzogen werden kann (→ BFH vom 30.11.2005 – BStBl. 2006 II S. 415); siehe aber → Faktische Beherrschung.

Mittelbare Beteiligung

– *Den maßgeblichen Einfluss auf das Betriebsunternehmen kann einem Gesellschafter auch eine mittelbare Beteiligung gewähren (→ BFH vom 14.8.1974 – BStBl. 1975 II S. 112 und vom 23.7.1981 – BStBl. 1982 II S. 60 und vom 22.1.1988 – BStBl. II S. 537).*

– *Der beherrschende Einfluss auf das Betriebsunternehmen bleibt erhalten, wenn das Betriebsgrundstück einer zwischengeschalteten GmbH zur Weitervermietung an das Betriebsunternehmen überlassen wird (→ BFH vom 28.11.2001 – BStBl. 2002 II S. 363).*

Personengruppentheorie

Für die Beherrschung von Besitz- und Betriebsunternehmen reicht es aus, wenn an beiden Unternehmen mehrere Personen beteiligt sind, die zusammen beide Unternehmen beherrschen. Dies gilt auch für Familienangehörige (→ BFH vom 28.5.1991 – BStBl. II S. 801).

Stimmrechtausschluss

– **Allgemeines**

  Sind an der Besitzpersonengesellschaft neben den das Betriebsunternehmen beherrschenden Personen weitere Gesellschafter oder Bruchteilseigentümer beteiligt, können die auch an dem Betriebsunternehmen beteiligten Personen an der Ausübung des Stimmrechts in der Besitzpersonengesellschaft bei einem Rechtsgeschäft mit dem Betriebsunternehmen ausgeschlossen sein. Eine tatsächliche Beherrschung der Besitzpersonengesellschaft ist dann nicht möglich (→ BFH vom 9.11.1983 – BStBl. 1984 II S. 212).

– **tatsächliche Handhabung**

  Eine personelle Verflechtung liegt nicht vor, wenn ein Gesellschafter des Besitzunternehmens von der Ausübung des Stimmrechts in dem Besitzunternehmen bei der Vornahme von Rechtsgeschäften des Besitzunternehmens mit dem Betriebsunternehmen ausgeschlossen ist. Entscheidend ist dabei die tatsächliche Handhabung (→ BFH vom 12.11.1985 – BStBl. 1986 II S. 296).

– **bei Betriebskapitalgesellschaft**

Für die Frage der personellen Verflechtung ist allerdings nicht ausschlaggebend, ob der beherrschende Gesellschafter der Betriebskapitalgesellschaft bei Beschlüssen über Geschäfte mit dem Besitzunternehmen vom ihm zustehenden Stimmrecht ausgeschlossen ist. Sofern nämlich diese Rechtsgeschäfte zur laufenden Geschäftsführung der Betriebskapitalgesellschaft gehören, besteht kein Anlass, hierüber einen Beschluss der Gesellschafterversammlung herbeizuführen (→ BFH vom 26.01.1989 – BStBl. II S. 455).

Testamentsvollstrecker

– *Der einheitliche geschäftliche Betätigungswille der hinter Besitz- und Betriebsunternehmen stehenden Personen kann nicht durch einen Testamentvollstrecker ersetzt werden (→ BFH vom 13.12.1984 – BStBl. 1985 II S. 657).*

– *Für die Beurteilung der personellen Verflechtung ist das Handeln eines Testamentsvollstreckers den Erben zuzurechnen (→ BFH vom 5.6.2008 – BStBl. II S. 858).*

EStR 2012 zu § 15 EStG

R 15.7 (7) Betriebsaufspaltung – Zusammenrechnung von Ehegattenanteilen – unbesetzt –

Hinweise

H 15.7 (7) Allgemeines

Eine Zusammenrechnung von Ehegattenanteilen kommt grundsätzlich nicht in Betracht, es sei denn, dass zusätzlich zur ehelichen Lebensgemeinschaft ausnahmsweise Beweisanzeichen vorliegen, die für gleichgerichtete wirtschaftliche Interessen der Ehegatten sprechen (→ Beschluss des BVerfG vom 12.3.1985 – BStBl. II S. 475, BMF vom 18.11.1986 – BStBl. I S. 537).[1]

Wiesbadener Modell

Ist an dem Besitzunternehmen der eine Ehegatte und an dem Betriebsunternehmen der andere Ehegatte beteiligt, liegt eine Betriebsaufspaltung nicht vor (→ BFH vom 30.7.1985 – BStBl. 1986 II S. 359 und vom 9.9.1986 – BStBl. 1987 II S. 28).

→ H 4.8 (Scheidungsklausel)

EStR 2012 zu § 15 EStG

R 15.7 (8) Betriebsaufspaltung – Zusammenrechnung der Anteile von Eltern und Kindern

(8) [1]Eine personelle Verflechtung liegt vor, wenn einem Elternteil oder beiden Elternteilen und einem minderjährigen Kind an beiden Unternehmen jeweils zusammen die Mehrheit der Stimmrechte zuzurechnen sind. [2]Ist beiden Elternteilen an einem Unternehmen zusammen die Mehrheit der Stimmrechte zuzurechnen und halten sie nur zusammen mit dem minderjährigen Kind am anderen Unternehmen die Mehrheit der Stimmrechte, liegt, wenn das Vermögenssorgerecht beiden Elternteilen zusteht, grundsätzlich ebenfalls eine personelle Verflechtung vor. [3]Hält nur ein Elternteil an dem einen Unternehmen die Mehrheit der Stimmrechte und hält er zusammen mit dem minderjährigen Kind die Mehrheit der Stimmrechte an dem anderen Unternehmen, liegt grundsätzlich keine personelle Verflechtung vor; auch in diesem Fall kann aber eine personelle Verflechtung anzunehmen sein, wenn das Vermögenssorgerecht allein dem beteiligten Elternteil liegt oder wenn das Vermögenssorgerecht bei beiden Elternteilen liegt und zusätzlich zur ehelichen Lebensgemeinschaft gleichgerichtete wirtschaftliche Interessen der Ehegatten vorliegen. [4]Ist nur einem Elternteil an dem einen Unternehmen die Mehrheit der Stimmrechte zuzurechnen und halten an dem anderen Unternehmen beide Elternteile zusammen mit dem minderjährigen Kind die Mehrheit der Stimmrechte, liegt grundsätzlich keine personelle Verflechtung vor, es sei denn, die Elternanteile können zusammengerechnet werden und das Vermögenssorgerecht steht beiden Elternteilen zu.

Hinweise

H 15.7 (8) Wegfall der personellen Verflechtung durch Eintritt der Volljährigkeit

→ R 16 Abs. 2 Satz 3 ff.

---
1) Siehe Anlage § 015-10.

§ 15

R 15.7

EStR 2012 zu § 15 EStG

R 15.7 (9) Wertpapiergeschäfte – unbesetzt –

Hinweise

H 15.7 (9) An- und Verkauf von Wertpapieren
- Ob der An- und Verkauf von Wertpapieren als Vermögensverwaltung oder als eine gewerbliche Tätigkeit anzusehen ist, hängt, wenn eine selbständige und nachhaltige, mit Gewinnerzielungsabsicht betriebene Tätigkeit vorliegt, entscheidend davon ab, ob die Tätigkeit sich auch als Beteiligung am allgemeinen wirtschaftlichen Verkehr darstellt. Der fortgesetzte An- und Verkauf von Wertpapieren reicht für sich allein, auch wenn er einen erheblichen Umfang annimmt und sich über einen längeren Zeitraum erstreckt, zur Annahme eines Gewerbebetriebs nicht aus, solange er sich in den gewöhnlichen Formen, wie sie bei Privatleuten die Regel bilden, abspielt, (→ BFH vom 19.2.1997 – BStBl. II S. 399, vom 29.10.1998 – BStBl. 1999 II S. 448 und vom 20.12.2000 – BStBl. 2001 II S. 706).
- Der An- und Verkauf von Optionskontrakten selbst in größerem Umfang begründet im Allgemeinen keinen Gewerbebetrieb. Eine gewerbliche Betätigung setzt jedenfalls voraus, dass der Steuerpflichtige sich wie ein bankentypischer Händler verhält (→ BFH vom 20.12.2000 – BStBl. 2001 II S. 706).
- Der Rahmen einer privaten Vermögensverwaltung wird unabhängig vom Umfang der Beteiligung überschritten, wenn die Wertpapiere nicht nur auf eigene Rechnung, sondern untrennbar damit verbunden in erheblichem Umfang auch für fremde Rechnung erworben und wieder veräußert werden, zur Durchführung der Geschäfte mehrere Banken eingeschaltet werden, die Wertpapiergeschäfte mit Krediten finanziert werden, aus den Geschäften für fremde Rechnung Gewinne erzielt werden sollen und alle Geschäfte eine umfangreiche Tätigkeit erfordern (→ BFH vom 4.3.1980 – BStBl. II S. 389).
- Der An- und Verkauf von Wertpapieren überschreitet grundsätzlich noch nicht den Rahmen einer privaten Vermögensverwaltung, wenn die entfaltete Tätigkeit dem Bild eines „Wertpapierhandelsunternehmens" im Sinne des § 1 Abs. 3d Satz 2 des Gesetzes über das Kreditwesen (KWG) bzw. eines „Finanzunternehmens" im Sinne des § 1 Abs. 3 KWG nicht vergleichbar ist. Für ein Wertpapierhandelsunternehmen ist ein Tätigwerden „für andere", vor allem ein Tätigwerden „für fremde Rechnung" kennzeichnend. Finanzunternehmen werden zwar – insoweit nicht anders als private Anleger – für eigene Rechnung tätig, zeichnen sich aber dadurch aus, dass sie den Handel mit institutionellen Partnern betreiben, also nicht lediglich über eine Depotbank am Marktgeschehen teilnehmen (→ BFH vom 30.7.2003 – BStBl. 2004 II S. 408).

Devisentermingeschäfte/Optionsgeschäfte
Die für Wertpapiergeschäfte maßgebenden Grundsätze für die Abgrenzung zwischen gewerblicher Tätigkeit und privater Vermögensverwaltung gelten auch bei Devisen- und Edelmetall-Termingeschäften in der Art von offenen oder verdeckten Differenzgeschäften (→ BFH vom 6.12.1983 – BStBl. 1984 II S. 132). Dies gilt ebenso für Optionsgeschäfte (→ BFH vom 19.2.1997 – BStBl. II S. 399).

→ H 20.2 (Options- und Finanztermingeschäfte)
→ H 4.2 (1) (Termin- und Optionsgeschäfte)

Kapitalanlage mit Einfluss auf die Geschäftsführung
Zur Annahme eines die Gewerblichkeit begründenden besonderen Umstandes reicht es nicht aus, wenn mit dem Ankauf von Wertpapieren eine Dauerkapitalanlage mit bestimmendem Einfluss auf die Geschäftsführung einer Kapitalgesellschaft gesucht und erreicht wird (→ BFH vom 4.3.1980 – BStBl. II S. 389).

Pfandbriefe
Auch der An- und Verkauf von Pfandbriefen unter gezielter Ausnutzung eines sog. „grauen" Markts kann eine gewerbliche Tätigkeit begründen (→ BFH vom 2.4.1971 – BStBl. II S. 620).

Wertpapiergeschäfte eines Bankiers
Betreibt ein Bankier Wertpapiergeschäfte, die üblicherweise in den Bereich seiner Bank fallen, die aber auch im Rahmen einer privaten Vermögensverwaltung getätigt werden kön-

nen, so sind diese dem betrieblichen Bereich zuzuordnen, wenn sie der Bankier in einer Weise abwickelt, dass er häufig wiederkehrend dem Betrieb Mittel entnimmt, Kauf und Verkauf über die Bank abschließt und die Erlöse alsbald wieder dem Betrieb zuführt (→ BFH vom 19.1.1977 – BStBl. II S. 287).

EStR 2012 zu § 15 EStG

R 15.8 Mitunternehmerschaft

R 15.8 (1) Allgemeines – unbesetzt –

Hinweise

H 15.8 (1) Allgemeines

Mitunternehmer im Sinne des § 15 Abs. 1 Satz 1 Nr. 2 EStG ist, wer zivilrechtlich Gesellschafter einer Personengesellschaft ist und eine gewisse unternehmerische Initiative entfalten kann sowie unternehmerisches Risiko trägt. Beide Merkmale können jedoch im Einzelfall mehr oder weniger ausgeprägt sein (→ BFH vom 25.6.1984 – BStBl. II S. 751 und vom 15.7.1986 – BStBl. II S. 896).

→ Mitunternehmerinitiative
→ Mitunternehmerrisiko
→ Gesellschafter

Ausgleichsanspruch eines Kommanditisten

Ein Ausgleichsanspruch gegen die KG, der einem Kommanditisten zusteht, weil er Schulden der KG beglichen hat, gehört zu dessen Sonderbetriebsvermögen. Ein Verlust wird erst dann realisiert, wenn der Anspruch gegen die KG wertlos wird; dies ist erst im Zeitpunkt der Beendigung der Mitunternehmerstellung, also beim Ausscheiden des Gesellschafters oder bei Beendigung der Gesellschaft der Fall (→ BFH vom 5.6.2003 – BStBl. II S. 871).

Bürgschaftsinanspruchnahme

→ Ausgleichsanspruch eines Kommanditisten

Büro-/Praxisgemeinschaft

Im Unterschied zu einer Gemeinschaftspraxis (Mitunternehmerschaft) hat eine Büro- und Praxisgemeinschaft lediglich den Zweck, den Beruf in gemeinsamen Praxisräumen auszuüben und bestimmte Kosten von der Praxisgemeinschaft tragen zu lassen und umzulegen. Ein einheitliches Auftreten nach außen genügt nicht, um aus einer Bürogemeinschaft eine Mitunternehmerschaft werden zu lassen. Gleiches gilt für die gemeinsame Beschäftigung von Personal und die gemeinsame Nutzung von Einrichtungsgegenständen. Entscheidend ist, dass bei einer Büro- und Praxisgemeinschaft keine gemeinschaftliche, sondern eine individuelle Gewinnerzielung beabsichtigt ist, und auch der Praxiswert dem einzelnen Beteiligten zugeordnet bleibt (→ BFH vom 14.4.2005 – BStBl. II S. 752).

Erbengemeinschaft

Eine Erbengemeinschaft kann nicht Gesellschafterin einer werbenden Personengesellschaft sein. Jedem Miterben steht deshalb ein seinem Erbteil entsprechender Gesellschaftsanteil zu (→ BFH vom 1.3.1994 – BStBl. 1995 II S. 241).

Europäische wirtschaftliche Interessenvereinigung (EWIV)

Die EWIV unterliegt nach § 1 des Gesetzes zur Ausführung der EWG-Verordnung über die Europäische wirtschaftliche Interessenvereinigung (EWIV-Ausführungsgesetz vom 14.4.1988 – BGBl. I S. 514 geändert durch Art. 16 des Gesetzes zur Modernisierung des GmbH-Rechts und zur Bekämpfung von Missbräuchen vom 23.10.2008 – BGBl. I S. 2026) den für eine OHG geltenden Rechtsvorschriften. Dies gilt auch für das Steuerrecht.

Gesellschafter

– Ob ein Gesellschafter Mitunternehmer ist, beurteilt sich für alle Personengesellschaften nach gleichen Maßstäben (→ BFH vom 29.4.1981 – BStBl. II S. 633 und vom 25.6.1981 – BStBl. II S. 779). In Ausnahmefällen reicht auch eine einem Gesellschafter einer Personengesellschaft wirtschaftlich vergleichbare Stellung aus, z. B. als Beteiligter an einer Erben-, Güter- oder Bruchteilsgemeinschaft, als Beteiligter einer „fehlerhaften Gesellschaft" im Sinne des Zivilrechts oder als Unterbeteiligter (→ BFH vom 25.6.1984 –

BStBl. II S. 751). Auch Gesellschafter einer OHG oder KG erzielen nur dann Einkünfte aus Gewerbebetrieb, wenn sie Mitunternehmer des gewerblichen Unternehmens sind (→ BFH vom 8.2.1979 – BStBl. II S. 405).

- → *verdeckte Mitunternehmerschaft*

Gesellschafterausschluss bei Scheidung
→ *Wirtschaftliches Eigentum*

Innengesellschaft

- *Im Fall einer GbR, die als reine Innengesellschaft ausgestaltet ist, rechtfertigt die Übernahme eines erheblichen unternehmerischen Risikos bereits das Bestehen einer Mitunternehmerschaft (→ BFH vom 19.2.1981 – BStBl. II S. 602, vom 28.10.1981 – BStBl. 1982 II S. 186 und vom 9.10.1986-BStBl. 1987 II S. 124).*
- *Der Inhaber eines Betriebs ist regelmäßig schon allein wegen seiner unbeschränkten Außenhaftung und des ihm allein möglichen Auftretens im Rechtsverkehr Mitunternehmer einer Innengesellschaft, die zum Zwecke der stillen Beteiligung an seinem Unternehmen gegründet wurde. Dies gilt auch dann, wenn dem Inhaber des Betriebs im Innenverhältnis neben einem festen Vorabgewinn für seine Tätigkeit keine weitere Gewinnbeteiligung zusteht und die Geschäftsführungsbefugnis weitgehend von der Zustimmung des stillen Beteiligten abhängt (→ BFH vom 10.5.2007 – BStBl. II S. 927).*
- *Ist eine Person oder eine Personenmehrheit an einzelnen Tätigkeiten des Unternehmens einer KG als Innengesellschafterin beteiligt, führt dies nur dann zur Annahme eines eigenständigen Gewerbebetriebs, wenn der betroffene Geschäftsbereich in Form einer wirtschaftlichen Einheit von den weiteren Tätigkeitsfeldern des Unternehmens hinreichend sachlich abgegrenzt ist (→ BFH vom 23.4.2009 – BStBl. 2010 II S. 40).*

Komplementär

- *Eine Komplementär-GmbH ist auch dann Mitunternehmerin, wenn sie am Gesellschaftskapital nicht beteiligt ist (→ BFH vom 11.12.1986 – BStBl. 1987 II S. 553).*
- *Die Mitunternehmerstellung des Komplementärs wird nicht dadurch ausgeschlossen, dass er weder am Gewinn und Verlust der KG noch an deren Vermögen beteiligt ist (→ BFH vom 25.4.2006 – BStBl. II S. 595).*
- *Der Komplementär ist auch dann Mitunternehmer, wenn er keine Kapitaleinlage erbracht hat und im Innenverhältnis (zu dem Kommanditisten) wie ein Angestellter behandelt und von der Haftung freigestellt wird (→ BFH vom 11.6.1985 – BStBl. 1987 II S. 33 und vom 14.8.1986 – BStBl. 1987 II S. 60).*

Miterben
Gehört zum Nachlaß ein Gewerbebetrieb, sind die Miterben Mitunternehmer (→ BFH vom 14.3.2006 (BStBl. I S. 253). Zur Erbengemeinschaft als Gesellschafter → Erbengemeinschaft.

Mitunternehmerinitiative
Mitunternehmerinitiative bedeutet vor allem Teilhabe an den unternehmerischen Entscheidungen, wie sie Gesellschaftern oder diesen vergleichbaren Personen als Geschäftsführern, Prokuristen oder anderen leitenden Angestellten obliegen. Ausreichend ist schon die Möglichkeit zur Ausübung von Gesellschafterrechten, die wenigstens den Stimm-, Kontroll- und Widerspruchsrechten angenähert sind, die einem Kommanditisten nach dem HGB zustehen oder die den gesellschaftsrechtlichen Kontrollrechten nach § 716 Abs. 1 BGB entsprechen (→ BFH vom 25.6.1984 – BStBl. II S. 751, S. 769). Ein Kommanditist ist beispielsweise dann mangels Mitunternehmerinitiative kein Mitunternehmer, wenn sowohl sein Stimmrecht als auch sein Widerspruchsrecht durch Gesellschaftsvertrag faktisch ausgeschlossen sind (→ BFH vom 11.10.1988 – BStBl. 1989 II S. 762).

Mitunternehmerrisiko

- *Mitunternehmerrisiko trägt im Regelfall, wer am Gewinn und Verlust des Unternehmens und an den **stillen Reserven** einschließlich eines etwaigen Geschäftswerts beteiligt ist (→ BFH vom 25.6.1984 – BStBl. II S. 751). Je nach den Umständen des Einzelfalls können jedoch auch andere Gesichtspunkte, z. B. eine besonders ausgeprägte unternehmerische Initiative, verbunden mit einem bedeutsamen Beitrag zur Kapitalausstattung des Unternehmens in den Vordergrund treten (→ BFH vom 27.2.1980 – BStBl. 1981 II S. 210). Eine Vereinbarung über die Beteiligung an den stillen Reserven ist nicht ausschlaggebend, wenn die stillen Reserven für den Gesellschafter keine wesentliche wirt-*

schaftliche Bedeutung haben (→ BFH vom 5.6.1986 – BStBl. II S. 802). Ein Kommanditist, der nicht an den stillen Reserven einschließlich eines etwaigen Geschäftswerts beteiligt ist und nach dem Gesellschaftsvertrag nur eine übliche Verzinsung seiner Kommanditeinlage erhält, trägt kein Mitunternehmerrisiko und ist deshalb auch dann nicht Mitunternehmer, wenn seine gesellschaftsrechtlichen Mitwirkungsrechte denjenigen eines Kommanditisten entsprechen (→ BFH vom 28.10.1999 – BStBl. 2000 II S. 183).

– Eine Beteiligung am unternehmerischen Risiko liegt bei beschränkt haftenden Gesellschaftern von Personenhandelsgesellschaften, insbesondere bei Kommanditisten, und bei atypischen stillen Gesellschaftern nicht vor, wenn wegen der rechtlichen oder tatsächlichen **Befristung** ihrer gesellschaftlichen Beteiligung eine Teilhabe an der von der Gesellschaft beabsichtigten Betriebsvermögensmehrung in Form eines entnahmefähigen laufenden Gewinns oder eines die Einlage übersteigenden Abfindungsguthabens oder eines Gewinns aus der Veräußerung des Gesellschaftsanteils nicht zu erwarten ist (→ BFH vom 25.6.1984 – BStBl. II S. 751). Die zeitliche Befristung und die fehlende Gewinnerwartung können sich aus den Umständen des Einzelfalls ergeben (→ BFH vom 10.11.1977 – BStBl. 1978 II S. 15).

Nachversteuerung des negativen Kapitalkontos

Der Betrag des beim Ausscheiden aus der Gesellschaft oder bei Auflösung der Gesellschaft zu versteuernden negativen Kapitalkontos (→ BFH vom 10.11.1980 – BStBl. 1981 II S. 164) ist kein Gewinn aus einer Betriebsvermögensmehrung. Der beim Wegfall eines negativen Kapitalkontos des Kommanditisten zu erfassende Gewinn erlaubt es deshalb nicht, die Teilnahme an einer Betriebsvermögensmehrung im Sinne einer Beteiligung am unternehmerischen Risiko als gegeben anzusehen (→ BFH vom 25.6.1984 – BStBl. II S. 751).

Nießbrauch

Bei Bestellung eines Nießbrauchs am Gesellschaftsanteil bleibt der Nießbrauchsverpflichtete Mitunternehmer (→ BFH vom 1.3.1994 – BStBl. 1995 II S. 241).

Organgesellschaft

Einer Mitunternehmerschaft der Komplementär-GmbH steht nicht entgegen, daß sie Organ des Kommanditisten ist (BFH vom 10.11.1983 – BStBl. 1984 II S. 150).

Partnerschaftsgesellschaft

Zur neuen zivilrechtlichen Rechtsform der Partnerschaftsgesellschaft → Partnerschaftsgesellschaftsgesetz (PartGG) vom 25.7.1994 (BGBl. I S. 1744), zuletzt geändert durch Artikel 1 des Gesetzes zur Einführung einer Partnerschaftsgesellschaft mit beschränkter Berufshaftung und zur Änderung des Berufsrechts der Rechtsanwälte, Patentanwälte, Steuerberater und Wirtschaftsprüfer vom 15.7.2013 (BGBl. I S. 2386).

Stiller Gesellschafter

Bei einem stillen Gesellschafter ohne Unternehmerinitiative kommt der vermögensrechtlichen Stellung besondere Bedeutung zu (→ BFH vom 25.6.1981 – BStBl. 1982 II S. 59). Um als Mitunternehmer angesehen werden zu können, muss sein solcher stille Gesellschafter einen Anspruch auf Beteiligung am tatsächlichen Zuwachs des Gesellschaftsvermögens unter Einschluss der stillen Reserven und eines Geschäftswerts haben (→ BFH vom 27.5.1993 – BStBl. 1994 II S. 700). Ohne eine Beteiligung an den stillen Reserven kann ein stiller Gesellschafter dann Mitunternehmer sein, wenn der Unternehmer ihm abweichend von der handelsrechtlichen Regelung ermöglicht, wie ein Unternehmer auf das Schicksal des Unternehmens Einfluss zu nehmen (→ BFH vom 28.1.1982 – BStBl. II S. 389). Beteiligt sich der beherrschende Gesellschafter und alleinige Geschäftsführer einer GmbH an dieser auch noch als stiller Gesellschafter mit einer erheblichen Vermögenseinlage unter Vereinbarung einer hohen Gewinnbeteiligung sowie der Verpflichtung, die Belange bestimmter Geschäftspartner persönlich wahrzunehmen, so handelt es sich um eine atypisch stille Gesellschaft – Mitunternehmerschaft –; (→ BFH vom 15.12.1992 – BStBl. 1994 II S. 702). Gesamthandsvermögen braucht nicht vorhanden zu sein (→ BFH vom 8.7.1982 – BStBl. II S. 700).

Strohmannverhältnis

Wer in eigenem Namen, aber für Rechnung eines anderen ein Einzelunternehmen führt oder persönlich haftender Gesellschafter einer Personengesellschaft ist, wird, sofern das Treuhandverhältnis den Geschäftspartnern gegenüber nicht offen gelegt wird, regelmäßig allein wegen seiner unbeschränkten Haftung zum (Mit-)Unternehmer. Dies gilt auch dann, wenn er den Weisungen des Treugebers unterliegt und im Innenverhältnis von jeglicher Haftung freigestellt ist → BFH vom 4.11.2004 – BStBl. 2005 II S. 168).

Testamentsvollstreckung
Ein Kommanditist, dessen Kommanditanteil durch Testamentsvollstreckung treuhänderisch verwaltet wird und dessen Gewinnanteile an einen Unterbevollmächtigten herauszugeben sind, ist dennoch Mitunternehmer (→ BFH vom 16.5.1995 – BStBl. II S. 714).

Treugeber
Bei einem Treuhandverhältnis, dessen Gegenstand die Mitgliedschaft in einer Personengesellschaft ist, müssen die die Mitunternehmerstellung kennzeichnenden Merkmale in der Person des Treugebers vorliegen (→ BFH vom 21.4.1988 – BStBl. 1989 II S. 722).

Verdeckte Mitunternehmerschaft
– Mitunternehmer kann auch sein, wer nicht als → Gesellschafter, sondern z. B. als Arbeitnehmer oder Darlehensgeber bezeichnet ist, wenn die Vertragsbeziehung als Gesellschaftsverhältnis anzusehen ist (→ BFH vom 11.12.1980 – BStBl. 1981 II S. 310). Allerdings sind die zwischen den Beteiligten bestehenden Rechtsbeziehungen bei der Beurteilung der Gesellschaftereigenschaft sowohl zivil- als auch steuerrechtlich nicht allein nach deren formalen Bezeichnung zu würdigen, sondern nach den von ihnen gewollten Rechtswirkungen und der sich danach ergebenden zutreffenden rechtlichen Einordnung (→ BFH vom 13.7.1993 – BStBl. 1994 II S. 282).

– Eine Mitunternehmerschaft setzt ein zivilrechtliches Gesellschaftsverhältnis oder ausnahmsweise ein wirtschaftlich vergleichbares Gemeinschaftsverhältnis voraus. Eine Mitunternehmerschaft liegt danach auch vor, wenn mehrere Personen durch gemeinsame Ausübung der Unternehmerinitiative und gemeinsame Übernahme des Unternehmerrisikos auf einen bestimmten Zweck hin tatsächlich zusammenarbeiten. Erforderlich für ein stillschweigend begründetes Gesellschaftsverhältnis ist auch ein entsprechender Verpflichtungswille (→ BFH vom 1.8.1996 – BStBl. 1997 II S. 272). Mitunternehmerinitiative und -risiko dürfen nicht lediglich auf einzelne Schuldverhältnisse zurückzuführen sein. Die Bündelung von Risiken aus derartigen Austauschverhältnissen unter Vereinbarung angemessener und leistungsbezogener Entgelte begründet noch kein gesellschaftsrechtliches Risiko (→ BFH vom 13.7.1993 – BStBl. 1994 II S. 282). Tatsächliche Einflussmöglichkeiten allein genügen allerdings nicht (→ BFH vom 2.9.1985 – BStBl. 1986 II S. 10).

– Das Vorliegen einer verdeckten Mitunternehmerschaft zwischen nahen Angehörigen darf nicht unter Heranziehung eines Fremdvergleichs beurteilt werden (→ BFH vom 8.11.1995 – BStBl. 1996 II S. 133).

– Der Geschäftsführer der Komplementär-GmbH ist nicht schon auf Grund des bloßen Abschlusses des Geschäftsführervertrages mit der GmbH als verdeckter Mitunternehmer der KG anzusehen (→ BFH vom 1.8.1996 – BStBl. 1997 II S. 272). Der alleinige Gesellschafter-Geschäftsführer der Komplementär-GmbH ist verdeckter Mitunternehmer der Familien-GmbH & Co. KG, wenn er für die Geschäftsführung unangemessene gewinnabhängige Bezüge erhält und sich – wie bisher als Einzelunternehmer – als Herr des Unternehmens verhält (→ BFH vom 21.9.1995 – BStBl. 1996 II S. 66).

Vermietung zwischen Schwester-Personengesellschaften
Wirtschaftsgüter, die eine gewerblich tätige oder gewerblich geprägte Personengesellschaft an eine ganz oder teilweise personenidentische Personengesellschaft (Schwestergesellschaft) vermietet, gehören zum Betriebsvermögen der vermietenden Personengesellschaft und nicht zum Sonderbetriebsvermögen bei der nutzenden Personengesellschaft. Dies gilt auch, wenn leistende Gesellschaft eine gewerblich geprägte atypisch stille Gesellschaft ist (→ BFH vom 26.11.1996 – BStBl. 1998 II S. 328; → BMF vom 28.4.1998 (BStBl. I S. 583 mit Übergangsregelung).[1]

Wirtschaftliches Eigentum
Ist in einem Gesellschaftsvertrag vereinbart, dass die Ehefrau im Scheidungsfall aus der Gesellschaft ausgeschlossen werden kann und ihr Ehemann an ihre Stelle tritt, ist der Kommanditanteil der Ehefrau dem Ehemann gemäß § 39 Abs. 2 Nr. 1 Satz 1 AO zuzurechnen (→ BFH vom 26.6.1990 – BStBl. 1994 II S. 645).

---

1) Siehe Anlage § 015-05.

EStR 2012 zu § 15 EStG

R 15.8 (2) Mehrstöckige Personengesellschaft

(2) ¹§ 15 Abs. 1 Satz 1 Nr. 2 EStG ist auch bei mehrstöckigen Personengesellschaften anzuwenden, wenn eine ununterbrochene Mitunternehmerkette besteht. ²Vergütungen der Untergesellschaft an einen Gesellschafter der Obergesellschaft für Tätigkeiten im Dienste der Untergesellschaft mindern daher den steuerlichen Gewinn der Untergesellschaft nicht; überlässt ein Gesellschafter der Obergesellschaft der Untergesellschaft z. B. ein Grundstück für deren betriebliche Zwecke, ist das Grundstück notwendiges Sonderbetriebsvermögen der Untergesellschaft.

Hinweise

H 15.8 (2) Unterbeteiligung

Tätigkeitsvergütungen einer OHG an atypisch still Unterbeteiligte eines Gesellschafters gehören nach § 15 Abs. 1 Satz 1 Nr. 2 Satz 2 EStG zu den Einkünften aus Gewerbebetrieb (→ BFH vom 2.10.1997 – BStBl. 1998 II S. 137).

EStR 2012 zu § 15 EStG

R 15.8 (3) Gewinnverteilung – unbesetzt –

Hinweise

H 15.8 (3) Abweichung des Steuerbilanzgewinns vom Handelsbilanzgewinn

Der zwischen Gesellschaftern einer Personengesellschaft vereinbarte Gewinnverteilungsschlüssel bezieht sich grundsätzlich auf den Handelsbilanzgewinn. Weicht dieser vom Steuerbilanzgewinn deshalb ab, weil er durch die Auflösung von Bilanzierungshilfen geringer ist als der Steuerbilanzgewinn, müssen bei der Anwendung des Gewinnverteilungsschlüssels auf den Steuerbilanzgewinn Korrekturen hinsichtlich der Gesellschafter angebracht werden, die bei der Bildung der Bilanzierungshilfe an dem Unternehmen noch nicht beteiligt waren (→ BFH vom 22.5.1990 – BStBl. II S. 965).

Angemessenheit der Gewinnverteilung bei stiller Beteiligung von anteils- und beteiligungsidentischen Schwesterpersonengesellschaften

Kann ein angemessener Gewinnanteil der stillen Gesellschafterin nicht durch einen konkreten Fremdvergleich ermittelt werden, sind die Grundsätze zu Familienpersonengesellschaften entsprechend anzuwenden. Soweit ihr Gewinnanteil eine angemessene Höhe übersteigt, ist er dem Mitunternehmen zuzurechnen (→ BFH vom 21.9.2000 – BStBl. 2001 II S. 299).

Ausländische Personengesellschaft

Die zu § 15 Abs. 1 Satz 1 Nr. 2 EStG entwickelten Gewinnermittlungsgrundsätze gelten auch bei grenzüberschreitenden mitunternehmerischen Beteiligungen (→ BFH vom 24.3.1999 – BStBl. 2000 S. 399).

Außerbetrieblich veranlasster Gewinn- und Verlustverteilungsschlüssel

Eine außerbetrieblich veranlasste Änderung des Gewinn- und Verlustverteilungsschlüssels bei einer Personengesellschaft, d. h. eine Änderung, die ihre Erklärung nicht in den Verhältnissen der Gesellschaft findet, ist ertragsteuerlich unbeachtlich (→ BFH vom 23.8.1990 – BStBl. 1991 II S. 172).

Gewinnzurechnung

Einem aus einer Personengesellschaft ausgeschiedenen Mitunternehmer ist der gemeinschaftlich erzielte laufende Gewinn auch dann anteilig zuzurechnen, wenn die verbleibenden Mitunternehmer die Auszahlung verweigern, weil der ausgeschiedene Mitunternehmer ihnen Schadenersatz in übersteigender Höhe schuldet. Dies gilt auch, wenn der Anspruch des ausgeschiedenen Mitunternehmers zivilrechtlich der sog. Durchsetzungssperre unterliegt und deshalb nicht mehr isoliert, sondern nur noch als Abrechnungsposten im Rahmen des Rechtsstreits um den Auseinandersetzungsanspruch geltend gemacht werden kann (→ BFH vom 15.11.2011 – BStBl. 2012 II S. 207).

GmbH-Beteiligung

Bei Beteiligung einer Personenhandelsgesellschaft an einer Kapitalgesellschaft gehören die Gewinnausschüttung ebenso wie die anzurechnende Kapitalertragsteuer und der Solidaritätszuschlag zu den Einkünften aus Gewerbebetrieb im Sinne von § 15 Abs. 1 Satz 1 Nr. 2 EStG. Das Anrechnungsguthaben steht den Gesellschaftern (Mitunternehmern) zu. Maßgebend für die Verteilung ist der allgemeine Gewinnverteilungsschlüssel (→ BFH vom 22.11.1995 – BStBl. 1996 II S. 531).

Kapitalkontenverzinsung

Hat der Gesellschafter ein Verrechnungskonto zu verzinsen, das einen Sollsaldo aufweist und auf der Aktivseite der Gesellschaftsbilanz aufzuführen ist, kann dieses Konto entweder eine Darlehensforderung gegen den Gesellschafter dokumentieren oder aber als (negativer) Bestandteil des Kapitalkontos anzusehen sein. Handelt es sich um einen Bestandteil des Kapitalkontos, dient die Verzinsung allein der zutreffenden Gewinnverteilung und führt nicht zu einer Erhöhung des Gewinns (→ BFH vom 4.5.2000 – BStBl. 2001 II S. 171).

Mehrgewinne eines ausgeschiedenen Gesellschafters auf Grund späterer Betriebsprüfung

Mehrgewinne, die sich für den ausgeschiedenen Gesellschafter auf Grund einer späteren Betriebsprüfung ergeben, sind ihm nach dem vereinbarten Gewinnverteilungsschlüssel zuzurechnen, sofern die Gesellschaft eine Einheitsbilanz erstellt. Die Zurechnung wird nicht durch die Höhe der Abfindung begrenzt. Kann für ein sich danach ergebendes positives Kapitalkonto keine nachträgliche Abfindung erlangt werden, erleidet der Ausgeschiedene einen Veräußerungsverlust (→ BFH vom 24.10.1996 – BStBl. 1997 II S. 241).

Nachträgliche Erhöhung des Kapitalkontos eines ausgeschiedenen Kommanditisten

Scheidet ein Kommanditist nach Auffüllung seines negativen Kapitalkontos ohne Abfindung aus der KG aus, ergibt sich aber auf Grund einer späteren Betriebsprüfung ein positives Kapitalkonto, so entsteht für die verbliebenen Gesellschafter in diesem Umfang kein Anwachsungsgewinn. Der Betrag ist von ihnen für Abstockungen auf ihre Anteile an den Wirtschaftsgütern der Gesellschaft zu verwenden (→ BFH vom 24.10. 1996 – BStBl. 1997 II S. 241).

Organträger-Personengesellschaft

Das Einkommen einer Organgesellschaft ist entsprechend dem allgemeinen Gewinnverteilungsschlüssel nur den Gesellschaften einer Organträger-Personengesellschaft zuzurechnen, die im Zeitpunkt der Einkommenszurechnung an der Organträgerin beteiligt sind (→ BFH vom 28.2.2013 – BStBl. II S. 494).

Pensionszusagen

Bilanzsteuerliche Behandlung von Pensionszusagen einer Personengesellschaft an einen Gesellschafter und dessen Hinterbliebene → BMF vom 29.1.2008 (BStBl. I S. 317). [1]

Rückwirkende Änderung

Eine rückwirkende Änderung der Gewinnverteilung während eines Wirtschaftsjahrs hat keinen Einfluss auf die Zurechnung des bis dahin entstandenen Gewinns oder Verlusts (→ BFH vom 7.7.1983 – BStBl. 1984 II S. 53).

Tätigkeitsvergütungen

– *Haben die Gesellschafter einer Personengesellschaft im Gesellschaftsvertrag vereinbart, dass die Tätigkeitsvergütung als Aufwand behandelt und auch dann gezahlt werden soll, wenn ein Verlust erwirtschaftet wird, so ist dies bei tatsächlicher Durchführung der Vereinbarung auch steuerlich mit der Folge anzuerkennen, dass die Vergütung kein Gewinnvorab, sondern eine Sondervergütung im Sinne des § 15 Abs. 1 Satz 1 Nr. 2, 2. Halbsatz EStG ist. Steht die Sondervergütung in Zusammenhang mit der Anschaffung oder Herstellung eines Wirtschaftsguts, gehört sie zu den Anschaffungs- oder Herstellungskosten (→ BFH vom 13.10.1998 – BStBl. 1999 II S. 284 und vom 23.1.2001 – BStBl. II S. 621).*

– *Nicht unter den Begriff der Tätigkeitsvergütung fallen die **Lieferung von Waren** im Rahmen eines Kaufvertrags zwischen dem Gesellschafter und der Gesellschaft oder sonstige zu fremdüblichen Bedingungen geschlossene Veräußerungsgeschäfte zwischen Gesellschaft und Gesellschafter. Ein derartiges Veräußerungsgeschäft liegt auch vor, wenn der Gesellschafter zur Herbeiführung des der Gesellschaft geschuldeten Erfolgs*

---

1) Siehe Anlage § 015-08.

nicht nur Arbeit zu leisten, sondern auch Waren von nicht untergeordnetem Wert zu liefern hat, z. B. bei einem Werkvertrag (→ BFH vom 28.10.1999 –BStBl. 2000 II. S. 339).

– *Das Entgelt, das der Kommanditist einer GmbH & Co. KG für seine Tätigkeit als **Geschäftsführer der Komplementär-GmbH** bezieht, ist als Vergütung im Sinne des § 15 Abs. 1 Satz 1 Nr. 2 EStG zu beurteilen, und zwar auch dann, wenn der Anstellungsvertrag des Geschäftsführer-Gesellschafters nicht mit der KG, sondern der Komplementär-GmbH abgeschlossen wurde. Hat eine Komplementär-GmbH neben ihrer Funktion als Geschäftsführerin der GmbH und Co. KG noch einen eigenen wirtschaftlichen Geschäftsbereich, so kann eine Aufteilung der Tätigkeitsvergütung an den Geschäftsführer der Komplementär-GmbH, der gleichzeitig Kommanditist der KG ist, geboten sein (→ BFH vom 6.7.1999 –BStBl. II. S. 720).*

– *Erbringt ein Kommanditist, der zugleich Alleingesellschafter und Geschäftsführer der Komplementär GmbH und einer Schwester-Kapitalgesellschaft der GmbH & Co. KG ist, über die **zwischengeschaltete Schwester-Kapitalgesellschaft** Dienstleistungen an die KG, sind die hierfür gezahlten Vergütungen als Sonderbetriebseinnahmen des Kommanditisten zu erfassen (→ BFH vom 6.7.1999 – BStBl. II S. 720).*

– *Die von einem **Drittunternehmer** geleisteten Zahlungen sind Tätigkeitsvergütungen, wenn die Leistung des Gesellschafters letztlich der Personengesellschaft und nicht dem Drittunternehmen zugute kommen soll, sich hinreichend von der Tätigkeit des Gesellschafters für den übrigen Geschäftsbereich des Drittunternehmens abgrenzen lässt und wenn die Personengesellschaft dem Drittunternehmer die Aufwendungen für die Leistungen an den Gesellschafter ersetzt (→ BFH vom 7.12.2004 – BStBl. 2005 II S. 390).*

– **Arbeitgeberanteile** *zur Sozialversicherung* **eines Mitunternehmers,** *der sozialversicherungsrechtlich als Arbeitnehmer angesehen wird, gehören – unabhängig davon, ob sie dem Mitunternehmer zufließen – zu den Vergütungen, die er von der Gesellschaft für seine Tätigkeit im Dienste der Gesellschaft bezogen hat (→ BFH vom 30.8.2007 – BStBl. II S. 942).*

Tod eines Gesellschafters

Ein bei Ableben eines Gesellschafters und Übernahme aller Wirtschaftsgüter der Personengesellschaft durch die verbleibenden Gesellschafter nach R 4.5 Abs. 7 zu ermittelnder Übergangsgewinn ist anteilig dem verstorbenen Gesellschafter zuzurechnen, auch wenn er im Wesentlichen auf der Zurechnung auf die anderen Gesellschafter übergehender Honorarforderungen beruht (→ BFH vom 13.11.1997 – BStBl. 1998 II S. 290).

Vorabanteile

Wird bei einer KG im Zusammenhang mit einer Erhöhung des Kommanditkapitals der gesellschaftsvertragliche Gewinn- und Verlustverteilungsschlüssel dahin geändert, dass künftige Gewinne oder Verluste in begrenztem Umfang nur auf die Kommanditisten verteilt werden, die weitere Kommanditeinlagen erbringen, oder dass diese Kommanditisten „Vorabanteile" von künftigen Gewinnen oder Verlusten erhalten, so ist der neue Gewinn- und Verlustverteilungsschlüssel im Allgemeinen auch der einkommensteuerrechtlichen Gewinn- und Verlustverteilung zugrunde zu legen (→ BFH vom 7.7.1983 – BStBl. 1984 II S. 53 und vom 17.3.1987 – BStBl. II S. 558).

EStR 2012 zu § 15 EStG

R 15.8 (4) Einkommensteuerliche Behandlung des persönlich haftenden Gesellschafters einer Kommanditgesellschaft auf Aktien – unbesetzt –

Hinweise

H 15.8 (4) Allgemeines

Der persönlich haftende Gesellschafter einer Kommanditgesellschaft auf Aktien (KGaA) ist nach § 15 Abs. 1 Satz 1 Nr. 3 EStG wie ein Gewerbebetreibender zu behandeln. Der von ihm im Rahmen der KGaA erzielte anteilige Gewinn ist ihm einkommensteuerrechtlich unmittelbar zuzurechnen (→ BFH vom 21.6.1989 – BStBl. II S. 881).

§ 15 R 15.8

Ausschüttungen

Ausschüttungen auf die Kommanditaktien sind im Zeitpunkt des Zuflusses als Einnahmen als Kapitalvermögen zu erfassen (→ BFH vom 21.6.1989 – BStBl. II S. 881).

Gewinnermittlungsart

Der Gewinnanteil des persönlich haftenden Gesellschafters einer KGaA einschließlich seiner Sondervergütungen, Sonderbetriebseinnahmen und Sonderbetriebsausgaben ist durch Betriebsvermögensvergleich zu ermitteln (→ BFH vom 21.6.1989 – BStBl. II S. 881).

Sonderbetriebsvermögen

Der persönlich haftende Gesellschafter kann wie ein Mitunternehmer (§ 15 Abs. 1 Satz 1 Nr. 2 EStG) Sonderbetriebsvermögen haben. Die ihm gehörenden Kommanditaktien sind weder Betriebsvermögen noch Sonderbetriebsvermögen (→ BFH vom 21.6.1989 – BStBl. II S. 881).

Wirtschaftsjahr

Das Wirtschaftsjahr stimmt mit dem Wirtschaftsjahr des KGaA überein (→ BFH vom 21.6.1989 – BStBl. II S. 881).

EStR 2012 zu § 15 EStG

R 15.8 (5) Umfassend gewerbliche Personengesellschaft

(5) ¹Personengesellschaften im Sinne des § 15 Abs. 3 Nr. 1 EStG sind außer der OHG und der KG diejenigen sonstigen Gesellschaften, bei denen die Gesellschafter als Unternehmer (Mitunternehmer) des Gewerbebetriebs anzusehen sind. ²Auch die Partenreederei und die → Unterbeteiligungsgesellschaft sind Personengesellschaften im Sinne des § 15 Abs. 3 Nr. 1 EStG. ³Die eheliche Gütergemeinschaft ist nicht umfassend gewerblich tätig im Sinne des § 15 Abs. 3 Nr. 1 EStG.

Hinweise

H 15.8 (5) Ärztliche Gemeinschaftspraxen

→ BMF vom 14.5.1997 (BStBl. I S. 566)[1)] und BFH vom 19.2.1998 (BStBl. II S. 603)

Atypisch stille Gesellschaft

Übt der Inhaber einer Steuerberatungspraxis neben seiner freiberuflichen auch eine gewerbliche Tätigkeit aus, und ist an seinem Unternehmen ein Steuerberater atypisch still beteiligt, so sind gem. § 15 Abs. 3 Nr. 1 EStG sämtliche Einkünfte der Mitunternehmerschaft gewerblich (→ BFH vom 10.8.1994 – BStBl. 1995 II S. 171).

Beteiligung an einer gewerbliche tätigen Mitunternehmerschaft

Bei Beteiligung einer vermögensverwaltenden Personengesellschaft an einer gewerblich tätigen Mitunternehmerschaft mit abweichenden Wj. tritt die Abfärbewirkung nur ein, wenn der Obergesellschaft im betreffenden Kj. nach Maßgabe des § 4a Abs. 2 Nr. 2 EStG ein Gewinnanteil zugewiesen ist (→ BFH vom 26.6.2014 – BStBl. II S. 972).

Betriebsaufspaltung

→ H 15.7 (4) Umfassend gewerbliche Besitzpersonengesellschaft

Einheitliche Gesamtbestätigung

– *Eine Umqualifizierung nach § 15 Abs. 3 Nr. 1 EStG kommt nicht in Betracht, wenn eine gemischte Tätigkeit als einheitliche Gesamtbetätigung anzusehen ist. Eine solche Tätigkeit muss vielmehr unabhängig von der „Abfärbetheorie" danach qualifiziert werden, welche Tätigkeit der Gesamtbetätigung das Gepräge gibt (→ BFH vom 24.4.1997 – BStBl. II S. 567).*

– → H 15.6 Gemischte Tätigkeit

Erbengemeinschaft

Die Erbengemeinschaft ist nicht umfassend gewerblich tätig im Sinne des § 15 Abs. 3 Nr. 1 EStG (→ BFH vom 23.10.1986 – BStBl. 1987 II S. 120).

---

1) Siehe Anlage § 015-16.

GbR

Die GbR, bei der die Gesellschafter als Mitunternehmer des Betriebs anzusehen sind, ist umfassend gewerblich tätig (→ BFH vom 11.5.1989 – BStBl. II S. 797).

Geringfügige gewerbliche Tätigkeit

Jedenfalls bei einem Anteil der originär gewerblichen Tätigkeit von 1,25% der Gesamtumsätze greift die Umqualifizierung des § 15 Abs. 3 Nr. 1 EStG nicht ein (→ BFH vom 11.8.1999 – BStBl. 2000 II S. 229).

Gewerbesteuerbefreiung

Übt eine Personengesellschaft auch eine gewerbliche Tätigkeit aus, ist die Tätigkeit auch dann infolge der „Abfärberegelung" des § 15 Abs. 3 Nr. 1 EStG insgesamt als gewerblich anzusehen, wenn die gewerbliche Tätigkeit von der Gewerbesteuer befreit ist (→ BFH vom 30.8.2001 – BStBl. 2002 II S. 152).

Gewerbliche Einkünfte im Sonderbereich des Gesellschafters

Bei einer freiberuflich tätigen Personengesellschaft kommt es nicht zu einer Abfärbung gem. § 15 Abs. 3 Nr. 1 EStG ihrer Einkünfte im Gesamthandsbereich, wenn ein Gesellschafter gewerbliche Einkünfte im Sonderbereich erzielt (→ BFH vom 28.6.2006 – BStBl. 2007 II S. 378).

Gewinnerzielungsabsicht

Wegen der Einheitlichkeit des Gewerbebetriebs einer Personengesellschaft sind deren gemischte Tätigkeiten zunächst insgesamt als gewerblich einzuordnen. Erst dann ist für jeden selbständigen Tätigkeitsbereich die Gewinnerzielungsabsicht zu prüfen (→ BFH vom 25.6.1996 – BStBl. 1997 II S. 202).

EStR 2012 zu § 15 EStG

R 15.8 (6) Gewerblich geprägte Personengesellschaft

(6) [1]Eine gewerblich geprägte Personengesellschaft liegt nicht vor, wenn ein nicht persönlich haftender Gesellschafter auf gesetzlicher oder gesellschaftlicher Grundlage im Innenverhältnis der Gesellschafter zueinander zur Geschäftsführung befugt ist. [2]Dies gilt unabhängig davon, ob der zur Geschäftsführung befugte Gesellschafter eine natürliche Person oder eine Kapitalgesellschaft ist. [3]Eine gewerbliche Prägung ist selbst dann nicht gegeben, wenn der beschränkt haftende Gesellschafter neben dem persönlich haftenden Gesellschafter zur Geschäftsführung befugt ist. [4]Die Übertragung aller Gesellschaftsanteile an der Komplementär-GmbH in das Gesamthandsvermögen einer gewerblich tätigen Kommanditgesellschaft, bei die GmbH alleinige Komplementärin ist, führt allein nicht zum Wegfall der gewerblichen Prägung. [5]Befinden sich die Geschäftsanteile einer Komplementär-GmbH im Gesamthandsvermögen der GmbH & Co. KG, deren Geschäfte sie führt, mit der Folge, dass die Komplementär-GmbH die sie selbst betreffenden Gesellschafterrechte selbst ausübt und dieser Interessenkonflikt durch einen aus den Kommanditisten der GmbH & Co. KG bestehenden Beirat gelöst wird, führt die Einrichtung eines Beirats mangels einer organschaftlichen Geschäftsführungsbefugnis für sich allein nicht zum Wegfall der gewerblichen Prägung der GmbH & Co. KG.

Hinweise

H 15.8 (6) Atypisch stille Gesellschaft

Die atypisch stille Gesellschaft kann als solche im Sinne von § 15 Abs. 3 Nr. 2 EStG durch den tätigen Gesellschafter gewerblich geprägt sein (→ BFH vom 26.11.1996 – BStBl. 1998 II S. 328).

Ausländische Kapitalgesellschaft

Eine ausländische Kapitalgesellschaft, die nach ihrem rechtlichen Aufbau und ihrer wirtschaftlichen Gestaltung einer inländischen Kapitalgesellschaft entspricht, ist geeignet, eine Personengesellschaft gewerblich zu prägen (→ BFH vom 14.3.2007 – BStBl. II S. 924).

GbR

Zur Haftungsbeschränkung bei einer GbR → BMF vom 18.7.2000 (BStBl. I S. 1198) und vom 28.8.2001 (BStBl. I S. 614). [1)]

Geschäftsführung

Bei einer GmbH & Co. KG, deren alleinige Geschäftsführerin die Komplementär-GmbH ist, ist der zur Führung der Geschäfte der GmbH berufene Kommanditist nicht wegen dieser Geschäftsführungsbefugnis auch als zur Führung der Geschäfte der KG berufen anzusehen (→ BFH vom 23.5.1996 – BStBl. II S. 523).

Prägung durch andere Personengesellschaften

Eine selbst originär gewerblich tätige Personengesellschaft kann eine nur eigenes Vermögen verwaltende GbR, an der sie beteiligt ist, gewerblich prägen (→ BFH vom 8.6.2000 – BStBl. 2001 II S. 162).

EStR 2012 zu § 15 EStG

R 15.9 Steuerliche Anerkennung von Familiengesellschaften

R 15.9 (1) Grundsätze – unbesetzt –

Hinweise

H 15.9 (1) Allgemeines

Die Anerkennung einer OHG, KG oder GbR oder atypisch stillen Gesellschaft setzt voraus, dass eine Mitunternehmerschaft vorliegt, der Gesellschaftsvertrag zivilrechtlich wirksam ist und auch verwirklicht wird und dass die tatsächliche Gestaltung der Dinge mit ihrer formellen Gestaltung übereinstimmt, insbesondere die aufgenommenen Familienangehörigen auch volle Gesellschafterrechte genießen (→ BFH vom 8.8.1979 – BStBl. II S. 768 und vom 3.5.1979 – BStBl. II S. 515). Einer OHG oder einer KG kann die steuerliche Anerkennung nicht lediglich mit der Begründung versagt werden, dass außerbetriebliche, z. B. steuerliche und familienrechtliche Gesichtspunkte den Abschluss des Gesellschaftsvertrags veranlasst haben (→ BFH vom 22.8.1951 – BStBl. 1951 III S. 181).

Buchwertabfindung

*Ein Kommanditist, der vom persönlich haftenden Gesellschafter ohne Weiteres zum Buchwert aus der Gesellschaft ausgeschlossen werden kann, ist nicht Mitunternehmer (→ BFH vom 29.4.1981 – BStBl. II S. 663). Entsprechendes gilt, wenn die für den Fall des jederzeit möglichen Ausschlusses vereinbarte Abfindung nicht auch die **Beteiligung am Firmenwert** umfasst (→ BFH vom 15.10.1981 – BStBl. 1982 II S. 342)*

Gütergemeinschaft

Die eheliche Gütergemeinschaft ist ein den in § 15 Abs. 1 Satz 1 Nr. 2 EStG genannten Gesellschaftsverhältnissen vergleichbares Gemeinschaftsverhältnis und kann damit eine Mitunternehmerschaft begründen (→ BFH vom 16.2.1995 – BStBl. II S. 592) und vom 18.8.2005 – BStBl. 2006 II S. 165).

→ H 4.2 (12)

Rückübertragungsverpflichtung

Werden Kommanditanteile schenkweise mit der Maßgabe übertragen, daß der Schenker ihre Rückübertragung jederzeit ohne Angabe von Gründen einseitig veranlassen kann, ist der Beschenkte nicht als Mitunternehmer anzusehen (→ BFH vom 16.5.1989 – BStBl. II S. 877).

Tatsächliche Gewinnaufteilung

Der Gewinn aus einer Familienpersonengesellschaft ist einem bisher als Alleininhaber tätig gewesenen Gesellschafter zuzurechnen, wenn der Gewinn tatsächlich nicht aufgeteilt, sondern diesem Gesellschafter allein belassen worden ist (→ BFH vom 6.11.1964 – BStBl. 1965 III S. 52).

---

1) Siehe Anlage § 015-17.

R 15.9 § 15

EStR 2012 zu § 15 EStG

R 15.9 (2) Schenkweise begründete Beteiligungen von Kindern
(2) ¹Behält ein Elternteil sich bei der unentgeltlichen Einräumung einer → Unterbeteiligung an einem Anteil an einer Personengesellschaft das Recht vor, jederzeit eine unentgeltliche Rückübertragung der Anteile von dem Kind zu verlangen, wird keine Einkunftsquelle auf das Kind übertragen. ²Gleiches gilt bei schenkweiser Übertragung eines Gesellschaftsanteils mit Rückübertragungsverpflichtung.

Hinweise

H 15.9 (2) Allgemeines
Schenkweise von ihren Eltern in eine KG aufgenommene Kinder können nur Mitunternehmer sein, wenn ihnen wenigstens annäherungsweise diejenigen Rechte eingeräumt sind, die einem Kommanditisten nach dem HGB zukommen. Maßstab ist das nach dem HGB für den Kommanditisten vorgesehene Regelstatut (→ BFH vom 24.7.1986 – BStBl. 1987 II S. 54). Dazu gehören auch die gesetzlichen Regelungen, die im Gesellschaftsvertrag abbedungen werden können (→ BMF vom 5.10.1989 – BStBl. I S. 378).[1] *Entsprechendes gilt für am Gesellschaftsanteil der Eltern unterbeteiligte Kinder (→ BFH vom 24.7.1986 – BStBl. 1987 II S. 54). Sie sind nicht Mitunternehmer, wenn ihre Rechtsstellung nach dem Gesamtbild zugunsten der Eltern in einer Weise beschränkt ist, wie dies in Gesellschaftsverträgen zwischen Fremden nicht üblich ist (→ BFH vom 8.2.1979 – BStBl. II S. 405 und vom 3.5.1979 – BStBl. II S. 515). Die schenkweise begründete Rechtsstellung der Kinder entspricht in diesen Fällen ihrem wirtschaftlichen Gehalt nach häufig dem Versprechen einer erst künftigen Kapitalübertragung (→ BFH vom 8.2.1979 – BStBl. II S. 405 und vom 3.5.1979 – BStBl. II S. 515). Die Gewinngutschriften auf die Unterbeteiligung sind deshalb bei dem Elternteil keine Sonderbetriebsausgaben, sondern nichtabzugsfähige Zuwendungen im Sinne des § 12 EStG (→ BFH vom 18.7.1974 – BStBl. II S. 740). Der schenkweise Aufnahme steht gleich, wenn den Kindern die Mittel für die Kommanditeinlage darlehensweise unter Bedingungen zur Verfügung gestellt werden, die unter Fremden nicht üblich sind (→ BFH vom 5.7.1979 – BStBl. II S. 670). Sind die in eine Gesellschaft im Wege der Schenkung aufgenommenen Kinder nach den vorstehenden Grundsätzen nicht als Mitunternehmer anzusehen, können ihnen die vertraglichen Gewinnanteile nicht als eigene Einkünfte aus Gewerbebetrieb zugerechnet werden. In Höhe dieser Gewinnanteile liegt regelmäßig eine nach § 12 EStG unbeachtliche Einkommensverwendung der Eltern vor (→ BFH vom 22.1.1970 – BStBl. II S. 416).*

Alter des Kindes
Bei der Würdigung des Gesamtbildes in Grenzfällen kann für die Anerkennung als Mitunternehmer sprechen, dass die Vertragsgestaltung den objektiven Umständen nach darauf abgestellt ist, die Kinder oder Enkel an das Unternehmen heranzuführen, um dessen Fortbestand zu sichern (→ BFH vom 6.4.1979 – BStBl. II S 620). Dies ist nicht der Fall, wenn die Kinder wegen ihres Alters nicht die für eine Heranführung an das Unternehmen erforderliche Reife besitzen (→ BFH vom 5.7.1979 – BStBl. II S. 670).

Befristete Gesellschafterstellung
Ist die Gesellschafterstellung eines Kindes von vornherein nur befristet – etwa auf die Zeit, in der das Kind vermutlich unterhaltsbedürftig ist und eine persönliche Aktivität als Gesellschafter noch nicht entfalten wird –, kann eine Mitunternehmerschaft nicht anerkannt werden (→ BFH vom 29.1.1976 – BStBl. II S. 324). Dagegen kann eine Mitunternehmerschaft minderjähriger Kinder, die als Kommanditisten einer Familien-KG im Schenkungswege beteiligt wurden, nicht schon deshalb verneint werden, weil der Vater nach dem Gesellschaftsvertrag berechtigt ist, die Gesellschafterstellung eines Kindes zum Ende des Jahres der Erreichung der Volljährigkeit zu kündigen (→ BFH vom 23.6.1976 – BStBl. III S. 678).

Familiengerichtliche Genehmigung
Beteiligt ein Stpfl. sein durch einen Pfleger vertretenes minderjähriges Kind an seinem Unternehmen, hängt die steuerliche Anerkennung des Vertrags auch dann, wenn die Beteiligten nach dem Vertrag gehandelt haben, von der familiengerichtlichen Genehmigung ab, die nicht als stillschweigend erteilt angesehen werden kann (→ BFH vom 4.7.1968 – BStBl. II S. 671). Die zivilrechtliche Rückwirkung der familiengerichtlichen Genehmigung eines Vertrags über den Erwerb eines Anteils an einer Personengesellschaft durch einen Minder-

---
1) Siehe Anlage § 015-02.

jährigen kann steuerlich nicht berücksichtigt werden, wenn die familiengerichtliche Genehmigung nicht unverzüglich nach Abschluss des Gesellschaftsvertrags beantragt und in angemessener Frist erteilt wird (→ BFH vom 5.3.1981 – BStBl. II S. 435).

Kündigung
Die Mitunternehmerstellung eines minderjährigen Kommanditisten kann durch das dem Komplementär eingeräumte Kündigungsrecht beeinträchtigt werden (→ BMF vom 5.10.1989 – BStBl. I S. 378).
→ Befristete Gesellschafterstellung

Rückfallklausel
Eine Rückfallklausel, nach der die Unterbeteiligung ersatzlos an den Vater zurückfällt, wenn das Kind vor dem Vater stirbt und keine leiblichen ehelichen Abkömmlinge hinterlässt, steht der steuerrechtlichen Anerkennung der Unterbeteiligung nicht entgegen (→ BFH vom 27.1.1994 – BStBl. II S. 635).

Umdeutung in Darlehnsgewährung
Ein zivilrechtlich wirksam abgeschlossener, aber steuerlich nicht anerkannter Gesellschaftsvertrag kann für die steuerliche Beurteilung nicht in einen Darlehensvertrag umgedeutet werden (→ BFH vom 6.7.1995 – BStBl. 1996 II S. 269).

Unterbeteiligung
Eine Unterbeteiligung am OHG-Anteil des Vaters bei Ausschluss der Unterbeteiligten von stillen Reserven und Firmenwert im Falle der Kündigung durch den Vater sowie Einschränkung der Gewinnentnahme- und Kontrollrechte der Unterbeteiligten kann steuerlich nicht anerkannt werden (→ BFH vom 6.7.1995 – BStBl. 1996 II S. 269).

Verfügungsbeschränkungen
Behalten sich die Eltern die Verwaltung der Kommanditbeteiligungen der Kinder vor, sind die Kinder nicht Mitunternehmer (→ BFH vom 25.6.1981 – BStBl. II S. 779). Überlassen Eltern ihren minderjährigen Kindern Anteile am Betriebsvermögen einer von ihnen gebildeten Personengesellschaft unter der Auflage, dass die Kinder über die auf ihre Anteile entfallenden Gewinnanteile nur in dem von den Eltern gebilligten Umfang verfügen dürfen, so liegt eine zur Gewinnverteilung auch auf die Kinder führende Mitunternehmerschaft nicht vor (→ BFH vom 4.7.1971 – BStBl. 1972 II S. 10). Wird ein nicht mitarbeitendes Kind ohne Einlage als Gesellschafter aufgenommen, so ist es in der Regel im Jahr der Aufnahme kein Mitunternehmer, wenn es sich nur verpflichtet, einen Teil seines künftigen Gewinnanteils zur Bildung eines Kapitalanteils stehenzulassen (→ BFH vom 1.2.1973 – BStBl. II S. 221). Das gilt auch, wenn das Kind zwar zu einer Bareinlage verpflichtet sein soll, diese aber nur aus einem von den Eltern gewährten und aus dem ersten Gewinnanteil des Kindes wieder getilgten Darlehen leistet (→ BFH vom 1.2.1973 – BStBl. II S. 526). Ist in dem Gesellschaftsvertrag einer Familienpersonengesellschaft, durch den die minderjährigen Kinder des Hauptgesellschafters als Kommanditisten in die KG aufgenommen werden, bestimmt, dass Beschlüsse in der Gesellschafterversammlung – abweichend vom Einstimmigkeitsprinzip des § 119 Abs.1 HGB – mit einfacher Mehrheit zu fassen sind, steht diese Vertragsklausel der Anerkennung der Kinder als Mitunternehmer nicht entgegen; eine solche Klausel ist dahin auszulegen, dass sie nur Beschlüsse über die laufenden Geschäfte der KG betrifft (→ BFH vom 7.11.2000 – BStBl. 2001 II S. 186).

EStR 2012 zu § 15 EStG

R 15.9 (3) Gewinnverteilung bei Familiengesellschaften

(3) [1]Unabhängig von der Anerkennung der Familiengesellschaft als solcher ist zu prüfen, ob auch die von der Gesellschaft vorgenommene Gewinnverteilung steuerrechtlich zu übernehmen ist. [2]Steht die Gewinnverteilung in offensichtlichem Missverhältnis zu den Leistungen der Gesellschafter, kann ein Mißbrauch im Sinne des § 42 AO vorliegen.

Hinweise

H 15.9 (3) Allgemeines
Beteiligt ein Steuerpflichtiger nicht im Betrieb mitarbeitende nahe Familienangehörige in der Weise als Kommanditisten oder atypisch stille Gesellschafter an einem Betrieb, dass er ihnen

Gesellschaftsanteile **schenkweise** überträgt, so kann mit steuerlicher Wirkung eine Gewinnverteilung nur anerkannt werden, die auf längere Sicht zu einer auch unter Berücksichtigung der gesellschaftsrechtlichen Beteiligung der Mitunternehmer angemessenen Verzinsung des tatsächlichen (gemeinen) Wertes der Gesellschaftsanteile führt (→ BFH vom 29.5.1972 – BStBl. 1973 II S. 5). Die Gewinnverteilung wird im Allgemeinen dann nicht zu beanstanden sein, wenn der vereinbarte Gewinnverteilungsschlüssel eine durchschnittliche Rendite von nicht mehr als 15 v. H. des tatsächlichen Wertes der Beteiligung ergibt (→ BFH vom 24.6.1986 – BStBl. 1987 II S. 54). Ist eine Gewinnverteilung nach den vorstehenden Grundsätzen unangemessen, so ist die Besteuerung so vorzunehmen, als ob eine angemessene Gewinnverteilung getroffen worden wäre (→ BFH vom 29.3.1973 – BStBl. II S. 650) d. h., Gewinnanteile, die die angemessene Begrenzung übersteigen, sind dann den anderen Gesellschaftern zuzurechnen, sofern nicht auch bei ihnen Begrenzungen zu beachten sind (→ BFH vom 29.5.1972 – BStBl. 1973 II S. 5). Bei der Beantwortung der Frage, ob eine Gewinnverteilung angemessen ist, ist in der Regel von der durchschnittlichen Rendite eines Zeitraums von fünf Jahren auszugehen. Außerdem sind alle im Zeitpunkt des Vertragsabschlusses bekannten Tatsachen und die sich aus ihnen für die Zukunft ergebenden wahrscheinlichen Entwicklungen zu berücksichtigen (→ BFH vom 29.5.1972 – BStBl. 1973 II S. 5).

Beteiligung an den stillen Reserven

Ist vertraglich bestimmt, dass der Gesellschafter nicht oder unter bestimmten Voraussetzungen nicht an den stillen Reserven beteiligt sein soll, so ist ein Abschlag zu machen; das gilt auch, wenn der Gesellschafter in der Verfügung über seinen Anteil oder in der Befugnis, Gewinn zu entnehmen, beschränkt ist (→ BFH vom 29.3.1973 – BStBl. II S. 489).

Buchwertabfindung

Behält sich ein Elternteil anlässlich der unentgeltlichen Übertragung eines Gesellschaftsanteils auf die Kinder das Recht vor, das Gesellschaftsverhältnis zu kündigen, das Unternehmen allein fortzuführen und die Kinder mit dem Buchwert ihres festen Kapitalanteils abzufinden, so ist bei Prüfung der Angemessenheit des vereinbarten Gewinnverteilungsschlüssels von dem Buchwert des übertragenen Gesellschaftsanteils auszugehen (→ BFH vom 13.3.1980 – BStBl. II S. 437).

Eigene Mittel

Sind die Geschäftsanteile ganz oder teilweise mit eigenen Mitteln von den aufgenommenen Familienangehörigen erworben worden, bildet die unter Fremden übliche Gestaltung den Maßstab für die Prüfung, ob die Gewinnverteilung angemessen ist (→ BFH vom 4.6.1973 – BStBl. II S. 866).

Entnahmegewinn bei Schenkung

→ H 4.3 (2-4) Personengesellschaften

Unterbeteiligung

Hat ein Stpfl. seinem Kind eine mitunternehmerschaftliche Unterbeteiligung von 10 % an seinem Kommanditanteil an einer zwischen fremden Personen bestehenden KG geschenkt, dann kann die für die Unterbeteiligung vereinbarte quotale Gewinnbeteiligung (hier: 10 %) auch dann steuerlich anzuerkennen sein, wenn sie zu einem Gewinn des unterbeteiligten Kindes von mehr als 15 % des Wertes der Unterbeteiligung (→ Allgemeines) führt. Eine vereinbarte quotale Gewinnbeteiligung ist steuerlich anzuerkennen, auch wenn mit dem Gewinnanteil des Stpfl. an der KG nur die Überlassung des Haftkapitals vergütet wird oder wenn damit zusätzlich nur solche Gesellschafterbeiträge des Stpfl. abgegolten werden, die anteilig auch dem unterbeteiligten Kind zuzurechnen sind (→ BFH vom 9.10.2001 – BStBl. 2002 II S. 460).

Veränderung der Gewinnverteilung

Eine als angemessen anzusehende Gewinnverteilung bleibt grundsätzlich so lange bestehen, bis eine wesentliche Veränderung der Verhältnisse dergestalt eintritt, dass auch bei einer Mitunternehmerschaft zwischen fremden Personen die Gewinnverteilung geändert würde (→ BFH vom 29.5.1972 – BStBl. 1973 II S. 5).

Verfügungsbeschränkungen

→ Beteiligung an den stillen Reserven.

§ 15   R 15.9

EStR 2012 zu § 15 EStG

R 15.9 (4) Typisch stille Gesellschaft – unbesetzt –

Hinweise

H 15.9 (4) Allgemeines
Kommanditisten, die nicht als Mitunternehmer anzuerkennen sind, können im Innenverhältnis unter Umständen die Stellung von typischen stillen Gesellschaftern erlangt haben (→ BFH vom 29.4.1981 – BStBl. II S. 663 und vom 6.7.1995 – BStBl. 1996 II S. 269). Beteiligt ein Steuerpflichtiger nahe Angehörige an seinem Unternehmen als stille Gesellschafter, so kann diese Beteiligung steuerlich nur anerkannt werden, wenn die Gesellschaftsverträge klar vereinbart, bürgerlich-rechtlich wirksam und ernstlich gewollt sind, tatsächlich durchgeführt werden, wirtschaftlich zu einer Änderung der bisherigen Verhältnisse führen und die Verträge keine Bedingungen enthalten, unter denen fremde Dritte Kapital als stille Einlage nicht zur Verfügung stellen würden (→ BFH vom 8.3.1984 – BStBl. II S. 623 und vom 31.5.1989 – BStBl. 1990 II S. 10).

Auszahlung/Gutschrift von Gewinnanteilen
Ein Vertrag über eine stille Gesellschaft zwischen Familienangehörigen ist nur dann durchgeführt, wenn die Gewinnanteile entweder ausbezahlt werden oder im Falle einer Gutschrift eindeutig bis zur Auszahlung jederzeit abrufbar gutgeschrieben bleiben (→ BFH vom 18.10.1989 – BStBl. 1990 II S. 68).

Familiengerichtliche Genehmigung
Beteiligt ein Stpfl. sein durch einen Pfleger vertretenes minderjähriges Kind an seinem Unternehmen und ist das Kind auch am Verlust beteiligt, so hängt die steuerliche Anerkennung des Vertrags auch dann, wenn die Beteiligten nach dem Vertrag gehandelt haben, von der familiengerichtlichen Genehmigung ab, die nicht als stillschweigend erteilt angesehen werden kann (→ BFH vom 4.7.1968 – BStBl. II S. 671).

Verlustbeteiligung
Ist ein schenkweise still beteiligtes minderjähriges Kind nicht am Verlust der Gesellschaft beteiligt, kann eine stille Beteiligung steuerlich nicht anerkannt werden (→ BFH vom 21.10.1992 – BStBl. 1993 II S. 289; zu Angehörigen → BMF vom 1.12.1992 – BStBl. I S. 729).

EStR 2012 zu § 15 EStG

R 15.9 (5) Gewinnbeteiligung bei typisch stiller Beteiligung – unbesetzt –

Hinweise

H 15.9 (5) Allgemeines
Die Höhe der Gewinnbeteiligung wird bei typischer stiller Beteiligung steuerlich nur zugrunde gelegt, soweit sie wirtschaftlich angemessen ist (→ BFH vom 19.2.2009 – BStBl. II S. 798).

Eigene Mittel
– *Stammt die Kapitalbeteiligung des stillen Gesellschafters nicht aus der Schenkung des Unternehmers, sondern wird sie aus eigenen Mitteln des stillen Gesellschafters geleistet, ist in der Regel eine Gewinnverteilungsabrede angemessen, die im Zeitpunkt der Vereinbarung bei vernünftiger kaufmännischer Beurteilung eine durchschnittliche Rendite von 25 v. H. der → Einlage erwarten läßt, wenn der Beschenkte nicht am Verlust beteiligt ist (→ BFH vom 14.2.1973 – BStBl. II S. 395).*

– *Ist der stille Gesellschafter auch am Verlust beteiligt, ist in der Regel ein Satz von bis zu 35 v. H. der → Einlage noch angemessen (→ BFH vom 16.12.1981 – BStBl. 1982 II S. 387).*

Einlage
Der tatsächliche Wert einer typischen stillen Beteiligung ist regelmäßig gleich ihrem Nennwert (→ BFH vom 29.3.1973 – BStBl. II S. 650).

R 15.9, 15.10 § 15

Schenkweise eingeräumte stille Beteiligung
- Stammt die Kapitalbeteiligung des stillen Gesellschafters in vollem Umfang aus einer Schenkung des Unternehmers, so ist in der Regel eine Gewinnverteilungsabrede angemessen, die im Zeitpunkt der Vereinbarung bei vernünftiger kaufmännischer Beurteilung eine durchschnittliche Rendite von 15 v. H. der Einlage erwarten lässt, wenn der Beschenkte am Gewinn und Verlust beteiligt ist; ist eine Beteiligung am Verlust ausgeschlossen, ist bei einem steuerlich anerkannten stillen Gesellschaftsverhältnis in der Regel ein Satz von 12 v. H. der → Einlage angemessen (→ BFH vom 29.3.1973 – BStBl. II S. 650).
- → BMF vom 1.12.1992 (BStBl. I S. 729) Rn. 12.

Veränderung der tatsächlichen Verhältnisse
Eine zunächst angemessene Rendite muss bei Veränderung der tatsächlichen Verhältnisse (hier: nicht erwarteter Gewinnsprung) nach dem Maßstab des Fremdvergleichs korrigiert werden (→ BFH vom 19.2.2009 – BStBl. II S. 798).

EStR 2012 zu § 15 EStG

R 15.10 Verlustabzugsbeschränkungen nach § 15 Abs. 4 EStG
Betreibt ein Steuerpflichtiger gewerbliche Tierzucht oder Tierhaltung in mehreren selbständigen Betrieben, kann der in einem Betrieb erzielte Gewinn aus gewerblicher Tierzucht oder Tierhaltung mit dem in einem anderen Betrieb des Steuerpflichtigen erzielten Verlust aus gewerblicher Tierzucht oder Tierhaltung bis zum Betrag von 0 Euro verrechnet werden.

Hinweise

H 15.10 Abschreibungs- oder Buchverluste
Von § 15 Abs. 4 Sätze 1 und 2 EStG werden alle Verluste aus gewerblicher Tierzucht oder gewerblicher Tierhaltung erfasst, nicht nur Abschreibungs- oder Buchverluste (→ BFH vom 5.2.1981 – BStBl. II S. 359).

Brüterei
Die Unterhaltung einer Brüterei durch einen Gewerbetreibenden stellt keine gewerbliche Tierzucht oder Tierhaltung dar (→ BFH vom 14.9.1989 – BStBl. 1990 II S. 152).

Doppelstöckige Personengesellschaft
Die Verlustausgleichs- und -abzugsbeschränkung für Verluste einer Untergesellschaft aus gewerblicher Tierzucht und Tierhaltung wirkt sich auch auf die Besteuerung der Gesellschafter der Obergesellschaft aus. Ein solcher Verlust ist zwingend und vorrangig mit Gewinnen aus der Veräußerung der Beteiligung an der Obergesellschaft zu verrechnen, soweit dieser anteilig mittelbar auf Wirtschaftsgüter der Untergesellschaft entfällt (→ BFH vom 1.7.2004 – BStBl. 2010 II S. 157).

Ehegatten
Bei der Zusammenveranlagung von Ehegatten sind Verluste aus gewerblicher Tierzucht oder Tierhaltung des einen Ehegatten mit Gewinnen des anderen Ehegatten aus gewerblicher Tierzucht oder Tierhaltung auszugleichen (→ BFH vom 6.7.1989 – BStB. II S. 787).

Gemischte Betriebe
Wird in einem einheitlichen Betrieb neben gewerblicher Tierzucht oder gewerblicher Tierhaltung noch eine andere gewerbliche Tätigkeit ausgeübt, so darf der Verlust aus der gewerblichen Tierzucht oder Tierhaltung nicht mit einem Gewinn aus der anderen gewerblichen Tätigkeit verrechnet werden (→ BFH vom 21.9.1995 – BStBl. 1996 II S. 85).

Gewerbliche Tierzucht oder gewerbliche Tierhaltung
ist jede Tierzucht oder Tierhaltung, der nach den Vorschriften des § 13 Abs. 1 EStG in Verbindung mit §§ 51 und 51 a BewG keine ausreichenden landwirtschaftlichen Nutzflächen als Futtergrundlage zur Verfügung stehen (→ BFH vom 12.8.1982 – BStBl. 1983 II S. 36; → R 13.2).

Landwirtschaftliche Tätigkeiten
Wird neben einer Tierzucht oder Tierhaltung, die für sich gesehen als landwirtschaftliche Tätigkeit einzuordnen wäre, eine gewerbliche Tätigkeit ausgeübt, ist § 15 Abs. 4 Satz 1 und 2

EStG nicht anzuwenden. Das gilt auch, wenn die Tierzucht oder Tierhaltung im Rahmen einer Personengesellschaft erfolgt, deren Einkünfte zu den Einkünften aus Gewerbebetrieb gehören, oder sich die Tierzucht oder Tierhaltung als Nebenbetrieb der gewerblichen Tätigkeit darstellt (→ BFH vom 1.2.1990 – BStBl. 1991 II S. 625).

Lohnmast

§ 15 Abs. 4 Satz 1 und 2 EStG ist auch anzuwenden, soweit der Gewerbetreibende die Tiermast im Wege der Lohnmast auf Auftragnehmer übertragen hat, die ihrerseits Einkünfte aus Land- und Forstwirtschaft beziehen (→ BFH vom 8.11.2000 – BStBl. 2001 II S. 349).

Pelztierzucht

Das Ausgleichs- und Abzugsverbot für Verluste aus gewerblicher Tierzucht oder gewerblicher Tierhaltung gilt nicht für Verluste aus einer Nerzzucht (→ BFH vom 19.2.2002 – BStBl. 2003 II S. 507).

Personengesellschaft

→ Landwirtschaftliche Tätigkeit

Verlustabzug in Erbfällen

Verluste i. S, d. § 15 Abs. 4 Satz 1 und 2 EStG → R 10d Abs. 9 Satz 11.

Verlustabzugsbeschränkung nach § 15 Abs. 4 Satz 6 bis 8 EStG

Zur Behandlung von Verlusten aus atypisch stillen Gesellschaften, Unterbeteiligungen oder sonstigen Innengesellschaften an Kapitalgesellschaften → BMF vom 19.11.2008 (BStBl. I S. 970).[1)]

Verlustvor- und -rücktrag

Zur Anwendung des § 10d EStG im Rahmen des § 15 Abs. 4 Satz 1 und 2 EStG → BMF vom 29.11.2004 (BStBl. I S. 1097).[2)]

Weitere Verwaltungsanweisungen
(soweit nicht in den Hinweisen enthalten)

Zu § 15 Abs. 1, 2 und 3 EStG

1. Vermietung von Ferienwohnungen als gewerbliche Tätigkeit (BdF-Schreiben vom 10.8.1977, BStBl. 1977 I S. 428 und Vfg OFD Nürnberg vom 20.6.1986, DStR 1986 S. 648)
2. Betriebsaufspaltung – Zusammenrechnung von Ehegattenanteilen – Abwicklung von Altfällen (Vfg OFD Stuttgart vom 13.1.1987, BB 1987 S. 318)
3. Getränkeverkäufe durch Fahrer von Reisebussen als gewerbliche Tätigkeit (Vfg OFD Koblenz vom 20.10.1987, DB 1987 S. 2388)
4. Ertragsteuerliche Behandlung der Europäischen Wirtschaftlichen Interessenvereinigung (BdF-Schreiben vom 15.11.1988, DB 1989 S. 354)
5. Anwendung der Gepräge-Grundsätze des § 15 Abs. 3 EStG auch dann, wenn Kommanditisten Geschäftsführer der persönlich haftenden Kapitalgesellschaft sind (Vfg OFD Hannover vom 31.8.1989, DStR 1989 S. 680)
6. Steuerliche Behandlung von Darlehen, die eine Personengesellschaft ihren Gesellschaftern gewährt (Vfg OFD Münster vom 4.12.2008)[3)]
7. Ertragsteuerliche Folgen aus der Änderung des ehelichen Güterrechts im Beitrittsgebiet (BdF-Schreiben vom 15.9.1992, BStBl. I S. 542)
8. Zurechnung der einem Mitunternehmer gehörenden Anteile an einer GmbH zum Sonderbetriebsvermögen (Vfg OFD München vom 2.4.2001)[4)]
9. Gewerblicher Grundstückshandel bei Veräußerung von nach § 6 Abs. 6a VermG zurückgegebenen Grundstücken eines stillgelegten Unternehmens (BdF-Schreiben vom 1.6.1994, DStR 1994 S. 860)
10. Zweifelsfragen im Zusammenhang mit der Ausübung des Verpächterwahlrechts gemäß R 139 Abs. 5 EStR (BdF-Schreiben vom 17.10.1994)[5)]

---

1) Siehe Anlage § 015-07.
2) Siehe Anlage § 10d-02.
3) Siehe Anlage § 015-03.
4) Siehe Anlage § 015-04.
5) Siehe Anlage § 016-04.

§ 15

11. Verteilung außerbilanzieller Gewinnzurechnungen (z. B. steuerliche Mehrgewinne) bei einer GmbH und atypisch Still (Vfg OFD Frankfurt vom 25.1.1996, FR 1996, S. 296)
12. Besteuerungsgrundsätze für die atypisch stille Gesellschaft (Vfg OFD Erfurt vom 23.10.2003)
13. Betriebsaufspaltung: Übernahme von betrieblichen Verbindlichkeiten durch das Betriebsunternehmen (BdF-Schreiben vom 23.11.2001, DStR 2002 S. 805 und Vfg OFD Magdeburg vom 20.2.2002, FR 2002 S. 542)
14. Berücksichtigung der Investitionszulage bei der Beurteilung der Gewinnerzielungsabsicht (Erlaß Berlin vom 24.3.1999, FR 1999 S. 827)
15. Abgrenzung gewerblich/freiberufliche Tätigkeit bei sog. „Outplacement-Berater" (Vfg OFD Frankfurt vom 30.8.2004, DB 2004 S. 2073)
16. Gewerbliche Tätigkeit beim Erwerb „gebrauchter" Risikolebensversicherungen (Vfg OFD Frankfurt vom 28.5.2004, DStR 2004 S. 1386)
17. Abgrenzung zwischen gewerblichen und freiberuflichen Einkünften bei interprofessionellen Mitunternehmerschaften (Vfg OFD Hannover vom 1.7.2007)[1]
18. Betriebsaufspaltung – Gesamtdarstellung (Vfg OFD Frankfurt vom 21.5.2008)[2]
19. Anteile an einer Komplementär-GmbH als funktional wesentliche Betriebsgrundlage (Erlass Berlin vom 27.12.2010)[3]
20. Ertragsteuerliche Behandlung von Photovoltaikanlagen und Blockheizkraftwerken (Vfg OFD Münster vom 10.7.2012)[4]

Zu § 15 Abs. 4 EStG

1. Gesonderte Feststellung nicht ausgeglichener Verluste aus gewerblicher Tierzucht oder Tierhaltung (Vfg OFD Erfurt vom 12.9.1996, FR 1996 S. 724)
2. Die Verlustabzugsbeschränkung nach § 15 Abs. 4 Satz 3 EStG ist auch bei Termingeschäften/ Optionen anzuwenden, die nicht lediglich auf Differenzausgleich, sondern auf physische Erfüllung gerichtet sind (BMF-Schreiben vom 23.9.2005, DB 2005 S. 2269 und Vfg OFD Magdeburg vom 19.6.2006, DStR 2006 S. 1752)

Rechtsprechungsauswahl

BFH vom 6.3.14 IV R 14/11 (BStBl. II S. 624): Steuerliche Behandlung von Pensionszahlungen an ehemaligen Mitunternehmer

BFH vom 6.2.14 IV R 19/10 (BStBl. II S. 522): Sondervergütungen i. S. des § 15 Abs. 3 Satz 1 Nr. 2 EStG sind auch im Vorjahr der Antragstellung auf Gewinnermittlung nach der Tonnage dem pauschal ermittelten Gewinn hinzuzurechnen

BFH vom 20.2.13 GrS 1/12 (BStBl. II S. 441): Selbständig tätige Prostituierte erzielen Einkünfte aus Gewerbebetrieb

BFH vom 11.10.12 IV R 32/10 (BStBl. 2013 II S. 538): Abgrenzung von Gewerbebetrieb und privater Vermögensverwaltung bei Vermögensanlage in auf dem Zweitmarkt erworbene Lebensversicherungen

BFH vom 27.9.12 III R 19/11 (BStBl. 2013 II S. 433): Gewerblicher Grundstückshandel bei Veräußerungen zur Vermeidung einer Zwangsversteigerung

BFH vom 10.10.12 VIII R 42/10 (BStBl. 2013 II S. 79): Eine Steuerberatungs- und Wirtschaftsprüfungs-KG mit einer GmbH als alleiniger Komplementärin erzielt Einkünfte aus Gewerbebetrieb

BFH vom 22.8.12 X R 24/11 (BStBl. II S. 865): Gewerblicher Grundstückshandel allein durch Zurechnung der Grundstücksverkäufe von Personengesellschaften oder Gemeinschaften

BFH vom 15.3.12 III R 30/10 (BStBl. II S. 661): Vorlage an Großen Senat: Erzielt eine Prostituierte aus ihrer Tätigkeit gewerbliche oder sonstige Einkünfte?

---

1) Siehe Anlage § 015-01.
2) Siehe Anlage § 015-14.
3) Siehe Anlage § 015-09.
4) Siehe Anlage § 015-20.

§ 15

BFH vom 22.2.12 X R 14/10 (BStBl. II S. 511): Werbeeinkünfte eines Fußball-Nationalspielers aus der zentralen Vermarktung der Fußball-Nationalmannschaft durch den DFB stellen Einkünfte aus Gewerbebetrieb dar und unterliegen somit der Gewerbesteuer

BFH vom 15.11.11 VIII R 12/09 (BStBl. 2012 II S. 207): Einem aus einer Personengesellschaft ausgeschiedenen Mitunternehmer ist ein Gewinn auch dann anteilig zuzurechnen, wenn die Auszahlung des Gewinns verweigert wird

BFH vom 8.9.11 IV R 44/07 (BStBl. 2012 II S. 136): Betriebsaufspaltung zwischen einer eingetragenen Genossenschaft und einer GbR

§ 15a

§ 15a Verluste bei beschränkter Haftung

(1) ¹Der einem Kommanditisten zuzurechnende Anteil am Verlust der Kommanditgesellschaft darf weder mit anderen Einkünften aus Gewerbebetrieb noch mit Einkünften aus anderen Einkunftsarten ausgeglichen werden, soweit ein negatives Kapitalkonto des Kommanditisten entsteht oder sich erhöht; er darf insoweit auch nicht nach § 10d abgezogen werden. ²Haftet der Kommanditist am Bilanzstichtag den Gläubigern der Gesellschaft auf Grund des § 171 Abs. 1 des Handelsgesetzbuchs, so können abweichend von Satz 1 Verluste des Kommanditisten bis zur Höhe des Betrags, um den die im Handelsregister eingetragene Einlage des Kommanditisten seine geleistete Einlage übersteigt, auch ausgeglichen oder abgezogen werden, soweit durch den Verlust ein negatives Kapitalkonto entsteht oder sich erhöht. ³Satz 2 ist nur anzuwenden, wenn derjenige, dem der Anteil zuzurechnen ist, im Handelsregister eingetragen ist, das Bestehen der Haftung nachgewiesen wird und eine Vermögensminderung auf Grund der Haftung nicht durch Vertrag ausgeschlossen oder nach Art und Weise des Geschäftsbetriebs unwahrscheinlich ist.

(1a) ¹Nachträgliche Einlagen führen weder zu einer nachträglichen Ausgleichs- oder Abzugsfähigkeit eines vorhandenen verrechenbaren Verlustes noch zu einer Ausgleichs- oder Abzugsfähigkeit des dem Kommanditisten zuzurechnenden Anteils am Verlust eines zukünftigen Wirtschaftsjahres, soweit durch den Verlust ein negatives Kapitalkonto des Kommanditisten entsteht oder sich erhöht. ²Nachträgliche Einlagen im Sinne des Satzes 1 sind Einlagen, die nach Ablauf eines Wirtschaftsjahres geleistet werden, in dem ein nicht ausgleichs- oder abzugsfähiger Verlust im Sinne des Absatzes 1 entstanden oder ein Gewinn im Sinne des Absatzes 3 Satz 1 zugerechnet worden ist.

(2) ¹Soweit der Verlust nach den Absätzen 1 und 1a nicht ausgeglichen oder abgezogen werden darf, mindert er die Gewinne, die dem Kommanditisten in späteren Wirtschaftsjahren aus seiner Beteiligung an der Kommanditgesellschaft zuzurechnen sind. ²Der verrechenbare Verlust, der nach Abzug von einem Veräußerungs- oder Aufgabegewinn verbleibt, ist im Zeitpunkt der Veräußerung und Aufgabe des gesamten Mitunternehmeranteils oder der Betriebsveräußerung oder -aufgabe bis zur Höhe der nachträglichen Einlagen im Sinne des Absatzes 1a ausgleichs- oder abzugsfähig.

(3) ¹Soweit ein negatives Kapitalkonto des Kommanditisten durch Entnahmen entsteht oder sich erhöht (Einlageminderung) und soweit nicht auf Grund der Entnahmen eine nach Absatz 1 Satz 2 zu berücksichtigende Haftung besteht oder entsteht, ist dem Kommanditisten der Betrag der Einlageminderung als Gewinn zuzurechnen. ²Der nach Satz 1 zuzurechnende Betrag darf den Betrag der Anteile am Verlust der Kommanditgesellschaft nicht übersteigen, der im Wirtschaftsjahr der Einlageminderung und in den zehn vorangegangenen Wirtschaftsjahren ausgleichs- oder abzugsfähig gewesen ist. ³Wird der Haftungsbetrag im Sinne des Absatzes 1 Satz 2 gemindert (Haftungsminderung) und sind im Wirtschaftsjahr der Haftungsminderung und den zehn vorangegangenen Wirtschaftsjahren Verluste nach Absatz 1 Satz 2 ausgleichs- oder abzugsfähig gewesen, so ist dem Kommanditisten der Betrag der Haftungsminderung, vermindert um auf Grund der Haftung tatsächlich geleistete Beträge, als Gewinn zuzurechnen; Satz 2 gilt sinngemäß. ⁴Die nach den Sätzen 1 bis 3 zuzurechnenden Beträge mindern die Gewinne, die dem Kommanditisten im Wirtschaftsjahr der Zurechnung oder in späteren Wirtschaftsjahren aus seiner Beteiligung an der Kommanditgesellschaft zuzurechnen sind.

(4) ¹Der nach Absatz 1 nicht ausgleichs- oder abzugsfähige Verlust eines Kommanditisten, vermindert um die nach Absatz 2 abzuziehenden und vermehrt um die nach Absatz 3 hinzuzurechnenden Beträge (verrechenbarer Verlust), ist jährlich gesondert festzustellen. ²Dabei ist von dem verrechenbaren Verlust des vorangegangenen Wirtschaftsjahrs auszugehen. ³Zuständig für den Erlass des Feststellungsbescheids ist das für die gesonderte Feststellung des Gewinns und Verlustes der Gesellschaft zuständige Finanzamt. ⁴Der Feststellungsbescheid kann nur insoweit angegriffen werden, als der verrechenbare Verlust gegenüber dem verrechenbaren Verlust des vorangegangenen Wirtschaftsjahrs sich verändert hat. ⁵Die gesonderten Feststellungen nach Satz 1 können mit der gesonderten und einheitlichen Feststellung der einkommensteuerpflichtigen und körperschaftsteuerpflichtigen Einkünfte ver-

bunden werden. ⁶In diesen Fällen sind die gesonderten Feststellungen des verrechenbaren Verlustes einheitlich durchzuführen.

(5) Absatz 1 Satz 1, Absatz 1a, 2 und 3 Satz 1, 2 und 4 sowie Absatz 4 gelten sinngemäß für andere Unternehmer, soweit deren Haftung der eines Kommanditisten vergleichbar ist, insbesondere für

1. stille Gesellschafter einer stillen Gesellschaft im Sinne des § 230 des Handelsgesetzbuchs, bei der der stille Gesellschafter als Unternehmer (Mitunternehmer) anzusehen ist,
2. Gesellschafter einer Gesellschaft im Sinne des Bürgerlichen Gesetzbuchs, bei der der Gesellschafter als Unternehmer (Mitunternehmer) anzusehen ist, soweit die Inanspruchnahme des Gesellschafters für Schulden in Zusammenhang mit dem Betrieb durch Vertrag ausgeschlossen oder nach Art und Weise des Geschäftsbetriebs unwahrscheinlich ist,
3. Gesellschafter einer ausländischen Personengesellschaft, bei der der Gesellschafter als Unternehmer (Mitunternehmer) anzusehen ist, soweit die Haftung des Gesellschafters für Schulden in Zusammenhang mit dem Betrieb der eines Kommanditisten oder eines stillen Gesellschafters entspricht oder soweit die Inanspruchnahme des Gesellschafters für Schulden in Zusammenhang mit dem Betrieb durch Vertrag ausgeschlossen oder nach Art und Weise des Geschäftsbetriebs unwahrscheinlich ist,
4. Unternehmer, soweit Verbindlichkeiten nur in Abhängigkeit von Erlösen oder Gewinnen aus der Nutzung, Veräußerung oder sonstigen Verwertung von Wirtschaftsgütern zu tilgen sind,
5. Mitreeder einer Reederei im Sinne des § 489 des Handelsgesetzbuches, bei der der Mitreeder als Unternehmer (Mitunternehmer) anzusehen ist, wenn die persönliche Haftung des Mitreeders für die Verbindlichkeiten der Reederei ganz oder teilweise ausgeschlossen oder soweit die Inanspruchnahme des Mitreeders für Verbindlichkeiten der Reederei nach Art und Weise des Geschäftsbetriebs unwahrscheinlich ist.

EStR und Hinweise

EStR 2012 zu § 15a EStG

R 15a Verluste bei beschränkter Haftung

Zusammentreffen von Einlage- und Haftungsminderung

(1) Treffen Einlage- und Haftungsminderung in einem Wirtschaftsjahr zusammen, ist die Einlageminderung vor der Haftungsminderung im Rahmen des § 15a Abs. 3 EStG zu berücksichtigen.

Sonderbetriebsvermögen

(2) ¹Verluste, die der Gesellschafter im Bereich seines Sonderbetriebsvermögens erleidet, sind grundsätzlich unbeschränkt ausgleichs- und abzugsfähig. ²Sie sind ausnahmsweise nicht unbeschränkt ausgleichs- und abzugsfähig, wenn sich das Sonderbetriebsvermögen im Gesamthandseigentum einer anderen Gesellschaft befindet, bei der für die Verluste der Gesellschafter ihrerseits § 15a EStG gilt. ³Sofern auf Ebene der anderen Gesellschaft selbst eine Feststellung nach § 15a Abs. 4 EStG in Betracht kommt, ist die Ausgleichs-Abzugsbeschränkung nach § 15a EStG in Bezug auf den Bereich Sonderbetriebsvermögen erst bei dieser Feststellung zu berücksichtigen.

Außenhaftung des Kommanditisten nach § 15a Abs. 1 Satz 2 und 3 EStG

(3) ¹Der erweiterte Verlustausgleich oder -abzug im Jahr der Entstehung des Verlustes bei der KG setzt u. a. voraus, dass derjenige, dem der Anteil zuzurechnen ist und der deshalb den Verlustanteil bei seiner persönlichen Steuerveranlagung ausgleichen oder abziehen will, am Bilanzstichtag namentlich im Handelsregister eingetragen ist. ²Die Anmeldung zur Eintragung im Handelsregister reicht nicht aus. ³Dies gilt auch, wenn die Eintragung z. B. wegen Überlastung des Handelsregistergerichts oder wegen firmenrechtlicher Bedenken des Gerichts noch nicht vollzogen ist. ⁴Bei Treuhandverhältnissen im Sinne des § 39 AO und bei Unterbeteiligungen, die ein beschränkt haftender Unternehmer einem Dritten an seinem Gesellschaftsanteil einräumt, reicht für den erweiterten Verlustausgleich oder -abzug die Eintragung des Treuhänders oder des Hauptbeteiligten im Handelsregister nicht aus. ⁵Der erweiterte Verlustausgleich nach § 15a Abs. 1 Satz 2 und 3 EStG kommt nicht in Betracht, wenn sich die Haftung des Kommanditisten aus § 176 HGB ergibt. ⁶Nach der Konzeption des § 15a EStG kann der Kommanditist Verluste insgesamt maximal bis zur Höhe seiner Einlage zuzüglich einer etwaigen überschießenden Außenhaftung nach § 171 Abs. 1 HGB steuerlich geltend machen. ⁷Daher darf auch bei einer über

mehrere Bilanzstichtage bestehenden Haftung das Verlustausgleichsvolumen nach § 15a Abs. 1 Satz 2 und 3 EStG insgesamt nur einmal in Anspruch genommen werden. [8]Die spätere haftungsbeendende Einlageleistung schafft auch nach Ablauf des Elf-Jahreszeitraums nach § 15a Abs. 3 EStG kein zusätzliches Verlustausgleichspotential. [9]Das Verlustausgleichspotential nach § 15a Abs. 1 Satz 2 und 3 EStG darf auch dann nur einmal in Anspruch genommen werden, wenn die Außenhaftung des Kommanditisten aufgrund von Entnahmen nach § 172 Abs. 4 Satz 2 HGB wieder auflebt.

Steuerbefreiung nach § 16 Abs. 4 EStG bei verrechenbaren Verlusten

(4) Bezugsgröße der Steuerbefreiung des § 16 Abs. 4 EStG ist der Veräußerungsgewinn nach der Minderung um die verrechenbaren Verluste.

Ausländische Verluste

(5) [1]Auf den Anteil am Verlust aus ausländischen Betriebsstätten ist auf Ebene der Gesellschaft § 15a EStG anzuwenden. [2]Ergibt sich nach Anwendung des § 15a EStG ein ausgleichsfähiger Verlust, ist des Weiteren – getrennt nach Staaten – festzustellen, ob und ggf. inwieweit es sich um einen Verlust aus einer aktiven Tätigkeit im Sinne des § 2a Abs. 2 EStG handelt oder um einen Verlust, der den Verlustausgleichsbeschränkungen des § 2a Abs. 1 Satz 1 Nr. 2 EStG unterliegt (Verlust aus passiver Tätigkeit). [3]Soweit ein Verlust aus passiver Tätigkeit vorliegt, ist auf Ebene des Gesellschafters zu prüfen, ob ein Ausgleich mit positiven Einkünften derselben Art aus demselben Staat in Betracht kommt. [4]Die vorstehenden Grundsätze gelten auch für ausländische Personengesellschaften unter den Voraussetzungen des § 15a Abs. 5 Nr. 3 EStG.

Verlustzurechnung nach § 52 Abs. 33 Satz 4 EStG beim Ausscheiden von Kommanditisten

(6) [1]In Höhe der nach § 52 Abs. 33 Satz 3 EStG als Gewinn zuzurechnenden Beträge sind bei den anderen Mitunternehmern unter Berücksichtigung der für die Zurechnung von Verlusten geltenden Grundsätze nach Maßgabe des Einzelfalls Verlustanteile anzusetzen (§ 52 Abs. 33 Satz 4 EStG). [2]Das bedeutet, dass im Fall der Auflösung der Gesellschaft diese Verlustanteile ausschließlich bei den unbeschränkt haftenden Mitunternehmern anzusetzen sind. [3]In den Fällen des Ausscheidens von Mitgesellschaftern ohne Auflösung der Gesellschaft sind bei den Mitunternehmern, auf die der Anteil des Ausscheidenden übergeht, in Höhe der in dem Anteil enthaltenen und auf sie übergehenden stillen Reserven Anschaffungskosten zu aktivieren. [4]In Höhe des Teilbetrags des negativen Kapitalkontos, der die stillen Reserven einschließlich des Firmenwerts übersteigt, sind bei den Mitunternehmern, auf die der Anteil übergeht, Verlustanteile anzusetzen. [5]Soweit die übernehmenden Mitunternehmer beschränkt haften, ist bei ihnen die Beschränkung des Verlustausgleichs nach § 15a EStG zu beachten.

Hinweise

H 15a Allgemeines

Die Frage der Zurechnung von Einkünften wird durch die Regelung des § 15a Abs. 1 bis 4 EStG nicht berührt. Verlustanteile, die der Kommanditist nach § 15a Abs. 1 Satz 1 EStG nicht ausgleichen oder abziehen darf, werden diesem nach Maßgabe der vom BFH für die Zurechnung von Einkünften entwickelten Grundsätze zugerechnet (→ BFH vom 10.11.1980 – BStBl. 1981 II S. 164, vom 19.3.1981 – BStBl. II S. 570, vom 26.3.1981 – BStBl. II S. 572, vom 5.5.1981 – BStBl. II S. 574, vom 26.5.1981 – BStBl. II S. 668 und 795 und vom 22.1.1985 – BStBl. 1986 II S. 136). Daher mindern diese Verlustanteile auch die Gewinne, die dem Kommanditisten in späteren Wirtschaftsjahren aus seiner Beteiligung an der Kommanditgesellschaft zuzurechnen sind.

Anwendungsbereich

§ 15a EStG gilt für sämtliche Kommanditgesellschaften, nicht nur für Verlustzuweisungsgesellschaften (→ BFH vom 9.5.1996 – BStBl. II S. 474).

Auflösung des negativen Kapitalkontos

- *Beim Wegfall eines durch Verlustzurechnung entstandenen negativen Kapitalkontos eines Kommanditisten ergibt sich in Höhe dieses negativen Kapitalkontos ein steuerpflichtiger Gewinn des Kommanditisten. Dieser Gewinn entsteht zu dem Zeitpunkt, in dem der Betrieb der KG veräußert oder aufgegeben wird. Soweit jedoch schon früher feststeht, dass ein Ausgleich des negativen Kapitalkontos des Kommanditisten mit künftigen Gewinnanteilen nicht mehr in Betracht kommt, ist dieser Zeitpunkt maßgebend (→ BFH vom 10.11.1980 – BStBl. 1981 II S. 164). Ist das negative Kapitalkonto des Kommanditisten zu Unrecht nicht aufgelöst worden und die Veranlagung bestandskräftig, kann die Auflösung im Folgejahr nachgeholt werden (→ BFH vom 10.12.1991 – BStBl. 1992 II S. 650).*

§ 15a

- Die Besteuerung des Veräußerungsgewinns aus der Auflösung eines negativen Kapitalkontos ist sachlich unbillig, wenn diese durch Verluste entstanden ist, für die die Möglichkeit des Verlustabzugs nach § 10d EStG nicht genutzt werden konnte (→ BFH vom 26.10.1994 – BStBl. 1995 II S. 297), oder durch Verluste aus gewerblicher Tierzucht entstanden ist, die sich wegen § 15 Abs. 4 EStG nicht ausgewirkt haben (→ BFH vom 25.1.1996 – BStBl. II S. 289).
- Auch bei vorzeitigem Fortfall des negativen Kapitalkontos kann eine überschießende Außenhaftung des Kommanditisten nicht gewinnmindernd berücksichtigt werden (→BFH vom 26.9.1996 – BStBl. 1997 II S. 277).

Beispiele
1. Grundfall
Die eingetragene Hafteinlage des Kommanditisten beträgt 200 000 €.

tatsächlich geleistete Einlage (= Kapitalkonto 01.01.01)	110 000 €
Verlustanteil des Kommanditisten 01	300 000 €
Kapitalkonto 31.12.01	– 190 000 €

Lösung:

ausgleichsfähig	nach § 15a Abs. 1 Satz 1 EStG	110 000 €
	nach § 15a Abs. 1 Sätze 2 und 3 EStG	90 000 €
verrechenbar	nach § 15a Abs. 2 EStG	100 000 €

2. Spätere Rückzahlung der Hafteinlage
Die eingetragene Hafteinlage des Kommanditisten beträgt 200 000 €.

Jahr 01:

tatsächlich geleistete Einlage (= Kapitalkonto 01.01.01)	100 000 €
Verlustanteil 01	250 000 €

Lösung:

ausgleichsfähig	
nach § 15a Abs. 1 Satz 1 EStG	100 000 €
nach § 15a Abs. 1 Sätze 2 und 3 EStG	100 000 €
verrechenbar	
nach § 15a Abs. 2 EStG	50 000 €

Jahr 02:

Resteinzahlung Haftkapital	100 000 €
Verlustanteil 02	50 000 €

Lösung:

ausgleichsfähig (R 15a Abs. 3 Satz 8)	0 €
verrechenbar nach § 15a Abs. 2 EStG	50 000 €

Jahr 03:

Rückzahlung Kommanditeinlage	60 000 €
Verlustanteil 03	40 000 €

Lösung:

ausgleichsfähig (R 15a Abs. 3 Satz 9)	0 €
verrechenbar nach § 15a Abs. 2 EStG	40 000 €

Keine Gewinnzurechnung nach § 15a Abs. 3 Satz 1 EStG, weil die Außenhaftung auf Grund der Einlageminderung in Höhe von 60 000 € wieder auflebt.

3. Gewinne und Entnahmen bei vorhandenem verrechenbaren Verlust
Die eingetragene Hafteinlage des Kommanditisten beträgt 200 000 €.

Jahr 01:

tatsächlich geleistete Einlage (= Kapitalkonto 01.01.01)	200 000 €
Verlustanteil 01	220 000 €

Kapitalkonto 31.12.01	−20 000 €

Lösung:

ausgleichsfähig nach § 15a Abs. 1 Satz 1 EStG	200 000 €
verrechenbar nach § 15a Abs. 2 EStG	20 000 €

Jahr 02:

Entnahme 02	60 000 €
Gewinnanteil 02	40 000 €
Kapitalkonto 31.12.02	−40 000 €

Lösung:

zu versteuernder Gewinnanteil:

Gewinnanteil (vor § 15a Abs. 2 EStG)	40 000 €
abzgl. verrechenbarer Verlust 01	−20 0000 €
in 02 zu versteuern	20 000 €
Gewinnzurechnung nach § 15a Abs. 3 Satz 1 EStG	0 €

Keine Gewinnzurechnung nach § 15a Abs. 3 Satz 1 EStG, weil durch die Einlageminderung in 02 die Außenhaftung des Kommanditisten im Sinne des § 15a Abs. 1 Satz 2 EStG in Höhe von 60 000 € wieder auflebt.

4. Liquidation – § 52 Abs. 33 Satz 3 EStG

Die eingetragene Hafteinlage des Kommanditisten beträgt 200 000 €.

bis zum Zeitpunkt der Liquidation tatsächlich geleistete Einlage		100 000 €
bis zum Zeitpunkt der Liquidation ausgleichsfähige Verluste		200 000 €
negatives Kapitalkonto im Zeitpunkt der Liquidation		−100 000 €
anteiliger Liquidationsgewinn	a)	50 000 €
	b)	110 000 €

Der Liquidationsgewinn wird zunächst zur Auffüllung des negativen Kapitalkontos verwendet. Im Fall a) braucht der Kommanditist das verbleibende negative Kapitalkonto nicht aufzufüllen, im Fall b) erhält der Kommanditist nach Auffüllung seines negativen Kapitalkontos noch 10 000 € ausbezahlt.

Lösungen:

Fall a)	Liquidationsgewinn	50 000 €
	Wegfall des negativen Kapitalkontos	50 000 €
	Veräußerungsgewinn im Sinne des § 16 EStG	100 000 €
Fall b)	Veräußerungsgewinn im Sinne des § 16 EStG	110 000 €
	(keine Nachversteuerung des negativen Kapitalkontos, da es durch den Liquidationsgewinn gedeckt ist)	

BGB-Innengesellschaft

– Verluste des nicht nach außen auftretenden Gesellschafters einer BGB-Innengesellschaft, die zu einem negativen Kapitalkonto geführt haben, sind nicht ausgleichsfähig, sondern nur nach § 15a EStG verrechenbar. Das gilt auch dann, wenn sich der Gesellschafter gegenüber dem tätigen Gesellschafter zum Verlustausgleich verpflichtet hat (→ BFH vom 10.7.2001 – BStBl. 2002 II S. 339).

– Die im Interesse des gemeinsamen Unternehmens eingegangenen Verpflichtungen eines BGB-Innengesellschafters gegenüber Gläubigern des Geschäftsinhabers begründen keinen erweiterten Verlustausgleich. Die Inanspruchnahme aus solchen Verpflichtungen ist als Einlage zu behandeln, die für frühere Jahre festgestellte verrechenbare Verluste nicht ausgleichsfähig macht (→ BFH vom 5.2.2002 – BStBl. 2002 II S. 464).

Bürgschaft

Eine Gewinnzurechnung auf Grund des Wegfalls des negativen Kapitalkontos ist nicht vorzunehmen, wenn der ausscheidende Kommanditist damit rechnen muss, dass er aus einer Bürgschaft für die KG in Anspruch genommen wird (→ BFH vom 12.7.1990 – BStBl. 1991 II S. 64).

§ 15a

Einlagen

- Einlagen, die vor dem 25.12.2008 zum Ausgleich eines negativen Kapitalkontos geleistet und im Wirtschaftsjahr der Einlage nicht durch ausgleichsfähige Verluste verbraucht worden sind (→ § 52 Abs. 33 Satz 6 EStG), schaffen Verlustausgleichspotential für spätere Wirtschaftsjahre (→ BFH vom 26.6.2007 – BStBl. II S. 934 und BMF vom 19.11.2007 – BStBl. I S. 823). Dies gilt auch für Einlagen eines atypisch stillen Gesellschafters (→ BFH vom 20.9.2007 – BStBl. 2008 II S. 118).

- Leistet der Kommanditist zusätzlich zu der im Handelsregister eingetragenen, nicht voll eingezahlten Hafteinlage eine weitere Sach- oder Bareinlage, kann er im Wege einer negativen Tilgungsbestimmung die Rechtsfolge herbeiführen, dass die Haftungsbefreiung nach § 171 Abs. 1 2. Halbsatz HGB nicht eintritt. Das führt dazu, dass die Einlage nicht mit der eingetragenen Hafteinlage zu verrechnen ist, sondern im Umfang ihres Wertes die Entstehung oder Erhöhung eines negativen Kapitalkontos verhindert und auf diese Weise nach § 15a Abs. 1 Satz 1 EStG zur Ausgleichs- und Abzugsfähigkeit von Verlusten führt (→ BFH vom 11.10.2007 – BStBl. 2009 II S. 135 und vom 16.10.2008 – BStBl. 2009 II S. 272).

Einlageminderung

Wird bei Bestehen eines negativen Kapitalkontos eine die Haftsumme übersteigende Pflichteinlage (z. B. ein Agio) entnommen, kommt es insoweit bis zur Höhe der Haftsumme zum Wiederaufleben der nach § 15a Abs. 1 Satz 2 EStG zu berücksichtigenden Haftung, so dass eine Gewinnzurechnung nach § 15a Abs. 3 Satz 1 EStG zu unterbleiben hat (→ BFH vom 6.3.2008 – BStBl. II S. 676).

Formwechsel mit steuerlicher Rückwirkung

Wird eine GmbH in eine KG formwechselnd und nach § 2 i. V. m. § 9 UmwStG rückwirkend umgewandelt, ist für Zwecke der Bestimmung der den Rückwirkungszeitraum betreffenden verrechenbaren Verluste i. S. v. § 15a EStG auch die Haftungsverfassung des entstandenen Rechtsträgers (KG) auf den steuerlichen Übertragungsstichtag zurückzubeziehen. Dabei ist nach den aus der Rückwirkungsfiktion abgeleiteten steuerlichen Kapitalkontenständen zu bestimmen, in welcher Höhe den Kommanditisten ausgleichsfähige Verluste nach § 15a Abs. 1 Satz 1 EStG (Verlustausgleich gem. geleisteter Einlagen) zuzurechnen sind. Auch die Haftsumme für den erweiterten Verlustausgleich ist gem. § 15a Abs. 1 Satz 2 und 3 EStG rückwirkend zu berücksichtigen (→ BFH vom 3.2.2010 – BStBl. II S. 942).

Kapitalkonto

- Zum Umfang des Kapitalkontos im Sinne des § 15a Abs. 1 Satz 1 EStG →BMF vom 30.5.1997 (BStBl. I S. 627).[1]

- Beteiligungskonto/Forderungskonto → BMF vom 30.5.1997 (BStBl. I S. 627)[2], BFH vom 23.1.2001 (BStBl. II S. 621) und BFH vom 16.10.2008 (BStBl. II S. 272).

- Finanzplandarlehen sind Darlehen, die nach den vertraglichen Bestimmungen während des Bestehens der Gesellschaft vom Kommanditisten nicht gekündigt werden können und im Fall des Ausscheidens oder der Liquidation der Gesellschaft mit einem evtl. bestehenden negativen Kapitalkonto verrechnet werden. Sie erhöhen das Kapitalkonto i. S. d. § 15a EStG (→ BFH vom 7.4.2005 – BStBl. II S. 598).

Saldierung des Schattengewinns mit verrechenbaren Verlusten aus der Zeit vor der Tonnagebesteuerung

Der während der Tonnagebesteuerung gem. § 5a Abs. 5 Satz 4 EStG im Wege einer Schattenrechnung zu ermittelndes Gewinn ist mit dem aus der Zeit vor der Tonnagebesteuerung entstandenen verrechenbaren Verlust nach § 15a Abs. 2 EStG zu saldieren. Davon unberührt bleibt die Verrechnung auch mit einem hinzuzurechnenden Unterschiedsbetrag nach § 5a Abs. 4 Satz 3 EStG (→ BFH vom 20.11.2006 – BStBl. 2007 II S.261).

Saldierung von Ergebnissen aus dem Gesellschaftsvermögen mit Ergebnissen aus dem Sonderbetriebsvermögen

Keine Saldierung von Gewinnen und Verlusten aus dem Gesellschaftsvermögen mit Gewinnen und Verlusten aus dem Sonderbetriebsvermögen (→ BMF vom 15.12.1993 – BStBl. I S. 976 sowie BFH vom 13.10.1998 BStBl. 1999 II S. 163).[3]

---

1) Siehe Anlage § 015a-08.
2) Siehe Anlage § 015a-08.
3) Siehe Anlage § 015a-09.

Sanierungsgewinn

- *Ertragsteuerliche Behandlung von Sanierungsgewinnen; Steuerstundung und Steuererlass aus sachlichen Billigkeitsgründen (§§ 163, 222, 227 AO) → BMF vom 27.3.2003 Rn. 8 (BStBl. I S. 240, Rn. 8).*[1]
- *Soweit der beim Ausscheiden des Kommanditisten bestehende verrechenbare Verlust durch Verrechnung mit dem Aufgabe- oder Veräußerungsgewinn nicht aufgezehrt worden ist, ist er in Höhe des Anteiles an einem Sanierungsgewinn nach § 3 Nr. 66 EStG a. F. in einen ausgleichsfähigen Gewinn umzuqualifizieren (→ BFH vom 16.5.2002 – BStBl. II S. 748)*

Stille Reserven

Bei Anwendung des § 15a EStG sind vorhandene stille Reserven nicht zu berücksichtigen (→ BFH vom 9.5.1996 – BStBl. II S. 474).

Übernahme des negativen Kapitalkontos

In Veräußerungsfällen findet § 52 Abs. 33 EStG keine Anwendung (→ BFH vom 21.5.1994 – BStBl. II S. 745). Die Übernahme eines negativen Kapitalkontos führt beim eintretenden Kommanditisten auch dann nicht zu einem sofort ausgleichs- oder abzugsfähigen Verlust, wenn es nicht durch stille Reserven im Betriebsvermögen gedeckt ist (→ BFH vom 14.6.1994 – BStBl. 1995 II S. 246). Entsprechendes gilt, wenn nach dem Gesellschafterwechsel die neu eingetretenen Gesellschafter Einlagen leisten (→ BFH vom 19.2.1998 – BStBl. 1999 II S. 266). Für den Erwerber stellen die gesamten Aufwendungen zum Erwerb des Anteils einschließlich des negativen Kapitalkontos Anschaffungskosten dar (→ BFH vom 21.5.1994 – BStBl. II S. 745). Dies gilt auch, wenn der Kommanditanteil an einen Mitgesellschafter veräußert wird (→ BFH vom 21.4.1994 – BStBl. II S. 745).

Unentgeltliche Übertragung

Der verrechenbare Verlust des ausscheidenden Gesellschafters einer zweigliedrigen KG geht bei einer unentgeltlichen Übertragung eines Mitunternehmeranteils auf den das Unternehmen fortführenden Gesellschafter über. Die Zurechnung des verrechenbaren Verlustes hat im Rahmen der gesonderten Feststellung nach § 15a As. 4 EStG zu erfolgen (→ BFH vom 10.3.1998 – BStBl. 1999 II S. 269).

Unwahrscheinlichkeit der Inanspruchnahme bei Gesellschaften mit Einkünften aus Vermietung und Verpachtung

→ *BMF vom 30.6.1994 (BStBl. I S. 355)*[2]

Verfassungsmäßigkeit

- *Es bestehen keine ernsthaften Zweifel an der Verfassungsmäßigkeit des § 15a EStG (→ BFH vom 19.5.1987 – BStBl. 1988 II S. 5 und vom 9.5.1996 – BStBl. II S. 474).*
- *Die Beschränkung des erweiterten Verlustausgleichs und Verlustabzugs auf den Fall der Haftung des Kommanditisten nach § 171 Abs. 1 HGB begegnet keinen verfassungsrechtlichen Bedenken (→ BFH vom 14.12.1999 – BStBl. II S. 265).*

Verlustabzug in Erbfällen

→ *R 10d Abs. 9 Satz 12*

Verlustabzugsbeschränkung nach § 15 Abs. 4 Satz 6 bis 8 EStG

Zum Verhältnis der Verlustabzugsbeschränkung bei Verlusten aus atypisch stillen Gesellschaften, Unterbeteiligungen oder sonstigen Innengesellschaften an Kapitalgesellschaften zu § 15a EStG → BMF vom 19.11.2008 (BStBl. I S. 970)[3]

Verlustausgleich

- *Der erweiterte Verlustausgleich kommt bei Kommanditisten von Altbetrieben auch in Betracht, wenn ihnen vor 1985 ausgleichsfähige Verluste zugerechnet worden sind, die zu einem negativen Kapitalkonto in Höhe ihres Haftungsbetrags geführt haben (→ BFH vom 26.8.1993 – BStBl. 1994 II S. 627).*
- *Der erweiterte Verlustausgleich kommt nicht in Betracht, wenn sich die Haftung des Kommanditisten aus anderen Vorschriften als § 171 Abs. 1 HGB ergibt (→ BFH vom 14.12.1999 – BStBl. 2000 II S. 265).*

---

1) Siehe Anlage § 004-03.
2) Siehe Anlage § 015a-10.
3) Siehe Anlage § 015-07.

- *Die im Interesse des gemeinsamen Unternehmens eingegangenen Verpflichtungen eines BGB-Innengesellschafters oder eines atypisch stillen Gesellschafters gegenüber Gläubigern des Geschäftsinhabers begründen keinen erweiterten Verlustausgleich (→ BFH vom 5.2.2002 – BStBl. 2002 II S. 464 und vom 11.3.2003 – BStBl. II S. 705).*
- *Der erweiterte Verlustausgleich des Kommanditisten mindert sich um den Teil der im Handelsregister eingetragenen Hafteinlage, der der Beteiligung des atypisch still Unterbeteiligten an der Unterbeteiligungsgesellschaft mit dem Kommanditisten entspricht (→ BFH vom 19.4.2007 – BStBl. II S. 868).*

Verlustverrechnung bei Einlageminderung

Der einem Kommanditisten bei einer Einlageminderung als fiktiver Gewinn zuzurechnende Betrag ist nach § 15a Abs. 3 Satz 2 EStG auf den Betrag der Verlustanteile begrenzt, der im Jahr der Einlageminderung und in den zehn vorangegangenen Jahren ausgleichsfähig war. Für die Ermittlung dieses begrenzten Betrags sind die ausgleichsfähigen Verlustanteile mit den Gewinnanteilen zu saldieren, mit denen sie hätten verrechnet werden können, wenn sie nicht ausgleichsfähig, sondern lediglich verrechenbar im Sinne des § 15a Abs. 2 EStG gewesen wären. Hierbei kommt die Saldierung eines Verlustanteils mit einem Gewinnanteil eines vorangegangenen Jahres nicht in Betracht (→ BFH vom 20.3.2003 – BStBl. II S. 798).

Verrechenbare Werbungskostenüberschüsse

→ H 20.1 (Stiller Gesellschafter)

→ H 21.2 (Sinngemäße Anwendung des § 15a EStG)

Vertraglicher Haftungsausschluß bei Gesellschaftern mit Einkünften aus Vermietung und Verpachtung

- *Trotz vertraglichem Haftungsausschluss liegt keine Haftungsbeschränkung nach § 15a Abs. 5 Nr. 2 EStG vor, wenn ein Teil der Gesellschafter für die Verbindlichkeiten der GbR bürgt und die übrigen Gesellschafter die bürgenden Gesellschafter intern von der Inanspruchnahme aus der Bürgschaft freistellen (→ BFH vom 25.7.1995 – BStBl. 1996 II S. 128)*
- *→ Zur Haftungsbeschränkung bei einer GbR → BMF vom 18.7.2000 (BStBl.I S. 1198) und vom 28.8.2001 (BStBl. I S. 614)* [1])

Wechsel der Rechtsstellung eines Gesellschafters

- *Allein auf Grund des Wechsels der Rechtsstellung eines Kommanditisten in diejenige eines unbeschränkt haftenden Gesellschafters (z. B. auf Grund der Umwandlung der Gesellschaft) ist der für ihn bisher festgestellte verrechenbare Verlust nicht in einen ausgleichsfähigen Verlust umzuqualifizieren (→ BFH vom 14.10.2003 – BStBl. 2004 II S. 115). Die bisher festgestellten verrechenbaren Verluste können jedoch über den Wortlaut des § 15a Abs. 2 EStG hinaus mit künftigen Gewinnanteilen des Gesellschafters verrechnet werden (→ BFH vom 14.10.2003 – BStBl. 2004 II S. 115). Findet der Wechsel in die Rechtsstellung eines unbeschränkt haftenden Gesellschafters innerhalb eines Wirtschaftsjahres statt, ist § 15a EStG für das gesamte Wirtschaftsjahr nicht anzuwenden (→ BFH vom 14.10.2003 – BStBl. 2004 II S. 118).*
- *Wechselt der Komplementär während des Wirtschaftsjahrs in die Rechtsstellung eines Kommanditisten, ist § 15a EStG für das gesamte Wirtschaftsjahr und damit für den dem Gesellschafter insgesamt zuzurechnenden Anteil am Ergebnis der KG zu beachten (→ BFH vom 14.10.2003 – BStBl. 2004 II S. 118).*
- *Der Wechsel der Gesellschafterstellung findet zum Zeitpunkt des entsprechenden Gesellschafterbeschlusses statt. Der Zeitpunkt des Antrages auf Eintragung im Handelsregister ist unmaßgeblich (→ BFH vom 12.2.2004 – BStBl. II S. 423).*

Weitere Verwaltungsanweisungen
(soweit nicht in den Hinweisen enthalten)

1. Einführungserlaß zu § 15a EStG (BdF-Schreiben vom 8.5.1981)[2])
2. Anwendung des § 52 Abs. 20a Sätze 3 und 5 EStG – Berücksichtigung von Verlusten bei den verbleibenden Gesellschaftern (BdF-Schreiben vom 23.6. 1983, BStBl. 1983 I S. 353)

---

1) Siehe Anlage § 015-17.

2) Siehe Anlage § 015a-01.

§ 15a

3. Begriff des Kapitalkontos i. S. des § 15a EStG und Begriff der nicht unwahrscheinlichen Vermögensminderung i. S. des § 15a EStG (BdF-Schreiben vom 20.2.1992)[1]
4. Kein erweiterter Verlustausgleich vor Eintragung des Kommanditisten ins Handelsregister (Erlaß Berlin vom 26.11.1992, FR 1993 S. 276)
5. Erweiterter Verlustausgleich nach § 15a Abs. 1 Satz 2 EStG bei geschlossenen Immobilienfonds, wenn im Handelsregister eine über die Pflichteinlage hinausgehende Haftsumme eingetragen wird (Erlaß Berlin vom 27.10.1995, DB 1996 S. 503)
6. Negatives Kapitalkonto eines Kommanditisten (Vfg OFD München vom 7.5.2004)[2]
7. Anwendung des § 15a EStG bei doppelstöckigen Personengesellschaften (Vfg OFD Frankfurt vom 4.11.2010)[3]
8. Übertragung des Kommanditanteils an einer vermögensverwaltenden KG; Berücksichtigung der Anschaffungskosten des Erwerbers bei Übernahme eines negativen Kapitalkontos (Vfg OFD Berlin vom 11.2.1998, FR 1998 S. 703)
9. Zeitpunkt der Einlage bei noch nicht im Handelsregister eingetragenen Kommanditisten (Vfg OFD Rostock vom 22.10.2001, DStR 2001 S. 2115)
10. Steuerfreie Einnahmen als Erhöhung des Ausgleichsvolumens über das Kapital- und Haftungsausgleichsvolumen hinaus (Vfg OFD Berlin vom 11.1.2002, DB 2002 S. 972)
11. Eigenkapitalersetzende Darlehen und Finanzplandarlehen (Vfg OFD Hannover vom 13.7.2007)[4]
12. Berücksichtigung von Kapitalrücklagen bei der Ermittlung des Kapitalkontos für Zwecke des § 15a EStG (Vfg OFD Hannover vom 14.5.2007)[5]

Rechtsprechungsauswahl

BFH vom 31.5.12 IV R 14/09 (BStBl. 2013 II S. 673): Reihenfolge der Verrechnung verrechenbarer Verluste im Zeitraum der Tonnagebesteuerung

---

1) Siehe Anlage § 015a-06.
2) Siehe Anlage § 015a-11.
3) Siehe Anlage § 015a-12.
4) Siehe Anlage § 015a-02.
5) Siehe Anlage § 015a-04.

§ 15b

§ 15b Verluste im Zusammenhang mit Steuerstundungsmodellen

(1) ¹Verluste im Zusammenhang mit einem Steuerstundungsmodell dürfen weder mit Einkünften aus Gewerbebetrieb noch mit Einkünften aus anderen Einkunftsarten ausgeglichen werden; sie dürfen auch nicht nach § 10d abgezogen werden. ²Die Verluste mindern jedoch die Einkünfte, die der Steuerpflichtige in den folgenden Wirtschaftsjahren aus derselben Einkunftsquelle erzielt. ³§ 15a ist insoweit nicht anzuwenden.

(2) ¹Ein Steuerstundungsmodell im Sinne des Absatzes 1 liegt vor, wenn auf Grund einer modellhaften Gestaltung steuerliche Vorteile in Form negativer Einkünfte erzielt werden sollen. ²Dies ist der Fall, wenn dem Steuerpflichtigen auf Grund eines vorgefertigten Konzepts die Möglichkeit geboten werden soll, zumindest in der Anfangsphase der Investition Verluste mit übrigen Einkünften zu verrechnen. ³Dabei ist es ohne Belang, auf welchen Vorschriften die negativen Einkünfte beruhen.

(3) Absatz 1 ist nur anzuwenden, wenn innerhalb der Anfangsphase das Verhältnis der Summe der prognostizierten Verluste zur Höhe des gezeichneten und nach dem Konzept auch aufzubringenden Kapitals oder bei Einzelinvestoren des eingesetzten Eigenkapitals 10 Prozent übersteigt.

(3a) Unabhängig von den Voraussetzungen nach den Absätzen 2 und 3 liegt ein Steuerstundungsmodell im Sinne des Absatzes 1 insbesondere vor, wenn ein Verlust aus Gewerbebetrieb entsteht oder sich erhöht, indem ein Steuerpflichtiger, der nicht auf Grund gesetzlicher Vorschriften verpflichtet ist, Bücher zu führen und regelmäßig Abschlüsse zu machen, auf Grund des Erwerbs von Wirtschaftsgütern des Umlaufvermögens sofort abziehbare Betriebsausgaben tätigt, wenn deren Übereignung ohne körperliche Übergabe durch Besitzkonstitut nach § 930 des Bürgerlichen Gesetzbuchs oder durch Abtretung des Herausgabeanspruchs nach § 931 des Bürgerlichen Gesetzbuchs erfolgt.

(4) ¹Der nach Absatz 1 nicht ausgleichsfähige Verlust ist jährlich gesondert festzustellen. ²Dabei ist von dem verrechenbaren Verlust des Vorjahres auszugehen. ³Der Feststellungsbescheid kann nur insoweit angegriffen werden, als der verrechenbare Verlust gegenüber dem verrechenbaren Verlust des Vorjahres sich verändert hat. ⁴Handelt es sich bei dem Steuerstundungsmodell um eine Gesellschaft oder Gemeinschaft im Sinne des § 180 Abs. 1 Nr. 2 Buchstabe a der Abgabenordnung, ist das für die gesonderte und einheitliche Feststellung der einkommensteuerpflichtigen und körperschaftsteuerpflichtigen Einkünfte aus dem Steuerstundungsmodell zuständige Finanzamt für den Erlass des Feststellungsbescheids nach Satz 1 zuständig; anderenfalls ist das Betriebsfinanzamt (§ 18 Abs. 1 Nr. 2 der Abgabenordnung) zuständig. ⁵Handelt es sich bei dem Steuerstundungsmodell um eine Gesellschaft oder Gemeinschaft im Sinne des § 180 Abs. 1 Nr. 2 Buchstabe a der Abgabenordnung, können die gesonderten Feststellungen nach Satz 1 mit der gesonderten und einheitlichen Feststellung der einkommensteuerpflichtigen und körperschaftsteuerpflichtigen Einkünfte aus dem Steuerstundungsmodell verbunden werden; in diesen Fällen sind die gesonderten Feststellungen nach Satz 1 einheitlich durchzuführen.

Hinweise

H 15b Anwendungsschreiben

→ *BMF vom 17.7.2007 (BStBl. I S. 542).* ¹⁾

Verlassungsmäßigkeit

§ 15b ist bezogen auf das Tatbestandsmerkmal einer „modellhaften Gestaltung" hinreichend bestimmt (→ BFH vom 6.2.2014 – BStBl. II S. 465).

Verlustabzug in Erbfällen

→ *R 10d Abs.9 Satz 12*

---

1) Siehe Anlage § 015b-01.

§ 15b

Weitere Verwaltungsanweisungen
(soweit nicht in den Hinweisen enthalten)

1. Auf die folgenden Sachverhalte ist § 20 Abs. 2 b Satz 2 i. V. m. § 15 b EStG nicht anwendbar:
   1. Ein Anleger erwirbt festverzinsliche Wertpapiere unter Ausweis von Stückzinsen (negative Einnahmen). Die positiven Erträge (d. h. die Zinsen) werden nach dem 1.1.2009 (also im Anwendungszeitraum der Abgeltungssteuer) fällig. Der Ausweis von Stückzinsen entspricht den Marktusancen und ist erforderlich, damit der bisherige Gläubiger den Gegenwert des ihm zustehenden (anteiligen) Zinsanspruchs realisieren kann.
   2. Ein Anleger erwirbt Investmentfondsanteile unter Zahlung von Zwischengewinnen. Die positiven Kapitalerträge (ausgeschüttete oder ausschüttungsgleiche Erträge) fließen nach Einführung der Abgeltungssteuer zu.

   (VFG OFD Frankfurt vom 13.6.2008, DStR 2008 S. 1833)

2. Im Falle eines **kreditfinanzierten** Wertpapiererwerbs ist das Verlustverrechnungsverbot des § 15b Abs. 1 in Verbindung mit § 20 Abs. 2b EStG anzuwenden, wenn die negativen Einkünfte höher sind als 10 Prozent des eingesetzten Eigenkapitals (§ 15b Abs. 3 EStG). Daher können Verluste aus gezahlten Stückzinsen bzw. Zwischengewinnen im Falle einer entsprechend hohen Fremdfinanzierung erst mit den später zufließenden Kapitaleinnahmen verrechnet werden (Vfg OFD Münster vom 7.11.2008 –S 2210-45-St 22-31).

Rechtsprechungsauswahl

BFH vom 6.2.14 VIII R 25/12 (BStBl. II S. 461): Ein Steuerstundungsmodell setzt Feststellungen zum Werben mit Steuervorteilen durch Erzielung negativer Einkünfte voraus – Verfassungsmäßigkeit von § 15b EStG

§ 16

§ 16 Veräußerung des Betriebs

(1) ¹Zu den Einkünften aus Gewerbebetrieb gehören auch Gewinne, die erzielt werden bei der Veräußerung

1. des ganzen Gewerbebetriebs oder eines Teilbetriebs. ²Als Teilbetrieb gilt auch die das gesamte Nennkapital umfassende Beteiligung an einer Kapitalgesellschaft; im Fall der Auflösung der Kapitalgesellschaft ist § 17 Abs. 4 Satz 3 sinngemäß anzuwenden;
2. des gesamten Anteils eines Gesellschafters, der als Unternehmer (Mitunternehmer) des Betriebs anzusehen ist (§ 15 Abs. 1 Satz 1 Nr. 2);
3. des gesamten Anteils eines persönlich haftenden Gesellschafters einer Kommanditgesellschaft auf Aktien (§ 15 Abs. 1 Satz 1 Nr. 3).

²Gewinne, die bei der Veräußerung eines Teils eines Anteils im Sinne von Satz 1 Nr. 2 oder 3 erzielt werden, sind laufende Gewinne.

(2) ¹Veräußerungsgewinn im Sinne des Absatzes 1 ist der Betrag, um den der Veräußerungspreis nach Abzug der Veräußerungskosten den Wert des Betriebsvermögens (Absatz 1 Satz 1 Nr. 1) oder den Wert des Anteils am Betriebsvermögen (Absatz 1 Satz 1 Nr. 2 und 3) übersteigt. ²Der Wert des Betriebsvermögens oder des Anteils ist für den Zeitpunkt der Veräußerung nach § 4 Abs. 1 oder nach § 5 zu ermitteln. ³Soweit auf der Seite des Veräußerers und auf der Seite des Erwerbers dieselben Personen Unternehmer oder Mitunternehmer sind, gilt der Gewinn insoweit jedoch als laufender Gewinn.

(3) ¹Als Veräußerung gilt auch die Aufgabe des Gewerbebetriebs sowie eines Anteils im Sinne des Absatzes 1 Satz 1 Nr. 2 oder 3. ²Werden im Zuge der Realteilung einer Mitunternehmerschaft Teilbetriebe, Mitunternehmeranteile oder einzelne Wirtschaftsgüter in das jeweilige Betriebsvermögen der einzelnen Mitunternehmer übertragen, so sind bei der Ermittlung des Gewinns der Mitunternehmerschaft die Wirtschaftsgüter mit den Werten anzusetzen, die sich nach den Vorschriften über die Gewinnermittlung ergeben, sofern die Besteuerung der stillen Reserven sichergestellt ist; der übernehmende Mitunternehmer ist an diese Werte gebunden; § 4 Absatz 1 Satz 4 ist entsprechend anzuwenden. ³Dagegen ist für den jeweiligen Übertragungsvorgang rückwirkend der gemeine Wert anzusetzen, soweit bei einer Realteilung, bei der einzelne Wirtschaftsgüter übertragen worden sind, zum Buchwert übertragener Grund und Boden, übertragene Gebäude oder andere übertragene wesentliche Betriebsgrundlagen innerhalb einer Sperrfrist nach der Übertragung veräußert oder entnommen werden; diese Sperrfrist endet drei Jahre nach Abgabe der Steuererklärung der Mitunternehmerschaft für den Veranlagungszeitraum der Realteilung. ⁴Satz 2 ist bei einer Realteilung, bei der einzelne Wirtschaftsgüter übertragen werden, nicht anzuwenden, soweit die Wirtschaftsgüter unmittelbar oder mittelbar auf eine Körperschaft, Personenvereinigung oder Vermögensmasse übertragen werden; in diesem Fall ist bei der Übertragung der gemeine Wert anzusetzen. ⁵Soweit einzelne dem Betrieb gewidmete Wirtschaftsgüter im Rahmen der Aufgabe des Betriebs veräußert werden und soweit auf der Seite des Veräußerers und auf der Seite des Erwerbers dieselben Personen Unternehmer oder Mitunternehmer sind, gilt der Gewinn aus der Aufgabe des Gewerbebetriebs als laufender Gewinn. ⁶Werden die einzelnen dem Betrieb gewidmeten Wirtschaftsgüter im Rahmen der Aufgabe des Betriebs veräußert, so sind die Veräußerungspreise anzusetzen. ⁷Werden die Wirtschaftsgüter nicht veräußert, so ist der gemeine Wert im Zeitpunkt der Aufgabe anzusetzen. ⁸Bei Aufgabe eines Gewerbebetriebs, an dem mehrere Personen beteiligt waren, ist für jeden einzelnen Beteiligten der gemeine Wert der Wirtschaftsgüter anzusetzen, die er bei der Auseinandersetzung erhalten hat.

(3a) Einer Aufgabe des Gewerbebetriebs steht der Ausschluss oder die Beschränkung des Besteuerungsrechts der Bundesrepublik Deutschland hinsichtlich des Gewinns aus der Veräußerung sämtlicher Wirtschaftsgüter des Betriebs oder eines Teilbetriebs gleich; § 4 Absatz 1 Satz 4 gilt entsprechend.

(3b) ¹In den Fällen der Betriebsunterbrechung und der Betriebsverpachtung im Ganzen gilt ein Gewerbebetrieb sowie ein Anteil im Sinne des Absatzes 1 Satz 1 Nummer 2 oder Nummer 3 nicht als aufgegeben, bis

1. der Steuerpflichtige die Aufgabe im Sinne des Absatzes 3 Satz 1 ausdrücklich gegenüber dem Finanzamt erklärt oder
2. dem Finanzamt Tatsachen bekannt werden, aus denen sich ergibt, dass die Voraussetzungen für eine Aufgabe im Sinne des Absatzes 3 Satz 1 erfüllt sind.

²Die Aufgabe des Gewerbebetriebs oder Anteils im Sinne des Absatzes 1 Satz 1 Nummer 2 oder Nummer 3 ist in den Fällen des Satzes 1 Nummer 1 rückwirkend für den vom Steuerpflichtigen gewählten Zeitpunkt anzuerkennen, wenn die Aufgabeerklärung spätestens drei Monate nach diesem Zeitpunkt abgegeben wird. ³Wird die Aufgabeerklärung nicht spätestens drei Monate nach dem vom Steuerpflichtigen gewählten Zeitpunkt abgegeben, gilt der Gewerbebetrieb oder Anteil im Sinne des Absatzes 1 Satz 1 Nummer 2 oder Nummer 3 erst in dem Zeitpunkt als aufgegeben, in dem die Aufgabeerklärung beim Finanzamt eingeht.¹⁾

(4) ¹Hat der Steuerpflichtige das 55. Lebensjahr vollendet oder ist er im sozialversicherungsrechtlichen Sinne dauernd berufsunfähig, so wird der Veräußerungsgewinn auf Antrag zur Einkommensteuer nur herangezogen, soweit er 45 000 Euro übersteigt. ²Der Freibetrag ist dem Steuerpflichtigen nur einmal zu gewähren. ³Er ermäßigt sich um den Betrag, um den der Veräußerungsgewinn 136 000 Euro übersteigt.

(5) Werden bei einer Realteilung, bei der Teilbetriebe auf einzelne Mitunternehmer übertragen werden, Anteile an einer Körperschaft, Personenvereinigung oder Vermögensmasse unmittelbar oder mittelbar von einem nicht von § 8b Abs. 2 des Körperschaftsteuergesetzes begünstigten Steuerpflichtigen auf einen von § 8b Abs. 2 des Körperschaftsteuergesetzes begünstigten Mitunternehmer übertragen, ist abweichend von Absatz 3 Satz 2 rückwirkend auf den Zeitpunkt der Realteilung der gemeine Wert anzusetzen, wenn der übernehmende Mitunternehmer die Anteile innerhalb eines Zeitraums von sieben Jahren nach der Realteilung unmittelbar oder mittelbar veräußert oder durch einen Vorgang nach § 22 Abs. 1 Satz 6 Nr. 1 bis 5 des Umwandlungssteuergesetzes²⁾ weiter überträgt; § 22 Abs. 2 Satz 3 des Umwandlungssteuergesetzes gilt entsprechend.

EStR und Hinweise

EStR 2012 zu § 16 EStG

R 16 Veräußerung des gewerblichen Betriebs

R 16 (1) Betriebsveräußerung im Ganzen

(1) ¹Eine Veräußerung des ganzen Gewerbebetriebs liegt vor, wenn der Betrieb mit seinen wesentlichen Grundlagen gegen Entgelt in der Weise auf einen Erwerber übertragen wird, dass der Betrieb als geschäftlicher Organismus fortgeführt werden kann. ²Nicht erforderlich ist, dass der Erwerber den Betrieb tatsächlich fortführt.

Hinweise

H 16 (1) Aufgabe der bisherigen Tätigkeit

– *Voraussetzung einer Betriebsveräußerung ist, dass der Veräußerer die mit dem veräußerten Betriebsvermögen verbundene Tätigkeit aufgibt (→ BFH vom 12.6.1996 – BStBl. II S. 527).*

– *Die gelegentliche Vermittlung von Verträgen durch einen aus dem aktiven Erwerbsleben ausgeschiedenen Versicherungsvertreter kann sich in finanzieller, wirtschaftlicher und organisatorischer Hinsicht grundlegend von dem Gewerbebetrieb, den er als Versicherungsbezirksdirektor unterhalten hat, unterscheiden und steht in diesem Fall einer Betriebsveräußerung nicht entgegen (→ BFH vom 18.12.1996 – BStBl. 1997 II S. 573).*

– *Eine Aufgabe der bisherigen Tätigkeit und somit eine begünstigte Veräußerung i. S. d. § 16 EStG liegt auch dann vor, wenn der Veräußerer als selbständiger Unternehmer nach der*

---

1) § 16 Absatz 3b ist auf Aufgaben im Sinne des § 16 Abs. 3 Satz 1 nach dem 4. November 2011 anzuwenden (§ 52 Absatz 34).
2) Siehe Anhang 4.

Veräußerung des Betriebs für den Erwerber tätig wird (→ BFH vom 17.7.2008 – BStBl. 2009 II S. 43).
- *Die Tarifbegünstigung eines Veräußerungsgewinns setzt nicht voraus, dass der Stpfl. jegliche gewerbliche Tätigkeit einstellt. Erforderlich ist lediglich, dass er die in dem veräußerten Betrieb bislang ausgeübte Tätigkeit einstellt und die diesbezüglich wesentlichen Betriebsgrundlagen veräußert (→ BFH vom 3.4.2014 – BStBl. II S. 1000).*
- *→ H 18.3 Veräußerung*

Berechnung des Veräußerungsgewinns
Bei der Berechnung des Gewinns aus einer Betriebsveräußerung sind vom Erwerber übernommene betriebliche Verbindlichkeiten, die auf Grund von Rückstellungsverboten in der Steuerbilanz (z. B. für Jubiläumszuwendungen und für drohende Verluste aus schwebenden Geschäften) nicht passiviert worden sind, nicht gewinnerhöhend zum Veräußerungspreis hinzuzurechnen (→ BFH vom 17.10.2007 – BStBl. 2008 II S. 555).

Betriebsfortführung
Werden nicht der Betriebsorganismus, sondern nur wichtige Betriebsmittel übertragen, während der Steuerpflichtige das Unternehmen in derselben oder in einer veränderten Form fortführt, so liegt keine Betriebsveräußerung vor (→ BFH vom 3.10.1984 – BStBl. 1985 II S. 131).

Betriebsübertragung im Zusammenhang mit wiederkehrenden Leistungen
→ *BMF vom 11.3.2010 (BStBl. I S. 227).* [1)]

Funktionsfähiger Betrieb
Eine Betriebsveräußerung setzt voraus, dass im Veräußerungszeitpunkt schon ein funktionsfähiger Betrieb gegeben ist, jedoch nicht, dass der Veräußerer mit den veräußerten wesentlichen Betriebsgrundlagen tatsächlich bereits eine gewerblich Tätigkeit ausgeübt hat (→ BFH vom 3.4.2014 – BStBl. II S. 1000).

Gewerblich geprägte Personengesellschaft
Besteht die Tätigkeit einer gewerblich geprägten Personengesellschaft sowohl in der Nutzung von Grundbesitz als auch in der Nutzung von Kapitalvermögen, liegt eine nach §§ 16, 34 EStG begünstigte Betriebsveräußerung nur vor, wenn die wesentlichen Grundlagen beider Tätigkeitsbereiche veräußert werden (→ BFH vom 12.12.2000 – BStBl. 2001 II S. 282).

Gewinnermittlung
Hält der Veräußerer Wirtschaftsgüter, die nicht zu den wesentlichen Betriebsgrundlagen gehören, zurück, um sie später bei sich bietender Gelegenheit zu veräußern, so ist eine Gewinnermittlung auf Grund Betriebsvermögensvergleichs hinsichtlich dieser Wirtschaftsgüter nach der Betriebsveräußerung nicht möglich (→ BFH vom 22.2.1978 – BStBl. II S. 430).

Maßgeblicher Zeitpunkt
- *Für die Entscheidung, ob eine Betriebsveräußerung im Ganzen vorliegt, ist auf den Zeitpunkt abzustellen, in dem das wirtschaftliche Eigentum an den veräußerten Wirtschaftsgütern übertragen wird (→ BFH vom 3.10.1984 – BStBl. 1985 II S. 245).*
- *→ H 16 (4)*

Personengesellschaft
- *Bei einer Personengesellschaft ist es nicht erforderlich, dass die Gesellschafter gleichzeitig mit der Betriebsveräußerung die Auflösung beschließen (→ BFH vom 4.2.1982 – BStBl. II S. 348).*
- *Die Veräußerung des gesamten Gewerbebetriebs durch eine Personengesellschaft an einen Gesellschafter ist abzugrenzen von der Veräußerung eines Mitunternehmeranteils. Dabei ist auf die vertraglichen Vereinbarungen abzustellen. Haben die Vertragsparteien den Vertrag tatsächlich wie eine Betriebsveräußerung an die Personengesellschaft behandelt, eine Schlussbilanz eingereicht und den Veräußerungsgewinn den Gesellschaftern dem allgemeinen Gewinnverteilungsschlüssel entsprechend zugerechnet, liegt eine Betriebsveräußerung im Ganzen an den Gesellschafter vor (→ BFH vom 20.2.2003 – BStBl. II S. 700).*

Verdeckte Einlage
Zur verdeckten Einlage bei Verkauf eines Betriebes an eine Kapitalgesellschaft → BFH vom 24.3.1987 (BStBl. II S. 705) und vom 1. 7.1992 (BStBl. 1993 II S. 131).

---
1) Siehe Anlage § 010-01.

Zurückbehaltene Wirtschaftsgüter

Die Annahme einer Betriebsveräußerung im Ganzen wird nicht dadurch ausgeschlossen, dass der Veräußerer Wirtschaftsgüter, die nicht zu den wesentlichen Betriebsgrundlagen gehören, zurückbehält (→ BFH vom 26.5.1993 – BStBl. II S. 710). Das gilt auch, wenn einzelne, nicht zu den wesentlichen Betriebsgrundlagen gehörende Wirtschaftsgüter in zeitlichem Zusammenhang mit der Veräußerung in das Privatvermögen überführt oder anderen betriebsfremden Zwecken zugeführt werden (→ BFH vom 24.3.1987 – BStBl. II S. 705 und vom 29.10.1987 – BStBl. 1988 II S. 374).

EStR 2012 zu § 16 EStG

R 16 (2) Betriebsaufgabe im Ganzen

(2) ¹Eine Betriebsaufgabe erfordert eine Willensentscheidung oder Handlung des Steuerpflichtigen, die darauf gerichtet ist, den Betrieb als selbständigen Organismus nicht mehr in seiner bisherigen Form bestehen zu lassen. ²Der Begriff der Betriebsaufgabe erfordert nicht, dass der bisherige Unternehmer künftig keine unternehmerische Tätigkeit mehr ausübt. ³Liegt eine Betriebsaufgabe deshalb vor, weil bei einer Betriebsaufspaltung die personelle Verflechtung durch Eintritt der Volljährigkeit bisher minderjähriger Kinder wegfällt, wird dem Steuerpflichtigen auf Antrag aus Billigkeitsgründen das Wahlrecht zur Fortsetzung der gewerblichen Tätigkeit im Rahmen einer Betriebsverpachtung (Absatz 5) auch dann eingeräumt, wenn nicht alle wesentlichen Betriebsgrundlagen an das Betriebsunternehmen verpachtet sind. ⁴Wird danach die Betriebsverpachtung nicht als Betriebsaufgabe behandelt, können in diesen Fällen weiterhin die auf einen Betrieb bezogenen Steuervergünstigungen (z. B. Übertragung stiller Reserven nach den §§ 6b und 6c EStG, erhöhte Absetzungen und Sonderabschreibungen) gewährt werden. ⁵Eine Betriebsaufgabe liegt auch vor, wenn die Voraussetzungen für eine gewerblich geprägte Personengesellschaft wegfallen. ⁶Ist Gegenstand der Verpachtung ein Betrieb im Ganzen, gilt Absatz 5 entsprechend. ⁷Im Rahmen einer Betriebsaufgabe kann auch das Buchwertprivileg nach § 6 Abs. 1 Nr. 4 Satz 4 und 5 EStG in Anspruch genommen werden.

Hinweise

H 16 (2) Allgemeines

Die Aufgabe eines Gewerbebetriebes im Ganzen ist anzunehmen, wenn alle wesentlichen Betriebsgrundlagen innerhalb kurzer Zeit (→ Zeitraum für die Betriebsaufgabe) und damit in einem einheitlichen Vorgang – nicht nach und nach – entweder in das Privatvermögen überführt oder an verschiedene Erwerber veräußert oder teilweise veräußert und teilweise in das Privatvermögen überführt werden und damit der Betrieb als selbständiger Organismus des Wirtschaftslebens zu bestehen aufhört (→ BFH vom 24.6.1976 – BStBl. II S. 670, vom 29.10.1981 – BStBl 1982 II S. 381 und vom 18.12.1990 – BStBl. 1991 II S. 512).

Eine Betriebsaufgabe liegt nicht vor,

– *wenn die Wirtschaftsgüter nach und nach im Laufe mehrerer Wirtschaftsjahre an Dritte veräußert werden oder in das Privatvermögen überführt werden (→ BFH vom 10.9.1957 – BStBl. III S. 414),*

– *wenn der Betriebsinhaber den Entschluss zur Betriebsaufgabe lediglich dokumentiert hat. Erforderlich ist darüber hinaus die Umsetzung dieses Entschlusses durch Veräußerung oder Entnahme von wesentlichen Betriebsgrundlagen (→ BFH vom 30.8.2007 – BStBl. 2008 II S. 113).*

→ *Betriebsunterbrechung*

→ *Betriebsverlegung*

→ *Strukturwandel*

Aufgabegewinn

– *Als gemeiner Wert eines Grundstücks in einem Sanierungsgebiet ist der Wert anzusetzen, der nach § 153 Abs. 1 BauGB (früher § 23 Abs. 2 Städtebauförderungsgesetz) Werterhöhungen unberücksichtigt lässt, die lediglich durch die Aussicht auf Sanierung, durch ihre Vorbereitung oder ihre Durchführung eingetreten sind, ohne dass der Stpfl. diese Wertsteigerungen durch eigene Aufwendungen zulässigerweise bewirkt hat – sog. Eingangswert – (→ BFH vom 29.8.1996 – BStBl. 1997 II S. 317)*

– → *H 16 (10) Nachträgliche Änderungen des Veräußerungspreises oder des gemeinen Werts*

§ 16

- *Wird im Rahmen einer Betriebsaufgabe ein betrieblich genutzter Grundstücksteil in das Privatvermögen überführt, ist zur Ermittlung des Aufgabegewinns der gemeine Wert des gesamten Grundstücks regelmäßig nach dem Nutzflächenverhältnis und nicht nach dem Verhältnis von Ertragswerten aufzuteilen (→ BFH vom 15.2.2001 – BStBl. 2003 II S. 635).*
- *Weder handels- noch steuerrechtlich besteht eine Verpflichtung, eine Aufgabebilanz zusätzlich zur letzten Schlussbilanz aufzustellen (→ BFH vom 3.7.1991 – BStBl. II S. 802).*
- *Beendigung der Nutzungsberechtigung als Miteigentümer → H 4.2 (1) Nutzungsrechte/ Nutzungsvorteile*

Beendigung einer Betriebsaufspaltung

- *Entfallen die tatbestandlichen Voraussetzungen einer Betriebsaufspaltung z. B. durch Wegfall der personellen Verflechtung zwischen Besitzunternehmen und Betriebs-GmbH, so ist dieser Vorgang in der Regel als Betriebsaufgabe des Besitzunternehmens zu beurteilen mit der Folge, dass die im Betriebsvermögen des früheren Besitzunternehmens enthaltenen stillen Reserven aufzulösen sind (→ BFH vo 13.12.1983 – BStBl. 1984 II S. 474 und vom 15.12.1988 – BStBl. 1989 II S. 363); aber → R 16 Abs. 2 Satz 3 ff.*
- *Zu einer Betriebsaufgabe durch Beendigung der Betriebsaufspaltung kommt es, wenn die vom Besitzunternehmen an die Betriebskapitalgesellschaft verpachteten Wirtschaftsgüter veräußert und infolgedessen keine wesentlichen Betriebsgrundlagen mehr aberlassen werden. Das verbliebene Betriebsvermögen, einschließlich der Anteile an der Betriebskapitalgesellschaft, wird dann zu Privatvermögen (→ BFH vom 22.10.2013 – BStBl. 2014 II S. 158).*
- *Die Beendigung einer Betriebsaufspaltung führt nicht zur Betriebsaufgabe bei der Besitzpersonengesellschaft, wenn auch die Voraussetzungen einer Betriebsverpachtung vorlagen (→ BMF vom 17.10.1994 – BStBl. I S. 771, vom 23.4.1996 – BStBl. 1998 II S. 325 und vom 17.4.2002 – BStBl. II S. 527).[1] Die für die Einstellung der werbenden Tätigkeit durch den Unternehmer geltenden Grundsätze (→ Betriebsunterbrechung) sind bei der Beendigung der Betriebsaufspaltung gleichermaßen zu beachten (→ BFH vom 14.3.2006 – BStBl. II S. 591).*
- *Wird eine Betriebsaufspaltung dadurch beendet, dass die Betriebs-GmbH auf eine AG verschmolzen und das Besitzunternehmen in die AG eingebracht wird, kann dieser Vorgang gewinnneutral gestaltet werden, wenn das Besitzunternehmen nicht nur wegen der Betriebsaufspaltung gewerblich tätig war. Andernfalls führt die Verschmelzung zur Aufgabe des Gewerbebetriebs mit der Folge, dass dieser nicht mehr zu Buchwerten eingebracht werden kann (→ BFH vom 24.10.2000 – BStBl. 2001 II S. 321).*

→ H 15.7 (6) Insolvenz des Betriebsunternehmens

Betriebsunterbrechung

- *Stellt ein Unternehmer seine gewerbliche Tätigkeit ein, liegt darin nicht notwendigerweise eine Betriebsaufgabe. Die Einstellung kann auch nur als Betriebsunterbrechung zu beurteilen sein, die den Fortbestand des Betriebs unberührt lässt. Die Betriebsunterbrechung kann darin bestehen, dass der Betriebsinhaber die gewerbliche Tätigkeit ruhen lässt oder darin, dass er die wesentlichen Betriebsgrundlagen verpachtet. Gibt er keine Aufgabeerklärung ab, ist davon auszugehen, dass er beabsichtigt, den unterbrochenen Betrieb künftig wieder aufzunehmen, sofern die zurückbehaltenen Wirtschaftsgüter dies ermöglichen (→ BFH vom 22.9.2004 – BStBl. 2005 II S. 160) und vom 14.3.2006 (BStBl. II S. 591).*
- *Eine Betriebsunterbrechung im engeren Sinne und keine Aufgabe des Gewerbebetriebs kann bei dem vormaligen Besitzunternehmen auch dann vorliegen, wenn das Betriebsunternehmen die werbende Geschäftstätigkeit endgültig eingestellt hat (→ BFH vom 14.3.2006 – BStBl. II S. 591).*
- *Betriebsaufgabeerklärung → H 16 (5)*
- *Eine Betriebsunterbrechung, die nicht als Betriebsaufgabe anzusehen ist und deshalb auch nicht zur Aufdeckung der stillen Reserven führt, liegt vor, wenn bei Einstellung der werbenden Tätigkeit die Absicht vorhanden und die Verwirklichung der Absicht nach den äußerlich erkennbaren Umständen wahrscheinlich ist, den Betrieb in gleichartiger oder ähnlicher Weise wieder aufzunehmen, so dass der stillgelegte und der eröffnete Betrieb als identisch anzusehen sind (→ BFH vom 17.10.1991 – BStBl. 1992 II S. 392). Dies ist nicht*

---

[1] Siehe Anlage § 016-04.

der Fall, wenn nach Einstellung der werbenden Tätigkeit keine wesentlichen Betriebsgrundlagen mehr vorhanden sind, die einem später identitätswahrend fortgeführten Betrieb dienen können (→ BFH vom 26.2.1997 – BStBl. II S. 561).

– Betreibt ein Unternehmen, das zuvor auf dem Gebiet des Bauwesens, des Grundstückshandels und der Grundstücksverwaltung tätig war, nur noch Grundstücksverwaltung, ist hierin regelmäßig eine bloße Betriebsunterbrechung zu sehen, solange gegenüber dem Finanzamt nicht die Betriebsaufgabe erklärt wird und die zurückbehaltenen Wirtschaftsgüter jederzeit die Wiederaufnahme des Betriebes erlauben (→ BFH vom 28.9.1995 – BStBl. 1996 II S. 276)

– → Eröffnung eines neuen Betriebs

Betriebsverlegung

– Keine Betriebsaufgabe, sondern eine Betriebsverlegung liegt vor, wenn der alte und der neue Betrieb bei wirtschaftlicher Betrachtung und Berücksichtigung der Verkehrsauffassung wirtschaftlich identisch sind (→ BFH vom 24.6.1976 – BStBl. II S. 670 und vom 28.6.2001 – BStBl. 2003 II S. 124), wovon regelmäßig auszugehen ist, wenn die wesentlichen Betriebsgrundlagen in den neuen Betrieb überführt werden (→ BFH vom 24.6.1976 – BStBl. II S. 672).

– Überträgt ein Bezirkshändler, der Produkte eines Unternehmens über Beraterinnen im sog. Heimvorführungs-Vertriebssystem verkauft, die Rechte aus seinen Verträgen mit den Beraterinnen entgeltlich auf einen Dritten und erwirbt er gleichzeitig die Rechtsposition aus den Verträgen eines anderen Bezirkshändlers mit dessen Beraterinnen, um in Fortführung seines bisherigen Bezirkshändlervertrages die Produkte des Unternehmens an einem anderen Ort zu vertreiben, liegt weder eine Betriebsveräußerung noch eine Betriebsaufgabe vor (→ BFH vom 9.10.1996 – BStBl. 1997 II S. 236).

Bewertung von Unternehmen und Anteilen an Kapitalgesellschaften

Bei der Bewertung von Unternehmen und Anteilen an Kapitalgesellschaften sind die bewertungsrechtlichen Regelungen gem. den gleich lautenden Erlassen der obersten Finanzbehörden der Länder vom 17.5.2011 (BStBl. I S. 606) zu den §§ 11, 95 bis 109 und 199 ff. BewG für ertragsteuerliche Zwecke entsprechend anzuwenden (→ BMF vom 22.9.2011 – BStBl. I S.859)

Buchwertprivileg

Das Buchwertprivileg nach § 6 Abs. 1 Nr. 4 Satz 5 und 6 EStG ist auch zulässig im Fall des Übergangs von Sonderbetriebsvermögen auf den Erben und Überführung ins Privatvermögen im Rahmen eines betriebsaufgabeähnlichen Vorgangs (→ BFH vom 5.2.2002 – BStBl. 2003 II S. 237).

Eröffnung eines neuen Betriebs

Eine Betriebsaufgabe kann auch dann gegeben sein, wenn der Steuerpflichtige einen neuen Betrieb – auch der gleichen Branche – beginnt, sofern der bisher geführte betriebliche Organismus aufhört zu bestehen und sich der neue Betrieb in finanzieller, wirtschaftlicher und organisatorischer Hinsicht von dem bisherigen Betrieb unterscheidet (→ BFH vom 18.12.1996 – BStBl. 1997 II S. 573).

→ Betriebsunterbrechung

→ Betriebsverlegung

Gewerblicher Grundstückshandel

– Die entgeltliche Bestellung von Erbbaurechten an (allen) zugehörigen Grundstücken führt nicht zur Aufgabe eines gewerblichen Grundstückshandels, sondern stellt lediglich einen Geschäftsvorfall des weiter bestehenden gewerblichen Grundstückshandels dar (→ BFH vom 22.4.1998 – BStBl. II S. 665).

– → BMF vom 26.3.2004 (BStBl. I S. 434) – Tz. 35. [1)]

– im Rahmen des Folgebescheids darf der Gewinn aus der Veräußerung eines Anteils an einer grundbesitzenden Personengesellschaft auch dann in einen laufenden Gewinn im Rahmen eines vom Stpfl. betriebenen gewerblichen Grundstückshandels umqualifiziert werden, wenn er im Grundlagenbescheid als Veräußerungsgewinn bezeichnet worden ist (→ BFH vom 18.4.2012 – BStBl. II S. 647).

---

1) Siehe Anlage § 015-06.

§ 16

Handelsvertreter

Eine Betriebsaufgabe liegt nicht vor, wenn ein Handelsvertreter seine bisherigen Vertretungen beendet, um anschließend eine andere Vertretung zu übernehmen; dies gilt auch für den Fall der erstmaligen Übernahme einer Generalvertretung (→ BFH vom 19.4.1966 – BStBl. III S. 459).

Insolvenzverfahren

Der Gewerbebetrieb einer Personengesellschaft wird regelmäßig nicht schon mit der Eröffnung des Insolvenzverfahren über das Gesellschaftsvermögen aufgegeben. (→ BFH vom 19.1.1993 – BStBl. II S. 594).

Körperschaft als Erbin

Erbt eine Körperschaft Betriebsvermögen einer natürlichen Person, ist grundsätzlich § 6 Abs. 3 EStG anwendbar. Dies gilt auch, wenn Erbin eine Körperschaft des öffentlichen Rechts ist, die den übergehenden Betrieb als steuerpflichtigen Betrieb gewerblicher Art i. S. von § 1 Abs. 1 Nr. 6, § 4 Abs. 1 KStG fortführt (→ BFH vom 19.2.1998 – BStBl. II S. 509). Für Betriebe der Land- und Forstwirtschaft → aber H 14.1 (Körperschaft des öffentlichen Rechts als Erbin).

Landwirtschaft

– Eine Betriebsaufgabe liegt regelmäßig nicht vor, wenn ein Landwirt seinen auf eigenen Flächen betriebenen Hof an seinen Sohn verpachtet und er diesem zugleich das lebende und tote Inventar schenkt (→ BFH vom 18.4.1991 – BStBl. II S. 833).

– Die Begründung einer Betriebsaufspaltung durch Vermietung wesentlicher Betriebsgrundlagen an eine GmbH schließt die vorangehende steuerbegünstigte Aufgabe eines land- und forstwirtschaftlichen Betriebs, zu dessen Betriebsvermögen die zur Nutzung überlassenen Wirtschaftsgüter gehörten, nicht aus, wenn der Stpfl. zuvor seine landwirtschaftliche Betätigung beendet hat (→ BFH vom 30.3.2006 – BStBl. II S 652).

Liebhaberei

Der Übergang von einem Gewerbebetrieb zu einem einkommensteuerlich unbeachtlichen Liebhabereibetrieb stellt grundsätzlich keine Betriebsaufgabe dar, es sei denn, der Steuerpflichtige erklärt selbst die Betriebsaufgabe (→ BFH vom 29.10.1981 – BStBl. 1982 II S. 381). Auf den Zeitpunkt des Übergangs zur Liebhaberei ist für jedes Wirtschaftsgut des Anlagevermögens der Unterschiedsbetrag zwischen dem gemeinen Wert und dem Wert, der nach § 4 Abs. 1 oder nach § 5 EStG anzusetzen wäre, gesondert und bei mehreren Beteiligten einheitlich festzustellen (→ § 8 der Verordnung zu § 180 Abs. 2 AO vom 19.2.1986 – BStBl. 1987 I S. 2 zuletzt geändert durch Art. 4 des Steuerbürokratieabbaugesetzes vom 20.12.2008 (BGBl. I S. 2850; BStBl. 2009 I S. 124).[1]

Realteilung

– → BMF vom 28.2.2006 (BStBl. I S. 228)[2]

– Bei der Realteilung ohne Spitzenausgleich einer Mitunternehmerschaft, die ihren Gewinn durch Einnahmenüberschussrechnung ermittelt, besteht keine Verpflichtung zur Erstellung einer Realteilungsbilanz nebst Übergangsgewinnermittlung, wenn die Buchwerte fortgeführt werden und die Mitunternehmer unter Aufrechterhaltung dieser Gewinnermittlungsart ihre Tätigkeit in Einzelunternehmen weiterbetreiben (→ BFH vom 11.4.2013 – BStBl. 2014 II S. 242).

Strukturwandel

Eine Betriebsaufgabe liegt nicht vor, wenn der Betrieb als selbständiger Organismus in dem der inländischen Besteuerung unterliegenden Gebiet weitergeführt wird und die Einkünfte des Steuerpflichtigen aus dem Betrieb lediglich infolge Strukturwandels rechtlich anders eingeordnet werden, weil z. B. ein bisher als gewerblich behandelter Betrieb infolge Einschränkung des Zukaufs oder Erweiterung des Eigenanbaues zu einem land- und forstwirtschaftlichen Betrieb wird (→ BFH vom 10.2.1972 – BStBl. II S. 455 und vom 26.4.1979 – BStBl. II S. 732).

Zeitlich gestreckte Betriebsaufgabe

– Bei einer Betriebsaufgabe ist der Wert des Betriebsvermögens wie bei der Betriebsveräußerung durch eine Bilanz zu ermitteln. Diese Bilanz (zu Buchwerten) ist auch bei einer

---

[1] Siehe Anhang 20.
[2] Siehe Anlage § 016-10.

zeitlich gestreckten Betriebsaufgabe einheitlich und umfassend auf einen bestimmten Zeitpunkt zu erstellen. Das ist zweckmäßigerweise der Zeitpunkt der Beendigung der betrieblichen Tätigkeit, zu dem die Schlussbilanz zur Ermittlung des laufenden Gewinns aufzustellen ist. Unabhängig davon bestimmt sich der Zeitpunkt der Gewinnverwirklichung für die einzelnen Aufgabevorgänge (Veräußerung oder Überführung ins Privatvermögen) nach allgemeinen Gewinnrealisierungsgrundsätzen (→ BFH vom 19.5.2005 – BStBl. II S. 637).

– BMF vom 20.12.2005 (BStBl. 2006 I S. 7)[1)]

Zeitraum für die Betriebsaufgabe

Der Begriff „kurzer Zeitraum" (→ Allgemeines) darf nicht zu eng aufgefasst werden; maßgebender Gesichtspunkt ist, ob man die Aufgabehandlungen wirtschaftlich noch als einen einheitlichen Vorgang werten kann (→ BFH vom 16.9.1966 – BStBl. 1967 III S. 70 und vom 8.9.1976 – BStBl. 1977 II S. 66). Bei einem Zeitraum von mehr als 36 Monaten kann nicht mehr von einem wirtschaftlich einheitlichen Vorgang ausgegangen werden (→ BFH vom 26.4.2001 – BStBl. II S. 798). Die Betriebsaufgabe beginnt mit vom Aufgabeentschluss getragenen Handlungen, die objektiv auf die Auflösung des Betriebs als selbständiger Organismus des Wirtschaftslebens gerichtet sind (→ BFH vom 5.7.1984 – BStBl. II S. 711). Der Zeitraum für die Betriebsaufgabe endet mit der Veräußerung der letzten wesentlichen Betriebsgrundlage bzw. mit deren Überführung in das Privatvermögen. Es ist nicht auf den Zeitpunkt abzustellen, in dem die stillen Reserven des Betriebs im Wesentlichen oder nahezu vollständig aufgedeckt worden sind(→ BFH vom 26.5.1993 –BStBl. II S. 710). Der Abwicklungszeitraum kann nicht dadurch abgekürzt werden, dass Wirtschaftsgüter, die bei Aufgabe des Betriebs nicht veräußert worden sind, formell in das Privatvermögen überführt werden, um sie anschließend privat zu veräußern. In solchen Fällen setzt der Steuerpflichtige in der Regel seine unternehmerische Tätigkeit fort (→ BFH vom 12.12.2000 – BStBl. 2001 II S. 282).

Zwangsweise Betriebsaufgabe

Der Annahme einer Betriebsaufgabe steht nicht entgegen, dass der Steuerpflichtige zur Einstellung des Gewerbebetriebs gezwungen wird; auch Ereignisse, die von außen auf den Betrieb einwirken, können zu einer Betriebsaufgabe führen (→ BFH vom 3.7.1991 – BStBl. II S. 802).

EStR 2012 zu § 16 EStG

R 16 (3) Teilbetriebsveräußerung und Teilbetriebsaufgabe

(3) [1]Ein Teilbetrieb ist ein mit einer gewissen Selbständigkeit ausgestatteter, organisch geschlossener Teil des Gesamtbetriebs, der für sich betrachtet alle Merkmale eines Betriebs im Sinne des EStG aufweist und für sich lebensfähig ist. [2]Eine völlig selbständige Organisation mit eigener Buchführung ist nicht erforderlich. [3]Für die Annahme einer Teilbetriebsveräußerung genügt nicht die Möglichkeit einer technischen Aufteilung des Betriebs. [4]Notwendig ist die Eigenständigkeit des Teils. [5]Ein Steuerpflichtiger kann deshalb bestimmte abgegrenzte Tätigkeitsgebiete nicht durch eine organisatorische Verselbständigung und durch gesonderten Vermögens- und Ergebnisausweis zu einem Teilbetrieb machen. [6]Die Veräußerung der Beteiligung an einer Kapitalgesellschaft, die das gesamte Nennkapital der Gesellschaft umfasst, gilt als Veräußerung eines Teilbetriebs (§ 16 Abs. 1 Satz 1 Nr. 1 Satz 2 EStG), wenn die gesamte Beteiligung an der Kapitalgesellschaft zum Betriebsvermögen eines einzelnen Steuerpflichtigen oder einer Personengesellschaft gehört und die gesamte Beteiligung im Laufe eines Wirtschaftsjahres veräußert wird. [7]§ 16 Abs. 1 Satz 1 Nr. 1 Satz 2 EStG ist auf den Gewinn aus der Veräußerung einer Beteiligung, die das gesamte Nennkapital einer Kapitalgesellschaft umfasst, auch dann anwendbar, wenn die Beteiligung im Eigentum eines oder mehrerer Mitunternehmer derselben Personengesellschaft stand und steuerlich zum Betriebsvermögen der Personengesellschaft gehörte. [8]§ 16 Abs. 1 Satz 1 Nr. 1 Satz 2 EStG ist nicht anwendbar, wenn die Beteiligung an der Kapitalgesellschaft teilweise auch zum Privatvermögen des Steuerpflichtigen gehört.

Hinweise

H 16 (3) Auflösung einer Kapitalgesellschaft

Wird eine Kapitalgesellschaft in der Weise aufgelöst, dass ihr Vermögen auf den Alleingesellschafter übertragen wird, der die gesamte Beteiligung im Betriebsvermögen hält, liegt darin die nach § 16 Abs. 1 Satz 1 Nr. 1 Satz 2 EStG begünstigte Aufgabe eines Teilbetriebs.

---

1) Siehe Anlage § 016-09.

Der Begünstigung steht auch nicht entgegen, dass die untergehende Kapitalgesellschaft Betriebsunternehmen im Rahmen einer Betriebsaufspaltung war (→ BFH vom 4.10.2006 – BStBl. 2009 II S. 772).

Auflösung stiller Reserven

Keine Teilbetriebsveräußerung oder -aufgabe liegt vor, wenn

– bei der Einstellung eines Teilbetriebs Wirtschaftsgüter von nicht untergeordneter Bedeutung, in denen erhebliche stille Reserven enthalten sind, als Betriebsvermögen in einen anderen Teilbetrieb desselben Stpfl. übernommen werden und deshalb die stillen Reserven nicht aufgelöst werden dürfen (→ BFH vom 28.10.1964 – BStBl. 1965 III S. 88 und vom 30.10.1974 – BStBl. 1975 II S. 232);

– bei der Einstellung der Produktion eines Zweigwerks nicht alle wesentlichen stillen Reserven – vor allem die in den Grundstücken enthaltenen – aufgelöst werden (→ BFH vom 26.9.1968 – BStBl. 1969 II S. 69).

Beendigung der betrieblichen Tätigkeit

Eine Teilbetriebsveräußerung erfordert nicht, dass der Veräußerer seine gewerblichen Tätigkeiten in vollem Umfang beendet. Es ist ausreichend, wenn er die gewerbliche Tätigkeit aufgibt, die sich auf die veräußerten wesentlichen Betriebsgrundlagen bezieht (→ BFH vom 9.8.1989 – BStBl. II S. 973). Das Auswechseln der Produktionsmittel unter Fortführung des Tätigkeitsgebiets stellt jedoch keine Teilbetriebsveräußerung dar (→ BFH vom 3.10.1984 – BStBl. 1985 II S. 245).

Betriebsaufspaltung

Erwirbt die Besitzpersonengesellschaft einen Teil des Betriebs von der Betriebsgesellschaft zurück, um ihn selbst fortzuführen, kann die Grundstücksverwaltung ein Teilbetrieb der bisherigen Besitzgesellschaft sein. Ein von dem zurück erworbenen operativen Betrieb genutztes Grundstück der Besitzgesellschaft wird dann mit dem Rückerwerb wesentliche Betriebsgrundlage dieses Teilbetriebs (→ BFH vom 20.1.2005 – BStBl. II S. 395). Die Anteile an einer Betriebskapitalgesellschaft sind wesentliche Betriebsgrundlagen des Besitzunternehmens (→ BFH vom 4.7.2007 – BStBl. II S. 772).

Brauerei

Bei einer Brauerei ist eine von ihr betriebene Gastwirtschaft ein selbständiger Teilbetrieb (→ BFH vom 3.8.1966 – BStBl. 1967 III S. 47).

Entnahme einer Beteiligung

Die Entnahme einer Beteiligung an einer Kapitalgesellschaft, die das gesamte Nennkapital umfasst, ist als Aufgabe eines Teilbetriebs (→ Teilbetriebsaufgabe) anzusehen; das gilt auch für die Entnahme aus dem Gesellschaftsvermögen einer Personenhandelsgesellschaft (→ BFH vom 24.6.1982 – BStBl. II S. 751).

Fahrschule

Bei der Veräußerung einer Niederlassung einer Fahrschule kann es sich um die Veräußerung eines Teilbetriebs handeln (→ BFH vom 24.8.1989 – BStBl. 1990 II S. 55). Wird ein Betriebsteil einer Fahrschule veräußert, kann dessen Eigenständigkeit nicht allein aus dem Grund verneint werden, dass dem Betriebsteil im Zeitpunkt der Veräußerung nicht mindestens ein Schulungsfahrzeug zugeordnet ist (→ BFH vom 5.6.2003 – BStBl. II S. 838).

Fertigungsbetrieb

Bei einem Fertigungsbetrieb mit mehreren Produktionszweigen liegen in der Regel keine selbständigen Teilbetriebe vor, wenn für die einzelnen Produktionen wesentliche Maschinen nur für alle Produktionsabteilungen zur Verfügung stehen (→ BFH vom 8.9.1971 – BStBl. 1972 II S. 118).

Filialen und Zweigniederlassungen

Teilbetriebe können insbesondere Filialen und Zweigniederlassungen sein. Werden Zweigniederlassungen oder Filialen eines Unternehmens veräußert, so ist die Annahme einer Teilbetriebsveräußerung nicht deshalb ausgeschlossen, weil das Unternehmen im Übrigen anderorts weiterhin eine gleichartige gewerbliche Tätigkeit ausübt; erforderlich für die Annahme einer Teilbetriebsveräußerung ist aber, dass das Unternehmen mit der Veräußerung des entsprechenden Betriebsteils einen eigenständigen Kundenkreis aufgibt (→ BFH vom 24.8.1989 – BStBl. 1990 II S. 55). Eine Einzelhandelsfiliale ist nur dann Teilbetrieb, wenn dem dort beschäftigten leitenden Personal eine Mitwirkung beim Wareneinkauf und bei der Preisgestaltung dieser Filiale eingeräumt ist (→ BFH vom 12.9.1979 – BStBl. 1980 II S. 51).

Gaststätten

Räumlich getrennte Gaststätten sind in der Regel Teilbetriebe (→ BFH vom 18.6.1998 – BStBl. II S. 735).

– → *Brauerei*

Güternah- und Güterfernverkehr

Betreibt ein Steuerpflichtiger im Rahmen seines Unternehmens den Güternah- und den Güterfernverkehr oder z. B. ein Reisebüro und die Personenbeförderung mit Omnibussen, so liegen zwei Teilbetriebe nur dann vor, wenn beide Tätigkeitsarten nicht nur als Geschäftszweige des einheitlichen Unternehmens betrieben werden, sondern auch innerhalb dieses einheitlichen Unternehmens mit einer gewissen Selbständigkeit ausgestattet sind (→ BFH vom 20.2.1974 – BStBl. II S. 357 und vom 27.6.1978 – BStBl. II S. 672).

Grundstücksverwaltung

Eine Grundstücksverwaltung bildet im Rahmen eines Gewerbebetriebs nur dann einen Teilbetrieb, wenn sie als solche ausnahmsweise auch außerhalb des Gewerbebetriebes gewerblichen Charakter hätte. (→ BFH vom 24.4.1969 – BStBl. II S. 397).

Handelsvertreter

Ein Teilbetrieb kann auch dann vorliegen, wenn der Unternehmensbereich statt von einem Angestellten von einem selbständigen Handelsvertreter geleitet wird (→ BFH vom 2.8.1978 – BStBl. 1979 II S. 15).

Maßgeblicher Zeitpunkt

– Ob eine Summe von Wirtschaftsgütern einen Teilbetrieb darstellt, ist nach den tatsächlichen Verhältnissen im Zeitpunkt der Veräußerung zu entscheiden. Dies gilt auch dann, wenn die Wirtschaftsgüter die Eigenschaft als Teile eines Teilbetriebs erst durch die Zerstörung einer wesentlichen Betriebsgrundlage verloren haben (→ BFH vom 16.7.1970 – BStBl. II S. 738).

– → H 16 (4)

Schiffe

Die Veräußerung eines Schiffes stellt lediglich dann eine Teilbetriebsveräußerung dar, wenn das Schiff die wesentliche Grundlage eines selbständigen Zweigunternehmens bildet und das Zweigunternehmen dabei im Ganzen veräußert wird (→ BFH vom 13.1.1966 – BStBl. III S. 168).

Sonderbetriebsvermögen

Ein Grundstück, das dem Betrieb einer Personengesellschaft dient, ist nicht schon deshalb ein Teilbetrieb, weil es im Sondereigentum eines Gesellschafters steht (→ BFH vom 12.4.1967 – BStBl. III S. 419 und vom 5.4.1979 BStBl. II S. 554).

Spediteur

Verkauft ein Spediteur, der auch mit eigenen Fernlastzügen das Frachtgeschäft betreibt, seine Fernlastzüge an verschiedene Erwerber und betreut er in der Folgezeit seine bisherigen Kunden über die Spedition unter Einschaltung fremder Frachtführer weiter, so liegt weder eine Teilbetriebsveräußerung noch eine Teilbetriebsaufgabe vor (→ BFH vom 22.11.1988 – BStBl. 1989 II S. 357).

Tankstellen

Die einzelnen Tankstellen eines Kraftstoff-Großhandelsunternehmens bilden nicht schon deshalb Teilbetriebe, weil sie von Pächtern betrieben werden (→ BFH vom 13.2.1980 – BStBl. II S. 498).

Teilbetriebe im Aufbau

Die §§ 16 und 34 EStG sind auch auf im Aufbau befindliche Teilbetriebe anzuwenden, die ihre werbende Tätigkeit noch nicht aufgenommen haben. Ein im Aufbau befindlicher Teilbetrieb liegt erst dann vor, wenn die wesentlichen Betriebsgrundlagen bereits vorhanden sind und bei zielgerechter Weiterverfolgung des Aufbauplans ein selbständig lebensfähiger Organismus zu erwarten ist (→ BFH vom 3.4.2014 – BStBl. II S. 1000).

§ 16

Teilbetriebsaufgabe

- *Die Grundsätze über Veräußerung eines Teilbetriebs gelten für die Aufgabe eines Teilbetriebs entsprechend (→ BFH vom 15.7.1986 – BStBl. II S. 896). Die Aufgabe eines Teilbetriebs setzt voraus, dass die Abwicklung ein wirtschaftlich einheitlicher Vorgang ist (→ BFH vom 16.9.1966 – BStBl. 1967 III S. 70 und vom 8.9.1976 – BStBl. 1977 II S. 66). Eine Teilbetriebsaufgabe ist nicht anzunehmen, wenn ein bisher als gewerblicher Teilbetrieb geführter land- und forstwirtschaftlicher Besitz aus dem gewerblichen Betriebsvermögen ausgegliedert und als selbständiger Betrieb der Land- und Forstwirtschaft geführt wird, sofern die einkommensteuerliche Erfassung der stillen Reserven gewährleistet ist (→ BFH vom 9.12.1986 – BStBl. 1987 II S. 342).*

- *Die Veräußerung aller Grundstücke des im Rahmen einer Betriebsaufspaltung bestehenden grundstücksverwaltenden Teilbetriebs an verschiedene Erwerber stellt eine Aufgabe dieses Teilbetriebs dar. Der dabei erzielte Gewinn ist jedenfalls dann tarifbegünstigt, wenn zeitgleich auch das zuvor in den operativ tätigen Teilbetrieb übergegangene und zu diesem gehörende Grundstück veräußert wird (→ BFH vom 20.1.2005 – BStBl. II S. 395).*

→ *Auflösung stiller Reserven.*

Teilbetriebsveräußerung

Die Anteile an einer Betriebskapitalgesellschaft sind wesentliche Betriebsgrundlagen des Besitzunternehmens. Diese können nicht (quotal) den jeweiligen Teilbetrieben, sondern nur dem Besitzunternehmen insgesamt zugeordnet werden. Werden die Anteile an der Betriebskapitalgesellschaft nicht mitveräußert, kann daher von einer begünstigten Teilbetriebsveräußerung nicht ausgegangen werden (→ BFH vom 4.7.2007 – BStBl. II S. 772).

Vermietung von Ferienwohnungen

Ein Steuerpflichtiger, der ein Hotel betreibt und außerdem in einem Appartementhaus Ferienwohnungen vermietet, kann mit der Vermietungstätigkeit die Voraussetzungen eines Teilbetriebs erfüllen (→ BFH vom 23.1.1988 – BStBl. 1989 II S. 376).

Wohnungsbauunternehmen

Bei einem Wohnungsbauunternehmen, dem Wohnungen in mehreren Städten gehören, und das hiervon seinen in einer Stadt belegenen Grundbesitz veräußert, liegt auch dann nicht die Veräußerung eines Teilbetriebs vor, wenn für den veräußerten Grundbesitz ein hauptamtlicher Verwalter bestellt ist (→ BFH vom 27.3.1969 – BStBl. II S. 464).

Zurückbehaltene Wirschaftsgüter

→ *Auflösung stiller Reserven*

EStR 2012 zu § 16 EStG

R 16 (4) Veräußerung und Aufgabe eines Mitunternehmeranteils

(4) – unbesetzt –

Hinweise

H 16 (4) Abfindung unter Buchwert

Bleibt beim Ausscheiden eines Gesellschafters die Abfindung hinter dem Buchwert seines Mitunternehmeranteils zurück, wird ein Gewinn von den verbleibenden Gesellschaftern jedenfalls dann nicht erzielt, wenn das Geschäft in vollem Umfang entgeltlich erfolgt ist (→ BFH vom 12.12.1996 – BStBl. 1998 II S. 180).

Aufnahme eines Gesellschafters in ein Einzelunternehmen

→ BMF vom 21.8.2001 – BStBl. I S. 543, Tz. 24.01.

Auseinandersetzung einer Zugewinngemeinschaft

Die Grundsätze über die Erbauseinandersetzung eines sog. Mischnachlasses (gewinnneutrale Realteilung) sind nicht auf die Aufteilung gemeinschaftlichen Vermögens bei Beendigung einer ehelichen Zugewinngemeinschaft anzuwenden (→ BFH vom 21.3.2002 – BStBl. II S. 519).

Betriebsveräußerung an einen Gesellschafter

→ *H 16 (1) Personengesellschaft*

Buchwertübertragung von Mitunternehmeranteilen

Der Begünstigung des Gewinns aus der Veräußerung eines Mitunternehmeranteils an einer Obergesellschaft nach den §§ 16, 34 EStG steht nicht entgegen, dass im Zusammenhang mit der Veräußerung Mitunternehmeranteile der Obergesellschaft an einer Unterpersonengesellschaft zu Buchwerten in das Gesamthandsvermögen einer weiteren Personengesellschaft ausgegliedert werden (→ BFH vom 25.2.2010 – BStBl. II S. 726).

Buchwertübertragung von wesentlichen Betriebsgrundlagen

Der Gewinn aus der Veräußerung eines Mitunternehmeranteils ist nicht nach §§ 16, 34 EStG begünstigt, wenn auf Grund einheitlicher Planung und in engem zeitlichen Zusammenhang mit der Anteilsveräußerung wesentliche Betriebsgrundlagen der Personengesellschaft ohne Aufdeckung sämtlicher stillen Reserven aus dem Betriebsvermögen der Gesellschaft ausgeschieden sind (→ BFH vom 6.9.2000 – BStBl. 2001 II S. 229).

Erbauseinandersetzung

- *→ BMF vom 14.3.2006 (BStBl. I S. 253).* [1]
- *Wird nach dem Tod des Gesellschafters einer unternehmerisch tätigen Personengesellschaft ein Streit darüber, wer infolge seiner Stellung als Erbe Gesellschafter geworden ist, durch einen Vergleich beigelegt, auf Grund dessen jemand gegen Erhalt eines Geldbetrags auf die Geltendmachung seiner Rechte als Erbe verzichtet, und war diese Personengesellschaftsrechtlich nicht von der Rechtsnachfolge in den Gesellschaftsanteil ausgeschlossen, steht sie einem Miterben gleich, der im Rahmen einer Erbauseinandersetzung, aus der Personengesellschaft ausscheidet. Die Abfindung führt in einem solchen Fall zu einem nach §§ 16, 34 EStG begünstigten Gewinn (→ BFH vom 16.5.2013 – BStBl. II S. 858).*

Ermittlung des Veräußerungsgewinns

- *Scheidet ein Gesellschafter durch Veräußerung seiner (gesamten) Beteiligung aus einer Personenhandelsgesellschaft aus, ist der Veräußerungsgewinn oder -verlust der Unterschied zwischen dem Veräußerungspreis und dem Buchwert seiner Beteiligung (→ BFH vom 27.5.1981 – BStBl. 1982 II S. 211).*
- *Die ursprünglichen Anschaffungskosten eines i. S. d. §17 EStG beteiligten Gesellschafters für den Erwerb der Gesellschaftsanteile einer GmbH mindern, nachdem die GmbH formwechselnd in eine Personengesellschaft umgewandelt worden ist, nicht den Gewinn aus einer späteren Veräußerung des Mitunternehmeranteils (→ BFH vom 12.7.2012 – BStBl. II S. 728).*
- *Da das Einkommen einer Organgesellschaft nur den Mitunternehmern einer Organträger-Personengesellschaft zuzurechnen ist, die im Zeitpunkt der Einkommenszurechnung an der Organträgerin beteiligt sind, sind Entgelte, die auf Grund der Übertragung des Gewinnbezugsrechts eines unterjährig ausgeschiedenen Mitunternehmers an diesen gezahlt werden, im Rahmen der Ermittlung des Veräußerungsgewinns zu berücksichtigen (→ BFH vom 28.2.2013 – BStBl. II S. 494).*

Gesellschafterforderungen

Bleibt eine Forderung des Gesellschafters gegenüber der Gesellschaft nach seinem Ausscheiden bestehen, ist der gemeine Wert dieser Forderung bei der Ermittlung des Veräußerungsgewinns wie ein Veräußerungserlös zu behandeln. Verzichtet der Gesellschafter beim Ausscheiden auf die Forderung, ergibt sich keine Gewinnauswirkung (→ BFH vom 12.12.1996 – BStBl. 1998 II S. 180).

Gesellschaftsrechtliche Befugnisse

Der Verzicht auf die Ausübung gesellschaftsrechtlicher Befugnisse ist keine Veräußerung eines Mitunternehmeranteils (→ BFH vom 6.11.1991 – BStBl. 1992 II S. 335).

Maßgeblicher Zeitpunkt

Der Veräußerungszeitpunkt ist der Zeitpunkt des Übergangs des wirtschaftlichen Eigentums. Erfolgt die Veräußerung unter einer aufschiebenden Bedingung, geht das wirtschaftliche Eigentum grundsätzlich erst mit dem Eintritt der Bedingung auf den Erwerber über, wenn ihr Eintritt nicht allein vom Willen und Verhalten des Erwerbers abhängt (→ BFH vom 25.6.2009 – BStBl. 2010 II S. 182).

---

[1] Siehe Anlage § 016-05.

§ 16

Nachträgliche Erhöhung des Kapitalkontos eines ausgeschiedenen Kommanditisten
→ *H 15.8 (3)*

Negatives Kapitalkonto
Beim Ausscheiden eines Mitunternehmers unter Übernahme eines negativen Kapitalkontos ohne Abfindungszahlung kann eine entgeltliche oder unentgeltliche Übertragung eines Mitunternehmeranteils vorliegen. Ein Erwerbsverlust entsteht beim übernehmenden Mitunternehmer jedoch nicht (→ BFH vom 10.3.1998 – BStBl. 1999 II S. 269).

Realteilung
→ *BMF vom 28.2.2006 (BStBl. I S. 228)* [1)]

Sonderbetriebsvermögen
- *Die §§ 16, 34 EStG finden bei der Veräußerung oder Aufgabe eines Mitunternehmeranteils keine Anwendung, wenn gleichzeitig wesentliche Betriebsgrundlagen des Sonderbetriebsvermögens zum Buchwert in ein anderes Betriebs- oder Sonderbetriebsvermögen des Mitunternehmers überführt (→ BFH vom 19.3.1991 – BStBl. II S. 635 und vom 2.10.1997 – BStBl. 1998 II S. 104) oder unentgeltlich auf den Erwerber des Mitunternehmeranteils übertragen werden (→ BFH vom 6.12.2000 – BStBl. 2003 II S. 194).*
- *Eine nach §§ 16, 34 EStG begünstigte Aufgabe des gesamten Mitunternehmeranteils liegt auch vor, wenn anlässlich der unentgeltlichen Übertragung eines Mitunternehmeranteils ein Wirtschaftsgut des Sonderbetriebsvermögens, das zu den wesentlichen Betriebsgrundlagen gehört, zurückbehalten und in das Privatvermögen überführt wird; zum Mitunternehmeranteil zählt neben dem Anteil am Vermögen der Gesellschaft auch etwaiges Sonderbetriebsvermögen (→ BFH vom 31.8.1995 – BStBl. II S. 890 und vom 24.8.2000 – BStBl. 2005 II S. 173 sowie BMF vom 3.3.2005 – BStBl. I S. 458).*
- → *R 4.2 Abs. 2*

Tausch von Mitunternehmeranteilen
Der Tausch von Mitunternehmeranteilen führt grundsätzlich zur Gewinnrealisierung (→ BFH vom 8.7.1992 – BStBl. II S. 946).

Tod eines Gesellschafters
Die entgeltliche Übernahme aller Wirtschaftsgüter einer Personengesellschaft durch die verbleibenden Gesellschafter bei Ableben eines Gesellschafters führt zur Veräußerung eines Mitunternehmeranteils. Ein nach R 4.5 Abs. 7 zu ermittelnder Übergangsgewinn ist anteilig dem verstorbenen Gesellschafter zuzurechnen, auch wenn er im Wesentlichen auf der Zurechnung auf die anderen Gesellschafter übergehender Honorarforderungen beruht (→ BFH vom 13.11.1997 – BStBl. 1998 II 290).

Unentgeltliche Übertragung an Dritte
Die unentgeltliche Übertragung eines Mitunternehmeranteils auf einen fremden Dritten führt zu einem Veräußerungsverlust in Höhe des Buchwerts des Kapitalkontos, sofern der Übertragende nicht die Absicht hatte, den Empfänger unentgeltlich zu bereichern (→ BFH vom 26.6.2002 – BStBl. 2003 II S. 112).

EStR 2012 zu § 16 EStG

R 16 (5) Betriebsverpachtung im Ganzen
– unbesetzt –

Hinweise

H 16 (5) Betriebsaufgabeerklärung
Erklärt der Unternehmer ausdrücklich, den Betrieb endgültig eingestellt zu haben, kann er sich später nicht darauf berufen, diese rechtsgestaltende Erklärung sei wirkungslos, weil ihm nicht bewusst gewesen sei, dass mit der Betriebsaufgabe auch die stillen Reserven des verpachteten Betriebsgrundstücks aufzudecken seien (→ BFH vom 22.9.2004 – BStBl. 2005 II S. 160).

---

1) Siehe Anlage § 016-10.

Betriebsgrundstück als alleinige wesentliche Betriebsgrundlage

Wird nur das Betriebsgrundstück, ggf. in Verbindung mit Betriebsvorrichtungen verpachtet, liegt nur dann eine Betriebsverpachtung im Ganzen vor, wenn das Grundstück die alleinige wesentliche Betriebsgrundlage darstellt. Dies ist regelmäßig bei Groß- und Einzelhandelsunternehmen sowie bei Hotel- und Gaststättenbetrieben der Fall (→ BFH vom 28.8.2003 – BStBl. 2004 II S. 10).

Betriebsüberlassungsvertrag

Ein unentgeltlicher Betriebsüberlassungsvertrag steht einem Pachtvertrag gleich (→ BFH vom 7.8.1979 – BStBl. 1980 II S. 181).

Betriebsvermögen

→ *H 4.2 (7) Land- und forstwirtschaftlicher Betrieb*

Branchenfremde Verpachtung

Bei einer branchenfremden Verpachtung kommt es nicht zu einer Zwangsbetriebsaufgabe, wenn der Verpächter den Betrieb nach Ablauf des Nutzungsverhältnisses ohne wesentliche Änderung fortführen kann (→ BFH vom 28.8.2003 – BStBl. 2004 II S. 10).

Eigenbewirtschaftung

Eine Betriebsverpachtung setzt voraus, dass der Betrieb zuvor von dem Verpächter oder im Fall des unentgeltlichen Erwerbs von seinem Rechtsvorgänger selbst bewirtschaftet worden ist (→ BFH vom 20.4.1989 – BStBl. II S. 863 und BMF vom 23.11.1990 – BStBl. I S. 770).

Eiserne Verpachtung

Zur Gewinnermittlung bei der Verpachtung von Betrieben mit Substanzerhaltungspflicht des Pächters nach §§ 582a, 1048 BGB (→ BMF vom 21.2.2002 – BStBl. I S. 262). [1)]

Form und Inhalt der Betriebsaufgabeerklärung

Zu Form und Inhalt der Betriebsaufgabeerklärung → ergänzend BFH vom 15.10.1987 (BStBl. 1988 II S. 257, 260).

Gaststättenverpachtung

Eine gewerbliche Gaststättenverpachtung wird nicht bereits deshalb zum „Gaststättenhandel", weil innerhalb von fünf Jahren mehr als drei der verpachteten Gaststätten verkauft werden; für die verbleibenden Teilbetriebe erlischt das Verpächterwahlrecht nicht (→ BFH vom 18.6.1998 – BStBl. II S. 735)

Gemeinsames Eigentum von Pächter und Verpächter an wesentlichen Betriebsgrundlagen

Die Fortführung eines Betriebes im Wege der Betriebsverpachtung ist grundsätzlich nicht möglich, wenn wesentliche Betriebsgegenstände von einem Miteigentümer an einen anderen Miteigentümer verpachtet werden und der Betrieb vor der Verpachtung vom Verpächter und Pächter gemeinsam (z. B. in der Rechtsform einer GbR) geführt worden ist (→ BFH vom 22.5.1990 – BStBl. II S. 780).

Geschäfts- oder Firmenwert

Wird zu Beginn oder während der Verpachtung des Gewerbebetriebs die Betriebsaufgabe erklärt, ist bei der Ermittlung des Aufgabengewinns weder ein originärer noch ein derivativer Geschäfts- oder Firmenwert anzusetzen. Der Geschäfts- oder Firmenwert ist dann zur Versteuerung heranzuziehen, wenn bei einer späteren Veräußerung des Unternehmens ein Entgelt für ihn geleistet wird (→ BFH vom 30.1.2002 – BStBl. II S. 387).

Mitunternehmer

Die Fortführung eines Betriebs im Wege der Verpachtung ist auch dann möglich, wenn ein Gesellschafter bei der Beendigung einer gewerblich tätigen Personengesellschaft wesentliche Betriebsgegenstände behält und an einen früheren Mitgesellschafter verpachtet (→ BFH vom 14.12.1978 – BStBl. 1979 II S. 300).

Parzellenweise Verpachtung

Die parzellenweise Verpachtung der Grundstücke eines land- und forstwirtschaftlichen Betriebs steht der Annahme einer Betriebsverpachtung nicht grundsätzlich entgegen (→ BFH vom 28.11.1991 – BStBl. 1992 II S. 521).

---

1) Siehe Anlage § 004-02.

§ 16

Personengesellschaft

Das Verpächterwahlrecht kann bei Personengesellschaften nur einheitlich ausgeübt werden (→ BFH vom 17.4.1997 – BStBl. 1998 II S. 388).

Produktionsunternehmen

Wird bei Verpachtung eines Produktionsunternehmens der gesamte, umfangreiche Maschinenpark veräußert, hat unbeschadet einer möglichen kurzfristigen Wiederbeschaffbarkeit einzelner Produktionsmaschinen der Verpächter jedenfalls eine wesentliche Betriebsgrundlage nicht zur Nutzung überlassen, so dass die übrigen Wirtschaftsgüter zwangsweise entnommen werden und eine Betriebsaufgabe vorliegt (→ BFH vom 17.4.1997 – BStBl. 1998 II S. 388).

Rechtsnachfolger

Im Fall des unentgeltlichen Erwerbs eines verpachteten Betriebs hat der Rechtsnachfolger des Verpächters das Wahlrecht, das erworbene Betriebsvermögen während der Verpachtung fortzuführen (→ BFH vom 17.10.1991 – BStBl. 1992 II S. 392).

Sonderbetriebsvermögen

Ein Wirtschaftsgut des Sonderbetriebsvermögens, das bisher alleinige wesentliche Betriebsgrundlage des Betriebs einer Personengesellschaft war, kann auch dann Gegenstand einer Betriebsverpachtung sein, wenn die Personengesellschaft liquidiert wurde (→ BFH vom 6.11.2008 – BStBl. 2009 II S. 303).

Umgestaltung wesentlicher Betriebsgrundlagen

– Werden anlässlich der Verpachtung eines **Gewerbebetriebs** die wesentlichen Betriebsgrundlagen so umgestaltet, dass sie nicht mehr in der bisherigen Form genutzt werden können, entfällt grundsätzlich die Möglichkeit, das Betriebsvermögen fortzuführen; damit entfällt auch die Möglichkeit der Betriebsverpachtung (→ BFH vom 15.10.1987 – BStBl. 1988 II S. 257, 260).

– **Branchenfremde Verpachtung**
– **Veräußerungen und Entnahmen von Grundstücken** berühren das Fortbestehen eines im Ganzen verpachteten land- und forstwirtschaftlichen Betriebs nur dann, wenn die im Eigentum des Verpächters verbleibenden Flächen nicht mehr ausreichen, um nach Beendigung des Pachtverhältnisses einen land- und forstwirtschaftlichen Betrieb zu bilden. Das Schicksal der Wirtschaftsgebäude ist für die Annahme einer Zwangsbetriebsaufgabe unerheblich (→ BMF vom 1.12.2000 – BStBl. I S. 1556).[1)] Ein verpachteter landwirtschaftlicher Betrieb wird nicht mit der Folge einer Zwangsbetriebsaufgabe dadurch zerschlagen, dass der Verpächter nach einem Brandschaden die mitverpachteten Wirtschaftsgebäude nicht wieder aufbaut, sondern die landwirtschaftlichen Nutzflächen nach Auflösung der ursprünglichen Pachtverträge erneut verpachtet und die Hofstelle veräußert (→ BFH vom 26.6.2003 – BStBl. II S. 755).

Verpächterwahlrecht

Zweifelsfragen im Zusammenhang mit der Ausübung des Verpächterwahlrechts → BMF vom 17.10.1994 (BStBl. I S. 771).[2)]

Wesentliche Betriebsgrundlagen

– Wesentliche Betriebsgrundlagen sind jedenfalls die Wirtschaftsgüter, die zur Erreichung des Betriebszwecks erforderlich sind und denen ein besonderes wirtschaftliches Gewicht für die Betriebsführung zukommt (→ BFH vom 17.4.1997 – BStBl. 1998 II S. 388). Dabei ist maßgeblich auf die sachlichen Erfordernisse des Betriebs abzustellen – sog. funktionale Betrachtungsweise (→ BFH vom 11.10.2007 – BStBl. 2008 II S. 220). Für diese Beurteilung kommt es auf die Verhältnisse des verpachtenden, nicht auf diejenigen des pachtenden Unternehmens an (→ BFH vom 28.8.2003 – BStBl. 2004 II S. 10).

– Bei einem Autohaus (Handel mit Neu- und Gebrauchtfahrzeugen einschließlich angeschlossenem Werkstattservice) sind das speziell für dessen Betrieb hergerichtete Betriebsgrundstück samt Gebäuden und Aufbauten sowie die fest mit dem Grund und Boden verbundenen Betriebsvorrichtungen im Regelfall die alleinigen wesentlichen Betriebsgrundlagen. Demgegenüber gehören die beweglichen Anlagegüter, insbesondere die Werkzeuge und Geräte, regelmäßig auch dann nicht zu den wesentlichen Betriebsgrund-

---

1) Siehe Anlage § 014-01.
2) Siehe Anlage § 016-04.

lagen, wenn diese im Hinblick auf die Größe des Autohauses ein nicht unbeträchtliches Ausmaß einnehmen (→ BFH vom 11.10.2007 – BStBl. 2008 II S. 220 und vom 18.8.2009 – BStBl. 2010 II S. 222).

– → *Produktionsunternehmen*

EStR 2012 zu § 16 EStG

R 16 (6) Unentgeltliche Betriebsübertragung – unbesetzt –

Hinweise

H 16 (6) Betriebsaufgabe

Werden nicht die wesentliche Grundlagen eines Betriebs oder Teilbetriebs, sondern nur Teile des Betriebsvermögens unentgeltlich übertragen, während der andere Teil der Wirtschaftsgüter in das Privatvermögen übernommen wird, so liegt eine Betriebsaufgabe vor. Der tariflich begünstigte Veräußerungsgewinn ist in diesem Fall der Unterschiedsbetrag zwischen den Buchwerten und den gemeinen Werten sowohl der unentgeltlich übertragenen als auch der in das Privatvermögen übernommenen Wirtschaftsgüter, vermindert um etwaige Veräußerungskosten (→ BFH vom 27.7.1961 – BStBl. III S. 514).

Erbauseinandersetzung

Zur Annahme einer unentgeltlichen Betriebsübertragung mit der Folge der Anwendung des § 6 Abs. 3 EStG im Zusammenhang mit einer Erbauseinandersetzung → BMF vom 14.3.2006 (BStBl. I S. 253). [1]

Körperschaft als Erbin

→ *H 16 (2)*

Nießbrauch

Unentgeltlichkeit liegt auch vor, wenn sich der Übertragende den Nießbrauch an dem Betrieb vorbehält (→ BMF vom 13.1.1993 – BStBl. I S. 80 Tz. 24 i. V. m. Tz. 10). [2]

Übertragung der wesentlichen Betriebsgrundlagen

Für die unentgeltliche Übertragung eines Betriebs oder Teilbetriebs ist Voraussetzung, dass mindestens die wesentlichen Grundlagen des Betriebs oder Teilbetriebs unentgeltlich übertragen worden sind (→ BFH vom 7.8.1979 – BStBl. 1980 II S. 181). Die wesentlichen Betriebsgrundlagen müssen durch einen einheitlichen Übertragungsakt auf den Erwerber überführt werden; eine in mehrere, zeitlich aufeinanderfolgende Einzelakte aufgespaltene Gesamtübertragung kann nur dann als einheitlicher Übertragungsakt angesehen werden, wenn sie auf einem einheitlichen Willensentschluss beruht und zwischen den einzelnen Übertragungsvorgängen ein zeitlicher und sachlicher Zusammenhang besteht (→ BFH vom 12.4.1989 – BStBl. II S. 653).

Übertragung zwischen Ehegatten

Die Übertragung eines Betriebs zwischen Ehegatten auf Grund eines Vermögensauseinandersetzungsvertrages im Zusammenhang mit der Beendigung einer Zugewinngemeinschaft ist ein entgeltliches Geschäft (→ BFH vom 31.7.2002 – BStBl. 2003 II S. 282).

Unentgeltliche Übertragung eines Mitunternehmeranteils

– *Überträgt ein Vater einen Kommanditanteil unentgeltlich auf seine Kinder und wird der Anteil alsbald von den Kindern an Dritte veräußert, kann in der Person des Vaters ein Aufgabegewinn entstehen (→ BFH vom 15.7.1986 – BStBl. II S. 896).*

– *Zweifelsfragen im Zusammenhang mit der unentgeltlichen Übertragung von Mitunternehmeranteilen mit Sonderbetriebsvermögen sowie Anteilen von Mitunternehmeranteilen mit Sonderbetriebsvermögen → BMF vom 3.3.2005 (BStBl. I S. 458) unter Berücksichtigung der Änderungen durch BMF vom 7.12.2006 (BStBl. I S. 766, Tzn. 22 und 23).* [3]

---

1) Siehe Anlage § 016-05.
2) Siehe Anlage § 016-06.
3) Siehe Anlage § 006-11.

§ 16 R 16

Verdeckte Einlage
Keine unentgeltliche Betriebsübertragung liegt bei verdeckter Einlage eines Einzelunternehmens in eine GmbH vor (→ BFH vom 18.12.1990 – BStBl. 1991 II S. 512 und → BMF vom 3.3.2005 – BStBl. I S. 458, Tz. 2). [1)]

Vorweggenommene Erbfolge
Zur Betriebsübertragung im Rahmen der vorweggenommenen Erbfolge (→ BMF vom 13.1.1993 – BStBl. I S. 80 unter Berücksichtigung der Änderungen durch BMF vom 26.2.2007 (BStBl. I S. 269) und vom 11.3.2010 – BStBl. I S. 227). [2)]

Zurückbehaltene Wirtschaftsgüter
Werden die wesentlichen Grundlagen eines Betriebs, eines Teilbetriebs oder eines Mitunternehmeranteils unentgeltlich übertragen und behält der Steuerpflichtige Wirtschaftsgüter zurück, die innerhalb eines kurzen Zeitraums veräußert oder in das Privatvermögen überführt werden, so ist die teilweise Aufdeckung der stillen Reserven nicht steuerbegünstigt (→ BFH vom 19.2.1981 – BStBl. II S. 566).
→ Betriebsaufgabe

EStR 2012 zu § 16 EStG

R 16 (7) Teilentgeltliche Betriebsübertragung – unbesetzt –

Hinweise

H 16 (7) Einheitstheorie
Die sog. Einheitstheorie ist nur in den Fällen der teilentgeltlichen Betriebsveräußerung, nicht jedoch bei einer teilentgeltlichen Betriebsaufgabe anzuwenden (→ BFH vom 22.10.2013 – BStBl. 2014 II S. 158).

Negatives Kapitalkonto
Bei einer teilentgeltlichen Betriebsübertragung im Wege der vorweggenommenen Erbfolge ist der Veräußerungsgewinn auch dann gemäß § 16 Abs. 2 EStG zu ermitteln, wenn das Kapitalkonto negativ ist (→ BMF vom 13.1.1993 – BStBl. I S. 80 unter Berücksichtigung der Änderungen durch BMF vom 26.2.2007 (BStBl. I S. 269) sowie BFH vom 16.12.1992 – BStBl. 1993 II S. 436). [3)]

Veräußerungsgewinn
Bei der teilentgeltlichen Veräußerung eines Betriebs, Teilbetriebs, Mitunternehmeranteils oder des Anteils eines persönlich haftenden Gesellschafters einer Kommanditgesellschaft auf Aktien ist der Vorgang nicht in ein voll entgeltliches und ein voll unentgeltliches Geschäft aufzuteilen. Der Veräußerungsgewinn im Sinne des § 16 Abs. 2 EStG ist vielmehr durch Gegenüberstellung des Entgelts und des Wertes des Betriebsvermögens oder des Wertes des Anteils am Betriebsvermögen zu ermitteln (→ BFH vom 10.7.1986 – BStBl. II S. 811 sowie BMF vom 13.1.1993 – BStBl. I S. 80 unter Berücksichtigung der Änderungen durch BMF vom 26.2.2007 (BStBl. I S. 269). [4)]

EStR 2012 zu § 16 EStG

R 16 (8) Begriff der wesentlichen Betriebsgrundlage – unbesetzt –

Hinweise

H 16 (8) Begriff der wesentlichen Betriebsgrundlage
Ob ein Wirtschaftsgut zu den wesentlichen Betriebsgrundlagen gehört, ist nach der funktional-quantitativen Betrachtungsweise zu entscheiden. Zu den wesentlichen Betriebsgrundlagen gehören in der Regel auch Wirtschaftsgüter, die funktional gesehen für den Betrieb, Teilbetrieb oder Mitunternehmeranteil nicht erforderlich sind, in denen aber erhebliche stille

---

1) Siehe Anlage § 006-11.
2) Siehe Anlage § 016-06.
3) Siehe Anlage § 016-06.
4) Siehe Anlage § 016-06.

Reserven gebunden sind (→ BFH vom 2.10.1997 – BStBl. 1998 II S. 104 und vom 10.11.2005 – BStBl. 2006 II S. 176).

Gebäude/Gebäudeteile

– *Bei einem Möbelhändler ist z. B. das Grundstück, in dem sich die Ausstellungs- und Lagerräume befinden, die wesentliche Betriebsgrundlage (→ BFH vom 4.11.1965 – BStBl. 1966 III S. 49 und vom 7.8.1990 – BStBl. 1991 II S. 336).*

– *Das Gleiche gilt für ein Grundstück, das zum Zweck des Betriebs einer Bäckerei und Konditorei sowie eines Cafe-Restaurants und Hotels besonders gestaltet ist (→ BFH vom 7.8.1979 – BStBl. 1980 II S. 181).*

– *Das Dachgeschoss eines mehrstöckigen Hauses ist eine funktional wesentliche Betriebsgrundlage, wenn es zusammen mit den übrigen Geschossen einheitlich für den Betrieb genutzt wird (→ BFH vom 14.2.2007 – BStBl. II S. 524).*

Immaterielle Wirtschaftsgüter

Wesentliche Betriebsgrundlagen können auch immaterielle Wirtschaftsgüter sein (→ BFH vom 9.10.1996 – BStBl. 1997 II S. 236). Darauf, ob diese immateriellen Werte selbständig bilanzierungsfähig sind, kommt es nicht an (→ BFH vom 16.12.2009, BStBl. 2010 II S. 431).

Maschinen und Einrichtungsgegenstände

Maschinen und Einrichtungsgegenstände rechnen zu den wesentlichen Betriebsgrundlagen, so weit sie für die Fortführung des Betriebs unentbehrlich oder nicht jederzeit ersetzbar sind. (→ BFH vom 19.1.1983 – BStBl. II S. 312).

Produktionsunternehmen

Bei einem Produktionsunternehmen gehören zu den wesentlichen Betriebsgrundlagen die für die Produktion bestimmten und auf die Produktion abgestellten Betriebsgrundstücke und Betriebsvorrichtungen (→ BFH vom 12.9.1991 – BStBl. 1992 II S. 347).

Umlaufvermögen

Wirtschaftsgüter des Umlaufvermögens, die ihren Zweck nach zur Veräußerung oder zum Verbrauch bestimmt sind, bilden allein regelmäßig nicht die wesentliche Grundlage eines Betriebes. Nach den Umständen des Einzelfalles können Waren bei bestimmten Betrieben jedoch zu den wesentlichen Grundlagen des Betriebs gehören (→ BFH vom 24.6.1976 – BStBl. II S. 672).

EStR 2012 zu § 16 EStG

R 16 (9) Abgrenzung des Veräußerungs- bzw. Aufgabegewinns vom laufenden Gewinn – unbesetzt –

Hinweise

H 16 (9)   Abfindung eines Pensionsanspruchs

Wird der gegenüber einer Personengesellschaft bestehende Pensionsanspruch eines Gesellschafters anlässlich der Aufgabe des Betriebs der Gesellschaft abgefunden, mindert sich hierdurch der Aufgabegewinn der Gesellschaft; beim Gesellschafter stellt die Abfindung eine Sondervergütung dar, die seinen Anteil am Aufgabegewinn erhöht (→ BFH vom 20.1.2005 – BStBl. II S. 559).

Abwicklungsgewinne

Gewinne, die während und nach der Aufgabe eines Betriebes aus normalen Geschäften und ihrer Abwicklung anfallen, gehören nicht zu dem begünstigten Aufgabegewinn (→ BFH vom 25.6.1970 – BStBl. II S. 719).

Aufgabegewinn bei Veräußerung von Wirtschaftsgütern

Bei gleichzeitiger Veräußerung von Wirtschaftsgütern im Rahmen einer Betriebsaufgabe entsteht der Aufgabegewinn mit Übertragung des wirtschaftlichen Eigentums an den Wirtschaftsgütern (→ BFH vom 17.10.1991 – BStBl. II 1992 S. 392).

Betriebseinbringung

– *Geht anlässlich der Einbringung eines Mitunternehmeranteils in eine Kapitalgesellschaft nach § 20 UmwStG bisheriges Sonderbetriebsvermögen eines Gesellschafters in dessen Privatvermögen über, so ist das **Sonderbetriebsvermögen** mit dem gemeinen Wert nach § 16 Abs. 3 Satz 7 EStG anzusetzen und durch Vergleich mit dessen Buchwert der sich ergebende Veräußerungsgewinn zu ermitteln (→ BFH vom 28.4.1988 – BStBl. II S. 829).*

- *Bei Einbringung eines Betriebs zu Buchwerten in eine Personengesellschaft ist der Gewinn aus der* **Überführung** *eines nicht zu den wesentlichen Betriebsgrundlagen gehörenden***Wirtschaftsguts in das Privatvermögen** *kein begünstigter Veräußerungsgewinn (→ BFH vom 29.10.1987 – BStBl. 1988 II S. 374).*
- *Zur Einbringung eines Einzelunternehmens mit Zuzahlung → BMF vom 11.11.2011, RN 24.08 ff.* [1)]

Einheitliches Geschäftskonzept
Der Gewinn aus der Veräußerung von Wirtschaftsgütern des Anlagevermögens gehört zum laufenden Gewinn, wenn die Veräußerung Bestandteil eines einheitlichen Geschäftskonzepts der unternehmerischen Tätigkeit ist (→ BMF vom 1.4.2009 – BStBl. I S. 515 und BFH vom 1.8.2013 – BStBl. II S. 910). [2)]

Gaststättenverpachtung
Eine gewerbliche Gaststättenverpachtung wird nicht bereits deshalb zum „Gaststättenhandel", weil innerhalb von fünf Jahren mehr als drei der verpachteten Gaststätten verkauft werden; die Veräußerung jeder Gaststätte stellt daher eine Teilbetriebsveräußerung dar (→ BFH vom 18.6.1998 – BStBl. II S. 735).

Gewerblicher Grundstückshandel
Der Gewinn aus gewerblichem Grundstückshandel gehört zu dem laufenden Gewinn aus normalen Geschäften, auch wenn der gesamte Grundstücksbestand (Umlaufvermögen) in einem einheitlichen Vorgang veräußert wird (→ BFH vom 25.1.1995 – BStBl. II S. 388 und BMF vom 26.3.2004 – BStBl. I S. 434, Tz. 35) [3)]. *Entsprechendes gilt für die Veräußerung eines Mitunternehmeranteils jedenfalls dann, wenn zum Betriebsvermögen der Personengesellschaft nahezu ausschließlich Grundstücke des Umlaufvermögens gehören (→ BFH vom 14.12.2006 – BStBl. 2007 II S. 777).*

Handelsvertreter
Zum laufenden Gewinn gehören der Ausgleichsanspruch des selbständigen Handelsvertreters nach § 89b HGB (→ BFH vom 5.12.1968 – BStBl. 1969 II S. 196) sowie die Ausgleichszahlungen an Kommissionsagenten in entsprechender Anwendung des § 89b HGB (→ BFH vom 19.2.1987 – BStBl. II S. 570). Dies gilt auch, wenn der Anspruch auf Ausgleichsleistung durch den Tod des Handelsvertreters entstanden ist und der Erbe den Betrieb aufgibt (→ BFH vom 9.2.1983 – BStBl. II S. 271). Zahlungen des nachfolgenden Handelsvertreters an seinen Vorgänger sind als laufender Gewinn zu behandeln (→ BFH vom 25.7.1990 – BStBl. 1991 S. 218).

Hinzurechnung eines Unterschiedsbetrags nach § 5a Abs. 4 Satz 3 Nr. 3 EStG
→ H 5a

Mitunternehmeranteil
Veräußert der Gesellschafter einer Personengesellschaft seinen Mitunternehmeranteil an einen Mitgesellschafter und entnimmt er im Einverständnis mit dem Erwerber und den Mitgesellschaftern vor der Übertragung des Gesellschaftsanteils bestimmte Wirtschaftsgüter des Gesellschaftsvermögens, so gehört der daraus entstehende Entnahmegewinn zum begünstigten Veräußerungsgewinn (→ BFH vom 24.8.1989 – BStBl. 1990 II S. 132).

Organschaft
Ist Organträger eine natürliche Person oder eine Personengesellschaft, stellen die Gewinne aus der Veräußerung von Teilbetrieben der Organgesellschaft keine Gewinne im Sinne des § 16 EStG dar (→ BFH vom 22.1.2004 – BStBl. II S. 515).

Personengesellschaft
- *Hat eine Personengesellschaft ihren Betrieb veräußert, so ist der Anteil eines Gesellschafters am Veräußerungsgewinn auch dann tarifbegünstigt, wenn ein anderer Gesellschafter* **§ 6b EStG** *in Anspruch genommen hat (→ BFH vom 30.3.1989 – BStBl. II S. 558).*
- *Hinsichtlich der* **Übertragung** *von Teilen der* **Festkapitalkonten** *verschiedener Gesellschafter einer Personenhandelsgesellschaft auf einen neu eintretenden Gesellschafter bei*

---
1) Siehe Anhang 4a.
2) Siehe Anlage § 015-13.
3) Siehe Anlage § 015-06.

gleichzeitiger Übertragung von Anteilen an den Sonderkonten → BFH vom 27.5.1981 (BStBl. 1982 II S. 211).

Räumungsverkauf

Der Gewinn aus einem Räumungsverkauf gehört nicht zu dem begünstigten Aufgabegewinn (→ BFH vom 29.11.1988 – BStBl. 1989 II S. 602).

Rücklage

Zum Veräußerungsgewinn gehören auch Gewinne, die sich bei der Veräußerung eines Betriebs aus der Auflösung von steuerfreien Rücklagen, z. B. Rücklage für Ersatzbeschaffung, Rücklage nach § 6b EStG, ergeben (→ BFH vom 25.6.1975 – BStBl. II S. 848 und vom 17.10.1991 – BStBl. II 1992 S. 392). Die spätere Auflösung einer anlässlich der Betriebsveräußerung gebildeten Rücklage nach § 6b EStG ist jedoch kein Veräußerungsgewinn (→ BFH vom 4.2.1982 – BStBl. II S. 348).

Rückstellung

Der Gewinn aus der Auflösung einer Rückstellung ist nicht zum Veräußerungsgewinn zu rechnen, wenn die Auflösung der Rückstellung und die Betriebsveräußerung in keinem rechtlichen oder ursächlichen, sondern lediglich in einem gewissen zeitlichen Zusammenhang miteinander stehen (→ BFH vom 15.11.1979 – BStBl. 1980 II S. 150).

Sachwertabfindung

- Werden zur Tilgung einer Abfindungsschuld gegenüber einem ausgeschiedenen Mitunternehmer Wirtschaftsgüter veräußert, ist der dabei entstehende Gewinn als laufender Gewinn zu behandeln (→ BFH vom 28.11.1989 – BStBl. 1990 II S. 561).
- Die für die Sachwertabfindung geltenden Grundsätze sind auch anzuwenden, wenn die ausscheidenden Gesellschafter einer Personengesellschaft durch Abtretung einer noch nicht realisierten Forderung aus einem Grundstückskaufvertrag abgefunden werden (→ BFH vom 23.11.1995 – BStBl. 1996 II S. 194).
- Zur Abgrenzung der Realteilung i. S. d. § 16 Abs. 3 Satz 2 ff. EStG von der Sachwertabfindung → BMF vom 28.2.2006 (BStBl. I S. 228), Abschnitt II.[1]

Selbsterzeugte Waren

Gewinne aus der Veräußerung von selbsterzeugten Waren an Handelsvertreter, die bisher den Verkauf der Erzeugnisse an Einzelhändler nur vermittelt haben, können zum begünstigten Aufgabegewinn gehören (→ BFH vom 1.12.1988 – BStBl. 1989 II S. 368).

Teilbetriebsveräußerung

Wird im zeitlichen Zusammenhang mit einer Teilbetriebsveräußerung ein wirtschaftlich nicht dem Teilbetrieb dienender Grundstücksteil in das Privatvermögen überführt, so gehört der bei diesem Entnahmevorgang verwirklichte Gewinn nicht zu dem Veräußerungsgewinn nach § 16 EStG (→ BFH vom 18.4.1973 – BStBl. II S. 700).

Umlaufvermögen

Gewinne aus der Veräußerung von Umlaufvermögen gehören zum Aufgabegewinn, wenn die Veräußerung nicht den Charakter einer normalen gewerblichen Tätigkeit hat, sondern die Waren z. B. an frühere Lieferanten veräußert werden (→ BFH vom 2.7.1981 – BStBl. II S. 798).

Verbindlichkeiten

Der Erlass einer Verbindlichkeit, die bei Betriebsaufgabe oder -veräußerung im Betriebsvermögen verbleibt, erhöht den Gewinn im Sinne des § 16 EStG. Wird die Verbindlichkeit nachträglich erlassen, so ist dieser Gewinn rückwirkend zu erhöhen (→BFH vom 6.3.1997 – BStBl. II S. 509).

Versicherungsleistungen

Entschließt sich der Unternehmer nach einem Brandschaden wegen der Betriebszerstörung zur Betriebsaufgabe, gehört der Gewinn aus der Realisierung der stillen Reserven, der dadurch entsteht, dass die auf die Anlagegüter entfallenden Versicherungsleistungen die Buchwerte übersteigen, zum Aufgabegewinn (→ BFH vom 11.3.1982 – BStBl. II S. 707).

---

1) Siehe Anlage § 016-10. Vgl. auch Anlage § 016-01.

§ 16

Wettbewerbsverbot

Kommt der Verpflichtung zum Wettbewerbsverbot keine eigenständige wirtschaftliche Bedeutung zu, so gehört das dafür gezahlte Entgelt zum Veräußerungsgewinn nach § 16 Abs. 1 EStG (→ BFH vom 23.2.1999 – BStBl. II S. 590).

EStR 2012 zu § 16 EStG

R 16 (10) Veräußerungspreis – unbesetzt –

Hinweise

H 16 (10) Forderungsausfall

Scheidet ein Kommanditist aus einer KG aus und bleibt sein bisheriges Gesellschafterdarlehen bestehen, so ist, wenn diese Forderung später wertlos wird, sein Veräußerungsbzw. Aufgabegewinn mit steuerlicher Wirkung für die Vergangenheit gemindert (→ BFH vom 14.12.1994 – BStBl. 1995 II S. 465).

Nachträgliche Änderung des Veräußerungspreises oder des gemeinen Werts

- *Ein später auftretender* **Altlastenverdacht** *mindert nicht den gemeinen Wert eines Grundstücks im Zeitpunkt der Aufgabe (→ BFH vom 1.4.1998 – BStBl. II S. 569).*

- *Die* **Herabsetzung des Kaufpreises** *für einen Betrieb aufgrund von Einwendungen des Käufers gegen die Rechtswirksamkeit des Kaufvertrages ist ein rückwirkendes Ereignis, das zur Änderung des Steuer-/Feststellungsbescheides führt, dem der nach dem ursprünglich vereinbarten Kaufpreis ermittelte Veräußerungsgewinn zugrunde liegt (→ BFH vom 23.6.1988 – BStBl. 1989 II S. 41).*

- *Wird bei der Veräußerung eines Wirtschaftsguts im Rahmen einer Betriebsaufgabe eine* **nachträgliche Kaufpreiserhöhung** *vereinbart, erhöht die spätere Nachzahlung den steuerbegünstigten Aufgabegewinn im Kalenderjahr der Betriebsaufgabe (→ BFH vom 31.8.2006 – BStBl. II S. 906).*

- *Die Zahlung von* **Schadensersatzleistungen** *für betriebliche Schäden nach Betriebsaufgabe beeinflusst die Höhe des begünstigten Aufgabegewinns, weil sie ein rückwirkendes Ereignis auf den Zeitpunkt der Betriebsaufgabe darstellt (→ BFH vom 10.2.1994 – BStBl. II S. 564).*

- *Die spätere* **vergleichsweise Festlegung eines strittigen Veräußerungspreises** *ist auf den Zeitpunkt der Realisierung des Veräußerungsgewinns zurückzubeziehen (→ BFH vom 26.7.1984 – BStBl. II S. 786).*

- *Wird ein Grundstück im Rahmen einer Betriebsaufgabe veräußert und zu einem späteren Zeitpunkt der Kaufpreis aus Gründen, die im Kaufvertrag angelegt waren, gemindert, ist der tatsächlich erzielte Veräußerungserlös bei der Ermittlung des Aufgabegewinnes zu berücksichtigen. Gleiches gilt, wenn der ursprüngliche Kaufvertrag aufgehoben und das Grundstück zu einem geringeren Preis an neue Erwerber veräußert wird (→ BFH vom 12.10.2005 – BStBl. 2006 II S. 307).*

- *Wird die* **gestundete Kaufpreisforderung** *für die Veräußerung eines Gewerbebetriebs in einem späteren Veranlagungszeitraum ganz oder teilweise* **uneinbringlich,** *so stellt dies ein Ereignis mit steuerlicher Rückwirkung auf den Zeitpunkt der Veräußerung dar (→ BFH vom 19.7.1993 – BStBl. II S. 897).*

- *Hält der Erwerber eines Gewerbebetriebs seine Zusage, den Veräußerer von der* **Haftung** *für alle vom Erwerber übernommenen Betriebsschulden* **freizustellen,** *nicht ein und wird der Veräußerer deshalb in einem späteren Veranlagungszeitraum aus einem als Sicherheit für diese Betriebsschulden bestellten Grundpfandrecht in Anspruch genommen, so liegt ein Ereignis mit steuerlicher Rückwirkung auf den Zeitpunkt der Veräußerung vor (→ BFH vom 19.7.1993 – BStBl. II S. 894).*

- *Der* **Tod des Rentenberechtigten** *ist bei der Veräußerung gegen abgekürzte Leibrente und bei sog. Sofortversteuerung des Veräußerungsgewinns kein rückwirkendes Ereignis (→ BFH vom 19.8.1999 – BStBl. 2000 S. 179).*

Sachgüter

Soweit der Veräußerungspreis nicht in Geld, sondern in Sachgütern besteht, ist dieser mit dem gemeinen Wert (§ 9 BewG) der erlangten Sachgüter zu bewerten (→ BFH vom 25.6.2009 – BStBl. 2010 II S. 182).

Schuldenübernahme durch Erwerber

Teil des Veräußerungspreises ist auch eine Verpflichtung des Erwerbers, den Veräußerer von einer privaten Schuld gegenüber einem Dritten oder von einer betrieblichen, zu Recht nicht bilanzierten Schuld, z. B. einer betrieblichen Versorgungsverpflichtung, durch befreiende Schuldübernahme oder durch Schuldbeitritt mit befreiender Wirkung, im Innenverhältnis freizustellen. Gleiches gilt für die Verpflichtung zur Freistellung von einer dinglichen Last, die ihrem Rechtsinhalt nach einer rein schuldrechtlichen Verpflichtung gleichwertig ist, z. B. Übernahme einer Nießbrauchslast (→ BFH vom 12.1.1983 – BStBl. II S. 595).

EStR 2012 zu § 16 EStG

R 16 (11) Betriebsveräußerung gegen wiederkehrende Bezüge

(11) [1]Veräußert ein Steuerpflichtiger seinen Betrieb gegen eine Leibrente, hat er ein Wahlrecht. [2]Er kann den bei der Veräußerung entstandenen Gewinn sofort versteuern. [3]In diesem Fall ist § 16 EStG anzuwenden. [4]Veräußerungsgewinn ist der Unterschiedsbetrag zwischen dem nach den Vorschriften des Bewertungsgesetzes ermittelten Barwert der Rente, vermindert um etwaige Veräußerungskosten des Steuerpflichtigen, und dem Buchwert des steuerlichen Kapitalkontos im Zeitpunkt der Veräußerung des Betriebs. [5]Die in den Rentenzahlungen enthaltenen Ertragsanteile sind sonstige Einkünfte im Sinne des § 22 Nr. 1 Satz 3 Buchstabe a Doppelbuchstabe bb EStG. [6]Der Steuerpflichtige kann statt dessen die Rentenzahlungen als nachträgliche Betriebseinnahmen im Sinne des § 15 in Verbindung mit § 24 Nr. 2 EStG behandeln. [7]In diesem Fall entsteht ein Gewinn, wenn der Kapitalanteil der wiederkehrenden Leistungen das steuerliche Kapitalkonto des Veräußerers zuzüglich etwaiger Veräußerungskosten des Veräußerers übersteigt; der in den wiederkehrenden Leistungen enthaltene Zinsanteil stellt bereits im Zeitpunkt des Zuflusses nachträgliche Betriebseinnahmen dar. [8]Für Veräußerungen, die vor dem 1.1.2004 erfolgt sind, gilt R 139 Abs. 11 EStR 2001. [9]Die Sätze 1 bis 8 gelten sinngemäß, wenn ein Betrieb gegen einen festen Barpreis und eine Leibrente veräußert wird; das Wahlrecht bezieht sich jedoch nicht auf den durch den festen Barpreis realisierten Teil des Veräußerungsgewinns. [10]Bei der Ermittlung des Barwerts der wiederkehrenden Bezüge ist von einem Zinssatz von 5,5 v. H. auszugehen, wenn nicht vertraglich ein anderer Satz vereinbart ist.

Hinweise

H 16 (11) Betriebsveräußerung gegen wiederkehrende Bezüge und festes Entgelt

Wird ein Betrieb gegen wiederkehrende Bezüge und ein festes Entgelt veräußert, besteht das Wahlrecht hinsichtlich der wiederkehrenden Bezüge auch dann, wenn sie von dritter Seite erbracht werden (→ BFH vom 7.11.1991 – BStBl. 1992 II S. 457).

Freibetrag

Der Freibetrag des § 16 Abs. 4 EStG und die Steuerbegünstigung nach § 34 EStG sind nicht zu gewähren, wenn bei der Veräußerung gegen wiederkehrende Bezüge die Zahlungen beim Veräußerer als laufende nachträgliche Einkünfte aus Gewerbebetrieb im Sinne des § 15 i. V. m. § 24 Nr. 2 EStG behandelt werden (→ BFH vom 21.12.1988 – BStBl. II 1989 S. 409). Wird ein Betrieb gegen festen Kaufpreis und Leibrente veräußert, so ist für die Ermittlung des Freibetrags nach § 16 Abs. 4 EStG nicht allein auf den durch den festen Barpreis realisierten Veräußerungsgewinn abzustellen, sondern auch der Kapitalwert der Rente als Teil des Veräußerungspreises zu berücksichtigen (→ BFH vom 17.8.1967 – BStBl. II 1968 S. 75). Der Freibetrag kann jedoch höchstens in Höhe des durch den festen Kaufpreis realisierten Teils des Veräußerungsgewinns gewährt werden (→ BFH vom 21.12.1988 – BStBl. II 1989 S. 409).

Gewinn- oder umsatzabhängiger Kaufpreis

Wird ein Betrieb, Teilbetrieb oder Mitunternehmeranteil gegen einen gewinnabhängigen oder umsatzabhängigen Kaufpreis veräußert, ist das Entgelt zwingend als laufende nachträgliche Betriebseinnahme im Jahr des Zuflusses in der Höhe zu versteuern, in der die Summe der Kaufpreiszahlungen das – ggf. um Einmalleistungen gekürzte – Schlusskapitalkonto zuzüglich der Veräußerungskosten überschreitet (→ BFH vom 14.5.2002 – BStBl. II S. 532).

Kaufpreisstundung

Eine gestundete Kaufpreisforderung ist bei der Ermittlung des Veräußerungsgewinns mit dem gemeinen Wert anzusetzen (→ BFH vom 19.1.1978 – BStBl. II S. 295).

Ratenzahlungen

Veräußert ein Steuerpflichtiger seinen Betrieb gegen einen in Raten zu zahlenden Kaufpreis, so sind die Grundsätze des R 16 Abs. 11 Sätze 1 bis 9 mit der Maßnahme anzuwenden, dass an die Stelle des nach den Vorschriften des Bewertungsgesetzes ermittelten Barwertes der Rente der Barwert der Raten tritt, wenn die Raten während eines mehr als zehn Jahre dauernden Zeitraums zu zahlen sind und die Ratenvereinbarung sowie die sonstige Ausgestaltung des Vertrages eindeutig die Absicht des Veräußerers zum Ausdruck bringen, sich eine Versorgung zu verschaffen (→ BFH vom 23.1.1964 – BStBl. III S. 239 und vom 12.6.1968 – BStBl. II S. 653).

Teileinkünfteverfahren

Zur Anwendung bei der Zuflussbesteuerung → analog BMF vom 3.8.2004 (BStBl. I S. 1187)[1])

Tod des Rentenberechtigten

Der Tod des Rentenberechtigten ist bei der Veräußerung gegen abgekürzte Leibrente und bei sog. Sofortversteuerung des Veräußerungswinns kein rückwirkendes Ereignis (→ BFH vom 19.8.1999 – BStBl. 2000 S. 179).

Zeitrente

Das Wahlrecht zwischen einer tarifbegünstigten Sofortbesteuerung eines Veräußerungsgewinns und einer nicht tarifbegünstigten Besteuerung nachträglicher Einkünfte aus Gewerbebetrieb besteht auch bei der Veräußerung gegen eine Zeitrente mit einer langen, nicht mehr überschaubaren Laufzeit, wenn sie auch mit dem Nebenzweck vereinbart ist, dem Veräußerer langfristig eine etwaige zusätzliche Versorgung zu schaffen (→ BFH vom 26.7.1984 – BStBl. II S. 829).

Zuflussbesteuerung

→ BMF vom 3.8.2004 (BStBl. I S. 1187).[2])

EStR 2012 zu § 16 EStG

R 16 (12) Veräußerungskosten – unbesetzt –

Hinweise

H 16 (12) Rentenverpflichtung

Die Leistungen zur Ablösung einer freiwillig begründeten Rentenverpflichtung i. S. d. § 12 Nr. 2 EStG sind keine Veräußerungskosten (→ BFH vom 20.6.2007 – BStBl. 2008 II S. 99).

Veräußerungskosten

Veräußerungskosten mindern auch dann den begünstigten Veräußerungsgewinn, wenn sie in einem VZ vor der Veräußerung entstanden sind (→ BFH vom 6.10.1993 – BStBl. 1994 II S. 287).

Vorfälligkeitsentschädigung

Eine Vorfälligkeitsentschädigung, die zu zahlen ist, weil im Rahmen einer Betriebsveräußerung ein betrieblicher Kredit vorzeitig abgelöst wird, gehört jedenfalls dann zu den Veräußerungskosten, wenn der Veräußerungserlös zur Tilgung der Schulden ausreicht (→ BFH vom 25.1.2000 – BStBl. II S. 458).

EStR 2012 zu § 16 EStG

R 16 (13) Gewährung des Freibetrags

(13) ¹Über die Gewährung des Freibetrags wird bei der Veranlagung zur Einkommensteuer entschieden. ²Dies gilt auch im Falle der Veräußerung eines Mitunternehmeranteils; in diesem Fall ist im Verfahren zur gesonderten und einheitlichen Gewinnfeststellung nur die Höhe des auf den Gesellschafter entfallenden Veräußerungsgewinns festzustellen. ³Veräußert eine Personengesellschaft, bei der die Gesellschafter als Mitunternehmer anzusehen sind, ihren ganzen Gewerbebetrieb, steht den einzelnen Mitunternehmern für ihren Anteil am Veräußerungsgewinn nach Maßgabe ihrer persönlichen Verhältnisse

---

1) Siehe Anlage § 016-08.
2) Siehe Anlage § 016-08.

der Freibetrag in voller Höhe zu. ⁴Der Freibetrag ist dem Steuerpflichtigen nur einmal zu gewähren; nicht verbrauchte Teile des Freibetrags können nicht bei einer anderen Veräußerung in Anspruch genommen werden. ⁵Die Gewährung des Freibetrags nach § 16 Abs. 4 EStG ist ausgeschlossen, wenn dem Steuerpflichtigen für eine Veräußerung oder Aufgabe, die nach dem 31.12.1995 erfolgt ist, ein Freibetrag nach § 14 Satz 2, § 16 Abs. 4 oder § 18 Abs. 3 EStG bereits gewährt worden ist. ⁶Wird der zum Betriebsvermögen eines Einzelunternehmers gehörende Mitunternehmeranteil in Zusammenhang mit der Veräußerung des Einzelunternehmens veräußert, ist die Anwendbarkeit des § 16 Abs. 4 für beide Vorgänge getrennt zu prüfen. ⁷Liegen hinsichtlich beider Vorgänge die Voraussetzungen des § 16 Abs. 4 EStG vor, kann der Steuerpflichtige den Abzug des Freibetrags entweder bei der Veräußerung des Einzelunternehmens oder bei der Veräußerung des Mitunternehmeranteils beantragen. ⁸Die Veräußerung eines Anteils an einer Mitunternehmerschaft (Obergesellschaft), zu deren Betriebsvermögen die Beteiligung an einer anderen Mitunternehmerschaft gehört (mehrstöckige Personengesellschaft), stellt für die Anwendbarkeit des § 16 Abs. 4 EStG einen einheitlich zu beurteilenden Veräußerungsvorgang dar. ⁹In den Fällen des § 16 Abs. 2 Satz 3 und Abs. 3 Satz 5 EStG ist für den Teil des Veräußerungsgewinns, der nicht als laufender Gewinn gilt, der volle Freibetrag zu gewähren; bei der Veräußerungsgewinn, der als laufender Gewinn gilt, ist bei der Kürzung des Freibetrags nach § 16 Abs. 4 Satz 3 EStG nicht zu berücksichtigen. ¹⁰Umfasst der Veräußerungsgewinn auch einen Gewinn aus der Veräußerung von Anteilen an Körperschaften, Personenvereinigungen oder Vermögensmassen, ist für die Berechnung des Freibetrags der nach § 3 Nr. 40 Satz 1 Buchstabe b in Verbindung mit § 3c Abs. 2 EStG steuerfrei bleibende Teil nicht zu berücksichtigen.

Hinweise

H 16 (13) Freibetrag

- *Aufteilung des Freibetrages und Gewährung der Tarifermäßigung bei Betriebsaufgaben über zwei Kalenderjahre,*
- *Freibetrag bei teilentgeltlicher Veräußerung im Wege der vorweggenommenen Erbfolge,*
- *Vollendung der Altersgrenze in § 16 Abs. 4 und § 34 Abs. 3 EStG nach Beendigung der Betriebsaufgabe oder -veräußerung, aber vor Ablauf des VZ der Betriebsaufgabe oder -veräußerung,*

→ *BMF vom 20.12.2005 (BStBl. 2006 I S. 7)* [1)]

Personenbezogenheit

Der Freibetrag nach § 16 Abs. 4 EStG wird personenbezogen gewährt; er steht dem Stpfl. für alle Gewinneinkunftsarten insgesamt nur einmal zu. Dabei kommt es nicht darauf an, ob der Freibetrag zu Recht gewährt worden ist oder nicht (→ BFH vom 21.7.2009 – BStBl. II S. 963).

Teileinkünfteverfahren

Beispiel:

A veräußert sein Einzelunternehmen. Der Veräußerungserlös beträgt 200 000 €, der Buchwert des Kapitalkontos 70 000 €. Im Betriebsvermögen befindet sich eine Beteiligung an einer GmbH, deren Buchwert 20 000 € beträgt. Der auf die GmbH-Beteiligung entfallende Anteil am Veräußerungserlös beträgt 50 000 €.

Der aus der Veräußerung des GmbH-Anteils erzielte Gewinn ist nach § 3 Nr. 40 Satz 1 Buchstabe b, § 3c Abs. 2 EStG in Höhe von (30 000 € ./. 12 000 € =) 18 000 € steuerpflichtig. Der übrige Veräußerungsgewinn beträgt (150 000 € ./. 50 000 € =) 100 000 €. Der Freibetrag ist vorrangig mit dem Veräußerungsgewinn zu verrechnen, auf den das Teileinkünfteverfahren anzuwenden ist (→ BFH vom 14.7.2010 – BStBl. II S. 1011).

	Insgesamt	Ermäßigt zu besteuern	Teileinkünfteverfahren
Veräußerungsgewinn nach § 16 EStG	*118 000 €*	*100 000 €*	*18 000 €*
Freibetrag nach § 16 Abs. 4 EStG	*45 000 €*	*27 000 €*	*18 000 €*
Steuerpflichtig	*73 000 €*	*73 000 €*	*0 €*

---

1) Siehe Anlage § 016-09.

§ 16   R 16

EStR 2012 zu § 16 EStG

R 16 (14) Dauernde Berufsunfähigkeit

(14) ¹Zum Nachweis der dauernden Berufsunfähigkeit reicht die Vorlage eines Bescheides des Rentenversicherungsträgers aus, wonach die Berufsunfähigkeit oder Erwerbsunfähigkeit im Sinne der gesetzlichen Rentenversicherung vorliegt. ²Der Nachweis kann auch durch eine amtsärztliche Bescheinigung oder durch die Leistungspflicht einer privaten Versicherungsgesellschaft, wenn deren Versicherungsbedingungen an einen Grad der Berufsunfähigkeit von mindestens 50 % oder an eine Minderung der Erwerbsfähigkeit wegen Krankheit oder Behinderung auf weniger als sechs Stunden täglich anknüpfen, erbracht werden. ³Der Freibetrag nach § 16 Abs. 4 EStG kann gewährt werden, wenn im Zeitpunkt der Veräußerung oder Aufgabe eine dauernde Berufsunfähigkeit vorliegt; eine Kausalität zwischen der Veräußerung oder Aufgabe und der Berufsunfähigkeit ist nicht erforderlich.

Hinweise

H 16 (14)   **Berufsunfähigkeit im sozialversicherungsrechtlichen Sinne**

Berufsunfähig sind Versicherte, deren Erwerbsfähigkeit wegen Krankheit oder Behinderung im Vergleich zur Erwerbsfähigkeit von körperlich, geistig und seelisch gesunden Versicherten mit ähnliche Ausbildung und gleichwertigen Kenntnissen und Fähigkeiten auf weniger als sechs Stunden gesunken ist (§ 240 Abs. 2 SGB VI).

Erbfolge

Wird ein im Erbwege übergegangener Betrieb von dem Erben aufgegeben, müssen die Voraussetzungen für die Gewährung des Freibetrags nach § 16 Abs. 4 EStG in der Person des Erben erfüllt sein (→ BFH vom 19.5.1981 – BStBl. II S. 665).

Weitere Verwaltungsanweisungen
(soweit nicht in den Hinweisen enthalten)

Zu § 16 EStG

1. Veräußerung einer zum Betriebsvermögen gehörenden Beteiligung an eine Kapitalgesellschaft, die im Einzeleigentum der Gesellschafter einer Personengesellschaft steht (Vfg OFD Münster vom 11.9.1987)[1)]
2. Veräußerung von Mitunternehmeranteilen bei abweichendem Wirtschaftsjahr (Vfg OFD Frankfurt vom 16.2.1990, DStR 1990 S. 316)
3. Ertragsteuerliche Fragen im Zusammenhang mit einem derivativen Geschäfts- oder Firmenwert bei Aufgabe eines verpachteten Betriebs (Vfg OFD Düsseldorf vom 23.4.1991)[2)]
4. Einbringung eines Betriebs in eine Personengesellschaft bei Gewinnermittlung nach § 4 Abs. 3 EStG (Vfg OFD Hannover vom 25.1.2007)[3)]
5. Berufsunfähigkeit i. S. des § 16 Abs. 4 EStG ab 1996 (Vfg OFD Hannover vom 19.3.1997, FR 1997 S. 390)
6. Schuldzinsen nach einer Betriebsaufgabe oder Betriebsveräußerung (Vfg OFD Frankfurt vom 19.4.2000)[4)]
7. Auch bei teilentgeltlichen Veräußerungen ist der volle Freibetrag nach § 16 Abs. 4 EStG zu gewähren (Erlass FM Bremen vom 28.2.2003, FR 2003 S. 424)
8. Veräußerung eines Mitunternehmeranteils und Anwendung der §§ 16 Abs. 4, 34 Abs. 3 EStG (Vfg OFD Koblenz vom 28.2.2007)[5)]
9. Für die Gewährung des Freibetrags nach § 16 Abs. 4 EStG ist ein kausaler Zusammenhang mit der Aufgabe oder Veräußerung nicht erforderlich (FM Schleswig-Holstein vom 9.6.2011 – VI 302 – S 2242-098)

---

1) Siehe Anlage § 016-07.
2) Siehe Anlage § 016-02.
3) Siehe Anlage § 004-30.
4) Siehe Anlage § 004-39.
5) Siehe Anlage § 016-11.

§ 16

10. Ausscheiden einer Mitunternehmers gegen Sachwertabfindung (Erlass Senfin Berlin vom 3.2.2012)[1]

Rechtsprechungsauswahl

BFH vom 5.2.14 X R 22/12 (BStBl. II S. 388): Keine Änderungen der Anforderungen an einen steuerbegünstigten Veräußerungs- oder Aufgabegewinn durch StSenkErgG

BFH vom 22.10.13 X R 14/11 (BStBl. 2014 II S. 158): Zwangsweise Beendigung einer Betriebsaufspaltung – Teil- und unentgeltliche Übertragung von Einzelwirtschaftsgütern an nahe Angehörige aufgrund eines vorab erstellten Konzepts

BFH vom 11.4.13 III R 32/12 (BStBl. 2014 II S. 242): Gewinnermittlung bei Realteilung einer Mitunternehmerschaft ohne Spitzenausgleich bei Buchwertfortführung und fortgesetzter Einnahme-Überschussrechnung

BFH vom 1.8.13 IV R 18/11 (BStBl. II S. 910): Keine Tarifbegünstigung des Aufgabegewinns, soweit er auf Verkauf eines vermieteten Flugzeugs als Bestandteil laufender Geschäftstätigkeit entfällt

---

1) Siehe Anlage § 016-01.

§ 17

§ 17 Veräußerung von Anteilen an Kapitalgesellschaften

(1) ¹Zu den Einkünften aus Gewerbebetrieb gehört auch der Gewinn aus der Veräußerung von Anteilen an einer Kapitalgesellschaft, wenn der Veräußerer innerhalb der letzten fünf Jahre am Kapital der Gesellschaft unmittelbar oder mittelbar zu mindestens 1 Prozent beteiligt war. ²Die verdeckte Einlage von Anteilen an einer Kapitalgesellschaft in eine Kapitalgesellschaft steht der Veräußerung der Anteile gleich. ³Anteile an einer Kapitalgesellschaft sind Aktien, Anteile an einer Gesellschaft mit beschränkter Haftung, Genussscheine oder ähnliche Beteiligungen und Anwartschaften auf solche Beteiligungen. ⁴Hat der Veräußerer den veräußerten Anteil innerhalb der letzten fünf Jahre vor der Veräußerung unentgeltlich erworben, so gilt Satz 1 entsprechend, wenn der Veräußerer zwar nicht selbst, aber der Rechtsvorgänger oder, sofern der Anteil nacheinander unentgeltlich übertragen worden ist, einer der Rechtsvorgänger innerhalb der letzten fünf Jahre wesentlich beteiligt war.

(2) ¹Veräußerungsgewinn im Sinne des Absatzes 1 ist der Betrag, um den der Veräußerungspreis nach Abzug der Veräußerungskosten die Anschaffungskosten übersteigt. ²In den Fällen des Absatzes 1 Satz 2 tritt an die Stelle des Veräußerungspreises der Anteile ihr gemeiner Wert. ³Weist der Veräußerer nach, dass ihm die Anteile bereits im Zeitpunkt der Begründung der unbeschränkten Steuerpflicht nach § 1 Abs. 1 zuzurechnen waren und dass der bis zu diesem Zeitpunkt entstandene Vermögenszuwachs auf Grund gesetzlicher Bestimmungen des Wegzugsstaats im Wegzugszeitpunkt einer der Steuer nach § 6 des Außensteuergesetzes¹⁾ vergleichbaren Steuer unterlegen hat, tritt an die Stelle der Anschaffungskosten der Wert, den der Wegzugsstaat bei der Berechnung der der Steuer nach § 6 des Außensteuergesetzes vergleichbaren Steuer angesetzt hat, höchstens jedoch der gemeine Wert. ⁴Satz 3 ist in den Fällen des § 6 Abs. 3 des Außensteuergesetzes²⁾ nicht anzuwenden. ⁵Hat der Veräußerer den veräußerten Anteil unentgeltlich erworben, so sind als Anschaffungskosten des Anteils die Anschaffungskosten des Rechtsvorgängers maßgebend, der den Anteil zuletzt entgeltlich erworben hat. ⁶Ein Veräußerungsverlust ist nicht zu berücksichtigen, soweit er auf Anteile entfällt,

a) die der Steuerpflichtige innerhalb der letzten fünf Jahre unentgeltlich erworben hatte. ²Dies gilt nicht, soweit der Rechtsvorgänger anstelle des Steuerpflichtigen den Veräußerungsverlust hätte geltend machen können;

b) die entgeltlich erworben worden sind und nicht innerhalb der gesamten letzten fünf Jahre zu einer Beteiligung des Steuerpflichtigen im Sinne von Absatz 1 Satz 1 gehört haben. ²Dies gilt nicht für innerhalb der letzten fünf Jahre erworbene Anteile, deren Erwerb zur Begründung einer Beteiligung des Steuerpflichtigen im Sinne von Absatz 1 Satz 1 geführt hat oder die nach Begründung der Beteiligung im Sinne von Absatz 1 Satz 1 erworben worden sind.

(3) ¹Der Veräußerungsgewinn wird zur Einkommensteuer nur herangezogen, soweit er den Teil von 9 060 Euro übersteigt, der dem veräußerten Anteil an der Kapitalgesellschaft entspricht. ²Der Freibetrag ermäßigt sich um den Betrag, um den der Veräußerungsgewinn den Teil von 36 100 Euro übersteigt, der dem veräußerten Anteil an der Kapitalgesellschaft entspricht.

(4) ¹Als Veräußerung im Sinne des Absatzes 1 gilt auch die Auflösung einer Kapitalgesellschaft, die Kapitalherabsetzung, wenn das Kapital zurückgezahlt wird, und die Ausschüttung oder Zurückzahlung von Beträgen aus dem steuerlichen Einlagenkonto im Sinne des § 27 des Körperschaftsteuergesetzes. ²In diesen Fällen ist als Veräußerungspreis der gemeine Wert des dem Steuerpflichtigen zugeteilten oder zurückgezahlten Vermögens der Kapitalgesellschaft anzusehen. ³Satz 1 gilt nicht, soweit die Bezüge nach § 20 Abs. 1 Nr. 1 oder Nr. 2 zu den Einnahmen aus Kapitalvermögen gehören.

(5) ¹Die Beschränkung oder der Ausschluss des Besteuerungsrechts der Bundesrepublik Deutschland hinsichtlich des Gewinns aus der Veräußerung der Anteile an einer Kapital-

---

1) Siehe Anhang 2.
2) Siehe Anhang 2.

gesellschaft im Fall der Verlegung des Sitzes oder des Orts der Geschäftsleitung der Kapitalgesellschaft in einen anderen Staat stehen der Veräußerung der Anteile zum gemeinen Wert gleich. ²Dies gilt nicht in den Fällen der Sitzverlegung einer Europäischen Gesellschaft nach Artikel 8 der Verordnung (EG) Nr. 2157/2001 und der Sitzverlegung einer anderen Kapitalgesellschaft in einen anderen Mitgliedstaat der Europäischen Union. ³In diesen Fällen ist der Gewinn aus einer späteren Veräußerung der Anteile ungeachtet der Bestimmungen eines Abkommens zur Vermeidung der Doppelbesteuerung in der gleichen Art und Weise zu besteuern, wie die Veräußerung dieser Anteile zu besteuern gewesen wäre, wenn keine Sitzverlegung stattgefunden hätte. ⁴§ 15 Abs. 1a Satz 2 ist entsprechend anzuwenden.

(6) Als Anteile im Sinne des Absatzes 1 Satz 1 gelten auch Anteile an Kapitalgesellschaften, an denen der Veräußerer innerhalb der letzten fünf Jahre am Kapital der Gesellschaft nicht unmittelbar oder mittelbar zu mindestens 1 Prozent beteiligt war, wenn

1. die Anteile auf Grund eines Einbringungsvorgangs im Sinne des Umwandlungssteuergesetzes[1], bei dem nicht der gemeine Wert zum Ansatz kam, erworben wurden und

2. zum Einbringungszeitpunkt für die eingebrachten Anteile die Voraussetzungen von Absatz 1 Satz 1 erfüllt waren oder die Anteile auf einer Sacheinlage im Sinne von § 20 Abs. 1 des Umwandlungssteuergesetzes[2] vom 7. Dezember 2006 (BGBl. I S. 2782, 2791) in der jeweils geltenden Fassung beruhen.

(7) Als Anteile im Sinne des Absatzes 1 Satz 1 gelten auch Anteile an einer Genossenschaft einschließlich der Europäischen Genossenschaft.

EStDV

§ 53 Anschaffungskosten bestimmter Anteile an Kapitalgesellschaften

¹Bei Anteilen an einer Kapitalgesellschaft, die vor dem 21. Juni 1948 erworben worden sind, sind als Anschaffungskosten im Sinne des § 17 Abs. 2 des Gesetzes die endgültigen Höchstwerte zugrunde zu legen, mit denen die Anteile in eine steuerliche Eröffnungsbilanz in Deutscher Mark auf den 21. Juni 1948 hätten eingestellt werden können; bei Anteilen, die am 21. Juni 1948 als Auslandsvermögen beschlagnahmt waren, ist bei Veräußerung vor der Rückgabe der Veräußerungserlös und bei Veräußerung nach der Rückgabe der Wert im Zeitpunkt der Rückgabe als Anschaffungskosten maßgebend. ²Im Land Berlin tritt an die Stelle des 21. Juni 1948 jeweils der 1. April 1949; im Saarland tritt an die Stelle des 21. Juni 1948 für die in § 43 Abs. 1 Ziff. 1 des Gesetzes über die Einführung des deutschen Rechts auf dem Gebiete der Steuern, Zölle und Finanzmonopole im Saarland vom 30. Juni 1959 (BGBl. I S. 339) bezeichneten Personen jeweils der 6. Juli 1959.

§ 54 Übersendung von Urkunden durch die Notare

(1) ¹Die Notare übersenden dem in § 20 der Abgabenordnung bezeichneten Finanzamt eine beglaubigte Abschrift aller aufgrund gesetzlicher Vorschrift aufgenommenen oder beglaubigten Urkunden, die die Gründung, Kapitalerhöhung oder -herabsetzung, Umwandlung oder Auflösung von Kapitalgesellschaften oder die Verfügung über Anteile an Kapitalgesellschaften zum Gegenstand haben. ²Gleiches gilt für Dokumente, die im Rahmen einer Anmeldung einer inländischen Zweigniederlassung einer Kapitalgesellschaft mit Sitz im Ausland zur Eintragung in das Handelsregister diesem zu übersenden sind.

(2) ¹Die Abschrift ist binnen zwei Wochen, von der Aufnahme oder Beglaubigung der Urkunde ab gerechnet, einzureichen. ²Sie soll mit der Steuernummer gekennzeichnet sein, mit der die Kapitalgesellschaft bei dem Finanzamt geführt wird. ³Die Absendung der Urkunde ist auf der zurückbehaltenen Urschrift der Urkunde bzw. auf einer zurückbehaltenen Abschrift zu vermerken.

(3) Den Beteiligten dürfen die Urschrift, eine Ausfertigung oder beglaubigte Abschrift der Urkunde erst ausgehändigt werden, wenn die Abschrift der Urkunde an das Finanzamt abgesandt ist.

---

1) Siehe Anhang 4.
2) Siehe Anhang 4.

(4) Im Fall der Verfügung über Anteile an Kapitalgesellschaften durch einen Anteilseigner, der nicht nach § 1 Abs. 1 des Gesetzes unbeschränkt steuerpflichtig ist, ist zusätzlich bei dem Finanzamt Anzeige zu erstatten, das bei Beendigung einer zuvor bestehenden unbeschränkten Steuerpflicht des Anteilseigners oder bei unentgeltlichem Erwerb dessen Rechtsvorgängers nach § 19 der Abgabenordnung für die Besteuerung des Anteilseigners zuständig war.

EStR und Hinweise

EStR 2012 zu § 17 EStG

R 17 Veräußerung von Anteilen an einer Kapitalgesellschaft oder Genossenschaft

R 17 (1) Abgrenzung des Anwendungsbereichs gegenüber anderen Vorschriften

(1) ¹§ 17 EStG gilt nicht für die Veräußerung von Anteilen an einer Kapitalgesellschaft, die zu einem Betriebsvermögen gehören. ²In diesem Fall ist der Gewinn nach § 4 oder § 5 EStG zu ermitteln.

Hinweise

H 17 (1) Handel mit Beteiligungen
→ H 15.7 (1)

EStR 2012 zu § 17 EStG

R 17 (2) Beteiligung

(2) ¹Eine Beteiligung im Sinne des § 17 Abs. 1 Satz 1 EStG liegt vor, wenn der Steuerpflichtige nominell zu mindestens 1 % am Nennkapital der Kapitalgesellschaft beteiligt ist oder innerhalb der letzten fünf Jahre vor der Veräußerung beteiligt war. ²In den Fällen des § 17 Abs. 6 EStG (Erwerb der Anteile durch Sacheinlage oder durch Einbringung von Anteilen/Anteilstausch i. S. d. § 17 Abs. 1 Satz 1 EStG) führt auch eine nominelle Beteiligung von weniger als 1 % um Nennkapital zur Anwendung von § 17 Abs. 1 Satz 1 EStG.

Hinweise

H 17 (2) Ähnliche Beteiligungen

Die Einlage eines stillen Gesellschafters ist keine „ähnliche Beteiligung" im Sinne von § 17 Abs. 1 Satz 3 EStG (→ BFH vom 28.5.1997 – BStBl. II S. 724).

Anteile im Betriebsvermögen

Im Betriebsvermögen gehaltene Anteile zählen bei der Ermittlung der Beteiligungshöhe mit (→ BFH vom 10.11.1992 – BStBl. 1994 II S. 222).

Anwartschaftsrechte

Anwartschaften (Bezugsrechte) bleiben bei der Ermittlung der Höhe der Beteiligung grundsätzlich außer Betracht (→ BFH vom 14.3.2006 – BStBl. II S. 746 und vom 19.2.2013 – BStBl. II S. 578).

Ausländische Kapitalgesellschaft

§ 17 EStG gilt auch für Anteile an einer ausländischen Kapitalgesellschaft, wenn die ausländische Gesellschaft mit einer deutschen AG oder GmbH vergleichbar ist (→ BFH vom 21.10.1999 – BStBl. 2000 II S. 424).

Durchgangserwerb

Ein Anteil, der bereits vor seinem Erwerb an einen Dritten abgetreten wird, erhöht die Beteiligung (→ BFH vom 16.5.1995 – BStBl. II S. 870).

Eigene Anteile

*Werden von der **Kapitalgesellschaft eigene Anteile** gehalten, ist bei der Entscheidung, ob ein Steuerpflichtiger im Sinne des § 17 Abs. 1 Satz 1 EStG beteiligt ist, von dem um die eigenen Anteile der Kapitalgesellschaft verminderten Nennkapital auszugehen (→ BFH vom 24.9.1970 –BStBl. 1971 II S. 89).*

Einbringungsgeborene Anteile aus Umwandlungen vor dem 13.12.2006

- Zur steuerlichen Behandlung von Gewinnen aus der Veräußerung von einbringungsgeborenen Anteilen → § 21 UmwStG in der am 21.5.2003 geltenden Fassung (UmwStG a. F.) i. V. m. § 27 Abs. 3 Nr. 3 UmwStG; → BMF vom 25.3.1998 (BStBl. I S. 268) unter Berücksichtigung der Änderungen durch BMF vom 21.8.2001 (BStBl. I S. 543), Tz. 21.01 – 21.16.
- Einbringungsgeborene Anteile an einer Kapitalgesellschaft, die durch einen Antrag nach § 21 Abs. 2 Satz 1 Nr. 1 UmwStG a. F. entstrickt wurden, unterfallen der Besteuerung gem. § 17 Abs. 1 EStG. Veräußerungsgewinn nach §17 Abs. 2 EStG in Bezug auf derartige Anteile ist der Betrag, um den der Veräußerungspreis den gemeinen Wert der Anteile (§ 21 Abs. 2 Satz 2 UmwStG a. F.) übersteigt (→ BFH vom 24.6.2008 – BStBl. II S. 872).

Fünfjahreszeitraum

- → BMF vom 20.12.2010 (BStBl. 2011 I S. 16).
- Der Gewinn aus der Veräußerung einer Beteiligung von weniger als 1 % ist auch dann nach § 17 Abs. 1 Satz 1 EStG zu erfassen, wenn der Gesellschafter die Beteiligung erst neu erworben hat, nachdem er zuvor innerhalb des Fünfjahreszeitraums eine Beteiligung von mindestens 1 % insgesamt veräußert hat und mithin vorübergehend überhaupt nicht an der Kapitalgesellschaft beteiligt war (→ BFH vom 20.4.1999 – BStBl. II S. 650)
- Maßgeblich für die Berechnung des Fünfjahreszeitraums ist der Übergang des wirtschaftlichen und nicht des zivilrechtlichen Eigentums (→ BFH vom 17.2.2004 – BStBl. II S. 651).

Genussrechte

Eine „Beteiligung am Kapital der Gesellschaft" i. S. d. § 17 EStG liegt bei eingeräumten Genussrechten nicht schon dann vor, wenn diese eine Gewinnbeteiligung gewähren, sondern nur, wenn sie auch eine Beteiligung am Liquidationserlös der Gesellschaft vorsehen. Die Vereinbarung, dass das Genussrechtskapital erst nach der Befriedigung der übrigen Gesellschaftsgläubiger zurückzuzahlen ist (sog. Nachrangvereinbarung), verleiht dem Genussrecht noch keinen Beteiligungscharakter (→ BFH vom 14.6.2005 – BStBl. II S. 861).

Gesamthandsvermögen

- Bei der Veräußerung einer Beteiligung, die sich im Gesamthandsvermögen (z. B. einer vermögensverwaltenden Personengesellschaft, Erbengemeinschaft) befindet, ist für die Frage, ob eine Beteiligung i. S. d. § 17 Abs. 1 Satz 1 EStG vorliegt, nicht auf die Gesellschaft oder Gemeinschaft als solche, sondern auf die einzelnen Mitglieder abzustellen, da die Beteiligung nach § 39 Abs. 2 Nr. 2 AO den einzelnen Mitgliedern zuzurechnen ist – sog. Bruchteilsbetrachtung (→ BFH vom 7.4.1976 – BStBl. II S. 557 und vom 9.5.2000 – BStBl. II S. 686).
- Die Veräußerung von Anteilen an einer Gesellschaft oder Gemeinschaft – die ihrerseits eine Beteigung an einer Kapitalgesellschaft hält, fällt unter § 17 EStG, wenn eine Beteiligung i. S. d. § 17 Abs. 1 Satz 1 EStG vorliegt. Hierbei ist nicht auf die Gesellschaft oder Gemeinschaft als solche, sondern auf das veräußernde Mitglied abzustellen, da die Beteiligung nach § 39 Abs. 2 Nr. 2 AO den einzelnen Mitgliedern zuzurechnen ist – sog. Bruchteilsbetrachtung (→ BFH vom 13.7.1999 – BStBl. II S. 820 und vom 9.5.2000 – BStBl. II S. 686).

Kurzfristige Beteiligung

Eine Beteiligung im Sinne des § 17 Abs. 1 Satz 1 EStG liegt bereits dann vor, wenn der Veräußerer oder bei unentgeltlichem Erwerb sein Rechtsvorgänger innerhalb des maßgebenden Fünfjahreszeitraums nur **kurzfristig** zu mindestens 1 % unmittelbar oder mittelbar an der Gesellschaft beteiligt war (→BFH vom 5.10.1976 – BStBl. 1977 II S. 198). Auch Anteile, die der Steuerpflichtige noch am Tage des **unentgeltlichen Erwerbs** veräußert, zählen mit (→ BFH vom 7.7.1992 – BStBl. 1993 II S. 331). Etwas anderes gilt, wenn im Rahmen eines Gesamtvertragskonzepts (= mehrere zeitgleich abgeschlossene, korrespondierende Verträge) die mit der übertragenen Beteiligung verbundenen Rechte von vornherein nur für eine Beteiligung von weniger als 1 % übergehen sollten (→ BFH vom 5.10.2011 – BStBl. 2012 II S. 318)

Mißbrauch

- Eine Beteiligung im Sinne des § 17 Abs. 1 Satz 1 EStG kann auch dann vorliegen, wenn der Veräußerer zwar formal nicht zu mindestens 1 % an der Kapitalgesellschaft beteiligt war, die Gestaltung der Beteiligungsverhältnisse jedoch **einen Mißbrauch der Gestaltungs-**

möglichkeiten im Sinne des § 42 AO darstellt *(→ BFH vom 27.1.1977 – BStBl. II S. 754).*
- **Anteilsrotation** → *BMF vom 3.2.1998 (BStBl. I S. 207)*

Mitgliedschaftsrechte an einer AG
Eine mögliche – durch die Kennzeichnung .als Nennbetragsaktien anstatt als Stückaktien bedingte – formale Unrichtigkeit von Aktien hindert nicht den Erwerb des dann noch unverkörperten Mitgliedschaftsrechts (→ BFH vom 7.7.2011 – BStBl. 2012 II S 20).

Mittelbare Beteiligung
- *Besteht **neben einer unmittelbaren eine mittelbare Beteiligung** an der Gesellschaft, liegt eine Beteiligung im Sinne des § 17 Abs. 1 Satz 1 EStG vor, wenn die Zusammenrechnung eine Beteiligung von mindestens 1 % ergibt, unabhängig davon, ob der Steuerpflichtige die die mittelbare Beteiligung vermittelnde Kapitalgesellschaft beherrscht oder nicht (→ BFH vom 28.6.1978 – BStBl. II S. 590 und vom 12.6.1980 – BStBl. II S. 646).*
- *Der Gesellschafter einer Kapitalgesellschaft ist auch dann Beteiligter im Sinne des § 17 Abs. 1 Satz 1 EStG, wenn sich die Anteilsquote von mindestens 1 % erst durch – anteilige – Hinzurechnung von **Beteiligungen an der Kapitalgesellschaft ergibt, welche unmittelbar oder mittelbar von einer Personenhandelsgesellschaft gehalten werden,** an welcher der Gesellschafter der Kapitalgesellschaft als Mitunternehmer beteiligt ist (→ BFH vom 10.2.1982 – BStBl. II S. 392).*
- *Die Übernahme einer Bürgschaft für eine Gesellschaft durch einen nur mittelbar beteiligten Anteilseigner stellt keine nachträglichen Anschaffungskosten der unmittelbaren Beteiligung i. S. d. § 17 EStG dar (→ BFH vom 4.3.2008 – BStBl. II S. 575).*

Nominelle Beteiligung
Die für die Anwendung des § 17 EStG maßgebliche Höhe einer Beteiligung ist bei einer GmbH aus den Geschäftsanteilen zu berechnen. Dies gilt auch, wenn in der GmbH-Satzung die Stimmrechte oder die Verteilung des Gewinns und des Liquidationserlöses abweichend von §§ 29, 72 GmbHG geregelt sind (→ BFH vom 25.11.1997 – BStBl. 1998 II S. 257) und vom 14.3.2006 – BStBl. II S. 749).

Optionsrecht
Die Veräußerung einer Anwartschaft i. S. d. § 17 Abs. 1 Satz 3 EStG liegt vor, wenn eine schuldrechtliche Option auf den Erwerb einer Beteiligung (Call-Option) veräußert wird, die die wirtschaftliche Verwertung des bei der Kapitalgesellschaft eingetretenen Zuwachses an Vermögenssubstanz ermöglicht (→ BFH vom 19.12.2007 – BStBl. 2008 II S. 475).

Quotentreuhand
Der Annahme eines zivilrechtlich wirksamen Treuhandverhältnisses steht nicht entgegen, dass dieses nicht an einem selbständigen Geschäftsanteil, sondern – als sog. Quotentreuhand – lediglich an einem Teil eines solchen Geschäftsanteils vereinbart wird. Ein solcher quotaler Anteil ist ein Wirtschaftsgut i. S. d. § 39 Abs. 2 Nr. 1 Satz 2 AO und stellt damit einen treugutfähigen Gegenstand dar (→ BFH vom 6.10.2009 – BStBl. 2010 II S. 460).

Rückwirkende Schenkung
*Entsteht durch den **Erwerb weiterer Anteile** eine Beteiligung von mindestens 1 %, so kann diese nicht dadurch beseitigt werden, dass die erworbenen Anteile rückwirkend verschenkt werden (→ BFH vom 18.9.1984 – BStBl. 1985 II S.55)*

Unentgeltlicher Hinzuerwerb
Eine Beteiligung von weniger als 1 % wird nicht dadurch insgesamt zu einer Beteiligung im Sinne des § 17 Abs. 1 Satz 1 EStG, dass der Steuerpflichtige einzelne Geschäftsanteile davon unentgeltlich von einem Beteiligten erworben hat, der eine Beteiligung von mindestens 1 % gehalten hat oder noch hält (→ BFH vom 29.7.1997 – BStBl. II S. 727).

EStR 2012 zu § 17 EStG

R 17 (3) Unentgeltlicher Erwerb von Anteilen oder Anwartschaften

(3) Überlässt der im Sinne des § 17 Abs. 1 Satz 1 EStG beteiligte Anteilseigner einem Dritten unentgeltlich das Bezugsrecht aus einer Kapitalerhöhung (Anwartschaft im Sinne des § 17 Abs. 1 Satz 3 EStG), sind die vom Dritten erworbenen Anteile teilweise nach § 17 Abs. 1 Satz 4 EStG steuerverhaftet (→ Unentgeltlicher Anwartschaftserwerb).

Hinweise

H 17 (3) Kapitalerhöhung nach unentgeltlichem Erwerb von Anteilen

Die nach einer Kapitalerhöhung aus Gesellschaftsmitteln zugeteilten neuen Aktien führen nicht zu einem gegenüber dem unentgeltlichen Erwerb der Altaktien selbständigen Erwerbsvorgang. Zwischen den Altaktien und den neuen Aktien besteht wirtschaftliche Identität (→ BFH vom 25.2.2009 – BStBl. II S. 658).

Unentgeltlicher Anwartschaftserwerb

Beispiel:

Alleingesellschafter A hat seine GmbH-Anteile für 80 000 € erworben. Der gemeine Wert der Anteile beträgt 400 000 €. Die GmbH erhöht ihr Stammkapital von 100 000 € auf 120 000 €. A ermöglicht seinem Sohn S, die neu ausgegebenen Anteile von nominal 20 000 € gegen Bareinlage von 50 000 € zu erwerben. Die neuen Anteile des S haben einen gemeinen Wert von 20 000 € : 120 000 € x (400 000 € + 50 000 €) = 75 000 € und sind zu (75 000 € – 50 000 €): 75 000 € = 33,33 % unentgeltlich und zu 66,67 % entgeltlich erworben worden. Auf den unentgeltlich erworbenen Teil ist § 17 Abs. 1 Satz 1 und 4 EStG anzuwenden. Auf diesen Teil entfallen Anschaffungskosten des Rechtsvorgängers A im Sinne des § 17 Abs. 2 Satz 5 EStG in Höhe von 80 000 € x 25 000 € : 400 000 € = 5 000 €. Die verbleibenden Anschaffungskosten des A sind entsprechend auf 75 000 € zu kürzen (→ BFH vom 6.12.1968 – BStBl. 1969 II S. 105).

Vorbehaltsmißbrauch

→ H 17 (4)

EStR 2012 zu § 17 EStG

R 17 (4) Veräußerung von Anteilen

(4) Die Ausübung von Bezugsrechten durch die Altaktionäre bei Kapitalerhöhungen gegen Einlage ist keine Veräußerung i. S. d. § 17 Abs. 1 EStG.

Hinweise

H 17 (4) Allgemeines

– Veräußerung im Sinne des § 17 Abs. 1 EStG ist die entgeltliche Übertragung des rechtlichen oder zumindest des wirtschaftlichen Eigentums an einer Beteiligung auf einen anderen Rechtsträger (→ BFH vom 11.7.2006 – BStBl. 2007 II S. 296).

– Sieht ein vorab erstelltes Konzept vor, dass der vereinbarte Kaufpreis ganz oder teilweise unmittelbar als Schenkung von dem Veräußerer an den Erwerber zurückfließt, liegt in Höhe des zurückgeschenkten Betrags keine entgeltliche Übertragung vor (→ BFH vom 22.10.2013 – BStBl. 2014 II S. 158).

– Wirtschaftliches Eigentum

Beendigung der unbeschränkten Steuerpflicht und gleichgestellte Sachverhalte mit Auslandsbezug

→ § 6 AStG

Bezugsrechte

– Veräußert ein im Sinne des § 17 Abs. 1 Satz 1 EStG Beteiligter ihm auf Grund seiner Anteile zustehende **Bezugsrechte auf weitere Beteiligungsrechte,** liegt auch insoweit eine Veräußerung im Sinne des § 17 Abs. 1 Satz 1 EStG vor (→ BFH vom 20.2.1975 – BStBl. II S. 505 und vom 19.4.2005 – BStBl. II S. 762).

– Wird das **Stammkapital** einer GmbH **erhöht** und das Bezugsrecht einem Nichtgesellschafter gegen Zahlung eines Ausgleichs für die auf den neuen Geschäftsanteil übergehenden stillen Reserven eingeräumt, kann dies die Veräußerung eines Anteils an einer GmbH (Anwartschaft auf eine solche Beteiligung) sein. Wird dieser Ausgleich in Form eines Agios in die GmbH eingezahlt und in engem zeitlichem Zusammenhang wieder an die Altgesellschafter ausgezahlt, kann ein Missbrauch rechtlicher Gestaltungsmöglichkeiten (§ 42 AO) vorliegen. Die Zahlung an die Altgesellschafter ist dann als Entgelt für die Einräumung des Bezugsrechts zu behandeln (→ BFH vom 13.10.1992 – BStBl. 1993 II S. 477).

§ 17

Einziehung
Ein Verlust nach § 17 EStG aus der Einziehung eines GmbH-Anteils nach § 34 GmbHG ist frühestens mit deren zivilrechtlicher Wirksamkeit zu berücksichtigen (→ BFH vom 22.7.2008 – BStBl. II S. 927).

Entstehung des Veräußerungsgewinns
Der Veräußerungsgewinn entsteht grundsätzlich im Zeitpunkt der Veräußerung und zwar auch dann, wenn der Kaufpreis gestundet wird (→ BFH vom 20.7.2010 – BStBl. II S. 969).

Rückübertragung
– Eine Rückübertragung auf Grund einer vor Kaufpreiszahlung geschlossenen Rücktrittsvereinbarung ist als Ereignis mit steuerlicher Rückwirkung auf den Zeitpunkt der Veräußerung der Beteiligung zurückzubeziehen (BFH vom 21.12.1993 – BStBl. 1994 II S. 648).

– Der Abschluss eines außergerichtlichen Vergleiches, mit dem die Vertragsparteien den Rechtsstreit über den Eintritt einer im Kaufvertrag vereinbarten auflösenden Bedingung beilegen, ist ein Ereignis mit steuerlicher Rückwirkung auf den Zeitpunkt der Veräußerung (→ BFH vom 19.8.2003 – BStBl. 2004 II S. 107).

– Überträgt der Erwerber einer wesentlichen Beteiligung diese auf den Veräußerer zurück, weil der Veräußerer ihn über den Wert der Beteiligung getäuscht hat, ist die Rückübertragung eine Veräußerung i. S. d. § 17 EStG (→ BFH vom 21.10.1999 – BStBl. 2000 II S. 424).

– Wird der Verkauf eines Anteils an einer Kapitalgesellschaft durch die Parteien des Kaufvertrages wegen Wegfalls der Geschäftsgrundlage tatsächjich und vollständig rückgängig gemacht, kann dieses Ereignis steuerlich auf den Zeitpunkt der Veräußerung zurückwirken (→ BFH vom 28.10.2009 – BStBl. 2010 II S. 539).

Teilentgeltliche Übertragung
Die Übertragung von Anteilen an einer Kapitalgesellschaft bei einer Beteiligung von mindestens 1 % im Wege einer gemischten Schenkung ist nach dem Verhältnis der tatsächlichen Gegenleistung zum Verkehrswert der übertragenen Anteile in eine voll entgeltliche Anteilsübertragung (Veräußerung im Sinne des § 17 Abs. 1 Satz 1 und Abs. 2 Satz 1 EStG) und eine voll unentgeltliche Anteilsübertragung (im Sinne des § 17 Abs. 1 Satz 4 und Abs. 2 Satz 3 EStG) aufzuteilen (→ BFH vom 17.7.1980 – BStBl. 1981 II S. 11).

Umwandlung nach ausländischem Recht
Als Auflösung im Sinne des § 17 Abs. 4 EStG ist die Umwandlung einer ausländischen Kapitalgesellschaft in eine Personengesellschaft anzusehen, wenn das maßgebende ausländische Recht in der Umwandlung eine Auflösung sieht (→ BFH vom 22.2.1989 – BStBl. II S. 794).

Vereinbarungstreuhand
Der Verlust aus der entgeltlichen Übertragung einer Beteiligung im Sinne des § 17 Abs. 1 Satz 1 EStG im Wege einer Vereinbarungstreuhand ist steuerrechtlich nur zu berücksichtigen, wenn die Beteiligung nach der Vereinbarung künftig fremdnützig für den Treugeber gehalten werden soll und die tatsächliche Durchführung der Vereinbarung vom Veräußerer nachgewiesen wird. Bei der Prüfung, ob ein Treuhandverhältnis tatsächlich gegeben ist, ist ein strenger Maßstab anzulegen (→ BFH vom 15.7.1997 – BStBl. 1998 II S. 152).

Vorbehaltsnießbrauch
Die Übertragung von Anteilen an Kapitalgesellschaften im Wege der vorweggenommenen Erbfolge unter Vorbehalt eines Nießbrauchsrechts stellt keine Veräußerung i. S. d. § 17 Abs. 1 EStG dar. Dies gilt auch dann, wenn das Nießbrauchsrecht später abgelöst wird und der Nießbraucher für seinen Verzicht eine Abstandszahlung erhält, sofern der Verzicht auf einer neuen Entwicklung der Verhältnisse beruht (→ BFH vom 14.6.2005 – BStBl. 2006 II S. 15).

Wertloser Anteil
Als Veräußerung kann auch die Übertragung eines **wertlosen GmbH-Anteils** angesehen werden (→ BFH vom 5.3.1991 – BStBl. II S. 630 und vom 18.8.1992 – BStBl. 1993 II S. 34).

Wirtschaftliches Eigentum
– Der Übergang des wirtschaftlichen Eigentums an einem Kapitalgesellschaftsanteil ist nach § 39 AO zu beurteilen (→ BFH vom 17.2.2004 – BStBl. II S. 651 und vom 9.10.2008 – BStBl. 2009 II S. 140). Dies gilt auch anlässlich der Begründung von Unterbeteiligungsrechten an dem Anteil (→ BFH vom 18.5.2005 – BStBl. II S. 857).

- *Bei dem Verkauf einer Beteiligung geht das wirtschaftliche Eigentum jedenfalls dann über, wenn der Käufer des Anteils auf Grund eines (bürgerlich-rechtlichen) Rechtsgeschäfts bereits eine rechtlich geschützte, auf den Erwerb des Rechts gerichtete Position erworben hat, die ihm gegen seinen Willen nicht mehr entzogen werden kann, und die mit dem Anteil verbundenen wesentlichen Rechte sowie das Risiko der Wertminderung und die Chance einer Wertsteigerung auf ihn übergegangen sind. Diese Voraussetzungen müssen nicht in vollem Umfang erfüllt sein; entscheidend ist das Gesamtbild der Verhältnisse (→ BFH vom 11.7.2006 – BStBl. 2007 II S. 296).*

- *Bei dem Verkauf des Geschäftsanteils an einer GmbH ist regelmäßig erforderlich, dass dem Erwerber das Gewinnbezugsrecht und das Stimmrecht eingeräumt werden. Für den Übergang des Stimmrechts ist ausreichend, dass der Veräußerer verpflichtet ist, bei der Stimmabgabe die Interessen des Erwerbers wahrzunehmen (→ BFH vom 17.2.2004 – BStBl. II S. 651).*

- *Auch eine kurze Haltezeit kann wirtschaftliches Eigentum begründen, wenn dem Stpfl. der in der Zeit seiner Inhaberschaft erwirtschaftete Erfolg (einschließlich eines Substanzwertzuwachses) zusteht (→ BFH vom 18.5.2005 – BStBl. II S. 857).*

- *Erwerbsoptionen können die Annahme wirtschaftlichen Eigentums nur begründen, wenn nach dem typischen und für die wirtschaftliche Beurteilung maßgeblichen Geschehensablauf tatsächlich mit einer Ausübung des Optionsrechts gerechnet werden kann (→ BFH vom 4.7.2007 – BStBl. II 937). Hierauf kommt es nicht an, wenn nicht nur dem Käufer ein Ankaufsrecht, sondern auch dem Verkäufer ein Andienungsrecht im Überschneidungsbereich der vereinbarten Optionszeiträume zum selben Optionspreis eingeräumt wird (sog. wechselseitige Option oder Doppeloption) (→ BFH vom 11.7.2006 – BStBl. 2007 II S. 296).*

- *Auch eine einjährige Veräußerungssperre von erhaltenen Anteilen hindert den Übergang des wirtschaftlichen Eigentums nicht (→ BFH vom 28.10.2008 – BStBl. 2009 II S. 45).*

- *Ein zivilrechtlicher Durchgangserwerb (in Gestalt einer logischen Sekunde) hat nicht zwangsmäßig auch einen steuerrechtlichen Durchgangserwerb i. S. d. Innehabens wirtschaftlichen Eigentums in der Person des zivilrechtlichen Durchgangserwerbers zur Folge (→ BFH vom 26.1.2011 – BStBl. II S. 540).*

- *Besteht die Position eines Gesellschafters allein in der gebundenen Mitwirkung an einer inkongruenten Kapitalerhöhung, vermittelt sie kein wirtschaftliches Eigentum an einem Gesellschaftsanteil (→ BFH vom 25.5.2011 – BStBl. 2012 II S. 3).*

- *Werden im Rahmen eines Gesamtvertragskonzepts (= mehrere zeitgleich abgeschlossene, korrespondierende Verträge) GmbH-Anteile übertragen und deren Höhe durch eine Kapitalerhöhung auf weniger als 1 % reduziert, vermittelt die einer Kapitalerhöhung vorgreifliche Anteilsübertragung kein wirtschaftliches Eigentum an einer Beteiligung i. S. v. § 17 EStG, wenn nach dem Gesamtvertragskonzept die mit der übertragenen Beteiligung verbundenen Rechte von vornherein nur für eine Beteiligung von weniger als 1 % übergehen sollten (→ BFH vom 5.10.2011 – BStBl. 2012 II S. 318).*

- *Wem Gesellschaftsanteile im Rahmen einer vorweggenommenen Erbfolge unter dem Vorbehalt des Nießbrauchs übertragen werden, erwirbt sie nicht i. S. v. § 17 Abs. 2 Satz 5 EStG, wenn sie weiterhin dem Nießbraucher nach § 39 Abs. 2 Nr. 1 AO zuzurechnen sind, weil dieser nach dem Inhalt der getroffenen Abrede alle mit der Beteiligung verbundenen wesentlichen Rechte (Vermögens- und Verwaltungsrechte) ausüben und im Konfliktfall effektiv durchsetzen kann (→ BFH vom 24.1.2012 – BStBl. II S. 308).*

EStR 2012 zu § 17 EStG

R 17 (5) Anschaffungskosten der Anteile

(5) [1]Eine Kapitalerhöhung aus Gesellschaftsmitteln erhöht die Anschaffungskosten der Beteiligung nicht. [2]Die Anschaffungskosten sind nach dem Verhältnis der Nennbeträge auf die vor der Kapitalerhöhung erworbenen Anteile und die neuen Anteile zu verteilen. (→ § 3 Kapitalerhöhungssteuergesetz). [3]Für Anteile i. S. d. § 17 Abs. 1 EStG, die sich in Girosammelverwahrung befinden, sind die Anschaffungskosten der veräußerten Anteile nicht nach dem Fifo-Verfahren, sondern nach den durchschnittlichen Anschaffungskosten sämtlicher Anteile derselben Art zu bestimmen.

§ 17

Hinweise

H 17 (5) **Absenkung der Beteiligungsgrenze**
Bei der Ermittlung des Veräußerungsgewinns sind als Anschaffungskosten die historischen Anschaffungskosten und nicht der gemeine Wert der Anteile zum Zeitpunkt der Absenkung der Beteiligungsgrenze anzusetzen (→ BFH vom 1.3.2005 – BStBl. II S. 398).

Allgemeines

→ R 6.2

Bezugsrechte/Gratisaktien

– Das anlässlich einer Kapitalerhöhung entstehende konkrete Bezugsrecht auf neue Aktien führt zu einer Abspaltung der im Geschäftsanteil verkörperten Substanz und damit auch zu einer Abspaltung eines Teils der ursprünglichen Anschaffungskosten für die Altanteile; dieser Teil ist dem Bezugsrecht zuzuordnen (→ BFH vom 19.4.2005 – BStBl. II S. 762).

– Werden Kapitalgesellschaftsanteile im Anschluss an eine mit der Gewährung von kostenlosen Bezugsrechten oder von Gratisaktien verbundene Kapitalerhöhung veräußert, sind die ursprünglichen Anschaffungskosten der Kapitalgesellschaftsanteile um den auf die Bezugsrechte oder die Gratisaktien entfallenden Betrag nach der Gesamtwertmethode zu kürzen (→ BFH vom 19.12.2000 – BStBl. 2001 II S. 345).

Bürgschaft

– Auch eine Zahlung für die Freistellung von einer Bürgschaftsverpflichtung kann unter Umständen zu den Anschaffungskosten der Beteiligung gehören (→ BFH vom 2.10.1984 – BStBl. 1985 II S. 320).

– Die Bürgschaftsverpflichtung eines zahlungsunfähigen Gesellschafters erhöht nicht die Anschaffungskosten seiner Beteiligung (→ BFH vom 8.4.1998 – BStBl. II S. 660).

– Wird ein Gesellschafter vom Gläubiger der Kapitalgesellschaft aus einer eigenkapitalersetzenden Bürgschaft in Anspruch genommen und begleicht er seine Schuld vereinbarungsgemäß ratierlich, entstehen nachträgliche Anschaffungskosten nur in Höhe des Tilgungsanteils. Eine Teilzahlungsvereinbarung wirkt als rückwirkendes Ereignis i. S. v. § 175 Abs. 1 Satz 1 Nr. 2 AO auf den Zeitpunkt des Entstehens eines Veräußerungs- oder Auflösungsverlusts zurück (→ BFH vom 20.11.2012 – BStBl. 2013 II S. 378).

– → Drittaufwand

Darlehensverluste

Zur Berücksichtigung von Darlehensverlusten als nachträgliche Anschaffungskosten für Fälle, bei denen auf die Behandlung des Darlehens die Vorschriften des MoMiG anzuwenden sind → BMF vom 21.10.2010 (BStBl. I S. 832).[1]

Drittaufwand

– Wird einer GmbH durch einen nahen Angehörigen eines Gesellschafters ein Darlehen gewährt und kann die GmbH das Darlehen wegen Vermögenslosigkeit nicht zurückzahlen, kann der Wertverlust der Darlehensforderung bei der Ermittlung des Auflösungsgewinns des Gesellschafters nicht als nachträgliche Anschaffungskosten der Beteiligung berücksichtigt werden. (→ BFH vom 12.12.2000 – BStBl. 2001 II S. 286). Gesondert zu prüfen ist, ob dem Gesellschafter das Darlehen unmittelbar zuzurechnen ist (→ BMF vom 21.10.2010 – BStBl. I S. 832).[2]

– Die Inanspruchnahme des Ehegatten des Alleingesellschafters einer GmbH aus der Bürgschaft für ein der Gesellschaft in einer wirtschaftlichen Krise durch eine Bank gewährtes Darlehen erhöht die Anschaffungskosten der Beteiligung des Gesellschafters, soweit dieser verpflichtet ist, dem Ehegatten die Aufwendungen zu ersetzen (→ BFH vom 12.12.2000 – BStBl. 2001 II S. 385).

– Hat eine GmbH I, die vom Ehemann der Mehrheitsgesellschafterin einer weiteren GmbH (GmbH II) beherrscht wird, der GmbH II als „Darlehen" bezeichnete Beträge überlassen, die bei dem beherrschenden Gesellschafter der GmbH I als verdeckte Gewinnausschüttung besteuert worden sind, erhöht die Gewährung des „Darlehens" als mittel-

---
1) Siehe Anlage § 017-04.
2) Siehe Anlage § 017-04.

bare verdeckte Einlage die Anschaffungskosten der Mehrheitsgesellschafterin der GmbH II auf ihre Beteiligung (→ BFH vom 12.12.2000 – BStBl. 2001 II S. 234).

Gewinnvortrag und Jahresüberschuss

Wird ein Anteil an einer Kapitalgesellschaft veräußert, stellt der nicht ausgeschüttete Anteil am Gewinn dieser Kapitalgesellschaft keine Anschaffungskosten dar (→ BFH vom 8.2.2011 - BStBl. II S. 684).

Gutachterkosten

→ H 20.1

Kapitalerhöhung gegen Einlage

Eine Kapitalerhöhung gegen Einlage führt bei den bereits bestehenden Anteilen zu einer Substanzabspaltung mit der Folge, dass Anschaffungskosten der Altanteile im Wege der Gesamtwertmethode teilweise den Bezugsrechten bzw. den neuen Anteilen zuzuordnen sind (→ BFH vom 21.1.1999 – BStBl. II S. 638).

Kapitalrücklage

Die Einzahlung eines Gesellschafters in die Kapitalrücklage einer Gesellschaft, die dem deutschen Handelsrecht unterliegt, ist eine Einlage in das Gesellschaftsvermögen und erhöht die Anschaffungskosten seiner Beteiligung. Ist die empfangende Gesellschaft eine ausländische, ist nach dem jeweiligen ausländischen Handelsrecht zu beurteilen, ob die Einzahlung in die Kapitalrücklage die Anschaffungskosten der Beteiligung an der Gesellschaft erhöht oder zur Entstehung eines selbständigen Wirtschaftsguts „Beteiligung an der Kapitalrücklage" führt (→ BFH vom 27.4.2000 – BStBl. 2001 II S. 168).

Nachweis der Kapitaleinzahlung

Der Nachweis der Einzahlung einer Stammeinlage im Hinblick auf daraus resultierende Anschaffungskosten i. S. v. § 17 Abs. 2 EStG muss nach langem Zeitablauf seit Eintragung der GmbH nicht zwingend allein durch den entsprechenden Zahlungsbeleg geführt werden. Vielmehr sind alte Indizien im Rahmen einer Gesamtwürdigung zu prüfen (→ BFH vom 8.2.2011 – BStBl. II S. 718).

Rückbeziehung von Anschaffungskosten

– *Fallen nach der Veräußerung der Beteiligung noch Aufwendungen an, die nachträgliche Anschaffungskosten der Beteiligung sind, so sind sie nach § 175 Abs. 1 Satz 1 Nr. 2 AO zu dem Veräußerungszeitpunkt zu berücksichtigen (→ BFH vom 2.10.1984 – BStBl. 1985 II S. 428).*

– *Fallen im Rahmen einer Nachtragsliquidation Anwendungen an die nachträgliche Anschaffungskosten der Beteiligung sind, handelt es sich um ein nachträgliches Ereignis, das die Höhe des Auflösungsgewinns oder -verlusts beeinflusst und nach § 175 Abs. 1 Satz 1 Nr. 2 AO zurück zu beziehen ist (→ BFH vom 1.7.2014 – BStBl. II S. 786).*

Rückzahlung aus Kapitalherabsetzung

Setzt die Körperschaft ihr Nennkapital zum Zweck der Kapitalrückzahlung herab (§ 222 AktG, § 58 GmbHG), so mindern die Rückzahlungsbeträge, soweit sie nicht Einnahmen im Sinne des § 20 Abs. 1 Nr. 2 EStG sind, nachträglich die Anschaffungskosten der Anteile (→ BFH vom 29.6.1995 – BStBl. II S. 725).

Rückzahlung einer offenen Gewinnausschüttung

Die Rückzahlung einer offenen Gewinnausschüttung führt zu nachträglichen Anschaffungskosten der Beteiligung (→ BFH vom 29.8.2000 – BStBl. 2001 II S. 173).

Tilgung einer Verbindlichkeit nach Vollbeendigung der Gesellschaft

Als nachträgliche Anschaffungskosten können Aufwendungen des Stpfl. nur berücksichtigt werden, wenn sie sich auf die konkrete Beteiligung beziehen. Befriedigt ein Gesellschafter einer Kapitalgesellschaft einen Gläubiger dieser Kapitalgesellschaft, obwohl diese Verbindlichkeit wegen der Vollbeendigung, der Kapitalgesellschaft nicht mehr besteht, ist der entsprechende Aufwand nicht (mehr) durch das Gesellschaftsverhältnis veranlasst und es liegen daher keine nachträglichen Anschaffungskosten vor (→ BFH vom 9.6.2010 – BStBl. II S. 1102).

Veräußerung nach Überführung in das Privatvermögen

Veräußert ein Gesellschafter Anteile an einer Kapitalgesellschaft, die er zuvor aus seinem Betriebsvermögen in sein Privatvermögen überführt hat, tritt der Teilwert oder der gemeine

§ 17

Wert dieser Anteile zum Zeitpunkt der Entnahme nur dann an die Stelle der (historischen) Anschaffungskosten, wenn durch die Entnahme die stillen Reserven tatsächlich aufgedeckt und bis zur Höhe des Teilwerts oder gemeinen Werts steuerrechtlich erfasst sind oder noch erfasst werden können (→ BFH vom 13.4.2010 – BStBl. II S. 790).

Verdeckte Einlage

– – *Begriff* → H 4.3 (1)

– *Zu den Anschaffungskosten im Sinne des § 17 Abs. 2 Satz 1 EStG gehören neben dem Anschaffungspreis der Anteile auch* **weitere in Bezug auf die Anteile getätigte Aufwendungen,** *wenn sie durch das Gesellschaftsverhältnis veranlasst und weder Werbungskosten noch Veräußerungskosten sind, wie z. B. Aufwendungen, die als verdeckte Einlagen zur Werterhöhung der Anteile beigetragen haben (→ BFH vom 12.2.1980 – BStBl. II S. 494).*

– *Zu den Anschaffungskosten im Sinne des § 17 Abs. 2 Satz 1 EStG gehört auch der gemeine Wert von Anteilen im Sinne des § 17 EStG, die verdeckt in eine Kapitalgesellschaft, an der nunmehr eine Beteiligung im Sinne des § 17 Abs. 1 Satz 1 EStG besteht, eingebracht worden sind. Dies gilt auch dann, wenn die verdeckte Einlage vor dem 1.1.1992 erfolgt ist (→ BFH vom 18.12.2001 – BStBl. 2002 II S. 463).*

– → *Drittaufwand*

Wahlrecht bei teilweiser Veräußerung von GmbH-Anteilen

Wird die Beteiligung nicht insgesamt veräußert und wurden die **Anteile zu verschiedenen Zeitpunkten und zu verschiedenen Preisen erworben,** *kann der Steuerpflichtige bestimmen, welche Anteile oder Teile davon er veräußert. Für die Ermittlung des Veräußerungsgewinns (-verlustes) sind die tatsächlichen Anschaffungskosten dieser Anteile maßgebend (→ BFH vom 10.10.1978 – BStBl. 1979 II S. 77).*

EStR 2012 zu § 17 EStG

R 17 (6) Veräußerungskosten

(6) Veräußerungskosten i. S. d. § 17 Abs. 2 EStG sind alle durch das Veräußerungsgeschäft veranlassten Aufwendungen.

Hinweise

H 17 (6) Fehlgeschlagene Veräußerung

Die Kosten der fehlgeschlagenen Veräußerung einer Beteiligung im Sinne des § 17 Abs. 1 Satz 1 EStG können weder als Veräußerungskosten nach § 17 Abs. 2 Satz 1 EStG noch als Werbungskosten bei den Einkünften aus Kapitalvermögen berücksichtigt werden (→ BFH vom 17.4.1997 – BStBl. 1998 II S. 102).

Verständigungsverfahren

Aufwendungen eines beschränkt Stpfl. im Zusammenhang mit einem Verständigungsverfahren wegen des Besteuerungsrechts hinsichtlich eines Gewinns aus der Veräußerung einer GmbH-Beteiligung stellen keine Veräußerungskosten dar (→ BFH vom 9.10.2013 – BStBl. 2014 II S. 102).

EStR 2012 zu § 17 EStG

R 17 (7) Veräußerungsgewinn

(7) [1]Für eine in Fremdwährung angeschaffte oder veräußerte Beteiligung im Sinne des § 17 Abs. 1 Satz 1 EStG sind die Anschaffungskosten, der Veräußerungspreis und die Veräußerungskosten jeweils im Zeitpunkt ihrer Entstehung aus der Fremdwährung in Euro umzurechnen. [2]Wird eine Beteiligung im Sinne des § 17 Abs. 1 Satz 1 EStG gegen eine Leibrente oder gegen einen in Raten zu zahlenden Kaufpreis veräußert, gilt R 16 Abs. 11 entsprechend mit der Maßgabe, dass der Ertrags- oder Zinsanteil nach § 22 Nr. 1 Satz 3 Buchst. a Doppelbuchstabe bb oder § 20 Abs. 1 Nr. 7 EStG zu erfassen ist.

R 17 § 17

Hinweise

H 17 (7) Anteilstausch

Beim Tausch von Anteilen an Kapitalgesellschaften bestimmt sich der Veräußerungspreis i. S. d. § 17 Abs. 2 Satz 1 EStG nach dem gemeinen Wert der erhaltenen Anteile. Eine Veräußerungsbeschränkung ist bei der Bewertung nur zu berücksichtigen, wenn sie im Wirtschaftsgut selbst gründet und für alle Verfügungsberechtigten gilt (→ BFH vom 28.10.2008 – BStBl. 2009 II S. 45).

Auflösung und Kapitalherabsetzung

– *Der Zeitpunkt der Gewinnverwirklichung ist bei einer Auflösung mit anschließender Liquidation normalerweise der Zeitpunkt des Abschlusses der Liquidation; erst dann steht fest, ob und in welcher Höhe der Gesellschafter mit einer Zuteilung und Rückzahlung von Vermögen der Gesellschaft rechnen kann, und ferner, welche nachträglichen Anschaffungskosten der Beteiligung anfallen und welche Veräußerungskosten/Auflösungskosten der Gesellschafter persönlich zu tragen hat. Ausnahmsweise kann der Zeitpunkt, in dem der Veräußerungsverlust realisiert ist, schon vor Abschluss der Liquidation liegen, wenn mit einer wesentlichen Änderung des bereits feststehenden Verlustes nicht mehr zu rechnen ist (→ BFH vom 25.1.2000 – BStBl. II S. 343). Dies gilt auch dann, wenn später eine Nachtragsliquidation angeordnet wird (→ BFH vom 1.7.2014 – BStBl. II S. 786). Bei der Prüfung, ob mit einer Auskehrung von Gesellschaftsvermögen an den Gesellschafter und mit einer wesentlichen Änderung der durch die Beteiligung veranlassten Aufwendungen nicht mehr zu rechnen ist, sind auch Sachverhalte zu berücksichtigen, die die Kapitalgesellschaft oder den Gesellschafter – wenn er Kaufmann wäre – zur Bildung einer Rückstellung verpflichten würden (→ BFH vom 27.11.2001 – BStBl. 2002 II S. 731).*

– *Ohne unstreitige greifbare Anhaltspunkte für eine Vermögenslosigkeit der Gesellschaft nach den vorstehenden Grundsätzen oder einen Auflösungsbeschluss der Gesellschafter entsteht ein Auflösungsverlust erst zum Zeitpunkt der Löschung der Gesellschaft im Handelsregister (→ BFH vom 21.1.2004 – BStBl. II S. 551).*

– *Zum Veräußerungspreis i. S. d. § 17 Abs. 4 Satz 2 EStG. gehört auch die (anteilige) Rückzahlung des Stammkapitals (→ BFH vom 6.5.2014 – BStBl. II S. 682).*

– *Rückzahlung aus Kapitalherabsetzung → H 6.2, H 17 (5)*

Aufteilung des Veräußerungspreises

Bei rechtlich, wirtschaftlich und zeitlich verbundenen Erwerben von Aktienpaketen durch denselben Erwerber zu unterschiedlichen Entgelten muss der Veräußerungspreis für das einzelne Paket für steuerliche Zwecke abweichend von der zivilrechtlichen Vereinbarung aufgeteilt werden, wenn sich keine kaufmännisch nachvollziehbaren Gründe für die unterschiedliche Preisgestaltung erkennen lassen (→ BFH vom 4.7.2007 – BStBl. II S. 937).

Besserungsoption

Vereinbaren die Vertragsparteien beim Verkauf eines Anteils an einer Kapitalgesellschaft eine Besserungsoption, welche dem Verkäufer ein Optionsrecht auf Abschluss eines Änderungsvertrages zum Kaufvertrag mit dem Ziel einer nachträglichen Beteiligung an der Wertentwicklung des Kaufgegenstands einräumt, stellt die spätere Ausübung des Optionsrechts kein rückwirkendes Ereignis dar (→ BFH vom 23.5.2012 – BStBl. II S. 675).

Bewertung von Anteilen an Kapitalgesellschaften

Bei der Bewertung von Anteilen an Kapitalgesellschaften sind die bewertungsrechtlichen Regelungen gem. den gleich lautenden Erlassen der obersten Finanzbehörden der Länder vom 17.5.2011 (BStBl. I S. 606) zu den §§ 11, 95 bis 109 und 199 ff. BewG für ertragsteuerliche Zwecke entsprechend anzuwenden (→ BMF vom 22.9.2011 – BStBl. II S. 859).

Fehlgeschlagene Gründung

Im Zusammenhang mit der fehlgeschlagenen Gründung einer Kapitalgesellschaft entstandene Kosten können jedenfalls dann nicht als Liquidationsverlust im Sinne des § 17 Abs. 4 EStG abgezogen werden, wenn lediglich eine Vorgründungsgesellschaft bestanden hat (→ BFH vom 20.4.2004 – BStBl. II S. 597).

Fremdwährung

Zur Berechnung des Veräußerungsgewinns aus einer in ausländischer Währung angeschafften und veräußerten Beteiligung an einer Kapitalgesellschaft sind die Anschaffungskosten, der Veräußerungspreis und die Veräußerungskosten zum Zeitpunkt ihres jeweiligen

Entstehens in Euro umzurechnen und nicht lediglich der Saldo des in ausländischer Währung errechneten Veräußerungsgewinns/Veräußerungsverlustes zum Zeitpunkt der Veräußerung (→ BFH vom 24.1.2012 – BStBl. II S. 564).

Kapitalerhöhung

Erwirbt ein Anteilseigner, nachdem der Umfang seiner Beteiligung auf unter 1 % gesunken ist, bei einer Kapitalerhöhung weitere Geschäftsanteile hinzu, ohne dass sich der %-Satz seiner Beteiligung ändert, dann ist auch der auf diese Anteile entfallende Veräußerungsgewinn gemäß § 17 EStG zu erfassen (→ BFH vom 10.11.1992 – BStBl. 1994 II S. 222).

Rückkaufsrecht

Die Vereinbarung eines Rückkaufsrechts steht der Annahme eines Veräußerungsgeschäfts nicht entgegen. Zum Veräußerungspreis gehört auch der wirtschaftliche Vorteil eines Rückkaufsrechts mit wertmäßig beschränktem Abfindungsanspruch (→ BFH vom 7.3.1995 – BStBl. II S. 693).

Stichtagsbewertung

Der Veräußerungsgewinn im Sinne des § 17 Abs. 2 EStG entsteht im Zeitpunkt der Veräußerung. Bei der Ermittlung des Veräußerungsgewinns ist für alle beeinflussenden Faktoren eine Stichtagsbewertung auf den Zeitpunkt der Veräußerung vorzunehmen. Das Zuflussprinzip des § 11 EStG gilt insoweit nicht (→ BFH vom 12.2.1980 – BStBl. II S. 494).

Veräußerung gegen wiederkehrende Leistungen

– *→ BMF vom 3.8.2004 (BStBl. I S. 1187)*[1]

– *Eine wahlweise Zuflussbesteuerung des Veräußerungsgewinns kommt nur in Betracht, wenn die wiederkehrenden Leistungen Versorgungscharakter haben. Fehlt es daran, entsteht der Gewinn im Zeitpunkt der Veräußerung (→ BFH vom 20.7.2010 – BStBl. II S. 969).*

– *→ H 17 (4) Entstehung des Veräußerungsgewinns*

Veräußerungsverlust

– *War der Steuerpflichtige nicht während der gesamten letzten fünf Jahre im Sinne des § 17 Abs. 1 Satz 1 EStG beteiligt, ist ein Veräußerungsverlust nach § 17 Abs. 2 Satz 4 Buchstabe b EStG nur insoweit anteilig zu berücksichtigen, als er auf die im Fünfjahreszeitraum erworbenen Anteile entfällt, deren Erwerb zu einer Beteiligung im Sinne des § 17 Abs. 1 Satz 1 EStG geführt hat (→ BFH vom 20.4.2004 – BStBl. II S. 556).*

– *Ein Auflösungsverlust i. S. d. § 17 Abs. 2 Satz 6 und Abs. 4 EStG ist auch zu berücksichtigen, wenn der Stpfl. eine Beteiligung i. S. d. § 17 Abs. 1 Satz 1 EStG an einer Kapitalgesellschaft erwirbt und die Beteiligung innerhalb der letzten fünf Jahre vor der Auflösung der Gesellschaft unter die Beteiligungsgrenze des § 17 Abs. 1 Satz 1 EStG abgesenkt wird (→ BFH vom 1.4.2009 – BStBl. II S. 810).*

– *Die verlustbringende Veräußerung eines Anteils an einer Kapitalgesellschaft an einen Mitanteilseigner ist nicht deshalb rechtsmissbräuchlich i. S. d. § 42 AO, weil der Veräußerer in engem zeitlichen Zusammenhang von einem anderen Anteilseigner dessen in gleicher Höhe bestehenden Anteil an derselben Kapitalgesellschaft erwirbt (→ BFH vom 7.12.2010 – BStBl. 2011 II S. 427).*

Wettbewerbsverbot

Wird im Zusammenhang mit der Veräußerung einer Beteiligung im Sinne des § 17 Abs. 1 Satz 1 EStG an einer Kapitalgesellschaft ein Wettbewerbsverbot mit eigener wirtschaftlicher Bedeutung vereinbart, gehört die Entschädigung für das Wettbewerbsverbot nicht zu dem Veräußerungspreis im Sinne des § 17 Abs. 2 Satz 1 EStG (→ BFH vom 21.9.1982 – BStBl. 1983 II S. 289).

EStR 2012 zu § 17 EStG

R 17 (8) Einlage einer wertgeminderten Beteiligung
– unbesetzt –

---

1) Siehe Anlage § 016-08.

Hinweise

H 17 (8) Einlage einer wertgeminderten Beteiligung

- Bei Einbringung einer wertgeminderten Beteiligung im Sinne des § 17 Abs. 1 Satz 1 EStG aus dem Privatvermögen in das betriebliche Gesamthandsvermögen einer Personengesellschaft gegen Gewährung von Gesellschaftsrechten entsteht ein Veräußerungsverlust, der im Zeitpunkt der Einbringung nach Maßgabe des § 17 Abs. 2 Satz 6 EStG zu berücksichtigen ist. (→ BMF vom 29.3.2000 – BStBl. I S. 462.
- Eine Beteiligung i. S. d. § 17 EStG, deren Wert im Zeitpunkt der Einlage in das Einzelbetriebsvermögen unter die Anschaffungskosten gesunken ist, ist mit den Anschaffungskosten einzulegen. Wegen dieses Wertverlusts kann eine Teilwertabschreibung nicht beansprucht werden. Die Wertminderung ist erst in dem Zeitpunkt steuermindernd zu berücksichtigen, in dem die Beteiligung veräußert wird oder gem. § 17 Abs. 4 EStG als veräußert gilt, sofern ein hierbei realisierter Veräußerungsverlust nach § 17 Abs. 2 EStG zu berücksichtigen wäre (→ BFH vom 2.9.2008 – BStBl. 2010 II S. 162).

EStR 2012 zu § 17 EStG

R 17 (9) Freibetrag

(9) Für die Berechnung des Freibetrags ist der nach § 3 Nr. 40 Satz 1 Buchstab c i. V. m. § 3c Abs. 2 EStG steuerfrei bleibende Teil des Veräußerungsgewinns nicht zu berücksichtigen.

Weitere Verwaltungsanweisungen
(soweit nicht in den Hinweisen enthalten)

1. Nachträgliche Änderung eines Veräußerungsgewinns i. S. von § 17 EStG (Erlaß Nordrhein-Westfalen vom 1.3.1994)[1]
2. Anschaffungskosten von Anteilen an Kapitalgesellschaften im Beitrittsgebiet (Erlaß Berlin vom 14.4.1994, FR 1994 S. 518)
3. Ermittlung der Anschaffungskosten von wesentlichen Beteiligungen an Kapitalgesellschaften in den neuen Bundesländern (Erlass Sachsen vom 21.1.2000, DB 2000 S. 353)
4. Berücksichtigung eines Auflösungsgewinns oder -verlusts i. S. des § 17 Abs. 4 EStG (Vfg OFD Frankfurt vom 19.7.2005)[2]
5. Beim Tausch von Anteilen an Kapitalgesellschaften im Privatvermögen findet das sog. Tauschgutachten ab 1999 keine Anwendung mehr (Vfg OFD Düsseldorf vom 11.5.2004, DB 2004 S. 1125)
6. Keine Anwendung des Fifo-Verfahrens im Rahmen des § 17 EStG (Erlass Berlin vom 31.1.2006, DB 2006 S. 476)
7. Die Ausübung von Bezugsrechten in den Fällen des § 17 EStG, § 21 UmwStG und in den Fällen von Anteilen im Betriebsvermögen ist auf Grund der gebotenen Auslegung der betroffenen Vorschriften nicht als Veräußerung zu beurteilen. Die entgeltliche Übertragung des Bezugsrechts an einen Dritten ist jedoch nach den allgemeinen Grundsätzen als Veräußerung zu werten (Vfg OFD Hannover vom 5.1.2007 – S 2244 – 81 – StO 243)

Rechtsprechungsauswahl

BFH vom 6.5.14 IX R 44/13 (BStBl. II S. 781): Nachträgliche Anschaffungskosten bei Verzicht auf Kleinanlegerprivileg

BFH vom 9.10.13 IX R 25/12 (BStBl. 2014 II S. 102): Veräußerungskosten i. S. von § 17 Abs. 2 EStG im Zusammenhang mit einem Verständigungsverfahren

BFH vom 19.2.13 IX R 35/12 (BStBl. II S. 578): Anwartschaften auf Kapitalgesellschaftsbeteiligung sind bei der Bestimmung der Beteiligungshöhe i. S. von § 17 Abs. 1 Satz 1 EStG nicht zu berücksichtigen
— Die Zahlung eines Geldbetrags, durch die Ansprüche aus einem Aktienkauf als abgegolten erklärt werden, ist nicht nach § 22 Nr. 3 EStG steuerbar

---

1) Siehe Anlage § 017-02.
2) Siehe Anlage § 017-03.

§ 17

BFH vom 11.12.12 IX R 7/12 (BStBl. 2013 II S. 372): Wesentliche Beteiligung innerhalb der letzten fünf Jahre i. S. des § 17 Abs. 1 EStG i. d. F. des StEntlG. 1999/2000/2002

BFH vom 20.11.12 IX R 34/12 (BStBl. 2013 II S. 378): Abzuzinsende Bürgschaftsverpflichtung als Maßstab für den nachträgliche Anschaffungskosten bildenden Rückgriffsanspruch des i. S. von § 17 Abs. 1 EStG IT t Beteiligten

BFH vom 24.10.12 IX R 36/11 (BStBl. 2013 II S. 164): Beteiligungsgrenze von 1 % i. S. von § 17 Abs. 1 Satz 1 EStG verfassungsgemäß

BFH vom 24.1.12 IX R 8/10 (BStBl. 2013 II S. 363): Unentgeltliche Anteilsübertragung: § 17 Abs. 1 Satz 5 a. F./§ 17 Abs. 1 Satz 4 n. F. EStG greift nur bei untentgeltlicher Übertragung von bereits verstrickten Anteilen ein

§ 18

c) Selbständige Arbeit (§ 2 Abs. 1 Satz 1 Nr. 3)

(1) Einkünfte aus selbständiger Arbeit sind

1. ¹Einkünfte aus freiberuflicher Tätigkeit. ²Zu der freiberuflichen Tätigkeit gehören die selbständig ausgeübte wissenschaftliche, künstlerische, schriftstellerische, unterrichtende oder erzieherische Tätigkeit, die selbständige Berufstätigkeit der Ärzte, Zahnärzte, Tierärzte, Rechtsanwälte, Notare, Patentanwälte, Vermessungsingenieure, Ingenieure, Architekten, Handelschemiker, Wirtschaftsprüfer, Steuerberater, beratenden Volks- und Betriebswirte, vereidigten Buchprüfer, Steuerbevollmächtigten, Heilpraktiker, Dentisten, Krankengymnasten, Journalisten, Bildberichterstatter, Dolmetscher, Übersetzer, Lotsen und ähnlicher Berufe. ³Ein Angehöriger eines freien Berufs im Sinne der Sätze 1 und 2 ist auch dann freiberuflich tätig, wenn er sich der Mithilfe fachlich vorgebildeter Arbeitskräfte bedient; Voraussetzung ist, dass er auf Grund eigener Fachkenntnisse leitend und eigenverantwortlich tätig wird. ⁴Eine Vertretung im Fall vorübergehender Verhinderung steht der Annahme einer leitenden und eigenverantwortlichen Tätigkeit nicht entgegen;

2. Einkünfte der Einnehmer einer staatlichen Lotterie, wenn sie nicht Einkünfte aus Gewerbebetrieb sind;

3. Einkünfte aus sonstiger selbständiger Arbeit, z. B. Vergütungen für die Vollstreckung von Testamenten, für Vermögensverwaltung und für die Tätigkeit als Aufsichtsratsmitglied;

4. Einkünfte, die ein Beteiligter an einer vermögensverwaltenden Gesellschaft oder Gemeinschaft, deren Zweck im Erwerb, Halten und in der Veräußerung von Anteilen an Kapitalgesellschaften besteht, als Vergütung für Leistungen zur Förderung des Gesellschafts- oder Gemeinschaftszwecks erzielt, wenn der Anspruch auf die Vergütung unter der Voraussetzung eingeräumt worden ist, dass die Gesellschafter oder Gemeinschafter ihr eingezahltes Kapital vollständig zurückerhalten haben; § 15 Abs. 3 ist nicht anzuwenden.

(2) Einkünfte nach Absatz 1 sind auch dann steuerpflichtig, wenn es sich nur um eine vorübergehende Tätigkeit handelt.

(3) ¹Zu den Einkünften aus selbständiger Arbeit gehört auch der Gewinn, der bei der Veräußerung des Vermögens oder eines selbständigen Teils des Vermögens oder eines Anteils am Vermögen erzielt wird, das der selbständigen Arbeit dient. ²§ 16 Abs. 1 Satz 1 Nr. 1 und 2 und Abs. 1 Satz 2 sowie Abs. 2 bis 4 gilt entsprechend.

(4) ¹§ 13 Abs. 5 gilt entsprechend, sofern das Grundstück im Veranlagungszeitraum 1986 zu einem der selbständigen Arbeit dienenden Betriebsvermögen gehört hat. ²§ 15 Abs. 1 Satz 1 Nr. 2, Abs. 1a, Abs. 2 Satz 2 und 3, §§ 15a und 15b sind entsprechend anzuwenden.

EStR und Hinweise
EStR 2012 zu § 18 EStG

R 18.1 Abgrenzung der selbständigen Arbeit gegenüber anderen Einkunftsarten

Ärzte

(1) Die Vergütungen der Betriebsärzte, der Knappschaftsärzte, der nicht voll beschäftigten Hilfsärzte bei den Gesundheitsämtern, der Vertragsärzte und der Vertragstierärzte der Bundeswehr und anderer Vertragsärzte in ähnlichen Fällen gehören zu den Einkünften aus selbständiger Arbeit, unabhängig davon, ob neben der vertraglichen Tätigkeit eine eigene Praxis ausgeübt wird, es sei denn, dass besondere Umstände vorliegen, die für die Annahme einer nichtselbständigen Tätigkeit sprechen.

Erfinder

(2) ¹Planmäßige Erfindertätigkeit ist in der Regel freie Berufstätigkeit i. S. d. § 18 Abs. 1 Nr. 1 EStG, soweit die Erfindertätigkeit nicht im Rahmen eines Betriebs der Land- und Forstwirtschaft oder eines Gewerbebetriebs ausgeübt wird. ²Wird die Erfindertätigkeit im Rahmen eines Arbeitsverhältnisses ausgeübt, dann ist der Arbeitnehmer als freier Erfinder zu behandeln, soweit er die Erfindung außerhalb seines Arbeitsverhältnisses verwertet. ³Eine Verwertung außerhalb des Arbeitsverhältnisses ist auch an-

§ 18 R 18.1

zunehmen, wenn ein Arbeitnehmer eine frei gewordene Diensterfindung seinem Arbeitgeber zur Auswertung überlässt, sofern der Verzicht des Arbeitgebers nicht als Verstoß gegen § 42 AO anzusehen ist.

Hinweise

H 18.1 Allgemeines
→ R 15. 1 (Selbständigkeit)
→ H 67 LStH 2013
→ R 68 LStR 2013

Beispiele für selbständige Nebentätigkeit
- Beamter als Vortragender an einer Hochschule, Volkshochschule, Verwaltungsakademie oder bei Vortragsreihen ohne festen Lehrplan,
- Rechtsanwalt als Honorarprofessor ohne Lehrauftrag.

Die Einkünfte aus einer solchen Tätigkeit gehören in der Regel zu den Einkünften aus selbständiger Arbeit im Sinne des § 18 Abs. 1 Nr. 1 EStG (→ BFH vom 4.10.1984 – BStBl. 1985 II S. 51).

Gewinnerzielungsabsicht

Verluste über einen längeren Zeitraum sind für sich allein noch kein ausreichendes Beweisanzeichen für fehlende Gewinnerzielungsabsicht (→ BFH vom 14.3.1985 – BStBl. II S. 424).

Kindertagespflege

Zur einkommensteuerrechtlichen Behandlung der Geldleistungen für Kinder in Kindertagespflege → BMF vom 17.12.2007 (BStBl. 2008 I S. 17) unter Berücksichtigung der Änderungen durch BMF vom 17.12.2008 (BStBl. 2009 I S. 15) und vom 20.5.2009 (BStBl. I S. 642). [1]

Lehrtätigkeit

Die nebenberufliche Lehrtätigkeit von Handwerksmeistern an Berufs- und Meisterschulen ist in der Regel als Ausübung eines freien Berufs anzusehen, wenn sich die Lehrtätigkeit ohne besondere Schwierigkeit von der Haupttätigkeit trennen lässt. (→ BFH vom 27.1.1955 – BStBl. III S. 229).

Nachhaltige Erfindertätigkeit
- Keine Zufallserfindung, sondern eine planmäßige (nachhaltige) Erfindertätigkeit liegt vor, wenn es nach einem spontan geborenen Gedanken weiterer Tätigkeiten bedarf, um die Erfindung bis zur Verwertungsreife zu entwickeln (→ BFH vom 18.6.1998 – BStBl. II S. 567).
- Liegt eine Zufallserfindung vor, führt allein die Anmeldung der Erfindung zum Patent noch nicht zu einer nachhaltigen Tätigkeit (→ BFH vom 10.9.2003 – BStBl. 2004 II S. 218).

Patentveräußerung gegen Leibrente

a) durch Erben des Erfinders:

Veräußert der Erbe die vom Erblasser als freiberuflichem Erfinder entwickelten Patente gegen Leibrente, so ist die Rente, sobald sie den Buchwert der Patente übersteigt, als laufende Betriebseinnahme und nicht als private Veräußerungsrente nur mit dem Ertragsanteil zu versteuern, es sei denn, dass die Patente durch eindeutige Entnahme vor der Veräußerung in das Privatvermögen überführt worden waren (→ BFH vom 7.10.1965 – BStBl. III S. 666).

b) bei anschließender Wohnsitzverlegung ins Ausland:

Laufende Rentenzahlungen können als nachträglich erzielte Einkünfte aus selbständiger Arbeit im Inland steuerpflichtig sein (→ BFH vom 28.3.1984 – BStBl. II S. 664).

Prüfungstätigkeit

Als Nebentätigkeit in der Regel als Ausübung eines freien Berufs anzusehen (→ BFH vom 14.3. und 2.4.1958 – BStBl. III S. 255, 293).

Wiederholungshonorare/Erlösbeteiligungen

Bei Wiederholungshonoraren und Erlösbeteiligungen, die an ausübende Künstler von Hörfunk- oder Fernsehproduktionen als Nutzungsentgelte für die Übertragung originärer urheberrechtlicher Verwertungsrechte gezahlt werden, handelt es sich nicht um Arbeitslohn, sondern um Einkünfte i. S. d. § 18 EStG (→ BFH vom 26.7.2006 – BStBl. II S. 917).

---

1) Siehe Anlage § 018-05.

R 18.2 § 18

EStR 2012 zu § 18 EStG

R 18.2 Betriebsvermögen – unbesetzt –

Hinweise

H 18.2 Aktienoption eines Aufsichtsratsmitglieds
Nimmt ein Aufsichtsrat einer nicht börsennotierten Aktiengesellschaff an einer Maßnahme zum Bezug neuer Aktien teil, die nur Mitarbeitern und Aufsichtsratsmitgliedern der Gesellschaft eröffnet ist, und hat er die Option, die von ihm gezeichneten Aktien innerhalb einer bestimmten Frist zum Ausgabekurs an die Gesellschaft zurückzugeben, erzielt er Einkünfte aus selbständiger Arbeit, wenn en die unter dem Ausgabepreis notierenden Aktien innerhalb der vereinbarten Frist zum Ausgabepreis an die Gesellschaft zurückgibt. Die Höhe der Einkünfte bemisst sich nach der Differenz zwischen Ausgabepreis und dem tatsächlichen Wert der Aktien im Zeitpunkt der Ausübung der Option. Der Zufluss erfolgt im Zeitpunkt der Ausübung der Option (→ BFH vom 9.4.2013 – BStBl. II S. 689).

Aufzeichnungspflicht
Eine Aufzeichnungspflicht von Angehörigen der freien Berufe kann sich z. B. ergeben aus:
- *§ 4 Abs. 3 Satz 5 EStG*
- *§ 6c EStG bei Gewinnen aus der Veräußerung bestimmter Anlagegüter,*
- *§ 7a Abs. 8 EStG bei erhöhten Absetzungen und Sonderabschreibungen,*
- *§ 41 EStG, Aufzeichnungspflichten beim Lohnsteuerabzug,*
- *§ 22 UStG,*
- *§§ 294, 295 Abs. 1 SGB V i. V. m. dem Bundesmantelvertrag-Ärzte für Praxisgebühr (→ BMF vom 25.5.2004 – BStBl. I S. 526).*

Betriebsausgabenpauschale
- *Betriebsausgabenpauschale bei hauptberuflicher selbständiger, schriftstellerischer oder journalistischer Tätigkeit, aus wissenschaftlicher, künstlerischer und schriftstellerischer Nebentätigkeit sowie aus nebenamtlicher Lehr- und Prüfungstätigkeit: Es ist nicht zu beanstanden, wenn bei der Ermittlung der vorbezeichneten Einkünfte die Betriebsausgaben wie folgt pauschaliert werden:*

    a) *bei hauptberuflicher selbständiger schriftstellerischer oder journalistischer Tätigkeit auf 30 v. H. der Betriebseinnahmen aus dieser Tätigkeit, höchstens jedoch 2 455 € jährlich.*

    b) *bei wissenschaftlicher, künstlerischer oder schriftstellerischer Nebentätigkeit (auch Vortrags- oder nebenberuflicher Lehr- und Prüfungstätigkeit), soweit es sich nicht um eine Tätigkeit im Sinne des § 3 Nr. 26 EStG handelt, auf 25 v. H. der Betriebseinnahmen aus dieser Tätigkeit, höchstens jedoch 614 € jährlich. Der Höchstbetrag von 614 € kann für alle Nebentätigkeiten, die unter die Vereinfachungsregelung fallen, nur einmal gewährt werden.*

    Es bleibt dem Steuerpflichtigen unbenommen, etwaige höhere Betriebsausgaben nachzuweisen.

    (→ BMF vom 21.1.1994 (BStBl. I S. 112)[1])

- *Höhe und Aufteilung der Betriebsausgabenpauschale bei Geldleistungen an Kindertagespflegepersonen → BMF vom 17.12.2007 (BStBl. 2008 I S. 17) unter Berücksichtigung der Änderungen durch BMF vom 17.12.2008 (BStBl. 2009 I S. 15) und vom 20.5.2009 (BStBl. I S. 642).[2]*

Betriebsvermögen
Ein Wirtschaftsgut kann nur dann zum freiberuflichen Betriebsvermögen gehören, wenn zwischen dem Betrieb oder Beruf und dem Wirtschaftsgut eine objektive Beziehung besteht; das Wirtschaftsgut muss bestimmt und geeignet sein, dem Betrieb zu dienen bzw. ihn zu fördern. Wirtschaftsgüter, die der freiberuflichen Tätigkeit wesensfremd sind und bei denen eine sachliche Beziehung zum Betrieb fehlt, sind kein Betriebsvermögen (→ BFH vom 14. 11.1985 – BStBl. 1986 II S. 182).

---
1) Siehe Anlage § 004-14.
2) Siehe Anlage § 018-05.

§ 18

R 18.2

→ *Geldgeschäfte*
→ *Gewillkürtes Betriebsvermögen*

Buchführung

Werden freiwillig Bücher geführt und regelmäßig Abschlüsse gemacht, ist der Gewinn nach § 4 Abs. 1 EStG zu ermitteln. Ein nicht buchführungspflichtiger Stpfl., der nur Aufzeichnungen über Einnahmen und Ausgaben fertigt, kann nicht verlangen, dass sein Gewinn nach § 4 Abs.1 EStG ermittelt wird (→ BFH vom 2.3.1978 – BStBl. II S. 431). Zur Gewinnermittlung → R 4.1 bis R 4.7.

Bürgschaft

Bürgschaftsaufwendungen eines Freiberuflers können ausnahmsweise Betriebsausgaben darstellen, wenn ein Zusammenhang mit anderen Einkünften ausscheidet und nachgewiesen wird, dass die Bürgschaftszusage ausschließlich aus betrieblichen Gründen erteilt wurde (→ BFH vom 24.8.1989 – BStBl. 1990 II S. 17).

Geldgeschäfte

– Geldgeschäfte (Darlehensgewährung, Beteiligungserwerb etc.) sind bei Angehörigen der freien Berufe in der Regel nicht betrieblich veranlasst, weil sie nicht dem Berufsbild eines freien Berufes entsprechen (→ BFH vom 24.2.2000 – BStBl. II S. 297). Ein Geldgeschäft ist nicht dem Betriebsvermögen eines Freiberuflers zuzuordnen, wenn es ein eigenes wirtschaftliches Gewicht hat. Dies ist auf Grund einer Abwägung der nach außen erkennbaren Motive zu beantworten. Ein eigenes wirtschaftliches Gewicht ist anzunehmen, wenn bei einem Geldgeschäft die Gewinnung eines Auftraggebers lediglich ein erwünschter Nebeneffekt ist. Dagegen ist ein eigenes wirtschaftliches Gewicht zu verneinen, wenn das Geschäft ohne die Aussicht auf neue Aufträge nicht zustande gekommen wäre (→ BFH vom 31.5.2001 – BStBl. II S. 828).

– Die GmbH-Beteiligung eines Bildjournalisten kann nicht allein deshalb als notwendiges Betriebsvermögen des freiberuflichen Betriebs beurteilt werden, weil er 99 % seiner Umsätze aus Autorenverträgen mit der GmbH erzielt, wenn diese Umsätze nur einen geringfügigen Anteil der Geschäftstätigkeit der GmbH ausmachen und es wegen des Umfangs dieser Geschäftstätigkeit und der Höhe der Beteiligung des Stpfl. an der GmbH nahe liegt, dass es dem Stpfl. nicht auf die Erschließung eines Vertriebswegs für seine freiberufliche Tätigkeit, sondern auf die Kapitalanlage ankommt (→ BFH vom 12.1.2010 – BStBl. II S. 612).

Dem Betriebsvermögen eines Freiberuflers kann zugeordnet werden:

+ Darlehnsgewährung eines Steuerberaters zur Rettung von Honorarforderungen (→ BFH vom 22.4.1980 – BStBl. II S. 571),
+ Beteiligung eines Baustatikers an einer Wohnungsbau-AG (→ BFH vom 23.11.1978 – BStBl. 1979 II S. 109),
+ Beteiligung eines Architekten an einer Bauträgergesellschaft, sofern dies unerlässliche Voraussetzung für die freiberufliche Tätigkeit ist (→ BFH vom 14.1.1982 – BStBl. II S. 345),
+ Beteiligung eines Mediziners, der Ideen und Rezepturen für medizinische Präparate entwickelt, an einer Kapitalgesellschaft, die diese Präparate als Lizenznehmerin vermarktet (→ BFH vom 26.4.2001 – BStBl. 2001 II S. 798),
+ → *Bürgschaft,*

Dem Betriebsvermögen eines Freiberuflers kann nicht zugeordnet werden:

– ein Geldgeschäft, das ein Rechtsanwalt, Notar oder Steuerberater tätigt, um einen Mandanten neu zu gewinnen oder zu erhalten (→ BFH vom 22.1.1981 – BStBl. II S. 564),
– eine Beteiligung, die ein Steuerberater zusammen mit einem Mandaten auf dessen Veranlassung an einer Kapitalgesellschaft eingeht, deren Unternehmensgegenstand der freiberuflichen Betätigung wesensfremd ist, und die eigenes wirtschaftliches Gewicht hat (→ BFH vom 23.5.1985 – BStBl. II S. 517),
– eine Lebensversicherung, die ein Rechtsanwalt als Versicherungsnehmer und Versicherungsempfänger im Erlebensfall auf sein Leben oder das seines Sozius abschließt (→ BFH vom 21.5.1987 – BStBl. II S. 710).

Gewillkürtes Betriebsvermögen

– Der Umfang des Betriebsvermögens wird durch die Erfordernisse des Berufs begrenzt; ein Angehöriger der freien Berufe kann nicht in demselben Umfang gewillkürtes Betriebsvermögen bilden wie ein Gewerbetreibender (→ BFH vom 24.8.1989 – BStBl. 1990 II S. 17).

– *Zur Bildung und zum Nachweis* → *BMF vom 17.11.2004 (BStBl. I S. 1064).* [1)]

Leibrente
Eine Leibrente als Gegenleistung für anwaltliche Betreuung ist den Einkünften aus freiberuflicher Tätigkeit zuzurechnen (→ *BFH vom 26.3.1987 – BStBl. II S. 597).*

Versorgungskasse
Besondere Zuschläge für einen Fürsorgefonds sind Betriebsausgaben, wenn die berufstätigen Ärzte keinerlei Rechte auf Leistungen aus dem Fürsorgefonds haben. Beiträge an die berufsständische Versorgungskasse zur Erlangung einer späteren Altersversorgung oder anderer Versorgungsansprüche sind Sonderausgaben (→ *BFH vom 13.4.1972 – BStBl. II S. 728). Wegen der Behandlung als Sonderausgaben* → *H 10.5. Versorgungsbeiträge Selbständiger*

EStR 2012 zu § 18 EStG

R 18.3 Veräußerungsgewinn nach § 18 Abs. 3 EStG

Allgemeines
(1) Bei einer → Veräußerung oder Aufgabe im Sinne des § 18 Abs. 3 EStG gelten die Ausführungen in R 16 entsprechend.

Einbringung
(2) Bei Einbringung einer freiberuflichen Praxis in eine Personengesellschaft ist § 24 UmwStG anzuwenden.

Aufgabe
(3) Eine Aufgabe einer selbständigen Tätigkeit ist dann anzunehmen, wenn sie der betreffende Steuerpflichtige mit dem Entschluss einstellt, die Tätigkeit weder fortzusetzen noch das dazugehörende Vermögen an Dritte zu übertragen.

Freibetrag
(4) Die Gewährung des Freibetrages nach § 18 Abs. 3 i. V. m. § 16 Abs. 4 EStG ist ausgeschlossen, wenn dem Steuerpflichtigen für eine Veräußerung oder Aufgabe, die nach dem 31.12.1995 erfolgt ist, ein Freibetrag nach § 14 Satz 2, § 16 Abs. 4 oder § 18 Abs. 3 EStG bereits gewährt worden ist.

Hinweise

H 18.3 Einbringungsgewinn

– *Bei einer Einbringung nach § 24 UmwStG besteht die Möglichkeit der steuerbegünstigten Auflösung sämtlicher stiller Reserven auch dann, wenn der Einbringende und die aufnehmende Gesellschaft ihren Gewinn nach § 4 Abs. 3 EStG ermitteln. Die steuerliche Begünstigung des Einbringungsgewinns setzt voraus, dass der Einbringungsgewinn auf der Grundlage einer Einbringungs- und einer Eröffnungsbilanz ermittelt worden ist. (*→ *BFH vom 5.4.1984 – BStBl. II S. 518 und vom 18.10.1999 – BStBl. 2000 II S. 123); siehe auch R 4.5 Abs. 6 Satz 2.*
– *Zur entgeltlichen Aufnahme eines Sozius in eine freiberufliche Einzelpraxis* → *BMF vom 21.8.2001 (BStBl. I S. 543, Tz. 24.01).*

Gesellschaftereintritt in bestehende freiberufliche Sozietät
§ 24 UmwStG umfasst auch die Aufnahme weiterer Gesellschafter (→ *BFH vom 23.5.1985 – BStBl. II S. 695).*

Veräußerung
1. **Einzelunternehmen**
   a) **Eine Veräußerung** *im Sinne des § 18 Abs. 3 EStG* **liegt vor,**
   wenn die für die Ausübung wesentlichen wirtschaftlichen Grundlagen, insbesondere die immateriellen Wirtschaftsgüter wie Mandantenstamm und Praxiswert, entgeltlich auf einen anderen übertragen werden. Die freiberufliche Tätigkeit in dem bisherigen örtlichen Wirkungskreis muss wenigstens für eine gewisse Zeit eingestellt werden. Unschädlich ist es, wenn der Veräußerer nach der Veräußerung frühere Mandanten auf Rechnung und im Namen des Erwerbers berät oder eine nichtselbständige Tätigkeit in der Praxis des Erwerbers ausübt (→ *BFH vom 18.5.1994 – BStBl. II S. 925). Ebenfalls unschädlich*

---
1) Siehe Anlage § 004-19.

ist auch die Fortführung einer freiberuflichen Tätigkeit in geringem Umfang, wenn die darauf entfallenden Umsätze in den letzten drei Jahren weniger als 10 v. H. der gesamten Einnahmen ausmachten (→ BFH vom 7.11.1991 – BStBl. 1992 II S. 457 und vom 29.10.1992 – BStBl. 1993 II S. 182).

b) **Eine Veräußerung** *im Sinne des § 18 Abs. 3 EStG* **liegt nicht vor,** *wenn*
   - *ein Steuerberater von seiner einheitlichen Praxis den Teil veräußert, der lediglich in der Erledigung von Buchführungsarbeiten bestanden hat* (→ BFH vom 14.5.1970 – BStBl. II S. 566),
   - *ein Steuerbevollmächtigter, der am selben Ort in einem einheitlichen örtlichen Wirkungskreis, jedoch in organisatorisch getrennten Büros, eine landwirtschaftliche Buchstelle und eine Steuerpraxis für Gewerbetreibende betreibt, die Steuerpraxis für Gewerbetreibende veräußert* (→ BFH vom 27. 4.1978 – BStBl. II S. 562).
   - *ein unheilbar erkrankter Ingenieur aus diesem Grunde sein technisches Spezialwissen und seine Berufserfahrung entgeltlich auf seinen einzigen Kunden überträgt* (→BFH vom 26.4.1995 – BStBl. 1996 II S. 4).

2. **Mitunternehmeranteil**
   Wird der gesamte Mitunternehmeranteil an einer freiberuflich tätigen Personengesellschaft veräußert, muss die Tätigkeit im bisherigen Wirkungskreis für eine gewisse Zeit eingestellt werden (→ BFH vom 23.1.1997 – BStBl. II S. 498).

3. **Teilbetrieb**
   - *Eine begünstigte Teilbetriebsveräußerung setzt neben der Ausübung mehrerer ihrer Art nach verschiedener Tätigkeiten auch eine organisatorische Selbständigkeit der Teilbetriebe voraus. Ist ein Arzt als Allgemeinmediziner und auf arbeitsmedizinischem Gebiet tätig, übt er zwei verschiedene Tätigkeiten aus. Die Veräußerung eines dieser Praxisteile stellt eine tarifbegünstigte Teilpraxisveräußerung dar, sofern den Praxisteilen die notwendige organisatorische Selbständigkeit zukommt* (→ BFH vom 4.11.2004 – BStBl. 2005 II S. 208).
   - *Eine begünstigte Teilpraxisveräußerung kann vorliegen, wenn ein Steuerberater eine Beratungspraxis veräußert, die er (neben anderen Praxen) als völlig selbständigen Betrieb erworben und bis zu ihrer Veräußerung im Wesentlichen unverändert fortgeführt hat* (→ BFH vom 26.,6.2012 – BStBl. II S. 777).
   - *Keine Teilbetriebsveräußerung bei Veräußerung der „Großtierpraxis" und Rückbehalt der „Kleintierpraxis"* (→ BFH vom 29.10.1992 – BStBl. 1993 II S. 182).

Verpachtung
Beim Tod des Freiberuflers führt die vorübergehende Verpachtung einer freiberuflichen Praxis durch den Erben oder Vermächtnisnehmer bei fehlender Betriebsaufgabeerklärung nicht zur Betriebsaufgabe, wenn der Rechtsnachfolger in Begriff ist, die für die beabsichtigte Praxisfortführung erforderliche freiberufliche Qualifikation zu erlangen (→ BFH vom 12.3.1992 – BStBl. 1993 II S. 36).

Weitere Verwaltungsanweisungen
(soweit nicht in den Hinweisen enthalten)

Zu § 18 EStG

1. Gemeinsame Nutzung medizinischer Großgeräte (Vfg OFD Berlin vom 7.5.1987, DStR 1988 S. 35)
2. Entgeltliche Überlassung von Fahrzeugflächen für Werbezwecke durch Fahrlehrer (Vfg OFD Düsseldorf vom 7.11.1988, DStR 1989 S. 81)
3. Steuerliche Behandlung der Tätigkeit von Grafik-Designern (BdF-Schreiben vom 4.12.1989, DStR 1990 S. 118)
4. Materialeinkäufe ärztlicher Gemeinschaftspraxen als unselbständiger Teil der ärztlichen Tätigkeit (BdF-Schreiben vom 20.9.1999, DB 1999 S. 2085)
5. Die Abgabe von Impfstoffen im Rahmen der Durchführung von Impfungen von Ärzten gehört zur freiberuflichen Tätigkeit (BdF-Schreiben vom 17.2.2000, DB 2000 S. 648)
6. Feststellung der Künstlereigenschaft (Erlass vom 10.1.2002, DB 2002 S. 454 und Vfg Bayer. Landesamt für Steuern vom 11.7.2008, DStR 2008 S. 2165).

§ 18

7. Medizinisches Gerätetraining in Krankengymnastikpraxen führt zu Einkünften aus Gewerbebetrieb (Vfg OFD München vom 18.7.2003, DB 2003 S. 1823)
8. Veräußerungsgewinn bei Fortführung der freiberuflichen Tätigkeit (BMF-Schreiben vom 28.7.2003)[1)]
9. Werden bei einer integrierten Versorgung nach § 140a ff SGB V mit der Fallpauschale sowohl die medizinische Betreuung als auch die Abgabe von Arzneimitteln abgedeckt, kann bei einer Gemeinschaftspraxis eine gewerbliche Infizierung nach § 15 Abs. 3 Nr. 1 EStG eintreten (BMF-Schreiben vom 1.6.2006, DStR 2006 S. 1891)
10. Einkunftsart bei Kulturwissenschaftlern (Vfg OFD Magdeburg vom 18.7.2006, DStR 2006 S. 1891)
11. Entschädigungen, die Angehörige freier Berufe für eine ehrenamtliche Tätigkeit in den Berufs- und Standesorganisationen erhalten, stellen in der Regel Ersatz für entgangene oder entgehende Einnahmen i. S. des § 24 Nr. la EStG dar und sind deshalb insoweit als Betriebseinnahmen zu erfassen. Die durch die ehrenamtliche Tätigkeit verursachten Aufwendungen sind entsprechend als Betriebsausgaben zu behandeln (Erlass Berlin vom 6.6.2007, DStR 2007 S. 1728).
12. Neue Organisationsformen ärztlicher Betätigungen – Abgrenzung der freiberuflichen von der gewerblichen Tätigkeit (Vfg OFD Frankfurt vom 16.6.2008)
13. Aufgabe der Vervielfältigungstheorie bei einer sonstigen selbständigen Tätigkeit (OFD Koblenz vom 23.9.2011)[2)]
14. Einkommersteuerliche Behandlung des Kaufs kassenärztlicher Zulassungen (Vfg OFD Magdeburg vom 29.2.2012)[3)]

Rechtsprechungsauswahl

BFH vom 9.4.13 VIII R 19/11 (BStBl. II S. 689): Aktienoption für Aufsichtsrat: Art, Höhe und Zuflusszeitpunkt der Einkünfte bei Aktienrückgabe innerhalb bestimmter Frist

BFH vom 26.6.12 VIII R 22/09 (BStBl. II S. 777): Teilbetriebsveräußerung eines Steuerberaters

---

1) Siehe Anlage § 018-04.
2) Siehe Anlage § 018-02.
3) Siehe Anlage § 018-08.

§ 19

d) Nichtselbständige Arbeit (§ 2 Abs. 1 Satz 1 Nr. 4)

§ 19

(1) ¹Zu den Einkünften aus nichtselbständiger Arbeit gehören

1. Gehälter, Löhne, Gratifikationen, Tantiemen und andere Bezüge und Vorteile für eine Beschäftigung im öffentlichen oder privaten Dienst;
2. Wartegelder, Ruhegelder, Witwen- und Waisengelder und andere Bezüge und Vorteile aus früheren Dienstleistungen, auch soweit sie von Arbeitgebern ausgleichspflichtiger Personen an ausgleichsberechtigte Personen infolge einer nach § 10 oder § 14 des Versorgungsausgleichsgesetzes durchgeführten Teilung geleistet werden;
3. laufende Beiträge und laufende Zuwendungen des Arbeitgebers aus einem bestehenden Dienstverhältnis an einen Pensionsfonds, eine Pensionskasse oder für eine Direktversicherung für eine betriebliche Altersversorgung. ²Zu den Einkünften aus nichtselbständiger Arbeit gehören auch Sonderzahlungen, die der Arbeitgeber neben den laufenden Beiträgen und Zuwendungen an eine solche Versorgungseinrichtung leistet, mit Ausnahme der Zahlungen des Arbeitgebers zur Erfüllung der Solvabilitätsvorschriften nach den §§ 53c und 114 des Versicherungsaufsichtsgesetzes, Zahlungen des Arbeitgebers in der Rentenbezugszeit nach § 112 Abs. 1a des Versicherungsaufsichtsgesetzes oder Sanierungsgelder; Sonderzahlungen des Arbeitgebers sind insbesondere Zahlungen an eine Pensionskasse anlässlich

    a) seines Ausscheidens aus einer nicht im Wege der Kapitaldeckung finanzierten betrieblichen Altersversorgung oder

    b) des Wechsels von einer nicht im Wege der Kapitaldeckung zu einer anderen nicht im Wege der Kapitaldeckung finanzierten betrieblichen Altersversorgung.[1)]

    ³Von Sonderzahlungen im Sinne des Satzes 2 Buchstabe b ist bei laufenden und wiederkehrenden Zahlungen entsprechend dem periodischen Bedarf nur auszugehen, soweit die Bemessung der Zahlungsverpflichtungen des Arbeitgebers in das Versorgungssystem nach dem Wechsel die Bemessung der Zahlungsverpflichtung zum Zeitpunkt des Wechsels übersteigt. ⁴Sanierungsgelder sind Sonderzahlungen des Arbeitgebers an eine Pensionskasse anlässlich der Systemumstellung einer nicht im Wege der Kapitaldeckung finanzierten betrieblichen Altersversorgung auf der Finanzierungs- oder Leistungsseite, die der Finanzierung der zum Zeitpunkt der Umstellung bestehenden Versorgungsverpflichtungen oder Versorgungsanwartschaften dienen; bei laufenden und wiederkehrenden Zahlungen entsprechend dem periodischen Bedarf ist nur von Sanierungsgeldern auszugehen, soweit die Bemessung der Zahlungsverpflichtungen des Arbeitgebers in das Versorgungssystem nach der Systemumstellung die Bemessung der Zahlungsverpflichtung zum Zeitpunkt der Systemumstellung übersteigt.

²Es ist gleichgültig, ob es sich um laufende oder um einmalige Bezüge handelt und ob ein Rechtsanspruch auf sie besteht.

(2) ¹Von Versorgungsbezügen bleiben ein nach einem Prozentsatz ermittelter, auf einen Höchstbetrag begrenzter Betrag (Versorgungsfreibetrag) und ein Zuschlag zum Versorgungsfreibetrag steuerfrei. ²Versorgungsbezüge sind.

1. das Ruhegehalt, Witwen- oder Waisengeld, der Unterhaltsbeitrag oder ein gleichartiger Bezug

    a) auf Grund beamtenrechtlicher oder entsprechender gesetzlicher Vorschriften,

    b) nach beamtenrechtlichen Grundsätzen von Körperschaften, Anstalten oder Stiftungen des öffentlichen Rechts oder öffentlich-rechtlichen Verbänden von Körperschaften

    oder

[1)] Fassung für Zahlungen des Arbeitgebers nach dem 30.12.2014 (§ 52 Absatz 26a) siehe § 19 EStG in der zusammenhängenden Fassung am Anfang dieser Ausgabe.

§ 19

2. in anderen Fällen Bezüge und Vorteile aus früheren Dienstleistungen wegen Erreichens einer Altersgrenze, verminderter Erwerbsfähigkeit oder Hinterbliebenenbezüge; Bezüge wegen Erreichens einer Altersgrenze gelten erst dann als Versorgungsbezüge, wenn der Steuerpflichtige das 63. Lebensjahr oder, wenn er schwerbehindert ist, das 60. Lebensjahr vollendet hat.

[3]Der maßgebende Prozentsatz, der Höchstbetrag des Versorgungsfreibetrags und der Zuschlag zum Versorgungsfreibetrag sind der nachstehenden Tabelle zu entnehmen:

Jahr des Versorgungsbeginns	Versorgungsfreibetrag		Zuschlag zum Versorgungsfreibetrag in Euro
	in % der Versorgungsbezüge	Höchstbetrag in Euro	
bis 2005	40,0	3 000	900
ab 2006	38,4	2 880	864
2007	36,8	2 760	828
2008	35,2	2 640	792
2009	33,6	2 520	756
2010	32,0	2 400	720
2011	30,4	2 280	684
2012	28,8	2 160	648
2013	27,2	2 040	612
2014	25,6	1 920	576
2015	24,0	1 800	540
2016	22,4	1 680	504
2017	20,8	1 560	468
2018	19,2	1 440	432
2019	17,6	1 320	396
2020	16,0	1 200	360
2021	15,2	1 140	342
2022	14,4	1 080	324
2023	13,6	1 020	306
2024	12,8	960	288
2025	12,0	900	270
2026	11,2	840	252
2027	10,4	780	234
2028	9,6	720	216
2029	8,8	660	198
2030	8,0	600	180
2031	7,2	540	162
2032	6,4	480	144
2033	5,6	420	126
2034	4,8	360	108
2035	4,0	300	90
2036	3,2	240	72
2037	2,4	180	54
2038	1,6	120	36
2039	0,8	60	18

§ 19

Jahr des Versor-gungsbeginns	Versorgungsfreibetrag		Zuschlag zum Versorgungsfreibetrag in Euro
	in % der Versorgungsbezüge	Höchstbetrag in Euro	
2040	0,0	0	0

[4]Bemessungsgrundlage für den Versorgungsfreibetrag ist
a) bei Versorgungsbeginn vor 2005
   das Zwölffache des Versorgungsbezugs für Januar 2005,
b) bei Versorgungsbeginn ab 2005
   das Zwölffache des Versorgungsbezugs für den ersten vollen Monat,

jeweils zuzüglich voraussichtlicher Sonderzahlungen im Kalenderjahr, auf die zu diesem Zeitpunkt ein Rechtsanspruch besteht. [5]Der Zuschlag zum Versorgungsfreibetrag darf nur bis zur Höhe der um den Versorgungsfreibetrag geminderten Bemessungsgrundlage berücksichtigt werden. [6]Bei mehreren Versorgungsbezügen mit unterschiedlichem Bezugsbeginn bestimmen sich der insgesamt berücksichtigungsfähige Höchstbetrag des Versorgungsfreibetrags und der Zuschlag zum Versorgungsfreibetrag nach dem Jahr des Beginns des ersten Versorgungsbezugs. [7]Folgt ein Hinterbliebenenbezug einem Versorgungsbezug, bestimmen sich der Prozentsatz, der Höchstbetrag des Versorgungsfreibetrags und der Zuschlag zum Versorgungsfreibetrag für den Hinterbliebenenbezug nach dem Jahr des Beginns des Versorgungsbezugs. [8]Der nach den Sätzen 3 bis 7 berechnete Versorgungsfreibetrag und Zuschlag zum Versorgungsfreibetrag gelten für die gesamte Laufzeit des Versorgungsbezugs. [9]Regelmäßige Anpassungen des Versorgungsbezugs führen nicht zu einer Neuberechnung. [10]Abweichend hiervon sind der Versorgungsfreibetrag und der Zuschlag zum Versorgungsfreibetrag neu zu berechnen, wenn sich der Versorgungsbezug wegen Anwendung von Anrechnungs-, Ruhens-, Erhöhungs- oder Kürzungsregelungen erhöht oder vermindert. [11]In diesen Fällen sind die Sätze 3 bis 7 mit dem geänderten Versorgungsbezug als Bemessungsgrundlage im Sinne des Satzes 4 anzuwenden; im Kalenderjahr der Änderung sind der höchste Versorgungsfreibetrag und Zuschlag zum Versorgungsfreibetrag maßgebend. [12]Für jeden vollen Kalendermonat, für den keine Versorgungsbezüge gezahlt werden, ermäßigen sich der Versorgungsfreibetrag und der Zuschlag zum Versorgungsfreibetrag in diesem Kalenderjahr um je ein Zwölftel.

§ 19a

§ 19a Überlassung von Vermögensbeteiligungen an Arbeitnehmer
(weggefallen)

§ 20

e) Kapitalvermögen (§ 2 Abs. 1 Satz 1 Nr. 5)

(1) Zu den Einkünften aus Kapitalvermögen gehören

1. ¹Gewinnanteile (Dividenden), Ausbeuten und sonstige Bezüge aus Aktien, Genussrechten, mit denen das Recht am Gewinn und Liquidationserlös einer Kapitalgesellschaft verbunden ist, aus Anteilen an Gesellschaften mit beschränkter Haftung, an Erwerbs- und Wirtschaftsgenossenschaften sowie an bergbautreibenden Vereinigungen, die die Rechte einer juristischen Person haben. ²Zu den sonstigen Bezügen gehören auch verdeckte Gewinnausschüttungen. ³Die Bezüge gehören nicht zu den Einnahmen, soweit sie aus Ausschüttungen einer Körperschaft stammen, für die Beträge aus dem steuerlichen Einlagekonto im Sinne des § 27 des Körperschaftsteuergesetzes als verwendet gelten. ⁴Als sonstige Bezüge gelten auch Einnahmen, die an Stelle der Bezüge im Sinne des Satzes 1 von einem anderen als dem Anteilseigner nach Absatz 5 bezogen werden, wenn die Aktien mit Dividendenberechtigung erworben, aber ohne Dividendenanspruch geliefert werden;

2. ¹Bezüge, die nach der Auflösung einer Körperschaft oder Personenvereinigung im Sinne der Nummer 1 anfallen und die nicht in der Rückzahlung von Nennkapital bestehen; Nummer 1 Satz 3 gilt entsprechend. ²Gleiches gilt für Bezüge, die auf Grund einer Kapitalherabsetzung oder nach der Auflösung einer unbeschränkt steuerpflichtigen Körperschaft oder Personenvereinigung im Sinne der Nummer 1 anfallen und die als Gewinnausschüttung im Sinne des § 28 Abs. 2 Satz 2 und 4 des Körperschaftsteuergesetzes gelten;

3. (weggefallen)

4. ¹Einnahmen aus der Beteiligung an einem Handelsgewerbe als stiller Gesellschafter und aus partiarischen Darlehen, es sei denn, dass der Gesellschafter oder Darlehnsgeber als Mitunternehmer anzusehen ist. ²Auf Anteile des stillen Gesellschafters am Verlust des Betriebs sind § 15 Abs. 4 Satz 6 bis 8 und § 15a sinngemäß anzuwenden.

5. ¹Zinsen aus Hypotheken und Grundschulden und Renten aus Rentenschulden. ²Bei Tilgungshypotheken und Tilgungsgrundschulden ist nur der Teil der Zahlungen anzusetzen, der als Zins auf den jeweiligen Kapitalrest entfällt;

6. ¹der Unterschiedsbetrag zwischen der Versicherungsleistung und der Summe der auf sie entrichteten Beiträge (Erträge) im Erlebensfall oder bei Rückkauf des Vertrags bei Rentenversicherungen mit Kapitalwahlrecht, soweit nicht die lebenslange Rentenzahlung gewählt und erbracht wird, und bei Kapitalversicherungen mit Sparanteil, wenn der Vertrag nach dem 31. Dezember 2004 abgeschlossen worden ist. ²Wird die Versicherungsleistung nach Vollendung des 60. Lebensjahres des Steuerpflichtigen und nach Ablauf von zwölf Jahren seit dem Vertragsabschluss ausgezahlt, ist die Hälfte des Unterschiedsbetrags anzusetzen. ³Bei entgeltlichem Erwerb des Anspruchs auf die Versicherungsleistung treten die Anschaffungskosten an die Stelle der vor dem Erwerb entrichteten Beiträge. ⁴Die Sätze 1 bis 3 sind auf Erträge aus fondsgebundenen Lebensversicherungen, auf Erträge im Erlebensfall bei Rentenversicherungen ohne Kapitalwahlrecht, soweit keine lebenslange Rentenzahlung vereinbart und erbracht wird, und auf Erträge bei Rückkauf des Vertrages bei Rentenversicherungen ohne Kapitalwahlrecht entsprechend anzuwenden. ⁵Ist in einem Versicherungsvertrag eine gesonderte Verwaltung von speziell für diesen Vertrag zusammengestellten Kapitalanlagen vereinbart, die nicht auf öffentlich vertriebene Investmentfondsanteile oder Anlagen, die die Entwicklung eines veröffentlichten Indexes abbilden, beschränkt ist, und kann der wirtschaftlich Berechtigte unmittelbar oder mittelbar über die Veräußerung der Vermögensgegenstände und die Wiederanlage der Erlöse bestimmen (vermögensverwaltender Versicherungsvertrag), sind die dem Versicherungsunternehmen zufließenden Erträge dem wirtschaftlich Berechtigten aus dem Versicherungsvertrag zuzurechnen; Sätze 1 bis 4 sind nicht anzuwenden. ⁶Satz 2 ist nicht anzuwenden, wenn

a) in einem Kapitallebensversicherungsvertrag mit vereinbarter laufender Beitragszahlung in mindestens gleichbleibender Höhe bis zum Zeitpunkt des Erlebensfalls die vereinbarte Leistung bei Eintritt des versicherten Risikos weniger als 50 Prozent der Summe der für die gesamte Vertragsdauer zu zahlenden Beiträge beträgt und

b) bei einem Kapitallebensversicherungsvertrag die vereinbarte Leistung bei Eintritt des versicherten Risikos das Deckungskapital oder den Zeitwert der Versicherung spätestens fünf Jahre nach Vertragsabschluss nicht um mindestens 10 Prozent des Deckungskapitals, des Zeitwerts oder der Summe der gezahlten Beiträge übersteigt. ²Dieser Prozentsatz darf bis zum Ende der Vertragslaufzeit in jährlich gleichen Schritten auf Null sinken.

⁷Hat der Steuerpflichtige Ansprüche aus einem von einer anderen Person abgeschlossenen Vertrag entgeltlich erworben, gehört zu den Einkünften aus Kapitalvermögen auch der Unterschiedsbetrag zwischen der Versicherungsleistung bei Eintritt eines versicherten Risikos und den Aufwendungen für den Erwerb und Erhalt des Versicherungsanspruches; insoweit findet Satz 2 keine Anwendung. ⁸Satz 7 gilt nicht, wenn die versicherte Person den Versicherungsanspruch von einem Dritten erwirbt oder aus anderen Rechtsverhältnissen entstandene Abfindungs- und Ausgleichsansprüche arbeitsrechtlicher, erbrechtlicher oder familienrechtlicher Art durch Übertragung von Ansprüchen aus Versicherungsverträgen erfüllt werden;

7. ¹Erträge aus sonstigen Kapitalforderungen jeder Art, wenn die Rückzahlung des Kapitalvermögens oder ein Entgelt für die Überlassung des Kapitalvermögens zur Nutzung zugesagt oder geleistet worden ist, auch wenn die Höhe der Rückzahlung oder des Entgelts von einem ungewissen Ereignis abhängt. ²Dies gilt unabhängig von der Bezeichnung und der zivilrechtlichen Ausgestaltung der Kapitalanlage. ³Erstattungszinsen im Sinne des § 233a der Abgabenordnung sind Erträge im Sinne des Satzes 1;

8. Diskontbeträge von Wechseln und Anweisungen einschließlich der Schatzwechsel;

9. ¹Einnahmen aus Leistungen einer nicht von der Körperschaftsteuer befreiten Körperschaft, Personenvereinigung oder Vermögensmasse im Sinne des § 1 Abs. 1 Nr. 3 bis 5 des Körperschaftsteuergesetzes, die Gewinnausschüttungen im Sinne der Nummer 1 wirtschaftlich vergleichbar sind, soweit sie nicht bereits zu den Einnahmen im Sinne der Nummer 1 gehören; Nummer 1 Satz 2, 3 und Nummer 2 gelten entsprechend. ²Satz 1 ist auf Leistungen von vergleichbaren Körperschaften, Personenvereinigungen oder Vermögensmassen, die weder Sitz noch Geschäftsleitung im Inland haben, entsprechend anzuwenden;

10. a) Leistungen eines nicht von der Körperschaftsteuer befreiten Betriebs gewerblicher Art im Sinne des § 4 des Körperschaftsteuergesetzes mit eigener Rechtspersönlichkeit, die zu mit Gewinnausschüttungen im Sinne der Nummer 1 Satz 1 wirtschaftlich vergleichbaren Einnahmen führen; Nummer 1 Satz 2, 3 und Nummer 2 gelten entsprechend;

b) ¹der nicht den Rücklagen zugeführte Gewinn und verdeckte Gewinnausschüttungen eines nicht von der Körperschaftsteuer befreiten Betriebs gewerblicher Art im Sinne des § 4 des Körperschaftsteuergesetzes ohne eigene Rechtspersönlichkeit, der den Gewinn durch Betriebsvermögensvergleich ermittelt oder Umsätze einschließlich der steuerfreien Umsätze, ausgenommen die Umsätze nach § 4 Nr. 8 bis 10 des Umsatzsteuergesetzes, von mehr als 350 000 Euro im Kalenderjahr oder einen Gewinn von mehr als 30 000 Euro im Wirtschaftsjahr hat, sowie der Gewinn im Sinne des § 22 Abs. 4 des Umwandlungssteuergesetzes.¹⁾ ²Die Auflösung der Rücklagen zu Zwecken außerhalb des Betriebs gewerblicher Art führt zu einem Gewinn im Sinne des Satzes 1; in Fällen der Einbringung nach dem Sechsten und des Formwechsels nach dem Achten Teil des Umwandlungssteuergesetzes²⁾ gelten die Rücklagen als aufgelöst. ³Bei dem Geschäft der Veranstaltung von Werbesendungen der inländi-

---

1) Siehe Anhang 4.
2) Siehe Anhang 4.

§ 20

schen öffentlich-rechtlichen Rundfunkanstalten gelten drei Viertel des Einkommens im Sinne des § 8 Abs. 1 Satz 3 des Körperschaftsteuergesetzes als Gewinn im Sinne des Satzes 1. [4]Die Sätze 1 und 2 sind bei wirtschaftlichen Geschäftsbetrieben der von der Körperschaftsteuer befreiten Körperschaften, Personenvereinigungen oder Vermögensmassen entsprechend anzuwenden. [5]Nummer 1 Satz 3 gilt entsprechend. [6]Satz 1 in der am 12. Dezember 2006 geltenden Fassung ist für Anteile, die einbringungsgeboren im Sinne des § 21 des Umwandlungssteuergesetzes in der am 12. Dezember 2006 geltenden Fassung sind, weiter anzuwenden;

11. Stillhalterprämien, die für die Einräumung von Optionen vereinnahmt werden; schließt der Stillhalter ein Glattstellungsgeschäft ab, mindern sich die Einnahmen aus den Stillhalterprämien um die im Glattstellungsgeschäft gezahlten Prämien.

(2) [1]Zu den Einkünften aus Kapitalvermögen gehören auch

1. der Gewinn aus der Veräußerung von Anteilen an einer Körperschaft im Sinne des Absatzes 1 Nr. 1. [2]Anteile an einer Körperschaft sind auch Genussrechte im Sinne des Absatzes 1 Nr. 1, den Anteilen im Sinne des Absatzes 1 Nr. 1 ähnliche Beteiligungen und Anwartschaften auf Anteile im Sinne des Absatzes 1 Nr. 1;

2. der Gewinn aus der Veräußerung

    a) von Dividendenscheinen und sonstigen Ansprüchen durch den Inhaber des Stammrechts, wenn die dazugehörigen Aktien oder sonstigen Anteile nicht mitveräußert werden. [2]Soweit eine Besteuerung nach Satz 1 erfolgt ist, tritt diese insoweit an die Stelle der Besteuerung nach Absatz 1;

    b) von Zinsscheinen und Zinsforderungen durch den Inhaber oder ehemaligen Inhaber der Schuldverschreibung, wenn die dazugehörigen Schuldverschreibungen nicht mitveräußert werden. [2]Entsprechendes gilt für die Einlösung von Zinsscheinen und Zinsforderungen durch den ehemaligen Inhaber der Schuldverschreibung.

    [2]Satz 1 gilt sinngemäß für die Einnahmen aus der Abtretung von Dividenden- oder Zinsansprüchen oder sonstigen Ansprüchen im Sinne des Satzes 1, wenn die dazugehörigen Anteilsrechte oder Schuldverschreibungen nicht in einzelnen Wertpapieren verbrieft sind. [3]Satz 2 gilt auch bei der Abtretung von Zinsansprüchen aus Schuldbuchforderungen, die in ein öffentliches Schuldbuch eingetragen sind;

3. der Gewinn

    a) bei Termingeschäften, durch die der Steuerpflichtige einen Differenzausgleich oder einen durch den Wert einer veränderlichen Bezugsgröße bestimmten Geldbetrag oder Vorteil erlangt;

    b) aus der Veräußerung eines als Termingeschäft ausgestalteten Finanzinstruments;

4. der Gewinn aus der Veräußerung von Wirtschaftsgütern, die Erträge im Sinne des Absatzes 1 Nr. 4 erzielen;

5. der Gewinn aus der Übertragung von Rechten im Sinne des Absatzes 1 Nr. 5;

6. der Gewinn aus der Veräußerung von Ansprüchen auf eine Versicherungsleistung im Sinne des Absatzes 1 Nr. 6. [2]Das Versicherungsunternehmen hat nach Kenntniserlangung von einer Veräußerung unverzüglich Mitteilung an das für den Steuerpflichtigen zuständige Finanzamt zu machen und auf Verlangen des Steuerpflichtigen eine Bescheinigung über die Höhe der entrichteten Beiträge im Zeitpunkt der Veräußerung zu erteilen;

7. der Gewinn aus der Veräußerung von sonstigen Kapitalforderungen jeder Art im Sinne des Absatzes 1 Nr. 7;

8. der Gewinn aus der Übertragung oder Aufgabe einer die Einnahmen im Sinne des Absatzes 1 Nr. 9 vermittelnden Rechtsposition.

[2]Als Veräußerung im Sinne des Satzes 1 gilt auch die Einlösung, Rückzahlung, Abtretung oder verdeckte Einlage in eine Kapitalgesellschaft; in den Fällen von Satz 1 Nr. 4 gilt auch die Vereinnahmung eines Auseinandersetzungsguthabens als Veräußerung. [3]Die Anschaffung

§ 20

oder Veräußerung einer unmittelbaren oder mittelbaren Beteiligung an einer Personengesellschaft gilt als Anschaffung oder Veräußerung der anteiligen Wirtschaftsgüter.

(3) Zu den Einkünften aus Kapitalvermögen gehören auch besondere Entgelte oder Vorteile, die neben den in den Absätzen 1 und 2 bezeichneten Einnahmen oder an deren Stelle gewährt werden.

(3a) ¹Korrekturen im Sinne des § 43a Absatz 3 Satz 7 sind erst zu dem dort genannten Zeitpunkt zu berücksichtigen. ²Weist der Steuerpflichtige durch eine Bescheinigung der auszahlenden Stelle nach, dass sie die Korrektur nicht vorgenommen hat und auch nicht vornehmen wird, kann der Steuerpflichtige die Korrektur nach § 32d Absatz 4 und 6 geltend machen.

(4) ¹Gewinn im Sinne des Absatzes 2 ist der Unterschied zwischen den Einnahmen aus der Veräußerung nach Abzug der Aufwendungen, die im unmittelbaren sachlichen Zusammenhang mit dem Veräußerungsgeschäft stehen, und den Anschaffungskosten; bei nicht in Euro getätigten Geschäften sind die Einnahmen im Zeitpunkt der Veräußerung und die Anschaffungskosten im Zeitpunkt der Anschaffung in Euro umzurechnen. ²In den Fällen der verdeckten Einlage tritt an die Stelle der Einnahmen aus der Veräußerung der Wirtschaftsgüter ihr gemeiner Wert; der Gewinn ist für das Kalenderjahr der verdeckten Einlage anzusetzen. ³Ist ein Wirtschaftsgut im Sinne des Absatzes 2 in das Privatvermögen durch Entnahme oder Betriebsaufgabe überführt worden, tritt an die Stelle der Anschaffungskosten der nach § 6 Abs. 1 Nr. 4 oder § 16 Abs. 3 angesetzte Wert. ⁴In den Fällen des Absatzes 2 Satz 1 Nr. 6 gelten die entrichteten Beiträge im Sinne des Absatzes 1 Nr. 6 Satz 1 als Anschaffungskosten; ist ein entgeltlicher Erwerb vorausgegangen, gelten auch die nach dem Erwerb entrichteten Beiträge als Anschaffungskosten. ⁵Gewinn bei einem Termingeschäft ist der Differenzausgleich oder der durch den Wert einer veränderlichen Bezugsgröße bestimmte Geldbetrag oder Vorteil abzüglich der Aufwendungen, die im unmittelbaren sachlichen Zusammenhang mit dem Termingeschäft stehen. ⁶Bei unentgeltlichem Erwerb sind dem Einzelrechtsnachfolger für Zwecke dieser Vorschrift die Anschaffung, die Überführung des Wirtschaftsguts in das Privatvermögen, der Erwerb eines Rechts aus Termingeschäften oder die Beiträge im Sinne des Absatzes 1 Nr. 6 Satz 1 durch den Rechtsvorgänger zuzurechnen. ⁷Bei vertretbaren Wertpapieren, die einem Verwahrer zur Sammelverwahrung im Sinne des § 5 des Depotgesetzes in der Fassung der Bekanntmachung vom 11. Januar 1995 (BGBl. I S. 34), das zuletzt durch Artikel 4 des Gesetzes vom 5. April 2004 (BGBl. I S. 502) geändert worden ist, in der jeweils geltenden Fassung anvertraut worden sind, ist zu unterstellen, dass die zuerst angeschafften Wertpapiere zuerst veräußert wurden.

(4a) ¹Werden Anteile an einer Körperschaft, Vermögensmasse oder Personenvereinigung gegen Anteile an einer anderen Körperschaft, Vermögensmasse oder Personenvereinigung getauscht und wird der Tausch auf Grund gesellschaftsrechtlicher Maßnahmen vollzogen, die von den beteiligten Unternehmen ausgehen, treten abweichend von Absatz 2 Satz 1 und den §§ 13 und 21 des Umwandlungssteuergesetzes[1]) die übernommenen Anteile steuerlich an die Stelle der bisherigen Anteile, wenn das Recht der Bundesrepublik Deutschland hinsichtlich der Besteuerung des Gewinns aus der Veräußerung der erhaltenen Anteile nicht ausgeschlossen oder beschränkt ist oder die Mitgliedstaaten der Europäischen Union bei einer Verschmelzung Artikel 8 der Richtlinie 90/434/EWG anzuwenden haben; in diesem Fall ist der Gewinn aus einer späteren Veräußerung der erworbenen Anteile ungeachtet der Bestimmungen eines Abkommens zur Vermeidung der Doppelbesteuerung in der gleichen Art und Weise zu besteuern, wie die Veräußerung der Anteile an der übertragenden Körperschaft zu besteuern wäre, und § 15 Abs. 1a Satz 2 entsprechend anzuwenden. ²Erhält der Steuerpflichtige in den Fällen des Satzes 1 zusätzlich zu den Anteilen eine Gegenleistung, gilt diese als Ertrag im Sinne des Absatzes 1 Nr. 1. ³Besitzt bei sonstigen Kapitalforderungen im Sinne des Absatzes 1 Nr. 7 der Inhaber das Recht, bei Fälligkeit anstelle der Zahlung eines Geldbetrags vom Emittenten die Lieferung von Wertpapieren zu verlangen oder besitzt der Emittent das Recht, bei Fälligkeit dem Inhaber anstelle der Zahlung eines Geldbetrags Wertpapiere anzudienen und macht der Inhaber der Forderung oder der Emittent von die-

---
1) Siehe Anhang 4.

sem Recht Gebrauch, ist abweichend von Absatz 4 Satz 1 das Entgelt für den Erwerb der Forderung als Veräußerungspreis der Forderung und als Anschaffungskosten der erhaltenen Wertpapiere anzusetzen; Satz 2 gilt entsprechend. [4]Werden Bezugsrechte veräußert oder ausgeübt, die nach § 186 des Aktiengesetzes, § 55 des Gesetzes betreffend die Gesellschaften mit beschränkter Haftung oder eines vergleichbaren ausländischen Rechts einen Anspruch auf Abschluss eines Zeichnungsvertrags begründen, wird der Teil der Anschaffungskosten der Altanteile, der auf das Bezugsrecht entfällt, bei der Ermittlung des Gewinns nach Absatz 4 Satz 1 mit 0 Euro angesetzt. [5]Werden einem Steuerpflichtigen Anteile im Sinne des Absatzes 2 Satz 1 Nr. 1 zugeteilt, ohne dass dieser eine gesonderte Gegenleistung zu entrichten hat, werden der Ertrag und die Anschaffungskosten dieser Anteile mit 0 Euro angesetzt, wenn die Voraussetzungen der Sätze 3 und 4 nicht vorliegen und die Ermittlung der Höhe des Kapitalertrags nicht möglich ist. [6]Soweit es auf die steuerliche Wirksamkeit einer Kapitalmaßnahme im Sinne der vorstehenden Sätze 1 bis 5 ankommt, ist auf den Zeitpunkt der Einbuchung in das Depot des Steuerpflichtigen abzustellen. [7]Geht Vermögen einer Körperschaft durch Abspaltung auf andere Körperschaften über, gelten abweichend von Satz 5 und § 15 des Umwandlungssteuergesetzes die Sätze 1 und 2 entsprechend.

(5) [1]Einkünfte aus Kapitalvermögen im Sinne des Absatzes 1 Nr. 1 und 2 erzielt der Anteilseigner. [2]Anteilseigner ist derjenige, dem nach § 39 der Abgabenordnung die Anteile an dem Kapitalvermögen im Sinne des Absatzes 1 Nr. 1 im Zeitpunkt des Gewinnverteilungsbeschlusses zuzurechnen sind. [3]Sind einem Nießbraucher oder Pfandgläubiger die Einnahmen im Sinne des Absatzes 1 Nr. 1 oder 2 zuzurechnen, gilt er als Anteilseigner.

(6) [1]Verluste aus Kapitalvermögen dürfen nicht mit Einkünften aus anderen Einkunftsarten ausgeglichen werden; sie dürfen auch nicht nach § 10d abgezogen werden. [2]Die Verluste mindern jedoch die Einkünfte, die der Steuerpflichtige in den folgenden Veranlagungszeiträumen aus Kapitalvermögen erzielt. [3]§ 10d Abs. 4 ist sinngemäß anzuwenden. [4]Verluste aus Kapitalvermögen im Sinne des Absatzes 2 Satz 1 Nr. 1 Satz 1, die aus der Veräußerung von Aktien entstehen, dürfen nur mit Gewinnen aus Kapitalvermögen im Sinne des Absatzes 2 Satz 1 Nr. 1 Satz 1, die aus der Veräußerung von Aktien entstehen, ausgeglichen werden; die Sätze 2 und 3 gelten sinngemäß. [5]Verluste aus Kapitalvermögen, die der Kapitalertragsteuer unterliegen, dürfen nur verrechnet werden oder mindern die Einkünfte, die der Steuerpflichtige in den folgenden Veranlagungszeiträumen aus Kapitalvermögen erzielt, wenn eine Bescheinigung im Sinne des § 43a Abs. 3 Satz 4 vorliegt.

(7) [1]§ 15b ist sinngemäß anzuwenden. [2]Ein vorgefertigtes Konzept im Sinne des § 15b Abs. 2 Satz 2 liegt auch vor, wenn die positiven Einkünfte nicht der tariflichen Einkommensteuer unterliegen.

(8) [1]Soweit Einkünfte der in den Absätzen 1, 2 und 3 bezeichneten Art zu den Einkünften aus Land- und Forstwirtschaft, aus Gewerbebetrieb, aus selbständiger Arbeit oder aus Vermietung und Verpachtung gehören, sind sie diesen Einkünften zuzurechnen. [2]Absatz 4a findet insoweit keine Anwendung.

(9) [1]Bei der Ermittlung der Einkünfte aus Kapitalvermögen ist als Werbungskosten ein Betrag von 801 Euro abzuziehen (Sparer-Pauschbetrag); der Abzug der tatsächlichen Werbungskosten ist ausgeschlossen. [2]Ehegatten, die zusammen veranlagt werden, wird ein gemeinsamer Sparer-Pauschbetrag von 1 602 Euro gewährt. [3]Der gemeinsame Sparer-Pauschbetrag ist bei der Einkunftsermittlung bei jedem Ehegatten je zur Hälfte abzuziehen; sind die Kapitalerträge eines Ehegatten niedriger als 801 Euro, so ist der anteilige Sparer-Pauschbetrag insoweit, als er die Kapitalerträge dieses Ehegatten übersteigt, bei dem anderen Ehegatten abzuziehen. [4]Der Sparer-Pauschbetrag und der gemeinsame Sparer-Pauschbetrag dürfen nicht höher sein als die nach Maßgabe des Absatzes 6 verrechneten Kapitalerträge.

EStR und Hinweise

EStR 2012 zu § 20 EStG

R 20.1 Werbungskosten bei Einkünften aus Kapitalvermögen

(1) [1]Aufwendungen sind, auch wenn sie gleichzeitig der Sicherung und Erhaltung des Kapitalstamms dienen, insoweit als Werbungskosten zu berücksichtigen, als sie zum Erwerb, Sicherung und Erhaltung

von Kapitaleinnahmen dienen. ²Aufwendungen, die auf Vermögen entfallen, das nicht zur Erzielung von Kapitaleinkünften angelegt ist oder bei dem Kapitalerträge nicht mehr zu erwarten sind, können nicht als Werbungskosten berücksichtigt werden.

(2) ¹Nach den allgemeinen Grundsätzen können u. a. Bankspesen für die Depotverwaltung, Gebühren, Fachliteratur, Reisekosten zur Hauptversammlung, Verfahrensauslagen und Rechtsanwaltskosten als Werbungskosten berücksichtigt werden. ²Zum Abzug ausländischer Steuern wie Werbungskosten → R 34c.

(3) Absatz 1 und 2 gelten vorbehaltlich des § 2 Abs. 2 Satz 2 EStG.

Hinweise

H 20.1 Abgeltungssteuer – Allgemeines

Zu Einzelfragen zur Abgeltungssteuer → BMF vom 9.10.2012 (BStBl. II S. 950) unter Berücksichtigung der Änderungen durch BMF vom 31.7.2013 (BStBl. I S. 940) und vom 12.9.2013 (BStBl. I S. 1167)[1]) und vom 3.1.2014 (BStBl. I S. 58).

Anschaffungskosten

– *Ein beim Erwerb einer stillen Beteiligung an den Geschäftsinhaber entrichtetes Ausgabeaufgeld gehört zu den Anschaffungskosten der stillen Beteiligung (→ BFH vom 23.11.2000 – BStBl. 2001 II S. 24).*

– *Gutachterkosten im Zusammenhang mit der Anschaffung von GmbH-Geschäftsanteilen sind Anschaffungsnebenkosten, wenn sie nach einer grundsätzlich gefassten Erwerbsentscheidung entstehen und die Erstellung des Gutachtens nicht lediglich eine Maßnahme zur Vorbereitung einer noch unbestimmten, erst später zu treffenden Erwerbsentscheidung darstellt (→ BFH vom 27.3.2007 – BStBl. 2010 II S. 159).*

– *Zahlt ein Stpfl., der einem Vermögensverwalter Vermögen zur Anlage auf dem Kapitalmarkt überlässt, ein gesondertes Entgelt für die Auswahl zwischen mehreren Gewinnstrategien des Vermögensverwalters (sog. Strategieentgelt), ist das Entgelt den Anschaffungskosten für den Erwerb der Kapitalanlagen zuzurechnen (→ BFH vom 28.10.2009 – BStBl. 2010 II S. 469).*

Gutachtenkosten

Gutachtenkosten im Zusammenhang mit der Anschaffung von GmbH-Geschäftsanteilen sind Anschaffungsnebenkosten, wenn sie nach einer grundsätzlich gefassten Erwerbsentscheidung entstehen und die Erstellung des Gutachtens nicht lediglich eine Maßnahme zur Vorbereitung einer noch unbestimmten, erst später zu treffenden Erwerbsentscheidung darstellt (→ BFH vom 27.3.2007 – BStBl. 2010 II S. 159).

Sinngemäße Anwendung des § 15a EStG

– *Erst wenn die Gesellschaft endgültig von einer Schuld befreit wird, handelt es sich im Falle der Übernahme einer Gesellschaftsschuld durch den stillen Gesellschafter um die allein maßgebliche „geleistete Einlage" i. S. d. § 15a Abs. 1 Satz 1 EStG. Eine erst später erteilte Genehmigung einer Schuldübernahme durch den Gläubiger wirkt steuerrechtlich nicht auf den Zeitpunkt zurück, in dem der stille Gesellschafter sich dazu verpflichtet hatte (→ BFH vom 16.10.2007 – BStBl. 2008 II S. 126).*

– *→ H 21.2*

Stiller Gesellschafter

– *Die Vereinbarung einer Beteiligung des stillen Gesellschafters am Gewinn des Geschäftsinhabers gilt im Zweifel auch für seine Beteiligung am Verlust. Der Verlustanteil ist dem stillen Gesellschafter nicht nur bis zum Verbrauch seiner Einlage, sondern auch in Höhe seines negativen Einlagekontos zuzurechnen. Spätere Gewinne sind gemäß § 15a EStG zunächst mit den auf diesem Konto ausgewiesenen Verlusten zu verrechnen (→ BFH vom 23.7.2002 – BStBl. II S. 858).*

– *Ein an einer GmbH typisch still beteiligter Gesellschafter kann seinen Anteil an dem laufenden Verlust der GmbH nur dann berücksichtigen, wenn der Verlustanteil im Jahresabschluss der GmbH festgestellt, vom Finanzamt geschätzt und der Kapitaleinlage des stillen Gesellschafters abgebucht worden ist (→ BFH vom 28.5.1997 – BStBl. S. 724 und vom 16.10.2007 – BStBl. 2008 II S. 126). Die Abbuchung als Voraussetzung für die Verlustberücksichtigung entfällt jedoch, soweit durch den Verlustanteil ein negatives Ein-*

---

1) Siehe Anlage § 020-08.

§ 20

R 20.1, 20.2

  lagekonto entsteht. Der Verlustanteil entsteht mit seiner Berechnung nach § 232 Abs. 1 HGB auf der Grundlage des Jahresabschlusses des Geschäftsinhabers (→ BFH vom 23.7.2002 – BStBl. II S. 858).
- Zur Behandlung von Verlusten aus stillen Gesellschaften an Kapitalgesellschaften → BMF vom 19.11.2008 (BStBl. I S. 970)[1]
- → Anschaffungskosten

Verlustabzug in Erbfällen

Verluste i. S. d. § 20 Abs. 6 EStG → R 10d Abs. 9 Satz 9.

Werbungskostenabzugsverbot nach § 20 Abs. 9 EStG.

- Schuldzinsen, die nach der Veräußerung oder der Aufgabe einer wesentlichen Beteiligung i. S. d. § 17 Ab. 1 EStG. anfallen, sind bei den Einkünften aus Kapitalvermögen abziehbar (→ BFH vom 1.7.2014 – BStBl. II S. 975).
- Gegen das Werbungskostenabzugsverbot bestehen keine Verfassungsrechtlichen Bedenken (→ BFH vom 1.7.2014 – BStBl. II S. 975).

EStR 2012 zu § 20 EStG

R 20.2 Einnahmen aus Kapitalvermögen

[1]Auf Erträge aus Versicherungen auf den Erlebens- oer Todesfall ist bei Verträgen, die vor dem 1.1.2005 abgeschlossen worden sind, R 154 EStR 2003 weiter anzuwenden. [2]R 154 Satz 4 Buchstabe a EStR 2003 gilt nicht für Zinsen, die nach Ablauf der Mindestlaufzeit von 12 Jahren bei Weiterführung des Versicherungsvertrages gezahlt werden.

Hinweise

H 20.2 Abtretung

Zur Zurechnung von Zinsen bei Abtretung einer verzinslichen Forderung → BFH vom 8.7.1998 (BStBl. 1999 II S. 123).

Betriebsaufspaltung

→ H 15.7 (4) Gewinnausschüttungen

Einlagenrückgewähr

- Rückgewähr von Einlagen durch eine unbeschränkt steuerpflichtige Körperschaft; bilanzsteuerrechtliche Behandlung beim Empfänger → BMF vom 9.1.1987 (BStBl. I S. 171).
- Der aus dem steuerlichen Einlagekonto im Sinne des § 27 KStG stammende Gewinnanteil ist beim Gesellschafter gemäß § 20 Abs. 1 Nr. 1 Satz 3 EStG als nicht steuerbare Einnahme zu behandeln. Dies gilt auch dann, wenn der Stpfl. an der ausschüttenden Körperschaft gemäß § 17 EStG beteiligt ist. Der Teil der Ausschüttung einer Körperschaft, der aus dem steuerlichen Einlagekonto i. S. d. § 27 KStG finanziert ist, führt zu einer Minderung der Anschaffungskosten der Beteiligung. Zur Veräußerung von Anteilen i. S. d. § 17 EStG (→ BFH vom 19.7.1994 – BStBl. 1995 II S. 362); zu den Auswirkungen bei § 20 Abs. 2 EStG (→ BMF vom 9.10.2012 (BStBl. I S. 950), Rz. 92).[2]
- Zur Bescheinigung der Leistungen, die als Abgang auf dem steuerlichen Einlagekonto zu berücksichtigen sind, durch die Kapitalgesellschaft → § 27 Abs. 3 KStG.

Erstattungszinsen nach § 233a AO

Aus Gründen sachlicher Härte sind auf Antrag Erstattungszinsen im Sinne des § 233a AO nach § 163 AO nicht in die Steuerbemessungsgrundlage einzubeziehen, soweit ihnen nicht abziehbare Nachforderungszinsen gegenüberstehen, die auf ein- und demselben Ereignis beruhen (BMF vom 5.10.2000 – BStBl. I S. 1508).[3]

Erträge aus Lebensversicherungen (Vertragsabschluss vor dem 1.1.1974)

Zinsen aus Sparanteilen aus Beiträgen für vor dem 1.1.1974 abgeschlossene Lebensversicherungen sind nicht steuerbar (→ BFH vom 29.5.2012 – BStBl. 2013 II S. 115).

---

1) Siehe Anlage § 015-07.
2) Siehe Anlage § 020-08.
3) Siehe Anlage § 020-04.

R 20.2 § 20

Erträge aus Lebensversicherungen (Vertragsabschluss vor dem 1.1.2005)
- *BMF vom 31.8.1979 (BStBl. I S. 592) zur steuerlichen Behandlung der rechnungsmäßigen und außerrechnungsmäßigen Zinsen aus Lebensversicherungen.* [1]
- *→ BMF vom 13.11.1985 (BStBl. I S. 661) zum Näherungsverfahren zur Berechnung der rechnungsmäßigen und außerrechnungsmäßigen Zinsen.* [2]
- *→ BMF vom 27.7.1995 (BStBl. I S.371) unter Berücksichtigung der Änderungen durch BMF vom 25.3.2002 (BStBl. I S. 476) zur gesonderten Feststellung der Steuerpflicht von Zinsen aus einer Lebensversicherung.* [3]
- *→ BMF vom 15.6.2000 (BStBl. I S. 1118) zu Finanzierungen unter Einsatz von Lebensversicherungsverträgen (Policendarlehen).* [4]
- *Zinsen aus einer vor dem 1.1.2005 abgeschlossenen Kapitallebensversicherung, die nach Ablauf eines Zeitraums von mehr als 12 Jahren nach Vertragsabschluss bei Weiterführung gezahlt werden, sind in entsprechender Anwendung des § 20 Abs. 1 Nr. 6 Satz 2 EStG in der am 31.12.2004 geltenden Fassung steuerfrei (→ BFH vom 12.10.2005 – BStBl. 2006 II S. 251).*
- *Die Steuerbefreiung in § 20 Abs. 1 Nr. 6 Satz 2 EStG in der am 31.12.2004 geltenden Fassung für Zinsen aus Lebensversicherungen ist nicht an die Voraussetzungen des Sonderausgabenabzugs für die Versicherungsbeiträge geknüpft. Es ist daher unschädlich, wenn der ausländischen Lebensversicherungsgesellschaft die Erlaubnis zum Betrieb eines nach § 10 Abs. 2 Satz 1 Nr. 2 Buchstabe a EStG in der am 31.12.2004 geltenden Fassung begünstigten Versicherungszweigs im Inland nicht erteilt worden ist (→ BFH vom 1.3.2005 – BStBl. 2006 II S. 365).*

Erträge aus Lebensversicherungen (Vertragsabschluss nach dem 31.12.2004)
Besteuerung von Versicherungserträgen i. S. d. § 20 Abs. 1 Nr. 6 EStG → BMF vom 1.10.2009 (BStBl. I S. 1172) unter Berücksichtigung der Änderungen durch BMF vom 6.3.2012 (BStBl. I S. 238) und dem BFH vom 18.6.2013 (BStBl. I S. 768). [5]

Ferienwohnung
Überlässt eine AG satzungsgemäß ihren Aktionären Ferienwohnungen zur zeitlich vorübergehenden Nutzung nach Maßgabe eines Wohnberechtigungspunktesystems, so erzielt der Aktionär mit der Nutzung Kapitalerträge (→ BFH vom 16.12.1992 – BStBl. 1993 II S. 399).

Hochzins- und Umtauschanleihen
→ BMF vom 2.3.2001 (BStBl. I S. 206).

Investmentanteile
→ BMF vom 18.8.2009 (BStBl. I S. 931) unter Berücksichtigung der Änderungen der Rz. 297 durch BMF vom 21.5.2013 (BStBl. I S. 726).

Pflichtteilsansprüche
Verzichtet ein Kind gegenüber seinen Eltern auf künftige Pflichtteilsansprüche und erhält es dafür im Gegenzug von den Eltern wiederkehrende Zahlungen, so liegt darin kein entgeltlicher Leistungsaustausch und keine Kapitalüberlassung des Kindes an die Eltern, so dass in den wiederkehrenden Zahlungen kein einkommensteuerbarer Zinsanteil enthalten ist (→ BFH vom 9.2.2010 – BStBl. II S.818. Anders ist die Rechtslage zu beurteilen, wenn der Erbfall bereits eingetreten ist und ein Pflichtteilsberechtigter vom Erben unter Anrechnung auf seinen Pflichtteil wiederkehrende Leistungen erhält. In einem solchen Fall ist das Merkmal der Überlassung von Kapital zur Nutzung i. S. d. § 20 Abs. 1 Nr. 7 EStG jedenfalls dann erfüllt, wenn der Bedachte rechtlich befugt ist, den niedrigeren Barwert im Rahmen seines Pflichtteilsanspruchs geltend zu machen (→ BFH vom 26.11.1992 – BStBl. 1993 II S. 298).

Rückgängigmachung einer Gewinnausschüttung
Die Gewinnausschüttung einer Kapitalgesellschaft bleibt bei dem Gesellschafter auch dann eine Einnahme aus Kapitalvermögen, wenn der Gewinnverteilungsbeschluss auf Grund eines Rückforderungsanspruchs der Gesellschaft rückgängig gemacht werden kann oder aufgehoben wird (→ BFH vom 1.3.1977 – BStBl. II S. 545). Das gilt auch bei einer Verpflichtung zur

---

1) Siehe Anlage § 020-02.
2) Siehe Anlage § 020-03.
3) Siehe Anlage § 010-03.
4) Siehe Anlage § 010-02.
5) Siehe Anlage § 020-07.

Rückzahlung einer offenen Gewinnausschüttung; die Rückzahlung stellt keine negative Einnahme dar (→ BFH vom 29.8.2000 – BStBl. 2001 II S. 173).

Schenkung unter Auflage

Wird ein geschenkter Geldbetrag entsprechend der Auflage des Schenkers vom Beschenkten angelegt, erzielt dieser hieraus auch dann Einkünfte aus Kapitalvermögen, wenn er die Erträge entsprechend einer weiteren Auflage weiterzuleiten hat (→ BFH vom 26.11.1997 – BStBl. 1998 II S. 190).

Schneeballsystem

– *Beteiligt sich ein Kapitalanleger an einem sog. Schneeballsystem, mit dem ihm vorgetäuscht wird, in seinem Auftrag und für seine Rechnung würden Geschäfte auf dem Kapitalmarkt getätigt, ist der vom Kapitalanleger angenommene Sachverhalt der Besteuerung zugrunde zu legen.*

– *Gutschriften aus Schneeballsystemen führen zu Einnahmen aus Kapitalvermögen, wenn der Betreiber des Schneeballsystems bei entsprechendem Verlangen des Anlegers zur Auszahlung der gutgeschriebenen Beträge leistungsbereit und leistungsfähig gewesen wäre. An der Leistungsbereitschaft des Betreibers des Schneeballsystems kann es fehlen, wenn er auf einen Auszahlungswunsch des Anlegers hin eine sofortige Auszahlung ablehnt und stattdessen über anderweitige Zahlungsmodalitäten verhandelt. Entscheidend ist, ob der Anleger in seinem konkreten Fall eine Auszahlung hätte erreichen können. Auf eine hypothetische Zahlung an alle Anleger ist nicht abzustellen (→ BFH vom 16.3.2010 – BStBl. 2014 II S. 147, vom 11.2.2014 – BStBl. II S. 461 und vom 2.4.2014 – BStBl. II S. 698).*

Stiftung

Unter § 20 Abs. 1 Nr. 9 EStG fallen alle wiederkehrenden oder einmaligen Leistungen einer Stiftung, die von den Beschluss fassenden Stiftungsgremien aus den Erträgen der Stiftung an den Stifter, seine Angehörigen oder deren Abkömmlinge ausgekehrt werden. Dies gilt auch, wenn die Leistungen anlässlich der Auflösung der Stiftung erbracht werden (→ BMF vom 27.6.2006 – BStBl. I S. 417).

Stiller Gesellschafter

– *Zu den Einnahmen aus Kapitalvermögen gehören auch alle Vorteile, die ein typischer stiller Gesellschafter als Gegenleistung für die Überlassung der Einlage erhält, z. B. Bezüge auf Grund von Wertsicherungsklauseln oder von Kursgarantien, ein Damnum und ein Aufgeld. Dazu gehört auch ein im Fall der Veräußerung der stillen Beteiligung über den Betrag der Einlage hinaus erzielter Mehrerlös, soweit dieser auf einen Anteil am Gewinn eines bereits abgelaufenen Wirtschaftsjahr entfällt (→ BFH vom 11.2.1981 – BStBl. II S. 465) oder soweit er ein anders bemessenes Entgelt für die Überlassung der Einlage darstellt (→ BFH vom 14.2.1984 – BStBl. II S. 580),*

– *Gewinnanteile aus einer stillen Beteiligung, die zur Wiederauffüllung einer durch Verluste geminderten Einlage dienen, sind Einnahmen aus Kapitalvermögen (→ BFH vom 24.1.1990 – BStBl. 1991 II S. 147); bei negativem Einlagekonto → H 20.1.*

– *Auch der Mehrheitsgesellschafter einer Kapitalgesellschaft kann daneben typisch stiller Gesellschafter der Kapitalgesellschaft sein, dessen Gewinnanteil zu den Einnahmen aus Kapitalvermögen gehört (→ BFH vom 21.6.1983 – BStBl. II S. 563),*

– *§ 20 Abs.1 Nr. 4 EStG ist auf Gewinnanteile aus typischen Unterbeteiligungen entsprechend anzuwenden (→ BFH vom 28.11.1990 – BStBl. 1991 II S. 313).*

– *Für die Annahme einer stillen Gesellschaft können – vor allem in Grenzfällen – von den Vertragsparteien gewählte Formulierungen indizielle Bedeutung haben; entscheidend ist, was die Vertragsparteien wirtschaftlich gewollt haben und ob der – unter Heranziehung aller Umstände zu ermittelnde – Vertragswille auf die Merkmale einer (stillen) Gesellschaft gerichtet ist. (→ BFH vom 28.10.2008 – BStBl. 2009 II S. 190) Dabei darf der für eine stille Gesellschaft erforderliche gemeinsame Zweck der Gesellschafter nicht mit den Motiven für ihre Beteiligung vermengt werden. Dass Kapitalanleger und Fondsgesellschaft beide das Ziel verfolgen, durch Handel an internationalen Finanzterminmärkten mittelfristig einen Kapitalzuwachs zu erreichen, reicht für die Annahme eines gemeinsamen Zwecks nicht aus. Ein gemeinsamer Zweck verlangt zwischen Anleger und Anlagegesellschaft ein substantielles „Mehr" als die bloße Kapitalhingabe und dessen Verwendung (→ BFH vom 8.4.2008 – BStBl. II S. 852).*

– Stellt ein Kapitalanleger einem Unternehmer unter Gewährung einer Erfolgsbeteiligung Geldbeträge zur Verfügung, die dieser an Brokerfirmen für Börsentermingeschäfte oder an Fonds weiterleiten soll, kann eine solche Vereinbarung eine typisch stille Gesellschaft begründen (→ BFH vom 28.10.2008 – BStBl. 2009 II S. 190).

Stückzinsen

→ BMF vom 9.10.2012 (BStBl. I S. 950), Rzn. 49 – 51. [1)]

Treuhandverhältnis

Der Treugeber als wirtschaftlicher Inhaber einer Kapitalforderung erzielt die Einkünfte aus Kapitalvermögen (→ BFH vom 24.11.2009 – BStBl. 2010 II S. 590).

Unverzinsliche Kaufpreisraten

Ein Zinsanteil ist auch in unverzinslichen Forderungen enthalten, deren Laufzeit mehr als ein Jahr beträgt und die zu einem bestimmten Zeitpunkt fällig werden (→ BFH vom 21.10.1980 – BStBl. 1981 II S. 160). Dies gilt auch dann, wenn die Vertragsparteien eine Verzinsung ausdrücklich ausgeschlossen haben (→ BFH vom 25.6.1974 – BStBl. 1975 II S. 431).

Veräußerung von Ansprüchen aus Lebensversicherungen

führt nicht zur Besteuerung eines etwaigen Überschusses des Veräußerungserlöses über die eingezahlten Versicherungsbeiträge (→ BMF vom 22.8.2002 – BStBl. I S. 827, RdNr. 32).

Verdeckte Gewinnausschüttung an nahestehende Personen

Die der nahestehenden Personen zugeflossene verdeckte Gewinnausschüttung ist stets dem Gesellschafter als Einnahme zuzurechnen (→ BMF vom 20.5.1999 – BStBl. I S. 514).

Zahlungseinstellung der Emittenten

Zur Behandlung der Einnahmen aus der Veräußerung oder Abtretung einer Kapitalanlage bei vorübergehender oder endgültiger Zahlungseinstellung des Emittenten → BMF vom 14.7.2004 – BStBl. I S. 611).

Zinsen und Nebenleistungen aus einer durch Versteigerung realisierten Grundschuld

Zinsen i. S. v. § 1191 Abs. 2 BGB, denen kein Kapitalnutzungsverhältnis zugrunde liegt, unterliegen wegen ihrer ausdrücklichen Erwähnung in § 20 Abs. 1 Nr. 5 EStG der Besteuerung. Sie sind demjenigen zuzurechnen, der im Zeitpunkt des Zuschlagsbeschlusses aus der Grundschuld berechtigt ist und bei dem deshalb erstmals der Anspruch auf Ersatz des Wertes der Grundschuld aus dem Versteigerungserlös entsteht. Dagegen ist der dem Grundschuldgläubiger aus dem Versteigerungserlös zufließende Betrag nicht steuerbar, soweit er auf eine Nebenleistung i. S. v. § 1191 Abs. 2 BGB entfällt (→ BFH vom 11.4.2012 – BStBl. II S. 496).

Zuflusszeitpunkt bei Gewinnausschüttungen

1. **Grundsatz**

   Einnahmen aus Kapitalvermögen sind zugeflossen, sobald der Steuerpflichtige über sie wirtschaftlich verfügen kann (→ BFH vom 8.10.1991 – BStBl. 1992 II S. 174). Gewinnausschüttungen sind dem Gesellschafter schon dann zugeflossen, wenn sie ihm z. B. auf einem Verrechnungskonto bei der leistungsfähigen Kapitalgesellschaft gutgeschrieben worden sind, über das der Gesellschafter verfügen kann, oder wenn der Gesellschafter aus eigenem Interesse (z. B. bei einer Novation) seine Gewinnanteile in der Gesellschaft belässt (→ BFH vom 14. 2.1984 – BStBl. II S. 480).

2. **Beherrschender Gesellschafter/Alleingesellschafter**

   Gewinnausschüttungen an den beherrschenden Gesellschafter oder an den Alleingesellschafter einer zahlungsfähigen Kapitalgesellschaft sind diesem in der Regel auch dann zum Zeitpunkt der Beschlussfassung über die Gewinnverwendung im Sinne des § 11 Abs. 1 Satz 1 EStG zugeflossen, wenn die Gesellschafterversammlung eine spätere Fälligkeit des Auszahlungsanspruchs beschlossen hat (→ BFH vom 17.11.1998 – BStBl. 1999 II S. 223).

3. **Verschiebung des Auszahlungstags**

   Zur Frage des Zeitpunkts des Zuflusses bei Verschiebung des Auszahlungstags, wenn eine Kapitalgesellschaft von mehreren Personen gemeinsam beherrscht wird oder die Satzung Bestimmungen über Gewinnabhebungen oder Auszahlungen zu einem späteren Zeitpunkt als dem Gewinnverteilungsbeschluss enthält, → BFH vom 21.10.1981 (BStBl. 1982 II S. 139).

[1)] Siehe Anlage § 020-08.

§ 20 R 20.3

EStR 2012 zu § 20 EStG

R 20.3 Sparer-Freibetrag (bis einschl. VZ 2008)
– nicht abgedruckt, da ab VZ 2009 ohne Bedeutung –

Rechtsprechungsauswahl

BFH vom 11.2.14 VIII R 25/12 (BStBl. II S. 461): Zufluss von Einnahmen aus Schneeballsystemen

BFH vom 29.10.13 VIII R 13/11 (BStBl. 2014 II S. 251): Zinsen auf nachträgliche Anschaffungskosten einer aufgegebenen GmbH-Beteiligung sind auch dann als Werbungskosten bei § 20 EStG. zu berücksichtigen, wenn der Aufgabezeitpunkt vor 1999 lag

BFH vom 12.11.13 VIII R 36/10 (BStBl. 2014 II S. 168): Erstattungszinsen sind steuerbare Einnahmen aus Kapitalvermögen, die nicht nach § 34 EStG tarifermäßigt sind – § 20 Abs. 1 Nr. 7 Satz 3 EStG. i. d. F. des JStG. 2010 verstößt nicht gegen Verfassungsrecht

BFH vom 23.10.13 X R 3/11 (BStBl. 2014 II S. 58): Kapitalleistungen berufsständischer Versorgungseinrichtungen sind steuerpflichtig, können aber ermäßigt besteuert werden

BFH vom 27.8.13 VIII R 3/11 (BStBl. 2014 II S. 560): Kein Werbungskostenabzug von Zinsaufwendungen aus der Fremdfinanzierung von Beiträgen zu einer Lebensversicherung, die nicht zu steuerpflichtigen Erträgen führt

BFH vom 17.4.13 X R 18/11 (BStBl. 2014 II S. 15): Private Rentenversicherung: Einheitliche Beurteilung der Garantierente und der Überschussbeteiligung

BFH vom 12.10.11 VIII R 49/09 (BStBl. 2014 II S. 156): Keine unmittelbare und ausschließliche Verwendung von Policendarlehen zur Finanzierung von Anschaffungs- und Herstellungskosten bei Verwendung für eine Zinscap-Gebühr

BFH vom 12.10.11 VIII R 30/09 (BStBl. 2014 II S. 153): Steuerpflicht von Zinsen aus Lebensversicherungen; ein Umschuldungsdarlehen, das höher ist als die umzuschuldende Restschuld, führt regelmäßig zu einer steuerschädlichen Darlehensverwendung

BFH vom 16.3.10 VIII R 4/07 (BStBl. 2014 II S. 147): Zufluss von Kapitaleinnahmen aus Schneeballsystem

BFH vom 6.8.13 VIII R 10/10 (BStBl. II S. 862): Zurechnung einer verdeckten Gewinnausschüttung bei verdeckter Treuhand

BFH vom 12.12.12 I R 27/12 (BStBl. 2013 II S. 682): Gewinne aus der Veräußerung von vor dem 1. Januar 2009 erworbenen obligationsähnlichen Genussrechten unterliegen auch nach Einführung der Abgeltungsteuer nicht dem Kapitalertragsteuerabzug

BFH vom 29.5.12 VIII R 16/10 (BStBl. 2013 II S. 115): Keine Steuerbarkeit von Zinsen aus Sparanteilen aus Beiträgen für vor dem 1. Januar 1974 abgeschlossene Lebensversicherungen

§ 21

f) Vermietung und Verpachtung (§ 2 Abs. 1 Satz 1 Nr. 6)

(1) ¹Einkünfte aus Vermietung und Verpachtung sind

1. Einkünfte aus Vermietung und Verpachtung von unbeweglichem Vermögen, insbesondere von Grundstücken, Gebäuden, Gebäudeteilen, Schiffen, die in ein Schiffsregister eingetragen sind, und Rechten, die den Vorschriften des bürgerlichen Rechts über Grundstücke unterliegen (z. B. Erbbaurecht, Mineralgewinnungsrecht);
2. Einkünfte aus Vermietung und Verpachtung von Sachinbegriffen, insbesondere von beweglichem Betriebsvermögen;
3. Einkünfte aus zeitlich begrenzter Überlassung von Rechten, insbesondere von schriftstellerischen, künstlerischen und gewerblichen Urheberrechten, von gewerblichen Erfahrungen und von Gerechtigkeiten und Gefällen;
4. Einkünfte aus der Veräußerung von Miet- und Pachtzinsforderungen, auch dann, wenn die Einkünfte im Veräußerungspreis von Grundstücken enthalten sind und die Miet- oder Pachtzinsen sich auf einen Zeitraum beziehen, in dem der Veräußerer noch Besitzer war.

²§§ 15a und 15b sind sinngemäß anzuwenden.

(2) ¹Beträgt das Entgelt für die Überlassung einer Wohnung zu Wohnzwecken weniger als 66 Prozent der ortsüblichen Marktmiete, so ist die Nutzungsüberlassung in einen entgeltlichen und einen unentgeltlichen Teil aufzuteilen. ²Beträgt das Entgelt bei auf Dauer angelegter Wohnungsvermietung mindestens 66 Prozent der ortsüblichen Miete, gilt die Wohnungsvermietung als entgeltlich.

(3) Einkünfte der in den Absätzen 1 und 2 bezeichneten Art sind Einkünften aus anderen Einkunftsarten zuzurechnen, soweit sie zu diesen gehören.

EStDV

§ 82a Erhöhte Absetzungen von Herstellungskosten und Sonderbehandlung von Erhaltungsaufwand für bestimmte Anlagen und Einrichtungen bei Gebäuden

(1) ¹Der Steuerpflichtige kann von den Herstellungskosten

1. *für Maßnahmen, die für den Anschluss eines im Inland belegenen Gebäudes an eine Fernwärmeversorgung einschließlich der Anbindung an das Heizsystem erforderlich sind, wenn die Fernwärmeversorgung überwiegend aus Anlagen der Kraft-Wärme-Kopplung, zur Verbrennung von Müll oder zur Verwertung von Abwärme gespeist wird,*

2. *für den Einbau von Wärmepumpenanlagen, Solaranlagen und Anlagen zur Wärmerückgewinnung in einem im Inland belegenen Gebäude einschließlich der Anbindung an das Heizsystem,*

3. *für die Errichtung von Windkraftanlagen, wenn die mit diesen Anlagen erzeugte Energie überwiegend entweder unmittelbar oder durch Verrechnung mit Elektrizitätsbezügen des Steuerpflichtigen von einem Elektrizitätsversorgungsunternehmen zur Versorgung eines im Inland belegenen Gebäudes des Steuerpflichtigen verwendet wird, einschließlich der Anbindung an das Versorgungssystem des Gebäudes,*

4. *für die Errichtung von Anlagen zur Gewinnung von Gas, das aus pflanzlichen oder tierischen Abfallstoffen durch Gärung unter Sauerstoffabschluss entsteht, wenn dieses Gas zur Beheizung eines im Inland belegenen Gebäudes des Steuerpflichtigen oder zur Warmwasserbereitung in einem solchen Gebäude des Steuerpflichtigen verwendet wird, einschließlich der Anbindung an das Versorgungssystem des Gebäudes,*

5. *für den Einbau einer Warmwasseranlage zur Versorgung von mehr als einer Zapfstelle und einer zentralen Heizungsanlage oder bei einer zentralen Heizungs- und Warmwasseranlage für den Einbau eines Heizkessels, eines Brenners, einer zentralen Steuerungseinrichtung, einer Wärmeabgabeeinrichtung und eine Änderung der Abgasanlage in einem im Inland belegenen Gebäude*

§ 21 *EStDV 82a- 82g*

oder in einer im Inland belegenen Eigentumswohnung, wenn mit der Maßnahme nicht vor Ablauf von zehn Jahren seit Fertigstellung dieses Gebäudes begonnen worden ist,

an Stelle der nach § 7 Abs. 4 oder 5 oder § 7b des Gesetzes zu bemessenden Absetzungen für Abnutzung im Jahr der Herstellung und in den folgenden neun Jahren jeweils bis zu 10 Prozent absetzen. ²Nach Ablauf dieser zehn Jahre ist ein etwa noch vorhandener Restwert den Anschaffungs- oder Herstellungskosten des Gebäudes oder dem an deren Stelle tretenden Wert hinzuzurechnen; die weiteren Absetzungen für Abnutzung sind einheitlich für das gesamte Gebäude nach dem sich hiernach ergebenden Betrag und dem für das Gebäude maßgebenden Hundertsatz zu bemessen. ³Voraussetzung für die Inanspruchnahme der erhöhten Absetzungen ist, dass das Gebäude in den Fällen der Nummer 1 vor dem 1. Juli 1983 fertiggestellt worden ist; die Voraussetzung entfällt, wenn der Anschluss nicht schon im Zusammenhang mit der Errichtung des Gebäudes möglich war.

(2) Die erhöhten Absetzungen können nicht vorgenommen werden, wenn für dieselbe Maßnahme eine Investitionszulage gewährt wird.

(3) ¹Sind die Aufwendungen für eine Maßnahme im Sinne des Absatzes 1 Erhaltungsaufwand und entstehen sie bei einer zu eigenen Wohnzwecken genutzten Wohnung im eigenen Haus, deren Nutzungswert nicht mehr besteuert wird, und liegen in den Fällen des Absatzes 1 Nr. 1 die Voraussetzungen des Absatzes 1 Satz 3 vor, können die Aufwendungen wie Sonderausgaben abgezogen werden; sie sind auf das Jahr, in dem die Arbeiten abgeschlossen worden sind, und die neun folgenden Jahre gleichmäßig zu verteilen. ²Entsprechendes gilt bei Aufwendungen zur Anschaffung neuer Einzelöfen für eine Wohnung, wenn keine zentrale Heizungsanlage vorhanden ist und die Wohnung seit mindestens zehn Jahren fertiggestellt ist. ³§ 82b Abs. 2 und 3 gilt entsprechend.

§ 82b Behandlung größeren Erhaltungsaufwands bei Wohngebäuden

(1) ¹Der Steuerpflichtige kann größere Aufwendungen für die Erhaltung von Gebäuden, die im Zeitpunkt der Leistung des Erhaltungsaufwands nicht zu einem Betriebsvermögen gehören und überwiegend Wohnzwecken dienen, abweichend von § 11 Abs. 2 des Gesetzes auf zwei bis fünf Jahre gleichmäßig verteilen. ²Ein Gebäude dient überwiegend Wohnzwecken, wenn die Grundfläche der Wohnzwecken dienenden Räume des Gebäudes mehr als die Hälfte der gesamten Nutzfläche beträgt. ³Zum Gebäude gehörende Garagen sind ohne Rücksicht auf ihre tatsächliche Nutzung als Wohnzwecken dienend zu behandeln, soweit in ihnen nicht mehr als ein Personenkraftwagen für jede in dem Gebäude befindliche Wohnung untergestellt werden kann. ⁴Räume für die Unterstellung weiterer Kraftwagen sind stets als nicht Wohnzwecken dienend zu behandeln.

(2) ¹Wird das Gebäude während des Verteilungszeitraums veräußert, ist der noch nicht berücksichtigte Teil des Erhaltungsaufwands im Jahr der Veräußerung als Werbungskosten abzusetzen. ²Das Gleiche gilt, wenn ein Gebäude in ein Betriebsvermögen eingebracht oder nicht mehr zur Einkunftserzielung genutzt wird.

(3) Steht das Gebäude im Eigentum mehrerer Personen, so ist der in Absatz 1 bezeichnete Erhaltungsaufwand von allen Eigentümern auf den gleichen Zeitraum zu verteilen.

§§ 82c bis 82e (weggefallen)

§ 82f (zu § 51 EStG abgedruckt)

§ 82g Erhöhte Absetzungen von Herstellungskosten für bestimmte Baumaßnahmen

¹Der Steuerpflichtige kann von den durch Zuschüsse aus Sanierungs- oder Entwicklungsförderungsmitteln nicht gedeckten Herstellungskosten für Modernisierungs- und Instandsetzungsmaßnahmen im Sinne des § 177 des Baugesetzbuchs[1]) sowie für Maßnahmen, die der Erhaltung, Erneuerung und funktionsgerechten Verwendung eines Gebäudes dienen, das wegen seiner geschichtlichen, künstlerischen oder städtebaulichen Bedeutung erhalten bleiben soll, und zu deren Durchführung sich der Eigentümer neben bestimmten Modernisierungsmaßnahmen gegenüber der Gemeinde verpflichtet hat, die für Gebäude in einem förmlich festgelegten Sanierungsgebiet oder städtebaulichen Entwicklungsbereich aufgewendet worden sind, an Stelle der nach § 7 Abs. 4 oder 5

---

1) Siehe Anhang 19.

oder § 7b des Gesetzes zu bemessenden Absetzungen für Abnutzung im Jahr der Herstellung und in den neun folgenden Jahren jeweils bis zu 10 Prozent absetzen. ²§ 82a Abs. 1 Satz 2 gilt entsprechend. ³Satz 1 ist anzuwenden, wenn der Steuerpflichtige eine Bescheinigung der zuständigen Gemeindebehörde vorlegt, dass er Baumaßnahmen im Sinne des Satzes 1 durchgeführt hat; sind ihm Zuschüsse aus Sanierungs- oder Entwicklungsförderungsmitteln gewährt worden, so hat die Bescheinigung auch deren Höhe zu enthalten.

§ 82h (weggefallen)

§ 82i Erhöhte Absetzungen von Herstellungskosten bei Baudenkmälern

(1) ¹Bei einem Gebäude, das nach den jeweiligen landesrechtlichen Vorschriften ein Baudenkmal ist, kann der Steuerpflichtige von den Herstellungskosten für Baumaßnahmen, die nach Art und Umfang zur Erhaltung des Gebäudes als Baudenkmal und zu seiner sinnvollen Nutzung erforderlich sind und die nach Abstimmung mit der in Absatz 2 bezeichneten Stelle durchgeführt worden sind, an Stelle der nach § 7 Abs. 4 des Gesetzes zu bemessenden Absetzungen für Abnutzung im Jahr der Herstellung und in den neun folgenden Jahren jeweils bis zu 10 Prozent absetzen. ²Eine sinnvolle Nutzung ist nur anzunehmen, wenn das Gebäude in der Weise genutzt wird, dass die Erhaltung der schützenswerten Substanz des Gebäudes auf die Dauer gewährleistet ist. ³Bei einem Gebäudeteil, der nach den jeweiligen landesrechtlichen Vorschriften ein Baudenkmal ist, sind die Sätze 1 und 2 entsprechend anzuwenden. ⁴Bei einem Gebäude, das für sich allein nicht die Voraussetzungen für ein Baudenkmal erfüllt, aber Teil einer Gebäudegruppe oder Gesamtanlage ist, die nach den jeweiligen landesrechtlichen Vorschriften als Einheit geschützt ist, können die erhöhten Absetzungen von den Herstellungskosten der Gebäudeteile und Maßnahmen vorgenommen werden, die nach Art und Umfang zur Erhaltung des schützenswerten Erscheinungsbildes der Gruppe oder Anlage erforderlich sind. ⁵§ 82a Abs. 1 Satz 2 gilt entsprechend.

(2) Die erhöhten Absetzungen können nur in Anspruch genommen werden, wenn der Steuerpflichtige die Voraussetzungen des Absatzes 1 für das Gebäude oder den Gebäudeteil und für die Erforderlichkeit der Herstellungskosten durch eine Bescheinigung der nach Landesrecht zuständigen oder von der Landesregierung bestimmten Stelle nachweist.

§ 82k (weggefallen)

EStR und Hinweise
EStR 2012 zu § 21 EStG

R 21.1 Erhaltungsaufwand und Herstellungsaufwand

(1) ¹Aufwendungen für die Erneuerung von bereits vorhandenen Teilen, Einrichtungen oder Anlagen sind regelmäßig → Erhaltungsaufwand. ²Zum → Erhaltungsaufwand gehören z. B. Aufwendungen für den Einbau messtechnischer Anlagen zur verbrauchsabhängigen Abrechnung von Heiz- und Wasserkosten oder für den Einbau einer privaten Breitbandanlage und einmalige Gebühren für den Anschluss privater Breitbandanlagen an das öffentliche Breitbandnetz bei bestehenden Gebäuden.

(2) ¹Nach der Fertigstellung des Gebäudes ist → Herstellungsaufwand anzunehmen, wenn Aufwendungen durch den Verbrauch von Gütern und die Inanspruchnahme von Diensten für die Erweiterung oder für die über den ursprünglichen Zustand hinausgehende wesentliche Verbesserung eines Gebäudes entstehen (→ § 255 Abs. 2 Satz 1 HGB)[1]. ²Betragen die Aufwendungen nach Fertigstellung eines Gebäudes für die einzelne Baumaßnahme nicht mehr als 4 000 Euro (Rechnungsbetrag ohne Umsatzsteuer) je Gebäude, ist auf Antrag dieser Aufwand stets als Erhaltungsaufwand zu behandeln. ³Auf Aufwendungen, die der endgültigen Fertigstellung eines neu errichteten Gebäudes dienen, ist die Vereinfachungsregelung jedoch nicht anzuwenden.

(3) ¹Kosten für die gärtnerische Gestaltung der Grundstücksfläche bei einem Wohngebäude gehören nur zu den Herstellungskosten des Gebäudes, soweit diese Kosten für das Anpflanzen von Hecken, Büschen und Bäumen an den Grundstücksgrenzen („lebende Umzäunung") entstanden sind. ²Im Übrigen bildet die bepflanzte Gartenanlage ein selbständiges Wirtschaftsgut. ³Bei Gartenanlagen, die die Mieter mitbenutzen dürfen, und bei Vorgärten sind die Herstellungskosten der gärtnerischen Anlage gleichmäßig auf deren regelmäßig 10 Jahre betragende Nutzungsdauer zu verteilen. ⁴Aufwendungen für die In-

---
1) Siehe Anhang 15.

§ 21 R 21.1

standhaltung der Gartenanlagen können sofort abgezogen werden. ⁵Absatz 2 Satz 2 ist sinngemäß anzuwenden. ⁶Soweit Aufwendungen für den Nutzgarten des Eigentümers und für Gartenanlagen, die die Mieter nicht nutzen dürfen, entstehen, gehören sie zu den nach § 12 Nr. 1 EStG nicht abziehbaren Kosten (grundsätzlich Aufteilung nach der Zahl der zur Nutzung befugten Mietparteien). ⁷Auf die in Nutzgärten befindlichen Anlagen sind die allgemeinen Grundsätze anzuwenden.

(4) Die Merkmale zur Abgrenzung von Erhaltungs- und Herstellungsaufwand bei Gebäuden gelten bei selbständigen Gebäudeteilen (→ hierzu R 4.2 Abs. 4 und 5) entsprechend.

(5) ¹Werden Teile der Wohnung oder des Gebäudes zu eigenen Wohnzwecken genutzt, sind die Herstellungs- und Anschaffungskosten sowie die Erhaltungsaufwendungen um den Teil der Aufwendungen zu kürzen, der nach objektiven Merkmalen und Unterlagen leicht und einwandfrei dem selbstgenutzten Teil zugeordnet werden kann. ²Soweit sich die Aufwendungen nicht eindeutig zuordnen lassen, sind sie um den Teil, der auf eigene Wohnzwecke entfällt, nach dem Verhältnis der Nutzflächen zu kürzen.

(6) ¹Bei der Verteilung von Erhaltungsaufwand nach § 82b EStDV kann für die in dem jeweiligen VZ geleisteten Erhaltungsaufwendungen ein besonderer Verteilungszeitraum gebildet werden. ²Wird das Eigentum an einem Gebäude unentgeltlich auf einen anderen übertragen, kann der Rechtsnachfolger Erhaltungsaufwand noch in dem von seinem Rechtsvorgänger gewählten restlichen Verteilungszeitraum geltend machen. ³Dabei ist der Teil des Erhaltungsaufwands, der auf den VZ des Eigentumswechsels entfällt, entsprechend der Besitzdauer auf den Rechtsvorgänger und den Rechtsnachfolger aufzuteilen.

Hinweise

H 21.1 Abgrenzung von Anschaffungs-, Herstellungskosten und Erhaltungsaufwendungen

– *bei Instandsetzung und Modernisierung von Gebäuden* → *BMF vom 18.7.2003 (BStBl. I S. 386)* [1])
– *Instandsetzungs- und Modernisierungsaufwendungen für ein Gebäude sind nicht allein deshalb als Herstellungskosten zu beurteilen, weil das Gebäude wegen Abnutzung und Verwahrlosung nicht mehr vermietbar ist, sondern nur bei schweren Substanzschäden an den für die Nutzbarkeit als Bau und die Nutzungsdauer des Gebäudes bestimmenden Teilen (→ BFH vom 13.10.1998 – BStBl. 1999 II S. 282).*
– *Bei der Prüfung, ob Herstellungsaufwand vorliegt, darf nicht auf das gesamte Gebäude abgestellt werden, sondern nur auf den entsprechenden Gebäudeteil, wenn das Gebäude in unterschiedlicher Weise genutzt wird und deshalb mehrere Wirtschaftsgüter umfasst (→ BFH vom 25.9.2007 – BStBl. 2008 II S. 218).*

Anschaffungsnahe Herstellungskosten

→ *BMF vom 18.7.2003 (BStBl. I S. 386, Rz. 38).* [2])

→ R 6.4 Abs. 1 und H 6.4

Erhaltungsaufwand

– *Bei Instandsetzung und Modernisierung von Gebäuden* → *BMF vom 18.7.2003 (BStBl. I S. 386).* [3])
– → *H 21.2*

Herstellungsaufwand nach Fertigstellung

– *BMF vom 18.7.2003 (BStBl. I S. 386).* [4])
– *Zu Besonderheiten bei Teileigentum* → *BFH vom 19.9.1995 (BStBl. 1996 II S. 131).*

Verteilung des Erhaltungsaufwands nach §82b EStDV

– *Keine Übertragung des Anteils eines Jahres auf ein anderes Jahr (→ BFH vom 26.10.1977 – BStBl. 1978 II S. 367).*
– *Größere Erhaltungsaufwendungen, die das FA im Jahr ihrer Entstehung bestandskräftig zu Unrecht als Herstellungskosten behandelt hat, können gleichmäßig anteilig auf die Folgejahre verteilt werden. Der auf das Jahr der Entstehung entfallende Anteil der Aufwendungen*

---

1) Siehe Anlage § 021-01.
2) Siehe Anlage § 021-01.
3) Siehe Anlage § 021-01.
4) Siehe Anlage § 021-01.

bleibt dabei unberücksichtigt. Die AfA-Bemessungsgrundlage ist insoweit für die Folgejahre zu korrigieren (→ BFH vom 27.10.1992 – BStBl. 1993 II S. 591),
- *Die Ausübung des Wahlrechts ist auch nach Eintritt der Festsetzungsverjährung für das Aufwandsentstehungsjahr möglich. Aufwendungen, die auf VZ entfallen, für die die Festsetzungsverjährung bereits eingetreten ist, dürfen dabei nicht abgezogen werden (→ BFH vom 27.10.1992 – BStBl. 1993 II S. 589). Dies gilt auch, wenn die Erhaltungsaufwendungen im Entstehungsjahr zu Unrecht als Herstellungskosten und in Form der AfA berücksichtigt worden sind (→ BFH vom 24.11.1992 – BStBl. 1993 II S. 593).*

EStR 2012 zu § 21 EStG

R 21.2 Einnahmen und Werbungskosten

(1) ¹Werden Teile einer selbstgenutzten Eigentumswohnung, eines selbstgenutzten Einfamilienhaus oder insgesamt selbstgenutzten anderen Hauses vorübergehend vermietet und übersteigen die Einnahmen hieraus nicht 520 Euro im VZ, kann im Einverständnis mit dem Steuerpflichtigen aus Vereinfachungsgründen von der Besteuerung der Einkünfte abgesehen werden. ²Satz 1 ist bei vorübergehender Untervermietung von Teilen einer angemieteten Wohnung, die im Übrigen selbst genutzt wird, entsprechend anzuwenden.

(2) Zinsen, die Beteiligte einer Wohnungseigentümergemeinschaft aus der Anlage der Instandhaltungsrücklage erzielen, gehören zu den Einkünften aus Kapitalvermögen.

(3) Die Berücksichtigung von Werbungskosten aus Vermietung und Verpachtung kommt auch dann in Betracht, wenn aus dem Objekt im VZ noch keine Einnahmen erzielt werden, z. B. bei einem vorübergehend leerstehenden Gebäude.

(4) ¹Die Tätigkeit eines Steuerpflichtigen zur Erzielung von Einkünften aus Vermietung und Verpachtung besteht im Wesentlichen in der Verwaltung seines Grundbesitzes. ²Bei nicht umfangreichem Grundbesitz erfordert diese Verwaltung in der Regel keine besonderen Einrichtungen, z. B. Büro, sondern erfolgt von der Wohnung des Steuerpflichtigen aus. ³Regelmäßige Tätigkeitsstätte ist dann die Wohnung des Steuerpflichtigen. ⁴Aufwendungen für gelegentliche Fahrten zu dem vermieteten Grundstück sind Werbungskosten i. S. d. § 9 Abs. 1 Satz 1 EStG.

Hinweise

H 21.2 Bauherrenmodell

- *Zur Abgrenzung zwischen Werbungskosten, Anschaffungskosten und Herstellungskosten →*
  BMF vom 20.10.2003 (BStBl. I S. 546). [1]
- *→ Fonds, geschlossene*
- *Schuldzinsen, die auf die Zeit zwischen Kündigung und Auseinandersetzung im Zusammenhang mit einer Beteiligung an einer Bauherrengemeinschaft entfallen, sind Werbungskosten, selbst wenn Einnahmen noch nicht erzielt worden sind (→ BFH vom 4.3.1997 – BStBl. II S. 610).*

Drittaufwand
→ H 4.7

Eigenaufwand für ein fremdes Wirtschaftsgut
→ H 4.7

Einkünfteerzielungsabsicht
- *bei Wohnobjekten*
  → BMF vom 8.10.2004 – BStBl. I S. 933). [2]
- *bei unbebauten Grundstücken*
  → BMF vom 8.10.2004 (BStBl. I S. 933), Rdnr. 29 [3]
- *bei Gewerbeobjekten*
  Bei der Vermietung von Gewerbeobjekten ist im Einzelfall festzustellen, ob der Stpfl. beabsichtigt, auf die voraussichtliche Dauer der Nutzung einen Überschuss der Einnahmen

---

[1] Siehe Anlage § 021-05.
[2] Siehe Anlage § 021-03.
[3] Siehe Anlage § 021-03.

über die Werbungskosten zu erzielen (→ BFH vom 20.7.2010 – BStBl. II S. 1038 und vom 9.10.2013 – BStBl. 2014 II S. 527).

Einnahmen

– Zahlungen, die wegen **übermäßiger Beanspruchung, vertragswidriger Vernachlässigung oder Vorenthaltung einer Miet- oder Pachtsache** geleistet werden (→ BFH vom 22.4.1966 – BStBl. III S. 395, vom 24.11.1968 – BStBl. 1969 II S. 184 und vom 5.5.1971- BStBl. II S. 624).

– *Guthabenzinsen aus* **Bausparvertrag,** *die in einem engen zeitlichen Zusammenhang mit einem der Einkunftserzielung dienenden Grundstück stehen, sind ebenso wie entsprechende Schuldzinsen bei dieser Einkunftsart zu berücksichtigen (→ BFH vom 9.11.1982 – BStBl. 1983 II S. 172 und BMF vom 28.2.1990 – BStBl. I S. 124).*

– *Abstandszahlungen eines Mietinteressenten an Vermieter für Entlassung aus Vormietvertrag (→ BFH vom 21.8.1990 – BStBl. 1991 II S. 76).*

– *Von einem Kreditinstitut oder einem Dritten (z.B. Erwerber) erstattete Damnumbeträge, die als Werbungskosten abgezogen worden sind (→ BFH vom 22.9.1994 – BStBl. 1995 II S. 118). Dies gilt auch, wenn die Damnumbeträge im Rahmen der Nutzungswertbesteuerung abgezogen worden sind (→ BFH vom 28.3.1995 – BStBl. II S. 704). Keine Einnahmen aus Vermietung und Verpachtung liegen vor, wenn das Damnum nur einen unselbständigen Rechnungsposten für die Bemessung einer Vorfälligkeitsentschädigung darstellt (→ BFH vom 19.2.2002 – BStBl. 2003 II S. 126).*

– *Umlagen und Nebenentgelte, die der Vermieter für die Nebenkosten oder Betriebskosten erhebt (→ BFH vom 14.12.1999 – BStBl. 2000 II S. 197).*

– *Vermietet ein Arbeitnehmer ein in seinem Haus oder seiner Wohnung gelegenes, von ihm genutztes Büro an seinen Arbeitgeber, erzielt er daraus nur dann Einkünfte aus Vermietung und Verpachtung, wenn die Nutzung des Büros im vorrangigen Interesse seines Arbeitgebers erfolgt; in den übrigen Fällen ist die „Mietzahlung" als Arbeitslohn zu versteuern (→ BMF vom 13.12.2005 – BStBl. I S. 4).*

– *Mietzahlungen des Arbeitgebers für eine vom Arbeitnehmer an den Arbeitgeber vermietete Garage, in , der ein Dienstwagen untergestellt wird (→ BFH vom 7.6.2002 – BStBl. II S. 829).*

– *Öffentliche Fördermittel (Zuschüsse oder nicht rückzahlbare Darlehen), die ein Bauherr im Rahmen des sog. Dritten Förderungsweges für Belegungs- und Mietpreisbindungen erhält (→ BFH vom 14.10.2003 – BStBl. 2004 II S. 14).*

– *Entgelte für die Inanspruchnahme eines Grundstücks im Zuge baulicher Maßnahmen auf dem Nachbargrundstück, selbst wenn das Grundstück mit einem zu eigenen Wohnzwecken genutzten Gebäude bebaut ist (→ BFH vom 2.3.2004 – BStBl. II S. 507).*

– *Mietentgelte, die der Restitutionsberechtigte vom Verfügungsberechtigten nach § 7 Abs. 7 Satz 2 VermG erlangt (→ BFH vom 11.1.2005 – BStBl. II S. 450).*

Erbbaurecht

– *Der Erbbauzins für ein Erbbaurecht an einem privaten Grundstück gehört zu den Einnahmen aus Vermietung und Verpachtung (→ BFH vom 20.9.2006 – BStBl. 2007 II S. 112).*

– *Vom Erbbauberechtigten neben Erbbauzins gezahlte Erschließungsbeiträge fließen dem Erbbauverpflichteten erst bei Realisierung des Wertzuwachses zu (→ BFH vom 21.11.1989 – BStBl 1990 II S. 310). Der Erbbauberechtigte kann die von ihm gezahlten Erschließungskosten nur verteilt über die Laufzeit des Erbbaurechtes als Werbungskosten abziehen (→ BMF vom 16.12.1991 – BStBl. I S. 1011).*[1]

– *Geht das vom Erbbauberechtigten in Ausübung des Erbbaurechts errichtete Gebäude nach Beendigung des Erbbaurechts entsprechend den Bestimmungen des Erbbaurechtsvertrages entschädigungslos auf den Erbbauverpflichteten über, führt dies beim Erbbauverpflichteten zu einer zusätzlichen Vergütung für die vorangegangene Nutzungsüberlassung (→ BFH vom 11.12.2003 – BStBl. 2004 II S. 353).*

Erhaltungsaufwand

– *Erhaltungsaufwendungen nach Beendigung der Vermietung und vor Beginn der Selbstnutzung sind grundsätzlich keine Werbungskosten. Ein Abzug kommt ausnahmsweise in Betracht, soweit sie mit Mitteln der einbehaltenen und als Einnahme erfassten Mieterkaution*

---

[1] Siehe Anlage § 021-12, dazu aber die Neufassung des § 11 EStG.

finanziert werden, oder wenn sie zur Beseitigung eines Schadens gemacht werden, der die mit dem gewöhnlichen Gebrauch der Mietsache verbundene Abnutzung deutlich übersteigt, insbesondere eines mutwillig vom Mieter verursachten Schadens (→ BFH vom 11.7.2000 – BStBl. 2001 II S. 784).

- *Aufwendungen für Erhaltungsmaßnahmen, die noch während der Vermietungszeit an einem anschließend selbstgenutzten Gebäude durchgeführt werden, sind grundsätzlich als Werbungskosten abziehbar (→ BFH vom 10.10.2000 – BStBl. 2001 II S. 787). Sie sind ausnahmsweise dann nicht als Werbungskosten abziehbar, wenn die Maßnahmen für die Selbstnutzung bestimmt sind und in die Vermietungszeit vorverlagert werden. Dies trifft insbesondere dann zu, wenn sie bei bereits gekündigtem Mietverhältnis objektiv nicht zur Wiederherstellung oder Bewahrung der Mieträume und des Gebäudes erforderlich sind (→ BFH vom 26.11.2001 – BStBl. I S. 868).* [1)]

- *Zur Abgrenzung zwischen Erhaltungs- und Herstellungsaufwendungen → R 21.1 und R 6.4.*

Erschließungskosten

→ *H 6.4 (Erschließungs-, Straßenanlieger- und andere Beiträge).*

Ferienwohnung

→ *BMF vom 8.10.2004 – BStBl. I S. 933)* [2)]

Finanzierungskosten

- *Die dingliche Belastung von Grundstücken mit* **Hypotheken oder Grundschulden** *begründet für sich allein keinen wirtschaftlichen Zusammenhang des Darlehens mit den Einkünften aus Vermietung und Verpachtung. Maßgebend ist vielmehr der tatsächliche Verwendungszweck. Schuldzinsen für ein durch eine Hypothek auf einem weiteren Grundstück gesichertes Darlehen sind daher bei dem Grundstück zu berücksichtigen, für das das Darlehen verwendet wurde (→ BFH vom 6.10.2004 – BStBl. 2005 II S. 324). Nimmt der Steuerpflichtige ein Darlehen auf, um Grundschulden, die er als Sicherheit für fremde Schulden bestellt hat, abzulösen, sind die für dieses Darlehen aufgewendeten Zinsen und Kreditkosten nicht als Werbungskosten bei seinen Einkünften aus Vermietung und Verpachtung abziehbar (→ BFH vom 29.7.1997 – BStBl. II S. 772).*

- *Unterlässt es der Steuerpflichtige, einen allgemeinen Betriebskredit nach* **Aufgabe seines Betriebes** *durch Veräußerung eines früheren Betriebsgrundstücks zu tilgen und vermietet er stattdessen das Grundstück vermögensverwaltend, so wird die Verbindlichkeit bis zur Höhe des Grundstückswertes Privatvermögen. Die darauf entfallenden Schuldzinsen sind als Werbungskosten bei den Einkünften aus Vermietung und Verpachtung abziehbar (→ BFH vom 19.8.1998 – BStBl. 1999 II S. 353). Gleiches gilt, wenn der allgemeine Betriebskredit durch ein neues Darlehen abgelöst wird (→ BFH vom 25.1.2001 – BStBl. II S. 573).*

- *Finanzierungskosten für ein* **unbebautes Grundstück** *sind als vorab entstandene Werbungskosten abziehbar, wenn ein wirtschaftlicher Zusammenhang mit der späteren Bebauung und Vermietung des Gebäudes besteht (→ BFH vom 8.2.1983 – BStBl. II S. 554). Ein solcher wirtschaftlicher Zusammenhang ist auch bei Erwerb von* **Bauerwartungsland** *nicht ausgeschlossen, wenn der Steuerpflichtige damit rechnen kann, dass er das Grundstück in absehbarer Zeit bebauen darf und er seine erkennbare Bauabsicht nachhaltig zu verwirklichen versucht (→ BFH vom 4.6.1991 – BStBl. II S. 761).*

- *Zum Schuldzinsenabzug bei einem Darlehen für die Herstellung oder Anschaffung eines* **teilweise vermieteten und teilweise selbstgenutzten Gebäudes** *(→ BMF vom 16.4.2004 – BStBl. I S. 464).* [3)]

- *Wird ein zur Finanzierung eines vermieteten Grundstücks aufgenommenes Darlehen unter Zahlung einer Vorfälligkeitsentschädigung getilgt, das Grundstück jedoch weiterhin zur Vermietung genutzt, ist die Vorfälligkeitsentschädigung als Werbungskosten bei den Einkünften aus Vermietung und Verpachtung abziehbar. Steht die Vorfälligkeitsentschädigung dagegen mit der Veräußerung des Grundstücks im Zusammenhang, kommt ein Abzug als Werbungskosten bei den Einkünften aus Vermietung und Verpachtung selbst dann nicht in Betracht, wenn mit dem abgelösten Darlehen sofort abziehbare Aufwendungen finanziert worden sind*

---

1) Siehe Anlage § 021-22.
2) Siehe Anlage § 021-03.
3) Siehe Anlage § 021-20.

oder wenn mit dem Veräußerungserlös eine andere Einkunftsquelle (z. B. ein anderes Mietobjekt) begründet wird; → H 20.1 (→ BFH vom 6.12.2005 – BStBl. 2006 II S. 265),

– Schuldzinsen, die nach **Zwangsversteigerung** eines zuvor vermieteten Grundstücks entstehen, weil der Versteigerungserlös nicht zur Tilgung des zur Finanzierung der Anschaffungs- oder Herstellungskosten aufgenommenen Kredits ausreicht, sind nicht als Werbungskosten abziehbar (→ BFH vom 12.11.1991 – BStBl. 1992 II S. 289).

– Nach Veräußerung des Mietobjekts gezahlte Schuldzinsen für Kreditmittel, die **zur Finanzierung sofort abziehbarer Werbungskosten** während der Vermietungsphase verwendet worden sind, sind als nachträgliche Werbungskosten (z. B. Erhaltungsaufwendungen) während der Vermietungsphase verwendet worden sind, sind bei rechtswirksamen Abschluss des obligatorischen Veräußerungsgeschäfts nach dem 31.12.2013 nur dann als nachträgliche Werbungskosten zu berücksichtigen, wenn nach der Veräußerung des Mietobjekts der Veräußerungserlös nicht ausreicht, um die Darlehensverbindlichkeit zu tilgen (→ BMF vom 15.1.2014 – BStBl. I S. 108). Wurde das obligatorische Veräußerungsgeschäft vor dem **1.1.2014** rechtswirksam abgeschlossen, kommt es für den entsprechenden Schuldzinsenabzug als Werbungskosten unverändert nicht darauf an, ob ein etwaiger Veräußerungserlös zur Schuldentilgung ausgereicht hätte (Fortgeltung → BMF vom 3.5.2006 – BStBl. I S. 363.[1])

– Zu den Schuldzinsen gehören auch die **Nebenkosten der Darlehensaufnahme** und sonstige Kreditkosten einschließlich der Geldbeschaffungskosten. Danach sind auch Notargebühren zur Besicherung eines Darlehens (→ BFH vom 1.10.2002 – BStBl. 2003 II S. 399) oder Abschlussgebühren eines Bausparvertrags, der bestimmungsgemäß der Ablösung eines Finanzierungsdarlehens zum Erwerb einer vermieteten Immobilie dient (→ BFH vom 1.10.2002 – BStBl. 2003 II S. 398) als Werbungskosten abziehbare Schuldzinsen.

– **Damnum** oder **Zinsbegrenzungsprämie** sind in Höhe des vom jeweiligen Darlehensnehmer an das Kreditinstitut gezahlten Betrags als Werbungskosten abziehbar, soweit unter Berücksichtigung der jeweiligen Zinsbelastung die marktüblichen Beträge nicht überschritten werden (→ BMF vom 20.10.2003 – BStBl. I S. 546).[2] Dem Veräußerer erstattete Damnum-/Disagiobeträge gehören beim Erwerber zu den Anschaffungskosten und sind nicht als Werbungskosten abziehbar, wenn die verpflichtende Erstattung des Damnums/Disagios im Kaufvertrag als Teil des Kaufpreises vereinbart worden ist. Sind hingegen die Konditionen für die Schuldübernahme und die damit verbundene Bezahlung des Damnums/Disagios unabhängig vom Kaufpreis des Grundstücks vereinbart worden und der Grundstückskauf nicht zwingend an die Schuldübernahme gekoppelt, kann die Damnumerstattung zu den eigenen Finanzierungskosten des Erwerbers zu rechnen sein, für die der Werbungskostenabzug zulässig ist (→ BFH vom 17.2.1981 – BStBl. II S. 466),

– Nehmen **Ehegatten gemeinsam ein gesamtschuldnerisches Darlehen** zur Finanzierung eines vermieteten Gebäudes auf, das einem von ihnen gehört, sind die Schuldzinsen in vollem Umfang als Werbungskosten bei den Einkünften aus Vermietung und Verpachtung des Eigentümerehegatten abziehbar, gleichgültig aus wessen Mitteln sie gezahlt werden (→ BFH vom 2.12.1999 – BStBl. 2000 II S. 310).

– Nimmt ein **Ehegatte allein ein Darlehen** zur Finanzierung eines vermieteten Gebäudes auf, das dem anderen Ehegatten gehört, sind die vom Nichteigentümerehegatten gezahlten Schuldzinsen nicht abziehbar. Dies gilt selbst dann, wenn der Eigentümerehegatte für das Darlehen eine selbstschuldnerische Bürgschaft übernimmt und die auf seinem Gebäude lastenden Grundpfandrechte als Sicherheit einsetzt. Die Schuldzinsen können jedoch abgezogen werden, wenn der Eigentümerehegatte sie aus eigenen Mitteln bezahlt, zum Beispiel wenn er seine Mieteinnahmen mit der Maßgabe auf das Konto des anderen Ehegatten überweist, dass dieser daraus die Schuldzinsen entrichten soll (→ BFH vom 2.12.1999 – BStBl. 2000 S. 310 und S. 312).

– Sind **Darlehen zur Finanzierung eines vermieteten Gebäudes,** das einem Ehegatten gehört, teils von den Eheleuten gemeinschaftlich, teils allein vom Nichteigentümerehegatten aufgenommen worden und wird der Zahlungsverkehr für die Immobilie insgesamt über ein Konto des Nichteigentümerehegatten abgewickelt, so werden aus den vom Eigentümerehegatten auf dieses Konto geleiteten eigenen Mitteln (hier: Mieteinnahmen) vorrangig die

---

1) Siehe Anlage § 021-23.
2) Siehe Anlage § 021-05.

laufenden Aufwendungen für die Immobilie und die Schuldzinsen für die gemeinschaftlich aufgenommenen Darlehen abgedeckt. Nur soweit die eingesetzten Eigenmittel (Mieteinnahmen) des Eigentümerehegatten darüber hinaus auch die allein vom Nichteigentümerehegatten geschuldeten Zinsen abzudecken vermögen, sind diese Zinsen als Werbungskosten des Eigentümerehegatten abziehbar → BMF vom 4.9.2000 (BStBl.2001 II S. 785).

- *Wird eine durch ein Darlehen finanzierte Immobilie **veräußert** und unter Aufrechterhaltung des Darlehens nur ein Teil des Verkaufserlöses dazu verwendet, durch die Anschaffung einer anderen Immobilie Einkünfte aus Vermietung und Verpachtung zu erzielen, können aus dem fortgeführten Darlehen nicht mehr an Schuldzinsen als Werbungskosten abgezogen werden als dem Anteil der Anschaffungskosten der neuen Immobilie an dem gesamten Verkaufserlös entspricht (→ BFH vom 8.4.2003 – BStBl. II S. 706).*

- *Schuldzinsen, die der Erwerber eines zum Vermieten bestimmten Grundstücks vereinbarungsgemäß für den Zeitraum nach dem Übergang von Besitz, Nutzen, Lasten und Gefahren bis zur später eintretenden Fälligkeit des Kaufpreises an den Veräußerer zahlt, sind als Werbungskosten abziehbar (→ BFH vom 27.7.2004 – BStBl. II S. 1002).*

- *Wird ein als Darlehen empfangener Geldbetrag nicht zur Begleichung von Aufwendungen im Zusammenhang mit der Vermietungstätigkeit genutzt, sondern in einen Cash-Pool eingebracht, aus dem später die Kosten bestritten werden, sind die Schuldzinsen, nicht als Werbungskosten abziehbar (→ BFH vom 29.3.2007 – BStBl. II S. 645).*

- *Aufwendungen für ein zur Finanzierung von Versicherungsbeiträgen aufgenommenes Darlehen können als Werbungskosten abziehbar sein, wenn die Kapitallebensversicherung der Rückzahlung von Darlehen dient, die zum Erwerb von Mietgrundstücken aufgenommen worden sind (→ BFH vom 25.2.2009 – BStBl. II S. 459).*

- *Bauzeitzinsen, die während der Herstellungsphase, in der noch keine Vermietungsabsicht bestand, entstanden sind, stellen keine vorweggenommenen Werbungskosten dar. Sie können in die Herstellungskosten des Gebäudes einbezogen werden, wenn das fertiggestellte Gebäude durch Vermietung genutzt wird (→ BFH vom 23.5.2012 – BStBl. II S. 674).*

Fonds, geschlossene

- *Zur Abgrenzung zwischen Werbungskosten, Anschaffungskosten und Herstellungskosten → BMF vom 20.10.2003 (BStBl. I S. 546).* [1]

- *Provisionsrückzahlungen, die der Eigenkapitalvermittler Fondsgesellschaftern gewährt, mindern die Anschaffungskosten der Immobilie, weil die Provisionszahlungen zu den Anschaffungskosten gehören (→ BFH vom 26.2.2002 – BStBl. II S. 796).*

Negative Einnahmen

Mietentgelte, die der Verfügungsberechtigte nach § 7 Abs. 7 Satz 2 VermG an den Restitutionsberechtigten herausgibt, sind im Jahr des Abflusses negative Einnahmen (→ BFH vom 11.1.2005 – BStBl. II S. 456).

Nießbrauch und andere Nutzungsrechte

Zur einkommensteuerrechtlichen Behandlung des Nießbrauchs und anderer Nutzungsrechte bei Einkünften aus Vermietung und Verpachtung → BMF vom 30.9.2013 (BStBl. I S. 1184). [2]

Sinngemäße Anwendung des § 15a EStG

- *Zur Haftung und zur Unwahrscheinlichkeit der Inanspruchnahme eines Gesellschafters einer Gesellschaft bürgerlichen Rechts mit Einkünften aus Vermietung und Verpachtung → BMF vom 30.6.1994 (BStBl. I S. 355).*

- *Bei der Ermittlung des Ausgangswertes für die Höhe der verrechenbaren Werbungskostenüberschüsse gemäß § 15a Abs. 4 Satz 1 i. V. m. § 21 Abs. 1 Satz 2 EStG der Gesellschafter einer KG mit positiven Einkünften aus Kapitalvermögen und negativen Einkünften aus Vermietung und Verpachtung sind die Einkünfte aus Kapitalvermögen einzubeziehen (→ BFH vom 15.10.1996 – BStBl. 1997 II. S. 250).*

Sozialpädagogische Lebensgemeinschaft

Bei der Vermietung von gemeinschaftlich genutzten Räumen an den Betrieb einer sozialpädagogischen Lebensgemeinschaft stellt die Aufteilung nach der Zahl der Nutzer einer Wohnung

---

1) Siehe Anlage § 021-05.
2) Siehe Anlage § 021-08.

einen objektiven Maßstab dar, der eine sichere und leichte Abgrenzung einer steuerbaren Raumnutzung von der privaten Wohnnutzung ermöglicht (→ BFH vom 25.6.2009 – BStBl. II S. 124).

Treuhandverhältnisse
- *Zur Zurechnung von Einkünften aus Vermietung und Verpachtung bei Treuhandverhältnissen (→ BMF vom 1.9.1994 – BStBl. I S. 604).*[1]
- *Zur sinngemäßen Anwendung von § 15a Abs. 5 Nr. 2 EStG bei Treuhandverhältnissen → BFH vom 25.7.1995 (BStBl. 1996 II S. 128).*

Verrechenbare Werbungskostenüberschüsse
Bei der Ermittlung des Ausgangswertes für die Höhe der verrechenbaren Werbungskostenüberschüsse gem. § 15a Abs. 4 Satz 1 i. V. m. § 21 Abs. 1 Satz 2 EStG der Gesellschafter einer KG mit positiven Einkünften aus Kapitalvermögen und negativen Einkünften aus Vermietung und Verpachtung sind die Einkünfte aus Kapitalvermögen einzubeziehen (→ BFH vom 15.10.1996 – BStBl. 1997 II S. 250).

Werbungskosten
- → *Erhaltungsaufwand,*
- → *Finanzierungskosten,*
- → *Zweitwohnungssteuer.*
- *Die nach dem WEG an den Verwalter gezahlten* **Beiträge zur Instandhaltungsrücklage** *sind erst bei Verausgabung der Beträge für Erhaltungsmaßnahmen als Werbungskosten abziehbar (→ BFH vom 26.1.1988 – BStBl. II S. 577).*
- *Als dauernde Last zu beurteilende wiederkehrende Leistungen zum Erwerb eines zum Vermieten bestimmten Grundstücks führen nur in Höhe des in ihnen enthaltenen* **Zinsanteils** *zu sofort abziehbaren Werbungskosten; in Höhe des Barwerts der dauernden Last liegen Anschaffungskosten vor, die, soweit der Barwert auf das Gebäude entfällt, in Form von AfA als Werbungskosten abziehbar sind (→ BFH vom 9.2.1994 – BStBl. 1995 II S. 47).*
- **Aussetzungszinsen für Grunderwerbsteuer** *eines zur Erzielung von Mieteinkünften dienenden Gebäudes gehören zu den sofort abzugsfähigen Werbungskosten (→ BFH vom 25.7.1995 – BStBl. II S. 835).*
- *Gesondertes Honorar für tatsächlich* **nicht erbrachte Architektenleistung** *gehört nicht zu den Herstellungskosten eines später errichteten anderen Gebäudes, sondern ist als Werbungskosten abziehbar (→ BFH vom 8.9.1998 – BStBl. 1999 II S. 20).*
- *Vergütungen für einen ausschließlich zur Vermögenssorge bestellten* **Betreuer** *stellen Werbungskosten bei den mit dem verwalteten Vermögen erzielten Einkünften dar, sofern die Tätigkeit des Betreuers weder einer kurzfristigen Abwicklung des Vermögens noch der Verwaltung ertraglosen Vermögens dient (→ BFH vom 14.9.1999 – BStBl. 2000 II S. 69).*
- *Auch nach Aufgabe der Einkünfteerzielungsabsicht können vorab entstandene* **vergebliche Werbungskosten** *abziehbar sein, wenn sie getätigt worden sind, um sich aus einer gescheiterten Investition zu lösen und so die Höhe der vergeblich aufgewendeten Kosten zu begrenzen (→ BFH vom 15.11.2005 – BStBl. 2006 II S 258 und vom 7.6.2006 – BStBl. II S. 803).*
- *Aufwendungen für ein* **Schadstoff-Gutachten,** *das der Feststellung der durch einen Mieter verursachten Bodenverunreinigungen dient, können als Werbungskosten abziehbar sein (→ BFH vom 17.7.2007 – BStBl. II S. 941).*

Keine Werbungskosten
- *Aufwendungen zur* **Schadensbeseitigung,** *zu denen sich der Verkäufer im Kaufvertrag über sein Mietwohngrundstück verpflichtet hat (→ BFH vom 23.1.1900 – BStBl. II S. 465),*
- *Zahlungen anteiliger Grundstückserträge an den geschiedenen Ehegatten aufgrund eines* **Scheidungsfolgevergleichs** *zur Regelung des Zugewinnausgleichs (→ BFH vom 8.12.1992 – BStBl. 1993 II S. 434),*
- **Veruntreute Geldbeträge** *durch einen Miteigentümer (→ BFH vom 20.12.1994 – BStBl. 1995 II S. 534),*
- *Aufwendungen für die* **geplante** *Veräußerung eines Grundstücks, auch wenn das Grundstück tatsächlich weiterhin vermietet wird (→ BFH vom 19.12.1995 – BStBl. 1996 II S. 198),*

---

1) Siehe Anlage § 021-04.

- *Aufwendungen, die auf eine Zeit entfallen, in der der Stpfl. die Absicht hatte, die angeschaffte oder hergestellte Wohnung* **selbst zu beziehen**, *auch wenn er sich anschließend zu deren Vermietung entschlossen hat (→ BFH vom 23.7.1997 – BStBl. 1998 II S. 15),*

- *Aufwendungen eines mit einem vermieteten Grundstück Beschenkten, die aufgrund eines* **Rückforderungsanspruchs** *des Schenkers wegen Verarmung gem. § 528 Abs. 1 BGB geleistet werden (→ BFH vom 19.12.2000 – BStBl. 2001 II S. 342),*

- *Aufwendungen, die allein oder ganz überwiegend durch die* **Veräußerung** *des Mietwohnobjekts veranlasst oder die im Rahmen einer Grundstücksveräußerung für vom Verkäufer zu erbringende Reparaturen angefallen sind; dies gilt auch dann, wenn die betreffenden Arbeiten noch während der Vormietungszeit durchgeführt werden (→ BFH vom 14.12.2004 - BStBl. 2005 II S. 343) Entsprechendes gilt bei einer gescheiterten Grundstücksveräußerung (→ BFH vom 1.8.2012 – BStBl. II S. 781),*

- *im* **Restitutionsverfahren** *nach dem VermG zum Ausgleich von Instandsetzungs- und Modernisierungsaufwendungen an einem rückübertragenen Gebäude geleistete Zahlungen (→ BFH vom 11.1.2005 – BStBl. II S. 477),*

- **Abstandszahlungen** *an den Mieter zur vorzeitigen Räumung der Wohnung, wenn der Vermieter deren Nutzung zu eigenen Wohnzwecken beabsichtigt (→ BFH vom 7.7.2005 – BStBl. II S. 760).*

- **Verluste aus Optionsgeschäften**, *auch dann nicht, wenn Mieteinnahmen dazu verwendet werden, die Optionsgeschäfte durchzuführen und beabsichtigt ist, die angelegten Beträge wiederum für Zwecke der Vermietung zu verwenden (→ BFH vom 18.9.2007 – BStBl. 2008 II S. 26).*

- *Prozess- und Anwaltskosten, die mit dem Antrag auf Auflösung einer Grundstücksgemeinschaft durch Verkauf des gemeinschaftlichen, bislang vermieteten Grundstücks im Wege der Teilungsversteigerung verbunden sind (→ BFH vom 19.3.2013 – BStBl. II S. 536).*

Zweitwohnungssteuer

Zweitwohnungssteuer ist mit dem auf die Vermietung der Wohnung an wechselnde Feriengäste entfallenden zeitlichen Anteil als Werbungskosten abziehbar (→ BFH vom 15.10.2002 – BStBl. 2003 II S. 287).

EStR 2012 zu § 21 EStG

R 21.3 Verbilligt überlassene Wohnung

¹In den Fällen des § 21 Abs. 2 EStG ist von der ortsüblichen Marktmiete für Wohnungen vergleichbarer Art, Lage und Ausstattung auszugehen. ²Die ortsübliche Marktmiete umfasst die ortsübliche Kaltmiete zuzüglich der nach der Betriebskostenverordnung umlagefähigen Kosten.

Hinweise

H 21.3 **Einkünfteerzielungsabsicht** *bei verbilligter Überlassung einer Wohnung*
→ *BMF vom 8.10.2004 – BStBl. I S. 933)* [1])

Gewinneinkünfte

§ 21 Abs. 2 EStG ist auf Gewinneinkünfte nicht entsprechend anzuwenden (→ BFH vom 29.4.1999 – BStBl. II S. 652).

→ *H 4.7 (Teilentgeltliche Überlassung)*

Überlassung an fremde Dritte

Die Nutzungsüberlassung ist in den Fällen des § 21 Abs. 2 EStG selbst dann in einen entgeltlichen und einen unentgeltlichen Teil aufzuteilen, wenn die Wohnung einem fremden Dritten überlassen wird und der Stpfl. aus vertraglichen oder tatsächlichen Gründen gehindert ist, das vereinbarte Entgelt zu erhöhen (→ BFH vom 28.1.1997 – BStBl. II S. 605).

---

[1]) Siehe Anlage § 021-03.

§ 21 R 21.4

EStR 2012 zu § 21 EStG

R 21.4 Miet- und Pachtverträge zwischen Angehörigen und Partnern einer nichtehelichen Lebensgemeinschaft

Die für die steuerliche Beurteilung von Verträgen zwischen Ehegatten geltenden Grundsätze können nicht auf Verträge zwischen Partnern einer nichtehelichen Lebensgemeinschaft – ausgenommen eingetragene Lebenspartnerschaften – übertragen werden, es sei denn, dass der Vertrag die gemeinsam genutzte Wohnung betrifft.

Hinweise

H 21.4 Fremdvergleich

Im Rahmen des Fremdvergleichs (→ H.4.8) schließt nicht jede Abweichung vom Üblichen notwendigerweise die steuerliche Anerkennung aus. Voraussetzung ist aber, dass die Hauptpflichten der Mietvertragsparteien wie Überlassen einer konkret bestimmten Mietsache und Höhe der zu entrichtenden Miete stets klar und eindeutig vereinbart sowie entsprechend dem Vereinbarten durchgeführt werden. Diese Anforderungen sind auch an nachträgliche Vertragsänderungen zu stellen (→ BFH vom 20.10.1997 – BStBl. 1998 II S. 106). Die steuerliche Anerkennung des Mietverhältnisses ist danach nicht allein dadurch ausgeschlossen, dass

- *die Mieterin, nachdem der Vermieter sein Konto aufgelöst hat, die Miete wie mündlich vereinbart vorschüssig bar bezahlt (→ BFH vom 7.5.1996 – BStBl. 1997 II S. 196).*

- *keine schriftliche Vereinbarung hinsichtlich der Nebenkosten getroffen worden ist und z. B. der Umfang der auf die Wohnung entfallenden Nebenkosten unter Berücksichtigung der sonstigen Pflichten unbedeutend ist (→ BFH vom 21.10.1997 – BStBl. 1998 II S. 108 und vom 17.2.1998 – BStBl. II S. 349).*

- *ein Mietvertrag mit einem Angehörigen nach seinem Inhalt oder in seiner Durchführung Mängel aufweist, die auch bei einem mit einem Fremden abgeschlossenen Mietverhältnis aufgetreten sind (→ BFH vom 28.6.2002 – BStBl. II S. 699).*

- *ein Ehegatte dem anderen seine an dessen Beschäftigungsort belegene und im Rahmen einer doppelten Haushaltsführung genutzte Wohnung zu fremdüblichen Bedingungen vermietet (→ BFH vom 11.3.2003 – BStBl. II S. 627).*

- *eine verbilligte Vermietung vorliegt (→ BFH vom 22.7.2003 – BStBl. II S. 806).*

*Das Mietverhältnis ist jedoch steuerlich **nicht anzuerkennen**, wenn*

- *die Mietzahlungen entgegen der vertraglichen Vereinbarung nicht regelmäßig, sondern in einem späteren Jahr in einem Betrag gezahlt werden (→ BFH vom 19.6.1991 – BStBl. 1992 II S. 75).*

- *nicht feststeht, dass die gezahlte Miete tatsächlich endgültig aus dem Vermögen des Mieters in das des Vermieters gelangt. Ein Beweisanzeichen dafür kann sich insbesondere daraus ergeben, dass der Mieter wirtschaftlich nicht oder nur schwer in der Lage ist, die Miete aufzubringen (→ BFH vom 28.1.1997 – BStBl. II S. 655).*

- *eine Einliegerwohnung zur Betreuung eines Kleinkindes an die Großeltern vermietet wird, die am selben Ort weiterhin über eine größere Wohnung verfügen (→ BFH vom 14.1.1992 – BStBl. II S. 549).*

- *Wohnräume im Haus der Eltern, die keine abgeschlossene Wohnung bilden, an volljährige unterhaltsberechtigte Kinder vermietet werden (→ BFH vom 16.1.2003 – BStBl. II S. 301).*

Nichteheliche Lebensgemeinschaft

Keine einkommensteuerliche Anerkennung eines Mietverhältnisses zwischen Partnern einer nichtehelichen Lebensgemeinschaft über eine gemeinsam bewohnte Wohnung (→ BFH vom 30.1.1996 – BStBl. II S. 359).

Sicherungsnießbrauch

Die gleichzeitige Vereinbarung eines Nießbrauchs und eines Mietvertrages steht der steuerlichen Anerkennung des Mietverhältnisses jedenfalls dann nicht entgegen, wenn das dingliche Nutzungsrecht lediglich zur Sicherung des Mietverhältnisses vereinbart und nicht tatsächlich ausgeübt wird (→ BFH vom 3.2.1998 – BStBl. II S. 539).

Vermietung an Angehörigen nach Grundstücksübertragung

Eine rechtsmissbräuchliche Gestaltung bei Mietverträgen unter Angehörigen liegt nicht vor, wenn der Mieter

- *vor Abschluss des Mietvertrags das Grundstück gegen wiederkehrende Leistungen auf den Vermieter übertragen hat (→ BFH vom 10.12.2003 – BStBl. 2004 II S. 643).*
- *auf das im Zusammenhang mit der Grundstücksübertragung eingeräumte unentgeltliche Wohnungsrecht verzichtet und stattdessen mit dem neuen Eigentümer einen Mietvertrag abgeschlossen hat (→ BFH vom 17.12.2003 – BStBl. 2004 II S. 646).*

Das Mietverhältnis ist jedoch wegen rechtsmissbräuchlicher Gestaltung steuerlich nicht anzuerkennen, wenn

- *ein im Zusammenhang mit einer Grundstücksübertragung eingeräumtes, unentgeltliches Wohnungsrecht gegen Vereinbarung einer dauernden Last aufgehoben und gleichzeitig ein Mietverhältnis mit einem Mietzins in Höhe der dauernden Last vereinbart wird (→ BFH vom 17.12.2003 – BStBl. 2004 II S. 648).*

→ Fremdvergleich

Vermietung an Unterhaltsberechtigte

Mietverträge mit Angehörigen sind nicht bereits deshalb rechtsmissbräuchlich, weil der Steuerpflichtige dem Angehörigen gegenüber unterhaltsverpflichtet ist und die Miete aus den geleisteten Unterhaltszahlungen erbracht wird. Nicht rechtsmissbräuchlich ist daher ein Mietverhältnis mit:

- *der unterhaltsberechtigten Mutter (→ BFH vom 19.12.1995 – BStBl. 1997 II S. 52)*
- *der volljährigen Tochter und deren Ehemann (→ BFH vom 28.1.1997 – BStBl. II S. 599)*
- *dem geschiedenen oder dauernd getrennt lebenden Ehegatten, wenn die Miete mit dem geschuldeten Barunterhalt verrechnet wird (→ BFH vom 16.1.1996 – BStBl. S. 214); wird dagegen eine Wohnung auf Grund einer Unterhaltsvereinbarung zu Wohnzwecken überlassen und dadurch der Anspruch des Unterhaltsberechtigten auf Barunterhalt vermindert, liegt kein Mietverhältnis vor (→ BFH vom 17.3.1992 – BStBl. II S. 1009); zum Abzug des Mietwerts als Sonderausgabe im Sinne des § 10 Abs. 1 Nr. 1 EStG → H 10.2 (Wohnungsüberlassung),*
- *unterhaltsberechtigten Kindern, auch wenn das Kind die Miete durch Verrechnung mit dem Barunterhalt der Eltern zahlt (→ BFH vom 19.10.1999 – BStBl. 2000 S. 223 und S. 224) oder die Miete aus einer einmaligen Geldschenkung der Eltern bestreitet (→ BFH vom 28.3.1995 – BStBl. 1996 II S. 59). Das Mietverhältnis ist allerdings nicht anzuerkennen, wenn Eltern und Kinder noch eine Haushaltsgemeinschaft bilden (→ BFH vom 19.10.1999 – BStBl. 2000 II S. 224).*

Vorbehaltsnießbrauch

Ist das mit dem Vorbehaltsnießbrauch belastete Grundstück vermietet, erzielt der Nießbraucher Einkünfte aus Vermietung und Verpachtung. Dies gilt auch, wenn der Nießbraucher das Grundstück dem Grundstückseigentümer entgeltlich zur Nutzung überläßt (→ BMF vom 30.9.2013 – BStBl. I S. 1184, Rz. 41).[1)]

Wechselseitige Vermietung und Gestaltungsmissbrauch

- *Keine einkommensteuerliche Berücksichtigung, wenn planmäßig in etwa gleichwertige Wohnungen von Angehörigen angeschafft bzw. in Wohnungseigentum umgewandelt werden, um sie sogleich wieder dem anderen zu vermieten. (→ BFH vom 19.6.1991 – BStBl. II S. 904 und vom 25.1.1994 – BStBl. II S. 738).*
- *Mietrechtliche Gestaltungen sind insbesondere dann unangemessen i. S. v. § 42 AO, wenn derjenige, der einen Gebäudeteil für eigene Zwecke benötigt, einen anderen daran die wirtschaftliche Verfügungsmacht einräumt, um ihn anschließend wieder zurück zu mieten (→ BFH vom 9.10.2013 – BStBl. II 2014 S. 527).*
- *Überträgt der Alleineigentümer von zwei Eigentumswohnungen einem nahen Angehörigen nicht die an diesen vermietete, sondern die von ihm selbst genutzte Wohnung, stellt das gleichzeitig für diese Wohnung abgeschlossene Mietverhältnis mit dem nahen Angehörigen keinen Gestaltungsmißbrauch im Sinne des § 42 AO dar (→ BFH vom 12.9.1995 – BStBl. 1996 II S. 158).*

---

1) Siehe Anlage § 021-08.

§ 21

EStR 2012 zu § 21 EStG

R 21.5 Behandlung von Zuschüssen

(1) ¹Zuschüsse zur Finanzierung von Baumaßnahmen aus öffentlichen oder privaten Mitteln, die keine Mieterzuschüsse sind, (z. B. Zuschuss einer Flughafengesellschaft für den Einbau von Lärmschutzfenstern) gehören grundsätzlich nicht zu den Einnahmen aus Vermietung und Verpachtung. ²Handelt es sich bei den bezuschussten Aufwendungen um Herstellungskosten, sind ab dem Jahr der Bewilligung die AfA, die erhöhten Absetzungen oder die Sonderabschreibungen nach den um den Zuschuss verminderten Herstellungskosten zu bemessen; → R 7.3 Abs. 4 Satz 2 und R 7a Abs. 4. ³Das gilt auch bei Zufluss des Zuschusses in mehreren Jahren. ⁴Wird der Zuschuss zurückgezahlt, sind vom Jahr des Entstehens der Rückzahlungsverpflichtung an die AfA oder die erhöhten Absetzungen oder die Sonderabschreibungen von der um den Rückzahlungsbetrag erhöhten Bemessungsgrundlage vorzunehmen. ⁵Handelt es sich bei den bezuschussten Aufwendungen um Erhaltungsaufwendungen oder Schuldzinsen, sind diese nur vermindert um den Zuschuss als Werbungskosten abziehbar. ⁶Fällt die Zahlung des Zuschusses und der Abzug als Werbungskosten nicht in einen VZ, rechnet der Zuschuss im Jahr der Zahlung zu den Einnahmen aus Vermietung und Verpachtung. ⁷Wählt der Steuerpflichtige eine gleichmäßige Verteilung nach §§ 11a, 11b EStG oder § 82b EStDV, mindern die gezahlten Zuschüsse im Jahr des Zuflusses die zu verteilenden Erhaltungsaufwendungen. ⁸Der verbleibende Betrag ist gleichmäßig auf den verbleibenden Abzugszeitraum zu verteilen. ⁹Soweit der Zuschuss die noch nicht berücksichtigten Erhaltungsaufwendungen übersteigt, oder wird er erst nach Ablauf des Verteilungszeitraumes gezahlt, rechnet der Zuschuss zu den Einnahmen aus Vermietung und Verpachtung. ¹⁰Hat der Steuerpflichtige die Zuschüsse zurückgezahlt, sind sie im Jahr der Rückzahlung als Werbungskosten abzuziehen.

(2) Abweichend von Absatz 1 handelt es sich bei den Zuschüssen, die keine Mieterzuschüsse sind, im Kalenderjahr des Zuflusses um Einnahmen aus Vermietung und Verpachtung, wenn sie eine Gegenleistung für die Gebrauchsüberlassung des Grundstücks darstellen (z. B. Zuschuss als Gegenleistung für eine Mietpreisbindung oder Nutzung durch einen bstimmten Personenkreis).; § 11 Abs. 1 Satz 3 EStG ist zu beachten.

(3) ¹Vereinbaren die Parteien eines Mietverhältnisses eine Beteiligung des Mieters an den Kosten der Herstellung des Gebäudes oder der Mieträume oder lässt der Mieter die Mieträume auf seine Kosten wieder herrichten und einigt er sich mit dem Vermieter, dass die Kosten ganz oder teilweise verrechnet werden, entsteht dem Mieter ein Rückzahlungsanspruch, der in der Regel durch Anrechnung des vom Mieter aufgewandten Betrags (Mieterzuschuss) auf den Mietzins wie eine Mietvorauszahlung befriedigt wird. ²Für Mieterzuschüsse ist § 11 Abs. 1 Satz 3 EStG zu beachten. ³Als vereinnahmte Miete ist dabei jeweils die tatsächlich gezahlte Miete zuzüglich des anteiligen Vorauszahlungsbetrags anzusetzen. ⁴Satz 3 gilt nur für die vereinnahmte Nettomiete, nicht für vereinnahmte Umsatzsteuerbeträge. ⁵Die AfA nach § 7 EStG und die erhöhten Absetzungen oder Sonderabschreibungen sind von den gesamten Herstellungskosten (eigene Aufwendungen des Vermieters zuzüglich Mieterzuschüsse) zu berechnen. ⁶Hat ein Mieter Kosten getragen, die als Erhaltungsaufwand zu behandeln sind, sind aus Vereinfachungsgründen nur die eigenen Kosten des Vermieters als Werbungskosten zu berücksichtigen. ⁷Wird ein Gebäude während des Verteilungszeitraums veräußert, in ein Betriebsvermögen eingebracht, oder nicht mehr zur Erzielung von Einkünften im Sinne des § 2 Abs. 1 Satz 1 Nr. 4 bis 7 EStG genutzt, ist der noch nicht als Mieteinnahme berücksichtigte Teil der Mietvorauszahlung in dem betreffenden VZ als Einnahme bei den Einkünften aus Vermietung und Verpachtung anzusetzen. ⁸In Veräußerungsfällen erhöhen sich seine Mieteinnahmen insoweit nicht, als unberücksichtigte Zuschussteile durch entsprechende Minderung des Kaufpreises und Übernahme der Verpflichtung gegenüber den Mietern auf den Verkäufer übergegangen sind.

(4) Entfallen Zuschüsse auf eine eigengenutzte oder unentgeltlich an Dritte überlassene Wohnung, gilt Folgendes:

1. Handelt es sich bei den bezuschussten Aufwendungen um Herstellungs- oder Anschaffungskosten, für die der Steuerpflichtige die Steuerbegünstigung nach § 10f Abs. 1 EStG oder § 7 FördG, die Eigenheimzulage oder die Investitionszulage nach § 4 InvZulG 1999 in Anspruch nimmt, gilt Absatz 1 Satz 2 bis 4 entsprechend.

2. Handelt es sich bei den bezuschussten Aufwendungen um Erhaltungsaufwand, für den der Steuerpflichtige die Steuerbegünstigung nach § 10f Abs. 2 EStG oder § 7 FördG oder die Investitionszulage nach § 4 InvZulG 1999 in Anspruch nimmt, gilt Absatz 1 Satz 5 und 10 entsprechend.

Hinweise

H 21.5 Zuschüsse

- Zuschüsse, die eine Gemeinde für die Durchführung bestimmter Maßnahmen, die der Erhaltung, Erneuerung und funktionsgerechten Verwendung des Gebäudes dienen, unabhängig von der Nutzung des Gebäudes gewährt, mindern die Herstellungskosten und sind nicht als Einnahmen aus Vermietung und Verpachtung zu behandeln. Die Herstellungskosten sind auch dann um einen Zuschuss zu kürzen, wenn der Steuerpflichtige im Vorjahr einen Zuschuss als Einnahme behandelt hatte (→ BFH vom 26.3.1991 – BStBl. 1992 II S. 999).
- Gemeindezuschuss zum Bau einer Tiefgarage ohne Vereinbarung einer Mietpreisbindung oder Nutzung durch bestimmte Personen mindert die Herstellungskosten. Die mit dem Zuschuss verbundene Verpflichtung, die Tiefgarage der Öffentlichkeit gegen Entgelt zur Verfügung zu stellen, ist keine Gegenleistung des Empfängers (→ BFH vom 23.3.1995 – BStBl. II S. 702).
- Öffentliche Fördermittel (Zuschüsse oder nicht rückzahlbare Darlehen), die ein Bauherr im Rahmen des sog. Dritten Förderungswegs für Belegungs- und Mietpreisbindungen erhält, sind im Zuflussjahr Einnahmen aus Vermietung und Verpachtung (→ BFH vom 14.10.2003 – BStBl. 2004 II S. 14).

EStR 2012 zu § 21 EStG

R 21.6 Miteigentum und Gesamthand

[1]Die Einnahmen und Werbungskosten sind den Miteigentümern grundsätzlich nach dem Verhältnis der nach bürgerlichem Recht anzusetzenden Anteile zuzurechnen. [2]Haben die Miteigentümer abweichende Vereinbarungen getroffen, sind diese maßgebend, wenn sie bürgerlich-rechtlich wirksam sind und hierfür wirtschaftlich vernünftige Gründe vorliegen, die grundstücksbezogen sind. [3]AfA oder erhöhte Absetzungen und Sonderabschreibungen können nur demjenigen Miteigentümer zugerechnet werden, der die Anschaffungs- oder Herstellungskosten getragen hat.

Hinweise

H 21.6 Abweichende Zurechnung

- Treffen Angehörige als Miteigentümer eine vom zivilrechtlichen Beteiligungsverhältnis abweichende Vereinbarung über die Verteilung der Einnahmen und Ausgaben, ist diese steuerrechtlich nur beachtlich, wenn sie in Gestaltung und Durchführung dem zwischen fremden Dritten Üblichen entspricht; Korrekturmöglichkeit einer unzutreffenden Verteilung im gerichtlichen Verfahren auch dann noch, wenn Gesamtüberschuss bestandskräftig festgestellt ist, weil lediglich die Verteilung des festgestellten Überschusses angefochten wurde (→ BFH vom 31.3.1992 – BStBl. II S. 890).
- Trägt der Gesellschafter einer GbR deren Werbungskosten über den seiner Beteiligung entsprechenden Anteil hinaus, sind ihm diese Aufwendungen im Rahmen der einheitlichen und gesonderten Feststellung der Einkünfte aus Vermietung und Verpachtung der Gesellschaft ausnahmsweise dann allein zuzurechnen, wenn insoweit weder eine Zuwendung an Mitgesellschafter beabsichtigt ist noch gegen diese ein durchsetzbarer Ausgleichsanspruch besteht (→ BFH vom 23.11.2004 – BStBl. 2005 II S. 454).

Einbringung von Miteigentumsanteilen

→ H 7.3 (Anschaffungskosten)

Mietverhältnis zwischen GbR und Gesellschafter

Der Mietvertrag zwischen einer GbR und einem Gesellschafter ist steuerrechtlich nicht anzuerkennen, soweit diesem das Grundstück nach § 39 Abs. 2 Nr. 2 AO anteilig zuzurechnen ist (→ BFH vom 18.5.2004 – BStBl. II S. 898).

Miteigentum

A und B sind zu je 1/2 Miteigentümer eines Hauses mit drei gleich großen Wohnungen. Wohnung 1 vermietet die Gemeinschaft an B zu Wohnzwecken, Wohnung 2 überlassen A und B ihren Eltern unentgeltlich zu Wohnzwecken, Wohnung 3 wird an Dritte vermietet.

Hinsichtlich Wohnung 3 ist davon auszugehen, dass A und B diese gemeinschaftlich vermieten (→ BFH vom 26.1.1999 – BStBl. II S. 360). Auch Wohnung 2 nutzen A und B durch die unentgeltliche Überlassung an die Eltern gemeinschaftlich.

Die Nutzung von Wohnung 1 durch B zu eigenen Wohnzwecken führt nicht zu vorrangigen „Verbrauch" seines Miteigentumsanteils. Bei gemeinschaftlichem Bruchteilseigentum wird die Sache selbst weder real noch ideell geteilt; geteilt wird nur die Rechtszuständigkeit am gemeinschaftlichen Gegenstand. Dementsprechend ist nicht das Gebäude, sondern – im Rahmen einer Vereinbarung nach § 745 Abs. 1 BGB – das Nutzungsrecht am Gebäude zwischen A und B aufgeteilt worden. A hat B – abweichend von § 743 Abs. 2 BGB – einen weiter gehenden Gebrauch der gemeinschaftlichen Sache eingeräumt. Hierfür stünde A ein Entschädigungsanspruch aus § 745 Abs. 2 BGB zu. Stattdessen hat er zugunsten von B gegen Entgelt auf sein Mitgebrauchsrecht verzichtet und B die Wohnung 1 zur Alleinnutzung überlassen. A erzielt insoweit Einkünfte aus Vermietung und Verpachtung (→ BFH vom 18.5.2004 – BStBl. II S. 929).

Unterbeteiligung an einer Personengesellschaft

Ein Unterbeteiligter an einer Personengesellschaft erzielt dann keine Einkünfte aus Vermietung und Verpachtung, wenn er nicht nach außen als Vermieter in Erscheinung tritt und der Hauptbeteiligte ihn nur auf schuldrechtlicher Grundlage am Einnahmeüberschuss und am Auseinandersetzungsguthaben beteiligt sowie ihm nur in bestimmten Gesellschaftsangelegenheiten Mitwirkungsrechte einräumt (→ BFH vom 17.12.1996 – BStBl. 1997 II S.406).

EStR 2012 zu § 21 EStG

R 21.7 Substanzausbeuterecht – unbesetzt –

Hinweise

H 21.7 Abgrenzung Pacht-/Kaufvertrag

- Ein Kaufvertrag über die im Boden befindlichen Mineralien oder sonstigen Bestandteile kann grundsätzlich nur angenommen werden, wenn auch der Grund und Boden mitveräußert wird oder die einmalige Lieferung einer fest begrenzten Menge von Bodenbestandteilen Gegenstand des Vertrages ist (→ BFH vom 19.7.1994 – BStBl. II S. 846).
- Einnahmen aus Vermietung und Verpachtung sind:
  - Entgelte für die Ausbeute von Bodenschätzen (→ BFH vom 21.7.1993 – BStBl. 1994 II S. 231 und vom 4.12.2006 – BStBl. 2007 II S. 508);
  - Entgelt für die Überlassung eines Grundstücks, wenn dieses zwar bürgerlich-rechtlich übereignet wird, die Vertragsparteien aber die Rückübertragung nach Beendigung der Ausbeute vereinbaren (→ BFH vom 5.10.1973 – BStBl. 1974 II S. 130); dies gilt auch bei zusätzlicher Vereinbarung einer Steuerklausel, wenn keine rechtzeitige Offenbarung der Zusatzvereinbarung erfolgt (→ BFH vom 24.11.1992 – BStBl. 1993 II S. 296),
  - Entgelt aus dem Verkauf eines bodenschatzführenden Grundstücks, wenn die Auslegung der Bestimmungen des Kaufvertrags ergibt oder aus außerhalb des Vertrags liegenden Umständen zu ersehen ist, dass die Vertragsparteien keine dauerhafte Eigentumsübertragung, sondern eine zeitlich begrenzte Überlassung zur Substanzausbeute anstreben (→ BFH vom 21.7.1993 – BStBl. 1994 II S. 231).

Entschädigungen

Neben Förderzinsen zum Abbau von Bodenschätzen gezahlte Entschädigungen für entgangene/entgehende Einnahmen sind keine Einnahmen aus Vermietung und Verpachtung, sondern Betriebseinnahmen, wenn die Flächen im Betriebsvermögen bleiben (→ BFH vom 15.3.1994 – BStBl. II S. 840).

Wertminderung des Grund und Bodens

Wird die Substanz bislang land- und forstwirtschaftlich genutzten Grund und Bodens durch den Abbau eines Bodenvorkommens zerstört oder wesentlich beeinträchtigt, so steht die Verlustausschlußklausel des § 55 Abs. 6 EStG der Berücksichtigung der Wertminderung als Werbungskosten bei den Einkünften aus Vermietung und Verpachtung entgegen (→ BFH vom 16.10.1997 – BStBl. 1998 II S. 185).

§ 21

Weitere Verwaltungsanweisungen
(soweit nicht in den Hinweisen enthalten)

Zu § 21 EStG

1. Abgrenzung zwischen privater Vermögensverwaltung und Gewerbebetrieb bei der Veräußerung von Grundstücken [1]
2. Verfahren bei der Geltendmachung von negativen Einkünften aus der Beteiligung an Verlustzuweisungsgesellschaften und vergleichbaren Modellen (BdF-Schreiben vom 13.7.1992) [2]
3. Zinsen zur Grunderwerbsteuer nach § 3 Abs. 2 GrEStEigWoG sind als Werbungskosten abziehbar (Vfg OFD Köln vom 5.2.1987, DB 1987 S. 557 und Vfg OFD Münster vom 11.9.1990, DB 1990 S. 2095)
4. Anerkennung eines Nutzungsrechts bei gemeinsamer Nutzung der Wohnung durch Eigentümer und Berechtigten (Vfg OFD Münster vom 12.8.1987, DStR 1987 S. 627)
5. Einkommensteuerrechtliche Fragen zur Vermögensrückgabe im Beitrittsgebiet bei den Einkünften aus Vermietung und Verpachtung (BdF-Schreiben vom 11.1.1993) [3]
6. Behandlung der Umsatzsteuer bei den Einkünften aus Vermietung und Verpachtung bei nicht wirksamer Umsatzsteuer-Option (Vfg OFD Düsseldorf vom 22.9.1993, DB 1993 S. 2058)
7. Vorbeugende Hochwasserschutzmaßnahmen an Gebäuden (Vfg OFD Koblenz vom 31.1.1994, DStR 1994 S. 618)
8. Einkunftsermittlung bei im Betriebsvermögen gehaltenen Beteiligungen an vermögensverwaltenden Personengesellschaften (BdF-Schreiben vom 20.4.1994) [4]
9. Sinngemäße Anwendung des § 15 a Abs. 5 EStG bei einer GbR mit Einkünften aus Vermietung und Verpachtung (BdF-Schreiben vom 30.6.1994) [5]
10. Zurechnung von Vermietungseinkünften bei Gesamthandsgemeinschaften im Rahmen des sog. Hamburger Modells (Vfg OFD Berlin vom 13.12.1995, FR 1996 S. 327)
11. Ausgleichs- bzw. Ablösebeträge nach § 154 BauGB für förmlich festgelegte Sanierungsgebiete als Erhaltungsaufwendungen (Vfg OFD Frankfurt/Main vom 13.9.1996, FR 1996 S. 839)
12. Guthaben- und Schuldzinsen bei geschlossenen Immobilienfonds (Vfg OFD Berlin vom 9.12.1996, FR 1997 S. 543)
13. Mietverträge mit nahen Angehörigen – neue Rechtsprechung (Vfg OFD Frankfurt vom 29.9.2006) [6]
14. Zurechnung von Einkünften aus Grundstücksvermietung in Fällen der Rückübertragung nach dem VermG und der staatlichen oder zivilrechtlichen Verwaltung (Vfg OFD Chemnitz vom 8.7.1998, DStR 1998 S. 1791)
15. Einkünftezurechnung bei Grundstücken bis zu ihrer Rückübertragung nach dem Vermögensgesetz (Vfg OFD Frankfurt vom 10.3.1999, DB 1999 S. 1299)
16. Einkünfteerzielungsabsicht beim Hamburger Modell (Vfg OFD Frankfurt vom 3.3.1999, FR 1999 S. 968)
17. Einkommensteuerrechtliche Behandlung des Sicherungsnießbrauchs (Vfg OFD Kiel vom 20.1.2000, FR 2000 S. 408)
18. Mietvertrag mit einem Unterhaltsberechtigten (Vfg OFD Berlin vom 28.6.2000) [7]
19. Instandhaltungsrücklage bei Eigentumswohnungen (Vfg OFD Frankfurt vom 30.3.2000) [8]
20. Anschaffungsnaher Aufwand bei Personengesellschaft: Berechnung der Drei-Jahres-Frist bei Gesellschafter-Beitritt (Vfg OFD Berlin vom 14.11.2000, FR 2001, S. 504)
21. Einkunftsart bei Vermietung einer Ferienwohnung (Vfg OFD Kiel vom 7.3.2001, FR 2001 S. 661)

---

1) Siehe Anlage § 015-06.
2) Siehe Anlage § 021-06.
3) Siehe Anlage § 021-19.
4) Siehe Anlage § 015-15.
5) Siehe Anlage § 015a-10.
6) Siehe Anlage § 021-18.
7) Siehe Anlage § 021-17.
8) Siehe Anlage § 021-21.

§ 21

22. Rückabwicklung eines Grundstückskaufvertrags (Erlass Berlin vom 14.5.2007, DStR 2007 S. 1820 und Vfg Bayer. Landesamt für Steuern vom 16.7.2008, DB 2008 S. 2110).
23. Einkunftserzielung bei der Vermietung besonders aufwändig gestalteter oder ausgestatteter Wohnungen (Vfg OFD Düsseldorf vom 18.8.2005, Fußnote zu RdNr. 11 der Anlage § 021-03)
24. Darlehensverzicht der kreditgebenden Bank bei sog. Schrottimmobilien (Vfg. Bayer. Landesamt für Steuern vom 16.7.2008, DB 2008 S. 2453)
25. Ermittlung der ortsüblichen Miete bei Objekten, für die keine Mietspiegel vorhanden sind (Senfin Berlin vom 24.1.2012)[1]

Rechtsprechungsauswahl

BFH vom 17.10.13 III R 27/12 (BStBl. 2014 II S. 372): Photovoltaikanlage: Gebäudekosten als gemischte Aufwendungen mangels Aufteilungsmaßstab nicht abziehbar

BFH vom 9.10.13 IX R 2/13 (BStBl. 2014 II S. 527): Berücksichtigung von Werbungskosten bei Vermietung und Verpachtung; Mietverträge zwischen nahe stehenden Personen; Einkünfteerzielungsabsicht; Gestaltungsmissbrauch

BFH vom 9.7.13 IX R 43/11 (BStBl. 2014 II S. 878): Erbauseinandersetzungskosten als Anschaffungsnebenkosten bei unentgeltlichem Erwerb

BFH vom 12.6.13 IX R 38/12 (BStBl. II S. 1013): „Teilweise" Aufgabe der Vermietungsabsicht bei langjährigem Leerstand einer vorher dauerhaft vermieteten Wohnung gilt auch für einzelne Räume, die in anderen Nutzungs- und Funktionszusammenhang gestellt werden

BFH vom 9.7.13 IX R 48/12 (BStBl. II S. 693): Wegfall der Einkünfteerzielungsabsicht bei langjährigem, strukturell bedingtem Leerstand einer Wohnimmobilie auch bei vorheriger auf Dauer angelegter Vermietung

BFH vom 12.6.13 IX R 38/12 (BStBl. II S.1013): „Teilweise" Aufgabe der Vermietungsabsicht bei langjährigem Leerstand einer vorher dauerhaft vermieteten Wohnung gilt auch für einzelne Räume, die in anderen Nutzungs- und Funktionszusammenhang gestellt werden

BFH vom 16.4.13 IX R 26/11 (BStBl. II S. 613): Prüfung der Einkünfteerzielungsabsicht bei teilweise selbstgenutzter und teilweise vermieteter Ferienwohnung

BFH vom 19.3.13 IX R 41/42 (BStBl. II S. 536): Kein Werbungskostenabzug bei Einkünften aus Vermietung und Verpachtung und keine Anerkennung außergewöhnlicher Belastungen für Gerichts- und Anwaltskosten einer beantragten und zurückgezogenen Teilungsversteigerung zur Auflösung einer Grundstücksgemeinschaft

BFH vom 19.2.13 IX R 7/10 (BStBl. II S. 436): Prüfung der Einkünfteerzielungsabsicht bei der Vermietung von Gewerbeobjekten

BFH vom 22.1.13 IX R 19/11 (BStBl. II S. 376): Zuordnung vorübergehender Leerstandszeiten von zur Untervermietung bereitgehaltenen Wohnräumen; Aufteilung der Aufwendungen für Gemeinschaftsräume nach der Zahl der zur Haushaltsgemeinschaft gehörenden Personen

BFH vom 22.1.13 IX R 13/12 (BStBl. II S. 533): Einkünfteerzielung bei Mietvertragsübernahme: Keine Zurechnung der Einkünfteerzielungsabsicht des Rechtsvorgängers beim Erwerber

BFH vom 11.12.12 IX R 68/10 (BStBl. 2013 II S. 367): Einkünfteerzielungsabsicht bei langjährigem Leerstand von Wohnungen

BFH vom 11.12.12 IX R 14/12 (BStBl. 2013 II S. 279): Einkünfteerzielungsabsicht bei langjährigem Leerstand von Wohnungen

BFH vom 20.6.12 IX R 67/10 (BStBl. 2013 II S. 275): Schuldzinsen nach Veräußerung einer Immobilie als nachträgliche Werbungskosten bei den Einkünften aus Vermietung und Verpachtung

---

1) Siehe Anlage § 021-15.

§ 22

g) Sonstige Einkünfte (§ 2 Abs. 1 Satz 1 Nr. 7)

§ 22 Arten der sonstigen Einkünfte

Sonstige Einkünfte sind

1. ¹Einkünfte aus wiederkehrenden Bezügen, soweit sie nicht zu den in § 2 Abs. 1 Nr. 1 bis 6 bezeichneten Einkunftsarten gehören; § 15b ist sinngemäß anzuwenden. ²Werden die Bezüge freiwillig oder auf Grund einer freiwillig begründeten Rechtspflicht oder einer gesetzlich unterhaltsberechtigten Person gewährt, so sind sie nicht dem Empfänger zuzurechnen; dem Empfänger sind dagegen zuzurechnen

   a) Bezüge, die von einer Körperschaft, Personenvereinigung oder Vermögensmasse außerhalb der Erfüllung steuerbegünstigter Zwecke im Sinne der §§ 52 bis 54 der Abgabenordnung gewährt werden, und

   b) Bezüge im Sinne des § 1 der Verordnung über die Steuerbegünstigung von Stiftungen, die an die Stelle von Familienfideikommissen getreten sind, in der im Bundesgesetzblatt Teil III, Gliederungsnummer 611-4-3, veröffentlichten bereinigten Fassung.

   ³Zu den in Satz 1 bezeichneten Einkünften gehören auch

   a) Leibrenten und andere Leistungen,

      aa) die aus den gesetzlichen Rentenversicherungen, den landwirtschaftlichen Alterskassen, den berufsständischen Versorgungseinrichtungen und aus Rentenversicherungen im Sinne des § 10 Abs. 1 Nr. 2 Buchstabe b erbracht werden, soweit sie jeweils der Besteuerung unterliegen. ²Bemessungsgrundlage für den der Besteuerung unterliegenden Anteil ist der Jahresbetrag der Rente. ³Der der Besteuerung unterliegende Anteil ist nach dem Jahr des Rentenbeginns und dem in diesem Jahr maßgebenden Prozentsatz aus der nachstehenden Tabelle zu entnehmen:

Jahr des Rentenbeginns	Besteuerungsanteil in %
Bis 2005	50
ab 2006	52
2007	54
2008	56
2009	58
2010	60
2011	62
2012	64
2013	66
2014	68
2015	70
2016	72
2017	74
2018	76
2019	78
2020	80
2021	81
2022	82
2023	83
2024	84
2025	85
2026	86
2027	87

§ 22

Jahr des Rentenbeginns	Besteuerungsanteil in %
2028	88
2029	89
2030	90
2031	91
2032	92
2033	93
2034	94
2035	95
2036	96
2037	97
2038	98
2039	99
2040	100

[4]Der Unterschiedsbetrag zwischen dem Jahresbetrag der Rente und dem der Besteuerung unterliegenden Anteil der Rente ist der steuerfreie Teil der Rente. [5]Dieser gilt ab dem Jahr, das dem Jahr des Rentenbeginns folgt, für die gesamte Laufzeit des Rentenbezugs. [6]Abweichend hiervon ist der steuerfreie Teil der Rente bei einer Veränderung des Jahresbetrags der Rente in dem Verhältnis anzupassen, in dem der veränderte Jahresbetrag der Rente zum Jahresbetrag der Rente steht, der der Ermittlung des steuerfreien Teils der Rente zugrunde liegt. [7]Regelmäßige Anpassungen des Jahresbetrags der Rente führen nicht zu einer Neuberechnung und bleiben bei einer Neuberechnung außer Betracht. [8]Folgen nach dem 31. Dezember 2004 Renten aus derselben Versicherung einander nach, gilt für die spätere Rente Satz 3 mit der Maßgabe, dass sich der Prozentsatz nach dem Jahr richtet, das sich ergibt, wenn die Laufzeit der vorhergehenden Renten von dem Jahr des Beginns der späteren Rente abgezogen wird; der Prozentsatz kann jedoch nicht niedriger bemessen werden als der für das Jahr 2005;

bb) die nicht solche im Sinne des Doppelbuchstaben aa sind und bei denen in den einzelnen Bezügen Einkünfte aus Erträgen des Rentenrechts enthalten sind. [2]Dies gilt auf Antrag auch für Leibrenten und andere Leistungen, soweit diese auf bis zum 31. Dezember 2004 geleisteten Beiträgen beruhen, welche oberhalb des Betrags des Höchstbeitrags zur gesetzlichen Rentenversicherung gezahlt wurden; der Steuerpflichtige muss nachweisen, dass der Betrag des Höchstbeitrags mindestens zehn Jahre überschritten wurde; soweit hiervon im Versorgungsausgleich übertragene Rentenanwartschaften betroffen sind, gilt § 4 Abs. 1 und 2 des Versorgungsausgleichsgesetzes entsprechend. [3]Als Ertrag des Rentenrechts gilt für die gesamte Dauer des Rentenbezugs der Unterschiedsbetrag zwischen dem Jahresbetrag der Rente und dem Betrag, der sich bei gleichmäßiger Verteilung des Kapitalwerts der Rente auf ihre voraussichtliche Laufzeit ergibt; dabei ist der Kapitalwert nach dieser Laufzeit zu berechnen. [4]Der Ertrag des Rentenrechts (Ertragsanteil) ist aus der nachstehenden Tabelle zu entnehmen:

Bei Beginn der Rente vollendetes Lebensjahr des Rentenberechtigten	Ertragsanteil in %
0 bis 1	59
2 bis 3	58
4 bis 5	57
6 bis 8	56
9 bis 10	55

§ 22

Bei Beginn der Rente vollendetes Lebensjahr des Rentenberechtigten	Ertragsanteil in %
11 bis 12	54
13 bis 14	53
15 bis 16	52
17 bis 18	51
19 bis 20	50
21 bis 22	49
23 bis 24	48
25 bis 26	47
27	46
28 bis 29	45
30 bis 31	44
32	43
33 bis 34	42
35	41
36 bis 37	40
38	39
39 bis 40	38
41	37
42	36
43 bis 44	35
45	34
46 bis 47	33
48	32
49	31
50	30
51 bis 52	29
53	28
54	27
55 bis 56	26
57	25
58	24
59	23
60 bis 61	22
62	21
63	20
64	19
65 bis 66	18
67	17
68	16
69 bis 70	15
71	14
72 bis 73	13
74	12
75	11

§ 22

Bei Beginn der Rente vollendetes Lebensjahr des Rentenberechtigten	Ertragsanteil in %
76 bis 77	10
78 bis 79	9
80	8
81 bis 82	7
83 bis 84	6
85 bis 87	5
88 bis 91	4
92 bis 93	3
94 bis 96	2
ab 97	1

[5]Die Ermittlung des Ertrags aus Leibrenten, die vor dem 1. Januar 1955 zu laufen begonnen haben, und aus Renten, deren Dauer von der Lebenszeit mehrerer Personen oder einer anderen Person als des Rentenberechtigten abhängt, sowie aus Leibrenten, die auf eine bestimmte Zeit beschränkt sind, wird durch eine Rechtsverordnung bestimmt;

b) Einkünfte aus Zuschüssen und sonstigen Vorteilen, die als wiederkehrende Bezüge gewährt werden;

1a. Einkünfte aus Unterhaltsleistungen, soweit sie nach § 10 Abs. 1 Nr. 1 vom Geber abgezogen werden können;

1b. Einkünfte aus Versorgungsleistungen, soweit sie beim Zahlungsverpflichteten die Voraussetzungen für den Sonderausgabenabzug nach § 10 Absatz 1 Nummer 1a erfüllt sind;

1c. Einkünfte aus Ausgleichszahlungen im Rahmen des Versorgungsausgleichs nach den §§ 20, 21, 22 und 26 des Versorgungsausgleichsgesetzes, §§ 1587f, 1587g, 1587i des Bürgerlichen Gesetzbuchs und § 3a des Gesetzes zur Regelung von Härten im Versorgungsausgleich, soweit bei der ausgleichspflichtigen Person die Voraussetzungen für den Sonderausgabenabzug nach § 10 Absatz 1 Nummer 1b erfüllt sind;

2. Einkünfte aus privaten Veräußerungsgeschäften im Sinne des § 23;

3. [1]Einkünfte aus Leistungen, soweit sie weder zu anderen Einkunftsarten (§ 2 Abs. 1 Nr. 1 bis 6) noch zu den Einkünften im Sinne der Nummern 1, 1a, 2 oder 4 gehören, z. B. Einkünfte aus gelegentlichen Vermittlungen und aus der Vermietung beweglicher Gegenstände. [2]Solche Einkünfte sind nicht einkommensteuerpflichtig, wenn sie weniger als 256 Euro im Kalenderjahr betragen haben. [3]Übersteigen die Werbungskosten die Einnahmen, so darf der übersteigende Betrag bei Ermittlung des Einkommens nicht ausgeglichen werden; er darf auch nicht nach § 10d abgezogen werden. [4]Die Verluste mindern jedoch nach Maßgabe des § 10d die Einkünfte, die der Steuerpflichtige in dem unmittelbar vorangegangenen Veranlagungszeitraum oder in den folgenden Veranlagungszeiträumen aus Leistungen im Sinne des Satzes 1 erzielt hat oder erzielt; § 10d Abs. 4 gilt entsprechend;

4. [1]Entschädigungen, Amtszulagen, Zuschüsse zu Kranken- und Pflegeversicherungsbeiträgen, Übergangsgelder, Überbrückungsgelder, Sterbegelder, Versorgungsabfindungen, Versorgungsbezüge, die auf Grund des Abgeordnetengesetzes oder des Europaabgeordnetengesetzes sowie vergleichbare Bezüge, die auf Grund der entsprechenden Gesetze der Länder gezahlt werden, und die Entschädigungen, das Übergangsgeld, das Ruhegehalt und die Hinterbliebenenversorgung, die auf Grund des Abgeordnetenstatuts des Europäischen Parlaments von der Europäischen Union gezahlt werden. [2]Werden zur Abgeltung des durch das Mandat veranlassten Aufwandes Aufwandsentschädigungen gezahlt, so dürfen die durch das Mandat veranlassten Aufwendungen nicht als Werbungskosten abgezogen werden. [3]Wahlkampfkosten zur Erlangung eines Mandats im Bundestag, im Europäischen

Parlament oder im Parlament eines Landes dürfen nicht als Werbungskosten abgezogen werden. ⁴Es gelten entsprechend

a) für Nachversicherungsbeiträge auf Grund gesetzlicher Verpflichtung nach den Abgeordnetengesetzen im Sinne des Satzes 1 und für Zuschüsse zu Kranken- und Pflegeversicherungsbeiträgen § 3 Nr. 62,

b) für Versorgungsbezüge § 19 Abs. 2 nur bezüglich des Versorgungsfreibetrags; beim Zusammentreffen mit Versorgungsbezügen im Sinne des § 19 Abs. 2 Satz 2 bleibt jedoch insgesamt höchstens ein Betrag in Höhe des Versorgungsfreibetrags nach § 19 Abs. 2 Satz 3 im Veranlagungszeitraum steuerfrei,

c) für das Übergangsgeld, das in einer Summe gezahlt wird, und für die Versorgungsabfindung § 34 Abs. 1,

d) für die Gemeinschaftssteuer, die auf die Entschädigungen, das Übergangsgeld, das Ruhegehalt und die Hinterbliebenenversorgung auf Grund des Abgeordnetenstatuts des Europäischen Parlaments von der Europäischen Union erhoben wird, § 34c Abs. 1; dabei sind die im ersten Halbsatz genannten Einkünfte für die entsprechende Anwendung des § 34c Abs. 1 wie ausländische Einkünfte und die Gemeinschaftssteuer wie eine der deutschen Einkommensteuer entsprechende ausländische Steuer zu behandeln;

5. Leistungen aus Altersvorsorgeverträgen, Pensionsfonds, Pensionskassen und Direktversicherungen. ²Soweit die Leistungen nicht auf Beiträgen, auf die § 3 Nr. 63, § 10a oder Abschnitt XI angewendet wurde, nicht auf Zulagen im Sinne des Abschnitts XI, nicht auf Zahlungen im Sinne des § 92a Abs. 2 Satz 4 Nr. 1 und des § 92a Abs. 3 Satz 9 Nr. 2, nicht auf steuerfreien Leistungen nach § 3 Nr. 66 und nicht auf Ansprüchen beruhen, die durch steuerfreie Zuwendungen nach § 3 Nr. 56 oder die durch die nach § 3 Nr. 55b Satz 1 oder § 3 Nummer 55c steuerfreie Leistung aus einem neu begründeten Anrecht erworben wurden,

a) ist bei lebenslangen Renten sowie bei Berufsunfähigkeits-, Erwerbsminderungs- und Hinterbliebenenrenten Nummer 1 Satz 3 Buchstabe a entsprechend anzuwenden,

b) ist bei Leistungen aus Versicherungsverträgen, Pensionsfonds, Pensionskassen und Direktversicherungen, die nicht solche nach Buchstabe a sind, § 20 Abs. 1 Nr. 6 in der jeweils für den Vertrag geltenden Fassung entsprechend anzuwenden,

c) unterliegt bei anderen Leistungen der Unterschiedsbetrag zwischen der Leistung und der Summe der auf sie entrichteten Beiträge der Besteuerung; § 20 Abs. 1 Nr. 6 Satz 2 gilt entsprechend.

³In den Fällen des § 93 Abs. 1 Satz 1 und 2 gilt das ausgezahlte geförderte Altersvorsorgevermögen nach Abzug der Zulagen im Sinne des Abschnitts XI als Leistung im Sinne des Satzes 2. ⁴Als Leistung im Sinne des Satzes 1 gilt auch der Verminderungsbetrag nach § 92a Abs. 2 Satz 5 und der Auflösungsbetrag nach § 92a Abs. 3 Satz 5. ⁵Der Auflösungsbetrag nach § 92a Abs. 2 Satz 6 wird zu 70 Prozent als Leistung nach Satz 1 erfasst. ⁶Tritt nach dem Beginn der Auszahlungsphase zu Lebzeiten des Zulageberechtigten der Fall des § 92a Abs. 3 Satz 1 ein, dann ist

a) innerhalb eines Zeitraums bis zum zehnten Jahr nach dem Beginn der Auszahlungsphase das Eineinhalbfache,

b) innerhalb eines Zeitraums zwischen dem zehnten und 20. Jahr nach dem Beginn der Auszahlungsphase das Einfache

des nach Satz 5 noch nicht erfassten Auflösungsbetrags als Leistung nach Satz 1 zu erfassen; § 92a Abs. 3 Satz 9 gilt entsprechend mit der Maßgabe, dass als noch nicht zurückgeführter Betrag im Wohnförderkonto der noch nicht erfasste Auflösungsbetrag gilt. ⁷Bei erstmaligem Bezug von Leistungen, in den Fällen des § 93 Abs. 1 sowie bei Änderung der im Kalenderjahr auszuzahlenden Leistung hat der Anbieter (§ 80) nach Ablauf des Kalenderjahres dem Steuerpflichtigen nach amtlich vorgeschriebenem Muster den Betrag der im abgelaufenen Kalenderjahr zugeflossenen Leistungen im Sinne der

§ 22 EStDV 55

Sätze 1 bis 3 je gesondert mitzuteilen. [8]Werden dem Steuerpflichtigen Abschluss- und Vertriebskosten eines Altersvorsorgevertrages erstattet, gilt der Erstattungsbetrag als Leistung im Sinne des Satzes 1. [9]In den Fällen des § 3 Nummer 55a richtet sich die Zuordnung zu Satz 1 oder Satz 2 bei der ausgleichsberechtigten Person danach, wie eine nur auf die Ehezeit bezogene Zuordnung der sich aus dem übertragenen Anrecht ergebenden Leistung zu Satz 1 oder Satz 2 bei der ausgleichspflichtigen Person im Zeitpunkt der Übertragung ohne die Teilung vorzunehmen gewesen wäre. [10]Dies gilt sinngemäß in den Fällen des § 3 Nummer 55 und 55e. [11]Wird eine Versorgungsverpflichtung nach § 3 Nummer 66 auf einen Pensionsfonds übertragen und hat der Steuerpflichtige bereits vor dieser Übertragung Leistungen auf Grund dieser Versorgungsverpflichtung erhalten, so sind insoweit auf die Leistungen aus dem Pensionsfonds im Sinne des Satzes 1 die Beträge nach § 9a Satz 1 Nummer 1 und § 19 Absatz 2 entsprechend anzuwenden; § 9a Satz 1 Nummer 2 ist nicht anzuwenden. [12]Wird auf Grund einer internen Teilung nach § 10 des Versorgungsausgleichsgesetzes oder einer externen Teilung nach § 14 des Versorgungsausgleichsgesetzes ein Anrecht zugunsten der ausgleichsberechtigten Person begründet, so gilt dieser Vertrag insoweit zu dem gleichen Zeitpunkt als abgeschlossen wie der Vertrag der ausgleichspflichtigen Person, wenn die aus dem Vertrag der ausgleichspflichtigen Person ausgezahlten Leistungen zu einer Besteuerung nach Satz 2 führen.

EStDV

§ 55 Ermittlung des Ertrags aus Leibrenten in besonderen Fällen

(1) Der Ertrag des Rentenrechts ist in den folgenden Fällen auf Grund der in § 22 Nr. 1 Satz 3 Buchstabe a Doppelbuchstabe bb des Gesetzes aufgeführten Tabelle zu ermitteln:

1. *[1]bei Leibrenten, die vor dem 1. Januar 1955 zu laufen begonnen haben. [2]Dabei ist das vor dem 1. Januar 1955 vollendete Lebensjahr des Rentenberechtigten maßgebend;*

2. *[1]bei Leibrenten, deren Dauer von der Lebenszeit einer anderen Person als des Rentenberechtigten abhängt. [2]Dabei ist das bei Beginn der Rente, im Fall der Nummer 1 das vor dem 1. Januar 1955 vollendete Lebensjahr dieser Person maßgebend;*

3. *[1]bei Leibrenten, deren Dauer von der Lebenszeit mehrerer Personen abhängt. [2]Dabei ist das bei Beginn der Rente, im Fall der Nummer 1 das vor dem 1. Januar 1955 vollendete Lebensjahr der ältesten Person maßgebend, wenn das Rentenrecht mit dem Tod des zuerst Sterbenden erlischt, und das Lebensjahr der jüngsten Person, wenn das Rentenrecht mit dem Tod des zuletzt Sterbenden erlischt.*

(2) [1]Der Ertrag aus Leibrenten, die auf eine bestimmte Zeit beschränkt sind (abgekürzte Leibrenten), ist nach der Lebenserwartung unter Berücksichtigung der zeitlichen Begrenzung zu ermitteln. [2]Der Ertragsanteil ist aus der nachstehenden Tabelle zu entnehmen. [3]Absatz 1 ist entsprechend anzuwenden.

Beschränkung der Laufzeit der Rente auf .... Jahre ab Beginn des Rentenbezugs (ab 1. Januar 1955, falls die Rente vor diesem Zeitpunkt zu laufen begonnen hat)	Der Ertragsanteil beträgt, vorbehaltlich der Spalte 3, ... Prozent	Der Ertragsanteil ist der Tabelle in § 22 Nr. 1 Satz 3 Buchstabe a Doppelbuchstabe bb des Gesetzes zu entnehmen, wenn der Rentenberechtigte zu Beginn des Rentenbezugs (vor dem 1. Januar 1955, falls die Rente vor diesem Zeitpunkt zu laufen begonnen hat) das ...te Lebensjahr vollendet hatte
1	2	3
1	0	entfällt
2	1	entfällt
3	2	97
4	4	92
5	5	88
6	7	83
7	8	81
8	9	80

EStDV 55 § 22

Beschränkung der Laufzeit der Rente auf ..... Jahre ab Beginn des Rentenbezugs (ab 1. Januar 1955, falls die Rente vor diesem Zeitpunkt zu laufen begonnen hat)	Der Ertragsanteil beträgt, vorbehaltlich der Spalte 3, ... Prozent	Der Ertragsanteil ist der Tabelle in § 22 Nr. 1 Satz 3 Buchstabe a Doppelbuchstabe bb des Gesetzes zu entnehmen, wenn der Rentenberechtigte zu Beginn des Rentenbezugs (vor dem 1. Januar 1955, falls die Rente vor diesem Zeitpunkt zu laufen begonnen hat) das ...te Lebensjahr vollendet hatte
1	2	3
9	10	78
10	12	75
11	13	74
12	14	72
13	15	71
14 – 15	16	69
16 – 17	18	67
18	19	65
19	20	64
20	21	63
21	22	62
22	23	60
23	24	59
24	25	58
25	26	57
26	27	55
27	28	54
28	29	53
29 – 30	30	51
31	31	50
32	32	49
33	33	48
34	34	46
35 – 36	35	45
37	36	43
38	37	42
39	38	41
40 – 41	39	39
42	40	38
43 – 44	41	36
45	42	35
46 – 47	43	33
48	44	32
49 – 50	45	30
51 – 52	46	28
53	47	27
54 – 55	48	25
56 – 57	49	23
58 – 59	50	21
60 – 61	51	19
62 – 63	52	17
64 – 65	53	15

§ 22 — EStDV 55 — R 22.1

Beschränkung der Laufzeit der Rente auf ..... Jahre ab Beginn des Rentenbezugs (ab 1. Januar 1955, falls die Rente vor diesem Zeitpunkt zu laufen begonnen hat)	Der Ertragsanteil beträgt, vorbehaltlich der Spalte 3, ... Prozent	Der Ertragsanteil ist der Tabelle in § 22 Nr. 1 Satz 3 Buchstabe a Doppelbuchstabe bb des Gesetzes zu entnehmen, wenn der Rentenberechtigte zu Beginn des Rentenbezugs (vor dem 1. Januar 1955, falls die Rente vor diesem Zeitpunkt zu laufen begonnen hat) das ...te Lebensjahr vollendet hatte
1	2	3
66 – 67	54	13
68 – 69	55	11
70 – 71	56	9
72 – 74	57	6
75 – 76	58	4
77 – 79	59	2
ab 80	Der Ertragsanteil ist immer der Tabelle in § 22 Nr. 1 Satz 3 Buchstabe a Doppelbuchstabe bb des Gesetzes zu entnehmen.	

EStR und Hinweise

EStR 2012 zu § 22 EStG

R 22.1 Besteuerung von wiederkehrenden Bezügen mit Ausnahme der Leibrenten

(1) → ¹Wiederkehrende Bezüge sind als sonstige Einkünfte nach § 22 Nr. 1 Satz 1 EStG zu erfassen, wenn sie nicht zu anderen Einkunftsarten gehören und soweit sie sich bei wirtschaftlicher Betrachtung nicht als Kapitalrückzahlungen, z. B. Kaufpreisraten, darstellen. → ²Wiederkehrende Bezüge setzen voraus, dass sie auf einem einheitlichen Entschluss oder einem einheitlichen Rechtsgrund beruhen und mit einer gewissen Regelmäßigkeit wiederkehren. ³Sie brauchen jedoch nicht stets in derselben Höhe geleistet zu werden. ⁴Deshalb können Studienzuschüsse, die für einige Jahre gewährt werden, wiederkehrende Bezüge sein.

(2) ¹Wiederkehrende Zuschüsse und sonstige Vorteile sind entsprechend der Regelung in § 12 Nr. 2 EStG und § 22 Nr. 1 Satz 2 EStG entweder vom Geber oder vom Empfänger zu versteuern. ²Soweit die Bezüge nicht aufgrund des § 3 EStG steuerfrei bleiben, sind sie vom Empfänger als wiederkehrende Bezüge zu versteuern, wenn sie der unbeschränkt steuerpflichtige Geber als Betriebsausgaben oder Werbungskosten abziehen kann.

Hinweise

H 22.1 Stiftung
→ H 20.2

Vorweggenommene Erbfolge
→ BMF vom 11.3.2010 (BStBl. I S 227), Rz. 81. [1)]

Ein gesamtberechtigter Ehegatte versteuert ihm zufließende Altenteilsleistungen anlässlich einer vorweggenommenen Erbfolge im Regelfall auch dann nach § 22 Nr. 1 Satz 1 EStG, wenn er nicht Eigentümer des übergebenen Vermögens war. Der Abzugsbetrag nach § 24a EStG und der Pauschbetrag nach § 9a Satz 1 Nr. 3 EStG kann jedem Ehegatten gewährt werden, wenn er Einkünfte aus wiederkehrenden Bezügen hat (→ BFH vom 22.9.1993 – BStBl. 1994 II S. 107).

Wiederkehrende Bezüge *sind nicht:*

– Bezüge, die sich zwar wiederholen, bei denen aber die einzelne Leistung jeweils von einer neuen Entschlussfassung oder Vereinbarung abhängig ist (→ BFH vom 20.7.1971 – BStBl. 1972 II S. 170),

– Schadensersatzrenten zum Ausgleich vermehrter Bedürfnisse; sog. Mehrbedarfsrenten nach § 843 Abs. 1, 2. Alternative BGB (→ BMF vom 15.7.2009 – BStBl. I S. 836). [2)]

---

1) Siehe Anlage § 010-01.
2) Siehe Anlage § 022-02.

- *Schadensersatzrenten, die nach § 844 Abs. 2 BGB für den Verlust von Unterhaltsansprüchen oder nach § 845 BGB für entgangene Dienste gewährt werden (→ BMF vom 15.7.2009 – BStBl. I S. 836).* [1]
- *Schmerzensgeldrenten nach § 253 Abs. 2 BGB (→ BMF vom 15.7.2009 – BStBl. I S. 836).* [2]
- *Unterhaltsleistungen, die ein unbeschränkt Stpfl. von seinem nicht unbeschränkt steuerpflichtigen geschiedenen oder dauernd getrennt lebenden Ehegatten erhält (→ BFH vom 31.3.2004 – BStBl. II S. 1047).*
- *Wiederkehrende Leistungen in schwankender Höhe, die ein pflichtteilsberechtigter Erbe aufgrund letztwilliger Verfügung des Erblassers vom Erben unter Anrechnung auf seinen Pflichtteil für die Dauer von 15 Jahren erhält; sie sind mit ihrem Zinsanteil steuerbar (→ BFH vom 26.11.1992 – BStBl. 1993 II S. 298).*
- *wiederkehrende Zahlungen als Gegenleistung für den Verzicht eines zur gesetzlichen Erbfolge Berufenen auf seinen potentiellen künftigen Erb- und/oder Pflichtteil (→ BFH vom 9.2.2010 – BStBl. II S. 818).*

EStR 2012 zu § 22 EStG

R 22.2 Wiederkehrende Bezüge bei ausländischen Studenten und Schülern
– unbesetzt –

R 22.3 Besteuerung von Leibrenten und anderen Leistungen i. S. d. § 22 Nr. 1 Satz 3 Buchstabe a Doppelbuchstabe aa EStG

(1) ¹Eine Leibrente kann vorliegen, wenn die Bemessungsgrundlage für die Bezüge keinen oder nur unbedeutenden Schwankungen unterliegt. ²Veränderungen in der absoluten Höhe, die sich deswegen ergeben, weil die Bezüge aus gleichmäßigen Sachleistungen bestehen, stehen der Annahme einer Leibrente nicht entgegen.

(2) ¹Ist die Höhe einer Rente von mehreren selbständigen Voraussetzungen abhängig, kann einkommensteuerrechtlich eine lebenslängliche Leibrente erst ab dem Zeitpunkt angenommen werden, in dem die Voraussetzung für eine fortlaufende Gewährung der Rente in gleichmäßiger Höhe bis zum Lebensende des Berechtigten erstmals vorliegt. ²Wird die Rente schon vor diesem Zeitpunkt zeitlich begrenzt nach einer anderen Voraussetzung oder in geringerer Höhe voraussetzungslos gewährt, handelt es sich um eine abgekürzte Leibrente.

Hinweise

H 22.3 Allgemeines

Der Besteuerung nach § 22 Nr. 1 Satz 3 Buchstabe a Doppelbuchstabe aa EStG unterliegen Leibrenten und andere Leistungen aus den gesetzlichen Rentenversicherungen, den landwirtschaftlichen Alterskassen, den berufsständischen Versorgungseinrichtungen und aus Rentenversicherungen i. S. d. § 10 Abs. 1 Nr. 2 Buchstabe b EStG. Für die Besteuerung ist eine Unterscheidung dieser Leistungen zwischen Leibrente, abgekürzter Leibrente und Einmalzahlungen nur bei Anwendung der Öffnungsklausel von Bedeutung. Zu Einzelheiten zur Besteuerung → BMF vom 19.8.2013 (BStBl. I S. 1087), [3] *insbesondere Rz. 190 – 237.*

Begriff der Leibrente

- *Der Begriff der Leibrente i. S. d. § 22 Nr. 1 Satz 3 Buchstabe a EStG ist ein vom bürgerlichen Recht (§§ 759 ff. BGB) abweichender steuerrechtlicher Begriff. Er setzt gleich bleibende Bezüge voraus, die für die Dauer der Lebenszeit einer Bezugsperson gezahlt werden (→ BFH vom 15.7.1991 – BStBl. 1992 II S. 78).*
- *Aus dem Erfordernis der Gleichmäßigkeit ergibt sich, dass eine Leibrente nicht gegeben ist, wenn die Bezüge von einer wesentlich schwankenden Größe abhängen, z. B. vom Umsatz oder Gewinn eines Unternehmens; das gilt auch dann, wenn die Bezüge sich nach einem festen Prozentsatz oder einem anderen bestimmten Verteilungsschlüssel bemessen (→ BFH vom 10.10.1963 – BStBl. III S. 592, vom 27.5.1964 – BStBl. III S. 475 und vom 25.11.1966 – BStBl. 1967 III S. 178).*

---

1) Siehe Anlage § 022-02.
2) Siehe Anlage § 022-02.
3) Siehe Anlage § 010-11.

§ 22 — R 22.3, 22.4

- Die Vereinbarung von Wertsicherungsklauseln oder so genannten Währungsklauseln, die nur der Anpassung der Kaufkraft an geänderte Verhältnisse dienen sollen, schließen die Annahme einer Leibrente nicht aus (→ BFH vom 2.12.1966 – BStBl. 1967 III S. 179 und vom 11.8.1967 – BStBl. III S. 699). Unter diesem Gesichtspunkt liegt eine Leibrente auch dann vor, wenn ihre Höhe jeweils von der für Sozialversicherungsrenten maßgebenden Bemessungsgrundlage abhängt (→ BFH vom 30.11.1967 – BStBl. 1968 II S. 262). Ist auf die wertgesicherte Leibrente eine andere – wenn auch in unterschiedlicher Weise – wertgesicherte Leibrente anzurechnen, hat die Differenz zwischen beiden Renten ebenfalls Leibrentencharakter (→ BFH vom 5.12.1980 – BStBl. 1981 II S. 265).
- Eine grundsätzlich auf Lebensdauer einer Person zu entrichtende Rente bleibt eine Leibrente auch dann, wenn sie unter bestimmten Voraussetzungen, z. B. Wiederverheiratung, früher endet (→ BFH vom 5.12.1980 – BStBl. 1981 II S. 265).
- Durch die Einräumung eines lebenslänglichen Wohnrechts und die Versorgung mit elektrischem Strom und Heizung wird eine Leibrente nicht begründet (→ BFH vom 2.12.1966 – BStBl. 1967 III S. 243 und vom 12.9.1969 – BStBl. II S. 706).

Nachzahlung

Eine Rentennachzahlung aus der gesetzlichen Rentenversicherung, die dem Rentenempfänger nach dem 31.12.2004 zufließt, wird mit dem Besteuerungsanteil gem. § 22 Nr. 1 Satz 3 Buchstabe a Doppelbuchstabe aa EStG besteuert, auch wenn sie für einen Zeitraum gezahlt wird, der vor dem Inkrafttreten des AltEinkG liegt (→ BFH vom 13.4.2011 – BStBl. II S. 915).

Öffnungsklausel

Soweit die Leistungen auf vor dem 1.1.2005 gezahlten Beiträgen oberhalb des Betrags des Höchstbeitrags zur gesetzlichen Rentenversicherung beruhen und der Höchstbeitrag bis zum 31.12.2004 über einen Zeitraum von mindestens 10 Jahren überschritten wurde, unterliegt dieser Teil der Leistung auf Antrag der Besteuerung mit dem Ertragsanteil. Nur in diesen Fällen ist es von Bedeutung, ob es sich bei der Leistung um eine Leibrente (z. B. eine Altersrente), um eine abgekürzte Leibrente (z. B. eine Erwerbsminderungsrente oder eine kleine Witwenrente) oder um eine Einmalzahlung handelt. Für diesen Teil der Leistung ist R 22.4 zu beachten. Zu Einzelheiten zur Anwendung der Öffnungsklausel → BMF vom 19.8.2013 (BStBl. I S. 1087) Rz. 238 – 269.[1)]

Werbungskosten

Einkommensteuerrechtliche Behandlung von Beratungs-, Prozess- und ähnlichen Kosten im Zusammenhang mit Rentenansprüchen → BMF vom 20.11.1997 (BStBl. 1998 I S. 126).

EStR 2012 zu § 22 EStG

R 22.4 Besteuerung von Leibrenten i. S. d. § 22 Nr. 1 Satz 3 Buchstabe a Doppelbuchstabe bb EStG

Erhöhung der Rente

(1) [1]Bei einer Erhöhung der Rente ist, falls auch das Rentenrecht eine zusätzliche Werterhöhung erfährt, der Erhöhungsbetrag als selbständige Rente anzusehen, für die der Ertragsanteil vom Zeitpunkt der Erhöhung an gesondert zu ermitteln ist; dabei ist unerheblich, ob die Erhöhung von vornherein vereinbart war oder erst im Laufe des Rentenbezugs vereinbart wird. [2]Ist eine Erhöhung der Rentenzahlung durch eine Überschussbeteiligung von vornherein im Rentenrecht vorgesehen, sind die der Überschussbeteiligung dienenden Erhöhungsbeträge Erträge dieses Rentenrechts; es tritt insoweit keine Werterhöhung des Rentenrechts ein. [3]Eine neue Rente ist auch nicht anzunehmen, soweit die Erhöhung in zeitlichem Zusammenhang mit einer vorangegangenen Herabsetzung steht oder wenn die Rente lediglich den gestiegenen Lebenshaltungskosten angepasst wird (Wertsicherungsklausel).

Herabsetzung der Rente

(2) Wird die Rente herabgesetzt, sind folgende Fälle zu unterscheiden:
1. [1]Wird von vornherein eine spätere Herabsetzung vereinbart, ist zunächst der Ertragsanteil des Grundbetrags der Rente zu ermitteln, d. h. des Betrags, auf den die Rente später ermäßigt wird. [2]Diesen Ertragsanteil muss der Berechtigte während der gesamten Laufzeit versteuern, da er den Grundbetrag bis zu seinem Tod erhält. [3]Außerdem hat er bis zum Zeitpunkt der Herabsetzung den Ertragsanteil des über den Grundbetrag hinausgehenden Rententeiles zu versteuern. [4]Dieser Teil der

---
1) Siehe Anlage § 010-11.

Rente ist eine abgekürzte Leibrente (§ 55 Abs. 2 EStDV), die längstens bis zum Zeitpunkt der Herabsetzung läuft.
2. Wird die Herabsetzung während des Rentenbezugs vereinbart und sofort wirksam, bleibt der Ertragsanteil unverändert.
3. ¹Wird die Herabsetzung während des Rentenbezugs mit der Maßgabe vereinbart, dass sie erst zu einem späteren Zeitpunkt wirksam wird, bleibt der Ertragsanteil bis zum Zeitpunkt der Vereinbarung unverändert. ²Von diesem Zeitpunkt an ist Nummer 1 entsprechend anzuwenden. ³Dabei sind jedoch das zu Beginn des Rentenbezugs vollendete Lebensjahr des Rentenberechtigten und insoweit, als die Rente eine abgekürzte Leibrente (§ 55 Abs. 2 EStDV) ist, die beschränkte Laufzeit ab Beginn des Rentenbezugs zugrunde zu legen.

Besonderheit bei der Ermittlung des Ertragsanteiles

(3) Setzt der Beginn des Rentenbezugs die Vollendung eines bestimmten Lebensjahres der Person voraus, von deren Lebenszeit die Dauer der Rente abhängt, und wird die Rente schon vom Beginn des Monats an gewährt, in dem die Person das bestimmte Lebensjahr vollendet hat, ist dieses Lebensjahr bei der Ermittlung des Ertragsanteiles nach § 22 Nr. 1 Satz 3 Buchstabe a Doppelbuchstabe bb EStG zugrunde zu legen.

Abrundung der Laufzeit abgekürzter Leibrenten

(4) Bemisst sich bei einer abgekürzten Leibrente die beschränkte Laufzeit nicht auf volle Jahre, ist bei Anwendung der in § 55 Abs. 2 EStDV aufgeführten Tabelle die Laufzeit aus Vereinfachungsgründen auf volle Jahre abzurunden.

Besonderheiten bei Renten wegen teilweiser oder voller Erwerbsminderung

(5) ¹Bei Renten wegen verminderter Erwerbsfähigkeit handelt es sich regelmäßig um abgekürzte Leibrenten. ²Für die Bemessung der Laufzeit kommt es auf die vertraglichen Vereinbarungen oder die gesetzlichen Regelungen an. ³Ist danach der Wegfall oder die Umwandlung in eine Altersrente nicht bei Erreichen eines bestimmten Alters vorgesehen, sondern von anderen Umständen – z. B. Bezug von Altersrente aus der gesetzlichen Rentenversicherung – abhängig, ist grundsätzlich davon auszugehen, dass der Wegfall oder die Umwandlung in die Altersrente mit Vollendung des 65. Lebensjahres erfolgt. ⁴Legt der Bezieher einer Rente wegen verminderter Erwerbsfähigkeit jedoch schlüssig dar, dass der Wegfall oder die Umwandlung vor der Vollendung des 65. Lebensjahres erfolgen wird, ist auf Antrag auf den früheren Umwandlungszeitpunkt abzustellen; einer nach § 165 AO vorläufigen Steuerfestsetzung bedarf es insoweit nicht. ⁵Entfällt eine Rente wegen verminderter Erwerbsfähigkeit vor Vollendung des 65. Lebensjahres oder wird sie vor diesem Zeitpunkt in eine vorzeitige Altersrente umgewandelt, ist die Laufzeit bis zum Wegfall oder zum Umwandlungszeitpunkt maßgebend.

Besonderheiten bei Witwen-/Witwerrenten

(6) R 167 Abs. 8 und 9 EStR 2003 gilt bei Anwendung des § 22 Nr. 1 Satz 3 Buchstabe a Doppelbuchstabe bb Satz 2 EStG entsprechend.

Begriff der Leibrente

(7) R 22.3 gilt sinngemäß.

Hinweise

H 22.4 Beginn der Rente

Unter Beginn der Rente (Kopfleiste der in § 22 Nr. 1 Satz 3 Buchstabe a Doppelbuchstabe bb EStG aufgeführten Tabelle) ist bei Renten auf Grund von Versicherungsverträgen der Zeitpunkt zu verstehen, ab dem versicherungsrechtlich die Rente zu laufen beginnt; auch bei Rentennachzahlungen ist unter „Beginn der Rente" der Zeitpunkt zu verstehen, in dem der Rentenanspruch entstanden ist. Auf den Zeitpunkt des Rentenantrags oder der Zahlung kommt es nicht an (→ BFH vom 6.4.1976 – BStBl. II S. 452. Die Verjährung einzelner Rentenansprüche hat auf den „Beginn der Rente" keinen Einfluss (→ BFH vom 30.9.1980 – BStBl. 1981 II S. 155).

Begriff der Leibrente

→ *H 22.3*

Bezüge aus einer ehemaligen Tätigkeit

– *Bezüge, die nach § 24 Nr. 2 EStG zu den Gewinneinkünften rechnen oder die Arbeitslohn sind, sind nicht Leibrenten im Sinne des § 22 Nr.1 Satz 3 Buchstabe a EStG; hierzu gehören z. B. betriebliche Versorgungsrenten aus einer ehemaligen Tätigkeit im Sinne des § 24 Nr. 2 EStG (→ BFH vom 10.10.1963 – BStBl. III S. 592).*

- Ruhegehaltszahlungen an ehemalige NATO-Bedienstete sind grundsätzlich Einkünfte aus nichtselbständiger Arbeit (→ BMF vom 3.8.1998 – BStBl. I S. 1042 und BFH vom 22.11.2006 – BStBl. 2007 II S. 902).

Ertragsanteil einer Leibrente

Beispiel:

Einem Ehepaar wird gemeinsam eine lebenslängliche Rente von 24 000 € jährlich mit der Maßgabe gewährt, dass sie beim Ableben des zuerst Sterbenden auf 15 000 € jährlich ermäßigt wird. Der Ehemann ist zu Beginn des Rentenbezugs 55, die Ehefrau 50 Jahre alt.

Es sind zu versteuern

a) bis zum Tod des zuletzt Sterbenden der Ertragsanteil des Sockelbetrags von 15 000 €. Dabei ist nach § 55 Abs. 1 Nr. 3 EStDV das Lebensalter der jüngsten Person, mithin der Ehefrau, zu Grunde zu legen. Der Ertragsanteil beträgt

30 % von 15 000 € = 4 500 € (§ 22 Nr. 1 Satz 3 Buchstabe a Doppelbuchstabe bb EStG);

b) außerdem bis zum Tod des zuerst Sterbenden der Ertragsanteil des über den Sockelbetrag hinausgehenden Rententeils von 9 000 €. Dabei ist nach § 55 Abs. 1 Nr. 3 EStDV das Lebensalter der ältesten Person, mithin des Ehemanns, zu Grunde zu legen. Der Ertragsanteil beträgt

26 % von 9 000 € = 2 340 € (§ 22 Nr. 1 Satz 3 Buchstabe a Doppelbuchstabe bb EStG).

Der jährliche Ertragsanteil beläuft sich somit auf (4 500 € + 2 340 € =) 6 840 €.

Bei der Ermittlung des Ertragsanteils einer lebenslänglichen Leibrente ist – vorbehaltlich des § 55 Abs. 1 Nr. 1 EStDV – von dem bei Beginn der Rente vollendeten Lebensjahr auszugehen (Kopfleiste der in § 22 Nr. 1 Satz 3 Buchstabe a Doppelbuchstabe bb EStG aufgeführten Tabelle).

Ist die Dauer einer Leibrente von der Lebenszeit mehrerer Personen abhängig, ist der Ertragsanteil nach § 55 Abs. 1 Nr. 3 EStDV zu ermitteln. Das gilt auch, wenn die Rente mehreren Personen, z. B. Ehegatten, gemeinsam mit der Maßgabe zusteht, dass sie beim Ableben des zuerst Sterbenden herabgesetzt wird. In diesem Fall ist bei der Ermittlung des Grundbetrags der Rente, d. h. des Betrags, auf den sie später ermäßigt wird, das Lebensjahr der jüngsten Person zugrunde zu legen. Für den Ertragsanteil des über den Grundbetrag hinausgehenden Rententeils ist das Lebensjahr der ältesten Person maßgebend.

Steht die Rente nur einer Person zu, z. B. dem Ehemann, und erhält eine andere Person, z. B. die Ehefrau, nur für den Fall eine Rente, dass sie die erste Person überlebt, so liegen zwei Renten vor, von denen die letzte aufschiebend bedingt ist. Der Ertragsanteil für diese Rente ist erst von dem Zeitpunkt an zu versteuern, in dem die Bedingung eintritt.

Fremdfinanzierte Rentenversicherung gegen Einmalbeitrag

- Zur Überschussprognose einer fremdfinanzierten Rentenversicherung gegen Einmalbeitrag → BFH vom 15.12.1999 (BStBl. 2000 II S. 267), vom 16.9.2004 (BStBl. 2006 II S. 228 und S. 234), vom 17.8.2005 (BStBl. 2006 II S. 248), vom 20.6.2006 (BStBl. II S. 870) und vom 22.11.2006 (BStBl. 2007 II S. 390).
- Zur Höhe der auf die Kreditvermittlung entfallenden Provision → BFH vom 30.10.2001 (BStBl. 2006 II S. 223) und vom 16.9.2004 (BStBl. 2006 II S. 238).

Herabsetzung der Rente

Beispiele:

1. Die spätere Herabsetzung wird von vornherein vereinbart.

   A gewährt dem B eine lebenslängliche Rente von 8 000 € jährlich mit der Maßgabe, dass sie nach Ablauf von acht Jahren auf 5 000 € jährlich ermäßigt wird. B ist zu Beginn des Rentenbezugs 50 Jahre alt.

   B hat zu versteuern

   a) während der gesamten Dauer des Rentenbezugs – nach Abzug von Werbungskosten – den Ertragsanteil des Grundbetrags. Der Ertragsanteil beträgt nach der in § 22 Nr. 1 Satz 3 Buchstabe a Doppelbuchstabe bb EStG aufgeführten Tabelle 30 % von 5 000 € = 1 500 €;

   b) außerdem in den ersten acht Jahren den Ertragsanteil des über den Grundbetrag hinausgehenden Rententeils von 3 000 €. Dieser Teil der Rente ist eine abgekürzte Leibrente mit einer beschränkten Laufzeit von acht Jahren; der Ertragsanteil beträgt nach der in § 55 Abs. 2 EStDV aufgeführten Tabelle 9 % von 3 000 € = 270 €.

Der jährliche Ertragsanteil beläuft sich somit für die ersten acht Jahre ab Rentenbeginn auf (1 500 € + 270 € = 1 770 €.

2. *Die spätere Herabsetzung wird erst während des Rentenbezugs vereinbart.*

A gewährt dem B ab 1.1.04 eine lebenslängliche Rente von jährlich 9 000 €. Am 1.1.06 wird vereinbart, dass die Rente vom 1.1.10 an auf jährlich 6 000 € herabgesetzt wird. B ist zu Beginn des Rentenbezugs 50 Jahre alt. Im VZ 05 beträgt der Ertragsanteil 30 % von 9 000 € = 2 700 € (§ 22 Nr. 1 Satz 3 Buchstabe a Doppelbuchstabe bb EStG).

Ab 1.1.06 hat B zu versteuern

a) *während der gesamten weiteren Laufzeit des Rentenbezugs den Ertragsanteil des Sockelbetrags der Rente von 6 000 €. Der Ertragsanteil beträgt unter Zugrundelegung des Lebensalters zu Beginn des Rentenbezugs nach der in § 22 Nr. 1 Satz 3 Buchstabe a Doppelbuchstabe bb EStG aufgeführten Tabelle ab VZ 06: 30 % von 6 000 € = 1 800 €;*

b) *außerdem bis zum 31.12.09 den Ertragsanteil des über den Sockelbetrag hinausgehenden Rententeils von 3 000 €. Dieser Teil der Rente ist eine abgekürzte Leibrente mit einer beschränkten Laufzeit von sechs Jahren; der Ertragsanteil beträgt nach der in § 55 Abs. 2 EStDV aufgeführten Tabelle 7 % von 3 000 € = 210 €.*

Der jährliche Ertragsanteil beläuft sich somit für die VZ 06 bis 09 auf (1 800 € + 210 €=) 2 010 €.

Kapitalabfindung

Wird eine Leibrente durch eine Kapitalabfindung abgelöst, unterliegt diese nicht der Besteuerung nach § 22 Nr. 1 Satz 3 Buchstabe a Doppelbuchstabe bb EStG (→ BFH vom 23.4. 1958 – BStBl. III S. 277).

Leibrente, abgekürzt

– *Abgekürzte Leibrenten sind Leibrenten, die auf eine bestimmte Zeit beschränkt sind und deren Ertragsanteil nach § 55 Abs. 2 EStDV bestimmt wird. Ist das Rentenrecht ohne Gegenleistung begründet worden (z. B. bei Vermächtnisrenten, nicht aber bei Waisenrenten aus Versicherungen), muss – vorbehaltlich R 22.4 Abs. 1 – die zeitliche Befristung, vom Beginn der Rente an gerechnet, regelmäßig einen Zeitraum von mindestens zehn Jahren umfassen; siehe aber auch → Renten wegen verminderter Erwerbsfähigkeit. Hierzu und hinsichtlich des Unterschieds von Zeitrenten und abgekürzten Leibrenten → BFH vom 7.8.1959 (BStBl. III S. 463).*

– *Abgekürzte Leibrenten erlöschen, wenn die Person, von deren Lebenszeit sie abhängen, vor Ablauf der zeitlichen Begrenzung stirbt. Überlebt die Person die zeitliche Begrenzung, so endet die abgekürzte Leibrente mit ihrem Zeitablauf.*

NATO-Bedienstete

Ruhegehaltszahlungen an ehemalige NATO-Bedienstete sind grundsätzlich Einkünfte aus nichtselbständiger Arbeit (→ BMF vom 3.8.1998 – BStBl. I S.1042 und BFH vom 22.11.2006 – BStBl. 2007 II S. 402).

Renten wegen verminderter Erwerbsfähigkeit

Bei Renten wegen teilweiser oder voller Erwerbsminderung, wegen Berufs- oder Erwerbsunfähigkeit handelt es sich stets um abgekürzte Leibrenten. Der Ertragsanteil bemisst sich grundsätzlich nach der Zeitspanne zwischen dem Eintritt des Versicherungsfalles (Begründung der Erwerbsminderung) und dem voraussichtlichen Leistungsende (z. B. Erreichen einer Altersgrenze oder Beginn der Altersrente bei einer kombinierten Rentenversicherung). Steht der Anspruch auf Rentengewähr unter der auflösenden Bedingung des Wegfalls der Erwerbsminderung und lässt der Versicherer das Fortbestehen der Erwerbsminderung in mehr oder minder regelmäßigen Abständen prüfen, wird hierdurch die zu berücksichtigende voraussichtliche Laufzeit nicht berührt. Wird eine Rente wegen desselben Versicherungsfalles hingegen mehrfach hintereinander auf Zeit bewilligt und schließen sich die Bezugszeiten unmittelbar aneinander an, liegt eine einzige abgekürzte Leibrente vor, deren voraussichtliche Laufzeit unter Berücksichtigung der jeweiligen Verlängerung und des ursprünglichen Beginns für jeden VZ neu zu bestimmen ist (→ BFH vom 22.1.1991 –BStBl. I S. 686).

Überschussbeteiligung

Wird neben der garantierten Rente aus einer Rentenversicherung eine Überschussbeteiligung geleistet, ist der Überschussanteil zusammen mit der garantierten Rente als einheitlicher Ren-

§ 22 R 22.4, 22.5, 22.6, 22.7

tenbezug zu beurteilen (→ BMF vom 26.11.1998 – BStBl. I S. 1508[1] und BFH vom 22.8.2012 – BStBl. 2013 II S. 158).

Vermögensübertragung

Einkommensteuerrechtliche Behandlung von wiederkehrenden Leistungen im Zusammenhang mit einer Vermögensübertragung → BMF vom 11.3.2010 (BStBl. I S. 227), Rz. 81.[2]

Versorgungs- und Versicherungsrenten aus einer Zusatzversorgung

Von der Versorgungsanstalt des Bundes und der Länder (VBL) und vergleichbaren Zusatzversorgungseinrichtungen geleistete Versorgungs- und Versicherungsrenten für Versicherte und Hinterbliebene stellen grundsätzlich lebenslängliche Leibrenten dar. Werden sie neben einer Rente wegen verminderter Erwerbsfähigkeit aus der gesetzlichen Rentenversicherung gezahlt, sind sie ebenfalls als abgekürzte Leibrenten zu behandeln (→ BFH vom 4.10.1990 – BStBl. 1991 II S. 89). Soweit die Leistungen auf gefördertem Kapital im Sinne des § 22 Nr. 5 Satz 1 EStG beruhen, unterliegen sie der vollständig nachgelagerten Besteuerung; soweit sie auf nicht gefördertem Kapital beruhen, erfolgt die Besteuerung nach § 22 Nr. 5 Satz 2 Buchst. a EStG (→ BMF vom 24.7.2013 – BStBl. I S. 1022) unter Berücksichtigung der Änderungen durch BMF vom 13.1.2014 und BMF vom 13.3.2014 – BStBl. I S. 554).

Werbungskosten

→ H 22.3

Wertsicherungsklausel

→ H 22.3 (Begriff der Leibrente)

EStR 2012 zu § 22 EStG

R 22.5 Renten nach § 2 Abs. 2 der 32. DV zum Umstellungsgesetz (UGDV)

Beträge, die nach § 2 Abs. 2 der 32. UGDV[3] in Verbindung mit § 1 der Anordnung der Versicherungsaufsichtsbehörden über die Zahlung von Todesfall- und Invaliditätsversicherungssummen vom 15.11.1949[4] unter der Bezeichnung „Renten" gezahlt werden, gehören nicht zu den wiederkehrenden Bezügen im Sinne des § 22 Nr. 1 EStG und sind deshalb nicht einkommensteuerpflichtig.

R 22.6 Versorgungsleistungen – unbesetzt –

Hinweise

H 22.6 Allgemeines

Einkommensteuerrechtliche Behandlung von wiederkehrenden Leistungen im Zusammenhang mit einer Vermögensübertragung → BMF vom 11.3.2010 (BStBl. I S. 227).[5]

Beerdigungskosten

Beim Erben stellen ersparte Beerdigungskosten Einnahmen nach § 22 Nr. 1b EStG dar, wenn ein Vermögensübernehmer kein Erbe und vertraglich zur Übernahme der durch den Tod des letztverstorbenen Vermögensübergebers entstandenen Beerdigungskosten verpflichtet ist (→ BFH vom 19.1.2010 – BStBl. II S. 544).

R 22.7 Leistungen auf Grund eines schuldrechtlichen Versorgungsausgleichs – unbesetzt –

Hinweise

H 22.7 Allgemeines

Zur einkommensteuerrechtlichen Behandlung der Leistungen auf Grund eines schuldrechtlichen Versorgungsausgleichs → BMF vom 9.4.2010 (BStBl. I S. 324).[6]

---

1) Siehe Anlage § 022-04.
2) Siehe Anlage § 010-01.
3) StuZBl 1949 S. 327.
4) Veröffentlichungen des Zonenamtes des Reichsaufsichtsamtes für das Versicherungswesen in Abw. 1949 S. 118.
5) Siehe Anlage § 010-01.
6) Siehe Anlage § 010-10.

R 22.8

EStR 2012 zu § 22 EStG

R 22.8 Besteuerung von Leistungen im Sinne des § 22 Nr. 3 EStG

Haben beide zusammenveranlagten Ehegatten Einkünfte im Sinne des § 22 Nr. 3 EStG bezogen, ist bei jedem Ehegatten die in dieser Vorschrift bezeichnete Freigrenze – höchstens jedoch bis zur Höhe seiner Einkünfte im Sinne des § 22 Nr. 3 EStG – zu berücksichtigen.

Hinweise

H 22.8 Allgemeines

Leistung im Sinne des § 22 Nr. 3 EStG ist jedes Tun, Dulden oder Unterlassen, das Gegenstand eines entgeltlichen Vertrags sein kann und das eine Gegenleistung auslöst (BFH vom 21.9.2004 – BStBl. 2005 II S. 44 und vom 8.5.2008 – BStBl. II S. 868), sofern es sich nicht um Veräußerungsvorgänge oder veräußerungsähnliche Vorgänge im privaten Bereich handelt, bei denen ein Entgelt dafür erbracht wird, dass ein Vermögenswert in seiner Substanz endgültig aufgegeben wird (→ BFH vom 28.11.1984 – BStBl. 1985 II S. 264 und vom 10.9.2003 – BStBl. I S. 218).

Für das Vorliegen einer Leistung i. S. d. § 22 Nr. 3 EStG kommt es entscheidend darauf an, ob die Gegenleistung (das Entgelt) durch das Verhalten des Stpfl. ausgelöst wird. Allerdings setzt § 22 Nr. 3 EStG wie die übrigen Einkunftsarten die allgemeinen Merkmale der Einkünfteerzielung voraus. Der Leistende muss aber nicht bereits beim Erbringen seiner Leistung eine Gegenleistung erwarten. Für die Steuerbarkeit ist ausreichend, dass er eine im wirtschaftlichen Zusammenhang mit seinem Tun, Dulden oder Unterlassen gewährte Gegenleistung als solche annimmt (→ BFH vom 21.9.2004 – BStBl. 2005 II S. 44).

Einnahmen aus Leistungen im Sinne des § 22 Nr. 3 EStG sind:

- *Bindungsentgelt (Stillhalterprämie), das beim Wertpapieroptionsgeschäft dem Optionsgeber gezahlt wird (→ BFH vom 17.4.2007 – BStBl. II S. 608),*
- *Einmalige Bürgschaftsprovision (→ BFH vom 22.1.1965 – BStBl. III S. 313),*
- *Entgelt für ein freiwilliges Einsammeln und Verwerten leerer Flaschen (→ BFH vom 6.6.1973 – BStBl. II S. 727),*
- *Entgelt für eine Beschränkung der Grundstücksnutzung (→ BFH vom 9.4.1965 – BStBl. III S. 361 und vom 26.8.1975 – BStBl. 1976 II S. 62),*
- *Entgelt für die Einräumung eines Vorkaufsrechts (→ BFH vom 30.8.1966 – BStBl. 1967 III S. 69 und vom 10.12.1985 – BStBl. 1986 II S. 340); bei späterer Anrechnung des Entgelts auf den Kaufpreis entfällt der Tatbestand des § 22 Nr. 3 EStG rückwirkend nach § 175 Abs. 1 Satz 1 Nr. 2 AO (→ BFH vom 10.8.1994 – BStBl. 1995 II S. 57),*
- *Entgelt für den Verzicht auf Einhaltung des gesetzlich vorgeschriebenen Grenzabstands eines auf dem Nachbargrundstück errichteten Gebäudes (→ BFH vom 5.8.1976 – BStBl. 1977 II S. 26),*
- *Entgelt für die Abgabe eines zeitlich befristeten Kaufangebots über ein Grundstück (→ BFH vom 26.4.1977 – BStBl. II S. 631),*
- *Entgelt für den Verzicht des Inhabers eines eingetragenen Warenzeichens auf seine Abwehrrechte (→ BFH vom 25.9.1979 – BStBl. 1980 II S. 114),*
- *Entgelt für ein vertraglich vereinbartes umfassendes Wettbewerbsverbot (→ BFH vom 12.6.1996 – BStBl. II S. 516 und vom 23.2.1999 – BStBl. II S. 590),*
- *Entgelt für eine Vereinbarung, das Bauvorhaben des Zahlenden zu dulden (→ BFH vom 26.10.1982 – BStBl. 1983 II S. 404),*
- *Entgelt für die regelmäßige Mitnahme eines Arbeitskollegen auf der Fahrt zwischen Wohnung und Arbeitsstätte (→ BFH vom 15.3.1994 – BStBl. II S. 516),*
- *Vergütungen für die Rücknahme des Widerspruchs gegen den Bau und Betrieb eines Kraftwerks (→ BFH vom 12.11.1985 – BStBl. 1986 II S. 890).*
- *Entgelt für die Duldung der Nutzung von Teileigentum zum Betrieb eines Spielsalons an einen benachbarten Wohnungseigentümer (→ BFH vom 21.11.1997 – BStBl. 1998 II S. 133).*
- *Eigenprovisionen, wenn sie aus einmaligem Anlass und für die Vermittlung von Eigenverträgen gezahlt werden (→ BFH vom 27.5.1998 – BStBl. II S. 619).*

- *Entgelt für die zeitweise Vermietung eines Wohnmobils an wechselnde Mieter (→ BFH vom 12.11.1997 – BStBl. 1998 II S. 774); zur gewerblichen Wohnmobilvermietung → H 15.7 (3) Wohnmobil,*
- *Bestechungsgelder, die einem Arbeitnehmer von Dritten gezahlt worden sind (→ BFH vom 26.1.2000 – BStBl. 2000 S. 396),*
- *Provision für die Bereitschaft, mit seinen Beziehungen einem Dritten bei einer geschäftlichen Transaktion behilflich zu sein (→ BFH vom 20.4.2004 – BStBl. II S. 1072),*
- *Belohnung für einen „werthaltigen Tipp" (Hinweis auf die Möglichkeit einer Rechtsposition) durch Beteiligung am Erfolg bei Verwirklichung (→ BFH vom 26.10.2004 – BStBl. 2005 II S. 167).*
- *Fernseh-Preisgelder, wenn der Auftritt des Kandidaten und das gewonnene Preisgeld in einem gegenseitigen Leistungsverhältnis stehen (→ BMF vom 30.5.2008 – BStBl. I S. 645 und BFH vom 24.4.2012 – BStBl. II S. 581),*
- *Nachträglich wegen fehlgeschlagener Hofübergabe geltend gemachte Vergütungen für geleistete Dienste (→ BFH vom 8.5.2008 – BStBl. II S. 868).*
- *Provisionen aus der ringweisen Vermittlung von Lebensversicherungen (→ BFH vom 20.1.2009 – BStBl. II S. 532).*

Keine Einnahmen aus Leistungen im Sinne des § 22 Nr. 3 EStG sind:
- *Abfindungen an den Mieter einer Wohnung, soweit er sie für vermögenswerte Einschränkungen seiner Mietposition erhält. (→ BFH vom 5.8.1976 – BStBl. 1977 II S. 27),*
- *Entgeltliche Abtretungen von Rückkaufsrechten an Grundstücken (→ BFH vom 14.11.1978 – BStBl. 1979 II S. 298),*
- *Entschädigung für eine faktische Bausperre (→ BFH vom 12.9.1985 – BStBl. 1986 II S. 252),*
- *Gewinne aus Errichtung und Veräußerung von Kaufeigenheimen, auch wenn die Eigenheime bereits vor Errichtung verkauft worden sind (→ BFH vom 1.12.1989 – BStBl. 1990 II S. 1054),*
- *Streikunterstützungen (→ BFH vom 24.10.1990 – BStBl. 1991 II S. 337),*
- *Verzicht auf ein testamentarisch vermachtes obligatorisches Wohnrecht gegen Entgelt im privaten Bereich (→ BFH vom 9.8.1990 – BStBl. II S. 1026),*
- *Vereinbarung wertmindernder Beschränkung des Grundstückseigentums gegen Entgelt zur Vermeidung eines ansonsten zulässigen Enteignungsverfahrens (→ BFH vom 17.5.1995 – BStBl. II S. 640),*
- *Zahlungen von einem pflegebedürftigen Angehörigen für seine Pflege im Rahmen des familiären Zusammenlebens (→ BFH vom 14.9.1999 – BStBl. II S. 776),*
- *Entgelte aus der Vermietung eines in die Luftfahrzeugrolle eingetragenen Flugzeugs (→ BFH vom 2.5.2000 – BStBl. II S. 467), → H 15.7 (3) (Flugzeug),*
- *Entgelte aus Telefonsex (→ BFH vom 23.2.2000 – BStBl. II S. 610), → H 15.4 (Sittenwidrige Betätigung).*
- *Entgelt für den Verzicht auf ein dingliches Recht (Aufhebung einer eingetragenen Dienstbarkeit alten Rechts) eines Grundstückseigentümers am Nachbargrundstück (→ BFH vom 19.12.2000 – BStBl. 2001 II S. 391).*
- *Erlöse aus der Veräußerung einer Zufallserfindung (→ BFH vom 10.9.2003 – BStBl. 2004 II S. 218),*
- *Entgelte für die Inanspruchnahme eines Grundstücks im Zuge baulicher Maßnahmen auf dem Nachbargrundstück (→ BFH vom 2.3.2004 – BStBl. II S. 507); → aber H 21.2 (Einnahmen),*
- *An den Versicherungsnehmer weitergeleitete Versicherungsprovisionen des Versicherungsvertreters (→ BFH vom 2.3.2004 – BStBl. II S. 506),*
- *Entgelte für den Verzicht auf Nachbarrechte im Zusammenhang mit der Veräußerung des betreffenden Grundstücks (→ BFH vom 18.5.2004 – BStBl. II S. 874),*
- *Provision an den Erwerber eines Grundstücks, wenn der Provision keine eigene Leistung des Erwerbers gegenüber steht (→ BFH vom 16.3.2004 – BStBl. II S. 1046).*
- *Reuegeld wegen Rücktritts vom Kaufvertrag z. B. über ein Grundstück des Privatvermögens (→ BFH vom 24.8.2006 – BStBl. 2007 II S. 44).*

– *Zahlungen für den Verzicht auf ein sich aus einem Aktienkauf- und Übertragungsvertrag ergebenden Anwartschaftsrecht (→ BFH vom 19.2 2013 – BStBl. II S. 578).*

Rückzahlung von Einnahmen
Die Rückzahlung von Einnahmen im Sinne des § 22 Nr. 3 EStG in einem späteren VZ ist im Abflusszeitpunkt in voller Höhe steuermindernd zu berücksichtigen. Das Verlustausgleichsverbot und Verlustabzugsverbot des § 22 Nr. 3 Satz 3 EStG steht nicht entgegen (→ BFH vom 26.1.2000 – BStBl. II S. 396).

Verlustabzug in Erbfällen
Verlust i. S. d. § 22 Nr. 3 Satz 4 EStG → R 10d Abs. 9 Satz 9.

Verlustvor- und -rücktrag
Zur Anwendung des § 10d EStG im Rahmen des § 22 Nr. 3 EStG → BMF vom 29.11.2004 (BStBl. I S. 1097). [1]

Zeitpunkt des Werbungskostenabzugs
Werbungskosten sind bei den Einkünften aus einmaligen (sonstigen) Leistungen auch dann im Jahre des Zuflusses der Einnahme abziehbar, wenn sie vor diesem Jahr angefallen sind oder nach diesem Jahr mit Sicherheit anfallen werden. Entstehen künftig Werbungskosten, die im Zuflussjahr noch nicht sicher vorhersehbar waren, ist die Veranlagung des Zuflussjahres gem. § 175 Abs. 1 Satz 1 Nr. 2 AO zu ändern (→ BFH vom 3.6.1992 – BStBl. II S. 1017).

EStR 2012 zu § 22 EStG

R 22.9 Besteuerung von Bezügen im Sinne des § 22 Nr. 4 EStG

[1]§ 22 Nr. 4 EStG umfasst nur solche Leistungen, die auf Grund des Abgeordnetengesetzes, des Europaabgeordnetengesetzes oder der entsprechenden Gesetze der Länder gewährt werden. [2]Leistungen, die außerhalb dieser Gesetze erbracht werden, z. B. Zahlungen der Fraktionen, unterliegen hingegen den allgemeinen Grundsätzen steuerlicher Beurteilung. [3]Gesondert gezahlte Tage- oder Sitzungsgelder sind nur dann nach § 3 Nr. 12 EStG steuerfrei, wenn sie nach bundes- oder landesrechtlicher Regelung als Aufwandsentschädigung gezahlt werden.

Hinweise

H 22.9 Werbungskosten

Soweit ein Abgeordneter zur Abgeltung von durch das Mandat veranlassten Aufwendungen eine nach § 3 Nr. 12 EStG steuerfreie Aufwandsentschädigung erhält, schließt dies nach § 22 Nr. 4 Satz 2 EStG den Abzug jeglicher mandatsbedingter Aufwendungen, auch von Sonderbeiträgen an eine Partei, als Werbungskosten aus (→ BFH vom 29.3.1983 – BStBl. II S. 601, vom 3.12.1987 – BStBl. 1988 II S. 266, vom 8.12.1987 – BStBl. 1988 II S. 433 und vom 23.1.1991 – BStBl. II S. 396). Derzeit werden nur in Nordrhein-Westfalen und Schleswig-Holstein keine steuerfreien Aufwandsentschädigungen gezahlt.

*Kosten eines **erfolglosen Wahlkampfes** dürfen nach § 22 Nr. 4 Satz 3 EStG nicht als Werbungskosten abgezogen werden (→ BFH vom 8.12.1987 – BStBl. 1988 II S. 435).*

EStR 2012 zu § 22 EStG

R 22.10 Besteuerung von Leistungen i. S. d. § 22 Nr. 5 EStG – unbesetzt –

Hinweise

H 22.10 Besteuerung von Leistungen nach § 22 Nr. 5 EStG

→ *BMF vom 24.7.2013 (BStBl. I S. 1022) unter Berücksichtigung der Änderungen durch BMF vom 13.1.2014 (BStBl. I S. 97) und BMF vom 13.3.2014 (BStBl. I S. 554).*

Mitteilung über steuerpflichtige Leistungen aus einem Altersvorsorgevertrag oder aus der betrieblichen Altersversorgung

Amtlich vorgeschriebenes Vordruckmuster für Jahre ab 2014 → BMF vom 14.8.2014 (BStBl. I S. 1168).

---

1) Siehe Anlage § 010d-02.

§ 22

Rechtsprechungsauswahl

BFH vom 19.8.13 X R 35/11 (BStBl. 2014 II S. 557): Erziehungsrenten sind dem Besteuerungsanteil zu besteuern – Abgrenzung zu nicht steuerbaren Schadensersatz- oder Unterhaltsrenten

BFH vom 20.11.12 VIII R 57/10 (BStBl. 2014 II S. 56): Zahlungen aufgrund eines vor Eintritt des Erbfalls erklärten Erb- und/oder Pflichtteilsverzichts sind nicht einkommensteuerbar

BFH vom 22.8.12 X R 47/09 (BStBl. 2013 II S. 158): Kein neuer Ertragsanteil im Hinblick auf Rentenerhöhungen durch Überschussbeteiligung

§ 22a

§ 22a Rentenbezugsmitteilungen an die zentrale Stelle

(1) ¹Die Träger der gesetzlichen Rentenversicherung, der Spitzenverband der landwirtschaftlichen Sozialversicherung für die Träger der Alterssicherung der Landwirte, die berufsständischen Versorgungseinrichtungen, die Pensionskassen, die Pensionsfonds, die Versicherungsunternehmen, die Unternehmen, die Verträge im Sinne des § 10 Abs. 1 Nr. 2 Buchstabe b anbieten, und die Anbieter im Sinne des § 80 (Mitteilungspflichtige) haben der zentralen Stelle (§ 81) bis zum 31. März des Jahres, das auf das Jahr folgt, in dem eine Leibrente oder andere Leistung nach § 22 Nr. 1 Satz 3 Buchstabe a und § 22 Nr. 5 einem Leistungsempfänger zugeflossen ist, unter Beachtung der im Bundessteuerblatt veröffentlichten Auslegungsvorschriften der Finanzverwaltung folgende Daten zu übermitteln (Rentenbezugsmitteilung):

1. ¹Identifikationsnummer (§ 139b der Abgabenordnung), Familienname, Vorname und Geburtsdatum des Leistungsempfängers. ²Ist dem Mitteilungspflichtigen eine ausländische Anschrift des Leistungsempfängers bekannt, ist diese anzugeben. ³In diesen Fällen ist auch die Staatsangehörigkeit des Leistungsempfängers, soweit bekannt, mitzuteilen;

2. je gesondert den Betrag der Leibrenten und anderen Leistungen im Sinne des § 22 Nr. 1 Satz 3 Buchstabe a Doppelbuchstabe aa, bb Satz 4 und Doppelbuchstabe bb Satz 5 in Verbindung mit § 55 Abs. 2 der Einkommensteuer-Durchführungsverordnung sowie im Sinne des § 22 Nr. 5 Satz 1 bis 3. ²Der im Betrag der Rente enthaltene Teil, der ausschließlich auf einer Anpassung der Rente beruht, ist gesondert mitzuteilen;

3. Zeitpunkt des Beginns und des Endes des jeweiligen Leistungsbezugs; folgen nach dem 31. Dezember 2004 Renten aus derselben Versicherung einander nach, ist auch die Laufzeit der vorhergehenden Renten mitzuteilen;

4. Bezeichnung und Anschrift des Mitteilungspflichtigen;

5. die Beiträge im Sinne des § 10 Absatz 1 Nummer 3 Buchstabe a Satz 1 und 2 und Buchstabe b, soweit diese vom Mitteilungspflichtigen an die Träger der gesetzlichen Kranken- und Pflegeversicherung abgeführt werden;

6. die dem Leistungsempfänger zustehenden Beitragszuschüsse nach § 106 des Sechsten Buches Sozialgesetzbuch;

7. ab dem 1. Januar 2017 ein gesondertes Merkmal für Verträge, auf denen gefördertes Altersvorsorgevermögen gebildet wurde; die zentrale Stelle ist in diesen Fällen berechtigt, die Daten dieser Rentenbezugsmitteilung im Zulagekonto zu speichern und zu verarbeiten.

²Die Datenübermittlung hat nach amtlich vorgeschriebenem Datensatz durch Datenfernübertragung zu erfolgen. ³Im Übrigen ist § 150 Abs. 6 der Abgabenordnung entsprechend anzuwenden.

(2) ¹Der Leistungsempfänger hat dem Mitteilungspflichtigen seine Identifikationsnummer mitzuteilen. ²Teilt der Leistungsempfänger die Identifikationsnummer dem Mitteilungspflichtigen trotz Aufforderung nicht mit, übermittelt das Bundeszentralamt für Steuern dem Mitteilungspflichtigen auf dessen Anfrage die Identifikationsnummer des Leistungsempfängers; weitere Daten dürfen nicht übermittelt werden. ³In der Anfrage dürfen nur die in § 139b Abs. 3 der Abgabenordnung genannten Daten des Leistungsempfängers angegeben werden, soweit sie dem Mitteilungspflichtigen bekannt sind. ⁴Die Anfrage des Mitteilungspflichtigen und die Antwort des Bundeszentralamtes für Steuern sind über die zentrale Stelle zu übermitteln. ⁵Die zentrale Stelle führt eine ausschließlich automatisierte Prüfung der ihr übermittelten Daten daraufhin durch, ob sie vollständig und schlüssig sind und ob das vorgeschriebene Datenformat verwendet worden ist. ⁶Sie speichert die Daten des Leistungsempfängers nur für Zwecke dieser Prüfung bis zur Übermittlung an das Bundeszentralamt für Steuern oder an den Mitteilungspflichtigen. ⁷Die Daten sind für die Übermittlung zwischen der zentralen Stelle und dem Bundeszentralamt für Steuern zu verschlüsseln. ⁸Für die Anfrage gilt Absatz 1 Satz 2 und 3 entsprechend. ⁹Der Mitteilungspflichtige darf die Identifikationsnummer nur verwenden, soweit dies für die Erfüllung der Mitteilungspflicht nach Absatz 1 Satz 1 erforderlich ist.

§ 22a

(3) Der Mitteilungspflichtige hat den Leistungsempfänger jeweils darüber zu unterrichten, dass die Leistung der zentralen Stelle mitgeteilt wird.

(4) ¹Die zentrale Stelle (§ 81) kann bei den Mitteilungspflichtigen ermitteln, ob sie ihre Pflichten nach Absatz 1 erfüllt haben. ²Die §§ 193 bis 203 der Abgabenordnung gelten sinngemäß. ³Auf Verlangen der zentralen Stelle haben die Mitteilungspflichtigen ihre Unterlagen, soweit sie im Ausland geführt und aufbewahrt werden, verfügbar zu machen.

(5) ¹Wird eine Rentenbezugsmitteilung nicht innerhalb der in Absatz 1 Satz 1 genannten Frist übermittelt, so ist für jeden angefangenen Monat, in dem die Rentenbezugsmitteilung noch aussteht, ein Betrag in Höhe von 10 Euro für jede ausstehende Rentenbezugsmitteilung an die zentrale Stelle zu entrichten (Verspätungsgeld). ²Die Erhebung erfolgt durch die zentrale Stelle im Rahmen ihrer Prüfung nach Absatz 4. ³Von der Erhebung ist abzusehen, soweit die Fristüberschreitung auf Gründen beruht, die der Mitteilungspflichtige nicht zu vertreten hat. ⁴Das Handeln eines gesetzlichen Vertreters oder eines Erfüllungsgehilfen steht dem eigenen Handeln gleich. ⁵Das von einem Mitteilungspflichtigen zu entrichtende Verspätungsgeld darf 50 000 Euro für alle für einen Veranlagungszeitraum zu übermittelnden Rentenbezugsmitteilungen nicht übersteigen.

Hinweise

H 22a Anwendungsschreiben
→ *BMF vom 7.12.2011 (BStBl. I S. 1223)*

§ 23

§ 23 Private Veräußerungsgeschäfte

(1) Private Veräußerungsgeschäfte (§ 22 Nr. 2) sind

1. ¹Veräußerungsgeschäfte bei Grundstücken und Rechten, die den Vorschriften des bürgerlichen Rechts über Grundstücke unterliegen (z. B. Erbbaurecht, Mineralgewinnungsrecht), bei denen der Zeitraum zwischen Anschaffung und Veräußerung nicht mehr als zehn Jahre beträgt. ²Gebäude und Außenanlagen sind einzubeziehen, soweit sie innerhalb dieses Zeitraums errichtet, ausgebaut oder erweitert werden; dies gilt entsprechend für Gebäudeteile, die selbständige unbewegliche Wirtschaftsgüter sind, sowie für Eigentumswohnungen und im Teileigentum stehende Räume. ³Ausgenommen sind Wirtschaftsgüter, die im Zeitraum zwischen Anschaffung oder Fertigstellung und Veräußerung ausschließlich zu eigenen Wohnzwecken oder im Jahr der Veräußerung und in den beiden vorangegangenen Jahren zu eigenen Wohnzwecken genutzt wurden;

2. ¹Veräußerungsgeschäfte bei anderen Wirtschaftsgütern, bei denen der Zeitraum zwischen Anschaffung und Veräußerung nicht mehr als ein Jahr beträgt. ²Ausgenommen sind Veräußerungen von Gegenständen des täglichen Gebrauchs. ²Bei Wirtschaftsgütern im Sinne von Satz 1, aus deren Nutzung als Einkunftsquelle zumindest in einem Kalenderjahr Einkünfte erzielt werden, erhöht sich der Zeitraum auf zehn Jahre. ³Bei Anschaffung und Veräußerung mehrerer gleichartiger Fremdwährungsbeträge ist zu unterstellen, dass die zuerst angeschafften Beträge zuerst veräußert wurden.

²Als Anschaffung gilt auch die Überführung eines Wirtschaftsguts in das Privatvermögen des Steuerpflichtigen durch Entnahme oder Betriebsaufgabe. ³Bei unentgeltlichem Erwerb ist dem Einzelrechtsnachfolger für Zwecke dieser Vorschrift die Anschaffung oder die Überführung des Wirtschaftsguts in das Privatvermögen durch den Rechtsvorgänger zuzurechnen. ⁴Die Anschaffung oder Veräußerung einer unmittelbaren oder mittelbaren Beteiligung an einer Personengesellschaft gilt als Anschaffung oder Veräußerung der anteiligen Wirtschaftsgüter. ⁵Als Veräußerung im Sinne des Satzes 1 Nr. 1 gilt auch

1. die Einlage eines Wirtschaftsguts in das Betriebsvermögen, wenn die Veräußerung aus dem Betriebsvermögen innerhalb eines Zeitraums von zehn Jahren seit Anschaffung des Wirtschaftsguts erfolgt, und

2. die verdeckte Einlage in eine Kapitalgesellschaft.

(2) Einkünfte aus privaten Veräußerungsgeschäften der in Absatz 1 bezeichneten Art sind den Einkünften aus anderen Einkunftsarten zuzurechnen, soweit sie zu diesen gehören.

(3) ¹Gewinn oder Verlust aus Veräußerungsgeschäften nach Absatz 1 ist der Unterschied zwischen Veräußerungspreis einerseits und den Anschaffungs- oder Herstellungskosten und den Werbungskosten andererseits. ²In den Fällen des Absatzes 1 Satz 5 Nr. 1 tritt an die Stelle des Veräußerungspreises der für den Zeitpunkt der Einlage nach § 6 Abs. 1 Nr. 5 angesetzte Wert, in den Fällen des Absatzes 1 Satz 5 Nr. 2 der gemeine Wert. ³In den Fällen des Absatzes 1 Satz 2 tritt an die Stelle der Anschaffungs- oder Herstellungskosten der nach § 6 Abs. 1 Nr. 4 oder § 16 Abs. 3 angesetzte Wert. ⁴Die Anschaffungs- oder Herstellungskosten mindern sich um Absetzungen für Abnutzung, erhöhte Absetzungen und Sonderabschreibungen, soweit sie bei der Ermittlung der Einkünfte im Sinne des § 2 Abs. 1 Satz 1 Nr. 4 bis 7 abgezogen worden sind. ⁵Gewinne bleiben steuerfrei, wenn der aus den privaten Veräußerungsgeschäften erzielte Gesamtgewinn im Kalenderjahr weniger als 600 Euro betragen hat. ⁶In den Fällen des Absatzes 1 Satz 5 Nr. 1 sind Gewinne oder Verluste für das Kalenderjahr, in dem der Preis für die Veräußerung aus dem Betriebsvermögen zugeflossen ist, in den Fällen des Absatzes 1 Satz 5 Nr. 2 für das Kalenderjahr der verdeckten Einlage anzusetzen. ⁷Verluste dürfen nur bis zur Höhe des Gewinns, den der Steuerpflichtige im gleichen Kalenderjahr aus privaten Veräußerungsgeschäften erzielt hat, ausgeglichen werden; sie dürfen nicht nach § 10d abgezogen werden. ⁸Die Verluste mindern jedoch nach Maßgabe des § 10d die Einkünfte, die der Steuerpflichtige in dem unmittelbar vorangegangenen Veranlagungszeitraum oder in den folgenden Veranlagungszeiträumen aus privaten Veräußerungsgeschäften nach Absatz 1 erzielt hat oder erzielt; § 10d Abs. 4 gilt entsprechend.

§ 23 H 23

Hinweise

H 23 Anschaffung

Zu Anschaffungen im Rahmen der vorweggenommenen Erbfolge und bei Erbauseinandersetzungen → BMF vom 13.1.1993 (BStBl. I S. 80) unter Berücksichtigung der Änderungen durch BMF vom 26.2.2007 (BStBl. I S. 269) und vom 14.3.2006 (BStBl. I S. 253).[1]

→ Enteignung

Anschaffung ist auch
- die Abgabe eines Meistgebots in einer Zwangsversteigerung (→ BFH vom 27.8.1997 – BStBl. 1998 II S. 135).
- der Erwerb auf Grund eines Ergänzungsvertrags, wenn damit erstmalig ein Anspruch auf Übertragung eines Miteigentumsanteils rechtswirksam entsteht (→ BFH vom 17.2.1997 – BStBl. 1998 II S. 343).
- der entgeltliche Erwerb eines Anspruchs auf Rückübertragung eines Grundstücks nach dem VermG (Restitutionsanspruch) (→ BFH vom 13.12.2005 – BStBl. 2006 II S. 513).
- der Erwerb eines parzellierten und beplanten Grundstücks, das der Eigentümer auf Grund eines Rückübertragungsanspruchs dafür erhält, dass er bei der Veräußerung eines nicht parzellierten Grundstücks eine Teilfläche ohne Ansatz eines Kaufpreises überträgt (BFH vom 13.4.2010 – BStBl. II S. 792).

Keine *Anschaffung ist*
- der unentgeltliche Erwerb eines Wirtschaftsguts, z. B. durch Erbschaft, Vermächtnis oder Schenkung (→ BFH vom 4.7.1950 – BStBl. 1951 III S. 237, vom 22.9.1987 – BStBl. 1988 II S. 250 und vom 12.7.1988 – BStBl. II S. 942, → Veräußerungsfrist).
- der Erwerb kraft Gesetzes oder eines aufgrund gesetzlicher Vorschriften ergangenen Hoheitsaktes (→ BFH vom 19.4.1977 – BStBl. II S. 712 und vom 13.4.2010 – BStBl. II S. 792).
- die Rückübertragung von enteignetem Grundbesitz oder dessen Rückgabe nach Aufhebung der staatlichen Verwaltung aufgrund des Gesetzes zur Regelung offener Vermögensfragen vom 23.9.1990 in der Fassung der Bekanntmachung vom 21.12.1998 (→ VermG – BGBl. I S. 4026, § 52 Abs. 2 Satz 2 D-Markbilanzgesetz in der Fassung vom 28.7.1994 – DMBilG – BGBl. I S. 1842); → hierzu auch BMF vom 11.1.1993 – BStBl. I S. 18.[2]
- die Einbringung von Grundstücken durch Bruchteilseigentümer zu unveränderten Anteilen in eine personenidentische GbR mit Vermietungseinkünften (→ BFH vom 6.10.2004 – BStBl. 2005 II S. 324 und vom 2.4.2008 – BStBl. II S. 679).

Anschaffungskosten

Der Begriff „Anschaffungskosten" in § 23 Abs. 3 Satz 1 EStG ist mit dem Begriff der Anschaffungskosten in § 6 Abs. 1 Nr. 1 und 2 EStG identisch. (→ BFH vom 19.12.2000 – BStBl. 2001 II S. 345).

Enteigung

Veräußert ein Steuerpflichtiger zur Abwendung einer unmittelbar drohenden Enteignung ein Grundstück und erwirbt er in diesem Zusammenhang ein Ersatzgrundstück, liegt hierin keine Veräußerung und Anschaffung im Sinne des § 23 EStG (→ BFH vom 29.6.1962 – BStBl. III S. 387 und vom 16.1.1973 – BStBl. II S. 445). Veräußertes und angeschafftes Grundstück bilden in diesem Fall für die Anwendung des § 23 EStG eine Einheit. Für die Berechnung der Veräußerungsfrist ist daher nicht der Tag der Anschaffung des Ersatzgrundstücks, sondern der Tag maßgebend, zu dem das veräußerte Grundstück angeschafft wurde (→ BFH vom 5.5.1961 – BStBl. III S. 385). Ersetzt der Steuerpflichtige im Zusammenhang mit der drohenden Enteignung einer Teilfläche auch die nicht unmittelbar betroffenen Grundstücksteile, handelt es sich insoweit um eine Anschaffung und Veräußerung im Sinne des § 23 EStG (→ BFH vom 7.12.1976 – BStBl. II S. 209).

Freigrenze

- Haben beide zusammenveranlagten Ehegatten Veräußerungsgewinne erzielt, so steht jedem Ehegatten die Freigrenze des § 23 Abs. 3 EStG – höchstens jedoch bis zur Höhe seines Gesamtgewinns aus privaten Veräußerungsgeschäften – zu (→ BVerfG vom 21.2.1961 – BStBl. I S. 55).
- → BMF vom 5.10.2000 (BStBl. I S. 1383), Rz. 41

---

[1] Siehe Anlagen § 016-05 und § 016-06.
[2] Siehe Anlage § 021-19.

Fremdwährungsgeschäfte

Fremdwährungsgeschäfte können Gegenstand eines privaten Veräußerungsgeschäfts sein (→ BMF vom 9.10.2012 – BStBl. I S. 953, Rz. 131). [1] Sie werden insbesondere angeschafft, indem sie gegen Umtausch von nationaler Währung erworben werden, und veräußert, indem sie in die nationale Währung zurückgetauscht oder in eine andere Fremdwährung umgetauscht werden. Werden Fremdwährungsguthaben als Gegenleistung für die Veräußerung von Wertpapieren entgegen genommen, werden beide Wirtschaftsgüter getauscht, d. h. die Wertpapiere veräußert und das Fremdwährungsguthaben angeschafft (→ BFH vom 21.1.2014 – BStBl. II S. 385).

Fristberechnung

→ Veräußerungsfrist

Gegenstände des täglichen Gebrauchs

Der Anwendungsbereich des § 23 Abs. 1 Satz 1 Nr. 2 EStG umfasst auch die Wirtschaftsgüter des täglichen Gebrauchs, die kein Wertsteigerungspotenzial besitzen, wie z. B. einen Gebrauchtkraftwagen (→ BFH vom 22.4.2008 – BStBl. 2009 II S. 296).

Grundstücksgeschäfte

Zweifelsfragen bei der Besteuerung privater Grundstücksgeschäfts → BMF vom 5.10.2000 (BStBl. I S. 1383) unter Berücksichtigung der Änderungen durch BMF vom 27.2.2007 (BStBl. I S. 262). [2]

Identisches Wirtschaftsgut

- Ein privates Veräußerungsgeschäft ist auch anzunehmen, wenn ein unbebautes Grundstück parzelliert und eine Parzelle innerhalb der Veräußerungsfrist veräußert wird (→ BFH vom 19.7.1983 – BStBl. 1984 II S. 26).
- Die Aufteilung eines Hausgrundstücks in Wohneigentum ändert nichts an der wirtschaftlichen Identität von angeschafftem und veräußertem Wirtschaftsgut (→ BFH vom 23.8.2011 – BStBl. 2013 II S. 1002)
- Eine wirtschaftliche Teilidentität zwischen angeschafftem und veräußertem Wirtschaftsgut ist ausreichend. Diese ist z. B. gegeben, wenn ein bei Anschaffung mit einem Erbbaurecht belastetes Grundstück lastenfrei veräußert wird (→ BFH vom 12.6.2013 – BStBl. II S. 1011)
- → Enteignung

Schuldzinsen

→ Werbungskosten

Spekulationsabsicht

Für das Entstehen der Steuerpflicht ist es unerheblich, ob der Steuerpflichtige in spekulativer Absicht gehandelt hat (→ Beschluss des BVerfG vom 9.7.1969 – BStBl. 1970 II S. 156 und BFH vom 2.5.2000 – BStBl. II S. 469).

Veräußerung

→ Enteignung

Als Veräußerung im Sinne des § 23 Abs. 1 EStG ist auch anzusehen

- unter besonderen Umständen die Abgabe eines bindenden Angebots (→ BFH vom 23.9.1966 – BStBl. 1967 II S. 73, vom 7.8.1970 – BStBl. II S. 806 und vom 19.10.1971 – BStBl. 1972 II S. 452);
- der Abschluss eines bürgerlich-rechtlich wirksamen, beide Vertragsparteien bindenden Vorvertrags (→ BFH vom 13.12.1983 – BStBl. 1984 II S. 311);
- unter den Voraussetzungen des § 41 Abs. 1 AO der Abschluss eines unvollständig beurkundeten und deswegen nach den §§ 313 Satz 1 BGB, 125 HGB formunwirksamen Kaufvertrags (→ BFH vom 15.12.1993 – BStBl. 1994 II S. 687);
- die Übertragung aus dem Privatvermögen eines Gesellschafters in das betriebliche Gesamthandsvermögen einer Personengesellschaft gegen Gewährung von Gesellschaftsrechten (→ BMF vom 29.3.2000 – BStBl. I S. 462 und BMF vom 11.7.2011 – BStBl. I S. 713). [3]
- die Veräußerung des rückübertragenen Grundstücks bei entgeltlichem Erwerb des Restitutionsanspruchs nach dem VermG (→ BFH vom 13.12.2005 – BStBl. 2006 II S. 513).

---

1) Siehe Anlage § 020-08.
2) Siehe Anlage § 023-01.
3) Siehe Anlage § 004-29.

Keine Veräußerung ist

die Rückabwicklung eines Anschaffungsgeschäfts wegen irreparabler Vertragsstörungen (→ BFH vom 27.6.2006 – BStBl. 2007 II S. 162).

Veräußerungsfrist

- → Enteignung
- Die **nachträgliche Genehmigung** eines zunächst schwebend unwirksamen Vertrags durch einen der Vertragspartner wirkt für die Fristberechnung nicht auf den Zeitpunkt der Vornahme des Rechtsgeschäfts zurück (→ BFH vom 2.10.2001 – BStBl. 2002 II S. 10).
- Bei Veräußerung eines im Wege der **Gesamtrechtsnachfolge** erworbenen Wirtschaftsguts ist bei der Berechnung der Veräußerungsfrist von dem Zeitpunkt des entgeltlichen Erwerbs durch den Rechtsvorgänger auszugehen (→ BFH vom 12.7.1988 – BStBl. II S. 942). Das Gleiche gilt auch für ein im Wege der unentgeltlichen Einzelrechtsnachfolge erworbenes Wirtschaftsgut → § 23 Abs. 1 Satz 3 EStG.
- Für die Berechnung der Veräußerungsfrist des § 23 Abs. 1 EStG ist grundsätzlich das der → Anschaffung oder → Veräußerung zu Grunde liegende **obligatorische Geschäft** maßgebend (→ BFH vom 5.12.1993 – BStBl. 1994 II S. 687 und vom 8.4.2014 – BStBl. II S. 826).

Veräußerungspreis

- Wird infolge von Meinungsverschiedenheiten über die Formgültigkeit des innerhalb der Veräußerungsfrist abgeschlossenen Grundstückskaufvertrages der Kaufpreis erhöht, kann der erhöhte Kaufpreis auch dann Veräußerungspreis im Sinne von § 23 Abs. 3 Satz 1 EStG sein, wenn die Erhöhung nach Ablauf der Veräußerungsfrist vereinbart und beurkundet wird (→ BFH vom 15.12.1993 – BStBl. 1994 II S. 687).
- Zum Veräußerungspreis gehört auch das Entgelt für den Verzicht auf Nachbarrechte im Zusammenhang mit der Veräußerung des betreffenden Grundstücks (→ BFH vom 18.5.2004 – BStBl. II S. 874).

Verfassungsmäßigkeit

Die Beschränkung des Verlustausgleichs bei privaten Veräußerungsgeschäften durch § 23 Abs. 3 Satz 8 (jetzt: Satz 7) EStG ist verfassungsgemäß (→ BFH vom 18.10.2006 – BStBl. 2007 II S. 259).

Verlustabzug Erbfällen

Verluste i. S. d. § 22 Nr. 2 i. V. m. § 23 Abs. 3 Satz 7 bis 10 EStG → R 10d Abs. 9 Satz 10.

Verlustvor- und -rücktrag

Zur Anwendung des § 10d EStG im Rahmen des § 23 EStG → BMF vom 29.11.2004 (BStBl. I S. 1097).[1)]

Werbungskosten

- Werbungskosten sind grundsätzlich alle durch ein Veräußerungsgeschäft im Sinne des § 23 EStG veranlassten Aufwendungen (z. B. Schuldzinsen), die weder zu den (nachträglichen) Anschaffungs- oder Herstellungskosten des veräußerten Wirtschaftsguts gehören noch einer vorrangigen Einkunftsart zuzuordnen sind oder wegen privater Nutzung unter Abzugsverbot des § 12 EStG fallen (→ BFH vom 12.12.1996 – BStBl. 1997 II S. 603).
- Durch ein privates Veräußerungsgeschäft veranlasste Werbungskosten sind - abweichend vom Abflussprinzip des §11 Abs. 2 EStG – in dem Kalenderjahr zu berücksichtigen, in dem der Verkaufserlös zufließt (→ BFH vom 17.7.1991 – BStBl. II S. 916).
- Fließt der Verkaufserlös in mehreren VZ zu, sind sämtliche Werbungskosten zunächst mit dem im ersten Zuflussjahr erhaltenen Teilerlös und ein etwa verbleibender Werbungskostenüberschuss mit den in den Folgejahren erhaltenen Teilerlösen zu verrechnen (→ BFH vom 3.6.1992 – BStBl. II S, 1017).
- Planungsaufwendungen zur Baureifmachung eines unbebauten Gründstücks (Baugenehmigungsgebühren, Architektenhonorare) können abziehbar sein, wenn von Anfang an Veräußerungsabsicht bestanden hat (→ BFH vom 12.12.1996 – BStBl. 1997 II S. 603).
- Erhaltungsaufwendungen können abziehbar sein, soweit sie allein oder ganz überwiegend durch die Veräußerung des Mietobjekts veranlasst sind (→ BFH vom 14.12.2004 – BStBl. 2005 II S. 343).

---

1) Siehe Anlage § 010d-02.

- *Wird ein Gebäude, das zu eigenen Wohnzwecken genutzt werden sollte, vor dem Selbstbezug und innerhalb der Veräußerungsfrist wieder veräußert, mindern nur solche Grundstücksaufwendungen den Veräußerungsgewinn, die auf die Zeit entfallen, in der der Stpfl. bereits zum Verkauf des Objekts entschlossen war (→ BFH vom 16.6,2004 – BStBl. 2005 II S. 91).*
- *Vorfälligkeitsentschädigungen, die durch die Verpflichtung zur lastenfreien Veräußerung von Grundbesitz veranlasst sind, sind zu berücksichtigen (→ BFH vom 6.12.2005 – BStBl. 2006 II S. 265).*
- *Aufwendungen können nicht als Werbungskosten bei den privaten Veräußerungsgeschäften berücksichtigt werden, wenn es tatsächlich nicht zu einer Veräußerung kommt (→ BFH vom 1.8.2012, BStBl. II S. 781).*

Wiederkehrende Leistungen

Zur Ermittlung des Gewinns bei Veräußerungsgeschäften gegen wiederkehrende Leistungen und bei der Umschichtung von nach § 10 Abs. 1 Nr. 1a EStG begünstigt übernommenem Vermögen → BMF vom 11.3.2010 (BStBl. I S. 227), Rz. 37 – 41, 65 – 79 und 88. [1]

Weitere Verwaltungsanweisungen
(soweit nicht in den Hinweisen enthalten)

Zu § 23 EStG

1. Anwendung des § 23 EStG auf Verbindlichkeiten (Vfg OFD Düsseldorf vom 13.9.1989, DB 1989 S. 2200)
2. Ertragsteuerliche Behandlung der Rückübertragung von enteigneten Grundstücken (Vfg OFD Chemnitz vom 31.7.1991, DB 1991 S. 1806)
3. Zuflußzeitpunkt des Spekulationsgewinns bei Einzahlung des Kaufpreises auf ein Notaranderkonto (Vfg OFD Cottbus vom 1.9.1998, DB 1998 S. 2041)
4. Erfassung von Gewinnen aus privaten Veräußerungsgeschäften bei Hausgemeinschaften (Vfg OFD Nürnberg vom 18.4.2001, DStR 2001 S. 990)
5. Private Veräußerungsgewinne bei Eigentumsübertragung anlässlich von Ehescheidungen (Vfg OFD München vom 26.6.2001, DStR 2001 S. 1298)
6. Behandlung des geldwerten Vorteils als Anschaffungskosten bei der Ermittlung des Gewinns aus privaten Veräußerungsgeschäften (Vfg OFD Frankfurt vom 14.12.2001, DB 2002 S. 454)

Rechtsprechungsauswahl

BFH vom 8.4.14 IX R 18/13 (BStBl. II S. 826): Maßgebend für die Berechnung der Veräußerungsfrist gern. § 23 EStG ist der rechtswirksame Abschluss des schuldrechtlichen Verpflichtungsgeschäftes

BFH vom 11.2.14 IX R 25/13 (BStBl. II S. 566): Verkauf einer Salzabbaugerechtigkeit mit unwiederbringlicher Übertragung der Rechte keine entgeltliche Nutzungsüberlassung gem. § 21 Abs. 1 Nr. 1 EStG, sondern Veräußerungsgeschäft i. S. des 23 Abs. 1 Satz 1 Nr. 1 EStG

BFH vom 21.1.14 IX R 11/13 (BStBl. II S. 385): Fremdwährungsgeschäfte als private Veräußerungsgeschäfte

BFH vom 12.6.13 IX R 31/12 (BStBl. II S. 1011): Wirtschaftliche Teilidentität zwischen angeschafftem mit Erbbaurecht belasteten Grundstück und nach Löschung des Erbbaurechts lastenfrei veräußertem Grundstück ist für die Annahme eines privaten Veräußerungsgeschäftes ausreichend

BFH vom 23.8.11 IX R 66/10 (BStBl. 2013 II S. 1002): Besteuerung eines privaten Veräußerungsgeschäfts eines Grundstücks, das zeitweise im Betriebsvermögen gehalten wurde

BFH vom 12.6.13 IX R 31/12 (BStBl. II S. 1011): Wirtschaftliche Teilidentität zwischen angeschafftem mit Erbbaurecht belasteten Grundstück und nach Löschung des Erbbaurechts lastenfrei veräußertem Grundstück ist für die Annahme eines privaten Veräußerungsgeschäftes ausreichend

BFH vom 23.8.11 IX R 66/10 (BStBl. 2013 II S. 1002): Besteuerung eines privaten Veräußerungsgeschäfts eines Grundstücks, das zeitweise im Betriebsvermögen gehalten wurde

---

1) Siehe Anlage § 010-01.

§ 24

h) Gemeinsame Vorschriften

§ 24

Zu den Einkünften im Sinne des § 2 Abs. 1 gehören auch

1. Entschädigungen, die gewährt worden sind
   a) als Ersatz für entgangene oder entgehende Einnahmen oder
   b) für die Aufgabe oder Nichtausübung einer Tätigkeit, für die Aufgabe einer Gewinnbeteiligung oder einer Anwartschaft auf eine solche;
   c) als Ausgleichszahlungen an Handelsvertreter nach § 89 b des Handelsgesetzbuchs;
2. Einkünfte aus einer ehemaligen Tätigkeit im Sinne des § 2 Abs. 1 Nr. 1 bis 4 oder aus einem früheren Rechtsverhältnis im Sinne des § 2 Abs. 1 Nr. 5 bis 7, und zwar auch dann, wenn sie dem Steuerpflichtigen als Rechtsnachfolger zufließen;
3. Nutzungsvergütungen für die Inanspruchnahme von Grundstücken für öffentliche Zwecke sowie Zinsen auf solche Nutzungsvergütungen und auf Entschädigungen, die mit der Inanspruchnahme von Grundstücken für öffentliche Zwecke zusammenhängen.

EStR und Hinweise

EStR 2012 zu § 24 EStG

R 24.1 Begriff der Entschädigung im Sinne des § 24 Nr. 1 EStG

Der Entschädigungsbegriff des § 24 Nr. 1 EStG setzt in seiner zu Buchstabe a und b gleichmäßig geltenden Bedeutung voraus, dass der Steuerpflichtige infolge einer Beeinträchtigung der durch die einzelne Vorschrift geschützten Güter einen finanziellen Schaden erlitten hat und die Zahlung unmittelbar dazu bestimmt ist, diesen Schaden auszugleichen.

Hinweise

H 24.1 Abfindungen

Abzugsfähige Aufwendungen

Bei der Ermittlung der Entschädigung im Sinne des § 24 Nr. 1 EStG sind von den Bruttoentschädigungen nur die damit in unmittelbarem Zusammenhang stehenden Betriebsausgaben oder Werbungskosten abzuziehen (→ BFH vom 26.8.2004 – BStBl. 2005 II S. 215).

Allgemeines

- *§ 24 EStG schafft keinen neuen Besteuerungstatbestand, sondern weist die in ihm genannten Einnahmen nur der Einkunftsart zu, zu der die entgangenen oder künftig entgehenden Einnahmen gehört hätten, wenn sie erzielt worden wären. (→ BFH vom 16.6.1996 – BStBl. II S. 516).*
- *Wegen einer anstelle der Rückübertragung von enteignetem Grundbesitz gezahlten Entschädigung nach dem Gesetz zur Regelung offener Vermögensfragen vom 23.9.1990 i. d. F. vom 3.8.1992 → BMF vom 11.1.1993 (BStBl. I S. 18).* [1)]

Ausgleichszahlungen an Handelsvertreter

- *Ausgleichszahlungen an Handelsvertreter nach § 89 b HGB gehören auch dann zu den Entschädigungen im Sinne des § 24 Nr. 1 Buchstabe c EStG, wenn sie zeitlich mit der Aufgabe der gewerblichen Tätigkeit zusammenfallen (→ BFH vom 5.12.1968 – BStBl. 1969 II S. 196).*
- *Ausgleichszahlungen an andere Kaufleute als Handelsvertreter, z. B. Kommissionsagenten oder Vertragshändler, sind wie Ausgleichszahlungen an Handelsvertreter zu behandeln, wenn sie in entsprechender Anwendung des § 89b HGB geleistet werden (→ BFH vom 12.10.1999 – BStBl. 2000 II S. 220).*
- *Ausgleichszahlungen i. S. d. § 89 HGB gehören nicht zu den Entschädigungen nach § 24 Nr. 1 Buchstabe c EStG, wenn ein Nachfolgevertreter aufgrund eines selbständigen Vertrags mit seinem Vorgänger dessen Handelsvertretung oder Teile davon entgeltlich erwirbt. Ein selbständiger Vertrag liegt aber nicht vor, wenn der Nachfolger es übernimmt, die ver-*

---

1) Siehe Anlage § 021-19.

tretenen Firmen von Ausgleichsansprüchen freizustellen (→ BFH vom 31.5.1972 – BStBl. II S. 899 und vom 25.7.1990 – BStBl. 1991 II S. 218).

Entschädigung im Sinne des § 24 Nr. 1 Buchstabe a EStG
- *Die Entschädigung im Sinne des § 24 Nr. 1 Buchstabe a EStG muss als Ersatz für unmittelbar entgangene oder entgehende konkrete Einnahmen gezahlt werden (→ BFH vom 9.7.1992 – BStBl. 1993 II S. 27).*
- *Für den Begriff der Entschädigung nach § 24 Nr. 1 Buchstabe a EStG ist nicht entscheidend, ob das zur Entschädigung führende Ereignis ohne oder gegen den Willen des Steuerpflichtigen eingetreten ist. Eine Entschädigung im Sinne des § 24 Nr. 1 Buchstabe a EStG kann vielmehr auch vorliegen, wenn der Steuerpflichtige bei dem zum Einnahmeausfall führenden Ereignis selbst mitgewirkt hat. Ist dies der Fall, muss der Steuerpflichtige bei Aufgabe seiner Rechte aber unter erheblichem wirtschaftlichen, rechtlichen oder tatsächlichen Druck gehandelt haben; keinesfalls darf er das schadenstiftende Ereignis aus eigenem Antrieb herbeigeführt haben. Der Begriff des Entgehens schließt freiwilliges Mitwirken oder gar die Verwirklichung eines eigenen Strebens aus (→ BFH vom 20.7.1978 – BStBl. 1979 II S. 9, vom 16.4.1980 – BStBl. II S. 393, vom 9.7.1992 – BStBl. 1993 II S. 27) und vom 4.9.2002 – BStBl. 2003 II S. 177).*
- *Gibt ein Arbeitnehmer im Konflikt mit seinem Arbeitgeber nach und nimmt dessen Abfindungsangebot an, entspricht es dem Zweck des Merkmals der Zwangssituation, nicht schon wegen dieser gütlichen Einigung in Widerspruch stehender Interessenlage einen tatsächlichen Druck in Frage zu stellen (→ BFH vom 29.2.2012 – BStBl. II S. 569).*
- *Die an die Stelle der Einnahmen tretende Ersatzleistung nach § 24 Nr. 1 Buchstabe a EStG muss auf einer **neuen** Rechts- oder Billigkeitsgrundlage beruhen. Zahlungen, die zur Erfüllung eines Anspruchs geleistet werden, sind keine Entschädigungen im Sinne des § 24 Nr. 1 Buchstabe a EStG, wenn die vertragliche Grundlage bestehen geblieben ist und sich nur die Zahlungsmodalität geändert hat (→ BFH vom 25.8.1993 – BStBl. 1994 II S. 167, vom 10.10.2001 – BStBl. 2002 II S. 181 und vom 6.3.2002 – BStBl. II S. 516).*

Entschädigungen nach § 24 Nr. 1 Buchstabe a EStG:
- *Abfindung wegen **Auflösung eines Dienstverhältnisses**, wenn Arbeitgeber die Beendigung veranlasst hat (→ BFH vom 20.10.1978 – BStBl. 1979 II S. 176 und vom 22.1.1988 – BStBl. II S. 525); hierzu gehören auch Vorruhestandsgelder, die auf Grund eines Manteltarifvertrags vereinbart werden (→ BFH vom 16.6.2004 – BStBl. II S. 1055),*
- ***Abstandszahlungen** eines **Mietinteressenten** für die Entlassung aus einem Vormietvertrag (→ BFH vom 21.8.1990 – BStBl. 1991 II S. 76);*
- *Aufwandsersatz, soweit er über den Ersatz von Aufwendungen hinaus auch den **Ersatz von ausgefallenen steuerbaren Einnahmen** bezweckt (→ BFH vom 26.2.1988 – BStBl. II S. 615).*
- *Abfindung anlässlich der **Liquidation** einer Gesellschaft an einen Gesellschafter-Geschäftsführer, wenn auch ein gesellschaftsfremder Unternehmer im Hinblick auf die wirtschaftliche Situation der Gesellschaft die Liquidation beschlossen hätte (→ BFH vom 4.9.2002 – BStBl. 2003 II S. 177),*
- *Abfindung, die der **Gesellschafter-Geschäftsführer,** der seine GmbH-Anteile veräußert, für den **Verzicht auf seine Pensionsansprüche** gegen die GmbH erhält, falls der Käufer den Erwerb des Unternehmens von der Nichtübernahme der Pensionsverpflichtung abhängig macht (→ BFH vom 10.4.2003 – BStBl. II S. 748). Entsprechendes gilt für eine Entschädigung für die durch den Erwerber veranlasste Aufgabe der Geschäftsführertätigkeit (→ BFH vom 13.8.2003 – BStBl. 2004 II S. 106),*
- *Abfindung wegen **Auflösung eines Dienstverhältnisses**, auch wenn bereits bei Beginn des Dienstverhältnisses ein Ersatzanspruch für den Fall der betriebsbedingten Kündigung oder Nichtverlängerung des Dienstverhältnisses vereinbart wird (→ BFH vom 10.9.2003 – BStBl. 2004 II S. 349),*
- *Schadensersatz infolge einer schuldhaft **verweigerten Wiedereinstellung** (→ BFH vom 6.7.2005 – BStBl. 2006 II S. 55),*
- *Leistungen wegen einer **Körperverletzung** nur insoweit, als sie den Verdienstausfall ersetzen (→ BFH vom 21.1.2004 – BStBl. II S. 716),*
- *Mietentgelte, die der **Restitutionsberechtigte** vom Verfügungsberechtigten nach § 7 Abs. 7 Satz 2 VermG erlangt (→ BFH vom 11.1.2005 – BStBl. II S. 450).*

- *Abfindung wegen unbefristeter Reduzierung der Wochenarbeitszeit auf Grund eines Vertrags zur Änderung des Arbeitsvertrags (→ BFH vom 25.8.2009 – BStBl. 2010 II S. 2030).*
- *Abfindung wegen Auflösung eines Beratungsvertrags, wenn die Leistung trotz Beibehaltung der rechtlichen Selbständigkeit im Wesentlichen wie die eines Arbeitnehmers geschuldet wurde (→ BFH vom 10.7.2012 – BStBl. 2013 II S. 155).*

Keine Entschädigungen nach § 24 Nr. 1 Buchstabe a EStG:

- *Abfindung, die bei Abschluss oder während des Arbeitsverhältnisses für den Verlust späterer* **Pensionsansprüche** *infolge Kündigung vereinbart wird (→ BFH vom 6.3.2002 – BStBl. II S. 516);*
- *Abfindung, die bei Fortsetzung des Arbeitnehmerverhältnisses für* **Verzicht auf Tantiemeanspruch** *gezahlt wird (→ BFH vom 10.10.2001 – BStBl. 2002 II S. 347).*
- *Abfindung nach vorausgegangener freiwilliger* **Umwandlung zukünftiger Pensionsansprüche** *(→ BFH vom 6.3.2002 – BStBl. II S. 516),*
- *Entgelt für den Verzicht auf ein testamentarisch vermachtes* **obligatorisches Wohnrecht** *(→ BFH vom 9.8.1990 – BStBl. II S. 1026);*
- **Pensionsabfindung,** *wenn der Arbeitnehmer nach Eheschließung zur Herstellung der ehelichen Lebensgemeinschaft gekündigt hat (→ BFH vom 21.6.1990 – BStBl. II S. 1020);*
- **Streikunterstützungen** *(→ BFH vom 24.10.1990 – BStBl. 1991 II S. 337);*
- *Zahlung einer Vertragspartei, die diese wegen einer* **Vertragsstörung** *im Rahmen des Erfüllungsinteresses leistet, und zwar einschließlich der Zahlungen für den* **entgangenen Gewinn** *i. S. des § 252 BGB. Dies gilt unabhängig davon, ob der Steuerpflichtige das Erfüllungsinteresse im Rahmen des bestehenden und verletzten Vertrags durchsetzt oder zur Abgeltung seiner vertraglichen Ansprüche einer ergänzenden vertraglichen Regelung in Form eines Vergleichs zustimmt (→ BFH vom 27.7.1978 – BStBl. 1979 II S. 66, 69, 71, vom 3.7.1986 – BStBl. II S. 806, vom 18.9.1986 – BStBl. 1987 II S. 25 und vom 5.10.1989 – BStBl. 1990 II S. 155);*
- *Zahlungen für das Überspannen von Grundstücken mit* **Hochspannungsfreileitungen** *(→ BFH vom 19.4.1994 – BStBl. II S. 640).*
- *Zahlungen an Arbeitnehmer, wenn das zugrunde liegende* **Arbeitsverhältnis** *(z.B. bei Betriebsübergang nach § 613a BGB)* **nicht beendet** *wird (→ BFH vom 10.10.2001 – BStBl. 2002 II S. 181).*
- *Erlös für die* **Übertragung von Zuckerrübenlieferrechten** *eines Landwirtes (→ BFH vom 28.2.2002 – BStBl. II S. 658).*
- **Ersatz für zurückzuzahlende Einnahmen** *oder Ausgleich von Ausgaben, z. B. Zahlungen für (mögliche) Umsatzsteuerrückzahlungen bei Auflösung von Mietverhältnissen (→ BFH vom 18.10.2011 – BStBl. 2012 II S. 286).*
- **Erstattungszinsen** *nach § 233a AO (→ BFH vom 12.11.2013 – BStBl. 2014 II S. 168).*

Entschädigungen im Sinne des § 24 Nr. 1 Buchstabe b EStG

§ 24 Nr. 1 Buchstabe b EStG erfasst Entschädigungen, die als Gegenleistung für den Verzicht auf eine mögliche Einkunftserzielung gezahlt werden. Eine Entschädigung im Sinne des § 24 Nr. 1 Buchstabe b EStG liegt auch vor, wenn die Tätigkeit mit Willen oder mit Zustimmung des Arbeitnehmers aufgegeben wird. Der Ersatzanspruch muss nicht auf einer neuen Rechts- oder Billigkeitsgrundlage beruhen. Die Entschädigung für die Nichtausübung einer Tätigkeit kann auch als Hauptleistungspflicht vereinbart werden (→ BFH vom 12.6.1996 – BStBl. II S. 516).

Entschädigungen nach § 24 Nr. 1 Buchstabe b EStG **sind:**

- **Abfindungszahlungen,** *wenn der Steuerpflichtige von einem ihm tarifvertraglich eingeräumten Optionsrecht, gegen Abfindung aus dem Arbeitsverhältnis auszuscheiden, Gebrauch macht (→ BFH vom 8.8.1986 – BStBl. 1987 II S. 106).*
- *Entgelt für ein im Arbeitsvertrag vereinbartes* **Wettbewerbsverbot** *(→ BFH vom 13.2.1987 – BStBl. II S. 386 und vom 16.3.1993 – BStBl. II S. 497).*
- *Entgelte für ein umfassendes* **Wettbewerbsverbot,** *die im Zusammenhang mit der Beendigung eines Arbeitsverhältnisses vereinbart worden sind (→ BFH vom 12.6.1996 – BStBl. II S. 516).*

R 24.1, 24.2 § 24

- *Entgelte für ein umfassendes* **Wettbewerbsverbot** *auch dann, wenn die dadurch untersagten Tätigkeiten verschiedenen Einkunftsarten zuzuordnen sind (→ BFH vom 23.2.1999 – BStBl. II S. 590).*
- *Abfindung, die ein angestellter* **Versicherungsvertreter** *von seinem Arbeitgeber für den* **Verzicht auf eine mögliche künftige Einkunftserzielung** *durch die Verkleinerung seines Bezirks erhält (→ BFH vom 23.1.2001 – BStBl. II S. 541).*

Entschädigungen nach § 24 Nr. 1 Buchstabe b EStG sind nicht:

- *Abfindung an Arbeitnehmer für die Aufgabe eines* **gewinnabhängigen Tantiemeanspruchs** *(→ BFH vom 10.10.2001 – BStBl. 2002 II S. 347).*
- *Erlös für die Übertragung von* **Zuckerrübenlieferrechten** *eines Landwirtes (→ BFH vom 28.2.2002 – BStBl. II S. 658).*

Steuerbegünstigung nach § 34 Abs. 1 Satz 1 EStG

Wegen der Frage, unter welchen Voraussetzungen Entschädigungen im Sinne des § 24 Nr. 1 EStG der Steuerbegünstigung nach § 34 Abs. 1 Satz 1 EStG unterliegen → R 34.3.

EStR 2012 zu § 24 EStG

R 24.2 Nachträgliche Einkünfte

(1) ¹Einkünfte aus einer ehemaligen Tätigkeit liegen vor, wenn sie in wirtschaftlichem Zusammenhang mit der ehemaligen Tätigkeit stehen, insbesondere ein Entgelt für die im Rahmen der ehemaligen Tätigkeit erbrachten Leistungen darstellen. ²Bezahlt ein Mitunternehmer nach Auflösung der Gesellschaft aus seinem Vermögen betrieblich begründete Schulden eines anderen Gesellschafters, hat er einen nachträglichen gewerblichen Verlust, soweit er seine Ausgleichsforderung nicht verwirklichen kann.

(2) § 24 Nr. 2 EStG ist auch anzuwenden, wenn die nachträglichen Einkünfte einem Rechtsnachfolger zufließen.

Hinweise

H 24.2 Ermittlung der nachträglichen Einkünfte

Nach der Betriebsveräußerung oder Betriebsaufgabe anfallende nachträgliche Einkünfte sind in sinngemäßer Anwendung der Vorschriften des § 4 Abs. 3 EStG zu ermitteln (→ BFH vom 22.2.1978 – BStBl. II S. 430).

Nachträgliche Einnahmen
sind:

- *Ratenweise gezahltes Auseinandersetzungsguthaben in Höhe des Unterschiedsbetrags zwischen Nennbetrag und Auszahlungsbetrag der Rate, wenn ein aus einer Personengesellschaft ausgeschiedener Gesellschafter verlangen darf, dass alljährlich die Rate nach dem jeweiligen Preis eines Sachwertes bemessen wird (→ BFH vom 16.7.1964 – BStBl. III S. 622);*
- *Versorgungsrenten, die auf früherer gewerblicher oder freiberuflicher Tätigkeit des Steuerpflichtigen oder seines Rechtsvorgängers beruhen (→ BFH vom 10.10.1963 – BStBl. III S. 592);*

Nachträgliche Betriebsausgaben/Werbungskosten
sind:

- *Betriebssteuern, wenn bei Gewinnermittlung nach § 4 Abs. 3 EStG auf den Zeitpunkt der Betriebsaufgabe keine Schlussbilanz erstellt wurde und dies nicht zur Erlangung ungerechtfertigter Steuervorteile geschah (→ BFH vom 13.5.1980 – BStBl. II S. 692);*
- *Schuldzinsen für Verbindlichkeiten, die bis zur Vollbeendigung eines Gewerbebetriebs trotz Verwertung des Aktivvermögens nicht abgedeckt werden, auch wenn die Verbindlichkeiten durch Grundpfandrechte an einem privaten Grundstück gesichert sind oder eine Umschuldung durchgeführt worden ist (→ BFH vom 11.12.1980 – BStBl. 1981 II S. 460, 461 und 462);*
- *Schuldzinsen für während des Bestehens des Betriebs entstandene und bei Betriebsveräußerung zurückbehaltene Verbindlichkeiten, soweit der Veräußerungserlös und der Verwertungserlös aus zurückbehaltenen Aktivwerten nicht zur Schuldentilgung ausreicht; darüber hinaus Schuldzinsen auch dann noch und so lange, als der Schuldentilgung Aus-*

zahlungshindernisse hinsichtlich des Veräußerungserlöses, Verwertungshindernisse hinsichtlich der zurückbehaltenen Aktivwerte oder Rückzahlungshindernisse hinsichtlich der früheren Betriebsschulden entgegenstehen (→ BFH vom 19.1.1982 – BStBl. II S. 321, vom 27.11.1984 – BStBl. 1985 II S. 323 und vom 12.11.1997 – BStBl. 1998 II S. 144); bei Personengesellschaften → H 4.2 (15) Betriebsaufgabe oder -veräußerung im Ganzen;

- **Schuldzinsen** für betrieblich begründete Verbindlichkeiten nach Übergang des Betriebs zu **Liebhaberei**, wenn und soweit die zugrunde liegenden Verbindlichkeiten nicht durch eine mögliche Verwertung von Aktivvermögen beglichen werden können (→ BFH vom 15.5.2002 – BStBl. II S. 809 und vom 31.7.2002 – BStBl. 2003 II S. 282).

- **Zinsanteile von Rentenzahlungen,** wenn der Rentenberechtigte einer mit den Erlösen aus der Betriebsaufgabe möglichen Ablösung der betrieblich veranlassten Rentenverpflichtung nicht zustimmt (→ BFH vom 22.9.1999 – BStBl. 2000 II S. 120).

- Nach Veräußerung des Mietobjekts gezahlte Schuldzinsen für Kreditmittel, die zur Finanzierung sofort abziehbare Werbungskosten (z. B. Erhaltungsaufwendungen) während der Vermietungsphase verwendet worden sind, sind bei rechtswirksamen Abschluss des obligatorischen Veräußerungsgeschäfts nach dem 31.12.2013 nur dann als nachträgliche Werbungskosten zu berücksichtigen, wenn nach der Veräußerung des Mietobjekts der Veräußerungserlös nicht ausreicht, um die Darlehensverbindlichkeit zu tilgen (→ BMF vom 15.1.2014 – BStBl. I S. 108). Wurde das obligatorische Veräußerungsgeschäft vor dem 1.1.2014 rechtswirksam abgeschlossen, kommt es für den entsprechenden Schuldzinsenabzug als Werbungskosten unverändert nicht darauf an, ob ein etwaiger Veräußerungserlös zur Schuldentilgung ausgereicht hätte (Fortgeltung → BMF vom 3.5.2006 – BStBl. I S. 363).

- Schuldzinsen für die Fremdfinanzierung von Anschaffungs- oder Herstellungskosten nach einer gem. § 23 Abs. 1 Satz 1 Nr. 1 EStG. steuerbaren Veräußerung können als nachträgliche Werbungskosten bei den Einkünften aus Vermietung und Verpachtung abgezogen werden, wenn und soweit der Veräußerungserlös nicht zur Tilgung der Darlehensverbindlichkeit ausreicht. Weitere Voraussetzung ist, dass die Absicht, Einkünfte aus Vermietung und Verpachtung zu erzielen, nicht bereits vor der Veräußerung aus anderen Gründen weggefallen ist (→ BMF vom 28.3.2013 – BStBl. I S. 508).

sind nicht:

- **Schuldzinsen,** soweit es der Steuerpflichtige bei Aufgabe eines Gewerbebetriebes unterlässt, vorhandene Aktiva zur Tilgung der Schulden einzusetzen (→ BFH vom 11.12.1980 – BStBl. 1981 II S. 463 und vom 21. 11.1989 – BStBl. 1990 II S. 213), diese Schuldzinsen können jedoch Werbungskosten sein (→ BFH vom 19.8.1998 – BStBl. 1999 II S. 353 und vom 28.3.2007 – BStBl. II S. 642, → H 21.2 – Finanzierungskosten –). Bei Personengesellschaften → H 4.2 (15) Betriebsaufgabe oder -veräußerung im Ganzen;

- **Schuldzinsen** für vom übertragenden Gesellschafter bei Veräußerung eines Gesellschaftsanteils mit befreiender Wirkung gegenüber der Gesellschaft und dem eintretenden Gesellschafter **übernommene Gesellschaftsschulden** (→ BFH vom 28.1.1981 – BStBl. II S. 464);

- **Schuldzinsen** für Verbindlichkeiten, die nicht während des Bestehens des Betriebs entstanden, sondern **Folge der Aufgabe oder Veräußerung des Betriebs** sind (→ BFH vom 12.11.1997 – BStBl. 1998 II S. 144).

Rechtsnachfolger

- Der **Begriff des Rechtsnachfolgers** umfasst sowohl den bürgerlich-rechtlichen Einzel- oder Gesamtrechtsnachfolger als auch denjenigen, dem z. B. aufgrund eines von einem Gewerbetreibenden abgeschlossenen Vertrags zugunsten Dritter (§ 328 BGB) Einnahmen zufließen, die auf der gewerblichen Betätigung beruhen (→ BFH vom 25.3.1976 – BStBl. II S. 487).

- Fließen nachträgliche Einkünfte dem Rechtsnachfolger zu, so sind sie nach den in seiner Person liegenden **Besteuerungsmerkmalen** zu versteuern (→ BFH vom 29.7.1960 – BStBl. III S. 404).

- **Nachträglich zugeflossene Rentenzahlungen** werden dem Erben auch dann als nachträgliche Einkünfte zugerechnet, wenn sie vom Testamentsvollstrecker zur Erfüllung von Vermächtnissen verwendet werden (→ BFH vom 24.1.1996 – BStBl. II S. 287).

§ 24

Rechtsprechungsauswahl

BFH vom 10.7.12 VIII R 48/09 (BStBl. 2013 II S. 155): Für Selbständige kann eine Entschädigung i. S. von § 24 Nr. 1 Buchst. a EStG nach für Arbeitnehmer geltenden Grundsätzen in Betracht kommen

§ 24a

§ 24a Altersentlastungsbetrag

¹Der Altersentlastungsbetrag ist bis zu einem Höchstbetrag im Kalenderjahr ein nach einem Prozentsatz ermittelter Betrag des Arbeitslohns und der positiven Summe der Einkünfte, die nicht solche aus nichtselbstständiger Arbeit sind. ²Bei der Bemessung des Betrags bleiben außer Betracht:

1. Versorgungsbezüge im Sinne des § 19 Abs. 2;
2. Einkünfte aus Leibrenten im Sinne des § 22 Nr. 1 Satz 3 Buchstabe a;
3. Einkünfte im Sinne des § 22 Nr. 4 Satz 4 Buchstabe b;
4. Einkünfte im Sinne des § 22 Nr. 5 Satz 1, soweit § 22 Nr. 5 Satz 11 anzuwenden ist;
5. Einkünfte im Sinne des § 22 Nr. 5 Satz 2 Buchstabe a.

³Der Altersentlastungsbetrag wird einem Steuerpflichtigen gewährt, der vor dem Beginn des Kalenderjahres, in dem er sein Einkommen bezogen hat, das 64. Lebensjahr vollendet hatte. ⁴Im Fall der Zusammenveranlagung von Ehegatten zur Einkommensteuer sind die Sätze 1 bis 3 für jeden Ehegatten gesondert anzuwenden. ⁵Der maßgebende Prozentsatz und der Höchstbetrag des Altersentlastungsbetrags sind der nachstehenden Tabelle zu entnehmen:

Das auf die Vollendung des 64. Lebensjahres folgende Kalenderjahr	Altersentlastungsbetrag	
	in % der Einkünfte	Höchstbetrag in Euro
2005	40,0	1 900
2006	38,4	1 824
2007	36,8	1 748
2008	35,2	1 672
2009	33,6	1 596
2010	32,0	1 520
2011	30,4	1 444
2012	28,8	1 368
2013	27,2	1 292
2014	25,6	1 216
2015	24,0	1 140
2016	22,4	1 064
2017	20,8	988
2018	19,2	912
2019	17,6	836
2020	16,0	760
2021	15,2	722
2022	14,4	684
2023	13,6	646
2024	12,8	608
2025	12,0	570
2026	11,2	532
2027	10,4	494
2028	9,6	456
2029	8,8	418
2030	8,0	380
2031	7,2	342
2032	6,4	304
2033	5,6	266

Das auf die Vollendung des 64. Lebensjahres folgende Kalenderjahr	Altersentlastungsbetrag	
	in % der Einkünfte	Höchstbetrag in Euro
2034	4,8	228
2035	4,0	190
2036	3,2	152
2037	2,4	114
2038	1,6	76
2039	0,8	38
2040	0,0	0.

EStR und Hinweise

EStR 2012 zu § 24a EStG

R 24a Altersentlastungsbetrag
Allgemeines

(1) ¹Bei der Berechnung des Altersentlastungsbetrags sind Einkünfte aus Land- und Forstwirtschaft nicht um den Freibetrag nach § 13 Abs. 3 EStG zu kürzen. ²Kapitalerträge, die nach § 32d Abs. 1 und §43 Abs. 5 EStG dem gesonderten Steuertarif für Einkünfte aus Kapitalvermögen unterliegen, sind in die Berechnung des Altersentlastungsbetrags nicht einzubeziehen. ³Sind in den Einkünften neben Leibrenten auch andere wiederkehrende Bezüge im Sinne des § 22 Nr. 1 EStG enthalten, ist der Werbungskosten-Pauschbetrag nach § 9a Satz 1 Nr. 3 EStG von den der Besteuerung nach § 22 Nr. 1 Satz 3 EStG unterliegenden Teilen der Leibrenten abzuziehen, soweit er diese nicht übersteigt. ⁴Der Altersentlastungsbetrag ist auf den nächsten vollen Euro-Betrag aufzurunden.

Berechnung bei Anwendung anderer Vorschriften

(2) Ist der Altersentlastungsbetrag außer vom Arbeitslohn noch von weiteren Einkünften zu berechnen und muss er für die Anwendung weiterer Vorschriften, von bestimmten Beträgen abgezogen werden, so ist davon auszugehen, dass er zunächst vom Arbeitslohn berechnet worden ist.

Hinweise

H 24a Altersentlastungsbetrag bei Ehegatten

Im Fall der Zusammenveranlagung von Ehegatten ist der Altersentlastungsbetrag jedem Ehegatten, der die altersmäßigen Voraussetzungen erfüllt, nach Maßgabe der von ihm bezogenen Einkünfte zu gewähren (→ BFH vom 22.9.1993 – BStBl. 1994 II S. 107).

Berechnung des Altersentlastungsbetrags

Der Altersentlastungsbetrag ist von der Summe der Einkünfte zur Ermittlung des Gesamtbetrags der Einkünfte abzuziehen (→ R 2).

Beispiel 1:

Der Stpfl. hat im VZ 2004 das 64. Lebensjahr vollendet. Im VZ 2014 wurden erzielt:

Arbeitslohn..	14 000 €
darin enthalten:	
Versorgungsbezüge in Höhe von	6 000 €
Einkünfte aus selbständiger Arbeit	500 €
Einkünfte aus Vermietung und Verpachtung	– 1 500 €

Der Altersentlastungsbetrag beträgt 40 % des Arbeitslohns (14.000 € – 6.000 € = 8.000 €), das sind 3.200 €, höchstens jedoch 1.900 €. Die Einkünfte aus selbständiger Arbeit und aus Vermietung und Verpachtung werden für die Berechnung des Altersentlastungsbetrags nicht berücksichtigt, weil ihre Summe negativ ist (- 1.500 € + 500 € = – 1.000 €).

§ 24a

Beispiel 2:
Wie Beispiel 1, jedoch hat der Stpfl. im VZ 2013 das 64. Lebensjahr vollendet.
Der Altersentlastungsbetrag beträgt 25,6 % des Arbeitslohnes (14 000 € abzüglich Versorgungsbezüge 6 000 € = 8 000 €), das sind 2 048 €, höchstens jedoch 1 216 €.

Lohnsteuerabzug
Die Berechnung des Altersentlastungsbetrags beim Lohnsteuerabzug hat keine Auswirkung auf die Berechnung im Veranlagungsverfahren (→ R 39b.4 Abs. 3 LStR 2013).

Verwaltungsanweisungen

1. Keine Berücksichtigung des Altersentlastungsbetrags beim Progressionsvorbehalt nach § 32b Abs. 1 Nr. 2 EStG (Erlaß Baden-Württemberg vom 27.7.1989, DB 1989 S. 1749)

§ 24b Entlastungsbetrag für Alleinerziehende

(1) ¹Allein stehende Steuerpflichtige können einen Entlastungsbetrag in Höhe von 1 308 Euro im Kalenderjahr von der Summe der Einkünfte abziehen, wenn zu ihrem Haushalt mindestens ein Kind gehört, für das ihnen ein Freibetrag nach § 32 Abs. 6 oder Kindergeld zusteht. ²Die Zugehörigkeit zum Haushalt ist anzunehmen, wenn das Kind in der Wohnung des allein stehenden Steuerpflichtigen gemeldet ist. ³Ist das Kind bei mehreren Steuerpflichtigen gemeldet, steht der Entlastungsbetrag nach Satz 1 demjenigen Alleinstehenden zu, der die Voraussetzungen auf Auszahlung des Kindergeldes nach § 64 Abs. 2 Satz 1 erfüllt oder erfüllen würde in Fällen, in denen nur ein Anspruch auf einen Freibetrag nach § 32 Abs. 6 besteht.

(2) ¹Allein stehend im Sinne des Absatzes 1 sind Steuerpflichtige, die nicht die Voraussetzungen für die Anwendung des Splitting-Verfahrens (§ 26 Abs. 1) erfüllen oder verwitwet sind und keine Haushaltsgemeinschaft mit einer anderen volljährigen Person bilden, es sei denn, für diese steht ihnen ein Freibetrag nach § 32 Abs. 6 oder Kindergeld zu oder es handelt sich um ein Kind im Sinne des § 63 Abs. 1 Satz 1, das einen Dienst nach § 32 Abs. 5 Satz 1 Nr. 1 und 2 leistet oder eine Tätigkeit nach § 32 Abs. 5 Satz 1 Nr. 3 ausübt. ²Ist die andere Person mit Haupt- oder Nebenwohnsitz in der Wohnung des Steuerpflichtigen gemeldet, wird vermutet, dass sie mit dem Steuerpflichtigen gemeinsam wirtschaftet (Haushaltsgemeinschaft). ³Diese Vermutung ist widerlegbar, es sei denn, der Steuerpflichtige und die andere Person leben in einer eheähnlichen oder lebenspartnerschaftsähnlichen Gemeinschaft.

(3) Für jeden vollen Kalendermonat, in dem die Voraussetzungen des Absatzes 1 nicht vorgelegen haben, ermäßigt sich der Entlastungsbetrag um ein Zwölftel.

Hinweise

H 24b Anwendungsschreiben
→ *BMF vom 29.10.2004 (BStBl. I S. 1042)* [1)]

Rechtsprechungsauswahl

BFH vom 28.6.12 III R 26/10 (BStBl. II S. 815): Kein Entlastungsbetrag für Alleinerziehende bei Haushaltsgemeinschaft mit volljährigem Kind, auch wenn das Kind nicht zu den Kosten der Haushaltsführung beiträgt

BFH vom 19.10.06 III R 4/05 (BStBl. 2007 II S. 637): Versagung des Entlastungsbetrages für Alleinerziehende bei zusammenlebenden Eltern verfassungsrechtlich unbedenklich

---

1) Siehe Anlage § 024b-01.

§ 24c

§ 24c Jahresbescheinigung über Kapitalerträge und Veräußerungsgewinne aus Finanzanlagen[1]
(weggefallen)

---

1) § 24c ist letztmals für den VZ 2008 anzuwenden (§ 52a Abs. 12).

III. Veranlagung

§ 25 Veranlagungszeitraum, Steuererklärungspflicht

(1) Die Einkommensteuer wird nach Ablauf des Kalenderjahrs (Veranlagungszeitraum) nach dem Einkommen veranlagt, das der Steuerpflichtige in diesem Veranlagungszeitraum bezogen hat, soweit nicht nach § 43 Abs. 5 und § 46 eine Veranlagung unterbleibt.

(2) (weggefallen)

(3) Die steuerpflichtige Person hat für den Veranlagungszeitraum eine eigenhändig unterschriebene Einkommensteuererklärung abzugeben. Wählen Ehegatten die Zusammenveranlagung (§ 26b), haben sie eine gemeinsame Steuererklärung abzugeben, die von beiden eigenhändig zu unterschreiben ist.

(4) [1]Die Erklärung nach Absatz 3 ist nach amtlich vorgeschriebenem Datensatz durch Datenfernübertragung zu übermitteln, wenn Einkünfte nach § 2 Abs. 1 Satz 1 Nr. 1 bis 3 erzielt werden und es sich nicht um einen der Veranlagungsfälle gemäß § 46 Abs. 2 Nr. 2 bis 8 handelt. [2]Auf Antrag kann die Finanzbehörde zur Vermeidung unbilliger Härten auf eine Übermittlung durch Datenfernübertragung verzichten.

EStDV

§ 56 Steuererklärungspflicht

[1]*Unbeschränkt Steuerpflichtige haben eine jährliche Einkommensteuererklärung für das abgelaufene Kalenderjahr (Veranlagungszeitraum) in den folgenden Fällen abzugeben:*

1. *Ehegatten, bei denen im Veranlagungszeitraum die Voraussetzungen des § 26 Abs. 1 des Gesetzes vorgelegen haben und von denen keiner die Einzelveranlagung nach § 26a des Gesetzes wählt,*

    a) *wenn keiner der Ehegatten Einkünfte aus nichtselbständiger Arbeit, von denen ein Steuerabzug vorgenommen worden ist, bezogen und der Gesamtbetrag der Einkünfte mehr als das Zweifache des Grundfreibetrages nach § 32a Absatz 1 Satz 2 Nummer 1 des Gesetzes in der jeweils geltenden Fassung betragen hat,*

    b) *wenn mindestens einer der Ehegatten Einkünfte aus nichtselbständiger Arbeit, von denen ein Steuerabzug vorgenommen worden ist, bezogen hat und eine Veranlagung nach § 46 Abs. 2 Nr. 1 bis 7 des Gesetzes in Betracht kommt.*

2. *Personen, bei denen im Veranlagungszeitraum die Voraussetzungen des § 26 Abs. 1 des Gesetzes nicht vorgelegen haben,*

    a) *wenn der Gesamtbetrag der Einkünfte den Grundfreibetrag nach § 32a Absatz 1 Satz 2 Nummer 1 des Gesetzes in der jeweils geltenden Fassung überstiegen hat und darin keine Einkünfte aus nichtselbständiger Arbeit, von denen ein Steuerabzug vorgenommen worden ist, enthalten sind,*

    b) *wenn in dem Gesamtbetrag der Einkünfte Einkünfte aus nichtselbständiger Arbeit, von denen ein Steuerabzug vorgenommen worden ist, enthalten sind und eine Veranlagung nach § 46 Abs. 2 Nr. 1 bis 6 und 7 Buchstabe b des Gesetzes in Betracht kommt.*

[2]*Eine Steuererklärung ist außerdem abzugeben, wenn zum Schluss des vorangegangenen Veranlagungszeitraums ein verbleibender Verlustabzug festgestellt worden ist.*

§§ 57 bis 59 (weggefallen)

§ 60 Unterlagen zur Steuererklärung

(1) [1]*Der Steuererklärung ist eine Abschrift der Bilanz, die auf dem Zahlenwerk der Buchführung beruht, im Fall der Eröffnung des Betriebs auch eine Abschrift der Eröffnungsbilanz beizufügen, wenn der Gewinn nach § 4 Abs. 1, § 5 oder § 5a des Gesetzes ermittelt und auf eine elektronische Übermittlung nach § 5b Abs. 2 des Gesetzes verzichtet wird.* [2]*Werden Bücher geführt, die den*

Grundsätzen der doppelten Buchführung entsprechen, ist eine Gewinn- und Verlustrechnung beizufügen.

(2) ¹Enthält die Bilanz Ansätze oder Beträge, die den steuerlichen Vorschriften nicht entsprechen, so sind diese Ansätze oder Beträge durch Zusätze oder Anmerkungen den steuerlichen Vorschriften anzupassen. ²Der Steuerpflichtige kann auch eine den steuerlichen Vorschriften entsprechende Bilanz (Steuerbilanz) beifügen.

(3) ¹Liegt ein Anhang, ein Lagebericht oder ein Prüfungsbericht vor, so ist eine Abschrift der Steuererklärung beizufügen. ²Bei der Gewinnermittlung nach § 5a des Gesetzes ist das besondere Verzeichnis nach § 5a Abs. 4 des Gesetzes der Steuererklärung beizufügen.

(4) ¹Wird der Gewinn nach § 4 Abs. 3 des Gesetzes durch den Überschuss der Betriebseinnahmen über die Betriebsausgaben ermittelt, ist die Einnahmenüberschussrechnung nach amtlich vorgeschriebenem Datensatz durch Datenfernübertragung zu übermitteln. ²Auf Antrag kann die Finanzbehörde zur Vermeidung unbilliger Härten auf eine elektronische Übermittlung verzichten; in diesem Fall ist der Steuererklärung eine Gewinnermittlung nach amtlich vorgeschriebenem Vordruck beizufügen. ³§ 150 Abs. 7 und 8 der Abgabenordnung gilt entsprechend.

EStR und Hinweise

EStR 2012 zu § 25 EStG

R 25 Verfahren bei der Veranlagung von Ehegatten nach § 26a EStG

(1) ¹Hat ein Ehegatte nach § 26 Abs. 2 Satz 1 EStG die Einzelveranlagung (§ 26a EStG) gewählt, ist für jeden Ehegatten eine Einzelveranlagung durchzuführen, auch wenn sich jeweils eine Steuerschuld von 0 Euro ergibt. ²Der bei einer Zusammenveranlagung der Ehegatten in Betracht kommende Betrag der außergewöhnlichen Belastungen ist grundsätzlich von dem Finanzamt zu ermitteln, das für die Veranlagung des Ehemanns zuständig ist.

(2) Für den VZ 2012 ist R 25 EStR 2008 weiter anzuwenden.

Hinweise

H 25 Anlage EÜR

– Bei Betriebseinnahmen unter 17 500 Euro im Wirtschaftsjahr wird es nicht beanstandet, wenn der Steuererklärung anstelle der Anlage EÜR eine formlose Gewinnermittlung beigefügt wird. Insoweit wird auch auf die elektronische Übermittlung der Einnahmenüberschussrechnung nach amtlich vorgeschriebenem Datensatz durch Datenfernübertragung verzichtet (→ BMF vom 21.11.2011 – BStBl. I S. 1101). Übersteigen die im Wirtschaftsjahr angefallenen Schuldzinsen, ohne die Berücksichtigung der Schuldzinsen für Darlehen zur Finanzierung von Anschaffungs- oder Herstellungskosten von Wirtschaftsgütern das Anlagevermögens, den Betrag von 2 050 Euro, sind bei Einzelunternehmen die in der Anlage SZE (Ermittlung der nicht abziehbaren Schuldzinsen) enthaltenen Angaben an die Finanzverwaltung zu übermitteln (→ BMF vom 2.10.2014 – BStBl. I S. 1330).[1)]

– § 60 Abs. 4 EStDV stellt eine wirksame Rechtsgrundlage für die Pflicht zur Abgabe der Anlage EÜR dar. Die Aufforderung zur Einreichung der Anlage EÜR ist ein Verwaltungsakt (→ BFH vom 16.11.2011 – BStBl. 2012 II S. 129).

Härteregelung

Die Härteregelung des § 46 Abs. 3 und 5 EStG gilt auch bei Arbeitnehmern, die nach § 25 EStG zu veranlagen sind (→ BFH vom 10.1.1992 – BStBl. II S. 720).

Unterzeichnung durch einen Bevollmächtigten

Kehrt ein ausländischer Arbeitnehmer auf Dauer in sein Heimatland zurück, kann dessen Einkommensteuer-Erklärung ausnahmsweise durch einen Bevollmächtigten unter Offenlegung des Vertretungsverhältnisses unterzeichnet werden (→ BFH vom 10.4.2002 – BStBl. II S. 455).

---

1) Siehe Anlage § 004-49.

Rechtsprechungsauswahl

BFH vom 16.11.11 X R 18/09 (BStBl. 2012 II S. 129): Pflicht zur Abgabe der Anlage EÜR (§ 60 Abs. 4 EStDV) verfassungsgemäß und verhältnismäßig

§ 26 Veranlagung von Ehegatten

(1) ¹Ehegatten können zwischen der Einzelveranlagung (§ 26a) und der Zusammenveranlagung (§ 26b) wählen, wenn

1. beide unbeschränkt einkommensteuerpflichtig im Sinne des § 1 Absatz 1 oder 2 oder des § 1a sind,
2. sie nicht dauernd getrennt leben und
3. bei ihnen die Voraussetzungen aus den Nummern 1 und 2 zu Beginn des Veranlagungszeitraums vorgelegen haben oder im Laufe des Veranlagungszeitraums eingetreten sind.

²Hat ein Ehegatte in dem Veranlagungszeitraum, in dem seine zuvor bestehende Ehe aufgelöst worden ist, eine neue Ehe geschlossen und liegen bei ihm und dem neuen Ehegatten die Voraussetzungen des Satzes 1 vor, bleibt die zuvor bestehende Ehe für die Anwendung des Satzes 1 unberücksichtigt.

(2) ¹Ehegatten werden einzeln veranlagt, wenn einer der Ehegatten die Einzelveranlagung wählt. ²Ehegatten werden zusammen veranlagt, wenn beide Ehegatten die Zusammenveranlagung wählen. ³Die Wahl wird für den betreffenden Veranlagungszeitraum durch Angabe in der Steuererklärung getroffen. ⁴Die Wahl der Veranlagungsart innerhalb eines Veranlagungszeitraums kann nach Eintritt der Unanfechtbarkeit des Steuerbescheids nur noch geändert werden, wenn

1. ein Steuerbescheid, der die Ehegatten betrifft, aufgehoben, geändert oder berichtigt wird und
2. die Änderung der Wahl der Veranlagungsart der zuständigen Finanzbehörde bis zum Eintritt der Unanfechtbarkeit des Änderungs- oder Berichtigungsbescheids schriftlich oder elektronisch mitgeteilt oder zur Niederschrift erklärt worden ist und
3. der Unterschiedsbetrag aus der Differenz der festgesetzten Einkommensteuer entsprechend der bisher gewählten Veranlagungsart und der festzusetzenden Einkommensteuer, die sich bei einer geänderten Ausübung der Wahl der Veranlagungsarten ergeben würde, positiv ist. Die Einkommensteuer der einzeln veranlagten Ehegatten ist hierbei zusammenzurechnen.

(3) Wird von dem Wahlrecht nach Absatz 2 nicht oder nicht wirksam Gebrauch gemacht, so ist eine Zusammenveranlagung durchzuführen.

EStR und Hinweise

EStR 2012 zu § 26 EStG

R 26 Voraussetzungen für die Anwendung des § 26 EStG

Nicht dauernd getrennt lebend

(1) ¹Bei der Frage, ob Ehegatten als dauernd getrennt lebend anzusehen sind, wird einer auf Dauer herbeigeführten räumlichen Trennung regelmäßig eine besondere Bedeutung zukommen. ²Die eheliche Lebens- und Wirtschaftsgemeinschaft ist jedoch im Allgemeinen nicht aufgehoben, wenn sich die Ehegatten nur vorübergehend räumlich trennen, z. B. bei einem beruflich bedingten Auslandsaufenthalt eines der Ehegatten. ³Sogar in Fällen, in denen die Ehegatten infolge zwingender äußerer Umstände für eine nicht absehbare Zeit räumlich voneinander getrennt leben müssen, z. B. infolge Krankheit oder Verbüßung einer Freiheitsstrafe, kann die eheliche Lebens- und Wirtschaftsgemeinschaft noch weiterbestehen, wenn die Ehegatten die erkennbare Absicht haben, die eheliche Verbindung in dem noch möglichen Rahmen aufrechtzuerhalten und nach dem Wegfall der Hindernisse die volle eheliche Gemeinschaft wiederherzustellen. ⁴Ehegatten, von denen einer vermisst ist, sind im Allgemeinen nicht als dauernd getrennt lebend anzusehen.

Zurechnung gemeinsamer Einkünfte

(2) Gemeinsame Einkünfte der Ehegatten, z. B. aus einer Gesamthandsgesellschaft oder Gesamthandsgemeinschaft sind jedem Ehegatten, falls keine andere Aufteilung in Betracht kommt, zur Hälfte zuzurechnen.

(3) Für den VZ 2012 ist R 26 EStR 2008 weiter anzuwenden.

Hinweise

H 26 Allgemeines

– *Welche Personen* **Ehegatten** *i. S. d. § 26 Abs. 1 Satz 1 EStG sind, bestimmt sich* **nach bürgerlichem Recht** *(→ BFH vom 21.6.1957 – BStBl. III S. 300).*

– *Bei Ausländern sind die materiell-rechtlichen Voraussetzungen für jeden Beteiligten nach den Gesetzen des Staates zu beurteilen, dem er angehört. Die Anwendung eines ausländischen Gesetzes ist jedoch ausgeschlossen, wenn es gegen die guten Sitten oder den Zweck eines deutschen Gesetzes verstoßen würde (→ BFH vom 6.12.1985 – BStBl. 1986 II S. 390). Haben* **ausländische Staatsangehörige,** *von denen einer außerdem die deutsche Staatsangehörigkeit besitzt, im Inland eine Ehe geschlossen, die zwar nach dem gemeinsamen Heimatrecht, nicht aber nach deutschem Recht gültig ist, so handelt es sich nicht um Ehegatten i. S. d. § 26 Abs. 1 Satz 1 EStG (→ BFH vom 17.4.1998 – BStBl. II S. 473).*

– *Eine Ehe ist bei* **Scheidung oder Aufhebung** *nach § 1564 BGB erst mit Rechtskraft des Urteils aufgelöst; diese Regelung ist auch für das Einkommensteuerrecht maßgebend (→ BFH vom 9.3.1973 – BStBl. II S. 487).*

– *Wird eine Ehe* **für nichtig erklärt** *(§ 1324 BGB), so ist sie einkommensteuerrechtlich bis zur Rechtskraft der Nichtigerklärung wie eine gültige Ehe zu behandeln. Ein Stpfl., dessen Ehegatte* **verschollen oder vermisst** *ist, gilt als verheiratet. Bei Kriegsgefangenen oder Verschollenen kann in der Regel ferner davon ausgegangen werden, dass sie vor Eintritt der Kriegsgefangenschaft oder Verschollenheit einen Wohnsitz im Inland gehabt haben (→ BFH vom 3.3.1978 – BStBl. II S. 372).*

– *Wird ein verschollener Ehegatte* **für tot erklärt,** *so gilt der Stpfl. vom Tag der Rechtskraft des Todeserklärungsbeschlusses an als verwitwet (→ § 49 AO, BFH vom 24.8.1956 – BStBl. III S. 310).*

Ehegatte im Ausland

→ *§ 1a Abs. 1 Nr. 2 EStG*

Die Antragsveranlagung einer Person mit inländischen Einkünften i. S. d. § 49 EStG nach § 1 Abs. 3 EStG ermöglicht im Grundsatz keine Zusammenveranlagung mit ihrem ebenfalls im Ausland wohnenden Ehegatten, wenn dieser selbst nicht unbeschränkt einkommensteuerpflichtig ist (→ BFH vom 22.2.2006 – BStBl. 2007 II S. 106).

Ehegatte ohne Einkünfte

Stellt ein Ehegatte, der keine Einkünfte erzielt hat, einen Antrag auf Einzelveranlagung, ist dieser selbst dann unbeachtlich, wenn dem anderen Ehegatten eine Steuerstraftat zur Last gelegt wird. Im Fall eines solchen Antrags sind die Ehegatten nach § 26 Abs. 3 EStG zusammen zu veranlagen, wenn der andere Ehegatte dies beantragt hat (→ BFH vom 10.1.1992 – BStBl. II S. 297).

Getrenntleben

Ein dauerndes Getrenntleben ist anzunehmen, wenn die zum Wesen der Ehe gehörende Lebens- und Wirtschaftsgemeinschaft nach dem Gesamtbild der Verhältnisse auf die Dauer nicht mehr besteht. Dabei ist unter Lebensgemeinschaft die räumliche, persönliche und geistige Gemeinschaft der Ehegatten, unter Wirtschaftsgemeinschaft die gemeinsame Erledigung der die Ehegatten gemeinsam berührenden wirtschaftlichen Fragen ihres Zusammenlebens zu verstehen (→ BFH vom 15.6.1973 – BStBl. II S. 640).

In der Regel sind die Angaben der Ehegatten, sie lebten nicht dauernd getrennt, anzuerkennen, es sei denn, dass die äußeren Umstände das Bestehen einer ehelichen Lebens- und Wirtschaftsgemeinschaft fraglich erscheinen lassen (→ BFH vom 5.10.1966 – BStBl. 1967 III S. 84 und 110).
In einem Scheidungsverfahren zum Getrenntleben getroffene Feststellungen (§ 1565 BGB) sind für die steuerliche Beurteilung nicht unbedingt bindend (→ BFH vom 13.12.1985 – BStBl. 1986 II S. 486).

Tod eines Ehegatten

Die Wahl der Veranlagungsart ist auch nach dem Tod eines Ehegatten für das Jahr des Todes möglich, wobei an die Stelle des Verstorbenen dessen Erben treten. Falls die zur Wahl erforderlichen Erklärungen nicht abgegeben werden, wird nach § 26 Abs. 3 EStG unterstellt, dass eine Zusammenveranlagung gewählt wird, wenn der Erbe Kenntnis von seiner Erbenstellung und den steuerlichen Vorgängen des Erblassers hat. Bis zur Ermittlung des Erben ist grundsätzlich getrennt zu veranlagen (→ BFH vom 21.6.2007 – BStBl. II S. 770).

§ 26

Wahl der Veranlagungsart

– *Beantragen Ehegatten innerhalb der Frist für einen Einspruch gegen den Zusammenveranlagungsbescheid die Einzelveranlagung, ist das Finanzamt bei der daraufhin für jeden durchzuführenden Einzelveranlagung an die tatsächliche und rechtliche Beurteilung der Besteuerungsgrundlagen im Zusammenveranlagungsbescheid gebunden (→ BFH vom 3.3.2005 – BStBl. II S. 564).*

– *Ist ein Ehegatte von Amts wegen zu veranlagen und wird auf Antrag eines der beiden Ehegatten eine Einzelveranlagung durchgeführt, ist auch der andere Ehegatte zwingend einzeln zu veranlagen. Für die Veranlagung kommt es in einem solchen Fall auf das Vorliegen der Voraussetzungen des § 46 Abs. 2 EStG. nicht mehr an (→ BFH vom 21.9.2006 – BStBl. 2007 II S. 11).*

Verwaltungsanweisungen

Zu §§ 26 bis 26 c EStG

1. Getrenntleben von Ehegatten – Angaben im Scheidungsverfahren (Vfg OFD Münster vom 5.8.1987, DB 1987 S. 1812)
2. Ehegattenveranlagung – Abgabe einer gemeinsamen Steuererklärung (Vfg OFD Frankfurt vom 13.12.1994, DB 1995 S. 118)
3. Verurteilung zur Abgabe der Zustimmung zur Zusammenveranlagung nach § 894 ZPO (Vfg OFD Frankfurt vom 24.3.2003, DB 2003 S. 852)

Rechtsprechungsauswahl

BFH vom 26.6.14 III R 14/05 (BStBl. II S. 829): Keine Zusammenveranlagung für nicht eingetragene Paare

§ 26a Einzelveranlagung von Ehegatten

(1) ¹Bei der Einzelveranlagung von Ehegatten sind jedem Ehegatten die von ihm bezogenen Einkünfte zuzurechnen. ²Einkünfte eines Ehegatten sind nicht allein deshalb zum Teil dem anderen Ehegatten zuzurechnen, weil dieser bei der Erzielung der Einkünfte mitgewirkt hat.

(2) ¹Sonderausgaben, außergewöhnliche Belastungen und die Steuerermäßigung nach § 35a werden demjenigen Ehegatten zugerechnet, der die Aufwendungen wirtschaftlich getragen hat. ²Auf übereinstimmenden Antrag der Ehegatten werden sie jeweils zur Hälfte abgezogen. ³Der Antrag des Ehegatten, der die Aufwendungen wirtschaftlich getragen hat, ist in begründeten Einzelfällen ausreichend. § 26 Absatz 2 Satz 3 gilt entsprechend.

(3) Die Anwendung des § 10d für den Fall des Übergangs von der Einzelveranlagung zur Zusammenveranlagung und von der Zusammenveranlagung zur Einzelveranlagung zwischen zwei Veranlagungszeiträumen, wenn bei beiden Ehegatten nicht ausgeglichene Verluste vorliegen, wird durch Rechtsverordnung der Bundesregierung mit Zustimmung des Bundesrates geregelt.

EStDV

§ 61 Antrag auf hälftige Verteilung von Abzugsbeträgen im Fall des § 26a des Gesetzes

Können die Ehegatten den Antrag nach § 26a Absatz 2 des Gesetzes nicht gemeinsam stellen, weil einer der Ehegatten dazu aus zwingenden Gründen nicht in der Lage ist, kann das Finanzamt den Antrag des anderen Ehegatten als genügend ansehen.

§§ 62 bis 62c (weggefallen)

§ 62d Anwendung des § 10d des Gesetzes bei der Veranlagung von Ehegatten

(1) ¹Im Fall der Einzelveranlagung von Ehegatten (§ 26a des Gesetzes) kann der Steuerpflichtige den Verlustabzug nach § 10 d des Gesetzes auch für Verluste derjenigen Veranlagungszeiträume geltend machen, in denen die Ehegatten nach § 26b des Gesetzes zusammen veranlagt worden sind. ²Der Verlustabzug kann in diesem Fall nur für Verluste geltend gemacht werden, die der einzeln veranlagte Ehegatte erlitten hat.

(2) ¹Im Fall der Zusammenveranlagung von Ehegatten (§ 26b des Gesetzes) kann der Steuerpflichtige den Verlustabzug nach § 10d des Gesetzes auch für Verluste derjenigen Veranlagungszeiträume geltend machen, in denen die Ehegatten nach § 26a des Gesetzes einzeln veranlagt worden sind. ²Im Fall der Zusammenveranlagung von Ehegatten (§ 26b des Gesetzes) in einem Veranlagungszeitraum, in den negative Einkünfte nach § 10d Abs. 1 des Gesetzes zurückgetragen werden, sind nach Anwendung des § 10d Abs. 1 des Gesetzes verbleibende negative Einkünfte für den Verlustvortrag nach § 10d Abs. 2 des Gesetzes in Veranlagungszeiträume, in denen eine Zusammenveranlagung nicht stattfindet, auf die Ehegatten nach dem Verhältnis aufzuteilen, in dem die auf den einzelnen Ehegatten entfallenden Verluste im Veranlagungszeitraum der Verlustentstehung zueinander stehen.

EStR und Hinweise

EStR 2012 zu § 26a EStG

R 26a Veranlagung von Ehegatten nach § 26 a EStG
Für den VZ 2012 ist R 26a EStR 2008 weiter anzuwenden.

Hinweise

H 26a Gütergemeinschaft
- Zur Frage der einkommensteuerrechtlichen Wirkung des Güterstands der allgemeinen Gütergemeinschaft zwischen Ehegatten → BFH-Gutachten vom 18.2.1959 (BStBl. III S. 263);
- Gewerbebetrieb als Gesamtgut der in Gütergemeinschaft lebenden Ehegatten → H 15.9 (1) Gütergemeinschaft;

- Kein Gesellschaftsverhältnis, wenn die persönliche Arbeitsleistung eines Ehegatten in den Vordergrund tritt und im Betrieb kein nennenswertes ins Gesamtgut fallendes Kapital eingesetzt wird (→ BFH-Urteil vom 20.3.1980 – BStBl. II S. 634);
- Übertragung einer im gemeinsamen Ehegatteneigentum stehenden forstwirtschaftlich genutzten Fläche in das Alleineigentum eines Ehegatten → H 4.2 (12) Gütergemeinschaft;
- Ist die einkommensteuerrechtliche Auswirkung der Gütergemeinschaft zwischen Ehegatten streitig, ist hierüber im Verfahren der gesonderten und einheitlichen Feststellung (§§ 179, 180 AO) zu befinden (→ BFH vom 23.6.1971 – BStBl. II S. 730).

Kinderbetreuungskosten

→ BMF vom 14.3.2012 (BStBl. I S. 307), RdNr. 27[1)]

Zugewinngemeinschaft

Jeder Ehegatte bezieht – wie bei der Gütertrennung – die Nutzungen seines Vermögens selbst (→ §§ 1363 ff. BGB).

---

1) Siehe Anlage § 010-07.

§ 26b

§ 26b Zusammenveranlagung von Ehegatten

Bei der Zusammenveranlagung von Ehegatten werden die Einkünfte, die die Ehegatten erzielt haben, zusammengerechnet, den Ehegatten gemeinsam zugerechnet und, soweit nichts anderes vorgeschrieben ist, die Ehegatten sodann gemeinsam als Steuerpflichtiger behandelt.

EStR und Hinweise

EStR 2012 zu § 26b EStG

R 26b Zusammenveranlagung von Ehegatten nach § 26 b EStG

Gesonderte Ermittlung der Einkünfte

(1) ¹Die Zusammenveranlagung nach § 26b EStG führt zwar zu einer Zusammenrechnung, nicht aber zu einer einheitlichen Ermittlung der Einkünfte der Ehegatten. ²Wegen des Verlustabzugs nach § 10d EStG wird auf § 62d Abs. 2 EStDV und R 10d Abs. 6 hingewiesen.

Feststellung gemeinsamer Einkünfte

(2) Gemeinsame Einkünfte zusammenzuveranlagender Ehegatten sind grundsätzlich gesondert und einheitlich festzustellen (§ 180 Abs. 1 Nr. 2 Buchstabe a und § 179 Abs. 2 AO), sofern es sich nicht um Fälle geringer Bedeutung handelt (§ 180 Abs. 3 AO).

Hinweise

H 26b **Feststellung gemeinsamer Einkünfte**

Bei Ehegatten ist eine gesonderte und einheitliche Feststellung von Einkünften jedenfalls dann durchzuführen, wenn ein für die Besteuerung erhebliches Merkmal streitig ist, so auch, wenn zweifelhaft ist, ob Einkünfte vorliegen, an denen ggf. die Eheleute beteiligt sind (→ BFH vom 17.5.1995 – BStBl. II S. 640). Dies ist nicht erforderlich bei Fällen von geringer Bedeutung. Solche Fälle sind beispielsweise bei Mieteinkünften von zusammen zu veranlagenden Ehegatten (→ BFH vom 20.1.1976 – BStBl. II S. 305) und bei dem gemeinschaftlich erzielten Gewinn von zusammen zu veranlagenden Landwirts-Ehegatten (→ BFH vom 4.7.1985 – BStBl. II S. 576) gegeben, wenn die Einkünfte verhältnismäßig einfach zu ermitteln sind und die Aufteilung feststeht.

Gesonderte Ermittlung der Einkünfte

Bei der Zusammenveranlagung nach § 26b EStG sind ebenso wie bei der Einzelveranlagung nach § 26a EStG für jeden Ehegatten die von ihm bezogenen Einkünfte gesondert zu ermitteln (→ BFH vom 25.2.1988 – BStBl. II S. 827).

§§ 26c, 27

§ 26c (weggefallen)

EStDV

§ 63 (weggefallen)

§ 27 (weggefallen)

§§ 28–30

§ 28 Besteuerung bei fortgesetzter Gütergemeinschaft
Bei fortgesetzter Gütergemeinschaft gelten Einkünfte, die in das Gesamtgut fallen, als Einkünfte des überlebenden Ehegatten, wenn dieser unbeschränkt steuerpflichtig ist.

§§ 29 und 30 (weggefallen)

IV. Tarif

§ 31 Familienleistungsausgleich

¹Die steuerliche Freistellung eines Einkommensbetrags in Höhe des Existenzminimums eines Kindes einschließlich der Bedarfe für Betreuung und Erziehung oder Ausbildung wird im gesamten Veranlagungszeitraum entweder durch die Freibeträge nach § 32 Abs. 6 oder durch Kindergeld nach dem X. Abschnitt bewirkt. ²Soweit das Kindergeld dafür nicht erforderlich ist, dient es der Förderung der Familie. ³Im laufenden Kalenderjahr wird Kindergeld als Steuervergütung monatlich gezahlt. ⁴Bewirkt der Anspruch auf Kindergeld für den gesamten Veranlagungszeitraum die nach Satz 1 gebotene steuerliche Freistellung nicht vollständig und werden deshalb bei der Veranlagung zur Einkommensteuer die Freibeträge nach § 32 Abs. 6 vom Einkommen abgezogen, erhöht sich die unter Abzug dieser Freibeträge ermittelte tarifliche Einkommensteuer um den Anspruch auf Kindergeld für den gesamten Veranlagungszeitraum; bei nicht zusammenveranlagten Eltern wird der Kindergeldanspruch im Umfang des Kinderfreibetrags angesetzt. ⁵Satz 4 gilt entsprechend für mit dem Kindergeld vergleichbare Leistungen nach § 65. ⁶Besteht nach ausländischem Recht Anspruch auf Leistungen für Kinder, wird dieser insoweit nicht berücksichtigt, als er das inländische Kindergeld übersteigt.

EStR und Hinweise

EStR 2012 zu § 31 EStG

R 31 Familienleistungsausgleich
– unbesetzt –

Anspruch auf Kindergeld

(2) ¹Bei der Prüfung der Steuerfreistellung ist auf das für den jeweiligen VZ zustehende Kindergeld oder die vergleichbare Leistung abzustellen, unabhängig davon, ob ein Antrag gestellt wurde oder eine Zahlung erfolgt ist. ²Dem Kindergeld vergleichbare Leistungen i. S. d. § 65 Abs. 1 Satz 1 EStG oder Leistungen auf Grund über- oder zwischenstaatlicher Rechtsvorschriften sind wie Ansprüche auf Kindergeld bis zur Höhe der Beträge nach § 66 EStG zu berücksichtigen. ³Auch ein Anspruch auf Kindergeld, dessen Festsetzung aus verfahrensrechtlichen Gründen nicht erfolgt ist, ist zu berücksichtigen.

Zurechnung des Kindergelds/zivilrechtlicher Ausgleich

(3) ¹Der Anspruch auf Kindergeld ist demjenigen zuzurechnen, der für das Kind Anspruch auf einen Kinderfreibetrag nach § 32 Abs. 6 EStG hat, auch wenn das Kindergeld an das Kind selbst oder einen Dritten (z. B. einen Träger von Sozialleistungen) ausgezahlt wird. ²Der Anspruch auf Kindergeld ist grundsätzlich beiden Elternteilen jeweils zur Hälfte zuzurechnen; dies gilt unabhängig davon, ob ein barunterhaltspflichtiger Elternteil Kindergeld über den zivilrechtlichen Ausgleich von seinen Unterhaltszahlungen abzieht oder ein zivilrechtlicher Ausgleich nicht in Anspruch genommen wird. ³In den Fällen des § 32 Abs. 6 Satz 3 EStG und in den Fällen der Übertragung des Kinderfreibetrags (§ 32 Abs. 6 Satz 6, 1. Alternative EStG) ist dem Stpfl. der gesamte Anspruch auf Kindergeld zuzurechnen. ⁴Wird für ein Kind lediglich der Freibetrag für den Betreuungs- und Erziehungs- oder Ausbildungsbedarf übertragen (§ 32 Abs. 6 Satz 6, 2. Alternative EStG), bleibt die Zurechnung des Anspruchs auf Kindergeld hiervon unberührt.

Abstimmung zwischen Finanzämtern und Familienkassen

(4) ¹Kommen die Freibeträge für Kinder zum Abzug, hat das Finanzamt die Veranlagung grundsätzlich unter Berücksichtigung des Anspruchs auf Kindergeld durchzuführen. ²Ergeben sich durch den Vortrag des Stpfl. begründete Zweifel am Bestehen eines Anspruchs auf Kindergeld, ist die Familienkasse zu beteiligen. ³Wird von der Familienkasse bescheinigt, dass ein Anspruch auf Kindergeld besteht, übernimmt das Finanzamt grundsätzlich die Entscheidung der Familienkasse über die Berücksichtigung des Kindes. ⁴Zweifel an der Richtigkeit der Entscheidung der einen Stelle (Finanzamt oder Familienkasse) oder eine abweichende Auffassung sind der Stelle, welche die Entscheidung getroffen hat, mitzuteilen. ⁵Diese teilt der anderen Stelle mit, ob sie den Zweifeln Rechnung trägt bzw. ob sie sich der abweichenden Auffassung anschließt. ⁶Kann im Einzelfall kein Einvernehmen erzielt werden, haben das Finanzamt und die Familienkasse der jeweils vorgesetzten Behörde zu berichten. ⁷Bis zur Klärung der Streitfrage ist die Festsetzung unter dem Vorbehalt der Nachprüfung durchzuführen.

Hinweise

H 31 Hinzurechnung nach § 31 Satz 4 EStG

Für die Hinzurechnung ist allein entscheidend, ob ein Anspruch auf Kindergeld besteht. Der Kindergeldanspruch ist daher unabhängig davon, ob das Kindergeld tatsächlich gezahlt worden ist, hinzuzurechnen, wenn die Berücksichtigung von Freibeträgen nach § 32 Abs. 6 EStG rechnerisch günstiger ist als der Kindergeldanspruch (→ BFH vom 13.9.2012 – BStBl. 2013 II S. 228). Dies gilt auch dann, wenn ein Kindergeldantrag trotz des materiell-rechtlichen Bestehens des Anspruchs bestandskräftig abgelehnt worden ist (→ BFH vom 15.3.2012 – BStBl. 2013 II S. 226).

Prüfung der Steuerfreistellung

Die Vergleichsrechnung, bei der geprüft wird, ob das Kindergeld oder der Ansatz der Freibeträge nach § 32 Abs. 6 EStG für den Stpfl. vorteilhafter ist, wird für jedes Kind einzeln durchgeführt. Dies gilt auch dann, wenn eine Zusammenfassung der Freibeträge für zwei und mehr Kinder wegen der Besteuerung außerordentlicher Einkünfte günstiger wäre (→ BFH vom 28.4.2010 – BStBl. 2011 II S. 259).

Übersicht über vergleichbare ausländische Leistungen

→ *BZSt vom 21.3.2014 vom 21.3.2014 (BStBl. I S.76).*

Über- und zwischenstaatliche Rechtsvorschriften

Über- und zwischenstaatliche Rechtsvorschriften im Sinne von R 31 Abs. 2 Satz 2 sind insbesondere folgende Regelungen:

– *Verordnung (EWG) Nr. 1408/71 des Rates zur Anwendung der Systeme der sozialen Sicherheit auf Arbeitnehmer und Selbstständige sowie deren Familienangehörige, die innerhalb der Gemeinschaft zu- und abwandern i. d. F. der Bekanntmachung vom 30.1.1997 (ABl. EG Nr. L 28 vom 30.1.1997, S. 4), zuletzt geändert durch VO (EG) Nr. 592/2008 vom 17.6.2008 (ABl. EG Nr. L 177 vom 4.7.2008, S. 1); ab 1.5.2010 mit Inkrafttreten der VO (EG) Nr) 987/2009 gilt die VO (EG) 883/2004 des Europäischen Parlaments und des Rates vom 29.4.2004 zur Koordinierung der Systeme der sozialen Sicherheit (ABl. EG Nr. L 200 vom 7.6.2004, S.1), geändert durch VO (EG) Nr. 988/2009 vom 16.9.2009 (ABl. EG Nr. L 284 vom 30.10.2009, S. 43), zu den Übergangsbestimmungen siehe Art. 87 VO (EG) Nr. 883/2004;*

– *Verordnung (EWG) Nr. 574/72 des Rates über die Durchführung der Verordnung (EWG) 1408/71 über Anwendung der Systeme der sozialen Sicherheit auf Arbeitnehmer und Selbständige sowie deren Familienangehörige, die innerhalb der Gemeinschaft zu- und abwandern i. d. F. der Bekanntmachung vom 30.1.1997 (ABl. EG Nr. L 28 vom 30.1.1997, S. 102)zuletzt geändert durch VO/EG Nr. 120/2009, des Rates vom 9.2.2009 (ABl. EG Nr. L 39 vom 10.2.2009, S. 29) ab 1.5.2010 ersetzt durch die Verordnung (EG) Nr. 987/2009 des Europäischen Parlaments und des Rates vom 16.9.2009 zur Festlegung der Modalitäten für die Durchführung der Verordnung (EG) 883/2004 über die Koordinierung der Systeme der sozialen Sicherheit (ABl. EG Nr. L 284 vom 30.10.2009, S. 1), zu den Übergangsbestimmungen siehe Art. 93 VO (EG) Nr 987/2009 i. V. m. Art. 87 VO (EG) Nr 883/2004*

– *die Verordnungen (EWG) Nr. 1408/71 und (EWG) Nr. 574/72 gelten bis auf weiteres im Verhältnis zu den EWR-Staaten Island, Liechtenstein und Norwegen. Gleiches gilt bis zur Übernahme der VO (EG) Nr. 883/2004 und 987/2009 im Verhältnis zur Schweiz und zu Drittstaatsangehörigen im Sinne der VO (EG) Nr. 859/2003;*

– *Verordnung (EG) Nr 859/2003 des Rates vom 14.5.2003 zur Ausdehnung der Bestimmungen der Verordnung (EWG) Nr.1408/71 und der Verordnung (EWG) Nr. 574/72 auf Drittstaatsangehörige, die ausschließlich aufgrund ihrer Staatsangehörigkeit nicht bereits unter diese Bestimmungen fallen (ABl. EG Nr. L 124 vom 20.5.2003, S. 1);*

– *EWR-Abkommen vom 2.5.1992 (BGBl. 1993 II S. 226) i. d. F. des Anpassungsprotokolls vom 17.3.1993 (BGBl. II S. 1294);*

– *Abkommen zwischen der europäischen Gemeinschaft und ihren Mitgliedstaaten einerseits und der Schweizerischen Eidgenossenschaft andererseits über die Freizügigkeit vom 21.6.1999 (BGBl. 2001 II S. 810), in Kraft getreten am 1.6.2002(BGBl. II S. 1692). Nach diesem Abkommen gelten die gemeinschaftsrechtlichen Koordinierungsvorschriften (Verordnungen (EWG) Nr. 1408/71 und 574/72) auch in Verhältnis zur Schweiz.*

Auf Grund der vorstehenden Regelungen besteht grundsätzlich vorrangig ein Anspruch im Beschäftigungsstaat. Wenn die ausländische Familienleistung geringer ist und der andere Elternteil

dem deutschen Recht der sozialen Sicherheit unterliegt, besteht Anspruch auf einen Unterschiedsbetrag zum Kindergeld in Deutschland.
- Bosnien und Herzegowina
  → Serbien und Montenegro
- Marokko
  Abkommen zwischen der Bundesrepublik Deutschland und dem Königreich Marokko über Kindergeld vom 25.3.1981 (BGBl. 1995 II S. 634 ff.) in der Fassung des Zusatzabkommens vom 22.11.1991 (BGBl. 1995 II S. 640), beide in Kraft getreten am 1.8.1996 (BGBl. II S. 1455);
- Mazedonien
  → Serbien und Montenegro
- Serbien und Montenegro
  Abkommen zwischen der Bundesrepublik Deutschland und der Sozialistischen Föderativen Republik Jugoslawien über Soziale Sicherheit vom 12.10.1968 (BGBl. 1969 II S. 1437) in Kraft getreten am 1.9.1969 (BGBl. II S. 1568) i. d. F. des Änderungsabkommens vom 30.9.1974 (BGBl. 1975 II S. 389) in Kraft getreten am 1.1.1975 (BGBl. II S. 916).
  Das vorgenannte Abkommen gilt im Verhältnis zu Bosnien und Herzegowina, Serbien sowie Montenegro uneingeschränkt fort, nicht jedoch im Verhältnis zur Republik Kroatien, zur Republik Slowenien und zur Republik Mazedonien;
- Türkei
  Abkommen zwischen der Bundesrepublik Deutschland und der Republik Türkei über Soziale Sicherheit vom 30.4.1964 (BGBl. 1965 II S. 1169 ff.) in Kraft getreten am 1.11.1965 (BGBl. II S. 1588) i. d. F. des Zusatzabkommens vom 2.11.1984 zur Änderung des Abkommens (BGBl. 1986 II S. 1040 ff.) in Kraft getreten am 1.4.1987 (BGBl. II S. 188);
- Tunesien
  Abkommen zwischen der Bundesrepublik Deutschland und der Tunesischen Republik über Kindergeld vom 20.9.1991 (BGBl. 1995 II S. 642 ff.) in Kraft getreten am 1.8.1996 (BGBl. II S. 2522).
- Höhe des inländischen Kindergelds für Kinder in einzelnen Abkommensstaaten

Angaben in Euro je Monat	1. Kind	2. Kind	3. Kind	4. Kind	5. Kind	6. Kind	ab 7. Kind
Bosnien und Herzegowina	5,11	12,78	30,68	30,68	35,79	35,79	35,79
Kosovo	5,11	12,78	30,68	30,68	35,79	35,79	35,79
Marokko	5,11	12,78	12,78	12,78	12,78	12,78	–
Montenegro	5,11	12,78	30,68	30,68	35,79	35,79	35,79
Serbien	5,11	12,78	30,68	30,68	35,79	35,79	35,79
Türkei	5,11	12,78	30,68	30,68	35,79	35,79	35,79
Tunesien	5,11	12,78	12,78	12,78	–	–	–

- Übersicht über vergleichbare ausländische Leistungen → BZSt vom 7.12.2011 (BStBl. 2012 I S. 18)

Zivilrechtlicher Ausgleich

Verzichtet der zum Barunterhalt verpflichtete Elternteil durch gerichtlichen oder außergerichtlichen Vergleich auf die Anrechnung des hälftigen Kindergeldes auf den Kindesunterhalt, ist sein zivilrechtlicher Ausgleichsanspruch gleichwohl in die Prüfung der Steuerfreistellung des § 31 EStG einzubeziehen (→ BFH vom 16.3.2004 – BStBl. 2005 II S. 332). Sieht das Zivilrecht eines anderen Staates nicht vor, dass das Kindergeld die Unterhaltszahlung an das Kind mindert, ist der für das Kind bestehende Kindergeldanspruch dennoch bei der Prüfung der Steuerfreistellung nach § 31 EStG anzusetzen (→ BFH vom 13.8.2002 – BStBl. II S. 867 und vom 28.6.2013 – BStBl. II S. 845).

Zurechnung des Kindergelds

Bei der Prüfung der Steuerfreistellung ist der gesamte Anspruch auf Kindergeld dem vollen Kinderfreibetrag gegenüberzustellen, wenn der halbe Kinderfreibetrag auf den betreuenden Eltern-

teil übertragen wurde, weil der andere Elternteil seiner Unterhaltsverpflichtung gegenüber dem Kind nicht nachkam (→ BFH vom 16.3.2004 – BStBl. 2005 II S. 332).

Rechtsprechungsauswahl

BFH vom 13.9.12 V R 59/10 (BStBl. 2013 II S. 228): Bei der Hinzurechnung des Anspruchs auf Kindergeld nach § 31 Satz 4 EStG ist die Tatsache, dass kein Kindergeld gezahlt wurde, ohne Bedeutung

BFH vom 28.6.2012.12 III R 86/09 (BStBl. 2013 II S. 855): Hinzurechnung des an die Mutter gezahlten norwegischen Kindergeldes bei der Einkommensteuerveranlagung des Vaters auch ohne Minderung von dessen zivilrechtlicher Unterhaltsverpflichtung

BFH vom 15.3.12 III R 82/09 (BStBl. 2013 II S. 226): Erhöhung der tariflichen Einkommensteuer um den Anspruch auf Kindergeld trotz vorheriger Ablehnung einer Kindergeldfestsetzung

§ 32

§ 32 Kinder, Freibeträge für Kinder

(1) Kinder sind:
1. im ersten Grad mit dem Steuerpflichtigen verwandte Kinder,
2. Pflegekinder (Personen, mit denen der Steuerpflichtige durch ein familienähnliches, auf längere Dauer berechnetes Band verbunden ist, sofern er sie nicht zu Erwerbszwecken in seinen Haushalt aufgenommen hat und das Obhuts- und Pflegeverhältnis zu den Eltern nicht mehr besteht).

(2) ¹Besteht bei einem angenommenen Kind das Kindschaftsverhältnis zu den leiblichen Eltern weiter, ist es vorrangig als angenommenes Kind zu berücksichtigen. ²Ist ein im ersten Grad mit dem Steuerpflichtigen verwandtes Kind zugleich ein Pflegekind, ist es vorrangig als Pflegekind zu berücksichtigen.

(3) Ein Kind wird in dem Kalendermonat, in dem es lebend geboren wurde, und in jedem folgenden Kalendermonat, zu dessen Beginn es das 18. Lebensjahr noch nicht vollendet hat, berücksichtigt.

(4) ¹Ein Kind, das das 18. Lebensjahr vollendet hat, wird berücksichtigt, wenn es
1. noch nicht das 21. Lebensjahr vollendet hat, nicht in einem Beschäftigungsverhältnis steht und bei einer Agentur für Arbeit im Inland als Arbeitsuchender gemeldet ist oder
2. noch nicht das 25. Lebensjahr vollendet hat und
   a) für einen Beruf ausgebildet wird oder
   b) sich in einer Übergangszeit von höchstens vier Monaten befindet, die zwischen zwei Ausbildungsabschnitten oder zwischen einem Ausbildungsabschnitt und der Ableistung des gesetzlichen Wehr- oder Zivildienstes, einer vom Wehr- oder Zivildienst befreienden Tätigkeit als Entwicklungshelfer oder als Dienstleistender im Ausland nach § 14b des Zivildienstgesetzes oder der Ableistung eines freiwilligen Dienstes im Sinne des Buchstaben d liegt, oder
   c) eine Berufsausbildung mangels Ausbildungsplatzes nicht beginnen oder fortsetzen kann oder
   d) ein freiwilliges soziales Jahr oder ein freiwilliges ökologisches Jahr im Sinne des Jugendfreiwilligendienstegesetzes oder einen Freiwilligendienst im Sinne der Verordnung (EU) Nr. 1288/2013 des Europäischen Parlaments und des Rates vom 11. Dezember 2013 zur Einrichtung von „Erasmus+", dem Programm der Union für allgemeine und berufliche Bildung, Jugend und Sport, und zur Aufhebung der Beschlüsse Nr. 1719/2006/EG, Nr. 1720/2006/EG und Nr·. 1298/2008/EG (ABl. L 347 vom 20.12.2013, S. 50) oder einen anderen Dienst im Ausland im Sinne von § 5 des Bundesfreiwilligendienstgesetzes oder einen entwicklungspolitischen Freiwilligendienst „weltwärts" im Sinne der Richtlinie des Bundesministeriums für wirtschaftliche Zusammenarbeit und Entwicklung vom 1. August 2007 (BAnz. 2008 S. 1297) oder einen Freiwilligendienst aller Generationen im Sinne von § 2 Absatz 1a des Siebten Buches Sozialgesetzbuch oder einen Internationalen Jugendfreiwilligendienst im Sinne der Richtlinie des Bundesministeriums für Familie, Senioren, Frauen und Jugend vom 20. Dezember 2010 (GMBI S. 1778) oder einen Bundesfreiwilligendienst im Sinne des Bundesfreiwilligendienstgesetzes leistet oder
3. wegen körperlicher, geistiger oder seelischer Behinderung außerstande ist, sich selbst zu unterhalten; Voraussetzung ist, dass die Behinderung vor Vollendung des 25. Lebensjahres eingetreten ist.

²Nach Abschluss einer erstmaligen Berufsausbildung oder eines Erststudiums wird ein Kind in den Fällen des Satzes 1 Nummer 2 nur berücksichtigt, wenn das Kind keiner Erwerbstätigkeit nachgeht. ³Eine Erwerbstätigkeit mit bis zu 20 Stunden regelmäßiger wöchentlicher Arbeitszeit, ein Ausbildungsdienstverhältnis oder ein geringfügiges Beschäftigungsverhältnis im Sinne der §§ 8 und 8a des Vierten Buches Sozialgesetzbuch sind unschädlich.

(5) ¹In den Fällen des Absatzes 4 Satz 1 Nr. 1 oder Nr. 2 Buchstabe a und b wird ein Kind, das

§ 32

1. den gesetzlichen Grundwehrdienst oder Zivildienst geleistet hat, oder

2. sich an Stelle des gesetzlichen Grundwehrdienstes freiwillig für die Dauer von nicht mehr als drei Jahren zum Wehrdienst verpflichtet hat, oder

3. eine vom gesetzlichen Grundwehrdienst oder Zivildienst befreiende Tätigkeit als Entwicklungshelfer im Sinne des § 1 Abs. 1 des Entwicklungshelfer-Gesetzes ausgeübt hat,

für einen der Dauer dieser Dienste oder der Tätigkeit entsprechenden Zeitraum, höchstens für die Dauer des inländischen gesetzlichen Grundwehrdienstes oder bei anerkannten Kriegsdienstverweigerern für die Dauer des inländischen gesetzlichen Zivildienstes über das 21. oder 25. Lebensjahr hinaus berücksichtigt. ²Wird der gesetzliche Grundwehrdienst oder Zivildienst in einem Mitgliedstaat der Europäischen Union oder einem Staat, auf den das Abkommen über den Europäischen Wirtschaftsraum Anwendung findet, geleistet, so ist die Dauer dieses Dienstes maßgebend. ³Absatz 4 Satz 2 und 3 gilt entsprechend.

(6) ¹Bei der Veranlagung zur Einkommensteuer wird für jedes zu berücksichtigende Kind des Steuerpflichtigen ein Freibetrag vom 2 184 Euro für das sächliche Existenzminimum des Kindes (Kinderfreibetrag) sowie ein Freibetrag von 1 320 Euro für den Betreuungs- und Erziehungs- oder Ausbildungsbedarf des Kindes vom Einkommen abgezogen. ²Bei Ehegatten, die nach den §§ 26, 26b zusammen zur Einkommensteuer veranlagt werden, verdoppeln sich die Beträge nach Satz 1, wenn das Kind zu beiden Ehegatten in einem Kindschaftsverhältnis steht. ³Die Beträge nach Satz 2 stehen dem Steuerpflichtigen auch dann zu, wenn

1. der andere Elternteil verstorben oder nicht unbeschränkt einkommensteuerpflichtig ist oder

2. der Steuerpflichtige allein das Kind angenommen hat oder das Kind nur zu ihm in einem Pflegekindschaftsverhältnis steht.

⁴Für ein nicht nach § 1 Abs. 1 oder 2 unbeschränkt einkommensteuerpflichtiges Kind können die Beträge nach den Sätzen 1 bis 3 nur abgezogen werden, soweit sie nach den Verhältnissen seines Wohnsitzstaates notwendig und angemessen sind. ⁵Für jeden Kalendermonat, in dem die Voraussetzungen für einen Freibetrag nach den Sätzen 1 bis 4 nicht vorliegen, ermäßigen sich die dort genannten Beträge um ein Zwölftel. ⁶Abweichend von Satz 1 wird bei einem unbeschränkt einkommensteuerpflichtigen Elternpaar, bei dem die Voraussetzungen des § 26 Absatz 1 Satz 1 nicht vorliegen, auf Antrag eines Elternteils der dem anderen Elternteil zustehende Kinderfreibetrag auf ihn übertragen, wenn er, nicht jedoch der andere Elternteil, seiner Unterhaltspflicht gegenüber dem Kind für das Kalenderjahr im Wesentlichen nachkommt oder der andere Elternteil mangels Leistungsfähigkeit nicht unterhaltspflichtig ist. ⁷Eine Übertragung nach Satz 6 scheidet für Zeiträume aus, für die Unterhaltsleistungen nach dem Unterhaltsvorschussgesetz gezahlt werden. ⁸Bei minderjährigen Kindern wird der dem Elternteil, in dessen Wohnung das Kind nicht gemeldet ist, zustehende Freibetrag für den Betreuungs- und Erziehungs- oder Ausbildungsbedarf auf Antrag des anderen Elternteils auf diesen übertragen, wenn bei dem Elternpaar die Voraussetzungen des § 26 Absatz 1 Satz 1 nicht vorliegen. ⁹Eine Übertragung nach Satz 8 scheidet aus, wenn der Übertragung widersprochen wird, weil der Elternteil, bei dem das Kind nicht gemeldet ist, Kinderbetreuungskosten trägt oder das Kind regelmäßig in einem nicht unwesentlichen Umfang betreut. ¹⁰Die den Eltern nach den Sätzen 1 bis 9 zustehenden Freibeträge können auf Antrag auch auf einen Stiefelternteil oder Großelternteil übertragen werden, wenn dieser das Kind in seinen Haushalt aufgenommen hat oder dieser einer Unterhaltspflicht gegenüber dem Kind unterliegt. ¹¹Die Übertragung nach Satz 10 kann auch mit Zustimmung des berechtigten Elternteils erfolgen, die nur für künftige Kalenderjahre widerrufen werden kann.

§ 32

EStR und Hinweise

EStR 2012 zu § 32 EStG

R 32.1 Im ersten Grad mit dem Steuerpflichtigen verwandte Kinder – unbesetzt –

Hinweise

H 32.1 Anerkennung der Vaterschaft

Die Anerkennung der Vaterschaft begründet den gesetzlichen Vaterschaftstatbestand des § 1592 Nr. 2 BGB und bestätigt das zwischen dem Kind und seinem Vater von der Geburt an bestehende echte Verwandtschaftsverhältnis i. S. d. § 32 Abs. 1 Nr. 1 EStG. Bestandskräftige Einkommensteuerbescheide sind nach § 175 Abs. 1 Satz 1 Nr. 2 AO zu ändern und kindbedingte Steuervorteile zu berücksichtigen (→ BFH vom 28.7.2005 – BStBl. 2008 II S. 350).

Annahme als Kind

A 9.2 Abs. 1 und 3 DA-KG 2014 (BStBl. 2014 I S. 918):

„(1) Ein angenommenes minderjähriges Kind ist ein Kind i. S. v. § 32 Abs. 1 Nr. 1 EStG. Die Annahme wird vom Familiengericht ausgesprochen und durch Zustellung des Annahmebeschlüsses an die annehmende Person rechtswirksam (§ 197 Abs. 2 FamFG). Mit der Annahme als Kind erlischt das Verwandtschaftsverhältnis des Kindes zu seinen leiblichen Eltern; nimmt ein Ehegatte das Kind seines Ehegatten an, erlischt das Verwandtschaftsverhältnis nur zu dem anderen Elternteil und dessen Verwandten (§ 1755 BGB).

(2) ...

(3) Wird eine volljährige Person als Kind angenommen, gilt diese ebenfalls als im ersten Grad mit der annehmenden Person verwandt. Das Verwandtschaftsverhältnis zu den leiblichen Eltern erlischt jedoch nur dann, wenn das Familiengericht der Annahme die Wirkung einer Vollannahme beigelegt hat (§ 1772 BGB). ..."

EStR 2012 zu § 32 EStG

R 32.2 Pflegekinder

Pflegekindschaftsverhältnis

(1) ¹Ein Pflegekindschaftsverhältnis (§ 32 Abs. 1 Nr. 2 EStG) setzt voraus, dass das Kind im Haushalt der Pflegeeltern sein Zuhause hat und diese zu dem Kind in einer familienähnlichen, auf längere Dauer angelegten Beziehung wie zu einem eigenen Kind stehen z. B., wenn der Steuerpflichtige ein Kind im Rahmen von Hilfe zur Erziehung in Vollzeitpflege (§§ 27, 33 SGB VIII) oder im Rahmen von Eingliederungshilfe (§ 35a Abs. 2 Nr. 3 SGB VIII) in seinen Haushalt aufnimmt, sofern das Pflegeverhältnis auf Dauer angelegt ist. ²Hieran fehlt es, wenn ein Kind von vornherein nur für eine begrenzte Zeit im Haushalt des Steuerpflichtigen Aufnahme findet. ³Kinder, die mit dem Ziel der Annahme vom Steuerpflichtigen in Pflege genommen werden (§ 1744 BGB), sind regelmäßig Pflegekinder. ⁴Zu Erwerbszwecken in den Haushalt aufgenommen sind z. B. Kostkinder. ⁵Hat der Steuerpflichtige mehr als sechs Kinder in seinem Haushalt aufgenommen, spricht eine Vermutung dafür, dass es sich um Kostkinder handelt.

Kein Obhuts- und Pflegeverhältnis zu den leiblichen Eltern

(2) ¹Voraussetzung für ein Pflegekindschaftsverhältnis zum Steuerpflichtigen ist, dass das Obhuts- und Pflegeverhältnis zu den leiblichen Eltern nicht mehr besteht, d. h. die familiären Bindungen zu diesen auf Dauer aufgegeben sind. ²Gelegentliche Besuchskontakte allein stehen dem nicht entgegen.

Altersunterschied

(3) ¹Ein Altersunterschied wie zwischen Eltern und Kindern braucht nicht unbedingt zu bestehen. ²Dies gilt auch, wenn das zu betreuende Geschwister von Kind an wegen Behinderung pflegebedürftig war und das betreuende Geschwister die Stelle der Eltern, z. B. nach deren Tod, einnimmt. ³Ist das zu betreuende Geschwister dagegen erst im Erwachsenenalter pflegebedürftig geworden, wird im Allgemeinen ein dem Eltern-Kind-Verhältnis ähnliches Pflegeverhältnis nicht mehr begründet werden können.

Hinweise

H 32.2 Familienähnliches, auf längere Dauer berechnetes Band; nicht zu Erwerbszwecken

A 10.3 DA-KG 2014 (BStBl. 2014 I S. 918):

„(1) Ein familienähnliches Band wird allgemein dann angenommen, wenn zwischen der Pflegeperson und dem Kind ein Aufsichts-, Betreuungs- und Erziehungsverhältnis wie zwischen Eltern und leiblichen Kind besteht. Es kommt nicht darauf an, ob die Pflegeeltern die Personensorge innehaben.

(2) Ein Altersunterschied wie zwischen Eltern und Kindern braucht nicht unbedingt zu bestehen. Ein Pflegekindschaftsverhältnis kann daher auch zwischen Geschwistern, z. B. Waisen, gegeben sein (BFH vom 5.8.1977 – BStBl. II S. 832). Das Gleiche gilt ohne Rücksicht auf einen Altersunterschied, wenn der zu betreuende Geschwisterteil von Kind an wegen Behinderung pflegebedürftig war und der betreuende Teil die Stelle der Eltern, etwa nach deren Tod, einnimmt. Ist der zu betreuende Geschwisterteil dagegen erst nach Eintritt der Volljährigkeit pflegebedürftig geworden, so wird im Allgemeinen ein dem Eltern-Kind-Verhältnis ähnliches Pflegeverhältnis nicht mehr begründet werden können.

(3) Auch die Aufnahme einer sonstigen volljährigen Person, insbesondere eines volljährigen Familienangehörigen, in den Haushalt und die Sorge für diese Person begründet für sich allein regelmäßig kein Pflegekindschaftsverhältnis, selbst wenn die Person behindert ist. Wenn es sich bei der Person jedoch um einen schwer geistig oder seelisch behinderten Menschen handelt, der in seiner geistigen Entwicklung einem Kind gleichsteht, kann ein Pflegekindschaftsverhältnis unabhängig vom Alter der behinderten Person und der Pflegeeltern begründet werden. Die Wohn- und Lebensverhältnisse der behinderten Person müssen den Verhältnissen leiblicher Kinder vergleichbar sein und eine Zugehörigkeit, der behinderten Person zur Familie widerspiegeln außerdem muss ein dem, Eltern-Kind-Verhältnis vergleichbares Erziehungsverhältnis bestehen (siehe auch BFH vom 9.2.2012 – BStBl. II S. 739).

(4) Anhaltspunkt für das Vorliegen einer familienähnlichen Bindung kann eine vom Jugendamt erteilte Pflegeerlaubnis nach § 44 SGB VIII sein. Sie ist jedoch nicht in jedem Fall vorgeschrieben, z. B. dann nicht, wenn das Kind der Pflegeperson vom Jugendamt vermittelt worden ist, wenn Pflegekind und Pflegeperson miteinander verwandt oder verschwägert sind, oder wenn es sich um eine nicht gewerbsmäßige Tagespflege handelt Wird eine amtliche Pflegeerlaubnis abgelehnt bzw. eine solche widerrufen, kann davon ausgegangen werden, dass ein familienähnliches, auf längere Dauer angelegtes Band zwischen Pflegeperson und Kind nicht bzw. nicht mehr vorliegt.

(5) Die nach § 32 Abs. 1 Nr. 2 EStG erforderliche familienähnliche Bindung muss von vornherein auf mehrere Jahre angelegt sein. Maßgebend ist nicht die tatsächliche Dauer der Bindung, wie sie sich aus rückschauender Betrachtung darstellt, sondern vielmehr die Dauer, die der Bindung nach dem Willen der Beteiligten bei der Aufnahme des Kindes zugedacht ist. Dabei kann bei einer von den Beteiligten beabsichtigten Dauer von mindestens zwei Jahren im Regelfall davon ausgegangen werden, dass ein Pflegekindschaftsverhältnis i. S. d. EStG begründet worden ist. Das Gleiche gilt, wenn ein Kind mit dem Ziel der Annahme als Kind in Pflege genommen wird.

(6) Werden von einer Pflegeperson bis zu sechs Kinder in ihren Haushalt aufgenommen, ist davon auszugehen, dass die Haushaltsaufnahme nicht zu Erwerbszwecken erfolgt. Keine Pflegekinder sind sog. Kostkinder. Hat die Pflegeperson mehr als sechs Kinder in ihren Haushalt aufgenommen, spricht eine Vermutung dafür, dass es sich um Kostkinder handelt, vgl. R 32.2 Abs. 1 EStR 2012. in einem erwerbsmäßig betriebenen Heim (Kinderhaus) oder in einer sonstigen betreuten Wohnform nach § 34 SGB VIII untergebrachte Kinder sind keine Pflegekinder (BFH vom 23.9.1998 – BStBl.1999 II S. 133 und vom 2.4.2009 – BStBl. 2010 II S. 345). Die sozialrechtliche Einordnung hat Tatbestandswirkung (BFH vom 2.4.2009 – BStBl. 2010 II S. 345), d.h. sie ist ein Grundlagenbescheid, dem Bindungswirkung nach § 175 Abs. 1 Satz 1 Nr. 1 AO zukommt."

Fehlendes Obhuts- und Pflegeverhältnis zu den Eltern

A 10.4 DA-KG 2014 (BStBl. 2014 I S. 918):

„Ein Pflegekindschäftsverhältnis setzt des Weiteren voraus, dass ein Obhuts- und Pflegeverhältnis zu den Eltern nicht mehr besteht. Ob ein Obhuts- und Pflegeverhältnis zu den leiblichen Eltern noch besteht, hängt vom Einzelfall ab und ist insbesondere unter Berücksichtigung des Alters des Kindes, der Anzahl und der Dauer der Besuche der leiblichen Eltern bei dem Kind sowie der Frage zu beurteilen, ob und inwieweit vor der Trennung bereits ein Obhuts- und Pflegeverhältnis des Kindes zu den leiblichen Eltern bestanden hat (BFH vom 20.1.1995 – BStBl. II S. 555 und vom 7.9.1995 – BStBl. 1996 II S. 63). Ein Pflegekindschaftsverhältnis liegt nicht vor, wenn die Pflegeperson nicht nur mit dem Kind, sondern auch mit

einem Elternteil des Kindes in häuslicher Gemeinschaft lebt, und zwar selbst dann nicht, wenn der Elternteil durch eine Schul- oder Berufsausbildung in der Obhut und Pflege des Kindes beeinträchtigt, ist (BFH vom 9.3.1989 – BStBl. II S. 680). Ein zwischen einem allein erziehenden Elternteil und seinem Kind im Kleinkindalter begründetes Obhuts- und Pflegeverhältnis wird durch die vorübergehende Abwesenheit des Elternteils nicht unterbrochen (BFH vom 12.6.1991 – BStBl. 1992 II S. 20). Das Weiterbestehen eines Obhuts- und Pflegeverhältnisses zu den Eltern ist i. d. R. nicht anzunehmen, wenn ein Pflegekind von seinen Eltern nur gelegentlich im Haushalt der Pflegeperson besucht wird bzw. wenn es seine leiblichen Eltern ebenfalls nur gelegentlich besucht. Die Auflösung des Obhuts- und Pflegeverhältnisses des Kindes zu den leiblichen Eltern kann i. d. R. angenommen werden, wenn ein noch nicht schulpflichtiges Kind mindestens ein Jahr lang bzw. ein noch schulpflichtiges Kind über zwei Jahre und länger keine ausreichenden Kontakte mehr hat (BFH vom 20.1.1995 – BStBl. II S. 582 und vom 7.9.1995 – BStBl. 1996 II S. 63)."

EStR 2012 zu § 31 EStG

R 32.3 Allgemeines zur Berücksichtigung von Kindern

[1]Ein Kind wird vom Beginn des Monats an, in dem die Anspruchsvoraussetzungen erfüllt sind, berücksichtigt. [2]Entsprechend endet die Berücksichtigung mit Ablauf des Monats, in dem die Anspruchsvoraussetzungen wegfallen (Monatsprinzip). [3]Für die Frage, ob ein Kind lebend geboren wurde, ist im Zweifel das Personenstandsregister des Standesamtes maßgebend. [4]Eine Berücksichtigung außerhalb des Zeitraums der unbeschränkten Steuerpflicht der Eltern ist – auch in den Fällen des § 2 Abs. 7 Satz 3 EStG – nicht möglich. [5]Ein vermisstes Kind ist bis zur Vollendung des 18. Lebensjahres zu berücksichtigen.

R 32.4 Kinder, die Arbeit suchen
– unbesetzt –

Hinweise

H 32.4 Kinder, die Arbeit suchen

A 13 Abs. 1 bis 3 DA-KG 2014 (BStBl. 2014 I S. 918):

„*(1) Ein noch nicht 21 Jahre altes Kind kann nach § 32 Abs. 4 Satz 1 Nr. 1 EStG berücksichtigt werden, wenn es nicht in einem Beschäftigungsverhältnis steht und bei einer Agentur für Arbeit im Inland als arbeitsuchend gemeldet ist. Geringfügige Beschäftigungen i. S. v. § 8 SGB IV bzw. § 8a SGB IV (siehe A 19.3.3 Abs. 1 und 2) und Maßnahmen nach § 16d SGB II, bei denen kein übliches Arbeitsentgelt, sondern neben dem Alg II eine angemessene Entschädigung für Mehraufwendungen des Leistungsempfängers gewährt wird, stehen der Berücksichtigung nicht entgegen. Ein Kind, das in einem anderen EU- bzw. EWR-Staat oder in der Schweiz bei der staatlichen Arbeitsvermittlung arbeitsuchend gemeldet ist kann ebenfalls berücksichtigt werden.*

(2) Der Nachweis, dass ein Kind bei einer Agentur für Arbeit im Inland als arbeitsuchend gemeldet ist, hat über eine Bescheinigung der zuständigen Agentur für Arbeit im Inland zu erfolgen. Es sind diesbezüglich keine weiteren Prüfungen durch die Familienkasse erforderlich. Auch der Nachweis der Arbeitslosigkeit oder des Bezugs von Arbeitslosengeld nach § 136 SGB III dient als Nachweis der Meldung als arbeitsuchend.

(3) Eine Berücksichtigung ist auch möglich, wenn das Kind wegen Erkrankung oder eines Beschäftigungsverbotes nach §§ 3, 6 MuSchG nicht bei einer Agentur für Arbeit im Inland arbeitsuchend gemeldet ist. Ist das Kind jedoch wegen der Inanspruchnahme von Elternzeit nicht arbeitsuchend gemeldet, besteht während dieser Zeit kein Anspruch auf Kindergeld für dieses Kind. Eine Berücksichtigung während einer Erkrankung setzt voraus, dass diese durch eine ärztliche Bescheinigung nachgewiesen wird. Bei einer Erkrankung von mehr als sechs Monaten hat die Familienkasse nach Vorlage eines amtsärztlichen Gutachtens oder einer ärztlichen Bescheinigung des Medizinischen Dienstes einer Krankenversicherung zu entscheiden, ob das Kind noch berücksichtigt werden kann. Neben der Feststellung, ob und wann die Arbeitsuche voraussichtlich fortgesetzt oder begonnen werden kann, sind Angaben zu Art und Schwere der Erkrankung nicht zu verlangen. Meldet sich das Kind nach Wegfall der Hinderungsgründe nicht unmittelbar bei der zuständigen Agentur für Arbeit Im Inland arbeitsuchend, ist die Fest-

setzung ab dem Monat, der dem Monat folgt, In dem die Hinderungsgründe wegfallen, nach § 70 Abs. 2 Satz 1 EStG aufzuheben."

EStR 2012 zu § 32 EStG

R 32.5 Kinder, die für einen Beruf ausgebildet werden
– unbesetzt –

Hinweise

H 32.5 Allgemeines
- *A 14 DA-KG 2014 (BStBl. 2014 I S. 918):*
- *Als Berufsausbildung ist die Ausbildung für einen künftigen Beruf zu verstehen. In der Berufsausbildung befindet sich, wer sein Berufsziel noch nicht erreicht hat, sich aber ernstlich darauf vorbereitet (→ BFH vom 9.6.1999 – BStBl. II S. 706). Dem steht nicht entgegen, dass das Kind auf Grund der Art der jeweiligen Ausbildungsmaßnahme die Möglichkeit zur Erzielung eigener Einkünfte erlangt (→ BFH vom 16.4.2002 – BStBl. II S. 523).*

Beginn und Ende der Berufsausbildung
- *Das Referendariat im Anschluss an die erste juristische Staatsprüfung gehört zur Berufsausbildung (→ BFH vom 10.2.2000 – BStBl. II S. 398).*
- *Ein Kind befindet sich nicht in Ausbildung, wenn es sich zwar an einer Universität immatrikuliert, aber tatsächlich das Studium noch nicht aufgenommen hat (→ BFH vom 23.11.2001 – BStBl. 2002 II S. 484),*
- *Ein Universitätsstudium ist in dem Zeitpunkt abgeschlossen, in dem eine nach dem einschlägigen Prüfungsrecht zur Feststellung des Studienerfolgs vorgesehene Prüfungsentscheidung ergangen ist oder ein Prüfungskandidat von der vorgesehenen Möglichkeit, sich von weiteren Prüfungsabschnitten befreien zu lassen, Gebrauch gemacht hat (→ BFH vom 21.1.1999 BStBl. II S. 141). Die Berufsausbildung endet bereits vor Bekanntgabe des Prüfungsergebnisses, wenn das Kind nach Erbringung aller Prüfungsleistungen eine* **Vollzeiterwerbstätigkeit** *aufnimmt (→ BFH vom 24.5.2000 – BStBl. II S. 473).*
- *A 14.10 DA-KG 2014 (BStBl. 2014 I S. 918).*

Behinderte Kinder, die für einen Beruf ausgebildet werden
A 14.4 DA-KG 2014 (BStBl. 2014 I S. 918):
„Ein behindertes Kind wird auch dann für einen Beruf ausgebildet, wenn es durch gezielte Maßnahmen auf eine – wenn auch einfache – Erwerbstätigkeit vorbereitet wird, die nicht spezifische Fähigkeiten oder Fertigkeiten erfordert. Unter diesem Gesichtspunkt kann z. B. auch der Besuch einer Schule für behinderte Menschen, einer Heimsonderschule, das Arbeitstraining in einer Anlernwerkstatt oder die Förderung im Berufsbildungsbereich einer Werkstatt für behinderte Menschen den Grundtatbestand des § 32 Abs. 4 Satz 1 Nr. 2 Buchst. a EStG erfüllen."

Erneute Berufsausbildung
Im Rahmen der Altersgrenze des § 32 Abs. 4 Satz 1 i. V. m. Abs. 5 EStG ist eine Berufsausbildung ungeachtet dessen zu berücksichtigen, ob es sich um die erste oder eine weitere Ausbildung handelt bzw. ob eine zusätzliche Ausbildungsmaßnahme einer beruflichen Qualifizierung oder einem anderen Beruf dient (→ BFH vom 20.7.2000 – BStBl. 2001 II S. 107).

Praktikum
- *A 14.8 DA-KG 2014 (BStBl. 2014 I S. 918):*
„(1) Während eines Praktikums wird ein Kind für einen Beruf ausgebildet, sofern dadurch Kenntnisse, Fähigkeiten und Erfahrungen vermittelt werden, die als Grundlagen für die Ausübung des angestrebten Berufs geeignet sind (vgl. BFH vom 9.6.1999 – BStBl. II S. 713) und es sich nicht lediglich um ein gering bezahltes Arbeitsverhältnis handelt. Das Praktikum muss für das angestrebte Berufsziel förderlich sein (BFH vom 15.7.2003 – BStBl. II S. 843).
(2) Ein vorgeschriebenes Praktikum ist als notwendige fachliche Voraussetzung oder Ergänzung der eigentlichen Ausbildung an einer Schule, Hochschule oder sonstigen Ausbildungsstätte ohne weiteres anzuerkennen. Gleiches gilt für ein durch die Ausbildungs- oder Studienordnung empfohlenes Praktikum sowie für ein Praktikum, das in dem mit der

späteren Ausbildungsstätte abgeschlossenen schriftlichen Ausbildungsvertrag oder der von dieser Ausbildungsstätte schriftlich gegebenen verbindlichen Ausbildungszusage vorgesehen ist. Ein Praktikum, das weder vorgeschrieben noch empfohlen ist, kann unter den Voraussetzungen des Abs. 1 grundsätzlich nur für eine Dauer von maximal sechs Monaten berücksichtigt werden. Die Anerkennung kann auch darüber hinaus erfolgen, wenn ein ausreichender Bezug zum Berufsziel glaubhaft gemacht wird. Davon kann ausgegangen werden, wenn dem Praktikum ein detaillierter Ausbildungsplan zu Grunde liegt, der darauf zielt, unter fachkundiger Anleitung für die Ausübung des angestrebten Berufs wesentliche Kenntnisse und Fertigkeiten zu vermitteln.

(3) Sieht die maßgebliche Ausbildungs- und Prüfungsordnung praktische Tätigkeiten vor, die nicht zur Fachausbildung gehören, aber ersatzweise zur Erfüllung der Zugangsvoraussetzungen genügen, so sind diese als ein zur Ausbildung gehörendes Praktikum anzusehen. Das Gleiche gilt für ein Praktikum, das im Einvernehmen mit der künftigen Ausbildungsstätte zur Erfüllung einer als Zugangsvoraussetzung vorgeschriebenen hauptberuflichen Tätigkeit geleistet werden kann."

– Das Anwaltspraktikum eines Jurastudenten ist Berufsausbildung, auch wenn es weder gesetzlich noch durch die Studienordnung vorgeschrieben ist (→ BFH vom 9.6.1999 – BStBl. II S. 713).
– Zur Berufsausbildung eines Studenten der Anglistik, der einer Abschluss in diesem Studiengang anstrebt, gehört auch ein Auslandspraktikum als Fremdsprachenassistent an einer Schule in Großbritannien während eines Urlaubssemesters (→ BFH vom 14.1.2000 – BStBl. II S 199).

Promotion

Zur Berufsausbildung gehört auch die Vorbereitung auf eine Promotion, wenn diese im Anschluss an das Studium ernsthaft und nachhaltig durchgeführt wird (→ BFH vom 9.6.1999 – BStBl. II S. 708).

Schulbesuch

– Zur Berufsbildung gehört auch der Besuch von Allgemeinwissen vermittelnden Schulen wie Grund-, Haupt- und Oberschulen sowie von Fach- und Hochschulen. Auch der Besuch eines Colleges in den USA kann zur Berufsausbildung zählen (→ BFH vom 9.6.1999 – BStBl. II S. 705).
– → A 14.5 DA-KG 2014 (BStBl. 2014 I S. 918).

Soldat auf Zeit

Ein Soldat auf Zeit, der zum Offizier ausgebildet wird, befindet sich in Berufsausbildung (→ BFH vom 16.4.2002 – BStBl. II S. 523); Gleiches gilt für die Ausbildung zum Unteroffizier (→ BFH vom 15.7.2003 – BStBl. 2007 II S. 247) und die Ausbildung eines Soldaten auf Zeit für seine spätere Verwendung im Mannschaftsdienstgrad, wenn sie zu Beginn der Verpflichtungszeit erfolgt; die Ausbildung umfasst die Grundausbildung und die sich anschließende Dienstpostenausbildung (→ DA-FamEStG 63.3.2.1.2 Satz 2 – BStBl. 2012 I S. 734 unter Berücksichtigung der Änderungsweisung des BZSt vom 11.7.2013 – BStBl. I S.882)..

Sprachaufenthalt im Ausland

→ A 14.9 DA-KG 2014 (BStBl. 2014 I S. 918):

„(1) Sprachaufenthalte im Ausland sind regelmäßig berücksichtigungsfähig, wenn der Erwerb der Fremdsprachenkenntnisse nicht dem ausbildungswilligen Kind allein überlassen bleibt, sondern Ausbildungsinhalt und Ausbildungsziel von einer fachlich autorisierten Stelle vorgegeben werden. Davon ist ohne weiteres auszugehen, wenn der Sprachaufenthalt mit anerkannten Formen der Berufsausbildung verbunden wird (z. B. Besuch einer allgemeinbildenden Schule, eines Colleges oder einer Universität). In allen anderen Fällen – insbesondere bei Auslandsaufenthalten im Rahmen von Au-pair-Verhältnissen – setzt die Anerkennung voraus, dass der Aufenthalt van einem theoretisch-systematischen Sprachunterricht in einer Fremdsprache begleitet wird (vgl. BFH vom 9.6.1999 – BStBl. II S. 701 und S. 710 und vom 19.2.2002 – BStBl. II S. 469).

(2) Es kann regelmäßig eine ausreichende Ausbildung angenommen werden, wenn ein begleitender Sprachunterricht von wöchentlich zehn Unterrichtsstunden stattfindet. Das Leben in der Gastfamilie zählt nicht dazu. Im Einzelnen gilt A 14.3 Abs. 1 – 3.

Umfang der zeitlichen Inanspruchnahme durch die Berufsausbildung
→ *A 14.3 Abs. 1 bis 3 DA-KG 2014 (BStBl. 2014 I S. 918):*

„(1) Die Ausbildung muss ernsthaft betrieben werden, damit sie berücksichtigungsfähig ist. Sie muss Zeit und Arbeitskraft des Kindes dermaßen in Anspruch nehmen, dass ein greifbarer Bezug zu dem angestrebten Berufsziel hergestellt wird und Bedenken gegen die Ernsthaftigkeit ausgeschlossen werden können.

(2) Bei Ausbildungsgängen, die keine regelmäßige Präsenz an einer Ausbildungsstätte erfordern (z. B. Universitäts- und Fachhochschulstudiengänge, Fernuniversität einschließlich der als Fernstudium angebotenen, andere Fernlehrgänge), sollte die Ernsthaftigkeit durch Vortage von Leistungsnachweisen („Scheine", Bescheinigungen des Betreuenden über Einreichung von Arbeiten zur Kontrolle), die Aufschluss über die Fortschritte des Lernenden gaben, in den in A 14.10 Abs. 13 festgelegten Zeitpunkten belegt werden. Sind bei Studenten die Semesterbescheinigungen aussagekräftig (durch Ausweis der Hochschulsemester), sind diese als Nachweis ausreichend.

(3) Eine tatsächliche Unterrichts- bzw. Ausbildungszeit von zehn Wochenstunden kann regelmäßig als ausreichende Ausbildung anerkannt werden. Eine tatsächliche Unterrichts- bzw. Ausbildungszeit von weniger als zehn Wochenstunden kann nur denn als ausreichende Ausbildung anerkannt werden, wenn

– *das Kind zur Teilnahme am Schulunterricht zur Erfüllung der Schulpflicht verpflichtet ist (BFH vom 28.4.2010 – BStBl. II S. 1060),*
– *der zusätzliche ausbildungsbezogene Zeitaufwand (z. B. für Vor- und Nachbereitung) über das übliche Maß hinausgeht oder*
– *die besondere Bedeutung der Maßnahme für das angestrebte Berufsziel dies rechtfertigt.*

Üblich ist ein Zeitaufwand für die häusliche Vor- und Nacharbeit, welcher der Dauer der Unterrichts- bzw. Ausbildungszeit entspricht, sowie ein Zeitaufwand für den Weg von und zur Ausbildungsstätte bis zu einer Stunde für die einfache Wegstrecke. Über das übliche Maß hinaus geht der ausbildungsbezogene Zeitaufwand z. B.

– *bei besonders umfangreicher Vor- und Nacharbeit oder*
– *wenn neben die Unterrichtseinheiten zusätzliche ausbildungsfördernde Aktivitäten bzw. die praktische Anwendung des Gelernten treten.*

Die besondere Bedeutung der Maßnahme für das angestrebte Berufsziel rechtfertigt eine geringere Stundenanzahl, z. B. bei

– *Erwerb einer qualifizierten Teilnahmebescheinigung,*
– *Prüfungsteilnahme,*
– *regelmäßigen Leistungskontrollen,*
– *berufszielbezogener Üblichkeit der Durchführung einer solchen Maßnahme, wenn die Ausbildungsmaßnahme der üblichen Vorbereitung auf einen anerkannten Prüfungsabschluss dient oder wenn die einschlägigen Ausbildungs- oder Studienordnungen bzw. entsprechende Fachbereiche die Maßnahme vorschreiben oder empfehlen."*

Unterbrechungszeiten

– *Zur Berufsausbildung zählen Unterbrechungszeiten wegen Erkrankung oder Mutterschaft, nicht jedoch Unterbrechungszeiten wegen der Betreuung eines eigenen Kindes (→ BFH vom 15.7.2003 – BStBl. II S. 848).*
– *Ist für den Zeitraum eines Urlaubssemesters der Besuch von Vorlesungen und der Erwerb von Leistungsnachweisen nach hochschulrechtlichen Bestimmungen untersagt, sind für diesen Zeitraum die Voraussetzungen einer Berufsausbildung nicht erfüllt (→ BFH vom 13.7.2004 – BStBl. II S. 999).*
– → *A 14.10 Abs. 8 und A 14.11 DA-KG 2014 (BStBl. 2014 I S. 918).*

Volontariat

– *Eine Volontärtätigkeit, die ausbildungswillige Kinder vor Annahme einer voll bezahlten Beschäftigung gegen geringe Entlohnung absolvieren, ist grundsätzlich als Berufsausbildung anzuerkennen, wenn das Volontariat der Erlangung der angestrebten beruflichen Qualifikation dient und somit der Ausbildungscharakter im Vordergrund steht (→ BFH vom 9.6.1999 – BStBl. II S. 706).*
– → *A 14.6 Abs. 3 DA-KG 2014 (BStBl. 2014 I S. 918).*

§ 32 R 32.6, 32.7

EStR 2012 zu § 32 EStG

R 32.6 Kinder, die sich in einer Übergangszeit befinden – unbesetzt –

Hinweise

H 32.6 Übergangszeit nach § 32 Abs. 4 Satz 1 Nr. 2 Buchst. b EStG

→ *A 15 Abs. 1 bis 4 DA-KG 2014 (BStBl. 2014 I S. 918):*

„(1) Nach § 32 Abs. 4 Salz 1 Nr. 2 Buchst. b EStG besteht für ein noch nicht 25 Jahre altes Kind auch dann Anspruch auf Kindergeld, wenn es sich in einer Übergangszeit von höchstens vier Monaten befindet, die zwischen zwei Ausbildungsabschnitten oder zwischen einem Ausbildungsabschnitt und der Ableistung

– *des gesetzlichen Wehr- oder ZD,*
– *einer vom Wehr- oder ZD befreienden Tätigkeit als Entwicklungshelfer i. S. d. § 1 Abs. 1 EhfG oder*
– *eines geregelten Freiwilligendienstes i. S. d, § 32 Abs. 4 Satz 1 Nr. 2 Buchst d EStG (vgl. DA 63.3.5)*[1])

liegt. Als gesetzlicher Wehr- bzw. ZD gilt auch ein freiwilliger zusätzlicher Wehrdienst im Anschluss an den GWD i. S. d. § 6b WPflG sowie ein freiwilliger zusätzlicher ZD gem. § 41a ZDG. Zeiträume zwischen einem Ausbildungsabschnitt und der Ableistung des freiwilligen Wehrdienstes nach § 58b SG (bis zum 12.4.2013: 7. Abschnitt des WPflG) begründen dagegen keine Übergangszeit. Kinder sind auch in Übergangszeiten von höchstens vier Monaten zwischen dem Abschluss der Ausbildung und dem Beginn eines der in Satz 1 genannten Dienste und Tätigkeiten zu berücksichtigen (vgl. BFH vom 25.1.2007 – BStBl. 2008 II S. 664). Die Übergangszeit von höchstens vier Monaten ist nicht taggenau zu berechnen, sondern umfasst vier volle Kalendermonate (BFH vom 15.7.2003 – BStBl. II S. 847). Endet z. B. ein Ausbildungsabschnitt im Juli, muss der nächste spätestens im Dezember beginnen.

(2) Übergangszeiten ergeben sich als vom Kind nicht zu vermeidende Zwangspausen, z. B. durch Rechtsvorschriften über den Ausbildungsverlauf, aus den festen Einstellungsterminen der Ausbildungsbetriebe oder den Einstellungsgewohnheiten staatlicher Ausbildungsinstitutionen. Eine Übergangszeit im Sinne einer solchen Zwangspause kann auch in Betracht kommen, wenn das Kind den vorangegangenen Ausbildungsplatz – ggf. aus von ihm zu vertretenden Gründen – verloren oder die Ausbildung abgebrochen hat. Als Ausbildungsabschnitt gilt jeder Zeitraum, der nach § 32 Abs. 4 Satz 1 Nr. 2 Buchst a EStG zu berücksichtigen ist.

(3) Eine Berücksichtigung des Kindes während der Übergangszeit hat zu erfolgen, wenn es entweder bereits einen Ausbildungsplatz hat oder sich um einen Platz im nachfolgenden Ausbildungsabschnitt, der innerhalb des zeitlichen Rahmens des § 32 Abs. 4 Satz 1 Nr. 2 Buchst. b EStG beginnt, beworben hat. Gleichermaßen ist zu verfahren, wenn der Berechtigte bei Beendigung der Ausbildung des Kindes an einer allgemeinbildenden Schule oder in einem sonstigen Ausbildungsabschnitt glaubhaft erklärt, dass sich das Kind um einen solchen Ausbildungsplatz sobald wie möglich bewerben wird, und die Familienkasse unter Würdigung aller Umstände zu der Überzeugung gelangt, dass die Fortsetzung der Ausbildung zu dem angegebenen Zeitpunkt wahrscheinlich ist. Entsprechend ist bei Übergangszeiten zwischen einem Ausbildungsabschnitt und einem Dienst bzw. einer Tätigkeit i. S. d. Abs. 1 Satz 1 und 2 zu verfahren.

(4) Eine Übergangszeit liegt nicht vor, wenn das Kind sich nach einem Ausbildungsabschnitt oder einem Dienst bzw. einer Tätigkeit i. S. d. Abs. 1 Satz 1 und 2 wegen Kindesbetreuung, nicht um einen Anschluss-Ausbildungsplatz bemüht."

EStR 2012 zu § 32 EStG

R 32.7 Kinder, die mangels Ausbildungsplatz ihre Berufsausbildung nicht beginnen oder fortsetzen können

Allgemeines

(1) ¹Grundsätzlich ist jeder Ausbildungswunsch des Kindes anzuerkennen, es sei denn, dass seine Verwirklichung wegen der persönlichen Verhältnisse des Kindes ausgeschlossen erscheint. ²Dies gilt auch

---

1) Redaktionelles Versehen → A 17 DA-KG 2014.

dann, wenn das Kind bereits eine abgeschlossene Ausbildung in einem anderen Beruf besitzt. ³Das Finanzamt kann verlangen, dass der Steuerpflichtige die ernsthaften Bemühungen des Kindes um einen Ausbildungsplatz durch geeignete Unterlagen nachweist oder zumindest glaubhaft macht.

Ausbildungsplätze

(2) Ausbildungsplätze sind neben betrieblichen und überbetrieblichen insbesondere solche an Fach- und Hochschulen sowie Stellen, an denen eine in der Ausbildungs- oder Prüfungsordnung vorgeschriebene praktische Tätigkeit abzuleisten ist.

→ **Ernsthafte Bemühungen um einen Ausbildungsplatz**

(3) ¹Für die Berücksichtigung eines Kindes ohne Ausbildungsplatz ist Voraussetzung, dass es dem Kind trotz ernsthafter Bemühungen nicht gelungen ist, seine Berufsausbildung zu beginnen oder fortzusetzen. ²Als Nachweis der ernsthaften Bemühungen kommen z. B. Bescheinigungen der Agentur für Arbeit über die Meldung des Kindes als Bewerber um eine berufliche Ausbildungsstelle, Unterlagen über eine Bewerbung bei der Zentralen Vergabestelle von Studienplätzen, Bewerbungsschreiben unmittelbar an Ausbildungsstellen sowie deren Zwischennachricht oder Ablehnung in Betracht.

(4) Die Berücksichtigung eines Kindes ohne Ausbildungsplatz ist ausgeschlossen, wenn es sich wegen Kindesbetreuung nicht um einen Ausbildungsplatz bemüht. ²Eine Berücksichtigung ist dagegen möglich, wenn das Kind infolge Erkrankung oder wegen eines Beschäftigungsverbots nach den §§ 3 und 6 Mutterschutzgesetz daran gehindert ist, seine Berufsausbildung zu beginnen oder fortzusetzen.

Hinweise

H 32.7 Kinder ohne Ausbildungsplatz

→ *A 16 Abs. 1 bis 4 DA-KG 2014 (BStBl. 2014 I S. 918):*

„(1) Nach § 32 Abs. 4 Satz 1 Nr. 2 Buchst. c EStG ist ein noch nicht 25 Jahre altes Kind zu berücksichtigen, wenn es eine Berufsausbildung – im Inland oder Ausland – mangels Ausbildungsplatz nicht beginnen oder fortsetzen kann. Der angestrebte Ausbildungsplatz muss nach § 32 Abs. 4 Satz 1 Nr. 2 Buchst. a EStG zu berücksichtigen sein. Ein Mangel eines Ausbildungsplatzes liegt sowohl in Fällen vor, in denen das Kind noch keinen Ausbildungsplatz gefunden hat, als auch dann, wenn ihm ein solcher bereits zugesagt wurde, es diesen aber aus schulstudien- oder betriebsorganisatorischen Gründen erst zu einem späteren Zeitpunkt antreten kann (BFH vom 15.7.2003 – BStBl. I S. 845). Kein Mangel eines Ausbildungsplatzes liegt dagegen vor, wenn das Kind die objektiven Anforderungen an den anstrebbare Ausbildungsplatz nicht erfüllt oder wenn es im Falle Bereitstehens eines Ausbildungsplatzes aus anderen Gründen Antritt gehindert wäre, z. B. wenn es im Ausland arbeitsverträglich gebunden ist (BFH vom 15.7.2003 – BStBl. II S. 843). Hat das Kind noch keinen Ausbildungsplatz gefunden, hängt die Berücksichtigung davon ab, dass es ihm trotz ernsthafter Bemühungen nicht gelungen ist, seine Berufsausbildung zu beginnen oder fortzusetzen. Die Suche nach einem Ausbildungsplatz muss also bisher erfolglos verlaufen sein oder der nächste Ausbildungsabschnitt einer mehrstufigen Ausbildung kann mangels Ausbildungsplatz nicht begonnen werden, Beispiele für eine üblicherweise noch nicht abgeschlossene Berufsausbildung sind die Beendigung der Schulausbildung und die Ablegung des ersten Staatsexamens, wenn das zweite Staatsexamen für die Berufsausübung angestrebt wird. Grundsätzlich ist jeder Ausbildungswunsch des Kindes anzuerkennen. Die Bewerbung muss für den nächstmöglichen Ausbildungsbeginn erfolgen. Kann eine Bewerbung nicht abgegeben werden, z. B. für Studierwillige, weil das Verfahren bei der SfH (vormals ZVS) noch nicht eröffnet ist, genügt zunächst eine schriftliche Erklärung des Kindes, sich so bald wie möglich bewerben zu wollen.

(2) Der Berechtigte muss der Familienkasse die ernsthaften Berührungen des Kindes um einen Ausbildungsplatz zum nächstmöglichen Beginn durch geeignete Unterlagen nachweisen oder Zumindest glaubhaft machen. Eine Ausbildung wird nicht zum nächstmöglichen Zeitpunkt angestrebt, wenn das Kind aus von ihm zu vertretenden Gründen, z. B. wegen einer Erwerbstätigkeit oder der Ableistung eines freiwilligen Wehrdienstes, die Ausbildung erst zu einem späteren Zeitpunkt beginnen möchte. Ist eine Bewerbung erfolglos geblieben, sind für den anschließenden Zeitraum übliche und zumutbare Bemühungen nachzuweisen. Als Nachweis kommen insbesondere folgende Unterlagen in Betracht

– *schriftliche Bewerbungen unmittelbar an Ausbildungsstellen sowie deren Zwischennachricht oder Ablehnung,*

– *die schriftliche Bewerbung bei der SfH (vormals ZVS),*

- *die schriftliche Zusage einer Ausbildungsstelle,*

- *die Bescheinigung über die Registrierung als Bewerber für einen Ausbildungsplatz oder für eine Bildungsmaßnahme bei einer Agentur für Arbeit oder bei einem anderen zuständigen Leistungsträger (Jobcenter),*

- *die von der Agentur für Arbeit für den Rentenversicherungsträger erstellte Bescheinigung über Anrechnungszeiten der Ausbildungssuche i. S. d. § 58 Abs. 1 Satz 1 Nr. 3a SGB VI; wird die Bescheinigung pauschal bis zum 30.9. eines Jahres ausgestellt, gilt sie grundsätzlich nur für drei Monate ab dem Tag der Anmeldung bei der Berufsberatung als Nachweis für das ernsthafte Bemühen des Kindes um einen Ausbildungsplatz (BFH vom 22.9.2011 – BStBl. 2012 II S. 411).*

(3) Das Kind kann für den Zeitraum berücksichtigt werden, in dem es auf einen Ausbildungsplatz wartet (BFH vom 7.8.1992 – BStBl.1993 II S. 103), Die Wartezeit beginnt beispielsweise mit der Beendigung der Schulausbildung, einer (ersten) Ausbildung oder eines Ausbildungsabschnitts. Nimmt das Kind ernsthafte Bemühungen erst nach Ablauf des Folgemonats nach Wegfall eines anderen Berücksichtigungstatbestandes i. S. d. § 32 Abs. 4 Satz 1 Nr. 2 EStG auf, ist es ab dem Monat der ersten Bewerbung oder Registrierung zu berücksichtigen; Abs. 1 Satz 9 bleibt unberührt.

Beispiel 1

Das Kind legt die Abiturprüfung im April eines Jahres ab (offizielles Schuljahresende in diesem Bundesland). Unmittelbar nach Ablegung der Abiturprüfung beabsichtigt das Kind, im Oktober, des Jahres ein Studium zu beginnen, und bewirbt sich im Juli (Eröffnung des Verfahrens bei der SfH) um einen Studienplatz. Im September erhält das Kind jedoch die Absage der SfH. Das Kind möchte sich zum Sommersemester des nächsten Jahres erneut um einen Studienplatz bewerben. Das Kind kann wie folgt berücksichtigt werden:

- *bis einschließlich April als Kind, das für einen Beruf ausgebildet wird (§ 32 Abs. 4 Satz 1 Nr. 2 Buchst. a EStG),*

- *ab Mai durchgängig als Kind ohne Ausbildungsplatz (§ 32 Abs. 4 Satz 1 Nr. 2 Buchst. c EStG), von Mai bis September, weil es nach dem Schulabschluss die Ausbildung aufgrund des Vergabeverfahrens der SfH zunächst nicht fortsetzen konnte, und für den Zeitraum ab Oktober aufgrund der Absage der SfH und des weiter bestehenden Ausbildungswunsches. Abs. 1 Satz 9 und 10 und Abs. 2 Satz 3 sind zu beachten.*

Beispiel 2

Das Kind legt die Abiturprüfung im April eines Jahres ab (offizielles Schuljahresende in diesem Bundesland). Das Kind möchte sich zunächst orientieren und beabsichtigt, danach eine Berufsausbildung zu beginnen. Im August bewirbt sich das Kind schriftlich zum nächstmöglichen Zeitpunkt um einen Ausbildungsplatz, erhält im Januar des nachfolgenden Jahres eine schriftliche Zusage und nimmt im August die Ausbildung auf. Das Kind kann nur in folgenden Zeiträumen berücksichtigt werden:

- *bis einschließlich April als Kind, das für einen Beruf ausgebildet wird (§ 32 Abs. 4 Satz 1 Nr. 2 Buchst. a EStG),*

- *von August bis Juli des nachfolgenden Jahres als Kind ohne Ausbildungsplatz (§ 32 Abs. 4 Satz 1 Nr. 2 Buchst. c EStG),*

- *ab August des nachfolgenden Jahres als Kind, das für p. Beruf ausgebildet wird (§32 Abs. 4 Satz 1 Nr. 2 Buchst. a EStG).*

(4) Ein Kind ohne Ausbildungsplatz kann dann nicht berücksichtigt werden, wenn es sich wegen Kindesbetreuung, beispielsweise Elternzeit nach §§ 15 bis 21 BEEG, nicht um einen Ausbildungsplatz bemüht. Eine Berücksichtigung ist dagegen möglich, wenn das Kind infolge Erkrankung oder wegen eines Beschäftigungsverbots nach §§ 3, 6 MuSchG daran gehindert ist, seine Berufsausbildung zu beginnen oder fortzusetzen; A 13 Abs. 43 gilt entsprechend."

EStR 2012 zu § 32 EStG

R 32.8 Kinder, die ein freiwilliges soziales oder ökologisches Jahr oder freiwillige Dienste leisten
– unbesetzt –

Hinweise

H 32.8 Geregelte Freiwilligendienste
→ *A 17 DA-KG 2014 (BStBl. 2014 I S. 918):*

EStR 2012 zu § 32 EStG

R 32.9 Kinder, die wegen körperlicher, geistiger oder seelischer Behinderung außerstande sind, sich selbst zu unterhalten

¹Als Kinder, die wegen körperlicher, geistiger oder seelischer Behinderung außerstande sind, sich selbst zu unterhalten, kommen insbesondere Kinder in Betracht, deren Schwerbehinderung (§ 2 Abs. 2 SGB IX) festgestellt ist oder die einem schwer behinderten Menschen gleichgestellt sind (§ 2 Abs. 3 SGB IX). ²Ein Kind, das wegen seiner Behinderung außerstande ist, sich selbst zu unterhalten, kann bei Vorliegen der sonstigen Voraussetzungen über das 25. Lebensjahr hinaus ohne altersmäßige Begrenzung berücksichtigt werden. ³Eine Berücksichtigung setzt voraus, dass die Behinderung, deretwegen das Kind nicht in der Lage ist, sich selbst zu unterhalten, vor Vollendung des 25. Lebensjahres eingetreten ist.

Hinweise

H 32.9 Altersgrenze
Die Altersgrenze, innerhalb derer die Behinderung eingetreten sein muss, ist nicht aufgrund entsprechender Anwendung des § 32 Abs. 5 Satz 1 EStG z. B. um den Zeitraum des vom Kind in früheren Jahren geleisteten Grundwehrdienstes zu verlängern (→ BFH vom 2.6.2005 – BStBl. II S. 756).

Außerstande sein, sich selbst zu unterhalten

– → *A 18.4 DA-KG 2014 (BStBl. 2014 I S. 918):*

„*(1) Bei behinderten Kindern ist grundsätzlich der notwendige Lebensbedarf den kindeseigenen Mitteln gegenüberzustellen (vgl. aber Abs. 3). Übersteigen die kindeseigenen Mittel nicht den notwendigen Lebensbedarf, ist das Kind außerstande, sich selbst zu unterhalten. Falls die kindeseigenen Mittel den notwendigen Lebensbedarf überschreiten und ungleichmäßig zufließen, z. B. durch eine Nachzahlung oder die erstmalige Zahlung einer Rente), ist zu prüfen, ab welchem vollen Monat das Kind in der Lage ist, sich selbst zu unterhalten. Führt eine Nachzahlung dazu, dass das Kind nicht länger außerstande ist, sich selbst zu unterhalten, ist die Kindergeldfestsetzung erst ab dem Folgemonat des Zuflusses aufzuheben (vgl. BFH vom 11.4.2013, BStBl. II S. 1037).*

(2) Der notwendige Lebensbedarf des behinderten Kindes setzt sich aus dem allgemeinen Lebensbedarf und dem individuellen behinderungsbedingten Mehrbedarf zusammen (vgl. BFH vom 15.10.1999 - BStBl. 2000 II S. 75 und 79). Als allgemeiner Lebensbedarf ist der Grundfreibetrag nach § 32a Abs. 1 Satz 2 Nr. 1 EStG i. H. v. 8 354 Euro (für 2013: 8 130 Euro, für 2012: 8 004 Euro) anzusetzen; zum behinderungsbedingten Mehrbedarf vgl. Abs. 4 und 5. Die Kindeseigenen Mittel setzen sich aus dem verfügbaren Nettoeinkommen nach A 18.5 und sämtlichen Leistungen Dritter nach A 18.6 zusammen; das Vermögen des Kindes gehört nicht zu den kindeseigenen Mitteln (BFH vom 19.8.2002 – BStBl. 2003 II S. 88 und 91). Einzelheiten insbesondere zu Sonderzuwendungen und einmaligen Nachzahlungen siehe BMF-Schreiben vom 22.11.2010 Abschnitt VI – BStBl. I S. 1346.

(3) Übersteigen die kindeseigenen Mittel nicht den allgemeinen Lebensbedarf, ist davon auszugehen, dass das Kind außerstande ist. sich selbst zu unterhalten. Bei dieser vereinfachten Berechnung zahlen zum verfügbaren Nettoeinkommen und den Leistungen Dritter keine Leistungen, die dem Kind wegen eines behinderungsbedingten Bedarfs zweckgebunden zufließen, insbesondere sind dies Pflegegeld bzw. -zulage aus der gesetzlichen Unfallversicherung, nach § 35 BVG oder nach § 64 SGB XII, Ersatz der Mehrkosten für den Kleider- und Wäscheverschleiß (z. B. § 15 BVG), die Grundrente und die Schwerstbeschädigtenzulage nach § 31 BVG und Leistungen der Pflegeversicherung (§ 3 Nr. 1a EStG)

oder die Eingliederungshilfe bei voll- und teilstationärer Unterbringung. Wird nach dieser Berechnung der allgemeine Lebensbedarf überschritten, ist eine ausführliche Berechnung (vgl. Abs. 1 Satz 1) vorzunehmen.

(4) Zum behinderungsbedingten Mehrbedarf gehören alle mit einer Behinderung zusammenhängenden außergewöhnlichen Belastungen, z. B. Aufwendungen für die Hilfe bei den gewöhnlichen und regelmäßig wiederkehrenden Verrichtungen des täglichen Lebens, für die Pflege sowie für einen erhöhten Wäschebedarf. Sofern kein Einzelnachweis erfolgt, bemisst sich der behinderungsbedingte Mehrbedarf grundsätzlich in Anlehnung an den Pauschbetrag für behinderte Menschen des § 33b Abs. 3 EStG. Als Einzelnachweis sind sämtliche Leistungen nach dem SGB XII. ggf. abzüglich des Taschengeldes und des Verpflegungsanteils (vgl. Abs. 6 Satz 4 und Abs. 7 Satz 2), sowie Pflegegeld aus der Pflegeversicherung (BFH vom 24.8.2004 – BStBl. 2010 II S. 1052) und Blindengeld (BFH vom 31.8.2006 – BStBl. 2010 II S. 1054) zu berücksichtigen. Die Sätze 1 bis 3 sind bei allen behinderten Kindern unabhängig von ihrer Wohn- oder Unterbringungssituation anzuwenden. Erhält das Kind Eingliederungshilfe, sind die Abs. 6 und 7 zu beachten.

(5) Neben dem nach Abs. 4 ermittelten behinderungsbedingten Mehrbedarf (einschließlich Eingliederungshilfe) kann ein weiterer behinderungsbedingter Mehrbedarf angesetzt werden. Hierzu gehören alle übrigen durch die Behinderung bedingten Aufwendungen wie z. B. Operationskosten, Heilbehandlungen, Kuren, Arzt- und Arzneikosten; bestehen Zweifel darüber, ob die Aufwendungen durch die Behinderung bedingt sind, ist eine ärztliche Bescheinigung hierüber vorzulegen. Zum weiteren behinderungsbedingten Mehrbedarf zählen bei allen behinderten Kindern auch persönliche Betreuungsleistungen der Eltern, soweit sie über die durch das Pflegegeld abgedeckte Grundpflege und hauswirtschaftliche Verrichtungen hinausgehen und nach amtsärztlichem Gutachten oder ärztlicher Bescheinigungen des Medizinischen Dienstes einer Krankenversicherung unbedingt erforderlich sind. Der hierfür anzusetzende Stundensatz beträgt 8 Euro. Fahrtkosten sind ebenfalls zu berücksichtigen (H 33.1 – 33.4 (Fahrkosten behinderter Menschen) EStH 2013[1]). Mehraufwendungen, die einem behinderten Kind anlässlich einer Urlaubsreise durch Kosten für Fahrten, Unterbringung und Verpflegung einer Begleitperson entstehen, können ebenfalls neben dem Pauschbetrag für behinderte Menschen (§ 33b Abs. 3 EStG) i. H. v. bis zu 767 Euro pro Kalenderjahr als behinderungsbedingter Mehrbedarf berücksichtigt werden, sofern die Notwendigkeit ständiger Begleitung nachgewiesen ist. Der Nachweis ist vor Antritt der Reise durch ein amtsärztliches Gutachten, eine ärztliche Bescheinigung des Medizinischen Dienstes einer Krankenversicherung oder die Feststellungen im Ausweis nach SGB IX (bis 30.6.2001: Schwerbehindertenausweis), z. B. durch den Vermerk „Die Notwendigkeit ständiger Begleitung ist nachgewiesen", zu erbringen (BFH vom 4.7.2002 – BStBl. II S. 765). Wurden für nachgewiesenen bzw. glaubhaft gemachten behinderungsbedingten Leistungen durch einen Sozialleistungsträger erbracht, ist darauf zu achten, dass der Mehrbedarf nur einmal berücksichtigt wird. Die kindeseigenen Mittel, die an einen Sozialleistungsträger abgezweigt, übergeleitet oder diesem erstattet werden, mindern nicht den behinderungsbedingten Mehrbedarf des Kindes, sondern die Leistungen des Sozialleistungsträgers in entsprechender Höhe. Dies gilt auch für einen Kostenbeitrag der Eltern.

(6) Ein Kind ist vollstationär oder auf vergleichbare Weise untergebracht, wenn es nicht im Haushalt der Eltern lebt, sondern anderweitig auf Kosten eines Dritten (i. d. R. der Sozialleistungsträger) untergebracht ist. Dabei ist es unerheblich, ob es vollstationär versorgt wird, in einer eigenen Wohnung oder in sonstigen Wohneinrichtungen (z. B. betreutes Wohnen) lebt. Vollstationäre oder vergleichbare Unterbringung liegt auch dann vor, wenn sich das Kind zwar zeitweise (z. B. am Wochenende oder in den Ferien) im Haushalt der Eltern aufhält, der Platz im Heim, im Rahmen des betreuten Wohnens usw. steht. Die Ermittlung des behinderungsbedingten Mehrbedarfs erfolgt regelmäßig durch Einzelnachweis der Aufwendungen, indem die z. B. im Wege der Eingliederungshilfe übernommenen Kosten für die vollstationäre oder vergleichbare Unterbringung ggf. abzüglich des Taschengeldes des nach der SvEV zu ermittelnden Wertes der Verpflegung angesetzt werden. Der Pauschbetrag für behinderte Menschen ist nicht neben den Kosten der Unterbringung zu berücksichtigen, da deren Ansatz einem Einzelnachweis entspricht. liegt eine vollstationäre Heimunterbringung des behinderten Kindes vor, kann evtl. gezahltes Pflege- oder Blindengeld nicht neben der

---

[1] → Jetzt EStH 2014.

Eingliederungshilfe als behinderungsbedingter Mehrbedarf berücksichtigt werden. Der Berechtigte kann weiteren behinderungsbedingten Mehrbedarf glaubhaft machen (siehe Abs. 5).

(7) Ein Kind ist teilstationär untergebracht, wenn es z. B. bei seinen Eltern lebt und zeitweise in einer Einrichtung (Werkstatt für behinderte Menschen) betreut wird. Die Leistungen im Rahmen der Eingliederungshilfe abzüglich des nach SvEV zu bestimmenden Wertes der Verpflegung sind als behinderungsbedingter Mehrbedarf anzusetzen. Für die Pflege und Betreuung außerhalb der teilstationären Unterbringung ist neben dem behinderungsbedingten Mehrbedarf nach Satz 2 mindestens ein Betrag in Höhe des Pauschbetrags für behinderte Menschen nach § 33b Abs. 3 EStG als Bedarf des Kindes zu berücksichtigen. Der Berechtigte kann weiteren behinderungsbedingten Mehrbedarf glaubhaft machen (siehe Abs. 5).

– **Beispiele:**

A. *Im Haushalt eines Steuerpflichtigen lebt dessen 29-jähriger Sohn, der durch einen Unfall im Alter von 21 Jahren schwerbehindert wurde (Grad der Behinderung 100, gesundheitliche Merkzeichen „G" und „H"). Er arbeitet tagsüber in einer Werkstatt für behinderte Menschen (WfB). Hierfür erhält er ein monatliches Arbeitsentgelt von 75 €. Die Kosten für die Beschäftigung in der WfB von monatlich 1 250 € und die Fahrtkosten für den arbeitstäglichen Transport zur WfB von monatlich 100 € trägt der Sozialhilfeträger im Rahmen der Eingliederungshilfe. Der Sohn bezieht daneben eine Rente wegen voller Erwerbsminderung aus der gesetzlichen Rentenversicherung von monatlich 300 €, wovon nach Abzug eines Eigenanteils zur gesetzlichen Kranken- und Pflegeversicherung der Rentner in Höhe von 20 € noch 280 € ausgezahlt werden. Außerdem erhält er eine private Rente von monatlich 270 €. Der Ertragsanteil der Renten beträgt 50 und 49 %. Der Steuerpflichtige macht einen Aufwand für Fahrten (3 000 km im Jahr) glaubhaft, für die kein Kostenersatz geleistet wird. Der Sohn beansprucht freies Mittagessen in der Werkstatt. Er hat keinen Anspruch auf Pflegegeld.*

Ermittlung des gesamten notwendigen Lebensbedarfs für den VZ 2014:

Grundbedarf (§ 32 Abs. 4 Satz 2 Nr. 1 EStG)		8 354 €
Behinderungsbedingter Mehrbedarf:		
Kosten der Beschäftigung in der WfB (1 250 € x 12)	15 000 €	
im Grundbedarf enthaltene Verpflegung, ermittelt nach SvEV (86 € x 12)	– 1 080 €	
	13 920 €	
Fahrtbedarf (WfB – Elternhaus) (100 € x 12)	1 200 €	
darüber hinaus bestehender Fahrtbedarf (3.000 km x 0,30 €)	900 €	
pauschaler behinderungsbedingter Mehrbedarf in Höhe des Pauschbetrags für behinderte Menschen (§ 33b Abs. 3 EStG)	3 700 €	19 720 €
Gesamter notwendiger Lebensbedarf		28 074 €

Ermittlung der eigenen Mittel des Kindes:

Einkünfte:		
Keine Einkünfte aus nichtselbständiger Arbeit, da das Arbeitsentgelt (75 € x 12 = 900 €) nicht den Arbeitnehmer-Pauschbetrag nach § 9a EStG übersteigt.		
Besteuerungsanteil der Rente wegen voller Erwerbsminderung		
(50 % von 3 360 €)		1 680 €
(Anmerkung: Sozialversicherungsbeiträge bleiben für die Berechnung der eigenen Mittel unberücksichtigt, → A 18.4 Abs. 2 Satz 3 i. V. m. A 18.5 Satz 2 DA-KG 2014:		
Ertragsanteil der privaten Rente (49 % von 3 240 €)	1 587 €	
Werbungskosten-Pauschbetrag	– 102 €	3 165 €
Steuerfreie Einnahmen/Leistungen Dritter		
Rente wegen voller Erwerbsminderung, soweit Ertragsanteil übersteigend		1 680 €

§ 32

Private Rente, soweit Ertragsanteil übersteigend	1 653 €	
Eingliederungshilfe	15 000 €	
Fahrtkostenübernahme durch Sozialhilfeträger	1 200 €	
Kostenpauschale (R 33a.1 Abs.3 Satz 5 EStR)	– 180 €	19 353 €
Summe der eigenen Mittel		**22 518 €**

Der Sohn verfügt nicht über die für die Bestreitung seines notwendigen Lebensbedarfs erforderlichen Mittel. Er ist außerstande, sich selbst zu unterhalten und deshalb steuerlich zu berücksichtigen.

B. Die 25-jährige Tochter (Grad der Behinderung 100, gesundheitliches Merkzeichen „H") eines Steuerpflichtigen ist vollstationär in einer Einrichtung für behinderte Menschen untergebracht. An Wochenenden und während ihres Urlaubs hält sie sich im Haushalt des Steuerpflichtigen auf. Die Kosten für die Unterbringung in der Einrichtung (Eingliederungshilfe) von jährlich 30 000 € tragen der Sozialhilfeträger im Rahmen der Eingliederungshilfe in Höhe von 27 000 € und die Pflegeversicherung in Höhe von 3 000 €. Der Sozialhilfeträger zahlt der Tochter ferner ein monatliches Taschengeld von 100 € und eine monatliche Bekleidungspauschale von 50 € und wendet für die Fahrten zwischen Elternhaus und Einrichtung jährlich 600 € auf. Für die Zeit des Aufenthalts im elterlichen Haushalt erhält die Tochter ein monatliches Pflegegeld von 225 €. In diesen Zeiträumen erbringen die Eltern durchschnittlich monatlich 10 Stunden persönliche Betreuungsleistungen, die vom Pflegegeld nicht abgedeckt und nach amtsärztlicher Bescheinigung unbedingt erforderlich sind. Sie leisten einen monatlichen Kostenbeitrag an den Sozialhilfeträger von 31 € (§ 94 Abs. 2 SGB XII).

Ermittlung des gesamten notwendigen Lebensbedarfs für den VZ 2014:

Grundbedarf (§ 32 Abs. 1 Satz 2 Nr. 1 EStG)		8 354 €
Behinderungsbedingter Mehrbedarf:		
Kosten des Platzes in der Einrichtung	30 000 €	
Im Grundbedarf enthaltene Verpflegung, ermittelt nach der SvEV (224 € x 12)	– 2 748 €	
	27 252 €	
Fahrtbedarf (Einrichtung – Elternhaus)	600 €	
Vom Pflegegeld abgedeckter Pflegebedarf (225 € x 12)	2 700 €	
Betreuungsleistungen der Eltern (10 Stunden x 12 x 8 €)	960 €	31 512 €
Gesamter notwendiger Lebensbedarf		**39 866 €**

Ermittlung der eigenen Mittel des Kindes:

Eingliederungshilfe (Kostenbeitrag in Höhe von 12 x 31 € ist abgezogen)	26 628 €
Leistung nach § 43a SGB XI (Abgeltung der Pflege in vollstationären Einrichtungen der Behindertenhilfe)	3 000 €
Taschengeld (100 € x 12)	1 200 €
Bekleidungspauschale (50 € x 12)	600 €
Fahrtkostenübernahme durch Sozialhilfeträger	600 €
Pflegegeld (225 € x 12):	2 700 €
Kostenpauschale (R 33a. 1 Abs. 3 Salz 5 EStR)	– 180 €
Summe der eigenen Mittel	**34 548 €**

Ein pauschaler behinderungsbedingter Mehraufwand in Höhe des Pauschbetrags für behinderte Menschen nach § 33b Abs. 3 EStG kann nicht zusätzlich angesetzt werden, weil der Ansatz der Kosten bei vollstationärer Unterbringung einem Einzelnachweis entspricht.

Die Tochter ist außerstande, sich selbst zu unterhalten. Es kommen die Freibeträge gemäß § 32 Abs. 6 Satz 1 EStG zum Abzug.

Nachweis der Behinderung

→ A 18.2 Abs. 1 DA-KG 2014 (BStBl. 2014 I S. 918):

„*Den Nachweis einer Behinderung kann der Berechtigte erbringen:*
1. *bei einer Behinderung, deren Grad auf mindestens 50 festgestellt ist, durch einen Ausweis nach dem SGB IX oder durch einen Bescheid der nach § 69 Abs. 1 SGB IX zuständigen Behörde,*
2. *bei einer Behinderung, deren Grad auf weniger als 50, aber mindestens 25 festgestellt ist,*
   a) *durch eine Bescheinigung der nach § 69 Abs. 1 SGB IX zuständigen Behörde auf Grund eines Feststellungsbescheids nach § 63 Abs. 1 des SGB IX, die eine Äußerung darüber enthält, ob die Behinderung zu einer dauernden Einbuße der körperlichen Beweglichkeit geführt hat oder auf einer typischen Berufskrankheit beruht,*
   b) *wenn dem Kind wegen seiner Behinderung nach den gesetzlichen Vorschriften Renten oder andere laufende Bezüge zustehen, durch den Rentenbescheid oder einen entsprechenden Bescheid,*
3. *bei einer Einstufung als schwerstpflegebedürftige Person in Pflegestufe III nach dam SGB XI oder diesem entsprechenden Bestimmungen durch den entsprechenden Bescheid.*

Der Nachweis der Behinderung kann auch in Form einer Bescheinigung bzw. eines Zeugnisses des behandelnden Arztes oder eines ärztlichen Gutachtens erbracht werden (BFH vom 16.4.2002 – BStBl. II S. 738). Aus der Bescheinigung bzw. dem Gutachten muss Folgendes hervorgehen:

– *Umfang der Behinderung,*

– *Beginn der Behinderung, soweit das Kind das 25. Lebensjahr vollendet hat, und*

– *Auswirkungen der Behinderung auf die Erwerbsfähigkeit des Kindes,*

Für ein Kind, das wegen seiner Behinderung bereits länger als ein Jahr in einer Kranken- oder Pflegeeinrichtung untergebracht ist, genügt eine Bestätigung des für diese Einrichtung zuständigen Arztes hierüber; die Bescheinigung ist nach spätestens fünf Jahren zu erneuern."

Suchtkrankheiten

Suchtkrankheiten können Behinderungen darstellen (→ BFH vom 16.4.2002 – BStBl. 2002 II S. 738).

Ursächlichkeit der Behinderung

→ *A 18.3 DA-KG 2014 (BStBl. 2014 I S. 918):*

„*(1) Beträgt der Grad der Behinderung weniger als 50 und treten keine besonderen Umstände hinzu, die einer Erwerbstätigkeit auf dem allgemeinen Arbeitsmarkt entgegenstehen, ist die Behinderung grundsätzlich als nicht ursächlich für die mangelnde Fähigkeit zum Selbstunterhalt anzusehen. Es ist unbeachtlich, ob die mögliche Erwerbstätigkeit dem behinderten Menschen nach seinem derzeitigen Bildungs- und Ausbildungsstand zugemutet werden kann. Allein die Feststellung eines sehr hohen Grades der Behinderung rechtfertigt die Annahme der Ursächlichkeit nicht.*

(2) Die Ursächlichkeit der Behinderung für die Unfähigkeit des Kindes, sich selbst zu unterhalten, kann grundsätzlich angenommen werden, wenn:

– *der Grad der Behinderung 50 oder mehr beträgt und besondere Umstände hinzutreten, aufgrund derer eine Erwerbstätigkeit unter den üblichen Bedingungen des allgemeinen Arbeitsmarktes ausgeschlossen erscheint. Als besondere Umstände gelten z. B.*

– *Unterbringung in einer Werkstatt für behinderte Menschen,*

– *Bezug von Leistungen der Grundsicherung im Alter und bei Erwerbsminderung nach dem SGB XII oder*

– *die Fortdauer einer Schul- oder Berufsausbildung eines Kindes aufgrund seiner Behinderung über das 25. Lebensjahr hinaus,*

– *im Ausweis über die Eigenschaft als schwerbehinderter Mensch oder im Feststellungsbescheid das Merkmal „H" (hilflos) eingetragen ist,*

– *eine volle Erwerbsminderungsrente gegenüber dem Kind bewilligt ist oder eine dauerhafte volle Erwerbsminderung nach § 45 SGB XII festgestellt ist.*

Dem Merkzeichen „H" steht die Einstufung als schwerstpflegebedürftig in Pflegestufe III nach dem SGB XI oder diesem entsprechenden Bestimmungen gleich. Die Einstufung als schwerstpflegebedürftig ist durch Vorlage des entsprechenden Bescheides nachzuweisen.

(3) Wird der Nachweis der Behinderung gem. A 18.2 Abs. 1 Satz 2 geführt oder bestehen Zweifel an der Ursächlichkeit der Behinderung, ist eine Stellungnahme der Reha/SB-Stelle der Agentur

für Arbeit darüber einzuholen, ob die Voraussetzungen für eine Mehrfachanrechnung gem. § 76 Abs. 1 oder Abs. 2 SGB IX erfüllt sind oder ob das Kind nach Art und Umfang seiner Behinderung in der Lage ist, eine arbeitslosenversicherungspflichtige, mindestens 15 Stunden wöchentlich umfassende Beschäftigung unter den üblichen Bedingungen des für ihn in Betracht kommenden Arbeitsmarktes auszuüben. Liegen die Voraussetzungen für eine Mehrfachanrechnung vor, ist das Kind zu berücksichtigen, auch wenn es eine Erwerbstätigkeit von mehr als 15 Stunden wöchentlich ausüben könnte. Ist das Kind nicht in der Lage eine mindestens 15 Stunden wöchentlich umfassende Beschäftigung unter den üblichen Bedingungen des für ihn in Betracht kommenden Arbeitsmarktes auszuüben, kann unterstellt werden, dass die Ursächlichkeit der Behinderung gegeben ist. Für die Anfrage ist der Vordruck „Kindergeld für ein behindertes Kind" nach dem vom BZSt vorgegebenen Muster (siehe www.bzst.de) zu verwenden. Der Feststellungsbescheid und ggf. vorhandene ärztliche Bescheinigungen sind beizufügen. Ist der Reha/SB-Stelle der Agentur für Arbeit mangels hinreichender Unterlagen eine Stellungnahme nicht möglich, teilt sie dies auf der Rückseite des Vordrucks „Kindergeld für ein behindertes Kind" der Familienkasse mit. In diesem Fall ist der Antrag stellenden Person unter Verwendung des Vordrucks „Kindergeld für ein behindertes Kind – Beteiligung des Ärztlichen Dienstes bzw. Berufspsychologischen Services der Agentur für Arbeit" nach dem vom BZSt vorgegebenen Muster (siehe www.bzst.de) vorzuschlagen, das Kind durch den Ärztlichen Dienst bzw. Berufspsychologischen Services der Agentur für Arbeit begutachten zu lassen. Dabei ist er auf die Rechtsfolgen der Nichtfeststellbarkeit der Anspruchsvoraussetzungen hinzuweisen. Sofern der Berechtigte innerhalb der gesetzten Frist nicht widerspricht, leitet die Familienkasse erneut eine Anfrage der Reha/SB-Stelle zu, die ihrerseits die Begutachtung durch den Ärztlichen Dienst und ggf. den Berufspsychologischen Service veranlasst. Das Gutachten ist an die Reha/SB-Stelle zu senden, damit diese die Anfrage der Familienkasse beantworten kann. Das Gutachten verbleibt bei der Reha/SB-Stelle. Erscheint das Kind ohne Angaben von Gründen nicht zur Begutachtung, gibt der Ärztliche Dienst/Berufspsychologische Service die Unterlagen an die Reha/SB-Stelle zurück, die ihrerseits die Familienkasse unterrichtet. Wird die Begutachtung verweigert, so ist der Antrag abzulehnen. Zur Überprüfung der Festsetzung vgl. A 18.1 Abs. 5 und 6.

(4) Die Behinderung muss nicht die einzige Ursache dafür sein, dass das Kind außerstande ist, sich selbst zu unterhalten. Eine Mitursächlichkeit ist ausreichend, wenn ihr nach den Gesamtumständen des Einzelfalls erhebliche Bedeutung zukommt (BFH vom 19.11.2008 – BStBl. 2010 II S. 1057). Die Prüfung der Mitursächlichkeit kommt in den Fällen zum Tragen, in denen das Kind grundsätzlich in der Lage ist, einer Erwerbstätigkeit auf dem allgemeinen Arbeitsmarkt auszuüben (d. h. eine mindestens 15 Stunden wöchentlich umfassende Beschäftigung), die Behinderung der Vermittlung einer Arbeitsstelle jedoch entgegensteht. Eine allgemein ungünstige Situation auf dem Arbeitsmarkt oder andere Umstände (z. B. mangelnde Mitwirkung bei der Arbeitsvermittlung, Ablehnung von Stellenangeboten), die zur Arbeitslosigkeit des Kindes führen, begründen hingegen keine Berücksichtigung nach § 32 Abs. 4 Satz 1 Nr. 3 EStG. Auch wenn das Kind erwerbstätig ist, kann die Behinderung mitursächlich sein. Ist das Kind trotz seiner Erwerbstätigkeit nicht in der Lage, seinen notwendigen Lebensbedarf zu bestreiten (vgl. A 18.4), ist im Einzelfall zu prüfen, ob die Behinderung für die mangelnde Fähigkeit zum Selbstunterhalt mitursächlich ist (BFH vom 15.3.2012 – BStBl. II S. 892).

EStR 2012 zu § 32 EStG

R 32.10 Erwerbstätigkeit
– unbesetzt –

Hinweise

H 32.10 Ausschluss von Kindern auf Grund einer Erwerbstätigkeit

→ A 19 DA-KG 2014 (BStBl. 2014 I S. 918):

„A 19.1 Allgemeines

(1) Ein über 18 Jahre altes Kind, das eine erstmalige Berufsausbildung oder ein Erststudium abgeschlossen hat und

– weiterhin für einen Beruf ausgebildet wird (§ 32 Abs. 4 Satz 1 Nr. 2 Buchst. a EStG),
– sich in einer Übergangszeit befindet (§ 32 Abs. 4 Satz 1 Nr. 2 Buchst. b EStG),

- seine Berufsausbildung mangels Ausbildungsplatz nicht beginnen oder fortsetzen kann (§ 32 Abs. 4 Satz 1 Nr. 2 Buchst. c EStG) oder
- einen Freiwilligendienst leistet (§ 32 Abs. 4 Satz 1 Nr. 2 Buchst d EStG),

wird nach § 32 Abs. 4 Satz 2 EStG nur berücksichtigt, wenn es keiner anspruchsschädlichen Erwerbstätigkeit i. S. d. § 32 Abs. 4 Satz 3 EStG nachgeht (vgl. DA 63,4,3). Dies gilt auch, wenn die erstmalige Berufsausbildung vor Vollendung des 18. Lebensjahres abgeschlossen worden ist.

(2) Die Einschränkung des § 32 Abs. 4 Satz 2 EStG gilt nicht für Kinder ohne Arbeitsplatz i. S. v. § 32 Abs. 4 Satz 1 Nr. 1 EStG (vgl. DA 63.3.1) und behinderte Kinder i. S. d. § 32 Abs, 4 Satz 1 Nr. 3 EStG (vgl. DA 63.3.6).

A 19.2 Erstmalige Berufsausbildung und Erststudium

A 19.2.1 Berufsausbildung nach § 32 Abs. 4 Satz 2 EStG

(1) Eine Berufsausbildung i. S. d. § 32 Abs. 4 Satz 2 EStG liegt vor, wenn das Kind durch eine berufliche Ausbildungsmaßnahme die notwendigen fachlichen Fertigkeiten und Kenntnisse erwirbt, die zur Aufnahme eines Berufs befähigen. Voraussetzung ist, dass der Beruf durch eine Ausbildung in einem öffentlich-rechtlich geordneten Ausbildungsgang erlernt wird (BFH vom 6.3.1992 – BStBl. II S. 661) und der Ausbildungsgang durch eine Prüfung abgeschlossen wird. Das Tatbestandsmerkmal „Berufsausbildung" nach § 32 Abs. 4 Satz 2 EStG ist enger gefasst als das Tatbestandsmerkmal „für einen Beruf ausgebildet werden" nach § 32 Abs. 4 Satz 1 Nr. 2 Buchst. a EStG (vgl. DA 63.3.2). Es handelt sich bei einer „Berufsausbildung" i. S. v. Satz 2 stets auch um eine Maßnahme, in der das Kind nach Satz 1 „für einen Beruf ausgebildet wird". Jedoch ist nicht jede allgemein berufsqualifizierende Maßnahme gleichzeitig auch eine „Berufsausbildung". Der Abschluss einer solchen Maßnahme (z. B. der Erwerb eines Schulabschlusses, ein Volontariat oder ein freiwilliges Berufspraktikum) führt nicht bereits dazu, dass ein Kind, das im Anschluss weiterhin die Anspruchsvoraussetzungen nach § 32 Abs. 4 Satz 1 Nr. 2 EStG erfüllt, nur noch unter den weiteren Voraussetzungen der Sätze 2 und 3 berücksichtigt wird.

Beispiel:

Nach dem Abitur absolvierte ein 20-jähriges Kind ein Praktikum. Danach kann es eine Berufsausbildung mangels Ausbildungsplatz nicht beginnen und geht zur Überbrückung des Zeitraums zwischen Praktikum und Berufsausbildung einer Erwerbstätigkeit nach (30 Wochenstunden).

In der Zeit zwischen Praktikum und Beginn der Berufsausbildung erfüllt das Kind den Grundtatbestand des § 32 Abs. 4 Satz 1 Nr. 2 Buchst. c EStG. § 32 Abs. 4 Satz 2 und 3 EStG ist nicht einschlägig, da das Praktikum zwar das Tatbestandsmerkmal des § 32 Abs. 4 Satz 1 Nr. 2 Buchst a EStG („für einen Beruf ausgebildet werden") erfüllt, jedoch keine „Berufsausbildung" i. S. d. § 32 Abs. 4 Satz 2 EStG darstellt. Der Kindergeldanspruch besteht somit unabhängig davon, wie viele Stunden das Kind In der Woche arbeitet.

(2) Zur Berufsausbildung zählen insbesondere:

1. Berufsausbildungsverhältnisse gem. § 1 Abs. 3, §§ 4 bis 52 BBiG. Der erforderliche Abschluss besteht hierbei in der erfolgreich abgelegten Abschlussprüfung i. S. d. § 37 BBiG. Gleiches gilt, wenn die Abschlussprüfung nach § 43 Abs. 2 BBiG ohne ein Ausbildungsverhältnis auf Grund einer entsprechen den schulischen Ausbildung abgelegt wird, die gem. den Voraussetzungen des § 43 Abs. 2 BBiG als im Einzelnen gleichwertig anerkannt ist;
2. mit Berufsausbildungsverhältnissen vergleichbare betriebliche Ausbildungsgänge außerhalb des Geltungsbereichs des BBiG (zurzeit nach der Schiffsmechanlker-Ausbildungsverordnung);
3. die Ausbildung auf Grund der bundes- oder landesrechtlichen Ausbildungsregelungen für Berufe im Gesundheits- und Sozialwesen;
4. landesrechtlich geregelte Berufsabschlüsse an Berufsfachschulen;
5. die Berufsausbildung behinderter Manschen in anerkannten Berufsausbildungsberufen oder auf Grund von Regelungen der zuständigen Stellen in besonderen „Behinderten-Ausbildungsberufen" und
6. die Berufsausbildung in einem öffentlich-rechtlichen Dienstverhältnis sowie die Berufsausbildung auf Kauffahrtschiffen, die nach dem Flaggenrechtsgesetz die Bundesflagge-

führen, soweit es sich nicht um Schiffe der kleinen Hochseefischerei und der Küstenfischerei handelt.

7. *Maßnahme zur Behebung von amtlich festgestellten Unterschieden zwischen einem im Ausland erworbenen Berufsabschluss und einem entsprechenden im Inland geregelten Berufsabschluss, z. B. Anpassungslehrgänge nach § 11 Berufsqualifikationsfeststellungsgesetz Informationen zur Anerkennung ausländischer Berufsqualifikationen (z. B. zu den zuständigen Stellen) sind unter www.anerkennung-in-deutschland.de und www.bq-portal.de zu finden.*

(3) Von Abs. 2 nicht erfasste Bildungsmaßnahmen werden einer Berufsausbildung i. S. d. § 32 Abs. 4 Satz 2 EStG gleichgestellt, wenn sie dem Nachweis einer Sachkunde dienen, die Voraussetzung zur Aufnahme einer fest umrissenen beruflichen Betätigung ist. Die Ausbildung muss in einem geordneten Ausbildungsgang erfolgen und durch eine staatliche oder staatlich anerkannte Prüfung abgeschlossen werden. Der erfolgreiche Abschluss der Prüfung muss Voraussetzung für die Aufnahme der beruflichen Betätigung sein. Die Ausbildung und der Abschluss müssen von Umfang und Qualität der Ausbildungsmaßnahmen und Prüfungen her grundsätzlich mit den Anforderungen vergleichbar sein, die bei Berufsausbildungsmaßnahmen i. S. d. Abs. 2 gestellt werden. Dazu gehört z. B. die Ausbildung zu Berufspiloten auf Grund der JAR-FCL 1 deutsch vom 15.4.2003, BAnz 2003 Nr. 60a.

(4) Abs. 1 bis 3 gelten entsprechend für Berufsausbildungen im Ausland, deren Abschlüsse inländischen Abschlüssen gleichgestellt sind bei Abschlüssen aus einem Mitgliedstaat der EU oder des EWR oder der Schweiz ist i. d. R. davon auszugehen, dass diese gleichgestellt sind.

A 19.2.2 Erstmalige Berufsausbildung

(1) Die Berufsausbildung ist als erstmalige Berufsausbildung anzusehen, wenn ihr keine andere abgeschlossene Berufsausbildung bzw. kein abgeschlossenes Hochschulstudium vorausgegangen ist. Wird ein Kind ohne entsprechende Berufsausbildung in einem Beruf tätig und führt es die zugehörige Berufsausbildung nachfolgend durch (nachgeholte Berufsausbildung), handelt es sich dabei um eine erstmalige Berufsausbildung,

(2) Eine erstmalige Berufsausbildung ist abgeschlossen, wenn sie zur Aufnahme eines Berufs befähigt. Das gilt auch, wenn sich daran eine darauf aufbauende weitere Ausbildung anschließt (z. B. bestandene Verkäuferprüfung gefolgt von einer Ausbildung zum Einzelhandelskaufmann, oder Meisterausbildung nach abgeschlossener Gesellenprüfung).

(3) Maßnahmen nach A 19.2.1 Abs. 2 Nr. 7 sind ab Teil der im Ausland erfogten Berufsausbildung anzusehen.

A 19.2.3 Erststudium

(1) Ein Studium i. S. d. § 32 Abs. 4 Satz 2 EStG liegt vor, wenn es an einer Hochschule i. S. d. § 1 HRG absolviert wird. Hochschulen i. S. dieser Vorschrift sind Universitäten, Pädagogische Hochschulen, Kunsthochschulen, Fachhochschulen und sonstige Einrichtungen des Bildungswesens, die nach Landesrecht staatliche Hochschulen sind. Gleichgestellt sind private und kirchliche Bildungseinrichtungen sowie Hochschulen des Bundes, die nach Landesrecht als Hochschule anerkannt werden (§ 70 HRG). Nach Landesrecht kann vorgesehen werden, dass bestimmte an Berufsakademien oder anderen Ausbildungseinrichtungen erfolgreich absolvierte Ausbildungsgänge einem abgeschlossenen Studium an einer Fachhochschule gleichwertig sind und die gleichen Berechtigungen verleihen, auch wenn es sich bei diesen Ausbildungseinrichtungen nicht um Hochschulen i. S. d. § 1 HRG handelt. Studien können auch als Fernstudien durchgeführt werden (§ 13 HRG).

(2) Ein Studium stellt ein Erststudium i. S. d. § 32 Abs. 4 Satz 2 EStG dar, wenn es sich um eine Erstausbildung handelt. Es darf ihm kein anderes durch einen berufsqualifizierenden Abschluss beendetes Studium bzw. keine andere abgeschlossene nicht akademische Berufsausbildung i. S. v. A 19.2.1 und A 19.2.2 vorangegangen sein. Dies gilt auch in den Fällen, in denen während eines Studiums eine Berufsausbildung abgeschlossen wird, unabhängig davon, ob die beiden Ausbildungen sich inhaltlich ergänzen.

(3) Bei einem Wechsel des Studiums ohne Abschluss des zunächst betriebenen Studiengangs stellt das zunächst aufgenommene Studium kein abgeschlossenes Erststudium dar. Bei einer Unterbrechung eines Studiengangs ohne einen berufsqualifizierenden Abschluss und seiner späteren Weiterführung stellt der der Unterbrechung vorangegangene Studienteil kein abgeschlossenes Erststudium dar.

(4) Postgraduale Zusatz-, Ergänzungs- und Aufbaustudien i. S. d. § 12 HRG setzen den Abschluss eines Studiums voraus und stellen daher kein Erststudium dar.

(5) Studien- und Prüfungsleistungen an ausländischen Hochschulen, die zur Führung eines ausländischen akademischen Grades berechtigen, der nach § 20 HRG in Verbindung mit dem Recht des Landes, in dem der Gradinhaber seinen Wohnsitz oder gewöhnlichen Aufenthalt hat, anerkannt wird, sowie Studien- und Prüfungsleistungen, die von Staatsangehörigen eines Mitgliedstaats der EU oder von Vertragstaaten des EWR oder der Schweiz an Hochschulen dieser Staaten erbracht werden, sind nach diesen Grundsätzen inländischen Studien- und Prüfungsleistungen gleichzustellen. Für die Gleichstellung von Studien- und Prüfungsleistungen werden die in der Datenbank „anabin" (www.anabin.de) der Zentralstelle für ausländisches Bildungswesen beim Sekretariat der Kultusministarkonferenz aufgeführten Bewertungsvorschläge zugrunde gelegt.

A 19.2.4 Abschluss eines Erststudiums

(1) Ein Studium wird i. d. R. durch eine Prüfung abgeschlossen (§§ 15, 16 HRG). Mit bestandener Prüfung wird i. d. R. ein Hochschulgrad verliehen. Hochschulgrade sind u. a. der Diplom-, Magister-, Bachelor- oder Mastergrad. Zwischenprüfungen stellen keinen Abschluss eines Studiums I. S. d. § 32 Abs. 4 Satz 2 EstG dar.

(2) Die von den Hochschulen angebotenen Studiengänge führen in der Regel zu einem berufsqualifizierenden Abschluss (§ 10 Abs. 1 Satz 1 HRG), im Zweifel ist davon auszugehen, dass die entsprechenden Prüfungen berufsqualifizierend sind.

(3) Nach § 19 Abs. 2 HRG ist der Bachelor- oder Bakkalaureusgrad einer inländischen Hochschule ein berufsqualifizierender Abschluss. Daraus folgt, dass der Abschluss eines Bachelorstudiengangs den Abschluss eines Erststudiums darstellt und ein nachfolgender Studiengang als weiteres Studium anzusehen ist Dies gilt auch, wenn ein Masterstudium i. S. d. § 19 HRG auf einem Bachelorstudiengang aufbaut (konsekutives Masterstudium).

(4) Werden zwei (oder ggf. mehrere) Studiengänge parallel studiert, die zu unterschiedlichen Zeiten abgeschlossen werden, stellt der nach dem berufsqualifizierenden Abschluss eines Studienganges weiter fortgesetzte Studiengang vom Zeitpunkt dieses Abschlusses an kein Erststudium mehr dar.

(5) Als berufsqualifizierender Studienabschluss gilt auch der Abschluss eines Studiengangs, durch den die fachliche Eignung für einen beruflichen Vorbereitungsdienst oder eine berufliche Einführung vermittelt wird (§ 10 Abs. 1 Satz 2 HRG). Dazu zählt Insbesondere der Vorbereitungsdienst der Rechts- oder Lehramtsreferendare.

A 19.3 Anspruchsunschädliche Erwerbstätigkeit

Nach Abschluss einer erstmaligen Berufsausbildung oder eines Erststudiums wird ein Kind in den Fällen des §32 Abs. 4 Satz 1 Nr. 2 EStG nur berücksichtigt, wenn es keiner anspruchsschädlichen Erwerbstätigkeit nachgeht. Ein Kind ist erwerbstätig, wenn es einer auf die Erzielung von Einkünften gerichteten Beschäftigung nachgeht, die den Einsatz seiner persönlichen Arbeitskraft erfordert (BFH vom 16.5.1975 – BStBl. II S. 537). Das ist der Fall bei einem Kind, das eine nichtselbständige Tätigkeit, eine land- und forstwirtschaftliche, eine gewerbliche oder eine selbständige Tätigkeit ausübt. Keine Erwerbstätigkeit ist insbesondere:

- *ein Au-Pair-Verhältnis,*
- *die Verwaltung eigenen Vermögens.*

Anspruchsunschädlich nach § 32 Abs, 4 Satz 3 EstG ist

- *eine Erwerbstätigkeit mit bis zu 20 Stunden regelmäßiger wöchentlicher Arbeitszeit (vgl. A 19.3.3),*
- *ein Ausbildungsdienstverhältnis (vgl. DA 63.4.3.2) oder*
- *ein geringfügiges Beschäftigungsverhältnis i. S. d. §§ 8 und 8a SGB IV (vgl. DA 63.4.3.3).*

Eine Erwerbstätigkeit im Rahmen eines geregelter Freiwilligendienstes nach § 32 Abs. 4 Satz 1 Nr. 2 Buchst. d EStG ist unschädlich.

A 19.3.1 Regelmäßige wöchentliche Arbeitszeit bis zu 20 Stunden

(1) Unschädlich für den Kindergeldanspruch ist eine Erwerbstätigkeit, wenn die regelmäßige wöchentliche Arbeitszeit insgesamt nicht mehr als 20 Stunden beträgt. Bei der Ermittlung der regelmäßigen wöchentlichen Arbeitszeit ist grundsätzlich die individuell vertraglich vereinbarte Arbeitszeit zu Grunde zu legen. Es sind nur Zeiträume ab dem Folgemonat nach Abschluss einer erstmaligen Berufsausbildung bzw. eines Erststudiums einzubeziehen.

(2) Eine vorübergehende (höchstens zwei Monate andauernde) Ausweitung der Beschäftigung auf mehr als 20 Stunden ist unbeachtlich, wenn während des Zeitraumes innerhalb eines Ka-

lenderjahres, in dem einer der Grundtatbestände des § 32 Abs. 4 Satz 1 Nr. 2 EStG erfüllt ist, die durchschnittliche wöchentliche Arbeitszeit nicht mehr als 20 Stunden beträgt. Durch einen Jahreswechsel wird eine vorübergehende Ausweitung nicht unterbrochen. Bei der Ermittlung der durchschnittlichen wöchentlichen Arbeitszeit sind nur volle Kalenderwochen mit gleicher Arbeitszeit anzusetzen.

Beispiel:
Die Tochter eines Berechtigten schließt nach dem Abitur ein Bachelorstudium ab und beginnt im Oktober 2013 mit dem Masterstudium. Gem. vertraglicher Vereinbarung ist sie ab dem 1. April 2014 mit einer wöchentlichen Arbeitszeit von 20 Stunden als Bürokraft beschäftigt: In den Semesterferien arbeitet sie – auf Grund einer zusätzlichen vertraglichen Vereinbarung – vom 1. August bis zur Kündigung am 30. September 2014 in Vollzeit mit 40 Stunden wöchentlich. Im Oktober 2014 vollendet sie Ihr 25. Lebensjahr.

Somit ergeben sich folgende Arbeitszeiten pro voller Woche:

vom 1. April bis 31.Juli 2014
(16 Wochen und 10 Tage):   *20 Stunden pro Woche*
vom 1. August bis 30. September 2014
(8 Wochen und 5 Tage):   *40 Stunden pro Woche*
(= Ausweitung der Beschäftigung)

Die durchschnittliche wöchentliche Arbeitszeit beträgt 15,2 Stunden; Berechnung:

$$\frac{(16 \text{ Wochen} \times 20 \text{ Std.}) + (8 \text{ Wochen} \times 40 \text{ Std.})}{42 \text{ Wochen}} = 15{,}2 \text{ Std.}$$

Das Kind ist aufgrund des Studiums bis einschließlich Oktober 2014 nach § 32 Abs. 4 Satz 1 Nr. 2 Buchst. a EStG zu berücksichtigen. Das Studium wird jedoch nach Abschluss eines Erststudiums durchgeführt, so dass das Kind nach § 32 Abs. 4 Satz 2 und 3 EStG nur berücksichtigt werden kann, wenn die ausgeübte Erwerbstätigkeit anspruchsunschädlich ist. Da die Ausweitung der Beschäftigung des Kindes lediglich vorübergehend ist und gleichzeitig während des Vorliegens des Grundtatbestandes nach § 32 Abs. 4 Salz 1 Nr. 2 EStG die durchschnittliche wöchentliche Arbeitszeit 20 Stunden nicht übersteigt, ist die Erwerbstätigkeit anspruchsunschädlich. Das Kind ist von Januar bis einschließlich Oktober 2014 zu berücksichtigen.

Variante:
Würde das Kind während der Semesterferien dagegen vom 16. Juli bis 25. September 2012 (= mehr als zwei Monate) vollzeiterwerbstätig sein, wäre die Ausweitung der Erwerbstätigkeit nicht nur vorübergehend und damit diese Erwerbstätigkeit als anspruchsschädlich einzustufen. Dies gilt unabhängig davon, dass auch hier die durchschnittliche wöchentliche Arbeitszeit 20 Stunden nicht überschritten würde. Das Kind könnte demnach für den Monat August 2012 nicht berücksichtigt werden (vgl. auch DA 63.4.4)

(3) Führt eine vorübergehende (höchstens zwei Monate andauernde) Ausweitung der Beschäftigung auf über 20 Wochenstunden dazu, dass die durchschnittliche wöchentliche Arbeitszeit insgesamt mehr als 20 Stunden beträgt, ist der Zeitraum der Ausweitung anspruchsschädlich, nicht der gesamte Zeltraum der Erwerbstätigkeit.

Beispiel:
Ein Kind befindet sich während des gesamten Kalenderjahres 2012 im Studium. Diesem ist eine abgeschlossene Berufsausbildung vorausgegangen. Neben dem Studium übt das Kind ganzjährig eine Beschäftigung mit einer vertraglich vereinbarten Arbeitszeit von 20 Stunden wöchentlich aus. In der vorlesungsfreien Zeit von Juli bis August weitet das Kind seine wöchentliche Arbeitszeit vorübergehend auf 40 Stunden aus. Ab September beträgt die wöchentliche Arbeitszeit wieder 20 Stunden. Durch die vorübergehende Ausweitung seiner Arbeitszeit erhöht sich die durchschnittliche wöchentliche Arbeitszeit des Kindes auf über 20 Stunden. Aus diesem Grund ist der Zeitraum der Ausweitung als anspruchsschädlich anzusehen. Für die Monate Juli und August entfällt daher nach § 32 Abs. 4 Satz 2 und 3 EStG der Anspruch.

(4) Mehrere nebeneinander ausgeübte Tätigkeiten (z. B. eine Erwerbstätigkeit nach Abs. 1 Satz 1 und eine geringfügige Beschäftigung nach DA 63.4.3.3) sind anspruchsunschädlich, wenn dadurch insgesamt die 20-Stunden-Grenze des § 32 Abs. 4 Satz 3 EStG nicht überschritten

wird. Hingegen ist eine innerhalb eines Ausbildungsdienstverhältnisses erbrachte Erwerbstätigkeit außer Betracht zu lassen.

A 19.3.2 Ausbildungsdienstverhältnis

(1) Die Erwerbstätigkeit im Rahmen eines Ausbildungsdienstverhältnisses ist stets anspruchsunschädlich. Ein solches liegt vor, wenn die Ausbildungsmaßnahme Gegenstand des Dienstverhältnisses ist (vgl. R 9.2 LStR 2011[1]) und H 9.2 „Ausbildungsdienstverhältnis" LStH 2014). Hierzu zählen z. B.

- *die Berufsausbildungsverhältnisse gemäß § 1 Abs. 3, §§ 4 bis 52 BBiG,*
- *ein Praktikum bzw. ein Volontariat, bei dem die Voraussetzungen nach A 14.8 bzw. A 14.6 Abs. 3 vorliegen,*
- *das Referendariat bei Lehramtsanwärtern und Rechtsreferendaren zur Vorbereitung auf das zweite Staatsexamen,*
- *duale Studiengänge (siehe aber Abs. 2),*
- *das Dienstverhältnis von Beamtenanwärtern und Aufstiegsbeamten,*
- *das Dienstverhältnis eines Berufssoldaten während des Studiums an einer Bundeswehrhochschule,*
- *das Praktikum eines Pharmazeuten im Anschluss an den universitären Teil des Pharmaziestudiums,*
- *das im Rahmen der Ausbildung zum Erzieher abzuleistende Anerkennungsjahr.*

Dagegen liegt kein Ausbildungsdienstverhältnis vor, wenn die Ausbildungsmaßnahme nicht Gegenstand des Dienstverhältnisses ist, auch wenn sie seitens des Arbeitgebers gefördert wird, z. B. durch ein Stipendium oder eine Verringerung der vertraglich vereinbarten Arbeitszeit.

(2) Bei berufsbegleitenden und berufsintegrierten dualen Studiengängen fehlt es häufig an einer Ausrichtung der Tätigkeit für den Arbeitgeber auf den Inhalt des Studiums, sodass in solchen Fällen die Annahme eines Ausbildungsdienstverhältnisses ausscheidet. Liegt hingegen eine Verknüpfung zwischen Studium und praktischer Tätigkeit vor, die über eine bloße thematische Verbindung zwischen der Fachrichtung des Studiengangs und der im Unternehmen ausgeübten Tätigkeit oder eine rein organisatorische Verzahnung hinausgeht, ist die Tätigkeit als im Rahmen eines Ausbildungsdienstverhältnisses ausgeübt zu betrachten. Eine entsprechende Ausrichtung der berufspraktischen Tätigkeit kann z. B. anhand der Studienordnung oder der Kooperationsvereinbarung zwischen Unternehmen und Hochschule glaubhaft gemacht werden.

A 19.3.3 Geringfügiges Beschäftigungsverhältnis

(1) Geringfügige Beschäftigungsverhältnisse nach § 32 Abs. 4 Satz 3 EStG sind:

- *geringfügig entlohnte Beschäftigungen (§§ 8 Abs. 1 Nr. 1 und 8a SGB IV) und*
- *kurzfristige Beschäftigungen (§§ 8 Abs. 1 Nr. 2 SGB und 8a SGB IV).*

(2) Bei der Beurteilung, ob ein geringfügiges Beschäftigungsverhältnis vorliegt, ist grundsätzlich die Einstufung des Arbeitgebers maßgeblich.

(3) Eine neben einem Ausbildungsdienstverhältnis ausgeübte geringfügige Beschäftigung ist unschädlich. Hinsichtlich einer neben einer Erwerbstätigkeit ausgeübten geringfügigen Beschäftigung vgl. A 19.3.1 Abs. 4 Satz 1.

A 19.4 Monatsprinzip

Liegen die Anspruchsvoraussetzungen des § 32 Abs. 4 Satz 1 bis 3 EStG wenigstens an einem Tag im Kalendermonat vor, besteht nach § 66 Abs. 2 EStG für diesen Monat Anspruch auf Kindergeld. Hat ein Kind eine erstmalige Berufsausbildung oder ein Erststudium abgeschlossen und erfüllt es weiterhin einen Anspruchstatbestand des § 32 Abs. 4 Satz 1 Nr. 2 EStG, entfällt der Kindergeldanspruch nur in den Monaten, In denen die anspruchsschädliche Erwerbstätigkeit den gesamten Monat umfasst. V 14.2 ist zu beachten.

> *Beispiel:*
>
> *Ein Kind schließt nach dem Abitur zunächst eine Berufsausbildung mit der Gesellenprüfung ab und studiert ab dem Jahr 2010. Ab dem 20. Juli 2012 nimmt es unbefristet eine anspruchsschädliche Erwerbstätigkeit auf.*

---

[1] Jetzt LStR 2013 unter Berücksichtigung der hierzu angebrachten Fußnoten im LStH 2014.

§ 32 R 32.10, 32.11, 32.12

Aufgrund des Studiums ist das Kind nach § 32 Abs. 4 Satz 1 Nr. 2 Buchst a EStG zu berücksichtigen. Das Studium wird jedoch nach Abschluss einer erstmaligen Berufsausbildung durchgeführt, sodass das Kind nach § 32 Abs. 4 Satz 2 EStG nur berücksichtigt werden kann, wenn es keiner anspruchsschädlichen Erwerbstätigkeit nachgeht. Für die Monate August bis Dezember 2012 kann das Kind nicht berücksichtigt werden. Neben den Monaten Januar bis Juni kann das Kind auch im Juli berücksichtigt werden, da es wenigstens an einem Tag die Anspruchsvoraussetzung – keine anspruchs schädliche Erwerbstätigkeit – erfüllt.

EStR 2012 zu § 32 EStG

R 32.11 Verlängerungstatbestände bei Arbeit suchenden Kindern und Kindern in Berufsausbildung
– unbesetzt –

Hinweise

H 32.11 Dienste im Ausland

A 20 Abs. 5 DA-KG 2014 (BStBl. 2014 I S. 918):

„(5) Als Verlängerungstatbestände sind nicht nur der nach deutschem Recht geleistete GWD bzw. ZD sowie die Entwicklungshilfedienste nach dem EhfG oder dem ZDG zu berücksichtigen, sondern auch entsprechende Dienste nach ausländischen Rechtsvorschriften. Eine Berücksichtigung der nach ausländischen Rechtsvorschriften geleisteten Dienste ist jedoch grundsätzlich nur bis zur Dauer des deutschen gesetzlichen GWD oder ZD möglich. Dabei ist auf die zu Beginn des Auslandsdienstes maßgebende Dauer des deutschen GWD oder ZD abzustellen. Wird der gesetzliche GWD oder ZD in einem anderen EU- bzw. EWR-Staat geleistet, so ist nach § 32 Abs. 5 Satz 2 EStG die Dauer dieses Dienstes maßgebend, auch wenn dieser länger als die Dauer des entsprechenden deutschen Dienstes ist."

Entwicklungshelfer

– *Gesetz vom 18.6.1969 (BGBl. I S. 549 – EhfG), zuletzt geändert durch Artkel 21 des Gesetzes vom 20.12.2011 (BGBl. I S. 2854).*

– *Entwicklungshelfer sind deutsche Personen, die nach Vollendung ihres 18. Lebensjahres und auf Grund einer Verpflichtung für zwei Jahre gegenüber einem anerkannten Träger des Entwicklungsdienstes Tätigkeiten in Entwicklungsländern ohne Erwerbsabsicht ausüben (→ § 1 EhfG). Als Träger des Entwicklungsdienstes sind anerkannt:*

    a) Deutsche Gesellschaft für internationale Zusammenarbeit (GIZ), Bonn/Eschborn,

    b) Arbeitsgemeinschaft für Entwicklungshilfe e.V. (AGEH), Köln,

    c) Evangelischer Entwicklungsdienst e.V. (EED/DÜ), Berlin

    d) Internationaler Christlicher Friedensdienst e.V. (EIRENE), Neuwied,

    e) Weltfriedensdienst e.V. (WFD), Berlin,

    f) Christliche Fachkräfte International e.V. (CFI), Stuttgart,

    g) Forum Ziviler Friedensdienst e.V. (forumZFD), Bonn.

Ermittlung des Verlängerungszeitraums

A 20 Abs. 3 DA-KG 2014 (BStBl. 2014 I S. 918):

„(3) Bei der Ermittlung des Verlängerungszeitraums sind zunächst die Monate nach Vollendung des 18. Lebensjahres zu berücksichtigen, in denen mindestens an einem Tag ein Dienst bzw. eine Tätigkeit i. S. d. § 32 Abs. 5 Satz 1 EStG geleistet wurde. Dabei sind auch die Monate zu berücksichtigen, für die Anspruch auf Kindergeld bestand (vgl. BFH vom 5.9.2013 – BStBl. 2014 II S. 39)."

EStR 2012 zu § 32 EStG

R 32.12 Höhe der Freibeträge für Kinder in Sonderfällen

Einem Steuerpflichtigen, der die vollen Freibeträge für Kinder erhält, weil der andere Elternteil verstorben ist (§ 32 Abs. 6 Satz 3 EStG), werden Steuerpflichtige in Fällen gleichgestellt, in denen

1. der Wohnsitz oder gewöhnliche Aufenthalt des anderen Elternteils nicht zu ermitteln ist
   oder

2. der Vater des Kindes amtlich nicht feststellbar ist.

R 32.13 Übertragung der Freibeträge für Kinder
Barunterhaltsverpflichtung

(1) ¹Bei dauernd getrennt lebenden oder geschiedenen Ehegatten sowie bei Eltern eines nichtehelichen Kindes ist der Elternteil, in dessen Obhut das Kind sich nicht befindet, grundsätzlich zur Leistung von Barunterhalt verpflichtet. ²Wenn die Höhe nicht durch gerichtliche Entscheidung, Verpflichtungserklärung, Vergleich oder anderweitig durch Vertrag festgelegt ist, können dafür die von den Oberlandgerichten als Leitlinien aufgestellten Unterhaltstabellen, z. B. „Düsseldorfer Tabelle", einen Anhalt geben.

Der Unterhaltsverpflichtung im Wesentlichen nachkommen

(2) ¹Ein Elternteil kommt seiner Barunterhaltsverpflichtung gegenüber dem Kind im Wesentlichen nach, wenn er sie mindestens zu 75 % erfüllt. ²Der Elternteil, in dessen Obhut das Kind sich befindet, erfüllt seine Unterhaltsverpflichtung in der Regel durch die Pflege und Erziehung des Kindes (§ 1606 Abs. 3 BGB).

Maßgebender Verpflichtungszeitraum

(3) ¹Hat aus Gründen, die in der Person des Kindes liegen, oder wegen des Todes des Elternteils die Unterhaltsverpflichtung nicht während des ganzen Kalenderjahrs bestanden, so ist für die Frage, inwieweit sie erfüllt worden ist, nur auf den Verpflichtungszeitraum abzustellen. ²Wird ein Elternteil erst im Laufe des Kalenderjahres zur Unterhaltszahlung verpflichtet, ist für die Prüfung, ob er seiner Barunterhaltsverpflichtung gegenüber dem Kind zu mindestens 75 % nachgekommen ist, nur der Zeitraum zu Grunde zu legen, für den der Elternteil zur Unterhaltsleistung verpflichtet wurde. ³Im Übrigen kommt es nicht darauf an, ob die unbeschränkte Steuerpflicht des Kindes oder der Eltern während des ganzen Kalenderjahrs bestanden hat.

Verfahren

(4)¹⁾ ¹Wird die Übertragung des dem anderen Elternteil zustehenden Kinderfreibetrags beantragt, weil dieser seiner Unterhaltsverpflichtung gegenüber dem Kind für das Kalenderjahr nicht im Wesentlichen nachgekommen ist oder mangels Leistungsfähigkeit nicht unterhaltspflichtig ist, muss der Antragsteller die Voraussetzungen dafür darlegen; eine Übertragung des dem anderen Elternteil zustehenden Kinderfreibetrags scheidet für Zeiträume aus, in denen Unterhaltsleistungen nach dem Unterhaltsvorschussgesetz gezahlt worden sind. ²Dem betreuenden Elternteil ist auf Antrag der dem anderen Elternteil, in dessen Wohnung das minderjährige Kind nicht gemeldet ist, zustehende Freibetrag für den Betreuungs- und Erziehungs- oder Ausbildungsbedarf zu übertragen. ³Die Übertragung scheidet aus, wenn der Elternteil, bei dem das Kind nicht gemeldet ist, der Übertragung widerspricht, weil er Kinderbetreuungskosten trägt (z. B., weil er als bar unterhaltsverpflichteter Elternteil ganz oder teilweise für einen sich aus Kindergartenbeiträgen ergebenden Mehrbedarf des Kindes aufkommt) oder das Kind regelmäßig in einem nicht unwesentlichen Umfang betreut (z. B., wenn eine außergerichtliche Vereinbarung über einen regelmäßigen Umgang an Wochenenden und in den Ferien vorliegt). ⁴Die Voraussetzungen für die Übertragung sind monatsweise zu prüfen. ⁵In Zweifelsfällen ist dem anderen Elternteil Gelegenheit zu geben, sich zum Sachverhalt zu äußern (§ 91 AO). ⁶In dem Kalenderjahr, in dem das Kind das 18. Lebensjahr vollendet, ist eine Übertragung des Freibetrags für Betreuungs- und Erziehungs- oder Ausbildungsbedarf nur für den Teil des Kalenderjahres möglich, in dem das Kind noch minderjährig ist. ⁷Werden die Freibeträge für Kinder bei einer Veranlagung auf den Steuerpflichtigen übertragen, teilt das Finanzamt dies dem für den anderen Elternteil zuständigen Finanzamt mit. ⁸Ist der andere Elternteil bereits veranlagt, ist die Änderung der Steuerfestsetzung, sofern sie nicht nach § 164 Abs. 2 Satz 1 oder § 165 Abs. 2 AO vorgenommen werden kann, nach § 175 Abs. 1 Satz 1 Nr. 2 AO durchzuführen. ⁹Beantragt der andere Elternteil eine Herabsetzung der gegen ihn festgesetzten Steuer mit der Begründung, die Voraussetzungen für die Übertragung der Freibeträge für Kinder auf den Steuerpflichtigen lägen nicht vor, so ist der Steuerpflichtige unter den Voraussetzungen des § 174 Abs. 4 und 5 AO zu dem Verfahren hinzuzuziehen. ¹⁰Obsiegt der andere Elternteil, kommt die Änderung der Steuerfestsetzung beim Steuerpflichtigen nach § 174 Abs. 4 AO in Betracht. ¹¹Dem Finanzamt des Steuerpflichtigen ist zu diesem Zweck die getroffene Entscheidung mitzuteilen.

---

1) Die bisher in R 32.13 Abs. 4 Satz 2 EStR 2008 enthaltene Regelung, dass die Übertragung des Kinderfreibetrags stets auch zur Übertragung des Freibetrags für den Betreuungs- und Erziehungs- oder Ausbildungsbedarf führt, gilt weiterhin (→ BMF vom 28.6.2013 – BStBl. I S. 845), R 2.5. Siehe Anlage § 032-03.

§ 32

Hinweise

H 32.13 Beispiele zu R 32.13 Abs. 3

A. Das Kind beendet im Juni seine Berufsausbildung und steht ab September in einem Arbeitsverhältnis. Seitdem kann es sich selbst unterhalten. Der zum Barunterhalt verpflichtete Elternteil ist seiner Verpflichtung nur für die Zeit bis einschließlich Juni nachgekommen. Er hat seine für 8 Monate bestehende Unterhaltsverpflichtung für 6 Monate, also zu 75 v. H. erfüllt.

B. Der Elternteil, der bisher seiner Unterhaltsverpflichtung durch Pflege und Erziehung des Kindes voll nachgekommen ist, verzieht im August ins Ausland und leistet von da an keinen Unterhalt mehr. Er hat seine Unterhaltsverpflichtung, bezogen auf das Kalenderjahr, nicht mindestens zu 75 v. H. erfüllt.

Beurteilungszeitraum

Bei der Beurteilung der Frage, ob ein Elternteil seiner Unterhaltsverpflichtung gegenüber einem Kind nachgekommen ist, ist nicht auf den Zeitpunkt abzustellen, in dem der Unterhalt gezahlt worden ist, sondern auf den Zeitraum, für den der Unterhalt bestimmt ist (→ BFH vom 11.12.1992 – BStBl. 1993 II S. 397).

Freistellung von der Unterhaltsverpflichtung

Stellt ein Elternteil den anderen Elternteil von der Unterhaltsverpflichtung gegenüber einem gemeinsamen Kind gegen ein Entgelt frei, das den geschätzten Unterhaltsansprüchen des Kindes entspricht, behält der freigestellte Elternteil den Anspruch auf den (halben) Kinderfreibetrag (→ BFH vom 25.1.1996 – BStBl. 1997 II S. 21).

Konkrete Unterhaltsverpflichtung

Kommt ein Elternteil seiner konkret-individuellen Unterhaltsverpflichtung nach, so ist vom Halbteilungsgrundsatz auch dann nicht abzuweichen, wenn diese Verpflichtung im Verhältnis zum Unterhaltsbedarf des Kindes oder zur Unterhaltszahlung des anderen Elternteils gering ist (→ BFH vom 25.7.1997 – BStBl. 1998 II S. 433).

Das gilt auch in Fällen, in denen sich eine nur geringe Unterhaltsverpflichtung aus einem Urteil eines Gerichts der ehemaligen Deutschen Demokratischen Republik ergibt (→ BFH vom 25.7.1997 – BStBl. 1998 II S. 435).

Steuerrechtliche Folgewirkungen der Übertragung

Infolge der Übertragung der Freibeträge für Kinder können sich bei den kindbedingten Steuerentlastungen, die vom Erhalt eines Freibetrags nach § 32 Abs. 6 EStG abhängen, Änderungen ergeben. Solche Folgeänderungen können zum Beispiel eintreten beim Entlastungsbetrag für Alleinerziehende (§ 24b EStG), beim Prozentsatz der zumutbaren Belastung (§ 33 Abs. 3 EStG), beim Freibetrag nach § 33a Abs. 2 EStG, und bei der Übertragung des dem Kind zustehenden Behinderten- oder Hinterbliebenen-Pauschbetrags (§ 33b Abs. 5 EStG).

Übertragung der Freibeträge für Kinder

→ BMF vom 28.6.2013 (BStBl. I S. 845)[1]

Übertragung im Lohnsteuerabzugsverfahren

→ R 39.2 Abs. 9 LStR 2013

Rechtsprechungsauswahl

BFH vom 17.10.13 III R 22/13 (BStBl. 2014 II S. 257): Kein Ausschluss verheirateter Kinder beim Kindergeld

BFH vom 13.6.13 III R 58/12 (BStBl. 2014 II S. 834): Ausbildungsplatzsuche eines Kindes auch während der Mutterschutzfrist zu berücksichtigen

BFH vom 27.10.11 III R 42/07 (BStBl. 2013 II S. 194): Übertragung des Freibetrages für den Betreuungs- und Erziehungs- oder Ausbildungsbedarf auf Antrag des Elternteils, bei dem das Kind gemeldet ist, ist verfassungsgemäß

BFH vom 27.9.12 III R 70/11 (BStBl. 2013 II S. 544): Berücksichtigung als Ausbildungsplatz suchendes Kind nicht durch gesetzlichen Zivildienst ausgeschlossen

---

1) Siehe Anlage § O32-03.

§ 32a Einkommensteuertarif

(1) ¹Die tarifliche Einkommensteuer in den Veranlagungszeiträumen ab 2014 bemisst sich nach dem zu versteuernden Einkommen. ²Sie beträgt vorbehaltlich der §§ 32b, 32d, 34, 34a, 34b und 34c jeweils in Euro für zu versteuernde Einkommen

1. bis 8 354 Euro (Grundfreibetrag):
   0;
2. von 8 355 Euro bis 13 469 Euro:
   $(974{,}58 \cdot y + 1\,400) \cdot y$;
3. von 13 470 Euro bis 52 881 Euro:
   $(228{,}74 \cdot z + 2\,397) \cdot z + 971$;
4. von 52 882 Euro bis 250 730 Euro:
   $0{,}42 \cdot x - 8\,239$;
5. von 250 731 Euro an:
   $0{,}45 \cdot x - 15\,761$.

³„y" ist ein Zehntausendstel des den Grundfreibetrag übersteigenden Teils des auf einen vollen Euro-Betrag abgerundeten zu versteuernden Einkommens. ⁴„z" ist ein Zehntausendstel des 13 469 Euro übersteigenden Teils des auf einen vollen Euro-Betrag abgerundeten zu versteuernden Einkommens. ⁵„x" ist das auf einen vollen Euro-Betrag abgerundete zu versteuernde Einkommen. ⁶Der sich ergebende Steuerbetrag ist auf den nächsten vollen Euro-Betrag abzurunden.

(2) (weggefallen)

(3) (weggefallen)

(4) (weggefallen)

(5) Bei Ehegatten, die nach den §§ 26, 26b zusammen zur Einkommensteuer veranlagt werden, beträgt die tarifliche Einkommensteuer vorbehaltlich der §§ 32b, 32d, 34, 34a, 34b und 34c das Zweifache des Steuerbetrags, der sich für die Hälfte ihres gemeinsam zu versteuernden Einkommens nach Absatz 1 ergibt (Splitting-Verfahren).

(6) ¹Das Verfahren nach Absatz 5 ist auch anzuwenden zur Berechnung der tariflichen Einkommensteuer für das zu versteuernde Einkommen

1. bei einem verwitweten Steuerpflichtigen für den Veranlagungszeitraum, der dem Kalenderjahr folgt, in dem der Ehegatte verstorben ist, wenn der Steuerpflichtige und sein verstorbener Ehegatte im Zeitpunkt seines Todes die Voraussetzungen des § 26 Abs. 1 Satz 1 erfüllt haben,
2. bei einem Steuerpflichtigen, dessen Ehe in dem Kalenderjahr, in dem er sein Einkommen bezogen hat, aufgelöst worden ist, wenn in diesem Kalenderjahr
   a) der Steuerpflichtige und sein bisheriger Ehegatte die Voraussetzungen des § 26 Abs. 1 Satz 1 erfüllt haben,
   b) der bisherige Ehegatte wieder geheiratet hat und
   c) der bisherige Ehegatte und dessen neuer Ehegatte ebenfalls die Voraussetzungen des § 26 Abs. 1 Satz 1 erfüllen.

²Voraussetzung für die Anwendung des Satzes 1 ist, dass der Steuerpflichtige nicht nach den §§ 26 26a einzeln zur Einkommensteuer veranlagt wird.

Hinweise

Hinweise

H 32a Auflösung der Ehe (außer durch Tod) und Wiederheirat eines Ehegatten
Ist eine Ehe, für die die Voraussetzungen des § 26 Abs. 1 EStG vorgelegen haben, im VZ durch Aufhebung oder Scheidung aufgelöst worden und ist der Stpfl. im selben VZ eine neue Ehe eingegangen, für die die Voraussetzungen des § 26 Abs. 1 Satz 1 EStG ebenfalls vorliegen, so kann

nach § 26 Abs. 1 Satz 2 EStG für die aufgelöste Ehe das Wahlrecht zwischen Einzelveranlagung (§ 26a EStG) und Zusammenveranlagung (§ 26b EStG) nicht ausgeübt werden. Der andere Ehegatte, der nicht wieder geheiratet hat, ist mit dem von ihm bezogenen Einkommen nach dem Splitting-Verfahren zu besteuern (§ 32a Abs. 6 Satz 1 Nr. 2 EStG). Der Auflösung einer Ehe durch Aufhebung oder Scheidung steht die Nichtigerklärung einer Ehe gleich (→ H 26 – Allgemeines).

Auflösung einer Ehe

Ist eine Ehe, die der Steuerpflichtige im VZ des Todes des früheren Ehegatten geschlossen hat, im selben VZ wieder aufgelöst worden, so ist er für den folgenden VZ auch dann wieder nach § 32a Abs. 6 Nr. 1 EStG als Verwitweter zu behandeln, wenn die Ehe in anderer Weise als durch Tod aufgelöst worden ist (→ BFH vom 9.6.1965 – BStBl. III S. 590).

Dauerndes Getrenntleben im Todeszeitpunkt

Die Einkommensteuer eines verwitweten Steuerpflichtigen ist in dem VZ, der dem VZ des Todes folgt, nur dann nach dem Splittingtarif festzusetzen, wenn er und sein verstorbener Ehegatte im Zeitpunkt des Todes nicht dauernd getrennt gelebt haben (→ BFH vom 27.2.1998 – BStBl. II S. 350)

Todeserklärung eines verschollenen Ehegatten

→ H 26 (Allgemeines)

§ 32b

§ 32b Progressionsvorbehalt

(1) ¹Hat ein zeitweise oder während des gesamten Veranlagungszeitraums unbeschränkt Steuerpflichtiger oder ein beschränkt Steuerpflichtiger, auf den § 50 Abs. 2 Satz 2 Nr. 4 Anwendung findet,

1. a) Arbeitslosengeld, Teilarbeitslosengeld, Zuschüsse zum Arbeitsentgelt, Kurzarbeitergeld, Winterausfallgeld, Insolvenzgeld, Arbeitslosenhilfe, Übergangsgeld, Altersübergangsgeld, Altersübergangsgeld-Ausgleichsbetrag, Unterhaltsgeld als Zuschuss, Eingliederungshilfe nach dem Dritten Buch Sozialgesetzbuch oder dem Arbeitsförderungsgesetz, das aus dem Europäischen Sozialfonds finanzierte Unterhaltsgeld sowie Leistungen nach § 10 des Dritten Buches Sozialgesetzbuch, die dem Lebensunterhalt dienen; Insolvenzgeld, das nach § 170 Abs. 1 des Dritten Buches Sozialgesetzbuch einem Dritten zusteht, ist dem Arbeitnehmer zuzurechnen,

   b) Krankengeld, Mutterschaftsgeld, Verletztengeld, Übergangsgeld oder vergleichbare Lohnersatzleistungen nach dem Fünften, Sechsten oder Siebten Buch Sozialgesetzbuch, der Reichsversicherungsordnung dem Gesetz über die Krankenversicherung der Landwirte oder dem Zweiten Gesetz über die Krankenversicherung der Landwirte,

   c) Mutterschaftsgeld, Zuschuss zum Mutterschaftsgeld, die Sonderunterstützung nach dem Mutterschutzgesetz sowie den Zuschuss bei Beschäftigungsverboten für die Zeit vor oder nach einer Entbindung sowie für den Entbindungstag während einer Elternzeit nach beamtenrechtlichen Vorschriften,

   d) Arbeitslosenbeihilfe oder Arbeitslosenhilfe nach dem Soldatenversorgungsgesetz,

   e) Entschädigungen für Verdienstausfall nach dem Infektionsschutzgesetz vom 20. Juli 2000 (BGBl. I S. 1045),

   f) Versorgungskrankengeld oder Übergangsgeld nach dem Bundesversorgungsgesetz,

   g) nach § 3 Nr. 28 steuerfreie Aufstockungsbeträge oder Zuschläge,

   h) Verdienstausfallentschädigung nach dem Unterhaltssicherungsgesetz,

   i) (weggefallen)

   j) Elterngeld nach dem Bundeselterngeld- und Elternzeitgesetz

   oder

2. ausländische Einkünfte, die im Veranlagungszeitraum nicht der deutschen Einkommensteuer unterlegen haben; dies gilt nur für Fälle der zeitweisen unbeschränkten Steuerpflicht einschließlich der in § 2 Abs. 7 Satz 3 geregelten Fälle; ausgenommen sind Einkünfte, die nach einem sonstigen zwischenstaatlichen Übereinkommen im Sinne der Nummer 4 steuerfrei sind und die nach diesem Übereinkommen nicht unter dem Vorbehalt der Einbeziehung bei der Berechnung der Einkommensteuer stehen,

3. Einkünfte, die nach einem Abkommen zur Vermeidung der Doppelbesteuerung steuerfrei sind,

4. Einkünfte, die nach einem sonstigen zwischenstaatlichen Übereinkommen unter dem Vorbehalt der Einbeziehung bei der Berechnung der Einkommensteuer steuerfrei sind,

5. Einkünfte, die bei Anwendung von § 1 Abs. 3 oder § 1a oder § 50 Abs. 2 Satz 2 Nr. 4 im Veranlagungszeitraum bei der Ermittlung des zu versteuernden Einkommens unberücksichtigt bleiben, weil sie nicht der deutschen Einkommensteuer oder einem Steuerabzug unterliegen; ausgenommen sind Einkünfte, die nach einem sonstigen zwischenstaatlichen Übereinkommen im Sinne der Nummer 4 steuerfrei sind und die nach diesem Übereinkommen nicht unter dem Vorbehalt der Einbeziehung bei der Berechnung der Einkommensteuer stehen,

bezogen, so ist auf das nach § 32a Abs. 1 zu versteuernde Einkommen ein besonderer Steuersatz anzuwenden. ²Satz 1 Nr. 3 gilt nicht für Einkünfte

§ 32b

1. aus einer anderen als in einem Drittstaat belegenen land- und forstwirtschaftlichen Betriebsstätte,
2. aus einer anderen als in einem Drittstaat belegenen gewerblichen Betriebsstätte, die nicht die Voraussetzungen des § 2a Abs. 2 Satz 1 erfüllt,
3. aus der Vermietung oder der Verpachtung von unbeweglichem Vermögen oder von Sachinbegriffen, wenn diese in einem anderen Staat als in einem Drittstaat belegen sind, oder
4. aus der entgeltlichen Überlassung von Schiffen, sofern diese ausschließlich oder fast ausschließlich in einem anderen als einem Drittstaat eingesetzt worden sind, es sei denn, es handelt sich um Handelsschiffe, die
   a) von einem Vercharterer ausgerüstet überlassen oder
   b) an in einem anderen als in einem Drittstaat ansässige Ausrüster, die die Voraussetzungen des § 510 Abs. 1 des Handelsgesetzbuchs erfüllen, überlassen oder
   c) insgesamt nur vorübergehend an in einem Drittstaat ansässige Ausrüster, die die Voraussetzungen des § 510 Abs. 1 des Handelsgesetzbuchs erfüllen, überlassen
   worden sind, oder
5. aus dem Ansatz des niedrigeren Teilwerts oder der Übertragung eines zu einem Betriebsvermögen gehörenden Wirtschaftsguts im Sinne der Nummern 3 und 4.

³§ 2a Abs. 2a und § 15b sind sinngemäß anzuwenden.

(1a) Als unmittelbar von einem unbeschränkt Steuerpflichtigen bezogene ausländische Einkünfte im Sinne des Absatzes 1 Nr. 3 gelten auch die ausländischen Einkünfte, die eine Organgesellschaft im Sinne des § 14 oder § 17 des Körperschaftsteuergesetzes bezogen hat und die nach einem Abkommen zur Vermeidung der Doppelbesteuerung steuerfrei sind, in dem Verhältnis, in dem dem unbeschränkt Steuerpflichtigen das Einkommen der Organgesellschaft bezogen auf das gesamte Einkommen der Organgesellschaft im Veranlagungszeitraum zugerechnet wird.

(2) Der besondere Steuersatz nach Absatz 1 ist der Steuersatz, der sich ergibt, wenn bei der Berechnung der Einkommensteuer das nach § 32a Abs. 1 zu versteuernde Einkommen vermehrt oder vermindert wird um

1. im Fall des Absatzes 1 Nr. 1 die Summe der Leistungen nach Abzug des Arbeitnehmer-Pauschbetrags (§ 9a Satz 1 Nr. 1), soweit er nicht bei der Ermittlung der Einkünfte aus nichtselbständiger Arbeit abziehbar ist;
2. im Fall des Absatzes 1 Nr. 2 bis 5 die dort bezeichneten Einkünfte, ausgenommen die darin enthaltenen außerordentlichen Einkünfte, wobei die darin enthaltenen außerordentlichen Einkünfte mit einem Fünftel zu berücksichtigen sind. ²Bei der Ermittlung der Einkünfte im Fall des Absatzes 1 Nr. 2 bis 5
   a) ist der Arbeitnehmer-Pauschbetrag (§ 9a Satz 1 Nr. 1 Buchstabe a) abzuziehen, soweit er nicht bei der Ermittlung der Einkünfte aus nichtselbständiger Arbeit abziehbar ist;
   b) sind Werbungskosten nur insoweit abzuziehen, als sie zusammen mit den bei der Ermittlung der Einkünfte aus nichtselbständiger Arbeit abziehbaren Werbungskosten den Arbeitnehmer-Pauschbetrag (§ 9a Satz 1 Nr. 1 Buchstabe a) übersteigen;
   c) sind bei Gewinnermittlung nach § 4 Absatz 3 die Anschaffungs- oder Herstellungskosten für Wirtschaftsgüter des Umlaufvermögens im Zeitpunkt des Zuflusses des Veräußerungserlöses oder bei Entnahme im Zeitpunkt der Entnahme als Betriebsausgaben zu berücksichtigen. § 4 Absatz 3 Satz 5 gilt entsprechend.

(3) ¹Die Träger der Sozialleistungen im Sinne des Absatzes 1 Nr. 1 haben die Daten über die im Kalenderjahr gewährten Leistungen sowie die Dauer des Leistungszeitraums für jeden Empfänger bis zum 28. Februar des Folgejahres nach amtlich vorgeschriebenem Datensatz durch amtlich bestimmte Datenfernübertragung zu übermitteln, soweit die Leistungen nicht auf der Lohnsteuerbescheinigung (§ 41b Abs. 1 Satz 2 Nr. 5) auszuweisen sind; § 41b Abs. 2 und § 22a Abs. 2 gelten entsprechend. ²Der Empfänger der Leistungen ist entsprechend zu

informieren und auf die steuerliche Behandlung dieser Leistungen und seine Steuererklärungspflicht hinzuweisen. [3]In den Fällen des § 170 Abs. 1 des Dritten Buches Sozialgesetzbuch ist Empfänger des an Dritte ausgezahlten Insolvenzgeldes der Arbeitnehmer, der seinen Arbeitsentgeltanspruch übertragen hat.

EStR und Hinweise
EStR 2012 zu § 32b EStG
R 32b Progressionsvorbehalt
Allgemeines

(1) [1]Entgelts, Lohn- oder Einkommensersatzleistungen der gesetzlichen Krankenkassen unterliegen auch insoweit dem Progressionsvorbehalt nach § 32b Abs. 1 Satz 1 Nr. 1 Buchstabe b EStG, als sie freiwillig Versicherten gewährt werden. [2]Beim Übergangsgeld, das behinderten oder von Behinderung bedrohten Menschen nach den §§ 45 bis 52 SGB IX gewährt wird, handelt es sich um steuerfreie Leistungen nach dem SGB III, SGB VI, SGB VII oder dem Bundesversorgungsgesetz, die dem Progressionsvorbehalt unterliegen. [3]Leistungen nach der Berufskrankheitenverordnung sowie das Krankentagegeld aus einer privaten Krankenversicherung und Leistungen zur Sicherung des Lebensunterhalts und zur Eingliederung in Arbeit nach dem SBG II (sog. Arbeitslosengeld II) gehören nicht zu den Entgelt, Lohn- oder Einkommensersatzleistungen, die dem Progressionsvorbehalt unterliegen.

(2) [1]In den Progressionsvorbehalt sind die Entgelt-, Lohn- und Einkommenersatzleistungen mit den Beträgen einzubeziehen, die als Leistungsbeträge nach den einschlägigen Leistungsgesetzen festgestellt werden. [2]Kürzungen dieser Leistungsbeträge, die sich im Fall der Abtretung oder durch den Abzug von Versichertenanteilen an den Beiträgen zur Rentenversicherung, Arbeitslosenversicherung und ggf. zur Kranken- und Pflegeversicherung ergeben, bleiben unberücksichtigt. [3]Der bei der Ermittlung der Einkünfte aus nichtselbständiger Arbeit nicht ausgeschöpfte Arbeitnehmer-Pauschbetrag ist auch von Einkommensersatzleistungen abzuziehen.

Rückzahlungen von Entgelt-, Lohn- oder Einkommensersatzleistungen

(3) [1]Werden die in § 32b Abs. 1 Satz 1 Nr. 1 EStG bezeichneten Entgelt-, Lohn- oder Einkommensersatzleistungen zurückgezahlt, sind sie von den im selben Kalenderjahr bezogenen Leistungsbeträgen abzusetzen, unabhängig davon, ob die zurückgezahlten Beträge im Kalenderjahr ihres Bezugs dem Progressionsvorbehalt unterlegen haben. [2]Ergibt sich durch die Absetzung ein negativer Betrag, weil die Rückzahlungen höher sind als die im selben Kalenderjahr empfangenen Beträge oder weil den zurückgezahlten keine empfangenen Beträge gegenüberstehen, ist auch der negative Betrag bei der Ermittlung des besonderen Steuersatzes nach § 32b EStG zu berücksichtigen (negativer Progressionsvorbehalt). [3]Aus Vereinfachungsgründen bestehen keine Bedenken, zurückgezahlte Beträge dem Kalenderjahr zuzurechnen, in dem der Rückforderungsbescheid ausgestellt worden ist. [4]Beantragt der Steuerpflichtige, die zurückgezahlten Beträge dem Kalenderjahr zuzurechnen, in dem sie tatsächlich abgeflossen sind, hat er den Zeitpunkt des tatsächlichen Abflusses anhand von Unterlagen, z. B. Aufhebungs-/Erstattungsbescheide oder Zahlungsbelege, nachzuweisen oder glaubhaft zu machen.

Rückwirkender Wegfall von Entgelt-, Lohn- oder Einkommensersatzleistungen

(4) [1]Fällt wegen der rückwirkenden Zubilligung einer Rente der Anspruch auf Sozialleistungen (z. B. Kranken- oder Arbeitslosengeld) rückwirkend ganz oder teilweise weg, ist dies am Beispiel des Krankengeldes steuerlich wie folgt zu behandeln:

1. [1]Soweit der Krankenkasse ein Erstattungsanspruch nach § 103 SGB X gegenüber den Rentenversicherungsträger zusteht, ist das bisher gezahlte Krankengeld als Rentenzahlung anzusehen und nach § 22 Nr. 1 Satz 3 Buchstabe a EStG der Besteuerung zu unterwerfen. [2]Das Krankengeld unterliegt insoweit nicht dem Progressionsvorbehalt nach § 32b EStG.
2. [1]Gezahlte und die Rentenleistung übersteigende Krankengeldbeträge im Sinne des § 50 Abs. 1 Satz 2 SGB V sind als Krankengeld nach § 3 Nr. 1 Buchstabe a EStG steuerfrei; § 32b EStG ist anzuwenden. [2]Entsprechendes gilt für das Krankengeld, das vom Empfänger infolge rückwirkender Zubilligung einer Rente aus einer ausländischen gesetzlichen Rentenversicherung nach § 50 Abs. 1 Satz 3 SGB V an die Krankenkasse zurückzuzahlen ist.
3. Soweit die nachträgliche Feststellung des Rentenanspruchs auf VZ zurückwirkt, für die Steuerbescheide bereits ergangen sind, sind diese Steuerbescheide nach § 175 Abs. 1 Satz 1 Nr. 2 AO zu ändern.

Fehlende Lohn- oder Einkommensersatzleistungen

(5) [1]Hat ein Arbeitnehmer trotz Arbeitslosigkeit kein Arbeitslosengeld erhalten, weil ein entsprechender Antrag abgelehnt worden ist, kann dies durch die Vorlage des Ablehnungsbescheids nachgewiesen

§ 32b   R 32b

werden; hat der Arbeitnehmer keinen Antrag gestellt, kann dies durch die Vorlage der vom Arbeitgeber nach § 312 SGB III ausgestellten Arbeitsbescheinigung im Original belegt werden. ²Kann ein Arbeitnehmer weder durch geeignete Unterlagen nachweisen noch in sonstiger Weise glaubhaft machen, dass er keine Entgelt-, Lohn- oder Einkommensersatzleistungen erhalten hat, kann das Finanzamt bei der für den Arbeitnehmer zuständigen Agentur für Arbeit (§ 327 SGB III) eine Bescheinigung darüber anfordern (Negativbescheinigung).

Hinweise

H 32b Allgemeines

Ist für Einkünfte nach § 32b Abs. 1 EStG der Progressionsvorbehalt zu beachten, ist wie folgt zu verfahren:
1. Ermittlung des nach § 32a Abs. 1 EStG maßgebenden Z. v. E.
2. Dem zvE werden für die Berechnung des besonderen Steuersatzes die Entgelt-, Lohn- oder Einkommensersatzleistungen (§ 32b Abs. 1 Nr. 1 EStG) sowie die unter § 32b Abs. 1 Nr. 2 bis 5 EStG fallenden Einkünfte im Jahr ihrer Entstehung hinzugerechnet oder von ihm abgezogen. Der sich danach ergebende besondere Steuersatz ist auf das nach § 32a Abs. 1 EStG ermittelte zvE anzuwenden.

Beispiele:

Fall	A	B
z. v. E. (§ 2 Abs. 5 EStG)	20 000 €	20 000 €
Fall A Arbeitslosengeld	5 000 €	
oder		
Fall B zurückgezahltes Arbeitslosengeld		1 500 €
Für die Berechnung des Steuersatzes maßgebendes z. v. E.	25 000 €	18 500 €
Steuer nach Splittingtarif	1 494 €	266 €
besonderer (= durchschnittlicher) Steuersatz	5,9760 %	1,4378 %
Die Anwendung des besonderen Steuersatzes auf das z. v. E. ergibt als Steuer	1 195 €	287 €

Ein Verlustabzug (§ 10d EStG) ist bei der Ermittlung des besonderen Steuersatzes nach § 32b Abs. 1 EStG nicht zu berücksichtigen.

Anwendung auf Lohnersatzleistungen

Der Progressionsvorbehalt für Lohnersatzleistungen ist verfassungsgemäß (→ BVerfG vom 3.5.1995 – BStBl. II S. 758).

Anwendung bei Steuerpflichtigen mit Einkünften aus nichtselbständiger Arbeit

→ R 46.2

Ausländische Einkünfte

Die Höhe ist nach dem deutschen Steuerrecht zu ermitteln (→ BFH vom 20.9.2006 – BStBl. 2007 II S. 756). Die steuerfreien ausländischen Einkünfte aus nichtselbständiger Arbeit i. S. d. § 32b Abs. 1 Nr. 2 bis 5 EStG sind als Überschuss der Einnahmen über die Werbungskosten bzw. der Arbeitnehmer-Pauschbetrag nach Maßgabe des § 32b Abs. 2 Satz 1 Nr. 2 Nr. 2 Satz 2 EStG zu berücksichtigen.

Beispiele für Einkünfte aus nichtselbständiger Arbeit:
Der inländische stpfl. Arbeitslohn beträgt 20 000 €; die Werbungskosten betragen 500 €. Der nach DBA/Auslandstätigkeitserlass (ATE) unter Progressionsvorbehalt steuerfreie Arbeitslohn beträgt 10 000 €; im Zusammenhang mit der Erzielung des steuerfreien Arbeitslohns sind Werbungskosten in Höhe von 400 € tatsächlich angefallen.

Inländischer stpfl. Arbeitslohn	20 000 €
./. Arbeitnehmer-Pauschbetrag (§ 9a Satz 1 Nr. 1 Buchstabe a EStG)	./. 1 000 €
stpfl. Einkünfte gem. § 19 EStG	19 000 €
Ausländische Progressionseinnahmen	10 000 €
./. Arbeitnehmer-Pauschbetrag	0 €
maßgebende Progressionseinkünfte (§ 32b Abs. 2 Satz 1 Nr. 2 Satz 2 EStG)	10 000 €

Ausländische Personengesellschaft
Nach einem DBA freigestellte Einkünfte aus der Beteiligung an einer ausländischen Personengesellschaft unterliegen auch dann dem Progressionsvorbehalt, wenn die ausländische Personengesellschaft in dem anderen Vertragsstaat als juristische Person besteuert wird (→ BFH vom 4.4.2007 – BStBl. IIS. 521).

Ausländische Renteneinkünfte
Ausländische Renteneinkünfte sind im Rahmen des Progressionsvorbehalts mit dem Besteuerungsanteil (§ 22 Nr. 1 Satz 3 Buchstabe a Doppelbuchstabe aa EStG) und nicht mit dem Ertragsanteil zu berücksichtigen, wenn die Leistung der ausländischen Altersversorgung in ihrem Kerngehalt den gemeinsamen und typischen Merkmalen der inländischen Basisversorgung entspricht. Zu den wesentlichen Merkmalen der Basisversorgung gehört, dass die Renten erst bei Erreichen einer bestimmten Altersgrenze bzw. bei Erwerbsunfähigkeit gezahlt werden und als Entgeltersatzleistung der Lebensunterhaltssicherung dienen (→ BFH vom 14.7.2010 – BStBl. 2011 II S. 628).

Ausländische Sozialversicherungsbeiträge
Beiträge an die schweizerische Alters- und Hinterlassenenversicherung können nicht bei der Ermittlung des besonderen Steuersatzes im Rahmen des Progressionsvorbehaltes berücksichtigt werden (→ BFH vom 18.4.2012 BStBl. II S. 721).

Ausländische Verluste
- Durch ausländische Verluste kann der Steuersatz auf Null sinken (→ BFH vom 25.5.1970 – BStBl. II S. 660).
- Drittstaatenverluste im Sinne des § 2a EStG werden nur nach Maßgabe des § 2a EStG berücksichtigt (→ BFH vom 17.11.1999 – BStBl. 2000 II S. 605).
- Ausländische Verluste aus der Veräußerung oder Aufgabe eines Betriebs, die nach einem DBA von der Bemessungsgrundlage der deutschen Steuer auszunehmen sind, unterfallen im Rahmen des Progressionsvorbehaltes nicht der sog. Fünftel-Methode (→ BFH vom 1.2.2012 – BStBl. II S. 405).

Datenübermittlung
Zur rückwirkenden Verrechnung zwischen Trägern der Sozialleistungen → BMF vom 16.7.2013 (BStBl. I S. 92

EU-Tagegeld
Zur steuerlichen Behandlung des von Organen der EU gezahlten Tagegeldes → BMF vom 12.4.2006 (BStBl. I S. 340)

Grundfreibetrag
Es begegnet keinen verfassungsrechtlichen Bedenken, dass wegen der in § 32a Abs. 1 Satz 2 EStG angeordneten vorrangigen Anwendung des Progressionsvorbehalts des § 32b EStG auch ein zu versteuerndes Einkommen unterhalb des Grundfreibetrags der Einkommensteuer unterliegt (→ BFH vom 9.8.2001 – BStBl. 1994 II S. 778).

Leistungen der gesetzlichen Krankenkasse
- für eine Ersatzkraft im Rahmen der Haushaltshilfe an nahe Angehörige (§ 38 Abs. 4 Satz 2 SGB V) unterliegen nicht dem Progressionsvorbehalt (→ BFH vom 17.6.2005 – BStBl. 2006 II S. 17).
- Die Einbeziehung des Krankengeldes, das ein freiwillig in einer gesetzlichen Krankenkasse versicherter Stpfl. erhält, in den Progressionsvorbehalt, ist verfassungsgemäß (→ BFH vom 26.11.2008 – BStBl. 2009 II S. 376).

Steuerfreiheit einer Leibrente
Ist eine Leibrente sowohl nach einem DBA als auch nach § 3 Nr. 6 EStG steuerfrei, unterliegt sie nicht dem Progressionsvorbehalt (→ BFH vom 22.1.1997 – BStBl. II S. 358)

Vorfinanziertes Insolvenzgeld
Soweit Insolvenzgeld vorfinanziert wird, das nach § 188 Abs. 1 SGB III einem Dritten zusteht, ist die Gegenleistung für die Übertragung des Arbeitsentgeltanspruchs als Insolvenzgeld anzusehen. Die an den Arbeitnehmer gezahlten Entgelte hat dieser i. S. d. § 32b Abs. 1 Nr. 1 Buchst. a EStG bezogen, wenn sie ihm nach den Regeln über die Überschusseinkünfte zugeflossen sind (→ BFH vom 28.3.2012 - BStBl. II S. 596).

§ 32b

R 32b

Zeitweise unbeschränkte Steuerpflicht

– *Besteht wegen Zu- oder Wegzugs nur zeitweise die unbeschränkte Steuerpflicht, sind die außerhalb der unbeschränkten Steuerpflicht im Kalenderjahr erzielten Einkünfte im Wege des Progressionsvorbehalts zu berücksichtigen, wenn diese nicht der beschränkten Steuerpflicht unterliegen (→ BFH vom 15.5.2002 – BStBl. II S. 660, vom 19.12.2001 – BStBl. 2003 II S. 302 und vom 19.11.2003 – BStBl. 2004 II S. 549).*

– *Vorab entstandene Werbungskosten im Zusammenhang mit einer beabsichtigten Tätigkeit im Ausland sind beim Progressionsvorbehalt zu berücksichtigen, wenn dies nicht durch ein Doppelbesteuerungsabkommen ausgeschlossen wird (→ BFH vom 20.9.2006 – BStBl. 2007 II S. 756).*

Weitere Verwaltungsanweisungen
(soweit nicht in den Hinweisen enthalten)

Zu § 32b EStG

1. Rückzahlung von Arbeitslosengeld, Arbeitslosenhilfe, Kurzarbeiter- und Schlechtwettergeld (BdF-Schreiben vom 20.6.1983, BStBl. 1983 I S. 366)
2. Keine Berücksichtigung des Altersentlastungsbetrags beim Progressionsvorbehalt nach § 32b Abs. 1 Nr. 2 EStG (Erlaß Baden-Württemberg vom 27.7.1989, DB 1989 S. 1749)
3. Wegfall des Progressionsvorbehalts infolge des rückwirkenden Wegfalls des Krankengeldanspruchs aufgrund der Zubilligung einer Rente (BdF-Schreiben vom 23.8.1990, FR 1990 S. 593)
4. Progressionsvorbehalt bei Übergangsleistungen nach der Berufskrankheiten-Verordnung (BdF-Schreiben vom 11.9.1990, DB 1990 S. 2043)
5. Übergangsleistungen nach der Berufskrankheiten-Verordnung unterliegen nicht dem Progressionsvorbehalt nach § 32b Abs. 1 Nr. 1 b EStG (Vfg OFD Münster vom 16.10.1990, DB 1990 S. 2398)
6. Rückwirkender Wegfall des Krankengeldanspruchs infolge der rückwirkenden Zubilligung anderer Sozialleistungen (Vfg OFD Münster vom 14.10.1991, DB 1991 S. 2362)
7. Berücksichtigung eines positiven Progressionsvorbehalts im Rahmen eines Verlustrücktrags bzw. -vortrags (Vfg OFD Düsseldorf vom 16.1.1992, DB 1992 S. 450)
8. Progressionsvorbehalt bei Bezug von Krankengeld bei Selbständigen (Vfg OFD Berlin vom 3.3.1993, DB 1993 S. 1009)
9. Anwendung des Progressionsvorbehalts bei nur zeitweiser unbeschränkter Steuerpflicht (Vfg OFD Hannover vom 3.7.2002, DB 2002 S. 1530)
10. Anwendung des Progressionsvorbehalts bei nur zeitweiser unbeschränkter Steuerpflicht und bei Doppelwohnsitz (Vfg OFD Nürnberg vom 26.8.2002, DStR 2002 S. 1905)
11. Leistungen der gesetzlichen Krankenkassen als vergleichbare Lohnersatzleistungen nach § 32b Abs. 1 Nr. 1 Buchst. b EStG (Vfg OFD Frankfurt vom 4.8.2003, DB 2003 S. 2147)

§ 32c

§ 32c (aufgehoben)

§ 32d

§ 32d Gesonderter Steuertarif für Einkünfte aus Kapitalvermögen

(1) ¹Die Einkommensteuer für Einkünfte aus Kapitalvermögen, die nicht unter § 20 Abs. 8 fallen, beträgt 25 Prozent. ²Die Steuer nach Satz 1 vermindert sich um die nach Maßgabe des Absatzes 5 anrechenbaren ausländischen Steuern. ³Im Fall der Kirchensteuerpflicht ermäßigt sich die Steuer nach den Sätzen 1 und 2 um 25 Prozent der auf die Kapitalerträge entfallenden Kirchensteuer. ⁴Die Einkommensteuer beträgt damit $\frac{e - 4q}{4 + k}$.

⁵Dabei sind „e" die nach den Vorschriften des § 20 ermittelten Einkünfte, „q" die nach Maßgabe des Absatzes 5 anrechenbare ausländische Steuer und „k" der für die Kirchensteuer erhebende Religionsgesellschaft (Religionsgemeinschaft) geltende Kirchensteuersatz.

(2) ¹Absatz 1 gilt nicht

1. für Kapitalerträge im Sinne des § 20 Abs. 1 Nr. 4 und 7 sowie Abs. 2 Satz 1 Nr. 4 und 7,

    a) wenn Gläubiger und Schuldner einander nahe stehende Personen sind, soweit die den Kapitalerträgen entsprechenden Aufwendungen beim Schuldner Betriebsausgaben oder Werbungskosten im Zusammenhang mit Einkünften sind, die der inländischen Besteuerung unterliegen und § 20 Absatz 9 Satz 1 zweiter Halbsatz keine Anwendung findet,

    b) wenn sie von einer Kapitalgesellschaft oder Genossenschaft an einen Anteilseigner gezahlt werden, der zu mindestens zehn Prozent an der Gesellschaft oder Genossenschaft beteiligt ist. ²Dies gilt auch, wenn der Gläubiger der Kapitalerträge eine dem Anteilseigner nahe stehende Person ist, oder

    c) soweit ein Dritter die Kapitalerträge schuldet und diese Kapitalanlage im Zusammenhang mit einer Kapitalüberlassung an einen Betrieb des Gläubigers steht. ³Dies gilt entsprechend, wenn Kapital überlassen wird

    aa) an eine dem Gläubiger der Kapitalerträge nahestehende Person oder

    bb) an eine Personengesellschaft, bei der der Gläubiger der Kapitalerträge oder eine diesem nahestehende Person als Mitunternehmer beteiligt ist oder

    cc) an eine Kapitalgesellschaft oder Genossenschaft, an der der Gläubiger der Kapitalerträge oder eine diesem nahestehende Person zu mindestens 10 Prozent beteiligt ist,

    sofern der Dritte auf den Gläubiger oder eine diesem nahestehende Person zurückgreifen kann. ³Ein Zusammenhang ist anzunehmen, wenn die Kapitalanlage und die Kapitalüberlassung auf einem einheitlichen Plan beruhen. ⁴Hiervon ist insbesondere dann auszugehen, wenn die Kapitalüberlassung in engem zeitlichen Zusammenhang mit einer Kapitalanlage steht oder die jeweiligen Zinsvereinbarungen miteinander verknüpft sind. ⁵Von einem Zusammenhang ist jedoch nicht auszugehen, wenn die Zinsvereinbarungen marktüblich sind oder die Anwendung des Absatzes 1 beim Steuerpflichtigen zu keinem Belastungsvorteil führt. ⁶Die Sätze 1 bis 5 gelten sinngemäß, wenn das überlassene Kapital vom Gläubiger der Kapitalerträge für die Erzielung von Einkünften im Sinne des § 2 Abs. 1 Satz 1 Nr. 4, 6 und 7 eingesetzt wird.

    ²Insoweit findet § 20 Abs. 6 und 9 keine Anwendung;

2. für Kapitalerträge im Sinne des § 20 Abs. 1 Nr. 6 Satz 2. ²Insoweit findet § 20 Abs. 6 keine Anwendung;

3. auf Antrag für Kapitalerträge im Sinne des § 20 Abs. 1 Nr. 1 und 2 aus einer Beteiligung an einer Kapitalgesellschaft, wenn der Steuerpflichtige im Veranlagungszeitraum, für den der Antrag erstmals gestellt wird, unmittelbar oder mittelbar

    a) zu mindestens 25 Prozent an der Kapitalgesellschaft beteiligt ist oder

    b) zu mindestens 1 Prozent an der Kapitalgesellschaft beteiligt und beruflich für diese tätig ist.

[2]Insoweit finden § 3 Nr. 40 Satz 2 und § 20 Abs. 6 und 9 keine Anwendung. [3]Der Antrag gilt für die jeweilige Beteiligung erstmals für den Veranlagungszeitraum, für den er gestellt worden ist. [4]Er ist spätestens zusammen mit der Einkommensteuererklärung für den jeweiligen Veranlagungszeitraum zu stellen und gilt, solange er nicht widerrufen wird, auch für die folgenden vier Veranlagungszeiträume, ohne dass die Antragsvoraussetzungen erneut zu belegen sind. [5]Die Widerrufserklärung muss dem Finanzamt spätestens mit der Steuererklärung für den Veranlagungszeitraum zugehen, für den die Sätze 1 bis 4 erstmals nicht mehr angewandt werden sollen. [6]Nach einem Widerruf ist ein erneuter Antrag des Steuerpflichtigen für diese Beteiligung an der Kapitalgesellschaft nicht mehr zulässig;

4. für Bezüge im Sinne des § 20 Absatz 1 Nummer 1 und für Einnahmen im Sinne des § 20 Absatz 1 Nummer 9, soweit sie das Einkommen der leistenden Körperschaft gemindert haben; dies gilt nicht, soweit eine verdeckte Gewinnausschüttung das Einkommen einer dem Steuerpflichtigen nahe stehenden Person erhöht hat und § 32a des Körperschaftsteuergesetzes auf die Veranlagung dieser nahe stehenden Person keine Anwendung findet.

(3) [1]Steuerpflichtige Kapitalerträge, die nicht der Kapitalertragsteuer unterlegen haben, hat der Steuerpflichtige in seiner Einkommensteuererklärung anzugeben. [2]Für diese Kapitalerträge erhöht sich die tarifliche Einkommensteuer um den nach Absatz 1 ermittelten Betrag.

(4) Der Steuerpflichtige kann mit der Einkommensteuererklärung für Kapitalerträge, die der Kapitalertragsteuer unterlegen haben, eine Steuerfestsetzung entsprechend Absatz 3 Satz 2 insbesondere in Fällen eines nicht vollständig ausgeschöpften Sparer-Pauschbetrags, einer Anwendung der Ersatzbemessungsgrundlage nach § 43a Abs. 2 Satz 7, eines noch nicht im Rahmen des § 43a Abs. 3 berücksichtigten Verlusts, eines Verlustvortrags nach § 20 Abs. 6 und noch nicht berücksichtigter ausländischer Steuern, zur Überprüfung des Steuereinbehalts dem Grund oder der Höhe nach oder zur Anwendung von Absatz 1 Satz 3 beantragen.

(5) [1]In den Fällen der Absätze 3 und 4 ist bei unbeschränkt Steuerpflichtigen, die mit ausländischen Kapitalerträgen in dem Staat, aus dem die Kapitalerträge stammen, zu einer der deutschen Einkommensteuer entsprechenden Steuer herangezogen werden, die auf ausländische Kapitalerträge festgesetzte und gezahlte und um einen entstandenen Ermäßigungsanspruch gekürzte ausländische Steuer, jedoch höchstens 25 Prozent ausländische Steuer auf den einzelnen Kapitalertrag, auf die deutsche Steuer anzurechnen. [2]Soweit in einem Abkommen zur Vermeidung der Doppelbesteuerung die Anrechnung einer ausländischen Steuer einschließlich einer als gezahlt geltenden Steuer auf die deutsche Steuer vorgesehen ist, gilt Satz 1 entsprechend. [3]Die ausländischen Steuern sind nur bis zur Höhe der auf die im jeweiligen Veranlagungszeitraum bezogenen Kapitalerträge im Sinne des Satzes 1 entfallenden deutschen Steuer anzurechnen.

(6) [1]Auf Antrag des Steuerpflichtigen werden anstelle der Anwendung der Absätze 1, 3 und 4 die nach § 20 ermittelten Kapitaleinkünfte den Einkünften im Sinne des § 2 hinzugerechnet und der tariflichen Einkommensteuer unterworfen, wenn dies zu einer niedrigeren Einkommensteuer einschließlich Zuschlagsteuern führt (Günstigerprüfung). [2]Absatz 5 ist mit der Maßgabe anzuwenden, dass die nach dieser Vorschrift ermittelten ausländischen Steuern auf die zusätzliche tarifliche Einkommensteuer anzurechnen sind, die auf die hinzugerechneten Kapitaleinkünfte entfällt. [3]Der Antrag kann für den jeweiligen Veranlagungszeitraum nur einheitlich für sämtliche Kapitalerträge gestellt werden. [4]Bei zusammenveranlagten Ehegatten kann der Antrag nur für sämtliche Kapitalerträge beider Ehegatten gestellt werden.

EStR und Hinweise

EStR 2012 zu § 32b EStG

R 32d Gesonderter Tarif für Einkünfte aus Kapitalvermögen
Verrechnung von Kapitaleinkünften

(1) Verluste aus Kapitaleinkünften nach § 32d Abs. 1 EStG dürfen nicht mit positiven Erträgen aus Kapitaleinkünften nach § 32d Abs. 2 EStG verrechnet werden.

§ 32d

Nahe stehende Personen

(2) Anders als bei § 32d Abs. 2 Nr. 1 Buchstabe a EStG ist von einem Näheverhältnis i. S. d. § 32d Abs. 2 Nr. 1 Buchstabe b Satz 2 EStG zwischen Personengesellschaft und Gesellschafter nicht schon allein deshalb auszugehen, weil der Gesellschafter einer Kapitalgesellschaft, an der die Personengesellschaft beteiligt ist, ein Darlehen gewährt und dafür Zinszahlungen erhält.

Veranlagungsoption

(3) ¹§ 32d Abs. 2 Nr. 3 Satz 4 EStG dient der Verwaltungsvereinfachung in Form eines erleichterten Nachweises der Tatbestandsvoraussetzungen und ersetzt nicht das Vorliegen einer Beteiligung nach § 32d Abs. 2 Nr. 3 Satz 1 EStG. ²Sinkt die Beteiligung unter die Grenzen nach § 32d Abs. 2 Nr. 3 Satz 1 Buchstabe a oder b EStG, ist auch innerhalb der Frist des § 32d Abs. 2 Nr. 3 Satz 4 EStG ein Werbungskostenabzug unzulässig.

Hinweise

H 32d Allgemeines

Einzelfragen zur Abgeltungssteuer → *BMF vom 9.10.2012 (BStBl. I S. 950), Rzn. 132 -151.*[1)]

Rechtsprechungsauswahl

BFH vom 29.4.14 VIII R 23/13 (BStBl. II S. 884): Keine Anwendung des Abgeltungsteuersatzes auf Kapitalerträge, die von einer Kapitalgesellschaft an einen Anteilseigner gezahlt werden, der zu mindestens 10 % an der Gesellschaft beteiligt ist

BFH vom 29.4.14 VIII R 9/13 (BStBl. II S. 982): Anwendung des Abgeltungsteuersatzes bei Kapitalerträgen aus Darlehen zwischen Angehörigen i. S. des § 15 AO

BFH vom 14.5.14 VIII R 31/13 (BStBl. II S. 995): Anwendung des Abgeltungsteuersatzes bei Darlehensgewährung an eine GmbH durch nahestehende Person

BFH vom 29.4.14 VIII R 44/13 (BStBl. II S. 992): Anwendung des Abgeltungsteuersatzes bei Kapitalerträgen aus Darlehen zwischen Angehörigen i. S. des § 15 AO

BFH vom 29.4.14 VIII R 35/13 (BStBl. II S. 986): Anwendung des Abgeltungsteuersatzes bei Kapitalerträgen aus einer Stundungsvereinbarung zwischen Angehörigen i. S. des § 15 AO

---

1) Siehe Anlage § 020-08.

§ 33 Außergewöhnliche Belastungen

(1) Erwachsen einem Steuerpflichtigen zwangsläufig größere Aufwendungen als der überwiegenden Mehrzahl der Steuerpflichtigen gleicher Einkommensverhältnisse, gleicher Vermögensverhältnisse und gleichen Familienstands (außergewöhnliche Belastung), so wird auf Antrag die Einkommensteuer dadurch ermäßigt, dass der Teil der Aufwendungen, der die dem Steuerpflichtigen zumutbare Belastung (Absatz 3) übersteigt, vom Gesamtbetrag der Einkünfte abgezogen wird.

(2) ¹Aufwendungen erwachsen dem Steuerpflichtigen zwangsläufig, wenn er sich ihnen aus rechtlichen, tatsächlichen oder sittlichen Gründen nicht entziehen kann und soweit die Aufwendungen den Umständen nach notwendig sind und einen angemessenen Betrag nicht übersteigen. ²Aufwendungen, die zu den Betriebsausgaben, Werbungskosten oder Sonderausgaben gehören bleiben dabei außer Betracht; das gilt für Aufwendungen im Sinne des § 10 Abs. 1 Nr. 7 und 9 nur insoweit, als sie als Sonderausgaben abgezogen werden können. ³Aufwendungen, die durch Diätverpflegung entstehen, können nicht als außergewöhnliche Belastung berücksichtigt werden. ⁴Aufwendungen für die Führung eines Rechtsstreits (Prozesskosten) sind vom Abzug ausgeschlossen, es sei denn, es handelt sich um Aufwendungen, ohne die der Steuerpflichtige Gefahr liefe, seine Existenzgrundlage zu verlieren und seine lebensnotwendigen Bedürfnisse in dem üblichen Rahmen nicht mehr befriedigen zu können.

(3) ¹Die zumutbare Belastung beträgt

bei einem Gesamtbetrag der Einkünfte	bis 15 340 EUR	über 15 340 EUR bis 51 130 EUR	über 51 130 EUR
1. bei Steuerpflichtigen, die keine Kinder haben und bei denen die Einkommensteuer			
a) nach § 32a Abs. 1, ...	5	6	7
b) nach § 32a Abs. 5 oder 6 (Splitting-Verfahren)................	4	5	6
zu berechnen ist;			
2. bei Steuerpflichtigen mit			
a) einem Kind oder zwei Kindern,........	2	3	4
b) drei oder mehr Kindern..............	1	1	2
	Prozent des Gesamtbetrags der Einkünfte.		

²Als Kinder des Steuerpflichtigen zählen die, für die er Anspruch auf einen Freibetrag nach § 32 Abs. 6 oder auf Kindergeld hat.

(4) Die Bundesregierung wird ermächtigt, durch Rechtsverordnung mit Zustimmung des Bundesrates die Einzelheiten des Nachweises von Aufwendungen nach Absatz 1 zu bestimmen.

EStDV

§ 64 Nachweis von Krankheitskosten

(1) ¹Den Nachweis der Zwangsläufigkeit von Aufwendungen im Krankheitsfall hat der Steuerpflichtige zu erbringen:

1. *durch eine Verordnung eines Arztes oder Heilpraktikers für Arznei-, Heil- und Hilfsmittel (§§ 2, 23, 31 bis 33 des Fünften Buches Sozialgesetzbuch);*

2. *durch ein amtsärztliches Gutachten oder eine ärztliche Bescheinigung eines Medizinischen Dienstes der Krankenversicherung (§ 275 des Fünften Buches Sozialgesetzbuch) für*

a) eine Bade- oder Heilkur; bei einer Vorsorgekur ist auch die Gefahr einer durch die Kur abzuwendenden Krankheit, bei einer Klimakur der medizinisch angezeigte Kurort und die voraussichtliche Kurdauer zu bescheinigen,

b) eine psychotherapeutische Behandlung; die Fortführung einer Behandlung nach Ablauf der Bezuschussung durch die Krankenversicherung steht einem Behandlungsbeginn gleich,

c) eine medizinisch erforderliche auswärtige Unterbringung eines an Legasthenie oder einer anderen Behinderung leidenden Kindes des Steuerpflichtigen,

d) die Notwendigkeit der Betreuung des Steuerpflichtigen durch eine Begleitperson, sofern sich diese nicht bereits aus dem Nachweis der Behinderung nach § 65 Absatz 1 Nummer 1 ergibt,

e) medizinische Hilfsmittel, die als allgemeine Gebrauchsgegenstände des täglichen Lebens im Sinne von § 33 Absatz 1 des Fünften Buches Sozialgesetzbuch anzusehen sind,

f) wissenschaftlich nicht anerkannte Behandlungsmethoden, wie z. B. Frisch- und Trockenzellenbehandlungen, Sauerstoff-, Chelat- und Eigenbluttherapie.

²Der nach Satz 1 zu erbringende Nachweis muss vor Beginn der Heilmaßnahme oder dem Erwerb des medizinischen Hilfsmittels ausgestellt worden sein;

3. durch eine Bescheinigung des behandelnden Krankenhausarztes für Besuchsfahrten zu einem für längere Zeit in einem Krankenhaus liegenden Ehegatten oder Kind des Steuerpflichtigen, in dem bestätigt wird, dass der Besuch des Steuerpflichtigen zur Heilung oder Linderung einer Krankheit entscheidend beitragen kann.

(2) Die zuständigen Gesundheitsbehörden haben auf Verlangen des Steuerpflichtigen die für steuerliche Zwecke erforderlichen Gesundheitszeugnisse, Gutachten oder Bescheinigungen auszustellen.

EStR und Hinweise
EStR 2012 zu § 33 EStG

R 33.1 Außergewöhnliche Belastungen allgemeiner Art
¹§ 33 EStG setzt eine Belastung des Steuerpflichtigen auf Grund außergewöhnlicher und dem Grunde und der Höhe nach zwangsläufiger Aufwendungen voraus. ²Der Steuerpflichtige ist belastet, wenn ein Ereignis in seiner persönlichen Lebenssphäre ihn zu Ausgaben zwingt, die er selbst endgültig zu tragen hat. ³Die Belastung tritt mit der Verausgabung ein. ⁴Zwangsläufigkeit dem Grunde nach wird in der Regel auf Aufwendungen des Steuerpflichtigen für sich selbst oder für Angehörige im Sinne des § 15 AO beschränkt sein. ⁵Aufwendungen für andere Personen können diese Voraussetzung nur ausnahmsweise erfüllen (sittliche Pflicht).

R 33.2 Aufwendungen für existentiell notwendige Gegenstände
Aufwendungen zur Wiederbeschaffung oder Schadensbeseitigung können im Rahmen des Notwendigen und Angemessenen unter folgenden Voraussetzungen als außergewöhnliche Belastung berücksichtigt werden:
1. Sie müssen einen existentiell notwendigen Gegenstand betreffen – dies sind Wohnung, Hausrat und Kleidung, nicht aber z. B. ein PKW oder eine Garage.
2. Der Verlust oder die Beschädigung muss durch ein unabwendbares Ereignis wie Brand, Hochwasser, Kriegseinwirkung, Vertreibung, politische Verfolgung verursacht sein, oder von dem Gegenstand muss eine → Gesundheitsgefährdung ausgehen, die beseitigt werden muss und die nicht auf das Verschulden des Stpfl oder seines Mieters oder auf einen Baumangel zurückzuführen ist (z. B. bei Schimmelpilzbildung).
3. Dem Steuerpflichtigen müssen tatsächlich finanzielle Aufwendungen entstanden sein; ein bloßer Schadenseintritt reicht zur Annahme von Aufwendungen nicht aus.
4. Die Aufwendungen müssen ihrer Höhe nach notwendig und angemessen sein und werden nur berücksichtigt, soweit sie den Wert des Gegenstandes im Vergleich zu vorher nicht übersteigen.
5. Nur der endgültig verlorene Aufwand kann berücksichtigt werden, d. h. die Aufwendungen sind um einen etwa nach Schadenseintritt noch vorhandenen Restwert zu kürzen.

6. Der Steuerpflichtige muss glaubhaft darlegen, dass er den Schaden nicht verschuldet hat und dass realisierbare Ersatzansprüche gegen Dritte nicht bestehen.
7. Ein Abzug scheidet aus, sofern der Steuerpflichtige zumutbare Schutzmaßnahmen unterlassen oder eine allgemein zugängliche und übliche Versicherungsmöglichkeit nicht wahrgenommen hat.
8. Das schädigende Ereignis darf nicht länger als drei Jahre zurückliegen, bei Baumaßnahmen muss mit der Wiederherstellung oder Schadensbeseitigung innerhalb von drei Jahren nach dem schädigenden Ereignis begonnen worden sein.

R 33.3 Aufwendungen wegen Pflegebedürftigkeit und erheblich eingeschränkter Alltagskompetenz

Voraussetzungen und Nachweis

(1) ¹Zu dem begünstigten Personenkreis zählen pflegebedürftige Personen, bei denen mindestens ein Schweregrad der Pflegebedürftigkeit im Sinne der §§ 14, 15 SGB XI besteht. ²Der Nachweis ist durch eine Bescheinigung (z. B. Leistungsbescheid oder -mitteilung) der sozialen Pflegekasse oder des privaten Versicherungsunternehmens, das die private Pflegeversicherung durchführt oder nach § 65 Abs. 2 EStDV zu führen. ³Pflegekosten von Personen, die nicht zu dem nach Satz 1 begünstigten Personenkreis zählen und ambulant gepflegt werden, können ohne weiteren Nachweis auch dann als außergewöhnliche Belastungen berücksichtigt werden, wenn sie von einem anerkannten Pflegedienst nach § 89 SGB XI gesondert in Rechnung gestellt worden sind.

Eigene Pflegeaufwendungen

(2) ¹Zu den Aufwendungen infolge Pflegebedürftigkeit und erheblich eingeschränkter Alltagskompetenz zählen sowohl Kosten für die Beschäftigung einer ambulanten Pflegekraft und/oder die Inanspruchnahme von Pflegediensten, von Einrichtungen der Tages- oder Nachtpflege, der Kurzzeitpflege oder von nach Landesrecht anerkannten niedrigschwelligen Betreuungsangeboten als auch Aufwendungen zur Unterbringung in einem Heim. ²Wird bei einer Heimunterbringung wegen Pflegebedürftigkeit der private Haushalt aufgelöst, ist die → Haushaltsersparnis mit dem in § 33a Abs. 1 Satz 1 EStG genannten Höchstbetrag der abziehbaren Aufwendungen anzusetzen. ³Liegen die Voraussetzungen nur während eines Teils des Kalenderjahres vor, sind die anteiligen Beträge anzusetzen (1/360 pro Tag, 1/12 pro Monat).

Konkurrrenz zu § 33b Abs. 3 EStG

(3) – unbesetzt –

Konkurrenz zu § 33b Abs. 3 EStG

(4) ¹Die Inanspruchnahme eines Pauschbetrages nach § 33b Abs. 3 EStG schließt die Berücksichtigung von Pflegeaufwendungen nach Absatz 2 im Rahmen des § 33 EStG aus. ²Zur Berücksichtigung eigener Aufwendungen der Eltern für ein behindertes Kind → R 33b Abs. 2.

Pflegeaufwendungen für Dritte

(5) Hat der pflegebedürftige Dritte im Hinblick auf sein Alter oder eine etwaige Bedürftigkeit dem Steuerpflichtigen Vermögenswerte zugewendet, z. B. ein Hausgrundstück, kommt ein Abzug der Pflegeaufwendungen nur in der Höhe in Betracht, wie die Aufwendungen den Wert des hingegebenen Vermögens übersteigen.

R 33.4 Aufwendungen wegen Krankheit und Behinderung sowie für Integrationsmaßnahmen

Nachweis

(1) ¹Der Nachweis von Krankheitskosten ist nach § 64 EStDV zu führen. ²Bei Aufwendungen für eine Augen-Laser-Operation ist die Vorlage eines amtsärztlichen Attests nicht erforderlich. ³Bei einer andauernden Erkrankung mit anhaltendem Verbrauch bestimmter Arznei-, Heil- und Hilfsmittel reicht die einmalige Vorlage einer Verordnung. ⁴Wurde die Notwendigkeit einer Sehhilfe in der Vergangenheit durch einen Augenarzt festgestellt, genügt in den Folgejahren die Sehschärfenbestimmung durch einen Augenoptiker. ⁵Als Nachweis der angefallenen Krankheitsaufwendungen kann auch die Vorlage der Erstattungsmitteilung der privaten Krankenversicherung oder der Beihilfebescheid einer Behörde ausreichen. ⁶Diese Erleichterung entbindet den Stpfl. aber nicht von der Verpflichtung, dem Finanzamt die Zwangsläufigkeit, Notwendigkeit und Angemessenheit nicht erstatteter Aufwendungen auf Verlangen nachzuweisen. ⁷Wurde die Notwendigkeit einer Kur offensichtlich im Rahmen der Bewilligung von Zuschüssen oder Beihilfen anerkannt, genügt bei Pflichtversicherten die Bescheinigung der Versicherungsanstalt und bei öffentlich Bediensteten der Beihilfebescheid.

§ 33 R 33.1–33.4

Privatschulbesuch

(2) ¹Ist ein Kind ausschließlich wegen einer Behinderung im Interesse einer angemessenen Berufsausbildung auf den Besuch einer Privatschule (Sonderschule oder allgemeine Schule in privater Trägerschaft) mit individueller Förderung angewiesen, weil eine geeignete öffentliche Schule oder eine den schulgeldfreien Besuch ermöglichende geeignete Privatschule nicht zur Verfügung steht oder nicht in zumutbarer Weise erreichbar ist, ist das Schulgeld dem Grunde nach als außergewöhnliche Belastung nach § 33 EStG – neben einem auf den Steuerpflichtigen übertragbaren Pauschbetrag für behinderte Menschen – zu berücksichtigen. ²Der Nachweis, dass der Besuch der Privatschule erforderlich ist, muss durch eine Bestätigung der zuständigen obersten Landeskultusbehörde oder der von ihr bestimmten Stelle geführt werden.

Kur

(3) ¹Kosten für Kuren im Ausland sind in der Regel nur bis zur Höhe der Aufwendungen anzuerkennen, die in einem dem Heilzweck entsprechenden inländischen Kurort entstehen würden. ²Verpflegungsmehraufwendungen anlässlich einer Kur können nur in tatsächlicher Höhe nach Abzug der Haushaltsersparnis von $1/_5$ der Aufwendungen berücksichtigt werden.

Aufwendungen behinderter Menschen für Verkehrsmittel [1)]

(4) ¹Macht ein gehbehinderter Steuerpflichtiger neben den Aufwendungen für Privatfahrten mit dem eigenen Pkw auch solche für andere Verkehrsmittel (z. B. für Taxis) geltend, ist die als noch angemessen anzusehende jährliche Fahrleistung von 3 000 km (beim GdB von mindestens 80 oder GdB von mindestens 70 und Merkzeichen G) – bzw. von 15 000 km (bei Merkzeichen aG, Bl oder H) – entsprechend zu kürzen. ²Die Aufwendungen für die behindertengerechte Umrüstung eines PKWs können im VZ des Abflusses als außergewöhnliche Belastungen neben den angemessenen Aufwendungen für Fahrten berücksichtigt werden. ³Eine Verteilung auf mehrere VZ ist nicht zulässig.

R 33.5 Behinderungsbedingte Baukosten

(5) ¹Um- oder Neubaukosten eines Hauses oder einer Wohnung können im VZ des Abflusses eine außergewöhnliche Belastung darstellen, soweit die Baumaßnahme durch die Behinderung bedingt ist. ²Eine Verteilung auf mehrere VZ ist nicht zulässig. ³Für den Nachweis der Zwangsläufigkeit der Aufwendungen ist die Vorlage folgender Unterlagen ausreichend:

- der Bescheid eines gesetzlichen Trägers der Sozialversicherung oder der Sozialleistungen über die Bewilligung eines pflege- bzw. behinderungsbedingten Zuschusses (z. B. zur Verbesserung des individuellen Wohnumfeldes nach § 40 Abs. 4 SGB XI) oder
- das Gutachten des Medizinischen Dienstes der Krankenversicherung (MDK), des Sozialmedizinischen Dienstes (SMD) oder der Medicproof Gesellschaft für Medizinische Gutachten mbH.

Aufwendungen für Deutsch- und Integrationskurse

(6) ¹Aufwendungen für den Besuch von Sprachkursen, in denen Deutsch gelehrt wird, sind nicht als außergewöhnliche Belastungen abziehbar. ²Gleiches gilt für Integrationskurse, es sei denn, der Stpfl. weist durch Vorlage einer Bestätigung der Teilnahmeberechtigung nach § 6 Abs. 1 Satz 1 und 3 der Verordnung über die Durchführung von Integrationskursen für Ausländer und Spätaussiedler nach, dass die Teilnahme am Integrationskurs verpflichtend war und damit aus rechtlichen Gründen zwangsläufig erfolgte.

Hinweise

H 33.1–33.4 Abkürzung des Zahlungsweges

Bei den außergewöhnlichen Belastungen kommt der Abzug von Aufwendungen eines Dritten auch unter dem Gesichtspunkt der Abkürzung des Vertragswegs nicht in Betracht (→ BMF vom 7.7.2008 – BStBl. I S. 717). [2)]

Adoption

Aufwendungen im Zusammenhang mit einer Adoption sind nicht zwangsläufig → BFH vom 13.3.1987 – BStBl. II S. 495 und vom 20.3.1987 – BStBl. II S. 596).

Asbestbeseitigung

Die tatsächliche Zwangsläufigkeit von Aufwendungen zur Beseitigung von Asbest ist nicht anhand der abstrakten Gefährlichkeit von Asbestfasern zu beurteilen; erforderlich sind

---

1) Siehe dazu auch Anlage § 033-02.
2) Siehe Anlage § 021-07.

zumindest konkret zu befürchtende Gesundheitsgefährdungen. Denn die Notwendigkeit einer Asbestsanierung hängt wesentlich von der verwendeten Asbestart und den baulichen Gegebenheiten ab (→ BFH vom 29.3.2012 – BStBl. II S. 570).

→ Gesundheitsgetanraung

Asyl

Die Anerkennung als Asylberechtigter lässt nicht ohne weiteres auf ein unabwendbares Ereignis für den Verlust von Hausrat und Kleidung schließen (→ BFH vom 26.4.1991 – BStBl. II S. 755).

Außergewöhnlich

Außergewöhnlich sind Aufwendungen, wenn sie nicht nur der Höhe, sondern auch ihrer Art und dem Grunde nach außerhalb des Üblichen liegen und insofern nur einer Minderheit entstehen. Die typischen Aufwendungen der Lebensführung sind aus dem Anwendungsbereich des § 33 EStG ungeachtet ihrer Höhe im Einzelfall ausgeschlossen (→ BFH vom 29.09.1989 – BStBl. 1990 II S. 418, vom 19.5.1995 – BStBl. II S. 774, vom 22.10.1996 – BStBl. 1997 II S. 558, vom 12.11.1996 – BStBl. 1997 II S. 387).

Aussteuer

Aufwendungen für die Aussteuer einer heiratenden Tochter sind regelmäßig nicht als zwangsläufig anzusehen, Dies gilt auch dann, wenn die Eltern ihrer Tochter keine Berufsausbildung gewährt haben (→ BFH vom 3.6.1987 – BStBl. II S. 779).

Begleitperson

Aufwendungen eines Schwerbehinderten für eine Begleitperson bei Reisen sind nicht als außergewöhnliche Belastung abziehbar, wenn die Begleitperson ein Ehegatte ist, der aus eigenem Interesse an der Reise teilgenommen hat und für den kein durch die Behinderung des anderen Ehegatten veranlasster Mehraufwand angefallen ist (→ BFH vom 7.5.2013 – BStBl. II S. 808).

Behindertengerechte Ausstattung

– Mehraufwendungen für die notwendige behindertengerechte Gestaltung des individuellen Wohnumfelds sind außergewöhnliche Belastungen. Sie stehen so stark unter dem Gebot der sich aus der Situation ergebenden Zwangsläufigkeit, dass die Erlangung eines etwaigen Gegenwerts regelmäßig in den Hintergrund tritt. Es ist nicht erforderlich, dass die Behinderung auf einem nicht vorhersehbaren Ereignis beruht und deshalb ein schnelles Handeln des Stpfl. oder seiner Angehörigen geboten ist. Auch die Frage nach zumutbaren Handlungsalternativen stellt sich in solchen Fällen nicht (→ BFH vom 24.2.2011 – BStBl. II S. 1012).

– R 33.4 Abs. 5

Bestattungskosten

eines nahen Angehörigen sind regelmäßig als außergewöhnliche Belastung zu berücksichtigen, soweit sie nicht aus dem Nachlass bestritten werden können und auch nicht durch Ersatzleistungen gedeckt sind (→ BFH vom 8.9.1961 – BStBl. 1962 III S. 31, vom 19.10.1990 – BStBl. 1991 II S. 140, vom 17.6.1994 – BStBl. II S. 754 und vom 22.2.1996 – BStBl. II S. 413). Leistungen aus einer Sterbegeldversicherung oder aus einer Lebensversicherung, die dem Steuerpflichtigen anlässlich des Todes eines nahen Angehörigen außerhalb des Nachlasses zufließen, sind auf die als außergewöhnliche Belastung anzuerkennenden Kosten anzurechnen (→ BFH vom 19.10.1990 – BStBl. 1991 II S. 140 und vom 22.2.1996 – BStBl. II S. 413). Zu den außergewöhnlichen Belastungen gehören nur solche Aufwendungen, die unmittelbar mit der eigentlichen Bestattung zusammenhängen. Nur mittelbar mit einer Bestattung zusammenhängende Kosten werden mangels Zwangsläufigkeit nicht als außergewöhnliche Belastung anerkannt. Zu diesen mittelbaren Kosten gehören z. B.:

– Aufwendungen für die Bewirtung von Trauergästen (→ BFH vom 17.9.1987 – BStBl. 1988 II S. 130).

– Aufwendungen für Trauerkleidung (→ BFH vom 12.8.1966 – BStBl. 1967 II S. 364).

– Reisekosten für die Teilnahme an einer Bestattung eines nahen Angehörigen (→ BFH vom 17.6.1994 – BStBl. 1994 II S. 754).

§ 33

Betreuervergütung

Vergütungen für einen ausschließlich zur Vermögenssorge bestellten Betreuer stellen keine außergewöhnlichen Belastungen, sondern Betriebsausgaben bzw. Werbungskosten bei den mit dem verwalteten Vermögen erzielten Einkünften dar, sofern die Tätigkeit des Betreuers weder einer kurzfristigen Abwicklung des Vermögens noch der Verwaltung ertraglosen Vermögens dient (BFH vom 14.9.1999 – BStBl. 2000 II S. 69).

Betrug

Durch Betrug veranlasste vergebliche Zahlungen für einen Grundstückskauf sind nicht zwangsläufig (→ BFH vom 19.5.1995 – BStBl. II S. 774).

Darlehen

– Werden die Ausgaben über Darlehen finanziert, tritt die Belastung bereits im Zeitpunkt der Verausgabung ein (→ BFH vom 10.6.1988 – BStBl. II S. 814).

– → Verausgabung

Diätverpflegung

Aufwendungen, die durch Diätverpflegung entstehen, sind von der Berücksichtigung als außergewöhnliche Belastung auch dann ausgeschlossen, wenn die Diätverpflegung an die Stelle einer sonst erforderlichen medikamentösen Behandlung tritt (→ BFH vom 21.6.2007 – BStBl. II S. 880).

Eltern-Kind-Verhältnis

Aufwendungen des nichtsorgeberechtigten Elternteils zur Kontaktpflege sind nicht außergewöhnlich (→ BFH vom 27.9.2007 – BStBl. 2008 II S. 287).

Ergänzungspflegervergütung

Wird für einen Minderjährigen im Zusammenhang mit einer Erbauseinandersetzung die Anordnung einer Ergänzungspflegschaft erforderlich, so sind die Aufwendungen hierfür nicht als außergewöhnliche Belastungen zu berücksichtigen (BFH vom 14.9.1999 – BStBl 2000 II S. 69).

Erpressungsgelder

Erpressungsgelder sind keine außergewöhnlichen Belastungen, wenn der Erpressungsgrund selbst und ohne Zwang geschaffen worden ist (→ BFH vom 18.3.2004 – BStBl. II S. 867).

Ersatz von dritter Seite

Ersatz und Unterstützungen von dritter Seite zum Ausgleich der Belastung sind von den berücksichtigungsfähigen Aufwendungen abzusetzen, es sei denn, die vertragsgemäße Erstattung führt zu steuerpflichtigen Einnahmen beim Steuerpflichtigen (→ BFH vom 14.3.1975 – BStBl. II S. 632 und vom 6.5.1994 – BStBl. 1995 II S. 104). Die Ersatzleistungen sind auch dann abzusetzen, wenn sie erst in einem späteren Kalenderjahr gezahlt werden, der Steuerpflichtige aber bereits in dem Kalenderjahr, in dem die Belastung eingetreten ist, mit der Zahlung rechnen konnte (→ BFH vom 21 8.1974 – BStBl. 1975 II S. 14). Werden Ersatzansprüche gegen Dritte nicht geltend gemacht, entfällt die Zwangsläufigkeit, wobei die Zumutbarkeit Umfang und Intensität der erforderlichen Rechtsverfolgung bestimmt (→ BFH vom 20.9.1991 – BStBl. 1992 II S. 137 und vom 18.6.1997 (BStBl. II S. 805). Der Verzicht auf die Inanspruchnahme von staatlichen Transferleistungen (z. B. Eingliederungshilfe nach § 35a SGB VIII) steht dem Abzug von Krankheitskosten als außergewöhnliche Belastungen nicht entgegen (→ BFH vom 11.11.2010 – BStBl. 2011 II S.969). Der Abzug von Aufwendungen nach § 33 EStG ist ausgeschlossen, wenn der Steuerpflichtige eine allgemein zugängliche und übliche Versicherungsmöglichkeit nicht wahrgenommen hat (→ BFH vom 6.5.1994 – BStBl. 1995 II S. 104). Dies gilt auch, wenn lebensnotwendige Vermögensgegenstände, wie Hausrat und Kleidung wiederbeschafft werden müssen (→ BFH vom 26.6.2003 – BStBl. 2004 II S. 47).

– Hausratversicherung

Anzurechnende Leistungen aus einer Hausratversicherung sind nicht aufzuteilen in einen Betrag, der auf allgemein notwendigen und angemessenen Hausrat entfällt, und in einen solchen, der die Wiederbeschaffung von Gegenständen und Kleidungsstücken gehobenen Anspruchs ermöglichen soll (→ BFH vom 30.6.1999 – BStBl. II S. 766).

– **Krankenhaustagegeldversicherungen**

Bis zur Höhe der durch einen Krankenhausaufenthalt verursachten Kosten sind die Leistungen abzusetzen, nicht aber Leistungen aus einer Krankentagegeldversicherung (→ BFH vom 22.10.1971 – BStBl. 1972 II S. 177)

– **Private Pflegezusatzversicherung**

Das aus einer privaten Pflegezusatzversicherung bezogene Pflege(tage)geld mindert die abziehbaren Pflegekosten (→ BFH vom 14.4.2011 – BStBl. II S. 701).

Fahrkosten, allgemein

Unumgängliche Fahrtkosten, die dem Grunde nach als außergewöhnliche Belastung zu berücksichtigen sind, sind bei Benutzung eines PKW nur in Höhe der Kosten für die Benutzung eines öffentlichen Verkehrsmittels abziehbar, es sei denn, es bestand keine zumutbare öffentliche Verkehrsverbindung (→ BFH vom 3.12.1998 – BStBl. 1999 II S. 227).

→ *Fahrtkosten behinderter Menschen*
→ *Familienheimfahrten*
→ *Kur*
→ *Mittagsheimfahrt*
→ *Pflegeaufwendungen für Dritte*
→ *Zwischenheimfahrten*

Fahrtkosten behinderter Menschen

Kraftfahrzeugkosten bei behinderten Menschen können im Rahmen der Angemessenheit neben den Pauschbeträgen nur wie folgt berücksichtigt werden (→ BMF vom 29.4.1996 – BStBl I S. 446 und vom 21.11.2001 – BStBl. I S. 868):[1]

1. **Bei geh- und stehbehinderten Steuerpflichtigen (GdB von mindestens 80 oder GdB von mindestens 70 und Merkzeichen G):**

    Aufwendungen für durch die Behinderung veranlasste unvermeidbare Fahrten sind als außergewöhnliche Belastung anzuerkennen, soweit sie nachgewiesen oder glaubhaft gemacht werden und angemessen sind. Aus Vereinfachungsgründen kann im Allgemeinen ein Aufwand für Fahrten bis zu 3 000 km im Jahr als angemessen angesehen werden.

2. **Bei außergewöhnlich gehbehinderten (Merkzeichen aG), blinden (Merkzeichen Bl) und hilflosen Menschen (Merkzeichen H):**

    In den Grenzen der Angemessenheit dürfen nicht nur die Aufwendungen für durch die Behinderung veranlasste unvermeidbare Fahrten, sondern auch für Freizeit-, Erholungs- und Besuchsfahrten abgezogen werden. Die tatsächliche Fahrleistung ist nachzuweisen oder glaubhaft zu machen. Eine Fahrleistung von mehr als 15 000 km im Jahr liegt in aller Regel nicht mehr im Rahmen des Angemessenen (→ BFH vom 2.10.1992 – BStBl. 1993 II S. 286). Die Begrenzung auf jährlich 15 000 km gilt ausnahmsweise nicht, wenn die Fahrleistung durch eine berufsqualifizierende Ausbildung bedingt ist, die nach der Art und Schwere der Behinderung nur durch den Einsatz eines Pkw durchgeführt werden kann. In diesem Fall können weitere rein private Fahrten nur noch bis zu 5 000 km jährlich berücksichtigt werden (→ BFH vom 13.12.2001 – BStBl. 2002 II S. 198).

3. *Ein höherer Aufwand als 0,30 €/km ist unangemessen und darf deshalb im Rahmen des § 33 EStG nicht berücksichtigt werden (→ BFH vom 19.5.2004 – BStBl. 2005 II S. 23). Das gilt auch dann, wenn sich der höhere Aufwand wegen einer nur geringen Jahresfahrleistung ergibt (→ BFH vom 18.12.2003 – BStBl. 2004 II S. 453).*

Die Kosten können auch berücksichtigt werden, wenn sie nicht beim behinderten Menschen selbst, sondern bei einem Steuerpflichtigen entstanden sind, auf den der Behinderten-Pauschbetrag nach § 33b Abs. 5 EStG übertragen worden ist; das gilt jedoch nur für solche Fahrten, an denen der behinderte Mensch selbst teilgenommen hat (→ BFH vom 1.8.1975 – BStBl. II S. 825).

Familienheimfahrten

Aufwendungen verheirateter Wehrpflichtiger für Familienheimfahrten sind keine außergewöhnliche Belastung (→ BFH vom 5.12.1969 – BStBl. 1970 II S. 210).

---

1) Siehe Anlage § 033-02.

Formaldehydemission

→ *Gesundheitsgefährdung*

Freiwillige Ablösungen

von laufenden Kosten für die Anstaltsunterbringung eines pflegebedürftigen Kindes sind nicht zwangsläufig (→ BFH vom 14.11.1980 – BStBl. 1981 II S. 130).

Gegenwert

– *Die Erlangung eines Gegenwerts schließt insoweit die Belastung des Steuerpflichtigen aus. Einen Gegenwert erhält der Steuerpflichtige, wenn der betreffende Gegenstand oder die bestellte Leistung eine gewisse Marktfähigkeit besitzen, die in einem bestimmten Verkehrswert zum Ausdruck kommt (→ BFH vom 4.3.1983 – BStBl. II S. 378 und vom 29.11.1991 – BStBl. 1992 II S. 290). Bei der Beseitigung eingetretener Schäden an einem Vermögensgegenstand, der für den Steuerpflichtigen, von existenziell wichtiger Bedeutung ist, ergibt sich ein Gegenwert nur hinsichtlich von Wertverbesserungen, nicht jedoch hinsichtlich des verlorenen Aufwandes (→ BFH vom 6.5.1994 – BStBl. 1995 II S. 104).*

– → *Gesundheitsgefährdung*

– → *Behindertengerechte Ausstattung*

Gesundheitsgefährdung

– *Geht von einem Gegenstand des existenznotwendigen Bedarfs eine konkrete Gesundheitsgefährdung aus, die beseitigt werden muss (z. B. asbesthaltige Außenfassade des Hauses, Formaldehydemission von Möbeln), sind die Sanierungskosten und die Kosten für eine ordnungsgemäße Entsorgung des Schadstoffs aus tatsächlichen Gründen zwangsläufig entstanden. Die Sanierung muss im Zeitpunkt ihrer Durchführung unerlässlich sein. (→ BFH vom 9.8.2001 – BStBl. 2002 II S. 240 und vom 23.5.2002 – BStBl. II S. 592). Der Stpfl. ist verpflichtet; die medizinische Indikation der Maßnahmen nachzuweisen. Eines amts- oder vertrauensärztlichen Gutachtens bedarf es hierzu nicht (→ BFH vom 11.11.2010 – BStBl. 2011 II S. 1012).*

– *Tauscht der Stpfl. gesundheitsgefährdende Gegenstände des existenznotwendigen Bedarfs aus, steht die Gegenwertlehre dem Abzug der Aufwendungen nicht entgegen. Der sich aus der Erneuerung ergebende Vorteil ist jedoch anzurechnen („Neu für Alt") (→ BFH vom 11.11.2010 – BStBl. 2011 II S. 1012).*

– → *Mietzahlungen*

Gutachter

Ergibt sich aus Gutachten die Zwangsläufigkeit von Aufwendungen gemäß § 33 Abs. 2 EStG, können auch die Aufwendungen für das Gutachten berücksichtigt werden (→ BFH vom 23.5.2002 – BStBl. II S. 592).

Haushaltsersparnis

Wird bei einer Heimunterbringung wegen Pflegebedürftigkeit der private Haushalt aufgelöst, können nur die über die üblichen Kosten der Unterhaltung eines Haushalts hinausgehenden Aufwendungen als außergewöhnliche Belastung berücksichtigt werden (→ BFH vom 22.8.1980 – BStBl. 1981 II S. 23, vom 29.9.1989 – BStBl. 1990 II S. 418 und vom 15.4.2010 – BStBl. II S. 794). Kosten der Unterbringung in einem Krankenhaus können regelmäßig ohne Kürzung um eine Haushaltsersparnis als außergewöhnliche Belastung anerkannt werden.

Heileurythmie

Die Heileurythmie ist ein Heilmittel i. S. d. §§ 2 und 32 SGB V. Für den Nachweis der Zwangsläufigkeit von Aufwendungen im Krankheitsfall ist eine Verordnung eines Arztes oder Heilpraktikers nach § 64 Abs. 1 Nr. 1 EStDV ausreichend (→ BFH vom 26.2.2014 – BStBl. II S. 824).

→ *Wissenschaftlich nicht anerkannte Behandlungsmethoden*

Heimunterbringung

– *Aufwendungen eines nicht pflegebedürftigen Stpfl., der mit seinem pflegebedürftigen Ehegatten in ein Wohnstift übersiedelt, erwachsen nicht zwangsläufig i. S. d. § 33 Abs. 2 Satz 1 EStG (→ BFH vom 15.4.2010 – BStBl. II S. 794).*

- Bei einem durch Krankheit veranlassten Aufenthalt in einem Seniorenheim oder -wohnstift sind die Kosten für die Unterbringung außergewöhnliche Belastungen. Der Aufenthalt kann auch krankheitsbedingt sein, wenn keine zusätzlichen Pflegekosten entstanden sind und kein Merkmal „H" oder „BI" im Schwerbehindertenausweis festgestellt ist. Die Unterbringungskosten sind nach Maßgabe der für Krankheitskosten geltenden Grundsätze als außergewöhnliche Belastungen zu berücksichtigen, soweit sie nicht außerhalb des Rahmens des Üblichen liegen (→ BFH vom 14.11.2013 – BStBl. II S. 456).

- Kosten für die behinderungsbedingte Unterbringung in einer sozial-therapeutischen Einrichtung können außergewöhnliche Belastungen sein (→ BFH vom 9.12.2010 – BStBl. 2011 II S. 1011).

- → H 33a.1 (Abgrenzung zu § 33 EStG).

Kapitalabfindung von Unterhaltsansprüchen

Der Abzug einer vergleichsweise vereinbarten Kapitalabfindung zur Abgeltung sämtlicher möglicherweise in der Vergangenheit entstandener und künftiger Unterhaltsansprüche eines geschiedenen Ehegatten scheidet in aller Regel wegen fehlender Zwangsläufigkeit aus (→ BFH vom 26.2.1998, BStBl. II S. 605).

Krankenhaustagegeldversicherung

Die Leistungen sind von den berücksichtigungsfähigen Aufwendungen abzusetzen (→ BFH vom 22.10.1971 – BStBl. 1972 II S. 177).

Krankentagegeldversicherung

Die Leistungen sind – im Gegensatz zu Leistungen aus einer Krankenhaustagegeldversicherung – kein Ersatz für Krankenhauskosten (→ BFH vom 22.10.1971 – BStBl. 1972 II S. 177).

Krankenversicherungsbeiträge

Da Krankenversicherungsbeiträge ihrer Art nach Sonderausgaben sind, können sie auch bei an sich beihilfeberechtigten Angehörigen des öffentlichen Dienstes nicht als außergewöhnliche Belastung berücksichtigt werden, wenn der Steuerpflichtige wegen seines von Kindheit an bestehenden Leidens keine Aufnahme in eine private Krankenversicherung gefunden hat (→ BFH vom 29.11.1991 – BStBl. 1992 II S. 293);

Krankheitskosten für Unterhaltsberechtigte

Für einen Unterhaltsberechtigten aufgewendete Krankheitskosten können beim Unterhaltspflichtigen grundsätzlich nur insoweit als außergewöhnliche Belastung anerkannt werden, als der Unterhaltsberechtigte nicht in der Lage ist, die Krankheitskosten selbst zu tragen (→ BFH vom 11.7.1990 – BStBl. 1991 II S. 62). Ein schwerbehindertes Kind, das angesichts der Schwere und der Dauer seiner Erkrankung seinen Grundbedarf und behinderungsbedingten Mehrbedarf nicht selbst zu decken in der Lage ist und bei dem ungewiss ist, ob sein Unterhaltsbedarf im Alter durch Leistungen Unterhaltspflichtiger gedeckt werden kann, darf jedoch zur Altersvorsorge maßvoll Vermögen bilden. Die das eigene Vermögen des Unterhaltsempfängers betreffende Bestimmung des § 33a Abs. 1 Satz 4 EStG kommt im Rahmen des § 33 EStG nicht zur Anwendung (→ BFH vom 11.2.2010 – BStBl. II S. 621).

Künstliche Befruchtung wegen Krankheit

- Aufwendungen für eine künstliche Befruchtung, die einem Ehepaar zu einem gemeinsamen Kind verhelfen soll, das wegen Empfängnisunfähigkeit der Ehefrau sonst von ihrem Ehemann nicht gezeugt werden könnte (homologe künstliche Befruchtung), können außergewöhnliche Belastungen sein (→ BFH vom 18.6.1997 – BStBl. II S. 805). Dies gilt auch für ein nicht verheiratetes Paar, wenn die Richtlinien der ärztlichen Berufsordnungen beachtet werden; insbesondere eine fest gefügte Partnerschaft vorliegt und der Mann die Vaterschaft anerkennen wird (→ BFH vom 10.5.2007 – BStBl. II S. 871).

- Aufwendungen eines Ehepaares für eine medizinisch angezeigte künstliche Befruchtung mit dem Samen eines Dritten, (heterologe künstliche Befruchtung) sind als Krankheitskosten zu beurteilen und damit als außergewöhnliche Belastung zu berücksichtigen (→ BFH vom 16.12.2010 – BStBl. 2011 S. 414).

§ 33 R 33.1–33.4

- *Aufwendungen für eine künstliche Befruchtung nach vorangegangener freiwilliger Sterilisation sind keine außergewöhnlichen Belastungen (→ BFH vom 3.3.2005 – BStBl. II S. 566).*

Kur

Kosten für eine Kurreise können als außergewöhnliche Belastung nur abgezogen werden, wenn die Kurreise zur Heilung oder Linderung einer Krankheit nachweislich notwendig ist und eine andere Behandlung nicht oder kaum erfolgversprechend erscheint (→ BFH vom 12.6.1991 – BStBl II S. 763).

- **Erholungsurlaub/Abgrenzung zur Heilkur**

    Im Regelfall ist zur Abgrenzung einer Heilkur vom Erholungsurlaub ärztliche Überwachung zu fordern. Gegen die Annahme einer Heilkur kann auch die Unterbringung in einem Hotel oder Privatquartier anstatt in einem Sanatorium und die Vermittlung durch ein Reisebüro sprechen (→ BFH vom 12.6.1991 – BStBl. II S. 763).

- **Fahrtkosten**

    Als Fahrtkosten zum Kurort sind grundsätzlich die Kosten der öffentlichen Verkehrsmittel anzusetzen (→ BFH vom 12.6.1991. – BStBl. II S. 763). Die eigenen Kfz-Kosten können nur ausnahmsweise berücksichtigt werden, wenn besondere persönliche Verhältnisse dies erfordern (→ BFH vom 30.6.1967 – BStBl. III S. 655). Aufwendungen für Besuchsfahrten zu in Kur befindlichen Angehörigen sind keine außergewöhnliche Belastung (→ BFH vom 16.5.1975 – BStBl. II S. 536).

- **Nachkur**

    Nachkuren in einem typischen Erholungsort sind auch dann nicht abziehbar, wenn sie ärztlich verordnet sind; dies gilt erst recht, wenn die Nachkur nicht unter einer ständigen ärztlichen Aufsicht in einer besonderen Kranken- oder Genesungsanstalt durchgeführt wird (→ BFH vom 4.10.1968 – BStBl. 1969 II S. 179).

Medizinische Fachliteratur

Aufwendungen eines Steuerpflichtigen für medizinische Fachliteratur sind auch dann nicht als außergewöhnliche Belastungen zu berücksichtigen, wenn die Literatur dazu dient, die Entscheidung für eine bestimmte Therapie oder für die Behandlung durch einen bestimmten Arzt zu treffen (→ BFH vom 6.4.1990 – BStBl. II S. 958, BFH vom 24.10.1995 – BStBl. 1996 II S. 88).

→ R 33.4 Abs. 1

Medizinische Heilmittel als Gebrauchsgegenstände des täglichen Lebens

Gebrauchsgegenstände des täglichen Lebens i. S. V. § 33 Abs. 1 SGB V sind nur solche technischen Hilfen, die getragen oder mit sich geführt werden können, um sich im jeweiligen Umfeld zu bewegen, zurechtzufinden und die elementaren Grundbedürfnisse des täglichen Lebens zu befriedigen. Ein Nachweis nach § 64 Abs. 1 Nr. 2 Satz 1 Buchst. e EStDV kann nur gefordert werden, wenn ein medizinisches Hilfsmittel diese Merkmale erfüllt. Ein Treppenlift erfüllt nicht die Anforderungen dieser Legaldefinition eines medizinischen Hilfsmittels, so dass die Zwangsläufigkeit von Aufwendungen für den Einbau eines Treppenlifts nicht formalisiert nachzuweisen ist (→ BFH vom 6.2.2014 – BStBl. II S. 458):

Mietzahlungen

Mietzahlungen für eine ersatzweise angemietete Wohnung können als außergewöhnliche Belastung zu berücksichtigen sein, wenn eine Nutzung der bisherigen eigenen Wohnung wegen Einsturzgefahr amtlich untersagt ist. Dies gilt jedoch nur bis zur Wiederherstellung der Bewohnbarkeit oder bis zu dem Zeitpunkt, in dem der Stpfl. die Kenntnis erlangt, dass eine Wiederherstellung der Bewohnbarkeit nicht mehr möglich ist (→ BFH vom 21.4.2010 – BStBl. II S. 965).

Mittagsheimfahrt

Aufwendungen für Mittagsheimfahrten stellen keine außergewöhnliche Belastung dar, auch wenn die Fahrten wegen des Gesundheitszustands oder einer Behinderung des Steuerpflichtigen angebracht oder erforderlich sind (→ BFH vom 4.7.1975 – BStBl. II S. 738).

Neben den Pauschbeträgen für behinderte Menschen zu berücksichtigende Aufwendungen

→ H 33b

Pflegeaufwendungen

– Ob die Pflegebedürftigkeit bereits vor Beginn des Heimaufenthalts oder erst später eingetreten ist, ist ohne Bedeutung (→ BMF vom 20.1.2003 – BStBl. I S. 89).[1]
– Aufwendungen wegen Pflegebedürftigkeit sind nur insoweit zu berücksichtigen, als die Pflegekosten die Leistungen der Pflegepflichtversicherung und das aus einer ergänzenden Pflegekrankenversicherung bezogene Pflege(tage)geld übersteigen (→ BFH vom 14.4.2011 – BStBl. II S. 701).

Pflegeaufwendungen für Dritte

Pflegeaufwendungen (z. B. Kosten für die Unterbringung in einem Pflegeheim) die dem Steuerpflichtigen infolge der Pflegebedürftigkeit einer Person erwachsen, der gegenüber der Steuerpflichtige zum Unterhalt verpflichtet ist (z. B. seine Eltern oder Kinder) können grundsätzlich als außergewöhnliche Belastungen abgezogen werden, sofern die tatsächlich angefallenen Pflegekosten von den reinen Unterbringungskosten abgegrenzt werden können (BFH vom 12.11.1996 – BStBl. 1997 II S. 387). Zur Berücksichtigung von besonderem Unterhaltsbedarf einer unterhaltenen Person (z. B. wegen Pflegebedürftigkeit) neben typischen Unterhaltsaufwendungen → BMF vom 2.12.2002 (BStBl. I S. 1389).[2]
Aufwendungen, die einem Steuerpflichtigen für die krankheitsbedingte Unterbringung eines Angehörigen in einem Heim entstehen, stellen als Krankheitskosten eine außergewöhnliche Belastung im Sinne des § 33 EStG dar (→ BFH vom 30.6.2011 – BStBl. 2012 II S. 876). Ob die Pflegebedürftigkeit bereits vor Beginn des Heimaufenthalts oder erst später eingetreten ist, ist ohne Bedeutung (→ BMF vom 20.1.2003 – BStBl. I S. 89)[3]*. Abziehbar sind neben den Pflegekosten auch die im Vergleich zu den Kosten der normalen Haushaltsführung entstandenen Mehrkosten für Unterbringung und Verpflegung (→ BFH vom 30.6.2011 – BStBl. 2012 II S. 876).*

– **Fahrtkosten**

Aufwendungen für Fahrten, um einen kranken Angehörigen, der im eigenen Haushalt lebt, zu betreuen und zu versorgen, können unter besonderen Umständen außergewöhnliche Belastungen sein. Die Fahrten dürfen nicht lediglich der allgemeinen Pflege verwandtschaftlicher Beziehungen dienen (→ BFH vom 6.4.1990 – BStBl. II S. 958 und vom 22.10.1996 – BStBl. 1997 II S. 558).

– **Übertragung des gesamten sicheren Vermögens**

→ R 33.3 Abs. 5

Aufwendungen für die Unterbringung und Pflege eines bedürftigen Angehörigen sind nicht als außergewöhnliche Belastung zu berücksichtigen, soweit der Steuerpflichtige von dem Angehörigen dessen gesamtes sicheres Vermögen in einem Zeitpunkt übernommen hat, als dieser sich bereits im Rentenalter befand (→ BFH vom 12.11.1996 – BStBl. 1997 II S. 387).

– **Zwangsläufigkeit bei persönlicher Pflege**

Aufwendungen, die durch die persönliche Pflege eines nahen Angehörigen entstehen, sind nur dann außergewöhnliche Belastungen, wenn die Übernahme der Pflege unter Berücksichtigung der näheren Umstände des Einzelfalls aus rechtlichen oder sittlichen Gründen im Sinne des § 33 Abs. 2 EStG zwangsläufig ist. Allein das Bestehen eines nahen Verwandtschaftsverhältnisses reicht für die Anwendung des § 33 EStG nicht aus. Bei der erforderlichen Gesamtbewertung der Umstände des Einzelfalls sind u. a. der Umfang der erforderlichen Pflegeleistungen und die Höhe der für den Steuerpflichtigen entstehenden Aufwendungen zu berücksichtigen (→ BFH vom 22.10.1996 – BStBl. 1997 II S. 558).

– **Rechtliche Pflicht**

Zahlungen in Erfüllung rechtsgeschäftlicher Verpflichtung erwachsen regelmäßig nicht zwangsläufig. Unter rechtliche Gründe im Sinne von § 33 Abs. 2 EStG fallen danach nur

---

1) Siehe Anlage § 033-01.
2) Siehe Anlage § 033-01.
3) Siehe Anlage § 033-01.

solche rechtliche Verpflichtungen, die der Steuerpflichtige nicht selbst gesetzt hat (BFH vom 18.7.1986 – BStBl. II S. 745 und vom 19.5.1995 – BStBl. II S. 774).

→ *Kapitalabfindung von Unterhaltsansprüchen*

Rentenversicherungsbeiträge

→ *sittliche Pflicht*

Sanierung eines selbst genutzten Gebäudes

Aufwendungen für die Sanierung eines selbst genutzten Wohngebäudes, nicht aber die Kosten für übliche Instandsetzungs- und Modernisierungsmaßnahmen oder die Beseitigung von Baumängeln, können als außergewöhnliche Belastung abzugsfähig sein, wenn

– durch die Baumaßnahmen konkrete Gesundheitsgefährdungen abgewehrt werden z. B. bei einem asbestgedeckten Dach (→ *BFH vom 29.3.2012 – BStBl. 2012 II S. 570* – → *aber Asbestbeseitigung*).

– unausweichliche Schäden beseitigt werden, weil eine konkrete und unmittelbar bevorstehende Unbewohnbarkeit des Gebäudes droht und daraus eine aufwändige Sanierung folgt z. B. bei Befall eines Gebäudes mit Echtem Hausschwamm (→ *BFH vom 29.3.2012 – BStBl. 2012 II S. 572*).

– vom Gebäude ausgehende unzumutbare Beeinträchtigungen behoben werden z. B. Geruchsbelästigungen (→ *BFH vom 29.3.2012 – BStBl. 2012 II 574*).

Der Grund für die Sanierung darf weder beim Erwerb des Grundstücks erkennbar gewesen noch vom Grundstückseigentümer verschuldet worden sein. Auch muss der Steuerpflichtige realisierbare Ersatzansprüche gegen Dritte verfolgen, bevor er seine Aufwendungen steuerlich geltend machen kann und er muss sich den aus der Erneuerung ergebenden Vorteil anrechnen lassen („Neu für Alt"). Die Zwangsläufigkeit der Aufwendungen ist anhand objektiver Kriterien nachzuweisen.

→ *Gesundheitsgefährdung*

Schadensersatzleistungen

können zwangsläufig sein, wenn der Steuerpflichtige bei der Schädigung nicht vorsätzlich oder grob fahrlässig gehandelt hat (→ *BFH vom 3.6.1982 – BStBl. II S. 749*).

Schulbesuch

– Aufwendungen für den Privatschulbesuch eines Kindes werden durch die Vorschriften des Familienleistungsausgleichs und § 33a Abs. 2 EStG abgegolten und können daher grundsätzlich nur dann außergewöhnliche Belastung sein, wenn es sich bei diesen Aufwendungen um unmittelbare Krankheitskosten handelt (→ *BFH vom 17.4.1997 – BStBl. II S. 752*).

– Außergewöhnliche Belastungen liegen nicht vor, wenn ein Kind ausländischer Eltern, die sich nur vorübergehend im Inland aufhalten, eine fremdsprachliche Schule besucht (→ *BFH vom 23.11.2000 – BStBl. 2001 II S. 132*).

– Aufwendungen für den Besuch einer Schule für Hochbegabte können außergewöhnliche Belastungen sein, wenn dies medizinisch angezeigt ist und es sich hierbei um unmittelbare Krankheitskosten handelt. Dies gilt auch für die Kosten einer auswärtig gen dar Krankheit geschuldeten Internatsunterbringung, selbst wenn diese zugleich der schulischen Ausbildung dient Ein zusätzlicher Freibetrag nach § 33a Abs. 2 EStG kann nicht gewährt werden (→ *BFH vom 12.5.2011 – BStBl. II S. 783*).

– → *H 33a.2 (Auswärtige Unterbringung)*

Sittliche Pflicht

Eine die Zwangsläufigkeit von Aufwendungen begründende sittliche, Pflicht ist nur dann zu bejahen, wenn diese so unabdingbar auftritt, dass sie ähnlich einer Rechtspflicht von außen her als eine Forderung oder zumindest Erwartung der Gesellschaft derart auf den Steuerpflichtigen einwirkt, dass ihre Erfüllung als eine selbstverständliche Handlung erwartet und die Missachtung dieser Erwartung als moralisch anstößig empfunden wird, wenn das Unterlassen der Aufwendungen also Sanktionen im sittlich-moralischen Bereich oder auf gesellschaftlicher Ebene zur Folge haben kann (→ *BFH vom 27.10.1989 – BStBl. 1990 II S. 294 und vom 22.10.1996 – BStBl. 1997 II S. 558*). Die sittliche Pflicht gilt nur für unabdingbar notwendige Aufwendungen (→ *BFH vom 12.12.2002 – BStBl. 2003 II S. 299*). Bei der Entscheidung ist auf alle Umstände des Einzelfalls, insbesondere die persönlichen Beziehungen zwischen den Beteiligten, ihre Einkommens- und Vermögens-

verhältnisse sowie die konkrete Lebenssituation, bei der Übernahme einer Schuld auch auf den Inhalt des Schuldverhältnisses abzustellen (→ BFH vom 24.7.1987 – BStBl. II S. 715).

Die allgemeine sittliche Pflicht, in Not geratenen Menschen zu helfen, kann allein die Zwangsläufigkeit nicht begründen (→ BFH vom 8.4.1954 – BStBl. III S. 188).

Zwangsläufigkeit kann vorliegen, wenn das Kind des Erblassers als Alleinerbe Nachlaßverbindlichkeiten erfüllt, die auf existenziellen Bedürfnissen seines in Armut verstorbenen Elternteils unmittelbar vor oder im Zusammenhang mit dessen Tod beruhen (→ BFH vom 24.7.1887 – BStBl. II S. 715).

Nachzahlungen zur Rentenversicherung eines Elternteils sind nicht aus sittlichen Gründen zwangsläufig, wenn auch ohne die daraus entstehenden Rentenansprüche der Lebensunterhalt des Elternteils sichergestellt ist (→ BFH vom 7.3.2002 – BStBl. II S. 473).

Studiengebühren

Gebühren für die Hochschulausbildung eines Kindes sind weder nach § 33a Abs. 2 EStG noch nach § 33 EStG als außergewöhnliche Belastung abziehbar (→ BFH vom 17.12.2009 – BStBl. 2010 II S. 341).

Trinkgelder *sind nicht zwangsläufig i.S. d. § 33 Abs. 2 EStG und zwar unabhängig davon, ob die zugrunde liegende Leistung selbst als außergewöhnliche Belastung zu beurteilen ist (→ BFH vom 30.10.2003 – BStBl. 2004 II S. 270 und vom 19.4.2012 – BStBl. 2012 II S. 577).*

Umschulungskosten

Kosten für eine Zweitausbildung sind dann nicht berücksichtigungsfähig, wenn die Erstausbildung nicht endgültig ihren wirtschaftlichen Wert verloren hat (→ BFH vom 28.8.1997 – BStBl. 1998 II S. 183).

Umzug

Umzugskosten sind unabhängig von der Art der Wohnungskündigung durch den Mieter oder Vermieter in der Regel nicht außergewöhnlich (→ BFH vom 28.2.1975 – BStBl. II, S. 482 und vom 23.6.1978 – BStBl. II S. 526).

Unterbringung eines nahen Angehörigen in einem Heim

→ BMF vom 2.12.2002 – BStBl. I S. 1389)[1]

Unterhaltsverpflichtung

→ Kapitalabfindung von Unterhaltsansprüchen

→ Pflegeaufwendungen für Dritte

Urlaubsreise

Aufwendungen für die Wiederbeschaffung von Kleidungsstücken, die dem Steuerpflichtigen auf einer Urlaubsreise entwendet wurden, können regelmäßig nicht als außergewöhnliche Belastung angesehen werden, weil üblicherweise ein notwendiger Mindestbestand an Kleidung noch vorhanden ist (→ BFH vom 3.9.1976 – BStBl. II S. 712).

Verausgabung

Aus dem Zusammenhang der Vorschriften des § 33 Abs. 1 EStG und des § 11 Abs. 2 Satz 1 EStG folgt, dass außergewöhnliche Belastungen für das Kalenderjahr anzusetzen sind, in dem die Aufwendungen tatsächlich geleistet worden sind (→ BFH vom 30.7.1982 – BStBl. II S. 744 und vom 10.6.1988 – BStBl. II S. 814). Dies gilt grundsätzlich auch, wenn die Aufwendungen (nachträgliche) Anschaffungs- oder Herstellungskosten eines mehrjährig nutzbaren Wirtschaftsguts darstellen (→ BFH vom 22.10.2009 – BStBl. 2010 II S. 280).

→ Darlehen

→ Ersatz von dritter Seite

Vermögensebene

Auch Kosten zur Beseitigung von Schäden an einem Vermögensgegenstand können Aufwendungen im Sinne von § 33 EStG sein, wenn der Vermögensgegenstand für den Steuerpflichtigen von existenziell wichtiger Bedeutung ist. Eine Berücksichtigung nach § 33 EStG scheidet aus, wenn Anhaltspunkte für ein Verschulden des Steuerpflichtigen erkennbar oder Ersatzansprüche gegen Dritte gegeben sind oder wenn der Steuerpflichtige eine allgemein zugängliche und übliche Versicherungsmöglichkeit nicht wahrgenommen hat

---

1) Siehe Anlage § 033-01.

§ 33

(→ *BFH vom 6.5.1994 – BStBl. 1995 II S. 104*). *Dies gilt auch, wenn lebensnotwendige Vermögensgegenstände, wie Hausrat und Kleidung, wiederbeschafft werden müssen (→ BFH vom 26.6.2003 – BStBl. 2004 II S. 47).*

→ R 33.2

Verschulden

Ein eigenes (ursächliches) Verschulden des Steuerpflichtigen schließt die Berücksichtigung von Aufwendungen zur Wiederherstellung von Vermögensgegenständen nach § 33 EStG aus (→ BFH vom 6.5.1994 – BStBl. 1995 II S. 104).

→ *Vermögensebene*

Versicherung

Eine Berücksichtigung von Aufwendungen zur Wiederherstellung von Vermögensgegenständen nach § 33 EStG scheidet aus; wenn der Steuerpflichtige eine allgemein zugängliche und übliche Versicherungsmöglichkeit nicht wahrgenommen hat (→ BFH vom 6.5.1994 – BStBl. 1995 II S. 104). Dies gilt auch, wenn lebensnotwendige Vermögensgegenstände, wie Hausrat und Kleidung, wiederbeschafft werden müssen (→ BFH vom 26.6.2003 – BStBl. 2004 II S. 47).

→ *Ersatz von dritter Seite*

→ *Vermögensebene*

→ *Bestattungskosten*

Wissenschaftlich nicht anerkannte Behandlungsmethoden

- *Wissenschaftlich nicht anerkannt ist eine Behandlungsmethode dann, wenn Qualität und Wirksamkeit nicht dem allgemein anerkannten Stand der medizinischen Erkenntnisse entsprechen (→ BFH vom 26.6.2014, BStBl. 2015 II S. 9).*
- *Die Behandlungsmethoden, Arznei- und Heilmittel der besonderen Therapierichtungen nach § 2 Abs. 1 Satz 2 SGB V (Phytotherapie, Homöopathie und Anthroposophie mit dem Heilmittel Heileurythmie) gehören nicht zu den wissenschaftlich nicht anerkannten Behandlungsmethoden. Der Nachweis der Zwangsläufigkeit vom Aufwendungen im Krankheitsfall ist daher nicht nach § 64 Abs. 1 Nr. 2 EStDV zu führen (→ BFH vom 26.2.2014 – BStBl. II S. 824).*

Wohngemeinschaft

Nicht erstattete Kosten für die behinderungsbedingte Unterbringung eines jüngeren Menschen in einer betreuten Wohngemeinschaft können außergewöhnliche Belastungen sein. Werden die Unterbringungskosten als Eingliederungshilfe teilweise vom Sozialhilfeträger übernommen, braucht die Notwendigkeit der Unterbringung nicht anhand eines amtsärztlichen Attestes nachgewiesen zu werden (→ BFH vom 23.5.2002 – BStBl. II S. 567).

Zinsen

Zinsen für ein Darlehen können ebenfalls zu den außergewöhnlichen Belastungen zählen, soweit die Darlehensaufnahme selbst zwangsläufig erfolgt ist (→ BFH vom 6.4.1990 – BStBl. II S. 958); sie sind im Jahr der Verausgabung abzuziehen.

Zwischenheimfahrten

Fahrtkosten aus Anlass von Zwischenheimfahrten können grundsätzlich nicht berücksichtigt werden. Dies gilt nicht für Kosten der Zwischenheimfahrten einer Begleitperson, die ein krankes, behandlungsbedürftiges Kind, das altersbedingt einer Begleitperson bedarf, zum Zwecke einer amtsärztlich bescheinigten Heilbehandlung von mehrstündiger Dauer gefahren und wieder abgeholt hat, wenn es der Begleitperson nicht zugemutet werden kann, die Behandlung abzuwarten (→ BFH vom 3.12.1998 – BStBl. 1999 II S. 227).

Weitere Verwaltungsanweisungen
(soweit nicht in den Hinweisen enthalten)

Zu § 33 EStG

1. Klimakuren als außergewöhnliche Belastung nach § 33 EStG in Fällen der Neurodermitis und Psoriasis (Erlaß FM Niedersachsen vom 1.4.1986, FR 1986 S. 322)

§ 33

2. Wiederbeschaffung von Hausrat und Kleidung bei Über- und Spätaussiedlern (Vfg OFD Cottbus vom 4.3.1993, FR 1993 S. 317)
3. Obergrenzen für die Wiederbeschaffung von Hausrat und Kleidung (Vfg OFD Münster vom 3.5.1993, DB 1993 S. 1115)
4. Vorbeugende Hochwasserschutzmaßnahmen an Gebäuden (Vfg OFD Koblenz vom 31.1.1994, DStR 1994 S. 618)
5. Aufwendungen für die Wiederbeschaffung von Hausrat und Kleidung (Vfg OFD Berlin vom 31.5.1996, FR 1996 S. 223)
6. Aufwendungen der Heimdialysepatienten (Vfg OFD Frankfurt vom 24.6.1996, FR 1996 S. 570)
7. Behindertengerechte Umrüstung eines PKW als außergewöhnliche Belastung (Vfg Bayer. LFSt vom 28.5.2010)[1)]
8. Aufwendungen zur Beseitigung von Grundwasserschäden an selbstgenutztem Gebäude als außergewöhnliche Belastung (Erlass Nordrhein-Westfalen vom 20.8.2001, DB 2001 S. 2174)
9. Aufwendungen für Schallschutzmaßnahmen sind keine außergewöhnliche Belastung i. S. des § 33 EStG (Vfg OFD Frankfurt vom 31.10.2001, DB 2002 S. 70)
10. Für die Berücksichtigung von Aufwendungen für Sehhilfen als außergewöhnliche Belastung genügt der Abrechnungsbescheid der Krankenkasse oder der Beihilfestelle (Erlass Berlin vom 23.9.2003, DB 2003 S. 2625).
11. Ab dem VZ 2003 gilt für Beerdigungskosten eine Angemessenheitsgrenze von 7 500 € (Vfg OFD Berlin vom 27.11.2003, DB 2004 S. 517)
12. Die Praxisgebühr ist den Krankheitskosten und den außergewöhnlichen Belastungen im Sinne des § 33 EStG zuzuordnen (Vfg OFD Frankfurt vom 15.11.2004, DB 2004 S. 2782)
13. Im Gegensatz zu Aufwendungen zur Vermeidung oder Behebung gesundheitlicher Schäden infolge Formaldehyd- und Holzschutzmittelausgasungen bzw. Asbestfasern sind Aufwendungen bezüglich Schimmelpilzschäden keine außergewöhnliche Belastung im Sinne des § 33 EStG (Vfg OFD München vom 28.7.2005, DB 2005 S. 1822)
14. Aufwendungen für ein Mediationsverfahren gehören nicht zu den nach § 33 EStG abziehbaren Ehescheidungskosten (Vfg OFD Hannover vom 11.5.2007, DB 2007 S. 1438)

Rechtsprechungsauswahl

BFH vom 17.7.14 VI R 42/13 (BStBl. II S. 931): Mehrkosten für die Anschaffung eines größeren Grundstücks zum Bau eines behindertengerechten Bungalows sind nicht als außergewöhnliche Belastung zu berücksichtigen

BFH vom 26.2.14 VI R 27/13 (BStBl. II S. 824): Anforderungen an den Nachweis der Zwangsläufigkeit bei Heileurythmie als außergewöhnliche Belastungen

BFH vom 6.2.14 VI R 61/12 (BStBl. II S. 458): Nachweis der Zwangsläufigkeit von krankheitsbedingten Aufwendungen für einen Treppenlift

BFH vom 14.11.13 VI R 20/12 (BStBl. 2014 II S. 456): Aufwendungen für die Unterbringung im Seniorenwohnstift als außergewöhnliche Belastungen

BFH vom 16.4.13 IX R 5/12 (BStBl. II S. 806): Kein Abzug von Strafverteidigungskosten als außergewöhnliche Belastungen

BFH vom 12.5.11 VI R 37/10 (BStBl. 2013 II S. 783): Aufwendungen für den Besuch einer Schule für Hochbegabte als außergewöhnliche Belastungen

---

1) Siehe Anlage § 033-04.

§ 33a

§ 33a Außergewöhnliche Belastung in besonderen Fällen

(1) [1]Erwachsen einem Steuerpflichtigen Aufwendungen für den Unterhalt und eine etwaige Berufsausbildung einer dem Steuerpflichtigen oder seinem Ehegatten gegenüber gesetzlich unterhaltsberechtigten Person, so wird auf Antrag die Einkommensteuer dadurch ermäßigt, dass die Aufwendungen bis zu 8 354 Euro im Kalenderjahr vom Gesamtbetrag der Einkünfte abgezogen werden. [2]Der Höchstbetrag nach Satz 1 erhöht sich um den Betrag der im jeweiligen Veranlagungszeitraum nach § 10 Absatz 1 Nummer 3 für die Absicherung der unterhaltsberechtigten Person aufgewandten Beiträge; dies gilt nicht für Kranken- und Pflegeversicherungsbeiträge, die bereits nach § 10 Absatz 1 Nummer 3 Satz 1 anzusetzen sind. [3]Der gesetzlich unterhaltsberechtigten Person gleichgestellt ist eine Person, wenn bei ihr zum Unterhalt bestimmte inländische öffentliche Mittel mit Rücksicht auf die Unterhaltsleistungen des Steuerpflichtigen gekürzt werden. [4]Voraussetzung ist, dass weder der Steuerpflichtige noch eine andere Person Anspruch auf einen Freibetrag nach § 32 Abs. 6 oder auf Kindergeld für die unterhaltende Person hat und die unterhaltende Person kein oder nur ein geringes Vermögen besitzt; ein angemessenes Hausgrundstück im Sinne von § 90 Absatz 2 Nummer 8 des Zwölften Buches Sozialgesetzbuch bleibt unberücksichtigt. [5]Hat die unterhaltene Person andere Einkünfte oder Bezüge, so vermindert sich die Summe der nach Satz 1 und Satz 2 ermittelten Beträge um den Betrag, um den diese Einkünfte und Bezüge den Betrag von 624 Euro im Kalenderjahr übersteigen, sowie um die von der unterhaltenen Person als Ausbildungshilfe aus öffentlichen Mitteln oder von Förderungseinrichtungen, die hierfür öffentliche Mittel erhalten, bezogenen Zuschüsse; zu den Bezügen gehören auch steuerfreie Gewinne nach den §§ 14, 16 Absatz 4, § 17 Absatz 3 und § 18 Absatz 3, die nach § 19 Absatz 2 steuerfrei bleibenden Einkünfte sowie Sonderabschreibungen und erhöhte Absetzungen, soweit sie die höchstmöglichen Absetzungen für Abnutzung nach § 7 übersteigen. [6]Ist die unterhaltene Person nicht unbeschränkt einkommensteuerpflichtig, so können die Aufwendungen nur abgezogen werden, soweit sie nach den Verhältnissen des Wohnsitzstaats der unterhaltenen Person notwendig und angemessen sind, höchstens jedoch der Betrag, der sich nach den Sätzen 1 bis 5 ergibt; ob der Steuerpflichtige zum Unterhalt gesetzlich verpflichtet ist, ist nach inländischen Maßstäben zu beurteilen. [7]Werden die Aufwendungen für eine unterhaltene Person von mehreren Steuerpflichtigen getragen, so wird bei jedem der Teil des sich hiernach ergebenden Betrags abgezogen, der seinem Anteil am Gesamtbetrag der Leistungen entspricht. [8]Nicht auf Euro lautende Beträge sind entsprechend dem für Ende September des Jahres vor dem Veranlagungszeitraum von der Europäischen Zentralbank bekannt gegebenen Referenzkurs umzurechnen.

(2) [1]Zur Abgeltung des Sonderbedarfs eines sich in Berufsausbildung befindenden, auswärtig untergebrachten, volljährigen Kindes, für das Anspruch auf einen Freibetrag nach § 32 Abs. 6 oder Kindergeld besteht, kann der Steuerpflichtige einen Freibetrag in Höhe von 924 Euro je Kalenderjahr vom Gesamtbetrag der Einkünfte abziehen. [2]Für ein nicht unbeschränkt einkommensteuerpflichtiges Kind mindert sich der vorstehende Betrag nach Maßgabe des Absatzes 1 Satz 6. [3]Erfüllen mehrere Steuerpflichtige für dasselbe Kind die Voraussetzungen nach Satz 1, so kann der Freibetrag insgesamt nur einmal abgezogen werden. [4]Jedem Elternteil steht grundsätzlich die Hälfte des Abzugsbetrags nach den Sätzen 1 bis 3 zu. [5]Auf gemeinsamen Antrag der Eltern ist eine andere Aufteilung möglich.

(3) [1]Für jeden vollen Kalendermonat, in dem die in den Absätzen 1 und 2 bezeichneten Voraussetzungen nicht vorgelegen haben, ermäßigen sich die dort bezeichneten Beträge um je ein Zwölftel. [2]Eigene Einkünfte und Bezüge der nach Absatz 1 unterhaltenen Person, die auf diese Kalendermonate entfallen, vermindern den nach Satz 1 ermäßigten Höchstbetrag nicht. [3]Als Ausbildungshilfe bezogene Zuschüsse der nach Absatz 1 unterhaltenen Person mindern nur den zeitanteiligen Höchstbetrag der Kalendermonate, für die sie bestimmt sind.

(4) In den Fällen der Absätze 1 und 2 kann wegen der in diesen Vorschriften bezeichneten Aufwendungen der Steuerpflichtige eine Steuerermäßigung nach § 33 nicht in Anspruch nehmen.

§ 33a

EStR 2012 zu § 33a EStG

EStR und Hinweise

R 33a.1 Aufwendungen für den Unterhalt und eine etwaige Berufsausbildung

Gesetzlich unterhaltsberechtigte Person

(1) ¹Gesetzlich unterhaltsberechtigt sind Personen, denen gegenüber der Steuerpflichtige nach dem BGB oder dem LPartG unterhaltsverpflichtet ist. ²Somit müssen die zivilrechtlichen Voraussetzungen eines Unterhaltsanspruchs vorliegen und die Unterhaltskonkurrenzen beachtet werden. ³Für den Abzug ist dabei die tatsächliche Bedürftigkeit des Unterhaltsempfängers erforderlich (sog. konkrete Betrachtungsweise). ⁴Eine Prüfung, ob im Einzelfall tatsächlich ein Unterhaltsanspruch besteht, ist aus Gründen der Verwaltungsvereinfachung nicht erforderlich, wenn die unterstützte Person unbeschränkt steuerpflichtig sowie dem Grunde nach (potenziell) unterhaltsberechtigt ist, tatsächlich Unterhalt erhält und alle übrigen Voraussetzungen des § 33a Abs. 1 EStG vorliegen; insoweit wird die Bedürftigkeit der unterstützten Person typisierend unterstellt. ⁵Gehört die unterhaltsberechtigte Person zum Haushalt des Steuerpflichtigen, kann regelmäßig davon ausgegangen werden, dass ihm dafür Unterhaltsaufwendungen in Höhe des maßgeblichen Höchstbetrags erwachsen.

Arbeitskraft und Vermögen

(2) ¹Die zu unterhaltende Person muss zunächst ihr eigenes Vermögen, wenn es nicht geringfügig ist, einsetzen und verwerten. ²Hinsichtlich des vorrangigen Einsatzes und Verwertung der eigenen Arbeitskraft ist Absatz 1 Satz 4 entsprechend anzuwenden. ³Als geringfügig kann in der Regel ein Vermögen bis zu einem gemeinen Wert (Verkehrswert) von 15 500 Euro angesehen werden. ⁴Dabei bleiben außer Betracht:

1. Vermögensgegenstände, deren Veräußerung offensichtlich eine Verschleuderung bedeuten würde,
2. Vermögensgegenstände, die einen besonderen persönlichen Wert, z. B. Erinnerungswert, für den Unterhaltsempfänger haben oder zu seinem Hausrat gehören, und ein angemessenes Hausgrundstück im Sinne von § 90 Abs. 2 Nr. 8 SGB XII, wenn der Unterhaltsempfänger das Hausgrundstück allein oder zusammen mit Angehörigen bewohnt, denen es nach seinem Tode weiter als Wohnung dienen soll.

Einkünfte und Bezüge

(3) ¹Einkünfte sind stets in vollem Umfang zu berücksichtigen, also auch soweit sie zur Bestreitung des Unterhalts nicht zur Verfügung stehen oder die Verfügungsbefugnis beschränkt ist. ²Dies gilt auch für Einkünfte, die durch unvermeidbare Versicherungsbeiträge des Kindes gebunden sind. ³Bezüge i. S. v. § 33a Abs. 1 Satz 5 EStG sind alle Einnahmen in Geld oder Geldeswert, die nicht im Rahmen der einkommensteuerrechtlichen Einkunftsermittlung erfasst wer den. ⁴Zu diesen Bezügen gehören insbesondere:

1. Kapitalerträge i. S. d. § 32d Abs. 1 EStG ohne Abzug des Sparer-Pauschbetrags nach § 20 Abs. 9 EStG,
2. die nicht der Besteuerung unterliegenden Teile der Leistungen (§ 22 Nr. 1 Satz 3 Buchstabe a Doppelbuchstabe aa EStG) und die Teile von Leibrenten, die den Ertragsanteil nach § 22 Nr. 1 Satz 3 Buchstabe a Doppelbuchstabe bb EStG übersteigen,
3. Einkünfte und Leistungen, soweit sie dem Progressionsvorbehalt unterliegen,
4. steuerfreie Einnahmen nach §3 Nr. 1 Buchstabe a, Nr. 2b, 3, 5, 6, 11, 27, 44, 58 und § 3b EStG,
5. die nach § 3 Nr. 40 und 40a EStG steuerfrei bleibenden Beträge abzüglich der damit in Zusammenhang stehenden Aufwendungen i. S. d. § 3c EStG,
6. pauschal besteuerte Bezüge nach § 40a EStG,
7. Unterhaltsleistungen des geschiedenen oder dauernd getrennt lebenden Ehegatten, soweit sie nicht als sonstige Einkünfte i. S. d. § 22 Nr. 1a EStG erfasst sind,
8. Zuschüsse eines Trägers der gesetzlichen Rentenversicherung zu den Aufwendungen eines Rentners für seine Krankenversicherung.

⁵Bei der Feststellung der anzurechnenden Bezüge sind aus Vereinfachungsgründen insgesamt 180 Euro im Kalenderjahr abzuziehen, wenn nicht höhere Aufwendungen, die im Zusammenhang mit dem Zufluss der entsprechenden Einnahmen stehen, nachgewiesen oder glaubhaft gemacht werden. ⁶Ein solcher Zusammenhang ist z. B. bei Kosten eines Rechtsstreits zur Erlangung der Bezüge und bei Kontoführungskosten gegeben.

§ 33a

R 33a.1

Opfergrenze, Ländergruppeneinteilung

(4)[1] ¹Die → Opfergrenze ist unabhängig davon zu beachten, ob die unterhaltene Person im Inland oder im Ausland lebt. ²Die nach § 33a Abs. 1 Satz 6 EStG maßgeblichen Beträge sind anhand der → Ländergruppeneinteilung zu ermitteln.

Erhöhung des Höchstbetrages für Unterhaltsleistungen um Beiträge zur Kranken- und Pflegeversicherung

(5) ¹Der Höchstbetrag nach § 33a Abs. 1 Satz 1 EStG erhöht sich um die für die Absicherung der unterhaltsberechtigten Person aufgewandten Beiträge zur Kranken- und Pflegeversicherung nach § 10 Abs. 1 Nr. 3 EStG, wenn für diese beim Unterhaltsleistenden kein Sonderausgabenabzug möglich ist. ²Dabei ist es nicht notwendig, dass die Beiträge tatsächlich von dem Unterhaltsverpflichteten gezahlt oder erstattet wurden. ³Für diese Erhöhung des Höchstbetrages genügt es, wenn der Unterhaltsverpflichtete seiner Unterhaltsverpflichtung nachkommt. ⁴Die Gewährung von Sachunterhalt (z. B. Unterkunft und Verpflegung) ist ausreichend.

Hinweise

H 33a.1 Allgemeines zum Abzug von Unterhaltsaufwendungen

Abziehbare Aufwendungen im Sinne des § 33 a Abs. 1 Satz 1 EStG sind solche für den typischen Unterhalt, d. h. die üblichen für den laufenden Lebensunterhalt bestimmten Leistungen, sowie Aufwendungen für eine Berufsausbildung. Dazu können auch gelegentliche oder einmalige Leistungen gehören. Diese dürfen aber regelmäßig nicht als Unterhaltsleistungen für Vormonate und auch nicht zur Deckung des Unterhaltsbedarfs für das Folgejahr berücksichtigt werden (→ BFH vom 5.5.2010 – BStBl. 2011 II S. 164 und vom 11.11.2010 – BStBl. 2011 II S. 1012). Den Aufwendungen für den typischen Unterhalt sind auch Krankenversicherungsbeiträge, deren Zahlung der Steuerpflichtige übernommen hat, zuzurechnen (→ BFH vom 31.10.1973 – BStBl. 1974 II S. 86). Eine Kapitalabfindung, mit der eine Unterhaltsverpflichtung abgelöst wird, kann nur im Rahmen des § 33 a Abs. 1 EStG berücksichtigt werden (→ BFH vom 19.6.2008 – BStBl. 2009 II S. 365).

Abgrenzung zu § 33 EStG

– *Typische Unterhaltsaufwendungen – insbesondere für Ernährung, Kleidung, Wohnung, Hausrat und notwendige Versicherungen – können nur nach § 33a Abs. 1 EStG berücksichtigt werden. Erwachsen dem Stpfl. außer Aufwendungen für den typischen Unterhalt und eine Berufsausbildung Aufwendungen für einen besonderen Unterhaltsbedarf der unterhaltenen Person, z. B. Krankheitskosten, kommt dafür eine Steuerermäßigung nach § 33 EStG in Betracht (→ BFH vom 19.6.2008 – BStBl.2009 II S. 365 und BMF vom 2.12.2002 – BStBl. I S. 1389).*

– *Aufwendungen für die krankheitsbedingte Unterbringung von Angehörigen in einem Altenpflegeheim fallen unter § 33 EStG, während Aufwendungen für deren altersbedingte Heimunterbringung nur nach § 33a Abs. 1 EStG berücksichtigt werden können (→ BFH vom 30.6.2011 – BStBl. 2012 II S. 876).*

– *Zur Berücksichtigung von Aufwendungen wegen Pflegebedürftigkeit und erheblich eingeschränkter Alltagskompetenz → R 33.3, von Aufwendungen wegen Krankheit und Behinderung → R 33.4 und von Aufwendungen für existentiell notwendige Gegenstände → R 33.2.*

Anrechnung eigener Einkünfte und Bezüge

– **Allgemeines**

Leistungen des Steuerpflichtigen, die neben Unterhaltsleistungen aus einem anderen Rechtsgrund (z. B. Erbauseinandersetzungsvertrag) erbracht werden, gehören zu den anzurechnenden Einkünften und Bezügen der unterhaltenen Person (BFH vom 17.10.1980 – BStBl. 1981 II S. 158).

– **Leistungen für Mehrbedarf bei Körperschaden**

Leistungen, die nach bundes- oder landesgesetzlichen Vorschriften gewährt werden, um einen Mehrbedarf zu decken, der durch einen Körperschaden verursacht ist, sind keine anzurechnenden Bezüge (→ BFH vom 22.7.1988 – BStBl. II S. 830 und → H 32.10 (Anrechnung eigener Bezüge: – Nicht anrechenbare eigene Bezüge Nr. 7)).

---

1) Siehe Anlage § 033a-02.

§ 33a

- **Ausbildungshilfen**

  Ausbildungshilfen der Agentur für Arbeit mindern nur dann den Höchstbetrag des § 33a Abs. 1 EStG bei den Eltern, wenn sie Leistungen abdecken, zu denen die Eltern gesetzlich verpflichtet sind. Eltern sind beispielsweise nicht verpflichtet, ihrem Kind eine zweite Ausbildung zu finanzieren, der sich das Kind nachträglich nach Beendigung der ersten Ausbildung unterziehen will. Erhält das Kind in diesem Fall Ausbildungshilfen zur Finanzierung von Lehrgangsgebühren, Fahrtkosten oder Arbeitskleidung, sind diese nicht auf den Höchstbetrag anzurechnen (→ BFH vom 4.12.2001 – BStBl. 2002 II S. 195). Der Anspruch auf kindergeldähnliche Leistungen nach ausländischem Recht steht dem Kindergeldanspruch gleich (→ BFH vom 4.12.2003 – BStBl. 2004 II S. 275).

- **Einkünfte und Bezüge (R 33a Abs. 3)**
- **Leistungen für Mehrbedarf bei Körperschaden**

  Leistungen, die nach bundes- oder landesgesetzlichen Vorschriften gewährt werden, um einen Mehrbedarf zu decken, der durch einen Körperschaden verursacht ist, sind keine anzurechnenden Bezüge (→ BFH vom 22.7.1988 – BStBl. II S. 830.

- **Zusammenfassendes Beispiel für die Anrechnung:**

  Ein Stpfl. unterhält seinen 35-jährigen Sohn mit 100 € monatlich. Dieser erhält Arbeitslohn von jährlich 7 200 €. Davon wurden gesetzliche Sozialversicherungsbeiträge i. H. v. 1 472 € abgezogen (Krankenversicherung 568 € Rentenversicherung 716 € Pflegeversicherung 88 € und Arbeitslosenversicherung 100 €). Daneben erhält er seit seinem 30. Lebensjahr eine lebenslängliche Rente aus einer privaten Unfallversicherung i. H. v. 150 € monatlich.

Tatsächliche Unterhaltsleistungen			1 200 €
Ungekürzter Höchstbetrag			8 354 €
Erhöhungsbetrag nach § 33a Abs. 1 Satz 2 EStG			
Krankenversicherung	568 €		
abzgl. 4 % (→ BMF vom 19.8.2013 – BStBl. I S. 1087, Rz. 77)	– 22 €		
verbleiben.........................	546 €	546 €	
Pflegeversicherung	88 €	88 €	
Erhöhungsbetrag...............................			634 €
Ungekürzter Höchstbetrag und Erhöhungsbetrag gesamt...............			8 988 €
Einkünfte des Sohnes			
Arbeitslohn........................		7 200 €	
Arbeitnehmer-Pauschbetrag	1 000 €	1 000 €	
Einkünfte i. S. d. § 19 EStG...............		6 200 €	6 200 €
Leibrente		1 800 €	
Hiervon Ertragsanteil 44 %		792 €	
Werbungskosten-Pauschbetrag ...	102 €	102 €	
Einkünfte i. S. d. § 22 EStG................		690 €	690 €
S. d. E..........			6 890 €
Bezüge des Sohnes			
Steuerlich nicht erfasster Teil der Rente		1 008 €	
Kostenpauschale...............	180 €	180 €	
Bezüge		828 €	828 €
S. d. E. und Bezüge			7 718 €
anrechnungsfreier Betrag..............................			– 624 €
anzurechnende Einkünfte		7 094 €	– 7 094 €
Höchstbetrag			1 894 €
Abzugsfähige Unterhaltsleistungen			1 200 €

§ 33a

– **Zuschüsse**

Zu den ohne anrechnungsfreien Betrag anzurechnenden Zuschüssen gehören z. B. die als Zuschuss gewährten Leistungen nach dem BAföG, nach dem SGB III gewährte Berufsausbildungsbeihilfen und Ausbildungsgelder sowie Stipendien aus öffentlichen Mitteln. Dagegen sind Stipendien aus dem ERASMUS/SOKRATES-Programm der EU nicht anzurechnen, da die Stipendien nicht die üblichen Unterhaltsaufwendungen, sondern allein die anfallenden Mehrkosten eines Auslandsstudiums (teilweise) abdecken (→ BFH vom 17.10.2001 – BStBl. 2002 II S. 793).

Geringes Vermögen („Schonvermögen")

– *Nicht gering kann auch Vermögen sein, das keine anzurechnenden Einkünfte abwirft; Vermögen ist auch dann zu berücksichtigen, wenn es die unterhaltene Person für ihren künftigen Unterhalt benötigt (→ BFH vom 14.8.1997 – BStBl. 1998 II S. 241).*

– *Bei Ermittlung des für den Unterhaltshöchstbetrag schädlichen Vermögens sind Verbindlichkeiten und Verwertungshindernisse vom Verkehrswert der aktiven Vermögensgegenstände, der mit dem gemeinen Wert nach dem BewG zu ermitteln ist, in Abzug zu bringen (Nettovermögen) (→ BFH vom 11.2.2010 – BStBl. II S. 621). Wertmindernd zu berücksichtigen sind dabei auch ein Nießbrauchsvorbehalt sowie ein dinglich gesichertes Veräußerungs- und Belastungsverbot (→ BFH vom 29.5.2008 – BStBl. 2009 II S. 361).*

– *Die Bodenrichtwerte nach dem BauGB sind für die Ermittlung des Verkehrswertes von Grundvermögen i. S. d. § 33a EStG nicht verbindlich (→ BFH vom 11.2.2010 – BStBl. II S. 628).*

– *Ein angemessenes Hausgrundstück i. S. d. § 90 Abs. 2 Nr. 8 SGB XII bleibt außer Betracht (→ R 33a.1 Abs. 2).*

§ 90 Abs. 2 Nr. 8 SGB XII hat folgenden Wortlaut:

„*Einzusetzendes Vermögen*

...

(2) Die Sozialhilfe darf nicht abhängig gemacht werden vom Einsatz oder von der Verwertung

...

8. eines angemessenen Hausgrundstücks, das von der nachfragenden Person oder einer anderen in den § 19 Abs.1 bis 3 genannten Person allein oder zusammen mit Angehörigen ganz oder teilweise bewohnt wird und nach ihrem Tod von ihren Angehörigen bewohnt werden soll. Die Angemessenheit bestimmt sich nach der Zahl der Bewohner, dem Wohnbedarf (zum Beispiel behinderter, blinder oder pflegebedürftiger Menschen), der Grundstücksgröße, der Hausgröße, dem Zuschnitt und der Ausstattung des Wohngebäudes sowie dem Wert des Grundstücks einschließlich des Wohngebäudes."

Geschiedene oder dauernd getrennt lebende Ehegatten

Durch Antrag und Zustimmung nach § 10 Abs.1 Nr. 1 EStG werden alle in dem betreffenden VZ geleisteten Unterhaltsaufwendungen zu Sonderausgaben umqualifiziert. Ein Abzug als außergewöhnliche Belastung ist nicht möglich, auch nicht, soweit sie den für das Realsplitting geltenden Höchstbetrag übersteigen (→ BFH vom 7.11.2000 – BStBl. 2001 II S. 338). Sind für das Kalenderjahr der Trennung oder Scheidung die Vorschriften über die Ehegattenbesteuerung (§§ 26 bis 26b, § 32a Abs. 5 EStG) anzuwenden, dann können Aufwendungen für den Unterhalt des dauernd getrennt lebenden oder geschiedenen Ehegatten nicht nach § 33a Abs. 1 EStG abgezogen werden (→ BFH vom 31.5.1989 – BStBl. II S. 658).

Gleichgestellte Person

→ *BMF vom 7.6.2010 (BStBl. I S. 582)*

Haushaltsgemeinschaft

Lebt der Unterhaltsberechtigte mit bedürftigen Angehörigen in einer Haushaltsgemeinschaft und wird seine Rente bei der Berechnung der Sozialhilfe als Einkommen der Haushaltsgemeinschaft angerechnet, ist die Rente nur anteilig auf den Höchstbetrag des § 33a Abs. 1 Satz 1 EStG anzurechnen. In diesem Fall sind die Rente und die Sozialhilfe nach Köpfen aufzuteilen (→ BFH vom 19.6.2002 – BStBl. II S. 753).

Heimunterbringung

→ *Personen in einem Altenheim oder Altenwohnheim*

Ländergruppeneinteilung
→ *BMF vom 4.10.2011 (BStBl. I S. 961).* [1]

Opfergrenze
→ *BMF vom 7.6.2010 (BStBl. I S. 582),* [2] *Rzn. 10 – 12.*

Personen in einem Altenheim oder Altenwohnheim
Zu den Aufwendungen für den typischen Unterhalt gehören grundsätzlich auch Kosten der Unterbringung in einem Altenheim oder Altenwohnheim (→ BFH vom 29.9.1989 – BStBl. 1990 II S. 418).

Personen im Ausland
– *Zur Berücksichtigung von Aufwendungen für den Unterhalt → BMF vom 7.6.2010 (BStBl. II S. 588).* [3]
– *Ländergruppeneinteilung → BMF vom 4.10.2011 (BStBl. I S. 961).* [4]

Unterhalt für mehrere Personen
Unterhält der Steuerpflichtige mehrere Personen, die einen gemeinsamen Haushalt führen, so ist der nach § 33a Abs. 1 EStG abziehbare Betrag grundsätzlich für jede unterhaltsberechtigte oder gleichgestellte Person getrennt zu ermitteln. Der insgesamt nachgewiesene Zahlungsbetrag ist unterschiedslos nach Köpfen aufzuteilen (→ BFH vom 12.11.1993 – BStBl. 1994 II S. 731 und BMF vom 7.6.2010 – BStBl. I S. 588, Rz. 19) [5]. *Handelt es sich bei den unterhaltenen Personen um in Haushaltsgemeinschaft lebende Ehegatten, z. B. Eltern, sind die Einkünfte und Bezüge zunächst für jeden Ehegatten gesondert festzustellen und sodann zusammenzurechnen. Die zusammengerechneten Einkünfte und Bezüge sind um 1 248 € (zweimal 624 €) zu kürzen. Der verbleibende Betrag ist von der Summe der beiden Höchstbeträge abzuziehen (→ BFH vom 15.11.1991 – BStBl. 1992 II S. 245).*

Unterhaltsanspruch der Mutter bzw. des Vaters eines nichtehelichen Kindes
§ 1615l BGB:

(1) ¹Der Vater hat der Mutter für die Dauer von sechs Wochen vor und acht Wochen nach der Geburt des Kindes Unterhalt zu gewähren. ²Dies gilt auch hinsichtlich der Kosten, die infolge der Schwangerschaft oder der Entbindung außerhalb dieses Zeitraums entstehen.

(2) ¹Soweit die Mutter einer Erwerbstätigkeit nicht nachgeht, weil sie infolge der Schwangerschaft oder einer durch die Schwangerschaft oder die Entbindung verursachten Krankheit dazu außerstande ist, ist der Vater verpflichtet, ihr über die in Absatz 1 Satz 1 bezeichnete Zeit hinaus Unterhalt zu gewähren. ²Das Gleiche gilt, soweit von der Mutter wegen der Pflege oder Erziehung des Kindes eine Erwerbstätigkeit nicht erwartet werden kann. ³Die Unterhaltspflicht beginnt frühestens vier Monate vor der Geburt und besteht für mindestens drei Jahre nach der Geburt. ⁴Sie verlängert sich, solange und soweit dies der Billigkeit entspricht. ⁵Dabei sind insbesondere die Belange des Kindes und die bestehenden Möglichkeiten der Kinderbetreuung zu berücksichtigen.

(3) ¹Die Vorschriften über die Unterhaltspflicht zwischen Verwandten sind entsprechend anzuwenden. ²Die Verpflichtung des Vaters geht der Verpflichtung der Verwandten der Mutter vor. ³§ 1613 Abs. 2 gilt entsprechend. ⁴Der Anspruch erlischt nicht mit dem Tod des Vaters.

(4) Wenn der Vater das Kind betreut, steht ihm der Anspruch nach Absatz 2 Satz 2 gegen die Mutter zu. In diesem Falle gilt Absatz 3 entsprechend.

Der gesetzliche Unterhaltsanspruch der Mutter eines nichtehelichen Kindes gegenüber dem Kindsvater nach § 1615l BGB ist vorrangig gegenüber der Unterhaltsverpflichtung ihrer Eltern mit der Folge, dass für die Kindsmutter der Anspruch ihrer Eltern auf Kindergeld oder Freibeträge für Kinder erlischt und für die Unterhaltsleistungen des Kindsvaters an sie eine Berücksichtigung nach § 33a Abs. 1 EStG in Betracht kommt (→ BFH vom 19.5.2004 – BStBl. II S. 943).

---

1) Siehe Anlage § 033a-02.
2) Siehe Anlage § 033a-03.
3) Siehe Anlage § 033a-01.
4) Siehe Anlage § 033a-02.
5) Siehe Anlage § 033a-01.

§ 33a

R 33a.1, 33a.2

Unterhaltsberechtigung

– Dem Grunde nach gesetzlich unterhaltsberechtigt sind nach § 1601 BGB Verwandte in gerader Linie i. S. d. § 1589 Satz 1 BGB wie. z. B. Kinder, Enkel, Eltern und Großeltern, sowie nach §§ 1360 ff., 1570 BGB Ehegatten untereinander. Voraussetzung für die Annahme einer gesetzlichen Unterhaltsberechtigung i. S.d. § 33a Abs.1 EStG ist die tatsächliche Bedürftigkeit des Unterhaltsempfängers i. S. d. § 1602 BGB. Nach der sog. konkreten Betrachtungsweise kann die Bedürftigkeit des Unterhaltsempfängers nicht typisierend unterstellt werden. Dies führt dazu, dass die zivilrechtlichen Voraussetzungen eines Unterhaltsanspruchs (§§ 1601 – 1603 BGB) vorliegen müssen und die Unterhaltskonkurrenzen (§§ 1606 und 1608 BGB) zu beachten sind (→ BMF vom 7.6.2010 – BStBl. I S. 588, Rz. 8 und BFH vom 5.5.2010 – BStBl. 2011 II S. 116).

– Bei landwirtschaftlich tätigen Angehörigen greift die widerlegbare Vermutung, dass diese nicht unterhaltsbedürftig sind, soweit der landwirtschaftliche Betrieb in einem nach den Vorhältnissen des Wohnsitzstaates üblichen Umfang und Rahmen betrieben wird (→ BFH vom 5.5.2010 – BStBl. 2011 II S. 116).

– Für Inlandssachverhalte gilt die Vereinfachungsregelung in R 33a Abs. 1 Satz 4 EStR.

– Die Unterhaltsberechtigung muss gegenüber dem Stpfl. oder seinem Ehegatten bestehen. Die Voraussetzungen für eine Ehegattenveranlagung nach § 26 Abs. 1 Satz 1 EStG müssen nicht gegeben sein (→ BFH vom 27.7.2011 – BStBl. II S. 965).

EStR 2012 zu § 33a EStG

R 33a.2 Freibetrag zur Abgeltung des Sonderbedarfs eines sich in Berufsausbildung befindenden, auswärtig untergebrachten, volljährigen Kindes

Allgemeines

(1) ¹Den Freibetrag nach § 33a Abs. 2 EStG kann nur erhalten, wer für das in Berufsausbildung befindliche Kind einen Anspruch auf einen Freibetrag nach § 32 Abs. 6 EStG oder Kindergeld hat. ²Der Freibetrag nach § 33a Abs. 2 EStG kommt daher für Kinder im Sinne des § 63 Abs. 1 EStG in Betracht.

Auswärtige Unterbringung

(2) ¹Eine auswärtige Unterbringung im Sinne des § 33a Abs. 2 Satz 1 EStG liegt vor, wenn ein Kind außerhalb des Haushalts der Eltern wohnt. ²Dies ist nur anzunehmen, wenn für das Kind außerhalb des Haushalts der Eltern eine Wohnung ständig bereitgehalten und das Kind auch außerhalb des elterlichen Haushalts verpflegt wird. ³Seine Unterbringung muss darauf angelegt sein, die räumliche Selbständigkeit des Kindes während seiner ganzen Ausbildung, z. B. eines Studiums, oder eines bestimmten Ausbildungsabschnitts, z. B. eines Studiensemesters oder -trimesters, zu gewährleisten. ⁴Voraussetzung ist, dass die auswärtige Unterbringung auf eine gewisse Dauer angelegt ist. ⁵Auf die Gründe für die auswärtige Unterbringung kommt es nicht an.

Hinweise

H 33a.2 Auswärtige Unterbringung

Auswärtige Unterbringung

– **Asthma**

Keine auswärtige Unterbringung des Kindes wegen Asthma (→ BFH vom 26.6.1992 – BStBl. 1993 II S. 212).

– **Anwendungen für den Schulbesuch als außergewöhnliche Belastungen**

Werden die Aufwendungen für den Schulbesuch als außergewöhnliche Belastungen berücksichtigt, kann kein zusätzlicher Freibetrag nach § 33a Abs. 2 EStG gewährt werden (→ BFH vom 12.5.2011 – BStBl. II S. 783)

– **Getrennte Haushalte beider Elternteile**

Auswärtige Unterbringung liegt nur vor, wenn das Kind aus den Haushalten beider Elternteile ausgegliedert ist (→ BFH vom 5.2.1988 – BStBl. II S. 579).

– **Haushalt des Kindes in Eigentumswohnung des Steuerpflichtigen**

Auswärtige Unterbringung liegt vor, wenn das Kind in einer Eigentumswohnung des Steuerpflichtigen einen selbständigen Haushalt führt (→ BFH vom 26.1.1994 – BStBl. II S. 544 und vom 25.1.1995 – BStBl. II S. 378). Ein Freibetrag gemäß § 33a Abs. 2 EStG wegen auswärtiger Unterbringung ist ausgeschlossen, wenn die nach dem EigZulG begünstigte Wohnung als Teil eines elterlichen Haushalts anzusehen ist (→ BMF vom 21.12.2004 – BStBl. 2005 I S. 305, Rz. 63).

– **Klassenfahrt**
Keine auswärtige Unterbringung, da es an der erforderlichen Dauer fehlt (→ BFH vom 5.11.1982 – BStBl. 1983 II S. 109).

– **Legasthenie**
Werden Aufwendungen für ein an Legasthenie leidendes Kind als außergewöhnliche Belastung im Sinne des § 33 EStG berücksichtigt (§ 64 Abs. 1 Nr. 2 Buchstabe c EStDV), ist daneben ein Freibetrag nach § 33a As. 2 EStG wegen auswärtiger Unterbringung des Kindes nicht möglich (→ BFH vom 26.6.1992 – BStBl. 1993 II S. 278).

– **Praktikum**
Keine auswärtige Unterbringung bei Ableistung eines Praktikums außerhalb der Hochschule, wenn das Kind nur dazu vorübergehend auswärtig untergebracht ist (→ BFH vom 20.5.1994 – BStBl. II S. 699).

– **Sprachkurs**
Keine auswärtige Unterbringung bei dreiwöchigem Sprachkurs (→ BFH vom 29.9.1989 – BStBl. 1990 II S. 62).

– **Verheiratetes Kind**
Auswärtige Unterbringung liegt vor, wenn ein verheiratetes Kind mit seinem Ehegatten eine eigene Wohnung bezogen hat (→ BFH vom 8.2.1974 – BStBl. II S. 299).

Freiwilliges soziales Jahr
Die Tätigkeit im Rahmen eines freiwilligen sozialen Jahres ist grundsätzlich nicht als Berufsausbildung zu beurteilen (→ BFH vom 24.6.2004 – BStBl. 2006 II S. 294).

Ländergruppeneinteilung
→ BMF vom 4.10.2011 (BStBl. I S. 961).[1)]

Studiengebühren
Gebühren für die Hochschulausbildung eines Kindes sind weder nach § 33a Abs. 2 EStG noch nach § 33 EStG als außergewöhnliche Belastung abziehbar (→ BFH vom 17.12.2009 – BStBl. 2010 II S. 341).

EStR 2012 zu § 33a EStG

R 33a.3 Zeitanteilige Ermäßigung nach § 33a Abs. 4 EStG

Ansatz bei unterschiedlicher Höhe des Höchstbetrags nach § 33a Abs. 1 EStG oder des Freibetrags nach § 33a Abs. 2 EStG

(1) Ist in einem Kalenderjahr der Höchstbetrag nach § 33a Abs. 1 EStG oder der Freibetrag nach § 33a Abs. 2 EStG in unterschiedlicher Höhe anzusetzen, z. B. bei Anwendung der Ländergruppeneinteilung für einen Teil des Kalenderjahres, wird für den Monat, in dem die geänderten Voraussetzungen eintreten, der jeweils höhere Betrag angesetzt.

Aufteilung der eigenen Einkünfte und Bezüge

(2) ¹Der Jahresbetrag der eigenen Einkünfte und Bezüge ist für die Anwendung des § 33a Abs. 3 Satz 2 EStG wie folgt auf die Zeiten innerhalb und außerhalb des Unterhaltszeitraums aufzuteilen:

1. Einkünfte aus nichtselbständiger Arbeit, sonstige Einkünfte sowie Bezüge nach dem Verhältnis der in den jeweiligen Zeiträumen zugeflossenen Einnahmen; die Grundsätze des § 11 Abs. 1 EStG gelten entsprechend; Pauschbeträge nach § 9a EStG und die Kostenpauschale nach R 33a.1 Abs. 3 Satz 5 sind hierbei zeitanteilig anzusetzen;

2. andere Einkünfte auf jeden Monat des Kalenderjahrs mit einem Zwölftel.

²Der Steuerpflichtige kann jedoch nachweisen, dass eine andere Aufteilung wirtschaftlich gerechtfertigt ist, wie es z. B. der Fall ist, wenn bei Einkünften aus selbständiger Arbeit die Tätigkeit erst im Laufe des Jahres aufgenommen wird oder wenn bei Einkünften aus nichtselbständiger Arbeit im Unterhaltszeitraum höhere Werbungskosten angefallen sind als bei verhältnismäßiger bzw. zeitanteiliger Aufteilung darauf entfallen würden.

---

1) Siehe Anlage § O33a-02.

§ 33a

R 33a.3

Hinweise

H 33a.3 Allgemeines

- Der Höchstbetrag für den Abzug von Unterhaltsaufwendungen (§ 33a Abs. 1 EStG) und der Freibetrag nach § 33a Abs. 2 EstG sowie der anrechnungsfreie Betrag nach § 33a Abs. 1 Satz 5 EStG ermäßigen sich für jeden vollen Kalendermonat, in dem die Voraussetzungen für die Anwendung der betreffenden Vorschrift nicht vorgelegen haben, um je ein Zwölftel (§ 33a Abs. 3 Satz 1 EStG). Erstreckt sich das Studium eines Kindes einschließlich der unterrichts- und vorlesungsfreien Zeit über den ganzen VZ, kann davon ausgegangen werden, dass beim Stpfl. in jedem Monat Aufwendungen anfallen, so dass § 33a Abs. 3 Satz 1 EStG nicht zur Anwendung kommt (→ BFH vom 22.3.1996 – BStBl. 1997 II S. 30).
- Eigene Einkünfte und Bezüge der unterhaltenen Person sind nur anzurechnen, soweit sie auf den Unterhaltszeitraum entfallen (§ 33a Abs. 3 Satz 2 EStG). Leisten Eltern Unterhalt an ihren Sohn nur während der Dauer seines Wehrdienstes, unterbleibt die Anrechnung des Entlassungsgeldes nach § 9 des Wehrsoldgesetzes, da es auf die Zeit nach Beendigung des Wehrdienstes entfällt (→ BFH vom 26.4.1991 – BStBl. II S. 716).

Beispiele

für die Aufteilung eigener Einkünfte und Bezüge auf die Zeiten innerhalb und außerhalb des Unterhaltszeitraums:

A.

Der Steuerpflichtige unterhält seine alleinstehende im Inland lebende Mutter vom 15. April bis 15. September (Unterhaltszeitraum) mit insgesamt 3 000 €. Die Mutter bezieht ganzjährig eine monatliche Rente aus der gesetzlichen Rentenversicherung von 200 € (Besteuerungsanteil 50 %). Außerdem hat sie im Kalenderjahr Einkünfte aus Vermietung und Verpachtung in Höhe von 1 050 €.

Höchstbetrag für das Kalenderjahr 8 354 € (§ 33a Abs. 1 Satz 1 EStG)		
anteiliger Höchstbetrag für April bis September (6/12 von 8 354 € =)	4 177 €	
Eigene Einkünfte der Mutter im Unterhaltszeitraum:		
Einkünfte aus Leibrenten		
Besteuerungsanteil 50 % von 2 400 € = ...	1 200 €	
abzgl. Werbungskosten Pauschbetrag		
(§ 9a Satz 1 Nr. 3 EStG)	– 102 €	
Einkünfte	1 098 €	
auf den Unterhaltszeitraum entfallen 6/12 von 498 €.	549 €	
Einkünfte aus V + V.	1 050 €	
auf den Unterhaltszeitraum entfallen 6/12	525 €	
S. d. E. im Unterhaltszeitraum	1 074 €	
Eigene Bezüge der Mutter im Unterhaltszeitraum:		
steuerfreier Teil der Rente.	1 200 €	
abzl. Kostenpauschale.	– 180 €	
verbleibende Bezüge	1 020 €	
auf den Unterhaltszeitraum entfallen 6/12	510 €	
Summe der eigenen Einkünfte und Bezüge im Unterhaltszeitraum	1 584 €	
abzl. anteil. anrechnungsfreier Betrag (6/12 von 624 € =)	– 312 €	
anzurechnende Einkünfte und Bezüge	1 272 €	– 1 272 €
abzuziehender Betrag		2 905 €

Besonderheiten bei Zuschüssen

Als Ausbildungshilfe bezogene Zuschüsse jeglicher Art, z. B. Stipendien für ein Auslandsstudium aus öffentlichen oder aus privaten Mitteln, mindern die zeitanteiligen Höchstbeträge nur der Kalendermonate, für die die Zuschüsse bestimmt sind (§ 33a Abs. 4 Satz 3 EStG). Liegen bei der unterhaltenen Person sowohl eigene Einkünfte und Bezüge als auch Zuschüsse vor,

§ 33a

die als Ausbildungshilfe nur für einen Teil des Unterhaltszeitraums bestimmt sind, dann sind zunächst die eigenen Einkünfte und Bezüge anzurechnen und sodann die Zuschüsse zeitanteilig entsprechend ihrer Zweckbestimmung.

Beispiel:
Ein über 25 Jahre altes Kind des Stpfl. B studiert während des ganzen Kalenderjahrs, erhält von ihm monatliche Unterhaltsleistungen i. H. v. 500 € und gehört nicht zum Haushalt des Stpfl. Verlängerungstatbestände nach § 32 Abs. 5 EStG liegen nicht vor. Dem Kind fließt in den Monaten Januar bis Juni Arbeitslohn von 3 400 € zu, die Werbungskosten übersteigen nicht den Arbeitnehmer-Pauschbetrag. Für die Monate Juli bis Dezember bezieht es ein Stipendium aus öffentlichen Mitteln von 6 000 €.

ungekürzter Höchstbetrag nach § 33a Abs. 1 EStG für das Kalenderjahr		8 354 €
Arbeitslohn	3 400 €	
abzüglich Arbeitnehmer-Pauschbetrag	– 1000 €	
Einkünfte aus nichtselbständiger Arbeit	2 400 €	
anrechnungsfreier Betrag	– 624 €	
anzurechnende Einkünfte	1 766 €	– 1 766 €
verminderter Höchstbetrag nach § 33a Abs. 1 EStG		6 588 €
zeitanteiliger verminderter Höchstbetrag für Januar – Juni (6/12 von 6 364 €)		3 294 €
Unterhaltsleistungen Jan.- Juni (6 x 500 €)		3 000 €
abzugsfähige Unterhaltsleistungen Jan. – Juni		3 000 €
zeitanteiliger verminderter Höchstbetrag nach § 33a Abs. 1 EStG für Juli – Dez.		3 294 €
Ausbildungszuschuss (Auslandsstipendium)	6 000 €	
abzüglich Kostenpauschale	– 180 €	
anzurechnende Bezüge	5 820 €	– 5 820 €
Höchstbetrag nach § 33a Abs. 1 EStG für Juli – Dez.		0 €
abzugsfähige Unterhaltsleistungen Juli – Dez.		0 €

Rechtsprechungsauswahl

BFH vom 28.3.12 VI R 31/11 (BStBl. II S. 769): Berechnung abziehbarer Unterhaltsleistungen bei Selbständigen

BFH vom 27.7.11 VI R 13/10 (BStBl. II S. 965): Unterhaltszahlungen an Schwiegermutter auch bei dauerndem Getrenntleben als außergewöhnliche Belastung abziehbar

BFH vom 11.11.10 VI R 16/09 (BStBl. 2011 II S. 966): Glaubwürdigkeit von Unterhaltszahlungen ins Ausland

§ 33b

§ 33b Pauschbeträge für behinderte Menschen, Hinterbliebene und Pflegepersonen

(1) ¹Wegen der Aufwendungen für die Hilfe bei den gewöhnlichen und regelmäßig wiederkehrenden Verrichtungen des täglichen Lebens, für die Pflege sowie für einen erhöhten Wäschebedarf können behinderte Menschen unter den Voraussetzungen des Absatzes 2 anstelle einer Steuerermäßigung nach § 33 einen Pauschbetrag nach Absatz 3 geltend machen (Behinderten-Pauschbetrag). ²Das Wahlrecht kann für die genannten Aufwendungen im jeweiligen Veranlagungszeitraum nur einheitlich ausgeübt werden.

(2) Die Pauschbeträge erhalten

1. behinderte Menschen, deren Grad der Behinderung auf mindestens 50 festgestellt ist;
2. behinderte Menschen, deren Grad der Behinderung auf weniger als 50, aber mindestens auf 25 festgestellt ist, wenn

    a) dem behinderten Menschen wegen seiner Behinderung nach gesetzlichen Vorschriften Renten oder andere laufende Bezüge zustehen, und zwar auch dann, wenn das Recht auf die Bezüge ruht oder der Anspruch auf die Bezüge durch Zahlung eines Kapitals abgefunden worden ist, oder

    b) die Behinderung zu einer dauernden Einbuße der körperlichen Beweglichkeit geführt hat oder auf einer typischen Berufskrankheit beruht.

(3) ¹Die Höhe des Pauschbetrags richtet sich nach dem dauernden Grad der Behinderung. ²Als Pauschbeträge werden gewährt bei einem Grad der Behinderung

von 25 und 30	310 Euro
von 35 und 40	430 Euro
von 45 und 50	570 Euro
von 55 und 60	720 Euro
von 65 und 70	890 Euro
von 75 und 80	1 060 Euro
von 85 und 90	1 230 Euro
von 95 und 100	1 420 Euro

³Für Behinderte, die hilflos im Sinne des Absatzes 6 sind, und für Blinde erhöht sich der Pauschbetrag auf 3 700 Euro.

(4) ¹Personen, denen laufende Hinterbliebenenbezüge bewilligt worden sind, erhalten auf Antrag einen Pauschbetrag von 370 Euro (Hinterbliebenen-Pauschbetrag), wenn die Hinterbliebenenbezüge geleistet werden

1. nach dem Bundesversorgungsgesetz oder einem anderen Gesetz, das die Vorschriften des Bundesversorgungsgesetzes über Hinterbliebenenbezüge für entsprechend anwendbar erklärt, oder
2. nach den Vorschriften über die gesetzliche Unfallversicherung oder
3. nach den beamtenrechtlichen Vorschriften an Hinterbliebene eines an den Folgen eines Dienstunfalls verstorbenen Beamten oder
4. nach den Vorschriften des Bundesentschädigungsgesetzes über die Entschädigung für Schäden an Leben, Körper oder Gesundheit.

²Der Pauschbetrag wird auch dann gewährt, wenn das Recht auf die Bezüge ruht oder der Anspruch auf die Bezüge durch Zahlung eines Kapitals abgefunden worden ist.

(5) ¹Steht der Behinderten-Pauschbetrag oder der Hinterbliebenen-Pauschbetrag einem Kind zu, für das der Steuerpflichtige Anspruch auf einen Freibetrag nach § 32 Abs. 6 oder auf Kindergeld hat, so wird der Pauschbetrag auf Antrag auf den Steuerpflichtigen übertragen, wenn ihn das Kind nicht in Anspruch nimmt. ²Dabei ist der Pauschbetrag grundsätzlich auf beide Elternteile je zur Hälfte aufzuteilen, es sei denn, der Kinderfreibetrag wurde auf den anderen Elternteil übertragen. ³Auf gemeinsamen Antrag der Eltern ist eine andere Aufteilung möglich. ⁴In diesen Fällen besteht für Aufwendungen, für die der Behinderten-Pauschbetrag gilt, kein Anspruch auf eine Steuerermäßigung nach § 33.

(6) ¹Wegen der außergewöhnlichen Belastungen, die einem Steuerpflichtigen durch die Pflege einer Person erwachsen, die nicht nur vorübergehend hilflos ist, kann er anstelle einer Steuerermäßigung nach § 33 einen Pauschbetrag von 924 Euro im Kalenderjahr geltend machen (Pflege-Pauschbetrag), wenn er dafür keine Einnahmen erhält. ²Zu diesen Einnahmen zählt unabhängig von der Verwendung nicht das von den Eltern eines behinderten Kindes für dieses Kind empfangene Pflegegeld. ³Hilflos im Sinne des Satzes 1 ist eine Person, wenn sie für eine Reihe von häufig und regelmäßig wiederkehrenden Verrichtungen zur Sicherung ihrer persönlichen Existenz im Ablauf eines jeden Tages fremder Hilfe dauernd bedarf. ⁴Diese Voraussetzungen sind auch erfüllt, wenn die Hilfe in Form einer Überwachung oder einer Anleitung zu den in Satz 3 genannten Verrichtungen erforderlich ist oder wenn die Hilfe zwar nicht dauernd geleistet werden muss, jedoch eine ständige Bereitschaft zur Hilfeleistung erforderlich ist. ⁵Voraussetzung ist, dass der Steuerpflichtige die Pflege entweder in seiner Wohnung oder in der Wohnung des Pflegebedürftigen persönlich durchführt und diese Wohnung in einem Mitgliedstaat der Europäischen Union oder in einem Staat belegen ist, auf den das Abkommen über den Europäischen Wirtschaftsraum anzuwenden ist. ⁶Wird ein Pflegebedürftiger von mehreren Steuerpflichtigen im Veranlagungszeitraum gepflegt, wird der Pauschbetrag nach der Zahl der Pflegepersonen, bei denen die Voraussetzungen der Sätze 1 und 5 vorliegen, geteilt.

(7) Die Bundesregierung wird ermächtigt, durch Rechtsverordnung mit Zustimmung des Bundesrates zu bestimmen, wie nachzuweisen ist, dass die Voraussetzungen für die Inanspruchnahme der Pauschbeträge vorliegen.

EStDV

§ 65 Nachweis der Behinderung

(1) Den Nachweis der Behinderung hat der Steuerpflichtige zu erbringen:

1. *Bei einer Behinderung, deren Grad auf mindestens 50 festgestellt ist, durch Vorlage eines Ausweises nach dem Neunten Buch Sozialgesetzbuch oder eines Bescheides der nach § 69 Absatz 1 des Neunten Buches Sozialgesetzbuch zuständigen Behörde,*

2. *bei einer Behinderung, deren Grad auf weniger als 50, aber mindestens 25 festgestellt ist,*

    a) *durch eine Bescheinigung der nach § 69 Absatz 1 des Neunten Buches Sozialgesetzbuch zuständigen Behörde auf Grund eines Feststellungsbescheides nach § 69 Abs. 1 des Neunten Buch Sozialgesetzbuch, die eine Äußerung darüber enthält, ob die Behinderung zu einer dauernden Einbuße der körperlichen Beweglichkeit geführt hat oder auf einer typischen Berufskrankheit beruht oder*

    b) *wenn ihm wegen seiner Behinderung nach den gesetzlichen Vorschriften Renten oder andere laufende Bezüge zustehen, durch den Rentenbescheid oder den die anderen laufenden Bezüge nachweisenden Bescheid.*

(2) ¹Die gesundheitlichen Merkmale „blind" und „hilflos" hat der Steuerpflichtige durch einen Ausweis nach dem Neunten Buch Sozialgesetzbuch, der mit dem Merkzeichen „Bl" oder „H" gekennzeichnet ist, oder durch einen Bescheid der nach § 69 Absatz 1 des Neunten Buches Sozialgesetzbuch zuständigen Behörde, der die entsprechenden Feststellungen enthält, nachzuweisen. ²Dem Merkzeichen „H" steht die Einstufung als Schwerstpflegebedürftiger in Pflegestufe III nach dem Elften Buch Sozialgesetzbuch, dem Zwölften Buch Sozialgesetzbuch oder diesen entsprechenden gesetzlichen Bestimmungen gleich; dies ist durch Vorlage des entsprechenden Bescheides nachzuweisen.

(3) Der Steuerpflichtige hat die Unterlagen nach den Absätzen 1 und 2 zusammen mit seiner Steuererklärung oder seinem Antrag auf Lohnsteuerermäßigung der Finanzbehörde vorzulegen.

(4) ¹Ist der behinderte Mensch verstorben und kann sein Rechtsnachfolger die Unterlagen nach den Absätzen 1 und 2 nicht vorlegen, so genügt zum Nachweis eine gutachtliche Stellungnahme der nach

§ 33b EStDV 65 R 33b

§ 69 Absatz 1 des Neunten Buches Sozialgesetzbuch zuständigen Behörde. ²Diese Stellungnahme hat die Finanzbehörde einzuholen.

§§ 66 und 67 (weggefallen)

EStR und Hinweise

EStR 2012 zu § 33b EStG

R 33b Pauschbeträge für behinderte Menschen, Hinterbliebene und Pflegepersonen

(1) Ein Pauschbetrag für behinderte Menschen, der Hinterbliebenen-Pauschbetrag und der Pflege-Pauschbetrag können mehrfach gewährt werden, wenn mehrere Personen die Voraussetzungen erfüllen (z. B. Stpfl., Ehegatte, Kind), oder wenn eine Person die Voraussetzungen für verschiedene Pauschbeträge erfüllt. ²Mit dem Pauschbetrag für behinderte Menschen werden die laufenden und typischen Aufwendungen für die Hilfe bei den gewöhnlichen und regelmäßig wiederkehrenden Verrichtungen des täglichen Lebens, für die Pflege sowie für einen erhöhten Wäschebedarf abgegolten. ³Es handelt sich um Aufwendungen, die behinderten Menschen erfahrungsgemäß durch ihre Krankheit bzw. Behinderung entstehen und deren alleinige behinderungsbedingte Veranlassung nur schwer nachzuweisen ist. ⁴Alle übrigen behinderungsbedingten Aufwendungen (z. B. Operationskosten sowie Heilbehandlungen, Kuren, Arznei- und Arztkosten, → Fahrtkosten) können daneben als außergewöhnliche Belastung nach § 33 EStG berücksichtigt werden.

(2) Unabhängig von einer Übertragung des Behinderten-Pauschbetrags nach § 33b Abs. 5 EStG können Eltern ihre eigenen zwangsläufigen Aufwendungen für ein behindertes Kind nach § 33 EStG abziehen.

(3) Eine Übertragung des Pauschbetrags für behinderte Menschen auf die Eltern eines Kindes mit Wohnsitz oder gewöhnlichen Aufenthalt im Ausland ist nur möglich, wenn das Kind als unbeschränkt steuerpflichtig behandelt wird (insbsondere § 1 Abs. 3 Satz 2, 2. Halbsatz EStG ist zu beachten).

(4) Ein Steuerpflichtiger führt die Pflege auch dann noch persönlich durch, wenn er sich zur Unterstützung zeitweise einer ambulanten Pflegekraft bedient.

(5) § 33b Abs. 6 Satz 6 EStG gilt auch, wenn nur ein Steuerpflichtiger den Pflege-Pauschbetrag tatsächlich in Anspruch nimmt.

(6) Der Pflege-Pauschbetrag ist nach § 33b Abs. 6 EStG kann neben dem nach § 33b Abs. 5 EStG vom Kind auf die Eltern übertragenen Pauschbetrag für behinderte Menschen in Anspruch genommen werden.

(7) Beiträge zur Rentenversicherung, Kranken- und Pflegeversicherung der pflegenden Person, die die Pflegekasse übernimmt, führen nicht zu Einnahmen i. S. d. § 33b Abs. 6 Satz 1 EStG.

(8) ¹Bei Beginn, Änderung oder Wegfall der Behinderung im Laufe eines Kalenderjahrs ist stets der Pauschbetrag nach dem höchsten Grad zu gewähren, der im Kalenderjahr festgestellt war ²Eine Zwölftelung ist nicht vorzunehmen. ³Dies gilt auch für den Hinterbliebenen- und Pflege-Pauschbetrag.

(9) Der Nachweis der Behinderung nach § 65 Abs. 1 Nr. 2 Buchstabe a EStDV gilt als geführt, wenn die dort genannten Bescheinigungen behinderten Menschen nur noch in elektronischer Form übermittelt werden und der Ausdruck einer solchen elektronisch übermittelten Bescheinigung vom Stpfl. vorgelegt wird.

Hinweise

H 33b Allgemeines

- Zur Behinderung i. S. d. § 33b EStG → § 69 SGB IX, zur Hilflosigkeit → § 33b Abs. 6 EStG, zur Pflegebedürftigkeit → R 33.3 Abs. 1.

- Verwaltungsakte, die die Voraussetzungen für die Inanspruchnahme der Pauschbeträge feststellen (→ § 65 EStDV), sind Grundlagenbescheide i. S. d. §171 Abs. 10 und §175 Abs. 1 Satz 1 Nr. 1 AO (→ BFH vom 5.2.1988 – BStBl. II S. 436). Auf Grund eines solchen Bescheides ist ggf. eine Änderung früherer Steuerfestsetzungen hinsichtlich der Anwendung des §33b EStG nach § 175 Abs. 1 Satz 1 Nr. 1 AO unabhängig davon vorzunehmen, ob ein Antrag i. S. d. § 33b Abs. 1 EStG für den VZ dem Grunde nach bereits gestellt worden ist. Die Änderung ist für alle VZ vorzunehmen, auf die sich der Grundlagenbescheid erstreckt (→ BFH vom 22.2.1991 – BStBl. II S. 717 und vom 13.12.1985 – BStBl. 1986 II S. 245).

– Einen Pauschbetrag von 3 700 € können behinderte Menschen unabhängig vom GdB erhalten, in deren Ausweis das Merkzeichen „Bl" oder „H" (→ § 69 Abs. 5 SGB IX) eingetragen ist.

Aufteilung des übertragenen Pauschalbetrags für behinderte Menschen
→ BMF vom 28.6.2013 (BStBl. I S. 845)[1)]

Hinterbliebenen-Pauschbetrag

Zu den Gesetzen, die das BVG für entsprechend anwendbar erklären (§ 33b Abs. 4 Nr. 1 EStG) gehören:
– das Soldatenversorgungsgesetz (→ § 80),
– das ZDG (→ § 47),
– das Häftlingshilfegesetz (→ §§ 4 und 5),
– das Gesetz über die Unterhaltsbeihilfe für Angehörige von Kriegsgefangenen (→ § 3),
– das Gesetz über die Bundespolizei (→ § 59 Abs. 1 i. V. m. dem Soldatenversorgungsgesetz),
– das Gesetz über das Zivilschutzkorps (→ § 46 i. V. m. dem Soldatenversorgungsgesetz),
– das Gesetz zur Regelung der Rechtsverhältnisse der unter Artikel 131 GG fallenden Personen (→ §§ 66, 66a),
– das Gesetz zur Einführung des Bundesversorgungsgesetzes im Saarland (→ § 5 Abs. 1),
– das Infektionsschutzgesetz (→ § 63),
– das Gesetz über die Entschädigung für Opfer von Gewalttaten (→ § 1 Abs. 1).

Nachweis der Behinderung

– Der Nachweis für die Voraussetzungen eines Pauschbetrages ist gem. § 65 EStDV zu führen (zum Pflege-Pauschbetrag → BFH vom 20.2.2003 – BStBl. II S. 476). Nach § 69 Abs. 1 SGB IX zuständige Behörden sind die für die Durchführung des Bundesversorgungsgesetzes zuständigen Behörden (Versorgungsämter) und die gem. § 69 Abs. 1 S. 7 SGB IX nach Landesrecht für zustandig erklärten Behörden.
– Zum Nachweis der Behinderung von in Deutschland nicht steuerpflichtigen Kindern → BMF vom 8.8.1997 (BStBl. I S. 1016).
– An die für die Gewährung des Pauschbetrags für behinderte Menschen und des Pflege-Pauschbetrags vorzulegenden Bescheinigungen, Ausweise oder Bescheide sind die Finanzbehörden gebunden (→ BFH vom 5.2.1988 – BStBl. II S. 436).
– Bei den Nachweisen nach § 65 Abs. 1 Nr. 2 Buchstabe b EStDV kann es sich z. B. um Rentenbescheide des Versorgungsamtes oder eines Trägers der gesetzlichen Unfallversicherung oder bei Beamten, die Unfallruhegeld beziehen, um einen entsprechenden Bescheid ihrer Behörde handeln. Der Rentenbescheid eines Trägers der gesetzlichen Rentenversicherung der Arbeiter und Angestellten genügt nicht (→ BFH vom 25.4.1968 – BStBl. II S. 606).

Neben den Pauschbeträgen für behinderte Menschen zu berücksichtigende Aufwendungen

Folgende Aufwendungen können neben den Pauschbeträgen für behinderte Menschen als außergewöhnliche Belastung nach § 33 EStG berücksichtigt werden:
– Operationenskosten, Kosten für Heilbehandlungen, Arznei- und Arztkosten (→ R 33b Abs. 1 EStR),
– Kraftfahrzeugkosten (→ H 33.1-33.4 – Fahrtkosten behinderter Menschen sowie → R 33b Abs. 1 Satz ESR),
– Führerscheinkosten für ein schwer geh- und stehbehindertes Kind (→ BFH vom 26.3.1993 – BStBl. II S. 749),
– Kosten für eine Heilkur (→ BFH vom 11.12.1987 – BStBl. 1988 II S. 275, → H 33.1-33.4 (Kur) sowie → R33.4 Abs.1 und 3),
– Schulgeld für den Privatschulbesuch des behinderten Kindes (→ H 33.1-33.4 – Privatschule und → R 33.4 Abs. 2) sowie
– Kosten für die behindertengerechte Ausgestaltung des eigenen Wohnhauses (→ R 33.4 Abs. 5 und H 33.1 – 33.4 – Behindertengerechte Ausstattung).

Pflegebedürftigkeit
→ R 33.3 Abs. 1

---

1) Siehe Anlage § 032-03.

§ 33b — R 33b

Pflegepauschbetrag

- Eine sittliche Verpflichtung zur Pflege ist anzuerkennen, wenn eine enge persönliche Beziehung zu der gepflegten Person besteht (→ *BFH vom 29.8.1996 – BStBl. 1997 II S. 199*).
- Der Pflegepauschbetrag nach § 33b Abs. 6 EStG ist nicht nach der Zahl der Personen aufzuteilen, welche bei ihrer Einkommensteuerveranlagung die Berücksichtigung eines Pflegepauschbetrages begehren, sondern nach der Zahl der Steuerpflichtigen, welche eine hilflose Person in ihrer Wohnung oder in der Wohnung des Pflegebedürftigen tatsächlich persönlich gepflegt haben (→ *BFH vom 14.10.1997 – BStBl. 1998 II S. 20*).
- Abgesehen von der Pflege durch Eltern (§ 33b Abs. 6 Satz 2 EStG) schließen Einnahmen der Pflegepersonen für die Pflege unabhängig von ihrer Höhe die Gewährung des Pflege-Pauschbetrags aus. Hierzu gehört grundsätzlich auch das weitergeleitete Pflegegeld. Der Ausschluss von der Gewährung des Pflege-Pauschbetrags gilt nicht, wenn das Pflegegeld lediglich treuhänderisch für den Pflegebedürftigen verwaltet wird und damit ausschließlich Aufwendungen des Pflegebedürftigen bestritten werden. In diesem Fall muss die Pflegeperson die konkrete Verwendung des Pflegegeldes nachweisen und ggf. nachträglich noch eine Vermögenstrennung durchführen (→ *BFH vom 21.3.2002 – BStBl. II S. 417*).

Übertragung des Pauschbetrags von einem im Ausland lebenden Kind

Der Pauschbetrag nach § 33b Abs. 3 EStG für ein behindertes Kind kann nicht nach § 33b Abs. 5 EStG auf einen im Inland unbeschränkt steuerpflichtigen Elternteil übertragen werden, wenn das Kind im Ausland außerhalb eines EU/EWR-Mitgliedstaates seinen Wohnsitz oder gewöhnlichen Aufenthalt hat und im Inland keine eigenen Einkünfte erzielt (→ *BFH vom 2.6.2005 – BStBl. II S. 828;* → *auch R 33b Abs. 3*).

Weitere Verwaltungsanweisungen
(soweit nicht in den Hinweisen enthalten)

Zu § 33b EStG
1. Gewährung des Pflege-Pauschbetrages gemäß § 33b Abs. 6 EStG bei Pflege durch den Ehegatten (Vfg OFD Hannover vom 22.5.1991, DStR 1991 S. 1220)
2. Zusammentreffen mehrerer Behinderungen (Vfg OFD Frankfurt vom 14.6.1996, FR 1996 S. 536)

§ 34 Außerordentliche Einkünfte

(1) ¹Sind in dem zu versteuernden Einkommen außerordentliche Einkünfte enthalten, so ist die auf alle im Veranlagungszeitraum bezogenen außerordentlichen Einkünfte entfallende Einkommensteuer nach den Sätzen 2 bis 4 zu berechnen. ²Die für die außerordentlichen Einkünfte anzusetzende Einkommensteuer beträgt das Fünffache des Unterschiedsbetrags zwischen der Einkommensteuer für das um diese Einkünfte verminderte zu versteuernde Einkommen (verbleibendes zu versteuerndes Einkommen) und der Einkommensteuer für das verbleibende zu versteuernde Einkommen zuzüglich eines Fünftels dieser Einkünfte. ³Ist das verbleibende zu versteuernde Einkommen negativ und das zu versteuernde Einkommen positiv, so beträgt die Einkommensteuer das Fünffache der auf ein Fünftel des zu versteuernden Einkommens entfallenden Einkommensteuer. ⁴Die Sätze 1 bis 3 gelten nicht für außerordentliche Einkünfte im Sinne des Abs. 2 Nr. 1, wenn der Steuerpflichtige auf diese Einkünfte ganz oder teilweise § 6b oder § 6c anwendet.

(2) Als außerordentliche Einkünfte kommen nur in Betracht:

1. Veräußerungsgewinne im Sinne der §§ 14, 14a Abs. 1, der §§ 16 und 18 Abs. 3 mit Ausnahme des steuerpflichtigen Teils der Veräußerungsgewinne, die nach § 3 Nr. 40 Buchstabe b in Verbindung mit § 3c Abs. 2 teilweise steuerbefreit sind;
2. Entschädigungen im Sinne des § 24 Nr. 1;
3. Nutzungsvergütungen und Zinsen im Sinne des § 24 Nr. 3, soweit sie für einen Zeitraum von mehr als drei Jahren nachgezahlt werden;
4. Vergütungen für mehrjährige Tätigkeiten; mehrjährig ist eine Tätigkeit, soweit sie sich über mindestens zwei Veranlagungszeiträume erstreckt und einen Zeitraum von mehr als zwölf Monaten umfasst;
5. (weggefallen)

(3) ¹Sind in dem zu versteuernden Einkommen außerordentliche Einkünfte im Sinne des Absatzes 2 Nr. 1 enthalten, so kann auf Antrag abweichend von Absatz 1 die auf den Teil dieser außerordentlichen Einkünfte, der den Betrag von insgesamt 5 Millionen Euro nicht übersteigt, entfallende Einkommensteuer nach einem ermäßigten Steuersatz bemessen werden, wenn der Steuerpflichtige das 55. Lebensjahr vollendet hat oder wenn er im sozialversicherungsrechtlichen Sinne dauernd berufsunfähig ist. ²Der ermäßigte Steuersatz beträgt 56 Prozent des durchschnittlichen Steuersatzes, der sich ergäbe, wenn die tarifliche Einkommensteuer nach dem gesamten zu versteuernden Einkommen zuzüglich der dem Progressionsvorbehalt unterliegenden Einkünfte zu bemessen wäre, mindestens jedoch 14 Prozent. ³Auf das um die in Satz 1 genannten Einkünfte verminderte zu versteuernde Einkommen (verbleibendes zu versteuerndes Einkommen) sind vorbehaltlich des Absatzes 1 die allgemeinen Tarifvorschriften anzuwenden. ⁴Die Ermäßigung nach den Sätzen 1 bis 3 kann der Steuerpflichtige nur einmal im Leben in Anspruch nehmen. ⁵Erzielt der Steuerpflichtige in einem Veranlagungszeitraum mehr als einen Veräußerungs- oder Aufgabegewinn im Sinne des Satzes 1, kann er die Ermäßigung nach den Sätzen 1 und 3 nur für einen Veräußerungs- oder Aufgabegewinn beantragen. ⁶Absatz 1 Satz 4 ist entsprechend anzuwenden.

EStR und Hinweise

EStR 2012 zu § 34 EStG

R 34.1 Umfang der steuerbegünstigten Einkünfte

(1) ¹§ 34 Abs. 1 EStG ist grundsätzlich bei allen Einkunftsarten anwendbar. ²§ 34 Abs. 3 EStG ist nur auf Einkünfte im Sinne des § 34 Abs. 2 Nr. 1 EStG anzuwenden. ³Die von der Summe der Einkünfte, dem Gesamtbetrag der Einkünfte und dem Einkommen abzuziehenden Beträge sind zunächst bei den nicht nach dem § 34 EStG begünstigten Einkünften zu berücksichtigen. ⁴Liegen die Voraussetzungen für die Steuerermäßigung nach § 34 Abs. 1 EStG und § 34 Abs. 3 EStG nebeneinander vor, ist eine Verrechnung der noch nicht abgezogenen Beträge mit den außerordentlichen Einkünften in der Reihenfolge vorzunehmen, dass sie zu dem für den Steuerpflichtigen günstigsten Ergebnis führt. ⁵Sind in dem Einkommen Einkünfte aus Land- und Forstwirtschaft enthalten und bestehen diese zum Teil aus außer-

§ 34 R 34.1, 34.2

ordentlichen Einkünften, die nach § 34 EStG ermäßigt zu besteuern sind, ist hinsichtlich der Anwendung dieser Vorschrift der Freibetrag nach § 13 Abs. 3 EStG zunächst von den nicht nach § 34 EStG begünstigten Einkünften aus Land- und Forstwirtschaft abzuziehen. ⁶Wird für einen Gewinn i. S. d. § 34 Abs. 2 Nr. 1 EStG die Tarifbegünstigung nach § 34a EStG in Anspruch genommen, scheidet die Anwendung des § 34 Abs. 3 EStG aus.

(2) Tarifbegünstigte Veräußerungsgewinne i. S. d. §§ 14, 16 und 18 Abs. 3 EStG liegen grundsätzlich nur vor, wenn die stillen Reserven in einem einheitlichen wirtschaftlichen Vorgang aufgedeckt werden.

(3) ¹Die gesamten außerordentlichen Einkünfte sind grundsätzlich bis zur Höhe des zu versteuernden Einkommens tarifbegünstigt. ²In Fällen, in denen Verluste zu verrechnen sind, sind die vorrangig anzuwendenden besonderen Verlustverrechnungsbeschränkungen (z. B. § 2a Abs. 1, § 2b i. V. m. § 52 Abs. 4, § 15 Abs. 4, § 15b EStG) zu beachten.

(4) ¹Veräußerungskosten sind bei der Ermittlung des tarifbegünstigten Veräußerungsgewinns erst im Zeitpunkt des Entstehens des Veräußerungsgewinns zu berücksichtigen, auch wenn sie bereits im VZ vor dem Entstehen des Veräußerungsgewinns angefallen sind, ²Die übrigen außerordentlichen Einkünfte unterliegen der Tarifvergünstigung in dem VZ, in dem sie nach den allgemeinen Grundsätzen vereinnahmt werden, nur insoweit, als nicht in früheren VZ mit diesen Einkünften unmittelbar zusammenhängende Betriebsausgaben bzw. Werbungskosten die Einkünfte des Stpfl. gemindert haben.

Hinweise

H 34.1 Arbeitnehmer-Pauschbetrag

Der Arbeitnehmer-Pauschbetrag ist bei der Ermittlung der nach § 34 EStG begünstigten außerordentlichen Einkünfte aus nichtselbständiger Tätigkeit nur insoweit abzuziehen, als tariflich voll zu besteuernde Einnahmen dieser Einkunftsart dafür nicht mehr zur Verfügung stehen (→ BFH vom 29.10.1998 – BStBl. 1999 II S. 588).

Betriebsaufgabegewinne in mehreren VZ

Erstreckt sich eine Betriebsaufgabe über zwei Kalenderjahre und fällt der Aufgabegewinn daher in zwei VZ an, kann die Tarifmäßigung nach § 34 Abs. 3 EStG für diesen Gewinn auf Antrag in beiden VZ gewährt werden. Der Höchstbetrag von fünf Millionen Euro ist dabei aber insgesamt nur einmal zu gewähren (→ BMF vom 20.12.2005 – BStBl. 2006 I S. 7).[1]

Betriebsveräußerung

a) **Gewerbebetrieb:** → *R 16*

b) **Betrieb der Land- und Forstwirtschaft:**

Veräußert ein Land- und Forstwirt seinen Betrieb und pachtet er diesen unmittelbar nach der Veräußerung zurück, so ist auf den Veräußerungsgewinn im Sinne des § 14 EStG § 34 Abs. 1 oder 3 EStG anzuwenden (→ BFH vom 28.3.1985 – BStBl. II S. 508).

Freibetrag nach § 16 Abs. 4 EStG

→ *H 16 (13) Freibetrag und Teileinkünfteverfahren*

Geschäfts- oder Firmenwert

Wird für den bei der erklärten Betriebsaufgabe nicht in das Privatvermögen zu überführenden Geschäfts- oder Firmenwert (→ H 16 (5) später ein Erlös erzielt, ist der Gewinn nicht nach § 34 EStG begünstigt (→ BFH vom 30.1.2002 – BStBl. II S. 387).

Nicht entnommene Gewinne

Sind sowohl die Voraussetzungen für eine Tarifbegünstigung nach § 34a EStG als auch die Voraussetzungen für eine Begünstigung nach § 34 Abs. 1 EStG erfüllt, kann der Stpfl. wählen, welche Begünstigung er in Anspruch nehmen will (→ BMF vom 11.8.2008 – BStBl. I S. 838, Rn. 6).[2]

EStR 2012 zu § 34 EStG

R 34.2 Steuerberechnung unter Berücksichtigung der Tarifermäßigung

(1) ¹Für Zwecke der Steuerberechnung nach § 34 Abs. 1 EStG ist zunächst für den VZ, in dem die außerordentlichen Einkünfte erzielt worden sind, die Einkommensteuer zu ermitteln, die sich ergibt, wenn

---

1) Siehe Anlage § 016-09.

2) Siehe Anlage § 034a-01.

R 34.2

die in dem zu versteuernden Einkommen (z. v. E.) enthaltenen außerordentlichen Einkünfte nicht in die Bemessungsgrundlage einbezogen werden. ²Sodann ist in einer Vergleichsberechnung die Einkommensteuer zu errechnen, die sich unter Einbeziehung eines Fünftels der außerordentlichen Einkünfte ergibt. ³Bei diesen nach den allgemeinen Tarifvorschriften vorzunehmenden Berechnungen sind dem Progressionsvorbehalt (§ 32b EStG) unterliegende Einkünfte zu berücksichtigen. ⁴Der Unterschiedsbetrag zwischen beiden Steuerbeträgen ist zu verfünffachen und der sich so ergebende Steuerbetrag der nach Satz 1 ermittelten Einkommensteuer hinzuzurechnen.

(2) ¹Sind in dem zu versteuernden Einkommen auch Einkünfte (z. v. E.) enthalten, die nach § 34 Abs. 3 EStG oder § 34b Abs. 3 EStG ermäßigten Steuersätzen unterliegen, ist die jeweilige Tarifermäßigung unter Berücksichtigung der jeweils anderen Tarifermäßigung zu berechnen. ²Einkünfte, die nach § 34a Abs. 1 EStG mit einem besonderen Steuersatz versteuert werden, bleiben bei der Berechnung der Tarifermäßigung nach § 34 Abs. 1 EStG unberücksichtigt.

Hinweise

H 34.2 Berechnungsbeispiele

Beispiel 1:
Berechnung der Einkommensteuer nach § 34 Abs. 1 EStG

Der Steuerpflichtige, der Einkünfte aus Gewerbebetrieb und Vermietung und Verpachtung (einschließlich Entschädigung im Sinne des § 34 EStG) hat, und seine Ehefrau werden zusammen veranlagt. Es sind die folgenden Einkünfte und Sonderausgaben anzusetzen:

Einkünfte aus Gewerbebetrieb		*45 000 €*
Einkünfte aus Vermietung und Verpachtung		
– laufende Einkünfte		*+ 5 350 €*
– Einkünfte aus Entschädigung im Sinne von § 34 Abs. 2 Nr. 2 EStG:		*+ 25 000 €*
Gesamtbetrag der Einkünfte		*75 350 €*
Sonderausgaben		*– 3 200 €*
Einkommen.		*72 150 €*
zu versteuerndes Einkommen (z. v. E.).		*72 150 €*
zu versteuerndes Einkommen	*72 150 €*	
abzüglich Einkünfte im Sinne des § 34 Abs. 2 Nr. 2 EStG	*– 25 000 €*	
verbleibendes zu versteuerndes Einkommen	*47 150 €*	
darauf entfallender Steuerbetrag		*7 254 €*
verbleibendes zu versteuerndes Einkommen	*47 150 €*	
zuzüglich 1/5 der Einkünfte im Sinne des § 34 Abs. 2 Nr. 2 EStG .	*+ 5 000 €*	
	52 150 €	
darauf entfallender Steuerbetrag		*8 712 €*
abzüglich Steuerbetrag auf das verbleibende zu versteuernde Einkommen.		*– 7 254 €*
Unterschiedsbetrag		*1 458 €*
multipliziert mit Faktor 5	*7 290 €*	*7 290 €*
tarifliche Einkommensteuer		*14 544 €*

Beispiel 2
Berechnung der Einkommensteuer nach § 34 Abs. 1 EStG bei negativem verbleibenden zu versteuernden Einkommen

*Der Steuerpflichtige, der Einkünfte aus Gewerbebetrieb hat, und seine Ehefrau werden zusammen veranlagt. Die Voraussetzungen des § 34 Abs. 3 und § 16 Abs. 4 EStG liegen **nicht** vor. Es sind die folgenden Einkünfte und Sonderausgaben anzusetzen:*

Einkünfte aus Gewerbebetrieb, laufender Gewinn	*+ 5 350 €*
Veräußerungsgewinn (§ 16 EStG)	*+ 225 000 €*
	230 350 €
Einkünfte aus Vermietung und Verpachtung	*– 45 000 €*

§ 34 R 34.2

Gesamtbetrag der Einkünfte....................................	185 350 €
Sonderausgaben	– 3 200 €
Einkommen..	182 150 €
zu versteuerndes Einkommen	182 150 €
Höhe der Einkünfte im Sinne des § 34 Abs. 2 EStG, die nach § 34 Abs. 1 EStG besteuert werden können; maximal aber bis zur Höhe des zu versteuernden Einkommens...	182 150 €

zu versteuerndes Einkommen	182 150 €	
abzüglich Einkünfte im Sinne des § 34 Abs. 2 EStG.....	– 225 000 €	
verbleibendes zu versteuerndes Einkommen..............	– 42 850 €	
Damit ist das gesamte zu versteuernde Einkommen in Höhe von 182 150 € gem. § 34 EStG tarifbegünstigt.		
1/5 des zu versteuernden Einkommens (§ 34 Abs. 1 Satz 3 EStG).	36 430 €	
darauf entfallender Steuerbetrag...........................	4 320 €	
multipliziert mit Faktor 5	21 600 €	
tarifliche Einkommensteuer		21 600 €

Beispiel 3
Berechnung der Einkommensteuer nach § 34 Abs. 1 EStG mit Einkünften, die dem Progressionsvorbehalt unterlagen
(Entsprechende Anwendung des BFH-Urteils vom 18.5.1994 – BStBl. II. S. 845)
Der Steuerpflichtige hat Einkünfte aus nichtselbständiger Arbeit und aus Vermietung und Verpachtung (einschließlich einer Entschädigung im Sinne des § 34 EStG). Es sind folgende Einkünfte und Sonderausgaben anzusetzen:

Einkünfte aus nichtselbständiger Arbeit		10 000 €
Einkünfte aus Vermietung und Verpachtung		
– laufende Einkünfte...		+ 60 000 €
– Einkünfte aus Entschädigung im Sinne von § 34 Abs. 2 Nr. 2 EStG:		+ 30 000 €
Gesamtbetrag der Einkünfte...................................		100 000 €
Sonderausgaben		– 3 200 €
Einkommen..		96 800 €
zu versteuerndes Einkommen		96 800 €
Arbeitslosengeld		20 000 €
zu versteuerndes Einkommen	96 800 €	
abzüglich Einkünfte im Sinne des § 34 Abs. 2 Nr. 2 EStG	– 30 000 €	
verbleibendes zu versteuerndes Einkommen..............	66 800 €	
zuzüglich Arbeitslosengeld § 32b Abs. 2 EStG	+ 20 000 €	
für die Berechnung des Steuersatzes gem. § 32b Abs. 2 EStG maßgebendes verbleibendes zu versteuerndes Einkommen......	86 800 €	
Steuer nach Grundtarif...	28 217 €	
besonderer (= durchschnittlicher) Steuersatz § 32 b Abs. 2 EStG.	32,5080 %	
Steuerbetrag auf verbleibendes zu versteuerndes Einkommen (66 800 €) unter Berücksichtigung des Progressionsvorbehalts.............		21 748 €
verbleibendes zu versteuerndes Einkommen..............	66 800 €	
zuzüglich 1/5 der Einkünfte im Sinne des § 34 EStG	+ 6 000 €	
	72 800 €	
zuzüglich Arbeitslosengeld § 32 b Abs. 2 EStG...............	+ 20 000 €	
für die Berechnung des Steuersatzes gem. § 32b Abs. 2 EStG maßgebendes zu versteuerndes Einkommen mit 1/5 der außerordentlichen Einkünfte	92 800 €	

Steuer nach Grundtarif...	*30 737 €*
besonderer (= durchschnittlicher) Steuersatz..................	*33,1217 %*
Steuerbetrag auf zu versteuerndes Einkommen mit 1/5 der außerordentlichen Einkünfte (72 800 € unter Berücksichtigung des Progressionsvorbehalts..	*24 112 €*
abzüglich Steuerbetrag auf das verbleibende zu versteuernde Einkommen	*− 21 715 €*
Unterschiedsbetrag...	*2 397 €*
multipliziert mit Faktor 5...	*11 985 €*
tarifliche Einkommensteuer...	*33 700 €*

Beispiel 4

Berechnung der Einkommensteuer nach § 34 Abs. 1 EStG bei negativem verbleibenden z. v. E. und Einkünften, die dem Progressionsvorbehalt unterliegen (→ BFH vom 11.12.2012 − BStBl. 2013 II S. 370).

Der Stpfl. hat Einkünfte aus nichtselbständiger Arbeit und aus Vermietung und Verpachtung (einschließlich, einer Entschädigung i. S. d. § 34 EStG). Es sind folgende Einkünfte und Sonderausgaben anzusetzen:

Einkünfte aus nichtselbständiger Arbeit...........................		*10 000 €*
Einkünfte aus Vermietung und Verpachtung		
− laufende Einkünfte...		*− 20 000 €*
− Einkünfte aus Entschädigung i. S. v. § 34 Abs. 2 Nr. 2 EStG:		*+ 30 000 €*
G. d. E....		*20 000 €*
Sonderausgaben...		*− 5 000 €*
Einkommen/z. v. E....		*15 000 €*
Höhe der Einkünfte i. S. d. § 34 Abs. 2 EStG,. die nach § 34 Abs. 1 besteuert werden können, maximal bis zur Höhe des z.v.E.........................		*15 000 €*
z. v. E....	*15 000 €*	
abzüglich Einkünfte i. S. d. § 34 Abs. 2 EStG..................	*− 30 000 €*	
verbleibendes z. v. E...	*− 15 000 €*	
Damit ist das gesamte z. v. E. in Höhe von 15.000 € gem. § 34 EStG tarifbegünstigt.		
1/5 des z. v. E. (§ 34 Abs. 1 Satz 3 EStG).......................		*3 000 €*
Arbeitslosengeld..	*40 000 €*	
abzüglich negatives verbleibendes z. v. E........................	*− 15 000 €*	
dem Progressionsvorbehalt unterliegende Bezüge werden nur insoweit berücksichtigt, als sie das negative verbleibende z. v. E. übersteigen....	*25 000 €*	*+ 25 000 €*
für die Berechnung des Steuersatzes gem. § 32b Abs. 2 EStG maßgebendes verbleibendes z. v. E.......................................		*28 000 €*
Steuer nach Grundtarif..	*4 937 €*	
besonderer (= durchschnittlicher) Steuersatz..................	*17,6321 %*	
Steuerbetrag auf 1/5 des z. v. E. (3 000 €).......................	*528 €*	
multipliziert mit Faktor 5...	*2 640 €*	
tarifliche Einkommensteuer...		*2 640 €*

Beispiel 5

Berechnung der Einkommensteuer bei Zusammentreffen der Vergünstigungen nach § 34 Abs. 1 EStG und § 34 Abs. 3 EStG

Der Steuerpflichtige, der Einkünfte aus Gewerbebetrieb hat, und seine Ehefrau werden zusammenveranlagt. Im Zeitpunkt der Betriebsveräußerung hatte der Steuerpflichtige das 55. Lebensjahr vollendet. Es sind folgende Einkünfte und Sonderausgaben anzusetzen:

§ 34 — R 34.2

Einkünfte aus Gewerbebetrieb, laufender Gewinn		25 000 €
Veräußerungsgewinn (§ 16 EStG)	120 000 €	
davon bleiben nach § 16 Abs. 4 EStG steuerfrei	− 45 000 €	+ 75 000 €
Einkünfte, die Vergütung für eine mehrjährige Tätigkeit sind		+ 100 000 €
Einkünfte aus Vermietung und Verpachtung		+ 3 500 €
G. d. E.		203 500 €
Sonderausgaben		− 3 200 €
Einkommen/z. v. E.		200 300 €

1. **Steuerberechnung nach § 34 Abs. 1 EStG**

   1.1 Ermittlung des Steuerbetrags ohne Einkünfte nach
   § 34 Abs. 1 EStG z. v. E. .... 200 300 €
   abzüglich Einkünfte nach § 34 Abs. 1 EStG .... − 100 000 €   − 100 300 €
   (darauf entfallender Steuerbetrag = 25 682 €)
   abzüglich Einkünfte nach § 34b Abs. 3 EStG .... − 75 000 €
                                                                        25 300 €

   darauf entfallender Steuerbetrag .... 1 562 €

   Für das z. v. E. ohne Einkünfte nach § 34 Abs. 1 EStG würde sich eine Einkommensteuer nach Splittingtarif von 25 682 € ergeben. Sie entspricht einem durchschnittlichen Steuersatz von 25,6051 %. Der ermäßigte Steuersatz beträgt mithin 56 % von 25,6051 % = 14,3388 %. Der ermäßigte Steuersatz ist geringer als der mindestens anzusetzende Steuersatz in Höhe von 15 % (§ 34 Abs. 3 Satz 2 EStG). Daher ist der Mindeststeuersatz maßgeblich. Mit dem ermäßigten Steuersatz gemäß § 34 Abs. 3 EStG zu versteuern: 14,3388 % von 75.000 € = 10 754 €

   Steuerbetrag nach § 34 Abs. 3 EStG (ohne Einkünfte nach § 34 Abs. 1 EStG)   10 754 €
   zuzüglich Steuerbetrag von 25 300 € (= z. v. E. ohne Einkünfte nach
   § 34 Abs. 1 EStG und § 34 Abs. 3 EStG) .... + 1 582 €
   Steuerbetrag ohne Einkünfte nach § 34 Abs. 1 EStG .... 12 316 €

   1.2 Ermittlung des Steuerbetrags mit 1/5 der Einkünfte nach § 34 Abs. 1 EStG
   z. v. E. .... 200 300 €
   abzüglich Einkünfte nach § 34 Abs. 1 EStG .... − 100 000 €
   zuzüglich 1/5 der Einkünfte nach § 34 Abs. 1 EStG .... + 20 000 €
                                                                        120 300 €

   (darauf entfallender Steuerbetrag = 34 048 €)
   abzüglich Einkünfte nach § 34 Abs. 3 EStG .... − 75 000 €
                                                                        45 300 €

   darauf entfallender Steuerbetrag 6 728 €

   Für das z.v.E. ohne die Einkünfte nach § 34 Abs. 1 EStG zuzüglich 1/5 der Einkünfte nach § 34 Abs. 1 EStG würde sich eine Einkommensteuer nach Splittingtarif von 34 048 € ergeben. Sie entspricht einem durchschnittlichen Steuersatz von 28,3025 %. Der ermäßigte Steuersatz beträgt mithin 56 % von 28,3025 % = 15,8494 %. Der ermäßigte Steuersatz ist höher als der mindestens anzusetzende Steuersatz in Höhe von 15 % (§ 34 Abs. 3 Satz 2 EStG). Daher ist der Mindeststeuersatz nicht maßgeblich. Mit dem ermäßigten Steuersatz zu versteuern: 15,8494 % von 75.000 € = 11 887 €.

   Steuerbetrag nach § 34 Abs. 3 EStG (unter Berücksichtigung von 1/5 der
   Einkünfte nach § 34 Abs. 1 EStG) .... 11 887 €
   zuzüglich Steuerbetrag von 45 300 € (= z. v. E. ohne Einkünfte nach § 34
   Abs. 3 und § 34 Abs. 1 EStG mit 1/5 der Einkünfte nach § 34 Abs. 1 EStG) + 6 728 €
   Steuerbetrag mit 1/5 der Einkünfte nach § 34 Abs. 1 EStG .... 18 615 €

   1.3 Ermittlung des Unterschiedsbetrages nach § 34 Abs. 1 EStG
   Steuerbetrag mit 1/5 der Einkünfte nach § 34 Abs. 1 EStG .... 18 615 €
   abzüglich Steuerbetrag ohne Einkünfte nach § 34 Abs. 1 EStG (→ Nr. 1.1) − 12 316 €

Unterschiedsbetrag	*6 299 €*
verfünffachter Unterschiedsbetrag nach § 34 Abs. 1 EStG	*31 495 €*

2. *Steuerberechnung nach § 34 Abs. 3 EStG:*

z. v. E.	200 300 €
abzüglich Einkünfte nach § 34 Abs. 1 EStG	− 100 000 €
	100 300 €
Steuerbetrag von 100 300 €	25 682 €
zuzüglich verfünffachter Unterschiedsbetrag nach § 34 Abs. 1 EStG (→ Nr. 1.3)	+ 31 495 €
Summe	57 177 €

Ermittlung des ermäßigten Steuersatzes nach Splittingtarif auf der Grundlage des z.v.E.
57 177 €/200.300 = 28,5456 %
Der ermäßigte Steuersatz beträgt mithin 56 % von 28,5456 % = 15,9855 %. Der ermäßigte Steuersatz ist höher als der mindestens anzusetzende Steuersatz in Höhe von 15 % (§ 34 Abs. 3 Satz 2 EStG). Daher ist der Mindeststeuersatz nicht maßgeblich. Mit dem ermäßigten Steuersatz zu versteuern: 15,9855 % von 75.000 € = 11 989 €

Steuerbetrag nach § 34 Abs. 3 EStG	11 989 €

3. *Berechnung der gesamten Einkommensteuer*

nach dem Splittingtarif entfallen auf das z. v. E. ohne begünstigte Einkünfte (→ Nr. 1.1)	*1 562 €*
verfünffachter Unterschiedsbetrag nach § 34 Abs. 1 EStG (→ Nr. 1.3) ...	*31 495 €*
Steuer nach § 34 Abs. 3 EStG (→ Nr. 2)	*11 989 €*
tarifliche Einkommensteuer	*45 046 €*

Negativer Progressionsvorbehalt

Unterliegen Einkünfte sowohl der Tarifermäßigung des § 34 Abs. 1 EStG als auch dem negativen Progressionsvorbehalt des § 32b EStG, ist eine integrierte Steuerberechnung nach dem Günstigkeitsprinzip vorzunehmen. Danach sind die Ermäßigungsvorschriften in der Reihenfolge anzuwenden, die zu einer geringeren Steuerbelastung führt, als dies bei ausschließlicher Anwendung des negativen Progressionsvorbehalts der Fall wäre (→ BFH vom 15.11.2007 – BStBl. 2008 II S. 375).

Verhältnis zu § 34b EStG
→ *R 34b.5 Abs. 2*

EStR 2012 zu § 34 EStG

R 34.3 Besondere Voraussetzungen für die Anwendung des § 34 Abs. 1 EStG

(1) Entschädigungen i. S. d. § 24 Nr. 1 EStG sind nach § 34 Abs. 1 i.V.m. Abs. 2 Nr. 2 EStG nur begünstigt, wenn es sich um außerordentliche Einkünfte handelt; dabei kommt es nicht darauf an, im Rahmen welcher Einkunftsart sie angefallen sind.

(2) [1]Die Nachzahlung von → Nutzungsvergütungen und Zinsen i. S. d. § 34 Abs. 2 Nr. 3 EStG muss einen Zeitraum von mehr als 36 Monaten umfassen. [2]Es genügt nicht, dass sie auf drei Kalenderjahre entfällt.

Hinweise

H 34.3 Entlassungsentschädigungen
  − → *BMF vom 1.11.2013 (BStBl. I S. 1326)*[1])

  − *Die Rückzahlung einer Abfindung ist auch dann im Abflussjahr zu berücksichtigen, wenn die Abfindung im Zuflussjahr begünstigt besteuert worden ist. Eine Lohnrückzahlung ist regelmäßig kein rückwirkendes Ereignis, das zur Änderung des Einkommensteuerbescheides des Zuflussjahres berechtigt (→ BFH vom 4.5.2006 – BStBl. II S. 911).*

---
1) Siehe Anlage § 034-01.

§ 34 R 34.3

Entschädigung i. S. d. § 24 Nr. 1 EStG

→ *R 24.1*

Entschädigung in zwei VZ

- *Außerordentliche Einkünfte im Sinne des § 34 Abs. 2 Nr. 2 EStG sind (nur) gegeben, wenn die zu begünstigenden Einkünfte in einem VZ zu erfassen sind (→ BFH vom 21.3.1996 – BStBl. II S. 416 und vom 14.5.2003 – BStBl. II S. 881). Tarifermäßigung nach § 34 Abs. 1 EStG kann aber unter besonderen Umständen ausnahmsweise auch dann in Betracht kommen, wenn die Entschädigung nicht in einem Kalenderjahr zufließt, sondern sich auf zwei Kalenderjahre verteilt. Voraussetzung ist jedoch stets, dass die Zahlung der Entschädigung von vornherein in einer Summe vorgesehen war und nur wegen ihrer ungewöhnlichen Höhe und der besonderen Verhältnisse des Zahlungspflichtigen auf zwei Jahre verteilt wurde oder wenn der Entschädigungsempfänger – bar aller Existenzmittel – dringend auf den baldigen Bezug einer Vorauszahlung angewiesen war (→ BFH vom 2.9.1992 – BStBl. 1993 II S. 831).*
- *Bei Land- und Forstwirtschaften mit einem vom Kalenderjahr abweichenden Wirtschaftsjahr ist die Tarifermäßigung ausgeschlossen, wenn sich die außerordentlichen Einkünfte auf Grund der Aufteilungsvorschrift des § 4a Abs. 2 Nr. 1 Satz 1 EStG auf mehr als zwei VZ verteilen (→ BFH vom 4.4.1968 – BStBl. II S. 411).*

Planwidriger Zufluss

- → BMF vom 1.11.2013 (BStBl. I S. 1326), Rz. 16–19. [1)]
- *Die Ablösung wiederkehrender Bezüge aus einer Betriebs- oder Anteilsveräußerung durch eine Einmalzahlung kann als Veräußerungserlös auch dann tarifbegünstigt sein, wenn im Jahr der Betriebs- oder Anteilsveräußerung eine Einmalzahlung tarifbegünstigt versteuert worden ist, diese aber im Verhältnis zum Ablösebetrag als geringfügig (im Urteilsfall weniger als 1 %) anzusehen ist (→ BFH vom 14.1.2004 – BStBl. II S. 493).*

Nutzungsvergütungen i. S. d. § 24 Nr. 3 EStG

- *Werden Nutzungsvergütungen oder Zinsen i. S. d. § 24 Nr. 3 EStG für einen Zeitraum von mehr als drei Jahren nachgezahlt, ist der gesamte Nachzahlungsbetrag nach § 34 Abs. 2 Nr. 3 i. V. m. Absatz 1 EStG begünstigt. Nicht begünstigt sind Nutzungsvergütungen, die in einem Einmalbetrag für einen drei Jahre übersteigenden Nutzungszeitraum gezahlt werden und von denen ein Teilbetrag auf einen Nachzahlungszeitraum von weniger als drei Jahren und die im Übrigen auf den zukünftigen Nutzungszeitraum entfallen (→ BFH vom 19.4.1994 – BStBl. II S. 640).*
- *Die auf Grund eines Zwangsversteigerungsverfahrens von der öffentlichen Hand als Ersteherin gezahlten sog. Bargebotszinsen stellen keine „Zinsen auf Entschädigungen" i. S. von § 24 Nr. 3 EStG dar (→ BFH vom 28.4.1998 – BStBl. II S. 560).*

Vorabentschädigungen

Teilzahlungen, die ein Handelsvertreter entsprechend seinen abgeschlossenen Geschäften laufend vorweg auf seine künftige Wettbewerbsentschädigung (§ 90a HGB) und auf seinen künftigen Ausgleichsanspruch (§ 89b HGB) erhält, führen in den jeweiligen Veranlagungszeiträumen zu keiner Zusammenballung → außerordentlicher Einkünfte und lösen deshalb auch nicht die Tarifermäßigung nach § 34 Abs. 1 ESt G aus (→ BFH vom 20.7.1988 – BStBl. II S. 936).

Zinsen i. S. d. § 24 Nr. 3 EStG

→ *Nutzungsvergütungen*

Zusammenballung von Einkünften

- *Eine Entschädigung ist nur dann tarifbegünstigt, wenn sie zu einer Zusammenballung von Einkünften innerhalb eines VZ führt (→ BFH vom 4.3.1998 – BStBl. II S. 787).*
- → BMF vom 1.11.2013 (BStBl. I S. 1326), Rz. 8–15. [2)]
- *Erhält ein Steuerpflichtiger wegen der Körperverletzung durch einen Dritten auf Grund von mehreren gesonderten und unterschiedliche Zeiträume betreffenden Vereinbarungen mit dessen Versicherung Entschädigungen als Ersatz für entgangene und entgehende Einnahmen, steht der Zufluss der einzelnen Entschädigungen in verschiedenen VZ der tarifbegünstigten Besteuerung jeder dieser Entschädigungen nicht entgegen (→ BFH vom 21.1.2004 – BStBl. II S. 716).*

---

1) Siehe Anlage § 034-01.
2) Siehe Anlage § 034-01.

EStR 2012 zu § 34 EStG

R 34.4 Anwendung des § 34 Abs. 1 EStG auf Einkünfte aus der Vergütung für eine mehrjährige Tätigkeit (§ 34 Abs. 2 Nr. 4 EStG)

Allgemeines

(1) ¹§ 34 Abs. 2 Nr. 4 i.V.m. Abs. 1 EStG gilt grundsätzlich für alle Einkunftsarten. ²§ 34 Abs. 1 EStG ist auch auf Nachzahlungen von Ruhegehaltsbezügen und von Renten im Sinne des § 22 Nr. 1 EStG anwendbar, soweit diese nicht für den laufenden VZ geleistet werden. ³Voraussetzung für die Anwendung ist, dass auf Grund der Einkunftsermittlungsvorschriften eine → Zusammenballung von Einkünften eintritt, die bei Einkünften aus nichtselbständiger Arbeit auf wirtschaftlich vernünftigen Gründen beruht und bei anderen Einkünften nicht dem vertragsgemäßen oder dem typischen Ablauf entspricht.

Einkünfte aus nichtselbständiger Arbeit

(2) Bei Einkünften aus nichtselbständiger Arbeit kommt es nicht darauf an, dass die Vergütung für eine abgrenzbare Sondertätigkeit gezahlt wird, dass auf sie ein Rechtsanspruch besteht oder dass sie eine zwangsläufige Zusammenballung von Einnahmen darstellt.

Ermittlung der Einkünfte

(3) ¹Bei der Ermittlung der dem § 34 Abs. 2 Nr. 4 i.V.m. Abs. 1 EStG unterliegenden Einkünfte gilt R 34.1 Abs. 4 Satz 2. ²Handelt es sich sowohl bei den laufenden Einnahmen als auch bei den außerordentlichen Bezügen um Versorgungsbezüge im Sinne des § 19 Abs. 2 EStG, können im Kalenderjahr des Zuflusses die Freibeträge für Versorgungsbezüge nach § 19 Abs. 2 EStG nur einmal abgezogen werden; sie sind zunächst bei den nicht nach § 34 EStG begünstigten Einkünften zu berücksichtigen. ³Nur insoweit nicht verbrauchte Freibeträge für Versorgungsbezüge sind bei den nach § 34 EStG begünstigten Einkünften abzuziehen. ⁴Entsprechend ist bei anderen Einkunftsarten zu verfahren, bei denen ein im Rahmen der Einkünfteermittlung anzusetzender Freibetrag oder Pauschbetrag abzuziehen ist. ⁵Werden außerordentliche Einkünfte aus nichtselbständiger Arbeit neben laufenden Einkünften dieser Art bezogen, ist bei den Einnahmen der Arbeitnehmer-Pauschbetrag oder der Pauschbetrag nach § 9a Satz 1 Nr. 1 Buchstabe b EStG insgesamt nur einmal abzuziehen, wenn insgesamt keine höheren Werbungskosten nachgewiesen werden. ⁶In anderen Fällen sind die auf die jeweiligen Einnahmen entfallenden tatsächlichen Werbungskosten bei diesen Einnahmen zu berücksichtigen.

Hinweise

H 34.4 Arbeitslohn für mehrere Jahre

Die Anwendung des § 34 Abs. 2 Nr. 4 in Verbindung mit § 34 Abs. 1 EStG setzt nicht voraus, dass der Arbeitnehmer die Arbeitsleistung erbringt; es genügt, dass der Arbeitslohn für mehrere Jahre gezahlt worden ist (→ BFH vom 17.7.1970 – BStBl. II S. 683).

Außerordentliche Einkünfte i. S. d. § 34 Abs. 2 Nr. 4 in Verbindung mit § 34 Abs. 1 EStG

1. *§ 34 Abs. 2 Nr. 4 i.V.m. § 34 Abs. 1 EStG ist z. B. anzuwenden, wenn*

   – *eine Lohnzahlung für eine Zeit, die vor dem Kalenderjahr liegt, deshalb nachträglich geleistet wird, weil der Arbeitgeber Lohnbeträge zu Unrecht einbehalten oder mangels flüssiger Mittel nicht in der festgelegten Höhe ausgezahlt hat (→ BFH vom 17.7.1970 – BStBl. II S. 683),*

   – *der Arbeitgeber Prämien mehrerer Kalenderjahre für eine Versorgung oder für eine Unfallversicherung des Arbeitnehmers deshalb voraus- oder nachzahlt, weil er dadurch günstigere Prämiensätze erzielt oder weil die Zusammenfassung satzungsgemäßen Bestimmungen einer Versorgungseinrichtung entspricht,*

   – *dem Steuerpflichtigen Tantiemen für mehrere Jahre in einem Kalenderjahr zusammengeballt zufließen (→ BFH vom 11.6.1970 – BStBl. II S. 639).*

   – *dem Stpfl. Zahlungen, die zur Abfindung von Pensionsanwartschaften geleistet werden, zufließen. Dem Zufluss steht nicht entgegen, dass der Ablösungsbetrag nicht an den Stpfl. sondern an einen Dritten gezahlt worden ist (→ BFH vom 12.4.2007 – BStBl. II S. 581).*

2. *§ 34 Abs. 2 Nr. 4 i.V.m. § 34 Abs. 1 EStG ist z. B. nicht anzuwenden bei zwischen Arbeitgeber und Arbeitnehmer vereinbarten und regelmäßig ausgezahlten gewinnanhängigen Tantiemen, deren Höhe erst nach Ablauf des Wirtschaftsjahrs festgestellt werden kann; es handelt sich hierbei nicht um die Abgeltung einer mehrjährigen Tätigkeit (→ BFH vom 30.8.1966 – BStBl. III S. 545).*

3. § 34 Abs. 2 Nr. 4 i.V.m. § 34 Abs. 1 EStG kann in besonders gelagerten Ausnahmefällen anzuwenden sein, wenn die Vergütung für eine mehrjährige nichtselbständige Tätigkeit dem Steuerpflichtigen aus wirtschaftlich vernünftigen Gründen nicht in einem Kalenderjahr, sondern in zwei Kalenderjahren in Teilbeträgen zusammengeballt ausgezahlt wird (→ BFH vom 16.9.1966 – BStBl. 1967 III S. 2).

→ Vergütung für eine mehrjährige Tätigkeit

Erstattungszinsen nach § 233a AO

Erstattungszinsen nach § 233a AO sind keine außerordentlichen Einkünfte (→ BFH vom 12.11.2013 – BStBl. 2014 II S. 168).

Gewinneinkünfte

Die Annahme außerordentlicher Einkünfte i. S. d. § 34 Abs. 2 Nr. 4 EStG setzt voraus, dass die Vergütung für mehrjährige Tätigkeiten eine Progressionswirkung typischerweise erwarten lässt. Dies kann bei Einkünften i. S. d. § 2 Abs. 2 Satz 1 Nr. 1 EStG dann der Fall sein, wenn

- der Stpfl. sich während mehrerer Jahre ausschließlich einer bestimmten Sache gewidmet und die Vergütung dafür in einem einzigen Veranlagungszeitraum erhalten hat oder
- eine sich über mehrere Jahre erstreckende Sondertätigkeit die von der übrigen Tätigkeit des Stpfl. ausreichend abgrenzbar ist und nicht zum regelmäßigen Gewinnbetrieb gehört, in einem einzigen Veranlagungszeitraum entlohnt wird oder
- der Stpfl. für eine mehrjährige Tätigkeit eine Nachzahlung in einem Betrag aufgrund einer vorausgegangenen rechtlichen Auseinandersetzung erhalten hat (→ BFH vom 14.12.2006 – BStBl. 2007 II S. 180),
- eine einmalige Sonderzahlung für langjährige Dienste auf Grund einer arbeitnehmerähnlichen Stellung geleistet wird (→ BFH vom 7.7.2004 – BStBl. 2005 II S. 276) oder
- durch geballte Nachaktivierung von Umsatzsteuer-Erstattungsansprüchen mehrerer Jahre ein Eintrag entsteht (→ BFH vom 25.2.2014 – BStBl. II S. 668).

Jubiläumszuwendungen

Zuwendungen, die ohne Rücksicht auf die Dauer der Betriebszugehörigkeit lediglich aus Anlass eines Firmenjubiläums erfolgen, erfüllen die Voraussetzungen von § 34 Abs. 2 Nr. 4 nicht (→ BFH vom 3.7.1987 – BStBl. II S. 820).

Nachzahlung von Versorgungsbezügen

§ 34 Abs. 2 Nr. 4 i.V.m. § 34 Abs. 1 EStG ist auch auf Nachzahlungen anwendbar, die als Ruhegehalt für eine ehemalige Arbeitnehmertätigkeit gezahlt werden (→ BFH vom 28.2.1958 – BStBl. III S. 169).

Tantiemen

→ außerordentliche Einkünfte i. S. d. § 34 Abs. 2 Nr. 4 i.V.m. § 34 Abs. 1 EStG

Verbesserungsvorschläge

Die einem Arbeitnehmer gewährte Prämie für einen Verbesserungsvorschlag stellt keine Entlohnung für eine mehrjährige Tätigkeit im Sinne des § 34 Abs. 2 Nr. 4 i. V. m. § 34 Abs. 1 EStG dar, wenn sie nicht nach dem Zeitaufwand des Arbeitnehmers, sondern ausschließlich nach der Kostenersparnis des Arbeitgebers in einem bestimmten künftigen Zeitraum berechnet wird (→ BFH vom 16.12.1996 – BStBl. 1997 II S. 222).

Vergütung für eine mehrjährige Tätigkeit

Die Anwendung von § 34 Abs. 2 Nr. 4 i. V. m. § 34 Abs. 1 EStG ist nicht dadurch ausgeschlossen, dass die Vergütungen für eine mehrjährige Tätigkeit während eines Kalenderjahrs in mehreren Teilbeträgen gezahlt werden (→ BFH vom 11.6.1970 – BStBl. II S. 639).

Versorgungsbezüge

→ Nachzahlung von Versorgungsbezügen.

Zusammenballung von Einkünften

Eine Zusammenballung von Einkünften ist nicht anzunehmen, wenn die Vertragsparteien die Vergütung bereits durch ins Gewicht fallende Teilzahlungen auf mehrere Kalenderjahre verteilt haben (→ BFH vom 10.2. 1972 – BStBl. II S. 529).

EStR 2012 zu § 34 EStG

R 34.5 Anwendung der Tarifermäßigung nach § 34 Abs. 3 EStG

Berechnung

(1) ¹Für das gesamte zu versteuernde Einkommen im Sinne des § 32a Abs. 1 EStG – also einschließlich der außerordentlichen Einkünfte, soweit sie zur Einkommensteuer heranzuziehen sind – ist der Steuerbetrag nach den allgemeinen Tarifvorschriften zu ermitteln. ²Aus dem Verhältnis des sich ergebenden Steuerbetrags zu dem gerundeten zu versteuernden Einkommen ergibt sich der durchschnittliche Steuersatz, der auf vier Dezimalstellen abzurunden ist. ³56 % dieses durchschnittlichen Steuersatzes, mindestens jedoch 14 %, ist der anzuwendende ermäßigte Steuersatz.

Beschränkung auf einen Veräußerungsgewinn

(2) ¹Die Ermäßigung nach § 34 Abs. 3 Satz 1 bis 3 EStG kann der Steuerpflichtige nur einmal im Leben in Anspruch nehmen, selbst dann, wenn der Steuerpflichtige mehrere Veräußerungs- oder Aufgabegewinne innerhalb eines Veranlagungszeitraums erzielt. ²Dabei ist die Inanspruchnahme einer Steuerermäßigung nach § 34 EStG in Veranlagungszeiträumen vor dem 1.1.2001 unbeachtlich (→ § 52 Abs. 47 Satz 8 EStG)¹⁾. ³Wird der zum Betriebsvermögen eines Einzelunternehmens gehörende Mitunternehmeranteil im Zusammenhang mit der Veräußerung des Einzelunternehmens veräußert, ist die Anwendbarkeit des § 34 Abs. 3 EStG für beide Vorgänge getrennt zu prüfen. ⁴Liegen hinsichtlich beider Vorgänge die Voraussetzungen des § 34 Abs. 3 EStG vor, kann der Steuerpflichtige die ermäßigte Besteuerung nach § 34 Abs. 3 EStG entweder für die Veräußerung des Einzelunternehmens oder für die Veräußerung des Mitunternehmeranteils beantragen. ⁵Die Veräußerung eines Anteils an einer Mitunternehmerschaft (Obergesellschaft), zu deren Betriebsvermögen die Beteiligung an einer anderen Mitunternehmerschaft gehört (mehrstöckige Personengesellschaft), stellt für die Anwendbarkeit des § 34 Abs. 3 EStG einen einheitlich zu beurteilenden Veräußerungsvorgang dar.

Nachweis der dauernden Berufsunfähigkeit

(3) R 16 Abs. 14 gilt entsprechend.

Hinweise

H 34.5 Beispiel

→ H 34.2 Berechnungsbeispiele, Beispiel 5

Weitere Verwaltungsanweisungen
(soweit nicht in den Hinweisen enthalten)

Zu § 34 EStG

1. Außerordentliche Einkünfte eines Freiberuflers aus einer Vergütung für eine mehrjährige Tätigkeit im Sinne des § 34 Abs. 2 Nr. 4 EStG (Vfg OFD Rheinland vom 21.5.2007, DStR 2007 S. 1727)

Rechtsprechungsauswahl

BFH vom 25.2.14 X R 10/12 (BStBl. II S. 668): Anwendung des § 34 Abs. 2 Nr. 4 EStG bei zusammengeballtem Ertrag durch Aktivierung eines Umsatzsteuer-Erstattungsanspruchs

BFH vom 11.12.12 IX R 23/11 (BStBl. 2013 II S. 370): Integrierte Steuerberechnung nach H 34.2 Beispiel 4 EStH beim Nebeneinander von Progressionsvorbehalt und Tarifermäßigung

---

1) § 52 Abs. 47 Satz 8 EStG i. d. F. vor dem Gesetz zur Anpassung des nationalen Steuerrechts an den Beitritt Kroatiens zur EU und zur Änderung weiterer steuerlicher Vorschriften.

§ 34a

§ 34a Begünstigung der nicht entnommenen Gewinne

(1) ¹Sind in dem zu versteuernden Einkommen nicht entnommene Gewinne aus Land- und Forstwirtschaft, Gewerbebetrieb oder selbständiger Arbeit (§ 2 Abs. 1 Satz 1 Nr. 1 bis 3) im Sinne des Absatzes 2 enthalten, ist die Einkommensteuer für diese Gewinne auf Antrag des Steuerpflichtigen ganz oder teilweise mit einem Steuersatz von 28,25 Prozent zu berechnen; dies gilt nicht, soweit für die Gewinne der Freibetrag nach § 16 Abs. 4 oder die Steuerermäßigung nach § 34 Abs. 3 in Anspruch genommen wird oder es sich um Gewinne im Sinne des § 18 Abs. 1 Nr. 4 handelt. ²Der Antrag nach Satz 1 ist für jeden Betrieb oder Mitunternehmeranteil für jeden Veranlagungszeitraum gesondert bei dem für die Einkommensbesteuerung zuständigen Finanzamt zu stellen. ³Bei Mitunternehmeranteilen kann der Steuerpflichtige den Antrag nur stellen, wenn sein Anteil am nach § 4 Abs. 1 Satz 1 oder § 5 ermittelten Gewinn mehr als 10 Prozent beträgt oder 10 000 Euro übersteigt. ⁴Der Antrag kann bis zur Unanfechtbarkeit des Einkommensteuerbescheids für den nächsten Veranlagungszeitraum vom Steuerpflichtigen ganz oder teilweise zurückgenommen werden; der Einkommensteuerbescheid ist entsprechend zu ändern. ⁵Die Festsetzungsfrist endet insoweit nicht, bevor die Festsetzungsfrist für den nächsten Veranlagungszeitraum abgelaufen ist.

(2) Der nicht entnommene Gewinn des Betriebs oder Mitunternehmeranteils ist der nach § 4 Abs. 1 Satz 1 oder § 5 ermittelte Gewinn vermindert um den positiven Saldo der Entnahmen und Einlagen des Wirtschaftsjahres.

(3) ¹Der Begünstigungsbetrag ist der im Veranlagungszeitraum nach Absatz 1 Satz 1 auf Antrag begünstigte Gewinn. ²Der Begünstigungsbetrag des Veranlagungszeitraums, vermindert um die darauf entfallende Steuerbelastung nach Absatz 1 und den darauf entfallenden Solidaritätszuschlag, vermehrt um den nachversteuerungspflichtigen Betrag des Vorjahres und den auf diesen Betrieb oder Mitunternehmeranteil nach Absatz 5 übertragenen nachversteuerungspflichtigen Betrag, vermindert um den Nachversteuerungsbetrag im Sinne des Absatzes 4 und den auf einen anderen Betrieb oder Mitunternehmeranteil nach Absatz 5 übertragenen nachversteuerungspflichtigen Betrag, ist der nachversteuerungspflichtige Betrag des Betriebs oder Mitunternehmeranteils zum Ende des Veranlagungszeitraums. ³Dieser ist für jeden Betrieb oder Mitunternehmeranteil jährlich gesondert festzustellen.

(4) ¹Übersteigt der positive Saldo der Entnahmen und Einlagen des Wirtschaftsjahres bei einem Betrieb oder Mitunternehmeranteil den nach § 4 Abs. 1 Satz 1 oder § 5 ermittelten Gewinn (Nachversteuerungsbetrag), ist vorbehaltlich Absatz 5 eine Nachversteuerung durchzuführen, soweit zum Ende des vorangegangenen Veranlagungszeitraums ein nachversteuerungspflichtiger Betrag nach Absatz 3 festgestellt wurde. ²Die Einkommensteuer auf den Nachversteuerungsbetrag beträgt 25 Prozent. ³Der Nachversteuerungsbetrag ist um die Beträge, die für die Erbschaftsteuer (Schenkungsteuer) anlässlich der Übertragung des Betriebs oder Mitunternehmeranteils entnommen wurden, zu vermindern.

(5) ¹Die Übertragung oder Überführung eines Wirtschaftsguts nach § 6 Abs. 5 Satz 1 bis 3 führt unter den Voraussetzungen des Absatzes 4 zur Nachversteuerung. ²Eine Nachversteuerung findet nicht statt, wenn der Steuerpflichtige beantragt, den nachversteuerungspflichtigen Betrag in Höhe des Buchwerts des übertragenen oder überführten Wirtschaftsguts, höchstens jedoch in Höhe des Nachversteuerungsbetrags, den die Übertragung oder Überführung des Wirtschaftsguts ausgelöst hätte, auf den anderen Betrieb oder Mitunternehmeranteil zu übertragen.

(6) ¹Eine Nachversteuerung des nachversteuerungspflichtigen Betrags nach Absatz 4 ist durchzuführen

1. in den Fällen der Betriebsveräußerung oder -aufgabe im Sinne der §§ 14, 16 Abs. 1 und 3 sowie des § 18 Abs. 3,
2. in den Fällen der Einbringung eines Betriebs oder Mitunternehmeranteils in eine Kapitalgesellschaft oder eine Genossenschaft sowie in den Fällen des Formwechsels einer Personengesellschaft in eine Kapitalgesellschaft oder Genossenschaft,
3. wenn der Gewinn nicht mehr nach § 4 Abs. 1 Satz 1 oder § 5 ermittelt wird oder
4. wenn der Steuerpflichtige dies beantragt.

²In den Fällen der Nummern 1 und 2 ist die nach Absatz 4 geschuldete Einkommensteuer auf Antrag des Steuerpflichtigen oder seines Rechtsnachfolgers in regelmäßigen Teilbeträgen für einen Zeitraum von höchstens zehn Jahren seit Eintritt der ersten Fälligkeit zinslos zu stunden, wenn ihre alsbaldige Einziehung mit erheblichen Härten für den Steuerpflichtigen verbunden wäre.

(7) ¹In den Fällen der unentgeltlichen Übertragung eines Betriebs oder Mitunternehmeranteils nach § 6 Abs. 3 hat der Rechtsnachfolger den nachversteuerungspflichtigen Betrag fortzuführen. ²In den Fällen der Einbringung eines Betriebs oder Mitunternehmeranteils zu Buchwerten nach § 24 des Umwandlungssteuergesetzes geht der für den eingebrachten Betrieb oder Mitunternehmeranteil festgestellte nachversteuerungspflichtige Betrag auf den neuen Mitunternehmeranteil über.

(8) Negative Einkünfte dürfen nicht mit ermäßigt besteuerten Gewinnen im Sinne von Absatz 1 Satz 1 ausgeglichen werden; sie dürfen insoweit auch nicht nach § 10d abgezogen werden.

(9) ¹Zuständig für den Erlass der Feststellungsbescheide über den nachversteuerungspflichtigen Betrag ist das für die Einkommensbesteuerung zuständige Finanzamt. ²Die Feststellungsbescheide können nur insoweit angegriffen werden, als sich der nachversteuerungspflichtige Betrag gegenüber dem nachversteuerungspflichtigen Betrag des Vorjahres verändert hat. ³Die gesonderten Feststellungen nach Satz 1 können mit dem Einkommensteuerbescheid verbunden werden.

(10) ¹Sind Einkünfte aus Land- und Forstwirtschaft, Gewerbebetrieb oder selbständiger Arbeit nach § 180 Abs. 1 Nr. 2 Buchstabe a oder b der Abgabenordnung gesondert festzustellen, können auch die Höhe der Entnahmen und Einlagen sowie weitere für die Tarifermittlung nach den Absätzen 1 bis 7 erforderliche Besteuerungsgrundlagen gesondert festgestellt werden. ²Zuständig für die gesonderten Feststellungen nach Satz 1 ist das Finanzamt, dass für die gesonderte Feststellung nach § 180 Abs. 1 Nr. 2 der Abgabenordnung zuständig ist. ³Die gesonderten Feststellungen nach Satz 1 können mit der Feststellung nach § 180 Abs. 1 Nr. 2 der Abgabenordnung verbunden werden. ⁴Die Feststellungsfrist für die gesonderte Feststellung nach Satz 1 endet nicht vor Ablauf der Feststellungsfrist für die Feststellung nach § 180 Abs. 1 Nr. 2 der Abgabenordnung.

(11) ¹Der Bescheid über die gesonderte Feststellung des nachversteuerungspflichtigen Betrags ist zu erlassen, aufzuheben oder zu ändern, soweit der Steuerpflichtige einen Antrag nach Absatz 1 stellt oder diesen ganz oder teilweise zurücknimmt und sich die Besteuerungsgrundlagen im Einkommensteuerbescheid ändern. ²Dies gilt entsprechend, wenn der Erlass, die Aufhebung oder Änderung des Einkommensteuerbescheids mangels steuerlicher Auswirkung unterbleibt. ³Die Feststellungsfrist endet nicht, bevor die Festsetzungsfrist für den Veranlagungszeitraum abgelaufen ist, auf dessen Schluss der nachversteuerungspflichtige Betrag des Betriebs oder Mitunternehmeranteils gesondert festzustellen ist.

Hinweise

H 34.5 Allgemeines
→ *BMF vom 11.8.2008 (BStBl. I S. 838).* [1]

---

1) Siehe Anlage § 034a-01.

§ 34b Steuersätze bei Einkünften aus außerordentlichen Holznutzungen

(1) Außerordentliche Holznutzungen sind

1. Holznutzungen, die aus volks- oder staatswirtschaftlichen Gründen erfolgt sind. ²Sie liegen nur insoweit vor, als sie durch gesetzlichen oder behördlichen Zwang veranlasst sind;
2. Holznutzungen infolge höherer Gewalt (Kalamitätsnutzungen). ²Sie sind durch Eis-, Schnee-, Windbruch oder Windwurf, Erdbeben, Bergrutsch, Insektenfraß, Brand oder durch Naturereignisse mit vergleichbaren Folgen verursacht. ³Hierzu gehören nicht die Schäden, die in der Forstwirtschaft regelmäßig entstehen.

(2) ¹Zur Ermittlung der Einkünfte aus außerordentlichen Holznutzungen sind von den Einnahmen sämtlicher Holznutzungen die damit in sachlichem Zusammenhang stehenden Betriebsausgaben abzuziehen. ²Das nach Satz 1 ermittelte Ergebnis ist auf die ordentlichen und außerordentlichen Holznutzungsarten aufzuteilen, in dem die außerordentlichen Holznutzungen zur gesamten Holznutzung ins Verhältnis gesetzt wird. ³Bei einer Gewinnermittlung durch Betriebsvermögensvergleich sind die im Wirtschaftsjahr veräußerten Holzmengen maßgebend. ⁴Bei einer Gewinnermittlung nach den Grundsätzen des § 4 Absatz 3 ist von den Holzmengen auszugehen, die den im Wirtschaftsjahr zugeflossenen Einnahmen zugrunde liegen. ⁵Die Sätze 1 bis 4 gelten für entnommenes Holz entsprechend.

(3) Die Einkommensteuer bemisst sich für die Einkünfte aus außerordentlichen Holznutzungen im Sinne des Absatzes 1

1. nach der Hälfte des durchschnittlichen Steuersatzes, der sich ergäbe, wenn die tarifliche Einkommensteuer nach dem gesamten zu versteuernden Einkommen zuzüglich der dem Progressionsvorbehalt unterliegenden Einkünfte zu bemessen wäre;
2. nach dem halben Steuersatz der Nummer 1, soweit sie den Nutzungssatz (§ 68 der Einkommensteuer-Durchführungsverordnung) übersteigen.

(4) Einkünfte aus außerordentlichen Holznutzungen sind nur anzuerkennen, wenn

1. das im Wirtschaftsjahr veräußerte oder entnommene Holz mengenmäßig getrennt nach ordentlichen und außerordentlichen Holznutzungen nachgewiesen wird und
2. Schäden infolge höherer Gewalt unverzüglich nach Feststellung des Schadensfalls der zuständigen Finanzbehörde mitgeteilt und nach der Aufarbeitung mengenmäßig nachgewiesen werden.

(5) Die Bundesregierung wird ermächtigt, durch Rechtsverordnung mit Zustimmung des Bundesrates

1. die Steuersätze abweichend von Absatz 3 für ein Wirtschaftsjahr aus sachlichen Billigkeitsgründen zu regeln,
2. die Anwendung des § 4a des Forstschäden-Ausgleichsgesetzes für ein Wirtschaftsjahr aus sachlichen Billigkeitsgründen zu regeln,

wenn besondere Schadensereignisse nach Absatz 1 Nummer 2 vorliegen und eine Einschlagsbeschränkung (§ 1 Absatz 1 des Forstschäden-Ausgleichsgesetzes) nicht angeordnet wurde.

EStDV

§ 68 Nutzungssatz, Betriebsgutachten, Betriebswerk

(1) ¹Der Nutzungssatz muss periodisch für zehn Jahre durch die Finanzbehörde festgesetzt werden. ²Er muss den Nutzungen entsprechen, die unter Berücksichtigung der vollen Ertragsfähigkeit des Waldes in Kubikmetern (Festmetern) nachhaltig erzielbar sind.

(2) ¹Der Festsetzung des Nutzungssatzes ist ein amtlich anerkanntes Betriebsgutachten oder ein Betriebswerk zugrunde zu legen, das auf den Anfang des Wirtschaftsjahres aufzustellen ist, von dem an die Periode von zehn Jahren beginnt. ²Es soll innerhalb eines Jahres nach diesem Stichtag der Finanzbehörde übermittelt werden. ³Sofern der Zeitraum, für den es aufgestellt wurde, nicht un-

mittelbar an den vorherigen Zeitraum der Nutzungssatzfeststellung anschließt, muss es spätestens auf den Anfang des Wirtschaftsjahrs des Schadensereignisses aufgestellt sein.

(3) ¹Ein Betriebsgutachten im Sinne des Absatzes 2 ist amtlich anerkannt, wenn die Anerkennung von einer Behörde oder einer Körperschaft des öffentlichen Rechts des Landes, in dem der forstwirtschaftliche Betrieb liegt, ausgesprochen wird. ²Die Länder bestimmen, welche Behörden oder Körperschaften des öffentlichen Rechts diese Anerkennung auszusprechen haben.

EStR und Hinweise

EStR 2012 zu § 34b EStG

R 34b.1 Gewinnermittlung

Allgemeines

(1) ¹Die Einkünfte aus Holznutzungen sind nach den Grundsätzen der jeweiligen Gewinnermittlungsart für jedes Wirtschaftsjahr gesondert zu ermitteln. ²Eine Holznutzung liegt vor, wenn aus einem Wirtschaftsgut Baumbestand heraus Holz vom Grund und Boden getrennt wird und im Zuge der Aufarbeitung vom Anlagevermögen zum Umlaufvermögen wird. ³Entsprechendes gilt, wenn Holz auf dem Stamm verkauft wird. ⁴Mit der Zuordnung zum Umlaufvermögen ist der Holzvorrat mit den tatsächlichen Anschaffungs- oder Herstellungskosten zu bewerten.

Pauschalierung

(2) ¹Die Pauschalierung der Betriebsausgaben nach §51 EStDV darf nur vorgenommen werden, wenn es zulässig ist, den Gewinn für die forstwirtschaftliche Nutzung des Betriebs nach den Grundsätzen des § 4 Abs. 3 EStG zu ermitteln und die zum Betrieb gehörenden forstwirtschaftlich genutzten Flächen im Sinne des § 34 Abs. 2 Nr. 1 Buchstabe b des Bewertungsgesetzes zum Beginn des Wirtschaftsjahres 50 Hektar nicht übersteigen. ²Soweit unter diesen Voraussetzungen oder nach § 4 des Forstschäden-Ausgleichsgesetzes Gewinne aus Holznutzungen pauschal ermittelt werden, gelten die pauschalen Betriebsausgaben auch für die Ermittlung der nach 34b EStG begünstigten Einkünfte aus außerordentlichen Holznutzungen.

Abweichende Wirtschaftsjahre

(3) Die für jedes Wirtschaftsjahr gesondert ermittelten Einkünfte für außerordentliche Holznutzungen sind bei abweichenden Wirtschaftsjahren – den übrigen laufenden Einkünften entsprechend – zeitanteilig und getrennt nach den Einkünften i. S. v. § 34b Abs. 2 i. V. m. Abs. 3 Nr. 1 und 2 EStG dem jeweiligen VZ zuzuordnen.

Mehrere Betriebe

(4) Unterhält ein Stpfl. mehrere Betriebe mit eigenständiger Gewinnermittlung, sind die Einkünfte aus außerordentlichen Holznutzungen nach § 34b Abs. 2 i. V. m. Abs. 3 Nr. 1 und 2 EStG für jeden Betrieb gesondert zu ermitteln und dem jeweiligen VZ zuzurechnen.

Hinweise

H 34b.1 Bewertung des Baumbestandes

Zur steuerlichen Behandlung des Baumbestandes → BMF vom 16.5.2012 (BStBl. I S. 595). [1)]

Forstschäden-Ausgleichsgesetz

– → Anhang 20 [2)]

– → H 13.5 (Forstwirtschaft)

Zeitliche Anwendung

Zur zeitlichen Anwendung der Tarifvorschrift des § 68 EStDV → BMF vom 16 5.2012 (BStBl. I S. 594)

---

1) Siehe Anlage § 013-02.
2) Siehe Anhang 14.

§ 34b

R 34b.2

EStR 2012 zu § 34b EStG

R 34b.2 Ordentliche und außerordentliche Holznutzungen

Definition

(1) ¹Außerordentliche Holznutzungen liegen vor, wenn bei einer Holznutzung die in § 34b Abs. 1 EStG genannten Voraussetzungen erfüllt sind. ²Es ist unerheblich, ob sie in Nachhaltsbetrieben oder in aussetzenden Betrieben anfallen. ³Alle übrigen Holznutzungen sind ordentliche Holznutzungen. ⁴Die Veräußerung des Grund und Bodens einschließlich des Aufwuchses oder die Veräußerung des Grund und Bodens und des stehenden Holzes an denselben Erwerber in getrennten Verträgen ist keine Holznutzung i. S. d. § 34b EStG.

Zeitpunkt der Verwertung

(2) ¹§ 34b EStG begünstigt die Einkünfte aus der Verwertung von außerordentlichen Holznutzungen (→ R 34b.1 Abs. 1) durch Veräußerung oder Entnahme. ²Zeitpunkt der Verwertung ist in den Fällen der Gewinnermittlung nach § 4 Abs. 1 EStG der Zeitpunkt der Veräußerung oder Entnahme. ³Soweit die Grundsätze des § 4 Abs. 3 EStG anzuwenden sind, ist der Zeitpunkt des Zuflusses der Einnahmen oder der Entnahme maßgebend.

Holznutzungen aus volks- und staatswirtschaftlichen Gründen

(3) ¹Eine Nutzung geschieht aus volks- oder staatswirtschaftlichen Gründen, wenn sie z. B. durch gesetzlichen oder behördlichen Zwang veranlasst worden ist. ²Dies sind insbesondere Holznutzungen infolge einer Enteignung oder einer drohenden Enteignung, z. B. beim Bau von Verkehrswegen. ³Ein Zwang kann dabei schon angenommen werden, wenn der Stpfl. nach den Umständen des Falles der Ansicht sein kann, dass er im Fall der Verweigerung des Verkaufs ein behördliches Enteignungsverfahren zu erwarten habe. ⁴Unter einem unmittelbar drohenden behördlichen Eingriff sind jedoch nicht diejenigen Verpflichtungen zu verstehen, die allein auf Grund der Waldgesetze vorzunehmen sind.

Holznutzungen infolge höherer Gewalt (Kalamitätsnutzungen)

(4) ¹Holznutzungen infolge höherer Gewalt liegen neben den in § 34b Abs. 1 Nr. 2 Satz 2 EStG genannten Fällen auch dann vor, wenn sie durch Naturereignisse verursacht sind, die im Gesetz nicht besonders aufgeführt sind. ²Kalamitätsnutzungen knüpfen stets an das Vorliegen eines außergewöhnlichen Naturereignisses im Sinne höherer Gewalt an. ³Eine Holznutzung infolge höherer Gewalt kann auch in einem Wirtschaftsjahr nach Eintritt des Schadensereignisses erfolgen. ⁴Zu den Holznutzungen infolge höherer Gewalt zählen nicht Schadensfälle von einzelnen Bäumen (z. B. Dürrhölzer, Schaden durch Blitzschlag), soweit sie sich im Rahmen der regelmäßigen natürlichen Abgänge halten.

(5) ¹Bei vorzeitigen Holznutzungen auf Grund von Schäden durch militärische Übungen sind dieselben Steuersätze wie für Holznutzungen infolge höherer Gewalt anzuwenden. ²Ersatzleistungen für Schäden, die sich beseitigen lassen, (z. B. Schäden an Wegen und Jungpflanzungen), sind nach R 6.6 zu behandelnd.

Hinweise

H 34b.2 Höhere Gewalt

Außerordentliche Holznutzungen infolge gesetzlicher oder behördlicher Anordnungen gehören nicht zu den Holznutzungen infolge höherer Gewalt (→ RFH vom 23.8.1939 – RStBl. S. 1056).

Kalamitätsfolgehiebe

Muss ein nach einem Naturereignis stehengebliebener Bestand nach forstwirtschaftlichen Grundsätzen eingeschlagen werden (sog. Kalamitätsfolgehiebe), werden die daraus anfallenden Nutzungen steuerlich nur als Kalamitätsnutzungen begünstigt, wenn sie nicht in die planmäßige Holznutzung der nächsten Jahre einbezogen werden können, insbesondere aber, wenn nicht hiebreife Bestände eingeschlagen werden müssen (→ BFH vom 11.4.1961 – BStBl. III S. 276).

Rotfäule

kann nur insoweit zu einer Holznutzung infolge höherer Gewalt führen, als sie einen Schaden verursacht, der die Summe der im forstwirtschaftlichen Betrieb des Stpfl. regelmäßig und üblich anfallenden Schäden mengenmäßig in erheblichem Umfang übersteigt (→ BFH vom 10.10.1963 – BStBl. 1964 III S. 119).

→ Erlasse der obersten Finanzbehörden der Länder vom 15.6.1967 (BStBl. II S. 197).

EStR 2012 zu § 34b EStG

R 34b.3 Ermittlung der Einkünfte aus außerordentlichen Holznutzungen
Grundsätze

(1) Zur Ermittlung der Einkünfte aus außerordentlichen Holznutzungen, sind die mit allen Holznutzungen im Zusammenhang stehenden Betriebseinnahmen und Betriebsausgaben gesondert aufzuzeichnen.

(2) [1]Einnahmen aus sämtlichen Holznutzungen sind die Erlöse aus der Verwertung des Holzes, die der Gewinnermittlung des Wirtschaftsjahres zu Grunde gelegt wurden. [2]Hierzu gehören insbesondere die Erlöse für das veräußerte Holz und der Teilwert für das entnommene Holz. [3]Nicht dazu gehören die Einnahmen aus Nebennutzungen und aus Verkäufen von Wirtschaftsgütern des Anlagevermögens. [4]Von den Einnahmen aus sämtlichen Holznutzungen sind die mit diesen Einnahmen in sachlichem Zusammenhang stehenden Betriebsausgaben des Wirtschaftsjahres abzuziehen, die der Gewinnermittlung des Wirtschaftsjahres zu Grunde gelegt wurden. [5]Dazu gehören insbesondere die festen und beweglichen Verwaltungskosten, Steuern, Zwangsbeiträge und die Betriebskosten. [6]Erhöhte AfA, Sonderabschreibungen sowie Buchwertminderungen und -abgänge sind zu berücksichtigen. [7]Eine Aktivierung von Holzvorräten ist keine Verwertung des Holzes. [8]Der Investitionsabzugsbetrag nach § 7g EStG ist weder als Einnahme noch als Ausgabe zu berücksichtigen, die mit einer Holznutzung in sachlichem Zusammenhang steht. [9]Zum Zeitpunkt der Erfassung der Einnahmen → R 34b.2 Abs. 2.

Pauschalierung

(3) [1]Im Fall der Pauschalierung nach § 51 EStDV oder § 4 des Forstschäden-Ausgleichsgesetzes gilt Absatz 2 entsprechend. [2]Die nicht mit den Pauschsätzen abgegoltenen, aber abzugsfähigen Wiederaufforstungskosten, Buchwertminderungen und -abgänge beim Wirtschaftsgut Baumbestand sind zusätzlich als Betriebsausgaben zu berücksichtigen.

Entschädigungen

(4) [1]Die Berücksichtigung von Entschädigungen und Zuschüssen richtet sich nach den Grundsätzen der maßgebenden Gewinnermittlung. [2]Die Zuordnung der Entschädigungen und Zuschüsse zu den Einnahmen aus Holznutzungen oder zu den übrigen Betriebseinnahmen oder -ausgaben richtet sich nach dem Grund der Zahlung. [3]Soweit für Entschädigungen die Tarifvergünstigung nach § 34 Abs. 1 i. V. m. § 24 Nr. 2 EStG in Anspruch genommen wird, sind die entsprechenden Betriebseinnahmen und die damit in sachlichem Zusammenhang stehenden Betriebsausgaben für Zwecke des § 34b EStG zur Vermeidung einer doppelten Berücksichtigung zu korrigieren.

R 34b.4 Ermittlung der Steuersätze
Durchschnittlicher Steuersatz

(1) [1]Für das gesamte z. v. E. i. S. d. § 32a Abs. 1 EStG – also einschließlich der Einkünfte aus außerordentlichen Holznutzungen – ist der Steuerbetrag nach den allgemeinen Tarifvorschriften zu ermitteln. [2]Aus dem Verhältnis des sich ergebenden Steuerbetrags zu dem gesamten z. v. E. ergibt sich der durchschnittliche Steuersatz, der auf vier Dezimalstellen abzurunden ist. [3]Die Hälfte bzw. ein Viertel dieses durchschnittlichen Steuersatzes ist der anzuwendende ermäßigte Steuersatz nach § 34b Abs. 3 EStG.

Anzuwendende Steuersätze

(2) [1]Der Umfang der ordentlichen Holznutzung ist für die Anwendung der Steuersätze nach § 34b Abs. 3 EStG ohne Bedeutung. [2]Für die Frage, mit welchen Steuersätzen die Einkünfte aus außerordentlichen Holznutzungen zu versteuern sind, ist die im Wirtschaftsjahr verwertete Holzmenge des Betriebs maßgebend. [3]Auf die Einkünfte aus außerordentlichen Holznutzungen des Betriebs ist die Hälfte des durchschnittlichen Steuersatzes i. S. d. Absatzes 1 anzuwenden, wenn die Voraussetzungen des § 68 EStDV nicht vorliegen.

(3) [1]Auf Einkünfte aus außerordentlichen Holznutzungen des Betriebs ist unter den Voraussetzungen des § 68 EStDV bis zur Höhe des Nutzungssatzes (Absatz 4) die Hälfte des durchschnittlichen Steuersatzes (§ 34b Abs. 3 Nr. 1 EStG) und für darüber hinausgehende außerordentliche Holznutzungen ein Viertel des durchschnittlichen Steuersatzes (§ 34b Abs. 3 Nr. 2 EStG) anzuwenden. [2]Hierzu sind die Einkünfte aus außerordentlichen Holznutzungen nach dem Verhältnis der Holzmengen zum Nutzungssatz aufzuteilen.

Nutzungssatz

(4) [1]Der Nutzungssatz i. S. d. § 34b Abs. 3 Nr. 2 EStG i. V. m. § 68 EStDV ist eine steuerliche Bemessungsgrundlage. [2]Er muss den Nutzungen entsprechen, die unter Berücksichtigung der vollen jährlichen Ertragsfähigkeit des Waldes in Kubikmetern (Festmetern) objektiv nachhaltig im Betrieb erzielbar

§ 34b   R 34b.4

sind. ³Maßgebend für die Bemessung des Nutzungssatzes sind nicht die Nutzungen, die nach dem Willen des Betriebsinhabers in einem Zeitraum von zehn Jahren erzielt werden sollen (subjektiver Hiebsatz), sondern die Nutzungen, die unter Berücksichtigung der vollen Ertragsfähigkeit nachhaltig erzielt werden können (objektive Nutzungsmöglichkeit). ⁴Aus diesem Grunde kann sich der Hiebsatz der Forsteinrichtung vom Nutzungssatz unterscheiden. ⁵Die amtliche Anerkennung eines Betriebsgutachtens oder die Vorlage eines Betriebswerks schließt daher eine Prüfung durch den Forstsachverständigen der zuständigen Finanzbehörde nicht aus.

Hinweise

H 34b.4 Beispiel zur Verwertung des Holzes in einem Wj.

Grundsachverhalt:

Ein Forstwirt hat in seinem Betrieb (150 ha forstwirtschaftlich genutzte Fläche) einen Sturmschaden mit einem Gesamtumfang von 5 200 fm. Er hat außerdem noch 800 fm ordentliche Holznutzung. Die gesamte Holzmenge von 6 000 fm wird im gleichen Wj. Veräußert. Die Einkünfte aus der Verwertung der Holznutzungen betragen insgesamt 180 000 €. Der Stpfl. hat kein gültiges Betriebswerk bzw. amtlich anerkanntes Betriebsgutachten.

Lösung:

a) Zuordnung der Holzmengen

Die ordentliche Holznutzung unterliegt im Umfang von 800 fm der regulären Besteuerung. Die außerordentliche Holznutzung infolge höherer Gewalt unterliegt mit 5 200 fm der Tarifvergünstigung des § 34b Abs. 3 Nr. 1 EStG im Umfang von 5 200 fm.

b) Zuordnung der Steuersätze

Einkünfte aus allen Holznutzungen	*180 000 €*
davon aus	
– ordentlichen Holznutzungen (800/6 000)	*24 000 €*
* = Normalsteuersatz*	
– außerordentlichen Holznutzungen (5 200/6 000)	*156 000 €*
* = Steuersatz nach § 34b Abs. 3 Nr. 1 EStG (1/2)*	

Abwandlung:

Der aufgrund eines Betriebswerks festgesetzte Nutzungssatz beträgt 1 000 fm.

a) Zuordnung der Holzmengen

Die ordentliche Holznutzung unterliegt im Umfang von 800 fm der regulären Besteuerung. Eine Auffüllung des Nutzungssatzes mit Kalamitätsnutzungen erfolgt nicht. Die außerordentlichen Holznutzung infolge höherer Gewalt unterliegt mit 1 000 fm dem Steuersatz des § 34b Abs. 3 Nr. 1 EStG und mit 4 200 fm dem Steuersatz des § 34b Abs. 3 Nr. 2 EStG.

b) Zuordnung der Steuersätze

Einkünfte aus allen Holznutzungen	*180 000 €*
davon aus	
– ordentlichen Holznutzungen (800/6 000)	*24 000 €*
* = Normalsteuersatz*	
– a. o. Holznutzungen (1 000/6 000)	*30 000 €*
* = Steuersatz nach § 34b Abs. 3 Nr. 1 EStG (1/2)*	
– a. o. Holznutzungen (4 200/6 000)	*126 000 €*
* = Steuersatz nach § 34b Abs. 3 Nr. 1 EStG (1/2)*	

Beispiel zur Verwertung des Holzes über mehrere Wirtschaftsjahre

Im Wirtschaftsjahr 01 veräußert er die gesamte ordentliche Holznutzung von 800 fm und die Kalamitätsnutzung von 2 200 fm. Die Einkünfte aus der Verwertung der Holznutzungen betragen insgesamt 100 000 €. Im Wj. 02 veräußert er die restliche Kalamitätsnutzung von 3 000 fm und erzielt hieraus Einkünfte in Höhe von 80 000 €.

Lösung:
a) Zuordnung der Steuersätze im Wj. 01

Einkünfte aus allen Holznutzungen	*100 000 €*
davon aus	
– *ordentlichen Holznutzungen (800/3 000)*	*26 666 €*
= *Normalsteuersatz*	
– *a. o. Holznutzungen bis zur Höhe des Nutzungssatzes (1 000/3 000)*	*33 334 €*
= *§ 34b Abs. 3 Nr. 1 EStG (1/2)*	
– *a. o. Holznutzungen über dem Nutzungssatz (1 200/3 000)*	*40 000 €*
= *§ 34b Abs. 3 Nr. 2 EStG (1/4)*	

b) Zuordnung der Steuersätze im Wj. 02

Einkünfte aus allen Holznutzungen	*80 000 €*
davon aus	
– *ordentlichen Holznutzungen (0/3 000)*	*0 €*
= *Normalsteuersatz*	
– *a. o. Holznutzungen bis zur Höhe des Nutzungssatzes (1 000/3 000)*	*26 666 €*
= *§ 34b Abs. 3 Nr. 1 EStG (1/2)*	
– *a. o. Holznutzungen über dem Nutzungssatz (2 000/3 000)*	*53 334 €*
= *§ 34b Abs. 3 Nr. 2 EStG (1/4)*	

Beispiel zur Verwertung des Holzes in den Fällen des § 51 EStDV

Ein Stpfl. hat in seinem land- und forstwirtschaftlichen Betrieb 40 ha forstwirtschaftlich genutzte Fläche und ermittelt seinen Gewinn nach § 4 Abs. 3 EStG. Der Stpfl. hat kein amtlich anerkanntes Betriebsgutachten. In den Wj. 01 und 02 beantragt er die Anwendung von § 51 EStDV.

Im Wj. 01 sind ein Sturmschaden mit einem Gesamtumfang von 800 fm und 100 fm ordentliche Holznutzung angefallen. Neben der ordentlichen Holznutzung wird Kalamitätsholz im Umfang von 500 fm verwertet. Die Einnahmen aus der Verwertung dar Holznutzungen betragen insgesamt 24 000 €. Es sind keine Buchwertminderungen und Wiederaufforstungskosten zu berücksichtigen.

Im WJ. 02 verwertet er das restliche Kalamitätsholz im Umfang von 300 fm und eine ordentliche Holznutzung im Umfang von 200 fm. Die Einnahmen aus der Verwertung der Holznutzungen betragen insgesamt 20 000 €. Der Stpfl. hat sofort abziehbare Wiederaufforstungskosten in Höhe von 6 000 € aufgewendet.

Lösung:

Die Einkünfte aus Holznutzungen im Wj. 01 betragen 10 800 € (Einnahmen 24 000 € abzüglich des Betriebsausgabenpauschsatzes nach § 51 Abs. 2 EStDV von 55 % = 13 200 €). Nach der Vereinfachungsregelung der R 34b.6 Abs. 3 EStR kann für die Berechnung des § 34b EStG ein Nutzungssatz von 5 fm/ha x 40 ha = 200 fm zu Grunde gelegt werden.

a) Zuordnung der Steuersätze im Wj. 01

Einkünfte aus allen Holznutzungen	*10 800 €*
davon aus	
– *ordentlichen Holznutzungen (100/600)*	*1 800 €*
= *Normalsteuersatz*	
– *a. o. Holznutzungen bis zur Höhe des Nutzungssatzes (200/600)*	*3 600 €*
= *§ 34b Abs. 3 Nr. 1 EStG (1/2)*	
– *a. o. Holznutzungen über dem Nutzungssatz (300/600)*	*5 400 €*
= *§ 34b Abs. 3 Nr. 2 EStG (1/4)*	

Die Einkünfte aus Holzmutzungen im Wj. 02 betragen 3 000 € (Einnahmen 20 000 € abzüglich des Betriebsausgabenpauschsatzes nach § 31 Abs. 2 EStDV von 55 % = 11 000 € und der Wiederaufforstungskosten in Höhe von 6 000 €). Nach der Vereinfachungsregelung der R 34b.6

§ 34b

R 34b.4, 34b.5

Abs. 3 EStR kann für die Berechnung des § 34b EStG ein Nutzungssatz von 5 fm/ha x 40 ha = 200 fm zu Grunde gelegt werden.

b) Zuordnung der Steuersätze im Wirtschaftsjahr 02

Einkünfte aus allen Holznutzungen	3 000 €
davon aus	
– ordentlichen Holznutzungen (200/500)	1 200 €
= Normalsteuersatz	
– a. o. Holznutzungen bis zur Höhe des Nutzungssatzes (200/500)	1 200 €
= § 34b Abs. 3 Nr. 1 EStG (1/2)	
– a. o. Holznutzungen über dem Nutzungssatz (100/500)	600 €
= § 34b Abs. 3 Nr. 2 EStG (1/4)	

EStR 2012 zu § 34b EStG

R 34b.5 Umfang der Tarifvergünstigung

Grundsätze

(1) ¹Die Tarifvergünstigung bei Einkünften aus außerordentlichen Holznutzungen nach § 34b EStG stellt eine Progressionsmilderung der dort bestimmten laufenden Einkünfte dar. ²Sie wird für einen Veranlagungszeitraum gewährt. ³Bei abweichenden Wirtschaftsjahren ist nach R 34b. 1 Abs. 3 zu verfahren. ⁴Ergeben sich im VZ nach einer Saldierung (→ R 34b. 1 Abs. 3 und 4) insgesamt keine positiven Einkünfte aus außerordentlichen Holznutzungen, scheidet eine Tarifvergünstigung nach § 34b EStG aus. ⁵Bei der Berechnung der Tarifvergünstigung ist maximal das z. v. E. zugrunde zu legen.

Verhältnis zu § 34 EStG

(2) ¹Treffen Einkünfte aus außerordentlichen Holznutzungen i. S. d. § 34b EStG mit außerordentlichen Einkünften i. S. d. § 34 Abs. 2 EStG zusammen und übersteigen diese Einkünfte das z. v. E., sind die von der S. d. E., dem G. d. E. und dem Einkommen abzuziehenden Beträge zunächst bei den nicht nach § 34 EStG begünstigten Einkünften, danach bei den nach § 34 Abs. 1 EStG begünstigten Einkünften und danach bei den nach § 34 Abs. 3 EStG begünstigten Einkünften zu berücksichtigen, wenn der Stpfl. keine andere Zuordnung beantragt. ²Der Freibetrag nach § 13 Abs. 3 EStG darf dabei nur von Einkünften aus Land- und Forstwirtschaft abgezogen werden.

Hinweise

H 34b.5 Beispiel

Ein Stpfl. betreibt einen land- und forstwirtschaftlichen Einzelbetrieb (Wj. vom 1.7. – 30.6.) und ist daneben seit dem VZ 02 an einer forstwirtschaftlichen Mitunternehmerschaft beteiligt (Wj. = Kj.). Im Wj. 01/02 ist für den Einzelbetrieb eine Gesamtmenge Kalamitätsholz i. H. v. 1.200 fm anerkannt worden, die in den Wj. 01/02 – 03/04 verwertet wird. Der auf Grund eines Betriebswerks festgesetzte Nutzungssatz für den Einzelbetrieb beträgt 500 fm. Im Wj. 03/04 entstehen auf Grund von Wiederaufforstungskosten negative Einkünfte aus Holznutzungen. Für die Mitunternehmerschaft liegen Feststellungen des zuständigen Finanzamts vor. Aus der Verwertung von Holz hat der Stpfl. folgende Einkünfte erzielt:

Einzelbetrieb
Wj. 01/02

Einkünfte aus allen Holznutzungen (1 000 fm)	30 000 €
davon aus	
ordentlichen Holznutzungen (300 fm/1 000 fm)	9 000 €
außerordentlichen Holznutzungen nach § 34b Abs. 3 Nr. 1 EStG (500 fm/1 000 fm)	15 000 €
außerordentlichen Holznutzungen nach § 34b Abs. 3 Hr. 2 EStG (200 fm/1 000 fm)	6.000 €

Wj. 02/03

Einkünfte aus allen Holznutzungen (600 fm)	21 000 €
davon aus	

ordentlichen Holznutzungen (200 fm/600 fm)	7 000 €
außerordentlichen Holznutzungen nach § 34b Abs. 3 Nr. 1 EStG (400 fm/600 fm)	14 000 €

Wj. 03/04

Einkünfte aus allen Holznutzungen (300 fm)	– 6 000 €
davon aus	
ordentlichen Holznutzungen (200 fm/300 fm)	– 4 000 €
außerordentlichen Holznutzungen nach § 34b Abs. 3 Nr. 1 EStG (100 fm/300 fm)	– 2 000 €

Im Wj. 04/05 fallen keine Einkünfte aus Holznutzungen an.

Mitunternehmerschaft

VZ 02

Einkünfte aus allen Holznutzungen	19 000 €
davon aus	
ordentlichen Holznutzungen	5 000 €
außerordentlichen Holznutzungen nach § 34b Abs. 3 Nr. 1 EStG	4 000 €
außerordentlichen Holznutzungen nach § 34b Abs. 3 Nr. 2 EStG	10 000 €

VZ 03

Einkünfte aus allen Holznutzungen	9 000 €
davon aus	
ordentlichen Holznutzungen	1 000 €
außerordentlichen Holznutzungen nach § 34b Abs. 3 Nr. 1 EStG	2 000 €
außerordentlichen Holznutzungen nach § 34b Abs. 3 Nr. 2 EStG	6 000 €

VZ04

Einkünfte aus allen Holznutzungen	3 600 €
davon aus	
ordentlichen Holznutzungen	1 200 €
außerordentlichen Holznutzungen nach § 34b Abs. 3 Nr. 1 EStG	2 400 €

Lösung:

Für die VZ 01 – 04 ergibt sich unter Berücksichtigung von § 4a Abs. 2 Nr. 1 EStG folgende Zuordnung der Einkünfte aus Holznutzungen:

	Einkünfte aus Holz-nutzungen	Zuordnung zu VZ			
Wj.		VZ 01	VZ 02	VZ 03	VZ 04
ordentliche Holznutzungen (Normalsteuersatz)					
aus Wj. 01/02	9 000 €	4 500 €	4 500 €		
aus Wj. 02/03	7 000 €		3 500 €	3 500 €	
aus Wj. 03/04	– 4 000 €			– 2 000 €	– 2 000 €
Mitunternehmerschaft	–		5 000 €	1 000 €	1 200 €
Summe (Normalsteuersatz)		4 500 €	13 000 €	2 500 €	– 800 €
außerordentliche Holznutzungen nach § 34b Abs. 3 Nr. 1 EStG (1/2-Steuersatz)					
aus Wj. 01/02	15 000 €	7 500 €	7 500 €		
aus Wj. 02/03	14 000 €		7 000 €	7 000 €	
aus Wj. 03/04	– 2 000 €			– 1 000 €	– 1 000 €
Mitunternehmerschaft	–		4 000 €	2 000 €	2 400 €
Summe (1/2-Steuersatz)		7 500 €	18 500 €	8 000 €	– 1 400 €

außerordentliche Holznutzungen nach § 34b Abs. 3 Nr. 2 EStG (1/4-Steuersatz)

aus Wj. 01/02	6 000 €	3 000 €	3 000 €	
Mitunternehmerschaft	–		10 000 €	6 000 €
Summe (Normalsteuersatz)		3 000 €	13 000 €	6 000 €

EStR 2012 zu § 34b EStG

R 34b.6 Voraussetzungen für die Anwendung der Tarifvergünstigung
Aufstellung und Vorlage eines Betriebsgutachtens oder eines Betriebswerks

(1) [1]Für die Festsetzung des Nutzungssatzes i. S. d. § 34b Abs. 3 Nr. 2 EStG ist grundsätzlich ein amtlich anerkanntes Betriebsgutachten oder ein Betriebswerk erforderlich. [2]Dieses soll nach § 68 Abs. 2 Satz 2 EStDV innerhalb eines Jahres nach dem Stichtag seiner Aufstellung dem Forstsachverständigen der zuständigen Finanzbehörde zur Überprüfung zugeleitet werden. [3]Wird es nicht innerhalb eines Jahres übermittelt, kann dies im Fall nicht mehr nachprüfbarer Daten bei der Festsetzung eines Nutzungssatzes zu Lasten des Stpfl. gehen (z. B. durch Unsicherheitszuschläge). [4]Enthält es Mängel (z. B. methodische Mängel, unzutreffende oder nicht mehr überprüfbare Naturaldaten), kann es zurückgewiesen werden; ein Gegengutachten der zuständigen Finanzbehörde ist nicht erforderlich.

(2) [1]Wird ein amtlich anerkanntes Betriebsgutachten oder ein Betriebswerk nicht fortlaufend aufgestellt oder wird es infolge einer Betriebsumstellung neu aufgestellt und schließt deshalb nicht an den vorherigen Zeitraum der Nutzungssatzfeststellung an, kann es im Schadensfalle nur berücksichtigt werden, wenn es spätestens auf den Anfang des Wirtschaftsjahres des Schadensereignisses aufgestellt wurde. [2]Gleiches gilt für den Fall, dass ein amtlich anerkanntes Betriebsgutachten oder ein Betriebswerk erstmals nach einem Schadensereignis erstellt wird; Absatz 1 Satz 3 und 4 sind entsprechend anzuwenden.

Vereinfachungsregelung

(3) [1]Aus Vereinfachungsgründen kann bei Betrieben mit bis zu 50 Hektar forstwirtschaftlich genutzter Fläche, für die nicht bereits aus anderen Gründen ein amtlich anerkanntes Betriebsgutachten oder ein Betriebswerk vorliegt, auf die Festsetzung eines Nutzungssatzes verzichtet werden. [2]In diesen Fällen ist bei der Anwendung des § 34b EStG ein Nutzungssatz von fünf Erntefestmetern ohne Rinde je Hektar zu Grunde zu legen.

Festsetzung eines Nutzungssatzes

(4) [1]Nach Prüfung der vorgelegten Unterlagen ist ein Nutzungssatz zu ermitteln und periodisch für einen Zeitraum von zehn Jahren festzusetzen. [2]Er stellt eine unselbständige Besteuerungsgrundlage dar und kann gegebenenfalls auch nachträglich geändert werden. [3]Der festgesetzte Nutzungssatz muss zum Zeitpunkt der Veräußerung der außerordentlichen Holznutzungen gültig sein.

Nutzungsnachweis

(5) [1]Für den Nutzungsnachweis nach § 34b Abs. 4 Nr. 1 EStG genügt es, wenn der Stpfl. die Holznutzungen eines Wirtschaftsjahrs mengenmäßig getrennt nach ordentlichen und außerordentlichen Holznutzungen nachweist. [2]Im Falle eines besonderen Schadensereignisses i. S. d. § 34b Abs. 5 EStG gelten zudem die Regelungen in R 34b. 7 Abs. 1.

Kalamitätsmeldungen

(6) [1]Schäden infolge höherer Gewalt werden nur anerkannt, wenn sie nach Feststellung des Schadensfalls ohne schuldhaftes Zögern und vor Beginn der Aufarbeitung der zuständigen Finanzbehörde nach amtlichem Vordruck für jeden Betrieb gesondert mitgeteilt werden. [2]Die Mitteilung darf nicht deshalb verzögert werden, weil der Schaden dem Umfang und der Höhe nach noch nicht feststeht.

R 34b.7 Billigkeitsmaßnahmen nach § 34b Abs. 5 EStG
Besonderer Steuersatz

(1) [1]Werden aus sachlichen Billigkeitsgründen die Regelungen des § 34b Abs. 5 EStG für ein Wirtschaftsjahr in Kraft gesetzt, bestimmt sich der Umfang des mit dem besonderen Steuersatz der Rechtsverordnung zu begünstigenden Kalamitätsholzes nach der für das betroffene Wirtschaftsjahr anerkannten Schadensmenge (Begünstigungsvolumen). [1]Grundlage hierfür ist die nach der Aufarbeitung nachgewiesene Schadensmenge (→ R 34b.6 Abs. 6). Das Begünstigungsvolumen wird durch Kalamitätsnutzungen gemindert, die dem Steuersatz nach § 34b Abs. 5 EStG unterworfen werden.

(2) [1]Die unter die Tarifvergünstigung nach § 34 b Abs. 5 EStG fallenden Einkünfte werden im Wirtschaftsjahr der Verwertung des Kalamitätsholzes gesondert ermittelt. [2]Daneben kann für andere Kalamitätsnutzungen die Tarifvergünstigung nach § 34b Abs. 3 EStG in Betracht kommen. [3]Der besondere

Steuersatz der Rechtsverordnung ist so lange zu berücksichtigen, bis das Begünstigungsvolumen nach Absatz 1 durch Kalamitätsnutzungen jeglicher Art aufgebraucht ist.

Bewertung von Holzvorräten
(3) Bei der Gewinnermittlung durch Betriebsvermögensvergleich kann nach Maßgabe der Rechtsverordnung für das darin benannte Wirtschaftsjahr von der Aktivierung des eingeschlagenen und unverkauften Kalamitätsholzes ganz oder teilweise abgesehen werden.

Weisungen im Rahmen einer Vielzahl von Einzelfällen
(4) [1]Die in § 34b Abs. 5 EStG vorgesehenen Billigkeitsmaßnahmen können nach Maßgabe der Absätze 1 bis 3 auch bei größeren, regional begrenzten Schadensereignissen, die nicht nur Einzelfälle betreffen, im Wege typisierender Verwaltungsanweisungen auf der Grundlage des § 163 der AO entsprechend angewendet werden. [2]Darüber hinaus gehende Billigkeitsmaßnahmen sind nur in begründeten Einzelfällen unter Berücksichtigung der sachlichen und persönlichen Unbilligkeit zu lässig.

R 34b.8 Rücklage nach § 3 des Forstschäden-Ausgleichsgesetzes

[1]Die Bildung einer steuerfreien Rücklage nach § 3 des Forstschäden-Ausgleichsgesetzes ist von den nutzungssatzmäßigen Einnahmen der vorangegangenen drei Wirtschaftsjahre abhängig. [2]Dabei sind Über- und Unternutzungen in den jeweiligen Wirtschaftsjahren nicht auszugleichen. [3]Übersteigt die tatsächliche Holznutzung eines Wirtschaftsjahres den Nutzungssatz nicht, so sind alle Einnahmen aus Holznutzungen des Wirtschaftsjahres als nutzungssatzmäßige Einnahmen zu berücksichtigen. [4]Übersteigt dagegen die tatsächliche Holznutzung im Wirtschaftsjahr den Nutzungssatz, sind zur Ermittlung der nutzungssatzmäßigen Einnahmen alle Einnahmen aus Holznutzungen im Verhältnis des Nutzungssatzes zur gesamten Holznutzung aufzuteilen. [5]Dies setzt voraus, dass für das Wirtschaftsjahr der Bildung einer Rücklage und der drei vorangegangenen Wirtschaftsjahre jeweils ein Nutzungssatz gültig ist. [6]Der durch die Rücklage verursachte Aufwand oder Ertrag ist bei der Ermittlung der Einkünfte aus außerordentlichen Holznutzungen nach § 34b Abs. 2 EStG zu berücksichtigen.

Weitere Verwaltungsanweisungen
(soweit nicht in den Hinweisen enthalten)

Zu § 34b EStG
1. Zweifelsfragen zum Forstschäden-Ausgleichsgesetz (Vfg OFD Münster vom 21.9.1988, DB 1988 S. 2177)
2. Die ermäßigte Besteuerung nach § 34b EStG gilt unabhängig von der Einkunftsart (Vfg Bayer. Landesamt für Steuern vom 14.3.2007 – S 2291 – 53 St 33 N)

Rechtsprechungsauswahl

BFH vom 3.2.10 IV R 27/07 (BStBl. II S. 546): Kein erhöhter Betriebsausgabenpauschsatz von Einnahmen aus Kalamitätsnutzungen in Wirtschaftsjahren nach einer Einschlagsbeschränkung

§ 34c

V. Steuerermäßigungen

1. Steuerermäßigung bei ausländischen Einkünften

§ 34c

(1) ¹Bei unbeschränkt Steuerpflichtigen, die mit ausländischen Einkünften in dem Staat, aus dem die Einkünfte stammen, zu einer der deutschen Einkommensteuer entsprechenden Steuer herangezogen werden, ist die festgesetzte und gezahlte und um einen entstandenen Ermäßigungsanspruch gekürzte ausländische Steuer auf die deutsche Einkommensteuer anzurechnen, die auf die Einkünfte aus diesem Staat entfällt; das gilt nicht für Einkünfte aus Kapitalvermögen, auf die § 32d Abs. 1 und 3 bis 6 anzuwenden ist. ²Die auf die ausländischen Einkünfte nach Satz 1 erster Halbsatz entfallende deutsche Einkommensteuer ist in der Weise zu ermitteln, dass die sich bei der Veranlagung des zu versteuernden Einkommens – einschließlich der ausländischen Einkünfte – nach den §§ 32a, 32b, 34, 34a und 34b ergebende deutsche Einkommensteuer im Verhältnis dieser ausländischen Einkünfte zur Summe der Einkünfte aufgeteilt wird. ³Bei der Ermittlung des zu versteuernden Einkommens, der Summe der Einkünfte und der ausländischen Einkünfte sind die Einkünfte nach Satz 1 zweiter Halbsatz nicht zu berücksichtigen; bei der Ermittlung der ausländischen Einkünfte sind die ausländischen Einkünfte nicht zu berücksichtigen, die in dem Staat, aus dem sie stammen, nach dessen Recht nicht besteuert werden. ⁴Gehören ausländische Einkünfte der in § 34d Nr. 3, 4, 6, 7 und 8 Buchstabe c genannten Art zum Gewinn eines inländischen Betriebes, sind bei ihrer Ermittlung Betriebsausgaben und Betriebsvermögensminderungen abzuziehen, die mit den diesen Einkünften zugrunde liegenden Einnahmen in wirtschaftlichem Zusammenhang stehen. ⁵Die ausländischen Steuern sind nur insoweit anzurechnen, als sie auf die im Veranlagungszeitraum bezogenen Einkünfte entfallen.

(2) Statt der Anrechnung (Absatz 1) ist die ausländische Steuer auf Antrag bei der Ermittlung der Einkünfte abzuziehen, soweit sie auf ausländische Einkünfte entfällt, die nicht steuerfrei sind.

(3) Bei unbeschränkt Steuerpflichtigen, bei denen eine ausländische Steuer vom Einkommen nach Absatz 1 nicht angerechnet werden kann, weil die Steuer nicht der deutschen Einkommensteuer entspricht oder nicht in dem Staat erhoben wird, aus dem die Einkünfte stammen, oder weil keine ausländischen Einkünfte vorliegen, ist die festgesetzte und gezahlte und um einen entstandenen Ermäßigungsanspruch gekürzte ausländische Steuer bei der Ermittlung der Einkünfte abzuziehen, soweit sie auf Einkünfte entfällt, die der deutschen Einkommensteuer unterliegen.

(4) (weggefallen)

(5) Die obersten Finanzbehörden der Länder oder die von ihnen beauftragten Finanzbehörden können mit Zustimmung des Bundesministeriums der Finanzen die auf ausländische Einkünfte entfallende deutsche Einkommensteuer ganz oder zum Teil erlassen oder in einem Pauschbetrag festsetzen, wenn es aus volkswirtschaftlichen Gründen zweckmäßig ist oder die Anwendung des Absatzes 1 besonders schwierig ist.

(6) ¹Die Absätze 1 bis 3 sind vorbehaltlich der Sätze 2 bis 6 nicht anzuwenden, wenn die Einkünfte aus einem ausländischen Staat stammen, mit dem ein Abkommen zur Vermeidung der Doppelbesteuerung besteht. ²Soweit in einem Abkommen zur Vermeidung der Doppelbesteuerung die Anrechnung einer ausländischen Steuer auf die deutsche Einkommensteuer vorgesehen ist, sind Absatz 1 Satz 2 bis 5 und Absatz 2 entsprechend auf die nach dem Abkommen anzurechnende ausländische Steuer anzuwenden; das gilt nicht für Einkünfte, auf die § 32d Abs. 1 und 3 bis 6 anzuwenden ist; bei nach dem Abkommen als gezahlt geltenden ausländischen Steuerbeträgen sind Absatz 1 Satz 3 und Absatz 2 nicht anzuwenden. ³Absatz 1 Satz 3 gilt auch dann entsprechend, wenn die Einkünfte in dem ausländischen Staat nach dem Abkommen zur Vermeidung der Doppelbesteuerung mit diesem Staat nicht besteuert werden können. ⁴Bezieht sich ein Abkommen zur Vermeidung der Doppelbesteuerung nicht auf eine Steuer vom Einkommen dieses Staates, so sind die Absätze 1 und 2 entsprechend anzuwenden. ⁵In den Fällen des § 50d Abs. 9 sind die Absätze 1 bis 3 und Satz 6 entsprechend

anzuwenden. ⁶Absatz 3 ist anzuwenden, wenn der Staat, mit dem ein Abkommen zur Vermeidung der Doppelbesteuerung besteht, Einkünfte besteuert, die nicht aus diesem Staat stammen, es sei denn, die Besteuerung hat ihre Ursache in einer Gestaltung, für die wirtschaftliche oder sonst beachtliche Gründe fehlen, oder das Abkommen gestattet dem Staat die Besteuerung dieser Einkünfte.

(7) Durch Rechtsverordnung können Vorschriften erlassen werden über

1. die Anrechnung ausländischer Steuern, wenn die ausländischen Einkünfte aus mehreren fremden Staaten stammen,
2. den Nachweis über die Höhe der festgesetzten und gezahlten ausländischen Steuern,
3. die Berücksichtigung ausländischer Steuern, die nachträglich erhoben oder zurückgezahlt werden.

EStDV

§ 68a Einkünfte aus mehreren ausländischen Staaten

¹Die für die Einkünfte aus einem ausländischen Staat festgesetzte und gezahlte um einen entstandenen Ermäßigungsanspruch gekürzte ausländische Steuer ist nur bis zur Höhe der deutschen Steuer anzurechnen, die auf die Einkünfte aus diesem ausländischen Staat entfällt. ²Stammen die Einkünfte aus mehreren ausländischen Staaten, so sind die Höchstbeträge der anrechenbaren ausländischen Steuern für jeden einzelnen ausländischen Staat gesondert zu berechnen.

§ 68b Nachweis über die Höhe der ausländischen Einkünfte und Steuern

¹Der Steuerpflichtige hat den Nachweis über die Höhe der ausländischen Einkünfte und über die Festsetzung und Zahlung der ausländischen Steuern durch Vorlage entsprechender Urkunden (z. B. Steuerbescheid, Quittung über die Zahlung) zu führen. ²Sind diese Urkunden in einer fremden Sprache abgefasst, so kann eine beglaubigte Übersetzung in die deutsche Sprache verlangt werden.

§ 69 – weggefallen –

EStR und Hinweise

EStR 2012 zu § 34c EStG

R 34c Anrechnung und Abzug ausländischer Steuern

R 34c (1) Umrechnung ausländischer Steuern

(1) ¹Die nach § 34c Abs. 1 und Abs. 6 EStG auf die deutsche Einkommensteuer anzurechnende oder nach § 34c Abs. 2, 3 und 6 EStG bei der Ermittlung der Einkünfte abzuziehende ausländische Steuer ist auf der Grundlage der von der Europäischen Zentralbank täglich veröffentlichten Euro-Referenzkurse umzurechnen. ²Zur Vereinfachung ist die Umrechnung dieser Währungen auch zu den Umsatzsteuer-Umrechnungskursen zulässig, die monatlich im Bundessteuerblatt Teil I veröffentlicht werden.

R 34c (2) Zu berücksichtigende ausländische Steuer

(2) ¹Entfällt eine zu berücksichtigende ausländische Steuer auf negative ausländische Einkünfte, die unter die Verlustausgleichsbeschränkung des § 2a Abs. 1 EStG fallen, oder auf die durch die spätere Verrechnung gekürzten positiven ausländischen Einkünfte, ist sie im Rahmen des Höchstbetrages (→ R 34c) nach § 34 c Abs. 1 EStG anzurechnen oder auf Antrag nach § 34c Abs. 2 EStG bei der Ermittlung der Einkünfte abzuziehen. ²Bei Abzug erhöhen sich die – im VZ nicht ausgleichsfähigen – negativen ausländischen Einkünfte. ³Die nach § 34c Abs. 1 und 6 anzurechnende ausländische Steuer ist nicht zu kürzen, wenn die entsprechenden Einnahmen nach § 3 Nr. 40 EStG teilweise steuerfrei sind.

Hinweise

H 34c (1–2) Anrechnung ausländischer Steuern bei Bestehen von Doppelbesteuerungsabkommen

→ *H 34c (5) (Anrechnung)*

§ 34c   R 34c

Festsetzung ausländischer Steuern
Eine Festsetzung i. S. d. § 34c Abs. 1 EStG kann auch bei einer Anmeldungssteuer vorliegen. Die Anrechnung solcher Steuern hängt von einer hinreichend klaren Bescheinigung des Anmeldenden über die Höhe der für den Stpfl. abgeführten Steuer ab (→ BFH vom 5.2.1992 – BStBl. II S. 607).

Nichtanrechenbare ausländische Steuern
→ § 34c Abs. 3 EStG

Verzeichnis ausländischer Steuern in Nicht-DBA-Staaten, die der deutschen Einkommensteuer entsprechen
→ *Anhang 12; die Entsprechung nicht aufgeführter ausländischer Steuern mit der deutschen Einkommensteuer wird erforderlichenfalls vom Bundesministerium der Finanzen festgestellt.* [1]

EStR 2012 zu § 34c EStG

R 34c (3) Ermittlung des Höchstbetrags für die Steueranrechnung

(3) [1]Bei der Ermittlung des Höchstbetrags nach § 34c Abs. 1 Satz 2 EStG bleiben ausländische Einkünfte, die nach § 34c Abs. 5 EStG pauschal besteuert werden, und die Pauschsteuer außer Betracht. [2]Ebenfalls nicht zu berücksichtigen sind nach § 34c Abs. 1 Satz 3 EStG die ausländischen Einkünfte, die in dem Staat, aus dem sie stammen, nach dessen Recht nicht besteuert werden. [3]Die ausländischen Einkünfte sind für die deutsche Besteuerung unabhängig von der Einkünfteermittlung im Ausland nach den Vorschriften des deutschen Einkommensteuerrechts zu ermitteln. [4]Dabei sind alle Betriebsausgaben und Werbungskosten zu berücksichtigen, die mit den im Ausland erzielten Einnahmen in wirtschaftlichem Zusammenhang stehen. [5]Die §§ 3 Nr. 40 und 3c Abs. 2 EStG sind zu beachten. [6]Bei zusammenveranlagten Ehegatten (→ § 26b EStG) ist für die Ermittlung des Höchstbetrags eine einheitliche Summe der Einkünfte zu bilden. [7]Haben zusammenveranlagte Ehegatten ausländische Einkünfte aus demselben Staat bezogen. sind für die nach § 68a EStDV für jeden einzelnen ausländischen Staat gesondert durchzuführende Höchstbetragsberechnung der anrechenbaren ausländischen Steuern die Einkünfte und anrechenbaren Steuern der Ehegatten aus diesem Staat zusammenzurechnen. [8]Bei der Ermittlung des Höchstbetrags ist § 2a Abs. 1 EStG sowohl im VZ des Entstehens von negativen Einkünften als auch in den VZ späterer Verrechnung zu beachten.

Hinweise

H 34c (3) Anrechnung (bei)

- **abweichender ausländischer Bemessungsgrundlage**
  Keinen Einfluss auf die Höchstbetragsberechnung, wenn Einkünfteidentität dem Grunde nach besteht (→ BFH vom 2.2.1994, Leitsatz 8 – BStBl. II S. 727),
- **abweichender ausländischer Steuerperiode möglich**
  → *BFH vom 4.6.1991 (BStBl. 1992 II S. 187),*
- **schweizerischer Steuern bei sog. Pränumerando-Besteuerung mit Vergangenheitsbemessung**
  → *BFH vom 3.7.1991 (BStBl. 1992 II S. 922),*
- **schweizerischer Abzugssteuern bei Grenzgängern**
  § 34c EStG nicht einschlägig. Die Anrechnung erfolgt in diesen Fällen entsprechend § 36 EStG (→ Artikel 15a Abs. 3 DBA Schweiz).

Ermittlung des Höchstbetrags für die Steueranrechnung
Beispiel:
Ein verheirateter Stpfl., der im Jahr 2005 das 65. Lebensjahr vollendet hatte, hat im Jahr 2013

Einkünfte aus Gewerbebetrieb	100 000 €
Einkünfte aus Vermietung und Verpachtung	5 300 €
Sonderausgaben und Freibeträge	6 140 €

---

1) Siehe Anlage § 034c-01.

In den Einkünften aus Gewerbebetrieb sind Darlehnszinsen von einem ausländischen Schuldner im Betrag von 20 000 € enthalten, für die im Ausland eine Einkommensteuer von 2 500 € gezahlt werden musste. Nach Abzug der hierauf entfallenden Betriebsausgaben einschließlich Refinanzierungskosten betragen die ausländischen Einkünfte 6 500 €. Die auf die ausländischen Einkünfte entfallende anteilige deutsche Einkommensteuer ist wie folgt zu ermitteln:

S. d. E. (100 000 € + 5 300 € =)	105 300 €
Altersentlastungsbetrag	– 1 900 €
G. d. E.	103 400 €
Sonderausgaben und Freibeträge	– 6 140 €
z. v. E.	97 260 €
Einkommensteuer nach dem Splittingtarif	24 538 €
anteilige Steuer	
= 24 538 € x 6 500 € : 105 300 €	
= 1 514,69 € (aufgerundet)...	1 515 €

Nur bis zu diesem Betrag kann die ausländische Steuer angerechnet werden.

EStR 2012 zu § 34c EStG

R 34c (4) Antragsgebundener Abzug ausländischer Steuern

(4) ¹Das Antragsrecht auf Abzug ausländischer Steuern bei der Ermittlung der Einkünfte nach § 34c Abs. 2 EStG muss für die gesamten Einkünfte und Steuern aus demselben Staat einheitlich ausgeübt werden. ²Zusammen veranlagte Ehegatten müssen das Antragsrecht nach § 34c Abs. 2 EStG für ausländische Steuern auf Einkünfte aus demselben Staat nicht einheitlich ausüben. ³Werden Einkünfte gesondert festgestellt, ist über den Steuerabzug im Feststellungsverfahren zu entscheiden. ⁴Der Antrag ist grundsätzlich in der Feststellungserklärung zu stellen. ⁵In Fällen der gesonderten und einheitlichen Feststellung kann jeder Beteiligte einen Antrag stellen. ⁶Hat ein Steuerpflichtiger in einem VZ neben den festzustellenden Einkünften andere ausländische Einkünfte aus demselben Staat als Einzelperson und/oder als Beteiligter bezogen, ist die Ausübung oder Nichtausübung des Antragsrechts in der zuerst beim zuständigen Finanzamt eingegangenen Feststellungs- oder Steuererklärung maßgebend. ⁷Der Antrag kann noch im Rechtsbehelfsverfahren mit Ausnahme des Revisionsverfahrens, soweit es nach den Vorschriften der Abgabenordnung zulässig ist, im Rahmen der Änderung von Steuerbescheiden nachgeholt oder zurückgenommen werden. ⁸Die abzuziehende ausländische Steuer ist zu kürzen, soweit die entsprechenden Einnahmen nach § 3 Nr. 40 EStG teilweise steuerfrei sind.

R 34c (5) Bestehen von Doppelbesteuerungsabkommen

(5) Sieht ein DBA die Anrechnung ausländischer Steuern vor, kann dennoch auf Antrag der nach innerstaatlichem Recht wahlweise eingeräumte Abzug der ausländischen Steuern bei der Ermittlung der Einkünfte beansprucht werden.

Hinweise

H 34c (5) Allgemeines/Doppelbesteuerungsabkommen
→ Stand der DBA

Anrechnung

Die Höhe der anzurechnenden ausländischen Steuern (§ 34c Abs. 6 Satz 2 EStG) ergibt sich aus den jeweiligen DBA. Danach ist regelmäßig die in Übereinstimmung mit dem DBA erhobene und nicht zu erstattende ausländische Steuer anzurechnen. Bei Dividenden, Zinsen und Lizenzgebühren sind das hiernach die nach den vereinbarten Quellensteuersätzen erhobenen Quellensteuern, die der ausländische Staat als Quellenstaat auf diese Einkünfte erheben darf. Nur diese Steuern sind in Übereinstimmung mit dem jeweiligen DBA erhoben und nicht zu erstatten. Eine Anrechnung von ausländischer Steuer kommt auch dann nur in Höhe der abkommensrechtlich begrenzten Quellensteuer in Betracht, wenn eine darüber hinausgehende ausländische Steuer wegen Ablaufs der Erstattungsfrist im ausländischen Staat nicht mehr erstattet werden kann (>BFH vom 15.3.1995 – BStBl. II S. 580). Dies gilt nach der Neufassung des § 34c Abs. 1 Satz 1 EStG auch für Nicht-DBA-Fälle.

§ 34c

H 34c (6) Pauschalierung
- *Pauschalierung der Einkommensteuer für ausländische Einkünfte gem. § 34c Abs. 5 EStG → BMF vom 10.4.1984 (BStBl. I S. 252)*
- *Steuerliche Behandlung von Arbeitnehmereinkünften bei Auslandstätigkeiten (ATE) → BMF vom 31.10.1983 (BStBl. I S. 470; LStH 2013, Anhang 7).*

§ 34d

§ 34d Ausländische Einkünfte

Ausländische Einkünfte im Sinne des § 34c Abs. 1 bis 5 sind

1. Einkünfte aus einer in einem ausländischen Staat betriebenen Land- und Forstwirtschaft (§§ 13 und 14) und Einkünfte der in den Nummern 3, 4, 6, 7 und 8 Buchstabe c genannten Art, soweit sie zu den Einkünften aus Land- und Forstwirtschaft gehören;
2. Einkünfte aus Gewerbebetrieb (§§ 15 und 16),
    a) die durch eine in einem ausländischen Staat belegene Betriebsstätte oder durch einen in einem ausländischen Staat tätigen ständigen Vertreter erzielt werden, und Einkünfte der in den Nummern 3, 4, 6, 7 und 8 Buchstabe c genannten Art, soweit sie zu den Einkünften aus Gewerbebetrieb gehören,
    b) die aus Bürgschafts- und Avalprovisionen erzielt werden, wenn der Schuldner Wohnsitz, Geschäftsleitung oder Sitz in einem ausländischen Staat hat, oder
    c) die durch den Betrieb eigener oder gecharterter Seeschiffe oder Luftfahrzeuge aus Beförderungen zwischen ausländischen oder von ausländischen zu inländischen Häfen erzielt werden, einschließlich der Einkünfte aus anderen mit solchen Beförderungen zusammenhängenden, sich auf das Ausland erstreckenden Beförderungsleistungen;
3. Einkünfte aus selbständiger Arbeit (§ 18), die in einem ausländischen Staat ausgeübt oder verwertet wird oder worden ist, und Einkünfte der in den Nummern 4, 6, 7 und 8 Buchstabe c genannten Art, soweit sie zu den Einkünften aus selbständiger Arbeit gehören;
4. Einkünfte aus der Veräußerung von
    a) Wirtschaftsgütern, die zum Anlagevermögen eines Betriebs gehören, wenn die Wirtschaftsgüter in einem ausländischen Staat belegen sind,
    b) Anteilen an Kapitalgesellschaften, wenn die Gesellschaft Geschäftsleitung oder Sitz in einem ausländischen Staat hat;
5. Einkünfte aus nichtselbständiger Arbeit (§ 19), die in einem ausländischen Staat ausgeübt oder, ohne im Inland ausgeübt zu werden oder worden zu sein, in einem ausländischen Staat verwertet wird oder worden ist, und Einkünfte, die von ausländischen öffentlichen Kassen mit Rücksicht auf ein gegenwärtiges oder früheres Dienstverhältnis gewährt werden. ²Einkünfte, die von inländischen öffentlichen Kassen einschließlich der Kassen der Deutschen Bundesbahn und der Deutschen Bundesbank mit Rücksicht auf ein gegenwärtiges oder früheres Dienstverhältnis gewährt werden, gelten auch dann als inländische Einkünfte, wenn die Tätigkeit in einem ausländischen Staat ausgeübt wird oder worden ist;
6. Einkünfte aus Kapitalvermögen (§ 20), wenn der Schuldner Wohnsitz, Geschäftsleitung oder Sitz in einem ausländischen Staat hat oder das Kapitalvermögen durch ausländischen Grundbesitz gesichert ist;
7. Einkünfte aus Vermietung und Verpachtung (§ 21), soweit das unbewegliche Vermögen oder die Sachinbegriffe in einem ausländischen Staat belegen oder die Rechte zur Nutzung in einem ausländischen Staat überlassen worden sind;
8. sonstige Einkünfte im Sinne des § 22, wenn
    a) der zur Leistung der wiederkehrenden Bezüge Verpflichtete Wohnsitz, Geschäftsleitung oder Sitz in einem ausländischen Staat hat,
    b) bei privaten Veräußerungsgeschäften die veräußerten Wirtschaftsgüter in einem ausländischen Staat belegen sind,
    c) bei Einkünften aus Leistungen einschließlich der Einkünfte aus Leistungen im Sinne des § 49 Abs. 1 Nr. 9 der zur Vergütung der Leistung Verpflichtete Wohnsitz, Geschäftsleitung oder Sitz in einem ausländischen Staat hat.

§ 34d

Hinweise

Hinweise

H 34d Ausländische Einkünfte aus Gewerbebetrieb, die durch eine in einem ausländischen Staat belegene Betriebsstätte erzielt worden sind, liegen auch dann vor, wenn der Steuerpflichtige im Zeitpunkt der steuerlichen Erfassung dieser Einkünfte die Betriebsstätte nicht mehr unterhält. Voraussetzung ist, dass die betriebliche Leistung, die den nachträglichen Einkünften zugrunde liegt, von der ausländischen Betriebsstätte während der Zeit ihres Bestehens erbracht worden ist.

→ § 34d Nr. 2 Buchstabe a EStG
→ BFH vom 15.7.1964 (BStBl. III S. 551)
→ BFH vom 12.10.1978 (BStBl. 1979 II S. 64)
→ BFH vom 16.7.1969 (BStBl. 1970 II S. 56); dieses Urteil ist nur im Sinne der vorzitierten Rechtsprechung zu verstehen.

2. Steuerermäßigung bei Einkünften aus Land- und Forstwirtschaft

§ 34e
(aufgehoben)

§ 34f

2a. Steuerermäßigung für Steuerpflichtige mit Kindern bei Inanspruchnahme erhöhter Absetzungen für Wohngebäude oder der Steuerbegünstigungen für eigengenutztes Wohneigentum

§ 34f

(1) ¹Bei Steuerpflichtigen, die erhöhte Absetzungen nach § 7b oder nach § 15 des Berlinförderungsgesetzes in Anspruch nehmen, ermäßigt sich die tarifliche Einkommensteuer, vermindert um die sonstigen Steuerermäßigungen mit Ausnahme der §§ 34g und 35, auf Antrag um je 600 DM für das zweite und jedes weitere Kind des Steuerpflichtigen oder seines Ehegatten. ²Voraussetzung ist,

1. dass der Steuerpflichtige das Objekt, bei einem Zweifamilienhaus mindestens eine Wohnung, zu eigenen Wohnzwecken nutzt oder wegen des Wechsels des Arbeitsortes nicht zu eigenen Wohnzwecken nutzen kann und
2. dass es sich einschließlich des ersten Kindes um Kinder im Sinne des § 32 Abs. 1 bis 5 oder 6 Satz 7 handelt, die zum Haushalt des Steuerpflichtigen gehören oder in dem für die erhöhten Absetzungen maßgebenden Begünstigungszeitraum gehört haben, wenn diese Zugehörigkeit auf Dauer angelegt ist oder war.

(2) ¹Bei Steuerpflichtigen, die die Steuerbegünstigung nach § 10e Abs. 1 bis 5 oder nach § 15b des Berlinförderungsgesetzes in Anspruch nehmen, ermäßigt sich die tarifliche Einkommensteuer, vermindert um die sonstigen Steuerermäßigungen mit Ausnahme des § 34g, auf Antrag um je 512 Euro für jedes Kind des Steuerpflichtigen oder seines Ehegatten im Sinne des § 32 Abs. 1 bis 5 oder 6 Satz 7. ²Voraussetzung ist, dass das Kind zum Haushalt des Steuerpflichtigen gehört oder in dem für die Steuerbegünstigung maßgebenden Zeitraum gehört hat, wenn diese Zugehörigkeit auf Dauer angelegt ist oder war.

(3) ¹Bei Steuerpflichtigen, die die Steuerbegünstigung nach § 10e Abs. 1, 2, 4 und 5 in Anspruch nehmen, ermäßigt sich die tarifliche Einkommensteuer, vermindert um die sonstigen Steuerermäßigungen, auf Antrag um je 512 Euro für jedes Kind des Steuerpflichtigen oder seines Ehegatten im Sinne des § 32 Abs. 1 bis 5 oder 6 Satz 7. ²Voraussetzung ist, dass das Kind zum Haushalt des Steuerpflichtigen gehört oder in dem für die Steuerbegünstigung maßgebenden Zeitraum gehört hat, wenn diese Zugehörigkeit auf Dauer angelegt ist oder war. ³Soweit sich der Betrag der Steuerermäßigung nach Satz 1 bei der Ermittlung der festzusetzenden Einkommensteuer nicht steuerentlastend auswirkt, ist er von der tariflichen Einkommensteuer der zwei vorangegangenen Veranlagungszeiträume abzuziehen. ⁴Steuerermäßigungen, die nach den Sätzen 1 und 3 nicht berücksichtigt werden können, können bis zum Ende des Abzugszeitraums im Sinne des § 10 e und in den zwei folgenden Veranlagungszeiträumen abgezogen werden. ⁵Ist für einen Veranlagungszeitraum bereits ein Steuerbescheid erlassen worden, so ist er insoweit zu ändern, als die Steuerermäßigung nach den Sätzen 3 und 4 zu gewähren oder zu berichtigen ist; die Verjährungsfristen enden insoweit nicht, bevor die Verjährungsfrist für den Veranlagungszeitraum abgelaufen ist, für den die Steuerermäßigung nach Satz 1 beantragt worden ist.

(4) ¹Die Steuerermäßigungen nach den Absätzen 2 oder 3 kann der Steuerpflichtige insgesamt nur bis zur Höhe der Bemessungsgrundlage der Abzugsbeträge nach § 10e Abs. 1 oder 2 in Anspruch nehmen. ²Die Steuerermäßigung nach den Absätzen 1, 2 und 3 Satz 1 kann der Steuerpflichtige im Kalenderjahr nur für ein Objekt in Anspruch nehmen.

§ 34g

2b. Steuerermäßigung bei Zuwendungen an politische Parteien und an unabhängige Wählervereinigungen

§ 34g

¹Die tarifliche Einkommensteuer, vermindert um die sonstigen Steuerermäßigungen mit Ausnahme des § 34f Abs. 3, ermäßigt sich bei Zuwendungen an

1. politische Parteien im Sinne des § 2 des Parteiengesetzes und
2. Vereine ohne Parteicharakter, wenn
   a) der Zweck des Vereins ausschließlich darauf gerichtet ist, durch Teilnahme mit eigenen Wahlvorschlägen an Wahlen auf Bundes-, Landes- oder Kommunalebene bei der politischen Willensbildung mitzuwirken, und
   b) der Verein auf Bundes-, Landes- oder Kommunalebene bei der jeweils letzten Wahl wenigstens ein Mandat errungen oder der zuständigen Wahlbehörde oder dem zuständigen Wahlorgan angezeigt hat, dass er mit eigenen Wahlvorschlägen auf Bundes-, Landes- oder Kommunalebene an der jeweils nächsten Wahl teilnehmen will.

²Nimmt der Verein an der jeweils nächsten Wahl nicht teil, wird die Ermäßigung nur für die bis zum Wahltag an ihn geleisteten Beiträge und Spenden gewährt. ³Die Ermäßigung für Beiträge und Spenden an den Verein wird erst wieder gewährt, wenn er sich mit eigenen Wahlvorschlägen an einer Wahl beteiligt hat. ⁴Die Ermäßigung wird in diesem Fall nur für Beiträge und Spenden gewährt, die nach Beginn des Jahres, in dem die Wahl stattfindet, geleistet werden.

²Die Ermäßigung beträgt 50 Prozent der Ausgaben, höchstens jeweils 825 Euro für Ausgaben nach den Nummern 1 und 2, im Falle der Zusammenveranlagung von Ehegatten höchstens jeweils 1 650 Euro. ³§ 10b Abs. 3 und 4 gilt entsprechend.

Hinweise

Hinweise

H 34g Nachweis von Zuwendungen an politische Parteien
→ *BMF vom 7.11.2013 (BStBl. I S. 1333) ergänzt durch BMF vom 26.3.2014 (BStBl. I S. 791)* [1]
Zuwendungen an unabhängige Wählervereinigungen
→ *BMF vom 16.6.1989 (BStBl. I S. 239):*

Durch das Gesetz zur steuerlichen Begünstigung von Zuwendungen an unabhängige Wählervereinigungen vom 25. Juli 1988 (BStBl. I S. 397) ist § 34g EStG ausgeweitet worden. Wie für Zuwendungen an politische Parteien wird nach § 34g Nr. 2 EStG auch für Mitgliedsbeiträge und Spenden an unabhängige Wählervereinigungen, die bestimmte Voraussetzungen erfüllen, eine Tarifermäßigung von 50 v. H. der Ausgaben, höchstens 600 DM (ab 2002: 825 €) bzw. 1 200 DM (ab 2002: 1 650 €) im Falle der Zusammenveranlagung von Ehegatten, gewährt. Die Vorschrift gilt nach Artikel 4 Nr. 11c des Haushaltsbegleitgesetzes 1989 (BStBl. I S. 19) rückwirkend ab 1984. Unter Bezugnahme auf das Ergebnis der Erörterungen mit den obersten Finanzbehörden der Länder gilt für die Anwendung der Vorschrift Folgendes:

1. *Die Höchstbeträge von 600 DM (ab 2002: 825 €) und 1 200 DM (ab 2002: 1 650 €) im Fall der Zusammenveranlagung von Ehegatten gelten für Mitgliedsbeiträge und Spenden (Zuwendungen) an politische Parteien nach § 34g Nr. 1 EStG und für Zuwendungen an unabhängige Wählervereinigungen nach § 34g Nr. 2 EStG gesondert und nebeneinander.*

   Als Ausgabe gilt auch die Zuwendung von Wirtschaftsgütern mit Ausnahme von Nutzungen und Leistungen. Zur Bewertung von Sachzuwendungen wird auf § 10b Abs. 3 EStG hingewiesen.

2. *Die Tarifermäßigung nach § 34g Nr. 2 EStG wird nur für Mitgliedsbeiträge und Spenden an unabhängige Wählervereinigungen in der Rechtsform des eingetragenen oder des nichtrechtsfähigen Vereins gewährt. Ein Sonderausgabenabzug nach § 10b Abs. 2 EStG ist nicht möglich. Der Zweck einer unabhängigen Wählervereinigung ist auch dann als ausschließlich auf die in § 34g Nr. 2 Buchstabe a EStG genannten politischen Zwecke gerichtet anzusehen, wenn sie gesellige Veranstaltungen durchführt, die im Vergleich zu ihrer politischen*

---
1) Siehe Anlage § 010b-01.

Tätigkeit von untergeordneter Bedeutung sind, und wenn eine etwaige wirtschaftliche Betätigung ihre politische Tätigkeit nicht überwiegt. Ihr Zweck ist dagegen zum Beispiel nicht ausschließich auf die politische Tätigkeit gerichtet, wenn sie neben dem politischen Zweck einen anderen Satzungszweck zum Beispiel gemeinnütziger oder wirtschaftlicher Art hat.

3. Die nach § 34g Nr. 2 Buchstabe b EStG ggf. erforderliche Anzeige gegenüber der zuständigen Wahlbehörde oder dem zuständigen Wahlorgan kann formlos in der Zeit vom ersten Tag nach der letzten Wahl bis zu dem Tag erfolgen, an dem die Anmeldefrist für die nächste Wahl abläuft. Die Anzeige kann der zuständigen Wahlbehörde oder dem zuständigen Wahlorgan bereits mehrere Jahre vor der nächsten Wahl zugehen. Sie muss ihr spätestens am Ende des Jahres vorliegen, für das eine Tarifermäßigung für Zuwendungen an die unabhängige Wählervereinigung beantragt wird. Spendenbestätigungen dürfen erst ausgestellt werden, wenn die Anzeige tatsächlich erfolgt ist.

4. Nach § 34g Satz 3 EStG wird die Steuerermäßigung für Beiträge und Spenden an eine unabhängige Wählervereinigung, die an der jeweils nächsten Wahl nicht teilgenommen hat, erst wieder gewährt, wenn sie sich mit eigenen Wahlvorschlägen an einer Wahl beteiligt hat. Diese einschränkende Regelung gilt nur für Beiträge und Spenden an unabhängige Wählervereinigungen, die der zuständigen Wahlbehörde vor einer früheren Wahl ihre Teilnahme angekündigt und sich dann entgegen dieser Mitteilung nicht an der Wahl beteiligt haben. Sie gilt nicht für unabhängige Wählervereinigungen, die sich an einer früheren Wahl zwar nicht beteiligt, eine Beteiligung an dieser Wahl aber auch nicht angezeigt haben.

Beispiele

a) Der neugegründete Verein A teilt der zuständigen Wahlbehörde im Jahr 01 mit, dass er an der nächsten Kommunalwahl am 20.5.03 teilnehmen will. Er nimmt an dieser Wahl jedoch nicht teil, ebenso nicht an der folgenden Wahl im Jahr 08. Im Jahr 09 teilt er der Wahlbehörde mit, dass er an der nächsten Wahl am 5.4. 13 teilnehmen will. An dieser Wahl nimmt er dann auch tatsächlich teil.

Die Steuerermäßigung nach § 34g Nr. 2 EStG kann gewährt werden für Beiträge und Spenden, die in der Zeit vom 1.1.01 bis zum 20.5.03 und vom 1.1.13 bis zum 5.4.13 an den Verein geleistet worden sind. In der Zeit vom 21.5.03 bis zum 31.12.12 geleistete Beiträge und Spenden sind nicht begünstigt. Nach dem 5.4.13 geleistete Beiträge und Spenden sind begünstigt, wenn der Verein bei der Wahl am 5.4.13 ein Mandat errungen hat oder noch im Jahr 13 anzeigt, dass er an der nächsten Wahl teilnehmen will.

b) Der Verein B ist in der Wahlperiode 1 mit einem Mandat im Stadtrat vertreten. An der Wahl für die Wahlperiode 2 am 15.10.05 nimmt er nicht teil. Er hatte eine Teilnahme auch nicht angekündigt. Am 20.11.05 teilt er der zuständigen Wahlbehörde mit, dass er an der Wahl für die Wahlperiode 3 am 9.9.10 teilnehmen will.

Die Steuerermäßigung kann für alle bis zum 9.9.10 an den Verein geleisteten Beiträge und Spenden gewährt werden. Nach diesem Termin geleistete Beiträge und Spenden sind nur begünstigt, wenn der Verein an der Wahl am 9.9.10 teilgenommen hat.

c) Der Verein C wird im Jahr 01 gegründet. An der nächsten Kommunalwahl am 10.2.03 nimmt er nicht teil. Er hatte eine Teilnahme an dieser Wahl auch nicht angekündigt. Am 11.2.03 teilt er der zuständigen Wahlbehörde mit, dass er an der nächsten Wahl am 15.3.08 teilnehmen will.

Die Steuerermäßigung kann für Beiträge und Spenden gewährt werden, die ab dem 1.1.03 an den Verein geleistet worden sind. Nach dem 15.3.08 geleistete Beiträge und Spenden sind nur begünstigt, wenn der Verein tatsächlich an der Wahl am 15.3.08 teilgenommen hat und entweder erfolgreich war (mindestens ein Mandat) oder bei erfolgloser Teilnahme der zuständigen Wahlbehörde mitteilt, dass er auch an der folgenden Wahl teilnehmen will.

5. Eine Teilnahme an einer Wahl liegt nur vor, wenn die Wähler die Möglichkeit haben, die Wählervereinigung zu wählen. Der Wahlvorschlag der Wählervereinigung muss also auf dem Stimmzettel enthalten sein.

6. Der Steuerpflichtige hat dem Finanzamt durch eine Spendenbestätigung der unabhängigen Wählervereinigung nachzuweisen, dass alle Voraussetzungen des § 34g EStG für die Gewährung der Tarifermäßigung erfüllt sind. BMF vom 7.11.2013 (BStBl. I S. 1333) ergänzt durch BMF vom 26.3.2014 (BStBl. I S. 791).[1]

---

1) Siehe Anlage § 010b-01.

§ 35

3. Steuerermäßigung bei Einkünften aus Gewerbebetrieb

§ 35

(1) ¹Die tarifliche Einkommensteuer, vermindert um die sonstigen Steuerermäßigungen mit Ausnahme der §§ 34f, 34g und 35a, ermäßigt sich, soweit sie anteilig auf im zu versteuernden Einkommen enthaltene gewerbliche Einkünfte entfällt (Ermäßigungshöchstbetrag),

1. bei Einkünften aus gewerblichen Unternehmen im Sinne des § 15 Abs. 1 Satz 1 Nr. 1

   um das 3,8-fache des jeweils für den dem Veranlagungszeitraum entsprechenden Erhebungszeitraum nach § 14 des Gewerbesteuergesetzes für das Unternehmen festgesetzten Steuermessbetrags (Gewerbesteuer-Messbetrag); Absatz 2 Satz 5 ist entsprechend anzuwenden;

2. bei Einkünften aus Gewerbebetrieb als Mitunternehmer im Sinne des § 15 Abs. 1 Satz 1 Nr. 2 oder als persönlich haftender Gesellschafter einer Kommanditgesellschaft auf Aktien im Sinne des § 15 Abs. 1 Satz 1 Nr. 3

   um das 3,8-fache des jeweils für den dem Veranlagungszeitraum entsprechenden Erhebungszeitraum festgesetzten anteiligen Gewerbesteuer-Messbetrags.

²Der Ermäßigungshöchstbetrag ist wie folgt zu ermitteln:

$$\frac{\text{Summe der positiven gewerblichen Einkünfte}}{\text{Summe aller positiven Einkünfte}} \cdot \text{geminderte tarifliche Steuer}$$

³Gewerbliche Einkünfte im Sinne der Sätze 1 und 2 sind die der Gewerbesteuer unterliegenden Gewinne und Gewinnanteile, soweit sie nicht nach anderen Vorschriften von der Steuerermäßigung nach § 35 ausgenommen sind. ⁴Geminderte tarifliche Steuer ist die tarifliche Steuer nach Abzug von Beträgen auf Grund der Anwendung zwischenstaatlicher Abkommen und nach Anrechnung der ausländischen Steuern nach § 32d Absatz 6 Satz 2, § 34c Absatz 1 und 6 dieses Gesetzes und § 12 des Außensteuergesetzes. ⁵Der Abzug des Steuerermäßigungsbetrags ist auf die tatsächlich zu zahlende Gewerbesteuer beschränkt.

(2) ¹Bei Mitunternehmerschaften im Sinne des § 15 Abs. 1 Satz 1 Nr. 2 oder bei Kommanditgesellschaften auf Aktien im Sinne des § 15 Abs. 1 Satz 1 Nr. 3 ist der Betrag des Gewerbesteuer-Messbetrags, die tatsächlich zu zahlende Gewerbesteuer und der auf die einzelnen Mitunternehmer oder auf die persönlich haftenden Gesellschafter entfallende Anteil gesondert und einheitlich festzustellen. ²Der Anteil eines Mitunternehmers am Gewerbesteuer-Messbetrag richtet sich nach seinem Anteil am Gewinn der Mitunternehmerschaft nach Maßgabe des allgemeinen Gewinnverteilungsschlüssels; Vorabgewinnanteile sind nicht zu berücksichtigen. ³Wenn auf Grund der Bestimmungen in einem Abkommen zur Vermeidung der Doppelbesteuerung bei der Festsetzung des Gewerbesteuer-Messbetrags für die Mitunternehmerschaft nur der auf einen Teil der Mitunternehmer entfallende anteilige Gewerbeertrag berücksichtigt wird, ist der Gewerbesteuer-Messbetrag nach Maßgabe des allgemeinen Gewinnverteilungsschlüssels in voller Höhe auf diese Mitunternehmer entsprechend ihrer Anteile am Gewerbeertrag der Mitunternehmerschaft aufzuteilen. ⁴Der anteilige Gewerbesteuer-Messbetrag ist als Prozentsatz mit zwei Nachkommastellen gerundet zu ermitteln. ⁵Bei der Feststellung nach Satz 1 sind anteilige Gewerbesteuer-Messbeträge, die aus einer Beteiligung an einer Mitunternehmerschaft stammen, einzubeziehen.

(3) ¹Zuständig für die gesonderte Feststellung nach Absatz 2 ist das für die gesonderte Feststellung der Einkünfte zuständige Finanzamt. ²Für die Ermittlung der Steuerermäßigung nach Absatz 1 sind die Festsetzung des Gewerbesteuer-Messbetrags, die Feststellung des Anteils an dem festzusetzenden Gewerbesteuer-Messbetrag nach Absatz 2 Satz 1 und die Festsetzung der Gewerbesteuer Grundlagenbescheide. ³Für die Ermittlung des anteiligen Gewerbesteuer-Messbetrags nach Absatz 2 sind die Festsetzung des Gewerbesteuer-Messbetrags und die Festsetzung des anteiligen Gewerbesteuer-Messbetrags aus der Beteiligung an einer Mitunternehmerschaft Grundlagenbescheide.

(4) Für die Aufteilung und die Feststellung der tatsächlich zu zahlenden Gewerbesteuer bei Mitunternehmerschaften im Sinne des § 15 Abs. 1 Satz 1 Nr. 2 und bei Kommanditgesell-

§ 35

schaften auf Aktien im Sinne des § 15 Abs. 1 Satz 1 Nr. 3 gelten die Absätze 2 und 3 entsprechend.

EStR und Hinweise

EStR 2012 zu § 35 EStG

R 35 Steuerermäßigung bei Einkünften aus Gewerbebetrieb
– unbesetzt –

Hinweise

H 35 Allgemeines
→ *BMF vom 24.2.2009*[1)]

Rechtsprechungsauswahl

BFH vom 5.6.14 IV R 43/11 (BStBl. II S. 695): Vorabgewinnanteil i. S. des § 35 Abs. 3 Satz 2 Halbsatz 2 EStG 2002

BFH vom 27.9.12 III R 69/10 (BStBl. 2013 II S. 201): Verrechnung von positiven und negativen gewerblichen Einkünften bei der Steuerermäßigung nach § 35 Abs. 1 EStG 2002

---

1) Siehe Anlage § 035-01.

4. Steuerermäßigung bei Aufwendungen für haushaltsnahe Beschäftigungsverhältnisse haushaltsnahe Dienstleistungen und Handwerkerleistungen

§ 35a Steuerermäßigung bei Aufwendungen für haushaltsnahe Beschäftigungensverhältnisse, haushaltsnahe Dienstleistungen und Handwerkerleistungen

(1) Für haushaltsnahe Beschäftigungsverhältnisse, bei denen es sich um eine geringfügige Beschäftigung im Sinne des § 8a des Vierten Buches Sozialgesetzbuch handelt, ermäßigt sich die tarifliche Einkommensteuer, vermindert um die sonstigen Steuerermäßigungen, auf Antrag um 20 Prozent, höchstens 510 Euro, der Aufwendungen des Steuerpflichtigen.

(2) [1]Für andere als in Absatz 1 aufgeführte haushaltsnahe Beschäftigungsverhältnisse oder für die Inanspruchnahme von haushaltsnahen Dienstleistungen, die nicht Dienstleistungen nach Absatz 3 sind, ermäßigt sich die tarifliche Einkommensteuer, vermindert um die sonstigen Steuerermäßigungen, auf Antrag um 20 Prozent, höchstens 4 000 Euro, der Aufwendungen des Steuerpflichtigen. [2]Die Steuerermäßigung kann auch in Anspruch genommen werden für die Inanspruchnahme von Pflege- und Betreuungsleistungen sowie für Aufwendungen, die einem Steuerpflichtigen wegen der Unterbringung in einem Heim oder zur dauernden Pflege erwachsen, soweit darin Kosten für Dienstleistungen enthalten sind, die mit denen einer Hilfe im Haushalt vergleichbar sind.

(3) [1]Für die Inanspruchnahme von Handwerkerleistungen für Renovierungs-, Erhaltungs- und Modernisierungsmaßnahmen ermäßigt sich die tarifliche Einkommensteuer, vermindert um die sonstigen Steuerermäßigungen, auf Antrag um 20 Prozent der Aufwendungen des Steuerpflichtigen höchstens jedoch um 1 200 Euro. [2]Dies gilt nicht für öffentlich geförderte Maßnahmen, für die zinsverbilligte Darlehen oder steuerfreie Zuschüsse in Anspruch genommen werden.

(4) [1]Die Steuerermäßigung nach den Absätzen 1 bis 3 kann nur in Anspruch genommen werden, wenn das Beschäftigungsverhältnis, die Dienstleistung oder die Handwerkerleistung in einem in der Europäischen Union oder dem Europäischen Wirtschaftsraum liegenden Haushalt des Steuerpflichtigen oder – bei Pflege- und Betreuungsleistungen – der gepflegten oder betreuten Person ausgeübt oder erbracht wird. [2]In den Fällen des Absatzes 2 Satz 2 zweiter Halbsatz ist Voraussetzung, dass das Heim oder der Ort der dauernden Pflege in der Europäischen Union oder dem Europäischen Wirtschaftsraum liegt.

(5) [1]Die Steuerermäßigungen nach den Absätzen 1 bis 3 können nur in Anspruch genommen werden, soweit die Aufwendungen nicht Betriebsausgaben oder Werbungskosten darstellen und soweit sie nicht als Sonderausgaben oder außergewöhnliche Belastungen berücksichtigt worden sind; für Aufwendungen, die dem Grunde nach unter § 10b Abs. 1 Nummer 5 fallen, ist eine Inanspruchnahme ebenfalls ausgeschlossen. [2]Der Abzug von der tariflichen Einkommensteuer nach den Absätzen 2 und 3 gilt nur für Arbeitskosten. [3]Voraussetzung für die Inanspruchnahme der Steuerermäßigung für haushaltsnahe Dienstleistungen nach Absatz 2 oder für Handwerkerleistungen nach Absatz 3 ist, dass der Steuerpflichtige für die Aufwendungen eine Rechnung erhalten hat und die Zahlung auf das Konto des Erbringers der Leistung erfolgt ist. [4]Leben zwei Alleinstehende in einem Haushalt zusammen, können sie die Höchstbeträge nach den Absätzen 1 bis 3 insgesamt jeweils nur einmal in Anspruch nehmen.

Hinweise

H 35a Anwendungsschreiben
→ *BMF vom 15.2.2010*[1]

Rechtsprechungsauswahl

BFH vom 20.3.14 IV R 55/12 (BStBl. II S. 880): Winterdienst auf öffentlichen Gehwegen kann haushaltsnahe Dienstleistung sein

BFH vom 20.3.14 IV R 56/12 (BStBl. II S. 882): Handwerkerleistungen jenseits der Grundstücksgrenze können nach § 35a EStG steuerbegünstigt sein

---

1) Siehe Anlage § 035a-01.

§ 35a

BFH vom 29.7.10 IV R 60/09 (BStBl. 2014 II S. 151): Höchstbetrag für die Steuerermäßigung bei Handwerkerleistung gilt haushaltbezogen; eine Verdoppelung/Vervielfältigung bei Nutzung mehrerer Wohnungen durch Ehegatten ist nicht zulässig

BFH vom 5.7.12 VI R 18/10 (BStBl. 2013 II S. 14): Keine Steuerermäßigung nach § 35a EStG für Zahlung von Pauschalen für Schönheitsreparaturen an den Vermieter

BFH vom 13.7.11 VI R 61/10 (BStBl. 2012 II S. 232): Erd- und Pflanzarbeiten im Garten als Handwerkerleistung

§ 35b

5. Steuerermäßigung bei Belastung mit Erbschaftsteuer

§ 35b Steuerermäßigung bei Belastung mit Erbschaftsteuer

[1]Sind bei der Ermittlung des Einkommens Einkünfte berücksichtigt worden, die im Veranlagungszeitraum oder in den vorangegangenen vier Veranlagungszeiträumen als Erwerb von Todes wegen der Erbschaftsteuer unterlegen haben, so wird auf Antrag die um sonstige Steuerermäßigungen gekürzte tarifliche Einkommensteuer, die auf diese Einkünfte entfällt, um den in Satz 2 bestimmten Prozentsatz ermäßigt. [2]Der Prozentsatz bestimmt sich nach dem Verhältnis, in dem die festgesetzte Erbschaftsteuer zu dem Betrag steht, der sich ergibt, wenn dem steuerpflichtigen Erwerb (§ 10 Abs. 1 des Erbschaftsteuer- und Schenkungsteuergesetzes) die Freibeträge nach den §§ 16 und 17 und der steuerfreie Betrag nach § 5 des Erbschaftsteuer- und Schenkungsteuergesetzes hinzugerechnet werden. [3]Die Sätze 1 und 2 gelten nicht, soweit Erbschaftsteuer nach § 10 Abs. 1 Nr. 1a abgezogen wird.

VI. Steuererhebung

1. Erhebung der Einkommensteuer

§ 36 Entstehung und Tilgung der Einkommensteuer

(1) Die Einkommensteuer entsteht, soweit in diesem Gesetz nichts anderes bestimmt ist, mit Ablauf des Veranlagungszeitraums.

(2) [1]Auf die Einkommensteuer werden angerechnet:
1. die für den Veranlagungszeitraum entrichteten Einkommensteuer-Vorauszahlungen (§ 37);
2. die durch Steuerabzug erhobene Einkommensteuer, soweit sie auf die bei der Veranlagung erfassten Einkünfte oder auf die nach § 3 Nr. 40 dieses Gesetzes oder nach § 8b Abs. 1 und 6 Satz 2 des Körperschaftsteuergesetzes bei der Ermittlung des Einkommens außer Ansatz bleibenden Bezüge entfällt und nicht die Erstattung beantragt oder durchgeführt worden ist. [2]Die durch Steuerabzug erhobene Einkommensteuer wird nicht angerechnet, wenn die in § 45a Abs. 2 oder 3 bezeichnete Bescheinigung nicht vorgelegt worden ist. [3]In den Fällen des § 8b Abs. 6 Satz 2 des Körperschaftsteuergesetzes ist es für die Anrechnung ausreichend, wenn die Bescheinigung nach § 45a Abs. 2 und 3 vorgelegt wird, die dem Gläubiger der Kapitalerträge ausgestellt worden ist.

(3) [1]Die Steuerbeträge nach Absatz 2 Nr. 2 sind auf volle Euro aufzurunden. [2]Bei den durch Steuerabzug erhobenen Steuern ist jeweils die Summe der Beträge einer einzelnen Abzugsteuer aufzurunden.

(4) [1]Wenn sich nach der Abrechnung ein Überschuss zuungunsten des Steuerpflichtigen ergibt, hat der Steuerpflichtige (Steuerschuldner) diesen Betrag, soweit er den fällig gewordenen, aber nicht entrichteten Einkommensteuer-Vorauszahlungen entspricht, sofort, im Übrigen innerhalb eines Monats nach Bekanntgabe des Steuerbescheids zu entrichten (Abschlusszahlung). [2]Wenn sich nach der Abrechnung ein Überschuss zugunsten des Steuerpflichtigen ergibt, wird dieser dem Steuerpflichtigen nach Bekanntgabe des Steuerbescheids ausgezahlt. [3]Bei Ehegatten, die nach den §§ 26, 26b zusammen zur Einkommensteuer veranlagt worden sind, wirkt die Auszahlung an einen Ehegatten auch für und gegen den anderen Ehegatten.

(5) [1]In den Fällen des § 16 Absatz 3a kann auf Antrag des Steuerpflichtigen die festgesetzte Steuer, die auf den Aufgabegewinn und den durch den Wechsel der Gewinnermittlungsart erzielten Gewinn entfällt, in fünf gleichen Jahresraten entrichtet werden, wenn die Wirtschaftsgüter einem Betriebsvermögen des Steuerpflichtigen in einem anderen Mitgliedstaat der Europäischen Union oder des Europäischen Wirtschaftsraums zuzuordnen sind, sofern durch diese Staaten Amtshilfe entsprechend oder im Sinne der Amtshilferichtlinie gemäß § 2 Abs. 2 des EU-Amtshilfegesetzes und gegenseitige Unterstützung bei der Beitreibung im Sinne der Beitreibungsrichtlinie einschließlich der in diesem Zusammenhang anzuwendenden Durchführungsbestimmungen in den für den jeweiligen Veranlagungszeitraum geltenden Fassungen oder eines entsprechenden Nachfolgerechtsakts geleistet werden. [2]Die erste Jahresrate ist innerhalb eines Monats nach Bekanntgabe des Steuerbescheids zu entrichten; die übrigen Jahresraten sind jeweils am 31. Mai der Folgejahre fällig. [3]Die Jahresraten sind nicht zu verzinsen. [4]Wird der Betrieb oder Teilbetrieb während dieses Zeitraums eingestellt, veräußert oder in andere als die in Satz 1 genannten Staaten verlegt, wird die noch nicht entrichtete Steuer innerhalb eines Monats nach diesem Zeitpunkt fällig; Satz 2 bleibt unberührt. [5]Ändert sich die festgesetzte Steuer, sind die Jahresraten entsprechend anzupassen.

EStR und Hinweise

EStR 2012 zu § 36 EStG

R 36 Anrechnung von Steuervorauszahlungen und von Steuerabzugsbeträgen

[1]Die Anrechnung von Kapitalertragsteuer setzt voraus, dass die der Anrechnung zugrunde liegenden Einnahmen bei der Veranlagung erfasst werden und der Anteilseigner die in § 45a Abs. 2 oder 3 EStG

bezeichnete Bescheinigung im Original vorlegt. ²Ob die Einnahmen im Rahmen der Einkünfte aus Kapitalvermögen anfallen oder bei einer anderen Einkunftsart, ist für die Anrechnung unerheblich. ³Bei der Bilanzierung abgezinster Kapitalforderungen erfolgt die Anrechnung der Kapitalertragsteuer stets im Erhebungsjahr, auch wenn die der Anrechnung zugrunde liegenden Einnahmen ganz oder teilweise bereits in früheren Jahren zu erfassen waren.

Hinweise

H 36 **Abtretung**

Der Anspruch auf die Anrechnung von Steuerabzugsbeträgen kann nicht abgetreten werden. Abgetreten werden kann nur der Anspruch auf Erstattung von überzahlter Einkommensteuer, der sich durch den Anrechnungsbetrag ergibt. Der Erstattungsanspruch entsteht wie die zu veranlagende Einkommensteuer mit Ablauf des Veranlagungszeitraums. Die Abtretung wird erst wirksam, wenn sie der Gläubiger nach diesem Zeitpunkt der zuständigen Finanzbehörde anzeigt (§ 46 Abs. 2 AO).

Anrechnung

– *Änderungen*

Die Vorschriften über die Aufhebung oder Änderung von Steuerfestsetzungen können – auch wenn im Einkommensteuerbescheid die Steuerfestsetzung und die Anrechnung technisch zusammengefasst sind – nicht auf die Anrechnung angewendet werden. Die Korrektur der Anrechnung richtet sich nach §§ 129 bis 131 AO. Zum Erlass eines Abrechnungsbescheides → § 218 Abs. 2 AO.

Die Anrechnung von Steuerabzugsbeträgen und Steuervorauszahlungen ist ein Verwaltungsakt mit Bindungswirkung. Diese Bindungswirkung muss auch beim Erlass eines Abrechnungsbescheids nach § 218 Abs. 2 AO beachtet werden. Deshalb kann im Rahmen eines Abrechnungsbescheides die Steueranrechnung zugunsten oder zuungunsten des Steuerpflichtigen nur dann geändert werden, wenn eine der Voraussetzungen der §§ 129 – 131 AO gegeben ist (→ BFH vom 15.4.1997 – BStBl. 1997 II S. 787).

– *bei Veranlagung*

Die Anrechnung von Steuerabzugsbeträgen ist unzulässig, soweit die Erstattung beantragt oder durchgeführt worden ist (§ 36 Abs. 2 Satz 2 Nr. 2 EStG).

Durch einen bestandskräftig abgelehnten Antrag auf Erstattung von Kapitalertragsteuer wird die Anrechnung von Kapitalertragsteuer bei der Veranlagung zur Einkommensteuer nicht ausgeschlossen.

– *Teil der Steuererhebung*

Die Anrechnung von Steuervorauszahlungen (§ 36 Abs. 2 Nr. 1 EStG) und von erhobenen Steuerabzugsbeträgen (§ 36 Abs. 2 Nr. 2 EStG) auf die Einkommensteuer ist Teil der Steuererhebung (→ BFH vom 14.11.1984 – BStBl. 1985 II S. 216).

Investmentanteile

Zur Anrechnung von Kapitalertragsteuer bei Veräußerung oder Rückgabe eines Anteils an einem ausländischen thesaurierenden Investmentvermögen → BMF vom 17.12.2012 (BStBl. 2013 I S. 11)

Personengesellschaft

→ H 15.8 (3) GmbH-Beteiligung

§§ 36a–36e

§§ 36a bis 36e (weggefallen)

§ 37

§ 37 Einkommensteuer-Vorauszahlung

(1) [1]Der Steuerpflichtige hat am 10. März, 10. Juni, 10. September und 10. Dezember Vorauszahlungen auf die Einkommensteuer zu entrichten, die er für den laufenden Veranlagungszeitraum voraussichtlich schulden wird. [2]Die Einkommensteuer-Vorauszahlung entsteht jeweils mit Beginn des Kalendervierteljahrs, in dem die Vorauszahlungen zu entrichten sind, oder, wenn die Steuerpflicht erst im Laufe des Kalendervierteljahrs begründet wird, mit Begründung der Steuerpflicht.

(2) (weggefallen)

(3) [1]Das Finanzamt setzt die Vorauszahlungen durch Vorauszahlungsbescheid fest. [2]Die Vorauszahlungen bemessen sich grundsätzlich nach der Einkommensteuer, die sich nach Anrechnung der Steuerabzugsbeträge (§ 36 Abs. 2 Nr. 2) bei der letzten Veranlagung ergeben hat. [3]Das Finanzamt kann bis zum Ablauf des auf den Veranlagungszeitraum folgenden 15. Kalendermonats die Vorauszahlungen an die Einkommensteuer anpassen, die sich für den Veranlagungszeitraum voraussichtlich ergeben wird; dieser Zeitraum verlängert sich auf 23 Monate, wenn die Einkünfte aus Land- und Forstwirtschaft bei der erstmaligen Steuerfestsetzung die anderen Einkünfte voraussichtlich überwiegen werden. [4]Bei der Anwendung der Sätze 2 und 3 bleiben Aufwendungen im Sinne des § 10 Abs. 1 Nr. 1, 1a, 1b, 4, 5, 7 und 9, der §§ 10b und 33 sowie die abziehbaren Beträge nach § 33a, wenn die Aufwendungen und abziehbaren Beträge insgesamt 600 Euro nicht übersteigen, außer Ansatz. [5]Die Steuerermäßigung nach § 34a bleibt außer Ansatz. [6]Bei der Anwendung der Sätze 2 und 3 bleibt der Sonderausgabenabzug nach § 10a Abs. 1 außer Ansatz. [7]Außer Ansatz bleiben bis zur Anschaffung oder Fertigstellung der Objekte im Sinne der § 10e Abs. 1 und 2 und des § 10h auch die Aufwendungen, die nach § 10e Abs. 6 und § 10h Satz 3 wie Sonderausgaben abgezogen werden; Entsprechendes gilt auch für Aufwendungen, die nach § 10i für nach dem Eigenheimzulagengesetz begünstigte Objekte wie Sonderausgaben abgezogen werden. [8]Negative Einkünfte aus der Vermietung oder Verpachtung eines Gebäudes im Sinne des § 21 Abs. 1 Satz 1 Nr. 1 werden bei der Festsetzung der Vorauszahlungen nur für Kalenderjahre berücksichtigt, die nach der Anschaffung oder Fertigstellung dieses Gebäudes beginnen. [9]Wird ein Gebäude vor dem Kalenderjahr seiner Fertigstellung angeschafft, tritt an die Stelle der Anschaffung oder Fertigstellung. [10]Satz 8 gilt nicht für negative Einkünfte aus der Vermietung oder Verpachtung eines Gebäudes, für das erhöhte Absetzungen nach den §§ 14a, 14c oder 14d des Berlinförderungsgesetzes oder Sonderabschreibungen nach § 4 des Fördergebietsgesetzes in Anspruch genommen werden. [11]Satz 8 gilt für negative Einkünfte aus der Vermietung oder Verpachtung eines anderen Vermögensgegenstandes im Sinne des § 21 Abs. 1 Satz 1 Nr. 1 bis 3 entsprechend mit der Maßgabe, dass an die Stelle der Anschaffung oder Fertigstellung die Aufnahme der Nutzung durch den Steuerpflichtigen tritt. [12]In den Fällen des § 31, in denen die gebotene steuerliche Freistellung eines Einkommensbetrags in Höhe des Existenzminimums eines Kindes durch das Kindergeld nicht in vollem Umfang bewirkt wird, bleiben bei der Anwendung der Sätze 2 und 3 Freibeträge nach § 32 Abs. 6 und zu verrechnendes Kindergeld außer Ansatz.

(4) [1]Bei einer nachträglichen Erhöhung der Vorauszahlungen ist die letzte Vorauszahlung für den Veranlagungszeitraum anzupassen. [2]Der Erhöhungsbetrag ist innerhalb eines Monats nach Bekanntgabe des Vorauszahlungsbescheids zu entrichten.

(5) [1]Vorauszahlungen sind nur festzusetzen, wenn sie mindestens 400 Euro im Kalenderjahr und mindestens 100 Euro für einen Vorauszahlungszeitpunkt betragen. [2]Festgesetzte Vorauszahlungen sind nur zu erhöhen, wenn sich der Erhöhungsbetrag im Falle des Absatzes 3 Satz 2 bis 5 für einen Vorauszahlungszeitpunkt auf mindestens 100 Euro, im Falle des Absatzes 4 auf mindestens 5 000 Euro beläuft.

(6) [1]Absatz 3 ist, soweit die erforderlichen Daten nach § 10 Absatz 2 Satz 3 noch nicht nach § 10 Absatz 2a übermittelt wurden, mit der Maßgabe anzuwenden, dass

1. als Beiträge im Sinne des § 10 Absatz 1 Nummer 3 Buchstabe a die für den letzten Veranlagungszeitraum geleisteten

    a) Beiträge zugunsten einer privaten Krankenversicherung vermindert um 20 Prozent oder

§ 37 R 37

b) Beiträge zur gesetzlichen Krankenversicherung vermindert um 4 Prozent,

2. als Beiträge im Sinne des § 10 Absatz 1 Nummer 3 Buchstabe b die bei der letzten Veranlagung berücksichtigten Beiträge zugunsten einer gesetzlichen Pflegeversicherung anzusetzen sind; mindestens jedoch 1 500 Euro. ²Bei zusammen veranlagten Ehegatten ist der in Satz 1 genannte Betrag von 1 500 Euro zu verdoppeln.

EStR und Hinweise

EStR 2012 zu § 37 EStG

R 37 Einkommensteuer-Vorauszahlung

Bei der Veranlagung von Ehegatten nach § 26a EStG ist für die Ermittlung der 600 Euro-Grenze in § 37 Abs. 3 EStG die Summe der für beide Ehegatten in Betracht kommenden Aufwendungen und abziehbaren Beträge zugrunde zu legen.

Hinweise

H 37 Anpassung von Vorauszahlungen

Eine Anpassung ist auch dann noch möglich, wenn eine Einkommensteuererklärung für den abgelaufenen VZ bereits abgegeben worden ist (→ BFH vom 27.9.1976 – BStBl. 1977 II S. 33).

Verteilung von Vorauszahlungen

Vorauszahlungen sind grundsätzlich in vier gleich großen Teilbeträgen zu leisten. Eine Ausnahme hiervon kommt auch dann nicht in Betracht, wenn der Stpfl. geltend macht, der Gewinn des laufenden VZ entstehe nicht gleichmäßig (→ BFH vom 22.11.2011 – BStBl. 2012 II S. 329).

Vorauszahlungen bei Arbeitnehmern

Die Festsetzung von Einkommensteuer-Vorauszahlungen ist auch dann zulässig, wenn der Stpfl. ausschließlich Einkünfte aus nichtselbständiger Arbeit erzielt, die dem Lohnsteuerabzug unterliegen (→ BFH vom 22.12.2004 – BStBl. 2005 II S. 358).

Erhöhung von Vorauszahlungen

Im Fall der Erhöhung einer Vorauszahlung zum nächsten Vorauszahlungstermin des laufenden Kalenderjahres gilt die Monatsfrist des § 37 Abs. 4 Satz 2 EStG nicht (→ BFH vom 22.8.1974 – BStBl. 1975 II S. 15 und vom 25.6.1981 – BStBl. 1982 II S. 105).

Weitere Verwaltungsanweisungen
(soweit nicht in den Hinweisen enthalten)

Zu § 37 EStG

1. Verfahren bei der Geltendmachung von negativen Einkünften aus der Beteiligung an Verlustzuweisungsgesellschaften und aus Bauherren- oder Erwerbergemeinschaften (BdF-Schreiben vom 13.7.1992)[1]
2. Verluste aus Vermietung und Verpachtung bei der Festsetzung von Vorauszahlungen erst für Jahre nach der Anschaffung oder Herstellung (Vfg OFD Hannover vom 6.12.1993, DStR 1994 S. 175)
3. Berichtigungspflicht gemäß § 153 AO bei der Anpassung von Einkommensteuer-Vorauszahlungen (Vfg OFD Münster vom 4.7.1994, DB 1994 S. 1754)
4. Einkommensteuer-Vorauszahlungen beim sog. Realsplitting (Vfg OFD München vom 10.10.1996, FR 1996 S. 841)

---

1) Siehe Anlage § 021-06.

§ 37a

§ 37a Pauschalierung der Einkommensteuer durch Dritte

(1) ¹Das Finanzamt kann auf Antrag zulassen, dass das Unternehmen, das Sachprämien im Sinne des § 3 Nr. 38 gewährt, die Einkommensteuer für den Teil der Prämien, der nicht steuerfrei ist, pauschal erhebt. ²Bemessungsgrundlage der pauschalen Einkommensteuer ist der gesamte Wert der Prämien, die den im Inland ansässigen Steuerpflichtigen zufließen. ³Der Pauschsteuersatz beträgt 2,25 Prozent.

(2) ¹Auf die pauschale Einkommensteuer ist § 40 Abs. 3 sinngemäß anzuwenden. ²Das Unternehmen hat die Prämienempfänger von der Steuerübernahme zu unterrichten.

(3) ¹Über den Antrag entscheidet das Betriebsstättenfinanzamt des Unternehmens (§ 41a Abs. 1 Satz 1 Nr. 1). ²Hat das Unternehmen mehrere Betriebsstättenfinanzämter, so ist das Finanzamt der Betriebstätte zuständig, in der die für die pauschale Besteuerung maßgebenden Prämien ermittelt werden. ³Die Genehmigung zur Pauschalierung wird mit Wirkung für die Zukunft erteilt und kann zeitlich befristet werden; sie erstreckt sich auf alle im Geltungszeitraum ausgeschütteten Prämien.

(4) Die pauschale Einkommensteuer gilt als Lohnsteuer und ist von dem Unternehmen in der Lohnsteuer-Anmeldung der Betriebsstätte im Sinne des Absatzes 3 anzumelden und spätestens am zehntenTag nach Ablauf des für die Betriebsstätte maßgebenden Lohnsteuer-Anmeldungszeitraums an das Betriebsstättenfinanzamt abzuführen.

Verwaltungsanweisungen

1. Pauschalierung der Einkommensteuer durch Dritte gemäß § 37a EStG bei Miles and more (Vfg OFD Frankfurt vom 14.7.1997, FR 1997 S. 744)

§ 37b   H 37b

§ 37b Pauschalierung der Einkommensteuer bei Sachzuwendungen

(1) ¹Steuerpflichtige können die Einkommensteuer einheitlich für alle innerhalb eines Wirtschaftsjahres gewährten
1. betrieblich veranlassten Zuwendungen, die zusätzlich zur ohnehin vereinbarten Leistung oder Gegenleistung erbracht werden, und
2. Geschenke im Sinne des § 4 Abs. 5 Satz 1 Nr. 1,

die nicht in Geld bestehen, mit einem Pauschsteuersatz von 30 Prozent erheben. ²Bemessungsgrundlage der pauschalen Einkommensteuer sind die Aufwendungen des Steuerpflichtigen einschließlich Umsatzsteuer; bei Zuwendungen an Arbeitnehmer verbundener Unternehmen ist Bemessungsgrundlage mindestens der sich nach § 8 Abs. 3 Satz 1 ergebende Wert. ³Die Pauschalierung ist ausgeschlossen,
1. soweit die Aufwendungen je Empfänger und Wirtschaftsjahr oder
2. wenn die Aufwendungen für die einzelne Zuwendung

den Betrag von 10 000 Euro übersteigen.

(2) ¹Absatz 1 gilt auch für betrieblich veranlasste Zuwendungen an Arbeitnehmer des Steuerpflichtigen, soweit sie nicht in Geld bestehen und zusätzlich zum ohnehin geschuldeten Arbeitslohn erbracht werden. ²In den Fällen des § 8 Abs. 2 Satz 2 bis 10, Abs. 3, § 40 Abs. 2 sowie in Fällen, in denen Vermögensbeteiligungen überlassen werden, ist Absatz 1 nicht anzuwenden; Entsprechendes gilt, soweit die Zuwendungen nach § 40 Abs. 1 pauschaliert worden sind. ³§ 37a Abs. 1 bleibt unberührt.

(3) ¹Die pauschal besteuerten Sachzuwendungen bleiben bei der Ermittlung der Einkünfte des Empfängers außer Ansatz. ²Auf die pauschale Einkommensteuer ist § 40 Abs. 3 sinngemäß anzuwenden. ³Der Steuerpflichtige hat den Empfänger von der Steuerübernahme zu unterrichten.

(4) ¹Die pauschale Einkommensteuer gilt als Lohnsteuer und ist von dem die Sachzuwendung gewährenden Steuerpflichtigen in der Lohnsteuer-Anmeldung der Betriebsstätte nach § 41 Abs. 2 anzumelden und spätestens am zehnten Tag nach Ablauf des für die Betriebsstätte maßgebenden Lohnsteuer-Anmeldungszeitraums an das Betriebsstättenfinanzamt abzuführen. ²Hat der Steuerpflichtige mehrere Betriebsstätten im Sinne des Satzes 1, so ist das Finanzamt der Betriebsstätte zuständig, in der die für die pauschale Besteuerung maßgebenden Sachbezüge ermittelt werden.

Hinweise

H 37b   Allgemeines

Zur Pauschalierung der Einkommensteuer bei Sachzuwendungen → BMF vom 29.4.2008 (BStBl. I S. 566)[1)]

Verwaltungsanweisungen

1. Für Wirtschaftsjahre, die vor dem 1.7.2008 enden, kann das Wahlrecht zur Pauschalierung der Einkommensteuer noch bis zum 28.2.2009 ausgeübt werden (Erlass Berlin vom 15.9.2008, DB 2008 S. 2732).

---

1) Siehe Anlage § 037b-01.

2. Steuerabzug vom Arbeitslohn (Lohnsteuer)[1)]

§ 38 Erhebung der Lohnsteuer

(1) ¹Bei Einkünften aus nichtselbständiger Arbeit wird die Einkommensteuer durch Abzug vom Arbeitslohn erhoben (Lohnsteuer), soweit der Arbeitslohn von einem Arbeitgeber gezahlt wird, der

1. im Inland einen Wohnsitz, seinen gewöhnlichen Aufenthalt, seine Geschäftsleitung, seinen Sitz, eine Betriebsstätte oder einen ständigen Vertreter im Sinne der §§ 8 bis 13 der Abgabenordnung hat (inländischer Arbeitgeber) oder
2. einem Dritten (Entleiher) Arbeitnehmer gewerbsmäßig zur Arbeitsleistung im Inland überlässt, ohne inländischer Arbeitgeber zu sein (ausländischer Verleiher).

²Inländischer Arbeitgeber im Sinne des Satzes 1 ist in den Fällen der Arbeitnehmerentsendung auch das in Deutschland ansässige aufnehmende Unternehmen, das den Arbeitslohn für die ihm geleistete Arbeit wirtschaftlich trägt; Voraussetzung hierfür ist nicht, dass das Unternehmen dem Arbeitnehmer den Arbeitslohn im eigenen Namen und für eigene Rechnung auszahlt. ³Der Lohnsteuer unterliegt auch der im Rahmen des Dienstverhältnisses von einem Dritten gewährte Arbeitslohn, wenn der Arbeitgeber weiß oder erkennen kann, dass derartige Vergütungen erbracht werden; dies ist insbesondere anzunehmen, wenn Arbeitgeber und Dritter verbundene Unternehmen im Sinne von § 15 des Aktiengesetzes sind.

(2) ¹Der Arbeitnehmer ist Schuldner der Lohnsteuer. ²Die Lohnsteuer entsteht in dem Zeitpunkt, in dem der Arbeitslohn dem Arbeitnehmer zufließt.

(3) ¹Der Arbeitgeber hat die Lohnsteuer für Rechnung des Arbeitnehmers bei jeder Lohnzahlung vom Arbeitslohn einzubehalten. ²Bei juristischen Personen des öffentlichen Rechts hat die öffentliche Kasse, die den Arbeitslohn zahlt, die Pflichten des Arbeitgebers. ³In den Fällen der nach § 7f Abs. 1 Satz 1 Nr. 2 des Vierten Buches Sozialgesetzbuch an die Deutsche Rentenversicherung Bund übertragenen Wertguthaben hat die Deutsche Rentenversicherung Bund bei Inanspruchnahme des Wertguthabens die Pflichten des Arbeitgebers.

(3a) ¹Soweit sich aus einem Dienstverhältnis oder einem früheren Dienstverhältnis tarifvertragliche Ansprüche des Arbeitnehmers auf Arbeitslohn unmittelbar gegen einen Dritten mit Wohnsitz, Geschäftsleitung oder Sitz im Inland richten und von diesem durch die Zahlung von Geld erfüllt werden, hat der Dritte die Pflichten des Arbeitgebers. ²In anderen Fällen kann das Finanzamt zulassen, dass ein Dritter mit Wohnsitz, Geschäftsleitung oder Sitz im Inland die Pflichten des Arbeitgebers im eigenen Namen erfüllt. ³Voraussetzung ist, dass der Dritte

1. sich hierzu gegenüber dem Arbeitgeber verpflichtet hat,
2. den Lohn auszahlt oder er nur Arbeitgeberpflichten für von ihm vermittelte Arbeitnehmer übernimmt und
3. die Steuererhebung nicht beeinträchtigt wird.

⁴Die Zustimmung erteilt das Betriebsstättenfinanzamt des Dritten auf dessen Antrag im Einvernehmen mit dem Betriebsstättenfinanzamt des Arbeitgebers; sie darf mit Nebenbestimmungen versehen werden, die die ordnungsgemäße Steuererhebung sicherstellen und die Überprüfung des Lohnsteuerabzugs nach § 42f erleichtern sollen. ⁵Die Zustimmung kann mit Wirkung für die Zukunft widerrufen werden. ⁶In den Fällen der Sätze 1 und 2 sind die das Lohnsteuerverfahren betreffenden Vorschriften mit der Maßgabe anzuwenden, dass an die Stelle des Arbeitgebers der Dritte tritt; der Arbeitgeber ist von seinen Pflichten befreit, soweit der Dritte diese Pflichten erfüllt hat. ⁷Erfüllt der Dritte die Pflichten des Arbeitgebers, kann er den Arbeitslohn, der einem Arbeitnehmer in demselben Lohnabrechnungszeitraum aus mehreren Dienstverhältnissen zufließt, für die Lohnsteuerermittlung und in der Lohnsteuerbescheinigung zusammenrechnen.

(4) ¹Wenn der vom Arbeitgeber geschuldete Barlohn zur Deckung der Lohnsteuer nicht ausreicht, hat der Arbeitnehmer dem Arbeitgeber den Fehlbetrag zur Verfügung zu stellen oder

---

1) Wegen Verwaltungsanweisung und BFH-Rechtsprechung zum Lohnsteuerabzug siehe unsere Broschüre „Lohnsteuer 2015".

§§ 38, 38a, 38b

der Arbeitgeber einen entsprechenden Teil der anderen Bezüge des Arbeitnehmers zurückzubehalten. ²Soweit der Arbeitnehmer seiner Verpflichtung nicht nachkommt und der Arbeitgeber den Fehlbetrag nicht durch Zurückbehaltung von anderen Bezügen des Arbeitnehmers aufbringen kann, hat der Arbeitgeber dies dem Betriebsstättenfinanzamt (§ 41a Abs. 1 Satz 1 Nr. 1) anzuzeigen. ³Der Arbeitnehmer hat dem Arbeitgeber die von einem Dritten gewährten Bezüge (Absatz 1 Satz 3) am Ende des jeweiligen Lohnzahlungszeitraums anzugeben; wenn der Arbeitnehmer keine Angabe oder eine erkennbar unrichtige Angabe macht, hat der Arbeitgeber dies dem Betriebsstättenfinanzamt anzuzeigen. ⁴Das Finanzamt hat die zuwenig erhobene Lohnsteuer vom Arbeitnehmer nachzufordern.

§ 38a Höhe der Lohnsteuer

(1) ¹Die Jahreslohnsteuer bemisst sich nach dem Arbeitslohn, den der Arbeitnehmer im Kalenderjahr bezieht (Jahresarbeitslohn). ²Laufender Arbeitslohn gilt in dem Kalenderjahr als bezogen, in dem der Lohnzahlungszeitraum endet; in den Fällen des § 39b Abs. 5 Satz 1 tritt der Lohnabrechnungszeitraum an die Stelle des Lohnzahlungszeitraums. ³Arbeitslohn, der nicht als laufender Arbeitslohn gezahlt wird (sonstige Bezüge), wird in dem Kalenderjahr bezogen, in dem er dem Arbeitnehmer zufließt.

(2) Die Jahreslohnsteuer wird nach dem Jahresarbeitslohn so bemessen, dass sie der Einkommensteuer entspricht, die der Arbeitnehmer schuldet, wenn er ausschließlich Einkünfte aus nichtselbständiger Arbeit erzielt.

(3) ¹Vom laufenden Arbeitslohn wird die Lohnsteuer jeweils mit dem auf den Lohnzahlungszeitraum fallenden Teilbetrag der Jahreslohnsteuer erhoben, die sich bei Umrechnung des laufenden Arbeitslohns auf einen Jahresarbeitslohn ergibt. ²Von sonstigen Bezügen wird die Lohnsteuer mit dem Betrag erhoben, der zusammen mit der Lohnsteuer für den laufenden Arbeitslohn des Kalenderjahrs und für etwa im Kalenderjahr bereits gezahlte sonstige Bezüge die voraussichtliche Jahreslohnsteuer ergibt.

(4) Bei der Ermittlung der Lohnsteuer werden die Besteuerungsgrundlagen des Einzelfalls durch die Einreihung der Arbeitnehmer in Steuerklassen (§ 38b), Feststellung von Freibeträgen und Hinzurechnungsbeträgen (§ 39a) sowie Bereitstellung von elektronischen Lohnsteuerabzugsmerkmalen (§ 39e) oder Ausstellung von entsprechenden Bescheinigungen für den Lohnsteuerabzug (§ 39 Absatz 3 und § 39e Absatz 7 und 8) berücksichtigt.

§ 38b Lohnsteuerklassen, Zahl der Kinderfreibeträge

(1) ¹Für die Durchführung des Lohnsteuerabzugs werden Arbeitnehmer in Steuerklassen eingereiht. ²Dabei gilt Folgendes:

1. In die Steuerklasse I gehören Arbeitnehmer, die
    a) unbeschränkt einkommensteuerpflichtig sind und
        aa) ledig sind,
        bb) verheiratet, verwitwet oder geschieden sind und bei denen die Voraussetzungen für die Steuerklasse III oder IV nicht erfüllt sind; oder
    b) beschränkt einkommensteuerpflichtig sind;
2. in die Steuerklasse II gehören die unter Nummer 1 Buchstabe a bezeichneten Arbeitnehmer, wenn bei ihnen der Entlastungsbetrag für Alleinerziehende (§ 24b) zu berücksichtigen ist;
3. in die Steuerklasse III gehören Arbeitnehmer,
    a) die verheiratet sind, wenn beide Ehegatten unbeschränkt einkommensteuerpflichtig sind und nicht dauernd getrennt leben und
        aa) der Ehegatte des Arbeitnehmers keinen Arbeitslohn bezieht oder

§ 38b

bb) der Ehegatte des Arbeitnehmers auf Antrag beider Ehegatten in die Steuerklasse V eingereiht wird,

b) die verwitwet sind, wenn sie und ihr verstorbener Ehegatte im Zeitpunkt seines Todes unbeschränkt einkommensteuerpflichtig waren und in diesem Zeitpunkt nicht dauernd getrennt gelebt haben, für das Kalenderjahr, das dem Kalenderjahr folgt, in dem der Ehegatte verstorben ist,

c) deren Ehe aufgelöst worden ist, wenn

aa) im Kalenderjahr der Auflösung der Ehe beide Ehegatten unbeschränkt einkommensteuerpflichtig waren und nicht dauernd getrennt gelebt haben und

bb) der andere Ehegatte wieder geheiratet hat, von seinem neuen Ehegatten nicht dauernd getrennt lebt und er und sein neuer Ehegatte unbeschränkt einkommensteuerpflichtig sind,

für das Kalenderjahr, in dem die Ehe aufgelöst worden ist;

4. in die Steuerklasse IV gehören Arbeitnehmer, die verheiratet sind, wenn beide Ehegatten unbeschränkt einkommensteuerpflichtig sind und nicht dauernd getrennt leben und der Ehegatte des Arbeitnehmers ebenfalls Arbeitslohn bezieht;

5. in die Steuerklasse V gehören die unter Nummer 4 bezeichneten Arbeitnehmer, wenn der Ehegatte des Arbeitnehmers auf Antrag beider Ehegatten in die Steuerklasse III eingereiht wird;

6. die Steuerklasse VI gilt bei Arbeitnehmern, die nebeneinander von mehreren Arbeitgebern Arbeitslohn beziehen, für die Einbehaltung der Lohnsteuer vom Arbeitslohn aus dem zweiten und einem weiteren Dienstverhältnis sowie in den Fällen des § 39c.

³Als unbeschränkt einkommensteuerpflichtig im Sinne der Nummern 3 und 4 gelten nur Personen, die die Voraussetzungen des § 1 Abs. 1 oder 2 oder des § 1a erfüllen.

(2) ¹Für ein minderjähriges und nach § 1 Absatz 1 unbeschränkt einkommensteuerpflichtiges Kind im Sinne des § 32 Absatz 1 Nummer 1 und Absatz 3 werden bei der Anwendung der Steuerklassen I bis IV die Kinderfreibeträge als Lohnsteuerabzugsmerkmal nach § 39 Absatz 1 wie folgt berücksichtigt:

1. mit Zähler 0,5, wenn dem Arbeitnehmer der Kinderfreibetrag nach § 32 Absatz 6 Satz 1 zusteht, oder

2. mit Zähler 1, wenn dem Arbeitnehmer der Kinderfreibetrag zusteht, weil

a) die Voraussetzungen des § 32 Absatz 6 Satz 2 vorliegen oder

b) der andere Elternteil vor dem Beginn des Kalenderjahres verstorben ist oder

c) der Arbeitnehmer allein das Kind angenommen hat.

²Soweit dem Arbeitnehmer Kinderfreibeträge nach § 32 Absatz 1 bis 6 zustehen, die nicht nach Satz 1 berücksichtigt werden, ist die Zahl der Kinderfreibeträge auf Antrag vorbehaltlich des § 39a Absatz 1 Nummer 6 zu Grunde zu legen. ³In den Fällen des Satzes 2 können die Kinderfreibeträge für mehrere Jahre gelten, wenn nach den tatsächlichen Verhältnissen zu erwarten ist, dass die Voraussetzungen bestehen bleiben. ⁴Bei Anwendung der Steuerklassen III und IV sind auch Kinder des Ehegatten bei der Zahl der Kinderfreibeträge zu berücksichtigen. ⁵Der Antrag kann nur nach amtlich vorgeschriebenem Vordruck gestellt werden.

(3) ¹Auf Antrag des Arbeitnehmers kann abweichend von Absatz 1 oder 2 eine für ihn ungünstigere Steuerklasse oder geringere Zahl der Kinderfreibeträge als Lohnsteuerabzugsmerkmal gebildet werden. ²Dieser Antrag ist nach amtlich vorgeschriebenem Vordruck zu stellen und vom Arbeitnehmer eigenhändig zu unterschreiben.

§ 39 Lohnsteuerabzugsmerkmale

(1) ¹Für die Durchführung des Lohnsteuerabzugs werden auf Veranlassung des Arbeitnehmers Lohnsteuerabzugsmerkmale gebildet (§ 39a Absatz 1 und 4, § 39e Absatz 1 in Verbindung mit § 39e Absatz 4 Satz 1 und nach § 39e Absatz 8). ²Soweit Lohnsteuerabzugsmerkmale nicht nach § 39e Absatz 1 Satz 1 automatisiert gebildet werden oder davon abweichend zu bilden sind, ist das Finanzamt für die Bildung der Lohnsteuerabzugsmerkmale nach den §§ 38b und 39a und die Bestimmung ihrer Geltungsdauer zuständig. ³Für die Bildung der Lohnsteuerabzugsmerkmale sind die von den Meldebehörden nach § 39e Absatz 2 Satz 2 mitgeteilten Daten vorbehaltlich einer nach Satz 2 abweichenden Bildung durch das Finanzamt bindend. ⁴Die Bildung der Lohnsteuerabzugsmerkmale ist eine gesonderte Feststellung von Besteuerungsgrundlagen im Sinne des § 179 Absatz 1 der Abgabenordnung, die unter dem Vorbehalt der Nachprüfung steht. ⁵Die Bildung und die Änderung der Lohnsteuerabzugsmerkmale sind dem Arbeitnehmer bekannt zu geben. ⁶Die Bekanntgabe richtet sich nach § 119 Absatz 2 der Abgabenordnung und § 39e Absatz 6. ⁷Der Bekanntgabe braucht keine Belehrung über den zulässigen Rechtsbehelf beigefügt zu werden. ⁸Ein schriftlicher Bescheid mit einer Belehrung über den zulässigen Rechtsbehelf ist jedoch zu erteilen, wenn einem Antrag des Arbeitnehmers auf Bildung oder Änderung der Lohnsteuerabzugsmerkmale nicht oder nicht in vollem Umfang entsprochen wird oder der Arbeitnehmer die Erteilung eines Bescheids beantragt. ⁹Vorbehaltlich des Absatzes 5 ist § 153 Absatz 2 der Abgabenordnung nicht anzuwenden.

(2) ¹Für die Bildung und die Änderung der Lohnsteuerabzugsmerkmale nach Absatz 1 Satz 2 des nach § 1 Absatz 1 unbeschränkt einkommensteuerpflichtigen Arbeitnehmers ist das Wohnsitzfinanzamt im Sinne des § 19 Absatz 1 Satz 1 und 2 der Abgabenordnung und in den Fällen des Absatzes 4 Nummer 5 das Betriebsstättenfinanzamt nach § 41a Absatz 1 Satz 1 Nummer 1 zuständig. ²Ist der Arbeitnehmer nach § 1 Absatz 2 unbeschränkt einkommensteuerpflichtig, nach § 1 Absatz 3 als unbeschränkt einkommensteuerpflichtig zu behandeln oder beschränkt einkommensteuerpflichtig, ist das Betriebsstättenfinanzamt für die Bildung und die Änderung der Lohnsteuerabzugsmerkmale zuständig. ³Ist der nach § 1 Absatz 3 als unbeschränkt einkommensteuerpflichtig zu behandelnde Arbeitnehmer gleichzeitig bei mehreren inländischen Arbeitgebern tätig, ist für die Bildung der weiteren Lohnsteuerabzugsmerkmale das Betriebsstättenfinanzamt zuständig, das erstmals Lohnsteuerabzugsmerkmale gebildet hat. ⁴Bei Ehegatten, die beide Arbeitslohn von inländischen Arbeitgebern beziehen, ist das Betriebsstättenfinanzamt des älteren Ehegatten zuständig.

(3) ¹Wurde einem Arbeitnehmer in den Fällen des Absatzes 2 Satz 2 keine Identifikationsnummer zugeteilt, hat ihm das Betriebsstättenfinanzamt auf seinen Antrag hin eine Bescheinigung für den Lohnsteuerabzug auszustellend. ²In diesem Fall tritt an die Stelle der Identifikationsnummer das vom Finanzamt gebildete lohnsteuerliche Ordnungsmerkmal nach § 41b Absatz 2 Satz 1 und 2. ³Die Bescheinigung der Steuerklasse I kann auch der Arbeitgeber beantragen, wenn dieser den Antrag nach Satz 1 im Namen des Arbeitnehmers stellt. ⁴Diese Bescheinigung ist als Beleg zum Lohnkonto zu nehmen und während des Dienstverhältnisses, längstens bis zum Ablauf des jeweiligen Kalenderjahres, aufzubewahren.

(4) ¹Lohnsteuerabzugsmerkmale sind

1. Steuerklasse (§ 38b Absatz 1) und Faktor (§ 39f),

2. Zahl der Kinderfreibeträge bei den Steuerklassen I bis IV (§ 38b Absatz 2),

3. Freibetrag und Hinzurechnungsbetrag (§ 39a),

4. Höhe der Beiträge für eine private Krankenversicherung und für eine private Pflege-Pflichtversicherung (§ 39b Absatz 2 Satz 5 Nummer 3 Buchstabe d) für die Dauer von zwölf Monaten, wenn der Arbeitnehmer dies beantragt,

5. Mitteilung, dass der von einem Arbeitgeber gezahlte Arbeitslohn nach einem Abkommen zur Vermeidung der Doppelbesteuerung von der Lohnsteuer freizustellen ist, wenn der Arbeitnehmer oder der Arbeitgeber dies beantragt.

§§ 39, 39a

(5) ¹Treten bei einem Arbeitnehmer die Voraussetzungen für eine für ihn ungünstigere Steuerklasse oder geringere Zahl der Kinderfreibeträge ein, ist der Arbeitnehmer verpflichtet, dem Finanzamt dies mitzuteilen und die Steuerklasse und die Zahl der Kinderfreibeträge umgehend ändern zu lassen. ²Dies gilt insbesondere, wenn die Voraussetzungen für die Berücksichtigung des Entlastungsbetrags für Alleinerziehende, für die die Steuerklasse II zur Anwendung kommt, entfallen. ³Eine Mitteilung ist nicht erforderlich, wenn die Abweichung einen Sachverhalt betrifft, der zu einer Änderung der Daten führt, die nach § 39e Absatz 2 Satz 2 von den Meldebehörden zu übermitteln sind. ⁴Kommt der Arbeitnehmer seiner Verpflichtung nicht nach, ändert das Finanzamt die Steuerklasse und die Zahl der Kinderfreibeträge von Amts wegen. ⁵Unterbleibt die Änderung der Lohnsteuerabzugsmerkmale, hat das Finanzamt zu wenig erhobene Lohnsteuer vom Arbeitnehmer nachzufordern, wenn diese 10 Euro übersteigt.

(6) ¹Ändern sich die Voraussetzungen für die Steuerklasse oder für die Zahl der Kinderfreibeträge zu Gunsten des Arbeitnehmers, kann dieser beim Finanzamt die Änderung der Lohnsteuerabzugsmerkmale beantragen. ²Die Änderung ist mit Wirkung von dem ersten Tag des Monats an vorzunehmen, in dem erstmals die Voraussetzungen für die Änderung vorlagen. ³Ehegatten, die beide in einem Dienstverhältnis stehen, können einmalig im Laufe des Kalenderjahres beim Finanzamt die Änderung der Steuerklassen beantragen. ⁴Dies gilt unabhängig von der automatisierten Bildung der Steuerklassen nach § 39e Absatz 3 Satz 3 sowie einer von den Ehegatten gewünschten Änderung dieser automatisierten Bildung. ⁵Das Finanzamt hat eine Änderung nach Satz 3 mit Wirkung vom Beginn des Kalendermonats vorzunehmen, der auf die Antragstellung folgt. ⁶Für eine Berücksichtigung der Änderung im laufenden Kalenderjahr ist der Antrag nach Satz 1 oder 3 spätestens bis zum 30. November zu stellen.

(7) ¹Wird ein unbeschränkt einkommensteuerpflichtiger Arbeitnehmer beschränkt einkommensteuerpflichtig, hat er dies dem Finanzamt unverzüglich mitzuteilen. ²Das Finanzamt hat die Lohnsteuerabzugsmerkmale vom Zeitpunkt des Eintritts der beschränkten Einkommensteuerpflicht an zu ändern. ³Absatz 1 Satz 5 bis 8 gilt entsprechend. ⁴Unterbleibt die Mitteilung, hat das Finanzamt zu wenig erhobene Lohnsteuer vom Arbeitnehmer nachzufordern, wenn diese 10 Euro übersteigt.

(8) ¹Der Arbeitgeber darf die Lohnsteuerabzugsmerkmale nur für die Einbehaltung der Lohn- und Kirchensteuer verwenden. ²Er darf sie ohne Zustimmung des Arbeitnehmers nur offenbaren, soweit dies gesetzlich zugelassen ist.

(9) ¹Ordnungswidrig handelt, wer vorsätzlich oder leichtfertig entgegen Absatz 8 ein Lohnsteuerabzugsmerkmal verwendet. ²Die Ordnungswidrigkeit kann mit einer Geldbuße bis zu zehntausend Euro geahndet werden.

§ 39a Freibetrag und Hinzurechnungsbetrag

(1) Auf Antrag des unbeschränkt einkommensteuerpflichtigen Arbeitnehmers ermittelt das Finanzamt die Höhe eines vom Arbeitslohn insgesamt abzuziehenden Freibetrags aus der Summe der folgenden Beträge:

1. Werbungskosten, die bei den Einkünften aus nichtselbständiger Arbeit anfallen, soweit sie den Arbeitnehmer-Pauschbetrag (§ 9a Satz 1 Nr. 1 Buchstabe a) oder bei Versorgungsbezügen den Pauschbetrag (§ 9a Satz 1 Nr. 1 Buchstabe b) übersteigen,
2. Sonderausgaben im Sinne des § 10 Abs. 1 Nr. 1, 1a, 1b, 4, 5, 7 und 9 und des § 10b, soweit sie den Sonderausgaben-Pauschbetrag von 36 Euro übersteigen,
3. der Betrag, der nach den §§ 33, 33a und 33b Abs. 6 wegen außergewöhnlicher Belastungen zu gewähren ist,
4. die Pauschbeträge für behinderte Menschen und Hinterbliebene (§ 33b Abs. 1 bis 5),
5. die folgenden Beträge, wie sie nach § 37 Abs. 3 bei der Festsetzung von Einkommensteuer-Vorauszahlungen zu berücksichtigen sind:

§ 39a

   a) die Beträge, die nach § 10d Abs. 2, §§ 10e, 10f, 10g, 10h, 10i, nach § 15b des Berlinförderungsgesetzes oder nach § 7 des Fördergebietsgesetzes abgezogen werden können,
   b) die negative Summe der Einkünfte im Sinne des § 2 Abs. 1 Satz 1 Nr. 1 bis 3, 6 und 7 und der negativen Einkünfte im Sinne des § 2 Abs. 1 Satz 1 Nr. 5,
   c) das Vierfache der Steuerermäßigung nach den §§ 34f und 35a,
6. die Freibeträge nach § 32 Abs. 6 für jedes Kind im Sinne des § 32 Abs. 1 bis 4, für das kein Anspruch auf Kindergeld besteht. ²Soweit für diese Kinder Kinderfreibeträge nach § 38b Absatz 2 berücksichtigt worden sind, ist die Zahl der Kinderfreibeträge entsprechend zu vermindern. ³Der Arbeitnehmer ist verpflichtet, den nach Satz 1 ermittelten Freibetrag ändern zu lassen, wenn für das Kind ein Kinderfreibetrag nach § 38b Absatz 2 berücksichtigt wird,
7. ein Betrag für ein zweites oder ein weiteres Dienstverhältnis insgesamt bis zur Höhe des auf volle Euro abgerundeten zu versteuernden Jahresbetrags nach § 39b Absatz 2 Satz 5, bis zu dem nach der Steuerklasse des Arbeitnehmers, die für den Lohnsteuerabzug vom Arbeitslohn aus dem ersten Dienstverhältnis anzuwenden ist, Lohnsteuer nicht zu erheben ist. ²Voraussetzung ist, dass
   a) der Jahresarbeitslohn aus dem ersten Dienstverhältnis geringer ist als der nach Satz 1 maßgebende Eingangsbetrag und
   b) in Höhe des Betrags für ein zweites oder ein weiteres Dienstverhältnis zugleich für das erste Dienstverhältnis ein Betrag ermittelt wird, der dem Arbeitslohn hinzuzurechnen ist (Hinzurechnungsbetrag).

   ³Soll für das erste Dienstverhältnis auch ein Freibetrag nach den Nummern 1 bis 6 und 8 ermittelt werden, ist nur der diesen Freibetrag übersteigende Betrag als Hinzurechnungsbetrag zu berücksichtigen. ⁴Ist der Freibetrag höher als der Hinzurechnungsbetrag, ist nur der den Hinzurechnungsbetrag übersteigende Freibetrag zu berücksichtigen.
8. der Entlastungsbetrag für Alleinerziehende (§ 24b) bei Verwitweten, die nicht in Steuerklasse II gehören.

²Der insgesamt abzuziehende Freibetrag und der Hinzurechnungsbetrag gelten mit Ausnahme von Satz 1 Nummer 4 und vorbehaltlich der Sätze 3 bis 5 für die gesamte Dauer eines Kalenderjahres. ³Die Summe der nach Satz 1 Nummer 1 bis 3 sowie 5 bis 8 ermittelten Beträge wird längstens für einen Zeitraum von zwei Kalenderjahren ab Beginn des Kalenderjahres, für das der Freibetrag erstmals gilt, berücksichtigt. ⁴Der Arbeitnehmer kann eine Änderung des Freibetrags innerhalb dieses Zeitraums beantragen, wenn sich die Verhältnisse zu seinen Gunsten ändern. ⁶Ändern sich die Verhältnisse zu seinen Ungunsten, ist er verpflichtet, dies dem Finanzamt umgehend anzuzeigen.

(2) ¹Der Antrag nach Absatz 1 ist nach amtlich vorgeschriebenem Vordruck zu stellen und vom Arbeitnehmer eigenhändig zu unterschreiben. ²Die Frist für die Antragstellung beginnt am 1. Oktober des Vorjahres, für das der Freibetrag gelten soll. ³Sie endet am 30. November des Kalenderjahres, in dem der Freibetrag gilt. ⁴Der Antrag ist hinsichtlich eines Freibetrags aus der Summe der nach Absatz 1 Satz 1 Nr. 1 bis 3 und 8 in Betracht kommenden Aufwendungen und Beträge unzulässig, wenn die Aufwendungen im Sinne des § 9, soweit sie den Arbeitnehmer-Pauschbetrag übersteigen, die Aufwendungen im Sinne des § 10 Abs. 1 Nr. 1, 1a, 1b, 4, 5, 7 und 9, der §§ 10b und 33 sowie die abziehbaren Beträge nach den §§ 24b, 33a und 33b Abs. 6 insgesamt 600 Euro nicht übersteigen. ⁵Das Finanzamt kann auf nähere Angaben des Arbeitnehmers verzichten, wenn er

1. höchstens den Freibetrag beantragt, der für das vorangegangene Kalenderjahr ermittelt wurde, und
2. versichert, dass sich die maßgebenden Verhältnisse nicht wesentlich geändert haben.

⁶Das Finanzamt hat den Freibetrag durch Aufteilung in Monatsfreibeträge, falls erforderlich in Wochen- und Tagesfreibeträge, jeweils auf die der Antragstellung folgenden Monate des Kalenderjahres gleichmäßig zu verteilen. ⁷Abweichend hiervon darf ein Freibetrag, der im

§§ 39a, 39b

Monat Januar eines Kalenderjahres beantragt wird, mit Wirkung vom 1. Januar dieses Kalenderjahres an berücksichtigt werden. [8]Ist der Arbeitnehmer beschränkt einkommensteuerpflichtig, hat das Finanzamt den nach Absatz 4 ermittelten Freibetrag durch Aufteilung in Monatsfreibeträge, falls erforderlich in Wochen und Tagesbeiträge, jeweils auf die voraussichtliche Dauer des Dienstverhältnisses im Kalenderjahr gleichmäßig zu verteilen. [9]Die Sätze 5 bis 8 gelten für den Hinzurechnungsbetrag nach Absatz 1 Satz 1 Nummer 7 entsprechend.

(3) [1]Für Ehegatten, die beide unbeschränkt einkommensteuerpflichtig sind und nicht dauernd getrennt leben, ist jeweils die Summe der nach Absatz 1 Satz 1 Nr. 2 bis 5 und 8 in Betracht kommenden Beträge gemeinsam zu ermitteln; der in Abs. 1 Satz 1 Nr. 2 genannte Betrag ist zu verdoppeln. [2]Für die Anwendung des Absatzes 2 Satz 4 ist die Summe der für beide Ehegatten in Betracht kommenden Aufwendungen im Sinne des § 9, soweit sie jeweils den Arbeitnehmer-Pauschbetrag übersteigen, und der Aufwendungen im Sinne des § 10 Abs. 1 Nr. 1, 1a, 1b, 4, 5, 7 und 9, der §§ 10b und 33 sowie der abziehbaren Beträge nach den §§ 24b, 33a und 33b Abs. 6 maßgebend. [3]Die nach Satz 1 ermittelte Summe ist je zur Hälfte auf die Ehegatten aufzuteilen, wenn für jeden Ehegatten Lohnsteuerabzugsmerkmale gebildet werden und die Ehegatten keine andere Aufteilung beantragen. [4]Für eine andere Aufteilung gilt Absatz 1 Satz 2 entsprechend. [5]Für einen Arbeitnehmer, dessen Ehe in dem Kalenderjahr, für das der Freibetrag gilt, aufgelöst worden ist und dessen bisheriger Ehegatte in demselben Kalenderjahr wieder geheiratet hat, sind die nach Absatz 1 in Betracht kommenden Beträge ausschließlich auf Grund der in seiner Person erfüllten Voraussetzungen zu ermitteln. [6]Satz 1 zweiter Halbsatz ist auch anzuwenden, wenn die tarifliche Einkommensteuer nach § 32a Abs. 6 zu ermitteln ist.

(4) [1]Für einen beschränkt einkommensteuerpflichtigen Arbeitnehmer, für den § 50 Absatz 1 Satz 4 anzuwenden ist, ermittelt das Finanzamt auf Antrag einen Freibetrag, der vom Arbeitslohn insgesamt abzuziehen ist, aus der Summe der folgenden Beträge:

1. Werbungskosten, die bei den Einkünften aus nichtselbständiger Arbeit anfallen, soweit sie den Arbeitnehmer-Pauschbetrag (§ 9a Satz 1 Nummer 1 Buchstabe a) oder bei Versorgungsbezügen den Pauschbetrag (§ 9a Satz 1 Nummer 1 Buchstabe b) übersteigen,
2. Sonderausgaben im Sinne des § 10b, soweit sie den Sonderausgaben-Pauschbetrag (§ 10c) übersteigen, und die wie Sonderausgaben abziehbaren Beträge nach § 10e oder § 10i, jedoch erst nach Fertigstellung oder Anschaffung des begünstigten Objekts oder nach Fertigstellung der begünstigten Maßnahme,
3. den Freibetrag oder den Hinzurechnungsbetrag nach Absatz 1 Satz 1 Nummer 7.

[2]Der Antrag kann nur nach amtlich vorgeschriebenem Vordruck bis zum Ablauf des Kalenderjahres gestellt werden, für das die Lohnsteuerabzugsmerkmale gelten.

(5) Ist zuwenig Lohnsteuer erhoben worden, weil ein Freibetrag unzutreffend als Lohnsteuerabzugsmerkmal ermittelt worden ist, hat das Finanzamt den Fehlbetrag vom Arbeitnehmer nachzufordern, wenn er 10 Euro übersteigt.

§ 39b Einbehaltung der Lohnsteuer

(1) Bei unbeschränkt und beschränkt einkommensteuerpflichtigen Arbeitnehmern hat der Arbeitgeber den Lohnsteuerabzug nach Maßgabe der Absätze 2 bis 6 durchzuführen.

(2) [1]Für die Einbehaltung der Lohnsteuer vom laufenden Arbeitslohn hat der Arbeitgeber die Höhe des laufenden Arbeitslohns im Lohnzahlungszeitraum festzustellen und auf einen Jahresarbeitslohn hochzurechnen. [2]Der Arbeitslohn eines monatlichen Lohnzahlungszeitraums ist mit zwölf, der Arbeitslohn eines wöchentlichen Lohnzahlungszeitraums mit 360/7 und der Arbeitslohn eines täglichen Lohnzahlungszeitraums mit 360 zu vervielfältigen. [3]Von dem hochgerechneten Jahresarbeitslohn sind ein etwaiger Versorgungsfreibetrag (§ 19 Abs. 2) und Altersentlastungsbetrag (§ 24a) abzuziehen. [4]Außerdem ist der hochgerechnete Jahresarbeitslohn um einen etwaigen als Lohnsteuerabzugsmerkmal für den Lohnzahlungszeit-

§ 39b

raum mitgeteilten Freibetrag (§ 39a Absatz 1) oder Hinzurechnungsbetrag (§ 39a Absatz 1 Satz 1 Nummer 7), vervielfältigt unter sinngemäßer Anwendung von Satz 2, zu vermindern oder zu erhöhen. ⁵Der so verminderte oder erhöhte hochgerechnete Jahresarbeitslohn, vermindert um

1. den Arbeitnehmer-Pauschbetrag (§ 9a Satz 1 Nr. 1 Buchstabe a) oder bei Versorgungsbezügen den Pauschbetrag (§ 9a Satz 1 Nr. 1 Buchstabe b) und den Zuschlag zum Versorgungsfreibetrag (§ 19 Abs. 2) in den Steuerklassen I bis V,
2. den Sonderausgaben-Pauschbetrag (§ 10c Satz 1) in den Steuerklassen I bis V,
3. eine Vorsorgepauschale aus den Teilbeträgen
   a) für die Rentenversicherung bei Arbeitnehmern, die in der gesetzlichen Rentenversicherung pflichtversichert oder von der gesetzlichen Rentenversicherung nach § 6 Absatz 1 Nummer 1 des Sechsten Buches Sozialgesetzbuch befreit sind, in den Steuerklassen I bis VI in Höhe des Betrags, der bezogen auf den Arbeitslohn 50 Prozent des Beitrags in der allgemeinen Rentenversicherung unter Berücksichtigung der jeweiligen Beitragsbemessungsgrenzen entspricht,
   b) für die Krankenversicherung bei Arbeitnehmern, die in der gesetzlichen Krankenversicherung versichert sind, in den Steuerklassen I bis VI in Höhe des Betrags, der bezogen auf den Arbeitslohn unter Berücksichtigung der Beitragsbemessungsgrenze und den ermäßigten Beitragssatz (§ 243 des Fünften Buches Sozialgesetzbuch) dem Arbeitnehmeranteil eines pflichtversicherten Arbeitnehmers entspricht,
   c) für die Pflegeversicherung bei Arbeitnehmern, die in der sozialen Pflegeversicherung versichert sind, in den Steuerklassen I bis VI in Höhe des Betrags, der bezogen auf den Arbeitslohn unter Berücksichtigung der Beitragsbemessungsgrenze und den bundeseinheitlichen Beitragssatz dem Arbeitnehmeranteil eines pflichtversicherten Arbeitnehmers entspricht, erhöht um den Beitragszuschlag des Arbeitnehmers nach § 55 Absatz 3 des Elften Buches Sozialgesetzbuch, wenn die Voraussetzungen dafür vorliegen,
   d) für die Krankenversicherung und für die private Pflege-Pflichtversicherung bei Arbeitnehmern, die nicht unter Buchstabe b und c fallen, in den Steuerklassen I bis V in Höhe der dem Arbeitgeber mitgeteilten Beiträge im Sinne des § 10 Absatz 1 Nummer 3, etwaig vervielfältigt unter sinngemäßer Anwendung von Satz 2 auf einen Jahresbetrag, vermindert um den Betrag, der bezogen auf den Arbeitslohn unter Berücksichtigung der Beitragsbemessungsgrenze und den ermäßigten Beitragssatz in der gesetzlichen Krankenversicherung sowie den bundeseinheitlichen Beitragssatz in der sozialen Pflegeversicherung dem Arbeitgeberanteil für einen pflichtversicherten Arbeitnehmer entspricht, wenn der Arbeitgeber gesetzlich verpflichtet ist, Zuschüsse zu den Kranken- und Pflegeversicherungsbeiträgen des Arbeitnehmers zu leisten;

   ²Entschädigungen im Sinne des § 24 Nummer 1 sind bei Anwendung der Buchstaben a bis c nicht zu berücksichtigen; mindestens ist für die Summe der Teilbeträge nach den Buchstaben b und c oder für den Teilbetrag nach Buchstabe d ein Betrag in Höhe von 12 Prozent des Arbeitslohns, höchstens 1 900 Euro in den Steuerklassen I, II, IV, V, VI und höchstens 3 000 Euro in der Steuerklasse III anzusetzen,
4. den Entlastungsbetrag für Alleinerziehende (§ 24b) in der Steuerklasse II,

ergibt den zu versteuernden Jahresbetrag. ⁶Für den zu versteuernden Jahresbetrag ist die Jahreslohnsteuer in den Steuerklassen I, II und IV nach § 32a Abs. 1 sowie in der Steuerklasse III nach § 32a Abs. 5 zu berechnen. ⁷In den Steuerklassen V und VI ist die Jahreslohnsteuer zu berechnen, die sich aus dem Zweifachen des Unterschiedsbetrags zwischen dem Steuerbetrag für das Eineinviertelfache und dem Steuerbetrag für das Dreiviertelfache des zu versteuernden Jahresbetrags nach § 32a Abs. 1 ergibt; die Jahreslohnsteuer beträgt jedoch mindestens 14 Prozent des Jahresbetrags, für den 9 763 Euro übersteigenden Teil des Jahresbetrags höchstens 42 Prozent und für den 26 441 Euro übersteigenden Teil des zu versteuernden Jahresbetrags jeweils 42 Prozent sowie für den 200 584 Euro übersteigenden Teil des zu versteuernden Jahresbetrags jeweils 45 Prozent. ⁸Für die Lohnsteuerberechnung

§ 39b

ist die als Lohnsteuerabzugsmerkmal mitgeteilte Steuerklasse maßgebend. [9]Die monatliche Lohnsteuer ist 1/12, die wöchentliche Lohnsteuer sind 7/360 und die tägliche Lohnsteuer ist 1/360 der Jahreslohnsteuer. [10]Bruchteile eines Cents, die sich bei der Berechnung nach den Sätzen 2 und 9 ergeben, bleiben jeweils außer Ansatz. [11]Die auf den Lohnzahlungszeitraum entfallende Lohnsteuer ist vom Arbeitslohn einzubehalten. [12]Das Betriebsstättenfinanzamt kann allgemein oder auf Antrag zulassen, dass die Lohnsteuer unter den Voraussetzungen des § 42b Abs. 1 nach dem voraussichtlichen Jahresarbeitslohn ermittelt wird, wenn gewährleistet ist, dass die zutreffende Jahreslohnsteuer (§ 38a Abs. 2) nicht unterschritten wird.

(3) [1]Für die Einbehaltung der Lohnsteuer von einem sonstigen Bezug hat der Arbeitgeber den voraussichtlichen Jahresarbeitslohn ohne den sonstigen Bezug festzustellen. [2]Hat der Arbeitnehmer Lohnsteuerbescheinigungen aus früheren Dienstverhältnissen des Kalenderjahres nicht vorgelegt, so ist bei der Ermittlung des voraussichtlichen Jahresarbeitslohns der Arbeitslohn für Beschäftigungszeiten bei früheren Arbeitgebern mit dem Betrag anzusetzen, der sich ergibt, wenn der laufende Arbeitslohn im Monat der Zahlung des sonstigen Bezugs entsprechend der Beschäftigungsdauer bei früheren Arbeitgebern hochgerechnet wird. [3]Der voraussichtliche Jahresarbeitslohn ist um den Versorgungsfreibetrag (§ 19 Abs. 2) und den Altersentlastungsbetrag (§ 24a), wenn die Voraussetzungen für den Abzug dieser Beträge jeweils erfüllt sind, sowie um einen etwaigen als Lohnsteuerabzugsmerkmal mitgeteilten Jahresfreibetrag zu vermindern und um einen etwaigen Jahreshinzurechnungsbetrag zu erhöhen. [4]Für den so ermittelten Jahresarbeitslohn (maßgebender Jahresarbeitslohn) ist die Lohnsteuer nach Maßgabe des Absatzes 2 Satz 5 bis 7 zu ermitteln. [5]Außerdem ist die Jahreslohnsteuer für den maßgebenden Jahresarbeitslohn unter Einbeziehung des sonstigen Bezugs zu ermitteln. [6]Dabei ist der sonstige Bezug um den Versorgungsfreibetrag und den Altersentlastungsbetrag zu vermindern, wenn die Voraussetzungen für den Abzug dieser Beträge jeweils erfüllt sind und soweit sie nicht bei der Steuerberechnung für den maßgebenden Jahresarbeitslohn berücksichtigt worden sind. [7]Für die Lohnsteuerberechnung ist die als Lohnsteuerabzugsmerkmal mitgeteilte Steuerklasse maßgebend. [8]Der Unterschiedsbetrag zwischen den ermittelten Jahreslohnsteuerbeträgen ist die Lohnsteuer, die vom sonstigen Bezug einzubehalten ist. [9]Die Lohnsteuer ist bei einem sonstigen Bezug im Sinne des § 34 Abs. 1 und 2 Nr. 2 und 4 in der Weise zu ermäßigen, dass der sonstige Bezug bei der Anwendung des Satzes 5 mit einem Fünftel anzusetzen und der Unterschiedsbetrag im Sinne des Satzes 8 zu verfünffachen ist; § 34 Abs. 1 Satz 3 ist sinngemäß anzuwenden. [10]Ein sonstiger Bezug im Sinne des § 34 Absatz 1 und 2 Nummer 4 ist bei der Anwendung des Satzes 4 in die Bemessungsgrundlage für die Vorsorgepauschale nach Absatz 2 Satz 5 Nummer 3 einzubeziehen.

(4) In den Kalenderjahren 2010 bis 2024 ist Absatz 2 Satz 5 Nummer 3 Buchstabe a mit der Maßgabe anzuwenden, dass im Kalenderjahr 2010 der ermittelte Betrag auf 40 Prozent begrenzt und dieser Prozentsatz in jedem folgenden Kalenderjahr um je 4 Prozentpunkte erhöht wird.

(5) [1]Wenn der Arbeitgeber für den Lohnzahlungszeitraum lediglich Abschlagszahlungen leistet und eine Lohnabrechnung für einen längeren Zeitraum (Lohnabrechnungszeitraum) vornimmt, kann er den Lohnabrechnungszeitraum als Lohnzahlungszeitraum behandeln und die Lohnsteuer abweichend von § 38 Abs. 3 bei der Lohnabrechnung einbehalten. [2]Satz 1 gilt nicht, wenn der Lohnabrechnungszeitraum fünf Wochen übersteigt oder die Lohnabrechnung nicht innerhalb von drei Wochen nach dessen Ablauf erfolgt. [3]Das Betriebsstättenfinanzamt kann anordnen, dass die Lohnsteuer von den Abschlagszahlungen einzubehalten ist, wenn die Erhebung der Lohnsteuer sonst nicht gesichert erscheint. [4]Wenn wegen einer besonderen Entlohnungsart weder ein Lohnzahlungszeitraum noch ein Lohnabrechnungszeitraum festgestellt werden kann, gilt als Lohnzahlungszeitraum die Summe der tatsächlichen Arbeitstage oder Arbeitswochen.

(6) [1]Das Bundesministerium der Finanzen hat im Einvernehmen mit den obersten Finanzbehörden der Länder auf der Grundlage der Absätze 2 und 3 einen Programmablaufplan für die maschinelle Berechnung der Lohnsteuer aufzustellen und bekannt zu machen. [2]Im Programmablaufplan kann von den Regelungen in den Absätzen 2 und 3 abgewichen werden,

§§ 39b, 39c, 39d, 39e

wenn sich das Ergebnis der maschinellen Berechnung der Lohnsteuer an das Ergebnis einer Veranlagung zur Einkommensteuer anlehnt.

§ 39c Einbehaltung der Lohnsteuer ohne Lohnsteuerabzugsmerkmale

(1) ¹Solange der Arbeitnehmer dem Arbeitgeber zum Zweck des Abrufs der elektronischen Lohnsteuerabzugsmerkmale (§ 39e Absatz 4 Satz 1) die ihm zugeteilte Identifikationsnummer sowie den Tag der Geburt schuldhaft nicht mitteilt oder das Bundeszentralamt für Steuern die Mitteilung elektronischer Lohnsteuerabzugsmerkmale ablehnt, hat der Arbeitgeber die Lohnsteuer nach Steuerklasse VI zu ermitteln. ²Kann der Arbeitgeber die elektronischen Lohnsteuerabzugsmerkmale wegen technischer Störungen nicht abrufen oder hat der Arbeitnehmer die fehlende Mitteilung der ihm zuzuteilenden Identifikationsnummer nicht zu vertreten, hat der Arbeitgeber für die Lohnsteuerberechnung die voraussichtlichen Lohnsteuerabzugsmerkmale im Sinne des § 38b längstens für die Dauer von drei Kalendermonaten zu Grunde zu legen. ³Hat nach Ablauf der drei Kalendermonate der Arbeitnehmer die Identifikationsnummer sowie den Tag der Geburt nicht mitgeteilt, ist rückwirkend Satz 1 anzuwenden. ⁴Sobald dem Arbeitgeber in den Fällen des Satzes 2 die elektronischen Lohnsteuerabzugsmerkmale vorliegen, sind die Lohnsteuerermittlungen für die vorangegangenen Monate zu überprüfen und, falls erforderlich, zu ändern. ⁵Die zu wenig oder zu viel einbehaltene Lohnsteuer ist jeweils bei der nächsten Lohnabrechnung auszugleichen.

(2) ¹Ist ein Antrag nach § 39 Absatz 3 Satz 1 oder § 39e Absatz 8 nicht gestellt, hat der Arbeitgeber die Lohnsteuer nach Steuerklasse VI zu ermitteln. ²Legt der Arbeitnehmer binnen sechs Wochen nach Eintritt in das Dienstverhältnis oder nach Beginn des Kalenderjahres eine Bescheinigung für den Lohnsteuerabzug vor, ist Absatz 1 Satz 4 und 5 sinngemäß anzuwenden.

(3) ¹In den Fällen des § 38 Absatz 3a Satz 1 kann der Dritte die Lohnsteuer für einen sonstigen Bezug mit 20 Prozent unabhängig von den Lohnsteuerabzugsmerkmalen des Arbeitnehmers ermitteln, wenn der maßgebende Jahresarbeitslohn nach § 39b Absatz 3 zuzüglich des sonstigen Bezugs 10 000 Euro nicht übersteigt. ²Bei der Feststellung des maßgebenden Jahresarbeitslohns sind nur die Lohnzahlungen des Dritten zu berücksichtigen.

§ 39d (weggefallen)

§ 39e Verfahren zur Bildung und Anwendung der elektronischen Lohnsteuerabzugsmerkmale

(1) ¹Das Bundeszentralamt für Steuern bildet für jeden Arbeitnehmer grundsätzlich automatisiert die Steuerklasse und für die bei den Steuerklassen I bis IV zu berücksichtigenden Kinder die Zahl der Kinderfreibeträge nach § 38b Absatz 2 Satz 1 als Lohnsteuerabzugsmerkmale (§ 39 Absatz 4 Satz 1 Nummer 1 und 2); für Änderungen gilt § 39 Absatz 2 entsprechend. ²Soweit das Finanzamt Lohnsteuerabzugsmerkmale nach § 39 bildet, teilt es sie dem Bundeszentralamt für Steuern zum Zweck der Bereitstellung für den automatisierten Abruf durch den Arbeitgeber mit. ³Lohnsteuerabzugsmerkmale sind frühestens bereitzustellen mit Wirkung von Beginn des Kalenderjahres an, für das sie anzuwenden sind, jedoch nicht für einen Zeitpunkt vor Beginn des Dienstverhältnisses.

(2) Das Bundeszentralamt für Steuern speichert zum Zweck der Bereitstellung automatisiert abrufbarer Lohnsteuerabzugsmerkmale für den Arbeitgeber die Lohnsteuerabzugsmerkmale unter Angabe der Identifikationsnummer sowie für jeden Steuerpflichtigen folgende Daten zu den in § 139b Absatz 3 der Abgabenordnung genannten Daten hinzu:

1. rechtliche Zugehörigkeit zu einer steuererhebenden Religionsgemeinschaft sowie Datum des Eintritts und Austritts,

§ 39e

2. melderechtlichen Familienstand sowie den Tag der Begründung oder Auflösung des Familienstands und bei Verheirateten die Identifikationsnummer des Ehegatten,

3. Kinder mit ihrer Identifikationsnummer.

²Die nach Landesrecht für das Meldewesen zuständigen Behörden (Meldebehörden) haben dem Bundeszentralamt für Steuern unter Angabe der Identifikationsnummer und des Tages der Geburt die in Satz 1 Nummer 1 bis 3 bezeichneten Daten und deren Änderungen im Melderegister mitzuteilen. ³In den Fällen des Satzes 1 Nummer 3 besteht die Mitteilungspflicht nur, wenn das Kind mit Hauptwohnsitz oder alleinigem Wohnsitz im Zuständigkeitsbereich der Meldebehörde gemeldet ist und solange das Kind das 18. Lebensjahr noch nicht vollendet hat. ⁴Sofern die Identifikationsnummer noch nicht zugeteilt wurde, teilt die Meldebehörde die Daten unter Angabe des Vorläufigen Bearbeitungsmerkmals nach § 139b Absatz 6 Satz 2 der Abgabenordnung mit. ⁵Für die Datenübermittlung gilt § 6 Absatz 2a der Zweiten Bundesmeldedatenübermittlungsverordnung vom 31. Juli 1995 (BGBl. I S. 1011), die zuletzt durch Artikel 1 der Verordnung vom 11. März 2011 (BGBl. I S. 325) geändert worden ist, in der jeweils geltenden Fassung entsprechend.

(3) ¹Das Bundeszentralamt für Steuern hält die Identifikationsnummer, den Tag der Geburt, Merkmale für den Kirchensteuerabzug und die Lohnsteuerabzugsmerkmale des Arbeitnehmers nach § 39 Absatz 4 zum unentgeltlichen automatisierten Abruf durch den Arbeitgeber nach amtlich vorgeschriebenem Datensatz bereit (elektronische Lohnsteuerabzugsmerkmale). ²Bezieht ein Arbeitnehmer nebeneinander von mehreren Arbeitgebern Arbeitslohn, sind für jedes weitere Dienstverhältnis elektronische Lohnsteuerabzugsmerkmale zu bilden. ³Haben Arbeitnehmer im Laufe des Kalenderjahrs geheiratet, gilt für die automatisierte Bildung der Steuerklassen Folgendes:

1. Steuerklasse III ist zu bilden, wenn die Voraussetzungen des § 38b Absatz 1 Satz 2 Nummer 3 Buchstabe a Doppelbuchstabe aa vorliegen;

2. für beide Ehegatten ist Steuerklasse IV zu bilden, wenn die Voraussetzungen des § 38b Absatz 1 Satz 2 Nummer 4 vorliegen.

⁴Das Bundeszentralamt für Steuern führt die elektronischen Lohnsteuerabzugsmerkmale des Arbeitnehmers zum Zweck ihrer Bereitstellung nach Satz 1 mit der Wirtschafts-Identifikationsnummer (§ 139c der Abgabenordnung) des Arbeitgebers zusammen.

(4) ¹Der Arbeitnehmer hat jedem seiner Arbeitgeber bei Eintritt in das Dienstverhältnis zum Zweck des Abrufs der Lohnsteuerabzugsmerkmale mitzuteilen,

1. wie die Identifikationsnummer sowie der Tag der Geburt lauten,

2. ob es sich um das erste oder ein weiteres Dienstverhältnis handelt (§ 38b Absatz 1 Satz 2 Nummer 6) und

3. ob und in welcher Höhe ein nach § 39a Absatz 1 Satz 1 Nummer 7 festgestellter Freibetrag abgerufen werden soll.

²Der Arbeitgeber hat bei Beginn des Dienstverhältnisses die elektronischen Lohnsteuerabzugsmerkmale für den Arbeitnehmer beim Bundeszentralamt für Steuern durch Datenfernübertragung abzurufen und sie in das Lohnkonto für den Arbeitnehmer zu übernehmen. ³Für den Abruf der elektronischen Lohnsteuerabzugsmerkmale hat sich der Arbeitgeber zu authentifizieren und seine Wirtschafts-Identifikationsnummer, die Daten des Arbeitnehmers nach Satz 1 Nummer 1 und 2, den Tag des Beginns des Dienstverhältnisses und etwaige Angaben nach Satz 1 Nummer 3 mitzuteilen. ⁴Zur Plausibilitätsprüfung der Identifikationsnummer hält das Bundeszentralamt für Steuern für den Arbeitgeber entsprechende Regeln bereit. ⁵Der Arbeitgeber hat den Tag der Beendigung des Dienstverhältnisses unverzüglich dem Bundeszentralamt für Steuern durch Datenfernübertragung mitzuteilen. ⁶Beauftragt der Arbeitgeber einen Dritten mit der Durchführung des Lohnsteuerabzugs, hat sich der Dritte für den Datenabruf zu authentifizieren und zusätzlich seine Wirtschafts-Identifikationsnummer mitzuteilen. ⁷Für die Verwendung der elektronischen Lohnsteuerabzugsmerkmale gelten die Schutzvorschriften des § 39 Absatz 8 und 9 sinngemäß.

§ 39e

(5) ¹Die abgerufenen elektronischen Lohnsteuerabzugsmerkmale sind vom Arbeitgeber für die Durchführung des Lohnsteuerabzugs des Arbeitnehmers anzuwenden, bis

1. ihm das Bundeszentralamt für Steuern geänderte elektronische Lohnsteuerabzugsmerkmale zum Abruf bereitstellt oder
2. der Arbeitgeber dem Bundeszentralamt für Steuern die Beendigung des Dienstverhältnisses mitteilt.

²Sie sind in der üblichen Lohnabrechnung anzugeben. ³Der Arbeitgeber ist verpflichtet, die vom Bundeszentralamt für Steuern bereitgestellten Mitteilungen und elektronischen Lohnsteuerabzugsmerkmale monatlich anzufragen und abzurufen.

(6) ¹Gegenüber dem Arbeitgeber gelten die Lohnsteuerabzugsmerkmale (§ 39 Absatz 4) mit dem Abruf der elektronischen Lohnsteuerabzugsmerkmale als bekannt gegeben. ²Einer Rechtsbehelfsbelehrung bedarf es nicht. ³Die Lohnsteuerabzugsmerkmale gelten gegenüber dem Arbeitnehmer als bekannt gegeben, sobald der Arbeitgeber dem Arbeitnehmer den Ausdruck der Lohnabrechnung mit den nach Absatz 5 Satz 2 darin ausgewiesenen elektronischen Lohnsteuerabzugsmerkmalen ausgehändigt oder elektronisch bereitgestellt hat. ⁴Die elektronischen Lohnsteuerabzugsmerkmale sind dem Steuerpflichtigen auf Antrag vom zuständigen Finanzamt mitzuteilen oder elektronisch bereitzustellen. ⁵Wird dem Arbeitnehmer bekannt, dass die elektronischen Lohnsteuerabzugsmerkmale zu seinen Gunsten von den nach § 39 zu bildenden Lohnsteuerabzugsmerkmalen abweichen, ist er verpflichtet, dies dem Finanzamt unverzüglich mitzuteilen. ⁶Der Steuerpflichtige kann beim zuständigen Finanzamt

1. den Arbeitgeber benennen, der zum Abruf von elektronischen Lohnsteuerabzugsmerkmalen berechtigt ist (Positivliste) oder nicht berechtigt ist (Negativliste). ²Hierfür hat der Arbeitgeber dem Arbeitnehmer seine Wirtschafts-Identifikationsnummer mitzuteilen. ³Für die Verwendung der Wirtschafts-Identifikationsnummer gelten die Schutzvorschriften des § 39 Absatz 8 und 9 sinngemäß; oder
2. die Bildung oder die Bereitstellung der elektronischen Lohnsteuerabzugsmerkmale allgemein sperren oder allgemein freischalten lassen.

⁷Macht der Steuerpflichtige von seinem Recht nach Satz 6 Gebrauch, hat er die Positivliste, die Negativliste, die allgemeine Sperrung oder die allgemeine Freischaltung in einem bereitgestellten elektronischen Verfahren oder nach amtlich vorgeschriebenem Vordruck dem Finanzamt zu übermitteln. ⁸Werden wegen einer Sperrung nach Satz 6 einem Arbeitgeber, der Daten abrufen möchte, keine elektronischen Lohnsteuerabzugsmerkmale bereitgestellt, wird dem Arbeitgeber die Sperrung mitgeteilt und dieser hat die Lohnsteuer nach Steuerklasse VI zu ermitteln.

(7) ¹Auf Antrag des Arbeitgebers kann das Betriebsstättenfinanzamt zur Vermeidung unbilliger Härten zulassen, dass er nicht am Abrufverfahren teilnimmt. ²Dem Antrag eines Arbeitgebers ohne maschinelle Lohnabrechnung, der ausschließlich Arbeitnehmer im Rahmen einer geringfügigen Beschäftigung in seinem Privathaushalt im Sinne des § 8a des Vierten Buches Sozialgesetzbuch beschäftigt, ist stattzugeben. ³Der Arbeitgeber hat dem Antrag unter Angabe seiner Wirtschafts-Identifikationsnummer ein Verzeichnis der beschäftigten Arbeitnehmer mit Angabe der jeweiligen Identifikationsnummer und des Tages der Geburt des Arbeitnehmers beizufügen. ⁴Der Antrag ist nach amtlich vorgeschriebenem Vordruck jährlich zu stellen und vom Arbeitgeber zu unterschreiben. ⁵Das Betriebsstättenfinanzamt übermittelt dem Arbeitgeber für die Durchführung des Lohnsteuerabzugs für ein Kalenderjahr eine arbeitgeberbezogene Bescheinigung mit den Lohnsteuerabzugsmerkmalen des Arbeitnehmers (Bescheinigung für den Lohnsteuerabzug) sowie etwaige Änderungen. ⁶Diese Bescheinigung sowie die Änderungsmitteilungen sind als Belege zum Lohnkonto zu nehmen und bis zum Ablauf des Kalenderjahres aufzubewahren. ⁷Absatz 5 Satz 1 und 2 sowie Absatz 6 Satz 3 gelten entsprechend. ⁸Der Arbeitgeber hat den Tag der Beendigung des Dienstverhältnisses unverzüglich dem Betriebsstättenfinanzamt mitzuteilen.

(8) ¹Ist einem nach § 1 Absatz 1 unbeschränkt einkommensteuerpflichtigen Arbeitnehmer keine Identifikationsnummer zugeteilt, hat das Wohnsitzfinanzamt auf Antrag eine Be-

scheinigung für den Lohnsteuerabzug für die Dauer eines Kalenderjahres auszustellen. ²Diese Bescheinigung ersetzt die Verpflichtung und Berechtigung des Arbeitgebers zum Abruf der elektronischen Lohnsteuerabzugsmerkmale (Absätze 4 und 6). ³In diesem Fall tritt an die Stelle der Identifikationsnummer das lohnsteuerliche Ordnungsmerkmal nach § 41b Absatz 2 Satz 1 und 2. ⁴Für die Durchführung des Lohnsteuerabzugs hat der Arbeitnehmer seinem Arbeitgeber vor Beginn des Kalenderjahres oder bei Eintritt in das Dienstverhältnis die nach Satz 1 ausgestellte Bescheinigung für den Lohnsteuerabzug vorzulegen. ⁵39c Absatz 1 Satz 2 bis 5 ist sinngemäß anzuwenden. ⁶Der Arbeitgeber hat die Bescheinigung für den Lohnsteuerabzug entgegenzunehmen und während des Dienstverhältnisses, längstens bis zum Ablauf des jeweiligen Kalenderjahres, aufzubewahren.

(9) Ist die Wirtschafts-Identifikationsnummer noch nicht oder nicht vollständig eingeführt, tritt an ihre Stelle die Steuernummer der Betriebsstätte oder des Teils des Betriebs des Arbeitgebers, in dem der für den Lohnsteuerabzug maßgebende Arbeitslohn des Arbeitnehmers ermittelt wird (§ 41 Absatz 2).

(10) Die beim Bundeszentralamt für Steuern nach Absatz 2 Satz 1 gespeicherten Daten können auch zur Prüfung und Durchführung der Einkommensbesteuerung (§ 2) des Steuerpflichtigen für Veranlagungszeiträume ab 2005 verwendet werden.

§ 39f Faktorverfahren anstelle Steuerklassenkombination III/V

(1) ¹Bei Ehegatten, die in die Steuerklasse IV gehören (§ 38b Absatz 1 Satz 2 Nummer 4), hat das Finanzamt auf Antrag beider Ehegatten nach § 39a anstelle der Steuerklassenkombination III/V (§ 38b Abs. 1 Satz 2 Nr. 5) als Lohnsteuerabzugsmerkmal jeweils die Steuerklasse IV in Verbindung mit einem Faktor zur Ermittlung der Lohnsteuer zu bilden, wenn der Faktor kleiner als 1 ist. ²Der Faktor ist Y : X und vom Finanzamt mit drei Nachkommastellen ohne Rundung zu berechnen. ³„Y" ist die voraussichtliche Einkommensteuer für beide Ehegatten nach dem Splittingverfahren (§ 32a Abs. 5) unter Berücksichtigung der in § 39b Abs. 2 genannten Abzugsbeträge. ⁴„X" ist die Summe der voraussichtlichen Lohnsteuer bei Anwendung der Steuerklasse IV für jeden Ehegatten. ⁵In die Bemessungsgrundlage für Y werden jeweils neben den Jahresarbeitslöhnen der ersten Dienstverhältnisse zusätzlich nur Beträge einbezogen, die nach § 39a Abs. 1 Satz 1 Nummer 1 bis 6 als Freibetrag ermittelt und als Lohnsteuerabzugsmerkmal gebildet werden könnten; Freibeträge werden neben dem Faktor nicht als Lohnsteuerabzugsmerkmal gebildet. ⁶In den Fällen des § 39a Absatz 1 Satz 1 Nummer 7 sind bei der Ermittlung von Y und X die Hinzurechnungsbeträge zu berücksichtigen; die Hinzurechnungsbeträge sind zusätzlich als Lohnsteuerabzugsmerkmal für das erste Dienstverhältnis zu bilden. ⁷Arbeitslöhne aus zweiten und weiteren Dienstverhältnissen (Steuerklasse VI) sind im Faktorverfahren nicht zu berücksichtigen.

(2) Für die Einbehaltung der Lohnsteuer vom Arbeitslohn hat der Arbeitgeber Steuerklasse IV und den Faktor anzuwenden.

(3) ¹§ 39 Absatz 6 Satz 3 und 5 gilt sinngemäß. ²§ 39a ist anzuwenden mit der Maßgabe, dass ein Antrag nach amtlich vorgeschriebenem Vordruck (§ 39a Abs. 2) nur erforderlich ist, wenn bei der Faktorermittlung zugleich Beträge nach § 39a Abs. 1 Satz 1 Nummer 1 bis 6 berücksichtigt werden sollen.

(4) Das Faktorverfahren ist im Programmablaufplan für die maschinelle Berechnung der Lohnsteuer (§ 39b Absatz 6) zu berücksichtigen.

§ 40

§ 40 Pauschalierung der Lohnsteuer in besonderen Fällen

(1) ¹Das Betriebsstättenfinanzamt (§ 41a Abs. 1 Satz 1 Nr. 1) kann auf Antrag des Arbeitgebers zulassen, dass die Lohnsteuer mit einem unter Berücksichtigung der Vorschriften des § 38a zu ermittelnden Pauschsteuersatz erhoben wird, soweit

1. von dem Arbeitgeber sonstige Bezüge in einer größeren Zahl von Fällen gewährt werden oder
2. in einer größeren Zahl von Fällen Lohnsteuer nachzuerheben ist, weil der Arbeitgeber die Lohnsteuer nicht vorschriftsmäßig einbehalten hat.

²Bei der Ermittlung des Pauschsteuersatzes ist zu berücksichtigen, dass die in Absatz 3 vorgeschriebene Übernahme der pauschalen Lohnsteuer durch den Arbeitgeber für den Arbeitnehmer eine in Geldeswert bestehende Einnahme im Sinne des § 8 Abs. 1 darstellt (Nettosteuersatz). ³Die Pauschalierung ist in den Fällen des Satz 1 Nummer 1 ausgeschlossen, soweit der Arbeitgeber einem Arbeitnehmer sonstige Bezüge von mehr als 1 000 Euro im Kalenderjahr gewährt. ⁴Der Arbeitgeber hat dem Antrag eine Berechnung beizufügen, aus der sich der durchschnittliche Steuersatz unter Zugrundelegung der durchschnittlichen Jahresarbeitslöhne und der durchschnittlichen Jahreslohnsteuer in jeder Steuerklasse für diejenigen Arbeitnehmer ergibt, denen die Bezüge gewährt werden sollen oder gewährt worden sind.

(2) ¹Abweichend von Absatz 1 kann der Arbeitgeber die Lohnsteuer mit einem Pauschsteuersatz von 25 Prozent erheben, soweit er

1. arbeitstäglich Mahlzeiten im Betrieb an die Arbeitnehmer unentgeltlich oder verbilligt abgibt oder Barzuschüsse an ein anderes Unternehmen leistet, das arbeitstäglich Mahlzeiten an die Arbeitnehmer unentgeltlich oder verbilligt abgibt. ²Voraussetzung ist, dass die Mahlzeiten nicht als Lohnbestandteile vereinbart sind,
1a. oder auf seine Veranlassung ein Dritter den Arbeitnehmern anlässlich einer beruflichen Tätigkeit außerhalb seiner Wohnung und ersten Tätigkeitsstätte Mahlzeiten zur Verfügung stellt, die nach § 8 Absatz 2 Satz 8 und 9 mit dem Sachbezugswert anzusetzen sind,
2. Arbeitslohn aus Anlass von Betriebsveranstaltungen zahlt,
3. Erholungsbeihilfen gewährt, wenn diese zusammen mit Erholungsbeihilfen, die in demselben Kalenderjahr früher gewährt worden sind, 156 Euro für den Arbeitnehmer, 104 Euro für dessen Ehegatten und 52 Euro für jedes Kind nicht übersteigen und der Arbeitgeber sicherstellt, dass die Beihilfen zu Erholungszwecken verwendet werden.
4. Vergütungen für Verpflegungsmehraufwendungen anlässlich einer Tätigkeit im Sinne des § 9 Absatz 4a Satz 2 oder Satz 4 [1]), soweit die Vergütungen die nach § 9 Absatz 4a Satz 3, 5 und 6 zustehenden Pauschalen um nicht mehr als 100 Prozent übersteigen,
5. den Arbeitnehmern zusätzlich zum ohnehin geschuldeten Arbeitslohn unentgeltlich oder verbilligt Datenverarbeitungsgeräte übereignet; das gilt auch für Zubehör und Internetzugang. ²Das Gleiche gilt für Zuschüsse des Arbeitgebers, die zusätzlich zum ohnehin geschuldeten Arbeitslohn zu den Aufwendungen des Arbeitnehmers für die Internetnutzung gezahlt werden.

²Der Arbeitgeber kann die Lohnsteuer mit einem Pauschsteuersatz von 15 Prozent für Sachbezüge in Form der unentgeltlichen oder verbilligten Beförderung eines Arbeitnehmers zwischen Wohnung und erster Tätigkeitsstätte sowie Fahrten nach § 9 Absatz 1 Satz 3 Nummer 4a Satz 3 und für zusätzlich zum ohnehin geschuldeten Arbeitslohn geleistete Zuschüsse zu den Aufwendungen des Arbeitnehmers für Fahrten zwischen Wohnung und erster Tätigkeitsstätte erheben, soweit diese Bezüge den Betrag nicht übersteigen, den der Arbeitnehmer nach § 9 Abs. 1 Satz 3 Nummer 4 und Abs. 2 als Werbungskosten geltend machen könnte, wenn die Bezüge nicht pauschal besteuert würden. ³Die nach Satz 2 pauschal besteuerten Bezüge mindern die nach § 9 Absatz 1 Satz 3 Nummer 4 und Absatz 2 abziehbaren Werbungskosten; sie bleiben bei der Anwendung des § 40a Abs. 1 bis 4 außer Ansatz.

---
1) Redaktionaller Fehler: Das Wort „zahlt" fehlt.

§§ 40, 40a

(3) ¹Der Arbeitgeber hat die pauschale Lohnsteuer zu übernehmen. ²Er ist Schuldner der pauschalen Lohnsteuer; auf den Arbeitnehmer abgewälzte pauschale Lohnsteuer gilt als zugeflossener Arbeitslohn und mindert nicht die Bemessungsgrundlage. ³Der pauschal besteuerte Arbeitslohn und die pauschale Lohnsteuer bleiben bei einer Veranlagung zur Einkommensteuer und beim Lohnsteuer-Jahresausgleich außer Ansatz. ⁴Die pauschale Lohnsteuer ist weder auf die Einkommensteuer noch auf die Jahreslohnsteuer anzurechnen.

§ 40a Pauschalierung der Lohnsteuer für Teilzeitbeschäftigte und geringfügig Beschäftigte

(1) ¹Der Arbeitgeber kann unter Verzicht auf den Abruf von elektronischen Lohnsteuerabzugsmerkmalen (§ 39e Absatz 4 Satz 2) oder die Vorlage einer Bescheinigung für den Lohnsteuerabzug (§ 39 Absatz 3 oder § 39e Absatz 7 oder Absatz 8) bei Arbeitnehmern, die nur kurzfristig beschäftigt werden, die Lohnsteuer mit einem Pauschsteuersatz von 25 Prozent des Arbeitslohns erheben. ²Eine kurzfristige Beschäftigung liegt vor, wenn der Arbeitnehmer bei dem Arbeitgeber gelegentlich, nicht regelmäßig wiederkehrend beschäftigt wird, die Dauer der Beschäftigung 18 zusammenhängende Arbeitstage nicht übersteigt und

1. der Arbeitslohn während der Beschäftigungsdauer 62 Euro durchschnittlich je Arbeitstag nicht übersteigt oder

2. die Beschäftigung zu einem unvorhersehbaren Zeitpunkt sofort erforderlich wird.

(2) Der Arbeitgeber kann unter Verzicht auf den Abruf von elektronischen Lohnsteuerabzugsmerkmalen (§ 39e Absatz 4 Satz 2) oder die Vorlage einer Bescheinigung für den Lohnsteuerabzug (§ 39 Absatz 3 oder § 39e Absatz 7 oder Absatz 8) die Lohnsteuer einschließlich Solidaritätszuschlag und Kirchensteuern (einheitliche Pauschsteuer) für das Arbeitsentgelt aus geringfügigen Beschäftigungen im Sinne des § 8 Abs. 1 Nr. 1 oder des § 8a des Vierten Buches Sozialgesetzbuch, für das er Beiträge nach § 168 Abs. 1 Nr. 1b oder 1c (geringfügig versicherungspflichtig Beschäftigte) oder nach § 172 Abs. 3 oder 3a (versicherungsfrei geringfügig Beschäftigte) oder nach § 276a Absatz 1 (versicherungsfrei geringfügig Beschäftigte) des Sechsten Buches Sozialgesetzbuch zu entrichten hat, mit einem einheitlichen Pauschsteuersatz in Höhe von insgesamt 2 Prozent des Arbeitsentgelts erheben.

(2a) Hat der Arbeitgeber in den Fällen des Absatzes 2 keine Beiträge nach § 168 Abs. 1 Nr. 1b oder 1c oder nach § 172 Abs. 3 oder 3a oder nach § 276a Abs. 1 des Sechsten Buches Sozialgesetzbuch zu entrichten, kann er unter Verzicht auf den Abruf von elektronischen Lohnsteuerabzugsmerkmalen (§ 39e Absatz 4 Satz 2) oder die Vorlage einer Bescheinigung für den Lohnsteuerabzug (§ 39 Absatz 3 oder § 39e Absatz 7 oder Absatz 8) die Lohnsteuer mit einem Pauschsteuersatz in Höhe von 20 Prozent des Arbeitsentgelts erheben.

(3) ¹Abweichend von den Absätzen 1 und 2a kann der Arbeitgeber unter Verzicht auf den Abruf von elektronischen Lohnsteuerabzugsmerkmalen (§ 39e Absatz 4 Satz 2) oder die Vorlage einer Bescheinigung für den Lohnsteuerabzug (§ 39 Absatz 3 oder § 39e Absatz 7 oder Absatz 8) bei Aushilfskräften, die in Betrieben der Land- und Forstwirtschaft im Sinne des § 13 Abs. 1 Nr. 1 bis 4 ausschließlich mit typisch land- oder forstwirtschaftlichen Arbeiten beschäftigt werden, die Lohnsteuer mit einem Pauschsteuersatz von 5 Prozent des Arbeitslohns erheben. ²Aushilfskräfte im Sinne dieser Vorschrift sind Personen, die für die Ausführung und für die Dauer von Arbeiten, die nicht ganzjährig anfallen, beschäftigt werden; eine Beschäftigung mit anderen land- und forstwirtschaftlichen Arbeiten ist unschädlich, wenn deren Dauer 25 Prozent der Gesamtbeschäftigungsdauer nicht überschreitet. ³Aushilfskräfte sind nicht Arbeitnehmer, die zu den land- und forstwirtschaftlichen Fachkräften gehören oder die der Arbeitgeber mehr als 180 Tage im Kalenderjahr beschäftigt.

(4) Die Pauschalierungen nach den Absätzen 1 und 3 sind unzulässig

1. bei Arbeitnehmern, deren Arbeitslohn während der Beschäftigungsdauer durchschnittlich je Arbeitsstunde 12 Euro übersteigt,

2. bei Arbeitnehmern, die für eine andere Beschäftigung von demselben Arbeitgeber Arbeitslohn beziehen, der nach den § 39b oder § 39c dem Lohnsteuerabzug unterworfen wird.

§§ 40a, 40b, 41

(5) Auf die Pauschalierungen nach den Absätzen 1 bis 3 ist § 40 Abs. 3 anzuwenden.

(6) ¹Für die Erhebung der einheitlichen Pauschsteuer nach Absatz 2 ist die Deutsche Rentenversicherung Knappschaft-Bahn-See zuständig. ²Die Regelungen zum Steuerabzug vom Arbeitslohn sind entsprechend anzuwenden. ³Für die Anmeldung, Abführung und Vollstreckung der einheitlichen Pauschsteuer sowie die Erhebung eines Säumniszuschlags und das Mahnverfahren für die einheitliche Pauschsteuer gelten dabei die Regelungen für die Beiträge nach § 168 Abs. 1 Nr. 1b oder 1c oder nach § 172 Abs. 3 oder 3a oder nach § 276a Abs. 1 des Sechsten Buches Sozialgesetzbuch. ⁴Die Deutsche Rentenversicherung Knappschaft-Bahn-See hat die einheitliche Pauschsteuer auf die erhebungsberechtigten Körperschaften aufzuteilen; dabei entfallen aus Vereinfachungsgründen 90 Prozent der einheitlichen Pauschsteuer auf die Lohnsteuer, 5 Prozent auf den Solidaritätszuschlag und 5 Prozent auf die Kirchensteuern. ⁵Die erhebungsberechtigten Kirchen haben sich auf eine Aufteilung des Kirchensteueranteils zu verständigen und diesen der Deutsche Rentenversicherung Knappschaft-Bahn-See mitzuteilen. ⁶Die Deutsche Rentenversicherung Knappschaft-Bahn-See ist berechtigt, die einheitliche Pauschsteuer nach Absatz 2 zusammen mit den Sozialversicherungsbeiträgen beim Arbeitgeber einzuziehen.

§ 40b Pauschalierung der Lohnsteuer bei bestimmten Zukunftssicherungsleistungen

(1) Der Arbeitgeber kann die Lohnsteuer von den Zuwendungen zum Aufbau einer nicht kapitalgedeckten betrieblichen Altersversorgung an eine Pensionskasse mit einem Pauschsteuersatz von 20 Prozent der Beiträge und Zuwendungen erheben.

(2) ¹Absatz 1 gilt nicht, soweit die zu besteuernden Beiträge und Zuwendungen des Arbeitgebers für den Arbeitnehmer 1 752 Euro im Kalenderjahr übersteigen oder nicht aus seinem ersten Dienstverhältnis bezogen werden. ²Sind mehrere Arbeitnehmer gemeinsam in der Pensionskasse versichert, so gilt als Zuwendung für den einzelnen Arbeitnehmer der Teilbetrag, der sich bei einer Aufteilung der gesamten Zuwendungen durch die Zahl der begünstigten Arbeitnehmer ergibt, wenn dieser Teilbetrag 1 752 Euro nicht übersteigt; hierbei sind Arbeitnehmer, für die Zuwendungen von mehr als 2 148 Euro im Kalenderjahr geleistet werden, nicht einzubeziehen. ³Für Zuwendungen, die der Arbeitgeber für den Arbeitnehmer aus Anlass der Beendigung des Dienstverhältnisses erbracht hat, vervielfältigt sich der Betrag von 1 752 Euro mit der Anzahl der Kalenderjahre, in denen das Dienstverhältnis des Arbeitnehmers zu dem Arbeitgeber bestanden hat; in diesem Fall ist Satz 2 nicht anzuwenden. ⁴Der vervielfältigte Betrag vermindert sich um die nach Absatz 1 pauschal besteuerten Zuwendungen, die der Arbeitgeber in dem Kalenderjahr, in dem das Dienstverhältnis beendet wird, und in den sechs vorangegangenen Kalenderjahren erbracht hat.

(3) Von den Beiträgen für eine Unfallversicherung des Arbeitnehmers kann der Arbeitgeber die Lohnsteuer mit einem Pauschsteuersatz von 20 Prozent der Beiträge erheben, wenn mehrere Arbeitnehmer gemeinsam in einem Unfallversicherungsvertrag versichert sind und der Teilbetrag, der sich bei einer Aufteilung der gesamten Beiträge nach Abzug der Versicherungsteuer durch die Zahl der begünstigten Arbeitnehmer ergibt, 62 Euro im Kalenderjahr nicht übersteigt.

(4) In den Fällen des § 19 Abs. 1 Satz 1 Nr. 3 Satz 2 hat der Arbeitgeber die Lohnsteuer mit einem Pauschsteuersatz in Höhe von 15 Prozent der Sonderzahlungen zu erheben.

(5) ¹§ 40 Abs. 3 ist anzuwenden. ²Die Anwendung des § 40 Abs. 1 Satz 1 Nr. 1 auf Bezüge im Sinne des Absatzes 1, des Absatzes 3 und des Absatzes 4 ist ausgeschlossen.

§ 41 Aufzeichnungspflichten beim Lohnsteuerabzug

(1) ¹Der Arbeitgeber hat am Ort der Betriebsstätte (Absatz 2) für jeden Arbeitnehmer und jedes Kalenderjahr ein Lohnkonto zu führen. ²In das Lohnkonto sind die nach § 39e Absatz 4 Satz 2 und Absatz 5 Satz 3 abgerufenen elektronischen Lohnsteuerabzugsmerkmale sowie die

für den Lohnsteuerabzug erforderlichen Merkmale aus der vom Finanzamt ausgestellten Bescheinigung für den Lohnsteuerabzug (§ 39 Absatz 3 oder § 39e Absatz 7 oder Absatz 8) zu übernehmen. ³Bei jeder Lohnzahlung für das Kalenderjahr, für das das Lohnkonto gilt, sind im Lohnkonto die Art und Höhe des gezahlten Arbeitslohns einschließlich der steuerfreien Bezüge sowie die einbehaltene oder übernommene Lohnsteuer einzutragen; an die Stelle der Lohnzahlung tritt in den Fällen des § 39b Abs. 5 Satz 1 die Lohnabrechnung. ⁴Ferner sind das Kurzarbeitergeld, das Schlechtwettergeld, das Winterausfallgeld, der Zuschuss zum Mutterschaftsgeld nach dem Mutterschutzgesetz, der Zuschuss bei Beschäftigungsverboten für die Zeit vor oder nach einer Entbindung sowie für den Entbindungstag während einer Elternzeit nach beamtenrechtlichen Vorschriften, die Entschädigungen für Verdienstausfall nach dem Infektionsschutzgesetz vom 20. Juli 2000 (BGBl. I S. 1045), sowie die nach § 3 Nr. 28 steuerfreien Aufstockungsbeträge oder Zuschläge einzutragen. ⁵Ist während der Dauer des Dienstverhältnisses in anderen Fällen als in denen des Satzes 4 der Anspruch auf Arbeitslohn für mindestens fünf aufeinander folgende Arbeitstage im Wesentlichen weggefallen, so ist dies jeweils durch Eintragung des Großbuchstabens U zu vermerken. ⁶Hat der Arbeitgeber die Lohnsteuer von einem sonstigen Bezug im ersten Dienstverhältnis berechnet und ist dabei der Arbeitslohn aus früheren Dienstverhältnissen des Kalenderjahres außer Betracht geblieben, so ist dies durch Eintragung des Großbuchstabens S zu vermerken. ⁷Die Bundesregierung wird ermächtigt, durch Rechtsverordnung mit Zustimmung des Bundesrates vorzuschreiben, welche Einzelangaben im Lohnkonto aufzuzeichnen sind. ⁸Dabei können für Arbeitnehmer mit geringem Arbeitslohn und für die Fälle der §§ 40 bis 40b Aufzeichnungserleichterungen sowie für steuerfreie Bezüge Aufzeichnungen außerhalb des Lohnkontos zugelassen werden. ⁹Die Lohnkonten sind bis zum Ablauf des sechsten Kalenderjahrs, das auf die zuletzt eingetragene Lohnzahlung folgt, aufzubewahren.

(2) ¹Betriebsstätte ist der Betrieb oder Teil des Betriebs des Arbeitgebers, in dem der für die Durchführung des Lohnsteuerabzugs maßgebende Arbeitslohn ermittelt wird. ²Wird der maßgebende Arbeitslohn nicht in dem Betrieb oder einem Teil des Betriebs des Arbeitgebers oder nicht im Inland ermittelt, so gilt als Betriebsstätte der Mittelpunkt der geschäftlichen Leitung des Arbeitgebers im Inland; im Fall des § 38 Abs. 1 Satz 1 Nr. 2 gilt als Betriebsstätte der Ort im Inland, an dem die Arbeitsleistung ganz oder vorwiegend stattfindet. ³Als Betriebsstätte gilt auch der inländische Heimathafen deutscher Handelsschiffe, wenn die Reederei im Inland keine Niederlassung hat.

§ 41a Anmeldung und Abführung der Lohnsteuer

(1) ¹Der Arbeitgeber hat spätestens am zehnten Tag nach Ablauf eines jeden Lohnsteuer-Anmeldungszeitraums

1. dem Finanzamt, in dessen Bezirk sich die Betriebsstätte (§ 41 Abs. 2) befindet (Betriebsstättenfinanzamt), eine Steuererklärung einzureichen, in der er die Summen der im Lohnsteuer-Anmeldungszeitraum einzubehaltenden und zu übernehmenden Lohnsteuer angibt (Lohnsteuer-Anmeldung),
2. die im Lohnsteuer-Anmeldungszeitraum insgesamt einbehaltene und übernommene Lohnsteuer an das Betriebsstättenfinanzamt abzuführen.

²Die Lohnsteuer-Anmeldung ist nach amtlich vorgeschriebenem Datensatz durch Datenfernübertragung nach Maßgabe der Steuerdaten-Übermittlungsverordnung zu übermitteln. ³Auf Antrag kann das Finanzamt zur Vermeidung unbilliger Härten auf eine elektronische Übermittlung verzichten; in diesem Fall ist die Lohnsteuer-Anmeldung nach amtlich vorgeschriebenem Vordruck abzugeben und vom Arbeitgeber oder von einer zu seiner Vertretung berechtigten Person zu unterschreiben.

(2) ¹Lohnsteuer-Anmeldungszeitraum ist grundsätzlich der Kalendermonat. ²Lohnsteuer-Anmeldungszeitraum ist das Kalendervierteljahr, wenn die abzuführende Lohnsteuer für das vorangegangene Kalenderjahr mehr als 1 000 Euro, aber nicht mehr als 4 000 Euro betragen hat; Lohnsteuer-Anmeldungszeitraum ist das Kalenderjahr, wenn die abzuführende Lohn-

steuer für das vorangegangene Kalenderjahr nicht mehr als 1 000 Euro betragen hat. ³Hat die Betriebsstätte nicht während des ganzen vorangegangenen Kalenderjahrs bestanden, so ist die für das vorangegangene Kalenderjahr abzuführende Lohnsteuer für die Feststellung des Lohnsteuer-Anmeldungszeitraums auf einen Jahresbetrag umzurechnen. ⁴Wenn die Betriebsstätte im vorangegangenen Kalenderjahr noch nicht bestanden hat, ist die auf einen Jahresbetrag umgerechnete für den ersten vollen Kalendermonat nach der Eröffnung der Betriebsstätte abzuführende Lohnsteuer maßgebend.

(3) ¹Die oberste Finanzbehörde des Landes kann bestimmen, dass die Lohnsteuer nicht dem Betriebsstättenfinanzamt, sondern einer anderen öffentlichen Kasse anzumelden und an diese abzuführen ist; die Kasse erhält insoweit die Stellung einer Landesfinanzbehörde. ²Das Betriebsstättenfinanzamt oder die zuständige andere öffentliche Kasse können anordnen, dass die Lohnsteuer abweichend von dem nach Absatz 1 maßgebenden Zeitpunkt anzumelden und abzuführen ist, wenn die Abführung der Lohnsteuer nicht gesichert erscheint.

(4) ¹Arbeitgeber, die eigene oder gecharterte Handelsschiffe betreiben, dürfen vom Gesamtbetrag der anzumeldenden und abzuführenden Lohnsteuer einen Betrag von 40 Prozent der Lohnsteuer der auf solchen Schiffen in einem zusammenhängenden Arbeitsverhältnis von mehr als 183 Tagen beschäftigten Besatzungsmitglieder abziehen und einbehalten. ²Die Handelsschiffe müssen in einem inländischen Seeschiffsregister eingetragen sein, die deutsche Flagge führen und zur Beförderung von Personen oder Gütern im Verkehr mit oder zwischen ausländischen Häfen, innerhalb eines ausländischen Hafens oder zwischen einem ausländischen Hafen und der Hohen See betrieben werden. ³Die Sätze 1 und 2 sind entsprechend anzuwenden, wenn Seeschiffe im Wirtschaftsjahr überwiegend außerhalb der deutschen Hoheitsgewässer zum Schleppen, Bergen oder zur Aufsuchung von Bodenschätzen oder zur Vermessung von Energielagerstätten unter dem Meeresboden eingesetzt werden. ⁴Ist für den Lohnsteuerabzug die Lohnsteuer nach der Steuerklasse V oder VI zu ermitteln, so bemißt sich der Betrag nach Satz 1 nach der Lohnsteuer der Steuerklasse I.

§ 41b Abschluss des Lohnsteuerabzugs

(1) ¹Bei Beendigung eines Dienstverhältnisses oder am Ende des Kalenderjahres hat der Arbeitgeber das Lohnkonto des Arbeitnehmers abzuschließen. ²Auf Grund der Eintragungen im Lohnkonto hat der Arbeitgeber spätestens bis zum 28. Februar des Folgejahres nach amtlich vorgeschriebenem Datensatz auf elektronischem Weg nach Maßgabe der Steuerdaten-Übermittlungsverordnung vom 28. Januar 2003 (BGBl. I S. 139), zuletzt geändert durch Artikel 1 der Verordnung vom 26. Juni 2007 (BGBl. I S. 1185), in der jeweils geltenden Fassung, insbesondere folgende Angaben zu übermitteln (elektronische Lohnsteuerbescheinigung):

1. Name, Vorname, Tag der Geburt und Anschrift des Arbeitnehmers, die abgerufenen elektronischen Lohnsteuerabzugsmerkmale oder die auf der entsprechenden Bescheinigung für den Lohnsteuerabzug eingetragenen Lohnsteuerabzugsmerkmale, die Bezeichnung und die Nummer des Finanzamts, an das die Lohnsteuer abgeführt worden ist, sowie die Steuernummer des Arbeitgebers,
2. die Dauer des Dienstverhältnisses während des Kalenderjahres sowie die Anzahl der nach § 41 Abs. 1 Satz 6 vermerkten Großbuchstaben U,
3. die Art und Höhe des gezahlten Arbeitslohns sowie den nach § 41 Abs. 1 Satz 6 vermerkten Großbuchstaben S,
4. die einbehaltene Lohnsteuer, den Solidaritätszuschlag und die Kirchensteuer,
5. das Kurzarbeitergeld, das Schlechtwettergeld, das Winterausfallgeld, den Zuschuss zum Mutterschaftsgeld nach dem Mutterschutzgesetz, die Entschädigungen für Verdienstausfall nach dem Infektionsschutzgesetz vom 20. Juli 2000 (BGBl. I S. 1045), zuletzt geändert durch Artikel 11 § 3 des Gesetzes vom 6. August 2002 (BGBl. I S. 3082), in der jeweils geltenden Fassung, sowie die nach § 3 Nr. 28 steuerfreien Aufstockungsbeträge oder Zuschläge,

§ 41b

6. die auf die Entfernungspauschale anzurechnenden steuerfreien Arbeitgeberleistungen für Fahrten zwischen Wohnung und erster Tätigkeitsstätte sowie Fahrten nach § 9 Absatz 1 Satz 3 Nummer 4a Satz 3,
7. die pauschal besteuerten Arbeitgeberleistungen für Fahrten zwischen Wohnung und erster Tätigkeitsstätte sowie Fahrten nach § 9 Absatz 1 Satz 3 Nummer 4a Satz 3,
8. für die dem Arbeitnehmer zur Verfügung gestellten Mahlzeiten nach § 8 Absatz 2 Satz 8 den Großbuchstaben M,
9. für die steuerfreie Sammelbeförderung nach § 3 Nr. 32 den Großbuchstaben F,
10. die nach § 3 Nr. 13 und 16 steuerfrei gezahlten Verpflegungszuschüsse und Vergütungen bei doppelter Haushaltsführung,
11. Beiträge zu den gesetzlichen Rentenversicherungen und an berufsständische Versorgungseinrichtungen, getrennt nach Arbeitgeber- und Arbeitnehmeranteil,
12. die nach § 3 Nr. 62 gezahlten Zuschüsse zur Kranken- und Pflegeversicherung,
13. die Beiträge des Arbeitnehmers zur gesetzlichen Krankenversicherung und zur sozialen Pflegeversicherung,
14. die Beiträge des Arbeitnehmers zur Arbeitslosenversicherung,
15. den nach § 39b Absatz 2 Satz 5 Nummer 3 Buchstabe d berücksichtigten Teilbetrag der Vorsorgepauschale.

³Der Arbeitgeber hat dem Arbeitnehmer einen nach amtlich vorgeschriebenem Muster gefertigten Ausdruck der elektronischen Lohnsteuerbescheinigung mit Angabe der Identifikationsnummer (§ 139b der Abgabenordnung) oder des lohnsteuerlichen Ordnungsmerkmals (Absatz 2) auszuhändigen oder elektronisch bereitzustellen. ⁴Soweit der Arbeitgeber nicht zur elektronischen Übermittlung nach Absatz 1 Satz 2 verpflichtet ist, hat er nach Ablauf des Kalenderjahres oder wenn das Dienstverhältnis vor Ablauf des Kalenderjahres beendet wird, eine Lohnsteuerbescheinigung nach amtlich vorgeschriebenem Muster auszustellen. ⁵Er hat dem Arbeitnehmer diese Bescheinigung auszuhändigen. ⁶Nicht ausgehändigte Bescheinigungen für den Lohnsteuerabzug mit Lohnsteuerbescheinigungen hat der Arbeitgeber dem Betriebsstättenfinanzamt einzureichen.

(2) ¹Ist dem Arbeitgeber die Identifikationsnummer (§ 139b der Abgabenordnung) des Arbeitnehmers nicht bekannt, hat er für die Datenübermittlung nach Absatz 1 Satz 2 aus dem Namen, Vornamen und Geburtsdatum des Arbeitnehmers ein Ordnungsmerkmal nach amtlich festgelegter Regel für den Arbeitnehmer zu bilden und das Ordnungsmerkmal zu verwenden. ²Er darf das lohnsteuerliche Ordnungsmerkmal nur für die Zuordnung der elektronischen Lohnsteuerbescheinigung oder sonstiger für das Besteuerungsverfahren erforderlicher Daten zu einem bestimmten Steuerpflichtigen und für Zwecke des Besteuerungsverfahrens erheben, bilden, verarbeiten oder verwenden.

(2a) ¹Ordnungswidrig handelt, wer vorsätzlich oder leichtfertig entgegen Absatz 2 Satz 2 das Ordnungsmerkmal verwendet. ²Die Ordnungswidrigkeit kann mit einer Geldbuße bis zu zehntausend Euro geahndet werden.

(3) ¹Ein Arbeitgeber ohne maschinelle Lohnabrechnung, der ausschließlich Arbeitnehmer im Rahmen einer geringfügigen Beschäftigung in seinem Privathaushalt im Sinne des § 8a des Vierten Buches Sozialgesetzbuch beschäftigt und keine elektronische Lohnsteuerbescheinigung erteilt, hat an Stelle der elektronischen Lohnsteuerbescheinigung eine entsprechende Lohnsteuerbescheinigung nach amtlich vorgeschriebenem Muster auszustellen. ²Der Arbeitgeber hat dem Arbeitnehmer die Lohnsteuerbescheinigung auszuhändigen. ³In den übrigen Fällen hat der Arbeitgeber die Lohnsteuerbescheinigung dem Betriebsstättenfinanzamt einzureichen.

(4) Die Absätze 1 bis 3 gelten nicht für Arbeitnehmer, soweit sie Arbeitslohn bezogen haben, der nach den §§ 40 bis 40b pauschal besteuert worden ist.

§§ 41c, 42, 42a, 42b

§ 41c Änderung des Lohnsteuerabzugs

(1) ¹Der Arbeitgeber ist berechtigt, bei der jeweils nächstfolgenden Lohnzahlung bisher erhobene Lohnsteuer zu erstatten oder noch nicht erhobene Lohnsteuer nachträglich einzubehalten,

1. wenn ihm elektronische Lohnsteuerabzugsmerkmale zum Abruf zur Verfügung gestellt werden oder ihm der Arbeitnehmer eine Bescheinigung für den Lohnsteuerabzug mit Eintragungen vorlegt, die auf einen Zeitpunkt vor Abruf der Lohnsteuerabzugsmerkmale oder vor Vorlage der Bescheinigung für den Lohnsteuerabzug zurückwirken, oder
2. wenn er erkennt, dass er die Lohnsteuer bisher nicht vorschriftsmäßig einbehalten hat; dies gilt auch bei rückwirkender Gesetzesänderung.

²In den Fällen des Satzes 1 Nummer 2 ist der Arbeitgeber jedoch verpflichtet, wenn ihm dies wirtschaftlich zumutbar ist.

(2) ¹Die zu erstattende Lohnsteuer ist dem Betrag zu entnehmen, den der Arbeitgeber für seine Arbeitnehmer insgesamt an Lohnsteuer einbehalten oder übernommen hat. ²Wenn die zu erstattende Lohnsteuer aus dem Betrag nicht gedeckt werden kann, der insgesamt an Lohnsteuer einzubehalten oder zu übernehmen ist, wird der Fehlbetrag dem Arbeitgeber auf Antrag vom Betriebsstättenfinanzamt ersetzt.

(3) ¹Nach Ablauf des Kalenderjahrs oder, wenn das Dienstverhältnis vor Ablauf des Kalenderjahrs endet, nach Beendigung des Dienstverhältnisses, ist die Änderung des Lohnsteuerabzugs nur bis zur Übermittlung oder Ausschreibung der Lohnsteuerbescheinigung zulässig. ²Bei Änderung des Lohnsteuerabzugs nach Ablauf des Kalenderjahrs ist die nachträglich einzubehaltende Lohnsteuer nach dem Jahresarbeitslohn zu ermitteln. ³Eine Erstattung von Lohnsteuer ist nach Ablauf des Kalenderjahrs nur im Wege des Lohnsteuer-Jahresausgleichs nach § 42b zulässig. ⁴Eine Minderung der einzubehaltenden und zu übernehmenden Lohnsteuer (§ 41a Absatz 1 Satz 1 Nummer 1) nach § 164 Absatz 2 Satz 1 der Abgabenordnung ist nach der Übermittlung oder Ausschreibung der Lohnsteuerbescheinigung nur dann zulässig, wenn sich der Arbeitnehmer ohne vertraglichen Anspruch und gegen den Willen des Arbeitgebers Beträge verschafft hat, für die Lohnsteuer einbehalten wurde. ⁵In diesem Fall hat der Arbeitgeber die bereits übermittelte oder ausgestellte Lohnsteuerbescheinigung zu berichtigen und sie als geändert gekennzeichnet an die Finanzverwaltung zu übermitteln; § 41b Absatz 1 gilt entsprechend. ⁶Der Arbeitgeber hat seinen Antrag zu begründen und die Lohnsteuer-Anmeldung (§ 41a Absatz 1 Satz 1) zu berichtigen.

(4) ¹Der Arbeitgeber hat die Fälle, in denen er die Lohnsteuer nach Absatz 1 nicht nachträglich einbehält oder die Lohnsteuer nicht nachträglich einbehalten kann, weil

1. der Arbeitnehmer vom Arbeitgeber Arbeitslohn nicht mehr bezieht oder
2. der Arbeitgeber nach Ablauf des Kalenderjahrs bereits die Lohnsteuerbescheinigung übermittelt oder ausgeschrieben hat,

dem Betriebsstättenfinanzamt unverzüglich anzuzeigen. ²Das Finanzamt hat die zuwenig erhobene Lohnsteuer vom Arbeitnehmer nachzufordern, wenn der nachzufordernde Betrag 10 Euro übersteigt. ³§ 42d bleibt unberührt.

§§ 42 und 42a (weggefallen)

§ 42b Lohnsteuer-Jahresausgleich durch den Arbeitgeber

(1) ¹Der Arbeitgeber ist berechtigt, seinen unbeschränkt einkommensteuerpflichtigen Arbeitnehmern, die während des abgelaufenen Kalenderjahrs (Ausgleichsjahr) ständig in einem zu ihm bestehenden Dienstverhältnis gestanden haben, die für das Ausgleichsjahr einbehaltene Lohnsteuer insoweit zu erstatten, als sie die auf den Jahresarbeitslohn entfallende Jahreslohnsteuer übersteigt (Lohnsteuer-Jahresausgleich). ²Er ist zur Durchführung des

§ 42b

Lohnsteuer-Jahresausgleichs verpflichtet, wenn er am 31. Dezember des Ausgleichsjahrs mindestens zehn Arbeitnehmer beschäftigt. ³Der Arbeitgeber darf den Lohnsteuer-Jahresausgleich nicht durchführen, wenn

1. der Arbeitnehmer es beantragt oder
2. der Arbeitnehmer für das Ausgleichsjahr oder für einen Teil des Ausgleichsjahrs nach den Steuerklassen V oder VI zu besteuern war oder
3. der Arbeitnehmer für einen Teil des Ausgleichsjahrs nach den Steuerklassen II, III oder IV zu besteuern war oder

3a. bei der Lohnsteuerberechnung ein Freibetrag oder Hinzurechnungsbetrag zu berücksichtigen war oder

3b. das Faktorverfahren angewandt wurde oder

4. der Arbeitnehmer im Ausgleichsjahr Kurzarbeitergeld, Schlechtwettergeld, Winterausfallgeld, Zuschuss zum Mutterschaftsgeld nach dem Mutterschutzgesetz, Zuschuss bei Beschäftigungsverboten für die Zeit vor oder nach einer Entbindung sowie für den Entbindungstag während einer Elternzeit nach beamtenrechtlichen Vorschriften, Entschädigungen für Verdienstausfall nach dem Infektionsschutzgesetz vom 20. Juli 2000 (BGBl. I S. 1045), oder nach § 3 Nr. 28 steuerfreie Aufstockungsbeträge oder Zuschläge bezogen hat oder

4a. die Anzahl der im Lohnkonto oder in der Lohnsteuerbescheinigung eingetragenen Großbuchstaben U mindestens eins beträgt oder

5. für den Arbeitnehmer im Ausgleichsjahr im Rahmen der Vorsorgepauschale jeweils nur zeitweise Beträge nach § 39b Absatz 2 Satz 5 Nummer 3 Buchstabe a bis d oder der Beitragszuschlag nach § 39b Absatz 2 Satz 5 Nummer 3 Buchstabe c berücksichtigt wurden oder

6. der Arbeitnehmer im Ausgleichsjahr ausländische Einkünfte aus nichtselbständiger Arbeit bezogen hat, die nach einem Abkommen zur Vermeidung der Doppelbesteuerung oder unter Progressionsvorbehalt nach § 34c Abs. 5 von der Lohnsteuer freigestellt waren.

(2) ¹Für den Lohnsteuer-Jahresausgleich hat der Arbeitgeber den Jahresarbeitslohn aus dem zu ihm bestehenden Dienstverhältnis festzustellen. ²Dabei bleiben Bezüge im Sinne des § 34 Abs. 1 und 2 Nr. 2 und 4 außer Ansatz, wenn der Arbeitnehmer nicht jeweils die Einbeziehung in den Lohnsteuer-Jahresausgleich beantragt. ³Vom Jahresarbeitslohn sind der etwa in Betracht kommende Versorgungsfreibetrag und Zuschlag zum Versorgungsfreibetrag, der etwa in Betracht kommende Altersentlastungsbetrag abzuziehen. ⁴Für den so geminderten Jahresarbeitslohn ist die Jahreslohnsteuer nach § 39b Absatz 2 Satz 6 und 7 zu ermitteln nach Maßgabe der Steuerklasse, die die für den letzten Lohnzahlungszeitraum des Ausgleichsjahres als elektronisches Lohnsteuerabzugsmerkmal abgerufen oder auf der Bescheinigung für den Lohnsteuerabzug oder etwaigen Mitteilungen über Änderungen zuletzt eingetragen wurde. ⁵Den Betrag, um den die sich hiernach ergebende Jahreslohnsteuer die Lohnsteuer unterschreitet, die von dem zugrunde gelegten Jahresarbeitslohn insgesamt erhoben worden ist, hat der Arbeitgeber dem Arbeitnehmer zu erstatten. ⁶Bei der Ermittlung der insgesamt erhobenen Lohnsteuer ist die Lohnsteuer auszuscheiden, die von den nach Satz 2 außer Ansatz gebliebenen Bezügen einbehalten worden ist.

(3) ¹Der Arbeitgeber darf den Lohnsteuer-Jahresausgleich frühestens bei der Lohnabrechnung für den letzten im Ausgleichsjahr endenden Lohnzahlungszeitraum, spätestens bei der Lohnabrechnung für den letzten Lohnzahlungszeitraum, der im Monat März des dem Ausgleichsjahr folgenden Kalenderjahrs endet, durchführen. ²Die zu erstattende Lohnsteuer ist dem Betrag zu entnehmen, den der Arbeitgeber für seine Arbeitnehmer für den Lohnzahlungszeitraum insgesamt an Lohnsteuer erhoben hat. ³§ 41c Abs. 2 Satz 2 ist anzuwenden.

(4) ¹Im Lohnkonto für das Ausgleichsjahr ist die im Lohnsteuer-Jahresausgleich erstattete Lohnsteuer gesondert einzutragen. ²In der Lohnsteuerbescheinigung für das Ausgleichsjahr

§§ 42b, 42c, 42d

ist der sich nach Verrechnung der erhobenen Lohnsteuer mit der erstatteten Lohnsteuer ergebende Betrag als erhobene Lohnsteuer einzutragen.

§ 42c (weggefallen)

§ 42d Haftung des Arbeitgebers und Haftung bei Arbeitnehmerüberlassung
(1) Der Arbeitgeber haftet
1. für die Lohnsteuer, die er einzubehalten und abzuführen hat,
2. für die Lohnsteuer, die er beim Lohnsteuer-Jahresausgleich zu Unrecht erstattet hat,
3. für die Einkommensteuer (Lohnsteuer), die auf Grund fehlerhafter Angaben im Lohnkonto oder in der Lohnsteuerbescheinigung verkürzt wird,
4. für die Lohnsteuer, die in den Fällen des § 38 Abs. 3a der Dritte zu übernehmen hat.

(2) Der Arbeitgeber haftet nicht, soweit Lohnsteuer nach § 39 Abs. 5 oder § 39a Abs. 5 nachzufordern ist und in den vom Arbeitgeber angezeigten Fällen des § 38 Abs. 4 Satz 2 und 3 und des § 41c Abs. 4.

(3) ¹Soweit die Haftung des Arbeitgebers reicht, sind der Arbeitgeber und der Arbeitnehmer Gesamtschuldner. ²Das Betriebsstättenfinanzamt kann die Steuerschuld oder Haftungsschuld nach pflichtgemäßem Ermessen gegenüber jedem Gesamtschuldner geltend machen. ³Der Arbeitgeber kann auch dann in Anspruch genommen werden, wenn der Arbeitnehmer zur Einkommensteuer veranlagt wird. ⁴Der Arbeitnehmer kann im Rahmen der Gesamtschuldnerschaft nur in Anspruch genommen werden,

1. wenn der Arbeitgeber die Lohnsteuer nicht vorschriftsmäßig vom Arbeitslohn einbehalten hat,
2. wenn der Arbeitnehmer weiß, dass der Arbeitgeber die einbehaltene Lohnsteuer nicht vorschriftsmäßig angemeldet hat. ⁵Dies gilt nicht, wenn der Arbeitnehmer den Sachverhalt dem Finanzamt unverzüglich mitgeteilt hat.

(4) ¹Für die Inanspruchnahme des Arbeitgebers bedarf es keines Haftungsbescheids und keines Leistungsgebots, soweit der Arbeitgeber
1. die einzubehaltende Lohnsteuer angemeldet hat oder
2. nach Abschluss einer Lohnsteuer-Außenprüfung seine Zahlungsverpflichtung schriftlich anerkennt.

²Satz 1 gilt entsprechend für die Nachforderung zu übernehmender pauschaler Lohnsteuer.

(5) Von der Geltendmachung der Steuernachforderung oder Haftungsforderung ist abzusehen, wenn diese insgesamt 10 Euro nicht übersteigt.

(6) ¹Soweit einem Dritten (Entleiher) Arbeitnehmer im Sinne des § 1 Absatz 1 Satz 1 des Arbeitnehmerüberlassungsgesetzes in der Fassung der Bekanntmachung vom 3. Februar 1995 (BGBl. I S. 158), das zuletzt durch Artikel 26 des Gesetzes vom 20. Dezember 2011 (BGBl. I S. 2854) geändert worden ist, zur Arbeitsleistung überlassen werden, haftet er mit Ausnahme der Fälle, in denen eine Arbeitnehmerüberlassung nach § 1 Abs. 3 des Arbeitnehmerüberlassungsgesetzes vorliegt, neben dem Arbeitgeber. ²Der Entleiher haftet nicht, wenn der Überlassung eine Erlaubnis nach § 1 des Arbeitnehmerüberlassungsgesetzes¹⁾ in der jeweils geltenden Fassung zugrunde liegt und soweit er nachweist, dass er den nach § 51 Abs. 1 Nr. 2 Buchstabe d vorgesehenen Mitwirkungspflichten nachgekommen ist. ³Der Entleiher haftet ferner nicht, wenn er über das Vorliegen einer Arbeitnehmerüberlassung ohne Verschulden irrte. ⁴Die Haftung beschränkt sich auf die Lohnsteuer für die Zeit, für die ihm der Arbeitnehmer überlassen worden ist. ⁵Soweit die Haftung des Entleihers reicht, sind der Ar-

---
1) Vgl. Art. 7 des Gesetzes zur Stärkung der Tarifautonomie vom 11.8.2014, BGBl. I S. 1348.

§§ 42d, 42e, 42f

beitgeber, der Entleiher und der Arbeitnehmer Gesamtschuldner. [6]Der Entleiher darf auf Zahlung nur in Anspruch genommen werden, soweit die Vollstreckung in das inländische bewegliche Vermögen des Arbeitgebers fehlgeschlagen ist oder keinen Erfolg verspricht; § 219 Satz 2 der Abgabenordnung ist entsprechend anzuwenden. [7]Ist durch die Umstände der Arbeitnehmerüberlassung die Lohnsteuer schwer zu ermitteln, so ist die Haftungsschuld mit 15 Prozent des zwischen Verleiher und Entleiher vereinbarten Entgelts ohne Umsatzsteuer anzunehmen, solange der Entleiher nicht glaubhaft macht, dass die Lohnsteuer, für die er haftet, niedriger ist. [8]Die Absätze 1 bis 5 sind entsprechend anzuwenden. [9]Die Zuständigkeit des Finanzamts richtet sich nach dem Ort der Betriebsstätte des Verleihers.

(7) Soweit der Entleiher Arbeitgeber ist, haftet der Verleiher wie ein Entleiher nach Absatz 6.

(8) [1]Das Finanzamt kann hinsichtlich der Lohnsteuer der Leiharbeitnehmer anordnen, dass der Entleiher einen bestimmten Teil des mit dem Verleiher vereinbarten Entgelts einzubehalten und abzuführen hat, wenn dies zur Sicherung des Steueranspruchs notwendig ist; Absatz 6 Satz 4 ist anzuwenden. [2]Der Verwaltungsakt kann auch mündlich erlassen werden. [3]Die Höhe des einzubehaltenden und abzuführenden Teils des Entgelts bedarf keiner Begründung, wenn der in Absatz 6 Satz 7 genannte Prozentsatz nicht überschritten wird.

(9) [1]Der Arbeitgeber haftet auch dann, wenn ein Dritter nach § 38 Abs. 3a dessen Pflichten trägt. [2]In diesen Fällen haftet der Dritte neben dem Arbeitgeber. [3]Soweit die Haftung des Dritten reicht, sind der Arbeitgeber, der Dritte und der Arbeitnehmer Gesamtschuldner. [4]Absatz 3 Satz 2 bis 4 ist anzuwenden; Absatz 4 gilt auch für die Inanspruchnahme des Dritten. [5]Im Fall des § 38 Abs. 3a Satz 2 beschränkt sich die Haftung des Dritten auf die Lohnsteuer, die für die Zeit zu erheben ist, für die er sich gegenüber dem Arbeitgeber zur Vornahme des Lohnsteuerabzugs verpflichtet hat; der maßgebende Zeitraum endet nicht, bevor der Dritte seinem Betriebsstättenfinanzamt die Beendigung seiner Verpflichtung gegenüber dem Arbeitgeber angezeigt hat. [6]In den Fällen des § 38 Abs. 3a Satz 7 ist als Haftungsschuld der Betrag zu ermitteln, um den die Lohnsteuer, die für den gesamten Arbeitslohn des Lohnzahlungszeitraums zu berechnen und einzubehalten ist, die insgesamt tatsächlich einbehaltene Lohnsteuer übersteigt. [7]Betrifft die Haftungsschuld mehrere Arbeitgeber, so ist sie bei fehlerhafter Lohnsteuerberechnung nach dem Verhältnis der Arbeitslöhne und für nachträglich zu erfassende Arbeitslohnbeträge nach dem Verhältnis dieser Beträge auf die Arbeitgeber aufzuteilen. [8]In den Fällen des § 38 Abs. 3a ist das Betriebsstättenfinanzamt des Dritten für die Geltendmachung der Steuer- oder Haftungsschuld zuständig.

§ 42e Anrufungsauskunft

[1]Das Betriebsstättenfinanzamt hat auf Anfrage eines Beteiligten darüber Auskunft zu geben, ob und inwieweit im einzelnen Fall die Vorschriften über die Lohnsteuer anzuwenden sind. [2]Sind für einen Arbeitgeber mehrere Betriebsstättenfinanzämter zuständig, so erteilt das Finanzamt die Auskunft, in dessen Bezirk sich die Geschäftsleitung (§ 10 der Abgabenordnung) des Arbeitgebers im Inland befindet. [3]Ist dieses Finanzamt kein Betriebsstättenfinanzamt, so ist das Finanzamt zuständig, in dessen Bezirk sich die Betriebsstätte mit den meisten Arbeitnehmern befindet. [4]In den Fällen der Sätze 2 und 3 hat der Arbeitgeber sämtliche Betriebsstättenfinanzämter, das Finanzamt der Geschäftsleitung und erforderlichenfalls die Betriebsstätte mit den meisten Arbeitnehmern anzugeben sowie zu erklären, für welche Betriebsstätten die Auskunft von Bedeutung ist.

§ 42f Lohnsteuer-Außenprüfung

(1) Für die Außenprüfung der Einbehaltung oder Übernahme und Abführung der Lohnsteuer ist das Betriebsstättenfinanzamt zuständig.

(2) [1]Für die Mitwirkungspflicht des Arbeitgebers bei der Außenprüfung gilt § 200 der Abgabenordnung. [2]Darüber hinaus haben die Arbeitnehmer des Arbeitgebers dem mit der Prüfung Beauftragten jede gewünschte Auskunft über Art und Höhe ihrer Einnahmen zu geben und auf Verlangen die etwa in ihrem Besitz befindlichen Bescheinigungen für den

§§ 42f, 42g

Lohnsteuerabzug sowie die Belege über bereits entrichtete Lohnsteuer vorzulegen. ³Dies gilt auch für Personen, bei denen es streitig ist, ob sie Arbeitnehmer des Arbeitgebers sind oder waren.

(3) ¹In den Fällen des § 38 Abs. 3a ist für die Außenprüfung das Betriebsstättenfinanzamt des Dritten zuständig; § 195 Satz 2 der Abgabenordnung bleibt unberührt. ²Die Außenprüfung ist auch beim Arbeitgeber zulässig; dessen Mitwirkungspflichten bleiben neben den Pflichten des Dritten bestehen.

(4) Auf Verlangen des Arbeitgebers können die Außenprüfung und die Prüfungen durch die Träger der Rentenversicherung (§ 28p des Vierten Buches Sozialgesetzbuch) zur gleichen Zeit durchgeführt werden.

§ 42g Lohnsteuer-Nachschau

(1) Die Lohnsteuer-Nachschau dient der Sicherstellung einer ordnungsgemäßen Einbehaltung und Abführung der Lohnsteuer. Sie ist ein besonderes Verfahren zur zeitnahen Aufklärung steuererheblicher Sachverhalte.

(2) Eine Lohnsteuer-Nachschau findet während der üblichen Geschäfts- und Arbeitszeiten statt. Dazu können die mit der Nachschau Beauftragten ohne vorherige Ankündigung und außerhalb einer Lohnsteuer-Außenprüfung Grundstücke und Räume von Personen, die eine gewerbliche oder berufliche Tätigkeit ausüben, betreten. Wohnräume dürfen gegen den Willen des Inhabers nur zur Verhütung dringender Gefahren für die öffentliche Sicherheit und Ordnung betreten werden.

(3) Die von der Lohnsteuer-Nachschau betroffenen Personen haben dem mit der Nachschau Beauftragten auf Verlangen Lohn- und Gehaltsunterlagen, Aufzeichnungen, Bücher, Geschäftspapiere und andere Urkunden über die der Lohnsteuer-Nachschau unterliegenden Sachverhalte vorzulegen und Auskünfte zuerteilen, soweit dies zur Feststellung einer steuerlichen Erheblichkeit zweckdienlich ist. § 42f Absatz 2 Satz 2 und 3 gilt sinngemäß.

(4) ¹Wenn die bei der Lohnsteuer-Nachschau getroffenen Feststellungen hierzu Anlass geben, kann ohne vorherige Prüfungsanordnung (§ 196 der Abgabenordnung) zu einer Lohnsteuer-Außenprüfung nach § 42f übergegangen werden. ²Auf den Übergang zur Außenprüfung wird schriftlich hingewiesen.

(5) Werden anlässlich einer Lohnsteuer-Nachschau Verhältnisse festgestellt, die für die Festsetzung und Erhebung anderer Steuern erheblich sein können, so ist die Auswertung der Feststellungen insoweit zulässig, als ihre Kenntnis für die Besteuerung der in Absatz 2 genannten Personen oder anderer Personen von Bedeutung sein kann.

3. Steuerabzug vom Kapitalertrag (Kapitalertragsteuer)

§ 43 Kapitalerträge mit Steuerabzug

(1) ¹Bei den folgenden inländischen und in den Fällen der Nummern 6, 7 Buchstabe a und Nummern 8 bis 12 sowie Satz 2 auch ausländischen Kapitalerträgen wird die Einkommensteuer durch Abzug vom Kapitalertrag (Kapitalertragsteuer) erhoben:

1. ¹Kapitalerträgen im Sinne des § 20 Absatz 1 Nummer 1, soweit diese nicht nachfolgend in Nummer 1a gesondert genannt sind, und Kapitalerträgen im Sinne des § 20 Absatz 1 Nummer 2. ²Entsprechendes gilt für Kapitalerträge im Sinne des § 20 Abs. 2 Satz 1 Nr. 2 Buchstabe a und Nr. 2 Satz 2;

1a. Kapitalerträgen im Sinne des § 20 Absatz 1 Nummer 1 aus Aktien und Genussscheinen, die entweder gemäß § 5 des Depotgesetzes zur Sammelverwahrung durch eine Wertpapiersammelbank zugelassen sind und dieser zur Sammelverwahrung im Inland anvertraut wurden, bei denen eine Sonderverwahrung gemäß § 2 Satz 1 des Depotgesetzes erfolgt oder bei denen die Erträge gegen Aushändigung der Dividendenscheine oder sonstigen Ertragnisscheine ausgezahlt oder gutgeschrieben werden;

2. ¹Zinsen aus Teilschuldverschreibungen, bei denen neben der festen Verzinsung ein Recht auf Umtausch in Gesellschaftsanteile (Wandelanleihen) oder eine Zusatzverzinsung, die sich nach der Höhe der Gewinnausschüttungen des Schuldners richtet (Gewinnobligationen), eingeräumt ist, und Zinsen aus Genussrechten, die nicht in § 20 Abs. 1 Nr. 1 genannt sind. ²Zu den Gewinnobligationen gehören nicht solche Teilschuldverschreibungen, bei denen der Zinsfuß nur vorübergehend herabgesetzt und gleichzeitig eine von dem jeweiligen Gewinnergebnis des Unternehmens abhängige Zusatzverzinsung bis zur Höhe des ursprünglichen Zinsfußes festgelegt worden ist. ³Zu den Kapitalerträgen im Sinne des Satzes 1 gehören nicht die Bundesbankgenussrechte im Sinne des § 3 Abs. 1 des Gesetzes über die Liquidation der Deutschen Reichsbank und der Deutschen Golddiskontbank in der im Bundesgesetzblatt Teil III, Gliederungsnummer 7620-6, veröffentlichten bereinigten Fassung, das zuletzt durch das Gesetz vom 17. Dezember 1975 (BGBl. I S. 3123) geändert worden ist. ⁴Beim Steuerabzug auf Kapitalerträge sind die für den Steuerabzug nach Nummer 1a geltenden Vorschriften entsprechend anzuwenden, wenn

   a) die Teilschuldverschreibungen und Genussrechte gemäß § 5 des Depotgesetzes zur Sammelverwahrung durch eine Wertpapiersammelbank zugelassen sind und dieser zur Sammelverwahrung im Inland anvertraut wurden,

   b) die Teilschuldverschreibungen und Genussrechte gemäß § 2 Satz 1 des Depotgesetzes gesondert aufbewahrt werden oder

   c) die Erträge der Teilschuldverschreibungen und Genussrechte gegen Aushändigung der Ertragnisscheine ausgezahlt oder gutgeschrieben werden;

3. Kapitalerträgen im Sinne des § 20 Abs. 1 Nr. 4;

4. Kapitalerträgen im Sinne des § 20 Abs. 1 Nr. 6 Satz 1 bis 6; § 20 Abs. 1 Nr. 6 Satz 2 und 3 in der am 1. Januar 2008 anzuwendenden Fassung bleiben für Zwecke der Kapitalertragsteuer unberücksichtigt. ²Der Steuerabzug vom Kapitalertrag ist in den Fällen des § 20 Abs. 1 Nr. 6 Satz 4 in der am 31. Dezember 2004 geltenden Fassung nur vorzunehmen, wenn das Versicherungsunternehmen auf Grund einer Mitteilung des Finanzamts weiß oder infolge der Verletzung eigener Anzeigeverpflichtungen nicht weiß, dass die Kapitalerträge nach dieser Vorschrift zu den Einkünften aus Kapitalvermögen gehören;

5. (weggefallen)

6. ausländischen Kapitalerträgen im Sinne der Nummern 1 und 1a;

7. Kapitalerträgen im Sinne des § 20 Abs. 1 Nr. 7, außer bei Kapitalerträgen im Sinne der Nummer 2, wenn

   a) es sich um Zinsen aus Anleihen und Forderungen handelt, die in ein öffentliches Schuldbuch oder in ein ausländisches Register eingetragen oder über die Sammel-

§ 43

urkunden im Sinne des § 9a des Depotgesetzes oder Teilschuldverschreibungen ausgegeben sind;

b) der Schuldner der nicht in Buchstabe a genannten Kapitalerträge ein inländisches Kreditinstitut oder ein inländisches Finanzdienstleistungsinstitut im Sinne des Gesetzes über das Kreditwesen ist. ²Kreditinstitut in diesem Sinne ist auch die Kreditanstalt für Wiederaufbau, eine Bausparkasse, ein Versicherungsunternehmen für Erträge aus Kapitalanlagen, die mit Einlagegeschäften bei Kreditinstituten vergleichbar sind, die Deutsche Postbank AG, die Deutsche Bundesbank bei Geschäften mit jedermann einschließlich ihrer Betriebsangehörigen im Sinne der §§ 22 und 25 des Gesetzes über die Deutsche Bundesbank und eine inländische Zweigstelle oder Zweigniederlassung eines ausländischen Unternehmens im Sinne der §§ 53 und 53b des Gesetzes über das Kreditwesen, nicht aber eine ausländische Zweigstelle eines inländischen Kreditinstituts oder eines inländischen Finanzdienstleistungsinstituts. ³Die inländische Zweigstelle gilt an Stelle des ausländischen Kreditinstituts oder des ausländischen Finanzdienstleistungsinstituts als Schuldner der Kapitalerträge.

7a. Kapitalerträgen im Sinne des § 20 Abs. 1 Nr. 9;

7b. Kapitalerträgen im Sinne des § 20 Abs. 1 Nr. 10 Buchstabe a;

7c. Kapitalerträgen im Sinne des § 20 Abs. 1 Nr. 10 Buchstabe b;

8. Kapitalerträgen im Sinne des § 20 Abs. 1 Nr. 11;

9. Kapitalerträgen im Sinne des § 20 Abs. 2 Satz 1 Nr. 1 Satz 1 und 2;

10. Kapitalerträgen im Sinne des § 20 Abs. 2 Satz 1 Nr. 2 Buchstabe b und Nr. 7;

11. Kapitalerträgen im Sinne des § 20 Abs. 2 Satz 1 Nr. 3;

12. Kapitalerträgen im Sinne des § 20 Abs. 2 Satz 1 Nr. 8.

²Dem Steuerabzug unterliegen auch Kapitalerträge im Sinne des § 20 Abs. 3, die neben den in den Nummern 1 bis 12 bezeichneten Kapitalerträgen oder an deren Stelle gewährt werden. ³Der Steuerabzug ist ungeachtet des § 3 Nr. 40 und des § 8b des Körperschaftsteuergesetzes vorzunehmen. ⁴Für Zwecke des Kapitalertragsteuerabzugs gilt die Übertragung eines von einer auszahlenden Stelle verwahrten oder verwalteten Wirtschaftsguts im Sinne des § 20 Abs. 2 auf einen anderen Gläubiger als Veräußerung des Wirtschaftsguts. ⁵Satz 4 gilt nicht, wenn der Steuerpflichtige der auszahlenden Stelle unter Benennung der in Satz 6 Nummer 4 bis 6 bezeichneten Daten mitteilt, dass es sich um eine unentgeltliche Übertragung handelt. ⁶Die auszahlende Stelle hat in den Fällen des Satzes 5 folgende Daten dem für sie zuständigen Betriebsstättenfinanzamt bis zum 31. Mai des jeweiligen Folgejahres nach amtlich vorgeschriebenem Datensatz auf elektronischem Weg nach Maßgabe der Steuerdaten-Übermittlungsverordnung in der jeweils geltenden Fassung mitzuteilen:

1. Bezeichnung der auszahlenden Stelle,

2. das zuständige Betriebsstättenfinanzamt,

3. das übertragene Wirtschaftsgut, den Übertragungszeitpunkt, den Wert zum Übertragungszeitpunkt und die Anschaffungskosten des Wirtschaftsguts,

4. Name, Geburtsdatum, Anschrift und Identifikationsnummer des Übertragenden,

5. Name, Geburtsdatum, Anschrift und Identifikationsnummer des Empfängers sowie die Bezeichnung des Kreditinstituts, der Nummer des Depots, des Kontos oder des Schuldbuchkontos,

6. soweit bekannt, das persönliche Verhältnis (Verwandtschaftsverhältnis, Ehe, Lebenspartnerschaft) zwischen Übertragendem und Empfänger.

(1a) (weggefallen)

(2) ¹Der Steuerabzug ist außer in den Fällen des Absatzes 1 Satz 1 Nr. 1a und 7c nicht vorzunehmen, wenn Gläubiger und Schuldner der Kapitalerträge (Schuldner) oder die auszahlende Stelle im Zeitpunkt des Zufließens dieselbe Person sind. ²Der Steuerabzug ist außerdem nicht vorzunehmen, wenn in den Fällen des Absatzes 1 Satz 1 Nr. 6, 7 und 8 bis 12

§ 43

Gläubiger der Kapitalerträge ein inländisches Kreditinstitut oder inländisches Finanzdienstleistungsinstitut nach Absatz 1 Satz 1 Nr. 7 Buchstabe b oder eine inländische Kapitalverwaltungsgesellschaft ist. ³Bei Kapitalerträgen im Sinne des Absatzes 1 Satz 1 Nr. 6 und 8 bis 12 ist ebenfalls kein Steuerabzug vorzunehmen, wenn

1. eine unbeschränkt steuerpflichtige Körperschaft, Personenvereinigung oder Vermögensmasse, die nicht unter Satz 2 oder § 44a Abs. 4 Satz 1 fällt, Gläubigerin der Kapitalerträge ist, oder

2. die Kapitalerträge Betriebseinnahmen eines inländischen Betriebs sind und der Gläubiger der Kapitalerträge dies gegenüber der auszahlenden Stelle nach amtlich vorgeschriebenem Muster erklärt; dies gilt entsprechend für Kapitalerträge aus Options- und Termingeschäften im Sinne des Absatzes 1 Satz 1 Nr. 8 und 11, wenn sie zu den Einkünften aus Vermietung und Verpachtung gehören.

⁴Im Fall des § 1 Abs. 1 Nr. 4 und 5 des Körperschaftsteuergesetzes ist Satz 3 Nr. 1 nur anzuwenden, wenn die Körperschaft, Personenvereinigung oder Vermögensmasse durch eine Bescheinigung des für sie zuständigen Finanzamts ihre Zugehörigkeit zu dieser Gruppe von Steuerpflichtigen nachweist. ⁵Die Bescheinigung ist unter dem Vorbehalt des Widerrufs auszustellen. ⁶Die Fälle des Satzes 3 Nr. 2 hat die auszahlende Stelle gesondert aufzuzeichnen und die Erklärung der Zugehörigkeit der Kapitalerträge zu den Betriebseinnahmen oder zu den Einnahmen aus Vermietung und Verpachtung sechs Jahre aufzubewahren; die Frist beginnt mit dem Schluss des Kalenderjahres, in dem die Freistellung letztmalig berücksichtigt wird. ⁷Die auszahlende Stelle hat in den Fällen des Satzes 3 Nr. 2 daneben die Konto- oder Depotbezeichnung oder die sonstige Kennzeichnung des Geschäftsvorgangs, Vor- und Zunamen des Gläubigers sowie die Identifikationsnummer nach § 139b der Abgabenordnung bzw. bei Personenmehrheit den Firmennamen und die zugehörige Steuernummer nach amtlich vorgeschriebenem Datensatz zu speichern und durch Datenfernübertragung zu übermitteln. ⁸Das Bundesministerium der Finanzen wird den Empfänger der Datenlieferungen sowie den Zeitpunkt der erstmaligen Übermittlung durch ein im Bundessteuerblatt zu veröffentlichendes Schreiben mitteilen.

(3) ¹Kapitalerträge im Sinne des Absatzes 1 Satz 1 Nr. 1 Satz 1 sowie Nr. 1a bis 4 sind inländische, wenn der Schuldner Wohnsitz, Geschäftsleitung oder Sitz im Inland hat; Kapitalerträge im Sinne des Absatzes 1 Satz 1 Nr. 4 sind auch dann inländische, wenn der Schuldner eine Niederlassung im Sinne des § 106, § 110a oder § 110d des Versicherungsaufsichtsgesetzes im Inland hat. ²Kapitalerträge im Sinne des Absatzes 1 Satz 1 Nr. 1 Satz 2 sind inländische, wenn der Schuldner der veräußerten Ansprüche die Voraussetzungen des Satzes 1 erfüllt. ³Kapitalerträge im Sinne des § 20 Abs. 1 Nr. 1 Satz 4 sind inländische, wenn der Emittent der Aktien Geschäftsleitung oder Sitz im Inland hat. ⁴Kapitalerträge im Sinne des Absatzes 1 Satz 1 Nr. 6 sind ausländische, wenn weder die Voraussetzungen nach Satz 1 noch nach Satz 2 vorliegen.

(4) Der Steuerabzug ist auch dann vorzunehmen, wenn die Kapitalerträge beim Gläubiger zu den Einkünften aus Land- und Forstwirtschaft, aus Gewerbebetrieb, aus selbständiger Arbeit oder aus Vermietung und Verpachtung gehören.

(5) ¹Für Kapitalerträge im Sinne des § 20, soweit sie der Kapitalertragsteuer unterlegen haben, ist die Einkommensteuer mit dem Steuerabzug abgegolten; die Abgeltungswirkung des Steuerabzugs tritt nicht ein, wenn der Gläubiger nach § 44 Absatz 1 Satz 8 und 9 und Absatz 5 in Anspruch genommen werden kann. ²Dies gilt nicht in Fällen des § 32d Abs. 2 und für Kapitalerträge, die zu den Einkünften aus Land- und Forstwirtschaft, aus Gewerbebetrieb, aus selbständiger Arbeit oder aus Vermietung und Verpachtung gehören. ³Auf Antrag des Gläubigers werden Kapitalerträge im Sinne des Satzes 1 in die besondere Besteuerung von Kapitalerträgen nach § 32d einbezogen. ⁴Eine vorläufige Festsetzung der Einkommensteuer im Sinne des § 165 Absatz 1 Satz 2 Nummer 2 bis 4 der Abgabenordnung umfasst auch Einkünfte im Sinne des Satzes 1, für die der Antrag nach Satz 3 nicht gestellt worden ist.

§ 43 H 43

Hinweise

H 43 **Allgemeines**
Einzelfragen zur Abgeltungsteuer → BMF vom 9.10.2012 (BStBl. I S. 953) unter Berücksichtigung der Änderung durch BMF vom 31.7.2013 (BStBl. I S. 940), vom 12.9.2013 (BStBl. I S. 1167) und vom 3.1.2014 (BStBl. I S. 58).[1]

Empfänger und Zeitpunkt der Datenlieferung
→ BMF vom 24.9.2013 (BStBl. I S. 1183)

Insolvenz
Der Abzug von Kapitalertragsteuer ist auch bei dem Gläubiger von Kapitalerträgen vorzunehmen, der in Insolvenz gefallen ist (→ BFH vom 20.12.1995 – BStBl. 1996 II S. 308).

Rechtsstellung der Kreditinstitute
Auf Grund der Systematik der Abgeltungsteuer haben die Kreditinstitute als Organe der Steuererhebung die Rechtauffassung der Finanzverwaltung hinsichtlich des Kapitalertragsteuerbehalts anzuwenden. Nur so kann verhindert werden, dass der Umfang der Steuererhöhung davon abhängig ist, bei welchem Institut der Stpfl. sein Kapital anlegt (→ BMF vom 12.9.2013 – BStBl. I S. 1167).

Rückzahlung einer Dividende
→ H 44b.1

Typische Unterbeteiligung
Der Gewinnanteil aus einer typischen Unterbeteiligung unterliegt der Kapitalertragsteuer. Der Zeitpunkt des Zuflusses bestimmt sich für die Zwecke der Kapitalertragsteuer nach dem vertraglich bestimmten Tag der Auszahlung (§ 44 Abs. 2 und 3 EStG) (→ BFH vom 28.11.1990 – BStBl. 1990 II S. 313).

---

[1] Siehe Anlage § 020-08.

§ 43a

§ 43a Bemessung der Kapitalertragsteuer

(1) ¹Die Kapitalertragsteuer beträgt
1. in den Fällen des § 43 Abs. 1 Satz 1 Nr. 1 bis 4, 6 bis 7a und 8 bis 12 sowie Satz 2:
25 Prozent des Kapitalertrags;
2. in den Fällen des § 43 Abs. 1 Satz 1 Nr. 7b und 7c:
15 Prozent des Kapitalertrags.

²Im Fall einer Kirchensteuerpflicht ermäßigt sich die Kapitalertragsteuer um 25 Prozent der auf die Kapitalerträge entfallenden Kirchensteuer. ³§ 32d Abs. 1 Satz 4 und 5 gilt entsprechend.

(2) ¹Dem Steuerabzug unterliegen die vollen Kapitalerträge ohne jeden Abzug. ²In den Fällen des § 43 Abs. 1 Satz 1 Nr. 9 bis 12 bemisst sich der Steuerabzug nach § 20 Abs. 4 und 4a, wenn die Wirtschaftsgüter von der die Kapitalerträge auszahlenden Stelle erworben oder veräußert und seitdem verwahrt oder verwaltet worden sind. ³Überträgt der Steuerpflichtige die Wirtschaftsgüter auf ein anderes Depot, hat die abgebende inländische auszahlende Stelle der übernehmenden inländischen auszahlenden Stelle die Anschaffungsdaten mitzuteilen. ⁴Satz 3 gilt in den Fällen des § 43 Abs. 1 Satz 5 entsprechend. ⁵Handelt es sich bei der abgebenden auszahlenden Stelle um ein Kreditinstitut oder Finanzdienstleistungsinstitut mit Sitz in einem anderen Mitgliedstaat der Europäischen Gemeinschaft, in einem anderen Vertragsstaat des EWR-Abkommens vom 3. Januar 1994 (ABl. EG Nr. L 1 S. 3) in der jeweils geltenden Fassung, oder in einem anderen Vertragsstaat nach Artikel 17 Abs. 2 Ziffer i der Richtlinie 2003/48/EG vom 3. Juni 2003 im Bereich der Besteuerung von Zinserträgen (ABl. EU Nr. L 157 S. 38), kann der Steuerpflichtige den Nachweis nur durch eine Bescheinigung des ausländischen Instituts führen; dies gilt entsprechend für eine in diesem Gebiet belegene Zweigstelle eines inländischen Kreditinstituts oder Finanzdienstleistungsinstituts. ⁶In allen anderen Fällen ist ein Nachweis der Anschaffungsdaten nicht zulässig. ⁷Sind die Anschaffungsdaten nicht nachgewiesen, bemisst sich der Steuerabzug nach 30 Prozent der Einnahmen aus der Veräußerung oder Einlösung der Wirtschaftsgüter. ⁸In den Fällen des § 43 Abs. 1 Satz 4 gelten der Börsenpreis zum Zeitpunkt der Übertragung zuzüglich Stückzinsen als Einnahmen aus der Veräußerung und die mit dem Depotübertrag verbundenen Kosten als Veräußerungskosten im Sinne des § 20 Abs. 4 Satz 1. ⁹Zur Ermittlung des Börsenpreises ist der niedrigste am Vortag der Übertragung im regulierten Markt notierte Kurs anzusetzen; liegt am Vortag eine Notierung nicht vor, so werden die Wirtschäftsgüter mit dem letzten innerhalb von 30 Tagen vor dem Übertragungstag im regulierten Markt notierten Kurs angesetzt; Entsprechendes gilt für Wertpapiere, die im Inland in den Freiverkehr einbezogen sind oder in einem anderen Staat des Europäischen Wirtschaftsraums zum Handel an einem geregelten Markt im Sinne des Artikels 1 Nr. 13 der Richtlinie 93/22/EWG des Rates vom 10. Mai 1993 über Wertpapierdienstleistungen (ABl. EG Nr. L 141 S. 27) zugelassen sind. ¹⁰Liegt ein Börsenpreis nicht vor, bemisst sich die Steuer nach 30 Prozent der Anschaffungskosten. ¹¹Die übernehmende auszahlende Stelle hat als Anschaffungskosten den von der abgebenden Stelle angesetzen Börsenpreis anzusetzen und die bei der Übertragung als Einnahmen aus der Veräußerung angesetzten Stückzinsen nach Absatz 3 zu berücksichtigen. ¹²Satz 9 gilt entsprechend. ¹³Liegt ein Börsenpreis nicht vor, bemisst sich der Steuerabzug nach 30 Prozent der Einnahmen aus der Veräußerung oder Einlösung der Wirtschaftsgüter. ¹⁴Hat die auszahlende Stelle die Wirtschaftsgüter vor dem 1. Januar 1994 erworben oder veräußert und seitdem verwahrt oder verwaltet, kann sie den Steuerabzug nach 30 Prozent der Einnahmen aus der Veräußerung oder Einlösung der Wertpapiere und Kapitalforderungen bemessen. ¹⁵Abweichend von den Sätzen 2 bis 14 bemisst sich der Steuerabzug bei Kapitalerträgen aus nicht für einen marktmäßigen Handel bestimmten schuldbuchfähigen Wertpapieren des Bundes und der Länder oder bei Kapitalerträgen im Sinne des § 43 Abs. 1 Satz 1 Nr. 7 Buchstabe b aus nicht in Inhaber- oder Orderschuldverschreibungen verbrieften Kapitalforderungen nach dem vollen Kapitalertrag ohne jeden Abzug.

(3) ¹Die auszahlende Stelle hat ausländische Steuern auf Kapitalerträge nach Maßgabe des § 32d Abs. 5 zu berücksichtigen. ²Sie hat unter Berücksichtigung des § 20 Abs. 6 Satz 4 im Kalenderjahr negative Kapitalerträge einschließlich gezahlter Stückzinsen bis zur Höhe der

§ 43a

positiven Kapitalerträge auszugleichen; liegt ein gemeinsamer Freistellungsauftrag im Sinne des § 44a Abs. 2 Satz 1 Nr. 1 in Verbindung mit § 20 Abs. 9 Satz 2 vor, erfolgt ein gemeinsamer Ausgleich. ³Der nicht ausgeglichene Verlust ist auf das nächste Kalenderjahr zu übertragen. ⁴Auf Verlangen des Gläubigers der Kapitalerträge hat sie über die Höhe eines nicht ausgeglichenen Verlusts eine Bescheinigung nach amtlich vorgeschriebenem Muster zu erteilen; der Verlustübertrag entfällt in diesem Fall. ⁵Der unwiderrufliche Antrag auf Erteilung der Bescheinigung muss bis zum 15. Dezember des laufenden Jahres der auszahlenden Stelle zugehen. ⁶Überträgt der Gläubiger der Kapitalerträge seine im Depot befindlichen Wirtschaftsgüter vollständig auf ein anderes Depot, hat die abgebende auszahlende Stelle der übernehmenden auszahlenden Stelle auf Verlangen des Gläubigers der Kapitalerträge die Höhe des nicht ausgeglichenen Verlusts mitzuteilen; eine Bescheinigung nach Satz 4 darf in diesem Fall nicht erteilt werden. ⁷Erfährt die auszahlende Stelle nach Ablauf des Kalenderjahres von der Veränderung einer Bemessungsgrundlage oder einer zu erhebenden Kapitalertragsteuer, hat sie die entsprechende Korrektur erst zum Zeitpunkt ihrer Kenntnisnahme vorzunehmen; § 44 Absatz 5 bleibt unberührt. ⁸Die vorstehenden Sätze gelten nicht in den Fällen des § 20 Abs. 8 und des § 44 Abs. 1 Satz 4 Nr. 1 Buchstabe a Doppelbuchstabe bb sowie bei Körperschaften, Personenvereinigungen oder Vermögensmassen.

(4) ¹Die Absätze 2 und 3 gelten entsprechend für die das Bundesschuldbuch führende Stelle oder eine Landesschuldenverwaltung als auszahlende Stelle. ²Werden die Wertpapiere oder Forderungen von einem Kreditinstitut oder einem Finanzdienstleistungsinstitut mit der Maßgabe der Verwahrung und Verwaltung durch die das Bundesschuldbuch führende Stelle oder eine Landesschuldenverwaltung erworben, hat das Kreditinstitut oder das Finanzdienstleistungsinstitut der das Bundesschuldbuch führenden Stelle oder einer Landesschuldenverwaltung zusammen mit den im Schuldbuch einzutragenden Wertpapieren und Forderungen den Erwerbszeitpunkt und die Anschaffungsdaten sowie in Fällen des Absatzes 2 den Erwerbspreis der für einen marktmäßigen Handel bestimmten schuldbuchfähigen Wertpapiere des Bundes oder der Länder und außerdem mitzuteilen, dass es diese Wertpapiere und Forderungen erworben oder veräußert und seitdem verwahrt oder verwaltet hat.

§ 43b

§ 43b Bemessung der Kapitalertragsteuer bei bestimmten Gesellschaften[1)]

(1) ¹Auf Antrag wird die Kapitalertragsteuer für Kapitalerträge im Sinne des § 20 Abs. 1 Nr. 1, die einer Muttergesellschaft, die weder ihren Sitz noch ihre Geschäftsleitung im Inland hat oder einer in einem anderen Mitgliedstaat der Europäischen Union gelegenen Betriebsstätte dieser Muttergesellschaft, aus Ausschüttungen einer Tochtergesellschaft zufließen, nicht erhoben. ²Satz 1 gilt auch für Ausschüttungen einer Tochtergesellschaft, die einer in einem anderen Mitgliedstaat der Europäischen Union gelegenen Betriebsstätte einer unbeschränkt steuerpflichtigen Muttergesellschaft zufließen. ³Ein Zufluss an die Betriebsstätte liegt nur vor, wenn die Beteiligung an der Tochtergesellschaft tatsächlich zu dem Betriebsvermögen der Betriebsstätte gehört. ⁴Die Sätze 1 bis 3 gelten nicht für Kapitalerträge im Sinne des § 20 Abs. 1 Nr. 1, die anlässlich der Liquidation oder Umwandlung einer Tochtergesellschaft zufließen.

(2) ¹Muttergesellschaft im Sinne des Absatzes 1 ist jede Gesellschaft, die die in der Anlage 2 zu diesem Gesetz bezeichneten Voraussetzungen erfüllt und nach Artikel 3 Absatz 1 Buchstabe a der Richtlinie 2011/96/EU des Rates vom 30. November 2011 über das gemeinsame Steuersystem der Mutter und Tochtergesellschaften verschiedener Mitgliedstaaten (ABl. L 345 vom 29.12.2011, S. 8), die zuletzt durch die Richtlinie 2013/13/EU (ABl. L 141 vom 28.5.2013, S. 30) geändert worden ist, zum Zeitpunkt der Entstehung der Kapitalertragsteuer gemäß § 44 Absatz 1 Satz 2 nachweislich mindestens zu 10 Prozent unmittelbar am Kapital der Tochtergesellschaft (Mindestbeteiligung) beteiligt ist. ²Ist die Mindestbeteiligung zu diesem Zeitpunkt nicht erfüllt, ist der Zeitpunkt des Gewinnverteilungsbeschlusses maßgeblich. ³Tochtergesellschaft im Sinne des Absatzes 1 sowie des Satzes 1 ist jede unbeschränkt steuerpflichtige Gesellschaft, die die in der Anlage 2 zu diesem Gesetz und in Artikel 3 Abs. 1 Buchstabe b der Richtlinie 2011/96 EU bezeichneten Voraussetzungen erfüllt. ⁴Weitere Voraussetzung ist, dass die Beteiligung nachweislich ununterbrochen zwölf Monate besteht. ⁵Wird dieser Beteiligungszeitraum nach dem Zeitpunkt der Entstehung der Kapitalertragsteuer gemäß § 44 Abs. 1 Satz 2 vollendet, ist die einbehaltene und abgeführte Kapitalertragsteuer nach § 50d Abs. 1 zu erstatten; das Freistellungsverfahren nach § 50d Abs. 2 ist ausgeschlossen.

(2a) ¹Betriebsstätte im Sinne der Absätze 1 und 2 ist eine feste Geschäftseinrichtung in einem anderen Mitgliedstaat der Europäischen Union, durch die die Tätigkeit der Muttergesellschaft ganz oder teilweise ausgeübt wird, wenn das Besteuerungsrecht für die Gewinne dieser Geschäftseinrichtung nach dem jeweils geltenden Abkommen zur Vermeidung der Doppelbesteuerung dem Staat, in dem sie gelegen ist, zugewiesen wird und diese Gewinne in diesem Staat der Besteuerung unterliegen.

Anlage 2 zum Einkommensteuergesetz (zu § 43b)
Gesellschaften im Sinne der Richtlinie Nr. 2011/96 EU

Gesellschaft im Sinne der genannten Richtlinie ist jede Gesellschaft, die

1. eine der aufgeführten Formen aufweist:
   a) eine Gesellschaft, die gemäß der Verordnung (EG) Nr. 2157/2001 des Rates vom 8. Oktober 2001 über das Statut der Europäischen Gesellschaft (SE) und der Richtlinie 2001/86/EG des Rates vom 8. Oktober 2001 zur Ergänzung des Statuts der Europäischen Gesellschaft hinsichtlich der Beteiligung der Arbeitnehmer gegründet wurde, sowie eine Genossenschaft, die gemäß der Verordnung (EG) Nr. 1435/2003 des Rates vom 22. Juli 2003 über das Statut der Europäischen Genossenschaft (SCE) und gemäß der Richtlinie 2003/72/EG des Rates vom 22. Juli 2003 zur Ergänzung des Statuts der Europäischen Genossenschaft hinsichtlich der Beteiligung der Arbeitnehmer gegründet wurde,
   b) Gesellschaften belgischen Rechts mit der Bezeichnung „société anonyme"/„naamloze vennootschap", „société en commandite par actions"/„commanditaire vennootschap op aandelen", „so-

---

1) § 43b EStG und die Anlage 2 zu § 43b EStG sind erstmals auf Ausschüttungen anzuwenden, die nach dem 30.6.2013 zufließen → § 52 Abs. Satz 2 EStG i. d. F. des Artikels 1 des Gesetzes zur Anpassung des nationalen Steuerrechts an den Beitritt Kroatiens zur EU und zur Änderung weiterer steuerlicher Vorschriften (Inkrafttreten 1.7.2013); § 52 EStG wurde durch Artikel 2 des Gesetztes zur Anpassung des nationalen Steuerrechts an den Beitritt Kroatiens zur EU und zur Änderung weiterer steuerlicher Vorschriften (inkrafttreten 31.7.2014) neu gefasst.

§ 43b

ciété privée à responsabilité limitée"/„besloten vennootschap met beperkte aansprakelijkheid", „société coopérative à responsabilité limitée"/„coöperatieve vennootschap met beperkte aansprakelijkheid", „société coopérative à responsabilité illimitée"/„coöperatieve vennootschap met onbeperkte aansprakelijkheid", „société en nom collectif"/„vennootschap onder firma" oder „société en commandite simple"/„gewone commanditaire vennootschap", öffentliche Unternehmen, die eine der genannten Rechtsformen angenommen haben, und andere nach belgischem Recht gegründete Gesellschaften, die der belgischen Körperschaftsteuer unterliegen,

c) Gesellschaften bulgarischen Rechts mit der Bezeichnung „събирателно дружество", „командитно дружество", „дружество с ограничена отговорност", „акционерно дружество", „командитно дружество с акции", „неперсонифицирано дружество", „кооперации", „кооперативни съюзи" oder „държавни предприятия", die nach bulgarischem Recht gegründet wurden und gewerbliche Tätigkeiten ausüben,

d) Gesellschaften tschechischen Rechts mit der Bezeichnung „akciová společnost" oder „společnost s ručením omezeným",

e) Gesellschaften dänischen Rechts mit der Bezeichnung „aktieselskab" oder „anpartsselskab" und weitere nach dem Körperschaftsteuergesetz steuerpflichtige Gesellschaften, soweit ihr steuerbarer Gewinn nach den allgemeinen steuerrechtlichen Bestimmungen für die „aktieselskaber" ermittelt und besteuert wird,

f) Gesellschaften deutschen Rechts mit der Bezeichnung „Aktiengesellschaft", „Kommanditgesellschaft auf Aktien", „Gesellschaft mit beschränkter Haftung", „Versicherungsverein auf Gegenseitigkeit", „Erwerbs- und Wirtschaftsgenossenschaft" oder „Betrieb gewerblicher Art von juristischen Personen des öffentlichen Rechts" und andere nach deutschem Recht gegründete Gesellschaften, die der deutschen Körperschaftsteuer unterliegen,

g) Gesellschaften estnischen Rechts mit der Bezeichnung „täisühing", „usaldusühing", „osaühing", „aktsiaselts" oder „tulundusühistu",

h) nach irischem Recht gegründete oder eingetragene Gesellschaften, gemäß dem Industrial and Provident Societies Act eingetragene Körperschaften, gemäß dem Building Societies Act gegründete „building societies" und „trustee savings banks" im Sinne des Trustee Savings Banks Act von 1989,

i) Gesellschaften griechischen Rechts mit der Bezeichnung „ανώνυμη εταιρεία" oder „εταιρεία περιωρισμένης ευθύνης (Ε.Π.Ε.)" und andere nach griechischem Recht gegründete Gesellschaften, die der griechischen Körperschaftsteuer unterliegen,

j) Gesellschaften spanischen Rechts mit der Bezeichnung „sociedad anónima", „sociedad comanditaria por acciones" oder „sociedad de responsabilidad limitada" und die öffentlich-rechtlichen Körperschaften, deren Tätigkeit unter das Privatrecht fällt sowie andere nach spanischem Recht gegründete Körperschaften, die der spanischen Körperschaftsteuer („impuesto sobre sociedades") unterliegen,

k) Gesellschaften französischen Rechts mit der Bezeichnung „société anonyme", „société en commandite par actions", „société à responsabilité limitée", „sociétés par actions simplifiées", „sociétés d'assurances mutuelles", „caisses d'épargne et de prévoyance", „sociétés civiles", die automatisch der Körperschaftsteuer unterliegen, „coopératives" „unions de coopératives", die öffentlichen Industrie- und Handelsbetriebe, die öffentlichen Industrie- und Handelsunternehmen und andere nach französischem Recht gegründete Gesellschaften, die der französischen Körperschaftsteuer unterliegen,

l) Gesellschaften kroatischen Rechts mit der Bezeichnung „dioničko društvo" oder „društvo s ograničenom odgovornošću" und andere nach kroatischem Recht gegründete Gesellschaften, die der kroatischen Gewinnsteuer unterliegen,

m) Gesellschaften italienischen Rechts mit der Bezeichnung „società per azioni", „società in accomandita per azioni", „società a responsabilità limitata", „società cooperative" oder „società di mutua assicurazione" sowie öffentliche und private Körperschaften, deren Tätigkeit ganz oder überwiegend handelsgewerblicher Art ist,

n) Gesellschaften zyprischen Rechts mit der Bezeichnung „εταιρείες" im Sinne der Einkommensteuergesetze,

o) Gesellschaften lettischen Rechts mit der Bezeichnung „akciju sabiedrība" oder „sabiedrība ar ierobežotu atbildību",

p) Gesellschaften litauischen Rechts,

§ 43b

q) Gesellschaften luxemburgischen Rechts mit der Bezeichnung „société anonyme", „société en commandite par actions", „société à responsabilité limitée", „société coopérative", „société coopérative organisée comme une société anonyme", „association d'assurances mutuelles", „association d'épargne-pension" oder „entreprise de nature commerciale, industrielle ou minière de l'Etat, des communes, des syndicats de communes, des établissements publics et des autres personnes morales de droit public" sowie andere nach luxemburgischem Recht gegründete Gesellschaften, die der luxemburgischen Körperschaftsteuer unterliegen,

r) Gesellschaften ungarischen Rechts mit der Bezeichnung: „közkereseti társaság", „betéti társaság", „közös vállalat", „korlátolt felelősségű társaság", „részvénytársaság", „egyesülés" oder „szövetkezet",

s) Gesellschaften maltesischen Rechts mit der Bezeichnung: „Kumpaniji ta' Responsabilita' Limitata" oder „Soċjetajiet en commandite li l-kapital tagħhom maqsum f'azzjonijiet",

t) Gesellschaften niederländischen Rechts mit der Bezeichnung „naamloze vennootschap", „besloten vennootschap met beperkte aansprakelijkheid", „open commanditaire vennootschap", „coöperatie", „onderlinge waarborgmaatschappij", „fonds voor gemene rekening", „vereniging op coöperatieve grondslag" oder „vereniging welke op onderlinge grondslag als verzekeraar of keredietinstelling optreedt" und andere nach niederländischem Recht gegründete Gesellschaften, die der niederländischen Körperschaftsteuer unterliegen,

u) Gesellschaften österreichischen Rechts mit der Bezeichnung „Aktiengesellschaft", „Gesellschaft mit beschränkter Haftung", „Versicherungsvereine auf Gegenseitigkeit", „Erwerbs- und Wirtschaftsgenossenschaften", „Betriebe gewerblicher Art von Körperschaften des öffentlichen Rechts" oder „Sparkassen" sowie andere nach österreichischem Recht gegründete Gesellschaften, die der österreichischen Körperschaftsteuer unterliegen,

v) Gesellschaften polnischen Rechts mit der Bezeichnung „spółka akcyjna" oder „spółka z ograniczoną odpowiedzialnością",

w) Gesellschaften portugiesischen Rechts in Form von Handelsgesellschaften oder zivilrechtlichen Handelsgesellschaften sowie Genossenschaften und öffentliche Unternehmen,

x) Gesellschaften rumänischen Rechts mit der Bezeichnung „societăți pe acțiuni", „societăți în comandită pe acțiuni" oder „societăți cu răspundere limitată",

y) Gesellschaften slowenischen Rechts mit der Bezeichnung „delniška družba", „komanditna družba" oder „družba z omejeno odgovornostjo",

z) Gesellschaften slowakischen Rechts mit der Bezeichnung „akciová spoločnosť", „spoločnosť s ručením obmedzeným" oder „komanditná spoločnosť",

aa) Gesellschaften finnischen Rechts mit der Bezeichnung „osakeyhtiö"/„aktiebolag", „osuuskunta"/„andelslag", „säästöpankki"/„sparbank" oder „vakuutusyhtiö"/„försäkringsbolag",

bb) Gesellschaften schwedischen Rechts mit der Bezeichnung „aktiebolag", „försäkringsaktiebolag", „ekonomiska föreningar", „sparbanker", „ömsesidiga försäkringsbolag" oder „försäkringsföreningar",

cc) nach dem Recht des Vereinigten Königreichs gegründete Gesellschaften;

2. nach dem Steuerrecht eines Mitgliedstaates in Bezug auf den steuerlichen Wohnsitz als in diesem Staat ansässig betrachtet wird und auf Grund eines mit einem dritten Staat geschlossenen Doppelbesteuerungsabkommens in Bezug auf den steuerlichen Wohnsitz nicht als außerhalb der Gemeinschaft ansässig betrachtet wird und

3. ohne Wahlmöglichkeit einer der folgenden Steuern oder irgendeiner Steuer, die eine dieser Steuern ersetzt, unterliegt, ohne davon befreit zu sein:
   - vennootschapsbelasting/impôt des sociétés in Belgien,
   - корпоративен данък in Bulgarien,
   - daň z příjmů právnických osob in der Tschechischen Republik,
   - selskabsskat in Dänemark,
   - Körperschaftsteuer in Deutschland,
   - tulumaks in Estland,
   - corporation tax in Irland,
   - φόρος εισοδήματος νομικών προσώπων κερδοσκοπικού χαρακτήρα in Griechenland,
   - impuesto sobre sociedades in Spanien,
   - impôt sur les sociétés in Frankreich,

- porez na dobit in Kroatien,
- imposta sul reddito delle persone giuridiche in Italien,
- φόρος εισοδήματος in Zypern,
- uzņēmumu ienākuma nodoklis in Lettland,
- pelno mokestis in Litauen,
- impôt sur le revenu des collectivités in Luxemburg,
- társasági adó, osztalékadó in Ungarn,
- taxxa fuq l-income in Malta,
- vennootschapsbelasting in den Niederlanden,
- Körperschaftsteuer in Österreich,
- podatek dochodowy od osób prawnych in Polen,
- imposto sobre o rendimento das pessoas colectivas in Portugal, – impozit pe profit in Rumänien,
- davek od dobička pravnih oseb in Slowenien,
- daň z príjmov právnických osôb in der Slowakei,
- yhteisöjen tulovero/inkomstskatten för samfund in Finnland,
- statlig inkomstskatt in Schweden,
- corporation tax im Vereinigten Königreich.

Hinweise

H 43b Zuständige Behörde
Zuständige Behörde für die Durchführung des Erstattungs- oder Freistellungsverfahrens ist das Bundeszentralamt für Steuern, 53221 Bonn.

§ 44

§ 44 Entrichtung der Kapitalertragsteuer

(1) ¹Schuldner der Kapitalertragsteuer ist in den Fällen des § 43 Abs. 1 Satz 1 Nr. 1 bis 7b und 8 bis 12 sowie Satz 2 der Gläubiger der Kapitalerträge. ²Die Kapitalertragsteuer entsteht in dem Zeitpunkt, in dem die Kapitalerträge dem Gläubiger zufließen. ³In diesem Zeitpunkt haben in den Fällen des § 43 Absatz 1 Satz 1 Nummer 1, 2 bis 4 sowie 7a und 7b der Schuldner der Kapitalerträge, jedoch in den Fällen des § 43 Absatz 1 Satz 1 Nummer 1 Satz 2 die für den Verkäufer der Wertpapiere den Verkaufsauftrag ausführende Stelle im Sinne des Satzes 4 Nummer 1, und in den Fällen des § 43 Absatz 1 Satz 1 Nummer 1a, 6, 7 und 8 bis 12 sowie Satz 2 die die Kapitalerträge auszahlende Stelle den Steuerabzug für Rechnung des Gläubigers der Kapitalerträge vorzunehmen. ⁴Die die Kapitalerträge auszahlende Stelle ist

1. in den Fällen des § 43 Abs. 1 Satz 1 Nr. 6, 7 Buchstabe a und Nr. 8 bis 12 sowie Satz 2
   a) das inländische Kreditinstitut oder das inländische Finanzdienstleistungsinstitut im Sinne des § 43 Abs. 1 Satz 1 Nr. 7 Buchstabe b, das inländische Wertpapierhandelsunternehmen oder die inländische Wertpapierhandelsbank,
      aa) das die Teilschuldverschreibungen, die Anteile an einer Sammelschuldbuchforderung, die Wertrechte, die Zinsscheine oder sonstigen Wirtschaftsgüter verwahrt oder verwaltet oder deren Veräußerung durchführt und die Kapitalerträge auszahlt oder gutschreibt oder in den Fällen des § 43 Abs. 1 Satz 1 Nummer 8 und 11 die Kapitalerträge auszahlt oder gutschreibt,
      bb) das die Kapitalerträge gegen Aushändigung der Zinsscheine oder der Teilschuldverschreibungen einem anderen als einem ausländischen Kreditinstitut oder einem ausländischen Finanzdienstleistungsinstitut auszahlt oder gutschreibt;
   b) der Schuldner der Kapitalerträge in den Fällen des § 43 Abs. 1 Satz 1 Nr. 7 Buchstabe a und Nr. 10 unter den Voraussetzungen des Buchstabens a, wenn kein inländisches Kreditinstitut oder kein inländisches Finanzdienstleistungsinstitut die die Kapitalerträge auszahlende Stelle ist;
2. in den Fällen des § 43 Abs. 1 Satz 1 Nr. 7 Buchstabe b das inländische Kreditinstitut oder das inländische Finanzdienstleistungsinstitut, das die Kapitalerträge als Schuldner auszahlt oder gutschreibt,
3. In den Fällen des § 43 Absatz 1 Satz 1 Nummer 1a
   a) das inländische Kredit- oder Finanzdienstleistungsinstitut im Sinne des § 43 Absatz 1 Satz 1 Nummer 7 Buchstabe b, das inländische Wertpapierhandelsunternehmen oder die inländische Wertpapierhandelsbank, welche die Anteile verwahrt oder verwaltet und die Kapitalerträge auszahlt oder gutschreibt oder die Kapitalerträge gegen Aushändigung der Dividendenscheine auszahlt oder gutschreibt oder die Kapitalerträge an eine ausländische Stelle auszahlt,
   b) die Wertpapiersammelbank, der die Anteile zur Sammelverwahrung anvertraut wurden, wenn sie die Kapitalerträge an eine ausländische Stelle auszahlt.

⁵Die innerhalb eines Kalendermonats einbehaltene Steuer ist jeweils bis zum 10. des folgenden Monats an das Finanzamt abzuführen, das für die Besteuerung

1. des Schuldners der Kapitalerträge,
2. der den Verkaufsauftrag ausführenden Stelle oder
3. der die Kapitalerträge auszahlenden Stelle

nach dem Einkommen zuständig ist; bei Kapitalerträgen im Sinne des § 43 Abs. 1 Satz 1 Nr. 1 ist die einbehaltene Steuer in dem Zeitpunkt abzuführen, in dem die Kapitalerträge dem Gläubiger zufließen. ⁶Dabei ist die Kapitalertragsteuer, die zu demselben Zeitpunkt abzuführen ist, jeweils auf den nächsten vollen Euro-Betrag abzurunden. ⁷Wenn Kapitalerträge ganz oder teilweise nicht in Geld bestehen (§ 8 Abs. 2) und der in Geld geleistete Kapitalertrag nicht zur Deckung der Kapitalertragsteuer ausreicht, hat der Gläubiger der Kapitalerträge dem zum Steuerabzug Verpflichteten den Fehlbetrag zur Verfügung zu stellen. ⁸Soweit der

§ 44

Gläubiger seiner Verpflichtung nicht nachkommt, hat der zum Steuerabzug Verpflichtete dies dem für ihn zuständigen Betriebsstättenfinanzamt anzuzeigen. [9]Das Finanzamt hat die zu wenig erhobene Kapitalertragsteuer vom Gläubiger der Kapitalerträge nachzufordern.

(1a) Werden inländische Aktien über eine ausländische Stelle mit Dividendenberechtigung erworben, aber ohne Dividendenanspruch geliefert und leitet die ausländische Stelle auf die Erträge im Sinne des § 20 Absatz 1 Nummer 1 Satz 4 einen einbehaltenen Steuerbetrag im Sinne des § 43a Absatz 1 Satz 1 Nummer 1 an eine inländische Wertpapiersammelbank weiter, ist diese zur Abführung der einbehaltenen Steuer verpflichtet. Bei Kapitalerträgen im Sinne des § 43 Absatz 1 Satz 1 Nummer 1 und 2 gilt Satz 1 entsprechend.

(2) [1]Gewinnanteile (Dividenden) und andere Kapitalerträge im Sinne des § 43 Abs. 1 Satz 1 Nr. 1, deren Ausschüttung von einer Körperschaft beschlossen wird, fließen dem Gläubiger der Kapitalerträge an dem Tag zu (Absatz 1), der im Beschluss als Tag der Auszahlung bestimmt worden ist. [2]Ist die Ausschüttung nur festgesetzt, ohne dass über den Zeitpunkt der Auszahlung ein Beschluss gefasst worden ist, so gilt als Zeitpunkt des Zufließens der Tag nach der Beschlussfassung. [3]Für Kapitalerträge im Sinne des § 20 Abs. 1 Nr. 1 Satz 4 gelten diese Zuflusszeitpunkte entsprechend.

(3) [1]Ist bei Einnahmen aus der Beteiligung an einem Handelsgewerbe als stiller Gesellschafter in dem Beteiligungsvertrag über den Zeitpunkt der Ausschüttung keine Vereinbarung getroffen, so gilt der Kapitalertrag am Tag nach der Aufstellung der Bilanz oder einer sonstigen Feststellung des Gewinnanteils des stillen Gesellschafters, spätestens jedoch sechs Monate nach Ablauf des Wirtschaftsjahrs, für das der Kapitalertrag ausgeschüttet oder gutgeschrieben werden soll, als zugeflossen. [2]Bei Zinsen aus partiarischen Darlehen gilt Satz 1 entsprechend.

(4) Haben Gläubiger und Schuldner der Kapitalerträge vor dem Zufließen ausdrücklich Stundung des Kapitalertrags vereinbart, weil der Schuldner vorübergehend zur Zahlung nicht in der Lage ist, so ist der Steuerabzug erst mit Ablauf der Stundungsfrist vorzunehmen.

(5) [1]Die Schuldner der Kapitalerträge, die den Verkaufsauftrag ausführende Stelle oder die die Kapitalerträge auszahlenden Stellen haften für die Kapitalertragsteuer, die sie einzubehalten und abzuführen haben, es sei denn, sie weisen nach, dass sie die ihnen auferlegten Pflichten weder vorsätzlich noch grob fahrlässig verletzt haben. [2]Der Gläubiger der Kapitalerträge wird nur in Anspruch genommen, wenn

1. der Schuldner, die den Verkaufsauftrag ausführende Stelle oder die die Kapitalerträge auszahlende Stelle die Kapitalerträge nicht vorschriftsmäßig gekürzt hat,
2. der Gläubiger weiß, dass der Schuldner, die den Verkaufsauftrag ausführende Stelle oder die die Kapitalerträge auszahlende Stelle die einbehaltene Kapitalertragsteuer nicht vorschriftsmäßig abgeführt hat, und dies dem Finanzamt nicht unverzüglich mitteilt oder
3. das die Kapitalerträge auszahlende inländische Kreditinstitut oder das inländische Finanzdienstleistungsinstitut die Kapitalerträge zu Unrecht ohne Abzug der Kapitalertragsteuer ausgezahlt hat.

[3]Für die Inanspruchnahme des Schuldners der Kapitalerträge, der den Verkaufsauftrag ausführenden Stelle und der die Kapitalerträge auszahlenden Stelle bedarf es keines Haftungsbescheids, soweit der Schuldner, die den Verkaufsauftrag ausführende Stelle oder die die Kapitalerträge auszahlende Stelle die einbehaltene Kapitalertragsteuer richtig angemeldet hat oder soweit sie ihre Zahlungsverpflichtungen gegenüber dem Finanzamt oder dem Prüfungsbeamten des Finanzamts schriftlich anerkennen.

(6) [1]In den Fällen des § 43 Abs. 1 Satz 1 Nr. 7c gilt die juristische Person des öffentlichen Rechts und die von der Körperschaftsteuer befreite Körperschaft, Personenvereinigung oder Vermögensmasse als Gläubiger und der Betrieb gewerblicher Art und der wirtschaftliche Geschäftsbetrieb als Schuldner der Kapitalerträge. [2]Die Kapitalertragsteuer entsteht, auch soweit sie auf verdeckte Gewinnausschüttungen entfällt, die im abgelaufenen Wirtschaftsjahr vorgenommen worden sind, im Zeitpunkt der Bilanzerstellung; sie entsteht spätestens acht Monate nach Ablauf des Wirtschaftsjahres; in den Fällen des § 20 Abs. 1 Nr. 10 Buchstabe b Satz 2 am Tag nach der Beschlussfassung über die Verwendung und in den Fällen des § 22

Abs. 4 des Umwandlungssteuergesetzes[1)] am Tag nach der Veräußerung. [3)]Die Kapitalertragsteuer entsteht in den Fällen des § 20 Abs. 1 Nr. 10 Buchstabe b Satz 3 zum Ende des Wirtschaftsjahres. [4)]Die Absätze 1 bis 4 und 5 Satz 2 sind entsprechend anzuwenden. [5)]Der Schuldner der Kapitalerträge haftet für die Kapitalertragsteuer, soweit sie auf verdeckte Gewinnausschüttungen und auf Veräußerungen im Sinne des § 22 Abs. 4 des Umwandlungssteuergesetzes[2)] entfällt.

(7) [1)]In den Fällen des § 14 Abs. 3 des Körperschaftsteuergesetzes entsteht die Kapitalertragsteuer in dem Zeitpunkt der Feststellung der Handelsbilanz der Organgesellschaft; sie entsteht spätestens acht Monate nach Ablauf des Wirtschaftsjahrs der Organgesellschaft. [2)]Die entstandene Kapitalertragsteuer ist an dem auf den Entstehungszeitpunkt nachfolgenden Werktag an das Finanzamt abzuführen, das für die Besteuerung der Organgesellschaft nach dem Einkommen zuständig ist. [3)]Im Übrigen sind die Absätze 1 bis 4 entsprechend anzuwenden.[3)]

Hinweise

H 44 **Allgemeines**
Einzelfragen zur Abgeltungssteuer → BMF vom 9.10.2012 (BStBl. I S. 953) unter Berücksichtigung der Änderungen durch BMF vom 31.7.2013 (BStBl. I S. 940), vom 12.9.2013 (BStBl. I S. 1167) und vom 3.1.2014 (BStBl. I S. 58).[4)]

Zuflusszeitpunkt
Eine Dividende gilt auch dann gem. § 44 Abs. 2 Satz 2 EStG als am Tag nach dem Gewinnausschüttungsbeschluss zugeflossen, wenn dieser bestimmt, die Ausschüttung sollte nach einem bestimmten Tag erfolgen (→ BFH vom 20.12.2006 – BStBl. 2007 II S. 616).

---

1) Siehe Anhang 4.
2) Siehe Anhang 4.
3) Zur zeitlichen Anwendung von Abs. 7 → BMF vom 5.4.2005 (BStBl. I S. 617).
4) Siehe Anlage § 020-08.

§ 44a

§ 44a Abstandnahme vom Steuerabzug

(1) ¹Soweit die Kapitalerträge zusammen mit den Kapitalerträgen, für die die Kapitalertragsteuer nach § 44b zu erstatten ist oder nach Absatz 10 kein Steuerabzug vorzunehmen ist, den Sparer-Pauschbetrag nach § 20 Absatz 9 nicht übersteigen, ist ein Steuerabzug nicht vorzunehmen bei Kapitalerträgen im Sinne des

1. § 43 Absatz 1 Satz 1 Nummer 1 und 2 aus Genussrechten oder
2. § 43 Absatz 1 Satz 1 Nummer 1 und 2 aus Anteilen, die von einer Kapitalgesellschaft ihren Arbeitnehmern überlassen worden sind und von ihr, einem von der Kapitalgesellschaft bestellten Treuhänder, einem inländischen Kreditinstitut oder einer inländischen Zweigniederlassung einer der in § 53b Absatz 1 oder 7 des Kreditwesengesetzes genannten Unternehmen verwahrt werden, und
3. § 43 Absatz 1 Satz 1 Nummer 3 bis 7 und 8 bis 12 sowie Satz 2, die einem unbeschränkt einkommensteuerpflichtigen Gläubiger zufließen.

²Den Arbeitnehmern im Sinne des Satzes 1 stehen Arbeitnehmer eines mit der Kapitalgesellschaft verbundenen Unternehmens nach § 15 des Aktiengesetzes sowie frühere Arbeitnehmer der Kapitalgesellschaft oder eines mit ihr verbundenen Unternehmens gleich. ²Den von der Kapitalgesellschaft überlassenen Anteilen stehen Aktien gleich, die den Arbeitnehmern bei einer Kapitalerhöhung auf Grund ihres Bezugsrechts aus den von der Kapitalgesellschaft überlassenen Aktien zugeteilt worden sind oder die den Arbeitnehmern auf Grund einer Kapitalerhöhung aus Gesellschaftsmitteln gehören. ³Bei Kapitalerträgen im Sinne des § 43 Absatz 1 Satz 1 Nummer 1, 2 bis 7 und 8 bis 12 sowie Satz 2, die einem unbeschränkt einkommensteuerpflichtigen Gläubiger zufließen, ist der Steuerabzug nicht vorzunehmen, wenn anzunehmen ist, dass auch für Fälle der Günstigerprüfung nach § 32d Absatz 6 keine Steuer entsteht.

(2) ¹Voraussetzung für die Abstandnahme vom Steuerabzug nach Absatz 1 ist, dass dem nach § 44 Abs. 1 zum Steuerabzug Verpflichteten in den Fällen

1. des Absatzes 1 Satz 1 ein Freistellungsauftrag des Gläubigers der Kapitalerträge nach amtlich vorgeschriebenem Muster oder
2. des Absatzes 1 Satz 4 eine Nichtveranlagungs-Bescheinigung des für den Gläubiger zuständigen Wohnsitzfinanzamts

vorliegt. ²In den Fällen des Satzes 1 Nr. 2 ist die Bescheinigung unter dem Vorbehalt des Widerrufs auszustellen. ³Ihre Geltungsdauer darf höchstens drei Jahre betragen und muss am Schluss eines Kalenderjahrs enden. ⁴Fordert das Finanzamt die Bescheinigung zurück oder erkennt der Gläubiger, dass die Voraussetzungen für ihre Erteilung weggefallen sind, so hat er dem Finanzamt die Bescheinigung zurückzugeben.

(2a) ¹Ein Freistellungsauftrag kann nur erteilt werden, wenn der Gläubiger der Kapitalerträge seine Identifikationsnummer (§ 139b der Abgabenordnung) und bei gemeinsamen Freistellungsaufträgen auch die Identifikationsnummer des Ehegatten mitteilt. ²Ein Freistellungsauftrag ist ab dem 1. Januar 2016 unwirksam, wenn der Meldestelle im Sinne des § 45d Absatz 1 Satz 1 keine Identifikationsnummer des Gläubigers der Kapitalerträge und bei gemeinsamen Freistellungsaufträgen auch keine des Ehegatten vorliegen. ³Sofern der Meldestelle im Sinne des § 45d Absatz 1 Satz 1 die Identifikationsnummer nicht bereits bekannt ist, kann sie diese beim Bundeszentralamt für Steuern abfragen. ⁴In der Anfrage dürfen nur die in § 139b Absatz 3 der Abgabenordnung genannten Daten des Gläubigers der Kapitalerträge und bei gemeinsamen Freistellungsaufträgen die des Ehegatten angegeben werden, soweit sie der Meldestelle bekannt sind. ⁵Die Anfrage hat nach amtlich vorgeschriebenem Datensatz durch Datenfernübertragung zu erfolgen. ⁶Im Übrigen ist § 150 Absatz 6 der Abgabenordnung entsprechend anzuwenden. ⁷Das Bundeszentralamt für Steuern teilt der Meldestelle die Identifikationsnummer mit, sofern die übermittelten Daten mit den nach § 139b Absatz 3 der Abgabenordnung beim Bundeszentralamt für Steuern gespeicherten Daten übereinstimmen. ⁸Die Meldestelle darf die Identifikationsnummer nur verwenden, soweit dies zur Erfüllung von steuerlichen Pflichten erforderlich ist.

§ 44a

(3) Der nach § 44 Abs. 1 zum Steuerabzug Verpflichtete hat in seinen Unterlagen das Finanzamt, das die Bescheinigung erteilt hat, den Tag der Ausstellung der Bescheinigung und die in der Bescheinigung angegebene Steuer- und Listennummer zu vermerken sowie die Freistellungsaufträge aufzubewahren.

(4) ¹Ist der Gläubiger

1. eine von der Körperschaftsteuer befreite inländische Körperschaft, Personenvereinigung oder Vermögensmasse oder
2. eine inländische juristische Person des öffentlichen Rechts,

so ist der Steuerabzug bei Kapitalerträgen im Sinne des § 43 Abs. 1 Satz 1 Nr. 4, 6, 7 und 8 bis 12 sowie Satz 2 nicht vorzunehmen. ²Dies gilt auch, wenn es sich bei den Kapitalerträgen um Bezüge im Sinne des § 20 Abs. 1 Nr. 1 und 2 handelt, die der Gläubiger von einer von der Körperschaftsteuer befreiten Körperschaft bezieht. ³Voraussetzung ist, dass der Gläubiger dem Schuldner oder dem die Kapitalerträge auszahlenden inländischen Kreditinstitut oder inländischen Finanzdienstleistungsinstitut durch eine Bescheinigung des für seine Geschäftsleitung oder seinen Sitz zuständigen Finanzamts nachweist, dass er eine Körperschaft, Personenvereinigung oder Vermögensmasse im Sinne des Satzes 1 Nummer 1 oder 2 ist. ⁴Absatz 2 Satz 2 bis 4 und Absatz 3 gelten entsprechend. ⁵Die in Satz 3 bezeichnete Bescheinigung wird nicht erteilt, wenn die Kapitalerträge in den Fällen des Satzes 1 Nr. 1 in einem wirtschaftlichen Geschäftsbetrieb anfallen, für den die Befreiung von der Körperschaftsteuer ausgeschlossen ist, oder wenn sie in den Fällen des Satzes 1 Nr. 2 in einem nicht von der Körperschaftsteuer befreiten Betrieb gewerblicher Art anfallen. ⁶Ein Steuerabzug ist auch nicht vorzunehmen bei Kapitalerträgen im Sinne des § 49 Absatz 1 Nummer 5 Buchstabe c und d, die einem Anleger zufließen, der eine nach den Rechtsvorschriften eines Mitgliedstaates der Europäischen Union oder des Europäischen Wirtschaftsraums gegründete Gesellschaft im Sinne des Artikels 54 des Vertrags über die Arbeitsweise der Europäischen Union oder des Artikels 34 des Abkommens über den Europäischen Wirtschaftsraum mit Sitz und Ort der Geschäftsleitung innerhalb des Hoheitsgebietes eines dieser Staaten ist, und der einer Körperschaft im Sinne des § 5 Absatz 1 Nummer 3 des Körperschaftsteuergesetzes vergleichbar ist; soweit es sich um eine nach den Rechtsvorschriften eines Mitgliedstaates des Europäischen Wirtschaftsraums gegründete Gesellschaft oder eine Gesellschaft mit Ort und Geschäftsleitung in diesem Staat handelt, ist zusätzlich Voraussetzung, dass mit diesem Staat ein Amtshilfeabkommen besteht.

(4a) ¹Absatz 4 ist entsprechend auf Personengesellschaften im Sinne des § 212 Absatz 1 des Fünften Buches Sozialgesetzbuch anzuwenden. ²Dabei tritt die Personengesellschaft an die Stelle des Gläubigers der Kapitalerträge.

(4b) ¹Werden Kapitalerträge im Sinne des § 43 Absatz 1 Satz 1 Nummer 1 von einer Genossenschaft an ihre Mitglieder gezahlt, hat sie den Steuerabzug nicht vorzunehmen, wenn ihr für das jeweilige Mitglied

1. eine Nichtveranlagungs-Bescheinigung nach Absatz 2 Satz 1 Nummer 2,
2. eine Bescheinigung nach Absatz 5 Satz 4,
3. eine Bescheinigung nach Absatz 7 Satz 4 oder
4. eine Bescheinigung nach Absatz 8 Satz 3 vor liegt; in diesen Fällen ist ein Steuereinbehalt in Höhe von drei Fünfteln vorzunehmen.

²Eine Genossenschaft hat keinen Steuerabzug vorzunehmen, wenn ihr ein Freistellungsauftrag erteilt wurde, der auch Kapitalerträge im Sinne des Satzes 1 erfasst, soweit die Kapitalerträge zusammen mit den Kapitalerträgen, für die nach Absatz 1 kein Steuerabzug vorzunehmen ist oder für die die Kapitalertragsteuer nach § 44b zu erstatten ist, den mit dem Freistellungsauftrag beantragten Freibetrag nicht übersteigen. ³Dies gilt auch, wenn die Genossenschaft einen Verlustausgleich nach § 43a Absatz 3 Satz 2 unter Einbeziehung von Kapitalerträgen im Sinne des Satzes 1 durchgeführt hat.

(5) ¹Bei Kapitalerträgen im Sinne des § 43 Abs. 1 Satz 1 Nr. 1, 2, 6, 7 und 8 bis 12 sowie Satz 2, die einem unbeschränkt oder beschränkt einkommensteuerpflichtigen Gläubiger zufließen,

889

§ 44a

ist der Steuerabzug nicht vorzunehmen, wenn die Kapitalerträge Betriebseinnahmen des Gläubigers sind und die Kapitalertragsteuer bei ihm auf Grund der Art seiner Geschäfte auf Dauer höher wäre als die gesamte festzusetzende Einkommensteuer oder Körperschaftsteuer. ²Ist der Gläubiger ein Lebens- oder Krankenversicherungsunternehmen als Organgesellschaft, ist für die Anwendung des Satzes 1 eine bestehende Organschaft im Sinne des § 14 des Körperschaftsteuergesetzes nicht zu berücksichtigen, wenn die beim Organträger anzurechnende Kapitalertragsteuer, einschließlich der Kapitalertragsteuer des Lebens- oder Krankenversicherungsunternehmens, die auf Grund von § 19 Abs. 5 des Körperschaftsteuergesetzes anzurechnen wäre, höher wäre, als die gesamte festzusetzende Körperschaftsteuer. ³Für die Prüfung der Voraussetzung des Satzes 2 ist auf die Verhältnisse der dem Antrag auf Erteilung einer Bescheinigung im Sinne des Satzes 4 vorangehenden drei Veranlagungszeiträume abzustellen. ⁴Die Voraussetzung des Satzes 1 ist durch eine Bescheinigung des für den Gläubiger zuständigen Finanzamts nachzuweisen. ⁵Die Bescheinigung ist unter dem Vorbehalt des Widerrufs auszustellen. ⁶Die Voraussetzung des Satzes 2 ist gegenüber dem für den Gläubiger zuständigen Finanzamt durch eine Bescheinigung des für den Organträger zuständigen Finanzamts nachzuweisen.

(6) ¹Voraussetzung für die Abstandnahme vom Steuerabzug nach den Absätzen 1, 4 und 5 bei Kapitalerträgen im Sinne des § 43 Abs. 1 Satz 1 Nr. 6, 7 und 8 bis 12 sowie Satz 2 ist, dass die Teilschuldverschreibungen, die Anteile an der Sammelschuldbuchforderung, die Wertrechte, die Einlagen und Guthaben oder sonstigen Wirtschaftsgüter im Zeitpunkt des Zufließens der Einnahmen unter dem Namen des Gläubigers der Kapitalerträge bei der die Kapitalerträge auszahlenden Stelle verwahrt oder verwaltet werden. ²Ist dies nicht der Fall, ist die Bescheinigung nach § 45a Abs. 2 durch einen entsprechenden Hinweis zu kennzeichnen. ³Wird bei einem inländischen Kredit- oder Finanzdienstleistungsinstitut im Sinne des § 43 Absatz 1 Satz 1 Nummer 7 Buchstabe b ein Konto oder Depot für eine gemäß § 5 Absatz 1 Nummer 9 des Körperschaftsteuergesetzes befreite Stiftung im Sinne des § 1 Absatz 1 Nummer 5 des Körperschaftsteuergesetzes auf den Namen eines anderen Berechtigten geführt und ist das Konto oder Depot durch einen Zusatz zur Bezeichnung eindeutig sowohl vom übrigen Vermögen des anderen Berechtigten zu unterscheiden als auch steuerlich der Stiftung zuzuordnen, so gilt es für die Anwendung des Absatzes 4, des Absatzes 7, des Absatzes 10 Satz 1 Nummer 3 und des § 44b Absatz 6 in Verbindung mit Absatz 7 als im Namen der Stiftung geführt.

(7) ¹Ist der Gläubiger eine inländische

1. Körperschaft, Personenvereinigung oder Vermögensmasse im Sinne des § 5 Abs. 1 Nr. 9 des Körperschaftsteuergesetzes oder
2. Stiftung des öffentlichen Rechts, die ausschließlich und unmittelbar gemeinnützigen oder mildtätigen Zwecken dient, oder
3. juristische Person des öffentlichen Rechts, die ausschließlich und unmittelbar kirchlichen Zwecken dient,

so ist der Steuerabzug bei Kapitalerträgen im Sinne des § 43 Abs. 1 Satz 1 Nr. 1, 2, 3 und 7a bis 7c nicht vorzunehmen. ²Der Steuerabzug vom Kapitalertrag ist außerdem nicht vorzunehmen bei Kapitalerträgen im Sinne des § 43 Abs. 1 Satz 1 Nr. 1, soweit es sich um Erträge aus Anteilen an Gesellschaften mit beschränkter Haftung, Namensaktien nicht börsennotierter Aktiengesellschaften und aus Genussrechten handelt, und bei Kapitalerträgen im Sinne des § 43 Abs. 1 Satz 1 Nr. 2 und 3; Voraussetzung für die Abstandnahme bei Kapitalerträgen aus Genussrechten im Sinne des § 43 Abs. 1 Satz 1 Nr. 1 und Kapitalerträgen im Sinne des § 43 Abs. 1 Satz 1 Nr. 2 ist, dass die Genussrechte und Wirtschaftsgüter im Sinne des § 43 Absatz 1 Satz 1 Nummer 2 nicht sammelverwahrt werden. ³Bei allen übrigen Kapitalerträgen nach § 43 Abs. 1 Satz 1 Nr. 1 ist § 44b Abs. 6 sinngemäß anzuwenden. ⁴Voraussetzung für die Anwendung der Sätze 1 und 2 ist, dass der Gläubiger durch eine Bescheinigung des für seine Geschäftsleitung oder seinen Sitz zuständigen Finanzamts nachweist, dass er eine Körperschaft, Personenvereinigung oder Vermögensmasse nach Satz 1 ist. ⁵Absatz 4 gilt entsprechend.

(8) ¹Ist der Gläubiger

§ 44a

1. eine nach § 5 Abs. 1 mit Ausnahme der Nummer 9 des Körperschaftsteuergesetzes oder nach anderen Gesetzen von der Körperschaftsteuer befreite Körperschaft, Personenvereinigung oder Vermögensmasse oder

2. eine inländische juristische Person des öffentlichen Rechts, die nicht in Absatz 7 bezeichnet ist,

so ist der Steuerabzug bei Kapitalerträgen im Sinne des § 43 Abs. 1 Satz 1 Nr. 1, 2, 3 und 7a nur in Höhe von drei Fünfteln vorzunehmen. ²Voraussetzung für die Anwendung des Satzes 1 ist, dass der Gläubiger durch eine Bescheinigung des für seine Geschäftsleitung oder seinen Sitz zuständigen Finanzamts nachweist, dass er eine Körperschaft, Personenvereinigung oder Vermögensmasse im Sinne des Satzes 1 ist. ³Absatz 4 gilt entsprechend.

(8a) ¹Absatz 8 ist entsprechend auf Personengesellschaften im Sinne des § 212 Absatz 1 des Fünften Buches Sozialgesetzbuch anzuwenden. ²Dabei tritt die Personengesellschaft an die Stelle des Gläubigers der Kapitalerträge.

(9) ¹Ist der Gläubiger der Kapitalerträge im Sinne des § 43 Abs. 1 eine beschränkt steuerpflichtige Körperschaft im Sinne des § 2 Nr. 1 des Körperschaftsteuergesetzes, so werden zwei Fünftel der einbehaltenen und abgeführten Kapitalertragsteuer erstattet. ² § 50d Abs. 1 Satz 3 bis 12, Abs. 3 und 4 ist entsprechend anzuwenden. ³Der Anspruch auf eine weitergehende Freistellung und Erstattung nach § 50d Abs. 1 in Verbindung mit § 43b oder § 50g oder nach einem Abkommen zur Vermeidung der Doppelbesteuerung bleibt unberührt. ⁴Verfahren nach den vorstehenden Sätzen und nach § 50d Abs. 1 soll das Bundeszentralamt für Steuern verbinden.

(10) ¹Werden Kapitalerträge im Sinne des § 43 Absatz 1 Satz 1 Nummer 1 a gezahlt, hat die auszahlende Stelle keinen Steuerabzug vorzunehmen, wenn

1. der auszahlenden Stelle eine Nichtveranlagungs-Bescheinigung nach Absatz 2 Satz 1 Nummer 2 für den Gläubiger vorgelegt wird,

2. der auszahlenden Stelle eine Bescheinigung nach Absatz 5 für den Gläubiger vorgelegt wird,

3. der auszahlenden Stelle eine Bescheinigung nach Absatz 7 Satz 2 für den Gläubiger vorgelegt wird oder

4. der auszahlenden Stelle eine Bescheinigung nach Absatz 8 Satz 2 für den Gläubiger vorgelegt wird; in diesen Fällen ist ein Steuereinbehalt in Höhe von drei Fünfteln vorzunehmen.

²Wird der auszahlenden Stelle ein Freistellungsauftrag erteilt, der auch Kapitalerträge im Sinne des Satzes 1 erfasst, oder führt diese einen Verlustausgleich nach § 43a Absatz 3 Satz 2 unter Einbeziehung von Kapitalerträgen im Sinne des Satzes 1 durch, so hat sie den Steuerabzug nicht vorzunehmen, soweit die Kapitalerträge zusammen mit den Kapitalerträgen, für die nach Absatz 1 kein Steuerabzug vorzunehmen ist oder die Kapitalertragsteuer nach § 44b zu erstatten ist, den mit dem Freistellungsauftrag beantragten Freistellungsbetrag nicht übersteigen. ³Absatz 6 ist entsprechend anzuwenden. ⁴Werden Kapitalerträge im Sinne des § 43 Absatz 1 Satz 1 Nummer 1a von einer auszahlenden Stelle im Sinne des § 44 Absatz 1 Satz 4 Nummer 3 an eine ausländische Stelle ausgezahlt, hat diese auszahlende Stelle über den von ihr vor der Zahlung in das Ausland von diesen Kapitalerträgen vorgenommenen Steuerabzug der letzten inländischen auszahlenden Stelle in der Wertpapierverwahrkette, welche die Kapitalerträge auszahlt oder gutschreibt, auf deren Antrag eine Sammel-Steuerbescheinigung für die Summe der eigenen und der für Kunden verwahrten Aktien nach amtlich vorgeschriebenem Muster auszustellen. ⁵Der Antrag darf nur für Aktien gestellt werden, die mit Dividendenberechtigung erworben und mit Dividendenanspruch geliefert wurden. ⁶Wird eine solche Sammel-Steuerbescheinigung beantragt, ist die Ausstellung von Einzel-Steuerbescheinigungen oder die Weiterleitung eines Antrags auf Ausstellung einer Einzel-Steuerbescheinigung über den Steuerabzug von denselben Kapitalerträgen ausgeschlossen; die Sammel-Steuerbescheinigung ist als solche zu kennzeichnen. ⁷Auf die ihr ausgestellte Sammel-Steuerbescheinigung wendet die letzte inländische auszahlende Stelle § 44b Absatz 6 mit

der Maßgabe an, dass sie von den ihr nach dieser Vorschrift eingeräumten Möglichkeiten Gebrauch zu machen hat.

Hinweise

Hinweise

H 44a Allgemeines

Einzelfragen zur Abgeltungssteuer → BMF vom 9.10.2012 (BStBl. I S. 950) unter Berücksichtigung der Änderungen durch BMF vom 31.7.2013 (BStBl. I S. 940), vom 12.9.2013 (BStBl. I S. 1167) und vom 3.1.2014 (BStBl. I S. 58).[1]

Freistellungsauftrag

Muster des amtlich vorgeschriebenen Vordrucks (→ BMF vom 9.10.2012 (BStBl. I S. 953) unter Berücksichtigung der Änderungen durch BMF vom 31.7.2013 (BStBl. I S. 940).[2]

Genossenschaften

Kapitalertragsteuer ist bei einer eingetragenen Genossenschaft auch dann zu erheben, wenn diese auf Dauer höher wären als die gesamte festzusetzende Körperschaftsteuer, weil die Genossenschaft ihre Geschäftsüberschüsse an ihre Mitglieder rückvergütet (→BFH vom 10.7.1996 – BStBl. 1997 II S. 38).

Insolvenz

– Im Insolvenzverfahren über das Vermögen einer Personengesellschaft kann dem Insolvenzverwalter keine NV-Bescheinigung erteilt werden (→ BFH vom 9.11.1994 – BStBl. 1995 II S. 255).

– Der Kapitalertragsteuerabzug gemäß § 43 Abs. 1 EStG ist auch bei dem Gläubiger von Kapitalerträgen vorzunehmen, der in Insolvenz gefallen ist und bei dem wegen hoher Verlustvorträge die Kapitalertragsteuer auf Dauer höher wäre als die gesamte festzusetzende Einkommensteuer (sog. Überzahler). Eine solche Überzahlung beruht nicht auf Grund der „Art seiner Geschäfte" im Sinne von § 44a Abs. 5 EStG. Bei einem solchen Gläubiger von Kapitalerträgen kann deshalb auch nicht aus Gründen sachlicher Billigkeit vom Kapitalertragsteuerabzug abgesehen werden (→ BFH vom 20.12.1995 – BStBl. 1996 II S. 199).

Kommunale Unternehmen

Der Kapitalertragsteuerabzug ist auch bei einem kommunalen Unternehmen (z. B. Abwasserentsorgungsunternehmen) vorzunehmen, bei dem diese auf Dauer höher als die gesamte festzusetzende Körperschaftsteuer ist (→ BFH vom 29.3.2000 – BStBl. II S. 496).

Sammel-Steuerbescheinigung

Zur Anwendung der Sammel-Steuerbescheinigung nach § 44a Abs. 10 Satz 4 EStG → BMF vom 16.9.2013 (BStBl. I S. 1168).

Verlustvortrag/Verfassungsmäßigkeit

Kapitalertragsteuer ist auch dann zu erheben, wenn diese wegen hoher Verlustvorträge höher ist als die festzusetzende Einkommensteuer; § 44a Abs. 5 EStG ist verfassungsgemäß (→ BFH vom 20.12.1995 – BStBl. 1996 II S. 199).

---

1) Siehe Anlage § 020-08.
2) Siehe Anlage § 020-08.

§ 44b

§ 44b Erstattung der Kapitalertragsteuer

(1) bis (4) (weggefallen)

(5) ¹Ist Kapitalertragsteuer einbehalten oder abgeführt worden, obwohl eine Verpflichtung hierzu nicht bestand, oder hat der Gläubiger dem nach § 44 Absatz 1 zum Steuerabzug Verpflichteten die Bescheinigung nach § 43 Absatz 2 Satz 4, den Freistellungsauftrag, die Nichtveranlagungs-Bescheinigung oder die Bescheinigungen nach § 44a Absatz 4 oder 5 erst zu einem Zeitpunkt vorgelegt, zu dem die Kapitalertragsteuer bereits abgeführt war, oder nach diesem Zeitpunkt erst die Erklärung nach § 43 Absatz 2 Satz 3 Nummer 2 abgegeben, ist auf Antrag des nach § 44 Absatz 1 zum Steuerabzug Verpflichteten die Steueranmeldung (§ 45a Absatz 1) insoweit zu ändern; stattdessen kann der zum Steuerabzug Verpflichtete bei der folgenden Steueranmeldung die abzuführende Kapitalertragsteuer entsprechend kürzen. ²Erstattungsberechtigt ist der Antragsteller. ³Die vorstehenden Sätze sind in den Fällen des Absatzes 6 nicht anzuwenden.

(6) ¹Werden Kapitalerträge im Sinne des § 43 Absatz 1 Satz 1 Nummer 1 und 2 durch ein inländisches Kredit- oder Finanzdienstleistungsinstitut im Sinne des § 43 Absatz 1 Satz 1 Nummer 7 Buchstabe b, das die Wertpapiere, Wertrechte oder sonstigen Wirtschaftsgüter unter dem Namen des Gläubigers verwahrt oder verwaltet, als Schuldner der Kapitalerträge oder für Rechnung des Schuldners gezahlt, kann das Kredit- oder Finanzdienstleistungsinstitut die einbehaltene und abgeführte Kapitalertragsteuer dem Gläubiger der Kapitalerträge bis zur Ausstellung einer Steuerbescheinigung, längstens bis zum 31. März des auf den Zufluss der Kapitalerträge folgenden Kalenderjahres, unter den folgenden Voraussetzungen erstatten:

1. dem Kredit- oder Finanzdienstleistungsinstitut wird eine Nichtveranlagungs-Bescheinigung nach § 44a Absatz 2 Satz 1 Nummer 2 für den Gläubiger vorgelegt,

2. dem Kredit- oder Finanzdienstleistungsinstitut wird eine Bescheinigung nach § 44a Absatz 5 für den Gläubiger vorgelegt,

3. dem Kredit- oder Finanzdienstleistungsinstitut wird eine Bescheinigung nach § 44a Absatz 7 Satz 2 für den Gläubiger vorgelegt und eine Abstandnahme war nicht möglich oder

4. dem Kredit- oder Finanzdienstleistungsinstitut wird eine Bescheinigung nach § 44a Absatz 8 Satz 2 für den Gläubiger vorgelegt und die teilweise Abstandnahme war nicht möglich; in diesen Fällen darf die Kapitalertragsteuer nur in Höhe von zwei Fünfteln erstattet werden.

²Das erstattende Kredit- oder Finanzdienstleistungsinstitut haftet in sinngemäßer Anwendung des § 44 Absatz 5 für zu Unrecht vorgenommene Erstattungen; für die Zahlungsaufforderung gilt § 219 Satz 2 der Abgabenordnung entsprechend. ³Das Kredit- oder Finanzdienstleistungsinstitut hat die Summe der Erstattungsbeträge in der Steueranmeldung gesondert anzugeben und von der von ihm abzuführenden Kapitalertragsteuer abzusetzen. ⁴Wird dem Kredit- oder Finanzdienstleistungsinstitut ein Freistellungsauftrag erteilt, der auch Kapitalerträge im Sinne des Satzes 1 erfasst, oder führt das Institut einen Verlustausgleich nach § 43a Absatz 3 Satz 2 unter Einbeziehung von Kapitalerträgen im Sinne des Satzes 1 aus, so hat es bis zur Ausstellung der Steuerbescheinigung, längstens bis zum 31. März des auf den Zufluss der Kapitalerträge folgenden Kalenderjahres, die einbehaltene und abgeführte Kapitalertragsteuer auf diese Kapitalerträge zu erstatten; Satz 2 ist entsprechend anzuwenden.

(7) ¹Eine Gesamthandsgemeinschaft kann für ihre Mitglieder im Sinne des § 44a Absatz 7 oder Absatz 8 eine Erstattung der Kapitalertragsteuer bei dem für die gesonderte Feststellung ihrer Einkünfte zuständigen Finanzamt beantragen. ²Die Erstattung ist unter den Voraussetzungen des § 44a Absatz 4, 7 oder Absatz 8 und in dem dort bestimmten Umfang zu gewähren.

§ 44b

EStR und Hinweise

EStR 2012 zu § 44b EStG

R 44b.1 Erstattung von Kapitalertragsteuer durch das Bundeszentralamt für Steuern nach den §§ 44b und 45b[1] EStG

Liegen die Voraussetzungen für die Erstattung von Kapitalertragsteuer durch das BZSt nach den §§ 44b und 45b EStG vor, kann der Anteilseigner wählen, ob er die Erstattung im Rahmen
1. eines Einzelantrags (→ R 44b.2) oder
2. eines Sammelantragsverfahrens (→ R 45b[2])

beansprucht.

Hinweise

H 44b.1 Allgemeines

Einzelfragen zur Abgeltungssteuer → BMF vom 9.10.2012 (BStBl. I S. 953) unter Berücksichtigung der Änderungen durch BMF vom 31.7.2013 (BStBl. I S. 940), vom 12.9.2013 (BStBl. I S. 1167) und vom 3.1.2014 (BStBl. I S. 58).[3]

Rückzahlung einer Dividende

Werden steuerpflichtige Kapitalerträge auf Grund einer tatsächlichen oder rechtlichen Verpflichtung in einem späteren Jahr zurückgezahlt, so berührt die Rückzahlung den ursprünglichen Zufluss nicht. Eine Erstattung/Verrechnung der Kapitalertragsteuer, die von der ursprünglichen Dividende einbehalten und abgeführt worden ist, kommt deshalb nicht in Betracht (→ BFH vom 13.11.1985 – BStBl. 1986 II S. 193).

EStR 2012 zu § 44b EStG

R 44b.2 Einzelantrag beim BZSt (§ 44b EStG)

(1) ¹Voraussetzungen für die Erstattung:
1. Dem auf amtlichem Vordruck zu stellenden Antrag ist das Original
   – der vom zuständigen Wohnsitzfinanzamt ausgestellten Nichtveranlagungs-(NV-)Bescheinigung oder
   – der Bescheinigung im Sinne des § 44a Abs. 5 EStG
   beizufügen.
2. ¹Der Anteilseigner weist die Höhe der Kapitalertragsteuer durch die Urschrift der Steuerbescheinigung oder durch eine als solche gekennzeichnete Ersatzbescheinigung eines inländischen Kreditinstituts nach (§ 45a Abs. 2 oder 3 EStG). ²Wird für Ehegatten ein gemeinschaftliches Depot unterhalten, ist es unter den Voraussetzungen des § 26 EStG nicht zu beanstanden, wenn die Bescheinigung auf den Namen beider Ehegatten lautet.

(2) ¹Eine NV-Bescheinigung ist nicht zu erteilen, wenn der Anteilseigner voraussichtlich von Amts wegen oder auf Antrag zur Einkommensteure veranlagt wird. ²Das gilt auch, wenn die Veranlagung voraussichtlich nicht zur Festsetzung einer Steuer führt. ³Im Fall der Eheschließung hat der Anteilseigner eine vorher auf seinen Namen ausgestellte NV-Bescheinigung an das Finanzamt auch dann zurückzugeben, wenn die Geltungsdauer noch nicht abgelaufen ist. ⁴Das Finanzamt hat auf Antrag eine neue NV-Bescheinigung auszustellen, wenn anzunehmen ist, dass für den unbeschränkt steuerpflichtigen Anteilseigner und seinen Ehegatten auch nach der Eheschließung eine Veranlagung zur Einkommensteuer nicht in Betracht kommt; bei Veranlagung auf Antrag gilt Satz 1 entsprechend. ⁵Für Kapitalerträge, die nach einem Erbfall zugeflossen sind, berechtigt eine auf den Namen des Erblassers ausgestellte NV-Bescheinigung nicht zur Erstattung der Kapitalertragsteuer an die Erben.

(3) Für die Erstattung von Kapitalertragsteuer bei Kapitalerträgen i. S. d. § 43 Abs. 1 Satz 1 Nr. 2 EStG gelten die Absätze 1 und 2 entsprechend.

---

1) § 45b EStG wurde durch das AmtshilfeRLUmsG aufgehoben und ist erstmals anzuwenden auf Kapitalerträge, die dem Gläubiger vor dem 1.1.2013 zufließen → § 52a Abs. 16c Satz 5 EStG.
2) Absatz 7 wurde durch das AmtshilfeRLUmsG angefügt und ist erstmals anzuwenden auf Kapitalerträge, die dem Gläubiger nach dem 31.12.2012 zufließen → § 52a Abs. 16d EStG.
3) Siehe Anlage § 020-08.

§ 44c (weggefallen)

§ 45

§ 45 Ausschluss der Erstattung von Kapitalertragsteuer

¹In den Fällen, in denen die Dividende an einen anderen als an den Anteilseigner ausgezahlt wird, ist die Erstattung von Kapitalertragsteuer an den Zahlungsempfänger ausgeschlossen. ²Satz 1 gilt nicht für den Erwerber eines Dividendenscheins oder sonstigen Anspruches in den Fällen des § 20 Abs. 2 Satz 1 Nr. 2 Buchstabe a Satz 2. ³In den Fällen des § 20 Abs. 2 Satz 1 Nr. 2 Buchstabe b ist die Erstattung von Kapitalertragsteuer an den Erwerber von Zinsscheinen nach § 37 Abs. 2 der Abgabenordnung ausgeschlossen.

§ 45a

§ 45a Anmeldung und Bescheinigung der Kapitalertragsteuer

(1) ¹Die Anmeldung der einbehaltenen Kapitalertragsteuer ist dem Finanzamt innerhalb der in § 44 Abs. 1 oder Abs. 7 bestimmten Frist nach amtlich vorgeschriebenem Vordruck auf elektronischem Weg nach Maßgabe der Steuerdaten-Übermittlungsverordnung zu übermitteln; die auszahlende Stelle hat die Kapitalertragsteuer auf die Erträge im Sinne des § 43 Absatz 1 Satz 1 Nummer 1a jeweils gesondert für das Land, in dem sich der Ort der Geschäftsleitung des Schuldners der Kapitalerträge befindet, anzugeben. ²Satz 1 gilt entsprechend, wenn ein Steuerabzug nicht oder nicht in voller Höhe vorzunehmen ist. ³Der Grund für die Nichtabführung ist anzugeben. ⁴Auf Antrag kann das Finanzamt zur Vermeidung unbilliger Härten auf eine elektronische Übermittlung verzichten; in diesem Fall ist die Kapitalertragsteuer-Anmeldung von dem Schuldner, der den Verkaufsauftrag ausführenden Stelle, der auszahlenden Stelle oder einer vertretungsberechtigten Person zu unterschreiben.

(2) ¹Folgende Stellen sind verpflichtet, dem Gläubiger der Kapitalerträge auf Verlangen eine Bescheinigung nach amtlich vorgeschriebenem Muster auszustellen, die die nach § 32d erforderlichen Angaben enthält; bei Vorliegen der Voraussetzungen des

1. § 43 Absatz 1 Satz 1 Nummer 1, 2 bis 4, 7a und 7b der Schuldner der Kapitalerträge,
2. § 43 Absatz 1 Satz 1 Nummer 1a, 6, 7 und 8 bis 12 sowie Satz 2 die die Kapitalerträge auszahlende Stelle vorbehaltlich des Absatzes 3 und
3. § 44 Absatz 1 a die zur Abführung der Steuer verpflichtete Stelle.

²Die Bescheinigung braucht nicht unterschrieben zu werden, wenn sie in einem maschinellen Verfahren ausgedruckt worden ist und den Aussteller erkennen lässt. ³§ 44a Abs. 6 gilt sinngemäß; über die zu kennzeichnenden Bescheinigungen haben die genannten Institute und Unternehmen Aufzeichnungen zu führen. ⁴Diese müssen einen Hinweis auf den Buchungsbeleg über die Auszahlung an den Empfänger der Bescheinigung enthalten.

(3) ¹Werden Kapitalerträge für Rechnung des Schuldners durch ein inländisches Kreditinstitut oder ein inländisches Finanzdienstleistungsinstitut gezahlt, so hat an Stelle des Schuldners das Kreditinstitut oder das Finanzdienstleistungsinstitut die Bescheinigung zu erteilen, sofern nicht die Voraussetzungen des Absatzes 2 Satz 1 erfüllt sind. ²Satz 1 gilt in den Fällen des § 20 Abs. 1 Nr. 1 Satz 4 entsprechend; der Emittent der Aktien gilt insoweit als Schuldner der Kapitalerträge.

(4) ¹Eine Bescheinigung nach Absatz 2 oder 3 ist auch zu erteilen, wenn in Vertretung des Gläubigers ein Antrag auf Erstattung der Kapitalertragsteuer nach § 44b gestellt worden ist oder gestellt wird. ²Satz 1 gilt entsprechend, wenn nach § 44a Abs. 8 Satz 1 der Steuerabzug nicht in voller Höhe vorgenommen worden ist.

(5) ¹Eine Ersatzbescheinigung darf nur ausgestellt werden, wenn die Urschrift nach den Angaben des Gläubigers abhanden gekommen oder vernichtet ist. ²Die Ersatzbescheinigung muss als solche gekennzeichnet sein. ³Über die Ausstellung von Ersatzbescheinigungen hat der Aussteller Aufzeichnungen zu führen.

(6) ¹Eine Bescheinigung, die den Absätzen 2 bis 5 nicht entspricht, hat der Aussteller zurückzufordern und durch eine berichtigte Bescheinigung zu ersetzen. ²Die berichtigte Bescheinigung ist als solche zu kennzeichnen. ³Wird die zurückgeforderte Bescheinigung nicht innerhalb eines Monats nach Zusendung der berichtigten Bescheinigung an den Aussteller zurückgegeben, hat der Aussteller das nach seinen Unterlagen für den Empfänger zuständige Finanzamt schriftlich zu benachrichtigen.

(7) ¹Der Aussteller einer Bescheinigung, die den Absätzen 2 bis 5 nicht entspricht, haftet für die auf Grund der Bescheinigung verkürzten Steuern oder zu Unrecht gewährten Steuervorteile. ²Ist die Bescheinigung nach Absatz 3 durch ein inländisches Kreditinstitut oder ein inländisches Finanzdienstleistungsinstitut auszustellen, so haftet der Schuldner auch, wenn er zum Zweck der Bescheinigung unrichtige Angaben macht. ³Der Aussteller haftet nicht

1. in den Fällen des Satzes 2
2. wenn er die ihm nach Absatz 6 obliegenden Verpflichtungen erfüllt hat.

§ 45a

Hinweise

H 45a Steuerbescheinigung

Zur Ausstellung von Steuerbescheinigungen für Kapitalerträge nach § 45a Abs. 2 und 3 EStG → BMF vom 20.12.2012 (BStBl. 2013 I S. 36) unter Berücksichtigung der Änderungen durch BMF vom 31.7.2013 (BStBl. I S. 940).

§ 45b (aufgehoben)

EStR und Hinweise

EStR 2012 zu § 45b

R 45b Sammelantrag beim BZSt (§ 45b EStG)

(1) ¹Der Anteilseigner muss den Sammelantragsteller zu seiner Vertretung bevollmächtigt haben. ²Der Nachweis einer Vollmacht ist nur zu verlangen, wenn begründete Zweifel an der Vertretungsmacht bestehen. ³Abweichend von § 80 Abs. 1 Satz 2 AO ermächtigt bei einem Sammelantrag auf Erstattung von Kapitalertragsteuer die für die Antragstellung erteilte Vollmacht auch zum Empfang der Steuererstattungen.

(2) Die Anweisungen in R 44b.2 Abs. 1 gelten für den Sammelantrag mit folgenden Abweichungen:
1. Beauftragt der Anteilseigner einen in § 45b EStG genannten Vertreter, einen Sammelantrag beim BZSt zu stellen, hat er dem Vertreter das Original der NV-Bescheinigung, des Freistellungsauftrags oder der Bescheinigung im Sinne des § 44a Abs. 5, Abs. 7 oder Abs. 8 EStG vorzulegen.
2. ¹In den Sammelantrag auf Erstattung von Kapitalertragsteuer dürfen auch Einnahmen einbezogen werden, für die der Anteilseigner die Ausstellung einer Jahressteuerbescheinigung beantragt hat, wenn der Vertreter des Anteilseigners versichert, dass eine Steuerbescheinigung über die zu erstattende Kapitalertragsteuer nicht erteilt worden ist. ²Das Gleiche gilt für Einnahmen, für die dem Anteilseigner eine Steuerbescheinigung ausgestellt worden ist, wenn der Vertreter des Anteilseigners versichert, dass die Bescheinigung als ungültig gekennzeichnet oder nach den Angaben des Anteilseigners abhanden gekommen oder vernichtet ist.

(3) Für die Erstattung von Kapitalertragsteuern bei Kapitalerträgen im Sinne des § 43 Abs. 1 Satz 1 Nr. 2 EStG gelten die Absätze 1 und 2 entsprechend.

Hinweise

H 45b Sammelantragsverfahren nach § 45b EStG

- *Sammelanträge sind grundsätzlich elektronisch zu übermitteln. Für die elektronische Übermittlung gilt die Steuerdaten-Übermittlungs-Verordnung (StDÜV) vom 28.1.2003 (→ BGBl. I S. 139) zuletzt geändert durch Steuervereinfachungsgesetz 2011 vom 1.11.2011 (BGBl. I S. 2131).*
- *Zur Anwendung → BMF vom 16.11.2011 (BStBl. I S. 1063).*
- *Zur Anwendung des Erstattungsverfahrens nach § 44b Abs. 6 Satz 1 bis 3 EStG ab dem 1.1.2011 für Korrekturen, erstmalige Anträge im Rahmen des Sammelantragsverfahrens und Korrekturen vor diesem Zeitpunkt → BMF vom 19.3.2010 (BStBl. I S. 269).*

§ 45c

§ 45c Erstattung von Kapitalertragsteuer in Sonderfällen
(aufgehoben)

§ 45d

§ 45d Mitteilungen an das Bundeszentralamt für Steuern

(1) ¹Wer nach § 44 Abs. 1 dieses Gesetzes und § 7 des Investmentsteuergesetzes[1]) zum Steuerabzug verpflichtet ist (Meldestelle), hat dem Bundeszentralamt für Steuern bis zum 31. Mai des Jahres, das auf das Jahr folgt, in dem die Kapitalerträge den Gläubigern zufließen, folgende Daten zu übermitteln:

1. Vor- und Zuname, Identifikationsnummer (§ 139b der Abgabenordnung) sowie das Geburtsdatum des Gläubigers der Kapitalerträge; bei einem gemeinsamen Freistellungsauftrag sind die Daten beider Ehegatten zu übermitteln,
2. Anschrift des Gläubigers der Kapitalerträge,
3. bei den Kapitalerträgen, für die ein Freistellungsauftrag erteilt worden ist,
   a) die Kapitalerträge, bei denen vom Steuerabzug Abstand genommen worden ist oder bei denen auf Grund des Freistellungsauftrags gemäß § 44b Absatz 6 Satz 4 dieses Gesetzes oder gemäß § 7 Absatz 5 Satz 1 des Investmentsteuergesetzes Kapitalertragsteuer erstattet wurde,
   b) die Kapitalerträge, bei denen die Erstattung von Kapitalertragsteuer beim Bundeszentralamt für Steuern beantragt worden ist,
4. die Kapitalerträge, bei denen auf Grund einer Nichtveranlagungs-Bescheinigung einer natürlichen Person nach § 44a Absatz 2 Satz 1 Nummer 2 vom Steuerabzug Abstand genommen oder eine Erstattung vorgenommen wurde,
5. Name und Anschrift der Meldestelle.

²Die Daten sind nach amtlich vorgeschriebenem Datensatz durch Datenfernübertragung zu übermitteln; im Übrigen ist § 150 Absatz 6 der Abgabenordnung entsprechend anzuwenden.

(2) ¹Das Bundeszentralamt für Steuern darf den Sozialleistungsträgern die Daten nach Absatz 1 mitteilen, soweit dies zur Überprüfung des bei der Sozialleistung zu berücksichtigenden Einkommens oder Vermögens erforderlich ist oder der Betroffene zustimmt. ²Für Zwecke des Satzes 1 ist das Bundeszentralamt für Steuern berechtigt, die ihm von den Sozialleistungsträgern übermittelten Daten mit den vorhandenen Daten nach Absatz 1 im Wege des automatisierten Datenabgleichs zu überprüfen und das Ergebnis den Sozialleistungsträgern mitzuteilen.

(3) ¹Ein inländischer Versicherungsvermittler im Sinne des § 59 Abs. 1 des Versicherungsvertragsgesetzes hat bis zum 30. März des Folgejahres das Zustandekommen eines Vertrages im Sinne des § 20 Abs. 1 Nr. 6 zwischen einer im Inland ansässigen Person und einem Versicherungsunternehmen mit Sitz und Geschäftsleitung im Ausland gegenüber dem Bundeszentralamt für Steuern mitzuteilen; dies gilt nicht, wenn das Versicherungsunternehmen eine Niederlassung im Inland hat oder das Versicherungsunternehmen dem Bundeszentralamt für Steuern bis zu diesem Zeitpunkt das Zustandekommen eines Vertrages angezeigt und den Versicherungsvermittler hierüber in Kenntnis gesetzt hat. ²Folgende Daten sind zu übermitteln:

1. Vor- und Zuname sowie Geburtsdatum, Anschrift und Identifikationsnummer des Versicherungsnehmers,
2. Name und Anschrift des Versicherungsunternehmens sowie Vertragsnummer oder sonstige Kennzeichnung des Vertrages,
3. Name und Anschrift des Versicherungsvermittlers, wenn die Mitteilung nicht vom Versicherungsunternehmen übernommen wurde,
4. Laufzeit und garantierte Versicherungssumme oder Beitragssumme für die gesamte Laufzeit,
5. Angabe, ob es sich um einen konventionellen, einen fondsgebundenen oder einen vermögensverwaltenden Versicherungsvertrag handelt.

³Daten sind nach amtlich vorgeschriebenem Datensatz durch Datenfernübertragung zu übermitteln; im Übrigen ist § 150 Absatz 6 der Abgabenordnung entsprechend anzuwenden.

---

1) Siehe Anhang 11.

§ 45e

§ 45e Ermächtigung für Zinsinformationsverordnung

¹Die Bundesregierung wird ermächtigt, durch Rechtsverordnung mit Zustimmung des Bundesrates die Richtlinie 2003/48/EG des Rates vom 3. Juni 2003 (ABl. EU Nr. L 157 S. 38) in der jeweils geltenden Fassung[1] im Bereich der Besteuerung von Zinserträgen umzusetzen. ²§ 45d Abs. 1 Satz 2 und Abs. 2 ist entsprechend anzuwenden.

Hinweise

H 45e Einführungsschreiben zur Zinsinformationsverordnung
→ *BMF vom 30.1.2008 (BStBl. I S. 320) unter Berücksichtigung der Änderungen durch BMF vom 20.9.2013 (BStBl. I S. 1182).*
Zinsinformationsverordnung vom 26.1.2004
→ *BGBl. I S. 128 (BStBl. I S. 297), zuletzt geändert durch die Zweite Verordnung zur Änderung der Zinsinformationsverordnung vom 5.11.2007 (BGBl. I S. 2562)*[2]

---

1) Siehe Anhang 3.
2) Siehe Anhang 3.

§ 46

4. Veranlagung von Steuerpflichtigen mit steuerabzugspflichtigen Einkünften

§ 46 Veranlagung bei Bezug von Einkünften aus nichtselbständiger Arbeit

(1) (weggefallen)

(2) ¹Besteht das Einkommen ganz oder teilweise aus Einkünften aus nichtselbständiger Arbeit, von denen ein Steuerabzug vorgenommen worden ist, so wird eine Veranlagung nur durchgeführt,

1. wenn die positive Summe der einkommensteuerpflichtigen Einkünfte, die nicht dem Steuerabzug vom Arbeitslohn zu unterwerfen waren, vermindert um die darauf entfallenden Beträge nach § 13 Abs. 3 und § 24a, oder die positive Summe der Einkünfte und Leistungen, die dem Progressionsvorbehalt unterliegen, jeweils mehr als 410 Euro beträgt;

2. wenn der Steuerpflichtige nebeneinander von mehreren Arbeitgebern Arbeitslohn bezogen hat; das gilt nicht, soweit nach § 38 Abs. 3a Satz 7 Arbeitslohn von mehreren Arbeitgebern für den Lohnsteuerabzug zusammengerechnet worden ist;

3. wenn bei einem Steuerpflichtigen die Summe der beim Steuerabzug vom Arbeitslohn nach § 39b Absatz 2 Satz 5 Nummer 3 Buchstabe b bis d berücksichtigten Teilbeträge der Vorsorgepauschale größer ist als die abziehbaren Vorsorgeaufwendungen nach § 10 Absatz 1 Nummer 3 und Nummer 3a in Verbindung mit Absatz 4 und der im Kalenderjahr insgesamt erzielte Arbeitslohn 10 700 Euro übersteigt, oder bei Ehegatten, die die Voraussetzungen des § 26 Absatz 1 erfüllen, der im Kalenderjahr von den Ehegatten insgesamt erzielte Arbeitslohn 20 200 Euro übersteigt;

3a. wenn von Ehegatten, die nach den §§ 26, 26b zusammen zur Einkommensteuer zu veranlagen sind, beide Arbeitslohn bezogen haben und einer für den Veranlagungszeitraum oder einen Teil davon nach der Steuerklasse V oder VI besteuert oder bei Steuerklasse IV der Faktor (§ 39f) eingetragen worden ist;

4. wenn für einen Steuerpflichtigen ein Freibetrag im Sinne des § 39a Absatz 1 Satz 1 Nummer 1 bis 3, 5 oder Nummer 6 ermittelt worden ist und der im Kalenderjahr insgesamt erzielte Arbeitslohn 10 700 Euro übersteigt oder bei Ehegatten, die die Voraussetzungen des § 26 Absatz 1 erfüllen, der im Kalenderjahr von den Ehegatten insgesamt erzielte Arbeitslohn 20 200 Euro übersteigt; dasselbe gilt für einen Steuerpflichtigen, der zum Personenkreis des § 1 Absatz 2 gehört oder für einen beschränkt einkommensteuerpflichtigen Arbeitnehmer, wenn diese Eintragungen auf einer Bescheinigung für den Lohnsteuerabzug (§ 39 Absatz 3 Satz 1) erfolgt sind;

4a. wenn bei einem Elternpaar, bei dem die Voraussetzungen des § 26 Abs. 1 Satz 1 nicht vorliegen,

   a) bis c) (weggefallen)

   d) im Fall des § 33a Abs. 2 Satz 5 das Elternpaar gemeinsam eine Aufteilung des Abzugsbetrags in einem anderen Verhältnis als je zur Hälfte beantragt oder

   e) im Fall des § 33b Abs. 5 Satz 3 das Elternpaar gemeinsam eine Aufteilung des Pauschbetrags für behinderte Menschen oder des Pauschbetrags für Hinterbliebene in einem anderen Verhältnis als je zur Hälfte beantragt.

   ²Die Veranlagungspflicht besteht für jeden Elternteil, der Einkünfte aus nichtselbständiger Arbeit bezogen hat;

5. wenn bei einem Steuerpflichtigen die Lohnsteuer für einen sonstigen Bezug im Sinne des § 34 Abs. 1 und Abs. 2 Nr. 2 und 4 nach § 39b Abs. 3 Satz 9 oder für einen sonstigen Bezug nach § 39c Abs. 3 ermittelt wurde;

5a. wenn der Arbeitgeber die Lohnsteuer von einem sonstigen Bezug berechnet hat und dabei der Arbeitslohn aus früheren Dienstverhältnissen des Kalenderjahres außer Betracht geblieben ist (§ 39b Abs. 3 Satz 2, § 41 Abs. 1 Satz 6, Großbuchstabe S);

§ 46 EStDV 70 R 46.1

6. wenn die Ehe des Arbeitnehmers im Veranlagungszeitraum durch Tod, Scheidung oder Aufhebung aufgelöst worden ist und er oder sein Ehegatte der aufgelösten Ehe im Veranlagungszeitraum wieder geheiratet hat;

7. wenn
   a) für einen unbeschränkt Steuerpflichtigen im Sinne des § 1 Absatz 1 bei der Bildung der Lohnsteuerabzugsmerkmale (§ 39) ein Ehegatte im Sinne des § 1a Absatz 1 Nummer 2 berücksichtigt worden ist oder
   b) für einen Steuerpflichtigen, der zum Personenkreis des § 1 Absatz 3 oder des § 1a gehört, Lohnsteuerabzugsmerkmale nach § 39 Absatz 2 gebildet worden sind; das nach § 39 Absatz 2 Satz 2 bis 4 zuständige Betriebsstättenfinanzamt ist dann auch für die Veranlagung zuständig;

8. wenn die Veranlagung beantragt wird, insbesondere zur Anrechnung von Lohnsteuer auf die Einkommensteuer. ²Der Antrag ist durch Abgabe einer Einkommensteuererklärung zu stellen.

(3) ¹In den Fällen des Absatzes 2 ist ein Betrag in Höhe der einkommensteuerpflichtigen Einkünfte, von denen der Steuerabzug vom Arbeitslohn nicht vorgenommen worden ist und die nicht nach § 32d Absatz 6 der tariflichen Einkommensteuer unterworfen wurden, vom Einkommen abzuziehen, wenn diese Einkünfte insgesamt nicht mehr als 410 Euro betragen. ²Der Betrag nach Satz 1 vermindert sich um den Altersentlastungsbetrag, soweit dieser den unter Verwendung des nach § 24a Satz 5 maßgebenden Prozentsatzes zu ermittelnden Anteil des Arbeitslohns mit Ausnahme der Versorgungsbezüge im Sinne des § 19 Abs. 2 übersteigt, und um den nach § 13 Abs. 3 zu berücksichtigenden Betrag.

(4) ¹Kommt nach Absatz 2 eine Veranlagung zur Einkommensteuer nicht in Betracht, so gilt die Einkommensteuer, die auf die Einkünfte aus nichtselbständiger Arbeit entfällt, für den Steuerpflichtigen durch den Lohnsteuerabzug als abgegolten, soweit er nicht für zu wenig erhobene Lohnsteuer in Anspruch genommen werden kann. ²§ 42b bleibt unberührt.

(5) Durch Rechtsverordnung kann in den Fällen des Absatzes 2 Nr. 1, in denen die einkommensteuerpflichtigen Einkünfte, von denen der Steuerabzug vom Arbeitslohn nicht vorgenommen worden ist und die nicht nach § 32d Absatz 6 der tariflichen Einkommensteuer unterworfen wurden, den Betrag von 410 Euro übersteigen, die Besteuerung so gemildert werden, dass auf die volle Besteuerung dieser Einkünfte stufenweise übergeleitet wird.

EStDV

§ 70 Ausgleich von Härten in bestimmten Fällen

¹*Betragen in den Fällen des § 46 Absatz 2 Nummer 1 bis 7 des Gesetzes die einkommensteuerpflichtigen Einkünfte, von denen der Steuerabzug vom Arbeitslohn nicht vorgenommen worden ist und die nicht nach § 32d Absatz 6 des Gesetzes der tariflichen Einkommensteuer unterworfen wurden, insgesamt mehr als 410 Euro, so ist vom Einkommen der Be trag abzuziehen, um den die bezeichneten Einkünfte, vermindert um den auf sie entfallenden Altersentlastungsbetrag (§ 24a des Gesetzes) und den nach § 13 Absatz 3 des Gesetzes zu berücksichtigenden Betrag, niedriger als 820 Euro sind (Härteausgleichsbetrag). ²Der Härteausgleichsbetrag darf nicht höher sein als die nach Satz 1 verminderten Einkünfte.*

EStR und Hinweise

EStR 2012 zu § 46 EStG

R 46.1 Veranlagung nach § 46 Abs. 2 Nr. 2 EStG

§ 46 Abs. 2 Nr. 2 EStG gilt auch für die Fälle, in denen der Steuerpflichtige rechtlich in nur einem Dienstverhältnis steht, die Bezüge aber von verschiedenen öffentlichen Kassen ausgezahlt und gesondert nach Maßgabe der jeweiligen Lohnsteuerkarte[1] dem Steuerabzug unterworfen worden sind.

---

1) Jetzt Lohnsteuerabzugsmerkmale.

R 46.2 Veranlagung nach § 46 Abs. 2 Nr. 8 EStG

(1) Die Vorschrift des § 46 Abs. 2 Nr. 8 EStG ist nur anwendbar, wenn der Arbeitnehmer nicht bereits nach den Vorschriften des § 46 Abs. 2 Nr. 1 bis 7 EStG zu veranlagen ist.

(2) Der Antrag ist innerhalb der allgemeinen Festsetzungsfrist von vier Jahren zu stellen.

(3) Sollen ausländische Verluste, die nach einem DBA bei der Ermittlung des zu versteuernden Einkommens (§ 2 Abs. 5 EStG) außer Ansatz geblieben sind, zur Anwendung des negativen Progressionsvorbehalts berücksichtigt werden, ist auf Antrag eine Veranlagung durchzuführen.

(4) ¹Hat ein Arbeitnehmer im Veranlagungszeitraum zeitweise nicht in einem Dienstverhältnis gestanden, so kann die Dauer der Nichtbeschäftigung z. B. durch eine entsprechende Bescheinigung der Agentur für Arbeit, wie einen Bewilligungsbescheid über das Arbeitslosengeld oder eine Bewilligung von Leistungen nach dem SGB III, belegt werden. ²Kann ein Arbeitnehmer Zeiten der Nichtbeschäftigung durch geeignete Unterlagen nicht nachweisen oder in sonstiger Weise glaubhaft machen, ist dies kein Grund, die Antragsveranlagung nicht durchzuführen. ³Ob und in welcher Höhe außer dem auf der Lohnsteuerbescheinigung ausgewiesenen Arbeitslohn weiterer Arbeitslohn zu berücksichtigen ist, hängt von dem im Einzelfall ermittelten Sachverhalt ab. ⁴Für dessen Beurteilung gelten die Grundsätze der freien Beweiswürdigung.

Hinweise

H 46.2 Abtretung/Verpfändung

– Zur Abtretung bzw. Verpfändung des Erstattungsanspruchs → § 46 AO sowie Anwendungserlaß (AEAO) zu § 46.

– zum Entstehen des Erstattungsanspruchs → § 38 AO i.V.m. § 36 Abs. 1 EStG.

Anlaufhemmung

Eine Anlaufhemmung gem. § 170 Abs. 2 Satz 1 Nr. 1 AO kommt in den Fällen des § 46 Abs. 2 Nr. 8 EStG nicht in Betracht (→ BFH vom 14.4.2011 – BStBl. II S. 746).

Antrag auf Veranlagung

Kommt eine Veranlagung des Stpfl. nach § 46 Abs. 2 EStG nicht in Betracht, können auch Grundlagenbescheide nicht über die Änderungsnorm des § 175 Abs. 1 Satz 1 Nr. 1 AO zu einer solchen führen (→ BFH vom 9.2.2012 – BStSl. II S. 750).

Ermittlung der Summe der Einkünfte

Unter der „Summe der Einkünfte" i. S. d. § 46 Abs 2 Nr. 1 EStG ist derjenige Saldo zu verstehen, der nach horizontaler und vertikale Verrechnung der Einkünfte verbleibt. Versagt das Gesetz – wie in § 23 Abs 3 Satz 8 EStG im Falle eines Verlustes aus privaten Veräußerungsgeschäften – die Verrechnung eines Verlustes aus einer Einkunftsart mit Gewinnen bzw. Überschüssen aus anderen Einkunftsarten, fließt dieser Verlust nicht in die „Summe der Einkünfte" ein (→ BFH vom 26 3 2013 – BStBl. II S. 63).

Pfändung des Erstattungsanspruchs aus der Antragsveranlagung

→ § 46 AO sowie AEAO zu § 46.

Rechtswirksamer Antrag

Ein Antrag auf Veranlagung zur Einkommensteuer ist nur dann rechtswirksam gestellt, wenn der amtlich vorgeschriebene Vordruck verwendet wird, dieser innerhalb der allgemeinen Festsetzungsfrist beim Finanzamt eingeht und bis dahin auch vom Arbeitnehmer eigenhändig unterschrieben ist (→ BFH vom 10.10.1986 – BStBl. 1987 II S. 77). Eine Einkommensteuererklärung ist auch dann „nach amtlich vorgeschriebenem Vordruck" abgegeben, wenn ein – auch einseitig – privat gedruckter oder fotokopierter Vordruck verwendet wird, der dem amtlichen Muster entspricht (→ BFH vom 22.5.2006 – BStBl. II S. 912).

Schätzungsbescheid

Für die Durchführung des Veranlagungsverfahrens bedarf es keines Antrags des Stpfl., wenn das Finanzamt das Veranlagungsverfahren von sich aus bereits durchgeführt und einen Schätzungsbescheid unter dem Vorbehalt der Nachprüfung erlassen hat. Dies gilt jedenfalls dann, wenn bei Erlass des Steuerbescheids aus der insoweit maßgeblichen Sicht des Finanzamts die Voraussetzungen für eine Veranlagung von Amts wegen vorlagen (→ BFH vom 22.5.2006 – BStBl. II S. 912).

§ 46

EStR 2012 zu § 46 EStG

R 46.3 Härteausgleich – unbesetzt –

Hinweise

H 46.3 Abhängigkeit der Veranlagung vom Härteausgleich

Eine Veranlagung ist unabhängig vom Härteausgleich nach § 46 Abs. 3 EStG durchzuführen, auch wenn dieser im Ergebnis zu einem Betrag unter 410 € führt (→ BFH vom 2.12.1971 – BStBl. 1972 II S. 278).

Allgemeines

Bestehen die einkommensteuerpflichtigen Einkünfte, die nicht der Lohnsteuer zu unterwerfen waren, sowohl aus positiven Einkünften als auch aus negativen Einkünften (Verlusten), so wird ein Härteausgleich nur gewährt, wenn die Summe dieser Einkünfte abzüglich der darauf entfallenden Beträge nach § 13 Abs. 3 und § 24a EStG einen positiven Einkunftsbetrag von nicht mehr als 410 € bzw. 820 € ergibt. Das gilt auch in den Fällen der Zusammenveranlagung von Ehegatten, in denen der eine Ehegatte positive und der andere Ehegatte negative Einkünfte, die nicht der Lohnsteuer zu unterwerfen waren, bezogen hat, und im Fall der Veranlagung nach § 46 Abs. 2 Nr. 4 EStG (→ BFH vom 24.4.1961 – BStBl. III S. 310).

Beispiel:

Ein Arbeitnehmer, der im Jahr 2005 das 65. Lebensjahr vollendet hatte und für den Lohnsteuerabzugsmerkmale nach § 39 Abs. 4 i. V. m. § 39a Abs. 1 Satz 1 Nr. 5 EStG gebildet wurden, hat neben seinen Einkünften aus nichtselbständiger Arbeit (Ruhegeld) in 2013 folgende Einkünfte bezogen:

Gewinn aus Land- und Forstwirtschaft		2 000 €
Verlust aus Vermietung und Verpachtung		– 300 €
positive Summe dieser Einkünfte		1 700 €
Prüfung des Veranlagungsgrundes nach § 46 Abs. 2 Nr. 1 EStG:		
Summe der einkommensteuerlichen Einkünfte,		
die nicht dem Steuerabzug vom Arbeitslohn unterlagen		1 700 €
Abzug nach § 13 Abs. 3 EStG	670 €	
Altersentlastungsbetrag nach § 24a EStG		
(40 v.H. aus 1 700 € =)	+ 680 €	– 1 350 €
		350 €

Die Voraussetzungen nach § 46 Abs. 2 Nr. 1 EStG sind nicht gegeben; der Arbeitnehmer ist nach § 46 Abs. 2 Nr. 4 EStG zu veranlagen.

Härteausgleich nach § 46 Abs. 3 EStG:	
Betrag der einkommensteuerpflichtigen (Neben-)Einkünfte	1 700 €
Abzug nach § 13 Abs. 3 EStG	– 670 €
Altersentlastungsbetrag nach § 24a EStG	– 680 €
Vom Einkommen abziehbarer Betrag	350 €

Anwendung der §§ 34, 34b und 34c EStG

Würden Einkünfte, die nicht der Lohnsteuer zu unterwerfen waren, auf Grund eines Härteausgleichsbetrags in gleicher Höhe unversteuert bleiben, ist für die Anwendung dieser Ermäßigungsvorschriften kein Raum (→ BFH vom 29.5.1963 – BStBl. III S. 379 und vom 2.12.1971 – BStBl. 1972 II S. 278).

Lohnersatzleistung

Der Härteausgleich nach § 46 Abs. 3 EStG ist nicht auf dem Progressionsvorbehalt unterliegende Lohnersatzleistungen anzuwenden (→ BFH vom 5.5.1994 – BStBl II S. 654).

§ 47 (weggefallen)

EStDV

§§ 71 und 72 (weggefallen)

VII. Steuerabzug bei Bauleistungen

§ 48 Steuerabzug

(1) ¹Erbringt jemand im Inland eine Bauleistung (Leistender) an einen Unternehmer im Sinne des § 2 des Umsatzsteuergesetzes oder an eine juristische Person des öffentlichen Rechts (Leistungsempfänger), ist der Leistungsempfänger verpflichtet, von der Gegenleistung einen Steuerabzug in Höhe von 15 Prozent für Rechnung des Leistenden vorzunehmen. ²Vermietet der Leistungsempfänger Wohnungen, so ist Satz 1 nicht auf Bauleistungen für diese Wohnungen anzuwenden, wenn er nicht mehr als zwei Wohnungen vermietet. ³Bauleistungen sind alle Leistungen, die der Herstellung, Instandsetzung, Instandhaltung, Änderung oder Beseitigung von Bauwerken dienen. ⁴Als Leistender gilt auch derjenige, der über eine Leistung abrechnet, ohne sie erbracht zu haben.

(2) ¹Der Steuerabzug muss nicht vorgenommen werden, wenn der Leistende dem Leistungsempfänger eine im Zeitpunkt der Gegenleistung gültige Freistellungsbescheinigung nach § 48b Abs. 1 Satz 1 vorlegt oder die Gegenleistung im laufenden Kalenderjahr den folgenden Betrag voraussichtlich nicht übersteigen wird:

1. 15 000 Euro, wenn der Leistungsempfänger ausschließlich steuerfreie Umsätze nach § 4 Nr. 12 Satz 1 des Umsatzsteuergesetzes ausführt,
2. 5 000 Euro in den übrigen Fällen.

²Für die Ermittlung des Betrags sind die für denselben Leistungsempfänger erbrachten und voraussichtlich zu erbringenden Bauleistungen zusammenzurechnen.

(3) Gegenleistung im Sinne des Absatzes 1 ist das Entgelt zuzüglich Umsatzsteuer.

(4) Wenn der Leistungsempfänger den Steuerabzugsbetrag angemeldet und abgeführt hat,

1. ist § 160 Abs. 1 Satz 1 der Abgabenordnung nicht anzuwenden,
2. sind § 42d Abs. 6 und 8 und § 50a Abs. 7 nicht anzuwenden.

Hinweise

H 48 Steuerabzug bei Bauleistungen

→ *BMF vom 27.12.2002 (BStBl. I S. 1399) unter Berücksichtigung der Änderungen durch BMF vom 4.9.2003 (BStBl. I S. 431)*[2]

Verwaltungsanweisungen

Zu den §§ 48 – 48d
1. Anwendungserlass (BdF-Schreiben vom 1.11.2001)[1]
2. Bauabzugssteuer: Haftung des Leistungsempfängers (Vfg OFD Münster vom 25.2.2002, FR 2002 S. 359)
3. Anrechnung des Steuerabzugs nach § 48c EStG bei Arbeitsgemeinschaften (Vfg OFD Kiel vom 11.12.2001, DB 2002 S. 70)
4. Steuergeheimnis und Angabe der Steuernummer auf Freistellungsbescheinigungen (Vfg OFD Hamburg vom 18.4.2002, DStR 2002 S. 957)

---

1) Siehe Anlage § 048-01.

§§ 48a, 48b

§ 48a Verfahren

(1) ¹Der Leistungsempfänger hat bis zum 10. Tag nach Ablauf des Monats, in dem die Gegenleistung im Sinne des § 48 erbracht wird, eine Anmeldung nach amtlich vorgeschriebenem Vordruck abzugeben, in der er den Steuerabzug für den Anmeldungszeitraum selbst zu berechnen hat. ²Der Abzugsbetrag ist am 10. Tag nach Ablauf des Anmeldungszeitraums fällig und an das für den Leistenden zuständige Finanzamt für Rechnung des Leistenden abzuführen. ³Die Anmeldung des Abzugsbetrages steht einer Steueranmeldung gleich.

(2) Der Leistungsempfänger hat mit dem Leistenden unter Angabe

1. des Namens und der Anschrift des Leistenden,
2. des Rechnungsbetrages, des Rechnungsdatums und des Zahlungstags,
3. der Höhe des Steuerabzugs und
4. des Finanzamts, bei dem der Abzugsbetrag angemeldet worden ist,

über den Steuerabzug abzurechnen.

(3) ¹Der Leistungsempfänger haftet für einen nicht oder zu niedrig abgeführten Abzugsbetrag. ²Der Leistungsempfänger haftet nicht, wenn ihm im Zeitpunkt der Gegenleistung eine Freistellungsbescheinigung (§ 48b) vorgelegen hat, auf deren Rechtmäßigkeit er vertrauen konnte. ³Er darf insbesondere dann nicht auf eine Freistellungsbescheinigung vertrauen, wenn diese durch unlautere Mittel oder durch falsche Angaben erwirkt wurde und ihm dies bekannt oder infolge grober Fahrlässigkeit nicht bekannt war. ⁴Den Haftungsbescheid erlässt das für den Leistenden zuständige Finanzamt.

(4) § 50b gilt entsprechend.

§ 48b Freistellungsbescheinigung

(1) ¹Auf Antrag des Leistenden hat das für ihn zuständige Finanzamt, wenn der zu sichernde Steueranspruch nicht gefährdet erscheint und ein inländischer Empfangsbevollmächtigter bestellt ist, eine Bescheinigung nach amtlich vorgeschriebenen Vordruck zu erteilen, die den Leistungsempfänger von der Pflicht zum Steuerabzug befreit. ²Eine Gefährdung kommt insbesondere dann in Betracht, wenn der Leistende

1. Anzeigepflichten nach § 138 der Abgabenordnung nicht erfüllt,
2. seiner Auskunfts- und Mitwirkungspflicht nach § 90 der Abgabenordnung nicht nachkommt.
3. den Nachweis der steuerlichen Ansässigkeit durch Bescheinigung der zuständigen ausländischen Steuerbehörde nicht erbringt.

(2) Eine Bescheinigung soll erteilt werden, wenn der Leistende glaubhaft macht, dass keine zu sichernden Steueransprüche bestehen.

(3) In der Bescheinigung sind anzugeben:

1. Name, Anschrift und Steuernummer des Leistenden,
2. Geltungsdauer der Bescheinigung,
3. Umfang der Freistellung sowie der Leistungsempfänger, wenn sie nur für bestimmte Bauleistungen gilt,
4. das ausstellende Finanzamt.

(4) Wird eine Freistellungsbescheinigung aufgehoben, die nur für bestimmte Bauleistungen gilt, ist dies den betroffenen Leistungsempfängern mitzuteilen.

(5) Wenn eine Freistellungsbescheinigung vorliegt, gilt § 48 Abs. 4 entsprechend.

(6) ¹Das Bundeszentralamt für Steuern erteilt dem Leistungsempfänger im Sinne des § 48 Abs. 1 Satz 1 im Wege einer elektronischen Abfrage Auskunft über die beim Bundeszentralamt für Steuern gespeicherten Freistellungsbescheinigungen. ²Mit dem Antrag auf die Ertei-

§§ 48b, 48c, 48d

lung einer Freistellungsbescheinigung stimmt der Antragsteller zu, dass seine Daten nach § 48b Abs. 3 beim Bundeszentralamt für Steuern gespeichert werden und dass über die gespeicherten Daten an die Leistungsempfänger Auskunft gegeben wird.

§ 48c Anrechnung

(1) ¹Soweit der Abzugsbetrag einbehalten und angemeldet worden ist, wird er auf vom Leistenden zu entrichtende Steuern nacheinander wie folgt angerechnet:
1. die nach § 41a Abs. 1 einbehaltene und angemeldete Lohnsteuer,
2. die Vorauszahlungen auf die Einkommen- oder Körperschaftsteuer,
3. die Einkommen- oder Körperschaftsteuer des Besteuerungs- oder Veranlagungszeitraums, in dem die Leistung erbracht worden ist, und
4. die vom Leistenden im Sinne der §§ 48, 48a anzumeldenden und abzuführenden Abzugsbeträge.

²Die Anrechnung nach Satz 1 Nummer 2 kann nur für Vorauszahlungszeiträume innerhalb des Besteuerungs- oder Veranlagungszeitraums erfolgen, in dem die Leistung erbracht worden ist. ³Die Anrechnung nach Satz 1 Nummer 2 darf nicht zu einer Erstattung führen.

(2) ¹Auf Antrag des Leistenden erstattet das nach § 20a Abs. 1 der Abgabenordnung zuständige Finanzamt den Abzugsbetrag. ²Die Erstattung setzt voraus, dass der Leistende nicht zur Abgabe von Lohnsteueranmeldungen verpflichtet ist und eine Veranlagung zur Einkommen- oder Körperschaftsteuer nicht in Betracht kommt oder der Leistende glaubhaft macht, dass im Veranlagungszeitraum keine zu sichernden Steueransprüche entstehen werden. ³Der Antrag ist nach amtlich vorgeschriebenem Muster bis zum Ablauf des zweiten Kalenderjahres zu stellen, das auf das Jahr folgt, in dem der Abzugsbetrag angemeldet worden ist; weitergehende Fristen nach einem Abkommen zur Vermeidung der Doppelbesteuerung bleiben unberührt.

(3) Das Finanzamt kann die Anrechnung ablehnen, soweit der angemeldete Abzugsbetrag nicht abgeführt worden ist und Anlass zu der Annahme besteht, dass ein Missbrauch vorliegt.

§ 48d Besonderheiten im Fall von Doppelbesteuerungsabkommen

(1) ¹Können Einkünfte, die dem Steuerabzug nach § 48 unterliegen, nach einem Abkommen zur Vermeidung der Doppelbesteuerung nicht besteuert werden, so sind die Vorschriften über die Einbehaltung, Abführung und Anmeldung der Steuer durch den Schuldner der Gegenleistung ungeachtet des Abkommens anzuwenden. ²Unberührt bleibt der Anspruch des Gläubigers der Gegenleistung auf Erstattung der einbehaltenen und abgeführten Steuer. ³Der Anspruch ist durch Antrag nach § 48c Absatz 2 geltend zu machen. ⁴Der Gläubiger der Gegenleistung hat durch eine Bestätigung der für ihn zuständigen Steuerbehörde des anderen Staates nachzuweisen, dass er dort ansässig ist. ⁵§ 48b gilt entsprechend. ⁶Der Leistungsempfänger kann sich im Haftungsverfahren nicht auf die Rechte des Gläubigers aus dem Abkommen berufen.

(2) Unbeschadet des § 5 Abs. 1 Nr. 2 des Finanzverwaltungsgesetzes liegt die Zuständigkeit für Entlastungsmaßnahmen nach Absatz 1 bei dem nach 20a der Abgabenordnung zuständigen Finanzamt.

VIII. Besteuerung beschränkt Steuerpflichtiger

§ 49 Beschränkt steuerpflichtige Einkünfte

(1) Inländische Einkünfte im Sinne der beschränkten Einkommensteuerpflicht (§ 1 Abs. 4) sind

1. Einkünfte aus einer im Inland betriebenen Land- und Forstwirtschaft (§§ 13, 14);
2. ¹Einkünfte aus Gewerbebetrieb (§§ 15 bis 17)
   a) für den im Inland eine Betriebsstätte unterhalten wird oder ein ständiger Vertreter bestellt ist,
   b) die durch den Betrieb eigener oder gecharterter Seeschiffe oder Luftfahrzeuge aus Beförderungen zwischen inländischen und von inländischen zu ausländischen Häfen erzielt werden, einschließlich der Einkünfte aus anderen mit solchen Beförderungen zusammenhängenden, sich auf das Inland erstreckenden Beförderungsleistungen,
   c) die von einem Unternehmen im Rahmen einer internationalen Betriebsgemeinschaft oder eines Pool-Abkommens, bei denen ein Unternehmen mit Sitz oder Geschäftsleitung im Inland die Beförderung durchführt, aus Beförderungen und Beförderungsleistungen nach Buchstabe b erzielt werden,
   d) die, soweit sie nicht zu den Einkünften im Sinne der Nummern 3 und 4 gehören, durch im Inland ausgeübte oder verwertete künstlerische, sportliche, artistische, unterhaltende oder ähnliche Darbietungen erzielt werden, einschließlich der Einkünfte aus anderen mit diesen Leistungen zusammenhängenden Leistungen, unabhängig davon, wem die Einnahmen zufließen,
   e) die unter den Voraussetzungen des § 17 erzielt werden, wenn es sich um Anteile an einer Kapitalgesellschaft handelt,
   aa) die ihren Sitz oder ihre Geschäftsleitung im Inland hat oder
   bb) bei deren Erwerb auf Grund eines Antrags nach § 13 Abs. 2 oder § 21 Abs. 2 Satz 3 Nr. 2 des Umwandlungssteuergesetzes[1]) nicht der gemeine Wert der eingebrachten Anteile angesetzt worden ist oder auf die § 17 Abs. 5 Satz 2 anzuwenden war
   f) die, soweit sie nicht zu den Einkünften im Sinne des Buchstaben a gehören, durch
   aa) Vermietung und Verpachtung oder
   bb) Veräußerung
   von inländischem unbeweglichem Vermögen, von Sachinbegriffen oder Rechten, die im Inland belegen oder in ein inländisches öffentliches Buch oder Register eingetragen sind oder deren Verwertung in einer inländischen Betriebsstätte oder anderen Einrichtung erfolgt, erzielt werden. ²Als Einkünfte aus Gewerbebetrieb gelten auch die Einkünfte aus Tätigkeiten im Sinne dieses Buchstabens, die von einer Körperschaft im Sinne des § 2 Nr. 1 des Körperschaftsteuergesetzes erzielt werden, die mit einer Kapitalgesellschaft oder sonstigen juristischen Person im Sinne des § 1 Abs. 1 Nr. 1 bis 3 des Körperschaftsteuergesetzes vergleichbar ist oder
   g) die aus der Verschaffung der Gelegenheit erzielt werden, einen Berufssportler als solchen im Inland vertraglich zu verpflichten; dies gilt nur, wenn die Gesamteinnahmen 10 000 Euro übersteigen;
3. Einkünfte aus selbständiger Arbeit (§ 18), die im Inland ausgeübt oder verwertet wird oder worden ist oder für die im Inland eine feste Einrichtung oder eine Betriebsstätte unterhalten wird;
4. Einkünfte aus nichtselbständiger Arbeit (§ 19), die
   a) im Inland ausgeübt oder verwertet wird oder worden ist,

---
1) Siehe Anhang 4.

§ 49

    b) aus inländischen öffentlichen Kassen einschließlich der Kassen des Bundeseisenbahnvermögens und der Deutschen Bundesbank mit Rücksicht auf ein gegenwärtiges oder früheres Dienstverhältnis gewährt werden, ohne dass ein Zahlungsanspruch gegenüber der inländischen öffentlichen Kasse bestehen muss,

    c) als Vergütung für eine Tätigkeit als Geschäftsführer, Prokurist oder Vorstandsmitglied einer Gesellschaft mit Geschäftsleitung im Inland bezogen werden,

    d) als Entschädigung im Sinne des § 24 Nr. 1 für die Auflösung eines Dienstverhältnisses gezahlt werden, soweit die für die zuvor ausgeübte Tätigkeit bezogenen Einkünfte der inländischen Besteuerung unterlegen haben,

    e) an Bord eines im internationalen Luftverkehr eingesetzten Luftfahrzeugs ausgeübt wird, das von einem Unternehmen mit Geschäftsleitung im Inland betrieben wird;

5. Einkünfte aus Kapitalvermögen im Sinne des

    a) § 20 Abs. 1 Nr. 1 mit Ausnahme der Erträge aus Investmentanteilen im Sinne des § 2 des Investmentsteuergesetzes[1], Nr. 2, 4, 6 und 9, wenn der Schuldner Wohnsitz, Geschäftsleitung oder Sitz im Inland hat oder wenn es sich um Fälle des § 44 Abs. 1 Satz 4 Nr. 1 Buchstabe a Doppelbuchstabe bb dieses Gesetzes handelt; dies gilt auch für Erträge aus Wandelanleihen und Gewinnobligationen,

    b) § 20 Abs. 1 Nr. 1 in Verbindung mit den §§ 2 und 7 des Investmentsteuergesetzes[2]

        aa) bei Erträgen im Sinne des § 7 Abs. 3 des Investmentsteuergesetzes[3],

        bb) bei Erträgen im Sinne des § 7 Abs. 1, 2 und 4 des Investmentsteuergesetzes[4], wenn es sich um Fälle des § 44 Abs. 1 Satz 4 Nr. 1 Buchstabe a Doppelbuchstabe bb dieses Gesetzes handelt,

    c) § 20 Abs. 1 Nr. 5 und 7, wenn

        aa) das Kapitalvermögen durch inländischen Grundbesitz, durch inländische Rechte, die den Vorschriften des bürgerlichen Rechts über Grundstücke unterliegen, oder durch Schiffe, die in ein inländisches Schiffsregister eingetragen sind, unmittelbar oder mittelbar gesichert ist. ²Ausgenommen sind Zinsen aus Anleihen und Forderungen, die in ein öffentliches Schuldbuch eingetragen oder über die Sammelurkunden im Sinne des § 9a des Depotgesetzes oder Teilschuldverschreibungen ausgegeben sind, oder

        bb) das Kapitalvermögen aus Genussrechten besteht, die nicht in § 20 Abs. 1 Nr. 1 genannt sind,

    d) § 43 Abs. 1 Satz 1 Nr. 7 Buchstabe a, Nummer 9 bis 10 sowie Satz 2, wenn sie von einem Schuldner oder von einem inländischen Kreditinstitut oder von einem inländischen Finanzdienstleistungsinstitut im Sinne des § 43 Abs. 1 Satz 1 Nr. 7 Buchstabe b einem anderen als einem ausländischen Kreditinstitut oder einem ausländischen Finanzdienstleistungsinstitut

        aa) gegen Aushändigung der Zinsscheine ausgezahlt oder gutgeschrieben werden und die Teilschuldverschreibungen nicht von dem Schuldner, dem inländischen Kreditinstitut oder dem inländischen Finanzdienstleistungsinstitut verwahrt werden oder

        bb) gegen Übergabe der Wertpapiere ausgezahlt oder gutgeschrieben werden und diese vom Kreditinstitut weder verwahrt noch verwaltet werden.

    ²§ 20 Abs. 3 gilt entsprechend;

6. Einkünfte aus Vermietung und Verpachtung (§ 21), soweit sie nicht zu den Einkünften im Sinne der Nummern 1 bis 5 gehören, wenn das unbewegliche Vermögen, die Sachin-

---

1) Siehe Anhang 11.
2) Siehe Anhang 11.
3) Siehe Anhang 11.
4) Siehe Anhang 11.

§ 49

begriffe oder Rechte im Inland belegen oder in ein inländisches öffentliches Buch oder Register eingetragen sind oder in einer inländischen Betriebsstätte oder in einer anderen Einrichtung verwertet werden;

7. sonstige Einkünfte im Sinne des § 22 Nr. 1 Satz 3 Buchstabe a, die von den inländischen gesetzlichen Rentenversicherungsträgern, den inländischen landwirtschaftlichen Alterskassen, den inländischen berufsständischen Versorgungseinrichtungen, den inländischen Versicherungsunternehmen oder sonstigen inländischen Zahlstellen gewährt werden; dies gilt entsprechend für Leibrenten und andere Leistungen ausländischer Zahlstellen, wenn die Beiträge, die den Leistungen zugrunde liegen, nach § 10 Absatz 1 Nummer 2 ganz oder teilweise bei der Ermittlung der Sonderausgaben berücksichtigt wurden;

8. sonstige Einkünfte im Sinne des § 22 Nr. 2, soweit es sich um private Veräußerungsgeschäfte mit

   a) inländischen Grundstücken oder

   b) inländischen Rechten, die den Vorschriften des bürgerlichen Rechts über Grundstücke unterliegen;

8a. sonstige Einkünfte im Sinne des § 22 Nr. 4;

9. sonstige Einkünfte im Sinne des § 22 Nr. 3, auch wenn sie bei Anwendung dieser Vorschrift einer anderen Einkunftsart zuzurechnen wären, soweit es sich um Einkünfte aus inländischen unterhaltenden Darbietungen, aus der Nutzung beweglicher Sachen im Inland oder aus der Überlassung der Nutzung oder des Rechts auf Nutzung von gewerblichen, technischen, wissenschaftlichen und ähnlichen Erfahrungen, Kenntnissen und Fertigkeiten, zum Beispiel Plänen, Mustern und Verfahren, handelt, die im Inland genutzt werden oder worden sind; dies gilt nicht, soweit es sich um steuerpflichtige Einkünfte im Sinne der Nummern 1 bis 8 handelt;

10. sonstige Einkünfte im Sinne des § 22 Nummer 5; dies gilt auch für Leistungen ausländischer Zahlstellen, soweit die Leistungen bei einem unbeschränkt Steuerpflichtigen zu Einkünften nach § 22 Nummer 5 Satz 1 führen würden oder wenn die Beiträge, die den Leistungen zugrunde liegen, nach § 10 Absatz 1 Nummer 2 ganz oder teilweise bei der Ermittlung der Sonderausgaben berücksichtigt wurden.

(2) Im Ausland gegebene Besteuerungsmerkmale bleiben außer Betracht, soweit bei ihrer Berücksichtigung inländische Einkünfte im Sinne des Absatzes 1 nicht angenommen werden könnten.

(3) ¹Bei Schifffahrt- und Luftfahrtunternehmen sind die Einkünfte im Sinne des Absatzes 1 Nr. 2 Buchstabe b mit 5 Prozent der für diese Beförderungsleistungen vereinbarten Entgelte anzusetzen. ²Das gilt auch, wenn solche Einkünfte durch eine inländische Betriebsstätte oder einen inländischen ständigen Vertreter erzielt werden (Absatz 1 Nr. 2 Buchstabe a). ³Das gilt nicht in den Fällen des Absatzes 1 Nr. 2 Buchstabe c oder soweit das deutsche Besteuerungsrecht nach einem Abkommen zur Vermeidung der Doppelbesteuerung ohne Begrenzung des Steuersatzes aufrechterhalten bleibt.

(4) ¹Abweichend von Absatz 1 Nr. 2 sind Einkünfte steuerfrei, die ein beschränkt Steuerpflichtiger mit Wohnsitz oder gewöhnlichem Aufenthalt in einem ausländischen Staat durch den Betrieb eigener oder gecharterter Schiffe oder Luftfahrzeuge aus einem Unternehmen bezieht, dessen Geschäftsleitung sich in dem ausländischen Staat befindet. ²Voraussetzung für die Steuerbefreiung ist, dass dieser ausländische Staat Steuerpflichtigen mit Wohnsitz oder gewöhnlichem Aufenthalt im Geltungsbereich dieses Gesetzes eine entsprechende Steuerbefreiung für derartige Einkünfte gewährt und dass das Bundesministerium für Verkehr, Bau- und Stadtentwicklung die Steuerbefreiung nach Satz 1 für verkehrspolitisch unbedenklich erklärt hat.

§ 49

EStR und Hinweise

EStR 2012 zu § 49 EStG

R 49.1 Beschränkte Steuerpflicht bei Einkünften aus Gewerbebetrieb

(1) ¹Einkünfte aus Gewerbebetrieb unterliegen nach § 49 Abs. 1 Nr. 2 Buchstabe a EStG auch dann der beschränkten Steuerpflicht, wenn im Inland keine Betriebsstätte unterhalten wird, sondern nur ein ständiger Vertreter für den Gewerbebetrieb bestellt ist (§ 13 AO). ²Ist der ständige Vertreter ein Kommissionär oder Makler, der Geschäftsbeziehungen für das ausländische Unternehmen im Rahmen seiner ordentlichen Geschäftstätigkeit unterhält, und ist die Besteuerung des ausländischen Unternehmens nicht durch ein DBA geregelt, so sind die Einkünfte des ausländischen Unternehmens insoweit nicht der Besteuerung zu unterwerfen. ³Das gilt auch, wenn der ständige Vertreter ein Handelsvertreter (§ 84 HGB) ist, der weder eine allgemeine Vollmacht zu Vertragsverhandlungen und Vertragsabschlüssen für das ausländische Unternehmen besitzt noch über ein Warenlager dieses Unternehmens verfügt, von dem er regelmäßig Bestellungen für das Unternehmen ausführt.

(2) ¹Auf Einkünfte, die ein beschränkt Steuerpflichtiger durch den Betrieb eigener oder gecharterter Schiffe oder Luftfahrzeuge aus einem Unternehmen bezieht, dessen Geschäftsleitung sich in einem ausländischen Staat befindet, sind die Sätze 2 und 3 des Absatzes 1 nicht anzuwenden. ²Einkünfte aus Gewerbebetrieb, die ein Unternehmen im Rahmen einer internationalen Betriebsgemeinschaft oder eines Pool-Abkommens erzielt, unterliegen nach § 49 Abs. 1 Nr. 2 Buchstabe c EStG der beschränkten Steuerpflicht auch, wenn das die Beförderung durchführende Unternehmen mit Sitz oder Geschäftsleitung im Inland nicht als ständiger Vertreter des ausländischen Beteiligten anzusehen ist.

(3) Bei gewerblichen Einkünften, die durch im Inland ausgeübte oder verwertete künstlerische, sportliche, unterhaltende oder ähnliche Darbietungen[1)] erzielt werden, kommt es für die Begründung der beschränkten Steuerpflicht nicht darauf an, ob im Inland eine Betriebsstätte unterhalten wird oder ein ständiger Vertreter bestellt worden ist und ob die Einnahmen dem Darbietenden, dem der Darbietung Verwertenden oder einem Dritten zufließen.

(4) ¹Hat der Steuerpflichtige im Fall des § 49 Abs. 1 Nr. 2 Buchstabe e EStG wegen Verlegung des Wohnsitzes in das Ausland den Vermögenszuwachs der Beteiligung im Sinne des § 17 Abs. 1 Satz 1 EStG nach § 6 AStG[2)] versteuert, ist dieser Vermögenszuwachs vom tatsächlich erzielten Veräußerungsgewinn abzusetzen (§ 6 Abs. 1 Satz 5 AStG[3)]). ²Ein sich dabei ergebender Verlust ist bei der Ermittlung der Summe der zu veranlagenden inländischen Einkünfte auszugleichen.

Hinweise

H 49.1 Anteilsveräußerung nach Wegzug ins EU-/EWR-Ausland

→ *§ 6 Abs. 6 AStG*

Beschränkt steuerpflichtige inländische Einkünfte aus Gewerbebetrieb bei Verpachtung
liegen vor, solange der Verpächter für seinen Gewerbebetrieb im Inland einen ständigen Vertreter, gegebenenfalls den Pächter seines Betriebs, bestellt hat und während dieser Zeit weder eine Betriebsaufgabe erklärt noch den Betrieb veräußert (→ BFH vom 13.11.1963 – BStBl. 1964 III S. 124 und vom 12.4.1978 – BStBl. II S. 494).

Besteuerung beschränkt steuerpflichtiger Einkünfte nach § 49 Abs. 1 Nr. 2 Buchstabe d EStG

→ *BMF vom 23.1.1996 (BStBl. I S. 89).*

→ *R 49.1 Abs. 3*

Nachträgliche Einkünfte aus Gewerbebetrieb im Zusammenhang mit einer inländischen Betriebsstätte

→ *H 34d sinngemäß.*

Schiff- und Luftfahrt

Pauschalierung der Einkünfte → *§ 49 Abs. 3 EStG*

Steuerfreiheit der Einkünfte bei Gegenseitigkeit mit ausländischem Staat
→ *§ 49 Abs. 4 EStG*

---

1) Ab VZ 2009: künstlerische, sportliche, artistische, unterhaltende oder ähnliche Darbietungen → § 49 Abs. 1 Nr. 2 Buchstabe d EStG i. d. F. des JStG 2009.
2) Siehe Anhang 2.
3) Siehe Anhang 2.

§ 49

R 49.1, 49.2, 49.3

→ *BMF vom ... 2012 (BStBl. I S. ....) mit Verzeichnis der Staaten, die eine dem § 49 Abs. 4 EStG entsprechende Steuerbefreiung gewähren; Gegenseitigkeit wird erforderlichenfalls vom Bundesministerium der Finanzen festgestellt.*

Ständiger Vertreter *kann auch ein inländischer Gewerbetreibender sein, der die Tätigkeit im Rahmen eines eigenen Gewerbebetriebs ausübt (→ BFH vom 28.6.1972 – BStBl. II S. 785).*

Veräußerung von Dividendenansprüchen
Zur Veräußerung von Dividendenansprüchen durch Steuerausländer an Dritte → BMF vom 26.7.2013 (BStBl. I S. 939).

Zweifelsfragen zur Besteuerung der Einkünfte aus Vermietung und Verpachtung
Zur Vermietung und Verpachtung gem. § 49 Abs. 1 Nr. 2 Buchstabe f Doppelbuchstabe aa EStG → BMF vom 16.5.2011 (BStBl. I S. 530).

EStR 2012 zu § 49 EStG

R 49.2 Beschränkte Steuerpflicht bei Einkünften aus selbständiger Arbeit

[1]Zur Ausübung einer selbständigen Tätigkeit gehört z. B. die inländische Vortragstätigkeit durch eine im Ausland ansässige Person. [2]Eine Verwertung einer selbständigen Tätigkeit im Inland liegt z. B. vor, wenn ein beschränkt steuerpflichtiger Erfinder sein Patent einem inländischen Betrieb überlässt oder wenn ein beschränkt steuerpflichtiger Schriftsteller sein Urheberrecht an einem Werk auf ein inländisches Unternehmen überträgt.

Hinweise

H 49.2 **Ausüben einer selbständigen Tätigkeit** *setzt das persönliche Tätigwerden im Inland voraus (→ BFH vom 12.11.1986 – BStBl. 1987 II S. 372).*

Beschränkt steuerpflichtige inländische Einkünfte eines im Ausland ansässigen Textdichters
→ *BFH vom 28.2.1973 (BStBl. II S. 660)*
→ *BFH vom 20.7.1988 (BStBl. 1989 II S. 87)*

EStR 2012 zu § 49 EStG

R 49.3 Bedeutung der Besteuerungsmerkmale im Ausland bei beschränkter Steuerpflicht

(1) [1]Nach § 49 Abs. 2 EStG sind bei der Feststellung, ob inländische Einkünfte im Sinne der beschränkten Steuerpflicht vorliegen, die im Ausland gegebenen Besteuerungsmerkmale insoweit außer Betracht zu lassen, als bei ihrer Berücksichtigung steuerpflichtige inländische Einkünfte nicht angenommen werden könnten (isolierende Betrachtungsweise). [2]Danach unterliegen z. B. Einkünfte, die unter den Voraussetzungen des § 17 EStG aus der Veräußerung des Anteils an einer Kapitalgesellschaft erzielt werden, auch dann der beschränkten Steuerpflicht (§ 49 Abs. 1 Nr. 2 Buchstabe e EStG), wenn der Anteil in einem ausländischen Betriebsvermögen gehalten wird.

(2) Vergütungen für die Überlassung der Nutzung oder des Rechts auf Nutzung von gewerblichem Know-how, die weder Betriebseinnahmen eines inländischen Betriebs sind noch zu den Einkünften im Sinne des § 49 Abs. 1 Nr. 1 bis 8 EStG gehören, sind als sonstige Einkünfte im Sinne des § 49 Abs. 1 Nr. 9 EStG beschränkt steuerpflichtig.

(3) [1]Wird für verschiedenartige Leistungen eine einheitliche Vergütung gewährt, z. B. für Leistungen im Sinne des § 49 Abs. 1 Nr. 3 oder 9 EStG, ist die Vergütung nach dem Verhältnis der einzelnen Leistungen aufzuteilen. [2]Ist eine Trennung nicht ohne besondere Schwierigkeit möglich, so kann die Gesamtvergütung zur Vereinfachung den sonstigen Einkünften im Sinne des § 49 Abs. 1 Nr. 9 EStG zugeordnet werden.

§ 50

§ 50 Sondervorschriften für beschränkt Steuerpflichtige

(1) ¹Beschränkt Steuerpflichtige dürfen Betriebsausgaben (§ 4 Abs. 4 bis 8) oder Werbungskosten (§ 9) nur insoweit abziehen, als sie mit inländischen Einkünften in wirtschaftlichem Zusammenhang stehen. ²§ 32a Abs. 1 ist mit der Maßgabe anzuwenden, dass das zu versteuernde Einkommen um den Grundfreibetrag des § 32a Abs. 1 Satz 2 Nr. 1 erhöht wird; dies gilt bei Einkünften nach § 49 Absatz 1 Nummer 4 nur in Höhe des diese Einkünfte abzüglich der nach Satz 4 abzuziehenden Aufwendungen übersteigenden Teils des Grundfreibetrags. ³Die §§ 10, 10a, 10c, 16 Abs. 4, die §§ 24b, 32, 32a Abs. 6, die §§ 33, 33a, 33b und 35a sind nicht anzuwenden. ⁴Hiervon abweichend sind bei Arbeitnehmern, die Einkünfte aus nichtselbständiger Arbeit im Sinne des § 49 Absatz 1 Nummer 4 beziehen, § 10 Absatz 1 Nummer 2 Buchstabe a, Nummer 3 und Absatz 3 sowie § 10c anzuwenden, soweit die Aufwendungen auf die Zeit entfallen, in der Einkünfte im Sinne des § 49 Absatz 1 Nummer 4 erzielt wurden und die Einkünfte nach § 49 Absatz 1 Nummer 4 nicht übersteigen. ⁵Die Jahres- und Monatsbeträge der Pauschalen nach § 9a Satz 1 Nr. 1 und § 10c ermäßigen sich zeitanteilig, wenn Einkünfte im Sinne des § 49. Abs. 1 Nr. 4 nicht während eines vollen Kalenderjahres oder Kalendermonats zugeflossen sind.

(2) ¹Die Einkommensteuer für Einkünfte, die dem Steuerabzug vom Arbeitslohn oder vom Kapitalertrag oder dem Steuerabzug auf Grund des § 50a unterliegen, gilt bei beschränkt Steuerpflichtigen durch den Steuerabzug als abgegolten. ²Satz 1 gilt nicht

1. für Einkünfte eines inländischen Betriebs;
2. wenn nachträglich festgestellt wird, dass die Voraussetzungen der unbeschränkten Einkommensteuerpflicht im Sinne des § 1 Abs. 2 oder Abs. 3 oder des § 1a nicht vorgelegen haben; § 39 Abs. 7 ist sinngemäß anzuwenden;
3. in Fällen des § 2 Abs. 7 Satz 3;
4. für Einkünfte aus nichtselbständiger Arbeit im Sinne des § 49 Abs. 1 Nr. 4,
    a) wenn als Lohnsteuerabzugsmerkmal ein Freibetrag nach § 39a Absatz 4 gebildet worden ist oder
    b) wenn die Veranlagung zur Einkommensteuer beantragt wird (§ 46 Abs. 2 Nr. 8);
5. für Einkünfte im Sinne des § 50a Abs. 1 Nr. 1, 2 und 4, wenn die Veranlagung zur Einkommensteuer beantragt wird.

³In den Fällen des Satzes 2 Nr. 4 erfolgt die Veranlagung durchs das Betriebsstättenfinanzamt, das nach § 39 Absatz 2 Satz 2 oder Satz 4 für die Bildung und die Änderung der Lohnsteuerabzugsmerkmale zuständig ist. ⁴Bei mehreren Betriebsstättenfinanzämtern ist das Betriebsstättenfinanzamt zuständig, in dessen Bezirk der Arbeitnehmer zuletzt beschäftigt war. ⁵Bei Arbeitnehmern mit Steuerklasse VI ist das Betriebsstättenfinanzamt zuständig, in dessen Bezirk der Arbeitnehmer zuletzt unter Anwendung der Steuerklasse I beschäftigt war. ⁶Hat der Arbeitgeber für den Arbeitnehmer keine elektronischen Lohnsteuerabzugsmerkmale (§ 39e Absatz 4 Satz 2) abgerufen und wurde keine Bescheinigung für den Lohnsteuerabzug nach § 39 Absatz 3 Satz 1 oder § 39e Absatz 7 Satz 5 ausgestellt, ist das Betriebsstättenfinanzamt zuständig, in dessen Bezirk der Arbeitnehmer zuletzt beschäftigt war. ⁷Satz 2 Nr. 4 Buchstabe b und Nr. 5 gilt nur für Staatsangehörige eines Mitgliedstaats der Europäischen Union oder eines anderen Staates, auf den das Abkommen über den Europäischen Wirtschaftsraum Anwendung findet, die im Hoheitsgebiet eines dieser Staaten ihren Wohnsitz oder gewöhnlichen Aufenthalt haben. ⁸In den Fällen des Satzes 2 Nummer 5 erfolgt die Veranlagung durch das Bundeszentralamt für Steuern.

(3) § 34c Abs. 1 bis 3 ist bei Einkünften aus Land- und Forstwirtschaft, Gewerbebetrieb oder selbständiger Arbeit, für die im Inland ein Betrieb unterhalten wird, entsprechend anzuwenden, soweit darin nicht Einkünfte aus einem ausländischen Staat enthalten sind, mit denen der beschränkt Steuerpflichtige dort in einem der unbeschränkten Steuerpflicht ähnlichen Umfang zu einer Steuer vom Einkommen herangezogen wird.

(4) Die obersten Finanzbehörden der Länder oder die von ihnen beauftragten Finanzbehörden können mit Zustimmung des Bundesministeriums der Finanzen die Einkommen-

§ 50

steuer bei beschränkt Steuerpflichtigen ganz oder zum Teil erlassen oder in einem Pauschbetrag festsetzen, wenn dies im besonderen öffentlichen Interesse liegt; ein besonderes öffentliches Interesse besteht insbesondere

1. im Zusammenhang mit der inländischen Veranstaltung international bedeutsamer kultureller und sportlicher Ereignisse, um deren Ausrichtung ein internationaler Wettbewerb stattfindet, oder
2. im Zusammenhang mit dem inländischen Auftritt einer ausländischen Kulturvereinigung, wenn ihr Auftritt wesentlich aus öffentlichen Mitteln gefördert wird.

EStDV

§ 73 (weggefallen)

EStR und Hinweise

EStR 2012 zu § 50 EStG

R 50.2 Bemessungsgrundlage für die Einkommensteuer und Steuerermäßigung für ausländische Steuern

[1]§ 50 Abs. 3 EStG ist auch im Verhältnis zu Staaten anzuwenden, mit denen ein DBA besteht. [2]Es ist in diesem Fall grundsätzlich davon auszugehen, dass Ertragsteuern, für die das DBA gilt, der deutschen Einkommensteuer entsprechen. [3]Bei der Ermittlung des Höchstbetrags für Zwecke der Steueranrechnung (→ R 36) sind in die Summe der Einkünfte nur die Einkünfte einzubeziehen, die im Wege der Veranlagung besteuert werden.

Hinweise

H 50.2 **Anwendung des § 50 Abs. 5 Satz 2 Nr. 2 EStG (jetzt § 50 Abs. 2 Satz 2 Nr. 4 EStG i. d. F. des JStG 2009)**

→ *BMF vom 30.12.1996 (BStBl. I S. 1506).*

Anwendung des § 50 Abs. 6 EStG

→ *R 34c gilt entsprechend.*

Ausländische Kulturvereinigungen

– Zu Billigkeitsmaßnahmen nach § 50 Abs. 7 EStG (jetzt § 50 Abs. 4 EStG) bei ausländischen Kulturvereinigungen → *BMF vom 20.7.1983 (BStBl. I S. 382) – sog. Kulturorchestererlass – und BMF vom 30.5.1995 (BStBl. I S. 336).*

– Als „solistisch besetztes Ensemble" i. S. d. Tz. 4 des sog. Kulturorchestererlass ist eine Formation jedenfalls dann anzusehen, wenn bei den einzelnen Veranstaltungen nicht mehr als fünf Mitglieder auftreten und die ihnen abverlangte künstlerische Gestaltungshöhe mit derjenigen eines Solisten vergleichbar ist (→ *BFH vom 7.3.2007 – BStBl. 2008 II S. 186).*

Europäische Vereinswettbewerbe von Mannschaftssportarten

→ *BMF vom 20.3.2008 (BStBl. I S. 538)*

Wechsel zwischen beschränkter und unbeschränkter Steuerpflicht

→ *§ 2 Abs. 7 Satz 3 EStG*

§ 50a

§ 50a Steuerabzug bei beschränkt Steuerpflichtigen

(1) Die Einkommensteuer wird bei beschränkt Steuerpflichtigen im Wege des Steuerabzugs erhoben

1. bei Einkünften, die durch im Inland ausgeübte künstlerische, sportliche, artistische, unterhaltende oder ähnliche Darbietungen erzielt werden, einschließlich der Einkünfte aus anderen mit diesen Leistungen zusammenhängenden Leistungen, unabhängig davon, wem die Einkünfte zufließen (§ 49 Abs. 1 Nr. 2 bis 4 und 9), es sei denn, es handelt sich um Einkünfte aus nichtselbständiger Arbeit, die bereits dem Steuerabzug vom Arbeitslohn nach § 38 Abs. 1 Satz 1 Nr. 1 unterliegen,

2. bei Einkünften aus der inländischen Verwertung von Darbietungen im Sinne der Nummer 1 (§ 49 Abs. 1 Nr. 2 bis 4 und 6),

3. bei Einkünften, die aus Vergütungen für die Überlassung der Nutzung oder des Rechts auf Nutzung von Rechten, insbesondere von Urheberrechten und gewerblichen Schutzrechten, von gewerblichen, technischen, wissenschaftlichen und ähnlichen Erfahrungen, Kenntnissen und Fertigkeiten, zum Beispiel Plänen, Mustern und Verfahren, herrühren sowie bei Einkünften, die aus der Verschaffung der Gelegenheit erzielt werden, einen Berufssportler über einen begrenzten Zeitraum vertraglich zu verpflichten (§ 49 Abs. 1 Nr. 2, 3, 6 und 9),

4. bei Einkünften, die Mitgliedern des Aufsichtsrats, Verwaltungsrats, Grubenvorstands oder anderen mit der Überwachung der Geschäftsführung von Körperschaften, Personenvereinigungen und Vermögensmassen im Sinne des § 1 des Körperschaftsteuergesetzes beauftragten Personen sowie von anderen inländischen Personenvereinigungen des privaten und öffentlichen Rechts, bei denen die Gesellschafter nicht als Unternehmer (Mitunternehmer) anzusehen sind, für die Überwachung der Geschäftsführung gewährt werden (§ 49 Abs. 1 Nr. 3).

(2) ¹Der Steuerabzug beträgt 15 Prozent, in den Fällen des Absatzes 1 Nr. 4 beträgt er 30 Prozent der gesamten Einnahmen. ²Vom Schuldner der Vergütung ersetzte oder übernommene Reisekosten gehören nur insoweit zu den Einnahmen, als die Fahrt- und Übernachtungsauslagen die tatsächlichen Kosten und die Vergütungen für Verpflegungsmehraufwand die Pauschbeträge nach § 4 Abs. 5 Satz 1 Nr. 5 übersteigen. ³Bei Einkünften im Sinne des Absatzes 1 Nr. 1 wird ein Steuerabzug nicht erhoben, wenn die Einnahmen je Darbietung 250 Euro nicht übersteigen.

(3) ¹Der Schuldner der Vergütung kann von den Einnahmen in den Fällen des Absatzes 1 Nr. 1, 2 und 4 mit ihnen in unmittelbarem wirtschaftlichem Zusammenhang stehende Betriebsausgaben oder Werbungskosten abziehen, die ihm ein beschränkt Steuerpflichtiger in einer für das Bundeszentralamt für Steuern nachprüfbaren Form nachgewiesen hat oder die vom Schuldner der Vergütung übernommen worden sind. ²Das gilt nur, wenn der beschränkt Steuerpflichtige Staatsangehöriger eines Mitgliedstaats der Europäischen Union oder eines anderen Staates ist, auf den das Abkommen über den Europäischen Wirtschaftsraum Anwendung findet, und im Hoheitsgebiet eines dieser Staaten seinen Wohnsitz oder gewöhnlichen Aufenthalt hat. ³Es gilt entsprechend bei einer beschränkt steuerpflichtigen Körperschaft, Personenvereinigung oder Vermögensmasse im Sinne des § 32 Abs. 4 des Körperschaftsteuergesetzes. ⁴In diesen Fällen beträgt der Steuerabzug von den nach Abzug der Betriebsausgaben oder Werbungskosten verbleibenden Einnahmen (Nettoeinnahmen), wenn

1. Gläubiger der Vergütung eine natürliche Person ist, 30 Prozent,
2. Gläubiger der Vergütung eine Körperschaft, Personenvereinigung oder Vermögensmasse ist, 15 Prozent.

(4) ¹Hat der Gläubiger einer Vergütung seinerseits Steuern für Rechnung eines anderen beschränkt steuerpflichtigen Gläubigers einzubehalten (zweite Stufe), kann er vom Steuerabzug absehen, wenn seine Einnahmen bereits dem Steuerabzug nach Absatz 2 unterlegen haben. ²Wenn der Schuldner der Vergütung auf zweiter Stufe Betriebsausgaben oder Werbungskosten nach Absatz 3 geltend macht, die Veranlagung nach § 50 Abs. 2 Satz 2 Nr. 5 beantragt oder die Erstattung der Abzugsteuer nach § 50d Abs. 1 oder einer anderen Vorschrift be-

§ 50a   EStDV 73a

antragt, hat er die sich nach Absatz 2 oder Absatz 3 ergebende Steuer zu diesem Zeitpunkt zu entrichten; Absatz 5 gilt entsprechend.

(5) [1]Die Steuer entsteht in dem Zeitpunkt, in dem die Vergütung dem Gläubiger zufließt. [2]In diesem Zeitpunkt hat der Schuldner der Vergütung den Steuerabzug für Rechnung des Gläubigers (Steuerschuldner) vorzunehmen. [3]Er hat die innerhalb eines Kalendervierteljahres einbehaltene Steuer jeweils bis zum zehnten des dem Kalendervierteljahr folgenden Monats an das Bundeszentralamt für Steuern abzuführen. [4]Der Schuldner der Vergütung haftet für die Einbehaltung und Abführung der Steuer. [5]Der Steuerschuldner kann in Anspruch genommen werden, wenn der Schuldner der Vergütung den Steuerabzug nicht vorschriftsmäßig vorgenommen hat. [6]Der Schuldner der Vergütung ist verpflichtet, dem Gläubiger auf Verlangen die folgenden Angaben nach amtlich vorgeschriebenem Muster zu bescheinigen:

1. den Namen und die Anschrift des Gläubigers,
2. die Art der Tätigkeit und Höhe der Vergütung in Euro,
3. den Zahlungstag,
4. den Betrag der einbehaltenen und abgeführten Steuer nach Absatz 2 oder Absatz 3.

(6) Die Bundesregierung kann durch Rechtsverordnung mit Zustimmung des Bundesrates bestimmen, dass bei Vergütungen für die Nutzung oder das Recht auf Nutzung von Urheberrechten (Absatz 1 Nr. 3), die nicht unmittelbar an den Gläubiger, sondern an einen Beauftragten geleistet werden, anstelle des Schuldners der Vergütung der Beauftragte die Steuer einzubehalten und abzuführen hat und für die Einbehaltung und Abführung haftet.

(7) [1]Das Finanzamt des Vergütungsgläubigers kann anordnen, dass der Schuldner der Vergütung für Rechnung des Gläubigers (Steuerschuldner) die Einkommensteuer von beschränkt steuerpflichtigen Einkünften, soweit diese nicht bereits dem Steuerabzug unterliegen, im Wege des Steuerabzugs einzubehalten und abzuführen hat, wenn dies zur Sicherung des Steueranspruchs zweckmäßig ist. [2]Der Steuerabzug beträgt 25 Prozent der gesamten Einnahmen, bei Körperschaften, Personenvereinigungen oder Vermögensmassen 15 Prozent der gesamten Einnahmen; das Finanzamt kann die Höhe des Steuerabzugs hiervon abweichend an die voraussichtlich geschuldete Steuer anpassen. [3]Absatz 5 gilt entsprechend mit der Maßgabe, dass die Steuer bei dem Finanzamt anzumelden und abzuführen ist, das den Steuerabzug angeordnet hat; das Finanzamt kann anordnen, dass die innerhalb eines Monats einbehaltene Steuer jeweils bis zum zehnten des Folgemonats anzumelden und abzuführen ist. [4]§ 50 Abs. 2 Satz 1 ist nicht anzuwenden.

EStDV

§ 73a   Begriffsbestimmungen

(1) Inländisch im Sinne des § 50a Abs. 1 Nr. 4 des Gesetzes sind solche Personenvereinigungen, die ihre Geschäftsleitung oder ihren Sitz im Geltungsbereich des Gesetzes haben.

(2) Urheberrechte im Sinne des § 50a Abs. 1 Nr. 3 des Gesetzes sind Rechte, die nach Maßgabe des Urheberrechtsgesetzes vom 9. September 1965 (BGBl. I S. 1273), zuletzt geändert durch das Gesetz vom 7. Dezember 2008 (BGBl. I S. 2349), in der jeweils geltenden Fassung geschützt sind.

(3) Gewerbliche Schutzrechte im Sinne des § 50a Abs. 1 Nr. 3 des Gesetzes sind Rechte, die nach Maßgabe des Geschmacksmustergesetzes vom 12. März 2004 (BGBl. I S. 390), zuletzt geändert durch Artikel 7 des Gesetzes vom 7. Juli 2008 (BGBl. I S. 1191), des Patentgesetzes in der Fassung der Bekanntmachung vom 16. Dezember 1980 (BGBl. 1981 I S. 1), zuletzt geändert durch Artikel 2 des Gesetzes vom 7. Juli 2008 (BGBl. I S. 1191), des Gebrauchsmustergesetzes in der Fassung der Bekanntmachung vom 28. August 1986 (BGBl. I S. 1455), zuletzt geändert durch Artikel 3 des Gesetzes vom 7. Juli 2008 (BGBl. I S. 1191) und des Markengesetzes vom 25. Oktober 1994 (BGBl. I S. 3082; 1995 I S. 156), zuletzt geändert durch Artikel 4 des Gesetzes vom 7. Juli 2008 (BGBl. I S. 1191), in der jeweils geltenden Fassung geschützt sind.

§ 73b   (weggefallen)

§ 73c Zeitpunkt des Zufließens im Sinne des § 50a Abs. 5 Satz 1 des Gesetzes

Die Vergütungen im Sinne des § 50a Abs. 1 des Gesetzes fließen dem Gläubiger zu

1. *im Fall der Zahlung, Verrechnung oder Gutschrift:*
bei Zahlung, Verrechnung oder Gutschrift;

2. *im Fall der Hinausschiebung der Zahlung wegen vorübergehender Zahlungsunfähigkeit des Schuldners:*
bei Zahlung, Verrechnung oder Gutschrift;

3. *im Fall der Gewährung von Vorschüssen:*
bei Zahlung, Verrechnung oder Gutschrift der Vorschüsse.

§ 73d Aufzeichnungen, Aufbewahrungspflichen, Steueraufsicht

(1) ¹Der Schuldner der Vergütungen im Sinne des § 50a Abs. 1 des Gesetzes (Schuldner) hat besondere Aufzeichnungen zu führen. ²Aus den Aufzeichnungen müssen ersichtlich sein:

1. *Name und Wohnung des beschränkt steuerpflichtigen Gläubigers (Steuerschuldners),*

2. *Höhe der Vergütungen in Euro,*

3. *Höhe und Art der von der Bemessungsgrundlage des Steuerabzugs abgezogenen Betriebsausgaben oder Werbungskosten,*

4. *Tag, an dem die Vergütungen dem Steuerschuldner zugeflossen sind,*

5. *Höhe und Zeitpunkt der Abführung der einbehaltenen Steuer.*

³Er hat in Fällen des § 50a Abs. 3 des Gesetzes die von der Bemessungsgrundlage des Steuerabzugs abgezogenen Betriebsausgaben oder Werbungskosten und die Staatsangehörigkeit des beschränkt steuerpflichtigen Gläubigers in einer für das Bundeszentralamt für Steuern nachprüfbaren Form zu dokumentieren.

(2) Bei der Veranlagung des Schuldners zur Einkommensteuer (Körperschaftsteuer) und bei Außenprüfungen, die bei dem Schuldner vorgenommen werden, ist auch zu prüfen, ob die Steuern ordnungsmäßig einbehalten und abgeführt worden sind.

§ 73e Einbehaltung, Abführung und Anmeldung der Steuer von Vergütungen im Sinne des § 50a Abs. 1 und 7 des Gesetzes (§ 50a Abs. 5 des Gesetzes)

¹Der Schuldner hat die innerhalb eines Kalendervierteljahrs einbehaltene Steuer von Vergütungen im Sinne des § 50a Absatz 1 des Gesetzes unter Bezeichnung „Steuerabzug von Vergütungen im Sinne des § 50a Absatz 1 des Einkommensteuergesetzes" jeweils bis zum zehnten des dem Kalendervierteljahr folgenden Monats an das Bundeszentralamt für Steuern abzuführen. ²Bis zum gleichen Zeitpunkt hat der Schuldner dem Bundeszentralamt für Steuern eine Steueranmeldung über den Gläubiger, die Höhe der Vergütungen im Sinne des § 50a Absatz 1 des Gesetzes, die Höhe und Art der von der Bemessungsgrundlage des Steuerabzugs abgezogenen Betriebsausgaben oder Werbungskosten und die Höhe des Steuerabzugs zu übersenden. ³Satz 2 gilt entsprechend, wenn ein Steuerabzug auf Grund der Vorschrift des § 50a Abs. 2 Satz 3 oder Abs. 4 Satz 1 des Gesetzes nicht vorzunehmen ist oder auf Grund eines Abkommens zur Vermeidung der Doppelbesteuerung nicht oder nicht in voller Höhe vorzunehmen ist. ⁴Die Steueranmeldung ist nach amtlich vorgeschriebenem Vordruck auf elektronischem Weg zu übermitteln nach Maßgabe der Steuerdaten-Übermittlungsverordnung vom 28. Januar 2003 (BGBl. I S. 139), geändert durch die Verordnung vom 20. Dezember 2006 (BGBl. I S. 3380), in der jeweils geltenden Fassung. ⁵Auf Antrag kann das Bundeszentralamt für Steuern zur Vermeidung unbilliger Härten auf eine elektronische Übermittlung verzichten; in diesem Fall ist die Steueranmeldung vom Schuldner oder von einem zu seiner Vertretung Berechtigten zu unterschreiben. ⁶Ist es zweifelhaft, ob der Gläubiger beschränkt oder unbeschränkt steuerpflichtig ist, so darf der Schuldner die Einbehaltung der Steuer nur dann unterlassen, wenn der Gläubiger durch eine Bescheinigung des nach den abgabenrechtlichen Vorschriften für die Besteuerung seines Einkommens zuständigen Finanzamts nachweist, dass er unbeschränkt steuer-

pflichtig ist. ⁷*Die Sätze 1, 2, 4 und 5 gelten entsprechend für die Steuer nach § 50a Abs. 7 des Gesetzes mit der Maßgabe, dass*

1. *die Steuer an das Finanzamt abzuführen und bei dem Finanzamt anzumelden ist, das den Steuerabzug angeordnet hat, und*

2. *bei entsprechender Anordnung die innerhalb eines Monats einbehaltene Steuer jeweils bis zum zehnten des Folgemonats anzumelden und abzuführen ist.*

§ 73f Steuerabzug in den Fällen des § 50a Abs. 6 des Gesetzes

¹Der Schuldner der Vergütungen für die Nutzung oder das Recht auf Nutzung von Urheberrechten im Sinne des § 50a Abs. 1 Nr. 3 des Gesetzes braucht den Steuerabzug nicht vorzunehmen, wenn er diese Vergütungen auf Grund eines Übereinkommens nicht an den beschränkt steuerpflichtigen Gläubiger (Steuerschuldner), sondern an die Gesellschaft für musikalische Aufführungs- und mechanische Vervielfältigungsrechte (Gema) oder an einen anderen Rechtsträger abführt und die obersten Finanzbehörden der Länder mit Zustimmung des Bundesministeriums der Finanzen einwilligen, dass dieser andere Rechtsträger an die Stelle des Schuldners tritt. ²In diesem Fall hat die Gema oder der andere Rechtsträger den Steuerabzug vorzunehmen; § 50a Abs. 5 des Gesetzes sowie die §§ 73d und 73e gelten entsprechend.

§ 73g Haftungsbescheid

(1) Ist die Steuer nicht ordnungsmäßig einbehalten oder abgeführt, so hat das Bundeszentralamt für Steuern die Steuer von dem Schuldner, in den Fällen des § 73f von dem dort bezeichneten Rechtsträger, durch Haftungsbescheid oder von dem Steuerschuldner durch Steuerbescheid anzufordern.

(2) Der Zustellung des Haftungsbescheids an den Schuldner bedarf es nicht, wenn der Schuldner die einbehaltene Steuer dem Bundeszentralamt für Steuern oder dem Finanzamt ordnungsmäßig angemeldet hat (§ 73e) oder wenn er vor dem Bundeszentralamt für Steuern oder dem Finanzamt oder einem Prüfungsbeamten des Bundeszentralamts für Steuern oder des Finanzamts seine Verpflichtung zur Zahlung der Steuer schriftlich anerkannt hat.

EStR und Hinweise
EStR 2012 zu § 50a EStG

R 50a.1 Steuerabzug bei Lizenzgebühren, Vergütungen für die Nutzung von Urheberrechten und bei Veräußerungen von Schutzrechten usw.

¹Lizenzgebühren für die Verwertung gewerblicher Schutzrechte und Vergütungen für die Nutzung von Urheberrechten, deren Empfänger im Inland weder einen Wohnsitz noch ihren gewöhnlichen Aufenthalt haben, unterliegen nach § 49 Abs. 1 Nr. 2 Buchstabe f Doppelbuchstabe aa bzw. Nr. 6 EStG der beschränkten Steuerpflicht, wenn die Patente in die deutsche Patentrolle eingetragen sind oder wenn die gewerblichen Erfindungen oder Urheberrechte in einer inländischen Betriebsstätte oder in einer anderen Einrichtung verwertet werden. ²Als andere Einrichtungen sind öffentlich-rechtliche Rundfunkanstalten anzusehen, soweit sie sich in dem durch Gesetz oder Staatsvertrag bestimmten Rahmen mit der Weitergabe von Informationen in Wort und Bild beschäftigen und damit hoheitliche Aufgaben wahrnehmen, so dass sie nicht der Körperschaftsteuer unterliegen und damit auch keine Betriebsstätte begründen. ³In den übrigen Fällen ergibt sich die beschränkte Steuerpflicht für Lizenzgebühren aus § 49 Abs. 1 Nr. 2 Buchstabe a oder Nr. 9 EStG. ⁴Dem Steuerabzug unterliegen auch Lizenzgebühren, die den Einkünften aus selbständiger Arbeit zuzurechnen sind (§ 49 Abs. 1 Nr. 3 EStG).

Hinweise

H 50a.1 Kundenadressen

> *Einkünfte aus der Überlassung von Kundenadressen zur Nutzung im Inland fallen auch dann nicht gemäß § 49 Abs. 1 Nr. 9 EStG unter die beschränkte Steuerpflicht, wenn die Adressen vom ausländischen Überlassenden nach Informationen über das Konsumverhalten der betreffenden Kunden selektiert wurden. Es handelt sich nicht um die Nutzungsüberlassung von Knowhow, sondern von Datenbeständen (→ BFH vom 13.11.2002 – BStBl. 2003 II S. 249).*

Rechteüberlassung
- *Die entgeltliche Überlassung eines Rechts führt zu inländischen Einkünften, wenn die Rechteverwertung Teil einer gewerblichen oder selbständigen Tätigkeit im Inland (§ 49 Abs. 1 Nr. 2 Buchstabe a oder Nr. 3 EStG) ist oder die Überlassung zeitlich begrenzt zum Zwecke der Verwertung in einer inländischen Betriebsstätte oder anderen inländischen Einrichtung erfolgt (§ 49 Abs. 1 Nr. 6 EStG). Dies gilt auch dann, wenn das Recht vom originären beschränkt steuerpflichtigen Inhaber selbst überlassen wird, wie z.B. bei der Überlassung der Persönlichkeitsrechte eines Sportlers durch diesen selbst im Rahmen einer Werbekampagne (→ BMF vom 2.8.2005 – BStBl. I S. 844).*
- *Zu einem ausnahmsweise möglichen Betriebsausgaben- und Werbungskostenabzug → BMF vom 17.6.1014 (BStBl. I S. 887).*

Spezialwissen
Auch ein rechtlich nicht geschütztes technisches Spezialwissen, wie es in § 49 Abs. 1 Nr. 9 EStG aufgeführt ist, kann wie eine Erfindung zu behandeln sein, wenn sein Wert etwa dadurch greifbar ist, dass es in Lizenzverträgen zur Nutzung weitergegeben werden kann (→ BFH vom 26.10.2004 – BStBl. 2005 II S. 167).

Werbeleistungen eines ausländischen Motorsport-Rennteams
Eine ausländische Kapitalgesellschaft, die als Motorsport-Rennteam Rennwagen und Fahrer in einer internationalen Rennserie einsetzt, erbringt eine eigenständige sportliche Darbietung. Sie ist mit ihrer anteilig auf inländische Rennen entfallenden Vergütung für Werbeleistungen (Auf den Helmen und Rennanzüge der Fahrer und auf den Rennwagen aufgebrachte Werbung) beschränkt steuerpflichtig (→ BFH vom 6.6.2012 – BStBl. 2013 II S. 430).

EStR 2012 zu § 50a EStG

R 50a.2 Berechnung des Steuerabzugs nach § 50a EStG in besonderen Fällen – unbesetzt –

Hinweise

H 50a.2 Allgemeines
- **Zum Steuerabzug gem. § 50a EStG** bei Einkünften beschränkt Steuerpflichtiger aus künstlerischen, sportlichen, artistischen unterhaltenden oder ähnlichen Darbietungen → BMF 25.11.2010 (BStBl. I S. . . .).
- **Zur Haftung** eines im Ausland ansässigen Vergütungsschuldners gem. § 50a Abs. 5 EStG auf der sog. zweiten Ebene → BFH vom 22.8.2007 (BStBl. 2008 II S. 190).

Auslandskorrespondenten
→ BMF vom 13.3.1998 (BStBl. I S. 351)

Ausländische Kulturvereinigungen
→ BMF vom 20.7.1983 (BStBl. I S. 382) und BMF vom 30.5.1995 (BStBl. I S. 336)

Doppelbesteuerungsabkommen
Nach § 50d Abs. 1 Satz 1 EStG sind die Vorschriften über die Einbehaltung, Abführung und Anmeldung der Steuer durch den Schuldner der Vergütung nach § 50a EStG ungeachtet eines DBA anzuwenden, wenn Einkünfte nach dem Abkommen nicht oder nur nach einem niedrigeren Steuersatz besteuert werden können (→ BFH vom 13.7.1994 – BStBl. 1995 II S. 129).

Fotomodelle
Zur Aufteilung von Gesamtvergütungen beim Steuerabzug von Einkünften beschränkt stpfl. Fotomodelle → BMF vom 9.1.2009 (BStBl. I S. 362).

Sicherungseinbehalt nach § 50a Abs. 7 EStG
- **Allgemeines** BMF vom 2.8.2002 (BStBl. I S. 710).
- **Sperrwirkung gemäß § 48 Abs. 4 EStG** → BMF vom 27.12.2002 (BStBl. I S. 1399) unter Berücksichtigung der Änderungen durch BMF vom 4.9.2003 (BStBl. I S. 431); Tz. 96 ff.[1)]

Steueranmeldung
- *Im Falle einer Aussetzung (Aufhebung) der Vollziehung dürfen ausgesetzte Steuerbeträge nur an den Vergütungsschuldner und nicht an den Vergütungsgläubiger erstattet werden*

---
1) Siehe Anlage § 048-01.

§ 50a
R 50a.2

(→BFH vom 13.8.1997 – BStBl. II S. 700) und BMF vom 25.11.2010 – (BStBl. I S. 1350, Rz. 68).

– Zu Inhalt und Wirkungen einer Steueranmeldung gem. § 73e EStDV und zur gemeinschaftsrechtskonformen Anwendung des § 50a Abs. 4 Satz 2 und 3 EStG → BFH vom 7.11.2007 (BStBl. 2008 II S. 228) und BMF vom 25.11.2010 – (BStBl. I S. 1350, Rz. 68).

Steuerbescheinigung nach § 50a Abs. 5 Satz 6 EStG
Das amtliche Muster ist auf der Internetseite des BZSt (www.bzst.bund.de) abrufbar.

Übersicht
Übernimmt der Schuldner der Vergütung die Steuer nach § 50a EStG und den Solidaritätszuschlag (sog. Nettovereinbarung), ergibt sich zur Ermittlung der Abzugsteuer folgender Berechnungssatz in %, der auf die jeweilige Netto-Vergütung anzuwenden ist:

Bei einer Netto-Vergütung in € Zufluss nach dem 31.12.2002	Berechnungssatz für die Steuer nach § 50a Abs. 4 EStG in % der Netto-Vergütung	Berechnungssatz für den Solidaritätszuschlag in % der Netto-Vergütung
bis 250,00	0,00	0,00
bis 447,27	11,18	0,61
bis 841,75	17,82	0,98
mehr als 841,75	25,35	1,39

Beispiel 1 (Brutto-Vereinbarung):
Mit dem ausländischen Künstler B wird für einen einzelnen Auftritt eine Vergütung in Höhe von 510,00 € vereinbart.
Die Vergütung übersteigt 500,00 €. Es sind einzubehalten:

ESt (15 % von 510 €)	76,50 €
SolZ (5,5 % von 76,50 €)	4,21 €
Der Auszahlungsbetrag beträgt	429,29 €

Beispiel 2 (Netto-Vereinbarung)
Mit dem ausländischen Künstler B wird für einen einzelnen Auftritt eine Netto-Vergütung in Höhe von 510,00 € vereinbart.
Die Vergütung übersteigt 447,27 €.
Der Auszahlungsbetrag an den Künstler beträgt 510,00 €
Zusätzlich hat der Vergütungsschuldner an das Finanzamt abzuführen:

ESt (17,82 % von 510 €)	90,88 €
SolZ (0,98 % von 510 €)	5,00 €

Zuständigkeit
Örtlich zuständig für den Erlass eines Nachforderungsbescheides gemäß § 73g Abs. 1 EStDV gegen den Vergütungsgläubiger (Steuerschuldner) ist das für die Besteuerung des Vergütungsschuldners nach dem Einkommen zuständige Finanzamt (§ 73e Satz 1 EStDV).

Verwaltungsanweisungen [1]

---

[1] Wegen der Verwaltungsanweisung und BFH-Rechtsprechung zu § 50a siehe die Broschüre „Praktiker-Handbuch 2014 – Außensteuerrecht".

§ 50b

IX. Sonstige Vorschriften, Bußgeld-, Ermächtigungs- und Schlussvorschriften

§ 50b Prüfungsrecht

[1]Die Finanzbehörden sind berechtigt, Verhältnisse, die für die Anrechnung oder Vergütung von Körperschaftsteuer, für die Anrechnung oder Erstattung von Kapitalertragsteuer, für die Nichtvornahme des Steuerabzugs, für die Ausstellung der Jahresbescheinigung nach § 24c oder für die Mitteilungen an das Bundeszentralamt für Steuern nach § 45e von Bedeutung sind oder der Aufklärung bedürfen, bei den am Verfahren Beteiligten zu prüfen. [2]Die §§ 193 bis 203 der Abgabenordnung gelten sinngemäß.

§ 50c

§ 50c Wertminderung von Anteilen durch Gewinnausschüttungen
(weggefallen)

EStR

EStR 2012 zu § 50c EStG

R 50c Wertminderung von Anteilen durch Gewinnausschüttungen

In Fällen, in denen gemäß § 52 Abs. 59 EStG ab dem VZ 2001 noch § 50c EStG in der Fassung des Gesetzes vom 24.3.1999 (Steuerentlastungsgesetz 1999/2000/2001, BGBl. I S. 402) anzuwenden ist, gilt R 227d EStR 1999 weiter.

§ 50d

§ 50d Besonderheiten im Fall von Doppelbesteuerungsabkommen und der §§ 43b und 50g

(1) ¹Können Einkünfte, die dem Steuerabzug vom Kapitalertrag oder dem Steuerabzug auf Grund des § 50a unterliegen, nach den §§ 43b, 50g oder nach einem Abkommen zur Vermeidung der Doppelbesteuerung nicht oder nur nach einem niedrigeren Steuersatz besteuert werden, so sind die Vorschriften über die Einbehaltung, Abführung und Anmeldung der Steuer ungeachtet der §§ 43b und 50g sowie des Abkommens anzuwenden. ²Unberührt bleibt der Anspruch des Gläubigers der Kapitalerträge oder Vergütungen auf völlige oder teilweise Erstattung der einbehaltenen und abgeführten oder der auf Grund Haftungsbescheid oder Nachforderungsbescheid entrichteten Steuer. ³Die Erstattung erfolgt auf Antrag des Gläubigers der Kapitalerträge oder Vergütungen auf der Grundlage eines Freistellungsbescheids; der Antrag ist nach amtlich vorgeschriebenem Vordruck bei dem Bundeszentralamt für Steuern zu stellen. ⁴Dem Vordruck ist in den Fällen des § 43 Absatz 1 Satz 1 Nummer 1a eine Bescheinigung nach § 45a Absatz 2 beizufügen. ⁵Der zu erstattende Betrag wird nach Bekanntgabe des Freistellungsbescheids ausgezahlt. ⁶Hat der Gläubiger der Vergütungen im Sinne des § 50a nach § 50a Abs. 5 Steuern für Rechnung beschränkt steuerpflichtiger Gläubiger einzubehalten, kann die Auszahlung des Erstattungsanspruchs davon abhängig gemacht werden, dass er die Zahlung der von ihm einzubehaltenden Steuer nachweist, hierfür Sicherheit leistet oder unwiderruflich die Zustimmung zur Verrechnung seines Erstattungsanspruchs mit seiner Steuerzahlungsschuld erklärt. ⁷Das Bundeszentralamt für Steuern kann zulassen, dass Anträge auf maschinell verwertbaren Datenträgern gestellt werden. ⁸Der Antragsteller hat in den Fällen des § 43 Absatz 1 Satz 1 Nummer 1a zu versichern, dass ihm eine Bescheinigung im Sinne des § 45a Absatz 2 vorliegt oder, soweit er selbst die Kapitalerträge als auszahlende Stelle dem Steuerabzug unterworfen hat, nicht ausgestellt wurde; er hat die Bescheinigung zehn Jahre nach Antragstellung aufzubewahren. ⁹Die Frist für den Antrag auf Erstattung beträgt vier Jahre nach Ablauf des Kalenderjahres, in dem die Kapitalerträge oder Vergütungen bezogen worden sind. ¹⁰Die Frist nach Satz 9 endet nicht vor Ablauf von sechs Monaten nach dem Zeitpunkt der Entrichtung der Steuer. ¹¹Ist der Gläubiger der Kapitalerträge oder Vergütungen eine Person, der die Kapitalerträge oder Vergütungen nach diesem Gesetz oder nach dem Steuerrecht des anderen Vertragsstaats nicht zugerechnet werden, steht der Anspruch auf völlige oder teilweise Erstattung des Steuerabzugs vom Kapitalertrag oder nach § 50a auf Grund eines Abkommens zur Vermeidung der Doppelbesteuerung nur der Person zu, der die Kapitalerträge oder Vergütungen nach den Steuergesetzen des anderen Vertragsstaats als Einkünfte oder Gewinne einer ansässigen Person zugerechnet werden. ¹²Für die Erstattung der Kapitalertragsteuer gilt § 45 entsprechend. ¹³Der Schuldner der Kapitalerträge oder Vergütungen kann sich vorbehaltlich des Absatzes 2 nicht auf die Rechte des Gläubigers aus dem Abkommen berufen.

(1a) ¹Der nach Absatz 1 in Verbindung mit § 50g zu erstattende Betrag ist zu verzinsen. ²Der Zinslauf beginnt zwölf Monate nach Ablauf des Monats, in dem der Antrag auf Erstattung und alle für die Entscheidung erforderlichen Nachweise vorliegen, frühestens am Tag der Entrichtung der Steuer durch den Schuldner der Kapitalerträge oder Vergütungen. ³Er endet mit Ablauf des Tages, an dem der Freistellungsbescheid wirksam wird. ⁴Wird der Freistellungsbescheid aufgehoben, geändert oder nach § 129 der Abgabenordnung berichtigt, ist eine bisherige Zinsfestsetzung zu ändern. ⁵§ 233a Abs. 5 der Abgabenordnung gilt sinngemäß. ⁶Für die Höhe und Berechnung der Zinsen gilt § 238 der Abgabenordnung. ⁷Auf die Festsetzung der Zinsen ist § 239 der Abgabenordnung sinngemäß anzuwenden. ⁸Die Vorschriften dieses Absatzes sind nicht anzuwenden, wenn der Steuerabzug keine abgeltende Wirkung hat (§ 50 Abs. 2).

(2) ¹In den Fällen der §§ 43b, 50a Abs. 1, § 50g kann der Schuldner der Kapitalerträge oder Vergütungen den Steuerabzug nach Maßgabe von § 43b oder § 50g oder des Abkommens unterlassen oder nach einem niedrigeren Steuersatz vornehmen, wenn das Bundeszentralamt für Steuern dem Gläubiger auf Grund eines von ihm nach amtlich vorgeschriebenem Vordruck gestellten Antrags bescheinigt, dass die Voraussetzungen dafür vorliegen (Freistellung im Steuerabzugsverfahren); dies gilt auch bei Kapitalerträgen, die einer nach einem Abkommen zur Vermeidung der Doppelbesteuerung im anderen Vertragsstaat ansässigen Kapitalgesellschaft, die am Nennkapital einer unbeschränkt steuerpflichtigen Kapitalgesell-

§ 50d

schaft im Sinne des § 1 Abs. 1 Nr. 1 des Körperschaftsteuergesetzes zu mindestens einem Zehntel unmittelbar beteiligt ist und im Staat ihrer Ansässigkeit den Steuern vom Einkommen oder Gewinn unterliegt, ohne davon befreit zu sein, von der unbeschränkt steuerpflichtigen Kapitalgesellschaft zufließen. ²Die Freistellung kann unter dem Vorbehalt des Widerrufs erteilt und von Auflagen oder Bedingungen abhängig gemacht werden. ³Sie kann in den Fällen des § 50a Abs. 1 von der Bedingung abhängig gemacht werden, dass die Erfüllung der Verpflichtungen nach § 50a Abs. 5 nachgewiesen werden, soweit die Vergütungen an andere beschränkt Steuerpflichtige weitergeleitet werden. ⁴Die Geltungsdauer der Bescheinigung nach Satz 1 beginnt frühestens an dem Tag, an dem der Antrag beim Bundeszentralamt für Steuern eingeht; sie beträgt mindestens ein Jahr und darf drei Jahre nicht überschreiten; der Gläubiger der Kapitalerträge oder der Vergütungen ist verpflichtet, den Wegfall der Voraussetzungen für die Freistellung unverzüglich dem Bundeszentralamt für Steuern mitzuteilen. ⁵Voraussetzung für die Abstandnahme vom Steuerabzug ist, dass dem Schuldner der Kapitalerträge oder Vergütungen die Bescheinigung nach Satz 1 vorliegt. ⁶Über den Antrag ist innerhalb von drei Monaten zu entscheiden. ⁷Die Frist beginnt mit der Vorlage aller für die Entscheidung erforderlichen Nachweise. ⁸Bestehende Anmeldeverpflichtungen bleiben unberührt.

(3) ¹Eine ausländische Gesellschaft hat keinen Anspruch auf völlige oder teilweise Entlastung nach Absatz 1 oder Absatz 2, soweit Personen an ihr beteiligt sind, denen die Erstattung oder Freistellung nicht zustände, wenn sie die Einkünfte unmittelbar erzielten, und die von der ausländischen Gesellschaft im betreffenden Wirtschaftsjahr erzielten Bruttoerträge nicht aus eigener Wirtschaftstätigkeit stammen, sowie

1. in Bezug auf diese Erträge für die Einschaltung der ausländischen Gesellschaft wirtschaftliche oder sonst beachtliche Gründe fehlen oder
2. die ausländische Gesellschaft nicht mit einem für ihren Geschäftszweck angemessen eingerichteten Geschäftsbetrieb am allgemeinen wirtschaftlichen Verkehr teilnimmt.

²Maßgebend sind ausschließlich die Verhältnisse der ausländischen Gesellschaft; organisatorische, wirtschaftliche oder sonst beachtliche Merkmale der Unternehmen, die der ausländischen Gesellschaft nahe stehen (§ 1 Abs. 2 des Außensteuergesetzes[1])), bleiben außer Betracht. ³An einer eigenen Wirtschaftstätigkeit fehlt es, soweit die ausländische Gesellschaft ihre Bruttoerträge aus der Verwaltung von Wirtschaftsgütern erzielt oder ihre wesentlichen Geschäftstätigkeiten auf Dritte überträgt. ⁴Die Feststellungslast für das Vorliegen wirtschaftlicher oder sonst beachtlicher Gründe im Sinne von Satz 1 Nummer 1 sowie des Geschäftsbetriebs im Sinne von Satz 1 Nummer 2 obliegt der ausländischen Gesellschaft. ⁵Die Sätze 1 bis 3 sind nicht anzuwenden, wenn mit der Hauptgattung der Aktien der ausländischen Gesellschaft ein wesentlicher und regelmäßiger Handel an einer anerkannten Börse stattfindet oder für die ausländische Gesellschaft die Vorschriften des Investmentsteuergesetzes[2]) gelten.

(4) ¹Der Gläubiger der Kapitalerträge oder Vergütungen im Sinne des § 50a hat nach amtlich vorgeschriebenem Vordruck durch eine Bestätigung der für ihn zuständigen Steuerbehörde des anderen Staates nachzuweisen, dass er dort ansässig ist oder die Voraussetzungen des § 50g Abs. 3 Nr. 5 Buchstabe c erfüllt sind. ²Das Bundesministerium der Finanzen kann im Einvernehmen mit den obersten Finanzbehörden der Länder erleichterte Verfahren oder vereinfachte Nachweise zulassen.

(5) ¹Abweichend von Absatz 2 kann das Bundeszentralamt für Steuern in den Fällen des § 50a Abs. 1 Nr. 3 den Schuldner der Vergütung auf Antrag allgemein ermächtigen, den Steuerabzug zu unterlassen oder nach einem niedrigeren Steuersatz vorzunehmen (Kontrollmeldeverfahren). ²Die Ermächtigung kann in Fällen geringer steuerlicher Bedeutung erteilt und mit Auflagen verbunden werden. ³Einer Bestätigung nach Absatz 4 Satz 1 bedarf es im Kontrollmeldeverfahren nicht. ⁴Inhalt der Auflage kann die Angabe des Namens, des Wohnortes oder des Ortes des Sitzes oder der Geschäftsleitung des Schuldners und des Gläubigers, der Art der Vergütung, des Bruttobetrags und des Zeitpunkts der Zahlungen sowie des ein-

---

1) Siehe Anhang 2.
2) Siehe Anhang 11.

§ 50d

behaltenen Steuerbetrags sein. ⁵Mit dem Antrag auf Teilnahme am Kontrollmeldeverfahren gilt die Zustimmung des Gläubigers und des Schuldners zur Weiterleitung der Angaben des Schuldners an den Wohnsitz- oder Sitzstaat des Gläubigers als erteilt. ⁶Die Ermächtigung ist als Beleg aufzubewahren. ⁷Absatz 2 Satz 8 gilt entsprechend.

(6) Soweit Absatz 2 nicht anwendbar ist, gilt Absatz 5 auch für Kapitalerträge im Sinne des § 43 Abs. 1 Satz 1 Nr. 1 und 4, wenn sich im Zeitpunkt der Zahlung des Kapitalertrags der Anspruch auf Besteuerung nach einem niedrigeren Steuersatz ohne nähere Ermittlungen feststellen lässt.

(7) Werden Einkünfte im Sinne des § 49 Abs. 1 Nr. 4 aus einer Kasse einer juristischen Person des öffentlichen Rechts im Sinne der Vorschrift eines Abkommens zur Vermeidung der Doppelbesteuerung über den öffentlichen Dienst gewährt, so ist diese Vorschrift bei Bestehen eines Dienstverhältnisses mit einer anderen Person in der Weise auszulegen, dass die Vergütungen für der erstgenannten Person geleistete Dienste gezahlt werden, wenn sie ganz oder im Wesentlichen aus öffentlichen Mitteln aufgebracht werden.

(8) ¹Sind Einkünfte eines unbeschränkt Steuerpflichtigen aus nichtselbstständiger Arbeit (§ 19) nach einem Abkommen zur Vermeidung der Doppelbesteuerung von der Bemessungsgrundlage der deutschen Steuer auszunehmen, wird die Freistellung bei der Veranlagung ungeachtet des Abkommens nur gewährt, soweit der Steuerpflichtige nachweist, dass der Staat, dem nach dem Abkommen das Besteuerungsrecht zusteht, auf dieses Besteuerungsrecht verzichtet hat oder dass die in diesem Staat auf die Einkünfte festgesetzten Steuern entrichtet wurden. ²Wird ein solcher Nachweis erst geführt, nachdem die Einkünfte in eine Veranlagung zur Einkommensteuer einbezogen wurden, ist der Steuerbescheid insoweit zu ändern. ³§ 175 Abs. 1 Satz 2 der Abgabenordnung ist entsprechend anzuwenden.

(9) ¹Sind Einkünfte eines unbeschränkt Steuerpflichtigen nach einem Abkommen zur Vermeidung der Doppelbesteuerung von der Bemessungsgrundlage der deutschen Steuer auszunehmen, so wird die Freistellung der Einkünfte ungeachtet des Abkommens nicht gewährt, wenn

1. der andere Staat die Bestimmungen des Abkommens so anwendet, dass die Einkünfte in diesem Staat von der Besteuerung auszunehmen sind oder nur zu einem durch das Abkommen begrenzten Steuersatz besteuert werden können, oder
2. die Einkünfte in dem anderen Staat nur deshalb nicht steuerpflichtig sind, weil sie von einer Person bezogen werden, die in diesem Staat nicht auf Grund ihres Wohnsitzes, ständigen Aufenthalts, des Ortes ihrer Geschäftsleitung, des Sitzes oder eines ähnlichen Merkmals unbeschränkt steuerpflichtig ist.

²Nummer 2 gilt nicht für Dividenden, die nach einem Abkommen zur Vermeidung der Doppelbesteuerung von der Bemessungsgrundlage der deutschen Steuer auszunehmen sind, es sei denn, die Dividenden sind bei der Ermittlung des Gewinns der ausschüttenden Gesellschaft abgezogen worden. ³Bestimmungen eines Abkommens zur Vermeidung der Doppelbesteuerung, sowie Absatz 8 und § 20 Abs. 2 des Außensteuergesetzes[1]) bleiben unberührt, soweit sie jeweils die Freistellung von Einkünften in einem weitergehenden Umfang einschränken.

(10) ¹Sind auf eine Vergütung im Sinne des § 15 Absatz 1 Satz 1 Nummer 2 Satz 1 zweiter Halbsatz und Nummer 3 zweiter Halbsatz die Vorschriften eines Abkommens zur Vermeidung der Doppelbesteuerung anzuwenden und enthält das Abkommen keine solche Vergütungen betreffende ausdrückliche Regelung, gilt die Vergütung für Zwecke der Anwendung des Abkommens zur Vermeidung der Doppelbesteuerung ausschließlich als Teil des Unternehmensgewinns des vergütungsberechtigten Gesellschafters. ²Satz 1 gilt auch für die durch das Sonderbetriebsvermögen veranlassten Erträge und Aufwendungen. ³Die Vergütung des Gesellschafters ist ungeachtet der Vorschriften eines Abkommens zur Vermeidung der Doppelbesteuerung über die Zuordnung von Vermögenswerten zu einer Betriebsstätte derjenigen Betriebsstätte der Gesellschaft zuzurechnen, der die Aufwand für die der Vergütung zugrunde liegende Leistung zuzuordnen ist; die in Satz 2 genannten Erträge und Aufwendungen sind der Betriebsstätte zuzurechnen, der die Vergütung zuzuordnen ist.

---

1) Siehe Anhang 2.

§ 50d

[4]Die Sätze 1 bis 3 gelten auch in den Fällen des § 15 Absatz 1 Satz 1 Nummer 2 Satz 2 sowie in den Fällen des § 15 Absatz 1 Satz 2 entsprechend. [5]Sind Einkünfte im Sinne der Sätze 1 bis 4 einer Person zuzurechnen, die nach einem Abkommen zur Vermeidung der Doppelbesteuerung als im anderen Staat ansässig gilt, und weist der Steuerpflichtige nach, dass der andere Staat die Einkünfte besteuert, ohne die darauf entfallende deutsche Steuer anzurechnen, ist die in diesem Staat nachweislich auf diese Einkünfte festgesetzte und gezahlte und um einen entstandenen Ermäßigungsanspruch gekürzte, der deutschen Einkommensteuer entsprechende, anteilige ausländische Steuer bis zur Höhe der anteilig auf diese Einkünfte entfallenden deutschen Einkommensteuer anzurechnen. [6]Satz 5 gilt nicht, wenn das Abkommen zur Vermeidung der Doppelbesteuerung eine ausdrückliche Regelung für solche Einkünfte enthält. Die Sätze 1 bis 6

1. sind nicht auf Gesellschaften im Sinne des § 15 Absatz 3 Nummer 2 anzuwenden;
2. gelten entsprechend, wenn die Einkünfte zu den Einkünften aus selbständiger Arbeit im Sinne des § 18 gehören; dabei tritt der Artikel über die selbständige Arbeit an die Stelle des Artikels über die Unternehmenseinkünfte, wenn das Abkommen zur Vermeidung der Doppelbesteuerung einen solchen Artikel enthält.

[7]Absatz 9 Satz 1 Nummer 1 bleibt unberührt.

(11) [1]Sind Dividenden beim Zahlungsempfänger nach einem Abkommen zur Vermeidung der Doppelbesteuerung von der Bemessungsgrundlage der deutschen Steuer auszunehmen, wird die Freistellung ungeachtet des Abkommens nur insoweit gewährt, als die Dividenden nach deutschem Steuerrecht nicht einer anderen Person zuzurechnen sind. [2]Soweit die Dividenden nach deutschem Steuerrecht einer anderen Person zuzurechnen sind, werden sie bei dieser Person freigestellt, wenn sie bei ihr als Zahlungsempfänger nach Maßgabe des Abkommens freigestellt würden.

Hinweise

H 50d **Abstandnahme vom Steuerabzug gem. § 50d Abs. 2 Satz 1 EStG bei sog. abgesetzten Beständen** → *BMF vom 5.7.2913 (BStBl. I S. 847).*

Anwendung des DBA auf Personengesellschaften
→ *BMF vom 26.9.2014 (BStBl. I S. 1258)*

Entlastungsberechtigung ausländischer Gesellschaften
Zur Anwendung des § 50d Abs. 3 EStG → BMF vom 3.4.2007 (BStBl. I S. 446) unter Berücksichtigung der Änderungen durch BMF vom 21.6.2010 (BStBl. I S. 596).

Entlastung von deutscher Abzugsteuer gemäß § 50a Abs. 4 EStG *bei künstlerischer, sportlicher Tätigkeit oder ähnlichen Darbietungen → BMF vom 23.1.1996 (BStBl. I S. 89).*

Gestaltungsmissbrauch
Werden im Inland erzielte Einnahmen zur Vermeidung inländischer Steuer durch eine ausländische Kapitalgesellschaft „durchgeleitet", so kann ein Missbrauch rechtlicher Gestaltungsmöglichkeiten auch dann vorliegen, wenn der Staat, in dem die Kapitalgesellschaft ihren Sitz hat, kein sog. Niedrigbesteuerungsland ist (→ BFH vom 29.10.1997 – BStBl. 1998 II S. 235).

Kontrollmeldeverfahren auf Grund von DBA
→ *BMF vom 18.12.2002 (BStBl. I S. 1386)*
→ *BMF vom 20.5.2009 (BStBl. I S. 645)*

Merkblatt *des BMF zur Entlastung von*
– *deutscher Abzugsteuer gemäß § 50a Abs. 4 EStG auf Grund von DBA vom 7.5.2002 (BStBl. I S. 521)*
– *deutscher Kapitalertragsteuer von Dividenden und bestimmten anderen Kapitalerträgen gemäß § 44d EStG a. F. (§ 43b EStG n. F.), den DBA oder sonstigen zwischenstaatlichen Abkommen vom 1.3.1994 (BStBL. I S. 203)*

Merkblatt *des BZSt zur Entlastung vom Steuerabzug im Sinne von § 50a Abs. 4 EStG auf Grund von DBA*
– *bei Vergütungen an ausländische Künstler und Sportler vom 9.10.2002 (BStBl. I S. 904)*

- *bei Lizenzgebühren und ähnlichen Vergütungen vom 9.10.2002 (BStBl. I S. 916)*

Das Bundeszentralamt für Steuern (BZSt) bietet aktuelle Fassungen seiner Merkblätter sowie die Bestellung von Antragsvordrucken im Internet an (www.bzst.bund.de).

Merkblatt zur Steuerfreistellung ausländischer Einkünfte gem. § 50d Abs. 8 EStG

→ *BMF vom 21.7.2005 (BStBl. I S. 821)*

Zuständige Behörde

Zuständige Behörde für das Erstattungs-, Freistellungs- und Kontrollmeldeverfahren ist das Bundeszentralamt für Steuern, 53221 Bonn.

§ 50e

§ 50e Bußgeldvorschriften; Nichtverfolgung von Steuerstraftaten bei geringfügiger Beschäftigung in Privathaushalten

(1) ¹Ordnungswidrig handelt, wer vorsätzlich oder leichtfertig entgegen § 45d Abs. 1 Satz 1, § 45d Abs. 3 Satz 1, der nach § 45e erlassenen Rechtsverordnung oder den unmittelbar geltenden Verträgen mit den in Artikel 17 der Richtlinie 2003/48/EG genannten Staaten und Gebieten eine Mitteilung nicht, nicht richtig, nicht vollständig oder nicht rechtzeitig abgibt. ²Die Ordnungswidrigkeit kann mit einer Geldbuße bis zu fünftausend Euro geahndet werden.

(1a) Verwaltungsbehörde im Sinne des § 36 Absatz 1 Nummer 1 des Gesetzes über Ordnungswidrigkeiten ist in den Fällen des Absatzes 1 Satz 1 das Bundeszentralamt für Steuern.

(2) Liegen die Voraussetzungen des § 40a Abs. 2 vor, werden Steuerstraftaten (§§ 369 bis 376 der Abgabenordnung) als solche nicht verfolgt, wenn der Arbeitgeber in den Fällen des § 8a des Vierten Buches Sozialgesetzbuch entgegen § 41a Abs. 1 Nr. 1, auch in Verbindung mit Abs. 2 und 3 und § 51a und § 40a Abs. 6 Satz 3 dieses Gesetzes in Verbindung mit § 28a Abs. 7 Satz 1 des Vierten Buches Sozialgesetzbuch für das Arbeitsentgelt die Lohnsteuer-Anmeldung und die Anmeldung der einheitlichen Pauschsteuer nicht oder nicht rechtzeitig durchführt und dadurch Steuern verkürzt oder für sich oder einen anderen nicht gerechtfertigte Steuervorteile erlangt. ²Die Freistellung von der Verfolgung nach Satz 1 gilt auch für den Arbeitnehmer einer in Satz 1 genannten Beschäftigung, der die Finanzbehörde pflichtwidrig über steuerlich erhebliche Tatsachen aus dieser Beschäftigung in Unkenntnis lässt. ³Die Bußgeldvorschriften der §§ 377 bis 384 der Abgabenordnung bleiben mit der Maßgabe anwendbar, dass § 378 der Abgabenordnung auch bei vorsätzlichem Handeln anwendbar ist.

§ 50f

§ 50f Bußgeldvorschriften

(1) Ordnungswidrig handelt, wer vorsätzlich oder leichtfertig

1. entgegen § 22a Absatz 1 Satz 1 und 2 dort genannte Daten nicht, nicht richtig, nicht vollständig oder nicht rechtzeitig übermittelt oder eine Mitteilung nicht, nicht richtig, nicht vollständig oder nicht rechtzeitig macht oder
2. entgegen § 22a Absatz 2 Satz 9 die Identifikationsnummer für andere als die dort genannten Zwecke verwendet.

(2) Die Ordnungswidrigkeit kann in den Fällen des Absatzes 1 Nummer 1 mit einer Geldbuße bis zu fünfzigtausend Euro und in den übrigen Fällen mit einer Geldbuße bis zu zehntausend Euro geahndet werden.

(3) Verwaltungsbehörde im Sinne des § 36 Absatz 1 Nummer 1 des Gesetzes über Ordnungswidrigkeiten ist die zentrale Stelle nach § 81.

§ 50g

§ 50g Entlastung vom Steuerabzug bei Zahlungen von Zinsen und Lizenzgebühren zwischen verbundenen Unternehmen verschiedener Mitgliedstaaten der Europäischen Union

(1) ¹Auf Antrag werden die Kapitalertragsteuer für Zinsen und die Steuer auf Grund des § 50a für Lizenzgebühren, die von einem Unternehmen der Bundesrepublik Deutschland oder einer dort gelegenen Betriebsstätte eines Unternehmens eines anderen Mitgliedstaates der Europäischen Union als Schuldner an ein Unternehmen eines anderen Mitgliedstaates der Europäischen Union oder an eine in einem anderen Mitgliedstaat der Europäischen Union gelegene Betriebsstätte eines Unternehmens eines Mitgliedsstaates der Europäischen Union als Gläubiger gezahlt werden, nicht erhoben. ²Erfolgt die Besteuerung durch Veranlagung, werden die Zinsen und Lizenzgebühren bei der Ermittlung der Einkünfte nicht erfasst. ³Voraussetzung für die Anwendung der Sätze 1 und 2 ist, dass der Gläubiger der Zinsen oder Lizenzgebühren ein mit dem Schuldner verbundenes Unternehmen oder dessen Betriebsstätte ist. ⁴Die Sätze 1 bis 3 sind nicht anzuwenden, wenn die Zinsen oder Lizenzgebühren an eine Betriebsstätte eines Unternehmens eines Mitgliedsstaates der Europäischen Union als Gläubiger gezahlt werden, die in einem Staat außerhalb der Europäischen Union oder im Inland gelegen ist und in der die Tätigkeit des Unternehmens ganz oder teilweise ausgeübt wird.

(2) Absatz 1 ist nicht anzuwenden auf die Zahlung von

1. Zinsen,
    a) die nach deutschem Recht als Gewinnausschüttung behandelt werden (§ 20 Abs. 1 Nr. 1 Satz 2) oder
    b) die auf Forderungen beruhen, die einen Anspruch auf Beteiligung am Gewinn des Schuldners begründen;
2. Zinsen oder Lizenzgebühren, die den Betrag übersteigen, den der Schuldner und der Gläubiger ohne besondere Beziehungen, die zwischen den beiden oder einem von ihnen und einem Dritten auf Grund von Absatz 3 Nr. 5 Buchstabe b bestehen, vereinbart hätten.

(3) Für die Anwendung der Absätze 1 und 2 gelten die folgenden Begriffsbestimmungen und Beschränkungen:

1. ¹Der Gläubiger muss der Nutzungsberechtigte sein. ²Nutzungsberechtigter ist
    a) ein Unternehmen, wenn es die Einkünfte im Sinne von § 2 Abs. 1 erzielt;
    b) eine Betriebsstätte, wenn
        aa) die Forderung, das Recht oder der Gebrauch von Informationen, auf Grund derer/dessen Zahlungen von Zinsen oder Lizenzgebühren geleistet werden, tatsächlich zu der Betriebsstätte gehören und
        bb) die Zahlungen der Zinsen oder Lizenzgebühren Einkünfte darstellen, auf Grund derer die Gewinne der Betriebsstätte in dem Mitgliedstaat der Europäischen Union, in dem sie gelegen ist, zu einer der in Nummer 5 Satz 1 Buchstabe a Doppelbuchstabe cc genannten Steuern beziehungsweise im Fall Belgiens dem „impôt des non-résidents/belasting der nietverblijfhouders" beziehungsweise im Fall Spaniens dem „Impuesto sobre la Renta de no Residentes" oder zu einer mit diesen Steuern identischen oder weitgehend ähnlichen Steuer herangezogen werden, die nach dem jeweiligen Zeitpunkt des Inkrafttretens der Richtlinie 2003/49/EG des Rates vom 3. Juni 2003 über eine gemeinsame Steuerregelung für Zahlungen von Zinsen und Lizenzgebühren zwischen verbundenen Unternehmen verschiedener Mitgliedstaaten (ABl. L 157 vom 26.6.2003, S. 49), die zuletzt durch die Richtlinie 2013/13/EU (ABl. L 141 vom 28.5.2013, S. 30) geändert worden ist, anstelle der bestehenden Steuern oder ergänzend zu ihnen eingeführt wird.
2. Eine Betriebsstätte gilt nur dann als Schuldner der Zinsen oder Lizenzgebühren, wenn die Zahlung bei der Ermittlung des Gewinns der Betriebsstätte eine steuerlich abzugsfähige Betriebsausgabe ist.
3. Gilt eine Betriebsstätte eines Unternehmens eines Mitgliedsstaates der Europäischen Union als Schuldner oder Gläubiger von Zinsen oder Lizenzgebühren, so wird kein anderer Teil

§ 50g

des Unternehmens als Schuldner oder Gläubiger der Zinsen oder Lizenzgebühren angesehen.

4. Im Sinne des Absatzes 1 sind

   a) „Zinsen" Einkünfte aus Forderungen jeder Art, auch wenn die Forderungen durch Pfandrechte an Grundstücken gesichert sind, insbesondere Einkünfte aus öffentlichen Anleihen und aus Obligationen einschließlich der damit verbundenen Aufgelder und der Gewinne aus Losanleihen; Zuschläge für verspätete Zahlung und die Rückzahlung von Kapital gelten nicht als Zinsen;

   b) „Lizenzgebühren" Vergütungen jeder Art, die für die Nutzung oder für das Recht auf Nutzung von Urheberrechten an literarischen, künstlerischen oder wissenschaftlichen Werken, einschließlich kinematografischer Filme und Software, von Patenten, Marken, Mustern oder Modellen, Plänen, geheimen Formeln oder Verfahren oder für die Mitteilung gewerblicher, kaufmännischer oder wissenschaftlicher Erfahrungen gezahlt werden; Zahlungen für die Nutzung oder das Recht auf Nutzung gewerblicher, kaufmännischer oder wissenschaftlicher Ausrüstungen gelten als Lizenzgebühren

5. Die Ausdrücke „Unternehmen eines Mitgliedstaates der Europäischen Union", „verbundenes Unternehmen" und „Betriebsstätte" bedeuten:

   a) [1]„Unternehmen eines Mitgliedstaates der Europäischen Union" jedes Unternehmen, das

      aa) eine der in Anlage 3 Nr. 1 zu diesem Gesetz aufgeführten Rechtsformen aufweist und

      bb) nach dem Steuerrecht eines Mitgliedstaates in diesem Mitgliedstaat ansässig ist und nicht nach einem zwischen dem betreffenden Staat und einem Staat außerhalb der Europäischen Union geschlossenen Abkommen zur Vermeidung der Doppelbesteuerung von Einkünften für steuerliche Zwecke als außerhalb der Gemeinschaft ansässig gilt und

      cc) einer der in Anlage 3 Nr. 2 zu diesem Gesetz aufgeführten Steuern unterliegt und nicht von ihr befreit ist. Entsprechendes gilt für eine mit diesen Steuern identische oder weitgehend ähnliche Steuer, die nach dem jeweiligen Zeitpunkt des Inkrafttretens der Richtlinie 2003/49/EG des Rates vom 3. Juni 2003 (ABl. L 157 vom 26.6.2003, S. 49), zuletzt geändert durch die Richtlinie 2013/13/EU (ABl. L 141 vom 28.5.2013, S. 30) anstelle der bestehenden Steuern oder ergänzend zu ihnen eingeführt wird.

      [2]Ein Unternehmen ist im Sinne von Doppelbuchstabe bb in einem Mitgliedstaat der Europäischen Union ansässig, wenn es der unbeschränkten Steuerpflicht im Inland oder einer vergleichbaren Besteuerung in einem anderen Mitgliedstaat der Europäischen Union nach dessen Rechtsvorschriften unterliegt.

   b) „Verbundenes Unternehmen" jedes Unternehmen, das dadurch mit einem zweiten Unternehmen verbunden ist, dass

      aa) das erste Unternehmen unmittelbar mindestens zu 25 Prozent an dem Kapital des zweiten Unternehmens beteiligt ist oder

      bb) das zweite Unternehmen unmittelbar mindestens zu 25 Prozent an dem Kapital des ersten Unternehmens beteiligt ist oder

      cc) ein drittes Unternehmen unmittelbar mindestens zu 25 Prozent an dem Kapital des ersten Unternehmens und dem Kapital des zweiten Unternehmens beteiligt ist.

      [2]Die Beteiligungen dürfen nur zwischen Unternehmen bestehen, die in einem Mitgliedstaat der Europäischen Union ansässig sind.

   c) „Betriebsstätte" eine feste Geschäftseinrichtung in einem Mitgliedstaat der Europäischen Union, in der die Tätigkeit eines Unternehmens eines anderen Mitgliedstaates der Europäischen Union ganz oder teilweise ausgeübt wird.

§ 50g

(4) ¹Die Entlastung nach Absatz 1 ist zu versagen oder zu entziehen, wenn der hauptsächliche Beweggrund oder einer der hauptsächlichen Beweggründe für Geschäftsvorfälle die Steuervermeidung oder der Missbrauch sind. ²§ 50d Abs. 3 bleibt unberührt.

(5) Entlastungen von der Kapitalertragsteuer für Zinsen und der Steuer auf Grund des § 50a nach einem Abkommen zur Vermeidung der Doppelbesteuerung, die weiter gehen als die nach Absatz 1 gewährten, werden durch Absatz 1 nicht eingeschränkt.

(6) ¹Ist im Fall des Absatzes 1 Satz 1 eines der Unternehmen ein Unternehmen der Schweizerischen Eidgenossenschaft oder ist eine in der Schweizerischen Eidgenossenschaft gelegene Betriebsstätte eines Unternehmens eines anderen Mitgliedstaats der Europäischen Union Gläubiger der Zinsen oder Lizenzgebühren, gelten die Absätze 1 bis 5 entsprechend mit der Maßgabe, dass die Schweizerische Eidgenossenschaft insoweit einem Mitgliedstaat der Europäischen Union gleichgestellt ist. ²Absatz 3 Nr. 5 Buchstabe a gilt entsprechend mit der Maßgabe, dass ein Unternehmen der Schweizerischen Eidgenossenschaft jedes Unternehmen ist, das

1. eine der folgenden Rechtsformen aufweist:
    - Aktiengesellschaft/ société anonyme/ società anonima;
    - Gesellschaft mit beschränkter Haftung/ société à responsabilite limitée/ società a responsabilità limitata;
    - Kommanditaktiengesellschaft/ société en commandite par actions/ società in accomandita per azioni, und
2. nach dem Steuerrecht der Schweizerischen Eidgenossenschaft dort ansässig ist und nicht nach einem zwischen der Schweizerischen Eidgenossenschaft und einem Staat außerhalb der Europäischen Union geschlossenen Abkommen zur Vermeidung der Doppelbesteuerung von Einkünften für steuerliche Zwecke als außerhalb der Gemeinschaft oder der Schweizerischen Eidgenossenschaft ansässig gilt, und
3. unbeschränkt der schweizerischen Körperschaftsteuer unterliegt, ohne von ihr befreit zu sein.

Anlage 3 (zu § 50g)

1. Unternehmen im Sinne von § 50g Absatz 3 Nummer 5 Buchstabe a Doppelbuchstabe aa sind:
    a) Gesellschaften belgischen Rechts mit der Bezeichnung „naamloze vennootschap"/„société anonyme", „commanditaire vennootschap op aandelen"/„société en commandite par actions" oder „besloten vennootschap met beperkte aansprakelijkheid"/„société privée à responsabilité limitée" sowie öffentlich-rechtliche Körperschaften, deren Tätigkeit unter das Privatrecht fällt;
    b) Gesellschaften dänischen Rechts mit der Bezeichnung „aktieselskab" und „anpartsselskab";
    c) Gesellschaften deutschen Rechts mit der Bezeichnung „Aktiengesellschaft", „Kommanditgesellschaft auf Aktien" oder „Gesellschaft mit beschränkter Haftung";
    d) Gesellschaften griechischen Rechts mit der Bezeichnung „ανώνυμη εταιρία";
    e) Gesellschaften spanischen Rechts mit der Bezeichnung „sociedad anónima", „sociedad comanditaria por acciones" oder „sociedad de responsabilidad limitada" sowie öffentlich-rechtliche Körperschaften, deren Tätigkeit unter das Privatrecht fällt;
    f) Gesellschaften französischen Rechts mit der Bezeichnung „société anonyme", „société en commandite par actions" oder „société a responsabilité limitée" sowie die staatlichen Industrie- und Handelsbetriebe und Unternehmen;
    g) Gesellschaften irischen Rechts mit der Bezeichnung „public companies limited by shares or by guarantee", „private companies limited by shares or by guarantee", gemäß den „Industrial and Provident Societies Acts" eingetragene Einrichtungen oder gemäß den „Building Societies Acts" eingetragene „building societies";
    h) Gesellschaften italienischen Rechts mit der Bezeichnung „società per azioni", „società in accomandita per azioni" oder „società a responsabilità limitata" sowie staatliche und private Industrie- und Handelsunternehmen;
    i) Gesellschaften luxemburgischen Rechts mit der Bezeichnung „société anonyme", „société en commandite par actions" oder „société à responsabilité limitée";

§ 50g

j) Gesellschaften niederländischen Rechts mit der Bezeichnung „naamloze vennootschap" oder „besloten vennootschap met beperkte aansprakelijkheid";

k) Gesellschaften österreichischen Rechts mit der Bezeichnung „Aktiengesellschaft" oder „Gesellschaft mit beschränkter Haftung";

l) Gesellschaften portugiesischen Rechts in Form von Handelsgesellschaften oder zivilrechtlichen Handelsgesellschaften sowie Genossenschaften und öffentliche Unternehmen;

m) Gesellschaften finnischen Rechts mit der Bezeichnung „osakeyhtiö/aktiebolag", „osuuskunta/andelslag", „säästöpankki/sparbank" oder „vakuutusyhtiö/försäkringsbolag";

n) Gesellschaften schwedischen Rechts mit der Bezeichnung „aktiebolag" oder „försäkringsaktiebolag";

o) nach dem Recht des Vereinigten Königreichs gegründete Gesellschaften;

p) Gesellschaften tschechischen Rechts mit der Bezeichnung „akciová společnost", „společnost s ručením omezeným", „veřejná obchodní společnost", „komanditní společnost" oder „družstvo";

q) Gesellschaften estnischen Rechts mit der Bezeichnung „täisühing", „usaldusühing", „osaühing", „aktsiaselts" oder „tulundusühistu";

r) Gesellschaften zyprischen Rechts, die nach dem Gesellschaftsrecht als Gesellschaften bezeichnet werden, Körperschaften des öffentlichen Rechts und sonstige Körperschaften, die als Gesellschaft im Sinne der Einkommensteuergesetze gelten;

s) Gesellschaften lettischen Rechts mit der Bezeichnung „akciju sabiedrība" oder „sabiedrība ar ierobežotu atbildību";

t) nach dem Recht Litauens gegründete Gesellschaften;

u) Gesellschaften ungarischen Rechts mit der Bezeichnung „közkereseti társaság", „betéti társaság", „közös vállalat", „korlátolt felelősségű társaság", „részvénytársaság", „egyesülés", „közhasznú társaság" oder „szövetkezet";

v) Gesellschaften maltesischen Rechts mit der Bezeichnung „Kumpaniji ta' Responsabilita' Limitata" oder „Soċjetajiet in akkomandita li l-kapital tagħhom maqsum f 'azzjonijiet";

w) Gesellschaften polnischen Rechts mit der Bezeichnung „spółka akcyjna" oder „spółka z ograniczoną odpowiedzialnością";

x) Gesellschaften slowenischen Rechts mit der Bezeichnung „delniška družba", „komanditna delniška družba", „komanditna družba", „družba z omejeno odgovornostjo" oder „družba z neomejeno odgovornostjo";

y) Gesellschaften slowakischen Rechts mit der Bezeichnung „akciová spoločnos", „spoločnosť s ručením obmedzeným", „komanditná spoločnos", „verejná obchodná spoločnos" oder „družstvo";

aa) Gesellschaften bulgarischen Rechts mit der Bezeichnung „събирателното дружество", „командитното дружество", „дружеството с ограничена отговорност", „акционерното дружество", „командитното дружество с акции", „кооперации", „кооперативни съюзи" oder „държавни предприятия", die nach bulgarischem Recht gegründet wurden und gewerbliche Tätigkeiten ausüben;

bb) Gesellschaften rumänischen Rechts mit der Bezeichnung „societăți pe acțiuni", „societăți în comandită pe acțiuni" oder „societăți cu răspundere limitată";

cc) Gesellschaften kroatischen Rechts mit der Bezeichnung „dioničko društvo" oder „društvo s ograničenom odgovornošću" und andere nach kroatischem Recht gegründete Gesellschaften, die der kroatischen Gewinnsteuer unterliegen.

2. Steuern im Sinne von § 50g Absatz 3 Nummer 5 Buchstabe a Doppelbuchstabe cc sind:
   – impôt des sociétés/vennootschapsbelasting in Belgien,
   – selskabsskat in Dänemark,
   – Körperschaftsteuer in Deutschland,
   – Φόρος εισοδήματος νομικών προσώπων in Griechenland,
   – impuesto sobre sociedades in Spanien,
   – impôt sur les sociétés in Frankreich,
   – corporation tax in Irland,
   – imposta sul reddito delle persone giuridiche in Italien,
   – impôt sur le revenu des collectivités in Luxemburg,

§ 50g

- vennootschapsbelasting in den Niederlanden,
- Körperschaftsteuer in Österreich,
- imposto sobre o rendimento da pessoas colectivas in Portugal,
- yhteisöjen tulovero/inkomstskatten för samfund in Finnland,
- statlig inkomstskatt in Schweden,
- corporation tax im Vereinigten Königreich,
- Daň z příjmů právnických osob in der Tschechischen Republik,
- Tulumaks in Estland,
- φόρος εισοδήματος in Zypern,
- Uzņēmumu ienākuma nodoklis in Lettland,
- Pelno mokestis in Litauen,
- Társasági adó in Ungarn,
- Taxxa fuq l-income in Malta,
- Podatek dochodowy od osób prawnych in Polen,
- Davek od dobička pravnih oseb in Slowenien,
- Daň z príjmov právnických osôb in der Slowakei,
- корпоративен данък in Bulgarien,
- impozit pe profit, impozitul pe veniturile obținute din România de nerezidenți in Rumänien,
- porez na dobit in Kroatien.

§ 50h

§ 50h Bestätigung für Zwecke der Entlastung von Quellensteuern in einem anderen Mitgliedstaat der Europäischen Union oder der Schweizerischen Eidgenossenschaft

Auf Antrag hat das Finanzamt, das für die Besteuerung eines Unternehmens der Bundesrepublik Deutschland oder einer dort gelegenen Betriebsstätte eines Unternehmens eines anderen Mitgliedstaats der Europäischen Union im Sinne des § 50g Abs. 3 Nr. 5 oder eines Unternehmens der Schweizerischen Eidgenossenschaft im Sinne des § 50g Abs. 6 Satz 2 zuständig ist, für die Entlastung von der Quellensteuer dieses Staats auf Zinsen oder Lizenzgebühren im Sinne des § 50g zu bescheinigen, dass das empfangende Unternehmen steuerlich im Inland ansässig ist oder die Betriebsstätte im Inland gelegen ist.

§ 50i Besteuerung bestimmter Einkünfte und Anwendung von Doppelbesteuerungsabkommen

(1) ¹Sind Wirtschaftsgüter des Betriebsvermögens oder sind Anteile im Sinne des § 17 vor dem 29. Juni 2013 in das Betriebsvermögen einer Personengesellschaft im Sinne des § 15 Absatz 3 übertragen oder überführt worden, und ist eine Besteuerung der stillen Reserven im Zeitpunkt der Übertragung oder Überführung unterblieben, so ist der Gewinn, den ein Steuerpflichtiger, der im Sinne eines Abkommens zur Vermeidung der Doppelbesteuerung im anderen Vertragsstaat ansässig ist, aus der späteren Veräußerung oder Entnahme dieser Wirtschaftsgüter oder Anteile erzielt, ungeachtet entgegenstehender Bestimmungen des Abkommens zur Vermeidung der Doppelbesteuerung zu versteuern. ²Als Übertragung oder Überführung von Anteilen im Sinne des § 17 in das Betriebsvermögen einer Personengesellschaft gilt auch die Gewährung neuer Anteile an eine Personengesellschaft, die bisher auch eine Tätigkeit im Sinne des § 15 Absatz 1 Satz 1 Nummer 1 ausgeübt hat oder gewerbliche Einkünfte im Sinne des 15 Absatz 1 Satz 1 Nummer 2 bezogen hat, im Rahmen der Einbringung eines Betriebs oder Teilbetriebs oder eines Mitunternehmeranteils dieser Personengesellschaft in eine Körperschaft nach § 20 des Umwandlungssteuergesetzes, wenn der Einbringungszeitpunkt vor dem 29. Juni 2013 liegt und die Personengesellschaft nach der Einbringung als Personengesellschaft im Sinne des § 15 Absatz 3 fortbesteht. ³Auch die laufenden Einkünfte aus der Beteiligung an der Personengesellschaft auf die die in Satz 1 genannten Wirtschaftsgüter oder Anteile übertragen oder überführt oder der im Sinne des Satzes 2 neue Anteile gewährt wurden, sind ungeachtet entgegenstehender Bestimmungen des Abkommens zur Vermeidung der Doppelbesteuerung zu versteuern. ⁴Die Sätze 1 und 3 gelten sinngemäß, wenn Wirtschaftsgüter vor dem 29. Juni 2013 Betriebsvermögen eines Einzelunternehmens oder einer Personengesellschaft geworden sind, die deswegen Einkünfte aus Gewerbebetrieb erzielen, weil der Steuerpflichtige sowohl im überlassenden Betrieb als auch im nutzenden Betrieb allein oder zusammen mit anderen Gesellschaftern einen einheitlichen geschäftlichen Betätigungswillen durchsetzen kann und dem nutzenden Betrieb eine wesentliche Betriebsgrundlage zur Nutzung überlässt.

(2) ¹Im Rahmen von Umwandlungen und Einbringungen im Sinne des § 1 des Umwandlungssteuergesetzes sind Sachgesamtheiten, die Wirtschaftsgüter und Anteile im Sinne des Absatzes 1 enthalten, abweichend von den Bestimmungen des Umwandlungssteuergesetzes, stets mit dem gemeinen Wert anzusetzen. ²Ungeachtet des § 6 Absatz 3 und 5 gilt Satz 1 für die Überführung oder Übertragung

1. der Wirtschaftsgüter und Anteile im Sinne des Absatzes 1 aus dem Gesamthandsvermögen der Personengesellschaft im Sinne des Absatzes 1 oder aus dem Sonderbetriebsvermögen eines Mitunternehmers dieser Personengesellschaft oder
2. eines Mitunternehmeranteils an dieser Personengesellschaft

entsprechend. ³Werden die Wirtschaftsgüter oder Anteile im Sinne des Absatzes 1 von der Personengesellschaft für eine Betätigung im Sinne des § 15 Absatz 2 genutzt (Strukturwandel), gilt Satz 1 entsprechend. ⁴Absatz 1 Satz 4 bleibt unberührt.

Hinweise

H 50i   Anwendung des DBA auf Personengesellschaften
→ *BMF vom 26.9.2014 (BStBl. I S. 1258)*

§ 51

§ 51 Ermächtigungen

(1) Die Bundesregierung wird ermächtigt, mit Zustimmung des Bundesrates

1. zur Durchführung dieses Gesetzes Rechtsverordnungen zu erlassen, soweit dies zur Wahrung der Gleichmäßigkeit bei der Besteuerung, zur Beseitigung von Unbilligkeiten in Härtefällen, zur Steuerfreistellung des Existenzminimums oder zur Vereinfachung des Besteuerungsverfahrens erforderlich ist, und zwar:

   a) über die Abgrenzung der Steuerpflicht, die Beschränkung der Steuererklärungspflicht auf die Fälle, in denen eine Veranlagung in Betracht kommt, und über die den Einkommensteuererklärungen beizufügenden Unterlagen und über die Beistandspflichten Dritter,

   b) über die Ermittlung der Einkünfte und die Feststellung des Einkommens einschließlich der abzugsfähigen Beträge,

   c) über die Höhe von besonderen Betriebsausgaben-Pauschbeträgen für Gruppen von Betrieben, bei denen hinsichtlich der Besteuerungsgrundlagen annähernd gleiche Verhältnisse vorliegen, wenn der Steuerpflichtige Einkünfte aus Gewerbebetrieb (§ 15) oder selbständiger Arbeit (§ 18) erzielt, in Höhe eines Prozentsatzes der Umsätze im Sinne des § 1 Abs. 1 Nr. 1 des Umsatzsteuergesetzes; Umsätze aus der Veräußerung von Wirtschaftsgütern des Anlagevermögens sind nicht zu berücksichtigen. ²Einen besonderen Betriebsausgaben-Pauschbetrag dürfen nur Steuerpflichtige in Anspruch nehmen, die ihren Gewinn durch Einnahme-Überschussrechnung nach § 4 Abs. 3 ermitteln. ³Bei der Festlegung der Höhe des besonderen Betriebsausgaben-Pauschbetrags ist der Zuordnung der Betriebe entsprechend der Klassifikation der Wirtschaftszweige, Fassung für Steuerstatistiken, Rechnung zu tragen. ⁴Bei der Ermittlung der besonderen Betriebsausgaben-Pauschbeträge sind alle Betriebsausgaben mit Ausnahme der an das Finanzamt gezahlten Umsatzsteuer zu berücksichtigen. ⁵Bei der Veräußerung oder Entnahme von Wirtschaftsgütern des Anlagevermögens sind die Anschaffungs- oder Herstellungskosten, vermindert um die Absetzungen für Abnutzung nach § 7 Abs. 1 oder 4 sowie die Veräußerungskosten neben dem besonderen Betriebsausgaben-Pauschbetrag abzugsfähig. ⁶Der Steuerpflichtige kann im folgenden Veranlagungszeitraum zur Ermittlung der tatsächlichen Betriebsausgaben übergehen. ⁷Wechselt der Steuerpflichtige zur Ermittlung der tatsächlichen Betriebsausgaben, sind die abnutzbaren Wirtschaftsgüter des Anlagevermögens mit ihren Anschaffungs- oder Herstellungskosten, vermindert um die Absetzungen für Abnutzung nach § 7 Abs. 1 oder 4, in ein laufend zu führendes Verzeichnis aufzunehmen. ⁸§ 4 Abs. 3 Satz 5 bleibt unberührt. ⁹Nach dem Wechsel zur Ermittlung der tatsächlichen Betriebsausgaben ist eine erneute Inanspruchnahme des besonderen Betriebsausgaben-Pauschbetrags erst nach Ablauf der folgenden vier Veranlagungszeiträume zulässig; die §§ 140, 141 der Abgabenordnung bleiben unberührt;

   d) über die Veranlagung, die Anwendung der Tarifvorschriften und die Regelung der Steuerentrichtung einschließlich der Steuerabzüge,

   e) über die Besteuerung der beschränkt Steuerpflichtigen einschließlich eines Steuerabzugs,

   f) in Fällen, in denen ein Sachverhalt zu ermitteln und steuerrechtlich zu beurteilen ist, der sich auf Vorgänge außerhalb des Geltungsbereichs dieses Gesetzes bezieht, und außerhalb des Geltungsbereichs dieses Gesetzes ansässige Beteiligte oder andere Personen nicht wie bei Vorgängen innerhalb des Geltungsbereichs dieses Gesetzes zur Mitwirkung bei der Ermittlung des Sachverhalts herangezogen werden können, zu bestimmen,

   aa) in welchem Umfang Aufwendungen im Sinne des § 4 Absatz 4 oder des § 9 den Gewinn oder den Überschuss der Einnahmen über die Werbungskosten nur unter Erfüllung besonderer Mitwirkungs- und Nachweispflichten mindern dürfen. ²Die besonderen Mitwirkungs- und Nachweispflichten können sich erstrecken auf aaa) die Angemessenheit der zwischen nahestehenden Personen im Sinne des § 1 Absatz 2 des Außensteuergesetzes in ihren Geschäftsbeziehungen vereinbarten Bedingungen,

bbb) die Angemessenheit der Gewinnabgrenzung zwischen unselbständigen Unternehmensteilen,

ccc) die Pflicht zur Einhaltung von für nahestehende Personen geltenden Dokumentations- und Nachweispflichten auch bei Geschäftsbeziehungen zwischen nicht nahestehenden Personen,

ddd) die Bevollmächtigung der Finanzbehörde durch den Steuerpflichtigen, in seinem Namen mögliche Auskunftsansprüche gegenüber den von der Finanzbehörde benannten Kreditinstituten außergerichtlich und gerichtlich geltend zu machen;

bb) dass eine ausländische Gesellschaft ungeachtet des § 50d Absatz 3 nur dann einen Anspruch auf völlige oder teilweise Entlastung vom Steuerabzug nach § 50d Absatz 1 und 2 oder § 44a Absatz 9 hat, soweit sie die Ansässigkeit der an ihr unmittelbar oder mittelbar beteiligten natürlichen Personen, deren Anteil unmittelbar oder mittelbar 10 Prozent übersteigt, darlegt und nachweisen kann;

cc) dass § 2 Absatz 5b Satz 1, § 32d Absatz 1 und § 43 Absatz 5 in Bezug auf Einkünfte im Sinne des § 20 Absatz 1 Nummer 1 und die steuerfreien Einnahmen nach § 3 Nummer 40 Satz 1 und 2 nur dann anzuwenden sind, wenn die Finanzbehörde bevollmächtigt wird, im Namen des Steuerpflichtigen mögliche Auskunftsansprüche gegenüber den von der Finanzbehörde benannten Kreditinstituten außergerichtlich und gerichtlich geltend zu machen.

²Die besonderen Nachweis- und Mitwirkungspflichten aufgrund dieses Buchstabens gelten nicht, wenn die außerhalb des Geltungsbereichs dieses Gesetzes ansässigen Beteiligten oder andere Personen in einem Staat oder Gebiet ansässig sind, mit dem ein Abkommen besteht, das die Erteilung von Auskünften entsprechend Artikel 26 des Musterabkommens der OECD zur Vermeidung der Doppelbesteuerung auf dem Gebiet der Steuern vom Einkommen und vom Vermögen in der Fassung von 2005 vorsieht oder der Staat oder das Gebiet Auskünfte in einem vergleichbaren Umfang erteilt oder die Bereitschaft zu einer entsprechenden Auskunftserteilung besteht;

2. Vorschriften durch Rechtsverordnung zu erlassen

a) über die sich aus der Aufhebung oder Änderung von Vorschriften dieses Gesetzes ergebenden Rechtsfolgen, soweit dies zur Wahrung der Gleichmäßigkeit bei der Besteuerung oder zur Beseitigung von Unbilligkeiten in Härtefällen erforderlich ist;

b) (weggefallen)

c) über den Nachweis von Zuwendungen im Sinne des § 10b einschließlich erleichterter Nachweisanforderungen;

d) ¹über Verfahren, die in den Fällen des § 38 Abs. 1 Satz 1 Nr. 2 den Steueranspruch der Bundesrepublik Deutschland sichern oder die sicherstellen, dass bei Befreiungen im Ausland ansässiger Leiharbeitnehmer von der Steuer der Bundesrepublik Deutschland auf Grund von Abkommen zur Vermeidung der Doppelbesteuerung die ordnungsgemäße Besteuerung im Ausland gewährleistet ist. ²Hierzu kann nach Maßgabe zwischenstaatlicher Regelungen bestimmt werden, dass

aa) der Entleiher in dem hierzu notwendigen Umfang an derartigen Verfahren mitwirkt,

bb) er sich im Haftungsverfahren nicht auf die Freistellungsbestimmungen des Abkommens berufen kann, wenn er seine Mitwirkungspflichten verletzt;

e) bis m) (weggefallen);

n) ¹über Sonderabschreibungen

§ 51

aa) im Tiefbaubetrieb des Steinkohlen-, Pechkohlen-, Braunkohlen- und Erzbergbaues bei Wirtschaftsgütern des Anlagevermögens unter Tage und bei bestimmten mit dem Grubenbetrieb unter Tage in unmittelbarem Zusammenhang stehenden, der Förderung, Seilfahrt, Wasserhaltung und Wetterführung sowie der Aufbereitung des Minerals dienenden Wirtschaftsgütern des Anlagevermögens über Tage, soweit die Wirtschaftsgüter

für die Errichtung von neuen Förderschachtanlagen, auch in Form von Anschlussschachtanlagen,

für die Errichtung neuer Schächte sowie die Erweiterung des Grubengebäudes und den durch Wasserzuflüsse aus stillliegenden Anlagen bedingten Ausbau der Wasserhaltung bestehender Schachtanlagen,

für Rationalisierungsmaßnahmen in der Hauptschacht-, Blindschacht-, Strecken- und Abbauförderung, im Streckenvortrieb, in der Gewinnung, Versatzwirtschaft, Seilfahrt, Wetterführung und Wasserhaltung sowie in der Aufbereitung,

für die Zusammenfassung von mehreren Förderschachtanlagen zu einer einheitlichen Förderschachtanlage und

für den Wiederaufschluss stillliegender Grubenfelder und Feldesteile,

bb) im Tagebaubetrieb des Braunkohlen- und Erzbergbaues bei bestimmten Wirtschaftsgütern des beweglichen Anlagevermögens (Grubenaufschluss, Entwässerungsanlagen, Großgeräte sowie Einrichtungen des Grubenrettungswesens und der Ersten Hilfe und im Erzbergbau auch Aufbereitungsanlagen), die

für die Erschließung neuer Tagebaue, auch in Form von Anschlusstagebauen,

für Rationalisierungsmaßnahmen bei laufenden Tagebauen,

beim Übergang zum Tieftagebau für die Freilegung und Gewinnung der Lagerstätte und

für die Wiederinbetriebnahme stillgelegter Tagebaue

von Steuerpflichtigen, die den Gewinn nach § 5 ermitteln, vor dem 1.Januar 1990 angeschafft oder hergestellt werden. ²Die Sonderabschreibungen können bereits für Anzahlungen auf Anschaffungskosten und für Teilherstellungskosten zugelassen werden. ³Hat der Steuerpflichtige vor dem 1.Januar 1990 die Wirtschaftsgüter bestellt oder mit ihrer Herstellung begonnen, so können die Sonderabschreibungen auch für nach dem 31. Dezember 1989 und vor dem 1. Januar 1991 angeschaffte oder hergestellte Wirtschaftsgüter sowie für vor dem 1. Januar 1991 geleistete Anzahlungen auf Anschaffungskosten und entstandene Teilherstellungskosten in Anspruch genommen werden. ⁴Voraussetzung für die Inanspruchnahme der Sonderabschreibungen ist, dass die Förderungswürdigkeit der bezeichneten Vorhaben von der obersten Landesbehörde für Wirtschaft im Einvernehmen mit dem Bundesministerium für Wirtschaft und Technologie bescheinigt worden ist. ⁵Die Sonderabschreibungen können im Wirtschaftsjahr der Anschaffung oder Herstellung und in den vier folgenden Wirtschaftsjahren in Anspruch genommen werden, und zwar bei beweglichen Wirtschaftsgütern des Anlagevermögens bis zu insgesamt 50 Prozent, bei unbeweglichen Wirtschaftsgütern des Anlagevermögens bis zu insgesamt 30 Prozent der Anschaffungs- oder Herstellungskosten. ⁶Bei den begünstigten Vorhaben im Tagebaubetrieb des Braunkohlen- und Erzbergbaues kann außerdem zugelassen werden, dass die vor dem 1. Januar 1991 aufgewendeten Kosten für den Vorabraum bis zu 50 Prozent als sofort abzugsfähige Betriebsausgaben behandelt werden;

o) (weggefallen);

p) ¹über die Bemessung der Absetzungen für Abnutzung oder Substanzverringerung bei nicht zu einem Betriebsvermögen gehörenden Wirtschaftsgütern, die vor dem 21.Juni 1948 angeschafft oder hergestellt oder die unentgeltlich erworben worden sind. ²Hierbei kann bestimmt werden, daß die Absetzungen für Abnutzung oder Substanz-

§ 51

verringerung nicht nach den Anschaffungs- oder Herstellungskosten, sondern nach Hilfswerten (am 21. Juni 1948 maßgebender Einheitswert, Anschaffungs- oder Herstellungskosten des Rechtsvorgängers abzüglich der von ihm vorgenommenen Absetzungen, fiktive Anschaffungskosten an einem noch zu bestimmenden Stichtag) zu bemessen sind. ³Zur Vermeidung von Härten kann zugelassen werden, dass an Stelle der Absetzungen für Abnutzung, die nach dem am 21. Juni 1948 maßgebenden Einheitswert zu bemessen sind, der Betrag abgezogen wird, der für das Wirtschaftsgut in dem Veranlagungszeitraum 1947 als Absetzung für Abnutzung geltend gemacht werden konnte. ⁴Für das Land Berlin tritt in den Sätzen 1 bis 3 an die Stelle des 21. Juni 1948 jeweils der 1. April 1949;

q) ¹über erhöhte Absetzungen bei Herstellungskosten

aa) für Maßnahmen, die für den Anschluss eines im Inland belegenen Gebäudes an eine Fernwärmeversorgung einschließlich der Anbindung an das Heizsystem erforderlich sind, wenn die Fernwärmeversorgung überwiegend aus Anlagen der Kraft-Wärme-Kopplung, zur Verbrennung von Müll oder zur Verwertung von Abwärme gespeist wird,

bb) für den Einbau von Wärmepumpenanlagen, Solaranlagen und Anlagen zur Wärmerückgewinnung in einem im Inland belegenen Gebäude einschließlich der Anbindung an das Heizsystem,

cc) für die Errichtung von Windkraftanlagen, wenn die mit diesen Anlagen erzeugte Energie überwiegend entweder unmittelbar oder durch Verrechnung mit Elektrizitätsbezügen des Steuerpflichtigen von einem Elektrizitätsversorgungsunternehmen zur Versorgung eines im Inland belegenen Gebäudes des Steuerpflichtigen verwendet wird, einschließlich der Anbindung an das Versorgungssystem des Gebäudes,

dd) für die Errichtung von Anlagen zur Gewinnung von Gas, das aus pflanzlichen oder tierischen Abfallstoffen durch Gärung unter Sauerstoffabschluss entsteht, wenn dieses Gas zur Beheizung eines im Inland belegenen Gebäudes des Steuerpflichtigen oder zur Warmwasserbereitung in einem solchen Gebäude des Steuerpflichtigen verwendet wird, einschließlich der Anbindung an das Versorgungssystem des Gebäudes,

ee) für den Einbau einer Warmwasseranlage zur Versorgung von mehr als einer Zapfstelle und einer zentralen Heizungsanlage oder bei einer zentralen Heizungs- und Warmwasseranlage für den Einbau eines Heizkessels, eines Brenners, einer zentralen Steuerungseinrichtung, einer Wärmeabgabeeinrichtung und eine Änderung der Abgasanlage in einem im Inland belegenen Gebäude oder in einer im Inland belegenen Eigentumswohnung, wenn mit dem Einbau nicht vor Ablauf von zehn Jahren seit Fertigstellung dieses Gebäudes begonnen worden ist und der Einbau nach dem 30. Juni 1985 fertiggestellt worden ist; Entsprechendes gilt bei Anschaffungskosten für neue Einzelöfen, wenn keine Zentralheizung vorhanden ist.

²Voraussetzung für die Gewährung der erhöhten Absetzungen ist, dass die Maßnahmen vor dem 1.Januar 1992 fertiggestellt worden sind; in den Fällen des Satzes 1 Doppelbuchstabe aa müssen die Gebäude vor dem 1. Juli 1983 fertiggestellt worden sein, es sei denn, dass der Anschluss nicht schon im Zusammenhang mit der Errichtung des Gebäudes möglich war. ³Die erhöhten Absetzungen dürfen jährlich 10 Prozent der Aufwendungen nicht übersteigen. ⁴Sie dürfen nicht gewährt werden, wenn für dieselbe Maßnahme eine Investitionszulage in Anspruch genommen wird. ⁵Sind die Aufwendungen Erhaltungsaufwand und entstehen sie bei einer zu eigenen Wohnzwecken genutzten Wohnung im eigenen Haus, für die der Nutzungswert nicht mehr besteuert wird, und liegen in den Fällen des Satzes 1 Doppelbuchstabe aa die Voraussetzungen des Satzes 2 zweiter Halbsatz vor, so kann der Abzug dieser Aufwendungen wie Sonderausgaben mit gleichmäßiger Verteilung auf das Kalenderjahr, in dem die Arbeiten abgeschlossen worden sind, und die neun folgenden Kalender-

§ 51

jahre zugelassen werden, wenn die Maßnahme vor dem 1. Januar 1992 abgeschlossen worden ist;

r) ¹nach denen Steuerpflichtige größere Aufwendungen

aa) für die Erhaltung von nicht zu einem Betriebsvermögen gehörenden Gebäuden, die überwiegend Wohnzwecken dienen,

bb) zur Erhaltung eines Gebäudes in einem förmlich festgelegten Sanierungsgebiet oder städtebaulichen Entwicklungsbereich, die für Maßnahmen im Sinne des § 177 des Baugesetzbuchs[1)] sowie für bestimmte Maßnahmen, die der Erhaltung, Erneuerung und funktionsgerechten Verwendung eines Gebäudes dienen, das wegen seiner geschichtlichen, künstlerischen oder städtebaulichen Bedeutung erhalten bleiben soll, und zu deren Durchführung sich der Eigentümer neben bestimmten Modernisierungsmaßnahmen gegenüber der Gemeinde verpflichtet hat, aufgewendet worden sind,

cc) zur Erhaltung von Gebäuden, die nach den jeweiligen landesrechtlichen Vorschriften Baudenkmale sind, soweit die Aufwendungen nach Art und Umfang zur Erhaltung des Gebäudes als Baudenkmal und zu seiner sinnvollen Nutzung erforderlich sind,

auf zwei bis fünf Jahre gleichmäßig verteilen können. ²In den Fällen der Doppelbuchstaben bb und cc ist Voraussetzung, dass der Erhaltungsaufwand vor dem 1. Januar 1990 entstanden ist. ³In den Fällen von Doppelbuchstabe cc sind die Denkmaleigenschaft des Gebäudes und die Voraussetzung, dass die Aufwendungen nach Art und Umfang zur Erhaltung des Gebäudes als Baudenkmal und zu seiner sinnvollen Nutzung erforderlich sind, durch eine Bescheinigung der nach Landesrecht zuständigen oder von der Landesregierung bestimmten Stelle nachzuweisen;

s) ¹nach denen bei Anschaffung oder Herstellung von abnutzbaren beweglichen und bei Herstellung von abnutzbaren unbeweglichen Wirtschaftsgütern des Anlagevermögens auf Antrag ein Abzug von der Einkommensteuer für den Veranlagungszeitraum der Anschaffung oder Herstellung bis zur Höhe von 7,5 Prozent der Anschaffungs- oder Herstellungskosten dieser Wirtschaftsgüter vorgenommen werden kann, wenn eine Störung des gesamtwirtschaftlichen Gleichgewichts eingetreten ist oder sich abzeichnet, die eine nachhaltige Verringerung der Umsätze oder der Beschäftigung zur Folge hatte oder erwarten lässt, insbesondere bei einem erheblichen Rückgang der Nachfrage nach Investitionsgütern oder Bauleistungen. ²Bei der Bemessung des von der Einkommensteuer abzugsfähigen Betrags dürfen nur berücksichtigt werden

aa) die Anschaffungs- oder Herstellungskosten von beweglichen Wirtschaftsgütern, die innerhalb eines jeweils festzusetzenden Zeitraums, der ein Jahr nicht übersteigen darf (Begünstigungszeitraum), angeschafft oder hergestellt werden,

bb) ¹die Anschaffungs- oder Herstellungskosten von beweglichen Wirtschaftsgütern, die innerhalb des Begünstigungszeitraums bestellt und angezahlt werden oder mit deren Herstellung innerhalb des Begünstigungszeitraums begonnen wird, wenn sie innerhalb eines Jahres, bei Schiffen innerhalb zweier Jahre nach Ablauf des Begünstigungszeitraums geliefert oder fertiggestellt werden. ²Soweit bewegliche Wirtschaftsgüter im Sinne des Satzes 1 mit Ausnahme von Schiffen nach Ablauf eines Jahres, aber vor Ablauf zweier Jahre nach dem Ende des Begünstigungszeitraums geliefert oder fertiggestellt werden, dürfen bei der Bemessung des Abzugs von der Einkommensteuer die bis zum Ablauf eines Jahres nach dem Ende des Begünstigungszeitraums aufgewendeten Anzahlungen und Teilherstellungskosten berücksichtigt werden,

cc) die Herstellungskosten von Gebäuden, bei denen innerhalb des Begünstigungszeitraums der Antrag auf Baugenehmigung gestellt wird, wenn sie bis zum Ablauf von zwei Jahren nach dem Ende des Begünstigungszeitraums fertiggestellt werden;

---

1) Siehe Anhang 19.

§ 51

dabei scheiden geringwertige Wirtschaftsgüter im Sinne des § 6 Abs. 2 und Wirtschaftsgüter, die in gebrauchtem Zustand erworben werden, aus. ³Von der Begünstigung können außerdem Wirtschaftsgüter ausgeschlossen werden, für die Sonderabschreibungen, erhöhte Absetzungen oder die Investitionszulage nach § 19 des Berlinförderungsgesetzes in Anspruch genommen werden. ⁴In den Fällen des Satzes 2 Doppelbuchstabe bb und cc können bei Bemessung des von der Einkommensteuer abzugsfähigen Betrags bereits die im Begünstigungszeitraum, im Fall des Satzes 2 Doppelbuchstabe bb Satz 2 auch die bis zum Ablauf eines Jahres nach dem Ende des Begünstigungszeitraums aufgewendeten Anzahlungen und Teilherstellungskosten berücksichtigt werden; der Abzug von der Einkommensteuer kann insoweit schon für den Veranlagungszeitraum vorgenommen werden, in dem die Anzahlungen oder Teilherstellungskosten aufgewendet worden sind. ⁵Übersteigt der von der Einkommensteuer abzugsfähige Betrag die für den Veranlagungszeitraum der Anschaffung oder Herstellung geschuldete Einkommensteuer, so kann der übersteigende Betrag von der Einkommensteuer für den darauffolgenden Veranlagungszeitraum abgezogen werden. ⁶Entsprechendes gilt, wenn in den Fällen des Satzes 2 Doppelbuchstabe bb und cc der Abzug von der Einkommensteuer bereits für Anzahlungen oder Teilherstellungskosten geltend gemacht wird. ⁷Der Abzug von der Einkommensteuer darf jedoch die für den Veranlagungszeitraum der Anschaffung oder Herstellung und den folgenden Veranlagungszeitraum insgesamt zu entrichtende Einkommensteuer nicht übersteigen. ⁸In den Fällen des Satzes 2 Doppelbuchstaben bb Satz 2 gilt dies mit der Maßgabe, dass an die Stelle des Veranlagungszeitraums der Anschaffung oder Herstellung der Veranlagungszeitraum tritt, in dem zuletzt Anzahlungen oder Teilherstellungskosten aufgewendet worden sind. ⁹Werden begünstigte Wirtschaftsgüter von Gesellschaften im Sinne des § 15 Abs. 1 Satz 1 Nr. 2 und 3 angeschafft oder hergestellt, so ist der abzugsfähige Betrag nach dem Verhältnis der Gewinnanteile einschließlich der Vergütungen aufzuteilen. ¹⁰Die Anschaffungs- oder Herstellungskosten der Wirtschaftsgüter, die bei Bemessung des von der Einkommensteuer abzugsfähigen Betrags berücksichtigt worden sind, werden durch den Abzug von der Einkommensteuer nicht gemindert. ¹¹Rechtsverordnungen auf Grund dieser Ermächtigung bedürfen der Zustimmung des Bundestages. ¹²Die Zustimmung gilt als erteilt, wenn der Bundestag nicht binnen vier Wochen nach Eingang der Vorlage der Bundesregierung die Zustimmung verweigert hat;

t) (weggefallen);

u) ¹über Sonderabschreibungen bei abnutzbaren Wirtschaftsgütern des Anlagevermögens, die der Forschung oder Entwicklung dienen und nach dem 18. Mai 1983 und vor dem 1. Januar 1990 angeschafft oder hergestellt werden. ²Voraussetzung für die Inanspruchnahme der Sonderabschreibungen ist, dass die beweglichen Wirtschaftsgüter ausschließlich und die unbeweglichen Wirtschaftsgüter zu mehr als 33 1/3 Prozent der Forschung oder Entwicklung dienen. ³Die Sonderabschreibungen können auch für Ausbauten und Erweiterungen an bestehenden Gebäuden, Gebäudeteilen, Eigentumswohnungen oder im Teileigentum stehenden Räumen zugelassen werden, wenn die ausgebauten oder neu hergestellten Gebäudeteile zu mehr als 33 1/3 Prozent der Forschung oder Entwicklung dienen. ⁴Die Wirtschaftsgüter dienen der Forschung oder Entwicklung, wenn sie verwendet werden

    aa) zur Gewinnung von neuen wissenschaftlichen oder technischen Erkenntnissen und Erfahrungen allgemeiner Art (Grundlagenforschung) oder

    bb) zur Neuentwicklung von Erzeugnissen oder Herstellungsverfahren oder

    cc) zur Weiterentwicklung von Erzeugnissen oder Herstellungsverfahren, soweit wesentliche Änderungen dieser Erzeugnisse oder Verfahren entwickelt werden.

⁵Die Sonderabschreibungen können im Wirtschaftsjahr der Anschaffung oder Herstellung und in den vier folgenden Wirtschaftsjahren in Anspruch genommen werden, und zwar

§ 51

aa) bei beweglichen Wirtschaftsgütern des Anlagevermögens bis zu insgesamt 40 Prozent,

bb) bei unbeweglichen Wirtschaftsgütern des Anlagevermögens, die zu mehr als 66 2/3 Prozent der Forschung oder Entwicklung dienen, bis zu insgesamt 15 Prozent, die nicht zu mehr als 66 2/3 Prozent, aber zu mehr als 33 1/3 Prozent der Forschung oder Entwicklung dienen, bis zu insgesamt 10 Prozent,

cc) bei Ausbauten und Erweiterungen an bestehenden Gebäuden, Gebäudeteilen, Eigentumswohnungen oder im Teileigentum stehenden Räumen, wenn die ausgebauten oder neu hergestellten Gebäudeteile zu mehr als 66 2/3 Prozent der Forschung oder Entwicklung dienen, bis zu insgesamt 15 Prozent, zu nicht mehr als 66 2/3 Prozent, aber zu mehr als 33 1/3 Prozent der Forschung oder Entwicklung dienen, bis zu insgesamt 10 Prozent

der Anschaffungs- oder Herstellungskosten. [6]Sie können bereits für Anzahlungen auf Anschaffungskosten und für Teilherstellungskosten zugelassen werden. [7]Die Sonderabschreibungen sind nur unter der Bedingung zuzulassen, dass die Wirtschaftsgüter und die ausgebauten oder neu hergestellten Gebäudeteile mindestens drei Jahre nach ihrer Anschaffung oder Herstellung in dem erforderlichen Umfang der Forschung oder Entwicklung in einer inländischen Betriebsstätte des Steuerpflichtigen dienen;

v) (weggefallen);

w) [1]über Sonderabschreibungen bei Handelsschiffen, die auf Grund eines vor dem 25. April 1996 abgeschlossenen Schiffbauvertrags hergestellt, in einem inländischen Seeschiffsregister eingetragen und vor dem 1. Januar 1999 von Steuerpflichtigen angeschafft oder hergestellt worden sind, die den Gewinn nach § 5 ermitteln. [2]Im Fall der Anschaffung eines Handelsschiffes ist weitere Voraussetzung, dass das Schiff vor dem 1. Januar 1996 in ungebrauchtem Zustand vom Hersteller oder nach dem 31. Dezember 1995 auf Grund eines vor dem 25. April 1996 abgeschlossenen Kaufvertrags bis zum Ablauf des vierten auf das Jahr der Fertigstellung folgenden Jahres erworben worden ist. [3]Bei Steuerpflichtigen, die in eine Gesellschaft im Sinne des § 15 Abs. 1 Satz 1 Nr. 2 und Abs. 3 nach Abschluss des Schiffbauvertrags (Unterzeichnung des Hauptvertrags) eingetreten sind, dürfen Sonderabschreibungen nur zugelassen werden, wenn sie der Gesellschaft vor dem 1. Januar 1999 beitreten. [4]Die Sonderabschreibungen können im Wirtschaftsjahr der Anschaffung oder Herstellung und in den vier folgenden Wirtschaftsjahren bis zu insgesamt 40 Prozent der Anschaffungs- oder Herstellungskosten in Anspruch genommen werden. [5]Sie können bereits für Anzahlungen auf Anschaffungskosten und für Teilherstellungskosten zugelassen werden. [6]Die Sonderabschreibungen sind nur unter der Bedingung zuzulassen, dass die Handelsschiffe innerhalb eine Zeitraums von acht Jahren nach Anschaffung oder Herstellung nicht veräußert werden; für Anteile an einem Handelsschiff gilt dies entsprechend. [7]Die Sätze 1 bis 6 gelten für Schiffe, die der Seefischerei dienen, entsprechend. [8]Für Luftfahrzeuge, die vom Steuerpflichtigen hergestellt oder in ungebrauchtem Zustand vom Hersteller erworben worden sind und die zur gewerbsmäßigen Beförderung von Personen oder Sachen im internationalen Luftverkehr oder zur Verwendung zu sonstigen gewerblichen Zwecken im Ausland bestimmt sind, gelten die Sätze 1 bis 4 und 6 mit der Maßgabe entsprechend, dass an die Stelle der Eintragung in ein inländisches Seeschiffsregister die Eintragung in die deutsche Luftfahrzeugrolle, an die Stelle des Höchstsatzes von 40 Prozent ein Höchstsatz von 30 Prozent und bei der Vorschrift des Satzes 6 an die Stelle des Zeitraums von acht Jahren ein Zeitraum von sechs Jahren treten;

x) [1]über erhöhte Absetzungen bei Herstellungskosten für Modernisierungs- und Instandsetzungsmaßnahmen im Sinne des § 177 des Baugesetzbuchs[1)] sowie für bestimmte Maßnahmen, die der Erhaltung, Erneuerung und funktionsgerechten Verwendung eines Gebäudes dienen, das wegen seiner geschichtlichen, künstlerischen oder städtebaulichen Bedeutung erhalten bleiben soll, und zu deren Durchführung

---

1) Siehe Anhang 19.

§ 51

sich der Eigentümer neben bestimmten Modernisierungsmaßnahmen gegenüber der Gemeinde verpflichtet hat, die für Gebäude in einen förmlich festgelegten Sanierungsgebiet oder städtebaulichen Entwicklungsbereich aufgewendet worden sind; Voraussetzung ist, dass die Maßnahmen vor dem 1. Januar 1991 abgeschlossen worden sind. ²Die erhöhten Absetzungen dürfen jährlich 10 Prozent der Aufwendungen nicht übersteigen;

y) ¹über erhöhte Absetzungen für Herstellungskosten an Gebäuden, die nach den jeweiligen landesrechtlichen Vorschriften Baudenkmale sind, soweit die Aufwendungen nach Art und Umfang zur Erhaltung des Gebäudes als Baudenkmal und zu seiner sinnvollen Nutzung erforderlich sind; Voraussetzung ist, dass die Maßnahmen vor dem 1. Januar 1991 abgeschlossen worden sind. ²Die Denkmaleigenschaft des Gebäudes und die Voraussetzung, dass die Aufwendungen nach Art und Umfang zur Erhaltung des Gebäudes als Baudenkmal und zu seiner sinnvollen Nutzung erforderlich sind, sind durch eine Bescheinigung der nach Landesrecht zuständigen oder von der Landesregierung bestimmten Stelle nachzuweisen. ³Die erhöhten Absetzungen dürfen jährlich zehn Prozent der Aufwendungen nicht übersteigen;

3. die in § 4a Abs. 1 Satz 2 Nr. 1, § 10 Abs. 5, § 22 Nr. 1 Satz 3 Buchstabe a, § 26a Abs. 3, § 34c Abs. 7, § 46 Abs. 5 und § 50a Abs. 6 vorgesehenen Rechtsverordnungen zu erlassen.

(2) ¹Die Bundesregierung wird ermächtigt, durch Rechtsverordnung Vorschriften zu erlassen, nach denen die Inanspruchnahme von Sonderabschreibungen und erhöhten Absetzungen sowie die Bemessung der Absetzung für Abnutzung in fallenden Jahresbeträgen ganz oder teilweise ausgeschlossen werden können, wenn eine Störung des gesamtwirtschaftlichen Gleichgewichts eingetreten ist oder sich abzeichnet, die erhebliche Preissteigerungen mit sich gebracht hat oder erwarten lässt, insbesondere, wenn die Inlandsnachfrage nach Investitionsgütern oder Bauleistungen das Angebot wesentlich übersteigt. ²Die Inanspruchnahme von Sonderabschreibungen und erhöhten Absetzungen sowie die Bemessung der Absetzung für Abnutzung in fallenden Jahresbeträgen darf nur ausgeschlossen werden

1. ¹für bewegliche Wirtschaftsgüter, die innerhalb eines jeweils festzusetzenden Zeitraums, der frühestens mit dem Tage beginnt, an dem die Bundesregierung ihren Beschluss über die Verordnung bekanntgibt, und der ein Jahr nicht übersteigen darf, angeschafft oder hergestellt werden. ²Für bewegliche Wirtschaftsgüter, die vor Beginn dieses Zeitraums bestellt und angezahlt worden sind oder mit deren Herstellung vor Beginn dieses Zeitraums angefangen worden ist, darf jedoch die Inanspruchnahme von Sonderabschreibungen und erhöhten Absetzungen sowie die Bemessung der Absetzung für Abnutzung in fallenden Jahresbeträgen nicht ausgeschlossen werden;

2. ¹für bewegliche Wirtschaftsgüter und für Gebäude, die in dem in Nummer 1 bezeichneten Zeitraum bestellt werden oder mit deren Herstellung in diesem Zeitraum begonnen wird. ²Als Beginn der Herstellung gilt bei Gebäuden der Zeitpunkt, in dem der Antrag auf Baugenehmigung gestellt wird.

³Rechtsverordnungen auf Grund dieser Ermächtigung bedürfen der Zustimmung des Bundestages und des Bundesrates. ⁴Die Zustimmung gilt als erteilt, wenn der Bundesrat nicht binnen drei Wochen, der Bundestag nicht binnen vier Wochen nach Eingang der Vorlage der Bundesregierung die Zustimmung verweigert hat.

(3) ¹Die Bundesregierung wird ermächtigt, durch Rechtsverordnung mit Zustimmung des Bundesrates Vorschriften zu erlassen, nach denen die Einkommensteuer einschließlich des Steuerabzugs vom Arbeitslohn, des Steuerabzugs vom Kapitalertrag und des Steuerabzugs bei beschränkt Steuerpflichtigen

1. ¹um höchstens 10 Prozent herabgesetzt werden kann. ²Der Zeitraum, für den die Herabsetzung gilt, darf ein Jahr nicht übersteigen; er soll sich mit dem Kalenderjahr decken. ³Voraussetzung ist, dass eine Störung des gesamtwirtschaftlichen Gleichgewichts eingetreten ist oder sich abzeichnet, die eine nachhaltige Verringerung der Umsätze oder der Beschäftigung zur Folge hatte oder erwarten lässt, insbesondere bei einem erheblichen Rückgang der Nachfrage nach Investitionsgütern und Bauleistungen oder Verbrauchsgütern;

§ 51

2. ¹um höchstens 10 Prozent erhöht werden kann. ²Der Zeitraum, für den die Erhöhung gilt, darf ein Jahr nicht übersteigen; er soll sich mit dem Kalenderjahr decken. ³Voraussetzung ist, dass eine Störung des gesamtwirtschaftlichen Gleichgewichts eingetreten ist oder sich abzeichnet, die erhebliche Preissteigerungen mit sich gebracht hat oder erwarten lässt, insbesondere, wenn die Nachfrage nach Investitionsgütern und Bauleistungen oder Verbrauchsgütern das Angebot wesentlich übersteigt.

²Rechtsverordnungen auf Grund dieser Ermächtigung bedürfen der Zustimmung des Bundestages.

(4) Das Bundesministerium der Finanzen wird ermächtigt,

1. im Einvernehmen mit den obersten Finanzbehörden der Länder die Vordrucke für
   a) (weggefallen)
   b) die Erklärungen zur Einkommensbesteuerung,
   c) die Anträge nach § 38b Absatz 2, nach § 39a Absatz 2, in dessen Vordrucke der Antrag nach § 39f einzubeziehen ist, die Anträge nach § 39a Absatz 4 sowie die Anträge zu den elektronischen Lohnsteuerabzugsmerkmalen (§ 38b Absatz 3 und § 39e Absatz 6 Satz 7),
   d) die Lohnsteuer-Anmeldung (§ 41a Abs. 1),
   e) die Anmeldung der Kapitalertragsteuer (§ 45a Abs. 1) und den Freistellungsauftrag nach § 44a Abs. 2 Satz 1 Nr. 1,
   f) die Anmeldung des Abzugsbetrags (§ 48a),
   g) die Erteilung der Freistellungsbescheinigung (§ 48b),
   h) die Anmeldung der Abzugsteuer (§ 50a),
   i) die Entlastung von der Kapitalertragsteuer und vom Steuerabzug nach § 50a auf Grund von Abkommen zur Vermeidung der Doppelbesteuerung

   und die Muster der Bescheinigungen für den Lohnsteuerabzug nach § 39 Absatz 3 Satz 1 und § 39e Absatz 7 Satz 5, des Ausdrucks der elektronischen Lohnsteuerbescheinigung (§ 41b Absatz 1), das Muster der Lohnsteuerbescheinigung nach § 41 b Absatz 3 Satz 1, der Anträge auf Erteilung einer Bescheinigung für den Lohnsteuerabzug nach § 39 Absatz 3 Satz 1 und § 39e Absatz 7 Satz 1 sowie der in § 45a Absatz 2 und 3 und § 50a Absatz 5 Satz 6 vorgesehenen Bescheinigungen zu bestimmen;

1a. ¹im Einvernehmen mit den obersten Finanzbehörden der Länder auf der Basis der §§ 32a und 39b einen Programmablaufplan für die Herstellung von Lohnsteuertabellen zur manuellen Berechnung der Lohnsteuer aufzustellen und bekannt zu machen. ²Der Lohnstufenabstand beträgt bei den Jahrestabellen 36. ³Die in den Tabellenstufen auszuweisende Lohnsteuer ist aus der Obergrenze der Tabellenstufen zu berechnen und muss an der Obergrenze mit der maschinell berechneten Lohnsteuer übereinstimmen. ⁴Die Monats-, Wochen- und Tagestabellen sind aus den Jahrestabellen abzuleiten;

1b. im Einvernehmen mit den obersten Finanzbehörden der Länder den Mindestumfang der nach § 5b elektronisch zu übermittelnden Bilanz und Gewinn- und Verlustrechnung zu bestimmen;

1c. durch Rechtsverordnung zur Durchführung dieses Gesetzes mit Zustimmung des Bundesrates Vorschriften über einen von dem vorgesehenen erstmaligen Anwendungszeitpunkt gemäß § 52 Abs. 15a in der Fassung des Artikels 1 des Gesetzes vom 20. Dezember 2008 (BGBl. I S. 2850) abweichenden späteren Anwendungszeitpunkt zu erlassen, wenn bis zum 31. Dezember 2010 erkennbar ist, dass die technischen oder organisatorischen Voraussetzungen für eine Umsetzung der in § 5b Abs. 1 in der Fassung des Artikels 1 des Gesetzes vom 20. Dezember 2008 (BGBl. I S. 2850) vorgesehenen Verpflichtung nicht ausreichen.

2. den Wortlaut dieses Gesetzes und der zu diesem Gesetz erlassenen Rechtsverordnungen in der jeweils geltenden Fassung satzweise numeriert mit neuem Datum und in neuer

Paragraphenfolge bekanntzumachen und dabei Unstimmigkeiten im Wortlaut zu beseitigen.

EStDV

§§ 74 bis 80 (weggefallen)

§ 81 Bewertungsfreiheit für bestimmte Wirtschaftsgüter des Anlagevermögens im Kohlen- und Erzbergbau

(1) ¹*Steuerpflichtige, die den Gewinn nach § 5 des Gesetzes ermitteln, können bei abnutzbaren Wirtschaftsgütern des Anlagevermögens, bei denen die in den Absätzen 2 und 3 bezeichneten Voraussetzungen vorliegen, im Wirtschaftsjahr der Anschaffung oder Herstellung und den vier folgenden Wirtschaftsjahren Sonderabschreibungen vornehmen, und zwar*

1. *bei beweglichen Wirtschaftsgütern des Anlagevermögens bis zur Höhe von insgesamt 50 vom Hundert,*

2. *bei unbeweglichen Wirtschaftsgütern des Anlagevermögens bis zur Höhe von insgesamt 30 vom Hundert*

der Anschaffungs- oder Herstellungskosten. ²*§ 9a gilt entsprechend.*

(2) Voraussetzung für die Anwendung des Absatzes 1 ist,

1. *dass die Wirtschaftsgüter*

   a) *im Tiefbaubetrieb des Steinkohlen-, Pechkohlen-, Braunkohlen- und Erzbergbaues*

      aa) *für die Errichtung von neuen Förderschachtanlagen, auch in der Form von Anschlussschachtanlagen,*

      bb) *für die Errichtung neuer Schächte sowie die Erweiterung des Grubengebäudes und den durch Wasserzuflüsse aus stillliegenden Anlagen bedingten Ausbau der Wasserhaltung bestehender Schachtanlagen,*

      cc) *für Rationalisierungsmaßnahmen in der Hauptschacht-, Blindschacht-, Strecken- und Abbauförderung, im Streckenvortrieb, in der Gewinnung, Versatzwirtschaft, Seilfahrt, Wetterführung und Wasserhaltung sowie in der Aufbereitung,*

      dd) *für die Zusammenfassung von mehreren Förderschachtanlagen zu einer einheitlichen Förderschachtanlage oder*

      ee) *für den Wiederaufschluss stillliegender Grubenfelder und Feldesteile,*

   b) *im Tagebaubetrieb des Braunkohlen- und Erzbergbaues*

      aa) *für die Erschließung neuer Tagebaue, auch in Form von Anschlusstagebauen,*

      bb) *für Rationalisierungsmaßnahmen bei laufenden Tagebauen,*

      cc) *beim Übergang zum Tieftagebau für die Freilegung und Gewinnung der Lagerstätte oder*

      dd) *für die Wiederinbetriebnahme stillgelegter Tagebaue*

   angeschafft oder hergestellt werden und

2. *dass die Förderungswürdigkeit dieses Vorhabens von der obersten Landesbehörde oder der von ihr bestimmten Stelle im Einvernehmen mit dem Bundesministerium für Wirtschaft und Technologie bescheinigt worden ist.*

(3) Die Abschreibungen nach Absatz 1 können nur in Anspruch genommen werden

EStDV 81 § 51

1. *in den Fällen des Absatzes 2 Nr. 1 Buchstabe a bei Wirtschaftsgütern des Anlagevermögens unter Tage und bei den in der Anlage 5 zu dieser Verordnung bezeichneten Wirtschaftsgütern des Anlagevermögens über Tage,*

2. *in den Fällen des Absatzes 2 Nr. 1 Buchstabe b bei den in der Anlage 6 zu dieser Verordnung bezeichneten Wirtschaftsgütern des beweglichen Anlagevermögens.*

(4) Die Abschreibungen nach Absatz 1 können in Anspruch genommen werden bei im Geltungsbereich dieser Verordnung ausschließlich des in Artikel 3 des Einigungsvertrags genannten Gebiets

1. *vor dem 1. Januar 1990 angeschafften oder hergestellten Wirtschaftsgütern,*

2. a) *nach dem 31. Dezember 1989 und vor dem 1. Januar 1991 angeschafften oder hergestellten Wirtschaftsgütern,*

   b) *vor dem 1. Januar 1991 geleisteten Anzahlungen auf Anschaffungskosten und entstandenen Teilherstellungskosten,*

wenn der Steuerpflichtige vor dem 1. Januar 1990 die Wirtschaftsgüter bestellt oder mit ihrer Herstellung begonnen hat.

(5) Bei den in Absatz 2 Nr. 1 Buchstabe b bezeichneten Vorhaben können die vor dem 1. Januar 1990 im Geltungsbereich dieser Verordnung ausschließlich des in Artikel 3 des Einigungsvertrags genannten Gebiets aufgewendeten Kosten für den Vorabraum bis zu 50 vom Hundert als sofort abzugsfähige Betriebsausgaben behandelt werden.

Verzeichnis der Wirtschaftsgüter des Anlagevermögens über Tage im Sinne des § 81 Abs. 3 Nr. 1 EStDV (Anlage 5 der EStDV)

Die Bewertungsfreiheit des § 81 kann im Tiefbaubetrieb des Steinkohlen-, Pechkohlen-, Braunkohlen- und Erzbergbaues für die Wirtschaftsgüter des Anlagevermögens über Tage in Anspruch genommen werden, die zu den folgenden, mit dem Grubenbetrieb unter Tage in unmittelbarem Zusammenhang stehenden, der Förderung, Seilfahrt, Wasserhaltung und Wetterführung sowie der Aufbereitung des Minerals dienenden Anlagen und Einrichtungen gehören:

1. Förderanlagen und -einrichtungen einschließlich Schachthalle, Hängebank, Wagenumlauf und Verladeeinrichtungen sowie Anlagen der Berge- und Grubenholzwirtschaft

2. Anlagen und Einrichtungen der Wetterwirtschaft und Wasserhaltung

3. Waschkauen sowie Einrichtungen der Grubenlampenwirtschaft, des Grubenrettungswesens und der Ersten Hilfe

4. Siebenrei, Wäsche und sonstige Aufbereitungsanlagen; im Erzbergbau alle der Aufbereitung dienenden Anlagen sowie die Anlagen zum Rösten von Eisenerzen, wenn die Anlagen nicht zu einem Hüttenbetrieb gehören.

Verzeichnis der Wirtschaftsgüter des beweglichen Anlagevermögens im Sinne des § 81 Abs. 3 Nr. 2 EStDV (Anlage 6 der EStDV)

Die Bewertungsfreiheit des § 81 kann im Tagebaubetrieb des Braunkohlen- und Erzbergbaus für die folgenden Wirtschaftsgüter des beweglichen Anlagevermögens in Anspruch genommen werden:

1. Grubenaufschluss,

2. Entwässerungsanlagen,

3. Großgeräte, die der Lösung, Bewegung und Verkippung der Abraummassen sowie der Förderung und Bewegung des Minerals dienen, soweit sie wegen ihrer besonderen, die Ablagerungs- und Größenverhältnisse des Tagebaubetriebs berücksichtigenden Konstruktion nur für diesen Tagebaubetrieb oder anschließend für andere begünstigte Tagebaubetriebe verwendet werden;

hierzu gehören auch Spezialabraum- und -kohlenwagen einschließlich der dafür erforderlichen Lokomotiven sowie Transportbandanlagen mit den Auf- und Übergaben und den dazugehörigen Bunkereinrichtungen mit Ausnahme der Rohkohlenbunker in Kraftwerken, Brikettfabriken oder Versandanlagen, wenn die Wirtschaftsgüter die Voraussetzungen des ersten Halbsatzes erfüllen,

4. Einrichtungen des Grubenrettungswesens und der Ersten Hilfe,

5. Wirtschaftsgüter, die zu den Aufbereitungsanlagen im Erzbergbau gehören, wenn die Aufbereitungsanlagen nicht zu einem Hüttenbetrieb gehören.

EStDV

§ 82 (weggefallen)

§ 82a Erhöhte Absetzungen von Herstellungskosten und Sonderbehandlung von Erhaltungsaufwand für bestimmte Anlagen und Einrichtungen bei Gebäuden

(abgedruckt hinter § 21 EStG)

§ 82b Behandlung größeren Erhaltungsaufwands bei Wohngebäuden

(abgedruckt hinter § 21 EStG)

§ 82c bis 82e (weggefallen)

§ 82f Bewertungsfreiheit für Handelsschiffe, für Schiffe, die der Seefischerei dienen, und für Luftfahrzeuge

(1) [1]Steuerpflichtige, die den Gewinn nach § 5 des Gesetzes ermitteln, können bei Handelsschiffen, die in einem inländischen Seeschiffsregister eingetragen sind, im Wirtschaftsjahr der Anschaffung oder Herstellung und in den vier folgenden Wirtschaftsjahren Sonderabschreibungen bis zu insgesamt 40 Prozent der Anschaffungs- oder Herstellungskosten vornehmen. [2]§ 9a gilt entsprechend.

(2) Im Fall der Anschaffung eines Handelsschiffs ist Absatz 1 nur anzuwenden, wenn das Handelsschiff vor dem 1. Januar 1996 in ungebrauchtem Zustand vom Hersteller oder nach dem 31. Dezember 1995 bis zum Ablauf des vierten auf das Jahr der Fertigstellung folgenden Jahres erworben worden ist.

(3) [1]Die Inanspruchnahme der Abschreibungen nach Absatz 1 ist nur unter der Bedingung zulässig, dass die Handelsschiffe innerhalb eines Zeitraums von acht Jahren nach ihrer Anschaffung oder Herstellung nicht veräußert werden. [2]Für Anteile an Handelsschiffen gilt dies entsprechend.

(4) Die Abschreibungen nach Absatz 1 können bereits für Anzahlungen auf Anschaffungskosten und für Teilherstellungskosten in Anspruch genommen werden.

(5) [1]Die Abschreibungen nach Absatz 1 können nur in Anspruch genommen werden, wenn das Handelsschiff vor dem 1. Januar 1999 angeschafft oder hergestellt wird und der Kaufvertrag oder Bauvertrag vor dem 25. April 1996 abgeschlossen worden ist. [2]Bei Steuerpflichtigen, die in eine Gesellschaft im Sinne des § 15 Abs. 1 Satz 1 Nummer 2 und Absatz 3 des Einkommensteuergesetzes nach Abschluss des Schiffbauvertrags (Unterzeichnung des Hauptvertrags) eintreten, sind Sonderabschreibungen nur zulässig, wenn sie der Gesellschaft vor dem 1. Januar 1999 beitreten.

(6) [1]Die Absätze 1 bis 5 gelten für Schiffe, die der Seefischerei dienen, entsprechend. [2]Für Luftfahrzeuge, die vom Steuerpflichtigen hergestellt oder in ungebrauchtem Zustand vom Hersteller erworben worden sind und die zur gewerbsmäßigen Beförderung von Personen oder Sachen im internationalen Luftverkehr oder zur Verwendung zu sonstigen gewerblichen Zwecken im Ausland bestimmt sind, gelten die Absätze 1 und 3 bis 5 mit der Maßgabe entsprechend, dass an die Stelle der Eintragung in ein inländisches Seeschiffsregister die Eintragung in die deutsche Luftfahrzeugrolle, an die Stelle des Höchstsatzes von 40 Prozent ein Höchstsatz von 30 Prozent und bei der Vorschrift des Absatzes 3 an die Stelle des Zeitraums von acht Jahren ein Zeitraum von sechs Jahren treten.

§ 51

§ 82g Erhöhte Absetzungen von Herstellungskosten für bestimmte Baumaßnahmen
(abgedruckt hinter § 21 EStG)

§ 82h (weggefallen)

§ 82i Erhöhte Absetzungen von Herstellungskosten bei Baudenkmälern
(abgedruckt hinter § 21 EStG)

§§ 82k und 83 (weggefallen)

§ 51a

§ 51a Festsetzung und Erhebung von Zuschlagsteuern

(1) Auf die Festsetzung und Erhebung von Steuern, die nach der Einkommensteuer bemessen werden (Zuschlagsteuern), sind die Vorschriften dieses Gesetzes entsprechend anzuwenden.

(2) ¹Bemessungsgrundlage ist die Einkommensteuer, die abweichend von § 2 Abs. 6 unter Berücksichtigung von Freibeträgen nach § 32 Abs. 6 in allen Fällen des § 32 festzusetzen wäre. ²Zur Ermittlung der Einkommensteuer im Sinne des Satzes 1 ist das zu versteuernde Einkommen um die nach § 3 Nr. 40 steuerfreien Beträge zu erhöhen und um die nach § 3c Abs. 2 nicht abziehbaren Beträge zu mindern. ³§ 35 ist bei der Ermittlung der festzusetzenden Einkommensteuer nach Satz 1 nicht anzuwenden.

(2a) ¹Vorbehaltlich des § 40a Abs. 2 in der Fassung des Gesetzes vom 23. Dezember 2002 (BGBl. I S. 4621) ist beim Steuerabzug vom Arbeitslohn Bemessungsgrundlage die Lohnsteuer; beim Steuerabzug vom laufenden Arbeitslohn und beim Jahresausgleich ist die Lohnsteuer maßgebend, die sich ergibt, wenn der nach § 39b Abs. 2 Satz 5 zu versteuernde Jahresbetrag für die Steuerklassen I, II und III um den Kinderfreibetrag von 4 368 Euro sowie den Freibetrag für den Betreuungs- und Erziehungs- oder Ausbildungsbedarf von 2 640 Euro und für die Steuerklasse IV um den Kinderfreibetrag von 2 184 Euro sowie den Freibetrag für den Betreuungs- und Erziehungs- oder Ausbildungsbedarf von 1 320 Euro für jedes Kind vermindert wird, für das eine Kürzung der Freibeträge für Kinder nach § 32 Abs. 6 Satz 4 nicht in Betracht kommt. ²Bei der Anwendung des § 39b für die Ermittlung der Zuschlagsteuern ist die als Lohnsteuerabzugsmerkmal gebildete Zahl der Kinderfreibeträge maßgebend. ³Bei Anwendung des § 39f ist beim Steuerabzug vom laufenden Arbeitslohn die Lohnsteuer maßgebend, die sich bei Anwendung des nach § 39f Abs. 1 ermittelten Faktors auf den nach den Sätzen 1 und 2 ermittelten Betrag ergibt.

(2b) Wird die Einkommensteuer nach § 43 Abs. 1 durch Abzug vom Kapitalertrag (Kapitalertragsteuer) erhoben, wird die darauf entfallende Kirchensteuer nach dem Kirchensteuersatz der Religionsgemeinschaft, der der Kirchensteuerpflichtige angehört, als Zuschlag zur Kapitalertragsteuer erhoben.

(2c) ¹Der zur Vornahme des Steuerabzugs vom Kapitalertrag Verpflichtete (Kirchensteuerabzugsverpflichteter) hat die auf die Kapitalertragsteuer nach Absatz 2b entfallende Kirchensteuer nach folgenden Maßgaben einzubehalten:

1. Das Bundeszentralamt für Steuern speichert unabhängig von und zusätzlich zu den in § 139b Absatz 3 der Abgabenordnung genannten und nach § 39e gespeicherten Daten des Steuerpflichtigen den Kirchensteuersatz der steuererhebenden Religionsgemeinschaft des Kirchensteuerpflichtigen sowie die ortsbezogenen Daten, mit deren Hilfe der Kirchensteuerpflichtige seiner Religionsgemeinschaft zugeordnet werden kann. ²Die Daten werden als automatisiert abrufbares Merkmal für den Kirchensteuerabzug bereitgestellt;

2. sofern dem Kirchensteuerabzugsverpflichteten die Identifikationsnummer des Schuldners der Kapitalertragsteuer nicht bereits bekannt ist, kann er sie beim Bundeszentralamt für Steuern anfragen. ²In der Anfrage dürfen nur die in § 139b Absatz 3 der Abgabenordnung genannten Daten des Schuldners der Kapitalertragsteuer angegeben werden, soweit sie dem Kirchensteuerabzugsverpflichteten bekannt sind. ³Die Anfrage hat nach amtlich vorgeschriebenem Datensatz durch Datenfernübertragung zu erfolgen. ⁴Im Übrigen ist die Steuerdaten-Übermittlungsverordnung entsprechend anzuwenden. ⁵Das Bundeszentralamt für Steuern teilt dem Kirchensteuerabzugsverpflichteten die Identifikationsnummer mit, sofern die übermittelten Daten mit den nach § 139b Absatz 3 der Abgabenordnung beim Bundeszentralamt für Steuern gespeicherten Daten übereinstimmen;

3. der Kirchensteuerabzugsverpflichtete hat unter Angabe der Identifikationsnummer und des Geburtsdatums des Schuldners der Kapitalertragsteuer einmal jährlich im Zeitraum vom 1. September bis 31. Oktober beim Bundeszentralamt für Steuern anzufragen, ob der Schuldner der Kapitalertragsteuer am 31. August des betreffenden Jahres (Stichtag) kirchensteuerpflichtig ist (Regelabfrage). ²Für Kapitalerträge im Sinne des § 43 Absatz 1 Nummer 4 aus Versicherungsverträgen hat der Kirchensteuerabzugsverpflichtete eine auf den Zuflusszeitpunkt der Kapitalerträge bezogene Abfrage (Anlassabfrage) an das

§ 51a

Bundeszentralamt für Steuern zu richten. ³Im Übrigen kann der Kirchensteuerabzugsverpflichtete eine Anlassabfrage bei Begründung einer Geschäftsbeziehung oder auf Veranlassung des Kunden an das Bundeszentralamt für Steuern richten. ⁴Auf die Anfrage hin teilt das Bundeszentralamt für Steuern dem Kirchensteuerabzugsverpflichteten die rechtliche Zugehörigkeit zu einer steuererhebenden Religionsgemeinschaft und den für die Religionsgemeinschaft geltenden Kirchensteuersatz zum Zeitpunkt der Anfrage als automatisiert abrufbares Merkmal nach Nummer 1 mit. ⁵Rechtzeitig vor Regel- oder Anlassabfrage ist der Schuldner der Kapitalertragsteuer vom Kirchensteuerabzugsverpflichteten auf die bevorstehende Datenabfrage sowie das gegenüber dem Bundeszentralamt für Steuern bestehende Widerspruchsrecht, das sich auf die Übermittlung von Daten zur Religionszugehörigkeit bezieht (Absatz 2e Satz 1), schriftlich oder in anderer geeigneter Form hinzuweisen. ⁶Anträge auf das Setzen der Sperrvermerke, die im aktuellen Kalenderjahr für eine Regelabfrage berücksichtigt werden sollen, müssen bis zum 30. Juni beim Bundeszentralamt für Steuern eingegangen sein. Alle übrigen Sperrvermerke können nur berücksichtigt werden, wenn sie spätestens zwei Monate vor der Abfrage des Kirchensteuerabzugsverpflichteten eingegangen sind. Dies gilt für den Widerruf entsprechend. ⁷Der Hinweis hat individuell zu erfolgen. ⁸Gehört der Schuldner der Kapitalertragsteuer keiner steuererhebenden Religionsgemeinschaft an oder hat er dem Abruf von Daten zur Religionszugehörigkeit widersprochen (Sperrvermerk), so teilt das Bundeszentralamt für Steuern dem Kirchensteuerabzugsverpflichteten zur Religionszugehörigkeit einen neutralen Wert (Nullwert) mit. ⁹Der Kirchensteuerabzugsverpflichtete hat die vorhandenen Daten zur Religionszugehörigkeit unverzüglich zu löschen, wenn ein Nullwert übermittelt wurde;

4. im Falle einer am Stichtag oder im Zuflusszeitpunkt bestehenden Kirchensteuerpflicht hat der Kirchensteuerabzugsverpflichtete den Kirchensteuerabzug für die steuererhebende Religionsgemeinschaft durchzuführen und den Kirchensteuerbetrag an das für ihn zuständige Finanzamt abzuführen. ²§ 45a Absatz 1 gilt entsprechend; in der Steueranmeldung sind die nach Satz 1 einbehaltenen Kirchensteuerbeträge für jede steuererhebende Religionsgemeinschaft jeweils als Summe anzumelden. ³Die auf Grund der Regelabfrage vom Bundeszentralamt für Steuern bestätigte Kirchensteuerpflicht hat der Kirchensteuerabzugsverpflichtete dem Kirchensteuerabzug des auf den Stichtag folgenden Kalenderjahres zu Grunde zu legen. ⁴Das Ergebnis einer Anlassabfrage wirkt anlassbezogen.

²Die Daten gemäß Nummer 3 sind nach amtlich vorgeschriebenem Datensatz durch Datenfernübertragung zu übermitteln. ³Die Verbindung der Anfrage nach Nummer 2 mit der Anfrage nach Nummer 3 zu einer Anfrage ist zulässig. ⁴Auf Antrag kann das Bundeszentralamt für Steuern zur Vermeidung unbilliger Härten auf eine elektronische Übermittlung verzichten. ⁵§ 44 Absatz 5 ist mit der Maßgabe anzuwenden, dass der Haftungsbescheid von dem für den Kirchensteuerabzugsverpflichteten zuständigen Finanzamt erlassen wird. ⁶§ 45a Absatz 2 ist mit der Maßgabe anzuwenden, dass die steuererhebende Religionsgemeinschaft angegeben wird. ⁷Sind an den Kapitalträgern ausschließlich Ehegatten beteiligt, wird der Anteil an der Kapitalertragsteuer hälftig ermittelt. ⁸Der Kirchensteuerabzugsverpflichtete darf die von ihm für die Durchführung des Kirchensteuerabzugs erhobenen Daten ausschließlich für diesen Zweck verwenden. ⁹Er hat organisatorisch dafür Sorge zu tragen, dass ein Zugriff auf diese Daten für andere Zwecke gesperrt ist. ¹⁰Für andere Zwecke dürfen der Kirchensteuerabzugsverpflichtete und die beteiligte Finanzbehörde die Daten nur verwenden, soweit der Kirchensteuerpflichtige zustimmt oder dies gesetzlich zugelassen ist.

(2d) ¹Wird die nach Absatz 2b zu erhebende Kirchensteuer nicht nach Absatz 2c als Kirchensteuerabzug vom Kirchensteuerabzugsverpflichteten einbehalten, wird sie nach Ablauf des Kalenderjahres nach dem Kapitalertragsteuerbetrag veranlagt, der sich ergibt, wenn die Steuer auf Kapitalerträge nach § 32d Abs. 1 Satz 4 und 5 errechnet wird; wenn Kirchensteuer auf Kapitalerträge als Kirchensteuerabzug nach Absatz 2c erhoben wurde, wird eine Veranlagung auf Antrag des Steuerpflichtigen durchgeführt. ²Der Abzugsverpflichtete hat dem Kirchensteuerpflichtigen auf dessen Verlangen hin eine Bescheinigung über die einbehaltene Kapitalertragsteuer zu erteilen. ³Der Kirchensteuerpflichtige hat die erhobene Kapital-

§ 51a

ertragsteuer zu erklären und die Bescheinigung nach Satz 2 oder nach § 45a Abs. 2 oder 3 vorzulegen.

(2e) ¹Der Schuldner der Kapitalertragsteuer kann unter Angabe seiner Identifikationsnummer nach amtlich vorgeschriebenen Vordruck schriftlich beim Bundeszentralamt für Steuern beantragen, dass der automatisierte Datenabruf seiner rechtlichen Zugehörigkeit zu einer steuererhebenden Religionsgemeinschaft bis auf schriftlichen Widerruf unterbleibt (Sperrvermerk). ²Das Bundeszentralamt für Steuern kann für die Abgabe der Erklärungen nach Satz 1 ein anderes sicheres Verfahren zur Verfügung stellen. ³Der Sperrvermerk verpflichtet den Kirchensteuerpflichtigen für jeden Veranlagungszeitraum, in dem Kapitalertragsteuer einbehalten worden ist, zur Abgabe einer Steuererklärung zum Zwecke der Veranlagung nach Absatz 2d Satz 1. ⁴Das Bundeszentralamt für Steuern übermittelt für jeden Veranlagungszeitraum, in dem der Sperrvermerk abgerufen worden ist, an das Wohnsitzfinanzamt Name und Anschrift des Kirchensteuerabzugsverpflichteten, an den im Fall des Absatzes 2c Nummer 3 auf Grund des Sperrvermerks ein Nullwert im Sinne des Absatzes 2c Satz 1 Nummer 3 Satz 6 mitgeteilt worden ist. ⁵Das Wohnsitzfinanzamt fordert den Kirchensteuerpflichtigen zur Abgabe einer Steuererklärung nach § 149 Absatz 1 Satz 1 und 2 der Abgabenordnung auf.

(3) Ist die Einkommensteuer für Einkünfte, die dem Steuerabzug unterliegen, durch den Steuerabzug abgegolten oder werden solche Einkünfte bei der Veranlagung zur Einkommensteuer oder beim Lohnsteuer-Jahresausgleich nicht erfasst, gilt dies für die Zuschlagsteuer entsprechend.

(4) ¹Die Vorauszahlungen auf Zuschlagsteuern sind gleichzeitig mit den festgesetzten Vorauszahlungen auf die Einkommensteuer zu entrichten; § 37 Abs. 5 ist nicht anzuwenden. ²Solange ein Bescheid über die Vorauszahlungen auf Zuschlagsteuern nicht erteilt worden ist, sind die Vorauszahlungen ohne besondere Aufforderung nach Maßgabe der für die Zuschlagsteuern geltenden Vorschriften zu entrichten. ³§ 240 Abs. 1 Satz 3 der Abgabenordnung ist insoweit nicht anzuwenden; § 254 Abs. 2 der Abgabenordnung gilt insoweit sinngemäß.

(5) ¹Mit einem Rechtsbehelf gegen die Zuschlagsteuer kann weder die Bemessungsgrundlage noch die Höhe des zu versteuernden Einkommens angegriffen werden. ²Wird die Bemessungsgrundlage geändert, ändert sich die Zuschlagsteuer entsprechend.

(6) Die Absätze 1 bis 5 gelten für die Kirchensteuern nach Maßgabe landesrechtlicher Vorschriften.

§ 52

§ 52 Anwendungsvorschriften

(1) ¹Diese Fassung des Gesetzes ist, soweit in den folgenden Absätzen nichts anderes bestimmt ist, erstmals für den Veranlagungszeitraum 2014 anzuwenden. ²Beim Steuerabzug vom Arbeitslohn gilt Satz 1 mit der Maßgabe, dass diese Fassung erstmals auf den laufenden Arbeitslohn anzuwenden ist, der für einen nach dem 31. Dezember 2013 endenden Lohnzahlungszeitraum gezahlt wird, und auf sonstige Bezüge, die nach dem 31. Dezember 2013 zufließen. ³Beim Steuerabzug vom Kapitalertrag gilt Satz 1 mit der Maßgabe, dass diese Fassung des Gesetzes erstmals auf Kapitalerträge anzuwenden ist, die dem Gläubiger nach dem 31. Dezember 2013 zufließen.

(2) ¹§ 2a Absatz 1 Satz 1 Nummer 6 Buchstabe b in der am 1. Januar 2000 geltenden Fassung ist erstmals auf negative Einkünfte eines Steuerpflichtigen anzuwenden, die er aus einer entgeltlichen Überlassung von Schiffen auf Grund eines nach dem 31. Dezember 1999 rechtswirksam abgeschlossenen obligatorischen Vertrags oder gleichstehenden Rechtsakts erzielt. ²Für negative Einkünfte im Sinne des § 2a Absatz 1 und 2 in der am 24. Dezember 2008 geltenden Fassung, die vor dem 25. Dezember 2008 nach § 2a Absatz 1 Satz 5 bestandskräftig gesondert festgestellt wurden, ist § 2a Absatz 1 Satz 3 bis 5 in der am 24. Dezember 2008 geltenden Fassung weiter anzuwenden. ³§ 2a Absatz 3 Satz 3, 5 und 6 in der am 29. April 1997 geltenden Fassung ist für Veranlagungszeiträume ab 1999 weiter anzuwenden, soweit sich ein positiver Betrag im Sinne des § 2a Absatz 3 Satz 3 in der am 29. April 1997 geltenden Fassung ergibt oder soweit eine in einem ausländischen Staat belegene Betriebsstätte im Sinne des § 2a Absatz 4 in der Fassung des § 52 Absatz 3 Satz 8 in der am 30. Juli 2014 geltenden Fassung in eine Kapitalgesellschaft umgewandelt, übertragen oder aufgegeben wird. ⁴Insoweit ist in § 2a Absatz 3 Satz 5 letzter Halbsatz in der am 29. April 1997 geltenden Fassung die Angabe „§ 10d Absatz 3" durch die Angabe „§ 10d Absatz 4" zu ersetzen.

(3) § 2b in der Fassung der Bekanntmachung vom 19. Oktober 2002 (BGBl. I S. 4210; 2003 I S. 179) ist weiterhin für Einkünfte aus einer Einkunftsquelle im Sinne des § 2b anzuwenden, die der Steuerpflichtige nach dem 4. März 1999 und vor dem 11. November 2005 rechtswirksam erworben oder begründet hat.

(4) ¹§ 3 Nummer 5 in der am 30. Juni 2013 geltenden Fassung ist vorbehaltlich des Satzes 2 erstmals für den Veranlagungszeitraum 2013 anzuwenden. ²§ 3 Nummer 5 in der am 29. Juni 2013 geltenden Fassung ist weiterhin anzuwenden für freiwillig Wehrdienst Leistende, die das Dienstverhältnis vor dem 1. Januar 2014 begonnen haben. ³§ 3 Nummer 10 in der am 31. Dezember 2005 geltenden Fassung ist weiter anzuwenden für ausgezahlte Übergangsbeihilfen an Soldatinnen auf Zeit und Soldaten auf Zeit, wenn das Dienstverhältnis vor dem 1. Januar 2006 begründet worden ist. ⁴Auf fortlaufende Leistungen nach dem Gesetz über die Heimkehrerstiftung vom 21. Dezember 1992 (BGBl. I S. 2094, 2101), das zuletzt durch Artikel 1 des Gesetzes vom 10. Dezember 2007 (BGBl. I S. 2830) geändert worden ist, in der jeweils geltenden Fassung ist § 3 Nummer 19 in der am 31. Dezember 2010 geltenden Fassung weiter anzuwenden. ⁵§ 3 Nummer 40 ist erstmals anzuwenden für

1. Gewinnausschüttungen, auf die bei der ausschüttenden Körperschaft der nach Artikel 3 des Gesetzes vom 23. Oktober 2000 (BGBl. I S. 1433) aufgehobene Vierte Teil des Körperschaftsteuergesetzes nicht mehr anzuwenden ist; für die übrigen in § 3 Nummer 40 genannten Erträge im Sinne des § 20 gilt Entsprechendes;

2. Erträge im Sinne des § 3 Nummer 40 Satz 1 Buchstabe a, b, c und j nach Ablauf des ersten Wirtschaftsjahres der Gesellschaft, an der die Anteile bestehen, für das das Körperschaftsteuergesetz in der Fassung des Artikels 3 des Gesetzes vom 23. Oktober 2000 (BGBl. I S. 1433) erstmals anzuwenden ist.

⁶§ 3 Nummer 40 Satz 3 und 4 in der am 12. Dezember 2006 geltenden Fassung ist für Anteile, die einbringungsgeboren im Sinne des § 21 des Umwandlungssteuergesetzes in der am 12. Dezember 2006 geltenden Fassung sind, weiter anzuwenden. ⁷Bei vom Kalenderjahr abweichenden Wirtschaftsjahren ist § 3 Nummer 40 Buchstabe d Satz 2 in der am 30. Juni 2013 geltenden Fassung erstmals für den Veranlagungszeitraum anzuwenden, in dem das Wirtschaftsjahr endet, das nach dem 31. Dezember 2013 begonnen hat. ⁸§ 3 Nummer 40a in der am 6. August 2004 geltenden Fassung ist auf Vergütungen im Sinne des § 18 Absatz 1 Nummer 4

§ 52

anzuwenden, wenn die vermögensverwaltende Gesellschaft oder Gemeinschaft nach dem 31. März 2002 und vor dem 1. Januar 2009 gegründet worden ist oder soweit die Vergütungen in Zusammenhang mit der Veräußerung von Anteilen an Kapitalgesellschaften stehen, die nach dem 7. November 2003 und vor dem 1. Januar 2009 erworben worden sind. [9]§ 3 Nummer 40a in der am 19. August 2008 geltenden Fassung ist erstmals auf Vergütungen im Sinne des § 18 Absatz 1 Nummer 4 anzuwenden, wenn die vermögensverwaltende Gesellschaft oder Gemeinschaft nach dem 31. Dezember 2008 gegründet worden ist. [10]§ 3 Nummer 63 ist bei Beiträgen für eine Direktversicherung nicht anzuwenden, wenn die entsprechende Versorgungszusage vor dem 1. Januar 2005 erteilt wurde und der Arbeitnehmer gegenüber dem Arbeitgeber für diese Beiträge auf die Anwendung des § 3 Nummer 63 verzichtet hat. [11]Der Verzicht gilt für die Dauer des Dienstverhältnisses; er ist bis zum 30. Juni 2005 oder bei einem späteren Arbeitgeberwechsel bis zur ersten Beitragsleistung zu erklären. [12]§ 3 Nummer 63 Satz 3 und 4 ist nicht anzuwenden, wenn § 40b Absatz 1 und 2 in der am 31. Dezember 2004 geltenden Fassung angewendet wird. [13]§ 3 Nummer 71 in der am 31. Dezember 2014 geltenden Fassung ist erstmals für den Veranlagungszeitraum 2013 anzuwenden.

(5) § 3c Absatz 2 Satz 3 und 4 in der am 12. Dezember 2006 geltenden Fassung ist für Anteile, die einbringungsgeboren im Sinne des § 21 des Umwandlungssteuergesetzes in der am 12. Dezember 2006 geltenden Fassung sind, weiter anzuwenden.

(6) [1]§ 4 Absatz 1 Satz 4 in der Fassung des Artikels 1 des Gesetzes vom 8. Dezember 2010 (BGBl. I S. 1768) gilt in allen Fällen, in denen § 4 Absatz 1 Satz 3 anzuwenden ist. [2]§ 4 Absatz 3 Satz 4 ist nicht anzuwenden, soweit die Anschaffungs- oder Herstellungskosten vor dem 1. Januar 1971 als Betriebsausgaben abgesetzt worden sind. [3]§ 4 Absatz 3 Satz 4 und 5 in der Fassung des Artikels 1 des Gesetzes vom 28. April 2006 (BGBl. I S. 1095) ist erstmals für Wirtschaftsgüter anzuwenden, die nach dem 5. Mai 2006 angeschafft, hergestellt oder in das Betriebsvermögen eingelegt werden. [4]Die Anschaffungs- oder Herstellungskosten für nicht abnutzbare Wirtschaftsgüter des Anlagevermögens, die vor dem 5. Mai 2006 angeschafft, hergestellt oder in das Betriebsvermögen eingelegt wurden, sind erst im Zeitpunkt des Zuflusses des Veräußerungserlöses oder im Zeitpunkt der Entnahme als Betriebsausgaben zu berücksichtigen. [5]§ 4 Absatz 4a in der Fassung des Gesetzes vom 22. Dezember 1999 (BGBl. I S. 2601) ist erstmals für das Wirtschaftsjahr anzuwenden, das nach dem 31. Dezember 1998 endet. [6]Über- und Unterentnahmen vorangegangener Wirtschaftsjahre bleiben unberücksichtigt. [7]Bei vor dem 1. Januar 1999 eröffneten Betrieben sind im Fall der Betriebsaufgabe bei der Überführung von Wirtschaftsgütern aus dem Betriebsvermögen in das Privatvermögen die Buchwerte nicht als Entnahme anzusetzen; im Fall der Betriebsveräußerung ist nur der Veräußerungsgewinn als Entnahme anzusetzen. [8]§ 4 Absatz 5 Satz 1 Nummer 5 in der Fassung des Artikels 1 des Gesetzes vom 20. Februar 2013 (BGBl. I S. 285) ist erstmals ab dem 1. Januar 2014 anzuwenden. [9]§ 4 Absatz 5 Satz 1 Nummer 6a in der Fassung des Artikels 1 des Gesetzes vom 20. Februar 2013 (BGBl. I S. 285) ist e1·stmals ab dem 1. Januar 2014 anzuwenden.

(7) § 4d Absatz 1 Satz 1 Nummer 1 Satz 1 in der Fassung des Artikels 5 Nummer 1 des Gesetzes vom 10. Dezember 2007 (BGBl. I S. 2838) ist erstmals bei nach dem 31. Dezember 2008 zugesagten Leistungen der betrieblichen Altersversorgung anzuwenden.

(8) § 4f in der Fassung des Gesetzes vom 18. Dezember 2013 (BGBl. I S. 4318) ist erstmals für Wirtschaftsjahre anzuwenden, die nach dem 28. November 2013 enden.

(9) [1]§ 5 Absatz 7 in der Fassung des Gesetzes vom 18. Dezember 2013 (BGBl. I S. 4318) ist erstmals für Wirtschaftsjahre anzuwenden, die nach dem 28. November 2013 enden. [2]Auf Antrag kann § 5 Absatz 7 auch für frühere Wirtschaftsjahre angewendet werden. [3]Bei Schuldübertragungen, Schuldbeitritten und Erfüllungsübernahmen, die vor dem 14. Dezember 2011 vereinbart wurden, ist § 5 Absatz 7 Satz 5 mit der Maßgabe anzuwenden, dass für einen Gewinn, der sich aus der Anwendung von § 5 Absatz 7 Satz 1 bis 3 ergibt, jeweils in Höhe von 19 Zwanzigsteln eine gewinnmindernde Rücklage gebildet werden kann, die in den folgenden 19 Wirtschaftsjahren jeweils mit mindestens einem Neunzehntel gewinnerhöhend aufzulösen ist.

§ 52

(10) [1]§ 5a Absatz 3 in der Fassung des Artikels 9 des Gesetzes vom 29. Dezember 2003 (BGBl. I S. 3076) ist erstmals für das Wirtschaftsjahr anzuwenden, das nach dem 31. Dezember 2005 endet. [2]§ 5a Absatz 3 Satz 1 in der am 31. Dezember 2003 geltenden Fassung ist weiterhin anzuwenden, wenn der Steuerpflichtige im Fall der Anschaffung das Handelsschiff auf Grund eines vor dem 1. Januar 2006 rechtswirksam abgeschlossenen schuldrechtlichen Vertrags oder gleichgestellten Rechtsakts angeschafft oder im Fall der Herstellung mit der Herstellung des Handelsschiffs vor dem 1. Januar 2006 begonnen hat in Fällen des Satzes 2 muss der Antrag auf Anwendung des § 5a Absatz 1 spätestens bis zum Ablauf des Wirtschaftsjahres gestellt werden, das vor dem 1. Januar 2008 endet. [3]Soweit Ansparabschreibungen im Sinne des § 7g Absatz 3 in der am 17. August 2007 geltenden Fassung zum Zeitpunkt des Übergangs zur Gewinnermittlung nach § 5a Absatz 1 noch nicht gewinnerhöhend aufgelöst worden sind, ist § 5a Absatz 5 Satz 3 in der am 17. August 2007 geltenden Fassung weiter anzuwenden.

(11) § 5b in der Fassung des Artikels 1 des Gesetzes vom 20. Dezember 2008 (BGBl. I S. 2850) ist erstmals für Wirtschaftsjahre anzuwenden, die nach dem 31. Dezember 2010 beginnen.

(12) [1]§ 6 Absatz 1 Nummer 4 Satz 2 und 3 in der am 30. Juni 2013 geltenden Fassung ist für Fahrzeuge mit Antrieb ausschließlich durch Elektromotoren, die ganz oder überwiegend aus mechanischen oder elektrochemischen Energiespeichern oder aus emissionsfrei betriebenen Energiewandlern gespeist werden (Elektrofahrzeuge), oder für extern aufladbare Hybridelektrofahrzeuge anzuwenden, die vor dem 1. Januar 2023 angeschafft werden. [2]§ 6 Absatz 5 Satz 1 zweiter Halbsatz in der am 14. Dezember 2010 geltenden Fassung gilt in allen Fällen, in denen § 4 Absatz 1 Satz 3 anzuwenden ist.

(13) [1]§ 6a Absatz 2 Nummer 1 erste Alternative und Absatz 3 Satz 2 Nummer 1 Satz 6 erster Halbsatz in der am 1. Januar 2001 geltenden Fassung ist bei Pensionsverpflichtungen gegenüber Berechtigten anzuwenden, denen der Pensionsverpflichtete erstmals eine Pensionszusage nach dem 31. Dezember 2000 erteilt hat; § 6a Absatz 2 Nummer 1 zweite Alternative sowie § 6a Absatz 3 Satz 2 Nummer 1 Satz 1 und § 6a Absatz 3 Satz 2 Nummer 1 Satz 6 zweiter Halbsatz sind bei Pensionsverpflichtungen anzuwenden, die auf einer nach dem 31. Dezember 2000 vereinbarten Entgeltumwandlung im Sinne von § 1 Absatz 2 des Betriebsrentengesetzes beruhen. [2]§ 6a Absatz 2 Nummer 1 und Absatz 3 Satz 2 Nummer 1 Satz 6 in der am 1. September 2009 geltenden Fassung ist erstmals bei nach dem 31. Dezember 2008 erteilten Pensionszusagen anzuwenden.

(14) § 6b Absatz 10 Satz 11 in der am 12. Dezember 2006 geltenden Fassung ist für Anteile, die einbringungsgeboren im Sinne des § 21 des Umwandlungssteuergesetzes in der am 12. Dezember 2006 geltenden Fassung sind, weiter anzuwenden.

(15) [1]Bei Wirtschaftsgütern, die vor dem 1. Januar 2001 angeschafft oder hergestellt worden sind, ist § 7 Absatz 2 Satz 2 in der Fassung des Gesetzes vom 22. Dezember 1999 (BGBl. I S. 2601) weiter anzuwenden. [2]Bei Gebäuden, soweit sie zu einem Betriebsvermögen gehören und nicht Wohnzwecken dienen, ist § 7 Absatz 4 Satz 1 und 2 in der am 31. Dezember 2000 geltenden Fassung weiter anzuwenden, wenn der Steuerpflichtige im Fall der Herstellung vor dem 1. Januar 2001 mit der Herstellung des Gebäudes begonnen hat oder im Fall der Anschaffung das Objekt auf Grund eines vor dem 1. Januar 2001 rechtswirksam abgeschlossenen obligatorischen Vertrags oder gleichstehenden Rechtsakts angeschafft hat. [3]Als Beginn der Herstellung gilt bei Gebäuden, für die eine Baugenehmigung erforderlich ist, der Zeitpunkt, in dem der Bauantrag gestellt wird; bei baugenehmigungsfreien Gebäuden, für die Bauunterlagen einzureichen sind, der Zeitpunkt, in dem die Bauunterlagen eingereicht werden.

(16) [1]In Wirtschaftsjahren, die nach dem 31. Dezember 2008 und vor dem 1. Januar 2011 enden, ist § 7g Absatz 1 Satz 2 Nummer 1 mit der Maßgabe anzuwenden, dass bei Gewerbebetrieben oder der selbständigen Arbeit dienenden Betrieben, die ihren Gewinn nach § 4 Absatz 1 oder § 5 ermitteln, ein Betriebsvermögen von 335 000 Euro, bei Betrieben der Land- und Forstwirtschaft ein Wirtschaftswert oder Ersatzwirtschaftswert von 175 000 Euro und bei Betrieben, die ihren Gewinn nach § 4 Absatz 3 ermitteln, ohne Berücksichtigung von Investitionsabzugsbeträgen ein Gewinn von 200 000 Euro nicht überschritten wird. [2]Bei Wirt-

§ 52

schaftsgütern, die nach dem 31. Dezember 2008 und vor dem 1. Januar 2011 angeschafft oder hergestellt worden sind, ist § 7g Absatz 6 Nummer 1 mit der Maßgabe anzuwenden, dass der Betrieb zum Schluss des Wirtschaftsjahres, das der Anschaffung oder Herstellung vorangeht, die Größenmerkmale des Satzes 1 nicht überschreitet.

(17) § 9b Absatz 2 in der Fassung des Artikels 11 des Gesetzes vom 18. Dezember 2013 (BGBl. I S. 4318) ist auf Mehr- und Minderbeträge infolge von Änderungen der Verhältnisse im Sinne von § 15a des Umsatzsteuergesetzes anzuwenden, die nach dem 28. November 2013 eingetreten sind.

(18) [1]§ 10 Absatz 1 Nummer 2 in der am 1. Januar 2015 geltenden Fassung ist auf alle Versorgungsleistungen anzuwenden, die auf Vermögensübertragungen beruhen, die nach dem 31. Dezember 2007 vereinbart worden sind. [2]Für Versorgungsleistungen, die auf Vermögensübertragungen beruhen, die vor dem 1. Januar 2008 vereinbart worden sind, gilt dies nur, wenn das übertragene Vermögen nur deshalb einen ausreichenden Ertrag bringt, weil ersparte Aufwendungen, mit Ausnahme des Nutzungsvorteils eines vom Vermögensübernehmer zu eigenen Zwecken genutzten Grundstücks, zu den Erträgen des Vermögens gerechnet werden. [3]§ 10 Absatz 1 Nummer 5 in der am 1. Januar 2012 geltenden Fassung gilt auch für Kinder, die wegen einer vor dem 1. Januar 2007 in der Zeit ab Vollendung des 25. Lebensjahres und vor Vollendung des 27. Lebensjahres eingetretenen körperlichen, geistigen oder seelischen Behinderung außerstande sind, sich selbst zu unterhalten. [4]§ 10 Absatz 4b Satz 4 bis 6 in der am 30. Juni 2013 geltenden Fassung ist erstmals für die Übermittlung der Daten des Veranlagungszeitraums 2016 anzuwenden. [5]§ 10 Absatz 5 in der am 31. Dezember 2009 geltenden Fassung ist auf Beiträge zu Versicherungen im Sinne des § 10 Absatz 1 Nummer 2 Buchstabe b Doppelbuchstabe bb bis dd in der am 31. Dezember 2004 geltenden Fassung weiterhin anzuwenden, wenn die Laufzeit dieser Versicherungen vor dem 1. Januar 2005 begonnen hat und ein Versicherungsbeitrag bis zum 31. Dezember 2004 entrichtet wurde.

(19) [1]Für nach dem 31. Dezember 1986 und vor dem 1. Januar 1991 hergestellte oder angeschaffte Wohnungen im eigenen Haus oder Eigentumswohnungen sowie in diesem Zeitraum fertiggestellte Ausbauten oder Erweiterungen ist § 10e in der am 30. Dezember 1989 geltenden Fassung weiter anzuwenden. [2]Für nach dem 31. Dezember 1990 hergestellte oder angeschaffte Wohnungen im eigenen Haus oder Eigentumswohnungen sowie in diesem Zeitraum fertiggestellte Ausbauten oder Erweiterungen ist § 10e in der am 28. Juni 1991 geltenden Fassung weiter anzuwenden. [3]Abweichend von Satz 2 ist § 10e Absatz 1 bis 5 und 6 bis 7 in der am 28. Juni 1991 geltenden Fassung erstmals für den Veranlagungszeitraum 1991 bei Objekten im Sinne des § 1 Oe Absatz 1 und 2 anzuwenden, wenn im Fall der Herstellung der Steuerpflichtige nach dem 30. September 1991 den Bauantrag gestellt oder mit der Herstellung des Objekts begonnen hat oder im Fall der Anschaffung der Steuerpflichtige das Objekt nach dem 30. September 1991 auf Grund eines nach diesem Zeitpunkt rechtswirksam abgeschlossenen obligatorischen Vertrags oder gleichstehenden Rechtsakts angeschafft hat oder mit der Herstellung des Objekts nach dem 30. September 1991 begonnen worden ist. [4]§ 10e Absatz 5a ist erstmals bei den in § 10e Absatz 1 und 2 bezeichneten Objekten anzuwenden, wenn im Fall der Herstellung der Steuerpflichtige den Bauantrag nach dem 31. Dezember 1991 gestellt oder, falls ein solcher nicht erforderlich ist, mit der Herstellung nach diesem Zeitpunkt begonnen hat, oder im Fall der Anschaffung der Steuerpflichtige das Objekt auf Grund eines nach dem 31. Dezember 1991 rechtswirksam abgeschlossenen obligatorischen Vertrags oder gleichstehenden Rechtsakts angeschafft hat.§ 10e Absatz 1 Satz 4 in der am 27. Juni 1993 geltenden Fassung und § 10e Absatz 6 Satz 3 in der am 30. Dezember 1993 geltenden Fassung sind erstmals anzuwenden, wenn der Steuerpflichtige das Objekt auf Grund eines nach dem 31. Dezember 1993 rechtswirksam abgeschlossenen obligatorischen Vertrags oder gleichstehenden Rechtsakts angeschafft hat. [5]§ 10e ist letztmals anzuwenden, wenn der Steuerpflichtige im Fall der Herstellung vor dem 1. Januar 1996 mit der Herstellung des Objekts begonnen hat oder im Fall der Anschaffung das Objekt auf Grund eines vor dem 1. Januar 1996 rechtswirksam abgeschlossenen obligatorischen Vertrags oder gleichstehenden Rechtsakts angeschafft hat. [6]Als Beginn der Herstellung gilt bei Objekten, für die eine Baugenehmigung erforderlich ist, der Zeitpunkt, in dem der Bauantrag gestellt wird; bei

§ 52

baugenehmigungsfreien Objekten, für die Bauunterlagen einzureichen sind, gilt als Beginn der Herstellung der Zeitpunkt, in dem die Bauunterlagen eingereicht werden.

(20) [1]§ 10h ist letztmals anzuwenden, wenn der Steuerpflichtige vor dem 1. Januar 1996 mit der Herstellung begonnen hat. [2]Als Beginn der Herstellung gilt bei Baumaßnahmen, für die eine Baugenehmigung erforderlich ist, der Zeitpunkt, in dem der Bauantrag gestellt wird; bei baugenehmigungsfreien Baumaßnahmen, für die Bauunterlagen einzureichen sind, gilt als Beginn der Herstellung der Zeitpunkt, in dem die Bauunterlagen eingereicht werden.

(21) [1]§ 10i in der am 1. Januar 1996 geltenden Fassung ist letztmals anzuwenden, wenn der Steuerpflichtige im Fall der Herstellung vor dem 1. Januar 1999 mit der Herstellung des Objekts begonnen hat oder im Fall der Anschaffung das Objekt auf Grund eines vor dem 1. Januar 1999 rechtswirksam abgeschlossenen obligatorischen Vertrags oder gleichstehenden Rechtsakts angeschafft hat. [2]Als Beginn der Herstellung gilt bei Objekten, für die eine Baugenehmigung erforderlich ist, der Zeitpunkt, in dem der Bauantrag gestellt wird; bei baugenehmigungsfreien Objekten, für die Bauunterlagen einzureichen sind, gilt als Beginn der Herstellung der Zeitpunkt, in dem die Bauunterlagen eingereicht werden.

(22) Für die Anwendung des § 13 Absatz 7 in der am 31. Dezember 2005 geltenden Fassung gilt Absatz 25 entsprechend.

(23) § 15 Absatz 4 Satz 2 und 7 in der am 30. Juni 2013 geltenden Fassung ist in allen Fällen anzuwenden, in denen am 30. Juni 2013 die Feststellungsfrist noch nicht abgelaufen ist.

(24) [1]§ 15a ist nicht auf Verluste anzuwenden, soweit sie

1. durch Sonderabschreibungen nach § 82f der Einkommensteuer-Durchführungsverordnung,
2. durch Absetzungen für Abnutzung in fallenden Jahresbeträgen nach § 7 Absatz 2 von den Herstellungskosten oder von den Anschaffungskosten von in ungebrauchtem Zustand vom Hersteller erworbenen Seeschiffen, die in einem inländischen Seeschiffsregister eingetragen sind,

entstehen; Nummer 1 gilt nur bei Schiffen, deren Anschaffungs- oder Herstellungskosten zu mindestens 30 Prozent durch Mittel finanziert werden, die weder unmittelbar noch mittelbar in wirtschaftlichem Zusammenhang mit der Aufnahme von Krediten durch den Gewerbebetrieb stehen, zu dessen Betriebsvermögen das Schiff gehört. [2]§ 15a ist in diesen Fällen erstmals anzuwenden auf Verluste, die in nach dem 31. Dezember 1999 beginnenden Wirtschaftsjahren entstehen, wenn der Schiffbauvertrag vor dem 25. April 1996 abgeschlossen worden ist und der Gesellschafter der Gesellschaft vor dem 1. Januar 1999 beigetreten ist; soweit Verluste, die in dem Betrieb der Gesellschaft entstehen und nach Satz 1 oder nach § 15a Absatz 1 Satz 1 ausgleichsfähig oder abzugsfähig sind, zusammen das Eineinviertelfache der insgesamt geleisteten Einlage übersteigen, ist § 15a auf Verluste anzuwenden, die in nach dem 31. Dezember 1994 beginnenden Wirtschaftsjahren entstehen. [3]Scheidet ein Kommanditist oder ein anderer Mitunternehmer, dessen Haftung der eines Kommanditisten vergleichbar ist und dessen Kapitalkonto in der Steuerbilanz der Gesellschaft auf Grund von ausgleichs oder abzugsfähigen Verlusten negativ geworden ist, aus der Gesellschaft aus oder wird in einem solchen Fall die Gesellschaft aufgelöst, so gilt der Betrag, den der Mitunternehmer nicht ausgleichen muss, als Veräußerungsgewinn im Sinne des § 16. In Höhe der nach Satz 3 als Gewinn zuzurechnenden Beträge sind bei den anderen Mitunternehmern unter Berücksichtigung der für die Zurechnung von Verlusten geltenden Grundsätze Verlustanteile anzusetzen. [4]Bei der Anwendung des § 15a Absatz 3 sind nur Verluste zu berücksichtigen, auf die § 15a Absatz 1 anzuwenden ist.

(25) [1]§ 15b in der Fassung des Artikels 1 des Oesetzes vom 22. Dezember 2005 (BGBl. I S. 3683) ist nur auf Verluste der dort bezeichneten Steuerstundungsmodelle anzuwenden, denen der Steuerpflichtige nach dem 10. November 2005 beigetreten ist oder für die nach dem 10. November 2005 mit dem Außenvertrieb begonnen wurde. [2]Der Außenvertrieb beginnt in dem Zeitpunkt, in dem die Voraussetzungen für die Veräußerung der konkret bestimmbaren Fondsanteile erfüllt sind und die Gesellschaft selbst oder über ein Vertriebsunternehmen mit Außenwirkung an den Markt herangetreten ist. [3]Dem Beginn des Außenvertriebs stehen der

959

§ 52

Beschluss von Kapitalerhöhungen und die Reinvestition von Erlösen in neue Projekte gleich Besteht das Steuerstundungsmodell nicht im Erwerb eines Anteils an einem geschlossenen Fonds, ist § 15b in der Fassung des Artikels 1 des Gesetzes vom 22. Dezember 2005 (BGBl. I S. 3683) anzuwenden, wenn die Investition nach dem 10. November 2005 rechtsverbindlich getätigt wurde. [4]§ 15b Absatz 3a ist erstmals auf Verluste der dort bezeichneten Steuerstundungsmodelle anzuwenden, bei denen Wirtschaftsgüter des Umlaufvermögens nach dem 28. November 2013 angeschafft, hergestellt oder in das Betriebsvermögen eingelegt werden.

(26) Für die Anwendung des § 18 Absatz 4 Satz 2 in der Fassung des Artikels 1 des Gesetzes vom 22. Dezember 2005 (BGBl. I S. 3683) gilt Absatz 25 entsprechend.

(26a) § 19 Absatz 1 Satz 1 Nummer 3 Satz 2 und 3 in der am 31. Dezember 2014 geltenden Fassung gilt für alle Zahlungen des Arbeitgebers nach dem 30. Dezember 2014.

(27) § 19a in der am 31. Dezember 2008 geltenden Fassung ist weiter anzuwenden, wenn

1. die Vermögensbeteiligung vor dem 1. April 2009 überlassen wird oder
2. auf Grund einer am 31. März 2009 bestehenden Vereinbarung ein Anspruch auf die unentgeltliche oder verbilligte Überlassung einer Vermögensbeteiligung besteht sowie die Vermögensbeteiligung vor dem 1. Januar 2016 überlassen wird

und der Arbeitgeber bei demselben Arbeitnehmer im Kalenderjahr nicht § 3 Nummer 39 anzuwenden hat.

(28) [1]Für die Anwendung des § 20 Absatz 1 Nummer 4 Satz 2 in der am 31. Dezember 2005 geltenden Fassung gilt Absatz 25 entsprechend. [2]Für die Anwendung von § 20 Absatz 1 Nummer 4 Satz 2 und Absatz 2b in der am 1. Januar 2007 geltenden Fassung gilt Absatz 25 entsprechend.§ 20 Absatz 1 Nummer 6 in der Fassung des Gesetzes vom 7. September 1990 (BGBl. I S. 1898) ist erstmals auf nach dem 31. Dezember 1974 zugeflossene Zinsen aus Versicherungsverträgen anzuwenden, die nach dem 31. Dezember 1973 abgeschlossen worden sind. [3]§ 20 Absatz 1 Nummer 6 in der Fassung des Gesetzes vom 20. Dezember 1996 (BGBl. I S. 2049) ist erstmals auf Zinsen aus Versicherungsverträgen anzuwenden, bei denen die Ansprüche nach dem 31. Dezember 1996 entgeltlich erworben worden sind. [4]Für Kapitalerträge aus Versicherungsverträgen, die vor dem 1. Januar 2005 abgeschlossen worden sind, ist § 20 Absatz 1 Nummer 6 in der am 31. Dezember 2004 geltenden Fassung mit der Maßgabe weiterhin anzuwenden, dass in Satz 3 die Wörter „§ 10 Absatz 1 Nummer 2 Buchstabe b Satz 5" durch die Wörter „§ 10 Absatz 1 Nummer 2 Buchstabe b Satz 6" ersetzt werden. [5]§ 20 Absatz 1 Nummer 6 Satz 3 in der Fassung des Artikels 1 des Gesetzes vom 13. Dezember 2006 (BGBl. I S. 2878) ist erstmals anzuwenden auf Versicherungsleistungen im Erlebensfall bei Versicherungsverträgen, die nach dem 31. Dezember 2006 abgeschlossen werden, und auf Versicherungsleistungen bei Rückkauf eines Vertrages nach dem 31. Dezember 2006. § 20 Absatz 1 Nummer 6 Satz 2 ist für Vertragsabschlüsse nach dem 31. Dezember 2011 mit der Maßgabe anzuwenden, dass die Versicherungsleistung nach Vollendung des 62. Lebensjahres des Steuerpflichtigen ausgezahlt wird. [6]§ 20 Absatz 1 Nummer 6 Satz 6 in der Fassung des Artikels 1 des Gesetzes vom 19. Dezember 2008 (BGBl. I S. 2794) ist für alle Versicherungsverträge anzuwenden, die nach dem 31. März 2009 abgeschlossen werden oder bei denen die erstmalige Beitragsleistung nach dem 31. März 2009 erfolgt. [7]Wird auf Grund einer internen Teilung nach § 10 des Versorgungsausgleichsgesetzes oder einer externen Teilung nach § 14 des Versorgungsausgleichsgesetzes ein Anrecht in Form eines Versicherungsvertrags zugunsten der ausgleichsberechtigten Person begründet, so gilt dieser Vertrag insoweit zu dem gleichen Zeitpunkt als abgeschlossen wie derjenige der ausgleichspflichtigen Person. [8]§ 20 Absatz 1 Nummer 6 Satz 7 und 8 ist auf Versicherungsleistungen anzuwenden, die auf Grund eines nach dem 31. Dezember 2014 eingetretenen Versicherungsfalles ausgezahlt werden. [9]§ 20 Absatz 2 Satz 1 Nummer 1 in der am 18. August 2007 geltenden Fassung ist erstmals auf Gewinne aus der Veräußerung von Anteilen anzuwenden, die nach dem 31. Dezember 2008 erworben wurden. [10]§ 20 Absatz 2 Satz 1 Nummer 3 in der am 18. August 2007 geltenden Fassung ist erstmals auf Gewinne aus Termingeschäften anzuwenden, bei denen der Rechtserwerb nach dem 31. Dezember 2008 stattgefunden hat. [11]§ 20 Absatz 2 Satz 1 Nummer 4, 5 und 8 in der am 18. August 2007 geltenden Fassung ist erstmals auf Gewinne anzuwenden, bei denen die zugrunde liegenden Wirtschaftsgüter, Rechte oder Rechtspositionen nach dem

§ 52

31. Dezember 2008 erworben oder geschaffen wurden. [12]§ 20 Absatz 2 Satz 1 Nummer 6 in der am 18. August 2007 geltenden Fassung ist erstmals auf die Veräußerung von Ansprüchen nach dem 31. Dezember 2008 anzuwenden, bei denen der Versicherungsvertrag nach dem 31. Dezember 2004 abgeschlossen wurde; dies gilt auch für Versicherungsverträge, die vor dem 1. Januar 2005 abgeschlossen wurden, sofern bei einem Rückkauf zum Veräußerungszeitpunkt die Erträge nach § 20 Absatz 1 Nummer 6 in der am 31. Dezember 2004 geltenden Fassung steuerpflichtig wären. [13]§ 20 Absatz 2 Satz 1 Nummer 7 in der Fassung des Artikels 1 des Gesetzes vom 14. August 2007 (BGBl. I S. 1912) ist erstmals auf nach dem 31. Dezember 2008 zufließende Kapitalerträge aus der Veräußerung sonstiger Kapitalforderungen anzuwenden. [14]Für Kapitalerträge aus Kapitalforderungen, die zum Zeitpunkt des vor dem 1. Januar 2009 erfolgten Erwerbs zwar Kapitalforderungen im Sinne des § 20 Absatz 1 Nummer 7 in der am 31. Dezember 2008 anzuwendenden Fassung, aber nicht Kapitalforderungen im Sinne des § 20 Absatz 2 Satz 1 Nummer 4 in der am 31. Dezember 2008 anzuwendenden Fassung sind, ist § 20 Absatz 2 Satz 1 Nummer 7 nicht anzuwenden; für die bei der Veräußerung in Rechnung gestellten Stückzinsen ist Satz 15 anzuwenden· Kapitalforderungen im Sinne des § 20 Absatz 2 Satz 1 Nummer 4 in der am 31. Dezember 2008 anzuwendenden Fassung liegen auch vor, wenn die Rückzahlung nur teilweise garantiert ist oder wenn eine Trennung zwischen Ertrags- und Vermögensebene möglich erscheint. [15]Bei Kapitalforderungen, die zwar nicht die Voraussetzungen von § 20 Absatz 1 Nummer 7 in der am 31. Dezember 2008 geltenden Fassung, aber die Voraussetzungen von § 20 Absatz 1 Nummer 7 in der am 18. August 2007 geltenden Fassung erfüllen, ist § 20 Absatz 2 Satz 1 Nummer 7 in Verbindung mit § 20 Absatz 1 Nummer 7 vorbehaltlich der Regelung in Absatz 31 Satz 2 und 3 auf alle nach dem 30. Juni 2009 zufließenden Kapitalerträge anzuwenden, es sei denn, die Kapitalforderung wurde vor dem 15. März 2007 angeschafft. [16]§ 20 Absatz 4a Satz 3 in der Fassung des Artikels 1 des Gesetzes vom 8. Dezember 2010 (BGBl. I S. 1768) ist erstmals für Wertpapiere anzuwenden, die nach dem 31. Dezember 2009 geliefert wurden, sofern für die Lieferung § 20 Absatz 4 anzuwenden ist.

(29) Für die Anwendung des § 21 Absatz 1 Satz 2 in der am 31. Dezember 2005 geltenden Fassung gilt Absatz 25 entsprechend.

(30) Für die Anwendung des § 22 Nummer 1 Satz 1 zweiter Halbsatz in der am 31. Dezember 2005 geltenden Fassung gilt Absatz 25 entsprechend.

(31) [1]§ 23 Absatz 1 Satz 1 Nummer 2 in der am 18. August 2007 geltenden Fassung ist erstmals auf Veräußerungsgeschäfte anzuwenden, bei denen die Wirtschaftsgüter nach dem 31. Dezember 2008 auf Grund eines nach diesem Zeitpunkt rechtswirksam abgeschlossenen obligatorischen Vertrags oder gleichstehenden Rechtsakts angeschafft wurden; § 23 Absatz 1 Satz 1 Nummer 2 Satz 2 in der am 14. Dezember 2010 geltenden Fassung ist erstmals auf Veräußerungsgeschäfte anzuwenden, bei denen die Gegenstände des täglichen Gebrauchs auf Grund eines nach dem 13. Dezember 2010 rechtskräftig abgeschlossenen Vertrags oder gleichstehenden Rechtsakts angeschafft wurden. [2]§ 23 Absatz 1 Satz 1 Nummer 2 in der am 1. Januar 1999 geltenden Fassung ist letztmals auf Veräußerungsgeschäfte anzuwenden, bei denen die Wirtschaftsgüter vor dem 1. Januar 2009 erworben wurden. [3]§ 23 Absatz 1 Satz 1 Nummer 4 ist auf Termingeschäfte anzuwenden, bei denen der Erwerb des Rechts auf einen Differenzausgleich, Geldbetrag oder Vorteil nach dem 31. Dezember 1998 und vor dem 1. Januar 2009 erfolgt. [4]§ 23 Absatz 3 Satz 4 in der arn 1. Januar 2000 geltenden Fassung ist auf Veräußerungsgeschäfte anzuwenden, bei denen der Steuerpflichtige das Wirtschaftsgut nach dem 31. Juli 1995 und vor dem 1. Januar 2009 angeschafft oder nach dem 31. Dezember 1998 und vor dem 1. Januar 2009 fertiggestellt hat; § 23 Absatz 3 Satz 4 in der am 1. Januar 2009 geltenden Fassung ist auf Veräußerungsgeschäfte anzuwenden, bei denen der Steuerpflichtige das Wirtschaftsgut nach dem 31. Dezember 2008 angeschafft oder fertiggestellt hat. [5]§ 23 Absatz 1 Satz 2 und 3 sowie Absatz 3 Satz 3 in der arn 12. Dezember 2006 geltenden Fassung sind für Anteile, die einbringungsgeboren im Sinne des § 21 des Umwandlungssteuergesetzes in der am 12. Dezember 2006 geltenden Fassung sind, weiter anzuwenden.

(32) [1]§ 32 Absatz 4 Satz 1 Nummer 3 in der Fassung des Artikels 1 des Gesetzes vom 19. Juli 2006 (BGBl. I S. 1652) ist erstmals für Kinder anzuwenden, die im Veranlagungszeitraum

§ 52

2007 wegen einer vor Vollendung des 25. Lebensjahres eingetretenen körperlichen, geistigen oder seelischen Behinderung außerstande sind, sich selbst zu unterhalten; für Kinder, die wegen einer vor dem 1. Januar 2007 in der Zeit ab der Vollendung des 25. Lebensjahres und vor Vollendung des 27. Lebensjahres eingetretenen körperlichen, geistigen oder seelischen Behinderung außerstande sind, sich selbst zu unterhalten, ist § 32 Absatz 4 Satz 1 Nummer 3 weiterhin in der bis zum 31. Dezember 2006 geltenden Fassung anzuwenden. ²§ 32 Absatz 5 ist nur noch anzuwenden, wenn das Kind den Dienst oder die Tätigkeit vor dem 1. Juli 2011 angetreten hat. ³Für die nach § 10 Absatz 1 Nummer 2 Buchstabe b und den §§ 10a, 82 begünstigten Verträge, die vor dem 1. Januar 2007 abgeschlossen wurden, gelten für das Vorliegen einer begünstigten Hinterbliebenenversorgung die Altersgrenzen des § 32 in der arn 31. Dezember 2006 geltenden Fassung. ⁴Dies gilt entsprechend für die Anwendung des § 93 Absatz 1 Satz 3 Buchstabe b.

(33) ¹§ 32b Absatz 2 Satz 1 Nummer 2 Satz 2 Buchstabe c ist erstmals auf Wirtschaftsgüter des Umlaufvermögens anzuwenden, die nach dem 28. Februar 2013 angeschafft, hergestellt oder in das Betriebsvermögen eingelegt werden. ²§ 32b Absatz 1 Satz 3 in der Fassung des Artikels 11 des Gesetzes vom 18. Dezember 2013 (BGBl. I S. 4318) ist in allen offenen Fällen anzuwenden.

(34) § 34a in der Fassung des Artikels 1 des Gesetzes vorn 19. Dezember 2008 (BGBl. I S. 2794) ist erstmals für den Veranlagungszeitraum 2008 anzuwenden.

(34a) Für Veranlagungszeiträume bis einschließlich 2014 ist § 34c Absatz 1 Satz 2 in der bis zum 31. Dezember 2014 geltenden Fassung in allen Fällen, in denen die Einkommensteuer noch nicht bestandskräftig festgesetzt ist, mit der Maßgabe anzuwenden, dass an die Stelle der Wörter „Summe der Einkünfte" die Wörter „Summe der Einkünfte abzüglich des Altersentlastungsbetrages (§ 24a), des Entlastungsbetrages für Alleinerziehende (§ 24b), der Sonderausgaben (§§ 10, 10a, 10b, 10c), der außergewöhnlichen Belastungen (§§ 33 bis 33b), der berücksichtigten Freibeträge für Kinder (§§ 31, 32 Absatz 6) und des Grundfreibetrages (§ 32a Absatz 1 Satz 2 Nummer 1) treten.

(35) ¹§ 34f Absatz 3 und 4 Satz 2 in der Fassung des Gesetzes vorn 25. Februar 1992 (BGBl. I S. 297) ist erstmals anzuwenden bei Inspruchnahme der Steuerbegünstigung nach § 10e Absatz 1 bis 5 in der Fassung des Gesetzes vom 25. Februar 1992 (BGBl. I S. 297). ²§ 34f Absatz 4 Satz 1 ist erstmals anzuwenden bei Inspruchnahme der Steuerbegünstigung nach § 10e Absatz 1 bis 5 oder nach § 15b des Berlinförderungsgesetzes für nach dem 31. Dezember 1991 hergestellte oder angeschaffte Objekte.

(36) ¹Das Bundesministerium der Finanzen kann im Einvernehmen mit den obersten Finanzbehörden der Länder in einem Schreiben mitteilen, wann die in § 39 Absatz 4 Nummer 4 und 5 genannten Lahnsteuerabzugsmerkmale erstmals abgerufen werden können (§ 39e Absatz 3 Satz 1). ²Dieses Schreiben ist im Bundessteuerblatt zu veröffentlichen.

(37) ¹Das Bundesministerium der Finanzen kann im Einvernehmen mit den obersten Finanzbehörden der Länder in einem Schreiben mitteilen, ab wann die Regelungen in § 39a Absatz 1 Satz 3 bis 5 erstrnals anzuwenden sind. ²Dieses Schreiben ist im Bundessteuerblatt zu veröffentlichen.

(38) § 40a Absatz 2, 2a und 6 in der am 31. Juli 2014 geltenden Fassung ist erstmals ab dem Kalenderjahr 2013 anzuwenden.

(39) Haben Arbeitnehmer im Laufe des Kalenderjahres geheiratet, wird längstens bis zum Ablauf des Kalenderjahres 2017 abweichend von § 39e Absatz 3 Satz 3 für jeden Ehegatten automatisiert die Steuerklasse IV gebildet, wenn die Voraussetzungen des § 38b Absatz 1 Satz 2 Nummer 3 oder Nummer 4 vorliegen.

(40) ¹§ 40b Absatz 1 und 2 in der arn 31. Dezember 2004 geltenden Fassung ist weiter anzuwenden auf Beiträge für eine Direktversicherung des Arbeitnehmers und Zuwendungen an eine Pensionskasse, die auf Grund einer Versorgungszusage geleistet werden, die vor dem 1. Januar 2005 erteilt wurde. ²Sofern die Beiträge für eine Direktversicherung die Voraussetzungen des § 3 Nummer 63 erfüllen, gilt dies nur, wenn der Arbeitnehmer nach Absatz 4

§ 52

gegenüber dem Arbeitgeber für diese Beiträge auf die Anwendung des § 3 Nummer 63 verzichtet hat.

(41) Bei der Veräußerung oder Einlösung von Wertpapieren und Kapitalforderungen, die von der das Bundesschuldbuch führenden Stelle oder einer Landesschuldenverwaltung verwahrt oder verwaltet werden können, bemisst sich der Steuerabzug nach den bis zum 31. Dezember 1993 geltenden Vorschriften, wenn die Wertpapier- und Kapitalforderungen vor dem 1. Januar 1994 emittiert worden sind; dies gilt nicht für besonders in Rechnung gestellte Stückzinsen.

(42) § 43 Absatz 1 Satz 1 Nummer 7 Buchstabe b Satz 2 in der Fassung des Artikels 1 des Gesetzes vom 13. Dezember 2006 (BGBl. I S. 2878) ist erstmals auf Verträge anzuwenden, die nach dem 31. Dezember 2006 abgeschlossen werden.

(43) [1]Ist ein Freistellungsauftrag im Sinne des § 44a vor dem 1. Januar 2007 unter Beachtung des § 20 Absatz 4 in der bis dahin geltenden Fassung erteilt worden, darf der nach § 44 Absatz 1 zum Steuerabzug Verpflichtete den angegebenen Freistellungsbetrag nur zu 56,37 Prozent berücksichtigen. [2]Sind in dem Freistellungsauftrag der gesamte Sparer-Freibetrag nach § 20 Absatz 4 in der Fassung des Artikels 1 des Gesetzes vom 19. Juli 2006 (BGBl. I S. 1652) und der gesamte Werbungskosten-Pauschbetrag nach § 9a Satz 1 Nummer 2 in der Fassung des Artikels 1 des Gesetzes vom 19. Juli 2006 (BGBl. I S. 1652) angegeben, ist der Werbungskosten-Pauschbetrag in voller Höhe zu berücksichtigen.

(44) § 44 Absatz 6 Satz 2 und 5 in der am 12. Dezember 2006 geltenden Fassung ist für Anteile, die einbringungsgeboren im Sinne des § 21 des Umwandlungssteuergesetzes in der am 12. Dezember 2006 geltenden Fassung sind, weiter anzuwenden.

(45) § 45d Absatz 1 in der am 14. Dezember 2010 geltenden Fassung ist erstmals für Kapitalerträge anzuwenden, die ab dem 1. Januar 2013 zufließen; eine Übermittlung der Identifikationsnummer hat für Kapitalerträge, die vor dem 1. Januar 2016 zufließen, nur zu erfolgen, wenn die Identifikationsnummer der Meldestelle vorliegt.

(46) Der Zeitpunkt der erstmaligen Anwendung des § 50 Absatz 2 in der am 18. August 2009 geltenden Fassung wird durch eine Rechtsverordnung der Bundesregierung bestimmt, die der Zustimmung des Bundesrates bedarf; dieser Zeitpunkt darf nicht vor dem 31. Dezember 2011 liegen.

(47) [1]Der Zeitpunkt der erstmaligen Anwendung des § 50a Absatz 3 und 5 in der am 18. August 2009 geltenden Fassung wird durch eine Rechtsverordnung der Bundesregierung bestimmt, die der Zustimmung des Bundesrates bedarf; dieser Zeitpunkt darf nicht vor dem 31. Dezember 2011 liegen. [2]§ 50a Absatz 7 in der am 31. Juli 2014 geltenden Fassung ist erstmals auf Vergütungen anzuwenden, für die der Steuerabzug nach dem 31. Dezember 2014 angeordnet worden ist.

(48) [1]§ 50i Absatz 1 Satz 1 und 2 ist auf die Veräußerung oder Entnahme von Wirtschaftsgütern oder Anteilen anzuwenden, die nach dem 29. Juni 2013 stattfindet. [2]Hinsichtlich der laufenden Einkünfte aus der Beteiligung an der Personengesellschaft ist die Vorschrift in allen Fällen anzuwenden, in denen die Einkommensteuer noch nicht bestandskräftig festgesetzt worden ist. [3]§ 50i Absatz 1 Satz 4 in der am 31. Juli 2014 geltenden Fassung ist erstmals auf die Veräußerung oder Entnahme von Wirtschaftsgütern oder Anteilen anzuwenden, die nach dem 31. Dezember 2013 stattfindet. [4]§ 50i Absatz 2 Satz 1 gilt für Umwandlungen und Einbringungen, bei denen der Umwandlungsbeschluss nach dem 31. Dezember 2013 erfolgt oder der Einbringungsvertrag nach dem 31. Dezember 2013,geschlossen worden ist. [5]§ 50i Absatz 2 Satz 2 gilt für Übertragungen und Überführungen und § 50i Absatz 2 Satz 3 gilt für einen Strukturwandel nach dem 31. Dezember 2013.

(49) § 51a Absatz 2c und 2e in der am 30. Juni 2013 geltenden Fassung ist erstmals auf nach dem 31. Dezember 2014 zufließende Kapitalerträge anzuwenden.

(49a) [1]Die §§ 62, 63 und 67 in der am 9. Dezember 2014 geltenden Fassung sind für Kindergeldfestsetzungen anzuwenden, die Zeiträume betreffen, die nach dem 31. Dezember 2015 beginnen. [2]Die §§ 62, 63 und 67 in der am 9. Dezember 2014 geltenden Fassung sind auch für

§ 52

Kindergeldfestsetzungen anzuwenden, die Zeiträume betreffen, die vor dem 1. Januar 2016 liegen, der Antrag auf Kindergeld aber erst nach dem 31. Dezember 2015 gestellt wird.

(50) § 70 Absatz 4 in der am 31. Dezember 2011 geltenden Fassung ist weiter für Kindergeldfestsetzungen anzuwenden, die Zeiträume betreffen, die vor dem 1. Januar 2012 enden.

EStDV

§ 84 Anwendungsvorschriften

(1) Die vorstehende Fassung dieser Verordnung ist, soweit in den folgenden Absätzen nichts anderes bestimmt ist, erstmals für den Veranlagungszeitraum 2012 anzuwenden.

(1a) § 1 in der Fassung des Artikels 2 des Gesetzes vom 18. Juli 2014 (BGBl. I S. 1042) ist in allen Fällen anzuwenden, in denen die Einkommensteuer noch nicht bestandskräftig festgesetzt ist.

(1b) § 7 der Einkommensteuer-Durchführungsverordnung 1997 in der Fassung der Bekanntmachung vom 18. Juni 1997 (BGBl. I S. 1558) ist letztmals für das Wirtschaftsjahr anzuwenden, das vor dem 1. Januar 1999 endet.

(1c) Die §§ 8 und 8a der Einkommensteuer-Durchführungsverordnung 1986 in der Fassung der Bekanntmachung vom 24. Juli 1986 (BGBl. I S. 1239) sind letztmals für das Wirtschaftsjahr anzuwenden, das vor dem 1. Januar 1990 endet.

(2) [1]§ 8c Abs. 1 und 2 Satz 3 in der Fassung dieser Verordnung ist erstmals für Wirtschaftsjahre anzuwenden, die nach dem 31. August 1993 beginnen. [2]§ 8c Abs. 2 Satz 1 und 2 ist erstmals für Wirtschaftsjahre anzuwenden, die nach dem 30. Juni 1990 beginnen. [3]Für Wirtschaftsjahre, die vor dem 1. Mai 1984 begonnen haben, ist § 8c Abs. 1 und 2 der Einkommensteuer-Durchführungsverordnung 1981 in der Fassung der Bekanntmachung vom 23. Juni 1982 (BGBl. I S. 700)[1]) weiter anzuwenden.

(2a) § 11c Abs. 2 Satz 3 ist erstmals für das nach dem 31. Dezember 1998 endende Wirtschaftsjahr anzuwenden.

(2b) § 29 Abs. 1 ist auch für Veranlagungszeiträume vor 1996 anzuwenden, soweit die Fälle, in denen Ansprüche aus Versicherungsverträgen nach dem 13. Februar 1992 zur Tilgung oder Sicherung von Darlehen eingesetzt wurden, noch nicht angezeigt worden sind.

(3) § 29 Abs. 3 bis 6, §§ 31 und 32 sind in der vor dem 1. Januar 1996 geltenden Fassung für vor diesem Zeitpunkt an Bausparkassen geleistete Beiträge letztmals für den Veranlagungszeitraum 2005 anzuwenden.

(3a) § 51 in der Fassung des Artikels 2 des Gesetzes vom 1. November 2011 (BGBl. I S. 2131) ist erstmals für das Wirtschaftsjahr anzuwenden, das nach dem 31. Dezember 2011 beginnt.

(3b) [1]§ 54 Abs. 1 Satz 2 in der Fassung des Artikels 1a des Gesetzes vom 20. Dezember 2007 (BGBl. I S. 3150) ist erstmals für Vorgänge nach dem 31. Dezember 2007 anzuwenden. [2]§ 54 Abs. 4 in der Fassung des Artikels 2 des Gesetzes vom 7. Dezember 2006 (BGBl. I S. 2782) ist erstmals auf Verfügungen über Anteile an Kapitalgesellschaften anzuwenden, die nach dem 31. Dezember 2006 beurkundet werden.

(3c) § 56 in der Fassung des Artikels 10 des Gesetzes vom 29. Dezember 2003 (BGBl. I S. 3076) ist erstmals für den Veranlagungszeitraum 2004 anzuwenden.

(3d) § 60 Abs. 1 und 4 in der Fassung des Artikels 2 des Gesetzes vom 20. Dezember 2008 (BGBl. I S. 2850) ist erstmals für Wirtschaftsjahre (Gewinnermittlungszeiträume) anzuwenden, die nach dem 31. Dezember 2010 beginnen.

(3e) § 62d Abs. 2 Satz 2 in der Fassung des Artikels 2 des Gesetzes vom 22. Dezember 2003 (BGBl. I S. 2840) ist erstmals auf Verluste anzuwenden, die aus dem Veranlagungszeitraum 2004 in den Veranlagungszeitraum 2003 zurückgetragen werden.

---

1) BStBl. 1982 I S. 592.

(3f) § 64 Absatz 1 in der Fassung des Artikels 2 des Gesetzes vom 1. November 2011 (BGBl. I S. 2131) ist in allen Fällen anzuwenden, in denen die Einkommensteuer noch nicht bestandskräftig festgesetzt ist.

(3g) § 70 in der Fassung des Artikels 24 des Gesetzes vom 25. Juli 2014 (BGBl. I S. 1266) ist erstmals ab dem Veranlagungszeitraum 2014 anzuwenden.

(3h) ¹Die §§ 73a, 73c, 73d Abs. 1 sowie die §§ 73e und 73f Satz 1 in der Fassung des Artikels 2 des Gesetzes vom 19. Dezember 2008 (BGBl. I S. 2794) sind erstmals auf Vergütungen anzuwenden, die nach dem 31. Dezember 2008 zufließen. ²Abweichend von Satz 1 ist § 73e Satz 4 und 5 in der Fassung des Artikels 2 des Gesetzes vom 19. Dezember 2008 (BGBl. I S. 2794) erstmals auf Vergütungen anzuwenden, die nach dem 31. Dezember 2009 zufließen. ³§ 73e Satz 4 in der Fassung der Bekanntmachung vom 10. Mai 2000 (BGBl. I S. 717) ist letztmals auf Vergütungen anzuwenden, die vor dem 1. Januar 2010 zufließen. ⁴§ 73d Absatz 1 Satz 3, § 73e Satz 1, 2 und 5 sowie § 73g Absatz 1 und 2 in der Fassung des Artikels 9 des Gesetzes vom 10. August 2009 (BGBl. I S. 2702) sind erstmals auf Vergütungen anzuwenden, die nach dem 31. Dezember 2013 zufließen. ⁵§ 73e Satz 7 in der am 31. Juli 2014 geltenden Fassung ist erstmals auf Vergütungen anzuwenden, für die der Steuerabzug nach dem 31. Dezember 2014 angeordnet worden ist.

(3i) § 80 der Einkommensteuer-Durchführungsverordnung 1997 in der Fassung der Bekanntmachung vom 18. Juni 1997 (BGBl. I S. 1558) ist letztmals für das Wirtschaftsjahr anzuwenden, das vor dem 1. Januar 1999 endet

(4) ¹§ 82 a ist auf Tatbestände anzuwenden, die in dem in Artikel 3 des Einigungsvertrages genannten Gebiet nach dem 31. Dezember 1990 und vor dem 1. Januar 1992 verwirklicht worden sind. ²Auf Tatbestände, die im Geltungsbereich dieser Verordnung ausschließlich des in Artikel 3 des Einigungsvertrages genannten Gebiets verwirklicht worden sind, ist

1. *§ 82a Abs. 1 und 2 bei Herstellungskosten für Einbauten von Anlagen und Einrichtungen im Sinne von dessen Absatz 1 Nr. 1 bis 5 anzuwenden, die nach dem 30. Juni 1985 und vor dem 1. Januar 1992 fertiggestellt worden sind,*

2. *§ 82a Abs. 3 Satz 1 ab dem Veranlagungszeitraum 1987 bei Erhaltungsaufwand für Arbeiten anzuwenden, die vor dem 1. Januar 1992 abgeschlossen worden sind,*

3. *§ 82a Abs. 3 Satz 2 ab dem Veranlagungszeitraum 1987 bei Aufwendungen für Einzelöfen anzuwenden, die vor dem 1. Januar 1992 angeschafft worden sind,*

4. *§ 82a Abs. 3 Satz 1 in der Fassung der Bekanntmachung vom 24. Juli 1986 für Veranlagungszeiträume vor 1987 bei Erhaltungsaufwand für Arbeiten anzuwenden, die nach dem 30. Juni 1985 abgeschlossen worden sind,*

5. *§ 82a Abs. 3 Satz 2 in der Fassung der Bekanntmachung vom 24. Juli 1986 für Veranlagungszeiträume vor 1987 bei Aufwendungen für Einzelöfen anzuwenden, die nach dem 30. Juni 1985 angeschafft worden sind,*

6. *§ 82a bei Aufwendungen für vor dem 1. Juli 1985 fertiggestellte Anlagen und Einrichtungen in den vor diesem Zeitpunkt geltenden Fassungen weiter anzuwenden.*

(4a) ¹§ 82b der Einkommensteuer-Durchführungsverordnung 1997 in der Fassung der Bekanntmachung vom 18. Juni 1997 (BGBl. I S. 1558) ist letztmals auf Erhaltungsaufwand anzuwenden, der vor dem 1. Januar 1999 entstanden ist. ²§ 82b in der Fassung des Artikels 10 des Gesetzes vom 29. Dezember 2003 (BGBl. I S. 3076) ist erstmals auf Einhaltungsaufwand anzuwenden, der nach dem 31. Dezember 2003 entstanden ist.

(4b) § 82d der Einkommensteuer-Durchführungsverordnung 1986 ist auf Wirtschaftsgüter sowie auf ausgebaute und neu hergestellte Gebäudeteile anzuwenden, die im Geltungsbereich dieser Verordnung ausschließlich des in Artikel 3 des Einigungsvertrages genannten Gebiets nach dem 18. Mai 1983 und vor dem 1. Januar 1990 hergestellt oder angeschafft worden sind.

§ 52

(5) § 82f Abs. 5 und Abs. 7 Satz 1 der Einkommensteuer-Durchführungsverordnung 1979 in der Fassung der Bekanntmachung vom 24. September 1980 (BGBl. I S. 1801) ist letztmals für das Wirtschaftsjahr anzuwenden, das dem Wirtschaftsjahr vorangeht, für das § 15a des Gesetzes erstmals anzuwenden ist.

(6) [1]§ 82g ist auf Maßnahmen anzuwenden, die nach dem 30. Juni 1987 und vor dem 1. Januar 1991 in dem Geltungsbereich dieser Verordnung ausschließlich des in Artikel 3 des Einigungsvertrages genannten Gebiets abgeschlossen worden sind. [2]Auf Maßnahmen, die vor dem 1. Juli 1987 in dem Geltungsbereich dieser Verordnung ausschließlich des in Artikel 3 des Einigungsvertrages genannten Gebiets abgeschlossen worden sind, ist § 82g in der vor diesem Zeitpunkt geltenden Fassung weiter anzuwenden.

(7) [1]§ 82h in der durch die Verordnung vom 19. Dezember 1988 (BGBl. I S. 2301) geänderten Fassung ist erstmals auf Maßnahmen, die nach dem 30. Juni 1987 in dem Geltungsbereich dieser Verordnung ausschließlich des in Artikel 3 des Einigungsvertrages genannten Gebiets abgeschlossen worden sind, und letztmals auf Erhaltungsaufwand, der vor dem 1. Januar 1990 in dem Geltungsbereich dieser Verordnung ausschließlich des in Artikel 3 des Einigungsvertrages genannten Gebiets entstanden ist, mit der Maßgabe anzuwenden, dass der noch nicht berücksichtigte Teil des Erhaltungsaufwandes in dem Jahr, in dem das Gebäude letztmals zur Einkunftserzielung genutzt wird, als Betriebsausgaben oder Werbungskosten abzusetzen ist. [2]Auf Maßnahmen, die vor dem 1. Juli 1987 in dem Geltungsbereich dieser Verordnung ausschließlich des in Artikel 3 des Einigungsvertrages genannten Gebiets abgeschlossen worden sind, ist § 82h in der vor diesem Zeitpunkt geltenden Fassung weiter anzuwenden.

(8) § 82i ist auf Herstellungskosten für Baumaßnahmen anzuwenden, die nach dem 31. Dezember 1977 und vor dem 1. Januar 1991 in dem Geltungsbereich dieser Verordnung ausschließlich des in Artikel 3 des Einigungsvertrages genannten Gebiets abgeschlossen worden sind.

(9) § 82k der Einkommensteuer-Durchführungsverordnung 1986 ist auf Erhaltungsaufwand, der vor dem 1. Januar 1990 in dem Geltungsbereich dieser Verordnung ausschließlich des in Artikel 3 des Einigungsvertrages genannten Gebiets entstanden ist, mit der Maßgabe anzuwenden, dass der noch nicht berücksichtigte Teil des Erhaltungsaufwands in dem Jahr, in dem das Gebäude letztmals zur Einkunftserzielung genutzt wird, als Betriebsausgaben oder Werbungskosten abzusetzen ist.

(10) [1]In Anlage 3 (zu § 80 Abs. 1) ist die Nummer 26 erstmals für das Wirtschaftsjahr anzuwenden, das nach dem 31. Dezember 1990 beginnt. [2]Für Wirtschaftsjahre, die vor dem 1. Januar 1991 beginnen, ist die Nummer 26 in Anlage 3 in der vor diesem Zeitpunkt geltenden Fassung anzuwenden.

(11) § 56 Satz 1 Nummer 1, die §§ 61 und 62d in der Fassung des Artikels 2 des Gesetzes vom 1. November 2011 (BGBl. I S. 2131) sind erstmals für den Veranlagungszeitraum 2013 anzuwenden.

§ 52a

§ 52a Anwendungsvorschriften zur Einführung einer Abgeltungsteuer auf Kapitalerträge und Veräußerungsgewinne

(aufgehoben)

§ 52b

§ 52b Übergangsregelungen bis zur Anwendung der elektronischen Lohnsteuerabzugsmerkmale

(1) ¹Die Lohnsteuerkarte 2010 und die Bescheinigung für den Lohnsteuerabzug (Absatz 3) gelten mit den eingetragenen Lohnsteuerabzugsmerkmalen auch für den Steuerabzug vom Arbeitslohn ab dem 1. Januar 2011 bis zur erstmaligen Anwendung der elektronischen Lohnsteuerabzugsmerkmale durch den Arbeitgeber (Übergangszeitraum). ²Voraussetzung ist, dass dem Arbeitgeber entweder die Lohnsteuerkarte 2010 oder die Bescheinigung für den Lohnsteuerabzug vorliegt. In diesem Übergangszeitraum hat der Arbeitgeber die Lohnsteuerkarte 2010 und die Bescheinigung für den Lohnsteuerabzug

1. während des Dienstverhältnisses aufzubewahren, er darf sie nicht vernichten;
2. dem Arbeitnehmer zur Vorlage beim Finanzamt vorübergehend zu überlassen sowie
3. nach Beendigung des Dienstverhältnisses innerhalb einer angemessenen Frist herauszugeben.

²Nach Ablauf des auf den Einführungszeitraum (Absatz 5 Satz 2) folgenden Kalenderjahres darf der Arbeitgeber die Lohnsteuerkarte 2010 und die Bescheinigung für den Lohnsteuerabzug vernichten. ³Ist auf der Lohnsteuerkarte 2010 eine Lohnsteuerbescheinigung erteilt und ist die Lohnsteuerkarte an den Arbeitnehmer herausgegeben worden, kann der Arbeitgeber bei fortbestehendem Dienstverhältnis die Lohnsteuerabzugsmerkmale der Lohnsteuerkarte 2010 im Übergangszeitraum weiter anwenden, wenn der Arbeitnehmer schriftlich erklärt, dass die Lohnsteuerabzugsmerkmale der Lohnsteuerkarte 2010 weiterhin zutreffend sind.

(2) ¹Für Eintragungen auf der Lohnsteuerkarte 2010 und in der Bescheinigung für den Lohnsteuerabzug im Übergangszeitraum ist das Finanzamt zuständig. ²Der Arbeitnehmer ist verpflichtet, die Eintragung der Steuerklasse und der Zahl der Kinderfreibeträge auf der Lohnsteuerkarte 2010 und in der Bescheinigung für den Lohnsteuerabzug umgehend durch das Finanzamt ändern zu lassen, wenn die Eintragung von den Verhältnissen zu Beginn des jeweiligen Kalenderjahres im Übergangszeitraum zu seinen Gunsten abweicht. ³Diese Verpflichtung gilt auch in den Fällen, in denen die Steuerklasse II bescheinigt ist und die Voraussetzungen für die Berücksichtigung des Entlastungsbetrags für Alleinerziehende (§ 24b) im Laufe des Kalenderjahres entfallen. ⁴Kommt der Arbeitnehmer seiner Verpflichtung nicht nach, so hat das Finanzamt die Eintragung von Amts wegen zu ändern; der Arbeitnehmer hat die Lohnsteuerkarte 2010 und die Bescheinigung für den Lohnsteuerabzug dem Finanzamt auf Verlangen vorzulegen.

(3) Hat die Gemeinde für den Arbeitnehmer keine Lohnsteuerkarte für das Kalenderjahr 2010 ausgestellt oder ist die Lohnsteuerkarte 2010 verloren gegangen, unbrauchbar geworden oder zerstört worden, hat das Finanzamt im Übergangszeitraum auf Antrag des Arbeitnehmers eine Bescheinigung für den Lohnsteuerabzug nach amtlich vorgeschriebenem Muster (Bescheinigung für den Lohnsteuerabzug) auszustellen. Diese Bescheinigung tritt an die Stelle der Lohnsteuerkarte 2010.

(4) ¹Beginnt ein nach § 1 Absatz 1 unbeschränkt einkommensteuerpflichtiger lediger Arbeitnehmer im Übergangszeitraum ein Ausbildungsdienstverhältnis als erstes Dienstverhältnis, kann der Arbeitgeber auf die Vorlage einer Bescheinigung für den Lohnsteuerabzug verzichten. In diesem Fall hat der Arbeitgeber die Lohnsteuer nach der Steuerklasse I zu ermitteln; der Arbeitnehmer hat dem Arbeitgeber seine Identifikationsnummer sowie den Tag der Geburt und die rechtliche Zugehörigkeit zu einer steuererhebenden Religionsgemeinschaft mitzuteilen und schriftlich zu bestätigen, dass es sich um das erste Dienstverhältnis handelt. ²Der Arbeitgeber hat die Erklärung des Arbeitnehmers bis zum Ablauf des Kalenderjahres als Beleg zum Lohnkonto aufzubewahren.

(5) ¹Das Bundesministerium der Finanzen hat im Einvernehmen mit den obersten Finanzbehörden der Länder den Zeitpunkt der erstmaligen Anwendung der ELStAM für die Durchführung des Lohnsteuerabzugs ab dem Kalenderjahr 2013 oder einem späteren Anwendungszeitpunkt sowie den Zeitpunkt des erstmaligen Abrufs der ELStAM durch den Arbeitgeber (Starttermin) in einem Schreiben zu bestimmen, das im Bundessteuerblatt zu

§ 52b

veröffentlichen ist. ²Darin ist für die Einführung des Verfahrens der elektronischen Lohnsteuerabzugsmerkmale ein Zeitraum zu bestimmen (Einführungszeitraum). ³Der Arbeitgeber oder sein Vertreter (§ 39e Absatz 4 Satz 6) hat im Einführungszeitraum die nach § 39e gebildeten ELStAM abzurufen und für die auf den Abrufzeitpunkt folgende nächste Lohnabrechnung anzuwenden. ⁴Für den Abruf der ELStAM hat sich der Arbeitgeber oder sein Vertreter zu authentifizieren und die Steuernummer der Betriebsstätte oder des Teils des Betriebs des Arbeitgebers, in dem der für die Durchführung des Lohnsteuerabzugs maßgebende Arbeitslohn des Arbeitnehmers ermittelt wird (§ 41 Absatz 2), die Identifikationsnummer und den Tag der Geburt des Arbeitnehmers sowie, ob es sich um das erste oder ein weiteres Dienstverhältnis handelt, mitzuteilen. ⁵Er hat ein erstes Dienstverhältnis mitzuteilen, wenn auf der Lohnsteuerkarte 2010 oder der Bescheinigung für den Lohnsteuerabzug eine der Steuerklassen I bis V (§ 38b Absatz 1 Satz 2 Nummer 1 bis 5) eingetragen ist oder wenn die Lohnsteuerabzugsmerkmale nach Absatz 4 gebildet worden sind. ⁶Ein weiteres Dienstverhältnis (§ 38b Absatz 1 Satz 2 Nummer 6) ist mitzuteilen, wenn die Voraussetzungen des Satzes 5 nicht vorliegen. ⁷Der Arbeitgeber hat die ELStAM in das Lohnkonto zu übernehmen und gemäß der übermittelten zeitlichen Gültigkeitsangabe anzuwenden.

(5a) ¹Nachdem der Arbeitgeber die ELStAM für die Durchführung des Lohnsteuerabzugs angewandt hat, sind die Übergangsregelungen in Absatz 1 Satz 1 und in den Absätzen 2 bis 5 nicht mehr anzuwenden. ²Die Lohnsteuerabzugsmerkmale der vorliegenden Lohnsteuerkarte 2010 und der Bescheinigung für den Lohnsteuerabzug gelten nicht mehr. ³Wenn die nach § 39e Absatz 1 Satz 1 gebildeten Lohnsteuerabzugsmerkmale den tatsächlichen Verhältnissen des Arbeitnehmers nicht entsprechen, hat das Finanzamt auf dessen Antrag eine besondere Bescheinigung für den Lohnsteuerabzug (Besondere Bescheinigung für den Lohnsteuerabzug) mit den Lohnsteuerabzugsmerkmalen des Arbeitnehmers auszustellen sowie etwaige Änderungen einzutragen (§ 39 Absatz 1 Satz 2) und die Abrufberechtigung des Arbeitgebers auszusetzen. ⁴Die Gültigkeit dieser Bescheinigung ist auf längstens zwei Kalenderjahre zu begrenzen. ⁵§ 39e Absatz 5 Satz 1 und Absatz 7 Satz 6 gilt entsprechend. Die Lohnsteuerabzugsmerkmale der Besonderen Bescheinigung für den Lohnsteuerabzug sind für die Durchführung des Lohnsteuerabzugs nur dann für den Arbeitgeber maßgebend, wenn ihm gleichzeitig die Lohnsteuerkarte 2010 vorliegt oder unter den Voraussetzungen des Absatzes 1 Satz 5 vorgelegen hat oder eine Bescheinigung für den Lohnsteuerabzug für das erste Dienstverhältnis des Arbeitnehmers vorliegt. ⁶Abweichend von Absatz 5 Satz 3 und 7 kann der Arbeitgeber nach dem erstmaligen Abruf der ELStAM die Lohnsteuer im Einführungszeitraum längstens für die Dauer von sechs Kalendermonaten weiter nach den Lohnsteuerabzugsmerkmalen der Lohnsteuerkarte 2010, der Bescheinigung für den Lohnsteuerabzug oder den nach Absatz 4 maßgebenden Lohnsteuerabzugsmerkmalen erheben, wenn der Arbeitnehmer zustimmt. ⁷Dies gilt auch, wenn der Arbeitgeber die ELStAM im Einführungszeitraum erstmals angewandt hat.

(6) bis (8) (weggefallen)

(9) Ist der unbeschränkt einkommensteuerpflichtige Arbeitnehmer seinen Verpflichtungen nach Absatz 2 Satz 2 und 3 nicht nachgekommen und kommt eine Veranlagung zur Einkommensteuer nach § 46 Absatz 2 Nummer 1 bis 7 nicht in Betracht, kann das Finanzamt den Arbeitnehmer zur Abgabe einer Einkommensteuererklärung auffordern und eine Veranlagung zur Einkommensteuer durchführen.

§§ 53, 54

§ 53 Sondervorschrift zur Steuerfreistellung des Existenzminimums eines Kindes in den Veranlagungszeiträumen 1983 bis 1995

[1]In den Veranlagungszeiträumem 1983 bis 1995 sind in Fällen, in denen die Einkommensteuer noch nicht formell bestandskräftig oder hinsichtlich der Höhe der Kinderfreibeträge vorläufig festgesetzt ist, für jedes bei der Festsetzung berücksichtigte Kind folgende Beträge als Existenzminimum des Kindes steuerfrei zu belassen:

1983	3732 Deutsche Mark,
1984	3864 Deutsche Mark,
1985	3924 Deutsche Mark,
1986	4296 Deutsche Mark,
1987	4416 Deutsche Mark,
1988	4572 Deutsche Mark,
1989	4752 Deutsche Mark,
1990	5076 Deutsche Mark,
1991	5388 Deutsche Mark,
1992	5676 Deutsche Mark,
1993	5940 Deutsche Mark,
1994	6096 Deutsche Mark,
1995	6168 Deutsche Mark.

[2]Im übrigen ist § 32 in der für den jeweiligen Veranlagungszeitraum geltenden Fassung anzuwenden. [3]Für die Prüfung, ob die nach Satz 1 und 2 gebotene Steuerfreistellung bereits erfolgt ist, ist das dem Steuerpflichtigen im jeweiligen Veranlagungszeitraum zustehende Kindergeld mit dem auf das bisherige zu versteuernde Einkommen des Steuerpflichtigen in demselben Veranlagungszeitraum anzuwendenden Grenzsteuersatz in einen Freibetrag umzurechnen; dies gilt auch dann, soweit das Kindergeld dem Steuerpflichtigen im Wege eines zivilrechtlichen Ausgleichs zusteht. [4]Die Umrechnung des zustehenden Kindergeldes ist entsprechend dem Umfang der bisher abgezogenen Kinderfreibeträge vorzunehmen. [5]Bei einem unbeschränkt einkommensteuerpflichtigen Elternpaar, bei dem die Voraussetzungen des § 26 Abs. 1 Satz 1 nicht vorliegen, ist eine Änderung der bisherigen Inanspruchnahme des Kinderfreibetrags unzulässig. [6]Erreicht die Summe aus dem bei der bisherigen Einkommensteuerfestsetzung abgezogenen Kinderfreibetrag und dem nach Satz 3 und 4 berechneten Freibetrag nicht den nach Satz 1 und 2 für den jeweiligen Veranlagungszeitraum maßgeblichen Betrag, ist der Unterschiedsbetrag vom bisherigen zu versteuernden Einkommen abzuziehen und die Einkommensteuer neu festzusetzen. [7]Im Zweifel hat der Steuerpflichtige die Voraussetzungen durch Vorlage entsprechender Unterlagen nachzuweisen.

§ 54 (weggefallen)

§ 55

§ 55 Schlussvorschriften
(Sondervorschriften für die Gewinnermittlung nach § 4 oder nach Durchschnittssätzen bei vor dem 1. Juli 1970 angeschafftem Grund und Boden)

(1) ¹Bei Steuerpflichtigen, deren Gewinn für das Wirtschaftsjahr, in das der 30. Juni 1970 fällt, nicht nach § 5 zu ermitteln ist, gilt bei Grund und Boden, der mit Ablauf des 30. Juni 1970 zu ihrem Anlagevermögen gehört hat, als Anschaffungs- oder Herstellungskosten (§ 4 Abs. 3 Satz 4 und § 6 Abs. 1 Nr. 2 Satz 1) das Zweifache des nach den Absätzen 2 bis 4 zu ermittelnden Ausgangsbetrags. ²Zum Grund und Boden im Sinne des Satzes 1 gehören nicht die mit ihm in Zusammenhang stehenden Wirtschaftsgüter und Nutzungsbefugnisse.

(2) ¹Bei der Ermittlung des Ausgangsbetrags des zum land- und forstwirtschaftlichen Vermögen (§ 33 Abs. 1 Satz 1 Bewertungsgesetz in der Fassung der Bekanntmachung vom 10. Dezember 1965 – BGBl. I S. 1861 –, zuletzt geändert durch das Bewertungsänderungsgesetz 1971 vom 27. Juli 1971 – BGBl. I S. 1157) gehörenden Grund und Bodens ist seine Zuordnung zu den Nutzungen und Wirtschaftsgütern (§ 34 Abs. 2 Bewertungsgesetz) am 1. Juli 1970 maßgebend; dabei sind die Hof- und Gebäudeflächen sowie die Hausgärten im Sinne des § 40 Abs. 3 des Bewertungsgesetzes nicht in die einzelne Nutzung einzubeziehen. ²Es sind anzusetzen:

1. ¹bei Flächen, die nach dem Bodenschätzungsgesetz vom 20. Dezember 2007 (BGBl. I S. 3150, 3176) in der jeweils geltenden Fassung zu schätzen sind, für jedes katastermäßig abgegrenzte Flurstück der Betrag in Deutsche Mark, der sich ergibt, wenn die für das Flurstück am 1. Juli 1970 im amtlichen Verzeichnis nach § 2 Abs. 2 der Grundbuchordnung (Liegenschaftskataster) ausgewiesene Ertragsmesszahl vervierfacht wird. ²Abweichend von Satz 1 sind für Flächen der Nutzungsteile

   a) Hopfen, Spargel, Gemüsebau und Obstbau   2,05 Euro je Quadratmeter,
   b) Blumen- und Zierpflanzenbau sowie Baumschulen   2,56 Euro je Quadratmeter

   anzusetzen, wenn der Steuerpflichtige dem Finanzamt gegenüber bis zum 30. Juni 1972 eine Erklärung über die Größe, Lage und Nutzung der betreffenden Flächen abgibt,
2. für Flächen der forstwirtschaftlichen Nutzung je Quadratmeter 0,51 Euro,
3. für Flächen der weinbaulichen Nutzung der Betrag, der sich unter Berücksichtigung der maßgebenden Lagenvergleichszahl (Vergleichszahl der einzelnen Weinbaulage, § 39 Abs. 1 Satz 3 und § 57 Bewertungsgesetz), die für ausbauende Betriebsweise mit Fassweinerzeugung anzusetzen ist, aus der nachstehenden Tabelle ergibt:

Lagenvergleichszahl	Ausgangsbetrag je Quadratmeter in Euro
bis 20	1,28
21 bis 30	1,79
31 bis 40	2,56
41 bis 50	3,58
51 bis 60	4,09
61 bis 70	4,60
71 bis 100	5,11
über 100	6,39

4. für Flächen der sonstigen land- und forstwirtschaftlichen Nutzung, auf die Nummer 1 keine Anwendung findet, je Quadratmeter   0,51 Euro,
5. für Hofflächen, Gebäudeflächen und Hausgärten im Sinne des § 40 Abs. 3 des Bewertungsgesetzes je Quadratmeter   2,56 Euro,
6. für Flächen des Geringstlandes je Quadratmeter   0,13 Euro,
7. für Flächen des Abbaulandes je Quadratmeter   0,26 Euro,
8. für Flächen des Unlandes je Quadratmeter   0,05 Euro.

§ 55

(3) ¹Lag am 1. Juli 1970 kein Liegenschaftskataster vor, in dem Ertragsmesszahlen ausgewiesen sind, so ist der Ausgangsbetrag in sinngemäßer Anwendung des Absatzes 2 Satz 2 Nr. 1 Satz 1 auf der Grundlage der durchschnittlichen Ertragsmesszahl der landwirtschaftlichen Nutzung eines Betriebs zu ermitteln, die die Grundlage für die Hauptfeststellung des Einheitswerts auf den 1. Januar 1964 bildet. ²Absatz 2 Satz 2 Nr. 1 Satz 2 bleibt unberührt.

(4) Bei nicht zum land- oder forstwirtschaftlichen Vermögen gehörenden Grund und Boden ist als Ausgangsbetrag anzusetzen:

1. ¹Für unbebaute Grundstücke der auf den 1. Januar 1964 festgestellte Einheitswert. ²Wird auf den 1. Januar 1964 kein Einheitswert festgestellt oder hat sich der Bestand des Grundstücks nach dem 1. Januar 1964 und vor dem 1. Juli 1970 verändert, so ist der Wert maßgebend, der sich ergeben würde, wenn das Grundstück nach seinem Bestand vom 1. Juli 1970 und nach den Wertverhältnissen vom 1. Januar 1964 zu bewerten wäre;
2. für bebaute Grundstücke der Wert, der sich nach Nummer 1 ergeben würde, wenn das Grundstück unbebaut wäre.

(5) ¹Weist der Steuerpflichtige nach, dass der Teilwert für Grund und Boden im Sinne des Absatzes 1 am 1. Juli 1970 höher ist als das Zweifache des Ausgangsbetrags, so ist auf Antrag des Steuerpflichtigen der Teilwert als Anschaffungs- oder Herstellungskosten anzusetzen. ²Der Antrag ist bis zum 31. Dezember 1975 bei dem Finanzamt zu stellen, das für die Ermittlung des Gewinns aus dem Betrieb zuständig ist. ³Der Teilwert ist gesondert festzustellen. ⁴Vor dem 1. Januar 1974 braucht diese Feststellung nur zu erfolgen, wenn ein berechtigtes Interesse des Steuerpflichtigen gegeben ist. ⁵Die Vorschriften der Abgabenordnung und der Finanzgerichtsordnung über die gesonderte Feststellung von Besteuerungsgrundlagen gelten entsprechend.

(6) ¹Verluste, die bei der Veräußerung oder Entnahme von Grund und Boden im Sinne des Absatzes 1 entstehen, dürfen bei der Ermittlung des Gewinns in Höhe des Betrags nicht berücksichtigt werden, um den der ausschließlich auf den Grund und Boden entfallende Veräußerungspreis oder der an dessen Stelle tretende Wert nach Abzug der Veräußerungskosten unter dem Zweifachen des Ausgangsbetrags liegt. ²Entsprechendes gilt bei Anwendung des § 6 Abs. 1 Nr. 2 Satz 2.

(7) Grund und Boden, der nach § 4 Abs. 1 Satz 5 des Einkommensteuergesetzes 1969 nicht anzusetzen war, ist wie eine Einlage zu behandeln; er ist dabei mit dem nach Absatz 1 oder 5 maßgebenden Wert anzusetzen.

EStR und Hinweise

EStR 2012 zu § 55 EStG

R 55 Bodengewinnbesteuerung

Zu den Wirtschaftsgütern und Nutzungsbefugnissen nach § 55 Abs. 1 Satz 2 EStG gehören insbesondere Milchlieferrechte, Zuckerrübenlieferrechte, Weinanbaurechte, Bodenschätze und Eigenjagdrechte.

Hinweise

H 55 Abschreibung auf den niedrigeren Teilwert

Abschreibung auf den niedrigeren Teilwert ist bei Grund und Boden, der mit dem Zweifachen des Ausgangsbetrags als Einlage anzusetzen war, auch dann ausgeschlossen, wenn für die Minderung des Werts des Grund und Bodens eine Entschädigung gezahlt und diese als Betriebseinnahme erfasst wird (→ BFH vom 10.8.1978 – BStBl. 1979 II S. 103).

Ein außer Betracht bleibender Veräußerungs- oder Entnahmeverlust kann nicht im Wege der Teilwertabschreibung vorweggenommen werden (→ BFH vom 16.10.1997 – BStBl. 1998 II S. 185).

Ackerprämienberechtigung (Ackerquote)

Ein immaterielles Wirtschaftsgut Ackerquote entsteht erst, wenn es in den Verkehr gebracht wurde (→ BFH vom 30.9.2010 - BStBl. 2011 II S. 406).

Ausschlussfrist

Versäumt ein Land- und Forstwirt es, rechtzeitig vor Ablauf der Ausschlussfrist die Feststellung des höheren Teilwerts nach § 55 Abs. 5 EStG zu beantragen, und ist auch die Wiedereinsetzung in den vorigen Stand wegen Ablaufs der Jahresfrist nicht mehr möglich, kann er aus Billigkeitsgründen nicht so gestellt werden, als hätte das Finanzamt den höheren Teilwert festgestellt (→ BFH vom 26.5.1994 – BStBl. II S. 833).

Bodengewinnbesteuerung

Zu Fragen der Bodengewinnbesteuerung → BMWF vom 29.2.1972 (BStBl. I S. 102) – Tz. 1 bis 6 und 9 bis 13.

Milchlieferrecht

- *Zur Bewertung von mit land- und forstwirtschaftlichem Grund und Boden im Zusammenhang stehenden Milchlieferrechten → BMF vom 5.11.2014 (BStBl. I S. 1503).*
- *Die Verlustausschlussklausel des § 55 Abs. 6 EStG ist bei der Entnahme bzw. der Veräußerung der Milchlieferrechte flurstücksbezogen anzuwenden (→ BFH vom 22.7.2010 – BStBl. 2011 II S. 210).*

Verlustausschlussklausel

- *Verlustausschlussklausel des § 55 Abs. 6 EStG zwingt bei Hinzuerwerb eines Miteigentumsanteils dazu, für den neu erworbenen Anteil als Buchwert die Anschaffungskosten getrennt von dem schon bisher diesem Miteigentümer gehörenden Anteil anzusetzen; gilt entsprechend bei Gesamthandseigentum. Bei einer **späteren Veräußerung** dieser Grundstücksflächen ist der **Veräußerungsgewinn** für beide Buchwerte gesondert zu ermitteln (→ BFH vom 8.8.1985 – BStBl. 1986 II S. 6).*
- *Für die Anwendung des § 55 Abs. 6 EStG ist unerheblich, auf welchen Umständen der Veräußerungsverlust oder Entnahmeverlust oder die Teilwertabschreibung des Grund und Bodens beruhen. Demgemäss sind vom Abzugsverbot auch Wertminderungen betroffen, die nicht auf eine Veränderung der Preisverhältnisse, sondern auf tatsächlichen Veränderungen am Grundstück zurückgehen. Überlässt ein Landwirt einem Dritten das Recht, ein Sandvorkommen – das in einem bisher landwirtschaftlich genutzten und weiterhin zum Betriebsvermögen rechnenden Grundstück vorhanden ist – abzubauen, so vollzieht sich die Nutzung des Sandvorkommens im Privatbereich und der Landwirt erzielt hieraus Einkünfte aus Vermietung und Verpachtung. Die von den Einnahmen aus dem Sandvorkommen abzuziehenden Werbungskosten können auch das Betriebsvermögen des Landwirts betreffen. Die dadurch bewirkte Vermögensminderung kann jedoch, weil nicht betrieblich veranlasst, den betrieblichen Gewinn nicht mindern. Ihr ist deswegen eine gewinnerhöhende Entnahme gegenüberzustellen. Die Höhe der Entnahme legt insoweit den Umfang der Werbungskosten bei den Einkünften aus Vermietung und Verpachtung fest (→ BFH vom 16.10.1997 – BStBl. 1998 II S. 185).*

§ 56

§ 56 Sondervorschriften für Steuerpflichtige in dem in Artikel 3 des Einigungsvertrages genannten Gebiet

Bei Steuerpflichtigen, die am 31. Dezember 1990 einen Wohnsitz oder ihren gewöhnlichen Aufenthalt in dem in Artikel 3 des Einigungsvertrages genannten Gebiet und im Jahre 1990 keinen Wohnsitz oder gewöhnlichen Aufenthalt im bisherigen Geltungsbereich dieses Gesetzes hatten, gilt folgendes:

1. § 7 Abs. 5 ist auf Gebäude anzuwenden, die in dem Artikel 3 des Einigungsvertrages genannten Gebiet nach dem 31. Dezember 1990 angeschafft oder hergestellt worden sind.
2. (weggefallen).

§ 57

§ 57 Besondere Anwendungsregeln aus Anlass der Herstellung der Einheit Deutschlands

(1) Die §§ 7c, 7f, 7g, 7k und 10e dieses Gesetzes, die §§ 76, 78, 82a und 82f der Einkommensteuer-Durchführungsverordnung sowie die §§ 7 und 12 Abs. 3 des Schutzbaugesetzes sind auf Tatbestände anzuwenden, die in dem in Artikel 3 des Einigungsvertrages genannten Gebiet nach dem 31. Dezember 1990 verwirklicht worden sind.

(2) Die §§ 7b und 7d dieses Gesetzes sowie die §§ 81, 82d, 82g und 82i der Einkommensteuer-Durchführungsverordnung sind nicht auf Tatbestände anzuwenden, die in dem in Artikel 3 des Einigungsvertrages genannten Gebiet verwirklicht worden sind.

(3) Bei der Anwendung des § 7g Abs. 2 Nr. 1 und des § 14a Abs. 1 ist in dem in Artikel 3 des Einigungsvertrages genannten Gebiet anstatt vom maßgebenden Einheitswert des Betriebs der Land- und Forstwirtschaft und den darin ausgewiesenen Werten vom Ersatzwirtschaftswert nach § 125 des Bewertungsgesetzes auszugehen.

(4) [1]§ 10d Abs. 1 ist mit der Maßgabe anzuwenden, dass der Sonderausgabenabzug erstmals von dem für die zweite Hälfte des Veranlagungszeitraums 1990 ermittelten Gesamtbetrag der Einkünfte vorzunehmen ist. [2]§ 10d Abs. 2 und 3 ist auch für Verluste anzuwenden, die in dem in Artikel 3 des Einigungsvertrages genannten Gebiet im Veranlagungszeitraum 1990 entstanden sind.

(5) § 22 Nr. 4 ist auf vergleichbare Bezüge anzuwenden, die auf Grund des Gesetzes über Rechtsverhältnisse der Abgeordneten der Volkskammer der Deutschen Demokratischen Republik vom 31. Mai 1990 (GBl. I Nr. 30 S. 274) gezahlt worden sind.

(6) § 34f Abs. 3 Satz 3 ist erstmals auf die in dem in Artikel 3 des Einigungsvertrags genannten Gebiet für die zweite Hälfte des Veranlagungszeitraums 1990 festgesetzte Einkommensteuer anzuwenden.

§§ 58–61

§ 58 Weitere Anwendung von Rechtsvorschriften, die vor Herstellung der Einheit Deutschlands in dem in Artikel 3 des Einigungsvertrages genannten Gebiet gegolten haben

(1) Die Vorschriften über Sonderabschreibungen nach § 3 Abs. 1 des Steueränderungsgesetzes vom 6. März 1990 (GBl. I Nr. 17 S. 136) in Verbindung mit § 7 der Durchführungsbestimmung zum Gesetz zur Änderung der Rechtsvorschriften über die Einkommen-, Körperschaft- und Vermögensteuer – Steueränderungsgesetz – vom 16. März 1990 (GBl. I Nr. 21 S. 195) sind auf Wirtschaftsgüter weiter anzuwenden, die nach dem 31. Dezember 1989 und vor dem 1. Januar 1991 in dem in Artikel 3 des Einigungsvertrages genannten Gebiet angeschafft oder hergestellt worden sind.

(2) [1]Rücklagen nach § 3 Abs. 2 des Steueränderungsgesetzes vom 6. März 1990 (GBl. I Nr. 17 S. 136) in Verbindung mit § 8 der Durchführungsbestimmung zum Gesetz zur Änderung der Rechtsvorschriften über die Einkommen-, Körperschaft- und Vermögensteuer – Steueränderungsgesetz – vom 16. März 1990 (GBl. I Nr. 21 S. 195) dürfen, soweit sie zum 31. Dezember 1990 zulässigerweise gebildet worden sind, auch nach diesem Zeitpunkt fortgeführt werden. [2]Sie sind spätestens im Veranlagungszeitraum 1995 gewinn- oder sonst einkünfteerhöhend aufzulösen. [3]Sind vor dieser Auflösung begünstigte Wirtschaftsgüter angeschafft oder hergestellt worden, sind die in Rücklage eingestellten Beträge von den Anschaffungs- oder Herstellungskosten abzuziehen; die Rücklage ist in Höhe des abgezogenen Betrags im Veranlagungszeitraum der Anschaffung oder Herstellung gewinn- oder sonst einkünfteerhöhend aufzulösen.

(3) Die Vorschrift über den Steuerabzugsbetrag nach § 9 Abs. 1 der Durchführungsbestimmung zum Gesetz zur Änderung der Rechtsvorschriften über die Einkommen-, Körperschaft- und Vermögensteuer – Steueränderungsgesetz – vom 16. März 1990 (GBl. I Nr. 21 S. 195) ist für Steuerpflichtige weiter anzuwenden, die vor dem 1. Januar 1991 in dem in Artikel 3 des Einigungsvertrages genannten Gebiet eine Betriebsstätte begründet haben, wenn sie von dem Tag der Begründung der Betriebsstätte an zwei Jahre lang die Tätigkeit ausüben, die Gegenstand der Betriebsstätte ist.

§§ 59 bis 61 (weggefallen)

X. Kindergeld

§ 62 Anspruchsberechtigte

(1) Für Kinder im Sinne des § 63 hat Anspruch auf Kindergeld nach diesem Gesetz, wer
1. im Inland einen Wohnsitz oder seinen gewöhnlichen Aufenthalt hat oder
2. ohne Wohnsitz oder gewöhnlichen Aufenthalt im Inland
    a) nach § 1 Abs. 2 unbeschränkt einkommensteuerpflichtig ist oder
    b) nach § 1 Abs. 3 als unbeschränkt einkommensteuerpflichtig behandelt wird.

²Voraussetzung für den Anspruch nach Satz 1 ist, dass der Berechtigte durch die an ihn vergebene Identifikationsnummer (§ 139b der Abgabenordnung) identifiziert wird. ³Die nachträgliche Vergabe der Identifikationsnummer wirkt auf Monate zurück, in denen die Voraussetzungen des Satzes 1 vorliegen.[1)]

(2) Ein nicht freizügigkeitsberechtigter Ausländer erhält Kindergeld nur, wenn er
1. eine Niederlassungserlaubnis besitzt,
2. eine Aufenthaltserlaubnis besitzt, die zur Ausübung einer Erwerbstätigkeit berechtigt oder berechtigt hat, es sei denn, die Aufenthaltserlaubnis wurde
    a) nach § 16 oder § 17 des Aufenthaltsgesetzes erteilt,
    b) nach § 18 Abs. 2 des Aufenthaltsgesetzes erteilt und die Zustimmung der Bundesagentur für Arbeit darf nach der Beschäftigungsverordnung nur für einen bestimmten Höchstzeitraum erteilt werden,
    c) nach § 23 Abs. 1 des Aufenthaltsgesetzes wegen eines Krieges in seinem Heimatland oder nach den §§ 23a, 24, 25 Abs. 3 bis 5 des Aufenthaltsgesetzes erteilt
    oder
3. eine in Nummer 2 Buchstabe c genannte Aufenthaltserlaubnis besitzt und
    a) sich seit mindestens drei Jahren rechtmäßig, gestattet oder geduldet im Bundesgebiet aufhält und
    b) im Bundesgebiet berechtigt erwerbstätig ist, laufende Geldleistungen nach dem Dritten Buch Sozialgesetzbuch bezieht oder Elternzeit in Anspruch nimmt.

Hinweise

H 62 Anspruchsberechtigung
→ *A 1-5 DA-KG 2014 (BStBl. 2014 I S. 918).*

---

1) Zur zeitlichen Anwendung bitte § 52 Absatz 49a beachten.

§ 63 Kinder

(1) ¹Als Kinder werden berücksichtigt
1. Kinder im Sinne des § 32 Abs. 1,
2. vom Berechtigten in seinen Haushalt aufgenommene Kinder seines Ehegatten,
3. vom Berechtigen in seinen Haushalt aufgenommene Enkel.

²§ 32 Abs. 3 bis 5 gilt entsprechend. ³Voraussetzung für die Berücksichtigung ist die Identifizierung des Kindes durch die an dieses Kind vergebene Identifikationsnummer (§ 139b der Abgabenordnung). ⁴Ist das Kind nicht nach einem Steuergesetz steuerpflichtig (§ 139a Absatz 2 der Abgabenordnung), ist es in anderer geeigneter Weise zu identifizieren. ⁵Die nachträgliche Identifizierung oder nachträgliche Vergabe der Identifikationsnummer wirkt auf Monate zurück, in denen die Voraussetzungen der Sätze 1 bis 4 vorliegen.[1] ⁶Kinder, die weder einen Wohnsitz noch ihren gewöhnlichen Aufenthalt im Inland, in einem Mitgliedstaat der Europäischen Union oder in einem Staat, auf den das Abkommen über den Europäischen Wirtschaftsraum Anwendung findet, haben, werden nicht berücksichtigt, es sei denn, sie leben im Haushalt eines Berechtigten im Sinne des § 62 Abs. 1 Satz 1 Nr. 2 Buchstabe a. ⁴Kinder im Sinne vom § 2 Abs. 4 Satz 2 des Bundeskindergeldgesetzes[2] werden nicht berücksichtigt.

(2) Die Bundesregierung wird ermächtigt, durch Rechtsverordnung, die nicht der Zustimmung des Bundesrates bedarf, zu bestimmen, dass einem Berechtigten, der im Inland erwerbstätig ist oder sonst seine hauptsächlichen Einkünfte erzielt, für seine in Absatz 1 Satz 3 erster Halbsatz bezeichneten Kinder Kindergeld ganz oder teilweise zu leisten ist, soweit dies mit Rücksicht auf die durchschnittlichen Lebenshaltungskosten für Kinder in deren Wohnsitzstaat und auf die dort gewährten dem Kindergeld vergleichbaren Leistungen geboten ist.

Hinweise

H 63 Berücksichtigung von Kindern
→ *R 32.1 – 32.11*
→ *A 6-20 DA-KG 2014 (BStBl. 2014 I S. 918).*

Territoriale Voraussetzungen
→ *A 21.1 DA-KG 2014 (BStBl. 2014 I S. 918).*

Die territorialen Voraussetzungen gelten nicht, wenn die Voraussetzungen nach einem zwischenstaatlichen Abkommen über die Soziale Sicherheit → H 31 (Über- und zwischenstaatliche Rechtsvorschriften) erfüllt sind, (→ A 21.2 DA-KG 2014 (BStBl. 2014 I S. 918).

---

1) Zur zeitlichen Anwendung bitte § 52 Absatz 49a beachten.
2) Siehe Anhang 7.

§ 64 Zusammentreffen mehrerer Ansprüche

(1) Für jedes Kind wird nur einem Berechtigten Kindergeld gezahlt.

(2) ¹Bei mehreren Berechtigten wird das Kindergeld demjenigen gezahlt, der das Kind in seinen Haushalt aufgenommen hat. ²Ist ein Kind in den gemeinsamen Haushalt von Eltern, einem Elternteil und dessen Ehegatten, Pflegeeltern oder Großeltern aufgenommen worden, so bestimmen diese untereinander den Berechtigten. ³Wird eine Bestimmung nicht getroffen, so bestimmt das Familiengericht auf Antrag den Berechtigten. ⁴Den Antrag kann stellen, wer ein berechtigtes Interesse an der Zahlung des Kindergeldes hat. ⁵Lebt ein Kind im gemeinsamen Haushalt von Eltern und Großeltern, so wird das Kindergeld vorrangig einem Elternteil gezahlt; es wird an einen Großelternteil gezahlt, wenn der Elternteil gegenüber der zuständigen Stelle auf seinen Vorrang schriftlich verzichtet hat.

(3) ¹Ist das Kind nicht in den Haushalt eines Berechtigten aufgenommen, so erhält das Kindergeld derjenige, der dem Kind eine Unterhaltsrente zahlt. ²Zahlen mehrere Berechtigte dem Kind Unterhaltsrenten, so erhält das Kindergeld derjenige, der dem Kind die höchste Unterhaltsrente zahlt. ³Werden gleich hohe Unterhaltsrenten gezahlt oder zahlt keiner der Berechtigten dem Kind Unterhalt, so bestimmen die Berechtigten untereinander, wer das Kindergeld erhalten soll. ⁴Wird eine Bestimmung nicht getroffen, so gilt Absatz 2 Satz 3 und 4 entsprechend.

Hinweise

H 64 **Haushaltsaufnahme**
→ *A 8 und A 23.2 DA-KG 2014 (BStBl. 2014 I S. 918).*
Zusammentreffen mehrerer Ansprüche
→ *A 22-24 DA-KG 2014 (BStBl. 2014 I S. 918).*

§ 65

H 65

§ 65 Andere Leistungen für Kinder

(1) ¹Kindergeld wird nicht für ein Kind gezahlt, für das eine der folgenden Leistungen zu zahlen ist oder bei entsprechender Antragstellung zu zahlen wäre:

1. Kinderzulagen aus der gesetzlichen Unfallversicherung oder Kinderzuschüsse aus den gesetzlichen Rentenversicherungen,
2. Leistungen für Kinder, die im Ausland gewährt werden und dem Kindergeld oder einer der unter Nummer 1 genannten Leistungen vergleichbar sind,
3. Leistungen für Kinder, die von einer zwischen- oder überstaatlichen Einrichtung gewährt werden und dem Kindergeld vergleichbar sind.

²Soweit es für die Anwendung von Vorschriften dieses Gesetzes auf den Erhalt von Kindergeld ankommt, stehen die Leistungen nach Satz 1 dem Kindergeld gleich. ³Steht ein Berechtigter in einem Versicherungspflichtverhältnis zur Bundesagentur für Arbeit nach § 24 des Dritten Buches Sozialgesetzbuch oder ist er versicherungsfrei nach § 28 Absatz 1 Nr. 1 des Dritten Buches Sozialgesetzbuch oder steht er im Inland in einem öffentlich-rechtlichen Dienst- oder Amtsverhältnis, so wird sein Anspruch auf Kindergeld für ein Kind nicht nach Satz 1 Nr. 3 mit Rücksicht darauf ausgeschlossen, dass sein Ehegatte als Beamter, Ruhestandsbeamter oder sonstiger Bediensteter der Europäischen Union für das Kind Anspruch auf Kinderzulage hat.

(2) Ist in den Fällen des Absatzes 1 Satz 1 Nr. 1 der Bruttobetrag der anderen Leistung niedriger als das Kindergeld nach § 66, wird Kindergeld in Höhe des Unterschiedsbetrages gezahlt, wenn er mindestens 5 Euro beträgt.

Hinweise

H 65 Leistungen, die den Kindergeldanspruch ausschließen
→ *A 26 DA-KG 2014 (BStBl. 2014 I S. 918).*
Teilkindergeld
→ *A 27 DA-KG 2014 (BStBl. 2014 I S. 918).*
Vergleichbare ausländische Leistungen
→ *BZSt vom 21.3.2014 (BStBl. I S. 768).*

§ 66 Höhe des Kindergeldes, Zahlungszeitraum

(1) ¹Das Kindergeld beträgt monatlich für erste und zweite Kinder jeweils 184 Euro, für dritte Kinder 190 Euro und für das vierte und jedes weitere Kind jeweils 215 Euro. ²Darüber hinaus wird für jedes Kind, für das im Kalenderjahr 2009 mindestens für einen Kalendermonat ein Anspruch auf Kindergeld besteht, für das Kalenderjahr 2009 ein Einmalbetrag in Höhe von 100 Euro gezahlt.

(2) Das Kindergeld wird monatlich vom Beginn des Monats an gezahlt, in dem die Anspruchsvoraussetzungen erfüllt sind, bis zum Ende des Monats, in dem die Anspruchsvoraussetzungen wegfallen.

Hinweise

H 66 **Anspruchszeitraum**
→ *A 29 DA-KG 2014 (BStBl. 2014 I S. 918).*

Höhe des Kindergeldes
→ *A 28 DA-KG 2014 (BStBl. 2014 I S. 918).*

Zählkinder
Beispiel:
Ein Berechtigter hat aus einer früheren Beziehung zwei Kinder, für die die Mutter das Kindergeld erhält. Diese Kinder werden bei dem Berechtigten, der aus seiner jetzigen Beziehung zwei weitere Kinder hat, als Zählkinder berücksichtigt. Somit erhält er für sein zweitjüngstes (also sein drittes) Kind Kindergeld in Höhe von 190 € und für sein jüngstes (also sein viertes) Kind Kindergeld in Höhe von 215 €.

§ 67 Antrag

¹Das Kindergeld ist bei der zuständigen Familienkasse schriftlich zu beantragen. ²Den Antrag kann außer dem Berechtigten auch stellen, wer ein berechtigtes Interesse an der Leistung des Kindergeldes hat. ³In Fällen des Satzes 2 ist § 62 Absatz 1 Satz 2 bis 3 anzuwenden. ⁴Der Berechtigte ist zu diesem Zweck verpflichtet, demjenigen, der ein berechtigtes Interesse an der Leistung des Kindergeldes hat, seine an ihn vergebene Identifikationsnummer (§ 139b der Abgabenordnung) mitzuteilen. ⁵Kommt der Berechtigte dieser Verpflichtung nicht nach, teilt die zuständige Familienkasse demjenigen, der ein berechtigtes Interesse an der Leistung des Kindergeldes hat, auf seine Anfrage die Identifikationsnummer des Berechtigten mit.[1]

Hinweise

H 67   **Antrag bei volljährigen Kindern**
→ *V 5.4 DA-KG 2014 (BStBl. 2014 I S. 918)*
Antragstellung
→ *V 5 DA-KG 2014 (BStBl. 2014 I S. 918).*
Auskunfts- und Beratungspflicht der Familienkassen
→ *V 8 DA-KG 2014 (BStBl. 2014 I S. 918).*
Mitwirkungspflichten
→ *§ 68 EStG*
→ *V 7 DA-KG 2014 (BStBl. 2014 I S. 918).*
Zuständigkeit
Dem Bundeszentralamt für Steuern (BZSt) obliegt die Durchführung des Familienleistungsausgleichs nach Maßgabe des § 31 EStG. Die Bundesagentur für Arbeit stellt dem Bundeszentralamt für Steuern zur Durchführung dieser Aufgaben ihre Dienststellen als Familienkassen zur Verfügung; die Fachaufsicht obliegt dem Bundeszentralamt für Steuern (§ 5 Abs. 1 Nr. 11 FVG).

---

1) Zur zeitlichen Anwendung bitte § 52 Absatz 49a beachten.

§ 68 Besondere Mitwirkungspflichten

(1) [1]Wer Kindergeld beantragt oder erhält, hat Änderungen in den Verhältnissen, die für die Leistung erheblich sind oder über die im Zusammenhang mit der Leistung Erklärungen abgegeben worden sind, unverzüglich der zuständigen Familienkasse mitzuteilen. [2]Ein Kind, das das 18. Lebensjahr vollendet hat, ist auf Verlangen der Familienkasse verpflichtet, an der Aufklärung des für die Kindergeldzahlung maßgebenden Sachverhalts mitzuwirken; § 101 der Abgabenordnung findet insoweit keine Anwendung.

(2) (weggefallen)

(3) Auf Antrag des Berechtigten erteilt die das Kindergeld auszahlende Stelle eine Bescheinigung über das für das Kalenderjahr ausgezahlte Kindergeld.

(4) Die Familienkassen dürfen den die Bezüge im öffentlichen Dienst anweisenden Stellen Auskunft über den für die jeweilige Kindergeldzahlung maßgebenden Sachverhalt erteilen.

Hinweise

H 68 Bescheinigung für Finanzämter
   → *O 4.3 DA-KG 2014 (BStBl. 2014 I S. 918).*

§ 69

§ 69 Überprüfung des Fortbestehens von Anspruchsvoraussetzungen durch Meldedaten-Übermittlung

Die Meldebehörden übermitteln in regelmäßigen Abständen den Familienkassen nach Maßgabe einer auf Grund des § 20 Abs. 1 des Melderechtsrahmengesetzes zu erlassenden Rechtsverordnung die in § 18 Abs. 1 des Melderechtsrahmengesetzes genannten Daten aller Einwohner, zu deren Person im Melderegister Daten von minderjährigen Kindern gespeichert sind, und dieser Kinder, soweit die Daten nach ihrer Art für die Prüfung der Rechtmäßigkeit des Bezuges von Kindergeld geeignet sind.

Hinweise

H 69 Meldedatenabgleich
→ *O 4.5 DA-KG 2014 (BStBl. 2014 I S. 918).*

§ 70 Festsetzung und Zahlung des Kindergeldes

(1) Das Kindergeld nach § 62 wird von den Familienkassen durch Bescheid festgesetzt und ausgezahlt.

(2) [1]Soweit in den Verhältnissen, die für den Anspruch auf Kindergeld erheblich sind, Änderungen eintreten, ist die Festsetzung des Kindergeldes mit Wirkung vom Zeitpunkt der Änderung der Verhältnisse aufzuheben oder zu ändern. [2]Ist die Änderung einer Kindergeldfestsetzung nur wegen einer Anhebung der in § 66 Abs. 1 genannten Kindergeldbeträge erforderlich, kann von der Erteilung eines schriftlichen Änderungsbescheides abgesehen werden.

(3) [1]Materielle Fehler der letzten Festsetzung können durch Neufestsetzung oder durch Aufhebung der Festsetzung beseitigt werden. [2]Neu festgesetzt oder aufgehoben wird mit Wirkung ab dem auf die Bekanntgabe der Neufestsetzung oder Aufhebung der Festsetzung folgenden Monat. [3]Bei der Neufestsetzung oder Aufhebung der Festsetzung nach Satz 1 ist § 176 der Abgabenordnung entsprechend anzuwenden; dies gilt nicht für Monate, die nach der Verkündung der maßgeblichen Entscheidung eines obersten Gerichtshofes des Bundes beginnen.

(4) (weggefallen)[1]

---

[1] § 70 Abs. 4 aufgehoben durch Art. 1 Nr. 35 des Steuervereinfachungsgesetzes v. 1.11.2011 BGBl. I 2131.

§ 71

§ 71 Zahlungszeitraum
(weggefallen)

§ 72

§ 72 Festsetzung und Zahlung des Kindergeldes an Angehörige des Öffentlichen Dienstes,

(1) ¹Steht Personen, die

1. in einem öffentlich-rechtlichen Dienst-, Amts- oder Ausbildungsverhältnis stehen, mit Ausnahme der Ehrenbeamten, oder
2. Versorgungsbezüge nach beamten- oder soldatenrechtlichen Vorschriften oder Grundsätzen erhalten oder
3. Arbeitnehmer des Bundes, eines Landes, einer Gemeinde, eines Gemeindeverbandes oder einer sonstigen Körperschaft, einer Anstalt oder einer Stiftung des öffentlichen Rechts sind, einschließlich der zu ihrer Berufsausbildung Beschäftigten,

Kindergeld nach Maßgabe dieses Gesetzes zu, wird es von den Körperschaften, Anstalten oder Stiftungen des öffentlichen Rechts festgesetzt und ausgezahlt. ²Die genannten juristischen Personen sind insoweit Familienkasse.

(2) Der Deutschen Post AG, der Deutschen Postbank AG und der Deutschen Telekom AG obliegt die Durchführung dieses Gesetzes für ihre jeweiligen Beamten und Versorgungsempfänger in Anwendung des Absatzes 1.

(3) Absatz 1 gilt nicht für Personen, die ihre Bezüge oder Arbeitsentgelt

1. von einem Dienstherrn oder Arbeitgeber im Bereich der Religionsgesellschaften des öffentlichen Rechts oder
2. von einem Spitzenverband der Freien Wohlfahrtspflege, einem diesem unmittelbar oder mittelbar angeschlossenen Mitgliedsverband oder einer einem solchen Verband angeschlossenen Einrichtung oder Anstalt

erhalten.

(4) Die Absätze 1 und 2 gelten nicht für Personen, die voraussichtlich nicht länger als sechs Monate in den Kreis der in Absatz 1 Satz 1 Nr. 1 bis 3 und Absatz 2 Bezeichneten eintreten.

(5) Obliegt mehreren Rechtsträgern die Zahlung von Bezügen oder Arbeitsentgelt (Absatz 1 Satz 1) gegenüber einem Berechtigten, so ist für die Durchführung dieses Gesetzes zuständig:

1. bei Zusammentreffen von Versorgungsbezügen mit anderen Bezügen oder Arbeitsentgelt der Rechtsträger, dem die Zahlung der anderen Bezüge oder des Arbeitsentgelts obliegt;
2. bei Zusammentreffen mehrerer Versorgungsbezüge der Rechtsträger, dem die Zahlung der neuen Versorgungsbezüge im Sinne der beamtenrechtlichen Ruhensvorschriften obliegt;
3. bei Zusammentreffen von Arbeitsentgelt (Absatz 1 Satz 1 Nr. 3) mit Bezügen aus einem der in Absatz 1 Satz 1 Nr. 1 bezeichneten Rechtsverhältnisse der Rechtsträger, dem die Zahlung dieser Bezüge obliegt;
4. bei Zusammentreffen mehrere Arbeitsentgelte (Absatz 1 Satz 1 Nr. 3) der Rechtsträger, dem die Zahlung des höheren Arbeitsentgelts obliegt oder – falls die Arbeitsentgelte gleich hoch sind – der Rechtsträger, zu dem das zuerst begründete Arbeitsverhältnis besteht.

(6) ¹Scheidet ein Berechtigter im Laufe eines Monats aus dem Kreis der in Absatz 1 Satz 1 Nr. 1 bis 3 Bezeichneten aus oder tritt er im Laufe eines Monats in diesen Kreis ein, so wird das Kindergeld für diesen Monat von der Stelle gezahlt, die bis zum Ausscheiden oder Eintritt des Berechtigten zuständig war. ²Dies gilt nicht, soweit die Zahlung von Kindergeld für ein Kind in Betracht kommt, das erst nach dem Ausscheiden oder Eintritt bei dem Berechtigten nach § 63 zu berücksichtigen ist. ³Ist in einem Fall des Satzes 1 das Kindergeld bereits für einen folgenden Monat gezahlt worden, so muss der für diesen Monat Berechtigte die Zahlung gegen sich gelten lassen.

(7) ¹In den Abrechnungen der Bezüge und des Arbeitsentgelts ist das Kindergeld gesondert auszuweisen, wenn es zusammen mit den Bezügen oder dem Arbeitsentgelt ausgezahlt wird. ²Der Rechtsträger hat die Summe des von ihm für alle Berechtigten ausgezahlten Kindergeldes dem Betrag, den er insgesamt an Lohnsteuer einzubehalten hat, zu entnehmen und bei der nächsten Lohnsteuer-Anmeldung gesondert abzusetzen. ³Übersteigt das insgesamt aus-

§ 72

gezahlte Kindergeld den Betrag, der insgesamt an Lohnsteuer abzuführen ist, so wird der übersteigende Betrag dem Rechtsträger auf Antrag von dem Finanzamt, an das die Lohnsteuer abzuführen ist, aus den Einnahmen der Lohnsteuer ersetzt.

(8) ¹Abweichend von Absatz 1 Satz 1 werden Kindergeldansprüche aufgrund über- oder zwischenstaatlicher Rechtsvorschriften durch die Familienkassen der Bundesagentur für Arbeit festgesetzt und ausgezahlt. ²Dies gilt auch für Fälle, in denen Kindergeldansprüche sowohl nach Maßgabe dieses Gesetzes als auch auf Grund über- oder zwischenstaatlicher Rechtsvorschriften bestehen.

Hinweise

H 72 Festsetzung und Zahlung des Kindergeldes an Angehörige des öffentlichen Dienstes
 → *V 1.2-3.3 DA-KG 2014 (BStBl. 2014 I S. 918).*

§ 73

§ 73 – weggefallen –

§ 74 Zahlung des Kindergeldes in Sonderfällen

(1) ¹Das für ein Kind festgesetzte Kindergeld nach § 66 Abs. 1 Satz 1 kann an das Kind ausgezahlt werden, wenn der Kindergeldberechtigte ihm gegenüber seiner gesetzlichen Unterhaltspflicht nicht nachkommt. ²Kindergeld kann an Kinder, die bei der Festsetzung des Kindergeldes berücksichtigt werden, bis zur Höhe des Betrages, der sich bei entsprechender Anwendung des § 76 ergibt, ausgezahlt werden. ³Dies gilt auch, wenn der Kindergeldberechtigte mangels Leistungsfähigkeit nicht unterhaltspflichtig ist oder nur Unterhalt in Höhe eines Betrages zu leisten braucht, der geringer ist als das für die Auszahlung in Betracht kommende Kindergeld. ⁴Die Auszahlung kann auch an die Person oder Stelle erfolgen, die dem Kind Unterhalt gewährt.

(2) Für Erstattungsansprüche der Träger von Sozialleistungen gegen die Familienkasse gelten die §§ 102 bis 109 und 111 bis 113 des Zehnten Buches Sozialgesetzbuch entsprechend.

Hinweise

H 74 Zahlung des Kindergeldes in Sonderfällen
→ *V 32-33 DA-KG 2014 (BStBl. 2014 I S. 918).*

§ 75 Aufrechnung

(1) Mit Ansprüchen auf Rückzahlung von Kindergeld kann die Familienkasse gegen Ansprüche auf laufendes Kindergeld bis zu deren Hälfte aufrechnen, wenn der Leistungsberechtigte nicht nachweist, dass er dadurch hilfebedürftig im Sinne der Vorschriften des Zwölften Buches Sozialgesetzbuch über die Hilfe zum Lebensunterhalt oder im Sinne der Vorschriften des Zweiten Buches Sozialgesetzbuch über die Leistungen zur Sicherung des Lebensunterhalts wird.

(2) Absatz 1 gilt für die Aufrechnung eines Anspruchs auf Erstattung von Kindergeld gegen einen späteren Kindergeldanspruch eines mit dem Erstattungspflichtigen in Haushaltsgemeinschaft lebenden Berechtigten entsprechend, soweit es sich um laufendes Kindergeld für ein Kind handelt, das bei beiden berücksichtigt werden kann oder konnte.

Hinweise

H 75 Aufrechnung
→ *V 27 DA-KG 2014 (BStBl. 2014 I S. 918).*

§ 76 H 76

§ 76 Pfändung

¹Der Anspruch auf Kindergeld kann nur wegen gesetzlicher Unterhaltsansprüche eines Kindes, das bei der Festsetzung des Kindergeldes berücksichtigt wird, gepfändet werden. ²Für die Höhe des pfändbaren Betrages gilt:

1. ¹Gehört das unterhaltsberechtigte Kind zum Kreis der Kinder, für die dem Leistungsberechtigten Kindergeld gezahlt wird, so ist eine Pfändung bis zu dem Betrag möglich, der bei gleichmäßiger Verteilung des Kindergeldes auf jedes dieser Kinder entfällt. ²Ist das Kindergeld durch die Berücksichtigung eines weiteren Kindes erhöht, für das einer dritten Person Kindergeld oder dieser oder dem Leistungsberechtigten eine andere Geldleistung für Kinder zusteht, so bleibt der Erhöhungsbetrag bei der Bestimmung des pfändbaren Betrages des Kindergeldes nach Satz 1 außer Betracht.

2. Der Erhöhungsbetrag nach Nummer 1 Satz 2 ist zugunsten jedes bei der Festsetzung des Kindergeldes berücksichtigten unterhaltsberechtigten Kindes zu dem Anteil pfändbar, der sich bei gleichmäßiger Verteilung auf alle Kinder, die bei der Festsetzung des Kindergeldes zugunsten des Leistungsberechtigten berücksichtigt werden, ergibt.

Hinweise

H 76 Pfändung
→ *V 23 DA-KG 2014 (BStBl. 2014 I S. 918).*

§ 76a (weggefallen)

§ 77

§ 77 Erstattung von Kosten im Vorverfahren.

(1) ¹Soweit der Einspruch gegen die Kindergeldfestsetzung erfolgreich ist, hat die Familienkasse demjenigen, der den Einspruch erhoben hat, die zur zweckentsprechenden Rechtsverfolgung oder Rechtsverteidigung notwendigen Aufwendungen zu erstatten. ²Dies gilt auch, wenn der Einspruch nur deshalb keinen Erfolg hat, weil die Verletzung einer Verfahrens- oder Formvorschrift nach § 126 der Abgabenordnung unbeachtlich ist. ³Aufwendungen, die durch das Verschulden eines Erstattungsberechtigten entstanden sind, hat dieser selbst zu tragen; das Verschulden eines Vertreters ist dem Vertretenen zuzurechnen.

(2) Die Gebühren und Auslagen eines Bevollmächtigten oder Beistandes, der nach den Vorschriften des Steuerberatungsgesetzes zur geschäftsmäßigen Hilfeleistung in Steuersachen befugt ist, sind erstattungsfähig, wenn dessen Zuziehung notwendig war.

(3) ¹Die Familienkasse setzt auf Antrag den Betrag der zu erstattenden Aufwendungen fest. ²Die Kostenentscheidung bestimmt auch, ob die Zuziehung eines Bevollmächtigten oder Beistandes im Sinne des Absatzes 2 notwendig war.

Hinweise

H 77 Rechtsbehelfsverfahren
→ *R 1-15 DA-KG 2014 (BStBl. 2014 I S. 918).*

§ 78 Übergangsregelungen

(1) bis (4) (weggefallen)

(5) ¹Abweichend von § 64 Abs. 2 und 3 steht Berechtigten, die für Dezember 1990 für ihre Kinder Kindergeld in dem in Artikel 3 des Einigungsvertrages genannten Gebiet bezogen haben, das Kindergeld für diese Kinder auch für die folgende Zeit zu, solange sie ihren Wohnsitz oder gewöhnlichen Aufenthalt in diesem Gebiet beibehalten und die Kinder die Voraussetzungen ihrer Berücksichtigung weiterhin erfüllen. ²§ 64 Abs. 2 und 3 ist insoweit erst für die Zeit vom Beginn des Monats an anzuwenden, in dem ein hierauf gerichteter Antrag bei der zuständigen Stelle eingegangen ist; der hiernach Berechtigte muss die nach Satz 1 geleisteten Zahlungen gegen sich gelten lassen.

Hinweise

H 78 Sonderregelung für Berechtigte in den neuen Bundesländern
  → *A 25 DA-KG 2014 (BStBl. 2014 I S. 918).*

XI. Altersvorsorgezulage

§ 79 Zulageberechtigte

¹Die in § 10a Absatz 1 genannten Personen haben Anspruch auf eine Altersvorsorgezulage (Zulage). ²Ist nur ein Ehegatte nach Satz 1 begünstigt, so ist auch der andere Ehegatte zulageberechtigt, wenn

1. beide Ehegatten nicht dauernd getrennt leben (§ 26 Absatz 1),
2. beide Ehegatten ihren Wohnsitz oder gewöhnlichen Aufenthalt in einem Mitgliedstaat der Europäischen Union oder einem Staat haben, auf den das Abkommen über den Europäischen Wirtschaftsraum anwendbar ist,
3. ein auf den Namen des anderen Ehegatten laufender Altersvorsorgevertrag besteht,
4. der andere Ehegatte zugunsten des Altersvorsorgevertrags nach Nummer 3 im jeweiligen Beitragsjahr mindestens 60 Euro geleistet hat und
5. die Auszahlungsphase des Altersvorsorgevertrags nach Nummer 3 noch nicht begonnen hat.

³Satz 1 gilt entsprechend für die in § 10a Absatz 6 Satz 1 und 2 genannten Personen, sofern sie unbeschränkt steuerpflichtig sind oder für das Beitragsjahr nach § 1 Absatz 3 als unbeschränkt steuerpflichtig behandelt werden.

Hinweise

H 79 Altersvermögensgesetz

→ BMF vom 24.7.2013 (BStBl. I S. 1022) unter Berücksichtigung der Änderungen durch BMF vom 31.1.2014 (BStBl. I S. 97) und BMF vom 13.3.2014 (BStBl. I S. 554).

§ 80 Anbieter

Anbieter im Sinne dieses Gesetzes sind Anbieter von Altersvorsorgeverträgen gemäß § 1 Abs. 2 des Altersvorsorgeverträge-Zertifizierungsgesetzes sowie die in § 82 Abs. 2 genannten Versorgungseinrichtungen.

§ 81 Zentrale Stelle

Zentrale Stelle im Sinne dieses Gesetzes ist die Deutsche Rentenversicherung Bund.

§ 81a Zuständige Stelle

¹Zuständige Stelle ist bei einem

1. Empfänger von Besoldung nach dem Bundesbesoldungsgesetz oder einem Landesbesoldungsgesetz die die Besoldung anordnende Stelle,
2. Empfänger von Amtsbezügen im Sinne des § 10a Abs. 1 Satz 1 Nr. 2 die die Amtsbezüge anordnende Stelle,
3. versicherungsfrei Beschäftigten sowie bei einem von der Versicherungspflicht befreiten Beschäftigten im Sinne des § 10a Abs. 1 Satz 1 Nr. 3 der die Versorgung gewährleistende Arbeitgeber der rentenversicherungsfreien Beschäftigung,
4. Beamten, Richter, Berufssoldaten und Soldaten auf Zeit im Sinne des § 10a Abs. 1 Satz 1 Nr. 4 der zur Zahlung des Arbeitsentgelts verpflichtete Arbeitgeber und
5. Empfänger einer Versorgung im Sinne des § 10a Abs. 1 Satz 4 die die Versorgung anordnende Stelle.

²Für die in § 10a Abs. 1 Satz 1 Nr. 5 genannten Steuerpflichtigen gilt Satz 1 entsprechend.

§ 82

§ 82 Altersvorsorgebeiträge

(1) ¹Geförderte Altersvorsorgebeiträge sind im Rahmen des in § 10a Absatz 1 Satz 1 genannten Höchstbetrages

1. Beiträge,
2. Tilgungsleistungen,

die der Zulageberechtigte (§ 79) bis zum Beginn der Auszahlungsphase zugunsten eines auf seinen Namen lautenden Vertrags leistet, der nach § 5 des Altersvorsorgeverträge-Zertifizierungsgesetzes zertifiziert ist (Altersvorsorgevertrag). ²Die Zertifizierung ist Grundlagenbescheid im Sinne des § 171 Abs. 10 der Abgabenordnung. ³Als Tilgungsleistungen gelten auch Beiträge, die vom Zulageberechtigten zugunsten eines auf seinen Namen lautenden Altersvorsorgevertrags im Sinne des § 1 Absatz 1a Satz 1 Nummer 3 des Altersvorsorgeverträge-Zertifizierungsgesetzes erbracht wurden und die zur Tilgung eines im Rahmen des Altersvorsorgevertrags abgeschlossenen Darlehens abgetreten wurden. ⁴Im Fall der Übertragung von gefördertem Altersvorsorgevermögen nach § 1 Abs. 1 Satz 1 Nr. 10 Buchstabe b des Altersvorsorgeverträge-Zertifizierungsgesetzes in einen Altersvorsorgevertrag im Sinne des § 1 Abs. 1a Satz 1 Nr. 3 des Altersvorsorgeverträge-Zertifizierungsgesetzes gelten die Beiträge nach Satz 1 Nr. 1 ab dem Zeitpunkt der Übertragung als Tilgungsleistungen nach Satz 3; eine erneute Förderung nach § 10a oder Abschnitt XI erfolgt insoweit nicht. ⁵Tilgungsleistungen nach den Sätzen 1 und 3 werden nur berücksichtigt, wenn das zugrunde liegende Darlehen für eine nach dem 31. Dezember 2007 vorgenommene wohnungswirtschaftliche Verwendung im Sinne des § 92a Abs. 1 Satz 1 eingesetzt wurde. ⁶Bei einer Aufgabe der Selbstnutzung nach § 92a Absatz 3 Satz 1 gelten im Beitragsjahr der Aufgabe der Selbstnutzung auch die nach der Aufgabe der Selbstnutzung geleisteten Beiträge oder Tilgungsleistungen als Altersvorsorgebeiträge nach Satz 1. ⁷Bei einer Reinvestition nach § 92a Absatz 3 Satz 9 Nummer 1 gelten im Beitragsjahr der Reinvestition auch die davor geleisteten Beiträge oder Tilgungsleistungen als Altersvorsorgebeiträge nach Satz 1. ⁸Bei einem beruflich bedingten Umzug nach § 92a Absatz 4 gelten

1. im Beitragsjahr des Wegzugs auch die nach dem Wegzug und
2. im Beitragsjahr des Wiedereinzugs auch die vor dem Wiedereinzug

geleisteten Beiträge und Tilgungsleistungen als Altersvorsorgebeiträge nach Satz 1.

(2) ¹Zu den Altersvorsorgebeiträgen gehören auch

a) die aus dem individuell versteuerten Arbeitslohn des Arbeitnehmers geleisteten Beiträge an einen Pensionsfonds, eine Pensionskasse oder eine Direktversicherung zum Aufbau einer kapitalgedeckten betrieblichen Altersversorgung und

b) Beiträge des Arbeitnehmers und des ausgeschiedenen Arbeitnehmers, die dieser im Fall der zunächst durch Entgeltumwandlung (§ 1a des Betriebsrentengesetzes)[1] finanzierten und nach § 3 Nr. 63 oder § 10a und diesem Abschnitt geförderten kapitalgedeckten betrieblichen Altersversorgung nach Maßgabe des § 1a Abs. 4 und § 1b Abs. 5 Satz 1 Nr. 2 des Betriebsrentengesetzes[2] selbst erbringt,

wenn eine Auszahlung der zugesagten Altersversorgungsleistung in Form einer Rente oder eines Auszahlungsplans (§ 1 Abs. 1 Satz 1 Nr. 4 des Altersvorsorgeverträge-Zertifizierungsgesetzes) vorgesehen ist. ²Die §§ 3 und 4 des Betriebsrentengesetzes[3] stehen dem vorbehaltlich des § 93 nicht entgegen.

(3) Zu den Altersvorsorgebeiträgen gehören auch die Beitragsanteile, die zur Absicherung der verminderten Erwerbsfähigkeit des Zulageberechtigten und zur Hinterbliebenenversorgung verwendet werden, wenn in der Leistungsphase die Auszahlung in Form einer Rente erfolgt.

(4) Nicht zu den Altersvorsorgebeiträgen zählen

---

1) Siehe Anhang 16.
2) Siehe Anhang 16.
3) Siehe Anhang 16.

§§ 82, 83, 84

1. Aufwendungen, die vermögenswirksame Leistungen nach dem Fünften Vermögensbildungsgesetz in der jeweils geltenden Fassung darstellen,
2. prämienbegünstigte Aufwendungen nach dem Wohnungsbau-Prämiengesetz in der Fassung der Bekanntmachung vom 30. Oktober 1997 (BGBl. I S. 2678), zuletzt geändert durch Artikel 5 des Gesetzes vom 29. Juli 2008 (BGBl. I S. 1509), in der jeweils geltenden Fassung,
3. Aufwendungen, die im Rahmen des § 10 als Sonderausgaben geltend gemacht werden,
4. Zahlungen nach § 92a Abs. 2 Satz 4 Nr. 1 und Abs. 3 Satz 9 Nr. 2 oder
5. Übertragungen im Sinne des § 3 Nummer 55 bis 55c.

(5) ¹Der Zulageberechtigte kann für ein abgelaufenes Beitragsjahr bis zum Beitragsjahr 2011 Altersvorsorgebeiträge auf einen auf seinen Namen lautenden Altersvorsorgevertrag leisten, wenn

1. der Anbieter des Altersvorsorgevertrags davon Kenntnis erhält, in welcher Höhe und für welches Beitragsjahr die Altersvorsorgebeiträge berücksichtigt werden sollen,
2. in dem Beitragsjahr, für das die Altersvorsorgebeiträge berücksichtigt werden sollen, ein Altersvorsorgevertrag bestanden hat,
3. im fristgerechten Antrag auf Zulage für dieses Beitragsjahr eine Zulageberechtigung nach § 79 Satz 2 angegeben wurde, aber tatsächlich eine Zulageberechtigung nach § 79 Satz 1 vorliegt,
4. die Zahlung der Altersvorsorgebeiträge für abgelaufene Beitragsjahre bis zum Ablauf von zwei Jahren nach Erteilung der Bescheinigung nach § 92, mit der zuletzt Ermittlungsergebnisse für dieses Beitragsjahr bescheinigt wurden, längstens jedoch bis zum Beginn der Auszahlungsphase des Altersvorsorgevertrages erfolgt und
5. der Zulageberechtigte vom Anbieter in hervorgehobener Weise darüber informiert wurde oder dem Anbieter seine Kenntnis darüber versichert, dass die Leistungen aus diesen Altersvorsorgebeiträgen der vollen nachgelagerten Besteuerung nach § 22 Nummer 5 Satz 1 unterliegen.

²Wurden die Altersvorsorgebeiträge dem Altersvorsorgevertrag gutgeschrieben und sind die Voraussetzungen nach Satz 1 erfüllt, so hat der Anbieter der zentralen Stelle (§ 81) die entsprechenden Daten nach § 89 Absatz 2 Satz 1 für das zurückliegende Beitragsjahr nach einem mit der zentralen Stelle abgestimmten Verfahren mitzuteilen. ³Die Beträge nach Satz 1 gelten für die Ermittlung der zu zahlenden Altersvorsorgezulage nach § 83 als Altersvorsorgebeiträge für das Beitragsjahr, für das sie gezahlt wurden. ⁴Für die Anwendung des § 10a Absatz 1 Satz 1 sowie bei der Ermittlung der dem Steuerpflichtigen zustehenden Zulage im Rahmen des § 2 Absatz 6 und des § 10a sind die nach Satz 1 gezahlten Altersvorsorgebeiträge weder für das Beitragsjahr nach Satz 1 Nummer 2 noch für das Beitragsjahrder Zahlung zu berücksichtigen.

§ 83 Altersvorsorgezulage

In Abhängigkeit von den geleisteten Altersvorsorgebeiträgen wird eine Zulage gezahlt, die sich aus einer Grundzulage (§ 84) und einer Kinderzulage (§ 85) zusammensetzt.

§ 84 Grundzulage

¹Jeder Zulageberechtigte erhält eine Grundzulage; diese beträgt jährlich 154 Euro. ²Für Zulageberechtigte nach § 79 Satz 1, die zu Beginn des Beitragsjahres (§ 88) das 25. Lebensjahr noch nicht vollendet haben, erhöht sich die Grundzulage nach Satz 1 um einmalig 200 Euro. ³Die Erhöhung nach Satz 2 ist für das erste nach dem 31. Dezember 2007 beginnende Beitragsjahr zu gewähren, für das eine Altersvorsorgezulage beantragt wird.

§§ 85, 86

§ 85 Kinderzulage

(1) ¹Die Kinderzulage beträgt für jedes Kind, für das dem Zulageberechtigten Kindergeld ausgezahlt wird, jährlich 185 Euro. ²Für ein nach dem 31. Dezember 2007 geborenes Kind erhöht sich die Kinderzulage nach Satz 1 auf 300 Euro. ³Der Anspruch auf Kinderzulage entfällt für den Veranlagungszeitraum, für den das Kindergeld insgesamt zurückgefordert wird. ⁴Erhalten mehrere Zulageberechtigte für dasselbe Kind Kindergeld, steht die Kinderzulage demjenigen zu, dem für den ersten Anspruchszeitraum (§ 66 Abs. 2) im Kalenderjahr Kindergeld ausgezahlt worden ist.

(2) ¹Bei Eltern, die miteinander verheiratet sind, nicht dauernd getrennt leben (§ 26 Absatz 1) und ihren Wohnsitz oder gewöhnlichen Aufenthalt in einem Mitgliedstaat der Europäischen Union oder einem Staat haben, auf den das Abkommen über den Europäischen Wirtschaftsraum (EWR-Abkommen) anwendbar ist, wird die Kinderzulage der Mutter zugeordnet, auf Antrag beider Eltern dem Vater. ²Bei Eltern, die miteinander eine Lebenspartnerschaft führen, nicht dauernd getrennt leben (§ 26 Absatz 1) und ihren Wohnsitz oder gewöhnlichen Aufenthalt in einem Mitgliedstaat der Europäischen Union oder einem Staat haben, auf den das EWRAbkommen anwendbar ist, ist die Kinderzulage dem Lebenspartner zuzuordnen, dem das Kindergeld ausgezahlt wird, auf Antrag beider Eltern dem anderen Lebenspartner. ³Der Antrag kann für ein abgelaufenes Beitragsjahr nicht zurückgenommen werden.

§ 86 Mindesteigenbeitrag

(1) ¹Die Zulage nach den §§ 84 und 85 wird gekürzt, wenn der Zulageberechtigte nicht den Mindesteigenbeitrag leistet. ²Dieser beträgt jährlich 4 Prozent der Summe der in dem dem Kalenderjahr vorangegangenen Kalenderjahr

1. erzielten beitragspflichtigen Einnahmen im Sinne des Sechsten Buches Sozialgesetzbuch,
2. bezogenen Besoldung und Amtsbezüge,
3. in den Fällen des § 10a Abs. 1 Satz 1 Nr. 3 und Nr. 4 erzielten Einnahmen, die beitragspflichtig wären, wenn die Versicherungsfreiheit in der gesetzlichen Rentenversicherung nicht bestehen würde und
4. bezogenen Rente wegen voller Erwerbsminderung oder Erwerbsunfähigkeit oder bezogenen Versorgungsbezüge wegen Dienstunfähigkeit in den Fällen des § 10a Abs. 1 Satz 4,

jedoch nicht mehr als der in § 10a Absatz 1 Satz 1 genannte Höchstbetrag, vermindert um die Zulage nach den §§ 84 und 85; gehört der Ehegatte zum Personenkreis nach § 79 Satz 2, berechnet sich der Mindesteigenbeitrag des nach § 79 Satz 1 Begünstigten unter Berücksichtigung der den Ehegatten insgesamt zustehenden Zulagen. ³Auslandsbezogene Bestandteile nach den §§ 52 ff. des Bundesbesoldungsgesetzes oder entsprechender Regelungen eines Landesbesoldungsgesetzes bleiben unberücksichtigt. ⁴Als Sockelbetrag sind ab dem Jahr 2005 jährlich 60 Euro zu leisten. ⁵Ist der Sockelbetrag höher als der Mindesteigenbeitrag nach Satz 2, so ist der Sockelbetrag als Mindesteigenbeitrag zu leisten. ⁶Die Kürzung der Zulage ermittelt sich nach dem Verhältnis der Altersvorsorgebeiträge zum Mindesteigenbeitrag.

(2) ¹Ein nach § 79 Satz 2 begünstigter Ehegatte hat Anspruch auf eine ungekürzte Zulage, wenn der zum begünstigten Personenkreis nach § 79 Satz 1 gehörende Ehegatte seinen geförderten Mindesteigenbeitrag unter Berücksichtigung der den Ehegatten insgesamt zustehenden Zulagen erbracht hat. ²Werden bei einer in der gesetzlichen Rentenversicherung pflichtversicherten Person beitragspflichtige Einnahmen zugrunde gelegt, die höher sind als das tatsächlich erzielte Entgelt oder die Entgeltersatzleistung, ist das tatsächlich erzielte Entgelt oder der Zahlbetrag der Entgeltersatzleistung für die Berechnung des Mindesteigenbeitrags zu berücksichtigen. ³Für die nicht erwerbsmäßig ausgeübte Pflegetätigkeit einer nach § 3 Satz 1 Nummer 1a des Sechsten Buches Sozialgesetzbuch rentenversicherungspflichtigen Person ist für die Berechnung des Mindesteigenbeitrags ein tatsächlich erzieltes Entgelt von 0 Euro zu berücksichtigen.

§§ 86, 87, 88, 89

(3) ¹Für Versicherungspflichtige nach dem Gesetz über die Alterssicherung der Landwirte ist Absatz 1 mit der Maßgabe anzuwenden, dass auch die Einkünfte aus Land- und Forstwirtschaft im Sinne des § 13 des zweiten dem Beitragsjahr vorangegangenen Veranlagungszeitraums als beitragspflichtige Einnahmen des vorangegangenen Kalenderjahres gelten. ²Negative Einkünfte im Sinne des Satzes 1 bleiben unberücksichtigt, wenn weitere nach Absatz 1 oder Absatz 2 zu berücksichtigende Einnahmen erzielt werden.

(4) Wird nach Ablauf des Beitragsjahres festgestellt, dass die Voraussetzungen für die Gewährung einer Kinderzulage nicht vorgelegen haben, ändert sich dadurch die Berechnung des Mindesteigenbeitrags für dieses Beitragsjahr nicht.

(5) Bei den in § 10a Absatz 6 Satz 1 und 2 genannten Personen ist der Summe nach Absatz 1 Satz 2 die Summe folgender Einnahmen und Leistungen aus dem dem Kalenderjahr vorangegangenen Kalenderjahr hinzuzurechnen:

1. die erzielten Einnahmen aus der Tätigkeit, die die Zugehörigkeit zum Personenkreis des § 10a Absatz 6 Satz 1 begründet, und
2. die bezogenen Leistungen im Sinne des § 10a Absatz 6 Satz 2 Nummer 1.

§ 87 Zusammentreffen mehrerer Verträge

(1) ¹Zahlt der nach § 79 Satz 1 Zulageberechtigte Altersvorsorgebeiträge zugunsten mehrerer Verträge, so wird die Zulage nur für zwei dieser Verträge gewährt. ²Der insgesamt nach § 86 zu leistende Mindesteigenbeitrag muss zugunsten dieser Verträge geleistet worden sein. ³Die Zulage ist entsprechend dem Verhältnis der auf diese Verträge geleisteten Beiträge zu verteilen.

(2) ¹Der nach § 79 Satz 2 Zulageberechtigte kann die Zulage für das jeweilige Beitragsjahr nicht auf mehrere Altersvorsorgeverträge verteilen. ²Es ist nur der Altersvorsorgevertrag begünstigt, für den zuerst die Zulage beantragt wird.

§ 88 Entstehung des Anspruchs auf Zulage

Der Anspruch auf die Zulage entsteht mit Ablauf des Kalenderjahres, in dem die Altersvorsorgebeiträge geleistet worden sind (Beitragsjahr).

§ 89 Antrag

(1) ¹Der Zulageberechtigte hat den Antrag auf Zulage nach amtlich vorgeschriebenem Vordruck bis zum Ablauf des zweiten Kalenderjahres, das auf das Beitragsjahr (§ 88) folgt, bei dem Anbieter seines Vertrages einzureichen. ²Hat der Zulageberechtigte im Beitragsjahr Altersvorsorgebeiträge für mehrere Verträge gezahlt, so hat er mit dem Zulageantrag zu bestimmen, auf welche Verträge die Zulage überwiesen werden soll. ³Beantragt der Zulageberechtigte die Zulage für mehr als zwei Verträge, so wird die Zulage nur für die zwei Verträge mit den höchsten Altersvorsorgebeiträgen gewährt. ⁴Sofern eine Zulagenummer (§ 90 Abs. 1 Satz 2) durch die zentrale Stelle (§ 81) oder eine Versicherungsnummer nach § 147 des Sechsten Buches Sozialgesetzbuch für den nach § 79 Satz 2 berechtigten Ehegatten noch nicht vergeben ist, hat dieser über seinen Anbieter eine Zulagenummer bei der zentralen Stelle zu beantragen. ⁵Der Antragsteller ist verpflichtet, dem Anbieter unverzüglich eine Änderung der Verhältnisse mitzuteilen, die zu einer Minderung oder zum Wegfall des Zulageanspruchs führt.

(1a) ¹Der Zulageberechtigte kann den Anbieter seines Vertrages schriftlich bevollmächtigen, für ihn abweichend von Absatz 1 die Zulage für jedes Beitragsjahr zu beantragen. ²Absatz 1 Satz 5 gilt mit Ausnahme der Mitteilung geänderter beitragspflichtiger Einnahmen entsprechend. ³Ein Widerruf der Vollmacht ist bis zum Ablauf des Beitragsjahres, für das der Anbieter keinen Antrag auf Zulage stellen soll, gegenüber dem Anbieter zu erklären.

(2) ¹Der Anbieter ist verpflichtet,

a) die Vertragsdaten,

b) die Versicherungsnummer nach § 147 des Sechsten Buches Sozialgesetzbuch, die Zulagenummer des Zulageberechtigten und dessen Ehegatten oder einen Antrag auf Vergabe einer Zulagenummer eines nach § 79 Satz 2 berechtigten Ehegatten,

c) die vom Zulageberechtigten mitgeteilten Angaben zur Ermittlung des Mindesteigenbeitrags (§ 86),

d) die für die Gewährung der Kinderzulage erforderlichen Daten,

e) die Höhe der geleisteten Altersvorsorgebeiträge und

f) das Vorliegen einer nach Absatz 1a erteilten Vollmacht

als die für die Ermittlung und Überprüfung des Zulageanspruchs und Durchführung des Zulageverfahrens erforderlichen Daten zu erfassen. ²Er hat die Daten der bei ihm im Laufe eines Kalendervierteljahres eingegangenen Anträge bis zum Ende des folgenden Monats nach amtlich vorgeschriebenem Datensatz durch amtlich bestimmte Datenfernübertragung an die zentrale Stelle zu übermitteln. ⁴Dies gilt auch im Fall des Absatzes 1 Satz 5.

(3) ¹Ist der Anbieter nach Absatz 1a Satz 1 bevollmächtigt worden, hat er der zentralen Stelle die nach Absatz 2 Satz 1 erforderlichen Angaben für jedes Kalenderjahr bis zum Ablauf des auf das Beitragsjahr folgenden Kalenderjahres zu übermitteln. ²Liegt die Bevollmächtigung erst nach dem im Satz 1 genannten Meldetermin vor, hat der Anbieter die Angaben bis zum Ende des folgenden Kalendervierteljahres nach der Bevollmächtigung, spätestens jedoch bis zum Ablauf der in Absatz 1 Satz 1 genannten Antragsfrist, zu übermitteln. ³Absatz 2 Satz 2 und 3 gilt sinngemäß.

§ 90 Verfahren

(1) ¹Die zentrale Stelle ermittelt auf Grund der von ihr erhobenen oder der ihr übermittelten Daten, ob und in welcher Höhe ein Zulageanspruch besteht. ²Soweit der zuständige Träger der Rentenversicherung keine Versicherungsnummer vergeben hat, vergibt die zentrale Stelle zur Erfüllung der ihr nach diesem Abschnitt zugewiesenen Aufgaben eine Zulagenummer. ³Die zentrale Stelle teilt im Falle eines Antrags nach § 10a Abs. 1a der zuständigen Stelle, im Falle eines Antrags nach § 89 Abs. 1 Satz 4 dem Anbieter die Zulagenummer mit; von dort wird sie an den Antragsteller weitergeleitet.

(2) ¹Die zentrale Stelle veranlasst die Auszahlung an den Anbieter zugunsten der Zulageberechtigten durch die zuständige Kasse. ²Ein gesonderter Zulagenbescheid ergeht vorbehaltlich des Absatzes 4 nicht. ³Der Anbieter hat die erhaltenen Zulagen unverzüglich den begünstigten Verträgen gutzuschreiben. ⁴Zulagen, die nach Beginn der Auszahlungsphase für das Altersvorsorgevermögen von der zentralen Stelle an den Anbieter überwiesen werden, können vom Anbieter an den Anleger ausgezahlt werden. ⁵Besteht kein Zulageanspruch, so teilt die zentrale Stelle dies dem Anbieter durch Datensatz mit. ⁶Die zentrale Stelle teilt dem Anbieter die Altersvorsorgebeiträge im Sinne des § 82, auf die § 10a oder dieser Abschnitt angewendet wurde, durch Datensatz mit.

(3) ¹Erkennt die zentrale Stelle nachträglich, dass der Zulageanspruch ganz oder teilweise nicht besteht oder weggefallen ist, so hat sie zu Unrecht gutgeschriebene oder ausgezahlte Zulagen zurückzufordern und dies dem Anbieter durch Datensatz mitzuteilen. ²Bei bestehendem Vertragsverhältnis hat der Anbieter das Konto zu belasten. ³Die ihm im Kalendervierteljahr mitgeteilten Rückforderungsbeträge hat er bis zum zehnten Tag des dem Kalendervierteljahr folgenden Monats in einem Betrag bei der zentralen Stelle anzumelden und an diese abzuführen. ⁴Die Anmeldung nach Satz 3 ist nach amtlich vorgeschriebenem Vordruck abzugeben. ⁵Sie gilt als Steueranmeldung im Sinne der Abgabenordnung.

(4) ¹Eine Festsetzung der Zulage erfolgt nur auf besonderen Antrag des Zulageberechtigten. ²Der Antrag ist schriftlich innerhalb eines Jahres vom Antragsteller an den Anbieter zu richten; die Frist beginnt mit der Erteilung der Bescheinigung nach § 92, die die Ermittlungsergebnisse für das Beitragsjahr enthält, für das eine Festsetzung der Zulage erfolgen soll. ³Der Anbieter leitet den Antrag der zentralen Stelle zur Festsetzung zu. ⁴Er hat dem Antrag eine Stellungnahme und die zur Festsetzung erforderlichen Unterlagen beizufügen. ⁵Die zentrale Stelle teilt die Festsetzung auch dem Anbieter mit. ⁶Im Übrigen gilt Absatz 3 entsprechend.

§ 91 Datenerhebung und Datenabgleich

(1) ¹Für die Berechnung und Überprüfung der Zulage sowie die Überprüfung des Vorliegens der Voraussetzungen des Sonderausgabenabzugs nach § 10a übermitteln die Träger der gesetzlichen Rentenversicherung, der Spitzenverband der landwirtschaftlichen Sozialversicherung für die Träger der Alterssicherung der Landwirte, die Bundesagentur für Arbeit, die Meldebehörden, die Familienkassen und die Finanzämter der zentralen Stelle auf Anforderung die bei ihnen vorhandenen Daten nach § 89 Abs. 2 durch Datenfernübertragung; für Zwecke der Berechnung des Mindesteigenbeitrags für ein Beitragsjahr darf die zentrale Stelle bei den Trägern der gesetzlichen Rentenversicherung und dem Spitzenverband der landwirtschaftlichen Sozialversicherung für die Träger der Alterssicherung der Landwirte die bei ihnen vorhandenen Daten zu den beitragspflichtigen Einnahmen sowie in den Fällen des § 10a Abs. 1 Satz 4 zur Höhe der bezogenen Rente wegen voller Erwerbsminderung oder Erwerbsunfähigkeit erheben, sofern diese nicht vom Anbieter nach § 89 übermittelt worden sind. ²Für Zwecke der Überprüfung nach Satz 1 darf die zentrale Stelle die ihr übermittelten Daten mit den ihr nach § 89 Abs. 2 übermittelten Daten automatisiert abgleichen. ³Führt die Überprüfung zu einer Änderung der ermittelten oder festgesetzten Zulage, ist dies dem Anbieter mitzuteilen. ⁴Ergibt die Überprüfung eine Abweichung von dem in der Steuerfestsetzung berücksichtigten Sonderausgabenabzug nach § 10a oder der gesonderten Feststellung nach § 10a Abs. 4, ist dies dem Finanzamt mitzuteilen; die Steuerfestsetzung oder die gesonderte Feststellung ist insoweit zu ändern.

(2) ¹Die zuständige Stelle hat der zentralen Stelle die Daten nach § 10a Abs. 1 Satz 1 zweiter Halbsatz bis zum 31. März des dem Beitragsjahr folgenden Kalenderjahres durch Datenfernübertragung zu übermitteln. ²Liegt die Einwilligung nach § 10a Abs. 1 Satz 1 zweiter Halbsatz erst nach dem in Satz 1 genannten Meldetermin vor, hat die zuständige Stelle die Daten spätestens bis zum Ende des folgenden Kalendervierteljahres nach Erteilung der Einwilligung nach Maßgabe von Satz 1 zu übermitteln.

§ 92 Bescheinigung

¹Der Anbieter hat dem Zulageberechtigten jährlich eine Bescheinigung nach amtlich vorgeschriebenem Muster zu erteilen über

1. die Höhe der im abgelaufenen Beitragsjahr geleisteten Altersvorsorgebeiträge (Beiträge und Tilgungsleistungen),
2. die im abgelaufenen Beitragsjahr getroffenen, aufgehobenen oder geänderten Ermittlungsergebnisse (§ 90),
3. die Summe der bis zum Ende des abgelaufenen Beitragsjahres dem Vertrag gutgeschriebenen Zulagen,
4. die Summe der bis zum Ende des abgelaufenen Beitragsjahres geleisteten Altersvorsorgebeiträge (Beiträge und Tilgungsleistungen),
5. den Stand des Altersvorsorgevermögens,
6. den Stand des Wohnförderkontos (§ 92a Abs. 2 Satz 1), sofern er diesen von der zentralen Stelle mitgeteilt bekommen hat, und

7. die Bestätigung der durch den Anbieter erfolgten Datenübermittlung an die zentrale Stelle im Fall des § 10a Abs. 5 Satz 1.

²Einer jährlichen Bescheinigung bedarf es nicht, wenn zu Satz 1 Nummer 1, 2, 6 und 7 keine Angaben erforderlich sind und sich zu Satz 1 Nummer 3 bis 5 keine Änderungen gegenüber der zuletzt erteilten Bescheinigung ergeben. ³Liegen die Voraussetzungen des Satzes 2 nur hinsichtlich der Angabe nach Satz 1 Nummer 6 nicht vor und wurde die Geschäftsbeziehung im Hinblick auf den jeweiligen Altersvorsorgevertrag zwischen Zulageberechtigtem und Anbieter beendet, weil

1. das angesparte Kapital vollständig aus dem Altersvorsorgevertrag entnommen wurde oder

2. das gewährte Darlehen vollständig getilgt wurde,

bedarf es keiner jährlichen Bescheinigung, wenn der Anbieter dem Zulageberechtigten in einer Bescheinigung im Sinne dieser Vorschrift Folgendes mitteilt: „Das Wohnförderkonto erhöht sich bis zum Beginn der Auszahlungsphase jährlich um 2 Prozent, solange Sie keine Zahlungen zur Minderung des Wohnförderkontos leisten." ⁴Der Anbieter kann dem Zulageberechtigten mit dessen Einverständnis die Bescheinigung auch elektronisch bereitstellen.

§ 92a Verwendung für eine selbst genutzte Wohnung

(1) ¹Der Zulageberechtigte kann das in einem Altersvorsorgevertrag gebildete und nach § 10a oder nach diesem Abschnitt geförderte Kapital in vollem Umfang oder, wenn das verbleibende geförderte Restkapital mindestens 3 000 Euro beträgt, teilweise wie folgt verwenden (Altersvorsorge-Eigenheimbetrag):

1. bis zum Beginn der Auszahlungsphase unmittelbar für die Anschaffung oder Herstellung einer Wohnung oder zur Tilgung eines zu diesem Zweck aufgenommenen Darlehens, wenn das dafür entnommene Kapital mindestens 3 000 Euro beträgt, oder

2. bis zum Beginn der Auszahlungsphase unmittelbar für den Erwerb von Pflicht-Geschäftsanteilen an einer eingetragenen Genossenschaft für die Selbstnutzung einer Genossenschaftswohnung oder zur Tilgung eines zu diesem Zweck aufgenommenen Darlehens, wenn das dafür entnommene Kapital mindestens 3 000 Euro beträgt, oder

3. bis zum Beginn der Auszahlungsphase unmittelbar für die Finanzierung eines Umbaus einer Wohnung, wenn

   a) das dafür entnommene Kapital

      aa) mindestens 6 000 Euro beträgt und für einen innerhalb eines Zeitraums von drei Jahren nach der Anschaffung oder Herstellung der Wohnung vorgenommenen Umbau verwendet wird oder

      bb) mindestens 20 000 Euro beträgt,

   b) das dafür entnommene Kapital zu mindestens 50 Prozent auf Maßnahmen entfällt, die die Vorgaben der DIN 18040 Teil 2, Ausgabe September 2011, soweit baustrukturell möglich, erfüllen, und der verbleibende Teil der Kosten der Reduzierung von Barrieren in oder an der Wohnung dient; die zweckgerechte Verwendung ist durch einen Sachverständigen zu bestätigen; und

   c) der Zulageberechtigte oder ein Mitnutzer der Wohnung für die Umbaukosten weder eine Förderung durch Zuschüsse noch eine Steuerermäßigung nach § 35a in Anspruch nimmt oder nehmen wird noch die Berücksichtigung als außergewöhnliche Belastung nach § 33 beantragt hat oder beantragen wird und dies schriftlich bestätigt. ²Diese Bestätigung ist bei der Antragstellung nach § 92b Absatz 1 Satz 1 gegenüber der zentralen Stelle abzugeben. Bei der Inanspruchnahme eines Darlehens im Rahmen eines Altersvorsorgevertrags nach § 1 Absatz 1a des Altersvorsorgeverträge-Zertifizierungsgesetzes hat der Zulageberechtigte die Bestätigung gegenüber seinem Anbieter abzugeben.

§ 92a

²Die DIN 18040 ist im Beuth-Verlag GmbH, Berlin und Köln, erschienen und beim Deutschen Patent- und Markenamt in München archivmäßig gesichert niedergelegt. ³Die technischen Mindestanforderungen für die Reduzierung von Barrieren in oder an der Wohnung nach Satz 1 Nummer 3 Buchstabe b werden durch das Bundesministerium für Verkehr, Bau und Stadtentwicklung im Einvernehmen mit dem Bundesministerium der Finanzen festgelegt und im Bundesbaublatt veröffentlicht. Sachverständige im Sinne dieser Vorschrift sind nach Landesrecht Bauvorlageberechtigte sowie nach § 91 Absatz 1 Nummer 8 der Handwerksordnung öffentlich bestellte und vereidigte Sachverständige, die für ein Sachgebiet bestellt sind, das die Barrierefreiheit und Barrierereduzierung in Wohngebäuden umfasst, und die eine besondere Sachkunde oder ergänzende Fortbildung auf diesem Gebiet nachweisen. Eine nach Satz 1 begünstigte Wohnung ist

1. eine Wohnung in einem eigenen Haus oder
2. eine eigene Eigentumswohnung oder
3. eine Genossenschaftswohnung einer eingetragenen Genossenschaft,

wenn diese Wohnung in einem Mitgliedstaat der Europäischen Union oder in einem Staat, auf den das Abkommen über den Europäischen Wirtschaftsraum (EWR-Abkommen) anwendbar ist, belegen ist und die Hauptwohnung oder den Mittelpunkt der Lebensinteressen des Zulageberechtigten darstellt. ³Einer Wohnung im Sinne des Satzes 5 steht ein eigentumsähnliches oder lebenslanges Dauerwohnrecht nach § 33 des Wohnungseigentumsgesetzes gleich, soweit Vereinbarungen nach § 39 des Wohnungseigentumsgesetzes getroffen werden. ⁴Bei der Ermittlung des Restkapitals nach Satz 1 ist auf den Stand des geförderten Altersvorsorgevermögens zum Ablauf des Tages abzustellen, an dem die zentrale Stelle den Bescheid nach § 92b ausgestellt hat. ⁵Der Altersvorsorge-Eigenheimbetrag gilt nicht als Leistung aus einem Altersvorsorgevertrag, die dem Zulageberechtigten im Zeitpunkt der Auszahlung zufließt.

(2) ¹Der Altersvorsorge-Eigenheimbetrag, die Tilgungsleistungen im Sinne des § 82 Absatz 1 Satz 1 Nummer 2 und die hierfür gewährten Zulagen sind durch die zentrale Stelle in Bezug auf den zugrunde liegenden Altersvorsorgevertrag gesondert zu erfassen (Wohnförderkonto); die zentrale Stelle teilt für jeden Altersvorsorgevertrag, für den sie ein Wohnförderkonto (Altersvorsorgevertrag mit Wohnförderkonto) führt, dem Anbieter jährlich den Stand des Wohnförderkontos nach amtlich vorgeschriebenem Datensatz durch Datenfernübertragung mit. ²Beiträge, die nach § 82 Absatz 1 Satz 3 wie Tilgungsleistungen behandelt wurden, sind im Zeitpunkt der unmittelbaren Darlehenstilgung einschließlich der zur Tilgung eingesetzten Zulagen und Erträge in das Wohnförderkonto aufzunehmen; zur Tilgung eingesetzte ungeförderte Beiträge einschließlich der darauf entfallenden Erträge fließen dem Zulageberechtigten in diesem Zeitpunkt zu. ³Nach Ablauf eines Beitragsjahres, letztmals für das Beitragsjahr des Beginns der Auszahlungsphase, ist der sich aus dem Wohnförderkonto ergebende Gesamtbetrag um 2 Prozent zu erhöhen. ⁴Das Wohnförderkonto ist zu vermindern um

1. Zahlungen des Zulageberechtigten auf einen auf seinen Namen lautenden zertifizierten Altersvorsorgevertrag nach § 1 Absatz 1 des Altersvorsorgeverträge-Zertifizierungsgesetzes bis zum Beginn der Auszahlungsphase zur Minderung der in das Wohnförderkonto eingestellten Beträge; der Anbieter, bei dem die Einzahlung erfolgt, hat die Einzahlung der zentralen Stelle nach amtlich vorgeschriebenem Datensatz durch Datenfernübertragung mitzuteilen; erfolgt die Einzahlung nicht auf den Altersvorsorgevertrag mit Wohnförderkonto, hat der Zulageberechtigte dem Anbieter, bei dem die Einzahlung erfolgt, die Vertragsdaten des Altersvorsorgevertrags mit Wohnförderkonto mitzuteilen; diese hat der Anbieter der zentralen Stelle zusätzlich mitzuteilen;
2. den Verminderungsbetrag nach Satz 5.

⁵Verminderungsbetrag ist der sich mit Ablauf des Kalenderjahrs des Beginns der Auszahlungsphase ergebende Stand des Wohnförderkontos dividiert durch die Anzahl der Jahre bis zur Vollendung des 85. Lebensjahres des Zulageberechtigten; als Beginn der Auszahlungsphase gilt der vom Zulageberechtigten und Anbieter vereinbarte Zeitpunkt, der zwischen der Vollendung des 60. Lebensjahres und des 68. Lebensjahres des Zulageberechtigten

§ 92a

liegen muss; ist ein Auszahlungszeitpunkt nicht vereinbart, so gilt die Vollendung des 67. Lebensjahres als Beginn der Auszahlungsphase. ⁶Anstelle einer Verminderung nach Satz 5 kann der Zulageberechtigte jederzeit in der Auszahlungsphase von der zentralen Stelle die Auflösung des Wohnförderkontos verlangen (Auflösungsbetrag). ⁷Der Anbieter hat im Zeitpunkt der unmittelbaren Darlehenstilgung die Beträge nach Satz 2 erster Halbsatz und der Anbieter eines Altersvorsorgevertrags mit Wohnförderkonto hat zu Beginn der Auszahlungsphase den Zeitpunkt des Beginns der Auszahlungsphase der zentralen Stelle nach amtlich vorgeschriebenem Datensatz durch Datenfernübertragung mitzuteilen. ⁸Wird gefördertes Altersvorsorgevermögen nach § 93 Absatz 2 Satz 1 von einem Anbieter auf einen anderen auf den Namen des Zulageberechtigten lautenden Altersvorsorgevertrag vollständig übertragen und hat die zentrale Stelle für den bisherigen Altersvorsorgevertrag ein Wohnförderkonto geführt, so schließt sie das Wohnförderkonto des bisherigen Vertrags und führt es zu dem neuen Altersvorsorgevertrag fort. ⁹Erfolgt eine Zahlung nach Satz 4 Nummer 1 oder nach Absatz 3 Satz 9 Nummer 2 auf einen anderen Altersvorsorgevertrag als auf den Altersvorsorgevertrag mit Wohnförderkonto, schließt die zentrale Stelle das Wohnförderkonto des bisherigen Vertrags und führt es ab dem Zeitpunkt der Einzahlung für den Altersvorsorgevertrag fort, auf den die Einzahlung erfolgt ist. ¹⁰Die zentrale Stelle teilt die Schließung des Wohnförderkontos dem Anbieter des bisherigen Altersvorsorgevertrags mit Wohnförderkonto mit.

(2a) ¹Geht im Rahmen der Regelung von Scheidungsfolgen der Eigentumsanteil des Zulageberechtigten an der Wohnung im Sinne des Absatzes 1 Satz 5 ganz oder teilweise auf den anderen Ehegatten über, geht das Wohnförderkonto in Höhe des Anteils, der dem Verhältnis des übergegangenen Eigentumsanteils zum verbleibenden Eigentumsanteil entspricht, mit allen Rechten und Pflichten auf den anderen Ehegatten über; dabei ist auf das Lebensalter des anderen Ehegatten abzustellen. ²Hat der andere Ehegatte das Lebensalter für den vertraglich vereinbarten Beginn der Auszahlungsphase oder, soweit kein Beginn der Auszahlungsphase vereinbart wurde, das 67. Lebensjahr im Zeitpunkt des Übergangs des Wohnförderkontos bereits überschritten, so gilt als Beginn der Auszahlungsphase der Zeitpunkt des Übergangs des Wohnförderkontos. ³Der Zulageberechtigte hat den Übergang des Eigentumsanteils der zentralen Stelle nachzuweisen. ⁴Dazu hat er die für die Anlage eines Wohnförderkontos erforderlichen Daten des anderen Ehegatten mitzuteilen. ⁵Die Sätze 1 bis 4 gelten entsprechend für Ehegatten, die im Zeitpunkt des Todes des Zulageberechtigten

1. nicht dauernd getrennt gelebt haben (§ 26 Absatz 1) und
2. ihren Wohnsitz oder gewöhnlichen Aufenthalt in einem Mitgliedstaat der Europäischen Union oder einem Staat hatten, auf den das Abkommen über den Europäischen Wirtschaftsraum anwendbar ist.

(3) ¹Nutzt der Zulageberechtigte die Wohnung im Sinne des Absatzes 1 Satz 5, für die ein Altersvorsorge-Eigenheimbetrag verwendet oder für die eine Tilgungsförderung im Sinne des § 82 Absatz 1 in Anspruch genommen worden ist, nicht nur vorübergehend nicht mehr zu eigenen Wohnzwecken, hat er dies dem Anbieter, in der Auszahlungsphase der zentralen Stelle, unter Angabe des Zeitpunkts der Aufgabe der Selbstnutzung mitzuteilen. ²Eine Aufgabe der Selbstnutzung liegt auch vor, soweit der Zulageberechtigte das Eigentum an der Wohnung aufgibt. ³Die Mitteilungspflicht gilt entsprechend für den Rechtsnachfolger der begünstigten Wohnung, wenn der Zulageberechtigte stirbt. ⁴Die Anzeigepflicht entfällt, wenn das Wohnförderkonto vollständig zurückgeführt worden ist, es sei denn, es liegt ein Fall des § 22 Nummer 5 Satz 6 vor. ⁵Im Fall des Satzes 1 gelten die im Wohnförderkonto erfassten Beträge als Leistungen aus einem Altersvorsorgevertrag, die dem Zulageberechtigten nach letztmaliger Erhöhung des Wohnförderkontos nach Absatz 2 Satz 3 zum Ende des Veranlagungszeitraums, in dem die Selbstnutzung aufgegeben wurde, zufließen; das Wohnförderkonto ist aufzulösen (Auflösungsbetrag). ⁶Verstirbt der Zulageberechtigte, ist der Auflösungsbetrag ihm noch zuzurechnen. ⁷Der Anbieter hat der zentralen Stelle den Zeitpunkt der Aufgabe nach amtlich vorgeschriebenem Datensatz durch Datenfernübertragung mitzuteilen. ⁸Wurde im Fall des Satzes 1 eine Tilgungsförderung nach § 82 Absatz 1 Satz 3 in Anspruch genommen und erfolgte keine Einstellung in das Wohnförderkonto nach Absatz 2 Satz 2, sind die Beiträge, die nach § 82 Absatz 1 Satz 3 wie Tilgungsleistungen behandelt wurden, sowie die darauf entfallenden Zulagen und Erträge in ein Wohnförderkonto auf-

§ 92a

zunehmen und anschließend die weiteren Regelungen dieses Absatzes anzuwenden; Absatz 2 Satz 2 zweiter Halbsatz und Satz 7 gilt entsprechend. [9]Die Sätze 5 bis 7 sowie § 20 sind nicht anzuwenden, wenn

1. der Zulageberechtigte einen Betrag in Höhe des noch nicht zurückgeführten Betrags im Wohnförderkonto innerhalb von zwei Jahren vor dem Veranlagungszeitraum und von fünf Jahren nach Ablauf des Veranlagungszeitraums, in dem er die Wohnung letztmals zu eigenen Wohnzwecken genutzt hat, für eine weitere Wohnung im Sinne des Absatzes 1 Satz 5 verwendet,

2. der Zulageberechtigte einen Betrag in Höhe des noch nicht zurückgeführten Betrags im Wohnförderkonto innerhalb eines Jahres nach Ablauf des Veranlagungszeitraums, in dem er die Wohnung letztmals zu eigenen Wohnzwecken genutzt hat, auf einen auf seinen Namen lautenden zertifizierten Altersvorsorgevertrag zahlt; Absatz 2 Satz 4 Nummer 1 ist entsprechend anzuwenden,

3. die Ehewohnung auf Grund einer richterlichen Entscheidung nach § 1361b des Bürgerlichen Gesetzbuchs oder nach der Verordnung über die Behandlung der Ehewohnung und des Hausrats dem anderen Ehegatten zugewiesen wird oder

4. der Zulageberechtigte krankheits- oder pflegebedingt die Wohnung nicht mehr bewohnt, sofern er Eigentümer dieser Wohnung bleibt, sie ihm weiterhin zur Selbstnutzung zur Verfügung steht und sie nicht von Dritten, mit Ausnahme seines Ehegatten, genutzt wird.

[10]Der Zulageberechtigte hat dem Anbieter, in der Auszahlungsphase der zentralen Stelle, die Reinvestitionsabsicht und den Zeitpunkt der Reinvestition im Rahmen der Mitteilung nach Satz 1 oder die Aufgabe der Reinvestitionsabsicht mitzuteilen; in den Fällen des Absatzes 2a und des Satzes 9 Nummer 3 gelten die Sätze 1 bis 9 entsprechend für den anderen, geschiedenen oder überlebenden Ehegatten, wenn er die Wohnung nicht nur vorübergehend nicht mehr zu eigenen Wohnzwecken nutzt. [11]Satz 5 ist mit der Maßgabe anzuwenden, dass der Eingang der Mitteilung der aufgegebenen Reinvestitionsabsicht, spätestens jedoch der 1. Januar

1. des sechsten Jahres nach dem Jahr der Aufgabe der Selbstnutzung bei einer Reinvestitionsabsicht nach Satz 9 Nummer 1 oder

2. des zweiten Jahres nach dem Jahr der Aufgabe der Selbstnutzung bei einer Reinvestitionsabsicht nach Satz 9 Nummer 2

als Zeitpunkt der Aufgabe gilt.

(4) [1]Absatz 3 sowie § 20 sind auf Antrag des Steuerpflichtigen nicht anzuwenden, wenn er

1. die Wohnung im Sinne des Absatzes 1 Satz 2 auf Grund eines beruflich bedingten Umzugs für die Dauer der beruflich bedingten Abwesenheit nicht selbst nutzt; wird während dieser Zeit mit einer anderen Person ein Nutzungsrecht für diese Wohnung vereinbart, ist diese Vereinbarung von vorneherein entsprechend zu befristen,

2. beabsichtigt, die Selbstnutzung wieder aufzunehmen und

3. die Selbstnutzung spätestens mit der Vollendung seines 67. Lebensjahres aufnimmt.

[2]Der Steuerpflichtige hat den Antrag bei der zentralen Stelle zu stellen und dabei die notwendigen Nachweise zu erbringen. [3]Die zentrale Stelle erteilt dem Steuerpflichtigen einen Bescheid über die Bewilligung des Antrags und informiert den Anbieter des Altersvorsorgevertrags mit Wohnförderkonto des Zulageberechtigten über die Bewilligung, eine Wiederaufnahme der Selbstnutzung nach einem beruflich bedingten Umzug und den Wegfall der Voraussetzungen nach diesem Absatz; die Information hat nach amtlich vorgeschriebenem Datensatz durch Datenfernübertragung zu erfolgen. [4]Entfällt eine der in Satz 1 genannten Voraussetzungen, ist Absatz 3 mit der Maßgabe anzuwenden, dass bei einem Wegfall der Voraussetzung nach Satz 1 Nr. 1 als Zeitpunkt der Aufgabe der Zeitpunkt des Wegfalls der Voraussetzung und bei einem Wegfall der Voraussetzung nach Satz 1 Nr. 2 oder Nr. 3 der Eingang der Mitteilung des Steuerpflichtigen nach Absatz 3 als Zeitpunkt der Aufgabe gilt, spätestens jedoch die Vollendung des 67. Lebensjahres des Steuerpflichtigen.

§§ 92b, 93

§ 92b Verfahren bei Verwendung für eine selbst genutzte Wohnung

(1) ¹Der Zulageberechtigte hat die Verwendung des Kapitals nach § 92a Absatz 1 Satz 1 spätestens zehn Monate vor dem Beginn der Auszahlungsphase des Alters Vorsorgevertrags im Sinne des § 1 Absatz 1 Nummer 2 des Altersvorsorgeverträge-Zertifizierungsgesetzes bei der zentralen Stelle zu beantragen und dabei die notwendigen Nachweise zu erbringen. ²Er hat zu bestimmen, aus welchen Altersvorsorgeverträgen der Altersvorsorge-Eigenheimbetrag ausgezahlt werden soll. ³Die zentrale Stelle teilt dem Zulageberechtigten durch Bescheid und den Anbietern der in Satz 2 genannten Altersvorsorgeverträge nach amtlich vorgeschriebenem Datensatz durch Datenfernübertragung mit, bis zu welcher Höhe eine wohnungswirtschaftliche Verwendung im Sinne des § 92a Absatz 1 Satz 1 vorliegen kann.

(2) ¹Die Anbieter der in Absatz 1 Satz 2 genannten Altersvorsorgeverträge dürfen den Altersvorsorge-Eigenheimbetrag auszahlen, sobald sie die Mitteilung nach Absatz 1 Satz 3 erhalten haben. ²Sie haben der zentralen Stelle nach amtlich vorgeschriebenem Datensatz durch Datenfernübertragung Folgendes anzuzeigen:

1. den Auszahlungszeitpunkt und den Auszahlungsbetrag,
2. die Summe der bis zum Auszahlungszeitpunkt dem Altersvorsorgevertrag gutgeschriebenen Zulagen,
3. die Summe der bis zum Auszahlungszeitpunkt geleisteten Altersvorsorgebeiträge und
4. den Stand des geförderten Altersvorsorgevermögens im Zeitpunkt der Auszahlung.

(3) ¹Die zentrale Stelle stellt zu Beginn der Auszahlungsphase und in den Fällen des § 92a Absatz 2a und 3 Satz 5 den Stand des Wohnförderkontos, soweit für die Besteuerung erforderlich, den Verminderungsbetrag und den Auflösungsbetrag von Amts wegen gesondert fest. ²Die zentrale Stelle teilt die Feststellung dem Zulageberechtigten, in den Fällen des § 92a Absatz 2a Satz 1 auch dem anderen Ehegatten, durch Bescheid und dem Anbieter nach amtlich vorgeschriebenem Datensatz durch Datenfernübertragung mit. ³Der Anbieter hat auf Anforderung der zentralen Stelle die zur Feststellung erforderlichen Unterlagen vorzulegen. ⁴Auf Antrag des Zulageberechtigten stellt die zentrale Stelle den Stand des Wohnförderkontos gesondert fest. ⁵§ 90 Abs. 4 Satz 2 bis 5 gilt entsprechend.

§ 93 Schädliche Verwendung

(1) ¹Wird gefördertes Altersvorsorgevermögen nicht unter den in § 1 Abs. 1 Satz 1 Nr. 4 und 10 Buchstabe c des Altersvorsorgeverträge-Zertifizierungsgesetzes oder § 1 Abs. 1 Satz 1 Nr. 4, 5 und 10 Buchstabe c des Altersvorsorgeverträge-Zertifizierungsgesetzes in der bis zum 31. Dezember 2004 geltenden Fassung genannten Voraussetzungen an den Zulageberechtigten ausgezahlt (schädliche Verwendung), sind die auf das ausgezahlte geförderte Altersvorsorgevermögen entfallenden Zulagen und die nach § 10a Abs. 4 gesondert festgestellten Beträge (Rückzahlungsbetrag) zurückzuzahlen. ²Dies gilt auch bei einer Auszahlung nach Beginn der Auszahlungsphase (§ 1 Abs. 1 Satz 1 Nr. 2 des Altersvorsorgeverträge-Zertifizierungsgesetzes) und bei Auszahlungen im Falle des Todes des Zulageberechtigten. ³Hat der Zulageberechtigte Zahlungen im Sinne des § 92a Abs. 2 Satz 4 Nr. 1 oder § 92a Abs. 3 Satz 9 Nr. 2 geleistet, dann handelt es sich bei dem hierauf beruhenden Altersvorsorgevermögen um gefördertes Altersvorsorgevermögen im Sinne des Satzes 1; der Rückzahlungsbetrag bestimmt sich insoweit nach der für die in das Wohnförderkonto eingestellten Beträge gewährten Förderung. ⁴Eine Rückzahlungsverpflichtung besteht nicht für den Teil der Zulagen und der Steuermäßigung,

a) der auf nach § 1 Abs. 1 Satz 1 Nr. 2 des Altersvorsorgeverträge-Zertifizierungsgesetzes angespartes gefördertes Altersvorsorgevermögen entfällt, wenn es in Form einer Hinterbliebenenrente an die dort genannten Hinterbliebenen ausgezahlt wird; dies gilt auch für Leistungen im Sinne des § 82 Abs. 3 an Hinterbliebene des Steuerpflichtigen;

§ 93

b) der den Beitragsanteilen zuzuordnen ist, die für die zusätzliche Absicherung der verminderten Erwerbsfähigkeit und eine zusätzliche Hinterbliebenenabsicherung ohne Kapitalbildung verwendet worden sind;

c) der auf gefördertes Altersvorsorgevermögen entfällt, das im Falle des Todes des Zulageberechtigten auf einen auf den Namen des Ehegatten lautenden Altersvorsorgevertrag übertragen wird, wenn die Ehegatten im Zeitpunkt des Todes des Zulageberechtigten nicht dauernd getrennt gelebt haben (§ 26 Absatz 1) und ihren Wohnsitz oder gewöhnlichen Aufenthalt in einem Mitgliedstaat der Europäischen Union oder einem Staat hatten, auf den das Abkommen über den Europäischen Wirtschaftsraum (EWR-Abkommen) anwendbar ist;

d) der auf den Altersvorsorge-Eigenheimbetrag entfällt.

(1a) ¹Eine schädliche Verwendung liegt nicht vor, wenn gefördertes Altersvorsorgevermögen auf Grund einer internen Teilung nach § 10 des Versorgungsausgleichsgesetzes oder auf Grund einer externen Teilung nach § 14 des Versorgungsausgleichsgesetzes auf einen zertifizierten Altersvorsorgevertrag oder eine nach § 82 Absatz 2 begünstigte betriebliche Altersversorgung übertragen wird; die auf das übertragene Anrecht entfallende steuerliche Förderung geht mit allen Rechten und Pflichten auf die ausgleichsberechtigte Person über. ²Eine schädliche Verwendung liegt ebenfalls nicht vor, wenn gefördertes Altersvorsorgevermögen auf Grund einer externen Teilung nach § 14 des Versorgungsausgleichsgesetzes auf die Versorgungsausgleichskasse oder die gesetzliche Rentenversicherung übertragen wird; die Rechte und Pflichten der ausgleichspflichtigen Person aus der steuerlichen Förderung des übertragenen Anteils entfallen. ³In den Fällen der Sätze 1 und 2 teilt die zentrale Stelle der ausgleichspflichtigen Person die Höhe der auf die Ehezeit im Sinne des § 3 Absatz 1 des Versorgungsausgleichsgesetzes oder die Lebenspartnerschaftszeit im Sinne des § 20 Absatz 2 des Lebenspartnerschaftsgesetzes entfallenden gesondert festgestellten Beträge nach § 10a Absatz 4 und die ermittelten Zulagen mit. ⁴Die entsprechenden Beträge sind monatsweise zuzuordnen. ⁵Die zentrale Stelle teilt die geänderte Zuordnung der gesondert festgestellten Beträge nach § 10a Absatz 4 sowie der ermittelten Zulagen der ausgleichspflichtigen und in den Fällen des Satzes 1 auch der ausgleichsberechtigten Person durch Feststellungsbescheid mit. ⁶Nach Eintritt der Unanfechtbarkeit dieses Feststellungsbescheids informiert die zentrale Stelle den Anbieter durch einen Datensatz über die geänderte Zuordnung.

(2) ¹Die Übertragung von gefördertem Altersvorsorgevermögen auf einen anderen auf den Namen des Zulageberechtigten lautenden Altersvorsorgevertrag (§ 1 Abs. 1 Satz 1 Nr. 10 Buchstabe b des Altersvorsorgeverträge-Zertifizierungsgesetzes) stellt keine schädliche Verwendung dar. ²Dies gilt sinngemäß in den Fällen des § 4 Abs. 2 und 3 des Betriebsrentengesetzes¹⁾, wenn das geförderte Altersvorsorgevermögen auf eine der in § 82 Abs. 2 Buchstabe a genannten Einrichtungen der betrieblichen Altersversorgung zum Aufbau einer kapitalgedeckten betrieblichen Altersversorgung übertragen und eine lebenslange Altersversorgung im Sinne des § 1 Abs. 1 Satz 1 Nr. 4 des Altersvorsorgeverträge-Zertifizierungsgesetzes oder § 1 Abs. 1 Satz 1 Nr. 4 und 5 des Altersvorsorgeverträge-Zertifizierungsgesetzes in der bis zum 31. Dezember 2004 geltenden Fassung vorgesehen wird. ³In den übrigen Fällen der Abfindung von Anwartschaften der betrieblichen Altersversorgung gilt dies, soweit das geförderte Altersvorsorgevermögen zu Gunsten eines auf den Namen des Zulageberechtigten lautenden Altersvorsorgevertrages geleistet wird.

(3) ¹Auszahlungen zur Abfindung einer Kleinbetragsrente zu Beginn der Auszahlungsphase gelten nicht als schädliche Verwendung. ²Eine Kleinbetragsrente ist eine Rente, die bei gleichmäßiger Verrentung des gesamten zu Beginn der Auszahlungsphase zur Verfügung stehenden Kapitals eine monatliche Rente ergibt, die 1 Prozent der monatlichen Bezugsgröße nach § 18 des Vierten Buches Sozialgesetzbuch nicht übersteigt. ³Bei der Berechnung dieses Betrags sind alle bei einem Anbieter bestehenden Verträge des Zulageberechtigten insgesamt zu berücksichtigen, auf die nach diesem Abschnitt geförderte Altersvorsorgebeiträge geleistet wurden.

---

1) Siehe Anhang 16.

(4) ¹Wird bei einem einheitlichen Vertrag nach § 1 Absatz 1a Satz 1 Nummer 2 zweiter Halbsatz des Altersvorsorgeverträge-Zertifizierungsgesetzes das Darlehen nicht wohnungswirtschaftlich im Sinne des § 92a Absatz 1 Satz 1 verwendet, liegt zum Zeitpunkt der Darlehensauszahlung eine schädliche Verwendung des geförderten Altersvorsorgevermögens vor, es sei denn, das geförderte Altersvorsorgevermögen wird innerhalb eines Jahres nach Ablauf des Veranlagungszeitraums, in dem das Darlehen ausgezahlt wurde, auf einen anderen zertifizierten Altersvorsorgevertrag übertragen, der auf den Namen des Zulageberechtigten lautet. ²Der Zulageberechtigte hat dem Anbieter die Absicht zur Kapitalübertragung, den Zeitpunkt der Kapitalübertragung bis zum Zeitpunkt der Darlehensauszahlung und die Aufgabe der Absicht zur Kapitalübertragung mitzuteilen. ³Wird die Absicht zur Kapitalübertragung aufgegeben, tritt die schädliche Verwendung zu dem Zeitpunkt ein, zu dem die Mitteilung des Zulageberechtigten hierzu beim Anbieter eingeht, spätestens aber am 1. Januar des zweiten Jahres nach dem Jahr, in dem das Darlehen ausgezahlt wurde.

§ 94 Verfahren bei schädlicher Verwendung

(1) ¹In den Fällen des § 93 Abs. 1 hat der Anbieter der zentralen Stelle vor der Auszahlung des geförderten Altersvorsorgevermögens die schädliche Verwendung nach amtlich vorgeschriebenem Datensatz durch amtlich bestimmte Datenfernübertragung anzuzeigen. ²Die zentrale Stelle ermittelt den Rückzahlungsbetrag und teilt diesen dem Anbieter durch Datensatz mit. ³Der Anbieter hat den Rückzahlungsbetrag einzubehalten, mit der nächsten Anmeldung nach § 90 Abs. 3 anzumelden und an die zentrale Stelle abzuführen. ⁴Der Anbieter hat die einbehaltenen und abgeführten Beträge der zentralen Stelle nach amtlich vorgeschriebenem Datensatz durch amtlich bestimmte Datenfernübertragung mitzuteilen und diese Beträge dem Zulageberechtigten zu bescheinigen. ⁵In den Fällen des § 93 Abs. 3 gilt Satz 1 entsprechend.

(2) ¹Eine Festsetzung des Rückzahlungsbetrags erfolgt durch die zentrale Stelle auf besonderen Antrag des Zulageberechtigten oder sofern die Rückzahlung nach Absatz 1 ganz oder teilweise nicht möglich oder nicht erfolgt ist. ²§ 90 Abs. 4 Satz 2 bis 6 gilt entsprechend; § 90 Absatz 4 Satz 5 gilt nicht, wenn die Geschäftsbeziehung im Hinblick auf den jeweiligen Altersvorsorgevertrag zwischen dem Zulageberechtigten und dem Anbieter beendet wurde. ³Im Rückforderungsbescheid sind auf den Rückzahlungsbetrag die vom Anbieter bereits einbehaltenen und abgeführten Beträge nach Maßgabe der Bescheinigung nach Absatz 1 Satz 4 anzurechnen. ⁴Der Zulageberechtigte hat den verbleibenden Rückzahlungsbetrag innerhalb eines Monats nach Bekanntgabe des Rückforderungsbescheids an die zuständige Kasse zu entrichten. ⁵Die Frist für die Festsetzung des Rückzahlungsbetrags beträgt vier Jahre und beginnt mit Ablauf des Kalenderjahres, in dem die Auszahlung im Sinne des § 93 Abs. 1 erfolgt ist.

§ 95 Sonderfälle der Rückzahlung

(1) Die §§ 93 und 94 gelten entsprechend, wenn

1. sich der Wohnsitz oder gewöhnliche Aufenthalt des Zulageberechtigten außerhalb der Mitgliedstaaten der Europäischen Union und der Staaten befindet, auf die das Abkommen über den Europäischen Wirtschaftsraum (EWR-Abkommen) anwendbar ist, oder wenn der Zulageberechtigte ungeachtet eines Wohnsitzes oder gewöhnlichen Aufenthaltes in einem dieser Staaten nach einem Abkommen zur Vermeidung der Doppelbesteuerung mit einem dritten Staat als außerhalb des Hoheitsgebiets dieser Staaten ansässig gilt und

2. entweder keine Zulageberechtigung besteht oder der Vertrag in der Auszahlungsphase ist.

(2) ¹Auf Antrag des Zulageberechtigten ist der Rückzahlungsbetrag im Sinne des § 93 Abs. 1 Satz 1 zunächst bis zum Beginn der Auszahlung zu stunden. ²Die Stundung ist zu verlängern, wenn der Rückzahlungsbetrag mit mindestens 15 Prozent der Leistungen aus dem Alters-

§§ 95, 96, 97

vorsorgevertrag getilgt wird. ³Die Stundung endet, wenn das geförderte Altersvorsorgevermögen nicht unter den in § 1 Abs. 1 Satz 1 Nr. 4 des Altersvorsorgeverträge-Zertifizierungsgesetzes genannten Voraussetzungen an den Zulageberechtigten ausgezahlt wird. ⁴Der Stundungsantrag ist über den Anbieter an die zentrale Stelle zu richten. ⁵Die zentrale Stelle teilt ihre Entscheidung auch dem Anbieter mit.

(3) Wurde der Rückzahlungsbetrag nach Absatz 2 gestundet und

1. verlegt der ehemals Zulageberechtigte seinen ausschließlichen Wohnsitz oder gewöhnlichen Aufenthalt in einen Mitgliedstaat der Europäischen Union oder einen Staat, auf den das Abkommen über den Europäischen Wirtschaftsraum (EWR-Abkommen) anwendbar ist, oder
2. wird der ehemals Zulageberechtigte erneut zulageberechtigt,

sind der Rückzahlungsbetrag und die bereits entstandenen Stundungszinsen von der zentralen Stelle zu erlassen.

§ 96 Anwendung der Abgabenordnung, allgemeine Vorschriften

(1) ¹Auf die Zulagen und die Rückzahlungsbeträge sind die für Steuervergütungen geltenden Vorschriften der Abgabenordnung entsprechend anzuwenden. ²Dies gilt nicht für § 163 der Abgabenordnung.

(2) ¹Der Anbieter haftet als Gesamtschuldner neben dem Zulageempfänger für die Zulagen und die nach § 10a Abs. 4 gesondert festgestellten Beträge, die wegen seiner vorsätzlichen oder grob fahrlässigen Pflichtverletzung zu Unrecht gezahlt, nicht einbehalten oder nicht zurückgezahlt worden sind. ²Für die Inanspruchnahme des Anbieters ist die zentrale Stelle zuständig.

(3) Die zentrale Stelle hat auf Anfrage des Anbieters Auskunft über die Anwendung des Abschnitts XI zu geben.

(4) ¹Die zentrale Stelle kann beim Anbieter ermitteln, ob er seine Pflichten erfüllt hat. ²Die §§ 193 bis 203 der Abgabenordnung gelten sinngemäß. ³Auf Verlangen der zentralen Stelle hat der Anbieter ihr Unterlagen, soweit sie im Ausland geführt und aufbewahrt werden, verfügbar zu machen.

(5) Der Anbieter erhält vom Bund oder den Ländern keinen Ersatz für die ihm aus diesem Verfahren entstehenden Kosten.

(6) ¹Der Anbieter darf die im Zulageverfahren bekannt gewordenen Verhältnisse der Beteiligten nur für das Verfahren verwerten. ²Er darf sie ohne Zustimmung der Beteiligten nur offenbaren, soweit dies gesetzlich zugelassen ist.

(7) ¹Für die Zulage gelten die Strafvorschriften des § 370 Abs. 1 bis 4, der §§ 371, 375 Abs. 1 und des § 376 sowie die Bußgeldvorschriften der §§ 378, 379 Abs. 1 und 4 und der §§ 383 und 384 der Abgabenordnung entsprechend. ²Für das Strafverfahren wegen einer Straftat nach Satz 1 sowie der Begünstigung einer Person, die eine solche Tat begangen hat, gelten die §§ 385 bis 408, für das Bußgeldverfahren wegen einer Ordnungswidrigkeit nach Satz 1 die §§ 409 bis 412 der Abgabenordnung entsprechend.

§ 97 Übertragbarkeit

¹Das nach § 10a oder Abschnitt XI geförderte Altersvorsorgevermögen einschließlich seiner Erträge, die geförderten laufenden Altersvorsorgebeiträge und der Anspruch auf die Zulage sind nicht übertragbar. ²§ 93 Abs. 1a und § 4 des Betriebsrentengesetzes[1)] bleiben unberührt.

---

1) Siehe Anhang 16.

§ 98 Rechtsweg

In öffentlich-rechtlichen Streitigkeiten über die aufgrund des Abschnitts XI ergehenden Verwaltungsakte ist der Finanzrechtsweg gegeben.

§ 99 Ermächtigung

(1) Das Bundesministerium der Finanzen wird ermächtigt, die Vordrucke für die Anträge nach § 89, für die Anmeldung nach § 90 Abs. 3 und für die in den §§ 92 und 94 Abs. 1 Satz 4 vorgesehenen Bescheinigungen und im Einvernehmen mit den obersten Finanzbehörden der Länder den Vordruck für die nach § 22 Nummer 5 Satz 7 vorgesehene Bescheinigung und den Inhalt und Aufbau der für die Durchführung des Zulageverfahrens zu übermittelnden Datensätze zu bestimmen.

(2) ¹Das Bundesministerium der Finanzen wird ermächtigt, im Einvernehmen mit dem Bundesministerium für Arbeit und Soziales und dem Bundesministerium des Innern durch Rechtsverordnung mit Zustimmung des Bundesrates Vorschriften zur Durchführung dieses Gesetzes über das Verfahren für die Ermittlung, Festsetzung, Auszahlung, Rückzahlung und Rückforderung der Zulage sowie die Rückzahlung und Rückforderung der nach § 10a Abs. 4 festgestellten Beträge zu erlassen. ²Hierzu gehören insbesondere

1. Vorschriften über Aufzeichnungs-, Aufbewahrungs-, Bescheinigungs- und Anzeigepflichten des Anbieters,
2. Grundsätze des vorgesehenen Datenaustausches zwischen den Anbietern, der zentralen Stelle, den Trägern der gesetzlichen Rentenversicherung, der Bundesagentur für Arbeit, den Meldebehörden, den Familienkassen, den zuständigen Stellen und den Finanzämtern und
3. Vorschriften über Mitteilungspflichten, die für die Erteilung der Bescheinigungen nach § 22 Nr. 5 Satz 7 und § 92 erforderlich sind.

Zu § 2 EStG   Anlage § 002–01

Vorläufige Steuerfestsetzung im Hinblick auf anhängige Musterverfahren
(§ 165 Abs. 1 AO)

– BdF-Schreiben vom 16.05.2011 – IV A 3 – S 0338/07/10010, 2011/0314156 (BStBl. I S. 464) –

Wegen der großen Zahl von Rechtsbehelfen, die im Hinblick auf anhängige Musterverfahren eingelegt werden, gilt unter Bezugnahme auf das Ergebnis der Erörterung mit den obersten Finanzbehörden der Länder im Interesse der betroffenen Bürger und eines reibungslosen Verfahrensablaufs Folgendes:

I. Vorläufige Steuerfestsetzungen
1. Erstmalige Steuerfestsetzungen

Erstmalige Steuerfestsetzungen sind hinsichtlich der in der Anlage zu diesem BMF-Schreiben aufgeführten Punkte nach § 165 Abs. 1 Satz 2 Nr. 3 AO vorläufig durchzuführen.

In die Bescheide ist folgender Erläuterungstext aufzunehmen:
„Die Festsetzung der Einkommensteuer ist gemäß § 165 Abs. 1 Satz 2 Nr. 3 AO vorläufig hinsichtlich ...

Die Vorläufigkeitserklärung erfasst sowohl die Frage, ob die angeführten gesetzlichen Vorschriften mit höherrangigem Recht vereinbar sind, als auch den Fall, dass das Bundesverfassungsgericht oder der Bundesfinanzhof die streitige verfassungsrechtliche Frage durch verfassungskonforme Auslegung der angeführten gesetzlichen Vorschriften entscheidet (BFH-Urteil vom 30. September 2010 – III R 39/08 – BStBl. 2011 II S. 11). Die Vorläufigkeitserklärung erfolgt lediglich aus verfahrenstechnischen Gründen. Sie ist nicht dahin zu verstehen, dass die im Vorläufigkeitsvermerk angeführten gesetzlichen Vorschriften als verfassungswidrig oder als gegen Unionsrecht verstoßend angesehen werden. Soweit die Vorläufigkeitserklärung die Frage der Verfassungsmäßigkeit einer Norm betrifft, ist sie außerdem nicht dahingehend zu verstehen, dass die Finanzverwaltung es für möglich hält, das Bundesverfassungsgericht oder der Bundesfinanzhof könne die im Vorläufigkeitsvermerk angeführte Rechtsnorm gegen ihren Wortlaut auslegen.

Die Festsetzung der Einkommensteuer ist ferner gemäß § 165 Abs. 1 Satz 2 Nr. 4 AO vorläufig hinsichtlich ...

Sollte aufgrund einer diesbezüglichen Entscheidung des Gerichtshofs der Europäischen Union, des Bundesverfassungsgerichts oder des Bundesfinanzhofs diese Steuerfestsetzung aufzuheben oder zu ändern sein, wird die Aufhebung oder Änderung von Amts wegen vorgenommen; ein Einspruch ist daher insoweit nicht erforderlich."

2. Geänderte oder berichtigte Steuerfestsetzungen

Bei Änderungen oder Berichtigungen von Steuerfestsetzungen ist wie folgt zu verfahren:

a) Werden Steuerfestsetzungen nach **§ 164 Abs. 2 AO** geändert oder wird der Vorbehalt der Nachprüfung nach **§ 164 Abs. 3 AO** aufgehoben, sind die Steuerfestsetzungen in demselben Umfang wie erstmalige Steuerfestsetzungen vorläufig vorzunehmen. In die Bescheide ist unter Berücksichtigung der aktuellen Anlage zu diesem BMF-Schreiben derselbe Erläuterungstext wie bei erstmaligen Steuerfestsetzungen aufzunehmen.

b) Werden Steuerfestsetzungen nach anderen Vorschriften (einschließlich des § 165 Abs. 2 Satz 2 AO) **zugunsten** der **Steuerpflichtigen** geändert oder berichtigt, sind die den jeweils letzten vorangegangenen Steuerfestsetzungen beigefügten Vorläufigkeitsvermerke zu wiederholen, soweit die Voraussetzungen des § 165 AO für eine vorläufige Steuerfestsetzung noch erfüllt sind. Soweit dies nicht mehr der Fall ist, sind die Steuerfestsetzungen endgültig durchzuführen.

c) Werden Steuerfestsetzungen nach anderen Vorschriften (einschließlich des § 165 Abs. 2 Satz 2 AO) **zuungunsten** der **Steuerpflichtigen** geändert oder berichtigt, sind die den jeweils letzten vorangegangenen Steuerfestsetzungen beigefügten Vorläufigkeitsvermerke zu wiederholen, soweit die Voraussetzungen des § 165 AO für eine vorläufige Steuerfestsetzung noch erfüllt sind. Soweit dies nicht mehr der Fall ist, sind die Steuerfestsetzungen endgültig durchzuführen. Soweit aufgrund der aktuellen Anlage zu diesem BMF-Schreiben weitere Vorläufigkeitsvermerke in Betracht kommen, sind diese den Bescheiden nur beizufügen, soweit die Änderung reicht.

In die Bescheide ist folgender Erläuterungstext aufzunehmen:
„Die Festsetzung der Einkommensteuer ist gemäß § 165 Abs. 1 Satz 2 Nr. 3 AO vorläufig hinsichtlich ...

Die Vorläufigkeitserklärung erfasst sowohl die Frage, ob die angeführten gesetzlichen Vorschriften mit höherrangigem Recht vereinbar sind, als auch den Fall, dass das Bundesverfassungsgericht oder der Bundesfinanzhof die streitige verfassungsrechtliche Frage durch verfassungskonforme Auslegung der angeführten gesetzlichen Vorschriften entscheidet (BFH-Urteil vom 30. September 2010 – III R 39/08 – BStBl. 2011 II S. 11). Die Vorläufigkeitserklärung erfolgt lediglich aus verfahrenstechnischen Gründen. Sie ist nicht dahin zu verstehen, dass die im Vorläufigkeitsvermerk angeführten gesetzlichen Vorschriften als verfassungswidrig oder als gegen Unionsrecht verstoßend angesehen werden. Soweit die Vorläufigkeitserklärung die Frage der Verfassungsmäßigkeit einer Norm betrifft, ist sie außerdem nicht dahingehend zu verstehen, dass die Finanzverwaltung es für möglich hält, das Bundesverfassungsgericht oder der Bundesfinanzhof könne die im Vorläufigkeitsvermerk angeführte Rechtsnorm gegen ihren Wortlaut auslegen.

Die Festsetzung der Einkommensteuer ist ferner gemäß § 165 Abs. 1 Satz 2 Nr. 4 AO vorläufig hinsichtlich . . .

Soweit diese Festsetzung gegenüber der vorangegangenen in weiteren Punkten vorläufig ist, erstreckt sich der Vorläufigkeitsvermerk nur auf den betragsmäßigen Umfang der Änderung der Steuerfestsetzung.

Sollte aufgrund einer diesbezüglichen Entscheidung des Gerichtshofs der Europäischen Union, des Bundesverfassungsgerichts oder des Bundesfinanzhofs diese Steuerfestsetzung aufzuheben oder zu ändern sein, wird die Aufhebung oder Änderung von Amts wegen vorgenommen; ein Einspruch ist daher insoweit nicht erforderlich."

d) Werden bisher vorläufig durchgeführte Steuerfestsetzungen nach Beseitigung der Ungewissheit **ohne** eine **betragsmäßige Änderung** gemäß **§ 165 Abs. 2 Satz 2 AO** für **endgültig** erklärt, sind die den jeweils letzten vorangegangenen Steuerfestsetzungen beigefügten übrigen Vorläufigkeitsvermerke zu wiederholen, soweit die Voraussetzungen des § 165 AO für eine vorläufige Steuerfestsetzung noch erfüllt sind.

II. Einspruchsfälle

In Fällen eines zulässigen Einspruchs ist wie folgt zu verfahren:

1. Wird mit einem Einspruch geltend gemacht, der Vorläufigkeitsvermerk berücksichtige nicht die aktuelle Anlage zu diesem BMF-Schreiben, und ist dieser Einwand begründet, ist dem Einspruch insoweit durch eine Erweiterung des Vorläufigkeitsvermerks abzuhelfen. Ist Gegenstand des Einspruchsverfahrens ein Änderungsbescheid, sind die Regelungen in Abschnitt I Nr. 2 zu beachten. Mit der Erweiterung des Vorläufigkeitsvermerks ist das Einspruchsverfahren erledigt, falls nicht auch andere Einwendungen gegen die Steuerfestsetzung erhoben werden. Dies gilt entsprechend bei einem rechtzeitig gestellten Antrag auf schlichte Änderung (§ 172 Abs. 1 Satz 1 Nr. 2 Buchstabe a AO).

   Wird der Einspruch auch wegen anderer, vom Vorläufigkeitsvermerk nicht erfasster Fragen erhoben, wird ein den Vorläufigkeitsvermerk erweiternder Bescheid Gegenstand des anhängig bleibenden Einspruchsverfahrens (§ 365 Abs. 3 AO).

2. Wird gegen eine nach Abschnitt I vorläufig durchgeführte Steuerfestsetzung Einspruch eingelegt und betrifft die vom Einspruchsführer vorgetragene Begründung Fragen, die vom Vorläufigkeitsvermerk erfasst sind, ist der Einspruch insoweit zurückzuweisen. Ein Ruhenlassen des Einspruchsverfahrens kommt insoweit nicht in Betracht, es sei denn, dass nach Abschnitt IV dieses BMF-Schreibens die Vollziehung auszusetzen ist.

3. Spätestens in der (Teil-)Einspruchsentscheidung ist die Steuerfestsetzung im Umfang der aktuellen Anlage zu diesem BMF-Schreiben für vorläufig zu erklären. Ist Gegenstand des Einspruchsverfahrens ein Änderungsbescheid, sind die Regelungen in Abschnitt I Nr. 2 zu beachten.

III. Rechtshängige Fälle

In Fällen, in denen Verfahren bei einem Finanzgericht oder beim Bundesfinanzhof anhängig sind, sind rechtzeitig vor der Entscheidung des Gerichts die Steuerfestsetzungen hinsichtlich der in der aktuellen Anlage zu diesem BMF-Schreiben aufgeführten Punkte vorläufig vorzunehmen (§ 172 Abs. 1 Satz 1 Nr. 2 Buchstabe a in Verbindung mit § 132 AO). Dies gilt nicht, wenn die Klage oder das Rechtsmittel (Revision, Nichtzulassungsbeschwerde) unzulässig ist oder die Klage sich gegen eine Einspruchsentscheidung richtet, die den Einspruch als unzulässig verworfen hat. Ist Gegenstand des gerichtlichen Verfahrens ein Änderungsbescheid, sind die Regelungen in Abschnitt I Nr. 2 zu beachten. Die hinsichtlich des Vorläufigkeitsvermerks geänderte Steuerfestsetzung wird nach § 68 FGO Gegenstand des gerichtlichen Verfahrens.

Zu § 2 EStG

Anlage § 002–01

IV. Aussetzung der Vollziehung
In den Fällen der Anlage zu diesem BMF-Schreiben kommt eine Aussetzung der Vollziehung nur in Betracht, soweit die Finanzbehörden hierzu durch BMF-Schreiben oder gleich lautende Erlasse der obersten Finanzbehörden der Länder angewiesen worden sind.

V. Anwendung
Dieses Schreiben tritt an die Stelle des BMF-Schreibens vom 1. April 2009 (BStBl. I S. 510), das durch BMF-Schreiben vom 23. November 2009 (BStBl. I S. 1319) geändert und dessen Anlage zuletzt durch BMF-Schreiben vom 11. Mai 2011 (BStBl. I S. ...) neu gefasst worden ist.

Dieses Schreiben wird im Bundessteuerblatt Teil I veröffentlicht.

Anlage[1]

Festsetzungen der Einkommensteuer sind hinsichtlich folgender Punkte gemäß § 165 Absatz 1 Satz 2 Nummer 3 AO im Hinblick auf die Verfassungsmäßigkeit und verfassungskonforme Auslegung der Norm vorläufig vorzunehmen:

1. Nichtabziehbarkeit der Gewerbesteuer und der darauf entfallenden Nebenleistungen als Betriebsausgaben (§ 4 Absatz 5b EStG)
2. a) Abziehbarkeit der Aufwendungen für eine Berufsausbildung oder ein Studium als Werbungskosten oder Betriebsausgaben (§ 4 Absatz 9, § 9 Absatz 6, § 12 Nummer 5 EStG)
   – für die Veranlagungszeiträume 2004 bis 2014 –
2. b) Abziehbarkeit der Aufwendungen für eine Berufsausbildung oder ein Studium als Werbungskosten oder Betriebsausgaben (§ 4 Absatz 9, § 9 Absatz 6 EStG)
   – für Veranlagungszeiträume ab 2015 –
3. a) Beschränkte Abziehbarkeit von Vorsorgeaufwendungen (§ 10 Absatz 3, 4, 4a EStG)
   – für die Veranlagungszeiträume 2005 bis 2009 –
3. b) Beschränkte Abziehbarkeit von sonstigen Vorsorgeaufwendungen im Sinne des § 10 Absatz 1 Nummer 3a EStG
   – für Veranlagungszeiträume ab 2010 –
4. Nichtabziehbarkeit von Beiträgen zu Rentenversicherungen als vorweggenommene Werbungskosten bei den Einkünften im Sinne des § 22 Nummer 1 Satz 3 Buchstabe a EStG für Veranlagungszeiträume ab 2005
5. Besteuerung der Einkünfte aus Leibrenten im Sinne des § 22 Nummer 1 Satz 3 Buchstabe a Doppelbuchstabe aa EStG für Veranlagungszeiträume ab 2005
6. Höhe der kindbezogenen Freibeträge nach § 32 Absatz 6 Sätze 1 und 2 EStG
7. Höhe des Grundfreibetrags (§ 32a Absatz 1 Satz 2 Nummer 1 EStG)
8. Berücksichtigung von Beiträgen zu Versicherungen gegen Arbeitslosigkeit im Rahmen eines negativen Progressionsvorbehalts (§ 32b EStG)
9. Abzug einer zumutbaren Belastung (§ 33 Absatz 3 EStG) bei der Berücksichtigung von Aufwendungen für Krankheit oder Pflege als außergewöhnliche Belastung.

Der Vorläufigkeitsvermerk gemäß Nummer 1 ist im Rahmen der verfahrensrechtlichen Möglichkeiten folgenden Bescheiden beizufügen: Sämtlichen Einkommensteuerbescheiden für Veranlagungszeiträume ab 2008, die Einkünfte aus Gewerbebetrieb erfassen, sämtlichen Körperschaftsteuerbescheiden für Veranlagungszeiträume ab 2008 sowie sämtlichen Bescheiden über die gesonderte (und ggf. einheitliche) Feststellung von Einkünften, soweit diese Bescheide Feststellungszeiträume ab 2008 betreffen und für die Gesellschaft oder Gemeinschaft ein Gewerbesteuermessbetrag festgesetzt wurde.

Der Vorläufigkeitsvermerk gemäß Nummer 2 ist im Rahmen der verfahrensrechtlichen Möglichkeiten sämtlichen Einkommensteuerbescheiden für Veranlagungszeiträume ab 2004 beizufügen. Ferner ist er im Rahmen der verfahrensrechtlichen Möglichkeiten sämtlichen Ablehnungen einer Feststellung des verbleibenden Verlustvortrags (§ 10d Absatz 4 EStG) beizufügen, wenn der Ablehnungsbescheid einen Feststellungszeitpunkt nach dem 31. Dezember 2003 betrifft und die Feststellung des verbleibenden Verlustvortrags zur Berücksichtigung von Aufwendungen für eine Berufsausbildung oder ein Studium als Werbungskosten oder als Betriebsausgaben beantragt wurde.

Für eine Aussetzung der Vollziehung in den Fällen der Nummer 2 gilt Folgendes:

---

1) Die Anlage wurde neugefasst durch BMF-Schreiben vom 20.02.2015 – IV A 3 - S 0338/07/10010-04, 2015/0041622

Anlage § 002–01

Zu § 2 EStG

- Ein mit einem zulässigen Rechtsbehelf angefochtener Einkommensteuerbescheid für einen Veranlagungszeitraum ab 2004 ist auf Antrag in der Vollziehung auszusetzen, soweit die steuerliche Berücksichtigung von Aufwendungen des Steuerpflichtigen für seine Berufsausbildung oder sein Studium als Werbungskosten oder Betriebsausgaben strittig ist und bei einer Berücksichtigung dieser Aufwendungen die Einkommensteuer herabzusetzen wäre. Die Vollziehungsaussetzungsbeschränkung gemäß § 361 Absatz 2 Satz 4 AO und § 69 Absatz 2 Satz 8 FGO gilt nicht (AEAO zu § 361, Nummer 4.6.1, vierter Absatz).

  Ein Einkommensteuerbescheid, der die Steuer auf 0 € festsetzt, ist kein vollziehbarer Verwaltungsakt (AEAO zu § 361, Nummer 2.3.2, erster Beispielsfall) und kann auch nicht im Hinblick auf die Bindungswirkung der Besteuerungsgrundlagen für eine Feststellung des verbleibenden Verlustvortrags in der Vollziehung ausgesetzt werden, da § 10d Absatz 4 Satz 4 EStG zwar § 171 Absatz 10, § 175 Absatz 1 Satz 1 Nummer 1 und § 351 Absatz 2 AO, nicht aber § 361 Absatz 3 Satz 1 AO und § 69 Absatz 2 Satz 4 FGO für entsprechend anwendbar erklärt.

- Die Ablehnung der Feststellung eines verbleibenden Verlustvortrags (§ 10d Absatz 4 EStG) ist auf Antrag in der Vollziehung auszusetzen, wenn sie einen Feststellungszeitpunkt nach dem 31. Dezember 2003 betrifft, die Ablehnung der Feststellung mit einem zulässigen Rechtsbehelf angefochten wurde und der Steuerpflichtige die Feststellung zur Berücksichtigung von Aufwendungen für seine Berufsausbildung oder für sein Studium als Werbungskosten oder Betriebsausgaben beantragt hatte. Weitere Voraussetzung für eine Aussetzung der Vollziehung ist, dass im Zeitpunkt der Entscheidung über den Vollziehungsaussetzungsantrag erkennbar ist, dass sich eine Feststellung des verbleibenden Verlustvortrags in den Folgejahren steuerlich auswirken würde. Solange dies nicht der Fall ist, sind Anträge auf Aussetzung der Vollziehung wegen eines fehlenden Rechtsschutzinteresses abzulehnen. Zur Tenorierung einer Bewilligung der Aussetzung der Vollziehung gelten die Ausführungen im dritten Satz der Nummer 5.3 des AEAO zu § 361 entsprechend.

Der Vorläufigkeitsvermerk gemäß Nummer 3 Buchstabe b ist in Fällen unbeschränkter Steuerpflicht im Rahmen der verfahrensrechtlichen Möglichkeiten sämtlichen Einkommensteuerfestsetzungen für Veranlagungszeiträume ab 2010 beizufügen.

Der Vorläufigkeitsvermerk gemäß Nummer 4 ist im Rahmen der verfahrensrechtlichen Möglichkeiten sämtlichen Einkommensteuerfestsetzungen für Veranlagungszeiträume ab 2005 beizufügen. In die Bescheide ist zusätzlich folgender Erläuterungstext aufzunehmen: „Der Vorläufigkeitsvermerk hinsichtlich der Nichtabziehbarkeit von Beiträgen zu Rentenversicherungen als vorweggenommene Werbungskosten stützt sich auch auf § 165 Absatz 1 Satz 2 Nummer 4 AO und umfasst deshalb auch die Frage einer eventuellen einfachgesetzlich begründeten steuerlichen Berücksichtigung.

Der Vorläufigkeitsvermerk gemäß Nummer 5 erfasst sämtliche Leibrentenarten im Sinne des § 22 Nummer 1 Satz 3 Buchstabe a Doppelbuchstabe aa EStG.

Der Vorläufigkeitsvermerk gemäß Nummer 6 ist im Rahmen der verfahrensrechtlichen Möglichkeiten sämtlichen Einkommensteuerfestsetzungen für Veranlagungszeiträume ab 2001 mit einer Prüfung der Steuerfreistellung nach § 31 EStG beizufügen.

Der Vorläufigkeitsvermerk gemäß Nummer 7 ist im Rahmen der verfahrensrechtlichen Möglichkeiten sämtlichen Einkommensteuerfestsetzungen für Veranlagungszeiträume ab 2001 beizufügen.

Der Vorläufigkeitsvermerk gemäß Nummer 8 ist im Rahmen der verfahrensrechtlichen Möglichkeiten sämtlichen Einkommensteuerfestsetzungen beizufügen, die Einkünfte aus nichtselbständiger Arbeit erfassen.

Der Vorläufigkeitsvermerk gemäß Nummer 9 ist in Fällen unbeschränkter Steuerpflicht im Rahmen der verfahrensrechtlichen Möglichkeiten sämtlichen Einkommensteuerfestsetzungen beizufügen.

Außerdem sind im Rahmen der verfahrensrechtlichen Möglichkeiten sämtliche Einkommensteuerfestsetzungen für Veranlagungszeiträume ab 2010 hinsichtlich der Anrechnung der gesamten steuerfreien Zuschüsse zu einer Kranken- oder Pflegeversicherung auf Beiträge zu einer privaten Basiskrankenversicherung oder Pflege-Pflichtversicherung (§ 10 Absatz 2 Satz 1 Nr. 1 zweiter Halbsatz EStG) gemäß § 165 Absatz 1 Satz 2 Nr. 4 AO vorläufig vorzunehmen, falls steuerfreie Zuschüsse zur Kranken- oder Pflegeversicherung gewährt worden sind.

Ferner sind im Rahmen der verfahrensrechtlichen Möglichkeiten sämtliche Festsetzungen des Solidaritätszuschlags für die Veranlagungszeiträume ab 2005 hinsichtlich der Verfassungsmäßigkeit des Solidaritätszuschlaggesetzes 1995 vorläufig gemäß § 165 Absatz 1 Satz 2 Nummer 3 AO vorzunehmen.

Zur vorläufigen Festsetzung der Einkommensteuer hinsichtlich der Berechnung des Höchstbetrags für die Anrechnung ausländischer Steuer auf die deutsche Einkommensteuer nach § 34c Absatz 1 Satz 2 EStG in Fällen eines Anrechnungsüberhangs wird auf das BMF-Schreiben vom 30. September 2013 (BStBl. I S. 1612) verwiesen.

Besteuerung von Preisgeldern [1]

– BdF-Schreiben vom 5.9.1996 IV B1 – S 2121 – 34/96 (BStBl. I S. 1150) –

Unter Bezugnahme auf das Ergebnis der Erörterung mit den obersten Finanzbehörden der Länder gilt zur einkommensteuerrechtlichen Behandlung von Preisgeldern folgendes:

1. **Einnahmen aus Preisen (Preisgelder)**, insbesondere für wissenschaftliche oder künstlerische Leistungen, unterliegen der Einkommensteuer, wenn sie in untrennbarem wirtschaftlichem Zusammenhang mit einer der Einkunftsarten des Einkommensteuergesetzes stehen. Einkommensteuerlich unbeachtlich sind Einnahmen aus Preisen, die außerhalb einer Tätigkeit zur Erzielung von Einkünften bezogen werden. Für die Abgrenzung ist von den Ausschreibungsbedingungen und den der Preisverleihung zugrundeliegenden Zielen auszugehen.

2. Der **Zusammenhang mit einer Einkunftsart** ist gegeben, wenn die Preisverleihung wirtschaftlich den Charakter eines leistungsbezogenen Entgelts hat und wenn sie sowohl Ziel aus auch unmittelbare Folge der Tätigkeit des Steuerpflichtigen ist. Das ist insbesondere dann der Fall, wenn der Preisträger zur Erzielung des Preises ein besonderes Werk geschaffen oder eine besondere Leistung erbracht hat.

   Der Zusammenhang mit einer Einkunftsart ist auch gegeben, wenn die Preisverleihung bestimmungsgemäß in nicht unbedeutendem Umfang die persönlichen oder sachlichen Voraussetzungen der Einkunftserzielung des Steuerpflichtigen fördert.

   Dies ist u. a. der Fall bei
   – werbewirksamen Auszeichnungen im Rahmen von betriebs- oder berufsbezogenen Ausstellungen, wie z. B. Ausstellungen kunstgewerblicher Erzeugnisse (vgl. BFH-Urteil vom 1. Oktober 1964, BStBl. III S. 629) und
   – Geldpreisen mit Zuschußcharakter, die vom Empfänger im Rahmen seiner ausgeübten beruflichen oder betrieblichen Tätigkeit verwendet werden müssen, z. B. Starthilfen nach der Meisterprüfung als Handwerker, die an die Aufnahme einer selbständigen gewerblichen Tätigkeit geknüpft sind (vgl. BFH-Urteil vom 14. März 1989, BStBl. II S. 651), oder Filmpreisen (Produzentenpreisen), die nach den Vergaberichtlinien einer Zweckbestimmung zur Herstellung eines neuen Films unterliegen.

   Ein Indiz dafür, daß die Preisverleihung wirtschaftlich den Charakter eines leistungsbezogenen Entgelts hat und daß sie sowohl Ziel als auch unmittelbare Folge der Tätigkeit des Steuerpflichtigen ist, trifft z. B. auf Ideenwettbewerbe von Architekten zu (vgl. BFH-Urteil vom 16. Januar 1975, BStBl. II S. 558).

3. **Keinen Zusammenhang mit einer Einkunftsart** haben dagegen Einnahmen aus Preisen, deren Verleihung in erster Linie dazu bestimmt ist,
   – das Lebenswerk oder Gesamtschaffen des Empfängers zu würdigen,
   – die Persönlichkeit des Preisträgers zu ehren,
   – eine Grundhaltung auszuzeichnen oder
   – eine Vorbildfunktion herauszustellen (vgl. BFH-Urteil vom 9. Mai 1985, BStBl. II S. 427).

   Dies kann ausnahmsweise auch angenommen werden, wenn zwar ein bestimmtes Werk oder eine bestimmte Leistung Anlaß für die Preisverleihung war, zur Auswahl des Preisträgers jedoch dessen Gesamtpersönlichkeit oder (bisheriges) Gesamtschaffen entscheidend beigetragen haben. Davon ist z. B. bei der Vergabe des Nobelpreises auszugehen.

4. Bei der Verleihung von **Filmpreisen** für künstlerische Einzelleistungen (Preise für darstellerische Leistungen, Regie, Drehbuch, Kameraführung/Bildgestaltung, Schnitt, Filmmusik, Ausstattung, Kostüme) ist im allgemeinen davon auszugehen, daß mit dem Preis in erster Linie eine bestimmte berufliche Leistung des Preisträgers gewürdigt werden soll. Die mit den Filmpreisen verbundenen Preisgelder unterliegen daher nur dann nicht der Einkommensteuer, wenn insbesondere nach den jeweiligen Vergaberichtlinien das Gesamtschaffen oder die Gesamtpersönlichkeit des Preisträgers der ausschlaggebende Grund für die Preisverleihung war. [2]

---

[1] Zur Besteuerung von Fernseh-Preisgeldern vgl. das BdF-Schreiben vom 30.05.2008 (BStBl. I S. 645).
[2] Nummer 4 des BdF-Schreibens vom 5.9.1996 wurde aufgehoben durch das BdF-Schreiben vom 23.12.2002 – IV A 5 – S 2121 – 8/02 I (BStBl. 2003 I S. 76).

Anlage § 002–03 Zu § 2 EStG

Steuerfestsetzung in Fällen vermuteter Liebhaberei

Vfg der OFD Nürnberg vom 28. April 1986 S 2113 – 15/St 21

1. Nach der Rechtsprechung des BFH (BFH vom 22.7.1982, BStBl. 1983 II, S. 2, Landwirtschaft, BFH vom 25.6.1984, BStBl. II, S. 751, Gewinnabsicht, BFH vom 13.11.1984, BStBl. 1985 II, S. 205, Reitschule, Pferdeverleih, BFH vom 21.7.1985, BStBl. II, S. 399, Gestüt, BFH vom 13.12.1984, BStBl. 1985 II, S. 455, Gästehaus, BFH vom 23.5.1985, BStBl. II, S. 515, Schriftsteller, BFH vom 26.6.1985, BStBl. II, S. 549, Forstbetrieb, BFH vom 14.3.1985, BStBl. II, S. 424, Erfinder) liegt eine einkommensteuerrechtlich relevante Tätigkeit nur vor, wenn die Betätigung auf die Erzielung positiver Einkünfte gerichtet ist. Entscheidend für diese Prognose ist, ob das Gesamtergebnis der voraussichtlichen Vermögensnutzung positiv ist, wobei steuerfreie Gewinne aus der Veräußerung von Privatvermögen nicht in diese Betrachtung einzubeziehen sind. Da die Einkünfteerzielungsabsicht eine innere Tatsache ist, muß aus den objektiv erkennbaren Umständen auf das Vorhandensein der Einkünfteerzielungsabsicht geschlossen werden (BFH vom 22.8.1984, BStBl. 1985 II, S. 61). Verluste in der Anlaufphase allein lassen i. d. R. noch nicht auf das Fehlen der Einkünfteerzielungsabsicht schließen.

2. Die Frage, ob die Betätigung auf Erzielung positiver Einkünfte gerichtet oder einkommensteuerlich neutral ist (Liebhaberei), läßt sich möglicherweise erst nach Ablauf von mehreren Jahren – nach dem BFH kann dies ein Zeitraum von 8 Jahren sein – abschließend beurteilen. In einem solchen Fall liegen, bis sichere Anhaltspunkte erkennbar sind, ungewisse Verhältnisse vor. Das FA darf eine Einkommensteuerveranlagung daher insoweit vorläufig nach § 165 Abs. 1 AO durchführen[1]. Grund und Umfang der Vorläufigkeit sind anzugeben (§ 165 Abs. 1 Satz 2 AO).

Im Rahmen der teilweise vorläufigen Steuerfestsetzung ist ein Verlust in der Regel nicht zu berücksichtigen. Ein Abzug kann aber dann gerechtfertigt sein, wenn zunächst erhebliche Anhaltspunkte für einen steuerlich anzuerkennenden Anfangsverlust sprechen.

---

[1] Siehe auch das BFH-Urteil vom 25.10.1989 (BStBl. 1990 II S. 278): „Unsicherheit in der Beurteilung der Gewinn-/Überschußerzielungsabsicht rechtfertigt vorläufige Steuerfestsetzung."

Zu § 2 EStG Anlage § 002a–01

Abzug von ausländischen Betriebsstättenverlusten

– BdF-Schreiben vom 13.07.2009 – IV B 5 – S 2118-a/07/10004, 2009/0407190 (BStBl. I S. 835) –

Mit Urteil vom 17. Juli 2008, I R 84/04 (BStBl. 2009 II S. 630) hat der BFH entschieden, dass auch nach Streichung des § 2a Abs. 3 EStG a.f. Verluste aus einer ausländischen Betriebsstätte, deren Einkünfte nach einem DBA im Inland steuerfrei gestellt sind, prinzipiell nicht im Inland abzugsfähig sind. Abweichend davon soll nach Meinung des BFH jedoch ein phasengleicher Verlustabzug (im Verlustentstehungsjahr) in Betracht kommen, sofern und soweit der Steuerpflichtige den Nachweis erbringt, dass diese Verluste im Betriebsstättenstaat unter keinen Umständen verwertbar sind.

Nach dem Ergebnis der Erörterung mit den obersten Finanzbehörden der Länder nehme ich zur Anwendung des BFH-Urteils vom 17. Juli 2008, I R 84/04, wie folgt Stellung:

Die Urteilsgrundsätze sind über den entschiedenen Einzelfall hinaus nicht anzuwenden.

Die dem BFH-Urteil zugrunde liegende EuGH-Entscheidung in der Rechtssache C-414/06 „Lidl" hat den Abzug von Betriebsstättenverlusten im Inland ausgeschlossen, sofern nach einem DBA diese Betriebsstätteneinkünfte im Inland steuerfrei gestellt sind, wenn die Verluste im Betriebsstättenstaat in künftigen Steuerzeiträumen berücksichtigt werden können. Der EuGH stellt damit allein auf die rechtliche Möglichkeit der Verlustberücksichtigung im Betriebsstättenstaat ab. Ob tatsächlich ein Verlustabzug erfolgt bzw. der Steuerpflichtige diesen in Anspruch nimmt, ist dabei unerheblich.

Da erst im Rahmen des vorgenannten EuGH-Verfahrens bekannt wurde, dass in dem Streitfall „Lidl" die im Inland zum Abzug beantragten Betriebsstättenverluste bereits in späteren Veranlagungszeiträumen im Betriebsstättenstaat berücksichtigt werden konnten, musste der BFH das Revisionsverfahren zur Aufklärung der erforderlichen Tatsachen an das zuständige Finanzgericht zurückverweisen. Aufgrund dessen können auch keine weiteren Rückschlüsse aus der Entscheidung des BFH – insbesondere auch nicht zu den Aussagen zum phasengleichen Verlustabzug (im Verlustentstehungsjahr) – in Bezug auf die Beurteilung in vergleichbaren Fällen gezogen werden.

Anlage § 003–01

Zu § 3 EStG

Teileinkünftverfahren, wenn zuvor vorgenommene Teilwertabschreibungen teilweise voll steuerwirksam und teilweise nur zur Hälfte steuerwirksam waren [1]

– Vfg OFD Niedersachsen vom 02.09.2010 – S 2128 -8-St 222/221 –

Der BFH hat mit dem zur Veröffentlichung vorgesehenen Urteil vom 19. August 2009, I R 2/09, entschieden, dass sog. Wertaufholungen gemäß § 6 Abs. 1 Nr. 2 S. 3 EStG 2002, denen in früheren Jahren sowohl steuerwirksame als auch steuerunwirksame Abschreibungen von Anteilen auf den niedrigeren Teilwert vorangegangen sind, nach Maßgabe von § 8b Abs. 2 S. 2 KStG 2002 a. F./§ 8b Abs. 2 S. 4 KStG n. F. zunächst mit den nicht steuerwirksamen und erst danach mit den steuerwirksamen Teilwertabschreibungen zu verrechnen sind. Nach Auffassung des BFH wird somit zunächst die letzte, d. h. die nicht steuerwirksame Teilwertabschreibung rückgängig gemacht. Im Ergebnis entspricht dieses Vorgehen einem „Last in – First out" der Verrechnungsreihenfolge.

Die vom BFH in seinem o. g. Urteil aufgestellte Verrechnungsreihenfolge hat auch Auswirkungen auf die Anwendung im Rahmen des § 3 Nr. 40 S. 1 Buchstabe a S. 2 EStG, der eine zu § 8b Abs. 2 S. 2 KStG identische Regelung beinhaltet. Es bestehen keine Bedenken gegen eine „Last in – First out"-Verrechnungsreihenfolge bei der Anwendung von § 3 Nr. 40 S. 1 Buchstabe a S. 2 EStG.

Beispiel (alle Werte in EUR):

	Vorgang	Steuerbilanz	Korrektur nach § 3 Nr. 40 S. 1 a), § 3c Abs. 2 EStG	Steuerliche Auswirkung auf den Gewinn
1995	Anschaffung	1.000.000		
31.12.1995		1.000.000		
1997	Teilwertabschreibung	–300.000	0	–300.000
31.12. 1997		700.000		
2002	Teilwertabschreibung	–200.000	100.000	–100.000
31.12.1997		500.000		
2004	Teilwertaufholung	200.000	100.000	100.000
31. 12. 2004		700.000		
2005	Teilwertaufholung	100.000	0	100.000
31.12.2005		800.000		

---

1) Siehe dazu auch Anlage § 003c-01, Tz. 4

Zu § 3 EStG Anlagen § 003–02 unbesetzt, § 003–03

Steuerfreie Einnahmen aus ehrenamtlicher Tätigkeit; Anwendungsschreiben zu § 3 Nummer 26a und 26b EStG

– BdF-Schreiben vom 21.11.2014 – IV C 4 – S 2121/07/0010:032, 2014/0847902 (BStBl. I S. 1581) –

Unter Bezugnahme auf das Ergebnis der Erörterung mit den obersten Finanzbehörden der Länder gilt zur Anwendung der § 3 Nummer 26a und Nummer 26b Einkommensteuergesetz (EStG) in der Fassung des Gesetzes zur Stärkung des Ehrenamtes vom 21. März 2013 (BGBl. I Seite 556) Folgendes:

1. Begünstigte Tätigkeiten i. S. d. § 3 Nummer 26a EStG

§ 3 Nummer 26a EStG sieht im Gegensatz zu § 3 Nummer 26 EStG keine Begrenzung auf bestimmte Tätigkeiten im gemeinnützigen Bereich vor. Begünstigt sind z. B. die Tätigkeiten der Mitglieder des Vorstands, des Kassierers, der Bürokräfte, des Reinigungspersonals, des Platzwartes, des Aufsichtspersonals oder des Schiedsrichters im Amateurbereich. Die Tätigkeit der Amateursportler ist nicht begünstigt. Eine Tätigkeit im Dienst oder Auftrag einer steuerbegünstigten Körperschaft muss für deren ideellen Bereich einschließlich ihrer Zweckbetriebe ausgeübt werden. Tätigkeiten in einem steuerpflichtigen wirtschaftlichen Geschäftsbetrieb und bei der Verwaltung des Vermögens sind nicht begünstigt.

2. Nebenberuflichkeit

Eine Tätigkeit wird nebenberuflich ausgeübt, wenn sie – bezogen auf das Kalenderjahr – nicht mehr als ein Drittel der Arbeitszeit eines vergleichbaren Vollzeiterwerbs in Anspruch nimmt. Es können deshalb auch solche Personen nebenberuflich tätig sein, die im steuerrechtlichen Sinne keinen Hauptberuf ausüben, z. B. Hausfrauen, Vermieter, Studenten, Rentner oder Arbeitslose. Übt ein Steuerpflichtiger mehrere verschiedenartige Tätigkeiten i. S. d. § 3 Nummer 26 oder 26a EStG aus, ist die Nebenberuflichkeit für jede Tätigkeit getrennt zu beurteilen. Mehrere gleichartige Tätigkeiten sind zusammenzufassen, wenn sie sich nach der Verkehrsanschauung als Ausübung eines einheitlichen Hauptberufs darstellen, z. B. Erledigung der Buchführung oder Aufzeichnungen von jeweils weniger als dem dritten Teil des Pensums einer Bürokraft für mehrere gemeinnützige Körperschaften. Eine Tätigkeit wird nicht nebenberuflich ausgeübt, wenn sie als Teil der Haupttätigkeit anzusehen ist. Dies ist auch bei formaler Trennung von haupt- und nebenberuflicher selbständiger oder nichtselbständiger Tätigkeit für denselben Arbeitgeber anzunehmen, wenn beide Tätigkeiten gleichartig sind und die Nebentätigkeit unter ähnlichen organisatorischen Bedingungen wie die Haupttätigkeit ausgeübt wird oder der Steuerpflichtige mit der Nebentätigkeit eine ihm aus seinem Dienstverhältnis faktisch oder rechtlich obliegende Nebenpflicht erfüllt.

3. Auftraggeber/Arbeitgeber

Der Freibetrag wird nur gewährt, wenn die Tätigkeit im Dienst oder im Auftrag einer der in § 3 Nummer 26a EStG genannten Personen erfolgt. Als juristische Personen des öffentlichen Rechts kommen beispielsweise in Betracht Bund, Länder, Gemeinden, Gemeindeverbände, Industrie- und Handelskammern, Handwerkskammern, Rechtsanwaltskammern, Steuerberaterkammern, Wirtschaftsprüferkammern, Ärztekammern, Universitäten oder die Träger der Sozialversicherung. Zu den Einrichtungen i. S. d. § 5 Absatz 1 Nummer 9 des Körperschaftsteuergesetzes (KStG) gehören Körperschaften, Personenvereinigungen, Stiftungen und Vermögensmassen, die nach der Satzung oder dem Stiftungsgeschäft und nach der tatsächlichen Geschäftsführung ausschließlich und unmittelbar gemeinnützige, mildtätige oder kirchliche Zwecke verfolgen. Nicht zu den begünstigten Einrichtungen gehören beispielsweise Berufsverbände (Arbeitgeberverband, Gewerkschaft) oder Parteien. Fehlt es an einem begünstigten Auftraggeber/Arbeitgeber, kann der Freibetrag nicht in Anspruch genommen werden.

4. Förderung gemeinnütziger, mildtätiger und kirchlicher Zwecke

Die Begriffe der gemeinnützigen, mildtätigen und kirchlichen Zwecke ergeben sich aus den §§ 52 bis 54 der Abgabenordnung (AO). Eine Tätigkeit dient auch dann der selbstlosen Förderung begünstigter Zwecke, wenn sie diesen Zwecken nur mittelbar zugute kommt.

Wird die Tätigkeit im Rahmen der Erfüllung der Satzungszwecke einer juristischen Person ausgeübt, die wegen Förderung gemeinnütziger, mildtätiger oder kirchlicher Zwecke steuerbegünstigt ist, ist im Allgemeinen davon auszugehen, dass die Tätigkeit ebenfalls der Förderung dieser steuerbegünstigten Zwecke dient. Dies gilt auch dann, wenn die nebenberufliche Tätigkeit in einem so genannten Zweckbetrieb i. S. d. §§ 65 bis 68 AO ausgeübt wird, z. B. als nebenberuflicher Kartenverkäufer in einem Museum, Theater oder Opernhaus nach § 68 Nummer 7 AO.

Anlage § 003–03

Zu § 3 EStG

Der Förderung begünstigter Zwecke kann auch eine Tätigkeit für eine juristische Person des öffentlichen Rechts dienen, z. B. nebenberufliche Aufsichtstätigkeit in einem Schwimmbad, nebenberuflicher Kirchenvorstand. Dem steht nicht entgegen, dass die Tätigkeit in den Hoheitsbereich der juristischen Person des öffentlichen Rechts fallen kann.

5. Nach § 3 Nummer 12, 26 oder 26b EStG begünstigte Tätigkeiten

Der Freibetrag nach § 3 Nummer 26a EStG kann nicht in Anspruch genommen werden, wenn für die Einnahmen aus derselben Tätigkeit ganz oder teilweise eine Steuerbefreiung nach § 3 Nummer 12 EStG (Aufwandsentschädigungen aus öffentlichen Kassen) gewährt wird oder eine Steuerbefreiung nach § 3 Nummer 26 EStG (sog. Übungsleiterfreibetrag) gewährt wird oder gewährt werden könnte. Die Tätigkeit der Versichertenältesten fällt unter die schlichte Hoheitsverwaltung, so dass die Steuerbefreiungsvorschrift des § 3 Nummer 12 Satz 2 EStG anwendbar ist. Für eine andere Tätigkeit, die neben einer nach § 3 Nummer 12 oder 26 EStG begünstigten Tätigkeit bei einer anderen oder derselben Körperschaft ausgeübt wird, kann die Steuerbefreiung nach § 3 Nummer 26a EStG nur dann in Anspruch genommen werden, wenn die Tätigkeit nebenberuflich ausgeübt wird (s. dazu 2.) und die Tätigkeiten voneinander trennbar sind, gesondert vergütet werden und die dazu getroffenen Vereinbarungen eindeutig sind und durchgeführt werden. Einsatz- und Bereitschaftsdienstzeiten der Rettungssanitäter und Ersthelfer sind als einheitliche Tätigkeit zu behandeln, die insgesamt nach § 3 Nummer 26 EStG begünstigt sein kann und für die deshalb auch nicht teilweise die Steuerbefreiung nach § 3 Nummer 26a EStG gewährt wird.

Aufwandsentschädigungen nach § 1835a BGB an ehrenamtlich tätige Betreuer (§ 1896 Absatz 1 Satz 1, § 1908i Absatz 1 BGB), Vormünder (§ 1773 Absatz 1 Satz 1 BGB) und Pfleger (§§ 1909 ff., 1915 Absatz 1 Satz 1 BGB) fallen ab dem Veranlagungszeitraum 2011 ausschließlich unter die Steuerbefreiung nach § 3 Nummer 26b EStG.

Eine Anwendung des § 3 Nummer 26a EStG ist ausgeschlossen (§ 3 Nummer 26a Satz 2 EStG).

6. Verschiedenartige Tätigkeiten

Erzielt der Steuerpflichtige Einnahmen, die teils für eine Tätigkeit, die unter § 3 Nummer 26a EStG fällt, und teils für eine andere Tätigkeit, die nicht unter § 3 Nummer 12, 26 oder 26a EStG fällt, gezahlt werden, ist lediglich für den entsprechenden Anteil nach § 3 Nummer 26a EStG der Freibetrag zu gewähren. Die Steuerfreiheit von Bezügen nach anderen Vorschriften, z. B. nach § 3 Nummer 13, 16 EStG, bleibt unberührt; wenn auf bestimmte Bezüge sowohl § 3 Nummer 26a EStG als auch andere Steuerbefreiungsvorschriften anwendbar sind, sind die Vorschriften in der Reihenfolge anzuwenden, die für den Steuerpflichtigen am günstigsten ist.

7. Höchstbetrag

Der Freibetrag nach § 3 Nummer 26a EStG ist ein Jahresbetrag. Dieser wird auch dann nur einmal gewährt, wenn mehrere begünstigte Tätigkeiten ausgeübt werden. Er ist nicht zeitanteilig aufzuteilen, wenn die begünstigte Tätigkeit lediglich wenige Monate ausgeübt wird.

Die Steuerbefreiung ist auch bei Ehegatten oder Lebenspartnern stets personenbezogen vorzunehmen. Auch bei der Zusammenveranlagung kann der Freibetrag demnach von jedem Ehegatten oder Lebenspartner bis zur Höhe der Einnahmen, höchstens 720 Euro, die er für eine eigene begünstigte Tätigkeit erhält, in Anspruch genommen werden. Eine Übertragung des nicht ausgeschöpften Teils des Freibetrags eines Ehegatten oder Lebenspartners auf höhere Einnahmen des anderen Ehegatten oder Lebenspartners aus der begünstigten nebenberuflichen Tätigkeit ist nicht zulässig.

8. Ehrenamtlicher Vorstand

Die Zahlung von pauschalen Vergütungen für Arbeits- oder Zeitaufwand (Tätigkeitsvergütungen) an den Vorstand ist nur dann zulässig, wenn dies durch bzw. aufgrund einer Satzungsregelung ausdrücklich zugelassen ist (vgl. auch § 27 Absatz 3 Satz 2 BGB in der Fassung des Ehrenamtsstärkungsgesetzes). Ein Verein, der nicht ausdrücklich die Bezahlung des Vorstands regelt und der dennoch Tätigkeitsvergütungen an Mitglieder des Vorstands zahlt, verstößt gegen das Gebot der Selbstlosigkeit. Die regelmäßig in den Satzungen enthaltene Aussage: „Es darf keine Person . . . durch unverhältnismäßig hohe Vergütungen begünstigt werden" (vgl. Anlage 1 zu § 60 AO; dort § 4 der Mustersatzung) ist keine satzungsmäßige Zulassung von Tätigkeitsvergütungen an Vorstandsmitglieder.

Eine Vergütung ist auch dann anzunehmen, wenn sie nach der Auszahlung an den Verein zurückgespendet oder durch Verzicht auf die Auszahlung eines entstandenen Vergütungsanspruchs an den Verein gespendet wird.

Der Ersatz tatsächlich entstandener Aufwendungen (z. B. Büromaterial, Telefon- und Fahrtkosten) ist auch ohne entsprechende Regelung in der Satzung zulässig. Der Einzelnachweis der Aufwendungen ist nicht erforderlich, wenn pauschale Zahlungen den tatsächlichen Aufwand offensichtlich nicht über-

steigen; dies gilt nicht, wenn durch die pauschalen Zahlungen auch Arbeits- oder Zeitaufwand abgedeckt werden soll. Die Zahlungen dürfen nicht unangemessen hoch sein (§ 55 Absatz 1 Nummer 3 AO).
Falls ein gemeinnütziger Verein bis zum 31. Dezember 2010 ohne ausdrückliche Erlaubnis dafür in seiner Satzung bereits Tätigkeitsvergütungen gezahlt hat, sind daraus unter den folgenden Voraussetzungen keine für die Gemeinnützigkeit des Vereins schädlichen Folgerungen zu ziehen:
1. Die Zahlungen dürfen nicht unangemessen hoch gewesen sein (§ 55 Absatz 1 Nummer 3 AO).
2. Die Mitgliederversammlung hat bis zum 31. Dezember 2010 eine Satzungsänderung beschlossen, die Tätigkeitsvergütungen zulässt. An die Stelle einer Satzungsänderung kann ein Beschluss des Vorstands treten, künftig auf Tätigkeitsvergütungen zu verzichten.

9. Werbungskosten- oder Betriebsausgabenabzug

Ein Abzug von Werbungskosten bzw. Betriebsausgaben, die mit den steuerfreien Einnahmen nach § 3 Nummer 26a EStG in einem unmittelbaren wirtschaftlichen Zusammenhang stehen, ist nur dann möglich, wenn die Einnahmen aus der Tätigkeit und gleichzeitig auch die jeweiligen Ausgaben den Freibetrag übersteigen. In Arbeitnehmerfällen ist in jedem Falle der Arbeitnehmer-Pauschbetrag anzusetzen, soweit er nicht bei anderen Dienstverhältnissen verbraucht ist.

Beispiel:
Ein Student, der keine anderen Einnahmen aus nichtselbständiger Arbeit erzielt, arbeitet nebenberuflich im Dienst der Stadt als Tierpfleger bei deren als gemeinnützig anerkanntem Tierheim. Dafür erhält er insgesamt 1.200 Euro im Jahr. Von den Einnahmen sind der Arbeitnehmer-Pauschbetrag von 1.000 Euro (§ 9a Satz 1 Nummer 1 Buchstabe a EStG) und der Freibetrag nach § 3 Nummer 26a EStG bis zur Höhe der verbliebenen Einnahmen (200 Euro) abzuziehen. Die Einkünfte aus der nebenberuflichen Tätigkeit betragen 0 Euro.

10. Freigrenze des § 22 Nummer 3 EStG

Gehören die Einnahmen des Steuerpflichtigen aus seiner nebenberuflichen Tätigkeit zu den sonstigen Einkünften (§ 22 Nummer 3 EStG), sind diese nicht einkommensteuerpflichtig, wenn sie weniger als 256 Euro im Kalenderjahr betragen haben. Der Freibetrag nach § 3 Nummer 26a EStG ist bei der Prüfung ob diese Freigrenze überschritten ist, zu berücksichtigen.

Beispiel:
Ein nebenberuflicher ehrenamtlicher Schiedsrichter im Amateurbereich erhält insgesamt 900 Euro. Nach Abzug des Freibetrags nach § 3 Nummer 26a EStG betragen die Einkünfte 180 Euro. Sie sind nicht einkommensteuerpflichtig, weil sie weniger als 256 Euro im Kalenderjahr betragen haben (§ 22 Nummer 3 Satz 2 EStG).

11. Lohnsteuerverfahren

Beim Lohnsteuerabzug ist eine zeitanteilige Aufteilung des Freibetrags nicht erforderlich. Dies gilt auch dann, wenn feststeht, dass das Dienstverhältnis nicht bis zum Ende des Kalenderjahres besteht. Der Arbeitnehmer hat dem Arbeitgeber jedoch schriftlich zu bestätigen, dass die Steuerbefreiung nach § 3 Nummer 26a EStG nicht bereits in einem anderen Dienst- oder Auftragsverhältnis berücksichtigt worden ist oder berücksichtigt wird. Diese Erklärung ist zum Lohnkonto zu nehmen.

12. Rückspende

Die Rückspende einer steuerfrei ausgezahlten Aufwandsentschädigung oder Vergütung an die steuerbegünstigte Körperschaft ist grundsätzlich zulässig. Für den Spendenabzug sind die Grundsätze des BMF-Schreibens vom 7. Juni 1999 (BStBl. I S. 591)[1]) zur Anerkennung sog. Aufwandsspenden an gemeinnützige Vereine zu beachten.

Dieses Schreiben wird im Bundessteuerblatt Teil I veröffentlicht und tritt an die Stelle der Schreiben vom 25. November 2008, BStBl. I Seite 985, und vom 14. Oktober 2009, BStBl. I Seite 1318.

---

1) Siehe jetzt Anlage § 010b-04.

Anlage § 003–04   Zu § 3 EStG

Steuerbefreiungen für nebenberufliche Tätigkeiten nach § 3 Nr. 26 EStG

– Verfügung OFD Frankfurt vom 20.01.2011 – S 2245 A – 2 – St 213 –

1 Allgemeines

Die Steuerbefreiung für nebenberufliche Tätigkeiten ist in R 3.26 LStR geregelt.
Ergänzend hierzu weise ich auf Folgendes hin:
Durch das Steuerbereinigungsgesetz 1999 wurde ab dem 01.01.2000 die Tätigkeit des nebenberuflichen **Betreuers** in den Katalog der begünstigten Tätigkeiten aufgenommen. Begünstigt sind danach **drei Tätigkeitsbereiche:**

- Nebenberufliche Tätigkeit als Übungsleiter, Ausbilder, Erzieher, Betreuer oder eine vergleichbare Tätigkeit
- Nebenberufliche künstlerische Tätigkeit
- Nebenberufliche Pflege alter, kranker oder behinderter Menschen

Die bisher begünstigten Tätigkeiten der Übungsleiter, Ausbilder und Erzieher haben miteinander gemeinsam, dass bei ihrer Ausübung durch persönliche Kontakte Einfluss auf andere Menschen genommen wird, um auf diese Weise deren Fähigkeiten zu entwickeln und zu fördern. Nach der Gesetzesbegründung zum Steuerbereinigungsgesetz gilt dies auch für den neu eingeführten Begriff des Betreuers. Gemeinsamer Nenner dieser Tätigkeiten ist daher die **pädagogische Ausrichtung**. Nicht begünstigt ist die Betreuungstätigkeit des gesetzlichen Betreuers nach § 1835a BGB sowie der Verfahrenspfleger nach dem Gesetz über die Angelegenheiten der freiwilligen Gerichtsbarkeit (FGG; Bestellung nach § 50 FGG in Vormundschafts- u. Familiensachen, nach § 67 FGG in Betreuungssachen und nach § 70b FGG bei Unterbringungsmaßnahmen), da § 3 Nr. 26 EStG nur angewendet werden kann, wenn durch einen direkten pädagogisch ausgerichteten persönlichen Kontakt zu den betreuten Menschen ein Kernbereich des ehrenamtlichen Engagements erfüllt wird. (Zur steuerlichen Behandlung der Aufwandsentschädigungen für ehrenamtliche rechtliche Betreuer nach § 1835a BGB vgl. ESt-Kartei § 22 Karte 7 N).

Betroffen von der Neuregelung sind insbesondere Personen, die betreuend im Jugend- und Sportbereich gemeinnütziger Vereine tätig werden. Daher kommt u.a. nun auch der Übungsleiterfreibetrag für die Beaufsichtigung und Betreuung von Jugendlichen durch Jugendleiter, Ferienbetreuer, Schulwegbegleiter etc. in Betracht.

Auch wenn ausschließlich (ohne Zusammenhang mit körperlicher Pflege) **hauswirtschaftliche oder betreuende Hilfstätigkeiten** für alte oder behinderte Menschen erbracht werden (z.B. Reinigung der Wohnung, Kochen, Einkaufen, Erledigung von Schriftverkehr), ist der Freibetrag nach § 3 Nr. 26 EStG zu gewähren, wenn die übrigen Voraussetzungen der Vorschrift erfüllt sind.

Im Bereich der nebenberuflichen **künstlerischen** Tätigkeit sind an den Begriff der „künstlerischen Tätigkeit" dieselben strengen Anforderungen zu stellen wie an die hauptberufliche künstlerische Tätigkeit im Sinne des § 18 Abs. 1 Nr. 1 EStG.

Bei einer Tätigkeit für juristische Personen des öffentlichen Rechts ist es unschädlich, wenn sie für einen **Betrieb gewerblicher Art** ausgeführt wird, da Betriebe gewerblicher Art auch gemeinnützigen Zwecken dienen können (z.B. Krankenhaus oder Kindergarten). Ziel des § 3 Nr. 26 EStG ist es, Bürger, die im gemeinnützigen, mildtätigen oder kirchlichen Bereich nebenberuflich tätig sind, von steuerlichen Verpflichtungen freizustellen. Mithin ist bei einer Tätigkeit für einen Betrieb gewerblicher Art darauf abzustellen, ob dieser einen entsprechend begünstigten Zweck verfolgt oder nicht.

Eine Förderung gemeinnütziger, mildtätiger und kirchlicher Zwecke ist grundsätzlich nur dann gegeben, wenn die Tätigkeit der **Allgemeinheit** zugute kommt. Bei nebenberuflicher Lehrtätigkeit ist diese Voraussetzung auch dann erfüllt, wenn eine Aus- oder Fortbildung zwar nur einem abgeschlossenen Personenkreis zugute kommt (z.B. innerhalb eines Unternehmens oder einer Dienststelle), die Aus- oder Fortbildung selbst aber im Interesse der Allgemeinheit liegt (vgl. BFH-Urteil vom 26.03.1992, BStBl. 1993 II S. 20).

Aufgrund der Änderung des § 3 Nr. 26 EStG durch das Jahressteuergesetz 2009 kann der Freibetrag von 2.100,– € nunmehr auch in Anspruch genommen werden, wenn eine entsprechende Tätigkeit nebenberuflich im Dienst oder Auftrag einer juristischen Person des öffentlichen Rechts bzw. einer zur Förderung gemeinnütziger, mildtätiger und kirchlicher Zwecke steuerbegünstigten Körperschaft erfolgt, die ihren Sitz in einem EU-/EWR-Staat hat. Die Regelung ist nach § 52 Abs. 4b EStG in allen noch offenen Fällen anzuwenden.

Mit dem Gesetz zur weiteren Stärkung des bürgerschaftlichen Engagements vom 10.10.2007 (BGBl Teil I 2007 S. 2332, BStBl. Teil I 2007, S. 815) wurde der Freibetrag ab 2007 von bisher 1.848 € auf 2.100 € angehoben.

2 Einzelfälle

1.21 Ärzte im Behindertensport

Nach § 11a des Bundesversorgungsgesetzes ist Rehabilitationssport unter ärztlicher Aufsicht durchzuführen. Behindertensport bedarf nach § 2 Abs. 2 der Gesamtvereinbarungen über den ambulanten Behindertensport während der sportlichen Übungen der Überwachung durch den Arzt. Die Tätigkeit eines Arztes im Rahmen dieser Bestimmungen fällt **dem Grunde nach unter § 3 Nr. 26 EStG,** sofern auch die übrigen Voraussetzungen hierfür erfüllt sind.

2.21 Ärzte im Coronarsport

Ärzte, die nebenberuflich in gemeinnützigen Sportvereinen Coronar-Sportkurse leiten, üben eine einem Übungsleiter vergleichbare Tätigkeit aus, wenn der im Coronar-Sport nebenberuflich tätige Arzt **auf den Ablauf der Übungseinheiten und die Übungsinhalte aktiv Einfluss nimmt.** Es handelt sich dann um eine nach § 3 Nr. 26 EStG begünstigte Tätigkeit.

2.22 Aufsichtsvergütung für die juristische Staatsprüfung

Vergütungen an Richter, Staatsanwälte und Verwaltungsbeamte des höheren Dienstes, die nebenamtlich als Leiter von Arbeitsgemeinschaften für Referendarinnen und Referendare tätig sind, fallen unter die Steuerbefreiungsvorschrift des § 3 Nr. 26 EStG und sind bis zur Höhe von 2.100 € jährlich steuerfrei.

2.23 Bahnhofsmission

Der Tätigkeitsbereich von Bahnhofsmissionen umfasst auch gem. § 3 Nr. 26 EStG begünstigte Pflege- und Betreuungsleistungen. Zur Abgrenzung gegenüber den nicht begünstigten Leistungen bestehen keine Bedenken, wenn Aufwandsentschädigungen nebenberuflicher Mitarbeiterinnen in Bahnhofsmissionen in Höhe von **60 %** der Einnahmen, maximal in Höhe von 3.600,- DM (ab 2002: 1.848 €, ab 2007: 2.100 €) **steuerfrei** belassen werden. Von dem pauschalen Satz kann im Einzelfall abgewichen und auf die tatsächlichen Verhältnisse abgestellt werden, wenn Anhaltspunkte dafür vorliegen, dass die Anwendung dieses Regelsatzes zu einer unzutreffenden Besteuerung führen würde. (vgl. HMdF-Erlass vom 22.09.1992 – S 2337 A – 76 – II B 21).

2.24 Behindertentransport

Fahrer und Beifahrer im Behindertentransport erhalten den Freibetrag nach § 3 Nr. 26 EStG bei Vorliegen der übrigen Voraussetzungen **für jeweils 50 % ihrer Vergütung,** da ihre Tätigkeit in der Regel zu gleichen Teilen auf das Fahren des Behindertenfahrzeugs und die Betreuung behinderter Menschen entfällt.

2.25 Bereitschaftsleitungen und Jugendgruppenleiter

Inwieweit eine Gewährung des Freibetrags nach § 3 Nr. 26 EStG in Betracht kommt, hängt von der tatsächlichen Tätigkeit ab. Soweit lediglich organisatorische Aufgaben wahrgenommen werden, liegt keine begünstigte Tätigkeit vor. Soweit die Vergütung auf die Tätigkeit als Ausbilder oder Betreuer entfällt, kann der Freibetrag nach § 3 Nr. 26 EStG gewährt werden.

2.26 Diakon

Ob ein nebenberuflich tätiger katholischer Diakon die Steuerbefreiung nach § 3 Nr. 26 EStG erhalten kann, hängt von der jeweiligen Tätigkeit ab. Zum Berufsbild des Diakons gehören auch ausbildende und betreuende Tätigkeiten mit pädagogischer Ausrichtung sowie Arbeiten im sozialen Bereich, die als Pflege alter, kranker oder behinderter Menschen gewertet werden können. Für solche Tätigkeiten ist eine Steuerbefreiung nach § 3 Nr. 26 EStG möglich.

Bei einer Tätigkeit im Bereich der Verkündigung (z.B. Taufen, Krankenkommunion, Trauungen, Predigtdienst) handelt es sich nicht um eine begünstigte Tätigkeit. Zur Aufteilung bei gemischten Tätigkeiten sowie zur Steuerfreiheit nach anderen Vorschriften vgl. R 3.26 Abs. 7 LStR.

2.27 Ferienbetreuer

Ehrenamtliche Ferienbetreuer, die zeitlich begrenzt zur Durchführung von Ferienmaßnahmen eingesetzt werden, sind **nebenberuflich** tätig, so dass bei Vorliegen der weiteren Voraussetzungen die Einnahmen aus dieser Tätigkeit nach § 3 Nr. 26 EStG begünstigt sind.

2.28 Feuerwehrleute

s. ESt-Kartei § 3 Fach 3 Karte 5 und 13

Anlage § 003–04

Zu § 3 EStG

2.29 Hauswirtschaftliche Tätigkeiten in Altenheim, Krankenhäusern usw.

Reine Hilfsdienste, wie z.B. Putzen, Waschen und Kochen im Reinigungsdienst und in der Küche von Altenheimen, Krankenhäusern, Behinderteneinrichtungen u.ä. Einrichtungen stehen **nicht** den ambulanten Pflegediensten gleich und fallen daher nicht unter § 3 Nr. 26 EStG, da keine häusliche Betreuung im engeren Sinne stattfindet und damit kein unmittelbarer persönlicher Bezug zu den gepflegten Menschen entsteht. Die Leistungen werden primär für das jeweilige Heim oder Krankenhaus erbracht und betreffen daher nur mittelbar die pflegebedürftigen Personen.

2.30 Helfer im sog. Hintergrunddienst des Hausnotrufdienstes.

Um bei Hausnotrufdiensten die Entgegennahme von Alarmanrufen rund um die Uhr, die Vertrautheit der Bewohner mit dem Hausnotrufdienst und die Funktionsfähigkeit der Hausnotrufgeräte zu gewährleisten, wird von den Hilfsorganisationen – zusätzlich zu den Mitarbeitern der Hausnotrufzentrale – ein sog. Hintergrunddienst eingerichtet, um vor Ort Hilfe zu leisten. Die Mitarbeiter des Hintergrunddienstes sind daneben auch mit der Einweisung, Einrichtung, Wartung und Überprüfung der Hausnotrufgeräte beschäftigt. Ihnen kann die Steuervergünstigung nach § 3 Nr. 26 EStG für den Anteil ihrer Vergütung gewährt werden, der auf tatsächliche Rettungseinsätze entfällt. Der begünstigte Anteil ist anhand der **Gesamtumstände des Einzelfalls** zu ermitteln.

2.31 Küchenmitarbeiter in Waldheimen

Die Tätigkeit von Mitarbeiterinnen in der Küche und im hauswirtschaftlichen Bereich von Waldheimen stellt **keine begünstigte Tätigkeit** im Sinne des § 3 Nr. 26 EStG dar. Es handelt sich nicht um eine betreuende Tätigkeit, da pädagogische Aspekte nicht im Vordergrund stehen. Ausschlaggebend ist die hauswirtschaftliche Tätigkeit im Zusammenhang mit der Essenszubereitung für die in den Waldheimen während der Ferienzeit aufgenommenen Jugendlichen.

2.32 Lehrbeauftragte an Schulen

Vergütungen an ehrenamtliche Lehrbeauftragte, die von den Schulen für einen ergänzenden Unterricht eingesetzt werden, sind – soweit von den Schulen mit den Lehrbeauftragten nicht ausdrücklich ein Arbeitsvertrag abgeschlossen wird – den Einnahmen aus **selbständiger** (unterrichtender) Tätigkeit nach § 18 Abs. 1 Nr. 1 EStG zuzuordnen und **nach § 3 Nr. 26 EStG begünstigt.**

2.33 Mahlzeitendienste

Vergütungen an Helfer des Mahlzeitendienstes sind **nicht nach § 3 Nr. 26 EStG begünstigt,** da die Lieferung einer Mahlzeit für die Annahme einer Pflegeleistung nicht ausreicht. Ab dem 01.01.2007 ist jedoch die Inanspruchnahme der Steuerfreistellung nach § 3 Nr. 26a EStG in Höhe von bis zu 500 € möglich, sofern diese Tätigkeit nebenberuflich ausgeübt wird.

2.34 Notfallfahrten bei Blut- und Organtransport

Bei diesen Notfallfahrten handelt es sich nicht um begünstigte Tätigkeiten nach § 3 Nr. 26 EStG.

2.35 Organistentätigkeit

Durch das Kultur- und Stiftungsgesetz vom 13.12.1990 (BStBl. 1991 I S. 51) ist § 3 Nr. 26 EStG dahingehend erweitert worden, dass ab 1991 auch Aufwandsentschädigungen für nebenberufliche künstlerische Tätigkeiten im Dienst oder Auftrag einer inländischen juristischen Person des öffentlichen Rechts oder einer gemeinnützigen Körperschaft in begrenztem Umfang steuerfrei bleiben. Aus Gründen der Praktikabilität und der Verwaltungsvereinfachung ist bei den in Kirchengemeinden eingesetzten Organisten grundsätzlich davon auszugehen, dass deren Tätigkeit eine gewisse Gestaltungshöhe erreicht und somit die Voraussetzungen einer **künstlerischen Tätigkeit** im Sinne des § 3 Nr. 26 EStG vorliegen. (vgl. HMdF-Erlass vom 17.04.2000 – S 2337 A – 77 – II B 2a)

2.36 Patientenfürsprecher

Der Patientenfürsprecher hat die Interessen der Patienten gegenüber dem Krankenhaus zu vertreten. Diese Tätigkeit stellt keine Pflege alter, kranker oder behinderter Menschen dar. Die an die Patientenfürsprecher gezahlten Aufwandsentschädigungen sind daher nicht nach § 3 Nr. 26 EStG steuerfrei.

2.37 Prädikanten

Die Anwendung des § 3 Nr. 26 EStG wurde von den obersten Finanzbehörden des Bundes und der Länder verneint. Insoweit fehle bei den Prädikanten (wie auch bei Lektoren) der direkte pädagogisch ausgerichtete persönliche Kontakt zu einzelnen Menschen. Eine Steuerfreiheit der Bezüge kann sich jedoch ggf. aus § 3 Nr. 12, 13, 50 EStG ergeben.

Zu § 3 EStG **Anlage § 003–04**

2.38 Richter, Parcourschefs, Parcourschef-Assistenten bei Pferdesportveranstaltungen
Bei diesen ehrenamtlichen Tätigkeiten handelt es sich nicht um begünstigte Tätigkeiten nach § 3 Nr. 26 EStG

2.39 Rettungssanitäter, -schwimmer und Notärzte im Rettungsdienst
Die Vergütungen für die Tätigkeit von Rettungssanitätern, -schwimmern und Notärzten in Rettungs- und Krankentransportwagen sowie im Rahmen von Großveranstaltungen sind – bei Vorliegen aller Voraussetzungen – insgesamt nach § 3 Nr. 26 EStG begünstigt.
Die Einnahmen dieser ehrenamtlichen Rettungskräfte sind **nicht mehr** in solche aus Rettungseinsätzen und solche aus Bereitschaftszeiten aufzuteilen.

2.40 Schulweghelfer und Schulbusbegleiter
Gemeinden gewähren den grundsätzlich als Arbeitnehmer beschäftigten Schulweghelfern und Schulbusbegleitern Aufwandsentschädigungen. Diese sind nebeneinander sowohl nach § 3 Nr. 26 EStG als auch nach § 3 Nr. 12 Satz 2 EStG begünstigt. Die Vorschriften sind in der für den Steuerpflichtigen günstigsten Reihenfolge zu berücksichtigen (R 3.26 Abs. 7 LStR 2008).

2.41 Stadtführer
Die Tätigkeit eines Stadtführers ist – vergleichbar mit einer unterrichtenden Tätigkeit an einer Volkshochschule und der Tätigkeit eines Museumsführers – wegen ihrer pädagogischen Ausrichtung grundsätzlich nach § 3 Nr. 26 EStG begünstigt. Zu prüfen ist jedoch insbesondere, ob die Tätigkeit im Auftrag oder im Dienst einer juristischen Person des öffentlichen Rechts oder einer anderen unter § 5 Abs. 1 Nr. 9 KStG zur Förderung gemeinnütziger, mildtätiger und kirchlicher Zwecke ausgeübt wird.

2.42 Statisten/Komparsen bei Theateraufführungen
Aufwandsentschädigungen für Statisten sind grundsätzlich **nicht** nach § 3 Nr. 26 EStG begünstigt, da Statisten keine künstlerische Tätigkeit ausüben. Eine künstlerische Tätigkeit liegt bei § 3 Nr. 26 EStG (wie bei § 18 EStG) nur vor, wenn eine gewisse Gestaltungshöhe bei eigenschöpferischer Leistung gegeben ist. Nach dem BFH-Urteil vom 18.04.2007 (BStBl. II 2007, 702) wird die Auslegung des Begriffs einer künstlerischen Tätigkeit im Sinne des § 3 Nr. 26 EStG jedoch nicht beeinflusst durch die Begrenzung auf einen Höchstbetrag und das Merkmal der Nebenberuflichkeit. In diesem Sinne kann eine künstlerische Tätigkeit auch dann vorliegen, wenn sie die eigentliche künstlerische (Haupt-)Tätigkeit unterstützt und ergänzt, sofern sie Teil des gesamten künstlerischen Geschehens ist. Auch der Komparse kann daher – anders als z.B. ein Bühnenarbeiter – eine künstlerische Tätigkeit ausüben. Bei der Beurteilung kommt es auf die Umstände des Einzelfalles an.

2.43 Versichertenälteste
Für die Tätigkeit der Versichertenältesten ist die Begünstigung des § 3 Nr. 26 EStG **nicht** zu gewähren, da es sich weder um eine begünstigte Tätigkeit handelt noch diese zur Förderung gemeinnütziger, mildtätiger oder kirchlicher Zwecke im Sinne der §§ 52 bis 54 AO handelt.

2.44 Zahnärzte im Arbeitskreis Jugendzahnpflege
Soweit Zahnärzte in freier Praxis im Rahmen der „Arbeitskreise Jugendzahnpflege in Hessen" (AkJ) tätig werden (sogen. **Patenschaftszahnärzte**), üben sie diese Tätigkeit **nebenberuflich** aus, so dass die entsprechenden Vergütungen bei Vorliegen der übrigen Voraussetzungen nach § 3 Nr. 26 EStG begünstigt sind.

3 Betriebsausgaben-/Werbungskostenabzug

Nach § 3c EStG dürfen Ausgaben, soweit sie mit steuerfreien Einnahmen in unmittelbarem wirtschaftlichen Zusammenhang stehen, nicht als Betriebsausgaben oder Werbungskosten abgezogen werden. Ausgaben, die zugleich steuerfreie und steuerpflichtige Einnahmen betreffen, sind – ggf. im Schätzungswege – aufzuteilen und anteilig abzuziehen.
Ab 01.01.2000 dürfen abweichend von diesen Grundsätzen nach § 3 Nr. 26 S. 2 EStG in unmittelbarem wirtschaftlichen Zusammenhang mit der nebenberuflichen Tätigkeit stehende Ausgaben **nur insoweit als Werbungskosten oder Betriebsausgaben abgezogen werden, als sie den Betrag der steuerfreien Einnahmen übersteigen.**
Entstehen Betriebsausgaben zur Vorbereitung einer unter § 3 Nr. 26 EStG fallenden Tätigkeit und wird diese später nicht aufgenommen, kann der entstandene Verlust in voller Höhe, **also ohne Kürzung um den Freibetrag,** berücksichtigt werden. Der BFH hat mit Urteil vom 06.07.2005, XI R 61/04, BStBl. II 2006, S. 163, – zu § 3 Nr. 26 EStG a.F. – entschieden, § 3c EStG sei insoweit nicht anwendbar.

Anlage § 003c–01

Zu § 3c EStG

Anwendung des Teileinkünfteverfahrens in der steuerlichen Gewinnermittlung
(§ 3 Nummer 40, § 3c Abs. 2 EStG)[1]

– BdF-Schreiben vom 23.10.2013 – IV C 6-S 2128/07/10001, 2013/0935028 (BStBl. I S. 1269) –

Zur Anwendung des Teilabzugsverbots auf Aufwendungen im Zusammenhang mit der Überlassung von Wirtschaftsgütern an Kapitalgesellschaften in der steuerlichen Gewinnermittlung und auf Substanzverluste und Substanzgewinne sowie auf sonstige Aufwendungen bezüglich im Betriebsvermögen gehaltener Darlehensforderungen (§ 3c Absatz 2 EStG) nehme ich unter Bezugnahme auf das Ergebnis der Erörterung mit den obersten Finanzbehörden der Länder wie folgt Stellung:

1 Der BFH hat mit seinen beiden Urteilen vom 18. April 2012 – X R 5/10 und X R 7/10 – entschieden, dass § 3c Absatz 2 EStG auf Substanzverluste von im Betriebsvermögen gehaltenen Darlehensforderungen wie bei Teilwertabschreibungen oder Forderungsverzichten unabhängig davon keine Anwendung findet, ob die Darlehensgewährung selbst gesellschaftsrechtlich veranlasst ist oder war, denn Darlehensforderungen sind selbständige Wirtschaftsgüter, die von der Kapitalbeteiligung als solcher zu unterscheiden sind.

2 Darüber hinaus hat der BFH mit Urteil vom 28. Februar 2013 – IV R 49/11 [2] – entschieden, dass das Teilabzugsverbot des § 3c Absatz 2 EStG in Betriebsaufspaltungsfällen grundsätzlich für laufende Aufwendungen bei Wirtschaftsgütern (z.B. Maschinen, Einrichtungsgegenständen oder Gebäuden) anzuwenden ist, soweit das betreffende Wirtschaftsgut verbilligt an die Betriebskapitalgesellschaft überlassen wird. Trotz dieser grundsätzlichen Anwendbarkeit des Teilabzugsverbots gilt dieses nach Ansicht des BFH gleichwohl nicht für die laufenden Aufwendungen, die sich auf die Substanz der dem Betriebsvermögen zugehörigen und zur Nutzung an die Betriebskapitalgesellschaft überlassenen Wirtschaftsgüter beziehen; das Teilabzugsverbot gilt hier insbesondere nicht für Absetzungen für Abnutzung (AfA) und für Erhaltungsaufwendungen in Bezug auf die überlassenen Wirtschaftsgüter.

3 Die genannten BFH-Urteile sind in allen noch offenen Fällen anzuwenden. Im Zusammenhang mit der Anwendung dieser BFH-Rechtsprechung gilt im Einzelnen Folgendes:

1. Aufwendungen für die Überlassung von Wirtschaftsgütern an eine Kapitalgesellschaft, an der der Überlassende beteiligt ist

4 Für die Frage, ob die laufenden Aufwendungen, die im Zusammenhang mit der Überlassung von Wirtschaftsgütern an Kapitalgesellschaften, an der der Überlassende beteiligt ist (insbesondere in Fällen einer Betriebsaufspaltung), entstehen, ganz oder gemäß § 3c Absatz 2 EStG nur anteilig als Betriebsausgaben abgezogen werden können, ist der Veranlassungszusammenhang mit voll oder nach § 3 Nummer 40 EStG nur teilweise zu besteuernden Betriebsvermögensmehrungen maßgeblich. Laufende Aufwendungen beispielsweise im Fall der Überlassung von Grundstücken stellen insbesondere Aufwendungen für Strom, Gas, Wasser, Heizkosten, Gebäudereinigungskosten, Versicherungsbeiträge und Finanzierungskosten dar.

a) Überlassung zu fremdüblichen Konditionen

5 Erfolgt die Überlassung der im Betriebsvermögen gehaltenen Wirtschaftsgüter an die (Betriebs-)Kapitalgesellschaft vollentgeltlich, d. h. zu fremdüblichen Konditionen, ist § 3c Absatz 2 EStG nicht anwendbar, weil die Aufwendungen in erster Linie mit den vereinbarten Miet- oder Pachtzinsen und nicht mit den erwarteten Beteiligungserträgen (Gewinnausschüttungen/Dividenden und Gewinnen aus einer zukünftigen Veräußerung oder Entnahme des Anteils) in Zusammenhang stehen.

b) Überlassung aus gesellschaftsrechtlichen Gründen: Teilentgeltliche oder unentgeltliche Überlassung

6 Erfolgt die Überlassung der im Betriebsvermögen gehaltenen Wirtschaftsgüter an die (Betriebs-)Kapitalgesellschaft dagegen aus gesellschaftsrechtlichen Gründen unentgeltlich oder teilentgeltlich, d.h. zu nicht fremdüblichen Konditionen, ist insoweit grundsätzlich § 3c Absatz 2 EStG anzuwenden, weil in diesem Fall die Aufwendungen ganz oder teilweise mit den aus der (Betriebs-)Kapitalgesellschaft erwarteten Einkünften des Gesellschafters, nämlich den Beteiligungserträgen in Form von Gewinnausschüttungen/Dividenden und den Gewinnen aus einer zukünftigen Veräußerung oder Entnahme des Anteils zusammenhängen.

---

1) Für Wirtschaftsjahre, die nach dem 31.12.2014 beginnen, ist die Neufassung des § 3c Abs. 2 EStG zu beachten (vgl. die Fassung des zusammenhängenden Gesetzestextes zu Beginn dieser Ausgabe).

2) Siehe dazu auch das BFH-Urteil vom 17.7.2013 (BStBl. II S. 817).

Zu § 3c EStG **Anlage § 003c–01**

Werden Wirtschaftsgüter teilentgeltlich überlassen, ist eine Aufteilung in eine voll entgeltliche und eine 7
unentgeltliche Überlassung vorzunehmen. Die Aufteilung muss dabei im Verhältnis der vereinbarten
Konditionen zu den fremdüblichen Konditionen unter ansonsten gleichen Verhältnissen vorgenommen
werden. Die fehlende Fremdüblichkeit und damit die Teilentgeltlichkeit beruhen im Regelfall auf einem
zu niedrigen Pachtentgelt. Als Aufteilungsmaßstab ist in diesen Fällen grundsätzlich das Verhältnis des
tatsächlich gezahlten Pachtentgelts zum fremdüblichen Pachtentgelt heranzuziehen (vgl. BFH-Urteile
vom 28. Februar 2013 – IV R 49/11 – und vom 17. Juli 2013 – X R 17/11).

c) Laufende Aufwendungen auf die Substanz des überlassenen Betriebsvermögens

Das Teilabzugsverbot des § 3c Absatz 2 EStG gilt dagegen nicht für solche laufenden Aufwendungen, 8
die sich auf die Substanz der dem Betriebsvermögen zugehörigen, zur Nutzung an die (Betriebs-)Kapitalgesellschaft überlassenen Wirtschaftsgüter beziehen; das Teilabzugsverbot gilt hier insbesondere
nicht für AfA und für Erhaltungsaufwendungen (vgl. BFH-Urteil vom 28. Februar 2013 – IV R 49/11).

d) Behandlung von Finanzierungskosten

Finanzierungskosten bezüglich der überlassenen Wirtschaftsgüter wie etwa Zinsaufwendungen können 9
allerdings kein substanzbezogener Aufwand im Sinne des vorstehenden Buchstabens c) sein, da in vollem Umfang steuerpflichtige Substanzgewinne insoweit nicht vorliegen können. Der Finanzierungsaufwand z.B. für ein Grundstück, das an die (Betriebs-)Kapitalgesellschaft überlassen wird, unterliegt
damit bei einer teilentgeltlichen oder unentgeltlichen Überlassung dem Teilabzugsverbot des § 3c Absatz 2 EStG.

2. Substanzverluste und Substanzgewinne sowie sonstige Aufwendungen bezüglich im Betriebsvermögen gehaltener Darlehensforderungen

Ein Darlehen, das einer Kapitalgesellschaft gewährt wird, an der der Darlehensgeber beteiligt ist, kann 10
dem Betriebsvermögen des Darlehensgebers zuzuordnen sein. Die Beteiligung an der Kapitalgesellschaft und die Darlehensforderung stellen jeweils selbstständige Wirtschaftsgüter dar, die getrennt auszuweisen und einzeln zu bewerten sind.

a) Teilwertabschreibung auf Darlehensforderungen (Substanzverluste)

§ 3c Absatz 2 EStG findet auf Substanzverluste von im Betriebsvermögen gehaltenen Darlehensfor- 11
derungen wie bei Teilwertabschreibungen oder Forderungsverzichten unabhängig davon keine Anwendung, ob die Darlehensgewährung selbst gesellschaftsrechtlich veranlasst ist oder war, denn Darlehensforderungen sind selbständige Wirtschaftsgüter, die von der Kapitalbeteiligung als solcher zu unterscheiden sind. Deshalb sind Substanzverluste getrennt nach den für das jeweilige Wirtschaftsgut zur
Anwendung kommenden Vorschriften zu beurteilen. Da Substanzgewinne aus einer Wertsteigerung oder
Veräußerung einer im Betriebsvermögen gehaltenen Darlehensforderung voll steuerpflichtig sind, kann
umgekehrt das Teilabzugsverbot des § 3c Absatz 2 EStG auch nicht Substanzverluste von Darlehensforderungen erfassen (vgl. BFH-Urteile vom 18. April 2012 – X R 5/10 und X R 7/10).

b) Wertaufholung nach vorausgegangener Teilwertabschreibung (Substanzgewinne)

Liegen in späteren Wirtschaftsjahren die Voraussetzungen für den niedrigeren Teilwert nicht mehr vor, 12
ist für die zunächst auf den niedrigeren Teilwert abgeschriebene Darlehensforderung eine Wertaufholung
gemäß § 6 Absatz 1 Nummer 2 Satz 3 EStG vorzunehmen. Diese Wertaufholung ist in vollem Umfang
steuerpflichtig, weil die vorausgehende Wertminderung ihrerseits nicht dem Teilabzugsverbot des § 3c
Absatz 2 EStG unterfiel.

c) Behandlung von Finanzierungskosten

Finanzierungskosten bezüglich der gewährten Darlehensforderungen wie etwa Zinsaufwendungen 13
können allerdings kein substanzbezogener Aufwand im Sinne des vorstehenden Buchstabens a) sein, da
in vollem Umfang steuerpflichtige Substanzgewinne insoweit nicht vorliegen können. Der Finanzierungsaufwand für ein Darlehen unterliegt damit bei einer teilentgeltlichen oder unentgeltlichen Darlehensgewährung dem Teilabzugsverbot des § 3c Absatz 2 EStG.

3. Wechsel des Veranlassungszusammenhangs

Nach dem Grundsatz der Abschnittsbesteuerung ist für jeden Veranlagungszeitraum zu prüfen, ob und 14
ggf. durch welche Einkunftsart oder Einnahmen die geltend gemachten Aufwendungen (vorrangig)
veranlasst sind (vgl. BFH-Urteil vom 28. Februar 2013 – IV R 49/11). Insoweit kann es zu einem steuerrechtlich zu berücksichtigenden Wechsel des Veranlassungszusammenhangs kommen. Der für die
unter Textziffer 1 und 2 vorzunehmende Einordnung maßgebliche Veranlassungszusammenhang hinsichtlich des überlassenen Wirtschaftsguts oder des gewährten Darlehens kann sich demnach ändern.
Das ist z. B. dann der Fall, wenn sich mit dem Abschluss einer Vereinbarung über den künftigen Verzicht

Anlage § 003c–01 Zu § 3c EStG

auf Erhebung eines marktüblichen Miet- oder Pachtzinses ein Übergang von einer voll entgeltlichen Überlassung zu einer voll unentgeltlichen Überlassung vollzieht.

15 Werden die Pachtentgelte zunächst zu fremdüblichen Bedingungen vereinbart, verzichtet der Verpächter aber zu einem späteren Zeitpunkt auf noch nicht entstandene (künftige) Pachtforderungen ganz oder teilweise, ist darauf abzustellen, ob der Verzicht betrieblich (durch das Pachtverhältnis) veranlasst ist oder auf dem Gesellschaftsverhältnis beruht.

16 Ein (teilweiser) Verzicht ist z. B. dann betrieblich veranlasst, wenn die vergleichbaren marktüblichen Pachtentgelte generell gesunken sind und fremde Dritte eine Pachtanpassung vereinbart hätten oder wenn der Verzicht im Rahmen von Sanierungsmaßnahmen, an denen auch gesellschaftsfremde Personen teilnehmen, zeitlich befristet ausgesprochen wird (vgl. BFH-Urteil vom 28. Februar 2013 – IV R 49/11). War der Verzicht des Verpächters dagegen durch das Gesellschaftsverhältnis veranlasst, weil ein fremder Dritter den vereinbarten Verzicht weder in zeitlicher Hinsicht noch der Höhe nach akzeptiert hätte, sondern weiterhin auf der Zahlung des vereinbarten Pachtentgelts bestanden hätte oder ansonsten das Pachtverhältnis beendet hätte, unterliegen die mit der Nutzungsüberlassung zusammenhängenden Aufwendungen nach dem Wechsel des Veranlassungszusammenhangs in voller Höhe – bei teilweisem Verzicht anteilig – dem Teileinkünfteverfahren (vgl. BFH-Urteil vom 28. Februar 2013).

17 Entsprechendes gilt, wenn bei einer Darlehensgewährung (siehe Textziffer 2) ganz oder teilweise auf künftige Darlehenszinsen verzichtet wird.

4. Rückgriffsforderungen aus einer Bürgschaftsinanspruchnahme

18 In der Praxis erfolgt insbesondere in den Fällen einer Betriebsaufspaltung häufig eine Gestellung von Sicherheiten des Besitzunternehmens in Form einer Bürgschaftserklärung für die Verbindlichkeiten der Betriebsgesellschaft. Für die Aufwendungen im Zusammenhang mit der Bürgschaftsinanspruchnahme sind die unter Textziffer 1. bis 3. dargestellten Grundsätze sinngemäß anzuwenden. Entsprechendes gilt bei der Gestellung anderer Sicherheiten.

5. Grundsätze des BFH-Urteils vom 25. Juni 2009 (BStBl. 2010 II S. 220) zu einnahmelosen Kapitalbeteiligungen

19 Nach § 3c Absatz 2 Satz 2 EStG ist für die Anwendung des § 3c Absatz 2 Satz 1 EStG die Absicht zur Erzielung von Betriebsvermögensmehrungen oder Einnahmen i.S. des § 3 Nummer 40 EStG ausreichend. Fehlt es vollständig an Einnahmen, ist § 3c Absatz 2 Satz 1 EStG für Veranlagungszeiträume ab 2011 anzuwenden und der angefallene Erwerbsaufwand deshalb nur teilweise abziehbar. Die Grundsätze des BFH-Urteils vom 25. Juni 2009 – IX R 42/08 – (BStBl. 2010 II S. 220), wonach das Teilabzugsverbot des § 3c Absatz 2 EStG auf Erwerbsaufwendungen im Falle von vollständig einnahmelosen Beteiligungen keine Anwendung findet, sind für Veranlagungszeiträume bis einschließlich 2010 zu beachten.

6. Anwendungsregelung

20 Dieses Schreiben ist in allen noch offenen Fällen anzuwenden. Das BMF-Schreiben vom 8. November 2010 (BStBl. I S. 1292) wird mit der Maßgabe aufgehoben, dass Textziffer 4 dieses Schreibens („Spätere Wertaufholung auf die Darlehensforderung")[1] aus Gründen der sachlichen Billigkeit in denjenigen Fällen auch weiterhin anzuwenden ist, in denen eine Teilwertabschreibung auf eine Darlehensforderung unter Berücksichtigung der bisherigen Verwaltungsauffassung bereits Gegenstand einer bestandskräftigen Steuerfestsetzung war.

Dieses Schreiben wird im Bundessteuerblatt Teil I veröffentlicht.

---

1) Tz 4 dieses Schreibens lautet wie folgt: „Liegen in späteren Wirtschaftsjahren die Voraussetzungen für den niedrigeren Teilwert nicht mehr vor, ist für die zunächst auf den niedrigeren Teilwert abgeschriebene Darlehensforderung eine Wertaufholung gemäß § 6 Absatz 1 Nummer 2 EStG vorzunehmen. War in diesem Fall die zugrunde liegende Teilwertabschreibung auf die Darlehensforderung nach den oben unter 2. dargestellten Grundsätzen nur anteilig abziehbar, ist auch der spätere Gewinn aus der Zuschreibung nicht voll, sondern nur anteilig steuerpflichtig („umgekehrte" Anwendung des § 3c Absatz 2 EStG)."

Übersicht über die Berichtigung des Gewinns bei Wechsel in der Gewinnermittlungsart

Übergang	Berichtigung des Gewinns im ersten Jahr nach dem Übergang
1. Von der Einnahmenüberschußrechnung zum Bestandsvergleich, zur Durchschnittsatzgewinnermittlung oder zur Richtsatzschätzung	Der Gewinn des ersten Jahres ist insbesondere um die folgenden Hinzurechnungen und Abrechnungen zu berichtigen: + Warenanfangsbestand + Warenforderungsanfangsbestand − Warenschuldenanfangsbestand + Anfangsbilanzwert (Anschaffungskosten) der nicht abnutzbaren Wirtschaftsgüter des Anlagevermögens (mit Ausnahme des Grund und Bodens), soweit diese während der Dauer der Einnahmeüberschußrechnung angeschafft und ihre Anschaffungskosten vor dem 1.1.1971 als Betriebsausgaben abgesetzt wurden, ohne daß ein Zuschlag nach § 4 Abs. 3 Satz 2 EStG in den vor dem Steuerneuordnungsgesetz geltenden Fassungen gemacht wurde.
2. Vom Bestandsvergleich, von der Durchschnittsatzgewinnermittlung oder von der Richtsatzschätzung zur Einnahmenüberschußrechnung	Der Überschuss der Betriebseinnahmen über die Betriebsausgaben ist im ersten Jahr insbesondere um die folgenden Hinzurechnungen und Abrechnungen zu berichtigen: + Warenschuldenendbestand des Vorjahrs − Warenendbestand des Vorjahrs − Warenforderungsendbestand des Vorjahrs − Sonstige Forderungen. Sind in früheren Jahren Korrektivposten gebildet und noch nicht oder noch nicht in voller Höhe aufgelöst worden, so ist dies bei Hinzurechnung des Unterschiedsbetrags zu berücksichtigen; noch nicht aufgelöste Zuschläge vermindern, noch nicht aufgelöste Abschläge erhöhen den Unterschiedsbetrag.

Bei der Anwendung der vorstehenden Übersicht ist Folgendes zu beachten:
− Die Übersicht ist nicht erschöpfend. Beim Wechsel der Gewinnermittlungsart sind auch andere als die oben bezeichneten Positionen durch Zu- und Abrechnungen zu berücksichtigen. Das gilt insbesondere für Rückstellungen sowie für die Rechnungsabgrenzungsposten, z. B. im Voraus gezahlte Miete und im Voraus vereinnahmte Zinsen, soweit die Einnahmen oder Ausgaben bei der Einnahmenüberschussrechnung nicht gem. § 11 Abs. 1 Satz 3 oder Abs. 2 Satz 3 EStG verteilt werden.
− Die Zu- und Abrechnungen unterbleiben für Wirtschaftsgüter des Umlaufvermögens und Schulden für Wirtschaftsgüter des Umlaufvermögens, die von § 4 Abs. 3 Satz 4 EStG erfasst werden. Zur zeitlichen Anwendung dieser Regelung →; § 52 Abs. 10 Satz 2 und 3 EStG.

Anlage § 004–02

Zu § 4 EStG

Nutzungsüberlassung von Betrieben mit Substanzerhaltungspflicht des Berechtigten; Sog. Eiserne Verpachtung

– BdF-Schreiben vom 21.2.2002 – IV A 6 – S 2132 – 4/02 (BStBl. I S. 262) –

Zur Gewinnermittlung des Verpächters und des Pächters bei der Verpachtung von Betrieben mit Substanzerhaltungspflicht des Pächters („Eiserne Verpachtung") nach §§ 582a, 1048 BGB nehme ich im Einvernehmen mit den obersten Finanzbehörden der Länder wie folgt Stellung:

Für den Verpächter und für den Pächter sind entsprechend der BFH-Rechtsprechung (BFH-Urteil vom 17. Februar 1998, BStBl. II S. 505, BFH-Urteil vom 28. Mai 1998, BStBl. 2000 II S. 286, BFH-Urteil vom 24. Juni 1999, BStBl. 2000 II S. 309) die allgemeinen Gewinnermittlungsgrundsätze, im Falle des Betriebsvermögensvergleichs nach § 4 Abs. 1, § 5 EStG insbesondere die handels- und steuerrechtlichen Grundsätze ordnungsmäßiger Buchführung maßgebend. Die für den Bereich der Land- und Forstwirtschaft getroffenen Erleichterungsregelungen (Ziffer 4 zweiter Absatz der einheitlichen Ländererlasse vom 17. Dezember 1965, BStBl. 1966 II S. 34) sowie die ergänzenden Regelungen der Länder werden aufgehoben. Es gilt Folgendes:

I. Gewinnermittlung nach § 4 Abs. 1, § 5 EStG

A. Pachtbeginn

1. Anlagevermögen

Das vom Pächter unter Rückgabeverpflichtung (§ 582a Abs. 3 Satz 1, § 1048 BGB) zur Nutzung übernommene Inventar, d.h. die beweglichen Wirtschaftsgüter des Anlagevermögens, bleibt im zivilrechtlichen und wirtschaftlichen Eigentum des Verpächters und ist ohne Rücksicht auf die Gewinnermittlungsart weiterhin ihm zuzurechnen und von ihm unverändert mit den Werten fortzuführen, die sich nach den Vorschriften über die Gewinnermittlung ergeben. Die Abschreibungen der abnutzbaren Wirtschaftsgüter stehen allein dem Verpächter als dem zivilrechtlichen und wirtschaftlichen Eigentümer zu (BFH-Urteil vom 21. Dezember 1965, BStBl. 1966 III S. 147).

2. Umlaufvermögen

Übergibt der Verpächter im Zeitpunkt der Verpachtung mit eisernem Inventar auch Umlaufvermögen, das der Pächter nach Beendigung des Pachtverhältnisses zurückzugeben hat, so handelt es sich dabei um die Gewährung eines Sachdarlehens. Beim Verpächter tritt an die Stelle der übergebenen Wirtschaftsgüter eine Sachwertforderung, die mit dem gleichen Wert anzusetzen ist wie die übergebenen Wirtschaftsgüter (BFH-Urteil vom 6. Dezember 1984, BStBl. 1985 II S. 391, BFH-Urteil vom 30. Januar 1986, BStBl. II S. 399). Der Pächter wird wirtschaftlicher Eigentümer der überlassenen Wirtschaftsgüter. Er muss diese bei Gewinnermittlung durch Betriebsvermögensvergleich nach § 4 Abs. 1, § 5 EStG nach den allgemeinen Grundsätzen aktivieren und in gleicher Höhe eine Rückgabeverpflichtung passivieren (BFH-Urteil vom 16. November 1978, BStBl. 1979 II S. 138 und R 131 Abs. 2 EStR[1]).

B. Substanzerhaltung

1. Anspruch des Verpächters auf Substanzerhaltung

Der Verpächter hat den Anspruch gegen den Pächter auf Substanzerhaltung des eisern verpachteten Inventars als sonstige Forderungen zu aktivieren (BFH-Urteil vom 17. Februar 1998, a.a.O., BFH-Urteil vom 24. Juni 1999, a.a.O.). Der Anspruch ist zu jedem Bilanzstichtag unter Berücksichtigung der Wiederbeschaffungskosten neu zu bewerten. Er beträgt bei Pachtbeginn 0 DM/ 0 Euro und wird infolge der Abnutzung der verpachteten Wirtschaftsgüter von Jahr zu Jahr um den Wert der Abnutzung – unter Berücksichtigung der veränderten Wiederbeschaffungskosten – erhöht. Im Ergebnis wirkt sich damit beim Verpächter nur der Unterschiedsbetrag zwischen der vorgenommenen Abschreibung und der Veränderung des Anspruchs auf Substanzerhaltung gewinnwirksam aus.

2. Verpflichtung des Pächters zur Substanzerhaltung

Die Verpflichtung des Pächters, die zur Nutzung übernommenen Pachtgegenstände bei Beendigung der Pacht zurückzugeben, muss sich in seiner Bilanz gewinnwirksam widerspiegeln. Der Pächter muss den Erfüllungsrückstand (noch nicht eingelöste Verpflichtung zur Substanzerhaltung) erfolgswirksam durch Passivierung einer Rückstellung ausweisen, auch wenn diese Verpflichtung noch nicht fällig ist (BFH-Urteil vom 3. Dezember 1991, BStBl. 1993 II S. 89). Der Bilanzposten

---

[1] Jetzt R 14.1 Abs. 2 und 3 EStR.

entwickelt sich korrespondierend mit jenem des Verpächters wegen seines Anspruchs auf Substanzerhaltung (BFH-Urteil vom 17. Februar 1998, a.a.O.).

3. **Erhaltungsaufwendungen und Ersatzbeschaffungen des Pächters**
Der Pächter hat die Verpflichtung, das zur Nutzung übernommene bewegliche Anlagevermögen zu erhalten und laufend zu ersetzen (§ 582a Abs. 2 Satz 1, § 1048 Abs. 1 Satz 2, 1. Halbsatz BGB). Die Erhaltungsaufwendungen im ertragsteuerlichen Sinn sind bei ihm als Betriebsausgaben zu berücksichtigen. Die vom Pächter ersetzten Wirtschaftsgüter werden Eigentum des Verpächters auch insoweit, als ihre Anschaffung oder Herstellung durch den Pächter über diese Verpflichtung hinausgeht (§ 582a Abs. 2 Satz 2, § 1048 Abs. 1 Satz 2, 2. Halbsatz BGB). Sie sind vom Verpächter mit den vom Pächter aufgewendeten Anschaffungs- oder Herstellungskosten zu aktivieren und abzuschreiben. Der Verpächter hat den auf die ersetzten Wirtschaftsgüter entfallenden (als sonstige Forderung aktivierten) Anspruch auf Substanzerhaltung aufzulösen (vgl. BFH-Urteil vom 17. Februar 1998, a.a.O.). Beim Pächter ist die Rückstellung insoweit aufzulösen.

Für über die zivilrechtliche Verpflichtung hinausgehende Anschaffungs- oder Herstellungskosten hat der Verpächter eine Wertausgleichsverpflichtung zu passivieren und der Pächter einen Wertausgleichsanspruch als sonstige Forderung zu aktivieren. Beide Bilanzposten sind in den folgenden Wirtschaftsjahren unter Berücksichtigung von geänderten Wiederbeschaffungskosten gleichmäßig aufzulösen. Der Auflösungszeitraum ergibt sich aus der Differenz zwischen der Nutzungsdauer des neu angeschafften oder hergestellten Wirtschaftsguts und der bei Pachtbeginn verbliebenen Restnutzungsdauer des ersetzten Wirtschaftsguts.

II. Gewinnermittlung nach § 4 Abs. 3 EStG

Bei Gewinnermittlung durch Einnahmenüberschussrechnung nach § 4 Abs. 3 EStG haben die vorgenannten Forderungen und Verbindlichkeiten keine Auswirkung auf den Gewinn. Ersatzbeschaffungen von Wirtschaftsgütern des Anlagevermögens führen beim Pächter im Wirtschaftsjahr der Zahlung zu einer Betriebsausgabe. Beim Verpächter führen sie im Wirtschaftsjahr der Ersatzbeschaffung zu einer Betriebseinnahme.

Dies gilt unabhängig von der Gewinnermittlungsart des jeweils anderen Vertragspartners.

III. Unentgeltliche Betriebsübertragung vom Verpächter auf den Pächter

Durch eine unentgeltliche Betriebsübertragung auf den Pächter (§ 6 Abs. 3 EStG) verzichtet der Verpächter aus privaten Gründen auf seinen Anspruch auf Substanzerhaltung (BFH- Urteil vom 24. Juni 1999, a.a.O.).

Der Forderungsverzicht löst beim Verpächter eine Gewinnrealisierung aus, wenn dieser seinen Gewinn durch Einnahmenüberschussrechnung ermittelt. Bei einem bilanzierenden Verpächter ist der Vorgang dagegen erfolgsneutral.

Ist der Pächter verpflichtet, die gepachteten Gegenstände dem Verpächter nach Ablauf der Pachtzeit in neuwertigem Zustand zurückzugeben und erlässt der Verpächter dem Pächter diese Verbindlichkeit aus privaten Gründen (z.B. in Schenkungsabsicht), so ist die gebildete Pachterneuerungsrückstellung vom Pächter erfolgsneutral aufzulösen. Es entsteht bei diesem Vorgang eine betriebliche Vermögensmehrung, die auf den Wegfall eines Passivpostens aus außerbetrieblichen Gründen zurückzuführen ist (BFH-Urteil vom 12. April 1989, BStBl. II S. 612). Bei Gewinnermittlung des Pächters durch Einnahmenüberschussrechnung kann der Pächter eine Betriebsausgabe in der Höhe geltend machen, in der bei Gewinnermittlung nach Bestandsvergleich eine Rückstellung für die Verpflichtung zur Substanzerhaltung zu bilden gewesen wäre.

Hat der Pächter im Zeitpunkt des Betriebsübergangs gegen den Verpächter einen Wertausgleichsanspruch, entfällt dieser durch Vereinigung von Forderung und Verbindlichkeit in seiner Person.

IV. Buchwertmethode

Ist die Eiserne Verpachtung im Vorgriff auf eine spätere Hofübertragung in der Land- und Forstwirtschaft vorgenommen worden, kann auf gemeinsamen Antrag von Pächter und Verpächter abweichend von den vorstehenden Grundsätzen aus Vereinfachungs- und Billigkeitsgründen auch nach der sog. Buchwertmethode verfahren werden. Dies gilt jedoch nicht, wenn sowohl der Pächter als auch der Verpächter ihren Gewinn nach § 4 Abs. 1 EStG ermitteln.

Unter Zugrundelegung der Buchwertmethode hat der Pächter die eisern übernommenen Wirtschaftsgüter in der Anfangsbilanz mit den Buchwerten des Verpächters anzusetzen und in gleicher Höhe eine Rückgabeverpflichtung zu bilanzieren, die in unveränderter Höhe fortzuführen ist; eine Abzinsung ist nicht vorzunehmen. Er hat die Abschreibungen des Verpächters für die „eisern" zur Nutzung überlassenen Wirtschaftsgüter fortzuführen und kann für die von ihm vorgenommenen Ersatzbeschaffungen Absetzungen für Abnutzung, Sonderabschreibungen und Teilwertabschreibungen vornehmen. Der Verpächter ist dagegen nicht mehr zu Abschreibungen berechtigt. Die Buchwerte für die „eisern" zur Nutzung überlassenen Wirtschaftsgüter bleiben unverändert bestehen.

Im Falle einer späteren unentgeltlichen Übertragung des Betriebs vom Verpächter auf den Pächter ist unter Zugrundelegung dieser Vereinfachungsregelung davon auszugehen, dass sich die Rückgabeverpflichtung des Pächters und die eingefrorenen Buchwerte des Verpächters gegenseitig ausgleichen, so dass sich eine Gewinnauswirkung im Sinne der Tz. III Abs. 2 daraus nicht ergibt. Durch die Buchwertmethode werden im Ergebnis die steuerlichen Auswirkungen der späteren Betriebsübertragung in den Zeitpunkt der Verpachtung teilweise vorverlagert.

V. Übergangsregelungen

Die vorstehenden Regelungen sind grundsätzlich auf alle noch offenen Fälle anzuwenden. Sind Verträge vor dem 1. April 2002 abgeschlossen worden, für die die Erleichterungsregelungen für den Bereich der Land- und Forstwirtschaft (a.a.O.) in Anspruch genommen worden sind, sind jedoch auf einvernehmlichen Antrag von Pächter und Verpächter aus Vertrauensschutzgründen die bisherigen Grundsätze anzuwenden. Beim Übergang auf die neuen Grundsätze gilt Folgendes:

1. Auswirkungen beim Verpächter

a) mit Gewinnermittlung nach § 4 Abs. 1, § 5 EStG

Die Wirtschaftsgüter des Anlagevermögens sind mit ihren fortentwickelten Anschaffungs- oder Herstellungskosten anzusetzen, unabhängig davon, ob sie vom Verpächter oder vom Pächter angeschafft oder hergestellt worden sind. Der auf der Grundlage der Wiederbeschaffungskosten ermittelte Anspruch auf Substanzerhaltung und ggf. eine Wertausgleichsverpflichtung ist in der Bilanz auszuweisen.

b) mit Gewinnermittlung nach § 4 Abs. 3 EStG

Die nicht in Anspruch genommenen Absetzungen für Abnutzung oder Substanzverringerung für die bei Vertragsbeginn auf den Pächter übertragenen Wirtschaftsgüter des Anlagevermögens sind nachzuholen. Die Buchwerte der vom Pächter ersatzbeschafften Wirtschaftsgüter sind gewinnerhöhend zu berücksichtigen.

2. Auswirkungen beim Pächter

a) mit Gewinnermittlung nach § 4 Abs. 1, § 5 EStG

Die vom Verpächter übernommenen und die ersatzbeschafften Wirtschaftsgüter des Anlagevermögens sind auszubuchen. Die bisher angesetzte Verpflichtung zur Substanzerhaltung ist durch eine auf der Grundlage der Wiederbeschaffungskosten ermittelte Verpflichtung oder ggf. durch eine Forderung (Wertausgleichsanspruch) zu ersetzen.

b) mit Gewinnermittlung nach § 4 Abs. 3 EStG

Die während der Vertragslaufzeit vorgenommenen Absetzungen für Abnutzung oder Substanzverringerung für die vom Verpächter übernommenen Wirtschaftsgüter des Anlagevermögens sind gewinnerhöhend rückgängig zu machen. Die Buchwerte der vom Pächter ersatzbeschafften Wirtschaftsgüter sind gewinnmindernd zu berücksichtigen.

Die vorgenannten Grundsätze sind bei Gewinnermittlung nach § 4 Abs. 1 EStG gewinnwirksam im Wege einer Bilanzberichtigung in der ersten Schlussbilanz vorzunehmen, deren Ergebnis noch nicht einer bestandskräftigen Veranlagung zugrunde liegt.

Bei Gewinnermittlung nach § 4 Abs. 3 EStG sind die Gewinnauswirkungen im ersten Wirtschaftsjahr, dessen Ergebnis noch nicht einer bestandskräftigen Veranlagung zugrunde liegt, zu berücksichtigen.

Zu § 4 EStG | Anlage § 004–03

Ertragsteuerliche Behandlung von Sanierungsgewinnen; Steuerstundung und Steuererlass aus sachlichen Billigkeitsgründen (§§ 163, 222, 227 AO)[1)]

– I. BdF-Schreiben vom 27.03.2003 – IV A 6 – S 2140 – 8/03 (BStBl. I S. 240) –

Im Einvernehmen mit den obersten Finanzbehörden der Länder nehme ich zur Frage der ertragsteuerlichen Behandlung von Sanierungsgewinnen wie folgt Stellung:

I. Sanierung

1. Begriff

[1]Eine Sanierung ist eine Maßnahme, die darauf gerichtet ist, ein Unternehmen oder einen Unternehmensträger (juristische oder natürliche Person) vor dem finanziellen Zusammenbruch zu bewahren und wieder ertragsfähig zu machen (= unternehmensbezogene Sanierung). [2]Das gilt auch für außergerichtliche Sanierungen, bei denen sich die Gesellschafterstruktur des in die Krise geratenen zu sanierenden Unternehmens (Personengesellschaft oder Kapitalgesellschaft) ändert, bei anderen gesellschaftsrechtlichen Umstrukturierungen im Rahmen der außergerichtlichen Sanierung von Kapitalgesellschaften sowie für Sanierungen im Rahmen eines Insolvenzverfahrens. 1

2. Einstellung des Unternehmens/Übertragende Sanierung

[1]Wird das Unternehmen nicht fortgeführt oder trotz der Sanierungsmaßnahme eingestellt, liegt eine Sanierung im Sinne dieser Regelung nur vor, wenn die Schulden aus betrieblichen Gründen (z. B. um einen Sozialplan zu Gunsten der Arbeitnehmer zu ermöglichen) erlassen werden. [2]Keine begünstigte Sanierung ist gegeben, soweit die Schulden erlassen werden, um dem Steuerpflichtigen oder einem Beteiligten einen schuldenfreien Übergang in sein Privatleben oder den Aufbau einer anderen Existenzgrundlage zu ermöglichen.[2)] [3]Im Fall der übertragenden Sanierung (vgl. BFH-Urteil vom 24. April 1986, BStBl. II S. 672) ist von einem betrieblichen Interesse auch auszugehen, soweit der Schuldenerlass erforderlich ist, um das Nachfolgeunternehmen (Auffanggesellschaft) von der Inanspruchnahme für Schulden des Vorgängerunternehmens freizustellen (z. B. wegen § 25 Abs. 1 HGB). 2

II. Sanierungsgewinn

[1]Ein Sanierungsgewinn ist die Erhöhung des Betriebsvermögens, die dadurch entsteht, dass Schulden zum Zweck der Sanierung ganz oder teilweise erlassen werden. [2]Schulden werden insbesondere erlassen 3

– durch eine vertragliche Vereinbarung zwischen dem Schuldner und dem Gläubiger, durch die der Gläubiger auf eine Forderung verzichtet (Erlassvertrag nach § 397 Abs. 1 BGB) oder

– durch ein Anerkenntnis, dass ein Schuldverhältnis nicht besteht (negatives Schuldanerkenntnis nach § 397 Abs. 2 BGB, BFH-Urteil vom 27. Januar 1998, BStBl. II S. 537).

[1]Voraussetzungen für die Annahme eines im Sinne dieses BMF-Schreibens begünstigten Sanierungsgewinns sind die Sanierungsbedürftigkeit[3)] und Sanierungsfähigkeit des Unternehmens, die Sanierungseignung des Schulderlasses und die Sanierungsabsicht der Gläubiger.[4)] [2]Liegt ein Sanierungsplan vor, kann davon ausgegangen werden, dass diese Voraussetzungen erfüllt sind. 4

[1]Unter den in Rn. 4 genannten Voraussetzungen führt auch der Forderungsverzicht eines Gläubigers gegen Besserungsschein zu einem begünstigten Sanierungsgewinn. [2]Tritt der Besserungsfall ein, so dass der Schuldner die in der Besserungsvereinbarung festgelegten Zahlungen an den Gläubiger leisten muss, ist der Abzug dieser Aufwendungen als Betriebsausgaben entsprechend den Rechtsgrundsätzen des § 3c Abs. 1 EStG ausgeschlossen. [3]Insoweit verringert sich allerdings nachträglich der Sanierungsgewinn. [4]Die vor Eintritt des Besserungsfalls auf den nach Verlustverrechnungen 5

---

1) Siehe auch Anlage § 004-51.
2) Billigkeitsmaßnahmen nach den Vorgaben des BMF-Schreibens vom 27. März 2003 IV A 6 – S 2140 – 8/03 (BStBl. I 2003, 240) sind in Fällen von unternehmerbezogenen Sanierungen nicht möglich (BFH-Urteil vom 14.7.2010, BStBl. II S. 916).
3) Bei einem Einzelunternehmer kann die Prüfung der Sanierungsbedürftigkeit nicht auf die Wirtschaftslage des Unternehmens beschränkt werden. Vielmehr ist auch die private Leistungsfähigkeit des Unternehmers einschließlich seines Privatvermögens zu beleuchten, da eine Krise im privaten Bereich eine Unternehmenskrise verstärken kann. Dies bedeutet, dass beim Einzelunternehmer vorhandenes Privatvermögen zur Lösung der Unternehmenskrise einsetzen muss (BFH vom 12.12.2013, BStBl. 2014 II S. 572).
4) Zur Sanierungsabsicht bei Erlass durch nur einen Gläubiger vgl. BFH-Urteil vom 16.5.2003 (BStBl. II S. 854). Zur Sanierungsabsicht bei Vorlage eines Sanierungsplanes und zur Sanierungsbedürftigkeit, insbesondere einer Personengesellschaft vgl. BFH vom 10.4.2003 (BStBl. 2004 II S. 9).

Anlage § 004–03 Zu § 4 EStG

verbleibenden Sanierungsgewinn entfallende Steuer ist zunächst über den für den Eintritt des Besserungsfalles maßgeblichen Zeitpunkt hinaus zu stunden (vgl. Rn. 7 ff.).

6 ¹Wird der Gewinn des zu sanierenden Unternehmens gesondert festgestellt, erfolgt die Ermittlung des Sanierungsgewinns i. S. der Rn. 3 bis 5 durch das Betriebsfinanzamt. ²Das sich daran anschließende Stundungs- und Erlassverfahren (Rn. 7 ff.) erfolgt durch das jeweilige Wohnsitzfinanzamt. ³Auf Beispiel 2 in Rn. 8 wird hingewiesen.

III. Steuerstundung und Steuererlass aus sachlichen Billigkeitsgründen [1)]

7 ¹Zum 1. Januar 1999 ist die Insolvenzordnung – InsO – vom 5. Oktober 1994 (BGBl. I S. 2866, zuletzt geändert durch das Gesetzes zur Einführung des Euro in Rechtspflegegesetzen und in Gesetzen des Straf- und Ordnungswidrigkeitenrechts, zur Änderung der Mahnvordruckverordnungen sowie zur Änderung weiterer Gesetze vom 13. Dezember 2001 (BGBl. I S. 3574) in Kraft getreten. ²Die InsO hat die bisherige Konkurs- und Vergleichsordnung (alte Bundesländer) sowie die Gesamtvollstreckungsordnung (neue Bundesländer) abgelöst. ³Die InsO verfolgt als wesentliche Ziele die bessere Abstimmung von Liquidations- und Sanierungsverfahren, die innerdeutsche Vereinheitlichung des Insolvenzrechts, die Förderung der außergerichtlichen Sanierung, die Stärkung der Gläubigerautonomie sowie die Einführung einer gesetzlichen Schuldenbefreiung für den redlichen Schuldner. ⁴Die Besteuerung von Sanierungsgewinnen nach Streichung des § 3 Nr. 66 EStG (zuletzt i. d. F. der Bekanntmachung vom 16. April 1997, BGBl. I S. 821) ab dem 1. Januar 1998 steht mit der neuen InsO im Zielkonflikt.

8 ¹Die Erhebung der Steuer auf einen nach Ausschöpfen der ertragsteuerrechtlichen Verlustverrechnungsmöglichkeiten verbleibenden Sanierungsgewinn i. S. der Rn. 3 bis 5 bedeutet für den Steuerpflichtigen aus sachlichen Billigkeitsgründen eine erhebliche Härte. ²Die entsprechende Steuer ist daher auf Antrag des Steuerpflichtigen nach § 163 AO abweichend festzusetzen (Satz 3 ff.) und nach § 222 AO mit dem Ziel des späteren Erlasses (§ 227 AO) zunächst unter Widerrufsvorbehalt ab Fälligkeit (AEAO zu § 240 Nr. 6a) zu stunden (vgl. Rn. 9 bis 11). ³Zu diesem Zweck sind die Besteuerungsgrundlagen in der Weise zu ermitteln, dass Verluste/negative Einkünfte unbeschadet von Ausgleichs- und Verrechnungsbeschränkungen (insbesondere nach § 2 Abs. 3, § 2a, § 2b, § 10d, § 15 Abs. 4, § 15a, § 23 Abs. 3 EStG) für die Anwendung dieses BMF-Schreibens im Steuerfestsetzungsverfahren bis zur Höhe des Sanierungsgewinns vorrangig mit dem Sanierungsgewinn verrechnet werden.[2) 3)] ⁴Die Verluste/negativen Einkünfte sind insoweit aufgebraucht; sie gehen daher nicht in den nach § 10d Abs. 4 EStG festzustellenden verbleibenden Verlustvortrag oder den nach § 15a Abs. 4 und 5 EStG festzustellenden verrechenbaren Verlust ein. ⁵Das gilt auch bei späteren Änderungen der Besteuerungsgrundlagen, z. B. aufgrund einer Betriebsprüfung, sowie für

---

1) Siehe auch Vfg OFD Chemnitz vom 23.7.2008 – S 2140 – 25/32 – SE 21:
„Billigkeitsmaßnahmen zu Sanierungsgewinnen nach dem BMF-Schreiben vom 27.03.2003 sind aus sachlichen Gründen zu bewilligen. Sie sind daher nicht davon abhängig zu machen, dass Zahlungstermine eingehalten und künftig fällig werdende Steuern pünktlich bezahlt werden. Die Stundungsverfügung ist entsprechend personell abzuändern."

2) Siehe dazu auch Vfg des Bayer. Landesamtes für Steuern vom 23.10.2009 – S 2140 – 7 St 32/33:
„1. Die obersten Finanzbehörden des Bundes und der Länder haben erörtert, wie bei Billigkeitsmaßnahmen i. S. des BMF-Schreibens vom 27.3.2003 die anteilig auf den Sanierungsgewinn entfallende Einkommensteuer zu berechnen ist. Dabei ging es zum einen um die Frage der Ermittlung der Bemessungsgrundlage und zum anderen darum, ob der auf den verbleibenden zu versteuernden Sanierungsgewinn entfallende Anteil aus der Einkommensteuer nach einer Verhältnisrechnung oder im Wege einer „Schattenveranlagung" zu berechnen ist. Die Erörterung führte zu folgendem Ergebnis:
Die Ermittlung der Besteuerungsgrundlage erfolgt durch vorrangige Verrechnung sämtlicher nach Maßgabe der Rn. 8 des BMF-Schreibens vom 27.3.2003 zur Verfügung stehender Verluste und negativer Einkünfte mit dem Sanierungsgewinn.
Die danach auf den Sanierungsgewinn noch entfallende Steuer ist nicht durch eine Verhältnisrechnung, sondern durch Gegenüberstellung des unter Einbeziehung des Sanierungsgewinns festgesetzten Steuerbetrages und des Steuerbetrages zu ermitteln, der sich in der „Schattenveranlagung" ohne Einbeziehung des (nach Verrechnung mit Verlusten und negativen Einkünften verbleibenden) Sanierungsgewinns ergibt.
2. Die obersten Finanzbehörden des Bundes und der Länder haben sich nun darauf verständigt, dass Rdn. 8 des BMF-Schreibens vom 27.3.2003 wie folgt auszulegen ist:
Negative Einkünfte einer Einkunftsquelle sind vorrangig mit Sanierungsgewinnen (und nicht zunächst mit positiven Einkünften derselben Einkunftsart) zu verrechnen. Erst ein danach eventuell verbleibender Verlust ist innerhalb der Einkunftsart zu verrechnen.
Bei zusammen veranlagten Ehegatten hingegen ist lediglich ein (nach horizontalem und vertikalem Verlustausgleich) verbleibender Verlust des einen Ehegatten mit dem Sanierungsgewinn des anderen Ehegatten zu verrechnen.
Bei Ehegatten, die das Wahlrecht zwischen getrennter Veranlagung und Zusammenveranlagung haben, steht die Wahl der getrennten Veranlagung (und damit der Vermeidung der vorgenannten Verrechnung) der Anwendbarkeit der Billigkeitsmaßnahmen des BMF-Schreibens vom 27.3.2003 nicht entgegen."

später entstandene Verluste, die im Wege des Verlustrücktrags berücksichtigt werden können; insoweit besteht bei Verzicht auf Vornahme des Verlustrücktrags (§ 10d Abs. 1 Sätze 7 und 8 EStG) kein Anspruch auf die Gewährung der Billigkeitsmaßnahme. ⁶Die Festsetzung nach § 163 AO und die Stundung nach § 222 AO sind entsprechend anzupassen. ⁷Sollte der Steuerpflichtige sich gegen die vorgenommene Verlustverrechnung im Festsetzungsverfahren wenden und die Verrechnung mit anderen Einkünften oder die Feststellung eines verbleibenden Verlustvortrags (§ 10d Abs. 4 EStG) begehren, ist darin die Rücknahme seines Erlassantrags zu sehen mit der Folge, dass die Billigkeitsmaßnahme keine Anwendung findet.

Beispiel 1:

Einzelunternehmen; Gewinn aus Gewerbetrieb			1 500 000 €
(darin enthalten:	Verlust aus laufendem Geschäft	– 500 000 €	
	Sanierungsgewinn	2 000 000 €)	

Verrechenbare Verluste/negative Einkünfte:

Negative Einkünfte aus Vermietung und Verpachtung (V + V)	– 250 000 €
Verlustvortrag aus dem Vorjahr	
aus V + V	– 350 000 €
aus Gewerbebetrieb	– 600 000 €
aus einem Verlustzuweisungsmodell i. S. d. § 2b EStG	– 100 000 €

Der Unternehmer beantragt den Erlass der auf den Sanierungsgewinn entfallenden Steuern.

Es ergibt sich folgende Berechnung:

Sanierungsgewinn	2 000 000 €
./. Verlust aus laufendem Geschäft	– 500 000 €
./. Negative Einkünfte aus V + V	– 250 000 €
./. Verlustvortrag aus dem Vorjahr (insgesamt)	– 1 050 000 €
Nach Verrechnung mit den Verlusten/negativen Einkünften verbleibender zu versteuernder Sanierungsgewinn	200 000€

Bei Vorliegen der in Rn. 3 bis 5 genannten Voraussetzungen ist die Steuer auf diesen verbleibenden Sanierungsgewinn unter Widerrufsvorbehalt ab Fälligkeit zu stunden.

Aus dem folgenden Veranlagungszeitraum ergibt sich ein Verlustrücktrag, der sich wie folgt zusammensetzt:

Negative Einkünfte aus Gewerbebetrieb	– 80 000 €
Negative Einkünfte aus § 2b EStG	– 20 000 €
	– 100 000€

Der Verlustrücktrag ist vorrangig mit dem in VZ 01 nach Verlustverrechnung versteuerten Sanierungsgewinn zu verrechnen. Es ergibt sich folgende Berechnung:

Im VZ 01 versteuerter Sanierungsgewinn	200 000 €
./. Verlustrücktrag	– 100 000 €
Verbleibender zu versteuernder Sanierungsgewinn	100 000 €

Die Stundung ist entsprechend anzupassen.

---

3) Siehe auch Vfg OFD Hannover vom 19.4.2008 – S 2140 – 8 – StO 241:
„Nach Aufhebung der Steuerfreiheit von Sanierungsgewinnen gem. § 3 Nr. 66 EStG durch das Gesetz zur Fortsetzung der Unternehmenssteuerreform vom 29. Oktober 1997 richtet sich die ertragsteuerliche Behandlung von Sanierungsgewinnen nach dem BMF-Schreiben vom 27. März 2003 (BStBl. I S. 240).
Gem. Rn. 8 des BMF-Schreibens bedeutet die Erhebung der Steuer auf einen nach Ausschöpfen der ertragsteuerrechtlichen Verlustverrechnungsmöglichkeiten verbleibenden Sanierungsgewinn für den Steuerpflichtigen aus sachlichen Billigkeitsgründen eine erhebliche Härte.
Zur Ermittlung der anteilig auf den Sanierungsgewinn entfallenden Einkommensteuer erfolgt gem. Rn. 8 des BMF-Schreibens vorrangig eine Verrechnung mit sämtlichen zur Verfügung stehenden Verlusten und negativen Einkünften. Die danach auf den Sanierungsgewinn entfallende Steuer ist durch Gegenüberstellung des unter Einbeziehung des Sanierungsgewinns festgesetzten Steuerbetrages und des Steuerbetrages zu ermitteln, der sich in der "Schattenveranlagung" ohne Einbeziehung des (nach Verrechnung mit Verlusten und negativen Einkünften) verbleibenden Sanierungsgewinns ergibt.
Die Zuständigkeit für Billigkeitmaßnahmen nach dem BMF-Schreiben richtet sich nach den gleich lautenden Erlassen der obersten Finanzbehörden der Länder vom 2. Januar 2004 (BStBl. I S. 29)."

Anlage § 004–03

Zu § 4 EStG

Beispiel 2:

Die AB-KG (Komplementär A, Gewinn- und Verlustbeteiligung 75 %, Kommanditist B, Gewinn- und Verlustbeteiligung 25 %) erzielt im VZ 02 neben einem Verlust aus dem laufenden Geschäft i. H. v. 500 000 € einen Sanierungsgewinn i. H. v. 2 000 000 €. Aus der Beteiligung an der C-KG werden dem B negative Einkünfte i. S. d. § 2b EStG i. H. v. 100 000 € zugerechnet. B beantragt den Erlass der auf den Sanierungsgewinn entfallenden Steuern.

Gesonderte Feststellung der AB-KG:

Einkünfte aus Gewerbebetrieb (2 000 000 € – 500 000 € =)		1 500 000 €
davon B (25 %)		375 000 €
(nachrichtlich: Sanierungsgewinn	2 000 000 €	
davon B (25 %)	500 000 €)	

Das Betriebsfinanzamt stellt den Gewinn (1 500 000 €) gesondert fest und nimmt die Verteilung auf die einzelnen Gesellschafter vor. Zusätzlich teilt es nachrichtlich die Höhe des Sanierungsgewinns (2 000 000 €) sowie die entsprechend anteilige Verteilung auf die Gesellschafter mit. Darüber hinaus teilt es mit, dass es sich um einen Sanierungsgewinn im Sinne der Rn. 3 bis 5 dieses Schreibens handelt.

Einkommensteuerveranlagung des B:

Einkünfte aus Gewerbebetrieb aus dem Anteil an der AB-KG		375 000 €
(darin enthalten: Sanierungsgewinn	500 000 €)	
./. negative Einkünfte i. S. d. § 2b EStG		– 100 000 €
Nach Verrechnung mit den Verlusten/negativen Einkünften verbleibender zu versteuernder Sanierungsgewinn		275 000 €

Das Wohnsitzfinanzamt stundet unter Widerrufsvorbehalt ab Fälligkeit die anteilig auf den verbleibenden zu versteuernden Sanierungsgewinn von 275 000 € entfallende Steuer. Soweit B in späteren VZ positive Einkünfte aus der Beteiligung an der C-KG erzielt, sind diese bei der Veranlagung anzusetzen; eine Verrechnung mit den negativen Einkünften i. S. d. § 2b EStG aus VZ 02 ist nicht möglich, da diese bereits mit dem Sanierungsgewinn steuerwirksam verrechnet worden sind.

9 [1]Zahlungen auf den Besserungsschein nach Rn. 5 vermindern nachträglich den Sanierungsgewinn. [2]Entsprechend verringert sich die zu stundende/zu erlassende Steuer.

Beispiel 3:

VZ 01

Gläubigerverzicht gegen Besserungsschein auf eine Forderung i. H. v.	1 500 000 €
Sanierungsgewinn nach Verlustverrechnungen	1 000 000 €
Laufender Gewinn	0 €
Bei einem angenommenen Steuersatz i. H. v. 25 % ergibt sich eine zu stundende Steuer von	250 000 €

VZ 02

Laufender Gewinn	300 000 €
Zahlung an den Gläubiger aufgrund Besserungsschein i. H. v.	100 000 €
ist *keine* Betriebsausgabe. Daher bleibt es bei einem zu versteuernden Gewinn i. H. v.	300 000 €
Sanierungsgewinn aus VZ 01	1 000 000 €
./. Zahlung auf Besserungsschein	– 100 000 €
Verringerter Sanierungsgewinn	900 000 €
Auf den verringerten Sanierungsgewinn ergibt sich noch eine zu stundende Steuer i. H. v. 25 % von 900 000 € =	225 000 €

10 [1]Zum Zweck der Überwachung der Verlustverrechnungsmöglichkeiten sowie der Ausnutzung des Verlustrücktrags ist die Stundung bis zur Durchführung der nächsten noch ausstehenden Veranlagung, längstens bis zu einem besonders zu benennenden Zeitpunkt auszusprechen. [2]Erfor-

derlichenfalls sind entsprechende Anschlussstundungen auszusprechen. ³Die Ausschöpfung der Verlustverrechnungsmöglichkeiten mit Blick auf den Sanierungsgewinn ist in geeigneter Form durch das Finanzamt aktenkundig festzuhalten.

¹Bei Forderungsverzicht gegen Besserungsschein (Rn. 5, 9) ist die auf den Sanierungsgewinn entfallende Steuer solange zu stunden, wie Zahlungen auf den Besserungsschein geleistet werden können. ²Während dieses Zeitraums darf auch kein Erlass ausgesprochen werden. 11

¹Nach abschließender Prüfung und nach Feststellung der endgültigen auf den verbleibenden zu versteuernden Sanierungsgewinn entfallenden Steuer ist die Steuer nach § 227 AO zu erlassen (Ermessensreduzierung auf Null). ²Ggf. erhobene Stundungszinsen sind nach § 227 AO zu erlassen, soweit sie auf gestundete Steuerbeträge entfallen, die nach Satz 1 erlassen worden sind. 12

IV. Anwendungsregelung

¹Dieses BMF-Schreiben ist auf Sanierungsgewinne i. S. der Rn. 3 bis 5 in allen noch offenen Fällen anzuwenden, für die die Regelung nach § 3 Nr. 66 EStG i. d. F. der Bekanntmachung vom 16. April 1997 (BGBl. I S. 821) nicht mehr gilt. ²Eine Stundung oder ein Erlass aus persönlichen Billigkeitsgründen bleibt unberührt. 13

V. Aufhebung der Mitwirkungspflichten

¹Die mit BMF-Schreiben vom 2. Januar 2002 (BStBl. I S. 61)[1)] vorgesehenen Mitwirkungspflichten des Bundesministeriums der Finanzen gelten nicht für Fälle der Anwendung dieses BMF-Schreibens. ²Allerdings sind diese Fälle, soweit sie die im BMF-Schreiben vom 2. Januar 2002[2)] genannten Betrags- oder Zeitgrenzen übersteigen, dem Bundesministerium der Finanzen mitzuteilen. 14

VI. Gewerbesteuerliche Auswirkungen

¹Für Stundung und Erlass der Gewerbesteuer ist die jeweilige Gemeinde zuständig. ²Spricht die Gemeinde Billigkeitsmaßnahmen aus, ist die Steuerermäßigung bei Einkünften aus Gewerbebetrieb (§ 35 EStG) entsprechend zu mindern.[3)] 15

II. Verfügung OFD Niedersachsen vom 27.06.2011 – S 2140 – 8 – St 244

Nach Aufhebung der Steuerfreiheit von **Sanierungsgewinnen** gem. § 3 Nr. 66 EStG durch das Gesetz zur Fortsetzung der Unternehmenssteuerreform vom 29. Oktober 1997 richtet sich die ertragsteuerliche Behandlung von Sanierungsgewinnen nach dem BMF-Schreiben vom 27. März 2003 (BStBl. I S. 240)[4)] – nachfolgend: BMF-Schreiben –

Fälle der **Planinsolvenz** (§§ 217 ff. InsO) fallen originär unter den Anwendungsbereich des BMF-Schreibens. Auf Gewinne aus einer **Restschuldbefreiung** (§§ 286 ff. InsO) und aus einer **Verbraucherinsolvenz** (§§ 304 ff. InsO) ist es entsprechend anzuwenden, vgl. BMF-Schreiben vom 22. Dezember 2009 (BStBl. I 2010 S. 18)[5)].

Gem. Rn. 8 des BMF-Schreibens bedeutet die Erhebung der Steuer auf einen nach Ausschöpfen der ertragsteuerrechtlichen Verlustverrechnungsmöglichkeiten verbleibenden Sanierungsgewinn für den Steuerpflichtigen aus **sachlichen** Billigkeitsgründen eine erhebliche Härte.

Ein Sanierungsgewinn ist die Erhöhung des Betriebsvermögens, die dadurch entsteht, dass Schulden zum Zwecke der Sanierung ganz oder teilweise erlassen werden. Schulden werden insbesondere erlassen
- durch Erlassvertrag (§ 397 Abs. 1 BGB) oder
- durch ein negatives Schuldanerkenntnis (§ 397 Abs. 2 BGB),

vgl. Rn. 3 des BMF-Schreibens.

---

1) Jetzt: BMF-Schreiben vom 28.7.2003 (BStBl. I S. 401).
2) Jetzt: BMF-Schreiben vom 28.7.2003 (BStBl. I S. 401).
3) Vgl. dazu auch das BFH-Urteil vom 25.04.2012 I R 24/11:
„Der sog. Sanierungserlass (BMF-Schreiben vom 27. März 2003, BStBl. I 2003, 240) ist weder eine allgemeine Verwaltungsvorschrift der Bundesregierung noch eine allgemeine Verwaltungsvorschrift einer obersten Landesfinanzbehörde i. S. des § 184 Abs. 2 AO. Aus dem Sanierungserlass kann sich damit bei der Festsetzung des Gewerbesteuermessbetrags grundsätzlich keine Zuständigkeit des FA zur abweichenden Festsetzung aus sachlichen Billigkeitsgründen nach § 163 Satz 1 AO ergeben; zuständig dafür sind die Gemeinden."
4) Vorstehend abgedruckt.
5) Siehe Anlage § 004-51.

Anlage § 004–03

Zu § 4 EStG

Der Erlassvertrag kann enthalten sein in z. B.
- einem außergerichtlichen Vergleich (§ 779 BGB),
- gerichtlichen Vergleich,
- Anwaltsvergleich (§§ 796a ff. ZPO) oder in einem
- Insolvenzplan (§§ 217ff. InsO).

Der **Sanierungsgewinn entsteht** grundsätzlich mit Vertragsabschluss. Ist die Sanierungsmaßnahme Bestandteil des gestaltenden Teils eines Insolvenzplans im Rahmen eines Planinsolvenzverfahrens, so entsteht der Sanierungsgewinn mit dem Zeitpunkt der Rechtskraft der Bestätigung des Insolvenzplans (§ 254 Abs. 1 Satz 1 InsO). Zur Feststellung des Zeitpunkts der Entstehung des Sanierungsgewinns und zur Prüfung, ob Nebenabreden (z. B. Besserungsschein) getroffen worden sind, hat der Steuerpflichtige die Vereinbarung über den Schuldenlass vorzulegen.

Soweit es sich bei dem zu sanierenden Unternehmen um eine **Personengesellschaft** handelt, deren Gewinn einheitlich und gesondert festzustellen ist, erfolgt die Ermittlung des begünstigten Sanierungsgewinns durch das **Betriebsfinanzamt** (vgl. Rn. 6 des BMF-Schreibens). Befindet sich der Ort der Geschäftsleitung (§ 10 AO) eines Einzelunternehmens außerhalb des Finanzamtsbezirks des Wohnsitzfinanzamtes, für eine gesonderte Feststellung durchzuführen; in diesen Fällen ist ebenfalls das **Betriebsfinanzamt** für die Ermittlung des begünstigten Sanierungsgewinns zuständig.

Nach der Rechtsprechung des BFH zu § 3 Nr. 66 EStG, die auch zur Anwendung des BMF-Schreibens herangezogen werden kann, sind unter einer **Sanierung** geeignete Maßnahmen, insbesondere zur finanziellen Gesundung eines Not leidenden, sanierungsbedürftigen Unternehmens zu verstehen (z. B. BFH-Urteil vom 26. November 1980, BStBl. II 1981 S. 181). Begünstigt ist nur die unternehmensbezogene Sanierung (Rn. 1 und 2 des BMF-Schreibens; bestätigt durch BFH-Urteil vom 14. Juli 2010, BStBl. II S. 916). Da gegen das vorgenannte Urteil Verfassungsbeschwerde eingelegt wurde (Az. BVerfG: 2 BvR 2583/10), ruhen hierauf gestützte Einsprüche gem. § 363 Abs. 2 Satz 2 AO kraft Gesetzes. Aussetzung der Vollziehung (§ 361 AO) ist wegen der im BMF-Schreiben zu Rn. 1 und 2 enthaltenen eindeutigen Verwaltungsauffassung nicht zu gewähren. Lediglich in Fällen der Restschuldbefreiung und Verbraucherinsolvenz ist Rn. 2 Satz 2 nicht anzuwenden (BMF-Schreiben vom 22. Dezember 2009).

Voraussetzungen für die Annahme eines begünstigten Sanierungsgewinns sind die Sanierungsbedürftigkeit und Sanierungsfähigkeit des Unternehmens, die Sanierungseignung des Schuldenlasses und die Sanierungsabsicht des Gläubigers, vgl. Rn. 4 des BMF-Schreibens. Maßgebend ist dabei der Zeitpunkt des Schuldenlasses (BFH-Urteil vom 27. Januar 1998, BStBl. II S. 537). Liegt ein Sanierungs-/Insolvenzplan vor, kann davon ausgegangen werden, dass die Voraussetzungen erfüllt sind (Rn. 4 Satz 2 des BMF-Schreibens). Ansonsten hat der Steuerpflichtige das Vorliegen dieser Voraussetzungen darzulegen.

Für die Frage, ob ein Unternehmen objektiv **sanierungsbedürftig** ist, sind
- die Ertragslage,
- die Höhe des Betriebsvermögens vor und nach der Sanierung,
- die Kapitalverzinsung durch die Erträge des Unternehmens,
- die Möglichkeiten zur Bezahlung von Steuern und sonstigen Schulden,
- die Gesamtleistungsfähigkeit des Unternehmens und
- mit Einschränkungen die Höhe des Privatvermögens

maßgeblich (vgl. z. B. BFH-Urteil vom 27. Januar 1998, a. a. O.). Soweit Gläubiger Forderungen rückwirkend erlassen, ist für die Feststellung der Sanierungsbedürftigkeit grundsätzlich der Zeitpunkt des Schuldenlasses, mithin der Zeitpunkt des Wegfalls der Verbindlichkeiten maßgeblich. Sanierungsbedürftigkeit ist zu bejahen, wenn das Unternehmen infolge Zahlungsunfähigkeit von der Insolvenz bedroht ist (BFH-Urteile vom 20. Februar 1986, BFH/NV 1987 S. 493, und vom 24. April 1986, BFH/NV 1987 S. 635). Sie muss objektiv bestanden haben und ist vom Steuerpflichtigen nachzuweisen (BFH-Urteil vom 3. Dezember 1963, BStBl. III 1964 S. 128). Die Überschuldung allein ist kein Grund, die Sanierungsbedürftigkeit anzunehmen, wenn die übrigen Umstände (eigene Umsätze, Umsatzrendite und Bruttorendite) einen Zusammenbruch des Unternehmens ausschließen und nicht von einer drohenden Zahlungsunfähigkeit auszugehen ist (BFH-Urteil vom 14. März 1990, BStBl. II S. 955). Aus handelsrechtlichen oder gar nur steuerlichen Verlusten kann noch nicht auf die Sanierungsbedürftigkeit geschlossen werden.

Zu § 4 EStG | Anlage § 004–03

Für die Frage der **Sanierungsfähigkeit** des Unternehmens und der **Sanierungseignung** des Schulderlasses sind alle Umstände zu berücksichtigen, die die Ertragsaussichten des Unternehmens beeinflussen können, z. B.

- die Höhe der Verschuldung,
- die Höhe des Erlasses,
- die Gründe, die die Notlage bewirkt haben, und
- die allgemeinen Ertragsaussichten.

Insbesondere ein Teilerlass kann der Sanierungseignung entgegenstehen (BFH-Urteil vom 25. Februar 1972, BStBl. II S. 531). In diesem Fall ist besonders zu begründen, warum der Teilerlass ggf. in zusammen mit anderen Maßnahmen zur Sanierung des Unternehmens geeignet ist. Ein nach dem BMF-Schreiben vom 27. März 2003 begünstigter **Sanierungsgewinn** ist die Erhöhung des Betriebsvermögens, die dadurch entsteht, dass Schulden zum Zweck der Sanierung ganz oder teilweise erlassen werden (Rn. 3 des BMF-Schreibens). Werden im Zusammenhang mit der Sanierung bzw. als weitere Sanierungsmaßnahmen Wirtschaftsgüter oder Betriebsteile veräußert, so fällt der dabei entstandene Gewinn nicht unter die Billigkeitsregelung. Ich bitte Sie, den Steuerpflichtigen umgehend auf die Rechtslage hinzuweisen und ihm Gelegenheit zu geben, seinen Antrag entsprechend zu ergänzen. Anschließend bitte unter Vorlage der Steuerakten zu berichten.

Das BMF-Schreiben sieht mehrere Billigkeitsmaßnahmen vor (abweichende Steuerfestsetzung, Steuerstundung und Steuererlass):

In einem **ersten Schritt** ist die anteilig auf den Sanierungsgewinn entfallende Steuer zu ermitteln. Zu ihrer Ermittlung erfolgt gem. Rn. 8 vorrangig eine Verrechnung mit sämtlichen zur Verfügung stehenden Verlusten und negativen Einkünften. Eine Verrechnung von laufenden Verlusten mit Veräußerungsgewinnen derselben Einkunftsquelle ist erst nach vorrangiger Verrechnung mit dem Sanierungsgewinn vorzunehmen. Dieser Grundsatz gilt auch für die Verrechnung von Sanierungsgewinnen mit Veräußerungsverlusten. Dies gilt unbeschadet von gesetzlichen Ausgleichs- und Verrechnungsbeschränkungen (Rn. 8 Satz 3 des BMF-Schreibens). Insofern hat ggf. eine abweichende Steuerfestsetzung (§ 163 AO) zu erfolgen.

Bei zusammen veranlagten Ehegatten ist nur ein nach horizontalem und vertikalem Verlustausgleich verbleibender Verlust eines Ehegatten mit dem Sanierungsgewinn des anderen Ehegatten zu verrechnen. Die Wahl der getrennten Veranlagung durch die Ehegatten zur Vermeidung dieser Verrechnung steht einer Billigkeitsmaßnahme nicht entgegen.

Die danach auf den verbleibenden Sanierungsgewinn entfallende Steuer ist durch Gegenüberstellung des unter Einbeziehung des Sanierungsgewinns festgesetzten Steuerbetrages und des Steuerbetrages zu ermitteln, der sich in der „Schattenveranlagung" ohne Einbeziehung des (nach Verrechnung mit Verlusten und negativen Einkünften) verbleibenden Sanierungsgewinns ergibt.

In einem **zweiten Schritt** ist die auf den verbleibenden Sanierungsgewinn entfallende Steuer zum Zweck der Überwachung der Verlustverrechnungsmöglichkeiten, der Ausnutzung des Verlustrücktrages, Berücksichtigung von Zahlungen aufgrund eines Besserungsscheins oder Änderung der Steuerermäßigung nach § 35 EStG aufgrund von Billigkeitsmaßnahmen der jeweiligen Gemeinde (Rn. 15 Satz 2 des BMF-Schreibens) bis zur Durchführung der nächsten noch ausstehenden Veranlagung, längstens bis zu einem besonders zu benennenden Zeitpunkt zu stunden; ggf. sind Anschlussstundungen auszusprechen (Rn. 10 und 11 des BMF-Schreibens).

Die Stundungen sind nicht davon abhängig zu machen, dass Zahlungstermine eingehalten und künftig fällig werdende Steuern pünktlich bezahlt werden. Die Stundungsverfügung ist entsprechend abzuändern.

Nach abschließender Prüfung und nach Feststellung der endgültigen, auf den verbleibenden Sanierungsgewinn entfallenden Steuer ist diese in einem **dritten Schritt** zu erlassen (Rn. 12 des BMF-Schreibens). Die Liquidationsbesteuerung nach § 11 KStG ist durch Rn. 8 des BMF-Schreibens nicht berührt; die zu erlassenden Steuerbeträge sind deshalb auf Grundlage des Abwicklungszeitraums nach § 11 Abs. 1 KStG zu ermitteln.

Die **Zuständigkeit für Billigkeitsmaßnahmen** richtet sich nach A.II der gleich lautenden Erlasse der obersten Finanzbehörden der Länder vom 15. April 2008 (BStBl. I S. 534). Dies gilt auch für die Stundung. Danach ist bei Steuerbeträgen über 20.000,00 EUR je Steuerart und Jahr zu berichten. Dem Bericht beizufügen sind

- die Steuerakten,
- der Antrag des Steuerpflichtigen auf Gewährung von Billigkeitsmaßnahmen,

Anlage § 004–03

Zu § 4 EStG

- die Vereinbarung über den Erlass und
- die Berechnung der auf den Sanierungsgewinn entfallenden Steuer (Probeberechnung).

Für Stundung und Erlass der Gewerbesteuer ist die jeweilige Gemeinde zuständig (Rn. 15 Satz 1 des BMF-Schreibens).

III. Forderungsverzicht durch GmbH-Gesellschafter; Anwendung des BMF-Schreibens vom 27. März 2003 (BStBl. I S. 240) zur ertragsteuerliehen Behandlung von Sanierungsgewinnen

– FM Schleswig-Holstein vom 25. Januar 2013 – VI 301 – S 2741 – 108 –

Es ist gefragt worden, ob und inwieweit der Darlehensverzicht eines GmbH-Gesellschafters zu einem begünstigten Sanierungsgewinn i. S. des BMF-Schreibens vom 27. März 2003 (BStBl. I S. 240) im Folgenden: „Sanierungserlass") führt.

Ich bitte hierzu die Auffassung zu vertreten, dass ein begünstigter Sanierungsgewinn i. S. des Sanierungserlasses bei einem Darlehensverzicht durch einen Gesellschafter nur dann vorliegt, wenn der Verzicht eigenbetrieblich – und nicht gesellschaftsrechtlich – veranlasst ist und wenn neben dem Gesellschafter auch unbeteiligte Dritte Darlehensverzichte aussprechen („Handeln im Gläubiger-Akkord") oder anderweitige Sanierungsbeiträge leisten. Von einer gesellschaftsrechtlichen Veranlassung ist dagegen auch dann auszugehen; wenn das Darlehen von vorne herein als sog. „Finanzplandarlehen" ausgereicht wurde. Zum Begriff des „Finanzplandarlehens" vgl. BMF-Schreiben vom 8. Juni 1999 (BStBl. I S. 545; KStH 2008, Anhang 25. IV).

Für die Frage der Anwendung des Sanierungserlasses ist eine Aufteilung des Darlehensverzichts eines Gesellschafters in einen gesellschaftsrechtlich (für den werthaltigen Teil der Forderung) und einen eigenbetrieblich (für den nicht werthaltigen Teil der Forderung) veranlassten Teil nicht möglich. Vielmehr ist hier der Verzicht als Ganzes zu sehen, und er kann deshalb auch nur einheitlich als eigenbetrieblich oder gesellschaftsrechtlich veranlasst beurteilt werden. Nur wenn der Verzicht eigenbetrieblich veranlasst ist, kann davon ausgegangen werden, dass der Gesellschafter in der für einen begünstigten Sanierungsgewinn erforderlichen Sanierungsabsicht handelt. Ist der Verzicht hingegen gesellschaftsrechtlich veranlasst, gelten die Grundsätze des Beschlusses des Großen Senats des BFH vom 9. Juni 1997 (BStBl. 1998 II S. 307; vgl. H 40 <Forderungsverzicht> KStH 2004).

Zu § 4 EStG **Anlage § 004–04**

Ertragsteuerliche Behandlung von Mietereinbauten und Mieterumbauten; hier: Anwendung der Grundsätze der BFH-Urteile vom 26. Februar 1975 I R 32/73 und I R 184/73 (BStBl. II S. 443). [1)]

Schreiben des BdF vom 15. Januar 1976 IV B 2 – S 2133 – 1/76 (BStBl. I S. 66)

Unter Bezugnahme auf das Ergebnis der Besprechung mit den obersten Finanzbehörden der Länder nehme ich zur Frage der ertragsteuerrechtlichen Behandlung von Einbauten in ein Gebäude oder Umbauten eines Gebäudes durch den Mieter oder Pächter des Gebäudes oder eines Gebäudeteils wie folgt Stellung:

1. Mietereinbauten und Mieterumbauten sind solche Baumaßnahmen, die der Mieter eines Gebäudes oder Gebäudeteils auf seine Rechnung an dem gemieteten Gebäude oder Gebäudeteil vornehmen läßt, wenn die Aufwendungen des Mieters nicht Erhaltungsaufwand sind.

   Mietereinbauten und Mieterumbauten können sein:
   a) Scheinbestandteile (Nr. 2),
   b) Betriebsvorrichtungen (Nr. 3),
   c) sonstige Mietereinbauten oder Mieterumbauten (Nr. 4).

2. Ein *Scheinbestandteil* entsteht, wenn durch die Baumaßnahmen des Mieters Sachen „zu einem vorübergehenden Zweck" in das Gebäude eingefügt werden (§ 95 BGB). Der Mieter ist rechtlicher und wirtschaftlicher Eigentümer des Scheinbestandteils.

   Nach der Rechtsprechung des Bundesfinanzhofs ist eine Einfügung zu einem vorübergehenden Zweck anzunehmen, wenn die Nutzungsdauer der eingefügten Sachen länger als die voraussichtliche Mietdauer ist, die eingefügten Sachen auch nach ihrem Ausbau nicht nur einen Schrottwert, sondern noch einen beachtlichen Wiederverwendungswert repräsentieren und nach den gesamten Umständen, insbesondere nach Art und Zweck der Verbindung damit gerechnet werden kann, daß die eingebauten Sachen später wieder entfernt werden (vgl. BFH-Urteile vom 24.11.1970 – BStBl. 1971 II S. 157 und vom 4.12.1970 – BStBl. 1971 II S. 165).

3. Die Frage, ob durch die Aufwendungen des Mieters eine *Betriebsvorrichtung* des Mieters entsteht, ist nach den allgemeinen Grundsätzen zu entscheiden (vgl. hierzu Abschn. 43 Abs. 2 EStR). Entsteht durch die Aufwendungen des Mieters eine Betriebsvorrichtung, so handelt es sich bei der Betriebsvorrichtung nicht um einen Teil des Gebäudes, sondern um ein besonderes Wirtschaftsgut.

4. Aufwendungen des Mieters für Mietereinbauten oder Mieterumbauten, durch die weder ein Scheinbestandteil (vgl. Nr. 2) noch eine Betriebsvorrichtung (vgl. Nr. 3) entsteht *(sonstige Mietereinbauten und Mieterumbauten)*, sind Aufwendungen für die Herstellung eines materiellen *Wirtschaftsguts* des Anlagevermögens, wenn

   a) entweder der Mieter wirtschaftlicher Eigentümer der von ihm geschaffenen sonstigen Mietereinbauten oder Mieterumbauten ist (vgl. Nr. 6) oder

   b) die Mietereinbauten oder Mieterumbauten unmittelbar den besonderen betrieblichen oder beruflichen Zwecken des Mieters dienen und mit dem Gebäude nicht in einem einheitlichen Nutzungs- und Funktionszusammenhang stehen (vgl. Nr. 7).

5. Durch Aufwendungen für Mietereinbauten oder Mieterumbauten, die weder Scheinbestandteile noch Betriebsvorrichtungen noch materielle Wirtschaftsgüter im vorstehenden Sinne sind, entsteht beim Mieter ein *immaterielles Wirtschaftsgut* des Anlagevermögens (vgl. Nr. 9).

6. Der Mieter ist *wirtschaftlicher Eigentümer* eines sonstigen Mietereinbaus oder Mieterumbaus, wenn der mit Beendigung des Mietvertrags entstehende Herausgabeanspruch des Eigentümers zwar auch die durch den Einbau oder Umbau geschaffene Substanz umfaßt, dieser Anspruch jedoch keine wirtschaftliche Bedeutung hat. Das ist in der Regel der Fall, wenn

   a) die eingebauten Sachen während der voraussichtlichen Mietdauer technisch oder wirtschaftlich verbraucht werden oder

   b) der Mieter bei Beendigung des Mietvertrags vom Eigentümer mindestens die Erstattung des noch verbliebenen gemeinen Werts des Einbaus oder Umbaus verlangen kann.

7. Entsteht durch die Aufwendungen des Mieters weder ein Scheinbestandteil (vgl. Nr. 2) noch eine Betriebsvorrichtung (vgl. Nr. 3) noch ein dem Mieter als wirtschaftlichem Eigentümer zuzurechnendes Wirtschaftsgut (vgl. Nr. 6), so sind die durch solche Aufwendungen entstehenden Einbauten oder Umbauten dem Mieter nach dem BFH-Urteil vom 26.2.1975 – I R 32/73 – (BStBl. II S. 443) als materielle Wirtschaftsgüter des Anlagevermögens zuzurechnen, wenn sie unmittelbar

---

[1)] Vgl. auch BFH-Urteile vom 28.7.1993 (BStBl. 1994 II S. 164), vom 15.10.1996 (BStBl. 1997 II S. 533) und H 4.2 (3) EStH (Mietereinbauten).

Anlage § 004–04

Zu § 4 EStG

den besonderen betrieblichen oder beruflichen Zwecken des Mieters dienen und mit dem Gebäude nicht in einem einheitlichen Nutzungs-und Funktionszusammenhang stehen.

Mietereinbauten oder Mieterumbauten dienen unmittelbar den betrieblichen oder beruflichen Zwecken des Mieters, wenn sie eine unmittelbare sachliche Beziehung zum Betrieb aufweisen. Ein daneben bestehender Zusammenhang mit dem Gebäude tritt in diesen Fällen gegenüber dem Zusammenhang mit dem Betrieb des Mieters zurück.

8. Ist der Mieter wirtschaftlicher Eigentümer von sonstigen Mietereinbauten oder Mieterumbauten (Nr. 6) oder sind sonstige Mietereinbauten oder Mieterumbauten nach den in Nr. 7 dargestellten Grundsätzen dem Mieter zuzurechnen, so ist es für die Aktivierung als materielles Wirtschaftsgut des Anlagevermögens beim Mieter ohne Bedeutung, ob die Aufwendungen, hätte sie der Eigentümer getragen, nach den Grundsätzen des Beschlusses des Großen Senats vom 26.11.1973 (vgl. hierzu das BdF-Schreiben vom 26.7.1974-BStBl. I S. 498 – und die entsprechenden Erlasse der obersten Finanzbehörde der Länder) nicht zur Entstehung selbständiger Gebäudeteile geführt hätten, sondern vom Eigentümer als unselbständige Gebäudeteile einheitlich mit dem Gebäude abzuschreiben wären.

Beispiele:

a) Der Mieter schafft durch Entfernen von Zwischenwänden ein Großraumbüro.

b) Der Mieter entfernt die vorhandenen Zwischenwände und teilt durch neue Zwischenwände den Raum anders ein.

c) Der Mieter gestaltet das Gebäude so um, daß es für seine besonderen gewerblichen Zwecke nutzbar wird, z. B. Entfernung von Zwischendecken, Einbau eines Tors, das an die Stelle einer Tür tritt.

d) Der Mieter ersetzt eine vorhandene Treppe durch eine Rolltreppe.

9. Eine unmittelbare sachliche Beziehung zum Betrieb des Mieters (vgl. Nr. 7) liegt nicht vor, wenn es sich um Baumaßnahmen handelt, die auch unabhängig von der vom Mieter vorgesehenen betrieblichen oder beruflichen Nutzung hätten vorgenommen werden müssen. Das ist z. B. der Fall, wenn in ein Gebäude, für das von Anfang an der Einbau einer Zentralheizung vorgesehen war, anstelle des Eigentümers der Mieter die Zentralheizung einbaut. In diesen Fällen entsteht beim Mieter – soweit nicht ein Fall der Nr. 6 vorliegt – kein körperliches, sondern ein *immaterielles Wirtschaftsgut* des Anlagevermögens, so daß er nach § 5 Abs. 2 EStG für die Aufwendungen, sofern nicht wegen vereinbarter Verrechnung mit der Miete ein Rechnungsabgrenzungsposten zu bilden ist, in seiner Bilanz keinen Aktivposten ausweisen darf.

10. Entsteht durch die Baumaßnahme des Mieters ein *Scheinbestandteil* (vgl. Nr. 2) oder eine Betriebsvorrichtung (vgl. Nr. 3), so handelt es sich um ein bewegliches Wirtschaftsgut des Anlagevermögens. Ist das durch die Baumaßnahme entstandene materielle Wirtschaftsgut dem Mieter nach den Grundsätzen unter Nrn. 6 oder 7 zuzurechnen, so handelt es sich um ein *unbewegliches Wirtschaftsgut*. Die Absetzungen für Abnutzung richten sich nach der voraussichtlichen Mietdauer; ist die voraussichtliche betriebsgewöhnliche Nutzungsdauer kürzer, so ist diese maßgebend.[1]

11. Die vorstehenden Grundsätze gelten für alle Gewinnermittlungsarten.

12. Für die ertragsteuerrechtliche Behandlung von Einbauten und Umbauten des Eigentümers des Gebäudes gelten die Anordnungen in Abschn. 42a Abs. 4 bis 6 EStR 1975.

---

1) Siehe aber H 7.4 (Mietereinbauten). Dazu auch Vfg OFD Düsseldorf vom 8.7.2002 S 2134 – 36 – St 112-K: „Mietereinbauten und -umbauten können Scheinbestandteile, Betriebsvorrichtungen und sonstige Mietereinbauten und -umbauten sein (BMF-Schreiben vom 15.1.1976, BStBl. I 1976 S. 66). Entsteht durch die Baumaßnahme des Mieters ein Scheinbestandteil oder eine Betriebsvorrichtung, so handelt es sich um ein bewegliches Wirtschaftsgut des Anlagevermögens. Ist das durch die Baumaßnahme entstandene materielle Wirtschaftsgut dem Mieter nach den Grundsätze der Rdn. 6 und 7 des BMF-Schreibens zuzurechnen, so handelt es sich um ein unbewegliches Wirtschaftsgut.
Nach Rdn. 10 des BMF-Schreibens richten sich die AfA sowohl für die beweglichen Wirtschaftsgüter (Scheinbestandteile, Betriebsvorrichtungen) als auch für die unbeweglichen Wirtschaftsgüter (Mietereinbauten und -umbauten nach den Rdn. 6 und 7) nach der voraussichtlichen Mietdauer oder nach der kürzeren Nutzungsdauer des Einbaus oder Umbaus. Mit Urteil vom 15.10.1996 (BStBl. II 1997 S. 533) hat der BFH entschieden, dass sich die Höhe der AfA für Mietereinbauten und -umbauten, die keine Scheinbestandteile oder Betriebsvorrichtungen sind, abweichend von Rdn. 10 des BMF-Schreibens nicht nach der voraussichtlichen Mietdauer, sondern nach den für Gebäude geltenden Grundsätzen bestimmt.
Auf Grund der Entscheidung des BFH wurde der Hinweisteil des EStH 1997 entsprechend geändert (vgl. H 44 [Mietereinbauten]). Eine besondere Übergangsregelung für Mietereinbauten und -umbauten, die vor der Entscheidung des BFH fertiggestellt und bisher kürzer abgeschrieben wurden, ist nicht vorgesehen. Die Grundsätze des BFH-Urteils vom 15.10.1996 sind somit in allen noch offenen Fällen anzuwenden.
Hinsichtlich der AfA-Bemessungsgrundlage und des restlichen AfA-Volumens wird auf das Urteil des BFH vom 4.5.1993 (BStBl. II 1993 S. 661) verwiesen."

Ertragsteuerliche Behandlung von Leasing-Verträgen über bewegliche Wirtschaftsgüter [1]

Schreiben des BdF vom 19. April 1971
IV B/2 – S 2170 – 31/71 (BStBl. I S. 264)

Unter Bezugnahme auf das Ergebnis der Erörterungen mit den obersten Finanzbehörden der Länder wird zu der Frage der steuerlichen Behandlung von Leasing-Verträgen über bewegliche Wirtschaftsgüter wie folgt Stellung genommen:

I. Allgemeines

Der Bundesfinanzhof hat mit Urteil vom 26. Januar 1970 (BStBl. 1970 II S. 264) zur steuerlichen Behandlung von sogenannten Finanzierungs-Leasing-Verträgen über die beweglichen Wirtschaftsgüter Stellung genommen.

Um eine einheitliche Rechtsanwendung durch die Finanzverwaltung zu gewährleisten, kann bei vor dem 24. April 1970 abgeschlossenen Leasing-Verträgen aus Vereinfachungsgründen von dem wirtschaftlichen Eigentum des Leasing-Gebers am Leasing-Gut und einer Vermietung oder Verpachtung an den Leasing-Nehmer ausgegangen werden, wenn die Vertragsparteien in der Vergangenheit übereinstimmend eine derartige Zurechnung zugrunde gelegt haben und auch in Zukunft daran festhalten. Das gilt auch, wenn die Vertragslaufzeit über den genannten Stichtag hinausreicht

(vgl. Schreiben vom 21. Juli 1970 $-\frac{\text{IV B}/2 - S\,2170 - 52/70}{\text{IV A}/1 - S\,7471 - 10/70}-$ BStBl. 1970 I S. 913).

Für die steuerliche Behandlung von nach dem 23. April 1970 abgeschlossenen Leasing-Verträgen über bewegliche Wirtschaftsgüter sind die folgenden Grundsätze zu beachten. Dabei ist als betriebsgewöhnliche Nutzungsdauer der in den amtlichen AfA-Tabellen angegebene Zeitraum zugrunde zu legen.

II. Begriff und Abgrenzung des Finanzierungs-Leasing-Vertrages bei beweglichen Wirtschaftsgütern

1. Finanzierungs-Leasing im Sinne dieses Schreibens ist nur dann anzunehmen, wenn
   a) der Vertrag über eine bestimmte Zeit abgeschlossen wird, während der der Vertrag bei vertragsgemäßer Erfüllung von beiden Vertragsparteien nicht gekündigt werden kann (Grundmietzeit),
   und
   b) der Leasing-Nehmer mit den in der Grundmietzeit zu entrichtenden Raten mindestens die Anschaffungs- oder Herstellungskosten sowie alle Nebenkosten einschließlich der Finanzierungskosten des Leasing-Gebers deckt.

2. Beim Finanzierungs-Leasing von beweglichen Wirtschaftsgütern sind im wesentlichen folgende Vertragstypen festzustellen:

   a) *Leasing-Verträge ohne Kauf- oder Verlängerungsoption*
      Bei diesem Vertragstyp sind zwei Fälle zu unterscheiden:
      Die Grundmietzeit
      aa) deckt sich mit der betriebsgewöhnlichen Nutzungsdauer des Leasing-Gegenstandes,
      bb) ist geringer als die betriebsgewöhnliche Nutzungsdauer des Leasing-Gegenstandes.
      Der Leasing-Nehmer hat nicht das Recht, nach Ablauf der Grundmietzeit den Leasing-Gegenstand zu erwerben oder den Leasing-Vertrag zu verlängern.

   b) *Leasing-Verträge mit Kaufoption*
      Der Leasing-Nehmer hat das Recht, nach Ablauf der Grundmietzeit, die regelmäßig kürzer ist als die betriebsgewöhnliche Nutzungsdauer des Leasing-Gegenstandes, den Leasing-Gegenstand zu erwerben.

   c) *Leasing-Verträge mit Mietverlängerungsoption*
      Der Leasing-Nehmer hat das Recht, nach Ablauf der Grundmietzeit, die regelmäßig kürzer ist als die betriebsgewöhnliche Nutzungsdauer des Leasing-Gegenstandes, das Vertragsverhältnis auf bestimmte oder unbestimmte Zeit zu verlängern.

---
1) Zum Immobilien-Leasing siehe Anlage § 004-06.

Anlage § 004–05

Zu § 4 EStG

Leasing-Verträge ohne Mietverlängerungsoption, bei denen nach Ablauf der Grundmietzeit eine Vertragsverlängerung für den Fall vorgesehen ist, daß der Mietvertrag nicht von einer der Vertragsparteien gekündigt wird, sind steuerlich grundsätzlich ebenso wie Leasing-Verträge mit Mietverlängerungsoption zu behandeln. Etwas anderes gilt nur dann, wenn nachgewiesen wird, daß der Leasing-Geber bei Verträgen über gleiche Wirtschaftsgüter innerhalb eines Zeitraums von neun Zehnteln der betriebsgewöhnlichen Nutzungsdauer in einer Vielzahl von Fällen das Vertragsverhältnis auf Grund seines Kündigungsrechts beendet.

d) *Verträge über Spezial-Leasing*

Es handelt sich hierbei um Verträge über Leasing-Gegenstände, die speziell auf die Verhältnisse des Leasing-Nehmers zugeschnitten und nach Ablauf der Grundmietzeit regelmäßig nur noch beim Leasing-Nehmer wirtschaftlich sinnvoll verwendbar sind. Die Verträge kommen mit oder ohne Optionsklausel vor.

III. Steuerliche Zurechnung des Leasing-Gegenstandes

Die Zurechnung des Leasing-Gegenstandes ist von der von den Parteien gewählten Vertragsgestaltung und deren tatsächlicher Durchführung abhängig. Unter Würdigung der gesamten Umstände ist im Einzelfall zu entscheiden, wem der Leasing-Gegenstand steuerlich zuzurechnen ist. Bei den unter II.2. genannten Grundvertragstypen gilt für die Zurechnung das Folgende:

1. *Leasing-Verträge ohne Kauf- oder Verlängerungsoption*

Bei Leasing-Verträgen ohne Optionsrecht ist der Leasing-Gegenstand regelmäßig zuzurechnen

a) dem Leasing-Geber,
wenn die Grundmietzeit mindestens 40 v. H. und höchstens 90 v. H. der betriebsgewöhnlichen Nutzungsdauer des Leasing-Gegenstandes beträgt,

b) dem Leasing-Nehmer,
wenn die Grundmietzeit weniger als 40 v. H. oder mehr als 90 v. H. der betriebsgewöhnlichen Nutzungsdauer beträgt.

2. *Leasing-Verträge mit Kaufoption* [1)]

Bei Leasing-Verträgen mit Kaufoption ist der Leasing-Gegenstand regelmäßig zuzurechnen

a) dem Leasing-Geber,
wenn die Grundmietzeit mindestens 40 v. H. und höchstens 90 v. H. der betriebsgewöhnlichen Nutzungsdauer des Leasing-Gegenstandes beträgt und der für den Fall der Ausübung des Optionsrechts vorgesehene Kaufpreis nicht niedriger ist als der unter Anwendung der linearen AfA nach der amtlichen AfA-Tabelle ermittelte Buchwert oder der niedrigere gemeine Wert im Zeitpunkt der Veräußerung,

b) dem Leasing-Nehmer,

 aa) wenn die Grundmietzeit weniger als 40 v. H. oder mehr als 90 v. H. der betriebsgewöhnlichen Nutzungsdauer beträgt oder

 bb) wenn bei einer Grundmietzeit von mindestens 40 v. H. und höchstens 90 v. H. der betriebsgewöhnlichen Nutzungsdauer der für den Fall der Ausübung des Optionsrechts vorgesehene Kaufpreis niedriger ist als der unter Anwendung der linearen AfA nach der amtlichen AfA-Tabelle ermittelte Buchwert oder der niedrigere gemeine Wert im Zeitpunkt der Veräußerung.

Wird die Höhe des Kaufpreises für den Fall der Ausübung des Optionsrechts während oder nach Ablauf der Grundmietzeit festgelegt oder verändert, so gilt entsprechendes. Die Veranlagungen sind gegebenenfalls zu berichtigen.

3. *Leasing-Verträge mit Mietverlängerungsoption*

Bei Leasing-Verträgen mit Mietverlängerungsoption ist der Leasing-Gegenstand regelmäßig zuzurechnen

---

1) Zur Ermittlung des Kaufoptionspreises vgl. auch das BdF-Schreiben vom 16.4.1996 IV B 2 – S 2170 – 49/96:
„Nach dem Ergebnis einer Erörterung mit den obersten Finanzbehörden der Länder ist ein vom Leasing-Geber vereinnahmter Investitionszuschuß – unabhängig von der bilanzsteuerrechtlichen Behandlung – bei der Ermittlung des Kaufoptionspreises nicht anschaffungs- oder herstellungskostenmindernd zu berücksichtigen. Entsprechendes gilt, wenn sich die Anschaffungs- oder Herstellungskosten des Leasing-Gegenstandes wegen einer Gewinnübertragung (z. B. nach § 6b Abs. 1 oder Abs. 3 EStG oder nach R 35 Abs. 5 oder Abs. 7 EStR 1993) gemindert haben. Für die Ermittlung des Kaufoptionspreises ist in derartigen Fällen also von den „ungeminderten" Anschaffungs- oder Herstellungskosten auszugehen."
So auch Vfg. OFD München vom 12.10.2003 S 2170 – 80 – St 41/42 (DB 2003 S. 2358).

Zu § 4 EStG **Anlage § 004–05**

a) dem Leasing-Geber,
wenn die Grundmietzeit mindestens 40 v. H. und höchstens 90 v. H. der betriebsgewöhnlichen Nutzungsdauer des Leasing-Gegenstandes beträgt und die Anschlußmiete so bemessen ist, daß sie den Wertverzehr für den Leasing-Gegenstand deckt, der sich auf der Basis des unter Berücksichtigung der linearen Absetzung für Abnutung nach der amtlichen AfA-Tabelle ermittelten Buchwerts oder des niedrigeren gemeinen Werts und der Restnutzungsdauer lt. AfA-Tabelle ergibt,

b) dem Leasing-Nehmer,

aa) wenn die Grundmietzeit weniger als 40 v. H. oder mehr als 90 v. H. der betriebsgewöhnlichen Nutzungsdauer des Leasing-Gegenstandes beträgt oder

bb) wenn bei einer Grundmietzeit von mindestens 40 v. H. und höchstens 90 v. H. der betriebsgewöhnlichen Nutzungsdauer die Anschlußmiete so bemessen ist, daß sie den Wertverzehr für den Leasing-Gegenstand nicht deckt, der sich auf der Basis des unter Berücksichtigung der linearen AfA nach der amtlichen AfA-Tabelle ermittelten Buchwerts oder des niedrigeren gemeinen Werts und der Restnutzungsdauer lt. AfA-Tabelle ergibt.

Wird die Höhe der Leasing-Raten für den Verlängerungszeitraum während oder nach Ablauf der Grundmietzeit festgelegt oder verändert, so gilt entsprechendes. Abschnitt II Nr. 2 Buchstabe c Sätze 2 und 3 sind zu beachten.

4. *Verträge über Spezial-Leasing*

Bei Spezial-Leasing-Verträgen ist der Leasing-Gegenstand regelmäßig dem Leasing-Nehmer ohne Rücksicht auf das Verhältnis von Grundmietzeit und Nutzungsdauer und auf Optionsklauseln zuzurechnen.

IV. Bilanzmäßige Darstellung von Leasing-Verträgen bei Zurechnung des Leasing-Gegenstandes beim Leasing-Geber

1. *Beim Leasing-Geber*[1]

Der Leasing-Geber hat den Leasing-Gegenstand mit seinen Anschaffungs- oder Herstellungskosten zu aktivieren. Die Absetzung für Abnutzung ist nach der betriebsgewöhnlichen Nutzungsdauer vorzunehmen. Die Leasing-Raten sind Betriebseinnahmen.

2. *Beim Leasing-Nehmer*

Die Leasing-Raten sind Betriebsausgaben.

V. Bilanzmäßige Darstellung von Leasing-Verträgen bei Zurechnung des Leasing-Gegenstandes beim Leasing-Nehmer

1. *Beim Leasing-Nehmer*

Der Leasing-Nehmer hat den Leasing-Gegenstand mit seinen Anschaffungs- oder Herstellungskosten zu aktivieren. Als Anschaffungs- oder Herstellungskosten gelten die Anschaffungs- oder Herstellungskosten des Leasing-Gebers, die der Berechnung der Leasing-Raten zugrunde gelegt worden sind, zuzüglich etwaiger weiterer Anschaffungs- oder Herstellungskosten, die nicht in den Leasing-Raten enthalten sind (vgl. Schreiben vom 5. Mai 1970 – IV B/2 – S 2170 – 4/70 –)[2].

Dem Leasing-Nehmer steht die AfA der betriebsgewöhnlichen Nutzungsdauer des Leasing-Gegenstandes zu.

In Höhe der aktivierten Anschaffungs- oder Herstellungskosten mit Ausnahme der nicht in den Leasing-Raten berücksichtigten Anschaffungs- oder Herstellungskosten des Leasing-Nehmers ist eine Verbindlichkeit gegenüber dem Leasing-Geber zu passivieren.

Die Leasing-Raten sind in einen Zins- und Kostenanteil sowie einen Tilgungsanteil aufzuteilen[3]. Bei der Aufteilung ist zu berücksichtigen, daß sich infolge der laufenden Tilgung der Zinsanteil verringert und der Tilgungsanteil entsprechend erhöht.

---

1) Siehe dazu Anlage § 004-08.
2) Beim Mobilien-Leasing werden zwischen dem Leasinggeber und dem Leasingnehmer oft Vereinbarungen getroffen, die beinhalten, daß die mit dem Leasinggut zusammenhängenden Nebenkosten (z. B. Frachten vom Hersteller des Leasingguts zum Leasingnehmer oder Installationskosten des Herstellers beim Leasingnehmer) nicht in der Leasinggebühr eingeschlossen sind, sondern dem Leasingnehmer gesondert in Rechnung gestellt werden. Ist das Leasinggut beim Leasinggeber zu aktivieren, so gehören diese Nebenkosten nicht zu den Anschaffungskosten. Die Nebenkosten entstehen beim Leasinggeber im Zusammenhang mit der Leasingvereinbarung und nicht mit der Anschaffung. Auch unter anderen Gesichtspunkten kommt eine Aktivierung der Nebenkosten nicht in Betracht. Sie sind vielmehr sofort als Betriebsausgaben abzugsfähig (Schreiben des BdF vom 5. Mai 1970).
3) Siehe Anlage § 004-07.

Anlage § 004–05

Zu § 4 EStG

Der Zins- und Kostenanteil stellt eine sofort abzugsfähige Betriebsausgabe dar, während der andere Teil der Leasing-Rate als Tilgung der Kaufpreisschuld erfolgsneutral zu behandeln ist.

2. *Beim Leasing-Geber*

Der Leasing-Geber aktiviert eine Kaufpreisforderung an den Leasing-Nehmer in Höhe der den Leasing-Raten zugrunde gelegten Anschaffungs- oder Herstellungskosten. Dieser Betrag ist grundsätzlich mit der vom Leasing-Nehmer ausgewiesenen Verbindlichkeit identisch.

Die Leasing-Raten sind in einen Zins- und Kostenanteil sowie in einen Anteil Tilgung der Kaufpreisforderung aufzuteilen. Wegen der Aufteilung der Leasing-Raten und deren steuerlicher Behandlung gelten die Ausführungen unter V. 1. entsprechend.

VI. Die vorstehenden Grundsätze gelten entsprechend auch für Verträge mit Leasing-Nehmern, die ihren Gewinn nicht durch Bestandsvergleich ermitteln.

Zu § 4 EStG

Anlage § 004–06

Ertragsteuerliche Behandlung von Finanzierungs-Leasing-Verträgen über unbewegliche Wirtschaftsgüter

Schreiben des BMWF vom 21. März 1972
F/IV B 2 – S 2170 – 11/72 (BStBl. I S. 188)

Unter Bezugnahme auf das Ergebnis der Erörterungen mit den obersten Finanzbehörden der Länder wird zu der Frage der ertragsteuerlichen Behandlung von Finanzierungs-Leasing-Verträgen über unbewegliche Wirtschaftsgüter wie folgt Stellung genommen:

I. Finanzierungs-Leasing-Verträge

1. Allgemeines

a) In meinem Schreiben vom 19. April 1971 – IV B/2 – S 2170 – 31/71 – [1] habe ich unter Berücksichtigung des BFH-Urteils vom 26.1.1970 (BStBl. II S. 264) zur steuerlichen Behandlung von Finanzierungs-Leasing-Verträgen über bewegliche Wirtschaftsgüter Stellung genommen. Die in Abschnitt II dieses Schreibens enthaltenen Ausführungen über den Begriff und die Abgrenzung des Finanzierungs-Leasing-Vertrages bei beweglichen Wirtschaftsgütern gelten entsprechend für Finanzierungs-Leasing-Verträge über unbewegliche Wirtschaftsgüter.

b) Ebenso wie bei den Finanzierungs-Leasing-Verträgen über bewegliche Wirtschaftsgüter kann bei vor dem 24. April 1970 abgeschlossenen Finanzierungs-Leasing-Verträgen über unbewegliche Wirtschaftsgüter zur Gewährleistung einer einheitlichen Rechtsanwendung und aus Vereinfachungsgründen von dem wirtschaftlichen Eigentum des Leasing-Gebers am Leasing-Gegenstand, einer Vermietung oder Verpachtung an den Leasing-Nehmer und von der bisherigen steuerlichen Behandlung ausgegangen werden, wenn die Vertragsparteien in der Vergangenheit übereinstimmend eine derartige Zurechnung zugrunde gelegt haben und auch in Zukunft daran festhalten. Das gilt auch, wenn die Vertragslaufzeit über den genannten Stichtag hinausreicht.

c) Für die steuerliche Zurechnung von unbeweglichen Wirtschaftsgütern bei Finanzierungs-Leasing-Verträgen, die nach dem 23. April 1970 abgeschlossen wurden, gelten unter Berücksichtigung der in Abschnitt III meines Schreibens vom 19.4.1971 aufgestellten Grundsätze und des BFH-Urteils vom 18.11.1970 (BStBl. 1971 II S. 133) über Mietkaufverträge bei unbeweglichen Wirtschaftsgütern die in Nummer 2 aufgeführten Kriterien.

d) Die Grundsätze für die Behandlung von unbeweglichen Wirtschaftsgütern gelten nicht für Betriebsvorrichtungen, auch wenn sie wesentliche Bestandteile eines Grundstücks sind (§ 50 Abs. 1 Satz 2 BewG a. F.). Die Zurechnung von Betriebsvorrichtungen, die Gegenstand eines Finanzierungs-Leasing-Vertrages sind, ist vielmehr nach den Grundsätzen für die ertragsteuerliche Behandlung von beweglichen Wirtschaftsgütern zu beurteilen. Für die Abgrenzung der Betriebsvorrichtungen von den Gebäuden sind die Anweisungen in dem übereinstimmenden Ländererlaß über die Abgrenzung der Betriebsvorrichtungen vom Grundvermögen vom 28.3.1960 (BStBl. 1960 II S. 93) [2] maßgebend.

2. Steuerliche Zurechnung unbeweglicher Leasing-Gegenstände [3]

a) Die Zurechnung des unbeweglichen Leasing-Gegenstandes ist von der von den Parteien gewählten Vertragsgestaltung und deren tatsächlicher Durchführung abhängig. Unter Würdigung der gesamten Umstände ist im Einzelfall zu entscheiden, wem der Leasing-Gegenstand zuzurechnen ist.

Die Zurechnungs-Kriterien sind dabei für Gebäude und Grund und Boden getrennt zu prüfen.

b) Bei Finanzierungs-Leasing-Verträgen ohne Kauf- oder Verlängerungsoption und Finanzierungs-Leasing-Verträgen mit Mietverlängerungsoption ist der Grund und Boden grundsätzlich dem Leasing-Geber zuzurechnen, bei Finanzierungs-Leasing-Verträgen mit Kaufoption dagegen regelmäßig dem Leasing-Nehmer, wenn nach Buchstabe c auch das Gebäude dem Leasing-Nehmer zugerechnet wird. Für die Zurechnung des Grund und Bodens in Fällen des Spezial-Leasings ist entsprechend zu verfahren.

---

1) Siehe Anlage § 004-05.
2) Vgl. jetzt Ländererlass vom 5.6.2013 (BStBl. I S. 734).
3) Zur Zurechnung des Leasing-Gegenstandes bei dessen Versicherung durch einen Versicherungsvertrag des Leasing-Nehmers vgl. Erlass FM Schleswig-Holstein vom 6.7.2004 – VI 304 – S 2170 – 565 (DB 2004 S. 2400).

Anlage § 004–06

Zu § 4 EStG

c) Für die Zurechnung der Gebäude gilt im einzelnen das Folgende:
   aa) Ist die Grundmietzeit kürzer als 40 v. H. oder länger als 90 v. H. der betriebsgewöhnlichen Nutzungsdauer des Gebäudes, so ist das Gebäude regelmäßig dem Leasing-Nehmer zuzurechnen. Wird die Absetzung für Abnutzung des Gebäudes nach § 7 Abs. 4 Satz 1 oder Abs. 5 EStG bemessen, so gilt als betriebsgewöhnliche Nutzungsdauer ein Zeitraum von 50 Jahren. Hat der Leasing-Nehmer dem Leasing-Geber an dem Grundstück, das Gegenstand des Finanzierungs-Leasing-Vertrages ist, ein Erbbaurecht eingeräumt und ist der Erbbaurechtszeitraum kürzer als die betriebsgewöhnliche Nutzungsdauer des Gebäudes, so tritt bei Anwendung des vorstehenden Satzes an die Stelle der betriebsgewöhnlichen Nutzungsdauer des Gebäudes der kürzere Erbbaurechtszeitraum [1].
   bb) Beträgt die Grundmietzeit mindestens 40 v. H. und höchstens 90 v. H. der betriebsgewöhnlichen Nutzungsdauer, so gilt unter Berücksichtigung der Sätze 2 und 3 des vorstehenden Doppelbuchstabens aa folgendes:

   Bei Finanzierungs-Leasing-Verträgen ohne Kauf- oder Mietverlängerungsoption ist das Gebäude regelmäßig dem Leasing-Geber zuzurechnen.

   Bei Finanzierungs-Leasing-Verträgen mit Kaufoption kann das Gebäude regelmäßig nur dann dem Leasing-Geber zugerechnet werden, wenn der für den Fall der Ausübung des Optionsrechtes vorgesehene Gesamtkaufpreis nicht niedriger ist als der unter Anwendung der linearen AfA ermittelte Buchwert des Gebäudes zuzüglich des Buchwertes für den Grund und Boden oder der niedrigere gemeine Wert des Grundstücks im Zeitpunkt der Veräußerung. Wird die Höhe des Kaufpreises für den Fall der Ausübung des Optionsrechtes während oder nach Ablauf der Grundmietzeit festgelegt oder verändert, so gilt entsprechendes. Die Veranlagungen sind ggf. zu berichtigen.

   Bei Finanzierungs-Leasing-Verträgen mit Mietverlängerungsoption kann das Gebäude regelmäßig nur dann dem Leasing-Geber zugerechnet werden, wenn die Anschlußmiete mehr als 75 v. H. des Mietentgeltes beträgt, das für ein nach Art, Lage und Ausstattung vergleichbares Grundstück üblicherweise gezahlt wird. Wird die Höhe der Leasing-Raten für den Verlängerungszeitraum während oder nach Ablauf der Grundmietzeit festgelegt oder verändert, so gilt entsprechendes. Die Veranlagungen sind ggf. zu berichtigen.

   Verträge ohne Mietverlängerungsoption, bei denen nach Ablauf der Grundmietzeit eine Vertragsverlängerung für den Fall vorgesehen ist, daß der Mietvertrag nicht von einer der Vertragsparteien gekündigt wird, sind steuerlich grundsätzlich ebenso wie Finanzierungs-Leasing-Verträge mit Mietverlängerungsoption zu behandeln [2].
d) Bei Spezial-Leasing-Verträgen ist das Gebäude stets dem Leasing-Nehmer zuzurechnen.

II. Bilanzmäßige Darstellung

1. *Zurechnung des Leasing-Gegenstandes beim Leasing-Geber* [3]
   a) Darstellung beim Leasing-Geber Der Leasing-Geber hat den Leasing-Gegenstand mit seinen Anschaffungs- oder Herstellungskosten zu aktivieren. Die Leasing-Raten sind Betriebseinnahmen.
   b) Darstellung beim Leasing-Nehmer Die Leasing-Raten sind grundsätzlich Betriebsausgaben.
2. *Zurechnung des Leasing-Gegenstandes beim Leasing-Nehmer*
   a) Bilanzierung beim Leasing-Nehmer

   Der Leasing-Nehmer hat den Leasing-Gegenstand mit seinen Anschaffungs- oder Herstellungskosten zu aktivieren. Als Anschaffungs- oder Herstellungskosten gelten die Anschaffungs- oder Herstellungskosten des Leasing-Gebers, die der Berechnung der Leasing-Raten zugrunde gelegt worden sind, zuzüglich etwaiger weiterer Anschaffungs- oder Herstellungskosten, die nicht in den Leasing-Raten enthalten sind (vgl. Schreiben vom 5. Mai 1970 – IV B/2 – S 2170 – 4/70 –).

   In Höhe der aktivierten Anschaffungs- oder Herstellungskosten mit Ausnahme der nicht in den Leasing-Raten berücksichtigten Anschaffungs-oder Herstellungskosten des Leasing-Nehmers ist eine Verbindlichkeit gegenüber dem Leasing-Geber zu passivieren.

---

[1] Siehe auch Anlage § 004-10.
[2] Siehe auch Anlage § 004-10.
[3] Siehe dazu Anlage § 004-08.

Zu § 4 EStG

Anlage § 004–06

Die Leasing-Raten sind in einen Zins-und Kostenanteil sowie einen Tilgungsanteil aufzuteilen[1]. Bei der Aufteilung ist zu berücksichtigen, daß sich infolge der laufenden Tilgung der Zinsanteil verringert und der Tilgungsanteil entsprechend erhöht.

Der Zins- und Kostenanteil stellt eine sofort abzugsfähige Betriebsausgabe dar, während der andere Teil der Leasing-Rate als Tilgung der Kaufpreisschuld erfolgsneutral zu behandeln ist.

b) Bilanzierung beim Leasing-Geber

Der Leasing-Geber aktiviert eine Kaufpreisforderung an den Leasing-Nehmer in Höhe der den Leasing-Raten zugrunde gelegten Anschaffungs- oder Herstellungskosten. Dieser Betrag ist grundsätzlich mit der vom Leasing-Nehmer ausgewiesenen Verbindlichkeit identisch.

Die Leasing-Raten sind in einen Zins-und Kostenanteil sowie in einen Anteil Tilgung der Kaufpreisforderung aufzuteilen. Wegen der Aufteilung der Leasing-Raten und deren steuerlicher Behandlung gelten die Ausführungen unter a entsprechend.

III. Andere Verträge

Erfüllen Verträge über unbewegliche Wirtschaftsgüter nicht die Merkmale, die als Voraussetzungen für den Begriff des Finanzierungs-Leasings in Abschnitt II meines Schreibens vom 19.4.1971[2] aufgeführt sind, so ist nach allgemeinen Grundsätzen, insbesondere auch nach den von der Rechtsprechung aufgestellten Grundsätzen über Mietkaufverträge zu entscheiden, wem der Leasing- oder Mietgegenstand zuzurechnen ist (vgl. hierzu insbesondere BFH-Urteile vom 5.11.1957 – BStBl. 1957 III S. 445 – 25.10.1963 – BStBl. 1964 III S. 44 –, 2.8.1966 – BStBl. 1967 III S. 63 – und 18.11.1970 – BStBl. 1971 II S. 133).

---

1) Siehe Anlage § 004-07.
2) Siehe Anlage § 004-05.

Anlage § 004–07

Zu § 4 EStG

Ertragsteuerliche Behandlung von Finanzierungs-Leasing-Verträgen; hier: Aufteilung der Leasing-Raten in einen Zins- und Kostenanteil sowie in einen Tilgungsanteil

Erlaß des FM NRW vom 13. Dezember 1973
S 2170 – 5/41 – V B 1/S 2170 – 5/21 – V B 1

Zur Frage der Aufteilung der Leasing-Raten in einen Zins- und Kostenanteil sowie in einen Tilgungsanteil nehme ich wie folgt Stellung:

Nach dem Bezugserlaß[1] ergibt sich in Fällen, in denen der Leasing-Gegenstand dem Leasing-Nehmer zugerechnet wird, der in den Leasing-Raten enthaltene Zins-und Kostenanteil, wenn die Summe die Leistungen, die der Leasing-Nehmer vor und während des Grundmietzeitraums zu erbringen hat, um den Betrag der Anschaffungs- oder Herstellungskosten des Leasing-Gebers, die der Berechnung der Leasing-Raten zugrunde gelegt worden sind, vermindert wird. Bei der Aufteilung der einzelnen Raten ist zu berücksichtigen, daß sich infolge der laufenden Tilgung der Zinsanteil verringert und der Tilgungsanteil erhöht.

Der Leasing-Nehmer kann den in den einzelnen Leasing-Raten enthaltenen Zins- und Kostenanteil in der Weise ermitteln, daß er die Summe der auf das Wirtschaftsjahr entfallenden Leasing-Raten um die Differenz zwischen den Barwerten der zu passivierenden Verbindlichkeiten gegenüber dem Leasing-Geber am Beginn und am Ende des Wirtschaftsjahrs (Tilgungsanteil) verringert. Als Barwert der Verbindlichkeit im Zeitpunkt ihrer Begründung sind die vom Leasing-Nehmer zu aktivierenden Anschaffungs- und Herstellungskosten mit Ausnahme der nicht in den Leasing-Raten berücksichtigten Anschaffungs- oder Herstellungskosten des Leasing-Nehmers anzusehen.

Da der Zinsanteil bei der Barwertvergleichsmethode nur unter Zuhilfenahme von Zinstabellen ermittelt werden kann, bestehen jedoch keine Bedenken, den Zinsanteil statt durch Vergleich der Barwerte nach der *Zinsstaffelmethode* zu ermitteln. Denn auch die Zinsstaffelmethode geht davon aus, daß der Zinsanteil infolge der laufenden Tilgung fortlaufend geringer wird. Bei der Zinsstaffelmethode kann der Zins- und Kostenanteil einer Leasing-Rate nach der folgenden Formel ermittelt werden:

$$\frac{\text{Summe der Zins– und Kostenanteile aller Leasing–Raten}}{\text{Summe aller Zahlenreihen aller Raten}} \times \text{Anzahl der restlichen Raten} + 1$$

Dabei ist die Summe der Zins- und Kostenanteile aller Leasing-Raten die Differenz zwischen der Summe aller Leasing-Raten einerseits und den Anschaffungs- oder Herstellungskosten für den Leasing-Gegenstand, die bei der Ermittlung der Leasing-Raten zugrunde gelegt worden sind, andererseits.

Die *Summe der Zins-und Kostenanteile ist einheitlich zu ermitteln* und zu behandeln. Es ist nicht zulässig, die Kostenanteile gesondert zu ermitteln und in gleichen Jahresbeträgen (linear) auf die Grundmietzeit zu verteilen.

Die Summe der Zahlenreihe aller Raten wird nach der Summenformel für eine endliche arithmetische Reihe ermittelt:

$$Sn = \frac{n}{2} (g_1 + g_n)$$

Dabei bedeuten:

n = Zahl der insgesamt zu leistenden Raten
g_1 = 1
g_n = Zahl der noch zu leistenden Raten.

Hat der Leasing-Nehmer zu Beginn des Leasing-Verhältnisses eine einmalige Sonderzahlung zu leisten, so ist diese als Aufgeld anzusehen, vom Leasing-Nehmer zu aktivieren und auf die Grundmietzeit zu verteilen. Die Verteilung ist, da es sich bei dem Aufgeld wirtschaftlich gesehen um eine zusätzliche Vergütung für den Kredit handelt, entsprechend der Verteilung der Zins- und Kostenanteile vorzunehmen:

Beispiel:

> Die Anschaffungskosten des Leasing-Gegenstandes, die der Ermittlung der Leasing-Raten zugrunde gelegt worden sind, betragen 60 000 DM. Die Grundmietzeit beträgt 6 Jahre. Die jährlich zu entrichtenden Leasing-Raten belaufen sich auf jeweils 15 000 DM. Vor Beginn des Leasing-Verhältnisses hat der Leasing-Nehmer einen einmaligen Zuschlag von 6 000 DM zu leisten.

---

1) Erlaß vom 15. Juni 1973 S 2170 – 5/41 – V B 1/S 2170 – 5/21 – V B 1.

Zu § 4 EStG   **Anlage § 004–07**

Im Beispielsfall sind 6 Raten zu entrichten, so daß sich als Summe aller Raten

$$\frac{6}{2}(1+6) = 21$$

ergibt.

ergibt.

Die Summe der Zins-und Kostenanteile aller Leasing-Raten beträgt:

6 Raten zu je 15 000 DM	90 000 DM
./. Anschaffungskosten	60 000 DM
Gesamtgebühr	30 000 DM.

Für die erste Leasing-Rate ergibt sich mithin der folgende Zins- und Kostenanteil:

$$\frac{30\,000}{21}(1+5) = 8\,571{,}42 \text{ DM},$$

für die zweite Leasing-Rate dementsprechend:

$$\frac{30\,000}{21}(1+4) = 7\,142{,}85 \text{ DM},$$

für die dritte Leasing Rate	5 714,28 DM,
für die vierte Leasing-Rate	4 285,71 DM,
für die fünfte Leasing-Rate,	2 857,14 DM,
für die letzte Leasing-Rate	1 428,57 DM.

Der einmalige Zuschlag von 6 000 DM ist als Disagio anzusehen, vom Leasing-Nehmer zu aktivieren und auf die Grundmietzeit zu verteilen. Im Beispielsfall beträgt das Verhältnis des einmaligen Zuschlags zu der Summe der Zins-und Kostenanteile der Leasing-Raten 1 : 5. Demzufolge ist der gebildete Aktivposten bei Fälligkeit der ersten Leasing-Rate mit $^1/_5$ von 8 571,42 DM = 1 714,28 DM, bei Fälligkeit der zweiten Leasing-Rate mit $^1/_5$ von 7 142,85 DM = 1 428,57 DM usw. gewinnmindernd aufzulösen.

Dieser Erlaß ergeht im Einvernehmen mit dem Bundesminister der Finanzen und den obersten Finanzbehörden der anderen Länder.

Anlage § 004–08   Zu § 4 EStG

Bilanzmäßige Behandlung von Leasing-Verträgen beim Leasing-Geber

Erlaß des FM NRW vom 13. Mai 1980 S 2170 – 5/21 – V B 1

Nach Abschnitt IV Nr. 1 meines Erlasses vom 28. April 1971[1] und nach Abschnitt II Nr. 1 meines Erlasses vom 25. April 1972[2] hat in Fällen, in denen der Leasing-Gegenstand dem Leasing-Geber zuzurechnen ist, der Leasing-Geber den Leasing-Gegenstand mit seinen Anschaffungs- oder Herstellungskosten zu aktivieren. Die Leasing-Raten sind Betriebseinnahmen. Handelt es sich bei dem Leasing-Gegenstand um ein bewegliches abnutzbares Wirtschaftsgut, so sind die Absetzungen für Abnutzung nach der betriebsgewöhnlichen Nutzungsdauer vorzunehmen.

Im Zusammenhang mit diesen Regelungen ist gefragt worden,

a) ob die vereinbarten Leasing-Raten in einem linear aufzulösenden **Einmalbetrag** „noch nicht fällige Mietforderungen" als Betriebseinnahmen erfaßt werden dürfen, dem ein zinsstaffelmäßig aufzulösender Passivposten „Wert der noch zu erbringenden Leistung" gegenübergestellt wird,

b) ob ein erwarteter Verlust aus der späteren Veräußerung des Leasing-Gegenstands durch eine Rückstellung für drohende Verluste oder durch zusätzliche Absetzungen für Abnutzung auf den Leasing-Gegenstand berücksichtigt werden kann.

Zu diesen Fragen nehme ich wie folgt Stellung:

1. Erfassung der Leasing-Raten

Ist der Leasing-Gegenstand dem Leasing-Geber zuzurechnen, so ist der Leasingvertrag als Mietvertrag anzusehen. Er gehört damit zu den schwebenden Geschäften, die grundsätzlich nicht in der Bilanz erfaßt werden dürfen. Die am Bilanzstichtag noch nicht fälligen Leasing-Raten und der Wert der noch zu erbringenden Vermietungsleistungen dürfen daher in der Bilanz nicht ausgewiesen werden.

2. Berücksichtigung eines erwarteten Veräußerungsverlusts

Bei der Bemessung der Absetzungen für Abnutzung ist von der betriebsgewöhnlichen Nutzungsdauer des Leasing-Gegenstandes nach der amtlichen AfA-Tabelle auszugehen, die auch der Kalkulation der Leasing-Raten zugrunde gelegt worden ist; höhere Absetzungen für Abnutzung sind nicht zulässig. Die Bildung von Rückstellungen für drohende Verluste setzt das Bestehen einer entsprechenden Verbindlichkeit voraus. Diese Voraussetzung ist in den unter b) dargestellten Fällen nicht erfüllt, da der möglicherweise zu einem Verlust führende Vertrag am Bilanzstichtag noch nicht abgeschlossen ist. Eine Rückstellung für drohende Verluste kommt daher nicht in Betracht.

Dieser Erlaß ergeht im Einvernehmen mit dem Bundesminister der Finanzen und den obersten Finanzbehörden der anderen Länder.

---

1) Entspricht dem als Anlage § 004-05 abgedruckten Schreiben des BdF vom 19. April 1971.
2) Entspricht dem als Anlage § 004-06 abgedruckten Schreiben des BdF vom 21. März 1972.

Zu § 4 EStG   Anlage § 004–09

Einkommensteuerrechtliche Beurteilung eines
Immobilien-Leasing-Vertrages mit degressiven Leasing-Raten [1)2)3)]

Schreiben des BdF vom 10. Oktober 1983
IV B 2 – S 2170 – 83/83 (BStBl. 1983 I S. 431)

Der Bundesfinanzhof hat mit Urteil vom 12. August 1982 – IV R 184/79 (BStBl. II S. 696) zur einkommensteuerrechtlichen Beurteilung eines Immobilien-Leasing-Vertrages mit degressiven Leasing-Raten Stellung genommen. Unter Bezugnahme auf das Ergebnis der Erörterung mit den obersten Finanzbehörden der Länder nehme ich zur Anwendung dieses Urteils wie folgt Stellung:

1. **Degressive Leasing-Raten**

   Der Bundesfinanzhof hat in dem von ihm behandelten Fall entscheidend darauf abgestellt, daß der Leasing-Vertrag während der gesamten Laufzeit und demgemäß auch während der Grundmietzeit durch den Leasing-Geber nur aus wichtigem Grunde gekündigt werden konnte und daß die von der Leasing-Nehmerin während der Grundmietzeit jährlich an den Leasing-Geber zu entrichtenden Zahlungen der Höhe nach fest bestimmt waren und insbesondere – anders als die Leasing-Raten nach Ablauf der Grundmietzeit – vom Leasing-Geber nicht einseitig nach Maßgabe der Marktverhältnisse angehoben werden konnten. Auf die mit diesem Sachverhalt vergleichbaren Fälle ist die o. a. BFH-Entscheidung anzuwenden, soweit ihnen nach dem 31. Dezember 1982 abgeschlossene Immobilien-Leasing-Verträge zugrunde liegen. Soweit bei vor dem 1. Januar 1983 abgeschlossenen Immobilien-Leasing-Verträgen Leasing-Geber und Leasing-Nehmer abweichend von den Grundsätzen der o. a. BFH-Entscheidung verfahren sind und ihrer Handels- und Steuerbilanz übereinstimmend degressive Leasing-Raten zugrunde gelegt haben, kann es dabei verbleiben.

2. **Vormieten und Sonderzahlungen**

   Auf vertraglich vereinbarte Vormieten und Sonderzahlungen ist die o. a. BFH-Entscheidung in vollem Umfang anzuwenden.

---

1) Siehe dazu auch H 5.6 (Leasingvertrag mit degressiven Leasingraten-Behandlung beim Leasinggeber) EStH.
2) Eine gleichmäßige Verteilung degressiver Leasingraten hat auch dann zu erfolgen, wenn die Leasingraten einmalig wegen Zinskonversion angepasst werden können (Vfg. OFD Frankfurt vom 19.7.2001 – S 2170 A – 38 – St II – 21, DStR 2001 S. 1702).
3) Die Finanzverwaltung hält weiter daran fest, dass die Grundsätze des BFH-Urteils vom 12.8.1982 (BStBl. II 1982 S. 696) nicht auf andere Sachverhalte, insbes. nicht auf Mietverträge mit Mietänderungsklauseln, zu übertragen sind. Das bedeutet, dass es bei Einräumung einer Mietänderungsmöglichkeit bei Immobilien-Leasing-Verträgen mit degressiven Leasingraten, z. B. bei einmaliger Zinskonversion, nicht zu einer linearen Verteilung der Leasingraten auf die Grundmietzeit kommt (BdF-Schreiben vom 28.6.2002 – IV A 6 – S 2170 – 16/02, DB 2002 S. 1530).

Anlage § 004–10

Zu § 4 EStG

Ertragsteuerliche Behandlung von Finanzierungs-Leasing-Verträgen über unbewegliche Wirtschaftsgüter; hier: Betriebsgewöhnliche Nutzungsdauer und Restbuchwert bei Wirtschaftsgebäuden [1]

BdF-Schreiben vom 9. Juni 1987
IV B 2 – S 2170 – 14/87 (BStBl. 1987 I S. 440)

Nach dem Schreiben vom 21.3.1972 [2] hängt bei Finanzierungs-Leasing-Verträgen die Zurechnung unbeweglicher Wirtschaftsgüter beim Leasing-Nehmer u. a. von der betriebsgewöhnlichen Nutzungsdauer des Gebäudes und bei Finanzierungs-Leasing-Verträgen mit Kaufoption zusätzlich von dem nach linearer AfA ermittelten Buchwert des Gebäudes ab. Durch das Gesetz zur Verbesserung der Abschreibungsbedingungen für Wirtschaftsgebäude und für moderne Heizungs-und Warmwasseranlagen vom 19. Dezember 1985 (BGBl. I S. 2434, BStBl. I S. 705) ist § 7 Abs. 4 EStG geändert worden. Nach der geänderten Fassung dieser Vorschrift ergibt sich für Gebäude, soweit sie zu einem Betriebsvermögen gehören und nicht Wohnzwecken dienen und für die der Antrag auf Baugenehmigung nach dem 31. März 1985 gestellt worden ist, ein Absetzungszeitraum von 25 Jahren. Unter Bezugnahme auf das Ergebnis der Erörterung mit den obersten Finanzbehörden der Länder wird zu der Frage, welche Auswirkungen die gesetzliche Neuregelung auf die ertragsteuerliche Zurechnung unbeweglicher Wirtschaftsgüter bei Finanzierungs-Leasing-Verträgen hat, wie folgt Stellung genommen:

Bei Gebäuden, für die die AfA nach § 7 Abs. 4 Satz 1 Nr. 1 oder Abs. 5 Satz 1 Nr. 1 EStG in der Fassung des Änderungsgesetzes vom 19. Dezember 1985 zu bemessen ist, ist

1. für die Berechnung der betriebsgewöhnlichen Nutzungsdauer im Sinne des Abschnitts I Nr. 2 Buchstabe c Doppelbuchstabe aa des Schreibens vom 21.3. 1972 [3] und

2. für die Bemessung der linearen AfA im Sinne des Abschnitts I Nr. 2 Buchstabe c Doppelbuchstabe bb des Schreibens vom 21.3.1972 [4]

der sich aus dem Gesetz ergebende Absetzungszeitraum von 25 Jahren zugrunde zu legen.

---

1) Zur Klärung der Frage, welche betriebsgewöhnliche Nutzungsdauer für Betriebsgebäude nach Änderung des § 7 Abs. 4 Nr. 1 EStG durch das Steuersenkungsgesetz vom 23.10.2000 (BStBl. I 2000 S. 1428) für Finanzierungs-Leasing-Verträge zu Grund zu legen ist:
Nach dem BMF-Schreiben vom 9.6.1987 (BStBl. I 1987 S. 440) ist für die Zurechnung unbeweglicher Wirtschaftsgüter bei Finanzierungs-Leasing-Verträgen für Betriebsgebäude i. S. des § 7 Abs. 4 Satz 1 Nr. 1 EStG auf der Grundlage der damals geltenden Abschreibung i. H. von 4 v. H. eine betriebsgewöhnliche Nutzungsdauer von 25 Jahren zu Grund zu legen. Durch das StSenkG (a. a. O.) wurde die Abschreibung von 4 v. H. auf 3 v. H. abgesenkt, woraus sich ein Absetzungszeitraum von 33 Jahren und 4 Monaten ergibt.
Für Finanzierungs-Leasing-Verträge über Betriebsgebäude, die der neuen Abschreibungsregelung unterliegen, ist daher der geänderte Absetzungszeitraum maßgeblich (BdF-Schreiben vom 10.9.2002 – IV A 6 – S 2169 – 1/02).

2) Siehe Anlage § 004-06.
3) Siehe Anlage § 004-06.
4) Siehe Anlage § 004-06.

Ertragsteuerliche Behandlung
von Teilamortisations-Leasing-Verträgen über bewegliche Wirtschaftsgüter

BdF-Schreiben vom 22. Dezember 1975 IV B 2 – S 2170 – 161/75

1. Gemeinsames Merkmal der dargestellten Vertragsmodelle ist, daß eine unkündbare Grundmietzeit vereinbart wird, die mehr als 40 v. H., jedoch nicht mehr als 90 v. H. der betriebsgewöhnlichen Nutzungsdauer des Leasing-Gegenstandes beträgt und daß die Anschaffungs- oder Herstellungskosten des Leasing-Gebers sowie alle Nebenkosten einschließlich der Finanzierungskosten des Leasing-Gebers in der Grundmietzeit durch die Leasing-Raten nur zum Teil gedeckt werden. Da mithin Finanzierungs-Leasing im Sinne des BdF-Schreibens über die ertragsteuerrechtliche Behandlung von Leasing-Verträgen über bewegliche Wirtschaftsgüter vom 19.4.1971 (BStBl. I S. 264)[1)] nicht vorliegt, ist die Frage, wem der Leasing-Gegenstand zuzurechnen ist, nach den allgemeinen Grundsätzen zu entscheiden.

2. Die Prüfung der Zurechnungsfrage hat folgendes ergeben:

   a) Vertragsmodell mit Andienungsrecht des Leasing-Gebers jedoch ohne Optionsrecht des Leasing-Nehmers

   Bei diesem Vertragsmodell hat der Leasing-Geber ein Andienungsrecht. Danach ist der Leasing-Nehmer, sofern ein Verlängerungsvertrag nicht zustande kommt, auf Verlangen des Leasing-Gebers verpflichtet, den Leasing-Gegenstand zu einem Preis zu kaufen, der bereits bei Abschluß des Leasing-Vertrages fest vereinbart wird. Der Leasing-Nehmer hat kein Recht, den Leasing-Gegenstand zu erwerben.

   Der Leasing-Nehmer trägt bei dieser Vertragsgestaltung das Risiko der Wertminderung, weil er auf Verlangen des Leasing-Gebers den Leasing-Gegenstand auch dann zum vereinbarten Preis kaufen muß, wenn der Wiederbeschaffungspreis für ein gleichwertiges Wirtschaftsgut geringer als der vereinbarte Preis ist. Der Leasing-Geber hat jedoch die Chance der Wertsteigerung, weil er sein Andienungsrecht nicht ausüben muß, sondern das Wirtschaftsgut zu einem über dem Andienungspreis liegenden Preis verkaufen kann, wenn ein über dem Andienungspreis liegender Preis am Markt erzielt werden kann.

   Der Leasing-Nehmer kann unter diesen Umständen nicht als wirtschaftlicher Eigentümer des Leasing-Gegenstandes angesehen werden.

   b) Vertragsmodell mit Aufteilung des Mehrerlöses[2)]

   Nach Ablauf der Grundmietzeit wird der Leasing-Gegenstand durch den Leasing-Geber veräußert. Ist der Veräußerungserlös niedriger als die Differenz zwischen den Gesamtkosten des Leasing-Gebers und den in der Grundmietzeit entrichteten Leasing-Raten (Restamortisation), so muß der Leasing-Nehmer eine Abschlußzahlung in Höhe der Differenz zwischen Restamortisation und Veräußerungserlös zahlen. Ist der Veräußerungserlös hingegen höher als die Restamortisation, so erhält der Leasing-Geber 25 v. H., der Leasing-Nehmer 75 v. H. des die Restamortisation übersteigenden Teils des Veräußerungserlöses.

---

1) Siehe Anlage § 004-05.
2) Siehe auch Vfg OFD Frankfurt vom 20.6.2006 – S 2170 A – 28 – St 219:
   Auf Bundesebene wurde folgende Fallgestaltung bezüglich Leasingverträgen bei Mobilien erörtert und das wirtschaftliche Eigentum an dem **Leasinggegenstand** dem Leasingnehmer zugerechnet:
   Die laufenden Leasingraten decken die Anschaffungskosten des Leasinggebers einschließlich seiner Neben- und Finanzierungskosten nicht vollständig ab, allerdings ist bei Vertragsablauf eine Abschlusszahlung in Höhe der Restamortisation vereinbart. Im Fall der Ausübung der Kaufoption wird die Abschlusszahlung auf den Kaufpreis angerechnet. Übersteigt der Verkehrswert die Abschlusszahlung, muss der Leasingnehmer 25,1 % des übersteigenden Betrags an den Leasinggeber entrichten. Wird der Leasinggegenstand an einen Dritten veräußert, so steht der Erlös aus der Veräußerung an einen Dritten dem Leasinggeber zu 25,1 % und dem Leasingnehmer zu 74,9 % zu. Der hier beschriebene Fall unterscheidet sich von dem in dem BMF-Schreiben vom 22.12.1975 unter Tz. 2b beschriebenen Sachverhalt, in dem das wirtschaftliche Eigentum dem Leasinggeber zugerechnet wird, insbesondere dadurch, dass der **Leasingnehmer** ein Ankaufsrecht an dem Leasinggegenstand hat.
   Wurden in der Vergangenheit die in dem BMF-Schreiben vom 22.12.1975 dargestellten Überlegungen auf den beschriebenen Sachverhalt übertragen, so bestehen laut Erlass des Hessischen Ministeriums der Finanzen vom 19.5.2006 für Leasingverträge, die vor dem **1.7.2006** abgeschlossen worden sind, keine Bedenken, wenn aus Gründen des Vertrauensschutzes die Zurechnung weiterhin bei dem Leasinggeber erfolgt.
   Dabei ist die Zuordnungsentscheidung von der für den Leasinggeber zuständigen Finanzbehörde zu treffen; die für den Leasingnehmer zuständige Finanzbehörde ist hieran gebunden.

Anlage § 004–11 Zu § 4 EStG

Durch die Vereinbarung, daß der Leasing-Geber 25 v. H. des die Restamortisation übersteigenden Teils des Veräußerungserlöses erhält, wird bewirkt, daß der Leasing-Geber noch in einem wirtschaftlich ins Gewicht fallenden Umfang an etwaigen Wertsteigerungen des Leasing-Gegenstandes beteiligt ist. Der Leasing-Gegenstand ist daher dem Leasing-Geber zuzurechnen.

Eine ins Gewicht fallende Beteiligung des Leasing-Gebers an Wertsteigerungen des Leasing-Gegenstandes ist hingegen nicht mehr gegeben, wenn der Leasing-Geber weniger als 25 v. H. des die Restamortisation übersteigenden Teils des Veräußerungserlöses erhält. Der Leasing-Gegenstand ist in solchen Fällen dem Leasing-Nehmer zuzurechnen.

c) **Kündbarer Mietvertrag mit Anrechnung des Veräußerungserlöses auf die vom Leasing-Nehmer zu leistende Schlußzahlung**

Der Leasing-Nehmer kann den Leasing-Vertrag frühestens nach Ablauf einer Grundmietzeit, die 40 v. H. der betriebsgewöhnlichen Nutzungsdauer beträgt, kündigen. Bei Kündigung ist eine Abschlußzahlung in Höhe der durch die Leasing-Raten nicht gedeckten Gesamtkosten des Leasing-Gebers zu entrichten. Auf die Abschlußzahlung werden 90 v. H. des vom Leasing-Geber erzielten Veräußerungserlöses angerechnet. Ist der anzurechnende Teil des Veräußerungserlöses zuzüglich der vom Leasing-Nehmer bis zur Veräußerung entrichteten Leasing-Raten niedriger als die Gesamtkosten des Leasing-Gebers, so muß der Leasing-Nehmer in Höhe der Differenz eine Abschlußzahlung leisten. Ist jedoch der Veräußerungserlös höher als die Differenz zwischen Gesamtkosten des Leasing-Gebers und den bis zur Veräußerung entrichteten Leasing-Raten, so behält der Leasing-Geber diesen Differenzbetrag in vollem Umfang.

Bei diesem Vertragsmodell kommt eine während der Mietzeit eingetretene Wertsteigerung in vollem Umfang dem Leasing-Geber zugute. Der Leasing-Geber ist daher nicht nur rechtlicher, sondern auch wirtschaftlicher Eigentümer des Leasing-Gegenstandes.

Die vorstehenden Ausführungen gelten nur grundsätzlich, d. h. nur insoweit, wie besondere Regelungen in Einzelverträgen nicht zu einer anderen Beurteilung zwingen.

Zu § 4 EStG   **Anlage § 004–12**

Ertragsteuerliche Behandlung von Teilamortisations-Leasing-Verträgen über unbewegliche Wirtschaftsgüter

BdF-Schreiben vom 23. Dezember 1991
IV B 2 – S 2170 – 115/91 (BStBl. 1992 I S. 13)

In meinem Schreiben vom 21. März 1972 (BStBl. I S. 188)[1)] habe ich zur ertragsteuerlichen Behandlung von Finanzierungs-Leasing-Verträgen über unbewegliche Wirtschaftsgüter Stellung genommen. Dabei ist unter Finanzierungs-Leasing das Vollamortisations-Leasing verstanden worden. Zu der Frage der ertragsteuerlichen Behandlung von Teilamortisations-Leasing-Verträgen über unbewegliche Wirtschaftsgüter wird unter Bezugnahme auf das Ergebnis der Erörterung mit den obersten Finanzbehörden der Länder wie folgt Stellung genommen:

I. Begriff und Abgrenzung des Teilamortisations-Leasing-Vertrages bei unbeweglichen Wirtschaftsgütern

1. Teilamortisations-Leasing im Sinne dieses Schreibens ist nur dann anzunehmen, wenn
   a) der Vertrag über eine bestimmte Zeit abgeschlossen wird, während der er bei vertragsgemäßer Erfüllung von beiden Vertragsparteien nur aus wichtigem Grund gekündigt werden kann (Grundmietzeit),
   und
   b) der Leasing-Nehmer mit den in der Grundmietzeit zu entrichtenden Raten die Anschaffungs- oder Herstellungskosten sowie alle Nebenkosten einschließlich der Finanzierungskosten des Leasing-Gebers nur zum Teil deckt.
2. Wegen der möglichen Vertragstypen weise ich auf Abschnitt II Ziffer 2 meines Schreibens vom 19. April 1971 (BStBl. I S. 264)[2)] hin. Die dortigen Ausführungen gelten beim Teilamortisations-Leasing von unbeweglichen Wirtschaftsgütern entsprechend.

II. Steuerrechtliche Zurechnung des Leasing-Gegenstandes

1. Die Zurechnung des unbeweglichen Leasing-Gegenstandes hängt von der Vertragsgestaltung und der tatsächlichen Durchführung ab. Unter Würdigung der gesamten Umstände ist im Einzelfall zu entscheiden, wem der Leasing-Gegenstand zuzurechnen ist. Dabei ist zwischen Gebäude sowie Grund und Boden zu unterscheiden.
2. Für die Zurechnung der *Gebäude* gilt im einzelnen folgendes:
   a) Der Leasing-Gegenstand ist – vorbehaltlich der nachfolgenden Ausführungen – grundsätzlich dem *Leasing-Geber* zuzurechnen.
   b) Der Leasing-Gegenstand ist in den nachfolgenden Fällen ausnahmsweise dem *Leasing-Nehmer* zuzurechnen:
      aa) Verträge über Spezial-Leasing

      Bei Spezial-Leasing-Verträgen ist der Leasing-Gegenstand regelmäßig dem Leasing-Nehmer ohne Rücksicht auf das Verhältnis von Grundmietzeit und Nutzungsdauer und auf etwaige Optionsklauseln zuzurechnen.

      bb) Verträge mit Kaufoption

      Bei Leasing-Verträgen mit Kaufoption ist der Leasing-Gegenstand regelmäßig dem Leasing-Nehmer zuzurechnen,

      wenn die Grundmietzeit mehr als 90 v. H. der betriebsgewöhnlichen Nutzungsdauer beträgt oder der vorgesehene Kaufpreis geringer ist als der Restbuchwert des Leasing-Gegenstandes unter Berücksichtigung der AfA gemäß § 7 Abs. 4 EStG nach Ablauf der Grundmietzeit.

      Die betriebsgewöhnliche Nutzungsdauer berechnet sich nach der Zeitspanne, für die AfA nach § 7 Abs. 4 Satz 1 EStG vorzunehmen ist, in den Fällen des § 7 Abs. 4 Satz 2 EStG nach der tatsächlichen Nutzungsdauer.

      cc) Verträge mit Mietverlängerungsoption

      Bei Leasing-Verträgen mit Mietverlängrungsoption ist der Leasing-Gegenstand regelmäßig dem Leasing-Nehmer zuzurechnen,

---
1) Siehe Anlage § 004-06.
2) Siehe Anlage § 004-05.

Anlage § 004–12

Zu § 4 EStG

wenn die Grundmietzeit mehr als 90 v. H. der betriebsgewöhnlichen Nutzungsdauer des Leasing-Gegenstandes beträgt oder die Anschlußmiete nicht mindestens 75 v. H. des Mietentgelts beträgt, das für ein nach Art, Lage und Ausstattung vergleichbares Grundstück üblicherweise gezahlt wird.

Wegen der Berechnung der betriebsgewöhnlichen Nutzungsdauer vgl. unter Tz. 9.

11   dd) Verträge mit Kauf- oder Mietverlängerungsoption und besonderen Verpflichtungen

Der Leasing-Gegenstand ist bei Verträgen mit Kauf- oder Mietverlängerungsoption dem Leasing-Nehmer stets zuzurechnen, wenn ihm eine der nachfolgenden Verpflichtungen auferlegt wird:

12   – Der Leasing-Nehmer trägt die Gefahr des zufälligen ganzen oder teilweisen Untergangs des Leasing-Gegenstandes. Die Leistungspflicht aus dem Mietvertrag mindert sich in diesen Fällen nicht.

13   – Der Leasing-Nehmer ist bei ganzer oder teilweiser Zerstörung des Leasing-Gegenstandes, die nicht von ihm zu vertreten ist, dennoch auf Verlangen des Leasing-Gebers zur Wiederherstellung bzw. zum Wiederaufbau auf seine Kosten verpflichtet oder die Leistungspflicht aus dem Mietvertrag mindert sich trotz der Zerstörung nicht.

14   – Für den Leasing-Nehmer mindert sich die Leistungspflicht aus dem Mietvertrag nicht, wenn die Nutzung des Leasing-Gegenstandes aufgrund eines nicht von ihm zu vertretenden Umstands langfristig ausgeschlossen ist.

15   – Der Leasing-Nehmer hat dem Leasing-Geber die bisher nicht gedeckten Kosten ggf. auch einschließlich einer Pauschalgebühr zur Abgeltung von Verwaltungskosten zu erstatten, wenn es zu einer vorzeitigen Vertragsbeendigung kommt, die der Leasing-Nehmer nicht zu vertreten hat.

16   – Der Leasing-Nehmer stellt den Leasing-Geber von sämtlichen Ansprüchen Dritter frei, die diese hinsichtlich des Leasing-Gegenstandes gegenüber dem Leasing-Geber geltend machen, es sei denn, daß der Anspruch des Dritten von dem Leasing-Nehmer verursacht worden ist.

17   – Der Leasing-Nehmer als Eigentümer des Grund und Bodens, auf dem der Leasing-Geber als Erbbauberechtigter den Leasing-Gegenstand errichtet, ist aufgrund des Erbbaurechtsvertrags unter wirtschaftlichen Gesichtspunkten gezwungen, den Leasing-Gegenstand nach Ablauf der Grundmietzeit zu erwerben.

18   3. Der *Grund und Boden* ist grundsätzlich demjenigen zuzurechnen, dem nach den Ausführungen unter Tz. 6 bis 17 das Gebäude zugerechnet wird.

III. Bilanzmäßige Darstellung

19   Die bilanzmäßige Darstellung erfolgt nach den Grundsätzen unter Abschnitt II meines Schreibens vom 21. März 1972 (BStBl. I S. 188, vgl. Tz. 1)[1]).

IV. Übergangsregelung

20   Soweit die vorstehend aufgeführten Grundsätze zu einer Änderung der bisherigen Verwaltungspraxis für die Zurechnung des Leasing-Gegenstandes bei Teilamortisations-Leasing-Verträgen über unbewegliche Wirtschaftsgüter führen, sind sie nur auf Leasing-Verträge anzuwenden, die nach dem 31. Januar 1992 abgeschlossen werden.

---

1) Siehe Anlage § 004-06.

Forfaitierung von Forderungen aus Leasing-Verträgen [1]

– BdF-Schreiben vom 9.1.1996 IV B2 – S 2170 – 135/95 –

Forfaitiert der Leasing-Geber künftige Forderungen auf Leasing-Raten, die vom Leasing-Nehmer zu entrichten sind, oder forfaitiert er den künftigen Anspruch auf den Erlös aus der nach Ablauf der Grundmietzeit anstehenden Verwertung des Leasing-Gegenstandes an eine Bank, so hat dies nach dem Ergebnis einer Erörterung mit den obersten Finanzbehörden der Länder folgende Auswirkungen:

I. Allgemeine Rechtsfolgen der Forfaitierung einer Forderung

Der Abtretung der künftigen Forderung aus Leasing-Verträgen liegt in schuldrechtlicher Hinsicht eine Forfaitierung zugrunde. Es handelt sich um einen Kaufvertrag zwischen einem Forderungsverkäufer (Forfaitist) und einer Bank oder einem Spezialinstitut als Forderungskäufer (Forfaiteur). Aufgrund der Forfaitierung gehen alle Rechte aus der Forderung, aber auch das Risiko der Zahlungsunfähigkeit des Schuldners auf den Forderungskäufer über. Der Forderungsverkäufer trägt bei einer Forfaitierung lediglich das Risiko des rechtlichen Bestands der Forderung.

II. Zurechnung des Leasing-Gegenstandes

Die Forfaitierung der künftigen Forderungen auf Leasing-Raten beeinflußt die Zurechnung des Leasing-Gegenstandes nicht. Entsprechendes gilt grundsätzlich auch dann, wenn der künftige Anspruch auf den Erlös aus der Verwendung des Leasing-Gegenstands nach Ablauf der Grundmietzeit forfaitiert wird.

III. Bilanzierung des Erlöses

1. Übernimmt der Leasing-Geber auch die Haftung für die Zahlungsfähigkeit des Leasing-Nehmers oder verpflichtet er sich zum Rückkauf der Forderung im Falle der Uneinbringlichkeit, so ist dieser Vorgang als Darlehensgewährung der Bank an den Leasing-Geber zu beurteilen. Der Leasing-Geber hat die erhaltenen Erlöse als Darlehensschuld zu passivieren. Dies gilt auch, wenn der Vorgang als Forfaitierung der künftigen Forderungen auf Leasing-Raten oder als Forfaitierung des künftigen Anspruchs auf den Erlös aus der Verwertung des Leasing-Gegenstandes bezeichnet wird.
2. Steht der Leasing-Geber nur für den rechtlichen Bestand der Forderung und für die Freiheit von Einreden im Zeitpunkt des Verkaufs bzw. bis zum Ablauf der Grundmietzeit ein, so ist diese Forderung forfaitiert und daher wie folgt zu bilanzieren:
   a) im Falle der Forfaitierung der künftigen Forderung auf Leasing-Raten erhält der Leasing-Geber von dem Forderungskäufer den Betrag der Leasing-Raten als Forfaitierungserlös. Wegen seiner Verpflichtung zur Nutzungsüberlassung gegenüber dem Leasing-Nehmer hat der Leasing-Geber den Forfaitierungserlös in einen passiven Rechnungsabgrenzungsposten einzustellen und diesen verteilt auf die restliche Grundmietzeit linear gewinnerhöhend aufzulösen;
   b) im Falle der Forfaitierung des künftigen Anspruchs auf den Erlös aus der Verwertung des Leasing-Gegenstands (Restwertforfaitierung) hat der Leasing-Geber den Forfaitierungserlös wie eine Anzahlung zu passivieren, und zwar wegen seiner künftigen Verpflichtung zur Verschaffung des Eigentums an dem Leasing-Gegenstand. Der Passivposten ist verteilt über die Zeitspanne bis zum Ablauf der Grundmietzeit linear auf den Wert aufzustocken, der Grundlage für die Festlegung des Forfaitierungserlöses war. Dies ist grundsätzlich der im Leasing-Vertrag vereinbarte Andienungspreis. Nach Ablauf der Grundmietzeit ist der Passivposten gewinnerhöhend aufzulösen. [2]

---

1) Vgl. auch BFH-Urteile vom 24.7.1996 (BStBl. 1997 II S. 122) und vom 5.5.1999 (BStBl. II S. 735).
2) Abweichend von Abschnitt III 2 Buchstabe b des BMF-Schreibens vom 9.1.1996 ist bei der sog. Restwertforfaitierung aus Teilamortisationsverträgen die Zahlung des Dritten an den Leasinggeber steuerlich bei ihm als Darlehen des Leasinggebers zu beurteilen. Die Forfaitierungserlöse sind von ihm nicht als Erträge aus zukünftigen Perioden passiv abzugrenzen, sondern als Verbindlichkeiten auszuweisen und bis zum Ablauf der Grundmietzeit ratierlich aufzuzinsen (→ BFH vom 8.11.2000 – BStBl. 2001 II S. 722).

Anlage § 004–14

Zu § 4 EStG

Betriebsausgabenpauschale bei der Ermittlung der Einkünfte aus hauptberuflicher selbständiger, schriftstellerischer oder journalistischer Tätigkeit, aus wissenschaftlicher, künstlerischer und schriftstellerischer Nebentätigkeit sowie aus nebenamtlicher Lehr- und Prüfungstätigkeit

– BdF-Schreiben vom 21. Januar 1994 IV B 4 – S 2246 – 5/94 (BStBl. I S. 112) –

Unter Bezugnahme auf das Ergebnis der Erörterungen mit den obersten Finanzbehörden der Länder gilt zur Vereinfachung des Besteuerungsverfahrens folgendes:

Es ist nicht zu beanstanden, wenn bei der Ermittlung der vorbezeichneten Einkünfte die Betriebsausgaben wie folgt pauschaliert werden:

a) bei hauptberuflicher selbständiger schriftstellerischer oder journalistischer Tätigkeit auf 30 v. H. der Betriebseinnahmen aus dieser Tätigkeit, höchstens jedoch 4 800 DM[1] jährlich,

b) bei wissenschaftlicher, künstlerischer oder schriftstellerischer Nebentätigkeit (auch Vortrags- oder nebenberufliche Lehr- und Prüfungstätigkeit), soweit es sich nicht um eine Tätigkeit im Sinne des § 3 Nr. 26 EStG handelt, auf 25 v. H. der Betriebseinnahmen aus dieser Tätigkeit, höchstens jedoch 1 200 DM[2] jährlich. Der Höchstbetrag von 1 200 DM[3] kann für alle Nebentätigkeiten, die unter die Vereinfachungsregelung fallen, nur einmal gewährt werden.

Es bleibt den Steuerpflichtigen unbenommen, etwaige höhere Betriebsausgaben im einzelnen nachzuweisen.

---

1) Ab 2002: 2 455 € (vgl. H 18.2 EStH).
2) Ab 2002: 614 € (vgl. H 18.2 EStH).
3) Ab 2002: 614 € (vgl. H 18.2 EStH).

Anlage § 004–15

Ertragsteuerliche Behandlung von Incentive-Reisen [1]

– BdF-Scheiben vom 14.10.1996 IV B 2 – S 2143 – 23/96 (BStBl. I S. 1192) –

Im Einvernehmen mit den obersten Finanzbehörden der Länder nehme ich zur ertragsteuerlichen Behandlung von Incentive-Reisen bei den Empfängern der Leistungen wie folgt Stellung:

Incentive-Reisen werden von einem Unternehmen gewährt, um Geschäftspartner oder Arbeitnehmer des Betriebs für erbrachte Leistungen zu belohnen und zu Mehr- oder Höchstleistungen zu motivieren. Reiseziel, Unterbringung, Transportmittel und Teilnehmerkreis werden von dem die Reiseleistung gewährenden Unternehmen festgelegt. Der Ablauf der Reise und die einzelnen Veranstaltungen dienen allgemein-touristischen Interessen.

1. **Behandlung der Aufwendungen bei dem Reiseleistung gewährenden Unternehmen:**

   a) Aufwendungen für Geschäftspartner

   Wird eine Incentive-Reise mit Geschäftspartnern des Steuerpflichtigen durchgeführt, ist bei der Beurteilung der steuerlichen Abzugsfähigkeit der für die Reise getätigten Aufwendungen danach zu unterscheiden, ob die Reise als Belohnung zusätzlich zum vereinbarten Entgelt oder zur Anknüpfung, Sicherung oder Verbesserung von Geschäftsbeziehungen gewährt wird.

   Wird die Reise in sachlichem und zeitlichem Zusammenhang mit den Leistungen des Empfängers als – zusätzliche – Gegenleistung gewährt, sind die tatsächlich entstandenen Fahrtkosten sowie die Unterbringungskosten im vollem Umfang als Betriebsausgaben abzugsfähig. Nutzt der Unternehmer allerdings ein eigenes Gästehaus, das sich nicht am Ort des Betriebs befindet, dürfen die Aufwendungen für die Unterbringung den Gewinn nicht mindern (§ 4 Abs. 5 Satz 1 Nr. 3 EStG). Die Aufwendungen für die Gewährung von Mahlzeiten sind als Bewirtungskosten in Höhe von 80 v.H. der angemessenen und nachgewiesenen Kosten abzugsfähig (§ 4 Abs. 5 Satz 1 Nr. 2 EStG).

   Wird die Reise mit gegenwärtigen oder zukünftigen Geschäftspartnern durchgeführt, um allgemeine Geschäftsbeziehungen erst anzuknüpfen, zu erhalten oder zu verbessern, handelt es sich um ein Geschenk (§ 4 Abs. 5 Satz 1 Nr. 1 EStG). Fahrt- und Unterbringungskosten dürfen dann den Gewinn nicht mindern (BFH-Urteil vom 23. Juni 1993, BStBl. II S. 806); Aufwendungen für die Bewirtung sind nach § 4 Abs. 5 Satz 1 Nr. 2 EStG zu beurteilen.

   b) Aufwendungen für Arbeitnehmer

   Wird die Reise mit Arbeitnehmern des Betriebs durchgeführt, sind die hierdurch veranlaßten Aufwendungen als Betriebsausgaben in voller Höhe berücksichtigungsfähig; die Abzugsbeschränkungen nach § 4 Abs. 5 Satz 1 Nr. 1, 2 und 3 EStG greifen nicht ein.

2. **Behandlung der Reise beim Empfänger**

   a) Gewährung der Reiseleistungen an Geschäftspartner

   aa) Erfassung als Betriebseinnahmen

   Wendet der Unternehmer einem Geschäftspartner, der in einem Einzelunternehmen betriebliche Einkünfte erzielt, eine Incentive-Reise zu, hat der Empfänger den Wert der Reise im Rahmen seiner steuerlichen Gewinnermittlung als Betriebseinnahme zu erfassen (BFH-Urteile vom 22. Juli 1988, BStBl. II S. 995; vom 20. April 1989, BStBl. II S. 641). Wird der Wert der Incentive-Reise einer Personengesellschaft oder einer Kapitalgesellschaft zugewandt, haben sie in Höhe des Sachwerts der Reise eine Betriebseinnahme anzusetzen. Der Wert einer Reise ist auch dann als Betriebseinnahme anzusetzen, wenn das die Reiseleistungen gewährende Unternehmen die Aufwendungen nicht als Betriebsausgaben abziehen darf (BFH-Urteil vom 26. September 1995, BStBl. II 1996 S. 273).

   bb) Verwendung der erhaltenen Reiseleistungen

   Mit der Teilnahme an der Reise wird eine Entnahme verwirklicht, da mit der Reise regelmäßig allgemein-touristische Interessen befriedigt werden. Dies gilt auch, wenn eine Personengesellschaft die empfangene Reiseleistung an ihre Gesellschafter weiterleitet (BFH-Urteil vom 26. September 1995 a. a. O.). Leitet die Kapitalgesellschaft die erhaltene Reiseleistung an ihre Gesellschafter weiter, so liegt hierin grundsätzlich eine verdeckte Gewinnausschüttung.

---

[1] Siehe dazu auch die Pauschalierungsregelung nach § 37b EStG i.d.F. des JStG 2007 sowie Anlage § 037b-01.

b) Gewährung der Reiseleistung an Arbeitnehmer
Wird Arbeitnehmern des Unternehmers eine Incentive-Reise gewährt, liegt steuerpflichtiger Arbeitslohn vor (BFH-Urteil vom 9. März 1990, BStBl. II S. 711), der unter den Voraussetzungen des § 40 Abs. 1 EStG pauschal versteuert werden kann.

c) Wert der Reise
Die Gewährung der Reise ist steuerlich in ihrer Gesamtheit zu beurteilen. Ihr Wert entspricht nach ihren Leistungsmerkmalen und ihrem Erlebniswert regelmäßig einer am Markt angebotenen Gruppenreise, bei der Reiseziel, Reiseprogramm und Reisedauer festgelegt und der Teilnehmerkreis begrenzt sind; deshalb können einzelne Teile der Durchführung und der Organisation aus der Sicht des Empfängers nur im Zusammenhang gesehen werden (vgl. BFH-Beschluß vom 27. November 1978, BStBl. II 1979 S. 213). Bei der Wertermittlung ist weder den tatsächlichen Aufwendungen des zuwendenden Unternehmers noch der subjektiven Vorstellung des Empfängers entscheidende Bedeutung beizumessen (BFH-Urteil vom 22. Juli 1988, a. a. O.); ihr Wert kann daher grundsätzlich nicht aus den Aufwendungen – auch nicht vermindert um einen pauschalen Abschlag bei über das übliche Maß hinausgehenden Aufwendungen – abgeleitet werden. Der Wert der zugewandten Reise ist daher in ihrer Gesamtheit mit dem üblichen Endpreis am Abgabeort anzusetzen (§ 8 Abs. 2 EStG). Er entspricht regelmäßig dem Preis der von Reiseveranstaltern am Markt angebotenen Gruppenreisen mit vergleichbaren Leistungsmerkmalen (z. B. Hotelkategorie, Besichtigungsprogramme); eine Wertminderung wegen des vom zuwendenden Unternehmen festgelegten Reiseziels, des Reiseprogramms, der Reisedauer und des fest umgrenzten Teilnehmerkreises kommt nicht in Betracht. Rabatte, die dem die Leistung gewährenden Unternehmen eingeräumt werden, bleiben für die Bewertung beim Empfänger ebenfalls außer Betracht; gleiches gilt für Preisaufschläge, die das Unternehmen speziell für die Durchführung der Reise aufwenden muß.

d) Aufwendungen des Empfängers der Reiseleistungen
Aufwendungen, die im Zusammenhang mit der Teilnahme an der Reise stehen, darf der Empfänger nicht als Betriebsausgaben oder Werbungskosten abziehen, da die Teilnahme an der Reise durch private Interessen, die nicht nur von untergeordneter Bedeutung sind, veranlaßt ist (BFH-Urteil vom 22. Juli 1988 a. a. O.; vgl. auch R 117a EStR). Zur Berücksichtigung von einzelnen Aufwendungen als Betriebsausgaben wird auf H 117a („Einzelaufwendungen") EStH hingewiesen; hinsichtlich des Werbungskostenabzugs wird ergänzend auf Abschnitt 35 LStR verwiesen.

Zu § 4 EStG **Anlage § 004–16**

Entnahme von Grundstücken bei Bestellung eines Nießbrauches oder Erbbaurechts

– I. Erlaß Sachsen vom 21. Mai 1991 – 32 – S 2236 – 14410 – 1 –

Zu Fragen der Entnahme von Grundstücken in Fällen des § 52 Abs. 15 Satz 10 EStG im Zusammenhang mit der Bestellung von Nießbrauchs- oder Erbbaurechten wird im Einvernehmen mit den obersten Finanzbehörden der Länder folgende Auffassung vertreten:

Bestellt der Inhaber eines land- und forstwirtschaftlichen Betriebs *unentgeltlich* ein Nießbrauchsrecht oder ein Erbbaurecht an einem Grundstück zugunsten eines nahen Angehörigen, so ist das Grundstück aus dem landwirtschaftlichen Betriebsvermögen (steuerlich) zu entnehmen, weil es – anders als bei einem entgeltlich eingeräumten Erbbaurecht (vgl. dazu BFH-Urteil vom 26.11.1987, BStBl. II 1988 S. 490; vom 10.4.1990, BStBl. II 1990 S. 961) – nicht mehr objektiv geeignet und subjektiv dazu bestimmt ist, den Betrieb zu fördern. Das gilt auch, wenn der Inhaber des Betriebs wirtschaftlicher Eigentümer des belasteten Grundstücks bleibt. Einer schuldrechtlichen Beschränkung eines Nießbrauchs bzw. eines Erbbaurechts auf eine Teilfläche eines Grundstücks kann, wenn sie zivil- und grundbuchrechtlich zulässig ist, auch steuerlich gefolgt werden.

Wird das Nießbrauchs- oder Erbbaurecht hingegen *entgeltlich* bestellt, führt dies grundsätzlich nicht zur Entnahme des Grundstücks, vgl. zum Erbbaurecht die o. g. BFH-Urteile[1]. Geht das Grundstück später auf den Nießbrauchs- oder Erbbauberechtigten als Hoferben über, führt dies, wenn die darauf befindliche Wohnung noch zu eigenen Wohnzwecken genutzt wird, zur – steuerpflichtigen – Entnahme des Grundstücks. § 52 Abs. 15 Satz 10 EStG ist nicht anwendbar, da bei der gewählten Gestaltung nicht die Errichtung der Wohnung, sondern der Betriebsübergang zur Entnahme des dazugehörenden Grund und Boden führt.

Bebaut der Sohn in Ausübung des Nießbrauchs- oder Erbbaurechts das Grundstück, erlangt er damit gem. § 95 Abs. 1 Satz 2 BGB das bürgerlich-rechtliche Eigentum am Gebäude. Das reicht aus, um – bei Vorliegen der übrigen Voraussetzung – § 10e EStG in Anspruch nehmen zu können (vgl. Tz. 5 des BMF-Schreibens vom 25.10.1990, BStBl. I 1990 S. 626).

II. Vfg. OFD Münster vom 08.09.2011 – S 2177 – 193 – St 23-33 –

Bei der Einräumung eines Erbbaurechts an einem zum Betriebsvermögen gehörenden Grundstück sind folgende Fallgestaltungen denkbar:

1. Das Erbbaurecht wird vollentgeltlich bestellt.

In diesem Fall bleibt das Grundstück grundsätzlich Betriebsvermögen. Wie bei einer Verpachtung von Grundstücken stärkt der Erbbauzins die Ertragslage des Betriebes und ist daher geeignet, ihn zu fördern.

2. Das Erbbaurecht wird auf Dauer unentgeltlich bestellt.

Mit der Bestellung des Erbbaurechts gilt das Grundstück als steuerpflichtig entnommen. Im Hinblick auf die Ertraglosigkeit ist das belastete Grundstück auf Dauer nicht mehr geeignet, den Betrieb zu fördern.

3. Das Erbbaurecht wird teilentgeltlich bestellt.

Die Vereinbarung eines verbilligten Erbbauzinses aus außerbetrieblichen Gründen führt nicht zu einer Entnahme des mit dem Erbbaurecht belasteten Grundstücks. Durch die Nutzung, die weiterhin zu laufenden betrieblichen Vorteilen in Gestalt der erzielten Einnahmen führt, verliert das Wirtschaftsgut seine Beziehung zum Betrieb (noch) nicht.

Ein aus außerbetrieblichen Gründen verbilligter Erbbauzins führt in der Regel zu einer Nutzungsentnahme, die mit den (anteiligen) Kosten der außerbetrieblichen Nutzung, höchstens aber mit dem Marktwert der Nutzung, zu bewerten ist.

Unterschreitet der aus außerbetrieblichen Gründen vereinbarte verbilligte Erbbauzins die Geringfügigkeitsgrenze von 10 % des ortsüblichen vollen Erbbauzinses, verliert das mit dem Erbbaurecht belastete Grundstück seine Beziehung zum Betrieb und wird zu notwendigem Privatvermögen, BFH vom 24.03.2011, BStBl. 2011 II S. 692.

---

[1] Siehe dazu auch das BFH-Urteil vom 12.12.1992 (BStBl. 1993 II S. 342) sowie die Vfg der OFD München vom 29.9.1997 (FR 1997 S. 920) und BFH-Urteil vom 22.4.1998 (BStBl. II S. 665) und H 4.3 (2-4) „Keine Entnahme ..."

Anlage § 004–17

Zu § 4 EStG

Abzugsverbot für die Zuwendung von Vorteilen i. S. des § 4 Abs. 5 Satz 1 Nr. 10 EStG

– BdF-Schreiben vom 10.10.2002 – IV A 6 – S 2145 – 35/02 (BStBl. I S. 1031) –

Gliederung

	Tz.
Einleitung	1 – 2
I. Anwendungsbereich des § 4 Abs. 5 Satz 1 Nr. 10 EStG	3 – 4
II. Abzugsverbot (§ 4 Abs. 5 Satz 1 Nr. 10 Satz 1 EStG)	5
1. Zuwendung von Vorteilen sowie damit zusammenhängende Aufwendungen	6 – 8
2. Rechtswidrige Handlung	9 – 11
3. Strafverfolgung, wenn die Tat oder Teile der Tat im Ausland begangen werden	12 – 13
4. Zu einzelnen Tatbeständen	
a) Bestechung (§ 334 StGB)	14
aa) Vorteilsgeber	15
bb) Vorteilsempfänger	16
cc) Bestechung mit Auslandsbezug	17
aaa) Ausweitung des Amtsträgerbegriffs	18
bbb) Ausweitung auf Auslandstaten	19
b) Vorteilsgewährung (§ 333 StGB)	20 – 21
c) Bestechung im geschäftlichen Verkehr (§ 229 Abs. 2 StGB)	
aa) Tatbestandsmerkmale	
aaa) Vorteilsgeber (Täterkreis)	22
bbb) Vorteilsempfänger	23 – 24
bb) Anwendungsbereich	25
cc) Auslandstaten	26
dd) Strafantrag	27
5. Feststellung der Tatbestandserfüllung	28 – 29
6. Belehrungspflicht bei Verdacht der Schmiergeldzahlung und Verwertungsverbot	30
III. Mitteilungs- und Unterrichtungspflichten	
1. Mitteilungspflicht der Finanzbehörde (§ 4 Abs. 5 Satz 1 Nr. 10 Satz 3 EStG)	31 – 32
2. Unterrichtungspflicht der Gerichte, Staatsanwaltschaften und Verwaltungsbehörden (§ 4 Abs. 5 Satz 1 Nr. 10 Satz 2 und 4 EStG)	33
IV. Verhältnis zu anderen Abzugsverboten	34 – 37
V. Sonstige Verwaltungsvorschriften	38
VI. Anwendung	39
Anhang	
Strafgesetzbuch – StGB – (Auszug)	40 – 44
EU-Bestechungsgesetz – EUBestG – (Auszug)	45
Gesetz zur Bekämpfung internationaler Bestechung – IntBestG – (Auszug)	46

Einleitung

1 Die ertragsteuerliche Behandlung von Bestechungsgeldern, Schmiergeldzahlungen und ähnlichen Zuwendungen wie auch deren strafrechtliche Ahndung sind in den vergangenen Jahren mehrfach geändert worden.

Mit § 4 Abs. 5 Satz 1 Nr. 10 EStG i. d. Fassung des Jahressteuergesetzes 1996 vom 11. Oktober 1995 (BGBl. I S. 1250) wurde erstmals ab dem Veranlagungszeitraum 1996 der Betriebsausgabenabzug eingeschränkt. Kern der Regelung war es, die Abzugsmöglichkeit bei Vorliegen einer rechtskräftigen Verurteilung des Zuwendenden oder Empfängers oder einer Einstellung (nach § 153 ff. StPO) zu versagen. Durch die Neufassung des § 4 Abs. 5 Satz 1 Nr. 10 EStG im Steuerentlastungsgesetz 1999/2000/2002 vom 24. März 1999 (BGBl. I S. 402) greift das Abzugsverbot bereits dann ein, wenn die Zuwendung von

Zu § 4 EStG **Anlage § 004–17**

Vorteilen eine rechtswidrige Tat darstellt, die den Tatbestand eines Strafgesetzes oder eines Gesetzes verwirklicht, das die Ahndung mit einer Geldbuße zulässt. Ein schuldhaftes Verhalten des Zuwendenden oder dessen Verurteilung oder eine Einstellung des gegen ihn gerichteten Verfahrens ist nicht mehr erforderlich; auch auf die Verfolgbarkeit kommt es grundsätzlich nicht an (Näheres unter Tz. 9, 12 f.).

Die Strafrechtsnormen, an die die steuerliche Regelung anknüpft, sind durch mehrere Gesetze ausgedehnt worden: **2**

Durch das Gesetz zur Bekämpfung der Korruption vom 13. August 1997 (KorrbekG, BGBl. I S. 2038), in Kraft getreten am 20. August 1997, wurden die Straftatbestände ausgeweitet und die Sanktionen verschärft.

Durch das EU-Bestechungsgesetz vom 10. August 1998 (EUBestG, BGBl. II S. 2340), in Kraft getreten am 22. September 1998, wurden Amtsträger aus EU-Mitgliedsstaaten und Gemeinschaftsbeamte bei Bestechungshandlungen den inländischen Amtsträgern gleichgestellt.

Durch das Gesetz zur Bekämpfung internationaler Bestechung vom 10. September 1998 (IntBestG, BGBl. II S. 2327), in Kraft getreten am 15. Februar 1999, wurden über das EUBestG hinausgehend auch Zuwendungen an Amtsträger (einschl. Parlamentarier) anderer Staaten und internationaler Organisationen im Zusammenhang mit dem internationalen Geschäftsverkehr erfasst.

Im Einvernehmen mit den obersten Finanzbehörden der Länder gilt für die Abziehbarkeit der Zuwendung von Vorteilen nach § 4 Abs. 5 Satz 1 Nr. 10 und § 9 Abs. 5 EStG i. d. Fassung des Steuerentlastungsgesetzes 1999/2000/2002 vom 24. März 1999 (BGBl. I S. 402) Folgendes:

I. Anwendungsbereich des § 4 Abs. 5 Satz 1 Nr. 10 EStG

Die Regelung gilt unmittelbar für die Gewinneinkunftsarten (§ 2 Abs. 1 Nrn. 1 bis 3 EStG) und nach § 9 Abs. 5 EStG sinngemäß für die Überschusseinkunftsarten (§ 2 Abs.1 Nrn. 4 bis 7 EStG). Die Regelung gilt auch für juristische Personen, die ihren Gewinn nach den Vorschriften des EStG zu ermitteln haben (§ 8 Abs. 1 KStG i. V. mit § 4 ff. EStG). **3**

Die Regelung findet nur Anwendung, wenn es sich bei den Aufwendungen um Betriebsausgaben oder Werbungskosten handelt. Sind die Aufwendungen auch privat mitveranlasst, fallen sie unter das Aufteilungs- und Abzugsverbot nach § 12 EStG; bei gesellschaftsrechtlicher Veranlassung handelt es sich um verdeckte Gewinnausschüttungen. **4**

II. Abzugsverbot (§ 4 Abs. 5 Satz 1 Nr. 10 Satz 1 EStG)

Das Abzugsverbot gilt für die Zuwendung von Vorteilen sowie damit zusammenhängende Aufwendungen, wenn die Zuwendung der Vorteile eine rechtswidrige Handlung darstellt, die den Tatbestand eines Strafgesetzes oder eines Gesetzes verwirklicht, das die Ahndung mit einer Geldbuße zulässt. Das Abzugsverbot betrifft nach allgemeinem Sprachgebrauch die Zahlung von Schmier- und Bestechungsgeldern sowie die damit verbundenen Kosten. **5**

1. Zuwendung von Vorteilen sowie damit zusammenhängende Aufwendungen

Ein Vorteil im Sinne der entsprechenden Straf- oder Bußgeldvorschriften ist jede Leistung des Zuwendenden, auf die der Empfänger keinen rechtlich begründeten Anspruch hat und die ihn materiell oder immateriell in seiner wirtschaftlichen, persönlichen oder rechtlichen Situation objektiv besser stellt. **6**

Eine Zuwendung von Vorteilen im Sinne des § 4 Abs. 5 Satz 1 Nr. 10 Satz 1 EStG liegt jedoch nur vor, wenn der Steuerpflichtige eine Betriebsausgabe (Geld- oder Sachzuwendung) getätigt hat. Dies ist nicht der Fall, wenn der Steuerpflichtige nichts aufgewendet hat (z. B. bei entgangenen Einnahmen für die Erbringung unentgeltlicher Dienstleistungen, für die Hingabe eines verbilligten oder zinslosen Darlehens, für die Gewährung von Rabatten). Unerheblich ist, ob der Empfänger bereichert ist. **7**

Es muss sich um Vorteilszuwendungen des Steuerpflichtigen oder um solche, die ihm zuzurechnen sind, handeln. Dabei kommt es auf das Verhalten des Unternehmers oder des Mitunternehmers (Gesellschafter) oder der vertretungsberechtigten Personen oder Organe an (Vorstand, Geschäftsführer, Prokuristen, Handlungsbevollmächtigte; vgl. i. e. § 30 Abs. 1 Nr. 1 bis 4 OWiG).

Haben Mitarbeiter eines Unternehmens gehandelt, ist auf die rechtswidrige Handlung des Unternehmers, eines Mitunternehmers, der vertretungsberechtigten Personen oder Organe (Anstiftung, Mittäterschaft oder Beihilfe) abzustellen. Die Vorteilszuwendung ist dem Steuerpflichtigen auch zuzurechnen, wenn er oder eine seiner vertretungsberechtigten Personen oder Organe nachträglich von einer Vorteilszuwendung eines sonstigen Mitarbeiters erfahren und diese genehmigen.

Mit der Zuwendung von Vorteilen zusammenhängende Aufwendungen liegen insbesondere vor bei sog. Transaktionskosten (z. B. Reise-, Transport-, Telefonkosten) und Nebenkosten im Zusammenhang mit **8**

1067

Anlage § 004–17

Zu § 4 EStG

den einschlägigen Straftaten und Ordnungswidrigkeiten (z. B. Beratungs-, Verteidigungs- und Gerichtskosten).[1]

2. Rechtswidrige Handlung

9 Erforderlich ist, dass die Zuwendung der Vorteile eine rechtswidrige Handlung darstellt, die den Tatbestand eines deutschen Strafgesetzes (vgl. § 11 Abs. 1 Nr. 5 StGB, Wortlaut siehe Tz. 46) oder eines deutschen Gesetzes erfüllt, das die Ahndung mit einer Geldbuße zulässt.
Inwieweit eine Genehmigung der Annahme des Vorteils die Rechtswidrigkeit entfallen lässt, ist bei jeder Regelung gesondert zu prüfen. Dies ist jedenfalls dann der Fall, wenn bei einer Vorteilsgewährung im Sinne des § 333 StGB dem Annehmenden vor der Annahme eine Genehmigung in wirksamer Weise erteilt wird (vgl. § 333 Abs. 3 StGB). Nachträgliche Genehmigungen können ggf. auch die Rechtswidrigkeit entfallen lassen. Der Nachweis eines schuldhaften Verhaltens ist nicht mehr erforderlich. Auch auf die Verfolgbarkeit kommt es nicht mehr an. Die neue Regelung ist daher auch dann anwendbar, wenn ein etwa erforderlicher Strafantrag (vgl. § 301 StGB, dazu Tz. 27) nicht gestellt wird oder straf- oder bußgeldrechtlich bereits Verjährung eingetreten ist.

10 H 24 (Zuwendungen) EStH enthält eine zurzeit abschließende Aufzählung der in Betracht kommenden Tatbestände des Straf- und Ordnungswidrigkeitenrechts. Etwaige künftige gesetzliche Ergänzungen (insbesondere als Folge der Umsetzung weiterer internationaler Rechtsinstrumente) sind zu beachten.

11 Die Tatbestandserfüllung setzt voraus, dass der Steuerpflichtige tatsächlich betrieblich veranlasste Aufwendungen getätigt und den Tatbestand einer Strafrechts- oder Bußgeldnorm erfüllt hat; dies ist bei den Tatbestandsalternativen des bloßen Anbietens oder Versprechens nicht der Fall.

3. Strafverfolgung, wenn die Tat oder Teile der Tat im Ausland begangen werden

12 Wird die Tat ganz oder teilweise im Ausland begangen, so ist im Rahmen der Prüfung der Tatbestandsmäßigkeit zunächst zu klären, ob die konkrete Tat vom Schutzbereich des deutschen Straftatbestandes erfasst wird. Die Fassung eines Tatbestandes und dessen Auslegung kann ergeben, dass dieser sich auf den Schutz inländischer Schutzgüter beschränkt, was insbesondere bei § 108b StGB und Ordnungswidrigkeiten der Fall ist (z. B. bei §§ 119 Abs. 1 Nr. 1 BetrVerfG; § 81 Abs. 1 Nr. 1 GWB; § 405 Abs. 3 Nr. 2 AktB, § 152 Abs. 1 Nr. 1 GenG) oder nur beschränkt nicht deutsche Interessen schützt (vgl. z. B. § 108e StGB hinsichtlich des Stimmenkaufs von EP-Abgeordneten); vgl. auch die Ergänzung durch Art. 2 § 2 IntBestG; s. auch die inlandsbezogene Beschränkung in Art. 7 Abs. 2 Nr. 10.4 StRÄndG. Bei § 299 StGB (Wortlaut siehe Tz. 42) ist zu beachten, dass damit zunächst nur der Wettbewerb deutscher Unternehmen geschützt war und der Anwendungsbereich dieser Vorschrift erst durch das Anfügen eines Absatzes 3 an § 299 StGB durch das Gesetz vom 22. August 2002 (BGBl. I S. 3387) mit Wirkung vom 30. August 2002 auf Handlungen im ausländischen Wettbewerb ausgedehnt worden ist. Sodann ist in einem zweiten Schritt zu prüfen, ob die im Ausland begangene Tat auch im Inland verfolgbar wäre, z. B. wenn eine Zuwendung von einem (ausländischen) Mitarbeiter eines deutschen Unternehmens an eine Person im Ausland erfolgt (§§ 3 bis 9 StGB, Wortlaut siehe Tz. 40).

13 Wenn nicht eine grenzüberschreitende Tat gemäß § 3 StGB vorliegt, findet § 7 StGB Anwendung, sodass es im Wesentlichen auf die Strafbarkeit der Tat im Ausland ankommt.
Eine Inlandstat, für die nach § 3 StGB das deutsche Strafrecht gilt, liegt nach § 9 Abs. 1 StGB bereits dann vor, wenn die Tat z. B. im Rahmen einer mittäterschaftlichen Begehungsweise teilweise in Deutschland begangen wurde. Dasselbe gilt für eine Anstiftungs- oder Beihilfehandlung, die in Deutschland begangen wurde (§ 9 Abs. 2 StGB).
Eine Inlandstat liegt auch dann vor, wenn der Willensentschluss zur Tat von inländischen vertretungsberechtigten Personen oder Organen (vgl. auch § 30 Abs. 1 Nr. 1 – 4 OWiG) als Tatbeteiligten getragen wurde oder diese die erforderlichen Mittel bereitstellten.
Voll im Ausland verwirklichte Taten können daher im Inland grundsätzlich nur dann verfolgt werden, wenn die Voraussetzungen des § 7 StGB (s. Tz. 40) vorliegen (die Regelungen im EU-BestG und im IntBestG gehen weiter, vgl. Tz. 45 und 46).
Ordnungswidrigkeiten können grundsätzlich nur bei Begehung im Inland geahndet werden (vgl. § 5 OWiG), was eine Erfassung grenzüberschreitender Taten nicht ausschließt (vgl. § 7 OWiG).

---

1) Siehe dazu auch FM Schleswig-Holstein vom 29.7.2010 – VI 304 – S 2145 – 100/1:
„Nehmen Arbeitnehmer auf Veranlassung ihres Arbeitgebers an einer für Geschäftspartner durchgeführten, dem Grunde nach aber strafbewehrten Incentive-Reise teil, so ist die Auffassung zu vertreten,
 • dass auch die für die eigenen Arbeitnehmer anfallenden Reisekosten als „damit zusammenhängende Aufwendungen" zu werten sind und ebenfalls dem Abzugsverbot des § 4 Absatz 5 Satz 1 Nr. 10 Satz 1 EStG unterliegen,
 • dass dieses Abzugsverbot aber nicht für die Lohnsteuerübernahme greift, wenn die Reiseteilnahme der Arbeitnehmer als lohnsteuerpflichtiger geldwerter Vorteil zu werten ist."

Zu § 4 EStG

Anlage § 004–17

4. Zu einzelnen Tatbeständen

a) Bestechung (§ 334 StGB; Wortlaut siehe Tz. 44)

Die durch das KorrbekG geänderte Vorschrift (anwendbar ab 20. August 1997, s. Tz. 2) unterscheidet sich von der Vorteilsgewährung (§ 333 StGB) insbesondere darin, das bei der Bestechung die Vorteilsgewährung in Beziehung zu einer pflichtwidrigen Handlung des Amtsträgers steht. 14

aa) Vorteilsgeber

Es muss sich um dem Steuerpflichtigen zurechenbare Vorteilszuwendungen handeln (vgl. Tz. 7). 15

bb) Vorteilsempfänger

Der Vorteil muss einem Amtsträger oder einem für den öffentlichen Dienst besonders Verpflichteten i. S. d. § 11 StGB (Wortlaut siehe Tz. 41) zugewendet werden. 16

Die Amtsträgereigenschaft setzt die Wahrnehmung von Aufgaben der öffentlichen Verwaltung voraus. Hierzu zählt auch die Leistungsverwaltung zur Daseinsvorsorge, die zunehmend in privatrechtlich organisierter Form ausgeführt wird. Maßgeblich ist die Art einer Aufgabe; es kommt nicht darauf an, in welcher Form, etwa mit Hilfe einer Kapitalgesellschaft, eine Aufgabe wahrgenommen wird.

cc) Bestechung mit Auslandsbezug

Durch das EU-BestG (Wortlaut siehe Tz. 45) und das IntBestG (Wortlaut siehe Tz. 46) werden sowohl der Amtsträgerbegriff auf ausländische Amtsträger als auch die Geltung des deutschen Strafrechts auf bestimmte im Ausland begangene Taten ausgeweitet. 17

aaa) Ausweitung des Amtsträgerbegriffes

Durch Art. 2 § 1 EU-BestG wird die Anwendung des § 334 StGB auf Amtsträger und Richter eines anderen Mitgliedstaates der EU und auf Amtsträger der EU ausgeweitet. 18

Durch Art. 2 § 1 IntBestG wird die Anwendung des § 334 StGB auf Amtsträger eines ausländischen Staates und auf eine Person, die beauftragt ist, bei einer oder für eine Behörde eines ausländischen Staats, für ein öffentliches Unternehmen mit Sitz im Ausland oder sonst öffentliche Aufgaben für einen ausländischen Staat wahrzunehmen, ausgeweitet. Es handelt sich hierbei, insbesondere bei der Regelung in Buchstabe b, um einen im Vergleich mit § 11 Abs. 1 Nr. 2 StGB weiteren Amtsträgerbegriff. Ausreichend ist eine bloße Beauftragung im Gegensatz zu einer förmlichen Bestellung oder Verpflichtung; so dass schon eine einmalige Auftragserteilung zur Wahrnehmung öffentlicher Aufgaben zur Anwendbarkeit der Vorschrift führt. Aus den Erläuterungen zu dem OECD-Übereinkommen über die Bekämpfung der Bestechung ausländischer Amtsträger im internationalen Geschäftsverkehr vom 17. Dezember 1997, das durch das IntBestG ins deutsche Recht umgesetzt wurde, ergibt sich, dass der Begriff des „ausländischen Amtsträgers" hier sehr weit zu verstehen ist. Insbesondere gilt als „öffentliches Unternehmen" ungeachtet seiner Rechtsform jedes Unternehmen, das unmittelbar oder mittelbar von der öffentlichen Hand beherrscht wird. Auch kann unter besonderen Umständen Staatsgewalt tatsächlich von Personen ausgeübt werden (in Einparteienstaaten z. B. von Funktionären der politischen Partei), die nicht offiziell zu Amtsträgern ernannt worden sind. Die Regelung bezieht sich nicht nur auf Amtsträger aus OECD-Staaten, sondern aller Staaten.

bbb) Ausweitung auf Auslandstaten

Art. 2 § 2 EU-BestG weitet den Anwendungsbereich des § 334 StGB auf Auslandstaten aus (z. B. wenn der Täter Deutscher ist, s. Tz. 50). Nach Art. 2 § 3 IntBestG gilt das deutsche Strafrecht für bestimmte Taten, die von einem Deutschen unabhängig vom Recht des Tatorts im Ausland begangen werden. Nach dem durch Art. 2 § 3 EU-BestG in das Strafgesetzbuch eingefügten § 5 Nr. 14a kann die Abgeordnetenbestechung nach § 108e StGB unabhängig vom Recht des Tatorts dann bestraft werden, wenn der Täter zur Zeit der Tat Deutscher ist oder die Tat gegenüber einem Deutschen begangen wird. 19

b) Vorteilsgewährung (§ 333 StGB; Wortlaut siehe Tz. 43)

Von den Tatbestandsalternativen des § 333 StGB kommt nur die Alternative der Vorteilsgewährung in Betracht. Die Vorschrift schützt als Rechtsgut die Lauterkeit des deutschen öffentlichen Dienstes und das Vertrauen der Allgemeinheit in diese Lauterkeit. Es werden sowohl Fälle erfasst, in denen sich die Vorteilsgewährung auf eine in der Vergangenheit liegende Dienstausübung bezieht, als auch solche, in denen sich die Vorteilsgewährung auf eine künftige Dienstausübung bezieht. Die Vorschrift betrifft nur nicht pflichtwidrige Handlungen; andernfalls kommt § 334 StGB – Bestechung – zur Anwendung. 20

Bis zur Neufassung der Vorschrift durch das KorrbekG (anwendbar ab 20. August 1997, s. Tz. 2) kam eine Strafbarkeit nur in Betracht, wenn dem Amtsträger als Gegenleistung für eine konkrete Dienstleistung ein Vorteil angeboten, versprochen oder gewährt wurde. Der Tatbestand setzte daher voraus, 21

Anlage § 004–17

Zu § 4 EStG

dass zwischen dem Vorteil und einer Diensthandlung ein Beziehungsverhältnis bestand, das häufig als „Unrechtsvereinbarung" bezeichnet wurde. Mit der Neufassung wurde der Straftatbestand der Vorteilsgewährung dahingehend geändert, dass bereits das Anbieten, Versprechen oder Gewähren von Vorteilen „für die Dienstausübung" unter Strafe gestellt wurde. Mit dieser Formulierung wurde klargestellt, dass weiterhin eine Beziehung zwischen der Vorteilsannahme und den Diensthandlungen des Amtsträgers bestehen muss. Lediglich eine hinreichend bestimmte Diensthandlung als „Gegenleistung" muss nicht mehr nachgewiesen werden; ein Bezug zu einer konkreten Diensthandlung ist also nicht mehr erforderlich. Die Ausführungen unter § 334 StGB zum Vorteilsgeber (siehe Tz. 15) und zum Vorteilsempfänger (siehe Tz. 16) gelten entsprechend; Tzn. 17 bis 19 (Bestechung mit Auslandsbezug) finden hingegen keine Anwendung.

Nach den Vorstellungen des Gesetzgebers des KorrbekG bildet § 333 StGB einen Auffangtatbestand für die in der Praxis häufigen Fälle, in denen der Tatbestand der Bestechung (§ 334 StGB) nicht zweifelsfrei nachgewiesen werden kann.

c) Bestechung im geschäftlichen Verkehr (§ 299 Abs. 2 StGB; wortlaut siehe Tz. 42)

aa) Tatbestandsmerkmale

aaa) Vorteilsgeber

22 Es muss sich um dem Steuerpflichtigen zurechenbare Vorteilszuwendungen handeln (vgl. Tz. 7).

bbb) Vorteilsempfänger

23 Jeder, der aufgrund seiner gegenwärtigen Stellung im Betrieb berechtigt ist, für diesen zu handeln, eine Einfluss auf die im Betrieb zu treffenden Entscheidungen besitzt und dem es als ausschließlich an die Interessen seines Geschäftsherrn gebundenem Beauftragten verwehrt ist, ein Entgelt von der anderen Seite anzunehmen, wird von § 299 StGB erfasst. Ein dauerhaftes Arbeits- und Dienstverhältnis ist nicht Voraussetzung, da der Begriff „Beauftragter" auch ins Unternehmen eingegliederte Mitarbeiter von Personalüberlassungsfirmen, Partner von Werksverträgen mit dem Unternehmen, Vereins-, Vorstands- oder Aufsichtsratsvorsitzende erfasst.

24 Die Vorschrift des § 299 StGB ist nicht auf den Geschäftsinhaber anwendbar, selbst wenn dieser formell in einem Angestelltenverhältnis zum Unternehmen steht (z. B. GmbH-Geschäftsführer, der gleichzeitig Alleingesellschafter ist). Er ist beim Abschluss von Verträgen völlig frei und darf sich auch von unsachlichen Motiven wie „Sonderleistungen" leiten lassen.

bb) Anwendungsbereich

25 Bis zur Überführung des Straftatbestandes in das StGB durch das KorrbekG wurde die Vorschrift (§ 12 UWG) aufgrund ihres Standortes im UWG so ausgelegt, dass nur Tathandlungen erfasst wurden, die tatsächliche oder potenzielle wettbewerbsverzerrende Auswirkungen auf den deutschen Markt haben, da nur der Schutz des inländischen Wettbewerbs und der Interessen der inländischen Mitbewerber Zweck der Vorschrift sei und deutschen Unternehmen kein Wettbewerbsnachteil auf ausländischen Märkten dadurch entstehen dürfe, dass sie strengeren Regelungen unterliegen. Die auf diesem Schutzbereich beruhende Auslegung sollte nach dem Willen des Gesetzgebers auch bei Überführung in das StGB unverändert bleiben (BT-Drucks. 13/5584 S. 15). Durch das Anfügen eines Absatzes 3 an § 299 StGB durch das Gesetz vom 22. August 2002 (BGBl. I S. 3387) ist § 299 StGB mit Wirkung vom 30. August 2002 auch auf auslandsbezogene Fälle anwendbar.

cc) Auslandstaten

26 Neben dem Anwendungsbereich des § 299 StGB ist in einem zweiten Schritt zu prüfen, ob die im Ausland begangene Straftat auch im Inland verfolgbar wäre. §§ 3 – 9 StGB, siehe Ausführungen zu Tzn. 12 und 13.

dd) Strafantrag

27 Nach § 301 StGB werden die Bestechlichkeit und Bestechung im geschäftlichen Verkehr nur auf Antrag verfolgt, es sei denn, dass die Strafverfolgungsbehörde wegen des besonderen öffentlichen Interesses an der Strafverfolgung ein Einschreiten von Amts wegen für geboten hält. Für den Ausschluss vom Betriebsausgabenabzug ist die Stellung eines Strafantrags unbeachtlich.

5. Feststellung der Tatbestandserfüllung

28 Ist der Betriebsausgabencharakter einer Vorteilszuwendung unstreitig, behauptet die Finanzbehörde aber, dass die Voraussetzungen für die Anwendung des Abzugsverbots nach § 4 Abs. 5 Satz 1 Nr. 10 EStG erfüllt sind, trifft die Finanzbehörde die Feststellungslast.

Die Finanzbehörde kann daher nur dann den Betriebsausgabenabzug nach § 4 Abs. 5 Satz 1 Nr. 10 EStG 29
versagen, wenn sie feststellt, dass ein Straf- oder Bußgeldtatbestand durch eine rechtswidrige Handlung
i. S. d. § 4 Abs. 5 Satz 1 Nr. 10 EStG erfüllt ist. Ist dies nicht der Fall, sondern sind Tatsachen festgestellt
worden, die lediglich einen dahingehenden Verdacht begründen, ist die Steuer, soweit dies verfahrensrechtlich noch möglich ist, vorläufig nach § 165 AO festzusetzen, wobei der Betriebsausgabenabzug
regelmäßig zu gewähren ist; der Staatsanwaltschaft oder Verwaltungsbehörde ist gemäß § 4 Abs. 5 Satz 1
Nr. 10 Satz 3 EStG der Verdacht mitzuteilen. Ist der Verdacht im Rahmen einer Betriebsprüfung auf-
getreten, ist diese nach Möglichkeit abzuschließen. Im Falle einer vorläufigen Steuerfestsetzung ist nach
Unterrichtung der Finanzbehörde durch die Staatsanwaltschaft oder die Verwaltungsbehörde über den
Ausgang des Verfahrens und die zugrundeliegenden Tatsachen gemäß § 4 Abs. 5 Satz 1 Nr. 10 Satz 4
EStG die vorläufige Steuerfestsetzung aufzuheben, zu ändern oder für endgültig zu erklären (§ 165
Abs. 2 Satz 2 AO).

6. Belehrungspflicht bei Verdacht der Vorteilszuwendung und Verwertungsverbot [1)]

Bei Aufforderungen an den Steuerpflichtigen zur Mitwirkung an der Sachverhaltsaufklärung, die ver- 30
muteten Vorteilszuwendungen zum Gegenstand haben (auch bei Benennungsverlangen nach § 160 AO),
hat die Finanzbehörde den Steuerpflichtigen über

– die mögliche Mitteilungspflicht nach § 4 Abs. 5 Satz 1 Nr. 10 Satz 3 EStG (vgl. Tzn. 31 – 32),
– die Möglichkeit der straf- bzw. bußgeldrechtlichen Selbstbelastung und
– das Zwangsmittelverbot

zu belehren. Dies folgt aus dem allgemeinen Grundsatz des Verbots des Zwangs zur straf- und bußgeldrechtlichen Selbstbelastung, ggf. auch aus § 393 AO, nämlich dann, wenn auch eine Steuerstraftat
oder eine Steuerordnungswidrigkeit vorliegen kann. Dies kommt dann in Betracht,

– wenn durch die Vorteilszuwendung ein Straf- oder Bußgeldtatbestand verwirklicht wurde und somit
  das einkommensteuerliche Abzugsverbot eingreift,
– der Steuerpflichtige gleichwohl die Zuwendung als Betriebsausgabe absetzt,
– die Finanzbehörde über die Gewinnminderung im Unklaren lässt und
– dadurch seiner Pflicht zur Abgabe einer wahrheitsgemäßen Steuererklärung nicht nachkommt.

Bei einem Verstoß gegen die Belehrungspflicht dürfen die erlangten Kenntnisse grundsätzlich nicht
strafrechtlich verwertet werden (Ausnahmen z. B.: der Beschuldigte kannte zu Beginn seiner Aussage
sein Schweigerecht auch ohne entsprechende Belehrung und sagt trotzdem aus, oder der anwaltlich
vertretene Beschuldigte/der nicht vertretene Beschuldigte nach entsprechender Belehrung widerspricht
der Verwertung einer Angaben nicht). Ihre Verwertung im Besteuerungsverfahren hingegen ist zulässig.

III. Mitteilungs- und Unterrichtungspflichten

1. Mitteilungspflicht der Finanzbehörde (§ 4 Abs. 5 Satz 1 Nr. 10 Satz 3 EStG) [2)]

Die Finanzbehörde darf Tatsachen, die den Verdacht einer Straftat im Sinne des § 4 Abs. 5 Satz 1 Nr. 10 31
Satz 1 EStG begründen, nach § 30 Abs. 4 AO mitteilen. Eine Mitteilungspflicht besteht jedenfalls dann,
wenn der Steuerpflichtige die Vorteilszuwendungen in der steuerlichen Gewinn- und Einkommensermittlung als Betriebsausgaben abgezogen hat.

Eine Mitteilungspflicht besteht im Regelfall nicht schon dann, wenn das Abzugsverbot nicht anwendbar 32
ist (insbesondere bei privat mitveranlassten Aufwendungen, Tz. 4, bei einer Vorteilszuwendungen, die
nicht zu einer Betriebsausgabe geführt hat, z. B. bei verbilligten Darlehen, Tz. 7, bei Versagung des Betriebsausgabenabzugs nach § 4 Abs. 5 Satz 1 Nrn. 1 bis 4 EStG oder bei Anwendung des Abzugsverbots
wegen Nichtverfolgung eines Benennungsverlangens nach § 160 AO, Tzn. 34 bis 37). In diesen Fällen
ist aber immer zu prüfen, ob eine Mitteilung nach § 30 Abs. 4 Nr. 5 Buchstabe b AO (AEAO zu § 30 AO,

---

1) Vgl. dazu auch Vfg OFD München vom 11.7.2003 – S 2145 – 27 St 41:
   Bei einem Verstoß gegen die Belehrungspflicht dürfen die erlangten Kenntnisse nach Rdn. 30 des BMF-Schreibens
   vom 10.10.2002 grundsätzlich nicht strafrechtlich verwertet werden. Da über die Frage des strafrechtlichen Ver-
   wertungsverbots letztlich im Strafverfahren zu entscheiden ist, besteht die Mitteilungspflicht bei Vorliegen der
   übrigen Voraussetzungen unabhängig davon, ob ein strafrechtliches Verwertungsverbot eingreift.

2) Mit Beschluss vom 14.7.2008 (BStBl. II S. 850) hat der BFH entschieden, dass die Finanzbehörde bereits dann
   verpflichtet ist, erlangte Kenntnisse über die Zuwendung von Vorteilen iSv. § 4 Abs. 5 Nr. 10 Satz 1 EStG an die
   Strafverfolgungsbehörden weiterzuleiten, wenn ein Anfangsverdacht gem. § 152 Abs. 2 StPO besteht. § 4 Abs. 5
   Nr. 10 Satz 3 EStG müsse in diesem Sinne ausgelegt werden, denn es sei sinnwidrig, die Mitteilung von einem
   Verdachtsgrad abhängig zu machen, der über den für die Einleitung eines Ermittlungsverfahrens durch die Staats-
   anwaltschaft erforderlichen Verdachtsgrad hinausgeht.

Anlage § 004–17

Zu § 4 EStG

8.1 und 8.3) in Betracht kommt und ggf. bei Hinzutreten weiterer Umstände sogar eine Mitteilungspflicht aufgrund einer Ermessensreduzierung besteht.

2. Unterrichtungspflicht der Gerichte, Staatsanwaltschaften und Verwaltungsbehörden (§ 4 Abs. 5 Satz 1 Nr. 10 Satz 2 und 4 EStG)

33 Staatsanwaltschaft oder Verwaltungsbehörde haben die Finanzbehörde in Fällen, in denen die Finanzbehörde ihnen Tatsachen, die den Verdacht einer Vorteilszuwendung begründen, mitgeteilt hat, über den Ausgang des Verfahrens und die zugrunde liegenden Tatsachen zu unterrichten.

Die Unterrichtungspflicht stellt sicher, dass es zwischen Finanzbehörde und den Strafverfolgsbehörden und Strafgerichten nicht zu unterschiedlichen Entscheidungen über die Verwirklichung eines Straftatbestandes kommt.

Nach § 4 Abs. 5 Satz 1 Nr. 10 Satz 2 EStG haben Gerichte, Staatsanwaltschaften oder Verwaltungsbehörden Tatsachen, die den Verdacht einer Vorteilsgewährung oder Bestechung begründen, den Finanzbehörden für Zwecke des Besteuerungsverfahrens und der Verfolgung von Steuerstraftaten unverzüglich mitzuteilen.

IV. Verhältnis zu anderen Abzugsverboten

34 Die Nichtabziehbarkeit von Vorteilszuwendungen als Betriebsausgaben kann sich auch aus den Regelungen in § 4 Abs. 5 Satz 1 Nrn. 1 bis 4 EStG und aus der Nichtbefolgung eines Benennungsverlangens nach § 160 AO ergeben.

35 Kommt eine Anwendung verschiedener Abzugsverbote in Betracht, ist vorrangig nicht auf steuersystematische, sondern auf verfahrensökonomische Gesichtspunkte abzustellen. Nach Nr. 1 des AE zu § 88 AO darf für die Anforderungen, die an die Aufklärungspflicht der Finanzbehörden zu stellen sind, die Erwägung eine Rolle spielen, dass die Aufklärung einen nicht mehr vertretbaren Zeitaufwand erfordert. Dabei kann auf das Verhältnis zwischen voraussichtlichem Arbeitsaufwand und steuerlichem Erfolg abgestellt werden. Die Finanzbehörde kann den Angaben eines Steuerpflichtigen Glauben schenken, wenn nicht greifbare Umstände vorliegen, die darauf hindeuten, dass seine Angaben falsch oder unvollständig sind (Nr. 2 des AE zu § 88 AO).

36 Sind der Finanzbehörde lediglich Tatsachen bekannt, die den Verdacht einer straf- oder bußgeldbewehrten Vorteilszuwendung begründen, hat sie zur Ermittlung eines unbekannten Zahlungsempfängers ein Benennungsverlangen nach § 160 AO zu stellen. Dies setzt allerdings voraus, dass die Finanzbehörde zunächst ihrer Belehrungspflicht nachkommt. Kommt der Steuerpflichtige dem Benennungsverlangen nicht nach und kann die Finanzbehörde voraussichtlich die Tatbestandserfüllung einer Vorteilszuwendung nicht zweifelsfrei nachweisen, ist es aus Gründen der Verfahrenserleichterung nicht zu beanstanden, wenn die Nichtabziehbarkeit derartiger Betriebsausgaben auf § 160 AO gestützt wird (vgl. Tz. 35).

37 Sind die Voraussetzungen für eine Anwendung des Abzugsverbots nach § 4 Abs. 5 Satz 1 Nr. 10 EStG zweifelsfrei erfüllt, kommt eine Anwendung des § 160 AO – Benennungsverlangen und ggf. bei Nichtbefolgung Abzugsverbot – nicht in Betracht, da die einzig mögliche Rechtsfolge der Nichtbefolgung des Benennungsverlangens bereits durch die einkommensteuerrechtliche Regelung eintritt.

V. Sonstige Verwaltungsvorschriften

38 Die Anweisungen für das Straf- und Bußgeldverfahren (Steuer) – AStBV (Steuer) – (BStBl. 1996 I S. 959) und die Allgemeine Verwaltungsvorschrift für die Betriebsprüfung – BpO 2000 – (BStBl. 2000 I S. 368) enthalten allgemeine Regelungen hinsichtlich der Verfahrensweise bei Vorliegen eines Verdachts von (Steuer-) Straftaten.

VI. Anwendung

39 Die Erläuterungen und Regelungen dieses Schreibens finden auch auf § 4 Abs. 5 Satz 1 Nr. 10 EStG in der Fassung des Jahressteuergesetzes 1996 vom 11. Oktober 1995 (BGBl. I S. 1250) Anwendung, soweit dem nicht entgegensteht, dass nach der älteren Fassung eine rechtskräftige Verurteilung nach einem Strafgesetz, eine Verfahrenseinstellung gemäß §§ 153 bis 154e StPO oder eine rechtskräftige Verhängung einer Geldbuße Voraussetzung für das Abzugsverbot ist. Der Anwendungszeitraum der Straf- und Bußgeldvorschriften in ihrer jeweiligen Fassung ist zu beachten.

Anhang

Strafgesetzbuch – StGB – (Auszug)

Die §§ 3 – 9 StGB lauten auszugsweise: **40**

„*§ 3 Geltung für Inlandstaten*
Das deutsche Strafrecht gilt für Taten, die im Inland begangen werden.
§ 4 Geltung für Taten auf deutschen Schiffen und Luftfahrzeugen
...
§ 5 Auslandstaten gegen inländische Rechtsgüter (nicht einschlägig)
§ 6 Auslandstaten gegen international geschützte Rechtsgüter (nicht einschlägig)
§ 7 Geltung für Auslandstaten in anderen Fällen
(1) Das deutsche Strafrecht gilt für Taten, die im Ausland gegen einen Deutschen begangen werden, wenn die Tat am Tatort mit Strafe bedroht ist oder der Tatort keiner Strafgewalt unterliegt.
(2) Für andere Taten, die im Ausland begangen werden, gilt das deutsche Strafrecht, wenn die Tat am Tatort mit Strafe bedroht ist oder der Tatort keiner Strafgewalt unterliegt und wenn der Täter
1. zur Zeit der Tat Deutscher war oder es nach der Tat geworden ist oder
2. zur Zeit der Tat Ausländer war, im Inland betroffen und, obwohl das Auslieferungsgesetz seine Auslieferung nach der Art der Tat zuließe, nicht ausgeliefert wird, weil ein Auslieferungsersuchen nicht gestellt oder abgelehnt wird oder die Auslieferung nicht ausführbar ist.
§ 8 Zeit der Tat
...
§ 9 Ort der Tat
(1) Eine Tat ist an jenem Ort begangen, an dem der Täter gehandelt hat oder im Falle des Unterlassens hätte handeln müssen oder an dem der zum Tatbestand gehörende Erfolg eingetreten ist oder nach der Vorstellung des Täters eintreten sollte.
(2) Die Teilnahme ist sowohl an dem Ort begangen, an dem die Tat begangen ist, als auch an jedem Ort, an dem der Teilnehmer gehandelt hat oder im Falle des Unterlassens hätte handeln müssen oder an dem nach seiner Vorstellung die Tat begangen werden sollte. Hat der Teilnehmer an einer Auslandstat im Inland gehandelt, so gilt für die Teilnahme das deutsche Strafrecht, auch wenn die Tat nach dem Recht des Tatorts nicht mit Strafe bedroht ist."

§ 11 StGB lautet auszugsweise: **41**

„*§ 11 Personen- und Sachbegriffe*
(1) Im Sinne dieses Gesetzes ist
1. ...
2. *Amtsträger:*
   wer nach deutschem Recht
   a) *Beamter oder Richter ist,*
   b) *in einem sonstigen öffentlich-rechtlichen Amtsverhältnis steht oder*
   c) *sonst dazu bestellt ist, bei einer Behörde oder bei einer sonstigen Stelle oder in deren Auftrag Aufgaben der öffentlichen Verwaltung unbeschadet der zur Aufgabenerfüllung gewählten Organisationsform wahrzunehmen;*
3. *Richter:*
   wer nach deutschem Recht Berufsrichter oder ehrenamtlicher Richter ist;
4. *für den öffentlichen Dienst besonders Verpflichteter: wer, ohne Amtsträger zu sein,*
   a) *bei einer Behörde oder bei einer sonstigen Stelle, die Aufgaben der öffentlichen Verwaltung wahrnimmt, oder*
   b) *bei einem Verband oder sonstigen Zusammenschluss, Betrieb oder Unternehmen, die für eine Behörde oder für eine sonstige Stelle Aufgaben der öffentlichen Verwaltung ausführen,*
   beschäftigt oder für sie tätig und auf die gewissenhafte Erfüllung seiner Obliegenheiten auf Grund eines Gesetzes förmlich verpflichtet ist;
5. *rechtswidrige Tat:*
   nur eine solche, die den Tatbestand eines Strafgesetzes verwirklicht;
6. ...*"*

Anlage § 004–17

Zu § 4 EStG

42 § 299 StGB lautet:

„§ 299 Bestechlichkeit und Bestechung im geschäftlichen Verkehr

(1) Wer als Angestellter oder Beauftragter eines geschäftlichen Betriebes im geschäftlichen Verkehr einen Vorteil für sich oder einen Dritten als Gegenleistung dafür fordert, sich versprechen lässt oder annimmt, dass er einen anderen bei dem Bezug von Waren oder gewerblichen Leistungen im Wettbewerb in unlauterer Weise bevorzuge, wird mit Freiheitsstrafe bis zu drei Jahren oder mit Geldstrafe bestraft.

(2) Ebenso wird bestraft, wer im geschäftlichen Verkehr zu Zwecken des Wettbewerbs einem Angestellten oder Beauftragten eines geschäftlichen Betriebes einen Vorteil für diesen oder einen Dritten als Gegenleistung dafür anbietet, verspricht oder gewährt, dass er ihn oder einen anderen bei dem Bezug von Waren oder gewerblichen Leistungen in unlauterer Weise bevorzuge.

(3) Die Absätze 1 und 2 gelten auch für Handlungen im ausländischen Wettbewerb."

43 § 333 StGB lautet:

„§ 333 Vorteilsgewährung

(1) Wer einem Amtsträger, einem für den öffentlichen Dienst besonders Verpflichteten oder einem Soldaten der Bundeswehr für die Dienstausübung einen Vorteil für diesen oder einen Dritten anbietet, verspricht oder gewährt, wird mit Freiheitsstrafe bis zu drei Jahren oder mit Geldstrafe bestraft.

(2) Wer einem Richter oder Schiedsrichter einen Vorteil für diesen oder einen Dritten als Gegenleistung dafür anbietet, verspricht oder gewährt, dass er eine richterliche Handlung vorgenommen hat oder künftig vornehme, wird mit Freiheitsstrafe bis zu fünf Jahren oder mit Geldstrafe bestraft.

(3) Die Tat ist nicht nach Absatz 1 strafbar, wenn die zuständige Behörde im Rahmen ihrer Befugnisse entweder die Annahme des Vorteils durch den Empfänger vorher genehmigt hat oder sie auf unverzügliche Anzeige des Empfängers genehmigt."

44 § 334 StGB lautet:

„§ 334 Bestechung

(1) Wer einem Amtsträger, einem für den öffentlichen Dienst besonders Verpflichteten oder einem Soldaten der Bundeswehr einen Vorteil für diesen oder einen Dritten als Gegenleistung dafür anbietet, verspricht oder gewährt, dass er eine Diensthandlung vorgenommen hat oder künftig vornehme und dadurch seine Dienstpflichten verletzt hat oder verletzen würde, wird mit Freiheitsstrafe von drei Monaten bis zu fünf Jahren bestraft. In minderschweren Fällen ist die Strafe Freiheitsstrafe bis zu zwei Jahren oder Geldstrafe.

(2) Wer einem Richter oder Schiedsrichter einen Vorteil für diesen oder einen Dritten als Gegenleistung dafür anbietet, verspricht oder gewährt, dass er eine richterliche Handlung

 1. vorgenommen und dadurch seine richterlichen Pflichten verletzt hat oder

 2. künftig vornehme und dadurch seine richterlichen Pflichten verletzen würde, wird in den Fällen der Nummer 1 mit Freiheitsstrafe von drei Monaten bis zu fünf Jahren, in den Fällen der Nummer 2 mit Freiheitsstrafe von sechs Monaten bis zu fünf Jahren bestraft. Der Versuch ist strafbar.

(3) Falls der Täter den Vorteil als Gegenleistung für eine künftige Handlung anbietet, verspricht oder gewährt, so sind die Absätze 1 und 2 schon dann anzuwenden, wenn er den anderen zu bestimmen versucht, dass dieser

 1. bei der Handlung seine Pflichten verletzt, oder,

 2. soweit die Handlung in seinem Ermessen steht, sich bei der Ausübung des Ermessens durch den Vorteil beeinflussen lässt."

45 Artikel 2 §§ 1 und 2 EU-Bestechungsgesetz lauten auszugsweise:

„§ 1 Gleichstellung von ausländischen mit inländischen Amtsträgern bei Bestechungshandlungen

(1) Für die Anwendung der §§ 332, 334 bis 336,338 des Strafgesetzbuches auf eine Bestechungshandlung für ein künftige richterliche Handlung oder Diensthandlung stehen gleich:

 1. einem Richter:

   a) ein Richter eines anderen Mitgliedstaats der Europäischen Union;

   b) ein Mitglied eines Gerichts der Europäischen Gemeinschaften;

 2. einem sonstigen Amtsträger:

   a) ein Amtsträger eines anderen Mitgliedstaats der Europäischen Union, soweit seine Stellung einem Amtsträger im Sinne des § 11 Abs. 1 Nr. 2 des Strafgesetzbuches entspricht;

   b) ein Gemeinschaftsbeamter im Sinne des Artikels 1 des Protokolls vom 27. September 1996 zum Übereinkommen über den Schutz der finanziellen Interessen der Europäischen Gemeinschaften;

c) ein Mitglied der Kommission und des Rechnungshofes der Europäischen Gemeinschaften.

(2) ...

§ 2 Auslandstaten

Die §§ 332, 334 bis 336 des Strafgesetzbuches, auch in Verbindung mit § 1 Abs. 1, gelten unabhängig vom Recht des Tatorts auch für eine Tat, die im Ausland begangen wird, wenn
1. *der Täter*
    a) *zur Zeit der Tat Deutscher ist oder*
    b) *Ausländer ist, der*
       aa) *als Amtsträger im Sinne des § 11 Abs. 1 Nr. 2 des Strafgesetzbuches oder*
       bb) *als Gemeinschaftsbeamter im Sinne des § 1 Abs. 1 Nr. 2 Buchstabe b, der einer gemäß den Verträgen zur Gründung der Europäischen Gemeinschaften geschaffenen Einrichtung mit Sitz im Inland angehört,*
    die Tat begeht oder
2. *die Tat gegenüber einem Richter, einem sonstigen Amtsträger oder einer nach § 1 Abs. 1 gleichgestellten Person, soweit sie deutsche sind, begangen wird."*

Artikel 2 §§ 1 bis 3 des Gesetzes zur Bekämpfung internationale Bestechung lauten:

„*§ 1 Gleichstellung von ausländischen mit inländischen Amtsträgern bei Bestechungshandlungen*

Für die Anwendung des § 334 des Strafgesetzbuches, auch in Verbindung mit dessen §§ 335, 336, 338 Abs. 2, auf eine Bestechung, die sich auf eine künftige richterliche Handlung oder Diensthandlung bezieht und die begangen wird, um sich oder einem Dritten einen Auftrag oder einen unbilligen Vorteil im internationalen geschäftlichen Verkehr zu verschaffen oder zu sichern, stehen gleich:

1. *einem Richter:*
   a) *ein Richter eines ausländischen Staates,*
   b) *ein Richter eines internationalen Gerichts;*
2. *einem sonstigen Amtsträger:*
   a) *ein Amtsträger eines ausländischen Staates,*
   b) *eine Person, die beauftragt ist, bei einer oder für eine Behörde eines ausländischen Staates, für ein öffentliches Unternehmen mit Sitz im Ausland oder sonst öffentliche Aufgaben für einen ausländischen Staat wahrzunehmen,*
   c) *ein Amtsträger und ein sonstiger Bediensteter einer internationalen Organisation und eine mit der Wahrnehmung ihrer Aufgaben beauftragte Person;*
3. *einem Soldaten der Bundeswehr*
   a) *ein Soldat eines ausländischen Staates,*
   b) *ein Soldat, der beauftragt ist, Aufgaben einer internationalen Organisation wahrzunehmen.*

§ 2 Bestechung ausländischer Abgeordneter im Zusammenhang mit internationalem geschäftlichen Verkehr

(1) Wer in der Absicht, sich oder einem Dritten einen Auftrag oder einen unbilligen Vorteil im internationalen geschäftlichen Verkehr zu verschaffen oder zu sichern, einem Mitglied eines Gesetzgebungsorgans eines ausländischen Staates oder einem Mitglied einer parlamentarischen Versammlung einer internationalen Organisation einen Vorteil für dieses oder einen Dritten als Gegenleistung dafür anbietet, verspricht oder gewährt, dass es eine mit seinem Mandat oder seinen Aufgaben zusammenhängige Handlung oder Unterlassung künftig vornimmt, wird mit Freiheitsstrafe bis zu fünf Jahren oder mit Geldstrafe bestraft.

(2) Der Versuch ist strafbar.

§ 3 Auslandstaten

Das deutsche Strafrecht gilt, unabhängig vom Recht des Tatorts, für folgende Taten, die von einem Deutschen im Ausland begangen werden:

1. *Bestechung ausländischer Amtsträger im Zusammenhang mit internationalem geschäftlichen Verkehr (§§ 334 bis 336 des Strafgesetzbuches in Verbindung mit § 1);*
2. *Bestechung ausländischer Abgeordneter im Zusammenhang mit internationalem geschäftlichen Verkehr (§ 2).*"

Bilanzänderung bei Mitunternehmerschaften [1]

– Verfügung OFD Rheinland vom 13.07.2012 – S 2141-2012/0001 – St 14 –

Hinsichtlich der Frage, ob der für eine Bilanzänderung nach § 4 Abs. 2 Satz 2 EStG erforderliche enge sachliche Zusammenhang von Bilanzberichtigung und Bilanzänderung auch im Verhältnis der verschiedenen Bilanzen einer Mitunternehmerschaft zueinander bestehen kann, bitte ich nach Abstimmung auf Bund/Länderebene folgende Auffassung zu vertreten:

Ein enger sachlicher Zusammenhang als Voraussetzung für eine Bilanzänderung nach § 4 Abs. 2 Satz 2 EStG kann auch zwischen Gesamthandsbilanz und Ergänzungs- oder Sonderbilanz sowie zwischen den Ergänzungs- und Sonderbilanzen der einzelnen Mitunternehmer bestehen. Es ist vorgesehen, die EStR im Rahmen der EStÄR 2012 um eine entsprechende Aussage zu ergänzen.

Subjekt der Gewinnermittlung ist nach der so genannten Einheitsbetrachtung nicht der einzelne Mitunternehmer, sondern die Mitunternehmerschaft selbst. Bei der Auslegung des § 4 Abs. 2 Satz 2 EStG ist daher auf die Gesamtbilanz der Mitunternehmerschaft abzustellen und hierbei auf eine gesellschafterbezogene Betrachtungsweise (die nur in eng begrenzten Einzelfällen, z.B. bei der Anwendung des § 6b EStG stattfindet) zu verzichten. Hierdurch eintretende Gewinnverschiebungen zwischen den Mitunternehmern stehen dem nicht entgegen.

---

1) Vgl dazu auch R 4.4 Abs. 2 Satz 6 EStR.

Zu § 4 EStG   Anlage § 004-19

Bildung gewillkürten Betriebsvermögens bei der Gewinnermittlung nach § 4 Abs. 3 EStG

– BdF-Schreiben vom 17.11.2004 – IV B 2 – S 2134 – 2/04 (BStBl. I S. 1064) –

Mit Urteil vom 2. Oktober 2003 (BStBl. II 2004 S. 985) hat der BFH entschieden, dass die Bildung gewillkürten Betriebsvermögens entgegen R 13 Abs. 16 EStR 2003 auch bei einer Gewinnermittlung durch Einnahmenüberschussrechnung (§ 4 Abs. 3 EStG) möglich ist. Die Zuordnung eines gemischt genutzten Wirtschaftsguts zum gewillkürten Betriebsvermögen scheidet aber aus, wenn das Wirtschaftsgut nur in geringfügigem Umfang, d. h. zu weniger als 10 v. H., betrieblich genutzt wird. Der Nachweis der Zuordnung zum gewillkürten Betriebsvermögen ist in unmissverständlicher Weise durch entsprechende zeitnah erstellte Aufzeichnungen zu erbringen. Ein sachverständiger Dritter, z. B. ein Betriebsprüfer, muss daher ohne eine weitere Erklärung des Steuerpflichtigen die Zugehörigkeit des erworbenen oder eingelegten Wirtschaftsguts zum Betriebsvermögen erkennen können.

Nach dem Ergebnis der Erörterung mit den obersten Finanzbehörden der Länder gelten folgende Grundsätze:

Der Steuerpflichtige trägt für die Zuordnung eines Wirtschaftsguts zum gewillkürten Betriebsvermögen die Beweislast. Er hat die Zuordnung sowie den Zeitpunkt der Zuordnung nachzuweisen. Hierfür hat er entsprechende Beweisvorsorge zu treffen. Zweifel gehen zu seinen Lasten. Eine rückwirkende Zuordnung zum gewillkürten Betriebsvermögen scheidet aus.

Als Nachweis ausreichend ist die zeitnahe Aufnahme in ein laufend zu führendes Bestandsverzeichnis oder vergleichbare Aufzeichnungen. Die Aufzeichnung hat dabei in einer Form zu erfolgen, die Zweifel in Bezug auf die Zuordnung eines Wirtschaftsguts zum gewillkürten Betriebsvermögen sowie deren Zeitpunkt ausschließt. Der Nachweis kann auch in anderer Weise geführt werden, z. B. durch eine zeitnahe schriftliche Erklärung gegenüber dem zuständigen Finanzamt. Der Behandlung von Einnahmen und Ausgaben im Zusammenhang mit dem Wirtschaftsgut als Betriebseinnahmen und Betriebsausgaben kommt bei der Zuordnungsentscheidung Indizwirkung zu.

Die Aufzeichnungen haben zeitnah, spätestens bis zum Ende des Veranlagungszeitraumes zu erfolgen. Bei einer späteren Aufzeichnung, z. B. nach Ablauf des Veranlagungszeitraums im Rahmen der Erstellung der Einnahmenüberschussrechnung, ist die Zuordnung zum gewillkürten Betriebsvermögen erst zum Zeitpunkt des Eingangs der Einnahmenüberschussrechnung beim zuständigen Finanzamt anzuerkennen, es sei denn, der Steuerpflichtige kann auf andere Art und Weise einen früheren Zuordnungszeitpunkt nachweisen.

Die Unterlagen, aus denen sich der Nachweis sowie der Zeitpunkt der Zuführung eines Wirtschaftsgutes zum gewillkürten Betriebsvermögen ergeben, sind mit der Einnahmenüberschussrechnung beim Finanzamt einzureichen. Werken keine geeigneten Unterlagen zum Nachweis der Zuordnung eines Wirtschaftsguts zum gewillkürten Betriebsvermögen vorgelegt und ist die Zuordnung nicht durch andere Angaben belegt worden, ist die Zuordnung des Wirtschaftsgutes zum gewillkürten Betriebsvermögen erst zum Zeitpunkt des Eingangs der Einnahmenüberschussrechnung beim zuständigen Finanzamt anzuerkennen.

Diese Grundsätze sind in allen noch nicht bestandskräftigen Fällen anzuwenden.

Anlage § 004–20

Zu § 4 EStG

I. Steuerliche Behandlung von Reisekosten und Reisekostenvergütungen bei betrieblich und beruflich veranlassten Auslandsreisen ab 1. Januar 2014

– BdF-Schreiben vom 11. November 2013 – IV C 5 – S 2353/08/10006:004, 2013/0998649 –

Aufgrund des § 9 Absatz 4a Satz 5 ff. Einkommensteuergesetz werden im Einvernehmen mit den obersten Finanzbehörden der Länder die in der anliegenden Übersicht ausgewiesenen Pauschbeträge für Verpflegungsmehraufwendungen und Übernachtungskosten für beruflich und betrieblich veranlasste Auslandsdienstreisen bekannt gemacht (Fettdruck kennzeichnet Änderungen gegenüber der Übersicht ab 1. Januar 2013 – BStBl. 2013 I Seite 60). Bei Reisen vom Inland in das Ausland bestimmt sich der Pauschbetrag nach dem Ort, den der Steuerpflichtige vor 24 Uhr Ortszeit erreicht hat. Für eintägige Reisen in das Ausland und für Rückreisetage aus dem Ausland in das Inland ist der Pauschbetrag des letzten Tätigkeitsortes im Ausland maßgebend.

Für die in der Bekanntmachung nicht erfassten Länder ist der für Luxemburg geltende Pauschbetrag maßgebend, für nicht erfasste Übersee- und Außengebiete eines Landes ist der für das Mutterland geltende Pauschbetrag maßgebend.

Die Pauschbeträge für Übernachtungskosten sind ausschließlich in den Fällen der Arbeitgebererstattung anwendbar (R 9.7 Absatz 3 LStR 2013 und Rz. 116 des BMF-Schreibens vom 30. September 2013 BStBl. I Seite 1279). Für den Werbungskostenabzug sind nur die tatsächlichen Übernachtungskosten maßgebend (R 9.7 Absatz 2 LStR 2013 und Rz. 106 des BMF-Schreibens vom 30. September 2013 BStBl. I Seite 1279); dies gilt entsprechend für den Betriebsausgabenabzug (R 4.12 Absatz 2 und 3 EStR).

Dieses Schreiben gilt entsprechend für doppelte Haushaltsführungen im Ausland (R 9.11 Absatz 10 Satz 1, Satz 7 Nummer 3 LStR 2013 und Rz. 102 f. des BMF-Schreibens vom 30. September 2013 BStBl. I Seite 1279).

Land	Pauschbeträge für Verpflegungsmehraufwendungen		Pauschbetrag für Übernachtungskosten
	bei einer Abwesenheitsdauer von mindestens 24 Stunden je Kalendertag	für den An- und Abreisetag sowie bei einer Abwesenheitsdauer von mehr als 8 Stunden je Kalendertag	
	€	€	€
Afghanistan	30	20	95
Ägypten	**40**	**27**	**113**
Äthiopien	30	20	175
Äquatorialguinea	50	33	226
Albanien	23	16	110
Algerien	39	26	190
Andorra	32	21	82
Angola	77	52	265
Antigua und Barbuda	**53**	**36**	**117**
Argentinien	36	24	125
Armenien	24	16	90
Aserbaidschan	40	27	120
Australien			
– Canberra	58	39	158
– Sydney	59	40	186
– im Übrigen	56	37	133
Bahrain	36	24	70
Bangladesch	30	20	75
Barbados	**58**	**39**	**179**
Belgien	41	28	135

Zu § 4 EStG

Anlage § 004–20

Land	Pauschbeträge für Verpflegungsmehraufwendungen		Pauschbetrag für Übernachtungskosten
	bei einer Abwesenheitsdauer von mindestens 24 Stunden je Kalendertag	für den An- und Abreisetag sowie bei einer Abwesenheitsdauer von mehr als 8 Stunden je Kalendertag	
	€	€	€
Benin	41	28	90
Bolivien	24	16	70
Bosnien und Herzegowina	24	16	70
Botsuana	33	22	105
Brasilien			
– Brasilia	53	36	160
– Rio de Janeiro	47	32	145
– Sao Paulo	53	36	120
– im Übrigen	54	36	110
Brunei	36	24	85
Bulgarien	22	15	72
Burkina Faso	36	24	100
Burundi	47	32	98
Chile	40	27	130
China			
– Chengdu	32	21	85
– Hongkong	62	41	170
– Peking	39	26	115
– Shanghai	42	28	140
– im Übrigen	33	22	80
Costa Rica	**36**	**24**	**69**
Côte d'Ivoire	54	36	145
Dänemark	60	40	150
Dominica	**40**	**27**	**94**
Dominikanische Republik	30	20	100
Dschibuti	48	32	160
Ecuador	39	26	55
El Salvador	46	31	75
Eritrea	30	20	58
Estland	27	18	85
Fidschi	32	21	57
Finnland	39	26	136
Frankreich			
– Lyon	53	36	83
– Marseille	51	34	86
– Paris [1]	58	39	135
– Straßburg	48	32	89
– im Übrigen	44	29	81
Gabun	60	40	135
Gambia	18	12	70
Georgien	30	20	80

1) Sowie die Departements 92 [Hauts-de-Seine], 93 [Seine-Saint-Denis] und 94 [Val-de-Marne].

Anlage § 004–20 Zu § 4 EStG

Land	Pauschbeträge für Verpflegungsmehraufwendungen		Pauschbetrag für Übernachtungskosten
	bei einer Abwesenheitsdauer von mindestens 24 Stunden je Kalendertag	für den An- und Abreisetag sowie bei einer Abwesenheitsdauer von mehr als 8 Stunden je Kalendertag	
	€	€	€
Ghana	**46**	**31**	**174**
Grenada	**51**	**34**	**121**
Griechenland			
– Athen	57	38	125
– im Übrigen	42	28	132
Guatemala	**28**	**19**	**96**
Guinea	38	25	110
Guinea-Bissau	30	20	60
Guyana	**41**	**28**	**81**
Haiti	50	33	111
Honduras	35	24	115
Indien			
– Chennai	30	20	135
– Kalkutta	33	22	120
– Mumbai	35	24	150
– Neu Delhi	35	24	130
– im Übrigen	30	20	120
Indonesien	39	26	110
Iran	**28**	**19**	**84**
Irland	42	28	90
Island	53	36	105
Israel	59	40	175
Italien			
– Mailand	39	26	156
– Rom	52	35	160
– im Übrigen	34	23	126
Jamaika	**54**	**36**	**135**
Japan			
– Tokio	53	36	153
– im Übrigen	51	34	156
Jemen	24	16	95
Jordanien	36	24	85
Kambodscha	36	24	85
Kamerun	40	27	130
Kanada			
– Ottawa	36	24	105
– Toronto	41	28	135
– Vancouver	36	24	125
– im Übrigen	36	24	100
Kap Verde	30	20	55
Kasachstan	**39**	**26**	**109**
Katar	56	37	170

Zu § 4 EStG Anlage § 004–20

Land	Pauschbeträge für Verpflegungsmehraufwendungen		Pauschbetrag für Übernachtungskosten
	bei einer Abwesenheitsdauer von mindestens 24 Stunden je Kalendertag	für den An- und Abreisetag sowie bei einer Abwesenheitsdauer von mehr als 8 Stunden je Kalendertag	
	€	€	€
Kenia	35	24	135
Kirgisistan	18	12	70
Kolumbien	**41**	**28**	**126**
Kongo, Republik	57	38	113
Kongo, Demokratische Republik	60	40	155
Korea, Demokratische Volksrepublik	**30**	**20**	**186**
Korea, Republik	66	44	180
Kosovo	26	17	65
Kroatien	29	20	57
Kuba	**50**	**33**	**85**
Kuwait	42	28	130
Laos	33	22	67
Lesotho	24	16	70
Lettland	18	12	80
Libanon	44	29	120
Libyen	45	30	100
Liechtenstein	47	32	82
Litauen	27	18	100
Luxemburg	47	32	102
Madagaskar	38	25	83
Malawi	39	26	110
Malaysia	36	24	100
Malediven	38	25	93
Mali	40	27	125
Malta	30	20	90
Marokko	42	28	105
Marshall Inseln	**63**	**42**	**70**
Mauretanien	48	32	89
Mauritius	48	32	140
Mazedonien	24	16	95
Mexiko	36	24	110
Mikronesien	**56**	**37**	**74**
Moldau, Republik	18	12	100
Monaco	41	28	52
Mongolei	29	20	84
Montenegro	29	20	95
Mosambik	**42**	**28**	**147**
Myanmar	46	31	45
Namibia	29	20	85
Nepal	32	21	72
Neuseeland	47	32	98

Anlage § 004–20

Zu § 4 EStG

Land	Pauschbeträge für Verpflegungsmehraufwendungen		Pauschbetrag für Übernachtungskosten
	bei einer Abwesenheitsdauer von mindestens 24 Stunden je Kalendertag	für den An- und Abreisetag sowie bei einer Abwesenheitsdauer von mehr als 8 Stunden je Kalendertag	
	€	€	€
Nicaragua	30	20	100
Niederlande	60	40	115
Niger	36	24	70
Nigeria	60	40	220
Norwegen	64	43	182
Österreich	29	20	92
Oman	48	32	120
Pakistan			
– Islamabad	24	16	150
– im Übrigen	24	16	70
Palau	**51**	**34**	**166**
Panama	**34**	**23**	**101**
Papua-Neuguinea	36	24	90
Paraguay	36	24	61
Peru	38	25	140
Philippinen	30	20	**107**
Polen			
– **Breslau**	**33**	**22**	**92**
– **Danzig**	**29**	**20**	**77**
– **Krakau**	**28**	**19**	**88**
– **Warschau**	**30**	**20**	**105**
– im Übrigen	**27**	**18**	**50**
Portugal			
– Lissabon	36	24	95
– im Übrigen	33	22	95
Ruanda	36	24	135
Rumänien			
– Bukarest	26	17	100
– im Übrigen	27	18	80
Russische Föderation			
– Moskau (außer Gästewohnungen der Deutschen Botschaft)	48	32	135
– Moskau (Gästewohnungen der Deutschen Botschaft)	33	22	0[1]
– St. Petersburg	36	24	110
– im Übrigen	36	24	80
Sambia	36	24	95
Samoa	29	20	57
São Tomé- Principe	42	28	75
San Marine	41	28	77

1) Soweit diese Wohnungen gegen Entgelt angemietet werden, können 135 EUR angesetzt werden.

Zu § 4 EStG

Anlage § 004–20

Land	Pauschbeträge für Verpflegungsmehraufwendungen		Pauschbetrag für Übernachtungskosten
	bei einer Abwesenheitsdauer von mindestens 24 Stunden je Kalendertag	für den An- und Abreisetag sowie bei einer Abwesenheitsdauer von mehr als 8 Stunden je Kalendertag	
	€	€	€
Saudi-Arabien			
– Djidda	48	32	80
– Riad	48	32	95
– im Übrigen	47	32	80
Schweden	72	48	165
Schweiz			
– Genf	62	41	174
– im Übrigen	48	32	139
Senegal	42	28	130
Serbien	30	20	90
Sierra Leone	39	26	82
Simbabwe	45	30	103
Singapur	53	36	188
Slowakische Republik	24	16	130
Slowenien	30	20	95
Spanien			
– Barcelona	32	21	118
– Kanarische Inseln	32	21	98
– Madrid	41	28	113
– Palma de Mallorca	32	21	110
– im Übrigen	29	20	88
Sri Lanka	40	27	118
St. Kitts und Nevis	45	30	99
St. Lucia	54	36	129
St. Vincent und die Grenadinen	52	35	121
Sudan	32	21	120
Südafrika			
– Kapstadt	38	25	94
– im Übrigen	36	24	72
Südsudan	46	31	134
Suriname	30	20	75
Syrien	38	25	140
Tadschikistan	26	17	67
Taiwan	39	26	110
Tansania	40	27	141
Thailand	32	21	120
Togo	33	22	80
Tanga	32	21	36
Trinidad und Tobaga	54	36	164
Tschad	47	32	151
Tschechische Republik	24	16	97

Anlage § 004–20 Zu § 4 EStG

Land	Pauschbeträge für Verpflegungsmehraufwendungen		Pauschbetrag für Übernachtungskosten
	bei einer Abwesenheitsdauer von mindestens 24 Stunden je Kalendertag	für den An- und Abreisetag sowie bei einer Abwesenheitsdauer von mehr als 8 Stunden je Kalendertag	
	€	€	€
Türkei			
– Istanbul	35	24	92
– Izmir	42	28	80
– im Übrigen	40	27	78
Tunesien	33	22	80
Turkmenistan	33	22	108
Uganda	33	22	130
Ukraine	36	24	85
Ungarn	30	20	75
Uruguay	36	24	70
Usbekistan	30	20	60
Vatikanstaat	52	35	160
Venezuela	48	32	207
Vereinigte Arabische Emirate		28	145
Vereinigte Staaten von Amerika			
– Atlanta	57	38	122
– Boston	48	32	206
– Chicago	48	32	130
– Houston	57	38	136
– Los Angeles	48	32	153
– Miami	57	38	102
– New York City	48	32	215
– San Francisco	48	32	110
– Washington, D. C.	57	38	205
– im Übrigen	48	32	102
Vereinigtes Königreich von Großbritannien und Nordirland			
– London	57	38	160
– im Übrigen	42	28	119
Vietnam	38	25	86
Weißrussland	27	18	109
Zentralafrikanische Republik	29	20	52
Zypern	39	26	90

Zu § 4 EStG **Anlage § 004–20**

II. Steuerliche Behandlung von Reisekosten und Reisekostenvergütungen bei betrieblich – und beruflich veranlassten Auslandsreisen ab 1. Januar 2015

– BdF vom 19.12.2014 IV C 5 – S 2353/08/10006 –

Aufgrund des § 9 Absatz 4a Satz 5 ff. Einkommensteuergesetz werden im Einvernehmen mit den obersten Finanzbehörden der Länder die in der anliegenden Übersicht ausgewiesenen Pauschbeträge für Verpflegungsmehraufwendungen und Übernachtungskosten für beruflich und betrieblich veranlasste Auslandsdienstreisen bekannt gemacht (Fettdruck kennzeichnet Änderungen gegenüber der Übersicht ab 1. Januar 2014 – BStBl. 2013 I Seite 1467).

Bei eintägigen Reisen in das Ausland ist der entsprechende Pauschbetrag des letzten Tätigkeitsortes im Ausland maßgebend. Bei mehrtägigen Reisen in verschiedenen Staaten gilt für die Ermittlung der Verpflegungspauschalen am An- und Abreisetag sowie den Zwischentagen (Tagen mit 24 Stunden Abwesenheit) Folgendes:

– Bei der Anreise vom Inland in das Ausland oder vom Ausland ins Inland, jeweils ohne Tätigwerden, ist der entsprechende Pauschbetrag des Ortes maßgebend, der vor 24 Uhr Ortszeit erreicht wird.
– Bei der Abreise vom Ausland ins Inland oder vom Inland ins Ausland ist der entsprechende Pauschbetrag des letzten Tätigkeitsortes maßgebend.
– Für die Zwischentage ist der entsprechende Pauschbetrag des Ortes maßgebend, den der Arbeitnehmer vor 24 Uhr Ortszeit erreicht.

Siehe dazu auch Rz. 51 des BMF-Schreibens vom 24. Oktober 2014 BStBl. I Seite 1412.

Für die in der Bekanntmachung nicht erfassten Länder ist der für Luxemburg geltende Pauschbetrag maßgebend, für nicht erfasste Übersee- und Außengebiete eines Landes ist der für das Mutterland geltende Pauschbetrag maßgebend.

Die Pauschbeträge für Übernachtungskosten sind ausschließlich in den Fällen der Arbeitgebererstattung anwendbar (R 9.7 Absatz 3 LStR und Rz. 123 des BMF-Schreibens vom 24. Oktober 2014 BStBl. I Seite 1412). Für den Werbungskostenabzug sind nur die tatsächlichen Übernachtungskosten maßgebend (R 9.7 Absatz 2 LStR und Rz. 112 des BMF-Schreibens vom 24. Oktober 2014 BStBl. I Seite 1412); dies gilt entsprechend für den Betriebsausgabenabzug (R 4.12 Absatz 2 und 3 EStR).

Dieses Schreiben gilt entsprechend für doppelte Haushaltsführungen im Ausland (R 9.11 Absatz 10 Satz 1, Satz 7 Nummer 3 LStR und Rz. 107 ff. des BMF-Schreibens vom 24. Oktober 2014 BStBl. I Seite 1412).

Übersicht über die ab 1. Januar 2015 geltenden Pauschbeträge für Verpflegungsmehraufwendungen und Übernachtungskosten im Ausland
(Änderungen gegenüber 1. Januar 2014 – BStBl. I 2013 Seite 1467 – in Fettdruck)

Land	Ausgangswert nach BRKG	Pauschbeträge für Verpflegungsmehraufwendungen		Pauschbetrag für Übernachtungskosten
		bei einer Abwesenheitsdauer von mindestens 24 Stunden je Kalendertag	für den An- und Abreisetag sowie bei einer Abwesenheitsdauer von mehr als 8 Stunden je Kalendertag	
	€	€	€	€
Afghanistan	25	30	20	95
Ägypten	33	40	27	113
Äthiopien	**22**	**27**	**18**	**86**
Äquatorialguinea	41	50	33	226
Albanien	19	23	16	110
Algerien	32	39	26	190
Andorra	26	32	21	82
Angola	64	77	52	265

Anlage § 004–20

Zu § 4 EStG

Land	Ausgangswert nach BRKG	Pauschbeträge für Verpflegungsmehraufwendungen		Pauschbetrag für Übernachtungskosten
		bei einer Abwesenheitsdauer von mindestens 24 Stunden je Kalendertag	für den An- und Abreisetag sowie bei einer Abwesenheitsdauer von mehr als 8 Stunden je Kalendertag	
	€	€	€	€
Antiqua und Berbuda	44	53	36	117
Argentinien	**28**	**34**	**23**	**144**
Armenien	**19**	**23**	**16**	**63**
Aserbaidschan	33	40	27	120
Australien				
– Canberra	48	58	39	158
– Sydney	49	59	40	186
– im Übrigen	46	56	37	133
Bahrain	30	36	24	70
Bangladesch	25	30	20	**111**
Barbados	48	58	39	179
Belgien	34	41	28	135
Benin	**33**	**40**	**27**	**101**
Bolivien	20	24	16	70
Bosnien und Herzegowina	**15**	**18**	**12**	**73**
Botsuana	27	33	22	105
Brasilien				
– Brasilia	44	53	36	160
– Rio de Janeiro	39	47	32	145
– Sao Paulo	44	53	36	120
– im Übrigen	45	54	36	110
Brunei	**40**	**48**	**32**	**106**
Bulgarien	18	22	15	**90**
Burkina Faso	**36**	**44**	**29**	**84**
Burundi	39	47	32	98
Chile	33	40	27	130
China				
– Chengdu	26	32	21	85
– Hongkong	51	62	41	170
– Peking	32	39	26	115
– Shanghai	35	42	28	140
– im Übrigen	27	33	22	80
Costa Rica	30	36	24	69
Côte d'Ivoire	**42**	**51**	**34**	**146**
Dänemark	50	60	40	150
Dominica	33	40	27	94
Dominikanische Republik	**33**	**40**	**27**	**71**
Dschibuti	40	48	32	160
Ecuador	32	39	26	55
El Salvador	38	46	31	75

Zu § 4 EStG

Anlage § 004–20

Land	Ausgangswert nach BRKG	Pauschbeträge für Verpflegungsmehraufwendungen		Pauschbetrag für Übernachtungskosten
		bei einer Abwesenheitsdauer von mindestens 24 Stunden je Kalendertag	für den An- und Abreisetag sowie bei einer Abwesenheitsdauer von mehr als 8 Stunden je Kalendertag	
	€	€	€	€
Eritrea	25	30	20	58
Estland	22	27	18	**71**
Fidschi	26	32	21	57
Finnland	32	39	26	136
Frankreich				
– Lyon	44	53	36	83
– Marseille	42	51	34	86
– Paris [1]	48	58	39	135
– Straßburg	40	48	32	89
– im Übrigen	36	44	29	81
Gabun	**51**	**62**	**41**	**278**
Gambia	15	18	12	70
Georgien	25	30	20	80
Ghana	38	46	31	174
Grenada	42	51	34	121
Griechenland				
– Athen	47	57	38	125
– im Übrigen	35	42	28	132
Guatemala	23	28	19	96
Guinea	31	38	25	110
Guinea-Bissau	25	30	20	60
Guyana	34	41	28	81
Haiti	41	50	33	111
Honduras	**36**	**44**	**29**	**104**
Indien				
– Chennai	25	30	20	135
– Kalkutta	27	33	22	120
– Mumbai	29	35	24	150
– Neu Delhi	29	35	24	130
– im Übrigen	25	30	20	120
Indonesien	**31**	**38**	**25**	**130**
Iran	23	28	19	84
Irland	35	42	28	90
Island	**39**	**47**	**32**	**108**
Israel	49	59	40	175
Italien				
– Mailand	32	39	26	156
– Rom	43	52	35	160

[1] Sowie die Departements 92 [Hauts-de-Seine], 93 [Seine-Saint-Denis] und 94 [Val-de-Marne].

Anlage § 004–20

Zu § 4 EStG

Land	Ausgangswert nach BRKG	Pauschbeträge für Verpflegungsmehraufwendungen		Pauschbetrag für Übernachtungskosten
		bei einer Abwesenheitsdauer von mindestens 24 Stunden je Kalendertag	für den An- und Abreisetag sowie bei einer Abwesenheitsdauer von mehr als 8 Stunden je Kalendertag	
	€	€	€	€
– im Übrigen	28	34	23	126
Jamaika	45	54	36	135
Japan				
– Tokio	44	53	36	153
– im Übrigen	42	51	34	156
Jemen	20	24	16	95
Jordanien	30	36	24	85
Kambodscha	30	36	24	85
Kamerun	33	40	27	130
Kanada				
– Ottawa	30	36	24	105
– Toronto	34	41	28	135
– Vancouver	30	36	24	125
– im Übrigen	30	36	24	100
Kap Verde	25	30	20	55
Kasachstan	32	39	26	109
Katar	46	56	37	170
Kenia	29	35	24	135
Kirgisistan	**24**	**29**	**20**	**91**
Kolumbien	34	41	28	126
Kongo, Republik	47	57	38	113
Kongo, Demokratische Republik	50	60	40	155
Korea, Demokratische Volksrepublik	**32**	**39**	**26**	**132**
Korea, Republik	55	66	44	180
Kosovo	21	26	17	65
Kroatien	**23**	**28**	**19**	**75**
Kuba	41	50	33	85
Kuwait	35	42	28	130
Laos	27	33	22	67
Lesotho	20	24	16	70
Lettland	**25**	**30**	**20**	80
Libanon	36	44	29	120
Libyen	37	45	30	100
Liechtenstein	39	47	32	82
Litauen	**20**	**24**	**16**	**68**
Luxemburg	39	47	32	102
Madagaskar	31	38	25	83
Malawi	32	39	26	110

Zu § 4 EStG **Anlage § 004–20**

Land	Ausgangswert nach BRKG	Pauschbeträge für Verpflegungsmehraufwendungen		Pauschbetrag für Übernachtungskosten
		bei einer Abwesenheitsdauer von mindestens 24 Stunden je Kalendertag	für den An- und Abreisetag sowie bei einer Abwesenheitsdauer von mehr als 8 Stunden je Kalendertag	
	€	€	€	€
Malaysia	30	36	24	100
Malediven	31	38	25	93
Mali	**34**	**41**	**28**	**122**
Malta	**37**	**45**	**30**	**112**
Marokko	35	42	28	105
Marshall Inseln	52	63	42	70
Mauretanien	40	48	32	89
Mauritius	40	48	32	140
Mazedonien	20	24	16	95
Mexiko	**34**	**41**	**28**	**141**
Mikronesien	46	56	37	74
Moldau, Republik	15	18	12	100
Monaco	34	41	28	52
Mongolei	24	29	20	84
Montenegro	24	29	20	95
Mosambik	35	42	28	147
Myanmar	38	46	31	45
Namibia	**19**	**23**	**16**	**77**
Nepal	**23**	**28**	**19**	**86**
Neuseeland	39	47	32	98
Nicaragua	25	30	20	100
Niederlande	**38**	**46**	**31**	**119**
Niger	30	36	24	70
Nigeria	**52**	**63**	**42**	**255**
Norwegen	53	64	43	182
Österreich	**30**	**36**	**24**	**104**
Oman	40	48	32	120
Pakistan				
– Islamabad	**25**	**30**	**20**	**165**
– im Übrigen	**22**	**27**	**18**	**68**
Palau	42	51	34	166
Panama	28	34	23	101
Papua-Neuguinea	30	36	24	90
Paraguay	30	36	24	61
Peru	**25**	**30**	**20**	**93**
Philippinen	25	30	20	107
Polen				
– Breslau	27	33	22	92
– Danzig	24	29	20	77
– Krakau	23	28	19	88

Anlage § 004–20

Zu § 4 EStG

Land	Ausgangswert nach BRKG	Pauschbeträge für Verpflegungsmehraufwendungen		Pauschbetrag für Übernachtungskosten
		bei einer Abwesenheitsdauer von mindestens 24 Stunden je Kalendertag	für den An- und Abreisetag sowie bei einer Abwesenheitsdauer von mehr als 8 Stunden je Kalendertag	
	€	€	€	€
– Warschau	25	30	20	105
– im Übrigen	22	27	18	50
Portugal	**30**	**36**	**24**	**92**
Ruanda	30	36	24	135
Rumänien				
– Bukarest	21	26	17	100
– im Übrigen	22	27	18	80
Russische Föderation				
– Moskau	**25**	**30**	**20**	**118**
– St. Petersburg	**20**	**24**	**16**	**104**
- im Übrigen	**17**	**21**	**14**	**78**
Sambia	30	36	24	95
Samoa	24	29	20	57
São Tomé – Principe	35	42	28	75
San Marino	34	41	28	77
Saudi-Arabien				
– Djidda	40	48	32	80
– Riad	40	48	32	95
– im Übrigen	39	47	32	80
Schweden	60	72	48	165
Schweiz				
– Genf	51	62	41	174
– im Übrigen	40	48	32	139
Senegal	**39**	**47**	**32**	**125**
Serbien	25	30	20	90
Sierra Leone	32	39	26	82
Simbabwe	37	45	30	103
Singapur	44	53	36	188
Slowakische Republik	20	24	16	130
Slowenien	25	30	20	95
Spanien				
– Barcelona	26	32	21	118
– Kanarische Inseln	26	32	21	98
– Madrid	34	41	28	113
– Palma de Mallorca	26	32	21	110
– im Übrigen	24	29	20	88
Sri Lanka	33	40	27	118
St. Kitts und Nevis	37	45	30	99
St. Lucia	45	54	36	129
St. Vincent und die Grenadien	43	52	35	121

Zu § 4 EStG Anlage § 004–20

Land	Ausgangswert nach BRKG	Pauschbeträge für Verpflegungsmehraufwendungen		Pauschbetrag für Übernachtungskosten
		bei einer Abwesenheitsdauer von mindestens 24 Stunden je Kalendertag	für den An- und Abreisetag sowie bei einer Abwesenheitsdauer von mehr als 8 Stunden je Kalendertag	
	€	€	€	€
Sudan	29	35	24	115
Südafrika				
– Kapstadt	31	38	25	94
– im Übrigen	30	36	24	72
Südsudan	44	53	36	114
Suriname	25	30	20	108
Syrien	31	38	25	140
Tadschikistan	21	26	17	67
Taiwan	32	39	26	110
Tansania	33	40	27	141
Thailand	26	32	21	120
Togo	29	35	24	108
Tonga	26	32	21	36
Trinidad und Tobago	45	54	36	164
Tschad	39	47	32	151
Tschechische Republik	20	24	16	97
Türkei				
– Istanbul	29	35	24	92
– Izmir	35	42	28	80
– im Übrigen	33	40	27	78
Tunesien	27	33	22	80
Turkmenistan	27	33	22	108
Uganda	29	35	24	129
Ukraine	30	36	24	85
Ungarn	25	30	20	75
Uruguay	36	44	29	109
Usbekistan	28	34	23	123
Vatikanstaat	43	52	35	160
Venezuela	40	48	32	207
Vereinigte Arabische Emirate	37	45	30	155
Vereinigte Staaten von Amerika				
– Atlanta	47	57	38	122
– Boston	40	48	32	206
– Chicago	40	48	32	130
– Houston	47	57	38	136
– Los Angeles	40	48	32	153
– Miami	47	57	38	102
– New York City	40	48	32	215
– San Francisco	40	48	32	110
– Washington, D. C.	47	57	38	205

Anlage § 004–20 Zu § 4 EStG

Land	Ausgangswert nach BRKG	Pauschbeträge für Verpflegungsmehraufwendungen		Pauschbetrag für Übernachtungskosten
		bei einer Abwesenheitsdauer von mindestens 24 Stunden je Kalendertag	für den An- und Abreisetag sowie bei einer Abwesenheitsdauer von mehr als 8 Stunden je Kalendertag	
	€	€	€	€
– im Übrigen	40	48	32	102
Vereinigtes Königreich von Großbritannien und Nordirland				
– London	47	57	38	160
– im Übrigen	35	42	28	119
Vietnam	31	38	25	86
Weißrussland	22	27	18	109
Zentralafrikanische Republik	24	29	20	52
Zypern	32	39	26	90

Anlage § 004–21

Bilanzänderung nach § 4 Abs. 2 EStG in der Fassung des Steuerbereinigungsgesetzes 1999

– BdF-Schreiben vom 18.5.2000 – IV C 2 – S 2141 – 15/00 (BStBl. I S. 587) –

Unter Bezugnahme auf das Ergebnis der Erörterungen mit den obersten Finanzbehörden der Länder gilt für die Anwendung von § 4 Abs. 2 Satz 2 EStG in der Fassung des Gesetzes zur Bereinigung von steuerlichen Vorschriften (Steuerbereinigungsgesetz 1999) vom 22. Dezember 1999 (BGBl. I. S. 2601, BStBl. I 2000 S. 13) Folgendes:

§ 4 Abs. 2 Satz 2 EStG eröffnet dem Steuerpflichtigen die Möglichkeit einer Bilanzänderung, wenn die Änderung in einem engen zeitlichen und sachlichen Zusammenhang[1] mit einer Bilanzberichtigung gemäß § 4 Abs. 2 Satz 1 EStG steht und soweit die Auswirkung der Bilanzberichtigung auf den Gewinn reicht.

Eine Bilanzberichtigung bezieht sich auf den unrichtigen Ansatz von Wirtschaftsgütern (aktive und passive Wirtschaftsgüter einschl. Rückstellungen) sowie Rechnungsabgrenzungsposten dem Grunde oder der Höhe nach. Eine Änderung des steuerlichen Gewinns ohne Auswirkung auf den Ansatz eines Wirtschaftsgutes oder eines Rechnungsabgrenzungspostens ist daher keine Bilanzberichtigung.[2]

Der enge zeitliche und sachliche Zusammenhang zwischen Bilanzberichtigung und Bilanzänderung setzt voraus, dass sich beide Maßnahmen auf dieselbe Bilanz beziehen. Die Änderung der Bilanz eines bestimmten Wirtschaftsjahres ist danach unabhängig von der Frage, auf welche Wirtschaftsgüter oder Rechnungsabgrenzungsposten sich die Berichtigung dieser Bilanz bezieht, bis zur Höhe des gesamten Berichtigungsbetrages zulässig. Ein zeitlicher Zusammenhang liegt darüber hinaus nur vor, wenn die Bilanz unverzüglich nach einer Bilanzberichtigung geändert wird.

Die Neuregelung gilt für alle noch offenen Fälle, in denen Bilanzänderungsanträge bei den Finanzämtern nach dem 31. Dezember 1998 eingegangen sind.

---

1) BdF-Schreiben vom 23.3.2001 – IV A 6 – S 2141 – 5/01 (BStBl. I S. 244):
„**1. Bilanzberichtigungen im Zeitraum vom 1. Januar 1999 bis zur Veröffentlichung des BMF-Schreibens vom 18. Mai 2000 (BStBl. I S. 587)**
Für Anträge auf Bilanzänderung, die sich auf Bilanzberichtigungen in dem Zeitraum vom 1. Januar 1999 bis zur Veröffentlichung des o. a. BMF-Schreibens beziehen, ist der enge zeitliche Zusammenhang als gewahrt anzusehen, wenn sie unverzüglich nach Veröffentlichung des BMF-Schreibens im Bundessteuerblatt Teil I (Heft 9 vom 21. Juni 2000) gestellt worden sind.
2. Rechtsbehelfsverfahren
Hinsichtlich des zeitlichen Zusammenhangs im Bezug auf Rechtsbehelfsverfahren ist auf den Zeitpunkt der Bilanzberichtigung abzustellen. Sonfern der Streitgegenstand die Änderung des steuerlichen Gewinns im Zusammenhang mit einer Bilanzberichtigung betrifft, ist der zeitliche Zusammenhang als gewahrt anzusehen, wenn die Bilanzänderung erst im Laufe des außergerichtlichen oder gerichtlichen Rechtsbehelfsverfahrens, verfahrensrechtlich aber noch rechtzeitig, begehrt wird. Steht der streitbefangene Punkt nicht im Zusammenhang mit einer Bilanzberichtigung, ist der enge zeitliche Zusammenhang dann als gewahrt anzusehen, wenn der Antrag auf Bilanzänderung bis zum Ablauf der Einspruchsfrist gestellt wird."

2) Siehe aber das BMF-Schreiben vom 13.8.2008 (BStBl. I S. 845):
„Unter Verweis auf das Urteil des BFH vom 31.6.2007 (BStBl. II 2008 S. 665) sind die Regelungen im BMF-Schreiben vom 18.5.2000, nach denen eine Bilanzberichtigung sich nur auf den unrichtigen Ansatz von Wirtschaftsgütern (aktive und passive Wirtschaftsgüter einschl. Rückstellungen) sowie Rechnungsabgrenzungsposten dem Grunde und der Höhe nach bezieht und eine Änderung des steuerlichen Gewinns ohne Auswirkungen auf diese Ansätze keine Bilanzberichtigung ist, nicht weiter anzuwenden. Änderungen des Gewinns auf Grund der Berücksichtigung außerbilanzieller Hinzu- oder Abrechnungen berühren keinen Bilanzansatz; eine Bilanzänderung i.S.d. §4 Abs. 2 Satz 2 EStG ist insoweit nicht zulässig (→ BFH vom 23.1.2008 – BStBl. II S. 669)."

Anlage § 004–22   Zu § 4 EStG

Auswirkungen der Reform des steuerlichen Reisekostenrechts zum 1. Januar 2014 für die Gewinnermittlung

– BdF-Schreiben vom 23.12.2014 – IV C 6 – S 2145/10/10005 :001, 2014/1085209 –

Mit dem Gesetz zur Änderung und Vereinfachung der Unternehmensbesteuerung und des steuerlichen Reisekostenrechts vom 20. Februar 2013 (BGBl. I S. 285, BStBl. I S. 188) wurde die Abziehbarkeit von Reisekosten als Betriebsausgaben geändert. Im Einvernehmen mit den obersten Finanzbehörden der Länder gilt für die ertragsteuerliche Beurteilung von Reisekosten ab dem 1. Januar 2014 Folgendes:

1. Aufwendungen für Wege zwischen Wohnung und Betriebsstätte

a) Begriffsbestimmung Betriebsstätte

1   Aufwendungen für die Wege zwischen Wohnung und Betriebsstätte i. S. d. § 4 Absatz 5 Satz 1 Nummer 6 EStG sind keine Reisekosten. Ihr Abzug richtet sich gemäß § 4 Absatz 5 Satz 1 Nummer 6 EStG nach den Regelungen in § 9 Absatz 1 Satz 3 Nummer 4 Satz 2 bis 6 EStG zur Entfernungspauschale. Im Hinblick auf den besonderen Zweck des § 4 Absatz 5 Satz 1 Nummer 6 EStG, den Zusammenhang mit § 9 Absatz 1 Satz 3 Nummer 4 EStG und wegen der gebotenen Gleichbehandlung von Arbeitnehmern und Steuerpflichtigen mit Gewinneinkünften im Regelungsbereich beider Vorschriften weicht der Begriff der Betriebsstätte vom Betriebsstättenbegriff des § 12 AO ab. Unter Betriebsstätte ist die von der Wohnung getrennte dauerhafte Tätigkeitsstätte des Steuerpflichtigen zu verstehen, d. h. eine ortsfeste betriebliche Einrichtung i. S. d. Rdnr. 3 des BMF-Schreibens vom 24. Oktober 2014 (a. a. O.) des Steuerpflichtigen, des Auftraggebers oder eines vom Auftraggeber bestimmten Dritten, an der oder von der aus die steuerrechtlich relevante Tätigkeit dauerhaft ausgeübt wird. Eine hierauf bezogene eigene Verfügungsmacht des Steuerpflichtigen ist – im Unterschied zur Geschäftseinrichtung i. S. d. § 12 Satz 1 AO – nicht erforderlich.

2   Dauerhaftigkeit liegt vor, wenn die steuerlich erhebliche Tätigkeit an einer Tätigkeitsstätte unbefristet, für eine Dauer von voraussichtlich mehr als 48 Monaten oder für die gesamte Dauer der betrieblichen Tätigkeit ausgeübt werden soll. Für die Prognose der voraussichtlichen Dauer kann auf die Dauer des Auftragsverhältnisses abgestellt werden. Wird das Auftragsverhältnis zu einem späteren Zeitpunkt verlängert, ist die Prognoseentscheidung für zukünftige Zeiträume neu zu treffen; bereits vergangene Tätigkeitszeiträume sind bei der Prüfung des 48-Monatszeitraums nicht mit einzubeziehen. Weichen die tatsächlichen Verhältnisse durch unvorhersehbare Ereignisse, wie etwa Krankheit, politische Unruhen am Tätigkeitsort, Insolvenz des Kunden o. ä. von der ursprünglichen Prognose ab, bleibt die zuvor getroffene Prognoseentscheidung für die Vergangenheit bezüglich des Vorliegens einer Betriebsstätte maßgebend.

2   Ein häusliches Arbeitszimmer ist keine Betriebsstätte i. S. d. § 4 Absatz 5 Satz 1 Nummer 6 EStG. Der Steuerpflichtige kann an mehreren Betriebsstätten tätig sein; für jeden Betrieb kann jedoch höchstens eine ortsfeste betriebliche Einrichtung Betriebsstätte i. S. d. § 4 Absatz 5 Satz 1 Nummer 6 EStG (erste Betriebsstätte) sein.

4   Als Betriebsstätte gilt auch eine Bildungseinrichtung, die vom Steuerpflichtigen aus betrieblichem Anlass zum Zwecke eines Vollzeitstudiums oder einer vollzeitlichen Bildungsmaßnahme aufgesucht wird.

b) Erste Betriebsstätte

5   Übt der Steuerpflichtige seine betriebliche Tätigkeit an mehreren Betriebsstätten aus, ist die erste Betriebsstätte anhand quantitativer Merkmale zu bestimmen. Nach § 9 Absatz 4 Satz 4 EStG ist danach erste Betriebsstätte die Tätigkeitsstätte, an der der Steuerpflichtige dauerhaft typischerweise (im Sinne eines Vergleichs mit einem Arbeitnehmer) arbeitstäglich oder je Woche an zwei vollen Arbeitstagen oder mindestens zu einem Drittel seiner regelmäßigen Arbeitszeit tätig werden will. Treffen diese Kriterien auf mehrere Tätigkeitsstätten zu, ist die der Wohnung des Steuerpflichtigen näher gelegene Tätigkeitsstätte erste Betriebsstätte (entsprechend § 9 Absatz 4 Satz 7 EStG). Die Fahrten zu weiter entfernt liegenden Tätigkeitsstätten sind als Auswärtstätigkeiten zu beurteilen.

Beispiel 1

Der Steuerpflichtige wohnt in A und betreibt in B ein Einzelunternehmen, das er arbeitstäglich z. B. während der Öffnungszeiten aufsucht. Bei den Fahrten handelt es sich um Fahrten zwischen Wohnung und Betriebsstätte; die Aufwendungen sind in Höhe der Entfernungspauschale als Betriebsausgaben abziehbar.

Zu § 4 EStG **Anlage § 004–22**

Beispiel 2
Der Steuerpflichtige wohnt in A und betreibt ein Einzelunternehmen mit Filialen in B (Entfernung zur Wohnung 15 km) und C (Entfernung zur Wohnung 10 km), die Filiale in B sucht er arbeitstäglich z. B. während der Öffnungszeiten auf, die Filiale in C nur einmal wöchentlich. Erste Betriebsstätte nach Rdnr. 5 ist die Filiale in B. Bei den Fahrten handelt es sich um Fahrten zwischen Wohnung und Betriebsstätte; der Abzug der Aufwendungen richtet sich nach § 4 Absatz 5 Satz 1 Nummer 6 EStG (Entfernungspauschale). Die Betriebsstätte in C ist keine erste Betriebsstätte; die Aufwendungen für die Fahrten von der Wohnung zur Betriebsstätte in C sind wie auch die Aufwendungen für die Fahrten zwischen den Betriebsstätten in voller Höhe abziehbar.

Beispiel 3
Der Steuerpflichtige wohnt in A und betreibt ein Einzelunternehmen mit Filialen in B (Entfernung zur Wohnung 15 km) und C (Entfernung zur Wohnung 10 km), die er beide arbeitstäglich z. B. während der Öffnungszeiten aufsucht. Erste Betriebsstätte nach Rdnr. 5 ist die Filiale in C. Bei den Fahrten zur Betriebsstätte in C handelt es sich um Fahrten zwischen Wohnung und Betriebsstätte; der Abzug der Aufwendungen richtet sich nach § 4 Absatz 5 Satz 1 Nummer 6 EStG (Entfernungspauschale). Die Betriebsstätte in B ist keine erste Betriebsstätte; die Aufwendungen für die Fahrten von der Wohnung zur Betriebsstätte in B sind wie auch die Aufwendungen für die Fahrten zwischen den Betriebsstätten in voller Höhe abziehbar.

Beispiel 4
Der Steuerpflichtige wohnt in A und bereitet in seinem häuslichen Arbeitszimmer seine Dozententätigkeit vor, die er in den Volkshochschulen in B (Entfernung zur Wohnung 15 km) und C (Entfernung zur Wohnung 10 km) ausübt. Die Volkshochschule in B sucht er an drei Tagen und die in C an zwei Tagen auf. Die Tätigkeiten beruhen auf unterschiedlichen unbefristeten Auftragsverhältnissen. Liegen die Kriterien des § 9 Absatz 4 Satz 4 Nummer 2 EStG für beide Tätigkeitsstätten vor, ist die der Wohnung näher gelegene Tätigkeitsstätte C als erste Betriebsstätte zu beurteilen. Die Aufwendungen für die Fahrten nach C sind nach Maßgabe des § 4 Absatz 5 Satz 1 Nummer 6 EStG (Entfernungspauschale), die Fahrten nach B in voller Höhe abziehbar.

Beispiel 5
Der Steuerpflichtige wohnt in A und ist als Handelsvertreter für verschiedene Unternehmen tätig. Bei der Fa. XY in B wird ihm ein Büro zur Verfügung gestellt, das er an zwei vollen Tagen wöchentlich nutzt. Das Auftragsverhältnis ist unbefristet. Die Bürotätigkeiten für die übrigen Auftraggeber wickelt er in seinem häuslichen Arbeitszimmer ab. Da das Büro in der Fa. XY eine Betriebsstätte des A i. S. d. § 4 Absatz 5 Satz 1 Nummer 6 EStG darstellt und der Steuerpflichtige dort dauerhaft i. S. d. § 9 Absatz 4 Satz 4 EStG tätig wird, sind die Fahrten dorthin als Fahrten zwischen Wohnung und Betriebsstätte zu beurteilen und die Aufwendungen nach Maßgabe des § 4 Absatz 5 Satz 1 Nummer 6 EStG (Entfernungspauschale) abziehbar.

Beispiel 6
Der Steuerpflichtige ist als Versicherungsmakler tätig und erledigt in seinem häuslichen Arbeitszimmer die anfallenden Bürotätigkeiten. Die Beratungsleistungen erbringt er regelmäßig beim Kunden. Der Steuerpflichtige hat keine Betriebsstätte i. S. d. § 4 Absatz 5 Satz 1 Nummer 6 EStG.

Beispiel 7 (Bildungseinrichtung):
Der Steuerpflichtige strebt eine selbständige Tätigkeit als Heilpraktiker an und besucht zur Vorbereitung der amtlichen Heilpraktikerprüfung für sechs Monate eine vollzeitige Heilpraktikerschule. Die Fahrten zur Heilpraktikerschule sind nach Maßgabe des § 4 Absatz 5 Satz 1 Nummer 6 EStG (Entfernungspauschale) als Betriebsausgaben abziehbar (entsprechend § 9 Absatz 4 Satz 8 EStG; vgl. Rdnr. 4).

c) Keine erste Betriebsstätte

Eine Tätigkeitsstätte muss nicht Betriebsstätte sein. Wird der Steuerpflichtige typischerweise nur an ständig wechselnden Tätigkeitsstätten, die keine Betriebsstätten sind, oder an einer nicht ortsfesten betrieblichen Einrichtung (z. B. Fahrzeug, Flugzeug, Schiff) betrieblich tätig, sind die Aufwendungen für die Fahrten zwischen Wohnung und Tätigkeitsstätte grundsätzlich unbeschränkt als Betriebsausgaben abziehbar.

Beispiel 8
Der Steuerpflichtige erbringt Bauleistungen bei wechselnden Kunden. Die Büroarbeiten er-ledigt er im häuslichen Arbeitszimmer. Der Steuerpflichtige hat keine Betriebsstätte i. S. d. § 4 Absatz 5 Satz 1 Nummer 6 EStG. Die Aufwendungen für die Fahrten zu den Kunden oder zu deren Baustellen sind unbeschränkt als Betriebsausgaben abziehbar.

Anlage § 004–22

Zu § 4 EStG

7 Hat der Steuerpflichtige keine erste Betriebsstätte und sucht er nach den Auftragsbedingungen dauerhaft denselben Ort oder dasselbe weiträumige Tätigkeitsgebiet (vgl. hierzu Rdnrn. 40 bis 43 des BMF-Schreibens vom 24. Oktober 2014, a. a. O., und BFH vom 29. April 2014, BStBl. II S. 777) typischerweise täglich auf, sind die Aufwendungen für die Fahrten zwischen der Wohnung und diesem Ort oder die Fahrten zwischen der Wohnung und dem nächst gelegenen Zugang zum Tätigkeitsgebiet nach Maßgabe des § 4 Absatz 5 Satz 1 Nummer 6 EStG (Entfernungspauschale) als Betriebsausgaben abziehbar (vgl. Rdnrn. 1 und 2). Rdnr. 5 ist beim Vorliegen mehrerer dauerhafter Auftragsverhältnisse oder weiträumiger Tätigkeitsgebiete entsprechend anzuwenden.

Beispiel 9
Der Steuerpflichtige ist selbständiger Paketzusteller und als Subunternehmer eines Paketdienstes tätig. Das zeitlich unbefristete Auftragsverhältnis mit dem Paketdienst sieht vor, dass der Paketzusteller den Zustellbezirk Landkreis B übernimmt. Der Paketzusteller wohnt in A, das 5 km von der Landkreisgrenze entfernt liegt. Der Lieferwagen wird auf dem Wohngrundstück abgestellt. Die Aufwendungen für die Fahrten von der Wohnung in A zum Zustellbezirk Landkreis B (5 km) sind nach Maßgabe des § 4 Absatz 5 Satz 1 Nummer 6 EStG (Entfernungspauschale) als Betriebsausgaben abziehbar. Die Aufwendungen für die Fahrten innerhalb des Zustellbezirks sind in voller Höhe als Betriebsausgaben abziehbar.

2. Reisekosten

8 Die lohnsteuerlichen Regelungen zu den Reisekosten sind bei der Gewinnermittlung sinngemäß, unter Beachtung von § 4 Absatz 5 Satz 1 Nummer 7 EStG, anzuwenden. Reisekosten sind Fahrtkosten, Mehraufwendungen für Verpflegung, Übernachtungskosten und Reisenebenkosten.

9 Mehraufwendungen für die Verpflegung des Steuerpflichtigen sind nur dann als Betriebsausgaben abziehbar, wenn der Steuerpflichtige vorübergehend von seiner Wohnung und dem Mittelpunkt seiner dauerhaft angelegten betrieblichen Tätigkeit entfernt betrieblich tätig wird. Der Begriff des Mittelpunktes der dauerhaft angelegten betrieblichen Tätigkeit des Steuerpflichtigen i. S. d. § 4 Absatz 5 Satz 1 Nummer 5 EStG entspricht dem Begriff der ersten Betriebsstätte (vgl. Rdnrn. 1 bis 5).

10 Der Abzug von Verpflegungsmehraufwendungen ist nach § 9 Absatz 4a EStG zu bestimmen. Nach Satz 6 ist der Abzug auf die ersten drei Monate einer längerfristigen beruflichen Tätigkeit an derselben Tätigkeitsstätte beschränkt (vgl. Rdnrn. 52 ff. des BMF-Schreibens vom 24. Oktober 2014, a. a. O.)

Beispiel 10:
Der Steuerpflichtige besucht eine eintägige Tagung. In der Mittagspause nimmt er in einem Restaurant eine Mahlzeit ein. Die Abwesenheit von der Wohnung und der ersten Betriebsstätte beträgt 9 Stunden. Dem Steuerpflichtigen steht zur Abgeltung seiner tatsächlich entstandenen betrieblich veranlassten Aufwendungen eine Verpflegungspauschale nach § 4 Absatz 5 Satz 1 Nummer 5 i. V. m. § 9 Absatz 4a Satz 3 Nummer 3 EStG von 12 € zu. Ein Abzug der tatsächlichen Verpflegungskosten als Betriebsausgabe ist nicht zulässig.

11 Wird durch Zahlungsbelege nur ein Gesamtpreis für Unterkunft und Verpflegung oder neben der Beherbergungsleistung nur ein Sammelposten für Nebenleistungen einschließlich Verpflegung nachgewiesen und lässt sich der Preis für die Verpflegung deshalb nicht feststellen (z. B. Tagungspauschale), so ist dieser Gesamtpreis zur Ermittlung der Übernachtungs- oder Reisenebenkosten zu kürzen. Als Kürzungsbeträge sind dabei
- für Frühstück 20 Prozent,
- für Mittag- und Abendessen jeweils 40 Prozent

der für den Unterkunftsort maßgebenden Verpflegungspauschale bei einer Auswärtstätigkeit mit einer Abwesenheitsdauer von 24 Stunden anzusetzen.

Beispiel 11
Im Rahmen einer betrieblich veranlassten Auswärtstätigkeit übernachtet der Steuerpflichtige im Hotel. Das Hotel stellt (netto) 100 € für die Übernachtung und zusätzlich (netto) 22 € für ein Business- oder Servicepaket (inkl. Frühstück) in Rechnung. Der Steuerpflichtige kann für den An- und Abreisetag jeweils eine Verpflegungspauschale von 12 € als Betriebsausgabe abziehen. Daneben können die Übernachtungskosten i. H. v. 100 € und die Aufwendungen für das Business- oder Servicepaket i. H. v. 17,20 € (22 € abzgl. 4,80 €) abgezogen werden. Der Kostenanteil für das Frühstück (anzusetzen mit 4,80 €) ist vom Betriebsausgabenabzug ausgeschlossen und mit der Verpflegungspauschale abgegolten.

12 Die Verpflegungspauschalen sind nicht nach § 9 Absatz 4a Satz 8 EStG zu kürzen, wenn von dritter Seite Mahlzeiten unentgeltlich oder verbilligt zur Verfügung gestellt werden oder wenn der Steuerpflichtige anlässlich einer betrieblich veranlassten Reise Bewirtungsaufwendungen i. S. d. § 4 Absatz 5 Satz 1 Nummer 2 EStG trägt.

3. Mehraufwendungen bei doppelter Haushaltsführung

Die für den Werbungskostenabzug bei Arbeitnehmern geltenden Regelungen zu den Mehraufwendungen bei doppelter Haushaltsführung sind dem Grunde und der Höhe nach entsprechend anzuwenden. Zu den Mehraufwendungen bei doppelter Haushaltsführung zählen Fahrtkosten aus Anlass der Wohnungswechsel zu Beginn und am Ende der doppelten Haushaltsführung sowie für wöchentliche Heimfahrten an den Ort des eigenen Hausstandes oder Aufwendungen für wöchentliche Familien-Ferngespräche, Verpflegungsmehraufwendungen, Aufwendungen für die Zweitwohnung und Umzugskosten.

Dieses Schreiben wird im Bundessteuerblatt Teil I veröffentlicht.

Anlage § 004–23

Zu § 4 EStG

Abzug von Schuldzinsen als Betriebsausgaben oder Werbungskosten – Aufgabe der sog. Sekundärfolgenrechtsprechung durch den BFH

– BdF-Schreiben vom 11. August 1994 IV B 2 – S 2242 – 33/94 (BStBl. I S. 603) –

Mit Urteil vom 2. März 1993 – VIII R 47/90 – (BStBl. 1994 II S. 619) hat der VIII. Senat des BFH mit Zustimmung des I., III. und IV. Senats die sog. Sekundärfolgenrechtsprechung (vgl. BFH-Urteile vom 2. April 1987 – BStBl. II S. 621 –, vom 28. April 1989 – BStBl. II S. 618 – und vom 17. Oktober 1991 – BStBl. 1992 II S. 392 –) unter Hinweis auf die Beschlüsse des Großen Senats zur steuerlichen Behandlung von Kontokorrentzinsen vom 4. Juli 1990 (BStBl. II S. 817) und zur Erbauseinandersetzung vom 5. Juli 1990 (BStBl. II S. 837) als überholt aufgegeben.

Wird ein Pflichtteilsanspruch aufgrund einer Vereinbarung mit dem Erben eines Betriebes verzinslich gestundet, dürfen die hierauf entfallenden Schuldzinsen nach dem Urteil des VIII. Senats vom 2. März 1993 (a. a. O.) mangels Vorliegens einer Betriebsschuld nicht als Betriebsausgaben abgezogen werden.

Hat ein Hoferbe ein Darlehen aufgenommen, um damit die höferechtlichen Abfindungsansprüche der weichenden Erben zu tilgen, dürfen die Darlehenszinsen nach dem Urteil des IV. Senats vom 25. November 1993 – IV R 66/93 – (BStBl. 1994 II S. 623) nicht als Betriebsausgaben abgezogen werden.

Ist eine OHG-Beteiligung aufgrund einer sog. qualifizierten Nachfolgeklausel unmittelbar und ausschließlich auf einen Miterben mit der Maßgabe übergegangen, daß er die übrigen Miterben insoweit abzufinden hat, stellen die durch die Finanzierung dieser – privaten – Wertausgleichsverbindlichkeit entstandenen Schuldzinsen keine Sonderbetriebsausgaben dar, wie der VIII. Senat mit Urteil vom 27. Juli 1993 – VIII R 72/90 – (BStBl. 1994 II. S. 625) entschieden hat.

Zur Anwendung der genannten BFH-Urteile nehme ich unter Bezugnahme auf das Ergebnis der Erörterungen mit den obersten Finanzbehörden der Länder wie folgt Stellung:

Das Urteil des VIII. Senats vom 2. März 1993 (a. a. O.) ist auch für Aufwendungen zur Finanzierung von Vermächtnisschulden, Erbersatzverbindlichkeiten und Zugewinnausgleichsschulden (vgl. zu letzteren auch das BFH-Urteil vom 8. Dezember 1992 – IX R 68/89 – BStBl. 1993 II S. 434) zu beachten. Solche Aufwendungen sind nach der neuen Rechtsprechung privat veranlaßt. Die geänderte Rechtsprechung des BFH hat deshalb zur Folge, daß Aufwendungen für die Stundung bzw. Finanzierung von

– Pflichtteilsverbindlichkeiten
– Vermächtnisschulden
– Erbersatzverbindlichkeiten
– Zugewinnausgleichsschulden
– Abfindungsschulden nach der Höfeordnung
– Abfindungsschulden im Zusammenhang mit der Vererbung eines Anteils an einer Personengesellschaft im Wege der qualifizierten Nachfolgeklausel oder im Wege der qualifizierten Eintrittsklausel

nicht als Betriebsausgaben oder Werbungskosten abgezogen werden dürfen.

Die Tzn. 37 letzter Absatz, 70 und 89 Satz 4 des BMF-Schreibens zur ertragsteuerlichen Behandlung der Erbengemeinschaft und ihrer Auseinandersetzung (BStBl. 1993 I S. 62 ff.)[1] sind damit überholt. Dies gilt nicht, soweit nach Tzn. 36, 37 des BMF-Schreibens Privatschulden, die von Miterben im Rahmen der Realteilung eines Mischnachlasses übernommen werden, Betriebsschulden werden können.

Die geänderte Rechtsprechung und Verwaltungsauffassung ist für Werbungskosten erstmals für den Veranlagungszeitraum 1995 und für Betriebsausgaben erstmals für Wirtschaftsjahre, die nach dem 31. Dezember 1994 beginnen, anzuwenden.

---

1) Inzwischen neu gefasst, vgl. Anlage § 016-05.

Zu § 4 EStG   Anlagen § 004–24 unbesetzt, § 004–25, § 004–26

Rückstellungen für nicht abziehbare Betriebsausgaben, insbesondere Gewerbesteuerrückstellungen [1]

– Verfügung OFD Frankfurt vom 18.03.2011 – S 2137 A – 63 – St 210 –

Nach § 4 Abs. 5b EStG, eingeführt durch das Unternehmenssteuerreformgesetz, ist die Gewerbesteuer und die darauf entfallenden Nebenleistungen, die für Erhebungszeiträume festgesetzt wird, die nach dem 31.12.2007 enden (§ 52 Abs. 12 S. 7 EStG), nicht mehr als Betriebsausgabe abziehbar.

Nach einem Beschluss der obersten Finanzbehörden des Bundes und der Länder gilt hinsichtlich der Bildung von Gewerbesteuerrückstellungen in Steuerbilanzen Folgendes:

Aufgrund des Maßgeblichkeitsgrundsatzes nach § 5 Abs. 1 Satz 1 EStG sind die handelsrechtlich zu bildenden Gewerbesteuerrückstellungen auch in der Steuerbilanz auszuweisen und die daraus resultierenden Gewinnminderungen außerbilanziell zu korrigieren.

Entsprechendes gilt auch für Steuerpflichtige, die ihren Gewinn nach § 4 Abs. 1 EStG ermitteln und für die § 5 Abs. 1 Satz 1 EStG nicht gilt.

Das Urteil des BFH vom 09.06.1999 (BStBl. II 1999, S. 656), nach dem die Bildung einer Rückstellung für künftigen Aufwand, für den ein steuerliches Abzugsverbot besteht, ausgeschlossen ist, ist nicht weiter anzuwenden. Der Hinweis „Abzugsverbot" in H 5.7 Abs. 1 des Einkommensteuerhandbuchs wurde daher ersatzlos gestrichen.

Aufwendungen für Auslandssprachkurse als Werbungskosten oder Betriebsausgaben

– BMF-Schreiben vom 26.9.2003 – IV A 5 – S 2227 – 1/03 (BStBl. I S. 447) –

In dem Urteil vom 13.6.2002 (BStBl. 2003 II S. 765) hat der BFH zwar grundsätzlich an den im Urteil vom 31. Juli 1980 (BStBl. II S. 746) aufgestellten Merkmalen zur Abgrenzung von beruflicher und privater Veranlassung eines Auslandssprachkurses festgehalten. Der BFH hat ihre Geltung aber eingeschränkt, soweit sie in Widerspruch zu Artikel 59 des Vertrages zur Gründung der Europäischen Gemeinschaft (nach Änderung Art. 49 EGV) stehen, der die Dienstleistungsfreiheit in den Mitgliedstaaten garantiert. Die bislang bei einer Gesamtwürdigung von privater und beruflicher Veranlassung einer Fortbildungsveranstaltung zugrunde gelegte Vermutung, es spreche für eine überwiegend private Veranlassung, wenn die Veranstaltung im Ausland stattfinde, und die u. a. daraus gezogene Folgerung der steuerlichen Nichtanerkennung der entsprechenden Aufwendungen, kann danach für Mitgliedstaaten der Europäischen Union nicht mehr aufrechterhalten werden.

Unter Bezugnahme auf das Ergebnis der Erörterung mit den obersten Finanzbehörden der Länder sind die Grundsätze des BFH-Urteils wie folgt anzuwenden:

Die Grundsätze dieser Entscheidung gelten nicht nur für alle Mitgliedstaaten der Europäischen Union, sondern auch für Staaten, auf die das Abkommen über den europäischen Wirtschaftsraum (Island, Liechtenstein, Norwegen) Anwendung findet, und wegen eines bilateralen Abkommens, das die Dienstleistungsfreiheit ebenfalls festschreibt, auch für die Schweiz. Sie sind im Übrigen nicht nur auf Sprachkurse, sondern auf Fortbildungsveranstaltungen allgemein anzuwenden.

Die Grundsätze der Entscheidung sind außerdem bei der Frage, ob im Falle einer Kostenübernahme durch den Arbeitgeber für solche Fortbildungsveranstaltungen Arbeitslohn vorliegt oder ein überwiegend eigenbetriebliches Interesse des Arbeitgebers für die Zahlung angenommen werden kann (R 74 LStR) [2], zu berücksichtigen.

---

1) Zur Vorläufigen Steuerfestsetzung vgl. § 002-01.
2) Jetzt R 19.7. LStR.

Anlage § 004–27   Zu § 4 EStG

Nachweis von Bewirtungsaufwendungen

– BdF-Schreiben vom 21. November 1994 IV B 2 – S 2145 – 165/94 (BStBl. I S. 855) –

Im Einvernehmen mit den obersten Finanzbehörden der Länder gilt zur steuerlichen Anerkennung des Betriebsausgabenabzugs von Aufwendungen für die Bewirtung im Sinne des § 4 Abs. 5 Nr. 2 EStG in Verbindung mit R 21 Abs. 4 ff. EStR 1993 folgendes:

Für den Betriebsausgabenabzug von Aufwendungen für die Bewirtung von Personen aus geschäftlichem Anlaß ist nach § 4 Abs. 5 Nr. 2 EStG auch die Angabe von Ort und Tag der Bewirtung Voraussetzung. Bei Bewirtung in einer Gaststätte ist zum Nachweis die Rechnung über die Bewirtung beizufügen. Die Rechnung muß nach R 21 Abs. 7 Satz 11 EStR 1993 [1] den Anforderungen des § 14 UStG genügen.

1. **Inhalt der Rechnung**

1.1 **Name und Anschrift der Gaststätte**

Die Rechnung muß den Namen und die Anschrift des leistenden Unternehmers (hier: der Gaststätte) enthalten. Das gilt auch bei Rechnungen über Kleinbeträge, deren Gesamtbetrag 200 DM [2] nicht übersteigt (§ 33 Satz 1 Nr. 1 UStDV). Auch die ab 1. Januar 1995 maschinell zu erstellende und zu registrierende Rechnung muß den Namen und die Anschrift der Gaststätte enthalten.

1.2 **Tag der Bewirtung**

Für den Betriebsausgabenabzug von Bewirtungskosten muß der Tag der Bewirtung angegeben werden. Das Datum ist auf der maschinell erstellten und registrierten Rechnung auszudrucken. Handschriftliche Ergänzungen oder Datumsstempel reichen nicht aus.

1.3 **Art und Umfang der Leistungen**

Die Rechnung muß die Menge und die handelsübliche Bezeichnung des Gegenstandes der Lieferung oder die Art und den Umfang der sonstigen Leistung enthalten. Buchstaben, Zahlen oder Symbole, wie sie für umsatzsteuerliche Zwecke ausreichen, genügen für den Betriebsausgabenabzug nicht. Nach dem 30. Juni 1994 sind die Bewirtungsleistungen im einzelnen zu bezeichnen; die Angabe „Speisen und Getränke" und die Angabe der für die Bewirtung in Rechnung gestellten Gesamtsumme reichen nicht. Bezeichnungen wie z. B. „Menü 1", „Tagesgericht 2" oder „Lunch-Buffet" und aus sich selbst heraus verständliche Abkürzungen sind jedoch nicht zu beanstanden.

1.4 **Rechnungsbetrag**

Die Rechnung muß den Preis für die Lieferung oder die sonstige Leistung enthalten. Ein ggf. vom bewirtenden Steuerpflichtigen zusätzlich gewährtes Trinkgeld wird durch die maschinell erstellte und registrierte Rechnung nicht ausgewiesen. Für den Nachweis von Trinkgeldzahlungen gelten die allgemeinen Regelungen über die Feststellungslast, die beim bewirtenden Steuerpflichtigen liegt. Der Nachweis kann z. B. dadurch geführt werden, daß das Tringeld vom Empfänger auf der Rechnung quittiert wird.

1.5 **Name des Bewirtenden**

Nach R 21 Abs. 7 Satz 4 EStR 1993 muß die Rechnung auch den Namen des bewirtenden Steuerpflichtigen enthalten; dies gilt nicht, wenn der Gesamtbetrag der Rechnung 200 DM [3] nicht übersteigt. Es bestehen jedoch bei einem Rechnungsbetrag über 200 DM [4] keine Bedenken, wenn der leistende Unternehmer (Gastwirt) den Namen des bewirtenden Steuerpflichtigen handschriftlich auf der Rechnung vermerkt. [5]

2. **Rechnungserstellung**

Nach R 21 Abs. 7 Satz 13 EStR 1993 werden für den Betriebsausgabenabzug von Aufwendungen für eine Bewirtung von Geschäftsfreunden aus betrieblichem Anlaß nach dem 31. Dezember 1994 nur noch maschinell erstellte und maschinell registrierte Rechnungen anerkannt. Rechnungen in anderer Form, z. B. handschriftlich erstellte oder nur maschinell erstellte, erfüllen die Nachweis-

---

1) Jetzt R 4.10 Abs. 5 ff. EStR.
2) Jetzt 150 €, vgl. R 4.10 Abs. 8 EStR.
3) Jetzt 150 €, vgl. R 4.10 Abs. 8 EStR.
4) Jetzt 150 €, vgl. R 4.10 Abs. 8 EStR.
5) Vgl. dazu auch das BFH-Urteil vom 18.04.2012 – X R 57/09:
    Die über Bewirtungen in einer Gaststätte ausgestellten Rechnungen i. S. des § 4 Abs. 5 Satz 1 Nr. 2 Satz 3 EStG müssen, sofern es sich nicht um Rechnungen über Kleinbeträge i. S. der UStDV handelt, den Namen des bewirtenden Steuerpflichtigen enthalten.

voraussetzungen des R 21 Abs. 7 Satz 13 EStR nicht; die darin ausgewiesenen Bewirtungsaufwendungen sind vollständig vom Betriebsausgabenabzug ausgeschlossen.

Es genügt, wenn die Rechnungsendsumme maschinell registriert wird; eine Registrierung der Einzelleistungen (Speisen, Getränke, Sonstiges) beim Gastwirt ist nicht erforderlich. Der bewirtende Steuerpflichtige (Leistungsempfänger) kann im allgemeinen darauf vertrauen, daß die ihm erteilte Rechnung vom Gastwirt maschinell ordnungsgemäß registriert worden ist, wenn die Rechnung von der Registrierkasse mit einer laufenden Registriernummer versehen wird.

Werden Leistungen üblicherweise zu einem späteren Zeitpunkt in Rechnung gestellt und unbar bezahlt (z. B. bei Bewirtung eines größeren Personenkreises), ist die Vorlage eines Registrierkassenbelegs nicht erforderlich. In diesem Fall ist der Rechnung der Zahlungsbeleg beizufügen.

Werden für Gäste eines Unternehmens Verzehrgutscheine ausgegeben, gegen deren Vorlage die Besucher auf Rechnung des Unternehmens in einer Gaststätte bewirtet werden, reicht für den Betriebsausgabenabzug die Vorlage der Abrechnung über die Verzehrgutscheine aus.

3. Bewirtungen im Ausland

§ 4 Abs. 5 Nr. 2 EStG unterscheidet nicht, ob die Bewirtung im Inland oder im Ausland stattgefunden hat. Die dort genannten Anforderungen gelten daher auch bei Auslandsbewirtungen. Die Anforderungen des R 21 Abs. 4 ff. EStR 1993 sind grundsätzlich auch bei Bewirtungen im Ausland zu erfüllen. Wird jedoch glaubhaft gemacht, daß eine detaillierte, maschinell erstellte und registrierte Rechnung nicht zu erhalten war, genügt in Ausnahmefällen die ausländische Rechnung, auch wenn sie diesen Anforderungen nicht voll entspricht, z. B. nur handschriftlich erstellt ist.

Anlagen § 004–28 unbesetzt, § 004–29 Zu § 4 EStG

Behandlung der Einbringung zum Privatvermögen gehörender Wirtschaftsgüter in das betriebliche Gesamthandsvermögen einer Personengesellschaft

– BdF-Schreiben vom 11.07.2011 – IV C 6 – S 2178/09/10001, 2011/0524044 (BStBl. I S. 713) –

Bei der Behandlung der Einbringung einzelner zum Privatvermögen gehörender Wirtschaftsgüter in das betriebliche Gesamthandsvermögen einer Personengesellschaft als tauschähnlicher Vorgang ist die Frage aufgeworfen worden, unter welchen Voraussetzungen bei Anwendung der BFH-Urteile vom 24. Januar 2008 – IV R 37/06 und vom 17. Juli 2008 – I R 77/06 – (BStBl. 2009 II S. 464) weiterhin vom Vorliegen einer verdeckten Einlage i. S. d. Ausführungen zu Abschnitt II.1.b) des BMF-Schreibens vom 29. März 2000 (BStBl. I S. 462) auszugehen ist.

Hierzu nehme ich unter Bezugnahme auf das Ergebnis der Erörterungen mit den obersten Finanzbehörden der Länder wie folgt Stellung:

I. Übertragung gegen Gewährung von Gesellschaftsrechten

Erhöht sich durch die Übertragung eines Wirtschaftsguts der Kapitalanteil des Einbringenden, liegt insoweit eine Übertragung gegen Gewährung von Gesellschaftsrechten vor.

Für die Frage, ob als Gegenleistung für die Übertragung Gesellschaftsrechte gewährt werden, ist grundsätzlich das Kapitalkonto der Handelsbilanz (z. B. bei einer OHG nach § 120 Absatz 2 HGB) maßgebend, wonach sich die Gesellschaftsrechte – wenn nichts anderes vereinbart ist – nach dem handelsrechtlichen Kapitalanteil des Gesellschafters richten. Dieser Kapitalanteil ist nach dem Regelstatut des HGB z. B. für die Verteilung des Jahresgewinns, für Entnahmerechte und für die Auseinandersetzungsansprüche von Bedeutung (bei einer OHG betrifft dies §§ 121, 122 und 155 HGB).

Werden die handelsrechtlichen Vorschriften abbedungen und nach den gesellschaftsvertraglichen Vereinbarungen mehrere (Unter-)Konten geführt, gilt für die steuerliche Beurteilung Folgendes:

1. Kapitalkonto I

Erfolgt als Gegenleistung für die Übertragung die Buchung auf dem Kapitalkonto I, ist von einer Übertragung gegen Gewährung von Gesellschaftsrechten auszugehen. Als maßgebliche Gesellschaftsrechte kommen die Gewinnverteilung, die Auseinandersetzungsansprüche sowie Entnahmerechte in Betracht. Die bloße Gewährung von Stimmrechten stellt allein keine Gegenleistung im Sinne einer Gewährung von Gesellschaftsrechten dar, da Stimmrechte allein keine vermögensmäßige Beteiligung an der Personengesellschaft vermitteln.

2. Weitere – variable – Gesellschafterkonten

Werden neben dem Kapitalkonto I weitere gesellschaftsvertraglich vereinbarte – variable -Gesellschafterkonten geführt, so kommt es für deren rechtliche Einordnung auf die jeweiligen vertraglichen Abreden im Gesellschaftsvertrag an. Ein wesentliches Indiz für das Vorliegen eines Kapitalkontos ist die gesellschaftsvertragliche Vereinbarung, dass auf dem jeweiligen Konto auch Verluste gebucht werden, vgl. hierzu BMF-Schreiben vom 30. Mai 1997 (BStBl. I S. 627) sowie BFH-Urteil vom 26. Juni 2007 – IV R 29/06 – (BStBl. 2008 II S. 103).

Liegt nach diesen Maßstäben (Buchung auch von Verlusten) ein (weiteres) Kapitalkonto II vor, gilt Folgendes:

Auch wenn das Kapitalkonto eines Gesellschafters in mehrere Unterkonten aufgegliedert wird, bleibt es gleichwohl ein einheitliches Kapitalkonto. Eine Buchung auf einem Unterkonto des einheitlichen Kapitalkontos (und damit auch auf dem Kapitalkonto II) führt demnach regelmäßig zu einer Gewährung von Gesellschaftsrechten.

Handelt es sich bei dem betreffenden Gesellschafterkonto nicht um ein Kapitalkonto, ist regelmäßig von einem Darlehenskonto auszugehen. Erfolgt die Übertragung von Einzelwirtschaftsgütern gegen Buchung auf einem Darlehenskonto, so kann dieses Konto keine Gesellschaftsrechte gewähren; wegen des Erwerbs einer Darlehensforderung durch den übertragenden Gesellschafter liegt insoweit ein entgeltlicher Vorgang vor, der nach § 6 Absatz 1 Nummer 1 oder 2 EStG zu bewerten ist.

II. Abgrenzung der entgeltlichen von der unentgeltlichen Übertragung (verdeckte Einlage)

1. Abgrenzungsmerkmale

Soweit dem Einbringenden überhaupt keine Gesellschaftsrechte und auch keine sonstigen Gegenleistungen (einschließlich der Begründung einer Darlehensforderung bei Buchung auf einem Darlehenskonto) gewährt werden, liegt mangels Gegenleistung eine verdeckte Einlage vor. Sie ist nach § 4

Absatz 1 Satz 8 i. V. m. § 6 Absatz 1 Nummer 5 EStG zu bewerten, auch wenn sie in der Steuerbilanz der Gesellschaft das Eigenkapital erhöht. In den übrigen Fällen liegen – vorbehaltlich der Ausführungen zu Ziffer 2.d) – stets in vollem Umfang entgeltliche Übertragungsvorgänge vor.

2. Buchungstechnische Behandlung

a) Voll entgeltliche Übertragungsfälle

In den Fällen der vollständigen Gegenbuchung des gemeinen Werts des auf die Personengesellschaft übertragenen (eingebrachten) Wirtschaftsguts

- auf dem Kapitalkonto I oder auf einem variablen Kapitalkonto (z. B. Kapitalkonto II),
- auf dem Kapitalkonto I und teilweise auf einem variablen Kapitalkonto oder
- teilweise auf dem Kapitalkonto I oder einem variablen Kapitalkonto und teilweise auf einem gesamthänderisch gebundenen Rücklagenkonto der Personengesellschaft

liegt stets ein in vollem Umfang entgeltlicher Übertragungsvorgang vor; eine Aufteilung der Übertragung in einen entgeltlichen und einen unentgeltlichen Teil ist in diesen Fällen nicht vorzunehmen (BFH-Urteile vom 24. Januar 2008 – IV R 37/06 und vom 17. Juli 2008 – I R 77/06 – BStBl. 2009 II S. 464).

Beispiel 1:
A und B sind Gesellschafter der betrieblich tätigen AB-OHG. Ihre Gesellschaftsanteile (Kapitalkonto I) betragen jeweils 50.000 €. A bringt ein Grundstück (gemeiner Wert 400.000 €, angeschafft im Privatvermögen des A vor 10 Jahren für 40.000 €) in das Gesamthandsvermögen der OHG ein und erhält dafür weitere Gesellschaftsrechte (Kapitalkonto I) i. H. v. 40.000 €. Nach den ausdrücklichen Bestimmungen in der Einbringungsvereinbarung wird der Restbetrag von 360.000 € auf einem gesamthänderisch gebundenen Kapitalrücklagenkonto gutgeschrieben und das Grundstück wird mit 400.000 € in der Gesamthandsbilanz der OHG erfasst.

Lösung:
Da eine Buchung des Vorgangs teilweise auf dem Kapitalkonto I und teilweise auf dem gesamthänderisch gebundenen Kapitalrücklagenkonto erfolgt ist, liegt ein in vollem Umfang entgeltlicher Übertragungsvorgang vor; eine Aufteilung der Übertragung in einen entgeltlichen und einen unentgeltlichen Teil ist nicht vorzunehmen.

b) Unentgeltliche Übertragungsfälle

Eine Übertragung im Wege der verdeckten Einlage und damit ein unentgeltlicher Vorgang ist nur dann anzunehmen, wenn dem Einbringenden überhaupt keine Gesellschaftsrechte gewährt werden und demzufolge die Übertragung des Wirtschaftsguts **ausschließlich** auf einem gesamthänderisch gebundenen Kapitalrücklagenkonto gutgeschrieben wird oder – was handelsrechtlich zulässig sein kann – als Ertrag gebucht wird.

In beiden Fällen erhöht dies zwar das Eigenkapital der Gesellschaft. Dem Einbringenden werden aber hierdurch keine zusätzlichen Gesellschaftsrechte gewährt. Bei der ausschließlichen Buchung auf einem gesamthänderisch gebundenen Kapitalrücklagenkonto erlangt der übertragende Gesellschafter nämlich anders als bei der Buchung auf einem Kapitalkonto keine individuelle Rechtsposition, die ausschließlich ihn bereichert. Bei der Buchung auf einem gesamthänderisch gebundenen Kapitalrücklagenkonto wird vielmehr der Auseinandersetzungsanspruch aller Gesellschafter entsprechend ihrer Beteiligung dem Grunde nach gleichmäßig erhöht. Der Mehrwert fließt also – ähnlich wie bei einer Buchung auf einem Ertragskonto – in das gesamthänderisch gebundene Vermögen der Personengesellschaft und kommt dem übertragenden Gesellschafter ebenso wie allen anderen Mitgesellschaftern nur als reflexartige Wertsteigerung seiner Beteiligung zugute. Mangels Gegenleistung an den übertragenden Gesellschafter liegt deshalb hier ein unentgeltlicher Vorgang im Sinne einer verdeckten Einlage vor.

c) Fehlende Interessengegensätze auf Gesellschafterebene

Die Ausführungen unter b) gelten grundsätzlich auch für die Fälle, in denen auf der Ebene der vermögensmäßig beteiligten Gesellschafter kein Interessengegensatz zu verzeichnen ist, wie es beispielsweise in den Fällen der „Einmann-GmbH & Co. KG" anzunehmen ist. In diesen Fällen obliegt die Entscheidung ausschließlich dem Gesellschafter selbst, eine vollständige Buchung auf einem gesamthänderisch gebundenen Kapitalrücklagenkonto später wieder rückgängig zu machen (z. B. durch Auflösung des Kapitalrücklagenkontos gegen Gutschrift auf seinem Kapitalkonto, so dass der ursprünglich angenommene unentgeltliche Vorgang später nicht mehr gegeben ist, weil die – im Nachhinein vorgenommene – Umbuchung auf das Kapitalkonto gerade nicht zu einem unentgeltlichen Vorgang führt). Insbesondere in den Fällen der Übertragung von Grundstücken auf eine „Einmann-GmbH & Co. KG" ist daher zu prüfen, ob im Hinblick auf die Anwendbarkeit des § 23 Absatz 1 Satz 1 Nummer 1 EStG ein Missbrauch von rechtlichen Gestaltungsmöglichkeiten i. S. d. § 42 AO anzunehmen ist, wenn die Übertragung des Wirtschaftsguts (zunächst) vollständig auf einem gesamthänderisch gebundenen Kapitalrücklagenkonto gutgeschrieben wird.

d) Teilentgeltliche Übertragungsvorgänge
Wird im Falle einer Übertragung eines Einzelwirtschaftsguts ausdrücklich ein den gemeinen Wert unterschreitender Wertansatz vereinbart (z. B. wegen einer Zuwendungsabsicht), ist der überschießende Wertanteil als verdeckte Einlage zu qualifizieren, vgl. hierzu auch Ziffer I.4 der Entscheidungsgründe des BFH-Urteils vom 17. Juli 2008 – I R 77/06 – (BStBl. 2009 II S. 464). Sofern die Übertragung im Übrigen als entgeltliche Übertragung zu beurteilen ist, ist der Vorgang in einen entgeltlichen und einen unentgeltlichen Anteil aufzuteilen (sog. „Trennungstheorie").

Beispiel 2 (Abwandlung des Beispiels 1):
A und B sind Gesellschafter der betrieblich tätigen AB-OHG. Ihre Gesellschaftsanteile (Kapitalkonto I) betragen jeweils 50.000 €. A bringt ein Grundstück (gemeiner Wert 400.000 €, angeschafft im Privatvermögen des A vor 10 Jahren für 40.000 €) in das Gesamthandsvermögen der OHG ein. Im zugrunde liegenden Einbringungsvertrag ist ausdrücklich ein Einbringungswert von (nur) 40.000 € und demgemäß die Gewährung weiterer Gesellschaftsrechte (Kapitalkonto I) i. H. v. (nur) 40.000 € vereinbart worden. Das Grundstück wird gemäß dieser (bewussten) Vereinbarung mit 40.000 € in der Gesamthandsbilanz der OHG erfasst und das Kapitalkonto des A wird um 40.000 € erhöht. Weitere Buchungen durch die Beteiligten erfolgen nicht.

Lösung:
Wäre das Grundstück nach den Bestimmungen der Einbringungsvereinbarung in der Bilanz der OHG mit 400.000 € angesetzt und der Differenzbetrag von 360.000 € auf einem gesamthänderisch gebundenen Rücklagenkonto gebucht worden, würde es sich nach den Ausführungen unter Ziffer 2.a) um einen in vollem Umfang entgeltlichen Übertragungsvorgang handeln (siehe auch die Lösung des Beispiels 1). Im vorliegenden Fall aber, in dem das Grundstück nach den Bestimmungen in der Einbringungsvereinbarung bewusst nur mit 40.000 € angesetzt und der Differenzbetrag von 360.000 € durch die Beteiligten buchungstechnisch zunächst überhaupt nicht erfasst wird, ist von einem teilentgeltlichen Vorgang auszugehen, da das Grundstück nach dem ausdrücklichen Willen der Beteiligten unter Wert eingebracht werden sollte. Für diesen Fall der Einbringung unter Wert sind die Ausführungen im BMF-Schreiben vom 29. März 2000 (BStBl. 2000 I S. 462) zu Abschnitt II.1.c) weiterhin anzuwenden; im Übrigen sind diese Ausführungen aufgrund der Ausführungen oben unter Ziffer 2.a) zu den voll entgeltlichen Übertragungsvorgängen überholt.

Im Beispiel 2 liegt ein teilentgeltlicher Vorgang vor, weil das Grundstück zu 10 % (40.000 €/400.000 €) entgeltlich und zu 90 % (360.000 €/400.000 €) unentgeltlich übertragen wird. Hinsichtlich des entgeltlich übertragenen Teils ist das Grundstück deshalb in der Bilanz der OHG mit dem Veräußerungspreis von 40.000 € (= Wert der hingegebenen Gesellschaftsrechte) anzusetzen. Hinsichtlich des unentgeltlich übertragenen Teils ist das Grundstück nach Einlagegrundsätzen gemäß § 4 Absatz 1 Satz 8 EStG i. V. m. § 6 Absatz 1 Nummer 5 Satz 1 EStG mit dem anteiligen Teilwert in Höhe von 360.000 € (90 % von 400.000 €) anzusetzen. Das Grundstück ist deshalb richtigerweise auch bei einer teilentgeltlichen Übertragung mit 400.000 € in der Bilanz der OHG zu erfassen. Aufgrund der Teilentgeltlichkeit des Übertragungsvorgangs ist der den Wert der auf dem Kapitalkonto I verbuchten Gesellschaftsrechte übersteigende Betrag von 360.000 € innerhalb der Bilanz der OHG als Ertrag zu behandeln. Diese Ertragsbuchung ist durch eine entsprechende gegenläufige außerbilanzielle Korrektur zu neutralisieren. Aufgrund der ausdrücklichen Bestimmungen in der Einbringungsvereinbarung (Einbringung unter Wert) kommt hier eine Buchung des übersteigenden Betrags von 360.000 € auf einem gesamthänderischen Rücklagenkonto oder auf einem variablen Kapitalkonto (Kapitalkonto II) nicht in Betracht, weil diese Vorgehensweise nach den unter Ziffer 2.a) dargestellten Grundsätzen zur Annahme eines voll entgeltlichen Übertragungsgeschäfts führen würde, was nach der zugrunde liegenden Einbringungsvereinbarung von den Beteiligten gerade nicht gewollt war.

III. Bloße Nutzungsänderung oder Eintritt der Voraussetzungen des § 15 Absatz 3 Nummer 2 EStG
Unter I. und II. werden ausschließlich die Fälle der Übertragung von Wirtschaftsgütern auf gesellschaftsrechtlicher Grundlage behandelt. Hiervon zu unterscheiden sind die Fälle einer bloßen Nutzungsänderung oder des Eintritts der Voraussetzungen des § 15 Absatz 3 Nummer 2 EStG. Die Regelungen unter I. und II. finden bei der Überführung eines Wirtschaftsguts aus dem steuerlichen Privatvermögen der Personengesellschaft in deren Betriebsvermögen keine Anwendung, so z. B. in den Fällen einer bloßen Nutzungsänderung hinsichtlich einzelner Wirtschaftsgüter wie etwa Grundstücke. Das

Zu § 4 EStG

Gleiche gilt in den Fällen des (späteren) Eintritts der Voraussetzungen einer gewerblichen Prägung der Personengesellschaft nach § 15 Absatz 3 Nummer 2 EStG).

IV. Übergangsregelung

Dieses Schreiben ersetzt das BMF-Schreiben vom 26. November 2004 (BStBl. I S. 1190). Sofern die in den Urteilen vom 24. Januar 2008 – IV R 37/06 – und vom 17. Juli 2008 – I R 77/06 – (BStBl. 2009 II S. 464) geäußerte Rechtsauffassung des BFH zur vollen Entgeltlichkeit von Übertragungsvorgängen zu einer Verschärfung gegenüber der bisher geltenden Auffassung der Finanzverwaltung führt, kann auf Antrag die bisherige Verwaltungsauffassung für Übertragungsvorgänge bis zum 30. Juni 2009 weiterhin angewendet werden (Übergangsregelung). Bei Anwendung der Übergangsregelung liegt, soweit eine Buchung teilweise auch auf einem gesamthänderisch gebundenen Kapitalrücklagenkonto erfolgt, ein unentgeltlicher Vorgang (verdeckte Einlage) vor; ein entgeltlicher Vorgang liegt nur insoweit vor, als die Buchung auf dem Kapitalkonto erfolgt. Voraussetzung für die Anwendung der Übergangsregelung ist, dass der das Wirtschaftsgut Übertragende und der Übernehmer des Wirtschaftsguts einheitlich verfahren und dass der Antragsteller damit einverstanden ist, dass die Anwendung der Übergangsregelung z. B. die Rechtsfolge des § 23 Absatz 1 Satz 5 Nummer 1 EStG auslöst.

Dieses Schreiben wird im Bundessteuerblatt Teil I veröffentlicht.

Anlage § 004–30

Zu § 4 EStG

Einbringungsvorgänge nach § 24 UmwStG bei Gewinnermittlung nach § 4 Abs. 3 EStG

– Vfg OFD Hannover vom 25.1.2007 – S 1978d – 10 – St O 33 –

Fraglich ist, ob bei einer Einbringung in eine Personengesellschaft nach § 24 UmwStG der Einbringende auf den Einbringungszeitpunkt zwingend zur Gewinnermittlung nach § 4 Abs. 1 EStG übergehen muss, wenn sowohl der Einbringende als auch die übernehmende Gesellschaft den Gewinn nach § 4 Abs. 3 EStG ermitteln.

Nach dem Ergebnis der Besprechungen auf Bund-/ Länder-Ebene besteht eine Bilanzierungspflicht, so dass bei Einbringungen nach § 24 UmwStG auf den Einbringungszeitpunkt eine Einbringungsbilanz für den Einbringenden und eine Eröffnungsbilanz der übernehmenden Personengesellschaft aufzustellen sind. Dies ergibt sich auch aus den BFH-Urteilen vom 5.04.1984, BStBl. II 1984 S. 518, und vom 26.05.1994, BStBl. II 1994 S. 891, sowie vom 10.10.1999, BStBl. II 2000 S. 123. [1)]

Der Übergang von der Gewinnermittlung nach § 4 Abs. 3 EStG zur Gewinnermittlung nach § 4 Abs. 1 EStG hat die Ermittlung eines Übergangsgewinns zur Folge. Entsprechendes gilt für die übernehmende Personengesellschaft bei dem Übergang von der Gewinnermittlung nach § 4 Abs. 1 EStG zur Gewinnermittlung nach § 4 Abs. 3 EStG. Die spätere Rückkehr zur Gewinnermittlung nach § 4 Abs. 3 EStG wird im Allgemeinen nicht als willkürlich zu erachten sein.

Auf die Ermittlung eines Übergangsgewinns bzw. die Aufstellung von Einbringungsbilanzen kann auch nicht im Fall der späteren Rückkehr der aufnehmenden Personengesellschaft zur Gewinnermittlung nach § 4 Abs. 3 EStG verzichtet werden. Durch die Aufstellung der Bilanz wird der gewählte Wertansatz verbindlich festgelegt, die korrekte Ermittlung des Einbringungsgewinns/ -verlustes gewährleistet, die Besteuerung offener Forderungen sichergestellt sowie der Umfang des übertragenen und ggf. zurückbehaltenen Betriebsvermögens und etwaiger gewährter Gegenleistungen in Form von Darlehen erkennbar. Im Übrigen sind die Übergangsgewinne vor und nach der Einbringung zumeist nach verschiedenen Gewinnverteilungsschlüsseln zu verteilen.

Ergänzend weise ich darauf hin, dass der Übergangsgewinn als laufender Gewinn zu versteuern ist. Die Verteilung des Übergangsgewinns (Billigkeitsregelung) auf mehrere Jahre ist ausgeschlossen, da es sich bei einer Einbringung dem Grunde nach um eine Veräußerung i. S. d. § 16 EStG handelt, vgl. EStR 2005 R 4.6 Abs. 1 S. 4, 5 . Das gilt auch dann, wenn die Buchwerte angesetzt werden. Im Übrigen ist eine Verteilung des Übergangsgewinns auch deswegen nicht gerechtfertigt, weil bei dem anschließenden Übergang der Personengesellschaft von der Gewinnermittlung nach § 4 Abs. 1 EStG auf die Gewinnermittlung nach § 4 Abs. 3 EStG regelmäßig ein Übergangsverlust entsteht, der sofort in voller Höhe berücksichtigt wird.

Im Übrigen weise ich in diesem Zusammenhang darauf hin, dass die stillen Reserven aufzudecken sind, soweit einem Einbringenden neben dem Mitunternehmeranteil eine Gegenleistung gewährt wird, die nicht Betriebsvermögen der Personengesellschaft wird (z. B. Barzahlung, Darlehen), vgl. Tz. 24.08 ff des BMF-Schreibens vom 25.03.1998, BStBl. I 1998 S. 268.

---

1) Siehe aber auch das BFH-Urteil vom 14.11.2007 – XI R 32/06 (BFH/NV 2008 S. 385). Vgl. auch das BFH-Urteil vom 4.12.2012 – VIII R 41/09: „Die zur Ermittlung des Einbringungsgewinns erforderliche Übergangsgewinnermittlung erstreckt sich nur auf tatsächlich eingebrachte Wirtschaftsgüter."

Zu § 4 EStG

Anlage § 004–31

Behandlung der vom Erbbauberechtigten gezahlten Erschließungskosten im Betriebsvermögen

– Vfg OFD Düsseldorf vom 10. November 1993 S 2133 A – St 11 H –

Zur ertragsteuerlichen Behandlung der vom Erbbauberechtigten gezahlten Erschließungskosten im **Betriebsvermögen** nehme ich wie folgt Stellung:

1. Behandlung beim Erbbauverpflichteten (= Eigentümer des Grundstücks)

1.1 Betriebsvermögensvergleich

Ermittelt der Erbbauverpflichtete den Gewinn durch Betriebsvermögensvergleich (§ 4 Abs. 1 EStG), wird an den Grundsätzen der bisherigen BFH-Rechtsprechung festgehalten. Das bedeutet, daß die Erschließung grundsätzlich den Substanzwert des Grundstücks erhöht. Die Wertsteigerung des Grundstücks ist jedoch durch die Belastung mit dem Erbbaurecht überlagert. Trägt der Erbbauberechtigte die Erschließungskosten oder erstattet er sie dem Erbbauverpflichteten, hat der Erbbauverpflichtete der Vermögensmehrung einen entsprechenden passiven Rechnungsabgrenzungsposten gegenüberzustellen und über die Laufzeit des Erbbaurechts gewinnerhöhend aufzulösen (BFH-Urteile vom 20.11.1980, BStBl. II 1981, 398, vom 17.4.1985, BStBl. II 1985, 617 und vom 8.12.1988, BStBl. II 1989, 407).

1.2 Gewinnermittlung durch Überschußrechnung gem. § 4 Abs. 3 EStG oder nach Durchschnittssätzen gem. § 13a EStG

Ermittelt der Erbbauverpflichtete den Gewinn nach § 4 Abs. 3 EStG oder § 13a EStG, sind die für das Privatvermögen entwickelten Grundsätze entsprechend anzuwenden.

Ich verweise insoweit auf das BdF-Schreiben vom 16.12.1991[1].

1.3 Wechsel der Gewinnermittlungsart

Beim Wechsel der Gewinnermittlungsart vom Betriebsvermögensvergleich nach § 4 Abs. 1 EStG zur Gewinnermittlung nach § 13a EStG oder zur Einnahmeüberschußrechnung nach § 4 Abs. 3 EStG ist für den noch nicht gewinnerhöhend aufgelösten Teil des passiven Rechnungsabgrenzungspostens keine Hinzurechnung zum Übergangsgewinn vorzunehmen. Mit Heimfall oder Beendigung des Erbbaurechts fließt dem Erbbauverpflichteten entsprechen den im BFH-Urteil vom 21.11.1989 (BStBl. II 1990, 310) aufgestellten Grundsätzen der Wertzuwachs zu. Im Zeitpunkt des Zuflusses unterliegt lediglich der nach Abzug des bereits versteuerten Betrages (gewinnerhöhend aufgelöster Teil des RAP) noch verbleibende Wertzuwachs der Besteuerung.

2. Behandlung beim Erbbauberechtigten

Stellt das Erbbaurecht ein betriebliches Wirtschaftsgut dar, so sind die gezahlten Erschließungskosten in Fällen der Gewinnermittlung durch Betriebsvermögensvergleich nach § 4 Abs. 1 EStG als aktiver Rechnungsabgrenzungsposten auszuweisen und auf die Dauer des Erbbaurechts als Aufwand zu verteilen (BFH-Urteil vom 17.4.1985, BStBl. II 1985, 617).

Bei der Gewinnermittlung nach § 4 Abs. 3 bzw. § 13a EStG liegen – entsprechend den Regelungen im Privatvermögen – Anschaffungskosten auf das Erbbaurecht vor.

Die mit dem BdF-Schreiben vom 16.12.1991[2] für Erbbaurechte im Privatvermögen getroffene Übergangsregelung gilt sinngemäß für den Erbbauberechtigten, der seinen Gewinn nach § 4 Abs. 3 bzw. § 13a EStG ermittelt.

---

1) Siehe Anlage § 021-12.
2) Siehe Anlage § 021-12.

Anlagen § 004–32 unbesetzt, § 004–33 Zu § 4 EStG

Zuordnung von Lebensversicherungsverträgen zum Betriebs- oder Privatvermögen

– Vfg OFD Düsseldorf vom 7.5.2003 – S 2134 A – St 11 –

Für die Zuordnung von Lebensversicherungsverträgen ist entscheidend, ob durch die Versicherung betriebliche oder private Risiken abgedeckt werden. Ist das versicherte Risiko privater Natur und mithin der Abschluss der Versicherung privat veranlasst, gehört der Anspruch aus einer Versicherung zum notwendigen Privatvermögen (H 13 Abs. 1 Lebensversicherungen EStH). Dies ist insbesondere dann der Fall, wenn die Versicherung von einem Unternehmen (Versicherungsnehmer) auf das Leben oder den Todesfall des (Mit-) *Unternehmers oder eines nahen Angehörigen* (versicherte Person) abgeschlossen worden ist. Der Umstand, dass die Versicherung der Absicherung eines betrieblichen Kredits dienen soll oder die Versicherungsleistungen für den Betrieb verwendet werden sollen, reicht nicht aus, eine betriebliche Veranlassung zu begründen (BFH vom 11.5.1989, BStBl. II, 657 und vom 10.4.1990, BStBl. II, 1017).

Schließt jedoch ein Unternehmen (Versicherungsnehmer) einen Versicherungsvertrag auf das Leben oder den Tod eines *fremden Dritten* (beispielsweise eines Arbeitnehmers oder eines Geschäftspartners als versicherte Person) ab und ist Bezugsberechtigter nicht der Dritte, sondern das Unternehmen, kann eine private Veranlassung nicht aus der Natur des versicherten Risikos hergeleitet werden. In derartigen Fällen dienen die persönlichen Umstände der versicherten Personen lediglich als Bemessungsgrundlage für die Höhe der Versicherungsprämie und für den Eintritt des Versicherungsfalles. Die Ansprüche aus der Versicherung sind im Betriebsvermögen des Unternehmens zu aktivieren (BFH vom 14.3.1996, IV R 14/95, BStBl. II 1997, 343). Nach diesen Grundsätzen sind Lebensversicherungen, die eine Kapitalgesellschaft auf das Leben ihrer Gesellschafter abschließt, regelmäßig Betriebsvermögen (FG Köln vom 26.11.1998, EFG 1999, 349; s. auch BFH vom 11.5.1989, BStBl. II, 657, 658 a. E.).

Soweit es sich bei dem fremden Dritten um einen *Arbeitnehmer* handelt, kommen hauptsächlich folgende Sachverhalte in Betracht:

– Bei einer Direktversicherung i. S. des § 4b EStG, die ein Arbeitgeber auf das Leben seines Arbeitnehmers abgeschlossen hat, ist gesetzlich bestimmt (Satz 1), dass der Versicherungsanspruch nicht dem Betriebsvermögen des Arbeitgebers zuzurechnen ist.

  Ausnahmsweise ist der Versicherungsanspruch aber dann zu aktivieren, wenn der Unternehmer die Ansprüche aus dem Versicherungsvertrag abgetreten oder beliehen hat und er sich der bezugsberechtigten Peson gegenüber nicht verpflichtet, sie bei Eintritt des Versicherungsfalles so zu stellen, als ob die Abtretung oder Beleihung nicht erfolgt wäre.

– Bei einer rückgedeckten Direktzusage (§ 6a EStG) steht dem Arbeitgeber der Versicherungsanspruch zu. Dieser Anspruch ist deshalb dem Betriebsvermögen des Arbeitgebers zuzuweisen.

– Werden Arbeitnehmern Versorgungsleistungen versprochen, die von einer Unterstützungskasse geleistet werden, die ihrerseits eine Rückdeckungsversicherung abgeschlossen hat (vgl. § 4d Abs. 1 Nr. 1 Buchst. c EStG), so steht der Versicherungsanspruch nicht dem Arbeitgeber (Trägerunternehmer), sondern der Unterstützungskasse zu. Der Anspruch gehört deshalb zum Betriebsvermögen der Unterstützungskasse.

Ist die Lebensversicherung nach den oben beschriebenen Voraussetzungen dem Betriebsvermögen einer privaten oder juristischen Person zuzuordnen, so sind die *Prämien als Betriebsausgaben* abzuziehen.

Die *Erträge* aus den Versicherungsleistungen sind als *Betriebseinnahmen* zu erfassen (§ 20 Abs. 3 EStG). Eine Steuerfreistellung nach § 20 Abs. 1 Nr. 6 Satz 2 EStG kommt *nicht* in Betracht. Denn diese Vorschrift knüpft an „Versicherungen im Sinne des § 10 Abs. 1 Nr. 2 Buchst. b" an. Nach Auffassung der obersten Finanzbehörden des Bundes und der Länder setzt die Steuerfreistellung zwar nicht voraus, dass ein Sonderausgabenabzug für die Prämien tatsächlich gewährt worden ist. Allerdings dienen beide Vorschriften der Förderung privater Altersvorsorge und können daher nicht isoliert voneinander betrachtet werden. Nach dem Willen des Gesetzgebers besteht ein unmittelbarer Zusammenhang zwischen Kapitallebensversicherungen, deren Beitragsleistungen grundsätzlich als Sonderausgaben (und nicht als Betriebsausgaben oder Werbungskosten) abzugsfähig sind und der Steuerfreistellung der Zinsen aus den Kapitallebensversicherungen nach § 20 Abs. 1 Nr. 6 Satz 2 EStG. Ein Abzug der Prämien als Betriebsausgaben kann damit auch nicht an § 3c Abs. 1 EStG scheitern.

Die Zuordnung der Lebensversicherung zum Privatvermögen oder Betriebsvermögen hat auf die Behandlung der Schuldzinsen für Darlehen, die durch diese Lebensversicherungen gesichert werden, keinen Einfluss. Vielmehr sind Versicherungsverhältnisse und Darlehensverhältnis getrennt voneinander zu beurteilende Lebenssachverhalte. Ist die Aufnahme des Darlehens betrieblich veranlasst, weil die Darlehensmittel ausschließlich für betriebliche Investitionen verwendet werden, so stellen die Darlehensverbindlichkeit Betriebsvermögen und die Schuldzinsen Betriebsausgaben dar.

Zu § 4 EStG Anlagen § 004–34, § 004–35

Ertragsteuerliche Behandlung von Teilhaberversicherungen [1]

– Vfg OFD Münster vom 19. März 1991 S 2144 – 47 – St 11 – 31 –

Versicherungen auf den Lebens- oder Todesfall oder Risikolebensversicherungen, die ein Unternehmer oder eine Personengesellschaft für ihre Gesellschafter abschließt, sind ausschließlich dem Privatvermögen zuzuordnen. Sie decken keine betrieblichen Risiken ab, sondern dienen der persönlichen Daseinsvorsorge und sind daher privat veranlaßt (siehe ESt.-Kartei NRW § 4 Abs. 4 A 120; vgl. BFH-Urteil vom 11.5.1989 IV R 56/87, BStBl. II 1989 S. 657; vom 10.4.1990 VIII R 63/88, BStBl. II 1990 S. 1017). Die für solche Versicherungen gezahlten Prämien sind daher keine Betriebsausgaben, und die Versicherungsleistungen führen nicht zu Betriebseinnahmen. Dies gilt auch dann, wenn die Versicherung zur Absicherung betrieblicher Schulden der Gesellschaft oder Gemeinschaft dient und die Gesellschaft oder Gemeinschaft bezugsberechtigt ist (siehe ESt.-Kartei NRW § 4 Abs. 4 A 120; vgl. auch BFH-Urteil vom 10.4.1990, a. a. O.).

Diese Grundsätze sind auch bei *Alt-Verträgen* anzuwenden. Ist eine Teilhaberversicherung aufgrund der Rechtsprechung des RFH (zuletzt RFH-Urteile vom 11.3.1942, RStBl. 1942 S. 601; vom 21.5.1942, RStBl. 1942 S. 826) und der bisherigen Verwaltungsanweisungen (ESt.-Kartei NRW § 6 Abs. 1 Nr. 2 A 71) bisher als betrieblich behandelt worden, dürfen die Versicherungsprämien bei allen noch offenen Steuerfestsetzungen nicht mehr als Betriebsausgaben berücksichtigt werden.

Eine *Übergangsregelung* wird nicht getroffen, da nach der oben angegebenen Rechtsprechung des BFH auch die Ansprüche aus der Teilhaberversicherung nicht mehr als Betriebseinnahmen erfaßt werden können.

Bilanzierende Stpfl. haben einen aktivierten Anspruch aus einer Teilhaberversicherung in der ersten noch offenen Schlußbilanz erfolgsneutral auszubuchen.

Beiträge zu einer Praxisgründungs- oder Betriebsunterbrechungsversicherung als Betriebsausgaben [2]

Vfg OFD Frankfurt vom 21. Oktober 1986 S 2134 A – 10 – St II 20

Im Rahmen einer längerfristigen Finanzierung von freiberuflichen, insbesondere ärztlichen Praxen werden gelegentlich sog. Praxisgründungsversicherungen abgeschlossen. Diese Versicherungen beinhalten eine Kapitalversicherung auf den Todes- oder Erlebensfall. Die Versicherungssumme wird zur Tilgung eines zur Praxisfinanzierung gewährten Darlehens verwandt; Versicherung und Darlehen haben daher dieselbe Höhe und Laufzeit, laufende Tilgungsraten werden auf das Darlehen nicht geleistet. Die Versicherung ist kombiniert mit einer Berufsunfähigkeitsversicherung; für den Fall der Berufsunfähigkeit tritt Beitragsbefreiung auf, und es wird eine Rente gezahlt.

Beiträge für eine derartige Versicherung können trotz des Zusammenhangs mit der Praxisfinanzierung *nicht als Betriebsausgaben* abgezogen werden, weil die Versicherung nicht unwesentlich die Lebensführung des Versicherungsnehmers berührt.

Derselbe Grundsatz gilt für sog. Betriebsunterbrechungsversicherungen, falls hierdurch im Einzelfall nicht nur Unterbrechungsschäden infolge höherer Gewalt (Brand, Explosion oder Blitzschlag), sondern auch durch Unfall oder Krankheit der den Betrieb leitenden Person verursachte Unterbrechungsschäden versichert sind.

---

1) Vgl. auch das BFH-Urteil vom 23.4.2013 – VIII R 4/10:
„An der Rechtsprechung des RFH zur Teilhaberversicherung, nach der die von einer Personengesellschaft auf das Leben von Gesellschaftern unterhaltene Versicherung zum Betriebsvermögen der Gesellschaft gerechnet wurde, hält der BFH schon seit Längerem nicht mehr fest (vgl. BFH-Urteil vom 06.02.1992 IV R 30/91)."

2) Vgl. dazu auch das BFH-Urteil vom 19.5.2009 (BStBl. 2010 II S. 168):
„1. Eine sogenannte Praxisausfallversicherung, durch die im Falle einer krankheitsbedingten Arbeitsunfähigkeit des Steuerpflichtigen die fortlaufenden Kosten seines Betriebes ersetzt werden, gehört dessen Lebensführungsbereich an. Die Beiträge zu dieser Versicherung stellen daher keine Betriebsausgaben dar, die Versicherungsleistung ist nicht steuerbar.
2. Wird neben dem privatem Risiko der Erkrankung zugleich das betriebliche Risiko der Quarantäne, also der ordnungsbehördlich verfügten Schließung der Praxis versichert, so steht § 12 Nr. 1 EStG dem Abzug der hierauf entfallenden Versicherungsbeiträge als Betriebsausgaben nicht entgegen."

Bilanzierung von Zerobonds (Null-Kupon-Anleihen)

BdF-Schreiben vom 5. März 1987 IV B 2 – S 2133 – 1/87 (BStBl. 1987 I S. 394)

Zerobonds, auch Null-Kupon-Anleihen genannt, sind Anleihen, für die keine laufenden Zinszahlungen vereinbart werden, sondern am Ende der Laufzeit ein gegenüber dem Ausgabenpreis deutlich höherer Einlösungspreis gezahlt wird.

Zur bilanzsteuerrechtlichen Behandlung von Zerobonds bei Anleihe-Gläubigern und Anleihe-Schuldnern wird unter Bezugnahme auf das Ergebnis der Erörterung mit den obersten Finanzbehörden der Länder wie folgt Stellung genommen:

Für die Höhe des Bilanzansatzes eines Zerobonds ist ohne Bedeutung, ob die Anleihe als Aufzinsungsanleihe (Nennbetrag = Ausgabenbetrag) oder als Abzinsungsanleihe (Nennbetrag = Einlösungsbetrag) ausgestaltet wird. In beiden Fällen ist der in den Ausgabe-Bedingungen anstelle einer Zinsvereinbarung festgelegte Unterschiedsbetrag zwischen Ausgabe- und Einlösungspreis das Entgelt für die Überlassung des Kapitals während der Laufzeit der Anleihe.

Zu Beginn der Laufzeit eines Zerobonds ist der Ausgabebetrag maßgeblicher Ausgangswert sowohl für die Aktivierung beim Anleihe-Gläubiger als auch für die Passivierung beim Anleihe-Schuldner.

Am Ende der Laufzeit sind der Anspruch des Anleihe-Gläubigers und die Verbindlichkeit des Anleihe-Schuldners mit dem Einlösungsbetrag auszuweisen.

Während der Laufzeit ist der Unterschiedsbetrag zu den jeweiligen Bilanzstichtagen mit dem Teil beim Anleihe-Gläubiger aktivisch und beim Anleihe-Schuldner passivisch zu erfassen, der bei Zinseszinsberechnung rechnerisch auf die abgelaufene Laufzeit entfällt. Abschnitt 37 Abs. 1 und Abs. 3 Satz 1 EStR sind insoweit nicht anwendbar, denn der Einlösungsbetrag eines Zerobonds, der außer dem zur Nutzung überlassenen Kapital auch das gesamte Entgelt für die Kapitalüberlassung enthält, deckt sich nicht mit dem in Abschnitt 37 EStR und in § 250 Abs. 3 HGB verwendeten Begriff „Rückzahlungsbetrag".

Unberührt bleiben die bilanzsteuerrechtlichen Grundsätze für die Beurteilung von Kurswertänderungen auf Grund geänderter Marktkonditionen, z. B. bei Werterhöhungen eines Zerobonds, die sich nicht aus dem laufzeitabhängigen Anwachsen des Unterschiedsbetrages ergeben, oder bei Absinken des Kurswerts unter den nach obigen Grundsätzen ermittelten Bilanzansatz.

Zu § 4 EStG   Anlage § 004–37

Steuerrechtliche Anerkennung von Darlehensverträgen zwischen Angehörigen

– BdF-Schreiben vom 23.12.2010 – IV C 6 – S 2144/07/10004, 2010/0862046 (BStBl. 2011 I S. 37) –

Im Einvernehmen mit den obersten Finanzbehörden der Länder gilt für die Beurteilung von Darlehensverträgen zwischen Angehörigen oder zwischen einer Personengesellschaft und Angehörigen der die Gesellschaft beherrschenden Gesellschafter Folgendes:

1. Allgemeine Voraussetzungen der steuerrechtlichen Anerkennung

Voraussetzung für die steuerrechtliche Anerkennung ist, dass der Darlehensvertrag zivilrechtlich wirksam geschlossen worden ist und tatsächlich wie vereinbart durchgeführt wird; dabei müssen Vertragsinhalt und Durchführung dem zwischen Fremden Üblichen entsprechen (Fremdvergleich), vgl. BFH-Urteile vom 18. Dezember 1990 (BStBl. 1991 II S. 391) und vom 12. Februar 1992 (BStBl. II S. 468). Die Nichtbeachtung zivilrechtlicher Formerfordernisse führt nicht alleine und ausnahmslos dazu, das Vertragsverhältnis steuerrechtlich nicht anzuerkennen. Die zivilrechtliche Unwirksamkeit des Darlehensvertrages ist jedoch ein besonderes Indiz gegen den vertraglichen Bindungswillen der Vertragsbeteiligten, das zur Versagung der steuerrechtlichen Anerkennung führen kann; vgl. BFH-Urteile vom 22. Februar 2007 und vom 12. Mai 2009 sowie Rdnr. 9.

Der Darlehensvertrag und seine tatsächliche Durchführung müssen die Trennung der Vermögens- und Einkunftssphären der vertragsschließenden Angehörigen (z. B. Eltern und Kinder) gewährleisten. Eine klare, deutliche und einwandfreie Abgrenzung von einer Unterhaltsgewährung oder einer verschleierten Schenkung der Darlehenszinsen muss in jedem Einzelfall und während der gesamten Vertragsdauer möglich sein, vgl. BFH-Urteile vom 7. November 1990 (BStBl. 1991 II S. 291), vom 4. Juni 1991 (BStBl. II S. 838) und vom 25. Januar 2000 (BStBl. II S. 393).

2. Fremdvergleich bei Darlehensverträgen zwischen Angehörigen

a) Allgemeines

Es steht Angehörigen grundsätzlich frei, ihre Rechtsverhältnisse untereinander so zu gestalten, dass sie für sie steuerlich möglichst günstig sind. Das Vereinbarte muss jedoch in jedem Einzelfall und während der gesamten Vertragsdauer nach Inhalt und Durchführung dem entsprechen, was fremde Dritte bei der Gestaltung eines entsprechenden Darlehensverhältnisses üblicherweise vereinbaren würden, vgl. BFH-Urteile vom 7. November 1990(BStBl. 1991 II S. 291), vom 18. Dezember 1990 (BStBl. 1991 II S. 391) und vom 12. Februar 1992 (BStBl. II S. 468). Vergleichsmaßstab sind grundsätzlich die Vertragsgestaltungen, die zwischen Darlehensnehmern und Kreditinstituten üblich sind. Sofern Darlehensverträge zwischen Angehörigen neben dem Interesse des Schuldners an der Erlangung zusätzlicher Mittel außerhalb einer Bankfinanzierung auch dem Interesse des Gläubigers an einer gut verzinslichen Geldanlage dienen, sind ergänzend auch Vereinbarungen aus dem Bereich der Geldanlage zu berücksichtigen, vgl. BFH-Urteil vom 22. Oktober 2013 (BStBl. 2014 II s. 374).[1)]

Das setzt insbesondere voraus, dass

- eine Vereinbarung über die Laufzeit und über Art und Zeit der Rückzahlung des Darlehens getroffen worden ist,
- die Zinsen zu den Fälligkeitszeitpunkten entrichtet werden und
- der Rückzahlungsanspruch ausreichend besichert ist.

Eine ausreichende Besicherung liegt bei Hingabe banküblicher Sicherheiten vor. Dazu gehören vornehmlich die dingliche Absicherung durch Hypothek oder Grundschuld. Außerdem kommen alle anderen Sicherheiten, die für das entsprechende Darlehen bankmäßig sind, in Betracht, wie Bankbürgschaften, Sicherungsübereignung von Wirtschaftsgütern, Forderungsabtretungen sowie Schuldmitübernahme oder Schuldbeitritt eines fremden Dritten oder eines Angehörigen, wenn dieser über entsprechend ausreichende Vermögenswerte verfügt. Das aus dem Fremdvergleich abgeleitete generelle Erfordernis einer ausreichenden Besicherung wird durch einen konkreten Fremdvergleich im jeweiligen Einzelfall überlagert, vgl. BFH-Urteil vom 12. Mai 2009.

Der Fremdvergleich ist auch durchzuführen, wenn Vereinbarungen nicht unmittelbar zwischen Angehörigen getroffen werden, sondern zwischen einer Personengesellschaft und Angehörigen der Gesellschafter, wenn die Gesellschaft, mit deren Angehörigen die Vereinbarungen getroffen wurden, die Gesellschaft beherrschen, vgl. BFH-Urteil vom 18. Dezember 1990 (BStBl. 1991 II S. 581) und vom

---

1) Rz. 4 Satz 3 wurde geändert durch das BdF-Schreiben vom 29.4.2014 (BStBl. I S. 809). Die Änderung ist in allen offenen Fällen anzuwenden.

Anlage § 004–37

Zu § 4 EStG

15. April 1999 (BStBl. II S. 524). Gleiches gilt, wenn beherrschende Gesellschafter einer Personengesellschaft Darlehensforderungen gegen die Personengesellschaft an Angehörige schenkweise abtreten.

b) Fremdvergleich bei wirtschaftlich voneinander unabhängigen Angehörigen

8   Ein Darlehensvertrag zwischen volljährigen, voneinander wirtschaftlich unabhängigen Angehörigen kann ausnahmsweise steuerrechtlich bereits anerkannt werden, wenn er zwar nicht in allen Punkten dem zwischen Fremden Üblichen entspricht (vgl. Rdnrn. 2 bis 7), aber die Darlehensmittel, die aus Anlass der Herstellung oder Anschaffung von Vermögensgegenständen gewährt werden (z. B. Bau- oder Anschaffungsdarlehen), ansonsten bei einem fremden Dritten hätten aufgenommen werden müssen. Entscheidend ist, dass die getroffenen Vereinbarungen tatsächlich vollzogen werden, insbesondere die Darlehenszinsen regelmäßig gezahlt werden. Die Modalitäten der Darlehenstilgung und die Besicherung brauchen in diesen Fällen nicht geprüft zu werden, vgl. BFH-Urteil vom 4. Juni 1991 (BStBl. II S. 838) und vom 25. Januar 2000 (BStBl. II S. 393).

c) Zivilrechtliche Unwirksamkeit

9   Der zivilrechtlichen Unwirksamkeit eines Vertrages kommt eine Indizwirkung gegen die Ernstlichkeit der Vereinbarung zu. Sie spricht damit gegen deren steuerrechtliche Anerkennung. Diese Indizwirkung gegen den vertraglichen Bindungswillen wird verstärkt, wenn den Vertragspartnern die Nichtbeachtung der Formvorschriften insbesondere bei klarer Zivilrechtslage angelastet werden kann, vgl. BFH-Urteil vom 12. Mai 2009. Die Vertragspartner können aber darlegen und nachweisen, dass sie zeitnah nach dem Auftauchen von Zweifeln an der zivilrechtlichen Wirksamkeit alle erforderlichen Maßnahmen ergriffen haben, um die zivilrechtliche Wirksamkeit des Vertrages herbeizuführen und dass ihnen die Unwirksamkeit nicht anzulasten ist. Dies ist zumindest dann der Fall, wenn sich die Formvorschriften nicht aus dem Gesetzeswortlaut, sondern nur im Wege der erweiternden Auslegung oder des Analogieschlusses ergeben, sich diese Auslegung oder Analogie nicht aufdrängt und keine veröffentlichte Rechtsprechung oder allgemein zugängliche Literatur existiert, vgl. BFH-Urteil vom 13. Juli 1999 (BStBl. II S. 386). In diesem Fall ist der Darlehensvertrag von Anfang an steuerrechtlich anzuerkennen.

3. Schenkweise begründete Darlehensforderung

10 Wird die unentgeltliche Zuwendung eines Geldbetrags an einen Angehörigen davon abhängig gemacht, dass der Empfänger den Betrag als Darlehen wieder zurückgeben muss, ist ertragsteuerlich weder die vereinbarte Schenkung noch die Rückgabe als Darlehen anzuerkennen. Der Empfänger erhält nicht die alleinige und unbeschränkte Verfügungsmacht über die Geldmittel, da er sie nur zum Zwecke der Rückgabe an den Zuwendenden oder an eine Personengesellschaft, der der Zuwendende oder dessen Angehörige beherrschen, verwenden darf. Entsprechendes gilt im Verhältnis zwischen Eltern und minderjährigen Kindern, wenn das Kindesvermögen nicht einwandfrei vom Elternvermögen getrennt wird. Da die Schenkung tatsächlich nicht vollzogen wurde, begründet die Rückgewähr der Geldbeträge kein mit ertragsteuerlicher Wirkung anzuerkennendes Darlehensverhältnis. Die Vereinbarungen zwischen den Angehörigen sind vielmehr ertragsteuerlich als eine modifizierte Schenkung zu beurteilen, die durch die als Darlehen bezeichneten Bedingungen gegenüber dem ursprünglichen Schenkungsversprechen in der Weise abgeändert sind, dass der Vollzug der Schenkung bis zur Rückzahlung des sog. Darlehens aufgeschoben und der Umfang der Schenkung durch die Zahlung sog. Darlehenszinsen erweitert ist. Daher dürfen die als Darlehenszinsen geltend gemachten Aufwendungen nicht als Betriebsausgaben oder Werbungskosten abgezogen werden, vgl. BFH-Urteil vom 22. Januar 2002 (BStBl. II S. 685). Ertragsteuerrechtlich sind die Schenkung und die Darlehensforderung jedoch anzuerkennen, wenn das Darlehen an eine zivil- und auch steuerrechtlich eigenständige GmbH gegeben wird, vgl. BFH-Urteil vom 19. Dezember 2007 (BStBl. 2008 II S. 568).

11 Die Abhängigkeit zwischen Schenkung und Darlehen ist insbesondere in folgenden Fällen unwiderleglich zu vermuten:
   – Vereinbarung von Schenkung und Darlehen in ein und derselben Urkunde,
   – Schenkung unter der Auflage der Rückgabe als Darlehen,
   – Schenkungsversprechen unter der aufschiebenden Bedingung der Rückgabe als Darlehen.

12 Eine Abhängigkeit zwischen Schenkung und Darlehen ist hingegen nicht allein deshalb zu vermuten, weil die Vereinbarung von Schenkung und Darlehen zwar in mehreren Urkunden, aber innerhalb kurzer Zeit erfolgt ist. Die Beurteilung, ob eine gegenseitige Abhängigkeit der beiden Verträge vorliegt, ist anhand der gesamten Umstände des jeweiligen Einzelfalles zu beurteilen; vgl. BFH-Urteil vom 18. Januar 2001 (BStBl. II S. 393). Es kann aber auch bei einem längeren Abstand zwischen Schenkungs- und Darlehensvertrag eine auf einem Gesamtplan beruhende sachliche Verknüpfung bestehen, vgl. BFH-Urteil vom 22. Januar 2002 (BStBl. II S. 685).

Die Abhängigkeit zwischen Schenkung und Darlehen ist insbesondere bei folgenden Vertragsgestaltungen widerleglich zu vermuten:
- Vereinbarungsdarlehen nach § 607 Abs. 2 BGB [1],
- Darlehenskündigung nur mit Zustimmung des Schenkers,
- Zulässigkeit von Entnahmen durch den Beschenkten zu Lasten des Darlehenskontos nur mit Zustimmung des Schenkers.

Die Vermutung ist widerlegt, wenn Schenkung und Darlehen sachlich und zeitlich unabhängig voneinander vorgenommen worden sind. Voraussetzung hierfür ist, dass die Schenkung zivilrechtlich wirksam vollzogen wurde. Der Schenkende muss endgültig, tatsächlich und rechtlich entreichert und der Empfänger entsprechend bereichert sein; eine nur vorübergehende oder formale Vermögensverschiebung reicht nicht aus, vgl. BFH-Urteile vom 22. Mai 1984 (BStBl. 1985 II S. 243), vom 18. Dezember 1990 (BStBl. 1991 II S. 581), vom 4. Juni 1991 (BStBl. II S. 838) und vom 12. Februar 1992 (BStBl. II S. 468).

Die Grundsätze zu schenkweise begründeten Darlehensforderungen gelten auch für partiarische Darlehen und für nach dem 31. Dezember 1992 schenkweise begründete stille Beteiligungen, es sei denn, es ist eine Beteiligung am Verlust vereinbart, oder der stille Beteiligte ist als Mitunternehmer anzusehen. Im Übrigen ist R 15.9 (2) EStR anzuwenden.

Dieses Schreiben ersetzt die BMF-Schreiben vom 1. Dezember 1992 (BStBl. I S. 729), vom 25. Mai 1993 (BStBl. I S. 410), vom 30. Mai 2001 (BStBl. I S. 348) und vom 2. April 2007 BStBl. I S. 441) und ist in allen offenen Fällen anzuwenden.

---

1) Für die Beurteilung von Vereinbarungsdarlehen gilt jetzt § 311 Abs. 1 BGB.

Anlage § 004–38

Zu § 4 EStG

Finale Entnahme und finale Betriebsaufgabe

– BdF-Schreiben vom 18.11.2011 – IV C 6 – S 2134/10/10004, 2011/0802578 (BStBl. I S. 1278) –

Mit Urteil vom 28. Oktober 2009 – I R 99/08 – hat der BFH – abweichend von seiner jahrzehntelangen Rechtsprechung – entschieden, dass die Verlegung des Betriebs in das Ausland nicht zur Annahme einer (fiktiven) Betriebsaufgabe führt. Die Aufgabe der Rechtsprechung zur „Theorie der finalen Betriebsaufgabe" steht im Zusammenhang mit dem Urteil vom 17.07.2008 – I R 77/06 – (BStBl. 2009 II, 464), nach dem die Überführung (Entnahme) von Einzelwirtschaftsgütern aus dem inländischen Betrieb des Steuerpflichtigen in die ausländische Betriebsstätte im Zeitpunkt der Überführung (Entnahme) nicht zur Aufdeckung der stillen Reserven führt, wenn der Gewinn der ausländischen Betriebsstätte aufgrund eines DBA nicht der inländischen Besteuerung unterliegt.

Im Einvernehmen mit den obersten Finanzbehörden der Länder nehme ich hierzu wie folgt Stellung:

1. Gesetzliche Anpassung im Jahressteuergesetz 2010

Durch das Jahressteuergesetz 2010 (BGBl. I S. 1768) wurde in § 52 Absatz 8b Satz 2 ff. i. V. m. § 4 Absatz 1 Satz 3 EStG, in § 52 Absatz 34 Satz 5 i. V. m. § 16 Absatz 3a EStG und in § 34 Absatz 8 Satz 3 ff. i. V. m. § 12 Absatz 1 KStG die jahrzehntelange BFH-Rechtsprechung und Verwaltungspraxis zur finalen Entnahme und zur finalen Betriebsaufgabe für Sachverhalte vor Inkrafttreten des Gesetzes über steuerliche Begleitmaßnahmen zur Einführung der Europäischen Gesellschaft und zur Änderung weiterer steuerrechtlicher Vorschriften (SEStEG) vom 7. Dezember 2006 (BGBl. I S. 2782, ber. BGBl. I 2007 S. 68) gesetzlich festgeschrieben.

Durch diese gesetzlichen Anpassungen sind die Grundsätze des Urteils des BFH vom 17.07.2008 – I R 77/06 – und des Urteils des BFH vom 28. Oktober 2009 – I R 99/08 – auf die entschiedenen Einzelfälle beschränkt. In den Fällen des § 4 Absatz 1 Satz 3 EStG und des § 12 Absatz 1 KStG bleibt die bisherige Billigkeitsregelung in Tz. 2.6 des BMF-Schreibens vom 24. Dezember 1999 (BStBl. I S. 1076 – sog. Betriebsstätten-Verwaltungsgrundsätze) für Wirtschaftsjahre, die vor dem 1. Januar 2006 enden, weiterhin anwendbar. Für Fälle des § 16 Absatz 3a EStG in Wirtschaftsjahren, die vor dem 1. Januar 2006 enden, findet § 36 Absatz 5 EStG bereits Anwendung (vgl. § 52 Absatz 50d Satz 3 EStG).

Die Rechtslage für Sachverhalte ab Inkrafttreten des Gesetzes über steuerliche Begleitmaßnahmen zur Einführung der Europäischen Gesellschaft und zur Änderung weiterer steuerrechtlicher Vorschriften (SEStEG) vom 7. Dezember 2006 (BGBl. I S. 2782, ber. BGBl. I 2007 S. 68) wird durch die genannte BFH-Rechtsprechung nicht berührt.

2. Anwendungsregelung

Dieses Schreiben gilt in allen offenen Fällen und wird im Bundessteuerblatt Teil I veröffentlicht.

Zu § 4 EStG   Anlage § 004–39

Schuldzinsen nach einer Betriebsaufgabe oder Betriebsveräußerung[1]

– Vfg OFD Frankfurt vom 19.4.2000 – S 2144 A – 80 – St II 20 –

Werden Betriebsschulden im Rahmen einer Betriebsveräußerung oder Betriebsaufgabe zurückbehalten bzw. können sie nicht getilgt werden, so gilt für die steuerliche Berücksichtigung der darauf entfallenden Schuldzinsen Folgendes:

1. Nachträgliche Betriebsausgaben

Sowohl im Falle der Veräußerung eines Gewerbebetriebs oder einer freiberuflichen Praxis als auch im Falle einer Betriebsaufgabe sind Schuldzinsen für betrieblich begründete Verbindlichkeiten nur insoweit nachträgliche Betriebsausgaben (§ 4 Abs. 4, § 24 Nr. 2 EStG), als die zugrundeliegenden Verbindlichkeiten nicht durch den Veräußerungserlös oder durch eine mögliche Verwertung von Aktivvermögen beglichen werden können (BFH vom 21.11.1989 – IX R 10/84, BStBl. II 1990). In diesen Fällen besteht die betriebliche Veranlassung der nicht erfüllten Verbindlichkeiten fort. Davon ist insbesondere auszugehen, solange eine Verwertung von zurückbehaltenem Aktivvermögen nicht möglich ist. Voraussetzung für das Vorliegen nachträglicher Betriebsausgaben ist aber, daß die nicht getilgten Verbindlichkeiten während des Bestehens des Betriebs begündet wurden und damit als zurückbehaltenes passives Betriebsvermögen fortwirken (BFH vom 23.1.1991 – X R 37/86, BStBl. II 1991 S. 398).

2. Werbungskosten (Betriebsausgaben) bei anderen Einkunftsarten

Der für den Werbungskostenabzug notwendige wirtschaftliche Zusammenhang (Veranlassungszusammenhang) von Darlehenszinsen mit Einkünften z. B. aus Kapitalvermögen oder Vermietung und Verpachtung ist dann gegeben, wenn ein objektiver Zusammenhang dieser Aufwendungen mit der Überlassung von Kapital oder Grundvermögen zur Nutzung besteht und subjektiv die Aufwendungen zur Förderung dieser Nutzungsüberlassung gemacht werden (vgl. BFH vom 7.3.1995 – VIII R 9/94, BStBl. II 1995). Für die Zuordnung kommt es auf den Zweck der Schuldaufnahme an. Mit der erstmaligen Verwendung der Darlehensvaluta wird die Darlehensverbindlichkeit einem bestimmten Zweck unterstellt. Dieser besteht, sofern das Darlehen nicht vorher abgelöst wird, solange fort, bis die Tätigkeit oder das Rechtsverhältnis i. S. der angesprochenen Einkunftsart endet (vgl. BFH vom 24.4.1997 – VIII R 53/95, BStBl. II 1997 S. 682).

Für die Anerkennung von Schuldzinsen als Betriebsausgaben oder Werbungskosten darf allerdings nicht allein auf den ursprünglichen, mit der Schuldübernahme verfolgten Zweck und damit ausschließlich auf die erstmalige Verwendung der Darlehensmittel abgestellt werden. In der Rechtsprechung des BFH ist für mehrere Fallgestaltungen die Möglichkeit einer „Umwidmung" des ursprünglichen Darlehenszwecks anerkannt worden.

Ist etwa der Erwerb eines Wirtschaftsguts mit Hilfe eines Kredits finanziert worden und wird dieses Wirtschaftsgut nunmehr in anderer Weise als bisher zur Erzielung von Einkünften verwendet, so können

---

[1] Nach ständiger Rechtsprechung des Bundesfinanzhofs (BFH) sind im Fall einer Betriebsaufgabe Schuldzinsen für betrieblich begründete Betriebsausgaben nur insoweit nachträgliche Betriebsausgaben, als die zugrunde liegenden Verbindlichkeiten nicht durch eine mögliche Verwertung von Aktivvermögen beglichen werden können. Im Urteil vom 28.3.2007 X R 15/04 hat der BFH erkannt, dass Verwertungshindernisse nur dann eine Ausnahme vom Grundsatz des Vorrangs der Schuldenberichtigung rechtfertigen, wenn sie ihren Grund in der ursprünglich betrieblichen Sphäre haben.
Werden Wirtschaftsgüter im Falle einer Betriebsaufgabe ins Privatvermögen übernommen, sind die verbleibenden betrieblichen Verbindlichkeiten – gleichgültig zu welchem Zweck sie aufgenommen worden sind – nun diesen Wirtschaftsgütern zuzuordnen. Werden diese Wirtschaftsgüter dann im Rahmen einer anderen Einkunftsart genutzt, können die Schuldzinsen ggf. als Betriebsausgaben/Werbungskosten steuerlich geltend gemacht werden.
Im Streitfall hatte der Kläger bei Aufgabe seiner gewerblichen Tätigkeit Betriebsvermögen im Wert von ca. 190.000 DM (zwei als Büroräume genutzte Zimmer seines ansonsten zu eigenen Wohnzwecken genutzten Einfamilienhauses sowie Fahrzeuge) aus dem Betriebsvermögen in das Privatvermögen überführt. Das betriebliche Darlehen valutierte im Zeitpunkt der Betriebsaufgabe mit 130.000 DM. Der Kläger nutzte die Büroräume dann im Rahmen seiner nichtselbständigen Tätigkeit. Der BFH erkannte die Schuldzinsen nicht als nachträgliche Betriebsausgaben aus der gewerblichen Tätigkeit des Klägers an. Es stehe nicht im Belieben des Unternehmers, im Falle einer Betriebsaufgabe betrieblich veranlasste Verbindlichkeiten zu tilgen. Vorrangig sei die Schuldentilgung und nicht die Befriedigung privater Bedürfnisse. Ein Verwertungshindernis, das eine Ausnahme vom Grundsatz des Vorrangs der Schuldenberichtigung rechtfertige, müsse deshalb seinen Grund in der betrieblichen Sphäre haben. Diese Voraussetzung liege im Streitfall nicht vor. Der Kläger habe aus privaten Gründen darauf verzichtet, sein privates Wohnhaus zu veräußern. Ein objektives Veräußerungshindernis liege damit nicht vor.
Die auf die Büroräume entfallenden Schuldzinsen könnten jedoch als Werbungskosten bei den Einkünften aus nichtselbständiger Arbeit (in den Grenzen des § 4 Abs. 5 Nr. 6b EStG) berücksichtigt werden.

Anlage § 004–39

Zu § 4 EStG

die Schuldzinsen den Erträgen aus der neuen Verwendung gegenübertreten (BFH vom 4.7.1990 – GrS 2-3/88, BStBl. II 1990 S. 817, 824).

Beispiel:

Der Stpfl. überführt im Rahmen der Betriebsaufgabe ein kreditfinanziertes Grundstück in sein Privatvermögen, um es zukünftig zur Erzielung von Einkünften aus Vermietung und Verpachtung einzusetzen.

Ein zur Anschaffung des Grundstücks aufgenommenes Darlehen ist nunmehr den Einkünften aus Vermietung und Verpachtung zuzuordnen, so daß die anfallenden Schuldzinsen Werbungskosten bei diesen Einkünften darstellen.

Der ursprüngliche Zurechnungszusammenhang kann auch durch Verknüpfung mit einer anderen Einkunftsquelle ersetzt werden, wenn der Erlös aus der Betriebsveräußerung aufgrund einer neuen Anlageentscheidung des Stpfl. zur Anschaffung einer neuen Einkunftsquelle eingesetzt und das bei der Betriebsveräußerung zurückbehaltene und aufrechterhaltene Darlehen nicht aus dem Veräußerungserlös getilgt wird (BFH vom 7.7.1998 – VIII R 5/96, BStBl. II 1999 S. 209). In diesem Falle tritt der Veräußerungserlös an die Stelle der ursprünglichen Einkunftsquelle. Die in dem Veräußerungserlös fortexistierenden Darlehensmittel werden nunmehr der neu geschaffenen Einkunftsquelle und damit einem geänderten Verwendungszweck unterstellt. Die Zustimmung des Darlehensgläubigers zur Änderung des Darlehenszwecks stellt lediglich ein – wenn auch gewichtiges – Indiz für die „Umwidmung" des Darlehens dar, dessen Vorliegen aber entbehrlich ist, wenn der Nachweis der Verwendung des „Surrogats" für Zwecke der Einkünfteerzielung anhand anderer Tatsachen eindeutig geführt werden kann (BFH vom 7.3.1995 – VIII R 9/94, BStBl. II 1995 S. 697 und BFH vom 1.10.1996 – VIII R 68/94, BStBl. II 1997 S. 454).

Der einmal entstandene wirtschaftliche Zusammenhang der Schuldzinsen mit einer bestimmten Einkunftsart kann aber nicht durch eine bloße Willensentscheidung des Stpfl. beeinflußt werden. Ein willkürlicher Austausch der Finanzierungsgrundlagen ist ohne *vorherige* Lösung des ursprünglichen wirtschaftlichen Zusammenhangs steuerlich nicht möglich. Voraussetzung für eine steuerlich anzuerkennende „Umwidmung" eines Kredits ist vielmehr, daß die durch erstmalige tatsächliche Verwendung der Darlehensmittel eingetretene Zuordnung zu einer bestimmten Einkunftsart *beendet* worden ist. Der Stpfl. muß eine neue, gleichfalls kreditfinanzierte Anlageentscheidung treffen, durch welche das Objekt des Kreditbedarfs ausgewechselt wird und die Änderung in der Zweckbestimmung muß nach außen hin – an objektiven Beweisanzeichen feststellbar – in Erscheinung treten. Denn dann dient die Zurückbehaltung der Verbindlichkeit dem Erwerb eines zum Zwecke der Einkünfteerzielung verwendeten Wirtschaftsguts. Dadurch wird ein neuer Zusammenhang von Zinsaufwendungen mit steuerbaren Erträgen hergestellt; die Schuldzinsen treten den Erträgen aus der neuen Verwendung des Kredits gegenüber (BFH vom 19.8.1998 – X R 96/95, BStBl. II 1999 S. 353).

Beispiel:

Der Stpfl. legt den durch die Betriebsveräußerung erzielten Erlös festverzinslich an, statt die betrieblichen Schulden zu tilgen und erzielt zukünftig Einkünfte aus Kapitalvermögen.

Das frühere betriebliche Darlehen ist nunmehr den Einkünften aus Kapitalvermögen zuzuordnen, so daß die anfallenden Schuldzinsen Werbungskosten bei diesen Einkünften darstellen. Voraussetzung ist allerdings, daß eine Einkünfteerzielungsabsicht bejaht wird (grundlegend BFH vom 7.8.1990 – VIII R 67/86, BStBl. II 1991 S. 14). Mit Urteil vom 19.8.1998, a.a.O., hat der BFH die Möglichkeiten, ein Darlehen nachträglich einer anderen Einkunftsart zuzuordnen, erweitert.

Beispiel:

Der Stpfl. unterläßt es nach der Aufgabe seines Betriebs einen ursprünglich für *allgemeine betriebliche Zwecke* aufgenommenen Kredit mit Hilfe des Erlöses aus der Veräußerung des Betriebsgrundstücks zu tilgen, um dieses nunmehr vermögensverwaltend zu vermieten.

Nach bisheriger Rechtsprechung (vgl. BFH vom 21.11.1989 – IX R 10/84, BStBl. II 1990 S. 213), konnten die Schuldzinsen für einen allgemeinen Betriebsmittelkredit nicht in eine der Erzielung von Vermietungseinkünften dienende Schuld umgewandelt werden.

Abweichend hiervon läßt das BFH-Urteil vom 19.8.1998, a.a.O., den Werbungskostenabzug auch in diesem Fall unter folgenden Bedingungen zu:

- Die durch die erstmalige Verwendung des Darlehens eingetretene Zuordnung zu einer bestimmten Einkunftsart wurde eindeutig beendet (z. B. durch Betriebsaufgabe)
- Der Stpfl. hat eine neue, gleichfalls kreditfinanzierte Anlageentscheidung getroffen, durch welche das Objekt des Kreditbedarfs ausgetauscht wurde (Verwendung des WG zu dem neuen Zweck

– z. B. Vermietung – reicht aus, neue Investition i. S. einer Neuanschaffung eines WG ist nicht erforderlich)
– Diese Änderung der Zweckbestimmung ist nach außen hin, an objektiven Beweisanzeichen erkennbar, in Erscheinung getreten (tatsächliche und nachweisbare Durchführung der neuen Anlageentscheidung)

Als Folge dieser Umwidmung steht das Darlehen nunmehr in Höhe des Grundstückswerts in einem wirtschaftlichen Zusammenhang mit der neuen Einkunftsquelle. Die Schuldzinsen für diese in sein Privatvermögen übergegangene Verbindlichkeit sind als Werbungskosten bei den Einkünften aus Vermietung und Verpachtung abziehbar.

3. Steuerlich nicht zu berücksichtigende Schuldzinsen

Schuldzinsen, die weder nach Tz. 1 als nachträgliche Betriebsausgaben noch nach Tz. 2 als Werbungskosten (Betriebsausgaben) bei anderen Einkunftsarten abgezogen werden können, sind steuerlich nicht zu berücksichtigen.

Anlage § 004–40   Zu § 4 EStG

Bilanzsteuerliche Behandlung von Zinsen auf Steuererstattungen und Steuernachforderungen nach § 233a AO

– Vfg OFD Münster vom 2. Juni 1993 S 2133 – 169 – St 12 – 31 –

Ergibt sich bei der Erstellung von Bilanzen, daß mit einer Steuererstattung oder einer Steuernachforderung zu rechnen ist, so stellt sich die Frage, wie Zinsen und Steuererstattungen und Steuernachforderungen nach § 233a AO – soweit sie auf Betriebssteuern entfallen – in den Bilanzen zu berücksichtigen sind. Hierzu ist folgende Auffassung zu vertreten:

1. Zinsen auf Steuererstattungen

Die Bilanzierung einer Forderung setzt grundsätzlich voraus, daß zum Bilanzstichtag eine solche rechtlich entstanden ist. Der Anspruch auf Zinsen wegen einer Steuererstattung entsteht nach § 233a Abs. 1 AO dann, wenn die Festsetzung einer (Betriebs-)Steuer zu einer Steuererstattung führt. Vor erfolgter Steuerfestsetzung ist rechtlich kein Zinsanspruch entstanden (vgl. BMF-Schreiben vom 20.7.1992, BStBl. I 1992 S. 430). Gleichwohl wird die Auffassung vertreten, daß nach Ablauf der in § 233a Abs. 2 AO enthaltenen Frist von 15 Monaten nach Ablauf des Kalenderjahrs, für das der Steuererstattungsanspruch entstanden ist, eine Forderung auf Zinsen wegen Steuererstattungen auszuweisen ist, unabhängig davon, ob die entsprechenden Steuern festgesetzt wurden. Dieser unter wirtschaftlichen Gesichtspunkten vorgenommene Forderungsausweis entspricht den Grundsätzen, die für die Aktivierung von Dividendenansprüchen des Besitzunternehmens im Rahmen einer Betriebsaufspaltung ohne vorherigen Gewinnverwendungsbeschluß gelten. Eine Forderung auf Zinsen wegen einer Steuererstattung ist demnach frühestens zu dem Bilanzstichtag zu aktivieren, der 15 Monate nach Ablauf des Kalenderjahrs liegt, für das der Anspruch auf Steuerstattung entstanden ist.

2. Rückstellungen wegen künftiger Zinszahlungen aufgrund entstandener Steuernachforderungen

Bei der Verpflichtung zur Zahlung von Zinsen wegen entstandener Steuernachforderungen handelt es sich um eine öffentlich-rechtliche Verpflichtung. Eine Rückstellung für derartige Verpflichtungen setzt voraus, daß am Bilanzstichtag eine hinreichend konkrete Verpflichtung vorliegt. Zu dem Zeitpunkt, zu dem die Steuernachforderung entsteht, ist auch die Verpflichtung zur Entrichtung der Zinsen nach § 233a AO hinreichend konkretisiert. Eine Rückstellung wegen der Verpflichtung auf Entrichtung der Zinsen wäre demnach erstmals im Jahresabschluß des Wirtschaftsjahrs zu bilden, in dem die Steuernachforderung entstanden ist. Da aber eine Rückstellung nicht nur an Vergangenes anknüpfen, sondern auch Vergangenes abgelten muß und mit der Zinszahlung wegen entstandener Steuernachforderungen der Liquiditätsvorteil abgegolten wird, der sich aus der „verspäteten" Zahlung der Steuer für den Stpfl. ergibt, kann eine Rückstellung frühestens 15 Monate nach Ablauf des Kalenderjahres, in dem die Steuernachforderung entstanden ist, gebildet werden. Eine solche Rückstellung kann nur die bis zu diesem Zeitpunkt wirtschaftlich entstandenen Zinsen umfassen.

Zu § 4 EStG   Anlagen § 004–41 unbesetzt, § 004–42

Ertragsteuerliche Behandlung des Sponsoring

– BdF-Schreiben vom 18.2.1998 – IV B 2 – S 2144 – 40/98 (BStBl. I S. 212) –

Für die ertragsteuerliche Behandlung des Sponsoring gelten – unabhängig von dem gesponserten Bereich (z. B. Sport-, Kultur-, Sozio-, Öko- und Wissenschaftssponsoring) – im Einvernehmen mit den obersten Finanzbehörden der Länder folgende Grundsätze:

I. Begriff des Sponsoring

Unter Sponsoring wird üblicherweise die Gewährung von Geld oder geldwerten Vorteilen durch Unternehmen zur Förderung von Personen, Gruppen und/oder Organisationen in sportlichen, kulturellen, kirchlichen, wissenschaftlichen, sozialen, ökologischen oder ähnlich bedeutsamen gesellschaftspolitischen Bereichen verstanden, mit der regelmäßig auch eigene unternehmensbezogene Ziele der Werbung oder Öffentlichkeitsarbeit verfolgt werden. Leistungen eines Sponsors beruhen häufig auf einer vertraglichen Vereinbarung zwischen dem Sponsor und dem Empfänger der Leistungen (Sponsoring-Vertrag), in dem Art und Umfang der Leistungen des Sponsors und des Empfängers geregelt sind. 1

II. Steuerliche Behandlung beim Sponsor

Die im Zusammenhang mit dem Sponsoring gemachten Aufwendungen können 2
– Betriebsausgaben i. S. d. § 4 Abs. 4 EStG,
– Spenden, die unter den Voraussetzungen der §§ 10b EStG, 9 Abs. 1 Nr. 2 KStG, 9 Nr. 5 GewStG abgezogen werden dürfen, oder
– steuerlich nicht abzugsfähige Kosten der Lebensführung (§ 12 Nr. 1 EStG), bei Kapitalgesellschaften verdeckte Gewinnausschüttungen (§ 8 Abs. 3 Satz 2 KStG) sein.

1. Berücksichtigung als Betriebsausgaben

Aufwendungen des Sponsors sind Betriebsausgaben, wenn der Sponsor wirtschaftliche Vorteile, die 3 insbesondere in der Sicherung oder Erhöhung seines unternehmerischen Ansehens liegen können (vgl. BFH vom 3. Februar 1993, BStBl. II S. 441, 445), für sein Unternehmen erstrebt oder für Produkte seines Unternehmens werben will. Das ist insbesondere der Fall, wenn der Empfänger der Leistung auf Plakaten, Veranstaltungshinweisen, in Ausstellungskatalogen, auf den von ihm benutzten Fahrzeugen oder anderen Gegenständen auf das Unternehmen oder auf die Produkte des Sponsors werbewirksam hinweist. Die Berichterstattung in Zeitungen, Rundfunk oder Fernsehen kann einen wirtschaftlichen Vorteil, den der Sponsor für sich anstrebt, begründen, insbesondere wenn sie in seine Öffentlichkeitsarbeit eingebunden ist oder der Sponsor an Pressekonferenzen oder anderen öffentlichen Veranstaltungen des Empfängers mitwirken und eigene Erklärungen über sein Unternehmen oder seine Produkte abgeben kann.

Wirtschaftliche Vorteile für das Unternehmen des Sponsors können auch dadurch erreicht werden, daß 4 der Sponsor durch Verwendung des Namens, von Emblemen oder Logos des Empfängers oder in anderer Weise öffentlichkeitswirksam auf seine Leistungen aufmerksam macht.

Für die Berücksichtigung der Aufwendungen als Betriebsausgaben kommt es nicht darauf an, ob die 5 Leistungen notwendig, üblich oder zweckmäßig sind; die Aufwendungen dürfen auch dann als Betriebsausgaben abgezogen werden, wenn die Geld- oder Sachleistungen des Sponsors und die erstrebten Werbeziele für das Unternehmen nicht gleichwertig sind. Bei einem krassen Mißverhältnis zwischen den Leistungen des Sponsors und dem erstrebten wirtschaftlichen Vorteil ist der Betriebsausgabenabzug allerdings zu versagen (§ 4 Abs. 5 Satz 1 Nr. 7 EStG).

Leistungen des Sponsors im Rahmen des Sponsoring-Vertrags, die die Voraussetzungen der RdNrn. 3, 4 6 und 5 für den Betriebsausgabenabzug erfüllen, sind keine Geschenke i. S. d. § 4 Abs. 5 Satz 1 Nr. 1 EStG.

2. Berücksichtigung als Spende

Zuwendungen des Sponsors, die keine Betriebsausgaben sind, sind als Spenden (§ 10b EStG) zu be- 7 handeln, wenn sie zur Förderung steuerbegünstigter Zwecke freiwillig oder aufgrund einer freiwillig eingegangenen Rechtspflicht erbracht werden, kein Entgelt für eine bestimmte Leistung des Empfängers sind und nicht in einem tatsächlichen wirtschaftlichen Zusammenhang mit dessen Leistungen stehen (BFH vom 25. November 1987, BStBl. II 1988 S. 220; vom 12. September 1990, BStBl. II 1991 S. 258).

3. Nichtabzugsfähige Kosten der privaten Lebensführung oder verdeckte Gewinnausschüttungen

Als Sponsoringaufwendungen bezeichnete Aufwendungen, die keine Betriebsausgaben und keine 8 Spenden sind, sind nicht abzugsfähige Kosten der privaten Lebensführung (§ 12 Nr. 1 Satz 2 EStG). Bei entsprechenden Zuwendungen einer Kapitalgesellschaft können verdeckte Gewinnausschüttungen vorliegen, wenn der Gesellschafter durch die Zuwendungen begünstigt wird, z. B. eigene Aufwendungen als Mäzen erspart (vgl. Abschnitt 31 Abs. 2 Satz 4 KStR 1995).[1]

III. Steuerliche Behandlung bei steuerbegünstigten Empfängern

9 Die im Zusammenhang mit dem Sponsoring erhaltenen Leistungen können, wenn der Empfänger eine steuerbegünstigte Körperschaft ist, steuerfreie Einnahmen im ideellen Bereich, steuerfreie Einnahmen aus der Vermögensverwaltung oder steuerpflichtige Einnahmen eines wirtschaftlichen Geschäftsbetriebs sein. Die steuerliche Behandlung der Leistungen beim Empfänger hängt grundsätzlich nicht davon ab, wie die entsprechenden Aufwendungen beim leistenden Unternehmen behandelt werden.

Für die Abgrenzung gelten die allgemeinen Grundsätze (vgl. insbesondere Anwendungserlaß zur Abgabenordnung, zu § 67a, Tz. I/9). Danach liegt kein wirtschaftlicher Geschäftsbetrieb vor, wenn die steuerbegünstigte Körperschaft dem Sponsor nur die Nutzung ihres Namens zu Werbezwecken in der Weise gestattet, daß der Sponsor selbst zu Werbezwecken oder zur Imagepflege auf seine Leistungen an die Körperschaften hinweist. Ein wirtschaftlicher Geschäftsbetrieb liegt auch dann nicht vor, wenn der Empfänger der Leistungen z. B. auf Plakaten, Veranstaltungenshinweisen, in Ausstellungskatalogen oder in anderer Weise auf die Unterstützung durch einen Sponsor lediglich hinweist. Dieser Hinweis kann unter Verwendung des Namens, Emblems oder Logos des Sponsors, jedoch ohne besondere Hervorhebung, erfolgen. Ein wirtschaftlicher Geschäftsbetrieb liegt dagegen vor, wenn die Körperschaft an den Werbemaßnahmen mitwirkt. Der wirtschaftliche Geschäftsbetrieb kann kein Zweckbetrieb (§§ 65 bis 68 AO) sein.

---

1) Jetzt R 36 KStR und H 36 KStH.

Zu § 4 EStG **Anlage § 004–43**

Einkommensteuerrechtliche Behandlung der Aufwendungen für ein häusliches Arbeitszimmer

– BdF-Schreiben vom 02.03.2011 – IV C 6 – S 2145/07/10002, 2011/0150549 (BStBl. I S. 195) –

Im Einvernehmen mit den obersten Finanzbehörden der Länder gilt zur einkommensteuerrechtlichen Behandlung der Aufwendungen für ein häusliches Arbeitszimmer nach § 4 Absatz 5 Satz 1 Nummer 6b, § 9 Absatz 5 und § 10 Absatz 1 Nummer 7 EStG in der Fassung des Jahressteuergesetzes 2010 (BGBl. I S. 1768, BStBl. I S. 1394) Folgendes:

I. Grundsatz

Nach § 4 Absatz 5 Satz 1 Nummer 6b Satz 1 und § 9 Absatz 5 Satz 1 EStG dürfen die Aufwendungen für ein häusliches Arbeitszimmer sowie die Kosten der Ausstattung grundsätzlich nicht als Betriebsausgaben oder Werbungskosten abgezogen werden. Bildet das häusliche Arbeitszimmer den Mittelpunkt der gesamten betrieblichen und beruflichen Betätigung, dürfen die Aufwendungen in voller Höhe steuerlich berücksichtigt werden (§ 4 Absatz 5 Satz 1 Nummer 6b Satz 3, 2. Halbsatz EStG). Steht für die betriebliche oder berufliche Tätigkeit kein anderer Arbeitsplatz zur Verfügung, sind die Aufwendungen bis zur Höhe von 1.250 Euro je Wirtschaftsjahr oder Kalenderjahr als Betriebsausgaben oder Werbungskosten abziehbar (§ 4 Absatz 5 Satz 1 Nummer 6b Satz 2 und 3, 1. Halbsatz EStG). Der Betrag von 1.250 Euro[1] ist kein Pauschbetrag. Es handelt sich um einen objektbezogenen Höchstbetrag, der nicht mehrfach für verschiedene Tätigkeiten oder Personen in Anspruch genommen werden kann, sondern ggf. auf die unterschiedlichen Tätigkeiten oder Personen aufzuteilen ist (vgl. Rdnr. 19 bis 21). **1**

II. Anwendungsbereich der gesetzlichen Regelung

Unter die Regelungen des § 4 Absatz 5 Satz 1 Nummer 6b und § 9 Absatz 5 EStG fällt die Nutzung eines häuslichen Arbeitszimmers zur Erzielung von Einkünften aus sämtlichen Einkunftsarten. **2**

III. Begriff des häuslichen Arbeitszimmers[2]

Ein häusliches Arbeitszimmer ist ein Raum, der seiner Lage, Funktion und Ausstattung nach in die häusliche Sphäre des Steuerpflichtigen eingebunden ist, vorwiegend der Erledigung gedanklicher, schriftlicher, verwaltungstechnischer oder -organisatorischer Arbeiten dient (→ BFH-Urteile vom 19. September 2002, – VI R 70/01 –, BStBl. II 2003 S. 139 und vom 16. Oktober 2002, – XI R 89/00 –, BStBl. II 2003 S. 185) und ausschließlich oder nahezu ausschließlich zu betrieblichen und/oder beruflichen Zwecken genutzt wird; eine untergeordnete private Mitbenutzung (< 10 %) ist unschädlich. Es muss sich aber nicht zwingend um Arbeiten büromäßiger Art handeln; ein häusliches Arbeitszimmer kann auch bei geistiger, künstlerischer oder schriftstellerischer Betätigung gegeben sein. In die häusliche Sphäre eingebunden ist ein als Arbeitszimmer genutzter Raum regelmäßig dann, wenn er zur privaten Wohnung oder zum Wohnhaus des Steuerpflichtigen gehört. Dies betrifft nicht nur die Wohnräume, sondern ebenso Zubehörräume (→ BFH-Urteil vom 26. Februar 2003, – VI R 130/01 –, BStBl. II 2004 S. 74 und BFH-Urteil vom 19. September 2002, ? VI R 70/01 –, BStBl. II 2003 S. 139). So kann auch ein Raum, z. B. im Keller oder unter dem Dach (Mansarde) des Wohnhauses, in dem der Steuerpflichtige seine Wohnung hat, ein häusliches Arbeitszimmer sein, wenn die Räumlichkeiten aufgrund der unmittelbaren Nähe mit den privaten Wohnräumen des Steuerpflichtigen als gemeinsame Wohneinheit verbunden sind. **3**

Dagegen kann es sich bei einem im Keller oder Dachgeschoss eines Mehrfamilienhauses befindlichen Raum, der nicht zur Privatwohnung des Steuerpflichtigen gehört, sondern zusätzlich angemietet wurde, um ein außerhäusliches Arbeitszimmer handeln (→ BFH-Urteil vom 26. Februar 2003, – VI R 160/99 –, BStBl. II S. 515 und vom 18. August 2005, – VI R 39/04 –, BStBl. II 2006 S. 428). Maßgebend ist, ob eine innere häusliche Verbindung des Arbeitszimmers mit der privaten Lebenssphäre des Steuer- **4**

---

1) Siehe dazu das BFH-Urteil vom 28.02.103 (BStBl. II S. 642:
„§ 4 Abs. 5 Satz 1 Nr. 6b i.V.m. § 52 Abs. 12 Satz 9 EStG i.d.F. des JStG 2010 begegnet keinen verfassungsrechtlichen Bedenken, soweit danach Aufwendungen für ein häusliches Arbeitszimmer in den Fällen, in denen kein anderer Arbeitsplatz zur Verfügung stand, rückwirkend ab dem Veranlagungszeitraum 2007 auf einen Jahresbetrag von 1.250 € begrenzt wurden."

2) Siehe dazu auch das BFH-Urteil vom 15.1.2013 (BStBl. II S. 374):
„Ein häusliches Arbeitszimmer i.S. des§ 4 Abs. 5 Satz 1 Nr. 6b EStG liegt auch dann vor, wenn sich die zu Wohnzwecken und die betrieblich genutzten Räume in einem ausschließlich vom Steuerpflichtigen genutzten Zweifamilienhaus befinden und auf dem Weg dazwischen keine der Allgemeinheit zugängliche oder von fremden Dritten benutzte Verkehrsfläche betreten werden muss (Anschluss an BFH-Urteil vom 20. Juni 2012 IX R 56/10, BFH/NV 2012, 1776)."

pflichtigen besteht. Dabei ist das Gesamtbild der Verhältnisse im Einzelfall entscheidend. Für die Anwendung des § 4 Absatz 5 Satz 1 Nummer 6b, des § 9 Absatz 5 und des § 10 Absatz 1 Nummer 7 EStG ist es ohne Bedeutung, ob die Wohnung, zu der das häusliche Arbeitszimmer gehört, gemietet ist oder ob sie sich im Eigentum des Steuerpflichtigen befindet. Auch mehrere Räume können als ein häusliches Arbeitszimmer anzusehen sein; die Abtrennung der Räumlichkeiten vom übrigen Wohnbereich ist erforderlich.

5 Nicht unter die Abzugsbeschränkung des § 4 Absatz 5 Satz 1 Nummer 6b und § 9 Absatz 5 EStG fallen Räume, die ihrer Ausstattung und Funktion nach nicht einem Büro entsprechen (z. B. Betriebsräume, Lagerräume, Ausstellungsräume), selbst wenn diese ihrer Lage nach mit dem Wohnraum des Steuerpflichtigen verbunden und so in dessen häusliche Sphäre eingebunden sind (→ BFH-Urteil vom 28. August 2003, – IV R 53/01 –, BStBl. II 2004 S. 55 und vom 26. März 2009 – VI R 15/07 – BStBl. II S. 598).

Beispiele:

a) Ein häusliches Arbeitszimmer liegt in folgenden Fällen regelmäßig vor: [1)]
  – häusliches Büro eines selbständigen Handelsvertreters, eines selbständigen Übersetzers oder eines selbständigen Journalisten,
  – bei Anmietung einer unmittelbar angrenzenden oder unmittelbar gegenüberliegenden Zweitwohnung in einem Mehrfamilienhaus (→ BFH-Urteile vom 26. Februar 2003, – VI R 124/01 – und – VI R 125/01 –, BStBl. II 2004 S. 69 und 72),
  – häusliches ausschließlich beruflich genutztes Musikzimmer der freiberuflich tätigen Konzertpianistin, in dem diese Musikunterricht erteilt.
  – Aufwendungen für einen zugleich als Büroarbeitsplatz und als Warenlager betrieblich genutzten Raum unterliegen der Abzugsbeschränkung für das häusliche Arbeitszimmer, wenn der Raum nach dem Gesamtbild der Verhältnisse vor allem aufgrund seiner Ausstattung und Funktion, ein typisches häusliches Büro ist und die Ausstattung und Funktion als Lager dahinter zurücktritt (→ BFH-Urteil vom 22. November 2006 – X R 1/05 – BStBl. II 2007 S. 304).

b) Kein häusliches Arbeitszimmer, sondern betrieblich genutzte Räume liegen regelmäßig in folgenden Fällen vor:
  – Arzt-, Steuerberater- oder Anwaltspraxis grenzt an das Einfamilienhaus an oder befindet sich im selben Gebäude wie die Privatwohnung, wenn diese Räumlichkeiten für einen intensiven und dauerhaften Publikumsverkehr geöffnet und z. B. bei häuslichen Arztpraxen für Patientenbesuche und -untersuchungen eingerichtet sind (→ BFH-Urteil vom 5. Dezember 2002, – IV R 7/01 –, BStBl. II 2003 S. 463 zu einer Notfallpraxis und Negativabgrenzung im BFH-Urteil vom 23. Januar 2003, – IV R 71/00 –, BStBl. II 2004 S. 43 zur Gutachtertätigkeit einer Ärztin).
  – In einem Geschäftshaus befinden sich neben der Wohnung des Bäckermeisters die Backstube, der Verkaufsraum, ein Aufenthaltsraum für das Verkaufspersonal und das Büro, in dem die Buchhaltungsarbeiten durchgeführt werden. Das Büro ist in diesem Fall aufgrund der Nähe zu den übrigen Betriebsräumen nicht als häusliches Arbeitszimmer zu werten.
  – Im Keller ist ein Arbeitsraum belegen, der – anders als z. B. ein Archiv (→ BFH-Urteil vom 19. September 2002, – VI R 70/01 –, BStBl. II 2003 S. 139) – keine (Teil-)Funktionen erfüllt, die typischerweise einem häuslichen Arbeitszimmer zukommen, z. B. Lager für Waren und Werbematerialien.

IV. Betroffene Aufwendungen

6 Zu den Aufwendungen für ein häusliches Arbeitszimmer gehören insbesondere die anteiligen Aufwendungen für:
  – Miete,
  – Gebäude-AfA, Absetzungen für außergewöhnliche technische oder wirtschaftliche Abnutzung, Sonderabschreibungen,
  – Schuldzinsen für Kredite, die zur Anschaffung, Herstellung oder Reparatur des Gebäudes oder der Eigentumswohnung verwendet worden sind,
  – Wasser- und Energiekosten,
  – Reinigungskosten,
  – Grundsteuer, Müllabfuhrgebühren, Schornsteinfegergebühren, Gebäudeversicherungen,

---

1) Auch ein Raum, in dem ein Stpfl. zuhause einen Telearbeitsplatz unterhält, kann dem Typus des häuslichen Arbeitszimmers entsprechen (→ BFH vom 26.2.2014, BStBl. II S. 568).

- Renovierungskosten,
- Aufwendungen für die Ausstattung des Zimmers, wie z. B. Tapeten, Teppiche, Fenstervorhänge, Gardinen und Lampen.

Die Kosten einer Gartenerneuerung können anteilig den Kosten des häuslichen Arbeitszimmers zuzurechnen sein, wenn bei einer Reparatur des Gebäudes Schäden am Garten verursacht worden sind. Den Kosten des Arbeitszimmers zuzurechnen sind allerdings nur diejenigen Aufwendungen, die der Wiederherstellung des ursprünglichen Zustands dienen (→ BFH-Urteil vom 6. Oktober 2004, – VI R 27/01 –, BStBl. II S. 1071).

Luxusgegenstände wie z. B. Kunstgegenstände, die vorrangig der Ausschmückung des Arbeitszimmers dienen, gehören zu den nach § 12 Nummer 1 EStG nicht abziehbaren Aufwendungen (→ BFH-Urteil vom 30. Oktober 1990, – VIII R 42/87 –, BStBl. II 1991 S. 340). 7

Keine Aufwendungen i. S. d. § 4 Absatz 5 Satz 1 Nummer 6b EStG sind die Aufwendungen für Arbeitsmittel (→ BFH-Urteil vom 21. November 1997, – VI R 4/97 –, BStBl. II 1998 S. 351). Diese werden daher von § 4 Absatz 5 Satz 1 Nummer 6b EStG nicht berührt. 8

V. Mittelpunkt der gesamten betrieblichen und beruflichen Betätigung

Ein häusliches Arbeitszimmer ist der Mittelpunkt der gesamten betrieblichen und beruflichen Betätigung des Steuerpflichtigen, wenn nach Würdigung des Gesamtbildes der Verhältnisse und der Tätigkeitsmerkmale dort diejenigen Handlungen vorgenommen und Leistungen erbracht werden, die für die konkret ausgeübte betriebliche oder berufliche Tätigkeit wesentlich und prägend sind. Der Tätigkeitsmittelpunkt i. S. d. § 4 Absatz 5 Satz 1 Nummer 6b Satz 3, 2. Halbsatz EStG bestimmt sich nach dem inhaltlichen (qualitativen) Schwerpunkt der betrieblichen und beruflichen Betätigung des Steuerpflichtigen. 9

Dem zeitlichen (quantitativen) Umfang der Nutzung des häuslichen Arbeitszimmers kommt im Rahmen dieser Würdigung lediglich eine indizielle Bedeutung zu; das zeitliche Überwiegen der außerhäuslichen Tätigkeit schließt einen unbeschränkten Abzug der Aufwendungen für das häusliche Arbeitszimmer nicht von vornherein aus (→ BFH-Urteile vom 13. November 2002, – VI R 82/01 –, BStBl. II 2004 S. 62; – VI R 104/01 –, BStBl. II 2004 S. 65 und – VI R 28/02 –, BStBl. II 2004 S. 59). 10

Übt ein Steuerpflichtiger nur eine betriebliche oder berufliche Tätigkeit aus, die in qualitativer Hinsicht gleichwertig sowohl im häuslichen Arbeitszimmer als auch am außerhäuslichen Arbeitsort erbracht wird, so liegt der Mittelpunkt der gesamten beruflichen und betrieblichen Betätigung im häuslichen Arbeitszimmer, wenn der Steuerpflichtige mehr als die Hälfte der Arbeitszeit im häuslichen Arbeitszimmer tätig wird (→ BFH-Urteil vom 23. Mai 2006, – VI R 21/03 –, BStBl. II S. 600). 11

Übt ein Steuerpflichtiger mehrere betriebliche und berufliche Tätigkeiten nebeneinander aus, ist nicht auf eine Einzelbetrachtung der jeweiligen Betätigung abzustellen; vielmehr sind alle Tätigkeiten in ihrer Gesamtheit zu erfassen. Grundsätzlich lassen sich folgende Fallgruppen unterscheiden: 12

- Bilden bei allen Erwerbstätigkeiten – jeweils – die im häuslichen Arbeitszimmer verrichteten Arbeiten den qualitativen Schwerpunkt, so liegt dort auch der Mittelpunkt der Gesamttätigkeit.
- Bilden hingegen die außerhäuslichen Tätigkeiten – jeweils – den qualitativen Schwerpunkt der Einzeltätigkeiten oder lassen sich diese keinem Schwerpunkt zuordnen, so kann das häusliche Arbeitszimmer auch nicht durch die Summe der darin verrichteten Arbeiten zum Mittelpunkt der Gesamttätigkeit werden.
- Bildet das häusliche Arbeitszimmer schließlich den qualitativen Mittelpunkt lediglich einer Einzeltätigkeit, nicht jedoch im Hinblick auf die übrigen Tätigkeiten, ist regelmäßig davon auszugehen, dass das Arbeitszimmer nicht den Mittelpunkt der Gesamttätigkeit bildet.

Der Steuerpflichtige hat jedoch die Möglichkeit, anhand konkreter Umstände des Einzelfalls glaubhaft zu machen oder nachzuweisen, dass die Gesamttätigkeit gleichwohl einem einzelnen qualitativen Schwerpunkt zugeordnet werden kann und dass dieser im häuslichen Arbeitszimmer liegt. Abzustellen ist dabei auf das Gesamtbild der Verhältnisse und auf die Verkehrsanschauung, nicht auf die Vorstellung des betroffenen Steuerpflichtigen (→ BFH-Urteil vom 13. Oktober 2003, – VI R 27/02 –, BStBl. II 2004 S. 771 und vom 16. Dezember 2004, – IV R 19/03 –, BStBl. II 2005 S. 212).

Das häusliche Arbeitszimmer und der Außendienst können nicht gleichermaßen „Mittelpunkt" der beruflichen Betätigung eines Steuerpflichtigen i. S. d. § 4 Absatz 5 Satz 1 Nummer 6b Satz 3, 2. Halbsatz EStG sein (→ BFH-Urteil vom 21. Februar 2003, – VI R 14/02 –, BStBl. II 2004 S. 68). 13

Beispiele, in denen das häusliche Arbeitszimmer den Mittelpunkt der gesamten betrieblichen und beruflichen Betätigung bilden kann:

Anlage § 004–43 Zu § 4 EStG

- Bei einem Verkaufsleiter, der zur Überwachung von Mitarbeitern und zur Betreuung von Großkunden auch im Außendienst tätig ist, kann das häusliche Arbeitszimmer Tätigkeitsmittelpunkt sein, wenn er dort die für den Beruf wesentlichen Leistungen (z. B. Organisation der Betriebsabläufe) erbringt (→ BFH-Urteil vom 13. November 2002, – VI R 104/01 –, BStBl. II 2004 S. 65).
- Bei einem Ingenieur, dessen Tätigkeit durch die Erarbeitung theoretischer, komplexer Problemlösungen im häuslichen Arbeitszimmer geprägt ist, kann dieses auch dann der Mittelpunkt der beruflichen Betätigung sein, wenn die Betreuung von Kunden im Außendienst ebenfalls zu seinen Aufgaben gehört (→ BFH-Urteil vom 13. November 2002, – VI R 28/02 –, BStBl. II 2004 S. 59).
- Bei einem Praxis-Konsultant, der ärztliche Praxen in betriebswirtschaftlichen Fragen berät, betreut und unterstützt, kann das häusliche Arbeitszimmer auch dann den Mittelpunkt der gesamten beruflichen Tätigkeit bilden, wenn er einen nicht unerheblichen Teil seiner Arbeitszeit im Außendienst verbringt (→ BFH-Urteil vom 29. April 2003, – VI R 78/02 –, BStBl. II 2004 S. 76).

Beispiele,[1] in denen das Arbeitszimmer nicht den Mittelpunkt der gesamten betrieblichen und beruflichen Betätigung bildet:
- Bei einem – freien oder angestellten – Handelsvertreter liegt der Tätigkeitsschwerpunkt außerhalb des häuslichen Arbeitszimmers, wenn die Tätigkeit nach dem Gesamtbild der Verhältnisse durch die Arbeit im Außendienst geprägt ist, auch wenn die zu Hause verrichteten Tätigkeiten zur Erfüllung der beruflichen Aufgaben unerlässlich sind (→ BFH-Urteil vom 13. November 2002, – VI R 82/01 –, BStBl. II 2004 S. 62).
- Ein kaufmännischer Angestellter eines Industrieunternehmens ist nebenbei als Mitarbeiter für einen Lohnsteuerhilfeverein selbständig tätig und nutzt für letztere Tätigkeit sein häusliches Arbeitszimmer als „Beratungsstelle", in dem er Steuererklärungen erstellt, Beratungsgespräche führt und Rechtsbehelfe bearbeitet. Für diese Nebentätigkeit ist das Arbeitszimmer zwar der Tätigkeitsmittelpunkt. Aufgrund der erforderlichen Gesamtbetrachtung ist das Arbeitszimmer jedoch nicht Mittelpunkt seiner gesamten betrieblichen und beruflichen Betätigung (→ BFH-Urteil vom 23. September 1999, – VI R 74/98 –; BStBl. II 2000 S. 7).
- Bei einer Ärztin, die Gutachten über die Einstufung der Pflegebedürftigkeit erstellt und dazu ihre Patienten ausschließlich außerhalb des häuslichen Arbeitszimmers untersucht und dort (vor Ort) alle erforderlichen Befunde erhebt, liegt der qualitative Schwerpunkt nicht im häuslichen Arbeitszimmer, in welchem lediglich die Tätigkeit begleitende Aufgaben erledigt werden (→ BFH-Urteil vom 23. Januar 2003, – IV R 71/00 –, BStBl. II 2004 S. 43).
- Bei einem Architekten, der neben der Planung auch mit der Ausführung der Bauwerke (Bauüberwachung) betraut ist, kann diese Gesamttätigkeit keinem konkreten Tätigkeitsschwerpunkt zugeordnet werden. Das häusliche Arbeitszimmer bildet in diesem Fall nicht den Mittelpunkt der gesamten beruflichen und betrieblichen Betätigung (→ BFH-Urteil vom 26. Juni 2003, – IV R 9/03 –, BStBl. II 2004 S. 50).
- Bei Lehrern befindet sich der Mittelpunkt der betrieblichen und beruflichen Betätigung regelmäßig nicht im häuslichen Arbeitszimmer, weil die berufsprägenden Merkmale eines Lehrers im Unterrichten bestehen und diese Leistungen in der Schule o. Ä. erbracht werden (→ BFH-Urteil vom 26. Februar 2003, – VI R 125/01 –, BStBl. II 2004 S. 72). Deshalb sind die Aufwendungen für das häusliche Arbeitszimmer auch dann nicht **in voller Höhe** abziehbar, wenn die überwiegende Arbeitszeit auf die Vor- und Nachbereitung des Unterrichts verwendet und diese Tätigkeit im häuslichen Arbeitszimmer ausgeübt wird.

VI. Für die betriebliche oder berufliche Betätigung steht kein anderer Arbeitsplatz zur Verfügung

14 Anderer Arbeitsplatz i. S. d. § 4 Absatz 5 Satz 1 Nummer 6b Satz 2 EStG ist grundsätzlich jeder Arbeitsplatz, der zur Erledigung büromäßiger Arbeiten geeignet ist (→ BFH-Urteil vom 7. August 2003, – VI R 17/01 –, BStBl. II 2004 S. 78). Weitere Anforderungen an die Beschaffenheit des Arbeitsplatzes werden nicht gestellt; unbeachtlich sind mithin grundsätzlich die konkreten Arbeitsbedingungen und Umstände wie beispielsweise Lärmbelästigung oder Publikumsverkehr (→ BFH-Urteil vom 7. August 2003, – VI R 162/00 –, BStBl. II 2004 S. 83). Voraussetzung ist auch nicht das Vorhandensein eines eigenen, räumlich abgeschlossenen Arbeitsbereichs oder eines individuell zugeordneten Arbeitsplatzes,

---

1) Siehe dazu auch die Urteile des BFH
 – Vom 08.12.2011 (BStBl. 2012 II S. 236):
   Der Mittelpunkt der beruflichen Tätigkeit eines Richters liegt im Gericht und nicht im häuslichen Arbeitszimmer.
 – Vom 27.10.2011 (BStBl. 2012 II S. 234):
   Bei einem Hochschullehrer ist das häusliche Arbeitszimmer grundsätzlich nicht der Mittelpunkt der beruflichen Tätigkeit.

so dass auch ein Arbeitsplatz in einem Großraumbüro oder in der Schalterhalle einer Bank ein anderer Arbeitsplatz i. S. d. o. g. Vorschrift ist (→ BFH-Urteile vom 7. August 2003 – VI R 17/01 – BStBl. II 2004 S. 78 und – VI R 162/00 – BStBl. II 2004 S. 83). Die Ausstattung des häuslichen Arbeitszimmers mit Arbeitsmitteln, die im Betrieb/in dem vom Arbeitgeber zur Verfügung gestellten Raum nicht vorhanden sind, ist ohne Bedeutung. Ob ein anderer Arbeitsplatz vorliegt, ist nach objektiven Gesichtspunkten zu beurteilen. Subjektive Erwägungen des Steuerpflichtigen zur Annehmbarkeit des Arbeitsplatzes sind unbeachtlich.

Ein anderer Arbeitsplatz steht dem Steuerpflichtigen dann zur Verfügung, wenn dieser ihn in dem konkret erforderlichen Umfang und in der konkret erforderlichen Art und Weise tatsächlich nutzen kann. Die Erforderlichkeit des häuslichen Arbeitszimmers entfällt nicht bereits dann, wenn dem Steuerpflichtigen irgendein Arbeitsplatz zur Verfügung steht, sondern nur dann, wenn dieser Arbeitsplatz grundsätzlich so beschaffen ist, dass der Steuerpflichtige auf das häusliche Arbeitszimmer nicht angewiesen ist (→ BFH-Urteil vom 7. August 2003 – VI R 17/01 – BStBl. II 2004 S. 78). Die Beurteilung, ob für die betriebliche oder berufliche Tätigkeit kein anderer Arbeitsplatz zur Verfügung steht, ist jeweils tätigkeitsbezogen vorzunehmen. Ein anderer Arbeitsplatz steht auch dann zur Verfügung, wenn er außerhalb der üblichen Arbeitszeiten, wie z. B. am Wochenende oder in den Ferien, nicht zugänglich ist. Ändern sich die Nutzungsverhältnisse des Arbeitszimmers innerhalb eines Veranlagungszeitraumes, ist auf den Zeitraum der begünstigten Nutzung abzustellen. Werden in einem Arbeitszimmer sowohl Tätigkeiten, für die ein anderer Arbeitsplatz zur Verfügung steht, als auch Tätigkeiten, für die ein anderer Arbeitsplatz nicht zur Verfügung steht, ausgeübt, so sind die Aufwendungen dem Grunde nach nur zu berücksichtigen, soweit sie auf Tätigkeiten entfallen, für die ein anderer Arbeitsplatz nicht zur Verfügung steht. 15

Übt ein Steuerpflichtiger mehrere betriebliche oder berufliche Tätigkeiten nebeneinander aus, ist daher für jede Tätigkeit zu prüfen, ob ein anderer Arbeitsplatz zur Verfügung steht. Dabei kommt es nicht darauf an, ob ein für eine Tätigkeit zur Verfügung stehender Arbeitsplatz auch für eine andere Tätigkeit genutzt werden kann (z. B. Firmenarbeitsplatz auch für schriftstellerische Nebentätigkeit), vgl. Rdnr. 20. 16

Geht ein Steuerpflichtiger nur einer betrieblichen oder beruflichen Tätigkeit nach, muss ein vorhandener anderer Arbeitsplatz auch tatsächlich für alle Aufgabenbereiche dieser Erwerbstätigkeit genutzt werden können. Ist ein Steuerpflichtiger auf sein häusliches Arbeitszimmer angewiesen, weil er dort einen nicht unerheblichen Teil seiner betrieblichen oder beruflichen Tätigkeit verrichten muss, ist der andere Arbeitsplatz unschädlich. Es genügt allerdings nicht, wenn er im häuslichen Arbeitszimmer Arbeiten verrichtet, die er grundsätzlich auch an einem anderen Arbeitsplatz verrichten könnte (→ BFH-Urteil vom 7. August 2003, – VI R 17/01 – BStBl. II 2004 S. 78). 17

Beispiele (kein anderer Arbeitsplatz vorhanden): [1])

– Ein Lehrer hat für seine Unterrichtsvorbereitung in der Schule keinen Schreibtisch. Das jeweilige Klassenzimmer oder das Lehrerzimmer stellt keinen Arbeitsplatz im Sinne der Abzugsbeschränkung dar.

– Ein angestellter oder selbständiger Orchestermusiker hat im Konzertsaal keine Möglichkeit zu üben. Hierfür hat er sich ein häusliches Arbeitszimmer eingerichtet.

– Ein angestellter Krankenhausarzt übt eine freiberufliche Gutachtertätigkeit aus. Dafür steht ihm im Krankenhaus kein Arbeitsplatz zur Verfügung.

---

1) Siehe auch BFH vom 26.2.2014, VI R 11112:
„1. Ein anderer Arbeitsplatz steht erst dann zur Verfügung, wenn der Arbeitgeber dem Arbeitnehmer den Arbeitsplatz tatsächlich zugewiesen hat.
2. Ein Raum ist nicht zur Erledigung büromäßiger Arbeiten geeignet, wenn wegen Sanierungsbedarfs Gesundheitsgefahr besteht."

Anlage § 004–43

Beispiele (vorhandener anderer Arbeitsplatz steht nicht für alle Aufgabenbereiche der Erwerbstätigkeit zur Verfügung)[1]

- Ein EDV-Berater übt außerhalb seiner regulären Arbeitszeit vom häuslichen Arbeitszimmer aus Bereitschaftsdienst aus und kann dafür den Arbeitsplatz bei seinem Arbeitgeber tatsächlich nicht nutzen (→ BFH-Urteil vom 7. August 2003, – VI R 41/98 –, BStBl. II 2004 S. 80).
- Einer Schulleiterin mit einem Unterrichtspensum von 18 Wochenstunden steht im Schulsekretariat ein Schreibtisch nur für die Verwaltungsarbeiten zur Verfügung. Für die Vor- und Nachbereitung des Unterrichts kann dieser Arbeitsplatz nach objektiven Kriterien wie Größe, Ausstattung und Nutzung nicht genutzt werden; diese Arbeiten müssen im häuslichen Arbeitszimmer verrichtet werden (→ BFH-Urteil vom 7. August 2003, – VI R 118/00 –, BStBl. II 2004 S. 82).
- Einem Grundschulleiter, der zu 50 % von der Unterrichtsverpflichtung freigestellt ist, steht für die Verwaltungstätigkeit ein Dienstzimmer von 11 qm zur Verfügung. Das Dienstzimmer bietet keinen ausreichenden Platz zur Unterbringung der für die Vor- und Nachbereitung des Unterrichts erforderlichen Gegenstände (→ BFH-Urteil vom 7. August 2003, – VI R 16/01 –, BStBl. II 2004 S. 77).
- Muss ein Bankangestellter in einem nicht unerheblichen Umfang Büroarbeiten auch außerhalb der üblichen Bürozeiten verrichten und steht ihm hierfür sein regulärer Arbeitsplatz nicht zur Verfügung, können die Aufwendungen für ein häusliches Arbeitszimmer grundsätzlich (bis zu einer Höhe von 1.250 €) als Werbungskosten zu berücksichtigen sein (→ BFH-Urteil vom 7. August 2003, – VI R 162/00 –, BStBl. II 2004 S. 83).

18 Der Steuerpflichtige muss konkret darlegen, dass ein anderer Arbeitsplatz für die jeweilige betriebliche oder berufliche Tätigkeit nicht zur Verfügung steht. Die Art der Tätigkeit kann hierfür Anhaltspunkte bieten. Zusätzliches Indiz kann eine entsprechende Bescheinigung des Arbeitgebers sein.

VII. Nutzung des Arbeitszimmers zur Erzielung unterschiedlicher Einkünfte

19 Übt ein Steuerpflichtiger mehrere betriebliche und berufliche Tätigkeiten nebeneinander aus und bildet das häusliche Arbeitszimmer den Mittelpunkt der gesamten betrieblichen und beruflichen Betätigung, so sind die Aufwendungen für das Arbeitszimmer entsprechend dem Nutzungsumfang den darin ausgeübten Tätigkeiten zuzuordnen. Liegt dabei der Mittelpunkt einzelner Tätigkeiten außerhalb des häuslichen Arbeitszimmers, ist der Abzug der anteiligen Aufwendungen auch für diese Tätigkeiten möglich.

20 Liegt der Mittelpunkt der gesamten betrieblichen und beruflichen Betätigung nicht im häuslichen Arbeitszimmer, steht für einzelne Tätigkeiten jedoch kein anderer Arbeitsplatz zur Verfügung, können die Aufwendungen bis zur Höhe von 1.250 € abgezogen werden. Dabei sind die Aufwendungen für das Arbeitszimmer entsprechend dem Nutzungsumfang den darin ausgeübten Tätigkeiten zuzuordnen. So-

---

1) In den Urteilen vom 26. Februar 2014 VI R 37/13 und VI R 40/12 hat sich der VI. Senat BFH zur Frage der Abzugsfähigkeit von Aufwendungen für ein häusliches Arbeitszimmer im Falle eines Poolarbeitsplatzes bzw. eines Telearbeitsplatzes geäußert.
Im Fall VI R 37/13 hatte der Kläger, ein Großbetriebsprüfer eines Finanzamtes, an der Dienststelle keinen festen Arbeitsplatz, sondern teilte sich für die vor- und nachbereitenden Arbeiten der Prüfungen mit weiteren sieben Großbetriebsprüfern drei Arbeitsplätze (sog. Poolarbeitsplätze). Das Finanzamt (FA) berücksichtigte die für das häusliche Arbeitszimmer geltend gemachten Aufwendungen mit der Begründung nicht, dass ein Großbetriebsprüfer seinen Arbeitsplatz an der Dienststelle nicht tagtäglich aufsuchen müsse und der Poolarbeitsplatz deshalb ausreichend sei. Das Finanzgericht (FG) gab der dagegen erhobenen Klage statt.
Der Streitfall VI R 40/12 betraf einen Kläger, der sich in seinem häuslichen Arbeitszimmer einen sog. Telearbeitsplatz eingerichtet hatte, in dem er gemäß einer Vereinbarung mit seinem Dienstherrn an bestimmten Wochentagen (Montag und Freitag) seine Arbeitsleistung erbrachte. Das FA versagte den Werbungskostenabzug für das häusliche Arbeitszimmer. Das FG gab der hiergegen erhobenen Klage mit der Begründung statt, der Telearbeitsplatz entspreche schon nicht dem Typus des häuslichen Arbeitszimmers was zur Folge habe, dass der Abzug der Kosten unbeschränkt möglich sei. Zudem stünde dem Kläger an den häuslichen Arbeitstagen kein anderer Arbeitsplatz an der Dienststelle zur Verfügung.
Der BFH bestätigt in seinem Urteil VI R 37113 die Vorentscheidung des FG. Die Aufwendungen für das häusliche Arbeitszimmer sind abzugsfähig, da der Poolarbeitsplatz an der Dienststelle dem Kläger nicht in dem zur Verrichtung seiner gesamten Innendienstarbeiten (Fallauswahl, Fertigen der Prüfberichte etc.) konkret erforderlichen Umfang zur Verfügung stand. Dies muss aber nicht bei jedem Poolarbeitsplatz so sein. Der BFH stellt klar, dass ein Poolarbeitszimmer ein anderer Arbeitsplatz i. S. des § 4 Abs. 5 Satz 1 Nr. 6b Satz 2 des Einkommensteuergesetzes sein kann und zwar dann – anders als im Streitfall – aufgrund der Umstände des Einzelfalls (ausreichende Anzahl an Poolarbeitsplätzen, ggf. dienstliche Nutzungseinteilung etc.) gewährleistet ist, dass der Arbeitnehmer seine berufliche Tätigkeit in dem konkret erforderlichen Umfang dort erledigen kann.
Im Fall VI R 40112 hat der BFH die Vorentscheidung aufgehoben und die Klage abgewiesen. Der vom Kläger genutzte Telearbeitsplatz entsprach grundsätzlich dem Typus des häuslichen Arbeitszimmers und dem Kläger stand an der Dienststelle auch ein anderer Arbeitsplatz „zur Verfügung". Denn dem Kläger war es weder untersagt, seinen dienstlichen Arbeitsplatz jederzeit und damit auch an den eigentlich häuslichen Arbeitstagen zu nutzen, noch war die Nutzung des dienstlichen Arbeitsplatzes in tatsächlicher Hinsicht in irgendeiner Weise eingeschränkt.

Zu § 4 EStG   **Anlage § 004–43**

weit der Kostenabzug für eine oder mehrere Tätigkeiten möglich ist, kann der Steuerpflichtige diese anteilig insgesamt bis zum Höchstbetrag abziehen. Eine Vervielfachung des Höchstbetrages ist ausgeschlossen (objektbezogener Höchstbetrag, vgl. BFH-Urteil vom 20. November 2003, – IV R 30/03 –; BStBl. II 2004 S. 775).

Beispiel:

– Ein Angestellter nutzt sein Arbeitszimmer zu 40 % für seine nichtselbständige Tätigkeit und zu 60 % für eine unternehmerische Nebentätigkeit. Nur für die Nebentätigkeit steht ihm kein anderer Arbeitsplatz zur Verfügung. An Aufwendungen sind für das Arbeitszimmer insgesamt 2.500 € entstanden. Diese sind nach dem Nutzungsverhältnis aufzuteilen. Auf die nichtselbständige Tätigkeit entfallen 40 % von 2.500 € = 1.000 €, die nicht abgezogen werden können. Auf die Nebentätigkeit entfallen 60 % von 2.500 € = 1.500 €, die bis zu 1.250 € als Betriebsausgaben abgezogen werden können.

VIII. Nutzung des Arbeitszimmers durch mehrere Steuerpflichtige

Jeder Nutzende darf die Aufwendungen abziehen, die er getragen hat, wenn die Voraussetzungen des § 4 Absatz 5 Satz 1 Nummer 6b Satz 2 oder 3 EStG in seiner Person vorliegen. Steht allen Nutzenden jeweils dem Grunde nach nur ein Abzug in beschränkter Höhe zu, ist der Höchstbetrag dabei auf den jeweiligen Nutzenden nach seinem Nutzungsanteil aufzuteilen; er ist nicht mehrfach zu gewähren (→ BFH-Urteil vom 20. November 2003, – IV R 30/03 -; BStBl. II 2004 S. 775). Gleiches gilt auch, wenn nur einem Nutzenden ein beschränkter Abzug zusteht (→ BFH-Urteil vom 23.09.2009, – IV R 21/08 –; BStBl. II 2010 S. 337). 21

Beispiele:

– A und B nutzen gemeinsam ein häusliches Arbeitszimmer jeweils zu 50 Prozent. Die Gesamtaufwendungen betragen 4.000 €. Sowohl A als auch B steht für die im häuslichen Arbeitszimmer ausgeübte betriebliche oder berufliche Tätigkeit kein anderer Arbeitsplatz zur Verfügung. Sie können daher jeweils 625 € (50 % des begrenzten Abzugs) als Betriebsausgaben oder Werbungskosten abziehen.

– A und B nutzen gemeinsam ein häusliches Arbeitszimmer jeweils zu 50 Prozent (zeitlicher Nutzungsanteil). Die Gesamtaufwendungen betragen 4.000 €. Für A bildet das häusliche Arbeitszimmer den Mittelpunkt der gesamten betrieblichen und beruflichen Betätigung; A kann 2.000 € als Betriebsausgaben oder Werbungskosten abziehen. B steht für die im häuslichen Arbeitszimmer ausgeübte betriebliche oder berufliche Tätigkeit kein anderer Arbeitsplatz zur Verfügung und kann daher 625 € (50 % des begrenzten Abzugs) als Betriebsausgaben oder Werbungskosten abziehen.

IX. Nicht ganzjährige Nutzung des häuslichen Arbeitszimmers

Ändern sich die Nutzungsverhältnisse innerhalb eines Wirtschafts- oder Kalenderjahres, können nur die auf den Zeitraum, in dem das Arbeitszimmer den Mittelpunkt der gesamten betrieblichen und beruflichen Betätigung bildet, entfallenden Aufwendungen in voller Höhe abgezogen werden. Für den übrigen Zeitraum kommt ein beschränkter Abzug nur in Betracht, wenn für die betriebliche oder berufliche Betätigung kein anderer Arbeitsplatz zur Verfügung steht. Der Höchstbetrag von 1.250 € ist auch bei nicht ganzjähriger Nutzung eines häuslichen Arbeitszimmers in voller Höhe zum Abzug zuzulassen. 22

Beispiele:

– Ein Arbeitnehmer hat im 1. Halbjahr den Mittelpunkt seiner gesamten betrieblichen und beruflichen Tätigkeit in seinem häuslichen Arbeitszimmer. Im 2. Halbjahr übt er die Tätigkeit am Arbeitsplatz bei seinem Arbeitgeber aus. Die Aufwendungen für das Arbeitszimmer, die auf das 1. Halbjahr entfallen, sind in voller Höhe als Werbungskosten abziehbar. Für das 2. Halbjahr kommt ein Abzug nicht in Betracht.

– Ein Arbeitnehmer hat ein häusliches Arbeitszimmer, das er nur nach Feierabend und am Wochenende auch für seine nichtselbständige Tätigkeit nutzt. Seit 15. Juni ist er in diesem Raum auch schriftstellerisch tätig. Aus der schriftstellerischen Tätigkeit erzielt er Einkünfte aus selbständiger Arbeit. Fortan nutzt der Steuerpflichtige sein Arbeitszimmer zu 30 % für die nichtselbständige Tätigkeit und zu 70 % für die schriftstellerische Tätigkeit, wofür ihm kein anderer Arbeitsplatz zur Verfügung steht. Die Gesamtaufwendungen für das Arbeitszimmer betragen 5.000 €. Davon entfallen auf den Zeitraum ab 15. Juni (6,5/12 =) 2.708 €. Der auf die nichtselbständige Tätigkeit entfallende Kostenanteil ist insgesamt nicht abziehbar. Auf die selbständige Tätigkeit entfallen 70 % von 2.708 € = 1.896 €, die bis zum Höchstbetrag von 1.250 € als Betriebsausgaben abgezogen werden können. Eine zeitanteilige Kürzung des Höchstbetrages ist nicht vorzunehmen.

Anlage § 004–43   Zu § 4 EStG

23 Wird das Arbeitszimmer für eine spätere Nutzung vorbereitet, bei der die Abzugsvoraussetzungen vorliegen, sind die darauf entfallenden Aufwendungen entsprechend zu berücksichtigen (→ BFH-Urteil vom 23. Mai 2006, – VI R 21/03 –, BStBl. II S. 600).

X. Nutzung eines häuslichen Arbeitszimmers zu Ausbildungszwecken

24 Nach § 10 Absatz 1 Nummer 7 Satz 4 EStG ist die Regelung des § 4 Absatz 5 Satz 1 Nummer 6b EStG auch für Aufwendungen für ein häusliches Arbeitszimmer anzuwenden, das für die eigene Berufsausbildung genutzt wird. Im Rahmen der Ausbildungskosten können jedoch in jedem Fall Aufwendungen nur bis zu insgesamt 4.000 € als Sonderausgaben abgezogen werden (§ 10 Absatz 1 Nummer 7 Satz 1 EStG). Wird das häusliche Arbeitszimmer auch zur Einkunftserzielung genutzt, sind für die Aufteilung der Kosten Rdnr. 19 und 20 entsprechend anzuwenden.

XI. Besondere Aufzeichnungspflichten

25 Nach § 4 Absatz 7 EStG dürfen Aufwendungen für ein häusliches Arbeitszimmer bei der Gewinnermittlung nur berücksichtigt werden, wenn sie besonders aufgezeichnet sind. Es bestehen keine Bedenken, wenn die auf das Arbeitszimmer anteilig entfallenden Finanzierungskosten im Wege der Schätzung ermittelt werden und nach Ablauf des Wirtschafts- oder Kalenderjahres eine Aufzeichnung aufgrund der Jahresabrechnung des Kreditinstitutes erfolgt. Entsprechendes gilt für die verbrauchsabhängigen Kosten wie z. B. Wasser- und Energiekosten. Es ist ausreichend, Abschreibungsbeträge einmal jährlich – zeitnah nach Ablauf des Kalender- oder Wirtschaftsjahres – aufzuzeichnen.

XII. Zeitliche Anwendung

26 Nach § 52 Absatz 12 Satz 9 EStG i. d. F. des Jahressteuergesetzes 2010 ist § 4 Absatz 5 Satz 1 Nummer 6b EStG rückwirkend ab dem Veranlagungszeitraum 2007 anzuwenden. Wird der Gewinn nach einem vom Kalenderjahr abweichenden Wirtschaftsjahr ermittelt, ist die Vorschrift ab 1. Januar 2007 anzuwenden. Für den Teil des Wirtschaftsjahres, der vor dem 1. Januar 2007 liegt, ist § 4 Absatz 5 Satz 1 Nummer 6b EStG in der bis dahin gültigen Fassung maßgebend.

27 Das BMF-Schreiben vom 3. April 2007 (BStBl. I S. 442) wird durch dieses Schreiben ersetzt. Es gilt ab dem Veranlagungszeitraum 2007 und ersetzt ab diesem Veranlagungszeitraum die BMF-Schreiben vom 7. Januar 2004 (BStBl. I S. 143) und vom 14. September 2004 (BStBl. I S. 861). Das BMF-Schreiben zur Vermietung eines Büroraumes an den Arbeitgeber vom 13. Dezember 2005 (BStBl. I 2006 S. 4)[1] bleibt unberührt.

Dieses Schreiben wird im Bundessteuerblatt Teil I veröffentlicht.

---

1) Siehe Anlage § 021-13.

Zu § 4 EStG

Anlage § 004–44

Ertragsteuerliche Behandlung
von im Eigentum des Grundeigentümers stehenden Bodenschätzen [1)2)]

– BdF-Schreiben vom 7.10.1998 – IV B 2 – S 2134 – 67/98 (BStBl. I S. 1221) –

Zu der Frage, wann ein im Eigentum des Grundeigentümers stehender Bodenschatz als Wirtschaftsgut entsteht und ob ein solches Wirtschaftsgut dem Betriebs- oder Privatvermögen zuzuordnen ist, nehme ich im Einvernehmen mit den obersten Finanzbehörden der Länder wie folgt Stellung:

1. Bergrechtliche Einteilung der Bodenschätze

Nach § 3 des Bundesberggesetzes sind Bodenschätze entweder bergfrei oder stehen im Eigentum des Grundeigentümers. Zur Gewinnung bergfreier Bodenschätze bedarf es nach dem Bundesberggesetz einer Bergbauberechtigung, die das Recht zur Gewinnung und Aneignung der jeweiligen Bodenschätze gewährt. Dagegen ergibt sich das Recht zur Gewinnung der im Eigentum des Grundeigentümers stehenden Bodenschätze aus dem Inhalt des Grundeigentums selbst (§§ 903, 93, 94 BGB). Die im Eigentum des Grundeigentümers stehenden Bodenschätze gehören entweder zu den grundeigenen Bodenschätzen im Sinne des Bundesberggesetzes, deren Abbau dem Bergrecht unterliegt, oder zu den sonstigen Grundeigentümerbodenschätzen, auf die das Bundesberggesetz keine Anwendung findet.

Ob ein Bodenschatz bergfrei oder grundeigen im Sinne des Bundesberggesetzes ist, bestimmt sich nach dem Bundesberggesetz. Im Gebiet der ehemaligen DDR (Beitrittsgebiet) galt ursprünglich gemäß Anl. 1 Kap. V Sachgebiet D Abschn. III Nr. 1 Buchst. a des Einigungsvertrages vom 31. August 1990 i.V.m. Art. 1 des Gesetzes vom 23. September 1990 (BGBl. II S. 885, 1004) ein erweiterter Geltungsbereich des Bergrechts. Diese unterschiedliche Rechtslage ist durch das am 23. April 1996 in Kraft getretene Gesetz zu Vereinheitlichung der Rechtsverhältnisse bei Bodenschätzen vom 15. April 1996 (BGBl. I S. 602) an die Rechtslage im alten Bundesgebiet angeglichen worden, wobei das vorgenannte Gesetz eine Bestandsschutzregelung für die Bergbauberechtigungen enthält, die vor Inkrafttreten der Rechtsangleichung auf die von der Neuregelung betroffenen Bodenschätze (z.B. hochwertige Kiese und Sande) erteilt worden sind, und zwar unter Aufrechterhaltung der Bergfreiheit dieser Bodenschätze.

Bergfreie Bodenschätze sind z.B. Stein- und Braunkohle, Erdöl und Erdgas, im Beitrittsgebiet auch die von der o.g. Bestandsschutzregelung erfaßten mineralischen Rohstoffe (z.B. hochwertige Kiese und Sande). Grundeigene Bodenschätze im Sinne des Bundesberggesetzes sind z.B. Feldspat und Kaolin, soweit sie nicht von o.g. Bestandsschutzregelung erfaßt sind. Nicht zum Geltungsbereich des Bundesberggesetzes gehörende sonstige Grundeigentümerbodenschätze sind. z.B. gewöhnliche Kiese und Sande.

---

1) Vgl. dazu auch den Beschluss des Großen Senats des BFH vm 4.12.2006 (BStBl. 2007 II S. 508):
Der Kläger wollte einen im Privatvermögen entdeckten Bodenschatz mit dem Teilwert in sein Betriebsvermögen einlegen und Absetzungen für Substanzverringerung (AfS) vornehmen. Das Finanzamt (FA) ließ AfS nicht zu. Das Finanzgericht gab der Klage statt. Der III. Senat beabsichtigte, die Revision des FA als unbegründet zurückzuweisen, sah sich daran aber durch die Rechtsprechung des I. und des VIII. Senats gehindert und legte durch Beschluss vom 16. Dezember 2004 III R 8/98 dem Großen Senat die Frage vor: Kann ein Steuerpflichtiger einen Bodenschatz, der sich in seinem Privatvermögen zu einem Wirtschaftsgut konkretisiert hat, mit dem Teilwert in sein Betriebsvermögen einlegen und hiervon AfS vornehmen?
Der Große Senat bejahte die erste und verneinte die zweite Frage. Er beurteilte das Kiesvorkommen als ein materielles Wirtschaftsgut, das – anders als ein unentgeltlich erworbenes Nutzungsrecht – mit dem Teilwert in das Betriebsvermögen einzulegen ist. Die Einordnung als materielles Wirtschaftsgut finde im Gesetz hinreichend Ausdruck (§ 7 Abs. 6 EStG; § 11d Abs. 2 EStDV; § 17a EStG a.F.); auch die Rechtsprechung habe in der Vergangenheit Bodenschätze „zwanglos" als materielle Wirtschaftsgüter beurteilt.
Um aber zu verhindern, dass die Besteuerung der Abbauerträge unterbleibt, dürfen nach Auffassung des Großen Senats keine AfS vorgenommen werden. Die Einräumung entsprechender Absetzungen auf der Basis des Teilwerts verhinderte die nach dem Gesetz vorgesehene Brutto-Besteuerung der Abbauerträge: Wird das Kiesvorkommen im Privatvermögen entdeckt, ist der Abbau des Kiesvorkommens durch Verpachtung „brutto" ohne Absetzungen zu besteuern. Wird hingegen das Kiesvorkommen im Betriebsvermögen entdeckt, so ist wegen des Fehlens mangels auf die Substanz entfallender Anschaffungskosten ebenfalls brutto vorzunehmen. Allein durch die Überführung des Wirtschaftsguts aus dem Privatvermögen in das Betriebsvermögen können und dürfen keine Absetzungsmöglichkeiten begründet werden. Wie bei der Einlage von Nutzungsrechten die Nutzung zu besteuern ist, muss bei der Einlage des Bodenschatzes der Abbau steuerbar bleiben.
2) Siehe dazu auch Anlage § 007-04.

1129

Sowohl bergfreie als auch im Eigentum des Grundeigentümers stehende Bodenschätze dürfen regelmäßig erst dann abgebaut werden, wenn die erforderlichen behördlichen Genehmigungen erteilt sind.

2. **Entstehung eines im Eigentum des Grundeigentümers stehenden Bodenschatzes als Wirtschaftsgut**

   a) **Abbau eines Bodenschatzes durch den ursprünglichen Grundeigentümer**

   Der Bodenschatz entsteht als ein vom Grund und Boden getrennt zu behandelndes Wirtschaftsgut, wenn er zur nachhaltigen Nutzung in den Verkehr gebracht wird, indem mit seiner Aufschließung begonnen wird. Es genügt, daß mit der alsbaldigen Aufschließung zu rechnen ist. Mit der Aufschließung darf regelmäßig nur begonnen werden, wenn alle zum Abbau notwendigen öffentlich-rechtlichen Erlaubnisse, Genehmigungen, Bewilligungen oder sonstigen behördlichen Maßnahmen erteilt worden sind. Spätestens wenn diese Verwaltungsakte vorliegen, entsteht der Bodenschatz als selbständig bewertbares Wirtschaftsgut. Bis zu seiner Entstehung bleibt er unselbständiger Teil des Grund und Bodens (BFH-Urteil vom 7. Dezember 1989, BStBl. 1990 II S. 317).

   b) **Veräußerung des den Bodenschatz enthaltenden Grundstücks**

   Wird ein bodenschatzführendes Grundstück veräußert, so entsteht der Bodenschatz als ein Wirtschaftsgut des Veräußeres auch ohne das Vorliegen der für den Abbau erforderlichen Verwaltungsakte, wenn neben dem Kaufpreis für den Grund und Boden ein besonderes Entgelt für den Bodenschatz zu zahlen ist und nach den Umständen des Einzelfalls alsbald mit dem Beginn der Aufschließung gerechnet werden kann.

   Bei dem Erwerb durch einen Abbauunternehmer ist in der Regel davon auszugehen, daß alsbald mit dem Beginn der Aufschließung gerechnet werden kann. Bei dem Erwerb durch andere Personen gilt diese Vermutung nicht, sondern es muß im Einzelfall näher erläutert, ggf. durch entsprechende Unterlagen nachgewiesen werden (z.B. durch Vorlage des Antrags auf Erteilung der Abbaugenehmigung), daß alsbald mit der Aufschließung des Bodenschatzes begonnen wird.

   Wird der Anspruch auf die Zahlung des auf den Bodenschatz entfallenden Teils des Kaufpreises von der Bedingung abhängig gemacht, daß die Genehmigungen erteilt werden, wird dem Erwerber zunächst nur die Möglichkeit gesichert, einen nach Erteilung der Genehmigungen verwertbaren Bodenschatz zu erwerben. In diesen Fällen wird der Bodenschatz erst durch die Erteilung der Genehmigung zum selbständigen Wirtschaftsgut (BFH-Urteil vom 7. Dezember 1989 a.a.O.).

3. **Zuordnung des Wirtschaftsguts „Bodenschatz" zum Betriebsvermögen oder Privatvermögen**

   Hat der Grundstückseigentümer einen Betrieb der Land- und Forstwirtschaft oder einen Gewerbebetrieb, ist der Bodenschatz als Wirtschaftsgut entsprechend seiner Nutzung dem Privatvermögen oder dem Betriebsvermögen zuzuordnen, und zwar unabhängig von der Zugehörigkeit des Grundstücks, in dem er lagert (vgl. Urteil des BFH vom 28. Oktober 1982, BStBl. 1983 II S. 106).

   a) Notwendiges Betriebsvermögen einer Land- und Forstwirtschaft ist der Bodenschatz, wenn er unter dem land- und fortwirtschaftlich genutzten Grund und Boden entdeckt und von Anfang an überwiegend für Zwecke der Land- und Forstwirtschaft gewonnen und verwertet wird (z.B. Bau von Forstwegen oder Betriebsgebäuden). Notwendiges Betriebsvermögen eines Gewerbebetriebs ist der Bodenschatz, wenn er in einem zum Gewerbebetrieb gehörenden Grundstück entdeckt und gewerbsmäßig abgebaut und verwertet wird (Urteil des BFH vom 28. Oktober 1982 a.a.O.).

   b) Privatvermögen ist der Bodenschatz, wenn er in einem land- und forstwirtschaftlich genutzten Grundstück entdeckt, aber nicht überwiegend für land- und forstwirtschaftliche Zwecke des Grundstückseigentümers verwertet wird. Privatvermögen ist der Bodenschatz auch dann, wenn ein zum land- und forstwirtschaftlichen Betriebsvermögen gehörendes Grundstück veräußert wird und ein besonders Entgelt für den Bodenschatz zu entrichten ist.

   c) Der im Rahmen eines land- und forstwirtschaftlichen Betriebs i.S. des § 13 Abs. 1 EStG aufgeschlossene und dem Privatvermögen zuzuordnende Bodenschatz kann regelmäßig nicht als Betriebsvermögen gewillkürt werden. Gewillkürtes Betriebsvermögen in der Land- und Forstwirtschaft können nämlich nur solche Wirtschaftsgüter sein, deren Nutzung innerhalb der Land- und Forstwirtschaft möglich ist. Wirtschaftsgüter, die dem Betrieb der Land- und Forstwirtschaft wesensfremd sind und denen eine sachliche Beziehung zum Betrieb fehlt, können dagegen auch nicht im Wege der Willkürung zum Betriebsvermögen werden (vgl. Beschluß des BFH vom 19. Januar 1982, BStBl. II S. 526, und Urteile des BFH vom 28. Oktober 1982 a.a.O.).

Zu § 4 EStG **Anlage § 004-44**

4. Anwendungszeitpunkt

Die vorstehenden Regelungen treten an die Stelle der Regelungen des BMF-Schreibens vom 9. August 1993 (BStBl. I s. 678). In den Fällen, in denen der Anspruch auf den Teil des Kaufpreises, der auf den Bodenschatz entfällt, von der Bedingung abhängt, daß die Abbaugenehmigung erteilt wird, sind die vorstehenden Regelungen jedoch nur auf nach dem 6. November 1998 getroffene Vereinbarungen anzuwenden. Auf Fälle, in denen eine entsprechende Vereinbarung bereits früher getroffen wurde, ist weiterhin Nr. 2 Buchstabe b 2. Satz des BMF-Schreibens vom 9. August 1993 (BStBl. I S. 678) anzuwenden.

Anlage § 004–45

Zu § 4 EStG

Umfang des dazugehörenden Grund und Bodens i. S. d. § 52 Abs. 15 EStG [1)]

– BdF-Schreiben vom 4.6.1997 IV B 9 – S 2135 –7/97 (BStBl. I S. 630)

Unter Bezugnahme auf das Ergebnis der Erörterung mit den obersten Finanzbehörden der Länder wird zur Frage der Bemessung des Umfangs des zur Wohnung gehörenden Grund und Bodens i. S. d. § 52 Abs. 15 EStG wie folgt Stellung genommen:

1. **Allgemeine Grundsätze** [2)]

   Nach § 52 Abs. 15 Satz 4 EStG kann für eine Wohnung des Betriebsvermögens, die unter die Übergangsregelung des § 52 Abs. 15 Satz 2 ff. EStG fällt, der Wegfall der Nutzungswertbesteuerung beantragt werden. Der Antrag bewirkt, daß die Wohnung und der dazugehörende Grund und Boden zu dem Zeitpunkt, zu dem ein Nutzungswert letztmals angesetzt wird, als entnommen gelten; der Entnahmegewinn bleibt außer Ansatz (§ 52 Abs. 15 Satz 6 und 7 EStG). Der Umfang des zur Wohnung gehörenden Grund und Bodens i. S. d. § 52 Abs. 15 EStG richtet sich nach den tatsächlichen Verhältnissen zum Entnahmezeitpunkt sowie nach der künftigen Nutzung.

   Zur Wohnung gehören folgende Teile des Grund und Bodens:
   a) Die mit dem Wohngebäude überbaute Fläche mit einem nach den Verhältnissen des Einzelfalls zu ermittelnden Umgriff (z. B. Abstandsflächen und Seitenstreifen),
   b) Zugänge, Zufahrten und Stellflächen, die zu mehr als 90 v. H. [3)] der Wohnung dienen,
   c) Gartenflächen (Vor- und Nutzgärten, Hausgärten) im ortsüblichen Umfang.

2. **Beschreibung der Gartenflächen**

   Die Gartenflächen umfassen
   – Vorgärten, Blumen- und Gemüsegärten, die zu mehr als 90 v. H. [4)] privat genutzt werden
   und
   – Hausgärten. Zu diesen gehören:
     – Flächen, die als typische Obstgärten gestaltet sind (bepflanzt mit Obstbäumen und Beerensträuchern, deren Erzeugnisse ausschließlich dem Eigenbedarf der Betriebsinhaberfamilie bzw. der Altenteiler dienen) und bei denen eine landwirtschaftliche Unternutzung weniger als 10 v. H. der Gesamtnutzung beträgt;
     – Flächen, die mit Zierbäumen und Ziersträuchern bepflanzt bzw. als Grün- und Rasenflächen angelegt sind, die nicht betrieblich genutzt werden.

3. **Enger räumlicher Zusammenhang von Gartenflächen und Wohngebäuden**

   Gartenflächen gehören nur zur Wohnung, wenn sie in einem engen räumlichen Zusammenhang mit dem Wohngebäude stehen. Diese Voraussetzung ist erfüllt, wenn die Gartenfläche zwangsläufig vom Wohngebäude (Hofgrundstück) getrennt – z. B. weil das Wohngebäude und die Gartenfläche durch eine öffentliche Straße geteilt sind oder der Nutzgarten wegen der beengten Lage des Hofgrundstücks auf dem nächstgelegenen Grundstück angelegt ist –, ist die räumliche Trennung unschädlich, wenn im Einzelfall feststeht, daß die Fläche tatsächlich als echter Nutz- und Hausgarten zu mehr als 90 v. H. [5)] privat genutzt wird.

4. **Steuerfreie Entnahme**

   Die im Rahmen der Übergangsregelung des § 52 Abs. 15 EStG zulässige steuerfreie Entnahme des zu einer Wohnung gehörenden Grund und Bodens umfaßt nur die für ihre private Nutzung erforderlichen und üblichen Flächen. Dabei ist auch deren künftige Nutzung zu berücksichtigen. Die steuerfreie Entnahme weiterer Flächen ist selbst dann ausgeschlossen, wenn diese im Entnahmezeitpunkt als Hausgarten genutzt werden (BFH vom 24. Oktober 1996 – BStBl. 1997 II S. 50). Dies gilt insbesondere, soweit Teilflächen parzelliert wurden und dadurch ein verkehrsfähiges Grundstück entstanden ist, das in absehbarer Zeit einer anderen Nutzung, z. B. als Bauland, zugeführt werden kann.

---

1) Vgl. jetzt §§ 13 Abs. 5 EStG, 15 Abs. 1 Satz 4 EStG. Siehe auch H 13.5 EStH.
2) Bei Abwahl der Nutzungswertbesteuerung verbleibt der Teil des zur Wohnung gehörenden Grund und Bodens, der den erforderlichen und üblichen Umfang übersteigt, im Betriebsvermögen (→ BMF-Schreiben vom 2.4.2004 – BStBl. I S. 442).
3) Bestätigt durch BFH-Urteil vom 18.5.2000 (BStBl. II S. 470).
4) Bestätigt durch BFH-Urteil vom 18.5.2000 (BStBl. II S. 470).
5) Bestätigt durch BFH-Urteil vom 18.5.2000 (BStBl. II S. 470).

Zu § 4 EStG **Anlage § 004–45**

Beträgt die vom Steuerpflichtigen als Garten bezeichnete und genutzte Fläche nicht mehr als 1 000 qm, kann in der Regel der erklärten Zuordnung zur Wohnung gefolgt werden. Die Grenze von 1 000 qm gilt für das Wohngebäude als Ganzes, unabhängig von der Zahl der darin enthaltenen Wohnungen, und ist eine Aufgriffsgrenze. Wird sie nicht nur geringfügig überschritten, so ist unter Anlegung eines strengen Maßstabs zu prüfen, ob eine Gartenfläche im Sinne der Tz. 2 und 3 vorliegt.[1] Das Merkmal der üblichen Größe von Gartenflächen ist nach den örtlichen Verhältnissen bei landwirtschaftlichen Wohngebäuden zu berücksichtigen. Liegen Anhaltspunkte vor, daß die Nutzung als Gartenflächen künftig entfällt, ist die Grenze von 1 000 qm nicht anzuwenden.

5. **Aufteilung nach dem Verhältnis der Nutzflächen**

Dient ein Gebäude sowohl Wohnzwecken des Betriebsleiters oder Altenteilers als auch betrieblichen Zwecken, z. B. durch Nutzung als Büroflächen (notwendiges Betriebsvermögen) oder durch Vermietung an Dritte (gewillkürtes Betriebsvermögen), ist der zur Wohnung gehörende Teil des Grund und Bodens i. S. d. Tz. 1 Buchstabe a durch entsprechende Aufteilung zu ermitteln. Aufteilungsmaßstab ist in der Regel das Verhältnis der jeweiligen Nutzflächen des Gebäudes.

6. **Errichtung von neuen Betriebsleiter- und Altenteilerwohnungen**

Bei Entnahme von Grund und Boden im Zusammenhang mit der Errichtung von neuen Betriebsleiter- und Altenteilerwohnungen i. S. d. § 52 Abs. 15 Satz 10 EStG sind Tz. 1 bis 5 entsprechend anzuwenden.

7. **Wesentliche Erweiterungen des zur Wohnung gehörenden Grund und Bodens**

Sind nach dem 31. Dezember 1986 bis zum Entnahmezeitpunkt wesentliche Erweiterungen des zur Wohnung gehörenden Grund und Bodens vorgenommen worden, kann die entsprechende Fläche nur dann steuerfrei entnommen werden, wenn eine dauerhafte Zugehörigkeit zur Wohnung anzunehmen ist (vgl. BFH vom 11. April 1989 – BStBl. II S. 621) und im übrigen der erforderliche und übliche Umfang (s. Tz. 4) nicht überschritten wird.

8. **Steuerpflichtige Entnahme**[2]

Der Teil des zur Wohnung gehörende Grund und Bodens, der den erforderlichen und üblichen Umfang (s. Tz 4) übersteigt, wird mit Wegfall der Nutzungswertbesteuerung steuerpflichtig entnommen, auch wenn weiterhin ein einheitlicher Nutzungs- und Funktionszusammenhang mit der Wohnung besteht. Durch den Wegfall der Nutzungswertbesteuerung ergibt sich in diesem Fall ein Übergang von der bis dahin fiktiven betrieblichen Nutzung zur privaten Nutzung, der zur Abdeckung von stillen Reserven führen kann. Die Fläche bleibt im Betriebsvermögen, wenn der Steuerpflichtige ausdrücklich erklärt, daß sie nach Wegfall der Nutzungswertbesteuerung zur Verwendung als betriebliche Nutzfläche (z. B. Acker, Grünland) bestimmt ist, und wenn mit dieser Nutzung innerhalb von 12 Monaten nach Wegfall der Nutzungswertbesteuerung tatsächlich begonnen wird.

9. **Übergangsregelung**

Soweit die Finanzbehörden der Länder Verwaltungsanweisungen herausgeben haben, die von den vorstehenden Regelungen abweichen, kann weiterhin danach verfahren werden, wenn der Antrag auf Wegfall der Nutzungswertbesteuerung vor dem 17. Februar 1997 (Tag der Veröffentlichung des in Tz. 4 genannten BFH-Urteils vom 24. Oktober 1996 im BStBl.) gestellt worden ist.

---

1) Vgl. dazu aber BFH-Urteil vom 26.9.2001 (BStBl. II S. 762).
2) Der BFH hat mit Urteil vom 20. November 2003 (BStBl. 2004 II S. 272) entgegen der in Tz. 8 der BMF-Schreiben vom 4. Juni 1997 (BStBl. I S. 630) und vom 13. Januar 1998 (BStBl. I S. 129) vertretenen Rechtsauffassung entschieden, dass bei Anwendung des § 52 Abs. 15 EStG a.F. der Teil des zur Wohnung gehörenden Grund und Bodens, der den erforderlichen und üblichen Umfang übersteigt, mit Wegfall der Nutzungswertbesteuerung nicht steuerpflichtig entnommen wird, sondern bis zur Veräußerung oder Entnahme im land- und forstwirtschaftlichen Betriebsvermögen verbleibt.
Im Einvernehmen mit den obersten Finanzbehörden der Länder sind die Grundsätze dieses Urteils in allen noch offenen Fällen anzuwenden. Tz. 8 der BMF-Schreiben vom 4. Juni 1997 (BStBl. I S. 630) und vom 13. Januar 1998 (BStBl. I S. 129) findet insoweit keine Anwendung mehr (BdF-Schreiben vom 2.4.2004, BStBl. I S. 442).

Anlage § 004–46

Zu § 4 EStG

I. Betrieblicher Schuldzinsenabzug gemäß § 4 Abs. 4a EStG

– BdF-Schreiben vom 17.11.2005 – IV B 2 – S 2144 – 50/05 (BStBl. I S. 1019)
unter Berücksichtigung der Änderungen durch das BdF-Schreiben vom 7.5.2008 – IV B 2 –
S 2144/07/0001, 2008/0201374 (BStBl. I S. 588) und durch das BdF-Schreiben vom 18.2.2013
– IV C 6 – S 2144/07/10001, 2013/0017820 (BStBl. I S. 197) –

Unter Bezugnahme auf das Ergebnis der Erörterung mit den obersten Finanzbehörden der Länder gilt zur Berücksichtigung von Schuldzinsen nach § 4 Abs. 4a EStG Folgendes:

Übersicht   **Rdnrn.**

I.	Betrieblich veranlasste Schuldzinsen	2 – 7
II.	Überentnahme (§ 4 Abs. 4a Satz 2 EStG)	
	1. Begriffe Gewinn, Entnahme, Einlage	8 – 10a
	2. Auswirkung von Verlusten	11 – 15a
III.	(Korrektur der Einlagen und Entnahmen des 4. Quartals)	überholt
IV.	Ermittlung des Hinzurechnungsbetrages (§ 4 Abs. 4a Sätze 3 und 4 EStG)	19 – 25
V.	Schuldzinsen aus Investitionsdarlehen (§ 4 Abs. 4a Satz 5 EStG)	26 – 29
VI.	Schuldzinsen bei Mitunternehmerschaften	
	1. Gesellschaftsbezogene Betrachtungsweise	30 – 31
	2. Schuldzinsen	
	2.1. Gewinnermittlung der Personengesellschaft	32
	2.2. Darlehen im Sonderbetriebsvermögen	32a – 32c
	3. Entnahmen/Einlagen	32d
	4. Umwandlungen nach dem UmwStG	
	4.1. Einbringung in eine Personengesellschaft (§ 24 UmwStG)	32e
	4.2. Einbringung in eine Kapitalgesellschaft (§ 20 UmwStG)	32f
VII.	Gewinnermittlung nach § 4 Abs. 3, § 5a und § 13a EStG	33 – 35
VIII.	Anwendungsregelung	36 – 39

Durch § 4 Abs. 4a EStG in der Fassung des Gesetzes zur Bereinigung von steuerlichen Vorschriften (Steuerbereinigungsgesetz 1999) vom 22. Dezember 1999 (BGBl. I S. 2601, BStBl. 2000 I S. 13) ist die Abziehbarkeit von Schuldzinsen als Betriebsausgaben gesetzlich neu geregelt worden. Mit dem Steueränderungsgesetz 2001 vom 20. Dezember 2001 (BGBl. I S. 3794, BStBl. 2002 I S. 4) wurde die Vorschrift mit Wirkung ab dem Veranlagungszeitraum 2001 geändert.

1 Der Regelung unterliegen nur Schuldzinsen, die betrieblich veranlasst sind. Dies erfordert im Hinblick auf die steuerliche Abziehbarkeit eine zweistufige Prüfung. In einem ersten Schritt ist zu ermitteln, ob und inwieweit Schuldzinsen zu den betrieblich veranlassten Aufwendungen gehören. In einem zweiten Schritt muss geprüft werden, ob der Betriebsausgabenabzug im Hinblick auf Überentnahmen eingeschränkt ist.[1]

I. Betrieblich veranlasste Schuldzinsen

2 Die betriebliche Veranlassung von Schuldzinsen bestimmt sich nach den vom BFH entwickelten Grundsätzen. Insbesondere die Rechtsgrundsätze in den BFH-Beschlüssen vom 4. Juli 1990 (BStBl. II S. 817) und vom 8. Dezember 1997 (BStBl. 1998 II S. 193) sowie in den BFH-Urteilen vom 4. März 1998 (BStBl. II S. 511) und vom 19. März 1998 (BStBl. II S. 513) sind weiter anzuwenden. Danach sind Schuldzinsen anhand des tatsächlichen Verwendungszwecks der Darlehensmittel der Erwerbs- oder Privatsphäre zuzuordnen.

---

[1] Im Urteil vom 21.9.2005 (BStBl. 2006 II S. 125) hat der BFH entschieden, dass der Schuldzinsenabzug ab dem Wirtschaftsjahr 1999 bzw. 1998/1999 zweistufig zu prüfen ist. Zunächst ist zu klären, ob der betreffende Kredit nach den von der Rechtsprechung schon vor Jahren aufgestellten Grundsätzen zum Mehrkontenmodell eine betriebliche oder private Schuld ist. Entfallen die Schuldzinsen auf einen privat veranlassten Kredit, scheidet der Betriebsausgabenabzug aus. Ergibt die Prüfung, dass der Kredit betrieblich veranlasst war, ist dann in einem weiteren Schritt zu prüfen, ob die betrieblich veranlassten Schuldzinsen auf Überentnahmen beruhen. Ist dies der Fall, sind die nicht durch einen Investitionskredit verursachten betrieblichen Schuldzinsen ggf. bis auf einen Sockelbetrag von 2050 € nicht als Betriebsausgaben abziehbar.

Darlehen zur Finanzierung außerbetrieblicher Zwecke, insbesondere zur Finanzierung von Entnahmen, sind nicht betrieblich veranlasst. Unterhält der Steuerpflichtige für den betrieblich und den privat veranlassten Zahlungsverkehr ein einheitliches – gemischtes – Kontokorrentkonto, ist für die Ermittlung der als Betriebsausgaben abziehbaren Schuldzinsen der Sollsaldo grundsätzlich aufzuteilen. Das anzuwendende Verfahren bei der Aufteilung ergibt sich aus Rdnr. 11 bis 18 des BMF-Schreibens vom 10. November 1993 (BStBl. I S. 930).[1)]

Dem Steuerpflichtigen steht es frei, zunächst dem Betrieb Barmittel ohne Begrenzung auf einen Zahlungsmittelüberschuss zu entnehmen und im Anschluss hieran betriebliche Aufwendungen durch Darlehen zu finanzieren (sog. Zwei-Konten-Modell). Wird allerdings ein Darlehen nicht zur Finanzierung betrieblicher Aufwendungen, sondern tatsächlich zur Finanzierung einer Entnahme verwendet, ist dieses Darlehen außerbetrieblich veranlasst. Ein solcher Fall ist dann gegeben, wenn dem Betrieb keine entnahmefähigen Barmittel zur Verfügung stehen und die Entnahme von Barmitteln erst dadurch möglich wird, dass Darlehensmittel in das Unternehmen fließen.

Beispiel 1 a:

Der Steuerpflichtige unterhält ein Betriebsausgabenkonto, das einen Schuldsaldo von 100 000 € aufweist. Auf dem Betriebseinnahmenkonto besteht ein Guthaben von 50 000 €; hiervon entnimmt der Steuerpflichtige 40 000 €.

Die Schuldzinsen auf dem Betriebsausgabenkonto sind in vollem Umfang betrieblich veranlasst.

Beispiel 1 b:

Der Steuerpflichtige unterhält ein einziges betriebliches Girokonto, über das Einnahmen wie Ausgaben gebucht werden. Dieses Konto weist zum Zeitpunkt der Geldentnahme einen Schuldsaldo in Höhe von 50 000 € aus, der unstreitig betrieblich veranlasst ist. Durch die privat veranlasste Erhöhung des Schuldsaldos um 40 000 € auf 90 000 € ergeben sich höhere Schuldzinsen.

Durch Anwendung der Zinszahlenstaffelmethode muss der privat veranlasste Anteil der Schuldzinsen ermittelt werden. Die privat veranlasste Erhöhung des Schuldsaldos von 40 000 € führt nicht bereits zu einer Entnahme von zum Betriebsvermögen gehörenden Wirtschaftsgütern und ist daher nicht bei der Ermittlung der Entnahmen i. S. des § 4 Abs. 4a EStG zu berücksichtigen.

Eine Entnahme i. S. d. § 4 Abs. 4a Satz 2 EStG liegt erst in dem Zeitpunkt vor, in dem der privat veranlasste Teil des Schuldsaldos durch eingehende Betriebseinnahmen getilgt wird, weil insoweit betriebliche Mittel zur Tilgung einer privaten Schuld verwendet werden. Aus Vereinfachungsgründen ist es jedoch nicht zu beanstanden, wenn der Steuerpflichtige schon die Erhöhung des Schuldsaldos aus privaten Gründen als Entnahme bucht und bei der Tilgung des privat veranlassten Schuldsaldos keine Entnahmebuchung mehr vornimmt.

Entsprechendes gilt, wenn der Steuerpflichtige zwei Konten unterhält und die privat veranlasste Erhöhung des Schuldsaldos durch betriebliche Zahlungseingänge oder durch Umbuchung vom Betriebseinnahmenkonto tilgt.

Beispiel 1 c:

Der Steuerpflichtige benötigt zur Anschaffung einer Motoryacht, die er zu Freizeitzwecken nutzen will, 100 000 €. Mangels ausreichender Liquidität in seinem Unternehmen kann er diesen Betrag nicht entnehmen. Er möchte auch sein bereits debitorisch geführtes betriebliches Girokonto hierdurch nicht weiter belasten. Daher nimmt er zur Verstärkung seines betrieblichen Girokontos einen „betrieblichen" Kredit auf und entnimmt von diesem den benötigten Betrag.

---

1) Bestätigt durch BFH-Urteil vom 21.9.2005 – (BStBl. 2006 II S. 125):
„1. Nach Einführung des § 4 Abs. 4a EStG i. d. F. des StBereinG 1999 vom 22. Dezember 1999 (BGBl. I 1999, 2601) ist der Schuldzinsenabzug zweistufig zu prüfen.
– Es ist zunächst zu klären, ob der betreffende Kredit nach den von der Rechtsprechung aufgestellten Grundsätzen (vgl. insbesondere Beschluss des Großen Senats des BFH vom 8. Dezember 1997 GrS 1-2/95, BFHE 184, 7, BStBl. II 1998, 193) eine betriebliche oder private Schuld ist.
– Sodann ist zu prüfen, ob und in welchem Umfang die betrieblich veranlassten Schuldzinsen nach § 4 EStG i. d. F. des StBereinG 1999 abziehbar sind.
2. Private Verbindlichkeiten, deren Zinsen nach $ 4 Abs. 4 EStG nicht betrieblich veranlasst sind, sind bei der Ermittlung der Entnahmen i. S. des § 4 Abs. 4a EStG nicht zu berücksichtigen (vgl. BMF-Schreiben vom 22. Mai 2000 IV C 2 – S 2144 – 60/00, BStBl. I 2000, 588 Tz. 6 und 7).
3. Werden eingehende Betriebseinnahmen zur Tilgung eines Sollsaldos verwendet, der aufgrund privater Zahlungsvorgänge entstanden ist oder sich dadurch erhöht hat, liegt hierin im Zeitpunkt der Gutschrift eine Entnahme, die bei der Ermittlung der Überentnahmen i. S. des § 4 Abs. 4a EStG i. d. F. des StBereinG 1999 zu berücksichtigen ist."

Anlage § 004–46　　　　　　　　　　　　　　　　　　　　　　　　　　　　　　Zu § 4 EStG

Das Darlehen ist privat veranlasst, da es tatsächlich zur Finanzierung einer Entnahme verwendet wird und dem Betrieb keine entnahmefähigen Barmittel zur Verfügung standen. Die auf das Darlehen entfallenden Schuldzinsen sind dem privaten Bereich zuzuordnen. Der Betrag von 100 000 € ist nicht bei der Ermittlung der Entnahmen i. S. des § 4 Abs. 4a EStG zu berücksichtigen.

II. Überentnahme (§ 4 Abs. 4a Satz 2 EStG)

1. Begriffe Gewinn, Entnahme[1], Einlage

Der Abzug betrieblich veranlasster Schuldzinsen ist eingeschränkt, wenn Überentnahmen vorliegen. Dies ist grundsätzlich der Fall, wenn die Entnahmen höher sind als die Summe aus Gewinn und Einlagen des Wirtschaftsjahrs.

8　Die Regelung enthält zu den Begriffen Gewinn, Entnahme und Einlage keine von § 4 Abs. 1 EStG abweichenden Bestimmungen. Es gelten daher die allgemeinen Grundsätze. Maßgebend ist der steuerliche Gewinn[2] unter Berücksichtigung außerbilanzieller Hinzurechnungen vor Anwendung des § 4 Abs. 4a EStG. Hierzu gehören auch Übergangsgewinne i. S. v. R 17 EStR 2003[3]. Hierbei ist auf den Gewinn des jeweiligen Betriebs abzustellen. Daher bleiben einheitlich und gesondert festgestellte Gewinn-/Verlustanteile aus im Betriebsvermögen gehaltenen Beteiligungen an Mitunternehmerschaften (z.B. bei doppelstöckigen Personengesellschaften) unberücksichtigt. Erst Auszahlungen aus Gewinnanteilen zwischen den verbundenen Unternehmen sind wie Entnahmen oder Einlagen zu behandeln. Steuerfreie Gewinne gehören zum Gewinn. Bei steuerfreien Entnahmen (z.B. § 13 Abs. 4 und 5, § 14a Abs. 4 EStG) ist grundsätzlich der sich aus § 6 Abs. 1 Nr. 4 EStG ergebende Wert anzusetzen. Aus Vereinfachungsgründen kann jedoch die Entnahme mit dem Buchwert angesetzt werden, wenn die darauf beruhende Gewinnerhöhung ebenfalls außer Ansatz bleibt. Dies gilt sinngemäß in den Fällen des § 55 Abs. 6 EStG.

9　Zum Gewinn gehört auch der Gewinn aus der Veräußerung oder Aufgabe eines Betriebes. Zu den Entnahmen gehören auch Überführungen von Wirtschaftsgütern des Betriebsvermögens in das Privatvermögen anlässlich einer Betriebsaufgabe sowie der Erlös aus der Veräußerung eines Betriebes, soweit er in das Privatvermögen überführt wird (→ Anwendungsregelung Rdnr. 37). Verbleibt nach der Betriebsaufgabe oder Betriebsveräußerung im Ganzen noch eine Überentnahme, sind Schuldzinsen nur unter den Voraussetzungen des § 4 Abs. 4a EStG als nachträgliche Betriebsausgaben zu berücksichtigen.

10　Die Überführung oder Übertragung von Wirtschaftsgütern aus einem Betriebsvermögen in ein anderes Betriebsvermögen ist als Entnahme aus dem abgebenden Betriebsvermögen und als Einlage in das aufnehmende Betriebsvermögen zu behandeln, auch wenn dieser Vorgang nach § 6 Abs. 5 EStG zu Buchwerten erfolgt.[4]

10a　Der unentgeltliche Übergang eines Betriebs oder eines Mitunternehmeranteils führt beim bisherigen Betriebsinhaber (Mitunternehmer) nicht zu Entnahmen i. S. d. § 4 Abs. 4a EStG und beim Rechtsnachfolger nicht zu Einlagen i. S. dieser Vorschrift. Die beim bisherigen Betriebsinhaber entstandenen Über- oder Unterentnahmen, sowie verbliebene Verluste gehen auf den Rechtsnachfolger über.[5]

10b　Die geänderte betriebsvermögensmäßige Zuordnung eines Wirtschaftsguts aufgrund des Bestehens einer Bilanzierungskonkurrenz stellt weder eine Entnahme beim abgebenden Betrieb noch eine Einlage beim aufnehmenden Betrieb i. S. d. § 4 Abs. 4a EStG dar, wenn der Vorgang zum Buchwert stattgefunden hat (BFH vom 22. September 2011, BStBl. 2012 II s. 10).

---

1)　Siehe dazu auch das BFH-Urteil vom 3.3.2011 (BStBl. II S. 688):
„Tilgt der Steuerpflichtige beim sog. „umgekehrten Zwei-Konten-Modell" mit eingehenden Betriebseinnahmen einen Sollsaldo, der durch Entnahmen entstanden ist oder sich erhöht hat, so liegt im Zeitpunkt der Gutschrift eine Entnahme vor, die bei der Ermittlung der Überentnahmen i. S. des § 4 Abs. 4a EStG zu berücksichtigen ist."

2)　Bestätigt durch BFH-Urteil vom 7.3.2005 (BStBl. II S. 588).

3)　Entspricht R 4.6 EStR 2008.

4)　Siehe dazu auch das BFH-Urteil vom 22.9.2011 (BStBl. 2012 II S. 10):
Jede Überführung oder Übertragung eines Wirtschaftsguts aus dem betrieblichen Bereich des Steuerpflichtigen in einen anderen betrieblichen Bereich desselben oder eines anderen Steuerpflichtigen stellt grundsätzlich eine Entnahme beim abgebenden und eine Einlage beim aufnehmenden Betrieb i. S. des § 4 Abs. 4a EStG dar.
Die geänderte betriebsvermögensmäßige Zuordnung eines Wirtschaftsguts während des Bestehens einer mitunternehmerischen Betriebsaufspaltung stellt weder eine Entnahme beim abgebenden Betrieb noch eine Einlage beim aufnehmenden Betrieb i. S. des § 4 Abs. 4a EStG dar, wenn der Vorgang zum Buchwert stattgefunden hat.

5)　Siehe auch BFH-Urteil vom 12.12.2013 (BStBl. 2014 II S. 316):
Eine Entnahme bzw. Einlage i. S. des § 4 Abs. 4a EStG liegt nicht vor, wenn ein landwirtschaftlicher Betrieb, der zunächst nur pachtweise zur Bewirtschaftung überlassen wurde, ohne dass der Betriebsverpächter die Aufgabe des landwirtschaftlichen Betriebs erklärt, mit der Folge unentgeltlich auf den bisherigen Pächter übertragen wird, dass der während der Verpachtung in zwei Betriebe (Verpachtungsbetrieb und Pachtbetrieb) aufgespaltene landwirtschaftliche Eigentumsbetrieb nunmehr in der Person des Pächters wiedervereinigt wird.

Eine geänderte betriebsvermögensmäßige Zuordnung eines Wirtschaftsguts aufgrund des Bestehens einer Bilanzierungskonkurrenz im vorstehenden Sinne liegt u. a. vor, wenn:
a) ein Wirtschaftsgut nach Begründung einer mitunternehmerischen Betriebsaufspaltung einen anderen Betriebsvermögen zuzuordnen ist (BFH vom 22. September 2011, a. a. O.)
b) ein Wirtschaftsgut nach Verschmelzung einem anderen Betriebsvermögen zuzuordnen ist.

Beispiel:
Zum Betriebsvermögen der A-GmbH gehört eine fremdfinanzierte Beteiligung an der B-GmbH. Die B-GmbH ist ihrerseits an der C-KG als Kommanditisten beteiligt. Weiteres Betriebsvermögen hat die B-GmbH nicht. Die B-GmbH wird auf die A-GmbH verschmolzen, so dass die A-GmbH nunmehr unmittelbar an der C-KG beteiligt ist. Da die Beteiligung an der C-KG das einzige Betriebsvermögen der B-GmbH war, wird das Refinanzierungsdarlehen, das bisher bei der A-GmbH zu passivieren war, aufgrund des geänderten Finanzierungszusammenhangs nach § 6 Abs. 5 Satz 2 EStG zum Buchwert in das Sonderbetriebsvermögen der C-KG überführt.

2. Auswirkung von Verlusten

Mangels eigenständigen Gewinnbegriffs müssten Verluste in die Berechnung der Überentnahmen einfließen. Nach Sinn und Zweck des Gesetzes ist aber in einem Verlustjahr die Überentnahme nicht höher als der Betrag anzusetzen, um den die Entnahmen die Einlagen des Wirtschaftsjahres übersteigen (Entnahmenüberschuss)[1]. Der Verlust ist jedoch stets vorrangig mit Unterentnahmen vergangener und zukünftiger Wirtschaftsjahre zu verrechnen, d.h. Unterentnahmen des laufenden Wirtschaftsjahres sind primär mit nicht ausgeglichenen Verlusten des Vorjahres und umgekehrt Unterentnahmen des Vorjahres primär mit nicht ausgeglichenen Verlusten des laufenden Jahres zu verrechnen. Entsprechendes gilt für einen Verlust, soweit er nicht durch einen Einlagenüberschuss ausgeglichen wird. 11

Verbleibende Verluste sind – ebenso wie die verbleibende Über- oder Unterentnahme – formlos festzuhalten. 12

Beispiel 2 a:

Der Betrieb des Steuerpflichtigen hat für das Wirtschaftsjahr mit einem Verlust von 100 000 € abgeschlossen. Im Hinblick auf die Ertragslage des Betriebs hat der Steuerpflichtige keine Entnahmen durchgeführt. Dem Betrieb wurden aber auch keine Einlagen zugeführt. Aus dem vorangegangenen Wirtschaftsjahr stammt eine Unterentnahme von 10 000 €. 13

Der Verlust bewirkt keine Überentnahme. Der Verlust ist mit der Unterentnahme des Vorjahres zu verrechnen, so dass ein Verlustbetrag von 90 000 € zur Verrechnung mit künftigen Unterentnahmen verbleibt.

Das Gleiche gilt, wenn der Steuerpflichtige in einer Verlustsituation Entnahmen tätigt, die zu einem Entnahmenüberschuss dieses Wirtschaftsjahres führen. In diesen Fällen ergibt sich im Hinblick auf diese Entnahmen eine Überentnahme, die sich jedoch nicht noch um den Verlust erhöht. 14

Beispiel 2 b:

Der Betrieb des Steuerpflichtigen hat für das Wirtschaftsjahr mit einem Verlust von 100 000 € abgeschlossen. Dem Betrieb wurden Einlagen i.H.v. 80 000 € zugeführt. Der Steuerpflichtige entnimmt keine liquiden Mittel, er nutzt indes – wie bisher – einen zum Betriebsvermögen gehörenden Pkw auch für Privatfahrten. Die Nutzungsentnahme wird nach der 1 %-Methode, bezogen auf einen Listenpreis von 60 000 €, mit 7 200 € angesetzt. Aus dem vorangegangenen Wirtschaftsjahr stammt eine Unterentnahme von 10 000 €. 15

Zunächst ist der Einlagenüberschuss zu ermitteln. Die Einlagen von 80 000 € abzüglich Entnahmen von 7 200 € ergeben einen Einlagenüberschuss von 72 800 €. Der Einlagenüberschuss ist mit dem Verlust zu verrechnen. Soweit der Verlust von 100 000 € nicht mit dem Einlagenüberschuss von 72 800 € verrechnet werden kann, ist er mit der Unterentnahme des Vorjahres zu verrechnen. Der verbleibende Verlust von 17 200 € ist mit künftigen Unterentnahmen zu verrechnen.

Beispiel 2 c:

Aus dem Wirtschaftsjahr 01 resultiert eine Unterentnahme von 20 000 €. Im Wirtschaftsjahr 02 entsteht ein Verlust in Höhe von 15 000 €. Die Einlagen betragen 3 000 €, die Entnahmen 40 000 €. 15a
Im Wirtschaftsjahr 03 beträgt der Verlust 10 000 €. Die Einlagen belaufen sich auf 30 000 €, die Entnahmen auf 10 000 €.

---

1) Siehe dazu auch das BFH-Urteil vom 3.3.2011 (BStBl. II S. 688):
„Die der Anwendung des § 4 Abs. 4a EStG zugrunde zu legenden Überentnahmen sind in einem Verlustjahr nicht höher als der Betrag anzusetzen, um den die Entnahmen die Einlagen des Wirtschaftsjahres übersteigen."

Anlage § 004–46

Zu § 4 EStG

Wirtschaftsjahr 02:
Zunächst ist der Entnahmenüberschuss in Höhe von (3 000 € ./. 40 000 €) 37 000 € zu ermitteln. Dieser Betrag erhöht sich nicht um den Verlust in Höhe von 15 000 € (vgl. Rdnr. 11 Satz 2). Der Verlust ist jedoch mit der Unterentnahme des Vorjahres zu verrechnen; die verbleibende Unterentnahme i. H. v. (20 000 € ./. 15 000 €) 5 000 € ist vom Entnahmenüberschuss des laufenden Jahres abzusetzen, so dass eine Überentnahme in Höhe von 32 000 € verbleibt. Der Verlust ist aufgezehrt.

Wirtschaftsjahr 03:
Der Einlagenüberschuss dieses Wirtschaftsjahres (20 000 €) ist vorrangig mit dem Verlust dieses Wirtschaftsjahres (10 000 €) zu verrechnen (vgl. Rdnr. 11 Satz 4). Der danach verbleibende Einlagenüberschuss (10 000 €) ist mit der Überentnahme des Wirtschaftsjahres 02 (32 000 €) zu verrechnen, so dass sich für das Wirtschaftsjahr 03 eine Überentnahme von 22 000 € ergibt.

Abwandlung des Beispiels 2 c; Der Betrieb wurde im Wirtschaftsjahr 02 eröffnet.

Wirtschaftsjahr 02:
Der Entnahmenüberschuss beträgt ebenfalls (3 000 € ./. 40 000 €) 37 000 €. Der Verlust i. H. v. 15 000 € erhöht diesen Betrag nicht, er bleibt zur Verrechnung mit zukünftigen Unterentnahmen bestehen. Die Überentnahme im Wirtschaftsjahr 02 beträgt 37 000 €.

Wirtschaftsjahr 03:
Der Einlagenüberschuss des Wirtschaftsjahres 03 (20 000 €) ist zuerst mit dem Verlust dieses Wirtschaftsjahres (10 000 €) zu verrechnen. Der danach verbleibende Einlagenüberschuss (10 000 €) ist vorrangig mit dem verbliebenen Verlust des Vorjahres (15 000 €) zu verrechnen (vgl. Rdnr. 11 Satz 3). Danach verbleibt kein Verrechnungspotenzial für die Überentnahmen des Vorjahres, so dass für die Berechnung der nicht abziehbaren Schuldzinsen die Überentnahme des Vorjahres i. H. v. 37 000 € heranzuziehen ist. Das nicht ausgeglichene Verlustpotenzial i. H. v. 5 000 € ist in den Folgejahren zu berücksichtigen.

III. Korrektur der Einlagen und Entnahmen des 4. Quartals (§ 4 Abs. 4a Satz 3 EStG)[1]
Rz. 16–18 entfallen

IV. Ermittlung des Hinzurechnungsbetrages (§ 4 Abs. 4a Sätze 3 und 4 EStG)

19 § 4 Abs. 4a Satz 3 EStG bestimmt, dass die betrieblich veranlassten Schuldzinsen pauschal in Höhe von 6 % der Überentnahme des Wirtschaftsjahrs zuzüglich der verbliebenen Überentnahme oder abzüglich der verbliebenen Unterentnahme des vorangegangenen Wirtschaftsjahres zu nicht abziehbaren Betriebsausgaben umqualifiziert werden. Der sich dabei ergebende Betrag, höchstens jedoch der um 2 050 € verminderte Betrag der im Wirtschaftsjahr angefallenen Schuldzinsen, ist nach § 4 Abs. 4a Satz 4 EStG dem Gewinn hinzuzurechnen.

Beispiel 3

20 A hat sein Unternehmen am 1. Juni 02 mit einer Einlage von 50 000 € eröffnet. Er erwirtschaftete in 02 einen Verlust von 50 000 €. Entnahmen tätigte er in Höhe von 70 000 €. Betrieblich veranlasste Schuldzinsen – ohne Berücksichtigung von Zinsen für ein Investitionsdarlehen – fielen in Höhe von 15 000 € an.

Berechnung der Überentnahme:

Einlage	50 000 €
Entnahme	./. 70 000 €
Entnahmenüberschuss	20 000 €
Verlust (vgl. Tz. 11 bis 15a)	50 000 €
Überentnahme	20 000 €

Berechnung des Hinzurechnungsbetrages:

20 000 DM x 6 % =	1 200 €

Berechnung des Höchstbetrages:

Tatsächlich angefallene Zinsen	15 000 €
./. Kürzungsbetrag	2 050 €
	12 950 €

---

1) Überholt; § 4 Abs. 4a S. 3 EStG – alt – wurde ab dem VZ 2001 durch das StÄndG 2001 aufgehoben.

Zu § 4 EStG **Anlage § 004–46**

Da der Hinzurechnungsbetrag den Höchstbetrag nicht übersteigt, ist er in voller Höhe von 1 200 € dem Gewinn hinzuzurechnen.

Bei der pauschalen Ermittlung des Hinzurechnungsbetrages handelt es sich lediglich um einen Berechnungsmodus, bei dem die unmittelbare und die mittelbare Gewinnauswirkung der Rechtsfolge nicht zu berücksichtigen ist (§ 4 Abs. 4a Satz 3 2. Halbsatz EStG). Im Hinblick auf den Ansatz des Hinzurechnungsbetrags ist eine Neuberechnung der Gewerbesteuer-Rückstellung nicht erforderlich, aber auch nicht zu beanstanden. 21

Zu den im Wirtschaftsjahr angefallenen Schuldzinsen gehören alle Aufwendungen zur Erlangung wie Sicherung eines Kredits einschließlich der Nebenkosten der Darlehensaufnahme und der Geldbeschaffungskosten (BFH vom 1. Oktober 2002, BStBl. 2003 II S. 399). Nachzahlungs-, Aussetzungs- und Stundungszinsen im Sinne der Abgabenordnung sind ebenfalls in die nach § 4 Abs. 4a EStG zu kürzenden Zinsen einzubeziehen. 22

Eine Überentnahme liegt auch vor, wenn sie sich lediglich aus Überentnahmen vorangegangener Wirtschaftsjahre ergibt. Überentnahmen und Unterentnahmen sind nicht nur zur Ermittlung der Berechnungsgrundlage für die hinzurechnenden Schuldzinsen, sondern auch zur Fortführung in den Folgejahren zu saldieren.[1)] 23

Beispiel 4:

Im Wirtschaftsjahr 02 ergibt sich eine Unterentnahme in Höhe von 50.000 €. Die Überentnahme des Wirtschaftsjahrs 01 betrug 60.000 €. 24

Die Überentnahme für das Wirtschaftsjahr 02 berechnet sich wie folgt:

Unterentnahme Wj. 02	./. 50 000 €
Überentnahme Wj. 01	+ 60 000 €
verbleibende Überentnahme	+ 10 000 €

(Berechnungsgrundlage und im Folgejahr fortzuführen)

Der Kürzungsbetrag von höchstens 2 050 € ist betriebsbezogen. Zur Anwendung bei Mitunternehmerschaften vgl. Rdnr. 30. 25

V. Schuldzinsen aus Investitionsdarlehen (§ 4 Abs. 4a Satz 5 EStG)

Die Regelung nimmt Zinsen für Darlehen aus der Abzugsbeschränkung aus, wenn diese zur Finanzierung von Anschaffungs- oder Herstellungskosten betrieblicher Anlagegüter verwendet werden.[2)] 26

Hierzu ist nicht erforderlich, dass zur Finanzierung von Anschaffungs- oder Herstellungskosten von Wirtschaftsgütern des Anlagevermögens ein gesondertes Darlehen aufgenommen wird. Ob Schuldzinsen i. S. d. § 4 Abs. 4a Satz 5 EStG für Darlehen zur Finanzierung von Anschaffungs- oder Herstellungskosten von Wirtschaftsgütern des Anlagevermögens vorliegen, ist ausschließlich nach der tatsächlichen Verwendung der Darlehensmittel zu bestimmen. Werden Darlehensmittel zunächst auf ein betriebliches Kontokorrentkonto überwiesen, von dem sodann die Anschaffungs- oder Herstellungskosten von Wirtschaftsgütern des Anlagevermögens bezahlt werden, oder wird zunächst das Kontokorrentkonto belastet und anschließend eine Umschuldung in ein Darlehen vorgenommen, kann ein Finanzierungszusammenhang mit den Anschaffungs- oder Herstellungskosten von Wirtschaftsgütern des Anlagevermögens nur angenommen werden, wenn ein enger zeitlicher und betragsmäßiger Zusammenhang zwischen der Belastung auf dem Kontokorrentkonto und der Darlehensaufnahme besteht. Dabei wird unwiderlegbar vermutet, dass die dem Kontokorrentkonto gutgeschriebenen Darlehensmittel zur Finanzierung der Anschaffungs- oder Herstellungskosten von Wirtschaftsgütern des Anlagevermögens verwendet werden, wenn diese innerhalb von 30 Tagen vor oder nach Auszahlung der Darlehensmittel tatsächlich über das entsprechende Kontokorrentkonto finanziert wurden. Beträgt der Zeitraum mehr als 30 Tage, muss der Steuerpflichtige den erforderlichen Finanzierungszusammenhang zwischen der Verwendung der Darlehensmittel und der Bezahlung der Anschaffungs- oder Herstellungskosten für die Wirtschaftsgüter des Anlagevermögens nachweisen. Eine Verwendung der Darlehensmittel zur Finanzierung von Anschaffungs- oder Herstellungskosten von Wirtschaftsgütern des Anlagevermögens scheidet aus, wenn die Anschaffungs- oder Herstellungskosten im Zeitpunkt der Verwendung der Darlehensmittel bereits abschließend finanziert waren und die erhaltenen Darlehensmittel lediglich das eingesetzte Eigenkapital wieder auffüllen (BFH vom 9. Februar 2010, BStBl. 2011 II S. 257). 27

---

1) Bestätigt durch BFH-Urteil vom 17.8.2010 – VIII R 42/07 (BStBl. II S. 1041).
2) Siehe dazu auch das BFH-Urteil vom 23.3.2011 (BStBl. II S. 753):
„Die auf die Finanzierung von Umlaufvermögen entfallenden Schuldzinsen sind nicht ungekürzt abziehbar."

Anlage § 004–46

Zu § 4 EStG

Werden die Anschaffungs- oder Herstellungskosten von Wirtschaftsgütern des Anlagevermögens über ein Kontokorrentkonto finanziert und entsteht oder erhöht sich dadurch ein negativer Saldo des Kontokorrentkontos, sind die dadurch veranlassten Schuldzinsen gemäß § 4 Abs. 4a Satz 5 EStG unbeschränkt als Betriebsausgaben abziehbar. Der Anteil der unbeschränkt abziehbaren Schuldzinsen ist dabei nach der Zinszahlenstaffelmethode oder durch Schätzung zu ermitteln. Entsprechend den Rdnrn. 11 bis 18 des BMF-Schreibens vom 10. November 1993 (BStBl. I S. 930) ist für die Ermittlung der als Betriebsausgaben abziehbaren Schuldzinsen der Sollsaldo des Kontokorrentkontos anhand der zugrunde liegenden Geschäftsvorfälle nach seiner Veranlassung aufzuteilen und sind die Sollsalden des betrieblichen Unterkontos zu ermitteln. Hierbei ist davon auszugehen, dass mit den eingehenden Betriebseinnahmen zunächst private Schuldenteile, dann die durch sonstige betriebliche Aufwendungen entstandenen Schuldenteile und zuletzt die durch die Investitionen entstandenen Schuldenteile getilgt werden.

28 Wird demgegenüber ein gesondertes Darlehen aufgenommen, mit dem teilweise Wirtschaftsgüter des Anlagevermögens finanziert, teilweise aber auch sonstiger betrieblicher Aufwand bezahlt wird, können die Schuldzinsen nach § 4 Abs. 4a Satz 5 EStG – ungeachtet etwaiger Überentnahmen – als Betriebsausgaben abgezogen werden, soweit sie nachweislich auf die Anschaffungs- oder Herstellungskosten der Wirtschaftsgüter des Anlagevermögens entfallen. Der Steuerpflichtige ist hierfür nachweispflichtig.

29 [1]

VI. Schuldzinsen bei Mitunternehmerschaften

1. Gesellschafts-/Gesellschafterbezogene Betrachtungsweise

30 Die Regelung des § 4 Abs. 4a EStG ist eine betriebsbezogene Gewinnhinzurechnung. Der Hinzurechnungsbetrag ist daher auch für jede einzelne Mitunternehmerschaft zu ermitteln. Der Begriff der Überentnahme sowie die ihn bestimmenden Merkmale (Einlage, Entnahme, Gewinn und ggf. Verlust) ist dagegen gesellschafterbezogen auszulegen (BFH vom 29. März 2007, BStBl. 2008 II S. 420). Die Überentnahme bestimmt sich nach dem Anteil des einzelnen Mitunternehmers am Gesamtgewinn der Mitunternehmerschaft (Anteil am Gewinn der Gesellschaft einschließlich Ergänzungsbilanzen zuzüglich/abzüglich seines im Sonderbetriebsvermögen erzielten Ergebnisses) und der Höhe seiner Einlagen und Entnahmen (einschließlich Sonderbetriebsvermögen).
Der Kürzungsbetrag nach § 4 Abs. 4a Satz 4 EStG i. H. v. 2 050 € ist gesellschaftsbezogen anzuwenden, d.h. er ist nicht mit der Anzahl der Mitunternehmer zu vervielfältigen. Er ist auf die einzelnen Mitunternehmer entsprechend ihrer Schuldzinsenquote aufzuteilen; dabei sind Schuldzinsen, die im Zusammenhang mit der Anschaffung oder Herstellung von Wirtschaftsgütern des Sonderbetriebsvermögens stehen, zu berücksichtigen (BFH vom 29. März 2007, BStBl. 2008 II S. 420).

Beispiel 5:

31 An der X-OHG sind A, B und C zu jeweils einem Drittel beteiligt. Weitere Abreden bestehen nicht. Der Gewinn der OHG hat im Wirtschaftsjahr 120 000 € und die Schuldzinsen zur Finanzierung laufender Aufwendungen haben 10 000 € betragen. Die Entnahmen verteilen sich auf die Mitunternehmer wie folgt: B und C haben jeweils 80 000 € entnommen, während sich A auf eine Entnahme i. H. v. 20 000 € beschränkte. Einlagen wurden nicht getätigt.

Die Über- und Unterentnahmen entwickeln sich wie folgt:

	A	B	C
Gewinnanteil	40 000	40 000	40 000
Entnahmen	20 000	80 000	80 000
Über-/Unterentnahmen	20 000	– 40 000	– 40 000
6 %	0	2 400	2 400
Anteilige Zinsen	3 334	3 333	3 333
Mindestabzug	684	683	683
Höchstbetrag	2 650	2 650	2 650
Hinzurechnungsbetrag	0	2 400	2 400

---

1) Rdnr. 29 gestrichen durch BMF vom 28.03.2001 (BStBl. I S. 245).

Zu § 4 EStG   **Anlage § 004–46**

Bei den Gesellschaftern B und C sind Überentnahmen i. H. v. jeweils 40 000 € entstanden. Demzufolge können Schuldzinsen i. H. v. jeweils 2 400 € (= 6 % aus 40 000 €) nicht als Betriebsausgaben abgezogen werden. Hieraus ergibt sich ein korrigierter Gewinn der Mitunternehmerschaft i. H. v. 124 800 €, der dem Mitunternehmer A i. H. v. 40 000 € und den Mitunternehmern B und C zu jeweils 42 400 € zuzurechnen ist.

2. Schuldzinsen

2.1. Gewinnermittlung der Personengesellschaft

Zinsaufwendungen werden nur einbezogen, wenn sie im Rahmen der Ermittlung des Gesamtgewinns als   32
Betriebsausgaben berücksichtigt worden sind.

Zinsen eines Darlehens des Gesellschafters an die Gesellschaft i. S. d. § 15 Abs. 1 Satz 1 Nr. 2 2. Halbsatz EStG gleichen sich im Rahmen ihrer Gesamtgewinnauswirkung aus (Betriebsausgaben im Gesamthandsvermögen und Betriebseinnahmen im Sonderbetriebsvermögen), sie sind keine Schuldzinsen i. S. d. § 4 Abs. 4a EStG.[1)]

Die von der Personengesellschaft geleisteten Zinsen sind den Gesellschaftern nach dem Gewinnverteilungsschlüssel zuzurechnen.

2.2. Darlehen im Sonderbetriebsvermögen

Ein Investitionsdarlehen i. S. d. § 4 Abs. 4a Satz 5 EStG liegt auch dann vor, wenn die Darlehensver-   32a
bindlichkeit zwar im Sonderbetriebsvermögen auszuweisen ist, die Darlehensmittel aber zur Finanzierung von Anschaffungs- oder Herstellungskosten von Wirtschaftsgütern des Anlagevermögens des Gesamthandsvermögens eingesetzt werden.

In diesem Fall sind die Schuldzinsen in vollem Umfang abziehbar (§ 4 Abs. 4a Satz 5 EStG), unabhängig   32b
davon, ob das Darlehen im Gesamthandsvermögen als Verbindlichkeit gegenüber dem Gesellschafter ausgewiesen ist oder dem Gesellschafter für die Hingabe der Darlehensmittel (weitere) Gesellschaftsrechte gewährt werden.

Zinsen aus Darlehen (im Sonderbetriebsvermögen des Gesellschafters) zur Finanzierung des Erwerbs   32c
eines Mitunternehmeranteils sind, soweit sie auf die Finanzierung von anteilig erworbenen Wirtschaftsgütern des Anlagevermögens (Gesamthands- und Sonderbetriebsvermögen) entfallen, wie Schuldzinsen aus Investitionsdarlehen (Rdnrn. 26 bis 29) zu behandeln. Soweit diese nicht auf anteilig erworbene Wirtschaftsgüter des Anlagevermögens entfallen, sind sie in die Berechnung der nicht abziehbaren Schuldzinsen gem. § 4 Abs. 4a EStG einzubeziehen. Bei der Refinanzierung der Gesellschaftereinlage oder des Kaufpreises des Mitunternehmeranteils mit einem einheitlichen Darlehen sind die Schuldzinsen im Verhältnis der Teilwerte der anteilig erworbenen Wirtschaftsgüter aufzuteilen.

Zinsen, die Sonderbetriebsausgaben eines Mitunternehmers darstellen, sind diesem bei der Ermittlung der nicht abziehbaren Schuldzinsen zuzurechnen.

3. Entnahmen/Einlagen

Entnahmen liegen vor, wenn Wirtschaftsgüter (Barentnahmen, Waren, Erzeugnisse, Nutzungen und   32d
Leistungen) in den privaten Bereich der Gesellschafter oder in einen anderen betriebsfremden Bereich überführt werden. In diesem Sinne ist die Zahlung der Geschäftsführungsvergütung i. S. d. § 15 Abs. 1 Satz 1 Nr. 2 2. Halbsatz EStG auf ein privates Konto des Gesellschafters eine Entnahme, die bloße Gutschrift auf dem Kapitalkonto des Gesellschafters jedoch nicht. Bei Darlehen des Gesellschafters an die Gesellschaft i. S. d. § 15 Abs. 1 Satz 1 Nr. 2 2. Halbsatz EStG stellt die Zuführung der Darlehensvaluta eine Einlage und die Rückzahlung des Darlehens an den Gesellschafter eine Entnahme dar. Die unentgeltliche Übertragung eines Wirtschaftsguts in das Sonderbetriebsvermögen eines anderen Mitunternehmers derselben Mitunternehmerschaft ist als Entnahme i. S. d. § 4 Abs. 4a EStG beim abgebenden und als Einlage i. S. d. § 4 Abs. 4a EStG beim aufnehmenden Mitunternehmer zu berücksichtigen.

---

1) Siehe auch BFH-Urteil vom 12.02.2014 (BStBl. II S. 621):
   1. Die einer Personengesellschaft entstandenen Schuldzinsen für ein Darlehen des Gesellschafters sind im Rahmen der Hinzurechnung gemäß § 4 Abs. 4a EStG nicht zu berücksichtigen, soweit sie zugleich als Sondervergütung behandelt worden sind.
   2. Dies gilt auch dann, wenn der Gesellschafter, der der Personengesellschaft ein Darlehen gewährt, an dieser nicht unmittelbar, sondern mittelbar über eine oder mehrere Personengesellschaften beteiligt ist.
   3. Die Sondervergütungen, die ein mittelbar über eine Obergesellschaft beteiligter Gesellschafter von der Untergesellschaft erhält, werden bei der Gewinnermittlung der Untergesellschaft erfasst.

4. Umwandlungen nach dem UmwStG

4.1. Einbringung in eine Personengesellschaft (§ 24 UmwStG)

32e In Umwandlungsfällen gem. § 24 UmwStG gelten die aufgestellten Grundsätze für Betriebsaufgaben und Betriebsveräußerungen gem. Rdnrn. 9 und 10 nicht. Beim Einbringenden erfolgt keine Entnahme und bei der Zielgesellschaft keine Einlage. Es ist lediglich ein entstandener Einbringungsgewinn beim Einbringenden zu berücksichtigen, der das Entnahmepotenzial erhöht (Minderung der Überentnahmen oder Erhöhung der Unterentnahmen). Die Über- oder Unterentnahmen sowie ein ggf. vorhandenes Verlustpotenzial sind bei der Einbringung eines Betriebes oder bei der Aufnahme eines weiteren Gesellschafters in eine bestehende Mitunternehmerschaft unabhängig vom gewählten Wertansatz in der Zielgesellschaft fortzuführen. Bei der Einbringung eines Teilbetriebs sind die Werte grundsätzlich aufzuteilen. Es ist nicht zu beanstanden, wenn diese in voller Höhe dem Restbetrieb des Einbringenden zugerechnet werden. Bei Einbringung eines Mitunternehmeranteils werden bei der Zielgesellschaft die Werte nicht fortgeführt.

Beispiel 6:

A bringt sein Einzelunternehmen (EU) zum 01.01.02 in die Personengesellschaft AB ein. Der Buchwert des EU beträgt 500 000 €, der Teilwert 600 000 €, der Gewinn in 01 50 000 €, Entnahmen 100 000 €, Einlagen 60 000 € und die zum 31.12.00 fortzuschreibenden Überentnahmen 20 000 €.

a) Einbringung zum Buchwert; beim EU ergeben sich folgende Werte:

Entnahmen	100 000 €
Einlagen	60 000 €
Gewinn	50 000 €
Unterentnahme	10 000 €
Überentnahme Vj.	20 000 €
Unterentnahme 01	10 000 €

Die Überentnahme i. H. v. 10 000 € ist in der Personengesellschaft fortzuführen.

b) Einbringung zum Teilwert; beim EU ergeben sich folgende Werte:

Entnahmen	100 000 €
Einlagen	60 000 €
Gewinn	50 000 €
Einbringungsgewinn	100 000 €
Unterentnahme	110 000 €
Überentnahme Vj.	20 000 €
Unterentnahme 01	90 000 €

Die Unterentnahme i. H. v. 90 000 € ist in der Personengesellschaft fortzuführen.

4.2. Einbringung in eine Kapitalgesellschaft (§ 20 UmwStG)

32f Werden für eine Einbringung in eine Kapitalgesellschaft gewährte Gesellschaftsanteile im Privatvermögen gehalten, liegt eine Entnahme in Höhe des gewählten Wertansatzes vor.

VII. Gewinnermittlung nach § 4 Abs. 3 EStG (§ 4 Abs. 4a Satz 6 EStG), § 5a und § 13a EStG

33 Die genannten Grundsätze gelten auch bei der Gewinnermittlung durch Einnahmenüberschussrechnung nach § 4 Abs. 3 EStG (§ 4 Abs. 4a Satz 6 EStG). Hierzu müssen ab dem Jahr 2000 alle Entnahmen und Einlagen gesondert aufgezeichnet werden (§ 52 Abs. 11 Satz 4 EStG).

34 Werden ab dem Jahr 2000 die erforderlichen Aufzeichnungen nicht geführt, sind zumindest die nach § 4 Abs. 4a Satz 5 EStG privilegierten Schuldzinsen für „Investitionsdarlehen" sowie tatsächlich entstandene nicht begünstigte Schuldzinsen bis zum Sockelbetrag in Höhe von 2.050 € als Betriebsausgaben abziehbar.

35 Bei der Gewinnermittlung nach § 5a oder § 13a EStG findet § 4 Abs. 4a EStG hingegen keine Anwendung.

VIII. Anwendungsregelung

36 Die Regelung der Einschränkung des Schuldzinsenabzugs ist erstmals für Wirtschaftsjahre anzuwenden, die nach dem 31. Dezember 1998 enden (§ 52 Abs. 11 Satz 1 EStG). Die Über- oder Unterentnahmen in

Zu § 4 EStG   **Anlage § 004–46**

Wirtschaftsjahren, die vor dem Jahr 1999 geendet haben, bleiben unberücksichtigt. Der Anfangsbestand ist daher mit 0 DM anzusetzen (§ 52 Abs. 11 Satz 2 EStG).[1)]

Durch das StÄndG 2001 ist die sog. Quartalskorrektur nach § 4 Abs. 4a Satz 3 – alt – EStG mit dem VZ **36a**
2001 entfallen. Soweit auf Grund der letztmals für den VZ 2000 vorzunehmenden Korrekturen die Entnahmen und Einlagen des 1. Quartals 2001 einbezogen worden sind, entfällt eine nochmalige Berücksichtigung im VZ 2001.

Nach § 52 Abs. 11 Satz 3 EStG gilt bei Betrieben, die vor dem 1. Januar 1999 eröffnet worden sind, ab- **37**
weichend von Rdnr. 9 Folgendes:

Im Fall der Betriebsaufgabe sind bei der Überführung von Wirtschaftsgütern aus dem Betriebsvermögen in das Privatvermögen die Buchwerte nicht als Entnahme anzusetzen. Im Fall der Betriebsveräußerung ist nur der Veräußerungsgewinn als Entnahme anzusetzen.[2)]

Rdnr. 22 Satz 1 ist in allen offenen Fällen anzuwenden. Soweit die Anwendung gegenüber der bisherigen **37a**
Regelung zu einer Verschärfung der Besteuerung führt, ist Rdnr. 22 Satz 1 erstmals für Schuldzinsen anzuwenden, die nach dem Tag der Bekanntgabe dieses Schreibens im BStBl. entstanden sind. Für vorher entstandene Schuldzinsen ist Rdnr. 22 des BMF-Schreibens vom 22. Mai 2000 (BStBl. I, S. 588) anzuwenden.

Bei Gewinnermittlung nach § 4 Abs. 3 EStG sind die Entnahmen und Einlagen für das Wirtschaftsjahr, **38**
das nach dem 31. Dezember 1998 endet, und für den Zeitraum bis zum 31. Dezember 1999 zu schätzen, sofern diese nicht gesondert aufgezeichnet sind.

Dieses BMF-Schreiben tritt an die Stelle der BMF-Schreiben vom 22. Mai 2000 (BStBl. I S. 588) und **39**
vom 28. März 2001 (BStBl. I S. 245). Die Regelungen in Rdnrn. 8 bis 10 des BMF-Schreibens vom 10. November 1993 (BStBl. I S. 930) sind durch die BFH-Rechtsprechung überholt und nicht mehr anzuwenden.

Die Rdnrn. 30 bis 32d sind in allen offenen Fällen anzuwenden. Die Rdnrn. 30 bis 32d des BMF- **40**
Schreibens vom 17. November 2005 (BStBl. I S. 1019) können auf gemeinsamen Antrag der Mitunternehmer letztmals für das Wirtschaftsjahr angewandt werden, das vor dem 1. Mai 2008 beginnt.[3)]

Die Rdnr. 10b und 27 sind in allen offenen Fällen anzuwenden.   **41**

II. Berücksichtigung einer vor dem 1. Januar 1999 entstandenen Unterentnahme

– BdF-Schreiben vom 12.6.2006 – IV B 2 – 2144 – 39/06 (BStBl. I S. 416) –

Der BFH hat mit Urteil vom 21. September 2005 entschieden, dass bei der Ermittlung der nach § 4 Abs. 4a Satz 4 EStG nicht abziehbaren Schuldzinsen für den Geltungszeitraum des Steuerbereinigungsgesetzes 1999 (Veranlagungszeiträume 1999 und 2000) eine Unterentnahme auch dann zu berücksichtigen sei, wenn sie in Wirtschaftsjahren entstanden ist, die vor dem 1. Januar 1999 geendet haben. Diese Entscheidung wird mit dem Fehlen einer entsprechenden gesetzlichen Regelung, wie sie mit dem Steueränderungsgesetz 2001 in den § 52 Abs. 11 Satz 2 EStG eingefügt wurde, begründet.

---

1) Für VZ 1999 und 2000 überholt; vgl. das in Abschnitt II nachfolgend abgedruckte BMF-Schreiben vom 12.6.2006.

2) Vgl. dazu auch Vfg OFD Münster vom 12.1.2007 – S 2144 – 52 – St 12-33:
„Diese Übergangsregelung stellt nach ihrem Wortlaut ausschließlich auf den Betrieb ab. Nach ihrem Sinn und Zweck findet die Regelung des § 52 Abs. 11 Satz 3 EStG auch in den Fällen der (ggf. sogar nur anteiligen) Veräußerung oder Aufgabe eines Mitunternehmeranteils Anwendung. Sie ist auf jeden einzelnen Veräußerungs- oder Aufgabevorgang eines vor dem 1.1.1999 erworbenen Mitunternehmeranteils analog und insgesamt einmalig anzuwenden."

3) Siehe dazu auch das BdF-Schreiben vom 4.11.2008 (BStBl. I S. 957):
„Im Einvernehmen mit den obersten Finanzbehörden der Länder wird es nicht beanstandet, wenn der Saldo an Über- oder Unterentnahmen des Wirtschaftsjahres, für das letztmals die gesellschaftsbezogene Ermittlung nach der bisherigen Verwaltungsauffassung erfolgte, nach dem Gewinnverteilungsschlüssel der Mitunternehmerschaft den einzelnen Mitunternehmern zugerechnet wird. Auf eine Rückrechnung nach der gesellschafterbezogenen Ermittlungsmethode bis zur Gründung der Mitunternehmerschaft/Einführung der Vorschrift wird in diesen Fällen aus Vereinfachungsgründen verzichtet. Voraussetzung dafür ist ein übereinstimmender Antrag der Mitunternehmer."

Anlage § 004–46

Zu § 4 EStG

Der BFH ist damit von der Auffassung der Finanzverwaltung abgewichen, wonach Über- oder Unterentnahmen aus Wirtschaftsjahren, die vor dem 1. Januar 1999 geendet haben, unberücksichtigt bleiben (vgl. BMF-Schreiben vom 17. November 2005 – BStBl. I S. 1019, Rdnr. 36 Satz 2).

Zur Anwendung der Grundsätze des BFH-Urteils nehme ich im Einvernehmen mit den obersten Finanzbehörden der Länder wie folgt Stellung:

1. Anwendungszeitpunkt

Die Rechtsgrundsätze des o. a. BFH-Urteils zur Berücksichtigung einer Unterentnahme aus Wirtschaftsjahren, die vor dem 1. Januar 1999 geendet haben, sind in allen noch offenen Fällen – begrenzt auf die Veranlagungszeiträume 1999 und 2000 – anzuwenden.

Rdnr. 36, Satz 2 des BMF-Schreibens vom 17. November 2005 (a. a. O.) ist insoweit überholt.

2. Ermittlung der zum 1. Januar 1999 bestehenden Unterentnahme

a) Grundsatz

Zur Ermittlung der am Ende des vor dem 1. Januar 1999 endenden Wirtschaftsjahres bestehenden Unterentnahme ist grundsätzlich eine Rückschau bis zur Betriebseröffnung erforderlich. Der Anfangsbestand des Kapitalkontos lt. Eröffnungsbilanz ist dabei wie eine Einlage zu berücksichtigen. Die Nachweispflicht obliegt dem Steuerpflichtigen.

b) Vereinfachte Ermittlung

Aus Vereinfachungsgründen ist es nicht zu beanstanden, wenn anstelle der genauen Ermittlung der Unterentnahme der Wert des Kapitalkontos am Ende des vor dem 1. Januar 1999 endenden Wirtschaftsjahres zugrunde gelegt wird.

3. Auswirkungen auf Betriebsveräußerung/-aufgabe

Wurde ein Betrieb in den Veranlagungszeiträumen 1999 oder 2000 veräußert oder aufgegeben und wurde bei der Ermittlung der Berechnungsgrundlage für die nicht abziehbaren Schuldzinsen eine Unterentnahme, die aus Wirtschaftsjahren stammt, die vor dem 1. Januar 1999 geendet haben, berücksichtigt, ist die Rdnr. 37 des BMF-Schreibens vom 17. November 2005 (a. a. O.) nicht anwendbar. Hieraus folgt, dass im Fall der Betriebsaufgabe bei der Überführung von Wirtschaftsgütern aus dem Betriebsvermögen in das Privatvermögen auch die Buchwerte als Entnahme anzusetzen sind. Im Fall der Betriebsveräußerung sind neben dem Veräußerungsgewinn die Buchwerte als Entnahme zu berücksichtigen.

4. Ermittlung der Unter- oder Überentnahme ab dem Veranlagungszeitraum 2001 [1]

Für die Veranlagungszeiträume ab 2001 ist gemäß § 52 Abs. 11 Satz 2 EStG eine Unterentnahme aus Wirtschaftsjahren, die vor dem 1. Januar 1999 geendet haben, nicht zu berücksichtigen. Dieser Anfangsbestand der Über- und Unterentnahmen ist für die Veranlagungszeiträume ab 2001 mit 0 DM anzusetzen (BMF-Schreiben vom 17. November 2005, Rdnr. 36 Satz 2). Unter- oder Überentnahmen aus den Veranlagungszeiträumen 1999 und 2000 sind zu berücksichtigen.

Für bisher nicht durchgeführte Steuerfestsetzungen erfordert dies eine Schattenberechnung, die von einem Stand der Unterentnahmen am Ende des vor dem 1. Januar 1999 endenden Wirtschaftsjahres i.H.v. 0 DM ausgeht und die Über- oder Unterentnahmen der Veranlagungszeiträume 1999 und 2000 berücksichtigt. Für bereits durchgeführte Steuerfestsetzungen bleiben die bisher ermittelten Werte für Veranlagungszeiträume ab dem Jahr 2001 unverändert.

5. Anwendung auf Überentnahmen

Auf Überentnahmen finden die Grundsätze des BFH-Urteils keine Anwendung. Entsteht aus den saldierten Über- und Unterentnahmen der Jahre vor 1999 eine Überentnahme oder ist das Kapitalkonto am Ende des vor dem 1. Januar 1999 endenden Jahresabschlusses negativ, bleibt der Betrag bei der Ermittlung der nicht abziehbaren Schuldzinsen – auch in den Veranlagungszeiträumen 1999 und 2000 – unberücksichtigt.

---

1) Mit Urteil vom 9. Mai 2012 – X R 30/06 (BStBl. II S. 667) hat der BFH entschieden, dass bei der Berechnung der nicht abziehbaren Schuldzinsen nach § 4 Absatz 4a EStG für den Veranlagungszeitraum 2001 Unterentnahmen aus den Jahren vor 1999 außer Acht zu lassen sind. Damit ist § 52 Absatz 11 Satz 2 EStG i. d. F. des StÄndG 2001, wonach im ersten nach dem 31. Dezember 1998 endenden Wirtschaftsjahr von einem Kapitalkonto mit dem Anfangsbestand „0 DM" auszugehen ist, verfassungsrechtlich nicht zu beanstanden. Gegen dieses BFH-Urteil wurde Beschwerde beim BVerfG eingelegt (Az.: 2 BvR 1868/12).

Zu § 4 EStG   Anlage § 004–47

I. Ertragsteuerliche Behandlung von Aufwendungen für VIP-Logen in Sportstätten [1]

– BdF-Schreiben vom 22.8.2005 – IV B 2 – S 2144 – 41/05 (BStBl. I S. 845) –

Unter Aufwendungen für VIP-Logen in Sportstätten werden solche Aufwendungen eines Steuerpflichtigen verstanden, die dieser für bestimmte sportliche Veranstaltungen trägt und für die er vom Empfänger dieser Leistung bestimmte Gegenleistungen mit Werbecharakter für die „gesponserte" Veranstaltung erhält. Neben den üblichen Werbeleistungen (z. B. Werbung über Lautsprecheransagen, auf Videowänden, in Vereinsmagazinen) werden dem sponsernden Unternehmer auch Eintrittskarten für VIP-Logen überlassen, die nicht nur zum Besuch der Veranstaltung berechtigen, sondern auch die Möglichkeit der Bewirtung des Steuerpflichtigen und Dritter (z. B. Geschäftsfreunde, Arbeitnehmer) beinhalten. Regelmäßig werden diese Maßnahmen in einem Gesamtpaket vereinbart, wofür dem Sponsor ein Gesamtbetrag in Rechnung gestellt wird.

Im Einvernehmen mit den obersten Finanzbehörden der Länder gilt zur ertragsteuerlichen Behandlung der Aufwendungen für VIP-Logen in Sportstätten Folgendes:

Aufwendungen im Zusammenhang mit VIP-Logen in Sportstätten können betrieblich veranlasst (Ausnahme Rdnr. 11) und in der steuerlichen Gewinnermittlung entsprechend der Art der Aufwendungen einzeln zu berücksichtigen sein. Dabei sind die allgemeinen Regelungen des § 4 Abs. 4 und 5 EStG in Verbindung mit dem zum Sponsoring ergangenen BMF-Schreiben vom 18. Februar 1998 (BStBl. I S. 212)[2] zu beachten. Bei den Aufwendungen sind zu unterscheiden: 1

1. Aufwendungen für Werbeleistungen

Die in den vertraglich abgeschlossenen Gesamtpaketen neben den Eintrittskarten, der Bewirtung, den Raumkosten u. Ä. erfassten Aufwendungen für Werbeleistungen sind grundsätzlich als Betriebsausgaben gemäß § 4 Abs. 4 EStG abziehbar.   2

2. Aufwendungen für eine besondere Raumnutzung

Wird im Einzelfall glaubhaft gemacht, dass auf der Grundlage einer vertraglichen Vereinbarung Räumlichkeiten in der Sportstätte für betriebliche Veranstaltungen (z. B. Konferenzen, Besprechungen mit Geschäftspartnern) außerhalb der Tage, an denen Sportereignisse stattfinden, genutzt werden, stellen die angemessenen, auf diese Raumnutzung entfallenden Aufwendungen ebenfalls abziehbare Betriebsausgaben dar (vgl. Rdnr. 19).   3

3. Aufwendungen für VIP-Maßnahmen gegenüber Geschäftsfreunden

a) Geschenke

Wendet der Steuerpflichtige seinen Geschäftsfreunden unentgeltlich Leistungen zu (beispielsweise Eintrittskarten), um geschäftliche Kontakte vorzubereiten und zu begünstigen oder um sich geschäftsfördernd präsentieren zu können, kann es sich um Geschenke i. S. von § 4 Abs. 5 Satz 1 Nr. 1 EStG handeln, die nur abziehbar sind, wenn die Anschaffungs- oder Herstellungskosten der dem Empfänger im Wirtschaftsjahr zugewendeten Gegenstände insgesamt 35 Euro nicht übersteigen. Der Geschenkbegriff des § 4 Abs. 5 Satz 1 Nr. 1 EStG entspricht demjenigen der bürgerlich-rechtlichen Schenkung.   4

Erfolgt die Zuwendung dagegen als Gegenleistung für eine bestimmte in engem sachlichen oder sonstigem unmittelbaren Zusammenhang stehende Leistung des Empfängers, fehlt es an der für ein Geschenk notwendigen unentgeltlichen Zuwendung. Die Aufwendungen sind dann grundsätzlich unbeschränkt als Betriebsausgaben abziehbar.   5

b) Bewirtung

Aufwendungen für die Bewirtung von Geschäftsfreunden aus geschäftlichem Anlass sind gemäß § 4 Abs. 5 Satz 1 Nr. 2 EStG unter den dort genannten Voraussetzungen beschränkt abziehbar.   6

c) Behandlung beim Empfänger

Bei den Empfängern der Geschenke ist der geldwerte Vorteil wegen der betrieblichen Veranlassung als Betriebseinnahme zu versteuern, und zwar auch dann, wenn für den Zuwendenden das Abzugsverbot des § 4 Abs. 5 Satz 1 Nr. 1 EStG gilt (BFH-Urteil vom 26. September 1995, BStBl. 1996 II S. 273). Der   7

---

1) Zur umsatzsteuerlichen Behandlung der Überlassung von VIP-Logen siehe das BdF-Schreiben vom 28.11.2006 – IV A 5 – S 7109 – 14/06 (BStBl. I S. 791).
2) Siehe Anlage § 004-42.

Anlage § 004–47 Zu § 4 EStG

Vorteil aus einer Bewirtung i. S. des § 4 Abs. 5 Satz 1 Nr. 2 EStG ist dagegen aus Vereinfachungsgründen beim bewirteten Steuerpflichtigen nicht als Betriebseinnahme zu erfassen (R 18 Abs. 3 EStR 2003).[1]

4. Aufwendungen für VIP-Maßnahmen zugunsten von Arbeitnehmern

a) Geschenke

8   Aufwendungen für Geschenke an Arbeitnehmer des Steuerpflichtigen sind vom Abzugsverbot des § 4 Abs. 5 Satz 1 Nr. 1 EStG ausgeschlossen und somit in voller Höhe als Betriebsausgaben abziehbar.

b) Bewirtung

9   Bewirtungen, die der Steuerpflichtige seinen Arbeitnehmern gewährt, gelten als betrieblich veranlasst und unterliegen mithin nicht der Abzugsbeschränkung des § 4 Abs. 5 Satz 1 Nr. 2 EStG. Zu unterscheiden hiervon ist die Bewirtung aus geschäftlichem Anlass, an der Arbeitnehmer des Steuerpflichtigen lediglich teilnehmen (Beispiel: Der Unternehmer lädt anlässlich eines Geschäftsabschlusses die Geschäftspartner und seine leitenden Angestellten ein). Hier greift § 4 Abs. 5 Satz 1 Nr. 2 EStG auch für den Teil der Aufwendungen, der auf den an der Bewirtung teilnehmenden Arbeitnehmer entfällt.

c) Behandlung beim Empfänger

10 Die Zuwendung stellt für den Arbeitnehmer einen zum steuerpflichtigen Arbeitslohn gehörenden geldwerten Vorteil dar, wenn der für die Annahme von Arbeitslohn erforderliche Zusammenhang mit dem Dienstverhältnis gegeben ist (§ 8 Abs. 1 i. V. m. § 19 Abs. 1 Satz 1 Nr. 1 EStG und § 2 Abs. 1 LStDV). Der geldwerte Vorteil ist grundsätzlich nach § 8 Abs. 2 Satz 1 EStG zu bewerten. Die Freigrenze für Sachbezüge i. H. v. 44 Euro im Kalendermonat (§ 8 Abs. 2 Satz 9 EStG) und R 31 Abs. 2 Satz 9 LStR 2005[2] sind zu beachten.

Nicht zum steuerpflichtigen Arbeitslohn gehören insbesondere Zuwendungen, die der Arbeitgeber im ganz überwiegenden betrieblichen Interesse erbringt. Dies sind auch Zuwendungen im Rahmen einer üblichen Betriebsveranstaltung (vgl. R 72 LStR 2005)[3] oder Zuwendungen aus geschäftlichem Anlass (Beispiel: Der Unternehmer lädt anlässlich eines Geschäftsabschlusses die Geschäftspartner und seine leitenden Angestellten ein, vgl. R 31 Abs. 8 Nr. 1 LStR 2005)[4].

5. Privat veranlasste Aufwendungen für VIP-Maßnahmen

11 Ist die Leistung des Unternehmers privat veranlasst, handelt es sich gemäß § 12 Nr. 1 EStG in vollem Umfang um nicht abziehbare Kosten der privaten Lebensführung; bei Kapitalgesellschaften können verdeckte Gewinnausschüttungen vorliegen. Eine private Veranlassung ist u. a. dann gegeben, wenn der Steuerpflichtige die Eintrittskarten an Dritte überlässt, um damit gesellschaftlichen Konventionen zu entsprechen, z. B. aus Anlass eines persönlichen Jubiläums (vgl. BFH-Urteil vom 12. Dezember 1991, BStBl. 1992 II S. 524; BFH-Urteil vom 29. März 1994, BStBl. II S. 843).

6. Nachweispflichten

12 Der Betriebsausgabenabzug für Aufwendungen im Rahmen von VIP-Maßnahmen ist zu versagen, wenn keine Nachweise dafür vorgelegt worden sind, welchem konkreten Zweck der getätigte Aufwand diente, d. h. welchem Personenkreis aus welcher Veranlassung die Leistung zugewendet wurde.

13 Dagegen ist der Betriebsausgabenabzug nicht bereits aus dem Grunde zu versagen, dass der Nutzungsvertrag keine Aufgliederung des vereinbarten Nutzungsentgelts einerseits und der Einräumung der sonstigen werblichen Möglichkeiten andererseits zulässt. Soweit die vertraglichen Vereinbarungen keine Aufschlüsselung des Pauschalpreises in die einzelnen Arten der Ausgaben enthalten, führt dies nicht zu einem generellen Abzugsverbot. Vielmehr ist im Wege der sachgerechten Schätzung mittels Fremdvergleichs unter Mitwirkung des Unternehmers zu ermitteln, in welchem Umfang die Kosten auf die Eintrittskarten, auf die Bewirtung, auf die Werbung und/oder auf eine besondere Raumnutzung entfallen. Das vereinbarte Gesamtentgelt ist hierbei einzelfallbezogen unter Würdigung der Gesamtumstände nach dem Verhältnis der ermittelten Teilwerte für die Einzelleistungen aufzuteilen. Im Rahmen der Einzelfallprüfung ist ggf. auch eine Kürzung der ausgewiesenen Werbekosten vorzunehmen, wenn diese im Fremdvergleich unangemessen hoch ausfallen.

---

1) Jetzt R 4.7 Abs. 3 EStR
2) Jetzt R 8.1 Abs. 2 Satz 9 LStR.
3) Jetzt R 19.5 LStR.
4) Jetzt R 8.1 Abs. 8 Nr. 1 LStR.

Zu § 4 EStG   Anlage § 004–47

7. Vereinfachungsregelungen
a) Pauschale Aufteilung des Gesamtbetrages für VIP-Logen in Sportstätten [1)2)]

Aus Vereinfachungsgründen ist es nicht zu beanstanden, wenn bei betrieblich veranlassten Auf- 14
wendungen der für das Gesamtpaket (Werbeleistungen, Bewirtung, Eintrittskarten usw.) vereinbarte
Gesamtbetrag wie folgt pauschal aufgeteilt wird:
- Anteil für die Werbung: 40 v. H. des Gesamtbetrages.

  Dieser Werbeaufwand, der in erster Linie auf die Besucher der Sportstätte ausgerichtet ist, ist in vollem Umfang als Betriebsausgabe abziehbar.
- Anteil für die Bewirtung: 30 v. H. des Gesamtbetrages.

  Dieser Anteil ist gemäß § 4 Abs. 5 Satz 1 Nr. 2 EStG mit dem abziehbaren v. H.-Satz als Betriebsausgabe zu berücksichtigen.
- Anteil für Geschenke: 30 v. H. des Gesamtbetrages.

  Sofern nicht eine andere Zuordnung nachgewiesen wird, ist davon auszugehen, dass diese Aufwendungen je zur Hälfte auf Geschäftsfreunde (Rdnr. 15, 16) und auf eigene Arbeitnehmer (Rdnr. 17, 18) entfallen.

b) Geschenke an Geschäftsfreunde (z. B. andere Unternehmer und deren Arbeitnehmer)

Da diese Aufwendungen regelmäßig den Betrag von 35 Euro pro Empfänger und Wirtschaftsjahr über- 15
steigen, sind sie gemäß § 4 Abs. 5 Satz 1 Nr. 1 EStG nicht als Betriebsausgabe abziehbar.

Bei den Empfängern der Zuwendungen ist dieser geldwerte Vorteil grundsätzlich als Betriebseinnahme/ 16
Arbeitslohn zu versteuern. Auf eine Benennung der Empfänger und die steuerliche Erfassung des geldwerten Vorteils bei den Empfängern kann jedoch verzichtet werden, wenn zur Abgeltung dieser Besteuerung 60 v. H. des auf Geschäftsfreunde entfallenden Anteils am Gesamtbetrag i. S. der Rdnr. 14 zusätzlich der Besteuerung beim Zuwendenden unterworfen werden. [3)]

c) Geschenke an eigene Arbeitnehmer

Soweit die Aufwendungen auf Geschenke an eigene Arbeitnehmer entfallen, sind sie in voller Höhe als 17
Betriebsausgabe abziehbar. Zur steuerlichen Behandlung dieser Zuwendungen bei den eigenen Arbeitnehmern vgl. Rdnr. 10.

Bei Anwendung der Vereinfachungsregelung i. S. der Rdnr. 14 kann der Steuerpflichtige (Arbeitgeber) 18
die Lohnsteuer für diese Zuwendungen mit einem Pauschsteuersatz in Höhe von 30 v. H. des auf eigene
Arbeitnehmer entfallenden Anteils am Gesamtbetrag i. S. der Rdnr. 14 übernehmen. Die Höhe dieses
Pauschsteuersatzes berücksichtigt typisierend, dass der Arbeitgeber die Zuwendungen an einen Teil
seiner Arbeitnehmer im ganz überwiegenden betrieblichen Interesse erbringt (vgl. Rdnr. 10). § 40 Abs. 3
EStG gilt entsprechend. [4)]

d) Pauschale Aufteilung bei besonderer Raumnutzung

In Fällen der Rdnr. 3, in denen die besondere Raumnutzung mindestens einmal wöchentlich stattfindet, 19
kann der auf diese Raumnutzung entfallende Anteil vorab pauschal mit 15 v. H. des Gesamtbetrages ermittelt und als Betriebsausgabe abgezogen werden. Für die weitere Aufteilung nach Rdnr. 14 ist in diesen
Fällen von dem um den Raumnutzungsanteil gekürzten Gesamtbetrag auszugehen.

---

1) Zur steuerlichen Behandlung von Hospitality-Leistungen im Rahmen der Fußball-WM 2006 siehe das BdF-Schreiben vom 30.3.2006 (BStBl. I S. 307):
„**1. Hospitality-Leistungen**
Im Rahmen der Fußballweltmeisterschaft 2006 werden sog. Hospitality-Leistungen angeboten, die den Eintritt ins Stadion (verbunden mit Logen- oder bevorzugten Sitzplätzen), bevorzugte Parkmöglichkeiten, gesonderten Zugang zum Stadion, Bewirtung, persönliche Betreuung, Erinnerungsgeschenke und ein Unterhaltungsangebot umfassen. Diese werden in verschiedenen Kategorien angeboten. In Hospitality-Leistungen sind keine Werbeleistungen enthalten.
2. Anwendung der Vereinfachungsregelungen
Abweichend von Rdnr. 14 des BMF-Schreibens vom 22. August 2005 ist für die pauschale Aufteilung der einzelnen Leistungselemente folgender Aufteilungsmaßstab anzuwenden:
– Der Anteil für Bewirtung wird mit 30 v.H. – begrenzt auf 1 000 Euro pro Teilnehmer je Veranstaltung – angenommen.
– Der Anteil für Geschenke wird mit dem Restbetrag angenommen.
Im Übrigen bleiben die Regelungen des BMF-Schreibens vom 22. August 2005 unberührt."
2) Siehe dazu auch Anlage § 037b-01; Rz. 15.
3) Ab 1.1.2007 nicht mehr anzuwenden, vgl. Anlage § 037b-01.
4) Ab 1.1.2007 nicht mehr anzuwenden, vgl. Anlage § 037b-01.

Anlage § 004–47 Zu § 4 EStG

8. Zeitliche Anwendung
20 Die vorstehenden Regelungen sind in allen offenen Fällen anzuwenden.
Die Regelungen des BMF-Schreibens vom 18. Februar 1998 (BStBl. I S. 212)[1] bleiben unberührt.

II. Anwendung der Vereinfachungsregelungen auf ähnliche Sachverhalte

– BdF-Schreiben vom 11.7.2006 – IV B 2 – S 2144 – 53/06 (BStBl. I S. 447) –

Mit Schreiben vom 22. August 2005 (BStBl. I S. 845) hat das BMF zur ertragsteuerlichen Behandlung von Aufwendungen für VIP-Logen in Sportstätten Stellung genommen. Zur Anwendung der Vereinfachungsregelungen (Rdnrn. 14 ff) vertrete ich im Einvernehmen mit den obersten Finanzbehörden der Länder folgende Auffassung:

1. Nachweis der betrieblichen Veranlassung
Nach Rdnr. 16 des o.g. BMF-Schreibens ist die Benennung der Empfänger der Zuwendung nicht erforderlich. Der Nachweis der betrieblichen Veranlassung der Aufwendungen kann dadurch erfolgen, dass z.B. die Einladung der Teilnehmer, aus der sich die betriebliche/geschäftliche Veranlassung ergibt, zu den Buchungsunterlagen genommen wird. Im Zweifelsfall sollte zum Nachweis der betrieblichen/ geschäftlichen Veranlassung auch eine Liste der Teilnehmer zu den Unterlagen genommen werden.

2. Geltung der gesetzlichen Aufzeichnungspflichten
Für die anteiligen Aufwendungen für die Bewirtung i.S.d. Rdnr. 14 müssen die Aufzeichnungen nach § 4 Abs. 5 Satz 1 Nr. 2 Satz 2 EStG nicht geführt werden.

3. Anwendung der pauschalen Aufteilung
Für Fälle, in denen im Gesamtbetrag der Aufwendungen nur die Leistungen Werbung und Eintrittskarten enthalten sind und für die Bewirtung eine Einzelabrechnung vorliegt (z.B. bei Vertrag mit externem Caterer), ist die Vereinfachungsregelung im Hinblick auf die Pauschalaufteilung 40:30:30 nicht anwendbar. Es ist für den Werbeanteil und den Ticketanteil ein anderer angemessener Aufteilungsmaßstab i.S. einer sachgerechten Schätzung zu finden. Der Bewirtungsanteil steht – soweit er angemessen ist – fest. Dessen Abziehbarkeit richtet sich nach den allgemeinen steuerlichen Regelungen des § 4 Abs. 5 Satz 1 Nr. 2 EStG. Die Versteuerung zugunsten des Geschäftsfreundes – anderer Unternehmer und dessen Arbeitnehmer – (Rdnr. 16 des BMF-Schreibens) oder eine Pauschalbesteuerung für die eigenen Arbeitnehmer (Rdnr. 18 des BMF-Schreibens) auf Ebene des Zuwendenden im Hinblick auf den angemessenen Geschenkanteil kommt jedoch in Betracht.

4. Anwendung der Regelungen bei sog. „Business-Seats"
Für sog. Business-Seats, bei denen im Gesamtbetrag der Aufwendungen nur die Leistungen Eintrittskarten und Rahmenprogramm (steuerlich zu beurteilen als Zuwendung) und Bewirtung enthalten sind, ist, soweit für diese ein Gesamtbetrag vereinbart wurde, dieser sachgerecht aufzuteilen (ggf. pauschale Aufteilung entsprechend Rdnr. 14 mit 50 v.H. für Geschenke und 50 v.H. für Bewirtung). Die Vereinfachungsregelungen der Rdnrn. 16[2] und 18[3] können angewandt werden.

Weist der Steuerpflichtige nach, dass im Rahmen der vertraglich vereinbarten Gesamtleistungen auch Werbeleistungen erbracht werden, die die Voraussetzungen des BMF-Schreibens vom 18. Februar 1998 (BStBl. I S. 212) erfüllen, kann für die Aufteilung des Gesamtbetrages der Aufteilungsmaßstab der Rdnr. 14 des BMF-Schreibens vom 22. August 2005 (a.a.O) angewendet werden. Der Anteil für Werbung i.H.v. 40 v.H. ist dann als Betriebsausgabe zu berücksichtigen.

5. Andere Veranstaltungen in Sportstätten
Soweit eine andere, z.B. kulturelle Veranstaltung in einer Sportstätte stattfindet, können die getroffenen Regelungen angewendet werden, sofern die Einzelfallprüfung einen gleichartigen Sachverhalt ergibt.

6. Veranstaltungen außerhalb von Sportstätten
Soweit außerhalb einer Sportstätte in einem Gesamtpaket Leistungen angeboten werden, die Eintritt, Bewirtung und Werbung enthalten (z.B. Operngala) ist eine pauschale Aufteilung möglich. Der Aufteilungsmaßstab muss sich an den Umständen des Einzelfalls orientieren. Die Übernahme der Besteuerung

---
1) Siehe Anlage § 004-42.
2) Ab 1.1.2007 nicht mehr anzuwenden →BMF vom 29.4.2008 (BStBl. I S. 566), Rz.15, Anlage § 037b-01.
3) Ab 1.1.2007 nicht mehr anzuwenden →BMF vom 29.4.2008 (BStBl. I S. 566), Rz.15 Anlage § 037b-01.

für die Zuwendung an Geschäftsfreunde und die eigenen Arbeitnehmer i.S.d. Vereinfachungsregelungen des BMF-Schreibens vom 22. August 2005 (a.a.O) ist möglich.

7. Abweichende Aufteilung der Gesamtaufwendungen

Die Vereinfachungsregelungen (Übernahme der Besteuerung) gemäß Rdnrn. 16[1)] und 18[2)] sind auch in den Fällen anwendbar, in denen nachgewiesen wird, dass eine von Rdnr. 14 abweichende andere Aufteilung der Gesamtaufwendungen im Einzelfall angemessen ist.

---

1) Ab 1.1.2007 nicht mehr anzuwenden →BMF vom 29.4.2008 (BStBl. I S. 566), Rz.15, Anlage § 037b-01.
2) Ab 1.1.2007 nicht mehr anzuwenden →BMF vom 29.4.2008 (BStBl. I S. 566), Rz.15, Anlage § 037b-01.

Anlagen § 004–48 unbesetzt, § 004–49

Zu § 4 EStG

Standardisierte Einnahmenüberschussrechnung nach § 60 Absatz 4 EStDV; Anlage EÜR 2013

– BdF-Schreiben vom 2.10.2014 – IV C 6 S 2142/07/10001:009, 2014/0845867
(BStBl. I S. 1330) –

Unter Bezugnahme auf das Ergebnis der Erörterungen mit den obersten Finanzbehörden der Länder gebe ich die Vordrucke der Anlage EÜR und die dazugehörige Anleitung für das Jahr 2013 bekannt.

Der amtlich vorgeschriebene Datensatz, der nach § 60 Absatz 4 Satz 1 EStDV durch Datenfernübertragung zu übermitteln ist, wird nach Tz. 3 des BMF-Schreibens zur StDÜV/StDAV vom 16. November 2011 (BStBl. I S. 1063) im Internet unter www.elster.de bekannt gegeben.

Bei Betriebseinnahmen unter 17.500 Euro im Wirtschaftsjahr wird es nicht beanstandet, wenn der Steuererklärung anstelle des Vordrucks eine formlose Gewinnermittlung beigefügt wird. Insoweit wird auch auf die elektronische Übermittlung der Einnahmenüberschussrechnung nach amtlich vorgeschriebenem Datensatz durch Datenfernübertragung verzichtet. Die Verpflichtungen, den Gewinn nach den geltenden gesetzlichen Vorschriften zu ermitteln sowie die sonstigen gesetzlichen Aufzeichnungspflichten zu erfüllen, bleiben davon unberührt.

Übersteigen die im Wirtschaftsjahr angefallenen Schuldzinsen, ohne die Berücksichtigung der Schuldzinsen für Darlehen zur Finanzierung von Anschaffungs- oder Herstellungskosten von Wirtschaftsgütern des Anlagevermögens, den Betrag von 2.050 Euro, sind bei Einzelunternehmen die in der Anlage SZE (Ermittlung der nicht abziehbaren Schuldzinsen) enthaltenen Angaben an die Finanzverwaltung zu übermitteln.

Zu § 4 EStG **Anlage § 004–50**

Zuordnung der Steuerberatungskosten zu den Betriebsausgaben, Werbungskosten oder Kosten der Lebensführung

– BdF-Schreiben vom 21.12.2007 – IV B 2 – S 2144/07/002 (BStBl. 2008 I S. 256) –

Durch das Gesetz zum Einstieg in ein steuerliches Sofortprogramm vom 22. Dezember 2005 (BGBl. I S. 3682, BStBl. I 2006 S. 79) wurde der Abzug von Steuerberatungskosten als Sonderausgaben ausgeschlossen. Steuerberatungskosten sind nur noch zu berücksichtigen, wenn sie Betriebsausgaben oder Werbungskosten darstellen. Im Einvernehmen mit den obersten Finanzbehörden der Länder gilt für die Zuordnung der Steuerberatungskosten zu den Betriebsausgaben, Werbungskosten oder den nicht abziehbaren Kosten der Lebensführung Folgendes:

1. Begriffsbestimmung

Steuerberatungskosten umfassen alle Aufwendungen, die in sachlichem Zusammenhang mit dem Besteuerungsverfahren stehen. Hierzu zählen insbesondere solche Aufwendungen, die dem Steuerpflichtigen durch die Inanspruchnahme eines Angehörigen der steuerberatenden Berufe zur Erfüllung seiner steuerlichen Pflichten und zur Wahrung seiner steuerlichen Rechte entstehen (§§ 1 und 2 StBerG). Dazu gehören u.a. die damit zwangsläufig verbundenen und durch die Steuerberatung veranlassten Nebenkosten (BFH vom 12. Juli 1989, BStBl. II S. 967), wie Fahrtkosten zum Steuerberater und Unfallkosten auf dem Weg zum Steuerberater. Steuerberatungskosten sind u.a. auch Beiträge zu Lohnsteuerhilfevereinen, Aufwendungen für Steuerfachliteratur und sonstige Hilfsmittel (z.B. Software). 1

Nicht zu den Steuerberatungskosten zählen u.a. Rechtsanwaltskosten, die der Steuerpflichtige aufwendet, um die Zustimmung seines geschiedenen oder dauernd getrennt lebenden unbeschränkt steuerpflichtigen Ehegatten zum begrenzten Realsplitting zu erlangen oder die für die Verteidigung in einem Steuerstrafverfahren (→ BFH vom 20. September 1989, BStBl. II 1990 S. 20) anfallen. 2

2. Zuordnung zu den Betriebsausgaben/Werbungskosten

Steuerberatungskosten sind als Betriebsausgaben oder Werbungskosten abzuziehen, wenn und soweit sie bei der Ermittlung der Einkünfte anfallen (→ BFH vom 18. November 1965, BStBl. III 1966 S. 190) oder im Zusammenhang mit Betriebssteuern (z.B. Gewerbesteuer, Umsatzsteuer, Grundsteuer für Betriebsgrundstücke) oder Investitionszulagen für Investitionen im einkünfterelevanten Bereich stehen. Die Ermittlung der Einkünfte umfasst die Kosten der Buchführungsarbeiten und der Überwachung der Buchführung, die Ermittlung von Ausgaben oder Einnahmen, die Anfertigung von Zusammenstellungen, die Aufstellung von Bilanzen oder von Einnahmenüberschussrechnungen, die Beantwortung der sich dabei ergebenden Steuerfragen, soweit es sich nicht um Nebenleistungen nach § 12 Nr. 3 EStG handelt und die Kosten der Beratung. Zur Ermittlung der Einkünfte zählt auch das Ausfüllen des Vordrucks Einnahmenüberschussrechnung (EÜR). 3

3. Zuordnung zu den Kosten der Lebensführung

Das Übertragen der Ergebnisse aus der jeweiligen Einkunftsermittlung in die entsprechende Anlage zur Einkommensteuererklärung und das übrige Ausfüllen der Einkommensteuererklärung gehören nicht zur Einkunftsermittlung. Die hierauf entfallenden Kosten sowie Aufwendungen, die die Beratung in Tarif- oder Veranlagungsfragen betreffen oder im Zusammenhang mit der Ermittlung von Sonderausgaben und außergewöhnlichen Belastungen stehen, sind als Kosten der privaten Lebensführung gemäß § 12 Nr. 1 EStG steuerlich nicht zu berücksichtigen (→ BFH vom 12. Juli 1989, BStBl. II S. 967). 4

Zu den der Privatsphäre zuzurechnenden Aufwendungen zählen auch die Steuerberatungskosten, die: 5
– durch haushaltsnahe Beschäftigungsverhältnisse veranlasst sind,
– im Zusammenhang mit der Inanspruchnahme haushaltsnaher Dienstleistungen oder der steuerlichen Berücksichtigung von Kinderbetreuungskosten stehen,
– die Erbschaft- oder Schenkungsteuer,
– das Kindergeld oder
– die Eigenheimzulage betreffen.

4. Zuordnung zur Betriebs-/Berufssphäre oder zur Privatsphäre

Steuerberatungskosten, die für Steuern entstehen, die sowohl betrieblich/beruflich als auch privat verursacht sein können, sind anhand ihrer Veranlassung den Aufwendungen nach Rdnr. 3 oder 4 zuzuordnen (z.B. Grundsteuer, Kraftfahrzeugsteuer, Zweitwohnungsteuer, Gebühren für verbindliche Auskünfte nach § 89 Abs. 3 bis 5 AO). Als Aufteilungsmaßstab dafür ist grundsätzlich die Gebührenrechnung des Steuerberaters heranzuziehen. 6

Anlage § 004–50

Zu § 4 EStG

5. Zuordnung gemischt veranlasster Aufwendungen

7   Entstehen dem Steuerpflichtigen Aufwendungen, die unter Berücksichtigung der Ausführungen zu den Rdnrn. 3 und 4 sowohl betrieblich/beruflich als auch privat veranlasst sind, wie z.B. Beiträge an Lohnsteuerhilfevereine, Anschaffungskosten für Steuerfachliteratur zur Ermittlung der Einkünfte und des Einkommens, Beratungsgebühren für einen Rechtsstreit, der sowohl die Ermittlung von Einkünften als auch z.b. den Ansatz von außergewöhnlichen Belastungen umfasst, ist im Rahmen einer sachgerechten Schätzung eine Zuordnung zu den Betriebsausgaben, Werbungskosten oder Kosten der Lebensführung vorzunehmen. Dies gilt auch in den Fällen einer Vereinbarung einer Pauschalvergütung nach § 14 der StBGebV.

8   Bei Beiträgen an Lohnsteuerhilfevereine, Aufwendungen für steuerliche Fachliteratur und Software wird es nicht beanstandet, wenn diese Aufwendungen i.H.v. 50 Prozent den Betriebsausgaben oder Werbungskosten zugeordnet werden. Dessen ungeachtet ist aus Vereinfachungsgründen der Zuordnung des Steuerpflichtigen bei Aufwendungen für gemischte Steuerberatungskosten bis zu einem Betrag von 100 Euro im Veranlagungszeitraum zu folgen.

Beispiel:
Der Steuerpflichtige zahlt in 01 einen Beitrag an einen Lohnsteuerhilfeverein i.H.v. 120 Euro. Davon ordnet er 100 Euro den Werbungskosten zu; diese Zuordnung ist nicht zu beanstanden.

6. Zuordnung der Steuerberatungskosten bei Körperschaften

9   Auf Körperschaften findet § 12 EStG keine Anwendung. Den Körperschaften im Sinne des § 1 Abs. 1 Nr. 1 bis 3 KStG entstehende Steuerberatungskosten sind in vollem Umfang als Betriebsausgaben abziehbar. Für Körperschaften, die auch andere als gewerbliche Einkünfte erzielen, ist zwischen einkunftsbezogenen und nicht einkunftsbezogenen Aufwendungen zu unterscheiden. Den einzelnen Einkunftsarten zuzuordnenden Steuerberatungskosten sind als Betriebsausgaben oder Werbungskosten abziehbar.

7. Anwendungszeitpunkt

10 Steuerberatungskosten, die den Kosten der Lebensführung zuzuordnen sind, sind ab dem 1. Januar 2006 nicht mehr als Sonderausgaben zu berücksichtigen. Maßgebend dafür ist der Zeitpunkt des Abflusses der Aufwendungen (§ 11 Abs. 2 Satz 1 EStG). Werden Steuerberatungskosten für den Veranlagungszeitraum 2005 vorschussweise (§ 8 StBGebV) bereits in 2005 gezahlt, so sind sie dem Grunde nach abziehbar. Eine spätere Rückzahlung aufgrund eines zu hohen Vorschusses mindert die abziehbaren Aufwendungen des Veranlagungszeitraumes 2005. Ein bereits bestandskräftiger Bescheid ist nach § 175 Abs. 1 Satz 1 Nr. 2 AO zu ändern (→ BFH vom 28. Mai 1998, BStBl. II 1999 S. 95).

Dieses Schreiben wird im Bundessteuerblatt Teil I veröffentlicht.

Zu § 4 EStG   **Anlage § 004–51**

Ertragsteuerliche Behandlung von Gewinnen aus einem Planinsolvenzverfahren (§§ 217 ff. InsO), aus einer erteilten Restschuldbefreiung (§§ 286 ff. InsO) oder einer Verbraucherinsolvenz (§§ 304 ff. InsO)

– BdF-Schreiben vom 22.12.2009 – IV C 6 – S 2140/0/10001 – 01 – (BStBl. 2010 I S. 18) –

Im Insolvenzverfahren können natürliche Personen als Schuldner einen Antrag auf Restschuldbefreiung (§ § 286 ff. InsO) stellen, um nach einer Wohlverhaltensperiode von 6 Jahren die Befreiung von bislang gegenüber den Insolvenzgläubigern nicht erfüllten Verbindlichkeiten zu erlangen (sog. Restschuldbefreiungen). Die Restschuldbefreiung kann bei Land- und Forstwirten, Gewerbetreibenden und Selbständigen zu steuerpflichtigen Gewinnen führen. Eine vergleichbare Problematik ergibt sich auch im Rahmen des Planinsolvenzverfahrens (§§ 217 ff. InsO) und der Verbraucherinsolvenz (§§ 304 ff. InsO). Im sog. Verbraucherinsolvenzverfahren erhalten u. a. auch Personen, die eine selbständige Tätigkeit ausgeübt haben, die Möglichkeit der Restschuldbefreiung; Voraussetzung ist u. a., dass ihre Vermögensverhältnisse überschaubar sind, d. h. im Zeitpunkt des Antrages auf Eröffnung des Insolvenzverfahrens sind weniger als 20 Gläubiger vorhanden, und dass gegen sie keine Forderungen aus Arbeitsverhältnissen bestehen.

Im Rahmen des Planinsolvenzverfahrens besteht die Möglichkeit, die Vermögensverwertung und -verteilung abweichend von den gesetzlichen Vorschriften der InsO durch die Erstellung eines Insolvenzplanes zu regeln. Der Insolvenzplan soll den Beteiligten (Insolvenzgläubiger und Schuldner) die Möglichkeit geben, die Zerschlagung des Unternehmens zu vermeiden und stattdessen eine Sanierung oder Übertragung des Unternehmens zu beschließen.

Die Besteuerung der Gewinne aus der Durchführung einer der vorgenannten Insolvenzverfahren steht im Widerspruch zu den Zielen der Insolvenzordnung. Im Einvernehmen mit den obersten Finanzbehörden der Länder gilt deshalb Folgendes:

1. Zeitpunkt der Gewinnentstehung bei Insolvenzverfahren

Der aufgrund einer erteilten Restschuldbefreiung entstandene Gewinn stellt kein rückwirkendes Ereignis i. S. von § 175 Absatz 1 Satz 1 Nummer 2 AO dar und ist damit erst im Zeitpunkt der Erteilung der Restschuldbefreiung realisiert.

Gleiches gilt für Gewinne, die im Rahmen einer Verbraucherinsolvenz (§§ 304 ff. InsO) entstehen.

2. Steuerstundung und Steuererlass aus sachlichen Billigkeitsgründen (§§ 163, 222, 227 AO)

Das BMF-Schreiben zur ertragsteuerlichen Behandlung von Sanierungsgewinnen vom 27. März 2003 – IV C 6 – S 2140 – 8/03 – (BStBl. I S. 240)[1] ist auf Gewinne aus einer Restschuldbefreiung (§§ 286 ff. InsO) und aus einer Verbraucherinsolvenz (§§ 304 ff. InsO) entsprechend anzuwenden. Unter den im o. g. BMF-Schreiben beschriebenen Voraussetzungen ist auch die aufgrund einer Restschuldbefreiung (§§ 286 ff. InsO) oder einer Verbraucherinsolvenz (§§ 304 ff. InsO) entstehende Steuer auf Antrag des Steuerpflichtigen nach § 163 AO abweichend festzusetzen und nach § 222 AO mit dem Ziel des späteren Erlasses (§ 227 AO) zunächst unter Widerrufsvorbehalt ab Fälligkeit (AEAO zu § 240 Nummer 6 Buchstabe a) zu stunden.

Rn. 2 Satz 2 des o. g. BMF-Schreibens (keine Begünstigung einer unternehmerbezogenen Sanierung) ist in den Fällen der Restschuldbefreiung (§§ 286 ff. InsO) und der Verbraucherinsolvenz (§§ 304 ff. InsO) nicht anzuwenden.

3. Fälle des Planinsolvenzverfahrens (§§ 217 ff. InsO)

Die Fälle der Planinsolvenz (§§ 217 ff. InsO) fallen originär unter den Anwendungsbereich des BMF-Schreibens vom 27. März 2003 (a. a. O.).

4. Anwendungsregelung

Dieses Schreiben ist auf alle offenen Fälle anzuwenden. Es wird im Bundessteuerblatt Teil I veröffentlicht.

---

1) Siehe Anlage § 004-03.

Anlage § 004d–01

Zu § 4d EStG

Zuwendungen an Unterstützungskassen

– BdF-Schreiben vom 28.11.1996 IV B 2 – S 2144c – 44/96 – (BStBl. I S. 1435) –

Zu einigen Zweifelsfragen im Zusammenhang mit der steuerlichen Behandlung von Zuwendungen der Trägerunternehmen an Unterstützungskassen nehme ich wie folgt Stellung:

A. Konzeptions- und Verwaltungskosten

1. Konzeptionskosten des Trägerunternehmens

    Aufwendungen, die einem Trägerunternehmen bei der Einführung einer betrieblichen Altersversorgung über eine Unterstützungskasse für seine Arbeitnehmer entstehen (z. B. Kosten eines Rechtsgutachtens), stellen Betriebsausgaben dar. Sie sind nach § 4 Abs. 4 EStG in voller Höhe abzuziehen. Entsprechendes gilt, soweit dem Trägerunternehmen Aufwendungen dadurch entstehen, daß von einem bestehenden Durchführungsweg der betrieblichen Altersversorgung auf den Durchführungsweg Unterstützungskasse gewechselt werden soll.

2. Konzeptions- und Verwaltungskosten der Unterstützungskasse

    Bedient sich das Trägerunternehmen bei der Durchführung der betrieblichen Altersversorgung einer Unterstützungskasse, so gilt für die steuerliche Behandlung der hierbei anfallenden Kosten folgendes:

    a) Das Trägerunternehmen trägt die bei der Unterstützungskasse anfallenden Kosten

    – Übernimmt das Trägerunternehmen für die Unterstützungskasse die Verwaltung der Kasse (Geschäftsbesorgung), so sind seine Aufwendungen insoweit in vollem Umfang als Betriebsausgaben abzugsfähig (vgl. § 4 Abs. 4 EStG). Verzichtet in diesen Fällen das Trägerunternehmen gegenüber der Kasse auf Erstattung der Kosten, so liegt hierin keine nach § 4d EStG zu beurteilende Zuwendung.

    – Ersetzt das Trägerunternehmen die bei der Unterstützungskasse anfallenden Kosten, so kann das Trägerunternehmen diese Aufwendungen in vollem Umfang als Betriebsausgaben abziehen (vgl. § 4 Abs. EStG). Es liegt keine nach § 4d EStG zu beurteilende Zuwendung vor. Dies gilt unabhängig davon, ob die Kasse die Verwaltung selbst durchführt oder einen Dritten mit dieser Aufgabe beauftragt, wobei das Trägerunternehmen diesem die Kosten unmittelbar ersetzt. Übersteigen vom Trägerunternehmen ersetzten Beiträge die im laufenden Wirtschaftsjahr der Kasse tatsächlich angefallenen Kosten, so liegt insoweit eine Zuwendung im Sinne von § 4d EStG vor, die Teil des tatsächlichen Kassenvermögens wird.

    b) Die Unterstützungskasse trägt die Kosten selbst

    Beim Trägerunternehmen scheidet ein Abzug als Betriebsausgaben aus. Die bei der Unterstützungskasse eintretende Belastung des eigenen Vermögens ist nicht als schädliche Vermögensverwendung im Sinne von § 5 Abs. 1 Nr. 3 Buchstabe c KStG anzusehen, es sei denn, die angefallenen Aufwendungen sind unangemessen.

B. Leistungsanwärter und Leistungsempfänger

1. Unternehmer und Mitunternehmer als Begünstigte der Kasse

    Zuwendungen an die Unterstützungskasse sind nach § 4d Abs. 1 Satz 1 EStG nur als Betriebsausgaben abzuziehen, soweit die Leistungen der Kasse bei dem Trägerunternehmen betrieblich veranlaßt wären, wenn sie vom Trägerunternehmen unmittelbar erbracht würden. Der Leistungsanwärter oder der Leistungsempfänger muß daher zum Trägerunternehmen in einem Dienst- oder anderen Rechtsverhältnis stehen (oder gestanden haben); § 4d Abs. 1 Nr. 1 Buchstabe a Satz 2 letzter Halbsatz und Buchstabe b Satz 2 letzter Halbsatz EStG gilt entsprechend. Zuwendungen für Unternehmer oder Mitunternehmer sind daher nicht nach § 4d EStG begünstigt; sie werden Teil des tatsächlichen Kassenvermögens. Bei der Ermittlung des zulässigen Kassenvermögens nach § 4d Abs. 1 Nr. 1 Satz 4 bis 6 EStG bzw. nach § 5 Abs. 1 Nr. 3 Buchstabe e KStG ist dieser Personenkreis weder als Leistungsanwärter noch als Leistungsempfänger zu berücksichtigen.

2. Laufende Leistungen der Kasse trotz fortbestehendem Dienstverhältnis

    Erhält ein Begünstigter bereits Leistungen der betrieblichen Altersversorgung von der Kasse, obwohl sein Dienstverhältnis mit dem Trägerunternehmen noch nicht beendet ist, so gilt er nur dann als Leistungsempfänger im Sinne des § 4d EStG, wenn die Leistungen als betriebliche Teilrentenleistungen angesehen werden können; die Grundsätze des entsprechenden BMF-Schreibens vom 25.04.1995 (BStBl. I S. 250)[1] gelten entsprechend.

C. Ermittlung der Rückdeckungsquote

Schließt die Unterstützungskasse für in Aussicht gestellte Versorgungsleistungen eine Rückdeckungsversicherung ab, so darf das Trägerunternehmen Zuwendungen hierfür grundsätzlich nur unter den Voraussetzungen des § 4d Abs. 1 Nr. 1 Buchstabe c EStG als Betriebsausgabe abziehen (vgl. § 4d Abs. 1 Nr. 1 Buchstabe c Satz 5 EStG). Das zulässige Kassenvermögen richtet sich insoweit nach § 4d Abs. 1 Nr. 1 Satz 5 und 6 EStG. Ist die Zusage nur zum Teil rückgedeckt, so sind neben den Zuwendungen nach § 4d Abs. 1 Nr. 1 Buchstabe c EStG auch Teil-Zuwendungen nach § 4 Abs. 1 Nr. 1 Buchstaben a oder b EStG möglich. Dabei ist das Verhältnis zwischen den rückgedeckten und den gesamten in Aussicht gestellten Leistungen (sog. Rückdeckungsquote) maßgebend. Liegen die Voraussetzungen des § 4 Abs. 1 Nr. 1 Buchstabe c Sätze 2 bis 4 EStG nicht vor, gelten die in Aussicht gestellten Leistungen als nicht rückgedeckt.

Die Rückdeckungsquote ist mittels eines auf versicherungsmathematischen Grundsätzen beruhenden Barwertvergleichs zu ermitteln. Es ist das Verhältnis zwischen dem Barwert der Versicherungsleistung und dem Barwert der Versorgungsleistung zu berechnen; dabei sind jeweils die gleichen Rechnungsgrundlagen zu verwenden, und zwar mit einem Zinsfuß, der bei der Kalkulation der Rückdeckungsversicherungen verwendet wurde.

D. Verwendung von Gewinngutschriften

1. Kürzung des Zuwendungsumfangs

   Nach R 27 a Abs. 9 Satz 3 EStR 1993 sind die der Kasse (Versicherungsnehmer) aus der einzelnen Versicherung zuzurechnenden Gewinngutschriften grundsätzlich mit dem an die Versicherung zu zahlenden Jahresbeitrag zu verrechnen. Das Trägerunternehmen kann daher der Kasse nur den verbleibenden Restbetrag nach § 4d Abs. 1 Nr. 1 Buchstabe c EStG zuwenden. Maßgebend sind die Gewinngutschriften, die der Kasse als Versicherungsnehmerin nach der Satzung, dem Geschäftsplan oder nach den Versicherungsbedingungen der Gesellschaft, bei der die in Aussicht gestellten Leistungen rückgedeckt sind, in dem Wirtschaftsjahr der Kasse zustehen, für das das Trägerunternehmen Zuwendungen macht. Dies ist das Wirtschaftsjahr der Kasse, das im Wirtschaftsjahr des Trägerunternehmens endet, in dem die Zuwendung erfolgt (Bezugsjahr). Übersteigen die Gewinngutschriften den Jahresbeitrag, sind weitere betriebsausgabenwirksame Zuwendungen in diesem Wirtschaftsjahr nach § 4d Abs. 1 Nr. 1 Buchstabe c EStG nicht möglich. Der übersteigende Betrag ist beim Trägerunternehmen nicht als Betriebseinnahme zu erfassen. Die Kasse kann diesen Betrag zur Beitragszahlung für die Rückdeckung einer anderen Versorgungsverpflichtung verwenden; dies gilt auch für Gewinngutschriften aus Versicherungen, mit denen eine in Aussicht gestellte Versorgung an einen unter 30jährigen Leistungsanwärter rückgedeckt wird.

   Die vorstehenden Ausführungen gelten entsprechend für sonstige Gewinnüberhänge; z.B. freiwerdende Deckungskapitalien bei Ausscheiden von Mitarbeitern des Trägerunternehmens mit verfallbaren Anwartschaften oder bei Todesfalleistungen ohne Hinterbliebene.

   Beispiel:
   Wirtschaftsjahr des Trägerunternehmens: 1. Dezember bis 30. November; Wirtschaftsjahr der rückgedeckten Kasse: 1. Januar bis 31. Dezember. Zuwendung des Trägerunternehmens von 1 000 DM für die dem Arbeitnehmer A und von 800 DM für die dem Arbeitnehmer B in Aussicht gestellten Leistungen am 30. November 03; A war am 31. Dezember 02 31 Jahre alt, B 29 Jahre alt. Der Kasse stehen im Wirtschaftsjahr 02 aus der Rückdeckungsversicherung „A" eine Gewinngutschrift von 50 DM und aus der Rückdeckungsversicherung „B" eine Gewinngutschrift von 10 DM zu.

   Nach § 4d Abs. 1 Nr. 1 Buchstabe c EStG sind als Betriebsausgaben abzugsfähig:
   - für A: 1 000 DM ./. 50 DM = 950 DM und
   - für B: 0 DM da B am 31. Dezember 02 das 30. Lebensjahr noch nicht vollendet hat (vgl. auch Ausführungen unter F.)

2. Erhöhung der Versicherugsleistung

   Die Verrechnung unterbleibt, wenn die Kasse die ihr aus der Versicherung zustehenden Gewinngutschriften zur Erhöhung der Versicherungsleitung verwendet. H 88 (Beitragsminderung) letzter Satz EStH 1994 ist nicht anzuwenden. Über die Verwendung einer Gewinngutschrift muß spätestens am Schluß des Bezugsjahres entschieden sein.

---

1) Siehe Anlage § 006a-04.

Anlage § 004d–01 Zu § 4d EStG

Die Erhöhung der Versicherungsleistung darf nicht zu einer Überversicherung führen. Eine Überversicherung ist anzunehmen, wenn der Wert der Versicherungsleistungen (Versicherungssumme) höher ist als der in Aussicht gestellte Versorgungsumfang. Soweit die jeweilige Gewinngutschrift auf die Überversicherung entfällt, sind die Grundsätze zur Kürzung des Zuwendungsumfangs gemäß den Ausführungen unter 1. entsprechend anzuwenden. Sieht eine in Aussicht gestellte Versorgung auch Hinterbliebenenleistungen vor und ist diese rückgedeckt, ist nicht zu prüfen, ob am Bilanzstichtag Angehörige vorhanden sind, die diese Leistungen erhalten könnten.

Liegt eine Versicherung mit jährlicher Beitragsleistung im Sinne von § 4d Abs. 1 Nr. 1 Buchstabe c Satz 2 EStG vor, ändert sich daran nichts, wenn die Gewinngutschriften zur Erhöhung der Versicherungsleistungen für die rückgedeckte in Aussicht gestellte Versorgung als Einmalbeitrag verwendet werden. Soweit Gewinngutschriften bei vor dem 1. Januar 1996 abgeschlossenen Versicherungen verzinslich angesammelt wurden, sind diese Vermögenswerte aus Billigkeitsgründen noch für Wirtschaftsjahre der Kasse, die vor dem 1. Januar 1999 enden, als Teil des zulässigen Kassenvermögens anzusetzen. Unbeschadet dieses Sachverhalts gilt § 6 Abs. 6 KStG.

E. Unterbrechung der laufenden Beitragszahlung oder Beitragseinstellung

Zuwendungen an eine rückgedeckte Unterstützungskasse sind im Anwartschaftsbereich beim Trägerunternehmen nur dann als Betriebsausgaben abzuziehen, wenn die Voraussetzungen des § 4d Abs. 1 Nr. 1 Buchstabe c Satz 2 bis 4 EStG erfüllt sind (begünstigte Versicherung). In das zulässige Kassenvermögen nach § 4d Abs. 1 Nr. 1 Satz 5 und 6 EStG sind nur Ansprüche aus einer begünstigten Versicherung einzubeziehen. Voraussetzung ist u.a., daß die Unterstützungskasse als Versicherungsnehmerin jährlich gleichbleibende oder steigende Beiträge zahlt.

Wird die Beitragszahlung an eine begünstigte Versicherung vorübergehend ausgesetzt, so bleibt die Versicherung begünstigt. Für eine endgültige Beitragseinstellung gilt entsprechendes.

Werden nach einer Unterbrechung die Beitragszahlungen später wieder aufgenommen, so liegt auch weiterhin grundsätzlich eine begünstigte Versicherung vor; Voraussetzung ist allerdings, daß die Beiträge bei unverminderter Versicherungsleistung nicht niedriger sind als vor der Unterbrechung und die übrigen in § 4d Abs. 1 Nr. 1 Buchstabe c Satz 2 bis 4 EStG genannten Voraussetzungen unverändert erfüllt sind. Eine Nachzahlung im Wege eines Einmalbeitrags zum Ausgleich einer Minderung der Versicherungsleistung wegen der Beitragsunterbrechung führt zu einer nicht mehr begünstigten Versicherung.

F. Rückdeckungsversicherungen für unter 30jährige Leistungsanwärter

Deckt eine Unterstützungskasse ein Versorgungsversprechen gegenüber einem Begünstigten rück, der das 30. Lebensjahr noch nicht vollendet hat, so kann das Trägerunternehmen – vorbehaltlich § 4d Abs. 1 Nr. 1 Buchstabe c Satz 3 EStG – hierfür zugewendete Beiträge nicht als Betriebsausgaben abziehen. Die zugewendeten Beträge werden Teil des tatsächlichen Kassenvermögens. Bei der Ermittlung des zulässigen Kassenvermögens ist ein solches Versorgungsversprechen nicht zu berücksichtigen.

Hat der Begünstigte sein 30. Lebensjahr vollendet, sind Zuwendungen des Trägerunternehmens nunmehr unter den übrigen Voraussetzungen des § 4d Abs. 1 Nr. 1 Buchstabe c EStG als Betriebsausgaben abzugsfähig. Bei der Ermittlung des zulässigen Kassenvermögens ist das Versorgungsversprechen nur insoweit zu berücksichtigen, als der Wert des geschäftsplanmäßigen Deckungskapitals bzw. des maßgebenden Zeitwerts auf Beitragsleistungen beruht, die nach Vollendung des 30. Lebensjahrs des Begünstigten erfolgen.

G. Zulässiges Kassenvermögen bei abweichender Fälligkeit der Versorgungs- und Versicherungsleistungen

Arbeitet der Versorgungsanwärter über den Zeitpunkt, zu dem die Versicherungsleistung fällig wurde, im Unternehmen weiter, und hat die Versicherung die Versicherungsleistung ganz oder teilweise vor Eintritt des Versorgungsfalles an die Unterstützungskasse ausgezahlt, ist diese Leistung aus Billigkeitsgründen bis zum Beginn der Versorgungsleistungen weiterhin im zulässigen Kassenvermögen nach § 4d Abs. 1 Nr. 1 Satz 5 und 6 EStG zu erfassen. Entsprechendes gilt für Ansprüche aus einer Versicherung, deren Laufzeit bis zum tatsächlichen Eintritt des Begünstigten in den Ruhestand verlängert wird.

H. Übergangsregelung nach § 52 Abs. 5 Satz 2 EStG

Erfolgt für Wirtschaftsjahre, die nach dem 31. Dezember 1991 beginnen und vor dem 1. Januar 1996 enden, die Ermittlung des begünstigten Zuwendungsumfangs für zugewendete Beiträge nach § 4d Abs. 1 Nr. 1 Buchstabe a oder b EStG, weil die Voraussetzungen des § 4d Abs. 1 Nr. 1 Buchstabe c EStG nicht erfüllt sind, so hat dies auf die Ermittlung des zulässigen Kassenvermögens keine Auswirkung. Insoweit ist zu unterstellen, die Kasse wäre rückgedeckt.

Zu § 4d EStG   **Anlage § 004d–01**

I. Zulässiges Kassenvermögen für nicht lebenslänglich laufende Leistungen
Für die Leistungsanwärter auf nicht lebenslänglich laufende Leistungen können 1 v. H. ihrer Lohn- und Gehaltssumme, höchstens jedoch die Summe der in den letzten 10 Jahren von der Kasse gezahlten Leistungen als zulässiges Kassenvermögen angesetzt werden. Sieht der Leistungsplan der Kasse noch keine 10 Jahre nicht lebenslänglich laufende Leistungen vor, dürfen 1 v.H. der Lohn- und Gehaltssumme der Leistungsanwärter ohne weitere Beschränkung als zulässiges Kassenvermögen angesetzt werden.

Hat ein Trägerunternehmen mehrere Unterstützungskassen, so gelten diese hinsichtlich der Zuwendungen des Trägerunternehmens und des 10-Jahreszeitraums bei der Ermittlung des zulässigen Kassenvermögens als eine Einheit.

Haben sich mehrere Trägerunternehmen einer Unterstützungskasse angeschlossen (Gruppen- bzw. Konzernunterstützungskassen), ist der 10-Jahreszeitraum auf das jeweilige Trägerunternehmen bezogen anzuwenden.

J. Tatsächliches Kassenvermögen und überhöhte Zuwendungen
1. Tatsächliches Kassenvermögen
   Die Bewertung des tatsächlichen Kassenvermögens erfolgt nach § 4d Abs. 1 Nr. 1 Satz 3 EStG. Ohne Bedeutung ist, aus welchem Anlaß die Vermögenswerte der Kasse übertragen worden sind. Auch Vermögenswerte, die der Kasse aus gesellschaftsrechtlichen Gründen zustehen oder Vermögenswerte aus Zuwendungen an die Kasse, die beim Trägerunternehmen nicht zu Betriebsausgaben führen, rechnen zum tatsächlichen Kassenvermögen.

2. Überhöhte Zuwendungen
   Zuwendungen, die die Voraussetzungen des § 4d Abs. 1 Nr. 1 EStG erfüllen, sind nicht als Betriebsausgaben abzugsfähig, soweit das tatsächliche Kassenvermögen das zulässige Kassenvermögen übersteigt; insoweit sind die Verhältnisse am Schluß des Bezugsjahrs (vgl. die Ausführungen unter D Nummer 1) maßgebend (vgl. R 27 a Abs. 13 Satz 2 EStR 1993). Sind die Zuwendungen überhöht, kann ein Rechnungsabgrenzungsposten nach § 4d Abs. 2 Satz 3 EStG gebildet werden. Bei der Auflösung dieses Postens in den folgenden drei Jahren ist nicht zu beanstanden, wenn das Trägerunternehmen unterstellt, es hätte erst in diesen Jahren in Höhe des verbleibenden Rechnungsabgrenzungspostens die Zuwendung geleistet. Der Drei-Jahreszeitraum nach § 4d Abs. 2 Satz 3 EStG verlängert sich dadurch nicht. Die Bildung des Rechnungsabgrenzungspostens hat auf die Höhe des tatsächlichen Kassenvermögens der Unterstützungskasse keine Auswirkung.
   Die sinngemäße Berücksichtigung eines solchen Postens ist auch zulässig, wenn ein Trägerunternehmen seinen Gewinn nach § 4 Abs. 3 EStG ermittelt.

Anlage § 004d–02 Zu § 4d EStG

Beiträge an rückgedeckte Unterstützungskassen nach § 4d Abs. 1 Satz 1 Nr. 1 Satz 1 Buchstabe c EStG

– BdF-Schreiben vom 31.1.2002 – IV A 6 – S 2144c – 9/01 – (BStBl. I S. 214)

Nach § 4d Abs. 1 Satz 1 Nr. 1 Satz 1 Buchstabe c EStG kann ein Trägerunternehmen den Betrag des Beitrages, den die Unterstützungskasse an einen Versicherer zahlt, soweit sie sich die Mittel für ihre Versorgungsleistungen durch Abschluss einer Versicherung verschafft (rückgedeckte Unterstützungskasse), als Betriebsausgaben abziehen, sofern bestimmte Voraussetzungen erfüllt sind. Insbesondere sind jährliche Beiträge an eine Rückdeckungsversicherung erforderlich, die der Höhe nach gleich bleiben oder steigen und für die Dauer bis zu dem Zeitpunkt gezahlt werden, für den erstmals Leistungen der Altersversorgung vorgesehen sind (§ 4d Abs. 1 Satz 1 Nr. 1 Satz 1 Buchstabe c Satz 2 EStG).

Zu der Frage, ob Versicherungen gegen laufende Einmalbeiträge und sinkende Beiträge aufgrund einer Bemessung nach variablen Gehaltsbestandteilen einem Betriebsausgabenabzug nach § 4d EStG entgegenstehen, nehme ich unter Bezugnahme auf die Erörterung mit den obersten Finanzbehörden der Länder wie folgt Stellung:

1. Versicherung gegen laufende Einmalbeiträge

   Die Regelung des § 4d Abs. 1 Satz 1 Nr. 1 Satz 1 Buchstabe c EStG unterstellt, dass der Berechtigte seine Versorgungsansprüche während der Zeit zwischen Zusage und Eintritt des Versorgungsfalls durch seine Tätigkeit für das Trägerunternehmen laufend erdient. Daher ist eine über diese Zeit verteilte Ausfinanzierung der gesamten in Aussicht gestellten Altersversorgungsleistungen vorgesehen. Bei der in § 4d Abs. 1 Satz 1 Nr. 1 Satz 1 Buchstabe c Satz 2 EStG genannten Versicherung handelt es sich deshalb grundsätzlich um eine Versicherung gegen laufende Beitragszahlung; eine Versicherung gegen laufende Einmalbeiträge (d.h. eine Folge von Versicherungen gegen Einmalbeiträge) ist von dieser Vorschrift grundsätzlich nicht erfasst.

   Eine Versicherung gegen laufende Einmalbeiträge kann jedoch ausnahmsweise dann unter § 4d Abs. 1 Satz 1 Nr. 1 Satz 1 Buchstabe c Satz 2 EStG fallen, wenn eine (mittelbare) Verpflichtung besteht, die Beiträge bis zum Eintritt des Versicherungsfalls zu zahlen. Voraussetzung ist, dass die gesamte garantierte Versicherungsleistung über die Zeit zwischen Erteilung der Versorgungszusage und Eintritt des Versorgungsfalls mittels gleich bleibender oder steigender laufender Einmalbeiträge finanziert werden soll und damit die in Aussicht gestellte Versorgungsleistung rückgedeckt wird, die auf während dieser Zeit den Einmalbeiträgen entsprechenden, laufend erdienten „Versorgungsbausteinen" beruht und wenn im Fall der Einstellung oder der Herabsetzung der vereinbarten laufenden Zuwendungen an die Unterstützungskasse insoweit eine inhaltsgleiche (Direkt-)Zusage tritt, die nur nach den von den Arbeitsgerichten aufgestellten Grundsätzen geändert werden kann.

   In diesem Fall wird die Abzugsfähigkeit der Zuwendungen nicht dadurch beeinträchtigt, dass die Leistungshöhe an die „Zuwendungsklasse" bzw. an den „zuwendungspflichtigen Monat" anknüpft.

2. Sinkende Beiträge aufgrund einer Bemessung nach variablen Gehaltsbestandteilen[1]

   Voraussetzung für die steuerliche Berücksichtigung von Zuwendungen an rückgedeckte Unterstützungskassen sind jährliche Beiträge, die der Höhe nach gleich bleiben oder steigen (§ 4d Abs. 1 Satz 1 Nr. 1 Satz 1 Buchstabe c Satz 2 EStG). Sinkende Beiträge führen somit grundsätzlich zu einer Versagung des Betriebsausgabenabzugs. Dadurch soll verhindert werden, dass Aufwand vorgezogen wird, um steuerliche Wirkungen zu verbessern (Bundestags-Drucksache 12/1506, S. 169).

   Nach Sinn und Zweck dieser Regelung gilt das jedoch nicht, wenn das sinkende Gehalt – und damit die Verminderung der Beiträge an die Unterstützungskasse – auf einer Änderung der Versorgungszusage beruht und die Prämienzahlungen nach der Vertragsänderung mindestens in konstanter Höhe bis zum Eintritt des Versorgungsfalls zu leisten sind. So ist beispielsweise eine Beitragsreduzierung infolge eines Wechsels von einem Vollzeit- zu einem Teilzeitbeschäftigungsverhältnis nicht steuerschädlich für einen Betriebsausgabenabzug nach § 4d EStG. Auch sachliche Gründe im Sinne der Rechtsprechung des Bundesarbeitsgerichts zur Reduzierung von Versorgungsansprüchen, die aufgrund einer Verschlechterung der wirtschaftlichen Lage des Unternehmens zu einer Verminderung der zugesagten Leistungen und damit der Beitragszahlungen an die Versicherung führen, stehen einem Betriebsausgabenabzug nach § 4d Abs. 1 Satz 1 Nr. 1 Satz 1 Buchstabe c EStG nicht entgegen.

---

1) Zu den Folgen einer zugunsten der Altersvorsorge vereinbarten Entgeltumwandlung bei Zuwendungen an rückgedeckte Unterstützungskassen nach § 4d Abs. 1 Satz 1 Nr. 1 Satz 1 Buchst. c EStG vgl. Erlass FM Bremen vom 4.6.2004 S 2144c – 4698 – 110 (DB 2004 S. 1806).

Zu § 4d EStG Anlage § 004d–02

Hingegen sind sinkende Beiträge aufgrund variabler Gehaltsbestandsteile (z. B. freiwillige Gewährung von Weihnachtsgeld, Leistungsprämien, Erfolgsbeteiligungen oder vom Gewinn bzw. Umsatz des Unternehmens abhängige Zahlungen) steuerschädlich im Sinne von § 4d Abs. 1 Satz 1 Nr. 1 Satz 1 Buchstabe c Satz 2 EStG.

Anlage § 004e–01

Zu § 4e EStG

Übertragung von Versorgungsverpflichtungen und Versorgungsanwartschaften auf Pensionsfonds;
Anwendung der Regelungen in § 4d Abs. 3 EStG und § 4e Abs. 3 EStG i. V. m. § 3 Nr. 66 EStG

– BdF-Schreiben vom 26.10.2006 – IV B 2 – S 2144 – 57/06 (BStBl. I S. 709) –

Nach § 4e Abs. 3 Satz 1 EStG können auf Antrag die insgesamt erforderlichen Leistungen an einen Pensionsfonds zur teilweisen oder vollständigen Übernahme einer bestehenden Versorgungsverpflichtung oder Versorgungsanwartschaft durch den Pensionsfonds erst in den dem Wirtschaftsjahr der Übertragung folgenden zehn Wirtschaftsjahren gleichmäßig verteilt als Betriebsausgabe abgezogen werden. Werden Versorgungszusagen über eine Unterstützungskasse von einem Pensionsfonds übernommen, ist die Verteilungsregelung mit der Maßgabe anzuwenden, dass die im Zusammenhang mit der Übernahme erforderliche Zuwendung an die Unterstützungskasse erst in den dem Wirtschaftsjahr der Zuwendung folgenden zehn Wirtschaftsjahren gleichmäßig verteilt als Betriebsausgaben abgezogen werden können (§ 4d Abs. 3 EStG). Der Antrag nach § 4d Abs. 3 EStG oder § 4e Abs. 3 EStG führt nach Maßgabe der folgenden Regelungen zur Lohnsteuerfreiheit der entsprechenden Leistungen des Arbeitgebers oder der Unterstützungskasse an den Pensionsfonds (§ 3 Nr. 63, 66 EStG).

Für die Anwendung dieser Regelungen gilt nach Abstimmung mit den obersten Finanzbehörden der Länder Folgendes:

1. Anwendungsbereich der Regelungen in § 3 Nr. 63 und 66 EStG i. V. m. § 4d Abs. 3 EStG und § 4e Abs. 3 EStG

    a) Übertragung von Versorgungsverpflichtungen gegenüber Leistungsempfängern und von unverfallbaren Versorgungsanwartschaften ausgeschiedener Versorgungsberechtigter

1	Leistungen eines Arbeitgebers oder einer Unterstützungskasse an einen Pensionsfonds zur Übernahme bestehender Versorgungsverpflichtungen gegenüber Leistungsempfängern (laufende Rentenzahlungen) und unverfallbarer Versorgungsanwartschaften ausgeschiedener Versorgungsberechtigter sind insgesamt nach § 3 Nr. 66 EStG steuerfrei, wenn ein Antrag gemäß § 4d Abs. 3 EStG oder § 4e Abs. 3 EStG gestellt wird.

    b) Übertragung von Versorgungsanwartschaften aktiver Beschäftigter

2	Bei einer entgeltlichen Übertragung von Versorgungsanwartschaften aktiver Beschäftigter kommt die Anwendung von § 3 Nr. 66 EStG nur für Zahlungen an den Pensionsfonds in Betracht, die für die bis zum Zeitpunkt der Übertragung bereits erdienten Versorgungsanwartschaften geleistet werden.
3	Zahlungen an den Pensionsfonds für zukünftig noch zu erdienende Anwartschaften sind ausschließlich in dem begrenzten Rahmen des § 3 Nr. 63 EStG lohnsteuerfrei.
4	Die bis zum Zeitpunkt der Übertragung bereits erdienten, entgeltlich übertragenen Versorgungsanwartschaften sind grundsätzlich mit dem steuerlich ausfinanzierbaren Teil, mindestens aber in Höhe des zeitanteilig quotierten Versorgungsanteiles nach § 2 Abs. 1 oder Abs. 5a des Betriebsrentengesetzes (Gesetz zur Verbesserung der betrieblichen Altersversorgung – BetrAVG) zu berücksichtigen.
5	Soll eine Versorgungsanwartschaft eines Aktiven aus einer Pensionszusage auf einen Pensionsfonds übertragen werden, ergibt sich der erdiente Teil der Anwartschaft als Quotient des Teilwertes gem. § 6a Abs. 3 Satz 2 Nr. 1 EStG zum Barwert der künftigen Pensionsleistungen, jeweils ermittelt auf den Übertragungszeitpunkt.

2. Berücksichtigung der insgesamt erforderlichen Leistungen zur Übernahme von Versorgungsverpflichtungen oder Versorgungsanwartschaften

6	Nach dem Sinn und Zweck der Regelungen in § 4d Abs. 3 EStG und § 4e Abs. 3 EStG können alle Leistungen des Steuerpflichtigen im Sinne der Randnummern 1 und 2 im Zusammenhang mit der Übernahme von Versorgungsverpflichtungen und Versorgungsanwartschaften durch Pensionsfonds über den Verteilungszeitraum als Betriebsausgaben abgezogen werden. Das gilt auch für nach § 3 Nr. 66 EStG begünstigte Leistungen (Randnummern 1 und 2), die nach dem Wirtschaftsjahr der Übernahme der Versorgungsverpflichtung entstanden sind oder entrichtet werden (z. B. nachträgliche zusätzliche Zuwendungen aufgrund einer nicht hinreichenden Deckung durch den zum Übernahmezeitpunkt geleisteten Einmalbetrag). Der Antrag auf Verteilung kann nur einheitlich für sämtliche Leistungen zur Übernahme einer Versorgungsverpflichtung oder Versorgungsanwart-

Zu § 4e EStG   **Anlage § 004e–01**

schaft gestellt werden. Wurden die erstmaligen Aufwendungen im vollen Umfang Gewinn mindernd geltend gemacht, ist auch eine Verteilung eventueller Nachschusszahlungen nicht möglich.

3. Beginn des Verteilungszeitraumes

   Der zehnjährige Verteilungszeitraum beginnt bei einer Bilanzierung nach § 4 Abs. 1 und § 5 EStG in dem dem Wirtschaftsjahr des Entstehens der Leistungsverpflichtung folgenden Wirtschaftsjahr und bei einer Gewinnermittlung nach § 4 Abs. 3 EStG in dem dem Jahr der Leistung folgenden Wirtschaftsjahr. Das gilt auch für die Verteilung einer möglichen Nachschusszahlung, wobei es unerheblich ist, ob noch innerhalb des ursprünglichen Zehnjahresraumes nach dem Wirtschaftsjahr der Übertragung der Versorgungsverpflichtung oder Versorgungsanwartschaft oder erst zu einem späteren Zeitpunkt die Leistungsverpflichtung entsteht oder die Zahlung geleistet wird.

4. Beispiel

   Arbeitgeber A passiviert in der steuerlichen Gewinnermittlung zum 31. Dezember 2003 aufgrund einer Direktzusage zulässigerweise eine Pensionsrückstellung nach § 6a EStG in Höhe von 100.000 €. In 2004 wird die Versorgungsanwartschaft von einem Pensionsfonds übernommen. A zahlt hierfür 150.000 € (begünstigt nach § 3 Nr. 66 EStG, vgl. Randnummer 2) und stellt einen Antrag nach § 4e Abs. 3 EStG auf Verteilung der Betriebsausgaben. Im Jahr 2010 leistet A aufgrund einer Deckungslücke einen weiteren unter § 3 Nr. 66 EStG fallenden Einmalbetrag von 30.000 €.

   In 2004 ist die Rückstellung nach § 6a EStG Gewinn erhöhend aufzulösen. Da A einen Antrag auf Verteilung der dem Grunde nach sofort abzugsfähigen Betriebsausgaben gestellt hat, mindern in 2004 im Ergebnis nur 100.000 € (= Höhe der aufzulösenden Pensionsrückstellung, § 4e Abs. 3 Satz 3 EStG) den Gewinn. Der verbleibende Betrag von 50.000 € (150.000 € – 100.000 €) ist dem Gewinn 2004 außerbilanziell wieder hinzuzurechnen. In den Jahren 2005 bis 2014 ist der Gewinn um jeweils 1/10 x 50.000 € = 5.000 € außerbilanziell zu vermindern.

   Auch die in 2010 geleistete Nachschusszahlung von 30.000 € ist aufgrund des für alle Leistungen im Zusammenhang mit der Übertragung bindenden Antrages nach § 4e Abs. 3 EStG zu verteilen. Demnach erhöht der Betrag von 30.000 € außerbilanziell den Gewinn in 2010. In den Jahren 2011 bis 2020 mindert sich der Gewinn außerbilanziell jährlich um je 1/10 x 30.000 € = 3.000 €. Hätte A die ursprüngliche Zahlung von 150.000 € vollumfänglich in 2004 als Betriebsausgabe geltend gemacht, hätte auch die in 2010 geleistete Nachschusszahlung nicht verteilt werden können.

Anlage § 004f–01

Zu § 4f EStG

Regelungen in § 4f und § 5 Abs. 7 EStG zu Verpflichtungsübernahme, Schuldbeitritt und Erfüllungsübernahme

– Verfügung OFD Magdeburg vom 02.06.2014 – S 2133 – 27 – St 21 –

Das Gesetz zur Anpassung des Investmentsteuergesetzes und anderer Gesetze an das AIFM-Umsetzungsgesetz vom 18.12.2013 (BGBl. 2013 I S. 4318) fügte § 4f und § 5 Abs. 7 in das Einkommensteuergesetz ein. Die Ergänzungen regeln die steuerliche Behandlung so genannter „angeschaffter Rückstellungen", „angeschaffter Drohverlustrückstellungen" oder „stiller Lasten".

Dabei geht es um vertragliche Verpflichtungsübernahmen (vgl. § 414 BGB) oder gesetzliche Verpflichtungsübernahmen (vgl. beispielsweise § 613a BGB), Erfüllungsübernahmen (vgl. § 329 BGB) bzw. Schuldbeitritte (vgl. § 421 BGB), bei denen die zugrunde liegenden Verpflichtungen beim Übertragenden einem Ansatzverbot oder einer anderen Beschränkung unterlagen. Als Ansatzverbot bzw. Beschränkung in diesem Sinne kommen insbesondere die nachfolgenden Regelungen in Betracht:

- § 5 Absätze 2a, 3, 4, 4a, 4b und 5 Satz 1 Nr. 2 EStG,
- § 6 Abs. 1 Nr. 3 und 3a EStG und
- § 6a EStG.

Sofern diese stillen Lasten entgeltlich (gegen Zuzahlung oder Minderung des Kaufpreises des mitübertragenen sonstigen Vermögens) übertragen werden, kann nach Auffassung des Bundesfinanzhofs die bisher verpflichtete Person die stillen Lasten steuermindernd realisieren (vgl. BFH, Urteil vom 17.10.2007 – I R 61/06, BStBl. 2008 II S. 555 bzw. Urteil vom 26.04.2012 – IV R 43/09, BFH/NV 2012, 1248).

Andererseits musste die übernehmende Person der Verpflichtungen eine bisher bei der übertragenden Person bestehende Passivierungsbegrenzung nicht beachten (vgl. BFH, Urteil vom 16.12.2009 I R 102/08, BStBl. 2011 II S. 566 bzw. Urteil vom 14.12.2011, I R 72/10, BFH/NV 2012, 635).

Im BMF-Schreiben vom 24.06.2011 (BStBl. 2011 I S. 627) unterschied das BMF zwischen echter Schuldübernahme und der Erfüllungsübernahme bzw. dem Schuldbeitritt. Bezüglich der Schuldübernahme sollte das Passivierungsverbot zwar nicht bei der erstmaligen Passivierung (beispielsweise im Rahmen einer Eröffnungsbilanz), wohl aber in der ersten Schlussbilanz nach Übernahme der Verpflichtung zu beachten sein. Hinsichtlich einer Erfüllungsübernahme oder eines Schuldbeitritts war die Freistellungsverpflichtung zu passivieren. Die freistellungsberechtigte Person hatte eine entsprechende Forderung zu aktivieren.

1 Steuerliche Regelungen für die übertragende Person § 4f EStG

Die gesetzliche Neuregelung sieht für die übertragende Person in § 4f EStG eine gleichmäßige außerbilanzielle Verteilung des Aufwands aus der Realisierung der stillen Lasten auf 15 Jahre vor. Ergänzend regelt der neue § 5 Abs. 7 EStG bezüglich der übernehmenden Person die bilanzsteuerrechtliche Behandlung der übernommenen Verpflichtungen.

- § 4f Abs. 1 Satz 1 EStG regelt grundsätzlich, dass der sich aus der Schuldübernahme ergebende Aufwand nicht sofort abzugsfähig, sondern auf 15 Jahre gleichmäßig zu verteilen ist.
- § 4f Abs. 1 Satz 2 EStG regelt entsprechendes für den Fall, dass für die Verpflichtungen zwar ein Passivposten gebildet wurde, dieser aber der Höhe nach nicht ausreicht, die Verpflichtung abzudecken. Hinsichtlich des nicht abgedeckten Teils gilt § 4f Abs. 1 Satz 1 EStG entsprechend.
- § 4f Abs. 1 Satz 3 EStG regelt, dass § 4f Abs. 1 Sätze 1 und 2 EStG in folgenden Fällen nicht anzuwenden sind:
  – wenn die Schuldübernahme im Rahmen einer Veräußerung oder Aufgabe des ganzen Betriebs oder gesamten Mitunternehmeranteils erfolgt,
  – wenn ein Arbeitnehmer unter Mitnahme seiner erworbenen Pensionsansprüche zu einem neuen Arbeitgeber wechselt und
  – wenn der Betrieb am Schluss des vorangegangenen Wirtschaftsjahrs die Größenmerkmale des § 7g Abs. 1 Satz 2 Nr. 1 Buchst. a bis c EStG nicht überschreitet.
- § 4f Abs. 1 Sätze 4 bis 6 EStGregeln den Fall der Teilbetriebsaufgabe bzw. -veräußerung: Nur für den Fall, dass sich aus der Teilbetriebsaufgabe bzw. -veräußerung insgesamt (also einschließlich der Aufdeckung stiller Lasten) ein Verlust ergibt, ist der § 4f Abs. 1 Sätze 1 bis 3 EStGbis 3 EStG entsprechend anzuwenden. Entsteht anlässlich der Teilbetriebsaufgabe bzw. -veräußerung insgesamt

Zu § 4f EStG   **Anlage § 004f–01**

aber ein Gewinn (weil die stillen Reserven höher sind als die stillen Lasten), ist § 4f EStG nicht anzuwenden.
- Nach § 4f Abs. 1 Satz 7 EStG ist der jeweilige Rechtsnachfolger der ursprünglich verpflichteten Person an die Aufwandsverteilung nach den § 4f Abs. 1 Sätzen 1 bis 6 EStG gebunden.
- Im Gegensatz zur Regelung im BMF-Schreiben vom 24.06.2011 (a. a. O.) sieht § 4f Abs. 2 EStG vor, dass im Falle der Erfüllungsübernahme oder des Schuldbeitritts mit ganzer oder teilweiser Schuldfreistellung § 4f Abs. 1 Sätze 1, 2 und 7 EStG entsprechend gelten. Sie sind insoweit der echten Schuldübernahme steuerlich gleichgestellt. Da aber der § 4f Abs. 1 Sätze 3 bis 6 EStGausdrücklich ausgenommen ist, ist diese Regelung -insbesondere die Ausnahmen des § 4f Abs. 1 Satz 3 EStG-bezüglich einer Erfüllungsübernahme bzw. eines Schuldbeitritts mit ganzer oder teilweiser Schuldfreistellung nicht anwendbar.

Die Regelungen in § 4f EStG sind nach § 52 Abs. 12c EStG erstmals für Wirtschaftsjahre anzuwenden, die nach dem 28.11.2013 enden.

2 Steuerliche Regelungen für die übernehmende Person § 5 Abs. 7 EStG

Die neuen Regelungen des § 5 Abs. 7 EStG gelten unabhängig davon, ob auf der Seite der übertragenden Person § 4f EStG zur Anwendung kommt; inhaltlich gilt § 5 Abs. 7 EStG für alle Fallgruppen des § 4f EStG.
- § 5 Abs. 7 Satz 1 EStG regelt, dass für die übernehmende Person die ursprünglichen Passivierungsbeschränkungen, die für die übertragende Person galten, in der Steuerbilanz, die auf das Ende des Wirtschaftsjahres aufzustellen ist, in das die Übertragung der stillen Last fällt, weitergelten.
- Nach § 5 Abs. 7 Satz 2 EStG gilt dies für Fälle der Schuldübernahmen und der Erfüllungsübernahme bzw. des Schuldbeitritts gleichermaßen, ebenso für den Erwerb eines Mitunternehmeranteils (§ 5 Abs. 7 Satz 3 EStG).
- § 5 Abs. 7 Satz 4 EStG enthält eine Sonderregelung für den Ansatz übernommener Pensionsverpflichtungen.
- Hinsichtlich des sich aus der Anwendung des § 5 Abs. 7 Sätze 1 bis 3 EStGergebenden Gewinns sieht § 5 Abs. 7 Satz 5 EStG die Bildung einer Gewinn mindernden Rücklage in Höhe von 14/15 dieses Gewinns vor. Die Rücklage ist in den nächsten 14 Jahren mindestens zu jeweils einem Vierzehntel Gewinn erhöhend aufzulösen. Es besteht insoweit ein Wahlrecht bezüglich der Bildung und Auflösung der Rücklage.
- Sofern die Verpflichtung, für welche die Rücklage gebildet wurde, entfällt, ist nach § 5 Abs. 7 Satz 6 EStG die noch nicht aufgelöste Rücklage vollständig Gewinn erhöhend aufzulösen.

Die Regelungen des § 5 Abs. 7 EStG sind nach § 52 Abs. 14a Satz 1 EStG erstmals für Wirtschaftsjahre anzuwenden, die nach dem 28.11.2013 enden. Auf Antrag kann § 5 Abs. 7 EStG nach § 52 Abs. 14a Satz 2 EStG auch für frühere Wirtschaftsjahre angewendet werden. Hinsichtlich Schuldübertragungen, Schuldbeitritten und Erfüllungsübernahmen, die vor dem 14.12.2011 vereinbart wurden, ist § 5 Abs. 7 Satz 5 EStG nach § 52 Abs. 14a Satz 3 EStG mit der Maßgabe anzuwenden, dass für einen Gewinn, der sich aus der Anwendung von § 5 Abs. 7 Sätze 1 bis 3 EStGergibt, jeweils in Höhe von 19/20 eine Gewinn mindernde Rücklage gebildet werden kann, die in den folgenden 19 Wirtschaftsjahren jeweils mit mindestens einem Neunzehntel Gewinn erhöhend aufzulösen ist.

3 Beispiel 1

Unternehmer A hat seinem leitenden Angestellten B eine Pensionszusage erteilt. Er hat für diese Verpflichtung in seiner Bilanz zum 31.12.2001 eine Rückstellung nach § 6a EStG i. H. v. 90.000 € gebildet. Der tatsächliche Teilwert der Verpflichtung beträgt 150.000 €.
A überträgt die Pensionsverpflichtung zum 01.01.02 auf C, der ab diesem Zeitpunkt die Pensionsverpflichtung gegenüber B schuldet. Es erfolgte eine echte Schuldübernahme. A zahlt an C für diese Verpflichtungsübernahme 150.000 €.

3.1 Steuerliche Folgen für A

A realisiert aus der Übertragung der Pensionsverpflichtung stille Lasten i. H. v. 60.000 €: Zahlung i. H. v. 150.000 € minus Auflösung der Rückstellung i. H. v. 90.000 €. Nach § 4f Abs. 1 Satz 1 i. V. m. Satz 2 EStG hat er diesen Verlust auf das Entstehungsjahr 02 und die folgenden 14 Jahre zu verteilen. Die Ausnahme des § 4f Abs. 1 Satz 3 EStG ist nicht maßgeblich, da der Arbeitnehmer B nicht den Arbeitgeber wechselt. Der für das Wirtschaftsjahr 02 bilanziell ermittelte Gewinn des A ist außerbilanziell um 14/15 von 60.000 € gleich 56.000 € zu erhöhen und in den nächsten 14 Jahren jeweils um 4.000 € außerbilanziell zu vermindern.

1163

3.2 Steuerliche Folgen für C

C bucht zum Übernahmezeitpunkt 01.01.02 einen betrieblichen Ertrag i. H. v. 150.000 €, den er durch eine Rückstellung für Pensionsverpflichtungen in Höhe des Teilwerts von 150.000 € neutralisiert. In seiner Bilanz zum 31.12.02 ist C aber gemäß § 5 Abs. 7 Satz 1 EStG verpflichtet, die Pensionsrückstellung so zu bilanzieren, wie sie beim ursprünglich Verpflichteten ohne Übernahme zu bilanzieren wäre. Deshalb C muss im vorliegenden Fall den Bilanzansatz von A i. H. v. 90.000 € übernehmen. Hinzu kommt die Zuführung zur Pensionsrückstellung für das Jahr 02 i. H. v. 9.000 €, sodass C zum 31.12.02 eine Pensionsrückstellung i. H. v. 99.000 € ausweisen darf. In Höhe der Differenz zu der bei Übernahme gebuchten Rückstellung von 150.000 € entsteht ein so genannter „Erwerbsfolgegewinn" i. H. v. 51.000 €. Dieser kann gemäß § 5 Abs. 7 Satz 5 EStG i. H. v. 14/15 (= 47.600 €) in eine Gewinn mindernde Rücklage eingestellt werden, die in den nächsten 14 Jahren mindestens zu 1/14 Gewinn erhöhend aufzulösen ist.

4. Beispiel 2

Unternehmer A verkauft einen Teilbetrieb an B. Die stillen Reserven dieses Teilbetriebs betragen + 200.000 €. Die stillen Lasten – in Form einer nicht bilanzierten Drohverlustfeststellung – betragen:

    a. 100.000 € bzw.
    b. 300.000 €.

Der Erwerber B übernimmt die Verpflichtung, aus der die drohenden Verluste resultieren,

    c. in Form der Schuldübernahme bzw.
    d. in Form des Schuldbeitritts.

4.1 Steuerliche Folgen für A – Fallkombination a/c

A erzielt aus dem Verkauf des Teilbetriebs einen Gewinn i. H. v. 100.000 €. Grundsätzlich müsste A nach § 4f Abs. 1 S. 1 EStG den aus der Übertragung der Verpflichtungen resultierenden Verlust auf 15 Jahre verteilen. Hier ist aber der Ausnahmetatbestand des § 4f Abs. 1 Satz 4 EStG anwendbar. Da sich aus der Veräußerung des Teilbetriebs insgesamt ein Gewinn ergeben hat, sind § 4f Abs. 1. S. 1 bis 3 EStG nicht anzuwenden. Es verbleibt bei der Besteuerung eines Veräußerungsgewinns i. H. v. 100.000 €.

4.2 Steuerliche Folgen für A – Fallkombination a/d

A erzielt aus dem Verkauf des Teilbetriebs einen Gewinn i. H. v. 100.000 €. Für den Fall des Schuldbeitritts bzw. der Erfüllungsübernahme ordnet § 4f Abs. 2 EStG an, dass nur § 4f Abs. 1 Sätze 1, 2 und 7 EStG entsprechend gelten, also nicht die in § 4f Abs. 1 Sätzen 4 bis 6 geregelten Ausnahmen. Dies hat zur Folge, dass A den aus der Übertragung der Verpflichtung resultierenden Verlust i. H. v. 100.000 € auf 15 Jahre verteilen muss. A versteuert damit im Jahr der Teilbetriebsveräußerung einen Gewinn von + 200.000 € aus der Aufdeckung der stillen Reserven, abzüglich 1/15 der Aufdeckung der stillen Lasten i. H. v. 6.667 € gleich 193.333 €. Der verbleibende, nicht verteilte Verlust ist gleichmäßig in den nächsten 14 Jahren zu berücksichtigen. Dem Nachteil, im Jahr der Veräußerung einen höheren Gewinn begünstigt nach § 34 EStG -versteuern zu müssen, steht der Vorteil gegenüber, dass sich die Gewinnminderungen der Folgejahre stets mit dem individuellen Grenzsteuersatz Steuer mindernd auswirken.

4.3 Steuerliche Folgen für A – Fallkombination b/c

A erzielt aus dem Verkauf des Teilbetriebs einen Verlust i. H. v. 100.000 €. Grundsätzlich müsste A nach § 4f Abs. 1 S. 1 EStG den aus der Übertragung der Verpflichtungen resultierenden Verlust i. H. v. 300.000 € auf 15 Jahre verteilen. Hier ist aber der Ausnahmetatbestand des § 4f Abs. 1 Satz 4 EStG anwendbar. Da sich aus der Veräußerung des Teilbetriebs insgesamt ein Verlust ergeben hat, sind § 4f Abs. 1. S. 1 bis 3 EStG nur insoweit anzuwenden, wie der Verlust aus der Übertragung der Verpflichtung den Veräußerungsverlust begründet oder erhöht. Der Veräußerungsverlust wurde im vorliegenden Fall in voller Höhe von -100.000 € durch die Aufdeckung der stillen Lasten begründet, sodass in dieser Höhe eine Verteilung des Veräußerungsverlustes auf 15 Jahre erfolgen muss. A kann deshalb im Jahr der Teilbetriebsveräußerung nur einen Verlust von 6.667 € berücksichtigen, der Restbetrag verteilt sich gleichmäßig auf die nächsten 14 Jahre.

4.4 Steuerliche Folgen für A – Fallkombination b/d

A erzielt aus dem Verkauf des Teilbetriebs einen Verlust i. H. v. 100.000 €. Für den Fall des Schuldbeitritts bzw. der Erfüllungsübernahme ordnet § 4f Abs. 2 EStG an, dass nur § 4f Abs. 1 Sätze 1, 2 und 7 EStG entsprechend gelten, also nicht die in § 4f Abs. 1 Sätze 4 bis 6 EStGgeregelten Ausnahmen. Dies hat zur Folge, dass A den aus der Übertragung der Verpflichtung resultierenden Verlust i. H. v. 300.000 € auf 15 Jahre verteilen muss. A versteuert damit im Jahr der Teilbetriebsveräußerung einen Gewinn i. H. v. + 200.000 € aus der Aufdeckung der stillen Reserven, abzüglich 1/15 der Aufdeckung der stillen Lasten

Zu § 4f EStG   **Anlage § 004f–01**

i. H. v. 20.000 € gleich 180.000 €. Der verbleibende, nicht verteilte Verlust ist gleichmäßig in den nächsten 14 Jahren zu berücksichtigen. Dem Nachteil, im Jahr der Veräußerung einen höheren Gewinn -begünstigt nach § 34 EStG -versteuern zu müssen, steht der Vorteil gegenüber, dass sich die Gewinnminderungen der Folgejahre stets mit dem individuellen Grenzsteuersatz Steuer mindernd auswirken.

4.5 Steuerliche Folgen für B

Da § 5 Abs. 7 EStG keine, den in § 4f Abs. 1 Sätze 3 bis 6 EStG entsprechenden Ausnahmeregelungen vorsieht, sind bei B die steuerlichen Folgen in allen vier Fallkombinationen gleich: Zum Zeitpunkt des Erwerbes muss B die erworbenen positiven und negativen Wirtschaftsgüter bei ihrer erstmaligen Bilanzierung mit ihren Teilwerten ausweisen.

4.5.1 Fall a

In der ersten zu erstellenden Schlussbilanz hat B nach § 5 Abs. 7 S. 1 EStG zu beachten, dass entsprechend den Verhältnissen bei der ursprünglich verpflichteten Person -gemäß § 5 Abs. 4a EStG steuerlich keine Drohverlustrückstellung gebildet werden darf. Nach § 5 Abs. 7 S. 5 EStG kann B eine Gewinn mindernde Rücklage i. H. v. 14/15 des Erwerbsfolgegewinns bilden. B hat damit im Jahr des Erwerbs einen Erwerbsfolgegewinn i. H. v. 6.667 € zu versteuern, in den Folgejahren jeweils mindestens 1/14 der Rücklage nach § 5 Abs. 7 S. 5 EStG.

4.5.2 Fall b

In der ersten zu erstellenden Schlussbilanz hat B nach § 5 Abs. 7 S. 1 EStG zu beachten, dass entsprechend den Verhältnissen bei der ursprünglich verpflichteten Person -gemäß § 5 Abs. 4a EStG steuerlich keine Drohverlustrückstellung gebildet werden darf. Nach § 5 Abs. 7 S. 5 EStG kann B eine Gewinn mindernde Rücklage i. H. v. 14/15 des Erwerbsfolgegewinns bilden. B hat damit im Jahr des Erwerbs einen Erwerbsfolgegewinn i. H. v. 20.000 € zu versteuern, in den Folgejahren jeweils mindestens 1/14 der Rücklage nach § 5 Abs. 7 S. 5 EStG.

Anlage § 004h–01

Zu § 4h EStG

Zinsschranke (§ 4h EStG; § 8a KStG) [1)]

– BdF-Schreiben vom 4.7.2008 – IV C 7 – S2742 – a/07/10001, 2008/0336202 (BStBl. I S. 718) –

Inhaltsübersicht

		Tz.
I.	Zeitliche Anwendung	1
II.	Betriebsausgabenabzug für Zinsaufwendungen (§ 4h Abs. 1 EStG, § 8a Abs. 1 KStG)	2 – 54
	1. Betrieb	2 – 10
	2. Kapitalforderungen/Fremdkapital	11 – 14
	3. Zinsaufwendungen/Zinserträge	15 – 26
	4. Aufzinsung	27 – 28
	5. Abtretung	29 – 39
	a) Abtretung einer Forderung aus der Überlassung von Geldkapital	29 – 34
	b) Abtretung einer Forderung aus schwebenden Geschäften	35 – 39
	6. Steuerliches EBITDA	40 – 45
	7. Zinsvortrag	46 – 49
	8. Mitunternehmerschaften	50 – 52
	9. Organschaften	53 – 54
III.	Ausnahmetatbestände (§ 4h Abs. 2 EStG)	55 – 78
	1. Freigrenze	55 – 58
	2. Konzernzugehörigkeit	59 – 68
	3. Eigenkapitalvergleich bei konzernzugehörigen Betrieben (Escape-Klausel)	69 – 78
IV.	Gesellschafterfremdfinanzierung	79 – 83
V.	Öffentlich Private Partnerschaften	84 – 90
	1. Grundlagen	84
	2. Grundsätze	85
	3. Inhabermodell/Erwerbermodell	86
	4. Vermietungsmodell	87
	5. Leasingmodell	88
	6. Contracting-Modell	89
	7. Konzessionsmodell	90
VI.	Öffentliche Hand	91 – 93
VII.	Sonderfälle	94

Unter Bezugnahme auf das Ergebnis der Erörterungen mit den obersten Finanzbehörden der Länder wird zu Anwendungsfragen des § 4h EStG und des § 8a KStG in der Fassung des Unternehmensteuerreformgesetzes 2008 vom 14. August 2007 (BGBl. I S. 1912, BStBl. I S. 630) – Zinsschranke – wie folgt Stellung genommen:

I. Zeitliche Anwendung

1 Die Zinsschranke ist erstmals für Wirtschaftsjahre anzuwenden, die nach dem 25. Mai 2007 (Tag des Beschlusses des Deutschen Bundestags über das Unternehmensteuerreformgesetz 2008) beginnen und nicht vor dem 1. Januar 2008 enden (§ 52 Abs. 12d EStG, § 34 Abs. 6a Satz 3 KStG).

---

1) Siehe auch das BMF-Schreiben vom 13.11.2014 – IV C 2 – S 2742a/07/10001:009, 2014/0612649:
„Der Bundesfinanzhof hat am 18. Dezember 2013 – I B 85/13 – in einem Verfahren zum vorläufigen Rechtsschutz entschieden, dass Zweifel an der Verfassungskonformität der Einschränkung des Betriebsausgabenabzugs für Zinsaufwendungen gemäß § 4h EStG (sog. Zinsschranke) bestehen, und deshalb die Aussetzung der Vollziehung eines Steuerbescheids nach § 69 Absatz 2 Satz 2 i. V. m. Absatz 3 Satz 1 FGO gewährt.
Im Einvernehmen mit den obersten Finanzbehörden der Länder ist der Beschluss über den entschiedenen Einzelfall hinaus nicht anzuwenden."

II. Betriebsausgabenabzug für Zinsaufwendungen (§ 4h Abs. 1 EStG, § 8a Abs. 1 KStG)
1. Betrieb

§ 4h EStG ist eine Gewinnermittlungsvorschrift und beschränkt den Betriebsausgabenabzug für Zinsaufwendungen eines Betriebs. Voraussetzung sind Einkünfte des Betriebs aus Land- und Forstwirtschaft, Gewerbebetrieb oder selbständiger Arbeit. 2

Ein Einzelunternehmer kann mehrere Betriebe haben (siehe hierzu aber Tz. 62 und 64). 3

Die Zinsschranke ist auch anzuwenden, wenn der Gewinn gemäß § 4 Abs. 3 EStG durch den Überschuss der Betriebseinnahmen über die Betriebsausgaben ermittelt wird. 4

Eine vermögensverwaltend tätige Personengesellschaft ist kein Betrieb im Sinne der Zinsschranke, es sei denn, ihre Einkünfte gelten kraft gewerblicher Prägung nach § 15 Abs. 3 Nr. 2 EStG als Gewinneinkünfte. 5

Eine Mitunternehmerschaft hat nur einen Betrieb im Sinne der Zinsschranke. Zum Betrieb der Mitunternehmerschaft gehört neben dem Gesamthandsvermögen auch das Sonderbetriebsvermögen von Mitunternehmern im Sinne des § 15 Abs. 1 Satz 1 Nr. 2 und Abs. 3 EStG. 6

Eine Kapitalgesellschaft hat grundsätzlich nur einen Betrieb im Sinne der Zinsschranke. Nach § 8a Abs. 1 Satz 4 KStG ist § 4h EStG auf Kapitalgesellschaften, die ihre Einkünfte durch den Überschuss der Einnahmen über die Werbungskosten ermitteln (§ 2 Abs. 2 Nr. 2 EStG), sinngemäß anzuwenden. 7

Die Kommanditgesellschaft auf Aktien (KGaA) hat nur einen Betrieb im Sinne der Zinsschranke; dazu gehört auch der Gewinnanteil des persönlich haftenden Gesellschafters. Zur KGaA siehe auch Tz. 44. 8

Betriebsstätten sind keine eigenständigen Betriebe. 9

Der Organkreis gilt für Zwecke der Zinsschranke als ein Betrieb (§ 15 Satz 1 Nr. 3 KStG). 10

2. Kapitalforderungen/Fremdkapital

Die Zinsschranke erfasst grundsätzlich nur Erträge und Aufwendungen aus der Überlassung von Geldkapital (Zinserträge und Zinsaufwendungen im engeren Sinne) und nicht solche aus der Überlassung von Sachkapital. Fremdkapital im Sinne des § 4h Abs. 3 EStG sind damit alle als Verbindlichkeit passivierungspflichtigen Kapitalzuführungen in Geld, die nach steuerlichen Kriterien nicht zum Eigenkapital gehören. Das sind insbesondere: 11

- fest und variabel verzinsliche Darlehen (auch soweit es sich um Darlehensforderungen und -verbindlichkeiten im Sinne des § 8b Abs. 3 Satz 4 ff. KStG handelt),
- partiarische Darlehen,
- typisch stille Beteiligungen,
- Gewinnschuldverschreibungen und
- Genussrechtskapital (mit Ausnahme des Genussrechtskapitals im Sinne des § 8 Abs. 3 Satz 2 KStG).

Auf die Dauer der Überlassung des Fremdkapitals kommt es nicht an. 12

Bei Banken stellt auch das nach dem Kreditwesengesetz (KWG) dem haftenden Eigenkapital zuzurechnende Fremdkapital Fremdkapital im Sinne des § 4h Abs. 3 Satz 2 EStG dar. 13

Die Abtretung einer Forderung zu einem Betrag unter dem Nennwert gilt als eigenständige Überlassung von Fremdkapital im Sinne von § 4h Abs. 3 EStG, wenn die Abtretung nach allgemeinen Grundsätzen als Darlehensgewährung durch den Zessionar an den Zedenten zu beurteilen ist (sog. unechte Forfaitierung/unechtes Factoring). Die Grundsätze des BMF-Schreibens vom 9. Januar 1996 (BStBl. I S. 9) sind zu beachten. 14

Übernimmt der Zessionar zusätzlich das Risiko der Zahlungsunfähigkeit des Schuldners der abgetretenen Forderung (sog. echte Forfaitierung/echtes Factoring), ergeben sich durch die Abtretung grundsätzlich weder beim Zedenten noch beim Zessionar Zinsaufwendungen und Zinserträge im Sinne des § 4h Abs. 3 Satz 2 und 3 EStG. Es wird aber nicht beanstandet, wenn Zessionar und Zedent auf Grund eines übereinstimmenden schriftlichen Antrags, der bei dem für den Zessionar örtlich zuständigen Finanzamt zu stellen ist, die echte Forfaitierung bzw. das echte Factoring als Überlassung von Fremdkapital im Sinne von § 4h Abs. 3 EStG behandeln (siehe hierzu Tz. 32 ff. und 37 ff.). Der Zessionar hat in diesen Fällen nachzuweisen, dass der Zedent gegenüber dem für ihn örtlich zuständigen Veranlagungsfinanzamt eine schriftliche und unwiderrufliche Einverständniserklärung abgegeben hat, wonach er mit der Erfassung der Zinsanteile als Zinsaufwendungen im Rahmen der Zinsschranke einverstanden ist. Die Anwendung der Billigkeitsregelung beim Zessionar hängt von der korrespondierenden Erfassung der Zinsen beim Zedenten ab.

Entgelte für die Übernahme des Bonitätsrisikos und anderer Kosten stellen keine Zinsaufwendungen beim Zedenten und keine Zinserträge beim Zessionar dar.

Anlage § 004h–01

Zu § 4h EStG

Unerheblich ist, ob die abgetretene Forderung ihrerseits eine Forderung aus der Überlassung von Geldkapital ist; auch die Abtretung einer Forderung aus der Überlassung von Sachkapital kann ihrerseits die Überlassung von Fremdkapital darstellen.

3. Zinsaufwendungen/Zinserträge

15 Zinsaufwendungen im Sinne der Zinsschranke sind Vergütungen für Fremdkapital (§ 4h Abs. 3 Satz 2 EStG); Zinserträge im Sinne der Zinsschranke sind Erträge aus Kapitalforderungen jeder Art (§ 4h Abs. 3 Satz 3 EStG). Hierzu gehören auch Zinsen zu einem festen oder variablen Zinssatz, aber auch Gewinnbeteiligungen (Vergütungen für partiarische Darlehen, typisch stille Beteiligungen, Genussrechte und Gewinnschuldverschreibungen) und Umsatzbeteiligungen. Zinsaufwendungen bzw. Zinserträge sind auch Vergütungen, die zwar nicht als Zins berechnet werden, aber Vergütungscharakter haben (z.B. Damnum, Disagio, Vorfälligkeitsentschädigungen, Provisionen und Gebühren, die an den Geber des Fremdkapitals gezahlt werden).

16 Keine Zinsaufwendungen oder -ertrage sind Dividenden, Zinsen nach §§ 233 ff. AO sowie Skonti und Boni.

17 Ausgeschüttete oder ausschüttungsgleiche Erträge aus Investmentvermögen, die aus Zinserträgen im Sinne des § 4h Abs. 3 Satz 3 EStG stammen, sind beim Anleger im Rahmen des § 4h Abs. 1 EStG als Zinserträge zu berücksichtigen (§ 2 Abs. 2a InvStG in der Fassung des Jahressteuergesetzes 2008).

18 Der Zinsschranke unterliegen nur solche Zinsaufwendungen und Zinserträge, die den maßgeblichen Gewinn bzw. das maßgebliche Einkommen gemindert oder erhöht haben. Insbesondere nicht abziehbare Zinsen gemäß § 3c Abs. 1 und 2 EStG, § 4 Abs. 4a EStG, § 4 Abs. 5 Satz 1 Nr. 8a EStG und Zinsen, die gemäß § 8 Abs. 3 Satz 2 KStG als verdeckte Gewinnausschüttungen das Einkommen einer Körperschaft nicht gemindert haben, sind keine Zinsaufwendungen im Sinne des § 4h Abs. 3 Satz 2 EStG.

19 Zinsaufwendungen, die im Inland steuerpflichtige Sondervergütungen eines Mitunternehmers im Sinne des § 15 Abs. 1 Satz 1 Nr. 2 EStG sind, stellen weder Zinsaufwendungen der Mitunternehmerschaft noch Zinserträge des Mitunternehmers dar. Zinsaufwendungen und -erträge, die Sonderbetriebsausgaben oder -einnahmen sind, werden der Mitunternehmerschaft zugeordnet.

20 Zinsaufwendungen für Fremdkapital, das zur Finanzierung der Herstellung eines Vermögensgegenstands verwendet wird (z. B. Bauzeitzinsen), dürfen nach § 255 Abs. 3 Satz 2 HGB als Herstellungskosten angesetzt werden, soweit sie auf den Zeitraum der Herstellung entfallen. In diesem Fall führt die spätere Ausbuchung bzw. Abschreibung des entsprechenden Aktivpostens nicht zu Zinsaufwendungen im Sinne der Zinsschranke (vgl. BFH-Urteil vom 30. April 2003 – BStBl. 2004 II S. 192).

21 Erbbauzinsen stellen ein Entgelt für die Nutzung des Grundstücks dar und führen nicht zu Zinsaufwendungen oder Zinserträgen.

22 Gewinnauswirkungen in Zusammenhang mit Rückstellungen in der Steuerbilanz sind keine Zinserträge und keine Zinsaufwendungen im Rahmen der Zinsschranke. Dies gilt nicht, soweit Zinsaufwendungen im Sinne des § 4h Abs. 3 Satz 2 EStG zurückgestellt werden.

23 Vergütungen für die vorübergehende Nutzung von fremdem Sachkapital stellen grundsätzlich keine Zinserträge bzw. Zinsaufwendungen im Sinne der Zinsschranke dar. Dazu gehören auch Aufwendungen und Erträge, die Scheideanstalten aus der Goldleihe bzw. aus Edelmetallkonten erzielen.

24 Eine Wertpapierleihe oder ein ähnliches Geschäft kann einen Missbrauch von rechtlichen Gestaltungsmöglichkeiten (§ 42 AO) darstellen, wenn es z. B. dazu dienen soll, beim Entleiher künstlich Zinseinnahmen zu erzielen und dadurch die Abzugsmöglichkeit für anfallende Zinsaufwendungen zu erhöhen.

25 Zinsanteile in Leasingraten führen zu Zinsaufwendungen oder -erträgen, wenn das wirtschaftliche Eigentum am Leasinggegenstand (Sachkapital) auf den Leasingnehmer übergeht, der Leasinggeber also eine Darlehensforderung und der Leasingnehmer eine Darlehensverbindlichkeit auszuweisen hat. Die in den BMF-Schreiben vom 19. April 1971 (BStBl. I S. 264), vom 21. März 1972 (BStBl. I S. 188), vom 22. Dezember 1975 (Anhang 21 III EStH 2007) und vom 23. Dezember 1991 (BStBl. 1992 I S. 93) niedergelegten Grundsätze sind zu beachten.

26 Verbleibt nach Maßgabe der in Tz. 25 angeführten BMF-Schreiben das wirtschaftliche Eigentum am Leasinggegenstand beim Leasinggeber (Voll- und Teilamortisationsverträge) und handelt es sich um Finanzierungsleasing von Immobilien, ist eine Erfassung von Zinsanteilen in Leasingraten möglich, wenn der Leasinggeber mit den in der Grundmietzeit zu entrichtenden Raten zuzüglich des Erlöses aus einer Ausübung eines von Anfang an zum Ende der Grundmietzeit vertraglich vereinbarten Optionsrechts seine Anschaffungs- oder Herstellungskosten für den Leasinggegenstand sowie alle Nebenkosten einschließlich der Finanzierungskosten deckt und er dies gegenüber den Finanzbehörden nachweist.

Zu § 4h EStG **Anlage § 004h–01**

Der Leasinggeber kann in diesen Fällen die Zinsanteile als Zinserträge im Rahmen der Zinsschranke saldieren, soweit er in Leasingraten enthaltene Zinsanteile gegenüber dem Leasingnehmer offen ausweist; der Leasingnehmer hat seinerseits die Zinsanteile als Zinsaufwendungen im Rahmen der Zinsschranke zu erfassen. Die Erfassung von Zinsanteilen in Leasingraten setzt einen gemeinsamen schriftlichen Antrag von Leasinggeber und Leasingnehmer bei dem für den Leasinggeber örtlich zuständigen Finanzamt voraus. Der Leasinggeber muss außerdem nachweisen, dass der Leasingnehmer gegenüber dem für ihn örtlich zuständigen Veranlagungsfinanzamt eine schriftliche und unwiderrufliche Einverständniserklärung abgegeben hat, dass er mit der Erfassung der Zinsanteile als Zinsaufwendungen im Rahmen der Zinsschranke einverstanden ist. Die Anwendung der Billigkeitsregelung beim Leasinggeber hängt von der korrespondierenden Erfassung der Zinsen beim Leasingnehmer ab.

Bei Leasingverträgen über Immobilien, die bis zum 25. Mai 2007 (Tag des Beschlusses des Deutschen Bundestags über das Unternehmensteuerreformgesetz 2008) abgeschlossen worden sind, wird es im Zeitraum bis zur erstmaligen Änderungsmöglichkeit des Leasingvertrags nicht beanstandet, wenn der Leasinggeber in Leasingraten enthaltene Zinsanteile auch ohne Ausweis gegenüber dem Leasingnehmer als Zinserträge im Rahmen der Zinsschranke saldiert. Voraussetzung hierfür ist ein schriftlicher Antrag des Leasinggebers und der Nachweis des enthaltenen Zinsanteils gegenüber den Finanzbehörden.

4. Aufzinsung

Die Aufzinsung unverzinslicher oder niedrig verzinslicher Verbindlichkeiten oder Kapitalforderungen 27 führt zu Zinserträgen oder Zinsaufwendungen im Sinne der Zinsschranke (§ 4h Abs. 3 Satz 4 EStG). Ausgenommen sind Erträge anlässlich der erstmaligen Bewertung von Verbindlichkeiten (Abzinsung). Die vom Nennwert abweichende Bewertung von Kapitalforderungen mit dem Barwert führt ebenfalls nicht zu Zinsaufwendungen im Sinne der Zinsschranke. Die Auf- und Abzinsung und Bewertungskorrekturen von Verbindlichkeiten oder Kapitalforderungen mit einer Laufzeit am Bilanzstichtag von weniger als zwölf Monaten bleiben unberücksichtigt.

Beispiel 1 (Endfällige Forderung):

Die V-GmbH liefert am 30.12.01 Waren an die S-GmbH. Der Kaufpreis beträgt 10 Mio. € und ist am 31.12.10 endfällig. Das Wirtschaftsjahr aller Beteiligten entspricht dem Kalenderjahr. Die Voraussetzungen für die Anwendbarkeit der Zinsschranke (Überschreiten der Freigrenze, kein Escape etc.) sind bei allen Beteiligten gegeben.

Lösung:

B1 Die S-GmbH hat die Waren zum Barwert der Kaufpreisverpflichtung angeschafft. Zum Zwecke der Ermittlung des Barwerts kann der Vervielfältiger 0,618 nach Tabelle 2 des BMF-Schreibens vom 26. Mai 2005 (BStBl. I S. 699) verwendet werden. Der durch die Neubewertung der Verbindlichkeit zu den nachfolgenden Stichtagen sukzessiv entstehende Aufwand ist Zinsaufwand im Sinne des § 4h Abs. 3 Satz 2 EStG. Im Wirtschaftsjahr 02 entsteht auf diese Weise ein Zinsaufwand in Höhe von 340 T€, im Wirtschaftsjahr 03 von 350 T€, im Wirtschaftsjahr 04 von 380 T€ etc.; im Wirtschaftsjahr 10 wird die Verbindlichkeit vollständig getilgt, und der Zinsaufwand beträgt 520 T €. Der zu berücksichtigende Gesamtzinsaufwand der S-GmbH über die Laufzeit der Verbindlichkeit beläuft sich auf 3,82 Mio. €.

B2 Die V-GmbH hat auf den 31.12.01 eine Forderung gegen die S-GmbH auszuweisen. Die Forderung ist in Höhe der Anschaffungskosten der Forderung, die deren Barwert entspricht, zu bilanzieren. Zur Ermittlung der Anschaffungskosten (Barwert) kann ebenfalls der Vervielfältiger 0,618 nach Tabelle 2 des BMF-Schreibens vom 26. Mai 2005 (a. a. O.) verwendet werden. Der Barwert der Forderung beläuft sich auf 6,18 Mio. €. Der durch die Neubewertung der Forderung zu den nachfolgen Stichtagen sukzessiv entstehende Ertrag ist Zinsertrag im Sinne des § 4h Abs. 3 Satz 3 EStG. Im Wirtschaftsjahr 02 kommt es zu einem Zinsertrag in Höhe von 340 T€, im Wirtschaftsjahr 03 von 350 T€ etc. Der berücksichtigungsfähige Gesamtzinsertrag der V-GmbH über die Laufzeit der Forderung beträgt 3,82 Mio. €.

Teilwertberichtigungen führen – vorbehaltlich der in Tz. 27 genannten Grundsätze – nicht zu Zins- 28 aufwendungen oder Zinserträgen im Sinne des § 4h Abs. 3 Satz 2 und 3 EStG.

5. Abtretung

a) Abtretung einer Forderung aus der Überlassung von Geldkapital

aa) Unechte Forfaitierung/unechtes Factoring

Bei der unechten Forfaitierung bzw. dem unechten Factoring bleibt die Forderung beim Zedenten wei- 29 terhin mit ihrem Barwert aktiviert. Der Zedent hat eine verzinsliche Darlehensschuld in Höhe des Nennwerts der gegenüber dem Zessionar bestehenden Rückzahlungsverpflichtung (= Nennwert der abgetretenen Forderung) zu passivieren.

Anlage § 004h–01 Zu § 4h EStG

30 In Höhe der Differenz zwischen dem Nennwert der Verbindlichkeit und dem überlassenen Geldkapital hat der Zedent einen aktiven Rechnungsabgrenzungsposten zu bilden. Der Zessionar weist eine Darlehensforderung gegenüber dem Zedenten und einen passiven Rechnungsabgrenzungsposten in entsprechender Höhe aus. Die Rechnungsabgrenzungsposten sind bei Fälligkeitsdarlehen linear aufzulösen. Der hierdurch entstehende Aufwand bzw. Ertrag ist Zinsaufwand bzw. -ertrag im Sinne des § 4h Abs. 3 Satz 2 und 3 EStG. Factoring-Gebühren bzw. Forfaitierungs-Gebühren, die sonstige Kosten – z.B. für die Übernahme der Debitorenbuchhaltung durch den Zessionar – abdecken, stellen keine Zinsaufwendungen und keine Zinserträge dar. Die Zinsaufwendungen des Zedenten vermindern sich um Factoring-Gebühren bzw. Forfaitierungs-Gebühren nur insoweit, als er eine ordnungsgemäße Rechnung des Zessionars über diese Beträge vorlegt.

Beispiel 2 (Abtretung endfälliger Forderung):

Die V-GmbH verkauft ihre endfällige Forderung gegen die S-GmbH aus Beispiel 1 noch am 30.12.01 an die K-GmbH und tritt sie mit sofortiger Wirkung ab. Der Kaufpreis beträgt 6,0 Mio. € und wird sofort gezahlt. Das Risiko der Zahlungsunfähigkeit der S-GmbH trägt laut Kaufvertrag weiterhin die V-GmbH. Ein gesonderter Abschlag für Inkassokosten etc. ist nicht vereinbart worden. Das Wirtschaftsjahr aller Beteiligten entspricht dem Kalenderjahr. Die Voraussetzungen für die Anwendbarkeit der Zinsschranke (Überschreiten der Freigrenze, kein Escape etc.) sind bei allen Beteiligten gegeben.

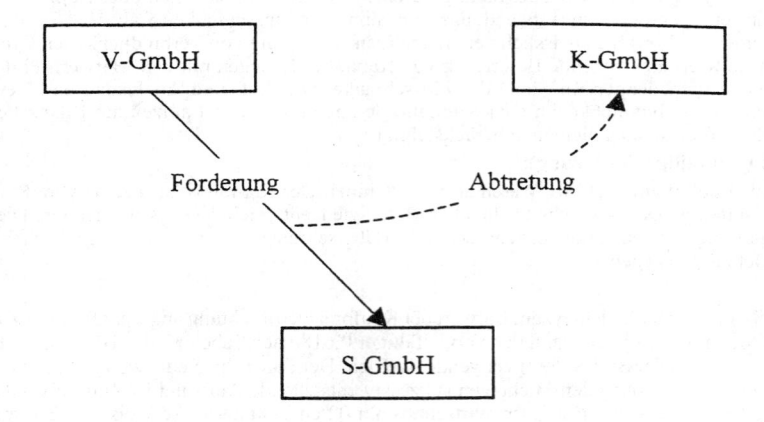

Lösung:

B3 Die bilanzielle Behandlung der Verbindlichkeit der S-GmbH gegenüber der V-GmbH wird von der Forderungsabtretung nicht berührt. Das Bilanzbild und die Ergebnisentwicklung entsprechen jener in Tz. B1. Der zu berücksichtigende Gesamtzinsaufwand der S-GmbH über die Laufzeit der Verbindlichkeit beträgt unverändert 3,82 Mio. €.

B4 Die V-GmbH hat auf den 31.12.01 – neben der Forderung gegen die S-GmbH (siehe Tz. B2) – nunmehr eine Darlehensverbindlichkeit in Höhe von 10,0 Mio. € gegenüber der K-GmbH sowie einen aktiven Rechnungsabgrenzungsposten in Höhe von 4,0 Mio. € auszuweisen:

V-GmbH 31.12.01

Aktiva		Passiva	
Forderung gg. S-GmbH	6 180 000	EK	6 180 000
Bankguthaben	6 000 000	Darlehensverbindlichkeit	10 000 000
aktiver RAP	4 000 000		
	16 180 000		16 180 000

B5 Die Darlehensverbindlichkeit unterliegt keiner Abzinsung nach § 6 Abs. 1 Nr. 3 EStG, da sie verzinslich ist. Zu den nachfolgenden Abschlussstichtagen entstehen durch die Neubewertung der Forderung Erträge, die über die Gesamtlaufzeit zu einem Zinsertrag im Sinne des § 4h Abs. 3 Satz 3 EStG in Höhe von 3,82 Mio. € führen (siehe Tz. B2). Der aktive Rechnungsabgrenzungsposten ist linear (endfällige Verbindlichkeit) über die Laufzeit der Darlehensverbindlichkeit aufzulösen und führt jährlich zu einem Zinsaufwand im Sinne des § 4h Abs. 3 Satz 2 EStG in Höhe von 444 444 €.

Zu § 4h EStG Anlage § 004h–01

Über die Laufzeit der Darlehensverbindlichkeit kommt es bei V insgesamt zu einem Zinsaufwand von 180 T€.

B6 Die K-GmbH erwirbt durch den Forderungskauf eine Darlehensforderung gegen die V-GmbH. Das Bilanzbild stellt sich auf den 31.12.01 wie folgt dar:

K-GmbH 31.12.01

Aktiva		Passiva	
Forderung gg. V-GmbH	10 000 000	Bank	6 000 000
		Passiver RAP	4 000 000
	10 000 000		10 000 000

B7 Die Darlehensforderung unterliegt keiner Bewertungskorrektur nach § 6 Abs. 1 Nr. 2 EStG, da sie verzinslich ist. Der passive Rechnungsabgrenzungsposten ist linear (endfällige Forderung) über die Laufzeit der Forderung aufzulösen und führt jährlich zu einem Zinsertrag im Sinne des § 4h Abs. 3 Satz 3 EStG in Höhe von 444 444 €.

Erfolgt die Tilgung der. (abgetretenen) Forderung in Raten, sind die Rechnungsabgrenzungsposten nach der Zinsstaffelmethode aufzulösen.

bb) Echte Forfaitierung/echtes Factoring

Bei der echten Forfaitierung bzw. dem echten Factoring übernimmt der Zessionar das Risiko der Uneinbringlichkeit der abgetretenen Forderung. Die Forderung ist bilanziell bei ihm zu aktivieren. Die Abtretung gilt nur auf übereinstimmenden schriftlichen Antrag von Zessionar und Zedent im Sinne von Tz. 14 als Überlassung von Fremdkapital im Sinne von § 4h Abs. 3 Satz 2 EStG.

Als Zinsertrag des Zessionars im Sinne der Zinsschranke ist in diesen Fällen die Differenz zwischen Nennwert und Kaufpreis der erworbenen bereits realisierten Forderung anzusetzen. Factoring-Gebühren bzw. Forfaitierungs-Gebühren, die sonstige Kosten – z. B. für die Übernahme des Delkredererisikos und der Debitorenbuchhaltung durch den Zessionar – abdecken, stellen jedoch keine Zinserträge im Sinne des § 4h Abs. 3 Satz 3 EStG dar.

Der Zedent hat in diesen Fällen in Höhe des Differenzbetrags zwischen Verkaufserlös und Buchwert der verkauften Forderung einen Zinsertrag bzw. -aufwand im Sinne der Zinsschranke. Soweit dieser Differenzbetrag auf in einer ordnungsgemäßen Rechnung offen ausgewiesene Factoring-Gebühren bzw. Forfaitierungs-Gebühren entfällt, liegen keine Zinsaufwendungen im Sinne des § 4h Abs. 3 Satz 2 EStG vor.

Beispiel 3 (Abtretung endfälliger Forderungen):

Siehe Beispiel 2. Das Risiko der Zahlungsunfähigkeit der S-GmbH trägt laut Kaufvertrag die K-GmbH. Ein gesondertes Entgelt für Risikoübernahme und Inkasso wurde in der Rechnung in Höhe von 100 T € von dem Kaufpreis der Forderung (6,1 Mio. €) abgesetzt. V erhält 6 Mio. € ausbezahlt. Die V-GmbH und die K-GmbH haben einen übereinstimmenden schriftlichen Antrag nach Tz. 14 gestellt.

Lösung:

B8 Die bilanzielle Behandlung der Verbindlichkeit der S-GmbH gegenüber der V-GmbH wird von der Forderungsabtretung nicht berührt. Das Bilanzbild und die Ergebnisentwicklung entsprechen jener in Tz. B1. Der zu berücksichtigende Gesamtzinsaufwand der S-GmbH über die Laufzeit der Verbindlichkeit beträgt 3,82 Mio. €.

B9 Die V-GmbH hat die Forderung auszubuchen und den Verkaufserlös einzubuchen. In Höhe der Wertdifferenz zwischen dem Buchwert der abgetretenen Forderung und dem Verkaufspreis kommt es zu einem Zinsaufwand bzw. einem Zinsertrag im Sinne der Zinsschranke. Bei der V-GmbH entsteht damit ein sofort zu berücksichtigender Zinsaufwand im Sinne von § 4h Abs. 3 Satz 2 EStG in Höhe von 80 T€ (= 6,1 Mio. € ./. 6,18 Mio. €). In Höhe der offen in der Rechnung ausgewiesenen Gebühren für Risikoübernahme und Inkasso entstehen sofort abziehbare Betriebsausgaben in Höhe von 100 T€, die keine Zinsaufwendungen im Sinne des § 4 Abs. 3 Satz 2 EStG sind.

B10 Die K-GmbH erwirbt eine Forderung gegen die S-GmbH und realisiert einen Ertrag in Höhe von 100 T€ für Risikoübernahme und Inkasso. Die Forderung gegen die S-GmbH ist zum 31.12.01 mit 6,1 Mio. € zu bilanzieren. Zu den nachfolgenden Bilanzstichtagen ist die Forderung grundsätzlich mit ihren Anschaffungskosten von 6,1 Mio. € zu bewerten. Bei Erfüllung der Forderung im Wirtschaftsjahr 10 realisiert die K-GmbH einen Zinsertrag im Sinne von § 4h Abs. 3 Satz 3 EStG in Höhe von 3,9 Mio. €.

Anlage § 004h–01

Zu § 4h EStG

34 In den Fällen der echten Forfaitierung/des echten Factorings einer ratenweise zu tilgenden Forderung ist sinngemäß zu verfahren.

b) Abtretung einer Forderung aus schwebenden Geschäften

35 Im Falle der Abtretung einer noch nicht realisierten Geldforderung aus einem Dauerschuldverhältnis ergeben sich vor der Abtretung keine Zinsaufwendungen oder -erträge im Sinne der Zinsschranke aus der Auf- oder Abzinsung der Forderung und Verbindlichkeit, da diese bilanziell noch nicht erfasst sind.

aa) Unechte Forfaitierung

36 Die Abtretung einer Forderung zu einem Betrag unter dem Nennwert ist eine eigenständige Überlassung von Fremdkapital im Sinne des § 4h Abs. 3 Satz 2 EStG, wenn der Vorgang bilanziell als Darlehensgeschäft auszuweisen ist (sog. unechte Forfaitierung). Bei der Ermittlung der Zinsaufwendungen und Zinserträge aus der Abtretung einer Forderung im o. g. Sinne sind die Grundsätze zur Abtretung einer Forderung aus der Überlassung von Geldkapital (siehe Tz. 29 ff.) und des BMF-Schreibens vom 9. Januar 1996 (BStBl. I S. 9) zu beachten. Der Zedent hat in Höhe der Differenz zwischen dem Nennwert der Darlehensschuld und dem überlasse-nen Geldkapital einen aktiven Rechnungsabgrenzungsposten zu bilden, der nach der Zinsstaffelmethode aufzulösen ist. Der hierdurch entstehende Aufwand ist Zinsaufwand im Sinne des § 4h Abs. 3 Satz 2 EStG. Der Zessionar hat einen Zinsertrag im Sinne des § 4h Abs. 3 Satz 3 EStG in entsprechender Höhe. Factoring-Gebühren bzw. Forfaitierungs-Gebühren, die sonstige Kosten – z. B. für die Übernahme der Debitorenbuchhaltung durch den Zessionar – abdecken, stellen keine Zinsaufwendungen und keine Zinserträge im Sinne des § 4h Abs. 3 Satz 2 und 3 EStG dar. Die Zinsaufwendungen des Zedenten vermindern sich um Forfaitierungs-Gebühren nur insoweit, als er eine ordnungsgemäße Rechnung des Zessionars über diese Beträge vorlegt.

Beispiel 4 (Unechte Forfaitierung einer Mietforderung):

Die V-GmbH überlässt der S-GmbH ab dem 01.01.01 ein Grundstück zur Miete. Der Mietvertrag ist bis zum 31.12.10 befristet. Der jährlich auf den 01.01. zu entrichtende Mietzins beträgt 1 Mio. €. Die V-GmbH verkauft sämtliche noch nicht beglichenen Mietzinsansprüche mit einem Nennwert von 9 Mio. € am 30.12.01 an die K-GmbH und tritt sie mit sofortiger Wirkung ab. Der Kaufpreis beträgt 7,5 Mio. € und wird sofort gezahlt. Das Risiko der Zahlungsunfähigkeit der S-GmbH trägt laut Kaufvertrag weiterhin die V-GmbH. Ein gesonderter Abschlag für Inkassokosten etc. ist nicht vereinbart worden. Das Wirtschaftsjahr aller Beteiligten entspricht dem Kalenderjahr. Die Voraussetzungen für die Anwendbarkeit der Zinsschranke (Überschreiten der Freigrenze, kein Escape etc.) sind bei allen Beteiligten gegeben.

Lösung:

B11 Die S-GmbH als Mieterin bilanziert ihre zukünftigen, wirtschaftlich noch nicht entstandenen Verbindlichkeiten aus dem Mietvertrag nicht. Der von ihr für das jeweils laufende Wirtschaftsjahr entrichtete Mietzins für den Gebrauch der Mietsache führt unmittelbar zu Mietaufwand.

B12 Die V-GmbH hat der K-GmbH gegenüber eine Darlehensverbindlichkeit in Höhe des Nennwerts der veräußerten Mietzinsansprüche zu passivieren. Sie vereinnahmt den Mietzins bei Zahlung durch die S-GmbH erfolgswirksam als Mietertrag, der in voller Höhe als sofort an die K-GmbH weitergeleitet gilt. Die Darlehensverbindlichkeit mindert sich um den jeweiligen Mietzins. In Höhe der Differenz zwischen dem Nennwert der abgetretenen Mietzinsansprüche und dem Kaufpreis ist ein aktiver Rechnungsabgrenzungsposten in Höhe von 1,5 Mio. € zu bilden, der entsprechend der Zinsstaffelmethode aufzulösen ist und zu Zinsaufwand im Sinne des § 4h Abs. 3 Satz 2 EStG führt. Der zu berücksichtigende Gesamtzinsaufwand im Sinne des § 4h Abs. 3 Satz 2 EStG der V-GmbH beläuft sich im Beispielsfall auf 1,5 Mio. €.

B13 Die K-GmbH aktiviert eine (Darlehens-)Forderung in Höhe des Nennwerts der Mietzinsansprüche gegen die V-GmbH und passiviert einen Rechnungsabgrenzungsposten in Höhe der Differenz zwischen Nennwert und Kaufpreis, der entsprechend der Zinsstaffelmethode aufzulösen ist. Der Gesamtzinsertrag im Sinne des § 4h Abs. 3 Satz 3 EStG der K-GmbH über die Laufzeit der erworbenen Forderung beträgt 1,5 Mio. €.

bb) Echte Forfaitierung

37 In den Fällen, in denen der Zessionar zusätzlich das Risiko der Zahlungsunfähigkeit des Schuldners der abgetretenen Forderung übernimmt (sog. echte Forfaitierung) gilt die Abtretung einer Forderung zu einem Betrag unter dem Nennwert nach Tz. 14 nur auf übereinstimmenden schriftlichen Antrag von Zessionar und Zedent als eigenständige Überlassung von Fremdkapital im Sinne von § 4h Abs. 3 Satz 2 EStG.

38 Als Zinsertrag des Zessionars im Sinne des § 4h Abs. 3 Satz 3 EStG ist in diesen Fällen die Differenz zwischen den vereinnahmten Erlösen aus dem Dauerschuldverhältnis (z. B. Mieterträge) und dem

Kaufpreis der Forderung anzusetzen. Forfaitierungs-Gebühren, die sonstige Kosten– z. B. für die Übernahme des Delkredererisikos und der Debitorenbuchhaltung durch den Zessionar – abdecken, stellen jedoch keine Zinserträge im Sinne des § 4h Abs. 3 Satz 3 EStG dar.

Der Zedent hat in Höhe des Differenzbetrags zwischen Verkaufserlös und Nennwert der verkauften Forderung einen Zinsaufwand bzw. einen Zinsertrag im Sinne der Zinsschranke. Soweit dieser Differenzbetrag auf in einer ordnungsgemäßen Rechnung offen ausgewiesene Forfaitierungs-Gebühren entfällt, liegen keine Zinsaufwendungen im Sinne des § 4h Abs. 3 Satz 2 EStG vor.

Beispiel 5 (Echte Forfaitierung einer Mietforderung):
Siehe Beispiel 4. Das Risiko der Zahlungsunfähigkeit der S-GmbH trägt laut Kaufvertrag die K-GmbH. Ein gesondertes Entgelt für die Risikoübernahme wurde nicht vereinbart. Die V-GmbH und die K-GmbH haben einen übereinstimmenden schriftlichen Antrag nach Tz. 14 gestellt.

Lösung:

B14 B14 Die S-GmbH als Mieterin bilanziert ihre Verbindlichkeit aus dem Mietvertrag in der Regel nicht. Der von ihr entrichtete Mietzins für den Gebrauch der Mietsache führt unmittelbar zu Aufwand, der kein Zinsaufwand im Sinne der Zinsschranke ist.

B15 Es ist für Zwecke der Zinsschranke abweichend von den allgemeinen bilanzsteuerlichen Grundsätzen davon auszugehen, dass die V-GmbH eine Mieteinnahme in Höhe des Nennbetrags der (Summe der) abgetretenen Mietforderungen vereinnahmt. In Höhe des Differenzbetrags zwischen dem Nennbetrag der abgetretenen Mietforderungen und dem vereinnahmten Kaufpreis entsteht gleichzeitig ein Zinsaufwand der V-GmbH im Sinne des § 4h Abs. 3 Satz 2 EStG. Der zu berücksichtigende Gesamtzinsaufwand der V-GmbH beläuft sich im Beispielsfall somit auf 1,5 Mio. €. Der durch die Mieteinnahme erlöste Ertrag und der Gesamtzinsaufwand sind über die Laufzeit des Mietvertrags wie ein Rechnungsabgrenzungsposten auf die Wirtschaftsjahre linear zu verteilen.

B16 Die K-GmbH aktiviert die erworbenen Forderungen gegen die S-GmbH in Höhe des Kaufpreises. Der vereinnahmte Mietzins ist in einen Zinsanteil und einen Tilgungsanteil aufzuteilen. Die Ermittlung des Zinsanteils pro Rate erfolgt nach allgemeinen bilanzsteuerrechtlichen Grundsätzen. Der danach ermittelte Zinsanteil stellt Zinsertrag im Sinne des § 4h Abs. 3 Satz 3 EStG dar. Die Forderung vermindert sich um den Tilgungsanteil. Der Gesamtzinsertrag beträgt im Beispielsfall 1,5 Mio. €.

6. Steuerliches EBITDA

Die Zinsaufwendungen eines Betriebs sind in Höhe des Zinsertrags abziehbar, darüber hinaus ist der Abzug auf 30 Prozent des um die Zinsaufwendungen und um die nach § 6 Abs. 2 Satz 1, § 6 Abs. 2a Satz 2 und § 7 EStG abgesetzten Beträge erhöhten und um die Zinserträge verminderten maßgeblichen Gewinns bzw. des maßgeblichen Einkommens begrenzt (sog. steuerliches EBITDA).

Bei Personenunternehmen ist maßgeblicher Gewinn der nach den Vorschriften des EStG mit Ausnahme von § 4h Abs. 1 EStG ermittelte steuerpflichtige Gewinn (§ 4h Abs. 3 Satz 1 EStG):

Steuerpflichtiger Gewinn vor Anwendung des § 4h EStG

./. Zinserträge
+ Zinsaufwendungen
+ Abschreibungen nach § 6 Abs. 2 und 2a sowie § 7 EStG
= steuerliches EBITDA.

Bei Körperschaften tritt an die Stelle des maßgeblichen Gewinns das nach den Vorschriften des EStG und des KStG mit Ausnahme der §§ 4h, 10d EStG und § 9 Abs. 1 Satz 1 Nr. 2 KStG ermittelte Einkommen. Das steuerliche EBITDA einer Körperschaft wird insbesondere durch verdeckte Gewinnausschüttungen erhöht und durch Dividenden und Veräußerungsgewinne vermindert, soweit diese nach § 8b KStG steuerfrei sind:

Einkommen der Körperschaft im Sinne des § 8 Abs. 1 KStG vor Anwendung des § 4h EStG

./. Zinserträge
+ Zinsaufwendungen
+ Abschreibungen nach § 6 Abs. 2 und 2a sowie § 7 EStG
+ Verlustabzug im Sinne von § 10d EStG (Verlustrück-und -vortrag)
+ Spendenabzug im Sinne von § 9 Abs. 1 Satz 1 Nr. 2 KStG
= steuerliches EBITDA.

Anlage § 004h–01

Zu § 4h EStG

42 Das steuerliche EBITDA ist betriebsbezogen zu ermitteln. Zinsaufwendungen, Zinserträge, Abschreibungen und Anteile am maßgeblichen Gewinn, die in das steuerliche EBITDA einer Mitunternehmerschaft einfließen, finden deshalb beim Mitunternehmer nicht nochmals Berücksichtigung.

43 Hält ein Gesellschafter einer vermögensverwaltenden Personengesellschaft seine Beteiligung im Betriebsvermögen (sog. Zebragesellschaft), kommt die Zinsschranke auf der Ebene des Gesellschafters zur Anwendung. Zinsaufwendungen, Zinserträge und Abschreibungen der Personengesellschaft und die Beteiligungseinkünfte sind anteilig beim Gesellschafter im Rahmen seiner Gewinneinkünfte zu berücksichtigen.

44 Bei einer KGaA ist zur Ermittlung des maßgeblichen Einkommens im Sinne des § 8a Abs. 1 KStG die Vorschrift des § 9 Abs. 1 Satz 1 Nr. 1 KStG nicht anzuwenden. Hinsichtlich eventueller Sondervergütungen ist § 8a Abs. 2 und 3 KStG zu prüfen. Bei der Bildung des steuerlichen EBITDA des persönlich haftenden Gesellschafters bleibt der Gewinnanteil unberücksichtigt.

45 Zinsaufwendungen und Zinserträge im Sinne des § 4h Abs. 3 EStG einer Organgesellschaft sind beim Organträger im Rahmen des § 4h Abs. 1 EStG zu berücksichtigen (§ 15 Satz 1 Nr. 3 Satz 3 KStG). Entsprechendes gilt für Abschreibungen nach § 6 Abs. 2 Satz 1, § 6 Abs. 2a Satz 2 und § 7 EStG.

7. Zinsvortrag

46 Die nicht abziehbaren Zinsaufwendungen eines Veranlagungszeitraums sind nach § 4h Abs. 1 Satz 2 EStG in die folgenden Wirtschaftsjahre vorzutragen (Zinsvortrag). Sie erhöhen die Zinsaufwendungen dieser Wirtschaftsjahre und können dazu führen, dass im Vortragsjahr die Freigrenze nach § 4h Abs. 2 Satz 1 Buchstabe a EStG überschritten wird.

47 Nach § 4h Abs. 5 EStG geht ein nicht verbrauchter Zinsvortrag bei Aufgabe oder Übertragung des Betriebs unter. Bei Aufgabe oder Übertragung eines Teilbetriebs geht der Zinsvortrag anteilig unter. Als Aufgabe eines Teilbetriebs gilt auch das Ausscheiden einer Organgesellschaft aus dem Organkreis.

48 Die Nutzung eines vororganschaftlichen Zinsvortrags der Organgesellschaft ist während der Organschaft nicht zulässig; die Grundsätze zu § 15 Satz 1 Nr. 1 KStG gelten entsprechend.

49 Der Zinsvortrag ist gemäß § 4h Abs. 4 Satz 1 EStG gesondert festzustellen. Der Feststellungsbescheid ist für jeden Betrieb an den Betriebsinhaber (Personengesellschaft, Körperschaft) zu richten, bei Einzelunternehmern an diesen unter Bezeichnung des Betriebs. Bei Mitunternehmerschaften sind diese selbst Adressaten des Feststellungsbescheids, nicht die Mitunternehmer. Bei Betrieben gewerblicher Art ist der Feststellungsbescheid an dessen Rechtsträger unter Bezeichnung des Betriebs zu richten.

8. Mitunternehmerschaften

50 Zu Sonderbetriebsvermögen und Sondervergütungen von Mitunternehmern siehe Tz. 6 und 19.

51 Die Ermittlung der nicht abziehbaren Zinsaufwendungen erfolgt betriebsbezogen. Nicht abziehbare Zinsaufwendungen sind den Mitunternehmern auch dann nach dem allgemeinen Gewinnverteilungsschlüssel zuzurechnen, wenn es sich um Zinsaufwendungen aus dem Sonderbetriebsvermögensbereich eines Mitunternehmers handelt.

52 Bei Ausscheiden eines Mitunternehmers aus einer Gesellschaft geht der Zinsvortrag anteilig mit der Quote unter, mit der der ausgeschiedene Mitunternehmer an der Gesellschaft beteiligt war (§ 4h Abs. 5 Satz 2 EStG).

Beispiel:

An der ABC-OHG sind die A-GmbH zu 10 %, die B-GmbH zu 60 %, die C-GmbH zu 30 % beteiligt. Alle Gesellschaften gehören einem Konzern an. Der Gewinnverteilungsschlüssel der OHG richtet sich nach den Beteiligungsquoten. Der Gewinn der OHG (Gesamthandsbereich) beträgt am 31.12.01 10 Mio. €. Die A-GmbH hat ihre Beteiligung fremdfinanziert. Es entstehen bis zum 31.12.01 im Sonderbetriebsvermögensbereich der A-GmbH Sonderbetriebsausgaben in Höhe von 7 Mio. €. Der OHG gelingt der Escape nicht.

Am 01.01.02 scheidet
a) die A-GmbH
b) die C-GmbH aus.

Zu § 4h EStG   **Anlage § 004h–01**

Lösung:
1. Gewinnverteilung:

		A (10%)	B (60 %)	C (30 %)
Gesamthand	10 000 000	1 000 000	6 000 000	3 000 000
SBA	./. 7 000 000	./. 7 000 000		
Gewinn	3 000 000	./. 6 000 000	6 000 000	3 000 000

2. Ermittlung der abziehbaren Zinsen:
   Der maßgebliche Gewinn beträgt
   3 Mio. € + 7Mio. €=10 Mio. €.
   Die abziehbaren Zinsen betragen
   10 Mio. € x 30% = 3Mio. €.
3. Ermittlung des Zinsvortrags:
   7 Mio. € ./. 3 Mio. € = 4 Mio. €.
4. Gewinnverteilung nach Anwendung der Zinsschranke:

		A (10%)	B (60 %)	C (30 %)
Gesamthand	10 000 000	1 000 000	6 000 000	3 000 000
SBA	./. 7 000 000	./. 7 000 000		
	3 000 000	./. 6 000 000	6 000 000	3 000 000
Nicht abziehbare Zinsen	4 000 000	400 000	2 400 000	1 200 000
Gewinn	7 000 000	./. 5 600 000	8 400 000	4 200 000

5. Untergehender Zinsvortrag nach § 4h Abs. 5 Satz 2 EStG:
   a) bei Ausscheiden der A-GmbH:
      4 Mio. € x 10/100 = 0,4 Mio. €,
   b) bei Ausscheiden der C-GmbH:
      4 Mio. € x 30/100 = 1,2 Mio. €.

9. Organschaften
Zur Behandlung der Organschaft als Betrieb siehe Tz. 10 und 65.   53
Zur Freigrenze bei Organschaft siehe Tz. 57.   54

III. Ausnahmetatbestände (§ 4h Abs. 2 EStG)
1. Freigrenze
Die Zinsschranke kommt nicht zur Anwendung, wenn die die Zinserträge übersteigenden Zins- 55
aufwendungen (Zinssaldo) weniger als eine Million Euro betragen (Freigrenze des § 4h Abs. 2 Satz 1
Buchstabe a EStG).[1]
Die Freigrenze ist betriebsbezogen. Sie gilt auch für Körperschaften, Personenvereinigungen und Ver- 56
mögensmassen (§ 8a Abs. 1 KStG).
Die Freigrenze wird für den Organkreis nur einmal gewährt.   57
Die Freigrenze bezieht sich auf das jeweilige Wirtschaftsjahr des Betriebs.   58

2. Konzernzugehörigkeit
Der Zinsschranke liegt ein erweiterter Konzernbegriff zugrunde. Ein Betrieb kann nur durch einen 59
Rechtsträger beherrscht werden. Ob ein Betrieb konzernzugehörig ist, bestimmt sich regelmäßig nach
§ 4h Abs. 3 Satz 5 EStG (Grundfall). Ein Betrieb gehört danach zu einem Konzern, wenn er nach dem
einschlägigen Rechnungslegungsstandard in einen Konzernabschluss einzubeziehen ist oder einbezogen
werden könnte.

---
1) Jetzt 3 Mio. €

Anlage § 004h–01

Zu § 4h EStG

60 Liegt kein Konzern im Sinne des § 4h Abs. 3 Satz 5 EStG vor, sind die Voraussetzungen des § 4h Abs. 3 Satz 6 EStG (sog. Gleichordnungskonzern) zu prüfen. Voraussetzung für einen Gleichordnungskonzern ist, dass die Finanz- und Geschäftspolitik eines Betriebs mit einem oder mehreren anderen Betrieben einheitlich bestimmt werden kann. Ein Konzern kann somit auch dann vorliegen, wenn eine natürliche Person an der Spitze des Konzerns steht und die Beteiligungen an den beherrschten Rechtsträgern im Privatvermögen gehalten werden. Auch eine vermögensverwaltend tätige Gesellschaft kann Konzernspitze sein.

In den Fällen, in denen die Konzernspitze selbst keinen Betrieb im Sinne des § 4h Abs. 1 EStG darstellt oder unterhält, sind in den Konzernabschluss nur die beherrschten Betriebe einzubeziehen. Zur Frage der Gesellschafterfremdfinanzierung in diesen Fällen siehe Tz. 80.

61 Gemeinschaftlich geführte Unternehmen nach § 310 HGB oder vergleichbare Unternehmen, die nach anderen zur Anwendung kommenden Rechnungslegungsstandards (z. B. IAS 31) nur anteilmäßig in den Konzernabschluss einbezogen werden, gehören für Zwecke der Zinsschranke nicht zu einem Konzern. Gleiches gilt für assoziierte Unternehmen (§ 311 HGB) oder diesen vergleichbare Unternehmen.

62 Ein Einzelunternehmer mit mehreren Betrieben begründet für sich noch keinen Konzern im Sinne der Zinsschranke.

63 Ergibt sich die Gewerblichkeit eines Besitzunternehmens nur aufgrund einer personellen und sachlichen Verflechtung mit dem Betriebsunternehmen (Betriebsaufspaltung), liegt ebenfalls kein Konzern im Sinne der Zinsschranke vor.

64 Ein Einzelunternehmer oder eine Gesellschaft begründet nicht bereits deshalb einen Konzern, weil er oder sie eine oder mehrere Betriebsstätten im Ausland hat. Für die Dotation der Betriebsstätte mit Eigenkapital gelten die Betriebsstätten-Verwaltungsgrundsätze nach dem BMF-Schreiben vom 24. Dezember 1999 (BStBl. I S. 1076).

65 Ein Organkreis gilt als ein Betrieb (§ 15 Satz 1 Nr. 3 KStG) und bildet für sich allein keinen Konzern im Sinne der Zinsschranke.

66 Bei einer GmbH & Co. KG gelten die KG und die als Komplementär allein haftende GmbH als ein Betrieb im Sinne der Zinsschranke, wenn sich die Tätigkeit der GmbH – neben ihrer Vertretungsbefugnis – in der Übernahme der Haftung und Geschäftsführung für die KG erschöpft und weder die KG noch die als Komplementär allein haftende GmbH anderweitig zu einem Konzern gehören. Die GmbH & Co. KG ist in diesen Fällen nicht als Konzern anzusehen. Das gilt nicht, wenn die GmbH darüber hinaus eine eigene Geschäftstätigkeit entfaltet. Dies ist z. B. dann anzunehmen, wenn ihr nach den Grundsätzen dieses Schreibens Zinsaufwendungen zuzuordnen sind. Entsprechendes gilt bei Gesellschaften in Rechtsformen, die der GmbH & Co. KG vergleichbar sind (z. B. die Limited & Co. KG).

67 Zweckgesellschaften sind für Zwecke der Zinsschranke konzernangehörige Betriebe, wenn nach dem jeweils zur Anwendung kommenden Rechnungslegungsstandard eine Konsolidierung in den Konzernabschluss zu erfolgen hat. In den Fällen des Gleichordnungskonzerns nach § 4h Abs. 3 Satz 6 EStG sind Zweckgesellschaften dann als konzernangehörig anzusehen, wenn ihre Finanz- und Geschäftspolitik mit einem oder mehreren anderen Betrieben einheitlich bestimmt werden kann.

Verbriefungszweckgesellschaften im Rahmen von Asset-Backed-Securities-Gestaltungen, deren Unternehmensgegenstand in dem rechtlichen Erwerb von Forderungen aller Art und/oder der Übernahme von Risiken aus Forderungen und Versicherungen liegt, gelten für Zwecke der Zinsschranke nicht als konzernangehörige Unternehmen, wenn eine Einbeziehung in den Konzernabschluss allein aufgrund einer wirtschaftlichen Betrachtungsweise unter Berücksichtigung der Nutzen- und Risikoverteilung erfolgt ist.

68 Für die Frage, ob und zu welchem Konzern ein Betrieb gehört, ist grundsätzlich auf die Verhältnisse am vorangegangenen Abschlussstichtag abzustellen. Das gilt auch für die Fälle des unterjährigen Erwerbs oder der unterjährigen Veräußerung von Gesellschaften.

Bei Neugründung einer Gesellschaft, einschließlich der Neugründung durch Umwandlung, gilt die Gesellschaft ab dem Zeitpunkt der Neugründung für Zwecke der Zinsschranke als konzernangehörig. Entsteht ein Konzern im Sinne des § 4h Abs. 3 Satz 5 und 6 EStG neu, gelten die einzelnen Betriebe erst zum folgenden Abschlussstichtag als konzernangehörig.

3. Eigenkapitalvergleich bei konzernzugehörigen Betrieben (Escape-Klausel)

69 Nach § 4h Abs. 2 Satz 1 Buchstabe c Satz 2 EStG unterliegt der Zinsabzug nicht den Beschränkungen des § 4h Abs. 1 EStG, wenn die Eigenkapitalquote des Betriebs die Eigenkapitalquote des Konzerns um nicht mehr als einen Prozentpunkt[1]) unterschreitet. Die Eigenkapitalquote ermittelt sich als Verhältnis des Eigenkapitals zur Bilanzsumme (§ 4h Abs. 2 Satz 1 Buchstabe c Satz 3 EStG).

---
1) Jetzt 2 Prozent.

Zu § 4h EStG

Anlage § 004h–01

Für die Anwendung der Escape-Klausel ist auf die Eigenkapitalquote am vorangegangenen Abschlussstichtag abzustellen (§ 4h Abs. 2 Satz 1 Buchstabe c Satz 1 EStG). Bei Neugründung eines Betriebs wird ausnahmsweise auf das Eigenkapital in der Eröffnungsbilanz abgestellt. Die Eigenkapitalquote des Betriebs ist mit der Eigenkapitalquote des Konzerns am vorangegangenen Abschlussstichtag zu vergleichen. Der Konzernabschluss wird nicht um den neu gegründeten Betrieb erweitert. 70

Weicht der Abschlussstichtag des Betriebs vom Abschlussstichtag des Konzerns ab, ist für den Vergleich der Eigenkapitalquoten derjenige Abschluss des Betriebs maßgeblich, der in den Konzernabschluss eingegangen ist. Es kann sich dabei um einen Zwischenabschluss handeln (vgl. z. B. bei Abschlüssen nach dem Handelsgesetzbuch § 299 Abs. 2 HGB).

Für den Eigenkapitalvergleich sind der bestehende Konzernabschluss und der bestehende Abschluss des Betriebs zugrunde zu legen. Die für den Eigenkapitalvergleich erforderlichen Korrekturen von Eigenkapital und Bilanzsumme des Konzernabschlusses oder/und des Abschlusses des Betriebs sind außerhalb des Abschlusses in einer Nebenrechnung vorzunehmen. 71

Bestehende Konzernabschlüsse werden in den Fällen des § 4h Abs. 3 Satz 5 EStG grundsätzlich unverändert für den Eigenkapitalvergleich herangezogen, wenn sie nach den §§ 291, 292 und 315a HGB befreiende Wirkung haben. Sie müssen nicht um diejenigen konzernzugehörigen Betriebe erweitert werden, die zulässigerweise – etwa nach § 296 HGB – nicht in den Konzernabschluss aufgenommen wurden; diese Betriebe sind dessen ungeachtet konzernangehörige Betriebe im Sinne des § 4h Abs. 2 Satz 1 Buchstabe c EStG. 72

Konsolidierte Verbriefungszweckgesellschaften sind zur Ermittlung der Eigenkapitalquote des Konzerns aus dem Konzernabschluss herauszurechnen, wenn sie für Zwecke der Zinsschranke als nicht konzernangehörig gelten.

Für gemeinschaftlich geführte Unternehmen darf ein Wahlrecht auf anteilmäßige Konsolidierung (Quotenkonsolidierung) für Zwecke der Zinsschranke nicht ausgeübt werden. Die Eigenkapitalquote des Konzernabschlusses ist ggf. entsprechend anzupassen.

Eine Korrektur des Konzernabschlusses um Verbriefungszweckgesellschaften und gemeinschaftlich geführte Unternehmen kann unterbleiben, sofern sich dadurch keine erheblichen Veränderungen der Konzerneigenkapitalquote ergeben.

Bei der Ermittlung der Eigenkapitalquote des Betriebs sind Vermögensgegenstände und Schulden, einschließlich Rückstellungen, Bilanzierungshilfen, Rechnungsabgrenzungsposten u. Ä., sofern sie im Konzernabschluss enthalten sind, mit den dort abgebildeten Werten anzusetzen. Ein im Konzernabschluss enthaltener Firmenwert und im Rahmen eines Beteiligungserwerbs mitbezahlte stille Reserven der Beteiligungsgesellschaft sind dem Betrieb zuzuordnen, soweit sie auf diesen entfallen. Die Bilanzsumme des Betriebs ist ggf. anzupassen. 73

Die in § 4h Abs. 2 Satz 1 Buchstabe c Satz 5 EStG vorgesehene Kürzung der Anteile an anderen inländischen und ausländischen Konzerngesellschaften umfasst auch die Beteiligungen an Mitunternehmerschaften. Die Beteiligungshöhe ist unmaßgeblich. 74

Eine Kürzung um eigene Anteile und um Anteile an nicht konzernangehörigen Gesellschaften unterbleibt.

Bei der Ermittlung der Eigenkapitalquote des Betriebs ist das nach den jeweils relevanten Rechnungslegungsstandards ermittelte Eigenkapital um folgende Größen zu modifizieren (§ 4h Abs. 2 Satz 1 Buchstabe c Satz 5 bis 7 EStG): 75

+   im Konzernabschluss enthaltener Firmenwert, soweit er auf den Betrieb entfällt,
+./. Korrektur der Wertansätze der Vermögensgegenstände und Schulden (Ausweis – vorbehaltlich der Tz. 73 – mit den im Konzernabschluss enthaltenen Werten),
+   die Hälfte des Sonderpostens mit Rücklageanteil (§ 273 HGB),
./. Eigenkapital, das keine Stimmrechte vermittelt – mit Ausnahme von Vorzugsaktien –,
./. Anteile an anderen Konzerngesellschaften,
./. Einlagen der letzten sechs Monate vor dem maßgeblichen Abschlussstichtag, soweit ihnen Entnahmen oder Ausschüttungen innerhalb der ersten sechs Monate nach dem maßgeblichen Abschlussstichtag gegenüberstehen;
+./. Sonderbetriebsvermögen ist dem Betrieb der Mitunternehmerschaft zuzuordnen.

Die Bilanzsumme des Betriebs ist wie folgt zu verändern: 76

+   im Konzernabschluss enthaltener Firmenwert, soweit er auf den Betrieb entfällt,
+./. Korrektur der Wertansätze der Vermögensgegenstände und Schulden (Ausweis – vorbehaltlich der Tz. 73 – mit den im Konzernabschluss enthaltenen Werten),

Anlage § 004h–01 Zu § 4h EStG

./. Anteile an anderen Konzerngesellschaften,
./. Einlagen der letzten sechs Monate vor dem maßgeblichen Abschlussstichtag, soweit ihnen Entnahmen oder Ausschüttungen innerhalb der ersten sechs Monate nach dem maßgeblichen Abschlussstichtag gegenüberstehen,
./. Kapitalforderungen, die nicht im Konzernabschluss ausgewiesen sind und denen Verbindlichkeiten im Sinne des § 4h Abs. 3 EStG in mindestens gleicher Höhe gegenüberstehen;
+./. Sonderbetriebsvermögen ist dem Betrieb der Mitunternehmerschaft zuzuordnen.

77 Der Eigenkapitalvergleich hat grundsätzlich auch dann auf der Grundlage von nach den International Financial Reporting Standards (IFRS) erstellten Abschlüssen zu erfolgen, wenn bislang kein Konzernabschluss erstellt wurde (§ 4h Abs. 2 Satz 1 Buchstabe c Satz 8 EStG). Hiervon abweichend können Abschlüsse nach dem Handelsrecht eines Mitgliedstaats der Europäischen Union verwendet werden, wenn kein Konzernabschluss nach den IFRS zu erstellen und offen zu legen ist und für keines der letzten fünf Wirtschaftsjahre ein Konzernabschluss nach den IFRS erstellt wurde.

78 Nach den Generally Accepted Accounting Principles der Vereinigten Staaten von Amerika (US-GAAP) aufzustellende und offen zu legende Abschlüsse sind zu verwenden, wenn kein Konzernabschluss nach den IFRS oder dem Handelsrecht eines Mitgliedstaats der Europäischen Union zu erstellen und offen zu legen ist.

IV. Gesellschafterfremdfinanzierung

79 Auf Rechtsträger, die nicht zu einem Konzern gehören (§ 4h Abs. 2 Satz 1 Buchstabe b EStG), findet die Abzugsbeschränkung des § 4h Abs. 1 EStG Anwendung, wenn eine schädliche Gesellschafterfremdfinanzierung vorliegt. Diese setzt eine Vergütung für Gesellschafterfremdfinanzierung in Höhe von mehr als 10 % der die Zinserträge übersteigenden Zinsaufwendungen der Körperschaft an einen unmittelbar oder mittelbar zu mehr als einem Viertel am Kapital beteiligten Anteilseigner (wesentlich beteiligter Anteilseigner), eine diesem nahe stehende Person im Sinne des § 1 Abs. 2 AStG oder einen Dritten, der auf den wesentlich beteiligten Anteilseigner oder die nahe stehende Person zurückgreifen kann, voraus (vgl. § 8a Abs. 2 KStG).

80 Ein zu einem Konzern gehörender Rechtsträger kann die Escape-Klausel des § 4h Abs. 2 Satz 1 Buchstabe c EStG nur in Anspruch nehmen, wenn ihm der Nachweis im Sinne des § 8a Abs. 3 Satz 1 KStG für sämtliche zum Konzern gehörende Rechtsträger gelingt. § 8a Abs. 3 KStG setzt eine schädliche Fremdfinanzierung irgendeiner inländischen oder ausländischen Konzerngesellschaft durch einen unmittelbar oder mittelbar wesentlich beteiligten nicht konzernangehörigen Anteilseigner dieser oder einer anderen Konzerngesellschaft, eine diesem nahe stehende Person oder einen Dritten, der auf diesen wesentlich beteiligten Anteilseigner oder die nahe stehende Person zurückgreifen kann, voraus. Es muss sich dabei nicht um eine Fremdfinanzierung des Rechtsträgers handeln, auf den § 4h Abs. 1 EStG Anwendung findet.

Konzerninterne Finanzierungen führen nicht zu einer schädlichen Gesellschafterfremdfinanzierung im Sinne von § 8a Abs. 3 KStG; dies gilt z. B. auch für konzerninterne Bürgschaften. Eine konzerninterne Finanzierung liegt dann nicht vor, wenn das Fremdkapital durch die Konzernspitze überlassen wird und die Konzernspitze selbst nicht zum Konzern gehört (Gleichordnungskonzern). Eine Fremdfinanzierung von Konzerngesellschaften durch die Konzernspitze kann in diesen Fällen unter den Voraussetzungen des § 8a Abs. 3 KStG schädlich sein. Eine solche Konstellation kann z. B. dann vorliegen, wenn eine natürliche Person mehrere Kapitalgesellschaften beherrscht und diesen Gesellschaften Fremdkapital überlässt.

81 Unmittelbare und mittelbare Beteiligungen werden für die Beurteilung, ob ein Gesellschafter wesentlich beteiligt ist, zusammengerechnet; mittelbare Beteiligungen reichen aus.

82 Eine Gesellschafterfremdfinanzierung ist schädlich, wenn die auf sie entfallende Vergütung 10 % des Nettozinsaufwands der Gesellschaft übersteigt. Es werden die Vergütungen für Fremdkapital aller Gesellschafter zusammengerechnet (Gesamtbetrachtung).

Einbezogen werden Gesellschafterfremdfinanzierungen unabhängig davon, ob sie sich auf den inländischen oder ausländischen Gewinn des Rechtsträgers auswirken.

83 Ein konkreter, rechtlich durchsetzbarer Anspruch (z. B. aufgrund einer Garantieerklärung oder einer Bürgschaft), eine Vermerkpflicht in der Bilanz, eine dingliche Sicherheit (z. B. Sicherungseigentum, Grundschuld) oder eine harte bzw. weiche Patronatserklärung vermögen einen Rückgriff im Sinne der Tz. 79 f. zu begründen, sind hierfür aber nicht erforderlich. Es genügt bereits, wenn der Anteilseigner oder die ihm nahe stehende Person dem Dritten gegenüber faktisch für die Erfüllung der Schuld einsteht. Insbesondere werden auch Gestaltungen erfasst, bei denen eine Bank der Kapitalgesellschaft ein Darle-

hen gewährt und der Anteilseigner seinerseits bei der Bank eine Einlage unterhält (sog. Back-to-back-Finanzierung); die Abtretung der Einlageforderung an die Bank ist nicht Voraussetzung. Auch die Verpfändung der Anteile an der fremdfinanzierten Gesellschaft begründet einen Rückgriff.

V. Öffentlich Private Partnerschaften

Zur Anwendung der Zinsschranke auf Öffentlich Private Partnerschaften – ÖPP (Public Private Partnerships – PPP) gilt Folgendes:

1. Grundlagen

Unter ÖPP ist eine vertraglich geregelte und langfristig angelegte Zusammenarbeit zwischen öffentlicher Hand und Privatwirtschaft zur wirtschaftlichen Erfüllung öffentlicher Aufgaben zu verstehen, wobei der private Partner regelmäßig die Planung, den Bau, die Finanzierung, den Betrieb und ggf. die Verwertung des Projektgegenstands übernimmt. Als Vertragsmodelle kommen dabei im Wesentlichen das Inhabermodell, das Erwerbermodell, das Vermietungsmodell, das Leasingmodell, das Contracting-Modell sowie das Konzessionsmodell in Betracht. Die Projekte können sowohl im Rahmen von bereits bestehenden Betrieben als auch im Rahmen von für Zwecke des Projekts gegründeten Gesellschaften abgewickelt werden, ggf. unter Beteiligung des öffentlichen Auftraggebers als Gesellschafter (Gesellschaftsmodell). 84

2. Grundsätze

Die Zurechnung der Wirtschaftsgüter, die Gegenstand eines ÖPP-Vertrags sind, ist von der von den Parteien gewählten Vertragsgestaltung und deren tatsächlicher Durchführung abhängig. Unter Würdigung der gesamten Umstände ist im Einzelfall nach allgemeinen Grundsätzen zu entscheiden, wem die Gegenstände zuzurechnen sind. Die in den Tz. 27 ff. dargelegten Grundsätze zur Auf- und Abzinsung und zur Abtretung von Forderungen (Forfaitierung) sind auch auf Vertragsbeziehungen im Rahmen von ÖPP anzuwenden. 85

3. Inhabermodell/Erwerbermodell

Kennzeichnend für das Inhaber- und das Erwerbermodell ist es, dass die öffentliche Hand nach Übergabe und Abnahme des Projektgegenstands zivilrechtlicher und wirtschaftlicher (beim Inhabermodell) oder zumindest wirtschaftlicher Eigentümer (beim Erwerbermodell) des Projektgegenstands wird. Zur Refinanzierung seiner Aufwendungen erhält der private Auftragnehmer ein monatliches Leistungsentgelt vom öffentlichen Auftraggeber. Wird hinsichtlich der über die Vertragslaufzeit gestundeten Forderung des privaten Auftragnehmers eine gesonderte Kreditvereinbarung getroffen, stellen die vereinbarten Vergütungen beim privaten Auftragnehmer Zinserträge und beim öffentlichen Auftraggeber Zinsaufwendungen dar. Fehlt eine gesonderte Zinsvereinbarung, ist die Forderung des privaten Auftragnehmers mit dem Barwert zu bilanzieren. Entsprechend Tz. 27 entstehen beim privaten Auftragnehmer sukzessive Zinserträge und beim öffentlichen Auftraggeber sukzessive Zinsaufwendungen. 86

Bei Forfaitierung der Forderung durch den privaten Auftragnehmer kann es nach Maßgabe der Tz. 29 ff. bei einer unechten Forfaitierung und nach Maßgabe der Tz. 32 ff. bei einer echten Forfaitierung beim privaten Auftragnehmer zu einem Zinsaufwand kommen, der der Zinsschranke unterliegt.

4. Vermietungsmodell

Kennzeichnend für das Vermietungsmodell ist es, dass das zivilrechtliche und wirtschaftliche Eigentum am Projektgegenstand während der gesamten Vertragslaufzeit beim privaten Auftragnehmer liegt. Mietzahlungen, die durch die öffentliche Hand an den privaten Auftragnehmer geleistet werden, enthalten keinen Zinsanteil und führen bei diesem nicht zu Zinserträgen, die zur Saldierung mit Zinsaufwendungen im Rahmen der Zinsschranke berechtigen. 87

Die Forfaitierung von künftigen Mieterlösen durch den privaten Auftragnehmer führt unter den Voraussetzungen der Tz. 36 ff. bei diesem zu Zinsaufwendungen.

5. Leasingmodell

In Leasingraten enthaltene Zinsanteile führen nach Maßgabe der Tz. 25 zu Zinserträgen beim privaten Auftragnehmer als Leasinggeber und zu Zinsaufwendungen beim öffentlichen Auftraggeber als Leasingnehmer. 88

Die Forfaitierung von künftigen Leasingerlösen durch den privaten Auftragnehmer führt unter den Voraussetzungen der Tz. 36 ff. bei diesem zu Zinsaufwendungen.

6. Contracting-Modell

Vertragsgegenstand ist regelmäßig der Einbau und der Betrieb von technischen Anlagen in Gebäuden. Entsprechend den für Mietereinbauten geltenden Grundsätzen ist im konkreten Einzelfall unter Be- 89

Anlage § 004h–01

Zu § 4h EStG

rücksichtigung der jeweiligen vertraglichen Vereinbarungen zu prüfen, wem die Contracting-Anlage bilanzsteuerlich zuzurechnen ist. Im Falle der Zurechnung zum privaten Auftragnehmer gelten die Ausführungen zu Tz. 87 und im Falle der Zurechnung zum öffentlichen Auftraggeber die Ausführungen in Tz. 86 entsprechend.

7. Konzessionsmodell

90 Bei ÖPP, die vertraglich über das Konzessionsmodell abgewickelt werden, besteht die Besonderheit, dass Nutzer des Projektgegenstands und ggf. der weiteren Leistungen des privaten Auftragnehmers nicht der öffentliche Auftraggeber, sondern Dritte sind. Die Dritten sind nicht Vertragspartner im Rahmen des Konzessionsvertrags, der zwischen dem privaten Auftragnehmer und dem öffentlichen Auftraggeber abgeschlossen wird. Der öffentliche Auftraggeber räumt im Konzessionsvertrag dem privaten Auftragnehmer das Recht ein, sich durch Entgelte bzw. Gebühren der Nutzer zu refinanzieren.

Unabdingbare Voraussetzung für die Annahme einer Finanzierungsleistung des privaten Auftragnehmers, die bei diesem zu Zinserträgen führt, ist es, dass zumindest das wirtschaftliche Eigentum an dem Projektgegenstand beim öffentlichen Auftraggeber liegt bzw. spätestens bei Fertigstellung auf diesen übertragen wird. Soweit im Rahmen von Konzessionsverträgen gesonderte Darlehensvereinbarungen zwischen den Vertragsparteien über die Finanzierungsleistungen des privaten Auftragnehmers getroffen werden, stellen die in Rechnung gestellten und gezahlten Zinsen beim privaten Auftragnehmer Zinserträge und beim öffentlichen Auftraggeber Zinsaufwendungen dar. Der private Auftragnehmer hat nachzuweisen, dass die vereinbarte Vergütung marktüblich ist. Übersteigen die dem öffentlichen Auftraggeber in Rechnung gestellten und gezahlten Zinsen die Refinanzierungskosten des privaten Auftragnehmers, ist dies als Indiz gegen die Marktüblichkeit zu werten.

VI. Öffentliche Hand

91 Körperschaften des öffentlichen Rechts (z. B. Gebietskörperschaften, Kirchen) bilden mit ihren Betrieben gewerblicher Art und ihren Beteiligungen an anderen Unternehmen, soweit sie nicht in einem Betrieb gewerblicher Art gehalten werden, keinen Gleichordnungskonzern im Sinne der Zinsschranke.

92 Beteiligungsgesellschaften der öffentlichen Hand können Teil eines Konzerns im Sinne der Zinsschranke sein. Im Besitz von Körperschaften des öffentlichen Rechts stehende Holdinggesellschaften des privaten Rechts können ebenfalls einen eigenständigen Konzern im Sinne des § 4h EStG bilden.

93 Körperschaften des öffentlichen Rechts und steuerbefreite Einrichtungen im Sinne des § 5 Abs. 1 Nr. 2 KStG erfüllen durch die Gewährung von Bürgschaften und anderen Sicherheiten bei der Finanzierung von Gesellschaften, an denen sie zu mindestens 50 % unmittelbar oder mittelbar am Kapital beteiligt sind, nicht die Voraussetzungen einer Gesellschafterfremdfinanzierung nach § 8a KStG, es sei denn, es handelt sich um eine Gestaltung, bei der der rückgriffsberechtigte Dritte der Kapitalgesellschaft ein Darlehen gewährt und die Körperschaft des öffentlichen Rechts ihrerseits gegen den Dritten oder eine diesem nahe stehende Person eine Forderung hat, auf die der Dritte zurückgreifen kann (sog. Back-to-back-Finanzierungen). Entsprechendes gilt im Fall einer gesamtschuldnerischen Mithaftung der öffentlichen Hand. Die öffentliche Hand erfüllt mit ihren wirtschaftlichen Betätigungen regelmäßig Aufgaben der Daseinsvorsorge im Rahmen gesetzlicher Vorgaben und unterliegt regelmäßig einer Aufsicht.

VII. Sonderfälle

94 Vergütungen für Darlehen, die auf Grund von allgemeinen Förderbedingungen vergeben werden, sind keine Zinsaufwendungen oder Zinserträge im Sinne der Zinsschranke, wenn es sich um mittelbar oder unmittelbar aus öffentlichen Haushalten gewährte Mittel der Europäischen Union, von Bund, Ländern, Gemeinden oder Mittel anderer öffentlich-rechtlicher Körperschaften oder einer nach § 5 Abs. 1 Nr. 2, 17 oder 18 KStG steuerbefreiten Einrichtung handelt.

Hierzu zählen insbesondere

– Förderdarlehen der Förderinstitute (im Sinne der Verständigung zwischen der EU-Kommission und der Bundesrepublik Deutschland über die Ausrichtung rechtlich selbstständiger Förderinstitute in Deutschland vom 1. März 2002),
– öffentliche und nicht öffentliche Baudarlehen,
– Wohnungsfürsorgemittel,
– Mittel, die mit Auflagen (z. B. Belegungsrechten oder Mietpreisbindungen) verbunden sind.

Zu § 5 EStG

Anlage § 005–01

Ordnungsmäßigkeit der Buchführung im Falle der Offene-Posten-Buchhaltung

Erlaß des FM NRW vom 10. Juni 1963 S 2153 – 1 – VB 1 (BStBl. II S. 93)

(1) Im Rahmen der Rationalisierung des Rechnungswesens gehen Unternehmen dazu über, das Kontokorrentbuch mit der kontenmäßigen Darstellung des unbaren Geschäftsverkehrs mit den einzelnen Geschäftsfreunden in Form einer Offene-Posten-Buchhaltung zu führen. Bei der Offene-Posten-Buchhaltung wird der unbare Geschäftsverkehr weiterhin auf dem Kontokorrentkonto (Debitoren- und Kreditoren-Sachkonto) gebucht. Es wird jedoch auf die Führung der besonderen Personenkonten des Kontokorrentbuches in der herkömmlichen Form verzichtet; ihre Funktion, den Kaufmann über den Stand seiner Forderungen und Schulden gegenüber seinen Geschäftsfreunden auf dem laufenden zu halten, wird von einer geordneten Ablage der nicht ausgeglichenen Rechnungen übernommen. Gleichzeitig kann die grundbuchmäßige Aufzeichnung des unbaren Geschäftsverkehrs vereinfacht werden.

(2) Die Ausgestaltung der Offene-Posten-Buchhaltung im einzelnen hängt – wie auch bei der herkömmlichen Buchführung – im wesentlichen von der Art und der Größe des Unternehmens ab und muß dem Steuerpflichtigen überlassen bleiben (vgl. auch BFH-Urteil vom 23.2.1951 – BStBl. 1951 III S. 75). Es müssen jedoch, wenn die Offene-Posten-Buchhaltung als ordnungsmäßig anerkannt werden soll, neben den allgemeinen Anforderungen an eine ordnungsmäßige Buchführung (vgl. Abschnitt 29 Abs. 2 Ziff. 1 und 3 bis 5 EStR) die folgenden Voraussetzungen erfüllt sein:

1. Sämtliche Geschäftsvorfälle müssen der Zeitfolge nach aufgezeichnet werden. Dieser Aufzeichnungspflicht ist hinsichtlich der ein- und ausgehenden Rechnungen genügt, wenn
   a) eine Durchschrift der Rechnungen der Zeitfolge nach abgelegt wird,
   b) die Rechnungsbeträge nach Tagen addiert und – bei doppelter Buchführung – die Tagessummen in das Debitoren- bzw. Kreditoren-Sachkonto und die zugehörigen Gegenkonten übernommen werden und
   c) die Additionsstreifen oder sonstigen Zusammenstellungen der Rechnungsbeträge mit den Rechnungsdurchschriften 10 Jahre aufbewahrt werden (diese Unterlagen haben Grundbuchfunktion).

   Die Buchstaben b) und c) gelten sinngemäß für die Behandlung der Zahlungseingänge und Zahlungsausgänge.

2. Eine zweite Rechnungsdurchschrift ist bis zum Ausgleich des Rechnungsbetrages nach einem bestimmten Ordnungsprinzip aufzubewahren (Offene-Posten). Das jeweils gewählte Ordnungsprinzip muß gewährleisten, daß die Forderungen und Schulden gegenüber den einzelnen Geschäftsfreunden jederzeit festgestellt werden können. Als Ordnungsprinzip kommt eine Aufbewahrung z. B. nach den Kunden- oder Lieferantennamen, Ortsnamen, Vertreter- oder Inkassobezirken oder Fälligkeitstagen in Betracht. Der Ausgleich des Rechnungsbetrages ist auf den Rechnungsdurchschriften unter Angabe etwaiger Zahlungsabzüge zu vermerken. Nach Ausgleich des Rechnungsbetrags sind die Rechnungsdurchschriften nach einem Ordnungsprinzip im Sinn der Sätze 1 und 2 dieser Ziffer abzulegen und als Bestandteil der Buchführung 10 Jahre lang aufzubewahren. Ein Verzeichnis über die abgelegten Rechnungsdurchschriften ist nicht erforderlich.

3. Die Summe der vorhandenen offenen Posten ist bei doppelter Buchführung in angemessenen Zeitabständen mit dem Saldo des Debitoren- bzw. Kreditoren-Sachkontos abzustimmen. Der Zeitpunkt der Abstimmung und ihr Ergebnis sind festzuhalten.

4. Die Sammlung der Rechnungsdurchschriften nach Ziffer 1 genügt für den dadurch erfaßten Wareneingang und Warenausgang zugleich den Anforderungen der Verordnung über die Führung eines Wareneingangsbuchs und der Verordnung über die Verbuchung des Warenausgangs (§ 1 Abs. 9 der Verordnung über die Führung eines Wareneingangsbuchs, § 1 Abs. 9 der Warenausgangsverordnung)[1].

5. Die Ziffern 1 bis 4 gelten sinngemäß, wenn die Offene-Posten-Buchhaltung im Lochkartenverfahren geführt wird.

(3) Ob eine Offene-Posten-Buchhaltung den oben bezeichneten Voraussetzungen entspricht und danach als ordnungsmäßig anzuerkennen ist, kann nur im Einzelfall geprüft werden. Eine Zustimmung des Finanzamts zur Offene-Posten-Buchhaltung ist nicht mehr erforderlich. Abschnitt 29 Abs. 2 Ziff. 2 EStR ist insoweit nicht mehr anzuwenden.

Dieser Erlaß ergeht im Einvernehmen mit dem Herrn Bundesminister der Finanzen und den Herren Finanzministern (Finanzsenatoren) der anderen Bundesländer.

---

1) Jetzt §§ 143, 144 AO; vgl. auch Anlage § 005-06.

Anlage § 005–02 Zu § 5 EStG

Verwendung von Mikrofilmaufnahmen zur Erfüllung gesetzlicher Aufbewahrungspflichten

Schreiben des BdF vom 1. Februar 1984
IV A 7 – S 0318 – 1/84 (BStBl. I S. 155)

Unter Bezugnahme auf das Ergebnis der Erörterungen mit den obersten Finanzbehörden der Länder gilt für die Verwendung von Mikrofilmaufnahmen zur Erfüllung gesetzlicher Aufbewahrungspflichten folgendes:

I. Neufassung der Mikrofilm-Grundsätze

Die Arbeitsgemeinschaft für wirtschaftliche Verwaltung e. V. (AWV) hat ihre „Grundsätze für die Aufzeichnung gesetzlich aufbewahrungspflichtiger Unterlagen auf Bildträgern" (Mikrofilm-Grundsätze) aus dem Jahre 1971 neu gefaßt. Hierbei wurden die technische Entwicklung sowie die am 1. Januar 1977 in Kraft getretenen Änderungen der Buchführungsvorschriften in der Abgabenordnung (AO) und im Handelsgesetzbuch (HGB) berücksichtigt. Das Schreiben des Bundesministers für Wirtschaft und Finanzen vom 21. Dezember 1971 und die ihm als Anlage beigefügten Mikrofilm-Grundsätze (Bundessteuerblatt 1971 Teil I S. 647) sind überholt.

Die neuen Mikrofilm-Grundsätze gelten nur für die herkömmliche Schriftgutverfilmung und nicht für andere Aufzeichnungs- und Speicherverfahren (z. B. EDV). Deshalb finden sie auch keine unmittelbare Anwendung auf das COM-Verfahren (Computer-Output-Microfilm), bei dem die Daten aus dem Computer direkt auf Mikrofilm ausgegeben werden; eine Verfilmung eines Originals, von der die Mikrofilm-Grundsätze ausgehen, findet bei diesem Verfahren nicht statt.

Die neuen Mikrofilm-Grundsätze sind diesem Schreiben als *Anlage* beigefügt.

II. Rechtsgrundlage

Die Rechtsgrundlage für die Verwendung von Mikrofilmaufnahmen zur Erfüllung *steuerrechtlicher* Aufbewahrungspflichten ist in § 147 Abs. 2 und Abs. 5 AO enthalten. Mit diesen Regelungen stimmen die handelsrechtlichen Vorschriften (§§ 44 Abs 3, 47a HGB) weitgehend überein. Die in § 146 Abs. 2-4 AO enthaltenen Grundsätze gelten auch im Mikrofilmverfahren.

Nach § 147 Abs. 2 AO können alle aufbewahrungspflichtigen Unterlagen (§ 147 Abs. 1 AO) mit Ausnahme der Bilanz als Wiedergabe auf einem Bildträger oder auf anderen Datenträgern aufbewahrt werden. Als „Wiedergabe auf einem Bildträger" kommen Mikrofilmaufnahmen in Betracht. Sie stellen eine stark verkleinerte Wiedergabe einer Unterlage usw. mit allen optischen Merkmalen auf einem Bildträger (Mikrofilm) dar. Es handelt sich hierbei um eine Bildaufzeichnung, die technisch eine bildliche und inhaltliche Übereinstimmung mit dem Original gewährleistet. Da jedoch auch beim Mikrofilmverfahren Fälschungen und Verfälschungen grundsätzlich nicht ausgeschlossen werden können, muß der Aufbewahrungspflichtige durch zusätzliche Kontrollmaßnahmen sicherstellen, daß die Mikrofilmaufnahmen bei ihrer Lesbarmachung mit dem Original übereinstimmen (§ 147 Abs. 2 Nr. 1 AO). Ferner muß sichergestellt sein, daß die Mikrofilmaufnahmen während der Dauer der Aufbewahrungsfrist (§ 147 Abs. 3 AO) verfügbar und jederzeit innerhalb angemessener Frist lesbar gemacht werden können (§ 147 Abs. 2 Nr. 2 AO).

Das bei der Aufzeichnung auf Mikrofilm angewandte Verfahren muß den Grundsätzen ordnungsmäßiger Buchführung entsprechen (§ 147 Abs. 2 Satz 1 AO). Die Mikrofilm-Grundsätze stellen insoweit eine Ergänzung der allgemeinen handelsrechtlichen Grundsätze ordnungsmäßiger Buchführung dar.

Werden Unterlagen nach Maßgabe des § 147 Abs. 2 AO in Form von Mikrofilmaufnahmen aufbewahrt, so können die Originale vernichtet werden, sofern nicht andere Rechtsvorschriften oder Verwaltungsanweisungen dem entgegenstehen.

§ 147 Abs. 5 AO enthält die für die Lesbarmachung von Mikrofilmaufnahmen maßgeblichen Regelungen. Danach brauchen Mikrofilmaufnahmen erst auf Verlangen der Finanzbehörde lesbar gemacht zu werden; in der Regel wird dies anläßlich einer Außenprüfung der Fall sein. Die Finanzbehörde hat nach pflichtgemäßem Ermessen zu entscheiden, welche Aufnahmen oder in welchem Umfang Mikrofilmaufnahmen lesbar zu machen sind. Das Verlangen der Finanzbehörde nach Lesbarmachung ist unverzüglich, d.h. ohne schuldhaftes Zögern, zu erfüllen.

Für die Lesbarmachung von Mikrofilmaufnahmen kommen Lesegeräte und Rückvergrößerungsgeräte in Betracht, die – je nach Lage des Einzelfalles – auch unter arbeitsmedizinischen Gesichtspunkten für längerdauernde Benutzung zumutbar sein müssen. Der Aufbewahrungspflichtige hat die für die Les-

Zu § 5 EStG **Anlage § 005–02**

barmachung erforderlichen Geräte und sonstigen Hilfsmittel kostenlos am Prüfungsort zur Verfügung zu stellen. Auch die übrigen Kosten der Lesbarmachung hat er zu tragen.

III. Ergänzende Regelungen zu den Mikrofilm-Grundsätzen

Angesichts der fortschreitenden technischen Entwicklung können die Mikrofilm-Grundsätze nicht ausschließlich gelten. Abweichende Verfahren können anerkannt werden, wenn der Aufbewahrungszweck in gleicher Weise erfüllt wird. Dabei ist den besonderen Verhältnissen des Einzelfalles Rechnung zu tragen.

Die Aufzeichnung eines Schriftgutes auf Mikrofilm, die Wiedergabegüte sowie die Erfassung, Ablage und Aufbewahrung der fertigen Filme müssen Gewähr dafür bieten, daß die Prüfung des Schriftgutes anhand der Mikrofilmaufnahmen gegenüber der Prüfung der Originale weder verlängert noch erschwert wird. Dazu gehört insbesondere, daß die Schriftstücke nach dem jeweiligen betrieblichen Ordnungsprinzip verfilmt werden. Sind Vermerke oder Notizen auf den Schriftstücken angebracht worden, die den Inhalt des Schriftstücks ändern oder ergänzen, muß die Person des Urhebers durch Namenszeichen oder auf andere geeignete Weise feststellbar sein.

Bei der Verfilmung ist Vorsorge dafür zu treffen, daß Fälschungen und Verfälschungen ausgeschlossen werden. Wird das Schriftstück nach der Verfilmung ergänzt oder geändert, ist es erneut zu verfilmen. Es muß stets sichergestellt sein, daß die verfilmten Schriftstücke erst dann vernichtet werden, wenn nach Überprüfung des Films die Vollständigkeit der Aufnahmen und deren einwandfreie Wiedergabe festgestellt worden sind.

Eine unsortierte Verfilmung (codierter Mikrofilm) ist zulässig, wenn hierdurch das Auffinden eines Mikrofilmbildes nicht erschwert wird.

Die sorgfältige Verfilmung muß durch den Unternehmer oder eine von ihm beauftragte Person verantwortlich überwacht werden.

Wird die Mikroverfilmung des Schriftgutes außerhalb des Betriebes, bei dem es entstanden ist, vorgenommen (z. B. durch ein Mikrofilmunternehmen oder ein anderes Service-Unternehmen), so gelten für das Verfahren die vorgenannten Regelungen sinngemäß.

Dieses Schreiben wird in der AO-Kartei veröffentlicht werden.

Anlage

Grundsätze für die Mikroverfilmung von gesetzlich aufbewahrungspflichtigem Schriftgut (Mikrofilm-Grundsätze)

1. Allgemeines

Wird aufbewahrungspflichtiges Schriftgut auf Mikrofilm aufgezeichnet und werden nicht die Originale aufbewahrt, so muß sichergestellt sein, daß das hierbei angewandte Verfahren den Grundsätzen der Ordnungsmäßigkeit der Buchführung (GoB) entspricht und das Mikrofilmbild mit der Urschrift übereinstimmt.

2. Verfahrensbeschreibung

Das Verfahren für die Aufzeichnung des Schriftgutes auf Mikrofilm und die Aufbewahrung dieser Mikrofilme ist in einer Verfahrensbeschreibung des Aufbewahrungspflichtigen festzulegen.

Der Rückgriff auf ein Mikrofilmbild ist so zu beschreiben, daß einem Dritten das Auffinden möglich ist.

Die Verfahrensbeschreibung hat den nachstehenden Grundsätzen zu entsprechen.

3. Ordnungsprinzip der Aufzeichnung

3.1 Das Ordnungsprinzip der Mikrofilmaufzeichnung ist in der Verfahrensbeschreibung anzugeben. Es muß einem sachverständigen Dritten möglich sein, jedes Mikrofilmbild in angemessener Zeit aufzufinden.

3.2 Die Mikrofilme müssen dem Aufbewahrungspflichtigen eindeutig zugeordnet werden können.

3.3 Setzt sich der gemäß Verfahrensbeschreibung aufzuzeichnende Inhalt eines Schriftstückes auf der Rückseite fort, so ist dieser derart mitzuerfassen, daß er eindeutig zugeordnet werden kann.

4. Verfahrenskontrolle

Der Aufbewahrungspflichtige hat dafür Sorge zu tragen, daß ein Protokoll geführt wird.

Es hat folgende Angaben zu enthalten:

Anlage § 005–02

Zu § 5 EStG

- Art des aufgezeichneten Schriftgutes
- Ort und Datum der Aufzeichnung
- Erklärung über die unveränderte und vollständige Aufzeichnung des übernommenen Schriftgutes. Diese Erklärung ist vom Verfilmer zu unterschreiben. Sie ist, wenn sie nicht mit aufgezeichnet wird, im Original aufzubewahren.

5. **Filmkontrolle**

   Nach der Aufnahme muß der Mikrofilm auf technische Mängel überprüft werden. Fehlerhafte Aufnahmen sind zu wiederholen, andernfalls ist das Schriftstück im Original aufzubewahren. Das Ergebnis der Kontrolle ist in einem Vermerk festzuhalten.

6. **Aufbewahrung**

   Die Mikrofilme sind sicher und geordnet aufzubewahren. Es können auch Mikrofilm-Einzelbilder aufbewahrt werden, wenn hierfür in der Verfahrensbeschreibung ein Ordnungsprinzip festgelegt ist.

7. **Lesen und Wiedergeben**

   7.1 Lesen

   Für das Lesen der Mikrofilme sind geeignete Wiedergabegeräte bereitzustellen.

   7.2 Wiedergeben

   Es muß sichergestellt sein, daß ohne Hilfsmittel lesbare Reproduktionen (Rückvergrößerungen) in angemessener Zeit angefertigt werden können.

8. **Vernichten des Schriftgutes**

   Die aufgezeichneten Schriftstücke können bei Beachtung dieser Grundsätze vernichtet werden, soweit sie nicht nach anderen Rechtsvorschriften im Original aufzubewahren sind.

Zu § 5 EStG   Anlage § 005–03

Anwendungserlaß zur AO

– BdF-Schreiben vom 31.01.2013 – IV A 3-S 0062/08/10007-15 (BStBl. I S. 118) –

AEAO zu § 140 – Buchführungs- und Aufzeichnungspflichten nach anderen Gesetzen:
Durch die Vorschrift werden die sog. außersteuerlichen Buchführungs- und Aufzeichnungsvorschriften, die auch für die Besteuerung von Bedeutung sind, für das Steuerrecht nutzbar gemacht. In Betracht kommen einmal die allgemeinen Buchführungs- und Aufzeichnungsvorschriften des Handels-, Gesellschafts- und Genossenschaftsrechts. Zum anderen fallen hierunter die Buchführungs- und Aufzeichnungspflichten für bestimmte Betriebe und Berufe, die sich aus einer Vielzahl von Gesetzen und Verordnungen ergeben. Auch ausländische Rechtsnormen können eine Buchführungspflicht nach § 140 begründen (Rz. 3 des BMF-Schreibens vom 16.5.2011, BStBl. I, S. 530). Verstöße gegen außersteuerliche Buchführungs- und Aufzeichnungspflichten stehen den Verstößen gegen steuerrechtliche Buchführungs- und Aufzeichnungsvorschriften gleich. Hinweis auf § 162 Abs. 2 (Schätzung), § 379 Abs. 1 (Steuergefährdung). Aufzeichnungspflichten, die für den Gesamthaushalt einer juristischen Person des öffentlichen Rechts bestehen (Doppik), führen nicht zu einer Verpflichtung zur Buchführung für einzelne Betriebe gewerblicher Art (BMF-Schreiben vom 3.1.2013, BStBl. I, S.59).

AEAO zu § 141 – Buchführungspflicht bestimmter Steuerpflichtiger:
1. Die Vorschrift findet nur Anwendung, wenn sich nicht bereits eine Buchführungspflicht nach § 140 ergibt. Wird von dem Wahlrecht nach § 241a HGB Gebrauch gemacht, kann dennoch eine Buchführungspflicht nach § 141 bestehen. Unter die Vorschrift fallen gewerbliche Unternehmer sowie Land- und Forstwirte, nicht jedoch Freiberufler. Gewerbliche Unternehmer sind solche Unternehmer, die einen Gewerbebetrieb i.s.d. § 15 Abs. 2 oder 3 EStG bzw. des § 2 Abs. 2 oder 3 GewStG ausüben. Ausländische Unternehmen fallen unter die Vorschrift jedenfalls dann, wenn und soweit sie im Inland eine Betriebsstätte unterhalten oder einen ständigen Vertreter bestellt haben (BFH-Urteil vom 14.9.1994 – I R 116/93 – BStBl. 1995 II, S. 238). Die Buchführungspflicht einer Personengesellschaft erstreckt sich auch auf das Sonderbetriebsvermögen ihrer Gesellschafter. Die Gesellschafter selbst sind insoweit nicht buchführungspflichtig.

2. Die Finanzbehörde kann die Feststellung i.S.d. § 141 Abs. 1 im Rahmen eines Steuer- oder Feststellungsbescheides oder durch einen selbständigen feststellenden Verwaltungsakt treffen. Die Feststellung kann aber auch mit der Mitteilung über den Beginn der Buchführungspflicht nach § 141 Abs. 2 verbunden werden und bildet dann mit ihr einen einheitlichen Verwaltungsakt (BFH-Urteil vom 23.6.1983 – IV R 3/82 – BStBl. II, S. 768).

3. Die Buchführungsgrenzen beziehen sich grundsätzlich auf den einzelnen Betrieb (zum Begriff vgl. BFH-Urteil vom 13.10.1988 – IV R 136/85 – BStBl. 1989 II, S. 7), auch wenn der Steuerpflichtige mehrere Betriebe der gleichen Einkunftsart hat. Eine Ausnahme gilt für steuerbegünstigte Körperschaften, bei denen mehrere steuerpflichtige wirtschaftliche Geschäftsbetriebe als ein Betrieb zu behandeln sind (§ 64 Abs. 2). In den maßgebenden Umsatz (§ 141 Abs. 1 Nr. 1) sind auch die nicht steuerbaren Auslandsumsätze einzubeziehen (BFH-Urteil vom 7.10.2009 – II R 23/08 – BStBl. 2010 II, S. 219). Sie sind ggf. zu schätzen; § 162 gilt entsprechend. Bei einem Dauerverlustbetrieb einer juristischen Person des öffentlichen Rechts führt allein das Überschreiten der Umsatzgrenze nach § 141 Abs. 1 Satz 1 Nr. 1 nicht zu einer Buchführungspflicht, wenn dieser mangels Gewinnerzielungsabsicht kein gewerbliches Unternehmen darstellt (BMF-Schreiben vom 9.2.2012, BStBl. I, S. 184). Da die Gewinngrenze für die land- und forstwirtschaftlichen Betriebe (§ 141 Abs. 1 Nr. 5) auf das Kalenderjahr abstellt, werden bei einem vom Kalenderjahr abweichenden Wirtschaftsjahr die zeitanteiligen Gewinne aus zwei Wirtschaftsjahren angesetzt. Für die Bestimmung der Buchführungsgrenzen nach § 141 Abs. 1 Nr. 3 sind die Einzelertragswerte der im Einheitswert erfassten Nebenbetriebe bei der Ermittlung des Wirtschaftswertes der selbstbewirtschafteten Flächen nicht anzusetzen (BFH-Urteil vom 6.7.1989 – IV R 97/87 – BStBl. 1990 II, S. 606).

4. Die Finanzbehörde hat den Steuerpflichtigen auf den Beginn der Buchführungspflicht hinzuweisen. Diese Mitteilung soll dem Steuerpflichtigen mindestens einen Monat vor Beginn des Wirtschaftsjahres bekannt gegeben werden, von dessen Beginn ab die Buchführungspflicht zu erfüllen ist. Zur Bekanntgabe der Mitteilung über den Beginn der Buchführungspflicht bei ungeklärter Unternehmereigenschaft der Ehegatten als Miteigentümer der Nutzflächen eines landwirtschaftlichen Betriebs Hinweis auf BFH-Urteile vom 23.1.1986 – IV R 108/85 – BStBl. II, S. 539 und vom 26.11.1987 – IV R 22/86 – BStBl. 1988 II, S. 238. Werden die Buchführungsgrenzen nicht mehr überschritten, so wird der Wegfall der Buchführungspflicht dann nicht wirksam, wenn die Finanzbehörde vor dem

Anlage § 005–03   Zu § 5 EStG

Erlöschen der Verpflichtung wiederum das Bestehen der Buchführungspflicht feststellt. Beim einmaligen Überschreiten der Buchführungsgrenze soll auf Antrag nach § 148 Befreiung von der Buchführungspflicht bewilligt werden, wenn nicht zu erwarten ist, dass die Grenze auch später überschritten wird. Bei der Prüfung, ob die in § 141 Abs. 1 Nr. 4 und 5 aufgeführten Buchführungsgrenzen überschritten werden, sind erhöhte Absetzungen für Abnutzung sowie Sonderabschreibungen unberücksichtigt zu lassen (§ 7a Abs. 6 EStG). Erhöhte Absetzungen für Abnutzung sind nur insoweit dem Gewinn zuzurechnen, als diese die Absetzungsbeträge nach § 7 Abs. 1oder 4 EStG übersteigen (§ 7a Abs. 3 EStG).

5. Die Buchführungspflicht geht nach § 141 Abs. 3 kraft Gesetzes über. Es ist nicht Voraussetzung, dass eine der in § 141 Abs. 1 Nrn. 1 bis 5 aufgeführten Buchführungsgrenzen überschritten ist. Als Eigentümer bzw. Nutzungsberechtigter kommen z.B. in Betracht: Erwerber, Erbe, Pächter, Nießbraucher. Eine Übernahme des Betriebs im Ganzen liegt vor, wenn seine Identität gewahrt bleibt. Dies ist der Fall, wenn die wesentlichen Grundlagen des Betriebs als einheitliches Ganzes erhalten bleiben. Dies liegt nicht vor, wenn nur der landwirtschaftliche, nicht aber auch der forstwirtschaftliche Teilbetrieb übernommen wird (BFH-Urteil vom 24.2.1994 – IV R 4/93 – BStBl. II, S. 677).

AEAO zu § 143 – Aufzeichnung des Wareneingangs:

1. Zur gesonderten Aufzeichnung des Wareneingangs sind nur gewerbliche Unternehmer (vgl. zu § 141, Nr. 1) verpflichtet; Land- und Forstwirte fallen nicht unter die Vorschrift. Die Aufzeichnungspflicht besteht unabhängig von der Buchführungspflicht. Bei buchführenden Gewerbetreibenden genügt es, wenn sich die geforderten Angaben aus der Buchführung ergeben.
2. Besondere Aufzeichnungspflichten, die in Einzelsteuergesetzen vorgeschrieben sind (z.B. nach § 22 UStG), werden von dieser Vorschrift nicht berührt.

AEAO zu § 144 – Aufzeichnung des Warenausgangs[1]:

Zur gesonderten Aufzeichnung des Warenausgangs sind gewerbliche Unternehmer (vgl. zu § 141, Nr. 1) sowie nach § 144 Abs. 5 auch buchführungspflichtige Land- und Forstwirte verpflichtet. Mit der Einbeziehung der buchführungspflichtigen Land- und Forstwirte in die Vorschrift soll eine bessere Überprüfung der Käufer land- und forstwirtschaftlicher Produkte (z.B. Obst- oder Gemüsehändler) ermöglicht werden. Bei buchführenden Unternehmern können die Aufzeichnungspflichten im Rahmen der Buchführung erfüllt werden. Besondere Aufzeichnungspflichten, z.B. nach § 22 Abs. 2 Nrn. 1 bis 3 UStG, bleiben unberührt. Erleichterungen nach § 14 Abs. 6 UStG für die Ausstellung von Rechnungen (z.B. nach §§ 31, 33 UStDV) gelten auch für diese Vorschrift. Bei Verstoß gegen die Aufzeichnungspflichten nach § 144 kann eine Ordnungswidrigkeit nach § 379 Abs. 2 Nr. 1a vorliegen.

AEAO zu § 146 – Ordnungsvorschriften für die Buchführung und für Aufzeichnungen:

1. Nur der ordnungsmäßigen Buchführung kommt Beweiskraft zu (§ 158). Verstöße gegen die Buchführungsvorschriften (§§ 140 bis 147) können z.B. die Anwendung von Zwangsmitteln nach § 328, eine Schätzung nach § 162 oder eine Ahndung nach § 379 Abs. 1 zur Folge haben. Die Verletzung der Buchführungspflichten ist unter den Voraussetzungen der §§ 283 und 283b StGB (sog. Insolvenzstraftaten) strafbar.
2. Der Begriff „geordnet" in § 146 Abs. 1 besagt, dass jede sinnvolle Ordnung genügt, die einen sachverständigen Dritten in den Stand setzt, sich in angemessener Zeit einen Überblick über die Geschäftsvorfälle und über die Lage des Unternehmens zu verschaffen.
3. Die Festsetzung eines Verzögerungsgelds gemäß § 146 Abs. 2b in Zusammenhang mit Mitwirkungsverstößen im Rahmen von Außenprüfungen ist nicht auf Fälle beschränkt, bei denen die elektronische Buchführung im Ausland geführt und/oder aufbewahrt wird. Eine mehrfache Festsetzung eines Verzögerungsgelds wegen fortdauernder Nichtvorlage derselben Unterlagen ist jedoch nicht zulässig (BFH-Beschlüsse vom 16.6.2011 – IV B 120/10 – BStBl. II, S. 855 und vom 28.6.2011 – X B 37/11 – BFH/NV S. 1833-1835). Wird die Verpflichtung nach Festsetzung des Verzögerungsgeldes erfüllt, so ist der Vollzug nicht einzustellen.
4. § 146 Abs. 5 enthält die gesetzliche Grundlage für die sog. „Offene Posten-Buchhaltung" sowie für die Führung der Bücher und sonst erforderlichen Aufzeichnungen auf maschinell lesbaren Datenträgern (z. B. Magnetplatten, Magnetbänder, CD, DVD, Blu-ray-Disk, Flash-Speicher). Bei einer Buchführung auf maschinell lesbaren Datenträgern (DV-gestützte Buchführung) müssen die Daten unverzüglich lesbar gemacht werden können. Es wird nicht verlangt, dass der Buchungsstoff zu einem bestimmten Zeitpunkt (z.B. zum Ende des Jahres) lesbar gemacht wird. Er muss ganz oder teilweise lesbar gemacht werden, wenn die Finanzbehörde es verlangt (§ 147 Abs. 5). Wer seine Bücher

---
[1] Siehe auch Anlage § 005-06.

oder sonst erforderlichen Aufzeichnungen auf maschinell lesbaren Datenträgern führt, hat die Grundsätze ordnungsmäßiger DV gestützter Buchführungssysteme – GoBS – zu beachten (BMF-Schreiben vom 7.11.1995, BStBl. I, S. 738).

5. Es ist Aufgabe des Steuerpflichtigen selbst, seine vorzulegenden Daten so zu organisieren, dass bei einer zulässigen Einsichtnahme in die steuerlich relevanten Datenbestände keine gesetzlich geschützten Bereiche tangiert werden können, zum Beispiel bei Rechtsanwälten, Steuerberatern, Ärzten usw.

AEAO zu § 147 – Ordnungsvorschriften für die Aufbewahrung von Unterlagen:

1. Die Aufbewahrungspflicht ist Bestandteil der Buchführungs- und Aufzeichnungspflicht. Wegen der Rechtsfolgen bei Verstößen vgl. zu § 146, Nr. 1.
2. Den in § 147 Abs. 1 Nr. 1 aufgeführten Arbeitsanweisungen und sonstigen Organisationsunterlagen kommt bei DV-gestützten Buchführungen besondere Bedeutung zu. Die Dokumentation hat nach Maßgabe der Grundsätze ordnungsmäßiger DV-gestützter Buchführungssysteme – GoBS – (BMF-Schreiben vom 7.11.1995, BStBl. I, S. 738) zu erfolgen.
3. Bildträger i.S.d. § 147 Abs. 2 sind z.B. Fotokopien, Mikrofilme. Als andere Datenträger kommen z. B. Magnetbänder, Magnetplatten, CD, DVD, Blu-ray-Disk, Flash-Speicher in Betracht. § 147 Abs. 2 enthält auch die Rechtsgrundlage für das sog. COM-Verfahren (Computer Output Microfilm); bei diesem Verfahren werden die Daten aus dem Computer direkt auf Mikrofilm ausgegeben. Bei der Aufzeichnung von Schriftgut auf Mikrofilm sind die Mikrofilm-Grundsätze (BMF-Schreiben vom 1.2.1984, BStBl. I, S. 155)[1] zu beachten. Die Lesbarmachung von in nicht lesbarer Form aufbewahrten Unterlagen richtet sich nach § 147 Abs. 5.
4. Zur Anwendung des § 147 Abs. 6 wird auf das BMF-Schreiben vom 16.7.2001 (BStBl. I, S. 415) „Grundsätze zum Datenzugriff und zur Prüfbarkeit digitaler Unterlagen (GDPdU)" hingewiesen.
5. Zur Aufbewahrung digitaler Unterlagen bei Bargeschäften vgl. BMF-Schreiben vom 26.11.2010 (BStBl. I, S. 1342)[2].

AEAO zu § 147a – Ordnungsvorschriften für die Aufbewahrung von Unterlagen:

Kapitalerträge, die nach § 32d Abs. 1 EStG mit einem besonderen Steuersatz besteuert wurden und der abgeltenden Wirkung nach § 43 Abs. 5 EStG unterlegen haben, sind nicht in die Ermittlung der Summe der positiven Überschusseinkünfte im Sinne des § 147a einzubeziehen. Im Zusammenhang mit diesen Kapitalerträgen stehende Aufzeichnungen und Unterlagen über Einnahmen und Werbungskosten sind nicht nach § 147a aufbewahrungspflichtig.

AEAO zu § 148 – Bewilligung von Erleichterungen:

Die Bewilligung von Erleichterungen kann sich nur auf steuerrechtliche Buchführungs-, Aufzeichnungs- oder Aufbewahrungspflichten erstrecken. § 148 lässt eine dauerhafte Befreiung von diesen Pflichten nicht zu. Persönliche Gründe, wie Alter und Krankheit des Steuerpflichtigen, rechtfertigen regelmäßig keine Erleichterungen (BFH-Urteil vom 14.7.1954 – II 63/53 U – BStBl. III, S. 253). Eine Bewilligung soll nur ausgesprochen werden, wenn der Steuerpflichtige sie beantragt.

AEAO zu § 158 – Beweiskraft der Buchführung:

Die Vorschrift enthält eine gesetzliche Vermutung. Sie verliert ihre Wirksamkeit mit der Folge der Schätzungsnotwendigkeit nach § 162, wenn es nach Verprobung usw. unwahrscheinlich ist, dass das ausgewiesene Ergebnis mit den tatsächlichen Verhältnissen übereinstimmt. Für die formelle Ordnungsmäßigkeit der Buchführung ist das Gesamtbild aller Umstände im Einzelfall maßgebend. Eine Buchführung kann trotz einzelner Mängel nach den §§ 140 bis 148 AO aufgrund der Gesamtwertung als formell ordnungsmäßig erscheinen. Insoweit kommt der sachlichen Gewichtung der Mängel ausschlaggebende Bedeutung zu. Eine Buchführung ist erst dann formell ordnungswidrig, wenn sie wesentliche Mängel aufweist oder die Gesamtheit aller (unwesentlichen) Mängel diesen Schluss fordert (BFH-Beschluss vom 2.12.2008 – X B 69/08 – m.w.N.). Werden digitale Unterlagen bei Bargeschäften nicht entsprechend dem BMF-Schreiben vom 26.11.2010, BStBl. I, S. 1342[3] aufbewahrt, kann dies ein schwerwiegender formeller Mangel der Ordnungsmäßigkeit sein. Die gesetzliche Vermutung der Richtigkeit der Kassenbuchführung erfordert, dass ein schlüssiger Nachweis hinsichtlich der Unveränderbarkeit der Einzelbuchungen und deren Zusammenführung bei der Erstellung steuerlicher Abschlüsse geführt werden kann. Das Buchführungsergebnis ist nicht zu übernehmen, soweit die Beanstandungen reichen. Eine Vollschätzung an Stelle einer Zuschätzung kommt nur dann in Betracht, wenn sich die Buchführung in wesentlichen Teilen als unbrauchbar erweist.

---

1) Siehe Anlage § 005-02.
2) Siehe Anlage § 005-08.
3) Siehe Anlage § 005-08.

Anlage § 005–04　　　　　　　　　　　　　　　　　　　　　　　　　　　　　　　Zu § 5 EStG

Ertragsteuerrechtliche Behandlung von Domainnamen

– Vfg OFD Koblenz vom 23.5.2007 – S 2133 A – St 314 –

Der BFH hat mit Urteil vom 19.10.2006 (BStBl. 2007 II S. 301) entschieden, dass die Aufwendungen für einen Domainnamen im Rahmen einer Gewinnermittlung als **Anschaffungskosten** für ein **nicht abnutzbares immaterielles Wirtschaftsgut** des **Anlagevermögens** zu behandeln sind.

Der Domainname ist **grundsätzlich** nicht abnutzbar, da seine Nutzbarkeit weder unter rechtlichen noch unter wirtschaftlichen Gesichtspunkten **zeitlich begrenzt** ist. In dem Urteilsfall wurde der Vertrag über die Domain auf **unbestimmte** Zeit geschlossen.

Weiterhin stellt der BFH in seinem Urteil klar, dass Aufwendungen für das Wirtschaftsgut Domainname von dem eigenständigen Wirtschaftsgut **Website** zu trennen sind, es entsteht **kein einheitliches** Wirtschaftsgut. Durch die Erstellung einer Website verliert der Domainname nicht seine selbständige Bewertbarkeit und damit auch nicht seine Eigenschaft als selbständiges Wirtschaftsgut.

Der Senat hat es in dem entschiedenen Fall offen gelassen, ob der Domainname dann wirtschaftlich abnutzbar ist, wenn der Name aus einem Schutzrecht wie z. B. einer Marke abgeleitet wird. Ich bitte hierzu die Rechtsauffassung zu vertreten, dass es sich auch dann um ein nicht abnutzbares immaterielles Wirtschaftsgut handelt, weil für die Beibehaltung des Domainnamen keine werterhaltenden Maßnahmen (z. B. Werbung) getätigt werden müssen.

Zu § 5 EStG

Anlage § 005–05

Grundsätze zur ordnungsmäßigen Führung und Aufbewahrung von Büchern, Aufzeichnungen und Unterlagen in elektronischer Form sowie zum Datenzugriff (GoBD)

– BdF-Schreiben vom 14.11.2014 – IV A 4 – S 0316/13/10003, 2014/0353090 –

Inhalt

1. **Allgemeines**
1.1 Nutzbarmachung außersteuerlicher Buchführungs- und Aufzeichnungspflichten für das Steuerrecht
1.2 Steuerliche Buchführungs- und Aufzeichnungspflichten
1.3 Aufbewahrung von Unterlagen zu Geschäftsvorfällen und von solchen Unterlagen, die zum Verständnis und zur Überprüfung der für die Besteuerung gesetzlich vorgeschriebenen Aufzeichnungen von Bedeutung sind
1.4 Ordnungsvorschriften
1.5 Führung von Büchern und sonst erforderlichen Aufzeichnungen auf Datenträgern
1.6 Beweiskraft von Buchführung und Aufzeichnungen, Darstellung von Beanstandungen durch die Finanzverwaltung
1.7 Aufzeichnungen
1.8 Bücher
1.9 Geschäftsvorfälle
1.10 Grundsätze ordnungsmäßiger Buchführung (GoB)
1.11 Datenverarbeitungssystem; Haupt-, Vor- und Nebensysteme
2. **Verantwortlichkeit**
3. **Allgemeine Anforderungen**
3.1 Grundsatz der Nachvollziehbarkeit und Nachprüfbarkeit (§ 145 Absatz 1 AO, § 238 Absatz 1 Satz 2 und Satz 3 HGB)
3.2 Grundsätze der Wahrheit, Klarheit und fortlaufenden Aufzeichnung
3.2.1 Vollständigkeit (§ 146 Absatz 1 AO, § 239 Absatz 2 HGB)
3.2.2 Richtigkeit (§ 146 Absatz 1 AO, § 239 Absatz 2 HGB)
3.2.3 Zeitgerechte Buchungen und Aufzeichnungen (§ 146 Absatz 1 AO, § 239 Absatz 2 HGB)
3.2.4 Ordnung (§ 146 Absatz 1 AO, § 239 Absatz 2 HGB)
3.2.5 Unveränderbarkeit (§ 146 Absatz 4 AO, § 239 Absatz 3 HGB)
4. **Belegwesen (Belegfunktion)**
4.1 Belegsicherung
4.2 Zuordnung zwischen Beleg und Grund(buch)aufzeichnung oder Buchung
4.3 Erfassungsgerechte Aufbereitung der Buchungsbelege
4.4 Besonderheiten
5. **Aufzeichnung der Geschäftsvorfälle in zeitlicher Reihenfolge und in sachlicher Ordnung (Grund(buch)aufzeichnungen, Journal- und Kontenfunktion)**
5.1 Erfassung in Grund(buch)aufzeichnungen
5.2 Digitale Grund(buch)aufzeichnungen
5.3 Verbuchung im Journal (Journalfunktion)
5.4 Aufzeichnung der Geschäftsvorfälle in sachlicher Ordnung (Hauptbuch)
6. **Internes Kontrollsystem (IKS)**
7. **Datensicherheit**
8. **Unveränderbarkeit, Protokollierung von Änderungen**
9. **Aufbewahrung**
9.1 Maschinelle Auswertbarkeit (§ 147 Absatz 2 Nummer 2 AO)
9.2 Elektronische Aufbewahrung
9.3 Elektronische Erfassung von Papierdokumenten (Scanvorgang)

Anlage § 005–05

Zu § 5 EStG

9.4 Auslagerung von Daten aus dem Produktivsystem und Systemwechsel
10. **Nachvollziehbarkeit und Nachprüfbarkeit**
10.1 Verfahrensdokumentation
10.2 Lesbarmachung von elektronischen Unterlagen
11. **Datenzugriff**
11.1 Umfang und Ausübung des Rechts auf Datenzugriff nach § 147 Absatz 6 AO
11.2 Umfang der Mitwirkungspflicht nach §§ 147 Absatz 6 und 200 Absatz 1 Satz 2 AO
12. **Zertifizierung und Software-Testate**
13. **Anwendungsregelung**

1. Allgemeines

1 Die betrieblichen Abläufe in den Unternehmen werden ganz oder teilweise unter Einsatz von Informations- und Kommunikations-Technik abgebildet.

2 Auch die nach außersteuerlichen oder steuerlichen Vorschriften zu führenden Bücher und sonst erforderlichen Aufzeichnungen werden in den Unternehmen zunehmend in elektronischer Form geführt (z. B. als Datensätze). Darüber hinaus werden in den Unternehmen zunehmend die aufbewahrungspflichtigen Unterlagen in elektronischer Form (z. B. als elektronische Dokumente) aufbewahrt.

1.1 Nutzbarmachung außersteuerlicher Buchführungs- und Aufzeichnungspflichten für das Steuerrecht

3 Nach § 140 AO sind die außersteuerlichen Buchführungs- und Aufzeichnungspflichten, die für die Besteuerung von Bedeutung sind, auch für das Steuerrecht zu erfüllen. Außersteuerliche Buchführungs- und Aufzeichnungspflichten ergeben sich insbesondere aus den Vorschriften der §§ 238 ff. HGB und aus den dort bezeichneten handelsrechtlichen Grundsätzen ordnungsmäßiger Buchführung (GoB). Für einzelne Rechtsformen ergeben sich flankierende Aufzeichnungspflichten z. B. aus §§ 91 ff. Aktiengesetz, §§ 41 ff. GmbH-Gesetz oder § 33 Genossenschaftsgesetz. Des Weiteren sind zahlreiche gewerberechtliche oder branchenspezifische Aufzeichnungsvorschriften vorhanden, die gem. § 140 AO im konkreten Einzelfall für die Besteuerung von Bedeutung sind, wie z. B. Apothekenbetriebsordnung, Eichordnung, Fahrlehrergesetz, Gewerbeordnung, § 26 Kreditwesengesetz oder § 55 Versicherungsaufsichtsgesetz.

1.2 Steuerliche Buchführungs- und Aufzeichnungspflichten

4 Steuerliche Buchführungs- und Aufzeichnungspflichten ergeben sich sowohl aus der Abgabenordnung (z. B. §§ 90 Absatz 3, 141 bis 144 AO), als auch aus Einzelsteuergesetzen (z. B. § 22 UStG, § 4 Absatz 3 Satz 5, § 4 Absatz 4a Satz 6, § 4 Absatz 7 und § 41 EStG).

1.3 Aufbewahrung von Unterlagen zu Geschäftsvorfällen und von solchen Unterlagen, die zum Verständnis und zur Überprüfung der für die Besteuerung gesetzlich vorgeschriebenen Aufzeichnungen von Bedeutung sind

5 Neben den außersteuerlichen und steuerlichen Büchern, Aufzeichnungen und Unterlagen zu Geschäftsvorfällen sind alle Unterlagen aufzubewahren, die zum Verständnis und zur Überprüfung der für die Besteuerung gesetzlich vorgeschriebenen Aufzeichnungen im Einzelfall von Bedeutung sind (vgl. BFH-Urteil vom 24. Juni 2009, BStBl. II 2010 S. 452).Dazu zählen neben Unterlagen in Papierform auch alle Unterlagen in Form von Daten, Datensätzen und elektronischen Dokumenten, die dokumentieren, dass die Ordnungsvorschriften umgesetzt und deren Einhaltung überwacht wurde. Nicht aufbewahrungspflichtig sind z. B. reine Entwürfe von Handels- oder Geschäftsbriefen, sofern diese nicht tatsächlich abgesandt wurden.

Beispiel 1:

Dienen Kostenstellen der Bewertung von Wirtschaftsgütern, von Rückstellungen oder als Grundlage für die Bemessung von Verrechnungspreisen sind diese Aufzeichnungen aufzubewahren, soweit sie zur Erläuterung steuerlicher Sachverhalte benötigt werden.

6 Form, Umfang und Inhalt dieser im Sinne der Rzn. 3 bis 5 nach außersteuerlichen und steuerlichen Rechtsnormen aufzeichnungs- und aufbewahrungspflichtigen Unterlagen (Daten, Datensätze sowie Dokumente in elektronischer oder Papierform) und der zu ihrem Verständnis erforderlichen Unterlagen werden durch den Steuerpflichtigen bestimmt. Eine abschließende Definition der aufzeichnungs- und aufbewahrungspflichtigen Aufzeichnungen und Unterlagen ist nicht Gegenstand der nachfolgenden Ausführungen. Die Finanzverwaltung kann diese Unterlagen nicht abstrakt im Vorfeld für alle Unternehmen abschließend definieren, weil die betrieblichen Abläufe, die aufzeichnungs- und aufbewah-

rungspflichtigen Aufzeichnungen und Unterlagen sowie die eingesetzten Buchführungs- und Aufzeichnungssysteme in den Unternehmen zu unterschiedlich sind.

1.4 Ordnungsvorschriften

Die Ordnungsvorschriften der §§ 145 bis 147 AO gelten für die vorbezeichneten Bücher und sonst erforderlichen Aufzeichnungen und der zu ihrem Verständnis erforderlichen Unterlagen (vgl. Rzn. 3 bis 5; siehe auch Rzn. 23, 25 und 28).

1.5 Führung von Büchern und sonst erforderlichen Aufzeichnungen auf Datenträgern

Bücher und die sonst erforderlichen Aufzeichnungen können nach § 146 Absatz 5 AO auch auf Datenträgern geführt werden, soweit diese Form der Buchführung einschließlich des dabei angewandten Verfahrens den GoB entspricht (siehe unter 1.4.). Bei Aufzeichnungen, die allein nach den Steuergesetzen vorzunehmen sind, bestimmt sich die Zulässigkeit des angewendeten Verfahrens nach dem Zweck, den die Aufzeichnungen für die Besteuerung erfüllen sollen (§ 145 Absatz 2 AO; § 146 Absatz 5 Satz 1 2. HS AO). Unter diesen Voraussetzungen sind auch Aufzeichnungen auf Datenträgern zulässig.

Somit sind alle Unternehmensbereiche betroffen, in denen betriebliche Abläufe durch DV-gestützte Verfahren abgebildet werden und einDatenverarbeitungssystem (DV-System, siehe auch Rz. 20) für die Erfüllung der in den Rzn. 3 bis 5 bezeichneten außersteuerlichen oder steuerlichen Buchführungs-, Aufzeichnungs- und Aufbewahrungspflichten verwendet wird (siehe auch unter 11.1 zum Datenzugriffsrecht).

Technische Vorgaben oder Standards (z. B. zu Archivierungsmedien oder Kryptografieverfahren) können angesichts der rasch fortschreitenden Entwicklung und der ebenfalls notwendigen Betrachtung des organisatorischen Umfelds nicht festgelegt werden. Im Zweifel ist über einen Analogieschluss festzustellen, ob die Ordnungsvorschriften eingehalten wurden, z. B. bei einem Vergleich zwischen handschriftlich geführten Handelsbüchern und Unterlagen in Papierform, die in einem verschlossenen Schrank aufbewahrt werden, einerseits und elektronischen Handelsbüchern und Unterlagen, die mit einem elektronischen Zugriffschutz gespeichert werden, andererseits.

1.6 Beweiskraft von Buchführung und Aufzeichnungen, Darstellung von Beanstandungen durch die Finanzverwaltung

Nach § 158 AO sind die Buchführung und die Aufzeichnungen des Steuerpflichtigen, die den Vorschriften der §§ 140 bis 148 AO entsprechen, der Besteuerung zugrunde zu legen, soweit nach den Umständen des Einzelfalls kein Anlass besteht, ihre sachliche Richtigkeit zu beanstanden. Werden Buchführung oder Aufzeichnungen des Steuerpflichtigen im Einzelfall durch die Finanzverwaltung beanstandet, so ist durch die Finanzverwaltung der Grund der Beanstandung in geeigneter Form darzustellen.

1.7 Aufzeichnungen

Aufzeichnungen sind alle dauerhaft verkörperten Erklärungen über Geschäftsvorfälle in Schriftform oder auf Medien mit Schriftersatzfunktion (z. B. auf Datenträgern). Der Begriff der Aufzeichnungen umfasst Darstellungen in Worten, Zahlen, Symbolen und Grafiken.

Werden Aufzeichnungen nach verschiedenen Rechtsnormen in einer Aufzeichnung zusammengefasst (z. B. nach §§ 238 ff. HGB und nach § 22 UStG), müssen die zusammengefassten Aufzeichnungen den unterschiedlichen Zwecken genügen. Erfordern verschiedene Rechtsnormen gleichartige Aufzeichnungen, so ist eine mehrfache Aufzeichnung für jede Rechtsnorm nicht erforderlich.

1.8 Bücher

Der Begriff ist funktional unter Anknüpfung an die handelsrechtliche Bedeutung zu verstehen. Die äußere Gestalt (gebundenes Buch, Loseblattsammlung oder Datenträger) ist unerheblich.

Der Kaufmann ist verpflichtet, in den Büchern seine Handelsgeschäfte und die Lage des Vermögens ersichtlich zu machen (§ 238 Absatz 1 Satz 1 HGB). Der Begriff Bücher umfasst sowohl die Handelsbücher der Kaufleute (§§ 238 ff. HGB) als auch die diesen entsprechenden Aufzeichnungen von Geschäftsvorfällen der Nichtkaufleute.

1.9 Geschäftsvorfälle

Geschäftsvorfälle sind alle rechtlichen und wirtschaftlichen Vorgänge, die innerhalb eines bestimmten Zeitabschnitts den Gewinn bzw. Verlust oder die Vermögenszusammensetzung in einem Unternehmen dokumentieren oder beeinflussen bzw. verändern (z. B. zu einer Veränderung des Anlage- und Umlaufvermögens sowie des Eigen- und Fremdkapitals führen).

Anlage § 005–05

Zu § 5 EStG

1.10 Grundsätze ordnungsmäßiger Buchführung (GoB)

17 Die GoB sind ein unbestimmter Rechtsbegriff, der insbesondere durch Rechtsnormen und Rechtsprechung geprägt ist und von der Rechtsprechung und Verwaltung jeweils im Einzelnen auszulegen und anzuwenden ist (BFH-Urteil vom 12. Mai 1966, BStBl. III S. 372; BVerfG-Beschluss vom 10. Oktober 1961, 2 BvL 1/59, BVerfGE 13 S. 153).

18 Die GoB können sich durch gutachterliche Stellungnahmen, Handelsbrauch, ständige Übung, Gewohnheitsrecht, organisatorische und technische Änderungen weiterentwickeln und sind einem Wandel unterworfen.

19 Die GoB enthalten sowohl formelle als auch materielle Anforderungen an eine Buchführung. Die formellen Anforderungen ergeben sich insbesondere aus den §§ 238 ff. HGB für Kaufleute und aus den §§ 145 bis 147 AO für Buchführungs- und Aufzeichnungspflichtige (siehe unter 3.). Materiell ordnungsmäßig sind Bücher und Aufzeichnungen, wenn die Geschäftsvorfälle nachvollziehbar, vollständig, richtig, zeitgerecht und geordnet in ihrer Auswirkung erfasst und anschließend gebucht bzw. verarbeitet sind (vgl. § 239 Absatz 2 HGB, § 145 AO, § 146 Absatz 1 AO). Siehe Rz. 11 zur Beweiskraft von Buchführung und Aufzeichnungen.

1.11 Datenverarbeitungssystem; Haupt-, Vor- und Nebensysteme

20 Unter DV-System wird die im Unternehmen oder für Unternehmenszwecke zur elektronischen Datenverarbeitung eingesetzte Hard- und Software verstanden, mit denen Daten und Dokumente im Sinne der Rzn. 3 bis 5 erfasst, erzeugt, empfangen, übernommen, verarbeitet, gespeichert oder übermittelt werden. Dazu gehören das Hauptsystem sowie Vor- und Nebensysteme (z. B. Finanzbuchführungssystem, Anlagenbuchhaltung, Lohnbuchhaltungssystem, Kassensystem, Warenwirtschaftssystem, Zahlungsverkehrssystem, Taxameter, Geldspielgeräte, elektronische Waagen, Materialwirtschaft, Fakturierung, Zeiterfassung, Archivsystem, Dokumenten-Management-System) einschließlich der Schnittstellen zwischen den Systemen. Auf die Bezeichnung des DV-Systems oder auf dessen Größe (z. B. Einsatz von Einzelgeräten oder von Netzwerken) kommt es dabei nicht an.

2. Verantwortlichkeit

21 Für die Ordnungsmäßigkeit elektronischer Bücher und sonst erforderlicher elektronischer Aufzeichnungen im Sinne der Rzn. 3 bis 5, einschließlich der eingesetzten Verfahren, ist allein der Steuerpflichtige verantwortlich. Dies gilt auch bei einer teilweisen oder vollständigen organisatorischen und technischen Auslagerung von Buchführungs- und Aufzeichnungsaufgaben auf Dritte (z. B. Steuerberater oder Rechenzentrum).

3. Allgemeine Anforderungen

22 Die Ordnungsmäßigkeit elektronischer Bücher und sonst erforderlicher elektronischer Aufzeichnungen im Sinne der Rzn. 3 bis 5 ist nach den gleichen Prinzipien zu beurteilen wie die Ordnungsmäßigkeit bei manuell erstellten Büchern oder Aufzeichnungen.

23 Das Erfordernis der Ordnungsmäßigkeit erstreckt sich – neben den elektronischen Büchern und sonst erforderlichen Aufzeichnungen – auch auf die damit in Zusammenhang stehenden Verfahren und Bereiche des DV-Systems (siehe unter 1.11), da die Grundlage für die Ordnungsmäßigkeit elektronischer Bücher und sonst erforderlicher Aufzeichnungen bereits bei der Entwicklung und Freigabe von Haupt-, Vor- und Nebensystemen einschließlich des dabei angewandten DV-gestützten Verfahrens gelegt wird. Die Ordnungsmäßigkeit muss bei der Einrichtung und unternehmensspezifischen Anpassung des DV-Systems bzw. der DV-gestützten Verfahren im konkreten Unternehmensumfeld und für die Dauer der Aufbewahrungsfrist erhalten bleiben.

24 Die Anforderungen an die Ordnungsmäßigkeit ergeben sich aus:
- außersteuerlichen Rechtsnormen (z. B. den handelsrechtlichen GoB gem. §§ 238, 239, 257, 261 HGB), die gem. § 140 AO für das Steuerrecht nutzbar gemacht werden können, wenn sie für die Besteuerung von Bedeutung sind und
- steuerlichen Ordnungsvorschriften (insbesondere gem. §§ 145 bis 147 AO).

25 Die allgemeinen Ordnungsvorschriften in den §§ 145 bis 147 AO gelten nicht nur für Buchführungs- und Aufzeichnungspflichten nach § 140 AO und nach den §§ 141 bis 144 AO. Insbesondere § 145 Absatz 2 AO betrifft alle zu Besteuerungszwecken gesetzlich geforderten Aufzeichnungen, also auch solche, zu denen der Steuerpflichtige aufgrund anderer Steuergesetze verpflichtet ist, wie z. B. nach § 4 Absatz 3 Satz 5, Absatz 7 EStG und nach § 22 UStG (BFH-Urteil vom 24. Juni 2009, BStBl. II 2010 S. 452).

26 Demnach sind bei der Führung von Büchern in elektronischer oder in Papierform und sonst erforderlicher Aufzeichnungen in elektronischer oder in Papierform im Sinne der Rzn. 3 bis 5 die folgenden Anforderungen zu beachten:

Zu § 5 EStG **Anlage § 005–05**

- Grundsatz der Nachvollziehbarkeit und Nachprüfbarkeit (siehe unter 3.1),
- Grundsätze der Wahrheit, Klarheit und fortlaufenden Aufzeichnung (siehe unter 3.2):
  - Vollständigkeit (siehe unter 3.2.1),
  - Richtigkeit (siehe unter 3.2.2),
  - zeitgerechte Buchungen und Aufzeichnungen (siehe unter 3.2.3),
  - Ordnung (siehe unter 3.2.4),
  - Unveränderbarkeit (siehe unter 3.2.5).

Diese Grundsätze müssen während der Dauer der Aufbewahrungsfrist nachweisbar erfüllt werden und erhalten bleiben.

Nach § 146 Absatz 6 AO gelten die Ordnungsvorschriften auch dann, wenn der Unternehmer elektronische Bücher und Aufzeichnungen führt, die für die Besteuerung von Bedeutung sind, ohne hierzu verpflichtet zu sein.

Der Grundsatz der Wirtschaftlichkeit rechtfertigt es nicht, dass Grundprinzipien der Ordnungsmäßigkeit verletzt und die Zwecke der Buchführung erheblich gefährdet werden. Die zur Vermeidung einer solchen Gefährdung erforderlichen Kosten muss der Steuerpflichtige genauso in Kauf nehmen wie alle anderen Aufwendungen, die die Art seines Betriebes mit sich bringt (BFH-Urteil vom 26. März 1968, BStBl. II S. 527).

3.1 Grundsatz der Nachvollziehbarkeit und Nachprüfbarkeit (§ 145 Absatz 1 AO, § 238 Absatz 1 Satz 2 und Satz 3 HGB)

Die Verarbeitung der einzelnen Geschäftsvorfälle sowie das dabei angewandte Buchführungs- oder Aufzeichnungsverfahren müssen nachvollziehbar sein. Die Buchungen und die sonst erforderlichen Aufzeichnungen müssen durch einen Beleg nachgewiesen sein oder nachgewiesen werden können (Belegprinzip, siehe auch unter 4.).

Aufzeichnungen sind so vorzunehmen, dass der Zweck, den sie für die Besteuerung erfüllen sollen, erreicht wird. Damit gelten die nachfolgenden Anforderungen der progressiven und retrograden Prüfbarkeit – soweit anwendbar – sinngemäß.

Die Buchführung muss so beschaffen sein, dass sie einem sachverständigen Dritten innerhalb angemessener Zeit einen Überblick über die Geschäftsvorfälle und über die Lage des Unternehmens vermitteln kann. Die Geschäftsvorfälle müssen sich in ihrer Entstehung und Abwicklung lückenlos verfolgen lassen (progressive und retrograde Prüfbarkeit).

Die progressive Prüfung beginnt beim Beleg, geht über die Grund(buch)aufzeichnungen und Journale zu den Konten, danach zur Bilanz mit Gewinn- und Verlustrechnung und schließlich zur Steueranmeldung bzw. Steuererklärung. Die retrograde Prüfung verläuft umgekehrt. Die progressive und retrograde Prüfung muss für die gesamte Dauer der Aufbewahrungsfrist und in jedem Verfahrensschritt möglich sein.

Die Nachprüfbarkeit der Bücher und sonst erforderlichen Aufzeichnungen erfordert eine aussagekräftige und vollständige Verfahrensdokumentation (siehe unter 10.1), die sowohl die aktuellen als auch die historischen Verfahrensinhalte für die Dauer der Aufbewahrungsfrist nachweist und den in der Praxis eingesetzten Versionen des DV-Systems entspricht.

Die Nachvollziehbarkeit und Nachprüfbarkeit muss für die Dauer der Aufbewahrungsfrist gegeben sein. Dies gilt auch für die zum Verständnis der Buchführung oder Aufzeichnungen erforderliche Verfahrensdokumentation.

3.2 Grundsätze der Wahrheit, Klarheit und fortlaufenden Aufzeichnung

3.2.1 Vollständigkeit (§ 146 Absatz 1 AO, § 239 Absatz 2 HGB)

Die Geschäftsvorfälle sind vollzählig und lückenlos aufzuzeichnen (Grundsatz der Einzelaufzeichnungspflicht). Eine vollzählige und lückenlose Aufzeichnung von Geschäftsvorfällen ist auch dann gegeben, wenn zulässigerweise nicht alle Datenfelder eines Datensatzes gefüllt werden.

Die GoB erfordern in der Regel die Aufzeichnung jedes Geschäftsvorfalls – also auch jeder Betriebseinnahme und Betriebsausgabe, jeder Einlage und Entnahme – in einem Umfang, der eine Überprüfung seiner Grundlagen, seines Inhalts und seiner Bedeutung für den Betrieb ermöglicht. Das bedeutet nicht nur die Aufzeichnung der in Geld bestehenden Gegenleistung, sondern auch des Inhalts des Geschäfts und des Namens des Vertragspartners (BFH-Urteil vom 12. Mai 1966, BStBl. III S. 372) – soweit zumutbar, mit ausreichender Bezeichnung des Geschäftsvorfalls (BFH-Urteil vom 1. Oktober 1969, BStBl. 1970 II S. 45). Branchenspezifische Mindestaufzeichnungspflichten und Zumutbarkeitsgesichtspunkte sind zu berücksichtigen.

Anlage § 005–05

Zu § 5 EStG

Beispiele 2 zu branchenspezifisch entbehrlichen Aufzeichnungen und zur Zumutbarkeit:
- In einem Einzelhandelsgeschäft kommt zulässigerweise eine PC-Kasse ohne Kundenverwaltung zum Einsatz. Die Namen der Kunden werden bei Bargeschäften nicht erfasst und nicht beigestellt. – Keine Beanstandung.
- Bei einem Taxiunternehmer werden Angaben zum Kunden im Taxameter nicht erfasst und nicht beigestellt. – Keine Beanstandung.

38 Dies gilt auch für Bareinnahmen; der Umstand der sofortigen Bezahlung rechtfertigt keine Ausnahme von diesem Grundsatz (BFH-Urteil vom 26. Februar 2004, BStBl. II S. 599).

39 Aus Gründen der Zumutbarkeit und Praktikabilität hat der BFH in der Vergangenheit eine Pflicht der Einzelaufzeichnung für den Einzelhandel und vergleichbare Berufsgruppen verneint (BFH-Urteil vom 12. Mai 1966, BStBl. III S. 372; z. B. bei einer Vielzahl von einzelnen Geschäften mit geringem Wert, Verkauf von Waren an der Person nach unbekannte Kunden über den Ladentisch gegen Barzahlung). Werden elektronische Grund(buch)aufzeichnungen zur Erfüllung der Einzelaufzeichnungspflicht tatsächlich technisch, betriebswirtschaftlich und praktisch geführt, dann sind diese Daten auch aufzubewahren und in maschinell auswertbarer Form vorzulegen. Insoweit stellt sich die Frage der Zumutbarkeit und Praktikabilität nicht.

Das BMF-Schreiben vom 5. April 2004 (IV D 2 – S 0315 – 4/04, BStBl. I S. 419) bleibt unberührt.

40 Die vollständige und lückenlose Erfassung und Wiedergabe aller Geschäftsvorfälle ist bei DV-Systemen durch ein Zusammenspiel von technischen (einschließlich programmierten) und organisatorischen Kontrollen sicherzustellen (z. B. Erfassungskontrollen, Plausibilitätskontrollen bei Dateneingaben, inhaltliche Plausibilitätskontrollen, automatisierte Vergabe von Datensatznummern, Lückenanalyse oder Mehrfachbelegungsanalyse bei Belegnummern).

41 Ein und derselbe Geschäftsvorfall darf nicht mehrfach aufgezeichnet werden.

Beispiel 3:

Ein Wareneinkauf wird gewinnwirksam durch Erfassung des zeitgleichen Lieferscheins und später nochmals mittels Erfassung der (Sammel)rechnung erfasst und verbucht. Keine mehrfache Aufzeichnung eines Geschäftsvorfalles in verschiedenen Systemen oder mit verschiedenen Kennungen (z. B. für Handelsbilanz, für steuerliche Zwecke) liegt vor, soweit keine mehrfache bilanzielle oder gewinnwirksame Auswirkung gegeben ist.

42 Zusammengefasste oder verdichtete Aufzeichnungen im Hauptbuch (Konto) sind zulässig, sofern sie nachvollziehbar in ihre Einzelpositionen in den Grund(buch)aufzeichnungen oder des Journals aufgegliedert werden können. Andernfalls ist die Nachvollziehbarkeit und Nachprüfbarkeit nicht gewährleistet.

43 Die Erfassung oder Verarbeitung von tatsächlichen Geschäftsvorfällen darf nicht unterdrückt werden. So ist z. B. eine Bon- oder Rechnungserteilung ohne Registrierung der bar vereinnahmten Beträge (Abbruch des Vorgangs) in einem DV-System unzulässig.

3.2.2 Richtigkeit (§ 146 Absatz 1 AO, § 239 Absatz 2 HGB)

44 Geschäftsvorfälle sind in Übereinstimmung mit den tatsächlichen Verhältnissen und im Einklang mit den rechtlichen Vorschriften inhaltlich zutreffend durch Belege abzubilden (BFH-Urteil vom 24. Juni 1997, BStBl. II 1998 S. 51), der Wahrheit entsprechend aufzuzeichnen und bei kontenmäßiger Abbildung zutreffend zu kontieren.

3.2.3 Zeitgerechte Buchungen und Aufzeichnungen (§ 146 Absatz 1 AO, § 239 Absatz 2 HGB)

45 Das Erfordernis „zeitgerecht" zu buchen verlangt, dass ein zeitlicher Zusammenhang zwischen den Vorgängen und ihrer buchmäßigen Erfassung besteht (BFH-Urteil vom 25. März 1992, BStBl. II S. 1010; BFH-Urteil vom 5. März 1965, BStBl. III S. 285)

46 Jeder Geschäftsvorfall ist zeitnah, d. h. möglichst unmittelbar nach seiner Entstehung in einer Grundaufzeichnung oder in einem Grundbuch zu erfassen. Nach den GoB müssen die Geschäftsvorfälle grundsätzlich laufend gebucht werden (Journal). Es widerspricht dem Wesen der kaufmännischen Buchführung, sich zunächst auf die Sammlung von Belegen zu beschränken und nach Ablauf einer langen Zeit auf Grund dieser Belege die Geschäftsvorfälle in Grundaufzeichnungen oder Grundbüchern einzutragen (vgl. BFH-Urteil vom 10. Juni 1954, BStBl. III S. 298). Die Funktion der Grund(buch)aufzeichnungen kann auf Dauer auch durch eine geordnete und übersichtliche Belegablage erfüllt werden (§ 239 Absatz 4 HGB; § 146 Absatz 5 AO; H 5.2 „Grundbuchaufzeichnungen" EStH).

47 Jede nicht durch die Verhältnisse des Betriebs oder des Geschäftsvorfalls zwingend bedingte Zeitspanne zwischen dem Eintritt des Vorganges und seiner laufenden Erfassung in Grund(buch)aufzeichnungen ist bedenklich. Eine Erfassung von unbaren Geschäftsvorfällen innerhalb von zehn Tagen ist unbedenklich

Zu § 5 EStG **Anlage § 005–05**

(vgl. BFH-Urteil vom 2. Oktober 1968, BStBl. 1969 II S. 157; BFH-Urteil vom 26. März 1968, BStBl. II S. 527 zu Verbindlichkeiten und zu Debitoren). Wegen der Forderung nach zeitnaher chronologischer Erfassung der Geschäftsvorfälle ist zu verhindern, dass die Geschäftsvorfälle buchmäßig für längere Zeit in der Schwebe gehalten werden und sich hierdurch die Möglichkeit eröffnet, sie später anders darzustellen, als sie richtigerweise darzustellen gewesen wären, oder sie ganz außer Betracht zu lassen und im privaten, sich in der Buchführung nicht niederschlagenden Bereich abzuwickeln. Bei zeitlichen Abständen zwischen der Entstehung eines Geschäftsvorfalls und seiner Erfassung sind daher geeignete Maßnahmen zur Sicherung der Vollständigkeit zu treffen.

Kasseneinnahmen und Kassenausgaben sollen nach § 146 Absatz 1 Satz 2 AO täglich festgehalten werden. **48**

Es ist nicht zu beanstanden, wenn Waren- und Kostenrechnungen, die innerhalb von acht Tagen nach Rechnungseingang oder innerhalb der ihrem gewöhnlichen Durchlauf durch den Betrieb entsprechenden Zeit beglichen werden, kontokorrentmäßig nicht (z. B. Geschäftsfreundebuch, Personenkonten) erfasst werden (vgl. R 5.2 Absatz 1 EStR). **49**

Werden bei der Erstellung der Bücher Geschäftsvorfälle nicht laufend, sondern nur periodenweise gebucht bzw. den Büchern vergleichbare Aufzeichnungen der Nichtbuchführungspflichtigen nicht laufend, sondern nur periodenweise erstellt, dann ist dies unter folgenden Voraussetzungen nicht zu beanstanden: **50**

- Die Erfassung der unbaren Geschäftsvorfälle eines Monats erfolgt bis zum Ablauf des folgenden Monats in den Büchern bzw. den Büchern vergleichbare Aufzeichnungen der Nichtbuchführungspflichtigen und

- durch organisatorische Vorkehrungen ist sichergestellt, dass die Unterlagen bis zu ihrer Erfassung nicht verloren gehen, z. B. durch laufende Nummerierung der eingehenden und ausgehenden Rechnungen, durch Ablage in besonderen Mappen und Ordnern oder durch elektronische Grund(buch)aufzeichnungen in Kassensystemen, Warenwirtschaftssystemen, Fakturierungssystemen etc.

Jeder Geschäftsvorfall ist periodengerecht der Abrechnungsperiode zuzuordnen, in der er angefallen ist. Zwingend ist die Zuordnung zum jeweiligen Geschäftsjahr oder zu einer nach Gesetz, Satzung oder Rechnungslegungszweck vorgeschriebenen kürzeren Rechnungsperiode. **51**

Erfolgt die Belegsicherung oder die Erfassung von Geschäftsvorfällen unmittelbar nach Eingang oder Entstehung mittels DV-System (elektronische Grund(buch)aufzeichnungen), so stellt sich die Frage der Zumutbarkeit und Praktikabilität hinsichtlich der zeitgerechten Erfassung/Belegsicherung und längerer Fristen nicht. Erfüllen die Erfassungen Belegfunktion bzw. dienen sie der Belegsicherung (auch für Vorsysteme, wie Kasseneinzelaufzeichnungen und Warenwirtschaftssystem), dann ist eine unprotokollierte Änderung nicht mehr zulässig (siehe unter 3.2.5). Bei zeitlichen Abständen zwischen Erfassung und Buchung, die über den Ablauf des folgenden Monats hinausgehen, sind die Ordnungsmäßigkeitsanforderungen nur dann erfüllt, wenn die Geschäftsvorfälle vorher fortlaufend richtig und vollständig in Grund(buch)aufzeichnungen oder Grundbüchern festgehalten werden. Zur Erfüllung der Funktion der Grund(buch)aufzeichnung vgl. Rz. 46. **52**

3.2.4 Ordnung (§ 146 Absatz 1 AO, § 239 Absatz 2 HGB)

Der Grundsatz der Klarheit verlangt u. a. eine systematische Erfassung und übersichtliche, eindeutige und nachvollziehbare Buchungen. **53**

Die geschäftlichen Unterlagen dürfen nicht planlos gesammelt und aufbewahrt werden. Ansonsten würde dies mit zunehmender Zahl und Verschiedenartigkeit der Geschäftsvorfälle zur Unübersichtlichkeit der Buchführung führen, einen jederzeitigen Abschluss unangemessen erschweren und die Gefahr erhöhen, dass Unterlagen verlorengehen oder später leicht aus dem Buchführungswerk entfernt werden können. Hieraus folgt, dass die Bücher und Aufzeichnungen nach bestimmten Ordnungsprinzipien geführt werden müssen und eine Sammlung und Aufbewahrung der Belege notwendig ist, durch die im Rahmen des Möglichen gewährleistet wird, dass die Geschäftsvorfälle leicht und identifizierbar feststellbar sind für einen die Lage des Vermögens darstellenden Abschluss unverlierbar sind (BFH-Urteil vom 26. März 1968, BStBl. II S. 527). **54**

In der Regel verstößt die nicht getrennte Verbuchung von baren und unbaren Geschäftsvorfällen oder von nicht steuerbaren, steuerfreien und steuerpflichtigen Umsätzen ohne genügende Kennzeichnung gegen die Grundsätze der Wahrheit und Klarheit einer kaufmännischen Buchführung. Die nicht getrennte Aufzeichnung von nicht steuerbaren, steuerfreien und steuerpflichtigen Umsätzen ohne genügende Kennzeichnung verstößt in der Regel gegen steuerrechtliche Anforderungen (z. B. § 22 UStG). **55**

Anlage § 005–05
Zu § 5 EStG

56 Bei der doppelten Buchführung sind die Geschäftsvorfälle so zu verarbeiten, dass sie geordnet darstellbar sind und innerhalb angemessener Zeit ein Überblick über die Vermögens- und Ertragslage gewährleistet ist.

57 Die Buchungen müssen einzeln und sachlich geordnet nach Konten dargestellt (Kontenfunktion) und unverzüglich lesbar gemacht werden können. Damit bei Bedarf für einen zurückliegenden Zeitpunkt ein Zwischenstatus oder eine Bilanz mit Gewinn- und Verlustrechnung aufgestellt werden kann, sind die Konten nach Abschlusspositionen zu sammeln und nach Kontensummen oder Salden fortzuschreiben (Hauptbuch, siehe unter 5.4).

3.2.5 Unveränderbarkeit (§ 146 Absatz 4 AO, § 239 Absatz 3 HGB)

58 Eine Buchung oder eine Aufzeichnung darf nicht in einer Weise verändert werden, dass der ursprüngliche Inhalt nicht mehr feststellbar ist. Auch solche Veränderungen dürfen nicht vorgenommen werden, deren Beschaffenheit es ungewiss lässt, ob sie ursprünglich oder erst später gemacht worden sind (§ 146 Absatz 4 AO, § 239 Absatz 3 HGB).

59 Veränderungen und Löschungen von und an elektronischen Buchungen oder Aufzeichnungen (vgl. Rzn. 3 bis 5) müssen daher so protokolliert werden, dass die Voraussetzungen des § 146 Absatz 4 AO bzw. § 239 Absatz 3 HGB erfüllt sind (siehe auch unter 8). Für elektronische Dokumente und andere elektronische Unterlagen, die gem. § 147 AO aufbewahrungspflichtig und nicht Buchungen oder Aufzeichnungen sind, gilt dies sinngemäß.

Beispiel 4:
Der Steuerpflichtige erstellt über ein Fakturierungssystem Ausgangsrechnungen und bewahrt die inhaltlichen Informationen elektronisch auf (zum Beispiel in seinem Fakturierungssystem). Die Lesbarmachung der abgesandten Handels- und Geschäftsbriefe aus dem Fakturierungssystem erfolgt jeweils unter Berücksichtigung der in den aktuellen Stamm- und Bewegungsdaten enthaltenen Informationen.

In den Stammdaten ist im Jahr 01 der Steuersatz 16 % und der Firmenname des Kunden A hinterlegt. Durch Umfirmierung des Kunden A zu B und Änderung des Steuersatzes auf 19 % werden die Stammdaten im Jahr 02 geändert. Eine Historisierung der Stammdaten erfolgt nicht.

Der Steuerpflichtige ist im Jahr 02 nicht mehr in der Lage, die inhaltliche Übereinstimmung der abgesandten Handels- und Geschäftsbriefe mit den ursprünglichen Inhalten bei Lesbarmachung sicher zu stellen.

60 Der Nachweis der Durchführung der in dem jeweiligen Verfahren vorgesehenen Kontrollen ist u. a. durch Verarbeitungsprotokolle sowie durch die Verfahrensdokumentation (siehe unter 6. und unter 10.1) zu erbringen.

4. Belegwesen (Belegfunktion)

61 Jeder Geschäftsvorfall ist urschriftlich bzw. als Kopie der Urschrift zu belegen. Ist kein Fremdbeleg vorhanden, muss ein Eigenbeleg erstellt werden. Zweck der Belege ist es, den sicheren und klaren Nachweis über den Zusammenhang zwischen den Vorgängen in der Realität einerseits und dem aufgezeichneten oder gebuchten Inhalt in Büchern oder sonst erforderlichen Aufzeichnungen und ihre Berechtigung andererseits zu erbringen (Belegfunktion). Auf die Bezeichnung als „Beleg" kommt es nicht an. Die Belegfunktion ist die Grundvoraussetzung für die Beweiskraft der Buchführung und sonst erforderlicher Aufzeichnungen. Sie gilt auch bei Einsatz eines DV-Systems.

62 Inhalt und Umfang der in den Belegen enthaltenen Informationen sind insbesondere von der Belegart (z. B. Aufträge, Auftragsbestätigungen, Bescheide über Steuern oder Gebühren, betriebliche Kontoauszüge, Gutschriften, Lieferscheine, Lohn- und Gehaltsabrechnungen, Barquittungen, Rechnungen, Verträge, Zahlungsbelege) und der eingesetzten Verfahren abhängig.

63 Empfangene oder abgesandte Handels- oder Geschäftsbriefe erhalten erst mit dem Kontierungsvermerk und der Verbuchung auch die Funktion eines Buchungsbelegs.

64 Zur Erfüllung der Belegfunktionen sind deshalb Angaben zur Kontierung, zum Ordnungskriterium für die Ablage und zum Buchungsdatum auf dem Papierbeleg erforderlich. Bei einem elektronischen Beleg kann dies auch durch die Verbindung mit einem Datensatz mit Angaben zur Kontierung oder durch eine elektronische Verknüpfung (z. B. eindeutiger Index, Barcode) erfolgen. Ein Steuerpflichtiger hat andernfalls durch organisatorische Maßnahmen sicherzustellen, dass die Geschäftsvorfälle auch ohne Angaben auf den Belegen in angemessener Zeit progressiv und retrograd nachprüfbar sind.

65 Ein Buchungsbeleg in Papierform oder in elektronischer Form (z. B. Rechnung) kann einen oder mehrere Geschäftsvorfälle enthalten.

Aus der Verfahrensdokumentation (siehe unter 10.1) muss ersichtlich sein, wie die elektronischen Belege erfasst, empfangen, verarbeitet, ausgegeben und aufbewahrt (zur Aufbewahrung siehe unter 9.) werden.

4.1 Belegsicherung

Die Belege in Papierform oder in elektronischer Form sind zeitnah, d. h. möglichst unmittelbar nach Eingang oder Entstehung gegen Verlust zu sichern (vgl. zur zeitgerechten Belegsicherung unter 3.2.3, vgl. zur Aufbewahrung unter 9.).

Bei Papierbelegen erfolgt eine Sicherung z. B. durch laufende Nummerierung der eingehenden und ausgehenden Lieferscheine und Rechnungen, durch laufende Ablage in besonderen Mappen und Ordnern, durch zeitgerechte Erfassung in Grund(buch)aufzeichnungen oder durch laufende Vergabe eines Barcodes und anschließendes Scannen.

Bei elektronischen Belegen (z. B. Abrechnung aus Fakturierung) kann die laufende Nummerierung automatisch vergeben werden (z. B. durch eine eindeutige Belegnummer).

Die Belegsicherung kann organisatorisch und technisch mit der Zuordnung zwischen Beleg und Grund(buch)aufzeichnung oder Buchung verbunden werden.

4.2 Zuordnung zwischen Beleg und Grund(buch)aufzeichnung oder Buchung

Die Zuordnung zwischen dem einzelnen Beleg und der dazugehörigen Grund(buch)aufzeichnung oder Buchung kann anhand von eindeutigen Zuordnungsmerkmalen (z. B. Index, Paginiernummer, Dokumenten-ID) und zusätzlichen Identifikationsmerkmalen für die Papierablage oder für die Such- und Filtermöglichkeit bei elektronischer Belegablage gewährleistet werden. Gehören zu einer Grund(buch)aufzeichnung oder Buchung mehrere Belege (z. B. Rechnung verweist für Menge und Art der gelieferten Gegenstände nur auf Lieferschein), bedarf es zusätzlicher Zuordnungs- und Identifikationsmerkmale für die Verknüpfung zwischen den Belegen und der Grund(buch)aufzeichnung oder Buchung.

Diese Zuordnungs- und Identifizierungsmerkmale aus dem Beleg müssen bei der Aufzeichnung oder Verbuchung in die Bücher oder Aufzeichnungen übernommen werden, um eine progressive und retrograde Prüfbarkeit zu ermöglichen.

Die Ablage der Belege und die Zuordnung zwischen Beleg und Aufzeichnung müssen in angemessener Zeit nachprüfbar sein. So kann z. B. Beleg- oder Buchungsdatum, Kontoauszugnummer oder Name bei umfangreichem Beleganfall mangels Eindeutigkeit in der Regel kein geeignetes Zuordnungsmerkmal für den einzelnen Geschäftsvorfall sein.

Beispiel 5:

Ein Steuerpflichtiger mit ausschließlich unbaren Geschäftsvorfällen erhält nach Abschluss eines jeden Monats von seinem Kreditinstitut einen Kontoauszug in Papierform mit vielen einzelnen Kontoblättern. Für die Zuordnung der Belege und Aufzeichnungen erfasst der Unternehmer ausschließlich die Kontoauszugsnummer. Alleine anhand der Kontoauszugsnummer – ohne zusätzliche Angabe der Blattnummer und der Positionsnummer – ist eine Zuordnung von Beleg und Aufzeichnung oder Buchung in angemessener Zeit nicht nachprüfbar.

4.3 Erfassungsgerechte Aufbereitung der Buchungsbelege

Eine erfassungsgerechte Aufbereitung der Buchungsbelege in Papierform oder die entsprechende Übernahme von Beleginformationen aus elektronischen Belegen (Daten, Datensätze, elektronische Dokumente und elektronische Unterlagen) ist sicherzustellen. Diese Aufbereitung der Belege ist insbesondere bei Fremdbelegen von Bedeutung, da der Steuerpflichtige im Allgemeinen keinen Einfluss auf die Gestaltung der ihm zugesandten Handels- und Geschäftsbriefe (z. B. Eingangsrechnungen) hat.

Wenn für Geschäftsvorfälle keine bildhaften Urschriften empfangen oder abgesandt, sondern elektronische Meldungen ausgestellt wurden (z. B. EDI), dann erfüllen diese Meldungen mit ihrem vollständigen Dateninhalt die Belegfunktion und müssen mit ihrem vollständigen Inhalt gespeichert und aufbewahrt werden.

Anlage § 005–05

Zu § 5 EStG

77 Jedem Geschäftsvorfall muss ein Beleg zugrunde liegen, mit folgenden Inhalten:

Bezeichnung	Begründung
Eindeutige Belegnummer (z. B. Index, Paginiernummer, Dokumenten-ID, fortlaufende Rechnungsausgangsnummer)	Angabe zwingend (§ 146 Absatz 1 Satz 1 AO, vollständig, geordnet) Kriterium für Vollständigkeitskontrolle (Belegsicherung) Bei umfangreichem Beleganfall ist Zuordnung und Identifizierung regelmäßig nicht aus Belegdatum oder anderen Merkmalen eindeutig ableitbar. Sofern die Fremdbelegnummer eine eindeutige Zuordnung zulässt, kann auch diese verwendet werden.
Belegaussteller und -empfänger	Soweit dies zu den branchenüblichen Mindestaufzeichnungspflichten gehört und keine Aufzeichnungserleichterungen bestehen (z. B. § 33 UStDV)
Betrag bzw. Mengen- oder Wertangaben, aus denen sich der zu buchende Betrag ergibt	Angabe zwingend (BFH vom 12. Mai 1966, BStBl. III S. 372); Dokumentation einer Veränderung des Anlage- und Umlaufvermögens sowie des Eigen- und Fremdkapitals
Währungsangabe und Wechselkurs bei Fremdwährung	Ermittlung des Buchungsbetrags
Hinreichende Erläuterung des Geschäftsvorfalls	Hinweis auf BFH-Urteil vom 12. Mai 1966, BStBl. III S. 372; BFH-Urteil vom 1. Oktober 1969, BStBl. II 1970 S. 45
Belegdatum	Angabe zwingend (§ 146 Absatz 1 Satz 1 AO, zeitgerecht). Identifikationsmerkmale für eine chronologische Erfassung, bei Bargeschäften regelmäßig Zeitpunkt des Geschäftsvorfalls Evtl. zusätzliche Erfassung der Belegzeit bei umfangreichem Beleganfall erforderlich
Verantwortlicher Aussteller, soweit vorhanden	Z. B. Bediener der Kasse

Vgl. Rz. 85 zu den Inhalten der Grund(buch)aufzeichnungen.

Vgl. Rz. 94 zu den Inhalten des Journals.

78 Für umsatzsteuerrechtliche Zwecke können weitere Angaben erforderlich sein. Dazu gehören beispielsweise die Rechnungsangaben nach §§ 14, 14a UStG und § 33 UStDV.

79 Buchungsbelege sowie abgesandte oder empfangene Handels- oder Geschäftsbriefe in Papierform oder in elektronischer Form enthalten darüber hinaus vielfach noch weitere Informationen, die zum Verständnis und zur Überprüfung der für die Besteuerung gesetzlich vorgeschriebenen Aufzeichnungen im Einzelfall von Bedeutung und damit ebenfalls aufzubewahren sind. Dazu gehören z. B.:

- Mengen- oder Wertangaben zur Erläuterung des Buchungsbetrags, sofern nicht bereits unter Rz. 77 berücksichtigt,
- Einzelpreis (z. B. zur Bewertung),
- Valuta, Fälligkeit (z. B. zur Bewertung),
- Angaben zu Skonti, Rabatten (z. B. zur Bewertung),
- Zahlungsart (bar, unbar),
- Angaben zu einer Steuerbefreiung.

4.4 Besonderheiten

Bei DV-gestützten Prozessen wird der Nachweis der zutreffenden Abbildung von Geschäftsvorfällen oft nicht durch konventionelle Belege erbracht (z. B. Buchungen aus Fakturierungssätzen, die durch Multiplikation von Preisen mit entnommenen Mengen aus der Betriebsdatenerfassung gebildet werden). Die Erfüllung der Belegfunktion ist dabei durch die ordnungsgemäße Anwendung des jeweiligen Verfahrens wie folgt nachzuweisen:

- Dokumentation der programminternen Vorschriften zur Generierung der Buchungen,
- Nachweis oder Bestätigung, dass die in der Dokumentation enthaltenen Vorschriften einem autorisierten Änderungsverfahren unterlegen haben (u. a. Zugriffsschutz, Versionsführung, Test- und Freigabeverfahren),
- Nachweis der Anwendung des genehmigten Verfahrens sowie
- Nachweis der tatsächlichen Durchführung der einzelnen Buchungen.

Bei Dauersachverhalten sind die Ursprungsbelege Basis für die folgenden Automatikbuchungen. Bei (monatlichen) AfA-Buchungen nach Anschaffung eines abnutzbaren Wirtschaftsguts ist der Anschaffungsbeleg mit der AfA-Bemessungsgrundlage und weiteren Parametern (z. B. Nutzungsdauer) aufbewahrungspflichtig. Aus der Verfahrensdokumentation und der ordnungsmäßigen Anwendung des Verfahrens muss der automatische Buchungsvorgang nachvollziehbar sein.

5. Aufzeichnung der Geschäftsvorfälle in zeitlicher Reihenfolge und in sachlicher Ordnung (Grund(buch)aufzeichnungen, Journal- und Kontenfunktion)

Der Steuerpflichtige hat organisatorisch und technisch sicherzustellen, dass die elektronischen Buchungen und sonst erforderlichen elektronischen Aufzeichnungen vollständig, richtig, zeitgerecht und geordnet vorgenommen werden (§ 146 Absatz 1 Satz 1 AO, § 239 Absatz 2 HGB). Jede Buchung oder Aufzeichnung muss im Zusammenhang mit einem Beleg stehen (BFH-Urteil vom 24. Juni 1997, BStBl. II 1998 S. 51).

Bei der doppelten Buchführung müssen alle Geschäftsvorfälle in zeitlicher Reihenfolge (Grund(buch)aufzeichnung, Journalfunktion) und in sachlicher Gliederung (Hauptbuch, Kontenfunktion, siehe unter 5.4) darstellbar sein. Im Hauptbuch bzw. bei der Kontenfunktion verursacht jeder Geschäftsvorfall eine Buchung auf mindestens zwei Konten (Soll- und Habenbuchung).

Die Erfassung der Geschäftsvorfälle in elektronischen Grund(buch)aufzeichnungen (siehe unter 5.1 und 5.2) und die Verbuchung im Journal (siehe unter 5.3) kann organisatorisch und zeitlich auseinander fallen (z. B. Grund(buch)aufzeichnung in Form von Kassenauftragszeilen. Erfüllen die Erfassungen Belegfunktion bzw. dienen sie der Belegsicherung, dann ist eine unprotokollierte Änderung nicht mehr zulässig (vgl. Rz. 58 und 59). In diesen Fällen gelten die Ordnungsvorschriften bereits mit der ersten Erfassung der Geschäftsvorfälle und der Daten und müssen über alle nachfolgenden Prozesse erhalten bleiben (z. B. Übergabe von Daten aus Vor- in Hauptsysteme).

5.1 Erfassung in Grund(buch)aufzeichnungen

Die fortlaufende Aufzeichnung der Geschäftsvorfälle erfolgt zunächst in Papierform oder in elektronischen Grund(buch)aufzeichnungen (Grundaufzeichnungsfunktion), um die Belegsicherung und die Garantie der Unverlierbarkeit des Geschäftsvorfalls zu gewährleisten. Sämtliche Geschäftsvorfälle müssen der zeitlichen Reihenfolge nach und materiell mit ihrem richtigen und erkennbaren Inhalt festgehalten werden.

Zu den aufzeichnungspflichtigen Inhalten gehören
- die in Rz. 77, 78 und 79 enthaltenen Informationen,
- das Erfassungsdatum, soweit abweichend vom Buchungsdatum

  Begründung:
  - Angabe zwingend (§ 146 Absatz 1 Satz 1 AO, zeitgerecht),
  - Zeitpunkt der Buchungserfassung und -verarbeitung,
  - Angabe der „Festschreibung" (Veränderbarkeit nur mit Protokollierung) zwingend, soweit nicht Unveränderbarkeit automatisch mit Erfassung und Verarbeitung in Grund(buch)aufzeichnung.

Vgl. Rz. 94 zu den Inhalten des Journals.

Die Grund(buch)aufzeichnungen sind nicht an ein bestimmtes System gebunden. Jedes System, durch das die Geschäftsvorfälle fortlaufend, vollständig und richtig festgehalten werden, so dass die Grundaufzeichnungsfunktion erfüllt wird, ist ordnungsmäßig (vgl. BFH-Urteil vom 26. März 1968, BStBl. II S. 527 für Buchführungspflichtige).

5.2 Digitale Grund(buch)aufzeichnungen

87 Sowohl beim Einsatz von Haupt- als auch von Vor- oder Nebensystemen ist eine Verbuchung im Journal des Hauptsystems (z. B. Finanzbuchhaltung) bis zum Ablauf des folgenden Monats nicht zu beanstanden, wenn die einzelnen Geschäftsvorfälle bereits in einem Vor- oder Nebensystem die Grundaufzeichnungsfunktion erfüllen und die Einzeldaten aufbewahrt werden.

88 Durch Erfassungs-, Übertragungs- und Verarbeitungskontrollen ist sicherzustellen, dass alle Geschäftsvorfälle vollständig erfasst oder übermittelt werden und danach nicht unbefugt (d. h. nicht ohne Zugriffsschutzverfahren) und nicht ohne Nachweis des vorausgegangenen Zustands verändert werden können. Die Durchführung der Kontrollen ist zu protokollieren. Die konkrete Ausgestaltung der Protokollierung ist abhängig von der Komplexität und Diversifikation der Geschäftstätigkeit und der Organisationsstruktur sowie des eingesetzten DV-Systems.

89 Neben den Daten zum Geschäftsvorfall selbst müssen auch alle für die Verarbeitung erforderlichen Tabellendaten (Stammdaten, Bewegungsdaten, Metadaten wie z. B. Grund- oder Systemeinstellungen, geänderte Parameter), deren Historisierung und Programme gespeichert sein. Dazu gehören auch Informationen zu Kriterien, die eine Abgrenzung zwischen den steuerrechtlichen, den handelsrechtlichen und anderen Buchungen (z. B. nachrichtliche Datensätze zu Fremdwährungen, alternative Bewertungsmethoden, statistische Buchungen, GuV-Kontennullstellungen, Summenkonten) ermöglichen.

5.3 Verbuchung im Journal (Journalfunktion)

90 Die Journalfunktion erfordert eine vollständige, zeitgerechte und formal richtige Erfassung, Verarbeitung und Wiedergabe der eingegebenen Geschäftsvorfälle. Sie dient dem Nachweis der tatsächlichen und zeitgerechten Verarbeitung der Geschäftsvorfälle.

91 Werden die unter 5.1 genannten Voraussetzungen bereits mit fortlaufender Verbuchung im Journal erfüllt, ist eine zusätzliche Erfassung in Grund(buch)aufzeichnungen nicht erforderlich. Eine laufende Aufzeichnung unmittelbar im Journal genügt den Erfordernissen der zeitgerechten Erfassung in Grund(buch)aufzeichnungen (vgl. BFH-Urteil vom 16. September 1964, BStBl. III S. 654). Zeitversetzte Buchungen im Journal genügen nur dann, wenn die Geschäftsvorfälle vorher fortlaufend richtig und vollständig in Grundaufzeichnungen oder Grundbüchern aufgezeichnet werden. Die Funktion der Grund(buch)aufzeichnungen kann auf Dauer auch durch eine geordnete und übersichtliche Belegablage erfüllt werden (§ 239 Absatz 4 HGB, § 146 Absatz 5 AO, H 5.2 „Grundbuchaufzeichnungen" EStH; vgl. Rz. 46).

92 Die Journalfunktion ist nur erfüllt, wenn die gespeicherten Aufzeichnungen gegen Veränderung oder Löschung geschützt sind.

93 Fehlerhafte Buchungen können wirksam und nachvollziehbar durch Stornierungen oder Neubuchungen geändert werden (siehe unter 8.). Es besteht deshalb weder ein Bedarf noch die Notwendigkeit für weitere nachträgliche Veränderungen einer einmal erfolgten Buchung. Bei der doppelten Buchführung kann die Journalfunktion zusammen mit der Kontenfunktion erfüllt werden, indem bereits bei der erstmaligen Erfassung des Geschäftsvorfalls alle für die sachliche Zuordnung notwendigen Informationen erfasst werden.

94 Zur Erfüllung der Journalfunktion und zur Ermöglichung der Kontenfunktion sind bei der Buchung insbesondere die nachfolgenden Angaben zu erfassen oder bereit zu stellen:
- Eindeutige Belegnummer (siehe Rz. 77),
- Buchungsbetrag (siehe Rz. 77),
- Währungsangabe und Wechselkurs bei Fremdwährung (siehe Rz. 77),
- Hinreichende Erläuterung des Geschäftsvorfalls (siehe Rz. 77) – kann (bei Erfüllung der Journal- und Kontenfunktion) im Einzelfall bereits durch andere in Rz. 94 aufgeführte Angaben gegeben sein,
- Belegdatum, soweit nicht aus den Grundaufzeichnungen ersichtlich (siehe Rzn. 77 und 85)
- Buchungsdatum,
- Erfassungsdatum, soweit nicht aus der Grundaufzeichnung ersichtlich (siehe Rz. 85),
- Autorisierung soweit vorhanden,
- Buchungsperiode/Voranmeldungszeitraum (Ertragsteuer/Umsatzsteuer),
- Umsatzsteuersatz (siehe Rz. 78),
- Steuerschlüssel, soweit vorhanden (siehe Rz. 78),
- Umsatzsteuerbetrag (siehe Rz. 78),
- Umsatzsteuerkonto (siehe Rz. 78),
- Umsatzsteuer-Identifikationsnummer (siehe Rz. 78),

Zu § 5 EStG Anlage § 005–05

- Steuernummer (siehe Rz. 78),
- Konto und Gegenkonto,
- Buchungsschlüssel (soweit vorhanden),
- Soll- und Haben-Betrag,
- eindeutige Identifikationsnummer (Schlüsselfeld) des Geschäftsvorfalls (soweit Aufteilung der Geschäftsvorfälle in Teilbuchungssätze [Buchungs-Halbsätze] oder zahlreiche Soll- oder Habenkonten [Splitbuchungen] vorhanden). Über die einheitliche und je Wirtschaftsjahr eindeutige Identifikationsnummer des Geschäftsvorfalls muss die Identifizierung und Zuordnung aller Teilbuchungen einschließlich Steuer-, Sammel-, Verrechnungs- und Interimskontenbuchungen eines Geschäftsvorfalls gewährleistet sein.

5.4 Aufzeichnung der Geschäftsvorfälle in sachlicher Ordnung (Hauptbuch)

Die Geschäftsvorfälle sind so zu verarbeiten, dass sie geordnet darstellbar sind (Kontenfunktion) und damit die Grundlage für einen Überblick über die Vermögens- und Ertragslage darstellen. Zur Erfüllung der Kontenfunktion bei Bilanzierenden müssen Geschäftsvorfälle nach Sach- und Personenkonten geordnet dargestellt werden. 95

Die Kontenfunktion verlangt, dass die im Journal in zeitlicher Reihenfolge einzeln aufgezeichneten Geschäftsvorfälle auch in sachlicher Ordnung auf Konten dargestellt werden. Damit bei Bedarf für einen zurückliegenden Zeitpunkt ein Zwischenstatus oder eine Bilanz mit Gewinn- und Verlustrechnung aufgestellt werden kann, müssen Eröffnungsbilanzbuchungen und alle Abschlussbuchungen in den Konten enthalten sein. Die Konten sind nach Abschlussposition zu sammeln und nach Kontensummen oder Salden fortzuschreiben. 96

Werden innerhalb verschiedener Bereiche des DV-Systems oder zwischen unterschiedlichen DV-Systemen differierende Ordnungskriterien verwendet, so müssen entsprechende Zuordnungstabellen (z. B. elektronische Mappingtabellen) vorgehalten werden (z. B. Wechsel des Kontenrahmens, unterschiedliche Nummernkreise in Vor- und Hauptsystem). Dies gilt auch bei einer elektronischen Übermittlung von Daten an die Finanzbehörde (z. B. unterschiedliche Ordnungskriterien in Bilanz/GuV und EÜR einerseits und USt-Voranmeldung, LSt-Anmeldung, Anlage EÜR und E-Bilanz andererseits). Sollte die Zuordnung mit elektronischen Verlinkungen oder Schlüsselfeldern erfolgen, sind die Verlinkungen in dieser Form vorzuhalten. 97

Die vorstehenden Ausführungen gelten für die Nebenbücher entsprechend. 98

Bei der Übernahme verdichteter Zahlen ins Hauptsystem müssen die zugehörigen Einzelaufzeichnungen aus den Vor- und Nebensystemen erhalten bleiben. 99

6. Internes Kontrollsystem (IKS)

Für die Einhaltung der Ordnungsvorschriften des § 146 AO (siehe unter 3.) hat der Steuerpflichtige Kontrollen einzurichten, auszuüben und zu protokollieren. Hierzu gehören beispielsweise 100

- Zugangs- und Zugriffsberechtigungskontrollen, auf Basis entsprechender Zugangs- und Zugriffsberechtigungskonzepte (z. B. spezifische Zugangs- und Zugriffsberechtigungen),
- Funktionstrennungen,
- Erfassungskontrollen (Fehlerhinweise, Plausibilitätsprüfungen),
- Abstimmungskontrollen bei der Dateneingabe,
- Verarbeitungskontrollen,
- Schutzmaßnahmen gegen die beabsichtigte und unbeabsichtigte Verfälschung von Programmen, Daten und Dokumenten.

Die konkrete Ausgestaltung des Kontrollsystems ist abhängig von der Komplexität und Diversifikation der Geschäftstätigkeit und der Organisationsstruktur sowie des eingesetzten DV-Systems.

Im Rahmen eines funktionsfähigen IKS muss auch anlassbezogen (z. B. Systemwechsel) geprüft werden, ob das eingesetzte DV-System tatsächlich dem dokumentierten System entspricht (siehe Rz. 155 zu den Rechtsfolgen bei fehlender oder ungenügender Verfahrensdokumentation). 101

Die Beschreibung des IKS ist Bestandteil der Verfahrensdokumentation (siehe unter 10.1). 102

7. Datensicherheit

Der Steuerpflichtige hat sein DV-System gegen Verlust (z. B. Unauffindbarkeit, Vernichtung, Untergang und Diebstahl) zu sichern und gegen unberechtigte Eingaben und Veränderungen (z. B. durch Zugangs- und Zugriffskontrollen) zu schützen. 103

Anlage § 005–05 Zu § 5 EStG

104 Werden die Daten, Datensätze, elektronischen Dokumente und elektronischen Unterlagen nicht ausreichend geschützt und können deswegen nicht mehr vorgelegt werden, so ist die Buchführung formell nicht mehr ordnungsmäßig.

105 Beispiel 6:
Unternehmer überschreibt unwiderruflich die Finanzbuchhaltungsdaten des Vorjahres mit den Daten des laufenden Jahres.
Die sich daraus ergebenden Rechtsfolgen sind vom jeweiligen Einzelfall abhängig.

106 Die Beschreibung der Vorgehensweise zur Datensicherung ist Bestandteil der Verfahrensdokumentation (siehe unter 10.1). Die konkrete Ausgestaltung der Beschreibung ist abhängig von der Komplexität und Diversifikation der Geschäftstätigkeit und der Organisationsstruktur sowie des eingesetzten DV-Systems.

8. Unveränderbarkeit, Protokollierung von Änderungen

107 Nach § 146 Absatz 4 AO darf eine Buchung oder Aufzeichnung nicht in einer Weise verändert werden, dass der ursprüngliche Inhalt nicht mehr feststellbar ist. Auch solche Veränderungen dürfen nicht vorgenommen werden, deren Beschaffenheit es ungewiss lässt, ob sie ursprünglich oder erst später gemacht worden sind.

108 Das zum Einsatz kommende DV-Verfahren muss die Gewähr dafür bieten, dass alle Informationen (Programme und Datenbestände), die einmal in den Verarbeitungsprozess eingeführt werden (Beleg, Grundaufzeichnung, Buchung), nicht mehr unterdrückt oder ohne Kenntlichmachung überschrieben, gelöscht, geändert oder verfälscht werden können. Bereits in den Verarbeitungsprozess eingeführte Informationen (Beleg, Grundaufzeichnung, Buchung) dürfen nicht ohne Kenntlichmachung durch neue Daten ersetzt werden.

109 Beispiele 7 für unzulässige Vorgänge:
- Elektronische Grund(buch)aufzeichnungen aus einem Kassen- oder Warenwirtschaftssystem werden über eine Datenschnittstelle in ein Officeprogramm exportiert, dort unprotokolliert editiert und anschließend über eine Datenschnittstelle reimportiert.
- Vorerfassungen, Stapelbuchungen werden bis zur Erstellung des Jahresabschlusses und darüber hinaus offen gehalten. Alle Eingaben können daher unprotokolliert geändert werden.

110 Die Unveränderbarkeit der Daten, Datensätze, elektronischen Dokumente und elektronischen Unterlagen (vgl. Rzn. 3 bis 5) kann sowohl hardwaremäßig (z. B. unveränderbare und fälschungssichere Datenträger) als auch softwaremäßig (z. B. Sicherungen, Sperren, Festschreibung, Löschmerker, automatische Protokollierung, Historisierungen, Versionierungen) als auch organisatorisch (z. B. mittels Zugriffsberechtigungskonzepten) gewährleistet werden. Die Ablage von Daten und elektronischen Dokumenten in einem Dateisystem erfüllt die Anforderungen der Unveränderbarkeit regelmäßig nicht, soweit nicht zusätzliche Maßnahmen ergriffen werden, die eine Unveränderbarkeit gewährleisten.

111 Spätere Änderungen sind ausschließlich so vorzunehmen, dass sowohl der ursprüngliche Inhalt als auch die Tatsache, dass Veränderungen vorgenommen wurden, erkennbar bleiben. Bei programmgenerierten bzw. programmgesteuerten Aufzeichnungen (automatisierte Belege bzw. Dauerbelege) sind Änderungen an den der Aufzeichnung zugrunde liegenden Generierungs- und Steuerungsdaten ebenfalls aufzuzeichnen. Dies betrifft insbesondere die Protokollierung von Änderungen in Einstellungen oder die Parametrisierung der Software. Bei einer Änderung von Stammdaten (z. B. Abkürzungs- oder Schlüsselverzeichnisse, Organisationspläne) muss die eindeutige Bedeutung in den entsprechenden Bewegungsdaten (z. B. Umsatzsteuerschlüssel, Währungseinheit, Kontoeigenschaft) erhalten bleiben. Ggf. müssen Stammdatenänderungen ausgeschlossen oder Stammdaten mit Gültigkeitsangaben historisiert werden, um mehrdeutige Verknüpfungen zu verhindern. Auch eine Änderungshistorie darf nicht nachträglich veränderbar sein.

112 Werden Systemfunktionalitäten oder Manipulationsprogramme eingesetzt, die diesen Anforderungen entgegenwirken, führt dies zur Ordnungswidrigkeit der elektronischen Bücher und sonst erforderlicher elektronischer Aufzeichnungen.

Beispiel 8:
Einsatz von Zappern, Phantomware, Backofficeprodukten mit dem Ziel unprotokollierter Änderungen elektronischer Einnahmenaufzeichnungen.

9. Aufbewahrung

113 Der sachliche Umfang der Aufbewahrungspflicht in § 147 Absatz 1 AO besteht grundsätzlich nur im Umfang der Aufzeichnungspflicht (BFH-Urteil vom 24. Juni 2009, BStBl. II 2010 S. 452; BFH-Urteil vom 26. Februar 2004, BStBl. II S. 599).

Zu § 5 EStG **Anlage § 005–05**

Müssen Bücher für steuerliche Zwecke geführt werden, sind sie in vollem Umfang aufbewahrungs- und vorlagepflichtig (z. B. Finanzbuchhaltung hinsichtlich Drohverlustrückstellungen, nicht abziehbare Betriebsausgaben, organschaftliche Steuerumlagen; BFH-Beschluss vom 26. September 2007, BStBl. II 2008 S. 415). 114

Auch Steuerpflichtige, die nach § 4 Absatz 3 EStG als Gewinn den Überschuss der Betriebseinnahmen über die Betriebsausgaben ansetzen, sind verpflichtet, Aufzeichnungen und Unterlagen nach § 147 Absatz 1 AO aufzubewahren (BFH-Urteil vom 24. Juni 2009, BStBl. II 2010 S. 452; BFH-Urteil vom26. Februar 2004, BStBl. II S. 599). 115

Aufbewahrungspflichten können sich auch aus anderen Rechtsnormen (z. B. § 14b UStG) ergeben. 116

Die aufbewahrungspflichtigen Unterlagen müssen geordnet aufbewahrt werden. Ein bestimmtes Ordnungssystem ist nicht vorgeschrieben. Die Ablage kann z. B. nach Zeitfolge, Sachgruppen, Kontenklassen, Belegnummern oder alphabetisch erfolgen. Bei elektronischen Unterlagen ist ihr Eingang, ihre Archivierung und ggf. Konvertierung sowie die weitere Verarbeitung zu protokollieren. Es muss jedoch sichergestellt sein, dass ein sachverständiger Dritter innerhalb angemessener Zeit prüfen kann. 117

Die nach außersteuerlichen und steuerlichen Vorschriften aufzeichnungspflichtigen und nach § 147 Absatz 1 AO aufbewahrungspflichtigen Unterlagen können nach § 147 Absatz 2 AO bis auf wenige Ausnahmen auch als Wiedergabe auf einem Bildträger oder auf anderen Datenträgern aufbewahrt werden, wenn dies den GoB entspricht und sichergestellt ist, dass die Wiedergabe oder die Daten 118

1. mit den empfangenen Handels- oder Geschäftsbriefen und den Buchungsbelegen bildlich und mit den anderen Unterlagen inhaltlich übereinstimmen, wenn sie lesbar gemacht werden,
2. während der Dauer der Aufbewahrungsfrist jederzeit verfügbar sind, unverzüglich lesbar gemacht und maschinell ausgewertet werden können.

Sind aufzeichnungs- und aufbewahrungspflichtige Daten, Datensätze, elektronische Dokumente und elektronische Unterlagen im Unternehmen entstanden oder dort eingegangen, sind sie auch in dieser Form aufzubewahren und dürfen vor Ablauf der Aufbewahrungsfrist nicht gelöscht werden. Sie dürfen daher nicht mehr ausschließlich in ausgedruckter Form aufbewahrt werden und müssen für die Dauer der Aufbewahrungsfrist unveränderbar erhalten bleiben (z. B. per E-Mail eingegangene Rechnung im PDF-Format oder eingescannte Papierbelege). Dies gilt unabhängig davon, ob die Aufbewahrung im Produktivsystem oder durch Auslagerung in ein anderes DV-System erfolgt. Unter Zumutbarkeitsgesichtspunkten ist es nicht zu beanstanden, wenn der Steuerpflichtige elektronisch erstellte und in Papierform abgesandte Handels- und Geschäftsbriefe nur in Papierform aufbewahrt. 119

Beispiel 9 zu Rz. 119: 120

Ein Steuerpflichtiger erstellt seine Ausgangsrechnungen mit einem Textverarbeitungsprogramm. Nach dem Ausdruck der jeweiligen Rechnung wird die hierfür verwendete Maske (Dokumentenvorlage) mit den Inhalten der nächsten Rechnung überschrieben. Es ist in diesem Fall nicht zu beanstanden, wenn das Doppel des versendeten Schreibens in diesem Fall nur als Papierdokument aufbewahrt wird. Werden die abgesandten Handels- und Geschäftsbriefe jedoch tatsächlich in elektronischer Form aufbewahrt (z. B. im File-System oder einem DMS-System), so ist eine ausschließliche Aufbewahrung in Papierform nicht mehr zulässig. Das Verfahren muss dokumentiert werden. Werden Handels- oder Geschäftsbriefe mit Hilfe eines Fakturierungssystems oder ähnlicher Anwendungen erzeugt, bleiben die elektronischen Daten aufbewahrungspflichtig.

Bei den Daten und Dokumenten ist – wie bei den Informationen in Papierbelegen – auf deren Inhalt und auf deren Funktion abzustellen, nicht auf deren Bezeichnung. So sind beispielsweise E-Mails mit der Funktion eines Handels- oder Geschäftsbriefs oder eines Buchungsbelegs in elektronischer Form aufbewahrungspflichtig. Dient eine E?Mail nur als „Transportmittel", z. B. für eine angehängte elektronische Rechnung, und enthält darüber hinaus keine weitergehenden aufbewahrungspflichtigen Informationen, so ist diese nicht aufbewahrungspflichtig (wie der bisherige Papierbriefumschlag). 121

Ein elektronisches Dokument ist mit einem nachvollziehbaren und eindeutigen Index zu versehen. Der Erhalt der Verknüpfung zwischen Index und elektronischem Dokument muss während der gesamten Aufbewahrungsfrist gewährleistet sein. Es ist sicherzustellen, dass das elektronische Dokument unter dem zugeteilten Index verwaltet werden kann. Stellt ein Steuerpflichtiger durch organisatorische Maßnahmen sicher, dass das elektronische Dokument auch ohne Index verwaltet werden kann, und ist dies in angemessener Zeit nachprüfbar, so ist aus diesem Grund die Buchführung nicht zu beanstanden. 122

Das Anbringen von Buchungsvermerken, Indexierungen, Barcodes, farblichen Hervorhebungen usw. darf – unabhängig von seiner technischen Ausgestaltung – keinen Einfluss auf die Lesbarmachung des Originalzustands haben. Die elektronischen Bearbeitungsvorgänge sind zu protokollieren und mit dem 123

Anlage § 005–05

Zu § 5 EStG

elektronischen Dokument zu speichern, damit die Nachvollziehbarkeit und Prüfbarkeit des Originalzustands und seiner Ergänzungen gewährleistet ist.

124 Hinsichtlich der Aufbewahrung digitaler Unterlagen bei Bargeschäften wird auf das BMF-Schreiben vom 26. November 2010 (IV A 4 – S 0316/08/10004-07, BStBl. I S. 1342) hingewiesen.

9.1 Maschinelle Auswertbarkeit (§ 147 Absatz 2 Nummer 2 AO)

125 Art und Umfang der maschinellen Auswertbarkeit sind nach den tatsächlichen Informations- und Dokumentationsmöglichkeiten zu beurteilen.

Beispiel 10:

Neues Datenformat für elektronische Rechnungen ZUGFeRD (Zentraler User Guide des Forums elektronische Rechnung Deutschland)

Hier ist vorgesehen, dass Rechnungen im PDF/A-3-Format versendet werden. Diese bestehen aus einem Rechnungsbild (dem augenlesbaren, sichtbaren Teil der PDF-Datei) und den in die PDF-Datei eingebetteten Rechnungsdaten im standardisierten XML-Format.

Entscheidend ist hier jetzt nicht, ob der Rechnungsempfänger nur das Rechnungsbild (Image) nutzt, sondern, dass auch noch tatsächlich XML-Daten vorhanden sind, die nicht durch eine Formatumwandlung (z. B. in TIFF) gelöscht werden dürfen. Die maschinelle Auswertbarkeit bezieht sich auf sämtliche Inhalte der PDF/A-3-Datei.

126 Eine maschinelle Auswertbarkeit ist nach diesem Beurteilungsmaßstab bei aufzeichnungs- und aufbewahrungspflichtigen Daten, Datensätzen, elektronischen Dokumenten und elektronischen Unterlagen (vgl. Rzn. 3 bis 5) u. a. gegeben, die
- mathematisch-technische Auswertungen ermöglichen,
- eine Volltextsuche ermöglichen,
- auch ohne mathematisch-technische Auswertungen eine Prüfung im weitesten Sinne ermöglichen (z. B. Bildschirmabfragen, die Nachverfolgung von Verknüpfungen und Verlinkungen oder die Textsuche nach bestimmten Eingabekriterien).

127 Mathematisch-technische Auswertung bedeutet, dass alle in den aufzeichnungs- und aufbewahrungspflichtigen Daten, Datensätzen (vgl. Rzn. 3 bis 5) enthaltenen Informationen automatisiert (DV-gestützt) interpretiert, dargestellt, verarbeitet sowie für andere Datenbankanwendungen und eingesetzter Prüfsoftware direkt, ohne weitere Konvertierungs- und Bearbeitungsschritte und ohne Informationsverlust nutzbar gemacht werden können (z. B. für wahlfreie Sortier-, Summier-, Verbindungs- und Filterungsmöglichkeiten).

Mathematisch-technische Auswertungen sind z. B. möglich bei:
- Elektronischen Grund(buch)aufzeichnungen (z. B. Kassendaten, Daten aus Warenwirtschaftssystem, Inventurlisten),
- Journaldaten aus Finanzbuchhaltung oder Lohnbuchhaltung,
- Textdateien oder Dateien aus Tabellenkalkulationen mit strukturierten Daten in tabellarischer Form (z. B. Reisekostenabrechnung, Überstundennachweise).

128 Neben den Daten in Form von Datensätzen und den elektronischen Dokumenten sind auch alle zur maschinellen Auswertung der Daten im Rahmen des Datenzugriffs notwendigen Strukturinformationen (z. B. über die Dateiherkunft [eingesetztes System], die Dateistruktur, die Datenfelder, verwendete Zeichensatztabellen) in maschinell auswertbarer Form sowie die internen und externen Verknüpfungen vollständig und in unverdichteter, maschinell auswertbarer Form aufzubewahren. Im Rahmen einer Datenträgerüberlassung ist der Erhalt technischer Verlinkungen auf dem Datenträger nicht erforderlich, sofern dies nicht möglich ist.

129 Die Reduzierung einer bereits bestehenden maschinellen Auswertbarkeit, beispielsweise durch Umwandlung des Dateiformats oder der Auswahl bestimmter Aufbewahrungsformen, ist nicht zulässig (siehe unter 9.2).

Beispiele 11:
- Umwandlung von PDF/A-Dateien ab der Norm PDF/A-3 in ein Bildformat (z. B. TIFF, JPEG etc.), da dann die in den PDF/A-Dateien enthaltenen XML-Daten und ggf. auch vorhandene Volltextinformationen gelöscht werden.
- Umwandlung von elektronischen Grund(buch)aufzeichnungen (z. B. Kasse, Warenwirtschaft) in ein PDF-Format.
- Umwandlung von Journaldaten einer Finanzbuchhaltung oder Lohnbuchhaltung in ein PDF-Format.

Eine Umwandlung in ein anderes Format (z. B. Inhouse-Format) ist zulässig, wenn die maschinelle Auswertbarkeit nicht eingeschränkt wird und keine inhaltliche Veränderung vorgenommen wird (siehe Rz. 135).

Der Steuerpflichtige muss dabei auch berücksichtigen, dass entsprechende Einschränkungen in diesen Fällen zu seinen Lasten gehen können (z. B. Speicherung einer E?Mail als PDF-Datei. Die Informationen des Headers [z. B. Informationen zum Absender] gehen dabei verloren und es ist nicht mehr nachvollziehbar, wie der tatsächliche Zugang der E-Mail erfolgt ist).

9.2 Elektronische Aufbewahrung

Werden Handels- oder Geschäftsbriefe und Buchungsbelege in Papierform empfangen und danach elektronisch erfasst (scannen), ist das Scanergebnis so aufzubewahren, dass die Wiedergabe mit dem Original bildlich übereinstimmt, wenn es lesbar gemacht wird. Werden gescannte Dokumente per Optical-Character-Recognition-Verfahren (OCR-Verfahren) um Volltextinformationen angereichert (zum Beispiel volltextrecherchierbare PDFs), so ist dieser Volltext nach Verifikation und Korrektur über die Dauer der Aufbewahrungsfrist aufzubewahren und auch für Prüfzwecke verfügbar zu machen. 130

Eingehende elektronische Handels- oder Geschäftsbriefe und Buchungsbelege müssen in dem Format aufbewahrt werden, in dem sie empfangen wurden (z. B. Rechnungen oder Kontoauszüge im PDF- oder Bildformat). Eine Umwandlung in ein anderes Format (z. B. MSG in PDF) ist dann zulässig, wenn die maschinelle Auswertbarkeit nicht eingeschränkt wird und keine inhaltlichen Veränderungen vorgenommen werden (siehe Rz. 135). Erfolgt eine Anreicherung der Bildinformationen, z. B. durch OCR (Beispiel: Erzeugung einer volltextrecherchierbaren PDF-Datei im Erfassungsprozess), sind die dadurch gewonnenen Informationen nach Verifikation und Korrektur ebenfalls aufzubewahren. 131

Im DV-System erzeugte Daten im Sinne der Rzn. 3 bis 5 (z. B. Grund(buch)aufzeichnungen in Vor- und Nebensystemen, Buchungen, generierte Datensätze zur Erstellung von Ausgangsrechnungen) oder darin empfangene Daten (z. B. EDI-Verfahren) müssen im Ursprungsformat aufbewahrt werden. 132

Im DV-System erzeugte Dokumente (z. B. als Textdokumente erstellte Ausgangsrechnungen [§ 14b UStG], elektronisch abgeschlossene Verträge, Handels- und Geschäftsbriefe, Verfahrensdokumentation) sind im Ursprungsformat aufzubewahren. Unter Zumutbarkeitsgesichtspunkten ist es nicht zu beanstanden, wenn der Steuerpflichtige elektronisch erstellte und in Papierform abgesandte Handels- und Geschäftsbriefe nur in Papierform aufbewahrt (Hinweis auf Rzn. 119, 120). Eine Umwandlung in ein anderes Format (z. B. Inhouse-Format) ist zulässig, wenn die maschinelle Auswertbarkeit nicht eingeschränkt wird und keine inhaltliche Veränderung vorgenommen wird (siehe Rz. 135). 133

Bei Einsatz von Kryptografietechniken ist sicherzustellen, dass die verschlüsselten Unterlagen im DV-System in entschlüsselter Form zur Verfügung stehen. Werden Signaturprüfschlüssel verwendet, sind die eingesetzten Schlüssel aufzubewahren. Die Aufbewahrungspflicht endet, wenn keine der mit den Schlüsseln signierten Unterlagen mehr aufbewahrt werden müssen. 134

Bei Umwandlung (Konvertierung) aufbewahrungspflichtiger Unterlagen in ein unternehmenseigenes Format (sog. Inhouse-Format) sind beide Versionen zu archivieren, derselben Aufzeichnung zuzuordnen und mit demselben Index zu verwalten sowie die konvertierte Version als solche zu kennzeichnen. Nicht aufbewahrungspflichtig sind die während der maschinellen Verarbeitung durch das Buchführungssystem erzeugten Dateien, sofern diese ausschließlich einer temporären Zwischenspeicherung von Verarbeitungsergebnissen dienen und deren Inhalte im Laufe des weiteren Verarbeitungsprozesses vollständig Eingang in die Buchführungsdaten finden. Voraussetzung ist jedoch, dass bei der weiteren Verarbeitung keinerlei „Verdichtung" aufzeichnungs- und aufbewahrungspflichtiger Daten (vgl. Rzn. 3 bis 5) vorgenommen wird. 135

9.3 Elektronische Erfassung von Papierdokumenten (Scanvorgang)

Papierdokumente werden durch den Scanvorgang in elektronische Dokumente umgewandelt. Das Verfahren muss dokumentiert werden. Der Steuerpflichtige sollte daher eine Organisationsanweisung erstellen, die unter anderem regelt: 136

- wer scannen darf,
- zu welchem Zeitpunkt gescannt wird (z. B. beim Posteingang, während oder nach Abschluss der Vorgangsbearbeitung),
- welches Schriftgut gescannt wird,
- ob eine bildliche oder inhaltliche Übereinstimmung mit dem Original erforderlich ist,
- wie die Qualitätskontrolle auf Lesbarkeit und Vollständigkeit und
- wie die Protokollierung von Fehlern zu erfolgen hat.

Anlage § 005–05

Zu § 5 EStG

Die konkrete Ausgestaltung dieser Verfahrensdokumentation ist abhängig von der Komplexität und Diversifikation der Geschäftstätigkeit und der Organisationsstruktur sowie des eingesetzten DV-Systems.

137 Eine vollständige Farbwiedergabe ist erforderlich, wenn der Farbe Beweisfunktion zukommt (z. B. Minusbeträge in roter Schrift, Sicht-, Bearbeitungs- und Zeichnungsvermerke in unterschiedlichen Farben).

138 Für Besteuerungszwecke ist eine elektronische Signatur oder ein Zeitstempel nicht erforderlich.

139 Im Anschluss an den Scanvorgang darf die weitere Bearbeitung nur mit dem elektronischen Dokument erfolgen. Die Papierbelege sind dem weiteren Bearbeitungsgang zu entziehen, damit auf diesen keine Bemerkungen, Ergänzungen usw. vermerkt werden können, die auf dem elektronischen Dokument nicht enthalten sind. Sofern aus organisatorischen Gründen nach dem Scanvorgang eine weitere Vorgangsbearbeitung des Papierbeleges erfolgt, muss nach Abschluss der Bearbeitung der bearbeitete Papierbeleg erneut eingescannt und ein Bezug zum ersten Scanobjekt hergestellt werden (gemeinsamer Index).

140 Nach dem Einscannen dürfen Papierdokumente vernichtet werden, soweit sie nicht nach außersteuerlichen oder steuerlichen Vorschriften im Original aufzubewahren sind. Der Steuerpflichtige muss entscheiden, ob Dokumente, deren Beweiskraft bei der Aufbewahrung in elektronischer Form nicht erhalten bleibt, zusätzlich in der Originalform aufbewahrt werden sollen.

141 Der Verzicht auf einen Papierbeleg darf die Möglichkeit der Nachvollziehbarkeit und Nachprüfbarkeit nicht beeinträchtigen.

9.4 Auslagerung von Daten aus dem Produktivsystem und Systemwechsel

142 Im Falle eines Systemwechsels (z. B. Abschaltung Altsystem, Datenmigration), einer Systemänderung (z. B. Änderung der OCR-Software, Update der Finanzbuchhaltung etc.) oder einer Auslagerung von aufzeichnungs- und aufbewahrungspflichtigen Daten (vgl. Rzn. 3 bis 5) aus dem Produktivsystem ist es nur dann nicht erforderlich, die ursprüngliche Hard- und Software des Produktivsystems über die Dauer der Aufbewahrungsfrist vorzuhalten, wenn die folgenden Voraussetzungen erfüllt sind:

1. Die aufzeichnungs- und aufbewahrungspflichtigen Daten (einschließlich Metadaten, Stammdaten, Bewegungsdaten und der erforderlichen Verknüpfungen) müssen unter Beachtung der Ordnungsvorschriften (vgl. §§ 145 bis 147 AO) quantitativ und qualitativ gleichwertig in einem neues System, in eine neue Datenbank, in ein Archivsystem oder in ein anderes System überführt werden. Bei einer erforderlichen Datenumwandlung (Migration) darf ausschließlich das Format der Daten (z. B. Datums- und Währungsformat) umgesetzt, nicht aber eine inhaltliche Änderung der Daten vorgenommen werden. Die vorgenommenen Änderungen sind zu dokumentieren. Die Reorganisation von OCR-Datenbanken ist zulässig, soweit die zugrunde liegenden elektronischen Dokumente und Unterlagen durch diesen Vorgang unverändert bleiben und die durch das OCR-Verfahren gewonnenen Informationen mindestens in quantitativer und qualitativer Hinsicht erhalten bleiben.
2. Das neue System, das Archivsystem oder das andere System muss in quantitativer und qualitativer Hinsicht die gleichen Auswertungen der aufzeichnungs- und aufbewahrungspflichtigen Daten ermöglichen, als wären die Daten noch im Produktivsystem.

143 Andernfalls ist die ursprüngliche Hard- und Software des Produktivsystems – neben den aufzeichnungs- und aufbewahrungspflichtigen Daten – für die Dauer der Aufbewahrungsfrist vorzuhalten. Auf die Möglichkeit der Bewilligung von Erleichterungen nach § 148 AO wird hingewiesen.

144 Eine Aufbewahrung in Form von Datenextrakten, Reports oder Druckdateien ist unzulässig, soweit nicht mehr alle aufzeichnungs- und aufbewahrungspflichtigen Daten übernommen werden.

10. Nachvollziehbarkeit und Nachprüfbarkeit

145 Die allgemeinen Grundsätze der Nachvollziehbarkeit und Nachprüfbarkeit sind unter 3.1 aufgeführt.

Die Prüfbarkeit der formellen und sachlichen Richtigkeit bezieht sich sowohl auf einzelne Geschäftsvorfälle (Einzelprüfung) als auch auf die Prüfbarkeit des gesamten Verfahrens (Verfahrens- oder Systemprüfung anhand einer Verfahrensdokumentation, siehe unter 10.1).

146 Auch an die DV-gestützte Buchführung wird die Anforderung gestellt, dass Geschäftsvorfälle für die Dauer der Aufbewahrungsfrist retrograd und progressiv prüfbar bleiben müssen.

147 Die vorgenannten Anforderungen gelten für sonst erforderliche elektronische Aufzeichnungen sinngemäß (§ 145 Absatz 2 AO).

148 Von einem sachverständigen Dritten kann zwar Sachverstand hinsichtlich der Ordnungsvorschriften der §§ 145 bis 147 AO und allgemeiner DV-Sachverstand erwartet werden, nicht jedoch spezielle, produktabhängige System- oder Programmierkenntnisse.

149 Nach § 146 Absatz 3 Satz 3 AO muss im Einzelfall die Bedeutung von Abkürzungen, Ziffern, Buchstaben und Symbolen eindeutig festliegen und sich aus der Verfahrensdokumentation ergeben.

Für die Prüfung ist eine aussagefähige und aktuelle Verfahrensdokumentation notwendig, die alle System- bzw. Verfahrensänderungen inhaltlich und zeitlich lückenlos dokumentiert.

10.1 Verfahrensdokumentation

Da sich die Ordnungsmäßigkeit neben den elektronischen Büchern und sonst erforderlichen Aufzeichnungen auch auf die damit in Zusammenhang stehenden Verfahren und Bereiche des DV-Systems bezieht (siehe unter 3.), muss für jedes DV-System eine übersichtlich gegliederte Verfahrensdokumentation vorhanden sein, aus der Inhalt, Aufbau, Ablauf und Ergebnisse des DV-Verfahrens vollständig und schlüssig ersichtlich sind. Der Umfang der im Einzelfall erforderlichen Dokumentation wird dadurch bestimmt, was zum Verständnis des DV-Verfahrens, der Bücher und Aufzeichnungen sowie der aufbewahrten Unterlagen notwendig ist. Die Verfahrensdokumentation muss verständlich und damit für einen sachverständigen Dritten in angemessener Zeit nachprüfbar sein. Die konkrete Ausgestaltung der Verfahrensdokumentation ist abhängig von der Komplexität und Diversifikation der Geschäftstätigkeit und der Organisationsstruktur sowie des eingesetzten DV-Systems.

Die Verfahrensdokumentation beschreibt den organisatorisch und technisch gewollten Prozess, z. B. bei elektronischen Dokumenten von der Entstehung der Informationen über die Indizierung, Verarbeitung und Speicherung, dem eindeutigen Wiederfinden und der maschinellen Auswertbarkeit, der Absicherung gegen Verlust und Verfälschung und der Reproduktion.

Die Verfahrensdokumentation besteht in der Regel aus einer allgemeinen Beschreibung, einer Anwenderdokumentation, einer technischen Systemdokumentation und einer Betriebsdokumentation.

Für den Zeitraum der Aufbewahrungsfrist muss gewährleistet und nachgewiesen sein, dass das in der Dokumentation beschriebene Verfahren dem in der Praxis eingesetzten Verfahren voll entspricht. Dies gilt insbesondere für die eingesetzten Versionen der Programme (Programmidentität). Die Verfahrensdokumentation ist bei Änderungen zu versionieren und eine nachvollziehbare Änderungshistorie vorzuhalten. Aus der Verfahrensdokumentation muss sich ergeben, wie die Ordnungsvorschriften (z. B. §§ 145 ff. AO, §§ 238 ff. HGB) und damit die in diesem Schreiben enthaltenen Anforderungen beachtet werden. Die Aufbewahrungsfrist für die Verfahrensdokumentation läuft nicht ab, soweit und solange die Aufbewahrungsfrist für die Unterlagen noch nicht abgelaufen ist, zu deren Verständnis sie erforderlich ist.

Soweit eine fehlende oder ungenügende Verfahrensdokumentation die Nachvollziehbarkeit und Nachprüfbarkeit nicht beeinträchtigt, liegt kein formeller Mangel mit sachlichem Gewicht vor, der zum Verwerfen der Buchführung führen kann.

10.2 Lesbarmachung von elektronischen Unterlagen

Wer aufzubewahrende Unterlagen in der Form einer Wiedergabe auf einem Bildträger oder auf anderen Datenträgern vorlegt, ist nach § 147 Absatz 5 AO verpflichtet, auf seine Kosten diejenigen Hilfsmittel zur Verfügung zu stellen, die erforderlich sind, um die Unterlagen lesbar zu machen. Auf Verlangen der Finanzbehörde hat der Steuerpflichtige auf seine Kosten die Unterlagen unverzüglich ganz oder teilweise auszudrucken oder ohne Hilfsmittel lesbare Reproduktionen beizubringen.

Der Steuerpflichtige muss durch Scannen digitalisierte Unterlagen über sein DV-System per Bildschirm lesbar machen. Ein Ausdruck auf Papier ist nicht ausreichend. Die elektronischen Dokumente müssen für die Dauer der Aufbewahrungsfrist jederzeit lesbar sein (BFH-Beschluss vom 26. September 2007, BStBl. II 2008 S. 415).

11. Datenzugriff

Nach § 147 Absatz 6 AO hat die Finanzbehörde das Recht, die mit Hilfe eines DV-Systems erstellten und nach § 147 Absatz 1 AO aufbewahrungspflichtigen Unterlagen durch Datenzugriff zu prüfen. Das Recht auf Datenzugriff steht der Finanzbehörde nur im Rahmen steuerlicher Außenprüfungen zu. Durch die Regelungen zum Datenzugriff wird der sachliche Umfang der Außenprüfung (§ 194 AO) nicht erweitert; er wird durch die Prüfungsanordnung (§ 196 AO, § 5 BpO) bestimmt.

11.1 Umfang und Ausübung des Rechts auf Datenzugriff nach § 147 Absatz 6 AO

Gegenstand der Prüfung sind die nach außersteuerlichen und steuerlichen Vorschriften aufzeichnungspflichtigen und die nach § 147 Absatz 1 AO aufbewahrungspflichtigen Unterlagen. Hierfür sind insbesondere die Daten der Finanzbuchhaltung, der Anlagenbuchhaltung, der Lohnbuchhaltung und aller Vor- und Nebensysteme, die aufzeichnungs- und aufbewahrungspflichtige Unterlagen enthalten (vgl. Rzn. 3 bis 5), für den Datenzugriff bereitzustellen. Die Art der Außenprüfung ist hierbei unerheblich, so dass z. B. die Daten der Finanzbuchhaltung auch Gegenstand der Lohnsteuer-Außenprüfung sein können.

Anlage § 005–05

Zu § 5 EStG

160 Neben den Daten müssen insbesondere auch die Teile der Verfahrensdokumentation auf Verlangen zur Verfügung gestellt werden können, die einen vollständigen Systemüberblick ermöglichen und für das Verständnis des DV-Systems erforderlich sind. Dazu gehört auch ein Überblick über alle im DV-System vorhandenen Informationen, die aufzeichnungs- und aufbewahrungspflichtige Unterlagen betreffen (vgl. Rzn. 3 bis 5); z. B. Beschreibungen zu Tabellen, Feldern, Verknüpfungen und Auswertungen. Diese Angaben sind erforderlich, damit die Finanzverwaltung das durch den Steuerpflichtigen ausgeübte Erstqualifikationsrecht (vgl. Rz. 161) prüfen und Aufbereitungen für die Datenträgerüberlassung erstellen kann.

161 Soweit in Bereichen des Unternehmens betriebliche Abläufe mit Hilfe eines DV-Systems abgebildet werden, sind die betroffenen DV-Systeme durch den Steuerpflichtigen zu identifizieren, die darin enthaltenen Daten nach Maßgabe der außersteuerlichen und steuerlichen Aufzeichnungs- und Aufbewahrungspflichten (vgl. Rzn. 3 bis 5) zu qualifizieren (Erstqualifizierung) und für den Datenzugriff in geeigneter Weise vorzuhalten (siehe auch unter 9.4). Bei unzutreffender Qualifizierung von Daten kann die Finanzbehörde im Rahmen ihres pflichtgemäßen Ermessens verlangen, dass der Steuerpflichtige den Datenzugriff auf diese nach außersteuerlichen und steuerlichen Vorschriften tatsächlich aufgezeichneten und aufbewahrten Daten nachträglich ermöglicht.

Beispiele 12:

- Ein Steuerpflichtiger stellt aus dem PC-Kassensystem nur Tagesendsummen zur Verfügung. Die digitalen Grund(buch)aufzeichnungen (Kasseneinzeldaten) wurden archiviert, aber nicht zur Verfügung gestellt.
- Ein Steuerpflichtiger stellt für die Datenträgerüberlassung nur einzelne Sachkonten aus der Finanzbuchhaltung zur Verfügung. Die Daten der Finanzbuchhaltung sind archiviert.
- Ein Steuerpflichtiger ohne Auskunftsverweigerungsrecht stellt Belege in Papierform zur Verfügung. Die empfangenen und abgesandten Handels- und Geschäftsbriefe und Buchungsbelege stehen in einem Dokumenten-Management-System zur Verfügung.

162 Das allgemeine Auskunftsrecht des Prüfers (§§ 88, 199 Absatz 1 AO) und die Mitwirkungspflichten des Steuerpflichtigen (§§ 90, 200 AO) bleiben unberührt.

163 Bei der Ausübung des Rechts auf Datenzugriff stehen der Finanzbehörde nach dem Gesetz drei gleichberechtigte Möglichkeiten zur Verfügung.

164 Die Entscheidung, von welcher Möglichkeit des Datenzugriffs die Finanzbehörde Gebrauch macht, steht in ihrem pflichtgemäßen Ermessen; falls erforderlich, kann sie auch kumulativ mehrere Möglichkeiten in Anspruch nehmen:

165 Unmittelbarer Datenzugriff (Z1)

Die Finanzbehörde hat das Recht, selbst unmittelbar auf das DV-System dergestalt zuzugreifen, dass sie in Form des Nur-Lesezugriffs Einsicht in die aufzeichnungs- und aufbewahrungspflichtigen Daten nimmt und die vom Steuerpflichtigen oder von einem beauftragten Dritten eingesetzte Hard- und Software zur Prüfung der gespeicherten Daten einschließlich der jeweiligen Meta-, Stamm- und Bewegungsdaten sowie der entsprechenden Verknüpfungen (z. B. zwischen den Tabellen einer relationalen Datenbank) nutzt.

Dabei darf sie nur mit Hilfe dieser Hard- und Software auf die elektronisch gespeicherten Daten zugreifen. Dies schließt eine Fernabfrage (Online-Zugriff) der Finanzbehörde auf das DV-System des Steuerpflichtigen durch die Finanzbehörde aus.

Der Nur-Lesezugriff umfasst das Lesen und Analysieren der Daten unter Nutzung der im DV-System vorhandenen Auswertungsmöglichkeiten (z. B. Filtern und Sortieren).

166 Mittelbarer Datenzugriff (Z2)

Die Finanzbehörde kann vom Steuerpflichtigen auch verlangen, dass er an ihrer Stelle die aufzeichnungs- und aufbewahrungspflichtigen Daten nach ihren Vorgaben maschinell auswertet oder von einem beauftragten Dritten maschinell auswerten lässt, um anschließend einen Nur-Lesezugriff durchführen zu können. Es kann nur eine maschinelle Auswertung unter Verwendung der im DV-System des Steuerpflichtigen oder des beauftragten Dritten vorhandenen Auswertungsmöglichkeiten verlangt werden.

167 Datenträgerüberlassung (Z3)

Die Finanzbehörde kann ferner verlangen, dass ihr die aufzeichnungs- und aufbewahrungspflichtigen Daten, einschließlich der jeweiligen Meta-, Stamm- und Bewegungsdaten sowie der internen und externen Verknüpfungen (z. B. zwischen den Tabellen einer relationalen Datenbank), und elektronische Dokumente und Unterlagen auf einem maschinell lesbaren und auswertbaren Datenträger zur Aus-

Zu § 5 EStG

Anlage § 005–05

wertung überlassen werden. Die Finanzbehörde ist nicht berechtigt, selbst Daten aus dem DV-System herunterzuladen oder Kopien vorhandener Datensicherungen vorzunehmen.

Die Datenträgerüberlassung umfasst die Mitnahme der Daten aus der Sphäre des Steuerpflichtigen. Eine Mitnahme der Datenträger aus der Sphäre des Steuerpflichtigen sollte im Regelfall nur in Abstimmung mit dem Steuerpflichtigen erfolgen. 168

Der zur Auswertung überlassene Datenträger ist spätestens nach Bestandskraft der aufgrund der Außenprüfung ergangenen Bescheide an den Steuerpflichtigen zurückzugeben und die Daten sind zu löschen. 169

Die Finanzbehörde hat bei Anwendung der Regelungen zum Datenzugriff den Grundsatz der Verhältnismäßigkeit zu beachten. 170

11.2 Umfang der Mitwirkungspflicht nach §§ 147 Absatz 6 und 200 Absatz 1 Satz 2 AO

Der Steuerpflichtige hat die Finanzbehörde bei Ausübung ihres Rechts auf Datenzugriff zu unterstützen (§ 200 Absatz 1 AO). Dabei entstehende Kosten hat der Steuerpflichtige zu tragen (§ 147 Absatz 6 Satz 3 AO). 171

Enthalten elektronisch gespeicherte Datenbestände z. B. nicht aufzeichnungs- und aufbewahrungspflichtige, personenbezogene oder dem Berufsgeheimnis (§ 102 AO) unterliegende Daten, so obliegt es dem Steuerpflichtigen oder dem von ihm beauftragten Dritten, die Datenbestände so zu organisieren, dass der Prüfer nur auf die aufzeichnungs- und aufbewahrungspflichtigen Daten des Steuerpflichtigen zugreifen kann. Dies kann z. B. durch geeignete Zugriffsbeschränkungen oder „digitales Schwärzen" der zu schützenden Informationen erfolgen. Für versehentlich überlassene Daten besteht kein Verwertungsverbot. 172

Mangels Nachprüfbarkeit akzeptiert die Finanzbehörde keine Reports oder Druckdateien, die vom Unternehmen ausgewählte („vorgefilterte") Datenfelder und -sätze aufführen, jedoch nicht mehr alle aufzeichnungs- und aufbewahrungspflichtigen Daten (vgl. Rzn. 3 bis 5) enthalten. 173

Im Einzelnen gilt Folgendes:

Beim unmittelbaren Datenzugriff hat der Steuerpflichtige dem Prüfer die für den Datenzugriff erforderlichen Hilfsmittel zur Verfügung zu stellen und ihn für den Nur-Lesezugriff in das DV-System einzuweisen. Die Zugangsberechtigung muss so ausgestaltet sein, dass dem Prüfer dieser Zugriff auf alle aufzeichnungs- und aufbewahrungspflichtigen Daten eingeräumt wird. Sie umfasst die im DV-System genutzten Auswertungsmöglichkeiten (z. B. Filtern, Sortieren, Konsolidieren) für Prüfungszwecke (z. B. in Revisionstools, Standardsoftware, Backofficeprodukten). In Abhängigkeit vom konkreten Sachverhalt kann auch eine vom Steuerpflichtigen nicht genutzte, aber im DV-System vorhandene Auswertungsmöglichkeit verlangt werden. 174

Eine Volltextsuche, eine Ansichtsfunktion oder ein selbsttragendes System, das in einer Datenbank nur die für archivierte Dateien vergebenen Schlagworte als Indexwerte nachweist, reicht regelmäßig nicht aus.

Eine Unveränderbarkeit des Datenbestandes und des DV-Systems durch die Finanzbehörde muss seitens des Steuerpflichtigen oder eines von ihm beauftragten Dritten gewährleistet werden.

Beim mittelbaren Datenzugriff gehört zur Mithilfe des Steuerpflichtigen beim Nur-Lesezugriff neben der Zurverfügungstellung von Hard- und Software die Unterstützung durch mit dem DV-System vertraute Personen. Der Umfang der zumutbaren Mithilfe richtet sich nach den betrieblichen Gegebenheiten des Unternehmens. Hierfür können z. B. seine Größe oder Mitarbeiterzahl Anhaltspunkte sein. 175

Bei der Datenträgerüberlassung sind der Finanzbehörde mit den gespeicherten Unterlagen und Aufzeichnungen alle zur Auswertung der Daten notwendigen Informationen (z. B. über die Dateiherkunft [eingesetztes System], die Dateistruktur, die Datenfelder, verwendete Zeichensatztabellen sowie interne und externe Verknüpfungen) in maschinell auswertbarer Form zur Verfügung zu stellen. Dies gilt auch in den Fällen, in denen sich die Daten bei einem Dritten befinden. 176

Auch die zur Auswertung der Daten notwendigen Strukturinformationen müssen in maschinell auswertbarer Form zur Verfügung gestellt werden.

Bei unvollständigen oder unzutreffenden Datenlieferungen kann die Finanzbehörde neue Datenträger mit vollständigen und zutreffenden Daten verlangen. Im Verlauf der Prüfung kann die Finanzbehörde auch weitere Datenträger mit aufzeichnungs- und aufbewahrungspflichtigen Unterlagen anfordern.

Das Einlesen der Daten muss ohne Installation von Fremdsoftware auf den Rechnern der Finanzbehörde möglich sein. Eine Entschlüsselung der übergebenen Daten muss spätestens bei der Datenübernahme auf die Systeme der Finanzverwaltung erfolgen.

Anlage § 005–05

Zu § 5 EStG

177 Der Grundsatz der Wirtschaftlichkeit rechtfertigt nicht den Einsatz einer Software, die den in diesem Schreiben niedergelegten Anforderungen zur Datenträgerüberlassung nicht oder nur teilweise genügt und damit den Datenzugriff einschränkt. Die zur Herstellung des Datenzugriffs erforderlichen Kosten muss der Steuerpflichtige genauso in Kauf nehmen wie alle anderen Aufwendungen, die die Art seines Betriebes mit sich bringt.

178 Ergänzende Informationen zur Datenträgerüberlassung stehen auf der Internet-Seite des Bundesfinanzministeriums (www.bundesfinanzministerium.de) zum Download bereit.

12. Zertifizierung und Software-Testate

179 Die Vielzahl und unterschiedliche Ausgestaltung und Kombination der DV-Systeme für die Erfüllung außersteuerlicher oder steuerlicher Aufzeichnungs- und Aufbewahrungspflichten lassen keine allgemein gültigen Aussagen der Finanzbehörde zur Konformität der verwendeten oder geplanten Hard- und Software zu. Dies gilt umso mehr, als weitere Kriterien (z. B. Releasewechsel, Updates, die Vergabe von Zugriffsrechten oder Parametrisierungen, die Vollständigkeit und Richtigkeit der eingegebenen Daten) erheblichen Einfluss auf die Ordnungsmäßigkeit eines DV-Systems und damit auf Bücher und die sonst erforderlichen Aufzeichnungen haben können.

180 Positivtestate zur Ordnungsmäßigkeit der Buchführung – und damit zur Ordnungsmäßigkeit DV-gestützter Buchführungssysteme – werden weder im Rahmen einer steuerlichen Außenprüfung noch im Rahmen einer verbindlichen Auskunft erteilt.

181 „Zertifikate" oder „Testate" Dritter können bei der Auswahl eines Softwareproduktes dem Unternehmen als Entscheidungskriterium dienen, entfalten jedoch aus den in Rz. 179 genannten Gründen gegenüber der Finanzbehörde keine Bindungswirkung.

13. Anwendungsregelung

182 Im Übrigen bleiben die Regelungen des BMF-Schreibens vom 1. Februar 1984 (IV A 7 – S 0318 – 1/84, BStBl. I S. 155)[1)] unberührt.

183 Dieses BMF-Schreiben gilt für Veranlagungszeiträume, die nach dem 31. Dezember 2014 beginnen. Es tritt an die Stelle der BMF-Schreiben vom 7. November 1995 – IV A 8 – S 0316 – 52/95 – (BStBl. I S. 738) und vom 16. Juli 2001 – IV D 2 – S 0316 – 136/01 – (BStBl. I S. 415), das durch BMF-Schreiben vom 14. September 2012 – IV A 4 – S 0316/12/10001 – (BStBl. I S. 930) geändert wurde.

184 Dieses Schreiben wird im Bundessteuerblatt Teil I veröffentlicht.

---

1) Siehe Anlage § 005-02.

Bekämpfung des Schwarzeinkaufs; hier: Aufzeichnung des Warenausgangs gem. § 144 AO

BdF-Schreiben vom 13. Juli 1992
IV A 7 – S 0314 – 1/92 (BStBl. I S. 490)

§ 144 AO verpflichtet gewerbliche Unternehmer, die nach Art ihres Geschäftsbetriebs Waren regelmäßig an andere Unternehmen zur Weiterveräußerung oder zum Verbrauch als Hilfsstoffe liefern, zu gesonderten Aufzeichnungen über diesen Warenausgang. Die Vorschrift, die sinngemäß auch für die nach § 141 AO buchführungspflichtigen Land- und Forstwirte gilt, soll es u. a. den Finanzbehörden ermöglichen, den Warenausgang vom Großhandel zum Abnehmer (Wiederverkäufer) nachzuvollziehen.

Nach den Erfahrungen der Finanzbehörden wird in zunehmendem Umfang gegen die Aufzeichnungspflichten des § 144 AO verstoßen, um Warenabgaben an Wiederverkäufer zu verdecken. Den Abnehmern wird dadurch die Möglichkeit eröffnet, den Wareneingang und den damit zusammenhängenden Umsatz nicht zu erfassen. Der Verstoß gegen die Aufzeichnungspflicht kann eine Steuerordnungswidrigkeit nach § 379 AO oder Beihilfe zur Steuerhinterziehung des Abnehmers darstellen.

Vor diesem Hintergrund weise ich darauf hin, daß bei Betriebsprüfungen bei Betrieben i. S. des § 144 Abs. 1 und 5 AO verstärkt auf die Einhaltung der Aufzeichnungspflichten nach § 144 AO geachtet werden muß. Insbesondere gibt ein unverhältnismäßig hoher Anteil von Barverkäufen am Gesamtumsatz des Großhändlers Anlaß zu erhöhter Aufmerksamkeit.

Von der Möglichkeit der Fertigung von Kontrollmaterial (§ 194 Abs. 3 AO) ist zumindest stichprobenartig Gebrauch zu machen. Sofern sich Hinweise auf mögliche Steuerverkürzungen durch den Abnehmer ergeben, ist gegebenenfalls die Steuerfahndung einzuschalten.

Grundsätze ordnungsmäßiger Buchführung (GoB); Verbuchung von Bargeschäften im Einzelhandel[1]

BdF-Schreiben vom 5.4.2004
IV D 2 – S 0315 – 4/04 (BStBl. I S. 419)

Nach dem Ergebnis der Erörterungen mit den obersten Finanzbehörden der Länder zur Verbuchung von Bargeschäften im Einzelhandel gilt folgendes:

Die Grundsätze ordnungsmäßiger Buchführung erfordern grundsätzlich die Aufzeichnung jedes einzelnen Handelsgeschäfts in einem Umfang, der eine Überprüfung seiner Grundlagen, seines Inhalts und seiner Bedeutung für den Betrieb ermöglicht. Das bedeutet nicht nur die Aufzeichnung der in Geld bestehenden Gegenleistung, sondern auch des Inhalts des Geschäfts und des Namens oder der Firma und der Anschrift des Vertragspartners (Identität).

Eine Einzelaufzeichnung der baren Betriebseinnahmen im Einzelhandel ist nach der Rechtsprechung des Bundesfinanzhofs unter dem Aspekt der Zumutbarkeit nicht erforderlich, wenn Waren von geringem Wert an eine unbestimmte Vielzahl nicht bekannter und auch nicht feststellbarer Personen verkauft werden (BFH vom 12. Mai 1966, BStBl. 1966 III S. 371).

Von der Zumutbarkeit von Einzelaufzeichnungen über die Identität ist jedenfalls bei einer Annahme von Bargeld im Wert von 15 000 € und mehr auszugehen. Außersteuerliche Buchführungs- und Aufzeichnungspflichten bleiben unberührt.

Dieses Schreiben tritt an die Stelle meines Schreibens vom 14.12.1994 (BStBl. 1995 I S. 7).

---

1) Vgl. dazu auch Anlage § 005-08.

Anlage § 005–08

Zu § 5 EStG

Aufbewahrung digitaler Unterlagen bei Bargeschäften

– BdF-Schreiben vom 26.11.2010 – IV A 4 – S 0316/08/10004-07, 2010/0946087 (BStBl. I S. 1342) –

Im Einvernehmen mit den obersten Finanzbehörden der Länder gilt zur Aufbewahrung der mittels Registrierkassen, Waagen mit Registrierkassenfunktion, Taxametern und Wegstreckenzählern (im Folgenden: Geräte) erfassten Geschäftsvorfälle Folgendes:

Seit dem 1. Januar 2002 sind Unterlagen i. S. des § 147 Abs. 1 AO, die mit Hilfe eines Datenverarbeitungssystems erstellt worden sind, während der Dauer der Aufbewahrungsfrist jederzeit verfügbar, unverzüglich lesbar und maschinell auswertbar aufzubewahren (§ 147 Abs. 2 Nr. 2 AO). Die vorgenannten Geräte sowie die mit ihrer Hilfe erstellten digitalen Unterlagen müssen seit diesem Zeitpunkt neben den „Grundsätzen ordnungsmäßiger DV-gestützter Buchführungssysteme (GoBS)" vom 7. November 1995 (BStBl. I S. 738)[1]) auch den „Grundsätzen zum Datenzugriff und zur Prüfbarkeit digitaler Unterlagen (GDPdU)" vom 16. Juli 2001 (BStBl. I S. 415) entsprechen (§ 147 Abs. 6 AO). Die Feststellungslast liegt beim Steuerpflichtigen. Insbesondere müssen alle steuerlich relevanten Einzeldaten (Einzelaufzeichnungspflicht) einschließlich etwaiger mit dem Gerät elektronisch erzeugter Rechnungen i. S. des § 14 UStG unveränderbar und vollständig aufbewahrt werden. Eine Verdichtung dieser Daten oder ausschließliche Speicherung der Rechnungsendsummen ist unzulässig. Ein ausschließliches Vorhalten aufbewahrungspflichtiger Unterlagen in ausgedruckter Form ist nicht ausreichend. Die digitalen Unterlagen und die Strukturinformationen müssen in einem auswertbaren Datenformat vorliegen.

Ist die komplette Speicherung aller steuerlich relevanten Daten – bei der Registrierkasse insbesondere Journal-, Auswertungs-, Programmier- und Stammdatenänderungsdaten – innerhalb des Geräts nicht möglich, müssen diese Daten unveränderbar und maschinell auswertbar auf einem externen Datenträger gespeichert werden. Ein Archivsystem muss die gleichen Auswertungen wie jene im laufenden System ermöglichen.

Die konkreten Einsatzorte und -zeiträume der vorgenannten Geräte sind zu protokollieren und diese Protokolle aufzubewahren (vgl. § 145 Abs. 1 AO, § 63 Abs. 1 UStDV). Einsatzort bei Taxametern und Wegstreckenzählern ist das Fahrzeug, in dem das Gerät verwendet wurde. Außerdem müssen die Grundlagenaufzeichnungen zur Überprüfung der Bareinnahmen für jedes einzelne Gerät getrennt geführt und aufbewahrt werden. Die zum Gerät gehörenden Organisationsunterlagen müssen aufbewahrt werden, insbesondere die Bedienungsanleitung, die Programmieranleitung und alle weiteren Anweisungen zur Programmierung des Geräts (§ 147 Abs. 1 Nr. 1 AO).

Soweit mit Hilfe eines solchen Geräts unbare Geschäftsvorfälle (z. B. EC-Cash, ELV – Elektronisches Lastschriftverfahren) erfasst werden, muss aufgrund der erstellten Einzeldaten ein Abgleich der baren und unbaren Zahlungsvorgänge und deren zutreffende Verbuchung im Buchführungs- bzw. Aufzeichnungswerk gewährleistet sein.

Die vorgenannten Ausführungen gelten auch für die mit Hilfe eines Taxameters oder Wegstreckenzählers erstellten digitalen Unterlagen, soweit diese Grundlage für Eintragungen auf einem Schichtzettel im Sinne des BFH-Urteils vom 26. Februar 2004, XI R 25/02 (BStBl. II S. 599) sind. Im Einzelnen können dies sein:

- Name und Vorname des Fahrers
- Schichtdauer (Datum, Schichtbeginn, Schichtende)
- Summe der Total- und Besetztkilometer laut Taxameter
- Anzahl der Touren lt. Taxameter
- Summe der Einnahmen lt. Taxameter
- Kilometerstand lt. Tachometer (bei Schichtbeginn und -ende)
- Einnahme für Fahrten ohne Nutzung des Taxameters
- Zahlungsart (z. B. bar, EC-Cash, ELV – Elektronisches Lastschriftverfahren, Kreditkarte)
- Summe der Gesamteinnahmen
- Angaben über Lohnabzüge angestellter Fahrer
- Angaben von sonstigen Abzügen (z. B. Verrechnungsfahrten)
- Summe der verbleibenden Resteinnahmen
- Summe der an den Unternehmer abgelieferten Beträge

---

1) Siehe Anlage § 005-05.

- Kennzeichen der Taxe

Dies gilt für Unternehmer ohne Fremdpersonal entsprechend.

Soweit ein Gerät bauartbedingt den in diesem Schreiben niedergelegten gesetzlichen Anforderungen nicht oder nur teilweise genügt, wird es nicht beanstandet, wenn der Steuerpflichtige dieses Gerät längstens bis zum 31. Dezember 2016 in seinem Betrieb weiterhin einsetzt. Das setzt aber voraus, dass der Steuerpflichtige technisch mögliche Softwareanpassungen und Speichererweiterungen mit dem Ziel durchführt, die in diesem Schreiben konkretisierten gesetzlichen Anforderungen zu erfüllen. Bei Registrierkassen, die technisch nicht mit Softwareanpassungen und Speichererweiterungen aufgerüstet werden können, müssen die Anforderungen des BMF-Schreibens vom 9. Januar 1996 weiterhin vollumfänglich beachtet werden.

Das BMF-Schreiben zum „Verzicht auf die Aufbewahrung von Kassenstreifen bei Einsatz elektronischer Registrierkassen" vom 9. Januar 1996 (BStBl. I S. 34)[1] wird im Übrigen hiermit aufgehoben.

Dieses Schreiben wird im Bundessteuerblatt Teil I veröffentlicht.

---

1) Zuletzt abgedruckt in der 61. Auflage, Anlage § 005-08.

Bildung von Rechnungsabgrenzungsposten (§ 5 Abs. 5 Satz 1 EStG); Voraussetzungen der „bestimmten Zeit"

BdF-Schreiben vom 15. März 1995 IV B 2 – S 2133 – 5/95 (BStBl. I S. 183)

Nach dem Urteil des BFH vom 9. Dezember 1993 (BStBl. II 1995 S. 202) sind Einnahmen vor dem Abschlußstichtag für eine zeitlich nicht befristete Dauerleistung bereits dann passiv abzugrenzen (§ 5 Abs. 5 Satz 1 Nr. 2 EStG), wenn sie rechnerisch Ertrag für einen bestimmten Mindestzeitraum nach diesem Tag darstellen. Nach dem Ergebnis der Erörterung mit den obersten Finanzbehörden der Länder sind die Grundsätze dieser Entscheidung in allen noch offenen Fällen anzuwenden, in denen es bei zeitlich nicht befristeten Dauerleistungen für die Bildung eines aktiven oder passiven Rechnungsabgrenzungspostens auf die Voraussetzungen der bestimmten Zeit ankommt. Das entgegenstehende BMF-Schreiben vom 12. Oktober 1982 (BStBl. I S. 810) ist nicht mehr zu befolgen. Es ist aber nicht zu beanstanden, wenn bei Verträgen, die vor dem 1. Mai 1995 abgeschlossen werden, an der bisherigen steuerrechtlichen Behandlung der Nutzungsentgelte festgehalten wird; dies gilt auch für Fälle, in denen die Nutzungsentgelte als Entschädigung i. S. des § 24 Nr. 1 EStG behandelt werden.

Rechnungsabgrenzungsposten für öffentliche Zuschüsse;
– BFH-Urteil vom 5. April 1984 – BStBl. II S. 552 –

Schreiben des BdF vom 2. September 1985
IV B 2 – S 2133 – 27/85 (BStBl. 1985 I S. 568)

Unter Bezugnahme auf das Ergebnis der Besprechung mit den obersten Finanzbehörden der Länder wird zu der Frage, welche Bedeutung das BFH-Urteil vom 5. April 1984 (BStBl. II S. 552) und die Stellungnahme HFA 1/1984 des Hauptfachausschusses des Instituts der Wirtschaftsprüfer (Wpg 1984 S. 612) auf die ertragsteuerrechtliche Behandlung von Investitionszuschüssen (Abschn. 34 EStR)[1] haben, wie folgt Stellung genommen.

Mit Urteil vom 5. April 1984 (BStBl. II S. 552) hat der Bundesfinanzhof zur Rechnungsabgrenzung bei **Ertrags**zuschüssen Stellung genommen. Für die ertragsteuerrechtliche Behandlung von **Investitions**zuschüssen hat das Urteil des Bundesfinanzhofs keine Bedeutung. Für die Beurteilung von **Investitions**zuschüssen gilt weiterhin die Regelung in Abschnitt 34 EStR.[2] Danach hat der Steuerpflichtige ein Wahlrecht, wonach er entweder die Zuschüsse als Betriebseinnahmen und die Anschaffungs- oder Herstellungskosten in voller Höhe ansetzt, oder die Anlagegüter, für die die Zuschüsse gewährt worden sind, nur mit den Anschaffungs- oder Herstellungskosten bewertet, die er selbst, also ohne Berücksichtigung der Zuschüsse aufgewendet hat. Wird im Falle der Aktivierung des bezuschußten Wirtschaftsguts mit den ungekürzten Anschaffungs- oder Herstellungskosten entsprechend der Stellungnahme HFA 1/1984 des Instituts der Wirtschaftsprüfer (Wpg 1984 S. 612) ein Sonderposten als Wertberichtigung zu den Anschaffungskosten gebildet, so hat die Auflösung dieses Postens entsprechend der tatsächlichen Abschreibung des bezuschußten Wirtschaftsguts zu erfolgen. Dabei sind auch erhöhte Absetzungen und Sonderabschreibungen zu berücksichtigen.

---

1) Jetzt R 6.5 EStR.
2) Jetzt R 6.5 EStR.

Zu § 5 EStG **Anlage § 005–11**

Passivierung von Verbindlichkeiten bei Vereinbarung eines einfachen oder qualifizierten Rangrücktritts; Auswirkungen des § 5 Abs. 2a EStG

– BdF-Schreiben vom 8.9.2006 – IV B 2 – S 2133 – 10/06 (BStBl. I S. 497) –

Unter Bezugnahme auf das Ergebnis der Erörterung mit den obersten Finanzbehörden der Länder nehme ich zur Anwendung des § 5 Abs. 2a EStG in der Fassung des Steuerbereinigungsgesetzes 1999 vom 22.12.1999, BGBl. I 1999, 2601, auf Fälle, in denen zwischen Schuldner und Gläubiger eine Rangrücktrittsvereinbarung abgeschlossen wurde, wie folgt Stellung:

I. Begriff der Rangrücktrittsvereinbarung

1. Einfacher Rangrücktritt

    Bei einem einfachen Rangrücktritt vereinbaren Schuldner und Gläubiger, dass eine Rückzahlung der Verbindlichkeit nur dann zu erfolgen habe, wenn der Schuldner dazu aus zukünftigen Gewinnen, aus einem Liquidationsüberschuss oder aus anderem – freien – Vermögen künftig in der Lage ist und der Gläubiger mit seiner Forderung im Rang hinter alle anderen Gläubiger zurücktritt. 1

    Bei dieser Vereinbarung handelt es sich um einen Rangrücktritt, der mit einer Besserungsabrede verbunden wird.

2. Qualifizierter Rangrücktritt

    Bei einem qualifizierten Rangrücktritt erklärt der Gläubiger sinngemäß, er wolle wegen der Forderung erst nach Befriedigung sämtlicher anderer Gläubiger der Gesellschaft und – bis zur Abwendung der Krise – auch nicht vor, sondern nur zugleich mit den Einlagenrückgewähransprüchen der Gesellschafter berücksichtigt, also so behandelt werden, als hafte er für seine ausstehende Forderung wie statutarisches Kapital (vgl. Urteil des BGH vom 8. Januar 2001, BGHZ 146, 264-280). Ziel der Vereinbarung eines qualifizierten Rangrücktritts ist, die Verbindlichkeit in der insolvenzrechtlichen Überschuldungsbilanz der Gesellschaft nicht auszuweisen. 2

II. Ertragsteuerliche Behandlung

1. Grundsätzliche Passivierungspflicht

    Eine Verbindlichkeit ist zu passivieren, wenn sie rechtlich entstanden und wirtschaftlich verursacht ist. Dagegen widerspricht es den Grundsätzen ordnungsmäßiger Buchführung, wenn ein Kaufmann Verbindlichkeiten in seiner Bilanz ausweist, obwohl mit einer Inanspruchnahme durch den Gläubiger mit an Sicherheit grenzender Wahrscheinlichkeit nicht mehr zu rechnen ist und die – rechtlich bestehende – Verpflichtung keine wirtschaftliche Belastung mehr darstellt (BFH vom 22. November 1988, BStBl. 1989 II S. 359). Allein die Tatsache, dass der Schuldner die Verbindlichkeit mangels ausreichenden Vermögens nicht oder nur teilweise tilgen kann, begründet noch keine Annahme einer fehlenden wirtschaftlichen Belastung (BFH vom 9. Februar 1993, BStBl. II S. 747). 3

2. Wirkung der Rangrücktrittsvereinbarung

    Die Vereinbarung eines einfachen oder eines qualifizierten Rangrücktritts hat keinen Einfluss auf die Bilanzierung der Verbindlichkeit. Im Gegensatz zu einem Forderungsverzicht mindert sich oder erlischt die Verbindlichkeit nicht. Diese wird weiterhin geschuldet und stellt für den Steuerpflichtigen eine wirtschaftliche Belastung dar; lediglich die Rangfolge der Tilgung ändert sich. Die Verbindlichkeit ist weiterhin als Fremdkapital in der (Steuer-)Bilanz der Gesellschaft auszuweisen. 4

3. Anwendung des § 5 Abs. 2a EStG auf Rangrücktrittsvereinbarungen

    Gemäß § 5 Abs. 2a EStG darf weder eine Verbindlichkeit angesetzt noch eine Rückstellung gebildet werden, wenn die Verpflichtung nur zu erfüllen ist, soweit künftig Einnahmen oder Gewinne anfallen. Eine solche Verbindlichkeit oder Rückstellung darf erst angesetzt werden, wenn die Einnahmen oder Gewinne angefallen sind. 5

    Voraussetzung für die Anwendung des § 5 Abs. 2a EStG ist, dass zwischen dem Ansatz der Verbindlichkeit und Gewinnen oder Einnahmen eine Abhängigkeit im Zahlungsjahr besteht. Haben Schuldner und Gläubiger eine Vereinbarung im Sinne der Rdnr. 1 (= einfacher Rangrücktritt) geschlossen, besteht die erforderliche Abhängigkeit zwischen Verbindlichkeit und Einnahmen oder Gewinnen nicht, so dass der Tatbestand des § 5 Abs. 2a EStG nicht erfüllt ist; die Verbindlichkeit ist zu passivieren. Fehlt dagegen eine Bezugnahme auf die Möglichkeit einer Tilgung auch aus sonstigem freien Vermögen, ist der Ansatz von Verbindlichkeiten oder Rückstellungen bei derartigen Vereinbarungen ausgeschlossen. 6

Anlage § 005–11 Zu § 5 EStG

7 Bei einer Vereinbarung im Sinne der Rdnr. 2 (qualifizierter Rangrücktritt) liegen die Voraussetzungen des § 5 Abs. 2a EStG nicht vor, weil eine Abhängigkeit zwischen Verbindlichkeit und Einnahmen oder Gewinnen nicht besteht, sondern die Begleichung der Verbindlichkeit zeitlich aufschiebend bedingt – bis zur Abwendung der Krise – verweigert werden kann.[1]

8 Die Aussagen des BFH im Urteil vom 10. November 2005 (BStBl. II S. 618) stehen dem nicht entgegen. Die Vereinbarung eines Rangrücktritts (ohne Besserungsabrede) erfüllt nicht die Tatbestandsvoraussetzungen des § 5 Abs. 2a EStG. Daher kann es in einem solchen Fall nicht auf eine ausdrückliche Bezugnahme auf die Möglichkeit der Tilgung auch aus einem Liquidationsüberschuss oder aus sonstigem freien Vermögen ankommen.

III. Zeitliche Anwendung

9 Dieses Schreiben ist in allen offenen Fällen anzuwenden. Es ersetzt das BMF-Schreiben vom 18. August 2004 (BStBl. I S. 850).

---

[1] Offensichtlich anderer Auffassung BFH im Urteil vom 30.11.2011 – I R 100/10 (BStBl. 2012 II S. 332).

Zu § 5 EStG   Anlage § 005–12

Bilanzsteuerliche Behandlung des Geschäfts- oder Firmenwerts, des Praxiswerts und sog. firmenwertähnlicher Wirtschaftsgüter

Schreiben des BdF vom 20. November 1986 IV B 2 – S 2172 – 13/86 (BStBl. 1986 I S. 532)

Durch Artikel 10 Abs. 15 des Bilanzrichtlinien-Gesetzes vom 19. Dezember 1985 (BGBl. I S. 2355, BStBl. I S. 704) sind in § 6 Abs. 1 Nr. 2 EStG die Worte „Geschäfts- oder Firmenwert" gestrichen und in § 7 Abs. 1 EStG für den Geschäfts- oder Firmenwert eine betriebsgewöhnliche Nutzungsdauer von 15 Jahren festgelegt worden.

Zu der Frage, welche Folgen sich aus diesen Gesetzesänderungen für die bilanzsteuerrechtliche Behandlung des Geschäfts- oder Firmenwerts, des Praxiswerts und sogenannter firmenwertähnlicher Wirtschaftsgüter ergeben, wird unter Bezugnahme auf das Ergebnis der Erörterung mit den Vertretern der obersten Finanzbehörden der Länder wie folgt Stellung genommen:

I. Geschäfts- oder Firmenwert

Der Geschäfts- oder Firmenwert eines Gewerbebetriebs oder eines Betriebs der Land- und Forstwirtschaft gehört nach der Änderung der §§ 6 und 7 EStG zu den abnutzbaren Wirtschaftsgütern des Anlagevermögens (§ 6 Abs. 1 **Nr. 1** EStG). Entgeltlich erworbene Geschäfts- oder Firmenwerte sind wie bisher zu aktivieren (§ 5 Abs. 2 EStG). Auf den Aktivposten sind Absetzungen für Abnutzung (AfA) während der gesetzlich festgelegten Nutzungsdauer von 15 Jahren vorzunehmen (§ 7 Abs. 1 Satz 3 EStG). Die AfA dürfen auch dann nicht nach einer kürzeren Nutzungsdauer bemessen werden, wenn im Einzelfall Erkenntnisse dafür vorliegen, daß die tatsächliche Nutzungsdauer kürzer als 15 Jahre sein wird, beispielsweise bei sogenannten personenbezogenen Betrieben, bei denen der Unternehmenswert so eng mit der Person des Betriebsinhabers verbunden ist, daß nach dessen Ausscheiden mit einer kürzeren Nutzungsdauer des erworbenen Geschäfts- oder Firmenwerts zu rechnen ist.

Die Möglichkeit des Ansatzes eines niedrigeren Teilwerts bleibt grundsätzlich unberührt. Die gesetzliche Festlegung der betriebsgewöhnlichen Nutzungsdauer auf 15 Jahre ist jedoch auch hierbei zu beachten. Der Ansatz eines niedrigeren Teilwerts ist deshalb nur in dem von der Rechtsprechung bisher als zulässig erachteten Rahmen anzuerkennen (vgl. BFH-Urteil vom 13. April 1983 – BStBl. II S. 667 mit weiteren Nachweisen).

II. Praxiswert [1)]

Daran, daß der entgeltlich erworbene Wert eines freiberuflichen Unternehmens (Praxiswert) grundsätzlich abnutzbar ist, hat sich nichts geändert. AfA sind entsprechend der bisherigen Rechtsprechung des BFH (vgl. Urteil vom 15. April 1958, BStBl. III S. 330) nach der im Einzelfall zu schätzenden Nutzungsdauer zu bemessen. In den Fällen, in denen nach der Rechtsprechung des BFH der erworbene Praxiswert sich nicht abnutzt, weil der Praxisinhaber weiterhin entscheidenden Einfluß im Unternehmen ausübt (vgl. Urteil vom 23. Januar 1975, BStBl. II S. 381, zum Fall einer Sozietät), ist es nicht zu beanstanden, wenn die nunmehr für den Geschäfts-oder Firmenwert maßgebenden Vorschriften über Nutzungsdauer (§ 7 Abs. 1 Satz 3 EStG) und Abschreibungsbeginn (§ 52 Abs. 6a EStG) analog angewandt werden. Das gilt z. B. auch, wenn eine Einzelpraxis in eine GmbH eingebracht wird und der frühere Praxisinhaber Alleingesellschafter der GmbH wird oder wenn eine freiberufliche Gemeinschaft unter Beibehaltung des bisherigen persönlichen Einflusses aller Beteiligten lediglich ihre Rechtsform ändert. Insoweit ist das BMF-Schreiben vom 30. Juli 1979 (BStBl. I S. 481) für Wirtschaftsjahre, die nach dem 31. Dezember 1986 beginnen, nicht mehr zu beachten.

III. Sogenannte firmenwertähnliche Wirtschaftsgüter

a) Verkehrsgenehmigungen

Aufwendungen für den wirtschaftlichen Vorteil, der mit einer behördlichen Verkehrsgenehmigung verbunden ist, sind nach der Rechtsprechung des BFH aktivierungspflichtige Aufwendungen für den Erwerb eines nichtabnutzbaren immateriellen Wirtschaftsguts (vgl. z. B. die Urteile vom 13. März 1956, BStBl. III S. 149, zum Fall einer Omnibuslinie oder vom 8. Mai 1963, BStBl. III S. 377, zum Fall einer Güterverkehrsgenehmigung). Das immaterielle Wirtschaftsgut nutzt sich nach den Ausführungen des BFH nicht durch Zeitablauf ab, weil der Erwerber der Genehmigung nach der Verfahrensübung der Genehmigungs behörden mit einer Verlängerung oder Erneuerung der Genehmigung rechnen kann, solange der Betrieb besteht.

---

1) Abschnitt II ist überholt, siehe Anlage § 005-13

AfA sind deshalb nicht zulässig. Aus diesem Grunde wurden die Wirtschaftsgüter als „firmenwertähnlich" bezeichnet. Die Unzulässigkeit der AfA beruhte jedoch bei Verkehrsgenehmigungen anders als beim Geschäfts- oder Firmenwert nicht auf der gesetzlichen Fiktion als nicht abnutzbares Wirtschaftsgut, sondern auf der tatsächlichen Nichtabnutzbarkeit. Die bilanzielle Behandlung wird deshalb von der Gesetzesänderung nicht berührt.

b) **Verlagswerte**

Nach dem BFH-Urteil vom 5. August 1970 (BStBl. II S. 804) ist der Verlagswert ein vom Geschäfts- oder Firmenwert abzugrenzendes immaterielles Einzelwirtschaftsgut, das bei entgeltlichem Erwerb vom Geschäfts- oder Firmenwert gesondert zu aktivieren ist, aber wie dieser nicht nach § 7 EStG abgeschrieben werden darf. Beim entgeltlich erworbenen Verlagswert ergab sich die Begründung für die Unzulässigkeit von AfA daraus, daß der tatsächliche Abnutzungsverlauf dem des entgeltlich erworbenen Geschäfts- oder Firmenwerts vergleichbar ist. Mit dem Wegfall des Abschreibungsverbots für den Geschäfts- oder Firmenwert entfällt deshalb in diesem Fall auch das Abschreibungsverbot für das dem Geschäfts- oder Firmenwert vergleichbare Wirtschaftsgut. Entsprechend der bisherigen Gleichbehandlung sind die nunmehr für den Geschäfts- oder Firmenwert maßgebenden Vorschriften über Nutzungsdauer (§ 7 Abs. 1 Satz 3 EStG) und Abschreibungsbeginn (§ 52 Abs. 6a EStG) auch bei der bilanziellen Behandlung von Verlagswerten anzuwenden.

Zu § 5 EStG

Steuerrechtliche Behandlung des Wirtschaftsguts „Praxiswert"

BdF-Schreiben vom 15. Januar 1995 IV B 2 – S 2172 – 15/94 (BStBl. 1995 I S. 14)

Der BFH hat seine Rechtsprechung zur steuerrechtlichen Behandlung des Wirtschaftsguts „Praxiswert" geändert (BFH vom 24. Februar 1994, BStBl. II S. 590). Im Einvernehmen mit den obersten Finanzbehörden der Länder sind die Urteilsgrundsätze wie folgt anzuwenden:

Der anläßlich der Gründung einer Sozietät aufgedeckte Praxiswert stellt ebenso wie der Wert einer erworbenen Einzelpraxis ein abnutzbares immaterielles Wirtschaftsgut dar. § 7 Abs. 1 Satz 3 EStG ist jedoch auf die Bemessung der AfA für den (Einzel- oder Sozietäts-)Praxiswert nicht anzuwenden. Wegen der Beteiligung und der weiteren Mitwirkung des bisherigen Praxisinhabers (Sozius) ist vielmehr davon auszugehen, daß die betriebsgewöhnliche Nutzungsdauer des anläßlich der Gründung einer Sozietät aufgedeckten Praxiswerts doppelt so lang ist wie die Nutzungsdauer des Werts einer erworbenen Einzelpraxis. Die betriebsgewöhnliche Nutzungsdauer ist nach den Umständen des einzelnen Falles sachgerecht zu schätzen. Dabei ist es nicht zu beanstanden, wenn für den anläßlich der Gründung einer Sozietät aufgedeckten Praxiswert eine betriebsgewöhnliche Nutzungsdauer von sechs bis zehn Jahren und für den Wert einer erworbenen Einzelpraxis eine betriebsgewöhnliche Nutzungsdauer von drei bis fünf Jahren angenommen wird.

Die Grundsätze dieses Schreibens gelten entsprechend für den Erwerb eines Praxiswerts durch eine Wirtschaftsprüfer- oder Steuerberater-GmbH. Sie sind in noch offenen Fällen ab dem Veranlagungszeitraum 1993, auf Antrag auch ab einem früheren Veranlagungszeitraum, anzuwenden; eine ggf. aufgestellte Bilanz ist zu berichtigen. Aufgrund der Änderung der höchstrichterlichen Rechtsprechung können die Anschaffungskosten des Praxiswerts, vermindert um die bisher abgezogenen AfA (= Restbuchwert), auf die restliche Nutzungsdauer verteilt werden. Wird der Gewinn nach den §§ 4 Abs. 1, 5 EStG ermittelt, kann der Restbuchwert auch auf den niedrigeren Teilwert abgeschrieben und dieser auf die restliche Nutzungsdauer verteilt werden.

Das BMF-Schreiben vom 30. Juli 1979 (BStBl. I S. 481) sowie Abschnitt II des BMF-Schreibens vom 20. November 1986 (BStBl. I S. 532)[1] sind nicht weiter anzuwenden.

---

1) Siehe auch Anlage § 005-12.

Anlage § 005–14 Zu § 5 EStG

Maßgeblichkeit der handelsrechtlichen Grundsätze ordnungsmäßiger Buchführung für die steuerliche Gewinnermittlung; Änderung des § 5 Absatz 1 EStG durch BilMoG

– BdF-Schreiben vom 12.03.2010 – IV C 6 – S 2133/09/1001, 2010/0188935 (BStBl. I S. 239) –

Durch das Gesetz zur Modernisierung des Bilanzrechts (BilMoG vom 25. Mai 2009, BGBl. I S. 1102, BStBl I S. 650) wurde § 5 Absatz 1 EStG geändert. Danach ist für den Schluss des Wirtschaftsjahres das Betriebsvermögen anzusetzen (§ 4 Absatz 1 Satz 1 EStG), das nach den handelsrechtlichen Grundsätzen ordnungsmäßiger Buchführung auszuweisen ist, es sei denn, im Rahmen der Ausübung eines steuerlichen Wahlrechtes wird oder wurde ein anderer Ansatz gewählt (§ 5 Absatz 1 Satz 1 EStG). § 5 Absatz 1 Satz 2 und 3 EStG knüpfen die Ausübung steuerlicher Wahlrechte an bestimmte Dokumentationspflichten. Zur Anwendung des § 5 Absatz 1 EStG i. d. F. des BilMoG nehme ich im Einvernehmen mit den obersten Finanzbehörden der Länder wie folgt Stellung:

I. Maßgeblichkeit der handelsrechtlichen Grundsätze ordnungsmäßiger Buchführung für die steuerliche Gewinnermittlung

1. Anwendung des § 5 Absatz 1 Satz 1 Halbsatz 1 EStG

1 Ausgangspunkt für die Ermittlung des steuerlichen Gewinns ist der Betriebsvermögensvergleich nach § 4 Absatz 1 Satz 1 EStG. Bei Gewerbetreibenden, die auf Grund gesetzlicher Vorschriften verpflichtet sind, Bücher zu führen und regelmäßig Abschlüsse zu machen, oder die dies freiwillig machen, ist das Betriebsvermögen anzusetzen, das nach den handelsrechtlichen Grundsätzen ordnungsmäßiger Buchführung auszuweisen ist (§ 5 Absatz 1 EStG). Soweit der Steuerpflichtige keine gesonderte Steuerbilanz aufstellt, ist Grundlage für die steuerliche Gewinnermittlung die Handelsbilanz unter Beachtung der vorgeschriebenen steuerlichen Anpassungen (§ 60 Absatz 2 Satz 1 EStDV).

2 Die allgemeinen Grundsätze zur Aktivierung, Passivierung und Bewertung der einzelnen Bilanzposten wurden durch das BilMoG nicht geändert und sind für die steuerliche Gewinnermittlung maßgeblich. Der Grundsatz der Maßgeblichkeit wird durch die steuerlichen Ansatz- und Bewertungsvorbehalte durchbrochen (§ 5 Absatz 1a bis 4b, Absatz 6; §§ 6, 6a und 7 EStG).

a) Ansatz von Wirtschaftsgütern, Schulden und Rechnungsabgrenzungsposten

aa) Aktivierungsgebote, Aktivierungsverbote und Aktivierungswahlrechte

3 Handelsrechtliche Aktivierungsgebote und Aktivierungswahlrechte führen zu Aktivierungsgeboten in der Steuerbilanz, es sei denn, die Aktivierung in der Steuerbilanz ist aufgrund einer steuerlichen Regelung ausgeschlossen.

Beispiel

Selbst geschaffene immaterielle Wirtschaftsgüter (§ 248 Absatz 2 Satz 1 HGB/ § 5 Absatz 2 EStG)

Nach § 248 Absatz 2 HGB können selbst geschaffene immaterielle Vermögensgegenstände des Anlagevermögens als Aktivposten in die Bilanz aufgenommen werden, soweit es sich nicht um Marken, Drucktitel, Verlagsrechte, Kundenlisten oder vergleichbare immaterielle Vermögensgegenstände des Anlagevermögens handelt. Eine Aktivierung selbst geschaffener immaterieller Wirtschaftsgüter des Anlagevermögens ist nach § 5 Absatz 2 EStG ausgeschlossen. Das Aktivierungswahlrecht in der Handelsbilanz führt nicht zu einem Aktivierungsgebot in der Steuerbilanz.

bb) Passivierungsgebote, Passivierungsverbote und Passivierungswahlrechte

4 Handelsrechtliche Passivierungsgebote sind – vorbehaltlich steuerlicher Vorschriften – auch für die steuerliche Gewinnermittlung maßgeblich. So sind für Pensionsverpflichtungen nach den Grundsätzen ordnungsmäßiger Buchführung Rückstellungen für ungewisse Verbindlichkeiten zu bilden (im Einzelnen Randnummern 9 bis 11).

Passivierungsverbote und Passivierungswahlrechte in der Handelsbilanz führen zu Passivierungsverboten in der Steuerbilanz (BFH vom 3. Februar 1969, BStBl. II S. 291).

b) Bewertungswahlrechte und Bewertungsvorbehalte

5 Bewertungswahlrechte, die in der Handelsbilanz ausgeübt werden können, ohne dass eine eigenständige steuerliche Regelung besteht, wirken wegen des maßgeblichen Handelsbilanzansatzes auch auf den Wertansatz in der Steuerbilanz.

Anlage § 005–14

Beispiel 1

Fremdkapitalzinsen (§ 255 Absatz 3 Satz 2 HGB; R 6.3 Absatz 4 EStR)[1]

Zinsen für Fremdkapital gelten gemäß § 255 Absatz 3 Satz 2 HGB als Herstellungskosten des Vermögensgegenstands, wenn das Fremdkapital zur Herstellung eines Vermögensgegenstands verwendet wird. Sind handelsrechtlich Fremdkapitalzinsen in die Herstellungskosten einbezogen worden, sind sie gemäß § 5 Absatz 1 Satz 1 Halbsatz 1 EStG auch in der steuerlichen Gewinnermittlung als Herstellungskosten zu beurteilen.

Beispiel 2

Bewertungsvereinfachungsverfahren (§ 240 Absatz 3 und 4 HGB)

Nach § 240 Absatz 3 (Festwertbewertung) und 4 (Gruppenbewertung) HGB werden bei der Bewertung bestimmter Wirtschaftsgüter unter den genannten Voraussetzungen Erleichterungen gewährt. Steuerliche Regelungen hierzu bestehen nicht. Aufgrund des § 5 Absatz 1 Satz 1 EStG sind bei Anwendung dieser Bewertungsvereinfachungsverfahren die Wertansätze der Handelsbilanz in die Steuerbilanz zu übernehmen.

Beispiel 3

Einbeziehungswahlrechte (§ 255 Absatz 2 Satz 3 HGB)[2]

Nach § 255 Absatz 2 Satz 3 HGB ist der Kaufmann nicht verpflichtet, sondern berechtigt, angemessene Teile der Kosten der allgemeinen Verwaltung sowie angemessene Aufwendungen für soziale Einrichtungen des Betriebes, für freiwillige soziale Leistungen und für die betriebliche Altersversorgung bei der Berechnung der Herstellungskosten einzubeziehen. Bei der steuerlichen Gewinnermittlung sind nach § 6 Absatz 1 Nummer 2 Satz 1 EStG dieHerstellungskosten anzusetzen, also alle Aufwendungen, die ihrer Art nach Herstellungskosten sind (BFH vom 21. Oktober 1993, BStBl 1994 II S. 176). Dazu gehören auch die in § 255 Absatz 2 Satz 3 HGB aufgeführten Kosten. Die steuerrechtliche Bewertungsvorschrift geht wegen des Bewertungsvorbehaltes in § 5 Absatz 6 EStG der handelsrechtlichen Regelung vor. Das gilt auch dann, wenn der Kaufmann gem. § 255 Absatz 2 Satz 3 HGB vom Ansatz dieser Kosten als Teil der Herstellungskosten in der Handelsbilanz absehen kann (BFH vom 21. Oktober 1993, a. a. O.).

c) **Ansatz und Bewertung von Pensionsverpflichtungen im Sinne von § 6a EStG**

Nach § 249 HGB müssen in der Handelsbilanz für unmittelbare Pensionszusagen Rückstellungen gebildet werden. Dieses Passivierungsgebot gilt auch für die steuerliche Gewinnermittlung. Die bilanzsteuerlichen Ansatz- und Bewertungsvorschriften des § 6a EStG schränken jedoch die Maßgeblichkeit des handelsrechtlichen Passivierungsgebotes ein.

In der steuerlichen Gewinnermittlung sind Pensionsrückstellungen nur anzusetzen, wenn die Voraussetzungen des § 6a Absatz 1 und 2 EStG (z. B. Schriftformerfordernis, § 6a Absatz 1 Nummer 3 EStG) erfüllt sind. Die Passivierung einer Pensionszusage unterliegt zudem dem Bewertungsvorbehalt des § 6a Absatz 3 und 4 EStG. Die Bewertung kann somit vom handelsrechtlichen Wert abweichen; die Regelungen in R 6a Absatz 20 Satz 2 bis 4 EStR, wonach der handelsrechtliche Ansatz der Pensionsrückstellung die Bewertungsobergrenze ist, sind nicht weiter anzuwenden.

Für laufende Pensionen und Anwartschaften auf Pensionen, die vor dem 1. Januar 1987 rechtsverbindlich zugesagt worden sind (sog. Altzusagen), gilt nach Artikel 28 des Einführungsgesetzes zum HGB in der durch Gesetz vom 19. Dezember 1985 (BGBl. I S. 2355, BStBl 1986 I S. 94) geänderten Fassung weiterhin das handels- und steuerrechtliche Passivierungswahlrecht.

2. **Anwendung des § 5 Absatz 1 Satz 1 Halbsatz 2 EStG**

Steuerliche Wahlrechte können sich aus dem Gesetz oder aus den Verwaltungsvorschriften (z. B. R 6.5 Absatz 2 EStR, R 6.6 EStR oder BMF-Schreiben) ergeben.

a) **Steuerliche Wahlrechte**

Wahlrechte, die nur steuerrechtlich bestehen, können unabhängig vom handelsrechtlichen Wertansatz ausgeübt werden (§ 5 Absatz 1 Satz 1 Halbsatz 2 EStG). Die Ausübung des steuerlichen Wahlrechtes wird insoweit nicht nach § 5 Absatz 1 Satz 1 Halbsatz 1 EStG

---

1) Jetzt R 6.3 Abs. 5 EStR.
2) Siehe dazu Anlage § 006-21.

Anlage § 005–14 Zu § 5 EStG

durch die Maßgeblichkeit der handelsrechtlichen Grundsätze ordnungsmäßiger Buchführung beschränkt.

14 **Beispiel 1**

Übertragung stiller Reserven bei der Veräußerung bestimmter Anlagegüter (§ 6b EStG)

Stille Reserven aus der Veräußerung bestimmter Anlagegüter können zur Vermeidung der Besteuerung auf die Anschaffungs- oder Herstellungskosten anderer bestimmter Wirtschaftsgüter übertragen werden. Dazu sind deren Anschaffungs- oder Herstellungskosten zu mindern. Soweit die Übertragung auf ein anderes Wirtschaftsgut nicht vorgenommen wird, kann der Steuerpflichtige eine den steuerlichen Gewinn mindernde Rücklage bilden. Eine Minderung der Anschaffungs- oder Herstellungskosten oder die Bildung einer entsprechenden Rücklage in der Handelsbilanz ist nach den Vorschriften des HGB nicht zulässig. Die Abweichung vom Handelsbilanzansatz in der Steuerbilanz wird durch § 5 Absatz 1 Satz 1 Halbsatz 2 EStG zugelassen.

15 **Beispiel 2**

Teilwertabschreibungen (§ 6 Absatz 1 Nummer 1 Satz 2 und Nummer 2 Satz 2 EStG)

Vermögensgegenstände des Anlage- und Umlaufvermögens sind bei voraussichtlich dauernder Wertminderung außerplanmäßig abzuschreiben (§ 253 Absatz 3 Satz 3, Absatz 4 HGB). Nach § 6 Absatz 1 Nummer 1 Satz 2 und Nummer 2 Satz 2 EStG kann bei einer voraussichtlich dauernden Wertminderung der Teilwert angesetzt werden. Die Vornahme einer außerplanmäßigen Abschreibung in der Handelsbilanz ist nicht zwingend in der Steuerbilanz durch eine Teilwertabschreibung nachzuvollziehen; der Steuerpflichtige kann darauf auch verzichten.

Hat der Steuerpflichtige in einem Wirtschaftsjahr eine Teilwertabschreibung vorgenommen und verzichtet er in einem darauf folgenden Jahr auf den Nachweis der dauernden Wertminderung (z. B. im Zusammenhang mit Verlustabzügen), ist zu prüfen, ob eine willkürliche Gestaltung vorliegt.

b) Handelsrechtliche und steuerliche Wahlrechte

16 Wahlrechte, die sowohl handelsrechtlich als auch steuerrechtlich bestehen, können aufgrund des § 5 Absatz 1 Satz 1 Halbsatz 2 EStG in der Handelsbilanz und in der Steuerbilanz unterschiedlich ausgeübt werden.

17 **Beispiel 1**

Verbrauchsfolgeverfahren (§ 256 HGB/§ 6 Absatz 1 Nummer 2a EStG)

Nach § 256 HGB kann für den Wertansatz gleichartiger Vermögensgegenstände des Vorratsvermögens eine bestimmte Verbrauchsfolge unterstellt werden (Fifo und Lifo). Steuerrechtlich besteht nach § 6 Absatz 1 Nummer 2a EStG dieses Wahlrecht nur für das Verbrauchsfolgeverfahren, bei dem die zuletzt angeschafften oder hergestellten Wirtschaftsgüter zuerst verbraucht oder veräußert werden (Lifo).

Die Anwendung des Verbrauchsfolgeverfahrens in der Steuerbilanz setzt nicht voraus, dass der Steuerpflichtige die Wirtschaftsgüter auch in der Handelsbilanz unter Verwendung von Verbrauchsfolgeverfahren bewertet. Eine Einzelbewertung der Wirtschaftsgüter in der Handelsbilanz steht der Anwendung des Verbrauchsfolgeverfahrens nach § 6 Absatz 1 Nummer 2a Satz 1 EStG unter Beachtung der dort genannten Voraussetzungen nicht entgegen.

18 **Beispiel 2**

lineare und degressive Absetzung für Abnutzung (§ 253 HGB/ § 5 Absatz 6 i. V. m. § 7 Absatz 2 EStG)

Gemäß § 253 Absatz 3 Satz 1 HGB sind bei Vermögensgegenständen des Anlagevermögens, deren Nutzung zeitlich begrenzt ist, die Anschaffungs- oder die Herstellungskosten um planmäßige Abschreibungen zu vermindern. Es ist demnach eine lineare oder degressive Abschreibung und eine Leistungsabschreibung sowie auch eine progressive Abschreibung möglich.

Gemäß § 7 Absatz 2 EStG i. d. F. des Gesetzes zur Umsetzung steuerrechtlicher Regelungen des Maßnahmenpakets „Beschäftigungssicherung durch Wachstumsstärkung" vom 21. Dezember 2008 (BGBl. I S. 2896; BStBl 2009 I S. 133) kann bei beweglichen Wirtschaftsgütern des Anlagevermögens statt der Absetzung für Abnutzung in gleichen Jahresbeträgen (lineare Absetzung für Abnutzung) die Absetzung für Abnutzung in fallenden

Jahresbeträgen (degressive Absetzung für Abnutzung) in Anspruch genommen werden. Die Absetzung für Abnutzung nach § 7 Absatz 2 EStG setzt nicht voraus, dass der Steuerpflichtige auch in der Handelsbilanz eine degressive Abschreibung vornimmt.

II. Aufzeichnungspflichten

Voraussetzung für die Ausübung steuerlicher Wahlrechte ist nach § 5 Absatz 1 Satz 2 EStG die Aufnahme der Wirtschaftsgüter, die nicht mit dem handelsrechtlich maßgeblichen Wert in der steuerlichen Gewinnermittlung ausgewiesen werden, in besondere, laufend zu führende Verzeichnisse. Die Verzeichnisse sind Bestandteil der Buchführung. Sie müssen nach § 5 Absatz 1 Satz 3 EStG den Tag der Anschaffung oder Herstellung, die Anschaffungs- oder Herstellungskosten, die Vorschrift des ausgeübten steuerlichen Wahlrechtes und die vorgenommenen Abschreibungen enthalten. Bei der Ausübung steuerlicher Wahlrechte für Wirtschaftsgüter des Sonderbetriebsvermögens ist eine gesonderte Aufzeichnung nach § 5 Absatz 1 Satz 2 EStG nicht erforderlich. Dies gilt auch für Umwandlungsvorgänge des Umwandlungssteuerrechtes. 19

Eine besondere Form der Verzeichnisse ist nicht vorgeschrieben. Soweit die Angaben bereits im Anlagenverzeichnis oder in einem Verzeichnis für geringwertige Wirtschaftsgüter gemäß § 6 Absatz 2 Satz 4 EStG (für Wirtschaftsgüter, die nach dem 31. Dezember 2009 angeschafft, hergestellt oder in das Betriebsvermögen eingelegt worden sind) enthalten sind, oder das Anlagenverzeichnis um diese Angaben ergänzt wird, ist diese Dokumentation ausreichend. Zum Ausweis des Feldinventars genügt das Anbauverzeichnis nach § 142 AO. Die Aufstellung der Verzeichnisse kann auch nach Ablauf des Wirtschaftsjahres im Rahmen der Erstellung der Steuererklärung (z. B. bei vorbereitenden Abschlussbuchungen) erfolgen. 20

Die laufende Führung des in § 5 Absatz 1 Satz 3 EStG genannten Verzeichnisses ist Tatbestandsvoraussetzung für die wirksame Ausübung des jeweiligen steuerlichen Wahlrechtes. Wird das Verzeichnis nicht oder nicht vollständig geführt, ist der Gewinn hinsichtlich des betreffenden Wirtschaftsguts durch die Finanzbehörde so zu ermitteln, als wäre das Wahlrecht nicht ausgeübt worden. Wird ein steuerliches Wahlrecht im Wege der Bilanzänderung erstmals ausgeübt, ist dies durch eine Aufzeichnung nach § 5 Absatz 1 Satz 2 EStG zu dokumentieren. 21

Für die Bildung von steuerlichen Rücklagen ist eine Aufnahme in das besondere, laufend zu führende Verzeichnis nicht erforderlich, wenn die Rücklage in der Steuerbilanz abgebildet wird. Wird die Rücklage in einem folgenden Wirtschaftsjahr auf die Anschaffungs- oder Herstellungskosten eines Wirtschaftsgutes übertragen, handelt es sich um die Ausübung eines steuerlichen Wahlrechts im Sinne des § 5 Absatz 1 Satz 1 Halbsatz 2 EStG. Das Wirtschaftsgut ist mit den erforderlichen Angaben in das besondere, laufend zu führende Verzeichnis aufzunehmen. Soweit sich die Angaben aus der Buchführung im Sinne des § 6b Absatz 4 EStG ergeben, ist diese Dokumentation ausreichend. 22

Behandelt ein Steuerpflichtiger Zuschüsse für Anlagegüter erfolgsneutral, indem er die Anschaffungs- oder Herstellungskosten für das Wirtschaftsgut um die erhaltenen Zuschüsse mindert (R 6.5 Absatz 2 Satz 3 EStR), ist die gesonderte Aufzeichnung nach § 5 Absatz 1 Satz 2 EStG erforderlich. Die Aufzeichnungspflicht entfällt, sofern der Steuerpflichtige die Zuschüsse als Betriebseinnahme ansetzt (R 6.5 Absatz 2 Satz 2 EStR). 23

III. Anwendungsregelung

§ 5 Absatz 1 EStG i. d. F. des BilMoG ist nach § 52 Absatz 1 Satz 1 EStG i. V. m. Artikel 15 des BilMoG erstmals für den Veranlagungszeitraum 2009, d. h. für Wirtschaftsjahre, die nach dem 31. Dezember 2008 enden, anzuwenden. Danach ist die Ausübung steuerlicher Wahlrechte nicht mehr an die Übereinstimmung mit der handelsrechtlichen Jahresbilanz gebunden. Änderungen in der Handelsbilanz, wie z. B. die Auflösung eines auf der Ausübung eines steuerlichen Wahlrechtes beruhenden Sonderpostens mit Rücklagenanteil nach § 247 Absatz 3 HGB a. F., haben ab diesem Zeitpunkt keine Auswirkungen auf die Steuerbilanz. Soweit handelsrechtlich die steuerlichen Ansätze im Rahmen der Übergangsvorschriften zum BilMoG noch beibehalten werden, bestehen die besonderen Aufzeichnungspflichten nicht. 24

Soweit Randnummer 8 von R 6.3 Absatz 4 EStR 2008 abweicht, ist es nicht zu beanstanden, wenn für Wirtschaftsjahre, die vor der Veröffentlichung einer geänderten Richtlinienfassung enden, noch nach R 6.3 Absatz 4 EStR 2008 verfahren wird.[1] 25

Dieses Schreiben wird im Bundessteuerblatt Teil I veröffentlicht.

---

1) Siehe dazu jetzt R 6.3 Abs. 9 EStR und Anlage § 006-21.

Anlage § 005–15

Zu § 5 EStG

Steuerbilanzrechtliche Bildung von Bewertungseinheiten

– Verfügung OFD Rheinland vom 11.03.2011 – S 2133-2011/0002 – St 141 –

Gem. § 254 HGB i.d.F. des Bilanzrechtsmodernisierungsgesetzes (BilMoG) können Vermögensgegenstände, Schulden, schwebende Geschäfte oder mit hoher Wahrscheinlichkeit erwartete Transaktionen (sog. Grundgeschäfte) zum Ausgleich gegenläufiger Wertänderungen oder Zahlungsströme aus dem Eintritt vergleichbarer Risiken mit Finanzinstrumenten (Sicherungsgeschäft) zu einer Bewertungseinheit zusammengefasst werden.

Bewertungseinheiten werden in der Praxis in der Weise gebildet, dass entweder das aus einem einzelnen Grundgeschäft resultierende Risiko durch ein einzelnes Sicherungsinstrument unmittelbar abgesichert wird (sog. micro-hedging), oder dadurch, dass die Risiken mehrerer gleichartiger Grundgeschäfte oder Gruppen von Grundgeschäften zusammenfassend betrachtet werden und durch ein oder mehrere Sicherungsinstrumente abgedeckt werden (sog. macro-hedging und portfolio-hedging).

Verhältnis zum steuerlichen Bewertungsvorbehalt und zu spezialgesetzlichen Normen
§ 5 Abs. 1a Satz 2 EStG bestimmt, dass die Ergebnisse der in der handelsrechtlichen Rechnungslegung zur Absicherung finanzwirtschaftlicher Risiken gebildeten Bewertungseinheiten auch für die steuerliche Gewinnermittlung maßgeblich sind. Insofern stellt die Vorschrift eine besondere Ausprägung des Maßgeblichkeitsgrundsatzes dar. Nach dem Sinn und Zweck der Vorschrift kommt eine eigenständige Bewertung der in eine Bewertungseinheit einbezogenen Wirtschaftsgüter nach steuerlichen Bewertungsvorschriften nicht mehr in Betracht. Dabei ist jedoch zu beachten, dass eine Bewertungseinheit **nur für Zwecke der Bewertung** der Wirtschaftsgüter zu berücksichtigen ist. Werden Verluste und Gewinne tatsächlich realisiert, sind diese Vorgänge nicht mehr unter Bewertungs-, sondern unter Realisationsgesichtspunkten zu beurteilen. Außerdem sind vom Regelungsbereich der Bewertungseinheiten die Vorschriften über die Gewinnermittlung, die Einkommensermittlung und die Verlustverrechnung, insbesondere die **§§ 3 Nr. 40, 3c** und **15 Abs. 4 EStG** und **§ 8b KStG** strikt zu trennen, da diese Regelungen auf tatsächliche Betriebsvermögensmehrungen und -minderungen abstellen.

Das hat zur Folge, dass bei Vorgängen, in denen einem Grundgeschäft ein konkretes Sicherungsgeschäft zugeordnet werden kann **(Micro-Hedge), § 5 Abs. 1a Satz 2 EStG** bewirkt, dass die Bewertung des Grundgeschäfts nur unter Berücksichtigung des Sicherungsgeschäfts vorzunehmen ist. Werden aber Grund- und Sicherungsgeschäft realisiert, können diese Vorgänge konkret zugeordnet werden und die Gewinn- und Einkommensermittlungsvorschriften und die Vorschriften über die Verlustverrechnung sind anwendbar.

Gleiches gilt hinsichtlich der **Makro- und Portfolio-Hedges,** bei denen eine Gruppe von Grundgeschäften gemeinsam betrachtet und eine sich ergebende Netto-Risikoposition durch ein oder mehrere Sicherungsinstrumente abgesichert wird. Alle einem bestimmten Preisrisiko unterliegenden Grundgeschäfte werden gesichert; eine Zuordnung des Sicherungsgeschäfts zu konkreten Grundgeschäften ist nicht gewollt oder gar nicht möglich.

Ergibt sich ein Gesamtrisiko, wird dieses in der Regel als Rückstellung ausgewiesen und ist auch steuerlich abziehbar **(§ 5 Abs. 4a Satz 2 EStG).** Dieser Verlust lässt sich nicht konkret zuordnen und kann daher auch nicht den Regelungen des **§ 3 Nr. 40, § 3c EStG** und **§ 8b KStG** unterworfen werden. Verlustverrechnungsbeschränkungen wie **§ 15 Abs. 4 Satz 3 bis 5 EStG** gelten aber dennoch.

Im Zeitpunkt der tatsächlichen Realisation einzelner Wirtschaftsgüter (z. B. Veräußerung) und Geschäfte, die dem Hedge zugeordnet waren, können diese Vorgänge konkret bestimmt werden und die Gewinn- und Einkommensermittlungsvorschriften sowie die Vorschriften über die Verlustrechnung sind anwendbar.

Rückgedeckte Pensionsverpflichtungen
Zur Anwendbarkeit des § 6a EStG im Zusammenhang mit Bewertungseinheiten ist auf das **BFH-Urteil vom 25. Februar 2004 (BStBl. II S. 654, Rz. 25 unter II.4.b)** hinzuweisen. Danach ist eine kompensatorische Bewertung von Pensionsverpflichtung einerseits und Rückdeckungsanspruch andererseits zu versagen, da es in diesen Fällen an gegenläufigen wertbeeinflussenden Korrelationen fehlt. Es bestehen zwischen den ausgewiesenen Bilanzpositionen keine systematischen, wertmäßigen Abhängigkeiten. Die Unterschiede bei der Bewertung der Pensionsverpflichtung einerseits und dem Rückdeckungsanspruch andererseits ergeben sich aus zwingend normierten Besonderheiten der jeweiligen Bewertung (**§§ 6** und **6a EStG**). Bewertungsdifferenzen ergeben sich in diesen Fällen aus der sich aus § 6a EStG herzuleitenden gesetzgeberischen Absicht, den bilanziellen Ausweis von Pensionsverpflichtungen bestimmten Maßgaben zu unterwerfen und damit wertmäßig bewusst nur in einer be-

Zu § 5 EStG

Anlage § 005–15

stimmten Höhe zuzulassen. Diese vom Gesetzgeber beabsichtigte Konsequenz darf nicht durch Bildung einer Bewertungseinheit negiert werden. Einen Zusammenhang mit **§ 5 Abs. 1a Satz 2 EStG** kann es hier demnach nicht geben.
Auch das handelsrechtliche Saldierungsgebot nach § 246 Abs. 2 Satz 2 i.V. mit § 253 Abs. 1 Satz 4 HGB i.d.F. des BilMoG lässt den getrennten steuerbilanziellen Ausweis der Pensionsverpflichtung und der zugehörigen Deckungsmittel unter Beachtung der steuerlichen Bewertungsvorschriften unberührt (§ 5 Abs. 1a Satz 1 EStG; vgl. BT-Drucksache 16/10067 S. 4).

Wertansätze bei Bildung, Beibehaltung und Beendigung einer Bewertungseinheit

Wird eine Bewertungseinheit anerkannt, so ist für die Anwendung der Gewinnermittlungs- und Einkommensermittlungsvorschriften nach dem Sinn und Zweck des **§ 5 Abs. 1a Satz 2 EStG** an den bisherigen Wertansätzen festzuhalten (**sog. Netto-/Einfrierungsmethode**), weil nur durch die Nettomethode eine zutreffende Wiedergabe der Betriebsvermögensänderungen sichergestellt ist. Insbesondere trägt die Nettomethode dem Umstand Rechnung, dass der Bewertungseinheit Obergrenzen durch das Anschaffungskostenprinzip und das Realisationsprinzip gesetzt sind.
Gleichen sich die positiven und negativen Wertveränderungen bzw. Zahlungsströme von Grundgeschäften und Sicherungsinstrumenten aus, so werden diese bei Anwendung der Nettomethode saldiert und weder in den Wertansätzen der Grundgeschäfte bzw. Sicherungsinstrumente noch in der Gewinn- und Verlustrechnung erfasst (sog. kompensatorische Bewertung). Soweit sich ein Überhang der negativen Wertveränderungen über die positiven Wertveränderungen ergibt, ist die Differenz dem Imparitätsprinzip folgend als nicht realisierter Verlust erfolgswirksam abzubilden. Ein nicht realisierter Gewinn bleibt dagegen unberücksichtigt.

Anlage § 005–16

Zu § 5 EStG

Rückstellungen für Zuwendungen anlässlich eines Dienstjubiläums

– BdF-Schreiben vom 8.12.2008 – IV C 6 – S 2137/07/10002, 2008/0690725 (BStBl. I S. 1013) –

Nach dem Ergebnis der Erörterung mit den obersten Finanzbehörden der Länder gilt für den Ansatz und die Bewertung von Rückstellungen für Zuwendungen anlässlich eines Dienstjubiläums Folgendes:

1. Begriff der Jubiläumszuwendung

1 Eine Jubiläumszuwendung ist jede Einmalzuwendung in Geld- oder Geldeswert an den Arbeitnehmer anlässlich eines Dienstjubiläums, die dieser neben dem laufenden Arbeitslohn und anderen sonstigen Bezügen erhält. Dazu gehören auch zusätzliche Urlaubstage im Jubiläumsjahr.

2. Voraussetzungen für die Bildung von Rückstellungen für Zuwendungen anlässlich eines Dienstjubiläums

2 Nach § 5 Abs. 4 EStG ist die Bildung einer Rückstellung für die Verpflichtung zu einer Zuwendung anlässlich eines Dienstjubiläums nur zulässig, wenn das maßgebende Dienstverhältnis mindestens zehn Jahre bestanden hat, die Zuwendung das Bestehen eines Dienstverhältnisses von mindestens 15 Jahren voraussetzt und die Zusage schriftlich erteilt wird. Darüber hinaus kann ausschließlich der Teil der Anwartschaft berücksichtigt werden, der auf die Dienstzeiten nach dem 31. Dezember 1992 entfällt (vgl. auch Randnummern 13 bis 16).

3 Liegen die Voraussetzungen des § 5 Abs. 4 EStG vor, kann eine Rückstellung aber dennoch nicht angesetzt werden, wenn der Steuerpflichtige nicht ernsthaft damit rechnen muss, aus der Zusage auch tatsächlich in Anspruch genommen zu werden (vgl. R 5.7 Abs. 5 EStR 2005 zur Wahrscheinlichkeit der Inanspruchnahme aus einer Verpflichtung).

4 Es ist nicht erforderlich, dass die Zusage rechtsverbindlich, unwiderruflich und vorbehaltlos erteilt wird. Bei Verpflichtungen mit Widerrufsvorbehalten ist aber in besonderem Maße zu prüfen, ob die Entstehung der Verbindlichkeit nach der bisherigen betrieblichen Übung oder nach den objektiv erkennbaren Tatsachen am zu beurteilenden Bilanzstichtag wahrscheinlich im Sinne von Randnummer 3 ist (BFH-Urteil vom 18. Januar 2007 BStBl. 2008 II S. 956).

3. Schriftformerfordernis

5 Rückstellungen für Jubiläumszuwendungen können nach § 5 Abs. 4 EStG nur passiviert werden, wenn die Zusage schriftlich erteilt wurde. Hinsichtlich des Schriftformerfordernisses gilt R 6a Abs. 7 EStR 2005 entsprechend.

4. Bewertung der Verpflichtung

a) Umfang der Verpflichtung

6 Für die Bewertung der zugesagten Leistungen sind die Wertverhältnisse am Bilanzstichtag maßgebend. Die Grundsätze der Inventurerleichterung bei der Bewertung von Pensionsrückstellungen gemäß R 6a Abs. 18 EStR 2005 sind entsprechend anzuwenden. Soll der Arbeitgeber die Lohnsteuerbelastung des Arbeitnehmers tragen (Nettolohnvereinbarung), ist der am Bilanzstichtag geltende Steuertarif zu berücksichtigen. Änderungen der Bemessungsgrundlage oder des Steuertarifes, die erst nach dem Bilanzstichtag wirksam werden, sind zu berücksichtigen, wenn sie am Bilanzstichtag bereits feststehen.

b) Berücksichtigung der Wahrscheinlichkeit des Ausscheidens

7 Die Bildung einer Rückstellung für eine dem Arbeitnehmer zugesagte Jubiläumszuwendung setzt voraus, dass das Dienstverhältnis mindestens zehn Jahre bestanden hat (vgl. Randnummer 2). Mit dieser Regelung wird das Ausscheiden von Arbeitnehmern aufgrund von Kündigungen (Fluktuation) in pauschaler Weise berücksichtigt. Ein zusätzlicher Fluktuationsabschlag zum jeweiligen Bilanzstichtag ist nicht vorzunehmen. Demgegenüber ist die Wahrscheinlichkeit des Ausscheidens wegen Tod oder Invalidität gesondert zu ermitteln.

8 Für die Bestimmung des Zeitpunktes, zu dem der Begünstigte wegen des Eintritts in den Ruhestand aus dem Unternehmen ausscheidet, ist das dienstvertragliche Pensionsalter, spätestens die jeweilige Regelaltersgrenze in der gesetzlichen Rentenversicherung zugrunde zu legen. Sofern für den Begünstigten auch eine Pensionszusage besteht, ist dasselbe Alter zu berücksichtigen, das nach R 6a Abs. 11 EStR 2005 bei der Bewertung der Pensionsrückstellung angesetzt wird.

c) Bewertungsverfahren

– Bewertung unter Berücksichtigung der anerkannten Regeln der Versicherungsmathematik

Zu § 5 EStG   **Anlage § 005–16**

Der Teilwert der Verpflichtung zur Leistung der einzelnen Jubiläumszuwendung ist grundsätzlich 9
unter Berücksichtigung der anerkannten Regeln der Versicherungsmathematik als Barwert der
künftigen Jubiläumszuwendung am Schluss des Wirtschaftsjahres abzüglich des sich auf denselben Zeitpunkt ergebenen Barwertes betragsmäßig gleich bleibender Jahresbeträge zu ermitteln;
auf Nummer 2 des BMF-Schreibens vom 16. Dezember 2005 (BStBl. I S. 1054) zum Übergang
auf die „Richttafeln 2005 G" von Professor Klaus Heubeck wird hingewiesen. Die Jahresbeträge
sind dabei so zu bemessen, dass ihr Barwert zu Beginn des Wirtschaftsjahres, in dem die für die
Jubiläumszuwendung maßgebende Dienstzeit beginnen hat, gleich dem Barwert der künftigen
Jubiläumszuwendung ist. Die künftige Jubiläumszuwendung ist dabei mit dem Betrag anzusetzen, der sich nach den Verhältnissen am Bilanzstichtag ergibt. Zur Ermittlung des Teilwertes
ist die Verpflichtung unter Zugrundelegung eines Zinssatzes von mindestens 5,5 % abzuzinsen.

– Pauschalwertverfahren

Es ist nicht zu beanstanden, wenn der Teilwert abweichend von Randnummer 9 nach einem pau- 10
schalen Verfahren (Pauschalwertverfahren) ermittelt wird. Dabei sind zwingend die Werte der in
der Anlage beigefügten Tabelle zugrunde zu legen. Diese Werte berücksichtigen bereits die
Wahrscheinlichkeit des Ausscheidens und die Abzinsung.

Die Berechnung der Rückstellungen kann für alle Jubiläumsverpflichtungen des Betriebes nur ein- 11
heitlich entweder nach dem Verfahren gemäß Randnummer 9 oder nach dem Pauschalwertverfahren
gemäß Randnummer 10 erfolgen. Das gewählte Verfahren bindet den Steuerpflichtigen für fünf
Wirtschaftsjahre.

Beispiel 1   12

Erforderliche Dienstjahre für die Jubiläumszuwendung:	25 Jahre
Höhe der Zuwendung:	2.000 €
Beginn des maßgebenden Dienstverhältnisses:	1. Januar 1996
Berechnung der Rückstellung zum 31. Dezember 2008:	
abgeleistete Dienstjahre:	13 Jahre
Wert gemäß Anlage je 1.000 €:	173 €
anzusetzende Rückstellung somit: 173 € x 2 =	**346 €**

d) Kürzung der Rückstellung bei Beginn des Dienstverhältnisses vor dem 1. Januar 1993

Nach § 5 Abs. 4 EStG können Rückstellungen nur passiviert werden, soweit der Zuwendungs- 13
berechtigte seine Anwartschaft nach dem 31. Dezember 1992 erworben hat. Demzufolge ist in den
Fällen, in denen das für die Jubiläumszuwendung maßgebende Dienstverhältnis vor dem 1. Januar
1993 begonnen hat, die nach den Randnummern 9 oder 10 ermittelte Rückstellung um den Teilbetrag
zu kürzen, der sich bezogen auf die Verhältnisse am Bilanzstichtag als Rückstellungsbetrag nach dem
gleichen Verfahren zum 31. Dezember 1992 ergeben hätte.

Bei einer Veränderung der Jubiläumszuwendung ist der Kürzungsbetrag neu zu ermitteln. Eine 14
Kürzung ist auch in den Fällen vorzunehmen, in denen die Zusage zwar nach dem 31. Dezember
1992 erteilt oder verändert wird, sich aber auch auf Dienstzeiten vor dem 1. Januar 1993 bezieht.

Beispiel 2   15

Erforderliche Dienstjahre für die Jubiläumszuwendung:	30 Jahre
Höhe der Zuwendung:	3.000 €
Beginn des maßgebenden Dienstverhältnisses:	1. März 1990
Berechnung zum 31. Dezember 2008:	
a) Rückstellung zum 31. Dezember 2008:	
abgeleistete Dienstjahre (aufgerundet):	19 Jahre
Wert gemäß Anlage je 1.000 €:	225 €
Rückstellung somit: 225 € x 3 =	*675 €*
b) Rückstellung zum 31. Dezember 1992:	
abgeleistete Dienstjahre (aufgerundet):	3 Jahre
Wert gemäß Anlage je 1.000 €:	14 €
Rückstellung somit: 14 € x 3 =	*42 €*
Anzusetzen zum 31. Dezember 2008: 675 € – 42 € =	**633 €**

Anlage § 005–16 Zu § 5 EStG

16 Beispiel 3

Erforderliche Dienstjahre für die Jubiläumszuwendung:	40 Jahre
Höhe der Zuwendung:	1 Monatsgehalt
Beginn des maßgebenden Dienstverhältnisses:	1. Oktober 1991
Monatsgehalt zum 31. Dezember 2008:	3.000 €
Monatsgehalt zum 31. Dezember 2009:	3.200 €

Berechnung der Rückstellung zum 31. Dezember 2008:
a) Rückstellung zum 31. Dezember 2008:

abgeleistete Dienstjahre (abgerundet):	17 Jahre
Wert gemäß Anlage je 1.000 €:	73 €
Rückstellung somit: 73 € x 3 =	*219 €*

b) Rückstellung zum 31. Dezember 1992:

abgeleistete Dienstjahre (abgerundet):	1 Jahr
Wert gemäß Anlage je 1.000 €:	2 €
Rückstellung somit: 2 € x 3 =	*6 €*
Anzusetzen zum 31. Dezember 2008: 219 € – 6 € =	**213 €**

Berechnung zum 31. Dezember 2009:
a) Rückstellung zum 31. Dezember 2009:

abgeleistete Dienstjahre (abgerundet):	18 Jahre
Wert gemäß Anlage je 1.000 €:	82 €
Rückstellung somit: 82 € x 3,2 =	*262,40 €*

b) Rückstellung zum 31. Dezember 1992:

abgeleistete Dienstjahre (abgerundet):	1 Jahr
Wert gemäß Anlage je 1.000 €:	2 €
Rückstellung somit: 2 € x 3,2 =	*6,40 €*
Anzusetzen zum 31. Dezember 2009: 262,40 € – 6,40 € =	**256 €**

5. Zeitliche Anwendung

17 Dieses Schreiben ist grundsätzlich in allen noch offenen Fällen anzuwenden. Abweichend hiervon gilt für die Anwendung der folgenden Randnummern Folgendes:

a) Randnummer 4 (Jubiläumszusagen mit Widerrufsvorbehalten):

18 Bei Jubiläumszusagen im Sinne von § 5 Abs. 4 EStG, die allein wegen bestehender Widerrufsvorbehalte bislang bilanzsteuerrechtlich nicht berücksichtigt wurden, kann Randnummer 4 erstmals in nach dem 18. Januar 2007 (Datum der BFH-Entscheidung IV R 42/04) aufgestellten Bilanzen berücksichtigt werden. Sie ist spätestens für Bilanzen maßgebend, die nach dem Tag der Veröffentlichung des BFH-Urteils IV R 42/04 im Bundessteuerblatt aufgestellt werden.

19 Der Ansatz einer Rückstellung für eine Jubiläumszusage mit Widerrufsvorbehalt in vor dem 19. Januar 2007 aufgestellten Bilanzen ist im Rahmen einer Bilanzberichtigung nach § 4 Abs. 2 Satz 1 EStG möglich. Diese ist zulässig, wenn der Steuerpflichtige durch den Ausweis einer entsprechenden Rückstellung in der Handelsbilanz oder durch entsprechende Zusätze oder Vermerke in der steuerlichen Gewinnermittlung dokumentiert hat, dass er einen solchen Ansatz begehrt, und die Festsetzung verfahrensrechtlich noch änderbar ist. Entsprechendes gilt, wenn der Steuerpflichtige nach der erstmaligen Steuerfestsetzung innerhalb der Einspruchsfrist nach § 355 Abgabenordnung (AO) die bilanzielle Berücksichtigung von widerruflichen Jubiläumszusagen erstmals beantragt.

b) Randnummer 8 (maßgebendes Pensionsalter)

20 Randnummer 8 Satz 1 kann erstmals der Gewinnermittlung des Wirtschaftsjahres zugrunde gelegt werden, das nach dem 30. April 2007 (Tag der Veröffentlichung des RV-Altersgrenzenanpassungsgesetzes vom 20. April 2007, BGBl. I S. 554, im Bundesgesetzblatt) endet. Sie ist spätestens in der Bilanz des ersten Wirtschaftsjahres zu berücksichtigen, das nach dem 30. Dezember 2008 endet (Übergangszeit).

Zu § 5 EStG
Anlage § 005–16

c) Randnummer 10 und Anlage (Pauschalwertverfahren)

Die Anlage dieses Schreibens kann frühestens der pauschalen Bewertung von Rückstellungen für Zuwendungen anlässlich eines Dienstjubiläums am Ende des Wirtschaftsjahres zugrunde gelegt werden, das nach dem 6. Juli 2005 (Tag der Veröffentlichung der „Richttafeln 2005 G" von Prof. Klaus Heubeck) endet, wenn auch bei der Bewertung eventuell vorhandener Pensionsverpflichtungen und sonstiger versicherungsmathematischer Bilanzposten des Unternehmens der Übergang auf die „Richttafeln 2005 G" erfolgt ist (vgl. Nummer 2 des BMF-Schreibens vom 16. Dezember 2005, a. a. O.). 21

Die Übergangsregelungen nach den Randnummern 17 bis 21 gelten einheitlich für alle Verpflichtungen des Unternehmens zur Zahlung von Zuwendungen anlässlich eines Dienstjubiläums. Ab dem Übergangszeitpunkt sind die BMF-Schreiben vom 29. Oktober 1993 (BStBl. I S. 898) und 12. April 1999 (BStBl. I S. 434) nicht weiter anzuwenden. 22

Dieses Schreiben wird im Bundessteuerblatt Teil I veröffentlicht.

Anlage § 005–16

Zu § 5 EStG

Anlage

Höhe des Teilwertes nach dem Pauschalwertverfahren bei Verpflichtung zur Leistung einer Jubiläumszuwendung in Höhe von je 1.000 Euro

(Als Rechnungsgrundlagen wurden im Wesentlichen die „Richttafeln 2005 G" von Prof. Klaus Heubeck mit einem Rechnungszinsfuß von 5,5 % verwendet.)

abgeleistete Dienstjahre (gerundet)	Leistung der Jubiläumszuwendungen nach Dienstjahren									abgeleistete Dienstjahre (gerundet)
	15	20	25	30	35	40	45	50	55	60	
1	19	11	6	4	3	2	1	1	0	0	1
2	41	23	14	9	6	4	3	2	1	1	2
3	66	36	22	14	9	6	4	3	2	1	3
4	95	52	31	19	13	8	6	4	2	1	4
5	127	68	41	26	17	11	8	5	3	2	5
6	164	87	52	32	21	14	10	7	4	2	6
7	207	109	64	40	26	17	12	8	4	2	7
8	257	133	78	48	31	21	14	10	5	3	8
9	315	160	93	58	37	25	17	12	6	3	9
10	384	191	110	68	44	29	20	14	7	4	10
11	467	226	128	79	51	34	23	16	9	5	11
12	566	266	149	91	59	39	26	18	10	5	12
13	686	313	173	105	67	45	30	21	11	6	13
14	829	368	199	120	77	51	34	24	13	7	14
15	1.000[1]	432	229	137	87	58	39	27	14	8	15
16		509	263	156	99	65	44	30	16	9	16
17		601	302	176	111	73	49	34	18	10	17
18		712	347	199	125	82	55	38	20	11	18
19		844	399	225	140	91	61	42	23	12	19
20		1.000[1]	461	254	157	102	68	47	25	13	20
21			535	287	175	113	76	52	28	15	21
22			622	325	195	126	84	57	31	16	22
23			728	369	218	140	93	63	34	18	23
24			853	420	244	155	103	70	37	19	24
25			1.000[1]	480	272	171	113	77	41	21	25
26				551	305	190	125	84	45	23	26
27				636	342	210	137	93	49	26	27
28				739	385	232	151	102	54	28	28
29				858	435	258	166	111	59	31	29
30				1.000[1]	494	286	183	122	65	33	30
31					564	318	201	134	71	37	31
32					647	355	221	146	77	40	32
33					746	397	243	160	85	43	33
34					863	446	268	175	92	47	34
35					1.000[1]	504	297	192	101	52	35
36						573	328	210	110	56	36
37						654	365	230	121	61	37
38						752	407	252	132	67	38
39						866	455	277	144	73	39
40						1.000[1]	512	305	158	79	40
41							580	337	174	87	41
42							660	373	191	95	42
43							756	414	212	105	43
44							868	462	235	115	44
45							1.000[1]	519	261	128	45
46								585	293	142	46
47								665	330	159	47
48								760	374	178	48
49								870	426	201	49
50								1.000[1]	487	229	50
51									559	261	51
52									643	298	52
53									742	342	53
54									860	394	54
55									1.000[1]	455	55
56										527	56
57										614	57
58										718	58
59										845	59
60										1.000[1]	60

---

1) Soweit am Bilanzstichtag das jeweilige Jubiläum noch nicht erreicht wurde.

Zu § 5 EStG   Anlage § 005–17

Steuerbilanzielle Behandlung von Optionsprämien beim Stillhalter; BFH-Urteil vom 18. Dezember 2002 (BStBl. 2004 II S. 126)

– BdF-Schreiben vom 12.1.2004 – IV A 6 – S 2133 – 17/03 (BStBl. I S. 192) –

Mit Urteil vom 18. Dezember 2002 (BStBl. I 2004 S. 126) hat der BFH entschieden, dass für die Verpflichtung des Veräußerers einer Option (Stillhalter), auf Verlangen des Optionsberechtigten innerhalb der Optionsfrist den Optionsgegenstand zu verkaufen oder zu kaufen (Call-/Put-Option), eine Verbindlichkeit in Höhe der dafür vereinnahmten Prämie auszuweisen ist. Die Verbindlichkeit ist erst bei Ausübung oder Verfall der Option auszubuchen und am Bilanzstichtag gemäß § 6 Abs. 1 Nr. 3 i. V. m. Nr. 2 EStG mit den Anschaffungskosten oder einem höheren Teilwert zu bewerten. Die Anschaffungskosten bestimmen sich nach dem sog. Anschaffungsertrag, weil die Entstehung der Verbindlichkeit durch den Zufluss eines Ertrages verursacht wird.

Der BFH ließ mangels Entscheidungserheblichkeit die Frage offen, wie ein die Höhe der Optionsprämie übersteigendes Risiko aus einer späteren Ausübung der Option bilanziell abzubilden sei. Auf der Grundlage der Erörterung der obersten Finanzbehörden des Bundes und der Länder gilt für alle noch offenen Fälle Folgendes:

Die Grundsätze des BFH-Urteils sind anzuwenden.

Ein die Höhe der Optionsprämie übersteigendes Risiko aus einer späteren Ausübung der Option ist grundsätzlich in einer Rückstellung für drohende Verluste aus schwebenden Geschäften abzubilden. Diese Rückstellung darf letztmalig am Schluss des letzten vor dem 1. Januar 1997 endenden Wirtschaftsjahres gebildet werden (§ 5 Abs. 4a i. V. m. § 52 Abs. 13 EStG).

Wirtschaftliche Verursachung als Voraussetzung für Rückstellungsbildung[1]

– BdF-Schreiben vom 21.01.2003 – IV A 6 – S 2137 – 2/03 (BStBl. 2003 I S. 125) –

Der BFH hat in seinem Urteil vom 27. Juni 2001 – I R 45/97 – (BStBl. 2003 II S. 121) im Hinblick auf die Bildung einer Rückstellung für ungewisse Verbindlichkeiten im Sinne des § 249 HGB entschieden, dass bereits rechtlich entstandene Verpflichtungen unabhängig vom Zeitpunkt ihrer wirtschaftlichen Verursachung handels- und steuerrechtlich zu berücksichtigen sind. Dies widerspricht der bislang von Rechtsprechung und Finanzverwaltung (R 31c Abs. 2 und 4 EStR 2001)[2] vertretenen Auffassung, wonach Rückstellungen erst dann gebildet werden dürfen, wenn sie rechtlich entstanden *und* wirtschaftlich verursacht sind.

Nach dem Ergebnis der Erörterung mit den obersten Finanzbehörden der Länder ist an der o. g. bisherigen Auffassung der Finanzverwaltung weiterhin festzuhalten. Die Grundsätze des BFH-Urteils vom 27. Juni 2001 – I R 45/97 – (BStBl. 2003 II S. 121) sind nicht über den entschiedenen Einzelfall hinaus allgemein anzuwenden. Der Bundesfinanzhof soll Gelegenheit erhalten, seine Rechtsauffassung in einem geeigneten Verfahren noch einmal zu überprüfen.

Eigenjagdrecht auf Flächen eines land- und forstwirtschaftlichen Betriebs

– BdF-Schreiben vom 23.6.1999 – IV C 2 – S 2520 – 12/99 (BStBl. I S. 593) –

Zu der Behandlung des Eigenjagdrechts auf Flächen eines land- und forstwirtschaftlichen Betriebs als eigenständiges immaterielles Wirtschaftsgut nehme ich im Einvernehmen mit den obersten Finanzbehörden der Länder wie folgt Stellung:

Das Eigenjagdrecht steht dem Eigentümer einer land-, forst- oder fischereiwirtschaftlich nutzbaren zusammenhängenden Fläche von in der Regel mindestens 75 Hektar zu und kann von ihm selbst oder durch Verpachtung genutzt werden. Zivilrechtlich ist es Bestandteil der Grundstücke (§ 96 BGB, § 3 Abs. 1 BJagdG).

Ertragsteuerlich stellt das Eigenjagdrecht ein selbständiges nicht abnutzbares immaterielles Wirtschaftsgut dar. Es ist notwendiges Betriebsvermögen des land- und forstwirtschaftlichen Betriebs, ist aber nur bei entgeltlichem Erwerb als Aktivposten in der Steuerbilanz auszuweisen (§ 5 Abs. 2 EStG). Bei der Anschaffung land- und forstwirtschaftlicher Flächen, die einen Eigenjagdbezirk bilden, ist deshalb das Eigenjagdrecht mit den anteiligen Anschaffungskosten zu bilanzieren. Im Falle der Veräußerung solcher Grundstücke ist der auf das Eigenjagdrecht entfallende Gewinn nicht nach § 6 b EStG begünstigt.

In den DM-Eröffnungsbilanzen zum 21. Juni 1948 bzw. 1. Juli 1990 war ein Wert für das Eigenjagdrecht nicht anzusetzen, weil ein Jagdrecht weder am 21. Juni 1948 in den alten Ländern noch am 1. Juli 1990 nach dem Einigungsvertrag in den neuen Ländern bestanden hat.

Soweit bei Anschaffungen von Grundstücken nach dem 30. Juni 1970 bzw. nach dem 30. Juni 1990 die auf das Eigenjagdrecht entfallenden Anschaffungskosten nicht gesondert ausgewiesen worden sind, ist dies durch Bilanzberichtigung gegen entsprechende Minderung des Buchwerts des Grund und Bodens richtigzustellen. Ist der Grund und Boden bei Anschaffungen vor dem 1. Juli 1970 nach § 55 Abs. 1 EStG mit dem doppelten Ausgangswert bewertet worden, so sind die für das Eigenjagdrecht tatsächlich entstandenen Anschaffungskosten gewinneutral über das Kapitalkonto einzubuchen. Aus Billigkeitsgründen wird es nicht beanstandet, wenn die Bilanzberichtigung erst in der Schlußbilanz des ersten nach dem 29. Juni 1999 endenden Wirtschaftsjahres vorgenommen wird. Für Veräußerungen von Grundstücken vor dem 1. Juli 1999 kann insgesamt noch von einer Veräußerung des Grund und Bodens mit dem Eigenjagdrecht als unselbständiger Teil des Grund und Bodens ausgegangen werden.

---

1) Vgl. dazu auch Anlage § 005-23.
2) Jetzt R 5.7 Abs. 2 und 5 EStR.

Ertragsteuerrechtliche Behandlung von Film- und Fernsehfonds[1]

– BdF-Schreiben vom 23.2.2001 – IV A 6 – S 2241 – 8/01 (BStBl. I S. 175) –
unter Berücksichtigung der Änderungen durch das BdF-Schreiben vom 5.8.2003 –
IV A 6 – S 2241 – 81/03 (BStBl. I S. 406)

Unter Bezugnahme auf das Ergebnis der Erörterungen mit den obersten Finanzbehörden der Länder nehme ich zu Fragen der ertragsteuerrechtlichen Behandlung von Film- und Fernsehfonds zusammenfassend wie folgt Stellung:

I. Herstellereigenschaft

a) Sachverhalt

Film- und Fernsehfonds unterhalten i.d.R. keinen Produktionsbetrieb. Die Herstellung des Films erfolgt entweder 1

– durch Einschaltung eines oder mehrerer Dienstleister (Production Services Company) oder
– im Wege der Koproduktion.

Bei Einschaltung von Dienstleistern erwirbt der Fonds die Rechte am Drehbuch und an den sonstigen für 2 eine Filmproduktion erforderlichen Werken (sog. Stoffrechte) durch Kauf oder Lizenz. Erst im Zuge der Filmproduktion entstehende Rechte werden spätestens mit der Filmablieferung auf den Fonds übertragen.

Die eigentlichen Produktionsarbeiten werden unabhängigen sog. durchführenden Produzenten (Dienst- 3 leistern) übertragen. Die Dienstleister schließen Verträge mit den Schauspielern, dem Regisseur und den anderen Mitwirkenden im eigenen Namen oder im Namen des Fonds, aber stets auf Rechnung des Fonds ab. Die Dienstleister sind verpflichtet, für ihre (jeweiligen) Produktionskosten ein detailliertes Budget zu erstellen, das vom Fonds zu genehmigen ist und Vertragsbestandteil wird. Die tatsächlich entstandenen Produktionskosten werden gegenüber dem Fonds auf der Grundlage testierter Kostenberichte nachgewiesen. Es ist branchenüblich, dass an einem positiven Saldo bei der Produktionskostenabrechnung der Dienstleister partizipiert. Im Übrigen erhält der Dienstleister ein Entgelt, das pauschalierte allgemeine Handlungskosten sowie die Gewinnspanne des Dienstleisters umfasst. Dem Fonds werden (unterschiedlich umfängliche) Weisungs- oder Kontrollrechte bei der Filmherstellung zum Teil im organisatorischen, zum Teil im künstlerischen Bereich eingeräumt. Vorstehende Maßnahmen werden auch in den Fällen getroffen, in denen der Fonds ein bereits begonnenes (teilweise entwickeltes) Filmprojekt von einem Filmproduzenten (der danach i.d.R. Dienstleister wird) übernimmt.

Die Verwertung des Films übernimmt ein Vertriebsunternehmen durch Abschluss eines Lizenzvertrags; 4 häufig wird dem Vertriebsunternehmen zur weltweiten Rechtsdurchsetzung ein geringer Anteil (i.d.R. 1 %) an den Urheberrechten am (fertigen) Film für die Dauer des Lizenzvertrags treuhänderisch übertragen. Es kommt auch vor, dass das Vertriebsunternehmen die Teilfinanzierung der Filmherstellungskosten über Darlehen übernimmt und sich dabei Mitspracherechte bei der Produktion einräumen lässt.

Im Falle der Koproduktion schließt der Fonds mit einer oder mehreren Fremdfirmen eine Vereinbarung 5 über die gemeinschaftliche Produktion eines Films ab; es entsteht eine Koproduktionsgesellschaft meist in Form einer Gesellschaft des bürgerlichen Rechts (GbR) oder eine Koproduktionsgemeinschaft. Der Fonds (ggf. auch die anderen Koproduzenten) bringt seine (von ihm zuvor erworbenen) Stoffrechte in die Gesellschaft/ Gemeinschaft ein. Die Beteiligung an der Produktion erfolgt über Anteile am Gesamtbudget (an den voraussichtlichen Produktionskosten), nicht über eine (feste) Kapitalbeteiligung an der Gesellschaft/Gemeinschaft. Dem Fonds werden im Innenverhältnis bei der Produktion Mitsprache-, Kontroll-, Veto- und Weisungsrechte eingeräumt; ist der Fonds im Ausnahmefall so genannter federführender oder ausführender Koproduzent (Executive Producer), schließt er (im Namen und für Rechnung der Koproduktionsgesellschaft bzw. auch der anderen Koproduzenten) die Verträge mit den Mitwirkenden ab und hat die Filmgeschäftsführung während der Produktionsphase.

Die tatsächliche Filmherstellung im technischen Sinne erfolgt bei Koproduktionen durch einen feder- 6 führenden oder ausführenden Koproduzenten oder durch Einschaltung von Dienstleistern. Mit Ende der Produktionsphase geht das Recht am fertigen Film i.d.R. durch besondere Vereinbarung in Bruchteilseigentum auf die einzelnen Koproduzenten über. Regelmäßig wird vereinbart, dass die einzelnen Ko-

---

1) Zahlungen an den Lizenznehmer für Filmvermarktung sind keine sofort abziehbaren Betriebsausgaben (Vfg OFD Frankfurt vom 19.4.2004 – S 2241 A – 64 – St II. 202 (DB 2004 S. 1176).

Anlage § 005–20

Zu § 5 EStG

produzenten das Filmrecht jeweils territorial oder sachlich begrenzt auswerten können (ausschließliches Verwertungsrecht in ihrem Sitzland bzw. Sendegebiet oder für ein bestimmtes Medium – z.B. Video).

b) Rechtliche Beurteilung

7   Nach dem BFH-Urteil vom 20. September 1995 (BStBl. 1997 II S. 320) kommt es für die Herstellereigenschaft bei Filmen darauf an, wer bei der Filmproduktion letztlich die notwendigen Entscheidungen trifft und die wirtschaftlichen Folgen verantwortet (vgl. § 94 Urheberrechtsgesetz – UrhG –).

8   Es ist zwischen echter und unechter Auftragsproduktion zu unterscheiden. Bei der echten Auftragsproduktion ist der Produzent Hersteller. Ihm werden zwar das wirtschaftliche Risiko und die Finanzierung weitgehend abgenommen. Er bleibt aber für den Erwerb der für das Filmwerk erforderlichen Nutzungs- und Leistungsschutzrechte von Künstlern usw. verantwortlich. Hingegen trägt im Falle der unechten Auftragsproduktion der Auftraggeber das gesamte Risiko der Filmherstellung. Der Produzent wird zum bloßen Dienstleistenden, der Auftraggeber Hersteller.

9   Ein Film- oder Fernsehfonds ist Hersteller eines Films, wenn er
- als Auftraggeber das gesamte Risiko der Filmherstellung trägt (unechte Auftragsproduktion durch Einschaltung von Dienstleistern) oder
- im Wege der Koproduktion ein Filmprojekt in eigener (Mit-) Verantwortung unter (Mit-)Übernahme der sich daraus ergebenden Risiken und Chancen durchführt.

Ein geschlossener Fonds ist nach den Grundsätzen der BFH-Urteile zur ertragsteuerlichen Behandlung der Eigenkapitalvermittlungsprovision und anderer Gebühren vom 8. Mai 2001, BStBl. II S. 720, und vom 28. Juni 2001, BStBl. II S. 717, jedoch dann nicht als Hersteller, sondern als Erwerber anzusehen, wenn der Initiator der Gesellschaft ein einheitliches Vertragswerk vorgibt und die Gesellschafter in ihrer gesellschaftsrechtlichen Verbundenheit hierauf keine wesentlichen Einflussnahmemöglichkeiten besitzen.[1)]

10 [2)] Ist vom Fondsinitiator (i. d. R. Verleih-/Vertriebsunternehmen, Anlageberater, Leasingfirma) das Fonds-Vertragswerk (einschließlich Rahmen-Vereinbarungen mit Dienstleistern und/oder Koproduzenten) entwickelt worden, kommt es für die Herstellereigenschaft des Fonds darauf an, dass der Fonds (d. h. die Gesellschafter in ihrer gesellschaftsrechtlichen Verbundenheit) dennoch wesentliche Einflussnahmemöglichkeiten auf die Filmproduktion hat und die wirtschaftlichen Folgen verantwortet oder bei Koproduktionen mitverantwortet. Dies ist der Fall, wenn die Einflussnahmemöglichkeiten des Fonds unmittelbar Auswirkungen auf die gesamte Durchführung des Projekts bis zur Fertigstellung des Wirtschaftsguts haben und sich zeitlich über die Phase vor Beginn der Dreharbeiten, die Dreharbeiten selbst und die Phase nach Abschluss der Dreharbeiten (Post-Production) erstrecken. Diese Voraussetzungen sind für jeden Film gesondert zu prüfen.

Wegen der besonderen Konzeption der geschlossenen Fonds ist es erforderlich, dass die Mitwirkungsrechte der Gesellschafter über die zur Anerkennung der Mitunternehmereigenschaft nach § 15 Abs. 1 Satz 1 Nr. 2 EStG geforderte Initiative hinausgehen. Wesentliche Einflussnahmemöglichkeiten entstehen nicht bereits dadurch, dass der Initiator als Gesellschafter oder Geschäftsführer für den Fonds gehandelt hat oder handelt. Die Einflussnahmemöglichkeiten müssen den Gesellschaftern selbst gegeben sein, die sie innerhalb des Fonds im Rahmen der gesellschaftsrechtlichen Verbundenheit ausüben. Eine Vertretung durch bereits konzeptionell vorbestimmte Dritte (z. B. Treuhänder, Beiräte) reicht nicht aus. Einem von den Gesellschaftern selbst aus ihrer Mitte gewählten Beirat oder einem vergleichbaren Gremium dürfen weder der Initiator noch Personen aus dessen Umfeld angehören. Über die Einrichtung und Zusammensetzung eines Beirats dürfen allein die Gesellschafter frühestens zu einem Zeitpunkt entscheiden, in dem mindestens 50 % des prospektierten Kapitals eingezahlt sind.

Eine ausreichende Einflussnahmemöglichkeit ist gegeben, wenn der Fonds rechtlich und tatsächlich in der Lage ist, wesentliche Teile des Konzepts zu verändern. Das kann dann bejaht werden, wenn Entscheidungsalternativen für die wesentlichen Konzeptbestandteile angeboten werden; dies sind alle wesentlichen Maßnahmen der Filmproduktion, insbesondere die Auswahl des Filmstoffs, des Drehbuchs, der Besetzung, die Kalkulation der anfallenden Kosten, der Drehplan und die Finanzierung. Allein die Zustimmung zu den vom Initiator vorgelegten Konzepten oder Vertragsentwürfen bedeutet keine ausreichende Einflussnahme. Die Gesellschafter müssen vielmehr über die wesentlichen Vertragsgestaltungen und deren Umsetzung tatsächlich selbst bestimmen können.

Die Einflussnahmemöglichkeiten dürfen auch faktisch nicht ausgeschlossen sein.

---

1) Der letzte Satz der Tz. 9 wurde eingefügt durch das BdF-Schreiben vom 5.8.2003 (BStBl. I S. 406). Zur erstmaligen Anwendung dieser Änderung vgl. die Fußnote zu Tz. 55.

2) Tz. 10 wurde neugefasst durch das BdF-Schreiben vom 5.8.2003 (BStBl. I S. 406). Zur erstmaligen Anwendung dieser Änderung vgl. die Fußnote zu Tz. 55.

Zu § 5 EStG   **Anlage § 005–20**

Die Umsetzung der wesentlichen Konzeptbestandteile und Abweichungen hiervon sind durch geeignete Unterlagen vollständig zu dokumentieren.

[1)] Die o. g. Grundsätze gelten auch für Gesellschafter, die erst nach Beginn der Filmherstellung, aber vor Fertigstellung dieses Films beitreten. Treten Gesellschafter einem bestehenden Fonds bei, richtet sich die steuerliche Behandlung nach den Grundsätzen über die Einbringung i. S. v. § 24 UmwStG (vgl. Tz. 24.01 Buchstabe c des BMF-Schreibens vom 25. März 1998, BStBl. S. 268). Ob die Aufwendungen des später beitretenden Gesellschafters als Herstellungskosten oder insgesamt als Anschaffungskosten anzusehen sind, ist nach den Abgrenzungskriterien der Tz. 12 e bezogen auf den Eintrittszeitpunkt dieses Gesellschafters zu prüfen; dies gilt auch beim Gesellschafterwechsel. Ist eine sog. Gleichstellungsklausel vereinbart worden, können dem später beigetretenen Gesellschafter Verluste vorab zugewiesen werden, soweit der später beitretende Gesellschafter als (Mit-)Hersteller anzusehen ist (H 138 Abs. 3 EStH Vorabanteile). Die Herstellung eines Films beginnt grundsätzlich mit dem Abschluss der Verträge, mit denen gewährleistet ist, dass dem Fonds alle zur Herstellung und Auswertung des Films erforderlichen Rechte (Stoffrechte) zustehen. Hinzukommen muss, dass in zeitlichem Zusammenhang mit dem Abschluss der Verträge (üblicherweise innerhalb eines Zeitraums von drei Monaten) weitere auf die Filmherstellung gerichtete Handlungen erfolgen (z. B. Abschluss von Verträgen mit Schauspielern, Regisseuren, Produzenten, Anmietung von Studiokapazitäten, Beautragung eines Dienstleisters usw.). Erfolgen die weiteren auf die Filmherstellung gerichteten Handlungen nicht im zeitlichen Zusammenhang mit dem Abschluss der Verträge, ist als Beginn der Filmherstellung der Zeitpunkt anzusehen, zu dem die oben genannten weiteren auf die Filmherstellung gerichteten Handlungen erfolgen. Die Herstellung eines Films endet, wenn das Produkt fertig gestellt ist, von dem die Kopien für die Vorführungen gezogen werden (einschließlich der Zeit der sog. Post-Production).

Bei mehrstöckigen Personengesellschaften ist den Gesellschaftern der Fondsobergesellschaft die Filmherstellung der Produktionsuntergesellschaft zuzurechnen.

An speziellen Erfordernissen zur Bejahung der Herstellereigenschaft sind bei den einzelnen Gestaltungen zu nennen:

1. Einschaltung von Dienstleistern

Bei Einschaltung von Dienstleistern ist der Fonds Hersteller des Films, wenn die folgenden Voraussetzungen erfüllt sind: 12

a) Die durch den Fonds abgeschlossenen Verträge müssen gewährleisten, dass alle zur Herstellung und Auswertung des Films erforderlichen Rechte dem Fonds zustehen; sofern Rechte erst während der Filmproduktion begründet werden, muss sichergestellt werden, dass diese dem Fonds in vollem Umfang eingeräumt werden. Dies gilt auch für im Ausland entstandene Rechte. 12a

b) Alle wesentlichen Maßnahmen der Filmproduktion, insbesondere die Auswahl des Filmstoffs, des Filmdrehbuchs, der Besetzung, die Kalkulation der anfallenden Kosten, der Drehplan und die Filmfinanzierung unterliegen der Entscheidung durch den Fonds. Maßgebend sind die tatsächlichen Verhältnisse. Das auftragsrechtliche Weisungsrecht eines Fonds gegenüber dem Dienstleister ist unerheblich, wenn ihm der Fonds faktisch keine Weisungen erteilen kann, weil die Entscheidungen des Fonds durch den Dienstleister oder ein mit diesem verbundenen Unternehmen beherrscht werden oder dies aus sonstigen Gründen nicht möglich ist, z.B. bei unzureichenden filmtechnischen Kenntnissen. 12b

c) Der Dienstleister erhält ein fest vereinbartes Honorar (siehe Tz. 3) und im Übrigen die bei ihm anfallenden Aufwendungen, die auf Rechnung des Fonds erbracht worden sind, ersetzt. 12c

d) Bei Versicherungen zur Absicherung des Risikos der Filmherstellung (insbesondere Fertigstellungsgarantie und Erlösausfallversicherung) ist der Fonds Versicherungsnehmer. 12d

e) Bei Übernahme eines bereits begonnenen Filmprojekts durch den Fonds kann die Herstellereigenschaft des Fonds dann noch bejaht werden, wenn dem Fonds wesentliche Einflussnahmemöglichkeiten verbleiben. Aus Vereinfachungsgründen kann hiervon ausgegangen werden, wenn im Zeitpunkt der Übernahme mit den Dreharbeiten noch nicht begonnen worden ist. Verbleiben dem Fonds keine wesentlichen Einflussnahmemöglichkeiten, so ist er als Erwerber anzusehen; sämtliche Aufwendungen gehören damit zu den Anschaffungskosten. 12e

f) Ist der Dienstleister gleichzeitig Gesellschafter des Fonds, berührt dies die Herstellereigenschaft des Fonds nicht, wenn die Vereinbarungen über die unechte Auftragsproduktion wie zwischen fremden Dritten abgeschlossen worden sind. 12f

---

1) Tz. 11 wurde neugefasst durch das BdF-Schreiben vom 5.8.2003 (BStBl. I S. 406). Zur erstmaligen Anwendung dieser Änderung vgl. die Fußnote zu Tz. 55.

Anlage § 005–20

Zu § 5 EStG

2. Koproduktion

13 Der Fonds ist als Koproduzent Hersteller,

13a a) wenn entweder eine Mitunternehmerschaft zwischen ihm und dem (den) Koproduzenten besteht, der (die) den Film tatsächlich herstellt (herstellen) (vgl. Tz. 29), oder

13b b) wenn er im Rahmen einer Koproduktionsgemeinschaft (vgl. Tz. 29 a) neben anderen Koproduzenten bei den für die Filmherstellung wesentlichen Tätigkeiten auf den Gebieten Organisation, Durchführung, Finanzierung, sowie bei rechtlichen Maßnahmen der Filmproduktion mitwirkt oder zumindest mitbestimmt. In diesem Fall kann davon ausgegangen werden, dass eine ausreichende Mitverantwortung für das Filmprojekt und Mitübernahme der sich daraus ergebenden Risiken und Chancen vorliegt, wenn die folgenden Voraussetzungen erfüllt sind:

13c aa) Die durch die Koproduzenten abgeschlossenen Verträge müssen gewährleisten, dass alle zur Herstellung und Auswertung des Films erforderlichen Rechte der Koproduktionsgemeinschaft zustehen; sofern Rechte erst während der Filmproduktion begründet werden, muss sichergestellt werden, dass diese der Koproduktionsgemeinschaft in vollem Umfang eingeräumt werden. Dies gilt auch für im Ausland entstandene Rechte. Eine spätere Weitergabe der Verwertungsrechte im Sinne von Tz. 29 a hat keinen Einfluss auf die Herstellereigenschaft.

13d bb) Das Leistungsschutzrecht am Film und das Eigentum am fertigen Filmprodukt steht der Koproduktionsgemeinschaft zu.

13e cc) Tritt ein anderer Koproduzent als der Fonds als federführender oder ausführender Koproduzent auf, muss im Innenverhältnis sichergestellt sein, dass die für die Filmherstellung wesentlichen Tätigkeiten fortlaufend mit dem Fonds abgestimmt werden.

13f dd) Über die Mittragung des wirtschaftlichen Risikos hinaus hat der Fonds tatsächliche Einflussnahmemöglichkeiten auf den Herstellungsprozess.

II. Wirtschaftliches Eigentum

a) Sachverhalt

14 Nach Fertigstellung des Films wird die Auswertung einem (regelmäßig den Initiatoren des Fonds nahe stehenden) Vertriebsunternehmen übertragen. Die Verträge sehen meistens für einen festgelegten Zeitraum ein territorial und sachlich unbeschränktes Vertriebsrecht vor. Die Nutzungsüberlassung und Verwertung der Filmrechte kann auch in mehreren Einzelverträgen mit verschiedenen Unternehmen vereinbart sein. Dem Vertriebsunternehmen (Verleihunternehmen) wird eine Unterlizensierung gestattet.

15 Als Entgelt erhält der Fonds z.B. feste Lizenzzahlungen und/oder eine Beteiligung an den laufenden Vertriebserlösen; letztere wird nicht selten an besondere Voraussetzungen geknüpft (z.B. nur in Gewinnjahren) oder bestimmten Berechnungsmodi unterworfen (z.B. Kürzung der Bemessungsgrundlage um Rückstellungen). Nach Ablauf des Lizenzvertrags sind häufig Ankaufs- und Andienungsrechte (auch der Gesellschafter oder Initiatoren des Fonds) oder Abschlusszahlungen vorgesehen; es kommen Gestaltungen mit und ohne Mehrerlösbeteiligung vor bzw. auch solche, bei denen der Verkehrswert einseitig vom Erwerber bestimmt wird.

b) Rechtliche Beurteilung

16 Die Frage der Zurechnung des wirtschaftlichen Eigentums an einem Film (an den Filmrechten) ist grundsätzlich nach § 39 AO zu beurteilen. Sehen die Vertriebsvereinbarungen feste Laufzeiten und zusätzlich Verwertungsabreden (z.B. An- und Verkaufsoptionen und Ähnliches) vor, sind die für Leasingverträge geltenden Grundsätze entsprechend heranzuziehen.

17 Die betriebsgewöhnliche Nutzungsdauer von Filmrechten beträgt grundsätzlich 50 Jahre (§ 94 Abs. 3 UrhG). Im Einzelfall kann eine kürzere Nutzungsdauer nachgewiesen werden. Dabei sind die zukünftigen Erlöserwartungen zu berücksichtigen (vgl. BFH-Urteil vom 19. November 1997, BStBl. 1998 II S. 59).

18 Lizenzvereinbarungen und Verwertungsabreden können einem anderen als dem zivilrechtlichen Rechteinhaber wirtschaftliches Eigentum an den Rechten eines Filmherstellers vermitteln, wenn sie sich auf das Leistungsschutzrecht gemäß § 94 UrhG insgesamt beziehen. Eine zeitlich, örtlich oder gegenständlich beschränkte Überlassung oder Veräußerung einzelner Verwertungsrechte eines Filmherstellers kann nicht zu einer abweichenden Zurechnung des Leistungsschutzrechts als solchem führen, es sei denn, die dem Filmhersteller verbleibenden Verwertungsmöglichkeiten sind wirtschaftlich bedeutungslos. Unerheblich ist, ob der Nutzungs- oder Verwertungsberechtigte seine Rechte einem anderen Unternehmen, insbesondere einem Subunternehmen, übertragen oder zur Ausübung überlassen kann.

Zu § 5 EStG   **Anlage § 005–20**

Wird die Nutzungsüberlassung und Verwertung der Filmrechte in mehreren Einzelverträgen gegenüber   19
verschiedenen Unternehmen vereinbart, sind dem Fonds die Filmrechte nicht zuzurechnen, wenn ihn die
verschiedenen Unternehmen gemeinsam (z.b. auf der Grundlage eines verdeckten Gesellschafts-
verhältnisses) oder eines dieser Unternehmen (weil die anderen z.B. nur im Wege eines verdeckten
Auftragsverhältnisses oder als Treuhänder tätig sind) für die gewöhnliche Nutzungsdauer der Filmrechte
von Einwirkungen ausschließen können, so dass seinem Herausgabeanspruch keine wirtschaftliche Bedeutung mehr zukommt. Die Filmrechte sind dann nach Maßgabe der zwischen den verschiedenen Unternehmen bestehenden Abreden dem einen und/oder anderen dieser Unternehmen zuzurechnen, während der Fonds die als Gegenleistung für die Veräußerung des wirtschaftlichen Eigentums eingeräumten
Ansprüche aus den verschiedenen Nutzungsüberlassungs- und Verwertungsabreden zu aktivieren hat.

III. Zurechnung zum Anlage- oder Umlaufvermögen

Das Recht des Filmherstellers nach § 94 UrhG ist regelmäßig ein immaterielles Wirtschaftsgut des An-   20
lagevermögens, das dazu bestimmt ist, dauernd dem Geschäftsbetrieb zu dienen, und zwar insbesondere
dann, wenn Filme zur lizenzmäßig zeitlich und örtlich begrenzten Überlassung bestimmt sind.

Sollen Filmrechte dagegen vollständig und endgültig in einem einmaligen Akt veräußert oder verbraucht
werden, so dass sich der Filmhersteller von vornherein der Möglichkeit begibt, seine Rechte mehrmals
nutzen zu können, handelt es sich um Umlaufvermögen (BFH-Urteil vom 20. September 1995, BStBl.
1997 II S. 320).

IV. Mitunternehmerschaft/ Mitunternehmereigenschaft

a) Sachverhalt

Beteiligungsfonds haben i.d.R. die Rechtsform einer GmbH & Co. KG, AG & Co. KG oder GbR, wobei   21
die Haftung beschränkt wird. Bei einigen Gesellschaften ist laut Gesellschaftsvertrag u.a. die Herstellung
und Verwertung von Filmen Gegenstand der Fondsgesellschaft, andere haben nur den Zweck der mitunternehmerischen Beteiligung (z.B. als atypische stille Gesellschaft) an Filmherstellungsgesellschaften
(Produktionsfonds). Hinsichtlich der Haftungsbeschränkung bei einer GbR wird auf das BGH-Urteil
vom 27. September 1999 – II Z R 371/98 – hingewiesen (vgl. BMF-Schreiben vom 18. Juli 2000 –
BStBl. I S. 1198)[1]. Einige Gesellschaften stellen keine Filme her, sondern erwerben und verwerten
Filmrechte (Akquisitionsfonds). Die Verwertung erfolgt teilweise über Leasingverträge. Vielfach liegen
mehrstöckige Personengesellschaften vor.

Die Gesellschafter haben das übliche gesetzliche Informationsrecht der §§ 118 HGB und 716 BGB.   22
Gewichtige Angelegenheiten werden durch Gesellschafterbeschlüsse entschieden. Beim vorzeitigen
Ausscheiden eines Gesellschafters bemisst sich die Abfindung i.d.R. nach den Buchwerten. Die Ge-
sellschafter sind teils unmittelbar, teils über einen Treuhänder an den Fondsgesellschaften beteiligt.

Das Vertriebsunternehmen (Distributor) ist gesellschaftsrechtlich nicht am Fonds beteiligt; häufig wer-   23
den mit dem Fonds garantierte Lizenzgebühren, eine Erlösbeteiligung und die Leistung einer Abschlusszahlung vereinbart.

Zwischen dem Fonds und anderen Unternehmen (z.B. Fernsehanstalten, Produktionsunternehmen) wird   24
vielfach eine Koproduktion vereinbart, zumeist in der Rechtsform einer GbR (wobei der Fonds aus
Haftungsgründen an der GbR i.d.R. nur mittelbar über eine weitere GmbH & Co. KG beteiligt ist). Beteiligte Koproduzenten erhalten für ihre Koproduktionsbeteiligung das Nutzungs- oder Auswertungs-
recht zumindest für ihr Gebiet. Beteiligte Industriefirmen erhalten das Recht zur Video- und Bild-
plattenauswertung auf Lizenzbasis. Zum Teil sind die Dienstleister an der Koproduktions – GbR beteiligt.

b) Rechtliche Beurteilung

Für die Mitunternehmereigenschaft der Fonds-Gesellschafter – auch bei mehrstöckigen Per-   25
sonengesellschaften – gelten die allgemeinen Grundsätze (vgl. H 138 [1] EStH)[2].

Unternehmer oder Mitunternehmer kann auch sein, wer zivilrechtlich nicht Inhaber oder Mitinhaber des   26
Unternehmens ist, das nach außen als alleiniger Hersteller des Films auftritt (vgl. BFH-Urteil vom
1. August 1996 – BStBl. 1997 II S. 272). Maßgebend sind stets die Verhältnisse des Einzelfalls.

Umstände, die für die Unternehmer- oder Mitunternehmereigenschaft desjenigen von Bedeutung sind,   27
der zivilrechtlich nicht Inhaber oder Mitinhaber des Produktionsunternehmens ist (Dritter), können z.B.
seine Beteiligung an den Einspielergebnissen, die Verwertung von Leistungsschutzrechten, die er dem
Fonds zur Auswertung bei der Produktion überträgt, sein Einfluss auf Finanzierung und technische und

---
1) Siehe Anlage § 015-17.
2) Jetzt H 15.8 EStH.

Anlage § 005–20 Zu § 5 EStG

künstlerische Gestaltung des Films sowie die Einräumung von Rechten im Zusammenhang mit dem Vertrieb des Films sein.

28 Führt die Gesamtwürdigung dieser und aller anderen im Einzelfall bedeutsamen Umstände zu dem Ergebnis, dass der Dritte ertragsteuerlich alleiniger Unternehmer ist, sind Verluste, die im Zusammenhang mit der Herstellung des Films entstehen, ausschließlich dem Dritten zuzurechnen. Ist der Dritte als Mitunternehmer anzusehen, sind ihm die Verluste anteilig zuzurechnen, und zwar im Zweifel zu dem Anteil, mit dem er an den Einspielergebnissen beteiligt ist.

29 Zwischen dem Fonds und den anderen Koproduzenten liegt sowohl in der Produktions- als auch in der Auswertungsphase eine Mitunternehmerschaft vor, wenn im Rahmen einer Koproduktions-GbR die Beteiligten gemeinsam die Produktion bestimmen, das Produktions- und Auswertungsrisiko tragen und entsprechende Verträge im Namen der GbR abschließen; soweit die Auswertung von jedem einzelnen Koproduzenten jeweils für besondere Rechte vorgenommen wird, kann die Mitunternehmerschaft auf die Produktionsphase beschränkt sein (siehe auch Tz. 29 a). Soweit Dienstleister an der Koproduktions-GbR beteiligt sind, gehören deren Vergütungen zu den unter § 15 Abs. 1 Satz 1 Nr. 2 EStG fallenden Leistungen.

29a Schließen sich Koproduzenten zu einer Koproduktionsgemeinschaft zusammen, die nach objektiv nachprüfbaren Kriterien nur kostendeckend lediglich Leistungen für die beteiligten Koproduzenten erbringt, und verbleiben der Koproduktionsgemeinschaft als solcher nach Beendigung der Filmherstellung keinerlei Verwertungsrechte, so gehört die Tätigkeit der Koproduktionsgemeinschaft zu den Hilfstätigkeiten der beteiligten Koproduzenten; in diesem Fall liegt keine Mitunternehmerschaft vor. Die Voraussetzung, dass der Koproduktionsgemeinschaft nach Beendigung der Filmherstellung keinerlei Verwertungsrechte verbleiben dürfen, ist nicht erfüllt, wenn eine gemeinsame Vermarktung des Films jedenfalls im wirtschaftlichen Ergebnis ganz oder teilweise durch ergänzende Abmachungen zwischen den Koproduzenten über ihre vordergründig getrennt ausgeübten Verwertungsrechte herbeigeführt wird.

30 Bei den Koproduktionsgesellschaften handelt es sich nicht um Arbeitsgemeinschaften, weil sie keine Aufträge durchführen, sondern die Filme zur eigenen Verwertung produzieren. Eine Mitunternehmerschaft ist deshalb nicht wegen § 2 a GewStG ausgeschlossen.

31 Eine gesonderte Feststellung der Einkünfte der Personen, die an der Mitunternehmerschaft beteiligt sind, kann nach Maßgabe des § 180 Abs. 3 AO in bestimmten Fällen entfallen.

V. Gewinnerzielungsabsicht

32 Soweit es sich bei Filmfonds um Verlustzuweisungsgesellschaften handelt, besteht zunächst die Vermutung der fehlenden Gewinnerzielungsabsicht (BFH-Urteile vom 21. August 1990, BStBl. 1991 II S. 564 und vom 10. September 1991, BStBl. 1992 II S. 328; zur Behandlung als Verlustzuweisungsgesellschaft vgl. auch H 134 b EStH)[1]. Diese Vermutung kann vom Fonds unter anderem dadurch widerlegt werden, dass sich aufgrund einer realistischen und betriebswirtschaftlich nachvollziehbaren Erlösprognose oder aufgrund im vorhinein festgelegter Lizenzzahlungen unter Einschluss späterer Veräußerungsgewinne steuerlich ein Totalgewinn ergibt. Hingegen ist es nicht ausreichend, wenn ein steuerlicher Totalgewinn nur unter Einbeziehung einer mit geringer Wahrscheinlichkeit eintretenden Mehrerlösbeteiligung entsteht.

33 Die Gewinnerzielungsabsicht muss bei jedem Fonds sowohl auf der Ebene der Gesellschaft als auch auf Ebene der Gesellschafter vorliegen.

VI. Gewinnabgrenzung

a) Sachverhalt

34 Teilweise werden sämtliche mit der Filmherstellung im Zusammenhang stehenden Kosten für Maßnahmen gem. Tz. 12b sofort fällig. Die Bezahlung der budgetierten Produktionskosten erfolgt in diesen Fällen regelmäßig in einer Summe und noch vor Beginn der Dreharbeiten. Dies gilt auch für den Erwerb (die Abtretung) der Stoffrechte. Bei Einschaltung von Dienstleistern wird eine Überschreitungsreserve für das Kostenbudget vereinbart, die zusammen mit den Produktionskosten sofort fällig wird.

b) Rechtliche Beurteilung

35 Die durch die Filmherstellung entstehenden Leistungsschutz-, Auswertungs- und anderen Rechte dürfen gemäß § 248 Abs. 2 HGB und § 5 Abs. 2 EStG nicht aktiviert werden. Aufwendungen für Gegenleistungen im Sinne von Tz. 34, die zu einem bestimmten Zeitpunkt und in einem einmaligen Erfüllungsakt erbracht werden, reichen für die Bildung eines Rechnungsabgrenzungspostens nicht aus, auch wenn sie sich über einen längeren Zeitraum auswirken. Sie stellen deshalb im Zeitpunkt ihrer Entstehung

---
1) Jetzt H 15.3 EStH.

Zu § 5 EStG **Anlage § 005–20**

– und damit ihrer Bezahlung – vorbehaltlich § 42 AO sofort abzugsfähige Betriebsausgaben dar, soweit es sich nicht um Anzahlungen handelt. Dies gilt auch für auf ein Anderkonto geleistete Produktionskosten, sofern das Anderkonto nicht zugunsten des Fonds verzinslich ist. Für die Budgetüberschreitungsreserve ist der sofortige Betriebsausgabenabzug gerechtfertigt, wenn die Inanspruchnahme sicher erscheint.

Soweit hinsichtlich der in Tz. 34 genannten Kosten Rückforderungsansprüche bestehen, sind diese Rückforderungsansprüche zu aktivieren. 36

Erworbene Stoffrechte sind zunächst zu aktivieren; der Aktivposten ist mit Herstellungsbeginn (vgl. Tz. 11) gewinnwirksam aufzulösen. 37

VII. AfA-Methode für Filmrechte

Uneingeschränkt nutzbare Filmrechte sind nach § 7 Abs. 1 EStG über die betriebsgewöhnliche Nutzungsdauer (Hinweis auf Tz. 17) linear abzuschreiben. Absetzungen für Abnutzung nach Maßgabe der Leistung oder degressive Absetzungen kommen nicht in Betracht, da diese AfA-Methoden nur für bewegliche Wirtschaftsgüter zulässig sind (§ 7 Abs. 1 Satz 5 und Abs. 2 EStG). Filmrechte stellen hingegen immaterielle Wirtschaftsgüter (R 31 a Abs. 1 EStR)[1)] dar und gelten folglich nicht als beweglich (vgl. R 42 Abs. 2 EStR)[2)]. 38

Der Ansatz eines niedrigeren Teilwerts nach § 6 Abs. 1 Nr. 1 EStG ist zulässig. 39

VIII. Betriebsstättenproblematik und § 2a EStG

1. Einschaltung von Subunternehmern im Ausland

Für die Frage, ob durch Einschaltung ausländischer Subunternehmen bei der Filmproduktion Betriebsstätten des Fonds im Ausland i.S.d. § 2a EStG begründet werden, spielt es keine Rolle, ob die Filmproduktion als echte oder unechte Auftragsproduktion erfolgt. In all diesen Fällen liegt eine Betriebsstätte i.S.d. § 12 AO nicht vor, da der Fonds keine feste Geschäftseinrichtung oder Anlage innehat, die der Tätigkeit seines Unternehmens dient. Er hat insbesondere keine Verfügungsgewalt über einen bestimmten abgegrenzten Teil der Erdoberfläche, und zwar auch nicht über die Räume eines selbständig tätigen Vertreters. 40

Eine Betriebsstätte i.S.d. Artikels 5 des OECD-Musterabkommens (OECD-MA) liegt ebenfalls nicht vor, da eine feste Geschäftseinrichtung, durch die die Tätigkeit des Fonds ganz oder teilweise ausgeübt wird (Artikel 5 Abs. 1 OECD-MA), nicht vorhanden ist. 41

Die Tatbestandsmerkmale einer so genannten Vertreter-Betriebsstätte i.S.d. Artikels 5 Abs. 5 OECD-MA sind nicht erfüllt, wenn das ausländische Subunternehmen nicht die Vollmacht des Fonds besitzt, in dessen Namen Verträge abzuschließen. 42

2. Filmherstellung im Rahmen von Koproduktionen

Wenn Koproduktionen Mitunternehmerschaften i.S.d. § 15 Abs. 1 Satz 1 Nr. 2 EStG sind, ist zu unterscheiden, ob der Film im Rahmen einer inländischen oder ausländischen Koproduktion hergestellt wird. 43

Nach den im deutschen Steuerrecht geltenden Regelungen zur Besteuerung von Mitunternehmerschaften sind die im Rahmen der Mitunternehmerschaft erwirtschafteten Einkünfte stets Einkünfte der Gesellschafter. Diese Mitunternehmerkonzeption, die darauf beruht, dass Personengesellschaften im Einkommen- und Körperschaftsteuerrecht keine Steuersubjekte sind, gilt aus deutscher Sicht sowohl für inländische als auch für ausländische Personengesellschaften. Soweit daher eine ausländische Personengesellschaft eine Betriebsstätte im Inland oder eine inländische Personengesellschaft eine Betriebsstätte im Ausland unterhält, wird der Anteil des einzelnen Gesellschafters am Gewinn dieser Betriebsstätten so behandelt, als ob der Mitunternehmer in dem jeweiligen Land selbst eine Betriebsstätte unterhielte. Hiernach erzielen die Gesellschafter selbst inländische oder ausländische Betriebsstätteneinkünfte. 44

Da Personengesellschaften im Abkommensrecht regelmäßig weder abkommensberechtigt (Artikel 4 OECD-MA) noch Steuersubjekt sind, gelten diese Grundsätze auch für Zwecke der Anwendung der Doppelbesteuerungsabkommen. Erzielt eine in einem Vertragsstaat ansässige Person Gewinne aus einer im anderen Staat belegenen Mitunternehmerschaft, so steht dem Belegenheitsstaat gemäß Artikel 7 Abs. 1 OECD-MA das Besteuerungsrecht zu. 45

Für die steuerliche Behandlung der Koproduktionsgesellschaften bedeutet dies:

---

1) Jetzt R 5.5 EStR.
2) Jetzt R 7.1 EStR.

1239

Anlage § 005–20 Zu § 5 EStG

45a a) Der Unternehmensgewinn einer Koproduktionsgesellschaft im Ausland kann gemäß Artikel 7 Abs. 1 OECD-MA nur in dem ausländischen Staat besteuert werden. Mit einem Mitunternehmeranteil begründen inländische Beteiligte im ausländischen Staat eine Betriebsstätte.

45b b) Umgekehrt begründen bei Koproduktionen im Inland ausländische Beteiligte an der Koproduktion mit ihrem Mitunternehmeranteil eine Betriebsstätte im Inland.

45c c) Eine Besonderheit ergibt sich für den Fall, dass eine Koproduktionsgesellschaft mit Sitz im Inland den Film ganz oder teilweise in einem anderen Staat herstellt bzw. herstellen lässt, und zwar von einem Beteiligten (Mitunternehmer) der Koproduktionsgesellschaft in dessen ausländischer Betriebsstätte. Hierzu gehören auch die Fälle, in denen der Dienstleister verdeckter Mitunternehmer ist. Die Beantwortung der Frage, ob die inländische Koproduktionsgesellschaft in diesem Fall mit der Herstellung eine Betriebsstätte in dem anderen ausländischen Staat begründet, hängt davon ab, ob der ausländische Beteiligte die Filmherstellung aufgrund gesellschaftsrechtlicher oder aber aufgrund schuldrechtlicher Grundlage erbringt. Nach den Grundsätzen, die für Vergütungen gelten, die eine Personengesellschaft ihrem Gesellschafter für die in § 15 Abs. 1 Satz 1 Nr. 2 EStG bezeichneten Leistungen gewährt, ist hierbei darauf abzustellen, ob die gegenüber der Koproduktionsgesellschaft erbrachten Leistungen zur Förderung des Gesellschaftszweckes erfolgen. Ob dies der Fall ist, kann nur im Einzelfall unter Würdigung der rechtlichen und tatsächlichen Verhältnisse entschieden werden. Hierbei ist von einem weiten Verständnis des Merkmals der gesellschaftlichen Veranlassung auszugehen. Danach unterhalten Koproduktionsgesellschaften am Sitz des ausländischen Koproduzenten i.d.R. eine Betriebsstätte. Der auf diese Betriebsstätte entfallende Gewinn kann vom Betriebsstätten-Staat besteuert werden.

3. Geschäftsführung der Komplementär-GmbH vom Ausland aus

46 Eine Geschäftsführung der Komplementär-GmbH vom Ausland aus hat zunächst auf die Einkünfte des Fonds keine Auswirkung, da die Beteiligten an dem Fonds – die Gewinnerzielungsabsicht vorausgesetzt – jedenfalls Einkünfte aus einer inländischen Mitunternehmerschaft im Sinne des § 15 Abs. 1 Satz 1 Nr. 2 EStG erzielen.

47 Für die Gehälter der GmbH-Geschäftsführer hat regelmäßig der Staat das Besteuerungsrecht, in dem diese tätig geworden sind (BFH-Urteil vom 5. Oktober 1994, BStBl. 1995 II S. 95, BMF-Schreiben vom 5. Juli 1995, BStBl. I S. 373).

4. Auswirkungen bei Sitz des Vertriebsunternehmens im Ausland

48 Erfolgt der Vertrieb durch ein im Ausland ansässiges Unternehmen, so ist zu prüfen, ob es sich hierbei um ein verbundenes Unternehmen (Artikel 7 Abs. 1 OECD-MA) handelt. Ist dies der Fall, so ist zu prüfen, ob die zu zahlenden Entgelte nach dem „arms-length-Prinzip" einem Fremdvergleich standhalten. Ggf. sind Gewinnberichtigungen vorzunehmen.

IX. Filmvertriebsfonds

a) Sachverhalt

49 Ein Fonds (Filmvertriebsfonds/Filmverwertungsfonds/Akquisitionsfonds) erwirbt an einem fertigen Film die Verwertungsrechte für einen bestimmten Zeitraum (Lizenzzeitraum); vielfach werden auch räumlich und inhaltlich begrenzte Verwertungsrechte eingeräumt.

b) Rechtliche Beurteilung

50 Wird das gesamte Leistungsschutzrecht nach § 94 UrhG übertragen, ist der Vorgang als Erwerb eines immateriellen Wirtschaftsguts anzusehen. Werden hingegen lediglich beschränkte Nutzungsrechte übertragen, handelt es sich um ein dem Pachtverhältnis vergleichbares schwebendes Geschäft, auch wenn der Lizenznehmer durch Zahlung der Lizenzgebühr einseitig in Vorlage tritt. Seine Zahlung ist daher durch Bildung eines aktiven Rechnungsabgrenzungspostens (gleichmäßig) auf die Laufzeit des Lizenzvertrages zu verteilen.

51 Nach der Rechtsprechung gilt etwas anderes jedoch dann, wenn die Nutzungsüberlassung bei Anwendung der gemäß § 39 Abs. 2 Nr. 1 AO gebotenen wirtschaftlichen Betrachtung als Veräußerung des Schutzrechtes zu werten ist.

52 Davon kann ausgegangen werden, wenn
– das Schutzrecht dem Lizenznehmer für die gesamte (restliche) Schutzdauer überlassen wird oder wenn
– sich das Schutzrecht während der vertragsgemäßen Nutzung durch den Lizenznehmer in seinem wirtschaftlichen Wert erschöpfen wird.

Dabei kann in Anlehnung an die in den Leasing-Schreiben getroffenen Regelungen der Erwerb eines 53
immateriellen Wirtschaftsguts immer dann angenommen werden, wenn sich während der vereinbarten
Lizenzdauer der ursprüngliche Wert der Schutzrechte um mehr als 90 v.H. vermindert.

X. Rechtliche Einordnung der aufzubringenden Kosten bei einem Erwerberfonds

Die rechtliche Einordnung der aufzubringenden Kosten bei einem Erwerberfonds richtet sich sinngemäß 54
nach den Grundsätzen der Tzn. 3 bis 3.3.5 des BMF-Schreibens vom 31. August 1990 (BStBl. I
S. 366)[1].

XI. Übergangsregelung

Dieses BMF-Schreiben ist in allen Fällen anzuwenden, in denen ein bestandskräftiger Bescheid noch 55
nicht vorliegt. Soweit die Anwendung der Regelungen dieses BMF-Schreibens zu einer Verschärfung
der Besteuerung gegenüber der bisher geltenden Verwaltungspraxis führt, ist dieses Schreiben nicht anzuwenden, wenn der Steuerpflichtige dem betreffenden Film- und Fernsehfonds bis 2 Monate nach
Veröffentlichung dieses BMF-Schreibens im Bundessteuerblatt[2] beigetreten ist oder der Außenvertrieb
der Anteile an einem Film- und Fernsehfonds vor diesem Zeitpunkt begonnen hat.[3]

---

1) Siehe Anlage § 021-05.
2) Die Veröffentlichung im BStBl. erfolgte am 27.3.2001.
3) Die Änderungen der Tz. 9, 10 und 11 durch das BMF-Schreiben vom 5.8.2003 (BStBl. I S. 406) sind in allen Fällen anzuwenden, in denen ein bestandskräftiger Steuerbescheid noch nicht vorliegt. Soweit die Anwendung dieser Grundsätze zu einer Verschärfung der Besteuerung gegenüber der bisher geltenden Verwaltungspraxis führt, sind die Grundsätze nicht anzuwenden, wenn der Außenvertrieb der Fondsanteile vor dem 1. September 2002 begonnen hat und der Steuerpflichtige dem Fonds vor dem 1. Januar 2004 beitritt. Der Außenvertrieb beginnt in dem Zeitpunkt, in dem die Voraussetzungen für die Veräußerung der konkret bestimmbaren Fondsanteile erfüllt sind und die Gesellschaft selbst oder über ein Vertriebsunternehmen mit Außenwirkung an den Markt herangetreten ist.

Rückstellung für die Verpflichtung aus der Rückabwicklung eines durchgeführten Kaufvertrages[1)]

– BdF-Schreiben vom 21.2.2002 – IV A 6 – S 2137 – 14/02 (BStBl. I S. 335) –

Mit Urteil vom 28. März 2000 – BStBl. 2002 II S. 227 hat der BFH entschieden, dass ein Verkäufer wegen seiner Verpflichtung zur Rückerstattung des Kaufpreises keine Rückstellung bilden darf, wenn er am Bilanzstichtag mit einer Wandlung des Kaufvertrags nicht rechnen muss.

Das gilt nach Auffassung des BFH auch dann, wenn die Wandlung noch vor Aufstellung der Bilanz erklärt wird. Nach Auffassung des BFH ist die Ausübung des Wahlrechts zur Wandlung eine rechtsgestaltende Erklärung und damit keine ansatzaufhellende, sondern eine ansatzbeeinflussende Tatsache. Es reiche nicht aus, dass die zur Wandlung führenden Mängel objektiv bereits am Bilanzstichtag vorhanden gewesen seien. Eine ansatzaufhellende Tatsache für das Entstehen einer unbedingten Verpflichtung zur Rückerstattung des Kaufpreises und für eine Inanspruchnahme aus dieser Verpflichtung könnte die Wandlung allenfalls dann sein, wenn bereits am Bilanzstichtag Verhandlungen über eine mögliche Rückabwicklung des Kaufvertrages aufgenommen worden seien und die Rückabwicklung nach dem Stand der Verhandlungen in diesem Zeitpunkt wahrscheinlich sei. Diese Voraussetzungen hat der BFH im Streitfall verneint.

Nach der vorliegenden BFH-Entscheidung ist damit für die Frage der Bildung von Rückstellungen im Zusammenhang mit Rückgewährschuldverhältnissen wie folgt zu differenzieren:

- Ein Verkäufer darf wegen seiner Verpflichtung zur Rückerstattung dann keine Rückstellung bilden, wenn er am Bilanzstichtag mit einer Wandlung des Kaufvertrags nicht rechnen muss; das gilt auch dann, wenn die Wandlung noch vor der Aufstellung der Bilanz erklärt wird.
- Ist jedoch bereits am Bilanzstichtag eine Vertragsauflösung durch Rücktritt oder Wandlung wahrscheinlich, so ist eine Rückstellung für ungewisse Verbindlichkeiten wegen des Risikos der drohenden Vertragsauflösung zu bilden. Ist der Verkäufer aufgrund eines Rücktrittsrechts oder eines Wandlungsrechts verpflichtet, die bereits verkaufte und übergebene Sache wieder zurückzunehmen, steht die Vorschrift des § 5 Abs. 4b Satz 1 EStG der Rückstellungsbildung nicht entgegen. Die Rückstellung ist in Höhe der Differenz zwischen dem zurückzugewährenden Kaufpreis und dem Buchwert des veräußerten Wirtschaftsguts zu bilden. Sie neutralisiert damit lediglich den Veräußerungsgewinn (BFH vom 25. Januar 1996, BStBl. II 1997 S. 382).

Unter Bezugnahme auf das Ergebnis der Erörterung mit den obersten Finanzbehörden der Länder sind die Rechtsgrundsätze des BFH-Urteils vom 28. März 2000 (BStBl. 2001 II S. 227) in allen offenen Fällen anzuwenden. Das BMF-Schreiben vom 2. Juni 1997 (BStBl. I S. 611) wird aufgehoben.

---

1) Zur bilanzsteuerlichen Behandlung der Rückkaufsoption im KfZ-Handel siehe das BdF-Schreiben vom 12.10.2011 (BStBl. I S. 967).

Zu § 5 EStG   **Anlage § 005–23**

Rückstellungen für ungewisse Verbindlichkeiten [1]

– BdF-Schreiben vom 21.6.2005 – IV B 2 – S 2137 – 19/05 (BStBl. I S. 802) –

Mit Urteil vom 24. Januar 2001 (BStBl. 2005 II S. 465) hat der BFH über die Passivierbarkeit einer Provisionsfortzahlung eines Handelsvertreters nach Beendigung des Vertretungsverhältnisses entschieden.

Nach Auffassung des BFH sei die Bildung einer Rückstellung für ungewisse Verbindlichkeiten nicht möglich, sofern der vertraglich geregelte Provisionsanspruch für die Einhaltung des Wettbewerbsverbotes gezahlt wird. Die Zahlungen seien insoweit rechtlich erst nach Vertragsbeendigung entstanden und wirtschaftlich erst in diesem Zeitraum verursacht.

Handele es sich allerdings bei den Zahlungen um ein nachträgliches Entgelt für die geleisteten Dienste, sei die Bildung einer Rückstellung geboten, weil diese Aufwendungen durch die bereits erbrachten Leistungen und damit der Anspruch wirtschaftlich vor dem Bilanzstichtag verursacht seien. Die im zugrunde liegenden Fall zu beurteilende Verbindlichkeit unterscheide sich von einem Ausgleichsanspruch nach § 89b HGB, weil die Entstehung des Anspruches des Handelsvertreters aus der vertraglichen Regelung nicht von den gleichen Voraussetzungen wie bei § 89b HGB abhängen sollte. Sie war unabhängig von aus der ehemaligen Tätigkeit stammenden zukünftigen erheblichen Vorteilen des vertretenen Unternehmens. Daher fände die Rechtsprechung zur Passivierung des Ausgleichsanspruches nach § 89b HGB keine Anwendung (Abgrenzung).

Der BFH ließ die Bildung der Rückstellung in dem entschiedenen Fall zu, obwohl er die rechtliche Entstehung des Provisionsanspruches verneint. Dies widerspricht der von Rechtsprechung und Finanzverwaltung (R 31c Abs. 2 und 4 EStR 2003) [2] vertretenen Auffassung, wonach eine Rückstellung erst dann gebildet werden darf, wenn die zu Grunde liegende Verpflichtung rechtlich entstanden ist oder mit einiger Wahrscheinlichkeit rechtlich entstehen wird und wirtschaftlich verursacht ist.

Nach dem Ergebnis der Erörterung mit den obersten Finanzbehörden der Länder gilt zur Anwendung des BFH-Urteils vom 24. Januar 2001 (a. a. O.) Folgendes:

Den Grundsätzen des BFH-Urteils wird gefolgt, soweit der BFH zur Abgrenzung der vertraglich vereinbarten Provisionszahlung von einem Ausgleichsanspruch nach § 89b HGB entschieden hat. Danach ist eine Passivierung als Verbindlichkeit oder Rückstellung in Abgrenzung zu einem Ausgleichsanspruch nach § 89b HGB grundsätzlich möglich, wenn die Zahlung unabhängig von aus der ehemaligen Tätigkeit stammenden zukünftigen erheblichen Vorteilen des vertretenen Unternehmens ist und sie nicht für ein Wettbewerbsverbot vorgenommen wird.

Soweit der BFH jedoch die Passivierung einer Rückstellung befürwortet, ohne dass die Verpflichtung rechtlich entstanden ist oder mit einiger Wahrscheinlichkeit rechtlich entstehen wird, sind die Ausführungen des BFH nicht über den entschiedenen Einzelfall hinaus anzuwenden. Vielmehr ist in Fällen, in denen die Provisionsverpflichtung unter einer aufschiebenden Bedingung steht, die Wahrscheinlichkeit des Eintritts der Bedingung zu prüfen.

---

1) Siehe auch Anlage § 005-18.
2) Jetzt R 5.7 Abs. 2 und 4 EStR.

Anlage § 005–24

Zu § 5 EStG

Ertragsteuerliche Behandlung der im Zusammenhang mit dem Abschluss eines längerfristigen Mobilfunkdienstleistungsvertrages oder eines Prepaid-Vertrages gewährten Vergünstigungen

– BdF-Schreiben vom 20.6.2005 – IV B 2 – S 2134 – 17/05 (BStBl. I S. 801) –

Im Einvernehmen mit den obersten Finanzbehörden der Länder gilt zur ertragsteuerlichen Behandlung der im Zusammenhang mit dem Abschluss eines längerfristigen Mobilfunkdienstleistungsvertrages (MFDLV) oder eines Prepaid-Vertrages gewährten Vergünstigungen Folgendes:

I. Mobilfunkdienstleistungsverträge (MFDLV)

1. Sachverhalt

1 Telekommunikationsunternehmen (Mobilfunknetzbetreiber und Service-Provider) bieten Kunden, die sich verpflichten, für eine Mindestdauer von 24 Monaten einen MFDLV abzuschließen oder ihren Vertrag um 24 Monate zu verlängern, den verbilligten Kauf eines Mobilfunktelefons an. Die Verbilligung ist je nach Gerätetyp, Hersteller und Art des abzuschließenden MFDLV unterschiedlich. Durch den Verkauf entsteht bei den Telekommunikationsunternehmen ein Verlust (Einkaufspreis höher als Abgabepreis). Der Erlös aus dem MFDLV (Grund- und Gesprächsgebühren) wird monatlich realisiert, er verteilt sich über einen Zeitraum von 24 Monaten.

2 Eine Vergünstigung kann auch in anderer Form erfolgen, so z. B. durch Erlass von Grundgebühren, Gewährung von Gesprächsguthaben, Erlass der Anschlussgebühren oder Gewährung von Gutschriften, Einkaufsgutscheinen oder Sachzugaben.

2. Ertragsteuerliche Beurteilung des Vertragsverhältnisses

3 Bei den vertraglichen Vereinbarungen zwischen Telekommunikationsunternehmen und Kunde handelt es sich aus steuerrechtlicher Sicht um ein einheitliches Vertragsverhältnis, das sich aus zwei Bestandteilen – zum einen dem Kauf eines Mobilfunktelefons und zum anderen dem Dienstleistungsvertrag (MFDLV) – zusammensetzt. Dieses Vertragsverhältnis begründet ein zeitraumbezogenes Dauerschuldverhältnis, das als schwebendes Geschäft grundsätzlich nicht zu bilanzieren ist. Durch die Gewährung einer der Vergünstigungen nach Rdnr. 1 oder 2 tritt das Telekommunikationsunternehmen aber in Vorleistung.

4 Die Gegenleistung des Kunden über die Dauer von zwei Jahren besteht in der Fortführung des MFDLV mit Nutzung des entsprechenden Netzes und dem dadurch bedingten Anfall von Grund- und Telefongebühren.

3. Verbilligte Überlassung von Mobilfunktelefonen

5 Beim Telekommunikationsunternehmen liegt mit dem Abfluss des Sachwertes eine Ausgabe vor, wenn es die Verfügungsmacht über den hingegebenen Gegenstand verliert.

6 Diese Ausgabe ist als Aufwand dem Ertragszeitraum (Zeitraum, in dem die Gebühren zufließen) wirtschaftlich im Wege eines aktiven Rechnungsabgrenzungspostens zuzurechnen.

4. Gewährung monatlicher Vergünstigungen

7 Bei Gewährung der Vergünstigung durch Erlass von Grundgebühren oder Gewährung von monatlichen Gesprächsguthaben erfolgt keine Abgrenzung, weil die Verrechnung i. d. R. zeitraumbezogen erfolgt und dadurch eine periodengerechte Gewinnermittlung sichergestellt ist.

5. Gewährung einmaliger Vergünstigungen

8 Bei Gewährung einmaliger Vergünstigungen tritt der Telekommunikationsunternehmer ebenfalls in Vorleistung, so dass diese Aufwendungen auf die Laufzeit des Vertrages aktiv abzugrenzen sind.

6. Vertragsverhältnis Mobilfunknetzbetreiber und Service-Provider

9 Service-Provider schließen mit Mobilfunknetzbetreibern sog. Dienstleistungsverträge ab. Danach schließt der Service-Provider MFDLV mit den Kunden im eigenen Namen und für eigene Rechnung ab. Für diese Tätigkeit erhält der Service-Provider vom Mobilfunknetzbetreiber eine Provision (z. B. Kundengewinnungsprämie, Werbekostenzuschuss).

10 Diese Provision ist beim Mobilfunknetzbetreiber sofort abziehbarer Aufwand und beim Service-Provider nicht abzugrenzender Ertrag, weil zwischen diesen Vertragspartnern kein Dauerschuldverhältnis begründet wird. Für die vertraglich vereinbarte Rückerstattungsverpflichtung hat der Service-Provider eine Rückstellung nach den allgemeinen Grundsätzen zu bilden.

Zu § 5 EStG Anlage § 005–24

7. Behandlung beim Leistungsempfänger (Kunde)

Durch die verbilligte Überlassung des Mobilfunktelefons liegt bei dem Leistungsempfänger, bei dem das Mobilfunktelefon Betriebsvermögen wird, mit Erlangung der Verfügungsmacht, eine Einnahme vor. Diese ist Ertrag für eine bestimmte Zeit nach dem Abschlussstichtag, der bei bilanzierenden Steuerpflichtigen grundsätzlich passiv abzugrenzen ist. Handelt es sich bei dem Mobilfunktelefon um ein geringwertiges Wirtschaftsgut, weil die Summe aus gezahltem Barpreis und erhaltener Vergünstigung die in § 6 Abs. 2 EStG festgelegte Wertgrenze nicht übersteigt, wird es nicht beanstandet, wenn der Leistungsempfänger keinen passiven Rechnungsabgrenzungsposten bildet. In diesem Fall ist nur der gezahlte Barpreis als Anschaffungskosten zu behandeln. Liegt kein geringwertiges Wirtschaftsgut vor, ist Bemessungsgrundlage für die AfA der gemeine Wert, der dem ohne Abschluss eines MFDLV zu entrichtenden Preis des Mobilfunktelefons entspricht. 11

Bei den Einkunftsarten gemäß § 2 Abs. 1 Satz 1 Nr. 4 bis 7 EStG liegen hinsichtlich der verbilligten Überlassung des Mobilfunktelefons grundsätzlich keine Einnahmen vor, weil kein Zufluss im Rahmen der jeweiligen Einkunftsart erfolgt. AfA-Bemessungsgrundlage ist ggf. der für den Kauf aufgewendete Betrag, weil dem Steuerpflichtigen insofern kein höherer Aufwand entstanden ist. 12

Für die Gewährung der Vergünstigung durch Erlass von Grundgebühren, zusätzliches monatliches Gesprächsguthaben oder Zahlung einer einmaligen Gutschrift gelten die Ausführungen der Rdnr. 7 und 8 entsprechend. 13

II. Prepaid-Verträge

1. Sachverhalt

Für solche Mobilfunktelefone entrichtet der Kunde die Gesprächsgebühren im Voraus. Er kann das Mobilfunktelefon nur im Rahmen seines ihm zur Verfügung stehenden Gesprächsguthabens nutzen. In der Regel erwirbt der Kunde ein Startpaket, das das Mobilfunktelefon (ggf. verbilligt) und ein Gesprächsguthaben enthält. Nach dessen Verbrauch ist der Kunde nur insoweit an das jeweilige Netz gebunden, als durch entsprechende technische Vorkehrungen eine Nutzung des Prepaid-Mobilfunktelefons in einem anderen Netz für eine bestimmte Zeit ausgeschlossen ist (sog. SIM-Lock). 14

2. Vertragsverhältnis und steuerliche Behandlung beim Telekommunikationsunternehmen

Hier wird kein Dauerschuldverhältnis begründet, so dass der Aufwand aus der Vergünstigung nicht abzugrenzen ist. Der Kunde erwirbt jeweils ein neues Gesprächsguthaben, das er abtelefoniert. Zum Bilanzstichtag sind das aus dem Startpaket stammende Guthaben – ebenso wie neue Guthaben –, soweit sie zu diesem Zeitpunkt noch nicht verbraucht sind, als sonstige Verbindlichkeiten in der Bilanz auszuweisen. 15

Anlage § 005–25

Zu § 5 EStG

I. Rückstellungen für die Aufbewahrung von Geschäftsunterlagen [1]

– Erlass FinSen Berlin vom 13.9.2006 – III A – S 2175 – 1/06 –

1. Rückstellung dem Grunde nach

Wegen der gesetzlichen Verpflichtung zur Aufbewahrung von Geschäftsunterlagen ist für die in diesem Zusammenhang zukünftig anfallenden Aufwendungen eine Rückstellung für ungewisse Verbindlichkeiten zu bilden (vgl. BFH-Urteil vom 19.08.2002, BStBl. 2003 II S. 131).

Bei der Bildung dieser Rückstellung ist zu berücksichtigen, welche Unterlagen tatsächlich aufbewahrungspflichtig sind und wie lange die Aufbewahrungspflicht für einzelne Unterlagen noch besteht (vgl. H 6.11 – Aufbewahrung von Geschäftsunterlagen – EStH 2005).

Nicht für alle Unterlagen besteht eine gesetzliche Aufbewahrungspflicht von 10 Jahren. So sind einige Unterlagen nur über einen kürzeren Zeitraum oder auch gar nicht gesetzlich aufzubewahren. Zehn Jahre lang aufzubewahren sind insbesondere Jahresabschlüsse mit allen dazugehörenden Unterlagen, Buchungsbelege (257 Abs. 1 Nr. 1 und 4 i.V.m. Abs. 4 HGB, § 147 Abs. 1 Nr. 1 und 4 i.V.m. Abs. 3 AO) sowie Ein- und Ausgangsrechnungen (§ 14b UStG). Handels- und Geschäftsbriefe sowie sonstige Unterlagen, soweit sie für die Besteuerung von Bedeutung sind, sechs Jahre lang aufzubewahren (§ 257 Abs. 1 Nr. 2 und 3 i.V.m. Abs. 4 HGB, § 147 Abs. 1 Nr. 2 und 3 i.V.m. Abs. 3 AO). Werden Unterlagen freiwillig länger aufbewahrt, fehlt es an der rechtlichen Verpflichtung. Eine Rückstellung kommt insoweit nicht in Betracht. Die Höhe des rückstellungsfähigen Aufwandes kann daher nur im Einzelfall festgestellt werden. Dabei kommt es vor allem darauf an, wie sich die aufbewahrten Unterlagen zusammensetzen. Sind Feststellungen zur Zusammensetzung der aufbewahrten Unterlagen im Einzelfall nicht oder nur unter erheblichem Aufwand möglich, bestehen keine Bedenken, für Unterlagen, zu deren Archivierung der Unternehmer nicht verpflichtet ist, einen Abschlag von 20 v.H. von den Gesamtkosten vorzunehmen.

2. Rückstellung der Höhe nach

a) Berücksichtigungsfähige Kosten

Die Rückstellung ist mit dem Betrag zu passivieren, der nach den Preisverhältnissen des jeweiligen Bilanzstichtages für die Erfüllung der Verpflichtung voraussichtlich notwendig ist. Die Erfüllung der Aufbewahrungspflicht stellt eine Sachleistungsverpflichtung dar, die steuerrechtlich mit den Einzelkosten sowie der angemessenen Teilen der notwendigen Gemeinkosten zu bewerten ist (§ 6 Abs. 1 Nr. 3a Buchstabe b EStG).

Bei der Berechnung sind folgende Kosten einzubeziehen:

– einmaliger Aufwand für die Einlagerung der am Bilanzstichtag noch nicht archivierten Unterlagen für das abgelaufene Wirtschaftsjahr, ggf. für die Mikroverfilmung bzw. Digitalisierung der Unterlagen, für das Brennen von CD und für die Datensicherung (Sach- und Personalkosten),
– Raumkosten (anteilige Miete bzw. Gebäude-AfA, Grundsteuer, Gebäudeversicherung, Instandhaltung, Heizung, Strom). Der anteilige Aufwand kann aus Vereinfachungsgründen entsprechend dem Verhältnis der Nutzfläche des Archivs zur Gesamtfläche ermittelt werden (vgl. H 4.7 – Nebenräume – EStH 2005).
– Einrichtungsgegenstände (AfA für Regale und Schränke), es sei denn, diese sind bereits abgeschrieben. (Es kann wohl davon ausgegangen werden, dass die Archivierung weiterhin mit den vorhandenen Regalsystemen erfolgt.)
– anteilige Personalkosten z.B. für Hausmeister, Reinigung, Lesbarmachung der Datenbestände.

Nicht rückstellungsfähig sind

– anteilige Finanzierungskosten für die Archivräume (§ 6 Abs. 1 Nr. 3a Buchstabe b EStG – Beschränkung auf Einzel- und notwendige Gemeinkosten),

---

1) Siehe dazu auch das BFH-Urteil vom 18.01.2011 (BStBl. II S. 496):
Für die Pflicht zur Aufbewahrung von Geschäftsunterlagen ist eine Rückstellung für ungewisse Verbindlichkeiten in Höhe der voraussichtlich zur Erfüllung der Aufbewahrungspflicht erforderlichen Kosten zu bilden (Anschluss an BFH-Urteil vom 19. August 2002 VIII R 30/01, BFHE 199, 561, BStBl. II 2003, 131). Für die Berechnung der Rückstellung sind nur diejenigen Unterlagen zu berücksichtigen, die zum betreffenden Bilanzstichtag entstanden sind.
Die voraussichtliche Aufbewahrungsdauer bemisst sich grundsätzlich nach § 147 Abs. 3 Satz 1 AO. Wer sich auf eine voraussichtliche Verlängerung der Aufbewahrungsfrist beruft, hat die tatsächlichen Voraussetzungen dafür darzulegen.

Zu § 5 EStG **Anlage § 005–25**

- die Kosten für die zukünftige Anschaffung von zusätzlichen Regalen und Ordnern (§ 5 Abs. 4b Satz 1 EStG),
- die Kosten für die Entsorgung der Unterlagen nach Ablauf der Aufbewahrungsfrist,
- die Kosten für die Einlagerung künftig entstehender Unterlagen.

b) Berechnung der Rückstellung

Die Rückstellung kann nach zwei Methoden berechnet werden:

1. Möglichkeit

Die jährlichen Kosten werden für die Unterlagen eines jeden aufzubewahrenden Jahres gesondert ermittelt. Dieser Betrag ist dann jeweils mit der Anzahl der Jahre bis zum Ablauf der Aufbewahrungsfrist zu multiplizieren.

2. Möglichkeit

Die jährlich anfallenden rückstellungsfähigen Kosten für einen Archivraum, in dem die Unterlagen aller Jahre aufbewahrt werden, können mit dem Faktor 5,5 multipliziert werden (Vervielfältiger für die durchschnittliche Restaufbewahrungsdauer bei einer Aufbewahrungsfrist von zehn Jahren). Dieser Faktor berücksichtigt zwar nicht, dass sich unter Umständen in dem Archiv auch Unterlagen befinden, die über einen kürzeren Zeitraum als 10 Jahre gesetzlich aufzubewahren sind. Jedoch kann dies aus Vereinfachungsgründen und im Hinblick auf den sonst nicht unerheblichen Ermittlungsaufwand i.d.R. vernachlässigt werden, es sei denn, dies führt zu einem offenbar unangemessenen Ergebnis.

Die Aufwendungen für die Einlagerung, Mikroverfilmung, Digitalisierung und Datensicherung fallen nur einmal an; sie sind deshalb nicht zu vervielfältigen.

c) Abzinsung der Rückstellung

Eine Rückstellung für die Aufbewahrung von Geschäftsunterlagen ist nicht abzuzinsen. Für die Abzinsung ist nach § 6 Abs. 1 Nr. 3a Buchstabe e Satz 2 EStG der Zeitraum bis zum Beginn der Erfüllung maßgebend. Da die Aufbewahrungspflicht aber mit dem Entstehen der Unterlagen beginnt, ergibt sich hier kein Abzinsungszeitraum.

3. Bilanzberichtigung

Die nachträgliche Bildung einer Aufbewahrungsrückstellung (Bilanzberichtigung) ist nicht möglich, wenn die Bilanz vor dem 19.08.2002 (Datum des BFH-Urteils) aufgestellt wurde. Für Bilanzen, die in der Zeit zwischen dem 19.8.2002 und dem 10.3.2003 (Tag der amtlichen Veröffentlichung des Urteils im BStBl.) aufgestellt wurden, kann eine Bilanzberichtigung erfolgen. Für am 10.3.2003 und später aufgestellte Bilanzen besteht eine Verpflichtung zum Ausweis einer entsprechenden Rückstellung (zur Begründung Hinweis auf EStG-Kartei Berlin § 4 (1) bis (3) EStG Nr. 1004 sowie Urteil des BFH v. 5.4.2006, I R 46/04, DB 2006).

II. Einbeziehung von Finanzierungskosten bei der Bemessung der Rückstellung für Aufbewahrung von Geschäftsunterlagen

– Verfügung Bayer. Landesamt für Steuern vom 31.01.2014 – S 2175.2.120/4 St32 –

Der BFH hat mit Urteil vom 11.10.2012 (I R 66/11), BStBl. 2013 II S. 676 entschieden, dass Finanzierungskosten bei der Bemessung der Rückstellung für die Aufbewahrung von Geschäftsunterlagen als notwendiger Teil der Gemeinkosten i. S. d. § 6 Abs. 1 Nr. 3a Buchstabe b) EStG auch dann zu berücksichtigen sind, wenn die Finanzierung i. R. e. sog. Poolfinanzierung erfolgt ist.

Von einer Poolfinanzierung spricht man, wenn ein Steuerpflichtiger seine gesamten liquiden Eigen und Fremdmittel in einen „Pool" gibt und daraus sämtliche Aufwendungen seines Geschäftsbetriebs finanziert.

Im zu Grunde liegenden Urteil war Aufbewahrungspflichtiger ein Kreditinstitut. Die Grundsätze des Urteils sind jedoch auch bei anderen Steuerpflichtigen anzuwenden.

Anlage § 005–25

Zu § 5 EStG

1. Ansatz in der Steuerbilanz

1.1 Poolfinanzierung

Bereits die ursprüngliche Anschaffung bzw. Herstellung der Archivräume muss poolfinanziert gewesen sein. Sind die Gebäude oder die Gebäudeteile (in denen sich die Aufbewahrungsräume befinden) durch unmittelbar zuzuordnende Einzelkredite finanziert worden, scheidet insoweit ein Ansatz von Poolfinanzierungskosten aus. In einem solchen Fall sind die Zinsen aus dem Einzelkredit direkt den Archivräumen zuzuordnen (z. B. nach Nutzflächenanteil).

Der Aufbewahrungspflichtige hat in geeigneter Weise glaubhaft zu versichern, dass die ursprüngliche Anschaffung bzw. Herstellung der Aufbewahrungsräume i. R. e. Pools finanziert wurde und diesbezüglich keine Einzelkreditaufnahme erfolgt ist.

1.2 Verursachungsgerechte Kostenschlüsselung

Voraussetzung für die Berücksichtigung von Finanzierungsaufwendungen als Gemeinkosten ist, dass die Zuordnung auf einer kaufmännisch vernünftigen, d. h. angemessenenund verursachungsgerechten Schlüsselung der Finanzierungskosten beruht. Bei einer Poolfinanzierung werden Eigen- und Fremdkapital untrennbar vermischt, sodass Kreditmittel nicht einer bestimmten Ausgabe konkret und unmittelbar zuordenbar sind. Aus diesen Gründen ist eine sachgerechte Schätzung erforderlich.

Es wird von der Annahme ausgegangen, dass eine kongruente Finanzierung der Aktiva vorliegt, d. h. der Zinsaufwand entfällt anteilig nach den Buchwerten auf die einzelnen Aktivposten (sog. Gleichverteilungshypothese).

Nach Ansicht des BFH besteht die Vermutung, dass der Zinsaufwand den für Archivierungszwecke genutzten Räumen nach der Fremdkapitalquote des Finanzierungspools zum Zeitpunkt der Anschaffung/ Herstellung zuzurechnen ist.

Die Fremdkapitalquote des Finanzierungspools des Aufbewahrungspflichtigen im Zeitpunkt der Anschaffung/Herstellung der Archivräume ist zu ermitteln. Eine reine Schätzung der Quote zum Zeitpunkt der Anschaffung/Herstellung aufgrund der derzeitigen Quote ist nicht ausreichend. Es ist jedoch nicht zu beanstanden, wenn der Aufbewahrungspflichtige durch geeignete Berechnungen die ursprüngliche Quote aus der derzeitigen Quote ableitet (z. B. Verlauf der Fremdkapitalquote in den letzten Jahren in der Branche o. ä.).

Ein weiteres zentrales Merkmal der Berechnung des Finanzierungskostenanteils ist der sog. durchschnittliche Passivzinssatz (vgl. 1.6 Beispiel zur Berechnung des Finanzierungskostenanteils). Der Zinssatz ermittelt sich als Quotient aus den tatsächlich

Zinsen und dem Fremdkapital (tatsächlich gezahlte Zinsen)

1.3 Höhe des Fremdkapitalanteils in den Wirtschaftsjahren nach Anschaffung/Herstellung

Es ist zu überprüfen, ob der Fremdkapitalanteil des Finanzierungspools in den Jahrennach der Anschaffung/Herstellung der Archivräume unter den bei der ursprünglichen Anschaffung/Herstellung bestehenden Anteil gesunken ist. Sollte dies der Fall sein, so ist nach Ansicht des BFH davon auszugehen, dass die auf die Archivräume rechnerisch entfallenden Refinanzierungsschulden anteilig durch einen höheren Einsatz von Eigenkapital getilgt worden sind. Bei diesem niedrigeren Ansatz verbleibt es dann auch, wenn der Fremdkapitalanteil in nachfolgenden Jahren wieder ansteigt (vgl. BFH a. a. O. Rz 30). Der Verlauf der Fremdkapitalquote ist durch geeignete Maßnahmen nachzuweisen. Kreditinstitute sind beispielsweise verpflichtet, jährlich ihre Fremdkapitalquote an die Bundesanstalt für Finanzdienstleistungsaufsicht (BaFin) zu melden. Die Meldung kann als geeigneter Nachweis für den Verlauf der Fremdkapitalquote herangezogen werden.

Der durchschnittliche Passivzinssatz hingegen kann sich in den Wirtschaftsjahren nach der Anschaffung/ Herstellung verändern, d. h. er ist nicht auf die Höhe im Zeitpunkt der Anschaffung/Herstellung begrenzt.

1.4 Minderung der Rückstellung in den Wirtschaftsjahren nach Anschaffung/Herstellung

Der BFH sieht es als sachgerechte Schätzung an, dass die auf die Archivräume entfallenden Zinsaufwendungen durch den (abschreibungsbedingten) Rückgang der Gebäudebuchwerte gemindert werden. Dies ist ein Ausfluss der kaufmännischen Schätzung, dass die den Aufbewahrungsräumen zugeordneten Kredite, ausgerichtet an der Nutzungsdauer, zurückgeführt werden (vgl. BFH a. a. O. Rz 31).

1.5 Höchstgrenzen bei Kreditinstituten

Handelt es sich bei dem Aufbewahrungspflichtigen um ein Kreditinstitut i. S. d. § 1 des Gesetzes über das Kreditwesen (KWG), so unterliegt die Schuldzinsenschlüsselung einer Obergrenze. Diese Kredit-

Zu § 5 EStG

Anlage § 005–25

institute müssen bestimmte Solvabilitätsgrundsätze beachten (vgl. § 10 KWG), d. h. der Fremdkapitalanteil darf bestimmte Grenzen nicht überschreiten. Dies stellt auch gleichzeitig die Obergrenze für die Kostenschlüsselung dar. Die Regelungen wie hoch die Fremdkapitalquote eines Kreditinstituts sein darf, sind sehr komplex. Die gesetzliche Grundlage findet sich in § 10 Abs. 1 Sätze 9 und 11 KWG i. V. m. § 2 der Verordnung über die angemessene Eigenmittelausstattung von Instituten, Institutsgruppen, Finanzholding-Gruppen und gemischten Finanzholding-Gruppen (Solvabilitätsverordnung – SolvV). Das aufbewahrungspflichtige Kreditinstitut hat im Einzelfall durch geeignete Mittel nachzuweisen, dass es die entsprechenden Voraussetzungen erfüllt. Die Kreditinstitute sind verpflichtet der Deutschen Bundesbank vierteljährlich ihren Bestand an Eigenmitteln mitzuteilen (§ 6 SolvV). Diese Mitteilungen sind geeignete Nachweismittel.

1.6 Beispiel zur Berechnung des Finanzierungskostenanteils

Der anteilige Buchwert (BuWe) der Archivräume beträgt zum 31.12.01 10.000 €, die jährliche AfA beträgt 300 €. Im Jahr 01 beträgt der durchschnittliche Passivzinssatz 3,5 %, im Jahr 02 beträgt er 3,6 %. Die Geschäftsunterlagen sind 6 Jahre aufzubewahren. Im Zeitpunkt der Anschaffung der Archivräume betrug das Eigenkapital im Pool 20.000 € und das Fremdkapital 80.000 €. Die Quote ist bis einschließlich 01 konstant geblieben. Im Jahr 02 beträgt die Fremdkapitalquote des Finanzierungspools 79 %.

Berechnung:

$$\text{Fremdkapitalquote} = \frac{\text{Fremdkapital}}{\text{Fremdkapital} + \text{Eigenkapital}} = \frac{80\,000\,€}{80\,000\,€ + 20\,000\,€} = 0{,}8$$

Rückstellung zum 31.12.01:

Jahr	Anteiliger BuWe	x	Fremdkapitalquote	x	durchschn. Passivzinssatz		
02	9 700	x	0,8	x	0,035	=	272
03	9 400	x	0,8	x	0,035	=	263
04	9 100	x	0,8	x	0,035	=	255
05	8 800	x	0,8	x	0,035	=	246
06	8 500	x	0,8	x	0,035	=	238
07	8 200	x	0,8	x	0,035	=	230
							1 504

Die durchschnittlichen Kosten pro Jahr betragen somit (: 6 Jahre)	=	251
Die jährlichen durchschnittlichen Kosten sind mit dem Faktor 3,5 zu multiplizieren	=	**= 879**

Der Anteil der Finanzierungskosten in der Rückstellung für die Aufbewahrung von Geschäftsunterlagen zum 31.12.01 beträgt somit 879 €.

Durch den Faktor 3,5 wird der Tatsache Rechnung getragen, dass sich in den Archivräumen Unterlagen befinden, die noch unterschiedlich lange aufzubewahren sind.

Rückstellung zum 31.12.02:

Jahr	Anteiliger BuWe	x	Fremdkapitalquote	x	durchschn. Passivzinssatz		
03	9 400	x	0,79	x	0,036	=	267
04	9 100	x	0,79	x	0,036	=	259
05	8 800	x	0,79	x	0,036	=	250
06	8 500	x	0,79	x	0,036	=	242
07	8 200	x	0,79	x	0,036	=	233
08	7 900	x	0,79	x	0,036	=	255
							1.476

Die durchschnittlichen Kosten pro Jahr betragen somit (: 6 Jahre)	=	246
Die jährlichen durchschnittlichen Kosten sind mit dem Faktor 3,5 zu multiplizieren	=	**= 861**

Anlage § 005–25

Zu § 5 EStG

Der Anteil der Finanzierungskosten in der Rückstellung für die Aufbewahrung von Geschäftsunterlagen zum 31.12.02 beträgt somit 861 €.

Würde die Fremdkapitalquote im o. g. Beispiel im Jahr 03 wieder auf 80 % ansteigen, so dürfte bei der Berechnung der Rückstellung zum 31.12.03 nur die Quote von 79 % berücksichtigt werden (vgl. 1.3. Höhe des Fremdkapitalanteils in den Wirtschaftsjahren nach Anschaffung/Herstellung).

Beträgt die Aufbewahrungsfrist 10 Jahre, so ist die obige Berechnung zunächst für 10 Jahre durchzuführen, die Summe durch 10 zu teilen und anschließend mit dem Faktor 5,5 zu multiplizieren.

1.7 Davon abweichende Berechnung in der Praxis

Folgende Berechnung ist nicht zutreffend (Aufbewahrungsfrist 10 Jahre):

Anteiliger BuWe x durchschnittlicher Passivzinssatz x Faktor 5,5

Bei dieser Berechnung wird nicht berücksichtigt,

- dass der Finanzierungspool auch einen Eigenkapitalanteil enthält und
- dass die in den zukünftigen Rechnungsperioden auf die Archivräume entfallenden Zinsen nach den in diesen Folgejahren jeweils geminderten Buchwerten zu berechnen sind.

2. Handelsrechtlicher Höchstansatz

Es wird ausdrücklich darauf hingewiesen, dass entsprechend R 6.11 Abs. 3 EStR 2012 die Höhe der Rückstellung in der Steuerbilanz den zulässigen Ansatz in der Handelsbilanz nicht überschreiten darf (zustimmend BFH a. a. O. Rz 14).

Die Regelung hat vor allem Bedeutung für Zeiträume auf die erstmals das Gesetz zur Modernisierung des Bilanzrechts (BilMoG – BGBl. 2009 I S. 1102) anzuwenden ist. Durch das BilMoG wurde im Handelsrecht eine Abzinsungspflicht für Rückstellungen mit einer Restlaufzeit von mehr als einem Jahr eingeführt (§ 253 Abs. 2 HGB). Diese handelsrechtliche Abzinsungspflicht besteht auch dann, wenn steuerlich nicht abzuzinsen ist, weil bei einer Sachleistungsverpflichtung mit der Erfüllung bereits begonnen wurde (vgl. § 6 Abs. 1 Nr. 3a Buchst. e Satz 2 EStG).

Die maßgeblichen Regelungen des BilMoG sind verpflichtend für Geschäftsjahre anzuwenden, die nach dem 31.12.2009 beginnen (Art. 66 Abs. 3 Satz 1 EGHGB). Abweichend davon besteht ein Wahlrecht die neuen Vorschriften des BilMoG bereits auf nach dem 31.12.2008 beginnende Geschäftsjahre anzuwenden (Art. 66 Abs. 3 Satz 6 EGHGB).

Ergibt sich für den Steuerpflichtigen aufgrund der Neuregelungen durch das BilMoG ein niedrigerer handelsrechtlicher Wertansatz, so ist dieser nach dem Maßgeblichkeitsgrundsatz des § 5 Abs. 1 Satz 1 Halbsatz 1 EStG auch für die Steuerbilanz bindend. Ein dadurch evtl. entstehender Auflösungsgewinn kann nach R 6.11 Abs. 3 Satz 2 EStR 2012 durch eine gewinnmindernde Rücklage i. H. v. 14/15 des Bewertungsgewinns neutralisiert werden (jährliche gewinnerhöhende Auflösung i. H. v. mindestens 1/15 in den nachfolgenden Wirtschaftsjahren).

3. Verfahrensrechtliche Abwicklung

Durch das BFH-Urteil vom 31.01.2013 (GrS 1/10, BStBl. 2013 II S. 317) wurde der sog. subjektiver Fehlerbegriff aufgegeben. Demnach kann die Einbeziehung von Finanzierungskosten (wenn die oben genannten Voraussetzungen erfüllt sind) grundsätzlich im ersten noch nicht bestandskräftig veranlagten Veranlagungszeitraum erfolgen. Dies gilt auch dann, wenn die Festsetzung dieses Jahres aus anderen Gründen bisher noch nicht in Bestandskraft erwachsen ist. Wurde bereits eine Teil-Einspruchsentscheidung i. S. d. § 367 Abs. 2a AO erlassen, so kann die Berücksichtigung der Finanzierungskosten nur erfolgen, wenn diese Besteuerungsgrundlage in der Teil-Einspruchsentscheidung von der Bestandskraft ausgenommen worden ist. Alle nachfolgenden Veranlagungszeiträume sind dann nach § 175 Abs. 1 Nr. 2 AO (rückwirkendes Ereignis) wegen des formellen Bilanzenzusammenhangs zu ändern. Die Ermittlung der Rückstellung ist zum Ende eines jeden Wirtschaftsjahrs mit den materiell zutreffenden Werten durchzuführen. Die Berechnung des Zinslaufs im ersten Änderungsjahr und in den Folgejahren richtet sich nach den normalen Grundsätzen; ein abweichender Zinslauf wird nicht ausgelöst (AEAO zu § 233a, Nr. 10.3.2).

Zu § 5 EStG   Anlage § 005–26

Rückstellungen für Verpflichtungen, zu viel vereinnahmte Entgelte mit künftigen Einnahmen zu verrechnen (Verrechnungsverpflichtungen)

– BdF-Schreiben vom 22.11.2013 – IV C 6-S 2137/09/10004:003, 2013/1066445 (BStBl. I S. 1502) –

Der Bundesfinanzhof (BFH) hat mit Urteil vom 6. Februar 2013 entschieden, dass für Kostenüberdeckungen, die in einer Kalkulationsperiode entstanden sind und die in der folgenden Kalkulationsperiode durch entsprechend geminderte Entgelte auszugleichen sind, Rückstellungen für ungewisse Verbindlichkeiten zu bilden sind. Diese Entscheidung steht im Widerspruch zu dem BMF-Schreiben vom 28. November 2011 (BStBl. I S. 1111), wonach Verrechnungsverpflichtungen als Bestandteil bestehender Vertragsverhältnisse mangels Erfüllungsrückstand nicht passiviert werden können.

Nach Abstimmung mit den obersten Finanzbehörden der Länder wird das BMF-Schreiben vom 28. November 2011 (BStBl. I S. 1111) aufgehoben.

Dieses Schreiben wird im Bundessteuerblatt Teil I veröffentlicht.

Anlage § 005–27 Zu § 5 EStG

Rückstellung wegen zukünftiger Betriebsprüfungen bei Großbetrieben

– BdF-Schreiben vom 07.03.2013 – IV C 6-S 2137/12/10001, 2013/0214527 (BStBl. I S. 274) –

Mit Urteil vom 6. Juni 2012 (I R 99/10) hat der BFH entschieden, dass in der Bilanz einer als Großbetrieb im Sinne von § 3 BpO eingestuften Kapitalgesellschaft Rückstellungen für im Zusammenhang mit einer Außenprüfung bestehende Mitwirkungspflichten gemäß § 200 AO grundsätzlich zu bilden sind, soweit diese die am jeweiligen Bilanzstichtag bereits abgelaufenen Wirtschaftsjahre (Prüfungsjahre) betreffen. Die Passivierung einer Rückstellung für diese Kosten sei auch vor Erlass einer Prüfungsanordnung möglich.

Der BFH ließ mangels Entscheidungserheblichkeit die Frage offen, ob eine Rückstellung für Betriebsprüfungskosten auch bei nicht anschlussgeprüften Steuerpflichtigen gebildet werden dürfe. Für diese Steuerpflichtigen kommt die Regelung des § 4 Absatz 2 BpO nicht zur Anwendung. Ebenso blieb mangels Entscheidungserheblichkeit offen, welche Kosten bei der Bewertung der Rückstellung zu berücksichtigen sind.

Auf Grundlage der Erörterung der obersten Finanzbehörden des Bundes und der Länder gilt für alle noch offenen Fälle Folgendes:

Die Grundsätze des BFH-Urteils vom 6. Juni 2012 sind über den entschiedenen Einzelfall hinaus allgemein anzuwenden.

Für Steuerpflichtige, bei denen eine Anschlussprüfung i. S. d. § 4 Absatz 2 BpO nicht in Betracht kommt, gelten die Grundsätze des BFH-Urteils nicht. Die Soll-Vorgabe des § 4 Absatz 2 BpO war ein tragender Grund für den BFH, um von einer hinreichend bestimmten, sanktionsbewehrten Verpflichtung auszugehen, bei der die Inanspruchnahme überwiegend wahrscheinlich ist. Somit kommt die Passivierung einer Rückstellung für Kosten, die in Zusammenhang mit einer zukünftigen möglichen Betriebsprüfung stehen, bei Steuerpflichtigen, die nicht vom Anwendungsbereich des § 4 Absatz 2 BpO umfasst sind, nicht in Betracht.

In die Rückstellung dürfen nur die Aufwendungen einbezogen werden, die in direktem Zusammenhang mit der Durchführung einer zu erwartenden Betriebsprüfung stehen. Hierzu zählen beispielsweise die Kosten, die für die Inanspruchnahme rechtlicher oder steuerlicher Beratung zur Durchführung einer Betriebsprüfung entstehen. Nicht einzubeziehen sind insbesondere die allgemeinen Verwaltungskosten, die bei der Verpflichtung zur Aufbewahrung von Geschäftsunterlagen gemäß § 257 HGB und § 147 AO, der Verpflichtung zur Erstellung des Jahresabschlusses und der Verpflichtung zur Anpassung des betrieblichen EDV-Systems an die Grundsätze zum Datenzugriff und zur Prüfbarkeit digitaler Unterlagen (GDPdU) berücksichtigt worden sind.

Die Rückstellung für diese Mitwirkungsverpflichtung zur Durchführung einer Betriebsprüfung ist als Sachleistungsverpflichtung gemäß § 6 Absatz 1 Nummer 3a Buchstabe b EStG mit den Einzelkosten und den angemessenen Teilen der notwendigen Gemeinkosten zu bewerten und nach Buchstabe e abzuzinsen.

Zeitliche Anwendung:

Dieses BMF-Schreiben ist in allen offenen Fällen anzuwenden. Die Regelungen zur Bilanzberichtigung gemäß R 4.4 Absatz 1 Sätze 3 bis 10 EStR sind zu beachten.

Elektronische Übermittlung von Bilanzen sowie Gewinn- und Verlustrechnungen

– BdF-Schreiben vom 19.01.2010 – IV C 6 – S 2133-b/0, 2009/0865962 – (BStBl. I S. 47) –

Nach § 5b EStG haben Steuerpflichtige, die ihren Gewinn nach § 4 Absatz 1 EStG, § 5 EStG oder § 5a EStG ermitteln, den Inhalt der Bilanz sowie der Gewinn- und Verlustrechnung nach amtlich vorgeschriebenem Datensatz durch Datenfernübertragung zu übermitteln. Gemäß § 51 Absatz 4 Nummer 1b EStG ist das Bundesministerium der Finanzen ermächtigt, im Einvernehmen mit den obersten Finanzbehörden der Länder, den Mindestumfang der zu übermittelnden Daten zu bestimmen. Die Regelung ist am 1. Januar 2009 in Kraft getreten und erstmals für Wirtschaftsjahre anzuwenden, die nach dem 31. Dezember 2010 beginnen (§ 52 Absatz 15a EStG).

Unter Bezugnahme auf das Ergebnis der Erörterung mit den obersten Finanzbehörden der Länder gilt gem. § 51 Absatz 4 Nummer 1b EStG hinsichtlich der Anwendung des § 5b EStG Folgendes:

I. Materiell-rechtliche Grundlagen

1. Gegenstand der elektronischen Übermittlung

Mit Verabschiedung des Steuerbürokratieabbaugesetzes wurde mit § 5b EStG die elektronische Übermittlungsmöglichkeit des Inhalts der Bilanz, der Gewinn- und Verlustrechnung sowie einer ggf. notwendigen Überleitungsrechnung vorgesehen und eine einheitliche Form der medienbruchfreien Übermittlung von Steuererklärungen und weiteren steuererheblichen Unterlagen geschaffen. Die in § 5b EStG beschriebenen Daten können unabhängig von der gem. § 25 Absatz 4 EStG, § 31 Absatz 1a KStG, § 181 Absatz 2a AO oder § 3 Absatz 2 der Verordnung zu § 180 Absatz 2 AO zu übermittelnden Steuererklärung übertragen werden (z. B. Eröffnungsbilanz, geänderte Bilanz). Die bisher nach § 60 Absatz 1 EStDV vorgeschriebene Übermittlung in Papierform entfällt. 1

Enthält die Bilanz Ansätze oder Beträge, die den steuerlichen Vorschriften nicht entsprechen, so sind diese Ansätze oder Beträge durch Zusätze oder Anmerkungen den steuerlichen Vorschriften gem. § 5b Absatz 1 Satz 2 EStG anzupassen und ebenfalls nach amtlich vorgeschriebenem Datensatz durch Datenfernübertragung zu übermitteln (sog. „Überleitungsrechnung"). Der Steuerpflichtige kann stattdessen auch eine den steuerlichen Vorschriften entsprechende Bilanz nach amtlich vorgeschriebenem Datensatz durch Datenfernübertragung übermitteln (§ 5b Absatz 1 Satz 3 EStG).

Die Grundsätze der Bilanzklarheit und Übersichtlichkeit (§ 243 Absatz 2 HGB) und Ansatz- und Bewertungsstetigkeit (§ 246 Absatz 3, § 252 Absatz 1 Nummer 6 HGB) sind zu beachten.

Hinsichtlich der Datenübermittlung findet das BMF-Schreiben vom 15. Januar 2007 – IV C 6 – O 2250 – 138/06 – (BStBl. I Seite 95) Anwendung. Der Umfang der nach § 5b EStG elektronisch zu übermittelnden Inhalte der Bilanz und der Gewinn- und Verlustrechnung sowie ggf. der Überleitungsrechnung wird sich aus den Taxonomie-Schemata ergeben, deren Veröffentlichung gem. § 51 Absatz 4 Nummer 1b EStG mit gesondertem Schreiben bekannt gegeben wird.

2. Form und Inhalt der Datenübermittlung

Der Inhalt der Bilanz sowie der Gewinn- und Verlustrechnung ist in Form eines XBRL-Datensatzes auf elektronischem Weg nach Maßgabe der Steuerdaten-Übermittlungsverordnung vom 28. Januar 2003 (BGBl. I Seite 139), zuletzt geändert durch die Verordnung vom 8. Januar 2009 (BGBl. I Seite 31), in der jeweils geltenden Fassung zu übermitteln. 2

XBRL (eXtensible Business Reporting Language) ist ein international verbreiteter Standard für den elektronischen Datenaustausch von Unternehmensinformationen. Der Standard XBRL ermöglicht es, Daten in standardisierter Form aufzubereiten und mehrfach – etwa neben der Veröffentlichung im elektronischen Bundesanzeiger zur Information von Geschäftspartnern, Kreditgebern, Aufsichtsbehörden oder Finanzbehörden – zu nutzen.

Bei der Festlegung des zu übermittelnden Dateninhalts wird grundsätzlich von der HGB-Taxonomie des XBRL Deutschland e. V. ausgegangen. Die Taxonomien bilden die allgemeinen handelsrechtlichen Rechnungslegungsvorschriften ab und enthalten u.a. die Module „Bilanz", „Gewinn- und Verlustrechnung", „Ergebnisverwendung", „Kapitalkontenentwicklung" und „Anhang". Soweit spezielle Rechnungslegungsvorschriften gelten, existieren hierzu Spezial-Taxonomien/Taxonomie-Erweiterungen. Zur Festlegung des nach § 5b EStG zu übermittelnden Datensatzes werden diese Taxonomien erweitert, um alle nach steuerlichen Vorschriften erforderlichen Positionen abzudecken. Bestimmte Positionen sind verpflichtend zu übermitteln und werden in den Taxonomien als solche gekennzeichnet (Mindestanforderungen).

Anlage § 005b–01

Zu § 5b EStG

Bei der Übermittlung einer Handelsbilanz mit Überleitungsrechnung können auch vom Taxonomie-Schema abweichende individuelle Positionen übermittelt werden. Für diesen Ausnahmefall sieht die Taxonomie die Möglichkeit vor, zu den individuellen Positionen anzugeben, in welche – steuerlichen Vorschriften entsprechende – Positionen diese umzugliedern sind (Bsp.: Umgliederung einer handelsrechtlichen Position zwischen Anlage- und Umlaufvermögen auf Anlagevermögen einerseits und Umlaufvermögen andererseits).

§ 88 AO sowie die Mitwirkungspflichten des Steuerpflichtigen, insbesondere §§ 90, 97, 146, 147 und 200 Absatz 1 Satz 2 AO bleiben unberührt. Der Steuerpflichtige kann beispielsweise im Rahmen der Mitwirkungspflicht die Summen- und Saldenliste sowie das Anlageverzeichnis elektronisch übermitteln.

II. Härtefallregelung

3 Auf Antrag kann die Finanzbehörde zur Vermeidung unbilliger Härten auf eine elektronische Übermittlung verzichten. Dem Antrag ist zu entsprechen, wenn eine elektronische Übermittlung für den Steuerpflichtigen wirtschaftlich oder persönlich unzumutbar ist. Dies ist insbesondere der Fall, wenn die Schaffung der technischen Möglichkeiten für eine elektronische Übermittlung nur mit einem nicht unerheblichen finanziellen Aufwand möglich wäre oder wenn der Steuerpflichtige nach seinen individuellen Kenntnissen und Fähigkeiten nicht oder nur eingeschränkt in der Lage ist, die Möglichkeiten der elektronischen Übermittlung zu nutzen (§ 5b Absatz 2 Satz 2 EStG i. V. m. § 150 Absatz 8 AO).

III. Folgen fehlender Datenübermittlung

4 Soweit die Finanzbehörde keine für den Steuerpflichtigen positive Härtefallentscheidung getroffen hat, kann die Verpflichtung zur elektronischen Übermittlung des Inhalts der Bilanz und der Gewinn- und Verlustrechnung sowie ggf. der Überleitungsrechnung durch Androhung und ggf. Festsetzung eines Zwangsgeldes (§§ 328 ff. AO) durchgesetzt werden.

IV. Zeitliche Anwendung

Die nach Abschnitt I geforderten Daten sind erstmals für Wirtschaftjahre elektronisch zu übermitteln, die nach dem 31. Dezember 2010 beginnen (§ 52 Absatz 15a EStG, § 84 Absatz 3d EStDV).

Zu § 5b EStG

Anlage § 005b–02

Elektronische Übermittlung von Bilanzen sowie Gewinn- und Verlustrechnungen; Anwendungsschreiben zur Veröffentlichung der Taxonomie

– BdF-Schreiben vom 28.09.2011 – IV C 6 – S 2133-b/11/10009, 2011/0770620 (BStBl. I S. 855) –

Nach § 5b EStG besteht für Steuerpflichtige, die ihren Gewinn nach § 4 Absatz 1, § 5 oder § 5a EStG ermitteln, die Verpflichtung, den Inhalt der Bilanz sowie der Gewinn- und Verlustrechnung nach amtlich vorgeschriebenem Datensatz durch Datenfernübertragung zu übermitteln. Nach § 51 Absatz 4 Nummer 1b EStG ist das Bundesministerium der Finanzen ermächtigt, im Einvernehmen mit den obersten Finanzbehörden der Länder den Mindestumfang der elektronisch zu übermittelnden Bilanzen und Gewinn- und Verlustrechnung zu bestimmen.

Unter Bezugnahme auf das Ergebnis der Erörterung mit den obersten Finanzbehörden der Länder gilt Folgendes:

I. Persönlicher Anwendungsbereich

§ 5b EStG gilt für alle Unternehmen, die ihren Gewinn nach § 4 Absatz 1, § 5 oder § 5a EStG ermitteln. 1
Danach sind die Inhalte einer Bilanz sowie Gewinn- und Verlustrechnung durch Datenfernübertragung zu übermitteln (sog. E-Bilanz), wenn diese nach den handels- oder steuerrechtlichen Bestimmungen aufzustellen sind oder freiwillig aufgestellt werden. Damit wird die bisherige Übermittlung nach Abgabe in Papierform durch eine Übermittlung durch Datenfernübertragung ersetzt. Dies gilt unabhängig von der Rechtsform und der Größenklasse des bilanzierenden Unternehmens. Auch die anlässlich einer Betriebsveräußerung, Betriebsaufgabe, Änderung der Gewinnermittlungsart oder in Umwandlungsfällen aufzustellende Bilanz ist durch Datenfernübertragung zu übermitteln. Zwischenbilanzen, die auf den Zeitpunkt eines Gesellschafterwechsels aufgestellt werden, sind als Sonderform einer Schlussbilanz ebenso wie Liquidationsbilanzen nach § 11 KStG durch Datenfernübertragung zu übermitteln.

II. Besonderer sachlicher Anwendungsbereich

1. Betriebsstätten

Die vom BFH in ständiger Rechtsprechung aufgestellten Grundsätze zur Abgabe der Bilanz und Gewinn- und Verlustrechnung bei ausländischen und inländischen Betriebsstätten gelten gleichermaßen für die Übermittlung der Daten durch Datenfernübertragung. 2

Hat ein inländisches Unternehmen eine **ausländische Betriebsstätte**, ist – soweit der Gewinn nach § 4 Absatz 1, § 5 oder § 5a EStG ermittelt wird (siehe Rn. 1) – für das Unternehmen als Ganzes eine Bilanz und Gewinn- und Verlustrechnung abzugeben (vgl. BFH-Urteil vom 16. Februar 1996, BStBl. II 1997 S. 128). Entsprechend ist ein Datensatz durch Datenfernübertragung zu übermitteln. 3

Hat ein ausländisches Unternehmen eine **inländische Betriebsstätte** und wird der Gewinn nach § 4 Absatz 1, § 5 oder § 5a EStG ermittelt (siehe Rn. 1), beschränkt sich die Aufstellung der Bilanz und Gewinn- und Verlustrechnung auf die inländische Betriebsstätte als unselbständiger Teil des Unternehmens. Gleiches gilt grundsätzlich für Sachverhalte im Sinne der Randziffern 3 und 7 des BMF-Schreibens vom 16. Mai 2011, BStBl. I, S. 530 (Einkünfte aus Vermietung und Verpachtung gemäß § 49 Absatz 1 Nummer 2 Buchstabe f Doppelbuchstabe aa und Nummer 6 EStG). Entsprechend ist in diesen Fällen ein Datensatz durch Datenfernübertragung zu übermitteln. 4

2. Steuerbefreite Körperschaften

Auf unbeschränkt körperschaftsteuerpflichtige Körperschaften, die persönlich von der Körperschaftsteuer befreit sind (z. B. § 5 Absatz 1 Nummern 1, 2, 2a, 15 KStG), findet § 5b EStG keine Anwendung. Erstreckt sich bei einer von der Körperschaftsteuer oder Gewerbesteuer befreiten Körperschaft die Befreiung nur auf einen Teil der Einkünfte der Körperschaft (z. B. § 5 Absatz 1 Nummern 5, 6, 7, 9, 10, 14, 16, 19, 22 KStG) und ist von der Körperschaft eine Bilanz sowie eine Gewinn- und Verlustrechnung aufzustellen, ist dieser Datensatz durch Datenfernübertragung zu übermitteln. 5

3. Juristische Personen des öffentlichen Rechts mit Betrieben gewerblicher Art

Sind für einen Betrieb gewerblicher Art eine Bilanz sowie eine Gewinn- und Verlustrechnung aufzustellen, ist dieser Datensatz durch Datenfernübertragung zu übermitteln. 6

4. Übergangsregelungen

Zur Vermeidung unbilliger Härten wird es in den Fällen der Rn. 2 bis 6 für eine Übergangszeit nicht beanstandet, wenn die Inhalte der Bilanz und Gewinn- und Verlustrechnung erstmals für Wirtschaftsjahre, die nach dem 31. Dezember 2014 beginnen, durch Datenfernübertragung übermittelt werden; in den 7

Anlage § 005b–02

Zu § 5b EStG

Fällen der Rn. 3 jedoch nur, soweit sie auf die Ergebnisse der ausländischen Betriebsstätte entfallen. In dieser Übergangszeit kann die Bilanz sowie die Gewinn- und Verlustrechnung in Papierform abgegeben werden; eine Gliederung gemäß der Taxonomie ist dabei nicht erforderlich.

III. Übermittlungsformat

8 Für die Übermittlung des amtlich vorgeschriebenen Datensatzes wurde mit BMF-Schreiben vom 19. Januar 2010 (BStBl. I S. 47) XBRL (eXtensible Business Reporting Language) als Übermittlungsformat festgelegt.

IV. Taxonomie (Datenschema für Jahresabschlussdaten)

1. Taxonomie

9 Eine Taxonomie ist ein Datenschema für Jahresabschlussdaten. Durch die Taxonomie werden die verschiedenartigen Positionen definiert, aus denen z. B. eine Bilanz oder eine Gewinn- und Verlustrechnung bestehen kann (also etwa die Firma des Kaufmanns oder die einzelnen Positionen von Bilanz und Gewinn- und Verlustrechnung) und entsprechend ihrer Beziehungen zueinander geordnet.

2. Taxonomiearten

10 Das Datenschema der Taxonomien wird hiermit als amtlich vorgeschriebener Datensatz nach § 5b EStG veröffentlicht. Die Taxonomien stehen unter www.eSteuer.de zur Ansicht und zum Abruf bereit. Die elektronische Übermittlung der Inhalte der Bilanz und der Gewinn- und Verlustrechnung erfolgt grundsätzlich nach der **Kerntaxonomie**. Sie beinhaltet die Positionen für alle Rechtsformen, wobei im jeweiligen Einzelfall nur die Positionen zu befüllen sind, zu denen auch tatsächlich Geschäftsvorfälle vorliegen. Für bestimmte Wirtschaftszweige wurden **Branchentaxonomien** erstellt, die in diesen Fällen für die Übermittlung der Datensätze zu verwenden sind. Dies sind *Spezialtaxonomien* (Banken und Versicherungen) oder *Ergänzungstaxonomien* (Wohnungswirtschaft, Verkehrsunternehmen, Land- und Forstwirtschaft, Krankenhäuser, Pflegeeinrichtungen, Kommunale Eigenbetriebe). Individuelle Erweiterungen der Taxonomien können nicht übermittelt werden.

3. Technische Ausgestaltung der Taxonomie

11 Einzelheiten zur technischen Ausgestaltung insbesondere den Rechenregeln sind der **Anlage** zu entnehmen.

4. Unzulässige Positionen

12 Als „für handelsrechtlichen Einzelabschluss unzulässig" gekennzeichnete Positionen dürfen in den der Finanzverwaltung zu übermittelnden Datensätzen nicht verwendet werden.

13 Als „steuerlich unzulässig" gekennzeichnete Positionen sind im Rahmen der Umgliederung / Überleitung aufzulösen und dürfen in den der Finanzverwaltung zu übermittelnden Datensätzen nicht enthalten sein.

5. Rechnerisch notwendige Positionen/Summenmussfelder

14 Da die übermittelten Datensätze auch im Übrigen den im Datenschema hinterlegten Rechenregeln genügen müssen, werden Positionen, die auf der gleichen Ebene wie rechnerisch verknüpfte Mussfelder stehen, als „Rechnerisch notwendig, soweit vorhanden" gekennzeichnet. Diese Positionen sind dann zwingend mit Werten zu übermitteln, wenn ohne diese Übermittlung die Summe der Positionen auf der gleichen Ebene nicht dem Wert der Oberposition entspricht, mit denen diese Positionen rechnerisch verknüpft sind. Oberpositionen, die über rechnerisch verknüpften Mussfeldern stehen, sind als Summenmussfelder gekennzeichnet. Werden z. B. im Datenschema rechnerisch in eine Oberposition verknüpfte Positionen übermittelt, so ist auch die zugehörige Oberposition mit zu übermitteln.

V. Mindestumfang nach § 51 Absatz 4 Nummer 1b EStG

15 Die Taxonomie enthält die für den Mindestumfang im Sinne der §§ 5b, 51 Absatz 4 Nummer 1b EStG erforderlichen Positionen, die mit den am Bilanzstichtag vorhandenen Daten der einzelnen Buchungskonten zu befüllen sind. Dies gilt in Abhängigkeit davon, ob ein derartiger Geschäftsvorfall überhaupt vorliegt und in welchem Umfang diese Angaben für Besteuerungszwecke benötigt werden.

Folgende Positionseigenschaften sind hierbei zu unterscheiden:

Mussfeld

16 Die in den Taxonomien als „Mussfeld" gekennzeichneten Positionen sind zwingend zu befüllen (Mindestumfang). Bei Summenmussfeldern gilt dies auch für die darunter liegenden Ebenen (vgl. Rn. 14). Es wird elektronisch geprüft, ob formal alle Mussfelder in den übermittelten Datensätzen enthalten sind. Sofern sich ein Mussfeld nicht mit Werten füllen lässt, weil die Position in der ordnungsmäßigen indi-

Zu § 5b EStG Anlage § 005b–02

viduellen Buchführung nicht geführt wird oder aus ihr nicht ableitbar ist, ist zur erfolgreichen Übermittlung des Datensatzes die entsprechende Position ohne Wert (technisch: NIL-Wert) zu übermitteln.

Mussfeld, Kontennachweis erwünscht

Für die als „Mussfeld, Kontennachweis erwünscht" gekennzeichneten Positionen gelten die Ausführungen zum Mussfeld in gleicher Weise. Der Auszug aus der Summen-/Saldenliste der in diese Position einfließenden Konten im XBRL-Format kann vom Steuerpflichtigen mitgeliefert werden (Angaben: Kontonummer, Kontobezeichnung, Saldo zum Stichtag).

Darüber hinaus ist ein freiwilliger Kontennachweis auch für jedwede andere Taxonomieposition durch Datenfernübertragung (Angabe der Kontonummer, Kontenbezeichnung sowie des Saldos zum Stichtag im Datensatz) möglich.

Auffangpositionen

Um Eingriffe in das Buchungsverhalten zu vermeiden, aber dennoch einen möglichst hohen Grad an Standardisierung zu erreichen, sind im Datenschema der Taxonomie Auffangpositionen eingefügt (erkennbar durch die Formulierungen im beschreibenden Text „nicht zuordenbar" in der Positionsbezeichnung). Ein Steuerpflichtiger, der eine durch Mussfelder vorgegebene Differenzierung für einen bestimmten Sachverhalt nicht aus der Buchführung ableiten kann, kann zur Sicherstellung der rechnerischen Richtigkeit für die Übermittlung der Daten alternativ die Auffangpositionen nutzen.

VI. Ausnahmeregelungen für bestimmte Berichtsteile/Positionen

1. Kapitalkontenentwicklung für Personenhandelsgesellschaften und andere Mitunternehmerschaften

Die in diesem Bereich als Mussfelder gekennzeichneten Positionen sind für eine verpflichtende Übermittlung erst für Wirtschaftsjahre vorgesehen, die nach dem 31. Dezember 2014 (Übergangsphase) beginnen.

In der Übergangsphase werden die nach Gesellschaftergruppen zusammengefassten Mussfelder der Kapitalkontenentwicklung in der Bilanz erwartet, sofern keine Übermittlung im eigenen Teil „Kapitalkontenentwicklung für Personenhandelsgesellschaften und andere Mitunternehmerschaften" erfolgt. Wird in dieser Übergangsphase der eigene Berichtsbestandteil Kapitalkontenentwicklung dennoch eingereicht, so müssen in der Bilanz nur die Positionen der Ebene „Kapitalanteile der persönlich haftenden Gesellschafter" / „Kapitalanteile der Kommanditisten" verpflichtend übermittelt werden. Die untergeordneten Mussfelder können ohne Wert (NIL-Wert) übermittelt werden.

2. Sonder- und Ergänzungsbilanzen bei Personenhandelsgesellschaften und anderen Mitunternehmerschaften

Sonder- und Ergänzungsbilanzen sind jeweils in gesonderten Datensätzen nach dem amtlich vorgeschriebenen Datensatz durch Datenfernübertragung zu übermitteln.

Für Wirtschaftsjahre, die vor dem 1. Januar 2015 enden, wird es nicht beanstandet, wenn Sonder- und Ergänzungsbilanzen in dem Freitextfeld „Sonder- und Ergänzungsbilanzen" im Berichtsbestandteil „Steuerliche Modifikationen" übermittelt werden.

3. Abschreibungen auf immaterielle Vermögensgegenstände des Anlagevermögens und Sachanlagen

Die Positionen in den Ebenen unter „Abschreibungen auf immaterielle Vermögensgegenstände des Anlagevermögens und Sachanlagen" können ohne Wert (NIL-Wert) übermittelt werden, wenn der Datensatz die Angaben in einem freiwillig übermittelten Anlagespiegel im XBRL-Format enthält.

VII. Überleitungsrechnung

Wird ein handelsrechtlicher Einzelabschluss mit Überleitungsrechnung übermittelt, müssen die Positionen in den Berichtsbestandteilen Bilanz und Gewinn- und Verlustrechnung die handelsrechtlichen Positionen und jeweiligen Wertansätze enthalten. Die nach § 5b Absatz 1 Satz 2 EStG vorzunehmenden steuerrechtlichen Anpassungen aller Positionen (auf allen Ebenen), deren Ansätze und Beträge den steuerlichen Vorschriften nicht entsprechen, sind mit der Überleitungsrechnung der Taxonomie darzustellen.

VIII. Zusätzlich einzureichende Unterlagen

Die zusätzlichen nach § 60 Abs. 3 EStDV der Steuererklärung beizufügenden Unterlagen können in den entsprechenden Berichtsteilen der Taxonomie durch Datenfernübertragung übermittelt werden.

Anlage § 005b–02

Zu § 5b EStG

IX. Zeitliche Anwendung des § 5b EStG

1. Anwendung (Nichtbeanstandungsregelung für 2012)

26 § 5b EStG ist erstmals für Wirtschaftsjahre anzuwenden, die nach dem 31. Dezember 2011 beginnen (§ 52 Absatz 15a EStG i. V. m. § 1 der AnwZpvV). Grundsätzlich sind die Inhalte der Bilanz und Gewinn- und Verlustrechnung für Wirtschaftsjahre, die nach dem 31. Dezember 2011 beginnen, durch Datenfernübertragung zu übermitteln. Die unter Rn. 7, 20 und 22 vorgesehenen Übergangsregelungen bleiben hiervon unberührt.

27 Für das erste Wirtschaftsjahr, das nach dem 31. Dezember 2011 beginnt, wird es von der Finanzverwaltung nicht beanstandet, wenn die Bilanz und die Gewinn- und Verlustrechnung für dieses Jahr noch nicht gemäß § 5b EStG nach amtlich vorgeschriebenem Datensatz durch Datenfernübertragung übermittelt werden. Eine Bilanz sowie die Gewinn- und Verlustrechnung können in diesen Fällen in Papierform abgegeben werden; eine Gliederung gemäß der Taxonomie ist dabei nicht erforderlich.

2. Aktualisierung

28 Die Taxonomie wird regelmäßig auf notwendige Aktualisierungen geprüft und gegebenenfalls um Branchentaxonomien erweitert. Wird eine aktuellere Taxonomie veröffentlicht, ist diese unter Angabe des Versionsdatums zu verwenden. Es wird in jeder Aktualisierungsversion sichergestellt, dass eine Übermittlung auch für frühere Wirtschaftsjahre möglich ist.

29 Eine Taxonomie ist solange zu verwenden, bis eine aktualisierte Taxonomie veröffentlicht wird.[1]

X. Härtefallregelung nach § 5b Absatz 2 Satz 2 EStG

30 Hinsichtlich der allgemeinen Härtefallregelung gemäß § 5b Absatz 2 Satz 2 EStG i. V. m. § 150 Absatz 8 AO wird auf die Rn. 3 des BMF-Schreibens vom 19. Januar 2010 – IV C 6 – S 2133-b/0 – BStBl. I, S. 47) hingewiesen.

Dieses Schreiben ersetzt das Schreiben vom 16. Dezember 2010, IV C 6 – S 2133-b/10/10001, 2010/1012271.

---

1) Siehe dazu das BdF-Schreiben vom 13.06.2014 (BStBl. I S. 886):
Hiermit wird das aktualisierte Datenschema der Taxonomien (Version 5.3) als amtlich vorgeschriebener Datensatz nach § 5b EStG veröffentlicht. Die aktualisierten Taxonomien (Kern-, Branchen- und Spezialtaxonomien) stehen unter www.esteuer.de zur Ansicht und zum Abruf bereit.
Die Taxonomien sind grundsätzlich für die Bilanzen der Wirtschaftsjahre zu verwenden, die nach dem 31. Dezember 2014 beginnen. Sie gelten entsprechend für die in Rn. 1 des BMF-Schreibens vom 28. September 2011 genannten Bilanzen sowie für Eröffnungsbilanzen, sofern diese nach dem 31. Dezember 2014 aufzustellen sind. Es wird nicht beanstandet, wenn die Taxonomien (Version 5.3) auch für das Wirtschaftsjahr 2014 oder 2014/2015 verwendet werden.
Die Übermittlungsmöglichkeit mit dieser neuen Taxonomie wird für Testfälle voraussichtlich ab November 2014 und für Echtfälle ab Mai 2015 gegeben sein.
Steuerbegünstigte Körperschaften können dann folgende Berichtsteile übermitteln:
- Zusätzlich zu den originären Berichtsteilen für die Gesamtkörperschaft kann im Berichtsbestandteil „Steuerliche Gewinnermittlung für besondere Fälle" die Datenstruktur der Berichtsteile „Bilanz" und „G + V" für den steuerrelevanten Geschäftsbereich genutzt werden.
- Soll lediglich eine Bilanz ausschließlich für den partiell steuerpflichtigen Teilbereich übermittelt werden, so ist für die Datenübermittlung nur der Berichtsbestandteil „Steuerliche Gewinnermittlung für besondere Fälle" zu verwenden (Übermittlung ausschließlich steuerlicher Werte). Hierbei besteht die Option, sowohl Bilanz und G + V als auch nur G + V für den partiell steuerpflichtigen Teilbereich nach amtlich vorgeschriebenem Datensatz zu übermitteln.
Sollte die Gesamtkörperschaft nur eine Gesamtbilanz sowie eine Gesamt-G + V aufgestellt und den Gewinn des partiell steuerpflichtigen Teilbereichs in einer (außerbilanziellen) Nebenrechnung ermittelt haben, ist das Ergebnis der Nebenrechnung im Berichtsteil „Steuerliche Gewinnermittlung für besondere Fälle" zu übermitteln. In der dazugehörigen Erläuterungsposition (Fußnote) ist die Nebenrechnung darzustellen.
Für juristische Personen des öffentlichen Rechts und deren Betriebe gewerblicher Art stehen diese Übermittlungsformen ebenfalls zur Verfügung."

Zu § 5b EStG **Anlage § 005b–02**

Anlage zu Rn. 11

Ausgestaltung der Taxonomie

Das für steuerliche Zwecke angepasste Datenschema basiert auf der aktuellen HGB-Taxonomie 4.1 vom 8. Februar 2011 und enthält die Bilanzposten und Gewinn- und Verlustpositionen des amtlichen Datensatzes nach § 5b EStG.

Es umfasst ein Stammdaten-Modul („GCD-Modul") und ein Jahresabschluss-Modul („GAAP-Modul"):

Das „GCD"-Modul enthält ein Datenschema zur Übermittlung von

- Dokumentinformationen,
- Informationen zum Bericht und
- Informationen zum Unternehmen.

Das „GAAP"-Modul enthält ein Datenschema zur Übermittlung der gebräuchlichen Berichtsbestandteile für Unternehmen aller Rechtsformen und Größenordnungen. Folgende Berichtsbestandteile können zur Übermittlung genutzt werden:

- Bilanz,
- Haftungsverhältnisse,
- Gewinn und Verlustrechnung in den Varianten Gesamtkosten- und Umsatzkostenverfahren,
- Ergebnisverwendungsrechnung,
- Kapitalkontenentwicklung für Personenhandelsgesellschaften / Mitunternehmerschaften,
- Eigenkapitalspiegel,
- Kapitalflussrechnung,
- Anhang,
  - Anlagespiegel,
  - diverse Felder zur Aufnahme von textlichen Informationen
- Lagebericht,
- steuerliche Modifikationen (Überleitungsrechnung der Wertansätze aus der Handelsbilanz zur Steuerbilanz und Zusatzangaben),
- Bericht des Aufsichtsrats, Beschlüsse und zugehörige Erklärungen.
- Detailinformationen zu Positionen (Kontensalden zu einer Position)

Zusätzlich enthält das Datenschema alternativ verwendbare weitere Bestandteile, wie etwa die beiden Formen der Gewinn- und Verlustrechnung: Gesamtkostenverfahren und Umsatzkostenverfahren.

Auf dieser Grundlage ermöglicht das Datenschema der Taxonomie die elektronische Übermittlung des Inhalts der Bilanz und Gewinn- und Verlustrechnung an die Finanzverwaltung nach amtlich vorgeschriebenem Datensatz. Neben dem Stammdaten-Modul („GCD"-Modul) sind aus dem Jahresabschluss-Modul („GAAP"-Modul) insbesondere die Berichtsbestandteile

- Bilanz,
- Gewinn- und Verlustrechnung,
- Ergebnisverwendung,
- Kapitalkontenentwicklung für Personenhandelsgesellschaften (und andere Mitunternehmerschaften),
- steuerliche Gewinnermittlung (für Einzelunternehmen und Personengesellschaften),
- steuerliche Gewinnermittlung bei Personengesellschaften,
- steuerliche Gewinnermittlung für besondere Fälle (u. a. steuerliche Gewinnermittlung bei Betrieben gewerblicher Art und wirtschaftlichem Geschäftsbetrieb),
- steuerliche Modifikationen (insbes. Umgliederung / Überleitungsrechnung).
- Detailinformationen zu Positionen (Kontensalden zu einer Position)

zu übermitteln.

Die daneben existierenden Berichtsbestandteile können zur freiwilligen elektronischen Übermittlung von weiteren Informationen genutzt werden (z. B. der von der Finanzverwaltung in der Regel benötigte Anlagespiegel im Anhang).

Anlage § 005b–02   Zu § 5b EStG

Hinweis:
Einige Positionen des Anhangs enthalten Mussfeld-Vermerke. Hierbei handelt es sich um Positionen der Bilanz mit Mussfeldeigenschaft, die technisch in den Anhang gespiegelt wurden. Dies führt nicht zur Übermittlungspflicht des Anhangs.

Es besteht für den Steuerpflichtigen gem. § 5b Absatz 1 EStG die Möglichkeit, den Inhalt des handelsrechtlichen Einzelabschlusses mit Überleitungsrechnung oder alternativ eine Steuerbilanz zu übermitteln. Die Steuerbilanz stellt in diesem Fall eine auf den handelsrechtlichen Grundsätzen ordnungsmäßiger Bilanzierung beruhende Bilanz dar, deren Ansätze ohne weitere Zusätze und Anmerkungen den steuerlichen Vorschriften entsprechen.

Rechenregeln (calculation link base)
Der Datensatz muss anhand der in der Taxonomie enthaltenen Rechenregeln auf seine rechnerische Richtigkeit hin überprüft werden. Diese Rechenregeln sind dem Datenschema direkt zu entnehmen. Soweit in der Taxonomie Positionen rechnerisch verknüpft sind, müssen die übermittelten Werte diesen Rechenregeln genügen. Datensätze, die den Rechenregeln nicht entsprechen, werden zurückgewiesen. Die Bilanz und die Gewinn- und Verlustrechnung gelten in diesen Fällen als nicht übermittelt.

„davon-Positionen"
Soweit in der Taxonomie Positionen nicht rechnerisch zur jeweiligen Oberposition verknüpft sind (erkennbar daran, dass eine entsprechende rechnerische Verknüpfung im Datenschema nicht enthalten ist), handelt es sich um so genannte „davon-Positionen". Diese Positionen enthalten in der Positionsbezeichnung das Wort „davon". Dementsprechend werden Rechenregeln nicht geprüft.

Zu § 6 EStG Anlagen § 006–01 unbesetzt, § 006–02

Voraussetzungen für den Ansatz von Festwerten sowie deren Bemessung

– BdF-Schreiben vom 8. März 1993 – IV B 2 – S 2174a – 1/93 (BStBl. I S. 276) –

Nach §§ 5 Abs. 1, 6 Abs. 1 Nrn. 1 und 2 EStG in Verbindung mit §§ 240 Abs. 3, 256 Satz 2 HGB können Wirtschaftsgüter des Sachanlagevermögens sowie Roh-, Hilfsund Betriebsstoffe mit einem Festwert angesetzt werden, wenn sie regelmäßig ersetzt werden, ihr Gesamtwert für das Unternehmen von nachrangiger Bedeutung ist und ihr Bestand in seiner Größe, seinem Wert und seiner Zusammensetzung nur geringen Veränderungen unterliegt. Zudem ist in der Regel alle drei Jahre eine körperliche Bestandsaufnahme durchzuführen.

Zu der Frage, unter welchen Voraussetzungen der Gesamtwert der für einen einzigen Festwert in Betracht kommenden Wirtschaftsgüter von nachrangiger Bedeutung ist, sowie zu der Frage, welche Abschreibungsmethoden bei der Ermittlung der Wertigkeit beweglicher Wirtschaftsgüter des Sachanlagevermögens (sog. Anhaltewert) zugrunde zu legen sind, nehme ich im Einvernehmen mit den obersten Finanzbehörden der Länder wie folgt Stellung:

1. Nachrangigkeit

Zur Beurteilung der Nachrangigkeit ist auf die Bilanzsumme abzustellen. Der Gesamtwert der für einen einzelnen Festwert in Betracht kommenden Wirtschaftsgüter ist für das Unternehmen grundsätzlich von nachrangiger Bedeutung, wenn er an den dem Bilanzstichtag vorangegangenen fünf Bilanzstichtagen im Durchschnitt 10 v. H. der Bilanzsumme nicht überstiegen hat.

2. Ermittlung des sog. Anhaltewerts

Der Anhaltewert von beweglichen Wirtschaftsgütern des Sachanlagevermögens ist anhand der steuerlich zulässigen linearen oder degressiven Absetzungen für Abnutzung nach § 7 EStG zu ermitteln. Erhöhte Absetzungen oder Sonderabschreibungen dürfen dagegen bei der Ermittlung des Anhaltewerts nicht berücksichtigt werden.

Anlage § 006–03

Zu § 6 EStG

Ertragsteuerliche Erfassung der Nutzung eines betrieblichen Kraftfahrzeugs zu Privatfahrten, zu Fahrten zwischen Wohnung und Betriebsstätte sowie zu Familienheimfahrten nach § 4 Absatz 5 Satz 1 Nummer 6 und § 6 Absatz 1 Nummer 4 Satz 1 bis 3 EStG [1)]

– BdF-Schreiben vom 18.11.2009 – IV C 6 – S 2177/07/10004 – (BStBl. I S. 1326)
unter Berücksichtigung der Neufassung der Rdnr. 12 durch das BMF-Schreiben vom 15.11.2012
– IV C 6 – S 2177/10/10002, 2012/1038276 (BStBl. I S. 1099) [2)] –

Im Einvernehmen mit den obersten Finanzbehörden der Länder gilt für die ertragsteuerliche Erfassung der Nutzung eines betrieblichen Kraftfahrzeugs zu Privatfahrten, zu Fahrten zwischen Wohnung und Betriebsstätte sowie zu Familienheimfahrten nach § 4 Absatz 5 Satz 1 Nummer 6 und § 6 Absatz 1 Nummer 4 Satz 1 bis 3 EStG Folgendes:

I. Anwendungsbereich des § 4 Absatz 5 Satz 1 Nummer 6 und des § 6 Absatz 1 Nummer 4 Satz 2 bis 3 EStG

1. Betriebliche Nutzung eines Kraftfahrzeugs

1 Die Zuordnung von Kraftfahrzeugen zu einem Betriebsvermögen richtet sich nach allgemeinen Grundsätzen (R 4.2 Absatz 1 EStR 2008) [3)]. Zur betrieblichen Nutzung zählt auch die auf Wege zwischen Wohnung und Betriebsstätte und Familienheimfahrten entfallende Nutzung gemäß § 4 Absatz 5 Satz 1 Nummer 6 EStG.

Der private Nutzungsanteil eines zum Betriebsvermögen gehörenden Kraftfahrzeugs ist nach § 6 Absatz 1 Nummer 4 Satz 2 EStG mit 1 Prozent des inländischen Listenpreises zu bewerten, wenn dieses zu mehr als 50 Prozent betrieblich genutzt wird. Dies gilt auch für gemietete oder geleaste Kraftfahrzeuge. Kraftfahrzeuge i. S. dieser Regelung sind Kraftfahrzeuge, die typischerweise nicht nur vereinzelt und gelegentlich für private Zwecke genutzt werden (BFH-Urteil vom 13. Februar 2003, BStBl. II S. 472). Hierzu zählen beispielsweise auch Geländekraftfahrzeuge, wobei die kraftfahrzeugsteuerrechtliche Einordnung vor der Neuregelung in § 2 Absatz 2a KraftStG zum 1. Mai 2005 unerheblich ist. Keine Kraftfahrzeuge i. S. sind Zugmaschinen oder Lastkraftwagen, die kraftfahrzeugsteuerrechtlich „andere Kraftfahrzeuge" sind.

2 Die bloße Behauptung, das Kraftfahrzeug werde nicht für Privatfahrten genutzt oder Privatfahrten würden ausschließlich mit anderen Kraftfahrzeugen durchgeführt, reicht nicht aus, um von dem Ansatz eines privaten Nutzungsanteils abzusehen (BFH-Urteil vom 13. Februar 2003, BStBl. II S. 472). Vielmehr trifft den Steuerpflichtigen die objektive Beweislast, wenn ein nach der Lebenserfahrung untypischer Sachverhalt, wie z.B. die ausschließlich betriebliche Nutzung des einzigen betrieblichen Kraftfahrzeugs eines Unternehmers, der Besteuerung zugrunde gelegt werden soll.

3 Die Anwendung von § 4 Absatz 5 Satz 1 Nummer 6 EStG setzt voraus, dass ein Kraftfahrzeug für Fahrten zwischen Wohnung und Betriebsstätte oder für Familienheimfahrten genutzt wird. Die Zugehörigkeit des Kraftfahrzeugs zum Betriebsvermögen des Steuerpflichtigen ist hierbei nicht erforderlich. Für ein Kraftfahrzeug im Privatvermögen des Steuerpflichtigen werden im Ergebnis nur Aufwendungen in Höhe der Entfernungspauschale i. S. d. § 9 Absatz 1 Satz 3 Nummer 4 und Nummer 5 Satz 1 bis 6 EStG zum Abzug zugelassen. Die Regelung des § 9 Absatz 2 EStG ist entsprechend anzuwenden.

2. Nachweis der betrieblichen Nutzung i. S. d. § 6 Absatz 1 Nummer 4 Satz 2 EStG

4 Der Umfang der betrieblichen Nutzung ist vom Steuerpflichtigen darzulegen und glaubhaft zu machen. Dies kann in jeder geeigneten Form erfolgen. Auch die Eintragungen in Terminkalendern, die Abrechnung gefahrener Kilometer gegenüber den Auftraggebern, Reisekostenaufstellungen sowie andere Abrechnungsunterlagen können zur Glaubhaftmachung geeignet sein. Sind entsprechende Unterlagen nicht vorhanden, kann die überwiegende betriebliche Nutzung durch formlose Aufzeichnungen über einen repräsentativen zusammenhängenden Zeitraum (i. d. R. 3 Monate) glaubhaft gemacht werden. Dabei reichen Angaben über die betrieblich veranlassten Fahrten (jeweiliger Anlass und die jeweils zurückgelegte Strecke) und die Kilometerstände zu Beginn und Ende des Aufzeichnungszeitraumes aus.

5 Auf einen Nachweis der betrieblichen Nutzung kann verzichtet werden, wenn sich bereits aus Art und Umfang der Tätigkeit des Steuerpflichtigen ergibt, dass das Kraftfahrzeug zu mehr als 50 Prozent betrieblich genutzt wird. Dies kann in der Regel bei Steuerpflichtigen angenommen werden, die ihr Kraftfahrzeug

---

1) Siehe auch Anlage § 006-12.
2) Die Änderung ist in allen noch offenen Fällen anzuwenden.
3) Jetzt EStR 2012.

Zu § 6 EStG **Anlage § 006–03**

für eine durch ihren Betrieb oder Beruf bedingte typische Reisetätigkeit benutzen oder die zur Ausübung ihrer räumlich ausgedehnten Tätigkeit auf die ständige Benutzung des Kraftfahrzeugs angewiesen sind (z. B. bei Taxiunternehmera, Handelsvertretern, Handwerkern der Bau- und Baunebengewerbe, Landtierärzten). Diese Vermutung gilt, wenn ein Steuerpflichtiger mehrere Kraftfahrzeuge im Betriebsvermögen hält, nur für das Kraftfahrzeug mit der höchsten Jahreskilometerleistung. Für die weiteren Kraftkraftfahrzeuge gelten die allgemeinen Grundsätze. Die Vermutungsregelung ist nicht anzuwenden, sobald für ein weiteres Kraftfahrzeug der Nachweis über die überwiegende betriebliche Nutzung erbracht wird.

Keines weiteren Nachweises bedarf es, wenn die Fahrten zwischen Wohnung und Betriebsstätte und die 6 Familienheimfahrten mehr als 50 Prozent der Jahreskilometerleistung des Kraftfahrzeugs ausmachen.

Hat der Steuerpflichtige den betrieblichen Nutzungsumfang des Kraftfahrzeugs einmal dargelegt, so ist – 7 wenn sich keine wesentlichen Veränderungen in Art oder Umfang der Tätigkeit oder bei den Fahrten zwischen Wohnung und Betriebsstätte ergeben – auch für die folgenden Veranlagungszeiträume von diesem Nutzungsumfang auszugehen. Ein Wechsel der Kraftfahrzeugklasse kann im Einzelfall Anlass für eine erneute Prüfung des Nutzungsumfangs sein. Die im Rahmen einer rechtmäßigen Außenprüfung erlangten Kenntnisse bestimmter betrieblicher Verhältnisse des Steuerpflichtigen in den Jahren des Prüfungszeitraumes lassen Schlussfolgerungen auf die tatsächlichen Gegebenheiten in den Jahren vor oder nach dem Prüfungszeitraum zu (BFH-Urteil vom 28. August 1987, BStBl. II 1988 S. 2).

3. Methodenwahl [1]

Wird das Kraftfahrzeug zu mehr als 50 Prozent betrieblich genutzt, kann der Steuerpflichtige die Wahl 8 zwischen der Besteuerung nach § 6 Absatz 1 Nummer 4 Satz 2 EStG (1 %-Regelung) oder nach § 6 Absatz 1 Nummer 4 Satz 3 EStG (Fahrtenbuchmethode, Randnummer 21 bis 30) durch Einreichen der Steuererklärung beim Finanzamt vornehmen; die Methodenwahl muss für das Wirtschaftsjahr einheitlich getroffen werden. Im Fall des Kraftfahrzeugwechsels (vgl. Randnummer 9) ist auch während eines Wirtschaftsjahres der Übergang zu einer anderen Ermittlungsmethode zulässig. Das Wahlrecht kann bis zur Bestandskraft der Steuerfestsetzung ausgeübt oder geändert werden.

4. Kraftfahrzeugwechsel

Wird das auch privat genutzte Kraftfahrzeug im laufenden Wirtschaftsjahr ausgewechselt, z. B. bei Ver- 9 äußerung des bisher genutzten und Erwerb eines neuen Kraftfahrzeugs, ist der Ermittlung der pauschalen Wertansätze im Monat des Kraftfahrzeugwechsels der inländische Listenpreis des Kraftfahrzeugs zugrunde zu legen, das der Steuerpflichtige nach der Anzahl der Tage überwiegend genutzt hat.

II. Pauschale Ermittlung des privaten Nutzungswerts [2]

1. Listenpreis

Für den pauschalen Nutzungswert ist der inländische Listenpreis des Kraftfahrzeugs im Zeitpunkt seiner 10 Erstzulassung zuzüglich der Kosten für Sonderausstattung [3] (z. B. Navigationsgerät, BFH-Urteil vom 16. Februar 2005, BStBl. II S. 563) einschließlich der Umsatzsteuer (BFH-Urteil vom 6. März 2003, BStBl. II S. 704) maßgebend. Das gilt auch für reimportierte Kraftfahrzeuge. Soweit das reimportierte Kraftfahrzeug mit zusätzlicher Sonderausstattung versehen ist, die sich im inländischen Listenpreis nicht niedergeschlagen hat, ist der Wert der Sonderausstattung, der sich auch aus der Preisliste des Herstellers ergibt, zusätzlich zu berücksichtigen. Soweit das reimportierte Kraftfahrzeug geringwertiger ausgestattet ist, ist der Wert der „Minderausstattung" anhand des inländischen Listenpreises eines vergleichbaren inländischen Kraftfahrzeugs angemessen zu berücksichtigen. Kosten für nur betrieblich nutzbare Sonderausstattung, wie z. B. der zweite Pedalsatz eines Fahrschulkraftfahrzeugs, sind nicht anzusetzen. Für Kraftfahrzeuge, für die der inländische Listenpreis nicht ermittelt werden kann, ist dieser zu schätzen. Der Listenpreis ist auf volle Hundert Euro abzurunden. Für Veranlagungszeiträume ab 2002 ist der Listenpreis für vor dem 1. Januar 2002 angeschaffte oder hergestellte Kraftfahrzeuge zunächst in Euro umzurechnen und danach auf volle Hundert Euro abzurunden.

---

1) Die Fahrtenbuchmethode ist nur dann zulässig, wenn der Stpfl. das Fahrtenbuch für den gesamten VZ/das gesamte Wj. führt, in dem er das Fahrzeug nutzt. Ein unterjähriger Wechsel von der 1%-Regelung zur Fahrtenbuchmethode für dasselbe Fahrzeug ist nicht zulässig (BFH vom 20.3.2014; BStBl. II S. 643).

2) Bei Landwirten mit Durchschnittsbesteuerung nach § 24 UStG ist eine nach der 1%-Regelung ermittelte Entnahme für die private Pkw-Nutzung nicht um eine fiktive Umsatzsteuer zu erhöhen (→BFH vom 3.2.2010 – BStBl. II S. 689).

3) Siehe dazu auch BFH-Urteil vom 13.10.2010 (BStBl. 2011 S. 361):
Eine Sonderausstattung im Sinne des Gesetzes liegt nur dann vor, wenn das Fahrzeug bereits werkseitig im Zeitpunkt der Erstzulassung damit ausgestattet ist. Mit dem Betrag, der nach der 1 %-Regelung als Einnahme anzusetzen ist, werden sämtliche geldwerten Vorteile abgegolten, die sich aus der Möglichkeit einer privaten Nutzung des betrieblichen Fahrzeugs ergeben; unselbständige Ausstattungsmerkmale können nicht getrennt bewertet werden.

Anlage § 006–03

Zu § 6 EStG

11 Zeitpunkt der Erstzulassung ist der Tag, an dem das Kraftfahrzeug das erste Mal zum Straßenverkehr zugelassen worden ist. Das gilt auch für gebraucht erworbene Kraftfahrzeuge. Zeitpunkt der Erstzulassung des Kraftfahrzeugs ist nicht der Zeitpunkt der Erstzulassung des Kraftfahrzeugtyps, sondern des jeweiligen individuellen Kraftfahrzeugs. Bei inländischen Kraftfahrzeugen ergibt sich das Datum aus den Zulassungspapieren. Macht der Steuerpflichtige geltend, dass für ein importiertes oder ein reimportiertes Kraftfahrzeug ein anderes Datum maßgebend sei, trifft ihn die objektive Beweislast.

2. Nutzung mehrerer Kraftfahrzeuge und Nutzung durch mehrere Nutzungsberechtigte

a) Einzelunternehmen

12 Gehören gleichzeitig mehrere Kraftfahrzeuge zum Betriebsvermögen, so ist der pauschale Nutzungswert grundsätzlich für jedes Kraftfahrzeug anzusetzen, das vom Steuerpflichtigen oder zu seiner Privatsphäre gehörenden Personen für Privatfahrten genutzt wird (vgl. Randnummer 2). Kann der Steuerpflichtige dagegen glaubhaft machen, dass bestimmte betriebliche Kraftfahrzeuge ausschließlich betrieblich genutzt werden, weil sie für eine private Nutzung nicht geeignet sind (z. B. bei sog. Werkstattwagen – BFH-Urteil vom 18. Dezember 2008 – VI R 34/07 –, BStBl. II S. 381) oder diese ausschließlich eigenen Arbeitnehmern zur Nutzung überlassen werden, ist für diese Kraftfahrzeuge kein pauschaler Nutzungswert zu ermitteln. Dies gilt entsprechend für Kraftfahrzeuge, die nach der betrieblichen Nutzungszuweisung nicht zur privaten Nutzung zur Verfügung stehen. Hierzu können z. B. Vorführwagen eines Kraftfahrzeughändlers, zur Vermietung bestimmte Kraftfahrzeuge oder Kraftfahrzeuge von Steuerpflichtigen, die ihre Tätigkeit nicht in einer festen örtlichen Einrichtung ausüben oder die ihre Leistungen nur durch den Einsatz eines Kraftfahrzeugs erbringen können, gehören. Gibt der Steuerpflichtige in derartigen Fällen in seiner Gewinnermittlung durch den Ansatz einer Nutzungsentnahme an, dass von ihm das Kraftfahrzeug mit dem höchsten Listenpreis auch privat genutzt wird, ist diesen Angaben aus Vereinfachungsgründen zu folgen und für weitere Kraftfahrzeuge kein zusätzlicher pauschaler Nutzungswert anzusetzen. Für die private Nutzung von betrieblichen Kraftfahrzeugen durch zur Privatsphäre des Steuerpflichtigen gehörende Personen gilt dies entsprechend, wenn je Person das Kraftfahrzeug mit dem nächsthöchsten Listenpreis berücksichtigt wird. Wird ein Kraftfahrzeug gemeinsam vom Steuerpflichtigen und einem oder mehreren Arbeitnehmern genutzt, so ist bei pauschaler Nutzungswertermittlung für Privatfahrten der Nutzungswert von 1 Prozent des Listenpreises entsprechend der Zahl der Nutzungsberechtigten aufzuteilen. Es gilt die widerlegbare Vermutung, dass für Fahrten zwischen Wohnung und Betriebsstätte und für Familienheimfahrten das Kraftfahrzeug mit dem höchsten Listenpreis genutzt wird.

Beispiel 1:
Zum Betriebsvermögen des Versicherungsmaklers C gehören fünf Kraftfahrzeuge, von denen vier von C, seiner Ehefrau und dem erwachsenen Sohn auch zu Privatfahrten genutzt werden; von C auch für Fahrten zwischen Wohnung und Betriebsstätte. Ein Kraftfahrzeug wird ausschließlich einem Angestellten auch zur privaten Nutzung überlassen; der Nutzungsvorteil wird bei diesem lohnversteuert. Die betriebliche Nutzung der Kraftfahrzeuge beträgt jeweils mehr als 50 Prozent. Es befindet sich kein weiteres Kraftfahrzeug im Privatvermögen. Die private Nutzungsentnahme nach § 6 Absatz 1 Nummer 4 Satz 2 EStG ist für vier Kraftfahrzeuge anzusetzen, und zwar mit jeweils 1 Prozent des Listenpreises. Zusätzlich ist für Fahrten zwischen Wohnung und Betriebsstätte der Betriebsausgabenabzug zu kürzen. Dabei ist der höchste Listenpreis zugrunde zu legen.

Beispiel 2:
Zum Betriebsvermögen eines Architekturbüros gehören sechs Kraftfahrzeuge, die jeweils vom Betriebsinhaber, seiner Ehefrau und den Angestellten/freien Mitarbeitern genutzt werden. Der Steuerpflichtige erklärt glaubhaft eine Nutzungsentnahme für die zwei von ihm und seiner Ehefrau auch privat genutzten Kraftfahrzeuge mit dem höchsten Listenpreis. Die übrigen Kraftfahrzeuge werden den Angestellten/freien Mitarbeitern nicht zur privaten Nutzung überlassen; sie werden im Rahmen ihrer Tätigkeit genutzt, um die Bauprojekte zu betreuen und zu überwachen. Eine Nutzungswertbesteuerung der vier weiteren Kraftfahrzeuge ist nicht vorzunehmen. Weist der Steuerpflichtige dem betrieblichen Kraftfahrzeug eine bestimmte Funktion im Betrieb zu und erklärt er zudem durch den Ansatz einer Nutzungsentnahme für zwei andere Fahrzeuge, dass er und die zu seiner Privatsphäre gehörenden Personen jenes Kraftfahrzeug nicht privat nutzen, so soll dieser Erklärung grundsätzlich gefolgt werden. Die reine Möglichkeit der privaten Nutzung durch den Mitarbeitern zur Betreuung und Überwachung von Bauprojekten zugeordneten Kraftfahrzeuge (z. B. am Wochenende) führt nicht zum Ansatz einer weiteren Nutzungsentnahme.

b) Personengesellschaft

13 Befinden sich Kraftfahrzeuge im Betriebsvermögen einer Personengesellschaft, ist ein pauschaler Nutzungswert für den Gesellschafter anzusetzen, dem die Nutzung des Kraftfahrzeugs zuzurechnen ist. Randnummer 12 ist entsprechend anzuwenden.

Zu § 6 EStG **Anlage § 006–03**

Beispiel 2:
Der IJK-OHG gehören die Gesellschafter I, J und K an. Es befinden sich 4 Kraftfahrzeuge im Betriebsvermögen. Die Gesellschafter T und K sind alleinstehend. Niemand aus ihrer Privatsphäre nutzt die betrieblichen Kraftfahrzeuge. Der Gesellschafter J ist verheiratet. Seine Ehefrau nutzt ein betriebliches Kraftfahrzeug auch zu Privatfahrten. Die betriebliche Nutzung der Kraftfahrzeuge beträgt jeweils mehr als 50 Prozent. Die Bruttolistenpreise der Kraftfahrzeuge betragen 80.000 €, 65.000 €, 50.000 € und 40.000 €. I nutzt das 80.000 €-Kraftfahrzeug, J das 50.000 €-Kraftfahrzeug, K das 65.000 €-Kraftfahrzeug und Frau J das 40.000 €-Kxaftfahrzeug. Die private Nutzungsentnahme ist monatlich für den Gesellschafter I mit 1 Prozent von 80.000 €, für den Gesellschafter K mit 1 Prozent von 65.000 € und für den Gesellschafter J mit 1 Prozent von 50.000 € zuzüglich 1 Prozent von 40.000 € anzusetzen.

3. Nur gelegentliche Nutzung des Kraftfahrzeugs

Der pauschale Nutzungswert und die nicht abziehbaren Betriebsausgaben sind auch dann mit den Monatswerten zu ermitteln, wenn das Kraftfahrzeug nur gelegentlich zu Privatfahrten oder zu Fahrten zwischen Wohnung und Betriebsstätte genutzt wird. 14

Die Monatswerte sind nicht anzusetzen für volle Kalendermonate, in denen eine private Nutzung oder eine Nutzung zu Fahrten zwischen Wohnung und Betriebsstätte ausgeschlossen ist. 15

Hat ein Steuerpflichtiger mehrere Betriebsstätten in unterschiedlicher Entfernung von der Wohnung, kann bei der pauschalen Berechnung der nicht abziehbaren Betriebsausgaben nach § 4 Absatz 5 Satz 1 Nummer 6 EStG die Entfernung zur näher gelegenen Betriebsstätte zugrunde gelegt werden. Die Fahrten zur weiter entfernt gelegenen Betriebsstätte sind zusätzlich mit 0,002 Prozent des inländischen Listenpreises i. S. d. § 6 Absatz 1 Nummer 4 Satz 2 EStG für jeden weiteren Entfernungskilometer (Differenz zwischen den Entfernungen der Wohnung zur jeweiligen Betriebsstätte) anzusetzen. 16

Beispiel 3:
Der Unternehmer A wohnt in A-Stadt und hat dort eine Betriebsstätte (Entfernung zur Wohnung 30 km). Eine zweite Betriebsstätte unterhält er in B-Stadt (Entfernung zur Wohnung 100 km). A fährt zwischen Wohnung und Betriebsstätte mit dem Betriebs-Kraftfahrzeug (Bruttolistenpreis: 22.500 €). Er ist an 40 Tagen von der Wohnung zur Betriebsstätte in B-Stadt gefahren, an den anderen Tagen zur Betriebsstätte in A-Stadt (insgesamt an 178 Tagen). Die nicht abziehbaren Betriebsausgaben sind wie folgt zu ermitteln:

a) 22.500 € x 0,03 % x 30 km x 12 Monate = 2.430,00 €
 ./. 178 x 30 km x 0,30 € = 1.602,00 €
 828,00 €

b) 22.500 € x 0,002 % x 70 (100 ./. 30) km x 40 Tage = 1.260,00 €
 ./. 40 Tage x 100 km x 0,30 € = 1.200,00 €
 60,00 €
 888,00 €

4. Nutzung im Rahmen unterschiedlicher Einkunftsarten

Nutzt der Steuerpflichtige das betriebliche Kraftfahrzeug auch im Rahmen anderer Einkunftsarten, sind die auf diese außerbetriebliche, aber nicht private Nutzung entfallenden Aufwendungen grundsätzlich nicht mit dem nach § 6 Absatz 1 Nummer 4 Satz 2 EStG (1 %-Regelung) ermittelten Betrag abgegolten (BFH-Urteil vom 26. April 2006, BStBl. II 2007 S. 445). Es bestehen keine Bedenken, diese Entnahme mangels anderer Anhaltspunkte mit 0,001 % des inländischen Listenpreises des Kraftfahrzeugs je gefahrenem Kilometer zu bewerten; dieser Entnahmewert stellt vorbehaltlich bestehender Abzugsbeschränkungen die im Rahmen der anderen Einkunftsart abziehbaren Betriebsausgaben oder Werbungskosten dar. Aus Vereinfachungsgründen wird einkommensteuerrechtlich auf den Ansatz einer zusätzlichen Entnahme verzichtet, soweit die Aufwendungen bei der anderen Einkunftsart keinen Abzugsbeschränkungen unterliegen und dort nicht abgezogen werden. 17

Anlage § 006–03

Zu § 6 EStG

5. Begrenzung der pauschalen Wertansätze (sog. Kostendeckelung) [1]

18 Der pauschale Nutzungswert nach § 6 Absatz 1 Nummer 4 Satz 2 EStG sowie die nicht abziehbaren Betriebsausgaben für Fahrten zwischen Wohnung und Betriebsstätte und Familienheimfahrten nach § 4 Absatz 5 Satz 1 Nummer 6 EStG können die für das genutzte Kraftfahrzeug insgesamt tatsächlich entstandenen Aufwendungen übersteigen. Wird das im Einzelfall nachgewiesen, so sind diese Beträge höchstens mit den Gesamtkosten des Kraftfahrzeugs anzusetzen. Bei mehreren privat genutzten Kraftfahrzeugen können die zusammengefassten pauschal ermittelten Wertansätze auf die nachgewiesenen tatsächlichen Gesamtaufwendungen dieser Kraftfahrzeuge begrenzt werden; eine fahrzeugbezogene „Kostendeckelung" ist zulässig.

19 Wird neben dem pauschalen Nutzungswert nach § 6 Absatz 1 Nummer 4 Satz 2 EStG eine Entnahme aufgrund der Nutzung des Kraftfahrzeugs zur Erzielung anderer Einkunftsarten erfasst, ist auch dieser Betrag den tatsächlichen Aufwendungen gegenüberzustellen (vgl. Randnummer 17).

20 Bei Anwendung der Kostendeckelung müssen dem Steuerpflichtigen als abziehbare Aufwendungen mindestens die nach § 4 Absatz 5 Satz 1 Nummer 6 Satz 2, § 9 Absatz 1 Satz 3 Nummer 4 und Nummer 5 EStG ermittelten Beträge (Entfernungspauschalen) verbleiben.

Beispiel 4:

Für ein zu mehr als 50 Prozent für betriebliche Zwecke genutztes Kraftfahrzeug (Bruttolistenpreis 35.600 €) sind im Wirtschaftsjahr 7.400 € Gesamtkosten angefallen. Das Kraftfahrzeug wurde an 200 Tagen für Fahrten zwischen Wohnung und Betriebsstätte (Entfernung 27 Kilometer) genutzt. Ein Fahrtenbuch wurde nicht geführt.

1. pauschaler Wertansatz nach § 4 Absatz 5 Satz 1 Nummer 6 EStG:
   35.600 € x 0,03 % x 27 km x 12 Monate   3.460,32 €
2. privater Nutzungsanteil nach § 6 Absatz 1 Nummer 4 Satz 2 EStG:
   35.600 € x 1 % x 12 Monate   4.272,00 €
3. Prüfung der Kostendeckelung:
   Gesamtaufwendungen   7.400,00 €
   Pauschale Wertansätze (Summe aus 1. und 2.)   7.732,32 €
   Höchstbetrag der pauschalen Wertansätze   7.400,00 €

Die pauschalen Wertansätze übersteigen die entstandenen Gesamtkosten. Es liegt ein Fall der Kostendeckelung vor. Der pauschale Wertansatz für die Fahrten zwischen Wohnung und Betriebsstätte nach § 4 Absatz 5 Satz 1 Nummer 6 EStG und der private Nutzungsanteil nach § 6 Absatz 1 Nummer 4 Satz 2 EStG sind auf die Höhe der Gesamtaufwendungen von 7.400 € beschränkt. Die Entfernungspauschale nach § 4 Absatz 5 Satz 1 Nummer 6 i. V. m. § 9 Absatz 1 Satz 3 Nummer 4 EStG i. H. v. 1.620,00 € (200 Tage x 27 km x 0,30 €) ist zu berücksichtigen.

III. Ermittlung des tatsächlichen privaten Nutzungswerts

1. Führung eines Fahrtenbuches

21 Ein Fahrtenbuch soll die Zuordnung von Fahrten zur betrieblichen und beruflichen Sphäre ermöglichen und darstellen. Es muss laufend geführt werden.

22 Werden mehrere betriebliche Kraftfahrzeuge vom Unternehmer oder von zu seiner Privatsphäre gehörenden Personen zu Privatfahrten, zu Fahrten zwischen Wohnung und Betriebsstätte oder zu Familienheimfahrten genutzt, ist diese Nutzung für jedes der Kraftfahrzeuge, das zu mehr als 50 Prozent betrieblich genutzt wird, entweder pauschal im Wege der Listenpreisregelung oder aber konkret anhand der Fahrtenbuchmethode zu ermitteln (BFH-Urteil vom 3. August 2000, BStBl. II 2001 S. 332). Gehören dabei gleichzeitig mehrere Kraftfahrzeuge zum Betriebsvermögen, und wird nicht für jedes dieser Kraftfahrzeuge ein Fahrtenbuch im Sinne des § 6 Absatz 1 Nummer 4 Satz 3 EStG geführt, ist für diejenigen Kraftfahrzeuge, für die kein Fahrtenbuch geführt wird, und die für Privatfahrten, für Fahrten zwischen Wohnung und Betriebsstätte oder für Familienheimfahrten genutzt werden, § 6 Absatz 1 Nummer 4 Satz 2 EStG (1 %-Regelung) und § 4 Absatz 5 Satz 1 Nummer 6 EStG (pauschale Ermittlung der nicht abziehbaren Betriebsausgaben) anzuwenden. Die Rdnrn. 12 und 13 gelten entsprechend.

---

1) Siehe dazu das BFH-Urteil vom 18.9.2012 (BStBl. 2013 II S. 120):
   Der Wert für die Nutzungsentnahme eines Fahrzeugs aus dem Betriebsvermögen und der Betrag der nicht abziehbaren Betriebsausgaben nach § 4 Abs. 5 Satz 1 Nr. 6 EStG wird nach der Billigkeitsregelung der Finanzverwaltung (BMF-Schreiben vom 21. Januar 2002 IV A 6 – S 2177 – 1/02, BStBl. I 2002, 148) durch die „Gesamtkosten des Kraftfahrzeugs" begrenzt; solche „Gesamtkosten" des Kfz sind bei entgeltlicher Überlassung durch einen Gesellschafter an die Gesellschaft nur deren Aufwendungen für das Fahrzeug, nicht aber die Aufwendungen des Gesellschafters."

Beispiel 5:
Zum Betriebsvermögen des Unternehmers C gehören 5 Kraftfahrzeuge, die von C, seiner Ehefrau und dem erwachsenen Sohn auch zu Privatfahrten genutzt werden. Die betriebliche Nutzung der Kraftfahrzeuge beträgt jeweils mehr als 50 Prozent. Es befindet sich kein weiteres Kraftfahrzeuge im Privatvermögen. Für ein Kraftfahrzeug wird ein Fahrtenbuch geführt. Die (pauschale) private Nutzungsentnahme für die vier weiteren auch privat genutzten Kraftfahrzeuge ist nach § 6 Absatz 1 Nummer 4 Satz 2 EStG mit jeweils 1 Prozent des Listenpreises anzusetzen. Für das Kraftfahrzeug, für das ein Fahrtenbuch geführt wird, ist die Nutzungsentnahme mit den tatsächlich auf die private Nutzung entfallenden Aufwendungen anzusetzen.

2. Elektronisches Fahrtenbuch
Ein elektronisches Fahrtenbuch ist anzuerkennen, wenn sich daraus dieselben Erkenntnisse wie aus einem manuell geführten Fahrtenbuch gewinnen lassen. Beim Ausdrucken von elektronischen Aufzeichnungen müssen nachträgliche Veränderungen der aufgezeichneten Angaben technisch ausgeschlossen, zumindest aber dokumentiert werden (BFH-Urteil vom 16. November 2005, BStBl. II 2006 S. 410). 23

3. Anforderungen an ein Fahrtenbuch
Ein Fahrtenbuch muss zeitnah und in geschlossener Form geführt werden. Es muss die Fahrten einschließlich des an ihrem Ende erreichten Gesamtkilometerstandes vollständig und in ihrem fortlaufenden Zusammenhang wiedergeben (BFH-Urteil vom 9. November 2005, BStBl. II 2006 S. 408). Das Fahrtenbuch muss mindestens folgende Angaben enthalten (vgl. R 8.1 Absatz 9 Nummer 2 Satz 3 LStR 2008)[1]: Datum und Kilometerstand zu Beginn und Ende jeder einzelnen betrieblich/beruflich veranlassten Fahrt, Reiseziel, Reisezweck und auf gesuchte Geschäftspartner. Wird ein Umweg gefahren, ist dieser aufzuzeichnen. Auf einzelne dieser Angaben kann verzichtet werden, soweit wegen der besonderen Umstände im Einzelfall die betriebliche/berufliche Veranlassung der Fahrten und der Umfang der Privatfahrten ausreichend dargelegt sind und Überprüfungsmöglichkeiten nicht beeinträchtigt werden. So sind z. B. folgende berufsspezifisch bedingte Erleichterungen möglich: 24

a) Handelsvertreter, Kurierdienstfahrer, Automatenlieferanten und andere Steuerpflichtige, die regelmäßig aus betrieblichen/beruflichen Gründen große Strecken mit mehreren unterschiedlichen Reisezielen zurücklegen. 25

Zu Reisezweck, Reiseziel und aufgesuchtem Geschäftspartner ist anzugeben, welche Kunden an welchem Ort besucht wurden. Angaben zu den Entfernungen zwischen den verschiedenen Orten sind nur bei größerer Differenz zwischen direkter Entfernung und tatsächlich gefahrenen Kilometern erforderlich.

b) Taxifahrer, Fahrlehrer 26

Bei Fahrten eines Taxifahrers im sog. Pflichtfahrgebiet ist es in Bezug auf Reisezweck, Reiseziel und aufgesuchtem Geschäftspartner ausreichend, täglich zu Beginn und Ende der Gesamtheit dieser Fahrten den Kilometerstand anzugeben mit der Angabe „Taxifahrten im Pflichtfahrgebiet" o. ä. Wurden Fahrten durchgeführt, die über dieses Gebiet hinausgehen, kann auf die genaue Angabe des Reiseziels nicht verzichtet werden.

Für Fahrlehrer ist es ausreichend, in Bezug auf Reisezweck, Reiseziel und aufgesuchten Geschäftspartner „Lehrfahrten", „Fahrschulfahrten" o. ä. anzugeben. 27

Werden regelmäßig dieselben Kunden aufgesucht, wie z. B. bei Lieferverkehr, und werden die Kunden mit Name und (Liefer-)Adresse in einem Kundenverzeichnis unter einer Nummer geführt, unter der sie später identifiziert werden können, bestehen keine Bedenken, als Erleichterung für die Führung eines Fahrtenbuches zu Reiseziel, Reisezweck und aufgesuchtem Geschäftspartner jeweils zu Beginn und Ende der Lieferfahrten Datum und Kilometerstand sowie die Nummern der aufgesuchten Geschäftspartner aufzuzeichnen. Das Kundenverzeichnis ist dem Fahrtenbuch beizufügen. 28

Für die Aufzeichnung von Privatfahrten genügen jeweils Kilometerangaben; für Fahrten zwischen Wohnung und Betriebsstätte genügt jeweils ein kurzer Vermerk im Fahrtenbuch. 29

4. Nichtanerkennung eines Fahrtenbuches
Wird die Ordnungsmäßigkeit der Führung eines Fahrtenbuches von der Finanzverwaltung z. B. anlässlich einer Betriebsprüfung nicht anerkannt, ist der private Nutzungsanteil nach § 6 Absatz 1 Nummer 4 Satz 2 EStG zu bewerten, wenn die betriebliche Nutzung mehr als 50 Prozent beträgt. Für Fahrten zwi- 30

---
1) Jetzt LStR 2013.

Anlage § 006–03

Zu § 6 EStG

schen Wohnung und Betriebsstätte sowie für Familienheimfahrten ist die Ermittlung der nicht abziehbaren Betriebsausgaben nach § 4 Absatz 5 Satz 1 Nummer 6 EStG vorzunehmen.

5. Ermittlung des privaten Nutzungsanteils bei Ausschluss der 1 %-Regelung

31 Beträgt der Umfang der betrieblichen Nutzung 10 bis 50 Prozent, darf der private Nutzungsanteil nicht gemäß § 6 Absatz 1 Nummer 4 Satz 2 EStG (1 %-Regelung) bewertet werden. Der private Nutzungsanteil ist als Entnahme gemäß § 6 Absatz 1 Nummer 4 Satz 1 EStG mit den auf die private Nutzung entfallenden tatsächlichen Selbstkosten (vgl. Randnummer 32) zu bewerten. Für Fahrten zwischen Wohnung und Betriebsstätte und Familienheimfahrten sind die nicht abziehbaren Betriebsausgaben nach § 4 Absatz 5 Satz 1 Nummer 6 Satz 3 2. Alternative EStG zu ermitteln.

IV. Gesamtaufwendungen für das Kraftfahrzeug

32 Zu den Gesamtaufwendungen für das Kraftfahrzeug (Gesamtkosten) gehören Kosten, die unmittelbar dem Halten und dem Betrieb des Kraftfahrzeugs zu dienen bestimmt sind und im Zusammenhang mit seiner Nutzung zwangsläufig anfallen (BFH-Urteil vom 14. September 2005, BStBl. II 2006 S. 72). Zu den Gesamtkosten gehören nicht die Sonderabschreibungen (BFH-Urteil vom 25. März 1988, BStBl. II S. 655). Außergewöhnliche Kraftfahrzeugkosten sind dagegen vorab der beruflichen oder privaten Nutzung zuzurechnen. Aufwendungen, die ausschließlich der privaten Nutzung zuzurechnen sind, sind vorab als Entnahme zu behandeln (z. B. Mautgebühren auf einer privaten Urlaubsreise – BFH-Urteil vom 14. September 2005, BStBl. II 2006 S. 72). Bei der Ermittlung des privaten Nutzungsanteils nach § 6 Absatz 1 Nummer 4 Satz 3 EStG sind die verbleibenden Kraftfahrzeugaufwendungen anhand des Fahrtenbuches anteilig der privaten Nutzung, der Nutzung für Fahrten zwischen Wohnung und Betriebsstätte oder für Familienheimfahrten zuzurechnen.

V. Fahrten zwischen Wohnung und Betriebsstätte

1. Mehrfache Fahrten zwischen Wohnung und Betriebsstätte

33 Werden täglich mehrere Fahrten zwischen Wohnung und Betriebsstätte zurückgelegt, so vervielfacht sich der pauschale Hinzurechnungsbetrag nach § 4 Absatz 5 Satz 1 Nummer 6 EStG nicht. Für die Ermittlung des betrieblichen Nutzungsumfangs sind auch die Mehrfachfahrten zu berücksichtigen.

2. Abziehbare Aufwendungen bei behinderten Menschen für Fahrten zwischen Wohnung und Betriebsstätte sowie Familienheimfahrten

34 Behinderte Menschen, deren Grad der Behinderung mindestens 70 beträgt, sowie behinderte Menschen, deren Grad der Behinderung weniger als 70, aber mindestens 50 beträgt und die in ihrer Bewegungsfähigkeit im Straßenverkehr erheblich beeinträchtigt sind, können ihre tatsächlichen Kosten für die Benutzung eines eigenen oder zur Nutzung überlassenen Kraftfahrzeuges für Fahrten zwischen Wohnung und Betriebsstätte sowie für Familienheimfahrten als Betriebsausgaben abziehen. Dabei ist der Gewinn nicht um Aufwendungen in Höhe des in § 4 Absatz 5 Satz 1 Nummer 6 EStG jeweils genannten positiven Unterschiedsbetrags zu erhöhen.

VI. Umsatzsteuerliche Beurteilung

35 Zur Frage des Vorsteuerabzugs und der Umsatzbesteuerung bei unternehmerisch genutzten Kraftfahrzeugen vgl. BMF-Schreiben vom 27. August 2004 (BStBl. I S. 864). Ist die Anwendung der 1 %-Regelung gem. § 6 Absatz 1 Nummer 4 Satz 2 EStG ausgeschlossen, weil das Kraftfahrzeug zu weniger als 50 Prozent betrieblich genutzt wird, und wird der nicht unternehmerische Nutzungsanteil nicht durch ein ordnungsgemäßes Fahrtenbuch nachgewiesen, ist dieser Nutzungsanteil im Wege der Schätzung zu ermitteln, wobei der Umsatzbesteuerung grundsätzlich der für ertragsteuerliche Zwecke ermittelte private Nutzungsanteil zugrunde zu legen ist.

VII. Zeitliche Anwendung

36 Dieses Schreiben ersetzt die BMF-Schreiben vom 21. Januar 2002 (BStBl. I S. 148) und vom 7. Juli 2006 (BStBl. I S. 446) und ist in allen offenen Fällen anzuwenden. Randnummer 12 ist erstmals auf Wirtschaftsjahre anzuwenden, die nach dem 31. Dezember 2009 beginnen. Randnummer 17 ist erstmals ab dem Veranlagungszeitraum 2007 anzuwenden; wird der Gewinn nach einem vom Kalenderjahr abweichenden Wirtschaftsjahr ermittelt, ist Randnummer 17 erstmals ab 1. Januar 2007 anzuwenden.

Dieses Schreiben wird im Bundessteuerblatt Teil I veröffentlicht.

Bewertung von Verbindlichkeiten in der Steuerbilanz[1)]

– BdF-Schreiben vom 23.8.1999 – IV C 2 – S 2175 – 25/99 (BStBl. 1999 I S. 818) –

Nach dem Ergebnis einer Erörterung mit den obersten Finanzbehörden der Länder gilt für die Bewertung von Verbindlichkeiten, insbesondere von Darlehen im Wohnungswesen nach § 6 Abs. 1 Nr. 3 EStG in der Fassung des Steuerentlastungsgesetzes folgendes:

1. Allgemeine Grundsätze zur Bewertung von Verbindlichkeiten

Bei der Bewertung von Verbindlichkeiten besteht für Wirtschaftsjahre, die nach dem 31. Dezember 1998 enden, grundsätzlich ein Abzinsungsgebot; dabei ist ein Zinssatz von 5,5 % zu berücksichtigen (vgl. § 6 Abs. 1 Nr. 3 Satz 1 i.V.m. § 52 Abs. 16 Satz 2 EStG). Verzinsliche Verbindlichkeiten sind nicht abzuzinsen (§ 6 Abs. 1 Nr. 3 Satz 2 EStG). Eine verzinsliche Verbindlichkeit liegt vor, wenn ein Zinssatz von mehr als 0 % vereinbart ist. Die Vereinbarung eines Zinssatzes nahe 0 % kann im Einzelfall als mißbräuchliche Gestaltung in Sinne von § 42 AO zu beurteilen sein.

Hat der Darlehensgeber mit dem Darlehensnehmer keine Verzinsung im vorstehenden Sinne vereinbart, das Darlehen aber unter einer Auflage gewährt, nach der die Vorteile aus der Zinslosigkeit dem Darlehensnehmer nicht verbleiben, unterbleibt die Abzinsung (vgl. BFH-Urteil vom 9. Juli 1982, BStBl. II S. 639). Eine derartige Auflage entspricht in ihrem wirtschaftlichen Gehalt einer Zinsvereinbarung.

2. Übertragung dieser Grundsätze auf Wohnungsbaudarlehen

Die mit der Gewährung von Darlehen zur Förderung des sozialen Wohnungsbaus, des Wohnungsbaus für Angehörige des öffentlichen Dienstes und des Bergarbeiterwohnungsbaus oder anderer Förderprogramme im Bereich des Wohnungswesens verbundenen Auflagen, die den Darlehensnehmer insbesondere dazu verpflichten, die geförderten Wohnungen nur bestimmten Wohnungssuchenden zu überlassen (Belegungsbindung) oder Vorteile aus der Zinslosigkeit in Form von preisgünstigen Mieten an Dritte weiterzugeben, sind als Auflage im Sinne der Nr. 1 dieses Schreibens anzusehen; derartige Darlehen sind nach § 6 Abs. 1 Nr. 3 EStG nicht abzuzinsen.

Abnutzbarkeit entgeltlich erworbener Warenzeichen (Marken) und Arzneimittelzulassungen

– BdF-Schreiben vom 12.7.1999 – IV C 2 – S 2172 – 11/99 (BStBl. I S. 686) –

Nach dem zur Einheitsbewertung des Betriebsvermögens ergangenen Beschluß des BFH vom 4. September 1996 (BStBl II S. 586) unterliegen entgeltlich erworbene Warenzeichen (Marken), die auf Dauer dem Betrieb dienen, in der Regel keinem Wertverzehr. Aus ertragsteuerlicher Sicht nehme ich demgegenüber zur Frage der Abnutzbarkeit entgeltlich erworbener Marken im Einvernehmen mit den obersten Finanzbehörden der Länder wie folgt Stellung:

Wirtschaftsgüter sind abnutzbar, wenn ihre Nutzung zeitlich begrenzt ist (vgl. § 253 Abs. 2 Satz 1 HGB). Eine Marke kann unter wirtschaftlichen Gesichtspunkten nur zeitlich begrenzt genutzt werden und ist dadurch dem Grunde nach ein abnutzbares Wirtschaftsgut. Das gilt auch dann, wenn ihr Bekanntheitsgrad laufend durch Werbemaßnahmen gesichert wird.

Als betriebsgewöhnliche Nutzungsdauer einer Marke gilt in Anlehnung an § 7 Abs. 1 Satz 3 EStG ein Zeitraum von 15 Jahren, es sei denn, der Steuerpflichtige weist eine kürzere Nutzungsdauer nach.

Die vorstehenden Ausführungen gelten auch für entgeltlich erworbene Arzneimittelzulassungen. Der wirtschaftliche Vorteil einer Arzneimittelzulassung besteht in der Möglichkeit, ein Arzneimittel in den Verkehr zu bringen. Unter wirtschaftlichen Gesichtspunkten kann auch dieser Vorteil als ein immaterielles Wirtschaftsgut des Anlagevermögens nur zeitlich begrenzt genutzt werden. Er ist daher dem Grunde nach ein abnutzbares Wirtschaftsgut.

Als betriebsgewöhnliche Nutzungsdauer einer Arzneimittelzulassung gilt gleichfalls in Anlehnung an § 7 Abs. 1 Satz 3 EStG ein Zeitraum von 15 Jahren, es sei denn, der Steuerpflichtige weist eine kürzere Nutzungsdauer nach.

Das BMF-Schreiben vom 27. Februar 1998 (BStBl I S. 252) wird hiermit aufgehoben.

---

1) Siehe dazu auch Anlage § 006-14.

Steuerliche Behandlung der Anwachsung

– Vfg OFD Berlin vom 19.7.2002 – St 122 – S 2241 – 2/02 –

In den Fällen der Anwachsung stellt sich die Frage, ob die steuerbilanziellen Buchwerte fortgeführt werden können oder ob die Anwachsung die Aufdeckung der stillen Reserven zur Folge hat. Im Gegensatz zum Handelsrecht (vgl. § 738 BGB, § 142 HGB) fehlen ausdrückliche gesetzliche Regelungen für die ertragsteuerliche Behandlung der Anwachsung.

Bei der ertragsteuerlichen Beurteilung der Anwachsung sind zwei Fallgruppen voneinander zu unterscheiden.

Fallgruppe 1: Der austretende Gesellschafter ist am Vermögen einer zweigliedrigen Personengesellschaft kapitalmäßig nicht beteiligt.

§ 6 Abs. 3 EStG (§ 7 Abs. 1 EStDV a. F.) ist nicht anwendbar. Diese Vorschrift setzt einen Übertragungsvorgang voraus. Hieran fehlt es, weil der austretende Gesellschafter am Vermögen der Gesellschaft nicht beteiligt ist. Steuerlich gesehen sind dem verbleibenden Gesellschafter die seiner Beteiligung entsprechenden Wirtschaftsgüter schon vor der Anwachsung zuzurechnen, sodass sie ihm durch die Anwachsung nicht mehr übertragen werden können. Die Buchwerte sind daher nicht nach § 6 Abs. 3 EStG, sondern mangels eines Anschaffungsvorgangs fortzuführen.

Fallgruppe 2: Der austretende Gesellschafter ist kapitalmäßig am Vermögen einer zweigliedrigen Personengesellschaft beteiligt.

Im Fall der Anwachsung liegt weder eine Betriebsaufgabe auf der Ebene der Personengesellschaft noch eine Aufgabe des Mitunternehmeranteils auf der Ebene des ausscheidenden Gesellschafters vor. Die gesetzliche Rechtsfolge des Erlöschens des Gesellschaftsanteils sagt, wie die Anwachsung beim verbleibenden Gesellschafter, nichts über den Rechtsgrund des Ausscheidens aus. Die Anwachsung ist steuerlich – entsprechend dem jeweils zu Grund liegenden Rechtsgrund der Übertragung – entweder als entgeltliche oder als unentgeltliche Übertragung eines Mitunternehmeranteils zu behandeln.

Bei einer entgeltlichen Übertragung liegt eine Anteilsveräußerung i. S. des § 16 Abs. 1 Nr. 2 EStG vor.

Bei einer unentgeltlichen Übertragung handelt es sich um einen Fall des § 6 Abs. 3 EStG (§ 7 Abs. 1 EStDV a. F.). Der Erwerber, der verbleibende Gesellschafter, führt die Buchwerte fort; der Vorgang ist erfolgsneutral.

Der BFH hat in seinem Urteil vom 10.3.1998 (BStBl. II 1999 S. 269) im Fall des Ausscheidens eines Gesellschafters, der auch kapitalmäßig an der Personengesellschaft beteiligt war, entsprechend entschieden.

Bewertung von Unternehmen und Anteilen an Kapitalgesellschaften; Anwendung der bewertungsrechtlichen Regelungen für ertragsteuerliche Zwecke

– BdF-Schreiben vom 22.09.2011 – IV C 6 – S 2170 / 10/10001, 2011/0723781 (BStBl. I S. 859) –

Im Einvernehmen mit den obersten Finanzbehörden der Länder sind die gleich lautenden Erlasse der obersten Finanzbehörden der Länder vom 17. Mai 2011 (BStBl. I S. 606) zur Anwendung der §§ 11, 95 bis 109 und 199 ff. BewG in der Fassung des ErbStRG für ertragsteuerliche Zwecke bei der Bewertung von Unternehmen und Anteilen an Kapitalgesellschaften entsprechend anzuwenden.

Dieses Schreiben wird im Bundessteuerblatt Teil I veröffentlicht.

Zu § 6 EStG

Anlage § 006–08

Teilwertabschreibung gemäß § 6 Absatz 1 Nummer 1 und 2 EStG; Voraussichtlich dauernde Wertminderung, Wertaufholungsgebot

– BdF-Schreiben vom 22.07.2014 – IV C 6 – S 2171 – b/09/10002, 2014/0552934 (BStBl. I S. 1162) –

Gemäß § 6 Absatz 1 Nummer 1 Satz 2 und Nummer 2 Satz 2 EStG kann der niedrigere Teilwert nur angesetzt werden, wenn eine voraussichtlich dauernde Wertminderung vorliegt. Gemäß § 6 Absatz 1 Nummer 1 Satz 4 und Nummer 2 Satz 3 EStG gilt ein striktes Wertaufholungsgebot.

Im Einvernehmen mit den obersten Finanzbehörden der Länder nehme ich dazu wie folgt Stellung:

I. Ermittlung des Teilwerts

Der Teilwert ist grundsätzlich nach den in den R 6.7 ff. EStR und den EStH enthaltenen Anweisungen zu ermitteln. Danach kann der Teilwert von zum Absatz bestimmten Waren retrograd ermittelt werden (vgl. R 6.8 Absatz 2 EStR). Wenn bei rentabel geführten Betrieben der Verkaufspreis bewusst nicht kostendeckend kalkuliert ist (sogenannte Verlustprodukte), ist eine Teilwertabschreibung nicht zulässig (BFH vom 29. April 1999, BStBl. II S. 681 – IV R 14/98).

Die Nachweispflicht für den niedrigeren Teilwert liegt beim Steuerpflichtigen. Darüber hinaus trägt der Steuerpflichtige auch die Darlegungs- und Feststellungslast für eine voraussichtlich dauernde Wertminderung. Zudem ist im Rahmen des Wertaufholungsgebots nachzuweisen, dass und in welchem Umfang der Teilwert weiterhin unter der Bewertungsobergrenze liegt.

II. Voraussichtlich dauernde Wertminderung

1. Begriff

Eine voraussichtlich dauernde Wertminderung bedeutet ein voraussichtlich nachhaltiges Absinken des Werts des Wirtschaftsguts unter den maßgeblichen Buchwert; eine nur vorübergehende Wertminderung reicht für eine Teilwertabschreibung nicht aus (vgl. auch § 253 Absatz 3 Satz 3 HGB).

Die Wertminderung ist voraussichtlich nachhaltig, wenn der Steuerpflichtige hiermit aus der Sicht am Bilanzstichtag aufgrund objektiver Anzeichen ernsthaft zu rechnen hat. Aus der Sicht eines sorgfältigen und gewissenhaften Kaufmanns müssen mehr Gründe für als gegen eine Nachhaltigkeit sprechen. Grundsätzlich ist von einer voraussichtlich dauernden Wertminderung auszugehen, wenn der Wert des Wirtschaftsguts die Bewertungsobergrenze während eines erheblichen Teils der voraussichtlichen Verweildauer im Unternehmen nicht errechnen wird. Wertminderungen aus besonderem Anlass (z. B. Katastrophen oder technischer Fortschritt) sind regelmäßig von Dauer. Werterhellende Erkenntnisse bis zum Zeitpunkt der Aufstellung der Handelsbilanz sind zu berücksichtigen. Wenn keine Handelsbilanz aufzustellen ist, ist der Zeitpunkt der Aufstellung der Steuerbilanz maßgeblich.

Davon zu unterscheiden sind Erkenntnisse, die einer Wertbegründung nach dem Bilanzstichtag entsprechen.

Für die Beurteilung eines voraussichtlich dauernden Wertverlustes zum Bilanzstichtag kommt der Eigenart des betreffenden Wirtschaftsguts eine maßgebliche Bedeutung zu (BFH vom 26. September 2007, BStBl. II 2009 S. 294 – I R 58/06 –; BFH vom 24. Oktober 2012, BStBl. II 2013 S. 162 – I R 43/11).

2. Abnutzbares Anlagevermögen

Für die Wirtschaftsgüter des abnutzbaren Anlagevermögens kann von einer voraussichtlich dauernden Wertminderung ausgegangen werden, wenn der Wert des jeweiligen Wirtschaftsguts zum Bilanzstichtag mindestens für die halbe Restnutzungsdauer unter dem planmäßigen Restbuchwert liegt (BFH vom 29. April 2009, BStBl. II S. 899 – I R 74/08). Die verbleibende Nutzungsdauer ist für Gebäude nach § 7 Absatz 4 und 5 EStG, für andere Wirtschaftsgüter grundsätzlich nach den amtlichen AfA-Tabellen zu bestimmen. Dies gilt auch dann, wenn der Steuerpflichtige beabsichtigt, das Wirtschaftsgut vor Ablauf seiner betriebsgewöhnlichen Nutzungsdauer zu veräußern (BFH vom 29. April 2009 , a. a. O.).

Beispiel 1:

Der Steuerpflichtige hat eine Maschine in 01 zu Anschaffungskosten von 100.000 € erworben. Die Nutzungsdauer beträgt zehn Jahre, die jährliche AfA beträgt 10.000 €. Im Jahre 02 beträgt der Teilwert nur noch 30.000 € bei einer Restnutzungsdauer von acht Jahren.

Anlage § 006–08

Zu § 6 EStG

Lösung:
Eine Teilwertabschreibung auf 30.000 € ist zulässig. Die Minderung ist voraussichtlich von Dauer, da der Wert des Wirtschaftsguts zum Bilanzstichtag bei planmäßiger Abschreibung erst nach fünf Jahren (Ende Jahr 07), das heißt, erst nach mehr als der Hälfte der Restnutzungsdauer, erreicht wird.

10 *Abwandlung:*
Der Teilwert beträgt 50.000 €.

Lösung:
Eine Teilwertabschreibung auf 50.000 € ist nicht zulässig. Die Minderung ist voraussichtlich nicht von Dauer, da der Wert des Wirtschaftsguts zum Bilanzstichtag bei planmäßiger Abschreibung schon nach drei Jahren (Ende Jahr 05) und damit früher als nach mehr als der Hälfte der Restnutzungsdauer erreicht wird.

3. Nicht abnutzbares Anlagevermögen

11 Für die Wirtschaftsgüter des nichtabnutzbaren Anlagevermögens ist grundsätzlich darauf abzustellen, ob die Gründe für eine niedrigere Bewertung voraussichtlich anhalten werden.

a) Grundstücke

12 *Beispiel 2:*
Der Steuerpflichtige ist Eigentümer eines mit Altlasten verseuchten Grundstücks. Die ursprünglichen Anschaffungskosten des Grund und Bodens betragen 200.000 €. Zum Bilanzstichtag ermittelt ein Gutachter den Wert des Grundstücks aufgrund der festgestellten Altlast mit nur noch 10.000 €. Aus umweltrechtlichen Gründen ist der Steuerpflichtige grundsätzlich verpflichtet, die Altlast zu beseitigen. Mangels akuter Umweltgefährdung wird die zuständige Behörde die Schadensbeseitigung jedoch erst fordern, wenn der Steuerpflichtige die derzeitige Nutzung des Grundstücks ändert. Die Bildung einer Rückstellung ist aus diesem Grund nicht zulässig.

Lösung:
Eine Teilwertabschreibung in Höhe von 190.000 € auf den vom Gutachter ermittelten Wert ist zulässig. Zwar ist der Steuerpflichtige grundsätzlich verpflichtet, die Altlast zu beseitigen. Allerdings ist vor dem Hintergrund einer eventuellen Nutzungsänderung des Grundstücks nicht zu erwarten, dass der Steuerpflichtige in absehbarer Zeit behördlich zur Beseitigung des Schadens aufgefordert wird. Aus der Sicht am Bilanzstichtag ist daher von einer voraussichtlich dauernden Wertminderung des Grundstücks auszugehen (vgl. Rn. 9 und 10 des BMF-Schreibens vom 11. Mai 2010, BStBl. I S. 495). Wird die Altlast später beseitigt und erhöht sich dementsprechend der Wert des Grundstücks, ist eine Zuschreibung bis höchstens zu den ursprünglichen Anschaffungskosten vorzunehmen.

13 *Beispiel 3:*
Der Steuerpflichtige betreibt ein Kiesausbeuteunternehmen. Der zu dem Unternehmen gehörende Grund und Boden ist z. T. aufgeschlossen, z. T. rekultiviert und wieder der ursprünglichen landwirtschaftlichen Nutzung zugeführt. Da die Preise für landwirtschaftliche Grundstücke allgemein gefallen sind, macht der Steuerpflichtige zum Bilanzstichtag eine Teilwert Abschreibung für die Grundstücke geltend. Nach den Feststellungen des Finanzamtes übersteigen die Anschaffungskosten die Richtwerte für die verfüllten Grundstücke.

Lösung:
Eine Teilwertabschreibung ist ohne weiteres nicht zulässig. Die Preise auf dem Markt für landwirtschaftliche Grundstücke unterliegen ebenso wie die anderen Immobilienpreise Markt bedingten Schwankungen. Die Preisschwankungen stellen deshalb eine nur vorübergehende Wertminderung dar. Aus diesem Grund ist es auch für die Grundstücke, auf denen noch die Kiesausbeute betrieben wird, nicht ausgeschlossen, dass die Preise bis zu dem Zeitpunkt, an dem die Kiesausbeute und die sich daran anschließende Wiederauffüllung abgeschlossen sein werden, die Anschaffungskosten wieder erreichen oder sogar noch übersteigen.

b) Festverzinsliche Wertpapiere

14 *Beispiel 4:*
Der Steuerpflichtige hat festverzinsliche Wertpapiere mit einer Restlaufzeit von vier Jahren, die dazu bestimmt sind, dauernd dem Geschäftsbetrieb zu dienen, zum Wert von 102 % des Nennwerts erworben. Die Papiere werden bei Fälligkeit zu 100 % des Nennwerts eingelöst. Aufgrund einer nachhaltigen Änderung des Zinsniveaus unterschreitet der Börsenkurs den Einlösebetrag zum Bilanzstichtag auf Dauer und beträgt zum Bilanzstichtag nur noch 98 %.

Zu § 6 EStG **Anlage § 006–08**

Lösung:
Eine Teilwertabschreibung ist nur auf 100 % des Nennwerts zulässig, weil die Papiere bei Fälligkeit zum Nennwert eingelöst werden. Der niedrigere Börsenkurs am Bilanzstichtag ist für den Steuerpflichtigen nicht von Dauer, da die Wertpapiere bei Fälligkeit zu 100 % des Nennwerts eingelöst werden (BFH vom 8. Juni 2011, BStBl. II 2012 S. 716 – I R 98/10).

c) Börsennotierte Aktien
Bei börsennotierten Aktien des Anlagevermögens ist von einer voraussichtlich dauernden Wertminderung auszugehen, wenn der Börsenwert zum Bilanzstichtag unter denjenigen im Zeitpunkt des Aktienerwerbs gesunken ist und der Kursverlust die Bagatellgrenze von 5 % der Notierung bei Erwerb überschreitet. Bei einer vorangegangenen Teilwertabschreibung ist für die Bestimmung der Bagatellgrenze der Bilanzansatz am vorangegangenen Bilanzstichtag maßgeblich. Der Teilwert einer Aktie kann nur dann nicht nach dem Kurswert (zuzüglich der im Falle eines Erwerbs anfallenden Erwerbsnebenkosten) bestimmt werden, wenn aufgrund konkreter und objektiv überprüfbarer Anhaltspunkte davon auszugehen ist, dass der Börsenpreis den tatsächlichen Anteilswert nicht widerspiegelt (BFH vom 21. September 2011, BStBl. II 2014 S. ... – I R 89/10). Dies wäre z. B. dann der Fall, wenn der Kurs durch Insidergeschäfte beeinflusst (manipuliert) wurde oder über einen längeren Zeitraum kein Handel mit den zu bewertenden Aktien stattfand. Die vom BFH aufgestellten Grundsätze zur Teilwertabschreibung von börsennotierten Aktien gelten auch bei aktien-indexbezogenen Wertpapieren, die an einer Börse gehandelt und nicht zum Nennwert zurückgezahlt werden. Bei den bis zum Tag der Bilanzaufstellung eintretenden Kursänderungen handelt es sich um wertbeeinflussende (wertbegründende) Umstände, die die Bewertung der Aktien zum Bilanzstichtag grundsätzlich nicht berühren. 15

Beispiel 5: 16
Der Steuerpflichtige hat Aktien der börsennotierten X-AG zum Preis von 100 €/Stück erworben. Die Aktien sind als langfristige Kapitalanlage dazu bestimmt, dauernd dem Geschäftsbetrieb zu dienen.

a) Der Kurs der Aktien schwankt nach der Anschaffung zwischen 70 und 100 €. Am Bilanzstichtag beträgt der Börsenpreis 90 €. Am Tag der Bilanzaufstellung beträgt der Wert ebenfalls 90 €. 16a

Lösung:
Eine Teilwertabschreibung auf 90 € ist zulässig, da der Kursverlust im Vergleich zum Erwerb mehr als 5 % am Bilanzstichtag beträgt.

b) Wie a). Am Tag der Bilanzaufstellung beträgt der Wert 92 €. 16b

Lösung:
Eine Teilwertabschreibung ist auf 90 € zulässig, da der Kursverlust im Vergleich zum Erwerb mehr als 5 % am Bilanzstichtag beträgt und die Kursentwicklung nach dem Bilanzstichtag als wertbegründender Umstand (vgl. II. 3. c), Ran. 15) unerheblich ist.

c) wie a). Am Tag der Bilanzaufstellung beträgt der Wert 80 €. 16c

Lösung:
Eine Teilwertabschreibung ist auf 90 € zulässig, da der Kursverlust im Vergleich zum Erwerb mehr als 5 % am Bilanzstichtag beträgt und die Kursentwicklung nach dem Bilanzstichtag unerheblich ist. Eine Teilwertabschreibung auf 80 € ist daher nicht möglich.

d) Der Kurs der Aktien schwankt nach der Anschaffung zwischen 70 und 100 €. Am Bilanz Stichtag beträgt der Börsenpreis 98 € und am Tag der Bilanzaufstellung 80 €. 16d

Lösung:
Eine Teilwertabschreibung ist nicht zulässig, da der Kursverlust im Vergleich zum Erwerb am Bilanzstichtag nicht mehr als 5 % beträgt. Die Erkenntnisse zwischen Bilanzstichtag und Aufstellung der Bilanz (vgl. II. 3. c), Rn. 15) bleiben bei der Feststellung der voraussichtlich dauernden Wertminderung unberücksichtigt. Eine Teilwertabschreibung auf 80 € ist daher nicht möglich.

d) Anteile an Investmentfonds, die als Finanzanlage im Anlagevermögen gehalten werden
Die unter Tz. II. 3. c) zur Bewertung von börsennotierten Aktien im Anlagevermögen aufgestellten Grundsätze sind entsprechend auf im Anlagevermögen gehaltene Investmentanteile an Publikums- und Spezial-Investmentvermögen anzuwenden, wenn das Investmentvermögen überwiegend in börsennotierten Aktien als Vermögensgegenstände investiert ist, vgl. auch BFH vom 21. September 2011 (BStBl. II 2014 S. 616 – I R 7/11). Das Investmentvermögen ist dann überwiegend in börsennotierten Aktien investiert, wenn mehr als 50 % seines Wertes zum Bilanzstichtag in Aktien investiert ist. Abzustellen ist auf die tatsächlichen Verhältnisse beim Investmentvermögen am Bilanzstichtag des Anlegers. Unerheblich ist, ob der zu bewertende Investmentanteil selbst börsennotiert ist. 17

Anlage § 006–08

Zu § 6 EStG

18 Von einer voraussichtlich dauernden Wertminderung i. S. d. § 6 Absatz 1 Nummer 2 Satz 2 EStG ist auszugehen, wenn der Preis, zu dem der Investmentanteil erworben werden kann (Ausgabepreis, zuzüglich der ggf. anfallenden Erwerbsnebenkosten), zu dem jeweils aktuellen Bilanzstichtag um mehr als 5 % (sog. Bagatellgrenze) unter die Anschaffungskosten gesunken ist.

19 Bei der Beurteilung der steuerlichen Auswirkungen einer Teilwertabschreibung auf Investmentanteile auf das zu versteuernde Einkommen eines betrieblichen Anlegers sind § 8 Absatz 3 InvStG und das BMF-Schreiben vom 18. August 2009, BStBl. I S. 931, Rz. 162 ff.zu beachten.

e) Forderungen

20 *Beispiel 6:*

Der Steuerpflichtige hat eine Forderung aus einem Kredit im Nennwert von 100 an die Y-KG. Wegen unerwarteter Zahlungsausfälle ist die Y-KG im Laufe des Wirtschaftsjahrs notleidend geworden. Am Bilanzstichtag kann die Forderung des Steuerpflichtigen deshalb nur in Höhe von 20 % bedient werden. Bis zum Zeitpunkt der Bilanzaufstellung stellt die Y-KG wider Erwarten eine Sicherheit in Höhe von 30 % der Forderung.

Lösung:

Am Bilanzstichtag ist eine Teilwertabschreibung auf die Forderung des Steuerpflichtigen in Höhe von 80 % zulässig, da mit überwiegender Wahrscheinlichkeit nur mit einem Zahlungseingang von 20 % gerechnet werden kann. Zwar gewinnt die Forderung bis zum Zeitpunkt der Bilanzaufstellung durch die Gestellung der Sicherheit nachträglich an Wert. Dieses – nach dem Bilanzstichtag eingetretene – Ereignis ist jedoch als wertbegründend und daher als zusätzliche Erkenntnis nicht zu berücksichtigen.

21 Der auf der Unverzinslichkeit einer im Anlagevermögen gehaltenen Forderung beruhende Wert ist keine voraussichtlich dauernde Wertminderung und rechtfertigt deshalb keine Teilwertabschreibung (BFH vom 24. Oktober 2012, BStBl. II 2013 S. 162 – I R 43/11).

4. Umlaufvermögen

22 Die Wirtschaftsgüter des Umlaufvermögens sind nicht dazu bestimmt, dem Betrieb auf Dauer zu dienen. Sie werden stattdessen regelmäßig für den Verkauf oder den Verbrauch gehalten. Demgemäß kommt dem Zeitpunkt der Veräußerung oder Verwendung für die Bestimmung einer voraussichtlich dauernden Wertminderung eine besondere Bedeutung zu. Hält die Minderung bis zum Zeitpunkt der Aufstellung der Bilanz (vgl. II. 1., Rn. 6) oder dem vorangegangenen Verkaufs- oder Verbrauchszeitpunkt an, so ist die Wertminderung voraussichtlich von Dauer. Zusätzliche werterhellende Erkenntnisse zu diesen Zeitpunkten sind in die Beurteilung einer voraussichtlich dauernden Wertminderung der Wirtschaftsgüter zum Bilanzstichtag einzubeziehen. Kursänderungen bei börsennotierten Aktien nach dem Bilanzstichtag und bis zum Tag der Bilanzaufstellung sind als wertbegründender Umstand nicht zu berücksichtigen (BFH vom 21. September 2011, BStBl. II 2014 S. – I R 89/10).

23 Bei festverzinslichen Wertpapieren, die eine Forderung in Höhe des Nominalwerts der Forderung verbriefen, fehlt es in der Regel an einer voraussichtlich dauernden Wertminderung. Dies gilt auch dann, wenn die Wertpapiere zum Umlaufvermögen gehören. Eine Teilwertabschreibung unter den Nennwert allein wegen gesunkener Kurse ist regelmäßig nicht zulässig, wenn kein Bonitäts- und Liquiditätsrisiko hinsichtlich der Rückzahlung der Nominalbeträge besteht und die Wertpapiere bei Endfälligkeit zu ihrem Nennbetrag eingelöst werden können (BFH vom 8. Juni 2011, BStBl. II 2012 S. 716 – I R 98/10).

24 *Beispiel 7:*

Der Steuerpflichtige hält im Umlaufvermögen festverzinsliche Wertpapiere im Nennwert von 100 €, die er für 102 € erworben hat und die bei Fälligkeit zu 100 % des Nennwerts eingelöst werden. Aufgrund einer Änderung des Zinsniveaus beträgt der Börsenkurs am Bilanzstichtag nur noch 98 % des Nennwerts. Bis zum Zeitpunkt der Bilanzaufstellung hat sich der Börsenkurs auf 98,5 % erholt.

Lösung:

Der Tatsache, dass die festverzinslichen Wertpapiere im Umlaufvermögen gehalten werden, kommt bei der Beurteilung der voraussichtlichen Dauerhaftigkeit der Wertminderung keine besondere Bedeutung zu. Wie auch bei festverzinslichen Wertpapieren des Anlagevermögens (vgl. Beispiel 4, Rn. 14) ist eine Teilwertabschreibung nur auf 100 € zulässig, weil die Papiere bei Fälligkeit zum Nennwert eingelöst werden (BFH-Urteil vom 8. Juni 2011, BStBl. II 2012 S. 716 – I R 98/10).

25 *Beispiel 8:*

Der Steuerpflichtige hat Aktien der börsennotierten X-AG zum Preis von 100 €/Stück erworben. Zum Bilanzstichtag ist der Börsenpreis der Aktien auf

a) 90 €/Stück

Zu § 6 EStG   **Anlage § 006–08**

b) 98 €/Stück
gesunken. Zum Zeitpunkt der Bilanzaufstellung beträgt der Wert 80 €.

Lösung zu a): 25a
Eine Teilwertabschreibung auf 90 € ist zulässig, da der Kursverlust im Vergleich zum Erwerb mehr als 5 % am Bilanzstichtag beträgt und die Kursentwicklung nach dem Bilanzstichtag unerheblich ist (vgl. Lösung zu Beispiel 5 c), Rn. 16c).

Lösung zu b): 25b
Da die Bagatellgrenze von 5 % auch bei börsennotierten Wirtschaftsgütern im Umlaufvermögen maßgeblich ist, ist eine Teilwertabschreibung nicht möglich (vgl. Lösung zu Beispiel 5 d), Rn. 16d).

III. Wertaufholungsgebot

1. Grundsätze

Aufgrund des Wertaufholungsgebots ergibt sich der Wertansatz eines Wirtschaftsguts für jeden Bilanz- 26
stichtag aus dem Vergleich der um die zulässigen Abzüge geminderten Anschaffungs- oder Herstellungskosten oder des an deren Stelle tretenden Werts als der Bewertungsobergrenze und dem niedrigeren Teilwert als der Bewertungsuntergrenze. Hat sich der Wert des Wirtschaftsguts nach einer vorangegangenen Teilwertabschreibung wieder erhöht, so ist diese Betriebsvermögensmehrung bis zum Erreichen der Bewertungsobergrenze steuerlich zu erfassen. Dabei kommt es nicht darauf an, ob die konkreten Gründe für die vorherige Teilwertabschreibung weggefallen sind. Auch eine Erhöhung des Teilwerts aus anderen Gründen führt zu einer Korrektur des Bilanzansatzes (z. B. der Steuerpflichtige kann oder will eine dauernde Wertminderung nicht nachweisen – siehe „2. Nachweispflicht"). Gleiches gilt auch, wenn die vorherige Teilwertabschreibung steuerlich nicht oder nicht vollständig wirksam wurde (vgl. III. 3., Rn. 28).

2. Nachweispflicht

Grundsätzlich hat der Steuerpflichtige die Bewertungsobergrenze anhand geeigneter Unterlagen (his- 27
torische Anschaffungs- oder Herstellungskosten) nachzuweisen. Vor allem bei unbebauten Grundstücken kann auf die beim zuständigen Grundbuchamt vorliegenden notariellen Verträge zurückgegriffen werden. Können die historischen Anschaffungs- oder Herstellungskosten nicht nachgewiesen werden, gilt der Buchwert, der in der ältesten noch vorhandenen Bilanz als Anfangswert für das Wirtschaftsgut ausgewiesen ist, als Bewertungsobergrenze, es sei denn, die Finanzbehörde legt – zum Beispiel auf Grund der dort vorhandenen Unterlagen eine höhere Bewertungsobergrenze dar.

3. Steuerrechtliche Sonderregelungen (z. B. § 3c Absatz 2i. V. m. § 3 Nummer 40 EStG)

Steuerrechtliche Sonderregelungen stehen dem Wertaufholungsgebot nicht entgegen (vgl. III. 1., 28
Rn. 26). So dienen die Regelungen der v§ 3 Nummer 40 und § 3c Absatz 2 EStG der Umsetzung des Teileinkünfteverfahrens. Die Teilwertabschreibung als solche und damit das Wertaufholungsgebot bleiben hiervon unberührt.

IV. Verbindlichkeiten

1. Grundsätze

Verbindlichkeiten sind nach § 6 Absatz 1 Nummer 3 Satz 1 erster Halbsatz EStG unter sinngemäßer 29
Anwendung der Regelungen in § 6 Absatz 1 Nummer 2 EStG anzusetzen. Verbindlichkeiten, die Kursschwankungen unterliegen (z. B. Fremdwährungsverbindlichkeiten), sind daher unter Berücksichtigung der in diesem Schreiben für das Aktivvermögen aufgestellten Grundsätze wie folgt zu bewerten:

Verbindlichkeiten sind mit ihrem Erfüllungsbetrag anzusetzen (§ 5 Absatz 1 Satz 1 EStG i. V. m. § 253 30
Absatz 1 Satz 2 HGB). Ist die Höhe der Zahlungsverpflichtung von einem bestimmten Kurswert abhängig (z. B. Fremdwährungsverbindlichkeiten), ist grundsätzlich der Wert zum Zeitpunkt des Entstehens der Verbindlichkeit maßgebend (bei Fremdwährungsverbindlichkeiten der entsprechende Wechselkurs). Nur unter der Voraussetzung einer voraussichtlich dauernden Erhöhung des Kurswertes kann an den nachfolgenden Bilanzstichtagen der höhere Wert angesetzt werden (§ 6 Absatz 1 Nummer 3 Satz 1 i. V. m. Nummer 2 Satz 2 EStG).

Eine voraussichtlich dauernde Erhöhung des Kurswertes einer Verbindlichkeit liegt nur bei einer nach- 31
haltigen Erhöhung des Wechselkurses gegenüber dem Kurs bei Entstehung der Verbindlichkeit vor. Die Änderung ist voraussichtlich nachhaltig, wenn der Steuerpflichtige hiermit aus der Sicht des Bilanzstichtages aufgrund objektiver Anzeichen ernsthaft rechnen muss. Aus Sicht eines sorgfältigen und gewissenhaften Kaufmanns müssen mehr Gründe für als gegen eine Nachhaltigkeit sprechen. Bei Fremdwährungsverbindlichkeiten, die eine Restlaufzeit von jedenfalls zehn Jahren haben, begründet ein

1275

Kursanstieg der Fremdwährung grundsätzlich keine voraussichtlich dauernde Teilwerterhöhung; die Währungsschwankungen werden in der Regel ausgeglichen (BFH vom 23. April 2009, BStBl. II S. 778 – IV R 62/06).

32 Auf den Devisenmärkten übliche Wechselkursschwankungen berechtigen nicht zu einem höheren Ansatz der Verbindlichkeit.

2. Verbindlichkeiten des laufenden Geschäftsverkehrs

33 Ist nach den Umständen des jeweiligen Einzelfalls eine Verbindlichkeit dem laufenden Geschäftsverkehr zuzuordnen und somit nicht dazu bestimmt, das Betriebskapital auf Dauer zu verstärken, kommt dem Zeitpunkt der Tilgung oder Entnahme der Verbindlichkeit für die Bestimmung einer voraussichtlich dauernden Werterhöhung eine besondere Bedeutung zu.

34 Nach der Rechtsprechung des BFH (vgl. z. B. BFH vom 31. Oktober 1990, BStBl. II 1991 S. 471 – I R 77/86) ist der Begriff „Verbindlichkeit des laufenden Geschäftsverkehrs" durch folgende Merkmale gekennzeichnet:
– Ihr Entstehen hängt wirtschaftlich eng mit einzelnen bestimmbaren, nach Art des Betriebs immer wiederkehrenden und nicht die Anschaffung oder Herstellung von Wirtschaftsgütern des Anlagevermögens betreffenden laufenden Geschäftsvorfällen zusammen.
– Dieser Zusammenhang bleibt bis zur Tilgung der Verbindlichkeit erhalten.
– Die Verbindlichkeit wird innerhalb der nach Art des laufenden Geschäftsvorfalls allgemein üblichen Frist getilgt.

35 Hält eine Wechselkurserhöhung im Zusammenhang mit einer Verbindlichkeit des laufenden Geschäftsverkehrs bis zum Zeitpunkt der Aufstellung der Bilanz (vgl. II. 1., Rn. 6) oder dem vorangegangenen Tilgungs- oder Entnahmezeitpunkt an, ist davon auszugehen, dass die Werterhöhung voraussichtlich von Dauer ist. Soweit keine Handelsbilanz aufzustellen ist, ist der Zeitpunkt der Aufstellung der Steuerbilanz maßgebend. Zusätzliche Erkenntnisse bis zu diesen Zeitpunkten sind zu berücksichtigen. Allgemeine Entwicklungen, z. B. Wechselkursschwankungen auf den Devisenmärkten, sind zusätzliche Erkenntnisse und als solche in die Beurteilung einer voraussichtlich dauernden Werterhöhung einer Verbindlichkeit zum Bilanzstichtag einzubeziehen.

V. Zeitliche Anwendung

1. Grundsätze

36 Für Wirtschaftsjahre, die nach dem 31. Dezember 2008 enden, sind bei der Vornahme der steuerrechtlichen Teilwertabschreibung die Grundsätze des BMF-Schreibens vom 12. März 2010, BStBl. I S. 239 zu beachten.

2. Bewertung festverzinslicher Wertpapiere im Umlaufvermögen

37 Die Grundsätze des BFH-Urteils vom 8. Juni 2011 (a. a. O.) zur Bewertung von festverzinslichen Wertpapieren im Umlaufvermögen sind spätestens in der ersten auf einen Bilanzstichtag nach dem 22. Oktober 2012 (Tag der Veröffentlichung des BFH-Urteils vom 8. Juni 2011 im BStBl. 2012 II S. 716) aufzustellenden Bilanz anzuwenden.

3. Anteile an Investmentfonds, die als Finanzanlage im Anlagevermögen gehalten werden

38 Bei der Teilwertabschreibung von Anteilen an Investmentfonds, die überwiegend in börsennotierten Aktien als Vermögensgegenstände investiert sind und die als Finanzanlage im Anlagevermögen gehalten werden, wird es nicht beanstandet, wenn bei einer Teilwertabschreibung vor dem 1. Januar 2015 noch die Regelungen des BMF-Schreibens vom 5. Juli 2011 (BStBl. I S. 735) Anwendung finden, wonach bei der Ermittlung des niedrigeren Teilwerts der Rücknahmepreis zu Grunde zu legen ist.

4. Andere Wirtschaftsgüter

39 Die Grundsätze dieses Schreibens sind in allen offenen Fällen anzuwenden, soweit § 176 AO einer Änderung nicht entgegensteht.

VI. Aufhebung von BMF-Schreiben

40 Die folgenden BMF-Schreiben werden aufgehoben:
BMF-Schreiben vom 25. Februar 2000, BStBl. I S. 372;
BMF-Schreiben vom 12. August 2002, BStBl. I S. 793;
BMF-Schreiben vom 26. März 2009, BStBl. I S. 514 und
BMF-Schreiben vom 10. September 2012, BStBl. I S. 939.

Zu § 6 EStG **Anlage § 006–09**

Übertragung und Überführung von einzelnen Wirtschaftsgütern nach § 6 Absatz 5 EStG

– BdF-Schreiben vom 08.12.2011 – IV C 6 – S 2241/10/10002, 2011/0973858 (BStBl. I S. 1279) –

Zur Anwendung des § 6 Absatz 5 EStG in der Fassung des Gesetzes zur Fortentwicklung des Unternehmenssteuerrechts vom 20. Dezember 2001 (BGBl. I S. 3858, BStBl. 2002 I S. 35), zuletzt geändert durch das Jahressteuergesetz 2010 vom 8. Dezember 2010 (BGBl. I S. 1768), nehme ich nach Abstimmung mit den obersten Finanzbehörden der Länder wie folgt Stellung:

I. Überführung von Wirtschaftsgütern nach § 6 Absatz 5 Satz 1 und 2 EStG

Bei der Überführung eines einzelnen Wirtschaftsguts nach § 6 Absatz 5 Satz 1 und 2 EStG handelt es sich um eine Entnahme i. S. d. § 4 Absatz 1 Satz 2 EStG aus dem abgebenden Betriebsvermögen und um eine Einlage i. S. d. § 4 Absatz 1 Satz 8 EStG bei dem aufnehmenden Betriebsvermögen (vgl. BMF-Schreiben vom 17. November 2005 – BStBl. I S. 1019, Rdnr. 10), deren Bewertungen abweichend von § 6 Absatz 1 Satz 1 Nummer 4 und 5 EStG in § 6 Absatz 5 EStG geregelt sind. 1

1. Persönlicher Anwendungsbereich

Überführender i. S. v. § 6 Absatz 5 Satz 1 EStG ist grundsätzlich jede unbeschränkt oder beschränkt steuerpflichtige natürliche Person, die mehrere Betriebe unterhält. Es können aber auch Erbengemeinschaften und eheliche Gütergemeinschaften mit mehreren eigenen Betriebsvermögen unter den Anwendungsbereich der Sätze 1 und 2 fallen. Da eine Körperschaft i. S. d. § 1 Absatz 1 Nummer 1 bis 3 KStG und eine Personengesellschaft steuerlich immer nur einen Betrieb führen können, steht der Körperschaft als Mitunternehmer (über § 8 Absatz 1 KStG) oder der (doppelstöckigen) Personengesellschaft regelmäßig nur der Anwendungsbereich des § 6 Absatz 5 Satz 2 EStG offen. 2

2. Sachlicher Anwendungsbereich

Nach § 6 Absatz 5 Satz 1 und 2 EStG müssen einzelne Wirtschaftsgüter mit dem Buchwert angesetzt werden, wenn sie aus einem (Sonder-)Betriebsvermögen in ein anderes Betriebs- oder Sonderbetriebsvermögen desselben Steuerpflichtigen überführt werden, sofern die Besteuerung der stillen Reserven sichergestellt ist. Dabei ist es unerheblich, ob es sich bei dem zu überführenden Wirtschaftsgut um ein Wirtschaftsgut des Anlage- oder Umlaufvermögens handelt. Das zu überführende Wirtschaftsgut kann auch eine wesentliche Betriebsgrundlage des abgebenden Betriebsvermögens sein. Bei der Überführung von Wirtschaftsgütern ist die gleichzeitige Übernahme von Verbindlichkeiten unschädlich. 3

In den Anwendungsbereich des § 6 Absatz 5 Satz 1 und 2 EStG fallen auch selbst geschaffene nicht bilanzierungsfähige immaterielle Wirtschaftsgüter des Anlagevermögens (§ 5 Absatz 2 EStG) und im Sammelposten erfasste Wirtschaftsgüter (vgl. BMF-Schreiben vom 30. September 2010 – BStBl. I S. 755), sofern die Besteuerung der stillen Reserven sichergestellt ist (siehe auch Rdnr. 24). 4

Das Betriebs- oder Sonderbetriebsvermögen, in das das Wirtschaftsgut überführt wird, muss nicht bereits vor der Überführung bestanden haben, sondern es kann auch erst durch die Überführung des Wirtschaftsguts entstehen. Das abgebende und aufnehmende Betriebsvermögen muss nicht derselben Einkunftsart (§§ 13, 15, 18 EStG) zuzuordnen sein. 5

Beispiel 1:

A und B sind zu jeweils 50 % an der AB-OHG beteiligt. Die AB-OHG betreibt eine Metzgerei. Im Sonderbetriebsvermögen des A befindet sich ein Verkaufswagen, mit dem die AB-OHG ihre Waren auf Wochenmärkten verkauft. Diesen Wagen vermietet A an die AB-OHG für ein monatliches Entgelt. Die AB-OHG stellt den Verkauf auf den Wochenmärkten ein. A will nun diesen Wagen im Rahmen eines im eigenen Namen neu gegründeten Einzelunternehmens zum Fischverkauf einsetzen.

Lösung:

Der Verkaufswagen ist nunmehr dem Betriebsvermögen des neu gegründeten Einzelunternehmens des A zuzurechnen. Die Überführung aus dem Sonderbetriebsvermögen des A bei der AB-OHG in das Betriebsvermögen des Einzelunternehmens muss nach § 6 Absatz 5 Satz 2 EStG zum Buchwert erfolgen.

Der Anwendung des § 6 Absatz 5 Satz 1 und 2 EStG steht nicht entgegen, dass mehrere Wirtschaftsgüter zeitgleich überführt werden. Dabei ist es unschädlich, wenn die überführten Wirtschaftsgüter einen Betrieb, Teilbetrieb bilden oder es sich insgesamt um einen Mitunternehmeranteil handelt. 6

Sicherstellung der Besteuerung der stillen Reserven bedeutet, dass im Zeitpunkt der späteren Veräußerung auch diejenigen stillen Reserven zu besteuern sind, die sich in dem überführten Wirtschaftsgut zeitlich erst nach der Überführung gebildet haben (also Besteuerung auch der künftigen stillen Reserven). Eine Sicherstellung der Besteuerung der stillen Reserven liegt deshalb unter anderem dann nicht 7

Anlage § 006–09

Zu § 6 EStG

vor, wenn ein bisher einer inländischen Betriebsstätte des Steuerpflichtigen zugeordnetes Wirtschaftsgut einer ausländischen Betriebsstätte des Steuerpflichtigen zugeordnet wird (§ 6 Absatz 5 Satz 1 i. V. m. § 4 Absatz 1 Satz 4 EStG).

II. Übertragung von Wirtschaftsgütern nach § 6 Absatz 5 Satz 3 Nummer 1 bis 3 EStG

8   Bei der Übertragung von Wirtschaftsgütern nach § 6 Absatz 5 Satz 3 EStG gegen Gewährung oder Minderung von Gesellschaftsrechten handelt es sich als eine Spezialform des Tauschs um einen Veräußerungsvorgang (tauschähnlicher Vorgang), dessen Bewertung abweichend von den allgemeinen Grundsätzen zwingend zum Buchwert vorzunehmen ist (§ 6 Absatz 6 Satz 4 EStG). Die unentgeltliche Übertragung von Wirtschaftsgütern nach § 6 Absatz 5 Satz 3 EStG stellt hingegen eine Entnahme dar (vgl. Rdnr. 1).

1. Persönlicher Anwendungsbereich

9   Übertragender i. S. v. § 6 Absatz 5 Satz 3 Nummer 1 bis 3 EStG ist ein Mitunternehmer, der neben seiner Beteiligung an einer Mitunternehmerschaft mindestens einen weiteren Betrieb unterhält, oder dem Sonderbetriebsvermögen bei der selben Mitunternehmerschaft oder einer weiteren Mitunternehmerschaft zuzurechnen ist; bei einer doppelstöckigen Personengesellschaft kann Mitunternehmer der Tochterpersonengesellschaft auch die Mutterpersonengesellschaft (Mitunternehmerschaft) und der Mitunternehmer der Mutterpersonengesellschaft sein. Bei Mitunternehmerschaften ohne Gesamthandsvermögen, z. B. atypisch stillen Gesellschaften und Ehegatten-Mitunternehmerschaften in der Land- und Forstwirtschaft, gelten § 6 Absatz 5 Satz 3 Nummer 1 bis 3 EStG entsprechend. Auch für eine Körperschaft i. S. d. KStG gelten über § 8 Absatz 1 KStG die Regelungen des § 6 Absatz 5 Satz 3 Nummer 1 bis 3 EStG. Bei Übertragungen unter Beteiligung einer Kapitalgesellschaft sind die Regelungen zur verdeckten Gewinnausschüttung und zur verdeckten Einlage zu beachten (BFH-Urteil vom 20. Juli 2005 – BStBl. 2006 II S. 457).

2. Sachlicher Anwendungsbereich

10   Nach § 6 Absatz 5 Satz 3 Nummer 1 bis 3 EStG müssen einzelne Wirtschaftsgüter mit dem Buchwert angesetzt werden, wenn diese

- aus dem Betriebsvermögen des Mitunternehmers in das Gesamthandsvermögen einer Mitunternehmerschaft und umgekehrt gegen Gewährung oder Minderung von Gesellschaftsrechten oder unentgeltlich (Nummer 1),

- aus dem Sonderbetriebsvermögen eines Mitunternehmers in das Gesamthandsvermögen *derselben* Mitunternehmerschaft und umgekehrt gegen Gewährung oder Minderung von Gesellschaftsrechten oder unentgeltlich (Nummer 2),

- aus dem Sonderbetriebsvermögen eines Mitunternehmers in das Gesamthandsvermögen bei *einer anderen* Mitunternehmerschaft, an der er beteiligt ist, und umgekehrt gegen Gewährung oder Minderung von Gesellschaftsrechten oder unentgeltlich (Nummer 2),

- unentgeltlich aus einem Sonderbetriebsvermögen des Mitunternehmers in das Sonderbetriebsvermögen eines anderen Mitunternehmers bei derselben Mitunternehmerschaft, (Nummer 3),

übertragen werden und die Besteuerung der stillen Reserven sichergestellt ist. Dabei ist es unerheblich, ob es sich bei dem zu übertragenden Wirtschaftsgut um ein Wirtschaftsgut des Anlage- oder Umlaufvermögens handelt. § 6 Absatz 5 Satz 3 EStG gilt auch, wenn es sich bei dem zu übertragenden Wirtschaftsgut um eine wesentliche Betriebsgrundlage des abgebenden Betriebsvermögens handelt.

11   Für den Zeitpunkt der Übertragung ist aus steuerlicher Sicht immer die Zurechnung des wirtschaftlichen Eigentums (§ 39 Absatz 2 Nummer 1 Satz 1 AO) maßgeblich.

12   Die Rdnrn. 4, 5, 6 Satz 1 und 7 gelten bei der Übertragung von einzelnen Wirtschaftsgütern nach § 6 Absatz 5 Satz 3 Nummer 1 bis 3 EStG entsprechend (siehe auch Rdnr. 24). Vorrangig sind jedoch die Vorschriften des § 6 Absatz 3 EStG oder § 24 UmwStG anzuwenden, wenn die dortigen Voraussetzungen erfüllt sind. Dies ist insbesondere bei der gleichzeitigen Übernahme von Verbindlichkeiten der Fall.

13   § 6 Absatz 5 Satz 3 EStG regelt nicht die Übertragungen von Wirtschaftsgütern aus dem Privatvermögen in das Gesamthandsvermögen und umgekehrt (vgl. BMF-Schreiben vom 29. März 2000 – BStBl. I S. 462). Für die Übertragung von Wirtschaftsgütern des Privatvermögens des Mitunternehmers in das Gesamthandsvermögen der Mitunternehmerschaft gelten die Grundsätze des BMF-Schreibens vom 11. Juli 2011 (BStBl. I S. 713).

3. Unentgeltliche Übertragung oder Übertragung gegen Gewährung oder Minderung von Gesellschaftsrechten

§ 6 Absatz 5 Satz 3 Nummer 1 und 2 EStG ist anzuwenden, soweit die Übertragung unentgeltlich oder gegen Gewährung oder Minderung von Gesellschaftsrechten erfolgt; § 6 Absatz 5 Satz 3 Nummer 3 EStG ist anzuwenden, soweit die Übertragung unentgeltlich erfolgt. Ob eine Übertragung unentgeltlich oder gegen Gewährung oder Minderung von Gesellschaftsrechten vorgenommen wird, richtet sich auch nach den Grundsätzen des BMF-Schreibens vom 11. Juli 2011 (BStBl. I S. 713).

a) Unentgeltlichkeit[1)]

Die Übertragung eines Wirtschaftsguts erfolgt unentgeltlich, soweit keine Gegenleistung hierfür erbracht wird. Eine Gegenleistung kann sowohl durch die Hingabe von Aktiva als auch durch die Übernahme von Passiva (z. B. Verbindlichkeiten) erfolgen. In diesen Fällen ist die Übertragung des Wirtschaftsguts nicht vollumfänglich unentgeltlich. Die Übernahme von Verbindlichkeiten stellt wirtschaftlich gesehen ein (sonstiges) Entgelt dar. Ob eine teilentgeltliche Übertragung vorliegt, ist nach den Grundsätzen der sog. „Trennungstheorie" anhand der erbrachten Gegenleistung im Verhältnis zum Verkehrswert des übertragenen Wirtschaftsguts zu prüfen. Liegt die Gegenleistung unter dem Verkehrswert, handelt es sich um eine teilentgeltliche Übertragung, bei der der unentgeltliche Teil nach § 6 Absatz 5 Satz 3 EStG zum Buchwert zu übertragen ist. Hinsichtlich des entgeltlichen Teils der Übertragung liegt eine Veräußerung des Wirtschaftsguts vor und es kommt insoweit zur Aufdeckung der stillen Reserven des Wirtschaftsguts (vgl. BFH-Urteil vom 11. Dezember 2001 – BStBl. 2002 II S. 420).

Beispiel 2:

A und B sind zu jeweils 50 % an der AB-OHG beteiligt. In seinem Einzelunternehmen hat A einen PKW mit einem Buchwert von 1.000 €. Der Verkehrswert des PKW beträgt 10.000 €. Zudem hat A eine Verbindlichkeit bei der Bank des PKW-Herstellers i. H. v. 3.000 €. A überträgt den PKW nach § 6 Absatz 5 Satz 3 Nummer 1 EStG ohne Gewährung von Gesellschaftsrechten in das Gesamthandsvermögen der AB-OHG. Dabei übernimmt die AB-OHG auch das Darlehen.

Lösung:

Es handelt sich um eine teilentgeltliche Übertragung des PKW. Der entgeltliche Anteil liegt durch die Übernahme der Verbindlichkeit bei 30 % (3.000 € von 10.000 €), der unentgeltliche Anteil bei 70 %. Im Einzelunternehmen des A werden durch die teilentgeltliche Übertragung stille Reserven i. H. v. 2.700 € (3.000 € abzgl. 30 % des Buchwerts = 300 €) aufgedeckt. Die AB-OHG muss den PKW mit 3.700 € (3.000 € zzgl. 70 % des Buchwerts = 700 €) auf der Aktivseite und die Verbindlichkeit mit 3.000 € auf der Passivseite im Gesamthandsvermögen bilanzieren.

b) Gesellschaftsrechte

Für die Entscheidung, ob eine Übertragung nach § 6 Absatz 5 Satz 3 Nummer 1 und 2 EStG gegen Gewährung oder Minderung von Gesellschaftsrechten erfolgt, ist maßgeblich auf den Charakter des in diesem Zusammenhang angesprochenen Kapitalkontos des Gesellschafters abzustellen. Zur Abgrenzung zwischen Eigenkapital- und Darlehenskonten des Gesellschafters wird auf das BFH-Urteil vom 16. Oktober 2008 (BStBl. 2009 II S. 272) sowie auf das BMF-Schreiben vom 30. Mai 1997 (BStBl. I S. 627) verwiesen.

Abwandlung Beispiel 2:

Der Buchwert des PKW beträgt 1.000 € (Verkehrswert 10.000 €). Von der AB-OHG wurden keine Verbindlichkeiten übernommen. A überträgt den PKW in das Gesamthandsvermögen der AB-OHG gegen Gewährung von Gesellschaftsrechten i. H. von 1.000 € (Buchung auf dem Kapitalkonto I des A) und Buchung auf dem gesamthänderisch gebundenen Rücklagenkonto i. H. v. 9.000 €. Die OHG setzt den PKW mit 10.000 € in ihrem Gesamthandsvermögen an.

Lösung:

Die nur teilweise Buchung über ein Gesellschaftsrechte vermittelndes Kapitalkonto führt insgesamt zu einem entgeltlichen Vorgang. Die Übertragung des PKW muss gleichwohl zwingend mit dem Buchwert angesetzt werden, weil die Übertragung gegen Gewährung von Gesellschaftsrechten erfolgt ist (§ 6 Absatz 5 Satz 3 Nummer 1 EStG). Ist mit der Übertragung eine Änderung der Gewinnverteilung und der Beteiligung am Liquidationserlös verbunden, haben sowohl A als auch B zum Zwecke der Erfolgsneutralität des Vorgangs eine negative Ergänzungsbilanz aufzustellen. In den übrigen Fällen sind nach § 6 Absatz 5 Satz 4 EStG die bis zur Übertragung entstandenen stillen Reserven in vollem Umfang dem Einbringenden A zuzuordnen.

---

1) Siehe auch Anlage § 006-20.

Anlage § 006–09   Zu § 6 EStG

4. Einzelfälle zu Übertragungen nach § 6 Absatz 5 Satz 3 Nummer 1 bis 3 EStG

a) Übertragung nach § 6 Absatz 5 Satz 3 Nummer 1 EStG

17 § 6 Absatz 5 Satz 3 Nummer 1 EStG regelt ausschließlich die Übertragung einzelner Wirtschaftsgüter zwischen dem Betriebsvermögen eines Mitunternehmers in das Gesamthandsvermögen einer Mitunternehmerschaft, an der der Übertragende beteiligt ist oder umgekehrt, sofern die Besteuerung der stillen Reserven sichergestellt ist. Für die Übertragung eines Wirtschaftsguts nach § 6 Absatz 5 Satz 3 Nummer 1 EStG aus dem Gesamthandsvermögen einer Mitunternehmerschaft in das Betriebsvermögen des Mitunternehmers und umgekehrt ist die Buchwertfortführung nicht auf den ideellen Anteil des Mitunternehmers am Wirtschaftsgut des Gesamthandsvermögens begrenzt; § 6 Absatz 5 Satz 5 EStG ist zu beachten (siehe auch Rdnr. 31).

Beispiel 3:

Vater V und Sohn S betreiben eine land- und forstwirtschaftliche GbR. Zum 30. Juni 10 scheidet V in der Form aus der GbR aus, dass er nur die wesentlichen Betriebsgrundlagen (Grund- und Boden, Hofstelle), die sich in seinem Sonderbetriebsvermögen befinden, behält. Das gesamte Gesamthandsvermögen erhält hingegen S, der das land- und forstwirtschaftliche Unternehmen als Einzelunternehmen fortführt. V verpachtet die wesentlichen Betriebsgrundlagen (Grund- und Boden, Hofstelle) an S und übt gleichzeitig das Verpächterwahlrecht (R 16 Absatz 5 EStR 2008) aus.

Lösung:

Es handelt sich nicht um einen Fall der steuerneutralen Realteilung i. S. v. § 16 Absatz 3 Satz 2 EStG, weil S das nämliche Unternehmen in unveränderter Weise fortführt und es somit begrifflich an der erforderlichen Betriebsaufgabe fehlt. Es liegt auch kein Fall des § 6 Absatz 3 EStG vor, da V zwar seinen gesamten Anteil am Gesamthandsvermögen auf S übertragen, jedoch seinen Anteil am Sonderbetriebsvermögen zurückbehalten hat. Das zurückbehaltene Sonderbetriebsvermögen gehört infolge der Auflösung der Mitunternehmerschaft nicht mehr zum Betriebsvermögen derselben Mitunternehmerschaft. Bei der Übertragung der Wirtschaftsgüter des Gesamthandsvermögens von der land- und forstwirtschaftlichen GbR in das Betriebsvermögen des Einzelunternehmens hat S jedoch nach § 6 Absatz 5 Satz 3 Nummer 1 EStG zwingend die Buchwerte der Wirtschaftsgüter fortzuführen, wenn er im Rahmen der Übertragung keine Verbindlichkeiten übernommen hat.

b) Übertragung nach § 6 Absatz 5 Satz 3 Nummer 2 EStG

18 § 6 Absatz 5 Satz 3 Nummer 2 EStG regelt ausschließlich die Übertragung zwischen dem Sonderbetriebsvermögen eines Mitunternehmers in das Gesamthandsvermögen derselben oder einer anderen Mitunternehmerschaft, an der der Übertragende beteiligt ist oder umgekehrt, sofern die Besteuerung der stillen Reserven sichergestellt ist. Die unmittelbare Übertragung von einzelnen Wirtschaftsgütern zwischen den Gesamthandsvermögen von Schwesterpersonengesellschaften stellt hingegen keinen Anwendungsfall des § 6 Absatz 5 Satz 3 Nummer 2 EStG dar und ist somit nicht zu Buchwerten möglich (BFH-Urteil vom 25. November 2009 – BStBl. 2010 II S. 471); dies gilt selbst dann, wenn es sich um beteiligungsidentische Schwesterpersonengesellschaften handelt. Die Buchwertfortführung kann in diesen Fällen auch nicht nach § 6 Absatz 5 Satz 1 EStG erfolgen, da es sich um einen Übertragungsvorgang mit Rechtsträgerwechsel handelt und nicht um einen Überführungsvorgang (BMF-Schreiben vom 28. Februar 2006 – BStBl. I S. 228, Tz. IV.1.).[1)]

19 Bei einer Kettenübertragung eines Wirtschaftsguts zwischen zwei Mitunternehmerschaften, bei der das zu übertragende Wirtschaftsgut in einem zeitlichen und sachlichen Zusammenhang zunächst vom Gesamthandsvermögen der Mitunternehmerschaft in das Sonderbetriebsvermögen derselben Mitunternehmerschaft und anschließend ins Gesamthandsvermögen der anderen (Schwester-)Mitunternehmerschaft übertragen wird, ist zu prüfen, ob der Buchwertfortführung die Gesamtplanrechtsprechung oder andere missbräuchliche Gestaltungen i. S. d. § 42 AO entgegen stehen.

20 Durch die Rückkehr zur gesellschafterbezogenen Betrachtungsweise bei Anwendung des § 6b EStG für Veräußerungen nach dem 31. Dezember 2001 können nach § 6b EStG begünstigte Wirtschaftsgüter von einer Mitunternehmerschaft verkauft und (gleichzeitig) der Gewinn bei der erwerbenden Mitunternehmerschaft über §§ 6b, 6c EStG im Rahmen der Anschaffung oder Herstellung der Wirtschaftsgüter übertragen werden, soweit die Anschaffungs- oder Herstellungskosten dieser Wirtschaftsgüter anteilig dem Mitunternehmer der anschaffenden Gesellschaft zuzurechnen sind und soweit der begüns-

---

[1)] Mit Beschluss vom 10. April 2013 I R 80/12 hat der BFH dem Bundesverfassungsgericht die Frage vorgelegt ob § 6 Abs. 5 Satz 3 EStG gegen den allgemeinen Gleichheitssatz verstößt, weil hiernach eine Übertragung von Wirtschaftsgütern zwischen beteiligungsidentischen Personengesellschaften nicht zum Buchwert möglich ist.

tigte Gewinn anteilig auf diesen Mitunternehmer entfällt (R 6b.2 Absatz 7 EStR 2008)[1]. Eine vollständige Gewinnübertragung nach §§ 6b, 6c EStG ist möglich, wenn dieselben Mitunternehmer an beiden Mitunternehmerschaften in demselben Beteiligungsverhältnis beteiligt sind.

c) Übertragung nach § 6 Absatz 5 Satz 3 Nummer 3 EStG

§ 6 Absatz 5 Satz 3 Nummer 3 EStG regelt ausschließlich die Übertragung zwischen den jeweiligen Sonderbetriebsvermögen verschiedener Mitunternehmer derselben Mitunternehmerschaft, sofern die Besteuerung der stillen Reserven sichergestellt ist.

Beispiel 4:

Vater V und Sohn S betreiben eine land- und forstwirtschaftliche GbR. Zum 30. Juni 10 scheidet V aus der GbR aus. Im Rahmen der Aufgabe der land- und forstwirtschaftlichen GbR erhält S zusätzlich zu den gesamten Wirtschaftsgütern des Gesamthandsvermögens auch die im Sonderbetriebsvermögen des V stehende Hofstelle. Den Grund und Boden überträgt V nicht auf S.

Lösung:

Die Übertragung der Hofstelle vom V auf S kann nicht zum Buchwert nach § 6 Absatz 5 Satz 3 Nummer 3 EStG erfolgen, da durch das Ausscheiden des V und die sich dadurch ergebende Anwachsung des Anteils zu einem Einzelunternehmen die GbR beendet wird und somit eine Übertragung zwischen zwei Sonderbetriebsvermögen (des V und des S) begrifflich nicht mehr möglich ist. Die in der Hofstelle enthaltenen stillen Reserven sind daher aufzudecken. Soweit die Wirtschaftsgüter des Gesamthandsvermögens in das Einzelunternehmen des S übertragen werden, gelten die Ausführungen zu Beispiel 3.

Abwandlung Beispiel 4:

Vor seinem Ausscheiden überträgt V die Hofstelle aus seinem Sonderbetriebsvermögen in das Sonderbetriebsvermögen des S. Zum 30. Juni 10 scheidet V dann aus der GbR aus und S erhält die gesamten Wirtschaftsgüter des Gesamthandsvermögens. Den Grund und Boden überträgt V nicht auf S.

Lösung:

Die Übertragung der Hofstelle vom V auf S erfolgt zum Buchwert nach § 6 Absatz 5 Satz 3 Nummer 3 EStG vom Sonderbetriebsvermögen des V in das Sonderbetriebsvermögen des S. Durch das Ausscheiden des V zum 30. Juni 10 wird die GbR beendet. Soweit die Wirtschaftsgüter des Gesamthandsvermögens in das Einzelunternehmen des S übertragen werden, gelten die Ausführungen zu Beispiel 3.

III. Einzelheiten zu § 6 Absatz 5 Satz 4 bis 6 EStG

1. Sperrfrist des § 6 Absatz 5 Satz 4 EStG und rückwirkender Ansatz des Teilwerts

Der zwingende Buchwertansatz bei der Übertragung von Wirtschaftsgütern nach § 6 Absatz 5 Satz 3 Nummer 1 bis 3 EStG ist beim Übernehmer zur Vermeidung von missbräuchlichen Gestaltungen mit einer sog. Sperrfrist verknüpft (§ 6 Absatz 5 Satz 4 EStG). Der Übernehmer darf innerhalb der Sperrfrist das übertragene Wirtschaftsgut weder aus dem Betriebsvermögen entnehmen noch veräußern; ansonsten wird rückwirkend auf das Ereignis der Übertragung der Teilwert für das Wirtschaftsgut angesetzt. Die Sperrfrist endet drei Jahre nach Abgabe der Steuererklärung des Übertragenden für den Veranlagungs-/Feststellungszeitraum der Übertragung. Wurde keine Steuer-/Feststellungserklärung abgegeben, endet die Sperrfrist mit Ablauf des sechsten Jahres, das auf den Veranlagungs-/Feststellungszeitraum der Übertragung folgt.

Keine Verletzung der Sperrfrist (§ 6 Absatz 5 Satz 4 EStG) liegt vor, wenn die einer Buchwertübertragung nach § 6 Absatz 5 Satz 3 EStG nachfolgende Übertragung ebenfalls wieder unter § 6 Absatz 5 Satz 3 EStG fällt und damit auch zwingend zum Buchwert vorzunehmen ist, wenn bei einer Realteilung für die übertragenen Wirtschaftsgüter eine neue Sperrfrist ausgelöst wird oder wenn das Wirtschaftsgut aufgrund höherer Gewalt (Zerstörung, Untergang, etc.) aus dem Betriebsvermögen ausgeschieden ist. Die Sperrfrist wird durch jede nachfolgende Übertragung nach § 6 Absatz 5 Satz 3 EStG neu ausgelöst und tritt somit an die Stelle der bisherigen Sperrfrist. Bei einer nachfolgenden Überführung nach § 6 Absatz 5 Satz 1 und 2 EStG liegt ebenfalls keine Verletzung der Sperrfrist vor; allerdings läuft hier die ursprüngliche Sperrfrist weiter, ohne eine Überführung eine neue Sperrfrist auslösen kann. Im Fall einer Veräußerung oder Entnahme innerhalb der Sperrfrist ist der Teilwert rückwirkend auf den Zeitpunkt der letzten Übertragung anzusetzen. Eine „fiktive" Entnahme i. S. v. § 4 Absatz 1 Satz 3 EStG oder eine „fiktive" Veräußerung i. S. v. § 12 Absatz 1 KStG innerhalb der Sperrfrist führt ebenfalls zum rückwirkenden Ansatz des Teilwerts auf den Übertragungsstichtag i. S. v. § 6 Absatz 5 Satz 4 EStG.

---

[1] Jetzt EStR 2012.

Anlage § 006–09

Zu § 6 EStG

24 Bei der Übertragung selbst geschaffener nicht bilanzierungsfähiger immaterieller Wirtschaftsgüter des Anlagevermögens (§ 5 Absatz 2 EStG) und von im Sammelposten erfassten Wirtschaftsgütern (§ 6 Absatz 2a EStG) muss die Besteuerung der stillen Reserven sichergestellt sein.

Beispiel 5:

A und B sind Mitunternehmer der AB-OHG. In 01 schafft sich A für seine Tätigkeit bei der AB-OHG einen Schreibtisch (AK 900 €) und einen Stuhl (AK 400 €) an. Diese Wirtschaftsgüter erfasst er im Sammelposten 01 in seinem Sonderbetriebsvermögen bei der AB-OHG. In 03 benötigt B diese Wirtschaftsgüter für seine Tätigkeit bei der AB-OHG. Die Übertragung von A auf den B erfolgt unentgeltlich.

Lösung:

Die Übertragung des Schreibtisches und des Stuhls vom Sonderbetriebsvermögen des A in das Sonderbetriebsvermögen des B bei der AB-KG führt nicht zur Aufdeckung der stillen Reserven (§ 6 Absatz 5 Satz 3 Nummer 3 EStG), da diese unentgeltlich erfolgt. Die Wirtschaftsgüter sind nun dem Sonderbetriebsvermögen des B zuzurechnen und entsprechende stille Reserven sind dort steuerverstrickt. Gleichwohl werden die Wirtschaftsgüter nicht aus dem Sammelposten 01 im Sonderbetriebsvermögen des A ausgebucht. Dieser wird regulär über 5 Jahre aufgelöst.

Entsprechendes gilt, wenn der Steuerpflichtige von der Regelung des R 14 Absatz 2 EStR 2008 [1] für das übertragene Feldinventar, die stehende Ernte und die nicht zum Verkauf bestimmten Vorräte Gebrauch gemacht hat.

25 Der mit der Sperrfrist des § 6 Absatz 5 Satz 4 EStG verbundene rückwirkende Ansatz des Teilwerts für das veräußerte Wirtschaftsgut wird ausschließlich einheitlich angewendet, d. h. bei einer vorherigen Übertragung auf eine Gesamthand wird der rückwirkende Ansatz des Teilwerts in voller Höhe vorgenommen und nicht nur für den Anteil des Wirtschaftsguts, der auf neue Mitunternehmer der Gesamthand übergegangen ist.

Beispiel 6:

A und B sind zu jeweils 50 % an der landwirtschaftlichen AB-GbR beteiligt. Neben der AB-GbR betreibt A noch ein landwirtschaftliches Einzelunternehmen. A überträgt aus seinem Einzelunternehmen eine Maschine in das Gesamthandsvermögen der AB-GbR. Die Maschine wird nach einem halben Jahr von der AB-GbR an einen fremden Dritten veräußert.

Lösung:

Die Übertragung der Maschine aus dem Einzelunternehmen des A in das Gesamthandsvermögen der AB-GbR erfolgt zunächst nach § 6 Absatz 5 Satz 3 Nummer 1 EStG zum Buchwert. Bei einer Veräußerung innerhalb der dreijährigen Sperrfrist (§ 6 Absatz 5 Satz 4 EStG) muss rückwirkend auf den Tag der Übertragung der Teilwert der Maschine angesetzt werden. Der Entnahmegewinn fällt beim Einzelunternehmen des A an. Der Teilwert ist in voller Höhe rückwirkend anzusetzen und nicht lediglich für den hälftigen Anteil an der Maschine, der durch die Übertragung auch dem B zuzurechnen ist.

26 Ein rückwirkender Ansatz des Teilwerts erfolgt nicht, wenn die bis zur Übertragung entstandenen stillen Reserven durch Erstellung einer Ergänzungsbilanz dem übertragenden Mitunternehmer zugeordnet werden. Hierdurch ist sichergestellt, dass die bis zur Übertragung entstandenen stillen Reserven in der Person des übertragenden Mitunternehmers – wie in Beispiel 6 – versteuert werden.

Trotz Erstellung einer Ergänzungsbilanz ist nach R 6.15 EStR 2008 ein sofortiger (rückwirkender) Ansatz des Teilwerts im Übertragungszeitpunkt vorzunehmen, wenn durch die Übertragung keine Änderung des Anteils des übertragenden Gesellschafters an dem übertragenen Wirtschaftsgut eingetreten ist, aber das Wirtschaftsgut einem anderen Rechtsträger zuzuordnen ist. Dies ist z. B. der Fall, wenn ein Wirtschaftsgut aus einem Betriebsvermögen in das Gesamthandsvermögen einer Mitunternehmerschaft übertragen wird, an deren Vermögen der Übertragende zu 100 % beteiligt ist.

Beispiel 7:

An einer KG ist A zu 100 % und eine GmbH zu 0 % beteiligt. A überträgt aus seinem Einzelunternehmen ein unbebautes Grundstück (Buchwert 100.000 €, Teilwert 500.000 €) in das Gesamthandsvermögen der KG gegen Gewährung von Gesellschaftsrechten. Die KG setzt das unbebaute Grundstück mit dem Teilwert in ihrer Gesamthandsbilanz an; zum Zwecke der Erfolgsneutralität des Vorgangs wird für A eine negative Ergänzungsbilanz mit einem Minderwert des unbebauten Grundstücks von 400.000 € ausgewiesen. Das unbebaute Grundstück wird nach einem Jahr von der KG an einen fremden Dritten veräußert.

---

1) Jetzt R 14 Abs. 2 und 3 EStR 2012.

Zu § 6 EStG **Anlage § 006–09**

Lösung:
Auf den Tag der Übertragung ist der Teilwert des Grundstücks anzusetzen. A versteuert somit – wie auch durch die Erstellung der Ergänzungsbilanz sichergestellt – die bis zur Übertragung entstandenen stillen Reserven (400.000 €). Die Versteuerung erfolgt jedoch nicht erst im Veräußerungs-, sondern schon im Übertragungszeitpunkt. Sofern A § 6b EStG anwenden will, ist somit für die Sechs-Jahres-Frist i. S. d. § 6b Absatz 4 Satz 1 Nummer 2 EStG auf den Übertragungszeitpunkt abzustellen.

Ob die dreijährige Sperrfrist eingehalten worden ist, kann regelmäßig nur das Finanzamt des Übernehmers erkennen. Stellt dieses fest, dass das übertragene Wirtschaftsgut innerhalb der Sperrfrist vom Übernehmer entnommen oder veräußert wurde, muss es dieses Ereignis dem Finanzamt des Übertragenden mitteilen. Dieses Finanzamt muss dann prüfen, ob rückwirkend der Teilwert anzusetzen und deshalb die Steuerfestsetzung nach § 175 Absatz 1 Satz 1 Nummer 2 i. V. m. Absatz 2 Satz 1 AO zu ändern ist. Die entsprechenden Änderungen beim Übernehmer hat das für die Besteuerung zuständige Finanzamt ebenfalls nach § 175 Absatz 1 Satz 1 Nummer 2 AO vorzunehmen, z. B. eine höhere Abschreibungsbemessungsgrundlage für das übertragene Wirtschaftsgut. 27

Beispiel 8:
Im April 06 übertragen die Mitunternehmer A und B jeweils ein Wirtschaftsgut (keine wesentliche Betriebsgrundlage), das sie bis dahin in ihrem jeweiligen Einzelunternehmen genutzt haben, in das Gesamthandsvermögen der AB-OHG. A gibt seine Einkommensteuererklärung für 06 im Mai 07 und B seine Einkommensteuererklärung 06 im Dezember 07 ab. Im September 10 veräußert die AB-OHG, die auf sie im April 06 übertragenen Wirtschaftsgüter.

Lösung:
Für das von A übertragene Wirtschaftsgut ist bei der Veräußerung durch die AB-OHG die Sperrfrist bereits abgelaufen; es verbleibt beim Buchwertansatz zum Übertragungsstichtag. Für das von B übertragene Wirtschaftsgut ist dagegen rückwirkend der Teilwert anzusetzen.

2. Begründung oder Erhöhung eines Anteils einer Körperschaft, Personenvereinigung oder Vermögensmasse an einem Wirtschaftsgut i. S. d. § 6 Absatz 5 Satz 5 EStG

Bei einer Übertragung eines Wirtschaftsguts nach § 6 Absatz 5 Satz 3 Nummer 1 oder 2 EStG aus dem (Sonder-)Betriebsvermögen des Mitunternehmers in das Gesamthandsvermögen einer Mitunternehmerschaft, an der vermögensmäßig auch eine Körperschaft, Personenvereinigung oder Vermögensmasse beteiligt ist, ist der Teilwert anzusetzen, soweit der vermögensmäßige Anteil einer Körperschaft, Personenvereinigung oder Vermögensmasse an dem Wirtschaftsgut unmittelbar oder mittelbar begründet wird oder sich erhöht (§ 6 Absatz 5 Satz 5 EStG). Auch die Erstellung einer Ergänzungsbilanz ändert an den Rechtsfolgen des § 6 Absatz 5 Satz 5 EStG nichts. 28

Beispiel 9:
A und die B-GmbH sind zu jeweils 50 % vermögensmäßig an der AB-OHG beteiligt. In seinem Einzelunternehmen hat A einen PKW mit einem Buchwert von 1.000 €. Der Teilwert des PKW beträgt 10.000 €. A überträgt den PKW unentgeltlich in das Gesamthandsvermögen der AB-OHG. A ist nicht Gesellschafter der B-GmbH und auch keine nahe stehende Person.

Lösung:
Grundsätzlich ist bei einer Übertragung von Wirtschaftsgütern nach § 6 Absatz 5 Satz 3 Nummer 1 EStG aus einem Betriebsvermögen eines Mitunternehmers in das Gesamthandsvermögen einer Mitunternehmerschaft die Buchwertverknüpfung vorgeschrieben. Durch die Beteiligung der B-GmbH an der AB-OHG gehen 50 % der stillen Reserven des PKW auf die B-GmbH über. Aus diesem Grund muss nach § 6 Absatz 5 Satz 5 EStG der hälftige Teilwert i. H. v. 5.000 € angesetzt werden, da ein Anteil der B-GmbH am übertragenen PKW von 50 % begründet wird. Die AB-OHG muss den PKW mit 5.500 € (5.000 € zzgl. 50 % des Buchwerts i. H. v. 500 €) im Gesamthandsvermögen bilanzieren. Im Einzelunternehmen des A entsteht ein anteiliger Gewinn aus der Übertragung des PKW i. H. v. 4.500 € (5.000 € abzgl. 50 % des Buchwerts = 500 €).

Ist eine Körperschaft, Personenvereinigung oder Vermögensmasse zu 100 % vermögensmäßig am Gesamthandsvermögen einer Mitunternehmerschaft beteiligt, ist die Übertragung eines Wirtschaftsguts aus dem (Sonder-)Betriebsvermögen dieser Körperschaft, Personenvereinigung oder Vermögensmasse in das Gesamthandsvermögen der Mitunternehmerschaft oder umgekehrt zwingend nach § 6 Absatz 5 Satz 3 Nummer 1 oder 2 EStG zum Buchwert vorzunehmen, da ihr vermögensmäßiger Anteil an dem Wirtschaftsgut weder begründet wird noch sich erhöht. Gleiches gilt, wenn eine Körperschaft, Personenvereinigung oder Vermögensmasse nicht am Vermögen der Mitunternehmerschaft beteiligt ist, auf die das Wirtschaftsgut übertragen wird. In beiden Fällen findet § 6 Absatz 5 Satz 5 EStG keine Anwendung. 29

1283

Anlage § 006–09

Zu § 6 EStG

Beispiel 10:

A ist als Kommanditist vermögensmäßig alleine an der B-GmbH & Co. KG beteiligt. Die B-GmbH ist als Komplementärin vermögensmäßig nicht an der B-GmbH & Co. KG beteiligt. In seinem Einzelunternehmen hat A einen PKW mit einem Buchwert von 1.000 €. Der Teilwert des PKW beträgt 10.000 €. A überträgt den PKW unentgeltlich in das Gesamthandsvermögen der KG.

Lösung:

Grundsätzlich ist bei einer Übertragung von Wirtschaftsgütern nach § 6 Absatz 5 Satz 3 Nummer 1 EStG aus einem Betriebsvermögen eines Mitunternehmers in das Gesamthandsvermögen einer Mitunternehmerschaft die Buchwertverknüpfung vorgeschrieben. Da die B-GmbH an der B-GmbH & Co. KG vermögensmäßig nicht beteiligt ist, gehen hier – anders als in Beispiel 9 – auch keine stillen Reserven des PKW auf die B-GmbH über, denn wirtschaftlich gesehen ist der PKW sowohl vor als auch nach der Übertragung allein dem A zuzurechnen. Aus diesem Grund müssen bei der Übertragung des PKW keine stillen Reserven nach § 6 Absatz 5 Satz 5 EStG aufgedeckt werden.

30 § 6 Absatz 5 Satz 5 EStG findet auch dann keine Anwendung, wenn sowohl eine natürliche Person als auch eine Körperschaft, Personenvereinigung oder Vermögensmasse vermögensmäßig am Gesamthandsvermögen einer Mitunternehmerschaft beteiligt sind und sich durch die Übertragung der ideelle Anteil der Körperschaft, Personenvereinigung oder Vermögensmasse am Wirtschaftsgut verringert.

Beispiel 11:

A und die B-GmbH sind im Verhältnis 2:1 an der AB-OHG beteiligt. Zum Gesamthandsvermögen der OHG gehört ein PKW (Buchwert 1.000 €, Teilwert 10.000 €). Gegen Minderung von Gesellschaftsrechten überträgt die OHG den PKW in das Einzelunternehmen des A.

Lösung:

Bei der Übertragung des PKW aus dem Gesamthandsvermögen der OHG in das Betriebsvermögen des A ist nach § 6 Absatz 5 Satz 3 Nummer 1 EStG die Buchwertverknüpfung vorgeschrieben, sofern die Besteuerung der stillen Reserven bei A sichergestellt ist. § 6 Absatz 5 Satz 5 EStG ist nicht einschlägig, da der Anteil der B-GmbH am PKW nicht begründet oder erhöht wird, sondern sich verringert.

31 Ist eine Körperschaft, Personenvereinigung oder Vermögensmasse zu weniger als 100 % vermögensmäßig am Gesamthandsvermögen einer Mitunternehmerschaft beteiligt, ist die Übertragung eines Wirtschaftsguts aus dem (Sonder-)Betriebsvermögen einer anderen beteiligten Körperschaft, Personenvereinigung oder Vermögensmasse in das Gesamthandsvermögen der Mitunternehmerschaft zwingend nach § 6 Absatz 5 Satz 3 Nummer 1 oder 2 EStG zum Buchwert vorzunehmen, allerdings beschränkt auf den der übertragenden Kapitalgesellschaft, Personenvereinigung oder Vermögensmasse nach der Übertragung mittelbar zuzurechnenden Anteil am Wirtschaftsgut. Die Übertragung eines Wirtschaftsguts aus dem Sonderbetriebsvermögen einer Körperschaft, Personenvereinigung oder Vermögensmasse in das Sonderbetriebsvermögen einer anderen Körperschaft, Personenvereinigung oder Vermögensmasse bei derselben Mitunternehmerschaft nach § 6 Absatz 5 Satz 3 Nummer 3 EStG erfolgt unter Beachtung des § 6 Absatz 5 Satz 5 EStG stets zum Teilwert.

Beispiel 12:

Die A-GmbH ist Komplementärin und die B-GmbH ist Kommanditistin der X-GmbH & Co. KG. Die A-GmbH ist am Vermögen der KG zu 90 % und die B-GmbH zu 10 % beteiligt. Nun überträgt die A-GmbH einen PKW aus ihrem Betriebsvermögen in das Gesamthandsvermögen der KG.

Lösung

Der PKW kann nur i. H. v. 90 % zum Buchwert nach § 6 Absatz 5 Satz 3 Nummer 1 EStG in das Gesamthandsvermögen der KG übertragen werden, da der übertragenden A-GmbH der PKW nur insoweit weiterhin mittelbar zugerechnet wird. Hinsichtlich des 10 %igen Anteils am PKW, der auf die B-GmbH entfällt, sind die stillen Reserven aufzudecken, da insoweit ein 10 %iger Anteil an dem PKW für die B-GmbH neu begründet wird (§ 6 Absatz 5 Satz 5 EStG).

Abwandlung Beispiel 12:

Die A-GmbH ist Komplementärin und B (natürliche Person) ist Kommanditist der X-GmbH & Co. KG. Die A-GmbH ist am Vermögen der KG zu 90 % und B zu 10 % beteiligt.

Lösung:

Der PKW kann insgesamt zum Buchwert nach § 6 Absatz 5 Satz 3 Nummer 1 EStG in das Gesamthandsvermögen der KG übertragen werden. Der übertragenden A-GmbH wird der PKW weiterhin zu 90 % zugerechnet. Somit wird der vermögensmäßige Anteil der A-GmbH an dem Wirtschaftsgut nicht unmittelbar oder mittelbar begründet oder erhöht. Hinsichtlich des 10 %igen Anteils am PKW, der auf B entfällt, sind ebenfalls nicht die stillen Reserven aufzudecken, da insoweit ein (mittelbarer) Anteil einer natürlichen Person begründet wird.

Ist der Gesellschafter der Körperschaft gleichzeitig Mitunternehmer der Mitunternehmerschaft und wird ein Wirtschaftsgut von der Körperschaft in das Gesamthandsvermögen der Mitunternehmerschaft übertragen, können die Regelungen zur verdeckten Gewinnausschüttung Anwendung finden.

3. Sperrfrist bei Umwandlungsvorgängen (§ 6 Absatz 5 Satz 4 und 6 EStG)

Eine Veräußerung innerhalb der Sperrfrist ist z. B. auch eine Umwandlung oder eine Einbringung i. S. d. UmwStG unabhängig davon, ob die Buchwerte, gemeinen Werte oder Zwischenwerte angesetzt werden, wenn zu dem eingebrachten Betriebsvermögen ein Wirtschaftsgut gehört, für das noch die Sperrfrist nach § 6 Absatz 5 Satz 4 EStG läuft.

Die zwingende Buchwertverknüpfung bei der Übertragung von Wirtschaftsgütern wird innerhalb einer Sperrfrist von sieben Jahren nach § 6 Absatz 5 Satz 6 EStG rückwirkend versagt, wenn innerhalb dieser Frist ein Anteil einer Körperschaft, Personenvereinigung oder Vermögensmasse an dem übertragenen Wirtschaftsgut unmittelbar oder mittelbar begründet wird oder sich erhöht. Diese Regelung gilt insbesondere in Umwandlungsfällen (z. B. in den Fällen der §§ 20, 25 UmwStG) oder auch – vorbehaltlich der Rdnr. 29 – bei Anwachsung des Vermögens auf eine Körperschaft, Personenvereinigung oder Vermögensmasse.

Für die Überwachung der siebenjährigen Sperrfrist gelten die Ausführungen zu Rdnr. 27 entsprechend.

IV. Verhältnis von § 6 Absatz 5 EStG zu anderen Vorschriften

Die Buchwertverknüpfung des § 6 Absatz 5 EStG steht bei Überführungen oder Übertragungen von Wirtschaftsgütern in Konkurrenz zu anderen steuerrechtlichen Vorschriften:

1. Fortführung des Unternehmens (§ 6 Absatz 3 EStG)

Scheidet ein Mitunternehmer aus der Mitunternehmerschaft aus und überträgt er zu Lebzeiten oder durch Tod seinen gesamten Mitunternehmeranteil auf eine oder mehrere natürliche Personen unentgeltlich, so sind nach § 6 Absatz 3 EStG die Buchwerte fortzuführen (vgl. im Weiteren BMF-Schreiben vom 3. März 2005 – BStBl. I S. 458 – unter Berücksichtigung der Änderungen durch das BMF-Schreiben vom 7. Dezember 2006 – BStBl. I S. 766). Der Rechtsnachfolger tritt in die steuerliche Rechtsstellung des Rechtsvorgängers ein (Gesamtrechtsnachfolge), dies gilt insbesondere für die Sperrfristen des § 6 Absatz 5 Satz 4 EStG.

2. Realteilung

Eine Realteilung einer Mitunternehmerschaft nach § 16 Absatz 3 Satz 2 EStG liegt vor, wenn die bisherige Mitunternehmerschaft beendet wird und zumindest ein Mitunternehmer den ihm zugeteilten Teilbetrieb, Mitunternehmeranteil oder die ihm zugeteilten Einzelwirtschaftsgüter als Betriebsvermögen fortführt. Insoweit sind die Buchwerte fortzuführen (vgl. auch BMF-Schreiben vom 28. Februar 2006 – BStBl. I S. 228).[1] Scheidet ein Mitunternehmer aus einer bestehenden Mitunternehmerschaft aus und wird diese von den verbleibenden Mitunternehmern unverändert fortgeführt, liegt kein Fall der Realteilung vor (BFH-Urteil vom 10. März 1998 – BStBl. 1999 II S. 269). Die Realteilung, bei der unschädlich zusammen mit Einzelwirtschaftsgütern auch Verbindlichkeiten übertragen werden können, hat Vorrang vor der Regelung des § 6 Absatz 5 EStG.

3. Veräußerung

Bei einer teilentgeltlichen oder vollentgeltlichen Veräußerung des Wirtschaftsguts kommt es zur anteiligen oder zur vollumfänglichen Aufdeckung der stillen Reserven des Wirtschaftsguts, insoweit findet § 6 Absatz 5 EStG keine Anwendung (sog. „Trennungstheorie" – vgl. Rdnr. 15).

4. Tausch

Der Anwendungsbereich des § 6 Absatz 5 Satz 3 EStG geht den allgemeinen Regelungen zur Gewinnrealisierung bei Tauschvorgängen nach § 6 Absatz 6 EStG vor.

V. Zeitliche Anwendung

Dieses Schreiben ist in allen noch offenen Fällen anzuwenden.

---

1) Siehe Anlage § 016-10.

Anlage § 006–10

Zu § 6 EStG

Rechtsprechung des BVerfG zur Absenkung der Beteiligungsgrenze des § 17 EStG: Auswirkungen auf Einlagen und Einbringungen von Beteiligungen

– BdF-Schreiben vom 21.12.2011 – IV C 6 – S 2178/11/10001, 2011/0939512 (BStBl. 2012 I S. 42) –

Das Bundesverfassungsgericht (BVerfG) hat mit Beschluss vom 7. Juli 2010 (BStBl. 2011 II S. 86) entschieden, dass § 17 Absatz 1 Satz 4 in Verbindung mit § 52 Absatz 1 Satz 1 EStG in der Fassung des Steuerentlastungsgesetzes 1999/2000/2002 (StEntlG 1999/2000/2002) vom 24. März 1999 (BGBl. I S. 402) gegen die verfassungsrechtlichen Grundsätze des Vertrauensschutzes verstößt und nichtig ist, soweit in einem Veräußerungsgewinn Wertsteigerungen steuerlich erfasst werden, die bis zur Verkündung des StEntlG 1999/2000/2002 am 31. März 1999 entstanden sind und die entweder – bei einer Veräußerung bis zu diesem Zeitpunkt – nach der zuvor geltenden Rechtslage steuerfrei realisiert worden sind oder – bei einer Veräußerung nach Verkündung des Gesetzes – sowohl zum Zeitpunkt der Verkündung als auch zum Zeitpunkt der Veräußerung nach der zuvor geltenden Rechtslage steuerfrei hätten realisiert werden können. Das BVerfG begründet seine Entscheidung damit, dass insoweit bereits eine konkrete Vermögensposition entstanden sei, die durch die rückwirkende Absenkung der Beteiligungsgrenze nachträglich entwertet werde. Das führe zu einer unzulässigen Ungleichbehandlung im Vergleich zu Anteilseignern, die ihre Anteile noch bis Ende 1998 verkauft hatten, da diese den Gewinn noch steuerfrei vereinnahmen konnten. Dies sei unter dem Gesichtspunkt der Lastengleichheit nicht zulässig.

Soweit sich der steuerliche Zugriff auf die erst nach der Verkündung der Neuregelung eintretenden Wertsteigerungen beschränke, begegne dies unter Gesichtspunkten des Vertrauensschutzes jedoch keinen verfassungsrechtlichen Bedenken, auch wenn sie bislang steuerfrei gewesen wären. Zwar könne der Erwerb einer Beteiligung in einer bestimmten Höhe maßgeblich von der Erwartung bestimmt sein, etwaige Wertsteigerungen steuerfrei realisieren zu können. Die bloße Möglichkeit, Gewinne später steuerfrei vereinnahmen zu können, begründe aber keine rechtlich geschützte Vertrauensposition, weil damit im Zeitpunkt des Erwerbs nicht sicher gerechnet werden könne.

Zur Anwendung der Grundsätze dieser Entscheidung auf Fälle des § 17 EStG hat die Finanzverwaltung mit BMF-Schreiben vom 20. Dezember 2010 (BStBl. 2011 I S. 16)[1] Stellung genommen.

Im Einvernehmen mit den obersten Finanzbehörden der Länder sind die Grundsätze dieser Entscheidung des BVerfG auch auf

- die Fälle von Einlagen nach § 6 Absatz 1 Nummer 5 Satz 1 Buchstabe b EStG und
- Einbringungen nach § 22 Absatz 1 Satz 5 i. V. m. Absatz 2 UmwStG

entsprechend anzuwenden, in denen es über den Ansatz der originären Anschaffungskosten zur Erfassung des bis zum 31. März 1999 eingetretenen nicht steuerbaren Wertzuwachses kommt.

A. Einlage nach § 6 Absatz 1 Nummer 5 Satz 1 Buchstabe b EStG

Einlagen von Beteiligungen i. S. v. § 17 EStG in ein Betriebsvermögen sind nach § 6 Absatz 1 Nummer 5 Satz 1 Buchstabe b EStG mit den Anschaffungskosten zu bewerten.

Die Grundsätze der Entscheidung des BVerfG sind erst im Zeitpunkt der Veräußerung durch außerbilanzielle Korrektur des Gewinns aus der Veräußerung der Beteiligung entsprechend den nachfolgenden Grundsätzen anzuwenden.

I. Veräußerung von Beteiligungen an Kapitalgesellschaften i. S. v. § 17 Absatz 1 oder 6 EStG nach dem 31. März 1999 ohne zwischenzeitliche Teilwertabschreibungen nach dem Zeitpunkt der Einlage

Für die Veräußerung von im Betriebsvermögen gehaltenen Anteilen an Kapitalgesellschaften mit einer Beteiligungshöhe von mind. 10 % und höchstens 25 %, die vor dem 1. April 1999 angeschafft wurden und nach dem 31. Dezember 1998 nach § 6 Absatz 1 Nummer 5 Satz 1 Buchstabe b EStG zu Anschaffungskosten in das Betriebsvermögen eingelegt wurden und zwischenzeitlich keine Teilwertabschreibungen auf diese Beteiligung vorgenommen wurde, gilt, soweit der Teilwert am 31. März 1999 über den Anschaffungskosten lag, Folgendes:

1. Ermittlung des steuerbaren Gewinns

Der Gewinn aus der Veräußerung der Anteile ist insoweit nicht steuerbar, als er auf den im Privatvermögen entstandenen Wertzuwachs bis zum 31. März 1999 entfällt. Der Gewinn aus der Veräußerung der Anteile ist außerbilanziell um den Unterschiedsbetrag zwischen dem erzielten Gewinn und dem Gewinn zu kürzen, der sich ergibt, wenn die Einlage abweichend von § 6 Absatz 1 Nummer 5 Satz 1 Buchstabe b

---
[1] Siehe Anlage § 017-09

Zu § 6 EStG

Anlage § 006–10

EStG mit dem die Anschaffungskosten übersteigenden Teilwert der veräußerten Anteile zum 31. März 1999 bewertet worden wäre. Die Kürzung darf jedoch nicht zur Entstehung eines Veräußerungsverlustes führen. Die Veräußerungskosten sind nur im Regelfall anteilig, soweit sie proportional auf den steuerbaren Wertzuwachs entfallen, zu berücksichtigen. Soweit es sich um börsennotierte Anteile an Kapitalgesellschaften handelt, ist der höchste an einer deutschen Börse notierte Börsenschlusskurs vom 31. März 1999 maßgebend. Liegt für den 31. März 1999 keine Notierung vor, ist der letzte innerhalb von 30 Tagen im regulierten Markt notierte Kurs anzusetzen. Soweit es sich nicht um börsennotierte Anteile handelt, vgl. Aussagen unter a) -c).

Beispiel

A hielt seit 1990 eine 10 %ige Beteiligung an der A-GmbH (AK umgerechnet 100.000 €) im Privatvermögen. Er legte diese Beteiligung am 1. Oktober 2005 nach § 6 Absatz 1 Nummer 5 Satz 1 Buchstabe b EStG mit den Anschaffungskosten in das Betriebsvermögen seines Einzelunternehmens ein. Er veräußerte die Beteiligung am 2. August 2010 für 1.000.000 €. Der Wert der Beteiligung belief sich am 31. März 1999 auf umgerechnet 500.000 €.

Die beim Verkauf realisierten stillen Reserven (900.000 €) dürfen nur besteuert werden, soweit sie nach dem 31. März 1999 entstanden sind. Es dürfen im VZ 2010 daher nur 500.000 € (1.000.000 € (Veräußerungspreis) abzüglich 500.000 € (Wert der Beteiligung zum 31. März 1999)) im Rahmen des Gewinns des Einzelunternehmens besteuert werden. Der steuerbare Gewinn aus der Veräußerung der Beteiligung i. H. v. 500.000 € ist unter Berücksichtigung des Teileinkünfteverfahrens (§ 3 Nummer 40 Satz 1 Buchstabe a EStG) zu 60 % (= 300.000 €) steuerpflichtig.

a) Vereinfachungsregelung zur Ermittlung des steuerbaren Anteils des Gewinns aus der Veräußerung

Aus Vereinfachungsgründen ist der Umfang des steuerbaren Anteils des Gewinns der veräußerten Anteile regelmäßig entsprechend dem Verhältnis der Besitzzeit nach dem 31. März 1999 im Vergleich zur Gesamthaltedauer zeitanteilig linear (monatsweise) zu ermitteln. Angefangene Monate werden bei der Ermittlung der Gesamtbesitzzeit aufgerundet und bei der Ermittlung der steuerbaren Besitzzeit (1. April 1999 bis Veräußerungsdatum) abgerundet. Die Veräußerungskosten sind zeitanteilig, entsprechend dem Verhältnis der Gesamtbesitzzeit der Anteile zur Besitzzeit zwischen dem 1. April 1999 und der Veräußerung, der steuerbaren Besitzzeit zuzuordnen.

Beispiel

A hat am 15. Januar 1997 Anteile i. H. v. 20 % an der C-GmbH erworben (AK umgerechnet 100.000 €), die er am 31. Dezember 2000 nach § 6 Absatz 1 Nummer 5 Satz 1 Buchstabe b EStG mit den Anschaffungskosten in das Betriebsvermögen seines Einzelunternehmens eingelegt hat. Am 3. August 2009 veräußerte A die Anteile für 500.000 €.

Die Gesamtbesitzzeit für die Anteile an der C-GmbH beträgt 150 volle und einen angefangenen Monat (= aufgerundet 151 Monate). Auf den Zeitraum 31. März 1999 bis 3. August 2009 entfallen 124 volle Monate und 1 angefangener Monat (= abgerundet 124 Monate). Der Wertzuwachs von 400.000 € für die Anteile an der C-GmbH ist zu einem Anteil von 124/151 = 328.476 € steuerbar. Der Gewinn des Einzelunternehmens ist daher um 71.524 € außerbilanziell zu kürzen. Unter Berücksichtigung des Teileinkünfteverfahrens beträgt der steuerpflichtige Gewinn aus der Veräußerung der Anteile im Jahr 2009 (328.476 € x 60 % =) 197.085 €.

b) Abweichende Aufteilung zugunsten des Steuerpflichtigen

Abweichend davon findet die Vereinfachungsregelung auf Antrag des Steuerpflichtigen keine Anwendung, wenn dieser einen tatsächlich höheren Wertzuwachs für das Zeitraum zwischen dem Erwerb der Anteile und dem Zeitpunkt der Verkündung des StEntlG 1999/2000/2002 in geeigneter Weise (z. B. durch Gutachten oder anhand von tatsächlichen Veräußerungen in zeitlicher Nähe zum 31. März 1999) nachweist.

War der Teilwert der Anteile bis zum 31. März 1999 über die Anschaffungskosten gestiegen und ist danach wieder gesunken, ohne dabei unter die Anschaffungskosten zu fallen, ist der Veräußerungsgewinn außerbilanziell auf 0 € zu kürzen, weil die Wertsteigerung bis zum 31. März 1999 realisiert wurde. Ein Verlust ist nicht zu berücksichtigen.

c) Abweichende Aufteilung zuungunsten des Steuerpflichtigen

Sofern im Einzelfall die grundsätzlich durchzuführende zeitanteilig lineare Aufteilung des Wertzuwachses zu offensichtlichen Widersprüchen zu den tatsächlichen Wertverhältnissen führt und klare, nachweisbare Anhaltspunkte für eine wesentliche – den linear ermittelten steuerbaren Wertzuwachs übersteigende – Wertsteigerung für den Zeitraum zwischen dem 31. März 1999 und dem Ver-

Anlage § 006–10

Zu § 6 EStG

äußerungszeitpunkt vorliegen, kann die Finanzverwaltung abweichend von der Vereinfachungsregelung eine andere – im Einzelfall sachgerechtere – Aufteilung des Wertzuwachses auch zuungunsten des Steuerpflichtigen durchführen.

2. Verluste aus der Veräußerung von Anteilen an Kapitalgesellschaften

Soweit Anteile an Kapitalgesellschaften mit Verlust veräußert werden (bezogen auf die gesamte Besitzzeit), findet der Beschluss des BVerfG vom 7. Juli 2010 (a. a. O.) keine Anwendung. Bei der Ermittlung des Verlustes aus der Veräußerung sind daher die ursprünglichen Anschaffungskosten zu berücksichtigen (§ 6 Absatz 1 Nummer 5 Satz 1 Buchstabe b EStG). Der Verlust ist ohne zeitanteilig lineare Aufteilung unter Beachtung von § 3 Nummer 40 Satz 1 Buchstabe a i. V. m. § 3c Absatz 2 EStG bei der Ermittlung des Gewinns des Betriebs zu berücksichtigen.

Beispiel

A war seit 1990 zu 10 % an der C-GmbH (AK umgerechnet 100.000 €) beteiligt. Am 31. März 1999 belief sich der Wert seiner Anteile auf umgerechnet 60.000 €. A legte die Beteiligung am 10. Januar 2005 zu Anschaffungskosten in das Betriebsvermögen seines Einzelunternehmens ein. Am 2. August 2010 veräußerte A seine Anteile für 50.000 €.

Aus dem Verkauf entsteht ein Verlust i. H. v. 50.000 €, der im Teileinkünfteverfahren (§ 3 Nummer 40 Satz 1 Buchstabe a EStG i. V. m. § 3c Absatz 2 EStG) mit 60 % (30.000 €) abzugsfähig ist.

Dies gilt auch, wenn bis zum 31. März 1999 eine Werterhöhung eingetreten ist.

3. Veräußerung von Anteilen an Kapitalgesellschaften im Rahmen einer Betriebsveräußerung oder -aufgabe i. S. v. § 16 EStG

Werden im Rahmen einer Betriebsveräußerung im Ganzen Anteile an Kapitalgesellschaften veräußert, auf die der Beschluss des BVerfG anzuwenden ist, ist der gemeine Wert der Beteiligung zum Zeitpunkt der Betriebsveräußerung separat – ggf. im Schätzungswege – zu ermitteln. Der Veräußerungsgewinn nach § 16 EStG ist nach Maßgabe der Ausführungen unter 1. ggf. zu kürzen.

Werden im Rahmen einer Betriebsaufgabe Anteile an Kapitalgesellschaften ins Privatvermögen überführt, auf die der Beschluss des BVerfG anzuwenden ist, ist der gemeine Wert der Beteiligung zum Zeitpunkt der Betriebsaufgabe separat – ggf. im Schätzungswege – zu ermitteln. Der Aufgabegewinn nach § 16 EStG ist nach Maßgabe der Ausführungen unter 1. ggf. zu kürzen.

Werden im Rahmen einer Betriebsaufgabe Anteile an Kapitalgesellschaften veräußert, auf die der Beschluss des BVerfG anzuwenden ist, ist der Aufgabegewinn nach § 16 EStG nach Maßgabe der Ausführungen unter 1. unter Berücksichtigung des tatsächlich erzielten Veräußerungspreises ggf. zu kürzen.

II. Veräußerung von Beteiligungen an Kapitalgesellschaften i. S. v. § 17 Absatz 1 oder 6 EStG nach dem 31. März 1999 mit zwischenzeitlichen Teilwertabschreibungen und/oder Wertaufholungen nach dem Zeitpunkt der Einlage

1. Wertminderungen bis zum 31. März 1999

Wertminderungen, die bis zum 31. März 1999 eingetreten sind, jedoch nach diesem Zeitpunkt wieder aufgeholt wurden, bleiben – unabhängig davon, ob sie im Zeitpunkt der Einlage noch oder nicht bestanden – ohne steuerliche Auswirkung. Der Beschluss des BVerfG vom 7. Juli 2010 (a. a. O.) ist nicht dahingehend zu interpretieren, dass bis zum 31. März 1999 eingetretene Wertminderungen den späteren Veräußerungsgewinn erhöhen. H 17 (8) EStH (Einlage einer wertgeminderten Beteiligung) bleibt unberührt. Der Beschluss betrifft ausdrücklich nur die bis zum 31. März 1999 eingetretene Wertsteigerung als verfassungsrechtlich geschützte Vermögensposition. Einer außerbilanziellen Korrektur des Gewinns bedarf es nicht. Bei der Ermittlung des Gewinns aus der Veräußerung der Anteile ist der Einlagewert (= ursprüngliche Anschaffungskosten) zu berücksichtigen. R 17 Absatz 8 EStR 2008 ist überholt und damit nicht anzuwenden.

Beispiel

A war seit 1990 zu 10 % an der C-GmbH (AK umgerechnet 100.000 €) beteiligt. Am 31. März 1999 belief sich der Wert seiner Anteile auf umgerechnet 60.000 €. A legte die Beteiligung am 31. Dezember 2009 nach § 6 Absatz 1 Nummer 5 Satz 1 Buchstabe b EStG i. V. m. H 17 (8) (Einlage einer wertgeminderten Beteiligung) zu Anschaffungskosten in das Betriebsvermögen seines Einzelunternehmens ein. Am 2. August 2010 veräußerte A seine Anteile für 300.000 €.

Aus dem Verkauf der Anteile entsteht ein Gewinn von 200.000 €, der unter Berücksichtigung des Teileinkünfteverfahrens (§ 3 Nummer 40 Satz 1 Buchstabe a EStG i. V. m. § 3c Absatz 2 EStG) zu 60 % (= 120.000 €) steuerpflichtig ist.

2. Wertminderungen nach dem 31. März 1999

War der Teilwert der Anteile bis zum 31. März 1999 über die Anschaffungskosten gestiegen und wurde später aufgrund einer dauerhaften Wertminderung eine Teilwertabschreibung vorgenommen, ist der Gewinn aus der Veräußerung der Anteile (Veräußerungspreis abzgl. Buchwert der Anteile) um den Unterschiedsbetrag zwischen dem Teilwert am 31. März 1999 (ggf. Ermittlung des Teilwerts unter Berücksichtigung der Vereinfachungsregelung unter I.l.a) und den Anschaffungskosten zu kürzen. Die Kürzung darf nicht zur Entstehung eines Veräußerungsverlustes führen.

Gleiches gilt in den Fällen, in denen die Teilwertabschreibung durch spätere Wertaufholungen teilweise wieder rückgängig gemacht wurde.

B. Umwandlung

Die oben unter A.I.1. genannten Grundsätze sind in den Fällen des § 22 Absatz 1 Satz 5 i. V. m. Absatz 2 UmwStG (Einbringungsgewinn II aufgrund der späteren Veräußerung der im Rahmen einer Betriebseinbringung miteingebrachten von dem o. g. Beschluss des BVerfG betroffenen Anteile durch die aufnehmende Kapitalgesellschaft) analog anzuwenden.

Fand der Anteilstausch in eine Kapitalgesellschaft nach Maßgabe des UmwStG a. F. (bis 12. Dezember 2006) statt, muss die aufnehmende Kapitalgesellschaft den Gewinn aus der Veräußerung der eingebrachten Anteile innerhalb der siebenjährigen Sperrfrist des alten Rechts nach § 8b Absatz 4 Satz 1 Nummer 2 KStG a. F. in voller Höhe versteuern, wenn die Anteile von einer natürlichen Person eingebracht wurden (§ 34 Absatz 7a KStG). Auch in diesen Fällen sind die unter A. I. 1 genannten Grundsätze analog anzuwenden.

C. Absenkung der Beteiligungsgrenze auf mind. 1 % durch das StSenkG vom 23. Oktober 2000 (BGBl. I S. 1435 vom 26. Oktober 2000, BStBl. I S. 1428)

Die unter A. dargestellten Grundsätze sind entsprechend anzuwenden. Maßgeblicher Stichtag ist der 26. Oktober 2000 (Tag der Verkündung des StSenkG im BGBl.).

D. Anwendungsregelung

Dieses Schreiben ist auf alle noch offenen Fälle anzuwenden.

Anlage § 006–11

Zu § 6 EStG

Zweifelsfragen zu § 6 Abs. 3 im Zusammenhang mit der unentgeltlichen Übertragung von Mitunternehmeranteilen mit Sonderbetriebsvermögen sowie Anteilen von Mitunternehmeranteilen mit Sonderbetriebsvermögen

– BdF-Schreiben vom 3.3.2005 – IV B 2 – S 2241 – 14/05 (BStBl. I S. 458) – unter Berücksichtigung der Änderungen durch das BMF-Schreiben vom 7.12.2006 – IV B2 – S 2241 – 53/06 (BStBl. I S. 766) –

Unter Bezugnahme auf das Ergebnis der Erörterung mit den obersten Finanzbehörden der Länder nehme ich zu Zweifelsfragen im Zusammenhang mit der unentgeltlichen Übertragung eines Mitunternehmeranteils und eines Teils eines Mitunternehmeranteils bei vorhandenem Sonderbetriebsvermögen sowie der unentgeltlichen Aufnahme in ein Einzelunternehmen wie folgt Stellung:

A. Persönlicher Anwendungsbereich

1 Übertragender und Aufnehmender können natürliche Personen, Mitunternehmerschaften und Kapitalgesellschaften sein. In den Fällen der Übertragung von Teilen eines Mitunternehmeranteils sowie der unentgeltlichen Aufnahme in ein Einzelunternehmen nach § 6 Abs. 3 Satz 1 2. HS und Satz 2 EStG ist die Übertragung nur auf natürliche Personen zulässig.

2 Bei unentgeltlichen Übertragungen von einer oder auf eine Kapitalgesellschaft gehen jedoch die Regelungen zur verdeckten Gewinnausschüttung i. S. d. § 8 Abs. 3 KStG oder der verdeckten Einlage vor (BFH-Urteil vom 18.12.1990, BStBl. 1991 II S. 512).[1] Handelt es sich bei der unentgeltlichen Übertragung eines Mitunternehmeranteils oder eines Teils eines Mitunternehmeranteils um eine verdeckte Einlage (z.B. bei der Übertragung auf eine GmbH, an der der Übertragende beteiligt ist), greifen die Regelungen über die Betriebsaufgabe ein (BFH-Urteil vom 24. August 2000 – BStBl. 2005 S. 173).[2] In Fällen der verdeckten Einlage eines Teils eines Mitunternehmeranteils ist § 16 Abs. 1 Satz 2 EStG zu beachten.

Beispiel 1:
A überträgt seinen Mitunternehmeranteil unentgeltlich auf eine steuerbefreite Körperschaft (z.B. Stiftung), zu der keine gesellschaftsrechtlichen Verbindungen bestehen.
Der übertragende A realisiert keinen Gewinn, da die Wirtschaftsgüter mit den Buchwerten anzusetzen sind (§ 6 Abs. 3 Satz 1 EStG). Bei der übernehmenden Körperschaft kommt es unter Anwendung des § 8 Abs. 1 KStG, § 6 Abs. 3 Satz 3 EStG zu einer Buchwertfortführung.

Beispiel 2:
A überträgt seinen Mitunternehmeranteil im Rahmen einer verdeckten Einlage unentgeltlich auf die A-GmbH, deren Gesellschafter er ist.
Der Übertragungsvorgang führt zur Aufdeckung der stillen Reserven (ggf. nach §§ 16, 34 EStG begünstigt). Die Anschaffungskosten der GmbH-Beteiligung erhöhen sich bei A um den Wert des Mitunternehmeranteils.

B. Sachlicher Anwendungsbereich

3 Der Mitunternehmeranteil eines Gesellschafters umfasst sowohl den Anteil am Gesamthandsvermögen als auch das dem einzelnen Mitunternehmer zuzurechnende Sonderbetriebsvermögen (BFH-Urteil vom 12. April 2000 – BStBl. 2001 II S. 26). Im Rahmen des § 6 Abs. 3 EStG kommt nur die funktionale Betrachtung zur Anwendung. Funktional wesentlich können nur solche Wirtschaftsgüter sein, die für die Funktion des Betriebes von Bedeutung sind; auf das Vorhandensein erheblicher stiller Reserven kommt es nicht an.

I. Übertragung des gesamten Mitunternehmeranteils (§ 6 Abs. 3 Satz 1 1. Halbsatz EStG)

1. Übertragung von funktional wesentlichem Sonderbetriebsvermögen

4 Wird der gesamte Anteil des Mitunternehmers an der Gesellschaft übertragen, setzt § 6 Abs. 3 Satz 1 EStG voraus, dass neben dem Anteil am Gesamthandsvermögen auch sämtliche Wirtschaftsgüter des Sonderbetriebsvermögens, die für die Funktion des Betriebes von Bedeutung sind (im folgenden funktional wesentliches Sonderbetriebsvermögen genannt), übertragen werden.

5 Wird anlässlich der Übertragung des Anteils am Gesamthandsvermögen funktional wesentliches Sonderbetriebsvermögen zurückbehalten und in das Privatvermögen des Übertragenden überführt, ist eine

---

1) Bestätigt durch BFH vom 20.7.2005 (BStBl. 2006 II S. 457).
2) Bestätigt in Bezug auf eine das gesamte Nennkapital umfassende Beteiligung an einer Kapitalgesellschaft durch BFH vom 20.7.2005 (BStBl. 2006 II S. 457).

Zu § 6 EStG **Anlage § 006–11**

Buchwertfortführung nach § 6 Abs. 3 Satz 1 EStG nicht zulässig. Es liegt insgesamt eine tarifbegünstigte Aufgabe des gesamten Mitunternehmeranteils vor (BFH-Beschluss vom 31. August 1995, BStBl. II S. 890). Die stillen Reserven im Gesamthandsvermögen und im Sonderbetriebsvermögen sind aufzudecken. § 6 Abs. 3 Satz 2 EStG in der Fassung des Unternehmensteuerfortentwicklungsgesetzes (UntStFG) vom 20. Dezember 2001 (BStBl. 2002 I S. 35) ist nicht anwendbar, da der Übertragende mit der Übertragung des (gesamten) Anteils am Gesamthandsvermögens nicht mehr Mitunternehmer ist.

Wird anlässlich der Übertragung des Anteils am Gesamthandsvermögen funktional wesentliches Sonderbetriebsvermögen nach § 6 Abs. 5 Satz 3 EStG zum Buchwert übertragen oder nach § 6 Abs. 5 Sätze 1 und 2 EStG in ein anderes Betriebsvermögen/Sonderbetriebsvermögen des Steuerpflichtigen überführt, findet § 6 Abs. 3 Satz 1 EStG auf die Übertragung des Anteils am Gesamthandsvermögen keine Anwendung. Der sich aus der Übertragung des Anteils am Gesamthandsvermögen ergebende Gewinn ist nicht nach §§ 16, 34 EStG begünstigt (BFH-Urteile vom 19. März 1991 – BStBl. II S. 635 und vom 2. Oktober 1997 – BStBl. 1998 II S. 104). **6**

Wird im zeitlichen und sachlichen Zusammenhang mit der Übertragung des Mitunternehmeranteils (sog. Gesamtplanrechtsprechung, BFH-Urteil vom 6. September 2000, BStBl. 2001 II S. 229) funktional wesentliches Sonderbetriebsvermögen entnommen oder (z.B. nach § 6 Abs. 5 EStG) zum Buchwert in ein anderes Betriebsvermögen überführt oder übertragen, kann der Anteil am Gesamthandsvermögen nicht nach § 6 Abs. 3 Satz 1 EStG zum Buchwert übertragen werden. Die in dem Mitunternehmeranteil enthaltenen stillen Reserven sind in den Fällen, in denen das Sonderbetriebsvermögen zum Buchwert überführt oder übertragen wird, als laufender Gewinn zu versteuern, soweit ein Buchwertansatz nicht in Betracht kommt.[1] **7**

Beispiel:

Vater V war Kommanditist bei der X-KG, an die er ein Grundstück (wesentliche Betriebsgrundlage) vermietet hatte. V übertrug im Juli 2003 seinen Kommanditanteil unentgeltlich auf seinen Sohn S. Bereits im März 2003 hatte V das Grundstück nach § 6 Abs. 5 Satz 3 Nr. 2 EStG zum Buchwert auf die von ihm neu gegründete gewerblich geprägte Y-GmbH & Co KG übertragen.

Die Buchwertübertragung des Grundstücks ist nach der sog. Gesamtplanrechtsprechung im Zusammenhang mit der Übertragung des Kommanditanteils nach § 6 Abs. 3 EStG zu beurteilen. Die Voraussetzungen für eine Buchwertübertragung nach § 6 Abs. 3 EStG liegen danach nicht vor, weil das Grundstück (wesentliche Betriebsgrundlage im Sonderbetriebsvermögen) nicht an den Sohn übertragen wurde. Ein Anwendungsfall von § 6 Abs. 3 Satz 2 EStG (unschädliches Zurückbehalten einer wesentlichen Betriebsgrundlage) liegt nicht vor, weil das Grundstück nicht mehr Sonderbetriebsvermögen der X-KG ist, sondern zum Betriebsvermögen der Y-GmbH & Co KG gehört. V muss deshalb die stillen Reserven in seinem Kommanditanteil im Jahr 2003 als laufenden Gewinn versteuern. Der (zwingende) Buchwertansatz für das auf die GmbH & Co KG übertragene Grundstück wird hiervon nicht berührt.

2. Übertragung von funktional nicht wesentlichem Sonderbetriebsvermögen

Wird anlässlich der Übertragung des Anteils am Gesamthandsvermögen funktional nicht wesentliches Sonderbetriebsvermögen entnommen oder nach § 6 Abs. 5 EStG zum Buchwert in ein anderes Betriebsvermögen überführt oder übertragen, steht dies der Anwendung des § 6 Abs. 3 Satz 1 EStG im Hinblick auf die Übertragung des Mitunternehmeranteils nicht entgegen. Wird dieses Sonderbetriebsvermögen entnommen, entsteht insoweit ein laufender Gewinn (BFH-Urteil vom 29. Oktober 1987 – BStBl. 1988 II S. 374). **8**

II. Übertragung eines Teils eines Mitunternehmeranteils

1. Übertragung bei funktional wesentlichem Sonderbetriebsvermögen

a) Quotale Übertragung eines Teils des Anteils am Gesamthandsvermögen und eines Teils des Sonderbetriebsvermögens (§ 6 Abs. 3 Satz 1 2. Halbsatz EStG)

§ 6 Abs. 3 Satz 1 EStG ist im Falle der unentgeltlichen Übertragung eines Teils eines Anteils am Gesamthandsvermögen bei gleichzeitigem Vorhandensein von funktional wesentlichem Sonderbetriebsvermögen nur anwendbar, soweit das funktional wesentliche Sonderbetriebsvermögen in demselben Verhältnis übergeht, in dem der übertragene Teil des Anteils am Gesamthandsvermögen zum gesamten Anteil am Gesamthandsvermögen steht (vgl. BFH-Urteil vom 24. August 2000 – BStBl. 2005 II S. 173). Umfasst das Sonderbetriebsvermögen mehrere Wirtschaftsgüter, z.B. Grundstücke, müssen alle funktional wesentlichen Wirtschaftsgüter anteilig übertragen werden. **9**

---

1) Siehe auch Anlage § 006-20.

Anlage § 006–11

Zu § 6 EStG

b) Disquotale Übertragung von Gesamthandsvermögen und Sonderbetriebsvermögen

aa) Übertragung eines Teils des Anteils am Gesamthandsvermögen unter gleichzeitiger Zurückbehaltung von Sonderbetriebsvermögen (unterquotale Übertragung – § 6 Abs. 3 Satz 2 EStG)

10 Wird anlässlich der Teilanteilsübertragung von Gesamthandsvermögen funktional wesentliches Sonderbetriebsvermögen nicht oder in geringerem Umfang (unterquotal) übertragen, als es dem übertragenen Teil des Anteils am Gesamthandsvermögen entspricht, liegt insgesamt eine Übertragung nach § 6 Abs. 3 Satz 2 EStG vor.

11 Voraussetzung für die Buchwertübertragung ist, dass der Übernehmer den übernommenen Mitunternehmeranteil über einen Zeitraum von mindestens fünf Jahren nicht veräußert oder aufgibt. Der Veräußerung des Mitunternehmeranteils steht die Veräußerung nur des Anteils am Gesamthandsvermögen oder eines Teils davon und/oder des mit dem Mitunternehmeranteil übernommenen funktional wesentlichen Sonderbetriebsvermögens oder eines Teils davon innerhalb der 5-Jahresfrist gleich. Bezogen auf den ursprünglichen Übertragungsvorgang liegen die Voraussetzungen für die Buchwertübertragung nicht mehr vor. Für die gesamte Übertragung nach § 6 Abs. 3 Satz 2 EStG sind rückwirkend auf den ursprünglichen Übertragungsstichtag die Teilwerte anzusetzen (§ 175 Abs. 1 Satz 1 Nr. 2 AO). Der dabei beim Übertragenden entstehende Gewinn ist laufender Gewinn (§ 16 Abs. 1 Satz 2 i. V. m. § 16 Abs. 3 EStG). Für die Berechnung der Behaltefrist ist grundsätzlich auf den Übergang des wirtschaftlichen Eigentums hinsichtlich des übernommenen Mitunternehmeranteils (= Übergang von Nutzen und Lasten) abzustellen.

12 War der Übernehmer bereits vor der unentgeltlichen Teilanteilsübertragung Mitunternehmer dieser Mitunternehmerschaft, ist von einer Veräußerung oder Entnahme des übernommenen Anteils erst auszugehen, wenn der Anteil der Beteiligung nach der Veräußerung oder Entnahme des (Teil-)Mitunternehmeranteils unter dem Anteil der übernommenen Beteiligung liegt oder das mit dem Mitunternehmeranteil übernommene funktional wesentliche Sonderbetriebsvermögen innerhalb der 5-Jahresfrist veräußert oder entnommen wird.

> **Beispiel:**
>
> V und S sind jeweils zu 50 % an einer OHG beteiligt. V überträgt unentgeltlich einen Teil seines Gesellschaftsanteils auf S, behält sein Sonderbetriebsvermögen aber zurück, so dass V jetzt zu 25 % und S zu 75 % an der OHG beteiligt sind. S reduziert innerhalb der 5-Jahresfrist seine Beteiligung auf 20 % und veräußert entsprechend einen Teil seines Mitunternehmeranteils.
>
> Es liegt eine Übertragung von V auf S nach § 6 Abs. 3 Satz 2 EStG vor, bei der die Behaltefristen zu beachten sind. Da der Anteil des S nach der Veräußerung (20 %) unter dem Anteil der übernommenen Beteiligung (25 %) liegt, hat er auch einen Teil des übernommenen Mitunternehmeranteils veräußert. Für die ursprüngliche Übertragung von V auf S ist damit insgesamt § 6 Abs. 3 EStG nicht anwendbar (Tz. 11). Für die gesamte Übertragung nach § 6 Abs. 3 Satz 2 EStG sind rückwirkend auf den ursprünglichen Übertragungsstichtag die Teilwerte anzusetzen (§ 175 Abs. 1 Satz 1 Nr. 2 AO). Der dabei beim V entstehende Gewinn ist laufender Gewinn (§ 16 Abs. 1 Satz 2 i. V. m. § 16 Abs. 3 EStG).

13 Eine Veräußerung ist grundsätzlich auch eine Einbringung nach den §§ 20, 24 UmwStG, unabhängig davon, ob die Buchwerte, Teilwerte[1] oder Zwischenwerte angesetzt werden. Als Veräußerung gilt auch ein Formwechsel nach § 25 UmwStG. Überträgt der Rechtsnachfolger einzelne Wirtschaftsgüter des übernommenen Sonderbetriebsvermögens gegen Gewährung von Gesellschaftsrechten nach § 6 Abs. 5 EStG auf einen Dritten, liegt auch eine Veräußerung vor. Wird der nach § 6 Abs. 3 Satz 2 übertragene Mitunternehmer(teil)anteil vom Übernehmer zu einem späteren Zeitpunkt **zu Buchwerten** nach § 20 UmwStG in eine Kapitalgesellschaft oder **zu Buchwerten** nach § 24 UmwStG in eine Personengesellschaft eingebracht, liegt – abweichend vom oben genannten Grundsatz – keine schädliche Veräußerung im Sinne des § 6 Abs. 3 Satz 2 EStG vor, wenn der Einbringende die hierfür erhaltene Beteiligung an der Kapitalgesellschaft oder den erhaltenen Mitunternehmeranteil über einen Zeitraum von mindestens fünf Jahren – beginnend mit der ursprünglichen Übertragung des Mitunternehmeranteils nach § 6 Abs. 3 Satz 2 EStG – nicht veräußert oder aufgibt und die Kapitalgesellschaft oder die Personengesellschaft den

---

1) Gemeiner Wert bei Umwandlungen nach dem 12.12.2006.

Zu § 6 EStG **Anlage § 006–11**

eingebrachten Mitunternehmeranteil oder die eingebrachten Wirtschaftsgüter innerhalb der genannten Frist nicht veräußert.[1)2)]

Eine unentgeltliche Weiterübertragung ist unschädlich; dabei geht die Behaltefrist jedoch auf den Rechtsnachfolger über. Dem Rechtsnachfolger ist die Behaltedauer des Übertragenden anzurechnen. 14

Voraussetzung für die Buchwertübertragung ist außerdem, dass das zurückbehaltene Betriebsvermögen weiterhin zum Betriebsvermögen derselben Mitunternehmerschaft gehört. 15

Wird das zurückbehaltene Sonderbetriebsvermögen aufgrund eines Gesamtplanes im Zusammenhang mit der unentgeltlichen Aufnahme einer natürlichen Person in ein bestehendes Einzelunternehmen oder der unentgeltlichen Übertragung eines Teils eines Mitunternehmeranteils entnommen oder veräußert, ist eine Buchwertübertragung nicht möglich.

bb) Übertragung eines Teils des Anteils am Gesamthandsvermögen unter gleichzeitiger überquotaler Übertragung von Sonderbetriebsvermögen

Wird anlässlich der Teilanteilsübertragung von Gesamthandsvermögen Sonderbetriebsvermögen in größerem Umfang (überquotal) übertragen, als es dem übertragenen Teil des Anteils am Gesamthandsvermögen entspricht, ist der Vorgang in eine Übertragung nach § 6 Abs. 3 Satz 1 EStG für den quotalen Teil des Sonderbetriebsvermögens und eine Übertragung nach § 6 Abs. 5 EStG für den überquotalen Teil des Sonderbetriebsvermögens aufzuteilen. 16

Werden im Zusammenhang mit dem überquotal übertragenen Sonderbetriebsvermögen Verbindlichkeiten übernommen, liegt insoweit eine entgeltliche Übertragung vor, auf die § 6 Abs. 5 EStG keine Anwendung findet (BMF-Schreiben vom 7. Juni 2001 – BStBl. I S. 367). 17

Die o. g. Grundsätze gelten auch, wenn die Mitunternehmerstellung des Empfängers mit der Teilanteilsübertragung erstmals begründet wird (BFH-Urteil vom 6. Dezember 2000 – BStBl. 2003 II S. 194) 18

2. Übertragung bei funktional nicht wesentlichem Sonderbetriebsvermögen

Wird ein Teil eines Mitunternehmeranteils unentgeltlich übertragen, jedoch für die Mitunternehmerschaft funktional nicht wesentliches Sonderbetriebsvermögen zurückbehalten, ist § 6 Abs. 3 Satz 1 EStG uneingeschränkt anwendbar. Dies gilt auch, wenn funktional nicht wesentliches Sonderbetriebsvermögen in größerem Umfang übertragen wird, als es dem übertragenen Teil des Gesellschaftsanteils entspricht. Der übernehmende Gesellschafter hat die Buchwerte fortzuführen. Bei der Überführung des zurückbehaltenen Sonderbetriebsvermögens in das Privatvermögen entsteht laufender Gewinn (s. Rdnr. 8) 19

III. Isolierte Übertragung von Sonderbetriebsvermögen

Wird das Sonderbetriebsvermögen isoliert (d.h. ohne Änderung der Beteiligungsverhältnisse bei der Mitunternehmerschaft) unentgeltlich übertragen, liegt keine Übertragung eines Mitunternehmeranteils vor (BFH-Urteil vom 11. Dezember 1990 – BStBl. 1991 II S. 510). Liegen die Voraussetzungen des § 6 Abs. 5 Satz 3 EStG in der jeweiligen Fassung (StSenkG vom 23. Oktober 2000 (BStBl. I S. 1428) oder UntStFG vom 20. Dezember 2001 (BStBl. 2002 I S. 35)) vor, erfolgt die Übertragung zum Buchwert. Andernfalls handelt es sich um eine Entnahme. §§ 16, 34 EStG sind nicht anwendbar 20

C. Unentgeltliche Aufnahme einer natürlichen Person in ein bestehendes Einzelunternehmen (§ 6 Abs. 3 Satz 1 2. Halbsatz EStG)

Bei der unentgeltlichen Aufnahme einer natürlichen Person in ein bestehendes Einzelunternehmen unter Zurückbehaltung von Betriebsvermögen ist § 6 Abs. 3 Satz 2 EStG anzuwenden, wenn das zurückbehaltene Betriebsvermögen Sonderbetriebsvermögen bei der entstandenen Mitunternehmerschaft wird. Zu Behaltefristen Tz. 11 ff. 21

D. Fälle der mitunternehmerischen Betriebsaufspaltung

Entsteht infolge einer unentgeltlichen Übertragung nach § 6 Abs. 3 EStG eine mitunternehmerische Betriebsaufspaltung (vgl. hierzu auch BMF-Schreiben vom 28. April 1998, BStBl. I S. 583)[3)], sind folgende Fallgruppen zu unterscheiden: 22

---

1) Die im Rahmen einer Einbringung in eine Kapitalgesellschaft erhaltenen Anteile dürfen innerhalb der Fünfjahresfrist darüber hinaus auch nicht durch einen Ersatzrealisationstatbestand – wie zum Beispiel bei Wegzug des Anteilseigners ins Ausland durch die Anwendung der Vorschrift des § 6 AStG – „entstrickt" werden (Vfg OFD Rheinland vom 18.12.2007 Nr. 001/2008).

2) Zur Nachweispflicht nach § 22 Abs. 3 UmwStG vgl. Anhang 4a, Rdnr. 22.28 ff.

3) Siehe Anlage § 015-05.

Anlage § 006–11

Zu § 6 EStG

a) Übertragung von Sonderbetriebsvermögen, das nach der Übertragung im Gesamthandseigentum des Übertragenden und des Übernehmenden steht

Begründen der Übertragende und der Übernehmer hinsichtlich des anteilig übertragenen Sonderbetriebsvermögens nach der Übertragung zivilrechtlich eine Gesamthandsgemeinschaft (§ 718 ff. BGB), wird diese unmittelbar zur Besitzpersonengesellschaft.

In diesem Fall folgt der unter § 6 Abs. 3 Satz 1 EStG fallenden Übertragung eine Zurechnung der Wirtschaftsgüter des Sonderbetriebsvermögen zum Gesamthandsvermögen der Besitzpersonengesellschaft gemäß § 6 Abs. 5 Satz 3 EStG unmittelbar nach.

Entsteht die mitunternehmerische Betriebsaufspaltung infolge einer Übertragung nach § 6 Abs. 3 Satz 2 EStG, so führt eine unterquotale Übertragung des Sonderbetriebsvermögens in die Besitzpersonengesellschaft zu keiner schädlichen Veräußerung oder Aufgabe i.S. de § 6 Abs. 3 Satz 2 EStG; für die einer Übertragung nach § 6 Abs. 3 Satz 2 EStG nachfolgenden Übertragungen sind insbesondere die Tzn. 11 und 13 zu beachten.

b) Übertragung von Sonderbetriebsvermögen, das nach der Übertragung im Bruchteilseigentum des Übertragenden und Übernehmenden steht

Wird bei der anteiligen Übertragung von Sonderbetriebsvermögen dem Übernehmer zivilrechtlich ein Bruchteil zu Eigentum übertragen (§ 741 BGB), findet zuerst eine unentgeltliche Übertragung eines Teils eines Mitunternehmeranteils (einschließlich des Sonderbetriebsvermögens) auf den übernehmenden Gesellschafter nach § 6 Abs. 3 EStG statt. Anschließend erfolgt sowohl bei dem übertragenden Gesellschafter als auch bei dem übernehmenden Gesellschafter eine Überführung des Sonderbetriebsvermögens in das Sonderbetriebsvermögen bei der Besitzpersonengesellschaft (GbR) gemäß § 6 Abs. 5 Satz 2 EStG.

Hinsichtlich des Sonderbetriebsvermögens findet hier allerdings kein Rechtsträgerwechsel statt, sondern es erfolgt hier nur ein Zuordnungswechsel von dem Sonderbetriebsvermögen bei der bisherigen Personengesellschaft in das Sonderbetriebsvermögen der Besitzpersonengesellschaft (BFH-Urteil vom 18. August 2005 – BStBl. II S. 830).

Beispiel (für eine quotale Übertragung des Sonderbetriebsvermögens):

A ist zu 60 % an der AB OHG beteiligt, der er auch ein im Sonderbetriebsvermögen befindliches Grundstück zur Nutzung überlässt. In 2002 überträgt A die Hälfte seines Mitunternehmeranteils (1/2 des Gesamthandsanteils und 1/2 des Sonderbetriebsvermögens) unentgeltlich auf C. Die AC-GbR überlässt das Grundstück der ABC-OHG entgeltlich zur Nutzung.

a) Das Grundstück steht in Gesamthandsvermögen von A und C

b) Das Grundstück steht im Bruchteilseigentum von A und C

zu a)

Zunächst liegt eine unentgeltliche Teil-Mitunternehmeranteilsübertragung nach § 6 Abs. 3 Satz 1 EStG vor, die zwingend eine Buchwertfortführung vorschreibt. Im zweiten Schritt ändert sich aufgrund der steuerlichen Beurteilung des neu entstandenen Gebildes als mitunternehmerische Betriebsaufspaltung die bisherige Zuordnung des Grundstücks als Sonderbetriebsvermögen bei der OHG. Das Grundstück wird Gesamthandsvermögen bei der AC-GbR. Die damit verbundene Übertragung des Sonderbetriebsvermögens in das Gesamthandsvermögen der AC-GbR erfolgt nach § 6 Abs. 5 Satz 3 Nr. 2 EStG zum Buchwert.

zu b)

Zunächst liegt eine unentgeltliche Teil-Mitunternehmeranteilsübertragung nach § 6 Abs. 3 Satz 1 EStG vor, die zwingend eine Buchwertfortführung vorschreibt. Im zweiten Schritt ändert sich aufgrund der steuerlichen Beurteilung des neu entstandenen Gebildes als mitunternehmerische Betriebsaufspaltung die bisherige Zuordnung des Grundstücks als Sonderbetriebsvermögen bei der OHG. Das Grundstück wird – wegen des fehlenden Rechtsträgerwechsels bei dem Bruchteilseigentum – zu Sonderbetriebsvermögen der Gesellschafter bei der „gesamthandsvermögenslosen" AC-GbR (BFH vom 18. August 2005, a.a.O.). Die damit verbundene Überführung des Sonderbetriebsvermögens bei der OHG auf das Sonderbetriebsvermögen bei der AC-GbR erfolgt nach § 6 Abs. 5 Satz 2 EStG zum Buchwert.

E. Zeitliche Anwendung

23 Dieses Schreiben ist auf alle Übertragungen nach dem 31. Dezember 2000 anzuwenden.

In Erbfällen mit sog. qualifizierter Nachfolgeklausel sind die Tz. 72 bis 74 in der Fassung des BMF-Schreibens vom 14. März 2006 (BStBl. I S. 253)[1)] zur ertragsteuerlichen Behandlung der Erbengemeinschaft und ihrer Auseinandersetzung weiter anzuwenden.

Auf gemeinsamen Antrag vom Übertragenden und Übernehmenden ist dieses Schreiben in allen noch offenen Fällen auch für Übertragungen vor dem 1. Januar 2001 anzuwenden. **24**

Für unterquotale Übertragungen (vgl. Tz. 10) sind dabei die Behaltefristen des § 6 Abs. 3 Satz 2 EStG zu beachten; dies gilt nicht, wenn der übernommene Mitunternehmeranteil vom Übernehmenden vor dem 1. Januar 2002 veräußert oder entnommen wurde.

Für überquotale Übertragungen (vgl. Tz. 16) vor dem 1. Januar 2001 kann in den offenen Fällen auf gemeinsamen Antrag vom Übertragenden und Übernehmenden aus Vertrauensschutzgründen der gesamte Übertragungsvorgang als unter § 6 Abs. 3 EStG in der damals geltenden Fassung fallend angesehen werden.

---

1) Siehe Anlage § 016-05.

Anlage § 006–12

Zu § 6 EStG

Private Nutzung von Elektro- und Hybridelektrofahrzeugen

– BdF-Schreiben vom 05.06.2014 – IV C 6 – S 2177/13/10002, 2014/0308252 (BStBl. I S. 835) –

Durch das AmtshilfeRLUmsG vom 26. Juni 2013 (BGBl. I S. 1809, BStBl. I S. 802) wurde § 6 Absatz 1 Nummer 4 Satz 2 und 3 EStG um Sonderregelungen für Elektrofahrzeuge und extern aufladbare Hybridelektrofahrzeuge ergänzt. Im Einvernehmen mit den obersten Finanzbehörden der Länder gilt Folgendes:

1. Sachlicher Anwendungsbereich

a) Elektrofahrzeug

1 Elektrofahrzeug im Sinne des § 6 Absatz 1 Nummer 4 Satz 2 und 3 EStG ist ein Kraftfahrzeug, das ausschließlich durch einen Elektromotor angetrieben wird, der ganz oder überwiegend aus mechanischen oder elektrochemischen Energiespeichern (z. B. Schwungrad mit Generator oder Batterie) oder aus emissionsfrei betriebenen Energiewandlern (z. B. wasserstoffbetriebene Brennstoffzelle[1]) gespeist wird.

Nach dem Verzeichnis des Kraftfahrtbundesamtes zur Systematisierung von Kraftfahrzeugen und ihren Anhängern (Stand: Juni 2012) weisen danach folgende Codierungen im Feld 10 der Zulassungsbescheinigung ein Elektrofahrzeug i. d. S. aus: 0004 und 0015.

b) Hybridelektrofahrzeug

2 Hybridelektrofahrzeug[2] ist ein Hybridfahrzeug, das zum Zwecke des mechanischen Antriebs aus folgenden Quellen im Fahrzeug gespeicherte Energie/Leistung bezieht:
– einem Betriebskraftstoff;
– einer Speichereinrichtung für elektrische Energie/Leistung (z. B. Batterie, Kondensator, Schwungrad mit Generator).

Hybridelektrofahrzeuge im Sinne des § 6 Absatz 1 Nummer 4 Satz 2 und 3 EStG müssen zudem extern aufladbar sein.

Nach dem Verzeichnis des Kraftfahrtbundesamtes zur Systematisierung von Kraftfahrzeugen und ihren Anhängern (Stand: Juni 2012) weisen danach folgende Codierungen im Feld 10 der Zulassungsbescheinigung ein Hybridelektrofahrzeug i. d. S. aus: 0016 bis 0019 und 0025 bis 0031.

2. Pauschale Ermittlung des privaten/pauschalen Nutzungswerts

a) Ermittlung des maßgebenden Listenpreises

3 Die Bemessungsgrundlage für die Ermittlung des Entnahmewerts nach § 6 Absatz 1 Nummer 4 Satz 2 EStG, der nicht abziehbaren Betriebsausgaben nach § 4 Absatz 5 Satz 1 Nummer 6 EStG oder des geldwerten Vorteils nach § 8 Absatz 2 Satz 2, 3 und 5 EStG ist der inländische Listenpreis im Zeitpunkt der Erstzulassung des Kraftfahrzeugs zuzüglich der Kosten für Sonderausstattung einschließlich Umsatzsteuer. Für Kraftfahrzeuge im Sinne der Rdnrn. 1 und 2 ist dieser Listenpreis wegen der darin enthaltenen Kosten für das Batteriesystem pauschal zu mindern; der pauschale Abschlag ist der Höhe nach begrenzt. Der Minderungs- und der Höchstbetrag richten sich nach dem Anschaffungsjahr des Kraftfahrzeugs und können aus nachfolgender Tabelle entnommen werden. Werden Elektro- und Hybridelektrofahrzeuge i. S. der Rdnrn. 1 und 2 gebraucht erworben, richtet sich der Minderungsbetrag nach dem Jahr der Erstzulassung des Kraftfahrzeugs. Der kWh-Wert kann dem Feld 22 der Zulassungsbescheinigung entnommen werden.

Anschaffungsjahr/Jahr der Erstzulassung	Minderungsbetrag in Euro/ kWh der Batteriekapazität	Höchstbetrag in Euro
2013 und früher	500	10 000
2014	450	9 500

---

1) Für Brennstoffzellenfahrzeuge werden ergänzende Regelungen aufgenommen, sobald diese allgemein marktgängig sind.
2) Vgl. Richtlinie 2007/46/EG des Europäischen Parlaments und des Rates vom 5. September 2007 zur Schaffung eines Rahmens für die Genehmigung von Kraftfahrzeugen und Kraftfahrzeuganhängern sowie von Systemen, Bauteilen und selbstständigen technischen Einheiten für diese Fahrzeuge (ABl. L263/1 vom 9.10.2007).

Zu § 6 EStG Anlage § 006–12

Anschaffungsjahr/Jahr der Erstzulassung	Minderungsbetrag in Euro/ kWh der Batteriekapazität	Höchstbetrag in Euro
2015	400	9 000
2016	350	8 500
2017	300	8 000
2018	250	7 500
2019	200	7 000
2020	150	6 500
2021	100	6 000
2022	50	5 500

Die Abrundung des Listenpreises auf volle Hundert Euro nach Rdnr. 10 des BMF-Schreibens vom 18. November 2009 (BStBl. I S. 1326)[1] und R 8.1 Absatz 9 Nummer 1 Satz 6 LStR ist nach Abzug des Abschlages vorzunehmen. Auf den so ermittelten Wert sind die Prozentsätze nach § 4 Absatz 5 Satz 1 Nummer 6 Satz 3, § 6 Absatz 1 Nummer 4 Satz 2 und § 8 Absatz 2 Satz 3 und 5 EStG anzuwenden.

Beispiel 1:

Der Steuerpflichtige hat in 2013 ein Elektrofahrzeug mit einer Batteriekapazität von 16,3 Kilowattstunden (kWh) erworben. Der Bruttolistenpreis beträgt 45.000 €. Die betriebliche Nutzung beträgt 60 %. Der private Nutzungsanteil nach § 6 Absatz 1 Nummer 4 Satz 2 EStG ermittelt sich wie folgt:

Der Bruttolistenpreis ist um 8.150 € (16,3 kWh x 500 €) zu mindern. Der für die Ermittlung des Entnahmewerts geminderte und auf volle hundert Euro abgerundete Bruttolistenpreis beträgt 36.800 €. Die Nutzungsentnahme nach der 1%-Regelung beträgt 368 € pro Monat.

Beispiel 2:

Der Steuerpflichtige hat in 2013 ein Elektrofahrzeug mit einer Batteriekapazität von 26 Kilowattstunden (kWh) erworben. Der Bruttolistenpreis beträgt 109.150 €. Die betriebliche Nutzung beträgt 60 %. Der private Nutzungsanteil nach § 6 Absatz 1 Nummer 4 Satz 2 EStG ermittelt sich wie folgt:

Der Bruttolistenpreis (109.150 €) ist um 10.000 € (26 kWh x 500 € = 13.000 €, begrenzt auf 10.000 € Höchstbetrag) zu mindern und auf volle Hundert Euro abzurunden. Der für die Ermittlung des Entnahmewerts geminderte Bruttolistenpreis beträgt 99.100 €. Die Nutzungsentnahme beträgt 991 € pro Monat.

Eine Minderung der Bemessungsgrundlage ist nur dann vorzunehmen, wenn der Listenpreis die Kosten des Batteriesystems beinhaltet. Wird das Batteriesystem des Elektro- oder Hybridelektrofahrzeugs nicht zusammen mit dem Kraftfahrzeug angeschafft, sondern ist für dessen Überlassung ein zusätzliches Entgelt, z. B. in Form von Leasingraten, zu entrichten, kommt eine Minderung der Bemessungsgrundlage nicht in Betracht. Die für die Überlassung der Batterie zusätzlich zu entrichtenden Entgelte sind grundsätzlich als Betriebsausgaben abziehbar.

Beispiel 3:

Der Steuerpflichtige hat in 2013 ein Elektrofahrzeug mit einer Batteriekapazität von 16 Kilowattstunden (kWh) erworben. Der Bruttolistenpreis beträgt 25.640 €. Für die Batterie hat der Steuerpflichtige monatlich zusätzlich eine Mietrate von 79 Euro zu zahlen. Die betriebliche Nutzung beträgt 60 %. Der private Nutzungsanteil nach § 6 Absatz 1 Nummer 4 Satz 2 EStG ermittelt sich wie folgt:

Der Bruttolistenpreis (25.640 €) ist nicht zu mindern und wird – auf volle Hundert Euro abgerundet – für die Ermittlung des Entnahmewerts zugrunde gelegt. Die Nutzungsentnahme beträgt 256 € pro Monat.

Aus Vereinfachungsgründen ist es auch zulässig, die Nutzungsentnahme ausgehend vom Listenpreis für das Kraftfahrzeug mit Batteriesystem zu berechnen, wenn das gleiche Kraftfahrzeug am Markt jeweils mit oder ohne Batteriesystem angeschafft werden kann.

---

1) Siehe Anlage § 006-03.

Anlage § 006–12 Zu § 6 EStG

Beispiel 4:
Wie Beispiel 3, das Elektrofahrzeug könnte der Steuerpflichtige auch zusammen mit dem Batteriesystem erwerben. Der Bruttolistenpreis betrüge 31.640 €. Der private Nutzungsanteil nach § 6 Absatz 1 Nummer 4 Satz 2 EStG könnte auch wie folgt ermittelt werden:
Der Bruttolistenpreis (31.640 €) ist um 8.000 € (16 kWh x 500 € = 8.000 €) zu mindern und auf volle Hundert Euro abzurunden. Der für die Ermittlung des Entnahmewerts geminderte Bruttolistenpreis beträgt 23.600 €. Die Nutzungsentnahme beträgt 236 € pro Monat.

b) Begrenzung der pauschalen Wertansätze (sog. Kostendeckelung)

7 Nach den Rdnrn. 18 bis 20 des BMF-Schreibens vom 18. November 2009 (BStBl. I S. 1326)[1] und Tz. I.8 des BMF-Schreibens vom 28. Mai 1996 (BStBl. I S. 654) werden die pauschalen Wertansätze auf die für das genutzte Kraftfahrzeug insgesamt tatsächlich entstandenen Gesamtkosten begrenzt. Zu den Gesamtkosten des Kraftfahrzeugs gehören auch die Absetzungen für Abnutzung. Für den Vergleich des pauschal ermittelten Nutzungswerts/geldwerten Vorteils mit den Gesamtkosten ist die Bemessungsgrundlage für die Absetzungen für Abnutzung um den Abschlag nach Rdnr. 3 zu mindern.

8 Enthalten die Anschaffungskosten für das Elektro- oder Hybridelektrofahrzeug keinen Anteil für das Batteriesystem (Rdnr. 5) und ist für die Überlassung der Batterie ein zusätzliches Entgelt (z. B. Miete oder Leasingrate) zu entrichten, sind die für das genutzte Kraftfahrzeug insgesamt tatsächlich entstandenen Gesamtkosten um dieses zusätzlich entrichtete Entgelt zu mindern. In diesem Fall sind auch weitere Kosten für das Batteriesystem, wie z. B. Reparaturkosten, Wartungspauschalen oder Beiträge für spezielle Batterieversicherungen abzuziehen, wenn sie vom Steuerpflichtigen zusätzlich zu tragen sind.

3. Ermittlung des tatsächlichen privaten/individuellen Nutzungswerts

9 Werden die Entnahme nach § 6 Absatz 1 Nummer 4 Satz 1 oder 3 (betriebliche Nutzung des Kraftfahrzeugs von 10 bis 50 Prozent oder Fahrtenbuchmethode), die nicht abziehbaren Betriebsausgaben nach § 4 Absatz 5 Satz 1 Nummer 6 Satz 3, 2. Halbsatz oder der geldwerte Vorteil nach § 8 Absatz 2 Satz 4 und 5 EStG mit den auf die jeweilige Nutzung entfallenden Aufwendungen bewertet und enthalten die Anschaffungskosten für das Elektro- oder Hybridelektrofahrzeug einen Anteil für das Batteriesystem, ist die Bemessungsgrundlage für die Absetzungen für Abnutzung um die nach § 6 Absatz 1 Nummer 4 Satz 2 EStG in pauschaler Höhe festgelegten Beträge zu mindern.

Beispiel 5:
Der Steuerpflichtige hat im Januar 2013 ein Elektrofahrzeug mit einer Batteriekapazität von 16 Kilowattstunden (kWh) erworben. Der Bruttolistenpreis beträgt 43.000 €; die tatsächlichen Anschaffungskosten 36.000 €. Die betriebliche Nutzung beträgt gemäß ordnungsgemäßem Fahrtenbuch 83 %. Der private Nutzungsanteil nach § 6 Absatz 1 Nummer 4 Satz 3 EStG ermittelt sich wie folgt:
Für die Ermittlung der Gesamtkosten sind die Anschaffungskosten um den pauschal ermittelten Minderungsbetrag i. H. v. 8.000 € (16 kWh x 500 €) zu mindern. Danach sind bei den Gesamtkosten Absetzungen für Abnutzung i. H. v. 4.666,67 € (36.000 €./. 8.000 € = 28.000 € verteilt auf 6 Jahre) anzusetzen. Daneben sind Aufwendungen für Versicherung (1.000 €) und Strom (890 €) anzufallen. Die Summe der geminderten Gesamtaufwendungen beträgt 6.556,67 €. Die Nutzungsentnahme nach der Fahrtenbuchmethode beträgt 1.114,63 € (17 %).

10 Wird die Batterie gemietet oder geleast, sind entsprechend Rdnr. 8 die Gesamtkosten um dieses zusätzlich entrichtete Entgelt zu mindern.

Beispiel 6:
Der Steuerpflichtige hat im Januar 2013 ein Elektrofahrzeug mit einer Batteriekapazität von 16 Kilowattstunden (kWh) erworben. Der Bruttolistenpreis beträgt 32.000 €; die tatsächlichen Anschaffungskosten (netto) 25.600 €. Für die Batterie hat der Steuerpflichtige monatlich zusätzlich eine Mietrate von 79 Euro zu zahlen. Die betriebliche Nutzung beträgt gemäß ordnungsgemäßem Fahrtenbuch 83 %. Der private Nutzungsanteil nach § 6 Absatz 1 Nummer 4 Satz 3 EStG ermittelt sich wie folgt:
Für die Ermittlung der Gesamtkosten sind Absetzungen für Abnutzung i. H. v. 4.266,67 € (25.600 € verteilt auf 6 Jahre) und weitere Aufwendungen für Versicherung (1.000 €) und Strom (890 €) anzusetzen. Die auf die Batteriemiete entfallenden Aufwendungen sind nicht zu berücksichtigen. Die Summe der geminderten Gesamtaufwendungen beträgt 6.156,67 €. Die Nutzungsentnahme nach der Fahrtenbuchmethode beträgt 1.046,63 € (17 %).

11 Miet-/Leasinggebühren für Kraftfahrzeuge im Sinne der Rdnrn. 1 und 2, die die Kosten des Batteriesystems beinhalten, sind aufzuteilen. Die anteilig auf das Batteriesystem entfallenden Miet-/Leasing-

---

1) Siehe Anlage § 006-03.

gebühren mindern die Gesamtkosten (vgl. Rdnr. 10). Es bestehen keine Bedenken, wenn als Aufteilungsmaßstab hierfür das Verhältnis zwischen dem Listenpreis (einschließlich der Kosten für das Batteriesystem) und dem um den Abschlag nach Rdnr. 3 geminderten Listenpreis angesetzt wird.

Beispiel 7:
Der Steuerpflichtige hat im Januar 2013 ein Elektrofahrzeug mit einer Batteriekapazität von 16 Kilowattstunden (kWh) geleast. Der Bruttolistenpreis beträgt 43.000 €; die monatliche Leasingrate 399 Euro. Die betriebliche Nutzung beträgt gemäß ordnungsgemäßem Fahrtenbuch 83 %. Der private Nutzungsanteil nach § 6 Absatz 1 Nummer 4 Satz 3 EStG ermittelt sich wie folgt:

Für die Ermittlung der Gesamtkosten sind die Leasingraten unter Anwendung des Verhältnisses zwischen Listenpreis und dem um den pauschalen Abschlag geminderten Listenpreis aufzuteilen:

Listenpreis 43.000 €/geminderter Listenpreis 35.000 € entspricht einer Minderung von 18,6 % Leasingraten 399 € x 12 Monate = 4.788 € davon 18,6 % = 890,57 €.Danach sind bei den Gesamtkosten Leasingaufwendungen i. H. v. 3.897,43 € anzusetzen. Daneben sind Aufwendungen für Versicherung (1.000 €) und Strom (890 €) angefallen. Die Summe der geminderten Gesamtaufwendungen beträgt 5.787,43 €. Die Nutzungsentnahme nach der Fahrtenbuchmethode beträgt 983,86 € (17 %).

4. Anwendungszeitraum

Die Minderung der Bemessungsgrundlage für die Ermittlung der Privatentnahme, der nicht abziehbaren Betriebsausgaben oder des geldwerten Vorteils für die Nutzung eines Elektro- oder eines Hybridelektrofahrzeugs ist ab dem 1. Januar 2013 für Elektrofahrzeuge und Hybridelektrofahrzeuge anzuwenden, die vor dem 1. Januar 2023 angeschafft, geleast oder zur Nutzung überlassen werden (§ 52 Absatz 1 und Absatz 16 Satz 11 EStG).

Dieses Schreiben wird im Bundessteuerblatt Teil I veröffentlicht.

Zweifelsfragen zu sog. anschaffungsnahen Aufwendungen

I. – Verfügung OFD Rheinland vom 06.07.2010 – S 2211 – 1001 – St 232 –

Durch das Nebeneinander von Verwaltungsanweisung (BMF-Schreiben vom 18.07.2003, BStBl. I S. 386)[1] und gesetzlicher Neuregelung in § 6 Abs. 1 Nr. 1a EStG (StÄndG 2003, BStBl. I S. 710) sind Fragen zu deren Anwendungsbereich aufgetreten. Nach Abstimmung auf Bund-Länder-Ebene wird gebeten, hierzu folgende Auffassung zu vertreten:

1. Sollen Aufwendungen, die zur Beseitigung der Funktionsuntüchtigkeit führen und für sich Anschaffungskosten sind, in die Prüfung der 15%-Grenze des § 6 Abs. 1 Nr. 1a EStG einbezogen werden?

§ 6 Abs. 1 Nr. 1a EStG schließt nur Aufwendungen für Erweiterungen i.S. des § 255 Abs. 2 Satz 1 HGB sowie Aufwendungen für jährlich üblicherweise anfallende Erhaltungsarbeiten von den zu berücksichtigenden Herstellungskosten aus. Aufwendungen zur Beseitigung der Funktionsuntüchtigkeit oder zur Hebung des Standards sind hiervon nicht berührt und daher in die Prüfung der 15%-Grenze einzubeziehen.

2. Bleiben – auch im Fall des Unterschreitens der 15%-Grenze – die in die Prüfung einbezogenen Aufwendungen Anschaffungs- oder Herstellungskosten?

Aufwendungen, die innerhalb des Dreijahreszeitraums getätigt werden und nach den Kriterien des o.a. BMF-Schreibens Anschaffungs- oder Herstellungskosten sind, in ihrer Summe aber die 15%-Grenze nicht überschreiten, sind (und bleiben) Anschaffungs- oder Herstellungskosten i.S. des § 255 HGB.

3. Wie ist eine Sanierung in Raten zur Hebung des Standards zu behandeln, die erst nach Ablauf des Dreijahreszeitraums zu Herstellungskosten i.S. der BFH-Rechtsprechung/ des BMF-Schreibens führt?

Auch wenn Aufwendungen für Baumaßnahmen erst nach Ablauf des Dreijahreszeitraums des § 6 Abs. 1 Nr. 1a EStG die 15%-Grenze überschreiten, sind sie nach Rz. 31 des BMF-Schreibens vom 18.07.2003 steuerlich als Herstellungskosten i.S. von § 255 Abs. 2 Satz 1 HGB zu behandeln.

4. Zeitliche Anwendung der Neuregelung des § 6 Abs. 1 Nr. 1a EStG

Für eine in 2002 angeschaffte Immobilie wurden 2004 Modernisierungsmaßnahmen durchgeführt, die für sich allein nicht die 15%-Grenze überschreiten, zusammen aber mit bereits in 2003 vorgenommenen Aufwendungen rd. 17,5% der Anschaffungskosten betrugen.

Die Modernisierungsmaßnahmen sind nicht als Herstellungsaufwand nach § 6 Abs. 1 Nr. 1a EStG zu beurteilen, weil diese Vorschrift nach § 52 Abs. 16 Satz 7 EStG erst auf Baumaßnahmen anzuwenden ist, mit denen nach dem 31.12.2003 begonnen wird und sämtliche Baumaßnahmen nach § 52 Abs. 16 Satz 9 EStG als einheitliche Baumaßnahme anzusehen sind. Im vorliegenden Fall wurde mit den Baumaßnahmen in 2003 begonnen, so dass § 6 Abs. 1 Nr. 1a EStG noch keine Anwendung findet. Dies gilt auch, wenn die Aufwendungen in 2004 für sich genommen zwar die 15%-Grenze überschreiten, jedoch bereits in 2003 mit Baumaßnahmen i.S.d. § 6 Abs. 1 Nr. 1a S. 1 EStG begonnen wurde.

Die Prüfung der Aufwendungen nach den Kriterien des BMF-Schreibens vom 18.07.2003, a.a.O., bleibt hiervon unberührt.

5. Ist die 15% Grenze des § 6 Abs. 1 Nr. 1a EStG auf das Gebäude insgesamt oder aber auf die einzelnen Gebäudeteile i.S.d. R 13 Abs. 4 EStR 2004 zu beziehen?

Mit Urteil vom 30. Juli 1991 IX R 59/89 (BStBl. II 1992, 940) hat der BFH zur R 157 Abs. 4 EStR 2002 entschieden, dass für die Frage der Höhe des anschaffungsnahen Aufwandes auf das Gebäude insgesamt abzustellen ist, da beim Erwerb des bebauten Grundstücks ein einheitliches Wirtschaftsgut vorliegt.

Mit der Regelung des § 6 Abs. 1 Nr. 1a EStG wurde an die alte Verwaltungsregelung des R 157 Abs. 4 EStR angeknüpft. Dadurch sollte sichergestellt werden, dass die bewährte Verwaltungspraxis trotz der geänderten Rechtsprechung zum Anschaffungs- und Herstellungskostenbegriff gemäß § 255 HGB fortgesetzt werden kann. Da der Wortlaut der Neuregelung ausdrücklich von dem „Gebäude" als Bezugsgröße spricht und damit in die gleiche Richtung geht wie die BFH-Rechtsprechung, ist das Urteil weiter anzuwenden.

Bei dem Erwerb von mehreren Eigentumswohnungen im Sinne des Wohnungseigentumsgesetzes (WEG) in einem Gebäude ist hingegen – unabhängig vom Nutzungs- und Funktionszusammenhang –

---

1) Siehe Anlage § 021-01.

bereits zivilrechtlich stets von unterschiedlichen Wirtschaftsgütern auszugehen. Das BFH-Urteil vom 30.07.1991 ist auf diese Fälle nicht anwendbar.

6. Ist für die Anwendung des § 6 Abs. 1 Nr. 1a EStG hinsichtlich der Durchführung der Maßnahmen innerhalb der Dreijahresfrist der Beginn, der einzelne Bauabschnitt oder der Abschluss der Baumaßnahme entscheidungserheblich?

Es sind sämtliche Baumaßnahmen nach § 6 Abs. 1 Nr. 1a EStG in den Dreijahreszeitraum einzubeziehen, die innerhalb dieses Zeitraums ausgeführt wurden. Die Baumaßnahmen müssen zum Ende des Dreijahreszeitraumes weder abgeschlossen, abgerechnet noch bezahlt werden.

Mit dieser – am Wortlaut der Vorschrift ausgerichteten Rechtsauffassung – wird verhindert, dass die gesetzliche Norm des § 6 Abs. 1 Nr. 1a EStG mittels ungerechtfertigter Gestaltungen (z. B. Hinauszögern des Abschlusses von Baumaßnahmen, verspätete Abnahme der Werkleistung, verspätete Bezahlung) umgangen werden kann.

Wird eine vor Ablauf der Dreijahresfrist begonnene Baumaßnahme erst nach Ablauf der Dreijahresfrist beendet und überschreiten die bis zum Ablauf des Dreijahreszeitraumes bereits durchgeführten Leistungen die 15 %-Grenze, so ist insoweit anschaffungsnaher Herstellungsaufwand gegeben. Die nach Beendigung der Dreijahresfrist noch getätigten Leistungen dieser Baumaßnahme werden nicht in die Ermittlung der 15 %-Grenze einbezogen und unterliegen auch nicht der Regelung des § 6 Abs. 1 Nr. 1a EStG. Es ist aber zu prüfen, ob diese Maßnahme zu Herstellungskosten i. S. d. BMF-Schreibens vom 18. Juli 2003 (BStBl. I Seite 386) führt.

7. Sind die jährlich üblicherweise anfallenden Erhaltungsarbeiten auch dann sofort abziehbar, wenn sie im Rahmen einheitlich zu würdigender Instandsetzungs- und Modernisierungsmaßnahmen i. S. des § 6 Abs. 1 Nr. 1a Satz 1 EStG anfallen?

Aufwendungen im Zusammenhang mit der Anschaffung eines Gebäudes sind – unabhängig davon, ob sie auf jährlich üblicherweise anfallenden Erhaltungsarbeiten i. S. von § 6 Abs. 1 Nr. 1 a Satz 2 EStG beruhen – nicht als Erhaltungsaufwand sofort abziehbar, wenn sie im Rahmen einheitlich zu würdigender Instandsetzungs- und Modernisierungsmaßnahmen i. S. des § 6 Abs. 1 Nr. 1a Satz 1 EStG anfallen (BFH-Urteil vom 25.08.2009 IX R 20/08, BStBl. II 2010, 125).

II. Verfügung Bayer. Landesamt für Steuern vom 06.08.2010 – S 2211.1.1-4/2 St 32 –

Auf Bund-Länder-Ebene wurde erörtert, ob für die Anwendung des § 6 Abs. 1 Nr. 1a EStG hinsichtlich der Durchführung der Maßnahmen innerhalb der Dreijahresfrist der Beginn, der einzelne Bauabschnitt oder der Abschluss der Baumaßnahme entscheidungserheblich ist.

Die Erörterung führte zu folgendem Ergebnis:

Aufwendungen für nicht innerhalb von drei Jahren nach Anschaffung abgeschlossene Maßnahmen nach § 6 Abs. 1 Nr. 1a EStG sind insoweit zu berücksichtigen, als sie auf innerhalb des Dreijahreszeitraums getätigte Leistungen entfallen.

Die Baumaßnahmen müssen zum Ende des Dreijahreszeitraums weder abgeschlossen, abgerechnet, noch bezahlt sein.

Hierdurch soll die Umgehung von § 6 Abs. 1 Nr. 1a EStG, z. B. durch Hinauszögern des Abschlusses von Baumaßnahmen, verspätete Abnahme von Werkleistungen oder verspätete Bezahlung, verhindert werden.

Für den Fall, dass eine vor Ablauf der Dreijahresfrist begonnene Baumaßnahme erst nach Ablauf der Dreijahresfrist beendet wurde und die bis zum Ablauf des Dreijahreszeitraums bereits durchgeführten Leistungen die 15%-Grenze übersteigen, ist insoweit anschaffungsnaher Herstellungsaufwand gegeben. Die nach Beendigung der Dreijahresfrist noch getätigten Leistungen dieser Baumaßnahme werden nicht in die Ermittlung der 15%-Grenze einbezogen und unterliegen auch nicht der Regelung des § 6 Abs. 1 Nr. 1a EStG.

Es ist aber zu prüfen, ob diese Maßnahme zu Herstellungskosten i. S. d. BMF-Schreibens vom 18. Juli 2003 (BStBl. I Seite 386)[1] führt.

---

1) Siehe Anlage § 021-01.

Anlage § 006–14

Zu § 6 EStG

Abzinsung von Verbindlichkeiten und nach § 6 Abs. 1 Nrn. 3 und 3a

– BdF-Schreiben vom 26.5.2005 – IV B 2 – S 2175 – 7/05 (BStBl. I S. 699) –

Inhaltsübersicht   Randnummer

- **A. Bewertungsverfahren** — 1 – 2
- **B. Abzinsung von Verbindlichkeiten in der steuerlichen Gewinnermittlung**
  - I. Abzinsung von unverzinslichen Verbindlichkeiten, die in einem Betrag fällig sind (Fälligkeitsdarlehen)
    1. Ermittlung der maßgebenden Restlaufzeit am Bilanzstichtag
       - a) Grundsätze — 3 – 4
       - b) Vom Leben bestimmter Personen abhängige Laufzeit — 5
       - c) Verbindlichkeiten mit unbestimmter Laufzeit — 6 – 7
    2. Maßgebender Vervielfältiger — 8
  - II. Abzinsung von unverzinslichen Verbindlichkeiten, die in gleichen Jahresraten getilgt werden (Tilgungsdarlehen)
    1. Ermittlung der maßgebenden Restlaufzeit am Bilanzstichtag — 9
    2. Jahreswert und maßgebender Vervielfältiger (Kapitalwert) — 10
  - III. Ausnahmen von der Abzinsung — 11
    1. Laufzeit am Bilanzstichtag von weniger als zwölf Monaten — 12
    2. Verzinsliche Verbindlichkeiten
       - a) Allgemeines — 13 – 16
       - b) Verbindlichkeiten, die zeitweise verzinslich sind — 17 – 18
       - c) Verbindlichkeiten, deren Verzinsung vom Eintritt eines bestimmten Ereignisses abhängt (bedingt verzinsliche Verbindlichkeiten) — 19
    3. Anzahlungen oder Vorausleistungen — 20
  - IV. Unverzinsliche Verbindlichkeiten von Körperschaften gegenüber ihren Anteilseigner — 21 – 22
  - V. Unverzinsliche Verbindlichkeiten innerhalb einer Mitunternehmerschaft im Sinne von § 15 Abs. 1 Nr. 2 EStG — 23
- **C. Abzinsung von Rückstellungen in der steuerlichen Gewinnermittlung**
  - I. Abzinsung von Rückstellungen für Geld- und Sachleistungsverpflichtungen
    1. Ermittlung der voraussichtlichen Restlaufzeit einer Rückstellung am Bilanzstichtag
       - a) Grundsatz — 24
       - b) Geldleistungsverpflichtungen — 25
       - c) Sachleistungsverpflichtungen — 26
       - d) Garantie- und Gewährleistungsrückstellungen — 27
    2. Maßgebender Vervielfältiger — 28
  - II. Abzinsung von Rückstellungen für Verpflichtungen, für deren Entstehen im wirtschaftlichen Sinne der laufende Betrieb ursächlich ist — 29
  - III. Ausnahmen von der Abzinsung — 30
    1. Laufzeit am Bilanzstichtag von weniger als zwölf Monaten — 31
    2. Verzinslichkeit der einer Rückstellung zugrunde liegenden Verbindlichkeit
       - a) Grundsatz — 32
       - b) Rückstellungen für Steuerschulden — 33
    3. Auf Anzahlungen oder Vorausleistungen beruhende Rückstellungen — 34
- **D. Rücklagen nach § 52 Abs. 16 EStG**
  1. Gesetzliche Grundlage — 35 – 36
  2. Rücklagefähige Gewinne — 37

3. Auflösung der Rücklage	38
E. Gewerbesteuerliche Behandlung	39
F. Buchtechnische Abwicklung	40 – 41
G. Zeitliche Anwendung	42 – 43

Nach § 6 Abs. 1 Nr. 3 und 3a Buchstabe e Satz 1 des Einkommensteuergesetzes (EStG) in der Fassung des Steuerentlastungsgesetzes 1999/2000/2002 (BGBl 1999 I S. 402) sind Verbindlichkeiten und Rückstellungen mit einem Zinssatz von 5,5 % abzuzinsen. Die Neuregelung ist für nach dem 31. Dezember 1998 endende Wirtschaftsjahre anzuwenden (§ 52 Abs. 16 Satz 2 EStG). Ausgenommen sind Verbindlichkeiten und Rückstellungen, deren Laufzeiten am Bilanzstichtag weniger als 12 Monate betragen, die verzinslich sind oder auf einer Anzahlung oder Vorausleistung beruhen. Nach dem Ergebnis einer Erörterung mit den obersten Finanzbehörden der Länder gilt für die Abzinsung von Verbindlichkeiten und Rückstellungen Folgendes:

A. Bewertungsverfahren

Bei der Abzinsung von Verbindlichkeiten und Rückstellungen nach § 6 Abs. 1 Nr. 3 und 3a EStG sind finanz- oder versicherungsmathematische Grundsätze unter Berücksichtigung eines Zinssatzes von 5,5 % anzuwenden. **1**

Aus Vereinfachungsgründen kann der Abzinsungsbetrag auch nach §§ 12 bis 14 Bewertungsgesetz (BewG) ermittelt werden. Die vereinfachten Bewertungsverfahren sind einheitlich für alle abzuzinsenden Verbindlichkeiten oder Rückstellungen maßgebend und an den nachfolgenden Bilanzstichtagen beizubehalten. **2**

B. Abzinsung von Verbindlichkeiten in der steuerlichen Gewinnermittlung

I. Abzinsung von unverzinslichen Verbindlichkeiten, die in einem Betrag fällig sind (Fälligkeitsdarlehen)

1. Ermittlung der maßgebenden Restlaufzeit am Bilanzstichtag

    a) Grundsätze

    Die (verbleibende) Laufzeit einer Verbindlichkeit am Bilanzstichtag ist tagegenau zu berechnen. Dabei kann aus Vereinfachungsgründen das Kalenderjahr mit 360 Tagen, jeder volle Monat mit 30 Tagen, der Monat, in dem der Fälligkeitstag liegt, mit der Anzahl der tatsächlichen Tage einschließlich des Fälligkeitstages, höchstens jedoch mit 30 Tagen gerechnet werden. **3**

    Grundsätzlich ist der vereinbarte Rückzahlungszeitpunkt maßgebend. Ist nach den Verhältnissen am Bilanzstichtag davon auszugehen, dass die Rückzahlung voraussichtlich zu einem anderen Zeitpunkt erfolgt, ist dieser zu berücksichtigen. **4**

    Beispiel 1

    Nach dem Darlehensvertrag beträgt die Laufzeit einer Verbindlichkeit am Bilanzstichtag 31.12.2001 noch 2 Jahre (Rückzahlung am 31.12.2003). Eine vorzeitige Tilgung ist jedoch möglich. Im Dezember 2001 hat der Schuldner mitgeteilt, dass die Rückzahlung voraussichtlich bereits am 31.12.02 erfolgen wird.

    Die voraussichtliche Restlaufzeit beträgt nach den Erkenntnissen am Bilanzstichtag 31.12.2001 noch 12 Monate. Der vertragliche Rückzahlungstermin ist unbeachtlich.

    b) Vom Leben bestimmter Personen abhängige Laufzeit

    Ist die Laufzeit einer unverzinslichen Verbindlichkeit durch das Leben einer oder mehrerer Personen bedingt, ist bei Anwendung der Vereinfachungsregelung nach Randnummer 2 zur Berechnung der Laufzeit von der mittleren Lebenserwartung der betreffenden Personen am Bilanzstichtag auszugehen. Die jeweilige mittlere Lebenserwartung ergibt sich aus der „Sterbetafel für die Bundesrepublik Deutschland 1986/88 nach dem Gebietsstand seit dem 3. Oktober 1990" (vgl. Tabelle 1 in Anlage). **5**

    c) Verbindlichkeiten mit unbestimmter Laufzeit

    Steht am Bilanzstichtag der Rückzahlungszeitpunkt einer unverzinslichen Verbindlichkeit, deren Fälligkeit nicht vom Leben einer oder mehrerer bestimmter Personen abhängt, nicht fest, ist vorrangig die Restlaufzeit zu schätzen. Das gilt auch dann, wenn die Darlehensvereinbarung eine jederzeitige Kündbarkeit vorsieht oder die gesetzliche Kündigungsfrist nach § 488 Abs. 3 des Bürgerlichen Gesetzbuches (BGB) in der Fassung des Gesetzes zur Modernisierung des Schuldrechtes vom 26. November 2001 (BGBl I S. 3138) nicht ausgeschlossen wird. **6**

Anlage § 006–14 Zu § 6 EStG

7   Liegen für eine objektive Schätzung der Restlaufzeit keine Anhaltspunkte vor, kann hilfsweise § 13 Abs. 2 BewG analog angewendet werden:
Nach § 13 Abs. 2 BewG sind Nutzungen und Leistungen von unbestimmter Dauer, die nicht vom Leben bestimmter Personen abhängen, mit dem 9,3fachen des Jahreswertes zu bewerten. Nach der Tabelle 3 (Vervielfältiger für Tilgungsdarlehen, vgl. Randnummer 10) entspricht dieser Faktor unter Berücksichtigung der Randnummer 3 einer Laufzeit von 12 Jahren, 10 Monaten und 12 Tagen. Dementsprechend ergibt sich nach Tabelle 2 für Fälligkeitsdarlehen (vgl. Randnummer 8) ein Vervielfältiger von 0,503.

2. Maßgebender Vervielfältiger

8   Bei Anwendung der Vereinfachungsregelung nach Randnummer 2 erfolgt die Bewertung einer unverzinslichen Verbindlichkeit, die in einem Betrag fällig ist, mittels der als Anlage beigefügten Tabelle 2. Dabei ist der Nennwert der Verbindlichkeit mit dem von der Restlaufzeit abhängigen Vervielfältiger zu multiplizieren.

Beispiel 2
Die Restlaufzeit einer Verbindlichkeit beträgt am Bilanzstichtag 31.12.2001 noch ein Jahr, drei Monate und zehn Tage. Bei Anwendung der Vereinfachungsregelung ist der maßgebende Vervielfältiger nach Tabelle 2 wie folgt zu interpolieren:

Vervielfältiger für zwei Jahre:	0,898
Vervielfältiger für ein Jahr:	0,948
Differenz	– 0,050
davon (3/12 + 10/360):	– 0,014
interpoliert (0,948 – 0,014):	0,934

In der steuerlichen Gewinnermittlung zum 31.12.2001 ist die Verbindlichkeit (Nennwert 100 000 €) somit in Höhe von 100 000 € x 0,934 = 93 400 € anzusetzen.

II. Abzinsung von unverzinslichen Verbindlichkeiten, die in gleichen Jahresraten getilgt werden (Tilgungsdarlehen)

1. Ermittlung der maßgebenden Restlaufzeit am Bilanzstichtag

9   Die Restlaufzeit einer Verbindlichkeit, die in gleichen Jahresraten getilgt wird (Tilgungsdarlehen), endet unter sinngemäßer Anwendung der Randnummern 3 und 4 mit Fälligkeit der letzten Rate.

Beispiel 3
Zum Bilanzstichtag 31.12.2001 ist eine unverzinsliche Verbindlichkeit mit einem Restwert von 10 000 € zu bewerten, die an jedem 1. Tag eines Monats in Höhe von 500 € zu tilgen ist. Zum Bilanzstichtag 31.12.2001 sind noch insgesamt 20 Monatsraten à 500 € erforderlich, um die Verbindlichkeit vollständig zu tilgen. Die letzte Zahlung wird demnach am 01.08.2003 erfolgen. Die Restlaufzeit zum Bilanzstichtag 31.12.2001 beträgt somit ein Jahr, sieben Monate und ein Tag.

2. Jahreswert und maßgebender Vervielfältiger (Kapitalwert)

10 Bei Anwendung der Vereinfachungsregelung nach Randnummer 2 erfolgt die Bewertung einer unverzinslichen Verbindlichkeit, die in gleichen Jahresraten getilgt wird (Tilgungsdarlehen), mittels der als Anlage beigefügten Tabelle 3. Dabei ist der Jahreswert (Jahresbetrag) der Verbindlichkeit mit dem von der Restlaufzeit abhängigen Vervielfältiger zu multiplizieren. Der Jahreswert ist die Summe der Zahlungen innerhalb eines Jahres.

Beispiel 4
Sachverhalt wie Beispiel 3, von der Vereinfachungsregelung wird Gebrauch gemacht.
Der Jahreswert beträgt 12 x 500 € = 6 000 €. Zum Bilanzstichtag 31.12.2001 ist eine Restlaufzeit von 1 Jahr und 7 Monaten und 1 Tag maßgebend. Der Vervielfältiger (Kapitalwert) nach Tabelle 3 ermittelt sich wie folgt:

Kapitalwert für 2 Jahre:	1,897
Kapitalwert für 1 Jahr:	0,974
Differenz	0,923
davon (7/12 + 1/360):	0,541
interpoliert 0,974 – 0,541:	1,515

Zu § 6 EStG • Anlage § 006–14

In der steuerlichen Gewinnermittlung zum 31.12.2001 ist die Verbindlichkeit mit 6 000 € x 1,515 = 9 090 € anzusetzen.

III. Ausnahmen von der Abzinsung

Eine Abzinsung unterbleibt, wenn die Laufzeit der Verbindlichkeit am Bilanzstichtag weniger als 12 Monate beträgt, die Verbindlichkeit verzinslich ist oder auf einer Anzahlung oder Vorausleistung beruht (§ 6 Abs. 1 Nr. 3 Satz 2 EStG). Der Steuerpflichtige hat darzulegen, dass ein Tatbestand des § 6 Abs. 1 Nr. 3 Satz 2 EStG vorliegt. — 11

1. Laufzeit am Bilanzstichtag von weniger als zwölf Monaten [1)]

   Eine Laufzeit von weniger als zwölf Monaten ist gegeben, wenn die Verbindlichkeit vor Ablauf eines Jahres nach dem Bilanzstichtag vollständig getilgt wird. Auf die Randnummern 4 bis 7 wird hingewiesen. — 12

2. Verzinsliche Verbindlichkeiten

   a) Allgemeines

   Eine verzinsliche Verbindlichkeit liegt vor, wenn ein Zinssatz von mehr als 0 % vereinbart wurde. Dabei ist es unerheblich, ob am Bilanzstichtag fällige Zinsen auch tatsächlich gezahlt wurden. So ist bei einer Stundung von Zinszahlungen weiterhin eine verzinsliche Verbindlichkeit anzunehmen. — 13

   Stehen einer Verbindlichkeit keine Kapitalverzinsung, sondern andere wirtschaftliche Nachteile [2)] gegenüber (z. B. Verpflichtung zur unentgeltlichen Überlassung eines Wirtschaftsgutes des Betriebsvermögens), liegt eine verzinsliche Verbindlichkeit vor. — 14

   Die mit der Gewährung von Darlehen zur Förderung des sozialen Wohnungsbaus, des Wohnungsbaus für Angehörige des öffentlichen Dienstes und des Bergarbeiterwohnungsbaus oder anderer Förderprogramme im Bereich des Wohnungswesens verbundenen Auflagen, die den Darlehensnehmer insbesondere dazu verpflichten, die geförderten Wohnungen nur bestimmten Wohnungssuchenden zu überlassen (Belegungsbindung) oder Vorteile aus der Zinslosigkeit in Form von preisgünstigen Mieten an Dritte weiterzugeben, entsprechen in ihrem wirtschaftlichen Gehalt einer Zinsvereinbarung; derartige Darlehen sind nicht abzuzinsen (BMF-Schreiben vom 23. August 1999, BStBl. I S. 818). Entsprechendes kann gelten, wenn zinslose Kredite im Rahmen einer Regionalförderung an Unternehmen zweckgebunden gewährt werden und die Zweckbindung ihrem wirtschaftlichen Gehalt nach einer Zinsbelastung entspricht (z. B. Verpflichtung zur Schaffung zusätzlicher Dauerarbeitsplätze über einen bestimmten Zeitraum). — 15

   Ist nach den Umständen des jeweiligen Einzelfalles davon auszugehen, dass bei wirtschaftlicher Betrachtung eine Verzinslichkeit (d. h. eine Gegenleistung für die Kapitalüberlassung) nicht gegeben ist, liegt eine unverzinsliche Verbindlichkeit vor. — 16

   b) Verbindlichkeiten, die zeitweise verzinslich sind

   Ist nach der Darlehensvereinbarung nur in bestimmten Zeiträumen eine Verzinsung vorgesehen, liegt eine verzinsliche Verbindlichkeit vor. In diesem Fall unterbleibt eine Abzinsung; Randnummer 16 ist zu beachten. — 17

   Beispiel 5

   A gewährt Unternehmer U am 01.01.2001 ein Darlehen über 50 000 €. Die Rückzahlung soll am 31.12.2005 erfolgen. Eine vorzeitige Rückzahlung ist möglich. Für den Zeitraum 01.01.2004 bis 31.10.2004 sind Zinsen in Höhe von 5 % p. a. zu entrichten.

   Es handelt sich um ein verzinsliches Darlehen im Sinne von § 6 Abs. 1 Nr. 3 Satz 2 EStG, auch wenn teilweise keine Verzinsung vorgesehen ist. Eine Abzinsung unterbleibt.

   Weiterführung Beispiel 5

   Das Darlehen wird vorzeitig am 31.12.2003 zurückgezahlt.

   Die jeweiligen Bilanzansätze zum 31.12.2001 und 31.12.2002 bleiben unverändert, auch wenn das Darlehen aufgrund der vorzeitigen Tilgung vor Beginn des Zinslaufes tatsächlich unverzinst bleibt.

---

1) Ein mit gesetzlicher Frist kündbares Darlehen begründet keine Verbindlichkeit mit einer Laufzeit von weniger als 12 Monaten, wenn nach den Erfahrungen der Vergangenheit keine alsbaldige Kündigung droht (→ BFH vm 27.1.2010 – BStBl. II S. 478).

2) Die bloße Zweckbindung ist nicht geeignet, einen die Verzinsung ersetzenden Nachteil zu begründen; denn sie ändert nichts daran, dass der Zinsvorteil dem Darlehensnehmer ungeschmälert zugute kommt (→ BFH vom 27.1.2010 – BStBl. II S. 478).

Anlage § 006–14   Zu § 6 EStG

18   Entsteht oder entfällt aufgrund eines bestimmten Ereignisses die Verzinslichkeit im Sinne von § 6 Abs. 1 Nr. 3 Satz 2 EStG (z. B. neue vertragliche Vereinbarung zu den Zinskonditionen, Eintritt einer Bedingung), ist die Verbindlichkeit für die Anwendung der Steuerrechtsnorm ab dem Bilanzstichtag, der dem Ereignis folgt, nach den vorgenannten Grundsätzen neu zu bewerten. Das gilt unabhängig von der zivilrechtlichen Rechtslage. Die Bilanzansätze der dem Ereignis vorangegangenen Wirtschaftsjahre bleiben unberührt.

     c) Verbindlichkeiten, deren Verzinsung vom Eintritt eines bestimmten Ereignisses abhängt (bedingt verzinsliche Verbindlichkeiten)

19   Hängt nach der Darlehensvereinbarung die Verzinslichkeit im Sinne von § 6 Abs. 1 Nr. 3 Satz 2 EStG vom Eintritt einer Bedingung ab, bleibt diese Bedingung zunächst unberücksichtigt. Bei Eintritt der Bedingung gilt Randnummer 18 entsprechend.

     Beispiel 6

     A gewährt dem Unternehmer B am 01.01.2000 ein betriebliches Fälligkeitsdarlehen, das jährlich mit 5 % zu verzinsen ist. Fallen im Betrieb des B vor Rückzahlung des Darlehens Verluste an, entfällt die Verzinsung rückwirkend ab Beginn der Laufzeit. Bereits gezahlte Zinsen sind zu erstatten. Im Wirtschaftsjahr 01.01.2002 bis 31.12.2002 erwirtschaftet B einen Verlust.

     Die Bedingung (Entstehung eines Verlustes) ist erst zu berücksichtigen, wenn sie eingetreten ist (Randnummer 19). Die Verbindlichkeit ist daher als verzinsliches Darlehen (zunächst) nicht abzuzinsen. Der Verlust in 2002 führt zu einem die Verzinslichkeit beeinflussenden Ereignis im Sinne der Randnummer 18. Ab dem Bilanzstichtag, der dem Verlustentstehungsjahr folgt, d. h. ab dem 31.12.2003, ist die Verbindlichkeit abzuzinsen. Die Bilanzstichtage 31.12.2000 bis 31.12.2002 (keine Abzinsung) bleiben unberührt.

     Beispiel 7

     Nach der Darlehensvereinbarung ist die betriebliche Verbindlichkeit nur dann (rückwirkend) zu verzinsen, wenn der Gläubiger seinen Arbeitsplatz verliert und innerhalb eines Jahres keine neue Anstellung findet.

     Das Darlehen ist (zunächst) unverzinslich und daher abzuzinsen. Bei Eintritt der Bedingung ist die Verbindlichkeit zu verzinsen, so dass ab dem diesem Ereignis folgenden Bilanzstichtag der Nennwert anzusetzen ist. Die vorangegangenen Bewertungen bleiben aber unberührt (Randnummer 18).

     3. Anzahlungen oder Vorausleistungen

20   Anzahlungen und Vorausleistungen sind Vorleistungen, die in Erfüllung eines zu einem späteren Zeitpunkt noch zu vollziehenden Rechtsgeschäftes erbracht werden (vgl. auch Urteil des Bundesfinanzhofes – BFH – vom 2. Juni 1978 – BStBl. II S. 475 – und vom 21. November 1980, BStBl. 1981 II S. 179).

IV. Unverzinsliche Verbindlichkeiten von Körperschaften gegenüber ihren Anteilseignern

21   Erhält eine Körperschaft von einem Anteilseigner ein unverzinsliches Darlehen, sind die Regelungen zur Abzinsung von Verbindlichkeiten anzuwenden. Das gilt auch für verbundene Unternehmen (z. B. Organschaften). Ein Darlehen ist verzinslich im Sinne von § 6 Abs. 1 Nr. 3 Satz 2 EStG, wenn anstelle der Kapitalverzinsung andere Gegenleistungen im Sinne der Randnummern 14 und 15 gewährt werden.[1]

22   Die gewinnmindernden Erhöhungen der abgezinsten Verbindlichkeiten aufgrund kürzerer Restlaufzeiten sind keine Vergütungen im Sinne von § 8a KStG.

V. Unverzinsliche Verbindlichkeiten innerhalb einer Mitunternehmerschaft im Sinne von § 15 Abs. 1 Satz 1 Nr. 2 EStG

23   Die o. g. Regelungen zur Abzinsung von Verbindlichkeiten gelten auch bei Darlehen innerhalb einer Mitunternehmerschaft im Sinne von § 15 Abs. 1 Satz 1 Nr. 2 EStG, soweit es sich dabei ertragsteuerlich nicht um Einlagen oder Entnahmen handelt (vgl. z. B. BFH-Urteile vom 12. Dezember 1996, BStBl. 1998 II S. 180 zu Kapitalüberlassungen eines Gesellschafters an seine Personengesellschaft und vom 9. Mai 1996, BStBl. II S. 642 zu Darlehen von Personengesellschaften an deren Mitunternehmer).

---

1) Siehe dazu auch das BFH-Urteil vom 6.10.2009 (BStBl. 2010 II S. 177).

Zu § 6 EStG																																																																						Anlage § 006–14

C. Abzinsung von Rückstellungen in der steuerlichen Gewinnermittlung
I. Abzinsung von Rückstellungen für Geld- und Sachleistungsverpflichtungen
1. Ermittlung der voraussichtlichen Restlaufzeit einer Rückstellung am Bilanzstichtag
   a) Grundsatz

   Die voraussichtliche Restlaufzeit einer Rückstellung für eine ungewisse Verpflichtung am Bilanzstichtag ist nach den Umständen des jeweiligen Einzelfalles zu schätzen; die Randnummern 3 bis 7 gelten entsprechend. Hinsichtlich der Berechnung des Abzinsungsbetrages wird auf die Randnummern 1 und 2 verwiesen. 24

   b) Geldleistungsverpflichtungen

   Bei der Ermittlung der Laufzeit einer Geldleistungsverpflichtung ist auf den voraussichtlichen Erfüllungszeitpunkt abzustellen. Sind mehrere Teilbeträge zu entrichten, ist die Rückstellung entsprechend aufzuteilen. Die Teilleistungen sind dann hinsichtlich ihrer Fälligkeit einzeln zu beurteilen. 25

   c) Sachleistungsverpflichtungen

   Bei Sachleistungsverpflichtungen ist gemäß § 6 Abs. 1 Nr. 3a Buchstabe e Satz 2 EStG auf den Zeitraum bis zum Beginn der Erfüllung der Verpflichtung abzustellen. Ist eine in Teilleistungen zu erbringende Verpflichtung als Einheit zu sehen, ist der Beginn der ersten Teilleistung maßgebend. 26

   d) Garantie- und Gewährleistungsrückstellungen

   Die Laufzeit von Einzelrückstellungen für Garantie- und Gewährleistungsansprüche (Sachleistungsverpflichtungen) ist nach den Umständen des jeweiligen Einzelfalles zu schätzen. Auf Pauschalrückstellungen findet das Abzinsungsgebot gemäß § 6 Abs. 1 Nr. 3a Buchstabe e EStG aus Vereinfachungsgründen keine Anwendung. 27

2. Maßgebender Vervielfältiger

   Bei Anwendung der Vereinfachungsregelung nach Randnummer 2 erfolgt die Bewertung einer abzuzinsenden Rückstellung für eine Geld- oder Sachleistungsverpflichtung mittels Tabelle 2. Dabei ist die Rückstellung unter Berücksichtigung der Wertverhältnisse am Bilanzstichtag mit dem von der Restlaufzeit abhängigen Vervielfältiger zu multiplizieren. 28

II. Abzinsung von Rückstellungen für Verpflichtungen, für deren Entstehen im wirtschaftlichen Sinne der laufende Betrieb ursächlich ist

Nach § 6 Abs. 1 Nr. 3a Buchstabe d Satz 1 EStG sind Rückstellungen für Verpflichtungen, für deren Entstehen im wirtschaftlichen Sinne der laufende Betrieb ursächlich ist, zeitanteilig in gleichen Raten anzusammeln. Gleichzeitig sind die ratierlich angesammelten Rückstellungen abzuzinsen (§ 6 Abs. 1 Nr. 3a Buchstabe e Satz 1 EStG). Bei der Abzinsung gelten die Randnummern 24 bis 28 entsprechend. 29

Beispiel 8

Unternehmer U pachtet ab 01.01.2001 für 20 Jahre ein unbebautes Grundstück und errichtet eine betrieblich genutzte Lagerhalle. U hat sich verpflichtet, die Lagerhalle nach Ablauf des Pachtvertrages abzureißen. Die voraussichtlichen Kosten betragen nach den Verhältnissen des Bilanzstichtages 31.12.2001 insgesamt 20 000 €, am 31.12.2002 21 000 €. Bei der Abzinsung soll die Vereinfachungsregelung angewendet werden.

Für die Abrissverpflichtung hat U eine Rückstellung für ungewisse Verbindlichkeiten zu bilden. Da für das Entstehen der Verpflichtung im wirtschaftlichen Sinne der laufende Betrieb ursächlich ist (Nutzung der Lagerhalle), ist die Rückstellung nach § 6 Abs. 1 Nr. 3a Buchstabe d Satz 1 EStG zeitanteilig in gleichen Raten anzusammeln.

Bewertung am Bilanzstichtag 31.12.2001

Zum 31.12.2001 ist unter Berücksichtigung der Wertverhältnisse am Bilanzstichtag eine Rückstellung von 1/20 x 20 000 € = 1.000 € anzusetzen, die zusätzlich nach § 6 Abs. 1 Nr. 3a Buchstabe e Satz 1 EStG abzuzinsen ist. Der Beginn der Erfüllung der Sachleistungsverpflichtung (Abbruch) ist voraussichtlich der 31.12.2020 (Ablauf des Pachtvertrages). Am 31.12.2001 ist somit eine Restlaufzeit von 19 Jahren maßgebend. Nach Tabelle 2 ergibt sich ein Vervielfältiger von 0,362. Der Ansatz in der steuerlichen Gewinnermittlung zum 31.12.2001 beträgt somit 1 000 € x 0,362 = 362 €.

Bewertung am Bilanzstichtag 31.12.2002

Am 31.12.2002 sind unter Berücksichtigung der erhöhten voraussichtlichen Kosten nach den Verhältnissen am Bilanzstichtag 31.12.2002 und einer Restlaufzeit von 18 Jahre 2/20 x 21 000 € x 0,381 = 800 € anzusetzen.

Anlage § 006–14

III. Ausnahmen von der Abzinsung

30 Die Ausnahmen hinsichtlich der Abzinsung von Verbindlichkeiten (§ 6 Abs. 1 Nr. 3 Satz 2 EStG) gelten nach § 6 Abs. 1 Nr. 3a Buchstabe e Satz 1 zweiter Halbsatz EStG entsprechend. Somit unterbleibt eine Abzinsung, wenn die Laufzeit der Rückstellung am Bilanzstichtag weniger als 12 Monate beträgt, die auf der Rückstellung basierende ungewisse Verbindlichkeit verzinslich ist oder die Rückstellung auf einer Anzahlung oder Vorausleistung beruht.

1. Laufzeit am Bilanzstichtag von weniger als zwölf Monaten

31 Auf die Randnummern 24 bis 27 wird hingewiesen.

2. Verzinslichkeit der einer Rückstellung zugrunde liegenden Verbindlichkeit

a) Grundsatz

32 Für die Frage, ob die einer Rückstellung zugrunde liegende Verbindlichkeit verzinslich ist, gelten die in Abschnitt B genannten Regelungen (Randnummern 13 bis 18) zur Verzinslichkeit von Verbindlichkeiten entsprechend.

b) Rückstellungen für Steuerschulden

33 Rückstellungen für Steuerschulden, die nach § 233a Abgabenordnung – AO – verzinst werden, sind nicht abzuzinsen. Insoweit basiert die ungewisse Verbindlichkeit auf einer zeitweise verzinslichen Verpflichtung im Sinne der Randnummer 17. Aus Vereinfachungsgründen gilt dies auch dann, wenn möglicherweise Zinsen nicht festgesetzt werden (z. B. bei einer Steuerfestsetzung vor Beginn des Zinslaufs nach § 233a Abs. 2 AO).

3. Auf Anzahlungen oder Vorausleistungen beruhende Rückstellungen

34 Auf Randnummer 20 wird verwiesen.

D. Rücklagen nach § 52 Abs. 16 EStG[1)]

1. Gesetzliche Regelung

35 Nach § 52 Abs. 16 Sätze 10 und 12 EStG gelten die Regelungen in § 6 Abs. 1 Nr. 3 und 3a EStG auch für Verbindlichkeiten und Rückstellungen, die bereits zum Ende eines vor dem 1. Januar 1999 endenden Wirtschaftsjahres angesetzt oder gebildet worden sind. Für den entsprechenden, aufgrund der erstmaligen Abzinsung entstandenen Gewinn kann jeweils in Höhe von neun Zehntel eine den Gewinn mindernde Rücklage gebildet werden (Wahlrecht), die in den folgenden neun Wirtschaftsjahren jeweils mit mindestens einem Neuntel gewinnerhöhend aufzulösen ist (§ 52 Abs. 16 Sätze 11 und 14 EStG). Scheidet die gesamte Verbindlichkeit während des Auflösungszeitraums aus dem Betriebsvermögen oder wird die gesamte Rückstellung aufgelöst, ist die entsprechende Rücklage zum Ende des Wirtschaftsjahres des Ausscheidens oder der Auflösung in vollem Umfang gewinnerhöhend aufzulösen. Wird die Verbindlichkeit nicht vollständig, sondern lediglich bis auf einen geringen Restbetrag getilgt, ist zu prüfen, ob im Hinblick auf § 52 Abs. 16 Satz 11 zweiter Teilsatz EStG ein Missbrauch von Gestaltungsmöglichkeiten im Sinne von § 42 AO vorliegt. Die Rücklage ist in Übereinstimmung mit der handelsrechtlichen Jahresbilanz zu bilden (§ 5 Abs. 1 Satz 2 EStG); die steuerrechtliche Anerkennung der Rücklage ist jedoch vom Ausweis eines entsprechenden Sonderpostens mit Rücklagenanteil in der Handelsbilanz nur abhängig, soweit auch in der Handelsbilanz durch Abzinsung ein entsprechend höherer Gewinn ausgewiesen wird.

36 Die genannten Grundsätze gelten nicht für Gewinne aus der Abzinsung von Verbindlichkeiten und Rückstellungen, die erstmals in nach dem 31. Dezember 1998 endenden Wirtschaftsjahren passiviert werden.

2. Rücklagefähige Gewinne

37 Es ist ausschließlich die Gewinnauswirkung aufgrund der erstmaligen Anwendung der Abzinsungsregelung rücklagefähig. Sonstige gewinnwirksame Änderungen der Bewertung einer Verbindlichkeit oder Rückstellung bleiben unberücksichtigt. Dabei ist die am Ende des dem Wirtschaftsjahr der erstmaligen Abzinsung vorangegangenen Wirtschaftsjahres passivierte Verbindlichkeit oder Rückstellung (Ausgangswert) nach den Verhältnissen am Ende des Wirtschaftsjahres der erstmaligen Anwendung der Abzinsungsregelung abzuzinsen. Soweit im Wirtschaftsjahr der erstmaligen Abzinsung Änderungen zu einer nicht gewinnerhöhenden Verminderung der abzuzinsenden Verbindlichkeit oder Rückstellung führen (z. B. geringere voraussichtliche Aufwendungen), sind diese Änderungen vom Ausgangswert abzuziehen.

---
1) EStG i. d. F. vor BilMoG.

Zu § 6 EStG   **Anlage § 006–14**

Beispiel 9

Wie Beispiel 8, der Bilanzstichtag 31.12.2001 ist jedoch durch 31.12.1998 und der Bilanzstichtag 31.12.2002 durch 31.12.1999 (erstmalige gesetzliche Abzinsung) zu ersetzen. Die noch in Deutsche Mark aufzustellende Bilanz 31.12.1998 wurde aus Vereinfachungsgründen in Euro umgerechnet.

In der steuerlichen Gewinnermittlung 31.12.1998 ist die Ansammlungsrückstellung nach bisheriger Rechtslage noch nicht abzuzinsen und somit in Höhe von 1 000 € anzusetzen. Bei der Bewertung der Rückstellungen in der steuerlichen Gewinnermittlung 31.12.1999 ist erstmals eine Abzinsung erforderlich.

Ohne Abzinsung wäre die Rückstellung mit 2/20 x 21 000 € = 2.100 € zu bewerten. Die Gewinnminderung aufgrund der aufzustockenden Rückstellung würde 1 100 € betragen. Nach der gesetzlichen Neuregelung sind jedoch 2/20 x 21 000 € x 0,381 = 800 € anzusetzen, so dass die bisherige Rückstellung um 200 € zu vermindern ist und sich der Gewinn entsprechend erhöht. Rücklagefähig nach § 52 Abs. 16 EStG ist die Gewinnauswirkung aus der Abzinsung der Rückstellung zum 31.12.1998 (1 000 €) mit dem Abzinsungsfaktor am Ende des Wirtschaftsjahres 1999. Eine Korrektur des Rückstellungsansatzes 31.12.1998 als Ausgangswert für die Abzinsung erfolgt nicht, da die Rückstellung in 1999 vor der Abzinsung nicht zu vermindern, sondern ausschließlich zu erhöhen ist.

Ansatz zum 31.12.1998:	1 000 €
Ansatz nach Abzinsung mit dem Faktor am 31.12.1999: 1 000 € x 0,381 =	381 €
Abzinsungsbetrag:	619 €
davon rücklagefähig 9/10 =	557 €

Beispiel 10

In der Bilanz 31.12.1998 wurde eine Rückstellung für eine unverzinsliche, ungewisse Verbindlichkeit mit 100 000 € bewertet (zur Vereinfachung Umrechnung DM in €). Nach den Erkenntnissen bei Aufstellung der Bilanz zum 31.12.1999 werden die voraussichtlichen Aufwendungen jedoch nur 80 000 € betragen (voraussichtliche Erfüllung in 5 Jahren). Bei der Abzinsung wird von der Vereinfachungsregelung Gebrauch gemacht.

In der Bilanz 31.12.1999 sind die voraussichtlichen Aufwendungen in Höhe von 80 000 € maßgebend. Zudem ist die Rückstellung nach § 6 Abs. 1 Nr. 3a Buchstabe e EStG abzuzinsen. Es ergibt sich ein Ansatz von 80 000 € x 0,765 = 61 200 € und eine Gewinnerhöhung von 100 000 € – 61 200 € = 38 800 €. Rücklagefähig ist jedoch nur der Teil der Gewinnerhöhung, der auf der (erstmaligen) Abzinsung beruht:

Ansatz zum 31.12.1998 abzüglich der Verminderung in 1999 vor der Abzinsung (100.000 € – 20.000 €):	80 000 €
Ansatz nach Abzinsung mit dem Faktor am 31.12.1999: 80 000 € x 0,765 =	61 200 €
Abzinsungsbetrag:	18 800 €
davon rücklagefähig 9/10 =	16 920 €

3. Auflösung der Rücklage

Die Rücklage ist in den dem Wirtschaftsjahr der Bildung folgenden Wirtschaftsjahren jeweils mit mindestens 1/9 gewinnerhöhend aufzulösen. Das gilt auch dann, wenn die tatsächliche oder voraussichtliche Restlaufzeit kürzer ist als der Auflösungszeitraum. In diesen Fällen ist die verbleibende Rücklage bei Ausscheiden der Verbindlichkeit oder bei Auflösung der Rückstellung in einem Betrag gewinnerhöhend aufzulösen. **38**

Fortsetzung Beispiel 10

Zum 31.12.1999 wird eine den Gewinn mindernde Rücklage von 16 920 € passiviert, die in den folgenden Wirtschaftsjahren mindestens zu 1/9 = 1 880 € gewinnerhöhend aufzulösen ist. Da die Rückstellung zum 31.12.2004 aufgelöst wird, ist auch die verbleibende Rücklage von 16 920 € – (1 880 € x 4) = 9 400 € gewinnerhöhend auszubuchen.

Die Ausbuchung des höheren Restbetrages kann beispielsweise dadurch vermieden werden, dass anstelle der jährlichen Auflösung von 1/9 die Rücklage an den Bilanzstichtagen 31.12.2000 bis

1309

31.12.2004 zu je 1/5 = 3 384 € gewinnerhöhend aufgelöst wird. Ein höherer Restbetrag bei Auflösung der Rückstellung verbleibt in diesem Fall nicht.

E. Gewerbesteuerliche Behandlung

39 Aus dem Abzinsungsvorgang nach § 6 Abs. 1 Nr. 3 EStG ergeben sich keine Dauerschuldentgelte im Sinne von § 8 Nr. 1 Gewerbesteuergesetz (GewStG).[1]

F. Buchtechnische Abwicklung

40 Die Abzinsungsregelungen nach § 6 Abs. 1 Nr. 3 und 3a Buchstabe e Satz 1 und 2 EStG sind spezielle bilanzsteuerrechtliche Vorschriften für die Bewertung von Verbindlichkeiten und Rückstellungen in der steuerlichen Gewinnermittlung.

41 Ist eine Verbindlichkeit oder Rückstellung abzuzinsen, ist in der steuerlichen Gewinnermittlung stets der abgezinste Betrag auszuweisen; die Bildung eines Rechnungsabgrenzungspostens unterbleibt. Dabei stellt die Abzinsung einen außerordentlichen Ertrag, die nachfolgende Aufzinsung einen außerordentlichen Aufwand dar.

G. Zeitliche Anwendung

42 Die Grundsätze dieses Schreibens sind vorbehaltlich Randnummer 43 in allen noch offenen Fällen anzuwenden.

43 Bei der Bewertung von Verbindlichkeiten, die vor dem 1. Juni 2005 entstanden sind und deren Verzinsung von künftigen Einnahmen, Gewinnen oder ähnlichen Betriebsvermögensmehrungen abhängt, ist abweichend von Randnummer 19 aus Vertrauensschutzgründen davon auszugehen, dass diese Bedingungen eintreten werden und folglich zeitweise verzinsliche Verbindlichkeiten im Sinne von Randnummer 17 vorliegen. Bei Verbindlichkeiten, die nach dem 31. Mai 2005 entstanden sind, ist Randnummer 19 uneingeschränkt anzuwenden.

Beispiel 11

Einem in Zahlungsschwierigkeiten befindlichen Unternehmen wird am 1. Juli 2004 ein Darlehen gewährt. Um eine Überschuldung zu vermeiden, hat der Darlehensgeber gegen Besserungsschein auf eine Verzinsung der Verbindlichkeit verzichtet. Bei Wegfall des Liquiditätsengpasses soll aber eine (nachträgliche) marktübliche Verzinsung ab Beginn der Darlehenslaufzeit erfolgen.

Die Verzinslichkeit der Verbindlichkeit hängt vom Betriebsvermögensmehrungsmerkmal „Liquidität" ab. Nach Randnummer 43 ist bei vor dem 1. Juni 2005 entstandenen Verbindlichkeiten bei der Bewertung davon auszugehen, dass die Bedingung (Wegfall des Liquiditätsengpasses) eintreten wird. Eine Abzinsung unterbleibt, da aufgrund dieser Annahme eine teilweise verzinsliche Verpflichtung i. S. v. Randnummer 17 vorliegt.

Beispiel 12

Nach der Darlehensvereinbarung (Vertrag vom 30. Juni 2004) ist die Verbindlichkeit grundsätzlich verzinslich. Für Wirtschaftsjahre, in denen kein Bilanzgewinn ausgewiesen wird, sind jedoch keine Zinsleistungen zu erbringen. Im Wirtschaftsjahr 1. Januar 2004 bis 31. Dezember 2004 weist der Schuldner einen Bilanzverlust aus.

Nach Randnummer 19 bleibt die Bedingung, nach der eine Verzinsung für Wirtschaftsjahre unterbleibt, in denen kein Bilanzgewinn ausgewiesen wird, zunächst unberücksichtigt. Da der Schuldner bereits im Wirtschaftsjahr des Beginns der Darlehenslaufzeit einen Bilanzverlust ausgewiesen hat, d. h. die Bedingung eingetreten ist, gilt Randnummer 18 entsprechend, so dass für Zwecke der **steuerbilanziellen Abzinsung** ab dem Bilanzstichtag, dem Verluststehungsjahr folgt, d. h. ab dem 31. Dezember 2005, grundsätzlich abzuzinsen wäre, das Darlehen (zunächst) unverzinst bleibt. Gleichzeitig liegt aber ein neues ungewisses Ereignis i. S. v. Randnummer 19 vor, denn im Falle von künftigen Bilanzgewinnen lebt die Verzinsung wieder auf. Da die Verzinsung des Darlehens weiterhin von künftigen Bilanzgewinnen abhängt, gilt die Fiktion gemäß Randnummer 43, so dass weiterhin nicht abgezinst wird.

---

[1] Auch nach der ab 2008 geltenden Neufassung des § 8 Nr. 1 GewStG ist der Aufzinsungsbetrag nicht hinzuzurechnen (vgl. Rdnr. 12 des Ländererlasses vom 2.7.2012, BStBl. I S. 654).

Zu § 6 EStG   Anlage § 006–14

Tabelle 1

Mittlere Lebenserwartung, abgeleitet aus der „Sterbetafel für die Bundesrepublik Deutschland 1986/1988 nach dem Gebietsstand seit dem 3. Oktober 1990"
(Die Zahlen der mittleren Lebenserwartung sind jeweils auf- oder abgerundet)

Bei einem erreichten Alter von ... Jahren	beträgt die mittlere Lebenserwartung für		Bei einem erreichten Alter von ... Jahren	beträgt die mittlere Lebenserwartung für	
	Männer	Frauen		Männer	Frauen
20	53	59	62	16	20
21	52	58	63	15	19
22	51	57	64	14	18
23	50	56	65	14	17
24	49	55	66	13	17
25	48	54	67	12	16
26	47	53	68	12	15
27	46	52	69	11	14
28	45	51	70	11	14
29	44	50	71	10	13
30	43	49	72	10	12
31	42	48	73	9	11
32	42	47	74	8	11
33	41	46	75	8	10
34	40	45	76	8	9
35	39	44	77	7	9
36	38	43	78	7	8
37	37	42	79	6	8
38	36	41	80	6	7
39	35	40	81	6	7
40	34	40	82	5	6
41	33	39	83	5	6
42	32	38	84	5	6
43	31	37	85	4	5
44	30	36	86	4	5
45	29	35	87	4	4
46	29	34	88	4	4
47	28	33	89	3	4
48	27	32	90	3	4
49	26	31	91	3	3
50	25	30	92	3	3
51	24	29	93	3	3
52	23	28	94	2	3
53	23	27	95	2	3
54	22	27	96	2	2
55	21	26	97	2	2
56	20	25	98	2	2
57	19	24	99	2	2
58	19	23	100	2	2
59	18	22			
60	17	21			
61	17	21			

Anlage § 006–14 Zu § 6 EStG

Tabelle 2
Vervielfältiger für die Abzinsung einer unverzinslichen Schuld, die nach bestimmter Zeit in einem Betrag fällig ist, im Nennwert von 1,– €

Laufzeit in Jahren	maßgebender Vervielfältiger	Laufzeit in Jahren	maßgebender Vervielfältiger	Laufzeit in Jahren	maßgebender Vervielfältiger
1	0,948	36	0,146	71	0,022
2	0,898	37	0,138	72	0,021
3	0,852	38	0,131	73	0,020
4	0,807	39	0,124	74	0,019
5	0,765	40	0,117	75	0,018
6	0,725	41	0,111	76	0,017
7	0,687	42	0,106	77	0,016
8	0,652	43	0,100	78	0,015
9	0,618	44	0,095	79	0,015
10	0,585	45	0,090	80	0,014
11	0,555	46	0,085	81	0,013
12	0,526	47	0,081	82	0,012
13	0,499	48	0,077	83	0,012
14	0,473	49	0,073	84	0,011
15	0,448	50	0,069	85	0,011
16	0,425	51	0,065	86	0,010
17	0,402	52	0,062	87	0,009
18	0,381	53	0,059	88	0,009
19	0,362	54	0,056	89	0,009
20	0,343	55	0,053	90	0,008
21	0,325	56	0,050	91	0,008
22	0,308	57	0,047	92	0,007
23	0,292	58	0,045	93	0,007
24	0,277	59	0,042	94	0,007
25	0,262	60	0,040	95	0,006
26	0,249	61	0,038	96	0,006
27	0,236	62	0,036	97	0,006
28	0,223	63	0,034	98	0,005
29	0,212	64	0,032	99	0,005
30	0,201	65	0,031	100	0,005
31	0,190	66	0,029		
32	0,180	67	0,028		
33	0,171	68	0,026		
34	0,162	69	0,025		
35	0,154	70	0,024		

Zu § 6 EStG Anlage § 006–14

Tabelle 3

Vervielfältiger für die Abzinsung einer unverzinslichen Schuld, die in gleichen Jahresraten getilgt wird
Der Jahresbetrag der Raten wurde mit 1,– € angesetzt.

Laufzeit in Jahren	maßgebender Vervielfältiger	Laufzeit in Jahren	maßgebender Vervielfältiger	Laufzeit in Jahren	maßgebender Vervielfältiger	Laufzeit in Jahren	maßgebender Vervielfältiger
1	0,974	36	15,963	71	18,264	106	18,618
2	1,897	37	16,105	72	18,286	107	18,621
3	2,772	38	16,239	73	18,307	108	18,624
4	3,602	39	16,367	74	18,326	109	18,627
5	4,388	40	16,487	75	18,345	110	18,630
				71			
6	5,133	41	16,602	76	18,362	111	18,633
7	5,839	42	16,710	77	18,379	112	18,635
8	6,509	43	16,813	78	18,395	113	18,638
9	7,143	44	16,910	79	18,410	114	18,640
10	7,745	45	17,003	80	18,424	115	18,642
				71			
11	8,315	46	17,090	81	18,437	116	18,644
12	8,856	47	17,173	82	18,450	117	18,646
13	9,368	48	17,252	83	18,462	118	18,648
14	9,853	49	17,326	84	18,474	119	18,650
15	10,314	50	17,397	85	18,485	120	18,652
				71			
16	10,750	51	17,464	86	18,495	121	18,653
17	11,163	52	17,528	87	18,505	122	18,655
18	11,555	53	17,588	88	18,514	123	18,656
19	11,927	54	17,645	89	18,523	124	18,657
20	12,279	55	17,699	90	18,531	125	18,659
				71			
21	12,613	56	17,750	91	18,539	126	18,660
22	12,929	57	17,799	92	18,546	127	18,661
23	13,229	58	17,845	93	18,553	128	18,662
24	13,513	59	17,888	94	18,560	129	18,663
25	13,783	60	17,930	95	18,566	130	18,664
				71			
26	14,038	61	17,969	96	18,572	131	18,665
27	14,280	62	18,006	97	18,578	132	18,666
28	14,510	63	18,041	98	18,583	133	18,667
29	14,727	64	18,075	99	18,589	134	18,668
30	14,933	65	18,106	100	18,593	135	18,668
				71			
31	15,129	66	18,136	101	18,598	136	18,669
32	15,314	67	18,165	102	18,602	137	18,670
33	15,490	68	18,192	103	18,607	138	18,670
34	15,656	69	18,217	104	18,611	139	18,671
35	15,814	70	18,242	105	18,614	140	18,671

Anlage § 006–15

Zu § 6 EStG

Aufwendungen zur Einführung eines betriebswirtschaftlichen Softwaresystems (ERP-Software)

– BdF-Schreiben vom 18.11.2005 – IV B 2 – S 2172 – 37/05 (BStBl. I S. 1025) –

Im Einvernehmen mit den obersten Finanzbehörden der Länder gelten für die bilanzsteuerrechtliche Behandlung der Aufwendungen zur Einführung eines betriebswirtschaftlichen Softwaresystems (ERP-Software[1]) folgende Grundsätze:

I. Begriffsbestimmung

1 ERP-Software ist ein Softwaresystem, das zur Optimierung von Geschäftsprozessen eingesetzt und aus verschiedenen Modulen (z.B. Fertigung, Finanzen, Logistik, Personal, Vertrieb) zusammengestellt wird. Wesensmerkmal eines ERP-Systems ist die Funktion zur umfassenden Integration und Steuerung verschiedener Unternehmensaktivitäten. Für den betrieblichen Einsatz ist es notwendig, die Programme an die unternehmensspezifischen Belange anzupassen. Der Gesamtvorgang der Einführung der ERP-Software wird als Implementierung bezeichnet.

II. Art und Umfang des Wirtschaftsgutes

2 ERP-Software ist regelmäßig Standardsoftware und bei entgeltlichem Erwerb ein aktivierungspflichtiges immaterielles Wirtschaftsgut des Anlagevermögens. Dabei bilden alle Module zusammen – wegen ihres einheitlichen Nutzungs- und Funktionszusammenhangs – ein Softwaresystem (d.h. ein Wirtschaftsgut). Dies gilt auch, wenn die Module zu unterschiedlichen Zeitpunkten oder von unterschiedlichen Softwareherstellern erworben werden, es sei denn, der Steuerpflichtige weist nach, dass einzelne Module nicht in das Gesamtsystem zur Steuerung der Geschäftsprozesse integriert werden, also selbständig nutzbar sind. Der Steuerpflichtige erwirbt mit der Software entsprechende Lizenzrechte vom Anbieter (Softwarehersteller oder ein von diesem berechtigter Unternehmer).

III. Anschaffung

3 Ist Gegenstand der Verträge mit dem Anbieter und/oder mit Dritten ein eingerichtetes Softwaresystem (Erwerb einer Standardsoftware und ihre Implementierung), liegt ein aktivierungspflichtiger Anschaffungsvorgang vor. Dies gilt auch, wenn die erworbene Standardsoftware ganz oder teilweise mit eigenem Personal implementiert wird (Herstellung der Betriebsbereitschaft).

4 Die erforderliche Implementierung der ERP-Software macht diese nicht zu einer Individualsoftware und führt damit nicht zu einem Herstellungsvorgang, wenn keine wesentlichen Änderungen am Quellcode vorgenommen werden; die Anpassung an die betrieblichen Anforderungen (sog. Customizing) erfolgt regelmäßig ohne Programmierung. Insofern kann von einer Selbstherstellung und infolgedessen von einem Aktivierungsverbot nicht ausgegangen werden. Ein Indiz für wesentliche Änderungen am Quellcode ist gegeben, soweit diese Auswirkungen auf die zivilrechtliche Gewährleistung des Software-Herstellers haben.

Bei der Zuordnung der Aufwendungen im Zusammenhang mit der Anschaffung ist von folgenden Grundsätzen auszugehen:

1. Planungskosten

5 Planungskosten umfassen die Aufwendungen für die Analyse der Geschäftsprozesse, die notwendige Vorstufe für die Einführung einer ERP-Software ist. Diese sind Anschaffungsnebenkosten, soweit sie in direktem Zusammenhang zum anzuschaffenden Softwaresystem stehen und nach der Kaufentscheidung anfallen (Abgrenzung vgl. Rdnr. 14).

2. Implementierungskosten

6 Implementierungskosten unterteilen sich in Aufwendungen für Customizing, Modifications (Programmänderung) und Extensions (Programmerweiterung) und sind als Anschaffungsnebenkosten zu behandeln (Ausnahme vgl. Rdnrn. 8 und 13). Customizing bezeichnet dabei die Anpassung an die Struktur des Unternehmens und die Organisationsabläufe ohne Programmierung (nur branchen- und unternehmensspezifische Einstellungen in Tabellen). Die Höhe der Kosten (ca. das 5 bis 10-fache der Lizenzkosten) führt dabei nicht zur Herstellung eines immateriellen Wirtschaftsgutes, weil die umfangreichen Einstellungen lediglich der Herstellung der Betriebsbereitschaft eines bereits angeschafften, standardisierten Wirtschaftsgutes dienen. Mit den Einstellungen werden keine neuen Funktionen der

---

[1] Enterprise Resource Planning Software

Software geschaffen, sondern lediglich vom Softwarehersteller ausgelieferte Funktionen betriebsbereit gemacht. Zur Abgrenzung von Herstellungskosten vgl. Rdnr. 12.

Eigenleistungen, die mit der Anschaffung und Implementierung des Softwaresystems im direkten Zusammenhang stehen und diesem einzeln zugeordnet werden können, wie z.B. Kosten für die Installation und Parametrisierung sowie den hierdurch verursachten Personalaufwand, weitere innerbetriebliche Personalkosten (dazu zählen auch die Aufwendungen für die Schulung des eigenen Personals für die Unterstützung der Durchführung und Mitgestaltung des Customizings), Raumkosten oder Reisekosten gehören zu den Anschaffungsnebenkosten. 7

Soweit Anpassungsvorgänge über das Customizing hinausgehen, z. B. Erstellung von aufwändigen Reports oder Programmierung von Schnittstellen, ist zu unterscheiden, ob diese Funktionen bei Vergleich mit der Gesamtheit der vom Softwarehersteller ausgelieferten Funktionen eine Erweiterung oder wesentliche Verbesserung darstellen oder ob vorhandene Funktionen ohne wesentliche Verbesserung lediglich modifiziert werden. Eine Erweiterung oder wesentliche Verbesserung ist immer dann anzunehmen, wenn die Software eine zusätzliche Funktionalität erhält oder ihr Anwendungsbereich über die standardmäßig vorgesehenen Einsatzgebiete hinaus ausgedehnt wird. Wesentliche Änderungen am Quellcode oder Umprogrammierungen im Programmablauf (in der Sequenz der Programmbefehle) sind immer als Erweiterung anzusehen. Aufwendungen für Erweiterungen oder wesentliche Verbesserungen sind Herstellungskosten und bei Eigenherstellung wegen des Aktivierungsverbots gemäß § 5 Abs. 2 EStG als Betriebsausgabe zu behandeln. 8

3. Nachträglich entstehende Aufwendungen

Wird das vorhandene Softwaresystem durch nachträglich angeschaffte Module – unabhängig vom Hersteller – erweitert, handelt es sich um nachträgliche Anschaffungskosten des Wirtschaftsgutes Softwaresystem, da sie nach ihrer Integration unselbständige Bestandteile dieses Wirtschaftsgutes sind. Ggf. ist eine neue Restnutzungsdauer zu bestimmen. Ein neues Wirtschaftsgut entsteht erst, wenn eine völlige Neukonzeption der betriebswirtschaftlichen Software und der dann dafür erforderlichen Hardwareumgebung stattfindet. Für die Qualifizierung der Aufwendungen (Anschaffungs- oder Herstellungskosten) gelten die Rdnr. 6 und 12 entsprechend. Aufwendungen für den Erwerb von weiteren Nutzungsrechten für zusätzliche Benutzer führen zu nachträglichen Anschaffungskosten. 9

Aufwendungen der in Rdnr. 16 (Wartungskosten) genannten Art für eine tief greifende Überarbeitung einer bisherigen Programmversion im Sinne eines Generationswechsels können als Anschaffungskosten eines neuen Wirtschaftsgutes zu aktivieren sein. Hinweise darauf liegen z.B. bei Vergabe einer neuen Lizenz, Funktionserweiterung der Software oder Notwendigkeit einer Datenmigration auf die neue Programmversion vor. Kommen neue zusätzliche Nutzungsmöglichkeiten der Software hinzu und wird die bisherige Software aufgrund der alten, weiterhin fortgeltenden Lizenz weiter genutzt, sind in den Aufwendungen für die neue Lizenz nachträgliche Anschaffungskosten zu sehen. Tritt dagegen eine neue Lizenz an die Stelle der alten Lizenz, kommen Teilwertabschreibungen in Höhe des **im Restbuchwert des Softwaresystems enthaltenen rechnerischen Anteils** der Ursprungslizenz in Betracht. Bei der Ermittlung des Teilwertes **des neuen Softwaresystems** sind Preisnachlässe, die aufgrund der Nutzung der Vorgängerversion vom Softwareanbieter auf die Anschaffungskosten gewährt werden, nicht mindernd zu berücksichtigen. Die Summe aus dem Buchwert der alten Lizenz und den neuen Anschaffungskosten ist dem so ermittelten Teilwert gegenüber zu stellen. Die Differenz ergibt die vorzunehmende Teilwertabschreibung. Die verbleibenden Customizingkosten sind dem neuen zu aktivierenden Wirtschaftsgut hinzuzurechnen, da sie wirtschaftlich noch nicht verbraucht sind. 10

IV. Herstellung

Wird das Softwaresystem selbst hergestellt, greift das Aktivierungsverbot gemäß § 5 Abs. 2 EStG ein. Demzufolge sind alle Aufwendungen sofort abziehbare Betriebsausgaben. 11

Von einer Herstellung kann ausgegangen werden, wenn eine neue Individualsoftware durch eigenes fachlich ausgebildetes Personal oder Subunternehmer im Rahmen von Dienstverträgen hergestellt und das Herstellerrisiko vom Softwareanwender selbst getragen wird. 12

Änderungen oder Erweiterungen am Softwareprogramm (sog. Modifications und Extensions, i.d.R. durch Änderungen am Quellcode) sind nur dann als Herstellungsvorgang zu werten, wenn diese in einem solchen Umfang vorgenommen werden, dass Leistungen des Anbieters im Rahmen der Gewährleistung und Wartung vertraglich ausgeschlossen sind oder der Softwareanwender das Herstellungsrisiko einer erfolgreichen Realisierung der Erweiterungs- oder Verbesserungsmaßnahme trägt. Hierfür trägt der Steuerpflichtige die Darlegungs- und Beweislast. 13

Anlage § 006–15

V. Andere sofort abziehbare Aufwendungen

1. Vorkosten

14 Vorkosten sind Aufwendungen, die vor der Kaufentscheidung anfallen. Sie sind sofort als Betriebsausgaben abziehbar.

2. Schulungskosten

15 Aufwendungen für die Anwenderschulung sind sofort als Betriebsausgaben abziehbar (Ausnahme vgl. Rdnr. 7).

3. Wartungskosten

16 Es bestehen keine Bedenken, Wartungskosten, die aufgrund von regelmäßig mit dem Lizenzvertrag abgeschlossenen Wartungsverträgen anfallen, sowie die Zurverfügungstellung von Weiterentwicklungen und Verbesserungen der Software im Rahmen von Updates, Versions- oder Releasewechseln als Erhaltungsaufwendungen zu behandeln, obwohl sie auch Elemente von nachträglichen Anschaffungskosten enthalten (Abgrenzung vgl. Rdnr. 10).

17 Ein sofortiger Abzug als Erhaltungsaufwand ist ausgeschlossen, wenn in den Wartungskosten ein verdeckter Kaufpreis enthalten ist. Dies ist der Fall, wenn der Abschluss eines Wartungsvertrages Einfluss auf die Höhe des Kaufpreises der Lizenz hat. In diesem Fall ist eine Aufteilung in Erhaltungsaufwand und Anschaffungskosten im Wege der Schätzung vorzunehmen.

4. Piloteinsätze

18 Bei Piloteinsätzen wird das Softwaresystem bereits überwiegend für Zwecke der betrieblichen Leistungserstellung eingesetzt. Die dadurch verursachten zusätzlichen Aufwendungen sind als Kosten des laufenden Betriebs sofort als Betriebsausgaben zu berücksichtigen.

5. Datenmigration

19 Aufwendungen für die Übernahme von Daten (z.B. Kunden- und Lieferantenstammdaten) aus Alt- oder Vorgängersystemen (Datenmigration) sind sofort als Betriebsausgaben abziehbar.

VI. Beginn der AfA

20 Wird ein eingerichtetes Softwaresystem angeschafft, beginnt die Abschreibung mit der Betriebsbereitschaft des Wirtschaftsgutes (R 44 Abs. 1 Satz 3 EStG 2003)[1]. Die Betriebsbereitschaft ist mit dem Abschluss der Implementierung hergestellt. Bei der stufenweisen Einführung von Modulen ist der Zeitpunkt der Betriebsbereitschaft der ersten Module für den Beginn der AfA maßgeblich. Das Ende des Zeitraums der Entstehung von Implementierungskosten kann daher als Indiz für den Beginn der Betriebsbereitschaft und damit als Beginn der AfA gewertet werden. Gleiches gilt für einen erfolgreichen Testlauf des gesamten Softwaresystems. Ein erfolgloser Testlauf ist dagegen ein Beleg fehlender Betriebsbereitschaft. Davon abzugrenzen ist ein Piloteinsatz. Dieser erfolgt nach der Betriebsbereitschaft des Softwaresystems und hat damit keinen Einfluss auf den Beginn der AfA. Der Betriebsbereitschaft steht ferner nicht entgegen, wenn Modifications und Extensions, die zusätzliche Funktionalitäten bereitstellen, noch nicht abgeschlossen sind.

21 Wird mit der Einrichtung des Softwaresystems ein Dritter beauftragt, beginnt die AfA mit dem Übergang der wirtschaftlichen Verfügungsmacht an den Softwarelizenzen auf den Steuerpflichtigen (R 44 Abs. 1 Satz 4 EStR 2003)[2]. Die Aufwendungen für die Implementierung sind als nachträgliche Anschaffungskosten mit der Software-Lizenz abzuschreiben.

VII. Nutzungsdauer

22 Das ERP-Softwaresystem ist ein immaterielles Wirtschaftsgut und kann gem. § 7 Abs. 1 Satz 1 EStG nur linear abgeschrieben werden. Als betriebsgewöhnliche Nutzungsdauer wird grundsätzlich ein Zeitraum von 5 Jahren angenommen. Werden nachträgliche Anschaffungskosten aufgewendet (vgl. Rdnr. 9), bemisst sich die Abschreibung nach der Restnutzungsdauer (→ BFH vom 25.11.1970, BStBl. 1971 II S. 142).

---

1) Jetzt R 7.4. Abs. 1 Satz 3 EStR.
2) Jetzt R 7.4 Abs. 1 Satz 4 EStR.

Zu § 6 EStG

Anlage § 006–16

Bilanzsteuerrechtliche Behandlung von schadstoffbelasteten Grundstücken

– BdF-Schreiben vom 11.05.2010 – IV C 6 – S 2137/07/10004, 2010/0367332 (BStBl. I S. 495) –

Der Bundesfinanzhof (BFH) hat mit Urteil vom 19. November 2003, BStBl. 2010 II S. ..., entschieden, dass in den Fällen, in denen die zuständige Behörde von der Schadstoffbelastung eines Grundstückes und der dadurch bedingten Sanierungsverpflichtung Kenntnis erlangt, ernsthaft mit der Inanspruchnahme aus dieser Verpflichtung gerechnet werden müsse. Eine mögliche Teilwertabschreibung sei unabhängig von der Bildung einer Rückstellung für die Sanierungsverpflichtung zu prüfen.

Zur Bildung von Rückstellungen für Sanierungsverpflichtungen und zu Teilwertabschreibungen nach § 6 Absatz 1 Nummer 2 Satz 2 EStG im Zusammenhang mit schadstoffbelasteten Grundstücken nehme ich nach Abstimmung mit den obersten Finanzbehörden der Länder wie folgt Stellung:

I. Rückstellung für ungewisse Verbindlichkeiten

Nach R 5.7 Absatz 2 der Einkommensteuerrichtlinien 2008 (EStR 2008) ist eine Rückstellung für ungewisse Verbindlichkeiten nur zu bilden, wenn   1

- es sich um eine Verbindlichkeit gegenüber einem anderen oder eine öffentlich-rechtliche Verpflichtung handelt,
- die Verpflichtung vor dem Bilanzstichtag wirtschaftlich verursacht ist,
- mit einer Inanspruchnahme aus einer nach ihrer Entstehung oder Höhe nach ungewissen Verbindlichkeit ernsthaft zu rechnen ist und
- die Aufwendungen in künftigen Wirtschaftsjahren nicht zu Anschaffungs- oder Herstellungskosten für ein Wirtschaftsgut führen.

1. Öffentlich-rechtliche Verpflichtungen nach dem Gesetz zum Schutz vor schädlichen Bodenveränderungen und zur Sanierung von Altlasten – Bundes-Bodenschutzgesetz (BBodSchG) – vom 17. März 1998 (BGBl. I S. 502), zuletzt geändert durch Artikel 3 des Gesetzes zur Anpassung von Verjährungsvorschriften an das Gesetz zur Modernisierung des Schuldrechts vom 9. Dezember 2004 (BGBl. I S. 3 214)

Nach § 4 Absatz 3 BBodSchG sind der Verursacher einer schädlichen Bodenveränderung oder Altlast   2
sowie dessen Gesamtrechtsnachfolger, der Grundstückseigentümer und der Inhaber der tatsächlichen Gewalt über ein Grundstück verpflichtet, den Boden und Altlasten sowie durch schädliche Bodenveränderungen oder Altlasten verursachte Verunreinigungen von Gewässern so zu sanieren, dass dauerhaft keine Gefahren, erhebliche Nachteile oder Belästigungen für den Einzelnen oder die Allgemeinheit entstehen.

2. Keine hinreichende Konkretisierung der Verpflichtung nach dem BBodSchG

Die hinreichende Konkretisierung einer öffentlich-rechtlichen Verpflichtung liegt vor, wenn sich ein inhaltlich bestimmtes Handeln innerhalb eines bestimmbaren Zeitraums unmittelbar durch Gesetz oder Verwaltungsakt ergibt und an die Verletzung der Verpflichtung Sanktionen geknüpft sind (vgl. R 5.7 Absatz 4 Satz 1 EStR 2008).   3

Die allgemeinen Grundpflichten zur Beseitigung von Altlasten nach dem BBodSchG schreiben kein   4
inhaltlich bestimmtes Handeln innerhalb eines bestimmbaren Zeitraums vor. Die Erfüllung der Grundpflicht ist auch nicht sanktionsbewehrt. Eine Ordnungswidrigkeit setzt vielmehr voraus, dass der Verpflichtete einer vollziehbaren Anordnung zuwider handelt (§ 26 Absatz 1 Nummer 2 BBodSchG). Da sich die öffentlich-rechtliche Verpflichtung nicht unmittelbar aus dem Gesetz ergibt, sondern den Erlass einer behördlichen Verfügung (Verwaltungsakt) voraussetzt, ist eine Rückstellung für ungewisse Verbindlichkeiten erst zu bilden, wenn die zuständige Behörde einen vollziehbaren Verwaltungsakt erlassen hat, der ein bestimmtes Handeln innerhalb eines bestimmbaren Zeitraums vorschreibt (R 5.7 Absatz 4 Satz 2 EStR 2008).

3. Wirtschaftliche Verursachung der Verpflichtung

Die wirtschaftliche Verursachung einer Verpflichtung liegt zum Zeitpunkt des Erlasses der in Randnummer 4 genannten behördlichen Anordnung vor. Der Tatbestand, an den der Verwaltungsakt die Verpflichtung knüpft, ist bereits verwirklicht (vgl. R 5.7 Absatz 5 EStR 2008). Die Erfüllung der Verpflichtung knüpft an Vergangenes an und gilt Vergangenes ab.   5

Anlage § 006–16

Zu § 6 EStG

4. Wahrscheinlichkeit der Inanspruchnahme aus der Verpflichtung

6 Mit Bekanntgabe der behördlichen Anordnung (vgl. Randnummer 4) ist auch mit der Inanspruchnahme aus der Verpflichtung im Sinne von R 5.7 Absatz 6 EStR 2008 ernsthaft zu rechnen.

II. Teilwertabschreibungen nach § 6 Absatz 1 Nummer 2 Satz 2 EStG bei schadstoffbelasteten Grundstücken

7 Nach § 6 Absatz 1 Nummer 2 Satz 2 EStG erfordert eine Teilwertabschreibung eine voraussichtlich dauernde Wertminderung.

1. Grundsatz

8 Die Frage einer Teilwertabschreibung ist losgelöst von der Bildung einer Rückstellung für Sanierungsverpflichtungen zu prüfen. Es handelt sich um zwei unterschiedliche Sachverhalte, die im Hinblick auf den Grundsatz der Einzelbewertung und des Vollständigkeitsgebotes – vorbehaltlich der Randnummer 9 – unabhängig voneinander zu beurteilen sind (vgl. auch Entscheidungsgründe unter II Nr. 8 Buchstabe b des Urteils vom 19. November 2003).

2. Die Voraussetzungen für die Bildung einer Rückstellung für eine Sanierungsverpflichtung liegen vor

9 Liegen die Voraussetzungen für die Bildung einer Rückstellung für eine Sanierungsverpflichtung nach den Randnummern 1 bis 6 vor, scheidet eine mit der bestehenden Schadstoffbelastung begründete Teilwertabschreibung oder die Beibehaltung eines niedrigeren Teilwertes gemäß § 6 Absatz 1 Nummer 2 Satz 2 und 3 EStG aus, soweit die Sanierung voraussichtlich zu einer Wertaufholung führen wird. In diesen Fällen kommt eine Teilwertabschreibung nur insoweit in Betracht, als der Steuerpflichtige anhand geeigneter Nachweise (z. B. Gutachten) darlegen kann, dass trotz der voraussichtlichen Sanierung eine dauernde Wertminderung anzunehmen ist.

3. Die Voraussetzungen für die Bildung einer Rückstellung für eine Sanierungsverpflichtung liegen nicht vor

10 Ist nach den Grundsätzen der Randnummern 1 bis 6 eine Rückstellungsbildung nicht zulässig, kommt eine Teilwertabschreibung nach § 6 Absatz 1 Nummer 2 Satz 2 EStG in Betracht (vgl. Randnummern 11 bis 13 des BMF-Schreibens vom 25. Februar 2000 – BStBl. I S. 372 unter Berücksichtigung der Änderungen durch das BMF-Schreiben vom 26. März 2009 – BStBl. I S. 514)[1]. Das gilt nicht, wenn die Rückstellung aufgrund § 5 Absatz 4b Satz 1 EStG nicht gebildet werden kann. In diesen Fällen ist Randnummer 9 anzuwenden.

Dieses Schreiben wird im Bundessteuerblatt Teil I veröffentlicht.

---

1) Siehe Anlage § 006-08.

Zu § 6 EStG

Anlage § 006–17

Ertragsteuerliche Behandlung von Emissionsberechtigungen

– BdF-Schreiben vom 6.12.2005 – IV B 2 – S 2134a – 42/05 (BStBl. I S. 1047)
unter Berücksichtigung der Änderungen durch das BdF-Schreiben
vom 7.3.2013 – IV C 6 – S 2134-a/07/1003, 2013/0215126 (BStBl. I S. 275) –

Durch das Gesetz über den Handel mit Berechtigungen zur Emission von Treibhausgasen (Treibhausgas-Emissionshandelsgesetz – TEHG) vom 8. Juli 2004 (BGBl. I S. 1578) wurden die rechtlichen und institutionellen Voraussetzungen für ein gemeinschaftsweites Emissionshandelssystem in Deutschland geschaffen. Das TEHG schreibt vor, dass die Betreiber der durch das Gesetz erfassten Anlagen für deren Emissionen Berechtigungen nachweisen müssen. Diese werden ihnen nach Maßgabe des Gesetzes über den nationalen Zuteilungsplan für Treibhausgas-Emissionsberechtigungen in der Zuteilungsperiode 2005 bis 2007 (Zuteilungsgesetz 2007 – ZuG 2007) vom 26. August 2004 (BGBl. I S. 2211) in einer gewissen Höhe zugeteilt und sind handelbar. Nach Ablauf eines Emissionszeitraums (Kalenderjahr) müssen die Berechtigungen für die erfolgten CO_2-Emissionen abgegeben werden. Reichen die ausgegebenen Emissionsberechtigungen nicht aus, müssen fehlende Berechtigungen zugekauft werden. Bei Nichtabgabe drohen Sanktionen. 1

Für die Zuteilung werden Gebühren nach der Kostenverordnung zum Treibhaus-Emissionshandelsgesetz und zum Zuteilungsgesetz 2007 (Emissionshandelskostenverordnung 2007 – EHKostV 2007) vom 31. August 2004 (BGBl. I S. 2273) erhoben.

1. Emissionshandelssystem nach dem TEHG

1.1. Emissionsberechtigung

Eine Emissionsberechtigung im Sinne des TEHG ist die Befugnis zur Emission von einer Tonne Kohlendioxidäquivalent in einem bestimmten Zeitraum (§ 3 Abs. 4 TEHG). Berechtigungen nach dem TEHG gelten nicht als Finanzinstrumente im Sinne des § 1 Abs. 11 des Kreditwesengesetzes (§ 15 Satz 1 TEHG). 2

1.2. Zuteilung

Berechtigungen nach dem TEHG werden für eine Zuteilungsperiode in jeweils gleich großen Teilmengen für das Jahr, für das Berechtigungen abzugeben sind, an die Verantwortlichen als Betreiber der Anlagen ausgegeben (§ 9 Abs. 2 Satz 3 TEHG, § 19 Abs. 1 ZuG 2007) und auf einem Konto im Emissionshandelsregister erfasst (§ 14 TEHG). Die Zuteilung erfolgt kostenlos (§ 18 ZuG 2007). Die erste Zuteilungsperiode umfasst die Kalenderjahre 2005 bis 2007 und die zweite Zuteilungsperiode die Kalenderjahre 2008 bis 2012. Künftige Zuteilungsperioden umfassen jeweils fünf Kalenderjahre (§ 6 Abs. 4 Satz 2 TEHG). Nicht in Anspruch genommene Berechtigungen des Zuteilungszeitraums 2005 bis 2007 erlöschen mit Ablauf des 30. April 2008 (§ 20 ZuG 2007). Berechtigungen des Zuteilungszeitraums 2008 bis 2012 und nachfolgender Zuteilungszeiträume können in die folgenden Zuteilungsperioden überführt werden (§ 6 Abs. 4 Satz 3 TEHG). 3

§ 10 ZuG (Zuteilung für Neuanlagen als Ersatzanlagen) eröffnet Betreibern von Neuanlagen in Deutschland, durch die eine Altanlage ersetzt wird, die Möglichkeit einer Zuteilung von Berechtigungen für Betriebsjahre, wie sie sie nach den Regelungen für die ersetzte Altanlage beanspruchen konnten. Die Regelung setzt insofern einen Innovationsanreiz, da sie für einen beschränkten Zeitraum eine Ausstattung einer emissionsärmeren Neuanlage in einem Umfang wie für eine emissionsintensivere Altanlage vorsieht. 4

1.3. Handel

Die Emissionsberechtigungen sind übertragbar (§ 6 Abs. 3 Satz 1 TEHG). Die Übertragung von Berechtigungen nach dem TEHG erfolgt durch Einigung und Eintragung auf dem Konto des Erwerbers im Emissionshandelsregister (§ 16 Abs. 1 Satz 1 TEHG). 5

1.4. Abgabepflicht

Der Verantwortliche hat bis zum 30. April eines Jahres, erstmals im Jahr 2006, eine Anzahl von Berechtigungen nach dem TEHG abzugeben, die den durch seine Tätigkeit im vorangegangenen Kalenderjahr verursachten Emissionen entspricht (§ 6 Abs. 1 TEHG). Die abgegebenen Berechtigungen werden im Emissionshandelsregister gelöscht. Kommt der Verantwortliche dieser Verpflichtung nicht ausreichend nach, setzt das Umweltbundesamt (Deutsche Emissionshandelsstelle) für jede emittierte Tonne Kohlendioxidäquivalent, für die der Verantwortliche keine Berechtigung abgegeben hat, eine Zah- 6

Anlage § 006–17

Zu § 6 EStG

lungspflicht von 40,00 € im Zuteilungszeitraum 2005 bis 2007, danach von 100,00 € fest (§ 18 Abs. 1 TEHG). Die Abgabeverpflichtung nach § 6 Abs. 1 TEHG bleibt davon unberührt (§ 18 Abs. 3 TEHG).

2. Steuerbilanzielle Behandlung der Emissionsberechtigungen

2.1. Zuteilung

7 Die auf Antrag erfolgte Zuteilung von Emissionsberechtigungen durch Bescheid der Deutschen Emissionshandelsstelle führt nicht zur Aktivierung eines Anspruches.

2.2. Bilanzielle Einordnung der Emissionsberechtigungen

8 Emissionsberechtigungen sind immaterielle Wirtschaftsgüter und dem Umlaufvermögen zuzuordnen.

2.3. Unentgeltliche Ausgabe von Emissionsberechtigungen

9 Kostenlos ausgegebene Emissionsberechtigungen sind im Zeitpunkt ihrer Ausgabe mit 0 € zu bewerten. Der Wert von 0 € gilt als Anschaffungskosten. Erfolgt in der Handelsbilanz ein Ausweis der unentgeltlich ausgegebenen Emissionsberechtigungen zum Zeitwert bei gleichzeitiger Passivierung eines Sonderpostens (z.B. Sonderposten für unentgeltlich ausgegebene Schadstoffemissionsrechte), sind diese Positionen in der Steuerbilanz zu saldieren. Ein Gewinn entsteht daher daraus nicht.

10 Aufwendungen, die im Zusammenhang mit dem kostenlosen Erwerb getätigt werden und im Falle einer entgeltlichen Ausgabe Anschaffungsnebenkosten im Sinne von § 255 Abs. 1 Satz 2 HGB wären, wie beispielsweise Aufwendungen für die Beantragung der Zuteilung von Emissionsberechtigungen, sind sofort abzugsfähige Aufwendungen. Die Aufwendungen für die Gebühren für die Zuteilung nach EHKostV 2007 sind dabei dem Wirtschaftsjahr zuzuordnen, in dem der Zuteilungsbescheid ergeht.

11 § 6 Abs. 4 EStG ist auf die unentgeltliche Ausgabe der Emissionsberechtigungen nicht anwendbar, da es sich bei der Ausgabe der Emissionsberechtigungen um einen öffentlichrechtlichen Akt handelt und damit keine Übertragung aus einem anderen Betriebsvermögen heraus stattfindet.

2.4. Entgeltlicher Erwerb von Emissionsberechtigungen und Bewertung unentgeltlich und entgeltlich erworbener Emissionsberechtigungen am Bilanzstichtag

12 Werden Emissionsberechtigungen entgeltlich erworben, sind sie nach § 6 Abs. 1 Nr. 2 EStG mit ihren Anschaffungskosten zu bewerten. Ist der Teilwert auf Grund einer voraussichtlich dauernden Wertminderung niedriger, kann dieser angesetzt werden. Die Grundsätze des BMF-Schreibens vom 25. Februar 2000 (BStBl. I S. 372) zur Neuregelung der Teilwertabschreibung gemäß § 6 Abs. 1 Nrn. 1 und 2 EStG durch das Steuerentlastungsgesetz 1999/2000/2002 (voraussichtlich dauernde Wertminderung, Wertaufholungsgebot und steuerliche Rücklage nach § 52 Abs. 16 EStG) sind zu beachten.

13 § 6 Abs. 1 Nr. 2a EStG kann nicht angewendet werden. Eine Durchschnittsbewertung nach § 256 Satz 2 i. V. m. § 240 Abs. 4 HGB und § 5 Abs. 1 Satz 1 EStG ist dagegen zulässig.

2.5. Handel mit Emissionsberechtigungen

14 Der Handel mit Emissionsberechtigungen richtet sich nach den allgemeinen ertragsteuerlichen Grundsätzen über den Kauf und Verkauf von Wirtschaftsgütern. Daher wird beim Verkauf unentgeltlich erworbener Emissionsberechtigungen ein Gewinn in Höhe des vollen Veräußerungserlöses realisiert.

3. Steuerbilanzielle Behandlung der Abgabepflicht von Emissionsberechtigungen der Verantwortlichen am Bilanzstichtag

3.1. Emissionsberechtigungen sind vorhanden

15 Für die Abgabepflicht für die im Kalenderjahr erfolgten Emissionen ist am Bilanzstichtag eine Verbindlichkeit auszuweisen, soweit Emissionsberechtigungen vorhanden sind, denn nur insoweit ist die Verpflichtung dem Grunde und der Höhe nach gewiss. Sie ist nach § 6 Abs. 1 Nr. 3 i.V.m. Nr. 2 EStG in Höhe des Erfüllungsbetrages zu bewerten. Sie umfasst danach die Beträge, mit denen die aktivierten Emissionsberechtigungen am Bilanzstichtag bewertet sind, soweit diese abgegeben werden müssen. Die Passivierung der Verbindlichkeit mindert den Gewinn, soweit entgeltlich erworbene Emissionsberechtigungen zur Erfüllung der Abgabeverpflichtung verwendet werden.

16 Stehen am Bilanzstichtag sowohl unentgeltlich als auch entgeltlich erworbene Emissionsberechtigungen zur Erfüllung der Abgabeverpflichtung zur Verfügung, ist die Verbrauchsfolge zur Bestimmung des Endstands anhand der bei einer Transaktion anzugebenden ID-Nummer (z. B. Seriennummer der Emissionszertifikate oder Registernachweis) zu bestimmen.

16a Ist die Verbrauchsfolge nicht feststellbar, ist davon auszugehen, dass zur Erfüllung der Abgabeverpflichtung zuerst die unentgeltlich erworbenen Emissionsberechtigungen eingesetzt werden.

Zu § 6 EStG								Anlage § 006–17

3.2. Emissionsberechtigungen sind nicht vorhanden

Soweit am Bilanzstichtag auf dem Konto des Verantwortlichen im Emissionshandelsregister weniger Berechtigungen vorhanden sind als zur Erfüllung der Abgabeverpflichtung für die tatsächlichen Emissionen des abgelaufenen Kalenderjahres erforderlich, ist nach § 249 Abs. 1 Satz 1 HGB i.V.m. § 5 Abs. 1 EStG eine Rückstellung für ungewisse Verbindlichkeiten zu bilden. § 5 Abs. 4b EStG kommt nicht zur Anwendung. Die Verpflichtung zur Abgabe der Emissionsberechtigungen ist im abgelaufenen Wirtschaftsjahr wirtschaftlich verursacht, weil sie an die bereits erfolgten CO_2-Emissionen anknüpft und diese abgilt. Die Abgabeverpflichtung ist auch rechtlich verursacht, weil sie unmittelbar aus jeder ausgestoßenen Tonne CO_2 entsteht. Des Weiteren muss der Verantwortliche ernsthaft mit einer sanktionsbewehrten Inanspruchnahme rechnen. 17

3.3. Beispiele

Ein Anlagenbetreiber (Wirtschaftsjahr = Kalenderjahr) hat für das Kalenderjahr 2005 insgesamt 9.709 Emissionsberechtigungen kostenlos erhalten. Seine historischen, aktuellen und zukünftigen CO_2-Emissionen sollen jährlich 10.000 Tonnen betragen. Der Wert von Emissionsberechtigungen am 31.12.2005 soll 10 € betragen. 18

Alternative 1:

Am 31.12.2005 sind die 9.709 Emissionsberechtigungen noch vorhanden.

Am Bilanzstichtag 31.12.2005 ist eine Rückstellung in Höhe von 2.910 € gewinnmindernd zu passivieren (10.000 abzugebende − 9.709 vorhandene = 291 nicht vorhandene Emissionsberechtigungen; 291 Emissionsberechtigungen x 10 €; zur Bewertung vgl. Rdnr. 22). Soweit sich die Rückgabeverpflichtung auf die vorhandenen, unentgeltlich erworbenen 9.709 Berechtigungen bezieht, ergibt sich nach Rdnr. 15 i.V.m. Rdnr. 9 eine Verbindlichkeit von 0 €.

Alternative 2:

In 2005 wurden zunächst 1.000 Emissionsberechtigungen verkauft und anschließend 500 Emissionsberechtigungen zu je 8 € zugekauft.

Am 31.12.2005 ist eine Verbindlichkeit in Höhe von 4.000 € (500 vorhandene und entgeltlich erworbene Emissionsberechtigungen x 8 €) und eine Rückstellung in Höhe von 7.910 € gewinnmindernd zu passivieren (Kontostand Emissionsberechtigungen am 31.12.2005: 9.709 − 1.000 + 500 = 9.209 Stück; folglich müssen 791 Emissionsberechtigungen x 10 € nachgekauft werden; zur Bewertung vgl. Rdnr. 22).

Alternative 3:

In 2005 wurden zunächst 1.000 Emissionsberechtigungen verkauft und anschließend 1.500 zu je 8 € zugekauft.

Am 31.12.2005 besteht eine Verbindlichkeit in Höhe von 10.328 €, die sich wie folgt ermittelt:

Der Kontostand an Emissionsberechtigungen beträgt am 31.12.2005: 9.709 − 1.000 + 1.500 = 10.209 Stück. Folglich sind 209 Emissionsberechtigungen über Bedarf vorhanden. Ausgehend von der Annahme, dass zuerst die unentgeltlich erhaltenen Emissionsberechtigungen zur Erfüllung der Abgabeverpflichtung eingesetzt/ gelöscht werden, werden 1.291 entgeltlich erworbene Emissionsberechtigungen zur Erfüllung der Abgabeverpflichtung eingesetzt (10.000 Emissionsberechtigungen sind abzugeben, davon sind 8.709 unentgeltlich und 1.291 entgeltlich erworben). Folglich sind 1.291 Stück x 8 € = 10.328 € gewinnmindernd zu passivieren.

3.4. Vom Kalenderjahr abweichendes Wirtschaftsjahr

Bei einem vom Kalenderjahr abweichenden Wirtschaftsjahr ist zur Bildung von Verbindlichkeiten oder Rückstellungen nach den Rdnrn. 15 bis 18 zu unterscheiden, ob es sich um die noch steigende Abgabeverpflichtung für das laufende oder die bereits abgeschlossene Abgabeverpflichtung für das vorangegangene Kalenderjahr handelt. 19

Beispiel: 20

Eine Anlage stößt gleich bleibend monatlich 100 Tonnen CO_2 aus. Der Steuerpflichtige hat ein abweichendes Wirtschaftsjahr vom 1. April bis zum 31. März. Er besitzt ausreichend, ausschließlich entgeltlich erworbene Emissionsberechtigungen.

Am Bilanzstichtag 31.03.2006 ist eine Abgabeverpflichtung (Verbindlichkeit) für 2006 im Wert von 3 x 100 Emissionsberechtigungen und für 2005 im Wert von 9 x 100 Emissionsberechtigungen auszuweisen. Diese erhöht die bereits am 31.03.2005 zu passivierende Abgabeverpflichtung für den Zeitraum von Januar bis März 2005 im Wert von 3 x 100 Emissionsberechtigungen.

Anlage § 006–17

Zu § 6 EStG

21 Beispiel:
Wie vor, jedoch läuft das abweichende Wirtschaftsjahr vom 1. Juli bis 30. Juni. Der Steuerpflichtige ist seiner Abgabeverpflichtung für 2005 am 30.04.2006 vollständig nachgekommen. Am Bilanzstichtag 30.06.2006 ist demnach eine Abgabeverpflichtung (Verbindlichkeit) nur für 2006 im Wert von 6 x 100 Emissionsberechtigungen auszuweisen.

3.5. Bewertung der Rückstellung

22 Die Rückstellung nach Rdnr. 17 ist mit den Einzelkosten (Wert von Emissionsberechtigungen am Bilanzstichtag) und den notwendigen Gemeinkosten zu bewerten (§ 6 Abs. 1 Nr. 3a Buchstabe b EStG). Bei der Bewertung der Rückstellung spielt es keine Rolle, dass die Abgabeverpflichtung auch durch zukünftig unentgeltlich zugeteilte Emissionsberechtigungen der Folgejahre erfüllt werden kann (vgl. Beispiel in Rdnr. 24).

3.6. Auflösung der Rückstellung

23 Rückstellungen sind aufzulösen, wenn der Grund für ihre Bildung entfallen ist (§ 249 Abs. 3 Satz 2 HGB i.V.m. § 5 Abs. 1 Satz 1 EStG; vgl. R 31c Abs. 13 EStR 2003).

24 Beispiel:
Ein Anlagenbetreiber (Wirtschaftsjahr = Kalenderjahr) erhält aufgrund seines Zuteilungsbescheides von 2005 bis 2007 jährlich 9.709 Emissionsberechtigungen kostenlos. Seine historischen, aktuellen und zukünftigen CO_2-Emissionen sollen jährlich 10.000 Tonnen betragen. Der Wert von Emissionsberechtigungen beträgt an allen Bilanzstichtagen 10 €. Erst im Februar 2008 kauft er 873 Emissionsberechtigungen (3 x 291 Stück) zu je 10 € zu. Das Wirtschaftsjahr entspricht dem Kalenderjahr.

Datum	Konto im Emissionshandelsregister	Buchungen Steuerbilanz	Erläuterungen
28.02.2005	+ 9.709	–	Kostenlose Ausgabe für 2005
31.12.2005	= 9.709	Aufwand 2.910 € an Rückstellung 2.910 €	291 Berechtigungen fehlen; Gewinnauswirkung 2005: – 2.910 €
28.02.2006	+ 9.709	–	Kostenlose Ausgabe für 2006
30.04.2006	-10.000	Rückstellung 2.910 € an Ertrag 2.910 €	Die Abgabeverpflichtung für 2005 ist erfüllt, damit entfällt der Grund für die am 31.12.2005 gebildete Rückstellung.
31.12.2006	= 9.418	Aufwand 5.820 € an Rückstellung 5.820 €	582 Berechtigungen fehlen; Gewinnauswirkung gesamt 2006: – 2.910 €
28.02.2007	+ 9.709	–	Kostenlose Ausgabe für 2007
30.04.2007	- 10.000	Rückstellung 5.820 € an Ertrag 5.820 €	Die Abgabeverpflichtung für 2006 ist erfüllt, damit entfällt der Grund für die am 31.12.2006 gebildete Rückstellung.
31.12.2007	= 9.127	Aufwand 8.730 € an Rückstellung 8.730 €	873 Berechtigungen fehlen; Gewinnauswirkung gesamt 2007: – 2.910 €
01.02.2008	+ 873	Aktiva 8.730 € an Bank 8.730 €	Zukauf der fehlenden Berechtigungen für die Zuteilungsperiode 2005 bis 2007
30.04.2008	- 10.000	Aufwand 8.730 € an Aktiva 8.730 €	Abgang von Aktiva; Die Abgabeverpflichtung für 2007 ist erfüllt, damit entfällt der Grund für die am 31.12.2007 gebildete Rückstellung.
	= 0	Rückstellung 8.730 € an Ertrag 8.730 €	

3.7. Festsetzung von Zahlungen nach § 18 Abs. 1 TEHG

25 Kommt der Verantwortliche seiner Verpflichtung nach § 6 Abs. 1 TEHG nicht ausreichend nach und setzt das Umweltbundesamt (Deutsche Emissionshandelsstelle) für nicht abgegebene Emissionsberechtigungen eine Zahlungsverpflichtung nach § 18 Abs. 1 TEHG fest, kann dafür am zurückliegenden Bilanzstichtag keine Rückstellung für ungewisse Verbindlichkeiten gebildet werden.

Aufwendungen aufgrund einer Zahlungsverpflichtung nach § 18 Abs. 1 TEHG, die festgesetzt werden, wenn der Verantwortliche nicht ausreichend Emissionszertifikate für CO_2-Emissionen abgegeben hat, sind als Betriebsausgaben abzugsfähig. Sie gehören nicht zu den nicht abziehbaren Betriebsausgaben nach § 4 Abs. 5 Satz 1 Nr. 8 EStG, weil es sich nicht um eine Geldbuße, ein Ordnungsgeld oder ein Verwarnungsgeld im Sinne dieser Vorschrift handelt. **26**

Anlagen § 006–18 unbesetzt, § 006–19

Zu § 6 EStG

Bilanzsteuerlichen Behandlung geringwertiger Wirtschaftsgüter nach § 6 Absatz 2 EStG und des Sammelpostens nach § 6 Absatz 2a EStG

– BdF- Schreiben vom 30.09.2010 – IV C 6 – S 2180/09/10001, 2010/0750885 (BStBl. I S. 755) –

Nach § 6 Absatz 2 EStG in der Fassung des Gesetzes zur Beschleunigung des Wirtschaftswachstums vom 22. Dezember 2009 (BGBl. 2009 I S. 3950, BStBl. 2010 I S. 2) können die Anschaffungs- oder Herstellungskosten von abnutzbaren, beweglichen und einer selbständigen Nutzung fähigen Wirtschaftsgütern des Anlagevermögens in voller Höhe als Betriebsausgaben abgezogen werden, wenn die um einen enthaltenen Vorsteuerbetrag verminderten Anschaffungs- oder Herstellungskosten für das einzelne Wirtschaftsgut 410 Euro nicht übersteigen. Für gleichartige Wirtschaftsgüter, deren Anschaffungs- oder Herstellungskosten 150 Euro, aber nicht 1 000 Euro übersteigen, kann im Wirtschaftsjahr der Anschaffung oder Herstellung ein Sammelposten gebildet werden (§ 6 Absatz 2a EStG). Die Regelungen gemäß § 6 Absatz 2 und 2a EStG gelten auch bei Einlagen und im Falle der Betriebseröffnung (§ 6 Absatz 1 Nummer 5 bis 6 EStG).

Nach dem Ergebnis einer Erörterung mit den obersten Finanzbehörden der Länder gelten für die Anwendung von § 6 Absatz 2 und 2a EStG in Ergänzung zu Richtlinie R 6.13 EStR 2008[1)] die folgenden Regelungen. Soweit nichts anderes angegeben, sind bei Verwendung der Begriffe

– *Aufwendungen*

die Anschaffungs- oder Herstellungskosten, vermindert um einen darin enthaltenen Vorsteuerbetrag (§ 9b Absatz 1 EStG), oder der nach § 6 Absatz 1 Nummer 5 bis 6 EStG an deren Stelle tretende Wert für das einzelne abnutzbare, bewegliche und einer selbständigen Nutzung fähige Wirtschaftsgut des Anlagevermögens und

– *Wirtschaftsjahr*

das Wirtschaftsjahr der Anschaffung, Herstellung oder Einlage eines Wirtschaftsgutes

oder der Eröffnung eines Betriebes

gemeint.

I. Bilanzsteuerrechtliche Wahlrechte für Aufwendungen bis 1.000 Euro

1. Grundsatz

1 Die Aufwendungen sind grundsätzlich durch Absetzungen für Abnutzung (AfA) nach Maßgabe der §§ 7 ff. EStG (insbesondere § 7 Absatz 1 oder Absatz 2 EStG) unter Berücksichtigung der jeweiligen betriebsgewöhnlichen Nutzungsdauer des Wirtschaftsgutes gewinnmindernd als Betriebsausgaben abzuziehen.

2. Aufwendungen bis 150 Euro

2 Abweichend von Randnummer 1 können Aufwendungen bis 150 Euro im maßgebenden Wirtschaftsjahr in voller Höhe gemäß § 6 Absatz 2 EStG als Betriebsausgaben abgezogen werden. Das Wahlrecht kann für jedes Wirtschaftsgut individuell in Anspruch genommen werden (wirtschaftsgutbezogenes Wahlrecht).

3 Bei Anwendung des § 6 Absatz 2 EStG bestehen mit Ausnahme der buchmäßigen Erfassung des Zugangs des Wirtschaftsgutes keine weiteren Aufzeichnungspflichten; aus steuerlichen Gründen ist eine Aufnahme in ein Inventar im Sinne des § 240 HGB nicht erforderlich.

3. Aufwendungen von mehr als 150 Euro und nicht mehr als 410 Euro

a) Erstes Wahlrecht

4 Abweichend von Randnummer 1 können Aufwendungen von mehr als 150 Euro und nicht mehr als 410 Euro im maßgebenden Wirtschaftsjahr in voller Höhe gemäß § 6 Absatz 2 EStG als Betriebsausgaben abgezogen werden.

5 Nach § 6 Absatz 2 Satz 4 und 5 EStG ist das Wirtschaftsgut unter Angabe des Tages der Anschaffung, Herstellung oder Einlage sowie der Anschaffungs- oder Herstellungskosten oder des Einlagewertes in ein besonderes, laufend zu führendes Verzeichnis aufzunehmen. Das Verzeichnis braucht nicht geführt zu werden, wenn diese Angaben aus der Buchführung ersichtlich sind.

---

1) Jetzt EStR 2012.

b) **Zweites Wahlrecht**

Die Aufwendungen können im maßgebenden Wirtschaftsjahr gemäß § 6 Absatz 2a EStG in einem Sammelposten erfasst werden (zu den Einzelheiten vgl. Randnummern 8 bis 25). Dieses Wahlrecht kann nach § 6 Absatz 2a Satz 5 EStG nur einheitlich für alle Wirtschaftsgüter des Wirtschaftsjahres mit Aufwendungen von mehr als 150 Euro und nicht mehr als 1 000 Euro (Randnummern 4 bis 7) in Anspruch genommen werden (wirtschaftsjahrbezogenes Wahlrecht). 6

4. Aufwendungen von mehr als 410 Euro und nicht mehr als 1 000 Euro

Abweichend von Randnummer 1 können Aufwendungen von mehr als 410 Euro und nicht mehr als 1 000 Euro im maßgebenden Wirtschaftsjahr gemäß § 6 Absatz 2a EStG in einem Sammelposten (Randnummern 8 bis 25) erfasst werden. Dieses Wahlrecht kann nur einheitlich für alle Wirtschaftsgüter des Wirtschaftsjahres mit Aufwendungen von mehr als 150 Euro und nicht mehr als 1 000 Euro in Anspruch genommen werden (wirtschaftsjahrbezogenes Wahlrecht, Randnummer 6 Satz 2). 7

II. Sammelposten nach § 6 Absatz 2a EStG

1. Bildung des Sammelpostens

Der Sammelposten ist kein Wirtschaftsgut, sondern eine Rechengröße (R 6.13 Absatz 6 Satz 1 EStR). 8

Wirtschaftsgüter im Sinne des § 6 Absatz 2a EStG können alternativ zur Sofortabschreibung nach § 6 Absatz 2 EStG oder zur ratierlichen Absetzung für Abnutzung im maßgebenden Wirtschaftsjahr in **einem** jahrgangsbezogenen Sammelposten je Bilanz (Gesamthandsbilanz, Sonderbilanz, Ergänzungsbilanz) erfasst werden (vgl. R 6.13 Absatz 5 Satz 1 EStR). Dies gilt sinngemäß auch bei einer Gewinnermittlung durch Einnahmenüberschussrechnung. Ein Schrott- oder Schlachtwert für im Sammelposten erfasste Wirtschaftsgüter bleibt außer Ansatz, da bei diesen Wirtschaftsgütern nach vollständiger gewinnmindernder Auflösung des Sammelpostens nicht mehr von einem beträchtlichen Restwert ausgegangen werden kann (BFH-Urteil vom 22. Juli 1971, BStBl. II S. 800). Abgesehen von der buchmäßigen Erfassung des Zugangs der Wirtschaftsgüter in den Sammelposten bestehen keine weiteren Aufzeichnungspflichten. Die Wirtschaftsgüter des Sammelpostens müssen aus steuerlichen Gründen nicht in ein Inventar im Sinne des § 240 HGB aufgenommen werden. 9

Nachträgliche Anschaffungs- oder Herstellungskosten von Wirtschaftsgütern im Sinne des § 6 Absatz 2a EStG erhöhen den Sammelposten des Wirtschaftsjahres, in dem die Aufwendungen entstehen (R 6.13 Absatz 5 Satz 2 EStR). Beabsichtigt der Steuerpflichtige, in diesem Wirtschaftsjahr § 6 Absatz 2a EStG nicht anzuwenden (vgl. Randnummern 6 und 7), beschränkt sich der Sammelposten auf die nachträglichen Anschaffungs- oder Herstellungskosten der im Satz 1 genannten Wirtschaftsgüter. Fallen die nachträglichen Anschaffungs- oder Herstellungskosten bereits im Wirtschaftsjahr der Investition an und übersteigt die Summe der Gesamtkosten in diesem Wirtschaftsjahr die Betragsgrenze von 1 000 Euro, kann § 6 Absatz 2a EStG nicht angewendet werden; das Wirtschaftsgut ist nach § 6 Absatz 1 Nummer 1 EStG einzeln zu bewerten. Scheidet ein Wirtschaftsgut im Jahr der Anschaffung, Herstellung oder Einlage aus dem Betriebsvermögen aus, liegen die Voraussetzungen für die Berücksichtigung des Wirtschaftsgutes im Sammelposten zum Schluss dieses Wirtschaftsjahres nicht vor. 10

Anschaffungs- oder Herstellungskosten von nicht selbständig nutzbaren Wirtschaftsgütern sind, sofern sie keine nachträglichen Anschaffungs- oder Herstellungskosten darstellen, nicht im Sammelposten zu erfassen. 11

Beispiel

Einzelunternehmer A schafft am Ende des Wirtschaftsjahres 01 für sein Anlagevermögen einen PC an. Die Anschaffungskosten betragen 500 Euro. Im Wirtschaftsjahr 02 erfolgt die Anschaffung eines Druckers – welcher neben dem Drucken keine weiteren Funktionen ausführen kann – sowie einer PC-Maus, die bisher nicht im Lieferumfang des PC enthalten war. Die Anschaffungskosten für den Drucker betragen 180 Euro und für die PC-Maus 25 Euro. A wendet in 01 und 02 die Regelungen zum Sammelposten gemäß § 6 Absatz 2a EStG an.

Lösung

Der PC ist als selbständig nutzungsfähiges Wirtschaftsgut des Anlagevermögens im Sammelposten des Wirtschaftsjahres 01 zu erfassen. Eine Abschreibung über die betriebsgewöhnliche Nutzungsdauer kommt nicht in Betracht, da A sich für die Anwendung der Regelungen zum Sammelposten entschieden hat (einheitliche Wahlrechtsausübung). Dagegen ist der Drucker ein nicht selbständig nutzungsfähiges Wirtschaftsgut (vgl. BFH-Urteil vom 19. Februar 2004, BStBl. II S. 958). Die Aufwendungen stellen aber keine nachträglichen Anschaffungskosten des PC dar. Der Drucker ist einzeln nach den Vorschriften des § 6 Absatz 1 Nummer 1 EStG zu bewerten und die Anschaffungskosten sind über die betriebsgewöhnliche Nutzungsdauer abzuschreiben. Demgegenüber bildet die ebenfalls nicht selbständig nut-

Anlage § 006–19

Zu § 6 EStG

zungsfähige PC-Maus eine Nutzungseinheit mit dem PC. Daher sind die Aufwendung für die PC-Maus nachträgliche Anschaffungskosten des PC und im Sammelposten des Wirtschaftsjahres 02 zu erfassen (vgl. R 6.13 Absatz 5 Satz 2 EStR).

12 Die Regelungen zum Sammelposten gelten sowohl für notwendiges als auch für gewillkürtes Betriebsvermögen.

13 Der Ansatz von Festwerten (§ 240 Absatz 3 HGB) ist für im Sammelposten erfasste Wirtschaftsgüter nicht zulässig. Der Festwert für Wirtschaftsgüter, die zulässigerweise mit einem gleich bleibenden Wert angesetzt wurden, ist planmäßig gemäß R 5.4 Absatz 3 EStR anzupassen.

2. Auflösung des Sammelpostens

14 Scheidet ein im Sammelposten erfasstes Wirtschaftsgut aus dem Betriebsvermögen durch Entnahme, Veräußerung, Verschrottung oder sonstiges Abhandenkommen aus, hat dieser Vorgang keine Auswirkung auf den Sammelposten. Auch der Abgang sämtlicher im Sammelposten erfasster Wirtschaftsgüter führt nicht zu einer Auflösung des Sammelpostens. Bei im Sammelposten erfassten Wirtschaftsgütern sind Sonderabschreibungen sowie Teilwertabschreibungen nicht zulässig.

15 Sammelposten sind jahrgangsbezogen mit jeweils einem Fünftel gewinnmindernd zum Ende des jeweiligen Wirtschaftsjahres aufzulösen. Die betriebsgewöhnliche Nutzungsdauer der einzelnen Wirtschaftsgüter ist für die Auflösung des Sammelpostens auch dann unbeachtlich, wenn diese weniger als fünf Jahre beträgt. Die jahrgangsbezogene Auflösung zum Ende des jeweiligen Wirtschaftsjahres mit jeweils einem Fünftel gilt auch bei Rumpfwirtschaftsjahren, beispielsweise bei Betriebsveräußerung oder Betriebsaufgabe vor Ablauf des regulären Wirtschaftsjahres. Die gewinnmindernde Auflösung zum Ende des (Rumpf-)Wirtschaftsjahres mit einem Fünftel ist beim laufenden Gewinn dieses (Rumpf-)Wirtschaftsjahres zu erfassen. Der verbleibende Restbuchwert ist bei der Ermittlung des Gewinns nach § 16 Absatz 2 EStG zu berücksichtigen.

16 Die Grundsätze der Randnummer 15 gelten für die Feststellung des Unterschiedsbetrages nach § 5a Absatz 4 EStG entsprechend. Der Unterschiedsbetrag ist für den einzelnen Sammelposten insgesamt durch die Gegenüberstellung des Buchwerts des Sammelpostens und der Teilwerte der im Betriebsvermögen noch vorhandenen Wirtschaftsgüter des jeweiligen Sammelpostens festzustellen. Scheidet ein in einem Sammelposten erfasstes Wirtschaftsgut aus dem Betriebsvermögen aus oder dient es nicht mehr dem Betrieb von Handelsschiffen im internationalen Verkehr, führt dies nicht zur Hinzurechnung nach § 5a Absatz 4 Satz 3 Nummer 2 EStG.

17 In den Fällen der Realteilung (§ 16 Absatz 3 Satz 2 bis 4 EStG) sind die Sammelposten des Gesamthandsvermögens entsprechend der Beteiligung am Betriebsvermögen der Mitunternehmerschaft bei den einzelnen Mitunternehmern fortzuführen. Sammelposten des Sonderbetriebsvermögens sind unmittelbar bei den einzelnen Mitunternehmern planmäßig aufzulösen.

18 Werden im Sammelposten erfasste Wirtschaftsgüter außerbetrieblich genutzt, ist für die Ermittlung der als Entnahme zu behandelnden Selbstkosten der Wertverzehr im Schätzungsweg zu berücksichtigen.

3. Sammelposten in Fällen der Übertragung im Sinne des § 6 Absatz 3 EStG, Überführung oder Übertragung im Sinne des § 6 Absatz 5 EStG und Einbringung im Sinne der §§ 20, 24 UmwStG

a) Übertragung oder Einbringung eines gesamten Betriebes

19 In den Fällen der Übertragung oder Einbringung eines gesamten Betriebes zum Buchwert gehen die im Sammelposten erfassten Wirtschaftsgüter zusammen mit dem Betrieb auf den neuen Rechtsträger über. Der übernehmende Rechtsträger führt den Sammelposten unverändert fort.

20 Bei einer Einbringung zu einem über dem Buchwert liegenden Wert liegt für den übernehmenden Rechtsträger ein Anschaffungsvorgang vor, der unter den Voraussetzungen des § 6 Absatz 2a EStG zur Bildung eines neuen Sammelpostens führen kann.

21 Behält der übertragende, überführende oder einbringende Rechtsträger Betriebsvermögen zurück (z. B. Einbringung des Betriebsvermögens einer Personengesellschaft in eine andere Personengesellschaft oder eine Kapitalgesellschaft, wenn die einbringende Personengesellschaft fortbesteht), ist der Sammelposten im verbleibenden Betriebsvermögen auszuweisen.

b) Übertragung oder Einbringung eines Teilbetriebes

22 Die Übertragung oder Einbringung eines Teilbetriebes hat ungeachtet des Verbleibs der im Sammelposten zu erfassenden erfassten Wirtschaftsgüter keine Auswirkung auf den Sammelposten des übertragenden oder einbringenden Rechtsträgers (R 6.13 Absatz 6 EStR); Entsprechendes gilt für nach § 6 Absatz 5 EStG überführte oder übertragene und im Sammelposten erfasste Wirtschaftsgüter.

23 Wird ein Teilbetrieb zum Buchwert übertragen oder eingebracht, erfolgt beim übernehmenden Rechtsträger mangels eines eigenen Buchwertes für im Sammelposten erfasste Wirtschaftsgüter

Zu § 6 EStG **Anlage § 006–19**

weder ein Ausweis dieser Wirtschaftsgüter noch der Ausweis eines Sammelpostens. Dies gilt auch für eine Übertragung oder Überführung von Wirtschaftsgütern zum Buchwert nach entsprechender Anwendung des § 6 Absatz 5 EStG.

4. Übertragung und Veräußerung eines Mitunternehmeranteils

Bei der unentgeltlichen Übertragung des gesamten oder eines Teils eines Mitunternehmeranteils bleibt der im Gesamthandsvermögen der Mitunternehmerschaft gebildete Sammelposten unverändert bestehen. Ein im Sonderbetriebsvermögen des übertragenen Mitunternehmeranteils enthaltener Sammelposten geht auf den Rechtsnachfolger über, wenn der gesamte Mitunternehmeranteil übertragen wird. Wird hingegen nur ein Teil eines Mitunternehmeranteils übertragen, wird der Sammelposten im Sonderbetriebsvermögen des Übertragenden unverändert fortgeführt, es sei denn, mit der Übertragung des Teils eines Mitunternehmeranteils wird das gesamte Sonderbetriebsvermögen unentgeltlich übertragen. Beim rückwirkenden Ansatz des Teilwerts nach § 6 Absatz 3 Satz 2 EStG bleibt der Sammelposten aus Vereinfachungsgründen in unveränderter Höhe bestehen. 24

Die Veräußerung eines Mitunternehmeranteils hat keine Auswirkungen auf den Sammelposten der Gesamthandsbilanz der Mitunternehmerschaft. Für die Sammelposten der Sonderbilanz des veräußerten Mitunternehmeranteils ist Randnummer 15 zu beachten. In der Ergänzungsbilanz des Erwerbers ist aus Vereinfachungsgründen immer nur ein Posten für im Sammelposten enthaltene Mehr- oder Minderwerte zu bilden, unabhängig davon, ob der Mehr- oder Minderwert auf Wirtschaftsgüter entfällt, die in einem oder in verschiedenen Sammelposten erfasst wurden. Der Sammelposten in der Ergänzungsbilanz ist im Wirtschaftsjahr des Erwerbs und in den folgenden vier Wirtschaftsjahren mit jeweils einem Fünftel aufzulösen. 25

Beispiel

Die ABCD-oHG hat in der Gesamthandsbilanz zum 31.12.02 für Anschaffungen des Jahres 01 (200 Wirtschaftsgüter zu je 500 Euro; Anschaffungskosten somit 100 000 Euro) einen Sammelposten 01 in Höhe von 60 000 Euro (Anschaffungskosten 100 000 Euro abzgl. je ein Fünftel = 20 000 Euro für 01 und 02) und für Anschaffungen des Jahres 02 (100 Wirtschaftsgüter zu je 250 Euro; Anschaffungskosten somit 25 000 Euro) einen Sammelposten 02 in Höhe von 20 000 Euro (Anschaffungskosten 25 000 Euro abzgl. ein Fünftel = 5 000 Euro für 02) gebildet.

Mitunternehmer A hat in seiner Sonderbilanz zum 31.12.02 für Anschaffungen des Jahres 01 (AK 20 000 Euro) einen Sammelposten 01 in Höhe von 12 000 Euro (Anschaffungskosten 20 000 Euro abzgl. je ein Fünftel = 4 000 Euro für 01 und 02) und für Anschaffungen des Jahres 02 (Anschaffungskosten 5 000 Euro) einen Sammelposten 02 in Höhe von 4 000 Euro (Anschaffungskosten 5 000 Euro abzgl. ein Fünftel = 1 000 Euro für 02) gebildet.

ABCD-oHG 31.12.02

Sammelposten 01	60 000	Kapital A	20 000
Sammelposten 02	20 000	Kapital B	20 000
		Kapital C	20 000
		Kapital D	20 000

Sonderbilanz A 31.12.02

Sammelposten 01	12 000	Kapital	16 000
Sammelposten 02	4 000		

Zum 01.01.03 veräußert A seinen Mitunternehmeranteil für 50 000 Euro an E. Die Wirtschaftsgüter seines Sonderbetriebsvermögens entnimmt er in sein Privatvermögen (Teilwert = 17 000 Euro). Von den Anschaffungskosten des E entfallen 24 000 Euro auf die in den Sammelposten erfassten Wirtschaftsgüter, der Rest entfällt auf den Geschäfts- oder Firmenwert.

Anlage § 006–19

Zu § 6 EStG

Behandlung A

Veräußerungserlös	50 000 Euro
Entnahmewert	17 000 Euro
Kapitalkonto Gesamthandsvermögen	– 20 000 Euro
Kapitalkonto Sonderbetriebsvermögen	– 16 000 Euro
Veräußerungsgewinn	31 000 Euro

Behandlung oHG und E:
In der Gesamthandsbilanz der BCDE-oHG erfolgt keine Änderung auf Grund der Veräußerung des Mitunternehmeranteils bei den Sammelposten 01 und 02. Die Sammelposten in der Gesamthandsbilanz werden in den Folgejahren wie bisher jeweils um ein Fünftel (für 01 je 20 000 Euro und für 02 je 5 000 Euro) gewinnmindernd aufgelöst. Den Mehrwert für die im Sammelposten der Gesamthandsbilanz erfassten Wirtschaftsgüter (24 000 Euro abzgl. 20 000 Euro = 4 000 Euro) hat E in einem Sammelposten neben dem Geschäfts- oder Firmenwert (26 000 Euro) in seiner Ergänzungsbilanz zu erfassen. E muss im Jahr 03 in seiner Ergänzungsbilanz den Mehrwert für die im Sammelposten erfassten Wirtschaftsgüter entsprechend § 6 Absatz 2a Satz 2 EStG um ein Fünftel (= 800 Euro) gewinnmindernd auflösen.

5. Zeitliche Anwendung

a) Wirtschaftsgüter, die nach dem 31. Dezember 2009 angeschafft, hergestellt oder in das Betriebsvermögen eingelegt werden

26 Bei Wirtschaftsgütern, die nach dem 31. Dezember 2009 angeschafft, hergestellt oder in das Betriebsvermögen eingelegt werden, sind die Randnummern 1 bis 25 anzuwenden (§ 52 Absatz 16 Satz 14 EStG).

b) Wirtschaftsgüter, die nach dem 31. Dezember 2007 und vor dem 1. Januar 2010 angeschafft, hergestellt oder in das Betriebsvermögen eingelegt wurden

27 Abweichend von den Randnummern 1 bis 7 ist bei Wirtschaftsgütern, die nach dem 31. Dezember 2007 und vor dem 1. Januar 2010 angeschafft, hergestellt oder in das Betriebsvermögen eingelegt wurden, § 6 Absatz 2 und 2a i. V. m. § 52 Absatz 16 Satz 18 EStG i. d. F. des Unternehmensteuerreformgesetzes 2008 vom 14. August 2007 (BGBl. I S. 1912, BStBl. I S. 630) anzuwenden. Danach sind Aufwendungen bis 150 Euro zwingend in voller Höhe als Betriebsausgaben abzusetzen. Für Aufwendungen von mehr als 150 Euro und nicht mehr als 1 000 Euro ist zwingend ein Sammelposten im Sinne der Randnummern 8 bis 13 zu bilden, der nach Maßgabe der Randnummern 14 bis 18 aufzulösen ist. Abgesehen von der buchmäßigen Erfassung des Zugangs der Wirtschaftsgüter mit Aufwendungen bis 1 000 Euro bestehen keine weiteren steuerlichen Aufzeichnungspflichten.

c) Vom Kalenderjahr abweichendes Wirtschaftsjahr (§ 4a EStG)

28 Weicht das Wirtschaftsjahr vom Kalenderjahr ab (§ 4a Absatz 1 Nummer 1 und 2 EStG), sind in dem vor dem 1. Januar 2010 beginnenden Wirtschaftsjahr (Übergangsjahr) sowohl Randnummer 26 als auch Randnummer 27 zu beachten. Wird im Übergangsjahr hinsichtlich der nach dem 31. Dezember 2009 angeschafften, hergestellten oder eingelegten Wirtschaftsgüter das Wahlrecht nach den Randnummern 6 und 7 in Anspruch genommen, ist insoweit kein eigener Sammelposten zu bilden; diese Wirtschaftsgüter sind vielmehr in dem für die vor dem 1. Januar 2010 angeschafften, hergestellten oder eingelegten Wirtschaftsgüter mit Aufwendungen von mehr als 150 Euro und nicht mehr als 1 000 Euro zwingend gebildeten Sammelposten zu erfassen.

29 In vor dem 1. Januar 2008 beginnenden abweichenden Wirtschaftsjahren ist für die vor dem 1. Januar 2008 angeschafften, hergestellten oder eingelegten Wirtschaftsgüter ausschließlich § 6 Absatz 2 EStG in der Fassung vor der zeitlichen Anwendung des Unternehmensteuerreformgesetzes 2008 vom 14. August 2007 (BGBl. I S. 1912, BStBl. I S. 630) maßgebend; Randnummer 27 ist insoweit nicht anzuwenden.

Dieses Schreiben wird im Bundessteuerblatt Teil I veröffentlicht.

Zu § 6 EStG   Anlage § 006–20

1. Anwendung des § 6 Absatz 5 Satz 3 Nummer 2 EStG bei Übertragung eines einzelnen Wirtschaftsguts und Übernahme von Verbindlichkeiten innerhalb einer Mitunternehmerschaft;
2. Unentgeltliche Übertragung eines Mitunternehmeranteils nach § 6 Absatz 3 EStG bei gleichzeitiger Ausgliederung von Wirtschaftsgütern des Sonderbetriebsvermögens nach § 6 Absatz 5 EStG;

– BdF-Schreiben vom 12.09.2013 – IV C 6-S 2241/10/10002, 2013/0837216 (BStBl. I S. 1164) –

I. Urteile des BFH zur Übertragung von Mitunternehmeranteilen und von Wirtschaftsgütern des Betriebsvermögens nach § 6 Absatz 3 und 5 EStG

1. Teilentgeltliche Übertragungen und Übernahme von Verbindlichkeiten

a) BFH-Urteil vom 19. September 2012 – IV R 11/12 –

Der IV. Senat des BFH hat mit Urteil vom 19. September 2012 – IV R 11/12 – entschieden, dass die teilentgeltliche Übertragung eines Wirtschaftsguts aus dem Sonderbetriebsvermögen in das Gesamthandsvermögen derselben Personengesellschaft nicht zur Realisierung eines Gewinns führe, wenn das Entgelt den Buchwert des übertragenen Wirtschaftsguts nicht übersteige. Er ist der Auffassung, dass bei Annahme einer teilentgeltlichen Übertragung eines Wirtschaftsguts der entstandene Veräußerungsgewinn in der Weise zu ermitteln sei, dass dem erbrachten Teilentgelt der gesamte Buchwert des Wirtschaftsguts gegenübergestellt werden müsse. Erreiche das Teilentgelt den Buchwert des Wirtschaftsguts nicht, so sei von einem insgesamt unentgeltlichen Vorgang auszugehen.

b) BFH-Urteil vom 21. Juni 2012 – IV R 1/08 –

In dem zu § 6 Absatz 5 EStG i. d. F. des Steuerentlastungsgesetzes 1999/2000/2002 ergangenen Urteil vom 21. Juni 2012 – IV R 1/08 – hat der IV. Senat des BFH zur teilentgeltlichen Übertragung eines Grundstücks aus dem Sonderbetriebsvermögen in das Gesamthandsvermögen einer Schwesterpersonengesellschaft im Streitjahr 1999 Stellung genommen. Er ist dabei der Auffassung des Finanzamts gefolgt, dass diese Übertragung nach der damaligen Gesetzeslage gemäß dem Steuerentlastungsgesetz 1999/2000/2002 zur Aufdeckung der gesamten stillen Reserven des Grundstücks geführt habe. In der Urteilsbegründung führt der IV. Senat des BFH aus, dass es hinsichtlich des entgeltlich übertragenen Teils zu keinem Gewinn komme, weil ein Entgelt (eine Forderung) genau in Höhe des Buchwerts des Grundstücks eingeräumt worden sei (Rdnr. 22). Soweit die Übertragung unentgeltlich durchgeführt worden sei, habe sie zu einem Entnahmegewinn geführt (Rdnr. 23).

2. Übertragungen auf Grund eines „Gesamtplans" – BFH-Urteil vom 2. August 2012 – IV R 41/11 –

Ferner hat der BFH mit Urteil vom 2. August 2012 – IV R 41/11 – entschieden, dass der Gesellschafter einer Personengesellschaft seinen Gesellschaftsanteil steuerneutral übertragen könne, auch wenn er ein in seinem Sonderbetriebsvermögen befindliches Grundstück zeitgleich und ebenfalls steuerneutral auf eine zweite (neugegründete) Personengesellschaft übertrage. Im entschiedenen Fall war der Steuerpflichtige alleiniger Kommanditist einer GmbH & Co.KG sowie alleiniger Gesellschafter der Komplementär-GmbH. Der Steuerpflichtige vermietete der KG das in seinem Eigentum stehende Betriebsgrundstück. Am 1. Oktober 2002 schenkte er seiner Tochter zunächst 80 % seines Anteils an der KG sowie die gesamten Anteile an der GmbH. Anschließend gründete er eine zweite GmbH & Co. KG, auf die er dann am 19. Dezember 2002 das Betriebsgrundstück übertrug. Am selben Tag wurde auch der restliche KG-Anteil auf die Tochter übertragen. Der Stpfl. ging davon aus, dass alle Übertragungen zum Buchwert und damit steuerneutral erfolgen könnten. Das Finanzamt stimmte dem nur in Bezug auf die Übertragung des Grundstücks zu. Wegen dessen steuerneutraler Ausgliederung nach § 6 Absatz 5 Satz 3 Nummer 2 EStG sei nicht der gesamte Mitunternehmeranteil übertragen worden mit der Folge, dass die stillen Reserven im Mitunternehmeranteil aufzudecken seien. Nach Tz. 7 des BMF-Schreibens zu § 6 Absatz 3 EStG vom 3. März 2005 (BStBl. I Seite 458)[1] bewirke die steuerneutrale Ausgliederung von Wirtschaftsgütern des Sonderbetriebsvermögens (hier das Grundstück) in ein anderes Betriebsvermögen, dass der Anteil am Gesamthandsvermögen nicht nach § 6 Absatz 3 EStG zum Buchwert übertragen werden könne. Eine gleichzeitige Inanspruchnahme („Kumulation") von Steuervergünstigungen nach § 6 Absatz 3 EStG einerseits und nach § 6 Absatz 5 EStG andererseits sei nicht möglich.

Von dieser Ansicht der Finanzverwaltung ist der IV. Senat des BFH mit Urteil vom 2. August 2012 – IV R 41/11 – abgewichen. In der Urteilsbegründung führt er aus, dass der gleichzeitige Eintritt der Rechts-

---
1) Siehe Anlage § 006-11.

Anlage § 006–20

Zu § 6 EStG

folgen beider Normen (Buchwerttransfer) dem Sinn und Zweck des Gesetzes regelmäßig nicht zuwiderlaufe. Der Zweck der Regelungen des § 6 Absatz 3 EStG und des § 6 Absatz 5 EStG gebiete keine Auslegung beider Vorschriften dahingehend, dass bei gleichzeitigem Vorliegen ihrer Tatbestandsvoraussetzungen § 6 Absatz 3 Satz 1 EStG stets nur eingeschränkt nach Maßgabe einer anders lautenden Zweckbestimmung des – im Streitfall einschlägigen – § 6 Absatz 5 Satz 3 EStG verstanden werden und zur Anwendung gelangen dürfe. Bei der gleichzeitigen (auch tagggleichen) Anwendung beider Normen komme es auch nicht zu einer Kumulation von Steuervergünstigungen. Denn die durch ein nach § 6 Absatz 5 EStG begünstigtes Einzelwirtschaftsgut verkörperten stillen Reserven wären anlässlich der Übertragung einer nach § 6 Absatz 3 EStG begünstigten Sachgesamtheit gleichfalls nicht aufzudecken gewesen, wenn das betreffende Wirtschaftsgut weiterhin dieser Sachgesamtheit zugehörig gewesen wäre. Zugleich blieben die stillen Reserven dieses Wirtschaftsguts in beiden Fällen gleichermaßen steuerverhaftet. Soweit durch die parallele Anwendung beider Vorschriften missbräuchliche Gestaltungen zu befürchten seien, werde dem durch die Regelung von Sperrfristen in beiden Vorschriften vorgebeugt. Das Gesetz gestatte somit beide Buchwertübertragungen nebeneinander und räume keiner der beiden Regelungen einen Vorrang ein.

II. Auffassung der Finanzverwaltung

Unter Bezugnahme auf das Ergebnis der Erörterung mit den obersten Finanzbehörden der Länder in der Sitzung ESt II/2013 zu TOP 15 wird zur Anwendung der o. g. BFH-Urteile durch die Finanzverwaltung wie folgt Stellung genommen:

1. Teilentgeltliche Übertragungen und Übernahme von Verbindlichkeiten

a) BFH-Urteil vom 19. September 2012 – IV R 11/12 –

Der IV. Senat des BFH lehnt in dieser Entscheidung die von der Finanzverwaltung in Tz. 15 des BMF-Schreibens vom 8. Dezember 2011 (BStBl. I Seite 1279)[1] vertretene Rechtsauffassung ab. Danach ist die Frage, ob eine teilentgeltliche Übertragung vorliegt, nach den Grundsätzen der „Trennungstheorie" anhand der erbrachten Gegenleistung im Verhältnis zum Verkehrswert des übertragenen Wirtschaftsguts zu prüfen. Liegt die Gegenleistung unter dem Verkehrswert, handelt es sich um eine teilentgeltliche Übertragung, bei der der unentgeltliche Teil nach § 6 Absatz 5 Satz 3 EStG zum Buchwert zu übertragen ist. Hinsichtlich des entgeltlichen Teils der Übertragung liegt eine Veräußerung des Wirtschaftsguts vor und es kommt insoweit zur Aufdeckung der stillen Reserven des Wirtschaftsguts. Nach Auffassung des IV. Senats des BFH ist bei einer teilentgeltlichen Übertragung eines Wirtschaftsguts zur Ermittlung des Veräußerungsgewinns dem erbrachten Teilentgelt der gesamte Buchwert des Wirtschaftsguts gegenüber zu stellen. Eine Gewinnrealisierung ist nicht gegeben, soweit das Entgelt den Buchwert nicht übersteigt.

Zur Frage der Gewinnrealisation bei teilentgeltlichen und mischentgeltlichen (d. h. gegen Gewährung von Gesellschaftsrechten und sonstiges Entgelt) Übertragungen von Einzelwirtschaftsgütern ist ein Revisionsverfahren beim X. Senat des BFH anhängig – X R 28/12 –. Die noch ausstehende Entscheidung des X. Senats des BFH bleibt abzuwarten. Daher wird die Entscheidung über die Veröffentlichung des BFH-Urteils vom 19. September 2012 – IV R 11/12 – im Bundessteuerblatt Teil II zunächst zurückgestellt. In einschlägigen Fällen ist vorerst weiterhin uneingeschränkt die in Tz. 15 des BMF-Schreibens zu § 6 Absatz 5 EStG vom 8. Dezember 2011 (BStBl. I Seite 1279)[2] vertretene Rechtsauffassung anzuwenden. Einsprüche von Steuerpflichtigen, die gegen entsprechende Steuerbescheide unter Berufung auf das BFH-Urteil vom 19. September 2012 – IV R 11/12 – eingelegt werden, ruhen gemäß § 363 Absatz 2 Satz 2 AO kraft Gesetzes bis zur endgültigen Klärung der Problematik.

b) BFH-Urteil vom 21. Juni 2012 – IV R 1/08 –

Mit den Aussagen des IV. Senats des BFH in seinen Entscheidungsgründen zeichnete sich bereits in diesem Urteil ab, dass er bei einer teilentgeltlichen Übertragung von Einzelwirtschaftsgütern nicht dem Verständnis der Finanzverwaltung zur Behandlung von teilentgeltlichen Übertragungsvorgängen gemäß Tz. 15 des BMF-Schreibens zu § 6 Absatz 5 EStG vom 8. Dezember 2011 (BStBl. I Seite 1279)[3] folgen will. Deshalb wird die Entscheidung über die Veröffentlichung des BFH-Urteils vom 21. Juni 2012 – IV R 1/08 – im Bundessteuerblatt Teil II gleichfalls vorerst zurückgestellt.

---

1) Siehe Anlage § 006-09.
2) Siehe Anlage § 006-09.
3) Siehe Anlage § 006-09.

2. Übertragungen auf Grund eines „Gesamtplans" – BFH-Urteil vom 2. August 2012 – IV R 41/11 –

Das BFH-Urteil vom 2. August 2012 – IV R 41/11 – weicht nicht nur von Tz. 7 des BMF-Schreibens zu § 6 Absatz 3 EStG vom 3. März 2005(BStBl. I Seite 458)[1] ab, sondern berücksichtigt auch nicht in ausreichendem Maß den historischen Willen des Gesetzgebers. Bis einschließlich VZ 1998 regelte § 7 Absatz 1 EStDV in den Fällen der unentgeltlichen Übertragung von betrieblichen Sachgesamtheiten, wie Betrieben, Teilbetrieben und Mitunternehmeranteilen, die Buchwertfortführung durch den Rechtsnachfolger. Nach der Gesetzesbegründung zu § 6 Absatz 3 EStG im Rahmen des Steuerentlastungsgesetzes 1999/2000/2002 sollen mit dem neu eingefügten Absatz 3 in den Fällen der unentgeltlichen Übertragung von Betrieben, Teilbetrieben oder Mitunternehmeranteilen die bisherigen Regelungen des § 7 Absatz 1 EStDV übernommen werden. In der Gesetzesbegründung wird ausdrücklich darauf hingewiesen, dass die bisherige Regelung des § 7 Absatz 1 EStDV beizubehalten und insbesondere eine Einschränkung des bisherigen Anwendungsbereichs der Vorschrift nicht beabsichtigt ist (BT-Drucks. 14/6882, Seite 32; BT-Drucks. 14/7344, Seite 7). Der im Rahmen des Vermittlungsverfahrens zum Unternehmensteuerfortentwicklungsgesetz 2001 neu eingefügte § 6 Absatz 3 Satz 2 EStG geht auf eine Prüfbitte des Bundesrates zurück. Der Bundesrat hatte um eine gesetzliche Klarstellung gebeten, dass die Zurückbehaltung von Sonderbetriebsvermögen für die Anwendung des § 6 Absatz 3 EStG unschädlich sein soll. Dabei ging es dem Bundesrat aber nur um eine Öffnung des gleitenden Generationenübergangs, wobei er davon ausging, dass der Übernehmer letztlich ebenfalls das im Sonderbetriebsvermögen zurückbehaltene funktional wesentliche Wirtschaftsgut erhält. Das BFH-Urteil vom 2. August 2012 – IV R 41/11 – widerspricht dieser Zielsetzung des Gesetzgebers und eröffnet unter Außerachtlassung der „Gesamtplanrechtsprechung" in bestimmten Fallkonstellationen die Möglichkeit einer schrittweisen steuerneutralen Übertragung wesentlicher Betriebsgrundlagen auf mehrere verschiedene Rechtsträger.

Zur Frage der Anwendung der „Gesamtplanrechtsprechung" ist ein Revisionsverfahren beim BFH anhängig – I R 80/12 -. Im Verfahren I R 80/12 geht es zwar im Schwerpunkt um eine Einbringung zum Buchwert nach § 20 UmwStG. Allerdings besteht im Verfahren I R 80/12 insofern eine gewisse Ähnlichkeit mit dem vom IV. Senat des BFH in seinem Urteil vom 2. August 2012 – IV R 41/11 – entschiedenen Fall, als hier kurz vor der Einbringung die beiden Grundstücke als funktional wesentliche Betriebsgrundlagen in ein anderes Betriebsvermögen ausgegliedert wurden. Es stellt sich demzufolge auch im Verfahren I R 80/12 die Frage, ob unter Berücksichtigung der „Gesamtplanrechtsprechung" ein vollständiger, nach § 20 Absatz 1 UmwStG begünstigter Betrieb eingebracht worden ist. Das Vorliegen eines Betriebs, Teilbetriebs oder Mitunternehmeranteils als Buchwertfortführungsgegenstand ist nämlich sowohl bei § 6 Absatz 3 EStG als auch bei den §§ 20 und 24 UmwStG erforderlich und grundsätzlich nach denselben Kriterien zu beurteilen. Die noch ausstehende Entscheidung des I. Senats des BFH ist deshalb abzuwarten. Daher wird die Entscheidung über die Veröffentlichung des BFH-Urteils vom 2. August 2012 – IV R 41/11 – im Bundessteuerblatt Teil II gleichfalls vorerst zurückgestellt. In einschlägigen Fällen ist weiterhin uneingeschränkt die Tz. 7 des BMF-Schreibens zu § 6 Absatz 3 EStG vom 3. März 2005(BStBl. I Seite 458) anzuwenden. Eine gleichzeitige Inanspruchnahme der Steuervergünstigungen nach § 6 Absatz 3 EStG einerseits und nach § 6 Absatz 5 EStG andererseits ist danach nicht möglich. Einsprüche von Steuerpflichtigen, die gegen entsprechende Steuerbescheide unter Berufung auf das BFH-Urteil vom 2. August 2012 – IV R 41/11 – eingelegt werden, ruhen gemäß § 363 Absatz 2 Satz 2 AO kraft Gesetzes bis zur endgültigen Klärung der Problematik.

Dieses Schreiben wird im Bundessteuerblatt veröffentlich.

---

1) Siehe Anlage § 006-11.

Ermittlung der Herstellungskosten nach R 6.3 EStR 2012

– BdF-Schreiben vom 26.03.2013 – IV C 6-S 2133/09/10001:004, 2012/1160068 (BStBl. I S. 296) –

Nach R 6.3 Absatz 1 EStÄR 2012 sind in die Herstellungskosten eines Wirtschaftsgutes auch Teile der angemessenen Kosten der allgemeinen Verwaltung, der angemessenen Aufwendungen für soziale Einrichtungen des Betriebs, für freiwillige soziale Leistungen und für die betriebliche Altersversorgung (vgl. R 6.3 Absatz 3 EStR) einzubeziehen.

Im Einvernehmen mit den obersten Finanzbehörden der Länder wird es nicht beanstandet, wenn bis zur Verifizierung des damit verbundenen Erfüllungsaufwandes, spätestens aber bis zu einer Neufassung der Einkommensteuerrichtlinien bei der Ermittlung der Herstellungskosten nach der Richtlinie R 6.3 Absatz 4 EStR 2008 [1] verfahren wird.

Dieses Schreiben wird im Bundessteuerblatt Teil I veröffentlicht.

Rückdeckung von Pensionsverpflichtungen

– BdF-Schreiben vom 15. September 1995 – IV B 2 – S 2176 – 54/95 –

Zu Fragen nach der steuerrechtlichen Behandlung einer Rückdeckung von Pensionsverpflichtungen wird im Einvernehmen mit den obersten Finanzbehörden der Länder wie folgt Stellung genommen:

Unternehmen haben für die eingegangene Pensionsverpflichtung unter den Voraussetzungen des § 6a EStG Rückstellungen zu bilden. Eine mögliche Rückdeckung der Pensionsverpflichtung hat auf diese Passivierung keinen Einfluß (vgl. R 41 Abs. 26 Satz 1 EStR 1993) [2]. Die bilanzsteuerrechtliche Behandlung der Rückdeckung richtet sich nach den für die jeweilige Rückdeckungsart geltenden allgemeinen steuerlichen Vorschriften. Danach sind in den Fällen, in denen das Unternehmen die Verpflichtung durch den Erwerb von Fonds-Anteilen absichert, die erworbenen Anteile nach den Grundsätzen des § 6 Abs. 1 Nr. 2 EStG zu bewerten.

Bestellt das Unternehmen zugunsten der Arbeitnehmer, die eine Direktzusage erhalten haben, an den Anteilsscheinen vertragliche Pfandrechte, führt dies nach den in Abschn. 129 Abs. 4 Satz 2 Nr. 4 LStR erhaltenen Grundsätzen nicht zu einem Zufluß von Arbeitslohn.

---

1) R 6.3 Abs. 4 EStR 2008 lautet wie folgt: „Das handelsrechtliche Bewertungswahlrecht für Kosten der allgemeinen Verwaltung und Aufwendungen für soziale Einrichtungen des Betriebs, für freiwillige soziale Leistungen und für betriebliche Altersversorgung sowie für Zinsen für Fremdkapital gilt auch für die Steuerbilanz; Voraussetzung für die Berücksichtigung als Teil der Herstellungskosten ist, dass in der Handelsbilanz entsprechend verfahren wird.. Zu den Kosten für die allgemeine Verwaltung gehören u. a. die Aufwendungen für Geschäftsleitung, Einkauf und Wareneingang, Betriebsrat, Personalbüro, Nachrichtenwesen, Ausbildungswesen, Rechnungswesen – z. B. Buchführung, Betriebsabrechnung, Statistik und Kalkulation –, Feuerwehr, Werkschutz sowie allgemeine Fürsorge einschließlich Betriebskrankenkasse. Zu den Aufwendungen für soziale Einrichtungen gehören z. B. Aufwendungen für Kantine einschließlich der Essenszuschüsse sowie für Freizeitgestaltung der Arbeitnehmer. Freiwillige soziale Leistungen sind nur Aufwendungen, die nicht arbeitsvertraglich oder tarifvertraglich vereinbart worden sind; hierzu können z. B. Jubiläumsgeschenke, Wohnungs- und andere freiwillige Beihilfen, Weihnachtszuwendungen oder Aufwendungen für die Beteiligung der Arbeitnehmer am Ergebnis des Unternehmens gehören. Aufwendungen für die betriebliche Altersversorgung sind Beiträge zu Direktversicherungen, Zuwendungen an Pensions- und Unterstützungskassen, Pensionsfonds sowie Zuführungen zu Pensionsrückstellungen."

2) Vgl. jetzt H 6a Abs. 23 EStH.

Zu § 6a EStG

Anlage § 006a–02

Berücksichtigung von Renten aus der gesetzlichen Rentenversicherung bei der bilanzsteuerrechtlichen Bewertung von Pensionsverpflichtungen und bei der Ermittlung der als Betriebsausgaben abzugsfähigen Zuwendungen an Unterstützungskassen (sog. Näherungsverfahren)

– I. BMF-Schreiben vom 15.3.2007 – IV B 2 – S 2176/07/0003 (BStBl. I S. 290) –

Unter Bezugnahme auf das Ergebnis der Erörterung mit den obersten Finanzbehörden der Länder gilt für die Berücksichtigung von Renten aus der gesetzlichen Rentenversicherung bei der Berechnung von Pensionsrückstellungen nach § 6a EStG und der Ermittlung der als Betriebsausgaben abzugsfähigen Zuwendungen an Unterstützungskassen nach § 4d EStG Folgendes:

I. Pensionsrückstellungen

Pensionszusagen sehen häufig eine volle oder teilweise Anrechnung von Renten aus der gesetzlichen Rentenversicherung auf die betrieblichen Renten oder eine Begrenzung der Gesamtversorgung aus betrieblichen Renten und Renten aus der gesetzlichen Rentenversicherung vor. Die Pensionsrückstellungen dürfen in diesen Fällen nur auf der Grundlage der von den Unternehmen nach Berücksichtigung der Renten aus der gesetzlichen Rentenversicherung und der Begrenzung der Gesamtversorgung tatsächlich noch zu zahlenden Beträge berechnet werden. Die genaue Berücksichtigung der Renten aus der gesetzlichen Rentenversicherung bereitet in der Praxis erhebliche Schwierigkeiten, da sich bei der geltenden Rentenformel die künftig zu erwartende Rente aus der gesetzlichen Rentenversicherung eines noch aktiven Arbeitnehmers nur schwer errechnen lässt. Aus diesem Grund ist ein Näherungsverfahren zur Anrechnung der Renten aus der gesetzlichen Rentenversicherung bei der Berechnung der Pensionsrückstellungen nach § 6a EStG zugelassen, vgl. gleichlautende Erlasse der obersten Finanzbehörden der Länder vom 4. Oktober 1968 (BStBl. I S. 1145) und BMF-Schreiben vom 27. November 1970 (BStBl. I S. 1072), 18. Juni 1973 (BStBl. I S. 529), 28. Juli 1975 (BStBl. I S. 767), 3. Mai 1979 (BStBl. I S. 273), 22. Januar 1981 (BStBl. I S. 41), 23. April 1985 (BStBl. I S. 185), 10. Dezember 1990 (BStBl. I S. 868), 31. Oktober 1996 (BStBl. I S. 1195), 30. Dezember 1997 (BStBl. I S. 1024), 8. Februar 1999 (BStBl. I S. 212), 17. Juli 2000 (BStBl. I S. 1197), 5. Oktober 2001 (BStBl. I S. 661), 10. Januar 2003 (BStBl. I S. 76), 16. August 2004 (BStBl. I S. 849) und 16. Dezember 2005 (BStBl. I S. 1056). Dieses Näherungsverfahren ist erneut anzupassen.

Es bestehen keine Bedenken, folgendes Verfahren anzuwenden:

1. Näherungsformel

    Die im Alter x maßgebende Monatsrente eines Arbeitnehmers aus der allgemeinen Rentenversicherung wird bei der Berechnung der Pensionsrückstellung nach der Formel

    $R_x = EP_x \cdot AR \cdot ZF_x$

    ermittelt. Dabei bedeuten:

    $EP_x =$ die im Alter x maßgebenden Entgeltpunkte (vgl. Randnummer 3),

    $AR =$ der am Bilanzstichtag maßgebende aktuelle Rentenwert (§ 68 SGB VI) und

    $ZF_x =$ der im Alter x maßgebende Zugangsfaktor (vgl. Randnummer 12).

2. Maßgebende Entgeltpunkte

    Bezeichnet t_0 das Alter des Arbeitnehmers am Bilanzstichtag und x_0 sein maßgebliches fiktives Versicherungsbeginnalter (vgl. Randnummer 5), werden für die bis zum Alter x ($x \geq x_0$) aufgelaufenen Entgeltpunkte EP_x folgende Näherungen getrennt für die Vergangenheit und die Zukunft herangezogen.

    Für die in der Vergangenheit bis zum Alter t_0 (höchstens das Prognosealter x) erworbenen Entgeltpunkte $V_{t_0,x}$ gilt mit $t := \min\{t_0; x\}$ die Schätzung:

    $V_{t_0,x} = \max(t - x_0; 0) \cdot (0{,}0831 + 0{,}7748 \cdot \dfrac{\min(0{,}9 \cdot BBG; G)}{GD} B_t)$

    Für die Zukunft ab Alter t_0 bis zum Prognosealter x wird der Erwerb weiterer Entgeltpunkte in Höhe von $Z_{t_0,x}$ unterstellt. Hierfür gilt:

    $Z_{t_0,x} = \max\{x - t_0; 0\} \cdot \dfrac{\min(G; BBG)}{GD}$

    Als Näherung für die im Alter x maßgebenden Entgeltpunkte gilt dann unter Berücksichtigung von Zurechnungszeiten (vgl. Randnummer 4):

    $EP_x = (V_{t_0,x} + Z_{t_0,x}) \cdot (1 + \dfrac{\max(60 - x; 0)}{x - x_0})$

Anlage § 006a–02

Zu § 6a EStG

Zur Berücksichtigung der allgemeinen Wartezeit von 5 Jahren (§ 50 SGB VI) ist zusätzlich zu setzen:
$EP_X = 0$ für $x < x_0 + 5$

In den Formeln bedeuten:

G = die für den Arbeitnehmer am Bilanzstichtag maßgebenden Bezüge (vgl. Randnummern 9 bis 11),

GD = das am Bilanzstichtag maßgebende vorläufige Durchschnittsentgelt im Sinne von § 69 Abs. 2 Nr. 2 SGB VI,

BBG = die am Bilanzstichtag maßgebende Beitragsbemessungsgrenze in der allgemeinen Rentenversicherung (§ 159 SGB VI) und

B_t = den BBG-Faktor (vgl. Randnummer 13).

3. Maßgebendes Versicherungsbeginnalter

4 Als Versicherungsjahr zählt bei einem in der gesetzlichen Rentenversicherung versicherten Arbeitnehmer jedes Lebensjahr nach Vollendung des fiktiven Versicherungsbeginnalters x_0. Dabei ergibt sich x_0 in Abhängigkeit vom Verhältnis G/GD der maßgebenden Bezüge zum Durchschnittsentgelt am Bilanzstichtag aus folgender Tabelle:

G/GD	X_0
bis 0,4	18
über 0,4 bis 0,7	19
über 0,7 bis 1,1	20
über 1,1 bis 1,3	21
über 1,3 bis 1,5	22
über 1,5 bis 1,7	23
über 1,7	24

Für Versicherungsfälle im Altersbereich unter 60 Jahren ist die Zurechnungszeit (§ 59 SGB VI) einzubeziehen. Als Zurechnungszeit gilt die Zeit vom Eintritt des Versicherungsfalles bis zur Vollendung des 60. Lebensjahres. Sind nach den gleichlautenden Ländererlassen vom 4. Oktober 1968 (hier: Abs. 2, Abschnitt A Nr. 2 bis 4) versicherungsfreie Jahre festgestellt worden, vermindern sich die Versicherungsjahre ab Alter x_0 um die Zahl der versicherungsfreien Jahre.

5 Wird ein Arbeitsverhältnis gegenüber einem Arbeitnehmer neu begründet, dessen maßgebende Bezüge zu diesem Zeitpunkt die Beitragsbemessungsgrenze übersteigen, gelten die Kalenderjahre ab 1963, höchstens jedoch die nach dem Alter x_0 zurückgelegten Lebensjahre als Versicherungsjahre. Im Fall der Übernahme einer Pensionsverpflichtung durch den neuen Arbeitgeber sind statt dessen die bisher zulässigerweise berücksichtigten versicherungsfreien Jahre anzusetzen. Die Zurechnungszeit ist entsprechend den Bestimmungen in Randnummer 4 zu berücksichtigen.

6 Ist ein Angestellter auch nach dem 1. Januar 1968 von der Versicherungspflicht in der gesetzlichen Rentenversicherung befreit, sind die Kalenderjahre, in denen nach dem 1. Januar 1968 Versicherungsfreiheit bestand, nicht als Versicherungsjahre zu berücksichtigen. Besteht Versicherungsfreiheit am Bewertungsstichtag, ist davon auszugehen, dass die Versicherungsfreiheit bis zum Ende des Beschäftigungsverhältnisses andauert.

7 Hat ein Arbeitnehmer in nicht versicherungspflichtigen Zeiten Ansprüche aufgrund von freiwilligen Beitragszahlungen zur gesetzlichen Rentenversicherung erworben, die bei Bemessung der betrieblichen Rente berücksichtigt werden, gelten diese Zeiten nicht als versicherungsfreie Jahre.

8 Ist in der Pensionszusage anstelle der Anrechnung der Rente aus der gesetzlichen Rentenversicherung die Anrechnung einer befreienden Lebensversicherung vorgesehen, ist es nicht zu beanstanden, wenn – unabhängig von der Art der Anrechnung für die Lebensversicherung – die Zeiten der Beitragszahlung zur Lebensversicherung als Versicherungsjahre berücksichtigt werden.

4. Maßgebende Bezüge

9 Als maßgebende Bezüge gelten die für die Beitragsbemessung in der gesetzlichen Rentenversicherung maßgebenden Bruttobezüge. Dabei sind einmalige Zahlungen (wie z. B. zusätzliche Urlaubsvergütungen, Weihnachtsgratifikationen, Ergebnisbeteiligungen, Tantiemen o. Ä.) nur insoweit einzubeziehen, als sie nach den sozialversicherungsrechtlichen Bestimmungen zu Rentenleistungen führen.

Zu § 6a EStG   **Anlage § 006a–02**

Die maßgebenden Bezüge und die Beitragsbemessungsgrenze in der allgemeinen Rentenver- 10
sicherung (vgl. § 159 SGB VI) sind nach den Verhältnissen des Bilanzstichtages zu ermitteln. Dabei
sind die das Stichtagsprinzip betreffenden Regelungen von R 6a Abs. 17 EStR 2005 zu beachten.

Die maßgebenden Bezüge sind für jede einzelne Verpflichtung nach Maßgabe der Randnummern 9 11
und 10 zu berücksichtigen. Es ist nicht zu beanstanden, wenn die maßgebenden Bezüge oder einzelne Bestandteile davon (z. B. Überstundenvergütungen, einmalige Zahlungen), die nur unter Schwierigkeiten ermittelt werden können, für Gruppen pensionsberechtigter Arbeitnehmer eines Betriebes, deren Beschäftigungs- und Vergütungsmerkmale sich annähernd entsprechen, mit einem einheitlichen Vervielfältiger aus den feststehenden pensionsfähigen Bezügen oder den feststehenden Grundbezügen näherungsweise ermittelt werden. Zur Vermeidung von Schwankungen bei der Rückstellungsbildung ist am Bilanzstichtag jeweils das arithmetische Mittel aus den zum Bilanzstichtag und zu den vier vorhergehenden Bilanzstichtagen (soweit ermittelt) gültigen Vervielfältigern anzuwenden. In gleicher Weise kann bei der Berechnung von Bezügen verfahren werden, die für die Limitierung der betrieblichen Renten und der Renten aus der gesetzlichen Rentenversicherung maßgeblich sein sollen.

5. Zugangsfaktoren [1)]

Beim Bezug von Renten aus der gesetzlichen Rentenversicherung sind nach § 63 Abs. 5 i. V. m. § 77 12
SGB VI folgende Zugangsfaktoren zu berücksichtigen:

– Bei Renten wegen Alters, die mit Vollendung des 65. Lebensjahres oder eines für den Versicherten maßgebenden niedrigeren Rentenalters beginnen, beträgt der Zugangsfaktor 1,0. Er vermindert sich für jeden Monat der vorzeitigen Inanspruchnahme um 0,3 v. H. und erhöht sich für jeden Monat der über die Vollendung des 65. Lebensjahres hinausgeschobenen Inanspruchnahme um 0,5 v. H.

– Bei Renten wegen verminderter Erwerbsfähigkeit oder wegen Todes ist der Zugangsfaktor für jeden Monat, für den der Versicherungsfall vor der Vollendung des 63. Lebensjahres des Arbeitnehmers (Versicherten) eingetreten ist, um 0,3 v. H., höchstens um 10,8 v. H. niedriger als 1,0.

– Hat der Steuerpflichtige vom zweiten Wahlrecht gemäß R 6a Abs. 11 EStR 2005 Gebrauch gemacht, ergibt sich:

  a) Für nicht schwer behinderte männliche Arbeitnehmer gelten die folgenden Pensionsalter und Zugangsfaktoren:

Geburtsjahrgang	Pensionsalter	Kürzung der Altersrente	Zugangsfaktor
bis 1948	63	7,20 v. H.	0,928
ab 1949	62	10,80 v. H.	0,892

  b) Abweichend hiervon gelten für nicht schwer behinderte männliche Arbeitnehmer, die nach Vollendung des 55. Lebensjahres in Altersteilzeit im Sinne von § 237 SGB VI gegangen sind oder deren Arbeitsverhältnis nach Vollendung des 55. Lebensjahres geendet hat, die folgenden Pensionsalter und Zugangsfaktoren:

Geburtsjahrgang	Pensionsalter	Kürzung der Altersrente	Zugangsfaktor
1945 bis Juni 1946	60	18,0 v. H.	0,820
Juli 1946 bis Juni 1947	61	14,4 v. H.	0,856
Juli 1947 bis Juni 1948	62	10,8 v. H.	0,892

Steht bei einem männlichen Arbeitnehmer mit einem Geburtsdatum vor dem 1. Juli 1948, der nach Vollendung des 55. Lebensjahres in Altersteilzeit im Sinne von § 237 SGB VI gegangen ist oder dessen Arbeitsverhältnis nach Vollendung des 55. Lebensjahres geendet hat, aufgrund seines erreichten Alters oder nach den vertraglichen Vereinbarungen im Ausscheidezeitpunkt oder bei Übergang in die Altersteilzeit fest, dass er im frühestens möglichen Zeitpunkt nicht die Voraussetzungen für den Bezug der vorzeitigen Altersrente wegen Arbeitslosigkeit (1 Jahr

---
1) Siehe dazu das unter II. abgedruckte BMF-Schreiben vom 5.5.2008.

Anlage § 006a–02

Zu § 6a EStG

Arbeitslosigkeit) oder nach Altersteilzeitarbeit (2 Jahre Altersteilzeitarbeit) erfüllen kann, erhöht sich das jeweilige Pensionsalter und damit der Zugangsfaktor (maximal 1) entsprechend.

c) Für nicht schwer behinderte weibliche Arbeitnehmer gelten die folgenden Pensionsalter und Zugangsfaktoren:

Geburtsjahrgang	Pensionsalter	Kürzung der Altersrente	Zugangsfaktor
bis 1951	60	18,0 v. H.	0,820
ab 1952	62	10,8 v. H.	0,892

d) Für schwer behinderte Arbeitnehmerinnen und Arbeitnehmer gilt das Pensionsalter 60 mit dem Zugangsfaktor 0,892.

e) Für Renten wegen verminderter Erwerbsfähigkeit oder wegen Todes ergeben sich die folgenden, vom Alter des Versicherten im Zeitpunkt des Versicherungsfalles abhängigen Zugangsfaktoren:

Alter im Versicherungsfall	Kürzung der Rente	Zugangsfaktor
63 Jahre und älter	0,0 v. H.	1,000
62 Jahre	1,8 v. H.	0,982
61 Jahre	5,4 v. H.	0,946
60 Jahre	9,0 v. H.	0,910
59 Jahre und jünger	10,8 v. H.	0,892

6. BBG-Faktor

Der BBG-Faktor B_t berücksichtigt die außerordentliche Erhöhung der Beitragsbemessungsgrenze im Jahre 2003 (§ 275c SGB VI). Für B_t gilt unter Beibehaltung der Bezeichnungen aus Randnummer 3:

Falls G oberhalb 90 v. H. der BBG und $t > x_0$:

$$B_t = 1 + \frac{\min\{G; BBG\} - 0{,}9 \cdot BBG}{0{,}9 \cdot BBG} \cdot \frac{\max(t - \max(x_0; t_{2003}); 0)}{t - x_0}$$

Sonst:

$B_t = 1$

wobei t_{2003} das versicherungstechnische Alter am 1. Januar 2003 bezeichnet.

7. Grundsatz der Einzelbewertung

Die Rente aus der gesetzlichen Rentenversicherung ist bei jeder einzelnen Verpflichtung nach Maßgabe der Randnummern 2 bis 13 zu berücksichtigen.

8. Knappschaftsrenten

Die Bestimmungen der Randnummern 2 bis 14 sind sinngemäß anzuwenden, wenn Renten aus der knappschaftlichen Rentenversicherung bei der Ermittlung der Pensionsrückstellungen berücksichtigt werden müssen. In diesen Fällen sind die im Alter x maßgebenden Entgeltpunkte mit dem Faktor 4/3 zu multiplizieren; es ist die Beitragsbemessungsgrenze der knappschaftlichen Rentenversicherung zugrunde zu legen. Bei den sog. Wanderversicherungen (Versicherungszeiten sowohl in der knappschaftlichen Rentenversicherung als auch in der allgemeinen Rentenversicherung) sind die auf die verschiedenen Versicherungszweige entfallenden Versicherungsjahre getrennt zu bewerten; für künftige Versicherungsjahre sind die am Bilanzstichtag vorliegenden Verhältnisse zu unterstellen. Versicherungsfreie Jahre von Angestellten müssen im Einzelfall nachgewiesen und entsprechend berücksichtigt werden. Sonderregelungen für die Ermittlung von Rentenansprüchen nach der Leistungsordnung des Bochumer Verbandes bleiben unberührt.

Die Hinzurechnungszeit ist nach dem Wechsel dem neuen Versicherungszweig zuzuordnen (§ 60 SGB VI). Für den Wechsel von der knappschaftlichen zur allgemeinen Rentenversicherung sind die Entgeltpunkte unter Berücksichtigung der Hinzurechnungszeit formelmäßig wie folgt zu berechnen:[1]

---

[1] Siehe dazu das unter II. abgedruckte BMF-Schreiben vom 5.5.2008.

Zu § 6a EStG   **Anlage § 006a–02**

$$EP_x^{Gesamt} = EP_x^{Kn} + EP_x^{AV} + EP_x^{HinzuAV}$$

mit:

$$EP_x^{Kn} = V_{w_0;x}^{Kn}$$

$$EP_x^{AV} = V_{t_0;\max(w_0;x)}^{AV} + Z_{t_0;x}^{AV}$$

$$EP_x^{HinzuAV} = (EP_x^{Kn} + EP_x^{AV}) \cdot \frac{\max(60-x;0)}{x-x_0}$$

w_0 = Alter im Zeitpunkt des Wechsels.

Dabei sind das Versicherungsbeginnalter x_0 und die Entgeltpunkte auf der Basis der aktuellen Stichtagsgrößen zu ermitteln. Die Höhe der Rentenanwartschaft ergibt sich nach Randnummer 2 wie folgt:

$$R_x = \{EP_x^{Kn} \cdot 4/3 + (EP_x^{AV} + EP_x^{HinzuAV})\} \cdot AR \cdot ZF_x$$

9. **Allgemeine Rentenversicherung im Beitrittsgebiet (Ost)**

   In den ostdeutschen Bundesländern (sog. Beitrittsgebiet) sind für Beitragszeiten Entgeltpunkte Ost zu ermitteln (§ 254d SGB VI). Dabei ist die Beitragsbemessungsgrenze (Ost) zu berücksichtigen (§ 275a SGB VI) sowie das Durchschnittsentgelt (§ 69 SGB VI) über die Anlage 10 zum SGB VI auf das Entgeltniveau im Beitrittsgebiet abzusenken (§ 255b SGB VI). 17

   Liegt ein Wechsel aus der allgemeinen Rentenversicherung in das Beitrittsgebiet (Ost) vor, werden die Entgeltpunkte für West und Ost berechnet. Bei Versicherungsfällen im Altersbereich unter 60 Jahren werden die für die Hinzurechnungszeit im Rahmen der Gesamtleistungsbewertung ermittelten Entgeltpunkte den westdeutschen und den ostdeutschen Bundesländern getrennt zugeordnet. Dies erfolgt in dem Verhältnis der jeweils dort erworbenen Entgeltpunkte (vgl. § 263a SGB VI).[1] 18

   Für den Wechsler in das Beitrittsgebiet (Ost) sind die Entgeltpunkte nach den folgenden Formeln zu berechnen: 19

   $$EP_x^{Gesamt} = EP_x^{West} + EP_x^{Ost} + EP_x^{HinzuWest} + EP_x^{HinzuOst}$$

   mit:

   $$EP_x^{West} = V_{w_0;x}^{West}$$

   $$EP_x^{Ost} = V_{t_0;\max(w_0;x)}^{Ost} + Z_{t_0;x}^{Ost}$$

   $$EP_x^{HinzuWest} = EP_x^{West} \cdot \frac{\max(60-x;0)}{x-x_0}$$

   $$EP_x^{HinzuOst} = EP_x^{Ost} \cdot \frac{\max(60-x;0)}{x-x_0}$$

   w_0 = Alter im Zeitpunkt des Wechsels.

   Dabei sind das Versicherungsbeginnalter x_0 und die Entgeltpunkte auf der Basis der aktuellen Stichtagsgrößen zu ermitteln; maßgebend für x_0 ist der neue Rentenzweig.

   Auf die sich so ergebenden Entgeltpunkte ist für die Berechnung des Rentenanspruches für die Entgeltpunkte (West) der aktuelle Rentenwert (§ 68 SGB VI) und für die Entgeltpunkte (Ost) der aktuelle Rentenwert (Ost) anzuwenden (§ 255a SGB VI). Die Rentenansprüche aus der allgemeinen Rentenversicherung sind wie folgt zu berechnen:[2] 20

   $$R_x = \{EP_x^{West} + EP_x^{HinzuWest}\} \cdot AR^{West} + (EP_x^{Ost} + EP_x^{HinzuOst}) \cdot AR^{Ost}\} \cdot ZF_x$$

10. **Befreiung oder Wegfall von der Versicherungspflicht**

    Eine Anrechnung von Rentenanwartschaften aus der gesetzlichen Rentenversicherung kann auch gegenüber nicht mehr pflichtversicherten oder von der Pflichtversicherung befreiten Beschäftigten erfolgen. Zu diesem Personenkreis gehören insbesondere beherrschende Gesellschafter-Geschäftsführer (§ 1 SGB VI i. V. m. § 7 SGB IV), Vorstände von Aktiengesellschaften (§ 1 Satz 4 SGB VI) sowie Arbeitnehmer öffentlich-rechtlicher Einrichtungen, denen beamtenähnliche Pensionszusagen erteilt wurden (§ 5 Abs. 1 Nr. 2 SGB VI). In diesen Fällen sind die Anwartschaften aus der gesetzlichen Rentenversicherung folgendermaßen zu berechnen: 21

---

1) Siehe dazu das unter II. abgedruckte BMF-Schreiben vom 5.5.2008.
2) Siehe dazu das unter II. abgedruckte BMF-Schreiben vom 5.5.2008.

22 Die für die Berechnung der Entgeltpunkte nach dem Näherungsverfahren relevanten Größen sind im Zeitpunkt der Befreiung oder der Beendigung der Versicherungspflicht festzuschreiben und den künftigen Berechnungen zugrunde zu legen. Dies sind die maßgebenden Bezüge, die Beitragsbemessungsgrenze, das maßgebende vorläufige Durchschnittsentgelt, das Versicherungsbeginnalter sowie der in Randnummer 13 definierte BBG-Faktor B_t.

23 Gemäß § 59 Abs. 2 Nr. 3 SGB VI ist bei der Anwartschaft auf Hinterbliebenenrente die Hinzurechnungszeit für die Zeit vom Tod bis zur Vollendung des 60. Lebensjahres des Versicherten zu berücksichtigen. Diese Versicherungszeiten sind mit dem folgenden Durchschnittswert zu belegen:

Die zum Zeitpunkt der Befreiung oder Beendigung der Versicherungspflicht erreichten Entgeltpunkte sind durch die Jahre des belegungsfähigen Gesamtzeitraums zu teilen, d. h. durch die Jahre vom Versicherungsbeginn bis zum Todesfall.

24 Eine Anwartschaft auf eine sofort beginnende Rente wegen Erwerbsminderung besteht nach § 43 Abs. 1 Nr. 2 oder Abs. 2 Nr. 2 SGB VI i. d. R. nur noch für den Zeitraum von 2 Jahren nach der Befreiung oder dem Wegfall der Versicherungspflicht. Dabei ist eine Hinzurechnungszeit wie für Hinterbliebenenleistungen zu berücksichtigen. Tritt eine Erwerbsminderung im Zeitraum ab dem zweiten Jahr nach der Befreiung oder dem Wegfall der Versicherungspflicht ein, verbleibt lediglich eine bis zur Altersgrenze aufgeschobene Rentenanwartschaft.

25 In besonders gelagerten Fällen, in denen das Verfahren nach den Randnummern 2 bis 24 zu unzutreffenden Ergebnissen führt, kann ein anderes, diesen besonderen Verhältnissen angepasstes Verfahren

1. vom Steuerpflichtigen angewendet werden oder
2. vom Finanzamt für künftige Berechnungen verlangt werden.

26 Das Näherungsverfahren zur Berechnung von Renten aus der gesetzlichen Rentenversicherung ist nur bei Pensionsanwartschaften zulässig. Bei bereits laufenden Pensionen ist stets von den tatsächlich bezahlten Beträgen der betrieblichen Renten auszugehen.

II. Zuwendungen an Unterstützungskassen

27 Das Näherungsverfahren zur Berechnung von Renten aus der gesetzlichen Rentenversicherung gilt sinngemäß auch bei der Ermittlung der als Betriebsausgaben abzugsfähigen Zuwendungen an Unterstützungskassen.

III. Zeitliche Anwendung

a) Bewertung von Versorgungsanwartschaften aktiver Beschäftigter

28 Bei aktiven Beschäftigten können die Regelungen dieses BMF-Schreibens erstmals der Gewinnermittlung des Wirtschaftsjahres zugrunde gelegt werden, das nach dem Tag der Veröffentlichung dieses Schreibens im Bundessteuerblatt endet. Sie sind spätestens für das erste Wirtschaftsjahr anzuwenden, das nach dem 30. Dezember 2007 endet. Das BMF-Schreiben vom 16. Dezember 2005 (BStBl. I S. 1056) kann letztmals der Gewinnermittlung des letzten vor dem 31. Dezember 2007 endenden Wirtschaftsjahres zugrunde gelegt werden. Der Übergang hat einheitlich für alle Pensionsverpflichtungen des Unternehmens zu erfolgen.

b) Bewertung von unverfallbaren Versorgungsanwartschaften ausgeschiedener Versorgungsberechtigter

29 Bei ausgeschiedenen Anwärtern ist stets das im Zeitpunkt des Ausscheidens neueste Näherungsverfahren auch für künftige Bilanzstichtage anzuwenden. Bei ausgeübtem zweiten Wahlrecht gemäß R 6a Abs. 11 EStR 2005 ist jedoch wegen § 6 Betriebsrentengesetz (BetrAVG) stets auf die aktuellen Zeitpunkte der frühestmöglichen Inanspruchnahme der vorzeitigen Altersrente aus der gesetzlichen Rentenversicherung abzustellen, vgl. Randnummer 12.

Zu § 6a EStG

Anlage § 006a–02

Anlage 1

Beispiel 1
Ermittlung des EP_x – Vektors für ein **Gehalt bis zu 90% der BBG**
Bilanzstichtag 30.09.2007
Beitragsbemessungsgrenze in der gesetzlichen Rentenversicherung für 2007 BBG = 63.000 €
Gehalt G **(= 75% BBG)** = 47.250 €
Vorläufiges Durchschnittsentgelt aller Versicherten für 2007 GD = 29.488 €
Versicherungsbeginnalter x_0 = 23
Bilanzalter t_0 = 42
Alter am 01. 01. 2003 l_{2003} = 37

Alter x	BBG-Faktor B_t	Maßgebende Entgeltpunkte		incl. Zurechnungs- und Wartezeit EP_x
		Vergangenheit $V_{t0,x}$	Zukunft $Z_{t0,x}$	
20	1,0000	0,00	0,00	0,00
21	1,0000	0,00	0,00	0,00
22	1,0000	0,00	0,00	0,00
23	1,0000	0,00	0,00	0,00
24	1,0000	1,32	0,00	0,00
25	1,0000	2,65	0,00	0,00
26	1,0000	3,97	0,00	0,00
27	1,0000	5,30	0,00	0,00
28	1,0000	6,62	0,00	49,01
29	1,0000	7,95	0,00	49,01
30	1,0000	9,27	0,00	49,01
31	1,0000	10,60	0,00	49,01
32	1,0000	11,92	0,00	49,01
33	1,0000	13,25	0,00	49,01
34	1,0000	14,57	0,00	49,01
35	1,0000	15,90	0,00	49,01
36	1,0000	17,22	0,00	49,01
37	1,0000	18,54	0,00	49,01
38	1,0000	19,87	0,00	49,01
39	1,0000	21,19	0,00	49,01
40	1,0000	22,52	0,00	49,01
41	1,0000	23,84	0,00	49,01
42	1,0000	25,17	0,00	49,01
43	1,0000	25,17	1,60	49,52
44	1,0000	25,17	3,20	49,99
45	1,0000	25,17	4,81	50,41
46	1,0000	25,17	6,41	50,80
47	1,0000	25,17	8,01	51,15
48	1,0000	25,17	9,61	51,48
49	1,0000	25,17	11,22	51,78
50	1,0000	25,17	12,82	52,06
51	1,0000	25,17	14,42	52,31
52	1,0000	25,17	16,02	52,55
53	1,0000	25,17	17,63	52,78
54	1,0000	25,17	19,23	52,99
55	1,0000	25,17	20,83	53,19
56	1,0000	25,17	22,43	53,37
57	1,0000	25,17	24,04	53,54
58	1,0000	25,17	25,64	53,71
59	1,0000	25,17	27,24	53,86
60	1,0000	25,17	28,84	54,01
61	1,0000	25,17	30,44	55,61
62	1,0000	25,17	32,05	57,21
63	1,0000	25,17	33,65	58,82
64	1,0000	25,17	35,25	60,42
65	1,0000	25,17	36,85	62,02

Anlage § 006a–02

Zu § 6a EStG

Anlage 2

Beispiel 2
Ermittlung des EP_x – Vektors für ein **Gehalt bis zu 90% der BBG**

Bilanzstichtag	30.09.2007
Beitragsbemessungsgrenze in der gesetzlichen Rentenversicherung für 2007 BBG =	63.000 €
Gehalt G **(= 95% BBG)** =	59.850 €
Vorläufiges Durchschnittsentgelt aller Versicherten für 2007 GD =	29.488 €
Versicherungsbeginnalter x_0 =	24
Bilanzalter t_0 =	42
Alter am 01. 01. 2003 1_{2003} =	37

		Maßgebende Entgeltpunkte		
Alter x	BBG-Faktor B_t	Vergangenheit $V_{t0,x}$	Zukunft $Z_{t0,x}$	incl. Zurechnungs- und Wartezeit EP_x
20	1,0000	0,00	0,00	0,00
21	1,0000	0,00	0,00	0,00
22	1,0000	0,00	0,00	0,00
23	1,0000	0,00	0,00	0,00
24	1,0000	0,00	0,00	0,00
25	1,0000	1,57	0,00	0,00
26	1,0000	3,15	0,00	0,00
27	1,0000	4,72	0,00	0,00
28	1,0000	6,29	0,00	0,00
29	1,0000	7,86	0,00	56,62
30	1,0000	9,44	0,00	56,62
31	1,0000	11,01	0,00	56,62
32	1,0000	12,58	0,00	56,62
33	1,0000	14,16	0,00	56,62
34	1,0000	15,73	0,00	56,62
35	1,0000	17,30	0,00	56,62
36	1,0000	18,87	0,00	56,62
37	1,0000	20,45	0,00	56,62
38	1,0040	22,10	0,00	56,84
39	1,0074	23,76	0,00	57,02
40	1,0104	25,41	0,00	57,18
41	1,0131	27,07	0,00	57,33
42	1,0154	28,73	0,00	57,45
43	1,0154	28,73	2,03	58,27
44	1,0154	28,73	4,06	59,01
45	1,0154	28,73	6,09	59,68
46	1,0154	28,73	8,12	60,29
47	1,0154	28,73	10,15	60,85
48	1,0154	28,73	12,18	61,36
49	1,0154	28,73	14,21	61,82
50	1,0154	28,73	16,24	62,26
51	1,0154	28,73	18,27	62,66
52	1,0154	28,73	20,30	63,03
53	1,0154	28,73	22,33	63,37
54	1,0154	28,73	24,36	63,70
55	1,0154	28,73	26,39	64,00
56	1,0154	28,73	28,41	64,28
57	1,0154	28,73	30,44	64,55
58	1,0154	28,73	32,47	64,80
59	1,0154	28,73	34,50	65,04
60	1,0154	28,73	36,53	65,26
61	1,0154	28,73	38,56	67,29
62	1,0154	28,73	40,59	69,32
63	1,0154	28,73	42,62	71,35
64	1,0154	28,73	44,65	73,38
65	1,0154	28,73	46,68	75,41

Zu § 6a EStG

Anlage § 006a–02

– II. BMF-Schreiben vom 5.5.2008 – S 2176/07/0003, 2008/0222535 (BStBl. I S. 570) –

Das sog. Näherungsverfahren zur Berücksichtigung von Renten aus der gesetzlichen Rentenversicherung bei der Bewertung von Pensionsverpflichtungen und bei der Ermittlung der als Betriebsausgaben abzugsfähigen Zuwendungen an Unterstützungskassen wurde zuletzt im BMF-Schreiben vom 15. März 2007 (BStBl. I S. 290) dargestellt. Nach dem Ergebnis der Erörterung mit den obersten Finanzbehörden der Länder wird dieses Schreiben wie folgt geändert:

1. Beim Bezug von Renten aus der gesetzlichen Rentenversicherung zu berücksichtigende Zugangsfaktoren

   Das Gesetz zur Anpassung der Regelaltersgrenze an die demografische Entwicklung und zur Stärkung der Finanzierungsgrundlagen der gesetzlichen Rentenversicherung (RV-Altersgrenzenanpassungsgesetz) vom 20. April 2007 (BGBl. I S. 554) wirkt sich auf die beim Bezug von Renten der gesetzlichen Rentenversicherung zu berücksichtigenden Zugangsfaktoren aus.

   Randnummer 12 wird wie folgt gefasst (die Ergänzungen und Änderungen sind *kursiv* dargestellt):

   „5. Zugangsfaktoren

   Beim Bezug von Renten aus der gesetzlichen Rentenversicherung sind nach § 63 Abs. 5 i. V. m. § 77 SGB VI folgende Zugangsfaktoren zu berücksichtigen:

   – Bei Renten wegen Alters, die mit *Ablauf des Kalendermonats des Erreichens der Regelaltersgrenze* oder eines für den Versicherten maßgebenden niedrigeren Rentenalters beginnen, beträgt der Zugangsfaktor 1,0. Er vermindert sich für jeden Monat der vorzeitigen Inanspruchnahme um 0,3 % und erhöht sich für jeden Monat der über die Regelaltersgrenze hinausgeschobenen Inanspruchnahme um 0,5 %. *Vor Berechnung der Zugangsfaktoren ist sowohl die Regelaltersgrenze als auch das gewählte Finanzierungsendalter auf volle Jahre zu runden.*

   – Bei Renten wegen verminderter Erwerbsfähigkeit oder wegen Todes ist der Zugangsfaktor für jeden Monat, für den der Versicherungsfall vor der Vollendung des 65. Lebensjahres des Arbeitnehmers (Versicherten) eingetreten ist, um 0,3 %, höchstens um 10,8 % niedriger als 1,0.

   – Hat der Steuerpflichtige vom zweiten Wahlrecht gemäß R 6a Abs. 11 EStR 2005 Gebrauch gemacht, ergeben sich folgende Werte:

   a) Für nicht schwerbehinderte männliche Arbeitnehmer gelten die folgenden Pensionsalter und Zugangsfaktoren:

Geburtsjahrgang	Pensionsalter	Kürzung der Altersrente	Zugangsfaktor
bis 1952	63	7,20 %	0,928
ab 1953 bis 1961	63	10,80 %	0,892
ab 1962	63	14,40 %	0,856

   Für nicht schwerbehinderte weibliche Arbeitnehmer gelten die folgenden Pensionsalter und Zugangsfaktoren:

Geburtsjahrgang	Pensionsalter	Kürzung der Altersrente	Zugangsfaktor
bis 1951	60	18,00 %	0,820
1952	63	7,20 %	0,928
ab 1953 bis 1961	63	10,80 %	0,892
ab 1962	63	14,40 %	0,856

   b) Abweichend hiervon gelten für nicht schwerbehinderte Männer und Frauen, die nach Vollendung des 55. Lebensjahres in Altersteilzeit im Sinne von § 237 SGB VI gegangen sind oder deren Arbeitsverhältnis nach Vollendung des 55. Lebensjahres geendet hat, die folgenden Pensionsalter und Zugangsfaktoren:

Anlage § 006a–02

Zu § 6a EStG

Geburtsjahrgang	Pensionsalter	Kürzung der Altersrente	Zugangsfaktor
1945 bis Juni 1946	60	18,00 %	0,820
Juli 1946 bis Juni 1947	61	14,40 %	0,856
Juli 1947 bis Juni 1948	62	10,80 %	0,892
Juli 1948 bis 1951	*63*	*7,20 %*	*0,928*

Steht bei einem männlichen oder weiblichen Arbeitnehmer mit einem Geburtsdatum vor dem 1. Juli 1948, der nach Vollendung des 55. Lebensjahres in Altersteilzeit im Sinne von § 237 SGB VI gegangen ist oder dessen Arbeitsverhältnis nach Vollendung des 55. Lebensjahres geendet hat, aufgrund seines erreichten Alters oder nach den vertraglichen Vereinbarungen im Ausscheidezeitpunkt oder bei Übergang in die Altersteilzeit fest, dass er im frühestens möglichen Zeitpunkt nicht die Voraussetzungen für den Bezug der vorzeitigen Altersrente wegen Arbeitslosigkeit (ein Jahr Arbeitslosigkeit) oder nach Altersteilzeitarbeit (zwei Jahre Altersteilzeitarbeit) erfüllen kann, erhöht sich das jeweilige Pensionsalter und damit der Zugangsfaktor (maximal 1) entsprechend.

c) Für schwerbehinderte Arbeitnehmerinnen und Arbeitnehmer gelten die folgenden Pensionsalter und Zugangsfaktoren:

Geburtsjahrgang	*Pensionsalter*	*Kürzung der Altersrente*	*Zugangsfaktor*
bis 1952	*63*	*10,80 %*	*0,592*
ab 1953 bis 1961	*61*	*10,80 %*	*0,892*
ab 1962	*62*	*10,80 %*	*0,892*

d) Für Renten wegen verminderter Erwerbsfähigkeit oder wegen Todes ergeben sich die folgenden Zugangsfaktoren:

Versorgungsfälle bis 2012:

Alter im Versicherungsfall	*Kürzung der Rente*	*Zugangsfaktor*
63 Jahre und älter	*0,0 %*	*1,000*
62 Jahre	*1,8 %*	*0,982*
61 Jahre	*5,4 %*	*0,946*
60 Jahre	*9,0 %*	*0,910*
59 Jahre und jünger	*10,8 %*	*0,892*

Versorgungsfälle von 2013 bis 2021:

Alter im Versicherungsfall	*Kürzung der Rente*	*Zugangsfaktor*
64 Jahre und älter	*0,0 %*	*1,000*
63 Jahre	*1,8 %*	*0,982*
62 Jahre	*5,4 %*	*0,946*
61 Jahre	*9,0 %*	*0,910*
60 Jahre und jünger	*10,8 %*	*0,892*

Zu § 6a EStG   **Anlage § 006a–02**

Versorgungsfälle ab 2022:

Alter im Versicherungsfall	Kürzung der Rente	Zugangsfaktor
65 Jahre und älter	0,0 %	1,000
64 Jahre	1,8 %.	0,982
63 Jahre	5,4 %	0,946
62 Jahre	9,0 %	0,910
61 Jahre und jünger	10,8 %	0,892

2. Wechsel des Versicherungszweiges

   Bei einem Wechsel des Versicherungszweiges sind die im jeweiligen Versicherungszweig abgeleisteten Versicherungszeiten gesondert zu berücksichtigen. Die Randnummern 16, 18 und 20 werden dementsprechend klarstellend wie folgt gefasst (die Ergänzungen sind kursiv dargestellt):

   „16. Die Hinzurechnungszeit ist nach dem Wechsel dem neuen Versicherungszweig zuzuordnen (§ 60 SGB VI). *Für Bilanzstichtage nach dem Wechsel von der knappschaftlichen zur allgemeinen Rentenversicherung sind die Entgeltpunkte unter Berücksichtigung der Hinzurechnungszeit für beide Rentenzweige getrennt zu berechnen. Dabei sind im jeweiligen Versicherungszweig nur die dort abgeleisteten Versicherungszeiten zu berücksichtigen.* Formelmäßig ergibt sich folgende Darstellung:

   $$EP_x^{Gesamt} = EP_x^{Kn} + EP_x^{AV} + EP_x^{HinzuAV}$$

   mit:

   $$EP_x^{Kn} = V_{w_0;x}^{Kn}$$
   $$EP_x^{AV} = V_{t_0;\max(w_0;x)}^{AV} + Z_{t_0;x}^{AV}$$
   $$EP_x^{HinzuAV} = (EP_x^{Kn} + EP_x^{AV}) \cdot \frac{\max(60 - x; 0)}{x - x_0}$$

   w_0 = Alter im Zeitpunkt des Wechsels.

   Dabei sind das Versicherungsbeginnalter x_0 und die Entgeltpunkte auf der Basis der aktuellen Stichtagsgrößen zu ermitteln. Die Höhe der Rentenanwartschaft ergibt sich nach Randnummer 2 wie folgt:

   $$R_x = \{EP_x^{Kn} \cdot 4/3 + (EP_x^{AV} + EP_x^{HinzuAV})\} \cdot AR \cdot ZF_x$$

   Bei einem Wechsel von der allgemeinen zur knappschaftlichen Rentenversicherung sind diese Regelungen entsprechend anzuwenden."

   „18. *Für Bilanzstichtage nach* einem Wechsel aus der allgemeinen Rentenversicherung in das Beitrittsgebiet (Ost) werden die Entgeltpunkte für West und Ost *getrennt* berechnet. *Dabei sind im jeweiligen Versicherungszweig nur die dort abgeleisteten Versicherungszeiten zu berücksichtigen.* Bei Versicherungsfällen im Altersbereich unter 60 Jahren werden die für die Hinzurechnungszeit im Rahmen der Gesamtleistungsbewertung ermittelten Entgeltpunkte den westdeutschen und den ostdeutschen Bundesländern getrennt zugeordnet. Dies erfolgt in dem Verhältnis der jeweils dort erworbenen Entgeltpunkte (vgl. § 263a SGB VI)."

   „20. Auf die sich so ergebenden Entgeltpunkte ist für die Berechnung des Rentenanspruches für die Entgeltpunkte (West) der aktuelle Rentenwert (§ 68 SGB VI) und für die Entgeltpunkte (Ost) der aktuelle Rentenwert (Ost) anzuwenden (§ 255a SGB VI). Die Rentenansprüche aus der allgemeinen Rentenversicherung sind wie folgt zu berechnen:

   $$R_x = \{(EP_x^{West} + EP_x^{HinzuWest}) \cdot AR^{West} + (EP_x^{Ost} + EP_x^{HinzuOst}) \cdot AR^{Ost}\} \cdot ZF_x$$

   Bei einem Wechsel aus dem Beitrittsgebiet (Ost) in die allgemeine Rentenversicherung sind diese Regelungen entsprechend anzuwenden."

3. Zeitliche Anwendung

   Randnummer 12 (Zugangsfaktoren) des BMF-Schreibens vom 15. März 2007 (a. a. O.) in der Fassung dieses Schreibens kann erstmals der Gewinnermittlung des Wirtschaftsjahres zugrunde gelegt werden, das nach dem 30. April 2007 (Tag der Veröffentlichung des RV-Altersgrenzenanpassungsgesetzes im Bundesgesetzblatt) endet. Sie ist spätestens in der Bilanz des ersten Wirtschaftsjahres

Anlage § 006a–02   Zu § 6a EStG

anzuwenden, das nach dem 30. Dezember 2008 endet (Übergangszeit). Der Übergang hat einheitlich für alle Pensionsverpflichtungen des Unternehmens zu erfolgen.

Die geänderten Randnummern 16, 18 und 20 gelten für alle noch offenen Fälle, die in den Anwendungsbereich des BMF-Schreibens vom 15. März 2007 (a. a. O.) fallen.

Pensionsrückstellungen für betriebliche Teilrenten

– BdF-Schreiben vom 25. April 1995 IV B 2 – S 2176 – 8/95 (BStBl. I S. 250) –

Verpflichtet sich ein Arbeitgeber gegenüber einem Arbeitnehmer, ihm nach Eintritt des Versorgungsfalls Leistungen der Altersversorgung zu erbringen, so kann der Arbeitgeber unter den Voraussetzungen des § 6a EStG für diese Verpflichtung (Pensionsverpflichtung) eine Pensionsrückstellung bilden. Der Versorgungsfall ist eingetreten, wenn der Arbeitnehmer mit Beendigung des Dienstverhältnisses in den Ruhestand tritt.

Aufgrund des zum 1. Januar 1992 in Kraft getretenen § 42 Abs. 1 Sozialgesetzbuch (Sechstes Buch) kann ein Arbeitnehmer eine Altersrente aus der gesetzlichen Rentenversicherung in voller Höhe (Vollrente) oder als Teilrente in Anspruch nehmen.

Nimmt der Arbeitnehmer die gesetzliche Teilrente in Anspruch, so scheidet er nicht aus dem bestehenden Dienstverhältnis aus, sondern er schränkt seine Erwerbstätigkeit bei herabgesetztem Arbeitsentgelt lediglich ein. Mit Bezug der gesetzlichen Teilrente hat der Arbeitnehmer, dem betriebliche Leistungen der Altersversorgung zugesagt sind, keinen gesetzlichen Anspruch gegenüber dem Arbeitgeber, ihm gleichzeitig auch eine betriebliche Teilrente zu zahlen, es sei denn, der Arbeitgeber hat ihm eine entsprechende Zusage gegeben.

Für den Ausweis einer Pensionsverpflichtung nach § 6a EStG, die auch Ansprüche auf betriebliche Teilrenten einschließt, ist nach dem Ergebnis der Erörterung mit den obersten Finanzbehörden der Länder folgendes zu beachten:

1. Ein Anspruch auf betriebliche Teilrente liegt nur vor, soweit
    a) auf einer betrieblichen Zusage beruhende Teilrentenleistungen gleichzeitig mit auf der gesetzlichen Rentenversicherung beruhenden Teilrentenleistungen beansprucht werden können und
    b) dem Begünstigten von dem Zeitpunkt an, von dem an er Teilrentenleistungen aus der gesetzlichen Rentenversicherung erhalten kann, ein Teilzeitarbeitsplatz zugesichert ist.
2. Die Zusage einer betrieblichen Teilrente hat auf die Bewertung der Pensionsverpflichtung grundsätzlich keine Auswirkung. Wird eine Pensionsverpflichtung nicht auf den Zeitpunkt der frühestmöglichen Inspruchnahme im Sinne von R 41 Abs. 13 Satz 3 EStR 1993 bewertet, gilt der Versorgungsfall als eingetreten, wenn der Berechtigte Leistungen der betrieblichen Teilrente im Sinne der Nummer 1 in Anspruch nimmt. Die Pensionsverpflichtung ist ab diesem Zeitpunkt nach § 6a Abs. 3 Nr. 2 EStG zu bewerten.

Anlage § 006a–05

Zu § 6a EStG

Maßgebliches Pensionsalter bei Bewertung von Pensionsrückstellungen

– BdF-Schreiben vom 05.05.2008 – IV C 6 – S 2176/07/0009, 2008/0221776 (BStBl. I S. 569) –

Durch das Gesetz zur Anpassung der Regelaltersgrenze an die demografische Entwicklung und zur Stärkung der Finanzierungsgrundlagen der gesetzlichen Rentenversicherung (RV-Altersgrenzenanpassungsgesetz) vom 20. April 2007 (BGBl I S. 554) werden die Altersgrenzen in der gesetzlichen Rentenversicherung in Abhängigkeit vom Geburtsjahrgang der Versicherten stufenweise heraufgesetzt. Diese Neuregelung wirkt sich auf die Festlegung des Pensionsalters nach R 6a Abs. 11 EStR 2005 aus. Nach dem Ergebnis der Erörterung mit den obersten Finanzbehörden der Länder gilt hierzu Folgendes:

1. Grundsatz

   Bei der Ermittlung des Teilwertes einer Pensionsanwartschaft ist weiterhin grundsätzlich das vertraglich vereinbarte Pensionsalter zugrunde zu legen (R 6a Abs. 11 Satz 1 EStR 2005). Sofern in der Pensionszusage als vertragliches Pensionsalter auf die Regelaltersgrenze der gesetzlichen Rentenversicherung verwiesen wird, sind grundsätzlich die folgenden gerundeten Pensionsalter zu verwenden (vgl. §§ 35 und 235 SGB VI):

für Geburtsjahrgänge	Pensionsalter
bis 1952	65
ab 1953 bis 1961	66
ab 1962	67

2. Erstes Wahlrecht (R 6a Abs. 11 Satz 2 EStR 2005)

   Der Steuerpflichtige hat daneben wie bisher die Möglichkeit, bei der Teilwertberechnung auf ein späteres Pensionsalter abzustellen.

3. Zweites Wahlrecht (R 6a Abs. 11 Satz 3 ff. EStR 2005)

   Mit Rücksicht auf § 6 des Gesetzes zur Verbesserung der betrieblichen Altersversorgung (Betriebsrentengesetz – BetrAVG) kann bei der Ermittlung des Teilwertes der Pensionsanwartschaft anstelle des vertraglich vereinbarten Pensionsalters als Zeitpunkt des Eintritts des Versorgungsfalles der Zeitpunkt der frühestmöglichen Inanspruchnahme der vorzeitigen Altersrente aus der gesetzlichen Rentenversicherung angenommen werden.

   Aufgrund des RV-Altersgrenzenanpassungsgesetzes gilt grundsätzlich als frühestes Pensionsalter die Vollendung des 63. Lebensjahres, bei Schwerbehinderten die Vollendung des 62. Lebensjahres.

   a) für schwerbehinderte Menschen (§ 236a SGB VI)

für Geburtsjahrgänge	Pensionsalter
bis 1952	60
ab 1953 bis 1961	61

   b) bei nicht schwerbehinderten Männern und Frauen, die Altersrente wegen Arbeitslosigkeit oder nach Altersteilzeitarbeit erhalten (§ 237 Abs. 3 SGB VI unter Verweis auf Anlage 19)

für Geburtsjahrgänge	Pensionsalter
1945 bis Juni 1946	60
Juli 1946 bis Juni 1947	61
Juli 1947 bis Juni 1948	62
Juli 1948 bis 1951	63

   Steht aufgrund des erreichten Alters oder nach den vertraglichen Vereinbarungen im Ausscheidungszeitpunkt oder bei Übergang in die Altersteilzeit fest, dass bis zu diesem Pensionsalter die Voraussetzungen für den Bezug der vorzeitigen Altersrente wegen Arbeitslosigkeit (ein Jahr Arbeitslosigkeit) oder nach Altersteilzeitarbeit (zwei Jahre Altersteilzeitarbeit) nicht erfüllt werden, erhöhen sich diese Altersgrenzen entsprechend.

Zu § 6a EStG **Anlage § 006a–05**

c) für nicht schwerbehinderte Frauen der Geburtsjahrgänge bis 1951 die Vollendung des 60. Lebensjahres (§ 237a SGB VI unter Verweis auf Anlage 20). Dabei ist Buchstabe b) vorrangig anzuwenden.

Hat der Steuerpflichtige bei der Ermittlung des Teilwertes einer Pensionsanwartschaft bereits bisher vom zweiten Wahlrecht Gebrauch gemacht, ist er auch künftig an diese Entscheidung gebunden. In einem solchen Fall ist bei der weiteren Ermittlung des Teilwertes der Pensionsanwartschaft von dem neuen, oben angeführten, frühestmöglichen Pensionsalter auszugehen.

4. Zeitliche Anwendung

Die Regelungen dieses Schreibens können erstmals der Gewinnermittlung des Wirtschaftsjahres zugrunde gelegt werden, das nach dem 30. April 2007 (Tag der Veröffentlichung des RV-Altersgrenzenanpassungsgesetzes im Bundesgesetzblatt) endet. Sie sind spätestens in der Bilanz des ersten Wirtschaftsjahres zu berücksichtigen, das nach dem 30. Dezember 2008 endet (Übergangszeit). Der Übergang hat einheitlich für alle Pensionsverpflichtungen des Unternehmens zu erfolgen. Ab dem Übergangszeitpunkt ist das BMF-Schreiben vom 29. Dezember 1997 (BStBl. I S. 1023) nicht weiter anzuwenden.

Dieses Schreiben wird im Bundessteuerblatt Teil I veröffentlicht.

Anlage § 006a–06

Zu § 6a EStG

Bilanzsteuerliche Berücksichtigung von Altersteilzeitvereinbarungen im Rahmen des so genannten „Blockmodells" nach dem Altersteilzeitgesetz (AltTZG)[1])

- BdF-Schreiben vom 28.3.2007 – IV B 2 – S 2175/07/0002 (BStBl. I S. 297) unter Berücksichtigung der Änderung durch das BdF-Schreiben vom 11.3.2008 – IV B 2 – S 2175/07/0002, 2008/0127256 (BStBl. I S. 496) –

Der BFH hat mit Urteil vom 30. November 2005 – I R 110/04 – (BStBl. 2007 II S. 251) entschieden, dass für Verpflichtungen, im Rahmen einer Vereinbarung über Altersteilzeit nach dem AltTZG in der Freistellungsphase einen bestimmten Prozentsatz des bisherigen Arbeitsentgeltes zu zahlen, in der Beschäftigungsphase eine ratierlich anzusammelnde Rückstellung zu bilden ist.

Nach Abstimmung mit den obersten Finanzbehörden der Länder sind Altersteilzeitvereinbarungen, wonach der Arbeitnehmer in der ersten Hälfte der Altersteilzeit (Beschäftigungsphase) eine geringere laufende Vergütung einschließlich der hierauf entfallenden Arbeitgeberanteile zur gesetzlichen Rentenversicherung und der sog. Aufstockungsbeträge nach § 3 Abs. 1 Satz 1 Nr. 1 Buchstabe a AltTZG erhält, als es seiner geleisteten Arbeit entspricht und er in der zweiten Hälfte der Altersteilzeit (Freistellungsphase) bei Fortzahlung der Vergütungen entsprechend der in der ersten Hälfte vereinbarten Höhe vollständig von der Arbeit freigestellt wird, in der steuerlichen Gewinnermittlung wie folgt zu berücksichtigen:

1. Rückstellungen für die laufenden Vergütungen in der Freistellungsphase

1 Für die Verpflichtungen aus vertraglichen Altersteilzeitvereinbarungen, in der Freistellungsphase weiterhin laufende Vergütungen zu zahlen, sind erstmals am Ende des Wirtschaftsjahres, in dem die Altersteilzeit (Beschäftigungsphase) beginnt, Rückstellungen für ungewisse Verbindlichkeiten zu passivieren.

2 Bemessungsgrundlage sind die gesamten in der Freistellungsphase zu gewährenden Vergütungen einschließlich der zu erbringenden Aufstockungsbeträge sowie sonstige Nebenleistungen (z. B. Urlaubs- und Weihnachtsgeld, Arbeitgeberanteile zur gesetzlichen Sozialversicherung).

2. Bewertung der Rückstellungen

a) Wertverhältnisse des Bilanzstichtages

3 Bei der Bewertung der Rückstellungen sind die Kosten- und Wertverhältnisse des jeweiligen Bilanzstichtages maßgebend (§ 252 Abs. 1 Nr. 4 Handelsgesetzbuch – HGB).[2])

b) Gegenrechnung künftiger Vorteile

4 Gemäß § 6 Abs. 1 Nr. 3a Buchstabe c und § 52 Abs. 16 Satz 2 EStG sind künftige Vorteile, die mit der Erfüllung einer Verpflichtung voraussichtlich verbunden sein werden, bei der Rückstellungsbewertung in nach dem 31. Dezember 1998 endenden Wirtschaftsjahren wertmindernd zu berücksichtigen. Nach R 6.11 Abs. 1 EStR 2005[3]) setzt eine Gegenrechnung voraus, dass am Bilanzstichtag nach den Umständen des Einzelfalles mehr Gründe für als gegen den Vorteilseintritt sprechen.

5 Der Erstattungsanspruch nach § 4 Abs. 1 AltTZG besteht bei Wiederbesetzung des durch die Altersteilzeitvereinbarung freigewordenen Arbeitsplatzes (§ 3 Abs. 1 Satz 1 Nr. 2 und § 3 Abs. 3 AltTZG). Er steht im Zusammenhang mit den Altersteilzeitverpflichtungen und stellt somit einen Vorteil im Sinne von § 6 Abs. 1 Nr. 3a Buchstabe c EStG dar.

6 Erstattungsansprüche sind gegenzurechnen, wenn mehr Gründe für als gegen die Wiederbesetzung des Arbeitsplatzes und die Inanspruchnahme der Erstattungsleistungen nach § 4 AltTZG sprechen. So sind beispielsweise künftige Erstattungsleistungen rückstellungsmindernd zu berücksichtigen, wenn nach den betriebsinternen Unterlagen die Wiederbesetzung des Arbeitsplatzes anzunehmen ist und sich keine Anhaltspunkte für die Nichterfüllung der Voraussetzungen des § 3 AltTZG für Leistungen nach § 4 AltTZG ergeben. Bei Abschluss eines neuen Arbeitsvertrages mit einem Arbeitnehmer im Sinne von § 3 Abs. 1 Satz 1 Nr. 2 AltTZG ist regelmäßig von einem voraussichtlichen Vorteilseintritt auszugehen.

7 Liegen die Voraussetzungen des § 3 AltTZG für Leistungen im Sinne von § 4 AltTZG vor, ist für die Monate vor dem Bilanzstichtag, in denen der Arbeitgeber einen „begünstigten" Arbeitnehmer

---

1) Zur bilanzsteuerrechtlichen Behandlung des Modells der doppelseitigen Treuhand zur Insolvenzversicherung von Wertguthaben aus Altersteilzeitguthaben vgl. Vfg OFD Frankfurt vom 1.12.2006 (DB 2007 S. 196).
2) Siehe jetzt § 6 Abs. 1 Nr. 3a Buchstabe f EStG.
3) Jetzt EStR 2012.

Zu § 6a EStG   Anlage § 006a-06

tatsächlich beschäftigt hat und nach dem AltTZG entstandene Erstattungsleistungen noch nicht ausgezahlt wurden, anstelle der Gegenrechnung eine Forderung in Höhe der für diese Monate bestehenden Erstattungsansprüche zu aktivieren.

c) Ratierliche Ansammlung

Die Rückstellungen für die laufenden Vergütungen in der Freistellungsphase sind entsprechend der ratierlichen wirtschaftlichen Verursachung in der Beschäftigungsphase zeitanteilig in gleichen Raten anzusammeln. 8

d) Abzinsung nach § 6 Abs. 1 Nr. 3a Buchstabe e EStG

Nach § 6 Abs. 1 Nr. 3a Buchstabe e Satz 1 und § 52 Abs. 16 Satz 2 EStG sind in nach dem 31. Dezember 1998 endenden Wirtschaftsjahren Rückstellungen mit einem Zinssatz von 5,5 % abzuzinsen. Ausgenommen sind Rückstellungen, deren Laufzeiten am Bilanzstichtag weniger als 12 Monate betragen, die verzinslich sind oder auf einer Anzahlung oder Vorausleistung beruhen. 9

Ob die Verpflichtung zur Leistungserbringung in der Freistellungsphase verzinslich ist, richtet sich nach der konkreten Vereinbarung im jeweiligen Einzelfall. Wird beispielsweise während der gesamten Laufzeit der Altersteilzeit eine Vergütung in unveränderter Höhe bezogen, liegt eine unverzinsliche Verpflichtung vor. Allgemeine Wertfortschreibungen, wie z. B. mögliche oder konkret vereinbarte Tariferhöhungen, stellen keine Verzinslichkeit im Sinne des § 6 Abs. 1 Nr. 3a Buchstabe e EStG dar. 10

e) Versicherungsmathematische Bewertung

Die Rückstellungen für Altersteilzeitverpflichtungen sind grundsätzlich versicherungsmathematisch unter Berücksichtigung der Randnummern 3 bis 10 zu bewerten. Für die Anwendung der neuen „Richttafeln 2005 G" von Prof. Klaus Heubeck gelten die Regelungen in Randnummer 2 des BMF-Schreibens vom 16. Dezember 2005 (BStBl. I S. 1054)[1)] entsprechend. 11

f) Pauschalwertverfahren

Aus Vereinfachungsgründen ist es nicht zu beanstanden, die Rückstellungen für Altersteilzeitverpflichtungen – abweichend von den Randnummern 9 bis 11 und der Regelungen des BMF-Schreibens vom 26. Mai 2005 (BStBl. I S. 699) – nach einem pauschalen Verfahren unter Verwendung der diesem Schreiben beigefügten Tabelle 1 zu bewerten. Die dort genannten Barwertfaktoren berücksichtigen die biometrische Wahrscheinlichkeit des Ausscheidens des Altersteilzeitberechtigten und die Abzinsung. 12

Altersteilzeitverpflichtungen können nur einheitlich entweder versicherungsmathematisch oder nach dem Pauschalwertverfahren bewertet werden. Die für ein Wirtschaftsjahr getroffene Wahl bindet das Unternehmen für die folgenden 4 Wirtschaftsjahre. Bei Anwendung des Pauschalwertverfahrens scheidet eine Rücklagenbildung nach § 52 Abs. 16 Satz 10 ff. EStG und R 6.11 Abs. 1 Satz 3 ff. EStR 2005 aus. 13

3. Beispiel

Arbeitgeber (Wirtschaftsjahr = Kalenderjahr) und Arbeitnehmer A vereinbaren am 5. April 2006 eine 4-jährige Altersteilzeit ab dem 1. Januar 2007 bis zum 31. Dezember 2010. Der Arbeitgeber beabsichtigt bereits bei Vertragsabschluss, den durch die Altersteilzeitvereinbarung frei werdenden Arbeitsplatz wieder zu besetzen und die Leistungen nach § 4 AltTZG in Anspruch zu nehmen. 14

In der Beschäftigungsphase (1. Januar 2007 bis 31. Dezember 2008) übt A weiterhin eine Vollzeittätigkeit aus und bezieht monatliche Leistungen in Höhe von 600 € (einschließlich Aufstockungsbetrag nach dem AltTZG i. H. v. 100 €). Diese Vergütungen erhält A auch in der Freistellungsphase vom 1. Januar 2009 bis 31. Dezember 2010.

Aufgrund dieser Vereinbarung beschäftigt der Arbeitgeber ab dem 1. Januar 2009 den bislang als arbeitslos gemeldeten Arbeitnehmer B (Arbeitsvertrag vom 5. April 2008). Im März 2009 beantragt er bei der Bundesagentur für Arbeit gemäß § 12 Abs. 1 AltTZG die Erstattung des Aufstockungsbetrages für den Arbeitnehmer A. Die Voraussetzungen des § 3 AltTZG liegen zu diesem Zeitpunkt vor. Die ersten Erstattungsleistungen werden im Januar 2010 ausgezahlt. Der Arbeitgeber nimmt das Pauschalwertverfahren (Randnummer 12) in Anspruch.

Bilanzstichtag 31.12.2007

Für die in der Freistellungsphase (24 Monate) zu leistenden Vergütungen in Höhe von 24 x 600 € = 14 400 € passiviert der Arbeitgeber eine zeitanteilig anzusammelnde Rückstellung für ungewisse Verbindlichkeiten. Da am Bilanzstichtag mehr Gründe für als gegen die Wiederbesetzung des Arbeitsplatzes und die Inanspruchnahme des Erstattungsanspruches nach § 4 AltTZG sprechen, sind die

---
1) Siehe Anlage § 006a-19.

1349

Anlage § 006a–06

Zu § 6a EStG

Aufstockungsbeträge in der Freistellungsphase i. H. v. 24 x 100 € = 2 400 € als künftige Vorteile gegenzurechnen. Am Stichtag 31.12.2007 sind entsprechend der ratierlichen wirtschaftlichen Verursachung 1/2 x (14 400 € −2 400 €) = 6 000 € maßgebend.

Bei Anwendung des Pauschalverfahrens gemäß Tabelle 1 (ATZ 4, Restlaufzeit 3 Jahre) ergibt sich eine Rückstellung in Höhe von 6 000 € x 81 % = 4 860 €.

Bilanzstichtag 31.12.2008

Entsprechend der wirtschaftlichen Verursachung wird nunmehr die volle ratierliche Ansammlung erreicht. Es sind weiterhin die Aufstockungsbeträge als künftige Vorteile gegenzurechnen. Das Pauschalverfahren gemäß Tabelle 1 (ATZ 4, Restlaufzeit 2 Jahre) ergibt eine Rückstellung in Höhe von (14 400 € −2 400€)x93% = 11 160 €.

Bilanzstichtage 31.12.2009 und 31.12.2010

Am Stichtag 31.12.2009 ist die verbleibende Verpflichtung von 12 x 600 € = 7 200 € Bemessungsgrundlage. Gegenzurechnen sind nur noch die Aufstockungsbeträge, die nach dem Bilanzstichtag voraussichtlich für das Jahr 2010 ausgezahlt werden, also 12 x 100 € = 1 200 €. Das Pauschalverfahren gemäß Tabelle 1 (ATZ 4, Restlaufzeit 1 Jahr) ergibt somit eine Rückstellung in Höhe von (7 200 € −1 200 €) x 96 % = 5 760 €. Hinsichtlich der bis zum Bilanzstichtag 31.12.2009 nach dem AltTZG entstandenen und noch nicht ausgezahlten Erstattungsleistungen i. H. v. 2 x 12 x 100 € = 2 400 € (1 Jahr Neubeschäftigung in der Freistellungsphase zzgl. entsprechender Zeitraum der Beschäftigungsphase) ist eine Forderung zu aktivieren.

Die verbleibende Rückstellung von 5 760 € ist in 2010 vollständig aufzulösen.

4. Leistungen des Arbeitgebers zum Ausgleich für die Minderung der Ansprüche aus der gesetzlichen Rentenversicherung (sog. Nachteilsausgleich)

15 Wird neben den laufenden Altersteilzeitleistungen am Ende der Altersteilzeit ein Einmalbetrag als Ausgleich für die infolge der Altersteilzeitvereinbarung geminderte Rente aus der gesetzlichen Rentenversicherung gezahlt, ist es nicht zu beanstanden, diese Verpflichtung erstmals am Ende des Wirtschaftsjahres, in dem die Beschäftigungsphase beginnt, mit dem versicherungsmathematischen Barwert nach § 6 EStG unter Zugrundelegung des Zinssatzes von 5,5 % zurückzustellen. Das gilt auch dann, wenn der Nachteilsausgleich innerhalb der Freistellungsphase ausgezahlt werden soll. Die Rückstellung ist bis zum Ende der Beschäftigungsphase ratierlich anzusammeln.

16 Aus Vereinfachungsgründen ist es nicht zu beanstanden, die Rückstellung für den Nachteilsausgleich bis zum Ende der Beschäftigungsphase ratierlich anzusammeln und nach einem Pauschalwertverfahren unter Verwendung der diesem Schreiben beigefügten Tabelle 2 zu bewerten. Die dort genannten Barwertfaktoren berücksichtigen die Wahrscheinlichkeit des Ausscheidens des Ausgleichsberechtigten und die Abzinsung. Randnummer 13 gilt entsprechend.

17 **Beispiel 1**

Wie Randnummer 14, A erhält nach der Altersteilzeitvereinbarung vom 5. April 2006 zusätzlich am Ende der Freistellungsphase am 31. Dezember 2010 eine einmalige Abfindung in Höhe von 2 000 €. Der Arbeitgeber nimmt das Pauschalwertverfahren in Anspruch.

Es ergibt sich folgende Rückstellung für die Ausgleichszahlung von 2 000 €, die in der Beschäftigungsphase, also an den Bilanzstichtagen 31.12.2007 und 31.12.2008, ratierlich anzusammeln ist:

31.12.2007: 2 000 € x 1/2 x 75 % = 750 € (Tabelle 2, ATZ 4, Fälligkeit in 3 Jahren)

31.12.2008: 2 000 € x 2/2 x 87 % = 1 740 € (Tabelle 2, ATZ 4, Fälligkeit in 2 Jahren)

31.12.2009: 2 000 € x 93 % = 1 860 € (Tabelle 2, ATZ 4, Fälligkeit in 1 Jahr)

31.12.2010: Auflösung der Rückstellung

5. Zeitliche Anwendung

18 Die Regelungen dieses Schreibens können erstmals in nach dem 30. November 2005 (Datum der BFH-Entscheidung I R 110/04) aufgestellten Bilanzen berücksichtigt werden. Sie sind spätestens für Bilanzen maßgebend, die nach dem 23. April 2007 (Datum der Veröffentlichung des o. g. BFH-Urteils im Bundessteuerblatt) aufgestellt werden. Die Randnummern 15 und 17 bis 21 des BMF-Schreibens vom 11. November 1999 (BStBl. I S. 959)[1] sind ab diesem Zeitpunkt nicht weiter anzuwenden. Wurde die Rückstellung für Altersteilzeitverpflichtungen bereits in einer vor dem 30. November 2005 aufgestellten Bilanz entsprechend diesem Schreiben (28. März 2007) gebildet, so bleibt dieser Ansatz bestehen.

---

1) Siehe Anlage § 006a-11.

Zu § 6a EStG

Anlage § 006a–06

Eine Änderung des Bilanzpostens für vor diesem Zeitpunkt aufgestellte Bilanzen ist nur im Rahmen einer Bilanzberichtigung möglich. Diese ist zulässig, wenn der Steuerpflichtige zwar die Rückstellung entsprechend dem BMF-Schreiben vom 11. November 1999 gebildet, durch Zusätze oder Vermerke bei der Aufstellung der Bilanz aber dokumentiert hat, dass er einen entgegenstehenden Ansatz begehrt. Hat der Steuerpflichtige nach der erstmaligen Steuerfestsetzung innerhalb der Einspruchsfrist nach § 355 Abgabenordnung (AO) die Berücksichtigung des Bilanzansatzes mit einem dem BMF-Schreiben vom 11. November 1999 entgegenstehenden Wert begehrt, kann dies als Indiz für einen bereits im Aufstellungszeitpunkt der Bilanz gewollten – aufgrund der entgegenstehenden Verwaltungsanweisung aber nicht gewählten – abweichenden Wert angesehen werden. In diesen Fällen kann der Bilanzansatz berichtigt werden; dabei ist die Rückstellung entsprechend diesem Schreiben (28. März 2007) zu ermitteln.

Anlage § 006a–06

Zu § 6a EStG

Anlage

Tabelle 1
Barwertfaktoren für laufende Altersteilzeitleistungen

Restlaufzeit in Jahren	Dauer des Altersteilzeitverhältnisses in Jahren								
	2	3	4	5	6	7	8	9	10
0	99 %	99 %	99 %	99 %	99 %	99 %	99 %	99 %	99 %
1	96 %	96 %	96 %	96 %	96 %	96 %	96 %	96 %	96 %
2	85 %	88 %	93 %	93 %	93 %	93 %	93 %	93 %	93 %
3		79 %	81 %	86 %	90 %	90 %	90 %	90 %	90 %
4			75 %	76 %	80 %	83 %	87 %	87 %	87 %
5				70 %	72 %	75 %	7S %	81 %	84 %
6					67 %	68 %	71 %	74 %	76 %
7						64 %	65 %	68 %	70 %
8							61 %	62 %	64 %
9								59 %	59 %
10									57 %

Tabelle 2
Barwertfaktoren für Abfindungsleistung

Dauer bis Fälligkeit in Jahren	Dauer des Altersteilzeitverhältnisses in Jahren								
	2	3	4	5	6	7	8	9	10
0	99 %	99 %	99 %	99 %	99 %	99 %	99 %	99 %	99 %
1	93 %	93 %	93 %	93 %	93 %	93 %	93 %	93 %	93 %
2	79 %	83 %	87 %	87 %	87 %	87 %	87 %	87 %	87 %
3	68 %	72 %	75 %	78 %	81 %	81 %	81 %	81 %	81 %
4	60 %	63 %	66 %	69 %	71 %	74 %	76 %	76 %	76 %
5	53 %	56 %	59 %	61 %	63 %	65 %	67 %	69 %	71 %
6	48 %	50 %	53 %	55 %	57 %	59 %	61 %	62 %	63 %
7	44 %	46 %	48 %	50 %	52 %	53 %	55 %	57 %	58 %
8		42 %	44 %	46 %	47 %	49 %	50 %	52 %	53 %
9			40 %	42 %	43 %	45 %	46 %	48 %	49 %
10				39 %	40 %	42 %	43 %	44 %	45 %
11					37 %	39 %	40 %	41 %	42 %
12						36 %	37 %	38 %	39 %
13							35 %	36 %	36 %
14								33 %	34 %
15									32 %

Bei Anwendung der Tabellen 1 und 2 sind die Dauer der Altersteilzeit (ATZ) und die Restlaufzeit auf ganze Jahre kaufmännisch zu runden (angefangene Jahre bis 6 Monate Abrundung, sonst Aufrundung).

Berücksichtigung von Vordienstzeiten bei Pensionsrückstellungen [1]

– BdF-Schreiben vom 22.12.1997 – IV B2 – S 2176 – 120/97 (BStBl. I S. 1020) –

Erteilt ein Arbeitgeber seinem Arbeitnehmer im Rahmen eines bestehenden Dienstverhältnisses eine Pensionszusage, so hat er bei der Bewertung der Pensionsrückstellung als Beginn des Dienstverhältnisses des Pensionsberechtigten u. a. dann einen früheren Zeitpunkt als den tatsächlichen Diensteintritt im bestehenden Dienstverhältnis zugrunde zu legen, wenn dieser Arbeitnehmer Zeiten in einem früheren Dienstverhältnis bei diesem Arbeitgeber zurückgelegt hat – sog. Vordienstzeiten – (vgl. R 41 Abs. 11 Satz 1 EStR 1996)[2]. Der BFH hat im Urteil vom 9. April 1997 (BStBl. I S. 1020) hiervon abweichend entschieden, daß Vordienstzeiten bei der Rückstellungsbewertung nicht zu berücksichtigen sind, wenn

– dieses frühere Dienstverhältnis endgültig beendet worden ist,
– aus ihm keine unverfallbaren Anwartschaften erwachsen sind und
– die Anrechnung der Vordienstzeiten nicht vertraglich vereinbart worden ist.

Nach dem Ergebnis einer Erörterung mit den obersten Finanzbehörden der Länder sind die Grundsätze dieses BFH-Urteils über den entschiedenen Einzelfall hinaus nur anzuwenden, wenn der Arbeitnehmer nach dem 31.12.1997 in das Unternehmen des Arbeitgebers zurückkehrt und ein neues Dienstverhältnis beginnt.

Hat in einem solchen Fall der Arbeitnehmer von dem Arbeitgeber, bei dem er vor der Rückkehr zum jetzigen Arbeitgeber beschäftigt war, eine Pensionszusage erhalten, die der jetzige Arbeitnehmer übernimmt, sind die Grundsätze von R 41 Abs. 13 EStR 1996 und H 41 Abs. 13 EStH 1996[3] anzuwenden. Dabei ist für die Ermittlung des Teilwerts der Zeitpunkt maßgebend, in dem das bestehende Dienstverhältnis beginnt.

Beginnt das bestehende Dienstverhältnis nach dem 31.12.1997 und bestand bei Rückkehr eine unverfallbare Anwartschaft aufgrund einer Pensionszusage aus dem früheren Dienstverhältnis mit dem Arbeitgeber, ist die Pensionsrückstellung unter sinngemäßer Anwendung der Grundsätze von R 41 Abs. 13 EStR und H41 Abs. 13 EStH 1996[4] zu bewerten. Dabei gilt der Teilwert dieser unverfallbaren Anwartschaft als übernommener Vermögenswert im Sinne dieser Richtlinienregelung.

Beginnt das bestehende Dienstverhältnis zu einem früheren Zeitpunkt, sind die in R 41 Abs. 11 Satz 1[5] EStR 1996 festgelegten Grundsätze auch künftig weiterhin anzuwenden.

---

1) Siehe dazu auch das BFH-Urteil vom 7.2.2002 (BStBl. 2005 II S. 88).
2) Jetzt R 6a Abs. 10 EStR.
3) Jetzt R 6a Abs. 13 EStR.
4) Jetzt R 6a Abs. 13 EStR.
5) Jetzt R 6a Abs. 10 EStR.

Anlage § 006a–08 Zu § 6a EStG

Steuerrechtliche Behandlung von Aufwendungen des Arbeitgebers für die betriebliche Altersversorgung des im Betrieb mitarbeitenden Ehegatten [1)2)]

Schreiben des BdF vom 4. September 1984 IV B 1 – S 2176 – 85/84 (BStBl. I S. 495)

Unter Bezugnahme auf das Ergebnis der Erörterungen mit den obersten Finanzbehörden der Länder gilt für die steuerliche Behandlung von Aufwendungen des Arbeitgebers für die betriebliche Altersversorgung des im Betrieb mitarbeitenden Ehegatten auf der Grundlage des Beschlusses des Bundesverfassungsgerichts vom 22.7.1970 – BStBl. II S. 652 – (vgl. auch BFH-Urteil vom 16.12.1970 – BStBl. 1971 II S. 178) und der BFH-Urteile vom 15.7.1976 (BStBl. 1977 II S. 112), 10.11.1982 (BStBl. 1983 II S. 173), 26.10.1982 (BStBl. 1983 II S. 209), 24.11.1982 (BStBl. 1983 II S. 405 und 406), 30.3.1983 (BStBl. II S. 500 und 664), 18.5.1983 (BStBl. II S. 562) und vom 28.7.1983 (BStBl. 1984 II S. 60) folgendes

I. Voraussetzungen für die steuerliche Anerkennung von Pensionszusagen

(1) Für Pensionszusagen, die im Rahmen eines steuerlich anzuerkennenden Arbeitsverhältnisses dem Arbeitnehmer-Ehegatten gegeben werden, können Pensionsrückstellungen nach Maßgabe des § 6a EStG gebildet werden, wenn

1. eine ernstlich gewollte, klar und eindeutig vereinbarte Verpflichtung vorliegt,
2. die Zusage dem Grunde nach angemessen ist und
3. der Arbeitgeber-Ehegatte tatsächlich mit der Inanspruchnahme aus der gegebenen Pensionszusage rechnen muß.

Liegen diese Voraussetzungen vor, sind Pensionsrückstellungen insoweit anzuerkennen, als die Pensionszusage der Höhe nach angemessen ist (vgl. BFH-Urteile vom 30.3.1983 – BStBl. II S. 500 und 664).

Für die Bildung der Pensionsrückstellung bei Pensionszusagen zwischen Ehegatten in Einzelunternehmen kommt nur eine Zusage auf Alters-, Invaliden- und Waisenrente in Betracht. Eine Zusage auf Witwen-/Witwerversorgung ist im Rahmen von Ehegatten-Pensionszusagen nicht rückstellungsfähig, da hier bei Eintritt des Versorgungsfalls Anspruch und Verpflichtung in einer Person zusammentreffen. Sagt hingegen eine Personengesellschaft einem Arbeitnehmer, dessen Ehegatte Mitunternehmer der Personengesellschaft ist, eine Witwen-/Witwerrente zu, so kann sie hierfür eine Pensionsrückstellung bilden (vgl. BFH-Urteil vom 29.1.1976 – BStBl. II S. 372 – und Abschnitt 174a Abs. 4 Sätze 8 und 9 sowie Abs. 5 Satz 1 EStR 1981). Aufwendungen für die Pensionszusage einer Personengesellschaft an den Ehegatten des Mitunternehmers, wenn mit dem Ehegatten ein steuerlich anzuerkennendes Arbeitsverhältnis besteht, sind als Betriebsausgaben abzugsfähig, wenn sie betrieblich veranlaßt sind. Für die Beurteilung der Frage, ob die Aufwendungen betrieblich veranlaßt sind, gelten die gleichen Rechts-

---

1) Wegen der Auswirkungen des BiRiLiG siehe Anlage § 006a-03. Vgl. auch H 6a (10). Wegen der Auswirkung zu der Realteilung im Rahmen des eherechtlichen Versorgungsausgleichs auf die betriebliche Altersversorgung siehe Vfg OFD Kiel vom 24.6.1988 (DStR 1989 S. 216).
2) Siehe auch Erlass FinMin Saarland vom 7.3.2005, B/2-4-49/2005 – S 2333:
Mit Urteil vom 16.5.1995 (BStBl. II 1995, 873) hat der BFH entschieden, dass Aufwendungen für eine Direktversicherung, die im Rahmen eines steuerrechtlich anzuerkennenden Ehegatten-Arbeitsverhältnisses durch Umwandlung von Barlohn geleistet werden, der Höhe nach nur insoweit betrieblich veranlasst sind, als sie zu keiner Überversorgung führen (Anschluss an BFH v. 5.2.1987, IV R 198/84, BFHE 149, 451, BStBl. II 1987, 557 und v. 11.9.1987, III R 267/83, BFH/NV 1988, 225). Nach den Grundsätzen der Rechtsprechung sei zu prüfen, ob die einzelnen Lohnbestandteile (Aktivbezüge und Alterssicherung) zueinander in etwa dem entsprechen, was bei der Entlohnung familienfremder Arbeitnehmer betriebsintern üblich ist. Dabei soll nicht allein die Höhe, sondern auch die Zusammensetzung des Entgelts von Bedeutung sein. Eine Überversorgung eines mitarbeitenden Ehegatten liege vor, wenn seine Altersversorgung (z. B. die zu erwartende Rente aus der gesetzlichen Rentenversicherung zuzüglich der Leistungen aus der Direktversicherung) 75% der letzten Aktivbezüge übersteigt. Aus Vereinfachungsgründen könne aber auf eine genaue Ermittlung der künftigen Altersversorgung verzichtet werden, wenn sämtliche Versorgungsleistungen 30% des steuerpflichtigen Arbeitslohns nicht übersteigen.
Im Hinblick auf den seit dem 1.1.2002 bestehenden Anspruch auf betriebliche Altersversorgung durch Entgeltumwandlung (§ 1a BetrAVG) ist gefragt worden, ob die o. g. Grundsätze weiter anzuwenden seien.
Nach der Erörterung mit den obersten Finanzbehörden der Länder ist für lohnsteuerliche Zwecke nicht mehr an der 30%-Regelung festzuhalten.
Wird bei einem steuerlich anzuerkennenden Ehegatten-Arbeitsverhältnis (u. A. Angemessenheit dem Grunde und der Höhe nach) eine betriebliche Altersversorgung in der Durchführungswegen Pensionsfonds, Pensionskasse und Direktversicherung durchgeführt und stellen die Beiträge beim Arbeitgeber Betriebsausgaben dar, sind die Regelungen in § 3 Nr. 63 und § 40b EStG uneingeschränkt bis zu den jeweiligen Höchstbeträgen anwendbar. Dies gilt sowohl für rein arbeitgeberfinanzierte Beiträge als auch für Beiträge des Arbeitgebers, die durch Entgeltumwandlung finanziert werden.

grundsätze, die auch bei der Altersversorgung des Arbeitnehmer-Ehegatten eines Einzelunternehmers anzuwenden sind; es sei denn, der Mitunternehmer-Ehegatte hat in der Personengesellschaft keine beherrschende Stellung und sein Ehegatte wird in der Gesellschaft wie ein fremder Arbeitnehmer beschäftigt (vgl. Abschnitt 174a Abs. 5 Satz 2 EStR 1981).

(2) Eine ernstlich gewollte und dem Grunde nach angemessene Pensionszusage an den Arbeitnehmer-Ehegatten kann regelmäßig angenommen werden, wenn familienfremden Arbeitnehmern eine vergleichbare Pensionszusage eingeräumt oder zumindest ernsthaft angeboten worden ist[1] und diese Arbeitnehmer

1. nach ihren Tätigkeits- und Leistungsmerkmalen mit dem Arbeitnehmer-Ehegatten vergleichbar sind oder eine geringerwertige Tätigkeit als der Arbeitnehmer-Ehegatte ausüben,
2. im Zeitpunkt der Pensionszusage oder des entsprechenden ernsthaften Angebots dem Betrieb nicht wesentlich länger angehört haben als der Arbeitnehmer-Ehegatte in dem Zeitpunkt, in dem ihm die Pensionszusage erteilt wird und
3. kein höheres Pensionsalter als der Arbeitnehmer-Ehegatte haben.

Die Pensionszusage an den Arbeitnehmer-Ehegatten ist nicht anzuerkennen, wenn sie zu einem Lebensalter erteilt wird, zu dem einem familienfremden Arbeitnehmer keine Pensionszusage mehr eingeräumt oder ernsthaft angeboten würde, weil seine aktive Dienstzeit in absehbarer Zeit endet.

Ein ernsthaftes Angebot liegt vor, wenn das Angebot an die familienfremden Arbeitnehmer eindeutige und objektive Bestimmungen enthält und der Arbeitnehmer durch Annahme des Angebots einen Rechtsanspruch auf Zahlung einer betrieblichen Altersversorgung erlangen würde (z. B. Angebot der betrieblichen Altersversorgung als zusätzliche Entlohnung, nicht als Ausgleich für den Verzicht auf einen Teil des Gehalts, BFH-Urteil vom 24.11.1982 – BStBl. 1983 II S. 406; Gleichbehandlung des mitarbeitenden Ehegatten und der familienfremden Arbeitnehmer bei der Festlegung der Voraussetzungen zur Erlangung der betrieblichen Altersversorgung)[2].

Werden neben dem Arbeitnehmer-Ehegatten keine weiteren Arbeitnehmer beschäftigt oder wird eine der Tätigkeit des Arbeitnehmer-Ehegatten gleichwertige Tätigkeit von anderen Arbeitnehmern im Betrieb nicht ausgeübt und Arbeitnehmern mit geringerwertiger Tätigkeit keine Pensionszusage gewährt oder ernsthaft angeboten, so ist die Pensionszusage an den Arbeitnehmer-Ehegatten in der Regel als ernstlich gewollt und dem Grunde nach angemessen anzuerkennen, wenn nach Würdigung der Gesamtumstände eine hohe Wahrscheinlichkeit dafür spricht, daß der Steuerpflichtige auch einem fremden Arbeitnehmer mit den Funktions- und Leistungsmerkmalen des tätigen Ehegatten eine solche Versorgung eingeräumt haben würde. Hiervon kann z. B. ausgegangen werden, wenn der Arbeitnehmer-Ehegatte die Tätigkeit eines ausgeschiedenen fremden Arbeitnehmers ausübt, dem der Steuerpflichtige eine Pensionszusage gewährt oder ernsthaft angeboten hatte. Das gleiche gilt, wenn zwar der Arbeitnehmer-Ehegatte für eine Zwischenzeit aus dem Betrieb ausgeschieden ist, aber dem dafür eingestellten fremden Arbeitnehmer eine entsprechende Versorgung eingeräumt oder ernsthaft angeboten worden ist. Die Pensionszusage ist nicht anzuerkennen, wenn als Pensionsaltersgrenze, sofern der Ehemann der Arbeitnehmer-Ehegatte ist, ein Alter unter 63 Jahren und, sofern die Ehefrau der Arbeitnehmer-Ehegatte ist, ein Alter unter 60 Jahren festgelegt ist, es sei denn, daß ein niedrigeres Pensionsalter bei familienfremden Arbeitnehmern im Betrieb üblich ist. Bei Pensionszusagen an Schwerbehinderte ist das BMF-Schreiben vom 10.8.1982 (BStBl. I S. 667) anzuwenden[3].

(3) Absatz 2 gilt auch bei Teilzeitbeschäftigung, wenn Pensionszusagen an Teilzeitbeschäftigte im Betrieb eingeräumt oder ernsthaft angeboten worden sind oder wenn im Falle des Absatzes 2 Satz 4 nach Würdigung der Gesamtumstände eine hohe Wahrscheinlichkeit dafür spricht, daß der Steuerpflichtige eine solche Versorgung einem teilzeitbeschäftigten fremden Arbeitnehmer erteilt haben würde, mit dem ihn keine familiären Beziehungen verbinden. Bei Aushilfs- oder Kurzbeschäftigung des Arbeitnehmer-Ehegatten ist eine ihm gegebene Pensionszusage dem Grunde nach nicht anzuerkennen, da bei einer derartigen Beschäftigung Pensionszusagen nicht üblich sind.

(4) Die Angemessenheit der Pensionszusagen an den Arbeitnehmer-Ehegatten der Höhe nach ist ebenfalls regelmäßig durch Vergleich mit Pensionszusagen oder den entsprechenden ernsthaften Angeboten an familienfremde Arbeitnehmer zu prüfen. Werden keine familienfremden Arbeitnehmer beschäftigt oder wird familienfremden Arbeitnehmern mit einer geringerwertigen Tätigkeit als der Arbeitnehmer-Ehegatten keine oder eine gegenüber dem Arbeitnehmer-Ehegatten niedrigere Pensionszusage gegeben, so ist die Pensionszusage der Höhe nach nur dann angemessen, wenn die zugesagten Leis-

---
1) Siehe dazu auch das BFH-Urteil vom 10.3.1993 (BStBl. 1993 II S. 604).
2) Siehe dazu Anlage § 006a-09.
3) Siehe dazu Anlage § 006a-09.

Anlage § 006a–08

Zu § 6a EStG

tungen der betrieblichen Altersversorgung zusammen mit einer zu erwartenden Sozialversicherungsrente 75 v. H. des letzten steuerlich anzuerkennenden Arbeitslohns des Arbeitnehmer-Ehegatten nicht übersteigen. Bei der Ermittlung des Arbeitslohns ist auf die Verhältnisse am jeweiligen Bilanzstichtag abzustellen. Zur Ermittlung der zu erwartenden Sozialversicherungsrente wird auf Abschnitt 41 Abs. 15 EStR 1981 hingewiesen. In Fällen, in denen eine gesetzliche Rentenversicherung besteht, kann aus Vereinfachungsgründen von der Einhaltung der 75 v. H.-Grenze ausgegangen werden, wenn die zugesagten Leistungen der betrieblichen Altersversorgung 30 v. H. des letzten steuerlich anzuerkennenden Arbeitslohns nicht übersteigen.

(5) Die in Absatz 1 Nr. 3 genannte Voraussetzung für die Rückstellungsbildung, daß der Arbeitgeber-Ehegatte aller Voraussicht nach tatsächlich aus der Pensionszusage in Anspruch genommen werden wird, liegt bei Einzelunternehmen, die nach ihrer Art und Größe weitgehend von der Arbeitskraft des Arbeitgeber-Ehegatten abhängen, nur vor, wenn die späteren Pensionszahlungen nach Einstellung des Einzelunternehmens oder nach Aufgabe der Unternehmenstätigkeit des Arbeitgeber-Ehegatten sichergestellt sind. Anhaltspunkte für die Sicherstellung späterer Pensionszahlungen können der Abschluß einer Rückdeckungsversicherung, die vertragliche Vereinbarung über die Leistung von Pensionszahlungen durch den Nachfolger des Unternehmens oder für den Fall vorzeitiger Betriebsbeendigung die Vereinbarung einer Kapitalabfindung statt laufender Pensionszahlungen sein (vgl. BFH-Urteile vom 15.7.1976 – BStBl. 1977 II S. 112 – und vom 26.10.1982 – BStBl. 1983 II S. 209).

II. Rückdeckungsversicherung

Prämienzahlungen für eine Rückdeckungsversicherung einer Pensionszusage an den Arbeitnehmer-Ehegatten können als Betriebsausgaben behandelt werden, soweit auch die Pensionszusage nach Abschnitt I als rückstellungsfähig anerkannt wird. Wegen der Aktivierung des Rückdeckungsanspruchs gilt Abschnitt 41 Abs. 25 EStR 1981.

III. Voraussetzungen für die Anerkennung von Direktversicherungsbeiträgen als Betriebsausgaben

(1) Im Rahmen eines steuerlich anzuerkennenden Arbeitsverhältnisses sind Beiträge des Arbeitgebers zu einer Direktversicherung zugunsten des im Betrieb mitarbeitenden Ehegatten als Betriebsausgaben abziehbar, wenn

1. die Verpflichtung aus der Zusage der Direktversicherung ernstlich gewollt sowie klar und eindeutig vereinbart und
2. die Zusage dem Grunde nach angemessen ist.

Liegen diese Voraussetzungen vor, sind die Versicherungsbeiträge insoweit abziehbar, als sie der Höhe nach angemessen sind (vgl. BFH-Urteil vom 30.3. 1983 – BStBl. II S. 664).

(2) Eine ernstlich gewollte und dem Grunde nach angemessene Versorgungszusage kann regelmäßig angenommen werden, wenn auch familienfremden Arbeitnehmern, die

1. nach ihren Tätigkeits- und Leistungsmerkmalen mit dem Arbeitnehmer-Ehegatten vergleichbar sind oder eine geringerwertige Tätigkeit als der Arbeitnehmer-Ehegatte ausüben und
2. im Zeitpunkt des Abschlusses oder des ernsthaften Angebots der Versicherung auf ihr Leben dem Betrieb nicht wesentlich länger angehört haben als der Arbeitnehmer-Ehegatte in dem Zeitpunkt, in dem die Versicherung auf sein Leben abgeschlossen wird,

eine vergleichbare Direktversicherung eingeräumt oder ernsthaft angeboten worden ist. Wird z. B. eine Direktversicherung zugunsten des Arbeitnehmer-Ehegatten bei Beginn des Ehegatten-Arbeitsverhältnisses abgeschlossen, zugunsten familienfremder Arbeitnehmer aber erst nach längerer Betriebszugehörigkeit, so kann die Direktversicherung zugunsten des Ehegatten steuerlich nicht anerkannt werden. Die Direktversicherung muß dem familienfremden Arbeitnehmer als eine zusätzliche Entlohnung eingeräumt oder ernsthaft angeboten worden sein. Eine eingeräumte oder angebotene Direktversicherung etwa unter der Bedingung, einen Teil des Gehalts für die Beiträge zu einer Direktversicherung einzubehalten, ist beim betrieblichen Vergleich nicht zu berücksichtigen (BFH-Urteil vom 24.11.1982 – BStBl. 1983 II S. 406). Die Ausführungen in Abschnitt I Abs. 2 Sätze 2 bis 6 sind entsprechend anzuwenden. Abschnitt I Abs. 2 Satz 7 gilt entsprechend mit der Maßgabe, daß an die Stelle der dort genannten Altersgrenze von 63 Jahren für Direktversicherungen eine Altersgrenze von 60 Jahren tritt[1]).

(3) Die Ausführungen in Absatz 2 gelten auch bei Teilzeitbeschäftigung des Arbeitnehmer-Ehegatten, soweit Direktversicherungen an Teilzeitbeschäftigte im Betrieb eingeräumt oder ernsthaft angeboten worden sind oder wenn nach Würdigung der Gesamtumstände eine hohe Wahrscheinlichkeit dafür

---

1) Siehe dazu Anlage § 006a-09.

spricht, daß der Steuerpflichtige eine solche Versorgung einem teilzeitbeschäftigten fremden Arbeitnehmer erteilt haben würde, mit dem ihn keine familiären Beziehungen verbinden. Bei Aushilfs- oder Kurzbeschäftigung des Arbeitnehmer-Ehegatten ist eine zu seinen Gunsten abgeschlossene Direktversicherung steuerlich nicht anzuerkennen, da bei einer derartigen Beschäftigung Direktversicherungen nicht üblich sind.

(4) Die Angemessenheit der Beiträge zu einer Direktversicherung zugunsten des Arbeitnehmer-Ehegatten der Höhe nach ist regelmäßig durch Vergleich mit Beiträgen zu Direktversicherungen oder den entsprechenden ernsthaften Angeboten auf Abschluß einer Direktversicherung zugunsten familienfremder Arbeitnehmer zu prüfen. Werden keine familienfremden Arbeitnehmer beschäftigt oder werden nur Arbeitnehmer beschäftigt, deren Tätigkeits- und Leistungsmerkmale nicht mit denen des Arbeitnehmer-Ehegatten vergleichbar sind und ist für diese keine Direktversicherung abgeschlossen oder ernsthaft angeboten worden, so ist die Angemessenheit der Versicherungsbeiträge der Höhe nach zu bejahen, wenn

– die geleisteten Beiträge für die Direktversicherung – im Falle einer Einmalprämie der auf das Kalenderjahr entfallende Teil – zusammen mit dem tatsächlich gezahlten Arbeitsentgelt insgesamt nicht zu einer überhöhten Lohnzahlung führen (vgl. BFH-Urteil vom 30.3.1983 – BStBl. II S. 664) und

– die Leistungen der betrieblichen Altersversorgung (bei einem Kapitalbetrag der Jahreswert der vergleichbaren Rente, der aus Vereinfachungsgründen unter Berücksichtigung des Fälligkeitstermins durch Anwendung der Anlage 9 zu § 14 BewG umgerechnet werden kann) zusammen mit einer zu erwartenden Sozialversicherungsrente 75 v. H. des letzten steuerlich anzuerkennenden Arbeitslohns des Arbeitnehmer-Ehegatten nicht übersteigen. Bei der Ermittlung des Arbeitslohns ist auf die Verhältnisse am jeweiligen Bilanzstichtag abzustellen. Zur Ermittlung der zu erwartenden Sozialversicherungsrente wird auf Abschnitt 41 Abs. 15 EStR 1981[1)] hingewiesen. Die Ausführungen in Abschnitt I Abs. 4 Satz 5 sind entsprechend anzuwenden[2)].

Künftige Beitragsrückerstattungen, die die Versicherungsleistung (Kapital oder Rente) erhöhen, sind wegen des Stichtagprinzips nicht zu berücksichtigen.

(5) Der Versicherungsanspruch einer nach Absatz 1 anzuerkennenden Direktversicherung ist auch bei Ehegatten-Arbeitsverhältnissen insoweit zu aktivieren, als in einem Betrieb die Versicherungsverträge zugunsten familienfremder verheirateter Arbeitnehmer den Arbeitgeber als Bezugsberechtigten bezeichnen (Abschnitt 26 Abs. 2 EStR 1981). Bei Beleihung oder Abtretung der Ansprüche aus dem zugunsten des Arbeitnehmer-Ehegatten abgeschlossenen Versicherungsvertrags gilt Abschnitt 26 Abs. 4 und 5 EStR 1981.

IV. Andere Formen der Zukunftssicherung

Die Ausführungen in den Abschnitten I und III gelten sinngemäß für Zuwendungen des Arbeitgeber-Ehegatten an eine Pensions- oder Unterstützungskasse zugunsten eines Arbeitnehmer-Ehegatten sowie für die Übernahme von Beiträgen zur freiwilligen Höherversicherung und Weiterversicherung in der gesetzlichen Rentenversicherung.

V. Erstmalige Anwendung

Die Regelungen in den Abschnitten I bis IV sind für alle noch nicht bestandskräftigen Veranlagungen anzuwenden. Das BMF-Schreiben vom 1.2.1977 – IV B 1 – S 2176 – 6/77 – wird aufgehoben.

---

1) Jetzt R 6a Abs. 14 EStR.
2) Siehe dazu Anlage § 006a-09.

Anlage § 006a–09 Zu § 6a EStG

Steuerrechtliche Behandlung von Aufwendungen des Arbeitgebers für die betriebliche Altersversorgung des im Betrieb mitarbeitenden Ehegatten

Schreiben des BdF vom 9. Januar 1986 IV B 1 – S 2176 – 2/86 (BStBl. I S. 7)

Unter Bezugnahme auf das Ergebnis der Erörterungen mit den obersten Finanzbehörden der Länder sind seit der Veröffentlichung des BMF-Schreibens vom 4.9.1984 (BStBl. I S. 495)[1] aufgetretene weitere Fragen zur betrieblichen Altersversorgung des im Betrieb mitarbeitenden Ehegatten steuerrechtlich wie folgt zu behandeln (zum besseren Verständnis wird auf die entsprechenden Abschnitte des o.a. BMF-Schreibens Bezug genommen):

Zu Abschnitt I Absatz 2 Satz 3:

Die betriebliche Altersversorgung des mitarbeitenden Ehegatten in Form einer Gehaltsumwandlung ist dem Grunde nach anzuerkennen, wenn die Altersversorgung den im Betrieb beschäftigten, mit dem Arbeitnehmer-Ehegatten vergleichbaren familienfremden Arbeitnehmern ernsthaft angeboten wird. Wird die Altersversorgung den familienfremden Arbeitnehmern in Form einer Gehaltsumwandlung, dem Arbeitnehmer-Ehegatten aber als zusätzliche Entlohnung angeboten, so ist die Anerkennung der betrieblichen Altersversorgung für den mitarbeitenden Arbeitnehmer-Ehegatten zu versagen (vgl. Abschnitt I Absatz 2 Satz 3 des BMF-Schreibens vom 4.9.1984)[2]. Werden im Betrieb keine oder keine mit dem Arbeitnehmer-Ehegatten vergleichbaren familienfremden Arbeitnehmer beschäftigt, ist die Zusage einer Altersversorgung für den Arbeitnehmer-Ehegatten im Falle der Gehaltsumwandlung als betrieblich veranlaßt anzuerkennen, wenn die Zusage nach den Grundsätzen des BMF-Schreibens vom 4.9.1984[3] ernstlich gewollt und dem Grunde und der Höhe nach angemessen ist.

Zu Abschnitt I Absatz 2 Satz 7:

Der steuerlichen Anerkennung einer Pensionszusage an den Arbeitnehmer-Ehegatten steht es nicht entgegen, wenn die Leistung der Versorgungsbezüge, sofern der Ehemann der Arbeitnehmer-Ehegatte ist, nach Vollendung des 62. Lebensjahrs und, sofern die Ehefrau der Arbeitnehmer-Ehegatte ist, nach Vollendung des 59. Lebensjahrs vereinbart worden ist.

Zu Abschnitt III Absatz 2 letzter Satz:

Der steuerlichen Anerkennung von Direktversicherungsbeiträgen steht nicht entgegen, wenn die Versicherung auf den Erlebensfall nach Vollendung des 59. Lebensjahrs abgeschlossen worden ist.

Zu Abschnitt III Absatz 4 2. Tiret:

Der Begriff des „letzten steuerlich anzuerkennenden Arbeitslohns" bestimmt sich nach § 19 Abs. 1 EStG und § 2 LStDV. Deshalb sind auch neben dem normalen Arbeitslohn steuerpflichtige sonstige Bezüge und Vorteile (z. B. Weihnachtszuwendungen, Urlaubsgeld, Erfolgsprämien usw.) einzubeziehen. Dies gilt auch für Zukunftssicherungsleistungen, die nach §§ 40a und 40b EStG pauschal besteuert werden – abzüglich des steuerfreien Betrags von 312,– DM jährlich nach § 3 Nr. 62 EStG bzw. § 2 Abs. 3 Nr. 2 LStDV (vgl. § 2 Abs. 2 LStDV). Anders ist es, wenn der Arbeitnehmer-Ehegatte von der Sozialversicherung befreit ist und die Direktversicherung an die Stelle der gesetzlichen Rentenversicherung zur Altersversorgung tritt. In diesem Fall sind für die Berechnung der Angemessenheit der Höhe nach die Beiträge zur Lebensversicherung grundsätzlich je zur Hälfte aufzuteilen in Arbeitgeber- und Arbeitnehmerbeiträge. Soweit die anteiligen Prämien die Funktion der Arbeitnehmerbeiträge erfüllen, stellen sie – unbeschadet ihrer lohnsteuerrechtlichen Behandlung – zusätzlich laufenden Arbeitslohn dar. Die Beiträge, die anstelle der Arbeitgeberbeiträge aufgewendet werden, sind demnach nicht als zusätzlicher laufender Arbeitslohn zu behandeln (BFH-Urteil vom 30.3.1983 – BStBl. II S. 664).

---

1) Siehe Anlage § 006a-08.
2) Siehe Anlage § 006a-08.
3) Siehe Anlage § 006a-08.

Zu § 6a EStG

Anlage § 006a–10

Bildung von Pensionsrückstellungen für beherrschende Gesellschafter-Geschäftsführer von Kapitalgesellschaften

– BdF-Schreiben vom 03.07.2009 – IV C 6 – S 2176/07/10004, 2009/0439435 (BStBl. I S. 712) –

Im Rahmen der Allgemeinen Verwaltungsvorschrift zur Änderung der Einkommensteuer-Richtlinien 2005 (Einkommensteuer-Änderungsrichtlinien 2008- EStÄR 2008) vom 18. Dezember 2008 (BStBl. 2008 I S. 1017) wurden die Mindestpensionsalter, die bei der Bewertung von Pensionsrückstellungen für beherrschende Gesellschafter-Geschäftsführer von Kapitalgesellschaften zu berücksichtigen sind, neu geregelt. Die geänderte Richtlinie gilt grundsätzlich ab dem Veranlagungszeitraum 2008 und damit für Wirtschaftsjahre, die nach dem 31. Dezember 2007 enden.

Nach Abstimmung mit den obersten Finanzbehörden der Länder ist es nicht zu beanstanden, wenn die geänderten Mindestpensionsalter nach R 6a Abs. 8 EStR in der Fassung der EStÄR 2008 erstmals in der Bilanz des Wirtschaftsjahres berücksichtigt werden, das nach dem 30. Dezember 2009 endet. Der Übergang hat einheitlich für alle betroffenen Pensionsrückstellungen des Unternehmens zu erfolgen.

Eine Verteilung oder Verrechnung des Unterschiedsbetrages, der auf der erstmaligen Berücksichtigung der geänderten Mindestpensionsalter beruht, kommt nicht in Betracht.

Dieses Schreiben wird im Bundessteuerblatt Teil I veröffentlicht.

Rückstellungen bei Arbeitsfreistellung

– BdF-Schreiben vom 11.11.1999 – IV C 2 – S 2176 – 102/99 (BStBl. I S. 959) –

I. Vergütungen für die Zeit der Arbeitsfreistellung vor Ausscheiden aus dem Dienstverhältnis

1 Räumt ein Arbeitgeber seinen Arbeitnehmern in einer Zusage das Recht ein, vor Eintritt in den Ruhestand bei formal fortbestehendem Dienstverhältnis die Arbeitsleistung ganz oder teilweise einzustellen, ohne dass die Vergütungen in dieser Zeitspanne entsprechend dem Umfang der tatsächlich geleisteten Arbeit reduziert wird, stellt sich die Frage, ob und ggf. in welchem Umfang der Arbeitgeber für diese Zahlungsverpflichtung Rückstellungen zu bilden hat. Nach dem Ergebnis einer Erörterung mit den obersten Finanzbehörden der Länder gilt zu diesen Fragen Folgendes:

1. Abgrenzung zu Zusagen auf Leistungen der betrieblichen Altersversorgung

2 Eine Zusage auf Leistungen der betrieblichen Altersversorgung im Sinne von § 1 Betriebsrentengesetz liegt nur vor, wenn das Dienstverhältnis im Zeitpunkt des Eintritts des Versorgungsfalls formal beendet ist. Eine Zusage, nach denen Leistungen fällig werden, ohne dass das Dienstleistungsverhältnis formal beendet ist, ist nicht als Zusage auf Leistungen der betrieblichen Altersversorgung anzusehen. Für eine derartige Verpflichtung darf insoweit eine Rückstellung nach § 6a EStG nicht gebildet werden. Für die Zuordnung der Zusage ist die jeweils getroffene schriftliche Vereinbarung maßgebend.

3 Eine derartige eindeutige Zuordnung ist nicht möglich, wenn der Arbeitgeber oder der Arbeitnehmer nach dem Inhalt der Zusage wählen können, ob die Leistungen mit Arbeitsfreistellung vor Ausscheiden aus dem Dienstverhältnis oder zu einem anderen Zeitpunkt, z. B. erst mit Eintritt des Versorgungsfalls (z. B. Eintritt in den Ruhestand) fällig werden. In einem solchen Fall ist für jede der beiden Leistungsalternativen getrennt zu ermitteln, ob und ggf. in welcher Höhe eine Rückstellung zulässig ist. Für die Verpflichtung aus der Zusage darf in der Steuerbilanz nur die sich bei einem Vergleich ergebende niedrigere Rückstellung ausgewiesen werden. Wird später ein Fälligkeitszeitpunkt eindeutig festgelegt, richtet sich ab dem Zeitpunkt dieser Festlegung die Rückstellung nach den hierfür geltenden allgemeinen Grundsätzen.

4 Die Grundsätze des BMF-Schreibens vom 25. April 1995 (BStBl. I S. 250)[1]) zur Rückstellung für die Verpflichtung zur Gewährung betrieblicher Teilrenten bleiben unberührt.

2. Arbeitsfreistellung zum Ausgleich für vom Arbeitnehmer erbrachte Vorleistungen

5 Arbeitgeber und Arbeitnehmer vereinbaren, dass der Arbeitnehmer die Vergütung für künftig von ihm zu leistende Mehrarbeit (z. B. Überstunden) nach erbrachter Mehrarbeit nicht sofort ausbezahlt erhält, sondern dieser Vergütungsanspruch beim Arbeitgeber nur betragsmäßig erfasst wird und erst im Zusammenhang mit einer vollen oder teilweisen Arbeitsfreistellung vor Beendigung des Dienstverhältnisses zur Auszahlung gelangt. Der angesammelte Vergütungsanspruch wird mit der Vergütung verrechnet, die dem Arbeitnehmer in der Zeit der Arbeitsfreistellung zu gewähren ist. Wegen der erst künftigen Auszahlung kann hierfür dem Arbeitnehmer eine gesonderte Gegenleistung (Verzinsung) zugesagt sein. Diese kann beispielsweise bestehen in einem festen jährlichen Prozentbetrag des angesammelten Vergütungsanspruchs, wobei sich der Prozentbetrag auch nach dem Umfang der jährlichen Gehaltsentwicklung richten kann, oder in einem Betrag in Abhängigkeit von der Entwicklung bestimmter am Kapitalmarkt angelegter Vermögenswerte.

6 Der Arbeitgeber hat für seine Verpflichtung, den angesammelten Vergütungsanspruch künftig zu erfüllen, nach den Verhältnissen am Bilanzstichtag eine Rückstellung wegen Erfüllungsrückstandes zu bilden. Bei der Bewertung der Rückstellung sind nur die dem Arbeitnehmer zustehenden Vergütungsansprüche einschließlich der darauf entfallenden Arbeitgeberanteile zur Sozialversicherung zu berücksichtigen.

7 Die sich aus der gesondert zugesagten Gegenleistung ergebende Verpflichtung ist als gesonderte Rückstellung auszuweisen. Dabei ist nur der Teil dieser Verpflichtung zu berücksichtigen, der sich bis zum Bilanzstichtag ergeben hat.

8 Ist die Fälligkeit der Verpflichtungen auch abhängig von biologischen Ereignissen, so ist nach versicherungsmathematischen Grundsätzen zu bewerten.

9 Mögliche Ansprüche gegenüber Dritten (z. B. Erstattungsbeträge) sind bei der Bewertung des Erfüllungsrückstandes gegenzurechnen (vgl. § 6 Abs. 1 Nr. 3a Buchstabe c EStG); für Wirtschaftsjahre,

---
1) Anlage § 006a-04.

Zu § 6a EStG

Anlage § 006a–11

die vor dem 1. Januar 1999 enden, sind bei der Gegenrechnung die Grundsätze in EStH 38, Rückgriffsansprüche [1]), zu berücksichtigen.

Die Rückstellung wegen Erfüllungsrückstandes ist nach den Grundsätzen von § 6 Abs. 1 Nr. 3a Buchstabe e EStG abzuzinsen. Besteht die Möglichkeit, den Zeitpunkt der Fälligkeit der Verpflichtung zu bestimmen, ist für die Abzinsung auf den letztmöglichen Zeitpunkt abzustellen, in dem die Fälligkeit eintreten kann; der sich danach ergebende Abzinsungszeitraum ist pauschal um drei Jahre zu vermindern. Eine Abzinsung unterbleibt in Fällen einer gesondert zugesagten Gegenleistung; die Verpflichtung ist in diesem Fall verzinslich. Auch für Wirtschaftsjahre, die vor dem 1. Januar 1999 enden, gilt Entsprechendes. Die Rückstellung wegen der gesondert zugesagten Gegenleistung ist ebenfalls nicht abzuzinsen, wenn für diese Verpflichtung eine Verzinsung vorgesehen ist. 10

Soll ein künftiger Anspruch des Arbeitnehmers auf laufendes Gehalt oder auf Sonderzahlungen (z. B. Weihnachts- oder Urlaubsgeld oder auf Jubiläumszuwendungen) mit der Vergütung verrechnet werden, die dem Arbeitnehmer in der Zeit der Arbeitsfreistellung zu zahlen ist, sind die vorstehenden Grundsätze entsprechend anzuwenden. 11

3. Arbeitsfreistellung ohne vom Arbeitnehmer erbrachte Vorleistungen

Arbeitgeber und Arbeitnehmer vereinbaren, dass der Arbeitnehmer vor dem tatsächlichen Ausscheiden aus dem Dienstverhältnis unter Fortzahlung (ggf. geminderter) Bezüge von der Arbeit freigestellt wird. Eine konkrete Vorleistung hat der Arbeitnehmer hierfür vor der Arbeitsfreistellung nicht zu erbringen. 12

In der Zeit vor der Arbeitsfreistellung liegt ein Erfüllungsrückstand mangels Vorleistung des Arbeitnehmers nicht vor; die Bildung einer Rückstellung wegen Erfüllungsrückstandes ist nicht zulässig. In der Zeit vor der Arbeitsfreistellung scheidet auch für Wirtschaftsjahre, die vor dem 1. Januar 1997 geendet haben, eine Rückstellung für drohende Verluste aus schwebenden Arbeitsverhältnissen aus, und zwar unter Berücksichtigung der Grundsätze der BFH-Urteile vom 3. Februar 1993 (BStBl. II S. 441) und vom 2. Oktober 1997 (BStBl. 1998 II S. 205). 13

In der Zeit ab der vollständigen Arbeitsfreistellung ist eine Rückstellung für ungewisse Verbindlichkeiten zu bilden (vgl. BFH-Urteil vom 6. April 1993, BStBl. II S. 709). Die Rückstellung ist abzuzinsen, wenn die Laufzeit der Verpflichtung am Bilanzstichtag mindestens zwölf Monate beträgt; im Übrigen gelten die in Rdnrn. 6 bis 10 genannten Grundsätze. 14

4. Vereinbarung von Altersteilzeit auf der Grundlage des Gesetzes vom 23. Juli 1996 – Altersteilzeitgesetz – (BGBl. I S. 1078)

Die Grundsätze in Rdnrn. 2 bis 14 sind auf Vereinbarungen zur Gewährung von Altersteilzeit entsprechend anzuwenden. [2]) 15

Ist vorgesehen, dass der Arbeitnehmer während der gesamten Zeitspanne der Altersteilzeit seine Arbeitsleistung um ein bestimmtes Maß reduziert, ohne dass die Vergütung entsprechend stark gemindert wird, scheidet eine Rückstellungsbildung vor und während der Altersteilzeit aus (vgl. BMF-Schreiben vom 13. März 1987, BStBl. I S. 365, und BFH-Urteil vom 16. März 1987, BStBl. 1988 II S. 388). 16

Sieht die Vereinbarung vor, dass der Arbeitnehmer in der ersten Zeit der Altersteilzeit eine geringere laufende Vergütung (einschl. der hierauf entfallenden Arbeitgeberanteile zur Sozialversicherung und der „Aufstockungsbeträge" im Sinne des Altersteilzeitgesetzes) erhält als es seiner geleisteten Arbeit entspricht und wird er in der restlichen Altersteilzeit bei Fortzahlung der Vergütung entsprechend der in der ersten Zeitspanne vereinbarten Höhe vollständig von der Arbeit freigestellt, so ist[3]) 17

– ab Beginn der Altersteilzeit eine kontinuierlich anwachsende Rückstellung wegen Erfüllungsrückstandes bezogen auf die Differenz zwischen dem laufenden Vergütungsanspruch vor Beginn der Altersteilzeit und dem laufenden Vergütungsanspruch (einschließlich der in § 3 Abs. 1 Altersteilzeit genannten Beträge) zu bilden, die nach den in Rdnrn. 6 bis 10 genannten Grundsätzen zu bewerten ist; 18

– mit Ablauf der ersten Zeit der Altersteilzeit zusätzlich eine Rückstellung für ungewisse Verbindlichkeiten zu bilden, die sich bezieht auf die Differenz zwischen dem laufenden Vergütungsanspruch, der in der Zeit der Arbeitsfreistellung dem Arbeitnehmer insgesamt zusteht und dem Vergütungsanspruch, für den der Arbeitnehmer während des ersten Teils der Alters- 19

---

1) Jetzt H 6.11 (Rückgriffsansprüche).
2) Siehe aber Anlage § 006a-06, Tz. 18.
3) Siehe aber Anlage § 006a-06, Tz. 18.

teilzeit bereits Arbeitsleistungen erbracht hat (entspricht der Rückstellung wegen Erfüllungsrückstandes nach Rdnr. 18). Die Bewertung richtet sich nach den in Rdnr. 18). Die Bewertung richtet sich nach den in Rdnr. 14 genannten Grundsätzen.

20 Ein Erstattungsanspruch, der sich nach § 4 Altersteilzeitgesetz ergibt und sich auf die Zeit der Arbeitsfreistellung bezieht, ist nach § 6 Abs. 1 Nr. 3a Buchstabe c EStG (bzw. für Wirtschaftsjahre, die vor dem 1. Januar 1999 enden, nach den Grundsätzen in EStH 38, Rückgriffsansprüche) erst ab dem Zeitpunkt gegenzurechnen, in dem der Erstattungsantrag bei der hierfür zuständigen Behörde gestellt wird. Ist über den Antrag positiv entschieden, ist statt der Gegenrechnung eine Forderung in Höhe des gesamten Erstattungsbetrages zu aktivieren.[1]

21 Leistungen des Arbeitgebers in der Zeit der Arbeitsfreistellung sind zunächst mit den Rückstellungen für Erfüllungsrückstand zu verrechnen.[2]

II. Jahreszusatzleistungen im Jahr des Eintritts des Versorgungsfalls

22 Verpflichtet sich der Arbeitgeber, seinen Arbeitnehmern neben dem laufenden Gehalt zugesagte Jahreszusatzleistungen (z. B. Jahresabschlussleistungen) auch im Jahr des Eintritts des Versorgungsfalls (ganz oder teilweise) neben den fälligen Leistungen der betrieblichen Altersversorgung zu gewähren, gilt nach dem Ergebnis einer Erörterung mit den obersten Finanzbehörden der Länder Folgendes:

23 Diese Zusatzleistungen sind nicht Teil der Zusage auf Leistungen der betrieblichen Altersversorgung. Eine Rückstellung nach § 6a EStG darf hierfür nicht gebildet werden. Auch eine andere Rückstellung wegen Erfüllungsrückstandes ist in Wirtschaftsjahren vor dem Jahr des Ausscheidens nicht zulässig. Ein Erfüllungsrückstand liegt nicht vor, da derartige Zusatzleistungen in dem Jahr wirtschaftlich verursacht sind, für das sie erbracht werden.

---

1) Siehe aber Anlage § 006a-06 Tz. 18.
2) Siehe aber Anlage § 006a-06 Tz. 18.

Zu § 6a EStG   Anlage § 006a–12

Pensionsrückstellungen bei Erbringung der Versorgungsleistungen durch externe Versorgungsträger im sog. Umlageverfahren

– BdF-Schreiben vom 26.01.2010 – IV C 6 – S 2176/07/10005, 2010/0026474 (BStBl. I S. 138) –

Mit Urteilen vom 05.04.2006 – I R 46/04 – und 08.10.2008 – I R 3/06 hat der BFH entschieden, dass für eine Pensionszusage eine Pensionsrückstellung nicht gebildet werden kann, wenn der versorgungsverpflichtete Arbeitgeber Mitglied einer Versorgungskasse ist und die Versorgungsleistungen von dieser Versorgungskasse im sog. Umlageverfahren erbracht werden. Diesen Entscheidungen lag folgender Sachverhalt zugrunde:

- Der Arbeitgeber erteilt eine Pensionszusage nach § 6a EStG,
- er ist gleichzeitig Mitglied einer Versorgungskasse,
- er leistet Umlagezahlungen an diese Versorgungskasse,
- die Umlagen dienen der Finanzierung der Versorgungslasten aller in der Solidargemeinschaft zusammengeschlossenen Arbeitgeber und können weder den einzelnen Versorgungsverpflichtungen noch den jeweiligen Mitgliedern zugerechnet werden,
- die späteren Versorgungsleistungen werden unmittelbar von der Versorgungskasse an den Versorgungsberechtigten ausgezahlt und
- eine Rechtsbeziehung besteht ausschließlich zwischen dem Arbeitgeber und der Versorgungskasse, d. h. die Kasse übernimmt gegenüber dem Versorgungsberechtigten keine unmittelbare eigene Verpflichtung.

Der BFH weist darauf hin, dass in den Urteilsfällen die Erfüllung der Versorgungsverpflichtung allein den Versorgungskassen ohne Mitwirkung des Arbeitgebers obliege und somit die Inanspruchnahme des Arbeitgebers aus der Versorgungszusage nicht wahrscheinlich sei. Folglich bestehe auch keine Vermögensbelastung. Eine Pensionsrückstellung könne daher nicht passiviert werden. Es sei unerheblich, dass eine Rechtsbeziehung ausschließlich zwischen dem Arbeitgeber und der Versorgungskasse bestehe. Entscheidend sei vielmehr, dass aus Sicht des Arbeitgebers die Wahrscheinlichkeit der Inanspruchnahme aus der Versorgungszusage nicht bestehe. Anders sei die Rechtslage nur dann zu beurteilen, wenn die Versorgungskasse zahlungsunfähig ist. In diesem Fall sei (wieder) eine Pensionsrückstellung nach § 6a EStG auszuweisen.

Die Entscheidungen des BFH stehen im Einklang mit den Grundsätzen für die Bildung von Rückstellungen (R 5.7 Abs. 2 EStR). Bei Pensionsverpflichtungen ist neben der Frage, ob die Voraussetzungen des § 6a EStG vorliegen (u. a. schriftlich erteilte unmittelbare Pensionszusage), auch zu prüfen, ob die unmittelbare Inanspruchnahme aus der Verpflichtung wahrscheinlich ist. Dabei ist es unerheblich, ob Rückdeckungsansprüche gegenüber Dritten zu aktivieren sind.

Durch die Veröffentlichung dieser Entscheidungen im Bundessteuerblatt Teil II sind die Grundsätze der Urteile auch in vergleichbaren Fällen anzuwenden. Bei entsprechenden umlagefinanzierten Versorgungssystemen können Pensionsrückstellungen nach § 6a EStG künftig regelmäßig nicht mehr passiviert werden. Das gilt unabhängig davon, ob es sich um öffentlich-rechtliche oder privatrechtliche Versorgungszusagen handelt. Geht die Erfüllung der Versorgungsverpflichtung wieder auf den Arbeitgeber über (z. B. aufgrund einer Zahlungsunfähigkeit der Versorgungskasse), ist eine Pensionsrückstellung nach § 6a EStG zu passivieren; § 6a Abs. 4 Satz 3 EStG gilt entsprechend.

Gewährleistet die Versorgungskasse dagegen ausschließlich die Durchführung der einzelnen Pensionsverpflichtungen (z. B. Berechnung und Auszahlung der Altersversorgungen) und erstattet der Arbeitgeber der Versorgungskasse die hierfür erforderlichen Aufwendungen, hat der Arbeitgeber Rückstellungen nach § 6a EStG auszuweisen. In diesen Fällen ist weiterhin von einer wahrscheinlichen Inanspruchnahme des Arbeitgebers aus den Pensionsverpflichtungen auszugehen, da die Versorgungskasse lediglich seine Versorgungsverpflichtungen ausführt und die Zahlungen an die Versorgungskasse keine Beiträge zur Finanzierung der Versorgungslasten aller in der Solidargemeinschaft zusammengeschlossenen Arbeitgeber darstellen. Zudem können die Zahlungen an die Versorgungskasse den jeweiligen Pensionszusagen des Arbeitgebers zugerechnet werden, so dass eventuell bestehende Ansprüche gegenüber der Versorgungskasse zu aktivieren sind.

Die Grundsätze der BFH-Urteile sind erstmals in nach dem 05.04.2006 (Entscheidungsdatum des ersten BFH-Urteils) aufgestellten Bilanzen zu berücksichtigen. Es ist jedoch nicht zu beanstanden, wenn diese Grundsätze erstmals der Gewinnermittlung des Wirtschaftsjahres zugrunde gelegt werden, das nach dem Tag der Veröffentlichung dieses Schreibens im Bundessteuerblatt endet.

Anlage § 006a–12

Zu § 6a EStG

Für den Gewinn, der sich aus der Auflösung der Pensionsrückstellungen nach § 6a EStG im Zusammenhang mit der o. g. Rechtsprechung ergibt, kann in Höhe von 14/15 eine gewinnmindernde Rücklage gebildet werden, die in den folgenden 14 Wirtschaftsjahren jeweils mit mindestens einem Vierzehntel gewinnerhöhend aufzulösen ist (Auflösungszeitraum).

Entfallen während des Auflösungszeitraums die Gründe für die Nichtpassivierung der Pensionsrückstellungen (z. B. bei Zahlungsunfähigkeit der Versorgungskasse, Beendigung der Mitgliedschaft), ist die verbleibende Rücklage in vollem Umfang gewinnerhöhend aufzulösen. Entsprechendes gilt, soweit die betreffenden Versorgungsverpflichtungen nicht mehr bestehen. So ist beispielsweise bei Tod des Berechtigten die insoweit verbleibende Teilrücklage in vollem Umfang gewinnerhöhend aufzulösen.

Übertragung der Pensionsverpflichtung auf eine Unterstützungskasse

– BdF-Schreiben vom 2.7.1999 – IV C 2 – S 2176 – 61/99 (BStBl. I S. 594) –

Sieht eine Pensionszusage vor, daß die Pensionsverpflichtung bei Eintritt des Versorgungsfalls auf eine außerbetriebliche Versorgungseinrichtung übertragen wird, ist eine Rückstellung nicht zulässig (vgl. R 41 Abs. 3 Satz 7 EStR 1998). Demgegenüber hat der BFH mit Urteil vom 19. August 1998 (BStBl. 1999 II S. 387) entschieden, der Arbeitgeber habe auch im Falle einer Vereinbarung, nach Eintritt des Versorgungsfalls die Pensionsverpflichtung aufzuheben und auf eine Unterstützungskasse zu übertragen, bis zum Eintritt des Versorgungsfalls wegen einer bestehenden unmittelbaren Verpflichtung eine Pensionsrückstellung zu bilden.

Nach dem Ergebnis einer Erörterung mit den obersten Finanzbehörden der Länder sind diese Grundsätze des BFH-Urteils vom 19. August 1998 (a.a.O.) über den entschiedenen Einzelfall hinaus nicht allgemein anzuwenden.

Rückstellungen nach § 6a EStG bei wertpapiergebundenen Pensionszusagen

– BdF-Schreiben vom 17.12.2002 – IV A 6 – S 2176 – 47/02 (BStBl. I S. 1397) –

Zur Frage des Ansatzes und der Bewertung von Pensionsrückstellungen nach § 6a EStG für Versorgungszusagen, die neben einem garantierten Mindestbetrag Leistungen vorsehen, die vom Wert bestimmter Wertpapiere zu einem festgelegten Zeitpunkt abhängen (wertpapiergebundene Versorgungszusagen), nehme ich nach Abstimmung mit den obersten Finanzbehörden der Länder wie folgt Stellung:

1. Ansatz und Bewertung der Pensionsrückstellung

    Eine Pensionsrückstellung kann nur gebildet werden, wenn und soweit der Pensionsberechtigte einen Rechtsanspruch auf einmalige oder laufende Pensionsleistungen hat (§ 6a Abs. 1 Nr. 1 EStG). Am Bilanzstichtag ungewisse Erhöhungen oder Verminderungen der Pensionsleistungen können erst berücksichtigt werden, wenn sie eingetreten sind (§ 6a Abs. 3 Satz 2 Nr. 1 Satz 4 EStG).

    Sieht eine Pensionszusage neben einer garantierten Mindestversorgung zusätzliche Leistungen vor, die vom Wert bestimmter Wertpapiere (z. B. Fondsanteile, Aktien) zu einem festgelegten künftigen Zeitpunkt (z. B. Eintritt des Versorgungsfalls) abhängen, besteht insoweit nach den Verhältnissen am Bilanzstichtag kein Rechtsanspruch gemäß § 6a Abs. 1 Nr. 1 EStG. Der über die garantierte Mindestleistung hinausgehende Wert der Wertpapiere stellt darüber hinaus eine ungewisse Erhöhung des Pensionsanspruchs im Sinne von § 6a Abs. 3 Satz 2 Nr. 1 Satz 4 EStG dar. Eine Pensionsrückstellung kann folglich nur insoweit gebildet werden, als der Versorgungsanspruch auf die garantierte Mindestleistung entfällt.

2. Getrennte Bilanzierung der Wertpapiere und der Pensionsverpflichtung

    Soweit eine Pensionsverpflichtung durch den Erwerb von Wertpapieren abgesichert wird, kommt eine zusammengefasste Bewertung nicht in Betracht (vgl. R 41 Abs. 24 Satz 1 EStR[1]) zu Rückdeckungsversicherungen). Die Absicherung der Versorgungszusage hat auf die Passivierung der Verpflichtung keinen Einfluss. Maßgebend ist ausschließlich die Bewertung nach § 6a EStG.

---

1) Jetzt R 6a Abs. 23 EStR.

Hinterbliebenenversorgung für die Lebensgefährtin oder den Lebensgefährten

– BdF-Schreiben vom 25.7.2002 – IV A 6 – S 2176 – 28/02 (BStBl. I S. 706) –

Zur Frage der steuerrechtlichen Anerkennung von Zusagen auf Hinterbliebenenversorgung für den in eheähnlicher Gemeinschaft lebenden Partner des versorgungsberechtigten Arbeitnehmers nehme ich nach Abstimmung mit den obersten Finanzbehörden der Länder wie folgt Stellung:
Aufwendungen für Versorgungszusagen an Arbeitnehmer, die eine Hinterbliebenenversorgung für den in eheähnlicher Gemeinschaft lebenden Partner des Versorgungsberechtigten vorsehen, können nur dann nach Maßgabe von § 4 Abs. 4, § 4c, § 4d oder § 4e EStG als Betriebsausgaben abgezogen werden, wenn die in Aussicht gestellten Leistungen betrieblich veranlasst sind. Die Zusage auf eine Hinterbliebenenversorgung ist als Pensionsrückstellung nach § 6a EStG zu passivieren und darf nur angesetzt werden, wenn die übrigen Voraussetzungen für die Bildung von Rückstellungen (R 31c Abs. 2 EStR)[1]) vorliegen.
Die betriebliche Veranlassung dieser Hinterbliebenenzusagen und die Wahrscheinlichkeit der Inanspruchnahme aus der Verpflichtung ist unter Berücksichtigung der Umstände des jeweiligen Einzelfalls zu prüfen. Anhaltspunkte können beispielsweise eine von der Lebenspartnerin oder dem Lebenspartner schriftlich bestätigte Kenntnisnahme der in Aussicht gestellten Versorgungsleistungen, eine zivilrechtliche Unterhaltspflicht des Arbeitnehmers gegenüber dem Lebenspartner oder eine gemeinsame Haushaltsführung sein.
Die versorgungsberechtigte Lebenspartnerin oder der versorgungsberechtigte Lebenspartner muss in der schriftlich erteilten Zusage namentlich mit Anschrift und Geburtsdatum genannt werden.
Pensionsrückstellungen nach § 6a EStG sind entsprechend dem Geschlecht des begünstigten Hinterbliebenen zu bewerten. Soweit der Berechnung die „Richttafeln 1998" von Prof. Klaus Heubeck zu Grunde gelegt werden, hat die Bewertung anhand des Hinterbliebenenbestandes zu erfolgen.
Die Grundsätze zur steuerlichen Anerkennung von Versorgungszusagen gegenüber dem Arbeitgeber nahestehenden Personen (z.B. beherrschende Gesellschafter-Geschäftsführer, nahe Familienangehörige) bleiben unberührt.

Nachholverbot gemäß § 6a Abs. 4 EStG bei einer fehlerhaften Rückstellungszuführung aufgrund eines Rechtsirrtums

– BdF-Schreiben vom 11.12.2003 – IV A 6 – S 2176 – 70/03 (BStBl. I S. 746) –

Nach § 6a Abs. 4 Satz 1 EStG kann eine Pensionsrückstellung in einem Wirtschaftsjahr höchstens um den Unterschied zwischen dem Teilwert der Pensionsverpflichtung am Schluss des Wirtschaftsjahres und am Schluss des vorangegangenen Wirtschaftsjahres erhöht werden. Rückstellungsbeträge, die in einem Wirtschaftsjahr zulässig gewesen wären, können in einem späteren Wirtschaftsjahr grundsätzlich nicht nachgeholt werden (sog. Nachholverbot). Durch diese Regelung soll eine willkürliche Rückstellungsbildung und die damit verbundene Verzerrung des Periodengewinns vermieden werden (Bundestags-Drucksache 7/1281, Seite 40).
Der Bundesfinanzhof hat mit Urteil vom 10. Juli 2002 (BStBl. 2003 II S. 936), entschieden, dass das Nachholverbot gemäß § 6a Abs. 4 Satz 1 EStG auch bei Rückstellungen anzuwenden ist, die in einem vorangegangenen Wirtschaftsjahr aufgrund einer zulässigen Berechnungsmethode niedriger als möglich bewertet worden sind.
Nach Abstimmung mit den obersten Finanzbehörden der Länder ist das Nachholverbot gemäß § 6a Abs. 4 Satz 1 EStG auch dann anzuwenden, wenn der fehlende oder fehlerhafte Ansatz einer Pensionsrückstellung auf einem Rechtsirrtum beruht. Das gilt unabhängig davon, ob nach den Umständen des jeweiligen Einzelfalles eine willkürliche Gewinnverschiebung anzunehmen ist. Etwas anderes ergibt sich aus dem eindeutigen Regelungswortlaut des § 6a Abs. 4 EStG nicht.

---

1) Jetzt R 5.7 Abs. 2 EStR.

Zu § 6a EStG Anlage § 006a–17

Zusagen auf Leistungen der betrieblichen Altersversorgung; Bilanzsteuerrechtliche Berücksichtigung von überdurchschnittlich hohen Versorgungsanwartschaften (Überversorgung)[1]

– BdF-Schreiben vom 3.11.2004 – IV B 2 – S 2176 – 18/04 (BStBl. I S. 1045) –

Zur Frage der bilanzsteuerrechtlichen Berücksichtigung von überdurchschnittlich hohen Zusagen auf Leistungen der betrieblichen Altersversorgung nehme ich nach Abstimmung mit den obersten Finanzbehörden der Länder wie folgt Stellung:

I. Grundsatz

Überdurchschnittlich hohe Versorgungszusagen sind steuerrechtlich grundsätzlich anzuerkennen, soweit die Zusagen betrieblich veranlasst sind und arbeitsrechtlich keine Reduzierung der Versorgungszusagen aufgrund planwidriger Überversorgung möglich ist (vgl. u. a. Urteile des Bundesarbeitsgerichts vom 9. Juli 1985, BB 1986 S. 1088 und 28. Juli 1998, DB 1999 S. 389). 1

II. Versorgungszusagen über Direktversicherungen, Pensionskassen und Pensionsfonds

Der Betriebsausgabenabzug von Beiträgen an Direktversicherungen, Pensionskassen und Pensionsfonds ergibt sich aus den §§ 4 Abs. 4, 4c und 4e des Einkommensteuergesetzes (EStG). Das gilt auch für überdurchschnittlich hohe Versorgungszusagen. Weitere Beschränkungen bestehen – vorbehaltlich Randnummer 21 – grundsätzlich nicht. 2

III. Zuwendungen an Unterstützungskassen und Direktzusagen (Pensionszusagen)

Zuwendungen an Unterstützungskassen für Leistungsanwärter können nach § 4d Abs. 1 Satz 1 Nr. 1 Satz 1 Buchstabe b Satz 1 EStG nur nach den Verhältnissen am Schluss des Wirtschaftsjahres der Zuwendungen als Betriebsausgaben abgezogen werden. Änderungen, die erst nach dem Bilanzstichtag wirksam werden, sind nur zu berücksichtigen, wenn sie am Bilanzstichtag bereits feststehen (R 27a Abs. 4 Satz 8 Einkommensteuerrichtlinien – EStR). Liegen die Voraussetzungen einer rückgedeckten Unterstützungskasse im Sinne von § 4d Abs. 1 Satz 1 Nr. 1 Satz 1 Buchstabe c EStG vor, sind hinsichtlich der Zuwendungen für Leistungsanwärter oder Leistungsempfänger ebenfalls die Verhältnisse am Schluss des Wirtschaftsjahres maßgebend. 3

Nach § 6a Abs. 3 Satz 2 Nr. 1 Satz 4 EStG können bei der Teilwertberechnung von Versorgungsverpflichtungen gegenüber Pensionsberechtigten, deren Dienstverhältnis noch nicht beendet ist, Erhöhungen oder Verminderungen der Pensionsleistungen nach dem Schluss des Wirtschaftsjahres, die hinsichtlich des Zeitpunkts ihres Wirksamwerdens oder ihres Umfangs ungewiss sind, bei der Berechnung des Barwertes der künftigen Pensionsleistungen und der Jahresbeträge erst berücksichtigt werden, wenn sie eingetreten sind. Entsprechendes gilt beim Ansatz des Barwertes der künftigen Pensionsleistungen am Schluss des Wirtschaftsjahres nach Beendigung des Dienstverhältnisses unter Aufrechterhaltung der Pensionsanwartschaft oder nach Eintritt des Versorgungsfalles (§ 6a Abs. 3 Satz 2 Nr. 2 zweiter Teilsatz EStG). 4

Versorgungszusagen, die über die üblicherweise durch Betriebsrenten abgedeckten Einkommensausfälle hinaus gehen und entgegen den in den Randnummern 3 und 4 genannten Regelungen künftige Einkommens- und Lohnentwicklungen vorwegnehmen, können steuerlich nur berücksichtigt werden, soweit sie im Verhältnis zum letzten Aktivlohn angemessen sind (vgl. Urteile des Bundesfinanzhofes – BFH – vom 17. Mai 1995, BStBl. 1996 II S. 420 und vom 31. März 2004, BStBl. II S. 937 und S. 940). 5

IV. Unzulässige Vorwegnahme künftiger Einkommensentwicklungen durch überdurchschnittlich hohe betriebliche Versorgungszusagen

Die Frage, ob durch überdurchschnittlich hohe Versorgungszusagen künftige Einkommens- und Lohnentwicklungen vorweg genommen werden und somit ein Verstoß gegen die Regelungen in § 4d Abs. 1 Satz 1 Nr. 1 Satz 1 Buchstabe b und c EStG (Randnummer 3) oder § 6a Abs. 3 Satz 2 Nr. 1 Satz 4 EStG (Randnummer 4) vorliegt, richtet sich nach den Umständen des jeweiligen Einzelfalles. Maßgebend ist, ob unter Heranziehung objektiver Merkmale das überdurchschnittlich hohe Versorgungsniveau von vornherein beabsichtigt wurde oder eine Vorwegnahme künftiger Einkommens- und Lohnentwicklungen anzunehmen ist. Bei laufenden und ausfinanzierten Rentenleistungen kommt eine Vorwegnahme künftiger Lohnentwicklungen regelmäßig nicht in Betracht. 6

---

1) Siehe auch Anlage § 006a-21.

Anlage § 006a–17

Zu § 6a EStG

1. 75 %-Grenze im Sinne der BFH-Rechtsprechung

7 Von einer möglichen Vorwegnahme künftiger Einkommensentwicklungen kann regelmäßig ausgegangen werden, wenn die sog. 75 %-Grenze im Sinne der BFH-Urteile vom 17. Mai 1995 und 31. März 2004 (a. a. O.) überschritten wird. Danach kann eine Vorwegnahme künftiger Einkommenstrends anzunehmen sein, soweit die insgesamt zugesagten Leistungen der betrieblichen Altersversorgung (Direktzusage, Direktversicherung, Pensionskasse, Unterstützungskasse und Pensionsfonds) zusammen mit einer zu erwartenden Rente aus der gesetzlichen Rentenversicherung höher sind als 75 % der Bezüge des Versorgungsberechtigten. Dabei ist es unerheblich, ob der Versorgungsverpflichtete für die Verpflichtung eine Rückdeckungsversicherung abgeschlossen oder die Ansprüche aus der Rückdeckungsversicherung an den Berechtigten verpfändet hat.

Bei der Prüfung der 75 %-Grenze sind folgende Bezugsgrößen maßgebend:

a) Grundsatz

8 Für die Höhe der insgesamt zugesagten Versorgungsleistungen und der Bezüge des Berechtigten sind die Verhältnisse am Bilanzstichtag maßgebend. Hat sich zu einem späteren Bilanzstichtag der Umfang der Stichtagsbezüge und/oder die Höhe der Ansprüche auf betriebliche Altersversorgung geändert, sind die geänderten Bezugsgrößen für diesen Bilanzstichtag zu berücksichtigen. Haben sich beispielsweise die laufenden Gehaltsansprüche des Berechtigten gemindert, gilt dies mit Ausnahme der in Randnummer 19 genannten Fälle unabhängig davon, welche Gründe für die Minderung dieser Ansprüche ausschlaggebend waren.

b) Bezüge des Versorgungsberechtigten

9 Es sind sämtliche Aktivbezüge des Versorgungsberechtigten am Bilanzstichtag zu berücksichtigen. Dabei ist es unerheblich, ob die Bezüge zu Rentenleistungen führen. Die Aktivbezüge entsprechen dem Arbeitslohn i. S. des § 2 Lohnsteuer-Durchführungsverordnung (LStDV).

10 Ist ein Leistungsanwärter mit unverfallbaren, nicht ausfinanzierten Versorgungsansprüchen ausgeschieden, sind die fiktiven Aktivbezüge zugrunde zu legen, die der Berechtigte erhalten hätte, wenn er nicht vorzeitig das Unternehmen verlassen hätte.

11 Soweit variable Gehaltsbestandteile (z. B. Tantiemen, Boni, Sachzuwendungen) einzubeziehen sind, ist der Durchschnitt dieser Bezüge aus den letzten fünf Jahren maßgebend.

Beispiel:

Der Versorgungsberechtigte hat in den letzten 6 Jahren folgende Gehälter bezogen:

	1997	1998	1999	2000	2001	2002
Grundgehalt:	3 000 €	3 100 €	3 300 €	3 300 €	3 400 €	3 450 €
Sonderzuwendungen:	500 €	0 €	1 000 €	900 €	1 500 €	0 €

Zu prüfen ist die Zusage im Jahr 2002.

Bei der Prüfung der 75 %-Grenze für 2002 sind als maßgebende Bezüge nicht nur das Grundgehalt von 3 450 € zu berücksichtigen, sondern auch der Durchschnitt der Sonderzuwendungen der letzten 5 Jahre. Dabei ist es unerheblich, dass der Versorgungsberechtigte in 2002 keine Sonderzuwendungen erhalten hat. Der Durchschnitt der Sonderzuwendungen beträgt

(0 € + 1 000 € + 900 € + 1 500 € + 0 €) / 5 = 680 €.

Somit ergeben sich für das Jahr 2002 maßgebende Bezüge in Höhe von 3 450 € + 680 € = 4 130 €.

c) Zugesagte Versorgungsleistungen

12 Für die Prüfung der 75 %-Grenze sind sämtliche am Bilanzstichtag vertraglich zugesagten Altersversorgungsansprüche (Direktzusage, Direktversicherung, Pensionskasse, Unterstützungskasse und Pensionsfonds) des Steuerpflichtigen im rechnerischen Pensionsalter (vgl. R 41 Abs. 12 EStR) einschließlich der zu erwartenden Rente aus der gesetzlichen Rentenversicherung maßgebend. Fest zugesagte Erhöhungen dieser Ansprüche während der Rentenlaufzeit zur Abgeltung von Verpflichtungen im Sinne von § 16 des Gesetzes zur Verbesserung der betrieblichen Altersversorgung (Betriebsrentengesetz – BetrAVG) bleiben dabei außer Betracht, soweit die jährlichen Steigerungsraten 3 % nicht übersteigen (BFH-Urteil vom 31. März 2004 I R 79/03, a. a. O.). Das gilt auch für Leistungen der Invaliditäts- und Hinterbliebenenversorgung.

13 Bei Beitragszusagen mit Mindestleistung im Sinne von § 1 Abs. 2 Nr. 2 BetrAVG ist auf die Mindestleistung im rechnerischen Pensionsalter abzustellen.

Zu § 6a EStG   **Anlage § 006a–17**

Sieht die Versorgungszusage an Stelle von lebenslänglich laufenden Leistungen eine einmalige 14
Kapitalleistung vor, gelten 10 % der Kapitalleistung als Jahresbetrag einer lebenslänglich laufenden Leistung (analog § 4d Abs. 1 Satz 1 Nr. 1 Satz 7 EStG).

Es ist nicht zu beanstanden, wenn die Höhe der zu erwartenden Rente aus der gesetzlichen Ren- 15
tenversicherung nach dem steuerlichen Näherungsverfahren zur Berücksichtigung von Sozialversicherungsrenten bei der Bewertung von Pensionsverpflichtungen und bei der Ermittlung der
als Betriebsausgaben abzugsfähigen Zuwendungen an Unterstützungskassen (BMF-Schreiben
vom 5. Oktober 2001, BStBl. I S. 661, mit späteren Änderungen) berechnet wird. Unabhängig
davon kann im Einzelfall die nachgewiesene Höhe der zu erwartenden Sozialversicherungsrente
angesetzt werden.

d) Gehaltsabhängige Zusagen und Entgeltumwandlungen

Beruht die Versorgungszusage auf gehaltsabhängigen Leistungen, liegt ein Verstoß gegen das 16
Stichtagsprinzip nach § 4d Abs. 1 Satz 1 Nr. 1 Satz 1 Buchstabe b und c EStG und § 6a Abs. 3
Satz 2 Nr. 1 Satz 4 EStG regelmäßig nicht vor. Gehaltsabhängige Versorgungsleistungen in diesem Sinne liegen nur dann vor, wenn die zugesagten Leistungen ausschließlich von einem erreichbaren, festgelegten Prozentsatz des letzten Aktivlohnes oder des Durchschnittes der letzten
Aktivbezüge vor Eintritt des Versorgungsfalles abhängen (Endgehaltsplan) oder es sich ausschließlich zum beitragsorientierte Versorgungszusagen im Sinne von § 1 Abs. 2 Nr. 1 BetrAVG
handelt.

Wurden neben einem gehaltsabhängigen Bestandteil auch Festbetragsleistungen zugesagt, sind 17
die auf die gehaltsabhängigen Leistungen entfallenden Bezüge in die Ermittlung der 75 %-
Grenze einzubeziehen und nachfolgend von dem sich ergebenden Betrag abzusetzen.

Soweit die Versorgungsleistungen auf Entgeltumwandlungen beruhen, können die umge- 18
wandelten Entgelte und die diesen entsprechenden Versorgungsleistungen bei der Berechnung
der 75 %-Grenze – vorbehaltlich der Randnummer 21 – unberücksichtigt bleiben.

Beispiel:

Der Versorgungsberechtigte V (fremder Arbeitnehmer) erzielt nach den Verhältnissen am
Bilanzstichtag folgende jährliche Bezüge:

vereinbartes Festgehalt:	80 000 €
abzgl. Entgeltumwandlungen über Direktzusage:	5 000 €
auszuzahlendes Entgelt:	75 000 €
versorgungsfähiges Entgelt („Schattengehalt"):	80 000 €

V hat keine Ansprüche aus der gesetzlichen Rentenversicherung. Der jährliche Versorgungsanspruch des V aus der Direktzusage setzt sich wie folgt zusammen:

a) 60 % des versorgungsfähigen Entgeltes (80 000 €)
b) 15 000 €
c) Leistungen aus den Entgeltumwandlungen

Der die gehaltsabhängigen Versorgungsleistungen zu a) betreffende Bestandteil des versorgungsfähigen Entgeltes ist in die Ermittlung der 75 %-Grenze einzubeziehen und nachfolgend von dem sich ergebenden Betrag (Zwischenergebnis) abzusetzen. Die Entgeltumwandlungen zu c) bleiben vollständig unberücksichtigt. Lediglich hinsichtlich der Versorgungszusage zu b) kommt eine Vorwegnahme künftiger Lohnentwicklungen durch Überversorgung in Betracht. Die maßgebenden Bezugsgrößen ermitteln sich wie folgt:

Versorgungsfähiges Entgelt:	80 000 €
abzgl. Entgeltumwandlungen über die Direktzusage:	5 000 €
maßgebende Aktivbezüge (§ 2 LStDV):	75 000 €
davon 75 %:	56 250 €
ab gehaltsabhängiger Bestandteil der Zusage: 60 % x 80 000 €:	48 000 €
verbleiben:	8 250 €
Festbetragsrente:	15 000 €
übersteigender Betrag:	**6 750 €**

Anlage § 006a–17

Zu § 6a EStG

Nur hinsichtlich des übersteigenden Betrages kann eine Vorwegnahme künftiger Lohnentwicklungen vorliegen. Maßgebend sind die Verhältnisse des Einzelfalles.

e) Wechsel Vollzeit-/Teilzeitbeschäftigungsverhältnis

19 Sinkt oder steigt das Gehaltsniveau aufgrund eines Wechsels des Beschäftigungsgrades, z. B. infolge eines Wechsels von einem Vollzeit- zu einem Teilzeitbeschäftigungsverhältnis, ergibt sich in Bezug auf das maßgebende volle (fiktive) Gehalt anstelle der 75 %-Grenze folgender prozentualer Grenzwert G:

$$G = [g \times (m_1/n)] + [g \times (b/100) \times (m_2/n)]$$

Erläuterungen

g = bislang gültige Prozent-Grenze (vor dem erstmaligen Wechsel des Beschäftigungsgrades beträgt diese immer 75 %)

b = aufgrund des Wechsels des Beschäftigungsgrades geändertes Gehaltsniveau auf Basis des ursprünglichen Beschäftigungsgrades (= 100)

m_1 = Zeitraum, für den die bisherige Prozent-Grenze maßgebend war

m_2 = Zeitraum, für den die neue Prozent-Grenze maßgebend ist

n = Gesamtlaufzeit des Dienst- oder sonstigen Rechtsverhältnisses

Beispiel:

Der Versorgungsberechtigt N hat 20 Jahre ein (volles) Gehalt von monatlich 1 000 € (maßgebende Bezugsgröße) bezogen. Die letzten 5 Jahre bis zum Eintritt in den Ruhestand erhält er aufgrund des Wechsels in ein Teilzeitbeschäftigungsverhältnis nur noch 50 % der vollen Bezüge.

Aufgrund der Änderung des Gehaltsniveaus ist die 75 %-Grenze auf den Grenzwert G wie oben anzupassen. Ab dem dem Wechsel des Beschäftigungsgrades folgenden Bilanzstichtag ergibt sich der folgende prozentuale Grenzwert in Bezug auf das maßgebende (fiktive) volle Gehalt von 1 000 €:

$$G = [75 \times (20/25)] + [75 \times (50/100) \times (5/25)] = [60] + [7{,}5] = 67{,}5 \%$$

2. Steuerrechtliche Folgen bei Verstoß gegen das Stichtagsprinzip nach § 4d Abs. 1 Satz 1 Nr. 1 Satz 1 Buchstabe b und c EStG oder § 6a Abs. 3 Satz 2 Nr. 1 Satz 4 EStG

20 Ist von einer unzulässigen Vorwegnahme künftiger Einkommens- und Lohnentwicklungen auszugehen, kann die Verpflichtung beim Betriebsausgabenabzug nach § 4d EStG oder bei der Bewertung der Pensionsrückstellung nach § 6a EStG nur insoweit berücksichtigt werden, wie sie die 75 %-Grenze (Randnummer 7) nicht überschreitet.

V. Zusagen auf Leistungen der betrieblichen Altersversorgung an mitarbeitende Ehegatten und in einem anderen Rechtsverhältnis stehende Versorgungsberechtigte

21 Die Grundsätze über die steuerliche Anerkennung von Aufwendungen für die betriebliche Altersversorgung der mitarbeitenden Ehegatten bleiben unberührt.

22 Die dargestellten Regelungen gelten auch für Zusagen an Pensionsberechtigte, die in einem anderen Rechtsverhältnis als einem Dienstverhältnis stehen.

VI. Zeitliche Anwendung

23 Die Grundsätze dieses Schreibens gelten für alle noch offenen Fälle. Die sog. Vereinfachungsregelung (Aufwendungen des Versorgungsverpflichteten übersteigen nicht 30 % der Stichtagsbezüge, vgl. u. a. BFH-Urteil vom 16. Mai 1995, BStBl. II S. 873, und Urteil vom 31. März 2004 I R 70/03, a. a. O., mit weiteren Nachweisen) ist letztmals für Wirtschaftsjahre anzuwenden, die vor dem 1. Januar 2005 beginnen.

Zu § 6a EStG   Anlage § 006a–18

Bilanzsteuerrechtliche Berücksichtigung von Abfindungsklauseln in Pensionszusagen nach § 6a EStG

– I. BdF-Schreiben vom 6.4.2005 – IV B 2 – S 2176 – 10/05 (BStBl. I S. 619) –

Zusagen auf Leistungen der betrieblichen Altersversorgung können Regelungen zur Abfindung der Versorgungsanwartschaften und/oder der laufenden Versorgungsleistungen enthalten. Für die bilanzsteuerrechtliche Berücksichtigung von Abfindungsklauseln in Pensionszusagen gemäß § 6a EStG gilt nach Abstimmung mit den obersten Finanzbehörden der Länder Folgendes:

1. Allgemeines

Nach § 6a Abs. 1 Nr. 2 EStG können für Pensionszusagen insoweit keine Rückstellungen gebildet werden, als die Zusagen Vorbehalte enthalten, nach denen Anwartschaften oder laufende Leistungen gemindert oder entzogen werden können. Das gilt nicht, soweit sich die Vorbehalte nur auf Tatbestände erstrecken, bei deren Vorliegen nach den allgemeinen Rechtsgrundsätzen unter Beachtung billigen Ermessens eine Minderung oder ein Entzug der Versorgungsansprüche zulässig ist.

2. Gleichwertigkeit der Abfindung und der ursprünglichen Pensionszusage

Der Bundesfinanzhof (BFH) hat mit Urteil I R 49/97 vom 10. November 1998 (BStBl. 2005 II S. 261) entschieden, dass die dem Arbeitgeber vorbehaltene Möglichkeit, Pensionsverpflichtungen jederzeit in Höhe des Teilwertes nach § 6a Abs. 3 EStG abfinden zu können, einen steuerschädlichen Vorbehalt i. S. des § 6a Abs. 1 Nr. 2 EStG darstellt und deshalb einer Passivierung derartiger Pensionsverpflichtungen entgegensteht. Dem Urteil lag die Annahme zu Grunde, dass der mögliche Abfindungsbetrag mindestens dem Wert des gesamten Versorgungsversprechens zum Abfindungszeitpunkt entsprechen muss.

Abfindungsklauseln in Pensionszusagen führen zu einer Steuerschädlichkeit i. S. von § 6a Abs. 1 Nr. 2 EStG und damit zu einem Nichtausweis der Pensionsrückstellungen, wenn die Versorgungszusagen gegenüber aktiven Anwärtern mit dem Teilwert gemäß § 6a Abs. 3 Satz 2 Nr. 1 EStG abgefunden werden können. Dagegen ist ein Abfindungsrecht, das sich für aktive Anwärter nach dem Barwert der künftigen Pensionsleistungen i. S. von § 6a Abs. 3 Satz 2 Nr. 1 EStG (d. h. der volle, unquotierte Anspruch) zum Zeitpunkt der Abfindung bemisst, unschädlich. Das Gleiche gilt für die Abfindung von laufenden Versorgungsleistungen und unverfallbaren Ansprüchen gegenüber ausgeschiedenen Anwärtern (sofern arbeitsrechtlich zulässig), wenn vertraglich als Abfindungsbetrag der Barwert der künftigen Pensionsleistungen gemäß § 6a Abs. 3 Satz 2 Nr. 2 EStG vorgesehen ist.

3. Schriftliche Festlegung des Verfahrens zur Ermittlung der Abfindungshöhe (§ 6a Abs. 1 Nr. 3 EStG)

Die Regelungen zum Schriftformerfordernis nach dem BMF-Schreiben vom 28. August 2001 (BStBl. I S. 594) gelten für in Pensionszusagen enthaltenen Abfindungsklauseln entsprechend. Wird das Berechnungsverfahren zur Ermittlung der Abfindungshöhe nicht eindeutig und präzise schriftlich fixiert, scheidet die Bildung einer Pensionsrückstellung insgesamt aus.

4. Zeitliche Anwendung

Die Grundsätze dieses Schreibens gelten für alle noch offenen Fälle. Aus Vertrauensschutzgründen sind jedoch nach den Textziffern 2 und 3 schädliche Abfindungsklauseln in Pensionszusagen, die bis zum Tag der Veröffentlichung dieses Schreibens im Bundessteuerblatt erteilt wurden, nicht zu beanstanden, wenn sie bis zum 31. Dezember 2005 unter Berücksichtigung der o. g. Grundsätze schriftlich angepasst werden.

Anlage § 006a–18

Zu § 6a EStG

– II. BdF-Schreiben vom 1.9.2005 – IV B2 – S 2176 – 48/05 (BStBl. I S. 860) –

Das BMF-Schreiben vom 6. April 2005 (BStBl. I S. 619) nimmt zu der Frage Stellung, in welcher Höhe Abfindungen von Versorgungszusagen steuerlich unschädlich sind und inwieweit das Verfahren zur Ermittlung der Abfindungshöhe schriftlich zu fixieren ist. Aus Vertrauensschutzgründen können schädliche Abfindungsklauseln bis zum 31. Dezember 2005 ohne negative steuerliche Folgen schriftlich angepasst werden.

Nach Abstimmung mit den obersten Finanzbehörden der Länder ist die schriftliche Anpassung von Abfindungsklauseln in Versorgungsverpflichtungen, die nach § 6a Abs. 3 Satz 2 Nr. 2 EStG bewertet werden, d. h. Zusagen gegenüber Leistungsempfängern und mit unverfallbaren Versorgungsansprüchen ausgeschiedenen Pensionsberechtigten, aus Praktikabilitätsgründen unter den folgenden Voraussetzungen entbehrlich:

1. Die Abfindungsklauseln in Versorgungsverpflichtungen, die nach § 6a Abs. 3 Satz 2 Nr. 1 EStG bewertet werden, d. h. Zusagen gegenüber den aktiven Beschäftigten, werden nach Maßgabe des BMF-Schreibens vom 6. April 2005 (a. a. O.) fristgerecht schriftlich angepasst.
2. Der Versorgungsverpflichtete erklärt betriebsöffentlich, dass die unter 1. genannten Anpassungen entsprechend für Abfindungsklauseln in Versorgungszusagen gegenüber ausgeschiedenen Pensionsberechtigten gelten.

Zu § 6a EStG   **Anlage § 006a–19**

Übergang auf die „Richttafeln 2005 G" von Professor Klaus Heubeck

– BMF-Schreiben vom 16.12.2005 – IV B 2 – S 2176 – 106/05 – (BStBl. I S. 1054) –

Bei der Bewertung von Pensionsrückstellungen sind u. a. die anerkannten Regeln der Versicherungsmathematik anzuwenden (§ 6a Abs. 3 Satz 3 EStG). Sofern in diesem Zusammenhang bislang die „Richttafeln 1998" von Prof. Klaus Heubeck verwendet wurden, ist zu beachten, dass diese Anfang Juli 2005 durch die „Richttafeln 2005 G" ersetzt wurden.

Das BMF-Schreiben vom 13. April 1999 (BStBl. I S. 436) nimmt zum Übergang auf neue oder geänderte biometrische Rechnungsgrundlagen bei der Bewertung von Pensionsrückstellungen Stellung. Unter Berücksichtigung der in diesem Schreiben dargelegten Grundsätze ergibt sich für die Anwendung der neuen Richttafeln 2005 G in der steuerlichen Gewinnermittlung nach Abstimmung mit den obersten Finanzbehörden der Länder Folgendes:

1. Steuerliche Anerkennung der „Richttafeln 2005 G"

    Die „Richttafeln 2005 G" von Prof. Klaus Heubeck werden als mit den anerkannten versicherungsmathematischen Grundsätzen im Sinne von § 6a Abs. 3 Satz 3 EStG übereinstimmend anerkannt. 1

2. Zeitliche Anwendung

    Die „Richttafeln 2005 G" können erstmals der Bewertung von Pensionsrückstellungen am Ende des 2 Wirtschaftsjahres zugrunde gelegt werden, das nach dem 6. Juli 2005 (Tag der Veröffentlichung der neuen Richttafeln) endet. Der Übergang hat einheitlich für alle Pensionsverpflichtungen und alle sonstigen versicherungsmathematisch zu bewertende Bilanzposten des Unternehmens zu erfolgen. Die „Richttafeln 1998" können letztmals für das Wirtschaftsjahr verwendet werden, das vor dem 30. Juni 2006 endet.

3. Verteilung des Unterschiedsbetrages nach § 6a Abs. 4 Satz 2 EStG

    Nach § 6a Abs. 4 Satz 2 EStG kann der Unterschiedsbetrag, der auf der erstmaligen Anwendung der 3 „Richttafeln 2005 G" beruht, nur auf mindestens drei Wirtschaftsjahre gleichmäßig verteilt der jeweiligen Pensionsrückstellung zugeführt werden (Verteilungszeitraum). Die gleichmäßige Verteilung ist sowohl bei positiven als auch bei negativen Unterschiedsbeträgen erforderlich. Bei einer Verteilung des Unterschiedsbetrages auf drei Wirtschaftsjahre gilt Folgendes:

    a) Zuführungen am Ende des Wirtschaftsjahres, für das die „Richttafeln 2005 G" erstmals anzuwenden sind (Übergangsjahr)

        Am Ende des Wirtschaftsjahres, für das die neuen Rechnungsgrundlagen erstmals anzuwenden 4 sind (Übergangsjahr), ist die jeweilige Pensionsrückstellung zunächst auf der Grundlage der bisherigen Rechnungsgrundlagen (z. B. "Richttafeln 1998") nach § 6a Abs. 3 und 4 Satz 1 und 3 bis 5 EStG zu ermitteln. Anschließend ist zu demselben Stichtag die so ermittelte Rückstellung um ein Drittel des Unterschiedsbetrages zwi schen dem Teilwert der Pensionsverpflichtung am Ende des Übergangsjahres nach den „Richttafeln 2005 G" und den bisher verwendeten Rechnungsgrundlagen zu erhöhen oder – bei negativem Unterschiedsbetrag – zu vermindern. Ist die Pensionsrückstellung, die sich nach Satz 1 ergibt (Ist-Rückstellung auf Grundlage der bisherigen Rechnungsgrundlagen), niedriger als der Teilwert der Pensionsverpflichtung gemäß § 6a Abs. 3 EStG nach den bisherigen Rechnungsgrundlagen (Soll-Rückstellung), kann ein negativer Unterschiedsbetrag insoweit gekürzt werden (entsprechend R 6a Abs. 22 Satz 3 EStR 2005).

        Die Verteilungsregelung gilt auch für Versorgungszusagen, die im Übergangsjahr erteilt werden. 5

    b) Zuführungen im Folgejahr

        In dem auf das Übergangsjahr folgenden Wirtschaftsjahr (Folgejahr) ist die Pensionsrückstellung 6 zunächst auf Grundlage der „Richttafeln 2005 G" nach § 6a Abs. 3 und 4 Satz 1 und 3 bis 5 EStG zu ermitteln. Die so berechnete Pensionsrückstellung ist um ein Drittel des Unterschiedsbetrages gemäß Randnummer 4 zu vermindern oder zu erhöhen.

        Wird in einem Folgejahr eine Pensionszusage neu erteilt oder erhöht sich bei einer bestehenden 7 Zusage die Verpflichtung, sind insoweit die Pensionsrückstellungen in vollem Umfang auf der Basis der „Richttafeln 2005 G" ohne Verteilung eines Unterschiedsbetrages zu bewerten.

    c) Zuführungen im zweiten Folgejahr

        In dem auf das Übergangsjahr folgenden zweiten Wirtschaftsjahr (zweites Folgejahr) ist die Pen- 8 sionsrückstellung auf Grundlage der „Richttafeln 2005 G" gemäß § 6a Abs. 3 und 4 Satz 1 und 3 bis 5 EStG zu ermitteln. Eine Kürzung der Rückstellung unterbleibt.

Anlage § 006a–19   Zu § 6a EStG

     d) Arbeitgeberwechsel

9   Die Grundsätze der Randnummern 4 bis 8 gelten auch bei einem Übergang des Dienstverhältnisses im Übergangsjahr und Folgejahr auf einen neuen Arbeitgeber aufgrund gesetzlicher Bestimmungen, z. B. nach § 613a BGB. In Fällen eines Arbeitgeberwechsels im Sinne von R 6a Abs. 13 EStR 2005 im Übergangsjahr oder in vorherigen Jahren hat der neue Arbeitgeber die Grundsätze der Randnummern 4 bis 8 entsprechend zu berücksichtigen.

     e) Billigkeitsregelung

10   Aus Billigkeitsgründen ist es nicht zu beanstanden, wenn der Unterschiedsbetrag für sämtliche Pensionsverpflichtungen eines Betriebes anstelle der Berechnung nach den Randnummern 4 bis 9 insgesamt als Differenz zwischen den Teilwerten nach den „Richttafeln 2005 G" und den bisherigen Rechnungsgrundlagen am Ende des Übergangsjahres ermittelt und dieser Gesamtunterschiedsbetrag in unveränderter Höhe auf das Übergangsjahr und die beiden folgenden Wirtschaftsjahre gleichmäßig verteilt wird, indem von der Summe der Pensionsrückstellungen nach den „Richttafeln 2005 G" am Ende des Übergangsjahres zwei Drittel und am Ende des Folgejahres ein Drittel dieses Gesamtunterschiedsbetrages abgezogen werden.

11   Hat sich der Bestand der Pensionsberechtigten im Folgejahr durch einen Übergang des Dienstverhältnisses aufgrund einer gesetzlichen Bestimmung verändert, ist das für dieses Wirtschaftsjahr zu berücksichtigende Drittel des Gesamtunterschiedsbetrages entsprechend zu korrigieren.

12   Wird der maßgebende Unterschiedsbetrag über mehr als drei Wirtschaftsjahre gleichmäßig verteilt, gelten die Regelungen der Randnummern 4 bis 11 unter Berücksichtigung der veränderten Zuführungsquoten und Übergangszeiträume entsprechend.

    4. Maßgeblichkeit der Handelsbilanz nach § 5 Abs. 1 Satz 1 EStG

13   Die Höhe der Pensionsrückstellung in der steuerlichen Gewinnermittlung darf nach dem Grundsatz der Maßgeblichkeit den zulässigen Ansatz in der Handelsbilanz nicht überschreiten (vgl. R 6a Abs. 20 Satz 2 EStR 2005). Soweit Pensionsrückstellungen wegen des Übergangs auf die „Richttafeln 2005 G" in der Handelsbilanz mit Werten angesetzt wurden, die von den steuerlichen Werten abweichen, gilt die Maßgeblichkeit der Handelsbilanz als gewahrt, wenn zum Bilanzstichtag die Summe aller Pensionsrückstellungen in der Handelsbilanz mindestens so hoch ist wie die Summe aller Pensionsrückstellungen in der steuerlichen Gewinnermittlung.

14   Übersteigt die Summe der nach den o. g. Grundsätzen bewerteten steuerbilanziellen Pensionsrückstellungen die Summe der Pensionsrückstellungen in der Handelsbilanz, sind in der steuerlichen Gewinnermittlung die Pensionsverpflichtungen nur in Höhe des handelsbilanziellen Ansatzes auszuweisen (R 6a Abs. 20 Satz 3 EStR 2005). In der steuerlichen Gewinnermittlung des Übergangsjahres (Randnummer 4) kann in Höhe des übersteigenden Betrages nach Satz 1 eine den Gewinn mindernde Rücklage gebildet werden, die bei einer dreijährigen Verteilung im Folgejahr (Randnummer 6) und im zweiten Folgejahr (Randnummer 8) je zur Hälfte gewinnerhöhend aufzulösen ist. Bei einer Verteilung über mehr als drei Wirtschaftsjahre (Randnummer 12) verlängert sich der Auflösungszeitraum entsprechend.

15   Soweit im Übergangszeitraum (früheste mögliche Anwendung der neuen Richttafeln nach Randnummer 2 bis zum Ende des Verteilungszeitraumes gemäß Randnummer 3) die Pensionsverpflichtungen in der steuerlichen Gewinnermittlung wegen des Übergangs auf die Heubeck-Richttafeln 2005 G nur in Höhe des handelsbilanziellen Ansatzes ausgewiesen werden können (R 6a Abs. 20 Satz 3 EStR 2005, Randnummer 14 Satz 1), ist R 6a Abs. 20 Satz 4 EStR 2005 nicht anzuwenden.

    5. Andere Verpflichtungen, die nach § 6a EStG bewertet werden

16   Die Grundsätze dieses Schreibens gelten für andere Verpflichtungen, die nach den Grundsätzen des § 6a EStG zu bewerten sind (z. B. Vorruhestandsleistungen), entsprechend.

Dieses Schreiben wird im Bundessteuerblatt Teil I veröffentlicht.

Bilanzsteuerrechtliche Berücksichtigung von sog. Nur-Pensionszusagen

– BdF-Schreiben vom 13.12.2012 – IV C 6 – S2176/07/10007, 2012/1133464 (BStBl. 2013 I S. 35) –

Der Bundesfinanzhof (BFH) hat mit Urteil vom 28. April 2010 (I R 78/08) abermals entschieden, dass die Zusage einer sog. Nur-Pension zu einer sog. Überversorgung führt, wenn dieser Verpflichtung keine ernsthaft vereinbarte Entgeltumwandlung zugrunde liegt. In diesen Fällen könne keine Pensionsrückstellung nach § 6a EStG gebildet werden.

Nach Abstimmung mit den obersten Finanzbehörden der Länder ist dieser Grundsatz über den entschiedenen Einzelfall hinaus in allen noch offenen Fällen anzuwenden. Das hiervon abweichende BMF-Schreiben vom 16. Juni 2008 (BStBl. I S. 681) wird aufgehoben.

Anlage § 006a–22

Zu § 6a EStG

Auswirkungen des Gesetzes zur Struktur des Versorgungsausgleiches (VAStrRefG) auf Unterstützungskassen nach § 4d EStG und Pensionszusagen nach § 6a EStG

– BdF-Schreiben vom 12.11.2010 – IV C 6 – S 2144-c/07/10001, 2010/0892687 (BStBl. I S. 1303) –

Der sog. Versorgungsausgleich hat das Ziel, die von den Ehegatten während der Ehe und von Lebenspartnern i. S. des Gesetzes über die Eingetragene Lebenspartnerschaft (Lebenspartnerschaftsgesetz – LPartG) während der Lebenspartnerschaft erworbenen Anrechte auf Leistungen der betrieblichen Altersversorgung gleichmäßig aufzuteilen. Die Vorschriften zum Versorgungsausgleich wurden durch das im Rahmen des Gesetzes zur Strukturreform des Versorgungsausgleiches (VAStrRefG) vom 3. April 2009 (BGBl. I S. 700) eingeführte Versorgungsausgleichsgesetz (VersAusglG) grundlegend geändert. Bislang wurden die von den Ehegatten während der Ehezeit erworbenen Anrechte auf Leistungen der betrieblichen Altersversorgung bewertet und im Wege des Einmalausgleichs vorrangig über die gesetzliche Rentenversicherung ausgeglichen. Nach dem reformierten Recht wird jedes Anrecht gesondert geteilt.

Nach dem VersAusglG findet grundsätzlich die interne Teilung der Versorgungsanrechte, also auch der Systeme der betrieblichen Altersversorgung, statt. Durch die interne Teilung wird jedes in der Ehe oder in der Lebenspartnerschaft erworbene Anrecht in dem jeweiligen Versorgungssystem hälftig zwischen den Ehegatten oder den Lebenspartnern geteilt. Hierdurch erhält der ausgleichsberechtigte Ehegatte oder Lebenspartner ein eigenständiges Versorgungsanrecht, das unabhängig von dem Anrecht des ausgleichspflichtigen Ehegatten oder Lebenspartners in dem Versorgungssystem weitergeführt wird.

Zu einem Ausgleich bei einem anderen Versorgungsträger (externe Teilung) kommt es in den in §§ 14 bis 17 VersAusglG geregelten Fällen. Bei der externen Teilung einer betrieblichen Altersvorsorge wird der Kapitalwert des auszugleichenden Anrechtes vom Versorgungsträger des ausgleichspflichtigen Ehegatten oder Lebenspartners an den gewählten Versorgungsträger des ausgleichsberechtigten Ehegatten oder Lebenspartners gezahlt. Wird kein Versorgungsträger ausgewählt, dient seit dem 1. April 2010 nach § 15 Absatz 5 Satz 2 VersAusglG die neu geschaffene Versorgungsausgleichskasse als Auffang-Zielversorgungsträger (vgl. BGBl. I S. 340).

Nach Abstimmung mit den obersten Finanzbehörden der Länder gilt für die Teilung von Versorgungsanrechten über Unterstützungskassen im Sinne des § 4d EStG und Pensionszusagen nach § 6a EStG Folgendes:

I. Zuwendungen an Unterstützungskassen nach § 4d EStG

1. Leistungsanwärter und Leistungsempfänger

1 Zu den Leistungsempfängern im Sinne von § 4d Absatz 1 Satz 1 Nummer 1 Satz 1 Buchstabe a Satz 2 EStG und Leistungsanwärtern nach § 4d Absatz 1 Satz 1 Nummer 1 Satz 1 Buchstabe b Satz 2 EStG gehören auch Personen, für die nach dem VersAusglG ein Anrecht auf betriebliche Altersversorgung über eine Unterstützungskasse begründet wurde. Gilt für das auszugleichende Anrecht das Gesetz zur Verbesserung der betrieblichen Altersversorgung (Betriebsrentengesetz – BetrAVG), erlangt die ausgleichsberechtigte Person gemäß § 12 VersAusglG mit der Übertragung des Anrechtes die Stellung eines ausgeschiedenen Arbeitnehmers im Sinne des Betriebsrentengesetzes. Für ausgleichsberechtigte Ehegatten, Lebenspartner oder andere Personen im Sinne von § 4d Absatz 1 Satz 1 Nummer 1 Buchstabe b Satz 5 EStG, deren Ansprüche nicht unter das Betriebsrentengesetz fallen, gilt bilanzsteuerrechtlich Entsprechendes.

2. Schriftformgebot nach § 4d Absatz 1 Satz 1 Nummer 1 Satz 1 Buchstabe b Satz 2 EStG

2 Die Auswirkungen des Versorgungsausgleiches auf Versorgungszusagen über Unterstützungskassen können wegen des Schriftformgebotes gemäß § 4d Absatz 1 Satz 1 Nummer 1 Satz 1 Buchstabe b Satz 2 EStG bilanzsteuerrechtlich erst ab Rechtskraft des Beschlusses des Familiengerichtes berücksichtigt werden, aus dem Art und Umfang der Versorgung der ausgleichsberechtigten Person eindeutig hervorgehen.

3. Finanzierung der Versorgungsleistungen an die ausgleichsberechtigte Person

a) Externe Teilung

3 Wird das Anrecht durch Leistung eines Kapitalbetrages an einen anderen Versorgungsträger geteilt, ist die Zuwendung des Trägerunternehmens in Höhe des Betrages, den die Unterstützungskasse im Rahmen des Versorgungsausgleiches an den anderen Versorgungsträger zahlt, nach § 4d Absatz 1 Satz 1 Nummer 1 Satz 1 Buchstabe d EStG als Betriebsausgabe beim Trägerunternehmen abzugsfähig; die Regelungen des § 4d Absatz 1 Satz 1 Nummer 1 Satz 2 ff. EStG zum Kassenvermögen sind zu beachten.

Zu § 6a EStG   **Anlage § 006a–22**

b) Zusätzliche Zuwendungen an die Unterstützungskasse für das durch interne Teilung neu entstandene Versorgungsanrecht
   aa) Nicht rückgedeckte Unterstützungskassen
       Nach einer internen Teilung eines Anrechtes können Zuwendungen weiterhin ausschließlich 4
       nach § 4d Absatz 1 Satz 1 Nummer 1 Satz 1 Buchstabe a oder b EStG als Betriebsausgabe abgezogen werden.
   bb) Rückgedeckte Unterstützungskassen
       Bei rückgedeckten Unterstützungskassen i. S. d. § 4d Absatz 1 Satz 1 Nummer 1 Satz 1 Buch- 5
       stabe c EStG kann der zur vollständigen Abdeckung des Anrechtes der ausgleichsberechtigten Person erforderliche Betrag steuerunschädlich aus dem für die ausgleichspflichtige Person angesammelten Kassenvermögen (Deckungskapital gemäß § 4d Absatz 1 Satz 1 Nummer 1 Satz 3 EStG oder Zeitwert nach § 4d Absatz 1 Satz 1 Nummer 1 Satz 6 EStG) entnommen und als Einmalbetrag beim gleichen Versicherungsunternehmen übertragen werden. Eine dadurch entstehende Finanzierungslücke bei dem Anrecht der ausgleichspflichtigen Person kann durch gleich bleibende oder steigende laufende Beiträge i. S. v. § 4d Absatz 1 Satz 1 Nummer 1 Satz 1 Buchstabe c Satz 2 EStG ausgeglichen werden.

       Wird dagegen das im Wege der internen Teilung geschaffene eigenständige Versorgungsanrecht 6
       der ausgleichsberechtigten Person mit zusätzlichen Finanzmitteln über einen Einmalbetrag finanziert, können weder der Einmalbetrag noch die reduzierten Zuwendungen für das verbleibende Versorgungsanrecht der ausgleichspflichtigen Person nach § 4d Absatz 1 Satz 1 Nummer 1 Satz 1 Buchstabe c EStG als Betriebsausgabe abgezogen werden. In diesen Fällen sind die Zahlungen ausschließlich nach § 4d Absatz 1 Satz 1 Nummer 1 Satz 1 Buchstabe a und b EStG berücksichtigungsfähig.

       Etwaige Nachschüsse zur Finanzierung bestehender Rückdeckungsversicherungsverträge in- 7
       folge eines Versorgungsausgleiches (z. B. im Zusammenhang mit der Berechnung der Pensionsverpflichtung gemäß § 45 Absatz 1 VersAusglG i. V. m. § 4 Absatz 5 BetrAVG) sind nur steuerunschädlich i. S. d. § 4d Absatz 1 Satz 1 Nummer 1 Satz 1 Buchstabe c EStG, soweit auf das Deckungskapital der bestehenden Rückdeckungsversicherung zurückgegriffen wird, die für die Anrechte der ausgleichspflichtigen Person bereits abgeschlossen wurde.

II. Pensionszusagen nach § 6a EStG

Bei Pensionszusagen gemäß § 6a EStG wird der ausgleichsberechtigten Person zu Lasten der Ver- 8
sorgungsanwartschaft des oder der Ausgleichsverpflichteten entweder eine unmittelbare Pensionszusage erteilt (interne Teilung) oder dem von der ausgleichsberechtigten Person zu benennenden Versorgungsträger ein Kapitalbetrag übertragen (externe Teilung).

1. Schriftformerfordernis nach § 6a Absatz 1 Nummer 3 EStG

Die Auswirkungen des Versorgungsausgleichs auf eine Pensionszusage können wegen des Schrift- 9
formerfordernisses gemäß § 6a Absatz 1 Nummer 3 EStG bilanzsteuerrechtlich erst ab Rechtskraft des Beschlusses des Familiengerichtes berücksichtigt werden, aus dem Art und Umfang der Versorgung der ausgleichsberechtigten Person eindeutig hervorgehen.

2. Bewertung des reduzierten Anrechtes der ausgleichspflichtigen Person

Das verbleibende Versorgungsanrecht der ausgleichspflichtigen Person ist vor Beendigung des Dienst- 10
verhältnisses mit dem Teilwert nach § 6a Absatz 3 Satz 2 Nummer 1 EStG auf Basis des geminderten Pensionsanrechtes zu passivieren.

3. Bewertung des neuen Anrechtes der ausgleichsberechtigten Person bei einer internen Teilung

Bei einer internen Teilung erlangt die ausgleichsberechtigte Person gemäß § 12 VersAusglG die Stellung 11
eines ausgeschiedenen Arbeitnehmers im Sinne des Betriebsrentengesetzes. Das gilt bilanzsteuerrechtlich auch für ausgleichsberechtigte Ehegatten, Lebenspartner oder andere Personen, deren Ansprüche nicht unter das Betriebsrentengesetz fallen (vgl. Randnummer 1). Das Anrecht ist dementsprechend nach § 6a Absatz 3 Satz 2 Nummer 2 und Satz 3 EStG mit dem Barwert des durch den Versorgungsausgleich begründeten Anrechtes auf künftige Pensionsleistungen zu bewerten.

III. Vereinbarungen über den Versorgungsausgleich gemäß § 6 VersAusglG

Kommt es infolge einer Vereinbarung über den Versorgungsausgleich gemäß § 6 VersAusglG zu einer 12
Teilung des Anrechtes, gelten die Randnummern 1 bis 11 entsprechend.

Dieses Schreiben wird im Bundessteuerblatt Teil I veröffentlicht.

Anlage § 006a–23

Zu § 6a EStG

Bewertung von Pensionsverpflichtungen nach § 6a EStG; Anerkennung unternehmensspezifischer und modifizierter biometrischer Rechnungsgrundlagen

– BdF-Schreiben vom 09.12.2011 – IV C 6 – S 2176/07/10004: 001, 2011/0991968 (BStBl. I S. 1247) –

Bei der Bewertung von Pensionsrückstellungen nach § 6a EStG sind die anerkannten Regeln der Versicherungsmathematik anzuwenden (§ 6a Absatz 3 Satz 3 EStG). Die Finanzverwaltung erkennt hierfür allgemein anerkannte biometrische Rechnungsgrundlagen ohne besonderen Nachweis der Angemessenheit an (vgl. z. B. BMF-Schreiben vom 16. Dezember 2005, BStBl. I S. 1054, zum Übergang auf die „Richttafeln 2005 G" von Professor Klaus Heubeck)[1]. Soweit unternehmensspezifische Verhältnisse die Anwendung anderer oder modifizierter biometrischer Rechnungsgrundlagen erfordern, setzt deren Berücksichtigung nach Abstimmung mit den obersten Finanzbehörden der Länder u. a. die Einhaltung folgender Grundsätze voraus:

1. Notwendiges Datenmaterial

1   Die Herleitung vollständig neuer unternehmensspezifischer biometrischer Rechnungsgrundlagen kommt nur in besonderen Ausnahmefällen in Betracht. Das den Berechnungen zugrunde liegende Datenmaterial muss in der Regel über die Daten des betreffenden Unternehmens deutlich hinausgehen.

2   Wird dabei auf Datenmaterial zurückgegriffen, das als aussagekräftige Basis für die Herleitung von biometrischen Rechnungsgrundlagen angesehen werden kann, ist darzulegen, dass diese größere Datenbasis den Verhältnissen des Unternehmens noch gerecht wird. Als aussagekräftige Datenbasis können ggf. unternehmensübergreifende Untersuchungen der gleichen Branche in Frage kommen.

3   Werden signifikante Abweichungen von den allgemein anerkannten biometrischen Rechnungsgrundlagen nachgewiesen, kommt deren Modifikation nur unter Berücksichtigung der in den Randnummern 4 bis 11 dargelegten Grundsätze in Betracht. Abweichungen sind als signifikant anzusehen, wenn mathematisch-statistische Tests auf einem Signifikanzniveau von mindestens 95 % (Irrtumswahrscheinlichkeit 5 %) bestätigen, dass die im untersuchten Datenbestand über einen Zeitraum von mindestens fünf Jahren beobachteten Häufigkeiten im Hinblick auf mindestens eine Ausscheideursache (z. B. Aktiven- bzw. Altersrententod) von den allgemein anerkannten biometrischen Rechnungsgrundlagen abweichen.

2. Prüfung des gesamten Bestandes der Pensionsverpflichtungen

4   Die Angemessenheit einer Modifikation ist für den gesamten Bestand der Pensionsverpflichtungen zu prüfen und nachzuweisen. Weicht ein Teilbestand signifikant vom gesamten Bestand des Unternehmens ab und werden für diesen Teilbestand die biometrischen Rechnungsgrundlagen modifiziert, ist für den Komplementärbestand zu diesem Teilbestand eine gegenläufig wirkende Modifikation zu den für den gesamten Bestand angemessenen biometrischen Rechnungsgrundlagen vorzunehmen.

5   Bei Konzernen im Sinne von § 18 des Aktiengesetzes (AktG) ist grundsätzlich auf den gesamten Bestand der Pensionsverpflichtungen der inländischen Konzerngesellschaften des jeweiligen Konzerns abzustellen.

3. Überprüfung aller Grundwerte

6   Bei der Prüfung modifizierter Rechnungsgrundlagen sind alle Grundwerte zu überprüfen. Allgemein anerkannte versicherungsmathematische Zusammenhänge zwischen den Grundwerten – beispielsweise zwischen der Sterblichkeit und der Invalidität – sind zu berücksichtigen und gegebenenfalls zu schätzen.

4. Sicherheitsniveau und Projektivität

7   Das Sicherheitsniveau muss demjenigen der allgemein anerkannten biometrischen Rechnungsgrundlagen entsprechen. Dabei ist auf Erwartungswerte ohne besondere Sicherheitszuschläge abzustellen. Art und Umfang der verwendeten Projektivität sind zu begründen.

5. Bestätigung modifizierter biometrischer Rechnungsgrundlagen

8   Zur Verifizierung von Modifikationen ist mittels mathematisch-statistischer Tests zu bestätigen, dass die aus dem untersuchten Datenbestand abgeleiteten modifizierten biometrischen Rechnungsgrundlagen nicht signifikant von den dort beobachteten Häufigkeiten abweichen.

---

[1] Siehe Anlage § 006a-19.

Zu § 6a EStG   **Anlage § 006a–23**

6. Typisierende Modifikationen
Soweit von der Finanzverwaltung typisierende Modifikationen der allgemein anerkannten biome- 9
trischen Rechnungsgrundlagen bei Erfüllung bestimmter Kriterien (z. B. Branchenzugehörigkeit oder
Art der Beschäftigung) anerkannt werden, können diese bei Vorliegen der jeweiligen Kriterien im gesamten Bestand des Unternehmens ohne besonderen Nachweis der Angemessenheit angewendet werden.

7. Überprüfung modifizierter biometrischer Rechnungsgrundlagen
Die nach den Randnummern 1 bis 9 modifizierten biometrischen Rechnungsgrundlagen sind in re- 10
gelmäßigen Abständen, spätestens jedoch nach fünf Jahren, zu überprüfen. Auch bei Umstrukturierungen innerhalb eines Konzerns (insbesondere bei Veräußerung oder Hinzuerwerb von Konzerngesellschaften) ist spätestens zum nächsten regulären Überprüfungszeitpunkt nach Satz 1 eine Untersuchung nach Maßgabe der Randnummern 4 und 5 für den nunmehr vorliegenden gesamten Bestand der
Pensionsverpflichtungen durchzuführen.

Unabhängig davon ist eine Überprüfung auch bei einer Änderung der allgemein anerkannten Rech- 11
nungsgrundlagen vorzunehmen, auf die sich die Modifikation bezieht.

Dieses Schreiben wird im Bundessteuerblatt Teil I veröffentlicht.

Anlage § 006a–24 Zu § 6a EStG

Berücksichtigung von gewinnabhängigen Pensionsleistungen bei der Bewertung von Pensionsrückstellungen nach § 6a EStG

– BdF-Schreiben vom 18.10.2013 – IV C 6-S 2176/12/10001, 2013/0402762 (BStBl. I S. 1268) –

Nach § 6a Absatz 1 Nummer 2 erster Halbsatz Einkommensteuergesetz (EStG) kommt die Bildung einer Rückstellung für eine Pensionsverpflichtung nur in Betracht, wenn und soweit die Pensionszusage keine Leistungen in Abhängigkeit von künftigen gewinnabhängigen Bezügen vorsieht.

Mit Beschluss vom 3. März 2010 – I R 31/09 – hat der Bundesfinanzhof (BFH) entschieden, dass die Passivierung von Pensionsverpflichtungen aus gewinnabhängigen Vergütungen (hier: Gewinntantiemen) nach § 6a Absatz 1 Nummer 2 erster Halbsatz EStG auch dann nicht möglich ist, wenn sie am Bilanzstichtag zwar dem Grunde und der Höhe nach unwiderruflich feststehen, zum Zeitpunkt der Zusage der Versorgungsleistungen jedoch noch ungewiss waren. Hierzu gilt nach Abstimmung mit den obersten Finanzbehörden der Länder Folgendes:

Gemäß § 6a Absatz 1 Nummer 2 erster Halbsatz EStG darf eine Pensionsrückstellung nicht gebildet werden, wenn und soweit die Pensionszusage Leistungen in Abhängigkeit von künftigen gewinnabhängigen Bezügen vorsieht. Bei der Bewertung der Pensionsverpflichtungen sind Änderungen der Pensionsleistungen nicht zu berücksichtigen, die erst nach dem Schluss des Wirtschaftsjahres (Bilanzstichtag) eintreten (§ 6a Absatz 3 Satz 2 Nummer 1 Satz 4 EStG).

Am Bilanzstichtag bereits feststehende gewinnabhängige Pensionsleistungen sind bei der Bewertung einzubeziehen, wenn und soweit sie dem Grunde und der Höhe nach eindeutig bestimmt sind und die Erhöhung der Versorgungsleistungen schriftlich durch eine Ergänzung der Pensionszusage gemäß § 6a Absatz 1 Nummer 3 EStG festgeschrieben wurde. Unabhängig vom maßgebenden Gewinnentstehungsjahr können die zusätzlichen Versorgungsleistungen wegen des Schriftformerfordernisses nach § 6a Absatz 1 Nummer 3 EStG erstmals an dem der schriftlichen Festschreibung folgenden Bilanzstichtag bei der Rückstellungsbewertung berücksichtigt werden.

Aus Vertrauensschutzgründen wird es nicht beanstandet, wenn die bis zum Tag der Veröffentlichung dieses Schreibens im Bundessteuerblatt feststehenden und entstandenen gewinnabhängigen Pensionsleistungen, die an bereits zum jeweiligen Bilanzstichtag erwirtschaftete und zugeteilte Gewinne gebunden sind, bis spätestens zum 31. Dezember 2014 schriftlich zugesagt werden.

Dieses Schreiben wird im Bundessteuerblatt Teil I veröffentlicht.

Zu § 6b EStG

Anlage § 006b–01

Bildung von Rücklagen nach § 6b Abs. 10 EStG bei Personengesellschaften

– Vfg OFD Frankfurt vom 1.9.2003 – S 2139 A – 24 – St II 2.01 –

Es ist gefragt worden, ob die Betragsgrenze i. H. von 500 000 € nach § 6b Abs. 10 Satz 1 EStG bei Personengesellschaften gesellschafts- oder gesellschafterbezogen auszulegen ist.
Gemäß einer auf Bundesebene erfolgten Abstimmung wird hierzu folgende Auffassung vertreten:
Dem Wortlaut des § 6b Abs. 10 EStG entsprechend können die Vergünstigungen nur natürliche Personen in Anspruch nehmen, die im Inland unbeschränkt oder beschränkt steuerpflichtig sind und den Gewinn nach § 4 Abs. 1 oder § 5 EStG ermitteln. KSt-Subjekte i. S. des § 1 Abs. 1 KStG sind von der Anwendung ausgeschlossen. Wird Gesamthandsvermögen einer Personengesellschaft veräußert, kann entsprechend dem Gebot einer möglichst weitgehenden Gleichbehandlung von Einzel- und Mitunternehmern auch dieser Gewinn übertragen werden, soweit er nicht Körperschaften, Personenvereinigungen oder Vermögensmassen, sondern natürlichen Personen zuzurechnen ist. Dies stellt § 6b Abs. 10 Satz 10 EStG klar.
Für die Berechnung des Höchstbetrags in § 6b Abs. 10 Satz 1 EStG ist dabei der einzelne Mitunternehmer als Stpfl. anzusehen, mit der Folge, dass der Höchstbetrag von 500 000 € für jeden Mitunternehmer zur Anwendung kommt.
§ 6b Abs. 10 Satz 1 EStG führt aus, auf welche Wirtschaftsgüter (Anteile an Kapitalgesellschaften, Gebäude, andere abnutzbare, bewegliche Wirtschaftsgüter) und in welchen Reinvestitions-Zeiträumen (im Wj. der Veräußerung oder in den folgenden zwei bzw. vier Wj.) dieser Veräußerungsgewinn übertragen werden kann. Kernaussage des § 6b Abs. 10 Satz 1 EStG ist, dass steuerpflichtige Gewinne (steuerpflichtiger und steuerbefreiter Teil) aus der Veräußerung von Anteilen an Kapitalgesellschaften bis zu einem Betrag von 500 000 € übertragen werden können. Da bei § 6b EStG die personenbezogene Betrachtungsweise gilt, kommt es für die Höhe des begünstigten Gewinns auf die Verhältnisse im Veranlagungszeitraum des jeweiligen Stpfl. an. Im Rahmen der Abschnittsbesteuerung gilt der Höchstbetrag von 500 000 € somit pro Stpfl. und Veranlagungszeitraum.
Bei gesellschafter-/personenbezogener Betrachtungsweise müssen alle von diesem Stpfl. vorgenommenen Veräußerungen von Anteilen an Kapitalgesellschaften berücksichtigt werden, gleichgültig, welchem inländischen Betriebsvermögen die Anteile bis zur Veräußerung zugeordnet waren, und zwar in dem Veranlagungszeitraum, in dem die Gewinne anderenfalls steuerlich zu berücksichtigen wären.

Beispiel:
A betreibt ein Einzelunternehmen und ist außerdem zu 50 % als Mitunternehmer an der A-B OHG mit gewerblichen Einkünften beteiligt. Im Einzelunternehmen entspricht das Wirtschaftsjahr dem Kalenderjahr. Die OHG hat ein abweichendes Wirtschaftsjahr vom 1.7. bis 30.6. Im Wirtschaftsjahr 2002 veräußert A in seinem Einzelunternehmen Anteile an Kapitalgesellschaften mit einem Gewinn von 400 000 €.
Auch die A-B OHG veräußert Anteile an Kapitalgesellschaften mit einem Gewinn von 400 000 €, wovon 200 000 € auf A entfallen, und zwar nach
– Variante a) im Februar 2002 (Wj. 2001/2002)
– Variante b) im November 2002 (Wj. 2002/2003)

Lösung Variante a) (x = Veräußerungszeitpunkt)

2002			2003		
1.1.	1.7.	31.12.	1.1.	1.7.	31.12.
Einzelunternehmen des A					
—x—					
A-B OHG					
—x——————>			————————>		
Der Veräußerungsgewinn i. S. des § 6b Abs. 10 des A im VZ 2002 beträgt 400 000 € + 200 000 € = 600 000 €					

Anlage § 006b–01

Zu § 6b EStG

Rechtsfolgen

a) Einzelunternehmen

A kann grundsätzlich (unter Beachtung des Höchstbetrags) den Veräußerungsgewinn im Wj. der Veräußerung (in 2002) oder in den folgenden zwei oder vier Wj. in die in § 6b Abs. 10 EStG genannten Wirtschaftsgüter reinvestieren.

b) A-B OHG

Der Gewinn des Wj. 2001/2002 ist im Veranlagungszeitraum 2002 steuerlich zu erfassen (§ 4a Abs. 2 Nr. 2 EStG).

A und B können grundsätzlich (unter Beachtung des Höchstbetrags) den Veräußerungsgewinn im Wj. der Veräußerung (2001/2002) oder in den folgenden zwei oder vier Wj. in die in § 6b Abs. 10 EStG genannten Wirtschaftsgüter reinvestieren.

c) Da A im VZ 2002 Gewinne aus der Veräußerung von Anteilen an Kapitalgesellschaften i. H. von insgesamt 600 000 € erzielt hat, kommt bei ihm der Höchstbetrag zum Tragen. A kann von den 600 000 € maximal 500 000 € übertragen oder in eine Rücklage einstellen. A kann durch die entsprechende Bildung von Rücklagen nach § 6b Abs. 10 EStG wählen, in welchem Unternehmen er den überschießenden Gewinn von 100 000 € als laufenden Gewinn, der dem Halbeinkünfteverfahren unterliegt, versteuert.

Lösung Variante b) (x = Veräußerungszeitpunkt)

2002			2003		
1.1.	1.7.	31.12.	1.1.	1.7.	31.12.
Einzelunternehmen des A					
——x——————————————————>					
A-B OHG					
————————>——————x————————			————————————————————>		
Der Veräußerungsgewinn i. S. des § 6b Abs. 10 des A im VZ 2002 beträgt 400 000 €			Der Veräußerungsgewinn i. S. des § 6b Abs. 10 des A im VZ 2003 beträgt 200 000 €		

Rechtsfolgen

a) Einzelunternehmen

A kann grundsätzlich (unter Beachtung des Höchstbetrags) den Veräußerungsgewinn im Wj. der Veräußerung (in 2002) oder in den folgenden zwei oder vier Wj. in die in § 6b Abs. 10 EStG genannten Wirtschaftsgüter reinvestieren (wie bei Variante a)).

b) A-B OHG

Der Gewinn des Wj. 2002/2003 ist im Veranlagungszeitraum 2003 steuerlich zu erfassen (§ 4a Abs. 2 Nr. 2 EStG).

A und B können grundsätzlich (unter Beachtung des Höchstbetrags) den Veräußerungsgewinn im Wj. der Veräußerung (2002/2003) oder in den folgenden zwei oder vier Wj. in die in § 6b Abs. 10 EStG genannten Wirtschaftsgüter reinvestieren.

c) Im VZ 2002 hat A einen Gewinn aus der Veräußerung von Anteilen an Kapitalgesellschaften i. H. von 400 000 € erzielt. Da der Höchstbetrag des § 6b Abs. 10 Satz 1 EStG nicht überschritten ist, kann der gesamte Gewinn übertragen oder in eine Rücklage eingestellt werden. Im VZ 2003 hat A einen Gewinn aus der Veräußerung von Anteilen an Kapitalgesellschaften von 200 000 € erzielt. Auch im VZ 2003 ist der Höchstbetrag nicht überschritten. A kann den gesamten auf ihn entfallenden Gewinn von 200 000 € übertragen oder in eine Rücklage einstellen.

In der Anlage FE 2 ist in Zeile 25 ein variabler Eintrag für Angaben zu § 6b Abs. 10 EStG vorgesehen. Die dort gemachten Angaben müssen in die ESt 4 B Mitteilungen für die einzelnen Gesellschafter übernommen werden. Die Wohnsitz-Finanzämter werden auf diese Weise über einen ganz oder teilweise bei der Mitunternehmerschaft ausgenutzten Höchstbetrag informiert.

Die Wohnsitzfinanzämter ihrerseits informieren die Betriebsstätten-Finanzämter mittels formloser Kontrollmitteilungen.

Um die mehrfache Inanspruchnahme des Höchstbetrags nach § 6b Abs. 10 Satz 1 EStG bei mehreren Beteiligungen zu vermeiden, ist vor Gewährung der Vergünstigung des § 6b Abs. 10 EStG bei der die Vergünstigung beantragenden Gesellschaft anzufragen, ob und ggf. in welcher Höhe die Höchstbeträge nach § 6b Abs. 10 Satz 1 EStG im jeweiligen Veranlagungszeitraum von ihren Gesellschaftern bereits bei anderen Gesellschaften/Einzelunternehmen verbraucht wurden.

Zu § 6b EStG

Anlage § 006b–02

Bildung und Auflösung einer § 6b-Rücklage bei der Veräußerung eines gesamten Mitunternehmeranteils

– Finanzministerium Schleswig-Holstein vom 02.09.2014 – VI 306-S 2139-134 –

Hinsichtlich der Bildung, Auflösung und Fortführung einer Rücklage nach § 6b EStG gilt bei Veräußerung eines gesamten Mitunternehmeranteils Folgendes:

Das Bilanzierungswahlrecht für die Bildung, Fortführung und Auflösung der § 6b-Rücklage anlässlich der Veräußerung eines gesamten Mitunternehmeranteils ist auf Ebene des veräußernden Gesellschafters durch Abgabe entsprechender Bilanzen im Rahmen seiner Einkommensteuererklärung auszuüben. Die für den veräußernden Gesellschafter geltende Reinvestitionsfrist zur Übertragung stiller Reserven nach § 6b EStG wird nicht durch auf der Ebene der Gesellschaft veranlasste Ereignisse verkürzt.

Anlage § 007–01

Zu § 7 EStG

Sonderabschreibungen nach dem FördG und degressive AfA bei Baumaßnahmen an einem Dachgeschoß

– BdF-Schreiben vom 10.7.1996 IV B3 – S1988 – 80/96 (BStBl. I S. 689) –

Unter Bezugnahme auf das Ergebnis der Erörterungen mit den obersten Finanzbehörden der Länder gelten bei Baumaßnahmen an einem Dachgeschoß für die Inanspruchnahme der Sonderabschreibungen nach den §§ 3 und 4 FördG und der degressiven AfA nach § 7 Abs. 5 EStG die folgenden Grundsätze:

I. Baumaßnahmen an einem Dachgeschoß

1 Baumaßnahmen an einem Dachgeschoß im Sinne der folgenden Grundsätze sind
   1. der Ausbau des unausgebauten Dachgeschosses (im folgenden „Dachboden"),
   2. der Umbau des ausgebauten Dachgeschosses sowie
   3. die Erweiterung eines Gebäudes durch Aufstockung.

Die Grundsätze gelten bei Baumaßnahmen an Gebäuden, an Gebäudeteilen im Sinne der R 13 Abs. 4 EStR 1993 [1] und an Eigentumswohnungen sowie an im Teileigentum stehenden Räumen.

Wird das Wohnungseigentum oder Teileigentum erst nach Beendigung der Baumaßnahmen begründet, so sind die Baumaßnahmen dem ungeteilten Gebäude oder dem Gebäudeteil im Sinne der R 13 Abs. 4 EStR 1993 [2] zuzuordnen. Der Steuerpflichtige kann aber die Baumaßnahmen den Eigentumswohnungen oder den im Teileigentum stehenden Räumen zuordnen, wenn er die Teilungserklärung gegenüber dem Grundbuchamt (§ 8 WEG) bis zur Beendigung der Baumaßnahmen abgegeben hat.

2 Ein Dachboden ist der Teil der im Dachgeschoß befindlichen Räumlichkeiten, der weder zum dauernden Aufenthalt von Menschen geeignete Räume noch Nebenräume enthält und deren Grundfläche deshalb nicht in die Wohnflächenberechnung einzubeziehen ist (vgl. § 17 Abs. 1 II. WoBauG in Verbindung mit § 42 Abs. 4 Nr. 1 der II. Berechnungsverordnung)[3]. Ein Ausbau des Dachbodens liegt vor, wenn die genannten Räumlichkeiten durch Baumaßnahmen in Wohnraum umgewandelt werden.

3 Ein ausgebautes Dachgeschoß ist der Teil des Dachgeschosses, der in die Wohnflächenberechnung einzubeziehen ist (vgl. § 42 Abs. 1 bis 3 der II. Berechnungsverordnung)[4]. Ein Umbau des ausgebauten Dachgeschosses liegt vor, wenn die tragenden Teile des Dachgeschosses wie die Dachkonstruktion und die Geschoßdecke bei der Umbaumaßnahme verwendet werden.

4 Eine Aufstockung ist die Erweiterung eines Wohngebäudes um ein weiteres Geschoß.

5 Die Tz. 1 bis 4 gelten entsprechend bei Baumaßnahmen an einem Dachgeschoß, das anderen als Wohnzwecken dient oder zu dienen bestimmt ist.

II. Baumaßnahmen als nachträgliche Herstellungsarbeiten

6 Baumaßnahmen zum Ausbau eines Dachbodens sowie für die Aufstockung eines Gebäudes sind nachträgliche Herstellungsarbeiten, soweit das ausgebaute oder aufgestockte Dachgeschoß in dem gleichen Nutzungs- und Funktionszusammenhang wie das übrige Gebäude steht. Die durch die Baumaßnahmen entstandenen Aufwendungen sind nachträgliche Herstellungskosten, für die Sonderabschreibungen nach § 4 Abs. 1 FördG und die Abschreibung des Restwerts nach § 4 Abs. 3 FördG in Betracht kommen; die degressive AfA nach § 7 Abs. 5 EStG kann nicht in Anspruch genommen werden.[5]

Beispiel 1:

Der Steuerpflichtige ist Eigentümer eines Mehrfamilienhauses, dessen Wohnungen er zu Wohnzwecken vermietet hat. Er baut den als Trockenraum genutzten Dachboden zu einer weiteren Wohnung aus, die er ebenfalls vermietet.

Die neu geschaffene Wohnung und die bisher vorhandenen Wohnungen stehen in einheitlichem Nutzungs- und Funktionszusammenhang. Für die durch den Ausbau entstandenen nachträglichen Herstellungskosten kommen die Sonderabschreibungen und die Restwertabschreibungen nach § 4 Abs. 1 und 3 FördG in Betracht.

---

1) Jetzt R 4.2 Abs. 4 EStR.
2) Jetzt R 4.2 Abs. 4 EStR.
3) Siehe Anhang 17 und Anhang 18.
4) Siehe Anhang 17.
5) Bestätigt durch BFH vom 7.7.1998 (BStBl. II S. 625).

Zu § 7 EStG

Anlage § 007–01

Bei Baumaßnahmen an einem selbständigen Gebäudeteil im Sinne der R 13 Abs. 4 EStR 1993[1]) oder an einer Eigentumswohnung oder an im Teileigentum stehenden Räumen gilt Tz. 6 entsprechend.

Beispiel 2:

Der Steuerpflichtige ist Eigentümer eines zweigeschossigen Hauses. Im Erdgeschoß befindet sich eine zu Wohnzwecken vermietete Wohnung, im Obergeschoß ein vermietetes Büro. In dem Dachboden errichtet der Steuerpflichtige eine Wohnung, die er ebenfalls vermietet.

Die Wohnung im Erdgeschoß und das Büro sind selbständige Wirtschaftsgüter im Sinne der R 13 Abs. 4 EStR 1993[2]). Die neu errichtete Dachgeschoßwohnung steht mit der Wohnung im Erdgeschoß in einheitlichem Nutzungs- und Funktionszusammenhang. Die Aufwendungen sind deshalb nachträgliche Herstellungskosten für den zu fremden Wohnzwecken genutzten Gebäudeteil. Es treten dieselben Rechtsfolgen wie in Beispiel 1 ein.

Beispiel 3:

Der Steuerpflichtige baut das Satteldach seines Mietwohngebäudes in weitere Räume und einen Dachgarten um, die zu der Wohnung im Dachgeschoß gehören sollen. Während der Durchführung der Baumaßnahme gibt er eine Teilungserklärung nach § 8 WEG ab.

Die Aufwendungen sind nachträgliche Herstellungskosten für die Eigentumswohnung im Dachgeschoß. Es treten dieselben Rechtsfolgen wie in Beispiel 1 ein.

Aufwendungen für den Umbau eines ausgebauten Dachgeschosses sind nach Maßgabe der R 157 EStR[3]) 1993 nachträgliche Herstellungskosten oder Erhaltungsaufwand, es sei denn, daß durch die Baumaßnahmen ein anderes Wirtschaftsgut entsteht (Tz. 11 bis 13).

III. Baumaßnahmen zur Herstellung eines selbständigen unbeweglichen Wirtschaftsguts

1. Erstmalige Herstellung eines neuen Wirtschaftsguts

Baumaßnahmen zum Ausbau eines Dachbodens sowie für die Aufstockung eines Gebäudes sind Teil der erstmaligen Herstellung eines neuen selbständigen Wirtschaftsguts, soweit das ausgebaute oder aufgestockte Dachgeschoß in einem anderen Nutzungs- und Funktionszusammenhang als das übrige Gebäude steht. Die Aufwendungen zuzüglich der anteiligen Buchwerts (Restwerts) der bei der Herstellung verwendeten Teile des Gebäudes sind Herstellungskosten des erstmals hergestellten Wirtschaftsguts, für die die Sonderabschreibungen nach § 4 Abs. 1 FördG und die degressive AfA nach § 7 Abs. 5 EStG in Betracht kommen.

Beispiel 4

Der Steuerpflichtige nutzt ein Gebäude insgesamt zu eigenbetrieblichen Zwecken. Den Dachboden baut er zu einer Wohnung aus, die er zu Wohnzwecken vermietet.

Die Dachgeschoßwohnung ist ein neues selbständiges Wirtschaftsgut, von deren Herstellungskosten der Steuerpflichtige die Sonderabschreibungen nach § 4 Abs. 1 FördG oder die degressive AfA nach § 7 Abs. 5 EStG vornehmen kann.

Um die erstmalige Herstellung eines neuen selbständigen Wirtschaftsguts handelt es sich auch bei dem Ausbau eines Dachbodens, an dem Wohnungs- oder Teileigentum begründet ist. Die Aufwendungen zuzüglich des anteiligen Buchwerts (Restwerts) der bei der Herstellung verwendeten Teile der Eigentumswohnung oder der in Teileigentum stehenden Räume sind Herstellungskosten des erstmals hergestellten Wirtschaftsguts, für die die Sonderabschreibungen nach § 4 Abs. 1 FördG und die degressive AfA nach § 7 Abs. 5 EStG in Betracht kommen.

Beispiel 5:

Fall a:

Der Steuerpflichtige ist Eigentümer eines Wohngebäudes, an dem Wohnungseigentum begründet ist. Er baut den Dachboden zu einer Eigentumswohnung aus, die er vermieten will.

Fall b:

Der Steuerpflichtige erwirbt ein Wohngebäude, an dem anschließend Wohnungseigentum begründet wird. Er baut den Dachboden zu einer Eigentumswohnung aus, die er vermieten will.

---

1) Jetzt R 4.2 Abs. 4 EStR.
2) Jetzt R 4.2 Abs. 4 EStR.
3) Siehe dazu jetzt Anlage § 021-01.

Anlage § 007–01

Zu § 7 EStG

Fall c:

Der Steuerpflichtige erwirbt ein Gebäude, an dem Wohnungseigentum begründet werden soll. Er baut den Dachboden zu einer Wohnung aus, die er als Eigentumswohnung vermieten will. Noch während der Baumaßnahmen gibt er beim Grundbuchamt die Teilungserklärung ab.

In den Fällen a und b stellt der Steuerpflichtige erstmals ein neues Wirtschaftsgut her. Es treten dieselben Rechtsfolgen ein wie in Beispiel 4.

In Fall c hat der Steuerpflichtige zwar an seinem Wohngebäude nachträgliche Herstellungsmaßnahmen vorgenommen. Ordnet er jedoch die Baumaßnahme der künftigen Eigentumswohnung zu, treten ebenfalls die Rechtsfolgen wie in Beispiel 4 ein.

2. Herstellung eines anderen Wirtschaftsguts

11 Baumaßnahmen zum Umbau des ausgebauten Dachgeschosses sind Teil der Herstellung eines anderen Wirtschaftsguts, soweit das Dachgeschoß nach Beendigung der Baumaßnahmen nicht mehr im gleichen Nutzungs- und Funktionszusammenhang wie das übrige Gebäude steht und wenn die verwendete Gebäudesubstanz so tiefgreifend umgestaltet oder in einem solchen Ausmaß erweitert wird, daß die eingefügten Teile dem umgebauten Dachgeschoß das Gepräge geben und die verwendeten Altteile wertmäßig untergeordnet erscheinen (vgl. H 43 EStH 1995 „Nachträgliche Anschaffungs- oder Herstellungskosten")[1]. Aus Vereinfachungsgründen kann der Steuerpflichtige von der Herstellung eines anderen Wirtschaftsguts ausgehen, wenn der im zeitlichen und wirtschaftlichen Zusammenhang mit der Herstellung des Wirtschaftsguts angefallene Bauaufwand zuzüglich des Werts der Eigenleistung nach überschlägiger Berechnung den Wert der Altbausubstanz (Verkehrswert) übersteigt.[2] Die Aufwendungen zuzüglich des anteiligen Buchwerts (Restwert) der bei der Herstellung verwendeten Teile des bisherigen Gebäudes sind Herstellungskosten für das andere Wirtschaftsgut, für die die Sonderabschreibungen nach § 4 Abs. 1 FördG in Betracht kommen.

Beispiel 6:

Der Steuerpflichtige ist Eigentümer eines betrieblich genutzten Gebäudes, dessen Dachgeschoß zu Büroräumen ausgebaut ist. Das Dachgeschoß wird unter wesentlichem Bauaufwand zu einer Wohnung umgebaut, die anschließend vermietet wird.

Aus dem bereits ausgebauten Dachgeschoß entsteht ein selbständiges Wirtschaftsgut im Sinne der R 13 Abs. 4 EStR 1993[3]. Zu den nach § 4 Abs. 1 FördG begünstigten Herstellungskosten dieses anderen Wirtschaftsguts gehören der anteilige Buchwert des Dachgeschosses und die zur Herstellung des Wirtschaftsguts entstandenen Aufwendungen.

12 Ist an dem Gebäude Wohnungs- und Teileigentum begründet, sind nach den in Tz. 11 genannten Grundsätzen die Anwendungen für den Umbau eines in Wohnungs- oder Teileigentum stehenden Dachgeschosses ebenfalls Teil der Herstellungskosten für ein anderes Wirschaftsgut. Dabei ist es unerheblich, wie die anderen Eigentumswohnungen oder im Teileigentum stehenden Räume genutzt werden.

Beispiel 7:

An einem Gebäude ist Wohnungs-und Teileigentum begründet worden. Eine im Wohnungseigentum stehende Dachgeschoßwohnung wird unter wesentlichem Bauaufwand zu einer Arztpraxis umgebaut.

Es treten dieselben Rechtsfolgen ein wie in Beispiel 6.

13 Die degressive AfA nach § 7 Abs. 5 EStG kommt in den Fällen der Tz. 11 und 12 nur in Betracht, wenn durch die Baumaßnahme ein bautechnisch neues Wirtschaftsgut entsteht, das heißt, wenn die tragenden Teile des Dachgeschosses wie die Dachkonstruktion und die Geschoßdecke ersetzt werden (R 44 Abs. 11 Satz 5 EStR 1993, H 44 EStH 1995 „Neubau")[4].

Beispiel 8:

Der Steuerpflichtige wandelt sein insgesamt betrieblich genutztes und über 50 Jahre altes Gebäude in Teileigentum um. Die in Teileigentum stehenden und für Lagerzwecke genutzten Speicherräume baut er unter wesentlichem Aufwand zu einer modernen Mietwohnung um, wobei er das bisherige Dachgebälk erneuert und das Walmdach durch ein Satteldach ersetzt.

---

1) Jetzt H 7.3 EStH.
2) Vgl. dazu auch R 7.3 Abs. 5 Satz 2 EStR.
3) Jetzt R 4.2 Abs. 4 EStR.
4) Jetzt H 7.4 EStH.

Zu § 7 EStG   Anlage § 007–01

Durch den Umbau ist ein anderes und bautechnisch neues Wirtschaftsgut entstanden. Der anteilige Restwert des Speichers und die Aufwendungen für den Umbau sind nach § 4 Abs. 1 FördG und nach § 7 Abs. 5 EStG begünstigte Herstellungskosten.

IV. Anschaffung eines vom Veräußerer ausgebauten, umgebauten oder aufgestockten Dachgeschosses

Erwirbt der Steuerpflichtige eine Eigentumswohnung oder im Teileigentum stehende Räume, an denen der Veräußerer nachträgliche Herstellungsarbeiten vornimmt (Tz. 7 und 8), so kommen für ihn Sonderabschreibungen nach § 3 Satz 2 Nr. 3 in Verbindung mit § 4 Abs. 1 FördG und die Restwertabschreibung nach § 4 Abs. 3 FördG in Betracht. Bemessungsgrundlage sind die Anschaffungskosten, soweit sie auf die nach Abschluß des obligatorischen Vertrags durchgeführten nachträglichen Herstellungsarbeiten entfallen. 14

Erwirbt der Steuerpflichtige im Jahr der Fertigstellung eine Eigentumswohnung oder im Teileigentum stehende Räume, die der Veräußerer hergestellt hat (Tz. 9 bis 13), so kommen für ihn die Sonderabschreibungen nach § 3 Satz 2 Nr. 1 in Verbindung mit § 4 Abs. 1 FördG in Betracht. Die degressive AfA nach § 7 Abs. 5 EStG ist jedoch nur in den Fällen zulässig, in denen ein „Neubau" hergestellt wird (Tz. 9, 10 und 13). Bemessungsgrundlage sind die gesamten Anschaffungskosten.

Beispiel 9:
Ein Bauträger erwirbt ein Wohnungsgebäude in Plattenbauweise, um es zu sanieren und zu erweitern. Den Bauantrag stellt er für die Baumaßnahmen an dem Wohngebäude. Nach der Teilung des Gebäudes in Wohnungseigentum will er die Eigentumswohnungen veräußern. Der Bauträger gibt die Teilungserklärung noch vor Beendigung der Baumaßnahmen beim Grundbuchamt ab und schließt Verträge über den Verkauf der Eigentumswohnungen. Es handelt sich dabei u.a. auch um Wohnungen im Dachgeschoß, und zwar
– um vorhandene Wohnungen, die vor der Eigentumsübertragung noch saniert werden sollen (Fall a),
– um neue Wohnungen, die nach Abtrag des Dachbodens (Kriechgangs) und Verstärkung der Geschoßdecke durch Aufstockung der Gebäudes hergestellt und im Jahr der Fertigstellung zu Eigentum übertragen werden sollen (Fall b).

Im Fall a sind die Anschaffungskosten des Erwerbers begünstigt, soweit sie auf die Sanierungsmaßnahmen des Bauträgers nach Abschluß des Kaufvertrags entfallen (§ 3 Satz 2 Nr. 3 in Verbindung mit § 4 Abs. 1 und 3 FördG).
In Fall b sind die gesamten Anschaffungskosten des Erwerbers begünstigt (§ 3 Satz 2 Nr. 1 in Verbindung mit § 4 Abs. 1 FördG, § 7 Abs. 5 EStG).

V. Übergangsregelung

Die vorstehenden Grundsätze sind in allen noch offenen Fällen anzuwenden. Soweit sie im Einzelfall gegenüber der bisherigen Verwaltungspraxis zu einer Verschärfung der Besteuerung führen, bleibt es auf Antrag des Steuerpflichtigen bei der bisherigen Verwaltungspraxis, wenn im Fall der Herstellung die Baumaßnahme vor dem 1. August 1996 begonnen oder im Fall der Anschaffung der Kaufvertrag vor diesem Zeitpunkt abgeschlossen worden ist.

Beginn der AfA und AfA-Bemessungsgrundlage bei Fertigstellung von Teilen eines Gebäudes zu verschiedenen Zeitpunkten [1]

– Vfg OFD Frankfurt vom 22.2.2000 – S 2196 A – 25 – St II 23 –

Im Falle der Errichtung eines nach der Planung des Steuerpflichtigen gemischt zu nutzenden Gebäudes sind die Herstellungskosten des noch nicht fertiggestellten selbständigen Gebäudeteils in die AfA-Bemessungsgrundlage des bereits fertiggestellten selbständigen Gebäudeteils einzubeziehen (BFH-Urteil vom 9.8.1989, BStBl. II 1991, 132).

Ich bitte, bei der Anwendung der BFH-Rechtsprechung folgende Sachverhalte zu unterscheiden:

Fall 1
Zunächst wird die zu eigenen Wohnzwecken genutzte Wohnung fertiggestellt, danach die Teile des Gebäudes, die vermietet oder eigenbetrieblich genutzt werden sollen.

Lösung:
Nach § 10e EStG werden nur die Herstellungskosten einer **Wohnung** und der dazugehörende Grund und Boden begünstigt. Im Hinblick auf diesen besonderen Fördergegenstand können die nicht zur Wohnung gehörenden, auf die noch nicht fertiggestellten Teile des Gebäudes entfallenden Kosten nicht in die Bemessungsgrundlage nach § 10e EStG einbezogen werden. Dies gilt auch für den entsprechenden Anteil am Grund und Boden.

Fall 2
Zunächst wird eine vermietete Wohnung fertiggestellt, danach erst die eigengenutzte Wohnung.

Lösung:
In die AfA-Bemessungsgrundlage für die vermietete Wohnung sind entsprechend dem o. a. BFH-Urteil auch die Herstellungskosten für die noch nicht fertiggestellte eigengenutzte Wohnung einzubeziehen. Für die Bemessung der AfA und des Abzugsbetrags nach § 10e EStG nach Fertigstellung der eigengenutzten Wohnung sind die gesamten Herstellungskosten auf die beiden Wohnungen aufzuteilen. Die für die vermietete Wohnung bis zur Fertigstellung der eigengenutzten Wohnung in Anspruch genommene zu „hohe" AfA wird am Ende des Abschreibungszeitraums ausgeglichen, da das AfA-Volumen nur die tatsächlichen auf die vermietete Wohnung entfallenden Herstellungskosten umfaßt.

Fall 3
Zunächst wird ein zum Betriebsvermögen gehörender Gebäudeteil, danach die zu eigenen Wohnzwecken genutzte Wohnung fertiggestellt.

Lösung:
In Anwendung des o. a. BFH-Urteils wären die gesamten Herstellungskosten zu aktivieren und zunächst in die AfA-Bemessungsgrundlage des zum Betriebsvermögen gehörenden Gebäudeteils einzubeziehen. Bei Fertigstellung des zu eigenen Wohnzwecken genutzten Gebäudeteils käme es daher zur Entnahme der entsprechenden Anteile am Grund und Boden und Gebäude, die sich gewinnerhöhend auswirken könnte. Dieses Ergebnis kann im Einzelfall unbefriedigend sein.

Dem Steuerpflichtigen ist daher aus Billigkeitsgründen in Anlehnung an Abschn. 14 Abs. 2 EStR 1990 ein Wahlrecht einzuräumen, ob er die auf den noch nicht fertiggestellten Teil der zu eigenen Wohnzwecken genutzten Wohnung entfallenden Herstellungskosten aktiviert und damit in seine AfA-Bemessungsgrundlage einbezieht oder ob er auf die Aktivierung und damit auf die Einbeziehung in die AfA-Bemessungsgrundlage verzichtet.

Dieses Wahlrecht gilt auch in den Fällen, in denen der Steuerpflichtige zunächst den zum Betriebsvermögen gehörenden Gebäudeteil und danach einen zu fremden Wohnzwecken (nicht betrieblichen Zwecken dienend) genutzten Gebäudeteil fertigstellt.

Verzichtet er auf die Aktivierung des zu fremden Wohnzwecken genutzten Gebäudeteils, kann er die AfA der Herstellungskosten für diesen Gebäudeteil erst ab dem Jahr der Fertigstellung in Anspruch nehmen.

---

[1] Siehe auch R 7.3 Abs. 2 EStR.

Zu § 7 EStG

Anlage § 007–04

Einlage eines im Privatvermögen entdeckten Bodenschatzes in ein Betriebsvermögen [1]

– Vfg. OFD Frankfurt vom 12.02.2009 – S 2134 A – 17 – St 210 –

1. Einlage eines im Privatvermögen entdeckten Kiesvorkommens in ein Betriebsvermögen – Beschluss des Großen Senats vom 04.12.2006 (BStBl. II 2007, 508)

Nach dem Beschluss des Großen Senats des BFH vom 04.12.2006 handelt es sich bei einem im eigenen Grund und Boden entdeckten und damit unentgeltlich und originär erworbenen Kiesvorkommen um ein materielles Wirtschaftsgut, das bei Zuführung aus dem Privatvermögen ins Betriebsvermögen nach § 6 Abs. 1 Nr. 5 Sat 1 Halbsatz 1 EStG mit dem Teilwert anzusetzen ist.

Beim Abbau des Kiesvorkommens dürfen Absetzungen für Substanzverringerungen (AfS) aber nicht vorgenommen werden. Nach Auffassung des BFH verkörpert der Teilwert des Bodenschatzes den Abbauertrag, der nach der gesetzgeberischen Grundentscheidung bei Abbau stets der Besteuerung unterliegt (§ 15 Abs. 1 Satz 1 Nr. 1, § 21 Abs. 1 Satz 1 Nr. 1 EStG; § 11d Abs. 2 EStDV). Allein durch die Überführung des Kiesvorkommens in das Betriebsvermögen werden keine Absetzungsmöglichkeiten begründet. Der Abbau des Bodenschatzes muss auch bei einer Einlage zum Teilwert steuerbar bleiben.

2. Absetzung für Substanzverringerung bei Veräußerung von Bodenschätzen an eine (eigene) GmbH & Co KG

Die vorgenannten Grundsätze sind nach dem Ergebnis der Erörterung der obersten Finanzbehörden des Bundes und der Länder auch auf die Fälle der Einbringung des Bodenschatzes in eine Personengesellschaft gegen Gewährung von Gesellschaftsrechten oder gegen sonstiges Entgelt anzuwenden, soweit die Einkünfte aus dem Abbau des Bodenschatzes auch nach der Einbringung dem einbringenden Gesellschafter zuzurechnen sind.

§ 11d Abs. 2 EStDV stellt nach seinem Inhalt auf den „Steuerpflichtigen" ab. Steuerpflichtiger im Sinne des EStG ist auch in den Fällen der Beteiligung an einer Personengesellschaft der Gesellschafter.

---

1) Siehe dazu auch Anlage § 004-44.

Anlage § 007–05

Zu § 7 EStG

Bemessungsgrundlage für die Absetzungen für Abnutzung nach Einlage von zuvor zur Erzielung von Überschusseinkünften genutzten Wirtschaftsgütern[1]; Anwendung der Urteile des BFH vom 18. August 2009 (X R 40/06 – BStBl. II S. 961) und vom 28. Oktober 2009 (VIII R 46/07 – BStBl. II S. 964)

– BdF-Schreiben vom 27.10.2010 – IV C 3 – S 2190/09/10007, 2010/0764153 (BStBl. I. S. 1204) –

Unter Bezugnahme auf das Ergebnis der Erörterungen mit den obersten Finanzbehörden der Länder gilt zur Ermittlung der Bemessungsgrundlage für die Absetzungen für Abnutzung (AfA) nach Einlage von zuvor zur Erzielung von Überschusseinkünften genutzten Wirtschaftsgütern Folgendes:

1 Die AfA in gleichen Jahresbeträgen von Wirtschaftsgütern, deren Verwendung oder Nutzung zur Erzielung von Einkünften sich erfahrungsgemäß auf einen Zeitraum von mehr als einem Jahr erstreckt, wird nach den Anschaffungs- oder Herstellungskosten des Wirtschaftsguts ermittelt (§ 7 Absatz 1 Satz 1 EStG). Bei einer Einlage aus dem Privatvermögen in ein Betriebsvermögen tritt an die Stelle der Anschaffungs- oder Herstellungskosten der Einlagewert (§ 6 Absatz 1 Nummer 5 Satz 1 EStG). Einlagewert ist grundsätzlich der Teilwert (§ 6 Absatz 1 Nummer 5 Satz 1 Halbsatz 1 EStG). Bei der Einlage eines abnutzbaren Wirtschaftsgutes in ein Betriebsvermögen innerhalb von drei Jahren nach Anschaffung oder Herstellung (§ 6 Absatz 1 Nummer 5 Satz 1 Halbsatz 2 Buchstabe a i. V. m. Satz 2 EStG) ermittelt sich der Einlagewert nach den Anschaffungs- oder Herstellungskosten abzüglich der AfA nach § 7 EStG, den erhöhten Absetzungen (außerplanmäßige AfA) sowie etwaigen Sonderabschreibungen, die auf den Zeitraum zwischen der Anschaffung oder Herstellung des Wirtschaftsguts und der Einlage entfallen, unabhängig davon, ob das Wirtschaftsgut vor der Einlage zur Einkunftserzielung genutzt worden ist (R 6.12 Absatz 1 EStR).

2 Werden Wirtschaftsgüter nach einer Verwendung zur Erzielung von Einkünften im Sinne des § 2 Absatz 1 Satz 1 Nummer 4 bis 7 EStG in ein Betriebsvermögen eingelegt, ist nach § 7 Absatz 1 Satz 5 EStG eine vom Einlagewert nach § 6 Absatz 1 Nummer 5 Satz 1 EStG abweichende AfA-Bemessungsgrundlage zu ermitteln. Die Abschreibung des eingelegten Wirtschaftsguts nach § 7 Absatz 1 EStG bemisst sich in diesem Fall abweichend von R 7.3 Absatz 6 Satz 1 und 2 EStR 2008 nach folgenden Grundsätzen:

Fallgruppe 1

3 Ist der Einlagewert des Wirtschaftsguts höher als oder gleich den historischen Anschaffungs- oder Herstellungskosten, ist die AfA ab dem Zeitpunkt der Einlage nach dem um die bereits in Anspruch genommenen AfA oder Substanzverringerungen (planmäßigen AfA), Sonderabschreibungen oder erhöhten Absetzungen **geminderten Einlagewert** zu bemessen.

Beispiel 1:

A erwarb im Jahr 01 ein Grundstück mit aufstehendem Gebäude (Anschaffungskosten 800 000 Euro, davon entfallen 700 000 Euro auf das Gebäude). Er vermietete das Grundstück an eine Versicherung und machte im Rahmen der Einkünfte aus Vermietung und Verpachtung für das Gebäude-AfA geltend. Nach Beendigung des Mietverhältnisses im Jahr 25 legt er das Grundstück mit aufstehendem Gebäude zu Beginn des Jahres 26 in das Betriebsvermögen seines Einzelunternehmens ein. Das Gebäude wird nicht zu Wohnzwecken verwendet. Der Teilwert des Gebäudes beträgt zu diesem Zeitpunkt 1 000 000 Euro. Bis zur Einlage des Gebäudes hat A insgesamt 350 000 Euro als AfA in Anspruch genommen.

B 1

Die Bemessungsgrundlage für die AfA des Gebäudes im Betriebsvermögen beträgt 650 000 Euro. Sie wird nach dem Einlagewert (1 000 000 Euro) abzüglich der bis dahin in Anspruch genommenen AfA (350 000 Euro) ermittelt, denn der Einlagewert (1.000.000 Euro) ist höher als die historischen Anschaffungskosten (700 000 Euro).

B 2

Nach § 7 Absatz 4 Satz 1 Nummer 1 EStG ist von der nach § 7 Absatz 1 Satz 5 ermittelten Bemessungsgrundlage das Gebäudes nach der Einlage jährlich mit einem Betrag von 19 500 Euro (= 3 % von 650 000 Euro) abzusetzen. Der nach Ablauf von 33 Jahren verbleibende Restwert von 6 500 Euro ist im Folgejahr abzusetzen. Von dem danach verbleibenden Restbuchwert in Höhe von 350 000 € darf keine AfA vorgenommen werden. Bei einer Veräußerung ist dieser Restbuchwert gewinnmindernd zu berücksichtigen. § 6 Absatz 1 Nummer 1 Satz 2 und § 7 Absatz 1 Satz 7 EStG bleiben unberührt.

---

[1] Vgl dazu auch § 7 Abs. 1 Satz 5 EStG in der ab 2011 geltenden Fassung, die gemäß § 52 Abs. 21 EStG erstmals für Einlagen anzuwenden ist, die nach dem 31.12.2010 erfolgen.

Zu § 7 EStG **Anlage § 007–05**

Fallgruppe 2
Ist der Einlagewert des Wirtschaftsguts geringer als die historischen Anschaffungs- oder Herstellungskosten, aber nicht geringer als die fortgeführten Anschaffungs- oder Herstellungskosten, ist die AfA ab dem Zeitpunkt der Einlage nach den **fortgeführten Anschaffungs- oder Herstellungskosten** zu bemessen.

Beispiel 2:
Wie Beispiel 1, der Teilwert beträgt im Zeitpunkt der Einlage jedoch 400.000 Euro.

B 3
Die Bemessungsgrundlage für die AfA des Gebäudes im Betriebsvermögen beträgt 350 000 Euro. Die AfA wird nach den fortgeführten Anschaffungskosten bemessen, weil der Einlagewert (400 000 Euro) geringer als die historischen Anschaffungskosten (700 000 Euro) jedoch höher als die fortgeführten Anschaffungskosten (350 000 Euro) ist.

B 4
Nach § 7 Absatz 4 Satz 1 Nummer 1 EStG ist von der nach § 7 Absatz 1 Satz 5 ermittelten Bemessungsgrundlage das Gebäude jährlich mit einem Betrag von 10 500 Euro (= 3 % von 350 000 Euro) abzusetzen. Der nach Ablauf von 33 Jahren verbleibende Restwert von 3 500 Euro ist im Folgejahr abzusetzen. Von dem danach verbleibenden Restbuchwert in Höhe von 50 000 € darf keine AfA vorgenommen werden. Bei einer Veräußerung ist dieser Restbuchwert gewinnmindernd zu berücksichtigen. § 6 Absatz 1 Nummer 1 Satz 2 und § 7 Absatz 1 Satz 7 EStG bleiben unberührt.

Fallgruppe 3
Ist der Einlagewert des Wirtschaftsguts geringer als die fortgeführten Anschaffungs- oder Herstellungskosten, bemisst sich die weitere AfA nach diesem ungeminderten Einlagewert.

Beispiel 3:
Wie Beispiel 1, der Teilwert beträgt im Zeitpunkt der Einlage jedoch 100 000 Euro.

B 5
Die Bemessungsgrundlage für die AfA des Gebäudes im Betriebsvermögen beträgt 100 000 Euro. Die AfA wird nach dem Einlagewert (100 000 Euro) bemessen, weil dieser geringer ist als die fortgeführten Anschaffungskosten (350 000 Euro).

B 6
Nach § 7 Absatz 4 Satz 1 Nummer 1 EStG ist vom Einlagewert des Gebäudes jährlich ein Betrag von 3 000 Euro (= 3 % von 100 000 Euro) abzusetzen. Der nach Ablauf von 33 Jahren verbleibende Restbuchwert von 1 000 Euro ist im Folgejahr abzusetzen. Das insgesamt geltend gemachte AfA-Volumen (vor und nach der Einlage) beträgt damit 450.000 Euro. Der von den ursprünglichen Anschaffungskosten des Gebäudes nicht abgeschriebene Betrag in Höhe von 250 000 Euro stellt einen einkommensteuerlich unbeachtlichen Wertverlust im Privatvermögen dar.

Fallgruppe 4
Der Einlagewert eines Wirtschaftsguts nach § 6 Absatz 1 Nummer 5 Satz 1 Halbsatz 2 Buchstabe a i. V. m. Satz 2 EStG gilt gleichzeitig auch als AfA-Bemessungsgrundlage gemäß § 7 Absatz 1 Satz 5 EStG.

Die vorstehenden Grundsätze sind in allen noch offenen Fällen anzuwenden. Rz. 5 ist erstmals auf Einlagen anzuwenden, die nach dem 31. Dezember 2010 vorgenommen werden.

Anlage § 007g–01

Zu § 7g EStG

Zweifelsfragen zum Investitionsabzugsbetrag nach § 7g Absatz 1 bis 4 und 7 EStG

– BdF-Schreiben vom 20.11.2013 – IV C 6-S 2139-b/07/10002, 2013/1044077 (BStBl. I S. 1493) –

Inhaltsübersicht

	Randnummer
I. Voraussetzungen für die Inanspruchnahme von Investitionsabzugsbeträgen (§ 7g Absatz 1 EStG)	
1. Begünstigte Betriebe	1 – 2
2. Begünstigte Wirtschaftsgüter	3 – 4
3. Höhe des Investitionsabzugsbetrages	5 – 6
4. Betriebsgrößenmerkmale nach § 7g Absatz 1 Satz 2 Nummer 1 EStG	7 – 16
5. Investitionsabsicht (§ 7g Absatz 1 Satz 2 Nummer 2 Buchstabe a und Nummer 3 EStG)	17 – 18
a) Inanspruchnahme von Investitionsabzugsbeträgen in der Steuererklärung vor der erstmaligen Steuerfestsetzung	19 – 23
b) Inanspruchnahme oder Erhöhung von Investitionsabzugsbeträgen nach der erstmaligen Steuerfestsetzung	24 – 26
c) Investitionsabzugsbeträge in Jahren vor Abschluss der Betriebseröffnung	27 – 31
d) Investitionsabzugsbeträge bei wesentlicher Erweiterung eines bestehenden Betriebes	32 – 33
e) Benennung des Wirtschaftsgutes der Funktion nach (§ 7g Absatz 1 Satz 2 Nummer 2 EStG)	34 – 35
6. Voraussichtliche Verwendung des begünstigten Wirtschaftsgutes (§ 7g Abs. 1 Satz 2 Nr. 2 Buchstabe b EStG)	36 – 42
7. Summe der Investitionsabzugsbeträge (§ 7g Abs. 1 Satz 4 EStG)	43
II. Hinzurechnung des Investitionsabzugsbetrages bei planmäßiger Durchführung der Investition und gleichzeitige gewinnmindernde Herabsetzung der Anschaffungs- oder Herstellungskosten (§ 7g Absatz 2 EStG)	44
1. Hinzurechnung des Investitionsabzugsbetrages (§ 7g Absatz 2 Satz 1 EStG)	45 – 46
2. Minderung der Anschaffungs- oder Herstellungskosten (§ 7g Absatz 2 Satz 2 EStG)	47 – 48
III. Rückgängigmachung des Investitionsabzugsbetrages (§ 7g Absatz 3 EStG)	49
1. Die begünstigte Investition wird nicht durchgeführt	50 – 52
2. Anschaffung oder Herstellung eines nicht funktionsgleichen Wirtschaftsgutes	53
3. Wechsel der Gewinnermittlungsart	54
4. Freiwillige Rückgängigmachung eines Investitionsabzugsbetrages	55
IV. Nichteinhaltung der Verbleibens- und Nutzungsfristen (§ 7g Absatz 4 EStG)	56 – 57
1. Schädliche Verwendung der Investition im Sinne von § 7g Absatz 4 Satz 1 EStG	58
2. Erforderliche Änderungen der betroffenen Steuerfestsetzungen	59 – 61
V. Buchtechnische und verfahrensrechtliche Grundlagen	
1. Inanspruchnahme eines Investitionsabzugsbetrages nach § 7g Absatz 1 EStG im Abzugsjahr	62
2. Gewinnhinzurechnung und gewinnmindernde Herabsetzung der Anschaffungs-/Herstellungskosten nach § 7g Absatz 2 EStG im Investitionsjahr	63
3. Zeitpunkt der Rückgängigmachung des Investitionsabzugsbetrages nach § 7g Absatz 3 oder 4 EStG	64
4. Auswirkungen der Rückgängigmachung von Investitionsabzugsbeträgen nach § 7g Absatz 3 oder 4 EStG auf Steuerrückstellungen	65
VI. Zeitliche Anwendung	66 – 69

Zu § 7g EStG   **Anlage § 007g–01**

Zur Anwendung von § 7g Absatz 1 bis 4 und 7 EStG in der Fassung des Unternehmensteuerreformgesetzes 2008 vom 14. August 2007 (BGBl. I S. 1912) nehme ich nach Abstimmung mit den obersten Finanzbehörden der Länder wie folgt Stellung:

I. Voraussetzungen für die Inanspruchnahme von Investitionsabzugsbeträgen (§ 7g Absatz 1 EStG)

1. Begünstigte Betriebe

Die Inanspruchnahme von Investitionsabzugsbeträgen ist ausschließlich bei Betrieben (Einzelunternehmen, Personengesellschaften und Körperschaften) möglich, die aktiv am wirtschaftlichen Verkehr teilnehmen und eine in diesem Sinne werbende Tätigkeit ausüben. Die Ermittlung des Gewinns aus Land- und Forstwirtschaft nach Durchschnittssätzen (§ 13a EStG) steht der Geltendmachung von Investitionsabzugsbeträgen nicht entgegen. Steuerpflichtige, die ihren Betrieb ohne Aufgabeerklärung durch Verpachtung im Ganzen fortführen (sog. Betriebsverpachtung im Ganzen), können die Regelungen in § 7g EStG nicht anwenden (BFH-Urteil vom 27. September 2001, BStBl. 2002 II S. 136). Im Falle einer Betriebsaufspaltung können sowohl das Besitzunternehmen als auch das Betriebsunternehmen Investitionsabzugsbeträge beanspruchen. Entsprechendes gilt bei Organschaften für Organträger und Organgesellschaft. 1

Auch Personengesellschaften und Gemeinschaften können unter entsprechender Anwendung der Regelungen dieses Schreibens § 7g EStG in Anspruch nehmen (§ 7g Absatz 7 EStG), wenn es sich um eine Mitunternehmerschaft (§ 13 Absatz 7 , § 15 Absatz 1 Satz 1 Nummer 2 , § 18 Absatz 4 Satz 2 EStG) handelt. Sie können Investitionsabzugsbeträge für geplante Investitionen der Gesamthand vom gemeinschaftlichen Gewinn in Abzug bringen. Beabsichtigt ein Mitunternehmer Anschaffungen oder Herstellungen, die zum Sonderbetriebsvermögen gehören, kann er ihm zuzurechnende Investitionsabzugsbeträge als „Sonderbetriebsabzugsbetrag" geltend machen. Der Abzug von Investitionsabzugsbeträgen für Wirtschaftsgüter, die sich bereits im Gesamthands- oder Sonderbetriebsvermögen befinden (z. B. Wirtschaftsgüter der Gesellschaft, die ein Mitunternehmer erwerben und anschließend an die Gesellschaft vermieten will), ist nicht zulässig. Bei der Prüfung des Größenmerkmals im Sinne von § 7g Absatz 1 Satz 2 Nummer 1 EStG (Randnummern 7 bis 16) sind das Gesamthandsvermögen und das Sonderbetriebsvermögen unter Berücksichtigung der Korrekturposten in den Ergänzungsbilanzen zusammenzurechnen. 2

2. Begünstigte Wirtschaftsgüter

Investitionsabzugsbeträge können für die künftige Anschaffung oder Herstellung von neuen oder gebrauchten abnutzbaren beweglichen Wirtschaftsgütern des Anlagevermögens geltend gemacht werden. Für immaterielle Wirtschaftsgüter, z. B. Software, kann § 7g EStG nicht in Anspruch genommen werden (BFH-Urteil vom 18. Mai 2011, BStBl. II S. 865). Das gilt nicht für sog. Trivialsoftware, die nach R 5.5 Absatz 1 EStR zu den abnutzbaren beweglichen und selbständig nutzbaren Wirtschaftsgütern gehört. 3

Die beabsichtigte Anschaffung oder Herstellung eines geringwertigen Wirtschaftsgutes im Sinne von § 6 Absatz 2 EStG oder eines Wirtschaftsgutes, das nach § 6 Absatz 2a EStG in einem Sammelposten zu erfassen ist, berechtigt ebenfalls zur Inanspruchnahme eines Investitionsabzugsbetrages. 4

3. Höhe des Investitionsabzugsbetrages

Es können bis zu 40 % der voraussichtlichen Anschaffungs- oder Herstellungskosten gewinnmindernd geltend gemacht werden. § 9b Absatz 1 EStG ist zu beachten. Die berücksichtigungsfähigen Anschaffungs- oder Herstellungskosten sind auch dann nicht zu vermindern, wenn bei der Investition des begünstigten Wirtschaftsgutes die AfA-Bemessungsgrundlage aufgrund Sonderregelungen anzupassen ist (z. B. wegen Berücksichtigung eines Schrott- oder Schlachtwertes, BFH-Urteil vom 31. August 2006, BStBl. II S. 910). 5

Für das begünstigte Wirtschaftsgut kann ein Investitionsabzugsbetrag nur in einem Wirtschaftsjahr geltend gemacht werden (Abzugsjahr, Randnummer 68). Erhöhen sich die prognostizierten Anschaffungs- oder Herstellungskosten, können bis zu 40 % dieser zusätzlichen Aufwendungen den ursprünglichen Abzugsbetrag erhöhen, soweit dadurch der für das Abzugsjahr geltende Höchstbetrag (Randnummer 43) nicht überschritten wird und die Steuerfestsetzung des Abzugsjahres verfahrensrechtlich noch änderbar ist. Dagegen können Bestandteile der berücksichtigungsfähigen Anschaffungs- oder Herstellungskosten, die wegen des Höchstbetrages nicht im Abzugsjahr abgezogen werden konnten, nicht in einem Folgejahr geltend gemacht werden. Entsprechendes gilt auch dann, wenn im Abzugsjahr nicht der höchstmögliche Abzugsbetrag von 40 % der Anschaffungs- oder Herstellungskosten in Anspruch genommen wurde. 6

1393

Anlage § 007g–01

Zu § 7g EStG

4. Betriebsgrößenmerkmale nach § 7g Absatz 1 Satz 2 Nummer 1 EStG

7   Investitionsabzugsbeträge können nur berücksichtigt werden, wenn der Betrieb am Schluss des Abzugsjahres (Randnummer 6) die in § 7g Absatz 1 Satz 2 Nummer 1 EStG genannten Größenmerkmale nicht überschreitet. In nach dem 31. Dezember 2008 und vor dem 1. Januar 2011 endenden Wirtschaftsjahren gelten die Betriebsgrößengrenzen gemäß § 52 Absatz 23 Satz 5 EStG in der Fassung des Gesetzes zur Umsetzung steuerrechtlicher Regelungen des Maßnahmenpakets „Beschäftigungssicherung durch Wachstumsstärkung" vom 21. Dezember 2008 (BGBl. I S. 2896).

a) Bilanzierende Betriebe mit Einkünften gemäß §§ 15 oder 18 EStG

8   Bei einer Gewinnermittlung nach § 4 Absatz 1 oder § 5 EStG ist das Betriebsvermögen eines Gewerbebetriebes oder eines der selbständigen Arbeit dienenden Betriebes am Ende des Wirtschaftsjahres des beabsichtigten Abzuges nach § 7g Absatz 1 EStG wie folgt zu ermitteln:

	Anlagevermögen
+	Umlaufvermögen
+	aktive Rechnungsabgrenzungsposten
–	Rückstellungen
–	Verbindlichkeiten
–	steuerbilanzielle Rücklagen (z. B. § 6b EStG, Ersatzbeschaffung)
–	noch passivierte Ansparabschreibungen gemäß § 7g Absatz 3 ff. EStG a. F.
–	passive Rechnungsabgrenzungsposten
=	Betriebsvermögen i. S. d. § 7g Absatz 1 Satz 2 Nummer 1 Buchstabe a EStG

9   Die in der steuerlichen Gewinnermittlung (inklusive etwaiger Sonder- und Ergänzungsbilanzen) ausgewiesenen o. g. Bilanzposten inklusive der Grundstücke sind mit ihren steuerlichen Werten anzusetzen. Bei den Steuerrückstellungen können die Minderungen aufgrund in Anspruch genommener Investitionsabzugsbeträge unberücksichtigt bleiben. Wird die Betriebsvermögensgrenze nur dann nicht überschritten, wenn von dieser Option Gebrauch gemacht wird, hat der Steuerpflichtige dem Finanzamt die maßgebende Steuerrückstellung darzulegen.

b) Betriebe der Land- und Forstwirtschaft

10 Der Wirtschaftswert von Betrieben der Land- und Forstwirtschaft ist auf Grundlage der §§ 2, 35 bis 46, 50 bis 62 des Bewertungsgesetzes (BewG) zu berechnen. Er umfasst nur die Eigentumsflächen des Land- und Forstwirtes unabhängig davon, ob sie selbst bewirtschaftet oder verpachtet werden. Eigentumsflächen des Ehegatten des Land- und Forstwirtes, die nur wegen § 26 BewG beim Einheitswert des land- und forstwirtschaftlichen Betriebes angesetzt werden, sind auch dann nicht zu berücksichtigen, wenn sie vom Land- und Forstwirt selbst bewirtschaftet werden.

11 Für die Ermittlung des Ersatzwirtschaftswertes gelten die §§ 125 ff. BewG. Das gilt unabhängig davon, ob die Vermögenswerte gesondert festzustellen sind. Zu berücksichtigen ist nur der Anteil am Ersatzwirtschaftswert, der auf den im Eigentum des Steuerpflichtigen stehenden und somit zu seinem Betriebsvermögen gehörenden Grund und Boden entfällt. Randnummer 10 Satz 3 gilt entsprechende.

c) Betriebe, die den Gewinn nach § 4 Absatz 3 EStG ermitteln (Einkünfte gemäß §§ 13, 15 und 18 EStG)

12 Ermittelt der Steuerpflichtige seine Einkünfte aus Gewerbebetrieb oder selbständiger Arbeit nach § 4 Absatz 3 EStG, können Investitionsabzugsbeträge nur geltend gemacht werden, wenn der Gewinn 100.000 € nicht übersteigt; in diesen Fällen ist das Betriebsvermögen gemäß § 7g Absatz 1 Satz 2 Nummer 1 Buchstabe a EStG nicht relevant. Dagegen reicht es bei nach § 4 Absatz 3 EStG ermittelten Einkünften aus Land- und Forstwirtschaft aus, wenn entweder die Gewinngrenze von 100.000 € oder der Wirtschaftswert/Ersatzwirtschaftswert (Randnummern 10 und 11) nicht überschritten wird.

13 Gewinn im Sinne von § 7g Absatz 1 Satz 2 Nummer 1 Buchstabe c EStG ist der Betrag, der ohne Berücksichtigung von Abzügen und Hinzurechnungen gemäß § 7g Absatz 1 und Absatz 2 Satz 1 EStG der Besteuerung zugrunde zu legen ist. Nach § 7g Absatz 6 EStG a. F. aufzulösende und als Betriebseinnahme zu berücksichtigende Ansparabschreibungen erhöhen den maßgebenden Gewinn. Die Gewinngrenze ist für jeden Betrieb getrennt zu ermitteln und gilt unabhängig davon, wie viele Personen an dem Unternehmen beteiligt sind.

14 Wird ein Betrieb im Laufe eines Wirtschaftsjahres unentgeltlich nach § 6 Absatz 3 EStG übertragen, ist für die Prüfung der Gewinngrenze nach § 7g Absatz 1 Satz 2 Nummer 1 Buchstabe c EStG der anteilige Gewinn oder Verlust des Rechtsvorgängers und des Rechtsnachfolgers zusammenzufassen.

15 Hat der Steuerpflichtige mehrere Betriebe, ist für jeden Betrieb gesondert zu prüfen, ob die Grenzen des § 7g Absatz 1 Satz 2 Nummer 1 EStG überschritten werden. Bei Personengesellschaften, bei denen die Gesell-

Zu § 7g EStG **Anlage § 007g–01**

schafter als Mitunternehmer anzusehen sind, sind das Betriebsvermögen, der Wirtschaftswert/Ersatzwirtschaftswert oder der Gewinn der Personengesellschaft maßgebend. Das gilt auch dann, wenn die Investitionsabzugsbeträge für Wirtschaftsgüter in Anspruch genommen werden, die zum Sonderbetriebsvermögen eines Mitunternehmers der Personengesellschaft gehören. In den Fällen der Betriebsaufspaltung sind das Besitz- und das Betriebsunternehmen bei der Prüfung der Betriebsgrößenmerkmale des § 7g Absatz 1 Satz 2 Nummer 1 EStG getrennt zu beurteilen (BFH-Urteil vom 17. Juli 1991, BStBl. 1992 II S. 246). Entsprechendes gilt bei Organschaften für Organträger und Organgesellschaft.

Werden die maßgebenden Betriebsgrößenobergrenzen des Abzugsjahres (Randnummer 6) aufgrund einer nachträglichen Änderung (z. B. zusätzliche Aktivierung eines Wirtschaftsgutes, Erhöhung des Gewinns nach § 4 Absatz 3 EStG) überschritten, ist der entsprechende Steuerbescheid unter den Voraussetzungen der §§ 164, 165 und 172 ff. Abgabenordnung (AO) zu ändern. 16

5. Investitionsabsicht (§ 7g Absatz 1 Satz 2 Nummer 2 Buchstabe a und Nummer 3 EStG)

Ein Investitionsabzugsbetrag kann nur in Anspruch genommen werden, wenn der Steuerpflichtige beabsichtigt, das begünstigte Wirtschaftsgut voraussichtlich in einem dem Abzugsjahr (Randnummer 6) folgenden drei Wirtschaftsjahre anzuschaffen oder herzustellen (Investitionszeitraum). Für die hinreichende Konkretisierung der geplanten Investition ist eine Prognoseentscheidung über das künftige Investitionsverhalten erforderlich (BFH-Urteile vom 19. September 2002, BStBl. 2004 II S. 184, vom 6. März 2003, BStBl. 2004 II S. 187 und vom 11. Juli 2007, BStBl. II S. 957). Maßgebend für die Frage, ob eine künftige Anschaffung oder Herstellung geplant ist, ist die Sicht am Ende des Gewinnermittlungszeitraumes, für den der Investitionsabzugsbetrag geltend gemacht wird. 17

In den Fällen der unentgeltlichen Betriebsübertragung nach § 6 Absatz 3 EStG oder der Buchwerteinbringung nach §§ 20, 24 UmwStG verkürzt das im Übertragungsjahr regelmäßig entstehende Rumpfwirtschaftsjahr nicht den maßgebenden Investitionszeitraum. Erfolgt die Übertragung beispielsweise im letzten Wirtschaftsjahr der Investitionsfrist für ein Wirtschaftsgut, für das der Rechtsvorgänger einen Investitionsabzugsbetrag beansprucht hat, kann der Rechtsnachfolger die Investition noch bis zum Ende der regulären Investitionsfrist steuerbegünstigt durchführen. 18

a) Inanspruchnahme von Investitionsabzugsbeträgen in der Steuererklärung vor der erstmaligen Steuerfestsetzung

   aa) Erstmalige Inanspruchnahme

      Vorbehaltlich der Randnummern 27 bis 31 (Investitionsabzugsbeträge in Jahren vor Abschluss der Betriebseröffnung) reicht es für die Inanspruchnahme von Investitionsabzugsbeträgen in der Steuererklärung (also vor der erstmaligen Steuerfestsetzung) aus, das einzelne Wirtschaftsgut, das voraussichtlich angeschafft oder hergestellt werden soll, in den beim Finanzamt einzureichenden Unterlagen seiner Funktion nach zu benennen (Randnummer 34) und die Höhe der voraussichtlichen Anschaffungs- oder Herstellungskosten anzugeben (§ 7g Absatz 1 Satz 2 Nummer 3 EStG); § 9b EStG ist zu beachten. Die Vorlage eines Investitionsplanes oder eine feste Bestellung eines bestimmten Wirtschaftsgutes ist nicht erforderlich. Die notwendigen Angaben können auch noch im Einspruchs- oder Klageverfahren durch weitere, bei Abgabe der Steuererklärung bereits vorhandene Nachweise vervollständigt werden (BFH-Urteil vom 8. Juni 2011, BStBl. 2013 II S. XXX). 19

      Es ist grundsätzlich unbeachtlich, ob die Investition bei Abgabe der Steuererklärung bereits durchgeführt wurde oder ob der Steuerpflichtige im Zeitpunkt der Anschaffung oder Herstellung des begünstigten Wirtschaftsgutes die Absicht hatte, einen Investitionsabzugsbetrag in Anspruch zu nehmen (BFH-Urteil vom 17. Januar 2012, BStBl. 2013 II S. xxx). Ist allerdings die Investitionsfrist nach § 7g Absatz 1 Satz 2 Nummer 2 Buchstabe a EStG bereits abgelaufen und wurde tatsächlich keine Investition getätigt, kann ein Investitionsabzugsbetrag bereits wegen der gleichzeitigen Rückgängigmachung (Randnummer 50) nicht mehr berücksichtigt werden. Entsprechendes gilt, wenn der Abzug so kurze Zeit vor Ablauf des Investitionszeitraums geltend gemacht wird, dass nicht mehr mit einer fristgerechten Durchführung der Investition gerechnet werden kann (BFH-Urteil vom 17. Januar 2012, a. a. O .). 20

   bb) Wiederholte Inanspruchnahme von Investitionsabzugsbeträgen für bestimmte Investitionen

      Die wiederholte Inanspruchnahme von Investitionsabzugsbeträgen für bestimmte Investitionen nach Ablauf des vorangegangenen Investitionszeitraums ist nur zulässig, wenn der Steuerpflichtige ausreichend begründet, weshalb die Investitionen trotz gegenteiliger Absichtserklärung bislang noch nicht durchgeführt wurden, aber dennoch weiterhin geplant sind (BFH-Urteil vom 6. September 2006, BStBl. 2007 II S. 860). Das gilt auch dann, wenn der Steuerpflichtige bei der erneuten Geltendmachung die Anzahl dieser Wirtschaftsgüter erhöht oder vermindert (BFH-Urteil vom 11. Oktober 2007, BStBl. 2008 II S. 119). 21

Anlage § 007g–01 Zu § 7g EStG

cc) Investitionsabzugsbeträge im zeitlichen und sachlichen Zusammenhang mit einer Betriebsveräußerung oder Betriebsaufgabe

22 Wurde der Betrieb bereits veräußert oder aufgegeben oder hat der Steuerpflichtige bei Abgabe der Steuererklärung für das Kalenderjahr, in dem Investitionsabzugsbeträge geltend gemacht werden, den Entschluss gefasst, seinen Betrieb insgesamt zu veräußern oder aufzugeben, können Investitionsabzugsbeträge nicht mehr in Anspruch genommen werden (BFH-Urteil vom 20. Dezember 2006, BStBl. 2007 II S. 862 zu den bisherigen Ansparabschreibungen), es sei denn, die maßgebenden Investitionen werden voraussichtlich noch vor der Betriebsveräußerung oder Betriebsaufgabe durchgeführt (z. B. kleinere Anschaffungen, BFH-Urteil vom 1. August 2007, BStBl. 2008 II S. 106).

23 Behält der Steuerpflichtige im Rahmen der Betriebsveräußerung oder Betriebsaufgabe Betriebsvermögen zurück und übt seine bisherige Tätigkeit der Art nach weiterhin mit Gewinnerzielungsabsicht aus, können für mit dem „Restbetrieb" im Zusammenhang stehende Investitionen bei Vorliegen der Voraussetzungen des § 7g EStG weiterhin Investitionsabzugsbeträge in Anspruch genommen werden. Dies gilt unabhängig davon, ob die Veräußerung oder Entnahme des sonstigen Betriebsvermögens nach den §§ 16 und 34 EStG besteuert wird (BFH-Urteil vom 1. August 2007, BStBl. 2008 II S. 106).

b) Inanspruchnahme oder Erhöhung von Investitionsabzugsbeträgen nach der erstmaligen Steuerfestsetzung

24 Werden Investitionsabzugsbeträge nach der erstmaligen Steuerfestsetzung in Anspruch genommen oder bereits geltend gemachte Abzugsbeträge erhöht (z. B. im Rahmen eines Rechtsbehelfsverfahrens oder Änderungsantrages nach § 172 Absatz 1 Satz 1 Nummer 2 Buchstabe a AO), sind die Randnummern 19 bis 23 entsprechend anzuwenden. Im Hinblick auf die gesetzlich geforderte Investitionsabsicht hat der Steuerpflichtige jedoch glaubhaft darzulegen, aus welchen Gründen ein Abzugsbetrag nicht bereits in der ursprünglichen Gewinnermittlung geltend gemacht wurde, und dass in dem Gewinnermittlungszeitraum, in dem ein Investitionsabzugsbetrag nachträglich berücksichtigt werden soll, eine voraussichtliche Investitionsabsicht bestanden hat. Die erhöhten Anforderungen gelten nicht für Investitionsabzugsbeträge, die im Einspruchsverfahren gegen einen Schätzungsbescheid mit der nachgereichten Steuererklärung geltend gemacht werden (BFH-Urteil vom 8. Juni 2011, BStBl. II 2013 S. xxx).Nach ständiger BFH-Rechtsprechung (z. B. Urteil vom 20. Juni 2012, BStBl. 2013 II S. 719) scheidet die Geltendmachung von Investitionsabzugsbeträgen nach der erstmaligen Steuerfestsetzung in den folgenden Fällen aus:

aa) Die Investitionsfrist ist abgelaufen oder läuft in Kürze aus und es wurde keine Investition getätigt

25 Die Investitionsfrist ist bei Antragstellung bereits abgelaufen oder läuft in Kürze aus (Randnummer 20).

bb) Die Investition wurde bereits durchgeführt

26 Der Abzug wird mehr als drei Jahre (taggenaue Berechnung) nach Durchführung der Investition beantragt (BFH-Urteil vom 17. Juni 2010, BStBl. 2013 II S. 8) oder die Nachholung dient erkennbar dem Ausgleich von nachträglichen Einkommenserhöhungen (z. B. nach einer Betriebsprüfung, BFH-Urteil vom 29. April 2008, BStBl. II S. 747).

c) Investitionsabzugsbeträge in Jahren vor Abschluss der Betriebseröffnung

27 Die Eröffnung eines Betriebes beginnt zu dem Zeitpunkt, in dem der Steuerpflichtige mit Tätigkeiten beginnt, die objektiv erkennbar auf die Vorbereitung der betrieblichen Tätigkeit gerichtet sind (BFH-Urteil vom 9. Februar 1983, BStBl. II S. 451) und ist erst abgeschlossen, wenn alle wesentlichen Grundlagen vorhanden sind (BFH-Urteil vom 10. Juli 1991, BStBl. II S. 840).

28 In Jahren vor Abschluss der Betriebseröffnung kann ein Investitionsabzugsbetrag für die künftige Anschaffung oder Herstellung eines begünstigten Wirtschaftsgutes nur in Anspruch genommen werden, wenn am Schluss des Jahres, in dem der Abzug vorgenommen wird, die Größenmerkmale gemäß § 7g Absatz 1 Satz 2 Nummer 1 EStG (Randnummern 7 bis 15) nicht überschritten werden und die Investitionsabsicht im Zusammenhang mit der Betriebsgründung ausreichend konkretisiert ist (Randnummer 29).

29 Bei der Neugründung eines Betriebes ist eine besondere Prüfung der Investitionsabsicht erforderlich, da eine Plausibilitätskontrolle am Maßstab eines bislang verfolgten Betriebskonzeptes nicht möglich ist (BFH-Urteil vom 20. Juni 2012, BStBl. 2013 II S. 719). Der Steuerpflichtige hat anhand geeigneter Unterlagen wie beispielsweise Kostenvoranschlägen, Informationsmaterial, konkreten Verhandlungen oder verbindlichen Bestellungen die Investitionsabsicht am Bilanzstichtag darzulegen. Gewichtige Indizien, die für das Vorliegen der Investitionsabsicht bei einem in Gründung befindlichen

Zu § 7g EStG   **Anlage § 007g–01**

Betrieb sprechen, können darin gesehen werden, dass der Steuerpflichtige im Rahmen der Betriebseröffnung bereits selbst und endgültig mit Aufwendungen belastet ist oder dass die einzelnen zum Zwecke der Betriebseröffnung bereits unternommenen Schritte sich als sinnvolle, zeitlich zusammenhängende Abfolge mit dem Ziel des endgültigen Abschlusses der Betriebseröffnung darstellen. Allein die Einholung von unverbindlichen Angeboten sowie Kostenvoranschlägen oder die Teilnahme an Informationsveranstaltungen reichen jedoch nicht als Nachweis der Investitionsabsicht aus, da diese ersten Vorbereitungshandlungen für den Steuerpflichtigen in der Regel kostenfrei und risikolos sind. Ergänzend ist die weitere Entwicklung nach dem Ende des Gewinnermittlungszeitraums oder des Bilanzstichtages in einem Zeitraum, der den bei ernsthaft geplanten Investitionen üblichen Rahmen nicht überschreitet, dahingehend zu prüfen, ob sich die Durchführung der geplanten Investition weiter konkretisiert. Als ein den üblichen Rahmen nicht überschreitender Zeitraum kann regelmäßig das auf das Jahr der Inanspruchnahme des Investitionsabzugsbetrages folgende Kalender- oder Wirtschaftsjahr angesehen werden.

Bei der Berechnung des maßgebenden Investitionszeitraums für das jeweilige Wirtschaftsgut (Randnummer 17 Satz 1) gelten das Jahr, in dem der Investitionsabzugsbetrag abgezogen wurde, ggf. darauf folgende Jahre sowie das Jahr, in dem die Betriebseröffnung abgeschlossen wird, jeweils als ein Wirtschaftsjahr. 30

Wurden Investitionsabzugsbeträge zulässigerweise in Anspruch genommen und kommt es später wider Erwarten nicht zum Abschluss der Betriebseröffnung, sind die Investitionsabzugsbeträge nach § 7g Absatz 3 EStG rückgängig zu machen (Randnummer 50), wenn feststeht, dass der Betrieb nicht eröffnet wird. 31

d) Investitionsabzugsbeträge bei wesentlicher Erweiterung eines bestehenden Betriebes

Bei einer geplanten wesentlichen Erweiterung eines bereits bestehenden Betriebes gelten die allgemeinen Regelungen für die Glaubhaftmachung der Investitionsabsicht (Randnummer 17 ff.); Randnummer 29 ist nicht anzuwenden. 32

Bei der Prüfung der Größenmerkmale ist auf das Betriebsvermögen des bestehenden Betriebes insgesamt und nicht nur auf die Betriebserweiterung abzustellen. Die Randnummern 7 bis 16 gelten entsprechend. 33

e) Benennung des Wirtschaftsgutes der Funktion nach (§ 7g Absatz 1 Satz 2 Nummer 3 EStG)

Neben der Angabe der voraussichtlichen Anschaffungs- oder Herstellungskosten ist das begünstigte Wirtschaftsgut in den dem Finanzamt einzureichenden Unterlagen seiner Funktion nach zu benennen. Hierfür reicht es aus, die betriebsinterne Bestimmung stichwortartig darzulegen. Dabei muss erkennbar sein, für welchen Zweck das Wirtschaftsgut angeschafft oder hergestellt werden soll. Lässt sich die geplante Investition einer stichwortartigen Bezeichnung zuordnen, aus der sich die Funktion des Wirtschaftsgutes ergibt, reicht die Angabe dieses Stichwortes aus. Allgemeine Bezeichnungen, aus denen sich die Funktion des Wirtschaftsgutes nicht hinreichend bestimmen lässt (z. B. „Maschinen" oder „Fuhrpark"), sind dagegen nicht zulässig. Auch eine „räumliche" Betrachtungsweise, wonach alle Wirtschaftsgüter begünstigt sind, die in einem bestimmten räumlichen Zusammenhang stehen (z. B. Büro, Werkshalle, Stall) lässt § 7g Absatz 1 Satz 2 Nummer 3 EStG nicht zu. 34

Beispiele für die Funktionsbeschreibung eines Wirtschaftsgutes:

Beschreibung	begünstigtes Wirtschaftsgut z. B.	Nicht begünstigtes Wirtschaftsgut z. B.
Vorrichtung oder Werkzeug für die Herstellung eines Wirtschaftsgutes	Produktionsmaschine, Werkzeug für Reparatur und Wartung	Einrichtungsgegenstand für die Produktionshalle
Vorrichtung für die Beseitigung und Entsorgung betrieblicher Abfälle	Sammelbehälter für Abfälle, Reinigungsmaschine	Produktionsmaschine
Vorrichtung für die Verbesserung des Raumklimas in betrieblichen Räumen und Hallen	Klima- und Trockengerät (sofern nicht Gebäudebestandteil)	Produktionsmaschine, Einrichtungsgegenstand
Vorrichtung für die Versorgung des Viehs in einem landwirtschaftlichen Betrieb	Fütterungsanlage, Futterbehälter, Werkzeug für die Futterverteilung	Klimagerät, Abfallbehälter, Stalleinrichtung

Anlage § 007g–01 Zu § 7g EStG

Beispiele für stichwortartige Bezeichnungen, aus denen sich die Funktion des jeweiligen Wirtschaftsgutes ergibt:

Stichwortartige Bezeichnung	begünstigtes Wirtschaftsgut z. B.	Nicht begünstigtes Wirtschaftsgut z. B.
Bürotechnik-Gegenstand	Computer, Drucker, Faxgerät, Telefon, Kopierer	Büroeinrichtungsgegenstand, Büromöbelstück
Nutzfahrzeug	Traktor, Lkw, Mähdrescher, Anhänger, Gabelstapler	Pkw
Pkw	Jedes Fahrzeug, das üblicherweise vorrangig der Personenbeförderung dient	Traktor, Lkw, Mähdrescher, Anhänger, Gabelstapler
Büroeinrichtungsgegenstand/ Büromöbelstück	Schreibtisch, Stuhl, Rollcontainer, Regal, Dekorationsgegenstand	Bürotechnik-Gegenstand, Klimagerät

Bei einer Funktionsbeschreibung oder der Verwendung einer zulässigen stichwortartigen Bezeichnung ist der jeweilige Investitionsabzugsbetrag grundsätzlich für jedes einzelne Wirtschaftsgut gesondert zu dokumentieren. Eine Zusammenfassung mehrerer funktionsgleicher Wirtschaftsgüter, deren voraussichtliche Anschaffungs- oder Herstellungskosten übereinstimmen, ist zulässig. Dabei ist die Anzahl dieser Wirtschaftsgüter anzugeben.

Beispiel:

Geplante Anschaffung: 5 Bürostühle für je 100 €

Erforderliches Dokumentation z. B. 5 x Büroeinrichtungsgegenstand insg. 500 €

35 Die dokumentierte Funktionsbeschreibung ist maßgebend für die Anwendung des § 7g EStG. Wird ein über die Funktionsbeschreibung hinausgehender Begriff verwendet, ist dieser Grundlage für die Prüfung der Funktionsgleichheit der geplanten und tatsächlich getätigten Investition. Wird beispielsweise die Bezeichnung „Bürostuhl" verwendet, ist auch nur die Anschaffung einer entsprechenden Sitzgelegenheit (Chefsessel, einfacher Drehstuhl o. ä.), nicht aber eines Wandregals begünstigt.

6. Voraussichtliche Verwendung des begünstigten Wirtschaftsgutes (§ 7g Absatz 1 Satz 2 Nummer 2 Buchstabe b EStG)

36 Die Inanspruchnahme eines Investitionsabzugsbetrages setzt voraus, dass das begünstigte Wirtschaftsgut mindestens bis zum Ende des dem Wirtschaftsjahr der Anschaffung oder Herstellung folgenden Wirtschaftsjahres (Verbleibens- und Nutzungszeitraum) in einer inländischen Betriebsstätte des Betriebes ausschließlich oder fast ausschließlich betrieblich genutzt wird (§ 7g Absatz 1 Satz 2 Nummer 2 Buchstabe b EStG).

a) Nutzung in einer inländischen Betriebsstätte

37 Die betriebliche Nutzung des Wirtschaftsguts in einer inländischen Betriebsstätte des begünstigten Betriebes im Verbleibens- und Nutzungszeitraum (Randnummer 36) ergibt sich regelmäßig aus der Erfassung im Bestandsverzeichnis (Anlageverzeichnis), es sei denn, es handelt sich um ein geringwertiges Wirtschaftsgut im Sinne von § 6 Absatz 2 EStG oder um ein Wirtschaftsgut, das nach § 6 Absatz 2a EStG in einem Sammelposten zu erfassen ist. Der Steuerpflichtige hat die Möglichkeit, die betriebliche Nutzung anderweitig nachzuweisen. Die Verbleibens- und Nutzungsvoraussetzung wird insbesondere dann nicht mehr erfüllt, wenn das Wirtschaftsgut innerhalb des Verbleibens- und Nutzungszeitraums

– veräußert oder entnommen wird,

– einem Anderen für mehr als drei Monate entgeltlich oder unentgeltlich zur Nutzung überlassen wird (z. B. längerfristige Vermietung) oder

– in einen anderen Betrieb, in eine ausländische Betriebsstätte oder in das Umlaufvermögen überführt wird.

Bei einer wegen sachlicher und personeller Verflechtung bestehenden Betriebsaufspaltung gilt die Verbleibensvoraussetzung trotz der Überlassung als erfüllt. Das gilt jedoch nicht, wenn die personelle Verflechtung zwischen dem Besitz- und Betriebsunternehmen ausschließlich auf einer tatsächlichen Beherrschung beruht (hierzu BMF-Schreiben vom 20. September 1993, BStBl. I S. 803).

Zu § 7g EStG | Anlage § 007g–01

Eine Veräußerung oder Entnahme liegt auch vor, wenn der Betrieb im Verbleibens- und Nutzungszeitraum aufgegeben oder veräußert wird. Dagegen sind die Veräußerung, der Erbfall, der Vermögensübergang im Sinne des UmwStG oder die unentgeltliche Übertragung des Betriebes, Teilbetriebes oder Mitunternehmeranteils nach § 6 Absatz 3 EStG unschädlich, wenn der begünstigte Betrieb, Teilbetrieb oder Mitunternehmeranteil bis zum Ende des Verbleibens- und Nutzungszeitraums in der Hand des neuen Eigentümers bestehen bleibt und gleichzeitig die Nutzungs- und Verbleibensvoraussetzungen für das begünstigte Wirtschaftsgut erfüllt werden. Der vom ursprünglichen Anschaffungs- oder Herstellungszeitpunkt ausgehend ermittelte Nutzungs- und Verbleibenszeitraum bleibt auch für Erwerber der Sachgesamtheit maßgebend; innerhalb dieses Zeitraums sind mehrere begünstigte Übertragungen möglich. Bei einer Betriebsverpachtung im Ganzen gilt Entsprechendes. Unbeachtlich ist auch, wenn der Steuerpflichtige aufgrund struktureller Veränderungen im Betrieb künftig Gewinne oder Verluste aus einer anderen Einkunftsart im Sinne des § 2 Absatz 1 Satz 1 Nummer 1 bis 3 EStG erzielt (z. B. Wechsel von Einkünften aus Land- und Forstwirtschaft zu Einkünften aus Gewerbebetrieb).

Die Verbleibens- und Nutzungsvoraussetzung gilt auch dann als erfüllt, wenn das vorzeitige Ausscheiden des Wirtschaftsgutes unmittelbar auf einem nicht vom Willen des Steuerpflichtigen abhängigen Ereignis beruht, z. B. infolge 38

– Ablaufes der Nutzungsdauer wegen wirtschaftlichen Verbrauches,
– Umtausches wegen Mangelhaftigkeit gegen ein anderes Wirtschaftsgut gleicher oder besserer Qualität oder
– höherer Gewalt oder behördlicher Eingriffe (s. R 6.6 Absatz 2 EStR).

Ein noch erzielbarer Schrott- oder Schlachtwert steht einem wirtschaftlichen Verbrauch oder einer Mangelhaftigkeit nicht entgegen.

b) Ausschließliche oder fast ausschließliche betriebliche Nutzung

Ein Wirtschaftsgut wird ausschließlich oder fast ausschließlich betrieblich genutzt, wenn es der Steuerpflichtige zu nicht mehr als 10 % privat nutzt. Der Steuerpflichtige hat in begründeten Zweifelsfällen darzulegen, dass der Umfang der betrieblichen Nutzung mindestens 90 % beträgt. 39

Fahrten zwischen Wohnung und Betriebsstätte und Familienheimfahrten im Rahmen einer doppelten Haushaltsführung sind der betrieblichen Nutzung zuzurechnen. Der Umfang der betrieblichen Nutzung im maßgebenden Nutzungszeitraum ist vom Steuerpflichtigen anhand geeigneter Unterlagen darzulegen; im Fall des § 6 Absatz 1 Nummer 4 Satz 3 EStG durch das ordnungsgemäße Fahrtenbuch. Bei Anwendung der sog. 1 %-Regelung (§ 6 Absatz 1 Nummer 4 Satz 2 EStG) ist grundsätzlich von einem schädlichen Nutzungsumfang auszugehen. 40

Wird eine Photovoltaikanlage gewerblich betrieben, ist der private Verbrauch des Stroms keine schädliche außerbetriebliche Nutzung im Sinne des § 7g EStG, sondern eine Sachentnahme des produzierten Stroms, auch soweit für den selbst verbrauchten Strom keine Vergütung mehr gezahlt wird. Für die Frage der Nutzung kommt es auf die unmittelbare Verwendung des Wirtschaftsgutes „Photovoltaikanlage" an. Der erzeugte „Strom" ist lediglich dessen Produkt. Dagegen ist bei sog. Blockheizkraftwerken die Wärmeerzeugung eine Nutzung, so dass es in diesen Fällen darauf ankommt, ob und ggf. in welchem Umfang die mit Wärme versorgten Gebäude oder Einrichtungen zum Betriebsvermögen gehören. Wird die vom Blockheizkraftwerk erzeugte Wärme für den Privathaushalt oder für andere außerbetrieblich genutzte Gebäude oder Einrichtungen des Steuerpflichtigen genutzt, liegt insoweit eine schädliche Nutzung im Sinne des § 7g EStG vor. 41

Die Frage, ob die Verbleibens- und Nutzungsvoraussetzungen voraussichtlich erfüllt werden, ist anhand einer wirtschaftsgutbezogenen Prognoseentscheidung und unabhängig von der Verwendung vergleichbarer Wirtschaftsgüter zu beurteilen (zum Zeitpunkt der Prognoseentscheidung Randnummer 17). So scheidet beispielsweise die Inanspruchnahme eines Investitionsabzugsbetrages für die geplante Anschaffung eines weiteren Pkw nicht deshalb aus, weil bei dem bereits angeschafften Pkw die sog. 1 %-Regelung angewendet wird (BFH-Beschluss vom 26. November 2009). Stellt sich bei der Investition oder bereits zu einem früheren Zeitpunkt heraus, dass die Verbleibens- oder Nutzungsvoraussetzungen nicht erfüllt werden, wurde oder wird kein begünstigtes Wirtschaftsgut im Sinne des § 7g Absatz 1 und 2 EStG angeschafft oder hergestellt. In diesen Fällen ist § 7g Absatz 3 EStG (Randnummern 50 und 51) anzuwenden. 42

7. Summe der Investitionsabzugsbeträge (§ 7g Absatz 1 Satz 4 EStG)

Die Summe der am Ende des Wirtschaftsjahres in Anspruch genommenen Investitionsabzugsbeträge darf je Betrieb 200.000 € nicht übersteigen. Dieser Betrag vermindert sich um die in den drei vorangegangenen Wirtschaftsjahren berücksichtigten Abzugsbeträge nach § 7g Absatz 1 EStG, die noch 43

Anlage § 007g–01

Zu § 7g EStG

"vorhanden" sind, d. h. nicht wieder hinzugerechnet (§ 7g Absatz 2 EStG) oder rückgängig gemacht wurden (§ 7g Absatz 3 und 4 EStG). Zusätzlich sind noch bestehende Ansparabschreibungen nach § 7g EStG a. F. auf den Höchstbetrag anzurechnen (§ 52 Absatz 23 Satz 4 EStG).

II. Hinzurechnung des Investitionsabzugsbetrages bei planmäßiger Durchführung der Investition und gleichzeitige gewinnmindernde Herabsetzung der Anschaffungs- oder Herstellungskosten (§ 7g Absatz 2 EStG)

44 Wird das begünstigte Wirtschaftsgut (Randnummern 3 und 4), für das ein Investitionsabzugsbetrag nach § 7g Absatz 1 EStG in Anspruch genommen wurde, angeschafft oder hergestellt, ist § 7g Absatz 2 EStG anzuwenden (Randnummern 45 ff.). Steht bereits bei Abgabe der maßgebenden Steuererklärung fest oder ist davon auszugehen, dass die Verbleibens- und Nutzungsvoraussetzungen des § 7g Absatz 1 Satz 2 Nummer 2 Buchstabe b EStG (Randnummern 36 bis 42) nicht erfüllt werden, ist der Investitionsabzugsbetrag nach § 7g Absatz 3 EStG rückgängig zu machen. Die Randnummern 50 und 51 gelten entsprechend.

1. Hinzurechnung des Investitionsabzugsbetrages (§ 7g Absatz 2 Satz 1 EStG)

45 Der Gewinn des Wirtschaftsjahres der Investition des begünstigten Wirtschaftsgutes ist zwingend um 40 % der tatsächlichen Anschaffungs- oder Herstellungskosten, höchstens jedoch in Höhe des für diese Investition nach § 7g Absatz 1 EStG geltend gemachten Abzugsbetrages, zu erhöhen (Hinzurechnung des Investitionsabzugsbetrages). Die Randnummer 5 Satz 2 gilt entsprechend.

46 Soweit der für das begünstigte Wirtschaftsgut beanspruchte Investitionsabzugsbetrag den Hinzurechnungsbetrag nach Randnummer 45 übersteigt, kann der übersteigende Betrag für innerhalb des verbleibenden Investitionszeitraumes nachträglich anfallende Anschaffungs- oder Herstellungskosten beansprucht werden. Die Randnummer 45 gilt entsprechend. Soweit allerdings innerhalb des verbleibenden Investitionszeitraums keine nachträglichen Anschaffungs- oder Herstellungskosten für das begünstigte Wirtschaftsgut entstehen, ist der übersteigende Investitionsabzugsbetrag unter Beachtung der Randnummern 50 und 51 rückgängig zu machen. Die Übertragung auf ein anderes begünstigtes Wirtschaftsgut ist auch dann nicht zulässig, wenn das andere Wirtschaftsgut funktionsgleich ist.

2. Minderung der Anschaffungs- oder Herstellungskosten (§ 7g Absatz 2 Satz 2 EStG)

47 Zum Ausgleich der Gewinnerhöhung durch die Hinzurechnung des Investitionsabzugsbetrages können die tatsächlichen Anschaffungs- oder Herstellungskosten des begünstigten Wirtschaftsgutes im Wirtschaftsjahr der Anschaffung oder Herstellung um bis zu 40 % gewinnmindernd herabgesetzt werden. Das gilt nicht bei einer Ermittlung des Gewinns aus Land- und Forstwirtschaft nach Durchschnittssätzen (§ 13a EStG). Die Minderung ist beschränkt auf die Hinzurechnung nach § 7g Absatz 2 Satz 1 EStG. Damit wird im Ergebnis – entsprechend dem Sinn und Zweck des § 7g EStG – Abschreibungsvolumen in einem Jahr vor der tatsächlichen Investition gewinnmindernd berücksichtigt. Die Herabsetzung nach § 7g Absatz 2 Satz 2 EStG und der Investitionsabzugsbetrag nach § 7g Absatz 1 EStG bedingen sich gegenseitig, so dass insoweit – abweichend von den Sonderabschreibungen nach § 7g Absatz 5 und 6 EStG – keine isoliert zu betrachtende Abschreibungsmöglichkeit besteht.

48 Bei Inanspruchnahme der Herabsetzung gemäß § 7g Absatz 2 Satz 2 EStG vermindert sich die Bemessungsgrundlage für die Absetzungen nach den §§ 7 ff. EStG um diesen Betrag. Darüber hinaus kann die entsprechende Kürzung der Anschaffungs- oder Herstellungskosten zur Anwendung der Regelungen zu den sog. geringwertigen Wirtschaftsgütern nach § 6 Absatz 2 EStG und zu den Wirtschaftsgütern, die nach § 6 Absatz 2a EStG in einem Sammelposten zu erfassen sind, führen, wenn die dort genannten Betragsgrenzen unterschritten werden.

III. Rückgängigmachung des Investitionsabzugsbetrages (§ 7g Absatz 3 EStG)[1]

49 Ein Investitionsabzugsbetrag ist rückgängig zu machen, wenn das Wirtschaftsgut, für das der Abzug in Anspruch genommen wurde, tatsächlich nicht innerhalb des Investitionszeitraums angeschafft oder hergestellt wird. Wurde zwar investiert, aber ist die tatsächliche Investition nicht begünstigt im Sinne von § 7g EStG oder nicht funktionsgleich mit dem ursprünglich geplanten Wirtschaftsgut, ist ebenfalls § 7g Absatz 3 EStG anzuwenden.

1. Die begünstigte Investition wird nicht durchgeführt

50 Wird die geplante begünstigte Investition nicht durchgeführt, ist der für dieses Wirtschaftsgut in Anspruch genommene Investitionsabzugsbetrag nach § 7g Absatz 1 EStG spätestens nach Ablauf des Investitionszeitraumes (§ 7g Absatz 1 Satz 2 Nummer 2 Buchstabe a EStG) bei der Veranlagung rückgängig zu machen, bei der der Abzug vorgenommen wurde.

---

[1] Siehe dazu auch Anlage § 007g–02.

Zu § 7g EStG **Anlage § 007g–01**

Ein Investitionsabzugsbetrag ist bereits vor dem Ende des Investitionszeitraums vollumfänglich rück- 51
gängig zu machen, wenn der Steuerpflichtige vorzeitig von der geplanten und begünstigten Investition
Abstand nimmt (BFH-Urteil vom 21. September 2005, BStBl. 2006 II S. 66).

Ist im Zeitpunkt der Betriebsveräußerung oder Betriebsaufgabe noch ein Abzugsbetrag für eine nicht 52
mehr realisierbare Investition vorhanden, ist dieser Investitionsabzugsbetrag im Wirtschaftsjahr des
Abzuges gemäß § 7g Absatz 3 EStG rückgängig zu machen. Investitionsabzugsbeträge, die mit einem
ggf. verbleibenden „Restbetrieb" im Zusammenhang stehen (Randnummer 23), können, sofern weiterhin Investitionsabsicht besteht und die Investitionsfrist noch nicht abgelaufen ist, bestehen bleiben.

2. Anschaffung oder Herstellung eines nicht funktionsgleichen Wirtschaftsgutes

Sind die Investition, für die ein Investitionsabzugsbetrag nach § 7g Absatz 1 EStG in Anspruch genom- 53
men wurde, und die später durchgeführte Investition nicht funktionsgleich (Randnummern 34 und 35),
wurde kein begünstigtes Wirtschaftsgut im Sinne von § 7g Absatz 2 EStG angeschafft oder hergestellt.
Der Investitionsabzugsbetrag ist rückgängig zu machen (Randnummer 51), es sei denn, der Steuerpflichtige beabsichtigt, die ursprünglich geplante Investition noch innerhalb des Investitionszeitraums zu
tätigen.

3. Wechsel der Gewinnermittlungsart

Investitionsabzugsbeträge sind rückgängig zu machen, wenn der Steuerpflichtige zur Gewinnermittlung 54
nach § 5a Absatz 1 EStG übergeht (§ 5a Absatz 5 Satz 3 EStG). Dagegen ist der Wechsel zur Ermittlung
des Gewinns aus Land- und Forstwirtschaft nach Durchschnittssätzen (§ 13a EStG) unschädlich.

4. Freiwillige Rückgängigmachung eines Investitionsabzugsbetrages

Auf Antrag des Steuerpflichtigen können Investitionsabzugsbeträge innerhalb des Investitionszeitraums 55
jederzeit freiwillig ganz oder teilweise nach § 7g Absatz 3 EStG rückgängig gemacht werden.

IV. Nichteinhaltung der Verbleibens- und Nutzungsfristen (§ 7g Absatz 4 EStG)

Die Rückgängigmachung gemäß § 7g Absatz 4 EStG kommt in den Fällen zur Anwendung, in denen ein 56
begünstigtes Wirtschaftsgut angeschafft oder hergestellt wird, die Regelungen des § 7g Absatz 2 EStG
(Randnummern 45 bis 48) der Steuerfestsetzung zugrunde gelegt, aber die Verbleibens- und Nutzungsfristen gemäß § 7g Absatz 1 Satz 2 Nummer 2 Buchstabe b EStG nicht erfüllt werden (schädliche Verwendung, Randnummern 36 bis 42).

Hat die Herabsetzung gemäß § 7g Absatz 2 Satz 2 EStG zur Anwendung des § 6 Absatz 2 oder 2a EStG 57
geführt (Randnummer 48) oder wurden die insoweit maßgebenden maximalen Anschaffungs- oder
Herstellungskosten bereits vor Anwendung von § 7g Absatz 2 Satz 2 EStG unterschritten, bestehen für
das betreffende Wirtschaftsgut – abgesehen von der buchmäßigen Erfassung des Zugangs des Wirtschaftsgutes – keine Aufzeichnungsverpflichtungen. Deshalb ist in diesen Fällen die Einhaltung der
Verbleibens- und Nutzungsvoraussetzungen im Sinne des § 7g Absatz 4 Satz 1 EStG aus Vereinfachungsgründen nicht zu prüfen.

1. Schädliche Verwendung der Investition im Sinne von § 7g Absatz 4 Satz 1 EStG

Eine im Sinne des § 7g Absatz 4 EStG schädliche Verwendung liegt insbesondere dann vor, wenn das 58
betreffende Wirtschaftsgut vor dem Ende des dem Wirtschaftsjahr der Anschaffung oder Herstellung
folgenden Wirtschaftsjahres aus dem begünstigten Betrieb ausscheidet, dort nicht mehr zu mindestens 90
% betrieblich genutzt wird oder der Betrieb veräußert oder aufgegeben wird. Auf die Randnummern 36
bis 42 wird hingewiesen.

2. Erforderliche Änderungen der betroffenen Steuerfestsetzungen

Liegt eine schädliche Verwendung des Wirtschaftsgutes vor, ergibt sich folgender Änderungsbedarf:

a) Im Wirtschaftsjahr der Geltendmachung des Investitionsabzugsbetrages nach § 7g Absatz 1 EStG

   Die Gewinnminderung durch den Abzug nach § 7g Absatz 1 EStG ist rückgängig zu machen. 59

b) Im Wirtschaftsjahr, in dem das schädlich verwendete Wirtschaftsgut angeschafft oder hergestellt und
   § 7g Absatz 2 EStG angewendet wurde

   Auch die Hinzurechnung und die Minderung der Anschaffungs- oder Herstellungskosten nach § 7g 60
   Absatz 2 EStG sind (abgesehen von den Fällen der Randnummer 57) rückgängig zu machen. Dadurch
   erhöht sich die Bemessungsgrundlage für die Absetzungen nach den §§ 7 ff. EStG. Die Abschreibung
   ist entsprechend zu erhöhen.

Anlage § 007g–01

Zu § 7g EStG

c) Auswirkungen auf andere steuerliche Vorschriften

61 Soweit sich die Änderungen nach den Randnummern 59 und 60 auf die Anwendung anderer Rechtsnormen des EStG (z. B. § 4 Absatz 4a EStG, § 34a EStG) auswirken, sind die entsprechenden Anpassungen vorzunehmen. Die Randnummer 65 zu Steuerrückstellungen ist zu beachten.

V. Buchtechnische und verfahrensrechtliche Grundlagen

Für die Inanspruchnahme von § 7g EStG gilt Folgendes:

1. Inanspruchnahme eines Investitionsabzugsbetrages nach § 7g Absatz 1 EStG im Abzugsjahr

62 Liegen die Voraussetzungen für die Inanspruchnahme eines Investitionsabzugsbetrages nach § 7g Absatz 1 EStG vor (Randnummern 1 bis 43), kann der Gewinn im Sinne von § 2 Absatz 2 Satz 1 Nummer 1 EStG entsprechend gemindert werden. Bei einer Gewinnermittlung nach § 4 Absatz 1 oder § 5 EStG erfolgt der Abzug außerhalb der Bilanz. Die notwendigen Angaben zur Funktion des begünstigten Wirtschaftsgutes und zur Höhe der voraussichtlichen Anschaffungs- oder Herstellungskosten müssen sich aus den gemäß § 60 Einkommensteuer-Durchführungsverordnung (EStDV) der Steuererklärung beizufügenden Unterlagen ergeben (z. B. in Form einer Anlage zur steuerlichen Gewinnermittlung).

2. Gewinnhinzurechnung und gewinnmindernde Herabsetzung der Anschaffungs- oder Herstellungskosten nach § 7g Absatz 2 EStG im Investitionsjahr

63 Bei einer Hinzurechnung des Investitionsabzugsbetrages nach § 7g Absatz 2 EStG (Randnummern 44 bis 48) ist der Gewinn im Sinne des § 2 Absatz 2 Satz 1 Nummer 1 EStG zu erhöhen. Bei der Gewinnermittlung nach § 4 Absatz 1 oder § 5 EStG erfolgt die Hinzurechnung außerhalb der Bilanz. Die Minderung der Investitionskosten des begünstigten Wirtschaftsgutes nach § 7g Absatz 2 Satz 2 EStG ist durch eine erfolgswirksame Kürzung der entsprechenden Anschaffungs- oder Herstellungskosten vorzunehmen (Buchung bei Bilanzierung: a. o. Aufwand / Wirtschaftsgut).

3. Zeitpunkt der Rückgängigmachung des Investitionsabzugsbetrages nach § 7g Absatz 3 oder 4 EStG

64 In den Fällen des § 7g Absatz 3 oder 4 EStG hat der Steuerpflichtige den maßgebenden Sachverhalt spätestens mit Abgabe der Steuererklärung für das Wirtschaftsjahr anzuzeigen, in dem das die Rückabwicklung auslösende Ereignis (z. B. Ablauf der Investitionsfrist, schädliche Verwendung) eintritt. Der Steuerpflichtige hat aber auch die Möglichkeit, zu einem früheren Zeitpunkt die Rückgängigmachung gegenüber dem Finanzamt zu erklären und die Änderung der entsprechenden Steuerfestsetzung(en) zu beantragen. Die Absätze 3 und 4 des § 7g EStG enthalten eigene Änderungsvorschriften und Ablaufhemmungen der Festsetzungsfrist zur Rückabwicklung von Investitionsabzugsbeträgen.

4. Auswirkungen der Rückgängigmachung von Investitionsabzugsbeträgen nach § 7g Absatz 3 oder 4 EStG auf Steuerrückstellungen

65 Steuerrückstellungen sind auf der Grundlage objektiver, am Bilanzstichtag vorliegender Tatsachen aus der Sicht eines sorgfältigen und gewissenhaften Kaufmanns zu bewerten (BFH-Urteil vom 30. Januar 2002, BStBl. II S. 688). Aufgrund bestehender Investitionsabsicht geltend gemachte Investitionsabzugsbeträge sind demzufolge bei der Berechnung der Steuerrückstellungen mindernd zu berücksichtigen. Die Verhältnisse aus Sicht des Bilanzstichtages ändern sich nicht, wenn beanspruchte Investitionsabzugsbeträge zu einem späteren Zeitpunkt nach § 7g Absatz 3 oder 4 EStG rückgängig gemacht werden. In diesen Fällen sind die Steuerrückstellungen daher nicht zu erhöhen.

VI. Zeitliche Anwendung

66 Nach § 52 Absatz 23 EStG können Investitionsabzugsbeträge erstmals in nach dem 17. August 2007 endenden Wirtschaftsjahren in Anspruch genommen werden. Entspricht das Wirtschaftsjahr dem Kalenderjahr (z. B. bei Steuerpflichtigen, die ihren Gewinn nach § 4 Absatz 3 EStG ermitteln), sind die Neuregelungen somit ab dem Veranlagungszeitraum 2007 anzuwenden. Das gilt auch für Einkünfte nach § 18 EStG (BFH-Urteil vom 13. Oktober 2009, BStBl. 2010 II S. 180). Ab diesem Wirtschaftsjahr können neue Ansparabschreibungen nach § 7g Absatz 3 ff. EStG a. F. nicht mehr gebildet werden. Bei Existenzgründern im Sinne von § 7g Absatz 7 EStG a. F. gilt dies auch dann, wenn der Gründungszeitraum (§ 7g Absatz 7 Satz 1 EStG a. F.) noch nicht abgelaufen ist.

67 In vorangegangenen Wirtschaftsjahren nach § 7g Absatz 3 ff. EStG a. F. gebildete Ansparabschreibungen und Rücklagen für Existenzgründer sind auf Basis der hierfür geltenden Regelungen unter Berücksichtigung der dort genannten Fristen beizubehalten und aufzulösen; eine Pflicht zur vorzeitigen Auflösung von Ansparabschreibungen und Rücklagen für Existenzgründer besteht nicht. Stellt sich heraus, dass die voraussichtlichen Anschaffungs- oder Herstellungskosten von den bei Bildung der Rücklagen prognostizierten Aufwendungen abweichen oder wurden nicht die Höchstbeträge in Anspruch genommen, können Ansparabschreibungen und Rücklagen für Existenzgründer auch noch in nach dem 17. August 2007 endenden Wirtschaftsjahren erhöht oder vermindert werden.

Wurde für eine voraussichtliche Investition eine Ansparabschreibung gebildet, kann in nach dem 17. August 2007 endenden Wirtschaftsjahren auch dann kein zusätzlicher Investitionsabzugsbetrag beansprucht werden, wenn die Rücklage weniger als 40 % der voraussichtlichen Anschaffungs- oder Herstellungskosten beträgt. **68**

Zur Berücksichtigung von Investitionsabzugsbeträgen im Zusammenhang mit unentgeltlichen Betriebsübertragungen nach § 6 Absatz 3 EStG und Buchwerteinbringungen nach §§ 20, 24 UmwStG sind beim Bundesfinanzhof Revisionsverfahren anhängig (Aktenzeichen GrS 2/12 und IV R 14/12). Diese Entscheidungen bleiben zunächst abzuwarten. **69**

Dieses Schreiben wird im Bundessteuerblatt Teil I veröffentlicht und ersetzt das Schreiben vom 8. Mai 2009 (BStBl. I S. 633).

Anlage § 007g–02

Zu § 7g EStG

Verzinsung der Steuernachforderungen gemäß § 233a der Abgabenordnung bei der Rückgängigmachung von Investitionsabzugsbeträgen nach § 7g Absatz 3 EStG

– BdF-Schreiben vom 15.08.2014 – IV C 6 – S 2139-b/07/10002, IV A 3 – S 0460a/08/10001, 2014/ 0694271 (BStBl. I S. 1174) –

Der Bundesfinanzhof (BFH) hat mit Urteil vom 11. Juli 2013 (IV R 9/12) entschieden, dass die Rückgängigmachung von Investitionsabzugsbeträgen nach § 7g EStG ein rückwirkendes Ereignis im Sinne von § 175 Absatz 1 Satz 1 Nummer 2 und Absatz 2 Abgabenordnung (AO) darstellt und deswegen die Verzinsung gemäß § 233a AO erst 15 Monate nach Ablauf des Kalenderjahres beginnt, in dem der Investitionsabzugsbetrag rückgängig gemacht wurde (§ 233a Abs. 2a AO). Gemäß § 7g Absatz 3 Satz 4 EStG i. V. m. § 52 Absatz 1 EStG in der Fassung des Amtshilferichtlinie-Umsetzungsgesetzes (AmtshilfeRLUmsG) vom 26. Juni 2013 (BGBl. I S. 1809) ist § 233a Absatz 2a AO ab dem Veranlagungszeitraum 2013 nicht mehr anzuwenden.

Für die Rückgängigmachung von Investitionsabzugsbeträgen nach § 7g Absatz 3 EStG im Zusammenhang mit dem BFH-Urteil vom 11. Juli 2013 (a. a. O.) und der Neuregelung in § 7g Absatz 3 Satz 4 EStG gilt nach Abstimmung mit den obersten Finanzbehörden der Länder Folgendes:

1. Anwendung von § 7g Absatz 3 Satz 4 EStG

§ 7g Absatz 3 Satz 4 EStG ist für Investitionsabzugsbeträge anzuwenden, die für nach dem 31. Dezember 2012 endende Wirtschaftsjahre erstmals in Anspruch genommen werden.

Bei Land- und Forstwirten, deren Wirtschaftsjahr vom Kalenderjahr abweicht, unterliegt bei rückgängig gemachten Investitionsabzugsbeträgen des Wirtschaftsjahres 2012/2013 nur der Anteil der Verzinsung nach § 233a Absatz 2 AO, der gemäß § 4a Absatz 2 Nummer 1 Satz 1 EStG dem Kalenderjahr 2013 zuzurechnen ist.

2. Verfahrensrechtliche Fragen

a) Fälle mit einem vorgelagerten Feststellungsverfahren (wie im Fall des BFH-Urteils vom 11. Juli 2013, IV R 9/12).

Ein Rechtsbehelf gegen den Bescheid über die gesonderte (und ggf. einheitliche) Feststellung der Einkünfte, mit dem eine Ergänzung dieses Bescheides um Aussagen zur Verzinsung geltend gemacht wird, ist in einen Antrag auf Erlass eines Ergänzungsbescheides umzudeuten.

Sind in einem Feststellungsbescheid Feststellungen über das Vorliegen eines rückwirkenden Ereignisses im Sinne der Nummer 74 des AEAO zu § 233a unterblieben, sind diese in einem Ergänzungsbescheid nach § 179 Absatz 3 AO nachzuholen. Der Ergänzungsbescheid über das Vorliegen eines rückwirkenden Ereignisses ist insoweit Grundlagenbescheid für die Zinsfestsetzung.

Ein Ergänzungsbescheid kann innerhalb der Feststellungsfrist beantragt und erlassen werden. Maßgeblich für die Dauer der Feststellungsfrist ist hier die Frist für die Festsetzung von Zinsen nach § 233a AO und somit gilt die Jahresfrist nach § 239 Absatz 1 Satz 1 2. Halbsatz i. V. m. § 181 Absatz 1 Satz 1 und § 169 AO.

b) Fälle ohne vorgelagertes Feststellungsverfahren

In Fällen ohne vorgelagertes Feststellungsverfahren wird keine gesonderte Feststellung über das Vorliegen eines rückwirkenden Ereignisses im Sinne der Nr. 74 des AEAO zu § 233a vorgenommen. Daher ist die Entscheidung über die Anwendung des § 233a Absatz 2a AO ausschließlich in der regelmäßig mit der Steuerfestsetzung verbundenen Zinsfestsetzung zu treffen.

c) Verzinsung von Gewerbesteuer

Die Feststellung darüber, ob eine Bescheidänderung auf einem rückwirkenden Ereignis i. S. d. § 233a Absatz 2a AO beruht, ist in den Gewerbesteuermessbescheid aufzunehmen. Ein Ergänzungsbescheid nach § 179 Absatz 3 AO ist für einen Gewerbesteuermessbescheid nicht möglich (§ 184 Absatz 1 Satz 4 AO).

In solchen Fällen ist nicht der Zinsbescheid, sondern der Gewerbesteuermessbescheid als Grundlagenbescheid für die Zinsfestsetzung anzufechten.

Dieses Schreiben wird im Bundessteuerblatt Teil I veröffentlicht.

Zu § 7i EStG

Anlage § 007i–01

Bescheinigungsrichtlinien zu den Steuervergünstigungen für Baudenkmale nach den §§ 7i, 10f und 11b EStG[1])

– RdErl. des Ministers für Stadtentwicklung und Verkehr
des Landes Nordrhein-Westfalen vom 17.3.1998 – II B 2 – 57.00 –

1. Einkommensteuer

Die Inanspruchnahme der Steuervergünstigung für Herstellungs- und Anschaffungskosten bei Baudenkmälern nach §§ 7i, 10f Abs. 1 Einkommensteuergesetz – EStG – sowie die Regelung über den Abzug von Erhaltungsaufwand bei Baudenkmälern nach §§ 10f Abs. 2, 11b EStG EStDV setzen voraus, daß der oder die Steuerpflichtige durch eine Bescheinigung gemäß § 40 DSchG nachweist, daß die vorgenommenen Maßnahmen nach Art und Umfang zur Erhaltung des Gebäudes als Baudenkmal oder zu seiner sinnvollen Nutzung erforderlich und in Abstimmung mit der Unteren Denkmalbehörde durchgeführt worden sind.

Die Bescheinigung kann nur erteilt werden, wenn folgende Voraussetzungen vorliegen:

1.1 Das Gebäude oder der Gebäudeteil muß vor Beginn der Bauarbeiten gemäß §§ 3, 4 DSchG wirksam als Baudenkmal oder als Teil eines verbindlichen Denkmalbereichs gemäß §§ 5, 6 Abs. 4 DSchG geschützt sein.

Entfällt die öffentlich-rechtliche Bindung nach dem DSchG innerhalb des zehnjährigen Begünstigungszeitraums der §§ 7i, 10f, 52 Abs. 21 Satz 7 EStG und § 82i EStDV, so ist dies dem zuständigen Finanzamt mitzuteilen.

1.2 Die Aufwendungen müssen nach Art und Umfang dazu erforderlich sein, das Gebäude oder den Gebäudeteil als Baudenkmal zu erhalten oder sinnvoll zu nutzen. Für bestehende Gebäude innerhalb eines Denkmalbereichs müssen die Aufwendungen nach Art und Umfang zur Erhaltung des geschützten Erscheinungsbildes erforderlich sein.

Gebäude in der engeren Umgebung eines Baudenkmals, jedoch außerhalb eines Denkmalbereichs, erfüllen diese Voraussetzungen nicht.

1.2.1 Das Merkmal „zur Erhaltung des Baudenkmals erforderlich" bedeutet, daß es sich um Aufwendungen für die Substanz des Baudenkmals handeln muß, die nach Art und Umfang erforderlich sind, um die Merkmale zu erhalten, die die Eigenschaft des Gebäudes als Baudenkmal begründen. Ist diese Voraussetzung erfüllt, muß nicht geprüft werden, ob die Aufwendungen zur sinnvollen Nutzung des Baudenkmals erforderlich waren.

Wegen des Tatbestandsmerkmals der „Erforderlichkeit" ist ein strenger Maßstab an die Aufwendungen anzulegen. Es reicht nicht aus, daß die Aufwendungen aus denkmalpflegerischer Sicht angemessen oder vertretbar sind, sie müssen unter denkmalpflegerischen Gesichtspunkten notwendig sein. Auch die Tatsache, daß eine denkmalrechtliche Erlaubnis erteilt werden mußte, weil die Voraussetzungen hierfür vorlagen, entbindet nicht von der Prüfung, ob die Aufwendungen erforderlich sind. Die Erforderlichkeit der Baumaßnahmen muß sich aus dem Zustand des Baudenkmals vor Beginn der Baumaßnahmen und dem denkmalpflegerisch sinnvoll erstrebenswerten Zustand ergeben. Aufwendungen, die nicht der Eigenart des Baudenkmals entsprechen, sind danach nicht bescheinigungsfähig.

Die Prüfung der Erforderlichkeit schließt jedoch keine Angebots- und Preiskontrolle ein.

1.2.2 Das Merkmal „zu seiner sinnvollen Nutzung erforderlich" erweitert den Umfang der bescheinigungsfähigen Kosten. Das Merkmal ist erfüllt, wenn die Aufwendungen die Denkmaleigenschaft nicht oder nicht wesentlich beeinträchtigen und erforderlich sind, um eine unter denkmalschutzrechtlichen Gesichtspunkten sinnvolle Nutzung des Baudenkmals zu erhalten, wieder herzustellen oder zu ermöglichen, und geeignet erscheinen, die Erhaltung des Baudenkmals auf Dauer sicherzustellen.

Zum Merkmal der „Erforderlichkeit" gelten die Ausführungen unter 1.2.1 entsprechend.

Zur sinnvollen Nutzung gehören deshalb Maßnahmen zur Anpassung eines Baudenkmals an zeitgemäße Nutzungsverhältnisse. Dazu können im Einzelfall je nach Art der Nutzung Aufwendungen für eine Heizungsanlage, Toiletten, Badezimmer, Aufzugsanlage, sofern eine solche erforderlich ist, zählen, in der Regel nicht hingegen Aufwendungen für Einbaumöbel, für den

---
1) Eine Übersicht über die zuständigen Bescheinigungsbehörden ist im BStBl. 1999 I S. 823 und S. 879 sowie im BStBl. 2004 I S. 1048 veröffentlicht.

Anlage § 007i–01

Zu § 7i EStG

Einbau eines offenen Kamins oder eines Kachelofens, wenn bereits eine Heizungsanlage vorhanden ist.

Zur sinnvollen Nutzung erforderlich sind auch Aufwendungen, die dazu dienen, eine unter denkmalschutzrechtlichen Gesichtspunkten vertretbare wirtschaftliche Nutzung des Baudenkmals zu ermöglichen, nicht jedoch Aufwendungen, die dazu dienen, die wirtschaftliche Nutzung des Baudenkmals zu optimieren.

Aufwendungen, die ausschließlich auf Wirtschaftlichkeitsüberlegungen der Eigentümerin oder des Eigentümers beruhen, können nicht in die Bescheinigung aufgenommen werden. Hierzu gehört beispielsweise in der Regel der Ausbau des Dachgeschosses zusätzlich zur vorhandenen Nutzung. Stehen nur Teile eines Gebäudes unter Denkmalschutz und sind diese Gebäudeteile selbständig nicht nutzungsfähig (z. B. Fassade, Dachreiter), können auch unter dem Gesichtspunkt der sinnvollen Nutzung Aufwendungen, die nicht unmittelbar diese Gebäudeteile betreffen, nicht in die Bescheinigung einbezogen werden.

1.3 Die Baumaßnahmen müssen vor Beginn ihrer Ausführungen mit der Unteren Denkmalbehörde abgestimmt worden sein. An der Abstimmung sollte das Amt für Denkmalpflege des Landschaftsverbandes beteiligt werden.

Die Abstimmung kann innerhalb eines denkmalrechtlichen Erlaubnisverfahrens oder eines Baugenehmigungsverfahrens erfolgen, wenn dabei die unterschiedliche Zielsetzung der Verfahren beachtet wird.

1.3.1 Ist eine vorherige Abstimmung unterblieben, liegen die Voraussetzungen für die Erteilung der Bescheinigung nicht vor, auch wenn die Denkmaleigenschaft nach Abschluß der Baumaßnahmen noch vorhanden ist. Die fehlende vorherige Abstimmung kann nicht nachträglich ersetzt werden, auch nicht durch die nachträgliche Erteilung einer Baugenehmigung oder einer denkmalrechtlichen Erlaubnis.

Wird erst im Verlauf der Baumaßnahmen erkennbar, daß ein Baudenkmal vorliegt, können die Aufwendungen bescheinigt werden, die ab dem Zeitpunkt entstehen, ab dem das Baudenkmal den öffentlich-rechtlichen Bindungen des DSchG unterliegt, und die Baumaßnahmen betreffen, die vor ihrem Beginn mit der Unteren Denkmalbehörde abgestimmt worden sind. Nr. 1.1 gilt entsprechend.

1.3.2 Die Abstimmung ist zwischen den Beteiligten schriftlich festzuhalten. Außerdem ist darauf hinzuweisen, daß die steuerlichen Vergünstigungen nach §§ 7i, 10f und 10b EStG neben der denkmalrechtlichen Bescheinigung weitere Voraussetzungen enthalten, die durch die Finanzbehörde geprüft und entschieden werden, insbesondere die Abziehbarkeit der Aufwendungen als Betriebsausgaben oder Werbungskosten oder wie Sonderausgaben und ihre Zugehörigkeit zu den Anschaffungs- oder Herstellungskosten, zum Erhaltungsaufwand oder zu den nichtabziehbaren Kosten.

Um die ordnungsgemäße Durchführung der Baumaßnahmen entsprechend der Abstimmung und die Abwicklung des Bescheinigungsverfahrens zu erleichtern, wird empfohlen, bei dem schriftlichen Vermerk über die Abstimmung die vorgelegten Unterlagen in Bezug zu nehmen, die Bauherrin oder den Bauherrn darauf hinzuweisen, daß nur die abgestimmten Maßnahmen durchgeführt werden dürfen und daß jede Änderung einer erneuten vorherigen Abstimmung bedarf, sowie zu bestimmen, daß bei der Endabrechnung der Maßnahmen die zu bescheinigenden Kosten nach Gewerken aufzulisten und die Originalrechnungen vorzulegen sind.

Erfüllen nicht alle vorgesehenen Baumaßnahmen die Voraussetzungen für eine Bescheinigung, ist die Bauherrin oder der Bauherr von der Unteren Denkmalbehörde im Rahmen der Abstimmung darauf ausdrücklich hinzuweisen.

Es ist empfehlenswert, die Bauherrin oder den Bauherrn ebenfalls schriftlich darauf hinzuweisen, daß bei erheblichen Abweichungen der durchgeführten Baumaßnahmen von dem Ergebnis der Abstimmung keine Bescheinigung gemäß § 40 DSchG erteilt wird.

1.3.3 Um der Bauherrin oder dem Bauherrn frühzeitig Klarheit über die zu erwartende Bescheinigung zu geben, damit die Steuervergünstigung in die Finanzierung der Baumaßnahmen eingeplant werden kann, kommt die schriftliche Zusicherung nach § 38 Verwaltungsverfahrensgesetz für das Land Nordrhein-Westfalen (VwVfG NW) in Betracht. Die Bauherrin oder der Bauherr hat hierfür die Tatbestände, für die eine Bescheinigung begehrt wird, genau anzugeben, beispielsweise nach Gewerken oder Bauteilen. Unter Hinweis auf § 38 Abs. 3 VwVfG NW sollte die Bauherrin oder der Bauherr verpflichtet werden, bei unvorhergesehenen Bauabläufen unverzüglich die Untere Denkmalbehörde zu benachrichtigen.

Die schriftliche Zusicherung sollte den Hinweis an die Bauherrin oder den Bauherrn enthalten, daß allein das zuständige Finanzamt prüft, ob die bescheinigten Aufwendungen steuerrechtlich zu den Anschaffungs-, Herstellungs- oder Erhaltungskosten i. S. der §§ 7i, 10f, 11b, 52 Abs. 21 Satz 7 EStG und §§ 82i und 82k EStDV gehören oder hiernach nicht begünstigte andere Kosten vorliegen.

Eine verbindliche Auskunft über die zu erwartende Bemessungsgrundlage für die Steuervergünstigung kann nur das zuständige Finanzamt bei Vorliegen einer schriftlichen Zusicherung der Bescheinigungsbehörde über den zu erwartenden Inhalt der Bescheinigung unter den allgemeinen Voraussetzungen für die Erteilung einer verbindlichen Auskunft durch die Finanzämter geben (Schreiben des Bundesministers der Finanzen vom 24.6.1987 – BStBl. 1987 I S. 474).

2 Bescheinigungsfähigkeit einzelner Aufwendungen

2.1 Die steuerrechtliche Abgrenzung nach Herstellungskosten, Anschaffungskosten oder Erhaltungsaufwand sowie nach begünstigten und nicht begünstigten Anschaffungskosten unter dem zeitlichen Gesichtspunkt des Abschlusses eines obligatorischen Erwerbsvertrags oder eines gleichstehenden Rechtsakts i. S. des § 7i Abs. 1 Satz 5 EStG sowie die Zurechnung dieser Aufwendungen (vgl. Nr. 2.9) nimmt die Finanzbehörde vor.

2.2 Nur tatsächlich angefallene Aufwendungen sind bescheinigungsfähig. Dazu gehört nicht der Wertansatz für die eigene Arbeitsleistung der Denkmaleigentümerin oder des Denkmaleigentümers oder für unentgeltlich Beschäftigte, weil ersparte Kosten steuerrechtlich nicht berücksichtigt werden können. Ebenfalls nicht bescheinigungsfähig ist der Wertverlust durch Entfernen von Altbausubstanz. Nicht entscheidend ist, ob die Aufwendungen nach DIN-Normen zu den Baukosten gehören.

Skonti oder sonstige Abzüge mindern die zu berücksichtigenden Kosten. Einbehaltene Sicherungsleistungen sind bescheinigungsfähig, nicht hingegen anteilige Beiträge zur Bauwesenversicherung.

2.3 Sind die Aufwendungen im Rahmen eines Sanierungs- oder vergleichbaren Modells entstanden, so gehören grundsätzlich auch die sog. Funktionsträgergebühren (z. B. Treuhandgebühren, Baubetreuungskosten; vgl. im einzelnen BMF-Schreiben vom 31.8.1990 – BStBl. I S. 366) zu den bescheinigungsfähigen Aufwendungen, soweit sie einer begünstigten Baumaßnahme zuzurechnen sind. Die Entscheidung über die Zurechnung der Gebühren zu den einzelnen Kostenarten obliegt den Finanzbehörden. In diesen Fällen ist folgender Zusatz in die Bescheinigung aufzunehmen:

„Zu den bescheinigten Aufwendungen gehören Funktionsträgergebühren. Begünstigt ist nur der Anteil, der nach den Feststellungen der Finanzbehörden (Abschnitt 160 Abs. 3 Nr. 2 Einkommensteuer-Richtlinien/BMF-Schreiben vom 31.8.1990 Pz. 3.2.2 – BStBl. I S. 366) zu den Anschaffungskosten im Sinne des § 7i Abs. 1 Satz 5 EStG oder den Herstellungskosten gehört, die auf die begünstigten Baumaßnahmen entfallen."

2.4 Aufwendungen für die sinnvolle Umnutzung eines nicht mehr als solches genutzten ehemaligen Fabrikgebäudes oder landwirtschaftlichen Gebäudes oder eines sonstigen Gebäudes sind in der Regel bescheinigungsfähig, wenn die historische Substanz und die denkmalbegründenden Eigenschaften erhalten werden, die Aufwendungen für die Umnutzung erforderlich und die Umnutzung unter denkmalschutzrechtlichen Gesichtspunkten vertretbar ist.

2.5 Aufwendungen für die Wiederherstellung eines beschädigten Gebäudes unter Verwendung von verbliebenen Gebäudeteilen sind grundsätzlich bescheinigungsfähig, wenn die maßgeblichen denkmalbegründenden Merkmale des Gebäudes, z. B. die Außenmauern, weitgehend erhalten sind und bleiben.

Ist nur ein Teil eines Gebäudes ein unter Schutz stehendes Baudenkmal (z. B. Fassaden, Decken, Dachreiter, Kellergewölbe), sind nur die Aufwendungen für Baumaßnahmen bescheinigungsfähig, die zur Erhaltung dieses Bauteils als Baudenkmal erforderlich sind. Sind diese Bauteile allein nicht wirtschaftlich nutzbar, kann der Umfang der bescheinigungsfähigen Aufwendungen auch unter dem Gesichtspunkt der sinnvollen Nutzung ausgeweitet werden.

Ist zum Beispiel nur die Fassade als Teil einer baulichen Anlage ein Baudenkmal, sind deshalb die Aufwendungen für den Abbruch und die Wiedererrichtung des hinter der Fassade liegenden Gebäudes nicht begünstigt. Bescheinigungsfähig sind die Aufwendungen für die Instandsetzung der Fassade sowie für die erschwerte Baustelleneinrichtung, die erschwerten Bauabläufe oder besondere bautechnische Vorkehrungen.

2.6 Die Aufwendungen für den Wiederaufbau eines verloren gegangenen oder beseitigten Baudenkmals sind nicht bescheinigungsfähig.

2.7 Wird ein Baudenkmal entkernt und dabei schützenswerte Substanz im Inneren des Gebäudes entfernt und durch neue Einbauten ersetzt, und ist der verbleibende Gebäuderest weiterhin ein

Anlage § 007i–01

Zu § 7i EStG

Baudenkmal, so können nur die Aufwendungen bescheinigt werden, die zur Erhaltung dieses Restes, z. B. der Außenmauern, erforderlich waren. Von einer nicht begünstigten Entkernung ist auszugehen, wenn schützenswerte Substanz im Gebäudeinnern entfernt wird. Begrifflich setzt die Entkernung voraus, daß die ursprünglich vorhandenen Inneneinbauten für den Denkmalcharakter des Baudenkmals wesentlich waren und in ihrem vorhandenen Zustand eine dauerhafte Nutzung ermöglichten. Die Aufwendungen für die Entkernung – Zerstörung der Denkmalsubstanz – und die neuen Inneneinbauten können regelmäßig nicht bescheinigt werden. Eine Ausnahme gilt bei Aufwendungen für die Inneneinbauten, die zur Erhaltung der Außenmauern (Denkmalrest mit Baudenkmalqualität) wesentlich waren, z. B. auf statische Erfordernisse zurückgehende Decken und Wände.

2.8 Aufwendungen für neue Gebäudeteile zur Erweiterung der Nutzfläche, z. B. Anbauten oder Erweiterungen, können nicht bescheinigt werden. Ausnahmen sind denkbar, wenn die Aufwendungen zur sinnvollen Nutzung unerläßlich sind und ohne sie eine denkmalgemäße Nutzung objektiv und nicht nur nach den Verhältnissen des Berechtigten ausgeschlossen ist. Entsprechendes gilt für Ausbauten, z. B. des Dachgeschosses zur Erweiterung der Nutzfläche.

2.9 Aufwendungen für die Errichtung neuer Stellplätze oder Garagen sind nur dann bescheinigungsfähig, wenn sie für notwendige Stellplätze im Sinne von § 51 Landesbauordnung getätigt werden. Des weiteren müssen folgende Voraussetzungen erfüllt sein: Die Stellplätze (Garagen) müssen innerhalb des Baudenkmals errichtet werden, es sei denn, daß dies aus denkmalfachlichen oder baurechtlichen Gründen objektiv nicht möglich ist. Auch in solchen Fällen kommt eine Vergünstigung für solche Aufwendungen nur in Betracht, wenn sie steuerrechtlich zu den Anschaffungskosten im Sinne des § 7i Abs. 1 Satz 5 EStG oder den Herstellungskosten des Baudenkmals gehören. Entsteht durch die Baumaßnahmen ein steuerrechtlich selbständiges Wirtschaftsgut z.B. eine getrennt vom Baudenkmal errichtete Tiefgarage, sind die Aufwendungen nicht nach §§ 7i oder 10f EStG begünstigt. Diese Prüfung der steuerrechtlichen Zuordnung der Aufwendungen obliegt den Finanzbehörden.

Steht die Errichtung der Stellplätze oder Garagen mit einer nicht begünstigten Erweiterungsmaßnahme am Baudenkmal (z.B. Schaffung zusätzlicher Wohnungen) im Zusammenhang, sind die Aufwendungen hierfür in keinem Fall begünstigt.

2.10 Kosten für Anlagen und Einrichtungen, die in Gebäuden mit gleicher Nutzungsart nicht üblich sind, können nur bescheinigt werden, wenn die Anlagen und Einrichtungen zu den denkmalbegründenden Merkmalen zählen.

2.11 Aufwendungen für Zierstücke, Wappen, Stuckierungen, Ballustraden, Freitreppen, Befestigungen, Mauern usw. sind bescheinigungsfähig, sofern sie zum historischen Bestand des Gebäudes gehören.

Nicht begünstigt sind jedoch Aufwendungen für Außenanlagen wie z. B. Hofbefestigungen, Rasenanlagen, Blumen, Ziersträucher und Bäume, auch wenn diesen Außenanlagen Denkmalqualität zukommt. Etwas anderes kommt nur in Betracht, wenn die Aufwendungen für die Anlagen zu den Herstellungs- oder Anschaffungskosten oder zum Erhaltungsaufwand des Gebäudes gehören. Diese Prüfung obliegt den Finanzbehörden.

Aufwendungen für den Anschluß des Gebäudes an das Stromversorgungsnetz, das Gasnetz, die Wasser- und Warmwasserversorgung gehören zu den begünstigten Herstellungskosten des Gebäudes. Das gilt auch für Kosten der Abwasserleitungen, soweit sie auf die Hausanschlußkosten entfallen, welche die Eigentümerin oder der Hauseigentümer für die Herstellung der Zuleitungsanlagen vom Gebäude zum öffentlichen Kanal aufwendet. Andere Erschließungskosten wie z. B. Erschließungsbeiträge nach §§ 127 bis 135 des Baugesetzbuchs (BauGB), Ausbaubeiträge nach § 8 KAG, Kanalanschlußgebühren und Beiträge für sonstige Anlagen außerhalb des Grundstücks gehören zu den nicht begünstigten nachträglichen Anschaffungskosten des Grund und Bodens.

3 Gebäude, das allein kein Baudenkmal aber Teil einer geschützten Gebäudegruppe oder Gesamtanlage ist (§§ 7i Abs. 1 Satz 4, 11b Abs. 1 Satz 2 EStG, §§ 82i Abs. 1 Satz 4, 82k Abs. 1 Satz 3 EStDV)

Gebäudegruppe oder Gesamtanlage im Sinne der v. g. Vorschriften ist in Nordrhein-Westfalen der Denkmalbereich.

Aufwendungen für bestehende Gebäude innerhalb eines Denkmalbereichs können nur bescheinigt werden, wenn bauliche Maßnahmen nach Art und Umfang zur Erhaltung des schützenswerten äußeren Erscheinungsbildes des Denkmalbereichs erforderlich sind. Ist nur der öffentliche Straßenraum als Erscheinungsbild geschützt, können Aufwendungen für Baumaßnahmen an der Rückseite oder innerhalb der Gebäude, z. B. der Einbau eines Bades, nicht bescheinigt werden, auch dann nicht, wenn sie einer sinnvollen Nutzung dienen. Ebenfalls nicht bescheinigungsfähig sind Aufwendungen für Neubauten innerhalb des Denkmalbereichs. Aufwendungen für Baumaßnahmen an einem das Erscheinungsbild des Denkmalbereichs störenden Gebäude sind dann bescheinigungsfähig, wenn dieses Gebäude denkmalschutzrechtlichen Auflagen unterliegt und solche Auflagen durch die Baumaßnahmen erfüllt werden.

4 Erstellung der Bescheinigung

4.1 Nach Prüfung bescheinigt die Untere Denkmalbehörde den Gesamtbetrag der Aufwendungen, die nach Art und Umfang zur Erhaltung des Gebäudes oder Gebäudeteils als Baudenkmal oder zu seiner sinnvollen Nutzung erforderlich sind bzw. die nach Art und Umfang zur Erhaltung des schützenswerten Erscheinungsbildes des Denkmalbereichs erforderlich sind und die in Abstimmung mit der Unteren Denkmalbehörde durchgeführt worden sind.

Die anerkannten Aufwendungen sind in dem von der Antragstellerin oder vom Antragsteller zu erstellenden Verzeichnis der Rechnungen zu kennzeichnen.

4.2 Die Bescheinigung ist objektbezogen. Sie muß die genaue Bezeichnung des Baudenkmals bzw. das Teils des Denkmalbereichs und den Namen sowie die Anschrift der Gebäudeeigentümerin oder des Gebäudeeigentümers und die auf ihn/sie entfallenden begünstigten Aufwendungen enthalten. Bei einer Vertreterin oder einem Vertreter ist die wirksame Vertretungsbefugnis zu prüfen, bevor die Bescheinigung für den Vertretenen ausgestellt wird.

4.3 In die Bescheinigung sind die Zuschüsse aufzunehmen, die eine der für Denkmalschutz oder Denkmalpflege zuständigen Behörden dem Empfänger der Bescheinigung aus öffentlichen Mitteln gewährt hat. Für Denkmalschutz oder Denkmalpflege zuständige Behörden in Nordrhein-Westfalen sind die Gemeinde, der Kreis, der Landschaftsverband und der Regierungspräsident.

Durch eine Nebenbestimmung und geeignete organisatorische Maßnahmen ist sicherzustellen, daß die Bescheinigung entsprechend § 7i Abs. 2 Satz 2 EStG geändert werden kann, wenn solche Zuschüsse nach Ausstellung der Bescheinigung gewährt werden.

5 Bindungswirkung der Bescheinigung[1]

5.1 Bei der Bescheinigung handelt es sich um einen Verwaltungsakt in Form eines Grundlagenbescheides mit Bindungswirkung für steuerliche Folgebescheide gemäß § 175 Abs. 1 Satz 1 Nr. 1 der Abgabenordnung. Die Bescheinigung bindet die Finanzbehörden und Finanzgerichte im Rahmen des gesetzlich vorgegebenen Umfangs. Die verbindlichen Feststellungen der Bescheinigung beschränken sich auf Tatbestände des Denkmalrechts; sie erstrecken sich nicht auf die steuerrechtlichen Begriffe wie Herstellungskosten oder Erhaltungsaufwand und die sonstigen steuerrechtlichen Voraussetzungen. Das Bescheinigungsverfahren umfaßt deshalb die Prüfung,

5.1.1 ob das Gebäude oder der Gebäudeteil nach den Vorschriften des DSchG ein geschütztes Baudenkmal ist,

5.1.2 ob die Baumaßnahmen nach Art und Umfang

a) zur Erhaltung des Gebäudes oder Gebäudeteils als Baudenkmal oder zu seiner sinnvollen Nutzung,

b) bei einem Gebäude innerhalb eines Denkmalbereichs zur Erhaltung des schützenswerten äußeren Erscheinungsbildes des Denkmalbereichs

erforderlich waren,

5.1.3 ob die Arbeiten vor Beginn und in Gestalt ihrer Durchführung mit der Bescheinigungsbehörde abgestimmt waren,

5.1.4 in welcher Höhe die Aufwendungen, die die vorstehenden Voraussetzungen erfüllen, angefallen sind,

5.1.5 ob und ggfs. in welcher Höhe Zuschüsse aus öffentlichen Mitteln durch eine der für Denkmalschutz oder Denkmalpflege zuständigen Behörden gezahlt worden sind,

5.1.6 ob nach dem Ausstellen einer Bescheinigung Zuschüsse aus öffentlichen Mitteln durch eine der für Denkmalschutz oder Denkmalpflege zuständigen Behörde gezahlt werden. Auf Nr. 4.3 wird verwiesen.

Gemäß § 40 DSchG wird die Bescheinigung im Benehmen mit dem Landschaftsverband ausgestellt. Hierzu fertigt die Untere Denkmalbehörde ihren Entscheidungsentwurf und überläßt diesen dem Landschaftsverband. Sofern im Einzelfall erforderlich, sind die zu dieser Beurteilung erforderlichen Unterlagen beizufügen. Der Landschaftsverband bewertet die beabsichtigte Entscheidung aus seiner fachlichen Sicht unter Berücksichtigung des Abstimmungsergebnisses (s. Nr. 1.3).

---

1) Vgl. dazu auch Anlage § 007i-02.

Anlage § 007i–01   Zu § 7i EStG

Es empfiehlt sich, die Bauherrin oder den Bauherrn darauf hinzuweisen, daß die bescheinigten Aufwendungen steuerlich nur berücksichtigt werden können, wenn das zuständige Finanzamt die ihm obliegende Prüfung der weiteren, steuerrechtlichen Voraussetzungen durchgeführt hat.

Die Bescheinigung unterliegt weder in rechtlicher noch in tatsächlicher Hinsicht der Nachprüfung durch die Finanzbehörden und Finanzgerichte. Ist jedoch offensichtlich, daß die Bescheinigung für Baumaßnahmen erteilt worden ist, bei denen die Voraussetzungen zu 5.1 bis 5.1.3 nicht vorliegen, hat die Finanzbehörde ein Remonstrationsrecht, d. h. sie kann die Bescheinigungsbehörde zur Überprüfung veranlassen sowie um Rücknahme oder Änderung der Bescheinigung bitten.

Ist nach der Überprüfung die Bescheinigung teilweise oder vollständig zurückzunehmen, so ist die Befristung gemäß § 48 Abs. 4 VwVfG NW zu beachten.

5.2 Die Finanzbehörden haben zu prüfen, [1)]
1. ob die vorgelegte Bescheinigung von der nach Landesrecht zuständigen oder der von der Landesregierung bestimmten Behörde ausgestellt worden ist,
2. ob die bescheinigten Aufwendungen steuerrechtlich zu den Herstellungskosten oder den Anschaffungskosten i. S. d. § 7i Abs. 1 Satz 5 EStG des Gebäudes, zu den sofort abziehbaren Werbungskosten, insbesondere zum Erhaltungsaufwand oder zu den nicht abziehbaren Kosten gehören, [2)]
3. ob weitere Zuschüsse für die bescheinigten Aufwendungen gezahlt werden oder worden sind,
4. ob die Aufwendungen bei einer Einkunftsart oder – bei eigengenutzten Gebäuden – wie Sonderausgaben berücksichtigt werden können,
5. in welchem Veranlagungszeitraum die erhöhten Absetzungen, die Verteilung von Erhaltungsaufwand oder der Abzug wie Sonderausgaben erstmals in Anspruch genommen werden können.

6 Nachweis der entstandenen Aufwendungen

6.1 Die Bescheinigung ist auf einem Formular zu beantragen, das dem Mustervordruck (Anlage 1) entspricht.

Die Rechnungen sind nach Gewerken geordnet, entsprechend Nr. 5 des Vordrucks aufzulisten und dem Antrag beizufügen.

Erforderlich ist vor allem die Vorlage aller Schlußrechnungen. Abschlagsrechnungen und Kostenvoranschläge ersetzen keine Schlußrechnung. Kassenzettel müssen Menge, Artikel und Preise eindeutig erkennen lassen.

Pauschalrechnungen von Handwerkern können nur berücksichtigt werden, wenn das Originalangebot, das dem Pauschalvertrag zugrundeliegt, beigefügt ist. Wenn es zur Prüfung der Einzelleistungen erforderlich ist, kann die Vorlage der Original-Kalkulation verlangt werden.

Genehmigungs- und Prüfungsgebühren gehören zu den Kosten der genehmigten oder geprüften Baumaßnahmen.

6.2 Bei Bauherrinnen, Bauherren, Erwerberinnen oder Erwerbern, die eine Bauträgerin oder einen Bauträger, eine Baubetreuerin, Baubetreuer, Generalunternehmerin oder Generalunternehmer mit der Durchführung der Maßnahmen beauftragt haben, und in vergleichbaren Fällen ist die not-

---

1) Zur Prüfungskompetenz der Finanzbehörden, wenn von der Denkmalbehörde die Aufwendungen für einen nicht nach § 7i EStG begünstigten Neubau bescheinigt worden sind, vgl. Anlage § 007i-02.
2) Siehe dazu auch die Vfg. OFD Münster vom 14.8.2009 – S 2198b – 61 – St 21-31:
„Die Einkommensteuer-Referatsleiter des Bundes und der Länder haben die Frage erörtert, ob anhängigen Einspruchsverfahren zur Kaufpreisaufteilung in Modernisierungsfällen nach § 3 FördG unter Berücksichtigung der vom Thüringer Finanzgericht in dem rechtskräftigen Urteil vom 20.02.2008 III 740/05 (EFG 2008 S. 1140) aufgestellten Grundsätze abzuhelfen ist. Das Thüringer Finanzgericht vertrat in diesem und weiteren Klageverfahren (Urteile vom 04.06.2008 IV 868/08 und IV 92/06, n.v.) die Auffassung, dass nur dann nennenswerte Zweifel an der Kaufpreisaufteilung im Kaufvertrag bestehen, wenn der Grund und Boden und/oder die Altbausubstanz deutlich unter dem Einstandswert (Anschaffungskosten einschließlich Anschaffungsnebenkosten) veräußert wurden.
Nach dem Ergebnis der Erörterung ist der Kaufpreisaufteilung im Kaufvertrag nur dann zu folgen, wenn der Bauträger bzw. Initiator im Rahmen der Kaufpreisaufteilung für den Grund und Boden den Bodenrichtwert oder einen höheren Wert angesetzt hat.
An dem Grundsatz der Aufteilung des Kaufpreises nach dem Verhältnis der Verkehrswerte soll darüber hinaus festgehalten werden. Das bedeutet, dass eine vom Kaufvertrag abweichende Kaufpreisaufteilung in den Fällen vorzunehmen ist, in denen der Grund und Boden nicht unwesentlich unter dem Bodenrichtwert und/oder die Altbausubstanz unter dem Einstandswert veräußert wird.
Diese Regelung gilt auf Grund der gleichlautenden gesetzlichen Regelungen auch in den Fällen der Kaufpreisaufteilung nach den §§ 3 und 3a InvZulG 1999 sowie nach den §§ 7h, 7i, 10f EStG."

Zu § 7i EStG **Anlage § 007i–01**

wendige Prüfung der Einzelleistungen nur möglich, wenn die Antragstellerin oder der Antragsteller die spezifizierten Originalrechnungen der Handwerkerinnen oder Handwerker, Subunternehmerinnen oder Subunternehmer und Lieferanten an die Bauträgerin oder den Bauträger o.ä. sowie einen detaillierten Einzelnachweis über die Vergütungen für die eigenen Leistungen vorlegt. Wenn es zu Prüfungen der Einzelleistungen erforderlich ist, kann die Vorlage der Original-Kalkulation verlangt werden.

Die in diesen Richtlinien angegebenen und erläuterten Beispiele sind Regelbeispiele, die den Inhalt, Ziel und Zweck der Richtlinien erläutern sollen. Eine im Einzelfall abweichende Sachbehandlung durch die Bescheinigungsbehörde kann durch besondere denkmalbedingte Umstände gerechtfertigt sein. Ein Remonstrationsrecht steht der Finanzbehörde in diesen Fällen nur zu, wenn solche besonderen Umstände im Einzelfall nicht vorliegen.

7 Hinweis auf sonstige Steuern

Für die Erlangung der steuerlichen Vorteile bei der Erbschaft- und Schenkungsteuer (§ 13 Abs. 1 Nr. 1 Buchstabe b ErbStG), der Grundsteuer (§ 32 GrStG), der Vermögensteuer (§ 115 BewG i. V. m. § 109 BewG) sowie der Umsatzsteuer (§ 4 Nr. 20 Buchstabe a UStG) bedarf es neben den den Steuerpflichtigen zu erteilenden Bescheiden nach § 3 Abs. 3 und § 4 Abs. 2 DSchG grundsätzlich keiner besonderen Bestätigung der Unteren Denkmalbehörde gegenüber der Finanzverwaltung.

8 Die bisher geforderte dingliche Sicherung des Landes Nordrhein-Westfalen, insbesondere die Eintragung einer Grunddienstbarkeit, entfällt aufgrund der Verfügungsbeschränkungen des Denkmalschutzgesetzes.

9 Ausnahmen von diesen Richtlinien bedürfen der vorherigen schriftlichen Zustimmung durch die Obere Denkmalbehörde.

Der RdErl. des Ministers für Landes- und Stadtentwicklung vom 9. Oktober 1980 – III B 1 30 – 1/1 – 339/80 – (MBl. NW S. 2391/SMBl. NW 224) wird aufgehoben.

Anlage § 007i–01

Zu § 7i EStG

Anlage 1

_____ _____
(Name, Vorname der Antragstellerin   (Anschrift, Datum)
oder des Antragstellers)

An
Oberstadt-/Stadt-/Gemeindedirektor
in _____
_____

Betr.: Steuervergünstigung für Baudenkmäler;
Anlg.: Rechnungen
      Antrag auf Ausstellen einer Bescheinigung gem. § 40 DSchG
Zur Erhaltung oder sinnvollen Nutzung
 ◯ des Baudenkmals _____
      (Straße, Hausnummer)
 ◯ des Gebäudes _____
      (Straße, Hausnummer)
    in dem Denkmalbereich _____

habe ich _____ DM aufgewandt. Ich bitte, dies zur Vorlage beim Finanzamt zu bescheinigen.

1. Erläuterung der Baumaßnahmen:
_____
_____
_____

2. Zusammenstellung der beigefügten Rechnungen:

Lfd. Nr.	Firma, Leistung und Gegenstand	Rechnungsdatum, Rechnungsbetrag	Vermerk der Denkmalbehörde
		Gesamt	

3. An öffentlichen Zuschüssen habe ich erhalten von

	Auszahlungsdatum	Betrag
Stadt/Gemeinde		
Kreis		
Landschaftsverband		
Regierungspräsident		
	Gesamt	

_____
(Unterschrift)

Zu § 7i EStG   **Anlage § 007i–01**

Anlage 2

_____   _____
(Behörde)   (Ort, Datum)

Herrn/Frau/Firma

_____

Postfach _____

Betr.: Steuervergünstigung für Baudenkmäler
Bezug: Ihr Antrag vom _____
Anlg.: Rechnungen

Sehr geehrte _____ ,

es wird hiermit bescheinigt, daß

1. das Gebäude _____
   ○ am _____ in die Denkmalliste eingetragen (§ 3 DSchG) worden ist,
   ○ innerhalb des Denkmalbereichs _____ liegt (§ 5, 6 Abs. 4 DSchG)

2. die hierzu durchgeführten und in der Anlage gekennzeichneten Arbeiten
   ○ mit mir am _____ abgestimmt worden sind und
   ○ zur Erhaltung oder sinnvollen Nutzung des Baudenkmals erforderlich waren
   ○ zur Erhaltung des geschützten Erscheinungsbildes des Denkmalbereichs erforderlich waren

3. die in Nrn. 1 und 2 bescheinigten Arbeiten insgesamt zu
   Aufwendungen in Höhe von _____ DM
   geführt haben

4. für die Arbeiten ein Zuschuß von
   Stadt/Gemeinde _____ DM
   Kreis _____ DM
   Landschaftsverband _____ DM
   Regierungspräsident _____ DM

                                    insgesamt   DM

ausgezahlt worden ist.

Es wird vorbehalten, diese Bescheinigung hinsichtlich Nr. 4 zu ändern, sofern weitere Zuschüsse von den genannten Stellen ausgezahlt werden.

Zu den begünstigten Aufwendungen gehören Funktionsträgergebühren. Begünstigt ist nur der Anteil, der nach den Feststellungen der Finanzbehörden (Abschnitt 160 Abs. 3 Nr. 2 Einkommensteuer-Richtlinien) zu den Anschaffungskosten im Sinne des § 7i Abs. 1 Satz 5 EStG oder den Herstellungskosten gehört, die auf die begünstigten Baumaßnahmen entfallen.

Hinweise:
Diese Bescheinigung ist nicht alleinige Voraussetzung für die Inanspruchnahme der Steuervergünstigung. Die Finanzbehörde prüft weitere, steuerrechtliche Voraussetzungen, insbesondere die Abziehbarkeit der Aufwendungen als Betriebsausgaben, Werbungskosten oder Sonderausgaben und die Zugehörigkeit der Aufwendungen zu Anschaffungskosten, Herstellungskosten, Erhaltungsaufwand oder zu nicht abziehbaren Kosten.
Sofern die Unterschutzstellung aufgehoben wird, wird hiervon das Finanzamt unterrichtet.

Mit freundlichen Grüßen

_____

(Unterschrift)

Anlage § 007i–02

Zu § 7i EStG

Reichweite der Bindungswirkung der Bescheinigung nach § 7h Abs. 2, § 7i Abs. 2 EStG

– BdF-Schreiben vom 16.5.2007 – IV C 3 – S 2198a/07/0001 (BStBl. I S. 475) –

Nach §§ 7h, 7i EStG sind die erhöhten Absetzungen nicht zu gewähren, wenn durch die Baumaßnahmen ein Neubau oder ein bautechnisch neues Gebäude entstanden ist.[1] Strittig in der Rechtsprechung ist, inwieweit hierüber die Bescheinigung der zuständigen Gemeinde oder Denkmalbehörde (Bescheinigungsbehörden) nach § 7h Abs. 2 EStG, § 7i Abs. 2 EStG als Grundlagenbescheid (§ 171 Abs. 10, § 175 Abs. 1 Satz 1 Nr. 1 AO) für die Finanzverwaltung bindend ist.

Der BFH bestätigt im nachträglich zur Veröffentlichung bestimmten Urteil vom 22. September 2005 (BStBl. 2007 II S. 373) erneut seine Auffassung, dass allein die Bescheinigungsbehörde für die Prüfung von Baumaßnahmen i. S. des § 177 BauGB zuständig sei. Somit sei die in der Bescheinigung getroffene Entscheidung als Grundlagenbescheid für die Finanzverwaltung bindend, auch wenn tatsächlich ein Neubau oder ein bautechnisch neues Gebäude erstellt wurde. Der Finanzverwaltung stehe bei gegenteiliger Auffassung nach Remonstration der Verwaltungsrechtsweg offen.

Unter Bezugnahme auf das Ergebnis der Erörterungen mit den obersten Finanzbehörden der Länder ist wie folgt zu verfahren:

– Die Rechtsgrundsätze des Urteils vom 22. September 2005 sind für Sanierungs- und Denkmalfälle anzuwenden, bei denen die Bescheinigung vor dem 1. Januar 1999 erteilt wurde, es sei denn, sie beruht auf einer früher veröffentlichten länderspezifischen Bescheinigungsrichtlinie.

– Auf Baumaßnahmen, bei denen die Bescheinigung nach dem 31. Dezember 1998 erteilt wurde, sind die länderspezifischen Bescheinigungsrichtlinien zur Anwendung der §§ 7h, 7i, 10f, 11a und 11b EStG (vgl. Übersicht in BStBl. 2000 I S. 1513 und 2004 I S. 1049) anzuwenden.

Danach haben die Bescheinigungsbehörden zwar zu prüfen und zu bescheinigen, ob die in § 7h Abs. 1 EStG, § 7i Abs. 1 EStG aufgeführten Tatbestandsmerkmale vorliegen. Die Entscheidung über das Vorliegen der übrigen steuerrechtlich bedeutsamen Tatbestandsmerkmale fällt jedoch in die Zuständigkeit der Finanzbehörden. Unter dieses eigenständige Prüfungsrecht der Finanzbehörden fällt auch die Beurteilung, ob durch die Baumaßnahmen ein Neubau oder bautechnisch neues Gebäude[2] entstanden ist. Im amtlichen Bescheinigungsvordruck wird auf dieses Prüfungsrecht besonders hingewiesen.[3]

Die Bescheinigungsrichtlinien wurden durch die BFH-Entscheidung X R 19/02 vom 14. Januar 2004 (BStBl. II S. 711) bestätigt.[4] Danach handelt es sich bei der Bescheinigung (z. B. für ein Baudenkmal) um einen Grundlagenbescheid, dessen verbindliche Feststellungen sich auf die Tatbestände des zum Landesrecht gehörenden Denkmalrechts beschränken. Dieser Grundlagenbescheid ist demnach für die Finanzverwaltung nur insoweit bindend, als er den Nachweis der denkmalschutzrechtlichen Voraussetzung des § 7i Abs. 1 EStG erbringt. Denn nach der Bescheinigung prüft die Finanzbehörde weitere, steuerrechtliche Vorschriften. Dazu gehört entscheidend auch die nur nach steuerrechtlichen Kriterien zu beurteilende Abgrenzung zwischen der Sanierung und Neuerrichtung eines Gebäudes.

---

1) Aber BFH vom 24.6.2009 (X R 8/08); Denkmal i. S. d. § 7i EStG kann steuerrechtlich auch ein Neubau im bautechnischen Sinne sein. Nicht förderungsfähig sind hingegen der Wiederaufbau oder die völlige Neuerrichtung des Gebäudes.

2) Aber BFH vom 24.6.2009 (X R 8/08); Denkmal i. S. d. § 7i EStG kann steuerrechtlich auch ein Neubau im bautechnischen Sinne sein. Nicht förderungsfähig sind hingegen der Wiederaufbau oder die völlige Neuerrichtung des Gebäudes.

3) Fehlt in einer Bescheinigung der Hinweis, dass die steuerrechtlichen Fragen vom Finanzamt eigenständig zu prüfen sind, kann die Bescheinigung in Abhängigkeit von ihrem konkreten Inhalt das Finanzamt als Grundlagenbescheid hinsichtlich der Abzugsbeträge nach den §§ 7h, 7i,10f, 10g, 11a und 11b EStG umfassend binden (→ BFH vom 24.6.2009 – X R 8/08).

4) Auch BFH vom 2.9.2008 (BStBl. 2009 II S. 596).

Zu § 7i EStG   Anlage § 007i–02

II. Bindungswirkung einer Bescheinigung nach § 7h, § 7i oder § 10 f EStG; Anwendung der BFH-Urteile vom 02.09.2008 – X R 7/07 (BStBl. II 2009 S. 596) – und vom 24.06.2009 – X R 8/08 (BStBl. II 2009 S. 960)

– Verfügung OFD Magdeburg vom 03.05.2011 – S 2198a – 6 – St 222 –

I. Eigenständiges Prüfungsrecht der FÄ

Die Bescheinigungsrichtlinien nach §§ 7h und 7i EStG sowie die dazugehörigen Musterbescheinigungen sehen vor, dass in der Bescheinigung jeweils ein Hinweis auf das Prüfungsrecht der Finanzämter hinsichtlich steuerrechtlicher Fragen aufgenommen wird.

Dieser Hinweis lautet wie folgt:

„Die Bescheinigung ist nicht alleinige Voraussetzung für die Inanspruchnahme der Steuervergünstigung. Die Finanzbehörde prüft weitere steuerrechtliche Voraussetzungen, insbesondere die Abziehbarkeit der Aufwendungen als Betriebsausgaben, Werbungskosten oder wie Sonderausgaben und die Zugehörigkeit der Aufwendungen zu den Anschaffungskosten oder Herstellungskosten, zu den Werbungskosten, insbesondere zum Erhaltungsaufwand oder zu den nicht abziehbaren Kosten."

Ist dieser Hinweis in den Bescheinigungen nach § 7h und § 7i EStG enthalten, obliegt die abschließende Entscheidung über das Vorliegen der übrigen steuerrechtlich bedeutsamen Tatbestandsmerkmale dem Finanzamt. Dazu gehört auch die Prüfung der steuerlichen Frage, ob ein nicht begünstigter Neubau oder begünstigte Baumaßnahmen an einem vorhandenen Gebäude vorliegen (vgl. hierzu BFH-Urteil vom 14.01.2004 – BStBl. II 2004 S. 711 und BMF-Schreiben vom 16.05.2007, BStBl. 2007 I S. 475). Diese Rechtsauffassung hat der BFH mit Urteil vom 02.09.2008 (BStBl. II 2009 S. 596) erneut bestätigt.

Damit entfaltet beispielsweise eine Bescheinigung nach § 7i EStG für die vollständige Neuerrichtung eines Baudenkmals hinsichtlich der steuerrechtlichen Frage, ob ein nicht begünstigter Neubau vorliegt, keine Bindungswirkung, wenn in der Bescheinigung der Hinweis auf das steuerliche Prüfungsrecht der Finanzämter enthalten ist. Die Begünstigung nach § 7i EStG ist in diesem Fall zu versagen. Eine Remonstration gegen die Bescheinigung ist nicht erforderlich.

Hinsichtlich der Anwendung der mit Urteil vom 24.06.2009 – X R 8/08 (BStBl. II 2009 S. 960) – geänderten BFH-Rechtsprechung zur Begünstigung von bautechnisch neuen Baudenkmalen nach § 7i EStG verweise ich auf die ESt-Kartei ST § 7i EStG Karte 7.

II. Kein eigenständiges Prüfungsrecht der FÄ

Fehlt in einer Bescheinigung der oben genannte oder ein vergleichbarer Hinweis, dass die steuerrechtlichen Fragen vom Finanzamt eigenständig zu prüfen sind, ist nach dem BFH-Urteil vom 24.06.2009 – X R 8/08 (BStBl. II 2009 S. 960) – die Bescheinigung für das Finanzamt in steuerrechtlicher Sicht umfassend bindend. Denn ohne einen entsprechenden Hinweis kann der Steuerpflichtige unter Berücksichtigung des Grundsatzes von Treu und Glauben davon ausgehen, dass alle Voraussetzungen für die jeweilige Steuerbegünstigung gegeben sind.

Das BFH-Urteil vom 24.06.2009 – X R 8/08 (BStBl. II 2009 S. 960) – ist **hinsichtlich der Ausführungen zur Bindungswirkung** allgemein, d. h. sowohl für Bescheinigungen nach §§ 7i, 10 f EStG (wie im Urteilsfall) als auch für Bescheinigungen nach §§ 7h, 10g, 11a, 11b EStG anzuwenden.

Demnach kann die Begünstigung nach § 7 h, § 7 i oder § 10 f EStG für einen Neubau nicht versagt werden, wenn in der Bescheinigung kein Hinweis auf das Prüfungsrecht des Finanzamtes enthalten ist. In diesem Fall besteht aufgrund der umfassenden Bindungswirkung der Bescheinigung nur die Möglichkeit, im Rahmen eines Remonstrationsverfahrens gegenüber der Bescheinigungsbehörde die nachträgliche Aufnahme des fehlenden Hinweises in die Bescheinigung zu erwirken.

Liegt ein solcher Ausnahmefall vor, ist die betroffene Bescheinigungsbehörde zumindest auf die künftige Beachtung der Bescheinigungsrichtlinien hinzuweisen. Über entsprechende Fälle bitte ich mich zu informieren.

Anlage § 007i–02

Zu § 7i EStG

III: Erhöhte Absetzungen nach § 7i EStG bei der Herstellung eines Neubaus im bautechnischen Sinne und bei der Herstellung von neuen, eigenständigen Wirtschaftsgütern durch Umnutzung oder erstmaligen Dachgeschossausbau

– Verfügung OFD Magdeburg vom 03.05.2011 – S 2198b – 28 – St 222 –

Begünstigt nach §§ 7i, 7h, 10f EStG sind grundsätzlich nur Baumaßnahmen an bestehenden Gebäuden. Nach bisheriger Rechtslage war daher die Inanspruchnahme der Steuerbegünstigungen für Baumaßnahmen ausgeschlossen, die zur Herstellung eines Neubaus oder eines bautechnisch neuen Gebäudes im steuerlichen Sinne geführt haben.

Abweichend hiervon hat der **BFH mit Urteil vom 24.06.2009 – X R 8/08 (BStBl. II 2009 S. 960)** – entschieden, dass ein für die Steuerbegünstigung nach § 7i EStG schädlicher Neubau nur beim Wiederaufbau und bei völliger Neuerrichtung des Gebäudes vorliegt. Wird hingegen ein **bestehendes Gebäude** (nur) nach steuerrechtlichen Gesichtspunkten, d. h. unter überwiegender Erneuerung der tragenden Teile **bautechnisch neu hergestellt**, sind die Aufwendungen hierfür **nach § 7i EStG begünstigt**. Denn nach Sinn und Zweck der Vorschrift ist die Erhaltung und Modernisierung kulturhistorisch wertvoller Baudenkmäler förderungswürdig.

Diese geänderte Rechtsauffassung des BFH ist in allen Fällen des § 7i EStG sowie des § 10f EStG allgemein anzuwenden, soweit es sich um Baumaßnahmen an einem Baudenkmal handelt.

Im Rahmen einer Erörterung auf Bund-Länder-Ebene wurde in diesem Zusammenhang zudem entschieden, dass Aufwendungen für die **Umnutzung eines denkmalgeschützten Fabrik- und Bürogebäudes** oder für **einen erstmaligen Dachgeschossausbau** auch nach § 7i EStG begünstigt sind, wenn im Zuge der Baumaßnahmen aus steuerlicher Sicht neue, eigenständige Wirtschaftsgüter entstehen (z. B. bei Schaffung von mehreren Eigentumswohnungen in einem ehemaligen Fabrikgebäude). Hintergrund dafür ist, dass es sich letztlich auch in diesen Fällen um Baumaßnahmen an einem **bestehenden Baudenkmal** handelt, dessen Erhalt bzw. Modernisierung nach der o. g. BFH-Rechtsprechung durch § 7i EStG besonders gefördert werden soll. Daher kann bei der Beurteilung der Förderfähigkeit der Aufwendungen im Falle der Umnutzung oder des erstmaligen Dachgeschossausbaus nicht isoliert auf die einzelnen neu geschaffenen Wirtschaftsgüter (z. B. Eigentumswohnungen, Dachgeschossausbauten) abgestellt werden. Vielmehr ist hierfür das denkmalgeschützte Gebäude als Ganzes zu betrachten. Entscheidend ist somit, ob die Baumaßnahmen am Gesamtgebäude dem Erhalt oder der Modernisierung der kulturhistorisch wertvollen Bausubstanz dienen. Voraussetzung für die Gewährung der Steuervergünstigungen ist jedoch auch in diesen Fällen, dass die Bescheinigungsbehörde die zu Grunde liegende Baumaßnahme als zur Erhaltung des Gebäudes oder zu seiner sinnvollen Nutzung erforderlich bescheinigt hat.

Nach diesen Grundsätzen kommt künftig auch in Fällen der Sanierung von Baudenkmalen im Rahmen eines Bauträgermodells für die durch erstmaligen Dachgeschossausbau entstandenen Eigentumswohnungen die Steuerbegünstigung nach § 7i EStG in Betracht, wenn die Aufwendungen hierfür von der zuständigen Behörde bescheinigt wurden.

Zu beachten ist allerdings Folgendes:

Der vom BFH **neu aufgestellte Rechtsgrundsatz**, dass ein steuerrechtlicher Neubau im bautechnischen Sinne nach § 7i EStG begünstigt ist, gilt nach einem Beschluss auf Bund-Länder-Ebene **nicht für die Steuerbegünstigung** für Baumaßnahmen an Gebäuden in Sanierungsgebieten und städtebaulichen Entwicklungsbereichen **nach § 7h EStG**. § 7h EStG begünstigt ausdrücklich nur Modernisierungs- und Instandsetzungsarbeiten i. S. d. § 177 BauGB. Zudem hat der BFH in seinem Urteil vom 02.09.2008 – X R 7/07 (BStBl. II 2009 S. 596) – die erhöhten Absetzungen nach § 7 h EStG für einen durch Umbaumaßnahmen an einem bestehenden Gebäude entstandenen bautechnischen Neubau versagt.

In allen Fällen des § 7h EStG ist damit die Gewährung der Steuerbegünstigung bei Herstellung eines bautechnisch neuen Gebäudes weiterhin abzulehnen. Dies gilt auch für die o. g. Fälle des Entstehens neuer, eigenständiger Wirtschaftsgüter (z. B. Eigentumswohnungen) durch Umnutzung oder erstmaligen Dachgeschossausbau.

Zu § 9 EStG   Anlage § 009–01

Pauschale Kilometersätze 1. Januar 2002
– bei Benutzung eines Privatfahrzeugs zu Dienstreisen, Einsatzwechseltätigkeit oder Fahrtätigkeit
– bei der Berücksichtigung der tatsächlichen Fahrtkosten in anderen Fällen

– BdF-Schreiben vom 20.8.2001 – IV C 5 – S 2353 – 312/01 (BStBl. 2001 I S. 541) –

Im Einvernehmen mit den obersten Finanzbehörden der Länder gelten nach R 38 Abs. 1 Satz 6 LStR ab 1. Januar 2002 die folgenden pauschalen Kilometersätze:

I. Pauschale Kilometersätze bei Benutzung eines privaten Fahrzeugs zu Dienstreisen, zu einer Einsatzwechseltätigkeit oder Fahrtätigkeit[1)]

Soweit bei Arbeitnehmern Fahrtkosten nach R 38 Abs. 1 bis 3 LStR als Reisekosten anerkannt werden, können bei Benutzung eines privaten Fahrzeugs abweichend von R 38 Abs. 1 Satz 3 LStR die Fahrtkosten mit folgenden pauschalen Kilometersätzen angesetzt werden:

1. bei einem Kraftwagen 0,30 € (VZ 2001: 0,58 DM)[2)] je Fahrtkilometer,
2. bei einem Motorrad oder einem Motorroller 0,13 € (VZ 2001: 0,25 DM)[3)] je Fahrtkilometer,
3. bei einem Moped oder Mofa 0,08 € je Fahrtkilometer,
4. bei einem Fahrrad 0,05 € (VZ 2001: 0,07 DM)[4)] je Fahrtkilometer.

Für jede Person, die **aus beruflicher Veranlassung** bei einer Dienstreise mitgenommen wird, erhöhen sich der Kilometersatz nach Nummer 1 um 0,02 € und der Kilometersatz nach Nummer 2 um 0,01 € Aufwendungen, die durch die Mitnahme von Gepäck verursacht worden sind, sind durch die Kilometersätze abgegolten.

II. Pauschaler Kilometersatz in anderen Fällen

Soweit behinderte Arbeitnehmer nach § 9 Abs. 2 EStG ihre tatsächlichen Aufwendungen für die Benutzung eines eigenen Kraftfahrzeugs zu Fahrten zwischen Wohnung und Arbeitsstätte oder zu Familienheimfahrten im Rahmen einer doppelten Haushaltsführung als Werbungskosten geltend machen dürfen, können die Fahrtkosten mit den Kilometersätzen nach Abschnitt I dieses Schreibens angesetzt werden. Dasselbe gilt bei allen Arbeitnehmern für Fahrtkosten anlässlich der Wohnungswechsel zu Beginn und innerhalb der Zweijahresfrist am Ende einer doppelten Haushaltsführung.

---

1) Nach R 4.12 Abs. 2 Satz 2 EStR gelten die Pauschsätze auch für den Betriebsausgabenabzug, sofern ein zum Privatvermögen gehörendes Fahrzeug betrieblich genutzt wird.
2) Die für den VZ 2001 angeführten Beträge wurden durch das BdF-Schreiben vom 11.1.2001 – IV C 5 –S 2353 – 1/01 (BStBl. I S. 95) festgesetzt.
3) Die für den VZ 2001 angeführten Beträge wurden durch das BdF-Schreiben vom 11.1.2001 – IV C 5 –S 2353 – 1/01 (BStBl. I S. 95) festgesetzt.
4) Die für den VZ 2001 angeführten Beträge wurden durch das BdF-Schreiben vom 11.1.2001 – IV C 5 –S 2353 – 1/01 (BStBl. I S. 95) festgesetzt.

Anlage § 009–02

Zu § 9 EStG

Einkommensteuerliche Behandlung der aufgrund der Veräußerung eines Wirtschaftsguts nach § 15a UStG zurückgezahlten Vorsteuerbeträge (§ 9b Abs. 2 EStG)

– BdF-Schreiben vom 23. August 1993 IV B 2 – S 2170 – 46/93 (BStBl. I S. 698) –

Mit Urteil vom 8. Dezember 1992 (BStBl. 1993 II S. 656) hat der BFH im Anschluß an das Urteil vom 17. März 1992 (BStBl. 1993 II S. 17) entschieden, daß an das Finanzamt zurückgezahlte Vorsteuerbeträge auch dann als Werbungskosten nach § 9b Abs. 2 EStG abgezogen werden dürfen, wenn der Vorsteuerabzug aufgrund der Veräußerung eines Wirtschaftsguts des Privatvermögens berichtigt worden ist. Die zurückgezahlten Vorsteuerbeträge seien zwar – ebenso wie bei der Veräußerung eines Wirtschaftsguts des Betriebsvermögens – (BFH-Urteil vom 26. März 1992 – BStBl. II S. 1038) Veräußerungskosten. Sie dürften aber gleichwohl aufgrund des eindeutigen Wortlauts des § 9b Abs. 2 EStG als Werbungskosten abgezogen werden.

Die Grundsätze dieser Entscheidungen sind in allen noch offenen Veranlagungsfällen anzuwenden. Die entgegenstehenden Verwaltungsregelungen in Abschnitt 86 Abs. 6 der Einkommensteuer-Richtlinien 1990 (EStR) und das BMF-Schreiben vom 1. Dezember 1992 (BStBl. 1992 I S. 10) gelten nicht weiter.

Zu § 10 EStG
Anlage § 010–01

Einkommensteuerrechtliche Behandlung von wiederkehrenden Leistungen im Zusammenhang mit einer Vermögensübertragung

– BdF-Schreiben vom 11.03.2010 – IV C 3 – S 2221/09/10004, 2010/0188949 (BStBl. I S. 227) –

Inhalt

A.	Allgemeines/Abgrenzung
B.	Versorgungsleistungen im Zusammenhang mit einer unentgeltlichen Vermögensübertragung
I.	Vermögensübertragung i. S. des § 10 Absatz 1 Nummer 1a EStG
1.	Begriff der Vermögensübertragung
2.	Empfänger des Vermögens
3.	Unentgeltlichkeit
4.	Gegenstand der Vermögensübertragung
a)	Mitunternehmeranteil an einer Personengesellschaft
b)	Betrieb oder Teilbetrieb
c)	Anteil an einer GmbH
d)	Anderes Vermögen, Wirtschaftsüberlassungsverträge und Nießbrauchsrechte
e)	Missbrauchsregelung
5.	Übertragung von Vermögen unter Nießbrauchsvorbehalt
6.	Ausreichend Ertrag bringendes Vermögen
a)	Grundsätze
b)	Ermittlung der Erträge
7.	Betriebsaufgabe, Übertragung, Umwandlung und Umschichtung von übertragenem Vermögen
a)	Umschichtungsverpflichtung im Übertragungsvertrag
b)	Betriebsaufgabe, Übertragung, Umwandlung und nachträgliche Umschichtung
II.	Versorgungsleistungen i. S. des § 10 Absatz 1 Nummer 1a EStG
1.	Umfang der Versorgungsleistungen
2.	Empfänger der Versorgungsleistungen
3.	Korrespondenzprinzip bei Versorgungsleistungen
4.	Wiederkehrende Leistungen auf die Lebenszeit des Empfängers der Versorgungsleistungen
5.	Rechtliche Einordnung von wiederkehrenden Leistungen, die keine Versorgungsleistungen sind
III.	Anforderungen an den Übertragungsvertrag
C.	Entgeltliche Vermögensübertragung gegen wiederkehrende Leistungen
I.	Übertragung von Betriebsvermögen
II.	Übertragung von Privatvermögen gegen wiederkehrende Leistungen auf Lebenszeit
1.	Behandlung beim Verpflichteten
a)	Anschaffungskosten
b)	Zinsanteil
2.	Behandlung beim Berechtigten
a)	Veräußerungspreis
b)	Zinsanteil
III.	Übertragung von Privatvermögen gegen wiederkehrende Leistungen auf bestimmte Zeit
1.	Anschaffungskosten und Veräußerungspreis
2.	Zinsanteil
D.	Anwendungsregelung
I.	Allgemeines
II.	Ablösung eines Nießbrauchsrechts
III.	Umschichtung
1.	Umschichtungsverpflichtung im Übertragungsvertrag
2.	Nachträgliche Umschichtung
IV.	Besteuerung nach § 22 Nummer 1b EStG
V.	Umwandlung einer Versorgungsleistung

Anlage § 010–01

Zu § 10 EStG

Unter Bezugnahme auf das Ergebnis der Erörterungen mit den obersten Finanzbehörden der Länder gilt zur einkommensteuerrechtlichen Behandlung von wiederkehrenden Leistungen im Zusammenhang mit einer Vermögensübertragung Folgendes 1:

A. Allgemeines/Abgrenzung

1 Wiederkehrende Leistungen im Zusammenhang mit einer Vermögensübertragung können Versorgungsleistungen, Unterhaltsleistungen oder wiederkehrende Leistungen im Austausch mit einer Gegenleistung sein. Liegen die Voraussetzungen des § 10 Absatz 1 Nummer 1a EStG vor, sind die Versorgungsleistungen beim Verpflichteten als Sonderausgaben abziehbar und beim Berechtigten nach § 22 Nummer 1b EStG steuerpflichtig (vgl. B.). Unterhaltsleistungen (Zuwendungen) dürfen nach § 12 Nummer 2 EStG nicht abgezogen werden. Wiederkehrende Leistungen im Austausch mit einer Gegenleistung enthalten eine nichtsteuerbare oder steuerbare Vermögensumschichtung und einen Zinsanteil (vgl. C.).

B. Versorgungsleistungen im Zusammenhang mit einer unentgeltlichen Vermögensübertragung

I. Vermögensübertragung i. S. des § 10 Absatz 1 Nummer 1a EStG

1. Begriff der Vermögensübertragung

2 Nach § 10 Absatz 1 Nummer 1a EStG begünstigte Versorgungsleistungen sind wiederkehrende Leistungen, die im Zusammenhang mit einer Vermögensübertragung – in der Regel zur vorweggenommenen Erbfolge – geleistet werden. Voraussetzung ist die Übertragung bestimmten Vermögens (vgl. B.I.4.) grundsätzlich kraft einzelvertraglicher Regelung unter Lebenden mit Rücksicht auf die künftige Erbfolge. Eine Vermögensübertragung i. S. des § 10 Absatz 1 Nummer 1a EStG kann ihren Rechtsgrund auch in einer Verfügung von Todes wegen haben, wenn sie im Wege der vorweggenommenen Erbfolge zu Lebzeiten des Erblassers ebenfalls begünstigt wäre (BFH vom 11. Oktober 2007 – BStBl. 2008 II Seite 123).

3 Der Übergeber behält sich in Gestalt der Versorgungsleistungen typischerweise Erträge seines Vermögens vor, die nunmehr allerdings vom Übernehmer erwirtschaftet werden müssen (BFH vom 15. Juli 1991 – BStBl. 1992 II Seite 78). Somit ist eine Versorgung insoweit gewährleistet, als der Vermögensübergeber durch die jeweilige Übertragung begünstigten Vermögens nicht länger selbst die Früchte aus diesem übertragenen Vermögen erwirtschaftet. Soweit im Zusammenhang mit der Vermögensübertragung Versorgungsleistungen zugesagt werden, sind diese weder Veräußerungsentgelt noch Anschaffungskosten (BFH vom 5. Juli 1990 – BStBl. II Seite 847).

2. Empfänger des Vermögens

4 Eine nach § 10 Absatz 1 Nummer 1a EStG begünstigte Vermögensübertragung (vgl. Rz. 2 f.) ist stets unter Angehörigen, grundsätzlich aber auch unter Fremden möglich (BFH vom 16. Dezember 1997 – BStBl. 1998 II Seite 718). Empfänger des Vermögens können die Abkömmlinge, grundsätzlich auch gesetzlich erbberechtigte entferntere Verwandte des Übergebers sein (vgl. BFH vom 16. Dezember 1993 – BStBl. 1996 II Seite 669). Hat der Übernehmer aufgrund besonderer persönlicher Beziehungen zum Übergeber ein persönliches Interesse an der lebenslangen angemessenen Versorgung des Übergebers oder sind die Vertragsbedingungen allein nach dem Versorgungsbedürfnis des Übergebers und der Leistungsfähigkeit des Übernehmers vereinbart worden, können auch nahe stehende Dritte (z. B. Schwiegerkinder, Neffen und Nichten) und ausnahmsweise auch familienfremde Dritte Empfänger des Vermögens sein (vgl. BFH vom 16. Dezember 1997 – BStBl. 1998 II Seite 718).

3. Unentgeltlichkeit

5 Bei der Vermögensübertragung im Zusammenhang mit Versorgungsleistungen soll der Übernehmer nach dem Willen der Beteiligten – wenigstens teilweise – eine unentgeltliche Zuwendung erhalten. In den Fällen der Vermögensübertragung auf Angehörige spricht eine widerlegbare Vermutung dafür, dass die wiederkehrenden Leistungen unabhängig vom Wert des übertragenen Vermögens nach dem Versorgungsbedürfnis des Berechtigten und nach der wirtschaftlichen Leistungsfähigkeit des Verpflichteten (vgl. B.I.6.) bemessen worden sind. Diese Vermutung ist widerlegt, wenn die Beteiligten Leistung und Gegenleistung nach kaufmännischen Gesichtspunkten gegeneinander abgewogen haben und subjektiv von der Gleichwertigkeit der beiderseitigen Leistungen ausgehen durften, auch wenn Leistung und Gegenleistung objektiv ungleichwertig sind (vgl. hierzu BFH vom 29. Januar 1992 – BStBl. II Seite 465, vom 16. Dezember 1993 – BStBl. 1996 II Seite 669 und vom 30. Juli 2003 – BStBl. 2004 II Seite 211). In diesem Fall ist der Anwendungsbereich des § 10 Absatz 1 Nummer 1a EStG nicht eröffnet. Es gelten die Grundsätze über die einkommensteuerrechtliche Behandlung wiederkehrender Leistungen im Austausch mit einer Gegenleistung (vgl. C.).

6 Unter Fremden besteht eine nur in Ausnahmefällen widerlegbare Vermutung, dass bei der Übertragung von Vermögen Leistung und Gegenleistung kaufmännisch gegeneinander abgewogen sind. Ein An-

Zu § 10 EStG **Anlage § 010–01**

haltspunkt für ein entgeltliches Rechtsgeschäft kann sich auch daraus ergeben, dass die wiederkehrenden Leistungen auf Dauer die erzielbaren Erträge übersteigen. Die für die Entgeltlichkeit des Übertragungsvorgangs sprechende Vermutung kann hingegen z. B. widerlegt sein, wenn der Übernehmer aufgrund besonderer persönlicher (insbesondere familienähnlicher) Beziehungen zum Übergeber ein persönliches Interesse an der lebenslangen angemessenen Versorgung des Übergebers hat (BFH vom 16. Dezember 1997 – BStBl. 1998 II Seite 718).

4. Gegenstand der Vermögensübertragung

Eine begünstigte Vermögensübertragung i. S. des § 10 Absatz 1 Nummer 1a EStG liegt nur vor bei Versorgungsleistungen im Zusammenhang mit der Übertragung 7

- eines Mitunternehmeranteils an einer Personengesellschaft, die eine Tätigkeit i. S. der §§ 13, 15 Absatz 1 Satz 1 Nummer 1 oder des § 18 Absatz 1 EStG ausübt (vgl. Rz. 8 bis 11),
- eines Betriebs oder Teilbetriebs (vgl. Rz. 12 bis 14) sowie
- eines mindestens 50 Prozent betragenden Anteils an einer Gesellschaft mit beschränkter Haftung (GmbH), wenn der Übergeber als Geschäftsführer tätig war und der Übernehmer diese Tätigkeit nach der Übertragung übernimmt (vgl. Rz. 15 bis 20).

a) Mitunternehmeranteil an einer Personengesellschaft

Die Übertragung eines Mitunternehmeranteils an einer Personengesellschaft (OHG, KG, GbR) oder an einer anderen Gesellschaft, bei der der Gesellschafter als Mitunternehmer anzusehen ist (z. B. atypisch stille Gesellschaft), ist nur dann begünstigt, wenn die Gesellschaft Einkünfte aus Land- und Forstwirtschaft, Gewerbebetrieb oder selbständiger Arbeit erzielt. Als Personengesellschaften gelten auch Gemeinschaften, wenn die Beteiligten eine dem Gesellschafter einer Personengesellschaft wirtschaftlich vergleichbare Stellung haben, z. B. als Beteiligter an einer Erbengemeinschaft oder Gütergemeinschaft (BFH vom 25. Juni 1984 – BStBl. II Seite 751). Die Begünstigung kann in Anspruch genommen werden bei der Übertragung des gesamten Mitunternehmeranteils (einschließlich Sonderbetriebsvermögens) auf einen oder mehrere Übernehmer, bei der Übertragung eines Teils eines Mitunternehmeranteils (einschließlich der quotalen Übertragung der wesentlichen Betriebsgrundlagen des Sonderbetriebsvermögens) und bei der unentgeltlichen Aufnahme des Übernehmers in ein bestehendes Einzelunternehmen. 8

Die Übertragung von Anteilen an einer gewerblich infizierten Personengesellschaft i. S. des § 15 Absatz 3 Nummer 1 1. Alternative EStG erfüllt den Tatbestand der begünstigten Übertragung eines Mitunternehmeranteils i. S. von § 10 Absatz 1 Nummer 1a Satz 2 Buchstabe a EStG. Ein Mitunternehmeranteil an einer Besitzgesellschaft im Rahmen einer Betriebsaufspaltung kann begünstigt im Zusammenhang mit Versorgungsleistungen übertragen werden, soweit ihr die gewerbliche Tätigkeit der Betriebsgesellschaft auch nach der Übertragung zugerechnet wird. Keine Begünstigung liegt vor, wenn eine vermögensverwaltende Personengesellschaft lediglich an einer gewerblich tätigen Gesellschaft beteiligt ist, § 15 Absatz 3 Nummer 1 2. Alternative EStG. 9

Anteile an einer gewerblich geprägten Personengesellschaft i. S. des § 15 Absatz 3 Nummer 2 EStG (z. B. an einer vermögensverwaltenden GmbH & Co. KG) können nicht im Rahmen einer begünstigten Vermögensübertragung im Zusammenhang mit Versorgungsleistungen übertragen werden, da die Gesellschaft keine Tätigkeit i. S. des § 15 Absatz 1 Satz 1 Nummer 1 EStG ausübt. 10

Der Sonderausgabenabzug kommt auch in Betracht, wenn im Zusammenhang mit Versorgungsleistungen Anteile an einer Personengesellschaft übertragen werden, die verpachtet sind, oder wenn Anteile an einer Personengesellschaft übertragen werden, die selbst ihren gesamten Betrieb verpachtet hat, sofern der Betrieb mangels Betriebsaufgabeerklärung als fortgeführt gilt. 11

b) Betrieb oder Teilbetrieb

Neben der Übertragung eines laufenden Betriebs oder Teilbetriebs ist nach § 10 Absatz 1 Nummer 1a Satz 2 Buchstabe b EStG auch die Übertragung eines verpachteten Betriebs oder Teilbetriebs begünstigt, sofern der Betrieb oder Teilbetrieb mangels Betriebsaufgabeerklärung als fortgeführt gilt. 12

Ein Teilbetrieb i. S. des § 10 Absatz 1 Nummer 1a Satz 2 Buchstabe b EStG liegt vor, wenn ein mit einer gewissen Selbständigkeit ausgestatteter, organisch geschlossener Teil des Gesamtbetriebs übertragen wird, der für sich betrachtet alle Merkmale eines Betriebs i. S. des EStG aufweist und für sich lebensfähig ist. Eine völlig selbständige Organisation mit eigener Buchführung ist nicht erforderlich (R 16 Absatz 3 EStR). Der Teilbetrieb muss bereits vor der Vermögensübertragung als solcher existiert haben. 13

Die Teilbetriebsfiktion des § 16 Absatz 1 Satz 1 Nummer 1 Satz 2 EStG ist für die Fälle der begünstigten Vermögensübertragung im Zusammenhang mit Versorgungsleistungen nicht anzuwenden. Eine das gesamte Nennkapital umfassende Beteiligung an einer Kapitalgesellschaft kann daher nicht nach § 10 Absatz 1 Nummer 1a Satz 2 Buchstabe b EStG begünstigt übertragen werden. Für die Übertragung von 14

Anlage § 010–01 Zu § 10 EStG

Anteilen an einer GmbH richtet sich die begünstigte Übertragung nach den Tatbestandsvoraussetzungen des § 10 Absatz 1 Nummer 1a Satz 2 Buchstabe c EStG.

c) Anteil an einer GmbH

15 Zu einer begünstigten Vermögensübertragung im Zusammenhang mit Versorgungsleistungen führt nur die Übertragung eines mindestens 50 Prozent betragenden Anteils an einer GmbH (einschließlich Unternehmergesellschaft, § 5a GmbHG), wenn der Übergeber als Geschäftsführer tätig war und der Übernehmer die Geschäftsführertätigkeit nach der Übertragung übernimmt. Begünstigt ist auch die Übertragung von Anteilen an einer der GmbH vergleichbaren Gesellschaftsform eines anderen Mitgliedstaats der Europäischen Union oder eines Staates, auf den das Abkommen über den Europäischen Wirtschaftsraum anwendbar ist (vgl. Tabellen zum BMF-Schreiben vom 24. Dezember 1999 – BStBl. I Seite 1076). Werden Anteile an anderen Körperschaften im Zusammenhang mit wiederkehrenden Leistungen übertragen, liegt keine begünstigte Vermögensübertragung nach § 10 Absatz 1 Nummer 1a EStG vor.

16 Es ist nicht erforderlich, dass der Übergeber seinen gesamten Anteil überträgt, sofern der übertragene Anteil mindestens 50 Prozent beträgt. Dabei sind Teilübertragungen jeweils isoliert zu betrachten.

17 Beispiel:
V ist zu 80 Prozent an der X-GmbH beteiligt. Außerdem ist er Geschäftsführer der X-GmbH. V überträgt am 10. Januar 2008 einen 20 Prozent betragenden Anteil an der X-GmbH auf seinen Sohn S. S verpflichtet sich dafür, wiederkehrende Leistungen i. H. v. monatlich 200 € an V zu zahlen. Am 1. Januar 2011 überträgt V den restlichen Anteil an der X-GmbH (60 Prozent) auf S. S wird Geschäftsführer der X-GmbH, V zieht sich aus der Geschäftsführertätigkeit vollständig zurück. S verpflichtet sich im Zuge dieser Übertragung, V zusätzlich monatliche Versorgungsleistungen i. H. v. 2 000 € zu zahlen.

Lösung:
Die wiederkehrenden Leistungen, die S im Zusammenhang mit der ersten Teilübertragung an V zu leisten hat, stellen keine Leistungen aufgrund einer nach § 10 Absatz 1 Nummer 1a Satz 2 Buchstabe c EStG begünstigten Vermögensübertragung dar, weil der übertragene GmbH-Anteil nicht mindestens 50 Prozent betragen hat. Im Übrigen hat S die Geschäftsführertätigkeit von V zu diesem Zeitpunkt noch nicht übernommen. Die Übertragung des 60 Prozent betragenden GmbH-Anteils stellt hingegen eine begünstigte Übertragung dar, weil isoliert betrachtet alle Voraussetzungen des § 10 Absatz 1 Nummer 1a Satz 2 Buchstabe c EStG erfüllt sind. S kann daher ab dem 1. Januar 2011 einen Betrag i. H. v. 2 000 € monatlich als Sonderausgaben geltend machen.

18 Überträgt ein Gesellschafter-Geschäftsführer einen mindestens 50 Prozent betragenden Anteil an der GmbH auf den Übernehmer, liegen begünstigte Versorgungsleistungen nur vor, solange der Vermögensübernehmer eine Geschäftsführertätigkeit ausübt. Es ist unschädlich, wenn der Übernehmer bereits vor der Übertragung Geschäftsführer der Gesellschaft war, *solange* er es auch nach der Übertragung bleibt. Voraussetzung ist jedoch, dass der Übergeber seine Geschäftsführertätigkeit insgesamt aufgibt. So ist es z. B. unschädlich, wenn der Vermögensübernehmer bereits die Funktion des Geschäftsführers für die finanziellen Aufgaben innehatte und der Vermögensübergeber Geschäftsführer für den technischen Bereich war und der Übergeber die Geschäftsführertätigkeit mit der Vermögensübertragung aufgibt. Es ist nicht erforderlich, dass der Übernehmer dieselbe Funktion im Rahmen der Geschäftsführung ausübt wie vormals der Übergeber. Wird der Vermögensübergeber für die GmbH in anderer Weise als der eines Geschäftsführers tätig (im Rahmen einer selbständigen oder nichtselbständigen Tätigkeit), so ist dieses ebenfalls unschädlich.

19 Überträgt der Vermögensübergeber seine GmbH-Beteiligung auf mehrere Vermögensübernehmer, liegt eine begünstigte Vermögensübertragung i. S. des § 10 Absatz 1 Nummer 1a Satz 2 Buchstabe c EStG nur bezogen auf den Vermögensübernehmer vor, der mindestens einen 50 Prozent betragenden Anteil erhalten und die Geschäftsführertätigkeit übernommen hat. Überträgt der Vermögensübergeber seine 100 Prozent-GmbH-Beteiligung zu jeweils 50 Prozent auf zwei Vermögensübernehmer, wird aber nur einer der Vermögensübernehmer Geschäftsführer, führt nur die Anteilsübertragung auf diesen zu einer begünstigten Vermögensübertragung i. S. des § 10 Absatz 1 Nummer 1a EStG. Sind oder werden beide Übernehmer Geschäftsführer der Gesellschaft, dann liegt in beiden Fällen eine begünstigte Übertragung i. S. des § 10 Absatz 1 Nummer 1a EStG vor.

20 Beispiel:
V ist zu 80 Prozent an der X-GmbH beteiligt. Er ist außerdem Geschäftsführer der Gesellschaft. V überträgt seine GmbH-Beteiligung auf seine drei Söhne S, T und U. S erhält einen 15 Prozent betragenden Anteil an der GmbH und verpflichtet sich, seinem Vater V wiederkehrende Leistungen i. H. v. 300 € monatlich zu zahlen. V überträgt dem Sohn T ebenfalls einen 15 Prozent betragenden Anteil an der GmbH und die Geschäftsführung im Bereich der Produktionsplanung. T verpflichtet sich, V wieder-

Zu § 10 EStG **Anlage § 010–01**

kehrende Leistungen i. H. v. 800 € monatlich zu zahlen. U erhält von V einen 50 Prozent betragenden Anteil an der GmbH und übernimmt die Geschäftsführung für den finanziellen Bereich der Gesellschaft von V. Er verpflichtet sich, V wiederkehrende Leistungen i. H. v. 2 000 € monatlich zu zahlen. V hat die Geschäftsführertätigkeit insgesamt aufgegeben.

Lösung:
Die Übertragungen der Anteile an S und T stellen keine begünstigten Übertragungen von Vermögen i. S. des § 10 Absatz 1 Nummer 1a Satz 2 EStG dar, da in beiden Fällen nicht mindestens ein 50 Prozent betragender Anteil übertragen wurde. An diesem Ergebnis ändert im Fall des T auch die Übertragung der Geschäftsführertätigkeit im Bereich der Produktionsplanung nichts, da die Voraussetzungen der Anteilshöhe und der Übernahme der Geschäftsführung gemeinsam erfüllt sein müssen. Die monatlichen Zahlungen der Söhne S und T sind somit nach den Grundsätzen über die einkommensteuerrechtliche Behandlung wiederkehrender Leistungen im Austausch mit einer Gegenleistung zu behandeln (vgl. C.). Lediglich die Übertragung auf den Sohn U ist begünstigt nach § 10 Absatz 1 Nummer 1a EStG.

d) Anderes Vermögen, Wirtschaftsüberlassungsverträge und Nießbrauchsrechte

Wird anderes als das in Rz. 7 genannte Vermögen übertragen (z. B. privater Grundbesitz, Wertpapiervermögen) oder erfüllt das übertragene Vermögen nicht die in Rz. 8 bis 20 genannten Bedingungen, liegt keine begünstigte Vermögensübertragung im Zusammenhang mit Versorgungsleistungen vor. Dies gilt auch für die Einräumung eines Nießbrauchsrechts und zwar unabhängig davon, ob das Nießbrauchsrecht an Vermögen i. S. des § 10 Absatz 1 Nummer 1a Satz 2 EStG bestellt ist oder nicht (vgl. aber zur sog. zeitlich gestreckten „gleitenden" Vermögensübertragung Rz. 25). Es gelten die Grundsätze über die einkommensteuerrechtliche Behandlung wiederkehrender Leistungen im Austausch mit einer Gegenleistung (vgl. C.). 21

Entsprechendes gilt für land- und forstwirtschaftliche Betriebe, wenn sie aufgrund von Wirtschaftsüberlassungsverträgen, die Vorstufe zur Hof- und Betriebsübertragung sind, überlassen werden.[1)] Eine begünstigte Vermögensübertragung im Zusammenhang mit Versorgungsleistungen kann in diesen Fällen erst bei der späteren tatsächlichen Übertragung des Hofs und Betriebs im Zusammenhang mit wiederkehrenden Leistungen vorliegen. Dies gilt auch für Pachtverträge, die steuerrechtlich als Wirtschaftsüberlassungsverträge gewürdigt werden. 22

e) Missbrauchsregelung

Wird der Anteil an einer GmbH im Betriebsvermögen eines Betriebs, Teilbetriebs oder einer Mitunternehmerschaft (Gesamthands- und Sonderbetriebsvermögen) im Zusammenhang mit wiederkehrenden Leistungen auf den Vermögensübernehmer (mit-)übertragen, liegt eine insgesamt nach § 10 Absatz 1 Nummer 1a Satz 2 Buchstabe a oder b EStG begünstigte Übertragung vor. Wurde der Anteil an der Körperschaft binnen eines Jahres vor der Vermögensübertragung in den Betrieb, Teilbetrieb oder die Mitunternehmerschaft eingelegt und gehört er dort nicht zum notwendigen Betriebsvermögen, oder der Betrieb, Teilbetrieb oder die Mitunternehmerschaft ist binnen eines Jahres vor der Vermögensübertragung durch Umwandlung einer Körperschaft entstanden, ist zu vermuten, dass § 10 Absatz 1 Nummer 1a Satz 2 Buchstabe c EStG umgangen werden soll; § 2 Absatz 1 und Absatz 2 UmwStG ist nicht anzuwenden. 23

5. Übertragung von Vermögen unter Nießbrauchsvorbehalt

Überträgt der Vermögensübergeber begünstigtes Vermögen im Zusammenhang mit Versorgungsleistungen (vgl. Rz. 7 bis 20) unter Vorbehalt eines Nießbrauchs, steht dies der Anerkennung von Versorgungsleistungen nicht entgegen, wenn der Nießbrauch lediglich Sicherungszwecken dient und der Vermögensübergeber gleichzeitig mit der Bestellung des Nießbrauchs dessen Ausübung nach § 1059 BGB dem Vermögensübernehmer überlässt. 24

Wird ein an begünstigtem Vermögen (vgl. Rz. 7 bis 20) vorbehaltenes oder durch Vermächtnis eingeräumtes Nießbrauchsrecht im Zusammenhang mit wiederkehrenden Leistungen abgelöst, können diese im sachlichen Zusammenhang mit der Vermögensübertragung stehen und daher Versorgungsleistungen sein (sog. zeitlich gestreckte „gleitende" Vermögensübertragung; vgl. BFH vom 3. Juni 1992, BStBl. 1993 II Seite 23). Dies gilt nicht, wenn die Ablösung des Nießbrauchs der lastenfreien Veräußerung des Vermögens dient. Für die Anerkennung von Versorgungsleistungen kommt es nicht darauf an, ob die wiederkehrenden Leistungen bereits im Übertragungsvertrag selbst vereinbart wurden oder erst im Zusammenhang mit der Ablösung des Nießbrauchs vereinbart werden. Dies gilt auch, wenn im Fall des § 14 HöfeO Versorgungsleistungen (in Form des Altenteils) erbracht werden, sowie in den Fäl- 25

---

1) Siehe auch BFH-Urteil vom 25.6.2014 (BStBl. II S. 889):
    Nach der Neufassung des § 10 Abs. 1 Nr. 1a EStG druch das JStG 2008 sind auf einem Wirtschaftsüberlassungsvertrag beruhende Leistungen des Nutzungsberechtigten an den Überlassenden nicht als Sonderausgaben abziehbar.

Anlage § 010–01

Zu § 10 EStG

len der sog. „Rheinischen Hofübergabe", wenn der Übergeber den Betrieb in Ausübung des Nießbrauchs wiederum an den Übernehmer verpachtet.

6. Ausreichend Ertrag bringendes Vermögen
a) Grundsätze

26 Das Merkmal der Versorgung ist nur bei der Übertragung von Vermögen i. S. des § 10 Absatz 1 Nummer 1a Satz 2 EStG erfüllt, das ausreichend Ertrag bringt, um die Versorgung des Übergebers aus dem übernommenen Vermögen zumindest zu einem Teil zu sichern.

27 Von ausreichend Ertrag bringendem Vermögen ist auszugehen, wenn nach überschlägiger Berechnung die wiederkehrenden Leistungen nicht höher sind als der langfristig erzielbare Ertrag des übergebenen Vermögens.

28 Zu Erträgen führen grundsätzlich nur Einnahmen, die den Tatbestand einer Einkunftsart i. S. des § 2 Absatz 1 EStG erfüllen. Einnahmen aus einer Tätigkeit ohne Einkünfte oder Gewinnerzielungsabsicht sind daher nicht als Erträge zu beurteilen.

29 Wird ein Betrieb oder Teilbetrieb i. S. des § 10 Absatz 1 Nummer 1a Satz 2 Buchstabe b EStG im Zusammenhang mit wiederkehrenden Leistungen im Wege der vorweggenommenen Erbfolge übertragen, besteht eine widerlegbare Vermutung (z. B. mehrjährige Verluste oder im Verhältnis zu den wiederkehrenden Leistungen geringe Gewinne des Unternehmens) dafür, dass die Erträge ausreichen, um die wiederkehrenden Leistungen in der vereinbarten Höhe zu erbringen, wenn der Betrieb oder Teilbetrieb vom Übernehmer tatsächlich fortgeführt wird. Entsprechendes gilt, wenn ein Mitunternehmeranteil oder der Teil eines Mitunternehmeranteils i. S. des § 10 Absatz 1 Nummer 1a Satz 2 Buchstabe a EStG oder ein Anteil an einer GmbH i. S. des § 10 Absatz 1 Nummer 1a Satz 2 Buchstabe c EStG übertragen wird. Die Beweiserleichterung ist nicht anzuwenden bei verpachteten oder überwiegend verpachteten Betrieben, Teilbetrieben, (Teil-) Mitunternehmeranteilen und GmbH-Anteilen oder bei Personengesellschaften, die selbst ihren gesamten Betrieb verpachtet haben.

30 Wird im Rahmen einer einheitlichen Vermögensübertragung neben begünstigtem Vermögen i. S. des § 10 Absatz 1 Nummer 1a Satz 2 EStG weiteres nicht begünstigtes Vermögen übertragen, greift die Beweiserleichterung nicht. Im Übrigen vgl. in diesem Fall Rz. 47.

31 Versorgungsleistungen, die aus den langfristig erzielbaren Erträgen des übergebenen Vermögens erbracht werden können, sind auch dann als Sonderausgaben abziehbar, wenn das übertragene Vermögen nicht über einen ausreichenden Unternehmenswert verfügt (entgegen BFH vom 12. Mai 2003 – BStBl. 2004 II Seite 100).

b) Ermittlung der Erträge

32 Greift die Beweiserleichterung (Rz. 29) nicht, sind zur Ermittlung der maßgebenden Erträge die auf der Grundlage des steuerlichen Gewinns ermittelten Erträge heranzuziehen. Absetzungen für Abnutzung, erhöhte Absetzungen und Sonderabschreibungen sowie außerordentliche Aufwendungen, z. B. größere Erhaltungsaufwendungen, die nicht jährlich üblicherweise anfallen, sind dabei den Erträgen hinzuzurechnen. Bei Einkünften aus Land- und Forstwirtschaft, aus Gewerbebetrieb und aus selbständiger Arbeit ist ein Unternehmerlohn nicht abzuziehen. Bei der Übertragung eines Anteils an einer GmbH mindert im Falle der Rz. 34 das Gesellschafter-Geschäftsführergehalt des Vermögensübergebers und im Falle der Rz. 35 das Gesellschafter-Geschäftsführergehalt des Vermögensübernehmers die auf der Grundlage des steuerlichen Gewinns ermittelten Erträge nicht. Bei der Ermittlung der Erträge aus dem GmbH-Anteil ist im Übrigen nicht auf die tatsächlich ausgeschütteten, sondern auf die ausschüttungsfähigen Gewinne abzustellen (BFH vom 21. Juli 2004 – BStBl. 2005 II Seite 133).

33 Greift die Beweiserleichterung (Rz. 29) bei einem land- und forstwirtschaftlichen Betrieb nicht, kann die Ertragskraft ungeachtet der tatsächlichen Gewinnermittlung nach § 13a EStG durch Betriebsvermögensvergleich oder Einnahmen-Überschussrechnung berechnet werden.

34 Die wiederkehrenden Leistungen müssen durch entsprechende Erträge aus dem übernommenen Vermögen abgedeckt sein. Davon ist auszugehen, wenn nach den Verhältnissen im Zeitpunkt der Vermögensübertragung der durchschnittliche jährliche Ertrag ausreicht, die jährlichen wiederkehrenden Leistungen zu erbringen. Bei Ablösung eines vom Übergeber vorbehaltenen Nutzungsrechts in den Fällen der zeitlich gestreckten Vermögensübertragung (vgl. Rz. 25) sind die Verhältnisse im Zeitpunkt der Ablösung maßgeblich (BFH vom 16. Juni 2004 – BStBl. 2005 II Seite 130). Aus Vereinfachungsgründen ist es nicht zu beanstanden, wenn zur Ermittlung des durchschnittlichen Ertrags die Gewinne des Jahres der Vermögensübertragung und der beiden vorangegangenen Jahre herangezogen werden.

35 Reicht der durchschnittliche jährliche Ertrag nach den Verhältnissen im Zeitpunkt der Vermögensübertragung nicht aus, um die jährlichen wiederkehrenden Leistungen zu erbringen, bleibt es dem Übernehmer unbenommen, nachzuweisen, dass für die Zukunft ausreichend hohe Nettoerträge zu erwarten

sind. Hiervon kann regelmäßig ausgegangen werden, wenn die durchschnittlichen Erträge des Jahres der Vermögensübertragung und der beiden folgenden Jahre ausreichen, um die wiederkehrenden Leistungen zu erbringen. Die Veranlagungen sind insoweit sowohl beim Übergeber als auch beim Übernehmer in dem Jahr der Vermögensübertragung und in den beiden Folgejahren vorläufig gemäß § 165 AO vorzunehmen.

7. Betriebsaufgabe, Übertragung, Umwandlung und Umschichtung von übertragenem Vermögen

a) Umschichtungsverpflichtung im Übertragungsvertrag

Verpflichtet sich der Übernehmer im Übertragungsvertrag zur Umschichtung des übertragenen Vermögens in Vermögen i. S. des § 10 Absatz 1 Nummer 1a Satz 2 EStG, liegt keine begünstigte Vermögensübertragung im Zusammenhang mit Versorgungsleistungen vor. 36

b) Betriebsaufgabe, Übertragung, Umwandlung und nachträgliche Umschichtung

Der sachliche Zusammenhang der wiederkehrenden Leistungen mit der begünstigten Vermögensübertragung endet grundsätzlich, wenn der Übernehmer den Betrieb aufgibt oder das übernommene Vermögen dem Übernehmer steuerrechtlich nicht mehr zuzurechnen ist. Die im Zusammenhang mit der Vermögensübertragung vereinbarten wiederkehrenden Leistungen zwischen dem Übergeber und dem Übernehmer sind ab diesem Zeitpunkt Unterhaltsleistungen i. S. des § 12 Nummer 2 EStG und dürfen beim Übernehmer nicht mehr als Sonderausgaben nach § 10 Absatz 1 Nummer 1a EStG abgezogen werden. Beim Übergeber sind sie nicht mehr nach § 22 Nummer 1b EStG steuerbar (BFH vom 31. März 2004 – BStBl. II Seite 830). 37

Der sachliche Zusammenhang der wiederkehrenden Leistungen mit der Vermögensübertragung endet nicht, wenn der Übernehmer seinerseits das übernommene Vermögen im Wege der vorweggenommenen Erbfolge weiter überträgt (vgl. Rz. 50). Geht dabei die Versorgungsverpflichtung nicht mit über, können die Versorgungsleistungen weiterhin abgezogen werden, wenn der Übernehmer diese aus ihm im Rahmen der weiteren Vermögensübertragung seinerseits eingeräumten Versorgungsleistungen oder aus einem an dem weiter übertragenen Vermögen vorbehaltenen Nießbrauchsrecht bewirken kann. 38

Beispiel: 39
Der 65jährige Vater V übergab seinen bislang als Einzelunternehmen geführten Betrieb im Jahre 2008 im Zusammenhang mit lebenslänglich zu erbringenden wiederkehrenden Leistungen von monatlich 5 000 € an seinen Sohn S. Im Jahre 2028 überträgt S das Einzelunternehmen im Hinblick auf die Generationennachfolge an seinen Sohn, den Enkel E des V. S erhält hierfür von dem weiteren Vermögensübernehmer E lebenslang monatlich 10 000 €. Er bleibt aber weiterhin verpflichtet, an seinen inzwischen 85jährigen Vater wiederkehrende Leistungen zu erbringen, die zwischenzeitlich in steuerlich anzuerkennender Weise auf 8 000 € monatlich angepasst wurden.

Lösung:
Die von S zu erbringenden Zahlungen an V bleiben auch im Jahre 2028 und in den folgenden Jahren Versorgungsleistungen und können von S als Sonderausgaben abgezogen werden. Korrespondierend muss V die von S erhaltenen wiederkehrenden Leistungen ebenso als sonstige Einkünfte versteuern, wie dies für S hinsichtlich der von E gezahlten Versorgungsleistungen der Fall ist.

Werden nur Teile des begünstigt übernommenen Vermögens i. S. des § 10 Absatz 1 Nummer 1a Satz 2 EStG auf Dritte übertragen, können die nach der Übertragung entrichteten wiederkehrenden Leistungen an den Übergeber weiterhin als Versorgungsleistungen zu beurteilen sein. Voraussetzung ist, dass der nicht übertragene Teil des übernommenen Vermögens nach der Übertragung auf den Dritten ausreichende Erträge abwirft, um die Versorgungsleistungen zu finanzieren, und weiterhin begünstigtes Vermögen i. S. des § 10 Absatz 1 Nummer 1a Satz 2 EStG vorliegt. Maßgebend für die Beurteilung sind die Erträge ab dem Zeitpunkt, ab dem der übertragene Vermögensteil dem Übernehmer steuerrechtlich nicht mehr zuzurechnen ist (zur Ermittlung der Erträge vgl. Rz. 32 bis 35). 40

Überträgt der Vermögensübernehmer das begünstigte übernommene Vermögen auf einen Dritten und erwirbt mit dem Erlös zeitnah anderes Vermögen i. S. des § 10 Absatz 1 Nummer 1a Satz 2 EStG, sind die nach der Übertragung an den Übergeber entrichteten wiederkehrenden Leistungen weiterhin Versorgungsleistungen.[1] 41

Dies gilt auch, wenn

---

1) Siehe dazu auch BFH-Urteil vom 18.8.2010 (BStBl. 2011 II S. 633):
„Schichtet ein Vermögensübernehmer das überlassene Vermögen in nicht ausreichend ertragbringende Wirtschaftsgüter um, sind die wiederkehrenden Leistungen auch dann nicht als Sonderausgaben abziehbar, wenn die Beteiligten die geschuldeten Versorgungsleistungen an die Erträge der neu erworbenen Vermögensgegenstände anpassen."

Anlage § 010–01 Zu § 10 EStG

- nicht der gesamte Erlös aus der Veräußerung zur Anschaffung verwendet wird, die wiederkehrenden Leistungen aber durch die Erträge aus dem neu angeschafften Vermögen abgedeckt werden

oder

- der gesamte Erlös aus der Veräußerung zur Anschaffung dieses Vermögens nicht ausreicht, der Übernehmer bei der Umschichtung zusätzlich eigene Mittel zur Anschaffung aufwendet und der auf den reinvestierten Veräußerungserlös entfallende Anteil an den Erträgen ausreicht, um die vereinbarten wiederkehrenden Leistungen zu erbringen.

Maßgebend für die Beurteilung sind die Erträge ab dem Zeitpunkt der Anschaffung dieses Vermögens (nachträgliche Umschichtung). Von ausreichenden Erträgen kann regelmäßig ausgegangen werden, wenn die durchschnittlichen Erträge des Jahres der nachträglichen Umschichtung und der beiden folgenden Jahre ausreichen, um die wiederkehrenden Leistungen zu erbringen. Die Veranlagungen sind insoweit sowohl beim Übergeber als auch beim Übernehmer in dem Jahr der Umschichtung und in den beiden Folgejahren vorläufig gemäß § 165 AO vorzunehmen.

42 Die Einbringung begünstigt übernommenen Vermögens in eine GmbH i. S. des § 20 UmwStG oder in eine Personengesellschaft i. S. des § 24 UmwStG gegen Gewährung von Gesellschaftsanteilen oder -rechten und der Anteilstausch i. S. des § 21 UmwStG stellen – unabhängig davon, mit welchem Wert das eingebrachte Vermögen bei der übernehmenden Gesellschaft angesetzt wird – keine nachträgliche Umschichtung i. S. der Rz. 41 dar, wenn auch nach der Einbringung die übrigen Voraussetzungen der Rz. 7 bis 11 und 15 bis 20 bzw. nach dem Anteilstausch die übrigen Voraussetzungen der Rz. 15 bis 20 erfüllt sind. Der sachliche Zusammenhang der wiederkehrenden Leistungen mit der begünstigten Vermögensübertragung endet in diesen Fällen nicht. Dies gilt auch für die formwechselnde Umwandlung oder Verschmelzung von Personengesellschaften. Der sachliche Zusammenhang endet hingegen, soweit dem Vermögensübernehmer die erhaltenen GmbH-Anteile oder Mitunternehmeranteile steuerrechtlich nicht mehr zuzurechnen sind; Rz. 38 bleibt unberührt.

43 Im Fall der Realteilung (§ 16 Absatz 3 Satz 2 bis 4 EStG) wird der sachliche Zusammenhang der wiederkehrenden Leistungen mit der begünstigten Vermögensübertragung nur dann nicht beendet, wenn der Vermögensübernehmer einen Teilbetrieb oder Mitunternehmeranteil erhält und nach der Realteilung die übrigen Voraussetzungen der Rz. 7 bis 11 oder der Rz. 13 und 14 erfüllt sind. Im Falle der Realteilung eines land- und forstwirtschaftlichen Betriebs gilt dies auch, wenn der Vermögensübernehmer einzelne Wirtschaftsgüter erhält, die bei ihm nach der Realteilung einen selbständigen landwirtschaftlichen Betrieb darstellen (vgl. BMF-Schreiben vom 28. Februar 2006 – BStBl. I Seite 228).

II. Versorgungsleistungen i. S. des § 10 Absatz 1 Nummer 1a EStG

1. Umfang der Versorgungsleistungen

44 Versorgungsleistungen sind alle im Übertragungsvertrag vereinbarten wiederkehrenden Leistungen in Geld oder Geldeswert. Hierzu gehören insbesondere Geldleistungen, Übernahme von Aufwendungen und Sachleistungen. Bei Sachleistungen sind mit Ausnahme persönlicher Dienstleistungen und der Wohnraumüberlassung die Werte nach § 8 Absatz 2 EStG maßgebend. Zur Bewertung von unbaren Altenteilsleistungen vgl. BFH vom 18. Dezember 1990 – BStBl. 1991 II Seite 354.

45 Die Verpflichtung zur Erbringung wiederkehrender persönlicher Dienstleistungen durch persönliche Arbeit ist keine Versorgungsleistung. Stellt der Verpflichtete dagegen eine fremde Arbeitskraft, sind die Dienstleistungen Versorgungsleistungen i. H. des Lohnaufwands (BFH vom 22. Januar 1992 – BStBl. II Seite 552).

46 In den Fällen der Wohnungsüberlassung an den Übergeber sind nur die mit der Nutzungsüberlassung tatsächlich zusammenhängenden Aufwendungen anzusetzen. Hierzu gehören insbesondere Aufwendungen für Sachleistungen wie Strom, Heizung, Wasser und Instandhaltungskosten, zu denen der Übernehmer aufgrund einer klaren und eindeutigen Bestimmung im Übertragungsvertrag verpflichtet ist. Entsprechendes gilt für Aufwendungen, mit denen der Übernehmer seiner bürgerlich-rechtlich wirksamen Verpflichtung zur Instandhaltung nachkommt. Instandhaltungskosten dürfen jedoch nur als Versorgungsleistungen abgezogen werden, soweit sie der Erhaltung des vertragsgemäßen Zustands der Wohnung im Zeitpunkt der Übertragung dienen (BFH vom 25. August 1999 – BStBl. 2000 II Seite 21 sowie BMF-Schreiben vom 21. Juli 2003 – BStBl. I Seite 405). Ein Abzug anteiliger Absetzungen für Abnutzung und Schuldzinsen sowie anteiliger – vor allem öffentlicher – Lasten des Grundstücks, die vom Übernehmer als Eigentümer geschuldet werden, kommt nicht in Betracht (BFH vom 25. März 1992 – BStBl. II Seite 1012).

47 Hat der Vermögensübergeber neben dem nach § 10 Absatz 1 Nummer 1a Satz 2 EStG begünstigten Vermögen im Rahmen des Übertragungsvertrags oder der Verfügung von Todes wegen weiteres nicht begünstigtes Vermögen übertragen (z. B. Grundvermögen, Wertpapiervermögen), ist für die Zuordnung

Zu § 10 EStG **Anlage § 010–01**

der Versorgungsleistungen die konkrete Vereinbarung im Übertragungsvertrag maßgebend. Dabei wird es grundsätzlich nicht beanstandet, wenn die wiederkehrenden Leistungen in vollem Umfang der Übertragung des begünstigten Vermögens zugeordnet werden. Wirft das begünstigte Vermögen im Zeitpunkt der Vermögensübertragung im Verhältnis zu den wiederkehrenden Leistungen durchschnittlich nur geringe Erträge ab oder wurde keine konkrete Vereinbarung getroffen, sind die wiederkehrenden Leistungen anhand eines angemessenen Maßstabs (z. B. Verhältnis der Erträge der einzelnen Vermögenswerte) aufzuteilen.

Wird ein Betrieb der Land- und Forstwirtschaft übertragen, ist auch der Teil der Versorgungsleistungen 48
begünstigt, der auf den Wohnteil des Betriebes (§ 160 Absatz 1 Nummer 3 BewG) entfällt (§ 10 Absatz 1 Nummer 1a Satz 3 EStG).

Versorgungsleistungen, die mit steuerbefreiten Einkünften des Übernehmers, z. B. aufgrund eines DBA, 49
in wirtschaftlichem Zusammenhang stehen, können nicht als Sonderausgaben berücksichtigt werden. § 3 Nummer 40 , § 3 Nummer 40a und § 32d EStG stehen der Abziehbarkeit der Versorgungsleistungen nicht entgegen.

2. Empfänger der Versorgungsleistungen

Als Empfänger der Versorgungsleistungen kommen in erster Linie der Übergeber des Vermögens i. S. 50
des § 10 Absatz 1 Nummer 1a EStG, dessen Ehegatte und die gesetzlich erb- und pflichtteilsberechtigten Abkömmlinge des Übergebers (vgl. BFH vom 27. Februar 1992 – BStBl. II Seite 612 und vom 26. November 2003 – BStBl. 2004 II Seite 820) sowie der Lebenspartner einer eingetragenen Lebenspartnerschaft in Betracht. Empfänger von Versorgungsleistungen können auch die Eltern des Übergebers sein, wenn der Übergeber das übergebene Vermögen seinerseits von den Eltern im Wege der Vermögensübertragung im Zusammenhang mit Versorgungsleistungen erhalten hat (BFH vom 23. Januar 1997 – BStBl. II Seite 458). Sind Empfänger der wiederkehrenden Leistungen die Geschwister des Übernehmers, besteht die widerlegbare Vermutung, dass diese nicht versorgt, sondern gleichgestellt werden sollen (vgl. BFH vom 20. Oktober 1999 BStBl. 2000 II Seite 602). Nicht zum Generationennachfolgeverbund gehörende Personen (z. B. die langjährige Haushälterin, der Lebensgefährte/die Lebensgefährtin, Mitarbeiter im Betrieb) können nicht Empfänger von Versorgungsleistungen sein (vgl. BFH vom 26. November 2003 – a. a. O.).

3. Korrespondenzprinzip bei Versorgungsleistungen

Im Zusammenhang mit einer Vermögensübertragung vereinbarte Versorgungsleistungen sind vom Be- 51
rechtigten als Einkünfte nach § 22 Nummer 1b EStG zu versteuern, wenn der Verpflichtete zum Abzug der Leistungen als Sonderausgaben nach § 10 Absatz 1 Nummer 1a EStG berechtigt ist. Es kommt nicht darauf an, dass sich die wiederkehrenden Leistungen auch tatsächlich steuermindernd ausgewirkt haben.

Versorgungsleistungen anlässlich einer begünstigten Vermögensübertragung sind beim Empfänger in 52
vollem Umfang steuerpflichtig und beim Verpflichteten in vollem Umfang als Sonderausgaben abziehbar. Dies gilt unabhängig davon, ob die wiederkehrenden Versorgungsleistungen in Form von Renten oder dauernden Lasten vereinbart sind. Bei der Ermittlung der Einkünfte nach § 22 Nummer 1b EStG ist § 9a Satz 1 Nummer 3 EStG anzuwenden.

Versorgungsleistungen können nur dann nach § 10 Absatz 1 Nummer 1a EStG als Sonderausgaben ab- 53
gezogen werden, wenn der Empfänger der Versorgungsleistungen unbeschränkt einkommensteuerpflichtig ist. Eine Ausnahme gilt in den Fällen des § 1a Absatz 1 Nummer 1a EStG: Ist der Vermögensübernehmer Staatsangehöriger eines Mitgliedstaates der Europäischen Union oder eines Staates, auf den das Abkommen über den Europäischen Wirtschaftsraum anwendbar ist, und ist er nach § 1 Absatz 1 oder Absatz 3 EStG unbeschränkt einkommensteuerpflichtig, sind Versorgungsleistungen auch dann als Sonderausgaben abziehbar, wenn der Empfänger nicht unbeschränkt einkommensteuerpflichtig ist. Voraussetzung ist in diesem Fall, dass der Empfänger seinen Wohnsitz oder gewöhnlichen Aufenthalt im Hoheitsgebiet eines anderen Mitgliedstaates der Europäischen Union oder eines Staates hat, auf den das Abkommen über den Europäischen Wirtschaftsraum Anwendung findet, und dass die Besteuerung der Versorgungsleistungen beim Empfänger durch eine Bescheinigung der zuständigen ausländischen Steuerbehörde nachgewiesen wird.

Fallen die Voraussetzungen der Rz. 53 nach der Vermögensübertragung weg, liegen ab dem Zeitpunkt 54
des Wegfalls nichtabziehbare Unterhaltsleistungen i. S. des § 12 Nummer 2 EStG vor. Ebenso stellen die wiederkehrenden Leistungen solange Unterhaltsleistungen i. S. des § 12 Nummer 2 EStG dar, bis die Voraussetzungen der Rz. 53 erfüllt werden, sofern diese Voraussetzungen im Zeitpunkt der Vermögensübertragung nicht vorliegen.

Ist der Vermögensübernehmer in Deutschland nicht unbeschränkt einkommensteuerpflichtig und kann 55
daher die wiederkehrenden Leistungen nicht als Sonderausgaben nach § 10 Absatz 1 Nummer 1a EStG

Anlage § 010–01

Zu § 10 EStG

abziehen, hat der Empfänger der Versorgungsleistungen die wiederkehrenden Leistungen nicht zu versteuern.

4. Wiederkehrende Leistungen auf die Lebenszeit des Empfängers der Versorgungsleistungen

56 Versorgungsleistungen sind nur wiederkehrende Leistungen, die lebenslang – auf die Lebenszeit des Empfängers – gezahlt werden. Wiederkehrende Leistungen auf die Lebenszeit des Empfängers der Versorgungsleistungen, die

   a) für eine Mindestlaufzeit zu erbringen sind (sog. Mindestzeitrenten oder verlängerte Leibrenten oder dauernde Lasten),

   b) auf eine bestimmte Zeit beschränkt sind (sog. abgekürzte Leibrenten oder dauernde Lasten),

   sind stets nach den Grundsätzen über die einkommensteuerrechtliche Behandlung wiederkehrender Leistungen im Austausch mit einer Gegenleistung zu behandeln (zu a) BFH vom 21. Oktober 1999 – BStBl. 2002 II Seite 650).

5. Rechtliche Einordnung von wiederkehrenden Leistungen, die keine Versorgungsleistungen sind

57 Liegen die Voraussetzungen einer begünstigten unentgeltlichen Vermögensübertragung im Zusammenhang mit Versorgungsleistungen nicht vor, weil z. B. kein begünstigtes Vermögen i. S. des § 10 Absatz 1 Nummer 1a Satz 2 EStG übertragen worden ist, die wiederkehrenden Leistungen nicht auf die Lebenszeit des Berechtigten zu zahlen sind (vgl. Rz. 56) oder die Erträge nicht ausreichen, um die wiederkehrenden Leistungen zu finanzieren (vgl. Rz. 26 bis 35), gelten die Grundsätze zu C. (BFH vom 12. Mai 2003 – BStBl. 2004 II Seite 95).

58 Sind wiederkehrende Leistungen an Berechtigte zu erbringen, die nicht zum Generationennachfolgeverbund gehören (vgl. Rz. 50 Satz 4) oder erfüllt der Übertragungsvertrag die Voraussetzungen für eine steuerrechtliche Anerkennung nicht (Rz. 59 bis 64), ist zu prüfen, ob nichtabziehbare Unterhaltsleistungen nach § 12 Nummer 2 EStG oder wiederkehrende Leistungen im Austausch mit einer Gegenleistung vorliegen. Gleiches gilt, wenn der Übernehmer das übernommene Vermögen auf einen Dritten überträgt und die Voraussetzungen der Rz. 38 und 40 nicht vorliegen.

III. Anforderungen an den Übertragungsvertrag[1]

59 Die steuerrechtliche Anerkennung des Übertragungsvertrags setzt voraus, dass die gegenseitigen Rechte und Pflichten klar und eindeutig sowie rechtswirksam vereinbart und ernsthaft gewollt sind und die Leistungen wie vereinbart tatsächlich erbracht werden. Als wesentlicher Inhalt des Übertragungsvertrags müssen der Umfang des übertragenen Vermögens, die Höhe der Versorgungsleistungen und die Art und Weise der Zahlung vereinbart sein (BFH vom 15. Juli 1992 – BStBl. II Seite 1020).

60 Die Vereinbarungen müssen zu Beginn des durch den Übertragungsvertrag begründeten Rechtsverhältnisses oder bei Änderung dieses Verhältnisses für die Zukunft getroffen werden. Änderungen der Versorgungsleistungen sind steuerrechtlich nur anzuerkennen, wenn sie durch ein in der Regel langfristig verändertes Versorgungsbedürfnis des Berechtigten und/oder die veränderte wirtschaftliche Leistungsfähigkeit des Verpflichteten veranlasst sind (BFH vom 15. Juli 1992 – BStBl. II Seite 1020). Rückwirkende Vereinbarungen sind steuerrechtlich nicht anzuerkennen, es sei denn, die Rückbeziehung ist nur von kurzer Zeit und hat lediglich technische Bedeutung (BFH vom 21. Mai 1987 – BStBl. II Seite 710 und vom 29. November 1988 – BStBl. 1989 II Seite 281).

61 Einigen sich die Vertragsbeteiligten auf ein in Anbetracht des gestiegenen Versorgungsbedürfnisses – z. B. wegen des Umzugs des Versorgungsberechtigten in ein Pflegeheim – neues Versorgungskonzept, sind Zahlungen, die ab diesem Zeitpunkt nicht mehr aus dem Ertrag des übergebenen Vermögens erbracht werden können, freiwillige Leistungen i. S. des § 12 Nummer 2 EStG (BFH vom 13. Dezember 2005 – BStBl. 2008 II Seite 16). Um freiwillige Leistungen i. S. des § 12 Nummer 2 EStG handelt es sich auch, soweit die Zahlungen zwar aus dem Ertrag des übergebenen Vermögens erbracht werden können, aber die Anpassung der wiederkehrenden Leistungen zwecks Übernahme eines Pflegerisikos im ursprünglichen Übertragungsvertrag ausdrücklich ausgeschlossen war.

---

1) Siehe auch BFH-Urteil vom 15.9.2010 (BStBl. 2011 I S. 641):
   Änderungen eines Versorgungsvertrags können nur dann steuerlich berücksichtigt werden, wenn sie von den Vertragsparteien schriftlich fixiert worden sind.
   Obwohl der BFH nur von Einschränkungen einer Rentenverpflichtung spricht, sind aufgrund des Urteils nachträgliche Einschränkungen aller Versorgungsverpflichtungen, also auch dauernder Lasten, schriftlich zu dokumentieren.
   Das BFH-Urteil ist am 29. Juli 2011 in Heft 13 des Bundessteuerblatts veröffentlicht worden. Das geänderte Formerfordernis gilt daher für alle nach dem 29. Juli 2011 vorgenommenen Vertragsänderungen (Vfg OFD Karlsruhe vom 10.8.2011 – S 222.1/276/1 – St 135).

Zu § 10 EStG **Anlage § 010–01**

Werden die Versorgungsleistungen im Fall einer erheblichen Ertragsminderung infolge einer Betriebsverpachtung nicht angepasst, obwohl die Abänderbarkeit aufgrund wesentlich veränderter Bedingungen vertraglich nicht ausgeschlossen war, sind die die dauerhaften Erträge übersteigenden Zahlungen freiwillige Leistungen i. S. des § 12 Nummer 2 EStG. 62

Werden die auf der Grundlage eines Übertragungsvertrags geschuldeten Versorgungsleistungen ohne Änderung der Verhältnisse, also willkürlich nicht mehr erbracht, sind sie steuerrechtlich nicht anzuerkennen, auch wenn die vereinbarten Zahlungen später wieder aufgenommen werden. Rz. 59 und 60 bleiben unberührt.[1] 63

Machen die Parteien eines Übertragungsvertrags von einer vereinbarten Wertsicherungsklausel keinen Gebrauch, lässt dies für sich allein noch keinen zwingenden Schluss auf das Fehlen des Rechtsbindungswillens zu; die Abweichung vom Vereinbarten kann aber im Rahmen der gebotenen Gesamtwürdigung von Bedeutung sein (BFH vom 3. März 2004 – BStBl. II Seite 826). 64

C. Entgeltliche Vermögensübertragung gegen wiederkehrende Leistungen

Wiederkehrende Leistungen im Austausch mit einer Gegenleistung enthalten bis zur Grenze der Angemessenheit eine nichtsteuerbare oder steuerbare Vermögensumschichtung i. H. ihres Barwerts (Tilgungsanteil) und einen Zinsanteil. 65

Ist der Barwert (Tilgungsanteil) der wiederkehrenden Leistungen höher als der Wert des übertragenen Vermögens, ist Entgeltlichkeit i. H. des angemessenen Kaufpreises anzunehmen. Der übersteigende Betrag ist eine Zuwendung i. S. des § 12 Nummer 2 EStG. Ist der Barwert der wiederkehrenden Leistungen mehr als doppelt so hoch wie der Wert des übertragenen Vermögens, liegt insgesamt eine Zuwendung i. S. des § 12 Nummer 2 EStG vor. Wiederkehrende Leistungen werden teilentgeltlich erbracht, wenn der Wert des übertragenen Vermögens höher ist als der Barwert der wiederkehrenden Leistungen. 66

I. Übertragung von Betriebsvermögen

Zur ertragsteuerlichen Behandlung der Veräußerung von Wirtschaftsgütern des Betriebsvermögens gegen Leibrenten, Veräußerungsrenten oder Kaufpreisraten gelten die allgemeinen Grundsätze. Im Fall der Gewinnermittlung nach § 4 Absatz 3 EStG siehe R 4.5 Absatz 5 EStR. 67

Das Wahlrecht nach R 16 Absatz 11 EStR im Fall der Veräußerung eines Betriebs gegen wiederkehrende Bezüge bleibt unberührt. 68

II. Übertragung von Privatvermögen gegen wiederkehrende Leistungen auf Lebenszeit
1. Behandlung beim Verpflichteten
a) Anschaffungskosten

Die Anschaffungskosten bemessen sich nach dem Barwert der wiederkehrenden Leistungen, ggf. nach dem anteiligen Barwert (vgl. Rz. 65 f.), der nach §§ 12 ff. BewG (bei lebenslänglichen Leistungen nach § 14 Absatz 1 BewG) oder nach versicherungsmathematischen Grundsätzen berechnet werden kann (vgl. R 6.2 Satz 1 EStR). Bei der Berechnung des Barwerts ungleichmäßig wiederkehrender Leistungen (dauernde Lasten) ist als Jahreswert der Betrag zu Grunde zu legen, der – aus der Sicht des Anschaffungszeitpunkts – in Zukunft im Durchschnitt der Jahre voraussichtlich erzielt wird (BFH vom 18. Oktober 1994 – BStBl. 1995 II Seite 169). 69

Werden die wiederkehrenden Leistungen für den Erwerb eines zur Einkünfteerzielung dienenden abnutzbaren Wirtschaftsguts gezahlt, ist der Barwert der Rente oder dauernden Last Bemessungsgrundlage für die Absetzungen für Abnutzung, erhöhten Absetzungen und Sonderabschreibungen (BFH vom 9. Februar 1994 – BStBl. 1995 II Seite 47). Der in den wiederkehrenden Leistungen enthaltene Tilgungsanteil kann im Zeitpunkt der Zahlung nicht gesondert als Werbungskosten abgezogen werden. 70

b) Zinsanteil

Der Zinsanteil von Veräußerungsleibrenten ist nach der Ertragsanteilstabelle des § 22 Nummer 1 Satz 3 Buchstabe a Doppelbuchstabe bb EStG (ggf. i. V. m. § 55 Absatz 1 EStDV) zu ermitteln (BFH vom 25. November 1992 – BStBl. 1996 II Seite 666). Der Zinsanteil von dauernden Lasten ist in entsprechender Anwendung der Ertragsanteilstabelle des § 22 Nummer 1 Satz 3 Buchstabe a Doppelbuchstabe bb EStG (ggf. i. V. m. § 55 Absatz 1 EStDV) zu berechnen (BFH vom 9. Februar 1994 – BStBl. 1995 II Seite 47), kann aber auch nach finanzmathematischen Grundsätzen unter Verwendung eines Zinsfußes von 5,5 Prozent berechnet werden. Bei der Berechnung nach finanzmathematischen Grundsätzen ist die voraussichtliche Laufzeit nach der zum jeweiligen Berechnungszeitpunkt geltenden Sterbetafel (zurzeit 71

---

1) Siehe auch BFH-Urteil vom 15.9.2010 (BStBl. 2011 II S.641):
   Werden die auf der Grundlage eines Vermögensübergabevertrags geschuldeten Versorgungsleistungen „willkürlich" ausgesetzt, so dass die Versorgung des Übergebers gefährdet ist, sind die weiteren Zahlungen auch nach Wiederaufnahme der ursprünglich vereinbarten Leistungen nicht als Sonderausgaben abziehbar.

Anlage § 010–01

Zu § 10 EStG

Sterbetafel nach dem Stand 2005/2007) zu bemessen (BFH vom 25. November 1992 – BStBl. 1996 II Seite 663).

72 Der Zinsanteil von Renten und dauernden Lasten darf grundsätzlich nicht abgezogen werden (BFH vom 25. November 1992 – BStBl. 1996 II Seite 666).[1] Dient das gegen Zahlung einer Rente oder dauernden Last erworbene Wirtschaftsgut der Einkünfteerzielung, ist der in den einzelnen Zahlungen enthaltene Zinsanteil dagegen als Werbungskosten abzuziehen (BFH vom 9. Februar 1994 – BStBl. 1995 II Seite 47), sofern kein Werbungskostenabzugsverbot greift (z. B. § 20 Absatz 9 EStG). Bei Veräußerungsleibrenten sind auch die Erhöhungs- und Mehrbeträge aufgrund einer Wertsicherungsklausel nur mit dem Ertragsanteil als Werbungskosten zu berücksichtigen (BFH vom 19. August 2008 – BStBl. 2010 II Seite 24).

2. Behandlung beim Berechtigten

a) Veräußerungspreis

73 Der Berechtigte erzielt für das entgeltlich im Austausch mit wiederkehrenden Leistungen übertragene Vermögen einen Veräußerungspreis i. H. des nach Rz. 69 zu ermittelnden Barwerts der wiederkehrenden Leistungen.

74 Veräußerungspreis bei privaten Veräußerungsgeschäften (§ 22 Nummer 2 EStG) gegen wiederkehrende Leistungen (Renten oder dauernde Lasten) ist – bis zur Höhe des nach Rz. 69 ermittelten Barwerts der wiederkehrenden Leistungen – der Unterschiedsbetrag zwischen der Summe der jährlichen Zahlungen und dem nach Rz. 71 zu ermittelnden Zinsanteil. Ein Gewinn aus privaten Veräußerungsgeschäften entsteht erstmals in dem Veranlagungszeitraum, in dem der in der Summe der jährlichen Zahlungen enthaltene Veräußerungspreis die ggf. um die Absetzungen für Abnutzung, erhöhten Absetzungen und Sonderabschreibungen verminderten Anschaffungs- oder Herstellungskosten sowie die zugehörigen Werbungskosten übersteigt. Bei Veräußerungsgewinnen i. S. des § 17 Absatz 2 EStG entsteht der Gewinn im Zeitpunkt der Veräußerung. Wird eine Beteiligung i. S. des § 17 EStG gegen eine Leibrente oder gegen einen in Raten zu zahlenden Kaufpreis veräußert, sind die Grundsätze der R 17 Absatz 7 Satz 2 i. V. m. R 16 Absatz 11 EStR und des BMF-Schreibens vom 3. August 2004 (BStBl. I Seite 1187) zu beachten. Wird Kapitalvermögen gegen wiederkehrende Leistungen veräußert, kann auch ein Gewinn oder Ertrag i. S. des § 20 Absatz 2 EStG vorliegen, der den Regelungen über die Abgeltungsteuer unterliegt.

b) Zinsanteil

75 Der in wiederkehrenden Leistungen enthaltene Zinsanteil ist Entgelt für die Stundung des Veräußerungspreises, das auf die Laufzeit der wiederkehrenden Leistungen zu verteilen ist. Der Zinsanteil wird gemäß den in Rz. 71 dargelegten Grundsätzen ermittelt. Bei dauernden Lasten ist der zu ermittelnde Zinsanteil als Einkünfte aus Kapitalvermögen nach § 20 Absatz 1 Nummer 7 EStG zu versteuern (vgl. BFH vom 25. November 1992 – BStBl. 1996 II Seite 663 und vom 26. November 1992 – BStBl. 1993 II Seite 298). Der in Veräußerungsleibrenten enthaltene Ertragsanteil ist nach § 22 Nummer 1 Satz 3 Buchstabe a Doppelbuchstabe bb EStG zu versteuern.[2]

76 **Beispiel:**
V überträgt seinem Sohn S im Wege der vorweggenommenen Erbfolge eine vermietete Eigentumswohnung mit einem Verkehrswert von 210 000 €. S verpflichtet sich, V eine an dessen Bedürfnissen orientierte lebenslängliche Rente i. H. von monatlich 2 500 € (jährlich 30 000 €) zu zahlen. Der Barwert der wiederkehrenden Leistungen beträgt 350 000 €.

Lösung:
Da die vermietete Eigentumswohnung nicht zu den begünstigten Wirtschaftsgütern i. S. des § 10 Absatz 1 Nummer 1a Satz 2 EStG gehört (vgl. Rz. 7), liegt keine Vermögensübertragung im Zusammenhang mit Versorgungsleistungen (vgl. B.), sondern bis zur Höhe eines angemessenen Kaufpreises (210 000 €) ein entgeltliches Geschäft gegen wiederkehrende Leistungen vor. Die Gegenleistung ist in dem Umfang als unangemessen anzusehen, in dem der Barwert der wiederkehrenden Leistungen (350 000 €) den Verkehrswert des übertragenen Vermögens (210.000 €) übersteigt (140 000 / 350 000 = 40 Prozent). S hat Anschaffungskosten für die vermietete Eigentumswohnung i. H. v. 210 000 €, die – abzüglich des Anteils für den Grund und Boden – Bemessungsgrundlage für die Absetzungen für Abnutzung sind. Der unangemessene Anteil der jährlichen Zahlung, also ein Betrag i. H. von (40 Prozent

---

1) Siehe dazu auch BFH-Urteil vom 18.5.2010 (BStBl. 2011 II S. 675):
„Werden anlässlich einer auf die Lebenszeit einer Bezugsperson zeitlich gestreckten entgeltlichen privaten Vermögensumschichtung gleichbleibende wiederkehrende Leistungen vereinbart, ist deren Ertragsanteil (Zinsanteil) nicht als Sonderausgabe abziehbar, weil dieser Teil Entgelt für die Überlassung von Kapital (Zins) ist und private Schuldzinsen nicht abgezogen werden dürfen."

2) Siehe dazu auch BFH-Urteil vom 18.5.2010 (BStBl. 2011 II S. 675):
„Beim Empfänger unterliegt der Ertragsanteil der Gegenleistungsrente der Besteuerung nach § 22 EStG."

von 30 000 € =) 12 000 €, ist als Zuwendung i. S. des § 12 Nummer 2 EStG zu beurteilen. Der verbleibende Betrag von (30 000 € ./. 12 000 € =) 18 000 € ist in einen Tilgungs- und einen Zinsanteil zu zerlegen. Den nach der Ertragsanteilstabelle des § 22 Nummer 1 Satz 3 Buchstabe a Doppelbuchstabe bb EStG ermittelten Zinsanteil der Veräußerungsleibrente muss V als Berechtigter versteuern. S, als Verpflichteter, kann den Zinsanteil, der ebenfalls nach der Ertragsanteilstabelle des § 22 Nummer 1 Satz 3 Buchstabe a Doppelbuchstabe bb EStG zu ermitteln ist, als Werbungskosten nach § 9 Absatz 1 Satz 3 Nummer 1 EStG abziehen, weil er das erworbene Wirtschaftsgut zur Erzielung von Einkünften aus Vermietung und Verpachtung verwendet. Bei V ist zu prüfen, ob der (angemessene) Tilgungsanteil als Gewinn aus einem privaten Veräußerungsgeschäft zu erfassen ist (vgl. Rz. 74).

III. Übertragung von Privatvermögen gegen wiederkehrende Leistungen auf bestimmte Zeit

1. Anschaffungskosten und Veräußerungspreis

Bei wiederkehrenden Leistungen auf bestimmte Zeit und bei für eine Mindestlaufzeit zu erbringenden wiederkehrenden Leistungen liegen Anschaffungskosten i. H. des nach § 13 Absatz 1 BewG zu ermittelnden (ggf. anteiligen) Barwerts (Tilgungsanteil) vor. Bei wiederkehrenden Leistungen auf die Lebenszeit des Berechtigten, die auf eine bestimmte Zeit beschränkt sind, hat der Verpflichtete Anschaffungskosten i. H. des nach § 13 Absatz 1 Satz 2 BewG i. V. m. § 14 BewG zu ermittelnden Barwerts. Der Barwert kann auch nach versicherungsmathematischen Grundsätzen ermittelt werden. Der Veräußerungspreis ist diesen Grundsätzen entsprechend zu ermitteln. Zur steuerlichen Behandlung der Anschaffungskosten vgl. Rz. 69 f. Zur steuerlichen Behandlung des Veräußerungspreises vgl. Rz. 73 f. 77

2. Zinsanteil

Für die Ermittlung des Zinsanteils einer Rente auf die Lebenszeit des Berechtigten bei vereinbarter Mindestlaufzeit ist zunächst zu bestimmen, ob die laufenden Zahlungen mehr von den begrifflichen Merkmalen einer Leibrente oder mehr von denjenigen einer (Kaufpreis-) Rate geprägt werden. Eine einheitliche Rente ist dabei nicht in eine Zeitrente und in eine durch den Ablauf der Mindestlaufzeit aufschiebend bedingte Leibrente aufzuspalten. Wurde die durch die Lebensdauer des Berechtigten bestimmte Wagniskomponente nicht zugunsten eines vorausbestimmten Leistungsvolumens ausgeschaltet, dann ist der Ertragsanteil mittels der Ertragswerttabelle des § 22 Nummer 1 Satz 3 Buchstabe a Doppelbuchstabe bb Satz 4 EStG zu ermitteln (BFH vom 19. August 2008 – BStBl. 2010 II Seite 24). Dies ist z. B. bei einer Rente auf die Lebenszeit des Empfängers mit vereinbarter Mindestlaufzeit, die kürzer ist als die durchschnittliche Lebensdauer, der Fall. Zur steuerlichen Behandlung dieses Ertragsanteils beim Verpflichteten und Berechtigten vgl. Rz. 72 und 75. 78

Überwiegen hingegen die Gründe für die Annahme, bei den wiederkehrenden Leistungen handele es sich um (Kaufpreis-) Raten (z. B. bei einer Zeitrente, bei einer abgekürzten Leibrente oder bei einer Leibrente, bei der die Mindestlaufzeit höher ist als die durchschnittliche Lebensdauer), dann ist der Zinsanteil dieser auf besonderen Verpflichtungsgründen beruhenden Renten bzw. dauernden Lasten der Unterschiedsbetrag zwischen der Summe der jährlichen Zahlungen (vgl. aber Rz. 65 ff.) und der jährlichen Minderung des Barwerts der wiederkehrenden Leistungen, der nach finanzmathematischen Grundsätzen unter Verwendung eines Zinsfußes von 5,5 Prozent zu ermitteln ist (BFH vom 26. November 1992 – BStBl. 1993 II Seite 298). Die jährliche Barwertminderung ist nach § 13 Absatz 1 BewG, bei sog. verlängerten Leibrenten oder dauernden Lasten nach § 13 Absatz 1 Satz 2 BewG i. V. m. § 14 BewG zu bestimmen. Aus Vereinfachungsgründen kann der Zinsanteil auch in Anlehnung an die Ertragswerttabelle des § 55 Absatz 2 EStDV bestimmt werden. Zur steuerlichen Behandlung dieses Zinsanteils beim Verpflichteten vgl. Rz. 72. Beim Berechtigten ist der Zinsanteil nach § 20 Absatz 1 Nummer 7 EStG zu besteuern. 79

D. Anwendungsregelung

I. Allgemeines

Vorstehende Regelungen sind grundsätzlich auf alle wiederkehrenden Leistungen im Zusammenhang mit einer Vermögensübertragung anzuwenden, die auf einem nach dem 31. Dezember 2007 geschlossenen Übertragungsvertrag (Abschluss des schuldrechtlichen Rechtsgeschäfts) beruhen. 80

Für wiederkehrende Leistungen im Zusammenhang mit einer Vermögensübertragung, die auf einem vor dem 1. Januar 2008 geschlossenen Übertragungsvertrag beruhen, bleiben grundsätzlich § 10 Absatz 1 Nummer 1a EStG in der vor dem 1. Januar 2008 geltenden Fassung und das BMF-Schreiben vom 16. September 2004 (BStBl. I Seite 922) weiter anwendbar. Dies gilt auch für vor dem 1. Januar 2008 geschlossene Wirtschaftsüberlassungsverträge und Pachtverträge, die als Wirtschaftsüberlassungsverträge anzusehen sind. 81

Bringt das übertragene Vermögen nur deshalb einen ausreichenden Ertrag, weil ersparte Aufwendungen zu den Erträgen des Vermögens gerechnet werden, gelten § 10 Absatz 1 Nummer 1a EStG in der Fassung des JStG 2008 und die Regelungen dieses BMF-Schreibens. Rz. 76 des BMF-Schreibens vom 16. Sep- 82

Anlage § 010–01

Zu § 10 EStG

tember 2004 findet ab dem Veranlagungszeitraum 2008 keine Anwendung mehr. § 10 Absatz 1 Nummer 1a EStG in der vor dem 1. Januar 2008 geltenden Fassung und das BMF-Schreiben vom 16. September 2004 (BStBl. I Seite 922) sind jedoch weiter anwendbar, wenn ein ausreichender Ertrag in Form des Nutzungsvorteils eines zu eigenen Zwecken genutzten Grundstücks vorliegt.

83 Maßgeblich für die zeitliche Einordnung ist bei der Regelung der Vermögensübertragung in einer Verfügung von Todes wegen der Eintritt des Erbfalls. Ergibt sich der Anspruch auf Versorgungsleistungen aus einem in einer Verfügung von Todes wegen geregelten Vermächtnis, ist auf den Zeitpunkt des Anfalls des entsprechenden Vermächtnisses, also auf den Zeitpunkt der schuldrechtlichen Entstehung des Vermächtnisanspruchs oder der Auflagenbegünstigung abzustellen.

84 Bedarf die schuldrechtliche Vereinbarung einer staatlichen Genehmigung (z. B. familien-, vormundschafts- oder nachlassgerichtliche Genehmigung), wirkt die Erteilung dieser Genehmigung auf den Zeitpunkt der Vornahme des Rechtsgeschäfts zurück, wenn die Vertragsparteien alles in ihrer Macht stehende getan haben, um einen wirksamen zivilrechtlichen Vertrag abzuschließen. Steht die schuldrechtliche Vereinbarung unter einer aufschiebenden Bedingung, tritt die von der Bedingung abhängige Wirkung erst mit dem Eintritt der aufschiebenden Bedingung ein.

II. Ablösung eines Nießbrauchsrechts

85 Wurde aufgrund eines vor dem 1. Januar 2008 abgeschlossenen Übertragungsvertrags (Rz. 81) Vermögen unter Nießbrauchsvorbehalt auf den Vermögensübernehmer übertragen und wird dieses Nießbrauchsrecht nach dem 31. Dezember 2007 im Zusammenhang mit wiederkehrenden Leistungen abgelöst, gilt Folgendes:

- Wurde die Ablösung des Nießbrauchsrechts gegen Versorgungsleistungen und der Zeitpunkt bereits im Übertragungsvertrag verbindlich vereinbart, bleiben § 10 Absatz 1 Nummer 1a EStG in der vor dem 1. Januar 2008 geltenden Fassung und das BMF-Schreiben vom 16. September 2004 (BStBl. I Seite 922) weiter anwendbar.
- Erfolgt die Vereinbarung der Ablösung des Nießbrauchsrechts erst später und nach dem 31. Dezember 2007, gelten § 10 Absatz 1 Nummer 1a EStG in der Fassung des JStG 2008 und die Regelungen dieses BMF-Schreibens.

86 Entsprechendes gilt, wenn das Nießbrauchsrecht im Wege des Vermächtnisses eingeräumt worden ist.

III. Umschichtung

1. Umschichtungsverpflichtung im Übertragungsvertrag

87 Wurde vor dem 1. Januar 2008 ein Übertragungsvertrag abgeschlossen, der die Verpflichtung des Vermögensübernehmers vorsieht, ertragloses oder nicht ausreichend Ertrag bringendes Vermögen in eine ihrer Art nach bestimmte, ausreichend Ertrag bringende Vermögensanlage umzuschichten (vgl. Rz. 13 des BMF-Schreibens vom 16. September 2004 – BStBl. I Seite 922), gelten § 10 Absatz 1 Nummer 1a EStG in der Fassung des JStG 2008 und die Regelungen dieses BMF-Schreibens, wenn die Umschichtung nicht vor dem 1. Januar 2008 vollzogen ist.

2. Nachträgliche Umschichtung

88 Wurde vor dem 1. Januar 2008 rechtswirksam eine Vermögensübertragung im Zusammenhang mit Versorgungsleistungen vereinbart und wird das begünstigte Vermögen nach dem 31. Dezember 2007 nachträglich umgeschichtet, ist die nachträgliche Umschichtung nach den Regelungen in der Rz. 28 ff. des BMF-Schreibens vom 16. September 2004 (BStBl. I Seite 922) zu beurteilen. Es ist in diesen Fällen nicht erforderlich, dass in Vermögen i. S. des § 10 Absatz 1 Nummer 1a Satz 2 EStG in der Fassung des JStG 2008 umgeschichtet wird.

IV. Besteuerung nach § 22 Nummer 1b EStG

89 § 22 Nummer 1b EStG gilt ab dem Veranlagungszeitraum 2008 für die Besteuerung von Versorgungsleistungen beim Empfänger der Leistungen unabhängig vom Zeitpunkt des Abschlusses des Übertragungsvertrags. § 22 Nummer 1b EStG regelt, dass die Einkünfte aus Versorgungsleistungen zu versteuern sind, soweit sie beim Zahlungspflichteten nach § 10 Absatz 1 Nummer 1a EStG als Sonderausgaben abgezogen werden können. Sofern also bei einem Vertragsabschluss vor dem 1. Januar 2008 Versorgungsleistungen in Form einer Leibrente vereinbart wurden und diese beim Vermögensübernehmer lediglich i. H. des Ertragsanteils als Sonderausgaben abziehbar sind, unterliegen beim Vermögensübergeber die Bezüge auch nur insoweit der Besteuerung nach § 22 Nummer 1b EStG.

V. Umwandlung einer Versorgungsleistung

90 Für vor dem 1. Januar 2008 abgeschlossene Vermögensübertragungsverträge bleibt Rz. 48 des BMF-Schreibens vom 16. September 2004 (BStBl. I Seite 922) weiter anwendbar, auch wenn die Umwandlung einer Leibrente in eine dauernde Last erst nach dem 31. Dezember 2007 erfolgt.

Zu § 10 EStG Anlage § 010–02

Finanzierungen unter Einsatz von Lebensversicherungsansprüchen[1]

– BdF-Schreiben vom 15.6.2000 – IV C 4 – S 2221 – 86/00 (BStBl. I S. 1118) –

Unter Bezugnahme auf das Ergebnis der Erörterungen mit den obersten Finanzbehörden der Länder gilt Folgendes:

Übersicht Rdnr.

I.	Abzugsverbot für bestimmte Beiträge an Lebensversicherungen als Sonderausgaben (§ 10 Abs. 2 Satz 2 EStG)	1- 8
II.	Ausnahme vom Abzugsverbot bei Anschaffung oder Herstellung bestimmter Wirtschaftsgüter (§ 10 Abs. 2 Satz 2 Buchstabe a EStG)	
	1. Begünstigtes Wirtschaftsgut	9-14
	2. Anschaffungs- oder Herstellungskosten	15-25
	3. Verwendete Ansprüche aus Versicherungsverträgen	26-33
	4. Darlehen	34-38
	5. Vorschaltdarlehen	39-42
	6. Umschuldung in Neufällen	43-50
	7. Umwidmung des begünstigt angeschafften oder hergestellten Wirtschaftsgutes	51-52
	8. Zahlungsweg	53-57
	9. Finanzierung von Wirtschaftsgütern, die unterschiedlichen Zwecken dienen sollen	58
	10. Wechsel des Versicherungsnehmers	59-60
III.	Einräumung eines unwiderruflichen Bezugsrechts für den Todesfall	61-63
IV.	Gesonderte Kreditierung eines Damnums	64
V.	Gesonderte Feststellung der Steuerpflicht von Zinsen aus einer Lebensversicherung nach § 9 der Verordnung zu § 180 Abs. 2 AO	65
VI.	Personengesellschaften	66-69
VII.	Zeitliche Anwendung (§ 52 Abs. 24 Satz 3 EStG)	70-83

I. Abzugsverbot für bestimmte Beiträge an Lebensversicherungen als Sonderausgaben (§ 10 Abs. 2 Satz 2 EStG)

Durch das Steueränderungsgesetz 1992 (BStBl. 1992 I S. 146) ist der Sonderausgabenabzug von Beiträgen zu Lebensversicherungen im Sinne des § 10 Abs. 1 Nr. 2 Buchstabe b Doppelbuchstaben bb bis dd EStG von der weiteren Voraussetzung abhängig gemacht worden, dass die Ansprüche aus diesen Versicherungsverträgen während deren Dauer im Erlebensfall nicht der Tilgung oder Sicherung eines Darlehens dienen,[2] dessen Finanzierungskosten Betriebsausgaben oder Werbungskosten sind. Liegt diese Voraussetzung nicht vor, sind grundsätzlich der Sonderausgabenabzug der Lebensversicherungsbeiträge nach § 10 Abs. 2 Satz 2 EStG und die Steuerfreiheit der Erträge aus der Lebensversicherung nach § 20 Abs. 1 Nr. 6 Satz 4 EStG zu versagen und ggf. eine Nachversteuerung (§ 10 Abs. 5 Nr. 1 EStG) durchzuführen. Ansprüche aus Versicherungsverträgen, die **nur für den Todesfall** der Tilgung oder Sicherung eines Darlehens dienen, fallen nicht unter die Einschränkungen des § 10 Abs. 2 Satz 2 EStG und des § 20 Abs. 1 Nr. 6 Satz 4 EStG. 1

Policendarlehen sind Darlehen im Sinne des § 10 Abs. 2 Satz 2 EStG; vgl. BFH-Urteile vom 29. April 1966 (BStBl. III S. 421) und vom 19. Dezember 1973 (BStBl. 1974 II S. 237). 2

Die Ansprüche aus Versicherungsverträgen umfassen nicht nur die Ansprüche des Versicherungsnehmers auf die Versicherungssumme, sondern alle Ansprüche aus Versicherungsverträgen an das Versicherungsunternehmen (Versicherungsleistung). 3

Ansprüche aus Versicherungsverträgen **dienen während deren Dauer im Erlebensfall der Tilgung oder Sicherung eines Darlehens** u.a., wenn sie gepfändet werden oder vor ihrer Fälligkeit eine Til- 4

---

1) Die Regelung des § 10 Abs. 2 Satz 2 EStG in der am 31.12.2004 geltenden Fassung gilt nur noch für vor dem 1.1.2005 begonnene Lebensversicherungen (vgl. § 10 Abs. 1 Nr. 3 Buchst. b EStG). In diesen Fällen sind die Grundsätze dieses Schreibens weiterhin anzuwenden (vgl. Tz. 90 des BMF-Schreibens vom 1.10.2009, Anlage § 020-07).

2) Avalkredite sind keine Darlehen im Sinne des § 10 Abs. 2 Satz 2 EStG (BFH vom 27.3.2007 – BStBl. 2010 II S. 21).

Anlage § 010–02

Zu § 10 EStG

gungs-/Sicherungsabrede zwischen Darlehensgeber und -nehmer getroffen worden ist. Diese kann zum Inhalt haben, dass die Ansprüche aus Versicherungsverträgen zur Tilgung eingesetzt oder abgetreten, verpfändet oder die Versicherungspolicen zur Sicherheit hinterlegt werden. Steuerlich **unschädlich** ist, wenn

a) **nach** Fälligkeit der Versicherung im Erlebensfall die Versicherungsleistung zur Darlehenstilgung verwendet wird, **ohne** dass **vorher** eine Tilgungs-/Sicherungsabrede getroffen worden ist,

b) **nach** Eintritt des Versicherungsfalles durch Tod der versicherten Person die Versicherungsleistung zur Darlehenstilgung verwendet wird, **ohne** dass eine Sicherungsabrede für den Erlebensfall getroffen worden ist.

5   Eine „schädliche" Verwendung der Ansprüche aus Lebensversicherungsverträgen kann auch vorliegen, wenn ein Gläubiger von seinem Pfandrecht Gebrauch macht, ohne dass vorher eine entsprechende Sicherungs- oder Tilgungsvereinbarung getroffen worden ist, und zwar durch das **AGB-Pfandrecht**. Im Gegensatz zur Pfändung im Vollstreckungsverfahren, bei der ein „Dienen" i.S. des § 10 Abs. 2 Satz 2 EStG erst mit der tatsächlich durchgeführten Pfändung vorliegen kann, ist das AGB-Pfandrecht rechtsgeschäftlich vereinbart. § 10 Abs. 2 Satz 2 EStG ist auf solche Fälle nur dann nicht anzuwenden, wenn das AGB-Pfandrecht rechtswirksam ausgeschlossen ist.

6   In der Abtretung einer **Rentenversicherung mit Kapitalwahlrecht** i.S. des § 10 Abs. 1 Nr. 2 Buchstabe b Doppelbuchstabe cc EStG ist noch keine Ausübung des Kapitalwahlrechts zu sehen. Auch nach Abtretung besteht noch die Möglichkeit, das Wahlrecht nicht auszuüben und es bei Rentenzahlungen zu belassen, z.B. weil die besicherten Darlehensverbindlichkeiten durch andere Mittel getilgt werden. Diese Möglichkeit besteht selbst dann, wenn der Zedent (Sicherungsschuldner) mit Abtretung der Versicherungsansprüche auch das Recht auf Ausübung des Kapitalwahlrechts an den Zessionar (Sicherungsnehmer) abtritt. Auch in diesem Fall ist das Wahlrecht noch nicht ausgeübt. Es handelt sich in beiden Fällen nur um die Abtretung künftiger Forderungen. Die weiteren Rechtsfolgen ergeben sich erst im Zeitpunkt der tatsächlichen Ausübung dieses Wahlrechts, unabhängig davon, ob es vom Zedenten oder vom Zessionar ausgeübt wird.

7   In der Regel weist das Versicherungsunternehmen den Versicherungsnehmer oder die bezugsberechtigte Person vor Ablauf des Versicherungsvertrags auf den **bevorstehenden Vertragsablauf** hin und kündigt die Auszahlung der Versicherungsleistung an. Der Versicherungsnehmer oder die bezugsberechtigte Person wird um eine Mitteilung gebeten, auf welches Konto die Versicherungsleistung zu überweisen ist. Bei einer derartigen Mitteilung handelt es sich um eine **Vorausverfügung über die Versicherungsleistung**. Auch wenn das Geld auf ein Konto überwiesen werden soll, das einen Negativsaldo aufweist oder ein Darlehenskonto ist, handelt es sich bei dem geschilderten Sachverhalt grundsätzlich nicht um eine Sicherungs- oder Tilgungsvereinbarung. Trifft der Versicherungsnehmer oder die bezugsberechtigte Person jedoch mit dem Kreditinstitut eine Sicherungsabrede, oder wird eine Tilgungsaussetzung mit Blick auf die zu erwartende Versicherungsleistung vereinbart, oder wird zur Fälligkeit der Versicherungsleistung eine Vereinbarung getroffen, einen langfristig abgeschlossenen Festkredit vorzeitig abzulösen, sind bei einer Vorausverfügung die Grundsätze des § 10 Abs. 2 Satz 2 EStG zu beachten. Die Vereinbarung kann auch durch eine Negativklausel zustande kommen, z.B. durch das Eingehen der Verpflichtung im Darlehensvertrag, über die Lebensversicherungsmittel nicht anderweitig zu verfügen.

8   Das Abzugsverbot des § 10 Abs. 2 Satz 2 EStG greift nur, wenn die Finanzierungskosten Betriebsausgaben oder Werbungskosten sind. Die Finanzierung eines Wirtschaftsgutes, das nicht zur Erzielung von Einkünften im Sinne des § 2 EStG eingesetzt wird (= persönliche Zwecke), fällt somit nicht unter dieses Verbot. Wegen der sogenannten Mischfälle siehe Rdnr. 10 und 58.

II. Ausnahme vom Abzugsverbot bei Anschaffung oder Herstellung bestimmter Wirtschaftsgüter (§ 10 Abs. 2 Satz 2 Buchstabe a EStG)

1. Begünstigtes Wirtschaftsgut

9   Begünstigt ist die Anschaffung oder Herstellung eines **Wirtschaftsgutes, das dauernd zur Erzielung von Einkünften bestimmt und keine Forderung ist**. Dazu können auch **immaterielle Wirtschaftsgüter** gehören, nicht jedoch **sogenannte negative Wirtschaftsgüter**, z.B. **Verbindlichkeiten**.

10 Die Finanzierung der Anschaffung oder **Herstellung mehrerer Wirtschaftsgüter mit einem Gesamtdarlehen** unter Einsatz von Lebensversicherungsansprüchen ist steuerunschädlich, wenn der Einsatzzweck jedes Wirtschaftsguts steuerunschädlich ist und die übrigen Voraussetzungen des § 10 Abs. 2 Satz 2 Buchstabe a EStG insgesamt erfüllt sind. Rdnr. 58 ist sinngemäß anzuwenden.[1]

---

1) Bestätigt durch BFH-Urteil vom 13.7.2004 (BStBl. II S. 1060) und vom 12.9.2007 (BStBl. 2008 II S. 602).

Bei einem **Anteil** oder einer **Beteiligung** an einer Personengesellschaft handelt es sich nicht um ein 11
Wirtschaftsgut im steuerlichen Sinn; wegen der Möglichkeit eines steuerunschädlichen Erwerbs unter
Einsatz von Lebensversicherungsansprüchen siehe Rdnr. 18, 19, 24, 25, 66 und 67.

Forderungen gehören nicht zu den begünstigten Wirtschaftsgütern, selbst wenn sie dauernd zur Erzielung 12
von Einkünften bestimmt sind. Davon zu unterscheiden sind andere Kapitalanlagen, die dauernd zur Erzielung von Einkünften bestimmt sind (z.B. Aktien, GmbH-Anteile, Genossenschaftsanteile an Erwerbs- und Wirtschaftsgenossenschaften). Bei der Hingabe von Darlehen, partiarischen Darlehen, Anleihen, Rentenstammrechten u.ä. handelt es sich um die Begründung oder den Erwerb von Forderungen; das gilt auch, wenn die Forderung durch ein Wertpapier verbrieft ist. Eine Steuerbegünstigung ist daher bei deren Anschaffung oder Begründung unter Einsatz von Lebensversicherungsansprüchen ausgeschlossen.

Anteile an einem **offenen Aktien- oder Immobilienfonds** sind keine begünstigten Wirtschaftsgüter im 13
Sinne des § 10 Abs. 2 Satz 2 Buchstabe a EStG.[1)] Mit dem Erwerb eines Anteils an einem offenen Aktien- oder Immobilienfonds wird zwar ein Anteil am Sondervermögen einer Kapitalanlagegesellschaft (§ 6 KAGG) erworben. Da jedoch das zulässige Vermögen eines **offenen Aktienfonds** nach § 8 KAGG neben Aktien und GmbH-Anteilen auch Kapitalforderungen umfassen darf, ist der Anteilserwerb unter Einsatz einer Lebensversicherung insgesamt steuerschädlich.

Das Vermögen eines **offenen Immobilienfonds** kann gemäß § 27 KAGG aus Grundstücken, Erb- 14
baurechten, sowie aus Gegenständen, die zur Bewirtschaftung der Gegenstände des Grundstücks-Sondervermögens erforderlich sind, bestehen. Die Gegenstände des Grundstücks-Sondervermögens dürfen nach § 30 KAGG nur im Eigentum der Kapitalanlagegesellschaft stehen. Der Käufer eines Anteils an einem offenen Immobilienfonds (im Gegensatz zum Erwerber eines Anteils an einem geschlossenen Immobilienfonds) erwirbt daher nicht unmittelbar einen Anteil an einem (oder mehreren) Grundstück(en). Darüber hinaus hat die Kapitalanlagegesellschaft nach § 35 KAGG von jedem Grundstücks-Sondervermögen einen Betrag, der mindestens 5 % des Wertes des Sondervermögens entspricht, in längerfristig kündbaren Guthaben anzulegen. Damit ist auch der Erwerb von Anteilen an einem offenen Immobilienfonds unter Einsatz von Lebensversicherungsansprüchen insgesamt steuerschädlich.

2. Anschaffungs- oder Herstellungskosten

Der Begriff der Anschaffungs- oder Herstellungskosten ergibt sich aus § 255 HGB i.V.m. R 32 a, 33 und 15
33a EStR[2)] sowie aus § 9 b EStG. **Nicht** zu den Anschaffungs- oder Herstellungskosten gehören danach grundsätzlich **Finanzierungskosten** wie Zinsen, Schätzgebühren, Bereitstellungszinsen, Darlehensauf- und -abgelder (Agio, Disagio, Damnum), Aufwendungen für Zinsbegrenzungsvereinbarungen (sog. Zinscap). Werden mit einem Darlehen auch solche Aufwendungen, die steuerlich nicht zu den Anschaffungs- oder Herstellungskosten gehören, finanziert, dient das Darlehen nicht mehr ausschließlich der Finanzierung von Anschaffungs- oder Herstellungskosten, sondern zusätzlich der Finanzierung von Finanzierungskosten und ähnlichen Aufwendungen.[3)] Aus Vereinfachungsgründen ist es bei der **erstmaligen Finanzierung begünstigter Anschaffungs- oder Herstellungskosten** jedoch **nicht** zu beanstanden, wenn das Darlehen auch **bankübliche einmalige Finanzierungskosten** einschließlich Bereitstellungszinsen und Teilvalutierungszuschläge umfasst und die Versicherungsansprüche vereinbarungsgemäß höchstens bis zur Höhe der mit dem Darlehen finanzierten Anschaffungs- oder Herstellungskosten der Tilgung oder Sicherung des Darlehens dienen. Andere anfallenden erstmaligen, einmaligen Kosten, wie z.B. Gerichts- oder Notariatsgebühren, werden von dieser Vereinfachungsregelung nicht erfasst. Sie gehören zwar zu den erstmaligen und einmaligen, nicht jedoch zu den **banküblichen** Finanzierungskosten. Andere anfallenden nicht erstmaligen und einmaligen Kosten, wie z.B. laufende Zinsen (einschließlich Teilvalutierungszinsen), Kontoführungsgebühren, Gebühren für die Hauszeitschrift, werden von dieser Vereinfachungsregelung ebenfalls nicht erfasst. Die Mitfinanzierung dieser nicht banküblichen einmaligen Finanzierungskosten führt zur Steuerschädlichkeit.

Beispiel:

Zur Finanzierung der Herstellungskosten einer Fabrikhalle i.H. von 500.000 DM benötigt ein Steuerpflichtiger ein Darlehen. Die Bank gewährt das Darlehen unter Einbehaltung eines Disagios i.H. von 5 v.H. wie folgt:

Darlehenssumme	526.315 DM
– 5 v.H. Disagio	26.315 DM
ausgezahlte Darlehenssumme	500.000 DM.

---

1) Bestätigt durch BFH vom 7.11.2006 (BStBl. 2010 II S. 18).
2) Jetzt R 6.2, 6.3 und 6.4 EStR.
3) Bestätigt durch BFH vom 12.10.2011 (BStBl. 2014 II S. 156).

Anlage § 010–02

Zu § 10 EStG

Zur Sicherheit kann der Steuerpflichtige Ansprüche aus Lebensversicherungen bis zu 500.000 DM an die Bank steuerunschädlich abtreten.

16 Werden abweichend von Rdnr. 15 neben den Anschaffungs- und Herstellungskosten auch andere Aufwendungen bis zu einem Teilbetrag von insgesamt 5.000 DM (= Bagatellgrenze)[1] durch die Darlehen mitfinanziert, werden nach § 10 Abs. 2 Satz 2 Buchstabe a letzter Halbsatz EStG hieraus keine steuerlichen Konsequenzen gezogen. Mitfinanzierte erstmalige einmalige Finanzierungskosten i.S. der Rdnr. 15 sind auf die Bagatellgrenze anzurechnen.

17 Werden im Zusammenhang mit dem Erwerb eines nach § 10 Abs. 2 Satz 2 Buchstabe a EStG begünstigten Wirtschaftsguts durch den Käufer Verbindlichkeiten des Veräußerers übernommen, handelt es sich bei der **Schuldübernahme** nicht um den steuerschädlichen Erwerb von negativen Wirtschaftsgütern. Vielmehr ist dieser Vorgang einheitlich als Anschaffungs- und Veräußerungsvorgang zu werten mit der Folge, dass die übernommenen Verbindlichkeiten steuerunschädlich unter Einsatz von Lebensversicherungsansprüchen finanziert (besichert) werden können. Handelt es sich um einen **teilentgeltlichen Erwerb**, können die übernommenen Verbindlichkeiten unter Einsatz von Lebensversicherungsansprüchen nur steuerunschädlich finanziert werden, soweit die Schuldübernahme einkommensteuerrechtlich als Entgelt für das erworbene Wirtschaftsgut zu behandeln ist. Soweit die Schuldübernahme in einen Bereich fällt, in dem keine steuerlich relevanten Einkünfte erzielt werden, führt die Finanzierung dieser Verbindlichkeiten nicht zum Verlust des Sonderausgabenabzugs der Lebensversicherungsbeiträge und nicht zur Steuerpflicht der Lebensversicherungserträge, weil die Finanzierungskosten für die Verbindlichkeiten weder Betriebsausgaben noch Werbungskosten sind. Verbindlichkeiten, die auf den **Gesamtrechtsnachfolger** übergehen, können von diesem unter Einsatz von Lebensversicherungsansprüchen steuerunschädlich getilgt oder besichert werden, soweit auch beim Erblasser eine Tilgung der Sicherung steuerunschädlich gewesen wäre.

18 Entsprechendes gilt bei **Erwerb eines Betriebs, Teilbetriebs oder eines Anteils an einer Personengesellschaft**. Erhöht die Schuldübernahme das steuerliche Entgelt, können die übernommenen Verbindlichkeiten steuerunschädlich unter Einsatz von Lebensversicherungsansprüchen finanziert werden, soweit sie auf die durch den gesamten Kaufpreis realisierten Teilwerte/Verkehrswerte für erworbene Wirtschaftsgüter entfallen, die dauernd zur Erzielung von Einkünften bestimmt sind (außer Forderungen).

19 Bei Übertragung eines Betriebs, Teilbetriebs oder Anteils an einer Personengesellschaft im Wege der **vorweggenommenen Erbfolge** gilt folgendes: Darlehen des Übertragenden, die vor dem 14. Februar 1992 valutiert wurden, und für die bereits vor dem 14. Februar 1992 Lebensversicherungsansprüche im Erlebensfall zur Sicherung oder Tilgung eingesetzt waren, werden durch die Übertragung nicht zu Neufällen. Rdnr. 17 letzter Satz gilt entsprechend.

20 **Anzahlungen auf Anschaffungskosten** können steuerunschädlich unter Einsatz von Lebensversicherungsansprüchen finanziert werden, wenn sie nicht willkürlich sind und die übrigen Voraussetzungen des § 10 Abs. 2 Satz 2 Buchstabe a EStG erfüllt sind. Zur Frage der Willkürlichkeit sind die Grundsätze in R 45 Abs. 5 EStR[2] und in dem BMF-Schreiben vom 10. Dezember 1997 (BStBl. I S. 1019) entsprechend anzuwenden.

21 **Verringern sich die Anschaffungs- oder Herstellungskosten nachträglich**, z.B.
 – durch einen Preisnachlass (Skonti, Rabatte),
 – durch Erhalt eines Zuschusses (R 34 Abs. 3 EStR)[3],
 werden daraus keine nachteiligen Folgerungen gezogen, wenn innerhalb **von drei Monaten nach Verringerung** der Anschaffungs- oder Herstellungskosten das Darlehen sowie die Höhe der diesem Darlehen zur Sicherheit oder Tilgung dienenden Lebensversicherungsansprüche angepasst werden. Rdnr. 26 ist zu beachten.

22 Entsprechendes gilt in Fällen, in denen das Darlehen nach Abschluss des Darlehensvertrages und nach erfolgter Besicherung durch Lebensversicherungsansprüche nicht vollständig in Anspruch genommen wird, z.B. wenn die Anschaffungs- oder Herstellungskosten niedriger sind als geplant oder wenn der geplanten Investition Eigenmittel eingesetzt werden.

23 Sind die übrigen Voraussetzungen des § 10 Abs. 2 Satz 2 Buchstabe a EStG erfüllt, führt die teilweise Finanzierung eines Gesamtkaufpreises bis zur Höhe der begünstigten Anschaffungs- oder Herstellungskosten unter Einsatz von Lebensversicherungsansprüchen nicht deshalb zur Steuerschädlichkeit,

---
1) Ab VZ 2002: 2.556 €.
2) Jetzt R 7a Abs. 5 EStR.
3) Jetzt R 6.5 Abs. 3 EStR.

Zu § 10 EStG **Anlage § 010–02**

weil in dem Gesamtkaufpreis auch Aufwendungen enthalten sind, die nicht steuerbegünstigt finanziert werden können (z.B. Umsatzsteuer eines vorsteuerabzugsberechtigten Unternehmers).

Wird ein **Betrieb** oder ein **Anteil an einer Personengesellschaft** (Rdnr. 11) erworben, kann unter Einsatz von Lebensversicherungsansprüchen nur der Teil des Kaufpreises steuerunschädlich finanziert werden, der nach dem Verhältnis der durch den Kaufpreis realisierten Teilwerte/Verkehrswerte auf erworbene Wirtschaftsgüter, die dauernd zur Erzielung von Einkünften bestimmt sind, ohne Forderungen, entfällt. 24

Die Regelungen zum Erwerb von Anteilen bzw. Beteiligungen an Personengesellschaften sind auf offene Aktien- oder Immobilienfonds (vgl. Rdnr. 13 und 14) nicht entsprechend anwendbar. 25

3. Verwendete Ansprüche aus Versicherungsverträgen

Sind die zur Sicherung oder Tilgung des Darlehens verwendeten Ansprüche aus Versicherungsverträgen (Rdnr. 3) nicht auf die mit dem Darlehen finanzierten Anschaffungs- oder Herstellungskosten und auf die Darlehenshöhe, ggf. abzüglich der banküblichen einmaligen Finanzierungskosten i.S. der Rdnr. 15, begrenzt, führt dies zur vollen Steuerschädlichkeit. Diese Begrenzung muss in der Abtretungs- oder Verpfändungserklärung oder bei der Hinterlegung vorgenommen werden. Die Einschränkung durch eine Sicherungsabrede reicht als Begrenzung nicht aus. 26

Beispiel:

– wie Rdnr. 15 –

Tritt der Steuerpflichtige von vornherein die Ansprüche nur in Höhe von 500.000 DM an die Bank ab, ist dies steuerunschädlich. Tritt er hingegen zunächst die Ansprüche unbegrenzt ab, und vereinbart er anschließend mit der Bank in der Sicherungsabrede die Einschränkung auf 500.000 DM, führt dies zur vollen Steuerschädlichkeit.

Wegen der Möglichkeit einer nachträglichen Begrenzung der Höhe der verwendeten Lebensversicherungsansprüche im Sicherungsvertrag vgl. Rdnr. 29. Im o.g. Beispiel könnte der Steuerpflichtige, soweit die dort genannten Voraussetzungen im übrigen erfüllt sind, noch solange eine Heilung (Begrenzung der ursprünglichen Überbesicherung) herbeiführen, als der tatsächlich angesparte Rückkaufswert den begünstigten Darlehensbetrag in Höhe von 500.000 DM bzw. die Restvaluta noch nicht erreicht hat.

Wird die in Rdnr. 26 geforderte Begrenzung bis zu einem Teilbetrag von insgesamt 5.000 DM[1] nicht eingehalten, werden nach § 10 Abs. 2 Satz 2 Buchstabe a letzter Halbsatz EStG hieraus keine steuerlichen Konsequenzen gezogen (Bagatellgrenze). 27

Wird für ein Darlehen i.S. der Rdnr. 15 eine Sondertilgung vorgenommen, durch die ein mitfinanziertes Disagio – teilweise – rückerstattet wird, dient das Darlehen in Höhe dieses rückerstatteten Disagiobetrages nicht mehr den begünstigten Finanzierungszwecken. Dadurch sind die ursprünglichen Darlehensmittel in dieser Höhe umgewidmet, denn sie dienen ab erfolgter Sondertilgung in Höhe des zurückgezahlten Disagiobetrages der Finanzierung eines Geldbetrages, der nicht zu den nach § 10 Abs. 2 Satz 2 Buchstabe a EStG begünstigten Wirtschaftsgütern zählt. Damit liegt ein steuerschädlicher Verwendungszweck vor. Die sich daraus ergebenden Folgen lassen sich vermeiden, indem dieser Betrag zur Darlehensrückführung, für die Anschaffung oder Herstellung anderer begünstigter Wirtschaftsgüter, für die Umschuldung eines anderen begünstigten Darlehens oder zur Finanzierung privater Aufwendungen verwendet wird. Die 30-Tage-Frist der Rdnr. 53 ff. ist – gerechnet ab Disagiorückerstattung – zu beachten. 28

Eine betragsmäßige Begrenzung der Verwendung von Lebensversicherungsansprüchen im Sicherungsvertrag ist nur in den Fällen unabdingbar, in denen der angesparte Rückkaufswert die zu sichernden Darlehensbeträge erreicht hat oder überschreitet. Bis zu diesem Zeitpunkt bestehen keine Bedenken, auch eine nachträgliche Begrenzung der Höhe nach zuzulassen, allerdings unter der Voraussetzung, dass das Darlehen, für das die Lebensversicherungsansprüche zur Tilgung oder Sicherung herangezogen werden sollen, im Sicherungsvertrag eindeutig als ausschließlicher Sicherungs- oder Tilgungszweck unter Ausnahme weiterer Aufwendungen, wie z.B. laufende Finanzierungskosten, genannt ist. Eine betragsmäßige Beschränkung der Abtretung in den Fällen, in denen die Ablaufleistung aus einem Versicherungsvertrag das zu sichernde oder zu tilgende Darlehen nicht überschreiten kann, ist nicht erforderlich. Auch in diesem Fall ist es ausreichend, wenn nur das Darlehen, für das die Lebensversicherungsansprüche zur Tilgung oder Sicherung dienen, im Sicherungsvertrag eindeutig genannt ist und sichergestellt ist, dass die Lebensversicherungsansprüche nicht auch der Sicherung oder Tilgung anderer Aufwendungen, wie z.B. laufender Finanzierungskosten, dienen. 29

---

1) Ab VZ 2002: 2.556 €.

Anlage § 010–02 Zu § 10 EStG

30 Wurden vor dem 14. Februar 1992 Ansprüche aus Lebensversicherungsverträgen begrenzt oder unbegrenzt auch für künftige Forderungen des Gläubigers gegen den Schuldner abgetreten oder dienen Ansprüche aus Lebensversicherungsverträgen nicht mehr ausschließlich der Sicherung oder Tilgung des nämlichen Darlehens (z.B. freigewordene Sicherheiten nach teilweiser Tilgung), und soll sich die Abtretung nicht auf Forderungen des Gläubigers erstrecken, die nach dieser Abtretung entstanden sind, reicht die Einschränkung durch eine Sicherungsabrede allein nicht aus. Erforderlich ist zusätzlich, dass die Einschränkung vor Entstehung der weiteren Forderung getroffen worden ist und der Sicherungsnehmer unverzüglich gegenüber dem Lebensversicherer darauf verzichtet, die abgetretenen Ansprüche aus Lebensversicherungsverträgen geltend zu machen, soweit sie über die Ansprüche aus dem nämlichen Darlehen hinausgehen. Dies gilt entsprechend, wenn die Abtretung sich nicht auf bestimmte (Darlehens-)Konten, z.B. Kontokorrentkonten, erstrecken soll.

31 Werden **mehrere Darlehen zur Finanzierung eines oder mehrerer Wirtschaftsgüter** i.S. des § 10 Abs. 2 Satz 2 Buchstabe a EStG aufgenommen, und erfüllen sowohl jedes dieser Darlehen als auch die Darlehen insgesamt die Voraussetzungen des § 10 Abs. 2 Satz 2 EStG, ist es ausreichend, wenn die Abtretung, Verpfändung oder Hinterlegung der Ansprüche aus Lebensversicherungsverträgen **in einer Urkunde** vereinbart wird. Es ist nicht erforderlich, für jedes Darlehen eine gesonderte Abtretung, Verpfändung oder Hinterlegung zu vereinbaren. **Mehrere Darlehen** (Alt- und Neudarlehen) können durch Lebensversicherungsansprüche **aus einem Vertrag** besichert werden, wenn die Darlehen insgesamt die Voraussetzungen der §§ 10 Abs. 2 Satz 2 Buchstabe a und 52 Abs. 24 Satz 3 EStG erfüllen. In den geschilderten Fällen ist es ausreichend, wenn die **Zuordnung** der Sicherheit zum jeweiligen Darlehen in der **Sicherungszweckerklärung** erfolgt.

32 Die Verzichtserklärung nach Rdnr. 30 kann in der Weise abgegeben werden, dass der Sicherungsnehmer die einschränkende schuldrechtliche Sicherungsabrede dem Versicherungsunternehmen unmittelbar oder mittelbar über den Sicherungsgeber (Versicherungsnehmer) zuleitet und gleichzeitig folgende verbindliche Erklärung abgibt:

„Soweit Ihnen zu unseren Gunsten die Abtretung von Ansprüchen aus Lebensversicherungsverträgen angezeigt worden ist, verzichten wir darauf, die abgetretenen Ansprüche aus den Lebensversicherungsverträgen geltend zu machen, soweit sie über die durch den Sicherungsvertrag abgesicherten Ansprüche hinausgehen."

Die Verzichtserklärung wird erst wirksam mit dem **Eingang beim Versicherungsunternehmen**.

Ist die Sicherungszweckerklärung vor dem 1. Januar 1994 i.S. der Rdnr. 30 eingeschränkt worden, reicht es für die Bereinigung nach Rdnr. 78 bis 81 aus, wenn die Verzichtserklärung vor dem 1. April 1994 beim Versicherungsunternehmen eingeht.

33 Wird bei der Gewährung eines Policendarlehens neben der aus dem Lebensversicherungsvertrag geschuldeten Prämie zusätzlich ein Zuschlag erhoben, der steuerrechtlich wie Finanzierungskosten zu behandeln ist (BFH-Urteil vom 19.12.1973, BStBl. 1974 II S. 237) muss aufgrund der hierauf anzuwendenden Vorschriften des Versicherungsvertragsgesetz durch die Darlehensvereinbarungen **ausdrücklich** sichergestellt werden, dass der Zuschlag nicht durch die Ansprüche aus dem Lebensversicherungsvertrag besichert ist.

4. Darlehen

34 § 10 Abs. 2 Satz 2 EStG schreibt nicht vor, in welcher **Währung** das Darlehen aufgenommen werden darf, für dessen Sicherung oder Tilgung die Ansprüche aus Lebensversicherungsverträgen eingesetzt werden können. Da Darlehen in fremder Währung im Vergleich zum Euro wechselkursbedingt schwanken, kommt es für die Höhe der steuerunschädlichen Besicherung auf den jeweiligen Umrechnungskurs im Zeitpunkt der Darlehensvalutierung bzw. im Zeitpunkt des Einsatzes der Lebensversicherungsansprüche an. Die Belastung eines Darlehenskontos mit fälligen **Zinsen**, Kontoführungsgebühren oder, z.B. bei Bausparkassen, den Kosten für die Hauszeitschrift ist nicht allgemein als neue Darlehensaufnahme zu beurteilen. Es kommt darauf an, ob das Darlehenskonto in der Form eines Festkredites oder eines Kontokorrentkredites geführt wird.

35 Wird das Konto in der Form eines **Kontokorrentkredites** geführt, so stellt jede Belastung mit Zinsen, Kontoführungsgebühren, Gebühren für die Hauszeitschrift usw. die Neuaufnahme eines Darlehens (vgl. Rdnr. 80) bzw. eine Darlehens-Teilvalutierung dar, die nach dem 13. Februar 1992 bei Absicherung oder Tilgungsvereinbarung durch Lebensversicherungsansprüche für den Erlebensfall grundsätzlich zur Steuerschädlichkeit führen würde.

36 Wird das Darlehenskonto in Form eines **Festkredites** geführt, kommt es darauf an, wie die Zinsen, Gebühren und Kosten gezahlt werden. Werden die Zahlungen mit den laufenden Tilgungsraten in der Weise

Zu § 10 EStG **Anlage § 010–02**

geleistet, dass die Rate zunächst für diese Aufwendungen verwendet wird, hat sich das Darlehen insoweit nicht erhöht. Der Vorgang ist nicht steuerschädlich.

Erhöhen hingegen die Gebühren und Kosten das Darlehen, ist dies steuerschädlich. Zu einer steuerschädlichen Darlehenserhöhung kann es auch kommen, wenn der Darlehensnehmer seiner Zahlungsverpflichtung nicht nachkommt und z.B. eine Rate gestundet wird. Aus Vereinfachungsgründen ist es bei vereinbarter laufender Zahlung der Zinsen, Gebühren und Kosten jedoch nicht zu beanstanden, wenn der Darlehensvaluta aus technischen Abwicklungsgründen zunächst Gebühren, Kosten und Zinsen zugerechnet, diese aber sodann mit der nächstfälligen Zahlung ausgeglichen werden. 37

Entsprechendes gilt bei sog. **Abwicklungskonten**, bei denen vereinbarungsgemäß die fälligen Zinsen auf dem Darlehenskonto belastet und rechnerisch der Darlehensvaluta hinzugerechnet werden, wenn der entsprechende Zinsbetrag unverzüglich bezahlt wird und ein zusätzlicher Kreditrahmen nicht eingeräumt wird. 38

5. Vorschaltdarlehen

Werden während einer **längeren Investitionsphase** (z.B. der Herstellung eines Gebäudes oder der Einrichtung einer Arztpraxis) Aufwendungen, die nur auf diese Investition bezogen sein dürfen, über ein gesondertes, eigens hierfür eingerichtetes Vorschaltkonto (z.B. Baukonto) unter Beachtung des in Rdnr. 53 bis 57 beschriebenen Zahlungsweges bezahlt, sind die Voraussetzungen für die Steuerunschädlichkeit erst für das Darlehen zu prüfen, das unter Einsatz von Lebensversicherungsansprüchen zur **Endfinanzierung** des angeschafften oder hergestellten Wirtschaftsgutes eingesetzt wird. Die Voraussetzungen sind erfüllt, wenn dieses Darlehen **bis zu drei Monate** nach Fertigstellung oder Lieferung des Wirtschaftsgutes aufgenommen wurde und sowohl das Darlehen als auch der Teil des Anspruchs aus Lebensversicherungen, der zu seiner Tilgung oder Sicherung eingesetzt wird, die Anschaffungs- oder Herstellungskosten des finanzierten Wirtschaftsgutes nicht übersteigen. Das der Endfinanzierung dienende Darlehen gilt als Erstdarlehen i. S. der Rdnr. 15. 39

Für Zwischendarlehen, die keine Vorschaltdarlehen sind, gelten Rdnr. 43 bis 49 entsprechend. 40

Die Erleichterungen der Rdnr. 39 sind auch zu gewähren, wenn ein Vorschaltkonto vor Abschluss der Investition durch Fest-Darlehen teilweise abgelöst wird und die Inanspruchnahme der Fest-Darlehen nicht über die zunächst im Rahmen der insgesamt über das Vorschaltkonto finanzierten Aufwendungen **hinausgeht (doppelstöckiges Vorschaltkonto)**. Die (Teil-)Fest-Darlehen können wie das Vorschaltkonto mit Lebensversicherungsansprüchen besichert sein. Voraussetzung für den Erhalt der Steuerunschädlichkeit ist auch in diesem Fall, dass die Beschränkung nach Rdnr. 39 Satz 2 auf die finanzierten Anschaffungs- oder Herstellungskosten innerhalb von drei Monaten nach Fertigstellung oder Lieferung des finanzierten Wirtschaftsgutes (Abschluss der Investition) vorgenommen wird. 41

Sind die Voraussetzungen nach Rdnr. 39 Satz 2 nicht erfüllt, führt dies rückwirkend auch für die Laufzeit des Vorschaltdarlehens zur Steuerschädlichkeit. Handelt es sich um ein betriebliches Darlehen, ist die Laufzeit ggf. auf die Drei-Jahres-Frist des § 10 Abs. 2 Satz 2 Buchstabe c EStG anzurechnen. 42

6. Umschuldung in Neufällen

Ein Neufall ist gegeben, wenn 43

– das Darlehen vor dem 14. Februar 1992 valutiert worden ist, aber erst nach dem 13. Februar 1992 die Verpflichtung eingegangen wurde, Ansprüche aus Lebensversicherungsverträgen zu seiner Tilgung oder Sicherung einzusetzen oder

– das Darlehen nach dem 13. Februar 1992 valutiert worden ist, unabhängig davon, wann die Verpflichtung eingegangen wurde, die Ansprüche aus Lebensversicherungsverträgen zu seiner Tilgung oder Sicherung einzusetzen.

Wird ein Darlehen, zu dessen Tilgung oder Sicherung Ansprüche aus Lebensversicherungsverträgen nach dem 13. Februar 1992 eingesetzt wurden und das nach § 10 Abs. 2 Satz 2 EStG steuerunschädlich ist, mittels eines zweiten oder weiteren Darlehens (Ablösungsdarlehen) umgeschuldet, dient auch das Ablösungsdarlehen einer steuerunschädlichen Finanzierung, wenn die Darlehenssumme dieses Darlehens die Restvaluta des umzuschuldenden Darlehens zum Zeitpunkt der Umschuldung nicht übersteigt.[1)] Entsprechendes gilt bei Prolongation. Die Bagatellgrenze nach § 10 Abs. 2 Satz 2 Buchstabe a letzter Halbsatz EStG gilt nur im Fall der erstmaligen Finanzierung von Anschaffungs-/Herstellungskosten. Für Umschuldungsdarlehen kann sie nicht erneut in Anspruch genommen werden.

Wird ein nach Rdnr. 15 steuerschädliches Darlehen, das auch Finanzierungskosten umfasst, umgeschuldet oder prolongiert, ist auch das Ablösungsdarlehen steuerschädlich, wenn die der Tilgung oder Sicherung dieses Darlehens dienenden Ansprüche aus Lebensversicherungen auf den Teil begrenzt 44

---
1) Bestätigt durch BFH vom 12.10.2011 (BStBl. 2014 II S. 153).

Anlage § 010–02   Zu § 10 EStG

werden, der beim umzuschuldenden oder zu prolongierenden Darlehen zur Finanzierung begünstigter Anschaffungs- oder Herstellungskosten verwendet worden war. Wurde das umzuschuldende oder zu prolongierende Darlehen teilweise getilgt, sind aus Vereinfachungsgründen die Tilgungsbeträge zunächst auf die mitfinanzierten Finanzierungskosten anzurechnen. Werden mit dem Ablösungsdarlehen zusammenhängende Finanzierungskosten mitfinanziert, führt das zur Steuerschädlichkeit.

45   Darlehen, die ganz oder teilweise der Finanzierung von Anschaffungs- oder Herstellungskosten eines begünstigten Wirtschaftsgutes i.S. des § 10 Abs. 2 Satz 2 Buchstabe a EStG dienen und für die bisher im Erlebensfall der versicherten Person Ansprüche aus Lebensversicherungsverträgen weder zur Sicherheit noch zur Tilgung eingesetzt wurden, können auch nach dem 13. Februar 1992 unter Einsatz solcher Ansprüche steuerunschädlich umgeschuldet werden, wenn das Ablösungsdarlehen weder die Restvaluta des Darlehens noch die mit diesem Darlehen finanzierten begünstigten Anschaffungs- oder Herstellungskosten übersteigt. Wurde das Darlehen teilweise getilgt, kann nur anteilig im Verhältnis von begünstigten Anschaffungs- oder Herstellungskosten zu anderen mitfinanzierten Aufwendungen der auf die begünstigten Anschaffungs- oder Herstellungskosten entfallende Teil der Restvaluta unter Einsatz von Lebensversicherungsansprüchen steuerunschädlich umgeschuldet werden.

46   Im Fall der Verpfändung von Lebensversicherungsansprüchen kann auf eine Anpassung der Verpfändungsvereinbarung bei Umschuldung verzichtet werden, da sich das Zugriffsrecht des Pfandgläubigers mit jeder Tilgungsleistung verringert. Da das Pfandrecht akzessorisch an die zu sichernde Forderung gebunden ist, besteht es gemäß §§ 1210, 1274 Abs. 1 Satz 1, 1273 Abs. 2 Satz 1 BGB auch nur in Höhe des Betrags der Forderung. Bei Fälligkeit der Forderung kann dementsprechend nach § 1282 Abs. 1 Satz 2 BGB der Pfandgläubiger die Einziehung der Geldforderung nur betreiben, soweit sie zu seiner Befriedigung erforderlich ist. Wurde im Sicherungsvertrag vereinbart, dass die verpfändeten Lebensversicherungsansprüche nur der Sicherung oder Tilgung des Darlehens selbst, nicht jedoch der sonstigen Forderungen, wie z.B. angesammelter laufender Finanzierungskosten usw. dienen, kann der Pfandgläubiger sich auch nur bis zur Höhe der Restvaluta des Darlehensbetrags schadlos halten. Darüber hinausgehende Beträge müsste er – wie jeder andere Gläubiger auch – ggf. im Wege der Pfändung nach § 803 ff. ZPO i.V.m. § 15 ALB geltend machen.

47   Wegen der Umschuldung in Altfällen vgl. Rdnr. 70 ff.

48   **Mehrere Darlehen**, die nach Rdnr. 43 bis 45 und 72 unter Einsatz von Lebensversicherungsansprüchen umgeschuldet werden sollen, können durch **ein Darlehen** umgeschuldet werden. Sollen ein umzuschuldendes Darlehen prolongiert und ein oder weitere Darlehen umgeschuldet werden, kann das zu prolongierende Darlehen um das oder die umzuschuldenden Darlehen aufgestockt werden.

49   Erfüllte ein Erstdarlehen die Voraussetzungen der Rdnr. 15, ist bei Umschuldung oder Prolongation dieses Darlehens unter erstmaligem Einsatz von Lebensversicherungsansprüchen Rdnr. 44 entsprechend anzuwenden.

50   Erfüllen Darlehen oder Lebensversicherungsansprüche nicht die Voraussetzungen des § 10 Abs. 2 Satz 2 Buchstabe a EStG, liegt sog. „Steuerschädlichkeit" vor. Diese kann nicht geheilt werden. Es gilt vielmehr der Grundsatz: „Einmal steuerschädlich, immer steuerschädlich". Aus einem einmal steuerschädlichen Darlehen kann auch durch Umschuldung und Aufteilung des Darlehens kein steuerunschädliches Darlehen entstehen. Denn Voraussetzung für eine steuerunschädliche Umschuldung ist die Steuerunschädlichkeit des umgeschuldeten Darlehens. Wird ein „steuerschädliches" Darlehen durch ein oder mehrere neue Darlehen umgeschuldet, werden durch die „neuen Darlehen" grundsätzlich die steuerschädlichen Anschaffungs- oder Herstellungskosten und die steuerschädlichen anderen Aufwendungen jeweils in demselben Verhältnis finanziert wie mit dem ursprünglichen Darlehen.

7. Umwidmung des begünstigt angeschafften oder hergestellten Wirtschaftsgutes

51   Wird ein mittels eines steuerschädlichen Darlehens angeschafftes oder hergestelltes Wirtschaftsgut einem anderen Zweck zugeführt (Umwidmung), handelt es sich immer dann um einen zur vollen Steuerschädlichkeit führenden Vorgang, wenn der Einsatzzweck des Wirtschaftsgutes nach der Umwidmung als ursprünglicher Zweck zur Steuerschädlichkeit geführt hätte. Danach sind **Veräußerung** und **Untergang** in der Regel steuerunschädlich. Eine **Veräußerung** und der Untergang sind jedoch steuerschädlich, wenn der Veräußerungserlös oder die Ersatzleistungen (z.B. durch Versicherungen) nicht unverzüglich zur Ablösung des Darlehens oder zur Beschaffung eines begünstigten Wirtschaftsgutes verwendet wird, sondern statt dessen z. B. Umlaufvermögen finanziert wird; Rdnr. 53 ist anzuwenden. Ist das veräußerte Wirtschaftsgut nur **teilweise** unter Einsatz von Lebensversicherungsansprüchen finanziert worden, bleibt die Steuerschädlichkeit auch dann erhalten, wenn der Veräußerungserlös nur entsprechend dem zuvor finanzierten und besicherten Anteil zur Tilgung des Darlehens oder zur Beschaffung eines anderen begünstigten Wirtschaftsgutes eingesetzt wird. Wird anstelle des Erwerbs eines Ersatzwirtschaftsgutes bei Veräußerung eines unter Einsatz von Lebensversicherungsansprüchen finan-

zierten Wirtschaftsgutes die Aufhebung der Besicherung des Darlehens oder der Tilgungsvereinbarung vereinbart, bleiben die Steuervergünstigungen erhalten. Eine **Umwidmung zu Umlaufvermögen** führt stets zur vollen Steuerschädlichkeit, es sei denn, die Besicherung des Darlehens wird vor der Umwidmung aufgehoben und das Darlehen getilgt. In Fällen der **Entnahme** kommt es auf den weiteren Verwendungszweck an. Dient das Wirtschaftsgut danach z.B. ausschließlich persönlichen Zwecken (Rdnr. 8), liegt weiterhin Steuerunschädlichkeit vor, da in diesem Fall die Zinsen für das Darlehen weder Betriebsausgaben noch Werbungskosten sind. Dient es verschiedenen steuerlichen Zwecken, gilt Rdnr. 58 entsprechend.

Wird ein zunächst ausschließlich zu persönlichen Zwecken (Rdnr. 8) angeschafftes oder hergestelltes Wirtschaftsgut zur Erzielung von Einkünften eingesetzt, und werden die Finanzierungskosten, die für das unter Einsatz von Lebensversicherungsansprüchen aufgenommene Anschaffungs- oder Herstellungsdarlehen zu zahlen sind, Betriebsausgaben oder Werbungskosten, bleibt die Steuerunschädlichkeit nur dann erhalten, wenn das ursprüngliche Anschaffungs- oder Herstellungsdarlehen und die diesem Darlehen dienenden Versicherungsansprüche ab dem Zeitpunkt des (teilweisen) Einsatzes zur Erzielung von Einkünften die Voraussetzungen des § 10 Abs. 2 Satz 2 Buchstabe a EStG erfüllen. 52

8. Zahlungsweg

Werden die Darlehensmittel i.S. des § 10 Abs. 2 Satz 2 Buchstabe a EStG zunächst auf ein Konto (z.B. Kontokorrentkonto, Sparkonto) des Darlehensnehmers überwiesen, von dem sodann die Anschaffungs- oder Herstellungskosten des begünstigten Wirtschaftsgutes bezahlt werden, ist dies nur dann steuerunschädlich, wenn zwischen der Überweisung der Darlehensmittel auf das Konto und der Abbuchung zur Bezahlung der Anschaffungs- oder Herstellungskosten ein **Zeitraum von nicht mehr als 30 Tagen** liegt. 53

Entsprechendes gilt für **Umschuldungsdarlehen** mit der Folge, dass das valutierte Umschuldungsdarlehen zunächst auf ein Konto (z.B. Kontokorrentkonto, Sparkonto) des Darlehensnehmers überwiesen werden kann, von dem aus dieser sodann die Umschuldung veranlasst. 54

Darlehen, die aufgenommen werden, um Anschaffungs- oder Herstellungskosten eines begünstigten Wirtschaftsgutes, die zunächst durch **Eigenmittel** bezahlt wurden, zu refinanzieren, dienen nicht der Finanzierung dieser Anschaffungs- oder Herstellungskosten i.S. des § 10 Abs. 2 Satz 2 Buchstabe a EStG. Die steuerrechtliche Würdigung dieser Darlehensmittel richtet sich nach ihrer tatsächlichen Verwendung; vgl. BFH-Beschluss vom 4. Juli 1990 (BStBl. II S. 817). 55

Werden Darlehensmittel i.S. des § 10 Abs. 2 Satz 2 Buchstabe a EStG auf ein **Anderkonto** (z.B. Notar-, Anwalts- oder Steuerberater-Anderkonto) überwiesen, weil der Kaufpreis bereits fällig ist, aber z.B. bei einem Grundstückskauf die Auflassung noch nicht erfolgt ist, werden daraus auch dann keine steuerlichen Nachteile gezogen, wenn das Anderkonto als Festgeldkonto geführt wird. Erhält der Darlehensnehmer die Darlehensmittel zurück, richtet sich die Beurteilung der Steuerschädlichkeit nach der weiteren Verwendung der Darlehensmittel. Rdnr. 53 gilt entsprechend. 56

Sind die zivilrechtlichen Anforderungen an ein Anderkonto für sogenannte **Treuhandkonten** bei Geldinstituten (Banken, Sparkassen usw.) sichergestellt, bestehen keine Bedenken, die begünstigende Regelung auch auf diese Konten anzuwenden. 57

9. Finanzierung von Wirtschaftsgütern, die unterschiedlichen Zwecken dienen sollen

Die Finanzierung eines Wirtschaftsgutes, das unterschiedlichen Zwecken dienen soll (z.B. gemischt-genutztes Grundstück), mit einem **Gesamtdarlehen** unter Einsatz von Lebensversicherungsansprüchen ist steuerunschädlich, wenn jeder einzelne Einsatzzweck des Wirtschaftsgutes steuerunschädlich ist und die übrigen Voraussetzungen des § 10 Abs. 2 Satz 2 Buchstabe a EStG insgesamt erfüllt sind.[1] Das gilt auch für Fälle, in denen ein Arbeitszimmer im selbstgenutzten Wohneigentum mitfinanziert wird und die anteiligen Finanzierungskosten Betriebsausgaben oder Werbungskosten sind. 58

10. Wechsel des Versicherungsnehmers

§ 10 Abs. 2 Satz 2 EStG stellt nicht darauf ab, wer Versicherungsnehmer, wer Darlehensnehmer und wer versicherte Person ist. Es sind daher Finanzierungsfälle denkbar, in denen es sich um bis zu drei verschiedene Personen handelt. Bei der Prüfung der Frage, ob es sich um eine steuerunschädliche Finanzierung handelt, kommt es regelmäßig nur darauf an, dass zum einen der Darlehensbetrag und zum anderen die Sicherungs- oder Tilgungsabrede in der vom Gesetz vorgesehenen Höhe steuerschädlich vereinbart bzw. eingesetzt worden sind. Insoweit können allein durch einen Versicherungsnehmerwechsel keine steuerlichen Nachteile entstehen. 59

---

1) Bestätigt durch BFH-Urteil vom 13.7.2004 (BStBl. II S. 1060) und vom 12.9.2007 (BStBl. 2008 II S. 602).

Anlage § 010–02

Zu § 10 EStG

60 Anders können – ab Veranlagungszeitraum 1997 – jedoch Fälle zu beurteilen sein, in denen ein Handel mit Gebrauchtpolicen i.S. des § 10 Abs. 1 Nr. 2 Buchstabe b Satz 5 EStG vorliegt. Die insoweit steuerunschädlich zulässigen Ausnahmen ergeben sich aus dem Gesetzestext. Ein entgeltlicher und damit steuerschädlicher Veräußerungs- bzw. Erwerbsvorgang i.S. des § 10 Abs. 1 Nr. 2 Buchstabe b Satz 5 EStG überlagert eine ggf. unschädliche Verwendung des Versicherungsanspruchs zu Finanzierungszwecken und führt zum künftigen Ausschluss des Sonderausgabenabzugs und zur Steuerpflicht der Versicherungserträge.

III. Einräumung eines unwiderruflichen Bezugsrechts für den Todesfall

61 Bei einer Lebensversicherung mit geteilter Begünstigung für den Todes- und Erlebensfall steht der Anspruch auf den Rückkaufswert dem für den Todesfall unwiderruflich Bezugsberechtigten bis zum Eintritt des Erlebensfalls zu, d.h. im Erlebensfall nicht mehr zu (vgl. BGH-Urteil vom 17. Februar 1966, BGHZ 45, 162). Ein Widerruf oder eine Änderung der Bezugsberechtigung ist ohne die Zustimmung des Bezugsberechtigten nicht möglich. Ein zur Auszahlung gelangender Rückkaufswert steht daher dem Bezugsberechtigten der Todesfallversicherung zu, solange dessen Recht auf die Versicherungsleistung besteht, also bis (ausschließlich) zum Eintritt des Erlebensfalls.

62 Das Kündigungsrecht verbleibt grundsätzlich beim Versicherungsnehmer, solange dieser es nicht an den unwiderruflich Bezugsberechtigten abtritt. Eine Pfändung der Versicherungsansprüche beim Versicherungsnehmer durch Dritte wäre aber erfolglos, weil der unwiderruflich Bezugsberechtigte insoweit ein begründetes Widerspruchsrecht hat. Auch könnte der Versicherungsnehmer die Versicherungsansprüche nicht für den Erlebensfall an einen weiteren Gläubiger abtreten oder verpfänden. Daraus folgt, dass die Ansprüche aus dem Lebensversicherungsvertrag im Erlebensfall nicht anderweitig zur Sicherung eingesetzt werden können, wenn ein unwiderruflich Bezugsrecht besteht. Jede Kündigung, sei es durch den Versicherungsnehmer oder den Sicherungsnehmer (z.B. bei Eintritt des Sicherungsfalls), würde auch im Erlebensfall dazu führen, dass der bis dahin angesparte Rückkaufswert an den für den Todesfall unwiderruflich Bezugsberechtigten auszuzahlen wäre. Da die Lebensversicherungsansprüche – trotz der Beschränkung des unwiderruflichen Bezugsrechts auf den Todesfall – im Erlebensfall nicht anderweitig zu Sicherungszwecken eingesetzt werden können, liegt in dem unwiderruflichen Bezugsberechtigung, die der Versicherungsnehmer und Darlehensschuldner für den Todesfall dem Darlehensgläubiger einräumt, ein Dienen der Versicherungsansprüche auch im Erlebensfall. Das hat zur Folge, dass der Sonderausgabenabzug für die Lebensversicherungs-Beiträge sowie die Steuerfreiheit der Versicherungserträge zu versagen sind, es sei denn, einer der Ausnahmetatbestände nach § 10 Abs. 2 Satz 2 Buchstaben a bis c EStG ist erfüllt.

63 Rdnr. 61 – 62 sind erstmals auf Fälle anzuwenden, in denen ein unwiderrufliches Bezugsrecht für den Todesfall zur Besicherung von Darlehen nach dem 30. Juni 1994 eingeräumt worden ist.

IV. Gesonderte Kreditierung eines Damnums

64 Wurde ab dem Anwendungszeitpunkt des § 10 Abs. 2 Satz 2 EStG (14. Februar 1992) und vor Veröffentlichung des BMF-Schreibens vom 21. Dezember 1992 am 20. Januar 1993 (BStBl. 1993 I S. 10) ein gesondertes Darlehen zur Finanzierung eines Damnums aufgenommen, um für die zur Besicherung des Darlehens von Anschaffungs- oder Herstellungskosten (Investitionsdarlehen) eingesetzten Ansprüche aus Lebensversicherungsverträgen die Steuerunschädlichkeit zu erhalten, können die mit dem Investitionsdarlehen verbundenen Finanzierungskosten – unabhängig von der Höhe der Tilgungsrate im Jahr der Aufnahme des Darlehens zur Finanzierung des Damnums – zur Wahrung des Grundsatzes der Gleichbehandlung in voller Höhe als Betriebsausgaben oder Werbungskosten abgezogen werden, wenn die übrigen Voraussetzungen für den Abzug erfüllt sind.

V. Gesonderte Feststellung der Steuerpflicht von Zinsen aus einer Lebensversicherung nach § 9 der Verordnung zu § 180 Abs. 2 AO

65 Zur gesonderten Feststellung der Steuerpflicht von Zinsen verweise ich auf § 9 der Verordnung zu § 180 Abs. 2 AO. Eine eventuelle Korrektur des Feststellungsbescheides ist nach den allgemeinen verfahrensrechtlichen Voraussetzungen zulässig.

VI. Personengesellschaften

66 Die Regelungen der Abschnitte I bis V sind entsprechend auf Personengesellschaften anzuwenden. Die Ausnahmeregelung des § 10 Abs. 2 Satz 2 Buchstabe a EStG stellt nicht darauf ab, ob ein begünstigtes Wirtschaftsgut von einem oder von mehreren Steuerpflichtigen angeschafft oder hergestellt wird. Da es auf die Person des Versicherungsnehmers oder auf die versicherte Person nicht ankommt, kann auch eine Personengesellschaft ein begünstigtes Wirtschaftsgut unter Einsatz von Lebensversicherungsansprüchen steuerbegünstigt finanzieren, wenn die Voraussetzungen des § 10 Abs. 2 Satz 2 Buchstabe a

EStG erfüllt sind (vgl. Rdnr. 59). Finanzieren nur einzelne Mitglieder der Personengesellschaft ihren jeweils auf sie entfallenden Anteil an den begünstigten Anschaffungs- oder Herstellungskosten unter Einsatz von Lebensversicherungsansprüchen, muss sichergestellt sein, dass die aufgenommenen Darlehensmittel unmittelbar und ausschließlich der Finanzierung dieser Kosten dienen. Entsprechendes gilt für Bargründungsfälle, wenn der Gesellschafter zunächst nur seine Einlage leistet.

Der Nachweis, dass bei der Finanzierung unter Einsatz von Lebensversicherungsansprüchen der auf den einzelnen Gesellschafter entfallende Anteil am finanzierten Wirtschaftsgut nicht überschritten ist und dass auch die anderen Begrenzungen, wie z.B. die 30-Tage-Frist nach Rdnr. 53, eingehalten wurden, ist sowohl auf der Ebene der Personengesellschaft als auch auf der des einzelnen Gesellschafters zu führen. Er muss sich leicht und einwandfrei für jede nach § 10 Abs. 2 Satz 2 Buchstabe a EStG begünstigte Investition nachvollziehen lassen. Als Nachweis genügt es z.B. nicht, wenn ein geschlossener Immobilienfonds auf ein vorgegebenes Volumen für eine geplante Investition verweist. Wegen der rechtlichen Einordnung der im Rahmen eines geschlossenen Immobilienfonds aufzubringenden Kosten sind im übrigen das BMF-Schreiben vom 31. August 1990 (BStBl. I S. 366) sowie die entsprechenden Erlasse der obersten Finanzbehörden der Länder zu beachten. 67

Die Regelungen der Rdnr. 53 und 54 sind mit der Maßgabe anzuwenden, dass zwischen der Darlehensaufnahme beim Gesellschafter (Valutierung) und der Bezahlung der begünstigten Anschaffungs- oder Herstellungskosten oder der Überweisung der Geldmittel für Umschuldungszwecke durch die Personengesellschaft ein Zeitraum von nicht mehr als 30 Tagen liegen darf. Daraus folgt auch, dass der Gesellschafter die aufgenommenen Darlehensmittel zunächst auf ein Konto der Personengesellschaft überweisen kann, die sodann die Mittel dem begünstigten Zweck zuführt. 68

Die Regelung der Rdnr. 55 ist mit der Maßgabe anzuwenden, dass die Darlehensmittel, die ein Gesellschafter aufnimmt, um seinen Anteil an begünstigten Anschaffungs- oder Herstellungskosten zu finanzieren, steuerrechtlich nach ihrer tatsächlichen Verwendung zu würdigen sind. Aufwendungen, die bereits von der Personengesellschaft bezahlt worden sind, können demnach nicht noch einmal durch den bereits beteiligten Gesellschafter unter Einsatz von Lebensversicherungsansprüchen steuerunschädlich (re-)finanziert werden, auch nicht in Höhe seines Anteils. Auf Rdnr. 66, 67 und 79 wird ergänzend hingewiesen. 69

VII. Zeitliche Anwendung (§ 52 Abs. 24 Satz 3 EStG)

Nach § 52 Abs. 24 Satz 3 EStG ist § 10 Abs. 2 Satz 2 EStG auch auf vor dem 1. Januar 1974 abgeschlossene Versicherungsverträge anzuwenden. 70

§ 10 Abs. 2 Satz 2 EStG ist nicht anzuwenden, wenn die Darlehensschuld vor dem 14. Februar 1992 entstanden ist und der Steuerpflichtige sich vor diesem Zeitpunkt verpflichtet hatte, die Ansprüche aus dem Versicherungsvertrag zur Tilgung oder Sicherung dieses Darlehens einzusetzen. Eine Darlehensschuld ist nach § 607 Abs. 1 BGB mit der Hingabe der Darlehensmittel (Valutierung) entstanden. 71

Wird bei einem vor dem 14. Februar 1992 **vereinbarten Finanzierungskonzept mit Policendarlehen** nach dem 13. Februar 1992 eine Zinsverpflichtung mit einem Policendarlehen getilgt, ist dies steuerschädlich, wenn das Policendarlehen nach dem 13. Februar 1992 entstanden ist. Werden dagegen die vor dem 14. Februar 1992 entstandenen Darlehen (Restschuld einschließlich etwaiger Policendarlehen) durch eine bis zu diesem Zeitpunkt zur Tilgung oder Sicherung dieser Darlehen eingesetzte Lebensversicherung getilgt oder durch ein neues Darlehen abgelöst (**Umschuldung in Altfällen**), das auch mit einer Lebensversicherung besichert sein kann, ist dies steuerunschädlich, wenn das Ablösungsdarlehen die Restvaluta des umgeschuldeten Darlehens nicht übersteigt und die Versicherungsansprüche vereinbarungsgemäß nur bis zu dieser Höhe der Sicherung oder Tilgung des Ablösungsdarlehens dienen. 72

Handelt es sich dem Grunde nach um einen Altfall i.S. des § 52 Abs. 24 Satz 3 EStG und sind die Ansprüche aus Lebensversicherungsverträgen somit steuerunschädlich eingesetzt, führt es nicht zur Steuerschädlichkeit, wenn zur Sicherung oder Tilgung vereinbarungsgemäß **Ansprüche aus anderen Lebensversicherungsverträgen** eingesetzt werden, solange die übrigen Voraussetzungen der Steuerunschädlichkeit eingehalten werden. So darf z.B. bei einer Umschuldung der abgetretene Betrag nicht höher sein als das Umschuldungsdarlehen, das seinerseits nicht höher sein darf als die Restvaluta des umzuschuldenden Darlehens. Die Bagatellgrenze nach § 10 Abs. 2 Satz 2 Buchstabe a letzter Halbsatz EStG gilt nur in Fällen der erstmaligen Finanzierung von Anschaffungs- oder Herstellungskosten nach dem 13. Februar 1992. Sie ist daher auf Umschuldungen in Altfällen nicht anwendbar. 73

Die Regelungen zur **Umschuldung in Altfällen** gelten entsprechend für Teilumschuldungen in Altfällen. Daraus folgt, dass ein Darlehen, für das die Regelung des § 10 Abs. 2 Satz 2 i.V.m. § 52 Abs. 24 Satz 3 EStG noch nicht anzuwenden ist, auch teilweise unter Einsatz von Lebensversicherungsansprüchen umgeschuldet werden kann, wenn das Teil-Umschuldungsdarlehen die Restvaluta des umzuschul- 74

Anlage § 010–02 Zu § 10 EStG

denden Darlehens nicht übersteigt und die Versicherungsansprüche vereinbarungsgemäß nur bis zur Höhe des Teil-Umschuldungsdarlehens der Sicherung oder Tilgung dieses Darlehens dienen.

75 Rdnr. 72 und 74 gelten bei **Prolongationen** entsprechend.

76 Bei **Teilvalutierung** eines Darlehens (z.B. bei Inanspruchnahme eines vereinbarten Darlehens nach Baufortschritt, vgl. Rdnr. 39), zu dessen Tilgung oder Sicherung eine Lebensversicherung dient, reicht es für die Beurteilung des Gesamtdarlehens als steuerunschädlich nicht aus, wenn eine Teilvalutierung vor dem 14. Februar 1992 erfolgt ist. Dies gilt auch für Teilvalutierungen vor dem 14. Februar 1992, wenn nach dem 13. Februar 1992 Teilvalutierungen steuerschädlich erfolgen.

77 Eine **Teilvalutierung** liegt auch vor, wenn der Darlehensumfang nach Valutierung des ursprünglichen Darlehens zusätzlich erhöht wird (z.B. durch Ansammlung der laufend anfallenden Schuldzinsen auf dem Darlehenskonto).

78 Wird nach dem 13. Februar 1992 eine Lebensversicherung zur Tilgung oder Sicherung eines Darlehens verwendet, das im wirtschaftlichen Zusammenhang mit der Finanzierung von Anschaffungs- oder Herstellungskosten eines Wirtschaftsgutes steht, ohne dass die vorgenannten Begrenzungen eingehalten worden sind, werden daraus für den Sonderausgabenabzug der Lebensversicherungsbeiträge und für die Steuerfreiheit der Erträge aus der Lebensversicherung keine nachteiligen Folgerungen gezogen, wenn vor dem 1. Januar 1994 der steuerschädliche Einsatz der Lebensversicherung beseitigt wird. Die Beseitigung der Steuerschädlichkeit kann entweder durch Tilgung in Höhe des steuerschädlich verwendeten Teils des Darlehens und gleichzeitige Rückabtretung in Höhe der steuerschädlichen Besicherung oder nur durch Rückabtretung in Höhe der Besicherung oder nur durch Rückabtretung in Höhe der steuerschädlichen Besicherung erfolgen. Sie kann auch durch eine Änderung bzw. Ergänzung der bisherigen Vereinbarung über Abtretung, Verpfändung oder Hinterlegung einschließlich der Sicherungsabrede erreicht werden, mit der Folge, dass die Ansprüche aus Lebensversicherungen nur im Todesfall der Tilgung von Darlehen dienen. Vereinbarungen nach Rdnr. 30, die vor dem 1. Januar 1994 getroffen werden, werden rückwirkend anerkannt.

79 Sind Darlehensmittel, bevor sie zur Bezahlung von Anschaffungs- oder Herstellungskosten eines nach § 10 Abs. 2 Satz 2 Buchstabe a EStG begünstigten Wirtschaftsgutes verwendet wurden, vorübergehend auf Festgeldkonten angelegt worden, ist eine Bereinigung möglich. Soweit die Darlehensmittel vor Ablauf der Bereinigungsfrist (vgl. Rdnr. 78) für begünstigte Anschaffungs- oder Herstellungskosten verwendet worden sind, ist durch diese Verwendung der gesetzliche Ausnahmetatbestand nachträglich erfüllt.

80 Bei einem **Kontokorrentkonto** ist zwischen dem eingeräumten Kreditrahmen und dem tatsächlich in Anspruch genommenen Kredit zu unterscheiden. Da es sich bei einem Kontokorrentkredit in Höhe des jeweils neu in Anspruch genommenen (Kredit-)Betrages um ein neu aufgenommenes Darlehen handelt, liegt nur in Höhe des am 13. Februar 1992 tatsächlich in Anspruch genommenen Kredits ein Altfall i.S. des § 52 Abs. 24 Satz 3 EStG vor. Bei einem mit einer Lebensversicherung gesicherten **Kontokorrentkredit** gilt Folgendes: Hat sich der Schuldenstand des Kontokorrentkontos nach dem 13. Februar 1992 erhöht, und liegen die Ausnahmetatbestände des § 10 Abs. 2 Satz 2 EStG nicht vor, werden daraus für den Sonderausgabenabzug der Lebensversicherungsbeiträge und für die Steuerfreiheit der Erträge aus der Lebensversicherung aus Billigkeitsgründen keine nachteiligen Folgerungen gezogen, wenn vor dem 1. Januar 1994 die Besicherung des Kontokorrentkontos mit einer Lebensversicherung rückgängig gemacht worden ist. Rdnr. 78 vorletzter und letzter Satz gelten entsprechend.

81 Bei **Altfall-Umschuldungen** treten daher folgende steuerliche Wirkungen ein:
 – Hat sich der Schuldenstand nach dem 13. Februar 1992 ohne zwischenzeitliche Tilgung weiter erhöht, ist eine Altfall-Umschuldung in Höhe des Schuldenstandes am 13. Februar 1992 steuerunschädlich möglich.
 – Wurde ein Teil der Schulden zwischenzeitlich getilgt, und hat sich der Schuldenstand ggf. zwischenzeitlich wieder erhöht, ist eine steuerunschädliche Altfall-Umschuldung nur in Höhe des seit dem 14. Februar 1992 niedrigsten Schuldsaldos, bezogen auf den jeweiligen Tagessaldo, möglich. Die Überprüfung der Salden zu den jeweiligen vierteljährlichen Abrechnungsstichtagen reicht insoweit nicht aus, weil in der täglichen Inanspruchnahme des Kontokorrentkredites jeweils eine Darlehensaufnahme liegt. War das Konto vorübergehend ausgeglichen oder wies es ein Guthaben aus, ist eine steuerschädliche Umschuldung i.S. der Altfallregelung nicht mehr möglich.

82 Ist eine **steuerschädlich eingesetzte Lebensversicherung vor Ablauf der Bereinigungsfrist** fällig oder wegen Eintritts des Sicherungsfalls gekündigt worden, ist eine Bereinigung nicht mehr möglich. Eine „Selbstheilung" kann nicht unterstellt werden, da es Fälle gibt, in denen eine schädliche Sicherungs- oder Tilgungsvereinbarung zur Wahrung der Belange des Darlehensgläubigers bewusst bestehen bleiben sollte, z.B. weil andere Sicherungs- oder Tilgungsmöglichkeiten nicht vorhanden waren. Eine Regelung

im Sinne einer „Selbstheilung" würde den vom Gesetzgeber bestimmten Anwendungszeitpunkt der Neuregelung vom 14. Februar 1992 auf den 1. Januar 1994 verlegen. Den insoweit möglichen Härtefällen kann nur durch Billigkeitsentscheidung im Einzelfall abgeholfen werden.

Billigkeitsentscheidungen kommen insbesondere in Betracht für Lebensversicherungen, die vor dem 1. Januar 1994 fällig wurden, wenn der Sicherungszweck entsprechend Rdnr. 30 schuldrechtlich eingeschränkt worden ist, die erforderliche Verzichtserklärung gegenüber dem Lebensversicherungsunternehmen jedoch wegen Fälligkeit der Lebensversicherung nicht mehr abgegeben werden konnte. 83

Dieses Schreiben ersetzt die BMF-Schreiben vom 19. Mai 1993 (BStBl. I S. 406), 14. Juni 1993 (BStBl. I S. 484), 2. November 1993 (BStBl. I S. 901), 6. Mai 1994 (BStBl. I S. 311), 22. Juli 1994 (BStBl. I S. 509), vom 26. September 1994 (BStBl. I S. 749) und vom 8. Mai 1998 (FR 1998 S. 855) und wird im Bundessteuerblatt Teil I veröffentlicht.

Anlage § 010–03

Zu § 10 EStG

Gesonderte Feststellung der Steuerpflicht von Zinsen aus einer Lebensversicherung nach § 9 der Verordnung zu § 180 Abs. 2 AO

– BdF-Schreiben vom 16.07.2012 – IV A 3 – S 0361/12/10001, 2012/0653652 (BStBl. I S. 686) –

Unter Bezugnahme auf das Ergebnis der Erörterungen mit den obersten Finanzbehörden der Länder gilt für gesonderte Feststellungen nach § 9 der Verordnung zu § 180 Abs. 2 AO Folgendes:

I. Allgemeines

Setzt ein Steuerpflichtiger nach dem 31. Dezember 2004 Ansprüche aus einer vor dem 1. Januar 2005 abgeschlossenen Lebensversicherung i. S. d. § 10 Abs. 1 Nr. 2 Buchst. b Doppelbuchstaben bb, cc und dd EStG (in der bis 31. Dezember 2004 geltenden Fassung) während der Dauer der Versicherung im Erlebensfall zur Tilgung oder Sicherung von Darlehen ein, deren Finanzierungskosten Betriebsausgaben oder Werbungskosten sind, gehören die Zinsen aus den in den Beiträgen enthaltenen Sparanteilen zu den Einkünften aus Kapitalvermögen (§ 20 Abs. 1 Nr. 6 EStG in der bis 31. Dezember 2004 geltenden Fassung i. V. m. § 52 Abs. 36 Satz 5 EStG).[1] In diesen Fällen muss das Versicherungsunternehmen bei Verrechnung oder Auszahlung von Zinsen (z. B. bei Fälligkeit der Versicherung) Kapitalertragsteuer einbehalten (§ 43 Abs. 1 Nr. 4 Satz 2 EStG). Nach § 29 EStDV haben der Sicherungsnehmer, das Versicherungsunternehmen und der Versicherungsnehmer dem zuständigen Finanzamt unverzüglich die Fälle anzuzeigen, in denen Ansprüche aus Versicherungsverträgen zur Tilgung oder Sicherung von Darlehen eingesetzt werden.

II. Gesonderte Feststellung der Steuerpflicht der Zinsen

Nach § 9 der Verordnung über die gesonderte Feststellung von Besteuerungsgrundlagen nach § 180 Abs. 2 der Abgabenordnung (V zu § 180 Abs. 2 AO)[2] ist die Steuerpflicht der außerrechnungsmäßigen und rechnungsmäßigen Zinsen aus den in den Versicherungsbeiträgen enthaltenen Sparanteilen gesondert festzustellen. Der Feststellungsbescheid ergeht gegenüber dem Versicherungsnehmer als Steuerschuldner. Außerdem ergeht an das Versicherungsunternehmen eine Mitteilung über die Verpflichtung zur Einbehaltung und Abführung von Kapitalertragsteuer. Mit Eintritt der Unanfechtbarkeit des Feststellungsbescheids ist die Entscheidung über die künftige Steuerpflicht der Zinserträge für den Steuerpflichtigen, das Versicherungsunternehmen und die Finanzbehörden verbindlich. Dies gilt nicht nur für die Einbehaltung und Abführung der Kapitalertragsteuer, sondern auch für die spätere Festsetzung der Einkommensteuer. Eine Korrektur des Feststellungsbescheides ist nur nach Maßgabe der §§ 129, 164, 165, 172 – 175 AO zulässig.

III. Regelungsinhalt des Feststellungsbescheids

Gegenstand der gesonderten Feststellung nach § 9 der V zu § 180 Abs. 2 AO ist die verbindliche Entscheidung über die aus einer bestimmten Verwendung der Ansprüche aus der Lebensversicherung sich ergebenden steuerlichen Folgen hinsichtlich der rechnungsmäßigen und außerrechnungsmäßigen Zinsen aus den in den Versicherungsbeiträgen enthaltenen Sparanteilen.

Die Steuerpflicht umfasst grundsätzlich sämtliche Zinsen für die gesamte Vertragslaufzeit. In diesem Fall ergeht nur ein Feststellungsbescheid, durch die uneingeschränkte Steuerpflicht aller Zinsen festgestellt. In den Fällen des § 10 Abs. 2 Satz 2 Buchst. c EStG (in der bis 31. Dezember 2004 geltenden Fassung) sind nur die anteiligen Zinsen für bestimmte Kalenderjahre steuerpflichtig. Insoweit ist die Regelung des Feststellungsbescheids auf die Feststellung der Steuerpflicht der anteiligen Zinsen für das betroffene Kalenderjahr beschränkt. Deshalb können bei „partieller" Steuerpflicht mehrere Feststellungsbescheide, jeweils bezogen auf die anteiligen Zinsen für die im Einzelnen benannten Kalenderjahre, ergehen.

IV. Gesonderte Feststellung bei steuerunschädlicher Verwendung

Soweit die Zinsen aufgrund einer bestimmten Verwendung der Ansprüche aus der Lebensversicherung nicht steuerpflichtig sind, liegen die Voraussetzungen für eine gesonderte Feststellung nach § 9 der V zu § 180 Abs. 2 AO nicht vor. In diesen Fällen ist auf Antrag ein negativer Feststellungsbescheid zu erteilen. Das Finanzamt ist bei der späteren Einkommensteuerveranlagung an die Entscheidung im negativen Feststellungsbescheid gebunden. Seine Bindungswirkung wird nur eingeschränkt, wenn er nach §§ 129, 164, 165 oder 172 ff. AO berichtet, aufgehoben oder geändert wird und ein Feststellungsbescheid über die steuerschädliche Verwendung ergeht oder wenn aufgrund einer anderen, steuerschädlichen Verwendung ein Feststellungsbescheid ergeht. Hat der Steuerpflichtige einen Feststellungsbescheid erfolg-

---

1) Abs. 28 Satz 5.
2) Siehe Anhang 20.

reich angefochten oder wurde er aus anderen Gründen aufgehoben, steht der Aufhebungsbescheid einem negativen Feststellungsbescheid gleich.

V. Änderung der Verwendung nach zunächst steuerunschädlicher Verwendung

Bei zunächst steuerunschädlicher Verwendung kann sich aus einer späteren anderweitigen Verfügung (z. B. erneute Beleihung oder Umwidmung des begünstigt angeschafften oder hergestellten Wirtschaftsgutes) eine erstmalige partielle oder umfassende Steuerpflicht der Zinsen ergeben. In diesem Fall ist der negative Feststellungsbescheid bzw. der entsprechende Aufhebungsbescheid im Hinblick auf die Rückwirkung der materiellrechtlichen Folgen des neu hinzugetretenen Sachverhaltes nach § 175 Abs. 1 Satz 1 Nr. 2 AO aufzuheben und zugleich ein (neuer) Feststellungsbescheid zu erlassen.

VI. Überschreitung des Drei-Jahres-Zeitraums

Überschreitet die Verwendung der Ansprüche aus der Lebensversicherung den Drei-Jahres-Zeitraum nach § 10 Abs. 2 Satz 2 Buchst. c EStG (in der bis 31. Dezember 2004 geltenden Fassung), führt dies zur umfassenden Steuerpflicht aller Zinsen für die gesamte Laufzeit des Versicherungsvertrages. In diesem Fall sind die bisher ergangenen Feststellungsbescheide über die partielle Steuerpflicht nach § 175 Abs. 1 Satz 1 Nr. 2 AO aufzuheben und ein Feststellungsbescheid über die umfassende Steuerpflicht zu erteilen.

VII. Unterschreitung des Drei-Jahres-Zeitraums

Ist ein Feststellungsbescheid über die umfassende Steuerpflicht der Zinsen ergangen, weil der Einsatz der Ansprüche aus der Lebensversicherung zur Sicherung eines Betriebsmittelkredits zunächst für einen Zeitraum von mehr als drei Jahren (z. B. unbefristet) vereinbart war, kann die vorzeitige Beendigung dieses Einsatzes (z. B. bei Kündigung des Darlehensvertrages oder bei Sicherheitentausch innerhalb des Drei-Jahres-Zeitraums) zu einer rückwirkenden Änderung des Umfangs der Steuerpflicht der Zinsen führen. In diesem Fall sind der Feststellungsbescheid über die umfassende Steuerpflicht nach § 175 Abs. 1 Satz 1 Nr. 2 AO aufzuheben und zugleich neue Feststellungsbescheide über die partielle Steuerpflicht zu erlassen.

VIII. Örtliche Zuständigkeit

Die gesonderte Feststellung nach § 9 der V zu § 180 Abs. 2 AO obliegt dem für die Einkommensbesteuerung des Versicherungsnehmers örtlich zuständigen Finanzamt. Dies gilt auch für den Erlass eines negativen Feststellungsbescheides.

IX. Schlussbestimmungen

Dieses Schreiben tritt mit Wirkung ab Veranlagungszeitraum 2005 an die Stelle des BMF-Schreibens vom 27. Juli 1995 – IV A 4 – S 0361 – 10/95 –.

Anlage § 010–04   Zu § 10 EStG

Beiträge zur Kranken- und Pflegeversicherung eines Kindes als Sonderausgaben bei den Eltern

– Verfügung OFD Magdeburg vom 03.11.2011 – S 2221 – 118 – St 224 –

Nach § 10 Abs. 1 Nr. 3 Satz 2 EStG gelten auch die vom Steuerpflichtigen im Rahmen der Unterhaltsverpflichtung getragenen eigenen Beiträge zur Kranken- und Pflegeversicherung eines steuerlich zu berücksichtigenden Kindes (Anspruch auf einen Freibetrag nach § 32 Abs. 6 EStG oder Kindergeld) als eigene Beiträge des Steuerpflichtigen.

Bei der Bearbeitung sind folgende Punkte zu beachten:

- Die Beiträge können insgesamt nur einmal steuerlich geltend gemacht werden. Beantragen die Eltern den Abzug der Kranken- und Pflegeversicherungsbeiträge des Kindes in voller Höhe als Sonderausgaben, scheidet ein Sonderausgabenabzug dieser Beiträge beim Kind aus.
- Der Abzug der Beiträge darf aber nach nachvollziehbaren Kriterien zwischen Eltern und Kind aufgeteilt werden.
- Für den Sonderausgabenabzug kommt es nicht darauf an, ob die Eltern tatsächlich die Versicherungsbeiträge bezahlt haben. Es ist ausreichend, wenn die Unterhaltsverpflichtung der Eltern durch Sachleistungen – wie Unterhalt und Verpflegung – erfüllt wurde.
- Die eigenen Einkünfte des Kindes kürzen nicht den Sonderausgabenabzug.

Zu § 10 EStG   Anlage § 010–05

Vertragsänderungen bei Versicherungen auf den Erlebens- oder Todesfall im Sinne des § 10 Abs. 1 Nr. 2 Buchstabe b Doppelbuchstaben cc und dd EStG [1)2)]

– BdF-Schreiben vom 22.8.2002 – IV C 4 – S 2221 – 211/02 (BStBl. I. S. 827) – unter Berücksichtigung der Änderungen durch das BdF-Schreiben vom 1.10.2009 – IV C 1 – S 2252/07/0001 (vgl. Tz. 57a) –

Unter Bezugnahme auf das Ergebnis der Erörterungen mit den obersten Finanzbehörden der Länder gilt für die steuerliche Begünstigung von Rentenversicherungen mit Kapitalwahlrecht und Kapitalversicherungen gegen laufende Beitragsleistungen mit Sparanteil im Sinne des § 10 Abs. 1 Nr. 2 Buchstabe b Doppelbuchstaben cc und dd EStG Folgendes:

Übersicht

		Rdnr.
I.	**Allgemeine Begriffsbestimmungen**	
	1. Begünstigte Versicherungen	1 – 3
	2. Nicht begünstigte Versicherungen	4 – 6
	3. Abzugsberechtigter	7
	4. Vertragsabschluss	8 – 10
	5. Beiträge	
	a) Allgemeines	11 – 13
	b) Rückdatierung	14
	c) Vorauszahlungen	15
	d) Beitragsminderungen	16
	e) Beitragserhöhungen	17
	6. Mindestvertragsdauer/Sperrfrist	
	a) Allgemeines	18 – 20
	b) Mindestvertragsdauer	21
	c) Sperrfrist	22
	7. Mindesttodesfallschutz	
	a) Allgemeines	23
	b) Beitragszahlungen in variabler Höhe/dynamische Beitragszahlung	24 – 26
	c) Versicherungen mit identischer Todesfall- und Erlebensfallsumme	27
	d) Versicherungen mit gestaffelter Todesfallleistung oder mit Leistungsausschluss bei Tod zu Vertragsbeginn	28
	e) Kapitallebensversicherungen mit mehreren Erlebensfallzahlungen während der Versicherungsdauer	29
	f) Behandlung von Rentenversicherungen mit Kapitalwahlrecht (§ 10 Abs. 1 Nr. 2 Buchstabe b Doppelbuchstabe cc EStG)	30
	g) Fondsgebundene Lebensversicherungen und Direktversicherungen	31
	8. Veräußerung der Versicherung	32
II.	**Vertragsmerkmale**	33
III.	**Keine Vertragsänderung**	34 – 35
IV.	**Steuerrechtliche Bedeutung von Vertragsänderungen**	
	1. Bei Vertragsabschluss vereinbarte Vertragsänderungen	36 – 38
	2. Nachträglich vereinbarte Vertragsänderungen	39
	a) Verminderung wesentlicher Vertragsbestandteile	40
	b) Erhöhung wesentlicher Vertragsbestandteile	41

---

1) Die Grundsätze dieses Schreibens sind weiterhin für vor dem 1.1.2005 abgeschlossene Versicherungsverträge anzuwenden (vgl. Tz. 90 des BMF-Schreibens vom 1.10.2009, Anlage § 020-07).
2) Zu den steuerlichen Auswirkungen einer Anpassung von Vorsorgeverträgen an die Anhebung des Mindestrentenalters vom 60. auf das 62. Lebensjahr siehe Anlage § 020-09.

Anlage § 010–05 Zu § 10 EStG

    c) Verminderung und gleichzeitige Erhöhung wesentlicher Vertragsbestandteile   42
    d) Beispiele zu den einzelnen Vertragsänderungen   43 – 50
  3. Änderungen bei betrieblichen Lebensversicherungen
    a) Strukturwandel der betrieblichen Altersversorgung   51
    b) Arbeitnehmerwechsel   52
    d) Arbeitsrechtliche Verpflichtungen zum Abschluss von Direktversicherungen   53

V. Billigkeitsregelungen
  1. Realteilung im Fall der Ehescheidung   54
  2. Zahlungsschwierigkeiten
    a) Beitragsnachzahlung zur Wiederherstellung des ursprünglichen Versicherungsschutzes   55
    b) Verlängerung der Versicherungs- und Beitragszahlungsdauer zur Wiederherstellung des ursprünglichen Versicherungsschutzes   56
    c) Verlegung des Beginn- und Ablauftermins   57
    d) Fortsetzung einer während der Elternzeit beitragsfrei gestellten Lebensversicherung   57a
  3. Umwandlung einer Kapitallebensversicherung in eine Rentenversicherung ohne Kapitalwahlrecht oder in einen Vertrag i. S. des Altersvorsorgeverträge-Zertifizierungsgesetzes   58

I. Allgemeine Begriffsbestimmungen

1. Begünstigte Versicherungen

1 Beiträge u. a. zu den folgenden Versicherungen auf den Erlebens- oder Todesfall sind Sonderausgaben:
– Rentenversicherungen mit Kapitalwahlrecht gegen laufende Beitragsleistungen, wenn das Kapitalwahlrecht nicht vor Ablauf von zwölf Jahren seit Vertragsabschluss ausgeübt werden kann (§ 10 Abs. 1 Nr. 2 Buchstabe b Doppelbuchstabe cc EStG) und
– Kapitalversicherungen gegen laufende Beitragsleistungen mit Sparanteil, wenn der Vertrag für die Dauer von mindestens zwölf Jahren abgeschlossen worden ist und die Voraussetzungen des Mindesttodesfallschutzes erfüllt (§ 10 Abs. 1 Nr. 2 Buchstabe b Doppelbuchstabe dd EStG).

2 Zu den Versicherungen auf den Erlebens- oder Todesfall gehören auch:
– Versicherungen bei Pensions-, Sterbe- und Versorgungskassen,
– Aussteuer- und Ausbildungsversicherungen sowie Versicherungen gegen Berufs- und Erwerbsunfähigkeit bzw. Erwerbsminderung,
– Versicherungen mit vorgezogener Leistung bei bestimmten schweren Erkrankungen, so genannte Dread-Disease-Versicherungen.

3 Erträge aus den o. a. Versicherungen gehören unter den Voraussetzungen des § 20 abs. 1 Nr. 6 Satz 2 ff. EStG nicht zu den Einkünften aus Kapitalvermögen.

2. Nicht begünstigte Versicherungen

4 Beiträge u. a. zu den folgenden Versicherungen auf den Erlebens- oder Todesfall sind vom Sonderausgabenabzug ausgeschlossen:
– Kapitalversicherungen gegen Einmalbetrag,
– Kapitalversicherungen mit einer Vertragsdauer von weniger als zwölf Jahren,
– Rentenversicherungen mit Kapitalwahlrecht gegen Einmalbetrag,
– Kapitalversicherungen ohne ausreichenden Mindesttodesfallschutz,
– Rentenversicherungen mit Kapitalwahlrecht, bei denen das Kapitalwahlrecht vor Ablauf der Sperrfrist ausgeübt werden kann,
– fondsgebundene Lebensversicherungen.

Nicht abziehbar als Sonderausgaben sind auch Beiträge zu Versicherungen auf den Erlebens- oder Todesfall, bei denen der Steuerpflichtige Ansprüche aus einem von einer anderen Person abgeschlossenen Vertrag nach dem 31. Dezember 1996 entgeltlich erworben hat, es sei denn, es werden aus anderen Rechtsverhältnissen entstandene Abfindungs- und Ausgleichsansprüche arbeitsrechtlicher, erbrechtlicher oder familienrechtlicher Art durch Übertragung von Ansprüchen aus Lebensversiche-

Zu § 10 EStG **Anlage § 010–05**

rungsverträgen erfüllt (§§ 10 Abs. 1 Nr. 2 Buchstabe b Satz 5, 52 Abs. 34 Satz 2 EStG). Erbrechtliche oder familienrechtliche Ausgleichsansprüche können z. B. bei Erbauseinandersetzung oder bei der Scheidung einer Ehe entstehen.

Werden Versicherungen auf den Erlebens- oder Todesfall zur Tilgung oder Sicherung von Darlehen eingesetzt, so scheidet eine steuerliche Begünstigung unter den Voraussetzungen des § 10 Abs. 2 Satz 2 EStG aus. In diesem Zusammenhang verweise ich auf das BMF-Schreiben vom 15. Juni 2000, BStBl. I Seite 1118.[1)] 5

Die Erträge aus den nicht begünstigten Versicherungen (mit Ausnahme der fondsgebundenen Lebensversicherungen, § 20 Abs. 1 Nr. 6 Satz 5 EStG) gehören zu den Einkünften aus Kapitalvermögen i. S. des § 20 Abs. 1 Nr. 6 EStG. Im Fall des nicht begünstigten entgeltlichen Erwerbs von Versicherungsansprüchen hat der neue Versicherungsnehmer die gesamten Versicherungserträge aus den Sparanteilen im Rahmen der Einkünfte aus Kapitalvermögen zu versteuern. 6

3. Abzugsberechtigter

Sonderausgaben kann derjenige geltend machen, der sie als Versicherungsnehmer aufgewendet hat (BFH vom 8. März 1995, BStBl. II S. 637). Es ist ohne Bedeutung, wer der Versicherte ist oder wem die Versicherungssumme oder eine andere Leistung später zufließt (BFH vom 20. November 1952, BStBl. 1953 III S. 36). 7

4. Vertragsabschluss

Der Versicherungsvertrag kommt in dem Zeitpunkt zustande, in dem die Annahmeerklärung des Versicherers dem Versicherungsnehmer zugeht. Auf eine ausdrückliche Annahmeerklärung kann jedoch verzichtet werden, wenn sie nach der Verkehrssitte nicht zu erwarten ist oder der Antragende auf sie verzichtet hat (§ 151 BGB). Bei Lebensversicherungsverträgen kann aufgrund der regelmäßig erforderlichen Risikoprüfung davon ausgegangen werden, dass eine ausdrückliche Annahmeerklärung erfolgt. Unter dem Zeitpunkt des Vertragsabschlusses ist für die steuerliche Beurteilung grundsätzlich das Datum der Ausstellung des Versicherungsscheines zu verstehen. 8

Für den Beginn der Mindestvertragsdauer, der Sperrfrist und der Beitragszahlungsdauer bestehen aus Vereinfachungsgründen keine Bedenken, als Zeitpunkt des Vertragsabschlusses den im Versicherungsschein bezeichneten Tag des Versicherungsbeginns gelten zu lassen, wenn innerhalb von drei Monaten nach diesem Tag der Versicherungsschein ausgestellt und der erste Beitrag gezahlt wird; ist die Frist von drei Monaten überschritten, tritt an die Stelle des im Versicherungsschein bezeichneten Tages des Versicherungsbeginns der Tag der Zahlung des ersten Beitrages. 9

In Fällen der Rückdatierung des technischen Versicherungsbeginns gilt – abweichend von Rdnr. 9 – für nach dem 16. März 1990 und vor dem 1. Januar 1991 abgeschlossene Versicherungsverträge als Tag des Versicherungsbeginns der Tag, auf den der Versicherungsvertrag rückdatiert ist, wenn die Rückdatierung nicht auf einen Tag vor dem 1. Januar 1990 erfolgt ist und die nachentrichteten Beiträge den anteiligen Jahresbeitrag nicht überstiegen haben, der auf die Zeit vom rückdatierten Versicherungsbeginn bis zum Vertragsabschluss entfällt. 10

5. Beiträge

a) Allgemeines

Versicherungsbeiträge sind die vom Steuerpflichtigen aufgrund des Versicherungsvertrages erbrachten Geldleistungen. Hierzu gehören auch die Ausfertigungsgebühr, Abschlussgebühr und die Versicherungsteuer. 11

Die Versicherung muss grundsätzlich gegen laufende Beitragsleistungen vereinbart worden sein, die vorliegen, wenn die tatsächliche Beitragszahlungsdauer der Laufzeit des Versicherungsvertrages entspricht. Es ist jedoch nicht zu beanstanden, wenn die Beitragszahlungsdauer kürzer ist als die Vertragsdauer. Die laufende Beitragsleistung darf aber wirtschaftlich nicht einem Einmalbeitrag gleichkommen. Dies ist dann nicht der Fall, wenn nach dem Vertrag eine laufende Beitragsleistung für mindestens fünf Jahre ab dem Zeitpunkt des Vertragsabschlusses – vgl. Rdnr. 8 ff. – vereinbart ist. Laufende Beitragsleistungen können auch in unregelmäßigen Zeitabständen und in unregelmäßiger Höhe erfolgen, wobei jedoch die einzelnen Beitragsleistungen grundsätzlich in einem wirtschaftlich ausgewogenen Verhältnis zueinander stehen müssen. 12

Als Zeitpunkt der Beitragszahlung gilt in der Regel: 13
– bei Überweisungen der Tag, an dem der Überweisungsauftrag der Bank zugegangen ist, soweit zu diesem Zeitpunkt auf dem Konto eine genügende Deckung besteht,

---

1) Siehe Anlage § 010-02.

Anlage § 010–05

Zu § 10 EStG

- bei Zahlung durch gedeckten Scheck der Tag der Hingabe oder Absendung des Schecks,
- bei Lastschriftverfahren der Zeitpunkt der Fälligkeit, wenn dem Versicherungsunternehmen zu diesem Zeitpunkt die Abbuchungsermächtigung vorliegt und das Konto des Versicherungsnehmers ausreichende Deckung aufweist.

b) Rückdatierung

14 Wird bei Abschluss eines Vertrages der technische Versicherungsbeginn zurückdatiert, handelt es sich bei den auf die Zeit der Rückdatierung entfallenden Beiträgen um Einmalbeiträge mit der Folge, dass sie weder als Sonderausgaben abgezogen werden können noch die darauf entfallenden Erträge nach § 20 Abs. 1 Nr. 6 EStG steuerfrei sind. Dies gilt auch bei Ratenzahlung der Beiträge. In diesen Fällen können hingegen Beiträge, die für die Zeit ab Vertragsabschluss – vgl. Rdnr. 8 ff. – bei Einhaltung der Mindestvertragsdauer/Sperrfrist von zwölf Jahren mindestens 5 Jahre laufend gezahlt werden, unter den Voraussetzungen des § 10 Abs. 1 Nr. 2 Buchstabe b EStG als Sonderausgaben abgezogen werden. § 20 Abs. 1 Nr. 6 Satz 2 EStG ist anwendbar.

c) Vorauszahlungen

15 Vor Abschluss des Versicherungsvertrages geleistete Vorauszahlungen sind keine Beiträge zu einer Versicherung, wenn der Versicherungsvertrag erst in einem späteren Veranlagungszeitraum abgeschlossen wird. Werden Vorauszahlungen nach Abschluss des Versicherungsvertrages auf einem so genannten Prämiendepot bei dem betreffenden Versicherungsunternehmen angelegt, so handelt es sich um zur Beitragszahlung verwendete Versicherungsbeiträge erst in dem Veranlagungszeitraum, indem das Versicherungsunternehmen Gelder dem Konto entnimmt und als Beitragszahlung verbucht. Die Erträge aus diesem so genannten Prämiendepot gehören in der Regel zu den Einnahmen im Sinne des § 20 Abs. 1 Nr. 7 EStG.

d) Beitragsminderungen

16 Überschussanteile, die bei Versicherungen auf den Erlebens- oder Todesfall vom Versicherer ausgezahlt oder gutgeschrieben werden, mindern im Jahr der Auszahlung oder Gutschrift die als Sonderausgaben abziehbaren Beiträge (BFH vom 20. und 27. Februar 1970, BStBl. II S. 314 und 422).Das gilt nicht, soweit die Überschussanteile zur Abkürzung der Versicherungsdauer bzw. der Dauer der Beitragszahlung oder zur Erhöhung der Versicherungssumme (Summenzuwachs) verwendet werden oder nach § 20 Abs. 1 Nr. 6 EStG zu den Einkünften aus Kapitalvermögen gehören. Die Erhöhung der Versicherungssumme steht die verzinsliche Ansammlung der Überschussanteile gleich, wenn sie nach den Vertragsbestimmungen erst bei Fälligkeit der Hauptversicherungssumme ausgezahlt werden. Zur Beitragsminderung durch nachträglich vereinbarte Vertragsänderungen vgl. Rdnr. 39 ff.

e) Beitragserhöhungen

17 Beitragserhöhungen, die sich nach einem bei Vertragsabschluss vereinbarten Maßstab bemessen und nicht als Gestaltungsmissbrauch (§ 42 AO) anzusehen sind, haben auf die steuerliche Behandlung der Beiträge und Zinsen keine Auswirkung. Zur Beitragserhöhung durch nachträglich vereinbarte Vertragsänderungen vgl. Rdnr. 39 ff.

6. Mindestvertragsdauer/Sperrfrist

a) Allgemeines

18 Grundsätzlich müssen die vertraglich vereinbarte Sperrfrist für die Ausübung des Kapitalwahlrechts bei einer Rentenversicherung und die Vertragslaufzeit bei Kapitallebensversicherungen mindestens zwölf Jahre betragen. Für die Fristberechnung ist auf den Zeitpunkt des Vertragsabschlusses – vgl. Rdnr. 8 ff. – abzustellen; es gelten gemäß §108 AO die §§ 187 Abs. 1, 188 Abs. 2 BGB.

19 Bei Steuerpflichtigen, die am 31. Dezember 1990 einen Wohnsitz oder ihren gewöhnlichen Aufenthalt in dem in Artikel 3 des Einigungsvertrages genannten Gebiet und vor dem 1. Januar 1991 keinen Wohnsitz oder gewöhnlichen Aufenthalt im bisherigen Geltungsbereich des EStG hatten, wird die Mindestvertragsdauer altersabhängig stufenweise herabgesetzt. Sie verkürzt sich bei einem Steuerpflichtigen, der zur Zeit des Vertragsabschlusses das 47. Lebensjahr vollendet hat, um die Zahl der angefangenen Lebensjahre, um die er älter als 47 Jahre ist, höchstens jedoch auf sechs Jahre. Diese Ausnahmeregelung gilt für Versicherungsverträge, die nach dem 31. Dezember 1990 und vor dem 1. Januar 1997 abgeschlossen worden sind.

20 Aus Billigkeitsgründen bestehen keine Bedenken, Versicherungen mit vorgezogener Leistung bei bestimmten schweren Erkrankungen (so genannte Dread-Disease-Versicherungen) als Lebensversicherungen im Sinne des § 10 Abs. 1 Nr. 2 Buchstabe b EStG anzuerkennen, wenn sie einen ausreichenden Mindesttodesfallschutz – vgl. Rdnr. 23 ff. – enthalten und der Versicherungsfall auf die folgenden Er-

Zu § 10 EStG   **Anlage § 010–05**

krankungen beschränkt ist, die gegenüber der Versicherung durch ein ärztliches Zeugnis nachzuweisen sind: Herzinfakrt, Bypass-Operation, Krebs, Schlaganfall, Nierenversagen, Aids und Multiple Sklerose.

b) Mindestvertragsdauer

Zum Beginn der Mindestvertragsdauer vgl. Rdnr. 8 ff. Die Mindestvertragsdauer ist nur dann erfüllt, wenn der Versicherer – abgesehen von dem jederzeit gegebenen Todesfallrisiko – seine Leistungen auf den Erlebensfall weder ganz noch teilweise vor Ablauf einer Versicherungsdauer von zwölf Jahren zu erbringen verpflichtet ist. Rdnr. 19 ist zu beachten. Beiträge zu Lebensversicherungen mit früheren Teilleistungen auf den Erlebensfall sind auch nicht teilweise als Sonderausgaben abziehbar (BFH-Urteil vom 27. Oktober 1987, BStBl. 1988 II S. 132); die in den Versicherungsleistungen enthaltenen Erträge gehören insgesamt zu den Einkünften im Sinne des § 20 Abs. 1 Nr. 6 EStG. 21

c) Sperrfrist

Zum Beginn der Sperrfrist vgl. Rdnr.8 ff. Die Ausübung des Kapitalwahlrechts vor Ablauf von zwölf Jahren seit Vertragsabschluss muss bei allen ab dem 1. Oktober 1996 abgeschlossenen Verträgen vertraglich ausgeschlossen sein. Bei Versicherungen, deren vereinbarte Rentenzahlung frühestens zwölf Jahre nach Vertragsschluss beginnt, bestehen jedoch keine Bedenken, wenn nach dem Vertrag das Kapitalwahlrecht frühestens fünf Monate vor Beginn der Rentenzahlung ausgeübt werden kann. 22

7. Mindesttodesfallschutz

a) Allgemeines

Kapitalbildende Lebensversicherungen, die nach dem 31. März 1996 abgeschlossen worden sind, sind nach § 10 Abs. 1 Nr. 2 Buchstabe b Doppelbuchstabe dd und § 20 Abs. 1 Nr. 6 Satz 2 EStG nur begünstigt, wenn der Todesfallschutz während der gesamten Laufzeit des Versicherungsvertrages mindestens 60 v. H. der Summe der nach dem Versicherungsvertrag für die gesamte Vertragsdauer zu zahlenden Beiträge beträgt; sind weitere Risiken mitversichert, bleiben nur die Beitragsanteile für Berufs- und Erwerbsunfähigkeit bzw. Erwerbsminderung und Pflege außer Betracht. Den Nachweis für die Einhaltung des Mindesttodesfallschutzes hat der Steuerpflichtige bei Abschluss des Versicherungsvertrages und bei Beitragsänderungen durch gesonderten Ausweis des Versicherers zu erbringen. Den Nachweis hat der Steuerpflichtige seiner Steuererklärung beizufügen. Wird im Rahmen eines vor dem 1. April 1996 abgeschlossenen Versicherungsvertrags ein mitversichertes Zusatzrisiko gekündigt, wird dadurch keine Anpassung an den o. g. Mindesttodesfallschutz erforderlich. 23

b) Beitragszahlungen in variabler Höhe/dynamische Beitragszahlung

Bei Beitragszahlungen in variabler Höhe, die sich nach einem bei Vertragsbeginn vereinbarten Maßstab bemisst, z. B. Umsatz, Gewinn, Dividendenzahlung, ist der im ersten Versicherungsjahr zu zahlende Beitrag und in den Folgejahren der Durchschnitt aller vorher fälligen Beiträge maßgebend. 24

Bei dynamischen Tarifen ist zu unterscheiden zwischen solchen, bei denen von vornherein Beitragserhöhungen zur Erhöhung der Erlebens- und Todesfallleistung fest vereinbart werden, und solchen, bei denen der Versicherungsnehmer zwar das Recht auf Erhöhung des Beitrags hat, eine Verpflichtung zur Beitragserhöhung aber nicht besteht. Für die Unterscheidung sind die im Versicherungsvertrag enthaltenen Vereinbarungen maßgebend. 25

Beitragserhöhungen, die von vornherein vereinbart werden, sind bei der Bestimmung des Mindesttodesfallschutzes zu berücksichtigen. Künftige Beitragserhöhungen sind dagegen erst dann zu berücksichtigen, wenn die Erhöhung wirksam wird. 26

c) Versicherungen mit identischer Todesfall- und Erlebebensfallsumme

Bei Versicherungen, bei denen die Todesfallsumme mindestens der Erlebensfallsumme entspricht, ist die Festlegung eines Mindesttodesfallschutzes nicht erforderlich. 27

d) Versicherungen mit gestaffelter Todesfallleistung oder mit Leistungsausschluss bei Tod zu Vertragsbeginn

Bei Versicherungen, bei denen der Todesfallschutz erst nach Ablauf einer Wartefrist einsetzt oder stufenweise ansteigt, ist das Erfordernis des Mindesttodesfallschutzes erfüllt, wenn der Todesfallschutz spätestens drei Jahre nach Vertragsabschluss mindestens 60 v. H. der Beitragssumme nach Rdnr. 23 beträgt. 28

e) Kapitallebensversicherungen mit mehreren Erlebensfallzahlungen während der Versicherungsauer

Der Mindesttodesfallschutz ist mit 60 v. H. der Summe der nach dem Versicherungsvertrag für die gesamte Versicherungsdauer zu zahlenden Beiträge zu ermitteln; Rdnr. 23 und 24 sind zu beachten. Nach 29 jeder Teilauszahlung ermäßigt sich der Mindesttodesfallschutz in dem Verhältnis, in dem die Teilauszahlungssumme zur ursprünglichen Gesamt-Erlebensfallsumme steht.

f) Behandlung von Rentenversicherungen mit Kapitalwahlrecht (§ 10 Abs. 1 Nr. 2 Buchstabe b Doppelbuchstabe cc EStG)

30 Rentenversicherungen mit Kapitalwahlrecht enthalten regelmäßig keinen Todesfallschutz. Da das Risiko bei dieser Versicherungsvariante in der Rentenzahlung liegt, ist die Einhaltung eines Mindesttodesfallschutzes nicht erforderlich, auch dann nicht, wenn von der Möglichkeit des Kapitalwahlrechts Gebrauch gemacht werden kann. Allerdings darf das Kapitalwahlrecht nicht vor Ablauf von zwölf Jahren seit Vertragsabschluss ausgeübt werden – vgl. Rdnr. 22 – Die bloße Rückzahlung von gezahlten Beiträgen zuzüglich gutgeschriebener Gewinnanteile im Todesfall ist nicht als versicherter Todesfallschutz anzusehen; das gilt auch für Rentenleistungen im Todesfall, z. B. an Hinterbliebene, weil in diesen Fällen ein Langlebigkeitsrisiko vorhanden ist. In Fällen, in denen zusätzlich ein Todesfallschutz vereinbart ist, muss insoweit der Mindesttodesfallschutz nach Rdnr. 23 gewahrt sein.

g) Fondsgebundene Lebensversicherungen und Direktversicherungen

31 Die vorstehenden Grundsätze zur Ermittlung des Mindesttodesfallschutzes gelten auch für fondsgebundene Lebensversicherungen im Sinne des § 20 Abs. 1 Nr. 6 Satz 5 EStG sowie für nach dem 31. Dezember 1996 abgeschlossene Direktversicherungen.

8. Veräußerung der Versicherung

32 Veräußert der Versicherungsnehmer Ansprüche aus einem Lebensversicherungsvertrag, findet eine Nachversteuerung der von ihm als Sonderausgaben abgezogenen Versicherungsbeiträge nicht statt. Der Überschuss des Veräußerungserlöses über die eingezahlten Versicherungsbeiträge ist nicht steuerpflichtig.

II. Vertragsmerkmale

33 Bei Kapitalversicherungen gegen laufende Beitragsleistung mit Sparanteil sind nach dem Urteil des BFH vom 9. Mai 1974 (BStBl. II S. 633) im Wesentlichen vier Bestandteile für den Versicherungsvertrag maßgeblich, die weitgehend von der versicherten Person abhängen:
– Versicherungslaufzeit (VLZ)
– Versicherungssumme (VS)
– Versicherungsbeitrag (B)
– Beitragszahlungsdauer (BZD)

Die Änderung eines Vertragsmerkmals führt nach Auffassung des BFH im Grundsatz steuerrechtlich zum Abschluss eines neuen Vertrages.

Bei unentgeltlichem Eintritt in eine im Übrigen unveränderte Lebensversicherung, z. B. bloßer Wechsel des Versicherungsnehmers bei Eintritt eines Kindes in den Vertrag eines Elternteils, handelt es sich nicht um eine steuerrechtlich relevante Vertragsänderung. Zu entgeltlichem Erwerb vgl. Rdnr. 4.

III. Keine Vertragsänderung

34 Beim Ausscheiden aus einem Gruppenversicherungsvertrag unter Fortsetzung der Versicherung als Einzelversicherung liegt keine Vertragsänderung vor, wenn das Leistungsversprechen des Versicherungsunternehmens (Kapitalleistung oder Rentenleistung) weder seinem Inhalt noch seiner Höhe nach verändert wird. Dies gilt auch für die Übernahme einer Einzelversicherung in einen Gruppen- oder Sammelversicherungsvertrag.

35 Zur Fortsetzung der ursprünglichen Direktversicherung bei einem anderen Versicherungsunternehmen haben die Versicherer ein „Abkommen zur Übertragung von Direktversicherungen bei Arbeitgeberwechsel" beschlossen (Bundesanzeiger vom 31. Oktober 1981 und vom 21.März 2002). Darin wird die Vertragsänderung im Einvernehmen aller Beteiligten (versicherter Arbeitnehmer, alter und neuer Arbeitgeber sowie altes und neues Versicherungsunternehmen) in der Weise festgelegt, dass die ursprünglich vom alten Arbeitgeber abgeschlossene Direktversicherung im Rahmen eines vom neuen Arbeitgeber abgeschlossenen Gruppen- oder Sammelversicherungsvertrages „fortgesetzt" wird. Voraussetzung für die Fortsetzung ist, dass jedes Mal, wenn auf Grund des Arbeitgeberwechsels eines Arbeitnehmers ein Lebensversicherungsunternehmen Deckungskapital von einem anderen Lebensversicherungsunternehmen übernimmt, in der betreffenden Urkunde über die fortgesetzte Lebensversicherung vermerkt wird, in welcher Höhe es sich um eine Fortsetzung der ursprünglichen Lebensversicherung mit gleichwertigen Leistungen handelt und wann und über welche Gesamtdauer mit welchen Versicherungsleistungen bestehende Lebensversicherungen übernommen werden. Soweit der alte Vertrag unverändert übernommen wird, ist keine Vertragsänderung anzunehmen, so dass anlässlich der

Übertragung mangels Zuflusses auch keine Zinsen im Sinne des § 20 Abs. 1 Nr. 6 EStG zu versteuern sind.[1)]

IV. Steuerrechtliche Bedeutung von Vertragsänderungen

1. Bei Vertragsabschluss vereinbarte künftige Vertragsänderungen

Steuerliche relevante Vertragsänderungen liegen vorbehaltlich der Rdnr. 38 nicht vor, wenn die Vertragsanpassungen bereits bei Vertragsabschluss vereinbart worden sind. Eine steuerlich relevante Vertragsänderung liegt ebenfalls nicht vor, wenn dem Versicherungsnehmer bei Vertragsabschluss folgende Optionen zur Änderung des Vertrages eingeräumt werden: 36

– Kapitalwahlrecht im Sinne des § 10 Abs. 1 Nr. 2 Buchstabe b Doppelbuchstabe cc EStG,
– Zuzahlungen zur Abkürzung der Vertragslaufzeit bei gleichbleibender Versicherungssumme, wenn
  a) die Zuzahlung frühestens nach Ablauf von fünf Jahren nach Vertragsabschluss erfolgt,
  b) die Restlaufzeit des Vertrages nach der letzten Zuzahlung mindestens fünf Jahre beträgt,
  c) die Zuzahlungen im Kalenderjahr nicht mehr als 10 v. H. und während der gesamten vereinbarten Vertragslaufzeit insgesamt nicht mehr als 20 v. H. der Versicherungssumme betragen sowie
  d) die im Zeitpunkt des Vertragsabschlusses geltende Mindestvertragsdauer nach § 10 Abs. 1 Nr. 2 Buchstabe b Doppelbuchstaben cc und dd EStG gewahrt wird.

In allen anderen Fällen, in denen dem Versicherungsnehmer bei Vertragsabschluss lediglich eine Option zu einer Änderung des Vertrags eingeräumt wird, liegt bei Ausübung des Optionsrechtes eine steuerlich relevante Vertragsänderung vor. Dies gilt nicht, wenn das Optionsrecht vor Veröffentlichung dieses Schreibens im Bundessteuerblatt Teil I ausgeübt worden ist.

Bei einem Wechsel der Versicherungsart erlischt, unabhängig von der Frage, ob ein entsprechendes Optionsrecht bereits bei Vertragsabschluss vereinbart worden ist oder nicht, steuerrechtlich der „alte Vertrag" und es wird steuerrechtlich vom Abschluss eines „neuen Vertrages" ausgegangen. Dabei ist für beide Verträge getrennt zu prüfen, ob die Voraussetzungen des § 10 Abs. 1 Nr. 2 Buchstabe b EStG für eine steuerliche Begünstigung erfüllt sind. Wird dabei die auf den „alten Vertrag" entfallende Versicherungsleistung ganz oder teilweise auf den „neuen Vertrag" angerechnet, so gilt auch die angerechnete Versicherungsleistung aus dem „alten Vertrag" als dem Versicherungsnehmer zugeflossen. Die aus dem „alten Vertrag" angerechnete Versicherungsleistung gilt als Beitragszahlung auf den „neuen Vertrag". Zur Umwandlung einer Kapitalversicherung in eine Rentenversicherung ohne Kapitalwahlrecht oder in einen Vertrag i. S. des Altersvorsorgeverträge-Zertifizierungsgesetzes vgl. Rdnr. 58. 37

Ist nach Rdnr. 36 steuerlich nicht von einer Vertragsänderung auszugehen, so ist trotzdem zu prüfen, ob nicht ein Missbrauch von Gestaltungsmöglichkeiten des Rechts (§ 42 AO) zur Umgehung der Steuerpflicht vorliegt. Ein Gestaltungsmissbrauch liegt z. B. nicht vor bei Beitragserhöhungen zur angemessenen Dynamisierung der Alters- und Hinterbliebenenversorgung, wenn ein für die gesamte Vertragsdauer gleich bleibendes Kriterium vereinbart ist, z. B. ein fester Vomhundertsatz oder eine Erhöhung entsprechend der Beitragserhöhung in der gesetzlichen Rentenversicherung oder dem durchschnittlichen Bruttoarbeitsentgelt aller Versicherten der gesetzlichen Rentenversicherung. Unschädlich sind dann Beitragserhöhungen auch in den letzten Jahren der Mindestvertragsdauer sowie gelegentliche Unterbrechungen, sofern die einzelne Unterbrechung nicht länger als zwei Jahre dauert und soweit keine Nachholung der unterlassenen Beitragserhöhungen erfolgt. 38

2. Nachträglich vereinbarte Vertragsänderungen

Bei der Änderung eines oder mehrerer wesentlicher Bestandteile des Versicherungsvertrages ist grundsätzlich vom Fortbestand des „alten Vertrages" und nur hinsichtlich der Änderung von einem „neuen Vertrag" auszugehen. 39

a) Verminderung wesentlicher Vertragsbestandteile

Werden ausschließlich wesentliche Vertragsbestandteile vermindert bzw. gesenkt (z. B. Verkürzung der Laufzeit oder der Beitragszahlungsdauer, niedrigere Beitragszahlungen oder Versicherungssumme), so gilt steuerrechtlich der geänderte Vertrag als „alter Vertrag", der unverändert fortgeführt wird. Der „alte Vertrag" ist steuerlich begünstigt, wenn er die dafür erforderlichen Voraussetzungen erfüllt. Dabei ist auf die gesetzlichen Bestimmungen im Zeitpunkt des ursprünglichen Vertragsabschlusses – vgl. Rdnr. 8 ff. – abzustellen, da der „alte Vertrag" fortgeführt wird. 40

---

1) Dies gilt entsprechend für das neue „Abkommen zur Übertragung von Direktversicherungen oder Versicherungen in eine Pensionskasse bei Arbeitgeberwechsel (vgl. Vfg Bayer. Landesamt für Steuern vom 5.9.2007, DB 2007 S. 2062).

Anlage § 010–05

Zu § 10 EStG

b) Erhöhung wesentlicher Vertragsbestandteile

41 Werden ausschließlich wesentliche Vertragsbestandteile verlängert bzw. erhöht (z. B. Verlängerung der Laufzeit oder der Beitragszahlungsdauer, höhere Beitragszahlungen oder Versicherungssumme), läuft steuerrechtlich der „alte Vertrag" im Rahmen der ursprünglichen Vertragsbedingungen unverändert weiter; der „alte Vertrag" ist steuerlich begünstigt, wenn er die dafür erforderlichen Voraussetzungen erfüllt. Dabei ist auf die gesetzlichen Bestimmungen im Zeitpunkt des ursprünglichen Vertragsabschlusses – vgl. Rdnr. 8 ff. – abzustellen. Nur die auf die verlängerten bzw. erhöhten Komponenten entfallenden Vertragsbestandteile sind steuerlich als gesonderter „neuer Vertrag" zu behandeln. Der „neue Vertrag" ist begünstigt, wenn er die im Zeitpunkt des Abschlusses des Änderungsvertrages geltenden gesetzlichen Bestimmungen erfüllt.

c) Verminderung und gleichzeitige Erhöhung wesentlicher Vertragsbestandteile

42 Werden sowohl ein oder mehrere wesentliche Vertragsbestandteile vermindert bzw. gesenkt und ein oder mehrere wesentliche Vertragsbestandteile verlängert bzw. erhöht, ist steuerrechtlich nur hinsichtlich der erhöhten Vertragsbestandteile von einem „neuen Vertrag" auszugehen; bzgl. der gleich gebliebenen und verminderten bzw. gesenkten Vertragsbestandteile wird der bisherige Vertrag steuerlich unverändert fortgeführt. Die Begünstigung des „alten Vertrags" und des „neuen Vertrags" richtet sich nach den Grundsätzen der Rdnr. 40 und 41.

d) Beispiele zu den einzelnen Vertragsänderungen

43 Wird bei einem bestehenden Vertrag nur die Versicherungslaufzeit oder nur die Beitragszahlungsdauer verringert oder werden nur die Beiträge gesenkt, so sinkt die Versicherungssumme. Entsprechendes gilt, wenn die vorgenannten Komponenten in Kombination miteinander (Versicherungslaufzeit und Beitragszahlungsdauer werden verringert, Beiträge bleiben unverändert; Versicherungslaufzeit bleibt unverändert, Beitragszahlungsdauer sowie Beiträge werden verringert bzw. gesenkt; Versicherungslaufzeit und Versicherungsbeiträge werden verringert bzw. gesenkt, die Beitragszahlungsdauer bleibt unverändert) verringert bzw. gesenkt werden. Der geänderte Vertrag gilt als „alter Vertrag", der unverändert fortgeführt wird. Beiträge und Zinsen sind steuerlich begünstigt, wenn der „alte Vertrag" die allgemeinen Voraussetzungen für die Begünstigung erfüllt.

Beispiel 1:

Ursprünglicher Vertrag: VLZ 20 Jahre/BZD 15 Jahre/B 50 Euro/VS 12 500 Euro

Änderung im Jahre 10: VLZ 15 Jahre/BZD 10 Jahre/B 50 Euro/VS 7 500 Euro

Beispiel 2:

Ursprünglicher Vertrag: VLZ 20 Jahre/BZD 20 Jahre/B 50 Euro/VS 15 000 Euro

Änderung im Jahre 10: VLZ 20 Jahre/BZD 20 Jahre/B 25 Euro/VS 10 000 Euro

Die geänderten Verträge gelten als „alte Verträge", die weiterhin steuerlich begünstigt sind.

44 Wird die Versicherungslaufzeit nicht verlängert, die Beitragszahlungsdauer verringert und gleichzeitig die Beiträge erhöht, so kann je nach vertraglicher Ausgestaltung die Versicherungssumme sinken, gleich bleiben oder sich erhöhen. Erhöht sich die Versicherungssumme nicht, gelten die geminderten Bestandteile als „alter Vertrag", der bei Vorliegen der allgemeinen Voraussetzungen steuerlich begünstigt ist. Die steuerliche Behandlung der auf die Erhöhung entfallenden Beiträge und Zinsen ist gesondert zu prüfen.

Beispiel 3:

Ursprünglicher Vertrag: VLZ 20 Jahre/BZD 20 Jahre/B 50 Euro/VS 15 000 Euro

Änderung im Jahre 10: VLZ 15 Jahre/BZD 15 Jahre/B 100 Euro/VS 12 500 Euro

Die geminderten Bestandteile gelten als „alter Vertrag", der weiterhin steuerlich begünstigt ist.

Die auf die Beitragserhöhung entfallenden Vertragsbestandteile gelten als „neuer Vertrag", der jedoch steuerlich nicht begünstigt ist, da die Laufzeit des „neuer Vertrags" nicht mindestens zwölf Jahre beträgt.

45 Steigt im Falle der Rdnr. 44 die Versicherungssumme, so gilt der auf die Erhöhung der Beiträge und der Versicherungssumme entfallende Vertragsteil als „neuer Vertrag".

Beispiel 4:

Ursprünglicher Vertrag: VLZ 20 Jahre/BZD 15 Jahre/B 50 Euro/VS 12 500 Euro

Änderung im Jahre 5: VLZ 15 Jahre/BZD 10 Jahre/B 250 Euro/VS 25 000 Euro

Die geminderten Bestandteile gelten als „alter Vertrag", der weiterhin steuerlich begünstigt ist.

Zu § 10 EStG

Anlage § 010–05

Die auf die Beitragserhöhung, insbesondere auf die erhöhte Versicherungssumme, entfallenden Vertragsbestandteile gelten als „neuer Vertrag", der steuerlich nicht begünstigt ist, da die Laufzeit nicht mindestens zwölf Jahre beträgt.

Wird die Versicherungslaufzeit verkürzt, die Beitragszahlungsdauer und die Versicherungssumme bleiben aber gleich, während die Beiträge erhöht werden, gelten die geminderten und gleich gebliebenen Bestandteile sowie die ursprünglich vereinbarten Beiträge als „alter Vertrag". Die auf die Beitragserhöhung entfallenden Vertragsbestandteile gelten als „neuer Vertrag, der gesondert zu prüfen ist. 46

Beispiel 5:

Ursprünglicher Vertrag: VLZ 20 Jahre/BZD 15 Jahre/B 50 Euro/VS 12 500 Euro

Änderung im Jahre 10: VLZ 15 Jahre/BZD 15 Jahre/B 75 Euro/VS 12 500 Euro

Die unveränderten bzw. geminderten Vertragsbestandteile gelten als „alter Vertrag", der weiterhin steuerlich begünstigt ist.

Die auf die Beitragserhöhung entfallenden Vertragsbestandteile gelten als „neuer Vertrag". Da die Versicherungslaufzeit für den „neuen Vertrag" nicht mindestens zwölf Jahre beträgt, sind Beiträge in Höhe von 25 Euro und die darauf entfallenden Zinsen nicht begünstigt.

Werden die Versicherungslaufzeit verkürzt oder nicht verlängert und die Beiträge abgesenkt oder nicht erhöht, jedoch die Beitragszahlungsdauer verlängert, so kann sich je nach vertraglicher Ausgestaltung die Versicherungssumme erhöhen, vermindern oder gleich bleiben. Die auf die Verlängerung der Beitragszahlungsdauer entfallenden Vertragsbestandteile gelten als „neuer Vertrag", der gesondert zu prüfen ist. 47

Beispiel 6:

Ursprünglicher Vertrag: VLZ 30 Jahre/BZD 10 Jahre/B 50 Euro/VS 12 500 Euro

Änderung im Jahre 10: VLZ 30 Jahre/BZD 15 Jahre/B 50 Euro/VS 15 000 Euro

Die unveränderten Vertragsbestandteile gelten als „alter Vertrag", der weiterhin steuerlich begünstigt ist.

Die auf die Verlängerung der Beitragszahlungsdauer entfallenden Vertragsbestandteile gelten als „neuer Vertrag". Die auf den Zeitraum der Verlängerung der Beitragszahlungsdauer entfallenden Beiträge und die damit zusammenhängenden Zinsen sind steuerlich begünstigt, da die Vertragslaufzeit für diesen „neuen Vertrag" nach der Änderung noch mindestens zwölf Jahre beträgt und es sich bei den Beiträgen um laufende Beitragsleistungen handelt.

Wird die Versicherungslaufzeit nicht verlängert, Beitragszahlungsdauer, Beiträge und Versicherungssumme jedoch erhöht, so ist hinsichtlich der auf die Erhöhung entfallenden Vertragsbestandteile ein „neuer Vertrag" anzunehmen. Die entsprechenden Beitrags- und Zinsanteile sind steuerlich begünstigt, wenn dieser „neue Vertrag" die Kriterien für eine steuerliche Anerkennung erfüllt. Die nicht auf die Erhöhung entfallenden Beitragsanteile sind begünstigt, wenn der verbleibende „alte Vertrag" die Kriterien für die steuerliche Anerkennung erfüllt. 48

Beispiel 7:

Ursprünglicher Vertrag: VLZ 30 Jahre/BZD 10 Jahre/B 50 Euro/VS 10 000 Euro

Änderung im Jahre 11: VLZ 30 Jahre/BZD 20 Jahre/B 50 Euro/VS 22 500 Euro

Die unveränderten Vertragsbestandteile gelten als „alter Vertrag", der weiterhin steuerlich begünstigt ist.

Die auf die Verlängerung der Beitragszahlungsdauer und die Erhöhung der Beiträge entfallenden Bestandteile gelten als „neuer Vertrag". Die auf den Zeitraum der Verlängerung der Beitragszahlungsdauer entfallenden Beiträge und die erhöhten Beiträge sind steuerlich begünstigt, da die Vertragslaufzeit für diesen „neuen Vertrag" nach der Änderung noch mindestens zwölf Jahre beträgt und es sich bei den Beiträgen um laufende Beitragsleistungen handelt.

Wird die Versicherungslaufzeit verlängert, Beitragszahlungsdauer, und Beiträge unverändert beibehalten, so wird sich auch die Versicherungssumme erhöhen. Der Vertrag gilt hinsichtlich der erhöhten Vertragsbestandteile als „neuer Vertrag", der gesondert auf die Möglichkeit einer steuerlichen Begünstigung zu prüfen ist. 49

Beispiel 8:

Ursprünglicher Vertrag: VLZ 20 Jahre/BZD 20 Jahre/B 50 Euro/VS 12 500 Euro

Änderung im Jahre 15: VLZ 25 Jahre/BZD 20 Jahre/B 75 Euro/VS 15 000 Euro

Anlage § 010–05 Zu § 10 EStG

Die unveränderten Vertragsbestandteile gelten als „alter Vertrag", der weiterhin steuerlich begünstigt ist. Demzufolge können die bis zum Jahr 20 gezahlten Beiträge als Sonderausgaben geltend gemacht werden, die damit zusammenhängenden Zinsen sind steuerlich begünstigt.

Die auf die Verlängerung der Laufzeit und die Erhöhung der Versicherungssumme entfallenden Vertragsbestandteile gelten als „neuer Vertrag", der steuerlich nicht begünstigt ist, da die Mindestvertragsdauer von zwölf Jahren nicht erfüllt ist. Zu den nicht begünstigen Zinsen gehören auch die im Vertragsverlängerungszeitraum anfallenden Zinsen aus dem in der ursprünglichen Versicherungslaufzeit („alter Vertrag") angesammelten Kapital.

50 Wird die Versicherungslaufzeit verlängert und die Versicherungssumme erhöht, so ist hinsichtlich der erhöhten Vertragsbestandteile von einem „neuen Vertrag" auszugehen. Dies ist gleichermaßen, wenn die Beiträge erhöht und die Beitragszahlungsdauer verlängert werden. Wird die Versicherungslaufzeit verlängert und die Versicherungssumme nicht erhöht," so handelt es sich bei der Verlängerung der Versicherungslaufzeit um einen „neuen Vertrag", der nach den allgemeinen Kriterien zu prüfen ist.

Beispiel 9:

Ursprünglicher Vertrag: VLZ 20 Jahre/BZD 20 Jahre/B 50 Euro/VS 15 000 Euro

Änderung im Jahre 10: VLZ 25 Jahre/BZD 25 Jahre/B 25 Euro/VS 15 000 Euro

Die unveränderten bzw. geminderten Vertragsbestandteile gelten als „alter Vertrag", der weiterhin steuerlich begünstigt ist.

Die auf die Verlängerung der Vertragslaufzeit und er Beitragszahlungsdauer entfallenden Vertragsbestandteile gelten als „neuer Vertrag", der steuerlich begünstigt ist, da die Vertragslaufzeit für diesen „neuen Vertrag" nach der Änderung noch mindestens zwölf Jahre beträgt und es sich bei den Beiträgen um laufende Beitragsleistungen handelt.

3. Änderungen bei betrieblichen Lebensversicherungen

a) Strukturwandel der betrieblichen Altersversorgung

51 Arbeitgeber und andere Versorgungsträger können ihre Verpflichtungen aus Versorgungszusagen (z. B. Pensionszusagen, Zusagen auf Leistungen einer Unterstützungskasse) durch den Abschluss von Direktversicherungen auf Lebensversicherungen übertragen. Die beim bisherigen Versorgungsträger angesammelten Deckungsmittel werden in diesen Fällen häufig beim Abschluss des Versicherungsvertrages in die Direktversicherung eingebracht. Damit wird ein der bisherigen Zusage entsprechendes Versorgungsniveau des Arbeitnehmers bereits ab Beginn der Direktversicherung erreicht. Für die Frage der steuerlichen Begünstigung sind die im Zeitpunkt des Vertragsabschlusses der Direktversicherung – vgl. Rdnr. 8 ff. – geltenden gesetzlichen Bestimmungen maßgebend.

b) Arbeitnehmerwechsel

52 Arbeitgeber haben das Recht, verfallbare Direktversicherungen zu widerrufen, wenn Arbeitnehmer frühzeitig aus dem Dienstverhältnis ausscheiden. Die Deckungskapitalien solcher Direktversicherungen werden regelmäßig in neu abzuschließende Direktversicherungen zugunsten unversorgter Arbeitnehmer eingebracht. Für die Frage der steuerlichen Begünstigung sind die im Zeitpunkt des konkreten Vertragsabschlusses – vgl. Rdnr.8 ff. – geltenden gesetzlichen Bestimmungen maßgebend. Die Übertragung von Deckungskapitalien führt nicht zu einer Fortführung der ursprünglich abgeschlossenen Versicherung.

c) Arbeitsrechtliche Verpflichtungen zum Abschluss von Direktversicherungen

53 Arbeitgeber können arbeitsrechtlich verpflichtet sein, nicht oder nicht rechtzeitig abgeschlossene Direktversicherungen bereits bei Vertragsabschluss nachzufinanzieren. Diese Verpflichtung wird regelmäßig über eine Einzahlung in das Deckungskapital erfüllt. Diese Einmalzahlung hat keine Auswirkungen auf die Frage, ob die Versicherung steuerlich begünstigt ist.

V. Billigkeitsregelungen

In den folgenden Fällen werden hinsichtlich der vorgenommenen Vertragsänderungen steuerrechtlich aus Billigkeitsgründen keine nachteiligen Folgen gezogen.

1. Realteilung im Fall der Ehescheidung

54 Vertragsänderungen durch Realteilung im Falle der Ehescheidung sind steuerlich nicht zu beanstanden, wenn die Laufzeit des Versicherungsvertrages auch für den abgetrennten Teil unverändert bleibt und dem Unterhaltsberechtigten bei einer Rentenversicherung kein Kapitalwahlrecht eingeräumt wird.

Zu § 10 EStG   **Anlage § 010–05**

2. Zahlungsschwierigkeiten
a) Beitragsnachzahlung zur Wiederherstellung des ursprünglichen Versicherungsschutzes nach Zahlungs- schwierigkeiten

Wurden Versicherungsbeiträge oder die Versicherungssumme wegen Zahlungsschwierigkeiten des Versicherungsnehmers, insbesondere wegen Arbeitslosigkeit, Kurzarbeit oder Arbeitsplatzwechsel gemindert oder die Beiträge ganz oder teilweise befristet gestundet, so kann der Versicherungsnehmer innerhalb einer Frist von in der Regel zwei Jahren eine Wiederherstellung des alten Versicherungsschutzes bis zur Höhe der ursprünglich vereinbarten Versicherungssumme verlangen und die Beitragsrückstände nachentrichten. Die nachentrichteten Beiträge werden als auf Grund des ursprünglichen Vertrages geleistet angesehen. Voraussetzung ist, dass sich die Nachzahlungen in einem angemessenen Rahmen halten und die ursprüngliche Mindestvertragsdauer nicht unterschritten wird. 55

b) Verlängerung der Versicherungs- und Beitragszahlungsdauer zur Wiederherstellung des ursprünglichen Versicherungsschutzes

Konnte der Versicherungsnehmer wegen Zahlungsschwierigkeiten, insbesondere aufgrund von Arbeitslosigkeit, Kurzarbeit oder Arbeitsplatzwechsel die vereinbarten Beiträge nicht mehr aufbringen und wird in diesen Fällen zur Erhaltung des Versicherungsschutzes die Versicherungs- und Beitragszahlungsdauer verlängert, werden hieraus steuerrechtlich keine nachteiligen Folgen gezogen. 56

c) Verlegung des Beginn- und Ablauftermins

Konnte der Versicherungsnehmer wegen Zahlungsschwierigkeiten, insbesondere aufgrund von Arbeitslosigkeit, Kurzarbeit oder Arbeitsplatzwechsel die vereinbarten Beiträge nicht mehr aufbringen und nach Behebung seiner finanziellen Schwierigkeiten die fehlenden Beiträge nicht nachentrichten, so kann der Versicherungsnehmer innerhalb von in der Regel bis zu zwei Jahren eine Wiederherstellung des alten Versicherungsschutzes bis zur Höhe der ursprünglich vereinbarten Versicherungssumme verlangen. Er kann die Beitragslücke durch eine Verlegung des Beginn- und Ablauftermins schließen, wobei die Betragszahlungsdauer unverändert bleibt. Aus dieser Verlegung werden steuerrechtlich keine nachteiligen Folgen gezogen. 57

d) Fortsetzung einer während der Elternzeit beitragsfrei gestellten Lebensversicherung

Die Regelungen in Rz. 55 – 57 sind entsprechend anzuwenden, wenn eine Lebensversicherung während der Elternzeit im Sinne des Bundeselterngeld- und Elternzeitgesetzes beitragsfrei gestellt wurde und innerhalb von drei Monaten nach Beendigung der Elternzeit die Versicherung zu den vor der Umwandlung vereinbarten Bedingungen fortgeführt wird. 57a

3. Umwandlung einer Kapitallebensversicherung in eine Rentenversicherung ohne Kapitalwahlrecht oder in einen Vertrag i. S. des Altersvorsorgeverträge-Zertifizierungsgesetzes

Wird wegen einer Änderung der Familienverhältnisse (z. B. Tod von Angehörigen oder Heirat) eine Kapitallebensversicherung in eine Rentenversicherung ohne Kapitalwahlrecht umgewandelt, so werden steuerrechtlich keine nachteiligen Folgen aus dieser Umwandlung gezogen. Voraussetzung ist, dass die Versicherungslaufzeit und die Beiträge unverändert bleiben. Die Umstellung einer Kapitallebensversicherung auf eine Vertrag i. S. des Altersvorsorgeverträge-Zertifizierungsgesetzes stellt ebenfalls keine steuerschädliche Vertragsänderung dar. 58

Dieses Schreiben ersetzt die BMF-Schreiben vom

23.9.1974 – IV B 3 – S 2220 – 6/74 III –;
13.6.1977 – IV B 3 – S 2221 – 80/77 –;
23.2.1984 – IV B 4 – S 2252 – 19/84 –;
6.4.1984 – IV B 4 – S 2252 – 35/84 –;
3.6.1987 – IV B 4 – S 2252 – 58/87 –;
12.3.1990 – IV B 4 – S 2252 – 64/90 –;
20.7.1990 $\frac{\text{IV B 1} - \text{S 2221} - 115 / 90}{\text{IV B 4} - \text{S 2252} - 131 / 90}$ – BStBl. 1990 I S. 324;

7.2.1991 – IV B 1 – S 2221 – 10/91 –, BStBl. I S. 214;
22.2.1991 – IV B 1 – S 2221 – 20/91 –, BStBl. I S. 330;
26.7.1996 – IV B 1 – S 2221 – 207/96 –, BStBl. I S. 1120;
6.12.1996 – IV B 1 – S 2221 – 301/96 –, BStBl. I S. 1438;
12.9.1997 – IV B 1 – S 2221 – 172/97 –, BStBl. I S. 825;
28.2.1997 – IV B 1 – S 2221 – 29/97 –.

Anlage § 010–06 Zu § 10 EStG

Abzug von Schulgeldzahlungen als Sonderausgaben

– BdF-Schreiben vom 09.03.2009 – IV C 4 – S 2221/07/0007, 2009/0158048 (BStBl. I S. 487) –

Aufgrund der Änderungen durch das Jahressteuergesetz 2009 (JStG 2009) vom 19. Dezember 2008 (BGBl. I S. 2794 vom 24. Dezember 2008, BStBl. 2009 I S. 74) gilt in Abstimmung mit den obersten Finanzbehörden der Länder für die Berücksichtigung von Schulgeldzahlungen als Sonderausgaben nach § 10 Abs. 1 Nr. 9 EStG Folgendes:

1. **Ab dem Veranlagungszeitraum 2008** ist die Klassifizierung der Schule (z. B. als Ersatz- oder Ergänzungsschule) für die Berücksichtigung von Schulgeldzahlungen nicht mehr von Bedeutung. Vielmehr kommt es nunmehr – auch für Schulgeldzahlungen an inländische Schulen – allein auf den erreichten oder beabsichtigten Abschluss an. Führt eine in der Europäischen Union bzw. im Europäischen Wirtschaftsraum (EU-/EWR-Raum) belegene Privatschule oder eine Deutsche Schule im Ausland zu einem anerkannten Schul-, Jahrgangs- oder Berufsabschluss oder bereitet sie hierauf vor, kommt ein Sonderausgabenabzug der Schulgeldzahlungen in Betracht. Daher sind im Inland nicht nur wie bisher Entgelte an staatlich genehmigte oder nach Landesrecht erlaubte allgemein bildende und berufsbildende Ersatzschulen sowie an allgemein bildende anerkannte Ergänzungsschulen einbezogen, sondern erstmalig auch solche an andere Schulen (z. B. berufsbildende Ergänzungsschulen einschließlich der Schulen des Gesundheitswesens) und solche Einrichtungen, die auf einen Beruf oder einen allgemein bildenden Abschluss vorbereiten (s. Nr. 2). Die Prüfung und Feststellung der schulrechtlichen Kriterien obliegt allein dem zuständigen inländischen Landesministerium (z. B. dem Schul- oder Kultusministerium), der Kultusministerkonferenz der Länder oder der zuständigen inländischen Zeugnisanerkennungsstelle. Die Finanzverwaltung ist – wie bisher – an deren Entscheidung gebunden und führt keine eigenen Prüfungen durch.

2. Zu den Einrichtungen, die auf einen Schul-, Jahrgangs- oder Berufsabschluss ordnungsgemäß vorbereiten, gehören solche, die nach einem staatlich vorgegebenen, genehmigten oder beaufsichtigten Lehrplan ausbilden. Hierzu gehören auch Volkshochschulen und Einrichtungen der Weiterbildung in Bezug auf die Kurse zur Vorbereitung auf die Prüfungen für Nichtschülerinnen und Nichtschüler zum Erwerb des Haupt- oder Realschulabschlusses, der Fachhochschulreife oder des Abiturs, wenn die Kurse hinsichtlich der angebotenen Fächer sowie in Bezug auf Umfang und Niveau des Unterrichts den Anforderungen und Zielsetzungen der für die angestrebte Prüfung maßgeblichen Prüfungsordnung entsprechen. Dagegen sind Besuche von Nachhilfeeinrichtungen, Musikschulen, Sportvereinen, Ferienkursen (z. B. Feriensprachkursen) und Ähnlichem nicht einbezogen.

3. Auch Entgelte an private Grundschulen können von § 10 Abs. 1 Nr. 9 EStG erfasst sein; der Schulbesuch von Grund- oder Förderschulen wird von der Norm durch den Verweis auf Jahrgangsabschlüsse umfasst. Dies gilt aber regelmäßig erst ab Beginn der öffentlich-rechtlichen Schulpflicht, vgl. BFH-Urteil vom 16. November 2005 (BStBl. 2006 II S. 377).

4. Hochschulen, einschließlich der Fachhochschulen und die ihnen im EU/EWR-Ausland gleichstehenden Einrichtungen, sind keine Schulen im Sinne des § 10 Abs. 1 Nr. 9 EStG, so dass Entgelte für den Besuch dieser Einrichtungen nicht berücksichtigt werden. Ein Abzug von Studiengebühren ist somit ausgeschlossen.

5. Der Höchstbetrag beläuft sich auch bei einem Elternpaar, das nicht zusammen zur Einkommensteuer veranlagt wird, auf 5.000 Euro je Kind. Die Schulgeldzahlungen sind dabei grundsätzlich bei dem Elternteil zu berücksichtigen, der sie getragen hat. Haben beide Elternteile entsprechende Aufwendungen getragen, sind sie bei jedem Elternteil nur bis zu einem Höchstbetrag von 2.500 Euro zu berücksichtigen, es sei denn, die Eltern beantragen einvernehmlich eine andere Aufteilung. Eine abweichende Aufteilung kommt z. B. in Betracht, wenn die von einem Elternteil getragenen Aufwendungen den anteiligen Höchstbetrag von 2.500 Euro überschreiten, während die von dem anderen Elternteil getragenen Aufwendungen den anteiligen Höchstbetrag nicht erreichen.

6. **Übergangsregelung für Veranlagungszeiträume bis einschließlich 2007**
   Für Schulgeldzahlungen an inländische Privatschulen für Veranlagungszeiträume bis einschließlich 2007 gilt weiterhin H 10.10 in der Fassung des Einkommensteuerhandbuchs (EStH) 2007. Für Schulgeldzahlungen, die vor 2008 an Privatschulen geleistet wurden, die in einem anderen Mitgliedstaat der Europäischen Union oder in einem Staat belegen sind, auf den das Abkommen über den Europäischen Wirtschaftsraum Anwendung findet, gilt bei Vorliegen der in § 52 Abs. 24b Satz 2 EStG genannten Voraussetzungen die Rechtsfolge des § 10 Abs. 1 Nr. 9 EStG in der vor dem Jahressteuergesetz 2009 geltenden Fassung, also ohne Beschränkung auf einen absoluten Höchstbetrag,

wenn bei Inkrafttreten des JStG 2009 am 25. Dezember 2008 noch keine bestandskräftige Steuerfestsetzung erfolgt war. Das Sonderungsverbot ist in diesen Fällen nicht mehr zu prüfen.

Dieses Schreiben wird im Bundessteuerblatt Teil I veröffentlicht.

Anlage § 010–07 Zu § 10 EStG

Steuerliche Berücksichtigung von Kinderbetreuungskosten ab dem Veranlagungszeitraum 2012 (§ 10 Absatz 1 Nummer 5 EStG)

– BdF-Schreiben vom 14.03.2012 – IV C 4 – S 2221/07/0012 :012, 2012/0204082 (BStBl. I S. 307) –

Im Einvernehmen mit den obersten Finanzbehörden der Länder gilt für die steuerliche Berücksichtigung von Kinderbetreuungskosten ab dem Veranlagungszeitraum 2012 Folgendes:

I. Änderung des Einkommensteuergesetzes durch das Steuervereinfachungsgesetz 2011

1   Die mit Wirkung vom Veranlagungszeitraum 2006 eingeführten und seit 2009 in § 9c EStG zusammengeführten Regelungen zum Abzug von erwerbsbedingten und nicht erwerbsbedingten Kinderbetreuungskosten bis zu einem Höchstbetrag von 4.000 Euro je Kind sind - unter Verringerung der Anspruchsvoraussetzungen - mit Wirkung ab dem Veranlagungszeitraum 2012 in den neuen § 10 Absatz 1 Nummer 5 EStG übernommen worden. Die Unterscheidung nach erwerbsbedingten und nicht erwerbsbedingten Kinderbetreuungskosten entfällt. Auf die persönlichen Anspruchsvoraussetzungen bei den steuerpflichtigen Eltern, wie z. B. Erwerbstätigkeit oder Ausbildung, kommt es nicht mehr an. Aus diesem Grund können Betreuungskosten für Kinder im Sinne des § 32 Absatz 1 EStG ab dem Veranlagungszeitraum 2012 ab Geburt des Kindes bis zur Vollendung seines 14. Lebensjahres berücksichtigt werden. Darüber hinaus können solche Aufwendungen für Kinder berücksichtigt werden, die wegen einer vor Vollendung des 25. Lebensjahres eingetretenen körperlichen, geistigen oder seelischen Behinderung außerstande sind, sich selbst zu unterhalten. Das gilt auch für Kinder, die wegen einer vor dem 1. Januar 2007 in der Zeit ab Vollendung des 25. Lebensjahres und vor Vollendung des 27. Lebensjahres eingetretenen körperlichen, geistigen oder seelischen Behinderung außerstande sind, sich selbst zu unterhalten (§ 52 Absatz 24a Satz 2 EStG).

2   Kinderbetreuungskosten sind ab Veranlagungszeitraum 2012 einheitlich als Sonderausgaben abziehbar. Der Abzug als Betriebsausgaben oder Werbungskosten ist ab diesem Zeitraum entfallen. Soweit es sich um Kinderbetreuungskosten handelt, die unter den Voraussetzungen der bis einschließlich 2011 geltenden gesetzlichen Regelung des § 9c EStG wie Betriebsausgaben oder Werbungskosten abgezogen werden konnten, kann die Neuregelung Auswirkungen haben, soweit außersteuerliche Rechtsnormen an steuerliche Einkommensbegriffe anknüpfen, wie z. B. § 14 Absatz 1 Wohngeldgesetz. Diese Auswirkungen werden durch den mit dem Steuervereinfachungsgesetz 2011 eingefügten § 2 Absatz 5a Satz 2 EStG vermieden: Knüpfen außersteuerliche Rechtsnormen an die Begriffe „Einkünfte", „Summe der Einkünfte" oder „Gesamtbetrag der Einkünfte" an, mindern sich für diese Zwecke diese Größen um die nach § 10 Absatz 1 Nummer 5 EStG abziehbaren Kinderbetreuungskosten. Auch bei Anwendung dieser Regelung wird nicht danach unterschieden, ob die Kinderbetreuungskosten erwerbsbedingt oder nicht erwerbsbedingt angefallen sind.

II. Allgemeine Voraussetzungen

1. Dienstleistungen zur Betreuung [1]

3   Betreuung im Sinne des § 10 Absatz 1 Nummer 5 EStG ist die behütende oder beaufsichtigende Betreuung, d. h. die persönliche Fürsorge für das Kind muss der Dienstleistung erkennbar zugrunde liegen. Berücksichtigt werden können danach z. B. Aufwendungen für

– die Unterbringung von Kindern in Kindergärten, Kindertagesstätten, Kinderhorten, Kinderheimen und Kinderkrippen sowie bei Tagesmüttern, Wochenmüttern und in Ganztagspflegestellen,

– die Beschäftigung von Kinderpflegern und Kinderpflegerinnen oder -schwestern, Erziehern und Erzieherinnen,

– die Beschäftigung von Hilfen im Haushalt, soweit sie ein Kind betreuen,

– die Beaufsichtigung des Kindes bei Erledigung seiner häuslichen Schulaufgaben (BFH-Urteil vom 17. November 1978, BStBl. 1979 II Seite 142).

4   Aufwendungen für Kinderbetreuung durch Angehörige des Steuerpflichtigen können nur berücksichtigt werden, wenn den Leistungen klare und eindeutige Vereinbarungen zu Grunde liegen, die zivilrechtlich wirksam zustande gekommen sind, inhaltlich dem zwischen Fremden Üblichen entsprechen, tatsächlich

---

1) Vgl. dazu auch das BFH-Urteil vom 19.4.2012 (BStBl. II S. 862):
  „Der Begriff der Kinderbetreuung ist weit zu fassen. Er umfasst nicht nur die behütende und beaufsichtigende Betreuung, sondern auch die pädagogisch sinnvolle Gestaltung der in Kindergärten und ähnlichen Einrichtungen verbrachten Zeit. Der Bildungsauftrag dieser Einrichtungen hindert den vollständigen Abzug der von den Eltern geleisteten Beiträge und Gebühren grundsätzlich nicht."

Anlage § 010–07

so auch durchgeführt werden und die Leistungen nicht üblicherweise auf familienrechtlicher Grundlage unentgeltlich erbracht werden. So können z. B. Aufwendungen für eine Mutter, die zusammen mit dem gemeinsamen Kind im Haushalt des Steuerpflichtigen lebt, nicht berücksichtigt werden (BFH-Urteil vom 6. November 1997, BStBl. 1998 II Seite 187). Auch bei einer eheähnlichen Lebensgemeinschaft oder einer Lebenspartnerschaft zwischen dem Steuerpflichtigen und der Betreuungsperson ist eine Berücksichtigung von Kinderbetreuungskosten nicht möglich. Leistungen an eine Person, die für das betreute Kind Anspruch auf einen Freibetrag nach § 32 Absatz 6 EStG oder auf Kindergeld hat, können nicht als Kinderbetreuungskosten anerkannt werden.

2. Aufwendungen

Zu berücksichtigen sind Ausgaben in Geld oder Geldeswert (Wohnung, Kost, Waren, sonstige Sachleistungen) für Dienstleistungen zur Betreuung eines Kindes einschließlich der Erstattungen an die Betreuungsperson (z. B. Fahrtkosten), wenn die Leistungen im Einzelnen in der Rechnung oder im Vertrag aufgeführt werden. Wird z. B. bei einer ansonsten unentgeltlich erbrachten Betreuung ein Fahrtkostenersatz gewährt, so ist dieser zu berücksichtigen, wenn hierüber eine Rechnung erstellt wird. Aufwendungen für Fahrten des Kindes zur Betreuungsperson sind nicht zu berücksichtigen (BFH-Urteil vom 29. August 1986, BStBl. 1987 II Seite 167). Eine Gehaltsreduzierung, die dadurch entsteht, dass der Steuerpflichtige seine Arbeitszeit zugunsten der Betreuung seines Kindes kürzt, stellt keinen Aufwand für Kinderbetreuung dar. Für Sachleistungen gilt § 8 Absatz 2 EStG entsprechend. 5

Wird ein einheitliches Entgelt sowohl für Betreuungsleistungen als auch für andere Leistungen gezahlt, ist mit Ausnahme der in Randnummer 9 bezeichneten Fälle gegebenenfalls eine Aufteilung im Schätzungswege vorzunehmen. Von einer Aufteilung ist abzusehen, wenn die anderen Leistungen von untergeordneter Bedeutung sind. 6

Bei Aufnahme eines Au-pairs in eine Familie fallen in der Regel sowohl Aufwendungen für die Betreuung der Kinder als auch für leichte Hausarbeiten an. Wird in einem solchen Fall der Umfang der Kinderbetreuungskosten nicht nachgewiesen (z. B. durch Festlegung der Tätigkeiten im Vertrag und entsprechende Aufteilung des Entgelts), kann ein Anteil von 50 Prozent der Gesamtaufwendungen als Kinderbetreuungskosten berücksichtigt werden. 7

Aufwendungen für Unterricht (z. B. Schulgeld, Nachhilfe oder Fremdsprachenunterricht), die Vermittlung besonderer Fähigkeiten (z. B. Musikunterricht, Computerkurse) oder für sportliche und andere Freizeitbetätigungen (z. B. Mitgliedschaft in Sportvereinen oder anderen Vereinen, Tennis- oder Reitunterricht) sind nicht zu berücksichtigen. Auch Aufwendungen für die Verpflegung des Kindes sind nicht zu berücksichtigen (BFH-Urteil vom 28. November 1986, BStBl. 1987 II Seite 490). 8

Werden für eine Nachmittagsbetreuung in der Schule Elternbeiträge erhoben und umfassen diese nicht nur eine Hausaufgabenbetreuung, sind Entgeltanteile, die z. B. auf Nachhilfe oder bestimmte Kurse (z. B. Computerkurs) oder auf eine etwaige Verpflegung entfallen, nicht zu berücksichtigen. Ein Abzug von Kinderbetreuungskosten ist nur möglich, wenn eine entsprechende Aufschlüsselung der Beiträge vorliegt. 9

Die Zuordnung von Kinderbetreuungskosten zu einem Veranlagungszeitraum richtet sich nach § 11 EStG. 10

Bei beschränkter Steuerpflicht ist ein Abzug von Kinderbetreuungskosten ausgeschlossen (§ 50 Absatz 1 Satz 3 EStG). 11

3. Haushaltszugehörigkeit

Ein Kind gehört zum Haushalt des jeweiligen Elternteils, in dessen Wohnung es dauerhaft lebt oder mit dessen Einwilligung es vorübergehend auswärtig untergebracht ist. Auch in Fällen, in denen dieser Elternteil mit dem Kind in der Wohnung seiner Eltern oder Schwiegereltern oder in Wohngemeinschaft mit anderen Personen lebt, ist die Haushaltszugehörigkeit des Kindes als gegeben anzusehen. Haushaltszugehörigkeit erfordert ferner eine Verantwortung für das materielle (Versorgung, Unterhaltsgewährung) und immaterielle Wohl (Fürsorge, Betreuung) des Kindes. Eine Heimunterbringung ist unschädlich, wenn die Wohnverhältnisse in der Familienwohnung die speziellen Bedürfnisse des Kindes berücksichtigen und es sich im Haushalt dieses Elternteils regelmäßig aufhält (BFH-Urteil vom 14. November 2001, BStBl. 2002 II Seite 244). Bei nicht zusammenlebenden Elternteilen ist grundsätzlich die Meldung des Kindes maßgebend. 12

Ein Kind kann ausnahmsweise zum Haushalt des Elternteils gehören, bei dem es nicht gemeldet ist, wenn der Elternteil dies nachweist oder glaubhaft macht. Die Zahlung des Kindergeldes an einen Elternteil ist ein weiteres Indiz für die Zugehörigkeit des Kindes zu dessen Haushalt. In Ausnahmefällen kann ein Kind auch zu den Haushalten beider getrennt lebender Elternteile gehören (BFH-Urteil vom 14. Dezember 2004, BStBl. 2008 II Seite 762; BFH-Urteil vom 28. April 2010, BStBl. 2011 II Seite 937). 13

4. Berechtigter Personenkreis

14 Zum Abzug von Kinderbetreuungskosten ist grundsätzlich nur der Elternteil berechtigt, der die Aufwendungen getragen hat (BFH-Urteil vom 25. November 2010, BStBl. 2011 II Seite 450) und zu dessen Haushalt das Kind gehört. Trifft dies auf beide Elternteile zu, kann jeder seine tatsächlichen Aufwendungen grundsätzlich nur bis zur Höhe des hälftigen Abzugshöchstbetrages geltend machen. Zur Zuordnung der Aufwendungen siehe im Übrigen Randnummern 25 bis 29.

15 Aufwendungen zur Betreuung von Stiefkindern und Enkelkindern können nicht berücksichtigt werden, da es sich insoweit nicht um Kinder im Sinne des § 32 Absatz 1 EStG handelt.

5. Höchstbetrag

16 Kinderbetreuungskosten sind in Höhe von zwei Dritteln der Aufwendungen, höchstens 4.000 Euro je Kind und Kalenderjahr abziehbar.

17 Der Höchstbetrag beläuft sich auch bei einem Elternpaar, das entweder gar nicht oder nur zeitweise zusammengelebt hat, auf 4.000 Euro je Kind für das gesamte Kalenderjahr. Eine Aufteilung auf die Zeiträume des gemeinsamen Haushalts bzw. der getrennten Haushalte ist nicht vorzunehmen. Haben beide Elternteile entsprechende Aufwendungen getragen, sind diese bei jedem Elternteil grundsätzlich nur bis zu einem Höchstbetrag von 2.000 Euro zu berücksichtigen. Siehe im Übrigen Randnummern 25 bis 29.

18 Der Höchstbetrag ist ein Jahresbetrag. Eine zeitanteilige Aufteilung findet auch dann nicht statt, wenn für das Kind nicht im gesamten Kalenderjahr Betreuungskosten angefallen sind.

Beispiel:
Das Kind eines verheirateten Elternpaares geht von Januar bis Juni 2012 in den Kindergarten. Die Sommermonate Juli bis zu seiner Einschulung Ende September 2012 verlebt es bei seinen Großeltern. Ab der Einschulung geht es nachmittags in den Kinderhort. Den Eltern sind 2012 Kinderbetreuungskosten in Höhe von insgesamt 3.600 Euro entstanden. Davon können sie zwei Drittel, also 2.400 Euro als Sonderausgaben geltend machen. Es findet keine zeitanteilige Kürzung statt.

19 Ist das zu betreuende Kind nicht unbeschränkt einkommensteuerpflichtig, ist der Höchstbetrag zu kürzen, soweit es nach den Verhältnissen im Wohnsitzstaat des Kindes notwendig und angemessen ist. Die für die einzelnen Staaten in Betracht kommenden Kürzungen ergeben sich aus der Ländergruppeneinteilung, die durch BMF-Schreiben bekannt gemacht wird, zuletzt durch BMF-Schreiben vom 4. Oktober 2011 (BStBl. 2011 I Seite 961)[1].

III. Nachweis

1. Rechnung

20 Der Abzug von Kinderbetreuungskosten setzt nach § 10 Absatz 1 Nummer 5 Satz 4 EStG voraus, dass der Steuerpflichtige für die Aufwendungen eine Rechnung erhalten hat und die Zahlung auf das Konto des Erbringers der Leistung erfolgt ist. Die Rechnung sowie die Zahlungsnachweise sind nur auf Verlangen des Finanzamts vorzulegen. Es muss sich nicht um eine Rechnung im Sinne des Umsatzsteuergesetzes handeln.

21 Einer Rechnung stehen gleich:
– bei einem sozialversicherungspflichtigen Beschäftigungsverhältnis oder einem Minijob der zwischen dem Arbeitgeber und dem Arbeitnehmer abgeschlossene schriftliche (Arbeits-)Vertrag,
– bei Au-pair-Verhältnissen ein Au-pair-Vertrag, aus dem ersichtlich ist, dass ein Anteil der Gesamtaufwendungen auf die Kinderbetreuung entfällt,
– bei der Betreuung in einem Kindergarten oder Hort der Bescheid des öffentlichen oder privaten Trägers über die zu zahlenden Gebühren,
– eine Quittung, z. B. über Nebenkosten zur Betreuung, wenn die Quittung genaue Angaben über die Art und die Höhe der Nebenkosten enthält. Ansonsten sind Nebenkosten nur zu berücksichtigen, wenn sie in den Vertrag oder die Rechnung aufgenommen worden sind.

2. Zahlungsarten

22 Die Zahlung auf das Konto des Erbringers der Leistung erfolgt in der Regel durch Überweisung. Beträge, für deren Begleichung ein Dauerauftrag eingerichtet worden ist oder die durch eine Einzugsermächtigung abgebucht oder im Wege des Online-Bankings überwiesen wurden, können in Verbindung mit dem Kontoauszug, der die Abbuchung ausweist, anerkannt werden. Das gilt auch bei Übergabe eines Verrechnungsschecks oder der Teilnahme am Electronic-Cash-Verfahren oder an elektronischen Lastschriftverfahren.

---
1) Vgl. Anlage § 033a-02.

3. Keine Barzahlung

Barzahlungen einschließlich Baranzahlungen oder Barteilzahlungen sowie Barschecks können in keinem Fall anerkannt werden. Das gilt selbst dann, wenn die Barzahlung von dem Erbringer der Betreuungsleistung tatsächlich ordnungsgemäß verbucht worden ist und der Steuerpflichtige einen Nachweis über die ordnungsgemäße Buchung erhalten hat oder wenn eine Barzahlung durch eine später veranlasste Zahlung auf das Konto des Erbringers der Leistung ersetzt wird. 23

4. Konto eines Dritten

Der Sonderausgabenabzug durch den Steuerpflichtigen ist auch möglich, wenn die Betreuungsleistung, für die der Steuerpflichtige eine Rechnung erhalten hat, von dem Konto eines Dritten bezahlt worden ist (abgekürzter Zahlungsweg). Siehe auch Randnummer 29. 24

IV. Zuordnung der Aufwendungen

1. Verheiratete Eltern, welche die Voraussetzungen des § 26 Absatz 1 Satz 1 EStG erfüllen

a) Zusammenveranlagung

Für den Abzug von Kinderbetreuungskosten als Sonderausgaben kommt es bei verheirateten Eltern, die nach § 26b EStG zusammen zur Einkommensteuer veranlagt werden, nicht darauf an, welcher Elternteil die Aufwendungen geleistet hat oder ob sie von beiden getragen wurden. 25

b) Getrennte Veranlagung 2012

Mangels einer ausdrücklichen gesetzlichen Regelung für den Sonderausgabenabzug von Kinderbetreuungskosten im Fall der getrennten Veranlagung von Ehegatten im Veranlagungszeitraum 2012 sind die Sonderausgaben demjenigen Ehegatten zuzurechnen, der die Aufwendungen getragen hat. Trifft dies auf beide Ehegatten zu, kann jeder seine tatsächlichen Aufwendungen grundsätzlich nur bis zur Höhe des hälftigen Abzugshöchstbetrages geltend machen. Etwas anderes gilt nur dann, wenn die Ehegatten einvernehmlich gegenüber dem Finanzamt eine anderweitige Aufteilung des Höchstbetrages wählen. Abweichend davon können die Kinderbetreuungskosten aus Billigkeitsgründen auf übereinstimmenden Antrag der Ehegatten von diesen jeweils zur Hälfte abgezogen werden. Der Abzug ist dabei bei jedem Ehegatten auf den hälftigen Abzugshöchstbetrag beschränkt. 26

c) Einzelveranlagung ab 2013

Mit Wirkung ab dem Veranlagungszeitraum 2013 wird die getrennte Veranlagung durch die Einzelveranlagung von Ehegatten nach § 26a EStG in der Fassung des Steuervereinfachungsgesetzes 2011 ersetzt (§ 52 Absatz 1, 68 Satz 1 EStG i. V. m. Artikel 18 Absatz 1 des Steuervereinfachungsgesetzes 2011). Nach § 26a Absatz 2 Satz 1 EStG sind Sonderausgaben demjenigen Ehegatten zuzurechnen, der die Aufwendungen wirtschaftlich getragen hat. Trifft dies auf beide Ehegatten zu, kann jeder seine tatsächlichen Aufwendungen grundsätzlich bis zur Höhe des hälftigen Abzugshöchstbetrages geltend machen. Etwas anderes gilt nur dann, wenn die Ehegatten einvernehmlich gegenüber dem Finanzamt eine anderweitige Aufteilung des Abzugshöchstbetrages wählen. Abweichend davon können die Kinderbetreuungskosten auf übereinstimmenden Antrag der Ehegatten von diesen jeweils zur Hälfte abgezogen werden (§ 26a Absatz 2 Satz 2 EStG). Der Abzug ist bei jedem Ehegatten auf den hälftigen Abzugshöchstbetrag beschränkt. In begründeten Einzelfällen reicht der Antrag desjenigen Ehegatten, der die Aufwendungen wirtschaftlich getragen hat, aus (§ 26a Absatz 2 Satz 3 EStG). Die Wahl des Abzugs wird durch Angabe in der Steuererklärung getroffen (§ 26a Absatz 2 Satz 4 i. V. m. § 26 Absatz 2 Satz 3 EStG). 27

2. Nicht verheiratete, dauernd getrennt lebende oder geschiedene Eltern

Bei nicht verheirateten, dauernd getrennt lebenden oder geschiedenen Eltern ist derjenige Elternteil zum Abzug von Kinderbetreuungskosten berechtigt, der die Aufwendungen getragen hat (BFH-Urteil vom 25. November 2010, BStBl. 2011 II Seite 450) und zu dessen Haushalt das Kind gehört. Trifft dies auf beide Elternteile zu, kann jeder seine tatsächlichen Aufwendungen grundsätzlich nur bis zur Höhe des hälftigen Abzugshöchstbetrages geltend machen. Etwas anderes gilt nur dann, wenn die Eltern einvernehmlich eine abweichende Aufteilung des Abzugshöchstbetrages wählen und dies gegenüber dem Finanzamt anzeigen. 28

Wenn von den zusammenlebenden, nicht miteinander verheirateten Eltern nur ein Elternteil den Kinderbetreuungsvertrag (z. B. mit der Kindertagesstätte) abschließt und das Entgelt von seinem Konto zahlt, kann dieses weder vollständig noch anteilig dem anderen Elternteil als von ihm getragener Aufwand zugerechnet werden (BFH-Urteil vom 25. November 2010, BStBl. 2011 II Seite 450). 29

Anlage § 010–07　　　　　　　　　　　　　　　　　　　　　　　　　　　　Zu § 10 EStG

V. Ausschluss eines weiteren Abzugs

30　Erfüllen Kinderbetreuungskosten grundsätzlich die Voraussetzungen für einen Abzug als Sonderausgaben, kommt für diese Aufwendungen eine Steuerermäßigung nach § 35a EStG nicht in Betracht (§ 35a Absatz 5 Satz 1, 2. Halbsatz EStG). Auf den tatsächlichen Abzug als Sonderausgaben kommt es dabei nicht an. Dies gilt sowohl für das nicht abziehbare Drittel der Aufwendungen, als auch für die Aufwendungen, die den Höchstbetrag von 4.000 Euro je Kind übersteigen.

VI. Abweichendes Wirtschaftsjahr

31　Für Steuerpflichtige mit abweichendem Wirtschaftsjahr, die Kinderbetreuungskosten bis einschließlich 31. Dezember 2011 wie Betriebsausgaben abziehen können, gilt Folgendes: Die auf die Zeit vom Beginn des abweichenden Wirtschaftsjahrs 2011 bis zum 31. Dezember 2011 entfallenden Kinderbetreuungskosten können bis zu dem zeitanteiligen Höchstbetrag wie Betriebsausgaben abgezogen werden. Die ab 1. Januar 2012 anfallenden Kinderbetreuungskosten können nur als Sonderausgaben nach Maßgabe des § 10 Absatz 1 Nummer 5 EStG in der Fassung des Steuervereinfachungsgesetzes 2011 geltend gemacht werden.

Beispiel:
Ein Ehepaar betreibt gemeinsam einen land- und forstwirtschaftlichen Betrieb mit abweichendem Wirtschaftsjahr 1. Juli bis 30. Juni. Die im Jahr 2011 anfallenden Kinderbetreuungskosten können beide wie Betriebsausgaben abziehen. Der auf die Zeit vom 1. Juli bis 31. Dezember 2011 entfallende Höchstbetrag beträgt zeitanteilig zwei Drittel der Aufwendungen, maximal 2.000 Euro.

VII. Anwendungsregelungen

32　Dieses BMF-Schreiben ist mit Ausnahme der Randnummern 27 und 31 ab dem Veranlagungszeitraum 2012 anzuwenden.

33　Randnummer 27 ist ab dem Veranlagungszeitraum 2013 und Randnummer 31 ist nur für die Veranlagungszeiträume 2011 und 2012 anzuwenden.

34　Für die Veranlagungszeiträume 2006 bis 2011 ist das BMF-Schreiben vom 19. Januar 2007 (BStBl. 2007 I Seite 184) weiter anzuwenden.

Außergewöhnliche Instandhaltungen als dauernde Last im Sinne des § 10 Abs. 1 Nr. 1a EStG

– BdF-Schreiben vom 21.07.2003 IV C 4 – S 2221 – 81/03 (BStBl. I S. 405) –

Nach dem BFH-Urteil vom 28. Februar 2002 (BStBl. 2003 II S. 644) darf im Rahmen eines (landwirtschaftlichen) Wirtschaftsüberlassungsvertrages der Nutzungsberechtigte Modernisierungsaufwendungen für die vom Hofeigentümer beibehaltene Wohnung als dauernde Last abziehen, sofern er sich dazu im Überlassungsvertrag verpflichtet hat.

Voraussetzung ist neben der zivilrechtlich wirksamen Vereinbarung im Vermögensübergabevertrag, dass die geschuldeten Leistungen den Charakter von Versorgungsleistungen haben. Dies ist nach der Entscheidung des BFH vom 25. August 1999 (BStBl. 2000 II S. 21) nur gegeben, wenn die Aufwendungen der Erhaltung des im Zeitpunkt der Übergabe vertragsgemäßen Zustandes der Wohnung dienen. Unschädlich ist, wenn eine zur Erhaltung erforderliche Maßnahme gleichzeitig eine zeitgemäße Modernisierung bewirkt.

Außergewöhnliche Instandhaltungsaufwendungen, die über die Erhaltung des im Zeitpunkt der Übergabe vertragsgemäßen Zustandes hinausgehen, sind keine Leistungen zur Versorgung des Vermögensübergebers und dürfen daher nicht als dauernde Last abgezogen werden. Diese Leistungen werden im überwiegenden Interesse des Vermögensübernehmers an der Werterhaltung und Werterhöhung seines Eigentums erbracht.

– II. Vfg OFD München vom 1.10.2004 – S 2221 – 123/St 42 –

Behält sich der Übergeber anlässlich einer Vermögensübergabe im Rahmen der vorweggenommenen Erbfolge an Teilen des Vermögens (z. B. an einer Wohnung) ein Wohnrecht vor, sind die vom Übernehmer getragenen Instandhaltungsaufwendungen nach § 10 Abs. 1 Nr. 1a EStG als dauernde Last abziehbar und beim Übergeber als wiederkehrende Bezüge nach § 22 Nr. 1 EStG zu versteuern, wenn folgende Voraussetzungen erfüllt sind:

1. Verpflichtung des Vermögensübernehmers zur Übernahme der Instandhaltungsaufwendungen

Eine zivilrechtliche Verpflichtung des Vermögensübernehmers zur Übernahme der gewöhnlichen oder außergewöhnlichen Instandhaltungsaufwendungen kann sich entweder

– aus einer ausdrücklichen Verpflichtung im Übergabevertrag

oder

– aus der Rechtsnatur des Übergabevertrags als Altenteilsvertrag ergeben (nach Art. 12 Abs. 1 des Bayer. Ausführungsgesetzes zum BGB hat der Altenteilsverpflichtete dem Berechtigten die Wohnung in einem zum vertragsgemäßen Gebrauch geeigneten Zustand zu überlassen und sie während der Dauer in diesem Zustand zu erhalten).

2. Übernahme gewöhnlicher Instandhaltungsaufwendungen durch den Vermögensübernehmer

Ist der Vermögensübernehmer (Eigentümer) verpflichtet, die gewöhnlichen Instandhaltungsaufwendungen zu tragen, so sind diese bei ihm regelmäßig als dauernde Last abziehbar. Zu den gewöhnlichen Instandhaltungsaufwendungen gehören z. B. Aufwendungen für die regelmäßige Wartung, Pflege oder Ausbesserung des Gebäudes, Maßnahmen zur Verhinderung oder Beseitigung von kleineren Schäden und zum Schutz vor natürlicher Abnutzung und Alterung sowie die Vornahme üblicher Schönheitsreparaturen.

3. Übernahme außergewöhnlicher Instandhaltungsaufwendungen durch den Vermögensübernehmer

Ist der Vermögensübernehmer verpflichtet, die außergewöhnlichen Instandhaltungsaufwendungen (z. B. Austausch von Fenstern, Erneuerung der Heizung, Dacherneuerung) zu tragen, sind die Aufwendungen nur dann als dauernde Last abziehbar, wenn die durchgeführten Maßnahmen zur Erhaltung des im Zeitpunkt der Übergabe vertragsgemäßen Zustands, also des baulichen Zustands der Wohnung im Zeitpunkt der Übergabe, erforderlich waren.

Unschädlich ist jedoch, wenn die vertraglich geschuldete – zur Erhaltung erforderliche – Maßnahme zugleich eine zeitgemäße Modernisierung bewirkt. Dies kann aus baulichen Gründen (z. B. Ersatz defekter einfach verglaster Fenster durch Fenster mit Isolierverglasung) oder aus rechtlichen Gründen

Anlage § 010–08

Zu § 10 EStG

(Ersatz einer Heizungsanlage, deren Abgaswerte – ab 2004 – nicht mehr den rechtlichen Vorgaben entsprechen) der Fall sein. In beiden Fällen ist mit der erforderlichen Maßnahme zugleich eine zeitgemäße Modernisierung verbunden, die eine Anerkennung der Aufwendungen als dauernde Last nicht ausschließt.

Dagegen sind Aufwendungen für Maßnahmen, die zur Erhaltung nicht unmittelbar erforderlich sind und den baulichen Zustand der Wohnung/des Gebäudes im Zeitpunkt der Übergabe deutlich verbessern (z. B. zusätzliche Isolierungsmaßnahmen im Rahmen einer Heizungserneuerung, Einbau zusätzlicher Einrichtungen, Generalsanierung des übergebenen Vermögensgegenstandes) nicht als dauernde Last abziehbar. Diese Leistungen werden im überwiegenden Interesse des Vermögensübernehmers an der Werterhaltung und Werterhöhung seines Eigentums erbracht.

Werden im Rahmen einer einheitlichen Maßnahme Aufwendungen getätigt, die nach den obigen Grundsätzen nur teilweise als dauernde Last berücksichtigt werden können, ist der abziehbare Teil der Aufwendungen zu schätzen.

Zu § 10 EStG   **Anlage § 010–09**

Vorsorgeaufwendungen, Aufteilung eines einheitlichen Sozialversicherungsbeitrags

I. Anpassung der Aufteilungsmaßstäbe für den Veranlagungszeitraum 2014
– BdF-Schreiben vom 08.10.2013 – IV C 3 – S 2221/09/10013:001, 2013/0898779 (BStBl. I S. 1266) –

Im Einvernehmen mit den obersten Finanzbehörden der Länder sind zur Ermittlung der steuerlich berücksichtigungsfähigen Vorsorgeaufwendungen die vom Steuerpflichtigen geleisteten einheitlichen Sozialversicherungsbeiträge (Globalbeiträge) staatenbezogen wie folgt aufzuteilen:

Vorsorgeaufwendungen nach	Belgien	Irland	Lettland	Malta	Norwegen
§ 10 Absatz 1 Nummer 2 Buchstabe a EStG	49,48 %	77,24 %	85,41 %	47,03 %	54,60 %
§ 10 Absatz 1 Nummer 3 Satz 1 Buchstabe a und b EStG (ohne Krankengeldanteil)	41,15 %	8,13 %	–	44,06 %	45,40 %
§ 10 Absatz 1 Nummer 3a EStG (Anteil vom Globalbeitrag für Krankengeld)	9,37 % (1,56 %)	14,63 % (2,44 %)	11,92 % (6,50 %)	8,91 % (1,49 %)	–
Gesamtaufwand	100,00 %	100,00 %	97,33 % (2,67 % sonstige nicht Abziehbare)	100,00 %	100,00 %
Für Höchstbetragsberechnung gemäß § 10 Absatz 3 EStG anzusetzender Arbeitgeberanteil	93,77 %	82,07 %	187,05 %	47,03 %	98,70 %

Vorsorgeaufwendungen nach	Portugal	Spanien	Verein. Königreich (GB)	Zypern
§ 10 Absatz 1 Nummer 2 Buchstabe a EStG	84,08 %	96,94 %	84,07 %	80,55 %
§ 10 Absatz 1 Nummer 3 Satz 1 Buchstabe a und b EStG (ohne Krankengeldanteil)	–	–	–	–
§ 10 Absatz 1 Nummer 3a EStG (Anteil vom Globalbeitrag für Krankengeld)	15,92 % (2,65 %)	3,06 % (3,06 %)	15,93 % (2,66 %)	19,45 % (2,54 %)
Gesamtaufwand	100,00 %	100,00 %	100,00 %	100,00 %
Für Höchstbetragsberechnung gemäß § 10 Absatz 3 EStG anzusetzender Arbeitgeberanteil	177,71 %	486,76 %	96,68 %	80,55 %

Anwendungsbeispiel:
Der ledige Arbeitnehmer A leistet für das Jahr 2014 in Belgien einen Globalbeitrag i. H. v. 1.000 Euro.

Lösung:
A kann an Vorsorgeaufwendungen geltend machen:
– Altersvorsorgeaufwendungen i. S. d. § 10 Abs. 1 Nr. 2 Buchstabe a EStG i. H. v. 494,80 €. (= 49,48 % von 1.000 €.),
– Beiträge zur Basiskranken- und gesetzlichen Pflegeversicherung i. S. d. § 10 Abs. 1 Nr. 3 Satz 1 Buchstabe a und Buchstabe b EStG i. H. v. 411,50 €. (= 41,15 % von 1.000 €.),
– Beiträge für sonstige Vorsorgeaufwendungen i. S. d. § 10 Abs. 1 Nr. 3a EStG i. H. v. 93,70 €. (= 9,37 % von 1.000 €., darin enthalten 15,60 €. = 1,56 % von 1.000 €. für Krankengeld und 78,10 €. = 7,81 % von 1.000 €. für die weiteren sonstigen Vorsorgeaufwendungen).
Im Rahmen der Höchstbetragsberechnung gemäß § 10 Abs. 3 EStG ist ein Arbeitgeberanteil i. H. v. 937,70 €. (= 93,77 % von 1.000 €.) anzusetzen.

Anlage § 010–09

Zu § 10 EStG

Eine entsprechende Aufteilung ist hinsichtlich der Altersvorsorgeaufwendungen auch bei der Ausstellung von Lohnsteuerbescheinigungen und Besonderen Lohnsteuerbescheinigungen durch den Arbeitgeber ab 2014 vorzunehmen (s. Abschnitt I Tz. 13 Buchstabe a des BMF-Schreibens vom 28. August 2013, BStBl. I Seite 1132).

Die Tabellen sind für den Veranlagungszeitraum 2014 anzuwenden. Sie gelten für den gesamten Veranlagungszeitraum.

Die Aufteilung von Globalbeiträgen, die an Sozialversicherungsträger in Ländern außerhalb Europas geleistet werden, ist nach den Umständen des Einzelfalls vorzunehmen.

II. Anpassung der Aufteilungsmaßstäbe für den Veranlagungszeitraum 2015

– BdF-Schreiben vom 03.12.2014 – IV C 3 – S 2221/09/10013:001, 2014/1076894 (BStBl. I S. 1606) –

Im Einvernehmen mit den obersten Finanzbehörden der Länder sind zur Ermittlung der steuerlich berücksichtigungsfähigen Vorsorgeaufwendungen die vom Steuerpflichtigen geleisteten einheitlichen Sozialversicherungsbeiträge (Globalbeiträge) staatenbezogen wie folgt aufzuteilen:

Vorsorgeaufwendungen nach	Belgien	Irland	Lettland	Malta	Norwegen
§ 10 Absatz 1 Nummer 2 Buchstabe a EStG	49,48 %	77,24 %	83,22 %	47,03 %	54,60 %
§ 10 Absatz 1 Nummer 3 Satz 1 Buchstabe a und b EStG (ohne Krankengeldanteil)	41,15 %	8,13 %	–	44,06 %	45,40 %
§ 10 Absatz 1 Nummer 3a EStG (Anteil vom Globalbeitrag für Krankengeld)	9,37 % (1,56 %)	14,63 % (2,44 %)	13,35 % (7,22 %)	8,91 % (1,49 %)	–
Gesamtaufwand	100,00 %	100,00 %	96,57 % (3,43 % sonstige nicht Abziehbare)	100,00 %	100,00 %
Für Höchstbetragsberechnung gemäß § 10 Absatz 3 EStG anzusetzender Arbeitgeberanteil	93,77 %	82,07 %	186,97 %	47,03 %	93,89 %

Vorsorgeaufwendungen nach	Portugal	Spanien	Verein. Königreich (GB)	Zypern
§ 10 Absatz 1 Nummer 2 Buchstabe a EStG	84,08 %	96,94 %	84,07 %	82,65 %
§ 10 Absatz 1 Nummer 3 Satz 1 Buchstabe a und b EStG (ohne Krankengeldanteil)	–	–	–	–
§ 10 Absatz 1 Nummer 3a EStG (Anteil vom Globalbeitrag für Krankengeld)	15,92 % (2,65 %)	3,06 % (3,06 %)	15,93 % (2,66 %)	17,35 % (2,61 %)
Gesamtaufwand	100,00 %	100,00 %	100,00 %	100,00 %
Für Höchstbetragsberechnung gemäß § 10 Absatz 3 EStG anzusetzender Arbeitgeberanteil	177,71 %	486,76 %	96,68 %	82,65 %

Anwendungsbeispiel:
Der ledige Arbeitnehmer A leistet für das Jahr 2015 in Belgien einen Globalbeitrag i. H. v. 1.000 Euro.

Lösung:
A kann an Vorsorgeaufwendungen geltend machen:
– Altersvorsorgeaufwendungen i. S. d. § 10 Absatz 1 Nummer 2 Buchstabe a EStG i. H. v. 494,80 Euro (= 49,48 % von 1.000 Euro),

Zu § 10 EStG Anlage § 010–09

– Beiträge zur Basiskranken- und gesetzlichen Pflegeversicherung i. S. d. § 10 Absatz 1 Nummer 3 Satz 1 Buchstabe a und Buchstabe b EStG i. H. v. 411,50 Euro (= 41,15 % von 1.000 Euro),
– Beiträge für sonstige Vorsorgeaufwendungen i. S. d. § 10 Absatz 1 Nummer 3a EStG i. H. v. 93,70 Euro (= 9,37 % von 1.000 Euro, darin enthalten 15,60 Euro = 1,56 % von 1.000 Euro für Krankengeld und 78,10 Euro = 7,81 % von 1.000 Euro für die weiteren sonstigen Vorsorgeaufwendungen).

Im Rahmen der Höchstbetragsberechnung gemäß § 10 Absatz 3 EStG ist ein Arbeitgeberanteil i. H. v. 937,70 Euro (= 93,77 % von 1.000 Euro) anzusetzen.

Eine entsprechende Aufteilung ist hinsichtlich der Altersvorsorgeaufwendungen auch bei der Ausstellung von Lohnsteuerbescheinigungen und Besonderen Lohnsteuerbescheinigungen durch den Arbeitgeber für das Kalenderjahr 2015 vorzunehmen (s. Abschnitt I Tz. 13 Buchstabe a des BMF-Schreibens vom 15. September 2014, BStBl. I Seite 1244).

Die Tabellen sind für den Veranlagungszeitraum 2015 anzuwenden. Sie gelten für den gesamten Veranlagungszeitraum.

Die Aufteilung von Globalbeiträgen, die an Sozialversicherungsträger in Ländern außerhalb Europas geleistet werden, ist nach den Umständen des Einzelfalls vorzunehmen.

Anlage § 010–10   Zu § 10 EStG

Einkommensteuerrechtliche Behandlung des Versorgungsausgleichs

I. Einkommensteuerrechtliche Behandlung des gesetzlichen Versorgungsausgleichs bei Teilung einer privat aufgebauten Altersversorgung

→ siehe dazu Rz. 270 bis 288 des BdF-Schreibens vom 19.8.2013, abgedruckt in Anlage § 010-11

II. Einkommensteuerrechtliche Behandlung des gesetzlichen Versorgungsausgleichs bei Teilung einer betrieblichen Altersversorgung

Auszug aus dem
– BdF-Schreiben vom 24.7.2013 (BStBl. I S.1022) unter Berücksichtigung der Änderungen durch das BdF-Schreiben vom 13.01.2014 (BStBl. I S. 97) –

C. Besonderheiten beim Versorgungsausgleich
I. Allgemeines
1. Gesetzliche Neuregelung des Versorgungsausgleichs

400 Mit dem VersAusglG vom 3. April 2009 wurden die Vorschriften zum Versorgungsausgleich grundlegend geändert. Es gilt künftig für alle ausgleichsreifen Anrechte auf Altersversorgung der Grundsatz der internen Teilung, der bisher schon bei der gesetzlichen Rentenversicherung zur Anwendung kam. Bisher wurden alle von den Ehegatten während der Ehe erworbenen Anrechte auf eine Versorgung wegen Alter und Invalidität bewertet und im Wege eines Einmalausgleichs ausgeglichen, vorrangig über die gesetzliche Rentenversicherung.

401 Das neue VersAusglG sieht dagegen die interne Teilung als Grundsatz des Versorgungsausgleichs auch für alle Systeme der betrieblichen Altersversorgung und privaten Altersvorsorge vor. Hierbei werden die von den Ehegatten in den unterschiedlichen Altersversorgungssystemen erworbenen Anrechte zum Zeitpunkt der Scheidung innerhalb des jeweiligen Systems geteilt und für den ausgleichsberechtigten Ehegatten eigenständige Versorgungsanrechte geschaffen, die unabhängig von den Versorgungsanrechten des ausgleichspflichtigen Ehegatten im jeweiligen System gesondert weitergeführt werden.

402 Zu einem Ausgleich über ein anderes Versorgungssystem (externe Teilung) kommt es nur noch in den in §§ 14 bis 17 VersAusglG geregelten Ausnahmefällen. Bei einer externen Teilung entscheidet die ausgleichsberechtigte Person über die Zielversorgung. Sie bestimmt also, in welches Versorgungssystem der Ausgleichswert zu transferieren ist (ggf. Aufstockung einer bestehenden Anwartschaft, ggf. Neubegründung einer Anwartschaft). Dabei darf die Zahlung des Kapitalbetrags an die gewählte Zielversorgung nicht zu nachteiligen steuerlichen Folgen bei der ausgleichspflichtigen Person führen, es sei denn, sie stimmt der Wahl der Zielversorgung zu.

403 Die gesetzliche Rentenversicherung ist Auffang-Zielversorgung, wenn die ausgleichsberechtigte Person ihr Wahlrecht nicht ausübt und es sich nicht um eine betriebliche Altersversorgung handelt. Bei einer betrieblichen Altersversorgung wird bei fehlender Ausübung des Wahlrechts ein Anspruch in der Versorgungsausgleichskasse begründet.

404 Verbunden ist die externe Teilung mit der Leistung eines Kapitalbetrags in Höhe des Ausgleichswerts, der vom Versorgungsträger der ausgleichspflichtigen Person an den Versorgungsträger der ausgleichsberechtigten Person gezahlt wird. (Ausnahme: Externe Teilung von Beamtenversorgungen nach § 16 VersAusglG; hier findet wie nach dem bisherigen Quasi-Splitting zwischen der gesetzlichen Rentenversicherung und dem Träger der Beamtenversorgung ein Erstattungsverfahren im Leistungsfall statt.)

405 Kommt in Einzelfällen weder die interne Teilung noch die externe Teilung in Betracht, etwa weil ein Anrecht zum Zeitpunkt des Versorgungsausgleichs nicht ausgleichsreif ist (§ 19 VersAusglG), z. B. ein Anrecht bei einem ausländischen, zwischenstaatlichen oder überstaatlichen Versorgungsträger oder ein Anrecht im Sinne des BetrAVG, das noch verfallbar ist, kommt es zu Ausgleichsansprüchen nach der Scheidung (§ 20ff. VersAusglG). Zur steuerlichen Behandlung der Ausgleichsansprüche nach der Scheidung vgl. BMF-Schreiben vom 30. Januar 2008, BStBl. I S. 390.

406 Nach § 20 des Lebenspartnerschaftsgesetzes – LPartG – (BGBl. I 2001 S. 266) findet, wenn eine Lebenspartnerschaft aufgelöst wird, in entsprechender Anwendung des VersAusglG mit Ausnahme der §§ 32 bis 38 VersAusglG ein Ausgleich von im In- oder Ausland bestehenden Anrechten (§ 2 Abs. 1 VersAusglG) statt, soweit sie in der Lebenspartnerschaftszeit begründet oder aufrechterhalten worden sind. Schließen die Lebenspartner in einem Lebenspartnerschaftsvertrag (§ 7 LPartG) Vereinbarungen über den Versorgungsausgleich, so sind die §§ 6 bis 8 VersAusglG entsprechend anzuwenden. Die Ausführungen zum VersAusglG gelten dementsprechend auch in diesen Fällen. An die Stelle der Ehezeiten nach § 3 Abs. 1 VersAusglG tritt insoweit die Lebenspartnerschaftszeit (§ 20 Abs. 2 LPartG).

Zu § 10 EStG   **Anlage § 010–10**

Von den nachfolgenden Ausführungen unberührt bleiben steuerliche Auswirkungen, die sich in Zusammenhang mit Pensionszusagen ergeben, die durch Körperschaften an ihre Gesellschafter erteilt wurden und die ganz oder teilweise gesellschaftsrechtlich veranlasst sind. 407

2. Besteuerungszeitpunkte

Bei der steuerlichen Beurteilung des Versorgungsausgleichs ist zwischen dem Zeitpunkt der Teilung eines Anrechts im Versorgungsausgleich durch gerichtliche Entscheidung und dem späteren Zufluss der Leistungen aus den unterschiedlichen Versorgungssystemen zu unterscheiden. 408

Bei der internen Teilung wird die Übertragung der Anrechte auf die ausgleichsberechtigte Person zum Zeitpunkt des Versorgungsausgleichs für beide Ehegatten nach § 3 Nr. 55a EStG steuerfrei gestellt, weil auch bei den im Rahmen eines Versorgungsausgleichs übertragenen Anrechten auf eine Alters- und Invaliditätsversorgung das Prinzip der nachgelagerten Besteuerung eingehalten wird. Die Besteuerung erfolgt erst während der Auszahlungsphase. Die später zufließenden Leistungen gehören dabei bei beiden Ehegatten zur gleichen Einkunftsart, da die Versorgungsanrechte innerhalb des jeweiligen Systems geteilt wurden. Ein Wechsel des Versorgungssystems und ein damit möglicherweise verbundener Wechsel der Besteuerung weg von der nachgelagerten Besteuerung hat nicht stattgefunden. Lediglich die individuellen Merkmale für die Besteuerung sind bei jedem Ehegatten gesondert zu ermitteln. 409

Bei einer externen Teilung kann dagegen die Übertragung der Anrechte zu einer Besteuerung führen, da sie mit einem Wechsel des Versorgungsträgers und damit regelmäßig mit einem Wechsel des Versorgungssystems verbunden ist. § 3 Nr. 55b Satz 1 EStG stellt deshalb die Leistung des Ausgleichswerts in den Fällen der externen Teilung für beide Ehegatten steuerfrei, soweit das Prinzip der nachgelagerten Besteuerung insgesamt eingehalten wird. Soweit die späteren Leistungen bei der ausgleichsberechtigten Person jedoch nicht der nachgelagerten Besteuerung unterliegen werden (z. B. Besteuerung nach § 20 Abs. 1 Nr. 6 EStG oder nach § 22 Nr. 1 Satz 3 Buchstabe a Doppelbuchstabe bb EStG mit dem Ertragsanteil), greift die Steuerbefreiung gem. § 3 Nr. 55b Satz 2 EStG nicht, und die Leistung des Ausgleichswerts ist bereits im Zeitpunkt der Übertragung beim ausgleichspflichtigen Ehegatten zu besteuern. Die Besteuerung der später zufließenden Leistungen erfolgt bei jedem Ehegatten unabhängig davon, zu welchen Einkünften die Leistungen beim jeweils anderen Ehegatten führen, und richtet sich danach, aus welchem Versorgungssystem sie jeweils geleistet werden. 410

II. Interne Teilung (§ 10 VersAusglG)

1. Steuerfreiheit nach § 3 Nr. 55a EStG

§ 3 Nr. 55a EStG stellt klar, dass die aufgrund einer internen Teilung durchgeführte Übertragung von Anrechten steuerfrei ist; dies gilt sowohl für die ausgleichspflichtige als auch für die ausgleichsberechtigte Person. 411

2. Besteuerung

Die Leistungen aus den übertragenen Anrechten gehören bei der ausgleichsberechtigten Person zu den Einkünften, zu denen die Leistungen bei der ausgleichspflichtigen Person gehören würden, wenn die interne Teilung nicht stattgefunden hätte. Die (späteren) Versorgungsleistungen sind daher (weiterhin) Einkünfte aus nichtselbständiger Arbeit (§ 19 EStG) oder aus Kapitalvermögen (§ 20 EStG) oder sonstige Einkünfte (§ 22 EStG). Ausgleichspflichtige Person und ausgleichsberechtigte Person versteuern beide die ihnen jeweils zufließenden Leistungen. Liegen Einkünfte aus nichtselbständiger Arbeit vor, gilt Rz. 328 auch für die ausgleichberechtigte Person. 412

Für die Ermittlung des Versorgungsfreibetrags und des Zuschlags zum Versorgungsfreibetrag nach § 19 Abs. 2 EStG, des Besteuerungsanteils nach § 22 Nr. 1 Satz 3 Buchstabe a Doppelbuchstabe aa EStG sowie des Ertragsanteils nach § 22 Nr. 1 Satz 3 Buchstabe a Doppelbuchstabe bb EStG bei der ausgleichsberechtigten Person ist auf deren Versorgungsbeginn, deren Rentenbeginn bzw. deren Lebensalter abzustellen. Die Art einer Versorgungszusage (Alt-/Neuzusage) bei der ausgleichsberechtigten Person entspricht grundsätzlich der Art der Versorgungszusage der ausgleichspflichtigen Person. Dies gilt auch bei einer Änderung des Leistungsspektrums nach § 11 Abs. 1 Nr. 3 VersAusglG. Bei einer Hinterbliebenenversorgung zugunsten von Kindern ändert sich die bisher maßgebende Altersgrenze (Rz. 250) nicht. Die Aufstockung eines zugesagten Sterbegeldes (vgl. Rz. 251) ist möglich. Sofern die Leistungen bei der ausgleichsberechtigten Person nach § 22 Nr. 5 EStG zu besteuern sind, ist für die Besteuerung auf die der ausgleichspflichtigen Person gewährten Förderung abzustellen, soweit diese auf die übertragene Anwartschaft entfällt (vgl. Rz. 117). 413

Wird das Anrecht aus einem Altersvorsorgevertrag oder einem Direktversicherungsvertrag intern geteilt und somit ein eigenes Anrecht der ausgleichsberechtigten Person begründet, gilt der Altersvorsorge- oder Direktversicherungsvertrag der ausgleichsberechtigten Person insoweit zu dem gleichen Zeitpunkt als abgeschlossen wie derjenige der ausgleichspflichtigen Person (§ 52 Abs. 36 Satz 12 EStG). Dies gilt 414

Anlage § 010–10   Zu § 10 EStG

entsprechend, wenn die Leistungen bei der ausgleichsberechtigten Person nach § 22 Nr. 5 Satz 2 Buchstabe c i. V. m. § 20 Abs. 1 Nr. 6 EStG zu besteuern sind.

III. Externe Teilung (§ 14 VersAusglG)

1. Steuerfreiheit nach § 3 Nr. 55b EStG

415 Nach § 3 Nr. 55b Satz 1 EStG ist der aufgrund einer externen Teilung an den Träger der Zielversorgung geleistete Ausgleichswert grundsätzlich steuerfrei, soweit die späteren Leistungen aus den dort begründeten Anrechten zu steuerpflichtigen Einkünften bei der ausgleichsberechtigten Person führen würden. Soweit die Übertragung von Anrechten im Rahmen des Versorgungsausgleichs zu keinen Einkünften im Sinne des EStG führt, bedarf es keiner Steuerfreistellung nach § 3 Nr. 55b EStG. Die Steuerfreiheit nach § 3 Nr. 55b Satz 1 EStG greift gemäß § 3 Nr. 55b Satz 2 EStG nicht, soweit Leistungen, die auf dem begründeten Anrecht beruhen, bei der ausgleichsberechtigten Person zu Einkünften nach § 20 Abs. 1 Nr. 6 EStG oder § 22 Nr. 1 Satz 3 Buchstabe a Doppelbuchstabe bb EStG führen würden.

416 Wird bei der externen Teilung einer betrieblichen Altersversorgung für die ausgleichsberechtigte Person ein Anrecht in einer betrieblichen Altersversorgung begründet, richtet sich die Art der Versorgungszusage (Alt-/Neuzusage) bei der ausgleichsberechtigten Person grundsätzlich nach der Art der Versorgungszusage der ausgleichspflichtigen Person. Dies gilt auch bei einer Änderung des Leistungsspektrums nach § 11 Abs. 1 Satz 2 Nr. 3 VersAusglG. Bei einer Hinterbliebenenversorgung zugunsten von Kindern ändert sich die bisher maßgebende Altersgrenze (Rz. 287) nicht. Die Aufstockung eines zugesagten Sterbegeldes (vgl. Rz. 288) ist möglich. Wird im Rahmen der externen Teilung eine bestehende Versorgungszusage der ausgleichsberechtigten Person aufgestockt, richtet sich die Art der Versorgungszusage nach den Rz. 349 ff.

2. Besteuerung bei der ausgleichsberechtigten Person

417 Für die Besteuerung bei der ausgleichsberechtigten Person ist unerheblich, zu welchen Einkünften die Leistungen aus dem übertragenen Anrecht bei der ausgleichspflichtigen Person geführt hätten, da mit der externen Teilung ein neues Anrecht begründet wird. Bei der ausgleichsberechtigten Person unterliegen Leistungen aus Altersvorsorgeverträgen, Pensionsfonds, Pensionskassen oder Direktversicherungen, die auf dem nach § 3 Nr. 55b Satz 1 EStG steuerfrei geleisteten Ausgleichswert beruhen, insoweit in vollem Umfang der nachgelagerten Besteuerung nach § 22 Nr. 5 Satz 1 EStG.

3. Beispiele

418 Beispiel 1:

Im Rahmen einer externen Teilung zahlt das Versicherungsunternehmen X, bei dem der Arbeitnehmerehegatte A eine betriebliche Altersversorgung über eine Direktversicherung (Kapitalversicherung mit Sparanteil) aufgebaut hat, den vom Familiengericht festgesetzten Ausgleichswert an das Versicherungsunternehmen Y zugunsten von Ehegatte B in einen zertifizierten Altersvorsorgevertrag in Form einer Rentenversicherung. Die Beiträge an das Versicherungsunternehmen X wurden in der Vergangenheit ausschließlich pauschal besteuert (§ 40b Abs. 1 und 2 EStG in der am 31. Dezember 2004 geltenden Fassung i. V. m. § 52 Abs. 52b EStG).

Der Ausgleichswert führt nicht zu steuerbaren Einkünften, da kein Erlebensfall oder Rückkauf vorliegt (§ 22 Nr. 5 Satz 2 Buchstabe b i. V. m. § 20 Abs. 1 Nr. 6 EStG). Der Steuerbefreiung nach § 3 Nr. 55b EStG bedarf es daher nicht. Die spätere durch die externe Teilung gekürzte Kapitalleistung unterliegt bei A der Besteuerung nach § 22 Nr. 5 Satz 2 Buchstabe bi. V. m. § 20 Abs. 1 Nr. 6 EStG (ggf. steuerfrei wenn die Direktversicherung vor dem 1. Januar 2005 abgeschlossen wurde, § 52 Abs. 36 Satz 5 EStG i. V. m. § 20 Abs. 1 Nr. 6 Satz 2 EStG a. F.). Die Leistungen aus dem zertifizierten Altervorsorgevertrag, die auf dem eingezahlten Ausgleichswert beruhen, unterliegen bei B der Besteuerung nach § 22 Nr. 5 Satz 2 EStG (vgl. Rz. 138 bis 143).

419 Beispiel 2:

Im Rahmen einer externen Teilung zahlt ein Versicherungsunternehmen X, bei der der Arbeitnehmerehegatte A eine betriebliche Altersversorgung über eine Direktversicherung (Rentenversicherung) aufgebaut hat, einen Ausgleichswert an das Versicherungsunternehmen Y zugunsten von Ehegatte B in einen zertifizierten Altersvorsorgevertrag. Die Beiträge an das Versicherungsunternehmen X waren steuerfrei (§ 3 Nr. 63 EStG).

Der Ausgleichswert ist steuerfrei nach § 3 Nr. 55b EStG. Die spätere geminderte Leistung unterliegt bei A der Besteuerung nach § 22 Nr. 5 Satz 1 EStG. Die Leistung bei B unterliegt – soweit diese auf dem eingezahlten Ausgleichswert beruht – ebenfalls der Besteuerung nach § 22 Nr. 5 Satz 1 EStG (vgl. Rz 132 ff.).

Zu § 10 EStG   **Anlage § 010–10**

Beispiel 3: 420

Im Rahmen einer externen Teilung zahlt der Arbeitgeber des Arbeitnehmerehegatten A mit dessen Zustimmung (§§ 14 Abs. 4 i. V. m. 15 Abs. 3 VersAusglG) den hälftigen Kapitalwert aus einer Direktzusage in einen privaten Rentenversicherungsvertrag mit Kapitalwahlrecht des Ehegatten B ein.

Der Ausgleichswert ist steuerpflichtig, da die späteren Leistungen aus dem Rentenversicherungsvertrag zu lediglich mit dem Ertragsanteil steuerpflichtigen Einkünften beim Ehegatten B führen (§ 3 Nr. 55b Satz 2 EStG). Beim Ausgleichswert handelt es sich um steuerpflichtigen – ggf. nach der Fünftelregelung ermäßigt zu besteuernden – Arbeitslohn des Arbeitnehmerehegatten A.

4. Verfahren

Der Versorgungsträger der ausgleichspflichtigen Person hat grundsätzlich den Versorgungsträger der 421
ausgleichsberechtigten Person über die für die Besteuerung der Leistungen erforderlichen Grundlagen zu informieren. Andere Mitteilungs-, Informations- und Aufzeichnungspflichten bleiben hiervon unberührt.

IV. Steuerunschädliche Übertragung im Sinne des § 93 Absatz 1a EStG

Eine steuerunschädliche Übertragung im Sinne des § 93 Abs. 1a Satz 1 EStGliegt vor, wenn auf Grund 422
einer Entscheidung des Familiengerichts im Wege der internen Teilung nach § 10 VersAusglG oder externen Teilung nach § 14 VersAusglG während der Ehezeit (§ 3 Abs. 1 VersAusglG) gebildetes gefördertes Altersvorsorgevermögen auf einen zertifizierten Altersvorsorgevertrag oder in eine nach § 82 Abs. 2 EStG begünstigte betriebliche Altersversorgung (einschließlich der Versorgungsausgleichskasse) übertragen wird. Dies ist bei der internen Teilung immer der Fall. Es ist unerheblich, ob die ausgleichsberechtigte Person selbst zulageberechtigt ist. Werden die bei einer internen Teilung entstehenden Kosten mit dem Altersvorsorgevermögen verrechnet (§ 13 VersAusglG), liegt insoweit keine schädliche Verwendung vor. Im Falle der Verrechnung reduziert sich der Beitragszusage (§ 1 Abs. 1 Satz 1 Nr. 3 AltZertG) des Anbieters entsprechend dem Verhältnis von Verrechnungsbetrag zu dem unmittelbar vor der Verrechnung vorhandenen Altersvorsorgekapital.

Die Übertragung auf Grund einer internen Teilung nach § 10 VersAusglG oder einer externen Teilung 423
nach § 14 VersAusglG auf einen Altersvorsorgevertrag oder eine nach § 82 Abs. 2 EStG begünstigte betriebliche Altersversorgung (einschließlich Versorgungsausgleichskasse) der ausgleichsberechtigten Person führt nicht zu steuerpflichtigen Einnahmen.

Beruht das auf die Ehezeit entfallende, aufzuteilende Altersvorsorgevermögen auf geförderten und un- 424
geförderten Beiträgen, ist das zu übertragende Altersvorsorgevermögen entsprechend dem Verhältnis der hierin enthaltenen geförderten und ungeförderten Beiträge aufzuteilen und anteilig zu übertragen.

Wird aufgrund einer internen Teilung nach § 10 VersAusglG oder einer externen Teilung nach § 14 425
VersAusglG ausschließlich ungefördertes Altersvorsorgevermögen übertragen, stellt dies eine mit einer Übertragung im Sinne des § 93 Abs. 1a EStG vergleichbare Übertragung dar. Insoweit gelten die Rz. 427 und 428 entsprechend. Die in § 93 Abs. 1a EStG geregelten Rechtsfolgen und Mitteilungsgründe treten aber nicht ein.

Erfolgt jedoch in dem Fall nachträglich eine steuerliche Förderung von Altersvorsorgebeiträgen für ein 426
in der Ehezeit liegendes Beitragsjahr, liegt rückwirkend betrachtet eine Übertragung im Sinne des § 93 Abs. 1a Satz 1 EStG vor, die auch die damit verbundenen weiteren Rechts- und Verfahrensfolgen auslöst. Hinsichtlich der Ermittlung und Auszahlung der nachträglich gewährten Zulage und der Zuordnung der Steuerverstrickung wird auf Rz. 434 verwiesen.

Im Fall der Übertragung im Sinne des § 93 Abs. 1a Satz 1 EStG erfolgt die Mitteilung über die Durch- 427
führung der Kapitalübertragung nach dem Verfahren gemäß § 11 AltvDV. Bei der internen Teilung entfällt der Datenaustausch zwischen den Anbietern nach § 11 Abs. 1 bis 3 AltvDV. Der Anbieter der ausgleichspflichtigen Person teilt der ZfA in seiner Meldung zur Kapitalübertragung (§ 11 Abs. 4 AltvDV) neben dem Prozentsatz des geförderten Altersvorsorgekapitals, das übertragen wird, auch die vom Familiengericht angegebene Ehezeit im Sinne des § 3 Abs. 1 VersAusglG mit.

Zu den Daten, die im Rahmen des Verfahrens gemäß § 11 AltvDV der ZfA mitzuteilen sind, zählen auch 428
die Daten, die von der ZfA benötigt werden, um die gemeldete ausgleichsberechtigte Person eindeutig zu identifizieren und gegebenenfalls für diese eine Zulagennummer zu vergeben bzw. ein Zulagekonto anlegen zu können. Aus dem Tatbestand, dass die ausgleichsberechtigte Person die Übertragung in eine förderbare Zielversorgung gewählt hat, für die die Verfahrensgrundsätze des Abschnitts XI EStG gelten, leitet sich neben der Antragsfiktion für die Vergabe einer Zulagennummer auch die Berechtigung des Anbieters zur Erhebung der hierfür notwendigen Daten her.

Erfolgt die interne Teilung und damit verbunden die Übertragung eines Anrechts im Bereich der be- 429
trieblichen Altersversorgung, erlangt die ausgleichsberechtigte Person die versorgungsrechtliche Stel-

Anlage § 010–10

Zu § 10 EStG

lung eines ausgeschiedenen Arbeitnehmers im Sinne des BetrAVG (§ 12 VersAusglG). Damit erlangt sie bei einem Pensionsfonds, einer Pensionskasse oder einer Direktversicherung auch das Recht zur Fortsetzung der betrieblichen Versorgung mit eigenen Beiträgen, die nach § 82 Abs. 2 Buchstabe b EStG zu den Altersvorsorgebeiträgen gehören können, wenn ein Fortsetzungsrecht bei der ausgleichspflichtigen Person für die Versorgung bestanden hätte. Rz. 335 ff. gelten entsprechend.

430 Die ZfA teilt der ausgleichspflichtigen Person den Umfang der auf die Ehezeit entfallenden steuerlichen Förderung nach § 10a/Abschnitt XI EStG mit. Diese Mitteilung beinhaltet die beitragsjahrbezogene Auflistung der ermittelten Zulagen sowie die nach § 10a Abs. 4 EStG gesondert festgestellten Beträge, soweit der ZfA diese bekannt sind, für die innerhalb der Ehezeit liegenden Beitragsjahre. Für die Beitragsjahre, in die der Beginn oder das Ende der Ehezeit fällt, wird die Förderung monatsweise zugeordnet, indem jeweils ein Zwölftel der für das betreffende Beitragsjahr gewährten Förderung den zu der Ehezeit zählenden Monaten zugerechnet wird. Die monatsweise Zuordnung erfolgt unabhängig davon, ob die für diese Beitragsjahre gezahlten Beiträge vor, nach oder während der Ehezeit auf den Altersvorsorgevertrag eingezahlt wurden. Die Mitteilung der Höhe der für den Vertrag insgesamt gewährten Förderung ist kein Verwaltungsakt.

431 Soweit das während der Ehezeit gebildete geförderte Altersvorsorgevermögen im Rahmen des § 93 Abs. 1a Satz 1 EStG übertragen wird, geht die steuerliche Förderung mit allen Rechten und Pflichten auf die ausgleichsberechtigte Person über. Dies hat zur Folge, dass im Falle einer schädlichen Verwendung des geförderten Altersvorsorgevermögens derjenige Ehegatte die Förderung zurückzahlen muss, der über das ihm zugerechnete geförderte Altersvorsorgevermögen schädlich verfügt. Leistungen aus dem geförderten Altersvorsorgevermögen sind beim Leistungsempfänger nachgelagert zu besteuern. Die Feststellung der geänderten Zuordnung der steuerlichen Förderung erfolgt beitragsjahrbezogen durch die ZfA. Sie erteilt sowohl der ausgleichspflichtigen als auch der ausgleichsberechtigten Person einen Feststellungsbescheid über die Zuordnung der nach § 10a Abs. 4 EStG gesondert festgestellten Beträge sowie der ermittelten Zulagen. Einwände gegen diese Bescheide können nur erhoben werden, soweit sie sich gegen die geänderte Zuordnung der steuerlichen Förderung richten. Nach Eintritt der Unanfechtbarkeit dieser Feststellungsbescheide werden auch die Anbieter durch einen Datensatz nach § 90 Abs. 2 Satz 6 EStG von der ZfA über die geänderte Zuordnung informiert.

432 Die ZfA kann die Mitteilung über den Umfang der auf die Ehezeit entfallenden steuerlichen Förderung (§ 93 Abs. 1a Satz 2 EStG, vgl. Rz. 430) und den Feststellungsbescheid über die geänderte Zuordnung der steuerlichen Förderung (§ 93 Abs. 1a Satz 5 EStG, vgl. Rz. 431) an die ausgleichspflichtige Person in einem Schreiben zusammenfassen, sofern deutlich wird, dass ein Einspruch nur zulässig ist, soweit er sich gegen die Zuordnung der steuerlichen Förderung richtet.

433 Bei der Übertragung im Sinne des § 93 Abs. 1a EStG ist das übertragene Altersvorsorgevermögen zunächst als Kapitalbetrag ohne steuerliche Zuordnung zu behandeln. Bei Eingang der Mitteilung der ZfA über die geänderte Zuordnung für die Ehezeit hat der Anbieter diese Zuordnung in die steuerliche Bestandsführung zu übernehmen. In der Zeit von der Übertragung des Altersvorsorgevermögens bis zur Mitteilung der ZfA über die steuerliche Neuzuordnung der Förderung sind Auszahlungen aus dem Vertrag nur insoweit zulässig, als für ggf. zurückzuzahlende Förderungen noch ausreichend Kapital zur Verfügung steht.

434 Stellt die ausgleichspflichtige Person nach der Übertragung im Sinne des § 93 Abs. 1a Satz 1 EStG einen Antrag auf Altersvorsorgezulage für ein Beitragsjahr in der Ehezeit, sind bei der Ermittlung des Zulageanspruchs die gesamten von der ausgleichspflichtigen Person gezahlten Altersvorsorgebeiträge des Beitragsjahrs – also auch der übertragene Teil der Altersvorsorgebeiträge – zugrunde zu legen. Die Zulage wird vollständig dem Vertrag der ausgleichspflichtigen Person gutgeschrieben. Die Zuordnung der Steuerverstrickung auf die ausgleichspflichtige und die ausgleichsberechtigte Person erfolgt, als wenn die Zulage bereits vor der Übertragung dem Vertrag gutgeschrieben worden wäre.

435 Werden nach Erteilung der Mitteilung über den Umfang der auf die Ehezeit entfallenden steuerlichen Förderung und der Feststellungsbescheide über die geänderte Zuordnung der steuerlichen Förderung für die Ehezeit Ermittlungsergebnisse getroffen, aufgehoben oder geändert, so hat die ZfA eine geänderte Mitteilung über den Umfang der auf die Ehezeit entfallenden steuerlichen Förderung zu erteilen und die Feststellungsbescheide über die geänderte Zuordnung der steuerlichen Förderung nach § 175 Abs. 1 Satz 1 Nr. 2 AO zu ändern. Dies gilt auch, wenn die ZfA nachträglich eine Mitteilung des Finanzamtamts über gesondert festgestellte Beträge nach § 10a Abs. 4 EStG für Veranlagungszeiträume in der Ehezeit erhält. Nach Eintritt der Unanfechtbarkeit dieser geänderten Feststellungsbescheide werden auch die Anbieter durch einen Datensatz nach § 90 Abs. 2 Satz 6 EStG von der ZfA über die geänderte Zuordnung informiert.

V. Leistungen an die ausgleichsberechtigte Person als Arbeitslohn
Nach § 19 Abs. 1 Nr. 2 EStG sind Leistungen, die die ausgleichsberechtigte Person auf Grund der internen oder externen Teilung später aus einer Direktzusage oder von einer Unterstützungskasse erhält, Einkünfte aus nichtselbständiger Arbeit; Rz. 328 gilt entsprechend. Sie unterliegen der Lohnsteuererhebung nach den allgemeinen Regelungen. Bei der ausgleichspflichtigen Person liegen Einkünfte aus nichtselbständiger Arbeit nur hinsichtlich der durch die Teilung gekürzten Leistungen vor. 436

Sowohl bei der ausgleichspflichtigen Person als auch bei der ausgleichsberechtigten Person werden der Arbeitnehmer-Pauschbetrag (§ 9a Satz 1 Nr. 1 Buchstabe a EStG) oder, soweit die Voraussetzungen dafür jeweils vorliegen, der Pauschbetrag für Werbungskosten (§ 9a Satz 1 Nr. 1 Buchstabe b EStG), der Versorgungsfreibetrag und der Zuschlag zum Versorgungsfreibetrag (§ 19 Abs. 2 EStG) berücksichtigt. Die steuerlichen Abzugsbeträge sind nicht auf die ausgleichspflichtige Person und die ausgleichsberechtigte Person aufzuteilen. 437

Zur Neuberechnung des Versorgungsfreibetrags und des Zuschlags zum Versorgungsfreibetrag vgl. Rz. 413. 438

D. Anwendungsregelung
Dieses Schreiben ist mit Wirkung ab 1. Januar 2012. 439

Anlage § 010–10

Zu § 10 EStG

III. Einkommensteuerrechtliche Behandlung von Ausgleichszahlungen im Rahmen des schuldrechtlichen Versorgungsausgleichs

– BdF-Schreiben vom 09.04.2010 – IV C 3 – S 2221/09/10024, 2010/0267359 (BStBl. I S. 323) –

Inhalt

A. Anwendungsbereich
B. Korrespondenzprinzip
I. Behandlung beim Ausgleichsverpflichteten
II. Behandlung beim Ausgleichsberechtigten
III. Unbeschränkte Steuerpflicht
C. Formen der Ausgleichszahlungen
I. Anspruch auf schuldrechtliche Ausgleichsrente, § 20 VersAusglG / § 1587g BGB a. F.; Rente auf Lebenszeit des Berechtigten, § 1587k Absatz 2 BGB a. F.
1. Laufende Versorgung in Form einer Basisversorgung
2. Laufende Versorgung in Form eines Versorgungsbezugs i. S. des § 19 EStG
3. Laufende Versorgung in Form einer Leibrente i. S. des § 22 Nummer 1 Satz 3 Buchstabe a Doppelbuchstabe bb EStG
4. Laufende Versorgung aus einem Pensionsfonds, einer Pensionskasse, einer Direktversicherung oder einem Riester-Vertrag
II. Abtretung von Versorgungsansprüchen, § 21 VersAusglG / § 1587i BGB a. F.
III. Anspruch auf Ausgleich von Kapitalzahlungen, § 22 VersAusglG
IV. Anspruch auf Abfindung, § 23 VersAusglG / § 1587l BGB a. F.
V. Anspruch gegen die Witwe oder den Witwer, § 26 VersAusglG
D. Anwendungsregelungen

A. Anwendungsbereich

1 Im Zuge der Scheidung von Ehegatten oder der Aufhebung einer eingetragenen Lebenspartnerschaft (§ 20 Absatz 1 Lebenspartnerschaftsgesetz) kommt es im Regelfall zur Durchführung eines Versorgungsausgleichs. Hierbei werden die in der Ehezeit erworbenen Anrechte geteilt (§ 1 Absatz 1 Versorgungsausgleichsgesetz – VersAusglG; bei eingetragenen Lebenspartnern gemäß § 20.

Absatz 1 Lebenspartnerschaftsgesetz). Diese Anrechte werden grundsätzlich intern (also innerhalb des jeweiligen Versorgungssystems) oder ausnahmsweise extern geteilt (§§ 10 bis 13 und §§ 14 bis 19 VersAusglG). Anrechte, die am Ende der Ehezeit noch nicht ausgleichsreif sind (z. B. weil ein Anrecht i. S. des Betriebsrentengesetzes noch verfallbar ist oder weil das Anrecht bei einem ausländischen, zwischenstaatlichen oder überstaatlichen Versorgungsträger besteht, § 19 Absatz 2 VersAusglG), sind von der internen und externen Teilung ausgeschlossen. Insoweit kommen gemäß § 19 Absatz 4 VersAusglG Ausgleichsansprüche nach der Scheidung in Betracht. Entsprechendes gilt, wenn die Ehegatten bzw. eingetragenen Lebenspartner gemäß § 6 Absatz 1 Nummer 3 VersAusglG den Versorgungsausgleich ganz oder teilweise Ausgleichsansprüchen nach der Scheidung vorbehalten haben.

2 Schuldrechtliche Ausgleichszahlungen des Ausgleichsverpflichteten an den Ausgleichsberechtigten in Form einer schuldrechtlichen Ausgleichsrente (§ 20 VersAusglG, §§ 1587f, 1587g BGB a. F.; zur Abtretung von Versorgungsansprüchen: § 21 VersAusglG, § 1587i BGB a. F.) oder in Form von Kapitalzahlungen (§ 22 VersAusglG) kann der Ausgleichsverpflichtete unter den nachfolgend aufgeführten Voraussetzungen als Sonderausgaben nach § 10 Absatz 1 Nummer 1b EStG geltend machen.

3 Der Sonderausgabenabzug nach § 10 Absatz 1 Nummer 1b EStG kommt auch in Betracht, wenn ein noch nicht ausgeglichenes Anrecht bei einem ausländischen, zwischenstaatlichen oder überstaatlichen Versorgungsträger besteht und die Witwe oder der Witwer des Ausgleichsverpflichteten gegenüber dessen geschiedenen Ehegatten zum Ausgleich verpflichtet ist (§ 26 VersAusglG, § 3a des Gesetzes zur Regelung von Härten im Versorgungsausgleich – VAHRG a. F.).

Zu § 10 EStG

Anlage § 010–10

Der Sonderausgabenabzug nach § 10 Absatz 1 Nummer 1b EStG kommt indes nicht in Betracht, wenn 4
statt einer schuldrechtlichen Ausgleichszahlung ein Anrecht nach § 23 VersAusglG abgefunden wird.
Der Abfindung nach § 23 VersAusglG liegt – im Gegensatz zu den schuldrechtlichen Ausgleichszahlungen – kein steuerbarer Zufluss beim Ausgleichsverpflichteten zu Grunde. Der wirtschaftliche Wertetransfer zwischen den Eheleuten, realisiert durch einen Zahlungsfluss zwischen dem Ausgleichsverpflichteten und dem aufnehmenden Versorgungsträger findet auf der privaten Vermögensebene statt und führt zu keinem steuerbaren Zufluss beim Ausgleichsberechtigten aus dem auszugleichenden Anrecht.

B. Korrespondenzprinzip
I. Behandlung beim Ausgleichsverpflichteten
Ausgleichszahlungen im Rahmen des Versorgungsausgleichs (Rz. 2, 3) können vom Ausgleichs- 5
verpflichteten in dem Umfang als Sonderausgabe nach § 10 Absatz 1 Nummer 1b EStG geltend gemacht werden, in dem die den Ausgleichszahlungen zugrunde liegenden Einnahmen bei ihm der Besteuerung unterliegen. Sind die zu Grunde liegenden Einnahmen nicht steuerbar oder steuerfrei, kommt ein Sonderausgabenabzug nach § 10 Absatz 1 Nummer 1b EStG nicht in Betracht.

II. Behandlung beim Ausgleichsberechtigten
Ausgleichszahlungen im Rahmen des Versorgungsausgleichs (Rz. 2, 3) sind vom Ausgleichs- 6
berechtigten als Einkünfte nach § 22 Nummer 1c EStG zu versteuern, soweit die Leistungen beim Ausgleichsverpflichteten als Sonderausgaben nach § 10 Absatz 1 Nummer 1b EStG abgezogen werden können. Bei der Ermittlung der Einkünfte nach § 22 Nummer 1c EStG ist § 9a Satz 1 Nummer 3 EStG anzuwenden.

III. Unbeschränkte Steuerpflicht
Einstweilen frei 7

Ist der Ausgleichsverpflichtete nicht unbeschränkt einkommensteuerpflichtig (§ 1 Absatz 4 EStG), kann 8
er die Ausgleichszahlungen im Rahmen des Versorgungsausgleichs (Rz. 2, 3) nicht als Sonderausgaben nach § 10 Absatz 1 Nummer 1b EStG abziehen. In diesem Fall hat der Ausgleichsberechtigte diese Leistungen nicht zu versteuern.

C. Formen der Ausgleichszahlungen
I. Anspruch auf schuldrechtliche Ausgleichsrente, § 20 VersAusglG/§ 1587g BGB a. F.; Rente auf Lebenszeit des Berechtigten, § 1587k Absatz 2 BGB a. F.
Befindet sich das Anrecht bereits in der Leistungsphase und wird eine Ausgleichsrente an den Aus- 9
gleichsberechtigten gezahlt (§ 20 VersAusglG; § 1587g BGB a. F.; Rente auf Lebenszeit des Berechtigten, § 1587k Absatz 2 BGB a. F.), kann der Ausgleichsverpflichtete die Zahlungen nach § 10 Absatz 1 Nummer 1b EStG abziehen, soweit die ihnen zugrunde liegenden Einnahmen bei ihm der Besteuerung unterliegen. Der Ausgleichsberechtigte hat die entsprechenden Leistungen nach § 22 Nummer 1c EStG zu versteuern.

1. Laufende Versorgung in Form einer Basisversorgung
Liegt der Ausgleichsrente eine Leibrente zugrunde, die beim Ausgleichspflichtigen nach § 22 Nummer 1 10
Satz 3 Buchstabe a Doppelbuchstabe aa EStG steuerpflichtig ist (Leistungen aus der gesetzlichen Rentenversicherung, berufsständischen Versorgungseinrichtung, landwirtschaftlichen Alterskasse, Basisversorgung i. S. des § 10 Absatz 1 Nummer 2 Buchstabe b EStG), ist der Teil der Ausgleichsrente als Sonderausgabe nach § 10 Absatz 1 Nummer 1b EStG anzusetzen, der dem steuerpflichtigen Teil der zu Grunde liegenden Leistung entspricht.
In gleicher Höhe unterliegt die Ausgleichsrente beim Ausgleichsberechtigten als Leistung aufgrund 11
schuldrechtlicher Ausgleichszahlungen der Besteuerung nach § 22 Nummer 1c EStG.

Beispiel 1:
Die Ausgleichsverpflichtete A bezieht seit dem Jahr 2009 eine Leibrente aus der gesetzlichen Rentenversicherung. Laut Rentenbezugsmitteilung für das Jahr 2011 beträgt der Leistungsbetrag 10 000 € und der darin enthaltene Anpassungsbetrag 1 000 €. Als Ausgleichsrente zahlt A 50 Prozent ihrer Leibrente – und somit insgesamt im Jahr 2011 einen Betrag in Höhe von 5 000 € – an den Ausgleichsberechtigten B.

Lösung:
B1
Die Leibrente unterliegt für das Jahr 2011 bei der Ausgleichsverpflichteten nach § 22 Nummer 1 Satz 3 Buchstabe a Doppelbuchstabe aa EStG in Höhe von 6 220 € der Besteuerung (58 Prozent von 9 000 € = 5 220 € zzgl. Anpassungsbetrag von 1 000 €). Nach § 10 Absatz 1 Nummer 1b EStG kann A von den an B geleisteten 5 000 € einen Betrag in Höhe von 3 110 € (50 Prozent von 6 220 €, da die Ausgleichsrente

Anlage § 010–10

Zu § 10 EStG

50 Prozent der Leibrente beträgt) als Sonderausgaben geltend machen. B muss korrespondierend hierzu 3 008 € (= 3 110 € ./. 102 € Werbungskostenpauschbetrag bzw. ggf. abzüglich tatsächlicher Werbungskosten) nach § 22 Nummer 1c EStG versteuern.

2. Laufende Versorgung in Form eines Versorgungsbezugs i. S. des § 19 EStG

12 Wird im Wege der schuldrechtlichen Ausgleichsrente ein Anrecht auf einen Versorgungsbezug nach § 19 EStG (z. B. Beamtenpension oder Werkspension) ausgeglichen, kann anteilig der an den Versorgungsempfänger geleistete Teil der Bezüge, die nach Abzug des Versorgungsfreibetrags und des Zuschlags zum Versorgungsfreibetrag nach § 19 Absatz 2 EStG der Besteuerung unterliegen, als Sonderausgaben nach § 10 Absatz 1 Nummer 1b EStG geltend gemacht werden. Der Ausgleichsberechtigte hat die Leistungen in entsprechendem Umfang nach

§ 22 Nummer 1c EStG zu versteuern.

Beispiel 2:

Der Ausgleichsverpflichtete A bezieht im Jahr 2011 (Versorgungsbeginn 1. Januar 2011) eine Beamtenpension i. H. v. 20 000 €. Die Ausgleichsberechtigte B erhält eine Ausgleichsrente in Höhe von 10 000 € jährlich.

Lösung:

B2

Nach Abzug der Freibeträge für Versorgungsbezüge nach § 19 Absatz 2 EStG in Höhe von 2 964. €, wird ein Betrag von 17 036 €, bei A der Besteuerung zugrunde gelegt. A kann einen Betrag in Höhe von 8 518 € (= 50 Prozent von 17 036 €) als Sonderausgaben geltend machen. B hat einen Betrag in Höhe von 8 416 € (= 8 518 € ./. 102 € Werbungskostenpauschbetrag bzw. ggf. abzüglich tatsächlicher Werbungskosten) nach § 22 Nummer 1c EStG zu versteuern.

3. Laufende Versorgung in Form einer Leibrente i. S. des § 22 Nummer 1 Satz 3 Buchstabe a Doppelbuchstabe bb EStG

13 Soweit der Ausgleichsrente eine mit dem Ertragsanteil nach § 22 Nummer 1 Satz 3 Buchstabe a Doppelbuchstabe bb EStG steuerbare Leibrente zu Grunde liegt, sind die Ausgleichszahlungen in Höhe des Ertragsanteils als Sonderausgaben nach § 10 Absatz 1 Nummer 1b EStG zu berücksichtigen. Korrespondierend hierzu hat der Ausgleichsberechtigte die Ausgleichsrente in entsprechender Höhe nach § 22 Nummer 1c EStG zu versteuern.

Beispiel 3:

Der Ausgleichsverpflichtete A bezieht seit Vollendung des 63. Lebensjahres eine nach § 22 Nummer 1 Satz 3 Buchstabe a Doppelbuchstabe bb EStG nur mit dem Ertragsanteil zu versteuernde Leibrente. Laut Rentenbezugsmitteilung für das Jahr 2011 beträgt der Leistungsbetrag 10 000 €. Im Rahmen des Versorgungsausgleichs leistet A als Ausgleichsrente 50 Prozent seiner Leibrente an die Ausgleichsberechtigte B. A zahlt im Jahr 2011 dementsprechend an B eine Ausgleichsrente in Höhe von 5 000 €.

Lösung:

B3

Die Leibrente unterliegt beim Ausgleichsverpflichteten nach § 22 Nummer 1 Satz 3 Buchstabe a Doppelbuchstabe bb EStG in Höhe von 2.000 € (Ertragsanteil: 20 Prozent/Jahreswert 10 000 €) der Besteuerung. Als Sonderausgaben nach § 10 Absatz 1 Nummer 1b EStG kann A 50 Prozent von 2 000 €, somit einen Betrag in Höhe von 1 000 €, geltend machen. B muss korrespondierend hierzu einen Betrag in Höhe von 898 € (= 1 000 € ./. 102 € Werbungskostenpauschbetrag bzw. ggf. abzüglich tatsächlicher Werbungskosten) nach § 22 Nummer 1c EStG versteuern.

4. Laufende Versorgung aus einem Pensionsfonds, einer Pensionskasse, einer Direktversicherung oder einem Riester-Vertrag

14 Liegt der Ausgleichsrente eine Leistung aus einem Pensionsfonds, einer Pensionskasse, einer Direktversicherung oder einem Altersvorsorgevertrag (Vertrag, der nach § 5 des Gesetzes über die Zertifizierung von Altersvorsorgeverträgen – AltZertG – zertifiziert ist, sog. Riester-Vertrag) zu Grunde, kann beim Ausgleichsverpflichteten der Teil der Ausgleichsrente als Sonderausgaben nach § 10 Absatz 1 Nummer 1b EStG berücksichtigt werden, der nach § 22 Nummer 5 EStG bei ihm der Besteuerung unterliegt. Dabei ist es unerheblich, ob die zu Grunde liegende Leistung in Form einer Rentenzahlung oder eines Auszahlungsplans mit anschließender Teilkapitalverrentung ausgezahlt wird. Der Ausgleichsberechtigte hat die Leistung in entsprechendem Umfang nach § 22 Nummer 1c EStG zu versteuern. Eine schädliche Verwendung nach § 93 EStG tritt nicht ein, da das geförderte Altersvorsorgevermögen unter den Voraussetzungen des AltZertG an den Ausgleichsverpflichteten gezahlt wird.

Beispiel 4:
Der Ausgleichsverpflichtete A erhält nach Vollendung des 60. Lebensjahres aus dem Auszahlungsplan seines Riester-Vertrags eine monatliche Leistung in Höhe von 600 € bzw. eine jährliche Leistung in Höhe von 7 200 €. Bei der erstmaligen Auszahlung der Leistung waren bereits mehr als 12 Jahre seit dem Vertragsabschluss vergangen. Die Leistung beruht zu 70 Prozent auf geförderten und zu 30 Prozent auf ungeförderten Beiträgen; die ungeförderten Beiträge betragen 2 000 €. A hat die auf geförderten Beiträgen beruhende anteilige Leistung von 70 Prozent nach § 22 Nummer 5 Satz 1 EStG in Höhe von 5 040 € im Rahmen der sonstigen Einkünfte zu versteuern. Die auf ungeförderten Beiträgen beruhende anteilige Leistung von 30 Prozent hat er nach § 22 Nummer 5 Satz 2 Buchstabe c EStG mit der Hälfte des Unterschiedsbetrags zwischen der Leistung und der Summe der auf sie entrichteten Beiträge zu versteuern. Der Unterschiedsbetrag zwischen der Leistung in Höhe von 2 160 € und der Summe der auf sie entrichteten ungeförderten Beiträge in Höhe von 2 000 € beträgt 160 €. Die ausgezahlte Leistung hat A in Höhe von 80 € (Hälfte des Unterschiedsbetrags, § 22 Nummer 5 Satz 2 Buchstabe c EStG) zu versteuern. Im Rahmen des Versorgungsausgleichs zahlt A 50 Prozent seiner (gesamten) Leistungen aus dem Riester-Vertrag an den Ausgleichsberechtigten B.

Lösung:
B4
Beim Ausgleichsverpflichteten unterliegt die Leistung aus dem Auszahlungsplan zunächst in Höhe von 5 120 € (= 5 040 € + 80 €) der Besteuerung. Als Sonderausgaben nach § 10 Absatz 1 Nummer 1b EStG kann A einen Betrag in Höhe von 2 560 € geltend machen, da er 50 Prozent der von ihm bezogenen Leistungen als Ausgleichsrente an B zahlt. B muss korrespondierend hierzu 2 458 € (= 2 560 € ./. 102 € Werbungskostenpauschbetrag bzw. ggf. abzüglich tatsächlicher Werbungskosten) nach § 22 Nummer 1c EStG versteuern.

II. Abtretung von Versorgungsansprüchen, § 21 VersAusglG/§ 1587i BGB a. F.
Hat der Ausgleichsverpflichtete dem Ausgleichsberechtigten seinen Anspruch gegen den Versorgungsträger in Höhe der Ausgleichsrente abgetreten (§ 21 VersAusglG; § 1587i BGB a. F.), sind die Versorgungsleistungen in der Auszahlungsphase beim Ausgleichsverpflichteten auch insoweit steuerlich zu erfassen, als sie wegen der Abtretung nicht an ihn, sondern unmittelbar an den Ausgleichsberechtigten geleistet werden. Der Ausgleichsverpflichtete kann den jeweils abgetretenen und bei ihm der Besteuerung unterliegenden Teil der Versorgungsleistungen als Sonderausgaben nach § 10 Absatz 1 Nummer 1b EStG abziehen. Der Ausgleichsberechtigte hat die Ausgleichszahlungen im Rahmen des Versorgungsausgleichs nach § 22 Nummer 1c EStG zu versteuern. 15

Die Ausführungen in den Rz. 10 bis 14 gelten entsprechend. 16

Bei einem zertifizierten Altersvorsorgevertrag führt die Abtretung des Leistungsanspruchs in der Auszahlungsphase im Rahmen einer Ausgleichsrente nicht zu einer schädlichen Verwendung i. S. von § 93 EStG. Dies gilt auch, wenn die Abtretung bereits vor Beginn der Auszahlungsphase vorgenommen wird. Es handelt sich insoweit lediglich um einen abgekürzten Zahlungsweg. Die Leistung gilt steuerrechtlich weiterhin als dem Ausgleichsverpflichteten zugeflossen. 17

III. Anspruch auf Ausgleich von Kapitalzahlungen, § 22 VersAusglG
Zahlt der Ausgleichsverpflichtete einen Ausgleichswert für Kapitalzahlungen aus einem noch nicht ausgeglichenen Anrecht (§ 22 VersAusglG), ist die Zahlung beim Ausgleichsverpflichteten nach § 10 Absatz 1 Nummer 1b EStG in dem Umfang zu berücksichtigen, wie die dem Ausgleichswert zu Grunde liegenden Kapitalzahlungen beim Ausgleichsverpflichteten zu versteuern sind. Der Ausgleichsberechtigte hat die Zahlung korrespondierend hierzu nach § 22 Nummer 1c EStG zu versteuern. Hierbei wird es sich meist um betriebliche Anrechte handeln, die eine (Teil-)Kapitalisierung vorsehen, oder aber um Anrechte i. S. des AltZertG, soweit eine Teilkapitalisierung vereinbart ist. 18

Beispiel 5:
Der Ausgleichsverpflichtete A hat auf seinem zertifizierten Altersvorsorgevertrag gefördertes Altersvorsorgevermögen in Höhe von 50.000 € angespart. Zu Beginn der Auszahlungsphase lässt sich A im Rahmen einer förderunschädlichen Teilkapitalauszahlung 30 Prozent des vorhandenen geförderten Altersvorsorgekapitals auszahlen (15 000 €). A zahlt dem Ausgleichsberechtigten B einen Ausgleichswert in Höhe von 7 500 € (50 Prozent von 15 000 €).

Lösung:
B5
Die Auszahlung unterliegt bei A nach § 22 Nummer 5 Satz 1 EStG in Höhe von 15 000 € der vollen nachgelagerten Besteuerung. Als Sonderausgaben nach § 10 Absatz 1 Nummer 1b EStG kann A einen Betrag in Höhe von 7 500 € (50 Prozent von 15 000 €) ansetzen. B muss korrespondierend hierzu 7 398 €

Anlage § 010–10 Zu § 10 EStG

(= 7 500 € ./. 102 € Werbungskostenpauschbetrag bzw. ggf. abzüglich tatsächlicher Werbungskosten) nach § 22 Nummer 1c EStG versteuern.

IV. Anspruch auf Abfindung, § 23 VersAusglG/§ 1587l BGB a. F.

19 Verlangt der Ausgleichsberechtigte vom Ausgleichsverpflichteten für ein noch nicht ausgeglichenes Anrecht eine zweckgebundene Abfindung (§ 23 VersAusglG; § 1587l BGB a. F.), scheidet beim Ausgleichsverpflichteten ein Sonderausgabenabzug nach § 10 Absatz 1 Nummer 1b EStG aus. Der Ausgleichsberechtigte muss die Leistungen nicht als Einkünfte nach § 22 Nummer 1c EStG versteuern. Gleiches gilt für Abfindungszahlungen, die im Rahmen eines Scheidungsfolgenvergleichs gezahlt werden, um den Versorgungsausgleich auszuschließen (§ 6 Absatz 1 Nummer 2 VersAusglG; §§ 1408 Absatz 2 und 1587o BGB a. F.).

20 Die Zahlung der Abfindung (§ 23 VersAusglG; § 1587l BGB a. F.) ist ein Vorgang auf der privaten Vermögensebene. Daher scheidet auch eine Steuerermäßigung wegen außergewöhnlicher Belastung nach § 33 EStG aus.

21 Die Besteuerung der dem Ausgleichsberechtigten aufgrund der Abfindung nach § 23 VersAusglG (§ 1587l BGB a. F.) – später – zufließenden Versorgungsleistungen richtet sich nach der Rechtsnatur dieser Leistungen. Handelt es sich z. B. um Rentenzahlungen aus der gesetzlichen Rentenversicherung sind diese bei ihm als Leibrenten nach § 22 Nummer 1 Satz 3 Buchstabe a Doppelbuchstabe aa EStG zu versteuern.

V. Anspruch gegen die Witwe oder den Witwer, § 26 VersAusglG

22 Stirbt der Ausgleichsverpflichtete und besteht ein noch nicht ausgeglichenes Anrecht bei einem ausländischen, zwischenstaatlichen oder überstaatlichen Versorgungsträger und leistet der Versorgungsträger wegen der Hinterbliebenenversorgung, kann die Witwe oder der Witwer zu Leistungen an den ausgleichsberechtigten, geschiedenen Ehegatten des Verstorbenen verpflichtet sein (§ 26 VersAusglG; § 3a Absatz 5 VAHRG a. F.). Die Witwe oder der Witwer kann die Leistungen an den Ausgleichsberechtigten als Sonderausgaben nach § 10 Absatz 1 Nummer 1b EStG geltend machen. Der Ausgleichsberechtigte hat die Leistungen nach § 22 Nummer 1c EStG zu versteuern.

Beispiel 6:

Die Witwe W (zweite Ehefrau des verstorbenen Ausgleichsverpflichteten) bezieht seit dem Jahr 2010 eine Hinterbliebenenrente in Höhe von 10 000 € jährlich von einem Versorgungsträger in der Schweiz. Die Hinterbliebenenrente ist wie eine (große) Witwenrente aus der deutschen gesetzlichen Rentenversicherung nach § 22 Nummer 1 Satz 3 Buchstabe a Doppelbuchstabe aa EStG zu versteuern. Die geschiedene erste Ehefrau E des Verstorbenen hat gegen W einen Anspruch nach § 26 Absatz 1 VersAusglG auf Versorgungsausgleich in Höhe von 50 Prozent der Rente. W zahlt daher im Jahr 2010 an E eine Ausgleichsrente in Höhe von 5 000 €.

Lösung:

B6

Die Leibrente unterliegt bei der Ausgleichsverpflichteten W nach § 22 Nummer 1 Satz 3 Buchstabe a Doppelbuchstabe aa EStG in Höhe von 6 000 € der Besteuerung (60 Prozent von 10 000 €). Nach § 10 Absatz 1 Nummer 1b EStG kann W von 5 000 € einen Betrag in Höhe von 3 000 € (50 Prozent von 6 000 €) als Sonderausgaben geltend machen. E muss korrespondierend hierzu 2 898 € (= 3 000 € ./. 102 € Werbungskostenpauschbetrag bzw. ggf. abzüglich tatsächlicher Werbungskosten) nach § 22 Nummer 1c EStG versteuern.

D. Anwendungsregelungen

23 Die steuerrechtlichen Regelungen zum schuldrechtlichen Versorgungsausgleich wurden mit dem Jahressteuergesetz 2008 (JStG 2008, BGBl. I 2007, Seite 3150) in § 10 Absatz 1 Nummer 1b EStG niedergelegt. Außerdem wurden die zivilrechtlichen Regelungen zum Versorgungsausgleich mit dem Gesetz zur Strukturreform des Versorgungsausgleichs (VAStrRefG, BGBl. I. Seite 700) mit Wirkung zum 1. September 2009 geändert. Die bisherige zivilrechtliche Systematik der Ausgleichsansprüche nach der Scheidung (bisher: schuldrechtlicher bzw. verlängerter schuldrechtlicher Versorgungsausgleich nach den §§ 1587f bis 1587n BGB a. F. sowie § 3a VAHRG) wurde hierbei weitgehend beibehalten.

24 Ab dem Veranlagungszeitraum 2008 findet für Ausgleichsansprüche nach der Scheidung § 10 Absatz 1 Nummer 1b EStG in der ab dem 1. Januar 2008 geltenden Fassung und dieses BMF-Schreiben Anwendung. Die Ausführungen in diesem Schreiben sind sowohl für die – zivilrechtliche – Rechtslage bis zum 31. August 2009 als auch ab diesem Zeitpunkt anwendbar. Das BMF-Schreiben vom 20. Juli 1981 (BStBl. I Seite 567) findet ab dem Veranlagungszeitraum 2008 keine Anwendung mehr.

Dieses Schreiben wird im Bundessteuerblatt Teil I veröffentlicht.

Zu § 10 EStG **Anlage § 010–11**

Einkommensteuerrechtliche Behandlung von Vorsorgeaufwendungen und Altersbezügen[1]

– BdF-Schreiben vom 19.08.2013 – IV C 3-S 2221/12/10010:004, IV C 5-S 2345/08/0001 (BStBl. I S.1087) unter Berücksichtigung der Änderungen durch das BdF-Schreiben vom 10.01.2014 – IV C 3 – S 2221/12/10010: 003,2013/1146023 (BStBl. I S. 70) –

Zum Sonderausgabenabzug für Beiträge nach § 10 Absatz 1 und zur Besteuerung von Versorgungsbezügen nach § 19 Absatz 2 sowie von Einkünften nach § 22 Nummer 1 Satz 3 Buchstabe a des Einkommensteuergesetzes (EStG) gilt im Einvernehmen mit den obersten Finanzbehörden der Länder Folgendes:

Inhaltsübersicht

Inhalt	Randziffer
A. Abzug von Vorsorgeaufwendungen – § 10 EStG –	1 – 167
I. Sonderausgabenabzug für Beiträge nach § 10 Absatz 1 Nummer 2 EStG	1 – 67
1. Begünstigte Beiträge	1 – 45
a) Beiträge i. S. d. § 10 Absatz 1 Nummer 2 Satz 1 Buchstabe a EStG	1 – 7
aa) Beiträge zu den gesetzlichen Rentenversicherungen	1 – 4
bb) Beiträge zur landwirtschaftlichen Alterskasse	5
cc) Beiträge zu berufsständischen Versorgungseinrichtungen	6 – 7
b) Beiträge i. S. d. § 10 Absatz 1 Nummer 2 Satz 1 Buchstabe b EStG	8 – 44
aa) Allgemeines	8 – 16
bb) Absicherung von Berufsunfähigkeit, verminderter Erwerbsfähigkeit und Hinterbliebenen	17 – 24
cc) Weitere Vertragsvoraussetzungen	25 – 44
c) Beitragsempfänger	45
2. Ermittlung des Abzugsbetrags nach § 10 Absatz 3 EStG	46 – 67
a) Höchstbetrag	46
b) Kürzung des Höchstbetrags nach § 10 Absatz 3 Satz 3 EStG	47 – 59
aa) Kürzung des Höchstbetrags beim Personenkreis des § 10 Absatz 3 Satz 3 Nummer 1 Buchstabe a EStG	49 – 51
bb) Kürzung des Höchstbetrags beim Personenkreis des § 10 Absatz 3 Satz 3 Nummer 1 Buchstabe b EStG	52 – 55
cc) Kürzung des Höchstbetrags beim Personenkreis des § 10 Absatz 3 Satz 3 Nummer 2 EStG	46 – 59
c) Kürzung des Höchstbetrags bei Ehegatten und Lebenspartnern	60
d) Übergangsregelung (bis 2024)	61
e) Kürzung des Abzugsbetrags bei Arbeitnehmern nach § 10 Absatz 3 Satz 5 EStG	62 – 67
II. Sonderausgabenabzug für sonstige Vorsorgeaufwendungen nach § 10 Absatz 1 Nummer 3 und 3a EStG	68 – 141
1. Allgemeines	68
2. Sonstige Vorsorgeaufwendungen	69 – 98
a) Beiträge zur Basiskrankenversicherung (§ 10 Absatz 1 Nummer 3 Satz 1 Buchstabe a EStG)	69 – 93
aa) Beiträge zur gesetzlichen Krankenversicherung	76 – 85
(1) Allgemeines	76 – 78
(2) Einzelne Personengruppen	79 – 85
(a) Pflichtversicherte Arbeitnehmer	79

---

1) Der Begriff „Lebenspartner" bezeichnet in diesem BMF-Schreiben Lebenspartner einer eingetragenen Lebenspartnerschaft.

		(b) Freiwillig gesetzlich versicherte Arbeitnehmer	80
		(c) Freiwillig gesetzlich versicherte Selbständige	81
		(d) Pflichtversicherte selbständige Künstler und Publizisten	82
		(e) Freiwillig gesetzlich versicherte Künstler und Publizisten	83
		(f) Pflichtversicherte Rentner	84
		(g) Freiwillig gesetzlich versicherte Rentner	85
	bb) Beiträge zur privaten Krankenversicherung		86 – 93
	(1) Allgemeines		86 – 89
	(2) Einzelne Personengruppen		90 – 93
		(a) Privat versicherte Arbeitnehmer	90 – 91
		(b) Privat versicherte Künstler und Publizisten	92
		(c) Privat versicherte Rentner	93
	b) Beiträge zur gesetzlichen Pflegeversicherung (§ 10 Absatz 1 Nummer 3 Satz 1 Buchstabe b EStG)		94
	c) Weitere sonstige Vorsorgeaufwendungen (§ 10 Absatz 1 Nummer 3a EStG)		95 – 98
3.	Ermittlung Abzugsbetrag		99 – 108
	a) Höchstbetrag nach § 10 Absatz 4 EStG		99 – 102
	b) Mindestansatz		103
	c) Abzugsbetrag bei Ehegatten und Lebenspartnern		104 – 108
	aa) Zusammenveranlagung nach § 26b EStG		104
	bb) Einzelveranlagung nach § 26a EStG und „Patchwork-Familien"		105 – 108
4.	Verfahren		109 – 125
	a) Gesetzlich Versicherte		112 – 121
	aa) Pflichtversicherte Arbeitnehmer		113
	bb) Freiwillig gesetzlich versicherte Arbeitnehmer		114 – 115
	cc) Freiwillig gesetzlich versicherte Selbständige		116
	dd) Pflichtversicherte selbständige Künstler und Publizisten		117
	ee) Freiwillig gesetzlich versicherte Künstler und Publizisten		118
	ff) Pflichtversicherte Rentner		119
	gg) Pflichtversicherte Empfänger einer Kapitalleistung aus der betrieblichen Altersversorgung		120
	hh) Freiwillig gesetzlich versicherte Rentner		121
	b) Privat Versicherte		122 – 125
	aa) Privat versicherte Arbeitnehmer		122 – 123
	bb) Privat versicherte Künstler und Publizisten		124
	cc) Privat versicherte Rentner		125
5.	Beitragsvorauszahlungen		126 – 141
	a) Anwendungsbereich		126
	b) Ermittlung der Vergleichsgrößen		127 – 132
	aa) Ermittlung des zulässigen Vorauszahlungsvolumens		129 – 131
	bb) Summe der geleisteten Beitragsvorauszahlungen		132
	c) Rechtsfolge		133 – 141
	aa) Allgemein		133 – 136
	bb) Vorauszahlungen vs. regelmäßig wiederkehrende Zahlungen		137 – 141

III. Gemeinsame Regelungen   142 – 163
  1. Datenübermittlung   142 – 144
  2. Einwilligung in die Datenübermittlung   145 – 149
     a) Allgemeines   145 – 147

b) Einwilligungsfiktion bei Kranken- und Pflegeversicherungsbeiträgen	148 – 149
3. Nachweis bei fehlgeschlagener Datenübermittlung	150 – 151
a) Kranken- und Pflegeversicherungsbeiträge	150
b) Beiträge zur Basisrente	151
4. Zufluss- und Abflussprinzip (§ 11 EStG)	152 – 155
5. Zusammenhang mit steuerfreien Einnahmen	156 – 157
6. Erstattungsüberhänge	158 – 159
7. Globalbeiträge	160
8. Änderungsnorm	161 – 163
IV. Günstigerprüfung nach § 10 Absatz 4a EStG	164 – 167
B. Besteuerung von Versorgungsbezügen – § 19 Absatz 2 EStG	168 – 189
I. Von internationalen Organisationen gezahlten Pensionen	168
II. Arbeitnehmer-/Werbungskosten-Pauschbetrag/Zuschlag zum Versorgungsfreibetrag	169
III. Versorgungsfreibetrag/Zuschlag zum Versorgungsfreibetrag	170 – 188
1. Allgemeines	170
2. Berechnung des Versorgungsfreibetrags und des Zuschlags zum Versorgungsfreibetrag	170
3. Festschreibung des Versorgungsfreibetrags und des Zuschlags zum Versorgungsfreibetrag	170
4. Neuberechnung des Versorgungsfreibetrags und des Zuschlags zum Versorgungsfreibetrag	170
5. Zeitanteilige Berücksichtigung des Versorgungsfreibetrags und des Zuschlags zum Versorgungsfreibetrag	170
6. Mehrere Versorgungsbezüge	170
7. Hinterbliebenenversorgung	170
8. Berechnung des Versorgungsfreibetrags im Falle einer Kapitalauszahlung/Abfindung	170
9. Zusammentreffen von Versorgungsbezügen (§ 19 EStG) und Rentenleistungen (§ 22 EStG)	170
IV. Aufzeichnungs- und Bescheinigungspflichten	189
C. Besteuerung von Einkünften gem. § 22 Nummer 1 Satz 3 Buchstabe a EStG	190 – 269
I. Allgemeines	190 – 194
II. Leibrenten und andere Leistungen i. S. d. § 22 Nummer 1 Satz 3 Buchstabe a Doppelbuchstabe aa EStG	195 – 211
1. Leistungen aus den gesetzlichen Rentenversicherungen, aus der landwirtschaftlichen Alterskasse und aus den berufsständischen Versorgungseinrichtungen	195 – 205
a) Besonderheiten bei Leibrenten und anderen Leistungen aus den gesetzlichen Rentenversicherungen	196 – 199
b) Besonderheiten bei Leibrenten und anderen Leistungen aus der landwirtschaftlichen Alterskasse	200 – 201
c) Besonderheiten bei Leibrenten und anderen Leistungen aus den berufsständischen Versorgungseinrichtungen	202 – 205
2. Leibrenten und andere Leistungen aus Rentenversicherungen i. S. d. § 10 Absatz 1 Nummer 2 Satz 1 Buchstabe b EStG	206 – 211
III. Leibrenten und andere Leistungen i. S. d. § 22 Nummer 1 Satz 3 Buchstabe a Doppelbuchstabe bb EStG	212 – 215
IV. Besonderheiten bei der betrieblichen Altersversorgung	216
V. Durchführung der Besteuerung	217 – 269
1. Leibrenten und andere Leistungen i. S. d. § 22 Nummer 1 Satz 3 Buchstabe a Doppelbuchstabe aa EStG	217 – 235

a) Allgemeines		217
b) Jahresbetrag der Rente		218
c) Bestimmung des Prozentsatzes		219 – 229
aa) Allgemeines		219 – 222
bb) Erhöhung oder Herabsetzung der Rente		223
cc) Besonderheiten bei Folgerenten aus derselben Versicherung		224 – 229
d) Ermittlung des steuerfreien Teils der Rente		230 – 235
aa) Allgemeines		230
bb) Bemessungsgrundlage für die Ermittlung des steuerfreien Teils der Rente		231
cc) Neuberechnung des steuerfreien Teils der Rente		232 – 235
2. Leibrenten und andere Leistungen i. S. d. § 22 Nummer 1 Satz 3 Buchstabe a Doppelbuchstabe bb EStG		236 – 237
3. Öffnungsklausel		238 – 269
a) Allgemeines		238
b) Antrag		239
c) 10-Jahres-Grenze		240
d) Maßgeblicher Höchstbetrag		241
e) Ermittlung der geleisteten Beiträge		242 – 246
f) Nachweis der gezahlten Beiträge		247
g) Ermittlung des auf Beiträgen oberhalb des Betrags des Höchstbetrags beruhenden Teils der Leistung		248 – 250
h) Aufteilung bei Beiträgen an mehr als einen Versorgungsträger		251 – 255
aa) Beiträge an mehr als eine berufsständische Versorgungseinrichtung		252
bb) Beiträge an die gesetzliche Rentenversicherung und an berufsständische Versorgungseinrichtungen		253 – 255
i) Öffnungsklausel bei einmaligen Leistungen		256 – 257
j) Versorgungsausgleich unter Ehegatten oder unter Lebenspartnern		258 – 265
k) Bescheinigung der Leistung nach § 22 Nummer 1 Satz 3 Buchstabe a Doppelbuchstabe bb Satz 2 EStG		266 – 269
D. Besonderheiten beim Versorgungsausgleich		270 – 222
I. Allgemeines		270 – 278
1. Gesetzliche Neuregelung des Versorgungsausgleichs		270 – 275
2. Besteuerungszeitpunkt		276 – 278
II. Interne Teilung (§ 10 VersAusglG)		279 – 282
1. Steuerfreiheit nach § 3 Nummer 55a EStG		279
2. Besteuerung bei der ausgleichsberechtigten Person		280 – 282
III. Externe Teilung (§ 14 VersAusglG)		283 – 287
1. Steuerfreiheit nach § 3 Nummer 55b EStG		283
2. Besteuerung bei der ausgleichsberechtigten Person		284
3. Beispiele		285 – 286
4. Verfahren		287
IV. Neuberechnung des Versorgungsfreibetrags und des Zuschlags zum Versorgungsfreibetrag		288
E. Anwendungsregelung		289 – 290

Zu § 10 EStG

Anlage § 010–11

A. Abzug von Altersvorsorgeaufwendungen – § 10 EStG –

I. Sonderausgabenabzug für Beiträge nach § 10 Absatz 1 Nummer 2 EStG

1. Begünstigte Beiträge

a) Beiträge im Sinne des § 10 Absatz 1 Nummer 2 Buchstabe a EStG

aa) Beiträge zu den gesetzlichen Rentenversicherungen

Als Beiträge zur gesetzlichen Rentenversicherung sind Beiträge an folgende Träger der gesetzlichen Rentenversicherung zu berücksichtigen:

- Deutsche Rentenversicherung Bund,
- Deutsche Rentenversicherung Knappschaft-Bahn-See,
- Deutsche Rentenversicherung Regionalträger.

Die Beiträge können wie folgt erbracht und nachgewiesen werden:

Art der Beitragsleistung	Nachweis durch
Pflichtbeiträge aufgrund einer abhängigen Beschäftigung einschließlich des nach § 3 Nummer 62 EStG steuerfreien Arbeitgeberanteils	Lohnsteuerbescheinigung
Pflichtbeiträge aufgrund einer selbständigen Tätigkeit	Beitragsbescheinigung des Rentenversicherungsträgers oder der Künstlersozialkasse
freiwillige Beiträge	Beitragsbescheinigung des Rentenversicherungsträgers
Nachzahlung von freiwilligen Beiträgen	Beitragsbescheinigung des Rentenversicherungsträgers
freiwillige Zahlung von Beiträgen zum Ausgleich einer Rentenminderung (bei vorzeitiger Inanspruchnahme einer Altersrente) § 187a des Sechsten Buches Sozialgesetzbuch – SGB VI –	Beitragsbescheinigung des Rentenversicherungsträgers
freiwillige Zahlung von Beiträgen zum Auffüllen von Rentenanwartschaften, die durch einen Versorgungsausgleich gemindert worden sind § 187 SGB VI	Besondere Beitragsbescheinigung des Rentenversicherungsträgers
Abfindung von Anwartschaften auf betriebliche Altersversorgung § 187b SGB VI	Besondere Beitragsbescheinigung des Rentenversicherungsträgers

Bei selbständigen Künstlern und Publizisten, die nach Maßgabe des Künstlersozialversicherungsgesetzes versicherungspflichtig sind, ist als Beitrag zur gesetzlichen Rentenversicherung der von diesen entrichtete Beitrag an die Künstlersozialkasse zu berücksichtigen. Die Künstlersozialkasse fungiert als Einzugsstelle und nicht als Träger der gesetzlichen Rentenversicherung. Der Beitrag des Versicherungspflichtigen stellt den hälftigen Gesamtbeitrag dar. Der andere Teil wird in der Regel von der Künstlersozialkasse aufgebracht und setzt sich aus der Künstlersozialabgabe und einem Zuschuss des Bundes zusammen. Der von der Künstlersozialkasse gezahlte Beitragsanteil ist bei der Ermittlung der nach § 10 Absatz 1 Nummer 2 EStG zu berücksichtigenden Aufwendungen nicht anzusetzen.

Zu den Beiträgen zur gesetzlichen Rentenversicherung gehören auch Beiträge an ausländische gesetzliche Rentenversicherungsträger (vgl. BFH vom 24. Juni 2009, BStBl. II S. 1000). Die Übertragung von Anrechten auf eine zwischen- oder überstaatliche Einrichtung aufgrund eines Abkommens zur Begründung von Anrechten auf Altersversorgung ist steuerfrei nach § 3 Nummer 55e EStG. Das übertragene Vermögen ist nicht als Beitrag nach § 10 Absatz 1 Nummer 2 Satz 1 Buchstabe a EStG zu berücksichtigen. Der Beitrag eines inländischen Arbeitgebers, den dieser an eine ausländische Rentenversicherung zahlt, ist dem Arbeitnehmer zuzurechnen, wenn die Abführung auf vertraglicher und nicht auf gesetzlicher Grundlage erfolgte (BFH vom 18. Mai 2004, BStBl. II S. 1014). Die Anwendung des § 3 Nummer 62 EStG kommt in diesen Fällen nicht in Betracht.

bb) Beiträge zur landwirtschaftlichen Alterskasse

5 In der Alterssicherung der Landwirte können der Landwirt, sein Ehegatte, sein Lebenspartner oder in bestimmten Fällen mitarbeitende Familienangehörige versichert sein. Beiträge zur landwirtschaftlichen Alterskasse können, soweit sie zum Aufbau einer eigenen Altersversorgung führen, von dem zur Zahlung Verpflichteten als Beiträge i. S. d. § 10 Absatz 1 Nummer 2 Satz 1 Buchstabe a EStG geltend gemacht werden. Werden dem Versicherungspflichtigen aufgrund des Gesetzes zur Alterssicherung der Landwirte Beitragszuschüsse gewährt, mindern diese die nach § 10 Absatz 1 Nummer 2 Satz 1 Buchstabe a EStG anzusetzenden Beiträge.

cc) Beiträge zu berufsständischen Versorgungseinrichtungen

6 Bei berufsständischen Versorgungseinrichtungen im steuerlichen Sinne handelt es sich um öffentlich-rechtliche Versicherungs- oder Versorgungseinrichtungen für Beschäftigte und selbständig tätige Angehörige der kammerfähigen freien Berufe, die den gesetzlichen Rentenversicherungen vergleichbare Leistungen erbringen. Die Mitgliedschaft in der berufsständischen Versorgungseinrichtung tritt aufgrund einer gesetzlichen Verpflichtung bei Aufnahme der betreffenden Berufstätigkeit ein. Die Mitgliedschaft in einer berufsständischen Versorgungseinrichtung führt in den in § 6 Absatz 1 SGB VI genannten Fallgestaltungen auf Antrag zu einer Befreiung von der gesetzlichen Rentenversicherungspflicht.

7 Welche berufsständischen Versorgungseinrichtungen diese Voraussetzung erfüllen, wird jeweils durch gesondertes BMF-Schreiben bekannt gegeben.

b) Beiträge i. S. d. § 10 Absatz 1 Nummer 2 Satz 1 Buchstabe b EStG

aa) Allgemeines

8 Eine Basisrente i. S. d. § 10 Absatz 1 Nummer 2 Satz 1 Buchstabe b EStG i. V. mit dem Altersvorsorgeverträge-Zertifizierungsgesetz – AltZertG – liegt vor, wenn es sich um einen Vertrag
- zum Aufbau einer eigenen kapitalgedeckten Altersversorgung (Basisrente-Alter), ggf. ergänzt um eine Absicherung des Eintritts der verminderten Erwerbsfähigkeit, der Berufsunfähigkeit oder von Hinterbliebenen oder
- zur Absicherung gegen den Eintritt der verminderten Erwerbsfähigkeit im Versicherungsfall (Basisrente-Erwerbsminderung), ggf. verbunden mit einer Absicherung gegen den Eintritt der Berufsunfähigkeit

handelt.

9 Beiträge i. S. d. § 10 Absatz 1 Nummer 2 Satz 1 Buchstabe b EStG liegen nur vor, wenn es sich um eigene Beiträge des Versicherten handelt. Es muss also Personenidentität zwischen dem Beitragszahler, der versicherten Person und dem Leistungsempfänger bestehen (bei Ehegatten siehe R 10.1 EStR 2012 – dies gilt für Lebenspartner entsprechend). Der Anbieter kann davon ausgehen, dass die zugunsten des Vertrags geleisteten Beiträge der Person zuzurechnen sind, die einen vertraglichen Anspruch auf die Leistung hat. Ihn trifft keine Verpflichtung zur Feststellung der Mittelherkunft. Im Fall einer ergänzenden Hinterbliebenenabsicherung im Rahmen der Basisrente-Alter ist insoweit ein abweichender Leistungs- empfänger zulässig.

10 Der Vertrag darf nur die Zahlung einer monatlichen, gleich bleibenden oder steigenden, lebenslangen Leibrente vorsehen.

11 Ein Auszahlungsplan erfüllt dieses Kriterium nicht. Bei einem Auszahlungsplan wird nur ein bestimmtes Kapital über eine gewisse Laufzeit verteilt. Nach Laufzeitende ist das Kapital aufgebraucht, so dass die Zahlungen dann enden. Insoweit ist eine lebenslange Auszahlung nicht gewährleistet. Eine andere Wertung ergibt sich auch nicht durch eine Kombination eines Auszahlungsplans mit einer sich anschließenden Teilkapitalverrentung. Begrifflich ist die „Teilverrentung" zwar eine Leibrente, allerdings wird der Auszahlungsplan durch die Verknüpfung mit einer Rente nicht selbst zu einer Leibrente.

12 Ein planmäßiges Sinken der Rentenhöhe ist nicht zulässig. Geringfügige Schwankungen in der Rentenhöhe, sofern diese Schwankungen auf in einzelnen Jahren unterschiedlich hohen Überschussanteilen während der Rentenzahlung beruhen, die für die ab Leistungsbeginn garantierten Rentenleistungen gewährt werden, sind unschädlich. Das heißt z. B., bei der Basisrente-Alter darf der auf Basis des zu Beginn der Auszahlungsphase garantierten Kapi- tals zuzüglich der unwiderruflich zugeteilten Überschüsse zu errechnende Rentenbetrag während der gesamten Auszahlungsphase nicht unterschritten werden. Ein Anlageprodukt, bei welchem dem Anleger lediglich eine Rente zugesichert wird, die unter diesen Rentenbetrag sinken kann, erfüllt demnach nicht die an eine Leibrente i. S. d. § 10 Absatz 1 Nummer 2 Satz 1 Buchstabe b Doppelbuchstabe aa EStG zu stellenden steuerlichen Voraussetzungen.

Zu § 10 EStG **Anlage § 010–11**

Eine Auszahlung durch die regelmäßige Gutschrift einer gleich bleibenden oder steigenden Anzahl von Investmentanteilen sowie die Auszahlung von regelmäßigen Raten im Rahmen eines Auszahlungsplans sind keine lebenslange Leibrente i. S. d. § 10 Absatz 1 Nummer 2 Satz 1 Buchstabe b EStG. 13

Damit sichergestellt ist, dass die Voraussetzungen für eine Leibrente i. S. d. § 10 Absatz 1 Nummer 2 Satz 1 Buchstabe b Doppelbuchstabe aa EStG vorliegen, insbesondere dass die Rente während ihrer Laufzeit nicht sinken kann, muss der Vertrag die Verpflichtung des Anbieters enthalten, vor Rentenbeginn die Leibrente auf Grundlage einer anerkannten Sterbetafel zu berechnen und dabei den während der Laufzeit der Rente geltenden Zinsfaktor festzulegen. 14

In der vertraglichen Vereinbarung muss geregelt sein, dass die Ansprüche aus dem Vertrag gem. § 10 Absatz 1 Nummer 2 Satz 1 Buchstabe b Satz 2 EStG folgende weitere Voraussetzungen erfüllen: 15

– **Nichtvererblichkeit:** 16

Es darf nach den Vertragsbedingungen nicht zu einer Auszahlung an die Erben kommen; im Todesfall kommt das vorhandene Vermögen der Versichertengemeinschaft bzw. der Gemeinschaft der verbleibenden Vorsorgesparer zugute. Die Nichtvererblichkeit wird z. B. nicht ausgeschlossen durch gesetzlich zugelassene Hinterbliebenenleistungen im Rahmen der ergän- zenden Hinterbliebenenabsicherung (Rz. 26 ff.) bei der Basisrente-Alter und durch Renten- zahlungen für die Zeit bis zum Ablauf des Todesmonats an die Erben.

Eine Rentengarantiezeit – also die Vereinbarung, dass die Rente unabhängig vom Tod der versicherten Person mindestens bis zum Ablauf einer vereinbarten Garantiezeit gezahlt wird – widerspricht der im EStG geforderten Nichtvererblichkeit.

Im Rahmen von Fondsprodukten (Publikumsfonds) kann die Nichtvererblichkeit bei der Basisrente-Alter dadurch sichergestellt werden, dass keine erbrechtlich relevanten Vermögenswerte aufgrund des Basisrentenvertrags beim Steuerpflichtigen vorhanden sind. Diese Voraussetzung kann entweder über eine auflösend bedingte Ausgestaltung des schuldrechtli- chen Leistungsanspruchs („Treuhandlösung") oder im Wege spezieller Sondervermögen erfüllt werden, deren Vertragsbedingungen vorsehen, dass im Falle des Todes des Anlegers dessen restliche Anteile zugunsten des Sondervermögens eingezogen werden („Fondslösung"). Ebenso kann diese Voraussetzung durch eine vertragliche Vereinbarung zwischen dem Anbieter und dem Steuerpflichtigen erfüllt werden, nach der im Falle des Todes des Steuerpflichtigen der Gegenwert seiner Fondsanteile der Sparergemeinschaft zugutekommt („vertragliche Lösung").

Für die bei einem fondsbasierten Basis-/Rürup-Rentenprodukt im Rahmen der „vertraglichen Lösung" anfallenden „Sterblichkeitsgewinne" sowie für den Einzug der Anteile am Sonder- vermögen und die anschließende Verteilung bei der „Treuhandlösung" fällt mit Blick auf die persönlichen Freibeträge der Erwerber keine Erbschaftsteuer an.

– **Nichtübertragbarkeit:** 17

Der Vertrag darf keine Übertragung der Ansprüche des Leistungsempfängers auf eine andere Person vorsehen z. B. im Wege der Schenkung; die Pfändbarkeit nach den Vorschriften der Zivilprozessordnung (ZPO) steht dem nicht entgegen. Der Vertrag darf zulassen, dass die Ansprüche des Leistungsempfängers aus dem Vertrag unmittelbar auf einen nach § 5a AltZertG zertifizierten Vertrag (vgl. Rz. 23) des Leistungsempfängers auch bei einem anderen Unternehmen übertragen werden. Dabei ist lediglich die Übertragung innerhalb der jeweiligen Produktgruppe (Basisrente-Alter oder Basisrente-Erwerbsminderung) zulässig. Dieser Vorgang ist steuerfrei nach § 3 Nummer 55d EStG. Das übertragene Vermögen ist nicht als Beitrag nach § 10 Absatz 1 Nummer 2 Satz 1 Buchstabe b EStG zu berücksichtigen. Die Übertragung von Anrechten an einem Basisrentenvertrag i. S. d. § 10 Absatz 1 Nummer 2 Satz 1 Buchstabe b Doppelbuchstabe aa EStG zur Regelung von Scheidungs- folgen nach dem Versorgungsausgleichsgesetz – VersAusglG – vom 3. April 2009 (BGBl. I S. 700), insbesondere im Rahmen einer internen (§ 10 VersAusglG) oder externen Teilung (§ 14 VersAusglG), ist unschädlich.

– **Nichtbeleihbarkeit:** 18

Es muss vertraglich ausgeschlossen sein, dass die Ansprüche z. B. sicherungshalber abgetreten oder verpfändet werden können.

– **Nichtveräußerbarkeit:** 19

Der Vertrag muss so gestaltet sein, dass die Ansprüche nicht an einen Dritten veräußert werden können.

– **Nichtkapitalisierbarkeit:** 20

Es darf vertraglich kein Recht auf Kapitalisierung des Rentenanspruchs vorgesehen sein mit Ausnahme der Abfindung einer Kleinbetragsrente in Anlehnung an § 93 Absatz 3 Satz 2 und 3 EStG. Die Abfindungsmöglichkeit besteht bei einer Altersrente i. S. d. § 10 Absatz 1 Nummer 2 Satz 1 Buchstabe b Doppelbuchstabe aa EStG erst mit dem Beginn der Auszahlungsphase, frühestens mit Vollendung des 62. Lebensjahres des Leistungsempfängers (bei vor dem 1. Januar 2012 abgeschlossenen Verträgen ist grundsätzlich die Vollendung des 60. Lebensjahres maßgebend, vgl. Rz. 24). Bei Renten aus einem Basisrentenvertrag (Basisrente-Alter oder Basisrente-Erwerbsminderung) wegen Berufsunfähigkeit, verminderter Erwerbsfähigkeit und an Hinterbliebene ist die Abfindung einer Kleinbetragsrente schon im Versicherungsfall möglich.

21 Zu den nach § 10 Absatz 1 Nummer 2 Satz 1 Buchstabe b EStG begünstigten Beiträgen können auch Beiträge an Pensionsfonds, Pensionskassen und Direktversicherungen gehören, die im Rahmen der betrieblichen Altersversorgung erbracht werden (rein arbeitgeberfinanzierte und durch Entgeltumwandlung finanzierte Beiträge sowie Eigenbeiträge), sofern es sich um Beiträge zu einem entsprechend zertifizierten Vertrag handelt (vgl. Rz. 23). Nicht zu berücksichtigen sind steuerfreie Beiträge, pauschal besteuerte Beiträge und Beiträge, die aufgrund einer Altzusage geleistet werden (vgl. Rz. 349 ff., 374 und 376 des BMF-Schreibens vom 24. Juli 2013, BStBl I S. 1022).

22 Werden Beiträge zugunsten von Vorsorgeverträgen geleistet, die u. a. folgende Möglichkeiten vorsehen, liegen keine Beiträge i. S. d. § 10 Absatz 1 Nummer 2 Satz 1 Buchstabe b EStG vor:
– Kapitalwahlrecht,
– Anspruch bzw. Optionsrecht auf (Teil-)Auszahlung nach Eintritt des Versorgungsfalls,
– Zahlung eines Sterbegeldes,
– Abfindung einer Rente – Abfindungsansprüche und Beitragsrückerstattungen im Fall einer Kündigung des Vertrags; dies gilt nicht für gesetzliche Abfindungsansprüche (z. B. § 3 Betriebsrentengesetz – BetrAVG) oder die Abfindung einer Kleinbetragsrente (vgl. Rz. 20).

23 Für die Berücksichtigung von Beiträgen i. S. d. § 10 Absatz 1 Nummer 2 Satz 1 Buchstabe b EStG als Sonderausgaben ist u. a. Voraussetzung, dass
– die Beiträge zugunsten eines Vertrags geleistet wurden, der nach § 5a AltZertG zertifiziert ist (Grundlagenbescheid i. S. d. § 171 Absatz 10 AO), und
– der Steuerpflichtige gegenüber dem Anbieter in die Datenübermittlung nach § 10 Absatz 2a EStG eingewilligt hat (vgl. Rz. 145 ff.).

bb) Beiträge i. S. d. § 10 Absatz 1 Nummer 2 Satz 1 Buchstabe b Doppelbuchstabe aa EStG (Basisrente-Alter)

(1) Allgemeines

24 Die Beiträge zur Basisrente-Alter können als Sonderausgaben berücksichtigt werden, wenn die Laufzeit des Vertrags nach dem 31. Dezember 2004 beginnt (zu Versicherungsverträgen mit einem Beginn der Laufzeit und mindestens einer Beitragsleistung vor dem 1. Januar 2005 vgl. Rz. 96) und der Vertrag eine Leibrente vorsieht, die nicht vor Vollendung des 62. Lebensjahres des Steuerpflichtigen beginnt (bei vor dem 1. Januar 2012 abgeschlossenen Verträgen ist regelmäßig die Vollendung des 60. Lebensjahres maßgebend).

25 Für den Abzug von Beiträgen nach § 10 Absatz 1 Nummer 2 Satz 1 Buchstabe b Doppelbuchstabe aa EStG ist außerdem seit dem VZ 2010 Voraussetzung, dass der Vertrag zertifiziert ist (vgl. Rz. 23). Es reicht für die Berücksichtigung sämtlicher im VZ 2010 und 2011 geleisteter Beiträge i. S. d. § 10 Absatz 1 Nummer 2 Satz 1 Buchstabe b Doppel- buchstabe aa EStG aus, wenn für den Mustervertrag bis zum 31. Dezember 2010 ein Antrag auf Zertifizierung bei der Zertifizierungsstelle eingegangen ist, das Muster daraufhin zertifiziert und der Basisrentenvertrag – falls erforderlich – bis zum 31. Dezember 2011 auf das zer- tifizierte Muster umgestellt worden ist.

(2) Ergänzende Absicherung von Berufsunfähigkeit, verminderter Erwerbsfähigkeit und Hinterbliebenen

26 Zusätzlich können bei der Basisrente-Alter ergänzend der Eintritt der Berufsunfähigkeit, der verminderten Erwerbsfähigkeit oder auch Hinterbliebene abgesichert werden, wenn die Zahlung einer Rente vorgesehen ist. Eine zeitliche Befristung einer Berufsunfähigkeits- oder Erwerbsminderungsrente ist ausschließlich im Hinblick auf die entfallende Versorgungsbe- dürftigkeit (Verbesserung der Gesundheitssituation oder Erreichen der Altersgrenze für den Bezug der Altersrente aus dem entsprechenden Vertrag) nicht zu beanstanden. Ebenso ist es unschädlich, wenn der Vertrag bei Eintritt der Berufsunfähigkeit oder der verminderten Erwerbsfähigkeit anstelle oder ergänzend zu einer Rentenzahlung eine Beitragsfreistellung vorsieht.

27 Die ergänzende Absicherung des Eintritts der Berufsunfähigkeit, der verminderten Erwerbsfähigkeit und von Hinterbliebenen ist nur dann unschädlich, wenn mehr als 50 % der Beiträge auf die eigene Altersversorgung des Steuerpflichtigen entfallen. Für das Verhältnis der Beitragsanteile zueinander ist re-

gelmäßig auf den konkret vom Steuerpflichtigen zu zahlenden (Gesamt-)Beitrag abzustellen. Dabei dürfen die Überschussanteile aus den entsprechenden Risiken die darauf entfallenden Beiträge mindern.

Sieht der Basisrentenvertrag vor, dass der Steuerpflichtige bei Eintritt der Berufsunfähigkeit oder einer verminderten Erwerbsfähigkeit von der Verpflichtung zur Beitragszahlung für diesen Vertrag – vollständig oder teilweise – freigestellt wird, sind die insoweit auf die Absicherung dieses Risikos entfallenden Beitragsanteile der Altersvorsorge zuzuordnen. Das gilt jedoch nur, wenn sie der Finanzierung der vertraglich vereinbarten lebenslangen Leibrente i. S. d. § 10 Absatz 1 Nummer 2 Satz 1 Buchstabe b Doppelbuchstabe aa EStG dienen und aus diesen Beitragsanteilen keine Leistungen wegen Berufsunfähigkeit oder verminderter Erwerbsfähigkeit gezahlt werden, d. h., es wird lediglich der Anspruch auf eine Altersversorgung weiter aufgebaut. Eine Zuordnung zur Altersvorsorge kann jedoch nicht vorgenommen werden, wenn der Steuerpflichtige vertragsgemäß wählen kann, ob er eine Rente wegen Berufsunfähigkeit oder verminderter Erwerbsfähigkeit erhält oder die Beitragsfreistellung in Anspruch nimmt. 28

Sieht der Basisrentenvertrag vor, dass der Steuerpflichtige eine Altersrente und nach seinem Tode der überlebende Ehegatte oder Lebenspartner seinerseits eine lebenslange gleichbleibende oder steigende Leibrente i. S. d. § 10 Absatz 1 Nummer 2 Satz 1 Buchstabe b Doppelbuchstabe aa EStG (insbesondere nicht vor Vollendung seines 62. bzw. 60. Lebensjahres für Verträge, die vor dem 1. Januar 2012 abgeschlossen wurden) erhält, handelt es sich nicht um eine ergänzende Hinterbliebenenabsicherung, sondern insgesamt um eine Altersvorsorge. Der Beitrag ist in diesen Fällen in vollem Umfang der Altersvorsorge zuzurechnen. Erfüllt dagegen die zugesagte Rente für den hinterbliebenen Ehegatten oder Lebenspartner nicht die Voraussetzungen des § 10 Absatz 1 Nummer 2 Satz 1 Buchstabe b Doppelbuchstabe aa EStG (insbesondere im Hinblick auf das Mindestalter für den Beginn der Rentenzahlung), liegt eine ergänzende Hinterbliebenenabsicherung vor. Die Beitragsanteile, die nach versicherungsmathematischen Grundsätzen auf das Risiko der Rentenzahlung an den hinterbliebenen Ehegatten oder Lebenspartner entfallen, sind daher der ergänzenden Hinterbliebenenabsicherung zuzuordnen. 29

Wird die Hinterbliebenenversorgung ausschließlich aus dem bei Tod des Steuerpflichtigen vorhandenen Altersvorsorge-(Rest)kapitals finanziert, handelt es sich bei der Hinterbliebenenabsicherung nicht um eine Risikoabsicherung und der Beitrag ist insoweit der Altersvorsorge zuzurechnen. Das gilt auch, wenn der Steuerpflichtige eine entsprechend gestaltete Absicherung des Ehegatten oder Lebenspartner als besondere Komponente im Rahmen seines (einheitlichen) Basisrentenvertrags hinzu- oder später wieder abwählen kann (z. B. bei Scheidung, Wiederheirat etc.). 30

Sowohl die Altersversorgung als auch die ergänzenden Absicherungen müssen in einem einheitlichen Vertrag geregelt sein. Andernfalls handelt es sich nicht um ergänzende Absicherungen zu einem Basisrentenvertrag, sondern um eigenständige Versicherungen. In diesem Fall sind die Aufwendungen hierfür unter den Voraussetzungen des § 10 Absatz 1 Nummer 3a EStG als sonstige Vorsorgeaufwendungen zu berücksichtigen (Rz. 95 ff.). Erfüllt die Absicherung der verminderten Erwerbsfähigkeit in diesen Fällen die Voraussetzungen des § 10 Absatz 1 Nummer 2 Satz 1 Buchstabe b Doppelbuchstabe bb EStG, ist bei Vorliegen der übrigen Voraussetzungen auch ein Abzug der Aufwendungen nach § 10 Absatz 1 Nummer 2 Satz 1 Buchstabe b EStG möglich. 31

Bei einem Basisrentenvertrag auf Grundlage von Investmentfonds kann der Einschluss einer ergänzenden Absicherung des Eintritts der Berufsunfähigkeit, der verminderten Erwerbsfähigkeit oder einer zusätzlichen Hinterbliebenenrente im Wege eines einheitlichen Vertrags zugunsten Dritter gem. §§ 328 ff. des Bürgerlichen Gesetzbuchs – BGB – erfolgen. Hierbei ist die Kapitalanlagegesellschaft Versicherungsnehmer, während der Steuerpflichtige die versicherte Person ist und den eigentlichen (Renten-)Anspruch gegen das entsprechende Versicherungsunternehmen erhält. Dies wird im Fall der Vereinbarung einer Berufsunfähigkeits- bzw. Erwerbsunfähigkeitsrente in den Vertragsbedingungen durch Abtretung des Bezugsrechts an den Steuerpflichtigen ermöglicht. Im Falle der Vereinbarung einer zusätzlichen Hinterbliebenenrente erfolgt die Abtretung des Bezugsrechts an den privilegierten Hinterbliebenen. Die Kapitalanlagegesellschaft leitet die Beiträge des Steuerpflichtigen, soweit sie für die ergänzende Absicherung bestimmt sind, an den Versicherer weiter. 32

Zu den Hinterbliebenen, die zusätzlich abgesichert werden können, gehören nur der Ehegatte oder der Lebenspartner des Steuerpflichtigen und Kinder i. S. d. § 32 EStG. Der Anspruch auf Waisenrente ist dabei auf den Zeitraum zu begrenzen, in dem das Kind die Voraussetzungen des § 32 EStG erfüllt. Es ist nicht zu beanstanden, wenn die Waisenrente auch für den Zeitraum gezahlt wird, in dem das Kind nur die Voraussetzungen nach § 32 Absatz 4 Satz 1 EStG erfüllt. Für die vor dem 1. Januar 2007 abgeschlossenen Verträge gilt für das Vorliegen einer begünstigten Hinterbliebenenversorgung die Altersgrenze des § 32 EStG in der bis zum 31. Dezember 2006 geltenden Fassung (§ 52 Absatz 40 Satz 7 EStG). In diesen Fällen können z. B. Kinder in Berufsausbildung in der Regel bis zur Vollendung des 27. Lebensjahres berücksichtigt werden. 33

Anlage § 010–11

Zu § 10 EStG

cc) Beiträge i. S. d. § 10 Absatz 1 Nummer 2 Satz 1 Buchstabe b Doppelbuchstabe bb EStG i. V. mit § 2 Absatz 1a AltZertG (Basisrente-Erwerbsminderung)

34 Beiträge zur Basisrente-Erwerbsminderung können als Sonderausgaben abgezogen werden, wenn diese auf einen nach § 5a AltZertG zertifizierten Vertrag eingezahlt werden (vgl. Rz. 23). Zertifizierungen können auf Antrag des Anbieters erstmalig mit Wirkung zum 1. Januar 2014 erteilt werden. Demnach sind Beiträge zu Basisrentenverträgen-Erwerbsminderung grundsätzlich ab dem VZ 2014 abziehbar.

35 Ein Basisrentenvertrag-Erwerbsminderung muss nach § 2 Absatz 1a Nummer 1 AltZertG zwingend eine Absicherung gegen den Eintritt der teilweisen oder vollen Erwerbsminderung vorsehen. Eine Erwerbsminderung liegt vor, wenn der Versicherungsnehmer voraussichtlich für mindestens zwölf Monate aufgrund von Krankheit, Körperverletzung oder Behinderung nicht in der Lage ist, unter den üblichen Bedingungen des allgemeinen Arbeitsmarktes voll erwerbstätig zu sein. Dabei ist von einer teilweisen Erwerbsminderung auszugehen, wenn der Versicherungsnehmer nicht imstande ist, mindestens sechs Stunden täglich erwerbstätig zu sein. Eine volle Erwerbsminderung liegt dagegen vor, wenn er hierzu nicht mindestens drei Stunden täglich in der Lage ist. Für die Beurteilung, ob eine Beschäftigung unter den üblichen Bedingungen des allgemeinen Arbeitsmarktes möglich und zumutbar ist, kommt es ausschließlich auf die gesundheitlichen Einschränkungen des Versicherten an. Die allgemeine Arbeitsmarktlage ist nicht zu beachten.

36 Neben der Absicherung gegen den Eintritt der verminderten Erwerbsfähigkeit darf ein Basisrentenvertrag-Erwerbsminderung nach § 10 Absatz 1 Nummer 2 Satz 1 Buchstabe b Doppelbuchstabe bb EStG zusätzlich auch die Absicherung gegen den Eintritt der Berufsunfähigkeit enthalten. Es handelt sich in diesen Fällen weiterhin um einen einheitlichen Vertrag. Die verschiedenen Vertragskomponenten können versicherungs- rechtlich sowohl der Haupt- als auch der Zusatzversicherung zugeordnet werden. Tritt der Versicherungsfall (Erwerbsminderung oder ggf. Berufsunfähigkeit) bis zur Vollendung des 67. Lebensjahres ein, hat der Anbieter eine lebenslange gleichbleibende oder steigende Leibrente vorzusehen.

37 Eine zeitliche Befristung der Erwerbsminderungs- oder Berufsunfähigkeitsrente ist ausschließlich für den Fall nicht zu beanstanden, dass die Erwerbsminderung oder Berufsunfähigkeit bis zur Vollendung des 67. Lebensjahres weggefallen ist. Der Wegfall ist medizinisch zu begründen. Ein medizinisch begründeter Wegfall der Berufsunfähigkeit kann – wenn dies vereinbart wurde – auch dann vorliegen, wenn der Versicherungsnehmer eine andere Tätigkeit ausübt oder ausüben kann, die zu übernehmen er aufgrund seiner Ausbildung und Fähigkeiten in der Lage ist und die seiner bisherigen Lebensstellung entspricht.

38 Sofern der Steuerpflichtige bei Eintritt des Versicherungsfalls das 55. Lebensjahr vollendet hat, darf die zugesagte Rente in ihrer Höhe vom Alter des Steuerpflichtigen bei Eintritt des Versicherungsfalls abhängig gemacht werden. Es muss allerdings auch bei Eintritt des Versicherungsfalls zwischen dem 55. und 67. Lebensjahr eine gleichblei- bende oder steigende lebenslange Leibrente (> 0 Euro) gezahlt werden (vgl. aber Rz. 20).

39 Hinsichtlich der Absicherung gegen den Eintritt der Berufsunfähigkeit sind die allgemeinen versicherungsvertraglichen Grundsätze zu erfüllen. Hinsichtlich der Absicherung gegen den Eintritt der verminderten Erwerbsfähigkeit müssen neben den allgemeinen versicherungsvertraglichen Grundsätzen folgende Regelungen nach § 2 Absatz 1a AltZertG im Vertrag vorgesehen werden:

40 **– Leistungsumfang:**

Sieht der Vertrag sowohl eine Absicherung des Eintritts der vollen als auch teilweisen Erwerbsminderung vor, hat der Anbieter bei Eintritt der teilweisen Erwerbsminderung mindestens die Hälfte der versicherten Leistung zu gewähren.

41 **– Leistungsbeginn:**

Die Leistung ist spätestens ab Beginn des Kalendermonats zu gewähren, der dem Kalendermonat folgt, in dem die teilweise oder volle Erwerbsminderung eingetreten ist. Dies gilt, wenn die Leistung bis zum Ende des 36. Kalendermonats nach Ablauf des Monats des Eintritts der teilweisen oder vollen Erwerbsminderung beantragt wird. Wird der Antrag zu einem späteren Zeitpunkt gestellt, hat der Anbieter spätestens ab Beginn des Kalendermonats zu leisten, der 36 Monate vor dem Monat der Beantragung liegt, frühestens jedoch ab Vertragsbeginn.

42 **– Beitragsstundung:**

Die Beiträge (Beitragsanteile) zur Absicherung des Risikos „verminderte Erwerbsfähigkeit" sind auf Antrag des Steuerpflichtigen ab dem Zeitpunkt der Rentenantragstellung wegen teilweiser oder voller Erwerbsminderung bis zur endgültigen Entscheidung über die Leistungspflicht zinslos und ohne andere Auflagen zu stunden.

Zu § 10 EStG   **Anlage § 010–11**

– **Kündigungs- und Abänderungsverzicht:**   43
Verletzt der Steuerpflichtige (Vertragspartner) schuldlos seine Pflicht, ihm bekannte erhebliche Gefahrumstände anzuzeigen, die für den Versicherer hinsichtlich der Entscheidung zum Abschluss des Vertrags entscheidend sein können, hat der Anbieter auf sein Kündigungsrecht nach § 19 Absatz 3 Satz 2 VVG und das Abänderungsrecht nach § 19 Absatz 4 VVG zu verzichten.

– **Begrenzung der medizinischen Mitwirkungspflicht des Steuerpflichtigen:**   44
Die Verpflichtung des Steuerpflichtigen zur medizinischen Mitwirkung muss nicht nur auf medizinisch indizierte, sondern auch auf zumutbare ärztliche Untersuchungs- und Behandlungsleistungen begrenzt sein. Dies gilt sowohl zur als auch nach der Feststellung der teilweisen oder vollen Erwerbsminderung.

c) Beitragsempfänger

Zu den Beitragsempfängern i. S. d. § 10 Absatz 2 Satz 1 Nummer 2 EStG gehören auch Pensionsfonds,   45
die wie Versicherungsunternehmen den aufsichtsrechtlichen Regelungen des Versicherungsaufsichtsgesetzes – VAG – unterliegen und – seit 1. Januar 2006 – Anbieter i. S. d. § 80 EStG. Die Produktvoraussetzungen für das Vorliegen einer Basisrente (§ 10 Absatz 1 Nummer 2 Satz 1 Buchstabe b EStG) werden dadurch nicht erweitert.

2. Ermittlung des Abzugsbetrags nach § 10 Absatz 3 EStG

a) Höchstbetrag

Die begünstigten Beiträge sind nach § 10 Absatz 3 EStG bis zu 20.000 € als Sonderausgaben abziehbar.   46
Im Falle der Zusammenveranlagung von Ehegatten oder Lebenspartnern verdoppelt sich der Betrag auf 40.000 €, unabhängig davon, wer von den Ehegatten oder Lebenspartnern die begünstigten Beiträge entrichtet hat.

b) Kürzung des Höchstbetrags nach § 10 Absatz 3 Satz 3 EStG

Der Höchstbetrag ist bei einem Steuerpflichtigen, der zum Personenkreis des § 10 Absatz 3 Satz 3   47
Nummer 1 oder 2 EStG gehört, um den Betrag zu kürzen, der dem Gesamtbeitrag (Arbeitgeber- und Arbeitnehmeranteil) zur allgemeinen Rentenversicherung entspricht. Der Gesamtbeitrag ist dabei anhand der Einnahmen aus der Tätigkeit zu ermitteln, die die Zugehörigkeit zum genannten Personenkreis begründen.

Für die Berechnung des Kürzungsbetrags ist auf den zu Beginn des jeweiligen Kalenderjahres geltenden   48
Beitragssatz in der allgemeinen Rentenversicherung abzustellen.

aa) Kürzung des Höchstbetrags beim Personenkreis des § 10 Absatz 3 Satz 3 Nummer 1 Buchstabe a EStG

Zum Personenkreis des § 10 Absatz 3 Satz 3 Nummer 1 Buchstabe a EStG gehören insbesondere   49
– Beamte, Richter, Berufssoldaten, Soldaten auf Zeit, Amtsträger,
– Arbeitnehmer, die nach § 5 Absatz 1 Satz 1 Nummer 2 und 3 SGB VI oder § 230 SGB VI versicherungsfrei sind (z. B. Beschäftigte bei Trägern der Sozialversicherung, Geistliche der als öffentlich-rechtliche Körperschaften anerkannten Religionsgemeinschaften),
– Arbeitnehmer, die auf Antrag des Arbeitgebers von der gesetzlichen Rentenversicherungspflicht befreit worden sind, z. B. eine Lehrkraft an nicht öffentlichen Schulen, bei der eine Altersversorgung nach beamtenrechtlichen oder entsprechenden kirchenrechtlichen Grundsätzen gewährleistet ist.

Der Höchstbetrag nach § 10 Absatz 3 Satz 1 EStG ist um einen fiktiven Gesamtbeitrag zur allgemeinen   50
Rentenversicherung zu kürzen. Bemessungsgrundlage für den Kürzungsbetrag sind die erzielten steuerpflichtigen Einnahmen aus der Tätigkeit, die die Zugehörigkeit zum Personenkreis des § 10 Absatz 3 Satz 3 Nummer 1 Buchstabe a EStG begründen, höchstens bis zum Betrag der Beitragsbemessungsgrenze in der allgemeinen Rentenversicherung.

Es ist unerheblich, ob die Zahlungen insgesamt beitragspflichtig gewesen wären, wenn Versicherungs-   51
pflicht in der gesetzlichen Rentenversicherung bestanden hätte. Aus Vereinfachungsgründen ist einheitlich auf die Beitragsbemessungsgrenze (Ost) in der allgemeinen Rentenversicherung abzustellen.

bb) Kürzung des Höchstbetrags beim Personenkreis des § 10 Absatz 3 Satz 3 Nummer 1 Buchstabe b EStG

Zum Personenkreis des § 10 Absatz 3 Satz 3 Nummer 1 Buchstabe b EStG gehören Arbeitnehmer, die   52
während des ganzen oder eines Teils des Kalenderjahres nicht der gesetzlichen Rentenversicherungspflicht unterliegen und denen eine betriebliche Altersversorgung im Zusammenhang mit einem im betreffenden VZ bestehenden Dienstverhältnis zugesagt worden ist. Hierzu können insbesondere beherrschende Gesellschafter-Geschäftsführer einer GmbH oder Vorstandsmitglieder einer Aktiengesellschaft

Anlage § 010–11

Zu § 10 EStG

gehören. Für die Beurteilung der Zugehörigkeit zu diesem Personenkreis sind alle Formen der betrieblichen Altersversorgung zu berücksichtigen. Ohne Bedeutung sind dabei die Art der Finanzierung, die Höhe der Versorgungszusage und die Art des Durchführungswegs. Ebenso ist unerheblich, ob im betreffenden VZ Beiträge erbracht wurden oder die Versorgungsanwartschaft angewachsen ist.

53 Für die Beurteilung, ob eine Kürzung vorzunehmen ist, ist auf das konkrete Dienstverhältnis in dem jeweiligen VZ abzustellen. Nicht einzubeziehen sind Anwartschaftsrechte aus einer im gesamten VZ privat fortgeführten Direktversicherung, bei der der Arbeitnehmer selbst Versicherungsnehmer ist.

54 Für VZ von 2005 bis 2007 wird hinsichtlich der Zugehörigkeit zum Personenkreis des § 10 Absatz 3 Satz 3 Nummer 1 Buchstabe b EStG (bis zum 31. Dezember 2009 war der betroffene Personenkreis in § 10c Absatz 3 Nummer 2 EStG geregelt) danach differenziert, ob das Anwartschaftsrecht ganz oder teilweise ohne eigene Beitragsleistung bzw. durch nach § 3 Nummer 63 EStG steuerfreie Beiträge aufgebaut wurde; siehe hierzu BMF-Schreiben vom 22. Mai. 2007, BStBl. I S. 493.

55 Kommt eine Kürzung des Höchstbetrags nach § 10 Absatz 3 Satz 3 EStG in Betracht, gelten die Rz. 50 und Rz. 51 entsprechend.

cc) Kürzung des Höchstbetrags beim Personenkreis des § 10 Absatz 3 Satz 3 Nummer 2 EStG

56 Zu den Steuerpflichtigen, die Einkünfte i. S. d. § 22 Nummer 4 EStG beziehen, gehören insbesondere
 – Bundestagsabgeordnete,
 – Landtagsabgeordnete,
 – Abgeordnete des Europaparlaments.

57 Nicht zu diesem Personenkreis gehören z. B.
 – ehrenamtliche Mitglieder kommunaler Vertretungen,
 – kommunale Wahlbeamte wie Landräte und Bürgermeister.

58 Eine Kürzung des Höchstbetrags nach § 10 Absatz 3 Satz 3 Nummer 2 EStG ist jedoch nur vorzunehmen, wenn der Steuerpflichtige zum genannten Personenkreis gehört und ganz oder teilweise ohne eigene Beitragsleistung einen Anspruch auf Altersversorgung nach dem Abgeordnetengesetz, dem Europaabgeordnetengesetz oder entsprechenden Gesetzen der Länder erwirbt.

59 Bemessungsgrundlage für den Kürzungsbetrag sind die Einnahmen i. S. d. § 22 Nummer 4 EStG, soweit sie die Zugehörigkeit zum Personenkreis im Sinne der Rz. 58 begründen, höchstens der Betrag der Beitragsbemessungsgrenze in der allgemeinen Rentenversicherung. Aus Vereinfachungsgründen ist einheitlich auf die Beitragsbemessungsgrenze (Ost) in der allgemeinen Rentenversicherung abzustellen.

c) Kürzung des Höchstbetrags bei Ehegatten und Lebenspartnern

60 Bei Ehegatten ist für jeden Ehegatten gesondert zu prüfen, ob und ggf. in welcher Höhe der gemeinsame Höchstbetrag von 40.000 € zu kürzen ist (Rz. 47 ff.). Dies gilt für Lebenspartner entsprechend.

d) Übergangsregelung (bis 2024)

61 Für den Übergangszeitraum bis 2024 sind die nach Rz. 1 bis 31 und 33 bis 60 zu berücksichtigenden Aufwendungen mit dem sich aus § 10 Absatz 3 Satz 4 und 6 EStG ergebenden Prozentsatz anzusetzen:

Jahr	Prozentsatz
2012	74
2013	76
2014	78
2015	80
2016	82
2017	84
2018	86
2019	88
2020	90
2021	92
2022	94
2023	96
2024	98
ab 2025	100

Zu § 10 EStG

Anlage § 010–11

e) Kürzung des Abzugsbetrags bei Arbeitnehmern nach § 10 Absatz 3 Satz 5 EStG

Bei Arbeitnehmern, die steuerfreie Arbeitgeberleistungen nach § 3 Nummer 62 EStG oder diesen gleichgestellte steuerfreie Zuschüsse des Arbeitgebers erhalten haben, ist der sich nach Rz. 61 ergebende Abzugsbetrag um diese Beträge zu kürzen (nicht jedoch unter 0 €). Haben beide Ehegatten oder beide Lebenspartner steuerfreie Arbeitgeberleistungen erhalten, ist der Abzugsbetrag um beide Beträge zu kürzen.

Beispiele

Bei der Berechnung der Beispiele wurde ein Beitragssatz zur allgemeinen Rentenversicherung (RV) i. H. v. 19,6 % herangezogen.

Beispiel 1:

Ein lediger Arbeitnehmer zahlt im Jahr 2012 einen Arbeitnehmeranteil zur allgemeinen Rentenversicherung i. H. v. 4.000 €. Zusätzlich wird ein steuerfreier Arbeitgeberanteil in gleicher Höhe gezahlt. Daneben hat der Arbeitnehmer noch einen Basisrentenvertrag i. S. d. § 10 Absatz 1 Nummer 2 Satz 1 Buchstabe b EStG abgeschlossen und dort Beiträge i. H. v. 3.000 € eingezahlt.

Im Jahr 2012 können Altersvorsorgeaufwendungen i. H. v. 4.140 € als Sonderausgaben nach § 10 Absatz 1 Nummer 2 i. V. m. Absatz 3 EStG abgezogen werden:

Arbeitnehmerbeitrag	4.000 €
Arbeitgeberbeitrag	4.000 €
Leibrentenversicherung	3.000 €
insgesamt	11.000 €
Höchstbetrag	20.000 €
74 % des geringeren Betrages	8.140 €
abzüglich steuerfreier Arbeitgeberanteil	4.000 €
verbleibender Betrag	4.140 €

Zusammen mit dem steuerfreien Arbeitgeberbeitrag werden damit Altersvorsorgeaufwendungen i. H. v. 8.140 € von der Besteuerung freigestellt. Dies entspricht 74 % der insgesamt geleisteten Beiträge.

Beispiel 2:

Ein lediger Beamter zahlt 3.000 € in einen begünstigten Basisrentenvertrag i. S. d. § 10 Absatz 1 Nummer 2 Satz 1 Buchstabe b EStG, um zusätzlich zu seinem Pensionsanspruch eine Altersversorgung zu erwerben. Seine Einnahmen aus dem Beamtenverhältnis betragen 40.816 €.

Im Jahr 2012 können Altersvorsorgeaufwendungen i. H. v. 2.220 € als Sonderausgaben abgezogen werden:

Basisrentenvertrag	3.000 €
Höchstbetrag	20.000 €
abzügl. fiktiver Gesamtbeitrag RV (40.816 € x 19,6 % =)	8.000 €
gekürzter Höchstbetrag	12.000 €
74 % des geringeren Betrages	2.220 €

Auch bei diesem Steuerpflichtigen werden 74 % der Beiträge von der Besteuerung freigestellt.

Beispiel 3:

Die Eheleute A und B zahlen im Jahr 2012 jeweils 8.000 € für einen Basisrentenvertrag i. S. d. § 10 Absatz 1 Nummer 2 Satz 1 Buchstabe b EStG. A ist im Jahr 2012 als selbständiger Steuerberater tätig und zahlt darüber hinaus 15.000 € in die berufsständische Versorgungseinrichtung der Steuerberater, die der gesetzlichen Rentenversicherung vergleichbare Leistungen erbringt. B ist Beamtin ohne eigene Aufwendungen für ihre künftige Pension. Ihre Einnahmen aus dem Beamtenverhältnis betragen 40.816 €.

Im Jahr 2012 können Altersvorsorgeaufwendungen i. H. v. 22.940 € als Sonderausgaben abgezogen werden:

Anlage § 010–11

Zu § 10 EStG

berufsständische Versorgungseinrichtung	15.000 €	
Basisrentenverträge	16.000 €	
insgesamt		31.000 €
Höchstbetrag	40.000 €	
abzügl. fiktiver Gesamtbeitrag RV (40.816 € x 19,6 % =)	8.000 €	
gekürzter Höchstbetrag		32.000 €
74 % des geringeren Betrages		22.940 €

67 Die Beiträge nach § 168 Absatz 1 Nummer 1b oder 1c SGB VI (geringfügig versicherungspflichtig Beschäftigte) oder nach § 172 Absatz 3 oder 3a SGB VI (versicherungsfrei geringfügig Beschäftigte) vermindern den abziehbaren Betrag nur, wenn der Steuerpflichtige die Hinzurechnung dieser Beiträge zu den Vorsorgeaufwendungen nach § 10 Absatz 1 Nummer 2 Satz 3 beantragt hat. Dies gilt, obwohl der Arbeitgeberbeitrag nach § 3 Nummer 62 EStG steuerfrei ist.

II. Sonderausgabenabzug für sonstige Vorsorgeaufwendungen nach § 10 Absatz 1 Nummer 3 und 3a EStG

1. Allgemeines

68 Mit dem Gesetz zur verbesserten steuerlichen Berücksichtigung von Vorsorgeaufwendungen (Bürgerentlastungsgesetz Krankenversicherung vom 16. Juli 2009) hat der Gesetzgeber die steuerliche Berücksichtigung von Kranken- und Pflegeversicherungsbeiträgen zum 1. Januar 2010 neu geregelt. Die vom Steuerpflichtigen tatsächlich geleisteten Beiträge für eine Absicherung auf sozialhilfegleichem Versorgungsniveau (Basisabsicherung) zur privaten und gesetzlichen Krankenversicherung und zur gesetzlichen Pflegeversicherung werden in vollem Umfang steuerlich berücksichtigt. Ab dem VZ 2010 ist deshalb innerhalb der sonstigen Vorsorgeaufwendungen zwischen den Basiskrankenversicherungsbeiträgen (Rz. 69 ff.) und den Beiträgen zur gesetzlichen Pflegeversicherung in § 10 Absatz 1 Nummer 3 EStG (Rz. 94) sowie den weiteren sonstigen Vorsorgeaufwendungen in § 10 Absatz 1 Nummer 3a EStG (Rz. 95 ff.) zu unterscheiden. Die Beiträge zur Basisabsicherung können grundsätzlich vom Versicherungsnehmer – in den Fällen des § 10 Absatz 1 Nummer 3 Satz 2 EStG abweichend aber auch vom Unterhaltsverpflichteten – geltend gemacht werden, wenn dieser die eigenen Beiträge eines Kindes, für das ein Anspruch auf einen Kinderfreibetrag oder auf Kindergeld besteht, wirtschaftlich getragen hat. Hierbei kommt es nicht darauf an, ob die Beiträge in Form von Bar- oder Sachunterhaltsleistungen getragen wurden. Die Beiträge können zwischen den Eltern und dem Kind aufgeteilt werden, im Ergebnis aber nur einmal – entweder bei den Eltern oder beim Kind – als Vorsorgeaufwendungen berücksichtigt werden (Grundsatz der Einmalberücksichtigung). Die Einkünfte und Bezüge des Kindes haben keinen Einfluss auf die Höhe der bei den Eltern zu berücksichtigenden Vorsorgeaufwendungen. Die Berücksichtigung der Kranken- und Pflegeversicherungsbeiträge des Kindes bei der Grenzbetragsprüfung nach § 32 Absatz 4 Satz 2 EStG in der bis zum VZ 2012 geltenden Fassung steht einer Berücksichtigung der Beiträge zur Basisabsicherung als Sonderausgaben bei den Eltern nicht entgegen.

2. Sonstige Vorsorgeaufwendungen

a) Beiträge zur Basiskrankenversicherung (§ 10 Absatz 1 Nummer 3 Satz 1 Buchstabe a EStG)

69 Begünstigt sind nach § 10 Absatz 1 Nummer 3 Satz 1 Buchstabe a EStG Beiträge zur Krankenversicherung, soweit diese zur Erlangung eines durch das Zwölfte Buch Sozialgesetzbuch – SGB XII – bestimmten sozialhilfegleichen Versorgungsniveaus erforderlich sind (Basiskrankenversicherung):

– Für Beiträge zur gesetzlichen Krankenversicherung (GKV) sind dies die nach dem Dritten Titel des Ersten Abschnitts des Achten Kapitels des Fünften Buches Sozialgesetzbuch – SGB V – oder die nach dem Sechsten Abschnitt des Zweiten Gesetzes über die Krankenversicherung der Landwirte festgesetzten Beiträge, ggf. gemindert um 4 % des Beitrags, soweit sich aus diesem ein Anspruch auf Krankengeld oder ein Anspruch auf eine Leistung, die anstelle von Krankengeld gewährt wird, ergeben kann. Bei selbst getragenen Eigenleistungen für Vorsorgeuntersuchungen handelt es sich hingegen nicht um Beiträge zu einer Krankenversicherung und damit auch nicht um Vorsorgeaufwendungen i. S. d. § 10 EStG.

– Für Beiträge zu einer privaten Krankenversicherung (PKV) sind dies die Beitragsanteile, die auf Vertragsleistungen entfallen, die, mit Ausnahme der auf das Krankengeld entfallenden Beitragsanteile, in Art, Umfang und Höhe den Leistungen nach dem Dritten Kapitel des SGB V vergleichbar sind, auf die ein Anspruch besteht. Die aufgrund eines tariflichen Selbstbehalts oder wegen der Wahl

Zu § 10 EStG   **Anlage § 010–11**

einer Beitragsrückerstattung selbst getragenen Krankheitskosten sind keine Beiträge zur Krankenversicherung.
– Bei einer bestehenden Basisabsicherung durch die GKV ist eine zeitgleiche zusätzliche PKV zur Basisabsicherung nicht erforderlich. In diesen Fällen sind bei Pflichtversicherten ausschließlich die Beiträge zur GKV und bei freiwillig Versicherten die höheren Beiträge als Beiträge für eine Basisabsicherung anzusetzen. Aus verwaltungsökonomischen Gründen ist der Sonderausgabenabzug für Beiträge an eine PKV als Basisabsicherung zu gewähren, wenn zeitgleich eine beitragsfreie Familienversicherung in der GKV gegeben ist.

Die im einkommensteuerrechtlichen Zusammenhang verwendeten Begriffe Basisabsicherung und Basiskrankenversicherung sind vom Basistarif i. S. d. § 12 Absatz 1a VAG abzugrenzen. Der Basistarif wurde zum 1. Januar 2009 eingeführt und ist ein besonders gestalteter Tarif. Dieser muss grundsätzlich von jedem privaten Krankenversicherungsunternehmen angeboten werden. Die Leistungen des Basistarifs entsprechen den Pflichtleistungen der GKV. Die so genannte Basisabsicherung i. S. d. Einkommensteuerrechts ist jedoch kein spezieller Tarif, sondern die Absicherung der Leistungen auf dem Niveau der GKV (mit Ausnahme des Krankengeldes), die auch in jedem anderen Tarif als dem Basistarif enthalten sein kann. Für die Absicherung solcher Leistungen gezahlte Beitragsanteile können nach § 10 Absatz 1 Nummer 3 Satz 1 Buchstabe a EStG steuerlich geltend gemacht werden. 70

Beitragsrückerstattungen mindern – unabhängig von ihrer Bezeichnung, z. B. als Pauschalleistung, und soweit sie auf die Basisabsicherung entfallen – die nach § 10 Absatz 1 Nummer 3 Satz 1 Buchstabe a EStG abziehbaren Krankenversicherungsbeiträge in dem Jahr, in dem sie zufließen. Die Minderung erfolgt unabhängig davon, ob oder in welcher Höhe sich die Beiträge im Abflussjahr steuerlich ausgewirkt haben. Zur Ermittlung der auf die Basisabsicherung entfallenden Höhe der Beitragsrückerstattung ist der Vertragsstand zugrunde zu legen, der den erstatteten Beitragszahlungen zugrunde lag, unabhängig vom Vertragsstand zum Zuflusszeitpunkt der Beitragsrückerstattung (zu Erstattungsüberhängen vgl. Rz. 158 f.). Aus Vereinfachungsgründen kann auf den Vertragsstand zum 31. Dezember des Beitragsjahres abgestellt werden, welcher der erstatteten Beitragszahlung zugrunde lag. 71

Beitragsrückerstattungen in diesem Sinne sind z. B. auch Prämienzahlungen nach § 53 SGB V und Bonuszahlungen nach § 65a SGB V. Beitragserstattungen für Bonusprogramme sind erstmals zu dem Zeitpunkt zu melden, zu dem der Vorteil dem Grunde nach verfügbar ist. Wird der Vorteil z. B. in Form von Bonuspunkten gewährt, sind diese in Euro umzurechnen und als Beitragsrückerstattung zu melden. Boni für familienversicherte Bonusprogrammteilnehmer sind dem Stammversicherten zuzurechnen. Aus Vereinfachungsgründen kann bei einem Stammversicherten, der für sich und seine im Rahmen seiner Familienversicherung mit abgesicherten Angehörigen Bonuspunkte sammelt, eine Beitragserstattung in dem Jahr gemeldet werden, in dem die Sach- oder Geldprämie an den Versicherten ausgegeben wird. 72

Die Rückzahlung von Beiträgen aus Vorjahren infolge einer rückwirkenden Vertragsänderung ist keine Beitragsrückerstattung. Sie ist vielmehr über eine Datensatzstornierung bzw. -korrektur des betreffenden Jahres zu melden. Gleiches gilt für eine aus diesem Grund gewährte Gutschrift, die mit laufenden Beiträgen verrechnet wird. 73

Bei Vorliegen der übrigen Voraussetzungen sind die Beiträge für eine Absicherung im Krankheitsfall nach § 10 Absatz 1 Nummer 3 Satz 1 Buchstabe a bzw. § 10 Absatz 1 Nummer 3a i. V. m. § 10 Absatz 2 Satz 1 Nummer 2 Buchstabe a EStG an Versicherungsunternehmen, die ihren Sitz oder ihre Geschäftsleitung in einem Mitgliedstaat der Europäischen Union oder einem Vertragsstaat des Abkommens über den Europäischen Wirtschaftsraum haben und das Versicherungsgeschäft im Inland betreiben dürfen, 2 als Sonderausgaben absetzbar. Beiträge für eine Absicherung im Krankheitsfall nach § 10 Absatz 1 Nummer 3 Satz 1 Buchstabe a i. V. m. § 10 Absatz 2 Satz 1 Nummer 2 Buchstabe a EStG an Einrichtungen, die einen anderweitigen Anspruch auf Absicherung im Krankheitsfall i. S. d. § 5 Absatz 1 Nummer 13 SGB V oder eine der Beihilfe oder freien Heilfürsorge vergleichbare Absicherung i. S. d. § 193 Absatz 3 Satz 2 Nummer 2 des Versicherungsvertragsgesetzes – VVG – gewähren, können ebenfalls als Sonderausgaben berücksichtigt werden. Dies gilt entsprechend, wenn ein Steuerpflichtiger, der weder seinen Wohnsitz noch seinen gewöhnlichen Aufenthalt im Inland hat, mit den Beiträgen einen Versicherungsschutz i. S. d. § 10 Absatz 1 Nummer 3 Satz 1 EStG erwirbt. Wird durch eine Bestätigung des jeweiligen Staates oder eine andere geeignete Quelle (z. B. Dachverband der Versicherungen im jeweiligen Land) nachgewiesen, dass es sich beim Empfänger der Beiträge um einen ausländischen Sozialversicherungsträger handelt, sind auch diese Beiträge für eine Absicherung im Krankheitsfall nach § 10 Absatz 1 Nummer 3 Satz 1 Buchstabe a bzw. § 10 Absatz 1 Nummer 3a i. V. m. § 10 Absatz 2 Satz 1 Nummer 2 Buchstabe c EStG als Sonderausgaben abziehbar. 3 Beiträge in ausländischer Währung sind nach dem Jahresdurchschnitt der monatlich festgesetzten und im BStBl. I veröffentlichten Umsatzsteuer-Umrechnungskurse zu berechnen. Zur Aufteilung von Globalbeiträgen wird auf Rz. 160 verwiesen. 74

Anlage § 010–11

Zu § 10 EStG

75 Keine Beiträge i. S. d. § 10 Absatz 1 Nummer 3 Satz 1 Buchstabe a EStG sind Beiträge zu einer Auslandskrankenversicherung (Reisekrankenversicherung), die zusätzlich zu einem bestehenden Versicherungsschutz in der GKV oder PKV ohne eingehende persönliche Risikoprüfung abgeschlossen wird.

aa) Beiträge zur gesetzlichen Krankenversicherung

(1) Allgemeines

76 Die Beiträge zur GKV sowie die Beiträge zur landwirtschaftlichen Krankenkasse gehören grundsätzlich zu den Beiträgen für eine Basiskrankenversicherung. Hierzu zählt auch ein eventuell von der Krankenkasse erhobener kassenindividueller Zusatzbeitrag i. S. d. § 242 SGB V. Beiträge zu einer über das Leistungsspektrum der gesetzlichen Krankenversicherung hinausgehenden Zusatzversicherung sind jedoch insgesamt nicht der Basisabsicherung i. S. d. § 10 Absatz 1 Nummer 3 Satz 1 EStG zuzurechnen, da sie nicht zur Erlangung des sozialhilfegleichen Versorgungsniveaus erforderlich sind.

77 Nicht der Basisabsicherung zuzurechnen ist hingegen der Beitragsanteil, der der Finanzierung des Krankengeldes dient. Dieser Anteil wird mit einem pauschalen Abschlag i. H. v. 4 % bemessen und von der Finanzverwaltung von den übermittelten Beträgen abgezogen. Der Abschlag ist allerdings nur dann vorzunehmen, wenn sich für den Steuerpflichtigen im Krankheitsfall ein Anspruch auf Krankengeldzahlung oder ein Anspruch auf eine Leistung ergeben kann, die anstelle von Krankengeld gewährt wird. Werden über die GKV auch Leistungen abgesichert, die über die Pflichtleistungen hinausgehen, so sind auch die darauf entfallenden Beitragsanteile nicht der Basisabsicherung zuzurechnen. Hierzu gehören Beiträge für Wahl- und Zusatztarife, die z. B. Leistungen wie Chefarztbehandlung oder Einbettzimmer abdecken. Vom kassenindividuellen Zusatzbeitrag i. S. d. § 242 SGB V ist kein Abschlag vorzunehmen, da sich aus ihm kein unmittelbarer Anspruch auf Krankengeld oder Anspruch auf eine Leistung, die anstelle von Krankengeld gewährt wird, ergibt.

78 Ermittelt sich bei einem freiwillig Versicherten der Beitrag unter Berücksichtigung mehrerer Einkunftsarten nach einem einheitlichen Beitragssatz, ist die Kürzung um 4 % für den gesamten Beitrag vorzunehmen, auch wenn nur ein Teil der Einkünfte bei der Bemessung der Höhe des Krankengeldes berücksichtigt wird.

(2) Einzelne Personengruppen

(a) Pflichtversicherte Arbeitnehmer

79 Der dem pflichtversicherten Arbeitnehmer zuzurechnende GKV-Beitrag ist grundsätzlich von der Finanzverwaltung um 4 % zu mindern. Ist der Finanzverwaltung bekannt, dass sich bei dem Arbeitnehmer im Einzelfall aus den Beiträgen kein Anspruch auf Krankengeld bzw. auf eine Leistung ergeben kann, die anstelle von Krankengeld gewährt wird, ist bei Berücksichtigung des Sonderausgabenabzugs von der Finanzverwaltung keine Minderung i. H. v. 4 % vorzunehmen.

(b) Freiwillig gesetzlich versicherte Arbeitnehmer

80 Bei Arbeitnehmern, bei denen der Arbeitgeber den Gesamtbeitrag des Arbeitnehmers an die GKV abführt (Firmenzahler) oder bei Arbeitnehmern, bei denen der Beitrag an die GKV vom Arbeitnehmer selbst gezahlt wird (Selbstzahler), ist der Beitrag nach Abzug des steuerfreien Arbeitgeberzuschusses (§ 3 Nummer 62 EStG) von der Finanzverwaltung um 4 % zu mindern, wenn sich grundsätzlich ein Anspruch auf Krankengeld oder auf eine Leistung ergeben kann, die anstelle von Krankengeld gewährt wird. Bei freiwillig versicherten Versorgungsempfängern ist der geleistete Beitrag nicht um 4 % zu mindern, wenn sich kein Anspruch auf Krankengeld oder auf eine Leistung anstelle von Krankengeld ergeben kann.

(c) Freiwillig gesetzlich versicherte Selbständige

81 Kann sich aus den geleisteten Beiträgen bei Selbständigen ein Anspruch auf Krankengeld oder ein Anspruch auf eine Leistung ergeben, die anstelle von Krankengeld gewährt wird, ist der Beitrag von der Finanzverwaltung um 4 % zu mindern.

(d) Pflichtversicherte selbständige Künstler und Publizisten

82 Wird von der Künstlersozialkasse an Stelle der steuerfreien Arbeitgeberanteile ein steuerfreier Betrag abgeführt, ist der Beitrag um diesen Betrag zu kürzen. Kann sich aus den Beiträgen ein Anspruch auf Krankengeld oder ein Anspruch auf eine Leistung ergeben, die anstelle von Krankengeld gewährt wird, ist der ggf. um den steuerfreien Betrag gekürzte Beitrag von der Finanzverwaltung um 4 % zu mindern.

(e) Freiwillig gesetzlich versicherte Künstler und Publizisten

83 Der Beitrag ist um den von der Künstlersozialkasse gewährten steuerfreien Beitragszuschuss zu kürzen. Kann sich aus den Beiträgen ein Anspruch auf Krankengeld oder ein Anspruch auf eine Leistung er-

geben, die anstelle von Krankengeld gewährt wird, ist der ggf. um den steuerfreien Zuschuss gekürzte Beitrag von der Finanzverwaltung um 4 % zu mindern.

(f) Pflichtversicherte Rentner
Der im Rahmen der Krankenversicherung der Rentner (KVdR) erhobene Beitrag ist nicht um 4 % zu mindern. 84

(g) Freiwillig gesetzlich versicherte Rentner
Der Beitrag ist um einen gewährten steuerfreien Zuschuss zur Krankenversicherung zu kürzen. Bezieht 85 ein freiwillig gesetzlich versicherter Rentner neben der Rente noch andere Einkünfte und kann sich im Zusammenhang mit diesen anderen Einkünften ein Anspruch auf Krankengeld oder ein Anspruch auf eine Leistung ergeben, die anstelle von Krankengeld gewährt wird, ist der ggf. um den von der Rentenversicherung gezahlten steuerfreien Zuschuss gekürzte Beitrag von der Finanzverwaltung um 4 % zu mindern.

bb) Beiträge zur privaten Krankenversicherung

(1) Allgemeines
Der Basisabsicherung in einer PKV dienen die jeweiligen Beitragsanteile, mit denen Versicherungs- 86 leistungen finanziert werden, die in Art, Umfang und Höhe den Leistungen nach dem Dritten Kapitel des SGB V – also den Pflichtleistungen der GKV – vergleichbar sind und auf die ein Anspruch besteht. Nicht zur Basisabsicherung gehören – wie bei der GKV – Beitragsanteile, die der Finanzierung von Wahlleistungen (z. B. Chefarztbehandlung, Einbettzimmer) i. S. d. § 1 Absatz 1i. V. m. § 2 Absatz 1 KVBEVO (vgl. Rz. 87), des Krankenhaustagegeldes oder des Krankentagegeldes dienen.

Sind in einem Versicherungstarif begünstigte und nicht begünstigte Versicherungsleistungen abge- 87 sichert, muss der vom Versicherungsnehmer geleistete Beitrag durch das Krankenversicherungsunternehmen aufgeteilt werden. Wie diese Aufteilung in typisierender Weise zu erfolgen hat, wird durch die „Verordnung zur tarifbezogenen Ermittlung der steuerlich berücksichtigungsfähigen Beiträge zum Erwerb eines Krankenversicherungsschutzes i. S. d. § 10 Absatz 1 Nummer 3 Satz 1 Buchstabe a des Einkommensteuergesetzes (Krankenversicherungsbeitragsanteil-Ermittlungsverordnung; KVBEVO)" (BGBl. I 2009, S. 2730) geregelt. Die wesentlichen Grundsätze der Beitragsaufteilung lassen sich wie folgt zusammenfassen:

– Enthält ein Tarif nur Leistungen, mit denen eine Basisabsicherung gewährleistet wird, ist eine tarifbezogene Beitragsaufteilung nicht erforderlich. Der für diesen Tarif geleistete Beitrag ist insgesamt abziehbar. Dies gilt auch für Beiträge zum Basistarif i. S. d. § 12 Absatz 1a VAG. Kann sich im Rahmen des Basistarifs ein Anspruch auf Krankengeld ergeben, ist vom Beitrag ein Abschlag von 4 % vorzunehmen.

– Enthält ein Tarif nur Wahlleistungen, ist eine tarifbezogene Beitragsaufteilung nicht durchzuführen. Der für diesen Tarif geleistete Beitrag ist insgesamt nicht nach § 10 Absatz 1 Nummer 3 EStG abziehbar.

– Enthält ein Tarif sowohl Leistungen, mit denen eine Basisabsicherung gewährleistet wird, als auch solche, die darüber hinausgehen, hat das Krankenversicherungsunternehmen nach den Vorschriften der KVBEVO den nicht nach § 10 Absatz 1 Nummer 3 EStG abziehbaren Beitragsanteil zu ermitteln.

– Enthält ein erstmals nach dem 1. Mai 2009 für das Neugeschäft angebotener Tarif nur in geringerem Umfang Leistungen, mit denen eine Basisabsicherung gewährleistet wird, und ansonsten Leistungen, die diesem Niveau nicht entsprechen, hat das Krankenversicherungsunternehmen vom geleisteten Beitrag einen Abschlag i. H. v. 99 % vorzunehmen. Gleiches gilt, wenn – mit Ausnahme des Basistarifs i. S. d. § 12 Absatz 1a VAG – Krankentagegeld oder Krankenhaustagegeld zusammen mit anderen Leistungen in einem Tarif abgesichert ist.

Zahlt der Versicherte für seine Basisabsicherung zunächst einen erhöhten Beitrag, um ab einem be- 88 stimmten Alter durch eine entsprechend erhöhte Alterungsrückstellung i. S. d. § 12 Absatz 4a VAG eine zuvor vereinbarte zeitlich unbefristete Beitragsentlastung für seine Basisabsicherung zu erhalten, ist auch der auf die Basisabsicherung entfallende Beitragsanteil für die erhöhte Alterungsrückstellung nach § 10 Absatz 1 Nummer 3 Satz 1 Buchstabe a EStG abziehbar und im Rahmen der für den VZ der Zahlung geleisteten Beiträge zu melden.

Mit Beiträgen zugunsten einer so genannten Anwartschaftsversicherung erwirbt der Versicherungs- 89 nehmer den Anspruch, zu einem späteren Zeitpunkt eine private Krankenversicherung zu einem ermäßigten Beitrag zu erhalten. Der Versicherungsnehmer wird dabei hinsichtlich seiner der Beitragsbemessung zugrunde gelegten Gesundheitszustands und ggf. auch hinsichtlich der Alterungsrückstellung so gestellt, als sei der Krankenversicherungsvertrag bereits zu einem früheren Zeitpunkt abge-

Anlage § 010–11 Zu § 10 EStG

schlossen worden. Übersteigen die Beiträge für eine Anwartschaftsversicherung jährlich nicht einen Betrag i. H. v. 100 €, sind sie aus Billigkeitsgründen insgesamt wie Beiträge zu einer Basiskrankenversicherung zu behandeln. Die den Betrag von 100 € übersteigenden Beiträge für eine Anwartschaftsversicherung sind nur insoweit wie Beiträge zu einer Basiskrankenversicherung zu behandeln, als sie auf die Minderung von Beitragsbestandteilen gerichtet sind, die der Basiskrankenversicherung zuzurechnen sind.

(2) Einzelne Personengruppen

(a) Privat versicherte Arbeitnehmer

90 Hat ein Arbeitnehmer mit dem Lohn einen steuerfreien Zuschuss für seine Krankenversicherung erhalten, steht dieser insgesamt in unmittelbarem Zusammenhang mit den Vorsorgeaufwendungen i. S. d. § 10 Absatz 1 Nummer 3 EStG (§ 10 Absatz 2 Satz 1 Nummer 1 EStG). Dies gilt auch, wenn der Arbeitnehmer Wahlleistungen abgesichert hat. Der Zuschuss mindert in vollem Umfang die Beiträge zur Basisabsicherung.

91 Beispiel:

A ist privat krankenversicherter Arbeitnehmer und hat für seine Krankenversicherung einen Beitrag i. H. v. insgesamt 6.000 € jährlich an seine Krankenversicherung zu leisten. Diese Summe setzt sich zusammen aus einem Beitrag i. H. v. 500 € für einen Tarif, der ausschließlich Wahlleistungen abdeckt und einem Beitrag i. H. v. 5.500 € für einen Tarif, der sowohl Leistungen abdeckt, die der Basisabsicherung dienen, als auch darüber hinausgehende Leistungen. Der Beitrag i. H. v. 5.500 € für einen Tarif, der sowohl Leistungen abdeckt, die der Basisabsicherung dienen als auch darüber hinausgehende Leistungen, ist durch das Versicherungsunternehmen nach der KVBEVO aufzuteilen. Nach der Aufteilung ergibt sich für die Absicherung von Leistungen, die der Basisabsicherung dienen, ein Beitragsanteil i. H. v. 4.500 € und für die Absicherung von Leistungen, die nicht der Basisabsicherung dienen, ein Beitragsanteil i. H. v. 1.000 €. Das Versicherungsunternehmen übermittelt einen Beitrag für die Basisabsicherung i. H. v. 4.500 € an die Finanzverwaltung (ZfA). A erhält von seinem Arbeitgeber jährlich einen steuerfreien Zuschuss i. H. v. 3.000 € zu seinem Krankenversicherungsbeitrag.

Der Beitrag i. H. v. 500 € für einen Tarif, der ausschließlich Wahlleistungen abdeckt, ist insgesamt nicht nach § 10 Absatz 1 Nummer 3 EStG zu berücksichtigen. Eine Aufteilung nach der KVBEVO ist insoweit nicht erforderlich. Der Beitrag für die Basisabsicherung i. H. v. 4.500 € wurde der Finanzverwaltung vom Versicherungsunternehmen per Datensatz übermittelt. Dieser wird von der Finanzverwaltung um den vom Arbeitgeber steuerfrei gezahlten Zuschuss i. H. v. 3.000 € vermindert. Es verbleibt danach ein Beitrag i. H. v. 1.500 €, der als sonstige Vorsorgeaufwendungen i. S. d. § 10 Absatz 1 Nummer 3 EStG bei der Ermittlung des entsprechenden Abzugsvolumens zu berücksichtigen ist.

(b) Privat versicherte Künstler und Publizisten

92 Der Beitrag ist um einen gewährten steuerfreien Zuschuss zur Krankenversicherung zu kürzen.

(c) Privat versicherte Rentner

93 Der Beitrag ist um einen gewährten steuerfreien Zuschuss zur Krankenversicherung zu kürzen.

b) Beiträge zur gesetzlichen Pflegeversicherung

94 Begünstigt sind nach § 10 Absatz 1 Nummer 3 Satz 1 Buchstabe b EStG Beiträge zur gesetzlichen Pflegeversicherung, d. h. zur sozialen Pflegeversicherung und zur privaten Pflege-Pflichtversicherung. Die Beiträge sind nach Abzug des steuerfreien Arbeitgeberzuschusses (§ 3 Nummer 62 EStG) bzw. des an Stelle des steuerfreien Arbeitgeberzuschusses gezahlten Betrags, z. B. von der Künstlersozialkasse, ungekürzt anzusetzen. Für Beiträge zugunsten einer Anwartschaftsversicherung zur Pflegeversicherung gilt Rz. 89 entsprechend.

c) Weitere sonstige Vorsorgeaufwendungen

95 Begünstigt sind nach § 10 Absatz 1 Nummer 3a EStG Beiträge zu
- gesetzlichen oder privaten Kranken- und Pflegeversicherungen, soweit diese nicht nach § 10 Absatz 1 Nummer 3 EStG zu berücksichtigen sind; hierzu zählen z. B. Beitragsanteile, die auf Wahlleistungen entfallen oder der Finanzierung des Krankengeldes dienen, Beiträge zur freiwilligen privaten Pflegeversicherung oder Basiskrankenversicherungsbeiträge und Beiträge zur gesetzlichen Pflegeversicherung bei fehlender Einwilligung nach § 10 Absatz 2a EStG,
- Versicherungen gegen Arbeitslosigkeit (gesetzliche Beiträge an die Bundesagentur für Arbeit und Beiträge zu privaten Versicherungen),

- Erwerbs- und Berufsunfähigkeitsversicherungen, die nicht Bestandteil einer Versicherung i. S. d. § 10 Absatz 1 Nummer 2 Satz 1 Buchstabe b EStG sind; dies gilt auch für Beitragsbestandteile einer kapitalbildenden Lebensversicherung i. S. d. § 20 Absatz 1 Nummer 6 EStG, die bei der Ermittlung des steuerpflichtigen Ertrags nicht abgezogen werden dürfen,
- Unfallversicherungen, wenn es sich nicht um eine Unfallversicherung mit garantierter Beitragsrückzahlung handelt, die insgesamt als Rentenversicherung oder Kapitalversicherung behandelt wird,
- Haftpflichtversicherungen,
- Lebensversicherungen, die nur für den Todesfall eine Leistung vorsehen (Risikolebensversicherung).

Auf Rz. 156 wird verwiesen.

Beiträge zu nachfolgenden Versicherungen sind ebenfalls nach § 10 Absatz 1 Nummer 3a EStG begünstigt, wenn die Laufzeit dieser Versicherungen vor dem 1. Januar 2005 begonnen hat und mindestens ein Versicherungsbeitrag bis zum 31. Dezember 2004 entrichtet wurde; der Zeitpunkt des Vertragsabschlusses ist insoweit unmaßgeblich: 96

- Rentenversicherungen ohne Kapitalwahlrecht, die die Voraussetzungen des § 10 Absatz 1 Satz 1 Nummer 2 EStG nicht erfüllen,
- Rentenversicherungen mit Kapitalwahlrecht gegen laufende Beitragsleistungen, wenn das Kapitalwahlrecht nicht vor Ablauf von zwölf Jahren seit Vertragsabschluss ausgeübt werden kann,
- Kapitalversicherungen gegen laufende Beitragsleistungen mit Sparanteil, wenn der Vertrag für die Dauer von mindestens zwölf Jahren abgeschlossen worden ist.

Ein Versicherungsbeitrag ist bis zum 31. Dezember 2004 entrichtet, wenn nach § 11 Absatz 2 EStG der Beitrag einem Kalenderjahr vor 2005 zuzuordnen ist. Für Beiträge im Rahmen der betrieblichen Altersversorgung an einen Pensionsfonds, an eine Pensionskasse oder für eine Direktversicherung gilt Rz. 330 des BMF-Schreibens vom 24. Juli 2013. 97

Für die Berücksichtigung von diesen Beiträgen (Rz. 96) gelten außerdem die bisherigen Regelungen des § 10 Absatz 1 Nummer 2 Satz 2 bis 6 und Absatz 2 Satz 2 EStG in der am 31. Dezember 2004 geltenden Fassung. 98

3. Ermittlung des Abzugsbetrags

a) Höchstbetrag nach § 10 Absatz 4 EStG

Vorsorgeaufwendungen i. S. d. § 10 Absatz 1 Nummer 3 und Nummer 3a EStG können (vorbehaltlich der Rz. 103 und der Günstigerprüfung Rz. 164 ff.) grundsätzlich bis zur Höhe von 2.800 € abgezogen werden (z. B. bei Steuerpflichtigen, die Aufwendungen für ihre Krankenversicherung und Krankheitskosten vollständig aus eigenen Mitteln tragen). 99

Bei einem Steuerpflichtigen, der ganz oder teilweise ohne eigene Aufwendungen einen Anspruch auf vollständige oder teilweise Erstattung oder Übernahme von Krankheitskosten hat oder für dessen Krankenversicherung Leistungen i. S. d. § 3 Nummer 9, 14 , 57 oder 62 EStG erbracht werden, vermindert sich der Höchstbetrag auf 1.900 €. Dies gilt auch, wenn die Voraussetzungen nur in einem Teil des Kalenderjahres vorliegen. Ohne Bedeutung ist hierbei, ob aufgrund eines Anspruchs tatsächlich Leistungen erbracht werden, sowie die konkrete Höhe des Anspruchs. Es kommt nur darauf an, dass ganz oder teilweise ohne eigene Aufwendungen ein Anspruch besteht. Ein vom Arbeitgeber im Rahmen einer geringfügigen Beschäftigung erbrachter pauschaler Beitrag zur GKV führt nicht zum Ansatz des verminderten Höchstbetrags. 100

Der Höchstbetrag i. H. v. 1.900 € gilt z. B. für 101

- Rentner, die aus der gesetzlichen Rentenversicherung nach § 3 Nummer 14 EStG steuerfreie Zuschüsse zu den Krankenversicherungsbeiträgen erhalten,
- Rentner, bei denen der Träger der gesetzlichen Rentenversicherung Beiträge an die GKV zahlt,
- sozialversicherungspflichtige Arbeitnehmer, für die der Arbeitgeber nach § 3 Nummer 62 EStG steuerfreie Beiträge zur Krankenversicherung leistet; das gilt auch dann, wenn der Arbeitslohn aus einer Auslandstätigkeit aufgrund eines Doppelbesteuerungsabkommens – DBA- steuerfrei gestellt wird,
- Besoldungsempfänger oder gleichgestellte Personen, die von ihrem Arbeitgeber nach § 3 Nummer 11 EStG steuerfreie Beihilfen zu Krankheitskosten erhalten,
- im VZ beihilferechtlich berücksichtigungsfähige Ehegatten oder Lebenspartner (BFH vom 23. Januar 2013, X R 43/09),
- Beamte, die in der GKV freiwillig versichert sind und deshalb keine Beihilfe zu ihren Krankheitskosten – trotz eines grundsätzlichen Anspruchs – erhalten,

Anlage § 010–11

Zu § 10 EStG

- Versorgungsempfänger im öffentlichen Dienst mit Beihilfeanspruch oder gleichgestellte Personen,
- in der GKV ohne eigene Beiträge familienversicherte Angehörige,
- Personen, für die steuerfreie Leistungen der Künstlersozialkasse nach § 3 Nummer 57 EStG erbracht werden.

102 Der nach § 3 Nummer 62 EStG steuerfreie Arbeitgeberanteil zur gesetzlichen Kranken- und Pflegeversicherung ist bei der Ermittlung des Höchstbetrags nach § 10 Absatz 4 EStG nicht zu berücksichtigen.

b) Mindestansatz

103 Übersteigen die vom Steuerpflichtigen geleisteten Beiträge für die Basisabsicherung (Basiskrankenversicherung – Rz. 69 ff. – und gesetzliche Pflegeversicherung – Rz. 94 –) den Höchstbetrag von 2.800 €/ 1.900 €, sind diese Beiträge für die Basisabsicherung als Sonderausgaben anzusetzen. Eine betragsmäßige Deckelung auf den Höchstbetrag erfolgt in diesen Fällen nicht. Ein zusätzlicher Abzug von Beiträgen nach § 10 Absatz 1 Nummer 3a EStG ist daneben nicht möglich (vorbehaltlich der Günstigerprüfung Rz. 164 ff.).

c) Abzugsbetrag bei Ehegatten und Lebenspartnern

aa) Zusammenveranlagung nach § 26b EStG

104 Bei zusammen veranlagten Ehegatten oder Lebenspartnern ist zunächst für jeden Ehegatten oder Lebenspartner nach dessen persönlichen Verhältnissen der ihm zustehende Höchstbetrag zu bestimmen. Die Summe der beiden Höchstbeträge ist der gemeinsame Höchstbetrag (§ 10 Absatz 4 Satz 3 EStG). Übersteigen die von den Ehegatten oder Lebenspartnern geleisteten Beiträge für die Basisabsicherung (Basiskrankenversicherung – Rz. 69 ff. – und gesetzliche Pflegeversicherung – Rz. 94) in der Summe den gemeinsamen Höchstbetrag, sind diese Beiträge für die Basisabsicherung als Sonderausgaben zu berücksichtigen. Eine betragsmäßige Deckelung auf den gemeinsamen Höchstbetrag erfolgt in diesen Fällen nicht. Ein zusätzlicher Abzug von Beiträgen nach § 10 Absatz 1 Nummer 3a EStG ist daneben nicht möglich (vorbehaltlich der Günstigerprüfung Rz. 164 ff.).

bb) Einzelveranlagung nach § 26a EStG und „Patchwork-Familien"

105 Wird von den Ehegatten oder Lebenspartnern die Einzelveranlagung beantragt, wird der Höchstbetrag sowie der Mindestansatz für jeden Ehegatten oder Lebenspartner gesondert ermittelt. Für die Berechnung des Mindestansatzes ist bei jedem Ehegatten oder Lebenspartner der von ihm als Versicherungsnehmer geleistete Beitrag zur Basisabsicherung anzusetzen. Ist ein Kind Versicherungsnehmer (vgl. Rz. 68), werden die Beiträge zur Kranken- und Pflegeversicherung i. S. d. § 10 Absatz 1 Nummer 3 Satz 2 EStG jedoch von Unterhaltsverpflichteten getragen, sind die Beiträge entsprechend der wirtschaftlichen Tragung von dem jeweiligen unterhaltsverpflichteten Elternteil zu beantragen und anzusetzen (Grundsatz der Einmalberücksichtigung). Innerhalb der Ehe bzw. Lebenspartnerschaft folgt die weitere Zuordnung den Regelungen des § 26a Absatz 2 EStG.

106 einstweilen frei

107 Beispiel 1:

Ehemann A ist selbständig tätig und privat versichert. Er leistet als VN für seine Basiskrankenversicherung einen Jahresbeitrag i. H. v. 6.000 € bei Versicherung X. Seine Ehefrau B ist Beamtin und privat versichert bei Versicherung Y. Der von B zu leistende Jahresbeitrag für Basiskrankenversicherung beträgt 3.500 €. Der gemeinsame Sohn S ist im Vertrag von B mitversichert. Der hierfür zu leistende und von B getragene Jahresbeitrag zur Basiskrankenversicherung beträgt 1.000 €. Die Tochter T (24 Jahre alt) ist in der studentischen Krankenversicherung (KVdS) versichert und zahlt als VN einen Jahresbeitrag zu ihrer Basiskrankenversicherung i. H. v. 2.000 €. A und B erstatten T den von ihr geleisteten Jahresbeitrag im Rahmen ihrer Unterhaltsverpflichtung. Die Eheleute A und B beantragen die Einzelveranlagung, wobei § 26a Absatz 2 Satz 1 EStG Anwendung finden soll.

Der Höchstbetrag für Vorsorgeaufwendungen beträgt für A 2.800 € nach § 10 Absatz 4 Satz 1 EStG, da er seine Krankenversicherung vollständig aus eigenen Mitteln finanziert und auch keine steuerfreien Leistungen zu seinen Krankheitskosten erhält. Für B mindert sich der Höchstbetrag nach § 10 Absatz 4 Satz 2 EStG auf 1.900 €, da B einen Anspruch auf steuerfreie Beihilfen zu ihren Krankheitskosten hat. Dem für jeden Ehegatten gesondert ermittelten Höchstbetrag sind die jeweils von A bzw. von B als VN geleisteten Jahresbeiträge zur Basiskrankenversicherung gegenüberzustellen. Sowohl bei A als auch bei B übersteigen die als VN geleisteten Jahresbeiträge zur Basiskrankenversicherung die Höchstbeträge nach § 10 Absatz 4 EStG. Daher sind jeweils die Beiträge zur Basiskrankenversicherung anzusetzen (Mindestansatz).

Zu § 10 EStG **Anlage § 010–11**

A kann den Basiskrankenversicherungsbeitrag i. H. v. 6.000 € geltend machen. B kann in ihrer Veranlagung den von ihr als VN geleisteten Basiskrankenversicherungsbeitrag i. H. v. 3.500 € zuzügl. des von ihr getragenen Basiskrankenversicherungsbeitrags für ihren Sohn S in Höhe 1.000 €, zusammen = 4.500 € ansetzen. Den von A und B an T erstatteten Basiskrankenversicherungsbeitrag i. H. v. 2.000 € können A und B jeweils zu 1.000 € – entsprechend der wirtschaftlichen Tragung – im Rahmen der Sonderausgaben geltend machen.

Beispiel 2: 108
A und B sind miteinander verheiratet. Ehefrau B ist die leibliche Mutter des Kindes K. Der Kindesvater ist C. K ist selbst VN seiner Kranken- und Pflegeversicherung. Im Rahmen ihrer Unterhaltspflicht haben C und B die Beiträge des K wirtschaftlich getragen und zwar C zu 20 % und B zu 80 %. A und B beantragen die Einzelveranlagung nach § 26a EStG, wobei § 26a Absatz 2 Satz 2 EStG Anwendung finden soll.
Entsprechend der Lastentragung werden gem. § 10 Absatz 1 Nummer 3 Satz 2 EStG bei C 20 % und bei B 80 % der jeweils für K getragenen Beiträge für die Absicherung im Krankheitsfall wie eigene Beiträge behandelt. Nach der Verteilungsregelung des § 26a Absatz 2 Satz 2 EStG werden bei A und B sämtliche Sonderausgaben – und damit auch die der B nach § 10 Absatz 1 Nummer 3 Satz 2 EStG zugewiesenen Beiträge des Kindes – jeweils hälftig abgezogen, so dass im Ergebnis A und B jeweils 40 % der Beiträge des K absetzen können. Dass bei A keine Unterhaltsverpflichtung gegenüber K besteht, da es nicht sein leibliches Kind ist, ist für die Verteilung durch § 26a Absatz 2 Satz 2 EStG ohne Belang.

4. Verfahren

Die übermittelnden Stellen haben die geleisteten und erstatteten Beiträge i. S. d. § 10 Absatz 1 Nummer 3 109 EStG sowie die weiteren nach § 10 Absatz 2a Satz 4 Nummer 2 EStG erforderlichen Daten an die Finanzverwaltung zu übermitteln; wegen Einzelheiten vgl. die Ausführungen unter Rz. 142 ff. Der Abzug der steuerfreien Zuschüsse zu den Kranken- und Pflegeversicherungsbeiträgen und die Minderung um 4 % bei den Beiträgen zur GKV, wenn sich ein Anspruch auf Krankengeld oder ein Anspruch auf eine Leistung ergeben kann, die anstelle von Krankengeld gewährt wird, werden von der Finanzverwaltung vorgenommen (im Einzelnen vgl. Rz. 79 ff.). Die Beiträge zu einer PKV werden bereits durch das Versicherungsunternehmen um einen Beitragsanteil, der auf Krankentagegeld entfällt, gemindert, so dass die Finanzverwaltung hier nur noch ggf. gewährte Zuschüsse abziehen muss.

Werden Beitragsvorauszahlungen (siehe Rz. 126) geleistet, sind ferner die vertraglich geschuldeten 110 Beiträge zur Basiskranken- und gesetzlichen Pflegeversicherung des Beitragsjahres – bereinigt um Beiträge, die der unbefristeten Beitragsminderung nach Vollendung des 62. Lebensjahres dienen (Rz. 88) – als Bestandteil der Vertrags- bzw. Versicherungsdaten i. S. d. § 10 Absatz 2a Satz 4 EStG in den Datensatz aufzunehmen. Dies gilt nicht, sofern es sich lediglich um eine Vorauszahlung für Januar des Folgejahres handelt. Hierbei ist anzugeben, ob sich aus den Beiträgen ein Anspruch auf Krankengeld oder ein Anspruch auf eine Leistung ergeben kann, die anstelle von Krankengeld gewährt wird. Die Daten dienen der Finanzverwaltung zur Prüfung der sofort abziehbaren Vorauszahlungen nach § 10 Absatz 1 Nummer 3 Satz 4 EStG.

Werden steuerfreie Zuschüsse von anderen Stellen als den Mitteilungspflichtigen (§ 22a EStG), den 111 Arbeitgebern oder der Künstlersozialkasse gewährt (z. B. in der Elternzeit), sind diese vom Steuerpflichtigen in der Einkommensteuererklärung anzugeben.

a) Gesetzlich Versicherte

Bei Vorliegen einer Familienversicherung i. S. d. § 10 SGB V ist für die mitversicherte Person mangels 112 eigener Beitragsleistung kein Datensatz zu übermitteln.

aa) Pflichtversicherte Arbeitnehmer

Der vom Arbeitgeber einbehaltene und abgeführte Arbeitnehmerkranken- und Arbeitnehmerpflege- 113 versicherungsbeitrag zur GKV wird im Rahmen der elektronischen Lohnsteuerbescheinigung an die Finanzverwaltung übermittelt. Erstattet die GKV Beiträge oder erhebt sie vom Versicherten unmittelbar einen kassenindividuellen Zusatzbeitrag i. S. d. § 242 SGB V, sind die jeweiligen Beträge – sofern sie auf die Basisabsicherung entfallen – unmittelbar von der GKV an die Finanzverwaltung (ZfA) zu übermitteln.

bb) Freiwillig gesetzlich versicherte Arbeitnehmer

Für Arbeitnehmer, bei denen der Arbeitgeber den Gesamtbeitrag des Arbeitnehmers zur Kranken- und 114 Pflegeversicherung an die GKV abführt (Firmenzahler), hat der Arbeitgeber in der elektronischen Lohnsteuerbescheinigung der Finanzverwaltung den abgeführten Beitrag und den geleisteten steuerfreien Arbeitgeberzuschuss (§ 3 Nummer 62 EStG) mitzuteilen. Erstattet die GKV Beiträge oder erhebt sie vom Versicherten unmittelbar einen kassenindividuellen Zusatzbeitrag i. S. d. § 242 SGB V, sind die jeweiligen Beträge – sofern sie auf die Basisabsicherung entfallen – unmittelbar von der GKV an die Finanzverwaltung (ZfA) zu übermitteln.

115 Für Arbeitnehmer, bei denen der Kranken- und Pflegeversicherungsbeitrag an die GKV vom Arbeitnehmer selbst gezahlt wird (Selbstzahler), hat der Arbeitgeber in der elektronischen Lohnsteuerbescheinigung der Finanzverwaltung den geleisteten steuerfreien Arbeitgeberzuschuss (§ 3 Nummer 62 EStG) mitzuteilen. Die vom Arbeitnehmer unmittelbar an die GKV geleisteten oder von der GKV erstatteten Beiträge einschließlich eines kassenindividuellen Zusatzbeitrags i. S. d. § 242 SGB V sind – sofern sie auf die Basisabsicherung entfallen – von der GKV an die Finanzverwaltung (ZfA) zu übermitteln. Kann sich für den Arbeitnehmer aus der GKV ein Anspruch auf Krankengeld bzw. eine Leistung ergeben, die anstelle von Krankengeld gewährt wird, ist dies bei der Übermittlung anzugeben.

cc) Freiwillig gesetzlich versicherte Selbständige

116 Die vom Selbständigen an die GKV geleisteten oder von der GKV erstatteten Beiträge einschließlich eines kassenindividuellen Zusatzbeitrags i. S. d. § 242 SGB V sind – sofern sie auf die Basisabsicherung entfallen – von der GKV an die Finanzverwaltung (ZfA) zu übermitteln. Kann sich für den Selbständigen aus der GKV ein Anspruch auf Krankengeld bzw. eine Leistung ergeben, die anstelle von Krankengeld gewährt wird, ist dies bei der Übermittlung anzugeben.

dd) Pflichtversicherte selbständige Künstler und Publizisten

117 Die Künstlersozialkasse übermittelt die Höhe des eigenen Beitragsanteils des Künstlers oder Publizisten zur gesetzlichen Kranken- und Pflegeversicherung, nicht aber die von der Künstlersozialkasse gezahlten steuerfreien Beitragsanteile an die Finanzverwaltung (ZfA). Kann sich für den Künstler oder Publizisten aus der GKV ein Anspruch auf Krankengeld bzw. eine Leistung ergeben, die anstelle von Krankengeld gewährt wird, ist dies bei der Übermittlung anzugeben.

ee) Freiwillig gesetzlich versicherte Künstler und Publizisten

118 Die vom Künstler oder Publizisten an die GKV geleisteten oder von der GKV erstatteten Beiträge einschließlich eines kassenindividuellen Zusatzbeitrags i. S. d. § 242 SGB V sind – sofern sie auf die Basisabsicherung entfallen – von der GKV an die Finanzverwaltung (ZfA) zu übermitteln. Kann sich für den Künstler oder Publizisten aus der GKV ein Anspruch auf Krankengeld bzw. eine Leistung ergeben, die anstelle von Krankengeld gewährt wird, ist dies bei der Übermittlung anzugeben. Die Künstlersozialkasse übermittelt die Höhe des an den Künstler oder Publizisten steuerfrei gezahlten Beitragszuschusses an die Finanzverwaltung (ZfA).

ff) Pflichtversicherte Rentner

119 Bei den Empfängern einer Rente aus der gesetzlichen Rentenversicherung oder aus einer betrieblichen Altersversorgung wird in der Regel der Kranken- und Pflegeversicherungsbeitrag zur GKV unmittelbar vom Rentenversicherungs-/ Versorgungsträger einbehalten und abgeführt. Die entsprechenden Daten werden zusammen mit der Rentenbezugsmitteilung vom Träger der gesetzlichen Rentenversicherung bzw. vom Versorgungsträger an die Finanzverwaltung (ZfA) übermittelt. Erstattet die GKV Beiträge oder erhebt sie vom Versicherten unmittelbar einen kassenindividuellen Zusatzbeitrag i. S. d. § 242 SGB V, sind die jeweiligen Beträge – sofern sie auf die Basisabsicherung entfallen – unmittelbar von der GKV an die Finanzverwaltung (ZfA) zu übermitteln.

gg) Pflichtversicherte Empfänger einer Kapitalleistung aus der betrieblichen Altersversorgung

120 Die vom Empfänger einer Kapitalleistung aus der betrieblichen Altersversorgung unmittelbar an die GKV geleisteten oder von der GKV erstatteten Kranken- und Pflegeversicherungsbeiträge sind von der GKV an die Finanzverwaltung (ZfA) zu übermitteln.

hh) Freiwillig gesetzlich versicherte Rentner

121 Die vom Empfänger einer Rente unmittelbar an die GKV geleisteten oder von der GKV erstatteten Kranken- und Pflegeversicherungsbeiträge einschließlich eines kassenindividuellen Zusatzbeitrags i. S. d. § 242 SGB V sind – sofern sie auf die Basisabsicherung entfallen – von der GKV an die Finanzverwaltung (ZfA) zu übermitteln. Die Höhe des vom Mitteilungspflichtigen i. S. d. § 22a Absatz 1 EStG (z. B. Träger der gesetzlichen Rentenversicherung) gewährten steuerfreien Zuschusses zu den Krankenversicherungsbeiträgen ist im Rahmen der Rentenbezugsmitteilung an die Finanzverwaltung (ZfA) zu übermitteln.

b) Privat Versicherte

aa) Privat versicherte Arbeitnehmer

Bei privat versicherten Arbeitnehmern übermittelt das Versicherungsunternehmen die Höhe der geleisteten und erstatteten Beiträge zur Basiskrankenversicherung und zur privaten Pflege-Pflichtversicherung an die Finanzverwaltung (ZfA). — 122

Bei Arbeitnehmern, denen mit dem Lohn ein steuerfreier Zuschuss gezahlt wird, hat der Arbeitgeber in der elektronischen Lohnsteuerbescheinigung der Finanzverwaltung die Höhe des geleisteten steuerfreien Arbeitgeberzuschusses mitzuteilen. — 123

bb) Privat versicherte Künstler und Publizisten

Bei Künstlern und Publizisten, für die von der Künstlersozialkasse ein Zuschuss zur Krankenversicherung abgeführt wird, hat die Künstlersozialkasse die Höhe des Zuschusses der Finanzverwaltung mitzuteilen. — 124

cc) Privat versicherte Rentner

Die vom Empfänger einer Rente unmittelbar an die PKV geleisteten oder von der PKV erstatteten Kranken- und Pflegeversicherungsbeiträge sind von der PKV an die Finanzverwaltung (ZfA) zu übermitteln. Der vom Mitteilungspflichtigen i. S. d. § 22a Absatz 1 EStG (z. B. Träger der gesetzlichen Rentenversicherung) gewährte steuerfreie Zuschuss zu den Krankenversicherungsbeiträgen ist im Rahmen der Rentenbezugsmitteilung an die Finanzverwaltung (ZfA) zu übermitteln. — 125

5. Beitragsvorauszahlungen

a) Anwendungsbereich

§ 10 Absatz 1 Nummer 3 Satz 4 EStG begrenzt ab dem VZ 2011 die innerhalb eines VZ als Sonderausgaben abziehbaren Basiskranken- und gesetzlichen Pflegeversicherungsbeiträge (für das Verfahren vgl. Rz. 109). Die Einhaltung der Regelung wird durch die Finanzverwaltung überprüft. Sie betrifft ausschließlich Beiträge, die für nach Ablauf des Veranlagungszeitraums beginnende Beitragsjahre geleistet werden (Beitragsvorauszahlungen) und enthält eine Einschränkung des Abflussprinzips (§ 11 Absatz 2 Satz 1 EStG). Ausgenommen sind Basiskranken- und gesetzliche Pflegeversicherungsbeiträge, soweit sie der unbefristeten Beitragsminderung nach Vollendung des 62. Lebensjahres dienen (vgl. Rz. 88). Die Vorschrift gilt für Beiträge zur gesetzlichen und zur privaten Kranken- und Pflegeversicherung gleichermaßen. Für die Beiträge zur Pflegeversicherung und für die Beiträge zur Krankenversicherung sind jeweils getrennte Berechnungen durchzuführen. — 126

b) Ermittlung der Vergleichsgrößen

Für die zeitliche Zuordnung der Beiträge sind zwei Vergleichsgrößen zu bilden: — 127

- das Zweieinhalbfache der auf den VZ entfallenden Beiträge (zulässiges Vorauszahlungsvolumen) und
- die Summe der für nach Ablauf des VZ beginnende Beitragsjahre geleisteten Beiträge (Summe der geleisteten Beitragsvorauszahlungen).

In den Fällen des § 10 Absatz 1 Nummer 3 Satz 2 und Satz 3 EStG ist für die Ermittlung des zulässigen Vorauszahlungsvolumens und die Summe der geleisteten Beitragsvorauszahlungen auf die Verhältnisse des Versicherungsnehmers abzustellen. — 128

aa) Ermittlung des zulässigen Vorauszahlungsvolumens

Zur Ermittlung des zulässigen Vorauszahlungsvolumens sind zunächst die für den VZ vertraglich geschuldeten Beiträge (es kommt nicht auf die tatsächlich gezahlten Beiträge an) zur Basiskrankenversicherung bzw. zur gesetzlichen Pflegeversicherung – jeweils gesondert – festzuhalten. Das Ergebnis ist jeweils mit 2,5 zu multiplizieren. Wird das Versicherungsunternehmen im Laufe eines VZ gewechselt, sind die für den VZ vertraglich geschuldeten Basiskranken- bzw. gesetzlichen Pflegeversicherungsbeiträge sämtlicher betroffener Versicherungsunternehmen einzubeziehen. — 129

Sind für den VZ keine eigenen Beiträge geschuldet, weil der Steuerpflichtige z. B. als Kind zuvor in einer Familienversicherung mitversichert war und sein Versicherungsverhältnis erst nach Ablauf des VZ beginnt, beträgt das zulässige Vorauszahlungsvolumen des Kindes 0 Euro. Dagegen erhöht der von den Eltern im laufenden VZ letztmalig für das Kind geleistete Beitrag deren zulässiges Vorauszahlungsvolumen, obwohl insoweit die Beitragsverpflichtung im Folge-VZ nicht mehr besteht. — 130

Steuerfreie Zuschüsse und Beitragserstattungen bleiben bei der Ermittlung des Zweieinhalbfachen der für den VZ vertraglich geschuldeten Beiträge außer Betracht. Auch die in einem späteren VZ zu- — 131

Anlage § 010–11

Zu § 10 EStG

fließenden Beitragserstattungen oder die dann gewährten steuerfreien Zuschüsse ändern nicht das zulässige Vorauszahlungsvolumen.

bb) Summe der geleisteten Beitragsvorauszahlungen

132 In die Summe der Beitragsvorauszahlungen sind sämtliche im VZ abgeflossenen Basiskranken- bzw. gesetzlichen Pflegeversicherungsbeiträge – jeweils gesondert – einzubeziehen, die für nach dem VZ beginnende Beitragsjahre geleistet werden. Nicht in die Summe der geleisteten Beitragsvorauszahlungen einzubeziehen sind jedoch jene im VZ abgeflossenen Beiträge, die wegen § 11 Absatz 2 Satz 2 EStG erst im folgenden VZ anzusetzen sind. Diese sind in keinem VZ Beitragsvorauszahlungen (vgl. Beispiele 3 und 4, Rz. 140 f.).

c) Rechtsfolge

aa) Allgemein

133 § 10 Absatz 1 Nummer 3 Satz 4 EStG schränkt die Anwendung des für Vorsorgeaufwendungen geltenden Abflussprinzips nach § 11 Absatz 2 Satz 1 EStG insoweit ein, als die betreffenden Beiträge abweichend vom Jahr der Zahlung in dem VZ anzusetzen sind, für den sie geleistet wurden. Wird bei der Vorauszahlung von Kranken- und Pflegeversicherungsbeiträgen für mehrere Zeiträume das zulässige Vorauszahlungsvolumen nicht überschritten, ist grundsätzlich kein Raum für die Anwendung des § 10 Absatz 1 Nummer 3 Satz 4 EStG.

134 Findet § 10 Absatz 1 Nummer 3 Satz 4 EStG Anwendung, ist der das zulässige Vorauszahlungsvolumen nicht übersteigende Teil der Beitragsvorauszahlungen im VZ des Abflusses abziehbar (§ 11 Absatz 2 Satz 1 EStG); § 11 Absatz 2 Satz 2 EStG bleibt unberührt (vgl. Rz. 137 ff.). Der verbleibende, das zulässige Vorauszahlungsvolumen übersteigende Teil der Summe der im Veranlagungszeitraum geleisteten Beitragsvorauszahlungen ist den Zeiträumen, für die die Beitragsvorauszahlungen geleistet wurden, gemäß ihrer zeitlichen Abfolge zuzuordnen und in dem betreffenden VZ anzusetzen. Vom zulässigen Vorauszahlungsvolumen sind dabei die Beiträge für jene VZ gedeckt, die zeitlich am nächsten am Kalenderjahr der Zahlung liegen.

135 Beispiel 1:

Der für das Kalenderjahr 2011 zu leistende Beitrag beträgt 1.000 Euro. Der Steuerpflichtige leistet am 10. Dezember 2011 für die Jahre 2012 bis 2015 jeweils 1.000 Euro im Voraus.

Das zulässige Vorauszahlungsvolumen für 2011 ist mit 2,5 x 1.000 Euro = 2.500 Euro zu bemessen. Die geleisteten Beitragsvorauszahlungen betragen in der Summe 4 x 1.000 Euro = 4.000 Euro. Die Vorauszahlungen sind also aufzuteilen und den kommenden VZ chronologisch zuzuordnen. Der in 2011 absetzbare Teil der Vorauszahlungen in Höhe von 2.500 Euro ist den Jahren 2012, 2013 und zur Hälfte 2014 zuzuordnen. Der verbleibende Betrag i. H. v. 1.500 Euro ist mit 500 Euro in 2014 und mit 1.000 Euro in 2015 anzusetzen.

136 Für die vom VN vorausbezahlten Beiträge findet die Rechtsfolge des § 10 Absatz 1 Nummer 3 Satz 4 EStG in den Fällen des § 10 Absatz 1 Nummer 3 Satz 2 EStG beim unterhaltsverpflichteten Steuerpflichtigen und in den Fällen des § 10 Absatz 1 Nummer 3 Satz 3 EStG beim Unterhaltsberechtigten Anwendung.

bb) Vorauszahlungen vs. regelmäßig wiederkehrende Zahlungen

137 Regelmäßig wiederkehrende Ausgaben, die kurze Zeit vor Beginn oder kurze Zeit nach Beendigung des Kalenderjahres, zu dem sie wirtschaftlich gehören, abgeflossen und fällig geworden sind, werden dem Kalenderjahr zugeordnet, zu dem sie wirtschaftlich gehören (§ 11 Absatz 2 Satz 2 i. V. m. Absatz 1 Satz 2 EStG). Für im Voraus entrichtete Beiträge bedeutet „kurze Zeit", dass die Zahlung innerhalb des Zeitraums vom 22. Dezember bis 31. Dezember vorgenommen wird und die Beiträge entsprechend der vertraglichen Vereinbarung innerhalb des Zeitraums vom 22. Dezember bis 10. Januar fällig werden.

138 Dies gilt auch für Kranken- und Pflegeversicherungsbeiträge, die kumuliert für mehrere Monate oder Jahre in einer Zahlung geleistet werden. Sind die Voraussetzungen des § 11 Absatz 2 Satz 2 i. V. m. Absatz 1 Satz 2 EStG erfüllt, wird der für das folgende Jahr geleistete Beitrag steuerlich im Folgejahr erfasst. § 10 Absatz 1 Nummer 3 Satz 4 EStG hat auf die Anwendung des § 11 Absatz 2 Satz 2 i. V. m. Absatz 1 Satz 2 EStG keine Auswirkung.

139 Beispiel 2:

Am 28. Dezember 2011 leistet der Steuerpflichtige die Beiträge für die Jahre 2012 und 2013 in einer Zahlung im Voraus. Der regelmäßig zum Jahresende des Vorjahres gezahlte Jahresbeitrag ist für das Jahr 2012 am 1. Januar 2012 fällig. Insgesamt überschreitet die Summe der geleisteten Beitragsvorauszahlungen das Zweieinhalbfache der auf den VZ entfallenden Beiträge nicht.

Der in 2011 geleistete Beitrag für das Beitragsjahr 2013 ist im Jahr 2011 anzusetzen. Der Beitrag für das Beitragsjahr 2012 ist nach der Regelung in § 11 Absatz 2 Satz 2 i. V. m. Absatz 1 Satz 2 EStG abweichend vom Zahlungsjahr 2011 im Jahr 2012 zu berücksichtigen. Die in einem Zahlungsvorgang geleisteten Beitragsvorauszahlungen werden also aufgeteilt.

Beispiel 3: 140
Am 28. Dezember 2011 leistet der Steuerpflichtige die Beiträge für die Jahre 2012 bis 2015 in einer Zahlung im Voraus. Der regelmäßig zum Jahresende des Vorjahres gezahlte Beitrag ist für das Jahr 2012 am 1. Januar 2012 fällig. Wie in Beispiel 1 beträgt der für das Kalenderjahr 2011 zu leistende Beitrag 1.000 Euro. Die Summe der geleisteten Beitragsvorauszahlungen (3.000 Euro für die Jahre 2013 bis 2015) überschreitet das zulässige Vorauszahlungsvolumen von 2.500 Euro um 500 Euro.

Die Vorauszahlungen sind aufzuteilen und den kommenden VZ chronologisch zuzuordnen. Für den zum Jahreswechsel geleisteten Beitrag für 2012 findet § 11 Absatz 2 Satz 2 EStG Anwendung, so dass dieser Beitrag im VZ 2012 zu berücksichtigen ist. Bis zur Höhe des zulässigen Vorauszahlungsvolumens in Höhe von 2.500 Euro ist der Beitrag für 2013, 2014 und ein Betrag i. H. v. 500 Euro für das Kalenderjahr 2015 in 2011 anzusetzen. Der das zulässige Vorauszahlungsvolumen überschreitende Betrag von 500 Euro ist gem. § 10 Absatz 1 Nummer 3 Satz 4 EStG im VZ 2015 anzusetzen.

Beispiel 4: 141
Der Steuerpflichtige leistet regelmäßig zum Monatsende den für den Folgemonat geschuldeten Beitrag. Am 28. Dezember 2011 leistet er die Beiträge für die Jahre 2012 bis 2017 im Voraus. Der jährlich zu leistende Beitrag beträgt in allen fraglichen Kalenderjahren 1.200 Euro.

Die Summe der geleisteten Beitragsvorauszahlungen (Februar bis Dezember 2012: 1.100 Euro + 2013 bis 2017: 6.000 Euro = 7.100 Euro) überschreitet das zulässige Vorauszahlungsvolumen von 3.000 Euro (= 2,5 x 1.200 Euro) um 4.100 Euro. (Der Beitrag für Januar 2012 wird nicht in die Summe der geleisteten Beitragsvorauszahlungen mit einbezogen, vgl. Rz. 132).

Der Beitrag für Januar 2012 ist nach der Regelung in § 11 Absatz 2 Satz 2 i. V. m. Absatz 1 Satz 2 EStG abweichend vom Zahlungsjahr 2011 im Jahr 2012 zu berücksichtigen. Bis zur Höhe des zulässigen Vorauszahlungsvolumens i. H. v. 3.000 Euro können die Beiträge für Februar 2012 bis Juli 2014 (1.100 Euro für 2012, 1.200 Euro für 2013, 700 Euro für 2014) in 2011 als Sonderausgaben angesetzt werden. Der das zulässige Vorauszahlungsvolumen überschreitende Betrag i. H. v. 4.100 Euro ist aufzuteilen und gem. § 10 Absatz 1 Nummer 3 Satz 4 EStG im jeweiligen Kalenderjahr, für das er gezahlt wurde (2014 bis 2017), zum Abzug zu bringen. In 2014 sind daher 500 Euro, in 2015 bis 2017 jeweils 1.200 Euro als Sonderausgaben anzusetzen.

III. Gemeinsame Regelungen

1. Datenübermittlung

Die erforderlichen Daten nach § 10 Absatz 1 Nummer 2 Satz 1 Buchstabe b und Nummer 3 EStG werden 142
von den übermittelnden Stellen bei Vorliegen der Einwilligung nach § 10 Absatz 2a Satz 1 EStG nach amtlich vorgeschriebenem Datensatz durch Datenfernübertragung unter Angabe der steuerlichen Identifikationsnummer (§ 139b AO) und der Vertragsdaten an die zentrale Stelle (§ 81 EStG) übermittelt.

In den Fällen des § 10 Absatz 1 Nummer 3 EStG ist eine Datenübermittlung durch die übermittelnden 143
Stellen nicht vorzunehmen, soweit die Daten bereits mit der elektronischen Lohnsteuerbescheinigung oder der Rentenbezugsmitteilung übermittelt werden. Wurden die auf eine Rente entfallenden Beiträge i. S. d. § 10 Absatz 1 Satz 1 Nummer 3 Buchstabe a Satz 1 und 2 und Buchstabe b EStG bereits mit einer elektronischen Lohnsteuerbescheinigung übermittelt, sind diese insoweit nicht in die Rentenbezugsmitteilung nach § 22a Absatz 1 Satz 1 EStG aufzunehmen (vgl. Rz. 97 des BMF-Schreibens vom 7. Dezember 2011, BStBl. I S. 1223).

Übermittelnde Stellen sind in den Fällen des 144
– § 10 Absatz 1 Nummer 2 Satz 1 Buchstabe b EStG der Anbieter,
– § 10 Absatz 1 Nummer 3 EStG das Versicherungsunternehmen, der Träger der gesetzlichen Kranken- und Pflegeversicherung und die Künstlersozialkasse.

2. Einwilligung in die Datenübermittlung

a) Allgemeines

Voraussetzung für den Sonderausgabenabzug nach § 10 Absatz 1 Nummer 2 Satz 1 Buchstabe b und 145
Nummer 3 EStG ist, dass der Steuerpflichtige (VN) gegenüber der übermittelnden Stelle in die Übermittlung der erforderlichen Daten schriftlich einwilligt bzw. nicht widersprochen hat, als die über-

Anlage § 010–11

Zu § 10 EStG

mittelnde Stelle ihn informierte, dass sie von seinem Einverständnis ausgeht (§ 52 Absatz 24 Satz 2 Nummer 1 EStG). Die Einwilligung in die Übermittlung der Beiträge umfasst auch Beitragsrückerstattungen.

Wurde eine Einwilligung erteilt (oder gilt diese nach § 52 Absatz 24 Satz 2 Nummer 1 EStG als erteilt) und wurde diese nicht widerrufen, hat ein zwischenzeitlicher Statuswechsel (z. B. ein privat krankenversicherter Selbständiger nimmt vorübergehend die Tätigkeit als gesetzlich versicherter Arbeitnehmer auf) auf den Sonderausgabenabzug von Basiskranken- und gesetzlichen Pflegeversicherungsbeiträgen keinen Einfluss.

146 Die Einwilligung muss der übermittelnden Stelle spätestens bis zum Ablauf des zweiten Kalenderjahres vorliegen, das auf das Beitragsjahr folgt. Die Einwilligung gilt auch für die folgenden Beitragsjahre, wenn der Steuerpflichtige sie nicht gegenüber der übermittelnden Stelle schriftlich widerruft.

147 Die übermittelnde Stelle hat die Daten auch dann zu übermitteln, wenn die Einwilligung offenbar verspätet erteilt wurde. Ob die Frist eingehalten wurde, ist vom Finanzamt als materiell-rechtliche Grundlage für den Sonderausgabenabzug zu prüfen.

b) Einwilligungsfiktion bei Kranken- und Pflegeversicherungsbeiträgen

148 Im Lohnsteuerabzugs- und Rentenbezugsmitteilungsverfahren gilt für den Zeitraum der Datenübermittlung im Rahmen dieser Verfahren die Einwilligung für Beiträge zur Basisabsicherung im Sinne von § 10 Absatz 1 Nummer 3 EStG (einschließlich Beitragsrückerstattungen) – und ab dem VZ 2011 auch die Einwilligung für Zusatzbeiträge zur Basisabsicherung (§ 10 Absatz 2 Satz 3 i. V. m. § 52 Absatz 24 Satz 4 EStG) – als erteilt.

149 Die Einwilligung gilt auch dann als erteilt, wenn der Steuerpflichtige eine Bescheinigung eines ausländischen Versicherungsunternehmens oder des Trägers einer ausländischen GKV über die Höhe der nach § 10 Absatz 1 Nummer 3 EStG abziehbaren Beiträge im Rahmen der Einkommensteuerveranlagung vorlegt.

3. Nachweis bei fehlgeschlagener Datenübermittlung

a) Kranken- und Pflegeversicherungsbeiträge

150 Werden die erforderlichen Daten aus Gründen, die der Steuerpflichtige nicht zu vertreten hat (z. B. technische Probleme), von der übermittelnden Stelle, einem Mitteilungspflichtigen nach § 22a EStG oder dem Arbeitgeber nicht übermittelt, kann der Steuerpflichtige den Nachweis über die geleisteten und erstatteten Beiträge im Sinne von § 10 Absatz 1 Nummer 3 EStG auch in anderer Weise erbringen. Die übermittelnden Stellen haben die Datenübermittlung gleichwohl unverzüglich nachzuholen.

b) Beiträge zur Basisrente

151 Liegen die in § 10 Absatz 2 Satz 2 EStG genannten Voraussetzungen vor und kann der vorgegebene Übermittlungstermin durch den Anbieter, z. B. wegen technischer Probleme, nicht eingehalten werden, hat er dem Steuerpflichtigen die für den Sonderausgabenabzug erforderlichen Daten nach dem mit BMF-Schreiben vom 18. August 2011 (BStBl. I S. 788) bekannt gegebenen Vordruckmuster grundsätzlich bis zum 31. März des dem Beitragsjahr folgenden Kalenderjahres zu bescheinigen. Die Bescheinigung entbindet den Anbieter nicht von seiner Verpflichtung zur Datenübermittlung. Er hat diese unverzüglich nachzuholen. Bei fristgerechter Datenübermittlung hat der Anbieter keine solche Bescheinigungspflicht, selbst wenn dem Finanzamt im Zeitpunkt der Veranlagung die erforderlichen Daten für den Sonderausgabenabzug (noch) nicht vorliegen.

4. Zufluss- und Abflussprinzip (§ 11 EStG)

152 Regelmäßig wiederkehrende Ausgaben (z. B. Versicherungsbeiträge) sind im Rahmen des Sonderausgabenabzugs grundsätzlich in dem Kalenderjahr anzusetzen, in dem sie geleistet wurden (allgemeines Abflussprinzip des § 11 Absatz 2 Satz 1 EStG). Eine Ausnahme von diesem Grundsatz wird durch § 11 Absatz 2 Satz 2 EStG normiert. Danach sind regelmäßig wiederkehrende Ausgaben, die kurze Zeit (in der Regel in einem Zeitraum von 10 Tagen) vor oder nach Beendigung des Kalenderjahres geleistet werden, abweichend vom Jahr des tatsächlichen Abflusses dem Jahr der wirtschaftlichen Zugehörigkeit zuzuordnen, wenn die Ausgaben kurze Zeit vor oder nach dem Jahreswechsel fällig werden (vgl. H 11 EStH „Kurze Zeit").

153 Beispiel 1:

Der am 1. Januar 2012 fällige Beitrag für den Monat Dezember 2011 wird am 10. Januar 2012 geleistet. Grundsätzlich wäre der Beitrag im Kalenderjahr 2012 (Zahlung im Jahr 2012) anzusetzen. Da die laufenden Beitragszahlungen aber regelmäßig wiederkehrend sind und die hier aufgeführte Zahlung innerhalb des Zeitraums vom 22. Dezember bis 10. Januar fällig war und geleistet wurde, ist sie abweichend vom Jahr der Zahlung (2012) dem Jahr der wirtschaftlichen Zugehörigkeit 2011 zuzuordnen.

Beispiel 2:
Der am 15. Januar 2012 fällige Beitrag für den Monat Dezember 2011 wird am 5. Januar 2012 geleistet. Da die Fälligkeit des Dezemberbeitrags außerhalb des sog. „10-Tageszeitraums" liegt, ist die Zahlung vom 5. Januar 2012 steuerlich dem Jahr 2012 zuzuordnen.

Bei Erstellung der Datensätze haben die übermittelnden Stellen für die zeitliche Zuordnung § 11 EStG zu beachten (vgl. in diesem Zusammenhang auch H 11 (Allgemeines) EStH)

5. Zusammenhang mit steuerfreien Einnahmen

Voraussetzung für die Berücksichtigung von Vorsorgeaufwendungen i. S. d. § 10 EStG ist, dass sie nicht in unmittelbarem wirtschaftlichen Zusammenhang mit steuerfreien Einnahmen stehen. Dieser Zusammenhang ist z. B. in folgenden Fällen gegeben:

– Gesetzliche Arbeitnehmeranteile, die auf steuerfreien Arbeitslohn entfallen (z. B. nach dem Auslandstätigkeitserlass, aufgrund eines DBA oder aufgrund des zusätzlichen Höchstbetrags von 1.800 € nach § 3 Nummer 63 Satz 3 EStG)
– Aufwendungen aus Mitteln, die nach ihrer Zweckbestimmung zur Leistung der Vorsorgeaufwendungen dienen:
  – Steuerfreie Zuschüsse zur Krankenversicherung der Rentner, z. B. nach § 106 SGB VI,
  – Steuerfreie Beträge, die Land- und Forstwirte nach dem Gesetz über die Alterssicherung der Landwirte zur Entlastung von Vorsorgeaufwendungen i. S. d. § 10 Absatz 1 Nummer 2 Satz 1 Buchstabe a EStG erhalten.

Beiträge in unmittelbarem wirtschaftlichen Zusammenhang mit steuerfreiem Arbeitslohn sind nicht als Sonderausgaben abziehbar (BFH vom 18. April 2012, BStBl. II S. 721). Dies gilt nicht, wenn der Arbeitslohn nicht zum Zufluss von Arbeitslohn führt, jedoch beitragspflichtig ist (z. B. Umwandlung zugunsten einer Direktzusage oberhalb von 4 % der Beitragsbemessungsgrenze in der allgemeinen Rentenversicherung; § 115 des Vierten Buches Sozialgesetzbuch – SGB IV –). Die Hinzurechnung des nach § 3 Nummer 62 EStG steuerfreien Arbeitgeberanteils zur gesetzlichen Rentenversicherung oder eines gleichgestellten steuerfreien Zuschusses des Arbeitgebers nach § 10 Absatz 1 Nummer 2 Satz 2 EStG und die Verminderung um denselben nach § 10 Absatz 3 Satz 5 EStG bleiben hiervon unberührt; dies gilt nicht, soweit der steuerfreie Arbeitgeberanteil auf steuerfreien Arbeitslohn entfällt.

Beispiel:
Der alleinstehende 57-jährige Steuerpflichtige ist im Juni 2012 arbeitslos geworden und bezieht Arbeitslosengeld in Höhe von 1.150 Euro monatlich. Während des Bezugs des Arbeitslosengelds übernimmt die Bundesagentur für Arbeit seine freiwillig an die gesetzliche Rentenversicherung gezahlten Beiträge in Höhe von 130 Euro und seine Beiträge zur privaten Kranken- und Pflegeversicherung in Höhe von 270 Euro.

Die von der Bundesagentur für Arbeit übernommenen freiwilligen Beiträge zur gesetzlichen Rentenversicherung sowie die Beiträge zur privaten Kranken- und Pflegeversicherung stehen mit dem nach § 3 Nummer 2 EStG steuerfreien Arbeitslosengeld in einem unmittelbaren wirtschaftlichen Zusammenhang. Daher sind diese Beiträge nicht als Sonderausgaben nach § 10 Absatz 1 Nummer 2, 3 und 3a EStG zu berücksichtigen.

6. Erstattungsüberhänge

Übersteigen die vom Steuerpflichtigen erhaltenen Erstattungen zzgl. steuerfreier Zuschüsse die im VZ geleisteten Aufwendungen i. S. d. § 10 Absatz 1 Nummer 2 bis 3a EStG sind die Aufwendungen mit Null anzusetzen und es ergibt sich ein Erstattungsüberhang. Dieser ist mit anderen Aufwendungen der jeweiligen Nummer zu verrechnen. In den Fällen des § 10 Absatz 1 Nummer 3 EStG ist der verbleibende Erstattungsüberhang dem gem. § 2 Absatz 3 EStG ermittelten Gesamtbetrag der Einkünfte hinzuzurechnen (vgl. § 10 Absatz 4b Satz 3 EStG, gültig ab VZ 2012).

Beispiel:
A ist im Jahr 2012 nichtselbständig tätig und privat krankenversichert. Dafür leistet er insgesamt einen Krankenversicherungsbeitrag in Höhe von 1.500 €. Nach Aufteilung durch die Versicherung ergibt sich ein Beitragsanteil in Höhe von 1.200 €, der ausschließlich der Absicherung von Basisleistungen dient, sowie ein Beitragsanteil in Höhe von 300 € für die Absicherung von Wahlleistungen. Außerdem entrichtete er Pflegepflichtversicherungsbeiträge von 300 € und gesetzliche Rentenversicherungsbeiträge von 800 €. Kirchensteuer zahlte er 200 €. Für das Vorjahr erhält er folgende Beitragsrückerstattungen:

Anlage § 010–11   Zu § 10 EStG

Krankenversicherung in Höhe von 2.000 € – davon 1.600 € für Basisabsicherung, 500 € für Rentenversicherung. Außerdem erhielt er eine Kirchensteuererstattung in Höhe von 1.500 €.

Die im VZ erhaltenen Erstattungen sind mit den geleisteten Zahlungen wie folgt zu verrechnen:

	Zahlungen im VZ 2012	Erstattungen im VZ 2012	Erstattungs- bzw. Zahlungsüberhang	Verrechnung innerhalb der Nummern (§ 10 Abs. 4b S. 2 EStG)	Hinzurechnung des Erstattungsüberhangs zum Gesamtbetrag der Einkünfte (§ 10 Abs. 4b S. 3 EStG)
Rentenversicherung § 10 Abs. 1 Nr. 2 S. 1 Buchst. a EStG	800 €	500 €	+ 300 €	–	–
Krankenversicherung n. § 10 Abs. 1 Nr. 3 S. 1 Buchst. a EStG	1.200 €	1.600 €	– 400 €	– 400 €	100 €
Gesetzliche Pflegeversicherung § 10 Abs. 1 Nr. 3 S. 1 Buchst. b EStG	300 €	0 €	+ 300 €	+ 300 €	= – 100 €
Krankenversicherung n. § 10 Abs. 1 Nr. 3a EStG	300 €	400 €	– 100 €	Keine Verrechnung	Keine Hinzurechnung
Kirchensteuer § 10 Abs. 1 Nr. 4 EStG	200 €	1.500 €	– 1.300 €	Keine Verrechnung	1.300 €

Gem. § 10 Absatz 4b Satz 2 EStG ist ein Erstattungsüberhang bei den Sonderausgaben nach § 10 Absatz 1 Nummer 2 bis 3a EStG im Rahmen der jeweiligen Nummer zu verrechnen. Daher ist der Erstattungsüberhang aus den Krankenversicherungsbeiträgen zur Absicherung von Basisleistungen mit den Beiträgen zur gesetzlichen Pflegeversicherung zu verrechnen. Eine Verrechnung des Erstattungsüberhangs aus den Krankenversicherungsbeiträgen für die Absicherung von Wahlleistungen ist mangels anderer Beiträge nach § 10 Absatz 1 Nummer 3a EStG nicht möglich. Für die Kirchensteuer sieht § 10 Absatz 4b Satz 2 EStG keine Verrechnungsmöglichkeit mit Sonderausgaben nach § 10 Absatz 1 Nummer 2 bis 3a EStG vor (BFH vom 21. Juli 2009, BStBl. II 2010 S. 38).

Nach § 10 Absatz 4b Satz 3 EStG ist ein sich aus § 10 Absatz 1 Nummer 3 und 4 EStG ergebender Erstattungsüberhang dem Gesamtbetrag der Einkünfte (§ 2 Absatz 3 EStG) hinzuzurechnen. Deshalb sind die Erstattungsüberhänge aus den Krankenversicherungsbeiträgen für die Absicherung von Basisleistungen und aus der Kirchensteuer dem Gesamtbetrag der Einkünfte hinzuzurechnen. Der Erstattungsüberhang aus den Krankenversicherungsbeiträgen für die Absicherung von Wahlleistungen nach § 10 Absatz 1 Nummer 3a EStG ist dagegen mit den entsprechenden Beiträgen im VZ 2011 zu verrechnen. Der Bescheid für den VZ 2011 ist diesbezüglich nach § 175 Absatz 1 Satz 1 Nummer 2 AO zu ändern.

7. Globalbeiträge

160 Anders als bei der inländischen gesetzlichen Sozialversicherung gibt es einige ausländische Sozialversicherungen, in denen – bezogen auf die Beitragsleistung – nicht nach den verschiedenen Sozialversicherungszweigen unterschieden und ein einheitlicher Sozialversicherungsbeitrag (Globalbeitrag) erhoben wird. Mit dem Globalbeitrag werden Leistungen u. a. bei Arbeitslosigkeit, Krankheit, Mutterschutz, Invalidität, Alter und Tod finanziert. Wie die vom Steuerpflichtigen geleisteten Globalbeiträge zur Ermittlung der steuerlich berücksichtigungsfähigen Vorsorgeaufwendungen (u. a. Beiträge an einen ausländischen gesetzlichen Rentenversicherungsträger) aufzuteilen sind, wird für jeden VZ durch gesondertes BMF-Schreiben bekannt gegeben:

– für den VZ 2011 und früher: BMF-Schreiben vom 5. Juli 2011, BStBl. I S. 711,
– für den VZ 2012 und teilweise auch für den VZ 2011: BMF-Schreiben vom 26. Januar 2012, BStBl. I S. 169,
– für den VZ 2013: BMF-Schreiben vom 29. Oktober 2012, BStBl. I S. 1013.

8. Änderungsnorm

161 Ein Steuerbescheid ist nach § 10 Absatz 2a Satz 8 Nummer 1 EStG zu ändern, soweit Daten i. S. d. § 10 Absatz 2a Satz 4 EStG

– erstmals übermittelt (§ 10 Absatz 2a Satz 4 oder 6 EStG) oder
– zwecks Korrektur erneut übermittelt oder storniert (§ 10 Absatz 2a Satz 7 EStG)
worden sind, diese Daten oder Stornierungen bei der bisherigen Steuerfestsetzung nicht berücksichtigt worden sind und sich durch Berücksichtigung der Daten oder Stornierungen eine Änderung der festgesetzten Steuer ergibt. Dies gilt auch dann, wenn die Daten oder Stornierungen im zu ändernden Einkommensteuerbescheid bereits hätten berücksichtigt werden können. Auf die Kenntnis des Bearbeiters kommt es insoweit nicht an.

Ein Steuerbescheid ist nach § 10 Absatz 2a Satz 8 Nummer 2 EStG zu ändern, wenn das Finanzamt feststellt, dass der Steuerpflichtige die Einwilligung in die Datenübermittlung nach § 10 Absatz 2 Satz 2 Nummer 2 oder nach Absatz 2 Satz 3 EStG innerhalb der hierfür maßgeblichen Frist (§ 10 Absatz 2a Satz 1 EStG) nicht erteilt hat. Ohne diese Einwilligung sind die Voraussetzungen für den Sonderausgabenabzug nicht gegeben. Der Steuerbescheid ist zu ändern, soweit ein entsprechender Sonderausgabenabzug berücksichtigt wurde und sich durch die Korrektur eine Änderung der festgesetzten Steuer ergibt. 162

§ 10 Absatz 2a Satz 8 EStG ist nicht anwendbar, soweit die Daten der Finanzverwaltung im Rahmen der elektronischen Lohnsteuerbescheinigungen nach § 41b EStG oder der Rentenbezugsmitteilungen nach § 22a EStG übermittelt werden. In diesen Fällen sind die allgemeinen Änderungs- und Berichtigungsvorschriften der AO anzuwenden. 163

IV. Günstigerprüfung nach § 10 Absatz 4a EStG

Die Regelungen zum Abzug von Vorsorgeaufwendungen nach § 10 Absatz 1 Nummer 2, 3 und 3a EStGsind in bestimmten Fällen ungünstiger als nach der für das Kalenderjahr 2004 geltenden Fassung des § 10 Absatz 3 EStG. Zur Vermeidung einer Schlechterstellung wird in diesen Fällen der höhere Betrag berücksichtigt. Die Überprüfung erfolgt von Amts wegen. Einbezogen in die Überprüfung werden nur Vorsorgeaufwendungen, die nach dem ab 2005 geltenden Recht abziehbar sind. Hierzu gehört nicht der nach § 10 Absatz 1 Nummer 2 Satz 2 EStG hinzuzurechnende Betrag (steuerfreier Arbeitgeberanteil zur gesetzlichen Rentenversicherung und ein diesem gleichgestellter steuerfreier Zuschuss des Arbeitgebers). 164

Für die Jahre bis 2019 werden bei der Anwendung des § 10 Absatz 3 EStG in der für das Kalenderjahr 2004 geltenden Fassung die Höchstbeträge für den Vorwegabzug schrittweise gekürzt; Einzelheiten ergeben sich aus der Tabelle zu § 10 Absatz 4a EStG. 165

In die Günstigerprüfung nach § 10 Absatz 4a Satz 1 EStG werden zunächst nur die Vorsorgeaufwendungen ohne die Beiträge nach § 10 Absatz 1 Nummer 2 Satz 1 Buchstabe b EStG einbezogen. Die Beiträge zu einer eigenen kapitalgedeckten Altersversorgung i. S. d. § 10 Absatz 1 Nummer 2 Satz 1 Buchstabe b EStG (siehe Rz. 8 bis 31) werden gesondert, und zwar stets mit dem sich aus § 10 Absatz 3 Satz 4 und 6 EStGergebenden Prozentsatz berücksichtigt. Hierfür erhöhen sich die nach der Günstigerprüfung als Sonderausgaben zu berücksichtigenden Beträge um einen Erhöhungsbetrag (§ 10 Absatz 4a Satz 1 und 3 EStG) für Beiträge nach § 10 Absatz 1 Nummer 2 Satz 1 Buchstabe b EStG. Es ist jedoch im Rahmen der Günstigerprüfung mindestens der Betrag anzusetzen, der sich ergibt, wenn auch die Beiträge nach § 10 Absatz 1 Nummer 2 Satz 1 Buchstabe b EStG in die Günstigerprüfung nach § 10 Absatz 4a Satz 1 EStG einbezogen werden, allerdings ohne Hinzurechnung des Erhöhungsbetrags nach § 10 Absatz 4a Satz 1 und 3 EStG. Der jeweils höhere Betrag (Vorsorgeaufwendungen nach dem seit 2010 geltenden Recht, Vorsorgeaufwendungen nach dem für das Jahr 2004 geltenden Recht zuzügl. Erhöhungsbetrag oder Vorsorgeaufwendungen nach dem für das Jahr 2004 geltenden Recht einschließlich Beiträge nach § 10 Absatz 1 Nummer 2 Satz 1 Buchstabe b EStG) wird dann als Sonderausgaben berücksichtigt. 166

Beispiel: 167
Die Eheleute A (Gewerbetreibender) und B (Hausfrau) zahlen im Jahr 2012 folgende Versicherungsbeiträge:

Basisrente (§ 10 Absatz 1 Nummer 2 Satz 1 Buchstabe b EStG)	2.000 €
PKV (Basisabsicherung – § 10 Absatz 1 Nummer 3 Satz 1 Buchstabe a EStG)	5.000 €
PKV (Wahlleistungen – § 10 Absatz 1 Nummer 3a EStG)	500 €
Beiträge zur gesetzlichen Pflegeversicherung	500 €
Haftpflichtversicherungen	1.200 €
Kapitalversicherung (Versicherungsbeginn 1995, Laufzeit 25 Jahre)	3.600 €
Kapitalversicherung (Versicherungsbeginn 2005, Laufzeit 20 Jahre)	2.400 €
Insgesamt	15.200 €

Anlage § 010–11

Zu § 10 EStG

Die Beiträge zu der Kapitalversicherung mit Versicherungsbeginn im Jahr 2005 sind nicht zu berücksichtigen, weil sie nicht die Voraussetzungen des § 10 Absatz 1 Nummer 2 und 3a EStG erfüllen.

Abziehbar nach § 10 Absatz 1 Nummer 2 i. V. m. § 10 Absatz 3 EStG und § 10 Absatz 1 Nummer 3 und 3a i. V. m. § 10 Absatz 4 EStG (abziehbare Vorsorgeaufwendungen nach dem ab 2010 geltenden Recht):

a) Beiträge zur Altersversorgung:	2.000 €		
Höchstbetrag (ungekürzt)	40.000 €		
zu berücksichtigen		2.000 €	
davon 74 %			1.480 €
b) sonstige Vorsorgeaufwendungen:			
PKV (Basisabsicherung – § 10 Absatz 1 Nummer 3 Satz 1 Buchstabe a EStG)		5.000 €	
PKV (Wahlleistungen – § 10 Absatz 1 Nummer 3a EStG)		500 €	
Gesetzliche Pflegepflichtversicherung		500 €	
Haftpflichtversicherungen		1.200 €	
Kapitalversicherung (88 % von 3.600 €)		3.168 €	
Zwischensumme		10.368 €	
Höchstbetrag nach § 10 Absatz 4 EStG:		5.600 €	
Beiträge nach § 10 Absatz 1 Nummer 3 EStG (Basisabsicherung + gesetzliche Pflegeversicherung)		5.500 €	
anzusetzen			5.600 €
c) insgesamt abziehbar			7.080 €

Günstigerprüfung nach § 10 Absatz 4a Satz 1 EStG:

Abziehbare Vorsorgeaufwendungen in der für das Kalenderjahr 2004 geltenden Fassung des § 10 Absatz 3 EStG (ohne Beiträge i. S. d. § 10 Absatz 1 Nummer 2 Satz 1 Buchstabe b EStG) zuzügl. Erhöhungsbetrag nach § 10 Absatz 4a Satz 3 EStG:

a) PKV (Basisabsicherung – § 10 Absatz 1 Nummer 3 Satz 1 Buchstabe a EStG)		5.000 €	
PKV (Wahlleistungen – § 10 Absatz 1 Nummer 3a EStG)		500 €	
Gesetzliche Pflegepflichtversicherung		500 €	
Haftpflichtversicherungen		1.200 €	
Kapitalversicherung		3.168 €	
Summe		10.368 €	
davon abziehbar:			
Vorwegabzug		4.800 €	4.800 €
verbleibende Aufwendungen		5.568 €	
Grundhöchstbetrag		2.668 €	2.668 €
verbleibende Aufwendungen		2.900 €	
hälftige Aufwendungen		1.450 €	
hälftiger Höchstbetrag		1.334 €	1.334 €
Zwischensumme			8.802 €
b) zuzügl. Erhöhungsbetrag nach § 10 Absatz 4a Satz 3 EStG/Basisrente (§ 10 Absatz 1 Nummer 2 Buchstabe b EStG)		2.000 €	
davon 74 %		1.480 €	
Erhöhungsbetrag			1.480 €
c) Abzugsvolumen nach § 10 Absatz 4a Satz 1 EStG somit:			10.282 €

Ermittlung des Mindestbetrags nach § 10 Absatz 4a Satz 2 EStG:

Zu § 10 EStG **Anlage § 010–11**

Nach § 10 Absatz 4a Satz 2 EStG ist bei Anwendung der Günstigerprüfung aber mindestens der Betrag anzusetzen, der sich ergibt, wenn auch die Beiträge zur Basisrente (§ 10 Absatz 1 Nummer 2 Buchstabe b EStG) in die Berechnung des Abzugsvolumens nach dem bis 2004 geltenden Recht einbezogen werden:

a) Basisrente 2.000 €
   PKV (Basisabsicherung – § 10 Absatz 1 Nummer 3 Buchstabe a EStG) 5.000 €
   PKV (Wahlleistungen – § 10 Absatz 1 Nummer 3a EStG) 500 €
   Gesetzliche Pflegepflichtversicherung 500 €
   Haftpflichtversicherungen 1.200 €
   Kapitalversicherung 3.168 €
   Summe 12.368 €
   davon abziehbar:
   Vorwegabzug 4.800 € 4.800 €
   verbleibende Aufwendungen 7.568 €
   Grundhöchstbetrag 2.668 € 2.668 €
   verbleibende Aufwendungen 4.900 €
   hälftige Aufwendungen 2.450 €
   hälftiger Höchstbetrag 1.334 € 1.334 €
   Zwischensumme 8.802 €
b) Mindestabzugsvolumen nach § 10 Absatz 4a Satz 2 EStG 8.802 €
Zusammenstellung:
   Abzugsvolumen nach neuem Recht 7.080 €
   Günstigerprüfung nach § 10 Absatz 4a Satz 1 EStG 10.282 €
   Mindestabzugsvolumen nach § 10 Absatz 4a Satz 2 EStG 8.802 €

Die Eheleute A können somit für das Jahr 2012 einen Betrag von 10.282 € als Vorsorgeaufwendungen abziehen.

B. Besteuerung von Versorgungsbezügen – § 19 Absatz 2 EStG –

I. Von internationalen Organisationen gezahlte Pensionen

Bei von folgenden internationalen Organisationen gezahlten Pensionen einschl. der Zulagen (Steuerausgleichszahlung, Familienzulagen und andere) handelt es sich um Versorgungsbezüge i. S. d. § 19 Absatz 2 EStG:

– Bei von folgenden internationalen Organisationen gezahlten Pensionen Koordinierte Organisationen:
  – Europäische Weltraumorganisation (ESA),
  – Europarat,
  – Nordatlantikvertragsorganisation (NATO),
  – Organisation für wirtschaftliche Zusammenarbeit und Entwicklung (OECD),
  – Westeuropäische Union (WEU),
  – Europäisches Zentrum für mittelfristige Wettervorhersage (EZMV, engl. ECWMF),
– Europäische Agentur für Flugsicherheit (EASA),
– Europäische Kommission (KOM),
– Europäische Organisation zur Sicherung der Luftfahrt (EUROCONTROL),
– Europäische Patentorganisation (EPO),
– Europäische Zentralbank (EZB),
– Europäischer Rechnungshof (EuRH),
– Europäisches Hochschulinstitut (EHI) und
– Europäisches Patentamt (EPA).

Anlage § 010–11

Zu § 10 EStG

II. Arbeitnehmer-/Werbungskosten-Pauschbetrag/Zuschlag zum Versorgungsfreibetrag

169 Ab 2005 ist der Arbeitnehmer-Pauschbetrag (§ 9a Satz 1 Nummer 1 Buchstabe a EStG) bei Versorgungsbezügen i. S. d. § 19 Absatz 2 EStG nicht mehr anzuwenden. Stattdessen wird – wie auch bei den Renten – ein Werbungskosten-Pauschbetrag von 102 € berücksichtigt (§ 9a Satz 1 Nummer 1 Buchstabe b EStG). Als Ausgleich für den Wegfall des Arbeitnehmer-Pauschbetrags wird dem Versorgungsfreibetrag ein Zuschlag von zunächst 900 € hinzugerechnet, der für jeden ab 2006 neu in den Ruhestand tretenden Jahrgang abgeschmolzen wird (§ 19 Absatz 2 Satz 3 EStG). Werden neben Versorgungsbezügen i. S. d. § 19 Absatz 2 EStG auch Einnahmen aus nichtselbständiger Arbeit i. S. d. § 19 Absatz 1 EStG bezogen, kommen der Arbeitnehmer-Pauschbetrag und der Werbungskosten-Pauschbetrag nebeneinander zur Anwendung. Bei den Versorgungsbezügen i. S. d. § 19 Absatz 2 EStG ist der Werbungskosten-Pauschbetrag auch dann zu berücksichtigen, wenn bei Einnahmen aus nichtselbständiger Arbeit i. S. d. § 19 Absatz 1 EStG höhere Werbungskosten als der Arbeitnehmer-Pauschbetrag anzusetzen sind.

III. Versorgungsfreibetrag/Zuschlag zum Versorgungsfreibetrag

1. Allgemeines

170 Der maßgebende Prozentsatz für den steuerfreien Teil der Versorgungsbezüge und der Höchstbetrag des Versorgungsfreibetrags sowie der Zuschlag zum Versorgungsfreibetrag bestimmen sich ab 2005 nach dem Jahr des Versorgungsbeginns (§ 19 Absatz 2 Satz 3 EStG). Sie werden für jeden ab 2006 neu in den Ruhestand tretenden Jahrgang abgeschmolzen.

2. Berechnung des Versorgungsfreibetrags und des Zuschlags zum Versorgungsfreibetrag

171 Der Versorgungsfreibetrag und der Zuschlag zum Versorgungsfreibetrag (Freibeträge für Versorgungsbezüge) berechnen sich auf der Grundlage des Versorgungsbezugs für Januar 2005 bei Versorgungsbeginn vor 2005 bzw. des Versorgungsbezugs für den ersten vollen Monat bei Versorgungsbeginn ab 2005; wird der Versorgungsbezug insgesamt nicht für einen vollen Monat gezahlt (z. B. wegen Todes des Versorgungsempfängers), ist der Bezug des Teilmonats auf einen Monatsbetrag hochzurechnen. Bei einer nachträglichen Festsetzung von Versorgungsbezügen ist der Monat maßgebend, für den die Versorgungsbezüge erstmals festgesetzt werden; auf den Zahlungstermin kommt es nicht an. Bei Bezügen und Vorteilen aus früheren Dienstleistungen i. S. d. § 19 Absatz 2 Satz 2 Nummer 2 EStG, die wegen Erreichens einer Altersgrenze gezahlt werden, ist der Monat maßgebend, in dem der Steuerpflichtige das 63. Lebensjahr oder, wenn er schwerbehindert ist, das 60. Lebensjahr vollendet hat, da die Bezüge erst mit Erreichen dieser Altersgrenzen als Versorgungsbezüge gelten. Der maßgebende Monatsbetrag ist jeweils mit zwölf zu vervielfältigen und um Sonderzahlungen zu erhöhen, auf die zu diesem Zeitpunkt (erster voller Monat bzw. Januar 2005) ein Rechtsanspruch besteht (§ 19 Absatz 2 Satz 4 EStG). Die Sonderzahlungen (z. B. Urlaubs- oder Weihnachtsgeld) sind mit dem Betrag anzusetzen, auf den bei einem Bezug von Versorgungsbezügen für das ganze Jahr des Versorgungsbeginns ein Rechtsanspruch besteht. Bei Versorgungsempfängern, die schon vor dem 1. Januar 2005 in Ruhestand gegangen sind, können aus Vereinfachungsgründen die Sonderzahlungen 2004 berücksichtigt werden.

3. Festschreibung des Versorgungsfreibetrags und des Zuschlags zum Versorgungsfreibetrag

172 Der nach Rz. 171 ermittelte Versorgungsfreibetrag und der Zuschlag zum Versorgungsfreibetrag gelten grundsätzlich für die gesamte Laufzeit des Versorgungsbezugs (§ 19 Absatz 2 Satz 8 EStG).

4. Neuberechnung des Versorgungsfreibetrags und des Zuschlags zum Versorgungsfreibetrag

173 Regelmäßige Anpassungen des Versorgungsbezugs (laufender Bezug und Sonderzahlungen) führen nicht zu einer Neuberechnung (§ 19 Absatz 2 Satz 9 EStG). Zu einer Neuberechnung führen nur Änderungen des Versorgungsbezugs, die ihre Ursache in der Anwendung von Anrechnungs-, Ruhens-, Erhöhungs- oder Kürzungsregelungen haben (§ 19 Absatz 2 Satz 10 EStG), z. B. Wegfall, Hinzutreten oder betragsmäßige Änderungen. Dies ist insbesondere der Fall, wenn der Versorgungsempfänger neben seinen Versorgungsbezügen

– Erwerbs- oder Erwerbsersatzeinkommen (§ 53 des Beamtenversorgungsgesetzes – BeamtVG –),

– andere Versorgungsbezüge (§ 54 BeamtVG),

– Renten (§ 55 BeamtVG) oder

– Versorgungsbezüge aus zwischenstaatlicher und überstaatlicher Verwendung (§ 56 BeamtVG)

erzielt, wenn sich die Voraussetzungen für die Gewährung des Familienzuschlags oder des Unterschiedsbetrags nach § 50 BeamtVG ändern oder wenn ein Witwen- oder Waisengeld nach einer Unterbrechung der Zahlung wieder bewilligt wird (Zur Neuberechnung beim Versorgungsausgleich siehe Rz. 288). Gleiches gilt für entsprechende Leistungen aufgrund landesrechtlicher Beamtenversorgungsgesetze. Ändert sich der anzurechnende Betrag aufgrund einer einmaligen Sonderzahlung und hat dies nur eine einmalige Minderung des Versorgungsbezugs zur Folge, so kann auf eine Neuberechnung verzichtet werden. Auf eine Neuberechnung kann aus Vereinfachungsgründen auch verzichtet werden, wenn der Versorgungsbezug, der bisher Bemessungsgrundlage für den Versorgungsfreibetrag war, vor und nach einer Anpassung aufgrund von Anrechnungs-, Ruhens-, Erhöhungs- und Kürzungsregelungen mindestens 7.500 € jährlich/625 € monatlich beträgt, also die Neuberechnung zu keiner Änderung der Freibeträge für Versorgungsbezüge führen würde.

In den Fällen einer Neuberechnung ist der geänderte Versorgungsbezug, ggf. einschließlich zwischenzeitlicher Anpassungen, Bemessungsgrundlage für die Berechnung der Freibeträge für Versorgungsbezüge (§ 19 Absatz 2 Satz 11 EStG). 174

Bezieht ein Steuerpflichtiger zunächst Versorgungsbezüge wegen verminderter Erwerbsfähigkeit, bestimmen sich der Prozentsatz, der Höchstbetrag des Versorgungsfreibetrags und der Zuschlag zum Versorgungsfreibetrag nach dem Jahr des Beginns dieses Versorgungsbezugs. Wird der Versorgungsbezug wegen verminderter Erwerbsfähigkeit mit Vollendung des 63. Lebensjahres des Steuerpflichtigen oder, wenn er schwerbehindert ist, mit Vollendung des 60. Lebensjahres, in einen Versorgungsbezug wegen Erreichens der Altersgrenze umgewandelt, bestimmen sich der Prozentsatz, der Höchstbetrag des Versorgungsfreibetrags und der Zuschlag zum Versorgungsfreibetrag weiterhin nach dem Jahr des Beginns des Versorgungsbezugs wegen verminderter Erwerbsfähigkeit. Da es sich bei der Umwandlung des Versorgungsbezugs nicht um eine regelmäßige Anpassung handelt, ist eine Neuberechnung des Versorgungsfreibetrags erforderlich. 175

5. Zeitanteilige Berücksichtigung des Versorgungsfreibetrags und des Zuschlags zum Versorgungsfreibetrag

Werden Versorgungsbezüge nur für einen Teil des Kalenderjahres gezahlt, so ermäßigen sich der Versorgungsfreibetrag und der Zuschlag zum Versorgungsfreibetrag für jeden vollen Kalendermonat, für den keine Versorgungsbezüge geleistet werden, in diesem Kalenderjahr um ein Zwölftel (§ 19 Absatz 2 Satz 12 EStG). Bei Zahlung mehrerer Versorgungsbezüge erfolgt eine Kürzung nur für Monate, für die keiner der Versorgungsbezüge geleistet wird. Ändern sich der Versorgungsfreibetrag und/oder der Zuschlag zum Versorgungsfreibetrag im Laufe des Kalenderjahrs aufgrund einer Neuberechnung nach Rz. 173 f., sind in diesem Kalenderjahr die höchsten Freibeträge für Versorgungsbezüge maßgebend (§ 19 Absatz 2 Satz 11 2. Halbsatz EStG); eine zeitanteilige Aufteilung ist nicht vorzunehmen. Die Änderung der Freibeträge für Versorgungsbezüge kann im Lohnsteuerabzugsverfahren berücksichtigt werden. 176

6. Mehrere Versorgungsbezüge

Bei mehreren Versorgungsbezügen bestimmen sich der maßgebende Prozentsatz für den steuerfreien Teil der Versorgungsbezüge und der Höchstbetrag des Versorgungsfreibetrags sowie der Zuschlag zum Versorgungsfreibetrag nach dem Beginn des jeweiligen Versorgungsbezugs. Die Summe aus den jeweiligen Freibeträgen für Versorgungsbezüge wird nach § 19 Absatz 2 Satz 6 EStG auf den Höchstbetrag des Versorgungsfreibetrags und den Zuschlag zum Versorgungsfreibetrag nach dem Beginn des ersten Versorgungsbezugs begrenzt. Fällt der maßgebende Beginn mehrerer laufender Versorgungsbezüge in dasselbe Kalenderjahr, können die Bemessungsgrundlagen aller Versorgungsbezüge zusammengerechnet werden, da in diesen Fällen für sie jeweils dieselben Höchstbeträge gelten. 177

Werden mehrere Versorgungsbezüge von unterschiedlichen Arbeitgebern gezahlt, ist die Begrenzung der Freibeträge für Versorgungsbezüge im Lohnsteuerabzugsverfahren nicht anzuwenden; die Gesamtbetrachtung und ggf. die Begrenzung erfolgt im Veranlagungsverfahren. Treffen mehrere Versorgungsbezüge bei demselben Arbeitgeber zusammen, ist die Begrenzung auch im Lohnsteuerabzugsverfahren zu beachten. 178

Beispiel: 179

Zwei Ehegatten erhalten jeweils eigene Versorgungsbezüge. Der Versorgungsbeginn des einen Ehegatten liegt im Jahr 2008, der des anderen im Jahr 2009. Im Jahr 2013 verstirbt der Ehegatte, der bereits seit 2008 Versorgungsbezüge erhalten hatte. Dem überlebenden Ehegatten werden ab 2013 zusätzlich zu seinen eigenen Versorgungsbezügen i. H. v. monatlich 400 € Hinterbliebenenbezüge i. H. v. monatlich 250 € gezahlt.

Für die eigenen Versorgungsbezüge des überlebenden Ehegatten berechnen sich die Freibeträge für Versorgungsbezüge nach dem Jahr des Versorgungsbeginns 2009. Der Versorgungsfreibetrag beträgt demnach 33,6 % von 4.800 € (= 400 € Monatsbezug x 12) = 1.613 € (aufgerundet); der Zuschlag zum Versorgungsfreibetrag beträgt 756 €.

Anlage § 010–11 Zu § 10 EStG

Für den Hinterbliebenenbezug sind mit Versorgungsbeginn im Jahr 2013 die Freibeträge für Versorgungsbezüge nach § 19 Absatz 2 Satz 7 EStG unter Zugrundelegung des maßgeblichen Prozentsatzes, des Höchstbetrags und des Zuschlags zum Versorgungsfreibetrag des verstorbenen Ehegatten zu ermitteln (siehe dazu Rz. 180 bis 183). Für die Berechnung sind also die Beträge des maßgebenden Jahres 2008 zugrunde zu legen. Der Versorgungsfreibetrag für die Hinterbliebenenbezüge beträgt demnach 35,2 % von 3.000 € (= 250 € Monatsbezug x 12) = 1.056 €; der Zuschlag zum Versorgungsfreibetrag beträgt 792 €.

Die Summe der Versorgungsfreibeträge ab 2013 beträgt (1.613 € zuzügl. 1.056 €) 2.669 €. Der insgesamt berücksichtigungsfähige Höchstbetrag bestimmt sich nach dem Jahr des Beginns des ersten Versorgungsbezugs (2008: 2.640 €). Da der Höchstbetrag überschritten ist, ist der Versorgungsfreibetrag auf insgesamt 2.640 € zu begrenzen. Auch die Summe der Zuschläge zum Versorgungsfreibetrag (756 € zuzügl. 792 €) 1.548 € ist nach dem maßgebenden Jahr des Versorgungsbeginns (2008) auf insgesamt 792 € zu begrenzen.

7. Hinterbliebenenversorgung

180 Folgt ein Hinterbliebenenbezug einem Versorgungsbezug, bestimmen sich der Prozentsatz, der Höchstbetrag des Versorgungsfreibetrags und der Zuschlag zum Versorgungsfreibetrag für den Hinterbliebenenbezug nach dem Jahr des Beginns des Versorgungsbezugs des Verstorbenen (§ 19 Absatz 2 Satz 7 EStG). Bei Bezug von Witwen- oder Waisengeld ist für die Berechnung der Freibeträge für Versorgungsbezüge das Jahr des Versorgungsbeginns des Verstorbenen maßgebend, der diesen Versorgungsanspruch zuvor begründete.

181 Beispiel:

Im Oktober 2012 verstirbt ein 67-jähriger Ehegatte, der seit dem 63. Lebensjahr Versorgungsbezüge erhalten hat. Der überlebende Ehegatte erhält ab November 2012 Hinterbliebenenbezüge.

Für den verstorbenen Ehegatten sind die Freibeträge für Versorgungsbezüge bereits mit der Pensionsabrechnung für Januar 2008 (35,2 % der voraussichtlichen Versorgungsbezüge 2008, maximal 2.640 € zuzügl. 792 € Zuschlag) festgeschrieben worden. Im Jahr 2012 sind die Freibeträge für Versorgungsbezüge des verstorbenen Ehegatten mit zehn Zwölfteln zu berücksichtigen. Für den überlebenden Ehegatten sind mit der Pensionsabrechnung für November 2012 eigene Freibeträge für Versorgungsbezüge zu ermitteln. Zugrunde gelegt werden dabei die hochgerechneten Hinterbliebenenbezüge (einschl. Sonderzahlungen). Darauf sind nach § 19 Absatz 2 Satz 7 EStG der maßgebliche Prozentsatz, der Höchstbetrag und der Zuschlag zum Versorgungsfreibetrag des verstorbenen Ehegatten (35,2 %, maximal 2.640 € zuzügl. 792 € Zuschlag) anzuwenden. Im Jahr 2012 sind die Freibeträge für Versorgungsbezüge des überlebenden Ehegatten mit zwei Zwölfteln zu berücksichtigen.

182 Erhält ein Hinterbliebener Sterbegeld, stellt dieses gem. R 19.8 Absatz 1 Nummer 1 und R 19.9 Absatz 3 Nummer 3 LStRebenfalls einen Versorgungsbezug dar. Für das Sterbegeld gelten für die Berechnung der Freibeträge für Versorgungsbezüge ebenfalls der Prozentsatz, der Höchstbetrag und der Zuschlag zum Versorgungsfreibetrag des Verstorbenen. Das Sterbegeld darf als Leistung aus Anlass des Todes die Berechnung des Versorgungsfreibetrags für etwaige sonstige Hinterbliebenenbezüge nicht beeinflussen und ist daher nicht in deren Berechnungsgrundlage einzubeziehen. Das Sterbegeld ist vielmehr als eigenständiger – zusätzlicher – Versorgungsbezug zu behandeln. Die Zwölftelungsregelung ist für das Sterbegeld nicht anzuwenden. Als Bemessungsgrundlage für die Freibeträge für Versorgungsbezüge ist die Höhe des Sterbegeldes im Kalenderjahr anzusetzen, unabhängig von der Zahlungsweise und Berechnungsart.

183 Beispiel:

Im April 2012 verstirbt ein Ehegatte, der zuvor seit 2007 Versorgungsbezüge i. H. v. 1.500 € monatlich erhalten hat. Der überlebende Ehegatte erhält ab Mai 2012 laufende Hinterbliebenenbezüge i. H. v. 1.200 € monatlich. Daneben wird ihm einmalig Sterbegeld i. H. v. zwei Monatsbezügen des verstorbenen Ehegatten, also 3.000 € gezahlt.

Laufender Hinterbliebenenbezug:

Monatsbetrag 1.200 € x 12 = 14.400 €. Auf den hochgerechneten Jahresbetrag werden der für den Verstorbenen maßgebende Prozentsatz und Höchstbetrag des Versorgungsfreibetrags (2007), zuzügl. des Zuschlags von 828 € angewandt. Das bedeutet im vorliegenden Fall 14.400 € x 36,8 % = 5.300 € (aufgerundet), höchstens 2.760 €. Da der laufende Hinterbliebenenbezug nur für acht Monate gezahlt wurde, erhält der überlebende Ehegatte 8/12 dieses Versorgungsfreibetrags, 2.760 € : 12 = 230 € x 8 = 1.840 €. Der Versorgungsfreibetrag für den laufenden Hinterbliebenenbezug beträgt somit 1.840 €, der Zuschlag zum Versorgungsfreibetrag 552 € (8/12 von 828 €).

Zu § 10 EStG   Anlage § 010–11

Sterbegeld:
Gesamtbetrag des Sterbegelds 2 x 1.500 € = 3.000 €. Auf diesen Gesamtbetrag von 3.000 € werden ebenfalls der für den Verstorbenen maßgebende Prozentsatz und Höchstbetrag des Versorgungsfreibetrags (2007), zuzügl. des Zuschlags von 828 € angewandt, 3.000 € x 36,8 % = 1.104 €. Der Versorgungsfreibetrag für das Sterbegeld beträgt 1.104 €, der Zuschlag zum Versorgungsfreibetrag 828 €.

Beide Versorgungsfreibeträge ergeben zusammen einen Betrag von 2.944 €, auf den der insgesamt berücksichtigungsfähige Höchstbetrag nach dem maßgebenden Jahr 2007 anzuwenden ist. Der Versorgungsfreibetrag für den laufenden Hinterbliebenenbezug und das Sterbegeld zusammen beträgt damit 2.760 €. Dazu kommt der Zuschlag zum Versorgungsfreibetrag von insgesamt 828 €.

8. Berechnung des Versorgungsfreibetrags im Falle einer Kapitalauszahlung /Abfindung

Wird anstelle eines monatlichen Versorgungsbezugs eine Kapitalauszahlung/Abfindung an den Versorgungsempfänger gezahlt, so handelt es sich um einen sonstigen Bezug. Für die Ermittlung der Freibeträge für Versorgungsbezüge ist das Jahr des Versorgungsbeginns zugrunde zu legen, die Zwölftelungsregelung ist für diesen sonstigen Bezug nicht anzuwenden. Bemessungsgrundlage ist der Betrag der Kapitalauszahlung/Abfindung im Kalenderjahr. 184

Beispiel: 185

Dem Versorgungsempfänger wird im Jahr 2012 eine Abfindung i. H. v. 10.000 € gezahlt. Der Versorgungsfreibetrag beträgt (28,8 % von 10.000 € = 2.880 €, höchstens) 2.160 €; der Zuschlag zum Versorgungsfreibetrag beträgt 648 €.

Bei Zusammentreffen mit laufenden Bezügen darf der Höchstbetrag, der sich nach dem Jahr des Versorgungsbeginns bestimmt, nicht überschritten werden (siehe dazu Beispiele in Rz. 181 und 183 zum Sterbegeld). 186

Die gleichen Grundsätze gelten auch, wenn Versorgungsbezüge in einem späteren Kalenderjahr nachgezahlt oder berichtigt werden. 187

9. Zusammentreffen von Versorgungsbezügen (§ 19 EStG) und Rentenleistungen (§ 22 EStG)

Die Frei- und Pauschbeträge sind für jede Einkunftsart gesondert zu berechnen. Ein Lohnsteuerabzug ist nur für Versorgungsbezüge vorzunehmen. 188

IV. Aufzeichnungs- und Bescheinigungspflichten

Nach § 4 Absatz 1 Nummer 4 LStDV hat der Arbeitgeber im Lohnkonto des Arbeitnehmers in den Fällen des § 19 Absatz 2 EStG die für die zutreffende Berechnung des Versorgungsfreibetrags und des Zuschlags zum Versorgungsfreibetrag erforderlichen Angaben aufzuzeichnen. Aufzuzeichnen sind die Bemessungsgrundlage für den Versorgungsfreibetrag (Jahreswert, Rz. 171), das Jahr des Versorgungsbeginns und die Zahl der Monate (Zahl der Zwölftel), für die der Versorgungsbezug gezahlt wird. Bei mehreren Versorgungsbezügen sind die Angaben für jeden Versorgungsbezug getrennt aufzuzeichnen, soweit die maßgebenden Versorgungsbeginne in unterschiedliche Kalenderjahre fallen (vgl. Rz. 177). Demnach können z. B. alle Versorgungsbezüge mit Versorgungsbeginn bis zum Jahre 2005 zusammengefasst werden. Zu den Bescheinigungspflichten wird auf die jährlichen BMF-Schreiben zu den Lohnsteuerbescheinigungen hingewiesen. 189

C. Besteuerung von Einkünften gem. § 22 Nummer 1 Satz 3 Buchstabe a EStG

I. Allgemeines

Leibrenten und andere Leistungen aus den gesetzlichen Rentenversicherungen, der landwirtschaftlichen Alterskasse, den berufsständischen Versorgungseinrichtungen und aus Leibrentenversicherungen i. S. d. § 10 Absatz 1 Nummer 2 Satz 1 Buchstabe b EStG (vgl. Rz. 8 bis 31) werden innerhalb eines bis in das Jahr 2039 reichenden Übergangszeitraums in die vollständige nachgelagerte Besteuerung überführt (§ 22 Nummer 1 Satz 3 Buchstabe a Doppelbuchstabe aa EStG). Diese Regelung gilt sowohl für Leistungen von inländischen als auch von ausländischen Versorgungsträgern.[1)] 190

---

1) Siehe auch BFH-Urteil vom 23.10.2013 (BStBl. 2014 II S. 103):
   1. Kapitalleistungen, die von berufsständischen Versorgungseinrichtungen nach dem 31. Dezember 2004 gezahlt werden, sind als „andere Leistungen" mit dem Besteuerungsanteil gemäß § 22 Nr. 1 Satz 3 Buchst. a Doppelbuchst. aa EStG zu besteuern.
   2. Die durch das AltEinkG begründete Steuerpflicht von Kapitalleistungen verstößt weder gegen den Gleichheitssatz noch gegen das Rückwirkungsverbot
   3. Die Kapitalleistungen berufsständischer Versorgungseinrichtungen können gemäß § 34 Abs. 1 i.V.m. Abs. 2 Nr. 4 EStG ermäßigt besteuert werden.

Anlage § 010–11 Zu § 10 EStG

191 Eine Nachzahlung aus der gesetzlichen Rentenversicherung, die dem Empfänger nach dem 31. Dezember 2004 zufließt, wird nach § 22 Nummer 1 Satz 3 Buchstabe a Doppelbuchstabe aa EStG mit dem Besteuerungsanteil besteuert, auch wenn sie für einen Zeitraum vor dem 1. Januar 2005 gezahlt wird (BFH vom 13. April 2011 – BStBl. II S. 915). Dies gilt entsprechend für eine Nachzahlung aus der landwirtschaftlichen Alterskasse und den berufsständischen Versorgungseinrichtungen. Es ist zu prüfen, ob § 34 Absatz 1 EStG Anwendung findet. Die Tarifermäßigung ist grundsätzlich auch auf Nachzahlungen von Renten i. S. d. § 22 Nummer 1 EStG anwendbar, soweit diese nicht auf den laufenden VZ entfallen (R 34.4 Absatz 1 EStR 2012).

192 Ist wegen rückwirkender Zubilligung einer Rente der Anspruch auf eine bisher gewährte Sozialleistung (z. B. auf Krankengeld, Arbeitslosengeld oder Sozialhilfe) ganz oder teilweise weggefallen und steht dem Leistenden deswegen gegenüber dem Rentenversicherungsträger (z. B. nach § 103 des Zehnten Buches Sozialgesetzbuch) ein Erstattungsanspruch zu, sind die bisher gezahlten Sozialleistungen in Höhe dieses Erstattungsanspruchs als Rentenzahlungen anzusehen. Die Rente ist dem Leistungsempfänger insoweit im Zeitpunkt der Zahlung dieser Sozialleistungen zugeflossen. Die Besteuerungsgrundsätze des § 22 Nummer 1 Satz 3 Buchstabe a EStG gelten hierbei entsprechend. Sofern die Sozialleistungen dem Progressionsvorbehalt nach § 32b EStG unterlegen haben, ist dieser rückgängig zu machen, soweit die Beträge zu einer Rente umgewidmet werden (R 32b Absatz 4 EStR).

193 Bei den übrigen Leibrenten erfolgt die Besteuerung auch weiterhin mit dem Ertragsanteil (§ 22 Nummer 1 Satz 3 Buchstabe a Doppelbuchstabe bb EStG ggf. i. V. m. § 55 Absatz 2 EStDV; vgl. Rz. 236 und 237), es sei denn, es handelt sich um nach dem 31. Dezember 2004 abgeschlossene Rentenversicherungen, bei denen keine lebenslange Rentenzahlung vereinbart und erbracht wird. In diesen Fällen wird die Besteuerung im Wege der Ermittlung des Unterschiedsbetrags nach § 20 Absatz 1 Nummer 6 EStG vorgenommen. Die Regelungen in § 22 Nummer 5 EStG bleiben unberührt (vgl. insoweit auch BMF-Schreiben vom 24. Juli 2013, BStBl. I S. XXX).

194 Für Leibrenten und andere Leistungen im Sinne von § 22 Nummer 1 Satz 3 Buchstabe a EStG sind nach § 22a EStG Rentenbezugsmitteilungen zu übermitteln. Einzelheiten hierzu sind durch BMF-Schreiben vom 7. Dezember 2011, BStBl. I S. 1223, geregelt.

II. Leibrenten und andere Leistungen i. S. d. § 22 Nummer 1 Satz 3 Buchstabe a Doppelbuchstabe aa EStG

1. Leistungen aus den gesetzlichen Rentenversicherungen, aus der landwirtschaftlichen Alterskasse und aus den berufsständischen Versorgungseinrichtungen

195 § 22 Nummer 1 Satz 3 Buchstabe a Doppelbuchstabe aa EStGerfasst alle Leistungen unabhängig davon, ob sie als Rente oder Teilrente (z. B. Altersrente, Erwerbsminderungsrente, Hinterbliebenenrente als Witwen- oder Witwerrente, Waisenrente oder Erziehungsrente) oder als einmalige Leistung (z. B. Sterbegeld oder Abfindung von Kleinbetragsrenten) ausgezahlt werden.

a) Besonderheiten bei Leibrenten und anderen Leistungen aus den gesetzlichen Rentenversicherungen

196 Zu den Leistungen i. S. d. § 22 Nummer 1 Satz 3 Buchstabe a Doppelbuchstabe aa EStG gehören auch Zusatzleistungen und andere Leistungen wie Zinsen.

197 § 22 Nummer 1 Satz 3 Buchstabe a Doppelbuchstabe aa EStG gilt nicht für Einnahmen i. S. d. § 3 EStG wie z. B.

– Leistungen aus der gesetzlichen Unfallversicherung wie z. B. Berufsunfähigkeits- oder Erwerbsminderungsrenten der Berufsgenossenschaft (§ 3 Nummer 1 Buchstabe a EStG),

– Sachleistungen und Kinderzuschüsse (§ 3 Nummer 1 Buchstabe b EStG),

– Übergangsgelder nach dem SGB VI (§ 3 Nummer 1 Buchstabe c EStG),

– den Abfindungsbetrag einer Witwen- oder Witwerrente wegen Wiederheirat des Berechtigten nach § 107 SGB VI (§ 3 Nummer 3 Buchstabe a EStG),

– die Erstattung von Versichertenbeiträgen, in Fällen, in denen das mit der Einbeziehung in die Rentenversicherung verfolgte Ziel eines Rentenanspruchs nicht oder voraussichtlich nicht erreicht oder nicht vollständig erreicht werden kann (§§ 210 und 286d SGB VI), die Erstattung von freiwilligen Beiträgen im Zusammenhang mit Nachzahlungen von Beiträgen in besonderen Fällen (§§ 204, 205 und 207 des SGB VI) sowie die Erstattung der vom Versicherten zu Unrecht geleisteten Beiträge nach § 26 SGB IV (§ 3 Nummer 3 Buchstabe b EStG),

– Ausgleichszahlungen nach § 86 Bundesversorgungsgesetz (§ 3 Nummer 6 EStG),

Zu § 10 EStG **Anlage § 010–11**

- Renten, die als Entschädigungsleistungen aufgrund gesetzlicher Vorschriften- insbesondere des Bundesentschädigungsgesetzes – zur Wiedergutmachung nationalsozialistischen Unrechts gewährt werden (§ 3 Nummer 8 EStG),
- Renten wegen Alters und wegen verminderter Erwerbsfähigkeit aus der gesetzlichen Rentenversicherung, die an Verfolgte i. S. d. § 1 des Bundesentschädigungsgesetzes gezahlt werden, wenn rentenrechtliche Zeiten aufgrund der Verfolgung in der Rente enthalten sind. Renten wegen Todes aus der gesetzlichen Rentenversicherung, wenn der verstorbene Versicherte Verfolgter i. S. d. § 1 des Bundesentschädigungsgesetzes war und wenn rentenrechtliche Zeiten aufgrund der Verfolgung in dieser Rente enthalten sind (§ 3 Nummer 8a EStG).
- Zuschüsse zur freiwilligen oder privaten Krankenversicherung (§ 3 Nummer 14 EStG),
- die aufgrund eines Abkommens mit einer zwischen- oder überstaatlichen Einrichtung zur Begründung von Anrechten auf Altersversorgung übertragenen Werte bei einer zwischen- oder überstaatlichen Einrichtung (§ 3 Nummer 55e EStG)
- Leistungen nach den §§ 294 bis 299 SGB VI für Kindererziehung an Mütter der Geburtsjahrgänge vor 1921 (§ 3 Nummer 67 EStG); aus Billigkeitsgründen gehören dazu auch Leistungen nach § 294a Satz 2 SGB VI für Kindererziehung an Mütter der Geburtsjahrgänge vor 1927, die am 18. Mai 1990 ihren gewöhnlichen Aufenthalt im Beitrittsgebiet und am 31. Dezember 1991 keinen eigenen Anspruch auf Rente aus eigener Versicherung hatten.

Renten i. S. d. § 9 Anspruchs- und Anwartschaftsüberführungsgesetz – AAÜG – werden zwar von der **198** Deutschen Rentenversicherung Bund ausgezahlt, es handelt sich jedoch nicht um Leistungen aus der gesetzlichen Rentenversicherung. Die Besteuerung erfolgt nach § 22 Nummer 1 Satz 3 Buchstabe a Doppelbuchstabe bb EStG ggf. i. V. m. § 55 Absatz 2 EStDV, soweit die Rente nicht nach § 3 Nummer 6 EStG steuerfrei ist.

Die Ruhegehälter, die ehemaligen Bediensteten in internationalen Organisationen gezahlt werden, un- **199** terliegen der Besteuerung nach § 22 Nummer 1 Satz 3 Buchstabe a Doppelbuchstabe aa EStG, sofern es sich bei dem Alterssicherungssystem der jeweiligen Organisation um ein System handelt, das mit der inländischen gesetzlichen Rentenversicherung vergleichbar ist. Hierzu gehören z. B.:

- Bank für Internationalen Zahlungsausgleich (BIZ),
- Europäische Investitionsbank (EIB),
- Europäische Organisation für astronomische Forschung in der südlichen Hemisphäre, (ESO),
- Europäische Organisation für die Nutzung meteorologischer Satelliten (EUMETSAT),
- Europäische Organisation für Kernforschung (CERN),
- Europäisches Laboratorium für Molekularbiologie (EMBL),
- Vereinte Nationen (VN).

b) Besonderheiten bei Leibrenten und anderen Leistungen aus der landwirtschaftlichen Alterskasse

Die Renten wegen Alters, wegen Erwerbsminderung und wegen Todes nach dem Gesetz über die Al- **200** terssicherung der Landwirte – ALG – gehören zu den Leistungen i. S. d. § 22 Nummer 1 Satz 3 Buchstabe a Doppelbuchstabe aa EStG.

Steuerfrei sind z. B. Sachleistungen nach dem ALG (§ 3 Nummer 1 Buchstabe b EStG), Geldleistungen **201** nach den §§ 10, 36 bis 39 ALG (§ 3 Nummer 1 Buchstabe c EStG) sowie Beitragserstattungen nach den §§ 75 und 117 ALG (§ 3 Nummer 3 Buchstabe b EStG).

c) Besonderheiten bei Leibrenten und anderen Leistungen aus den berufsständischen Versorgungseinrichtungen

Leistungen aus berufsständischen Versorgungseinrichtungen werden nach § 22 Nummer 1 Satz 3 **202** Buchstabe a Doppelbuchstabe aa EStG besteuert, unabhängig davon, ob die Beiträge als Sonderausgaben nach § 10 Absatz 1 Nummer 2 Satz 1 Buchstabe a EStG berücksichtigt wurden. Die Besteuerung erfolgt auch dann nach § 22 Nummer 1 Satz 3 Buchstabe a Doppelbuchstabe aa EStG, wenn die berufsständische Versorgungseinrichtung keine den gesetzlichen Rentenversicherungen vergleichbaren Leistungen erbringt.

Unselbständige Bestandteile der Rente (z. B. Kinderzuschüsse) werden zusammen mit der Rente nach **203** § 22 Nummer 1 Satz 3 Buchstabe a Doppelbuchstabe aa EStG besteuert (vgl. BFH vom 13. August 2011, BStBl. II 2012 S. 312).

Einmalige Leistungen (z. B. Kapitalauszahlungen, Sterbegeld, Abfindung von Kleinbetragsrenten) un- **204** terliegen ebenfalls der Besteuerung nach § 22 Nummer 1 Satz 3 Buchstabe a Doppelbuchstabe aa EStG.

Anlage § 010–11 Zu § 10 EStG

Das gilt auch für Kapitalauszahlungen, bei denen die erworbenen Anwartschaften auf Beiträgen beruhen, die vor dem 1. Januar 2005 erbracht worden sind. Es ist zu prüfen, ob unter Berücksichtigung der vom BFH aufgestellten Grundsätze (Urteile vom 23. Oktober 2013 – X R 33/10 und X R 3/12 –) § 34 Absatz 1 EStG Anwendung findet.

205 Entsprechend den Regelungen zur gesetzlichen Rentenversicherung sind ab dem VZ 2007 folgende Leistungen nach § 3 Nummer 3 Buchstabe c EStG i. V. m. § 3 Nummer 3 Buchstabe a und b EStG steuerfrei:

– Witwen- und Witwerrentenabfindungen (§ 3 Nummer 3 Buchstabe c EStG i. V. m. § 3 Nummer 3 Buchstabe a EStG) bei der ersten Wiederheirat, wenn der Abfindungsbetrag das 60-fache der abzufindenden Monatsrente nicht übersteigt. Übersteigt die Abfindung den genannten Betrag, dann handelt es sich bei der Zahlung insgesamt nicht um eine dem § 3 Nummer 3 Buchstabe a EStG entsprechende Abfindung.

– Beitragserstattungen (§ 3 Nummer 3 Buchstabe c i. V. m. Buchstabe b EStG), wenn nicht mehr als 59 Beitragsmonate und höchstens die Beiträge abzügl. des steuerfreien Arbeitgeberanteils bzw. -zuschusses (§ 3 Nummer 62 EStG) nominal erstattet werden. Werden bis zu 60 % der für den Versicherten geleisteten Beiträge erstattet, handelt es sich aus Vereinfachungsgründen insgesamt um eine steuerfreie Beitragserstattung.

Die Möglichkeit der steuerfreien Erstattung von Beiträgen, die nicht Pflichtbeiträge sind, besteht für den Versicherten insgesamt nur einmal. Eine bestimmte Wartefrist – vgl. § 210 Absatz 2 SGB VI – ist insoweit nicht zu beachten. Damit die berufsständische Versorgungseinrichtung erkennen kann, ob es sich um eine steuerfreie Beitragserstattung oder steuerpflichtige Leistung handelt, hat derjenige, der die Beitragserstattung beantragt, gegenüber der berufsständischen Versorgungseinrichtung zu versichern, dass er eine entsprechende Beitragserstattung bisher noch nicht beantragt hat.

Wird die Erstattung von Pflichtbeiträgen beantragt, ist eine steuerfreie Beitragserstattung erst möglich, wenn nach dem Ausscheiden aus der Versicherungspflicht mindestens 24 Monate vergangen sind und nicht erneut eine Versicherungspflicht eingetreten ist. Unter diesen Voraussetzungen kann eine steuerfreie Beitragserstattung auch mehrmals in Betracht kommen, wenn nach einer Beitragserstattung für den Steuerpflichtigen erneut eine Versicherungspflicht in einer berufsständischen Versorgungseinrichtung begründet wird und diese zu einem späteren Zeitpunkt wieder erlischt. Beantragt der Steuerpflichtige somit aufgrund seines Ausscheidens aus der Versicherungspflicht erneut eine Beitragserstattung, dann handelt es sich nur dann um eine steuerfreie Beitragserstattung, wenn lediglich die geleisteten Pflichtbeiträge erstattet werden. Erfolgt eine darüber hinausgehende Erstattung, handelt es sich insgesamt um eine nach § 22 Nummer 1 Satz 3 Buchstabe a Doppelbuchstabe aa EStG steuerpflichtige Leistung. Damit die berufsständische Versorgungseinrichtung die Leistungen zutreffend zuordnen kann, hat derjenige, der die Beitragserstattung beantragt, in den Fällen des Ausscheidens aus der Versicherungspflicht auch im Falle der Erstattung von Pflichtbeiträgen gegenüber der berufsständischen Versorgungseinrichtung zu erklären, ob er bereits eine Beitragserstattung aus einer berufsständischen Versorgungseinrichtung in Anspruch genommen hat.

Nach § 3 Nummer 3 Buchstabe b EStG sind auch Beitragserstattungen nach den §§ 204, 205, 207, 286d SGB VI, § 26 SGB IV steuerfrei. Liegen die in den Vorschriften genannten Voraussetzungen auch bei der von einer berufsständischen Versorgungseinrichtung durchgeführten Beitragserstattung vor, handelt es sich insoweit um eine steuerfreie Leistung.

2. Leibrenten und andere Leistungen aus Rentenversicherungen i. S. d. § 10 Absatz 1 Nummer 2 Satz 1 Buchstabe b EStG

206 Leistungen aus Rentenversicherungen i. S. d. § 10 Absatz 1 Nummer 2 Satz 1 Buchstabe b EStG (vgl. Rz. 8 ff.) unterliegen der nachgelagerten Besteuerung gem. § 22 Nummer 1 Satz 3 Buchstabe a Doppelbuchstabe aa EStG.

Die im Jahr 1948 vor der Währungsreform geltenden Höchstbeiträge wurden entsprechend der Umstellung der Renten im Verhältnis 1 : 1 von Reichsmark (RM) in Deutsche Mark (DM) umgerechnet.

207 Für Renten aus Rentenversicherungen, die nicht den Voraussetzungen des § 10 Absatz 1 Nummer 2 Satz 1 Buchstabe b EStG entsprechen – insbesondere für Renten aus Verträgen i. S. d. § 10 Absatz 1 Nummer 3a EStG – bleibt es bei der Ertragsanteilsbesteuerung (vgl. insoweit Rz. 212 ff.), es sei denn, es handelt sich um nach dem 31. Dezember 2004 abgeschlossene Rentenversicherungen, bei denen keine lebenslange Rentenzahlung vereinbart und erbracht wird. Dann erfolgt die Besteuerung nach § 20 Absatz 1 Nummer 6 EStG im Wege der Ermittlung des Unterschiedsbetrags. Die Regelungen in § 22 Nummer 5 EStG bleiben unberührt (vgl. BMF-Schreiben vom 24. Juli 2013, BStBl. I S. XXX).

Wird ein Rentenversicherungsvertrag mit Versicherungsbeginn nach dem 31. Dezember 2004, der die Voraussetzungen des § 10 Absatz 1 Nummer 2 Satz 1 Buchstabe b EStG nicht erfüllt, in einen zertifizierten Basisrentenvertrag umgewandelt, führt dies zur Beendigung des bestehenden Vertrags – mit den entsprechenden steuerlichen Konsequenzen – und zum Abschluss eines neuen Basisrentenvertrags im Zeitpunkt der Umstellung. Die Beiträge einschließlich des aus dem Altvertrag übertragenen Kapitals können im Rahmen des Sonderausgabenabzugs nach § 10 Absatz 1 Nummer 2 Satz 1 Buchstabe b EStG berücksichtigt werden. Die sich aus dem Basisrentenvertrag ergebenden Leistungen unterliegen insgesamt der Besteuerung nach § 22 Nummer 1 Satz 3 Buchstabe a Doppelbuchstabe aa EStG . 208

Wird ein Kapitallebensversicherungsvertrag in einen zertifizierten Basisrentenvertrag umgewandelt, führt auch dies zur Beendigung des bestehenden Vertrags – mit den entsprechenden steuerlichen Konsequenzen – und zum Abschluss eines neuen Basisrentenvertrags im Zeitpunkt der Umstellung. Die Beiträge einschließlich des aus dem Altvertrag übertragenen Kapitals können im Rahmen des Sonderausgabenabzugs nach § 10 Absatz 1 Nummer 2 Satz 1 Buchstabe b EStG berücksichtigt werden. Die sich aus dem Basisrentenvertrag ergebenden Leistungen unterliegen insgesamt der Besteuerung nach § 22 Nummer 1 Satz 3 Buchstabe a Doppelbuchstabe aa EStG. 209

Wird entgegen der ursprünglichen vertraglichen Vereinbarung (vgl. Rz. 9 und 14) ein zertifizierter Basisrentenvertrag in einen Vertrag umgewandelt, der die Voraussetzungen des § 10 Absatz 1 Nummer 2 Satz 1 Buchstabe b EStG nicht erfüllt, ist steuerlich von einem neuen Vertrag auszugehen. Wird dabei die auf den „alten" Vertrag entfallende Versicherungsleistung ganz oder teilweise auf den „neuen" Vertrag angerechnet, fließt die angerechnete Versicherungsleistung dem Versicherungsnehmer zu und unterliegt im Zeitpunkt der Umwandlung des Vertrags der Besteuerung nach § 22 Nummer 1 Satz 3 Buchstabe a Doppelbuchstabe aa EStG. Ist die Umwandlung als Missbrauch von rechtlichen Gestaltungsmöglichkeiten (§ 42 AO) anzusehen, z. B. Umwandlung innerhalb kurzer Zeit nach Vertragsabschluss ohne erkennbaren sachlichen Grund, ist für die vor der Umwandlung geleisteten Beiträge der Sonderausgabenabzug nach § 10 Absatz 1 Nummer 2 Satz 1 Buchstabe b EStG zu versagen oder rückgängig zu machen. 210

Werden Ansprüche des Leistungsempfängers aus einem Versicherungsvertrag mit Versicherungsbeginn nach dem 31. Dezember 2004, der die Voraussetzungen des § 10 Absatz 1 Nummer 2 Satz 1 Buchstabe b EStG erfüllt, unmittelbar auf einen anderen Vertrag des Leistungsempfängers bei einem anderen Unternehmen übertragen, gilt die Versicherungsleistung nicht als dem Leistungsempfänger zugeflossen, wenn der neue Vertrag nach § 5a AltZertG zertifiziert ist. Sie unterliegt daher im Zeitpunkt der Übertragung nicht der Besteuerung (§ 3 Nummer 55d EStG). 211

III. Leibrenten und andere Leistungen i. S. d. § 22 Nummer 1 Satz 3 Buchstabe a Doppelbuchstabe bb EStG

Der Anwendungsbereich des § 22 Nummer 1 Satz 3 Buchstabe a Doppelbuchstabe bb EStGumfasst diejenigen Leibrenten und anderen Leistungen, die nicht bereits unter Doppelbuchstabe aa der Vorschrift (vgl. Rz. 195 ff.) oder § 22 Nummer 5 EStG einzuordnen sind, wie Renten aus 212

– Rentenversicherungen, die nicht den Voraussetzungen des § 10 Absatz 1 Nummer 2 Satz 1 Buchstabe b EStG entsprechen, weil sie z. B. eine Teilkapitalisierung oder Einmalkapitalauszahlung (Kapitalwahlrecht) oder einen Rentenbeginn vor Vollendung des 62. Lebensjahres vorsehen (bei vor dem 1. Januar 2012 abgeschlossenen Verträgen ist regelmäßig die Vollendung des 60. Lebensjahres maßgebend) oder die Laufzeit der Versicherung vor dem 1. Januar 2005 begonnen hat, oder

– Verträgen i. S. d. § 10 Absatz 1 Nummer 3a EStG.

Bei nach dem 31. Dezember 2004 abgeschlossenen Rentenversicherungen muss eine lebenslange Rentenzahlung vereinbart und erbracht werden.

Werden neben einer Grundrente Überschussbeteiligungen in Form einer Bonusrente gezahlt, so ist der gesamte Auszahlungsbetrag mit einem einheitlichen Ertragsanteil der Besteuerung zu unterwerfen. Mit der Überschussbeteiligung in Form einer Bonusrente wird kein neues Rentenrecht begründet (R 22.4 Absatz 1 Satz 2 EStR; BFH vom 22. August 2012, BStBl. II 2013 S. 158). In der Mitteilung nach § 22a EStG (bei Leistungen i. S. d. § 22 Nummer 5 Satz 2 Buchstabe a EStG in der Mitteilung nach § 22a Nummer 5 Satz 7 EStG) ist der Betrag von Grund- und Bonusrente in einer Summe auszuweisen. 213

Dem § 22 Nummer 1 Satz 3 Buchstabe a Doppelbuchstabe bb EStGzuzuordnen sind auch abgekürzte Leibrenten, die nicht unter § 22 Nummer 1 Satz 3 Buchstabe a Doppelbuchstabe aa EStG fallen (z. B. private selbständige Erwerbsminderungsrente, Waisenrente aus einer privaten Versicherung, die die Voraussetzungen des § 10 Absatz 1 Nummer 2 Satz 1 Buchstabe b EStG nicht erfüllt). Dies gilt bei Rentenversicherungen (vgl. Rz. 19 des BMF-Schreibens vom 1. Oktober 2009, BStBl. I S. 1172) nur, wenn sie vor dem 1. Januar 2005 abgeschlossen wurden. 214

Anlage § 010–11 Zu § 10 EStG

215 Auf Antrag des Steuerpflichtigen sind unter bestimmten Voraussetzungen auch Leibrenten und andere Leistungen i. S. d. § 22 Nummer 1 Satz 3 Buchstabe a Doppelbuchstabe aa EStG nach § 22 Nummer 1 Satz 3 Buchstabe a Doppelbuchstabe bb EStG zu versteuern (sog. Öffnungsklausel). Wegen der Einzelheiten hierzu vgl. die Ausführungen unter Rz. 238 ff.

IV. Besonderheiten bei der betrieblichen Altersversorgung

216 Die Versorgungsleistungen einer Pensionskasse, eines Pensionsfonds oder aus einer Direktversicherung (z. B. Rente, Auszahlungsplan, Teilkapitalauszahlung, Einmalkapitalauszahlung) unterliegen der Besteuerung nach § 22 Nummer 5 EStG. Einzelheiten zur Besteuerung von Leistungen aus der betrieblichen Altersversorgung sind im BMF-Schreiben vom 24. Juli 2013, BStBl. I S. XXX, Rz. 369 ff. geregelt.

V. Durchführung der Besteuerung

1. Leibrenten und andere Leistungen i. S. d. § 22 Nummer 1 Satz 3 Buchstabe a Doppelbuchstabe aa EStG

a) Allgemeines

217 In der Übergangszeit bis zur vollständigen nachgelagerten Besteuerung unterliegt nur ein Teil der Leibrenten und anderen Leistungen der Besteuerung. In Abhängigkeit vom Jahresbetrag der Rente und dem Jahr des Rentenbeginns wird der steuerfreie Teil der Rente ermittelt, der grundsätzlich für die gesamte Laufzeit der Rente gilt. Diese Regelung bewirkt, dass Rentenerhöhungen, die auf einer regelmäßigen Rentenanpassung beruhen, vollständig nachgelagert besteuert werden.

b) Jahresbetrag der Rente

218 Bemessungsgrundlage für die Ermittlung des der Besteuerung unterliegenden Anteils der Rente ist der Jahresbetrag der Rente (§ 22 Nummer 1 Satz 3 Buchstabe a Doppelbuchstabe aa Satz 2 EStG). Jahresbetrag der Rente ist die Summe der im Kalenderjahr zugeflossenen Rentenbeträge einschließlich der bei Auszahlung einbehaltenen eigenen Beitragsanteile zur Kranken- und Pflegeversicherung. Steuerfreie Zuschüsse zu den Krankenversicherungsbeiträgen sind nicht Bestandteil des Jahresbetrags der Rente. Zum Jahresbetrag der Rente gehören auch die im Kalenderjahr zugeflossenen anderen Leistungen. Bei rückwirkender Zubilligung der Rente ist ggf. Rz. 192 dieses Schreibens und Rz. 48 des BMF-Schreibens vom 7. Dezember 2011 (BStBl. I S. 1223) zu beachten. Eine Pfändung der Rente hat keinen Einfluss auf die Höhe des nach § 22 EStG zu berücksichtigenden Jahresbetrags der Rente. Dies gilt auch für Abtretungen.

c) Bestimmung des Prozentsatzes

aa) Allgemeines

219 Der Prozentsatz in der Tabelle in § 22 Nummer 1 Satz 3 Buchstabe a Doppelbuchstabe aa Satz 3 EStG bestimmt sich grundsätzlich nach dem Jahr des Rentenbeginns.

220 Unter Beginn der Rente ist der Zeitpunkt zu verstehen, ab dem die Rente (ggf. nach rückwirkender Zubilligung) tatsächlich bewilligt wird (siehe Rentenbescheid).

221 Wird die bewilligte Rente bis auf 0 € gekürzt, z. B. weil eigene Einkünfte anzurechnen sind, steht dies dem Beginn der Rente nicht entgegen und unterbricht die Laufzeit der Rente nicht. Verzichtet der Rentenberechtigte in Kenntnis der Kürzung der Rente auf die Beantragung, beginnt die Rente jedoch nicht zu laufen, solange sie mangels Beantragung nicht dem Grunde nach bewilligt wird.

222 Fließt eine andere Leistung vor dem Beginn der Leibrente zu, bestimmt sich der Prozentsatz für die Besteuerung der anderen Leistung nach dem Jahr ihres Zuflusses, andernfalls nach dem Jahr des Beginns der Leibrente.

bb) Erhöhung oder Herabsetzung der Rente

223 Soweit Renten i. S. d. § 22 Nummer 1 Satz 3 Buchstabe a Doppelbuchstabe aa EStG später z. B. wegen Anrechnung anderer Einkünfte erhöht oder herabgesetzt werden, ist keine neue Rente anzunehmen. Gleiches gilt, wenn eine Teil-Altersrente in eine volle Altersrente oder eine volle Altersrente in eine Teil-Altersrente umgewandelt wird (§ 42 SGB VI). Für den erhöhten oder verminderten Rentenbetrag bleibt der ursprünglich ermittelte Prozentsatz maßgebend (zur Neuberechnung des Freibetrags vgl. Rz. 232 ff.).

cc) Besonderheiten bei Folgerenten aus derselben Versicherung oder demselben Vertrag

224 Renten aus derselben Versicherung oder demselben Vertrag liegen vor, wenn Renten auf ein und demselben Rentenrecht beruhen. Das ist beispielsweise der Fall, wenn eine Rente wegen voller Erwerbsminderung einer Rente wegen teilweiser Erwerbsminderung folgt oder umgekehrt, bei einer Altersrente,

der eine (volle oder teilweise) Erwerbsminderungsrente vorherging, oder wenn eine kleine Witwen- oder Witwerrente einer großen Witwen- oder Witwerrente folgt und umgekehrt oder eine Altersrente einer Erziehungsrente folgt. Das gilt auch dann, wenn die Rentenempfänger nicht identisch sind wie z. B. bei einer Altersrente mit nachfolgender Witwen- oder Witwerrente oder Waisenrente. Leistungen aus Anrechten, die im Rahmen des Versorgungsausgleichs durch interne Teilung auf die ausgleichsberechtigte Person übertragen wurden oder die zu Lasten der Anrechte der ausgleichspflichtigen Person für die ausgleichsberechtigte Person durch externe Teilung begründet wurden, stellen einen eigenen Rentenanspruch der ausgleichsberechtigten Person dar. Die Rente der ausgleichsberechtigten Person ist daher keine Rente aus der Versicherung oder dem Vertrag der ausgleichspflichtigen Person.

Folgen nach dem 31. Dezember 2004 Renten aus derselben Versicherung oder demselben Vertrag einander nach, wird bei der Ermittlung des Prozentsatzes nicht der tatsächliche Beginn der Folgerente herangezogen. Vielmehr wird ein fiktives Jahr des Rentenbeginns ermittelt, indem vom tatsächlichen Rentenbeginn der Folgerente die Laufzeiten vorhergehender Renten abgezogen werden. Dabei darf der Prozentsatz von 50 % nicht unterschritten werden. 225

Beispiel: 226

A bezieht von Oktober 2003 bis Dezember 2006 (= 3 Jahre und 3 Monate) eine Erwerbsminderungsrente i. H. v. 1.000 €. Anschließend ist er wieder erwerbstätig. Ab Februar 2013 erhält er seine Altersrente i. H. v. 2.000 €.

In 2003 und 2004 ist die Erwerbsminderungsrente gem. § 55 Absatz 2 EStDV mit einem Ertragsanteil von 4 % zu versteuern, in 2005 und 2006 gem. § 22 Nummer 1 Satz 3 Buchstabe a Doppelbuchstabe aa EStG mit einem Besteuerungsanteil von 50 %. Der der Besteuerung unterliegende Teil für die ab Februar 2013 gewährte Altersrente ermittelt sich wie folgt:

Rentenbeginn der Altersrente	Februar 2013
abzgl. der Laufzeit der Erwerbsminderungsrente (3 Jahre und 3 Monate)	
= fiktiver Rentenbeginn	November 2009
Besteuerungsanteil lt. Tabelle	58 %
Jahresbetrag der Rente in 2013: 11 x 2.000 €	22.000 €
Betragsmäßiger Besteuerungsanteil (58 % von 22.000 €)	12.760 €

Renten, die vor dem 1. Januar 2005 geendet haben, werden nicht als vorhergehende Renten berücksichtigt und wirken sich daher auf die Höhe des Prozentsatzes für die Besteuerung der nachfolgenden Rente nicht aus. 227

Abwandlung des Beispiels in Rz. 226: 228

Die Erwerbsminderungsrente wurde von Oktober 2000 bis Dezember 2004 bezogen.

In diesem Fall folgen nicht nach dem 31. Dezember 2004 mehrere Renten aus derselben Versicherung einander nach mit der Folge, dass für die Ermittlung des Besteuerungsanteils für die Altersrente das Jahr 2013 maßgebend ist und folglich ein Besteuerungsanteil von 66 %.

Lebt eine wegen Wiederheirat des Berechtigten weggefallene Witwen- oder Witwerrente wegen Auflösung oder Nichtigerklärung der erneuten Ehe oder der erneuten Lebenspartnerschaft wieder auf (§ 46 Absatz 3 SGB VI), ist bei Wiederaufleben der Witwen- oder Witwerrente für die Ermittlung des Prozentsatzes nach § 22 Nummer 1 Satz 3 Buchstabe a Doppelbuchstabe aa Satz 3 EStG der Rentenbeginn des erstmaligen Bezugs maßgebend. 229

d) Ermittlung des steuerfreien Teils der Rente

aa) Allgemeines

Nach § 22 Nummer 1 Satz 3 Buchstabe a Doppelbuchstabe aa Satz 4 und 5 EStG gilt der steuerfreie Teil der Rente für die gesamte Laufzeit des Rentenbezugs. Der steuerfreie Teil der Rente wird in dem Jahr ermittelt, das dem Jahr des Rentenbeginns folgt. Bei Renten, die vor dem 1. Januar 2005 begonnen haben, ist der steuerfreie Teil der Rente des Jahres 2005 maßgebend. 230

bb) Bemessungsgrundlage für die Ermittlung des steuerfreien Teils der Rente

Bemessungsgrundlage für die Ermittlung des steuerfreien Teils der Rente ist der Jahresbetrag der Rente in dem Jahr, das dem Jahr des Rentenbeginns folgt. Bei Renten mit Rentenbeginn vor dem 1. Januar 2005 ist der Jahresbetrag der Rente des Jahres 2005 maßgebend. Zum Jahresbetrag der Rente vgl. Rz. 218. 231

Anlage § 010–11

Zu § 10 EStG

cc) Neuberechnung des steuerfreien Teils der Rente

232 Ändert sich der Jahresbetrag der Rente und handelt es sich hierbei nicht um eine regelmäßige Anpassung (z. B. jährliche Rentenerhöhung), ist der steuerfreie Teil der Rente auf der Basis des bisher maßgebenden Prozentsatzes mit der veränderten Bemessungsgrundlage neu zu ermitteln. Auch Rentennachzahlungen oder -rückzahlungen sowie der Wegfall des Kinderzuschusses zur Rente aus einer berufsständischen Versorgungseinrichtung können zu einer Neuberechnung des steuerfreien Teils der Rente führen. Ändert sich der Jahresbetrag einer Rente in ausländischer Währung aufgrund von Währungsschwankungen, führt die sich daraus ergebende Änderung des Jahresbetrags der Rente ebenfalls zu einer Neuberechnung des steuerfreien Teils der Rente.

233 Der steuerfreie Teil der Rente ist in dem Verhältnis anzupassen, in dem der veränderte Jahresbetrag der Rente zum Jahresbetrag der Rente steht, der der Ermittlung des bisherigen steuerfreien Teils der Rente zugrunde gelegen hat. Regelmäßige Anpassungen des Jahresbetrags der Rente bleiben dabei außer Betracht (§ 22 Nummer 1 Satz 3 Buchstabe a Doppelbuchstabe aa Satz 7 EStG). Die für die Berechnung erforderlichen Angaben ergeben sich aus der Rentenbezugsmitteilung (vgl. BMF-Schreiben vom 7. Dezember 2011, BStBl. I S. 1223).

234 Beispiel:

R bezieht ab Mai 2010 eine monatliche Witwenrente aus der gesetzlichen Rentenversicherung (keine Folgerente) i. H. v. 1.100 €. Die Rente wird aufgrund regelmäßiger Anpassungen zum 1. Juli 2010, zum 1. Juli 2011, zum 1. Juli 2012 und zum 1. Juli 2013 jeweils um 10 € erhöht. Wegen anderer Einkünfte wird die Rente ab August 2013 auf 830 € gekürzt.

Rentenzeitraum	Monatsbetrag	Betrag im Zahlungszeitraum
1.5.–30.6.2010	1.100,00 €	2.200,00 €
1.7.–31.12.2010	1.110,00 €	6.660,00 €
Jahresrente 2010		8.860,00 €
1.1.–30.6.2011	1.110,00 €	6.660,00 €
1.7.–31.12.2011	1.120,00 €	6.720,00 €
Jahresrente 2011		13.380,00 €
1.1.–30.6.2012	1.120,00 €	6.720,00 €
1.7.–31.12.2012	1.130,00 €	6.780,00 €
Jahresrente 2012		13.500,00 €
1.1.–30.6.2013	1.130,00 €	6.780,00 €
1.7.–31.7.2013	1.140,00 €	1.140,00 €
1.8.–31.12.2013	830,00 €	4.150,00 €
Jahresrente 2013		12.070,00 €

Dem Finanzamt liegen die folgenden Rentenbezugsmitteilungen vor:

Jahr	Leistungsbetrag	Anpassungsbetrag
2010	8.860,00 €	0,00 €
2011	13.380,00 €	0,00 €
2012	13.500,00 €	120,00 €
2013	12.070,00 €	206,00 €

Berechnung des steuerfreien Teils der Rente 2011

Jahresrente 2011	13.380,00 €
– der Besteuerung unterliegender Teil: 60 % von 13.380,00 € =	– 8.028,00 €
= steuerfreier Teil der Rente	5.352,00 €

Neuberechnung des steuerfreien Teils der Rente im Jahr 2013

Jahresrente 2013 ohne regelmäßige Anpassungen (12.070,00 € – 206,00 €) =	11.864,00 €
(11.864,00 €/13.380,00 €) x 5.352,00 € =	4.745,60 €

Ermittlung des der Besteuerung unterliegenden Teils der Rente in Anlehnung an den Wortlaut des § 22 Nummer 1 Satz 3 Buchstabe a Doppelbuchstabe aa Satz 3 bis 7 EStG

Zu § 10 EStG   **Anlage § 010–11**

Jahr	Besteuerungsanteil der Rente	
2010	60 % von 8.860,00 € =	5.316,00 €
2011	60 % von 13.380,00 € =	8.028,00 €
2012	13.500,00 € – 5.352,00 € =	8.148,00 €
2013	12.070,00 € – 4.745,60 € =	7.324,40 €

Ermittlung des der Besteuerung unterliegenden Teils der Rente in Anlehnung an die Einkommensteuererklärung/die Rentenbezugsmitteilung

	2010	2011	2012	2013
Jahresrente lt. Rentenbezugsmitteilung	8.860,00 €	13.380,00 €	13.500,00 €	12.070,00 €
– Anpassungsbetrag lt. Rentenbezugsmitteilung	– 0,00 €	– 0,00 €	– 120,00 €	– 206,00 €
Zwischensumme	8.860,00 €	13.380,00 €	13.380,00 €	11.864,00 €
darauf fester Prozentsatz (hier: 60 %)	5.316,00 €	8.028,00 €	8.028,00 €	7.118,40 €
+ Anpassungsbetrag lt. Rentenbezugsmitteilung	+ 0,00 €	+ 0,00 €	+ 120,00 €	+ 206,00 €
= steuerpflichtig. Anteil der Rente	5.316,00 €	8.028,00 €	8.148,00 €	7.324,40 €

Folgerenten i. S. d. § 22 Nummer 1 Satz 3 Buchstabe a Doppelbuchstabe aa Satz 8 EStG (vgl. Rz. 224 ff.) **235** werden für die Berechnung des steuerfreien Teils der Rente (§ 22 Nummer 1 Satz 3 Buchstabe a Doppelbuchstabe aa Satz 3 bis 7 EStG) als eigenständige Renten behandelt. Das gilt nicht, wenn eine wegen Wiederheirat weggefallene Witwen- oder Witwerrente (vgl. Rz. 229) wieder auflebt. In diesem Fall berechnet sich der steuerfreie Teil der Rente nach der ursprünglichen, später weggefallenen Rente (vgl. Rz. 230 und 231).

2. Leibrenten und andere Leistungen i. S. d. § 22 Nummer 1 Satz 3 Buchstabe a Doppelbuchstabe bb EStG

Leibrenten i. S. d. § 22 Nummer 1 Satz 3 Buchstabe a Doppelbuchstabe bb EStG(vgl. Rz. 212) unter- **236** liegen auch ab dem VZ 2005 nur mit dem Ertragsanteil der Besteuerung. Sie ergeben sich aus der Tabelle in § 22 Nummer 1 Satz 3 Buchstabe a Doppelbuchstabe bb Satz 4 EStG . Die neuen Ertragsanteile gelten sowohl für Renten, deren Rentenbeginn vor dem 1. Januar 2005 liegt, als auch für Renten, die erst nach dem 31. Dezember 2004 zu laufen beginnen.

Für abgekürzte Leibrenten (vgl. Rz. 214) – z. B. aus einer privaten selbständigen Erwerbsminderungs- **237** versicherung, die nur bis zum 65. Lebensjahr gezahlt wird – bestimmen sich die Ertragsanteile auch weiterhin nach § 55 Absatz 2 EStDV.

3. Öffnungsklausel

a) Allgemeines

Durch die Öffnungsklausel in § 22 Nummer 1 Satz 3 Buchstabe a Doppelbuchstabe bb Satz 2 EStG **238** werden auf Antrag des Steuerpflichtigen Teile der Leibrenten oder anderer Leistungen, die anderenfalls der nachgelagerten Besteuerung nach § 22 Nummer 1 Satz 3 Buchstabe a Doppelbuchstabe aa EStGunterliegen würden, nach § 22 Nummer 1 Satz 3 Buchstabe a Doppelbuchstabe bb EStGbesteuert.

b) Antrag

Der Antrag ist vom Steuerpflichtigen beim zuständigen Finanzamt in der Regel im Rahmen der Ein- **239** kommensteuererklärung formlos zu stellen. Der Antrag kann nicht vor Beginn des Leistungsbezugs gestellt werden. Die Öffnungsklausel in § 22 Nummer 1 Satz 3 Buchstabe a Doppelbuchstabe bb Satz 2 EStG ist nicht von Amts wegen anzuwenden.

c) 10-Jahres-Grenze

Die Anwendung der Öffnungsklausel setzt voraus, dass bis zum 31. Dezember 2004 für mindestens zehn **240** Jahre Beiträge oberhalb des Betrags des Höchstbeitrags zur gesetzlichen Rentenversicherung gezahlt wurden. Dabei ist jedes Kalenderjahr getrennt zu betrachten. Die Jahre müssen nicht unmittelbar aufeinander folgen. Dabei sind Beiträge grundsätzlich dem Jahr zuzurechnen, in dem sie gezahlt oder für das sie bescheinigt werden. Sofern Beiträge jedoch rentenrechtlich (als Nachzahlung) in einem anderen Jahr wirksam werden, sind diese dem Jahr zuzurechnen, in dem sie rentenrechtlich wirksam werden. Für die Prüfung, ob die 10-Jahres-Grenze erfüllt ist, sind nur Zahlungen zu berücksichtigen, die bis zum 31. Dezember 2004 geleistet wurden (BFH vom 19. Januar 2010 , BStBl. II 2011 S. 567). Sie müssen außerdem „für" Beitragsjahre vor dem 1. Januar 2005 gezahlt worden sein. Der jährliche Höchstbeitrag ist auch dann maßgebend, wenn nur für einen Teil des Jahres Versicherungspflicht bestand oder nicht

Anlage § 010–11 Zu § 10 EStG

während des ganzen Jahres Beiträge geleistet wurden (BFH vom 4. Februar 2010, BStBl. II 2011 S. 579).

d) Maßgeblicher Höchstbeitrag

241 Für die Prüfung, ob Beiträge oberhalb des Betrags des Höchstbeitrags gezahlt wurden, ist grundsätzlich der Höchstbeitrag zur gesetzlichen Rentenversicherung der Angestellten und Arbeiter (West) des Jahres heranzuziehen, dem die Beiträge zuzurechnen sind. In den Jahren, in denen im gesamten Kalenderjahr eine Versicherung in der knappschaftlichen Rentenversicherung bestand, ist deren Höchstbeitrag maßgebend. Bis 1949 galten in den gesetzlichen Rentenversicherungen unterschiedliche Höchstbeiträge für Arbeiter und Angestellte. Sofern keine Versicherungspflicht in den gesetzlichen Rentenversicherungen bestand, ist stets der Höchstbeitrag für Angestellte in der gesetzlichen Rentenversicherung der Arbeiter und Angestellten zu Grunde zu legen. Höchstbeitrag ist die Summe des Arbeitgeberanteils und des Arbeitnehmeranteils zur jeweiligen gesetzlichen Rentenversicherung. Die maßgeblichen Höchstbeiträge ergeben sich für die Jahre 1927 bis 2004 aus der als Anlage beigefügten Tabelle.

e) Ermittlung der geleisteten Beiträge

242 Für die Frage, ob in einem Jahr Beiträge oberhalb des Betrags des Höchstbeitrags gezahlt wurden, sind sämtliche Beiträge an gesetzliche Rentenversicherungen, an die landwirtschaftliche Alterskasse und an berufsständische Versorgungseinrichtungen zusammenzurechnen, die den einzelnen Jahren zuzurechnen sind (Rz. 240). Dabei sind auch Beiträge zu einer ausländischen gesetzlichen Rentenversicherung (vgl. Rz. 4) sowie an Alterssicherungssysteme von internationalen Organisationen, die mit der gesetzlichen Rentenversicherung vergleichbar sind (vgl. Rz. 199), zu berücksichtigen; das gilt unabhängig davon, ob die sich daraus später ergebenden Renteneinkünfte im Inland besteuert werden können. Beiträge zur gesetzlichen Rentenversicherung aufgrund eines Versorgungsausgleichs (§ 187 Absatz 1 Nummer 1 SGB VI), bei vorzeitiger Inanspruchnahme einer Altersrente (§ 187a SGB VI) oder zur Erhöhung der Rentenanwartschaft (§ 187b SGB VI) sind in dem Jahr zu berücksichtigen, in dem sie geleistet wurden. Dies gilt entsprechend für Beitragszahlungen dieser Art an die landwirtschaftliche Alterskasse und an berufsständische Versorgungseinrichtungen.

243 Für die Anwendung der Öffnungsklausel werden nur Beiträge berücksichtigt, die eigene Beitragsleistungen des Steuerpflichtigen enthalten. Bei einer Hinterbliebenenrente ist auf die Beitragsleistung des Verstorbenen abzustellen. Bei der Ermittlung der gezahlten Beiträge kommt es nicht darauf an, ob die Beiträge vom Steuerpflichtigen vollständig oder teilweise selbst getragen wurden. Es ist auch unerheblich, ob es sich um Pflichtbeiträge, freiwillige Beiträge oder Beiträge zur Höherversicherung handelt.

244 Beiträge aufgrund von Nachversicherungen in gesetzliche Rentenversicherungen, an die landwirtschaftliche Alterskasse und an berufsständische Versorgungseinrichtungen sind nicht zu berücksichtigen. Eine Nachversicherung wird durchgeführt, wenn ein Beschäftigungsverhältnis, das unter bestimmten Voraussetzungen nicht der Versicherungspflicht in der gesetzlichen Rentenversicherung oder in einer berufsständischen Versorgungseinrichtung unterlag (z. B. als Beamtenverhältnis), unter Verlust der Versorgungszusage gelöst wird.

245 Zuschüsse zum Beitrag nach § 32 ALG werden bei der Berechnung mit einbezogen.

246 Der jährliche Höchstbeitrag ist auch dann maßgebend, wenn nur für einen Teil des Jahres eine Versicherungspflicht bestand oder nicht während des ganzen Jahres Beiträge geleistet wurden (BFH vom 4. Februar 2010, BStBl. II 2011 S. 579). Ein anteiliger Ansatz des Höchstbeitrags erfolgt nicht.

f) Nachweis der gezahlten Beiträge

247 Der Steuerpflichtige muss einmalig nachweisen, dass er für einen Zeitraum von mindestens zehn Jahren vor dem 1. Januar 2005 Beiträge oberhalb des Betrags des Höchstbeitrags gezahlt hat. Der Nachweis ist durch Bescheinigungen der Versorgungsträger, an die die Beiträge geleistet wurden – bzw. von deren Rechtsnachfolgern – zu erbringen. Aus der Bescheinigung muss sich ergeben, dass die Beiträge vor dem 1. Januar 2005 geleistet wurden und welchem Jahr sie zugerechnet wurden. Soweit der Versorgungsträger für Beiträge eine Zahlung vor dem 1. Januar 2005 nicht bescheinigen kann, hat er in der Bescheinigung ausdrücklich darauf hinzuweisen. In diesen Fällen obliegt es dem Steuerpflichtigen, den Zahlungszeitpunkt vor dem 1. Januar 2005 nachzuweisen. Wird der Nachweis nicht geführt, sind diese Beiträge, soweit es sich nicht um Pflichtbeiträge handelt, nicht in die Berechnung einzubeziehen. Pflichtbeiträge gelten in diesen Fällen als in dem Jahr gezahlt, für das sie bescheinigt werden. Beiträge oberhalb des Höchstbeitrags, die nach dem 31. Dezember 2004 geleistet worden sind, bleiben für die Anwendung der Öffnungsklausel auch dann außer Betracht, wenn im Übrigen vor dem 1. Januar 2005 über einen Zeitraum von mindestens zehn Jahren Beiträge oberhalb des Betrags des Höchstbeitrags zur gesetzlichen Rentenversicherung geleistet worden sind. Wurde vom Steuerpflichtigen eine von den Grundsätzen dieses BMF-Schreibens abweichende Bescheinigung vorgelegt, ist als Folge der durch die

Zu § 10 EStG **Anlage § 010–11**

BFH-Rechtsprechung vom 19. Januar 2010, BStBl. II 2011 S. 567, geänderten Rechtslage bis spätestens für den VZ 2011 eine den Grundsätzen dieses BMF-Schreibens entsprechende neue Beitragsbescheinigung vorzulegen (vgl. auch Rz. 266 ff.).

g) Ermittlung des auf Beiträgen oberhalb des Betrags des Höchstbeitrags beruhenden Teils der Leistung

Der Teil der Leibrenten oder anderen Leistungen, der auf Beiträgen oberhalb des Betrags des Höchstbeitrags beruht, ist vom Versorgungsträger nach denselben Grundsätzen zu ermitteln wie in Leistungsfällen, bei denen keine Beiträge oberhalb des Betrags des Höchstbeitrags geleistet wurden. Dieser Teil wird bezogen auf jeden einzelnen Rentenanspruch getrennt ermittelt. Dabei sind die insgesamt in den einzelnen Kalenderjahren – ggf. zu verschiedenen Versorgungsträgern – geleisteten Beiträge nach Maßgabe der Rz. 252 bis 254 zu berücksichtigen. Jedes Kalenderjahr ist getrennt zu betrachten. Für jedes Jahr ist der Teil der Leistung, der auf Beiträgen oberhalb des Betrags des Höchstbeitrags beruht, gesondert zu ermitteln. Eine Zusammenrechnung der den einzelnen Jahren zuzurechnenden Beiträge und eine daraus resultierende Durchschnittsbildung sind nicht zulässig. Sofern Beiträge zur gesetzlichen Rentenversicherung oberhalb des Betrags des Höchstbeitrags geleistet werden und in diesen Beiträgen Höherversicherungsbeiträge enthalten sind, sind diese vorrangig als oberhalb des Betrags des Höchstbeitrags geleistet anzusehen. Wurde vom Steuerpflichtigen eine von den Grundsätzen dieses BMF-Schreibens abweichende Bescheinigung vorgelegt, ist bis spätestens für den VZ 2011 eine den Grundsätzen dieses BMF-Schreibens entsprechende neue Beitragsbescheinigung vorzulegen (vgl. auch Rz. 266 ff.). **248**

Abweichend hiervon wird bei berufsständischen Versorgungseinrichtungen zugelassen, dass die tatsächlich geleisteten Beiträge und die den Höchstbeitrag übersteigenden Beiträge zum im entsprechenden Jahr maßgebenden Höchstbeitrag ins Verhältnis gesetzt werden. Aus dem Verhältnis der Summen der sich daraus ergebenden Prozentsätze ergibt sich der Prozentsatz für den Teil der Leistung, der auf Beiträge oberhalb des Betrags des Höchstbeitrags entfällt. Für Beitragszahlungen ab dem Jahr 2005 ist für übersteigende Beiträge kein Prozentsatz anzusetzen. Diese Vereinfachungsregelung ist zulässig, wenn **249**
- alle Mitglieder der einheitlichen Anwendung der Vereinfachungsregelung zugestimmt haben oder
- die berufsständische Versorgungseinrichtung für das Mitglied den Teil der Leistung, der auf Beiträgen oberhalb des Betrags des Höchstbeitrags zur gesetzlichen Rentenversicherung beruht, nicht nach Rz. 248 ermitteln kann.

Beispiel: **250**
Der Versicherte V war in den Jahren 1969 bis 2005 bei einer berufsständischen Versorgungseinrichtung versichert. Die Aufteilung kann wie folgt durchgeführt werden:

Jahr	tatsächlich geleistete Beiträge in DM / €	Höchstbeitrag zur gesetzlichen Rentenversicherung (HB) in DM / €	übersteigende Beiträge in DM / €	tatsächlich geleistete Beiträge in % des HB	übersteigende Beiträge in % des HB
1969	2.321,00 DM	3.264,00 DM	0 DM	71,11 %	0,00 %
1970	3.183,00 DM	3.672,00 DM	0 DM	86,68 %	0,00 %
1971	2.832,00 DM	3.876,00 DM	0 DM	73,07 %	0,00 %
1972	10.320,00 DM	4.284,00 DM	6.036,00 DM	240,90 %	140,90 %
1973	11.520,00 DM	4.968,00 DM	6.552,00 DM	231,88 %	131,88 %
1974	12.600,00 DM	5.400,00 DM	7.200,00 DM	233,33 %	133,33 %
1975	13.632,00 DM	6.048,00 DM	7.584,00 DM	225,40 %	125,40 %
1976	15.024,00 DM	6.696,00 DM	8.328,00 DM	224,37 %	124,37 %
1977	16.344,00 DM	7.344,00 DM	9.000,00 DM	222,55 %	122,55 %
1978	14.400,00 DM	7.992,00 DM	6.408,00 DM	180,18 %	80,18 %
1979	16.830,00 DM	8.640,00 DM	8.190,00 DM	194,79 %	94,79 %
1980	12.510,00 DM	9.072,00 DM	3.438,00 DM	137,90 %	37,90 %
1981	13.500,00 DM	9.768,00 DM	3.732,00 DM	138,21 %	38,21 %
1982	12.420,00 DM	10.152,00 DM	2.268,00 DM	122,34 %	22,34 %
1983	14.670,00 DM	10.900,00 DM	3.770,00 DM	134,59 %	34,59 %

Anlage § 010–11

Zu § 10 EStG

Jahr	tatsächlich geleistete Beiträge in DM / €	Höchstbetrag zur gesetzlichen Rentenversicherung (HB) in DM / €	übersteigende Beiträge in DM / €	tatsächlich geleistete Beiträge in % des HB	übersteigende Beiträge in % des HB
1984	19.440,00 DM	11.544,00 DM	7.896,00 DM	168,40 %	68,40 %
1985	23.400,00 DM	12.306,60 DM	11.093,40 DM	190,14 %	90,14 %
1986	18.360,00 DM	12.902,40 DM	5.457,60 DM	142,30 %	42,30 %
1987	17.730,00 DM	12.790,80 DM	4.939,20 DM	138,62 %	38,62 %
1988	12.510,00 DM	13.464,00 DM	0 DM	92,91 %	0,00 %
1989	14.310,00 DM	13.688,40 DM	621,60 DM	104,54 %	4,54 %
1990	16.740,00 DM	14.137,20 DM	2.602,80 DM	118,41 %	18,41 %
1991	18.000,00 DM	14.001,00 DM	3.999,00 DM	128,56 %	28,56 %
1992	16.110,00 DM	14.443,20 DM	1.666,80 DM	111,54 %	11,54 %
1993	16.020,00 DM	15.120,00 DM	900,00 DM	105,95 %	5,95 %
1994	17.280,00 DM	17.510,40 DM	0 DM	98,68 %	0,00 %
1995	16.020,00 DM	17.409,60 DM	0 DM	92,02 %	0,00 %
1996	20.340,00 DM	18.432,00 DM	1.908,00 DM	110,35 %	10,35 %
1997	22.140,00 DM	19.975,20 DM	2.164,80 DM	110,84 %	10,84 %
1998	23.400,00 DM	19.917,60 DM	2.937,60 DM	114,36 %	14,36 %
1999	22.500,00 DM	20.462,40 DM	2.406,00 DM	111,97 %	11,97 %
2000	24.210,00 DM	20.094,00 DM	4.292,40 DM	121,55 %	21,55 %
2001	22.230,00 DM	19.940,40 DM	2.289,60 DM	111,48 %	11,48 %
2002	12.725,00 €	10.314,00 €	2.411,00 €	123,38 %	23,38 %
2003	14.721,80 €	11.934,00 €	2.787,80 €	123,36 %	23,36 %
2004	14.447,00 €	12.051,00 €	2.396,00 €	119,88 %	19,88 %
2005	13.274,50 €	12.168,00 €	0,00 €	109,09 %	0,00 %
			Summe	5.165,63 %	1.542,07 %
			entspricht	100 %	29,85 %

Von den Leistungen unterliegt ein Anteil von 29,85 % der Besteuerung nach § 22 Nummer 1 Satz 3 Buchstabe a Doppelbuchstabe bb EStG.

h) Aufteilung bei Beiträgen an mehr als einen Versorgungsträger

251 Hat der Steuerpflichtige sowohl Beiträge zu einer inländischen als auch Beiträge zu einer ausländischen gesetzlichen Rentenversicherung geleistet, kann er bestimmen, welcher gesetzlichen Rentenversicherung die Beiträge vorrangig zuzuordnen sind. Weist der Steuerpflichtige im Übrigen die Zahlung von Beiträgen an mehr als einen Versorgungsträger nach, gilt Folgendes:

aa) Beiträge an mehr als eine berufsständische Versorgungseinrichtung

252 Die Beiträge bis zum jeweiligen Höchstbetrag sind einer vom Steuerpflichtigen zu bestimmenden berufsständischen Versorgungseinrichtung vorrangig zuzuordnen. Die berufsständischen Versorgungseinrichtungen haben entsprechend dieser Zuordnung den Teil der Leistung zu ermitteln, der auf Beiträgen beruht, die jährlich isoliert betrachtet oberhalb des Betrags des Höchstbetrags zur gesetzlichen Rentenversicherung gezahlt wurden.

bb) Beiträge an die gesetzliche Rentenversicherung und an berufsständische Versorgungseinrichtungen

253 Die Beiträge bis zum jeweiligen Höchstbetrag sind vorrangig der gesetzlichen Rentenversicherung zuzuordnen (beachte auch Rz. 251). Die berufsständische Versorgungseinrichtung hat den Teil der Leistung zu ermitteln, der auf Beiträgen beruht, die jährlich isoliert betrachtet oberhalb des Betrags des Höchstbetrags zur gesetzlichen Rentenversicherung gezahlt wurden. Dies gilt für den Träger der gesetzlichen Rentenversicherung entsprechend, wenn die Beiträge zur gesetzlichen Rentenversicherung bereits oberhalb des Höchstbetrags zur gesetzlichen Rentenversicherung liegen.

Zu § 10 EStG

Anlage § 010–11

Beiträge an die landwirtschaftliche Alterskasse sind für die Frage der Anwendung der Öffnungsklausel wie Beiträge zur gesetzlichen Rentenversicherung zu behandeln. Sind Beiträge an die gesetzliche Rentenversicherung und an die landwirtschaftliche Alterskasse geleistet worden, sind die Beiträge bis zum jeweiligen Höchstbeitrag vorrangig der gesetzlichen Rentenversicherung zuzuordnen. 254

Beispiel: 255

Der Steuerpflichtige N hat in den Jahren 1980 bis 1990 folgende Beiträge zur gesetzlichen Rentenversicherung der Arbeiter und Angestellten und an eine berufsständische Versorgungseinrichtung gezahlt. Im Jahr 1981 hat er i. H. v. 22.100 DM Rentenversicherungsbeiträge für die Jahre 1967 bis 1979 nachentrichtet, dabei entfielen auf jedes Jahr 1.700 DM. Im Jahr 1982 hat er neben seinem Grundbeitrag von 2.200 DM außerdem einen Höherversicherungsbeitrag nach § 11 Angestelltenversicherungsgesetz in Höhe von 8.000 DM an die gesetzliche Rentenversicherung gezahlt. Er beantragt die Anwendung der Öffnungsklausel.

Jahr	Beiträge zur gesetzlichen Rentenversicherung	Beiträge an die berufsständische Versorgungseinrichtung	Höchstbeitrag zur gesetzlichen Rentenversicherung	übersteigende Beiträge
1	2	3	4	5
1967	1.700,00 DM	–	2.352,00 DM	–
1968	1.700,00 DM	–	2.880,00 DM	–
1969	1.700,00 DM	–	3.264,00 DM	–
1970	1.700,00 DM	–	3.672,00 DM	–
1971	1.700,00 DM	–	3.876,00 DM	–
1972	1.700,00 DM	–	4.284,00 DM	–
1973	1.700,00 DM	–	4.968,00 DM	–
1974	1.700,00 DM	–	5.400,00 DM	–
1975	1.700,00 DM	–	6.048,00 DM	–
1976	1.700,00 DM	–	6.696,00 DM	–
1977	1.700,00 DM	–	7.344,00 DM	–
1978	1.700,00 DM	–	7.992,00 DM	–
1979	1.700,00 DM	–	8.640,00 DM	–
1980	2.000,00 DM	8.000,00 DM	9.072,00 DM	928,00 DM
1981	2.100,00 DM	8.600,00 DM	9.768,00 DM	932,00 DM
1982	10.200,00 DM	8.200,00 DM	10.152,00 DM	8.248,00 DM
1983	2.300,00 DM	9.120,00 DM	10.900,00 DM	520,00 DM
1984	2.400,00 DM	9.500,00 DM	11.544,00 DM	356,00 DM
1985	2.500,00 DM	9.940,00 DM	12.306,60 DM	133,40 DM
1986	2.600,00 DM	10.600,00 DM	12.902,40 DM	297,60 DM
1987	2.700,00 DM	11.300,00 DM	12.790,80 DM	1.209,20 DM
1988	2.800,00 DM	11.800,00 DM	13.464,00 DM	1.136,00 DM
1989	2.900,00 DM	12.400,00 DM	13.688,40 DM	1.611,60 DM
1990	3.000,00 DM	12.400,00 DM	14.137,20 DM	1.262,80 DM

Die Nachzahlung im Jahr 1981 allein führt nicht zur Anwendung der Öffnungsklausel, auch wenn in diesem Jahr Beiträge oberhalb des 1981 geltenden Höchstbeitrags und für einen Zeitraum von mindestens 10 Jahren gezahlt wurden, da die Jahresbeiträge in den Jahren, denen die jeweiligen Nachzahlungen zuzurechnen sind, jeweils nicht oberhalb des Betrags des Höchstbeitrags liegen.

Anlage § 010–11
Zu § 10 EStG

Im Beispielsfall ist die Öffnungsklausel jedoch anzuwenden, da unabhängig von der Nachzahlung in die gesetzliche Rentenversicherung durch die zusätzliche Zahlung von Beiträgen an eine berufsständische Versorgungseinrichtung für einen Zeitraum von mindestens zehn Jahren Beiträge oberhalb des Betrags des Höchstbeitrags zur gesetzlichen Rentenversicherung geleistet wurden (Jahre 1980 bis 1990). Die Öffnungsklausel ist vorrangig auf die Rente aus der berufsständischen Versorgungseinrichtung anzuwenden. Für die Berechnung durch die berufsständische Versorgungseinrichtung, welcher Teil der Rente auf Beiträgen oberhalb des Betrags des Höchstbeitrags beruht, sind die übersteigenden Beiträge (Spalte 5 der Tabelle) – höchstens jedoch die tatsächlich an die berufsständische Versorgungseinrichtung geleisteten Beiträge – heranzuziehen. Es ist ausreichend, wenn der berufsständische Versorgungseinrichtung dem Steuerpflichtigen den prozentualen Anteil der auf die übersteigenden Beiträge entfallenden Leistungen mitteilt. Auf dieser Grundlage hat der Steuerpflichtige selbst in der Auszahlungsphase jährlich den konkreten Anteil der Rente zu ermitteln, der nach § 22 Nummer 1 Satz 3 Buchstabe a Doppelbuchstabe bb EStGder Besteuerung unterliegt.

Eine Besonderheit ergibt sich im Beispielsfall für das Jahr 1982. Aufgrund der Zahlung von Höherversicherungsbeiträgen im Jahr 1982 wurden auch an die gesetzliche Rentenversicherung Beiträge oberhalb des Höchstbeitrags zur gesetzlichen Rentenversicherung geleistet. Diese Beiträge sind der gesetzlichen Rentenversicherung zuzuordnen. Die gesetzliche Rentenversicherung hat auf der Grundlage der Entgeltpunkte des Jahres 1982 den Anteil der Rente aus der gesetzlichen Rentenversicherung zu ermitteln, der auf Beiträge oberhalb des Höchstbeitrags entfällt. Dabei gelten die fiktiven Entgeltpunkte für die Höherversicherungsbeiträge innerhalb der Rentenversicherung vorrangig als oberhalb des Höchstbeitrags zur gesetzlichen Rentenversicherung geleistet. Die Öffnungsklausel ist im Beispielsfall sowohl auf die Rente aus der berufsständischen Versorgungseinrichtung (8.200 DM) als auch auf die Rente aus der gesetzlichen Rentenversicherung (48 DM) anzuwenden.

Die Ermittlung des Teils der Leistung, der auf Beiträgen oberhalb des Betrags des Höchstbeitrags zur gesetzlichen Rentenversicherung (Spalte 5 der Tabelle) beruht, erfolgt durch den Versorgungsträger. Hierbei ist nach den Grundsätzen in Rz. 248 bis 250 zu verfahren.

i) Öffnungsklausel bei einmaligen Leistungen

256 Einmalige Leistungen unterliegen nicht der Besteuerung, soweit auf sie die Öffnungsklausel Anwendung findet.

257 Beispiel:

Nach der Bescheinigung der Versicherung beruhen 12 % der Leistungen auf Beiträgen, die oberhalb des Betrags des Höchstbeitrags geleistet wurden. Nach dem Tod des Steuerpflichtigen erhält die Witwe W ein einmaliges Sterbegeld und eine monatliche Witwenrente.

Von der Witwenrente unterliegt ein Anteil von 88 % der nachgelagerten Besteuerung nach § 22 Nummer 1 Satz 3 Buchstabe a Doppelbuchstabe aa EStG und ein Anteil von 12 % der Besteuerung mit dem Ertragsanteil nach § 22 Nummer 1 Satz 3 Buchstabe a Doppelbuchstabe bb EStG . Der Ertragsanteil bestimmt sich nach dem Lebensjahr der rentenberechtigten Witwe W bei Beginn der Witwenrente; die Regelung zur Folgerente findet bei der Ertragsanteilsbesteuerung keine Anwendung.

Das Sterbegeld unterliegt zu einem Anteil von 88 % der nachgelagerten Besteuerung nach § 22 Nummer 1 Satz 3 Buchstabe a Doppelbuchstabe aa EStG . 12 % des Sterbegelds unterliegen nicht der Besteuerung.

j) Versorgungsausgleich unter Ehegatten oder unter Lebenspartnern

258 Anrechte, auf deren Leistungen die Öffnungsklausel anzuwenden ist, können in einen Versorgungsausgleich unter Ehegatten oder Lebenspartnern einbezogen worden sein. Soweit ein solches Anrecht auf die ausgleichsberechtigte Person übertragen bzw. soweit zu Lasten eines solchen Anrechts für die ausgleichsberechtigte Person ein Anrecht begründet wurde (§§ 10, 14 VersAusglG), kann auf Antrag der ausgleichsberechtigten Person auf die darauf beruhenden Leistungen die Öffnungsklausel ebenfalls Anwendung finden. Es besteht insoweit ein Auskunftsanspruch gegen die ausgleichspflichtige Person bzw. den Versorgungsträger (§ 4 VersAusglG). In dem Umfang, wie die ausgleichsberechtigte Person für übertragene oder begründete Anrechte die Öffnungsklausel anwenden kann, entfällt für die ausgleichspflichtige Person die Anwendbarkeit der Öffnungsklausel. Dabei kommt es nicht darauf an, ob die ausgleichsberechtigte Person tatsächlich von der Anwendbarkeit der Öffnungsklausel Gebrauch macht.

259 Die Anwendung der Öffnungsklausel bei der ausgleichsberechtigten Person setzt voraus, dass die ausgleichspflichtige Person bis zum 31. Dezember 2004 für einen Zeitraum von mindestens zehn Jahren Beiträge oberhalb des Betrags des Höchstbeitrags zur gesetzlichen Rentenversicherung gezahlt hat (vgl. Rz. 240). Dabei sind sämtliche Beitragszahlungen der ausgleichspflichtigen Person ohne Beschränkung auf die Ehe- bzw. Lebenspartnerschaftszeit heranzuziehen.

Zu § 10 EStG
Anlage § 010–11

Bei Ehen bzw. Lebenspartnerschaften, die nach dem 31. Dezember 2004 geschlossen werden, kommt die 260
Öffnungsklausel hinsichtlich der Leistungen an die ausgleichsberechtigte Person, die auf im Wege des
Versorgungsausgleichs übertragenen oder begründeten Anrechten beruhen, nicht zur Anwendung, da die
während der Ehe- bzw. Lebenspartnerschaftszeit erworbenen Leistungen der ausgleichspflichtigen Person insgesamt nicht auf bis zum 31. Dezember 2004 geleisteten Beiträgen oberhalb des Höchstbeitrags
beruhen.

Erhält die ausgleichsberechtigte Person neben der Leistung, die sich aus dem im Rahmen des Versorgungsausgleichs übertragenen oder begründeten Anrecht ergibt, noch eine auf „eigenen" Beiträgen 261
beruhende Leistung, ist das Vorliegen der 10-Jahres-Grenze für diese Leistung gesondert zu prüfen. Die
Beitragszahlungen der ausgleichspflichtigen Person sind dabei nicht zu berücksichtigen.

Der auf dem im Rahmen des Versorgungsausgleichs übertragenen oder begründeten Anrecht beruhende 262
Teil der Leistung, der auf Beiträgen oberhalb des Betrags des Höchstbeitrags zur gesetzlichen Rentenversicherung beruht, ermittelt sich ehe- bzw. lebenspartnerschaftszeitbezogen. Dazu ist der Teil der
Leistung, der auf in der Ehe- bzw. Lebenspartnerschaftszeit von der ausgleichspflichtigen Person geleisteten Beiträgen oberhalb des Höchstbeitrags beruht, ins Verhältnis zu der insgesamt während der
Ehe- bzw. Lebenspartnerschaftszeit erworbenen Leistung der ausgleichspflichtigen Person zu setzen.
Als insgesamt während der Ehe- bzw. Lebenspartnerschaftszeit erworbenes Anrecht ist stets der durch
das Familiengericht dem Versorgungsausgleich zugrunde gelegte Wert maßgeblich. Abänderungsverfahren nach §§ 225, 226 des Gesetzes über das Verfahren in Familiensachen und in den Angelegenheiten der freiwilligen Gerichtsbarkeit (FamFG) oder § 51 VersAusglG sind zu berücksichtigen.
Mit dem sich danach ergebenden prozentualen Anteil unterliegt die sich aus dem im Rahmen des Versorgungsausgleichs übertragenen oder begründeten Anrecht ergebende Leistung an die ausgleichsberechtigte Person der Besteuerung nach § 22 Nummer 1 Satz 3 Buchstabe a Doppelbuchstabe bb EStG.
Entsprechend reduziert sich der Teil der Leistung der ausgleichspflichtigen Person, auf den die Öffnungsklausel anwendbar ist. Hierzu ist zunächst bei der ausgleichspflichtigen Person der Betrag der
Leistung zu ermitteln, der sich aus allen durch eigene Versicherung erworbenen Anrechten ergibt und auf
bis zum 31. Dezember 2004 gezahlten Beiträgen oberhalb des Höchstbeitrags zur gesetzlichen Rentenversicherung beruht, wenn kein Versorgungsausgleich durchgeführt worden wäre. Dabei sind auch diejenigen Anrechte, die der ausgleichspflichtigen Person infolge des durchgeführten Versorgungsausgleichs nicht mehr zustehen, weil sie übertragen worden sind bzw. zu ihren Lasten ein Anrecht für die
ausgleichsberechtigte Person begründet worden ist, zu berücksichtigen. Von diesem Betrag wird der
Betrag der Leistung abgezogen, der auf Anrechten beruht, die auf die ausgleichsberechtigte Person im
Rahmen des Versorgungsausgleichs übertragen wurden und für die die ausgleichsberechtigte Person die
Öffnungsklausel in Anspruch nehmen kann. Der verbleibende Betrag ist ins Verhältnis zu der der ausgleichspflichtigen Person nach Berücksichtigung des Versorgungsausgleichs tatsächlich verbleibenden
Leistung zu setzen. Mit diesem Prozentsatz unterliegt die nach Durchführung des Versorgungsausgleichs
verbleibende Leistung der ausgleichspflichtigen Person der Öffnungsklausel nach § 22 Nummer 1 Satz 3
Buchstabe a Doppelbuchstabe bb Satz 2 EStG. Diese Berechnung ist auch dann vorzunehmen, wenn die
ausgleichsberechtigte Person die Anwendung der Öffnungsklausel auf das im Versorgungsausgleich
übertragene oder begründete Anrecht nicht geltend macht.

Die Anwendung der Öffnungsklausel auf im Rahmen des Versorgungsausgleichs übertragene bzw. be- 263
gründete Anrechte ist unabhängig vom Rentenbeginn der ausgleichspflichtigen Person und unabhängig
davon, ob diese für sich selbst die Öffnungsklausel beantragt. Der bei der ausgleichsberechtigten Person
nach § 22 Nummer 1 Satz 3 Buchstabe a Doppelbuchstabe aa EStG anzuwendende Prozentsatz (für die
Kohortenbesteuerung) bestimmt sich nach dem Jahr ihres Rentenbeginns.

Bezieht die ausgleichsberechtigte Person vom gleichen Versorgungsträger neben der Leistung, die auf 264
dem im Rahmen des Versorgungsausgleichs übertragenen oder begründeten Anrecht beruht, eine durch
eigene Versicherung erworbene Leistung, ist die Anwendung der Öffnungsklausel und deren Umfang für
die Leistung aus eigener Versicherung gesondert zu ermitteln. Die Beitragszahlungen der ausgleichspflichtigen Person sind dabei nicht zu berücksichtigen. Der sich insoweit ergebende Prozentsatz kann
von demjenigen abweichen, der auf das von der ausgleichspflichtigen Person auf die ausgleichsberechtigte Person übertragene bzw. begründete Anrecht anzuwenden ist. Wird vom Versorgungsträger
eine einheitliche Leistung erbracht, die sich aus der eigenen und dem im Rahmen des Versorgungsausgleichs übertragenen bzw. begründeten Anrecht zusammensetzt, kann vom Versorgungsträger ein
sich auf die Gesamtleistung ergebender einheitlicher Prozentsatz ermittelt werden. Dabei sind ggf. weitere Rentenanteile, die auf einem durchgeführten Versorgungsausgleich beruhen und für die die Anwendbarkeit der Öffnungsklausel nicht gegeben ist, mit einem Verhältniswert von 0 einzubringen. Solange für Rentenanteile aus dem Versorgungsausgleich die Anwendbarkeit der Öffnungsklausel und der
entsprechende Verhältniswert nicht festgestellt sind, ist stets von einem Wert von 0 auszugehen. Wird

Anlage § 010–11

Zu § 10 EStG

kein auf die Gesamtleistung anzuwendender Wert ermittelt, sind die einzelnen Leistungsteile, auf die der/die berechnete/n Verhältniswert/e anzuwenden ist/sind, anzugeben.

265 Beispiel:
Berechnung für die ausgleichsberechtigte Person:
Nach dem Ausscheiden aus dem Erwerbsleben erhält A von einer berufsständischen Versorgungseinrichtung eine Rente i. H. v. monatlich 1.000 €. Diese Rente beruht zu 200 € auf im Rahmen des Versorgungsausgleichs auf A übertragenen Rentenanwartschaften von seiner geschiedenen Ehefrau. Die Voraussetzungen der Öffnungsklausel liegen vor. Nach Ermittlung der berufsständischen Versorgungseinrichtung unterliegen 25 % der übertragenen und 5 % der durch eigene Versicherung erworbenen Rentenanwartschaft des A nach § 22 Nummer 1 Satz 3 Buchstabe a Doppelbuchstabe bb Satz 2 EStG der Ertragsanteilsbesteuerung.

Weist die berufsständische Versorgungseinrichtung die Renten jährlich getrennt aus, sind die jeweiligen Prozentsätze unmittelbar auf die einzelnen Renten anzuwenden.

800 x 12 = 9.600
95 % nach § 22 Nummer 1 Satz 3 Buchstabe a Doppelbuchstabe aa EStG   9.120 €
5 % nach § 22 Nummer 1 Satz 3 Buchstabe a Doppelbuchstabe bb EStG   480 €
200 x 12 = 2.400 €
75 % nach § 22 Nummer 1 Satz 3 Buchstabe a Doppelbuchstabe aa EStG   1.800 €
25 % nach § 22 Nummer 1 Satz 3 Buchstabe a Doppelbuchstabe bb EStG   600 €
Ingesamt zu versteuern
nach § 22 Nummer 1 Satz 3 Buchstabe a Doppelbuchstabe aa EStG   10.920 €
nach § 22 Nummer 1 Satz 3 Buchstabe a Doppelbuchstabe bb EStG   1.080 €

Weist die berufsständische Versorgungseinrichtung einen einheitlichen Rentenbetrag aus, kann anstelle der Rentenaufteilung auch ein einheitlicher Prozentsatz ermittelt werden.
Der einheitliche Wert für die gesamte Leistung berechnet sich wie folgt:
[(800 x 5 %) + (200 € x 25 %)] / 1.000 € = 9 %
1.000 € x 12 = 12.000 €
91 % nach § 22 Nummer 1 Satz 3 Buchstabe a Doppelbuchstabe aa EStG   10.920 €
9 % nach § 22 Nummer 1 Satz 3 Buchstabe a Doppelbuchstabe bb EStG   1.080 €

9 % der Rente aus der berufsständischen Versorgungseinrichtung unterliegen der Besteuerung nach § 22 Nummer 1 Satz 3 Buchstabe a Doppelbuchstabe bb EStG.
Berechnung für die ausgleichspflichtige Person:
B hat Rentenanwartschaften bei einer berufsständischen Versorgungseinrichtung von insgesamt 1.500 € erworben. Davon wurden im Versorgungsausgleich 200 € auf ihren geschiedenen Ehemann A übertragen. B erfüllt die Voraussetzungen für die Anwendung der Öffnungsklausel. 35 % der gesamten Anwartschaft von 1.500 € beruhen auf bis zum 31. Dezember 2004 gezahlten Beiträgen oberhalb des Höchstbetrags zur gesetzlichen Rentenversicherung. Für die Ehezeit hat der Träger der berufsständischen Versorgungs-einrichtung einen Anteil von 25 % ermittelt.
Der auf die nach Durchführung des Versorgungsausgleichs der B noch zustehende Rente von 1.300 € anwendbare Prozentsatz für die Öffnungsklausel ermittelt sich wie folgt:
Rente der ausgleichspflichtigen Person vor Versorgungsausgleich:
1.500 € x 12 = 18.000 €
Anteilsberechnung für Öffnungsklausel, wenn kein Versorgungsausgleich erfolgt wäre:
35 % von 18.000 € = 6.300 €;
6.300 € der insgesamt von B erworbenen Rentenanwartschaften unterliegen (auf Antrag) der Ertragsanteilsbesteuerung (§ 22 Nummer 1 Satz 3 Buchstabe a Doppelbuchstabe bb EStG), die restlichen 11.700 € sind nach § 22 Nummer 1 Satz 3 Buchstabe a Doppelbuchstabe aa EStG zu versteuern.
Im Versorgungsausgleich übertragene Rentenanwartschaft:
200 € x 12 = 2.400 €
25 % von 2.400 € = 600 €
Von den im Versorgungsausgleich auf den geschiedenen Ehemann A übertragenen Rentenanwartschaften können 600 € mit dem Ertragsanteil besteuert werden.

Verbleibender Betrag der ausgleichspflichtigen Person für die Anteilsberechnung im Rahmen der Öffnungsklausel:
6.300 € – 600 € = 5.700 €

Der für B verbleibende Betrag, der mit dem Ertragsanteil (§ 22 Nummer 1 Satz 3 Buchstabe a Doppelbuchstabe bb EStG) besteuert werden kann, beträgt 5.700 €.

Rente der ausgleichspflichtigen Person nach Versorgungsausgleich:
1.300 € x 12 = 15.600 €

Anteilsberechnung bei der ausgleichspflichtigen Person:
5.700 € von 15.600 € = 36,54 %

Dies entspricht 36,54 % der B nach Durchführung des Versorgungsausgleichs zustehenden Rente. Dieser Anteil der Rente ist nach § 22 Nummer 1 Satz 3 Buchstabe a Doppelbuchstabe bb EStG zu versteuern. Für den übrigen Anteil i. H. v. 63,46 % (9.900 € von 15.600 €) ist § 22 Nummer 1 Satz 3 Buchstabe a Doppelbuchstabe aa EStG anzuwenden.

Rechenweg für die Anteilsberechnung (Öffnungsklausel) bei der ausgleichspflichtigen Person in verkürzter Darstellung:
(18.000 € x 35 % – 2.400 € x 25 %) / 15.600 € x 100 = 36,54 %

k) Bescheinigung der Leistung nach § 22 Nummer 1 Satz 3 Buchstabe a Doppelbuchstabe bb Satz 2 EStG

Der Versorgungsträger hat dem Steuerpflichtigen auf dessen Verlangen den prozentualen Anteil der Leistung zu bescheinigen, der auf bis zum 31. Dezember 2004 geleisteten Beiträgen beruht, die oberhalb des Betrags des Höchstbeitrags zur gesetzlichen Rentenversicherung gezahlt wurden. Wurde der Prozentsatz für die Anwendung der Öffnungsklausel einmal bescheinigt, ist eine weitere Bescheinigung weder bei einer Neufeststellung der Rente noch für Folgerenten erforderlich. Rz. 269 Satz 4 bleibt hiervon unberührt. Im Fall der Anwendung der Vereinfachungsregelung (Rz. 249) hat der Versorgungsträger die Berechnung – entsprechend dem Beispielsfall in Rz. 250 – darzustellen. 266

Wurden Beiträge an mehr als einen Versorgungsträger gezahlt und ist der Höchstbeitrag – auch unter Berücksichtigung der Zusammenrechnung nach Rz. 242 – nur bei einem Versorgungsträger überschritten, so ist nur von diesem Versorgungsträger eine Bescheinigung zur Aufteilung der Leistung auszustellen. Der dort bescheinigte Prozentsatz ist nur auf die Leistung dieses Versorgungsträgers anzuwenden. Für die Leistungen der übrigen Versorgungsträger kommt die Öffnungsklausel nicht zur Anwendung. Diese unterliegen in vollem Umfang der Besteuerung nach § 22 Nummer 1 Satz 3 Buchstabe a Doppelbuchstabe aa EStG. 267

Stellt die gesetzliche Rentenversicherung fest, dass geleistete Beiträge zur gesetzlichen Rentenversicherung mindestens einem Jahr zugerechnet wurden, für welches die geleisteten Beiträge oberhalb des Betrags des Höchstbeitrags lagen, so stellt sie – unabhängig davon, ob die Voraussetzungen für die Öffnungsklausel erfüllt sind – eine Mitteilung aus, in der bescheinigt wird, welcher Teil der Leistung auf Beiträgen oberhalb des Betrags des Höchstbeitrags beruht. Für die Frage, welchem Jahr die geleisteten Beiträge zuzurechnen sind, ist Rz. 240 zu beachten. In dieser Bescheinigung wird ausdrücklich darauf hingewiesen, über wie viele Jahre der Betrag des Höchstbeitrags überschritten wurde und dass die Öffnungsklausel nur zur Anwendung kommt, wenn bis zum 31. Dezember 2004 für einen Zeitraum von mindestens zehn Jahren Beiträge oberhalb des Betrags des Höchstbeitrags geleistet wurden. Sind die Voraussetzungen der Öffnungsklausel durch Beiträge an weitere Versorgungsträger erfüllt, dient diese Mitteilung der gesetzlichen Rentenversicherung als Bescheinigung zur Aufteilung der Leistung. Der darin mitgeteilte Prozentsatz ist in diesem Fall auf die Leistung der gesetzlichen Rentenversicherung anzuwenden; eine weitere Bescheinigung ist nicht erforderlich. 268

Die endgültige Entscheidung darüber, ob die Öffnungsklausel zur Anwendung kommt, obliegt ausschließlich der Finanzverwaltung und nicht der die Rente auszahlenden Stelle. Der Steuerpflichtige muss deshalb die Anwendung der Öffnungsklausel beim Finanzamt und nicht beim Versorgungsträger beantragen. Der Versorgungsträger ermittelt hierfür den Teil der Leistung, der auf Beiträgen oberhalb des Betrags des Höchstbeitrags beruht und bescheinigt diesen. Für VZ ab 2011 kommt die Öffnungsklausel nur dann zur Anwendung, wenn der Steuerpflichtige das Vorliegen der Voraussetzungen (vgl. Rz. 240 und 242) nachweist. Der Versorgungsträger erstellt ihm hierfür auf Antrag eine entsprechende Bescheinigung. Wenn bei einer vorangegangenen Bescheinigung von den Grundsätzen dieses BMF-Schreibens nicht abgewichen wurde, genügt eine Bestätigung des Versorgungsträgers, dass die vorangegangene Bescheinigung den Grundsätzen dieses BMF-Schreibens entspricht. 269

Anlage § 010–11

D. Besonderheiten beim Versorgungsausgleich

I. Allgemeines

1. Gesetzliche Neuregelung des Versorgungsausgleichs

270 Mit dem VersAusglG wurden die Vorschriften zum Versorgungsausgleich grundlegend geändert. Es gilt künftig für alle ausgleichsreifen Anrechte auf Altersversorgung der Grundsatz der internen Teilung, der bisher schon bei der gesetzlichen Rentenversicherung zur Anwendung kam. Bisher wurden alle von den Ehegatten während der Ehe bzw. von den Lebenspartner während der Lebenspartnerschaftszeit erworbenen Anrechte auf eine Versorgung wegen Alter und Invalidität bewertet und im Wege eines Einmalausgleichs ausgeglichen, vorrangig über die gesetzliche Rentenversicherung.

271 Das neue VersAusglG sieht dagegen die interne Teilung als Grundsatz des Versorgungsausgleichs auch für alle Systeme der betrieblichen Altersversorgung und privaten Altersvorsorge vor. Hierbei werden die von den Ehegatten oder Lebenspartnern (§ 20 des Lebenspartnerschaftsgesetzes) in den unterschiedlichen Altersversorgungssystemen erworbenen Anrechte zum Zeitpunkt der Scheidung innerhalb des jeweiligen Systems geteilt und für den ausgleichsberechtigten Ehegatten oder Lebenspartner eigenständige Versorgungsanrechte geschaffen, die unabhängig von den Versorgungsanrechten des ausgleichspflichtigen Ehegatten oder Lebenspartner im jeweiligen System gesondert weitergeführt werden.

272 Zu einem Ausgleich über ein anderes Versorgungssystem (externe Teilung) kommt es nur noch in den in §§ 14 bis 17 VersAusglGgeregelten Ausnahmefällen. Bei einer externen Teilung entscheidet die ausgleichsberechtigte Person über die Wahl der Zielversorgung. Sie bestimmt also, in welches Versorgungssystem der Ausgleichswert zu transferieren ist (ggf. Aufstockung einer bestehenden Anwartschaft, ggf. Neubegründung einer Anwartschaft). Dabei darf die Zahlung des Kapitalbetrags an die gewählte Zielversorgung nicht zu nachteiligen steuerlichen Folgen bei der ausgleichspflichtigen Person führen, es sei denn, sie stimmt der Wahl der Zielversorgung zu.

273 Die gesetzliche Rentenversicherung ist Auffang-Zielversorgung, wenn die ausgleichs-berechtigte Person ihr Wahlrecht nicht ausübt und es sich nicht um eine betriebliche Altersversorgung handelt. Bei einer betrieblichen Altersversorgung wird bei fehlender Ausübung des Wahlrechts ein Anspruch in der Versorgungsausgleichskasse begründet.

274 Verbunden ist die externe Teilung mit der Leistung eines Kapitalbetrags in Höhe des Ausgleichswerts, der vom Versorgungsträger der ausgleichspflichtigen Person an den Versorgungsträger der ausgleichsberechtigten Person gezahlt wird (Ausnahme: Externe Teilung von Beamtenversorgungen nach § 16 VersAusglG; hier findet wie nach dem bisherigen Quasi-Splitting zwischen der gesetzlichen Rentenversicherung und dem Träger der Beamtenversorgung ein Erstattungsverfahren im Leistungsfall statt.).

275 Kommt in Einzelfällen weder die interne Teilung noch die externe Teilung in Betracht, etwa weil ein Anrecht zum Zeitpunkt des Versorgungsausgleichs nicht ausgleichsreif ist (§ 19 VersAusglG), z. B. ein Anrecht bei einem ausländischen, zwischenstaatlichen oder überstaatlichen Versorgungsträger oder ein Anrecht i. S. d. Betriebsrentengesetzes, das noch verfallbar ist, kommt es zu Ausgleichsansprüchen nach der Scheidung (§ 20ff. VersAusglG). Zur steuerlichen Behandlung der Ausgleichsansprüche nach der Scheidung vgl. BMF-Schreiben vom 9. April 2010, BStBl. I S. 323.

2. Besteuerungszeitpunkte

276 Bei der steuerlichen Beurteilung des Versorgungsausgleichs ist zwischen dem Zeitpunkt der Teilung eines Anrechts im Versorgungsausgleich durch gerichtliche Entscheidung und dem späteren Zufluss der Leistungen aus den unterschiedlichen Versorgungssystemen zu unterscheiden.

277 Bei der internen Teilung wird die Übertragung der Anrechte auf die ausgleichsberechtigte Person zum Zeitpunkt des Versorgungsausgleichs für beide Ehegatten oder Lebenspartner nach § 3 Nummer 55a EStG steuerfrei gestellt, weil auch bei den im Rahmen eines Versorgungsausgleichs übertragenen Anrechten auf eine Alters- und Invaliditätsversorgung das Prinzip der nachgelagerten Besteuerung eingehalten wird. Die Besteuerung erfolgt erst während der Auszahlungsphase. Die später zufließenden Leistungen gehören dabei bei beiden Ehegatten oder Lebenspartnern zur gleichen Einkunftsart, da die Versorgungsanrechte innerhalb der jeweiligen Systems geteilt wurden. Ein Wechsel des Versorgungssystems und ein damit möglicherweise verbundener Wechsel der Besteuerung weg von der nachgelagerten Besteuerung hat nicht stattgefunden. Lediglich die individuellen Merkmale für die Besteuerung sind bei jedem Ehegatten oder Lebenspartner gesondert zu ermitteln.

278 Bei einer externen Teilung kann dagegen die Übertragung der Anrechte zu einer Besteuerung führen, da sie mit einem Wechsel des Versorgungsträgers und damit regelmäßig mit einem Wechsel des Versorgungssystems verbunden ist. § 3 Nummer 55b Satz 1 EStG stellt deshalb die Leistung des Ausgleichswerts in den Fällen der externen Teilung für beide Ehegatten oder Lebenspartner steuerfrei, so-

weit das Prinzip der nachgelagerten Besteuerung insgesamt eingehalten wird. Soweit die späteren Leistungen bei der ausgleichsberechtigten Person jedoch nicht der nachgelagerten Besteuerung unterliegen werden (z. B. Besteuerung nach § 20 Absatz 1 Nummer 6 EStG oder nach § 22 Nummer 1 Satz 3 Buchstabe a Doppelbuchstabe bb EStG mit dem Ertragsanteil), greift die Steuerbefreiung gem. § 3 Nummer 55b Satz 2 EStG nicht, und die Leistung des Ausgleichswerts ist bereits im Zeitpunkt der Übertragung beim ausgleichspflichtigen Ehegatten oder Lebenspartner zu besteuern. Die Besteuerung der später zufließenden Leistungen erfolgt bei jedem Ehegatten oder Lebenspartner unabhängig davon, zu welchen Einkünften die Leistungen beim jeweils anderen Ehegatten oder Lebenspartner führen, und richtet sich danach, aus welchem Versorgungssystem sie jeweils geleistet werden.

II. Interne Teilung (§ 10 VersAusglG)

1. Steuerfreiheit des Teilungsvorgangs nach § 3 Nummer 55a EStG

§ 3 Nummer 55a EStG stellt klar, dass die aufgrund einer internen Teilung durchgeführte Übertragung von Anrechten steuerfrei ist; dies gilt sowohl für die ausgleichspflichtige als auch für die ausgleichsberechtigte Person.

2. Besteuerung bei der ausgleichsberechtigten Person

Die Leistungen aus den übertragenen Anrechten gehören bei der ausgleichsberechtigten Person zu den Einkünften, zu denen die Leistungen bei der ausgleichspflichtigen Person gehören würden, wenn die interne Teilung nicht stattgefunden hätte. Die (späteren) Versorgungsleistungen sind daher (weiterhin) Einkünfte aus nichtselbständiger Arbeit (§ 19 EStG) oder aus Kapitalvermögen (§ 20 EStG) oder sonstige Einkünfte (§ 22 EStG). Ausgleichspflichtige und ausgleichsberechtigte Person versteuern beide die ihnen jeweils zufließenden Leistungen.

Für die Ermittlung des Versorgungsfreibetrags und des Zuschlags zum Versorgungsfreibetrag nach § 19 Absatz 2 EStG, des Besteuerungsanteils nach § 22 Nummer 1 Satz 3 Buchstabe a Doppelbuchstabe aa EStG sowie des Ertragsanteils nach § 22 Nummer 1 Satz 3 Buchstabe a Doppelbuchstabe bb EStG bei der ausgleichsberechtigten Person ist auf deren Versorgungsbeginn, deren Rentenbeginn bzw. deren Lebensalter abzustellen.

Zu Besonderheiten bei der Öffnungsklausel s. Rz. 258 ff.

III. Externe Teilung (§ 14 VersAusglG)

1. Steuerfreiheit nach § 3 Nummer 55b EStG

Nach § 3 Nummer 55b Satz 1 EStG ist der aufgrund einer externen Teilung an den Träger der Zielversorgung geleistete Ausgleichswert grundsätzlich steuerfrei, soweit die späteren Leistungen aus den dort begründeten Anrechten zu steuerpflichtigen Einkünften bei der ausgleichsberechtigten Person führen würden. Soweit die Übertragung von Anrechten im Rahmen des Versorgungsausgleichs zu keinen Einkünften i. S. d. EStG führt, bedarf es keiner Steuerfreistellung nach § 3 Nummer 55b EStG. Die Steuerfreiheit nach § 3 Nummer 55b Satz 1 EStG greift gem. § 3 Nummer 55b Satz 2 EStG nicht, soweit Leistungen, die auf dem begründeten Anrecht beruhen, bei der ausgleichsberechtigten Person zu Einkünften nach § 20 Absatz 1 Nummer 6 EStG oder § 22 Nummer 1 Satz 3 Buchstabe a Doppelbuchstabe bb EStG führen würden.

2. Besteuerung bei der ausgleichsberechtigten Person

Für die Besteuerung bei der ausgleichsberechtigten Person ist unerheblich, zu welchen Einkünften die Leistungen aus den übertragenen Anrechten bei der ausgleichspflichtigen Person geführt hätten, da mit der externen Teilung ein neues Anrecht begründet wird.

3. Beispiele

Beispiel 1:

Im Rahmen einer externen Teilung zahlt das Versicherungsunternehmen X, bei dem der ausgleichspflichtige Ehegatte A eine private Rentenversicherung mit Kapitalwahlrecht abgeschlossen hat, einen Ausgleichswert an das Versicherungsunternehmen Y zugunsten des ausgleichsberechtigten Ehegatten B in eine private Rentenversicherung, die dieser als Zielversorgung gewählt hat.

Der Ausgleichswert ist nicht steuerfrei nach § 3 Nummer 55b Satz 1 EStG, da sich aus der Übertragung keine Einkünfte i. S. d. EStG ergeben (kein Fall des § 20 Absatz 1 Nummer 6 EStG, da es sich weder um einen Erlebensfall noch um einen Rückkauf handelt); mangels Anwendbarkeit von § 3 Nummer 55b Satz 1 EStG kann auch kein Fall des Satzes 2 dieser Vorschrift vorliegen. Bei Ausübung des Kapitalwahlrechts unterliegt die spätere geminderte Kapitalleistung bei A der Besteuerung nach § 20 Absatz 1 Nummer 6 EStG (ggf. keine Besteuerung wegen § 52 Absatz 36 EStG); Rentenleistungen sind bei A steuerpflichtig nach § 22 Nummer 1 Satz 3 Buchstabe a Doppelbuchstabe bb EStG. Die Leistungen werden bei B in gleicher Weise besteuert.

286 **Beispiel 2:**
Im Rahmen einer externen Teilung zahlt das Versicherungsunternehmen X, bei dem der ausgleichspflichtige Ehegatte A eine Basisrentenversicherung (§ 10 Absatz 1 Satz 1 Buchstabe b EStG) abgeschlossen hat, mit Zustimmung des A einen Ausgleichswert an das Versicherungsunternehmen Y zugunsten des ausgleichsberechtigten Ehegatten B in eine private Rentenversicherung, die dieser als Zielversorgung gewählt hat.

Der Ausgleichswert ist nicht steuerfrei nach § 3 Nummer 55b Satz 2 EStG, denn die Leistungen, die auf dem begründeten Anrecht beruhen, würden bei der ausgleichsberechtigten Person zu Einkünften nach § 20 Absatz 1 Nummer 6 EStG (bei Ausübung eines Kapitalwahlrechts) oder nach § 22 Nummer 1 Satz 3 Buchstabe a Doppelbuchstabe bb EStG (bei Rentenzahlungen) führen. A hat im Zeitpunkt der Zahlung durch das Versicherungsunternehmen X einen Betrag in Höhe des Ausgleichswerts nach § 22 Nummer 1 Satz 3 Buchstabe a Doppelbuchstabe aa EStGzu versteuern. Die späteren durch den Versorgungsausgleich gekürzten Leistungen unterliegen bei A ebenfalls der Besteuerung nach § 22 Nummer 1 Satz 3 Buchstabe a Doppelbuchstabe aa EStG. Bei Ausübung des Kapitalwahlrechts unterliegt die spätere Kapitalleistung bei B der Besteuerung nach § 20 Absatz 1 Nummer 6 EStG; Rentenleistungen sind bei B steuerpflichtig nach § 22 Nummer 1 Satz 3 Buchstabe a Doppelbuchstabe bb EStG.

4. Verfahren

287 Der Versorgungsträger der ausgleichspflichtigen Person hat grundsätzlich den Versorgungsträger der ausgleichsberechtigten Person über die für die Besteuerung der Leistungen erforderlichen Grundlagen zu informieren. Andere Mitteilungs-, Informations- und Aufzeichnungspflichten bleiben hiervon unberührt.

IV. Neuberechnung des Versorgungsfreibetrags und des Zuschlags zum Versorgungsfreibetrag

288 Werden im Zeitpunkt der Wirksamkeit der Teilung bereits Versorgungsbezüge bezogen, erfolgt bei der ausgleichspflichtigen Person eine Neuberechnung des Versorgungsfreibetrags und des Zuschlags zum Versorgungsfreibetrag entsprechend § 19 Absatz 2 Satz 10 EStG. Bei der ausgleichsberechtigten Person sind der Versorgungsfreibetrag und der Zuschlag zum Versorgungsfreibetrag erstmals zu berechnen, da es sich um einen neuen Versorgungsbezug handelt. Dabei bestimmen sich der Prozentsatz, der Höchstbetrag des Versorgungsfreibetrags und der Zuschlag zum Versorgungsfreibetrag nach dem Jahr, für das erstmals Anspruch auf den Versorgungsbezug aufgrund der internen oder externen Teilung besteht.

E. Anwendungsregelung

289 Vorbehaltlich besonderer Regelungen in den einzelnen Randziffern ist dieses Schreiben ab dem Zeitpunkt seiner Bekanntgabe im Bundessteuerblatt anzuwenden.

Das BMF-Schreiben vom 13. September 2010 – IV C 3 – S 2222/09/10041 / IV C 5 – S 2345/08/0001 (2010/0628045) –, BStBl. I S. 681 wird zum Zeitpunkt der Bekanntgabe dieses Schreibens im Bundessteuerblatt aufgehoben.

Dieses Schreiben steht für eine Übergangszeit auf den Internetseiten des Bundesministeriums der Finanzen (www.bundesfinanzministerium.de) zur Ansicht und zum Abruf bereit.

Zu § 10 EStG **Anlage § 010–11**

Anlage
Zusammenstellung der Höchstbeiträge in der gesetzlichen Rentenversicherung der Arbeiter und Angestellten und in der knappschaftlichen Rentenversicherung (jeweils Arbeitgeber- und Arbeitnehmeranteil) für die Jahre 1927 bis 2004

Jahr	Gesetzliche Rentenversicherung der Arbeiter und Angestellten		Knappschaftliche Rentenversicherung	
	Arbeiter	Angestellte	Arbeiter	Angestellte
1927	83,43 RM	240,00 RM	383,67 RM	700,00 RM
1928	104,00 RM	280,00 RM	371,25 RM	816,00 RM
1929	104,00 RM	360,00 RM	355,50 RM	901,60 RM
1930	104,00 RM	360,00 RM	327,83 RM	890,40 RM
1931	104,00 RM	360,00 RM	362,48 RM	915,60 RM
1932	104,00 RM	360,00 RM	405,40 RM	940,80 RM
1933	104,00 RM	360,00 RM	405,54 RM	940,80 RM
1934	124,80 RM	300,00 RM	456,00 RM	806,40 RM
1935	124,80 RM	300,00 RM	456,00 RM	806,40 RM
1936	124,80 RM	300,00 RM	456,00 RM	806,40 RM
1937	124,80 RM	300,00 RM	456,00 RM	806,40 RM
1938	136,37 RM	300,00 RM	461,93 RM	1.767,60 RM
1939	140,40 RM	300,00 RM	471,90 RM	1.771,20 RM
1940	140,40 RM	300,00 RM	471,90 RM	1.771,20 RM
1941	140,40 RM	300,00 RM	472,73 RM	1.767,60 RM
1942	171,00 RM	351,60 RM	478,50 RM	1.764,00 RM
1943	201,60 RM	403,20 RM	888,00 RM	1.032,00 RM
1944	201,60 RM	403,20 RM	888,00 RM	1.032,00 RM
1945	201,60 RM	403,20 RM	888,00 RM	1.032,00 RM
1946	201,60 RM	403,20 RM	888,00 RM	1.032,00 RM
1947	201,60 RM	403,20 RM	888,00 RM	1.462,00 RM
1948[1]	201,60 DM	403,20 DM	888,00 DM	1.548,00 DM
1949	504,00 DM	588,00 DM	1.472,50 DM	1.747,50 DM
1950	720,00 DM		1.890,00 DM	
1951	720,00 DM		1.890,00 DM	
1952	780,00 DM		2.160,00 DM	
1953	900,00 DM		2.700,00 DM	
1954	900,00 DM		2.700,00 DM	
1955	967,50 DM		2.700,00 DM	
1956	990,00 DM		2.700,00 DM	
1957	1.215,00 DM		2.770,00 DM	
1958	1.260,00 DM		2.820,00 DM	
1959	1.344,00 DM		2.820,00 DM	
1960	1.428,00 DM		2.820,00 DM	
1961	1.512,00 DM		3.102,00 DM	
1962	1.596,00 DM		3.102,00 DM	
1963	1.680,00 DM		3.384,00 DM	
1964	1.848,00 DM		3.948,00 DM	

1) Die im Jahr 1948 vor der Währungsreform geltenden Höchstbeiträge wurden entsprechend der Umstellung der Renten im Verhältnis 1 : 1 von Reichsmark (RM) in Deutsche Mark (DM) umgerechnet.

Anlage § 010–11 Zu § 10 EStG

Jahr	Gesetzliche Rentenversicherung der Arbeiter und Angestellten		Knappschaftliche Rentenversicherung	
	Arbeiter	Angestellte	Arbeiter	Angestellte
1965	2.016,00 DM		4.230,00 DM	
1966	2.184,00 DM		4.512,00 DM	
1967	2.352,00 DM		4.794,00 DM	
1968	2.880,00 DM		5.358,00 DM	
1969	3.264,00 DM		5.640,00 DM	
1970	3.672,00 DM		5.922,00 DM	
1971	3.876,00 DM		6.486,00 DM	
1972	4.284,00 DM		7.050,00 DM	
1973	4.968,00 DM		7.896,00 DM	
1974	5.400,00 DM		8.742,00 DM	
1975	6.048,00 DM		9.588,00 DM	
1976	6.696,00 DM		10.716,00 DM	
1977	7.344,00 DM		11.844,00 DM	
1978	7.992,00 DM		12.972,00 DM	
1979	8.640,00 DM		13.536,00 DM	
1980	9.072,00 DM		14.382,00 DM	
1981	9.768,00 DM		15.876,00 DM	
1982	10.152,00 DM		16.356,00 DM	
1983	10.900,00 DM		17.324,00 DM	
1984	11.544,00 DM		18.624,00 DM	
1985	12.306,60 DM		19.892,30 DM	
1986	12.902,40 DM		20.658,60 DM	
1987	12.790,80 DM		20.831,40 DM	
1988	13.464,00 DM		21.418,20 DM	
1989	13.688,40 DM		2.005,00 DM	
1990	14.137,20 DM		22.885,20 DM	
1991	14.001,00 DM		22.752,00 DM	
1992	14.443,20 DM		23.637,60 DM	
1993	15.120,00 DM		24.831,00 DM	
1994	17.510,40 DM		28.764,00 DM	
1995	17.409,60 DM		28.454,40 DM	
1996	18.432,00 DM		29.988,00 DM	
1997	19.975,20 DM		32.602,80 DM	
1998	20.462,40 DM		33.248,40 DM	
1999	20.094,00 DM		32.635,20 DM	
2000	19.917,60 DM		32.563,20 DM	
2001	19.940,40 DM		32.613,60 DM	
2002	10.314,00 €		16.916,40 €	
2003	11.934,00 €		19.425,00 €	
2004	12.051,00 €		19.735,80 €	

Zu § 10 EStG

Anlage § 010–12

Einkommensteuerliche Behandlung von Berufsausbildungskosten gemäß § 10 Absatz 1 Nummer 7, § 12 Nummer 5 EStG [1)2)]

– BdF-Schreiben vom 22.09.2010 – IV C 4 – S 2227/07/10002:002, 2010/0416045 (BStBl. I S. 721) –

Inhaltsübersicht

Inhalt	Randziffer
1. Grundsätze	1 – 3
2. Erstmalige Berufsausbildung, Erststudium und Ausbildungsdienstverhältnisse i. S. d. § 12 Nummer 5 EStG	4 – 28
2.1 Erstmalige Berufsausbildung	4 – 11
2.2 Erststudium	12 – 26
2.2.1 Grundsätze	12 – 17
2.2.2 Einzelfragen	18 – 26
2.3 Berufsausbildung oder Studium im Rahmen eines Ausbildungsdienstverhältnisses	27 – 28
3. Abzug von Aufwendungen für die eigene Berufsausbildung als Sonderausgaben, § 10 Absatz 1 Nummer 7 EStG	29
4. Anwendungszeitraum	30

1 Grundsätze

1 Aufwendungen für die erstmalige Berufsausbildung oder ein Erststudium stellen nach § 12 Nummer 5 EStG keine Betriebsausgaben oder Werbungskosten dar, es sei denn, die Bildungsmaßnahme findet im Rahmen eines Dienstverhältnisses statt (Ausbildungsdienstverhältnis).

Aufwendungen für die eigene Berufsausbildung, die nicht Betriebsausgaben oder Werbungskosten darstellen, können nach § 10 Absatz 1 Nummer 7 EStG bis zu 4.000 Euro im Kalenderjahr als Sonderausgaben abgezogen werden.

2 Ist einer Berufsausbildung oder einem Studium eine abgeschlossene erstmalige Berufsausbildung oder ein abgeschlossenes Erststudium vorausgegangen (weitere Berufsausbildung oder weiteres Studium), handelt es sich dagegen bei den durch die weitere Berufsausbildung oder das weitere Studium veranlassten Aufwendungen um Betriebsausgaben oder Werbungskosten, wenn ein hinreichend konkreter, objektiv feststellbarer Zusammenhang mit späteren im Inland steuerpflichtigen Einnahmen aus der angestrebten beruflichen Tätigkeit besteht. Entsprechendes gilt für ein Erststudium nach einer abgeschlossenen nichtakademischen Berufsausbildung (BFH vom 18. Juni 2009, VI R 14/07, BStBl. II 2010 S. 816). Die Rechtsprechung des BFH zur Rechtslage vor der Neuordnung ist insoweit weiter anzuwenden, BFH vom 4. Dezember 2002, VI R 120/01, BStBl. II 2003 S. 403; vom 17. Dezember 2002, VI R 137/01, BStBl. II 2003 S. 407; vom 13. Februar 2003, IV R 44/01, BStBl. II 2003 S. 698; vom 29. April 2003, VI R 86/99, BStBl. II 2003 S. 749; vom 27. Mai 2003, VI R 33/01, BStBl. II 2004 S. 884; vom 22. Juli 2003, VI R 190/97, BStBl. II 2004 S. 886; vom 22. Juli 2003, VI R 137/99, BStBl. II 2004 S. 888; vom 22. Juli 2003, VI R 50/02, BStBl. II 2004 S. 889; vom 13. Oktober 2003, VI R 71/02, BStBl. II 2004 S. 890; vom 4. November 2003, VI R 96/01, BStBl. II 2004 S. 891.

3 Unberührt von der Neuordnung bleibt die Behandlung von Aufwendungen für eine berufliche Fort- und Weiterbildung. Sie stellen Betriebsausgaben oder Werbungskosten dar, sofern sie durch den Beruf ver-

---

1) Der BFH hat mit Urteilen vom 28. Juli 2011 VI R 38/10 und VI R 7/10 entschieden, dass das seit 2004 geltende Abzugsverbot in § 12 Nr. 5 EStG für Kosten eines Erststudiums und einer Erstausbildung der Abziehbarkeit beruflich veranlasster Kosten für eine Erstausbildung oder für ein Erststudium als (vorweggenommene) Werbungskosten auch dann nicht entgegensteht, wenn der Steuerpflichtige diese Berufsausbildung unmittelbar im Anschluss an seine Schulausbildung aufgenommen hatte. Im Rahmen des Beitreibungsrichtlinien-Umsetzungsgesetz hat der Gesetzgeber das Abzugsverbot für Kosten einer erstmaligen Berufsausbildung und eines Erststudiums in § 4 Abs. 9 und § 9 Abs. 6 EStG rückwirkend ab 2004 (§ 52 Abs. 12 EStG) gesetzlich bestätigt. Gleichzeitig wurde der Sonderausgabenabzug nach § 10 Abs. 1 Nr. 7 EStG ab 2012 um 2.000 € auf 6.000 € erhöht. Die Grundsätze des vorliegenden BMF-Schreibens vom 22.09.2010 sind daher weiter anzuwenden.

2) Der VI. Senat BFH hat mit den Beschlüssen vom 17.7.2014 – VI R 2/12 und 17.07.14 – VI R 8/12 dem BVerfG die Frage vorgelegt, ob es mit dem Grundgesetz vereinbar ist, dass nach § 9 Abs. 6 EStG Aufwendungen des Steuerpflichtigen für seine erstmalige Berufsausbildung oder für ein Erststudium, das zugleich eine Erstausbildung vermittelt, keine Werbungskosten sind, wenn diese Berufsausbildung oder dieses Erststudium nicht im Rahmen eines Dienstverhältnisses stattfindet.

Anlage § O10–12

Zu § 10 EStG

anlasst sind, soweit es sich dabei nicht um eine erstmalige Berufsausbildung oder ein Erststudium i. S. d. § 12 Nummer 5 EStG handelt.

2 Erstmalige Berufsausbildung, Erststudium und Ausbildungsdienstverhältnisse i. S. d. § 12 Nummer 5 EStG

2.1 Erstmalige Berufsausbildung

4 Unter dem Begriff „Berufsausbildung" i. S. d. § 12 Nummer 5 EStG ist eine berufliche Ausbildung unter Ausschluss eines Studiums zu verstehen.

Eine Berufsausbildung i. S. d. § 12 Nummer 5 EStG liegt vor, wenn der Steuerpflichtige durch eine berufliche Ausbildungsmaßnahme die notwendigen fachlichen Fertigkeiten und Kenntnisse erwirbt, die zur Aufnahme eines Berufs befähigen. Voraussetzung ist, dass der Beruf durch eine Ausbildung im Rahmen eines öffentlich-rechtlich geordneten Ausbildungsgangs erlernt wird (BFH vom 6. März 1992, VI R 163/88, BStBl. II 1992 S. 661) und der Ausbildungsgang durch eine Prüfung abgeschlossen wird.[1]

Die Auslegung des Begriffs „Berufsausbildung" im Rahmen des § 32 Absatz 4 EStG ist für § 12 Nummer 5 EStG nicht maßgeblich.

5 Zur Berufsausbildung zählen:
- Berufsausbildungsverhältnisse gemäß § 1 Absatz 3, §§ 4 bis 52 Berufsbildungsgesetz (Artikel 1 des Gesetzes zur Reform der beruflichen Bildung [Berufsbildungsreformgesetz – BerBiRefG] vom 23. März 2005, BGBl. I S. 931 zuletzt geändert durch Gesetz vom 5. Februar 2009, BGBl. I S. 160, im Folgenden BBiG), sowie anerkannte Lehr- und Anlernberufe oder vergleichbar geregelte Ausbildungsberufe aus der Zeit vor dem In-Kraft-Treten des BBiG, § 104 BBiG. Der erforderliche Abschluss besteht hierbei in der erfolgreich abgelegten Abschlussprüfung i. S. d. § 37 BBiG. Gleiches gilt, wenn die Abschlussprüfung nach § 43 Absatz 2 BBiG ohne ein Ausbildungsverhältnis auf Grund einer entsprechenden schulischen Ausbildung abgelegt wird, die gemäß den Voraussetzungen des § 43 Absatz 2 BBiG als im Einzelnen gleichwertig anerkannt ist; -mit Berufsausbildungsverhältnissen vergleichbare betriebliche Ausbildungsgänge außerhalb des Geltungsbereichs des BBiG (zurzeit nach der Schiffsmechaniker-Ausbildungsverordnung vom 12. April 1994, BGBl. I S. 797 in der jeweils geltenden Fassung);
- die Ausbildung auf Grund der bundes- oder landesrechtlichen Ausbildungsregelungen für Berufe im Gesundheits- und Sozialwesen;
- landesrechtlich geregelte Berufsabschlüsse an Berufsfachschulen;
- die Berufsausbildung behinderter Menschen in anerkannten Berufsausbildungsberufen oder auf Grund von Regelungen der zuständigen Stellen in besonderen „Behinderten-Ausbildungsberufen" und
- die Berufsausbildung in einem öffentlich-rechtlichen Dienstverhältnis sowie die Berufsausbildung auf Kauffahrtschiffen, die nach dem Flaggenrechtsgesetz vom 8. Februar 1951 (BGBl. I S. 79) die Bundesflagge führen, soweit es sich nicht um Schiffe der kleinen Hochseefischerei und der Küstenfischerei handelt.

6 Andere Bildungsmaßnahmen werden einer Berufsausbildung i. S. d. § 12 Nummer 5 EStG gleichgestellt, wenn sie dem Nachweis einer Sachkunde dienen, die Voraussetzung zur Aufnahme einer fest umrissenen beruflichen Betätigung ist. Die Ausbildung muss im Rahmen eines geordneten Ausbildungsgangs erfolgen und durch eine staatliche oder staatlich anerkannte Prüfung abgeschlossen werden. Der erfolgreiche Abschluss der Prüfung muss Voraussetzung für die Aufnahme der beruflichen Betätigung sein. Die Ausbildung und der Abschluss müssen von Umfang und Qualität der Ausbildungsmaßnahmen und Prüfungen her grundsätzlich mit den Anforderungen, die im Rahmen von Berufsausbildungsmaßnahmen i. S. d. Rz. 5 gestellt werden, vergleichbar sein.

Dazu gehört z. B. die Ausbildung zu Berufspiloten auf Grund der JAR-FCL 1 deutsch vom 15. April 2003, Bundesanzeiger 2003 Nummer 80a.

7 Aufwendungen für den Besuch allgemein bildender Schulen sind Kosten der privaten Lebensführung i. S. d. § 12 Nummer 1 EStG und dürfen daher nicht bei den einzelnen Einkunftsarten abgezogen werden. Der Besuch eines Berufskollegs zum Erwerb der Fachhochschulreife gilt als Besuch einer allgemein bildenden Schule. Dies gilt auch, wenn ein solcher Abschluss, z. B. das Abitur, nach Abschluss einer Berufsausbildung nachgeholt wird (BFH vom 22. Juni 2006, VI R 5/04, BStBl. II S. 717). Derartige

---
[1] Siehe dazu aber das BFH-Urteil vom 27.10.2011 – VI R 52/10 (BStBl. 2012 II S. 825):
„Eine erstmalige Berufsausbildung i. S. von § 12 Nr. 5 EStG setzt weder ein Berufsausbildungsverhältnis nach dem Berufsbildungsgesetz noch eine bestimmte Ausbildungsdauer voraus."

Zu § 10 EStG   **Anlage § 010–12**

Aufwendungen können als Sonderausgaben gemäß § 10 Absatz 1 Nummer 7 oder Nummer 9 EStG vom Gesamtbetrag der Einkünfte abgezogen werden.

Die Berufsausbildung ist als erstmalige Berufsausbildung anzusehen, wenn ihr keine andere abgeschlossene Berufsausbildung beziehungsweise kein abgeschlossenes berufsqualifizierendes Hochschulstudium vorausgegangen ist. Wird ein Steuerpflichtiger ohne entsprechende Berufsausbildung in einem Beruf tätig und führt er die zugehörige Berufsausbildung nachfolgend durch (nachgeholte Berufsausbildung), handelt es sich dabei um eine erstmalige Berufsausbildung (BFH vom 6. März 1992, VI R 163/88, BStBl. II 1992 S. 661). 8

Diese Grundsätze gelten auch für die Behandlung von Aufwendungen für Anerkennungsjahre und praktische Ausbildungsabschnitte als Bestandteil einer Berufsausbildung. Soweit keine vorherige abgeschlossene Berufsausbildung vorangegangen ist, stellen sie Teil einer ersten Berufsausbildung dar und unterliegen § 12 Nummer 5 EStG. Nach einer vorherigen abgeschlossenen Berufsausbildung oder einem berufsqualifizierenden Studium können Anerkennungsjahre und Praktika einen Bestandteil einer weiteren Berufsausbildung darstellen oder bei einem entsprechenden Veranlassungszusammenhang als Fort- oder Weiterbildung anzusehen sein. 9

Bei einem Wechsel und einer Unterbrechung der erstmaligen Berufsausbildung sind die in Rz. 19 angeführten Grundsätze entsprechend anzuwenden. 10

Inländischen Abschlüssen gleichgestellt sind Berufsausbildungsabschlüsse von Staatsangehörigen eines Mitgliedstaats der Europäischen Union (EU) oder eines Vertragsstaats des europäischen Wirtschaftsraums (EWR) oder der Schweiz, die in einem dieser Länder erlangt werden, sofern der Abschluss in mindestens einem dieser Länder unmittelbar den Zugang zu dem entsprechenden Beruf eröffnet. Ferner muss die Tätigkeit, zu denen die erlangte Qualifikation in mindestens einem dieser Länder befähigt, der Tätigkeit, zu der ein entsprechender inländischer Abschluss befähigt, gleichartig sein. Zur Vereinfachung kann in der Regel davon ausgegangen werden, dass eine Gleichartigkeit vorliegt. 11

2.2 Erststudium

2.2.1 Grundsätze

Ein Studium i. S. d. § 12 Nummer 5 EStG liegt dann vor, wenn es sich um ein Studium an einer Hochschule i. S. d. § 1 Hochschulrahmengesetz handelt (Gesetz vom 26. Januar 1976, BGBl. I S. 185 in der Fassung der Bekanntmachung vom 19. Januar 1999, BGBl. I S. 18 zuletzt geändert durch Gesetz vom 12. April 2007 , BGBl. I S. 506, im Folgenden HRG). Nach dieser Vorschrift sind Hochschulen die Universitäten, die Pädagogischen Hochschulen, die Kunsthochschulen, die Fachhochschulen und die sonstigen Einrichtungen des Bildungswesens, die nach Landesrecht staatliche Hochschulen sind. Gleichgestellt sind private und kirchliche Bildungseinrichtungen sowie die Hochschulen des Bundes, die nach Landesrecht als Hochschule anerkannt werden, § 70 HRG. Studien können auch als Fernstudien durchgeführt werden, § 13 HRG. Auf die Frage, welche schulischen Abschlüsse oder sonstigen Leistungen den Zugang zum Studium eröffnet haben, kommt es nicht an. 12

Ein Studium stellt dann ein erstmaliges Studium i. S. d. § 12 Nummer 5 EStG dar, wenn es sich um eine Erstausbildung handelt. Es darf ihm kein anderes durch einen berufsqualifizierenden Abschluss beendetes Studium oder keine andere abgeschlossene nichtakademische Berufsausbildung i. S. d. Rz. 4 bis 11 vorangegangen sein (BFH vom 18. Juni 2009, VI R 14/07, BStBl. II 2010 S. 816). Dies gilt auch in den Fällen, in denen während eines Studiums eine Berufsausbildung erst abgeschlossen wird, unabhängig davon, ob die beiden Ausbildungen sich inhaltlich ergänzen. In diesen Fällen ist eine Berücksichtigung der Aufwendungen für das Studium als Werbungskosten/Betriebsausgaben erst – unabhängig vom Zahlungszeitpunkt – ab dem Zeitpunkt des Abschlusses der Berufsausbildung möglich. Davon ausgenommen ist ein Studium, das im Rahmen eines Dienstverhältnisses stattfindet (siehe Rz. 27). Ein Studium wird auf Grund der entsprechenden Prüfungsordnung einer inländischen Hochschule durch eine Hochschulprüfung oder eine staatliche oder kirchliche Prüfung abgeschlossen, §§ 15, 16 HRG. 13

Auf Grund einer berufsqualifizierenden Hochschulprüfung kann ein Hochschulgrad verliehen werden. Hochschulgrade sind der Diplom- und der Magistergrad i. S. d. § 18 HRG. Das Landesrecht kann weitere Grade vorsehen. Ferner können die Hochschulstudiengänge einrichten, die auf Grund entsprechender berufsqualifizierender Prüfungen zu einem Bachelor- oder Bakkalaureusgrad und einem Master- oder Magistergrad führen, § 19 HRG. Der Magistergrad i. S. d. § 18 HRG setzt anders als der Master- oder Magistergrad i. S. d. des § 19 HRG keinen vorherigen anderen Hochschulabschluss voraus. Zwischenprüfungen stellen keinen Abschluss eines Studiums i. S. d. § 12 Nummer 5 EStG dar. 14

Die von den Hochschulen angebotenen Studiengänge führen in der Regel zu einem berufsqualifizierenden Abschluss, § 10 Absatz 1 Satz 1 HRG. Im Zweifel ist davon auszugehen, dass die entsprechenden Prüfungen berufsqualifizierend sind. 15

Anlage § 010–12

Zu § 10 EStG

16 Die Ausführungen bei den Berufsausbildungskosten zur Behandlung von Aufwendungen für Anerkennungsjahre und Praktika gelten entsprechend, vgl. Rz. 9.

17 Studien- und Prüfungsleistungen an ausländischen Hochschulen, die zur Führung eines ausländischen akademischen Grades berechtigen, der nach § 20 HRG in Verbindung mit dem Recht des Landes, in dem der Gradinhaber seinen inländischen Wohnsitz oder inländischen gewöhnlichen Aufenthalt hat, anerkannt wird, sowie Studien- und Prüfungsleistungen, die von Staatsangehörigen eines Mitgliedstaats der EU oder von Vertragstaaten des EWR oder der Schweiz an Hochschulen dieser Staaten erbracht werden, sind nach diesen Grundsätzen inländischen Studien- und Prüfungsleistungen gleichzustellen. Der Steuerpflichtige hat die Berechtigung zur Führung des Grades nachzuweisen. Für die Gleichstellung von Studien- und Prüfungsleistungen werden die in der Datenbank „anabin" (www.anabin.de) der Zentralstelle für ausländisches Bildungswesen beim Sekretariat der Kultusministerkonferenz aufgeführten Bewertungsvorschläge zugrunde gelegt.

2.2.2 Einzelfragen

18 **Fachschulen:**
Die erstmalige Aufnahme eines Studiums nach dem berufsqualifizierenden Abschluss einer Fachschule stellt auch dann ein Erststudium dar, wenn die von der Fachschule vermittelte Bildung und das Studium sich auf ein ähnliches Wissensgebiet beziehen. Die Aufwendungen für ein solches Erststudium können bei Vorliegen der entsprechenden Voraussetzungen als Betriebsausgaben oder Werbungskosten berücksichtigt werden.

19 **Wechsel und Unterbrechung des Studiums:**
Bei einem Wechsel des Studiums ohne Abschluss des zunächst betriebenen Studiengangs, z. B. von Rechtswissenschaften zu Medizin, stellt das zunächst aufgenommene Jurastudium kein abgeschlossenes Erststudium dar. Bei einer Unterbrechung eines Studiengangs ohne einen berufsqualifizierenden Abschluss und seiner späteren Weiterführung stellt der der Unterbrechung nachfolgende Studienteil kein weiteres Studium dar.

Beispiel:
An einer Universität wird der Studiengang des Maschinenbaustudiums aufgenommen, anschließend unterbrochen und nunmehr die Ausbildung als Kfz-Mechaniker begonnen, die ebenfalls nicht abgeschlossen. Danach wird der Studiengang des Maschinenbaustudiums weitergeführt und abgeschlossen. § 12 Nummer 5 EStG ist auf beide Teile des Maschinenbaustudiums anzuwenden. Das gilt unabhängig davon, ob das Maschinenbaustudium an derselben Hochschule fortgeführt oder an einer anderen Hochschule bzw. Fachhochschule aufgenommen und abgeschlossen wird.

Abwandlung:
Wird das begonnene Studium statt dessen, nachdem die Ausbildung zum Kfz-Mechaniker erfolgreich abgeschlossen wurde, weitergeführt und abgeschlossen, ist § 12 Nummer 5 EStG nur auf den ersten Teil des Studiums anzuwenden, da der Fortsetzung des Studiums eine abgeschlossene nichtakademische Berufsausbildung vorausgeht.

20 **Mehrere Studiengänge:**
Werden zwei (oder ggf. mehrere) Studiengänge parallel studiert, die zu unterschiedlichen Zeiten abgeschlossen werden, stellt der nach dem berufsqualifizierenden Abschluss eines der Studiengänge weiter fortgesetzte andere Studiengang vom Zeitpunkt des Abschlusses an ein weiteres Studium dar.

21 **Aufeinander folgende Abschlüsse unterschiedlicher Hochschultypen:**
Da die Universitäten, Pädagogischen Hochschulen, Kunsthochschulen, Fachhochschulen sowie weitere entsprechende landesrechtliche Bildungseinrichtungen gleichermaßen Hochschulen i. S. d. § 1 HRG darstellen, stellt ein Studium an einer dieser Bildungseinrichtungen nach einem abgeschlossen Studium an einer anderen dieser Bildungseinrichtungen ein weiteres Studium dar. So handelt es sich bei einem Universitätsstudium nach einem abgeschlossenen Fachhochschulstudium um ein weiteres Studium.

22 **Ergänzungs- und Aufbaustudien:**
Postgraduale Zusatz-, Ergänzungs- und Aufbaustudien i. S. d. § 12 HRG setzen den Abschluss eines ersten Studiums voraus und stellen daher ein weiteres Studium dar.

23 **Vorbereitungsdienst:**
Als berufsqualifizierender Studienabschluss gilt auch der Abschluss eines Studiengangs, durch den die fachliche Eignung für einen beruflichen Vorbereitungsdienst oder eine berufliche Einführung vermittelt wird, § 10 Absatz 1 Satz 2 HRG. Dazu zählt beispielhaft der jur. Vorbereitungsdienst (Referendariat). Das erste juristische Staatsexamen stellt daher einen berufsqualifizierenden Abschluss dar.

Zu § 10 EStG

Anlage § 010–12

Bachelor- und Masterstudiengänge: 24

Nach § 19 Absatz 2 HRG stellt der Bachelor- oder Bakkalaureusgrad einer inländischen Hochschule einen berufsqualifizierenden Abschluss dar. Daraus folgt, dass der Abschluss eines Bachelorstudiengangs den Abschluss eines Erststudiums darstellt und ein nachfolgender Studiengang als weiteres Studium anzusehen ist.

Nach § 19 Absatz 3 HRG kann die Hochschule auf Grund von Prüfungen, mit denen ein weiterer berufsqualifizierender Abschluss erworben wird, einen Master- oder Magistergrad verleihen. Die Hochschule kann einen Studiengang ausschließlich mit dem Abschluss Bachelor anbieten (grundständig). Sie kann einen Studiengang mit dem Abschluss als Bachelor und einem inhaltlich darauf aufbauenden Masterstudiengang vorsehen (konsekutives Masterstudium). Sie kann aber auch ein Masterstudium anbieten, ohne selbst einen entsprechenden Bachelorstudiengang anzubieten (postgraduales Masterstudium).

Ein Masterstudium i. S. d. § 19 HRG kann nicht ohne ein abgeschlossenes Bachelor- oder anderes Studium aufgenommen werden. Es stellt daher ein weiteres Studium dar. Dies gilt auch für den Master of Business Administration (MBA).

Er ermöglicht Studenten verschiedener Fachrichtungen ein anwendungsbezogenes Postgraduiertenstudium in den Wirtschaftswissenschaften.

Berufsakademien und andere Ausbildungseinrichtungen: 25

Nach Landesrecht kann vorgesehen werden, dass bestimmte an Berufsakademien oder anderen Ausbildungseinrichtungen erfolgreich absolvierte Ausbildungsgänge einem abgeschlossenen Studium an einer Fachhochschule gleichwertig sind und die gleichen Berechtigungen verleihen, auch wenn es sich bei diesen Ausbildungseinrichtungen nicht um Hochschulen i. S. d. § 1 HRG handelt. Soweit dies der Fall ist, stellt ein entsprechend abgeschlossenes Studium unter der Voraussetzung, dass ihm kein anderes abgeschlossenes Studium oder keine andere abgeschlossene Berufsausbildung vorangegangen ist, ein Erststudium i. S. d. § 12 Nummer 5 EStG dar.

Promotion: 26

Es ist regelmäßig davon auszugehen, dass dem Promotionsstudium und der Promotion durch die Hochschule selber der Abschluss eines Studiums vorangeht. Aufwendungen für ein Promotionsstudium und die Promotion stellen Betriebsausgaben oder Werbungskosten dar, sofern ein berufsbezogener Veranlassungszusammenhang zu bejahen ist (BFH vom 4. November 2003, VI R 96/01, BStBl. II 2004, 891). Dies gilt auch, wenn das Promotionsstudium bzw. die Promotion im Einzelfall ohne vorhergehenden berufsqualifizierenden Studienabschluss durchgeführt wird.

Eine Promotion stellt keinen berufsqualifizierenden Abschluss eines Studienganges dar.

2.3 Berufsausbildung oder Studium im Rahmen eines Ausbildungsdienstverhältnisses

Eine erstmalige Berufsausbildung oder ein Studium findet im Rahmen eines Ausbildungsdienstverhält- 27
nisses statt, wenn die Ausbildungsmaßnahme Gegenstand des Dienstverhältnisses ist (vgl. R 9.2 LStR 2008 und H 9.2 „Ausbildungsdienstverhältnis" LStH 2010 sowie die dort angeführte Rechtsprechung des BFH). Die dadurch veranlassten Aufwendungen stellen Werbungskosten dar. Zu den Ausbildungsdienstverhältnissen zählen z. B. die Berufsausbildungsverhältnisse gemäß § 1 Absatz 3, §§ 4 bis 52 BBiG.

Dementsprechend liegt kein Ausbildungsdienstverhältnis vor, wenn die Berufsausbildung oder das 28
Studium nicht Gegenstand des Dienstverhältnisses ist, auch wenn die Berufsbildungsmaßnahme oder das Studium seitens des Arbeitgebers durch Hingabe von Mitteln, z. B. eines Stipendiums, gefördert wird.

3. Abzug von Aufwendungen für die eigene Berufsausbildung als Sonderausgaben, § 10 Absatz 1 Nummer 7 EStG

Bei der Ermittlung der Aufwendungen gelten die allgemeinen Grundsätze des Einkommensteuerge- 29
setzes. Dabei sind die Regelungen in § 4 Absatz 5 Satz 1 Nummer 5 und 6b, § 9 Absatz 1 Satz 3 Nummer 4 und 5 und Absatz 2 EStG zu beachten. Zu den abziehbaren Aufwendungen gehören z. B. Lehrgangs-, Schul- oder Studiengebühren, Arbeitsmittel, Fachliteratur, Fahrten zwischen Wohnung und

Ausbildungsort,[1] Mehraufwendungen für Verpflegung, Mehraufwendungen wegen auswärtiger Unterbringung.[2] Für den Abzug von Aufwendungen für eine auswärtige Unterbringung ist nicht erforderlich, dass die Voraussetzungen einer doppelten Haushaltsführung vorliegen.

4. Anwendungszeitraum

30 Die Grundsätze dieses Schreibens sind in allen noch offenen Fällen ab dem Veranlagungszeitraum 2004 anzuwenden.

---

1) Siehe dazu aber das BFH-Urteil vom 9.2.2012, VI R 44/10:
„Eine Hochschule (Universität) ist nicht als regelmäßige Arbeitsstätte anzusehen, auch wenn diese häufig über einen längeren Zeitraum hinweg zum Zwecke eines Vollzeitstudiums aufgesucht wird (Änderung der Rechtsprechung in BFH-Urteilen vom 10. April 2008 VI R 66/05, BFHE 221, 35, BStBl. II 2008, 825, und vom 22. Juli 2003 VI R 190/97, BFHE 203, 111, BStBl. II 2004, 886). Fahrtkosten von Studentinnen und Studenten zur Hochschule (Universität) sind deshalb nicht mit der Entfernungspauschale, sondern in tatsächlicher Höhe als Werbungskosten zu berücksichtigen." Zur Rechtslage ab VZ 2014 siehe § 9 Abs. 4 Satz 8 EStG n.F.

2) Siehe auch BFH-Urteil vom 19.9.2012, VI R 78/10:
„Kosten der Unterkunft eines Studenten am Studienort können als vorab entstandene Werbungskosten nach § 9 Abs. 1 Satz 1 EStG in Abzug gebracht werden, wenn der Studienort nicht der Lebensmittelpunkt des Steuerpflichtigen ist.
§ 9 Abs. 1 Satz 3 Nr. 5 EStG kommt schon deshalb nicht zur Anwendung, weil eine Hochschule kein Beschäftigungsort im Sinne der Vorschrift ist (Anschluss an Senatsentscheidungen vom 9. Februar 2012 VI R 44/10, BFHE 236, 431, und VI R 42/11, BFHE 236, 439).
Ein Student, der seinen Lebensmittelpunkt an den Studienort verlagert hat, ist regelmäßig nicht auswärts untergebracht i. S. des § 10 Abs. I Nr. 7 Satz 3 EStG."

Zu § 10 EStG   Anlage § 010–13

Sonderausgabenabzug bei Beitragen an berufsständische Versorgungseinrichtungen

– BdF-Schreiben vom 08.07.2014 – IV C 3 – S 2221/07/10037:005, 2014/0604397 (BStBl. I S. 1098) –

Im Einvernehmen mit den obersten Finanzbehörden der Länder übersende ich die Liste der berufsständischen Versorgungseinrichtungen, die den gesetzlichen Rentenversicherungen vergleichbare Leistungen im Sinne des § 10 Absatz 1 Nummer 2 Satz 1 Buchstabe a EStG erbringen. Der Vollständigkeit halber wird darauf hingewiesen, dass es für die Frage des Vorliegens von Beiträgen im Sinne des § 10 Absatz 1 Nummer 2 Satz 1 Buchstabe a EStG nicht darauf ankommt, in welchem Land der Versicherungsnehmer seinen Wohnsitz hat.

Berufsgruppe	Versorgungswerk
Ärzte	Baden-Württembergische Versorgungsanstalt für Ärzte, Zahnärzte und Tierärzte Postfach 26 49, 72016 Tübingen
	Bayerische Ärzteversorgung 81919 München
	Berliner Ärzteversorgung Postfach 1 46, 14131 Berlin
	Ärzteversorgung Land Brandenburg Postfach 10 01 35, 03001 Cottbus
	Versorgungswerk der Ärztekammer Bremen Postfach 10 77 29, 28077 Bremen
	Versorgungswerk der Ärztekammer Hamburg Winterhuder Weg 62, 22085 Hamburg
	Versorgungswerk der Landesärztekammer Hessen Mittlerer Hasenpfad 25, 60598 Frankfurt am Main
	Ärzteversorgung Mecklenburg-Vorpommern Postfach 1 20, 30001 Hannover
	Ärzteversorgung Niedersachsen Postfach 1 20, 30001 Hannover
	Nordrheinische Ärzteversorgung Postfach 10 39 53, 40030 Düsseldorf
	Ärzteversorgung Westfalen-Lippe Postfach 59 03, 48135 Münster
	Versorgungseinrichtung der Bezirksärztekammer Koblenz Emil-Schüller-Straße 45, 56068 Koblenz
	Versorgungseinrichtung der Bezirksärztekammer Trier Balduinstraße 10 - 14, 54290 Trier
	Versorgungswerk der Ärztekammer des Saarlandes Postfach 10 02 62, 66002 Saarbrücken
	Sächsische Ärzteversorgung Postfach 10 04 51, 01074 Dresden
	Ärzteversorgung Sachsen-Anhalt Postfach 1 20, 30001 Hannover
	Versorgungseinrichtung der Ärztekammer Schleswig-Holstein Postfach 11 06, 23781 Bad Segeberg
	Ärzteversorgung Thüringen Postfach 10 06 19, 07706 Jena

Anlage § 010–13

Zu § 10 EStG

Berufsgruppe	Versorgungswerk
Apotheker	Bayerische Apothekerversorgung Postfach 81 01 09, 81901 München
	Apothekerversorgung Berlin Postfach 37 01 46, 14131 Berlin
	Versorgungswerk der Landesapothekerkammer Hessen Postfach 90 06 43, 60446 Frankfurt am Main
	Apothekerversorgung Mecklenburg-Vorpommern Wismarsche Straße 304, 19055 Schwerin
	Apothekerversorgung Niedersachsen Potsdamer Straße 47, 14163 Berlin
	Versorgungswerk der Apothekerkammer Nordrhein Postfach 4, 40213 Düsseldorf
	Versorgungswerk der Apothekerkammer Westfalen-Lippe Bismarckallee 25, 48151 Münster
	Sächsisch-Thüringische Apothekerversorgung Pillnitzer Landstraße 10, 01326 Dresden
	Apothekerversorgung Schleswig-Holstein Düsternbrooker Weg 75, 24105 Kiel
Architekten	Versorgungswerk der Architektenkammer Baden-Württemberg Danneckerstraße 52, 70182 Stuttgart
	Bayerische Architektenversorgung Postfach 81 01 20, 81901 München
	Versorgungswerk der Architektenkammer Berlin Potsdamer Straße 47, 14163 Berlin-Zehlendorf
	Versorgungswerk der Architektenkammer Nordrhein-Westfalen Postfach 32 12 45, 40427 Düsseldorf
	Versorgungswerk der Architektenkammer Sachsen Goetheallee 37, 01309 Dresden
Ingenieure	Versorgungswerk der Architektenkammer Baden-Württemberg Danneckerstraße 52, 70182 Stuttgart
	Ingenieurversorgung Baden-Württemberg Zellerstraße 26, 70180 Stuttgart
	Bayerische Ingenieurversorgung Bau mit Psychotherapeutenversorgung Postfach 81 02 06, 81901 München
	Ingenieurversorgung Mecklenburg-Vorpommern Alexandrinenstraße 32, 19055 Schwerin
	Versorgungswerk der Ingenieurkammer Niedersachsen Hohenzollernstraße 52, 30161 Hannover
	Versorgungswerk der Architektenkammer Nordrhein-Westfalen Postfach 32 12 45, 40427 Düsseldorf
Mitglieder des Landtags	Versorgungswerk der Mitglieder des Landtags Nordrhein-Westfalen Platz des Landtags 1, 40221 Düsseldorf

Zu § 10 EStG **Anlage § 010–13**

Berufsgruppe	Versorgungswerk
Notare	Notarkasse Anstalt des öffentlichen Rechts Ottostraße 10, 80333 München
	Notarversorgungswerk Hamburg Gustav-Mahler-Platz 1, 20354 Hamburg
	Notarversorgung Köln Breite Straße 67, 40213 Düsseldorf
	Notarversorgungskasse Koblenz Postfach 20 11 54, 56011 Koblenz
	Versorgungswerk der Saarländischen Notarkammer Rondell 3, 66424 Homburg
	Ländernotarkasse – Anstalt des öffentlichen Rechts – Springerstraße 8, 04105 Leipzig
Psychologische Psychotherapeuten	Bayerische Ingenieurversorgung-Bau mit Psychotherapeutenversorgung Postfach 81 02 06, 81901 München
	Psychotherapeutenversorgungswerk Neue Wiesen 3, 30855 Langenhagen
	Versorgungswerk der Psychotherapeutenkammer Nordrhein-Westfalen Postfach 10 52 41, 40043 Düsseldorf
	Versorgungswerk der Psychotherapeutenkammer Schleswig-Holstein Schützenwall 59, 24114 Kiel
Rechtsanwälte	Versorgungswerk der Rechtsanwälte in Baden-Württemberg Hohe Straße 16, 70174 Stuttgart
	Bayerische Rechtsanwalts- und Steuerberaterversorgung Postfach 81 01 23, 81901 München
	Versorgungswerk der Rechtsanwälte in Berlin Walter-Benjamin-Platz 6, 10629 Berlin
	Versorgungswerk der Rechtsanwälte im Land Brandenburg Grillendamm 2, 14776 Brandenburg an der Havel
	Hanseatische Rechtsanwaltsversorgung Bremen Knochenhauerstraße 36/37, 28195 Bremen
	Versorgungswerk der Rechtsanwältinnen und Rechtsanwälte in der Freien und Hansestadt Hamburg Esplanade 39, 20354 Hamburg
	Versorgungswerk der Rechtsanwälte im Lande Hessen Bockenheimer Landstraße 23, 60325 Frankfurt am Main
	Versorgungswerk der Rechtsanwälte in Mecklenburg-Vorpommern Bleicherufer 9, 19053 Schwerin
	Rechtsanwaltsversorgungswerk Niedersachsen Postfach 12 11, 29202 Celle
	Versorgungswerk der Rechtsanwälte im Lande Nordrhein-Westfalen Postfach 10 51 61, 40042 Düsseldorf
	Versorgungswerk der rheinland-pfälzischen Rechtsanwaltskammern Löhrstraße 113, 56068 Koblenz
	Versorgungswerk der Rechtsanwaltskammer des Saarlandes Am Schloßberg 5, 66119 Saarbrücken
	Sächsisches Rechtsanwaltsversorgungswerk Am Wallgässchen 2a, 01097 Dresden

Anlage § 010–13

Zu § 10 EStG

Berufsgruppe	Versorgungswerk
Rechtsanwälte	Versorgungswerk der Rechtsanwälte in Sachsen-Anhalt Breite Straße 67, 40213 Düsseldorf
	Schleswig-Holsteinisches Versorgungswerk für Rechtsanwälte Gottorfstraße 13a, 24837 Schleswig
	Versorgungswerk der Rechtsanwälte in Thüringen Lange Brücke 21, 99084 Erfurt
Steuerberater	Versorgungswerk der Steuerberater in Baden-Württemberg Hegelstraße 33, 70174 Stuttgart
	Bayerische Rechtsanwalts- und Steuerberaterversorgung Postfach 81 01 23, 81901 München
	Versorgungswerk der Steuerberater und Steuerbevollmächtigten im Land Brandenburg Tuchmacherstraße 48 b, 14482 Potsdam
	Versorgungswerk der Steuerberater in Hessen Postfach 10 52 41, 40043 Düsseldorf
	Versorgungswerk der Steuerberater und Steuerbevollmächtigten in Mecklenburg-Vorpommern Ostseeallee 40, 18107 Rostock
	Steuerberaterversorgung Niedersachsen Adenauerallee 20, 30175 Hannover
	Versorgungswerk der Steuerberater im Land Nordrhein-Westfalen Postfach 10 52 41, 40043 Düsseldorf
	Versorgungswerk der Steuerberaterinnen und Steuerberater in Rheinland-Pfalz Postfach 10 52 41, 40043 Düsseldorf
	Versorgungswerk der Steuerberater/Steuerberaterinnen und Wirtschaftsprüfer/Wirtschaftsprüferinnen im Saarland Am Kieselhumes 15, 66123 Saarbrücken
	Versorgungswerk der Steuerberater und Steuerbevollmächtigten im Freistaat Sachsen Emil-Fuchs-Straße 2, 04105 Leipzig
	Steuerberaterversorgungswerk Sachsen-Anhalt Zum Domfelsen 4, 39104 Magdeburg
	Versorgungswerk der Steuerberaterinnen und Steuerberater im Land Schleswig-Holstein Hopfenstraße 2 d, 24114 Kiel
Tierärzte	Baden-Württembergische Versorgungsanstalt für Ärzte, Zahnärzte und Tierärzte Postfach 26 49, 72016 Tübingen
	Bayerische Ärzteversorgung 81919 München
	Versorgungswerk der Landestierärztekammer Hessen Postfach 14 09, 65524 Niedernhausen
	Versorgungswerk der Landestierärztekammer Mecklenburg-Vorpommern Postfach 1 46, 14131 Berlin
	Tierärzteversorgung Niedersachsen Postfach 1 20, 30001 Hannover

Zu § 10 EStG

Anlage § 010–13

Berufsgruppe	Versorgungswerk
Tierärzte	Versorgungswerk der Tierärztekammer Nordrhein Postfach 10 07 23, 47884 Kempen
	Versorgungswerk der Tierärztekammer Westfalen-Lippe Goebenstraße 50, 48151 Münster
	Sächsische Ärzteversorgung Postfach 10 04 51, 01074 Dresden
	Versorgungswerk der Landestierärztekammer Thüringen Postfach 37 01 46, 14131 Berlin
Wirtschaftsprüfer	Versorgungswerk der Wirtschaftsprüfer und der vereidigten Buchprüfer im Lande Nordrhein-Westfalen Lindenstraße 87, 40233 Düsseldorf
	Versorgungswerk der Steuerberater/Steuerberaterinnen und Wirtschaftsprüfer/Wirtschaftsprüferinnen im Saarland Am Kieselhumes 15, 66123 Saarbrücken
Zahnärzte	Baden-Württembergische Versorgungsanstalt für Ärzte, Zahnärzte und Tierärzte Postfach 26 49, 72016 Tübingen
	Bayerische Ärzteversorgung 81919 München
	Versorgungswerk der Zahnärztekammer Berlin Klaus-Groth-Straße 3, 14050 Berlin
	Versorgungswerk der Zahnärztekammer Hamburg Postfach 74 09 25, 22099 Hamburg
	Hessische Zahnärzteversorgung Lyoner Straße 21, 60528 Frankfurt am Main
	Versorgungswerk der Zahnärztekammer Mecklenburg-Vorpommern Postfach 74 09 25, 22099 Hamburg
	Altersversorgungswerk der Zahnärztekammer Niedersachsen Postfach 81 06 61, 30506 Hannover
	Versorgungswerk der Zahnärztekammer Nordrhein Postfach 10 51 32, 40042 Düsseldorf
	Versorgungswerk der Zahnärztekammer Westfalen-Lippe Postfach 88 43, 48047 Münster
	Versorgungsanstalt bei der Landeszahnärztekammer Rheinland-Pfalz 117er Ehrenhof 3, 55118 Mainz
	Versorgungswerk der Ärztekammer des Saarlandes Postfach 10 02 62, 66002 Saarbrücken
	Zahnärzteversorgung Sachsen Schützenhöhe 11, 01099 Dresden
	Altersversorgungswerk der Zahnärztekammer Sachsen-Anhalt Postfach 81 06 61, 30506 Hannover
	Versorgungswerk der Zahnärztekammer Schleswig-Holstein Westring 496, 24106 Kiel
	Versorgungswerk der Landeszahnärztekammer Thüringen Barbarossahof 16, 99092 Erfurt

Anlage § 010b–01

Zu § 10b EStG

Muster für Zuwendungsbestätigungen (§ 10b EStG)[1]

– BdF-Schreiben vom 07.11.2013 – IV C 4-S 2223/07/0018:005, 2013/0239390 (BStBl. I S. 1333) –

Im Einvernehmen mit den obersten Finanzbehörden der Länder sind die in der Anlage beigefügten Muster für Zuwendungen an inländische Zuwendungsempfänger zu verwenden.
Für die Verwendung der aktualisierten Muster für Zuwendungsbestätigungen gilt Folgendes:

1. ie in der Anlage[2] beigefügten Muster für Zuwendungsbestätigungen sind verbindliche Muster (vgl. § 50 Absatz 1 EStDV). Die Zuwendungsbestätigungen können weiterhin vom jeweiligen Zuwendungsempfänger anhand dieser Muster selbst hergestellt werden. In einer auf einen bestimmten Zuwendungsempfänger zugeschnittenen Zuwendungsbestätigung müssen nur die Angaben aus den veröffentlichten Mustern übernommen werden, die im Einzelfall einschlägig sind. Die in den Mustern vorgesehenen Hinweise zu den haftungsrechtlichen Folgen der Ausstellung einer unrichtigen Zuwendungsbestätigung und zur steuerlichen Anerkennung der Zuwendungsbestätigung sind stets in die Zuwendungsbestätigungen zu übernehmen.

2. Die Wortwahl und die Reihenfolge der vorgegebenen Textpassagen in den Mustern sind beizubehalten, Umformulierungen sind unzulässig. Auf der Zuwendungsbestätigung dürfen weder Danksagungen an den Zuwendenden noch Werbung für die Ziele der begünstigten Einrichtung angebracht werden. Entsprechende Texte sind jedoch auf der Rückseite zulässig. Die Zuwendungsbestätigung darf die Größe einer DIN A 4 – Seite nicht überschreiten.

3. Gegen optische Hervorhebungen von Textpassagen beispielsweise durch Einrahmungen und/oder vorangestellte Ankreuzkästchen bestehen keine Bedenken. Ebenso ist es zulässig, den Namen des Zuwendenden und dessen Adresse so untereinander anzuordnen, dass die gleichzeitige Nutzung als Anschriftenfeld möglich ist. Fortlaufende alphanumerische Zeichen mit einer oder mehreren Reihen, die zur Identifizierung der Zuwendungsbestätigung geeignet sind, können vergeben werden; die Verwendung eines Briefpapiers mit einem Logo, Emblem oder Wasserzeichen der Einrichtung ist zulässig.

4. Es bestehen keine Bedenken, wenn der Zuwendungsempfänger in seinen Zuwendungsbestätigungen alle ihn betreffenden steuerbegünstigten Zwecke nennt. Aus steuerlichen Gründen bedarf es keiner Kenntlichmachung, für welchen konkreten steuerbegünstigten Zweck die Zuwendung erfolgt bzw. verwendet wird.

5. Der zugewendete Betrag ist sowohl in Ziffern als auch in Buchstaben zu benennen. Für die Benennung in Buchstaben ist es nicht zwingend erforderlich, dass der zugewendete Betrag in einem Wort genannt wird; ausreichend ist die Buchstabenbenennung der jeweiligen Ziffern. So kann z. B. ein Betrag in Höhe von 1.322 Euro als „eintausenddreihundertzweiundzwanzig" oder „eins – drei – zwei – zwei" bezeichnet werden. In diesen Fällen sind allerdings die Leerräume vor der Nennung der ersten Ziffer und hinter der letzten Ziffer in geeigneter Weise (z. B. durch „X") zu entwerten.

6. Handelt es sich um eine Sachspende, so sind in die Zuwendungsbestätigung genaue Angaben über den zugewendeten Gegenstand aufzunehmen (z. B. Alter, Zustand, historischer Kaufpreis, usw.). Für die Sachspende zutreffende Sätze sind in den entsprechenden Mustern anzukreuzen.

---

1) Siehe dazu auch das BdF-Schreiben vom 26.03.2014 – IV C 4 – S 2223/07/0018:005, 2014/0288766 (BStBl. I S. 791):
„Die im Bundessteuerblatt (Teil I 2013 S. 1333) veröffentlichten Muster für Zuwendungsbestätigungen sind grundsätzlich für Zuwendungen ab dem 1. Januar 2014 zu verwenden. Im Einvernehmen mit den obersten Finanzbehörden der Länder bestehen jedoch keine Bedenken, wenn bis zum 31. Dezember 2014 noch die nach bisherigem Muster erstellten Zuwendungsbestätigungen (BMF-Schreiben vom 30. August 2012, BStBl. I S. 884) weiter verwendet werden.
Zur Erläuterung des Haftungshinweises in den veröffentlichten Mustern für Zuwendungsbestätigungen weise ich auf Folgendes hin:
Die tatsächliche Geschäftsführung umfasst auch die Ausstellung steuerlicher Zuwendungsbestätigungen. Zuwendungsbestätigungen dürfen nur dann ausgestellt werden, wenn die Voraussetzungen des § 63 Absatz 5 Abgabenordnung (AO) vorliegen: Die Erlaubnis wird an die Erteilung eines Feststellungsbescheides nach § 60a Absatz 1 AO, eines Freistellungsbescheides oder eine Anlage zum Körperschaftsteuerbescheid geknüpft. Ist der Bescheid nach § 60a AO älter als drei Kalenderjahre oder ist der Freistellungsbescheid – beziehungsweise sind die Anlagen zum Körperschaftsteuerbescheid – älter als fünf Jahre, darf die Körperschaft keine Zuwendungsbestätigungen mehr ausstellen (Nummer 3 des AEAO zu § 63).
Dieses Schreiben ergänzt das BMF-Schreiben vom 7. November 2013 (BStBl. I S. 1333)."

2) Die neuen Muster für Zuwendungsbestätigungen stehen als ausfüllbare Formulare unter https://www.formulare-bfinv.de zur Verfügung.

Zu § 10b EStG **Anlage § 010b–01**

Sachspende aus dem Betriebsvermögen:

Stammt die Sachzuwendung nach den Angaben des Zuwendenden aus dessen Betriebsvermögen, bemisst sich die Zuwendungshöhe nach dem Wert, der bei der Entnahme angesetzt wurde und nach der Umsatzsteuer, die auf die Entnahme entfällt (§ 10b Absatz 3 Satz 2 EStG). In diesen Fällen braucht der Zuwendungsempfänger keine zusätzlichen Unterlagen in seine Buchführung aufzunehmen, ebenso sind Angaben über die Unterlagen, die zur Wertermittlung gedient haben, nicht erforderlich. Der Entnahmewert ist grundsätzlich der Teilwert. Der Entnahmewert kann auch der Buchwert sein, wenn das Wirtschaftsgut unmittelbar nach der Entnahme für steuerbegünstigte Zwecke gespendet wird (sog. Buchwertprivileg § 6 Absatz 1 Nummer 4 Satz 4 und 5 EStG).

Sachspende aus dem Privatvermögen:

Handelt es sich um eine Sachspende aus dem Privatvermögen des Zuwendenden, ist der gemeine Wert des gespendeten Wirtschaftsguts maßgebend, wenn dessen Veräußerung im Zeitpunkt der Zuwendung keinen Besteuerungstatbestand erfüllen würde (§ 10b Absatz 3 Satz 3 EStG). Ansonsten sind die fortgeführten Anschaffungs- oder Herstellungskosten als Wert der Zuwendung auszuweisen. Dies gilt insbesondere bei Veräußerungstatbeständen, die unter § 17 oder § 23 EStG fallen (z. B. Zuwendung einer mindestens 1%igen Beteiligung an einer Kapitalgesellschaft (§ 17 EStG), einer Immobilie, die sich weniger als zehn Jahre im Eigentum des Spenders befindet (§ 23 Absatz 1 Satz 1 Nummer 1 EStG), eines anderen Wirtschaftsguts im Sinne des § 23 Absatz 1 Satz 1 Nummer 2 EStG mit einer Eigentumsdauer von nicht mehr als einem Jahr). Der Zuwendungsempfänger hat anzugeben, welche Unterlagen er zur Ermittlung des angesetzten Wertes herangezogen hat. In Betracht kommt in diesem Zusammenhang z. B. ein Gutachten über den aktuellen Wert der zugewendeten Sache oder der sich aus der ursprünglichen Rechnung ergebende historische Kaufpreis unter Berücksichtigung einer Absetzung für Abnutzung. Diese Unterlagen hat der Zuwendungsempfänger zusammen mit der Zuwendungsbestätigung in seine Buchführung aufzunehmen.

7. Die Zeile: „Es handelt sich um den Verzicht auf die Erstattung von Aufwendungen Ja _ Nein _" ist stets in die Zuwendungsbestätigungen über Geldzuwendungen/ Mitgliedsbeiträge zu übernehmen und entsprechend anzukreuzen. Dies gilt auch für Sammelbestätigungen und in den Fällen, in denen ein Zuwendungsempfänger grundsätzlich keine Zuwendungsbestätigungen für die Erstattung von Aufwendungen ausstellt.

8. Werden Zuwendungen an eine juristische Person des öffentlichen Rechts von dieser an andere juristische Personen des öffentlichen Rechts weitergeleitet und werden von diesen die steuerbegünstigten Zwecke verwirklicht, so hat der „Erstempfänger" die in den amtlichen Vordrucken enthaltene Bestätigung wie folgt zu fassen:

„Die Zuwendung wird entsprechend den Angaben des Zuwendenden an ....[Name des Letztempfängers verbunden mit dem Hinweis auf dessen öffentlich-rechtliche Organisationsform] weitergeleitet".

9. Erfolgt der Nachweis in Form der Sammelbestätigung, so ist der bescheinigte Gesamtbetrag auf der zugehörigen Anlage in sämtliche Einzelzuwendungen aufzuschlüsseln. Es bestehen keine Bedenken, auf der Anlage zur Sammelbestätigung entweder den Namen des Zuwendenden oder ein fortlaufendes alphanumerisches Zeichen anzubringen, um eine sichere Identifikation zu gewährleisten.

10. Für maschinell erstellte Zuwendungsbestätigungen ist R 10b.1 Absatz 4 EStR zu beachten.

11. Nach § 50 Absatz 4 EStDV hat die steuerbegünstigte Körperschaft ein Doppel der Zuwendungsbestätigung aufzubewahren. Es ist in diesem Zusammenhang zulässig, das Doppel in elektronischer Form zu speichern. Die Grundsätze ordnungsmäßiger DV-gestützter Buchführungssysteme (BMF-Schreiben vom 7. November 1995, BStBl. I Seite 738)[1] sind zu beachten.

12. Für Zuwendungen nach dem 31. Dezember 1999 ist das Durchlaufspendenverfahren keine zwingende Voraussetzung mehr für die steuerliche Begünstigung von Spenden. Seit 1. Januar 2000 sind alle steuerbegünstigten Körperschaften im Sinne des § 5 Absatz 1 Nummer 9 KStG zum unmittelbaren Empfang und zur Bestätigung von Zuwendungen berechtigt. Dennoch dürfen juristische Personen des öffentlichen Rechts oder öffentliche Dienststellen auch weiterhin als Durchlaufstelle auftreten und Zuwendungsbestätigungen ausstellen (vgl. R 10b.1 Absatz 2 EStR). Sie unterliegen dann aber auch – wie bisher – der Haftung nach § 10b Absatz 4 EStG. Dach- und Spitzenorganisationen können für die ihnen angeschlossenen Vereine dagegen nicht mehr als Durchlaufstelle fungieren.

---

1) Siehe Anlage § 005-05.

Anlage § 010b–01

Zu § 10b EStG

13. Mit dem Gesetz zur Stärkung des Ehrenamtes vom 21. März 2013 (BGBl. I Seite 556) wurde mit § 60a AO die Feststellung der satzungsmäßigen Voraussetzungen eingeführt. Nach § 60a AO wird die Einhaltung der satzungsmäßigen Voraussetzungen gesondert vom Finanzamt festgestellt. Dieses Verfahren löst die so genannte vorläufige Bescheinigung ab. Übergangsweise bleiben die bislang ausgestellten vorläufigen Bescheinigungen weiterhin gültig und die betroffenen Körperschaften sind übergangsweise weiterhin zur Ausstellung von Zuwendungsbestätigungen berechtigt. Diese Körperschaften haben in ihren Zuwendungsbestätigungen anzugeben, dass sie durch vorläufige Bescheinigung den steuerbegünstigten Zwecken dienend anerkannt worden sind. Die Bestätigung ist wie folgt zu fassen:

    Wir sind wegen Förderung (Angabe des begünstigten Zwecks / der begünstigten Zwecke) durch vorläufige Bescheinigung des Finanzamtes(Name), StNr. (Angabe) vom (Datum) ab (Datum) als steuerbegünstigten Zwecken dienend anerkannt.

    Außerdem sind die Hinweise zu den haftungsrechtlichen Folgen der Ausstellung einer unrichtigen Zuwendungsbestätigung und zur steuerlichen Anerkennung der Zuwendungsbestätigung folgendermaßen zu fassen:

    Wer vorsätzlich oder grob fahrlässig eine unrichtige Zuwendungsbestätigung erstellt oder veranlasst, dass Zuwendungen nicht zu den in der Zuwendungsbestätigung angegebenen steuerbegünstigten Zwecken verwendet werden, haftet für die entgangene Steuer (§ 10b Absatz 4 EStG, § 9 Absatz 3 KStG, § 9 Nummer 5 GewStG).Diese Bestätigung wird nicht als Nachweis für die steuerliche Berücksichtigung der Zuwendung anerkannt, wenn das Datum der vorläufigen Bescheinigung länger als 3 Jahre seit Ausstellung der Bestätigung zurückliegt (BMF vom 15.12.1994 – BStBl. I Seite 884).

    In Fällen, in denen juristische Personen des öffentlichen Rechts oder Stiftungen des öffentlichen Rechts Zuwendungen an Körperschaften im Sinne des § 5 Absatz 1 Nummer 9 KStG weiterleiten, ist ebenfalls anzugeben, ob die Empfängerkörperschaft durch vorläufige Bescheinigung als steuerbegünstigten Zwecken dienend anerkannt worden ist. Diese Angabe ist hierbei in den Zuwendungsbestätigungen folgendermaßen zu fassen:

    entsprechend den Angaben des Zuwendenden an (Name) weitergeleitet, die/der vom Finanzamt (Name) StNr. (Angabe) mit vorläufiger Bescheinigung (gültig ab: Datum) vom (Datum) als steuerbegünstigten Zwecken dienend anerkannt ist.

    Die Hinweise zu den haftungsrechtlichen Folgen der Ausstellung einer unrichtigen Zuwendungsbestätigung und zur steuerlichen Anerkennung der Zuwendungsbestätigung sind dann folgendermaßen zu fassen:

    Wer vorsätzlich oder grob fahrlässig eine unrichtige Zuwendungsbestätigung erstellt oder veranlasst, dass Zuwendungen nicht zu den in der Zuwendungsbestätigung angegebenen steuerbegünstigten Zwecken verwendet werden, haftet für die entgangene Steuer (§ 10b Absatz 4 EStG, § 9 Absatz 3 KStG, § 9 Nummer 5 GewStG).

    Nur in den Fällen der Weiterleitung an steuerbegünstigte Körperschaften im Sinne von § 5 Absatz 1 Nummer 9 KStG:

    Diese Bestätigung wird nicht als Nachweis für die steuerliche Berücksichtigung der Zuwendung anerkannt, wenn das Datum der vorläufigen Bescheinigung länger als 3 Jahre seit Ausstellung der Bestätigung zurückliegt.

14. Ist der Körperschaft, Personenvereinigung oder Vermögensmasse bisher weder ein Freistellungsbescheid noch eine Anlage zum Körperschaftsteuerbescheid erteilt worden und sieht der Feststellungsbescheid nach § 60a AO die Steuerbefreiung erst für den nächsten Veranlagungszeitraum vor (§ 60 Absatz 2 AO), sind Zuwendungen erst ab diesem Zeitpunkt nach § 10b EStG abziehbar. Zuwendungen, die vor Beginn der Steuerbefreiung nach § 5 Absatz 1 Nummer 9 KStG erfolgen, sind steuerlich nicht nach § 10b EStG begünstigt, da die Körperschaft, Personenvereinigung oder Vermögensmasse in diesem Zeitraum nicht die Voraussetzungen des § 10b Absatz 1 Satz 2 Nummer 2 EStG erfüllt. Zuwendungsbestätigungen, die für Zeiträume vor der Steuerbefreiung ausgestellt werden, sind daher unrichtig und können – bei Vorliegen der Voraussetzungen des § 10b Absatz 4 EStG – eine Haftung des Ausstellers auslösen.

15. Die neuen Muster für Zuwendungsbestätigungen werden als ausfüllbare Formulare unter https://www.formulare-bfinv.de zur Verfügung stehen.

16. Für den Abzug steuerbegünstigter Zuwendungen an nicht im Inland ansässige Empfänger wird auf das BMF-Schreiben vom 16. Mai 2011 – IV C 4 – S 2223/07/0005 :008, 2011/0381377 –, (BStBl. I Seite 559) hingewiesen.

Zu § 10b EStG   **Anlage § 010b–01**

Das BMF-Schreiben vom 30. August 2012 – IV C 4 – S 2223/07/0018 :005, 2012/0306063 –, (BStBl. I Seite 884) wird hiermit aufgehoben.

Es wird seitens der Finanzverwaltung nicht beanstandet, wenn bis zum 31. Dezember 2013 die bisherigen Muster für Zuwendungsbestätigungen verwendet werden.

Anlage § 010b–02

Zu § 10b EStG

Anwendungsschreiben zu § 10b Absatz 1a EStG – Zuwendungen an Stiftungen

– BdF-Schreiben vom 15.09.2014 – IV C 4 – S 2223/07/0006:005, 2014/0761691 (BStBl. I S. 1278) –

Unter Bezugnahme auf das Ergebnis der Erörterungen mit den obersten Finanzbehörden der Länder gilt für die Anwendung des § 10b Absatz 1a EStG ab dem Veranlagungszeitraum 2013 Folgendes:

1. Spenden in das zu erhaltende Vermögen

a) Zu erhaltendes Vermögen (Vermögensstock)

   aa) Definition

      Zum zu erhaltenden Vermögen einer Stiftung zählen insbesondere:
- Vermögenswerte, die anlässlich der Errichtung der Stiftung zugewendet werden und die nicht zum Verbrauch bestimmt sind,
- Zuwendungen nach Errichtung der Stiftung mit der ausdrücklichen Bestimmung, dass die Zuwendung der Vermögensausstattung zugute kommen soll (Zustiftungen).

      Entscheidend ist die Zweckbestimmung zur dauerhaften Ausstattung bzw. Erhöhung des Stiftungsvermögens.

   bb) Verbrauchsstiftung

      Verbrauchsstiftungen verfügen nicht über zu erhaltendes Vermögen i.S.d. § 10b Absatz 1a EStG, da das Vermögen der Stiftung zum Verbrauch innerhalb eines vorgegebenen Zeitraums bestimmt ist.

      Spenden in das Vermögen einer Verbrauchsstiftung sind nach den allgemeinen Grundsätzen des § 10b Absatz 1 EStG zu behandeln.

   cc) Besonderheiten

      Gliedert sich das Vermögen einer Stiftung in einen Teil, der zu erhalten ist und einen Teil, der verbraucht werden kann, dann gilt Folgendes:

      Die Spenden in den Teil des Vermögens, der zu erhalten ist und nicht für den Verbrauch bestimmt ist, sind nach § 10b Absatz 1a EStG abziehbar. Die Spenden in den Teil des Vermögens, der verbraucht werden kann, sind dagegen nach § 10b Absatz 1 EStG abziehbar. Der Spender muss daher gegenüber der Stiftung deutlich machen, für welchen Teil des Vermögens seine Zuwendung erfolgt.

      Enthält die Satzung der Stiftung eine Klausel, nach der das zu erhaltende Vermögen in Ausnahmefällen vorübergehend zur Verwirklichung der steuerbegünstigten Zwecke verwendet werden kann, aber der Betrag dem zu erhaltenden Vermögen unverzüglich wieder zugeführt werden muss, liegt kein verbrauchbares Vermögen vor. Das gilt auch dann, wenn die Stiftungsaufsicht den Verbrauch des Vermögens unter der Bedingung des unverzüglichen Wiederaufholens genehmigt.

      Sind in der Stiftungssatzung Gründe verankert, die eine Auflösung der Stiftung und den anschließenden Verbrauch des Vermögens für die steuerbegünstigten satzungsmäßigen Zwecke der Stiftung bestimmen, so liegt kein verbrauchbares Vermögen vor.

b) Zuwendungen von Ehegatten/Lebenspartnern

      Werden Ehegatten/Lebenspartner nach §§ 26, 26b EStG zusammenveranlagt, gilt für diese ein Höchstbetrag von 2 Mio. Euro. Es muss dabei nicht nachgewiesen werden, dass die Spende von beiden wirtschaftlich getragen wurde.

      Wird innerhalb des 10 Jahreszeitraums zur Einzelveranlagung gewechselt, dann ist der verbleibende Spendenvortrag aufzuteilen. Maßgeblich ist dabei, wer die Spende wirtschaftlich getragen hat. Die bisher abgezogenen Beträge werden dem Ehegatten/Lebenspartner zugerechnet, der die Spende wirtschaftlich getragen hat. Überstieg die Spende den Höchstbetrag für Einzelveranlagte, ist der davon noch verbleibende Anteil nach § 10b Absatz 1 EStG abzuziehen.

2. Anwendungsregelung

Dieses Schreiben ist ab dem Veranlagungszeitraum 2013 anzuwenden.

Zu § 10b EStG   Anlage § 010b–03

Anwendungsschreiben zu § 10b EStG n.F. ab 2007

– BdF-Schreiben vom 18.12.2008 – IV C 4 – S 2223/07/0020, 2008/0731361 (BStBl. 2009 I S. 16) –

Durch das Gesetz zur weiteren Stärkung des bürgerschaftlichen Engagements vom 10. Oktober 2007 (BGBl. I S. 2332, BStBl. I S. 815) haben sich u. a. Änderungen im Spendenrecht ergeben, die grundsätzlich rückwirkend zum 1. Januar 2007 gelten.

Die Neuregelungen sind auf Zuwendungen anzuwenden, die nach dem 31. Dezember 2006 geleistet werden. Für Zuwendungen, die im Veranlagungszeitraum 2007 geleistet werden, gilt auf Antrag des Steuerpflichtigen § 10b Abs. 1 EStG in der für den Veranlagungszeitraum 2006 geltenden Fassung (vgl. § 52 Abs. 24d Satz 2 und 3 EStG).

Unter Bezugnahme auf das Ergebnis der Erörterungen mit den obersten Finanzbehörden der Länder gilt für die Anwendung des § 10b EStG ab dem Veranlagungszeitraum 2007 Folgendes:

1. Großspenden

Nach der bisherigen Großspendenregelung waren Einzelzuwendungen von mindestens 25.565 Euro zur Förderung wissenschaftlicher, mildtätiger oder als besonders förderungswürdig anerkannter kultureller Zwecke, die die allgemeinen Höchstsätze überschreiten, im Rahmen der Höchstsätze im Jahr der Zuwendung, im vorangegangenen und in den fünf folgenden Veranlagungszeiträumen abzuziehen.

Für den verbleibenden Großspendenvortrag zum 31. Dezember 2006 gilt damit die alte Regelung fort, d.h. dieser Vortrag ist weiterhin verbunden mit der Anwendung der alten Höchstbeträge und der zeitlichen Begrenzung. Dies bedeutet, dass bei vorhandenen Großspenden ggf. noch für fünf Veranlagungszeiträume altes Recht neben neuem Recht anzuwenden ist.

Für im Veranlagungszeitraum 2007 geleistete Spenden kann auf Antrag § 10b Abs. 1 EStG a.f. in Anspruch genommen werden. Dann gilt für diese Spenden auch der zeitlich begrenzte Großspendenvortrag nach altem Recht.

Im Hinblick auf die Abzugsreihenfolge ist der zeitlich begrenzte Altvortrag von verbleibenden Großspenden mit entsprechender Anwendung der Höchstbeträge vorrangig.

2. Zuwendungen an Stiftungen

Durch das Gesetz zur weiteren Stärkung des bürgerschaftlichen Engagements vom 10. Oktober 2007 (a. a. O.) wurden die Regelungen zur steuerlichen Berücksichtigung von Zuwendungen vereinfacht. Differenziert werden muss nur noch, ob es sich bei einer Zuwendung zur Förderung steuerbegünstigter Zwecke im Sinne der §§ 52 bis 54 AO um eine Zuwendung in den Vermögensstock einer Stiftung handelt oder nicht. Der Höchstbetrag für Zuwendungen an Stiftungen in Höhe von 20.450 Euro ist entfallen, hier gelten wie für alle anderen Zuwendungen die Höchstbeträge von 20 Prozent des Gesamtbetrags der Einkünfte oder 4 Promille der Summe der gesamten Umsätze und der im Kalenderjahr aufgewendeten Löhne und Gehälter. Dafür wurden die Regelungen zur steuerlichen Berücksichtigung von Zuwendungen in den Vermögensstock einer Stiftung ausgeweitet (siehe Ausführungen zu 3.)

Für im Veranlagungszeitraum 2007 geleistete Spenden kann auf Antrag § 10b Abs. 1 EStG a. F. in Anspruch genommen werden.

3. Vermögensstockspenden

Der Sonderausgabenabzug nach § 10b Abs. 1a EStG ist nur auf Antrag des Steuerpflichtigen vorzunehmen; stellt der Steuerpflichtige keinen Antrag, gelten auch für Vermögensstockspenden die allgemeinen Regelungen nach § 10b Abs.1 EStG. Im Antragsfall kann die Vermögensstockspende nach § 10b Abs. 1a EStG innerhalb eines Zeitraums von 10 Jahren vom Spender beliebig auf die einzelnen Jahre verteilt werden. Der bisherige Höchstbetrag von 307.000 Euro wurde auf 1 Mio. Euro angehoben und die Voraussetzung, dass die Spende anlässlich der Neugründung der Stiftung geleistet werden muss, ist entfallen, so dass auch Spenden in den Vermögensstock bereits bestehender Stiftungen (sog. Zustiftungen) begünstigt sind.

Der Steuerpflichtige beantragt in seiner Einkommensteuererklärung erstens, in welcher Höhe die Zuwendung als Vermögensstockspende im Sinne von § 10b Abs. 1a EStG behandelt werden soll, und zweitens, in welcher Höhe er im entsprechenden Zeitraum eine Berücksichtigung wünscht. Leistet ein Steuerpflichtiger im VZ 2008 beispielsweise 100.000 Euro in den Vermögensstock, entscheidet er im Rahmen seiner Einkommensteuererklärung 2008 über den Betrag, der als Vermögensstockspende nach § 10b Abs. 1a EStG behandelt werden soll – z. B. 80.000 Euro –, dann sind die übrigen 20.000 Euro Spenden im Rahmen der Höchstbeträge nach § 10b Abs. 1 EStG zu berücksichtigen. Leistet ein Steuer-

1555

Anlage § 010b–03 Zu § 10b EStG

pflichtiger einen höheren Betrag als 1 Mio. Euro in den Vermögensstock einer Stiftung, kann er den 1 Mio. Euro übersteigenden Betrag ebenfalls nach § 10b Abs. 1 EStG geltend machen. Im zweiten Schritt entscheidet der Steuerpflichtige über den Anteil der Vermögensstockspende, die er im VZ 2008 abziehen möchte. Innerhalb des 10-Jahreszeitraums ist ein Wechsel zwischen § 10b Abs. 1a EStG und § 10b Abs. 1 EStG nicht zulässig.

Durch das Gesetz zur weiteren Stärkung des bürgerschaftlichen Engagements vom 10. Oktober 2007 (a. a. O.) wurde kein neuer 10-Jahreszeitraum im Sinne des § 10b Abs. 1a Satz 2 EStG geschaffen. Wurde also bereits vor 2007 eine Vermögensstockspende geleistet, beginnt der 10jährige-Abzugszeitraum im Sinne des § 10b Abs. 1a Satz 1 EStG entsprechend früher. Mit jeder Spende in den Vermögensstock beginnt ein neuer 10jähriger-Abzugszeitraum. Mehrere Vermögensstockspenden einer Person innerhalb eines Veranlagungszeitraums sind zusammenzufassen.

Beispiel: Ein Stpfl. hat im Jahr 2005 eine Zuwendung i. H. v. 300.000 Euro in den Vermögensstock einer neu gegründeten Stiftung geleistet. Diese wurde antragsgemäß mit je 100.000 Euro im VZ 2005 und 2006 gemäß § 10b Abs. 1a Satz 1 EStG a. F. abgezogen. Im Jahr 2007 leistet der Stpfl. eine Vermögensstockspende i. H. v. 1.200.000 Euro und beantragt 900.000 Euro im Rahmen des § 10b Abs. 1a EStG zu berücksichtigen. Im VZ 2007 beantragt er einen Abzugsbetrag nach § 10b Abs. 1a EStG i. H. v. 800.000 Euro (100.000 Euro zuzüglich 700.000 Euro). Die verbleibenden 200.000 Euro (900.000 Euro abzüglich 700.000 Euro) sollen im Rahmen des § 10b Abs. 1a EStG in einem späteren VZ abgezogen werden. Die übrigen 300.000 Euro (1.200.000 Euro abzüglich 900.000 Euro) fallen unter die allgemeinen Regelungen nach § 10b Abs.1 EStG.

VZ 2005 § 10b Abs. 1a EStG a. F. 100.000 Euro
VZ 2006 § 10b Abs. 1a EStG a. F. 100.000 Euro
VZ 2007 § 10b Abs. 1a EStG n. F. 800.000 Euro (= 100.000 aus VZ 2005 + 700.000 aus VZ 2007)

– Beginn des ersten 10jährigen-Abzugszeitraums ist der VZ 2005 und dessen Ende der VZ 2014; somit ist für die Jahre 2008 bis 2014 der Höchstbetrag von 1.000.000 Euro durch die Inanspruchnahme der 800.000 Euro im VZ 2007 ausgeschöpft.
– Beginn des zweiten 10jährigen-Abzugszeitraums ist der VZ 2007 und dessen Ende der VZ 2016. In den VZ 2015 und 2016 verbleiben daher maximal noch 200.000 Euro als Abzugsvolumen nach § 10b Abs. 1a EStG (1.000.000 Euro abzüglich 800.000 Euro, siehe VZ 2007). Die verbleibenden Vermögensstockspenden i. H. v. 200.000 Euro aus der Zuwendung im VZ 2007 können somit entsprechend dem Antrag des Stpfl. in den VZ 2015 und/oder 2016 abgezogen werden.
– Stellt der Stpfl. (z.B. aufgrund eines negativen GdE) in den VZ 2015 und 2016 keinen Antrag zum Abzug der verbleibenden Vermögensstockspenden, gehen diese zum 31.12.2016 in den allgemeinen unbefristeten Spendenvortrag nach § 10b Abs. 1 EStG über.

4. Zuwendungsvortrag

a) Vortrag von Vermögensstockspenden

Vermögensstockspenden, die nicht innerhalb des 10jährigen-Abzugszeitraums nach § 10b Abs. 1a Satz 1 EStG verbraucht wurden, gehen in den allgemeinen unbefristeten Spendenvortrag nach § 10b Abs. 1 EStG über.

Die Vorträge von Vermögensstockspenden sind für jeden Ehegatten getrennt festzustellen.

b) Großspendenvortrag

Für den Übergangszeitraum von maximal sechs Jahren ist neben der Feststellung des Vortrages von Vermögensstockspenden und der Feststellung des allgemeinen unbefristeten Spendenvortrags ggf. auch eine Feststellung des befristeten Großspendenvortrags nach altem Recht vorzunehmen. Verbleibt nach Ablauf der fünf Vortragsjahre ein Restbetrag, geht dieser nicht in den allgemeinen unbefristeten Spendenvortrag über, sondern ist verloren.

c) Allgemeiner unbefristeter Spendenvortrag

In den allgemeinen unbefristeten Spendenvortrag werden die abziehbaren Zuwendungen aufgenommen, die die Höchstbeträge im Veranlagungszeitraum der Zuwendung überschreiten oder die den um die Beträge nach § 10 Abs. 3 und 4, § 10c und § 10d verminderten Gesamtbetrag der Einkünfte übersteigen und nicht dem Vortrag von Vermögensstockspenden bzw. dem Großspendenvortrag zuzuordnen sind. Die Beträge nach § 10 Abs. 4a EStG stehen den Beträgen nach Absatz 3 und 4 gleich.

Der am Schluss eines Veranlagungszeitraums verbleibende Spendenvortrag ist entsprechend § 10d Abs. 4 EStG für die verschiedenen Vorträge – Vortrag von Vermögensstockspenden, Großspendenvortrag und allgemeiner unbefristeter Spendenvortrag – gesondert festzustellen.

Zu § 10b EStG

Anlage § 010b–03

Ein Wechsel zwischen den verschiedenen Zuwendungsvorträgen, mit Ausnahme des unter a) genannten Übergangs vom Vortrag für Vermögensstockspenden zum allgemeinen unbefristeten Zuwendungsvortrag, ist nicht möglich.

5. Übergang von altem in neues Recht

Die Änderungen des § 10b Abs. 1 und 1a EStG gelten rückwirkend ab dem 1. Januar 2007. § 52 Abs. 24d Satz 3 EStG eröffnet dem Spender die Möglichkeit, hinsichtlich der Regelungen des § 10b Abs. 1 EStG für den Veranlagungszeitraum 2007 die Anwendung des bisherigen Rechts zu wählen. Wenn er sich hierzu entschließt, gilt dies einheitlich für den gesamten Spendenabzug im Jahr 2007.

6. Haftungsregelung

Maßgeblicher Zeitpunkt für die Haftungsreduzierung im Sinne des § 10b Abs. 4 EStG durch das Gesetz zur weiteren Stärkung des bürgerschaftlichen Engagements vom 10. Oktober 2007 (BGBl. I S. 2332, BStBl. I S. 815) von 40 % auf 30 % des zugewendeten Betrags ist der Zeitpunkt der Haftungsinanspruchnahme, somit der Zeitpunkt der Bekanntgabe des Haftungsbescheides. Dies ist unabhängig davon, für welchen Veranlagungszeitraum die Haftungsinanspruchnahme erfolgt.

7. Anwendungsregelung

Dieses Schreiben ist ab dem Veranlagungszeitraum 2007 anzuwenden.

Anlage § 010b–04

Zur R 112 (Anlage 5 der EStR 1998) und § 10b EStG

I. Steuerliche Anerkennung von Spenden durch den Verzicht auf einen zuvor vereinbarten Aufwendungsersatz (Aufwandsspende) bzw. einen sonstigen Anspruch bis zum 31.12.2014

– BdF-Schreiben vom 7.6.1999 – IV C 4 – S 2223 – 111/99 (BStBl. I S. 591) –

Im Einvernehmen mit den obersten Finanzbehörden der Länder gilt zur steuerlichen Anerkennung von Aufwendungsersatzansprüchen gemäß § 670 BGB als Aufwandsspenden im Sinne des § 10 b EStG folgendes:

1. Aufwendungsersatzansprüche nach § 670 BGB können zwar Gegenstand sogenannter Aufwandsspenden gemäß § 10 b Abs. 3 Satz 4 und 5 EStG sein. Das gilt grundsätzlich auch im Verhältnis eines Zuwendungsempfängers zu seinen ehrenamtlich tätigen Mitgliedern. Nach den Erfahrungen spricht aber eine tatsächliche Vermutung dafür, daß Leistungen ehrenamtlich tätiger Mitglieder und Förderer des Zuwendungsempfängers unentgeltlich und ohne Aufwendungsersatzanspruch erbracht werden. Diese Vermutung ist allerdings widerlegbar. Der Gegenbeweis wird bei vertraglichen Ansprüchen grundsätzlich durch eine schriftliche Vereinbarung geführt, die vor der zum Aufwand führenden Tätigkeit getroffen sein muß.

2. Hat der Zuwendende einen Aufwendungsersatzanspruch gegenüber dem Zuwendungsempfänger und verzichtet er darauf, ist ein Spendenabzug nach § 10 b Abs. 3 Satz 4 EStG nur zulässig, wenn der entsprechende Aufwendungsersatzanspruch durch Vertrag, Satzung oder einen rechtsgültigen Vorstandsbeschluß eingeräumt worden ist, und zwar bevor die zum Aufwand führende Tätigkeit begonnen worden ist. Für die Anerkennung eines Aufwendungsersatzanspruches aufgrund eines Vorstandsbeschlusses ist zusätzlich erforderlich, daß der entsprechende Beschluß den Mitgliedern in geeigneter Weise bekanntgemacht worden ist. Eine nachträgliche rückwirkende Begründung von Ersatzpflichten durch den Zuwendungsempfänger, zum Beispiel durch eine rückwirkende Satzungsänderung, reicht nicht aus. Aufwendungsersatzansprüche nach §§ 27 Abs. 3 i.V.m. 670 BGB von Vorstandsmitgliedern eines Vereins sind keine durch Satzung eingeräumten Ansprüche im Sinne des § 10 b Abs. 3 Satz 4 EStG. Aufwendungsersatzansprüche aus einer nur auf einer entsprechenden Satzungsermächtigung beruhenden Vereinsordnung (z.B. Reisekostenordnung) sind Ansprüche aus Satzungen im Sinne des § 10 b Abs. 3 Satz 4 EStG.

3. Aufwendungsersatzansprüche müssen ernsthaft eingeräumt sein und dürfen gemäß § 10 b Abs. 3 Satz 5 EStG nicht unter der Bedingung des Verzichts stehen.

   Wesentliches Indiz für die Ernsthaftigkeit von Aufwendungsersatzansprüchen ist die wirtschaftliche Leistungsfähigkeit des Zuwendungsempfängers. Dieser muß ungeachtet des späteren Verzichts in der Lage sein, den geschuldeten Aufwendungsersatz zu leisten. Die vorstehenden Grundsätze gelten entsprechend, wenn der Aufwendungsersatz nach einer vorhergehenden Spende ausgezahlt wird. Der Abzug einer Spende gemäß § 10 b EStG setzt voraus, daß die Ausgabe beim Spender zu einer endgültigen wirtschaftlichen Belastung führt. Eine endgültige wirtschaftliche Belastung liegt nicht vor, soweit der Wertabgabe aus dem Vermögen des Steuerpflichtigen ein entsprechender Zufluß – im Falle der Zusammenveranlagung auch beim anderen Ehegatten – gegenübersteht (BFH-Urteil vom 20. Februar 1991, BStBl. II S. 690). Die Auszahlung von Aufwendungsersatz an den Spender führt nur insoweit nicht zu einem schädlichen Rückfluß, als der Aufwendungsersatz aufgrund eines ernsthaft eingeräumten Ersatzanspruchs geleistet wird, der nicht unter der Bedingung der vorhergehenden Spende steht. Die Grundsätze des BFH-Urteils vom 3. Dezember 1996 (BStBl. 1997 II S. 474) sind für die Beurteilung des Spendenabzugs nicht anzuwenden, soweit sie mit den vorstehenden Grundsätzen nicht im Einklang stehen.

4. Bei dem Verzicht auf den Ersatz der Aufwendungen handelt es sich nicht um eine Spende des Aufwands, sondern um eine Geldspende, bei der entbehrlich ist, daß Geld zwischen dem Zuwendungsempfänger und dem Zuwendenden tatsächlich hin und her fließt. In der Zuwendungsbestätigung ist deshalb eine Geldzuwendung zu bescheinigen.

5. Für die Höhe der Zuwendung ist der vereinbarte Ersatzanspruch maßgeblich; allerdings kann ein unangemessen hoher Ersatzanspruch zum Verlust der Gemeinnützigkeit des Zuwendungsempfängers führen (§ 55 Abs. 1 Nr. 3 AO). Eine Zuwendungsbestätigung darf nur erteilt werden, wenn sich der Ersatzanspruch auf Aufwendungen bezieht, die zur Erfüllung der satzungsmäßigen Zwecke des Zuwendungsempfängers erforderlich waren. Der Zuwendungsempfänger muß die zutreffende Höhe des Ersatzanspruchs, über den er eine Zuwendungsbestätigung erteilt hat, durch geeignete Unterlagen im einzelnen belegen können.

II. Steuerliche Anerkennung von Spenden durch den Verzicht auf einen zuvor vereinbarten Aufwendungsersatz (Aufwandsspende) bzw. einen sonstigen Anspruch ab dem 01.01.2015

– BdF-Schreiben vom 25.11.2014 – IV C 4 – S 2223/07/0010:005, 2014/0766502 (BStBl. I S. 1584) –

Im Einvernehmen mit den obersten Finanzbehörden der Länder gilt zur steuerlichen Anerkennung von Aufwandsspenden und Rückspenden als Sonderausgabe nach § 10b EStG Folgendes:

1. Aufwendungsersatzansprüche können Gegenstand sogenannter Aufwandsspenden gemäß § 10b Absatz 3 Satz 5 und 6 EStG sein. Das gilt auch im Verhältnis eines Zuwendungsempfängers zu seinen ehrenamtlich tätigen Mitgliedern. Nach den Erfahrungen spricht aber eine tatsächliche Vermutung dafür, dass Leistungen ehrenamtlich tätiger Mitglieder und Förderer des Zuwendungsempfängers unentgeltlich und ohne Aufwendungsersatzanspruch erbracht werden. Diese Vermutung ist allerdings widerlegbar. Dafür ist bei vertraglichen Ansprüchen eine schriftliche Vereinbarung zwischen Zuwendendem und Zuwendungsempfänger vorzulegen, die vor der zum Aufwand führenden Tätigkeit getroffen sein muss.

2. Hat der Zuwendende einen Aufwendungsersatzanspruch gegenüber dem Zuwendungsempfänger und verzichtet er darauf, ist ein Spendenabzug nach § 10b Absatz 3 Satz 5 EStG allerdings nur dann rechtlich zulässig, wenn der entsprechende Aufwendungsersatzanspruch durch einen Vertrag oder die Satzung eingeräumt worden ist, und zwar bevor die zum Aufwand führende Tätigkeit begonnen worden ist. Die Anerkennung eines Aufwendungsersatzanspruches ist auch in den Fällen eines rechtsgültigen Vorstandsbeschlusses möglich, wenn der Vorstand dazu durch eine Regelung in der Satzung ermächtigt wurde. Eine nachträgliche rückwirkende Begründung von Ersatzpflichten des Zuwendungsempfängers, zum Beispiel durch eine rückwirkende Satzungsänderung, reicht nicht aus. Aufwendungsersatzansprüche aus einer auf einer entsprechenden Satzungsermächtigung beruhenden Vereinsordnung (z. B. Reisekostenordnung) sind Ansprüche aus einer Satzung im Sinne des § 10b Absatz 3 Satz 5 EStG. Der Verzicht auf bestehende sonstige Ansprüche (Rückspende), wie z. B. Lohn- oder Honorarforderungen oder gesetzliche Ansprüche (die keine Aufwendungsersatzansprüche sind), ist unter den nachstehend unter 3. aufgeführten Voraussetzungen als Spende im Sinne des § 10b EStG abziehbar.

3. Ansprüche auf einen Aufwendungsersatz oder eine Vergütung müssen ernsthaft eingeräumt sein und dürfen nicht von vornherein unter der Bedingung des Verzichts stehen. Wesentliche Indizien für die Ernsthaftigkeit von Ansprüchen auf Aufwendungsersatz oder einer Vergütung sind auch die zeitliche Nähe der Verzichtserklärung zur Fälligkeit des Anspruchs und die wirtschaftliche Leistungsfähigkeit des Zuwendungsempfängers. Die Verzichtserklärung ist noch zeitnah, wenn bei einmaligen Ansprüchen innerhalb von drei Monaten und bei einer regelmäßigen Tätigkeit alle drei Monate ein Verzicht erklärt wird. Die wirtschaftliche Leistungsfähigkeit ist anzunehmen, wenn der Zuwendungsempfänger ungeachtet eines späteren Verzichts durch den Zuwendenden bei prognostischer Betrachtung zum Zeitpunkt der Einräumung des Anspruchs auf den Aufwendungsersatz oder die Vergütung wirtschaftlich in der Lage ist, die eingegangene Verpflichtung zu erfüllen. Wird auf einen Anspruch verzichtet, muss dieser auch im Zeitpunkt des Verzichts tatsächlich werthaltig sein. Nur dann kommt ein Abzug als steuerbegünstigte Zuwendung in Betracht.

Sofern der Verein im Zeitpunkt der Einräumung des Anspruchs auf einen Aufwendungsersatz oder eine Vergütung wirtschaftlich in der Lage ist, die eingegangene Verpflichtung zu erfüllen, kann regelmäßig davon ausgegangen werden, dass der Anspruch im Zeitpunkt des Verzichts noch werthaltig ist. Etwas anderes gilt nur dann, wenn sich die finanziellen Verhältnisse des Vereins im Zeitraum zwischen der Einräumung des Anspruchs und dem Verzicht wesentlich verschlechtert haben.

Von der wirtschaftlichen Leistungsfähigkeit ist immer dann auszugehen, wenn die Körperschaft offensichtlich über genügend liquide Mittel bzw. sonstiges Vermögen verfügt, das zur Begleichung der eingegangenen Verpflichtung herangezogen wird. Dabei ist keine Differenzierung nach steuerbegünstigtem Tätigkeitsbereich (ideelle Tätigkeit, Zweckbetrieb), steuerfreier Vermögensverwaltung oder steuerpflichtigen wirtschaftlichen Geschäftsbetrieb vorzunehmen.

4. Der Abzug einer Spende gemäß § 10b EStG setzt voraus, dass die Ausgabe beim Spender zu einer endgültigen wirtschaftlichen Belastung führt. Eine endgültige wirtschaftliche Belastung liegt nicht vor, soweit der Wertabgabe aus dem Vermögen des Steuerpflichtigen ein entsprechender Zufluss – im Falle der Zusammenveranlagung auch beim anderen Ehegatten/Lebenspartner – gegenübersteht (BFH-Urteil vom 20. Februar 1991, BStBl. II Seite 690). Die von der spendenempfangsberechtigten Einrichtung erteilten Aufträge und die mit deren Ausführung entstehenden Aufwendungen dürfen nicht, auch nicht zum Teil, im eigenen Interesse des Zuwendenden ausgeführt bzw. getätigt werden.

Anlage § 010b–04

Zur R 112 (Anlage 5 der EStR 1998) und § 10b EStG

Die Auszahlung von Aufwendungsersatz an den Spender führt insoweit nicht zu einem schädlichen Rückfluss, als der Aufwendungsersatz aufgrund eines ernsthaft eingeräumten Ersatzanspruchs geleistet wird, der nicht unter der Bedingung einer vorhergehenden Spende steht.

5. Bei dem nachträglichen Verzicht auf den Ersatz der Aufwendungen bzw. auf einen sonstigen Anspruch handelt es sich um eine Geldspende, bei der entbehrlich ist, dass Geld zwischen dem Zuwendungsempfänger und dem Zuwendenden tatsächlich hin und her fließt. Dem Zuwendenden ist deshalb eine Zuwendungsbestätigung über eine Geldzuwendung zu erteilen, in der auch ausdrückliche Angaben darüber zu machen sind, ob es sich um den Verzicht auf die Erstattung von Aufwendungen handelt.

6. Eine Zuwendungsbestätigung darf nur erteilt werden, wenn sich der Ersatzanspruch auf Aufwendungen bezieht, die zur Erfüllung der satzungsmäßigen Zwecke des Zuwendungsempfängers erforderlich waren. Für die Höhe der Zuwendung ist der vereinbarte Ersatzanspruch maßgeblich; allerdings kann ein unangemessen hoher Ersatzanspruch zum Verlust der Gemeinnützigkeit des Zuwendungsempfängers führen (§ 55 Absatz 1 Nummer 3 AO). Der Zuwendungsempfänger muss die zutreffende Höhe des Ersatzanspruchs, über den er eine Zuwendungsbestätigung erteilt hat, durch geeignete Unterlagen im Einzelnen belegen können.

7. Dieses BMF-Schreiben ist ab 1. Januar 2015 anzuwenden.

Das BMF-Schreiben vom 7. Juni 1999 – IV C 4 – S 2223 – 111/99 – (BStBl. I Seite 591) findet weiter Anwendung auf alle Zusagen auf Aufwendungsersatz sowie auf alle Zusagen auf Vergütungen, die bis zum 31. Dezember 2014 erteilt werden.

Wird bei einer Körperschaft, die vor dem 1. Januar 2015 gegründet wurde, Aufwendungsersatz lediglich aufgrund eines rechtsgültigen Vorstandsbeschlusses ohne ausdrückliche Satzungsermächtigung eingeräumt, so muss die Satzung nicht allein zur Einräumung dieser Ermächtigung geändert werden.

Zu § 10b EStG

Anlage § 010b–05

Spendenhaftung nach § 10b Abs. 4 EStG

– Vfg OFD Frankfurt vom 17.06.2010 – S 2223 A – 95 – St 53 –

Bei der Haftungsinanspruchnahme nach § 10 b Abs. 4 EStG sind die nachfolgenden Grundsätze zu beachten:

I Haftungsschuldner

Nach § 10 b Abs. 4 Satz 2 EStG haftet, wer vorsätzlich oder grob fahrlässig eine unrichtige Bestätigung ausstellt (1. Alternative) oder wer veranlasst, dass Zuwendungen nicht zu den in der Bestätigung angegebenen steuerbegünstigten Zwecken verwendet werden (2. Alternative).

I.1 Steuerbegünstigte Körperschaft i.S.d. §§ 51 ff. AO bzw. juristische Person des öffentlichen Rechts oder öffentliche Dienststelle

Der Aussteller der Bestätigung bzw. der Veranlasser einer Fehlverwendung haftet für die entgangene Steuer. Haftungsschuldner ist daher der Handelnde.

Die **Ausstellerhaftung** trifft grundsätzlich nur die Körperschaft, da § 50 Abs. 1 EStDV ausdrücklich anordnet, dass Zuwendungsbestätigungen vom Empfänger auszustellen sind. Da als Zuwendungsempfänger nur die in § 49 EStDV genannten Einrichtungen in Betracht kommen, sind diese allein „Aussteller" der Zuwendungsbestätigungen (vgl. BFH-Urteil vom 24.04.2002, BStBl. II 2003, 128). Gegenüber einer natürlichen Person greift die Ausstellerhaftung allenfalls dann ein, wenn die Person außerhalb des ihr zugewiesenen Wirkungskreises gehandelt hat.

Hinsichtlich der **Veranlasserhaftung** ist nach § 10b Abs. 4 Satz 4 EStG ebenfalls vorrangig die Körperschaft in Haftung zu nehmen. Durch die Haftung soll ein Fehlverhalten des Empfängers der Zuwendung im Zusammenhang mit der Spendenverwendung sanktioniert werden (vgl. auch BFH-Urteil vom 24.04.2002, a.a.O.). Die für den Zuwendungsempfänger handelnden natürlichen Personen sind nur in Anspruch zu nehmen, wenn die entgangene Steuer nicht nach § 47 AO erloschen ist und Vollstreckungsmaßnahmen gegen den Zuwendungsempfänger nicht erfolgreich sind. Die Veranlasserhaftung ist verschuldensunabhängig und damit in Form einer Gefährdungshaftung ausgestaltet.

I.2 Körperschaft, die nicht nach §§ 51 ff. AO als steuerbegünstigte Körperschaft anerkannt ist

Es gelten die zu Tz. I.1 genannten Grundsätze.

I.3 Sonstige Aussteller unrichtiger Zuwendungsbestätigungen bzw. Veranlasser der Fehlverwendung von Zuwendungen

3.a Natürliche Person:

Ist eine natürliche Person Zuwendungsempfänger und stellt diese die unrichtigen Zuwendungsbestätigungen aus, so ist sie als Haftungsschuldner in Anspruch zu nehmen.

3.b BGB-Gesellschaft / Gemeinschaft:

Ist eine Gesellschaft / Gemeinschaft Zuwendungsempfänger, kommen zwar ein, mehrere oder alle Gesellschafter als Haftungsschuldner in Betracht. Vorrangig sollte aber als Haftungsschuldner die handelnde Person in Anspruch genommen werden.

II. Bindung der Haftungsinanspruchnahme an den Vertrauensschutz beim Zuwendenden

Der Haftungstatbestand ist an den Vertrauensschutz beim Zuwendenden gekoppelt. Dies bedeutet, dass bei der Haftungsprüfung stets die Gutgläubigkeit des Zuwendenden zu prüfen ist. Obwohl der pauschale Ansatz der Haftungssumme mit 30 v.H. des zugewendeten Betrages gegen eine in jedem Einzelfall zu prüfende Verknüpfung des Haftungstatbestandes mit dem Vertrauensschutz beim Zuwendenden spricht, ist die Haftungsinanspruchnahme von einem bestehenden Vertrauensschutz abhängig.

Die Darlegungs- und Beweislast für die den Vertrauensschutz ausschließenden Gründe hat im Haftungsverfahren der Aussteller der unrichtigen Zuwendungsbestätigung. Der potentielle Haftungsschuldner hat daher auch die Möglichkeit einzuwenden, dass es, bezogen auf die einzelne Zuwendung, zu keinem Steuerausfall gekommen ist, weil der Zuwendende z.B. den Abzug der Zuwendung bei seiner Steuererklärung nicht begehrt.

III. Vertrauensschutz beim Zuwendenden

Nach § 10b Abs. 4 Satz 1 EStG darf der Zuwendende auf die Richtigkeit der Bestätigung vertrauen, es sei denn, dass er die Bestätigung durch unlautere Mittel oder falsche Angaben erwirkt hat oder dass ihm die Unrichtigkeit der Bestätigung bekannt oder infolge grober Fahrlässigkeit nicht bekannt war. Widerruft

Anlage § 010b–05

der Aussteller der unrichtigen Zuwendungsbestätigung diese, bevor der Zuwendende seine Steuererklärung einschließlich der unrichtigen Bestätigung beim Finanzamt abgegeben hat, kann der Zuwendende nicht mehr auf die Richtigkeit der Bestätigung vertrauen. Da auch bei der Anwendung der Vertrauensschutzregelung § 150 Abs. 2 AO zu beachten ist, wonach die Angaben in der Steuererklärung wahrheitsgemäß nach bestem Wissen und Gewissen zu machen sind, darf der Zuwendende in diesem Fall den Abzug der Zuwendung nicht mehr unter Hinweis auf den Vertrauensschutz beantragen.

Die Bösgläubigkeit des Zuwendenden ist u.a. gegeben, wenn ihm Umstände bekannt sind, die für eine Verwendung der Zuwendung für nicht steuerbegünstigte Zwecke sprechen, z.B. bei Vorgabe des Zuwendenden zu einer Verwendung im steuerpflichtigen wirtschaftlichen Geschäftsbetrieb), oder wenn der „Zuwendung" eine Gegenleistung gegenübersteht.

Kein Fall des Vertrauensschutzes ist gegeben, wenn der Zuwendende keine nach amtlich vorgeschriebenem Muster erstellte Zuwendungsbestätigung vorlegen kann. Hier muss das Finanzamt des Zuwendenden den Abzug nach § 10b Abs. 1 EStG versagen. Eine Haftung des Zuwendungsempfängers kommt in diesem Fall nicht in Betracht.

IV. Umfang der Haftung

Die entgangene Steuer, für die der Haftende in Anspruch genommen wird, ist nach § 10b Abs. 4 Satz 3 EStG mit 30 v.H. des zugewendeten Betrages anzusetzen. Die Festlegung der Haftungshöhe als fester Prozentsatz der Zuwendung erfolgt unabhängig von den tatsächlichen Verhältnissen beim Zuwendenden (soweit dieser Vertrauensschutz genießt). Die Frage, in welchem Umfang sich der Abzug der Zuwendung beim Zuwendenden steuerlich ausgewirkt hat, bleibt ohne Bedeutung für die Haftungsfrage. Einzelfallbezogene Ermittlungen des Ausfalls unterbleiben.

Im Falle der Ausstellerhaftung bestimmt sich die Bemessungsgrundlage für die Haftungshöhe nach den Zuwendungen, für die eine unrichtige Zuwendungsbestätigung ausgestellt wurde. Im Falle der Veranlasserhaftung bestimmt sie sich nach den fehlverwendeten Zuwendungen.

Mit Urteil vom 10.09.2003 (BStBl. II 2004, 352) hat der BFH entschieden, dass eine Körperschaft nicht nach § 10b Abs. 4 Satz 2 2. Alt. EStG wegen Fehlverwendung haftet, wenn sie die Spenden zwar zu dem in der Spendenbestätigung angegebenen Zweck verwendet, selbst aber nicht als gemeinnützig anerkannt ist. Im Falle der Versagung der Steuerbegünstigung nach §§ 51 ff. AO für abgelaufene Veranlagungszeiträume ist daher zu prüfen, für welche Zwecke die bestätigten Zuwendungen verwendet wurden. Die Spendenhaftung umfasst in diesen Fällen nur die Zuwendungen, die tatsächlich fehlverwendet, d.h. nicht für die in der Bestätigung angegebenen steuerbegünstigten Zwecke verwendet wurden.

V. Festsetzungsfrist

Die Festsetzungsfrist für die Spendenhaftung ist nach § 10b Abs. 4 Satz 5 EStG an die Festsetzungsfrist für die Körperschaftsteuer des Zuwendungsempfängers gekoppelt. Danach läuft sie nicht ab, solange die Festsetzungsfrist für die vom Zuwendungsempfänger geschuldete Körperschaftsteuer für den Veranlagungszeitraum, in dem die unrichtige Bestätigung ausgestellt worden ist oder die Fehlverwendung der Zuwendung veranlasst wurde, nicht abgelaufen ist.

VI. Erteilung des Haftungsbescheides

Für die Erteilung des Haftungsbescheides ist § 191 AO zu beachten.

Dem Haftenden ist zunächst rechtliches Gehör zu gewähren. Im Haftungsbescheid sind die Gründe für die Ermessensentscheidung darzustellen. Insbesondere sind, wenn mehrere Personen als Haftende in Betracht kommen, die Erwägungen zu erläutern, warum gerade die in Anspruch genommene/n Person/en unter mehreren zur Haftung ausgewählt und herangezogen wird/werden.

Zu § 10b EStG

Anlage § 010b–06

Gesonderte Feststellung des verbleibenden besonderen Abzugsbetrages nach § 10b Abs. 1a EStG für Zuwendungen in den Vermögensstock

– Vfg OFD Münster vom 09.02.2010 – S 2223 – 118 – St 13-33 –

Rechtliche Grundlagen

Für Zuwendungen an Stiftungen des öffentlichen Rechts oder an gem. § 5 Abs. 1 Nr. 9 KStG steuerbefreite Stiftungen des privaten Rechts wurde im Rahmen des Gesetzes zur weiteren Stärkung des bürgerschaftlichen Engagements vom 10. Oktober 2007 (BGBl. I S. 2332, BStBl. I S. 815) der bisherige Höchstbetrag von 307.000 Euro auf 1 Mio. Euro angehoben (§ 10b Abs. 1a EStG).

Danach ist die Voraussetzung, dass die Spende anlässlich der Neugründung der Stiftung geleistet werden muss entfallen, so dass auch Spenden in den Vermögensstock bereits bestehender Stiftungen (sog. Zustiftungen) begünstigt sind. Zuwendungen, die in den Vermögensstock einer Stiftung des öffentlichen Rechts oder einer nach § 5 Abs. 1 Nr. 9 KStG steuerbefreiten Stiftung des privaten Rechts geleistet werden, sind im Jahr der Zuwendung und in den folgenden neun Veranlagungszeiträumen bis zu einem Höchstbetrag von 1 Mio € (bis VZ 2006: 307.000 €) neben den übrigen als Sonderausgaben zu berücksichtigenden Zuwendungen und über den bis dahin zulässigen Umfang hinaus bei der Ermittlung des zu versteuernden Einkommens abzuziehen.

Der besondere Abzugsbetrag kann der Höhe nach innerhalb des Zehnjahreszeitraumes nur **einmal** in Anspruch genommen werden. Der am Schluss eines Veranlagungszeitraumes noch nicht als Sonderausgabe abgezogene Teil der Zuwendung ist nach § 10b Abs. 1a Satz 4 i.V.m. § 10d Abs. 4 EStG gesondert festzustellen.

Maßgebende Antragstellung des Steuerpflichtigen

Hat der Steuerpflichtige eine Zuwendung in den Vermögensstock einer Stiftung geleistet, muss er dem Finanzamt bei Abgabe der Einkommensteuererklärung für den entsprechenden Veranlagungszeitraum mitteilen, wie die Zuwendung im Rahmen des § 10b EStG abgezogen werden soll. Dabei ist anzugeben, in welcher Höhe die Zuwendung als Vermögensstockspende im Sinne von § 10b Abs. 1a EStG behandelt und in welcher Höhe sie im entsprechenden Zeitraum berücksichtigt werden soll.

Leistet ein Steuerpflichtiger im VZ 2008 beispielsweise 100.000 Euro in den Vermögensstock, entscheidet er im Rahmen seiner Einkommensteuererklärung 2008 über den Betrag, der als Vermögensstockspende nach § 10b Abs. 1a EStG behandelt werden soll – z. B. 80.000 Euro –, dann sind die übrigen 20.000 Euro Spenden im Rahmen der Höchstbeträge nach § 10b Abs. 1 EStG zu berücksichtigen.

Leistet ein Steuerpflichtiger einen höheren Betrag als 1 Mio. Euro in den Vermögensstock einer Stiftung, kann er den 1 Mio. Euro übersteigenden Betrag ebenfalls nach § 10b Abs. 1 EStG geltend machen. Im zweiten Schritt entscheidet der Steuerpflichtige über den Anteil der Vermögensstockspende, die er im VZ 2008 abziehen möchte. Innerhalb des 10-Jahreszeitraums ist ein Wechsel zwischen § 10b Abs. 1a EStG und § 10b Abs. 1 EStG nicht zulässig.

Durch das Gesetz zur weiteren Stärkung des bürgerschaftlichen Engagements vom 10. Oktober 2007 (a. a. O.) wurde kein neuer 10-Jahreszeitraum im Sinne des § 10b Abs. 1a Satz 2 EStG geschaffen. Wurde also bereits vor 2007 eine Vermögensstockspende geleistet, beginnt der 10jährige-Abzugszeitraum im Sinne des § 10b Abs. 1a Satz 1 EStG entsprechend früher. Mit jeder Spende in den Vermögensstock beginnt ein neuer 10jähriger-Abzugszeitraum. Mehrere Vermögensstockspenden einer Person innerhalb eines Veranlagungszeitraums sind zusammenzufassen.

Beispiel:

Ein Stpfl. hat im Jahr 2005 eine Zuwendung i. H. v. 300.000 Euro in den Vermögensstock einer neu gegründeten Stiftung geleistet. Diese wurde antragsgemäß mit je 100.000 Euro im VZ 2005 und 2006 gemäß § 10b Abs. 1a Satz 1 EStG a. F. abgezogen. Im Jahr 2007 leistet der Stpfl. eine Vermögensstockspende i. H. v. 1.200.000 Euro und beantragt, 900.000 Euro im Rahmen des § 10b Abs. 1a EStG zu berücksichtigen. Im VZ 2007 beantragt er einen Abzugsbetrag nach § 10b Abs. 1a EStG i. H. v. 800.000 Euro (100.000 Euro zuzüglich 700.000 Euro). Die verbleibenden 200.000 Euro (900.000 Euro abzüglich 700.000 Euro) sollen im Rahmen des § 10b Abs. 1a EStG in einem späteren VZ abgezogen werden. Die übrigen 300.000 Euro (1.200.000 Euro abzüglich 900.000 Euro) fallen unter die allgemeinen Regelungen nach § 10b Abs. 1 EStG.

Anlage § 010b–06

Zu § 10b EStG

VZ 2005 § 10b Abs. 1a EStG a. F. 100.000 Euro
VZ 2006 § 10b Abs. 1a EStG a. F. 100.000 Euro
VZ 2007 § 10b Abs. 1a EStG n. F. 800.000 Euro (= 100.000 aus VZ 2005 + 700.000 aus VZ 2007)
Beginn des ersten 10jährigen-Abzugszeitraums ist der VZ 2005 und dessen Ende der VZ 2014; somit ist für die Jahre 2008 bis 2014 der Höchstbetrag von 1.000.000 Euro durch die Inanspruchnahme der 800.000 Euro im VZ 2007 ausgeschöpft.
Beginn des zweiten 10jährigen-Abzugszeitraums ist der VZ 2007 und dessen Ende der VZ 2016. In den VZ 2015 und 2016 verbleiben daher maximal noch 200.000 Euro als Abzugsvolumen nach § 10b Abs. 1a EStG (1.000.000 Euro abzüglich 800.000 Euro, siehe VZ 2007). Die verbleibenden Vermögensstockspenden i. H. v. 200.000 Euro aus der Zuwendung im VZ 2007 können somit entsprechend dem Antrag des Stpfl. in den VZ 2015 und/oder 2016 abgezogen werden.
Stellt der Stpfl. (z.B. aufgrund eines negativen GdE) in den VZ 2015 und 2016 keinen Antrag zum Abzug der verbleibenden Vermögensstockspenden, gehen diese zum 31.12.2016 in den allgemeinen unbefristeten Spendenvortrag nach § 10b Abs. 1 EStG über.

Folgen unterlassener Antragstellung
Hat der Steuerpflichtige keinen Antrag nach § 10b Abs. 1a EStG gestellt, unterliegt die Zuwendung ausschließlich den Abzugsregeln des § 10b Abs. 1 EStG. Im Einzelfall ist hier ggf. zugunsten des Steuerpflichtigen nach § 88 Abs. 2 und § 89 Satz 1 AO die Antragstellung anzuregen.

Reihenfolge des Zuwendungsabzugs innerhalb des § 10b Abs. 1a EStG
Wird in einem Kalenderjahr der Abzug nach § 10b Abs. 1a EStG sowohl für Zuwendungen aus den Vorjahren als auch für Zuwendungen aus dem laufenden Jahr beantragt, sind zunächst die Zuwendungen aus den Vorjahren zu berücksichtigen.
Dabei ist zu beachten, dass die Zuwendungen aus den Vorjahren und die Zuwendungen aus dem laufenden Jahr innerhalb des durch die Zuwendung aus den Vorjahren ausgelösten Zehnjahreszeitraumes zusammen den für diesen Zehnjahreszeitraum geltenden Höchstbetrag von 1 Mio € (bis VZ 2006: 307.000 €), nicht überschreiten dürfen.

Ermittlung des Gewerbeertrages nach § 9 Nr. 5 GewStG
Sofern Einzelunternehmen und Personengesellschaften Zuwendungen in den Vermögensstock einer Stiftung leisten, gelten die obigen Grundsätze zur Ermittlung des Gewerbeertrages gem. § 9 Nr. 5 Sätze 3 bis 6 GewStG entsprechend. Soweit für entsprechende Zuwendungen die Anwendung des § 9 Nr. 5 Satz 3 GewStG nicht beantragt wird bzw. die Zuwendungen den Höchstbetrag des § 9 Nr. 5 Satz 3 GewStG i. H. v. 1 Mio € (bis VZ 2006: 307.000 €;) übersteigen, ist für diesen Teil der Zuwendung § 9 Nr. 5 Sätze 1 bis 2 GewStG anzuwenden.

Anwendung des § 10b Abs. 1a EStG / § 9 Nr. 5 Sätze 3 bis 6 GewStG für Körperschaften
Für Körperschaften i.S.d. §§ 1, 2 KStG ist die Berücksichtigung des besonderen Abzugsbetrages hingegen weder bei Ermittlung des Gesamtbetrages der Einkünfte noch bei Ermittlung des Gewerbeertrages möglich (s. § 9 Abs. 1 Nr. 2 KStG, § 9 Nr. 5 Satz 3 GewStG).

Besonderheiten bei Ehegatten
Der Abzugsbetrag nach § 10b Abs. 1a EStG steht bei zusammen veranlagten Ehegatten jedem Ehegatten einzeln zu, sofern er die maßgebliche Zuwendung geleistet hat. Es gelten insoweit die zur Verdoppelung des Höchstbetrages nach § 10b Abs. 1 Satz 3 EStG aufgestellten Grundsätze des BFH in den Urteilen vom 03.08.2005, XI R 76/03, BStBl. II 2006, 121 und XI R 81/03, BFH/NV 2006, 267. Der Feststellungsbescheid ist stets nur an den Ehegatten zu richten, der die Zuwendung i.S.d. § 10b Abs. 1a EStG geleistet hat. Ich bitte daher hinsichtlich der Bekanntgabe des Feststellungsbescheides darauf zu achten, dass Inhalts- und Bekanntgabeadressat zutreffend bezeichnet sind.

Zuwendungsvortrag
Vermögensstockspenden, die **nicht** innerhalb des 10jährigen-Abzugszeitraums nach § 10b Abs. 1a Satz 1 EStG verbraucht wurden, gehen in den allgemeinen unbefristeten Spendenvortrag nach § 10b Abs. 1 EStG über.
Die Vorträge von Vermögensstockspenden sind für jeden Ehegatten getrennt festzustellen.

Allgemeiner unbefristeter Spendenvortrag
In den allgemeinen unbefristeten Spendenvortrag werden die abziehbaren Zuwendungen aufgenommen, die die Höchstbeträge im Veranlagungszeitraum der Zuwendung überschreiten oder die den um die Be-

träge nach § 10 Abs. 3 und 4 , § 10c und § 10d EStG verminderten Gesamtbetrag der Einkünfte übersteigen und nicht dem Vortrag von Vermögensstockspenden bzw. dem Großspendenvortrag zuzuordnen sind. Die Beträge nach § 10 Abs. 4a EStG stehen den Beträgen nach Absatz 3 und 4 gleich.

Der am Schluss eines Veranlagungszeitraums verbleibende Spendenvortrag ist entsprechend § 10d Abs. 4 EStG für die verschiedenen Vorträge – Vortrag von Vermögensstockspenden, Großspendenvortrag (max. bis VZ 2012) und allgemeiner unbefristeter Spendenvortrag – gesondert festzustellen.

Ein Wechsel zwischen den verschiedenen Zuwendungsvorträgen, mit Ausnahme des unter a) genannten Übergangs vom Vortrag für Vermögensstockspenden zum allgemeinen unbefristeten Zuwendungsvortrag, ist nicht möglich.

Übergang vom alten ins neue Recht

Die Änderungen des § 10b Abs. 1 und 1a EStG gelten rückwirkend ab dem 1. Januar 2007.

§ 52 Abs. 24d Satz 3 EStG eröffnet dem Spender die Möglichkeit, hinsichtlich der Regelungen des § 10b Abs. 1 EStG (nicht hinsichtlich des § 10b Abs. 1a EStG) für den Veranlagungszeitraum 2007 die Anwendung des bisherigen Rechts zu wählen. Wenn er sich hierzu entschließt, gilt dies einheitlich für den gesamten Spendenabzug im Jahr 2007.

Anlagen § 010b–07 unbesetzt, § 010b–08 Zu § 10b EStG

Grundsätze des Spendenabzugs gemäß § 10b EStG / § 9 Abs. 1 Nr. 2 KStG / § 9 Nr. 5 GewStG

– Verfügung OFD Münster vom 20.06.2012 – S 2223 – 239 – St 13 – 31 –

Durch das Gesetz zur weiteren Stärkung des bürgerschaftlichen Engagements vom 10. Oktober 2007 (BGBl. I S. 2332, BStBl. I S. 815) haben sich u. a. auch Änderungen für den Spendenabzug nach § 10b EStG ergeben.

§§ 48 und 49 EStDV wurden aufgehoben. Die Definition steuerbegünstigter Zwecke i.S.d. § 10b EStG erfolgt nicht mehr in § 48 Abs. 1 und 2 EStDV, sondern ausschließlich in den §§ 52 – 54 AO n.F.

Die bisher in § 48 Abs. 3 EStDV enthaltene Definition der „Zuwendung" (= Spenden und Mitgliedsbeiträge) erfolgt nunmehr ebenso wie die bisher in § 49 EStDV geregelte Auflistung zulässiger Zuwendungsempfänger in § 10b Abs. 1 Satz 1 EStG n.F.

§ 10b Abs. 1 Satz 1 EStG n.F. verweist für den Zuwendungsabzug von Spenden und Mitgliedsbeiträgen auf steuerbegünstigte Zwecke i.s.d. §§ 52 bis 54 AO, d.h. alle steuerbegünstigten Zwecke im Sinne der AO sind auch zuwendungsbegünstigt. Es muss nicht mehr geprüft werden, ob gemeinnützige Zwecke als besonders förderungswürdig anerkannt sind.

Nachstehend sind die wichtigsten Regelungen dargestellt, die im Zusammenhang mit steuermindernden Zuwendungen im Sinne der § 10b EStG, § 9 Abs. 1 Nr. 2 KStG und § 9 Nr. 5 GewStG zu beachten sind. Ich bitte um Kenntnisnahme und Beachtung.

1. Zuwendungen (Spenden und Mitgliedsbeiträge) zur Förderung gemeinnütziger Zwecke im Sinne der §§ 52 bis 54 AO können innerhalb bestimmter Höchstgrenzen als Sonderausgaben (§ 10b Abs. 1 EStG) bzw. als Betriebsausgaben (§ 9 Abs. 1 Nr. 2 KStG, § 9 Nr. 5 GewStG) berücksichtigt werden.

2. Voraussetzung für den Abzug ist gem. § 10b Abs. 1 S. 2 EStG, dass diese Zuwendungen geleistet werden

    a) an eine juristische Person des öffentlichen Rechts oder an eine öffentliche Dienststelle (z. B. Universität, Forschungsinstitut), die in einem Mitgliedstaat der Europäischen Union oder in einem Staat belegen ist, auf den das Abkommen über den Europäischen Wirtschaftsraum (EWR-Abkommen) Anwendung findet, oder

    b) an eine nach § 5 Abs. 1 Nr. 9 KStG steuerbefreite Körperschaft, Personenvereinigung oder Vermögensmasse oder

    c) an eine Körperschaft, Personenvereinigung oder Vermögensmasse, die in einem Mitgliedstaat der Europäischen Union oder in einem Staat belegen ist, auf den das EWR-Abkommen Anwendung findet, und die nach § 5 Abs. 1 Nr. 9 KStG in Verbindung mit § 5 Abs. 2 Nr. 2 zweiter Halbsatz KStG steuerbefreit wäre, wenn sie inländische Einkünfte erzielen würde.

3. Für **nicht im Inland ansässige** Zuwendungsempfänger nach Nr. 2 a (dies betrifft somit die im Gebiet der EU/EWR ansässigen Körperschaften) ist weitere Voraussetzung, dass durch diese Staaten Amtshilfe und Unterstützung bei der Beitreibung entsprechend der Richtlinie 77/799/EWG geleistet werden (§ 10b Abs. 1 S. 3 EStG).

    Zur Definition der Begriffe „Amtshilfe" und „Beitreibung" siehe § 10b Abs. 1 S. 5 und 6 EStG.

    § 10b Abs. 1 S. 1 bis 5 EStG ist rückwirkend für alle noch offenen Veranlagungszeiträume anzuwenden (§ 52 Abs. 24e S. 5 EStG).

4. **Verwirklicht** eine Körperschaft im Sinne der Nr. 2 a ihre steuerbegünstigten Zwecke nur im **Ausland**, ist für Zuwendungen, die nach dem 31.12.2009 geleistet werden, weitere Voraussetzung, dass entweder

    a) natürliche Personen gefördert werden, die ihren Sitz oder gewöhnlichen Aufenthalt im Inland haben oder

    b) dass die Tätigkeit dieser Körperschaft neben der Verwirklichung der steuerbegünstigten Zwecke auch zum Ansehen der Bundesrepublik Deutschland beitragen kann (§ 10b Abs. 1 S. 6 EStG).

    Bei der Förderung steuerbegünstigter Zwecke im Ausland durch eine **inländische** Körperschaft ist zu unterstellen, dass diese einen Beitrag zum Ansehen Deutschlands leistet.

5. Ausgaben (Zuwendungen) sind alle Wertabgaben, die das Vermögen des Zuwendenden gemindert haben. Begünstigt sind Geld- und Sachzuwendungen, nicht jedoch die Zuwendung von Nutzungen (z.B. die unentgeltliche Überlassung von Räumen, Pkws usw.) und Leistungen (z.B. Gewährung zinsloser Darlehen, Arbeitsleistungen usw.; § 10b Abs. 3 EStG).

6. Wurde für Nutzungen und Leistungen ein Entgelt bzw. Aufwandsersatz vereinbart, kann es sich bei einem Verzicht auf diesen Erstattungsanspruch um eine sog. **Aufwandsspende** handeln (vgl. EStG-Kartei NW § 10b EStG Nr. 17). Voraussetzung für den Abzug ist, dass der Anspruch auf Erstattung der Aufwendungen durch Vertrag, Satzung oder einen rechtsgültigen Vorstandsbeschluss eingeräumt worden ist, und zwar bevor die zum Aufwand führende Tätigkeit begonnen wurde. Nach Erbringen der Leistung muss auf den Erstattungsanspruch bedingungslos verzichtet werden. Der Anspruch darf nicht unter der Bedingung des Verzichts eingeräumt worden sein (§ 10b Abs. 3 S. 5 und 6 EStG).

7. Der Spender hat dem zuständigen Finanzamt durch eine nach amtlich vorgeschriebenem Muster erstellte Zuwendungsbestätigung des Spendenempfängers nachzuweisen, dass die Voraussetzungen für den Spendenabzug der Ausgabe erfüllt sind (§ 50 Abs. 1 EStDV).

   Mit BMF-Schreiben vom 13.12.2007 (BStBl. 2007 I, S. 815)[1)] wurden die verbindlichen Muster für Zuwendungsbestätigungen bekannt gegeben. Wegen der rückwirkenden Änderung des Spendenrechts zum 01.01.2007 galt für Spendenbescheinigungen des Jahres 2008 eine Übergangsregelung. Die vorher gültigen Muster für Zuwendungsbestätigungen konnten noch bis zum 31.12.2008 weiter verwendet werden (BMF vom 31.12.2008 – BStBl. 2008 I, S. 565).

   Auf das BMF-Schreiben zur Verwendung der verbindlichen Muster für Zuwendungsbestätigungen vom 17.06.2011 (BStBl. 2011 I, S. 815)[2)] wird hingewiesen.

   Zuwendungsbestätigungen, die diesen Mustern nicht entsprechen, berechtigen nicht zum Spendenabzug.

   Bei Beanstandungen der Zuwendungsbestätigung ist das für die ausstellende Körperschaft zuständige Finanzamt zu unterrichten.

   Wird eine Zuwendungsbestätigung über den Verzicht auf die Erstattung von Aufwendungen vorgelegt, ist zu prüfen, ob die bestätigten Aufwendungsersatzansprüche tatsächlich Gegenstand einer steuerlich zu berücksichtigenden Spende sein können (vgl. § 10b Abs. 3 EStG).

8. Die Zuwendungsbestätigungen sind grundsätzlich zu den Steuerakten des Spenders zu nehmen. Auf Verlangen des Spenders sind sie diesem zurückzugeben. Sie sind jedoch zuvor mit einem Bearbeitungsvermerk des Finanzamts zu versehen.

9. Zuwendungen sind nur dann als Spende gem. § 10b EStG, § 9 Abs. 1 Nr. 2 KStG, § 9 Nr. 5 GewStG abziehbar, wenn sie um der Sache Willen ohne Erwartung eines besonderen Vorteils gegeben werden (vgl. BFH-Urteil vom 19.12.1990, BStBl. 1991 II S. 234).

   An der erforderlichen Spendenmotivation fehlt es nicht nur dann, wenn die Ausgaben zur Erlangung einer Gegenleistung des Empfängers erbracht werden, sondern auch, wenn die Zuwendungen unmittelbar und ursächlich mit einem von einem Dritten gewährten Vorteil zusammenhängen, der nicht notwendigerweise wirtschaftlicher Natur sein muss.

   Aus diesem Grund sind z.B. Eintrittsgelder, die zum Besuch einer Veranstaltung einer gemeinnützigen Körperschaft berechtigen, Schulgelder sowie Zahlungen zur Erfüllung einer Geldauflage nach § 153a Abs. 1 Nr. 2 StPO nicht als Spende abziehbar (BFH-Urteil vom 19.12.1990 a. a. O.).

   Eine Aufteilung eines einheitlichen Leistungsentgelts in einen steuerlich abziehbaren Spendenanteil und ein nicht als Spende abzugsfähiges Leistungsentgelt ist grundsätzlich nicht möglich (BFH-Urteil vom 25.08.1987, BStBl. 1987 II S. 850).

   Auch im Fall einer Teilentgeltlichkeit fehlt der Zuwendung insgesamt die geforderte Uneigennützigkeit (BFH-Urteil vom 08.08.2006, BStBl. 2007 II S. 8, auch zur sog. **Beitrittsspende**).

   Eine anlässlich der Aufnahme in einen Golfclub geleistete Zahlung ist keine Zuwendung i. S. d. § 10b Abs. 1 EStG, wenn derartige Zahlungen von den Neueintretenden anlässlich ihrer Aufnahme erwartet und zumeist auch gezahlt werden (sog. **Beitrittsspende**). Die geleistete Zahlung ist als Gegenleistung des Neumitglieds für den Erwerb der Mitgliedschaft und die Nutzungsmöglichkeit der Golfanlage anzusehen (siehe auch EStR, amtliche Hinweise 2010 H 10b.1).

10. Geld- und Sachzuwendungen, die ein Stifter in den **Vermögensstock einer Stiftung** leistet, sind bei Vorliegen der übrigen Voraussetzungen (insbesondere auch Vorlage der Zuwendungsbestätigung) steuerlich abzugsfähig (§ 10b Abs. 1a EStG). Ein Spendenabzug kommt nicht in Betracht, wenn das gestiftete Vermögen von der Vermögensbindung ausgenommen ist (BFH-Urteil vom 05.02.1992, BStBl. 1992 II S. 748).

---

1) Siehe dazu jetzt Anlage § 010b-01.
2) Aufgehoben, siehe jetzt Anlage § 010b-01.

Anlage § 010b–08

Zu § 10b EStG

11. Weitergehende Ausführungen zur Behandlungen von Zuwendungen in den **Vermögensstock einer Stiftung** und über den **Vortrag von Großspenden** finden sich im BMF-Schreiben vom 18.12.2008 (BStBl. 2009 I S. 16)[1].

12. Zuwendungen an **politische Parteien** im Sinne des § 2 Parteiengesetzes sind bis zur Höhe von insgesamt 1.650 € und im Fall der Zusammenveranlagung von Ehegatten bis zur Höhe von insgesamt 3.300 € im Kalenderjahr abzugsfähig. Sie können nur als Sonderausgaben abgezogen werden, soweit für sie nicht eine Steuerermäßigung nach § 34g EStG gewährt worden ist (§ 10b Abs. 2 EStG).

13. Ein **Erbe**, der mit der Zuwendung von Geld oder Sachwerten an eine Körperschaft, die zum Empfang von steuerlich abzugsfähigen Spenden berechtigt ist, ein Vermächtnis erfüllt, kann mangels Freiwilligkeit der Zuwendung insoweit keinen Spendenabzug geltend machen (BFH-Urteil vom 22.09.1993, BStBl. 1993 II S. 874).

14. Beim **Erblasser** kann eine Berücksichtigung der Zuwendung nicht erfolgen, da ein Abfluss zu Lebzeiten nicht stattgefunden hat (BFH-Urteil vom 23.10.1996, BStBl. 1997 II S. 239).

15. Dienen Zuwendungen – insbesondere Umlagen, Zuschüsse – dem Ausgleich von Verlusten einer gemeinnützigen Körperschaft, die aus steuerpflichtigen wirtschaftlichen Geschäftsbetrieben oder aus der Vermögensverwaltung stammen, ist ein Spendenabzug ausgeschlossen.

    Entsprechendes gilt für Zuwendungen, die ausdrücklich zweckbestimmt für einen steuerpflichtigen wirtschaftlichen Geschäftsbetrieb geleistet werden.

16. Handelt es sich bei der Zuwendung um eine Sachspende, so sind in die Zuwendungsbestätigung genaue Angaben über den zugewendeten Gegenstand aufzunehmen (z.B. Alter, Zustand, historischer Kaufpreis usw.). Ausführungen zu dem zugrunde zu legenden Wert, abhängig davon, ob der Gegenstand aus einem Betriebsvermögen oder dem Privatvermögen stammt, finden sich in Tz. 8 des BMF-Schreibens vom 17.06.2011, BStBl. I, S. 623)[2].

    Bei Sachzuwendungen aus einem Betriebsvermögen darf zuzüglich zu dem Entnahmewert i. S. d. § 6 Abs. 1 Nr. 4 EStG auch die bei der Entnahme angefallene Umsatzsteuer abgezogen werden (EStR 2008 R 10b.1 Abs. 1 S. 4).

    Für eine zutreffende Bewertung hat grundsätzlich der Spendenempfänger Sorge zu tragen. Auf den Zuwendungsbestätigungen muss die Art und Weise der Wertermittlung (z.B. Rechnung, Gutachten) genau beschrieben werden.

    Die endgültige Entscheidung über die Höhe des Spendenabzugs nach § 10b EStG bzw. § 9 Abs. 1 Nr. 2 KStG obliegt dem Finanzamt des Spenders. Bei Zweifeln hinsichtlich der Wertangabe auf der Zuwendungsbestätigung ist zunächst der Spendenempfänger über die Angaben des Wertes zu befragen.

    Verbleiben weiterhin Zweifel, so ist der Spender aufzufordern, Unterlagen zur Wertermittlung der Sachspende einzureichen. Ist dies nicht möglich, so hat das Finanzamt eigene Wertermittlungen durchzuführen.

17. Über die Frage, ob eine steuerbegünstigte Ausgabe i.S. von § 10b Abs. 1 bis 2 EStG, § 9 Abs. 1 Nr. 2 KStG, § 9 Nr. 5 GewStG vorliegt, ist im Veranlagungsverfahren des einzelnen Spenders zu entscheiden. Die Zuwendungsbescheinigung hat jedoch nur den Zweck einer Beweiserleichterung hinsichtlich der Verwendung der Zuwendung und ist nicht bindend (BFH-Urteil vom 23.05.1989, BStBl. II S. 879). Entscheidend ist u.a. der Zweck, der durch die Zuwendung tatsächlich gefördert wird (BFH-Urteil vom 15.12.1999, BStBl. 2000 II S. 608).

    Die steuerbegünstigte Körperschaft hat in der Zuwendungsbestätigung das Datum des letzten Freistellungsbescheids bzw. der vorläufigen Bescheinigung anzugeben. Von der Unrichtigkeit der Zuwendungsbestätigung ist auszugehen, wenn das angegebene Datum des Steuerbescheides/Freistellungsbescheides länger als fünf bzw. das Datum der vorläufigen Bescheinigung länger als drei Jahre seit dem Tag der Ausstellung der Zuwendungsbestätigung zurückliegt (EStH 2010 H 10b.1). Werden dem Finanzamt des Spenders entsprechende Zuwendungsbestätigungen vorgelegt, hat es das Finanzamt des Spendenempfängers darüber zu unterrichten, dass von der Empfängerkörperschaft Zuwendungsbestätigungen erteilt worden sind, die nicht den Anforderungen für einen ausreichenden Spendennachweis genügen.

18. Die Erteilung einer Zuwendungsbestätigung nach § 50 EStDV ist kein rückwirkendes Ereignis im Sinne des § 175 Abs. 1 S. 1 Nr. 2i. V. m. § 175 Abs. 2 S. 2 AO.

---

1) Siehe Anlage § 010b-03.
2) Siehe dazu jetzt Anlage § 010b-01.

19. Dem gutgläubigen Spender bleibt grundsätzlich auch dann die steuermindernde Wirkung einer Spende oder eines Mitgliedsbeitrags erhalten, wenn der Spendenempfänger die Spende oder den abzugsfähigen Beitrag zweckwidrig verwendet. Liegen dem für die Besteuerung des Spenders zuständigen Finanzamt Anhaltspunkte für die zweckwidrige Verwendung einer Spende oder die unrichtige Ausstellung von Zuwendungsbestätigungen vor, hat es regelmäßig das für die Besteuerung des Spendenempfängers zuständige Finanzamt davon in Kenntnis zu setzen. Insbesondere in Fällen, in denen Zweifel bestehen, ob die geltend gemachte Spende tatsächlich aus den Mitteln des Spenders abgeflossen ist, sind Kontrollmitteilungen für das Finanzamt des Spendenempfängers zu fertigen. Letzteres prüft schließlich, ob die Voraussetzungen für eine Inanspruchnahme nach § 10b Abs. 4 EStG, § 9 Abs. 3 KStG, § 9 Nr. 5 GewStG gegeben sind und erlässt ggf. entsprechende Haftungsbescheide.

    Bei Feststellung einer fehlerhaften Verwendung ist jeweils zu prüfen, ob der Spender Kenntnis von der fehlerhaften Verwendung hatte und/oder die Bestätigung durch unlautere Mittel oder falsche Angaben erwirkt hat.

20. Gemäß § 10b Abs. 1 S. 7 EStG sind **Mitgliedsbeträge** an Körperschaften, die Kunst und Kultur im Sinne des § 52 Abs. 2 S. 1 Nr. 5 AO fördern, als Spende abziehbar. Es darf sich dabei jedoch nicht um Mitgliedsbeiträge handeln, die die Voraussetzungen des § 10b Abs. 1 S. 8 EStG erfüllen.

    Zu den nicht abzugsfähigen Mitgliedsbeiträgen gehören demnach Mitgliedsbeiträge an Körperschaften, die
    – den Sport (§ 52 Abs. 2 S. 1 Nr. 21 AO)
    – kulturelle Betätigungen, die in erster Linie der Freizeitgestaltung dienen,
    – die Heimatpflege und Heimatkunde (§ 52 Abs. 2 S. 1 Nr. 22 AO) oder
    – Zwecke im Sinne des § 52 Abs. 2 S. 1 Nr. 23 AO
    fördern.

    Zwecke, die unter § 52 Abs. 2 S. 1 Nr. 23 AO fallen, sind: die Förderung der Tier- und Pflanzenzucht, der Kleingärtnerei, des traditionellen Brauchtums einschließlich des Karnevals, der Fastnacht und des Faschings, der Soldaten- und Reservistenbetreuung, des Amateurfunkens, des Modellflugs und des Hundesports.

Anlage § 010d–01

Zu § 10d EStG

Verlustabzug nach § 10d EStG in Erbfällen

– BdF-Schreiben vom 24.07.2008 – IV C 4-S 2225/07/0006, 2008/0397612 (BStBl. I S. 809) –

Mit Beschluss vom 17. Dezember 2007 – GrS 2/04 – (BStBl. 2008 II S. 608) hat der Große Senat des BFH entschieden, dass der Erbe einen vom Erblasser nicht ausgenutzten Verlustabzug gemäß § 10 d EStG nicht bei seiner eigenen Veranlagung zur Einkommensteuer geltend machen kann. Mit dieser Entscheidung wendet sich der Große Senat des BFH gegen die seit über 40 Jahren bestehende Rechtsprechung und Verwaltungspraxis, wonach ein solcher Verlustabzug bei der Einkommensermittlung des Erben berücksichtigt wurde. Der BFH will jedoch seine bisherige – mit dieser Entscheidung überholte – Rechtsprechung aus Vertrauensschutzgründen weiterhin auf jene Erbfälle anwenden, die bis zum Ablauf des Tages der Veröffentlichung des Beschlusses eingetreten sind. Der Beschluss wurde erstmals am 12. März 2008 auf der Internetseite des BFH veröffentlicht.

Unter Bezugnahme auf das Ergebnis der Erörterungen mit den obersten Finanzbehörden der Länder ist die bisherige Rechtsprechung – in Abweichung von der o. g. Entscheidung – weiterhin bis zum Ablauf des Tages der Veröffentlichung der Entscheidung im Bundessteuerblatt *(Anmerkung: 18.08.2008)* anzuwenden.

Zu § 10d EStG   **Anlage § 010d–02**

Verlustabzug nach § 10d EStG;
Anwendung der Verlustabzugsbeschränkung des § 10d EStG bei besonderen Verrechnungsbeschränkungen (§ 2b EStG, § 15 Abs. 4 Satz 1 und 2 sowie den Sätzen 3 bis 5 und 6 bis 8 EStG; §§ 22 Nrn. 2, 3 und 23 EStG)

– BdF-Schreiben vom 29.11.2004 – IV C 8 – S 2225 – 5/04 (BStBl. I S. 1097) –

Der Verlustabzug nach § 10d EStG wurde durch das Gesetz zur Umsetzung der Protokollerklärung der Bundesregierung zur Vermittlungsempfehlung zum Steuervergünstigungsabbaugesetz vom 22. Dezember 2003 (BGBl. I S. 2840) neu geregelt. Im Rahmen des § 2b EStG, § 15 Abs. 4 Satz 1 und 2 sowie den Sätzen 3 bis 5 und 6 bis 8 EStG, §§ 22 Nrn. 2, 3 und 23 EStG gelten gesonderte Verlustverrechnungsbeschränkungen (besondere Verrechnungskreise). Dabei mindern die negativen Einkünfte jeweils „nach Maßgabe des § 10d" die positiven Einkünfte. Im Einvernehmen mit den obersten Finanzbehörden der Länder gilt für die Anwendung der Verlustabzugsbeschränkungen des § 10d Abs. 1 und 2 EStG neuer Fassung innerhalb der besonderen Verrechnungskreise Folgendes:

Die Abzugsbeschränkung des § 10d Abs. 2 EStG ist sowohl im Rahmen des Verlustvortrags nach § 10d Abs. 2 EStG als auch innerhalb der besonderen Verrechnungskreise in Ansatz zu bringen. Dabei stellen die Einkünfte aus § 15 Abs. 4 Satz 1 und 2 sowie den Sätzen 3 bis 5 und 6 bis 8 EStG jeweils gesonderte besondere Verrechnungskreise dar.

Beispiel:
Sachverhalt:

Einkünfte § 21 EStG		5 000 000 €
Einkünfte §§ 22 Nr. 2, 23 EStG		2 500 000 €
Verlustvortrag §§ 22 Nr. 2, 23 EStG		2 000 000 €
Verlustvortrag nach § 10d Abs. 2 EStG		4 000 000 €
Besonderer Verrechnungskreis:		
Einkünfte §§ 22 Nr. 2, 23 EStG	2 500 000 €	2 500 000 €
Berechnung des abziehbaren Betrags		
(nach Maßgabe des § 10d Abs. 2 EStG)		
Sockelbetrag	1 000 000 €	
Zuzüglich 60 v. H. des verbleibenden Betrags i. H. v. 1 500 000 €	900 000 €	
Maximal abziehbarer Betrag	1 900 000 €	
Vorhandener Verlustvortrag §§ 22 Nr. 2, 23 EStG	2 000 000 €	
Abziehbarer Betrag		1 900 000 €
In den G. d. E. eingehender Gewinn		600 000 €
G. d. E.		
Einkünfte § 21 EStG		5 000 000 €
Einkünfte §§ 22 Nr. 2, 23 EStG		600 000 €
G. d. E.		5 600 000 €
Verlustvortrag nach § 10d Abs. 2 EStG		
Gesamtbetrag der Einkünfte		5 600 000 €
Berechnung des abziehbaren Betrags (§ 10d Abs. 2 EStG)		
Sockelbetrag	1 000 000 €	
Zuzüglich 60 v. H. des verbleibenden Betrags i. H. v. 4 600 000 €	2 760 000 €	
Maximal abziehbarer Betrag	3 760 000 €	
Vorhandener Verlustvortrag § 10d Abs. 2 EStG	4 000 000 €	
Abziehbarer Betrag		3 760 000 €
Ergebnis (G. d. E. nach Verlustabzug)		1 840 000 €

Liegen bei einem Steuerpflichtigen Einkünfte aus mehreren besonderen Verrechnungskreisen vor, findet die Abzugsbeschränkung bei jedem der besonderen Verrechnungskreise gesondert Anwendung.

Anlage § 010d–02

Zu § 10d EStG

Bei zusammen veranlagten Ehegatten ist Abzugsbeschränkung von 1 Mio. € zu verdoppeln und ebenso wie die Grenze von 60 % auf die zusammengerechneten Einkünfte der Ehegatten aus dem jeweiligen besonderen Verrechnungskreis anzuwenden.

Bei der Behandlung des Höchstbetrags für den Verlustrücktrag nach § 10d Abs. 1 EStG ist entsprechen zu verfahren.

Soweit sich aus RdNr. 42, vorletzter Satz, des BMF-Schreibens vom 5. Oktober 2000 (BStBl. I S. 1383) etwas anderes ergibt, geht die vorliegende Neuregelung hinsichtlich der besonderen Verrechnungskreise vor.

Die vorstehenden Regelungen sind erstmals für den Veranlagungszeitraum 2004 sowie auf den Verlustrücktrag aus dem Veranlagungszeitraum 2004 in den Veranlagungszeitraum 2003 anzuwenden.

Vererbbarkeit von Verlusten; Anwendung der Rechtsprechung auf andere Verlustverrechnungskreise

I. – Erlass FM Schleswig-Holstein vom 23.03.2011 – VI 303 – S 2225 – 033–

Mit dem Beschluss vom 17.12.2007 (GrS 2/04; BStBl. 2008 II, 608) hat der Große Senat des BFH (GrS) entschieden, dass der Erbe einen vom Erblasser nicht ausgenutzten Verlustabzug gemäß § 10d EStG nicht bei seiner eigenen Veranlagung zur Einkommensteuer geltend machen kann. Der Verlustabzug umfasst nach den Formulierungen des § 10d Abs. 1 Satz 1 und Abs. 2 Satz 1 EStG den Verlustrücktrag und Verlustvortrag. Das mit der Veröffentlichung des Beschlusses im Bundessteuerblatt einhergehende BMF-Schreiben vom 24.7.2008 (BStBl. I, 809)[1] übernimmt die begriffliche Festlegung des GrS und äußert sich hinsichtlich der Anwendung des Beschlusses nur zum Verlustabzug nach § 10d EStG. Ausführungen zum Verlustausgleich, insbesondere zur Frage der Übertragbarkeit der Rechtsgrundsätze der Entscheidung auf den Verlustausgleich bei Ehegatten und auf andere Verlustverrechnungskreise, enthält das BMF-Schreiben nicht.

In derartigen Fällen ist daher wie folgt zu verfahren:

Im Todeszeitpunkt noch nicht ausgeglichene Verluste des Erblassers können im Todesjahr grundsätzlich nur mit positiven Einkünften des Erblassers ausgeglichen werden. Darüber hinausgehende nicht ausgeglichene Verluste können grundsätzlich nicht im Rahmen des Verlustausgleiches bei der Veranlagung der Erben Berücksichtigung finden.

Verlustausgleich und Verlustabzug bei Ehegatten

Etwas anderes gilt jedoch bei der Veranlagung von Ehegatten. Hier können im Todesjahr, soweit der überlebende Ehegatte Erbe ist und die Ehegatten nach §§ 26, 26b EStG zusammen veranlagt werden, die Verluste des verstorbenen Ehegatten mit positiven Einkünften des überlebenden Ehegatten ausgeglichen werden.

Werden die Ehegatten für das Todesjahr zusammen veranlagt und erfolgt für das Vorjahr ebenfalls eine Zusammenveranlagung, ist ein Rücktrag des nicht ausgeglichenen Verlustes des Erblassers in das Vorjahr möglich.

Werden die Ehegatten für das Todesjahr zusammen veranlagt und erfolgt für das Vorjahr eine getrennte Veranlagung, ist ein Rücktrag des noch nicht ausgeglichenen Verlustes des Erblassers nur bei der getrennten Veranlagung des Erblassers zu berücksichtigen (§ 62d Abs. 1 EStDV).

Im Fall der getrennten Veranlagung im Todesjahr und einer Zusammenveranlagung im Vorjahr ist der Verlust aus dem Todesjahr des Erblassers nach § 10d Abs. 1 EStG i. V. m. § 62d Abs. 2 EStDV zurück zu tragen.

Bei getrennter Veranlagung in beiden Jahren kommt ein Rücktrag des noch nicht ausgeglichenen Verlustes des Erblassers nur in dessen Veranlagung des Vorjahres in Betracht.

Anwendung des Beschlusses des Großen Senats auf besondere Verlustverrechnungskreise

Negative ausländische Einkünfte gem. § 2a Abs. 1 EStG

Die Rechtsprechungsgrundsätze des Großen Senats zur Nichtvererblichkeit von Verlusten sind auch auf die Regelungen des § 2a Abs. 1 EStG anzuwenden, da diese wie § 10d EStG an das Prinzip der individuellen Leistungsfähigkeit anknüpfen und insoweit vergleichbar sind. Eine Differenzierung der einzelnen in § 2a Abs. 1 EStG genannten Tatbestände kommt nicht in Betracht.

Hinzurechnung zuvor abgezogener ausländischer Betriebsstättenverluste nach § 2 AuslInvG bzw. § 2a Abs. 3 EStG a. F.

Beim Erben ist gem. § 2a Abs. 3 EStG a. F. eine Hinzurechnung der vom Erblasser erzielten Verluste vorzunehmen (Nachversteuerungsregelung). Auch bei erzielten Verlusten nach § 2 AuslInvG – der Vorgängervorschrift des § 2a Abs. 3 EStG a. F. – ist eine Hinzurechnung der vom Erblasser erzielten Verluste beim Erben durchzuführen (s. auch Beschluss des BFH vom 25.8.2010 – I R 13/09 – BStBl. 2011 II S. 113).

Verluste aus bestimmten Einkunftsarten und Quellen, § 15 Abs. 4, §§ 15a und 15b EStG

In den Fällen, in denen ein Betrieb, Teilbetrieb oder Mitunternehmeranteil nach § 6 Abs. 3 EStG auf den Erben übergeht, geht auch der nach § 15 Abs. 4 Satz 1 und 2 EStG (Verluste aus gewerblicher Tierzucht)

---

1) Siehe Anlage § 010d-01.

Anlage § 010d–03

Zu § 10d EStG

festgestellte Verlust über. In Fällen, in denen der Betrieb, Teilbetrieb oder Mitunternehmeranteil durch den Erblasser aufgegeben oder veräußert wurde, und in den Fällen des § 15 Abs. 4 Satz 3 bis 5 EStG (Verluste aus Termingeschäften) findet die Rechtsprechung des Großen Senats jedoch Anwendung, da kein Betrieb, Teilbetrieb oder Mitunternehmeranteil mehr vorhanden ist, mit dem der Verlust untrennbar verknüpft werden kann.

Im Rahmen der §§ 15a und 15b EStG gilt die Entscheidung des Großen Senats – durch die Einkunfts- bzw. Quellenbezogenheit der Verluste – nicht.

Verluste aus Kapitalvermögen gem. § 20 Abs. 6 EStG (ab Veranlagungszeitraum 2009)
Der Beschluss ist mit der Folge der Nichtübertragbarkeit der Verluste auf den Erben entsprechend anzuwenden.

Private Veräußerungsgeschäfte gem. § 22 Nr. 2 i. V. m. § 23 Abs. 3 Satz 7 bis 10 EStG
Die Rechtsprechungsgrundsätze sind auch auf Verluste, die nach § 22 Nr. 2 i. V. m. § 23 Abs. 3 Satz 7 bis 10 EStG verrechenbar sind, übertragbar. Anders ist aber der Fall zu beurteilen, in dem der Erbfall bereits vor verlustbehafteter Tatbestandsverwirklichung eintritt (sog. gespaltene Tatbestandsverwirklichung). Dieses ist dann der Fall, wenn der Erbfall nach dem Anschaffungsvorgang aber vor dem Veräußerungsgeschäft eintritt.

Einkünfte aus sonstigen Leistungen gem. § 22 Nr. 3 Satz 4 EStG
Der Beschluss ist entsprechend anzuwenden.

Schuldzinsenabzug gem. § 4 Abs. 4a EStG
In Fällen des § 4 Abs. 4a EStG gelten die Grundsätze zu § 6 Abs. 3 EStG entsprechend. Die Rechtsgrundsätze des GrS sind somit nicht übertragbar.

Zusammenfassung

Verlustverrechnungskreis	Anwendbarkeit der Grundsätze des BFH-Beschlusses (Ausschluss der Vererbbarkeit von Verlusten)		
	JA	NEIN	Anmerkungen
§ 2a Abs. 1 EStG	X		
§ 2a Abs. 3 EStG a. F. oder § 2 AuslInvG		X	
§ 15 Abs. 4 EStG	X eingeschränkt		Ausnahme: Aufgabe oder Veräußerung eines Betriebs, Mitunternehmeranteils oder Teilbetriebs bereits vor dem Erbfall
§ 15a EStG		X	
§ 15b EStG		X	
§ 20 Abs. 6 EStG	X		ab VZ 2009
§ 22 Nummer 2 i. V. m. § 23 Abs. 3 Satz 7 bis 10 EStG	X eingeschränkt		Ausnahme: Eintritt des Erbfalls vor verlustbehafteter Veräußerung
§ 22 Nummer 3 Satz 4 EStG	X		

Diese Regelungen sind in allen offenen Fällen anzuwenden, in denen der Erbfall nach dem 18.8.2008 (Tag der Veröffentlichung des Beschlusses des Großen Senats im Bundessteuerblatt) eingetreten ist. Soweit die Regelungen den Verlustabzug beim Erben – weiterhin – zulassen (z. B. §§ 15a und 15b EStG) gelten sie auch für vor dem 19.8.2008 eingetretene Erbfälle. Dies gilt auch für die Hinzurechnungsverpflichtung nach § 2 AuslInvG bzw. § 2a Abs. 3 EStG a. F.

Anlage § 010d–03

II. – Verfügung OFD Koblenz vom 20.07.2011 – S 2225 A – St 32 1 –

Der Große Senat des Bundesfinanzhofs hat mit Beschluss vom 17. Dezember 2007 (BStBl. II 2008, 608) entschieden, dass der Erbe einen vom Erblasser nicht ausgenutzten Verlustabzug (Verlustvortrag nach § 10d EStG) nicht bei seiner eigenen Einkommensteuerveranlagung geltend machen kann.
In Ergänzung der BMF-Schreiben vom 24. Juli 2008 (BStBl. I S. 809)[1] und vom 29. November 2004 (BStBl. I S. 1097)[2] zur Anwendung des o. g. Beschlusses gelten die nachfolgenden Ausführungen:

I. Verlustausgleich/-abzug

1. Grundsatz

Die einzelne natürliche Person ist das Zurechnungssubjekt der von ihr erzielten Einkünfte (§ 2 Absatz 1 EStG), so dass die persönliche Steuerpflicht auf die Lebenszeit einer Person beschränkt ist und mit dem Tod endet. Ungenutzte vortragsfähige Verluste des Erblassers verfallen grundsätzlich; sie können nicht im Rahmen des Verlustausgleichs und -abzugs bei der Veranlagung des Erben berücksichtigt werden, da Erblasser und Erbe in der Regel zwei verschiedene Einkommensteuerrechtssubjekte sind. 1

Im Todeszeitpunkt nicht aufgezehrte Verluste des Erblassers können somit im Todesjahr nur in den Verlustausgleich nach § 2 Absatz 3 EStG (Ausgleich mit positiven Einkünften des Erblassers) und unter Beachtung der Mindestbesteuerung nach § 10d EStG bei der Veranlagung des Erblassers einfließen. Eine abweichende Festsetzung aus (sachlichen) Billigkeitsgründen, die von einer Anwendung der Mindestbesteuerung unter Hinweis auf § 163 AO absieht, ist nicht möglich.

2. Verlustausgleich und Verlustabzug bei Ehegatten

Bei Ehegatten können im Todeszeitpunkt noch nicht ausgeglichene Verluste des Erblassers bei der Veranlagung für das Todesjahr im Rahmen der Zusammenveranlagung mit positiven Einkünften des überlebenden Ehegatten, soweit er Erbe ist, ausgeglichen werden. 2

Für den Verlustabzug nach § 10d EStG gilt Folgendes:

Werden die Ehegatten für das Todesjahr nach §§ 26, 26b EStG zusammen veranlagt und erfolgt für das Vorjahr ebenfalls eine Zusammenveranlagung, ist ein Rücktrag des nicht ausgeglichenen Verlusts des Erblassers in das Vorjahr möglich. Werden die Ehegatten für das Todesjahr zusammen veranlagt und erfolgt für das Vorjahr eine getrennte Veranlagung, ist ein Rücktrag des noch nicht ausgeglichenen Verlusts des Erblassers nur bei der getrennten Veranlagung des Erblassers zu berücksichtigen (§ 62d Absatz 1 EStDV).

Werden die Ehegatten für das Todesjahr getrennt veranlagt und erfolgt für das Vorjahr eine Zusammenveranlagung, ist ein Rücktrag des nicht ausgeglichenen Verlusts des Erblassers in das Vorjahr möglich (§ 62d Absatz 2 Satz 1 EStDV). Werden die Ehegatten für das Todesjahr getrennt veranlagt und erfolgt auch für das Vorjahr eine getrennte Veranlagung, ist ein Rücktrag des noch nicht ausgeglichenen Verlusts des Erblassers nur bei der getrennten Veranlagung des Erblassers zu berücksichtigen.

Für den überlebenden Ehegatten sind für die Feststellung des verbleibenden Verlustvortrags auf den Schluss des Todesjahres des Erblassers und die Anwendung der sog. Mindestbesteuerung nach § 10d Absatz 2 EStG in den Folgejahren allein die auf den überlebenden Ehegatten entfallenden nicht ausgeglichenen negativen Einkünfte maßgeblich.

II. Anwendung bei besonderen Verlustverrechnungskreisen

Der Beschluss des Großen Senats zum Verlustabzug nach § 10d EStG in Erbfällen hat auch Auswirkungen auf die gesonderten Verlustverrechnungskreise des Einkommensteuergesetzes. 3

---

1) Siehe Anlage § 010d-01.
2) Siehe Anlage § 010d-02.

Anlage § 010d–03

Zu § 10d EStG

Diese sind in der nachfolgenden tabellarischen Übersicht zusammengefasst dargestellt:

Verlustverrechnungskreis	Anwendbarkeit der Grundsätze des BFH-Beschlusses (Ausschluss der Vererbbarkeit von Verlusten bzw. Hinzurechnungspotential)		
	JA	NEIN	Anmerkungen
§ 2a Abs. 1 EStG	X		Siehe Rn. 4
§ 2a Abs. 3 EStG a. F. oder § 2 AuslInvG		X	Siehe Rn. 5 oder 6
§ 15 Abs. 4 Satz 1 und 2 EStG		X	Siehe Rn. 8: Ausnahme: Aufgabe oder Veräußerung des verlustbehafteten Betriebs, Mitunternehmeranteils oder Teilbetriebs bereits vor dem Erbfall
§ 15 Abs. 4 Satz 3 bis 5 EStG	X		Siehe Rn. 8
§ 15a EStG		X	Siehe Rn. 9
§ 15b EStG		X	Siehe Rn. 9
§ 20 Abs. 6 EStG	X		Siehe Rn. 10: ab VZ 2009
§ 22 Nummer 2 i. V. m. § 23 Abs. 3 Satz 7 bis 10 EStG	X		Siehe Rn. 11: Ausnahme: Eintritt des Erbfalls vor verlustbehafteter Veräußerung
§ 22 Nummer 3 Satz 4 bis 6 EStG	X		Siehe Rn. 12

1. Negative ausländische Einkünfte nach § 2a Absatz 1 EStG

4   Die Grundsätze des Beschlusses des Großen Senats zur Nichtvererblichkeit von Verlusten nach § 10d EStG sind auch auf die Regelungen des § 2a Absatz 1 EStG anzuwenden, da diese wie § 10d EStG an das Prinzip der individuellen Leistungsfähigkeit anknüpfen und insoweit vergleichbar sind. Eine Differenzierung der einzelnen, in § 2a Absatz 1 EStG genannten Tatbestände kommt nicht in Betracht.

2. Hinzurechnung zuvor abgezogener ausländischer Betriebsstättenverluste nach § 2a Absatz 3 EStG a. F. oder § 2 AuslInvG

a) § 2a Absatz 3 EStG a. F.

5   Hingegen ist beim Erben gemäß § 2a Absatz 3 EStG a. F. eine Hinzurechnung der vom Erblasser erzielten Verluste vorzunehmen (Nachversteuerungsregelung). Denn bei § 2a Absatz 3 EStG a. F. handelt es sich um eine Nachversteuerungsregelung, die einen anderen Rechtscharakter als § 10d EStG hat. Dieser kommt daher eine Sonderstellung bei den Verlustverrechnungsvorschriften zu.

b) § 2 AuslInvG

6   Dem entsprechend ist auch nach § 2 AuslInvG – der Vorgängervorschrift von § 2a Absatz 3 EStG a. F. – eine Hinzurechnung der vom Erblasser erzielten Verluste beim Erben vorzunehmen (BFH-Beschluss vom 25. August 2010, BStBl. 2011 II S. 113).

3. Verluste bestimmter Einkunftsarten und Quellen, § 15 Absatz 4, §§ 15a und 15b EStG

7   Die Grundsätze der o. g. Entscheidung des Großen Senats sind nicht auf andere Vorschriften übertragbar, wenn der Verlust einer bestimmten Einkunftsquelle zuzuordnen ist. Daher ist in derartigen Fällen eine Verlustübertragung zwischen Erblasser und Erben weiterhin möglich.

Im Einzelnen gilt:

a) § 15 Absatz 4 EStG

8   In den Fällen, in denen ein Betrieb, Mitunternehmeranteil oder Teilbetrieb nach § 6 Absatz 3 EStG auf den Erben übergeht, geht auch ein nach § 15 Absatz 4 Satz 1 und 2 EStG (Verluste aus gewerblicher Tierzucht oder gewerblicher Tierhaltung) festgestellter Verlust auf den Erben über.

Zu § 10d EStG   **Anlage § 010d–03**

In Fällen, in denen der Betrieb, Mitunternehmeranteil oder Teilbetrieb jedoch bereits durch den Erblasser zu Lebzeiten aufgegeben oder veräußert wurde, gehen die verrechenbar festgestellten Verluste nicht auf den Erben über. Es ist kein Betrieb, Mitunternehmeranteil oder Teilbetrieb mehr vorhanden, mit dem der Verlust untrennbar verknüpft werden kann. In den Fällen des § 15 Absatz 4 Satz 3 bis 5 EStG (Verluste aus Termingeschäften) gehen die verrechenbar festgestellten Verluste ebenfalls nicht auf den Erben über.

b) § 15a und § 15b EStG
Die Grundsätze der o. g. Entscheidung des Großen Senats sind auf Verluste, die nach § 15a und § 15b EStG verrechenbar sind, aufgrund der Quellenbezogenheit nicht übertragbar. Diese Verluste gehen daher weiterhin auf den Erben über. 9

c) Verluste aus Kapitalvermögen nach § 20 Absatz 6 EStG / Verlustverrechnung nach § 43a Absatz 3 EStG (ab Veranlagungszeitraum 2009)
Die Grundsätze der o. g. Entscheidung des Großen Senats sind auf Verluste, die nach § 20 Absatz 6 EStG bzw. § 43a Absatz 3 EStG verrechenbar sind, übertragbar. 10

d) Private Veräußerungsgeschäfte nach § 22 Nummer 2 i. V. m. § 23 Absatz 3 Satz 7 bis 10 EStG
Die Grundsätze der o. a. Entscheidung des Großen Senats sind auf Verluste, die nach § 22 Nummer 2 i. V. m. § 23 Absatz 3 Satz 7 bis 10 EStG verrechenbar sind, übertragbar. Die vor dem Erbfall entstandenen Verluste aus privaten Veräußerungsgeschäften nach § 23 Absatz 3 EStG sind nicht vererblich. 11

Anders ist aber der Fall zu beurteilen, in dem der Erbfall nach dem Anschaffungsvorgang und vor dem Veräußerungsgeschäft i. S. d. § 23 EStG eintritt. Wird der Tatbestand der verlustbehafteten Veräußerung erst durch den Erben verwirklicht, ist dem Erben der nach dem Erbfall tatsächlich realisierte Verlust zuzurechnen. Mit dem Erbvorgang wird der Erbe Gesamtrechtsnachfolger und tritt in die Rechtsstellung des Erwerbers ein.

e) Einkünfte aus sonstigen Leistungen nach § 22 Nummer 3 Satz 4 bis 6 EStG
Die Grundsätze der o. g. Entscheidung des Großen Senats sind auf Verluste, die nach § 22 Nummer 3 Satz 4 bis 6 EStG verrechenbar sind, übertragbar. 12

III. Auswirkungen auf den Schuldzinsenabzug nach § 4 Absatz 4a EStG
In Bezug auf die Anwendung des § 4 Absatz 4a EStG gelten die Grundsätze des § 6 Absatz 3 EStG entsprechend. Die Grundsätze des Beschlusses sind damit hierauf nicht übertragbar. 13

IV. Spendenvortrag nach § 10b Absatz 1 Satz 9 und 10 EStG
Die Grundsätze der o. g. Entscheidung des Großen Senats sind auf den Spendenvortrag nach § 10b Absatz 1 Satz 9 und 10 EStG übertragbar (BFH-Urteil vom 21. Oktober 2008, X R 44/05). 14

V. Anwendungsregelung
Diese Rundverfügung ist in allen offenen Fällen anzuwenden. Soweit sich eine für den Erben belastende Änderung der Rechtslage ergibt, gilt dies nur, wenn der Erbfall nach dem 18. August 2008 (Tag der Veröffentlichung des o. a. Beschlusses des Großen Senats des Bundesfinanzhofs im Bundessteuerblatt) eingetreten ist. 15

Anlage § 010d–04   Zu § 10d EStG

Mindestgewinnbesteuerung nach § 10d Absatz 2 Satz 1 und 2 EStG; Beschluss des Bundesfinanzhofs vom 26. August 2010 – I B 49/10 –

– BdF-Schreiben vom 19.10.2011 – IV C 2 – S 2741/10/10002, 2010/1012683 (BStBl. I S. 974) –

Der Bundesfinanzhof hat mit Beschluss vom 26.08.2010 – I B 49/10 entschieden, dass es ernstlich zweifelhaft ist, ob die sog. Mindestgewinnbesteuerung gemäß § 10d Absatz 2 Satz 1 EStG 2002 n. F. verfassungsrechtlichen Anforderungen auch dann standhält, wenn eine Verlustverrechnung in späteren Veranlagungszeiträumen aus rechtlichen Gründen (hier: nach § 8c KStG) endgültig ausgeschlossen ist.

Im Einvernehmen mit den obersten Finanzbehörden der Länder nehme ich zur Frage der Gewährung einer Aussetzung der Vollziehung (§ 361 AO, § 69 Absatz 2 FGO) von Einkommensteuer-, Körperschaftsteuer- und Gewerbesteuermessbetragsbescheiden wie folgt Stellung:

1. Aussetzung der Vollziehung ist auf Antrag in den in dem Beschluss genannten Fällen zu gewähren, in denen es aufgrund des Zusammenwirkens der Anwendung der Mindestgewinnbesteuerung nach § 10d Absatz 2 Satz 1 und 2 EStG oder § 10a GewStG und eines tatsächlichen oder rechtlichen Grundes, der zum endgültigen Ausschluss einer Verlustnutzungsmöglichkeit führt, zu einem Definitiveffekt kommt.

   Im Einzelnen handelt es sich um Fälle
   – des schädlichen Beteiligungserwerbs nach § 8c KStG in den Fassungen vor dem Wachstumsbeschleunigungsgesetz vom 22. Dezember 2009 (BStBl. 2010 I Seite 2),
   – der Umwandlung beim übertragenden Rechtsträger (§ 12 Absatz 3 i. V. m. § 4 Absatz 2 Satz 2 UmwStG),
   – der Liquidation einer Körperschaft,
   – der Beendigung der persönlichen Steuerpflicht (Tod einer natürlichen Person) bei fehlender Möglichkeit der „Verlustvererbung".

   Die Aussetzung der Vollziehung ist auf die oben genannten Fallgruppen beschränkt.

   Keine Aussetzung der Vollziehung ist dementsprechend insbesondere in den Fällen des § 10a GewStG bei Ausscheiden eines Gesellschafters aus einer Mitunternehmerschaft zu gewähren.

   Aussetzung der Vollziehung ist nicht in Missbrauchsfällen (Rz. 19 des BFH-Beschlusses) zu gewähren. Dies gilt insbesondere für den endgültigen Ausschluss der Verlustverrechnung in Fällen des § 8 Absatz 4 KStG 2002 a. F. (sog. Mantelkaufregelung).

2. Kommt es aufgrund eines rechtlichen Grundes (§ 8c KStG – in den Fassungen vor dem Wachstumsbeschleunigungsgesetz- bzw. § 12 Absatz 3i. V. m. § 4 Absatz 2 Satz 2 UmwStG) zu einem endgültigen Ausschluss der Verlustverrechnung, ist die Aussetzung der Vollziehung auf Veranlagungszeiträume (VZ) bzw. Erhebungszeiträume (EZ) bis zu dem schädlichen Ereignis beschränkt.

   Beispiel 1: Aufgrund einer Veräußerung von 100 % der Anteile an der X-GmbH zum 1. Januar 2009 sind nicht genutzte Verluste nach § 8c KStG (bzw. § 10a Satz 10 GewStG) ab dem VZ (bzw. EZ) 2009 endgültig nicht mehr abziehbar. Im Wirtschaftsjahr (Wj. = Kj.) 2009 erzielt die GmbH Gewinne.

   Ergebnis: Eine Aussetzung der Vollziehung des Körperschaftsteuerbescheids für den VZ 2009 und des Gewerbesteuermessbetragsbescheids für den EZ 2009 ist nicht zu gewähren. Die Aussetzung der Vollziehung ist auf VZ / EZ bis einschließlich 2008 beschränkt.

3. Die Aussetzung der Vollziehung ist bei einem quotalen Verlustuntergang nach § 8c Satz 1 KStG bzw. § 8c Absatz 1 Satz 1 KStG (schädlicher Beteiligungserwerb von bis zu 50 % der Anteile an einer Kapitalgesellschaft) wie folgt zu berechnen:

   Beispiel 2: Veräußert werden zum 1. Januar 2009 40 % der Anteile an der Y-GmbH; der Tatbestand des § 8c Satz 1 KStG ist erfüllt. Im VZ 2008 wird von dem Gesamtbetrag der Einkünfte in Höhe von 4.000.000 € ein Verlustabzug nach § 10d Absatz 2 Satz 1 EStG in Höhe von 2.800.000 € (= 1.000.000 € + 60 % von 3.000.000 €) vorgenommen. Es ergibt sich ein zu versteuerndes Einkommen von 1.200.000 €. Der verbleibende Verlustabzug zum 31. Dezember 2008 beträgt
   a) 1.000.000 €,
   b) 1.500.000 €,
   c) 4.000.000 €.

   Gegen den Körperschaftsteuerbescheid 2008 legt die Y-GmbH Einspruch ein und beantragt Aussetzung der Vollziehung.

Zu § 10d EStG **Anlage § 010d–04**

Ergebnis: Aussetzung der Vollziehung ist in Höhe von 40 % (= quotaler Verlustuntergang nach § 8c KStG) des aufgrund der Mindestgewinnbesteuerung nicht gewährten Verlustabzugs, max. in Höhe von 40 % des verbleibenden Verlustabzugs, zu gewähren. Danach kann die Steuer auf folgende Beträge von der Vollziehung ausgesetzt werden:
a) 40 % von 1.000.000 € = 400.000 €,
b) 40 % von 1.200.000 € = 480.000 €,
c) 40 % von 1.200.000 € = 480.000 €.

4. Kommt bei einem unterjährigem Beteiligungserwerb in einem VZ (bzw. EZ) sowohl § 8c Satz 1 KStG bzw. § 8c Absatz 1 Satz 1 KStG als auch die Mindestgewinnbesteuerung nach § 10d Absatz 2 Satz 1 EStG zur Anwendung, kann Aussetzung der Vollziehung für diesen VZ / EZ nicht gewährt werden (Rz. 31 des BMF-Schreibens vom 4. Juli 2008 (BStBl. I Seite 736)).

Beispiel 3: Wie Beispiel 2. Die Veräußerung der Anteile erfolgt aber zum 30. September 2008.

Ergebnis: Eine Aussetzung der Vollziehung für den VZ 2008 ist abzulehnen.

5. Die allgemeinen Grundsätze für die Gewährung der Aussetzung der Vollziehung sind zu beachten. Eine Aussetzung der Vollziehung setzt insbesondere die Vollziehbarkeit eines Steuerbescheids voraus (AEAO zu § 361, Nr. 2.3).

Beispiel 4: Aufgrund der in Beispiel 1 dargestellten Anteilsveräußerung zum 1. Januar 2009 wendet sich die X-GmbH gegen die Mindestgewinnbesteuerung nach § 10d Absatz 2 Satz 1 EStG und beantragt die Änderung des formell bestandskräftigen Körperschaftsteuerbescheids 2007 nach § 164 Absatz 2 AO bzw. § 175 Absatz 1 Satz 1 Nummer 2 AO. Gegen die Ablehnung der Änderung des Bescheids legt die X-GmbH Einspruch ein und beantragt Aussetzung der Vollziehung.

Ergebnis: Eine Aussetzung der Vollziehung ist abzulehnen (AEAO zu § 361, Nr. 2.3.2, 3. Spiegelstrich).

Anlage § 011–01

Zu § 11 EStG

Umsatzsteuervorauszahlungen als regelmäßig wiederkehrende Ausgaben
Umsatzsteuererstattungen als regelmäßig wiederkehrende Einnahmen

– I. BdF-Schreiben vom 10.11.2008 – IV C 3 – S 2226/07/10001, 2008/0620557 (BStBl. I S. 958) –

Für regelmäßig wiederkehrende Ausgaben gilt § 11 Abs. 1 Satz 2 EStG i. V. m. § 11 Abs. 2 Satz 2 EStG entsprechend, so dass diese als in dem Kalenderjahr abgeflossen gelten, zu dem sie wirtschaftlich gehören, wenn der Steuerpflichtige sie kurze Zeit vor Beginn oder kurze Zeit nach Beendigung dieses Kalenderjahres gezahlt hat.

Der BFH hat mit Urteil vom 1. August 2007 (BStBl. II 2008 S. 282) entschieden, dass Umsatzsteuervorauszahlungen regelmäßig wiederkehrende Ausgaben im Sinne des § 11 Abs. 2 Satz 2 EStG sind. Daher werden sie in dem Kalenderjahr als Betriebsausgabe oder Werbungskosten erfasst, in dem sie entstanden sind, sofern sie innerhalb von 10 Tagen nach Beendigung dieses Kalenderjahres entrichtet wurden. Diese Grundsätze gelten für Umsatzsteuererstattungen entsprechend.

In Abstimmung mit den obersten Finanzbehörden der Länder ist wie folgt zu verfahren: Die Grundsätze des BFH-Urteils vom 1. August 2007 (BStBl. 2008 II S. 282) sind in allen noch offenen Fällen anzuwenden. Es ist jedoch nicht zu beanstanden, wenn sämtliche Umsatzsteuervorauszahlungen und -erstattungen mit Zahlung oder Gutschrift vor dem 30. April 2008 (Veröffentlichung des BFH-Urteils im Bundessteuerblatt) einheitlich nicht als regelmäßig wiederkehrende Ausgaben oder Einnahmen i. S. d. § 11 EStG behandelt werden.

II. Vfg OFD Rheinland vom 29.6.2009 – S 2142 – 2009/0003 – St 142

Im Hinblick auf die Rechtsprechung des BFH, wonach Umsatzsteuervorauszahlungen als regelmäßig wiederkehrende Ausgaben i.S.d. § 11 Abs. 2 Satz 2 EStG zu qualifizieren sind (Urteil vom 01.08.2007, BStBl. II 2008, S. 282), ist die Frage an mich herangetragen worden, ob ein Abfluss i.s.d. § 11 Abs. 2 Satz 1 bzw. Satz 2 EStG im Falle einer erteilten Lastschrifteinzugsermächtigung unabhängig von einer späteren tatsächlichen Inanspruchnahme durch das Finanzamt im Zeitpunkt der Fälligkeit der Umsatzsteuervorauszahlung anzunehmen ist. In diesem Fall wäre die Zahllast einer am 10. Januar fälligen (vgl. § 18 Abs. 1 Satz 4 UStG), aber später eingezogenen Umsatzsteuervorauszahlung regelmäßig im vorangegangenen Kalenderjahr als Betriebsausgabe (bei Einnahmenüberschussrechnung nach § 4 Abs. 3 EStG) bzw. Werbungskosten zu berücksichtigen.

Ich nehme wie folgt Stellung:

Entscheidend dafür, in welchem Veranlagungszeitraum Ausgaben abzusetzen sind, ist der Verlust der wirtschaftlichen Verfügungsmacht über ein Wirtschaftsgut. Im Zusammenhang mit Überweisungen vom laufenden Konto des Steuerpflichtigen wird die Leistung spätestens mit der Lastschrift erbracht. Weist das Konto die nötige Deckung auf, genügt allerdings die Erteilung des Überweisungsauftrags. Abflusszeitpunkt ist dann bereits der Tag des Eingangs des Überweisungsauftrags bei der Überweisungsbank (vgl. Urteil des BFH vom 06.03.1997, BStBl. II 1997, 509).

Im Falle einer Scheckzahlung ist der Abfluss beim Schuldner bereits mit Übergabe des Schecks anzunehmen (vgl. Urteil des BFH vom 24.09.1985, BStBl. II 1986, S. 284, m.w.N.). Einer etwaigen rechtlichen Möglichkeit des Schuldners, eine Sperrung oder einen Widerruf des Schecks zu bewirken, hat der BFH dabei keine Bedeutung beigemessen (vgl. Urteil des BFH vom 08.11.1968, BStBl. II 1969, S. 76). Voraussetzung ist lediglich, dass die Auszahlung bei sofortiger Vorlage des Schecks wegen fehlender Deckung des Kontos nicht verweigert würde und die Einlösung nicht durch eine zivilrechtliche Vereinbarung eingeschränkt ist.

Vor diesem Hintergrund bitte ich die Rechtsauffassung zu vertreten, dass eine Umsatzsteuervorauszahlung im Falle einer erteilten Lastschrifteinzugsermächtigung bei fristgerechter Abgabe der Umsatzsteuer-Voranmeldung bereits im Zeitpunkt der Fälligkeit als abgeflossen i.S.d. § 11 Abs. 2 Satz 1 bzw. Satz 2 EStG anzusehen ist, soweit das betroffene Konto im Fälligkeitszeitpunkt eine hinreichende Deckung aufweist. Eine tatsächlich spätere Inanspruchnahme durch das Finanzamt ist ebenso unbeachtlich wie die Möglichkeit des Steuerpflichtigen, den Lastschrifteinzug im Anschluss an die Abbuchung zu widerrufen.

Zu § 11 EStG

Anlage § 011–01

III. Vfg Bayer.Landesamt für Steuern vom 20.02.2013 – S 2226.2.1-5/4 St 32 –

Es wird für den Zeitpunkt der Erfassung des Zu- bzw. Abflusses grundsätzlich auf die Erlangung bzw. den Verlust der wirtschaftlichen Verfügungsmacht abgestellt (vgl. H 11 (Allgemeines) EStH).

Die Umsatzsteuer gilt hierbei als regelmäßig wiederkehrende Einnahme/Ausgabe (vgl. H 11 (Umsatzsteuervorauszahlungen/-erstattungen) EStH). Dies hat zur Folge, dass die Grundsätze der wirtschaftlichen Zuordnung des § 11 Abs. 1 S. 2 und Abs. 2 S. 2 EStG für Umsatzsteuerzahlungen innerhalb kurzer Zeit (10-Tage-Zeitraum) anzuwenden sind.

1. **Überweisung**

   Der Abfluss erfolgt spätestens im Zeitpunkt der Lastschrift. Der Abfluss kann aber auch bereits mit Eingang des Überweisungsauftrags bei der Überweisungsbank erfolgen, da der Zahlende ab diesem Zeitpunkt keine Verfügungsmacht mehr über den Verlauf der Überweisung hat. Voraussetzung ist allerdings, dass das Konto die nötige Deckung aufweist (vgl. H 11 (Überweisung) EStH). Der Zufluss erfolgt im Zeitpunkt der Gutschrift auf dem Bankkonto, da der Zahlungsempfänger erst ab diesem Zeitpunkt über das Geld verfügen kann.

2. **Scheck**

   Der Zeitpunkt des Abflusses erfolgt mit Hingabe des Schecks; der Zeitpunkt des Zuflusses mit Entgegennahme des Schecks. Voraussetzung ist lediglich, dass die Auszahlung bei sofortiger Vorlage des Schecks wegen fehlender Deckung des Kontos nicht verweigert werden kann und die Einlösung nicht durch eine zivilrechtliche Vereinbarung eingeschränkt ist (vgl. H 11 (Scheck) EStH).

3. **Lastschrifteinzugsverfahren**

   Ist vom Steuerpflichtigen eine Lastschrifteinzugsermächtigung erteilt und wird die Voranmeldung fristgerecht eingereicht, gilt die Zahlung als bereits am Fälligkeitstag abgeflossen i. S. d. § 11 Abs. 2 S. 1 bzw. S. 2 EStG. Voraussetzung ist jedoch, dass das Konto eine entsprechende Deckung aufweist. Eine tatsächlich spätere Abbuchung vom Konto ist ebenso unbeachtlich wie die Möglichkeit des Steuerpflichtigen, den Lastschrifteinzug zu widerrufen (vgl. Urteil des BFH vom 06.03.1997, BStBl. II S. 509). Im Erstattungsfall kommt es dennoch erst im Zeitpunkt der Gutschrift beim Steuerpflichtigen zu einem Zufluss, da er erst zu diesem Zeitpunkt wirtschaftlich über den Geldbetrag verfügen kann.

4. **Umbuchung/Aufrechnung**

   Bei einer Umbuchung handelt es sich um eine Aufrechnung i. S. d. § 226 AO. Der Abfluss und Zufluss erfolgt mit dem Wirksamwerden der Aufrechnungserklärung gem. § 226 AO i. V. m. § 388 BGB. Hierbei handelt es sich um eine einseitige empfangsbedürftige Willenserklärung, die in dem Zeitpunkt wirksam wird, in dem sie in den Machtbereich des Empfängers (= Steuerpflichtiger) gelangt und nach den Umständen zu erwarten ist, dass er von ihr Kenntnis nimmt.

   Die zivilrechtliche Rückwirkung der Aufrechnungserklärung auf den Aufrechnungszeitpunkt ist nicht maßgebend. Für den steuerlichen Zufluss ist rein der Zugang der Aufrechnungserklärung (= Umbuchungsmitteilung) beim Steuerpflichtigen entscheidend (vgl. Urteil des BFH vom 25.10.1994, BStBl. 1995 II S. 121).

5. **Zustimmungsfälle**

   Nach § 220 Abs. 2 S. 1 AO wird der Erstattungsanspruch grundsätzlich mit seiner Entstehung fällig. Ergibt sich der Anspruch aus der Festsetzung von Ansprüchen aus dem Steuerschuldverhältnis, so tritt gemäß § 220 Abs. 2 S. 2 AO die Fälligkeit nicht vor Bekanntgabe der Festsetzung ein. Dies bedeutet, dass ein angemeldeter zustimmungsbedürftiger Steuervergütungsanspruch erst mit Bekanntgabe der Zustimmung an den Steuerpflichtigen fällig wird. Dies erfolgt in der Regel konkludent durch die Gutschrift. Wird die Fälligkeit durch die erst später erfolgte Bekanntgabe der Zustimmung auf ein Datum nach dem 10.01. verschoben, kann die Erstattung nicht mehr im VZ der wirtschaftlichen Zugehörigkeit erfasst werden.

6. **Fälle des § 108 Abs. 3 AO**

   Ist eine Umsatzsteuervorauszahlung an einem Samstag, Sonntag oder Feiertag fällig, verschiebt sich die Fälligkeit nach § 108 Abs. 3 AO auf den nächsten Werktag.

   In solchen Fällen kann die Zahlung erst im VZ der tatsächlichen Zahlung als Betriebsausgabe erfasst werden, da die Fälligkeit nicht mehr innerhalb des 10TageZeitraums liegt (zustimmend FG Niedersachsen vom 24.02.13, 3 K 468/11, Revisionsverfahren anhängig unter BFH, VIII R 34/12).

Anlage § 012–01

Zu § 12 EStG

Steuerliche Behandlung gemischter Aufwendungen

– BdF-Schreiben vom 06.07.2010 – IV C 3 – S 2227/07/10003:002, 2010/0522213 (BStBl. I S. 614) –

Inhaltsübersicht

	Randziffer
1. Allgemeines	1 – 3
2. Nicht abziehbare Aufwendungen der Lebensführung	4 – 7
3. Grundsätze der Aufteilung gemischter Aufwendungen	8 – 9
a) Durch die Einkunftserzielung (mit)veranlasste Aufwendungen	10 – 12
b) Höhe der abziehbaren Aufwendungen	13 – 16
c) Nicht aufteilbare gemischte Aufwendungen	17 – 19
4. Anwendungsregelung	20

Der Große Senat des Bundesfinanzhofs hat mit dem Beschluss vom 21.9.2009 (BStBl. 2010 II S. 672) entschieden, dass § 12 Nummer 1 Satz 2 EStG kein allgemeines Aufteilungs- und Abzugsverbot für Aufwendungen normiert, die sowohl durch die Einkunftserzielung als auch privat veranlasste Teile enthalten (gemischte Aufwendungen). Unter Bezugnahme auf das Ergebnis der Erörterungen mit den obersten Finanzbehörden der Länder gelten zur steuerlichen Beurteilung gemischter Aufwendungen für alle Einkunftsarten und für die verschiedenen Arten der Gewinnermittlung die folgenden Grundsätze:

1. Allgemeines

1 Gemischte Aufwendungen eines Steuerpflichtigen können nach Maßgabe der folgenden Ausführungen grundsätzlich in als Betriebsausgaben oder Werbungskosten abziehbare sowie in privat veranlasste und damit nicht abziehbare Teile aufgeteilt werden, soweit nicht gesetzlich etwas anderes geregelt ist oder es sich um Aufwandspositionen handelt, die durch das steuerliche Existenzminimum abgegolten oder als Sonderausgaben oder als außergewöhnliche Belastungen abziehbar sind.

2 Eine Aufteilung der Aufwendungen kommt nur in Betracht, wenn der Steuerpflichtige die betriebliche oder berufliche Veranlassung im Einzelnen umfassend dargelegt und nachgewiesen hat. Bestehen gewichtige Zweifel an einer betrieblichen oder beruflichen (Mit-)Veranlassung der Aufwendungen, so kommt für die Aufwendungen schon aus diesem Grund ein Abzug insgesamt nicht in Betracht.

3 Die Aufteilung gemischt veranlasster Aufwendungen hat nach einem an objektiven Kriterien orientierten Maßstab der Veranlassungsbeiträge zu erfolgen. Ist eine verlässliche Aufteilung nur mit unverhältnismäßigem Aufwand möglich, erfolgt die Aufteilung im Wege der Schätzung. Fehlt es an einer geeigneten Schätzungsgrundlage oder sind die Veranlassungsbeiträge nicht trennbar, gelten die Aufwendungen als insgesamt privat veranlasst.

2. Nicht abziehbare Aufwendungen der Lebensführung

4 Nach § 12 Nummer 1 Satz 1 EStG sind Aufwendungen für den Haushalt des Steuerpflichtigen und für den Unterhalt seiner Familienangehörigen vollständig vom Betriebsausgaben-/Werbungskostenabzug ausgeschlossen und demzufolge nicht in einen abziehbaren und nicht abziehbaren Teil aufzuteilen. Sie sind durch die Vorschriften zur Berücksichtigung des steuerlichen Existenzminimums (Grundfreibetrag, Freibeträge für Kinder) pauschal abgegolten oder als Sonderausgaben oder als außergewöhnliche Belastungen abziehbar.

Kosten der Lebensführung in diesem Sinne sind insbesondere Aufwendungen für

– Wohnung,
– Ernährung,
– Kleidung,
– allgemeine Schulausbildung,
– Kindererziehung,
– persönliche Bedürfnisse des täglichen Lebens, z. B. Erhaltung der Gesundheit, Pflege, Hygieneartikel,
– Zeitung,
– Rundfunk oder
– Besuch kultureller und sportlicher Veranstaltungen.

Zu § 12 EStG **Anlage § 012–01**

Vollumfänglich nicht abziehbar und demzufolge nicht aufzuteilen sind ferner Aufwendungen nach § 12 Nummer 1 Satz 2 EStG. Das sind Aufwendungen für die Lebensführung, die zwar der Förderung des Berufs oder der Tätigkeit dienen können, die aber grundsätzlich die wirtschaftliche oder gesellschaftliche Stellung des Steuerpflichtigen mit sich bringt. Hierbei handelt es sich um Aufwendungen, die mit dem persönlichen Ansehen des Steuerpflichtigen in Zusammenhang stehen, d. h. der Pflege der sozialen Verpflichtungen dienen (sog. Repräsentationsaufwendungen). 5

Ob Aufwendungen Repräsentationsaufwendungen im Sinne des § 12 Nummer 1 Satz 2 EStG oder (zumindest teilweise) Betriebsausgaben/Werbungskosten darstellen, ist stets durch eine Gesamtwürdigung aller Umstände des Einzelfalls festzustellen. Bei Veranstaltungen, die vom Steuerpflichtigen ausgerichtet werden, stellt ein persönlicher Anlass (z. B. Geburtstag, Trauerfeier) regelmäßig ein bedeutendes Indiz für die Annahme nicht abziehbarer Repräsentationsaufwendungen dar. Auch Aufwendungen für gesellschaftliche Veranstaltungen fallen in der Regel unter § 12 Nummer 1 Satz 2 EStG.

Aufwendungen nach § 12 Nummer 1 EStG sind selbst im Falle einer betrieblichen/beruflichen Mitveranlassung nicht als Betriebsausgaben/Werbungskosten abziehbar. 6

Aufwendungen im Sinne der Rn. 4 und 5 sind Betriebsausgaben oder Werbungskosten, soweit sie ausschließlich oder nahezu ausschließlich betrieblich/beruflich veranlasst sind (z. B. § 4 Absatz 5 Satz 1 Nummer 6b EStG: Arbeitszimmer; § 9 Absatz 1 Satz 3 Nummer 6 EStG: Arbeitsmittel, typische Berufskleidung) oder ein abgegrenzter betrieblicher/beruflicher Mehraufwand gegeben ist. Die Abzugsbeschränkungen des § 4 Absatz 5 Satz 1 Nummer 5 EStG (Verpflegungsmehraufwendungen) und § 9 Absatz 1 Satz 3 Nummer 5 EStG (Doppelte Haushaltsführung) sind zu beachten. 7

3. Grundsätze der Aufteilung gemischter Aufwendungen

Gemäß § 4 Absatz 4 EStG (Betriebsausgaben) und § 9 Absatz 1 EStG (Werbungskosten) werden bei der Ermittlung der Einkünfte nur Aufwendungen berücksichtigt, die durch die Einkunftserzielung veranlasst sind. Ein Veranlassungszusammenhang in diesem Sinne besteht, wenn die Aufwendungen mit der Einkunftserzielung objektiv zusammenhängen und ihr subjektiv zu dienen bestimmt sind, d. h. wenn sie in unmittelbarem oder mittelbarem wirtschaftlichem Zusammenhang mit einer der Einkunftsarten des Einkommensteuergesetzes stehen. 8

Aufwendungen, die eindeutig und klar abgrenzbar ausschließlich betrieblich/beruflich oder privat veranlasst sind, sind unmittelbar dem betrieblichen/beruflichen oder privaten Teil der Aufwendungen zuzuordnen. 9

a) Durch die Einkunftserzielung (mit)veranlasste Aufwendungen

Nicht von § 12 Nummer 1 EStG erfasste Aufwendungen, die nicht eindeutig zugeordnet werden können, aber einen nachgewiesenen abgrenzbaren betrieblichen oder beruflichen Anteil enthalten, sind nach dem jeweiligen Veranlassungsanteil in abziehbare und nicht abziehbare Aufwendungen aufzuteilen. 10

Bei einer untergeordneten betrieblichen/beruflichen Mitveranlassung (< 10 %) sind die Aufwendungen in vollem Umfang nicht als Betriebsausgaben/Werbungskosten abziehbar. 11

Wird ein Sachverhalt insgesamt als privat veranlasst gewürdigt und werden die Aufwendungen dementsprechend steuerlich nicht berücksichtigt, so können zusätzliche ausschließlich betrieblich/beruflich veranlasste Aufwendungen für sich genommen als Betriebsausgaben oder Werbungskosten abzuziehen sein (vgl. Rn. 9).

Beispiel 1:

Ein Steuerpflichtiger nimmt während seiner 14-tägigen Urlaubsreise an einem eintägigen Fachseminar teil.

B1 Die Aufwendungen für die Urlaubsreise sind nicht abziehbar. Die Aufwendungen, die unmittelbar mit dem Fachseminar zusammenhängen (Seminargebühren, Fahrtkosten vom Urlaubsort zum Tagungsort, ggf. Pauschbetrag für Verpflegungsmehraufwendungen), sind als Betriebsausgaben/Werbungskosten abziehbar.

Bei einer untergeordneten privaten Mitveranlassung (< 10 %) sind die Aufwendungen in vollem Umfang als Betriebsausgaben/Werbungskosten abziehbar; die Abzugsbeschränkungen des § 4 Absatz 5 EStG und § 9 Absatz 5 EStG bleiben unberührt. 12

Von einer untergeordneten privaten Mitveranlassung der Kosten für die Hin- und Rückreise ist auch dann auszugehen, wenn der Reise ein eindeutiger unmittelbarer betrieblicher/ beruflicher Anlass zugrunde liegt (z. B. ein Arbeitnehmer nimmt aufgrund einer Weisung seines Arbeitgebers einen ortsgebundenen Pflichttermin wahr oder ein Nichtarbeitnehmer tätigt einen ortsgebundenen Geschäftsabschluss oder ist Aussteller auf einer auswärtigen Messe), den der Steuerpflichtige mit einem vorangehenden oder nachfolgenden Privataufenthalt verbindet.

Anlage § 012–01 Zu § 12 EStG

b) Höhe der abziehbaren Aufwendungen

13 Sind die Aufwendungen sowohl durch betriebliche/berufliche als auch private Gründe von jeweils nicht untergeordneter Bedeutung (vgl. Rn. 11 und 12) veranlasst, ist nach Möglichkeit eine Aufteilung der Aufwendungen nach Veranlassungsbeiträgen vorzunehmen (vgl. BFH vom 21. April 2010 VI R 66/04 – BStBl. II S. 685; siehe aber Rn. 18).

14 Es ist ein geeigneter, den Verhältnissen im Einzelfall gerecht werdender Aufteilungsmaßstab zu finden. Der Maßstab muss nach objektivierbaren – d. h. nach außen hin erkennbaren und nachvollziehbaren – Kriterien ermittelt und hinsichtlich des ihm zugrunde liegenden Veranlassungsbeitrags dokumentiert werden.

15 Der betrieblich/beruflich und privat veranlasste Teil der Aufwendungen kann beispielsweise nach folgenden Kriterien ermittelt werden: Zeit-, Mengen- oder Flächenanteile sowie Aufteilung nach Köpfen.

Beispiel 2:

An der Feier zum 30. Firmenjubiläum des Einzelunternehmens Y nehmen 100 Personen teil (80 Kunden und Geschäftsfreunde und 20 private Gäste des Firmeninhabers). Die Gesamtkosten der Feier betragen 5.000 €, auf Essen und Getränke entfallen 4.000 €.

B2 Aufgrund der Teilnahme privater Gäste handelt es sich um eine gemischt betrieblich und privat veranlasste Veranstaltung. Zwar liegt der Anlass der Veranstaltung im betrieblichen Bereich (Firmenjubiläum). Die Einladung der privaten Gäste erfolgte allerdings ausschließlich aus privaten Gründen, so dass die Kosten der Verköstigung und Unterhaltung der privaten Gäste als privat veranlasst zu behandeln sind. Sachgerechtes objektivierbares Kriterium für eine Aufteilung ist eine Aufteilung nach Köpfen. 80 Personen nehmen aus betrieblichen Gründen an dem Firmenjubiläum teil, 20 aus privaten Gründen. Damit sind 1.000 € (20 % des Gesamtkosten), die anteilig auf die privaten Gäste entfallen, nicht als Betriebsausgaben abziehbar. Von den verbleibenden betrieblich veranlassten Kosten in Höhe von 4.000 € sind unter Berücksichtigung des § 4 Absatz 5 Satz 1 Nummer 2 EStG 3.040 € (80 % von 1.000 € + 70 % von 80 % von 4.000 €) als Betriebsausgaben abziehbar.

Beispiel 3:

Ein niedergelassener Arzt besucht einen Fachkongress in London. Er reist Samstagfrüh an. Die Veranstaltung findet ganztägig von Dienstag bis Donnerstag statt. Am Sonntagabend reist er nach Hause zurück.

B3 Da Reisen nach dem Beschluss des Großen Senats des BFH entgegen der bisherigen Rechtsprechung nicht mehr in jedem Fall als Einheit zu betrachten sind, sind die Kosten für 2 Übernachtungen (von Dienstag bis Donnerstag) sowie die Kongressgebühren ausschließlich dem betrieblichen Bereich zuzuordnen und daher vollständig als Betriebsausgaben abziehbar. Die Flugkosten sind gemischt veranlasst und entsprechend den Veranlassungsbeiträgen aufzuteilen. Sachgerechter Aufteilungsmaßstab ist das Verhältnis der betrieblichen und privaten Zeitanteile der Reise (betrieblich veranlasst sind 3/9). Ein Abzug der Verpflegungskosten als Betriebsausgaben ist nur in Höhe der Pauschbeträge für Verpflegungsmehraufwendungen für die betrieblich veranlassten Tage zulässig.

Abwandlung:

Der Arzt fährt nicht als Zuhörer, sondern als Mitveranstalter zu dem Fachkongress.

B4 Die Kosten für die Hin- und Rückreise sind vollständig dem betrieblichen Bereich zuzurechnen und daher nicht aufzuteilen (vgl. Rn. 12).

16 Bestehen keine Zweifel daran, dass ein nach objektivierbaren Kriterien abgrenzbarer Teil der Aufwendungen betrieblich/beruflich veranlasst ist, bereitet seine Quantifizierung aber Schwierigkeiten, so ist dieser Anteil unter Berücksichtigung aller maßgeblichen Umstände zu schätzen (§ 162 AO). Ist also zweifelsfrei ein betrieblicher/beruflicher Kostenanteil entstanden, kann aber dessen jeweiliger Umfang mangels geeigneter Unterlagen nicht belegt werden, ist wie bisher eine Schätzung geboten.

c) Nicht aufteilbare gemischte Aufwendungen

17 Ein Abzug der Aufwendungen kommt insgesamt nicht in Betracht, wenn die – für sich gesehen jeweils nicht unbedeutenden – betrieblichen/beruflichen und privaten Veranlassungsbeiträge so ineinander greifen, dass eine Trennung nicht möglich und eine Grundlage für die Schätzung nicht erkennbar ist. Das ist insbesondere der Fall, wenn es an objektivierbaren Kriterien für eine Aufteilung fehlt.

Zu § 12 EStG   **Anlage § 012–01**

Beispiel 4:
Ein Steuerberater begehrt die hälftige Anerkennung der Kosten eines Abonnements einer überregionalen Zeitung, die er neben der regionalen Tageszeitung bezieht, als Betriebsausgaben, weil die überregionale Zeitung umfassend auch über die steuerrechtliche Entwicklung informiere.

B5 Die Kosten sind insgesamt nicht als Betriebsausgaben abziehbar. Die betrieblichen und privaten Veranlassungsbeiträge greifen so ineinander, dass eine Trennung nicht möglich ist. Soweit die Zeitung nicht bereits durch das steuerliche Existenzminimum abgegolten ist, fehlt es an einer Aufteilbarkeit der Veranlassungsbeiträge. Denn keine Rubrik oder Seite einer Zeitung kann ausschließlich dem betrieblichen Bereich zugeordnet werden, sondern dient stets auch dem privaten Informationsinteresse. Es fehlt damit an einer Möglichkeit zur Aufteilung nach objektivierbaren Kriterien.

Die für Auslandsgruppenreisen aufgestellten Abgrenzungsmerkmale gelten grundsätzlich weiter (BFH vom 27. November 1978 – BStBl. 1979 II S. 213; zuletzt BFH vom 21. April 2010 VI R 5/07 – BStBl. II S. 687). Eine Aufteilung der Kosten und damit ein teilweiser Abzug als Betriebsausgaben/Werbungskosten kommt bei solchen Reisen regelmäßig nur in Betracht, soweit die beruflichen und privaten Veranlassungsbeiträge voneinander abgrenzbar sind (vgl. BFH vom 21. April 2010 VI R 5/07 – BStBl. II S. 687). 18

Soweit der BFH bisher die Abziehbarkeit anderer gemischter Aufwendungen mangels objektiver Aufteilungskriterien abgelehnt hat, ist weiterhin von der Nichtabziehbarkeit auszugehen. 19

Beispiele:

B6 Aufwendungen für Sicherheitsmaßnahmen eines Steuerpflichtigen zum Schutz von Leben, Gesundheit, Freiheit und Vermögen seiner Person (BFH vom 5. April 2006 – BStBl. II S. 541),

B7 Aufwendungen eines in Deutschland lebenden Ausländers für das Erlernen der deutschen Sprache (BFH vom 15. März 2007 – BStBl. II S. 814),

B8 Aufwendungen einer Landärztin für einen Schutzhund (BFH vom 29. März 1979 – BStBl. II S. 512),

B9 Einbürgerungskosten zum Erwerb der deutschen Staatsangehörigkeit (BFH vom 18. Mai 1984 – BStBl. II S. 588),

B10 Kosten für den Erwerb eines Führerscheins (BFH vom 8. April 1964 – BStBl. III S. 431).

4. Anwendungsregelung

Dieses Schreiben ist vorbehaltlich des § 176 Absatz 1 Satz 1 Nummer 3 AO für alle offenen Fälle anzuwenden. 20

Dieses Schreiben wird im Bundessteuerblatt Teil I veröffentlicht.

Anlage § 013–01

Zu § 13 EStG

Bewertung von Tieren in land- und forstwirtschaftlich tätigen Betrieben nach § 6 Abs. 1 Nrn. 1 und 2 EStG

– BdF-Schreiben vom 14.11.2001 – IV A 6 – S 2170 – 36/01 (BStBl. I S. 864) –

Zu der Frage, wie Tiere in land- und forstwirtschaftlich tätigen Betrieben nach § 6 Abs. 1 Nrn. 1 und 2 EStG zu bewerten sind, gilt unter Bezugnahme auf das Ergebnis der Erörterungen mit den obersten Finanzbehörden der Länder Folgendes:

1. Herstellungskosten

1 Maßgebend ist die Bestimmung des Begriffs der Herstellungskosten nach § 255 Abs. 2 HGB (R 33 Abs. 1 EStR).[1]

2 Material- und Fertigungskosten sind die Anschaffungskosten für Jungtiere sowie insbesondere die Kosten des selbst hergestellten und zugekauften Futters (einschl. Feldbestellungskosten, Pachtzinsen für Futterflächen), Deck- und Besamungskosten (einschl. Embryotransfer) und die Fertigungslöhne bis zum Zeitpunkt der Fertigstellung. Zu den Einzelkosten gehören auch Transport- und Fahrtkosten, die bei der Fertigung entstehen.

3 In die Herstellungskosten sind auch die Material- und Fertigungsgemeinkosten einzubeziehen, z. B. die Kosten für Tierarzt, Medikamente, Tierversicherungen (einschl. Tierseuchenkasse), Energie, Abwasser, Gülleentsorgung und AfA, Erhaltungs- und laufender Unterhaltungsaufwand für die beweglichen und unbeweglichen Wirtschaftsgüter des Anlagevermögens, die der Tierhaltung dienen (z. B. Stallgebäude, Futterlager, Gülleeinrichtungen) sowie Miet- und Pachtzinsen für derartige Wirtschaftsgüter. AfA und Unterhaltskosten der Elterntiere sind bei der Herstellung von Jungtieren anteilig zu berücksichtigen. Zu erfassen sind diese Gemeinkosten aus allen Herstellungsphasen, die bis zum Zeitpunkt der Fertigstellung entstehen.

4 Die Kosten der allgemeinen Verwaltung brauchen nicht erfasst zu werden (z. B. Beiträge zur Berufsgenossenschaft, zur Landwirtschaftskammer, Kosten für die Leitung des Betriebes, freiwillige soziale Aufwendungen, Gewerbesteuer)[2]. Sie sind in den Richtwerten lt. Anlage nicht enthalten.

5 Nicht zu den Herstellungskosten gehören Umsatzsteuer, Ertragsteuern und Vertriebskosten.

6 Zu den Zinsen und Geldbeschaffungskosten siehe R 33 Abs. 4 EStR.[3]

2. Herstellungskosten von Jungtieren bis zur Geburt

7 Ein Jungtier ist erst mit der Geburt als Wirtschaftsgut greifbar. Deshalb ist es erst zu diesem Zeitpunkt mit den bis dahin als Betriebsausgaben behandelten Herstellungskosten zu bewerten. Die vor der Geburt entstandenen Herstellungskosten eines Jungtieres sind nur auf kalkulatorischem Weg von den Herstellungs- bzw. Erhaltungsaufwendungen des Muttertieres abgrenzbar.

3. Zeitpunkt der Fertigstellung von Tieren des Anlagevermögens

8 Ein Tier ist fertig gestellt, wenn es ausgewachsen ist. Als Zeitpunkt der Fertigstellung gilt bei männlichen Zuchttieren der Zeitpunkt, in dem sie zur Zucht eingesetzt werden können, bei weiblichen Zuchttieren die Vollendung der ersten Geburt (BFH vom 9. Dezember 1988, BStBl. 1989 II S. 244) und bei Gebrauchstieren die erste Ingebrauchnahme. Turnier- und Rennpferde gelten mit ihrem ersten Einsatz (BFH vom 23. Juli 1981, BStBl. II S. 672), Reitpferde mit Beginn des Zureitens als fertig gestellt.

4. Anschaffungskosten

9 Maßgebend ist die Bestimmung des Begriffs der Anschaffungskosten nach § 255 Abs. 1 HGB (R 32a EStR).[4]

5. Bewertungsgrundsätze

10 Tiere sind grundsätzlich einzeln zu bewerten. Als weitere Bewertungsmethoden kommt die Gruppenbewertung nach § 240 Abs. 4 HGB in Betracht. Innerhalb dieser Bewertungsmethoden sind verschiedene Verfahren zur Wertermittlung zulässig.

---

1) Jetzt R 6.3 Abs. 1 EStR.
2) Vgl. jetzt aber R 6.3 Abs. 1 EStR und Anlage § 006-21.
3) Jetzt R 6.3 Abs. 5 EStR.
4) Jetzt R 6.2. EStR.

a) **Einzelbewertung**
  aa) Betriebsindividuelle Wertermittlung
    Die dem Tier zurechenbaren Anschaffungs- und Herstellungskosten sind nach den Verhältnissen des Betriebs zu ermitteln. Ist der Teilwert eines Tieres niedriger als der Buchwert, der sich aufgrund der Anschaffungs- oder Herstellungskosten ergibt, kann der Teilwert angesetzt werden; für Wirtschaftsjahre, die nach dem 31. Dezember 1988 enden, kommt der Ansatz des niedrigeren Teilwerts nur in Betracht, wenn eine voraussichtlich dauernde Wertminderung vorliegt (§ 6 Abs. 1 Nr. 1 Satz 2, Nr. 2 Satz 2 EStG). 11
  bb) Werte aus vergleichbaren Musterbetrieben
    Die Werte können auch aus vergleichbaren Musterbetrieben abgeleitet werden (BFH vom 4. Juni 1992, BStBl. 1993 II S. 276; vom 1. Oktober 1992, BStBl. 1993 II S. 284). 12
  cc) Richtwerte
    Die Anschaffungs- oder Herstellungkosten können auch mit den Richtwerten lt. Spalte 2/3 der Anlage angesetzt werden, soweit es sich nicht um besonders wertvolle Tiere (z. B. Zuchttiere wie Zuchthengste und Zuchtbullen, Turnier- oder Rennpferde) handelt. 13
b) **Gruppenbewertung**
  Die am Bilanzstichtag vorhandenen Tiere können in Gruppen zusammen gefasst werden, die nach Tierarten und Altersklassen (Aufzuchtstadien) gebildet sind und mit dem gewogenen Durchschnittswert bewertet werden (§ 240 Abs. 4 HGB, R 125 EStR). Die in der Anlage vorgenommene Gliederung kann der Bestimmung der Tiergruppen zugrunde gelegt werden. 14
  Für besonders wertvolle Tiere (vgl. Rn. 13) ist die Gruppenbewertung nicht zulässig. 15
  aa) Betriebsindividuelle Wertermittlung
    Der gewogene Durchschnittswert kann nach den Verhältnissen des Betriebs ermittelt werden. 16
  bb) Werte aus vergleichbaren Musterbetrieben
    Der gewogene Durchschnittswert kann auch aus vergleichbaren Musterbetrieben abgeleitet werden (vgl. Rn. 12). 17
  cc) Richtwerte
    Als gewogener Durchschnittswert können die Richtwerte aus Spalte 6/7 der Anlage angesetzt werden. 18
c) **Bewertungsstetigkeit**
  Die gewählte Bewertungsmethode sowie das Wertermittlungsverfahren sind für die jeweilige Tiergruppe (vgl. Rn. 10 – 18) grundsätzlich beizubehalten (§ 252 Abs. 1 Nr. 6 HGB; BFH vom 14. April 1988, BStBl. II S. 672). Von der Gruppenbewertung der Tiere des Anlagevermögens kann jedoch für Neuzugänge eines Wirtschaftsjahres der jeweiligen Tiergruppe einheitlich zur Einzelbewertung übergegangen werden (BFH vom 15. Februar 2001, BStBl. II S. 548 und S. 549). 19
  Im Übrigen kann auf eine andere Bewertungsmethode oder auf ein anderes Wertermittlungsverfahren nur dann übergegangen werden, wenn sich die betrieblichen Verhältnisse wesentlich geändert haben, z. B. bei Strukturwandel. 20

6. **Anlagevermögen**
a) **Zugehörigkeit zum Anlagevermögen**
  Zum Anlagevermögen gehören Tiere, die nach ihrer Fertigstellung nicht zur sofortigen Veräußerung, Verarbeitung oder zum Verbrauch bestimmt sind (z. B. Zuchttiere, Milchvieh, Legehennen). 21
  Tiere des Anlagevermögens sind sowohl zur Nutzung im Betrieb, als auch zur Verwendung als Schlachtvieh bestimmt. 22
b) **Absetzung für Abnutzung und Sonderabschreibungen**
  AfA nach § 7 EStG und Sonderabschreibungen können erst ab dem Zeitpunkt der Fertigstellung entsprechend der betriebsgewöhnlichen Nutzungsdauer des Tieres vorgenommen werden. Dasselbe gilt für die Bewertungsfreiheit nach § 6 Abs. 2 EStG (R 40 Abs. 4 EStR[1]). 23
  Bemessungsgrundlage und Volumen für AfA nach § 7 EStG und Sonderabschreibungen sind die Differenz zwischen den Anschaffungs- oder Herstellungskosten und dem Schlachtwert. Schlachtwert ist der Veräußerungserlös, der bei vorsichtiger Beurteilung nach Beendigung der 24

---
[1]) Jetzt R 6.13 Abs. 3 EStR.

Anlage § 013–01 Zu § 13 EStG

Nutzung erzielbar sein wird (BFH vom 4. Juni 1992, a. a. O., und vom 1. Oktober 1992, a. a. O.). Der Schlachtwert kann betriebsindividuell, mit Wertansätzen aus vergleichbaren Musterbetrieben oder mit den Richtwerten lt. Spalte 4/5 der Anlage ermittelt werden.

25 Bei Inanspruchnahme der Bewertungsfreiheit nach § 6 Abs. 2 EStG sind die Anschaffungs- oder Herstellungskosten bis zur Höhe des Schlachtwerts abzusetzen (BFH vom 15. Februar 2001, BStBl. II S. 549).[1)] Die Berücksichtigung eines Schlachtwerts braucht bei Tieren, die in Wirtschaftsjahren angeschafft oder hergestellt worden sind, die vor dem 1. Juli 2002 enden, nicht vorgenommen zu werden.

c) Betriebsgewöhnliche Nutzungsdauer

26 Bei der Bemessung der AfA nach § 7 EStG kann folgende betriebsgewöhnliche Nutzungsdauer zugrunde gelegt werden:

Zuchthengste	5 Jahre
Zuchtstuten	10 Jahre
Zuchtbullen	3 Jahre
Milchkühe	3 Jahre
übrige Kühe	5 Jahre
Zuchteber und -sauen	2 Jahre
Zuchtböcke und -schafe	3 Jahre
Legehennen	1,33 Jahre
Damtiere	10 Jahre

d) Gruppenwert beim Anlagevermögen

27 Die degressive AfA nach § 7 Abs. 2 EStG und Sonderabschreibungen können nur bei Einzelbewertung (Rn. 11 – 13) in Anspruch genommen werden. Den Gruppenwerten in Spalte 6/7 der Anlage liegt die lineare AfA nach § 7 Abs. 1 EStG zugrunde.

28 Bei der Gruppenbewertung mit Richtwerten (Rn. 18) ist der Wert aus Spalte 6/7 der Anlage anzusetzen. Dieser ist das Mittel zwischen dem Richtwert für die Anschaffungs- oder Herstellungskosten (Spalte 2/3 der Anlage) und dem Richtwert für den Schlachtwert (Spalte 4/5 der Anlage). Bei den betriebsindividuell ermittelten oder aus vergleichbaren Musterbetrieben abgeleiteten Gruppenwerten ist entsprechend zu verfahren.

7. Umlaufvermögen

29 Zum Umlaufvermögen gehören die Tiere, die zur Veräußerung, zur Verarbeitung oder zum Verbrauch im Betrieb bestimmt sind (z. B. Masttiere). Sie sind nach § 6 Abs. 1 Nr. 2 EStG mit den Anschaffungs- oder (Teil-)Herstellungskosten oder mit dem Teilwert zu bewerten; für Wirtschaftsjahre, die nach dem 31. Dezember 1998 enden, kommt der Ansatz des niedrigeren Teilwerts nur in Betracht, wenn eine voraussichtlich dauernde Wertminderung vorliegt. Es gelten die dargestellten Bewertungsgrundsätze (vgl. Rn. 10 – 20).

8. Anwendung

a) Sachlicher Geltungsbereich

30 Die vorstehenden Regelungen gelten für alle land- und forstwirtschaftlich tätigen Betriebe, unabhängig von ihrer Rechtsform. Sie gelten auch für Betriebe, die Einkünfte aus Gewerbebetrieb im Sinne des § 15 EStG erzielen.

Bei der Gewinnermittlung nach § 4 Abs. 3 EStG sind die Regelungen sinngemäß anzuwenden (R 125a EStR).[2)]

b) Zeitlicher Geltungsbereich

31 Die vorstehenden Regelungen gelten für Wirtschaftsjahre, die nach dem 31. Dezember 1994 enden. Sie können auch für frühere Wirtschaftsjahre angewendet werden. Bilanzänderungen sind im Rahmen des § 4 Abs. 2 Satz 2 EStG zulässig (BMF-Schreiben vom 18. Mai 2000, BStBl. I S. 587, und vom 23. März 2001, BStBl. I S. 244)[3)]. Bei einem vom Kalenderjahr abweichenden Wirtschaftsjahr ist eine Bilanzberichtigung auch dann vorzunehmen, wenn die Veranlagung für das Erstjahr bereits bestandskräftig geworden ist (BFH vom 12. November 1992, BStBl. 1993 II S. 392).[4)]

Dieses Schreiben ersetzt das BMF-Schreiben vom 22. Februar 1995 (BStBl. I S. 179).

---

1) Bei Aufmästung siehe aber BFH-Urteil vom 24.7.2013 (BStBl. 2014 II S. 246).
2) Zuletzt R 13.3 EStR 2005.
3) Siehe Anlage § 004-21.
4) Durch § 4 Abs. 2 Satz 1 EStG überholt.

Zu § 13 EStG

Anlage § 013–01

Anlage

Richtwerte für die Viehbewertung

Tierart	Anschaffungs-/Herstellungskosten je Tier		Schlachtwerte je Tier		Gruppenwert je Tier	
	DM (bis 31.12.2001)	€ (ab 1.1.2002)	DM (bis 31.12.2001)	€ (ab 1.1.2002)	DM (bis 31.12.2001)	€ (ab 1.1.2002)
Spalte 1	Spalte 2	Spalte 3	Spalte 4	Spalte 5	Spalte 6	Spalte 7
Pferde [1]						
Pferde bis 1 Jahr	1.600,00	800,00			1.600,00	800,00
Pferde über 1 bis 2 Jahre	2.800,00	1.400,00			2.800,00	1.400,00
Pferde über 2 bis 3 Jahre	4.000,00	2.000,00			4.000,00	2.000,00
Pferde über 3 Jahre	5.200,00	2.600,00	800,00	400,00	3.000,00	1.500,00
Rindvieh						
Mastkälber	550,00	275,00			550,00	275,00
Männl. bis 1/2 Jahr	400,00	200,00			400,00	200,00
Männl. über 1/2 bis 1 Jahr	670,00	335,00			670,00	335,00
Männl. über 1 bis 1/2 Jahre	1.000,00	500,00			1.000,00	500,00
Männl. über 1 1/2 Jahre	1.400,00	700,00			1.400,00	700,00
Weibl. bis 1/2 Jahr	360,00	180,00			360,00	180,00
Weibl. über 1/2 bis 1 Jahr	600,00	300,00			600,00	300,00
Weibl. über 1 bis 2 Jahre	1.000,00	500,00			1.000,00	500,00
Färsen	1.500,00	750,00			1.500,00	750,00
Kühe	1.600,00	800,00	1.100,00	550,00	1.350,00	675,00
Schweine						
Ferkel bis 25 kg	60,00	30,00			60,00	30,00
Ferkel bis 50 kg	100,00	50,00			100,00	50,00
Mastschweine über 50 kg	160,00	80,00			160,00	80,00
Jungsauen	400,00	200,00			400,00	200,00
Zuchtsauen	420,00	210,00	300,00	150,00	360,00	180,00
Schafe						
Lämmer bis 1/2 Jahr	60,00	30,00			60,00	30,00
Schafe über 1/2 bis 1 Jahr	100,00	50,00			100,00	50,00
Jungschafe bis 20 Monate	140,00	70,00			140,00	70,00
Mutterschafe über 20 Monate	150,00	75,00	50,00	25,00	100,00	50,00
Geflügel						
Aufzuchtküken	2,00	1,00			2,00	1,00
Junghennen	5,90	2,95			5,90	2,95
Legehennen	9,00	4,50	0,80	0,40	4,90	2,45
Masthähnchen	1,30	0,65			1,30	0,65
schwere Mastputen	14,50	7,25			14,50	7,25
Enten	4,50	2,25			4,50	2,25
Gänse	10,60	5,30			10,60	5,30

1) Kleinpferde sind mit jeweils 2/3 und Ponys mit 1/3 der Werte anzusetzen.

Anlage § 013–02

Zu § 13 EStG

Besteuerung der Forstwirtschaft[1]

–BdF-Schreiben vom 16.05.2012 – IV D 4 – S 2232/0-01, 2012/0205152 (BStBl. I S. 595) –

Unter Bezugnahme auf das Ergebnis der Erörterungen mit den obersten Finanzbehörden der Länder gilt zur ertragsteuerrechtlichen Behandlung des Wirtschaftsguts Baumbestand das Folgende:

A. Wirtschaftsgut Baumbestand

I. Definition

Als Wirtschaftsgut ist beim stehenden Holz der in einem selbständigen Nutzungs- und Funktionszusammenhang stehende Baumbestand anzusehen (BFH vom 5. Juni 2008 – BStBl. II Seite 960 und vom 5. Juni 2008 – BStBl. II Seite 968). Dieser ist ein vom Grund und Boden getrennt zu bewertendes Wirtschaftsgut des nicht abnutzbaren Anlagevermögens. Der Umfang der einzelnen Wirtschaftgüter (Baumbestand) ergibt sich vorrangig aus einem amtlich anerkannten Betriebsgutachten oder aus einem Betriebswerk, ansonsten aus den Regelungen zum Anbauverzeichnis nach § 142 AO (vgl. BMF-Schreiben vom 15. Dezember 1981 – BStBl. I Seite 878 – Teilziffer 3.3.3).

Ein Baumbestand innerhalb eines land- und forstwirtschaftlichen Betriebs tritt in der Regel nur dann als ein selbständiges Wirtschaftsgut nach außen in Erscheinung, wenn er eine Flächengröße von zusammenhängend mindestens einem Hektar aufweist (vgl. BFH vom 5. Juni 2008 – BStBl. II Seite 960). Baumbestände auf verschiedenen räumlich voneinander entfernt liegenden Flurstücken stehen nicht in einem einheitlichen Nutzungs- und Funktionszusammenhang und sind deshalb auch dann selbständige Wirtschaftsgüter, wenn deren Größe einen Hektar unterschreitet.

II. Ausweis der Wirtschaftsgüter

Jedes selbständige Wirtschaftsgut Baumbestand ist im Bestandsverzeichnis bzw. dem laufend zu führenden Verzeichnis nach § 4 Absatz 3 Satz 5 EStG auszuweisen.

B. Bilanzierung des Wirtschaftsguts Baumbestand

Bei der Bilanzierung des Wirtschaftsguts Baumbestand ist zwischen Holznutzungen in Form von Kahlschlägen und anderen Holznutzungen zu unterscheiden.

I. Holznutzungen in Form von Kahlschlägen

1. Definition

Ein Kahlschlag im ertragsteuerrechtlichen Sinne liegt vor, wenn das nutzbare Derbholz auf der gesamten Fläche eines Baumbestandes, der ein selbständiges Wirtschaftsgut ist, eingeschlagen wird und keine gesicherte Kultur bestehen bleibt. Dieses gilt gleichermaßen für den Fall, dass auf einer mindestens ein Hektar großen zusammenhängenden Teilfläche ein Kahlschlag erfolgt, unabhängig davon, ob er in verschiedenen aneinander angrenzenden Baumbeständen oder innerhalb eines Baumbestandes vorgenommen wird. Dabei sind Einschläge innerhalb eines Zeitraums von fünf aufeinander folgenden Wirtschaftsjahren einheitlich zu beurteilen.

2. Übergang ins Umlaufvermögen

Mit dem Einschlag des Holzes wird der Nutzungs- und Funktionszusammenhang zum bisherigen Wirtschaftsgut Baumbestand gelöst und das eingeschlagene Holz wird Umlaufvermögen.

3. Minderung des Buchwerts

Mit dem Kahlschlag eines Baumbestandes, der ein selbständiges Wirtschaftsgut des Anlagevermögens gewesen ist, wird dessen Buchwert im Umfang des Einschlags gemindert und in gleicher Höhe den Herstellungskosten des eingeschlagenen Holzes (Umlaufvermögen) zugerechnet. Gleiches gilt für den Kahlschlag auf einer mindestens ein Hektar großen zusammenhängenden Teilfläche. Die Minderung des Buchwerts des Baumbestandes ist grundsätzlich entsprechend dem Flächenanteil des Kahlschlags vorzunehmen.

4. Wiederaufforstungskosten nach einem Kahlschlag

Wiederaufforstungskosten nach einem Kahlschlag sind Herstellungskosten für das neu entstehende Wirtschaftsgut Baumbestand und als nicht abnutzbares Anlagevermögen zu aktivieren.

---

[1] Zur zeitlichen Anwendung der Tarifvorschrift des § 34b EStG und des § 68 EStDV vgl. das BdF-Schreiben vom 16.05.2012 (BStBl. IS. 594).

Zu § 13 EStG **Anlage § 013–02**

Die Wiederaufforstung beginnt mit den Pflanzmaßnahmen, der Naturverjüngung oder der Saat. Sie endet mit der Sicherung des Baumbestandes, die nach Ablauf von fünf Wirtschaftsjahren nach dem Wirtschaftsjahr des Beginns der Wiederaufforstung anzunehmen ist. Zu den Wiederaufforstungskosten gehören insbesondere die Aufwendungen für Setzlinge, Pflanzung, Befestigung des Pflanzgutes (z. B. Pfähle und Drähte), Pflegemaßnahmen sowie Löhne. Dagegen führen Aufwendungen für Kulturzäune zu Herstellungskosten für ein selbständiges Wirtschaftsgut und werden überR 6.3 Absatz 1 EStR entsprechend berücksichtigt.

Sofern die Wiederaufforstung erst in einem späteren Wirtschaftsjahr vorgenommen wird, ist eine Rückstellung nach § 5 Absatz 4b EStG nicht zulässig.

5. Aufwendungen für Verjüngung und Pflege

Aufwendungen für Bestandsverjüngung und Bestandspflege sind sofort abzugsfähige Betriebsausgaben.

II. Holznutzungen, die keine Kahlschläge sind

1. Abgrenzung zum ertragsteuerrechtlichen Kahlschlag

Führen Holznutzungen nicht zu Kahlschlägen im ertragsteuerrechtlichen Sinn, bleibt das Wirtschaftsgut Baumbestand erhalten. Daher kommt eine Buchwertminderung grundsätzlich nicht in Betracht.

2. Minderung des Buchwerts

Sofern die planmäßige Ernte hiebsreifer Bestände im Einzelfall zu einer weitgehenden Minderung der Substanz und des Wertes des Wirtschaftsgutes Baumbestand führt, kann dies eine Buchwertminderung begründen (vgl. BFH vom 5. Juni 2008 – BStBl. II Seite 968). Die Buchwertminderung ist begrenzt auf den Unterschied zwischen dem bisherigen Buchwert des jeweiligen Baumbestands und dem Teilwert des verbleibenden Baumbestands. Diese Voraussetzungen und der Teilwert des verbleibenden Baumbestands (§ 6 Absatz 1 Nummer 2 Satz 2 EStG) sind vom Steuerpflichtigen nachzuweisen. Der Betrag, um den der Buchwert gemindert wurde, ist den Herstellungskosten des eingeschlagenen Holzes (Umlaufvermögen) zuzurechnen.

3. Aufwendungen für die Wiederaufforstung

Soweit infolge einer Holznutzung, die keinen Kahlschlag darstellt und die nicht zu einer Buchwertminderung entsprechend Teilziffer B.II.2. geführt hat, dennoch eine Wiederaufforstungsverpflichtung entsteht, sind die Wiederaufforstungskosten nicht zu aktivieren. Sie sind entsprechend dem Umfang der Verpflichtung und den Wertverhältnissen am Bilanzstichtag in eine Rückstellung einzustellen, wenn die Voraussetzungen für eine Rückstellungsbildung gem. R 5.7 Absatz 4 EStR erfüllt sind (für Rückstellung aufgrund öffentlich-rechtlicher Verpflichtung vgl.BFH vom 13. Dezember 2007 – BStBl. 2008 II Seite 516). Die Grundsätze von R 6.11 Absatz 1 EStR sind zu berücksichtigen (z. B. Zuschüsse).

Ist dagegen nach Teilziffer B.II.2. eine Buchwertminderung vorgenommen worden, sind die Wiederaufforstungskosten als nachträgliche Anschaffungs- oder Herstellungskosten zu aktivieren, soweit die Aufwendungen für die Wiederaufforstung der gesicherten Kultur den bei der Buchwertminderung zu Grunde gelegten Wert dieser Kultur übersteigen.

Zum Umfang der Wiederaufforstungskosten vgl. Teilziffer B.I.4., zu den Aufwendungen für Verjüngung und Pflege vgl. Teilziffer B.I.5.

C. Gewinnermittlung nach § 4 Absatz 3 EStG und § 13a Absatz 6 Satz 1 Nummer 1 EStG

Soweit beim Übergang vom nicht abnutzbaren Anlagevermögen zum Umlaufvermögen von den (fortgeführten) Anschaffungs-/Herstellungskosten des Baumbestands im Betrag abzurechnen ist, der bei der Gewinnermittlung durch Betriebsvermögensvergleich als Herstellungskosten für das eingeschlagene Holz zu berücksichtigen wäre, sind im Wirtschaftsjahr des Einschlags in dieser Höhe Betriebsausgaben zu berücksichtigen.

D. Wertansätze für bereits vorhandene Baumbestände

Die Verpflichtung zum Ausweis eines Wertansatzes für die einzelnen Wirtschaftsgüter Baumbestand (vgl. Teilziffer A.) besteht auch für Baumbestände, die vor der Veröffentlichung der BFH-Urteile vom 5. Juni 2008 (BStBl. II Seite 960 und 968) am 31. Dezember 2008 angeschafft oder hergestellt wurden. Dabei ist es regelmäßig nicht zu beanstanden, wenn die Aufteilung eines bisher einheitlichen Wertansatzes auf die einzelnen Wirtschaftsgüter Baumbestand nach dem Umfang der entsprechenden Flächen vorgenommen wird.

Ein bisher für mehrere Wirtschaftsgüter Baumbestand ausgewiesener einheitlicher Wertansatz kann so lange fortgeführt werden, bis sich eine ertragsteuerrechtliche Auswirkung ergibt. In einem solchen Fall sind die bisher bestehenden Wertansätze insgesamt auf die einzelnen Wirtschaftsgüter nach dem Verhältnis der einzelnen Teilwerte im Zeitpunkt der Anschaffung bzw. Herstellung aufzuteilen. Aus Vereinfachungsgründen kann regelmäßig eine Aufteilung eines bisher einheitlichen Wertansatzes nach dem Umfang der entsprechenden Flächen vorgenommen werden. Für die übrigen Wirtschaftsgüter Baumbestand kann der Wertansatz weiterhin einheitlich ausgewiesen werden, bis sich bei diesen eine ertragsteuerrechtliche Auswirkung ergibt.

E. Kalamitätsnutzungen
Soweit durch Kalamitätsnutzungen ein Kahlschlag entsteht, kann abweichend von den unter B. dargestellten Grundsätzen der Buchwert dieses Baumbestandes beibehalten werden. Die Wiederaufforstungskosten sind in diesem Fall sofort als Betriebsausgaben abzugsfähig.

F. Pauschsätze nach § 51 EStDV
Rechtslage für Wirtschaftsjahre, die vor dem 1. Januar 2012 beginnen
Mit einer Holznutzung im Zusammenhang stehende Wiederaufforstungskosten, die sofort abziehbare Betriebsausgaben sind, sind durch die Pauschsätze nach § 51 EStDV abgegolten. Dies gilt unabhängig vom Wirtschaftsjahr ihrer Entstehung.

Im Falle eines Kahlschlags (vgl. Teilziffer B.I.1.) ist der Buchwertabgang mit dem jeweiligen Pauschsatz abgegolten und die Wiederaufforstungskosten sind als Herstellungskosten in dem nach § 4 Absatz 3 Satz 5 EStG laufend zu führenden Verzeichnis auszuweisen. Dabei sind der Umfang des Kahlschlags und die Höhe der Wiederaufforstungskosten nachzuweisen.

Rechtslage für Wirtschaftsjahre, die nach dem 31. Dezember 2011 beginnen
Mit einer Holznutzung im Zusammenhang stehende Wiederaufforstungskosten, die sofort abziehbare Betriebsausgaben sind, sind durch die Pauschsätze nach § 51 EStDV nicht abgegolten. Sie sind im Wirtschaftsjahr der Zahlung abziehbar. Zuschüsse zu den Wiederaufforstungskosten sind Betriebseinnahmen, die nicht mit der Verwertung des Holzes zusammenhängen, so dass die Pauschsätze nach § 51 Absatz 2 und 3 EStDV hierfür nicht angewendet werden können.

Buchwertminderungen und Buchwertabgänge beim Wirtschaftsgut Baumbestand sind neben den jeweiligen Pauschsätzen nach § 51 EStDV als Betriebsausgaben zu berücksichtigen. Soweit Wiederaufforstungskosten Herstellungskosten darstellen, sind sie in dem nach § 4 Absatz 3 Satz 5 EStG laufend zu führenden Verzeichnis auszuweisen. Zur Behandlung der Wiederaufforstungskosten vgl. Teilziffer B.I.4 und II.3.

G. Forstschäden-Ausgleichsgesetz
Bei der Anwendung des § 4 Forstschäden-Ausgleichsgesetz gelten die Grundsätze der Teilziffer C.

Bei der Ausübung des Wahlrechts nach § 4a Forstschäden-Ausgleichsgesetz sind Buchwertminderungen und Buchwertabgänge beim Wirtschaftsgut Baumbestand im Wirtschaftsjahr des Einschlags als Betriebsausgaben sofort abziehbar, soweit von einer Aktivierung abgesehen worden ist.

H. Tarifvergünstigung nach § 34b EStG
Rechtslage bis 31. Dezember 2011
Buchwertminderungen im Sinne der Teilziffer B. und die sofort als Betriebsausgaben abziehbaren Wiederaufforstungskosten (Teilziffer B.II.3.) gehören zu den anderen Betriebsausgaben im Sinne des § 34b Absatz 2 Nummer 2 EStG.

I. Anwendungsregelung
Die Regelungen dieses Schreibens sind in allen noch offenen Fällen anzuwenden. R 34b.2 Absatz 1 Satz 4 EStR 2008 ist nicht mehr anzuwenden.

Soweit sich aus diesem Schreiben für einen Steuerpflichtigen Verschlechterungen gegenüber der bisherigen bundeseinheitlichen Verwaltungsauffassung ergeben, sind die Regelungen erstmals für Wirtschaftsjahre anzuwenden, die nach dem 30. Juni 2010 beginnen.

Für die Teilziffern F. und H. gelten die darin getroffenen Anwendungsregelungen.

Dieses Schreiben tritt an die Stelle des BMF-Schreibens vom 2. März 2010 (BStBl. I Seite 224) und wird im Bundessteuerblatt Teil I veröffentlicht.

Zu § 13 EStG

Anlage § 013–03

Ertragsteuerliche Behandlung von Biogasanlagen und der Erzeugung von Energie aus Biogas; Steuerliche Folgen aus der Abgrenzung der Land- und Forstwirtschaft vom Gewerbebetrieb

– BdF-Schreiben vom 6.3.2006 – IV C 2 – S 2236 – 10/05 (BStBl. I S. 248) –

Unter Bezugnahme auf das Ergebnis der Erörterungen mit den obersten Finanzbehörden der Länder gilt für die ertragsteuerliche Behandlung der Biogasanlagen und der Energieerzeugung aus Biogas das Folgende:

I. Einkommensteuer

1) Biogasanlagen im Rahmen eines land- und forstwirtschaftlichen Hauptbetriebs

a) Biogaserzeugung aus Teil des Hauptbetriebs

Die Erzeugung von Biogas ist Teil der land- und forstwirtschaftlichen Urproduktion, wenn die Biomasse überwiegend im eigenen Betrieb erzeugt wird und das Biogas bzw. die daraus erzeugte Energie (Wärme, Strom) überwiegend im eigenen Betrieb verwendet wird.

b) Biogaserzeugung als nahezu ausschließliche Tätigkeit des Hauptbetriebs

Verwertet ein Landwirt nahezu seine gesamte Ernte zur Energieerzeugung in einer Biogasanlage, liegt insgesamt kein land- und forstwirtschaftlicher Betrieb mehr vor. Die Erzeugung der Biomasse und die Verarbeitung zu Strom stellen in diesem Fall die wirtschaftlichen Betätigungen des Steuerpflichtigen dar, die nach den Grundsätzen der R 15.5 Abs. 1 Sätze 4 – 6 EStR 2005 zu beurteilen sind. Da die gewerbliche Betätigung der Energieerzeugung im Vordergrund steht und sich nicht ohne Nachteil für das Gesamtunternehmen von der land- und forstwirtschaftlichen Erzeugung der Biomasse lösen lässt, liegt ein einheitlicher Gewerbebetrieb vor.

2) Biogasanlagen im Rahmen eines land- und forstwirtschaftlichen Nebenbetriebs

a) Be-/Verarbeitung der Biomasse im Nebenbetrieb

Die Erzeugung von Biogas erfolgt im Rahmen eines Nebenbetriebs, wenn die Biomasse überwiegend im eigenen Hauptbetrieb erzeugt wird und das Biogas überwiegend zum Verkauf bestimmt ist (vgl. R 15.5 Abs. 3 Satz 1 Nr. 1 EStR 2005). Die Verwertung der pflanzlichen oder tierischen Rohstoffe als Biomasse bis hin zur Reinigung des Biogases stellt in diesen Fällen die erste Stufe der Be- oder Verarbeitung im Rahmen der Land- und Forstwirtschaft dar. Gleiches gilt in den Fällen, in denen ein Landwirt Umsätze aus der Übernahme der Biomasse erzielt und das hieraus gewonnene Biogas nahezu ausschließlich zur Energieerzeugung im eigenen Hauptbetrieb einsetzt (vgl. R 15.5 Abs. 3 Satz 1 Nr. 2 EStR 2005).

b) Zukauf von Biomasse durch den Nebenbetrieb

Im Rahmen der Abgrenzung Land- und Forstwirtschaft/Gewerbebetrieb ist der Nebenbetrieb hinsichtlich der Einkunftsart und der Zukaufsgrenzen eigenständig zu beurteilen. Für die Frage, ob die Zukaufsgrenzen der R 15.5 Abs. 3 EStR 2005 nachhaltig überschritten werden, ist grundsätzlich ein Mengenvergleich der eingesetzten Rohstoffe vorzunehmen. Dies gilt bei Biogasanlagen nur in den Fällen, in denen ausschließlich Stoffe mit gleichem Energiegehalt eingesetzt werden. Abweichend hiervon ist die Abgrenzung anhand der gewonnenen Biogasmenge und dem Energiegehalt der eingesetzten Stoffe vorzunehmen, wenn in Biogasanlagen Stoffe von unterschiedlicher Art und Güte eingesetzt werden.

c) Erzeugung von Energie durch den Nebenbetrieb

In den Fällen der R 15.5 Abs. 3 Satz 1 Nr. 1 und 2 EStR 2005 stellt die weitere Be- oder Verarbeitung des gereinigten Biogases zu Energie die zweite Verarbeitungsstufe und damit eine gewerbliche Betätigung dar.

3) Biogasanlagen im Rahmen eines gemeinschaftlichen Nebenbetriebs

a) Ebene der Beteiligten

Erfolgt die Erzeugung von Biogas durch Zusammenschluss mehrerer Land- und Forstwirte in einer gemeinschaftlich betriebenen Anlage, kann diese Biogasanlage noch als Nebenbetrieb der jeweiligen land- und forstwirtschaftlichen Hauptbetriebe angesehen werden. Dies setzt jedoch voraus, dass alle Beteiligten als Mitunternehmer zu qualifizieren sind.

b) Ebene der Mitunternehmerschaft

Ist ein Beteiligter als Gewerbetreibender zu beurteilen, tritt die Rechtsfolge des § 15 Abs. 3 Nr. 1 EStG ein und die gemeinschaftliche Biogasanlage ist als Gewerbebetrieb zu qualifizieren.

Nach R 15.5 Abs. 3 EStR 2005 dürfen bei gemeinschaftlichen Nebenbetrieben ausschließlich eigen erzeugte Rohstoffe der beteiligten Landwirte be-/verarbeitet werden oder nur Erzeugnisse gewonnen werden, die ausschließlich in den Betrieben der beteiligten Landwirte verwendet werden. Für den Verkauf von Biogas aus einer gemeinschaftlich betriebenen Anlage bedeutet dies, dass ausschließlich Biomasse verwendet werden darf, die in den jeweiligen Hauptbetrieben der beteiligten Land- und Forstwirte erzeugt wurde. Das aus einer Übernahme von Rohstoffen gewonnene Biogas muss nahezu ausschließlich zur Energieerzeugung für die eigenen Hauptbetriebe eingesetzt werden.

c) Erzeugung von Energie durch den gemeinschaftlichen Nebenbetrieb

Wird durch einen gemeinschaftlichen Nebenbetrieb Energie erzeugt, gilt Tz. 2 Buchstabe c entsprechend.

II. Körperschaftsteuer

1) Biogas-Erzeugungsgenossenschaften

a) Erzeugung und Verkauf von Biogas

Wird eine Biogasanlage in der Rechtsform einer Genossenschaft betrieben, ist eine Steuerbefreiung nach § 5 Abs. 1 Nr. 14 Satz 1 Buchstabe c KStG nur möglich, wenn für die Erzeugung des Biogases ausschließlich die Biomasse der beteiligten Land- und Forstwirte verwendet wird. Die Verwertung der pflanzlichen oder tierischen Rohstoffe als Biomasse bis hin zur Reinigung des Biogases stellt in diesen Fällen die erste Stufe der Be- oder Verarbeitung im Rahmen der Land- und Forstwirtschaft dar.

b) Erzeugung von Energie durch eine Biogas-Erzeugungsgenossenschaft

Soweit eine Biogas-Erzeugungsgenossenschaft zur Beheizung der Anlage Energie erzeugt, ist dies für die Steuerbefreiung unschädlich. Wird hingegen überschüssige Energie durch eine Biogas-Erzeugungsgenossenschaft in das (Strom-/Wärme-)Netz eingespeist und an Dritte oder auch eigene Mitglieder geliefert, ist diese Bearbeitung insoweit der zweiten Verarbeitungsstufe zuzuordnen. Diese Tätigkeit ist nicht nach § 5 Abs. 1 Nr. 14 KStG begünstigt. Die Genossenschaft ist insoweit partiell steuerpflichtig; vgl. R 20 Abs. 1 Satz 3 KStR 2004. § 5 Abs. 1 Nr. 14 Satz 2 KStG ist zu beachten.

2) Generatoren-Genossenschaft

a) Erzeugung von Energie

Die Be- oder Verarbeitung von Biogas im Rahmen einer Generatoren-Genossenschaft stellt eine weitere und damit die zweite (gewerbliche) Bearbeitungsstufe dar. Die Erzeugung von Energie durch Generatoren ist eine Betätigung außerhalb der Land- und Forstwirtschaft; insoweit scheidet eine Steuerbefreiung nach § 5 Abs. 1 Nr. 14 Buchstabe c KStG aus. Dies gilt unabhängig davon, ob Mitglieder der Genossenschaft oder Dritte Abnehmer der erzeugten Energie sind.

b) Beteiligung der Biogas-Erzeugungsgenossenschaft

Beteiligt sich eine Biogas-Erzeugungsgenossenschaft an einer steuerpflichtigen Generatoren-Genossenschaft, sind die Gewinnanteile oder Bezüge nach R 20 Abs. 5 KStR 2004 als Einnahmen aus nicht begünstigter Tätigkeit anzusehen. § 5 Abs. 1 Nr. 14 Satz 2 KStG ist zu beachten.

c) Rückvergütung an eine Biogas-Erzeugungsgenossenschaft

Rückvergütungen im Sinne des § 22 KStG sind den Einnahmen aus den Geschäften zuzurechnen, für die die Rückvergütungen gewährt worden sind (R 20 Abs. 5 Satz 6 KStR 2004). Soweit die Generatoren-Genossenschaft zulässigerweise eine Rückvergütung nach § 22 KStG für den Verkauf des Biogases (Gegengeschäft) gewährt, fallen die der Biogas-Erzeugungsgenossenschaft aus der Rückvergütung zufließenden Erträge bei Vorliegen der unter Tz. II.1 genannten Voraussetzungen daher in den steuerbefreiten Teil der Genossenschaft.

III. Zeitliche Anwendung [1]

Die Regelungen dieses Schreibens sind in allen noch offenen Fällen anzuwenden.

Soweit sich in den Fällen der Energieerzeugung aus Biogas aus de Schreiben für einen Steuerpflichtigen Verschlechterungen gegenüber der bisherigen Verwaltungspraxis ergeben, sind die Regelungen erstmals für Wirtschaftsjahre anzuwenden, die nach dem 31. Dezember 2006 beginnen.

---

[1] Die zeitliche Anwendung wurde neugefasst durch das BdF-Schreiben vom 29.6.2006 (BStBl. I S. 417).

Zu § 14 EStG　　　　　　　　　　　　　　　　　　　　　　　　　　　　Anlage § 014–01

Einkommensteuerliche Behandlung
der Verpachtung eines land- und forstwirtschaftlichen Betriebs

– BdF-Schreiben vom 1.12.2000 – IV A 6 – S 2242 – 16/00 (BStBl. I S. 1556) –

Unter Bezugnahme auf das Ergebnis der Erörterung mit den obersten Finanzbehörden der Länder nehme ich zur Frage, ob und inwieweit die Veränderung von Wirtschaftsgebäuden im Rahmen einer Verpachtung eines land- und forstwirtschaftlichen Betriebs zu einer Betriebsaufgabe führt, wie folgt Stellung:

Veräußerungen und Entnahmen von Grundstücken berühren das Fortbestehen eines im Ganzen verpachteten land- und forstwirtschaftlichen Betriebs (nur) dann, wenn die im Eigentum des Verpächters verbleibenden Flächen nicht mehr ausreichen, um nach Beendigung des Pachtverhältnisses einen land- und forstwirtschaftlichen Betrieb zu bilden. Das Schicksal der Wirtschaftsgebäude ist für die Annahme einer Zwangsbetriebsaufgabe unerheblich, da auch die Veräußerung oder Entnahme von einzelnen Flächen des Grund und Bodens – als wesentliche Betriebsgrundlage – unerheblich ist, sofern überhaupt ein Betrieb der Land- und Forstwirtschaft fortgeführt werden kann. Für die Annahme einer Zwangsbetriebsaufgabe im Rahmen einer Betriebsverpachtung im Ganzen ist damit im Bereich der Land- und Forstwirtschaft regelmäßig kein Raum mehr.

Im Bereich der Land- und Forstwirtschaft wird eine Betriebsaufgabe nur (noch) dann angenommen werden können, wenn der Steuerpflichtige seinen Aufgabewillen gegenüber dem Finanzamt in unmissverständlicher Weise durch Abgabe einer Aufgabeerklärung zum Ausdruck bringt (BFH-Urteil vom 18. März 1999 – BStBl. II S. 398).

Die Grundsätze dieses Schreibens sind nur im Bereich der Land- und Forstwirtschaft und in allen offenen Fällen anzuwenden.

Anlage § 015–01 Zu § 15 EStG

Abgrenzung der gewerblichen von den freiberuflichen Einkünften bei interprofessionellen Mitunternehmerschaften

– Vfg OFD Hannover vom 1. Juli 2007 – G 1401 – 24 – StO 252 –

Zur Qualifizierung der Einkünfte von interprofessionellen Partnerschaftsgesellschaften oder Sozietäten insbesondere zwischen Steuerberatern, Wirtschaftsprüfern und Rechtsanwälten hat das Finanzgericht Düsseldorf mit Urteil vom 13. Januar 2005 (EFG 2005, 1350) eine rechtskräftige Entscheidung getroffen. Nach einer Abstimmung auf Bund-Länder-Ebene sind die Rechtsgrundsätze des Urteils – unabhängig von den Besonderheiten des konkreten Einzelfalles – in allen vergleichbaren Fällen anzuwenden. Danach gilt Folgendes:

1. Gesellschafter- und tätigkeitsbezogene Betrachtungsweise

Nach der ständigen Rechtsprechung des BFH erzielt eine Personengesellschaft nur dann Einkünfte aus freiberuflicher Tätigkeit, wenn alle ihre Gesellschafter die Merkmale eines freien Berufs erfüllen. Dabei müssen alle Gesellschafter in ihrem Bereich leitend und eigenverantwortlich tätig sein (BFH-Urteil vom 23. November 2000, BStBl. II 2001, 241).

Die berufs- bzw. standesrechtliche Rechtslage ist für die steuerrechtliche Beurteilung der Einkünfte einer Partnerschaft oder Sozietät ohne Bedeutung.

2. Gewinnverteilung

In der Praxis werden verschiedene Gewinnverteilungssysteme verwendet: Nach Köpfen, nach Leistung, nach Kapitaleinsatz, sog. Lockstep-Verfahren nach den Jahren der Zugehörigkeit zu der Gesellschaft und sich darauf beziehende Mischformen.

Eine berufsgruppenbezogene Gewinnverteilung ist nicht zwingend vorzuschreiben, solange im Bezug auf Kapitalbeteiligung und Arbeitsleistung keine unangemessene Gewinnverteilung vorliegt. Auch die Einbringung eines Einzelunternehmens oder eines Firmenwerts oder Kundenstamms in die Gesellschaft darf entsprechend vergütet werden, ohne dass die Freiberuflichkeit der Einkünfte in Frage gestellt wird.

Etwas anderes gilt aber dann, wenn ein Gesellschafter zwar Freiberufler, aber ohne eigenen Tätigkeitsbeitrag nur kapitalmäßig beteiligt ist. Dies führt zur Gewerblichkeit der Einkünfte der Partnerschaftsgesellschaft bzw. Sozietät. Bei dem Tätigkeitsbeitrag muss es sich nicht um eine hauptberufliche Tätigkeit handeln, es muss auch nicht jeder Gesellschafter im gleichen Umfang leitend und eigenverantwortlich tätig sein, aber andererseits reicht auch eine bloße Beschaffung von Aufträgen nicht aus.

Zu § 15 EStG   Anlage § 015–02

Schenkweise als Kommanditisten in eine Kommanditgesellschaft aufgenommene minderjährige Kinder als Mitunternehmer; hier: Anwendung des BFH-Urteils vom 10. November 1987 (BStBl. 1989 II S. 758)

– BdF-Schreiben vom 5. Oktober 1989 IV B 2 – S 2241 – 48/89 (BStBl. 1989 I S. 378) –

Der Bundesfinanzhof (BFH) hat in seinem Urteil vom 10. November 1987 (BStBl. 1989 II S. 758) schenkweise als Kommanditisten in eine KG aufgenommene minderjährige Kinder als Mitunternehmer anerkannt, obwohl in dem Entscheidungsfall das Widerspruchsrecht der Kommanditisten nach § 164 HGB ausgeschlossen, das Gewinnentnahmerecht der Kommanditisten weitgehend beschränkt und das Kündigungsrecht für die Kommanditisten langfristig abbedungen war und die Kommanditisten für den Fall ihres vorzeitigen Ausscheidens aufgrund eigener Kündigung zum Buchwert abgefunden werden sollten. Der BFH sieht darin keine nennenswerten und nicht auch zwischen Fremden üblichen Abweichungen vom Regelstatut des HGB. Dabei macht es für den BFH keinen Unterschied, ob die besonderen Bedingungen einzeln oder zusammen vorliegen.

Zu der Frage, welche Folgerungen aus diesem Urteil für die steuerliche Anerkennung von schenkweise als Kommanditisten in eine KG aufgenommenen minderjährigen Kinder als Mitunternehmer zu ziehen sind, wird unter Bezugnahme auf das Ergebnis der Erörterungen mit den Vertretern der obersten Finanzbehörden der Länder wie folgt Stellung genommen:

Die Frage, ob eine Mitunternehmerschaft minderjähriger Kinder gegeben ist, muß nach dem Gesamtbild der Verhältnisse entschieden werden (Beschluß des Großen Senats des BFH vom 25. Juni 1984 – BStBl. II S. 751, 769). Dabei sind alle Umstände des Einzelfalles in ihrer Gesamtheit zu würdigen. Das minderjährige Kind eines Gesellschafters einer Personengesellschaft kann nur als Mitunternehmer anerkannt werden, wenn es Mitunternehmerinitiative entfalten kann und Mitunternehmerrisiko trägt. Es kommt deshalb darauf an, ob dem minderjährigen Kommanditisten nach dem Gesellschaftsvertrag wenigstens annäherungsweise diejenigen Rechte eingeräumt werden, die einem Kommanditisten nach dem HGB zustehen. Maßstab ist das nach dem HGB für den Kommanditisten vorgesehene Regelstatut. Dazu gehören auch die gesetzlichen Regelungen, die im Gesellschaftsvertrag abbedungen werden können.

Wie der Große Senat des BFH im Beschluß vom 25. Juni 1984 (BStBl. II S. 751, 769) ausgeführt hat, können Mitunternehmerinitiative und Mitunternehmerrisiko im Einzelfall mehr oder weniger ausgeprägt sein. Beide Merkmale müssen jedoch gemeinsam vorliegen. Ein Kommanditist ist beispielsweise dann mangels Mitunternehmerinitiative kein Mitunternehmer, wenn sowohl sein Stimmrecht als auch sein Widerspruchsrecht durch Gesellschaftsvertrag faktisch ausgeschlossen sind (BFH-Urteil vom 11. Oktober 1988 – BStBl. 1989 II S. 762).

Besondere Bedeutung kommt, wie auch vom BFH im Urteil vom 10. November 1987 (BStBl. 1989 II S. 758) ausgeführt wird, der Frage zu, ob die minderjährigen Kommanditisten durch Kündigung oder Änderung des Gesellschaftsvertrags gegen ihren Willen aus der KG verdrängt werden können. Ist der Komplementär nach dem Gesellschaftsvertrag berechtigt, nach freiem Ermessen weitere Kommanditisten in die KG aufzunehmen, und kann er dadurch die für eine Änderung des Gesellschaftsvertrags im Einzelfall erforderliche Mehrheitsverhältnisse (z. B. Erfordernis einer $^2/_3$-Mehrheit) zu seinen Gunsten so verändern, daß die als Kommanditisten in die KG aufgenommenen minderjährigen Kinder gegen ihren Willen aus der KG verdrängt werden können, so spricht dies gegen eine Mitunternehmerstellung der Kinder. Das gilt auch dann, wenn der Komplementär tatsächlich noch keine weiteren Kommanditisten in die KG aufgenommen hat.

Der BFH hat in dem Urteil vom 10. November 1987 (BStBl. 1989 II S. 758) allein die Tatsache, daß der Komplementär derzeit nicht die im Einzelfall erforderliche Stimmrechtsmehrheit bezüglich der Änderung des Gesellschaftsvertrags und der Auflösung der Gesellschaft hat, für ausreichend gehalten, um die Mitunternehmerinitiative der Kommanditisten – und zwar auch bei Ausschluß des Widerspruchsrechts nach § 164 HGB – zu bejahen. Ich bitte, die Grundsätze dieses BFH-Urteils insoweit nicht über den entschiedenen Einzelfall hinaus anzuwenden.

Anlage § 015–03

Zu § 15 EStG

Ertragsteuerliche Behandlung von Darlehen, die eine Personengesellschaft ihren Gesellschaftern gewährt (aktivische Gesellschafterkonten)

– Vfg OFD Münster vom 04.12.2009 – S 2241 – 79 – St 12-33 –

Zur Behandlung von Darlehen einer Personengesellschaft an ihre Gesellschafter nehme ich wie folgt Stellung:

a) Abgrenzung zwischen Entnahme und Darlehen an den Gesellschafter

Ein Gesellschafter kann Mittel aus der Gesellschaft durch eine Entnahme zulasten seines Kapitalkontos oder auf schuldrechtlicher Basis, insbesondere durch Darlehensaufnahme, erlangen.

Eine Entnahme beeinflusst nicht die Höhe des Gesellschaftsgewinns, sondern über die Kapitalkontenverzinsung ggf. die Gewinnverteilung.

Ob ein Konto ein (mit Negativsaldo geführtes „aktivisches") Unterkonto zum Kapitalkonto ist oder eine (Darlehens-)Forderung an den Gesellschafter ausweist, ist unter Berücksichtigung der konkret auf diesem Konto verbuchten Geschäftsvorfälle zu beurteilen. Werden für den Gesellschafter nach den gesellschaftsvertraglichen Vereinbarungen Konten in einem so genannten Mehrkontenmodell (Zwei-, Drei- oder Vier-Konten-Modell) geführt, so ist für jedes Gesellschafterkonto gesondert zu beurteilen, ob es nach den Grundsätzen des BMF-Schreibens vom 30.05.1997, BStBl. I 1997, 627 Eigenkapital oder Fremdkapital ausweist. Ein Gesellschafterkonto, dem nach den gesellschaftsvertraglichen Regelungen auch Verluste belastet werden (wie zum Beispiel dem variablen Konto eines Kommanditisten im sogenannten Zweikontenmodell), ist unabhängig davon, ob es einen Bestand zugunsten oder zulasten des Gesellschafters ausweist, als Kapitalkonto zu qualifizieren.

Dagegen handelt es sich bei einem Konto, auf dem einem Kommanditisten nach § 169 HGB entnahmefähige Gewinne gutgeschrieben werden (wie zum Beispiel dem Darlehenskonto eines Kommanditisten im sogenannten Drei- oder Vierkontenmodell), regelmäßig um ein Darlehenskonto, solange es einen Habensaldo ausweist. Überzieht der Kommanditist dieses Konto, so ist nach dem BFH-Urteil vom 16.10.2008, BStBl. II 2009, 272 zu prüfen, ob und inwieweit das nunmehr aktivische Konto infolge von gesellschaftsvertraglich nicht vorgesehenen Auszahlungen negativ geworden ist („unzulässige Entnahmen"). Unzulässige Entnahmen in diesem Sinne sind auch anzunehmen, wenn diesen zwar ein besonderer Gesellschafterbeschluss zugrunde liegt, durch den aber bestehende gesellschaftsvertragliche Entnahmeregelungen nicht erweitert werden sollten.

Ein Kommanditist hat nach der Regelung des § 169 Abs. 1 Satz 2 HGB nur einen Anspruch auf Auszahlung des ihm zukommenden Gewinns. Ein darüber hinausgehendes, gewinnunabhängiges Entnahmerecht steht ihm hingegen nicht zu. Sind die zu einer Überziehung des „Darlehenskontos" im Drei- oder Vier-Konten-Modell führenden Auszahlungen ohne Grundlage im Gesellschaftsvertrag erfolgt, liegt demzufolge **insoweit** eine (Darlehens-)Forderung der Gesellschaft an den Gesellschafter vor. Die steuerliche Berücksichtigung eines solchen Darlehens ist nicht davon abhängig, dass die Anforderungen des sog. Fremdvergleichs erfüllt sind (vgl. jedoch in diesem Zusammenhang die Ausführungen unter b) zur betrieblichen Veranlassung eines Darlehens an den Gesellschafter). Die für Darlehen **aufgrund besonderer Vereinbarung** zwischen Gesellschafter und Gesellschaft geltenden Grundsätze (Fremdvergleich) lassen sich nicht ohne weiteres auf aktivische Gesellschafterverrechnungskonten übertragen.

Soweit ein aktivisches Gesellschafterkonto auf gesellschaftsvertraglich zulässige Entnahmen zurückzuführen ist, sind die betreffenden Auszahlungen als Vorschüsse auf künftige Gewinne anzusehen, die gesellschaftsrechtlich keine Forderung begründen; das Konto ist **insoweit** ein im Soll geführtes Unterkonto des Kapitalkontos.

b) Betriebliche Veranlassung eines Darlehens an den Gesellschafter

Darlehen einer Personengesellschaft an einen Gesellschafter sind unabhängig davon, ob sie auf einer besonderen Vereinbarung oder auf einer Überziehung eines Gesellschafterverrechnungskontos beruhen, betrieblich veranlasst, wenn sie im Interesse der Gesellschaft (und nicht nur im Eigeninteresse des Gesellschafters) gewährt werden. Ein betriebliches Interesse ist anzunehmen

- wenn die Darlehenshingabe aus Sicht der Gesellschaft zu marktüblichen Konditionen erfolgt. Die Art der Verwendung der Darlehensmittel ist diesem Fall unerheblich; selbst ein privater Verwendungszweck ist bei Marktüblichkeit der Konditionen unschädlich. Für die Beurteilung der Marktüblichkeit kommt es neben der tatsächlichen Durchführung und Besicherung etc. in erster Linie auf die Zinshöhe sowie ggf. auf die eigene Zinsbelastung der Gesellschaft an (Beispiel: die Ausreichung eines Kredits zu 6 % Zinsen wäre nicht „marktüblich", wenn die Gesellschaft das Geld zur Tilgung eigener, höher verzinster Schulden verwenden könnte). Die Gestellung oder Nichtgestellung von Kreditsicherheiten hat für die Beurteilung der Marktüblichkeit keine alleinentscheidende Bedeutung (vgl. auch Erlass des FM NRW vom 01.12.1992, S 2252 – 22 – V B 1 betreffend Darlehensverträge zwischen Angehörigen, der dem Schreiben des BMF vom 01.12.1992, BStBl. I 1992, 729 entspricht).

– wenn marktunüblich günstige Konditionen durch ein besonderes betriebliches Interesse der Gesellschaft an dem Verwendungszweck des Kredits bedingt sind (Beispiel: Der Gesellschafter soll mit einem zu 4 % verzinsten Darlehen der Gesellschaft eine Fabrikhalle errichten, die nach Fertigstellung der Gesellschaft zur Verfügung gestellt werden soll).

Auf ein Darlehen der Gesellschaft an den Gesellschafter ist § 15 Abs. 1 Satz 1 Nr. 2 EStG weder direkt noch entsprechend anwendbar. Bei einem steuerlich anzuerkennenden Darlehen sind die Darlehenszinsen für die Gesellschaft Betriebseinnahmen; die Abzugsfähigkeit der Zinsausgaben beim Gesellschafter richtet sich nach der Verwendung des Kredits (Betriebsausgaben bzw. Sonderbetriebsausgaben bei betrieblichem Verwendungszweck, Werbungskosten oder nichtabzugsfähige Kosten der Lebensführung bei privatem Verwendungszweck). Der Ansatz eines niedrigeren Teilwerts der Forderung für den Fall, dass das Darlehen notleidend wird, ist wegen des Grundsatzes der korrespondierenden Bilanzierung (vgl. dazu BFH-Beschluss vom 24.07.2006 VIII B 233/05, BFH/NV 2006, 2110, m.w.N.) jedenfalls dann nicht möglich, wenn die Darlehensschuld bei dem Gesellschafter zum (negativen) Sonderbetriebsvermögen gehört. Für eine Teilwertabschreibung ist im Übrigen kein Raum, soweit der Forderung ein Guthaben des Gesellschafters nach § 738 Abs. 1 S. 2 BGB gegenübersteht, gegen das im Auseinandersetzungsfall aufgerechnet werden könnte, oder wenn nicht die üblichen Schritte zur Durchsetzung der Forderung ausgeschöpft werden.

b) **Rechtsfolgen fehlender betrieblicher Veranlassung**

   aa) **Zuordnung der Darlehensvaluta**

   Wird das Darlehen nicht angemessen verzinst oder hält es bei einer Gesamtbetrachtung in anderer Hinsicht einem Fremdvergleich nicht stand, so gehört es zwar zivilrechtlich zum Gesellschaftsvermögen, aber nicht zum steuerlichen Betriebsvermögen (siehe BFH-Urteil vom 09.05.1996, BStBl. II 1996, 642; vgl. auch H 4.3 (2-4): Personengesellschaften EStH 2008).

   Damit ergeben sich insgesamt folgende Möglichkeiten:

Fallgestaltung zu beurteilen	„echte" Entnahme	betrieblich veranlasstes Darlehen an den Gesellschafter	außerbetrieblich veranlasstes Darlehen an den Gesellschafter
handelsrechtliche als . . .	Minderung des Kapitalkontos	Forderung	Forderung
steuerlich als . . .	Minderung des Kapitalkontos	Forderung	Minderung des Kapitalkontos

   Die Gewährung eines außerbetrieblich veranlassten Darlehens stellt also eine „Entnahme" der Darlehensvaluta aus dem Betriebsvermögen der Gesellschaft in das gesamthänderisch gebundene Privatvermögen mit allen steuerlichen Folgen dar (insbesondere auch bezüglich des § 15a EStG).

   Die Entnahme ist (mangels einer abweichenden besonderen Vereinbarung) allen Gesellschaftern nach Maßgabe ihres jeweiligen Anteils am Gesamthandsvermögen zuzurechnen. Dementsprechend sind „Tilgungsleistungen" sowie „Zinsleistungen" des Darlehensnehmers bei allen Gesellschaftern anteilig als Einlagen zu erfassen.

   bb) **Gewinnauswirkung**

   Sofern die Darlehensvaluta aus dem steuerlichen Betriebsvermögen in das gesamthänderisch gebundene Privatvermögen „entnommen" wird, sind zugehörige Refinanzierungskosten der Gesellschaft nicht betrieblich veranlasst und deshalb vom Betriebsausgabenabzug ausgeschlossen.

   Vom Darlehensnehmer gezahlte „Zinsen" für ein nach den vorstehenden Grundsätzen nicht aus betrieblichen Gründen gewährtes Darlehen führen nicht zu **Betriebs**einnahmen der Gesellschaft. Bei einem nach den allgemeinen Grundsätzen steuerlich anzuerkennenden Darlehensverhältnis sind sie insoweit als Einnahmen aus Kapitalvermögen der Gesellschafter zu erfassen, als sie nicht anteilig dem Darlehensschuldner selbst zuzurechnen sind.

Ob die vom Darlehensschuldner gezahlten Zinsen – soweit sie anteilig den Mitgesellschaftern als Darlehensgeber zustehen – Betriebsausgaben, Werbungskosten oder nicht abziehbare Lebenshaltungskosten darstellen, ist von der Verwendung der entsprechenden Darlehensmittel abhängig.

Die schenkungsteuerrechtlichen Folgen eines zu unüblich günstigen Konditionen gewährten Darlehens sind ggf. gesondert zu untersuchen.

Diese Verfügung tritt an die Stelle der Verfügung vom 21.02.1994.

Zu § 15 EStG

Anlage § 015–04

Zurechnung der einem Mitunternehmer gehörenden Anteile einer GmbH zum Sonderbetriebsvermögen [1)2)]

– Vfg OFD München vom 2.4.2001 – S 2134 – 4/6 St 41 –

Zum notwendigen Betriebsvermögen (BV) einer gewerblich tätigen Personengesellschaft gehören nicht nur die Wirtschaftsgüter des Gesamthandsvermögens, sondern auch die im Alleineigentum eines Mitunternehmers stehenden Wirtschaftsgüter, die unmittelbar dem Betrieb der Personengesellschaft (Sonder-BV I) oder seiner Beteiligung an der Personengesellschaft (Sonder-BV II) dienen oder zu dienen bestimmt sind. Zum Sonder-BV II zählt bei einem Kommanditisten einer GmbH u. Co. KG grundsätzlich auch sein Anteil an der Komplementär-GmbH, weil dieser Anteil es dem Kommanditisten ermöglicht, über seine Stellung in der Komplementär-GmbH Einfluß auf die Geschäftsführung der GmbH u. Co. KG auszuüben. Hierdurch wird die Stellung des Kommanditisten, die ihm aufgrund seiner unmittelbaren Beteiligung an der KG zukommt, verstärkt (BFH-Urteil vom 5.12.1979, BStBl. II 1980, 119).

Im Einzelfall sind jedoch folgende Unterscheidungen zu treffen:

1. Einkommensteuerliche Zurechnung der einem Kommanditisten gehörenden Anteile an der Komplementär-GmbH

Der Anteil des Kommanditisten an der Komplementär-GmbH gehört dann uneingeschränkt zum notwendigen Sonder-BV II, wenn der Kommanditist seine Gesellschafterstellung in der Komplementär-GmbH ausschließlich in den Dienst des Unternehmens der Personengesellschaft stellt. Davon ist auszugehen, wenn die GmbH neben ihrer Geschäftsführertätigkeit bei der GmbH u. Co. KG keine andere gewerbliche Tätigkeit oder nur eine von ganz untergeordneter Bedeutung ausübt.

Unterhält die GmbH – neben ihrer Geschäftsführertätigkeit für die GmbH u. Co. KG – einen Geschäftsbetrieb von nicht ganz untergeordneter Bedeutung, ist davon auszugehen, daß beide Gesellschaften – und damit auch die Interessen der Gesellschafter – gleichrangig nebeneinander stehen. In diesem Fall gehören die Anteile der Kommanditisten an der Komplementär-GmbH nicht zu deren notwendigem Sonder-BV II (BFH-Urteil vom 12.11.1985, BStBl. II 1986, 55, vom 11.12.1990, BStBl. II 1991, 510 und vom 7.7.1992, BStBl. II 1993, 328).

Eine Abweichung von dieser Regelbeurteilung ist allerdings dann erforderlich, wenn die GmbH aufgrund von Geschäftsbeziehungen – über ihre gesellschaftsrechtliche Beteiligung als Komplementärin und ihre Geschäftsführertätigkeit hinaus – auch wirtschaftlich mit der GmbH u. Co. KG verflochten ist. Trotz der Tatsache, daß die GmbH einen eigenen Geschäftsbetrieb von nicht ganz untergeordneter Bedeutung unterhält, gehören die GmbH-Anteile in diesem Fall dann zum notwendigen Sonder-BV II bei der GmbH u. Co. KG, wenn aus *Sicht der GmbH u. Co. KG* die Geschäftsbeziehung zur GmbH von nicht geringer Bedeutung ist. Dies ist beispielsweise dann der Fall, wenn die GmbH über die Geschäftsführung für die GmbH u. Co. KG hinaus auch den Alleinvertrieb für die Produkte der GmbH u. Co. KG übernommen hat.

2. Bilanzierung der den Kommanditisten gehörenden Anteile an der Komplementär-GmbH, wenn diese Komplementärin mehrerer Kommanditgesellschaften ist

Ist die GmbH Komplementärin mehrerer Kommanditgesellschaften und beschränkt sich ihre Tätigkeit auf die Geschäftsführung dieser GmbH und Co KGen, so sind die GmbH-Anteile dem notwendigen Sonder-BV II der Kommanditisten der zuerst gegründeten GmbH u. Co. KG zuzurechnen. Diese bilanzmäßige Behandlung ist eine zwingende Folge des zeitlichen Ablaufs, da die GmbH-Anteile bereits bei der zuerst gegründeten GmbH u. Co. KG in vollem Umfang notwendiges (Sonder-)Betriebsvermögen darstellen. Für eine Bilanzierung der GmbH-Anteile im Rahmen einer später gegründeten GmbH u. Co. KG bleibt daher kein Raum.

Unterhält die GmbH als Komplementärin mehrere GmbH u. Co. KGen dagegen einen eigenen Geschäftsbetrieb von nicht ganz untergeordneter Bedeutung, gilt folgendes:

Bestehen Geschäftsbeziehungen der GmbH nur zu einer GmbH u. Co. KG und sind diese aus Sicht der GmbH u. Co. KG von nicht geringer Bedeutung, so sind die GmbH-Anteile im Sonder-BV der Kommanditisten dieser GmbH u. Co. KG zu bilanzieren.

Bestehen dagegen Geschäftsbeziehungen zu mehreren GmbH u. Co. KGen, die für diese jeweils von nicht geringer Bedeutung sind, so sind diese GmbH-Anteile dem Sonder-BV der Kommanditisten der

---

1) Siehe dazu H 4.2 (2) – Anteile an Kapitalgesellschaften EStH.
2) Siehe auch Anlage § 015-09.

Anlage § 015–04

Zu § 15 EStG

zuerst gegründeten GmbH u. Co. KG, mit der Geschäftsbeziehungen im obigen Sinne unterhalten werden, zuzuordnen.

3. **Einkommensteuerrechtliche Zurechnung der einem Personengesellschafter gehörenden Anteile an einer Kapitalgesellschaft bei nur wirtschaftlicher Verflechtung zwischen Personen- und Kapitalgesellschaft**

Halten Gesellschafter einer Personengesellschaft Anteile an einer Kapitalgesellschaft, ohne daß eine gesellschaftsrechtliche Beteiligung der Kapitalgesellschaft an der Personengesellschaft besteht, so kommt eine Zuordnung dieser Anteile zum notwendigen Sonder-BV in der Regel nicht in Betracht.

Im Einzelfall ist eine Zuordnung zum notwendigen Sonder-BV jedoch dann vorzunehmen, wenn eine besonders enge wirtschaftliche Verflechtung zwischen Personengesellschaft und Kapitalgesellschaft derart besteht, daß die eine Gesellschaft eine wesentliche wirtschaftliche Funktion der anderen erfüllt (vgl. BFH-Urteil vom 31.1.1991, BStBl. II 1991, 786). In diesem Fall kommt es für die Annahme der Sonderbetriebsvermögenseigenschaft der Kapitalgesellschaftsanteile nicht mehr auf die zusätzliche Frage an, in welchem Umfang die Kapitalgesellschaft noch anderweitig geschäftlich tätig ist.

Vielmehr ist in diesen Fällen regelmäßig dann die Beteiligung an der Kapitalgesellschaft dem notwendigen Sonder-BV innerhalb der Personengesellschaft zuzuordnen, wenn der Mitunternehmer – ggf. zusammen mit anderen Mitunternehmern – die Kapitalgesellschaft beherrscht (BFH-Urteile vom 16.9.1994, BStBl. II 1995, 75 und vom 27.9.1994, BFH/NV 1995, 678).

Jedoch kann die Beteiligung an einer Kapitalgesellschaft auch dann notwendiges Sonder-BV des Gesellschafters einer Personengesellschaft sein, wenn die Beteiligung keinen beherrschenden Einfluß vermittelt (vgl. BFH-Urteil vom 3.3.1998, BStBl. II 1998, 383). In seinem Urteil führt der BFH insoweit aus, daß die Entscheidung der Frage, ob die Beteiligung an einer Kapitalgesellschaft zur Stärkung der Beteiligung der Mitunternehmer an der Personengesellschaft dient, anhand von Indizien zu treffen ist, die nicht ausschließlich in der Beherrschung der Kapitalgesellschaft zu suchen sind, sondern allgemein auf Möglichkeiten der Einflußnahme der Mitunternehmer auf die Geschäftsführung in der Kapitalgesellschaft im wirtschaftlichen Interesse der Personengesellschaft abstellen.

4. **Behandlung des Anteils eines stillen Gesellschafters einer GmbH und atypisch stillen Gesellschaft (GmbH & atypisch Still) an der GmbH**

Der Anteil eines stillen Gesellschafters einer GmbH & atypisch Still stellt stets notwendiges Sonder-BV II dar, sofern nicht die GmbH noch einer anderen Geschäftstätigkeit von nicht ganz untergeordneter Bedeutung nachgeht.

Die stille Gesellschaft tritt zwar, anders als eine KG, zivilrechtlich nicht nach außen auf. Vielmehr wird, aus den im Betrieb des Handelsgewerbes geschlossenen Geschäften allein der Inhaber des Handelsgeschäfts berechtigt und verpflichtet. Zivilrechtlich gibt es daher keine Tätigkeit der stillen Gesellschaft.

Zu den Merkmalen für die Beurteilung als Mitunternehmerschaft vgl. H 138 (1) „Stiller Gesellschafter" EStH 1999.

Der Inhaber des Handelsgeschäfts wird, soweit seine Tätigkeit der Erreichung des im Vertrag über die stille Gesellschaft vereinbarten Gesellschaftszwecks dient, wie ein Organ für die stille Gesellschaft tätig; sein Auftreten ist der Gesellschaft zuzurechnen und führt zur gemeinschaftlichen Verwirklichung der Tatbestandsmerkmale einer Einkunftsart. Steuerrechtlich gilt deshalb die der atypisch stillen Gesellschaft zuzurechnende Tätigkeit des Inhabers des Handelsgeschäfts als Gewerbebetrieb der Gesellschaft. Der Inhaber des Handelsgeschäfts erbringt, soweit er zur Erreichung des Gesellschaftszwecks der stillen Gesellschaft tätig wird, einen im Gesellschaftsinteresse liegenden Beitrag, der der Geschäftsführung einer Komplementär-GmbH einer GmbH & Co. KG vergleichbar ist.

Der stille Gesellschafter kann folglich über seine Beteiligung an der GmbH auf deren geschäftliches Verhalten Einfluss nehmen und so zugleich seine Stellung in der stillen Gesellschaft verstärken. Damit dient die Beteiligung an der GmbH der Beteiligung an der „Personengesellschaft GmbH & atypisch Still" und erfüllt mithin die Voraussetzungen für eine Behandlung als notwendiges Sonder-BV II (BFH v. 15. 10. 1998, BStBl. II 1999, 286).

Zu § 15 EStG

Anlage § 015–05

1. Sonderbetriebsvermögen bei Schwesterpersonengesellschaften
2. Mitunternehmerische Betriebsaufspaltung

– BdF-Schreiben vom 28.4.1998 – IV B 2 – S 2241 – 42/98 (BStBl. I S. 583) –[1)]

Der BFH hat mit Urteilen vom 16. Juni 1994 (BStBl. 1996 II S. 93) entschieden, daß die Wirtschaftsgüter, die eine gewerblich tätige oder gewerblich geprägte Personengesellschaft an eine ganz oder teilweise personenidentische Personengesellschaft (Schwestergesellschaft) vermietet, zum Betriebsvermögen der vermietenden Personengesellschaft und nicht der nutzenden Personengesellschaft gehören. Diese Rechtsgrundsätze gelten auch, wenn leistende Gesellschaft eine gewerblich geprägte atypisch stille Gesellschaft ist (BFH-Urteil vom 26. November 1996, BStBl. 1998 II S. 328). Mit Urteil vom 23. April 1996 (BStBl. 1998 II S. 325) hat der BFH unter Aufgabe der bisherigen Rechtsprechung schließlich die Auffassung vertreten, bei einer Betriebsaufspaltung habe die Qualifikation des überlassenen Vermögens als Betriebsvermögen der Besitzpersonengesellschaft sowie der Einkünfte aus der Verpachtung dieses Vermögens als gewerbliche Einkünfte der Gesellschafter der Besitzpersonengesellschaft Vorrang vor der Qualifikation des Vermögens als Sonderbetriebsvermögen und der Einkünfte aus der Verpachtung als Sonderbetriebseinkünfte der Gesellschafter bei der Betriebspersonengesellschaft.

Unter Bezugnahme auf das Ergebnis der Erörterung mit den obersten Finanzbehörden der Länder nehme ich zur Anwendung der Rechtsgrundsätze der genannten BFH-Urteile wie folgt Stellung:

1. Bedeutung und Abgrenzung des Anwendungsbereichs der neuen Rechtsprechung

Nach früherer Rechtsprechung und Verwaltungsauffassung hatte die Vorschrift des § 15 Abs. 1 Satz 1 Nr. 2 Satz 1 Halbsatz 2 EStG Vorrang vor dem Rechtsinstitut der mitunternehmerischen Betriebsaufspaltung (BFH-Urteil vom 25. April 1985, BStBl. 1985 II S. 622 sowie R 137 Abs. 4 EStR 1993). Das BFH-Urteil vom 23. April 1996 (a. a. O.) führt nunmehr zu einem Vorrang der Rechtsgrundsätze der Betriebsaufspaltung vor der Anwendung des § 15 Abs. 1 Satz 1 Nr. 2 Satz 1 Halbsatz 2 EStG und schließt damit – ebenso wie die BFH-Urteile vom 16. Juni 1994 (a. a. O.) vom 22. November 1994 (a. a. O.) und vom 26. November 1996 (BStBl. 1998 II S. 328) – die Behandlung der vermieteten Wirtschaftsgüter als Sonderbetriebsvermögen der mietenden Gesellschaft bei sog. Schwester-Personengesellschaften aus. Im Falle einer unentgeltlichen Überlassung von Wirtschaftsgütern ist allerdings auch nach der neuen Rechtsprechung keine mitunternehmerische Betriebsaufspaltung anzunehmen, weil es in diesem Fall an einer Gewinnerzielungsabsicht und damit an einer eigenen gewerblichen Tätigkeit der Besitzpersonengesellschaft fehlt. In diesem Fall bleibt § 15 Abs. 1 Nr. 2 EStG weiterhin anwendbar. Auch bei einer lediglich teilentgeltlichen Nutzungsüberlassung ist eine eigene gewerbliche Tätigkeit der Besitzpersonengesellschaft und damit eine mitunternehmerische Betriebsaufspaltung nur anzunehmen, wenn die Voraussetzung der Gewinnerzielungsabsicht bei der Besitzpersonengesellschaft vorliegt.

Die Rechtsgrundsätze des BFH-Urteils vom 23. April 1996 sind – ebenso wie die der BFH-Urteile vom 16. Juni 1994 (a. a. O.) vom 22. November 1994 (a. a. O.) und vom 26. November 1996 (BStBl. 1998 II S. 328) – nur in den Fällen sog. Schwestergesellschaften anzuwenden, d.h. wenn sowohl an der vermietenden als auch der mietenden Personengesellschaft ganz oder teilweise dieselben Personen als Gesellschafter beteiligt sind. Nicht betroffen von der neuen Rechtsprechung sind die Fälle der sog. doppel- oder mehrstöckigen Personengesellschaft, also diejenigen Fälle, in denen eine Personengesellschaft selbst unmittelbar oder mittelbar an einer anderen Personengesellschaft als Mitunternehmer beteiligt ist. In diesen Fällen verbleibt es bei der Anwendung der gesetzlichen Regelung zur doppelstöckigen Personengesellschaft in § 15 Abs. 1 Satz 1 Nr. 2 Satz 2 EStG.

---

1) Die Grundsätze dieses Schreibens und der zugrundeliegenden BFH-Rechtsprechung gelten auch, wenn an die Stelle einer Personengesellschaft eine Bruchteilsgemeinschaft, eine Gütergemeinschaft oder eine Erbengemeinschaft tritt (Vfg. OFD Kiel vom 17.6.1999 – S 2241 A – St 132, FR 1999 S. 1015).
Vgl. auch das BFH-Urteil vom 18.8.2005 – IV R 59/04 (BStBl. II S. 830):
„1. Überlässt ein Einzelgewerbetreibender eine wesentliche Betriebsgrundlage einer Personengesellschaft, an der er beherrschend beteiligt ist, so gehört das überlassene Wirtschaftsgut zum Sonderbetriebsvermögen des Gesellschafters bei der nutzenden Personengesellschaft. Die Rechtsfolgen einer mitunternehmerischen Betriebsaufspaltung werden verdrängt.
2. Vermieten die Miteigentümer einer Bruchteilsgemeinschaft ein Grundstück als wesentliche Betriebsgrundlage an eine von ihnen beherrschte Betriebsgesellschaft, so ist regelmäßig davon auszugehen, dass sich die Miteigentümer zumindest konkludent zu einer GbR zusammengeschlossen haben.
3. Vermietet der Gesellschafter einer Besitzpersonengesellschaft ein ihm gehörendes Wirtschaftsgut an eine Betriebspersonengesellschaft, an der er ebenfalls (ggf. beherrschend) beteiligt ist, so stellt das überlassene Wirtschaftsgut Sonderbetriebsvermögen I des Gesellschafters bei der Betriebspersonengesellschaft dar. Diese Zuordnung geht der als Sonderbetriebsvermögen II bei der Besitzpersonengesellschaft vor."

Anlage § 015–05   Zu § 15 EStG

2. Ertragsteuerliche Folgen der Änderung der BFH-Rechtsprechung

Die Anwendung der Rechtsgrundsätze des BFH-Urteils vom 23. April 1996 (a. a. O.) führt insbesondere zu folgenden steuerlichen Änderungen:

a) Auf der Grundlage des bisherigen Rechtsprechung und Verwaltungspraxis sind bei einem Gesellschafter, der nur an der Besitz-, nicht aber an der Betriebspersonengesellschaft beteiligt ist („Nur-Besitz-Gesellschafter"), vielfach lediglich Einkünfte aus Vermietung und Verpachtung angenommen und seine Anteile an den Wirtschaftsgütern dem Privatvermögen zugeordnet worden. Nach der geänderten Rechtsprechung erzielt er Einkünfte aus Gewerbebetrieb und die Wirtschaftsgüter gehören zum Betriebsvermögen, so daß auch die Veräußerungsgewinne steuerpflichtig sind.

b) Die Besitzpersonengesellschaft unterfällt ggf. der Abfärbung gemäß § 15 Abs. 3 Nr. 1 EStG (Beispiel: Eine Grundstücks-GbR vermietet einige Grundstücke an private Dritte und ein Grundstück an die mit ihr personell verflochtene KG).

c) Durch die Begründung der Eigengewerblichkeit werden die bisherigen Verpachtungspersonengesellschaften der Gewerbesteuer unterworfen, die Wirtschaftsgüter an von der Gewerbesteuer befreite Personengesellschaften zur Nutzung überlassen haben, die Krankenhäuser, Rehabilitationskliniken oder sonstige Gesundheitseinrichtungen betreiben, die in den Anwendungsbereich von § 67 AO fallen. Die über die bisherige Zurechnungsvorschrift des § 15 Abs. 1 Nr. 2 EStG wirksame Befreiungsvorschrift des § 3 Nr. 20 Gewerbesteuergesetz kommt insoweit nicht mehr zum Tragen.

d) Zwischen Schwester-Personengesellschaften vereinbarte Darlehen, die als Dauerschulden zu qualifizieren sind, führen bei der mitunternehmerischen Betriebsaufspaltung in Höhe des hälftigen Entgelts zu einer gewerbesteuerlichen Doppelbelastung, da das hälftige Entgelt bei der das Darlehen empfangenden Gesellschaft gemäß § 8 Nr. 1 GewStG hinzuzurechnen ist. Waren die Darlehenszinsen nach bisheriger Rechtsprechung Sondervergütungen i. S. des § 15 Abs. 1 Nr. 2 EStG der Gesellschafter der Besitzpersonengesellschaft, erhöhten sie zwar bei der das Darlehen empfangenden Personengesellschaft den Gewerbeertrag (Abschnitt 40 Abs. 2 GewStR). Da aber die Hinzurechnungsvorschrift des § 8 Nr. 1 GewStG auf Sondervergütungen i. S. des § 15 Abs. 1 Nr. 2 EStG nicht anzuwenden ist, ergab sich bisher keine gewerbesteuerliche Doppelbelastung.

e) Ein negativer Gewerbeertrag der Besitzpersonengesellschaft darf nicht mit einem positiven Gewerbeertrag der Betriebspersonengesellschaft verrechnet werden (oder umgekehrt), während bisher eine Saldierung zwischen Gesamthandsergebnis und Sonderbetriebsergebnis grundsätzlich möglich war.

f) Bei den Investitionszulage und bei den Sonderabschreibungen nach dem Fördergebietsgesetz ist nicht mehr die Betriebspersonengesellschaft, sondern die Besitzpersonengesellschaft anspruchsberechtigt. Es gelten die allgemeinen Regelungen zur Betriebsaufspaltung, z. B. bei der Investitionszulage Nr. 5 des BMF-Schreibens vom 31. März 1992 (BStBl. I S. 236) und Abschnitt IV des BMF-Schreibens vom 29. März 1993 (BStBl. I S. 279) und Abschnitt II Nr. 2 des BMF-Schreibens vom 24. Dezember 1996 (BStBl. I S. 1516).

3. Uneingeschränkte Anwendung der Rechtsprechung zur Vermietung von gewerblich tätigen oder geprägten Personengesellschaften an Schwestergesellschaften

Die Rechtsgrundsätze der BFH-Urteile vom 16. Juni 1994 (a. a. O.), vom 22. November 1994 (a. a. O.) und vom 26. November 1996 (a. a. O.) sind für Wirtschaftsjahre, die nach dem 31. Dezember 1998 beginnen, **uneingeschränkt** anzuwenden. Das BMF-Schreiben vom 18. Januar 1996 (BStBl. I S. 86), nach dem die Grundsätze der BFH-Urteile vom 16. Juni 1994 (BStBl. 1996 II S. 82) und vom 22. November 1994 (BStBl. 1996 II S. 93) nur unter den dort genannten Einschränkungen für anwendbar erklärt worden sind, ist für Wirtschaftsjahre, die nach dem 31. Dezember 1998 beginnen, nicht mehr anzuwenden. Sind die vermieteten Wirtschaftsgüter aufgrund der in dem BMF-Schreiben vom 18. Januar 1996 (a. a. O.) enthaltenen Einschränkungen bisher zum Betriebsvermögen der nutzenden Personengesellschaft gerechnet worden, so gelten die Ausführungen der unter Nr. 4 zur erfolgsneutralen Übertragung der überlassenen Wirtschaftsgüter in die Bilanz der vermietenden Personengesellschaft entsprechend.

4. Erstmalige Anwendung der Rechtsprechung zur Betriebsaufspaltung zwischen Schwester-Personengesellschaften nebst Übergangsregelung

Die Rechtsgrundsätze des BFH-Urteils vom 23. April 1996 (a. a. O.) werden **aus Vertrauensschutzgründen** erstmals für Wirtschaftsjahre angewendet, die nach dem 31. Dezember 1998 beginnen.

Zu § 15 EStG

Anlage § 015–05

Auf Antrag sind die Rechtsgrundsätze des BFH-Urteils vom 23. April 1996 (a. a. O.) auch für Wirtschaftsjahre anzuwenden, die vor dem 1. Januar 1999 beginnen. Der Antrag kann nur einheitlich für alle vor dem 1. Januar 1999 beginnenden Wirtschaftsjahre und für alle Steuerarten einschließlich der Investitionszulage und für alle Beteiligten gestellt werden. Entsprechende Anträge sind bis zum 31. Dezember 1999 bei den jeweils zuständigen Finanzämtern zu stellen; die Anträge sind unwiderruflich.

Die Anwendung der neuen Rechtsprechung führt in den Fällen, in denen die vermieteten Wirtschaftsgüter bisher wegen des Vorrangs des § 15 Abs. 1 Satz 1 Nr. 2 Satz 1 Halbsatz 2 EStG vor der mitunternehmerischen Betriebsaufspaltung als Sonderbetriebsvermögen der mietenden Gesellschaft behandelt worden sind, entsprechend den Grundsätzen der Bilanzberichtigung zu einer – erfolgsneutralen – Übertragung der überlassenen Wirtschaftsgüter in die – ggf. erstmals aufzustellende – Bilanz der Besitzpersonengesellschaft und einer entsprechenden Ausbuchung in den (Sonder-)Bilanzen der Betriebspersonengesellschaft. Aus Vereinfachungsgründen ist es nicht zu beanstanden, wenn die erforderlichen Korrekturen wie die Überführung eines Wirtschaftsguts von einem Betrieb in einen anderen Betrieb (R 14 Abs. 2 Satz 2 EStR 1996) dargestellt werden. Die Wirtschaftsgüter sind dann bei der Besitzpersonengesellschaft mit dem Buchwert anzusetzen, den sie in der letzten Bilanz der Betriebspersonengesellschaft hatten. Die weiteren AfA sind in diesen Fällen (Behandlung gemäß R 14 Abs. 2 Satz 2 EStR 1996) nach der bisherigen Bemessungsgrundlage und dem bisherigen Absetzungsverfahren zu bemessen. Die Besitzpersonengesellschaft darf Sonderabschreibungen nach dem Fördergebietsgesetz noch in der Höhe und in dem Zeitraum vornehmen, wie es auch die Betriebspersonengesellschaft noch dürfte.

Nach der neuen Rechtsprechung sind auch die Anteile an Wirtschaftsgütern eines „Nur-Besitz"-Gesellschafters" (vgl. oben unter Nr. 2 Buchstabe a) sowie alle Wirtschaftsgüter einer Besitzpersonengesellschaft, die nunmehr der Abfärbung gemäß § 15 Abs. 3 Nr. 1 EStG unterliegt (vgl. oben unter Nr. 2 Buchstabe b), im Betriebsvermögen der Besitzpersonengesellschaft angeschafft oder hergestellt worden. Die o. g. Grundsätze zur Anwendung von R 14 Abs. 2 Satz 2 EStR 1996 gelten in diesen Fällen entsprechend mit der Maßgabe, daß es nicht beanstandet wird, wenn die Anteile an den Wirtschaftsgütern des „Nur-Besitz-Gesellschafters" und die Wirtschaftsgüter der der Abfärbung unterliegenden Besitzpersonengesellschaft mit ihren Restwerten angesetzt werden.

Die Betriebspersonengesellschaft bleibt für die Investitionszulage von Wirtschaftsgütern, die die Besitzpersonengesellschaft vor der erstmaligen Anwendung der Rechtsgrundsätze des BFH-Urteils vom 23. April 1996 (a. a. O.) angeschafft oder hergestellt und der Betriebspersonengesellschaft seit der Anschaffung oder Herstellung zur Nutzung überlassen hat, antragsberechtigt.

Die Änderung der Rechtsprechung allein hat keine Auswirkungen auf die Zugehörigkeits-, Verbleibens- und Verwendungsvoraussetzungen nach dem Investitionszulagengesetz und dem Fördergebietsgesetz.

Beispiel:

Bei einer mitunternehmerischen Betriebsaufspaltung hat die Besitzpersonengesellschaft im November 1996 ein neues bewegliches Wirtschaftsgut mit Anschaffungskosten von 100 000 DM angeschafft. Die Rechtsgrundsätze des BFH-Urteils vom 23. April 1996 (a. a. O.) werden erstmalig im Kalenderjahr 1997 angewendet.

a) Die Besitzpersonengesellschaft hat ihren Sitz in München und überläßt das Wirtschaftsgut einer Betriebspersonengesellschaft zur Nutzung in deren Betriebsstätte in Dresden. Im Jahr 1996 nimmt die Betriebspersonengesellschaft Sonderabschreibungen von 30 000 DM in Anspruch.

   Der Antrag auf Investitionszulage für 1996 ist von der Betriebspersonengesellschaft zu stellen. Für die Investitionszulage von 5 v. H. und die Sonderabschreibungen nach dem Fördergebietsgesetz ist es ohne Bedeutung, daß das Wirtschaftsgut ab 1. Januar 1997 zum Anlagevermögen der Besitzpersonengesellschaft in München gehört. Die Verbleibensvoraussetzung im Sinne des § 2 Nr. 2 FördG ist auch nach dem 31. Dezember 1996 erfüllt, weil das Wirtschaftsgut im Rahmen einer Betriebsaufspaltung zur Nutzung überlassen wird und in einer Betriebsstätte der Betriebspersonengesellschaft im Fördergebiet verbleibt (vgl. Tz. 6 des BMF-Schreibens vom 29. März 1993, BStBl. I S. 279). Die Besitzpersonengesellschaft kann in den Jahren 1997 bis 2000 die restlichen Sonderabschreibungen von 20 000 DM in Anspruch nehmen.

b) Die Besitzpersonengesellschaft gehört nicht zum verarbeitenden Gewerbe und überläßt das Wirtschaftsgut einer zum verarbeitenden Gewerbe gehörenden Betriebspersonengesellschaft zur Nutzung in deren Betriebsstätte im Fördergebiet.

   Für die Investitionszulage nach § 5 Abs. 3 InvZulG 1996 von 10 v. H. ist es ohne Bedeutung, daß das Wirtschaftsgut ab 1. Januar 1997 nicht mehr zum Anlagevermögen eines Betriebs des verarbeitenden Gewerbes gehört. Die Verbleibensvoraussetzung im Sinne des § 5 Abs. 3 Nr. 2 Buchstabe b InvZulG ist auch nach dem 31. Dezember 1996 erfüllt, weil das Wirtschaftsgut im Rahmen einer Betriebsaufspaltung zur Nutzung überlassen wird und die Betriebspersonengesellschaft zum verarbeitenden Gewerbe gehört (vgl. Tz. 12 des BMF-Schreibens vom 30. Dezember 1994, BStBl. 1995 I S. 18).

5. **Steuerneutrale Vermeidung bzw. Beendigung der mitunternehmerischen Betriebsaufspaltung**
   a) **Mitunternehmererlaß vom 20. Dezember 1977 (BStBl. 1978 I S. 8)**

   Vor Anwendung der neuen BFH-Rechtsprechung kann die Annahme einer mitunternehmerischen Betriebsaufspaltung im Sinne des BFH-Urteils vom 23. April 1996 (a. a. O.) vermieden werden, indem die vermieteten Wirtschaftsgüter nach dem sog. Mitunternehmererlaß (vgl. Tz. 28, Tz. 35 und Tz. 66 des BMF-Schreibens vom 20. Dezember 1977 – BStBl. 1978 I S. 8), d. h. erfolgsneutral ohne Aufdeckung der stillen Reserven, auf die Betriebspersonengesellschaft übertragen werden. Das setzt allerdings voraus, daß keine Verbindlichkeiten übernommen werden. Es muß Unentgeltlichkeit in dem Sinne gegeben sein, daß lediglich Gesellschaftsrechte bei der aufnehmenden Gesellschaft gewährt werden. Der erfolgsneutralen Übertragung von Wirtschaftsgütern auch unter Übernahme von Verbindlichkeiten stehen die Tz. 28 und Tz. 66 des Mitunternehmer-Erlasses entgegen. Danach kann, wenn ein Wirtschaftsgut gegen Gewährung von Gesellschaftsrechten und gegen sonstiges Entgelt aus dem Sonderbetriebsvermögen oder einem anderen Betrieb des Mitunternehmers in das Gesamthandsvermögen übertragen wird, die Personengesellschaft das Wirtschaftsgut nur insoweit mit dem anteiligen Buchwert ansetzen, als es gegen Gewährung von Gesellschaftsrechten übertragen wird. Die Übernahme von Verbindlichkeiten ist als sonstiges Entgelt im Sinne des Mitunternehmer-Erlasses anzusehen. Beides gilt auch für den umgekehrten Fall der Übertragung von der Gesellschaft in ein Betriebsvermögen des Gesellschafters. In derartigen Fällen ist der Vorgang in ein entgeltliches Veräußerungsgeschäft und in einen steuerneutralen Übertragungsvorgang aufzuspalten.

   b) **Umwandlungssteuergesetz**

   Hat der Steuerpflichtige die vorzeitige Anwendung der neuen Rechtsprechung beantragt (vgl. oben unter 4.), so ist eine steuerneutrale Beendigung der bestehenden mitunternehmerischen Betriebsaufspaltung, z.B. durch Einbringung sämtlicher Mitunternehmeranteile der Gesellschafter der Besitzpersonengesellschaft in die Betriebspersonengesellschaft, nach § 24 UmwStG möglich. Denn bei Anwendung der neuen Rechtsprechung, nach der die Besitzpersonengesellschaft aufgrund der Betriebsaufspaltung als eigengewerblicher Betrieb anzusehen ist, haben die Gesellschafter der Besitzpersonengesellschaft Mitunternehmeranteile, die sie nach § 24 UmwStG in die Betriebspersonengesellschaft einbringen können. Hat der Steuerpflichtige keinen Antrag auf vorzeitige Anwendung der neuen Rechtsprechung gestellt, so ist die neue Rechtsprechung erstmals für das nach dem 31. Dezember 1998 beginnende Wirtschaftsjahr anzuwenden. In diesem Fall ist in den vor dem 1. Januar 1999 beginnenden Wirtschaftsjahren eine steuerneutrale Beendigung der bestehenden mitunternehmerischen Betriebsaufspaltung nicht nach § 24 UmwStG möglich. Denn für die Frage der Anwendung des § 24 UmwStG muß in diesem Fall die bis zum Ergehen des BFH-Urteils vom 23. April 1996 vertretene Rechtsauffassung zugrunde gelegt werden: Wegen des Vorrangs des § 15 Abs. 1 Nr. 2 EStG würde es sich hier um eine Einbringung von Wirtschaftsgütern des Sonderbetriebsvermögens einer Personengesellschaft in das Gesamthandsvermögen derselben Personengesellschaft handeln. Die Einbringung von Wirtschaftsgütern des Sonderbetriebsvermögens fällt nicht unter § 24 UmwStG, sondern ist ausschließlich nach den Regeln des Mitunternehmer-Erlasses zu beurteilen (vgl. oben unter a).

6. **Weitere Anwendung des BMF-Schreibens vom 10. Dezember 1979 (BStBl. I S. 683)**[1]

   Das BMF-Schreiben vom 10. Dezember 1979 (BStBl. I S. 683) zu den Fällen, in denen der Mitunternehmer einen gewerblichen Betrieb unterhält und er im Rahmen dieses Betriebs Wirtschaftsgüter entgeltlich der Mitunternehmerschaft zur Nutzung überläßt, ist weiterhin anzuwenden.

---

1) Siehe dazu auch das BFH-Urteil vom 18.8.2005 (BStBl. I S. 830):
„Überlässt ein Einzelgewerbetreibender eine wesentliche Betriebsgrundlage einer Personengesellschaft, an der er beherrschend beteiligt ist, so gehört das überlassene Wirtschaftsgut zum Sonderbetriebsvermögen des Gesellschafters bei der nutzenden Personengesellschaft. Die Rechtsfolgen einer mitunternehmerischen Betriebsaufspaltung werden verdrängt."

Zu § 15 EStG Anlage § 015–06

Abgrenzung zwischen privater Vermögensverwaltung und gewerblichem Grundstückshandel

– BdF-Schreiben vom 26.3.2004 – IV A 6 – S 2240 – 46/04 (BStBl. I S. 434) –

Im Einvernehmen mit den obersten Finanzbehörden der Länder gilt zur Abgrenzung des gewerblichen Grundstückshandels von der privaten Vermögensverwaltung Folgendes:

I. Allgemeine Grundsätze[1]

Veräußern Privatpersonen Grundstücke, ist bei der Prüfung, ob ein gewerblicher Grundstückshandel vorliegt, wesentlich auf die Dauer der Nutzung vor Veräußerung und die Zahl der veräußerten Objekte abzustellen. In Fällen, in denen ein gewerblicher Grundstückshandel zu verneinen ist, bleibt jedoch zu prüfen, ob der Gewinn aus der Veräußerung nach § 23 EStG zu besteuern ist.

1. Bebaute Grundstücke

Sind bebaute Grundstücke bis zur Veräußerung während eines langen Zeitraums (mindestens zehn Jahre) vermietet worden, gehört grundsätzlich auch noch die Veräußerung der bebauten Grundstücke zur privaten Vermögensverwaltung (vgl. BFH-Urteil vom 6. April 1990 – BStBl. II S. 1057). Dies ist unabhängig vom Umfang des veräußerten Grundbesitzes. Bei Grundstücken, die im Wege der vorweggenommenen Erbfolge oder durch Schenkung auf den Grundstücksveräußerer übergegangen sind, ist für die Berechnung der Nutzungsdauer die Besitzdauer des Rechtsvorgängers wie eine eigene Besitzzeit des Veräußerers zu werten. Zu Grundstücken, die durch Erbfolge oder durch Schenkung übergegangen sind, vgl. Tz. 9. Wegen der zu eigenen Wohnzwecken genutzten Grundstücke vgl. Tz. 10.

Die Aufteilung eines Gebäudes in Eigentumswohnungen ist – für sich betrachtet – allein kein Umstand, der die Veräußerung der so entstandenen Eigentumswohnungen zu einer gewerblichen Tätigkeit macht. Auch hier ist maßgeblich auf die Dauer der Nutzung vor Veräußerung abzustellen.

2. Unbebaute Grundstücke

Bei unbebauten Grundstücken, die vor Veräußerung selbst genutzt (z. B. als Gartenland) oder verpachtet wurden, führt die bloße Parzellierung für sich allein nicht zur Annahme eines gewerblichen Grundstückshandels. Beim An- und Verkauf von Grundstücken über mehrere Jahre liegt dagegen im Regelfall ein gewerblicher Grundstückshandel vor. Ein gewerblicher Grundstückshandel liegt auch dann vor, wenn der Grundstückseigentümer, ähnlich wie ein Grundstückshändler oder ein Baulandaufschließungsunternehmen, beginnt, seinen Grundbesitz ganz oder teilweise durch Baureifmachung in Baugelände umzugestalten und zu diesem Zweck diesen Grundbesitz nach einem bestimmten Bebauungsplan in einzelne Parzellen aufteilt und diese dann an Interessenten veräußert (vgl. BFH-Urteile vom 28. September 1961 – BStBl. 1962 III S. 32; vom 25. Juli 1968 – BStBl. II S. 655; vom 22. Oktober 1969 – BStBl. 1970 II S. 61; vom 17. Dezember 1970 – BStBl. 1971 II S. 456; vom 14. November 1972 – BStBl. 1973 II S. 239; vom 7. Februar 1973 – BStBl. II S. 642, und vom 29. März 1973 – BStBl. II S. 682). In diesem Fall sind alle Aktivitäten des Veräußerers bei der Baureifmachung, Erschließung und Bebauung einzeln zu untersuchen und im Zusammenhang zu würdigen. Auch die Veräußerung land- und forstwirtschaftlicher Grundstücke oder Betriebe kann Gegenstand eines selbstständigen gewerblichen Unternehmens sein (vgl. BFH-Urteil vom 28. Juni 1984 – BStBl. II S. 798); vgl. Tz. 27.

3. Beteiligung am allgemeinen wirtschaftlichen Verkehr[2]

Die Beteiligung am allgemeinen wirtschaftlichen Verkehr ist durch den Kontakt zu einer Mehrzahl von Verkäufern oder Käufern gegeben (vgl. BFH-Urteile vom 20. Dezember 1963 – BStBl. 1964 III S. 137, und vom 29. März 1973 – BStBl. II S. 661). Eine Beteiligung am allgemeinen wirtschaftlichen Verkehr kann

– auch bei einer Tätigkeit für nur einen Vertragspartner oder bei Einschaltung eines Maklers vorliegen (vgl. BFH-Urteile vom 12. Juli 1991 – BStBl. 1992 II S. 143, und vom 7. Dezember 1995 – BStBl. 1996 II S. 367);

---

1) Maßgeblich für die steuerrechtliche Qualifizierung einer Tätigkeit ist nicht die vom Stpfl. subjektiv vorgenommene Beurteilung, sondern vielmehr die Wertung nach objektiven Kriterien. Daher ist ein gewerblicher Grundstückshandel nicht allein deshalb zu bejahen, weil der Stpfl. einen solchen angemeldet oder erklärt hat (→ BFH vom 18.8.2009 – R 25/06).

2) Auch der Verkauf eines Grundstücks zwischen Schwesterpersonengesellschaften kann eine Beteiligung am allgemeinen wirtschaftlichen Verkehr darstellen (→ BFH vom 1.12.2005 – BStBl. 2006 II S. 359).

Anlage § 015–06   Zu § 15 EStG

- bereits dadurch vorliegen, dass die Verkaufsabsicht nur einem kleinen Personenkreis – unter Umständen einer einzigen Person – bekannt wird und der Verkäufer damit rechnet, die Verkaufsabsicht werde sich herumsprechen. Entscheidend ist, dass der Verkäufer an jeden, der die Kaufbedingungen erfüllt, verkaufen will. Das ist bereits dann der Fall, wenn er bereit ist, das fragliche Objekt an einen anderen Erwerber zu veräußern, falls sich der Verkauf an den ursprünglich vorgesehenen Käufer zerschlägt;
- durch den Verkauf an Bekannte erfolgen (vgl. BFH-Urteile vom 28. Oktober 1993 – BStBl. 1994 II S. 463, und vom 7. März 1996 – BStBl. II S. 369);
- auch dann gegeben sein, wenn der Steuerpflichtige nur ein Geschäft mit einem Dritten tätigt, sich dieser aber in Wirklichkeit und nach außen erkennbar nach den Bestimmungen des Steuerpflichtigen an den allgemeinen Markt wendet (vgl. BFH-Urteil vom 13. Dezember 1995 – BStBl. 1996 II S. 232).

Auch ein entgeltlicher und von Gewinnerzielungsabsicht getragener Leistungsaustausch zwischen nahen Angehörigen erfüllt die Voraussetzung einer Teilnahme am allgemeinen wirtschaftlichen Verkehr (vgl. BFH-Urteil vom 13. August 2002 – BStBl. II S. 811). Dies gilt auch, wenn der Eigentümer Objekte nur an bestimmte Personen auf deren Wunsch veräußert.

Bei mehreren Grundstücksverkäufen muss das Merkmal der Beteiligung am allgemeinen wirtschaftlichen Verkehr nicht bei jedem Geschäft vorliegen (vgl. BFH-Urteil vom 28. Oktober 1993 – BStBl. 1994 II S. 463).

II. Gewerblicher Grundstückshandel wegen Überschreitung der „Drei-Objekt-Grenze"[1)]

1. Merkmale der „Drei-Objekt-Grenze"[2)]

5   Als Indiz für das Vorliegen eines gewerblichen Grundstückshandels gilt die Überschreitung der „Drei-Objekt-Grenze" (vgl. BFH-Beschluss vom 10. Dezember 2001 – BStBl. 2002 II S. 291). Danach ist die Veräußerung von mehr als drei Objekten innerhalb eines Fünfjahreszeitraums grundsätzlich gewerblich (vgl. BFH-Urteil vom 18. September 1991 – BStBl. 1992 II S. 135). Die Veräußerung von mehr als drei in bedingter Verkaufsabsicht erworbener oder errichteter (vgl. Tz. 19 ff.) Objekte innerhalb dieses Zeitraums führt bei Vorliegen der übrigen Voraussetzungen (§ 15 Abs. 2 EStG) grundsätzlich zur Gewerblichkeit aller – d. h. auch der ersten drei – Objektveräußerungen. Die zeitliche Grenze von fünf Jahren hat allerdings keine starre Bedeutung. Ein gewerblicher Grundstückshandel kann z. B. bei einer höheren Zahl von Veräußerungen nach Ablauf dieses Zeitraums, aber auch bei einer hauptberuflichen Tätigkeit im Baubereich vorliegen.

6   Objekt i. S. der „Drei-Objekt-Grenze" sind nur solche Objekte, bei denen **ein enger zeitlicher Zusammenhang** (vgl. Tz. 20) zwischen Errichtung, Erwerb oder Modernisierung und der Veräußerung besteht. Ist ein derartiger enger zeitlicher Zusammenhang nicht gegeben, können bis zur zeitlichen Obergrenze von zehn Jahren Objekte nur mitgerechnet werden, wenn weitere Umstände den Schluss rechtfertigen, dass im Zeitpunkt der Errichtung, des Erwerbs oder der Modernisierung eine Veräußerungsabsicht vorgelegen hat. Solche weiteren Umstände liegen z. B. vor, wenn ein branchenkundiger Steuerpflichtiger innerhalb eines Zeitraums von fünf Jahren nach der Errichtung eines Gebäudes weniger als vier, danach aber in relativ kurzer Zeit planmäßig weitere Objekte veräußert (vgl. BFH-Urteil vom 5. September 1990 – BStBl. II S. 1060). Vgl. auch Tz. 28.

7   Als Veräußerung i. S. der „Drei-Objekt-Grenze" gilt auch die Einbringung eines Grundstücks in das Gesamthandsvermögen einer Personengesellschaft, die nach den Grundsätzen des BMF-Schreibens vom 29. März 2000 (BStBl. I S. 462) als Veräußerung anzusehen ist. Grundstücksübertragungen in das Gesamthandsvermögen einer Personengesellschaft, für die der Übertragende keine Gegenleistung erhält (verdeckte Einlage), und die Übertragung von Grundstücken im Wege der Realteilung einer vermögensverwaltenden Personengesellschaft oder Bruchteilsgemeinschaft auf die einzelnen Gesellschafter zu Alleineigentum gelten dagegen nicht als Veräußerung i. S. der „Drei-Objekt-Grenze". Als Veräußerung i. S. der „Drei-Objekt-Grenze" gilt die Einbringung eines Grundstücks in eine Kapitalgesellschaft gegen Gewährung von Gesellschaftsrechten. Dies gilt auch in den sog. Mischfällen, in

---

1) Ein Grundstück, das nach § 3 Abs. 1 Verkehrsflächenbereinigung an die öffentliche Hand veräußert wird, ist i. d. R. nicht als Objekt-Grenze i. S. der Drei-Objekt-Grenze zu werten (Erlass Thüringen vom 24.3.2004 – S 2240 A – 11/04 – 201.1).

2) Gewerblicher Grundstückshandel erfordert nicht, dass in jedem VZ Verwertungsmaßnahmen ergriffen oder ständig Grundstücke vorrätig gehalten werden. Gewerblicher Grundstückshandel liegt auch vor, wenn nach der Veräußerung des ersten Objekts über einen Zeitraum von mehr als zwei Jahren keine späteren Grundstücksgeschäfte konkret absehbar sind und auch keine Grundstücke im Umlaufvermögen gehalten werden (inaktive Phase) (→ BFH vom 20.4.2006 – BStBl. 2007 II S. 375).

Zu § 15 EStG

Anlage § 015–06

denen die dem Gesellschafter gewährte angemessene (drittübliche) Gegenleistung teils in der Gewährung von Gesellschaftsrechten und teils in anderen Entgelten, z. B. in der Zahlung eines Barkaufpreises, der Einräumung einer Forderung oder in der Übernahme von Schulden des Gesellschafters besteht (vgl. BFH-Urteil vom 19. September 2002 – BStBl. 2003 II S. 394).

Im Einzelnen gilt für die Überschreitung der „Drei-Objekt-Grenze" Folgendes:

a) **Definition des Objekts i. S. der „Drei-Objekt-Grenze"** [1]

Objekt i. S. der „Drei-Objekt-Grenze" sind Grundstücke jeglicher Art. Auf die Größe, den Wert oder die Nutzungsart des einzelnen Objekts kommt es nicht an (vgl. BFH-Urteile vom 18. Mai 1999 – BStBl. 2000 II S. 28, und vom 15. März 2000 – BStBl. 2001 II S. 530). Es kommt nicht darauf an, ob es sich um bebaute oder unbebaute Grundstücke handelt oder ob der Steuerpflichtige die Objekte selbst errichtet hat oder in bebautem Zustand erworben hat. **8**

Danach stellt auch ein im Teileigentum stehender Garagenabstellplatz ein selbständiges Objekt dar, wenn dieser nicht im Zusammenhang mit dem Verkauf einer Wohnung veräußert wird. Der Verkauf eines Garagenabstellplatzes ist jedoch dann nicht als eigenes Objekt zu zählen, wenn dieser als Zubehörraum einer Eigentumswohnung im Zusammenhang mit dem Verkauf der Eigentumswohnung an andere Erwerber als die Käufer der Eigentumswohnung veräußert wird (vgl. BFH-Urteil vom 18. September 2002 – BStBl. 2003 II S. 238).

Jedes zivilrechtliche Wohnungseigentum, das selbständig nutzbar und veräußerbar ist, stellt ein Objekt i. S. der „Drei-Objekt-Grenze" dar, auch wenn mehrere Objekte nach Vertragsabschluss baulich zu einem Objekt zusammengefasst werden (vgl. BFH-Urteil vom 16. Mai 2002 – BStBl. II S. 571).[2][3][4] Gleiches gilt für Grundstücke, bei denen der Verkauf beim Vertragsvollzug gescheitert ist (vgl. BFH-Urteil vom 5. Dezember 2002 – BStBl. 2003 II S. 291).

Als Objekt i. S. der „Drei-Objekt-Grenze" kommen weiterhin auch Erbbaurechte in Betracht.[5]

b) **Durch Erbfall, vorweggenommene Erbfolge oder Schenkung übergegangene Grundstücke als Grundstücke i. S. der „Drei-Objekt-Grenze"**

In die Prüfung des gewerblichen Grundstückshandels und damit der „Drei-Objekt-Grenze" sind Grundstücke, die im Wege der vorweggenommenen Erbfolge oder durch Schenkung übertragen und vom Rechtsnachfolger in einem zeitlichen Zusammenhang veräußert worden sind, mit einzubeziehen. In diesem Fall ist hinsichtlich der unentgeltlich übertragenen Grundstücke für die Frage des zeitlichen Zusammenhangs (vgl. Tz. 6, 20) auf die Anschaffung oder Herstellung durch den Rechtsvorgänger abzustellen. Werden im zeitlichen Zusammenhang durch den Rechtsvorgänger und den Rechtsnachfolger insgesamt mehr als drei Objekte veräußert, liegen gewerbliche Einkünfte vor: **9**

– beim Rechtsvorgänger hinsichtlich der veräußerten Grundstücke;
– beim Rechtsnachfolger hinsichtlich der unentgeltlich erworbenen und veräußerten Grundstücke.

In diesen Fällen sind beim Rechtsnachfolger die Veräußerungen der unentgeltlich erworbenen Grundstücke für die Frage, ob er daneben Einkünfte aus einem eigenen gewerblichen Grundstückshandel erzielt, als Objekte i. S. der „Drei-Objekt-Grenze" mitzuzählen.

Beispiel:

Verwirbt im Jahr 01 vier Eigentumswohnungen E 1, E 2, E 3 und E 4. Im Jahr 03 veräußert er die Eigentumswohnungen E 1, E 2 und E 3. Die Eigentumswohnung E 4 überträgt er im Wege der

---

1) Vgl. dazu auch das BFH-Urteil vom 7.10.2004 (BStBl. 2005 II S. 164):
   „Das Überschreiten der Drei-Objekt-Grenze indiziert nicht die Nachhaltigkeit. Auch wenn mehr als drei Objekte mit einem einzigen Verkaufsgeschäft veräußert werden, ist das Kriterium der Nachhaltigkeit in der Regel nur dann erfüllt, wenn sich aus den Umständen ergibt, dass noch andere derartige Grundstücksgeschäfte geplant waren."

2) Zwei Doppelhaushälften auf einem ungeteilten Grundstück bilden ein Objekt (BFH-Urteil vom 14.10.2003 – BStBl. 2004 II S. 227). Aneinander grenzende, rechtlich selbständige Mehrfamilienhausgrundstücke stellen jeweils gesonderte wirtschaftliche Einheiten dar (→ BFH vom 3.8.2004 – BStBl. 2005 II S. 35).

3) Siehe auch BFH-Urteil vom 30.9.2010 (BStBl. 2011 II S. 645):
   Die zur Abgrenzung der Vermögensverwaltung vom gewerblichen Grundstückshandel dienende Drei-Objekt-Grenze ist überschritten, wenn der Kaufvertrag zwar über einen unabgeteilten Miteigentumsanteil abgeschlossen wurde, das Grundstück jedoch in derselben Urkunde in Wohneinheiten und Gewerbeeinheiten aufgeteilt wurde, von denen dem Erwerber mehr als drei Einheiten zugewiesen wurden.

4) Siehe auch BFH-Urteil vom 5.5.2011 (BStBl. II S. 787):
   Ein ungeteiltes Grundstück mit fünf freistehenden Mehrfamilienhäusern ist nur ein Objekt im Sinne der zur Abgrenzung der Vermögensverwaltung vom gewerblichen Grundstückshandel dienenden Drei-Objekt-Grenze.

5) Siehe auch BFH vom 12.7.2007 (BStBl. II S. 885):
   Im Gegensatz zur Weiterveräußerung eines zuvor bestellten Erbbaurechts ist die erstmalige Bestellung eines Erbbaurechts kein Objekt im Sinne der Drei-Objekt-Grenze.

Anlage § 015–06   Zu § 15 EStG

vorweggenommenen Erbfolge im Jahr 03 auf seinen Sohn S. S hat im Jahr 02 die Reihenhäuser RH 1, RH 2 und RH 3 erworben. Im Jahr 04 veräußert S die Reihenhäuser und die Eigentumswohnung E 4.

– Die Veräußerung der Eigentumswohnung E 4 innerhalb des zeitlichen Zusammenhangs durch S führt bei V zur Annahme eines gewerblichen Grundstückshandels. Der Gewinn aus der Veräußerung der Eigentumswohnungen E 1 bis E 3 ist bei V steuerpflichtig.

– Bei S ist der Gewinn aus der Veräußerung der Eigentumswohnung E 4 steuerpflichtig. Auch aus der Veräußerung der drei Objekte (RH 1 bis RH 3) erzielt er Einkünfte aus einem gewerblichen Grundstückshandel, weil die Veräußerung der Eigentumswohnung E 4 als sog. Zählobjekt mitzuzählen ist.

Dies gilt entsprechend im Fall der Modernisierung (vgl. Tz. 24).

Nicht einzubeziehen sind jedoch – unabhängig vom Umfang des Grundbesitzes – Grundstücke, die durch Erbfolge übergegangen sind (vgl. BFH-Urteil vom 15. März 2000 – BStBl. 2001 II S. 530), es sei denn, dass bereits der Erblasser in seiner Person einen gewerblichen Grundstückshandel begründet hat und der Erbe einen unternehmerischen Gesamtplan fortführt oder der Erbe die Grundstücke vor der Veräußerung in nicht unerheblichem Maße modernisiert und hierdurch ein Wirtschaftsgut anderer Marktgängigkeit entstanden ist (vgl. Tz. 24).

c) **Zu eigenen Wohnzwecken genutzte Grundstücke als Grundstücke i. S. der „Drei-Objekt-Grenze"**

10   Ebenfalls nicht einzubeziehen sind Grundstücke, die eigenen Wohnzwecken dienen. Zu eigenen Wohnzwecken genutzte bebaute Grundstücke gehören in aller Regel zum notwendigen Privatvermögen (vgl. BFH-Urteil vom 16. Oktober 2002 – BStBl. 2003 II S. 245). Etwas anderes kann sich allerdings ergeben, wenn ein zur Veräußerung bestimmtes Wohnobjekt nur vorübergehend zu eigenen Wohnzwecken genutzt wird (vgl. BFH-Urteil vom 11. April 1989 – BStBl. II S. 621). Bei einer Selbstnutzung von weniger als fünf Jahren ist das Grundstück dann nicht einzubeziehen, wenn der Veräußerer eine auf Dauer angelegte Eigennutzung nachweist, indem er darlegt, dass die Veräußerung auf offensichtlichen Sachzwängen beruhte (vgl. BFH-Urteil vom 18. September 2002 – BStBl. 2003 II S. 133).

d) **Grundstücke, die ohne Gewinnerzielungsabsicht veräußert werden, als Grundstücke i. S. der „Drei-Objekt-Grenze"**

11   Objekte, mit deren Weitergabe kein Gewinn erzielt werden soll (z. B. teilentgeltliche Veräußerung oder Schenkung an Angehörige), sind in die Betrachtung, ob die „Drei-Objekt-Grenze" überschritten ist, grundsätzlich nicht einzubeziehen (vgl. BFH-Urteile vom 18. September 2002 – BStBl. 2003 II S. 238, und vom 9. Mai 1996 – BStBl. II S. 599). Eine teilentgeltliche Veräußerung in diesem Sinne liegt vor, wenn der Verkaufspreis die Selbstkosten (Anschaffungs- oder Herstellungskosten oder Einlagewert) nicht übersteigt (vgl. BFH-Urteile vom 14. März 1989 – BStBl. 1990 II S. 1053; vom 9. Mai 1996 – BStBl. II S. 599, und vom 18. September 2002 – BStBl. 2003 II S. 238).

Eine Einbeziehung von an Kinder übertragene Objekte hinsichtlich der Frage des Überschreitens der „Drei-Objekt-Grenze" kommt jedoch dann in Betracht, wenn der Steuerpflichtige – bevor er sich dazu entschlossen hat, diese Objekte unentgeltlich an seine Kinder zu übertragen – die zumindest bedingte Absicht besaß, auch diese Objekte am Markt zu verwerten (vgl. BFH-Urteil vom 18. September 2002 – BStBl. 2003 II S. 238).

Grundstücke, die zwar mit der Absicht, Gewinn zu erzielen, veräußert wurden, mit deren Verkauf aber letztlich ein Verlust realisiert wurde, sind in die Betrachtung, ob die „Drei-Objekt-Grenze" überschritten ist, mit einzubeziehen.

e) **Veräußerungen durch Ehegatten**

12   Bei Ehegatten ist eine Zusammenfassung der Grundstücksaktivitäten im Regelfall nicht zulässig. Dies bedeutet, dass jeder Ehegatte bis zu drei Objekte im Bereich der Vermögensverwaltung veräußern kann. Die Grundstücksaktivitäten von Ehegatten sind jedoch dann zusammenzurechnen, wenn die Ehegatten eine über ihre eheliche Lebensgemeinschaft hinausgehende, zusätzliche enge Wirtschaftsgemeinschaft, z. B. als Gesellschaft des bürgerlichen Rechts, eingegangen sind, in die sie alle oder den größeren Teil der Grundstücke eingebracht haben (vgl. BFH-Urteil vom 24. Juli 1996 – BStBl. II S. 603).

f) **Übertragungen im Wege der Realteilung**

13   Grundstücke, die im Wege der Realteilung einer vermögensverwaltenden Personengesellschaft oder Bruchteilsgemeinschaft den einzelnen Gesellschaftern zu Alleineigentum übertragen werden, sind

ebenfalls nicht mit in die „Drei-Objekt-Grenze" einzubeziehen (vgl. BFH-Urteil vom 9. Mai 1996 – BStBl. II S. 599).

g) **Beteiligung an Grundstücksgesellschaften**

Beteiligt sich ein Steuerpflichtiger an Grundstücksgesellschaften zur Verwertung von Grundstücken (z. B. durch Verkauf oder Bebauung und Verkauf), ist zunächst zu prüfen, ob die Gesellschaft selbst ein gewerbliches Unternehmen i. S. des § 15 Abs. 2 EStG betreibt (vgl. BFH-Beschluss vom 25. Juni 1984 – BStBl. II S. 751), sodass steuerlich eine Mitunternehmerschaft i. S. des § 15 Abs. 1 Satz 1 Nr. 2 EStG vorliegt. In diesem Fall ist die Überschreitung der „Drei-Objekt-Grenze" auf der Ebene der Gesellschaft zu prüfen; auf eventuelle Grundstücksveräußerungen durch den einzelnen Gesellschafter kommt es insoweit nicht an.[1)] Wird die Gesellschaft nach den vorgenannten Grundsätzen im Rahmen eines gewerblichen Grundstückshandels tätig, sind die Grundstücksveräußerungen der Gesellschaft bei der Prüfung, ob auch auf der Ebene des Gesellschafters ein – weiterer – gewerblicher Grundstückshandel besteht, als Objekt mitzuzählen (vgl. BFH-Beschluss vom 3. Juli 1995 – BStBl. II S. 617; BFH-Urteil vom 28. November 2002 – BStBl. 2003 II S. 250).[2)] 14

Voraussetzung hierfür ist jedoch, dass der Gesellschafter an der jeweiligen Gesellschaft zu mindestens 10 % beteiligt ist oder dass der Verkehrswert des Gesellschaftsanteils oder des Anteils an dem veräußerten Grundstück bei einer Beteiligung von weniger als 10 % mehr als 250 000 Euro beträgt.[3)]

Ist die Gesellschaft nach den vorgenannten Grundsätzen vermögensverwaltend tätig, muss ihre Betätigung (z. B. Erwerb, Bebauung und Verkauf der Grundstücke) den einzelnen Gesellschaftern in gleicher Weise wie bei einer Bruchteilsgemeinschaft anteilig zugerechnet werden (§ 39 Abs. 2 Nr. 2 AO) und bei diesen einkommensteuerrechtlich nach den für den einzelnen Gesellschafter und seine Betätigung maßgeblichen Kriterien beurteilt werden. Dabei sind zwei Fallgruppen zu unterscheiden: 15

aa) Die Beteiligung an der Grundstücksgesellschaft wird im Betriebsvermögen gehalten.

Der Gesellschafter erzielt aus der Beteiligung in jedem Fall gewerbliche Einkünfte (vgl. BFH-Urteile vom 20. November 1990 – BStBl. 1991 II S. 345, und vom 3. Juli 1995 – BStBl. II S. 617). 16

bb) Die Beteiligung an der Grundstücksgesellschaft wird im Privatvermögen gehalten.

In diesen Fällen gilt unter Beachtung der Halte- und Veräußerungsfristen Folgendes:

Veräußerungen von Grundstücken der Grundstücksgesellschaft

Überschreiten die von der vermögensverwaltenden Gesellschaft getätigten und dem einzelnen Gesellschafter anteilig zuzurechnenden Grundstücksveräußerungen entweder für sich gesehen oder unter Zusammenrechnung mit der Veräußerung von Objekten, die dem betreffenden Gesellschafter allein oder im Rahmen einer anderen Personengesellschaft gehören, den Rahmen der bloßen Vermögensverwaltung, wird der Gesellschafter selbst im Rahmen eines gewerblichen Grundstückshandels tätig. Für die Prüfung, ob auf der Ebene des Gesellschafters ein gewerblicher Grundstückshandel begründet wird, ist der Anteil des Steuerpflichtigen an dem Objekt der Grundstücksgesellschaft oder -gesellschaften für die Ermittlung der „Drei-Objekt-Grenze" jeweils einem Objekt gleichzustellen. Bei Veräußerung von Miteigentumsanteilen an einem Grundstück an verschiedene Erwerber stellt jeder Miteigentumsanteil ein Zählobjekt i. S. der „Drei-Objekt-Grenze" dar (vgl. BFH-Urteil vom 7. Dezember 1995 – BStBl. 1996 II S. 367). Voraussetzung hierfür ist jedoch, dass der Gesellschafter an der jeweiligen Gesellschaft zu mindestens 10 % beteiligt ist oder dass der Verkehrswert des Gesellschaftsanteils oder des Anteils an dem veräußerten Grundstück bei einer Beteiligung von weniger als 10 % mehr als 250 000 Euro beträgt. 17

---

1) Bestätigt durch BFH vom 17.12.2008 – BStBl. 2009 II S. 529 und S. 795, wonach bei der Prüfung, ob eine Personengesellschaft wegen Überschreitung der „Drei-Objekt-Grenze" den Bereich der privaten Vermögensverwaltung verlassen hat, solche Grundstücksaktivitäten nicht mitzuzählen sind, die die Gesellschaft allein oder im Rahmen einer anderen gewerblich tätigen (Schwester-)Personengesellschaft entwickelt haben.

2) Vgl. dazu auch das BFH-Urteil vom 22.8.2012 (BStBl. II S. 865): Auch wenn ein Stpfl. in eigener Person kein Objekt veräußert, kann er allein durch die Zurechnung der Grundstücksverkäufe von Personengesellschaften oder Gemeinschaften einen gewerblichen Grundstückshandel betreiben.

3) Siehe dazu aber auch BFH-Urteil vom 12.7.2007 (BStBl. II S. 885):
„Die Grundstücksverkäufe einer Personengesellschaft können einem Gesellschafter, dessen Beteiligung nicht mindestens 10 v.H. beträgt und der auch eigene Grundstücke veräußert, jedenfalls dann als Objekte i.S. der Drei-Objekt-Grenze zugerechnet werden, wenn dieser Gesellschafter über eine Generalvollmacht oder aus anderen Gründen die Geschäfte der Grundstücksgesellschaft maßgeblich bestimmt."

Veräußerung des Anteils an der Grundstücksgesellschaft

18 In den Fällen, in denen der Gesellschafter seinen Anteil an der Grundstücksgesellschaft veräußert, ist die Veräußerung der Beteiligung gem. § 39 Abs. 2 Nr. 2 AO einer anteiligen Grundstücksveräußerung gleichzustellen.[1)]

Für die „Drei-Objekt-Grenze" kommt es dabei auf die Zahl der im Gesellschaftsvermögen (Gesamthandsvermögen) befindlichen Grundstücke an (vgl. BFH-Urteile vom 7. März 1996 – BStBl. II S. 369, und vom 28. November 2002 – BStBl. 2003 II S. 250). Voraussetzung für die Anrechnung von Anteilsveräußerungen ist jedoch, dass der Gesellschafter an der jeweiligen Gesellschaft zu mindestens 10 % beteiligt ist oder dass eine Beteiligung von weniger als 10 % einen Verkehrswert von mehr als 250 000 Euro hat.

Die vorstehenden Ausführungen (Tz. 15 bis 18) gelten entsprechend für Grundstücksgemeinschaften (Bruchteilsgemeinschaften).

Beispiel 1:

Ein Steuerpflichtiger erwirbt und veräußert innerhalb von vier Jahren drei Beteiligungen an verschiedenen Gesellschaften, zu deren Gesellschaftsvermögen jeweils ein Grundstück gehört.

Die „Drei-Objekt-Grenze" wird nicht überschritten. Der Steuerpflichtige wird nicht im Rahmen eines gewerblichen Grundstückshandels tätig.

Beispiel 2:

Ein Steuerpflichtiger erwirbt und veräußert innerhalb von vier Jahren zwei Beteiligungen an verschiedenen Gesellschaften, zu deren Gesellschaftsvermögen jeweils zwei Grundstücke gehören.

Die „Drei-Objekt-Grenze" ist überschritten. Der Steuerpflichtige wird im Rahmen eines gewerblichen Grundstückshandels tätig.

2. Errichtung von Objekten

19 a) Bebaut ein Steuerpflichtiger ein Grundstück oder erwirbt er ein unbebautes Grundstück zur Bebauung, liegt in der Regel ein gewerblicher Grundstückshandel vor, wenn mehr als drei Objekte **in engem zeitlichen Zusammenhang** mit ihrer Errichtung veräußert werden und der Steuerpflichtige mit **Veräußerungsabsicht** handelt.[2)] Ein gewerblicher Grundstückshandel liegt in diesem Fall auch dann vor, wenn die Objekte zwischenzeitlich vermietet wurden (vgl. BFH-Urteil vom 11. April 1989 – BStBl. II S. 621). Ferner ist unerheblich, ob die veräußerten Wohneinheiten in der rechtlichen Gestalt von Eigentumswohnungen entstanden sind oder ob sie zunächst rechtlich unselbständige, zur Vermietung an verschiedene Interessenten bestimmte Teile eines Gesamtobjekts (z. B. Mehrfamilienhaus) waren.

20 b) Ein **enger zeitlicher Zusammenhang** zwischen Errichtung und Veräußerung der Objekte ist dann gegeben, wenn die Zeitspanne zwischen Fertigstellung und der Veräußerung der Objekte nicht mehr als fünf Jahre beträgt (vgl. BFH-Urteile vom 23. Oktober 1987 – BStBl. 1988 II S. 293, und vom 22. März 1990 – BStBl. II S. 637). Eine Überschreitung von wenigen Tagen beeinträchtigt diese Indizwirkung noch nicht (vgl. BFH-Urteil vom 28. November 2002 – BStBl. 2003 II S. 250).

21 c) Die **Veräußerungsabsicht** ist anhand äußerer Merkmale zu beurteilen;[3)] die bloße Erklärung des Steuerpflichtigen, er habe eine solche Absicht nicht gehabt, reicht nicht aus. Das Vorhandensein einer Veräußerungsabsicht kann allerdings nicht allein aus dem engen zeitlichen Zusammenhang zwischen Errichtung und Veräußerung hergeleitet werden (vgl. Beschluss des Großen Senats des BFH vom 10. Dezember 2001 – BStBl. 2002 II S. 291). Liegen von Anfang an eindeutige (vom Steuerpflichtigen darzulegende) Anhaltspunkte dafür vor, dass ausschließlich eine anderweitige Nutzung als die Veräußerung objektiv in Betracht gezogen worden ist, hat der enge zeitliche Zusammenhang

---

1) Die Veräußerung von Mitunternehmeranteilen an mehr als drei am Grundstücksmarkt tätigen Gesellschaften bürgerlichen Rechts ist auch dann der Veräußerung der zum Gesamthandsvermögen gehörenden Grundstücke gleichzustellen, wenn sich bei den Gesellschaften um gewerblich geprägte Personengesellschaften i. S. d. § 15 Abs. 3 Nummer 2 EStG handelt. Die Gewinne aus den Anteilsveräußerungen sind daher – bei Vorliegen der übrigen Voraussetzungen – als laufende Gewinne aus gewerblichem Grundstückshandel zu erfassen (→ BFH vom 5.6.2008 – BStBl. 2010 II S. 974).Vgl. dazu auch das BFH-Urteil vom 18.4.2012 (BStBl. II S. 647)

2) Bei der Prüfung, ob eine Tätigkeit wie z. B. die Errichtung von Gebäuden als nachhaltig anzusehen ist, sind die Vertragsleistungen eines Generalunternehmers dem Auftraggeber jeweils gesondert als Einzelaktivitäten zuzurechnen (BFH vom 19.2.2009 – BStBl. II S. 533).

3) Die entgeltliche Übertragung eines Objekts auf eine vom Stpfl. beherrschte GmbH vor Fertigstellung des Objekts ist als Anhaltspunkt für das Vorliegen einer unbedingten Veräußerungsabsicht heranzuziehen (→ BFH vom 24.6.2009 – BStBl. 2010 II S. 171).

Zu § 15 EStG   **Anlage § 015–06**

für sich genommen keine Bedeutung. Fehlen solche Anhaltspunkte, zwingt der enge zeitliche Zusammenhang zwischen Errichtung und Veräußerung aber nach der Lebenserfahrung zu der Schlussfolgerung, dass bei der Errichtung der Objekte zumindest eine bedingte Veräußerungsabsicht bestanden hat. In diesen Fällen kann sich der Steuerpflichtige nicht darauf berufen, die (eigentliche) Verkaufsabsicht sei erst später wegen Finanzierungsschwierigkeiten und zu hoher finanzieller Belastungen gefasst worden (vgl. BFH-Urteile vom 6. April 1990 – BStBl. II S. 1057, und vom 12. Dezember 2002 – BStBl. II 2003 S. 297); vgl. auch Tz. 30.

3. Erwerb von Objekten

Beim Erwerb von Objekten liegt grundsätzlich ein gewerblicher Grundstückshandel vor, wenn mehr als drei Objekte in engem zeitlichem Zusammenhang mit ihrem Erwerb veräußert werden und der Steuerpflichtige mit Veräußerungsabsicht handelt. Hinsichtlich des engen zeitlichen Zusammenhangs gilt Tz. 20, hinsichtlich der Veräußerungsabsicht gilt Tz. 21 entsprechend. 22

Im Fall des Erwerbs bebauter Grundstücke gelten folgende Besonderheiten:

Wandelt der Steuerpflichtige bisher vermietete Wohnungen eines erworbenen Mietshauses in Eigentumswohnungen um und versetzt er die Wohnungen vor der sich anschließenden Veräußerung lediglich in einen zum vertragsmäßigen Gebrauch geeigneten Zustand, wozu unter Berücksichtigung des bei Mietwohnungen Ortsüblichen auch die Ausführung von Schönheitsreparaturen gehören kann (vgl. BFH-Urteil vom 10. August 1983 – BStBl. 1984 II S. 137), ist ein gewerblicher Grundstückshandel nur anzunehmen, wenn innerhalb eines überschaubaren Zeitraums (in der Regel fünf Jahre) ein oder mehrere bereits in Veräußerungsabsicht erworbene Gebäude aufgeteilt und nach dieser Aufteilung mehr als drei Eigentumswohnungen veräußert werden.[1] 23

4. Modernisierung von Objekten

Besteht kein enger, zeitlicher Zusammenhang zwischen der Errichtung oder dem Erwerb und der Veräußerung der Objekte, kann ein gewerblicher Grundstückshandel vorliegen, wenn der Steuerpflichtige die Objekte vor der Veräußerung in nicht unerheblichem Maße modernisiert und hierdurch ein Wirtschaftsgut anderer Marktgängigkeit entstanden ist. Für die Veräußerungsabsicht kommt es dann auf den engen zeitlichen Zusammenhang mit der Modernisierung an. In Sanierungsfällen beginnt die Fünf-Jahres-Frist mit Abschluss der Sanierungsarbeiten (vgl. BFH-Urteil vom 5. Dezember 2002 – BStBl. 2003 II S. 291). 24

5. Mischfälle

Treffen bei einem Steuerpflichtigen, der eine bestimmte Anzahl von Objekten veräußert hat, diejenigen Fälle, in denen das veräußerte Objekt vom Steuerpflichtigen selbst errichtet worden ist, mit solchen Fällen zusammen, in denen das Objekt von einem Dritten erworben worden ist, ist die Frage, ob die Veräußerung eines Objektes der einen oder anderen Gruppe bei Prüfung der „Drei-Objekt-Grenze" mitzuzählen ist, jeweils nach den Kriterien zu entscheiden, die für die betreffende Gruppe bei Veräußerung von mehr als drei Objekten gelten. 25

6. Unbebaute Grundstücke

Beim Verkauf von unbebauten Grundstücken gelten die für den Erwerb und die Veräußerung bebauter Grundstücke dargestellten Grundsätze entsprechend (vgl. BFH-Urteil vom 13. Dezember 1995 – BStBl. 1996 II S. 232). Dies bedeutet, dass der Erwerb, die Parzellierung und die Veräußerung von mehr als drei unbebauten Grundstücken (Bauparzellen) nur dann gewerblich ist, wenn 26

– die Grundstücke (Bauparzellen) in Veräußerungsabsicht erworben wurden oder
– der Steuerpflichtige über die Parzellierung hinaus Tätigkeiten entwickelt hat (z. B. Erschließung, Bebauungsplan, Baureifmachung).

Bei Mischfällen gilt Tz. 25 entsprechend.

7. Land- und forstwirtschaftlich genutzte Grundstücke

Die Veräußerung land- und forstwirtschaftlicher Grundstücke kann unter den vorstehenden Voraussetzungen Gegenstand eines selbständigen gewerblichen Unternehmens sein. Hat der Land- und Forstwirt schon mit Tätigkeiten begonnen, die objektiv erkennbar auf die Vorbereitung von Grundstücksgeschäften gerichtet sind, wechseln die Grundstücke auch bei zunächst unveränderter Nutzung nach § 6 Abs. 5 EStG zum Buchwert aus dem Anlagevermögen des landwirtschaftlichen Betriebs in das Um- 27

---

1) Bestätigt durch BFH-Urteil vom 18.3.2004 – III R 25/02 (BSBl. II S. 787).

Anlage § 015–06

Zu § 15 EStG

laufvermögen des Gewerbebetriebs gewerblicher Grundstückshandel (vgl. BFH-Urteile vom 31. Mai 2001 – BStBl. II S. 673, und vom 25. Oktober 2001 – BStBl. 2002 II S. 289).[1)]

Überführt der Land- und Forstwirt ein Grundstück anlässlich einer Betriebsaufgabe in das Privatvermögen, liegt darin eine Entnahme. Wird das Grundstück später veräußert, ist bei der Anwendung der Grundsätze zum zeitlichen Zusammenhang (vgl. Tz. 20) der Zeitraum, in dem sich das Grundstück vor seiner steuerpflichtigen Entnahme im Betriebsvermögen befunden hat, mitzurechnen.

III. Gewerblicher Grundstückshandel ohne Überschreitung der „Drei-Objekt-Grenze"

28   1. Abweichend von den Grundsätzen der „Drei-Objekt-Grenze" kann auch der Verkauf von weniger als vier Objekten in zeitlicher Nähe zu ihrer Errichtung zu einer gewerblichen Tätigkeit führen (vgl. Beschluss des Großen Senats des BFH vom 10. Dezember 2001 – BStBl. 2002 II S. 291; BFH-Urteile vom 13. August 2002 – BStBl. II S. 811, und vom 18. September 2002 – BStBl. 2003 II S. 238 und 286).[2)3)] Dies gilt bei Wohnobjekten (Ein-, Zweifamilienhäuser, Eigentumswohnungen) insbesondere in folgenden Fällen:

– Das Grundstück mit einem darauf vom Veräußerer zu errichtenden Gebäude wird bereits vor seiner Bebauung verkauft. Als Verkauf vor Bebauung ist ein Verkauf bis zur Fertigstellung des Gebäudes anzusehen.[4)]

– Das Grundstück wird von vornherein auf Rechnung und nach Wünschen des Erwerbers bebaut.

– Das Bauunternehmen des das Grundstück bebauenden Steuerpflichtigen erbringt erhebliche Leistungen für den Bau, die nicht wie unter fremden Dritten abgerechnet werden.

– Das Bauvorhaben wird nur kurzfristig finanziert.

– Der Steuerpflichtige beauftragt bereits während der Bauzeit einen Makler mit dem Verkauf des Objekts.

– Vor Fertigstellung wird ein Vorvertrag mit dem künftigen Erwerber geschlossen.

– Der Steuerpflichtige übernimmt über den bei Privatverkäufen üblichen Bereich hinaus Gewährleistungspflichten.

– Unmittelbar nach dem Erwerb des Grundstücks wird mit der Bebauung begonnen und das Grundstück wird unmittelbar nach Abschluss der Bauarbeiten veräußert.

29   2. Bei Verkauf von errichteten Großobjekten (z. B. Mehrfamilienhäuser, Büro-, Hotel-, Fabrik- oder Lagergrundstücke) kann auch außerhalb der o. g. Ausnahmefälle ein gewerblicher Grundstückshandel bei Veräußerung von weniger als vier Objekten vorliegen (vgl. BFH-Urteile vom 24. Januar 1996 – BStBl. II S. 303, und 14. Januar 1998 – BStBl. II S. 346). Dies setzt voraus, dass besondere

---

1) Die Grundstücksveräußerungen eines Landwirtes werden Gegenstand eines selbständigen gewerblichen Grundstückshandels, wenn er Aktivitäten entfaltet, die über die Parzellierung und Veräußerung hinausgehen und die darauf gerichtet sind, den Grundbesitz zu einem Objekt anderer Marktgängigkeit zu machen. Schädliche Aktivitäten, die zu einer Umqualifizierung der Einkünfte eines Landwirtes hin zu den Einkünften eines gewerblichen Grundstückshändlers führen, liegen z. B. dann vor, wenn der Stpfl. einen Bebauungsplan beantragt und finanziert, Straßen und Abwasserkanäle anlegt oder die Verlegung von Versorgungsleitungen vornimmt, insoweit selbst dann, wenn er keinen Einfluss auf die Erstellung des Bebauungsplans nimmt (→ BFH vom 8.9.2005 – BStBl. 2006 II S. 166 und BFH vom 5.11.2007 – BStBl. 2008 II S. 359). Der Hinzutausch von Grundstücksflächen zur Optimierung der Bebaubarkeit zuvor landwirtschaftlich genutzter Grundstücke und die Beantragung eines konkreten Bauvorbescheids sind ebenfalls Aktivitäten, die darauf gerichtet sind, ein Objekt anderer Marktgängigkeit zu schaffen (→ BFH vom 8.11.2007 – BStBl. II S. 231).
Bedient sich der Landwirt zur Erschließung des Baugeländes eines Dritten, der Geschäfte dieser Art eigengewerblich betreibt, ist ihm dessen Tätigkeit als eigene zuzurechnen. Aktivitäten eines Dritten sind dem Landwirt dagegen nicht zuzurechnen, wenn der Dritte die Erschließung und Vermarktung der Grundstücke aus eigener Initiative und auf eigenes Risiko durchführt und wenn sich die Mitwirkung des Landwirts im Wesentlichen darauf beschränkt, die gewerbliche Tätigkeit des Dritten zu ermöglichen (→ BFH vom 5.11.2007 – BStBl. 2008 II S. 359).

2) Siehe auch BFH vom 1.12.2005 (BStBl. 2006 II S. 259) zur Veräußerung einer vom Veräußerer zu errichtenden Einkaufspassage an eine Schwesterpersonengesellschaft.

3) Zur Annahme eines gewerblichen Grundstückshandels bei Nichtüberschreiten der Drei-Objekt-Grenze muss in den Fällen der Grundstücksbebauung der unbedingte Entschluss zur Grundstücksveräußerung spätestens im Zeitpunkt des Abschlusses der auf die Bebauung gerichteten Verträge gefasst worden sein (→ BFH vom 17.12.2008 – BStBl. 2009 II S. 791). Die unbedingte Veräußerungsabsicht kann nicht allein wegen des engen zeitlichen Zusammenhangs zwischen Erwerb oder Bebauung und (nachfolgender) Veräußerung eines Grundstücks angenommen werden (→ BFH vom 27.11.2008 – BStBl. 2009 II S. 278).

4) Eine Bebauung kann trotz der zwischenzeitlichen Veräußerung durch die ursprüngliche Vermietungsabsicht veranlasst sein, wenn zwischen der Beauftragung der Bauhandwerker und dem Beginn der Bauarbeiten ein Ereignis eintritt, das die ursprünglich vorhandene Vermietungsabsicht vereitelt und den Verkauf des Grundbesitzes notwendig macht (→ BFH vom 28.4.2005 – BStBl. II S. 606).

Umstände gegeben sind, z. B. wenn die Tätigkeit des Steuerpflichtigen nach ihrem wirtschaftlichen Kern der Tätigkeit eines Bauträgers entspricht.

IV. Kein gewerblicher Grundstückshandel bei Überschreitung der „Drei-Objekt-Grenze"

Trotz des Überschreitens der „Drei-Objekt-Grenze" ist ein gewerblicher Grundstückshandel ausnahmsweise nicht anzunehmen, wenn auf Grund besonderer vom Steuerpflichtigen darzulegender Umstände eindeutige Anhaltspunkte gegen eine von Anfang an bestehende Veräußerungsabsicht sprechen. Als Umstand, der gegen eine bereits im Zeitpunkt der Anschaffung oder Errichtung des Objekts bestehende Veräußerungsabsicht spricht, kann eine vom Veräußerer selbst vorgenommene langfristige – über fünf Jahre hinausgehende – Vermietung eines Wohnobjektes angesehen werden. Die konkreten Anlässe und Beweggründe für die Veräußerungen (z. B. plötzliche Erkrankung, Finanzierungsschwierigkeiten, schlechte Vermietbarkeit, Scheidung, nachträgliche Entdeckung von Baumängeln, unvorhergesehene Notlagen) sind im Regelfall jedoch nicht geeignet, die auf Grund des zeitlichen Abstands der maßgebenden Tätigkeiten vermutete (bedingte) Veräußerungsabsicht im Zeitpunkt der Anschaffung oder Errichtung auszuschließen (vgl. BFH-Urteil vom 20. Februar 2003 – BStBl. II S. 510).[1)2)]

V. Beginn, Umfang und Beendigung des gewerblichen Grundstückshandels, Gewinnermittlung

1. Beginn

Als Beginn des gewerblichen Grundstückshandels ist regelmäßig der Zeitpunkt anzusehen, in dem der Steuerpflichtige mit Tätigkeiten beginnt, die objektiv erkennbar auf die Vorbereitung der Grundstücksgeschäfte gerichtet sind (vgl. BFH-Urteile vom 9. Februar 1983 – BStBl. II S. 451 ; vom 23. Oktober 1987 – BStBl. 1988 II S. 293, und vom 21. Juni 2001 – BStBl. 2002 II S. 537). Dabei sind folgende Fallgruppen zu unterscheiden:

a) Bei Errichtung und Veräußerung in engem zeitlichen Zusammenhang (vgl. Tz. 20) beginnt der gewerbliche Grundstückshandel grundsätzlich mit der Stellung des Bauantrags, bei baugenehmigungsfreien Bauvorhaben mit der Einreichung der Bauunterlagen oder dem Beginn der Herstellung (vgl. R 42a Abs. 4 EStR).[3)]

b) Bei Erwerb und Veräußerung in engem zeitlichen Zusammenhang (vgl. Tz. 22 und 23) beginnt der gewerbliche Grundstückshandel grundsätzlich im Zeitpunkt des Grundstückserwerbs.

c) Bei Modernisierung und Veräußerung in engem zeitlichen Zusammenhang (vgl. Tz. 24) beginnt der gewerbliche Grundstückshandel in dem Zeitpunkt, in dem mit den Modernisierungsmaßnahmen begonnen wird.

d) Bei Sanierung und Veräußerung in engem zeitlichen Zusammenhang (vgl. Tz. 25) beginnt der gewerbliche Grundstückshandel in dem Zeitpunkt, in dem mit den Sanierungsarbeiten begonnen wird.

2. Umfang[4)]

Der Umfang eines gewerblichen Grundstückshandels wird grundsätzlich durch den veräußerten Grundbesitz bestimmt. Dabei ist auch die Vermutung des § 344 Abs. 1 HGB zu beachten, wonach die von einem Kaufmann vorgenommenen Rechtsgeschäfte im Zweifel als zum Betrieb seines Handelsgewerbes gehörig gelten. Diese Zugehörigkeitsvermutung wird insbesondere bei branchengleichen Wirtschaftsgütern angenommen und rechtfertigt sich aus der Nähe der Tätigkeit zum gewerblichen Betrieb und der Schwierigkeit, einzelne Wirtschaftsgüter oder Geschäfte als Privatangelegenheit auszusondern.

Im Übrigen hat die Prüfung des Umfangs der gewerblichen Tätigkeit eines bereits bestehenden gewerblichen Grundstückshandels – abgesehen davon, dass es auf die Anzahl der veräußerten Objekte im Sinne der „Drei-Objekt-Grenze" nicht mehr ankommt – nach den gleichen Kriterien wie denjenigen für die Abgrenzung zwischen gewerblichem Grundstückshandel und privater Vermögensverwaltung zu erfolgen (vgl. BFH-Urteil vom 12. Dezember 2002 – BStBl. 2003 II S. 297). Dabei sind Objektveräußerungen, die unter Tzn. 2 und 10 fallen – das sind die Fälle, in denen bebaute Grundstücke bis zum Verkauf während eines langen Zeitraums durch Vermietung (mindestens zehn Jahre) oder zu eigenen Wohnzwecken (i. d. R. mindestens fünf Jahre) genutzt worden sind – nicht mit einzubeziehen.

---

1) So auch BFH vom 17.12.2009 (BStBl. 2010 II S. 541).
2) Siehe dazu das BFH-Urteil vom 27.9.2012 (BStBl. 2013 II S. 433):
„Die persönlichen oder finanziellen Beweggründe für die Veräußerung von Immobilien sind für die Zuordnung zum gewerblichen Grundstückshandel oder zur Vermögensverwaltung unerheblich. Dies gilt auch für wirtschaftliche Zwänge wie z. B. die Ankündigung von Zwangsmaßnahmen durch einen Grundpfandgläubiger."
3) Jetzt R 7.2 Abs. 4 EStR.
4) Siehe dazu auch BFH-Urteil vom 5.5.2004 (BStBl. II S. 738).

Anlage § 015–06　　　　　　　　　　　　　　　　　　　　　　Zu § 15 EStG

Werden die im Rahmen eines gewerblichen Grundstückshandels zu erfassenden Grundstücke zwischenzeitlich vermietet, bleiben diese Umlaufvermögen beim gewerblichen Grundstückshandel und dürfen demzufolge nicht abgeschrieben werden (vgl. BFH-Urteil vom 5. Dezember 2002 – BStBl. 2003 II S. 291).

3. Gewinnermittlung

33　Der Gewinn aus einem gewerblichen Grundstückshandel ist grundsätzlich durch Betriebsvermögensvergleich zu ermitteln. Die Grundstücke stellen Umlaufvermögen dar (vgl. BFH-Urteil vom 18. September 2002 – BStBl. 2003 II S. 133). Abschreibung und Sonderabschreibungen können daher nicht geltend gemacht werden.

Eine Gewinnermittlung nach § 4 Abs. 3 EStG kommt für einen Grundstückshändler in Betracht, wenn dieser die Grenzen des § 141 AO nicht überschreitet und nicht nach § 140 AO i. V. m. § 238 HGB buchführungspflichtig ist. Ein Grundstückshändler, dessen Betrieb nach Art oder Umfang keinen in einer kaufmännischen Weise eingerichteten Geschäftsbetrieb erfordert, betreibt kein Handelsgewerbe und ist kein Kaufmann i. S. des HGB (§§ 1, 238 HGB); es sei denn, der Betrieb ist im Handelsregister eingetragen (§ 2 HGB).

Das Wahlrecht zur Gewinnermittlung nach § 4 Abs. 3 EStG kann nur zu Beginn des Gewinnermittlungszeitraums durch schlüssiges Verhalten ausgeübt werden (vgl. BFH-Urteil vom 13. Oktober 1989 – BStBl. 1990 II S. 287).[1)]

Diese Wahlentscheidung setzt denknotwendig das Bewusstsein des Steuerpflichtigen zur Einkünfteerzielung voraus. Ist der Steuerpflichtige davon ausgegangen, gar nicht gewerblich tätig und demgemäß auch nicht verpflichtet gewesen zu sein, für Zwecke der Besteuerung einen Gewinn aus Gewerbebetrieb ermitteln und erklären zu müssen, ist eine Wahl zwischen den Gewinnermittlungsarten nicht denkbar (vgl. BFH-Urteil vom 8. März 1989 – BStBl. II S. 714). Der Gewinn ist in diesen Fällen durch Betriebsvermögensvergleich zu ermitteln.

Bei einem gewerblichen Grundstückshandel auf Grund der Überschreitung der „Drei-Objekt-Grenze" sind auch die Veräußerungen der ersten drei Objekte gewerblich. Die entsprechenden Steuerbescheide sind ggf. nach § 173 Abs. 1 Nr. 1 AO zu ändern (vgl. BFH-Urteil vom 23. März 1983 – BStBl. II S. 548). In diesen Fällen bestehen keine Bedenken, den nachträglich zu ermittelnden Gewinn durch Abzug der fortgeführten Anschaffungs- oder Herstellungskosten oder des Einlagewerts und der Veräußerungskosten vom Veräußerungserlös zu berechnen. Dies gilt entsprechend bei Gewinnermittlung durch Einnahmenüberschussrechnung nach § 4 Abs. 3 EStG.

4. Wertansatz

34　Die nach Tz. 32 dem gewerblichen Grundstückshandel zuzurechnenden Objekte sind in den Fällen des Erwerbs von Objekten für den gewerblichen Grundstückshandel mit den Anschaffungskosten, im Übrigen mit den Werten, die sich aus § 6 Abs. 1 Nr. 6 i. V. m. Nr. 5 EStG (Einlage in das Betriebsvermögen) ergeben, dem Betriebsvermögen zuzuordnen.

In Errichtungsfällen gilt für die Einlagewerte des Grund und Bodens Folgendes:

Die unbebauten Grundstücke sind mit den Werten anzusetzen, die sich zu Beginn des gewerblichen Grundstückshandels ergeben (vgl. Tz. 31).

In Modernisierungsfällen (Tz. 24) gilt Folgendes:

Die Wirtschaftsgüter „Grund und Boden" sowie „Gebäude" sind mit den Werten anzusetzen, die sich zum Beginn der Sanierungsarbeiten ergeben.

5. Beendigung

35　Die Gewinne aus den Grundstücksveräußerungen sind regelmäßig nicht begünstigte laufende Gewinne, auch wenn zugleich der Gewerbebetrieb aufgegeben wird (vgl. BFH-Urteile vom 29. September 1976 – BStBl. 1977 II S. 71; vom 23. Juni 1977 – BStBl. II S. 721, und vom 23. Januar 2003 – BStBl. II

---

1)　Überholt durch BFH-Urteil vom 19.3.2009 (BStBl. II S. 659):
　　Das Recht zur Wahl einer Gewinnermittlung durch Einnahme-Überschussrechnung entfällt erst mit der Erstellung eines Abschlusses und nicht bereits mit der Einrichtung einer Buchführung oder der Aufstellung einer Eröffnungsbilanz.

S. 467)[1]. Ein gewerblicher Grundstückshandel wird mit Verkauf des letzten Objekts oder durch die endgültige Einstellung der Verkaufstätigkeiten beendet.[2]

VI. Anwendungszeitpunkt

Dieses Schreiben tritt an die Stelle der BMF-Schreiben vom 20. Dezember 1990 (BStBl. I S. 884), vom 9. Juli 2001 (BStBl. I S. 512) und vom 19. Februar 2003 (BStBl. I S. 171), welche hiermit aufgehoben werden. Es ist auf alle noch offenen Fälle anzuwenden. Die Regelungen der Tz. 28 sind, soweit sich hieraus nachteilige Folgen für den Steuerpflichtigen ergeben, erst auf Veräußerungen anzuwenden, die nach dem 31. Mai 2002 (Datum der Veröffentlichung des Beschlusses des Großen Senats des BFH vom 10. Dezember 2001) stattgefunden haben. Die vor dem 1. Juni 2002 erfolgten Veräußerungen sind jedoch in jedem Fall als Zählobjekte i. S. der „Drei-Objekt-Grenze" zu behandeln. Veräußerungen vor dem 1. Juni 2002 sind somit für Veräußerungen nach dem 31. Mai 2002 in die Prüfung eines gewerblichen Grundstückshandels einzubeziehen.

36

---

1) Bestätigt durch BFH-Urteil vom 5.7.2005 (BStBl. 2006 II S. 160).
2) Die in Tz. 35 dargestellten Grundsätze für die Abgrenzung zwischen dem begünstigten Betriebsaufgabegewinn und dem laufenden Gewinn gelten darüber hinaus auch dann, wenn Anteile an einer Personengesellschaft veräußert werden, die ihrerseits selbst einen gewerblichen Grundstückshandel betreibt (BFH-Urteil vom 14.12.2006, BStBl. 2007 II S. 777)

Anlage

Vereinfachtes Prüfschema „Gewerblicher Grundstückshandel"

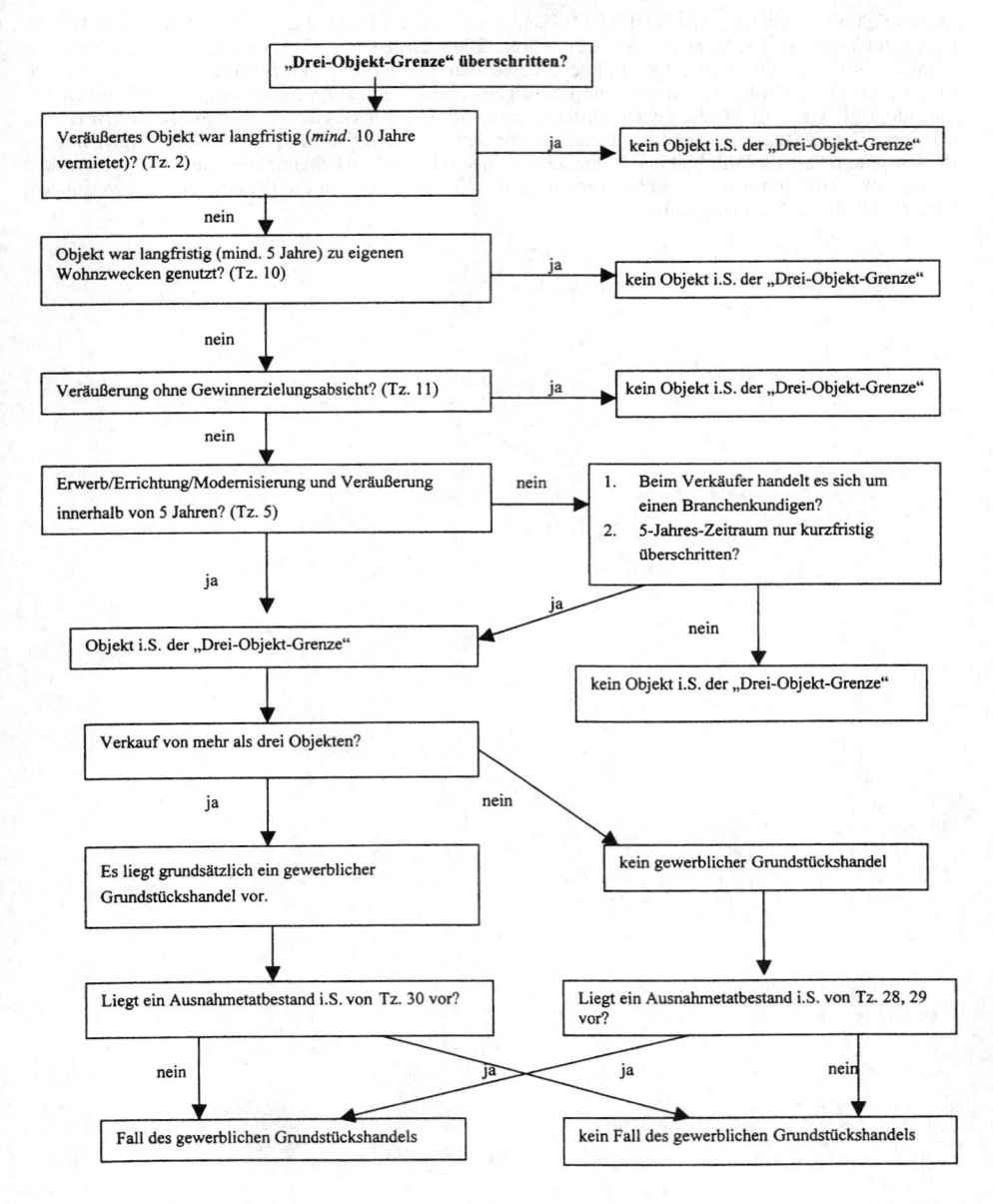

„Drei-Objekt-Grenze" überschritten?

- Veräußertes Objekt war langfristig (*mind.* 10 Jahre vermietet)? (Tz. 2) → **ja** → kein Objekt i.S. der „Drei-Objekt-Grenze"
- **nein** ↓
- Objekt war langfristig (mind. 5 Jahre) zu eigenen Wohnzwecken genutzt? (Tz. 10) → **ja** → kein Objekt i.S. der „Drei-Objekt-Grenze"
- **nein** ↓
- Veräußerung ohne Gewinnerzielungsabsicht? (Tz. 11) → **ja** → kein Objekt i.S. der „Drei-Objekt-Grenze"
- **nein** ↓
- Erwerb/Errichtung/Modernisierung und Veräußerung innerhalb von 5 Jahren? (Tz. 5) → **nein** →
  1. Beim Verkäufer handelt es sich um einen Branchenkundigen?
  2. 5-Jahres-Zeitraum nur kurzfristig überschritten?
  - **ja** → Objekt i.S. der „Drei-Objekt-Grenze"
  - **nein** → kein Objekt i.S. der „Drei-Objekt-Grenze"
- **ja** ↓
- **Objekt i.S. der „Drei-Objekt-Grenze"**
- Verkauf von mehr als drei Objekten?
  - **ja** → Es liegt grundsätzlich ein gewerblicher Grundstückshandel vor.
    - Liegt ein Ausnahmetatbestand i.S. von Tz. 30 vor?
      - **nein** → Fall des gewerblichen Grundstückshandels
      - **ja** → kein Fall des gewerblichen Grundstückshandels
  - **nein** → kein gewerblicher Grundstückshandel
    - Liegt ein Ausnahmetatbestand i.S. von Tz. 28, 29 vor?
      - **ja** → Fall des gewerblichen Grundstückshandels
      - **nein** → kein Fall des gewerblichen Grundstückshandels

Zu § 15 EStG

Anlage § 015–07

Verlustabzugsbeschränkung bei atypisch stillen Gesellschaften nach § 15 Abs. 4 Satz 6 bis 8 EStG

– BdF-Schreiben vom 19.11.2008 – IV C 6 – S 2119/07/10001, 2008/049893 (BStBl. I S. 970) –

Im Einvernehmen mit den obersten Finanzbehörden der Länder gilt zur Anwendung der Verlustabzugsbeschränkung nach § 15 Abs. 4 Satz 6 bis 8 EStG Folgendes:

I. Allgemeine Grundsätze

Nach § 15 Abs. 4 Satz 6 bis 8 EStG sind Verluste aus atypisch stillen Beteiligungen und vergleichbaren Innengesellschaften an Kapitalgesellschaften (im Weiteren: atypisch stille Gesellschaft), an denen unmittelbar oder mittelbar Kapitalgesellschaften beteiligt sind, nach Maßgabe des § 10d EStG nur mit späteren Gewinnen oder dem Vorjahresgewinn aus derselben Einkunftsquelle verrechenbar. Soweit an der stillen Gesellschaft unmittelbar oder mittelbar, ganz oder teilweise jedoch natürliche Personen beteiligt sind, bleibt der Verlust weiterhin abzugsfähig. 1

II. Definition des Verlustes i. S. v. § 15 Abs. 4 Satz 6 bis 8 EStG

Der Verlust i. S. v. § 15 Abs. 4 Satz 6 bis 8 EStG ist der nach den einkommensteuerrechtlichen Vorschriften ermittelte und nach Anwendung des § 15a EStG ausgleichsfähige Verlust. Hierzu gehören insbesondere auch der steuerpflichtige Teil der sog. Teil-/Halbeinkünfte (§ 3 Nr. 40 i. V. m. § 3c EStG) und die ausländischen Einkünfte. 2

Bei dem Verlust i. S. v. § 15 Abs. 4 Satz 6 bis 8 EStG handelt es sich lediglich um den laufenden Verlust aus der Beteiligung, jedoch nicht um den Verlust der Beteiligung selbst. Somit stehen alle anderen Verluste, z. B. aus der Veräußerung, für einen - unter den Voraussetzungen der Abzugsfähigkeit nach § 15a EStG (vgl. auch IV.) - unbeschränkten Verlustausgleich zur Verfügung. 3

III. Verlustabzug nach Maßgabe des § 10d EStG

Der Verlust i. S. v. § 15 Abs. 4 Satz 6 bis 8 EStG ist nach Maßgabe des § 10d EStG in das unmittelbar vorangegangene Jahr zurückzutragen. Der Steuerpflichtige hat nach § 10d Abs. 1 Satz 5 EStG jedoch das Wahlrecht, den Verlustrücktrag auszuschließen oder einzugrenzen. Dieses Wahlrecht muss nicht von allen Mitunternehmern einheitlich ausgeübt werden. Es kann vielmehr jeder von der Verlustabzugsbeschränkung betroffene Mitunternehmer selbst entscheiden, ob und ggf. in welcher Höhe ein Verlustrücktrag durchgeführt werden soll. 4

Nach § 15 Abs. 4 Satz 6 bis 8 EStG wird die Verlustverrechnung auf Ebene des Gesellschafters/Beteiligten durchgeführt, so dass für jeden Steuerpflichtigen ein gesonderter Verlustverrechnungskreis gebildet wird. Dementsprechend sind die Höchstbeträge des § 10d Abs. 1 und 2 EStG für jeden Beteiligten/Mitunternehmer in voller Höhe gesellschafterbezogen anzuwenden. Ist der Gesellschafter/Beteiligte mehrere atypisch stille Beteiligungen an verschiedenen Kapitalgesellschaften eingegangen, gelten die Sätze 1 und 2 entsprechend für jede Beteiligung. 5

Sind im Rücktragsjahr im Gewinnanteil des atypisch stillen Gesellschafters ausländische Einkünfte enthalten und anrechenbare ausländische Steuern i. S. v. § 34c EStG angefallen, wird die Anrechnung der ausländischen Steuern i. S. v. § 34c EStG durch den Verlustrücktrag grundsätzlich nicht berührt. Aufgrund der durch den Verlustrücktrag verringerten deutschen Einkommensteuer i. S. d. § 34c EStG vermindert sich jedoch der Anrechnungshöchstbetrag des entsprechenden Jahres. 6

IV. Verhältnis der Verlustabzugsbeschränkung für atypisch stille Gesellschaften (§ 15 Abs. 4 Satz 6 bis 8 EStG) zur Verlustabzugsbeschränkung bei Verlusten aus beschränkter Haftung (§ 15a EStG)

1. Verhältnis zu § 15a EStG

Die Verlustabzugsbeschränkung nach § 15 Abs. 4 Satz 6 bis 8 EStG findet auf den nach Anwendung des § 15a EStG noch abzugsfähigen Verlust Anwendung. Soweit der Verlust bereits nach §15a EStG lediglich verrechenbar ist, ist für die Anwendung von § 15 Abs. 4 Satz 6 bis 8 EStG kein Raum mehr. 7

2. Verfahren bei festgestellten verrechenbaren Verlusten nach § 15a EStG und § 15 Abs. 4 Satz 6 bis 8 EStG

Liegen sowohl verrechenbare Verluste i. S. v. § 15a EStG als auch verrechenbare Verluste i. S. v. § 15 Abs. 4 Satz 6 bis 8 EStG vor, sind spätere Gewinne vorrangig mit den nach § 15a EStG verrechenbaren Verlusten auszugleichen. Erst wenn keine nach §15a EStG verrechenbaren Verluste mehr verbleiben, sind verbleibende Gewinne mit den nach § 15 Abs. 4 Satz 6 bis 8 EStG verrechenbaren Verlusten auszugleichen. 8

Anlage § 015–07

Zu § 15 EStG

3. Verlustrücktrag nach Maßgabe des § 10d EStG

9 Nach § 15 Abs. 4 Satz 6 bis 8 EStG ist ein Verlustrücktrag nach Maßgabe des § 10d EStG möglich. Dieser Verlustrücktrag ist nach Anwendung des §15a EStG im Rücktragsjahr durchzuführen.

Beispiel 1

Veranlagungszeitraum (VZ) 01:

Die A-GmbH geht eine atypisch stille Beteiligung an der B-GmbH ein. Sie tätigt eine Einlage von 100.000 € und es wird ihr in 01 ein Verlust von 180.000 € zugerechnet.

Nach § 15a EStG sind von dem Verlust 100.000 € ausgleichsfähig und 80.000 € verrechenbar. Der ausgleichsfähige Verlust nach § 15a EStG wird i. H. v. 100.000 € auf Ebene der stillen Beteiligung (A-GmbH) als verrechenbarer Verlust nach § 15 Abs. 4 Satz 6 bis 8 EStG gesondert festgestellt.

VZ 01	Verlustanteil	– 180.000 €
	davon verrechenbar nach § 15a EStG	– 80.000 €
	nach Anwendung des § 15a EStG verbleibender Verlustanteil	– 100.000 €
	davon verrechenbar nach § 15 Abs. 4 Satz 6 EStG	– 100.000 €
	bei der Veranlagung anzusetzen	0 €
31.12.01:	Feststellung des verbleibenden Verlustvortrags nach § 15 Abs. 4 Satz 7 i. V. m. § 10d EStG:	
	nach Anwendung des § 15a EStG verbleibender Verlustanteil	– 100.000 €
	Rücktrag in den VZ 00	0 €
	Verbleibender Verlustvortrag	– 100.000 €

VZ 02:

In 02 werden der A-GmbH Einkünfte nach § 15 Abs. 4 Satz 6 bis 8 EStG in Höhe von + 1.000.000 € zugerechnet.

Der verrechenbare § 15a-Verlust aus 01 wird mit dem Gewinn aus 02 verrechnet. Danach beträgt der verrechenbare Verlust nach § 15a EStG 0 € (31.12.02). Der verbleibende Gewinn von 920.000 € muss mit dem verrechenbaren Verlust nach § 15 Abs. 4 Satz 6 bis 8 EStG verrechnet werden.

VZ 02	Gewinnanteil	+ 1.000.000 €
	davon Verrechnung mit § 15a Abs. 2 EStG	– 80.000 €
	nach Anwendung des § 15a EStG verbleibender Gewinnanteil	+ 920.000 €
	davon Verrechnung nach § 15 Abs. 4 Satz 7 EStG	– 100.000 €
	bei der Veranlagung anzusetzen	+ 820.000 €
31.12.02:	Feststellung des verbleibenden Verlustvortrags nach § 15 Abs. 4 Satz 7 i. V. m. § 10d EStG:	
	verbleibender Verlustabzug am 31.12.01	– 100.000 €
	im VZ 02 abgezogener Verlust	– 100.000 €
	Verbleibender Verlustvortrag	0 €

VZ 03:

In 03 werden der A-GmbH Einkünfte nach § 15 Abs. 4 Satz 6 bis 8 EStG in Höhe von – 1.500.000 € zugerechnet.

In Höhe von 580.000 führt der Verlust aus 03 zu einem negativen Kapitalkonto, so dass nach § 15a EStG verrechenbare Verluste in dieser Höhe festzustellen sind. Der verbleibende Verlust ist nach § 15 Abs. 4 Satz 6 bis 8 EStG nicht ausgleichsfähig. Es besteht jedoch nach Maßgabe des § 10d EStG die Möglichkeit eines Verlustrücktrags i. H. v. 511.500 € nach 02. In diesem Fall vermindert sich der bei der Veranlagung 02 anzusetzende Gewinnanteil auf 308.500 € (= 820.000 € – 511.500 €). Die in 02 vorgenommene Verlustverrechnung nach § 15a EStG bleibt unberührt.

Zu § 15 EStG   **Anlage § 015–07**

VZ 03	Verlustanteil	– 1.500.000 €
	davon verrechenbar nach § 15a EStG	– 580.000 €
	nach Anwendung des § 15a EStG verbleibender Verlustanteil	– 920.000 €
	davon verrechenbar nach § 15 Abs. 4 Satz 6 EStG	– 920.000 €
	bei der Veranlagung anzusetzen	0 €
31.12.03:	Feststellung des verbleibenden Verlustvortrags	
	nach § 15 Abs. 4 Satz 7 i. V. m. § 10d EStG:	– 920.000 €
	nach Anwendung des § 15a EStG verbleibender Verlustanteil	
	Rücktrag in den VZ 02	– 511.500 €
	Verbleibender Verlustvortrag	– 408.500 €

Beispiel 2

VZ 01:

Die A-GmbH ist atypisch still an der B-GmbH beteiligt. Zum 31.12.01 wurde ein nach § 15a EStG verrechenbarer Verlust i. H. v. 100.000 € festgestellt.

VZ 02:

Der A-GmbH werden aus der atypisch stillen Beteiligung Einkünfte i. H. v. – 80.000 € zugerechnet. Einlagen und Entnahmen wurden nicht getätigt, so dass sich das negative Kapitalkonto der A-GmbH um 80.000 € erhöht.
Der nach § 15a EStG verrechenbare Verlust erhöht sich um 80.000 €. Zum 31.12.02 wird daher ein verrechenbarer Verlust i. H. v. – 180.000 € festgestellt. Eine Feststellung nach § 15 Abs. 4 Satz 6 bis 8 EStG ist nicht erforderlich, da keine bei der Veranlagung verbleibenden Einkünfte entstanden sind.

VZ 03:

Der A-GmbH werden aus der atypisch stillen Beteiligung Einkünfte i. H. v. 50.000 € zugerechnet. Der Gewinn ist nach § 15a Abs. 2 EStG mit dem verrechenbaren Verlust aus den Vorjahren zu saldieren. Eine Feststellung nach § 15 Abs. 4 Satz 6 bis 8 EStG ist weiterhin nicht erforderlich. Der verrechenbare Verlust nach § 15a EStG zum 31.12.03 beträgt - 130.000 €.

V. Auswirkung von § 15 Abs. 4 Satz 6 bis 8 EStG auf die Gewerbesteuer

Die Verlustabzugsbeschränkung des § 15 Abs. 4 Satz 6 bis 8 EStG hat keine Auswirkung auf die Festsetzung des Gewerbesteuermessbetrags der atypisch stillen Gesellschaft, da gewerbesteuerlich das Ergebnis der atypisch stillen Gesellschaft besteuert wird und beim Mitunternehmer (wenn er selbst der Gewerbesteuer unterliegt und die Beteiligung zum Betriebsvermögen gehört) ein positiver Gewinnanteil nach § 9 Nr. 2 GewStG oder ein Verlustanteil nach § 8 Nr. 8 GewStG neutralisiert wird. 10

VI. Feststellungsverfahren

Die Verlustverrechnung nach § 15 Abs. 4 Satz 6 bis 8 EStG wird erst auf Ebene des Gesellschafters/Beteiligten durchgeführt (vgl. Rn. 5). Im Bescheid über die gesonderte und einheitliche Feststellung der gemeinschaftlichen Einkünfte der Beteiligten der atypisch stillen Gesellschaft (§ 180 Abs. 1 Nr. 2 Buchstabe a AO) ist der Gewinn oder Verlust daher ohne Anwendung des § 15 Abs. 4 Satz 6 bis 8 EStG festzustellen. 11

Das für die Gewinnfeststellung nach § 180 Abs. 1 Nr. 2 Buchstabe a AO für die atypisch stille Gesellschaft zuständige Finanzamt hat dem für die Besteuerung des atypisch stillen Gesellschafters zuständigen Finanzamt die als Grundlagen für die Verlustverrechnung maßgebenden Beträge nachrichtlich mitzuteilen.

Handelt es sich bei dem atypisch stillen Gesellschafter um eine Mitunternehmerschaft (Obergesellschaft), an der unmittelbar oder mittelbar eine Kapitalgesellschaft beteiligt ist, ist der Verlustanteil nur insoweit nach § 15 Abs. 4 Satz 6 bis 8 EStG verrechenbar, als er mittelbar auf diese Kapitalgesellschaft entfällt. Das für die Gewinnfeststellung nach § 180 Abs. 1 Nr. 2 Buchstabe a AO für die Obergesellschaft zuständige Finanzamt hat dem für die Besteuerung der Kapitalgesellschaft zuständigen Finanzamt die als Grundlagen für die Verlustverrechnung maßgebenden Beträge nachrichtlich mitzuteilen.

Der nach § 15 Abs. 4 Satz 6 bis 8 EStG verbleibende Verlustvortrag ist auf Ebene des Gesellschafters/Beteiligten an der atypisch stillen Gesellschaft nach Durchführung eines eventuellen Verlustrücktrags in das Vorjahr gesondert festzustellen. Zuständig für die gesonderte Feststellung ist das für die Einkom- 12 mensbesteuerung des Gesellschafters/ Beteiligten zuständige Finanzamt (§ 15 Abs. 4 Satz 6 i. V. m. § 10d Abs. 4 Satz 3 EStG).

VII. Anwendung auf typisch stille Gesellschaften i. S. v. § 20 Abs. 1 Nr. 4 EStG

13 Die Grundsätze dieses Schreibens unter I. bis IV. sind auf typisch stille Gesellschaften i. S. v. § 20 Abs. 1 Nr. 4 und Abs. 3 EStG (ab VZ 2009: Abs. 8) entsprechend anzuwenden. Allerdings liegen bei dem Inhaber des Handelsgeschäfts und dem typisch stillen Gesellschafter keine gemeinschaftlich erzielten Einkünfte vor, die folglich auch nicht gesondert und einheitlich festgestellt werden. Die gesonderte Feststellung des nach § 15 Abs. 4 Satz 6 bis 8 EStG verrechenbaren Verlustes erfolgt auch in diesen Fällen ausschließlich auf Ebene des Gesellschafters.

VIII. Zeitliche Anwendung

14 Dieses Schreiben ist in allen noch offenen Fällen anzuwenden.

Zu § 15 EStG

Anlage § 015–08

Pensionszusagen einer Personengesellschaft an einen Gesellschafter und dessen Hinterbliebene

– BdF-Schreiben vom 29.01.2008 – IV B 2 – S 2176/07/0001, 2008/0027617 (BStBl. I S. 317) –

Nach dem der bisherigen Verwaltungsauffassung zugrunde liegenden BFH-Urteil vom 8. Januar 1975 (BStBl. II S. 437) ist eine Pensionszusage, die eine Personengesellschaft ihrem Gesellschafter-Geschäftsführer erteilt, als Gewinnverteilungsabrede zwischen den Gesellschaftern anzusehen, die den Gewinn der Gesellschaft nicht beeinflussen darf und dementsprechend auch nicht zur Rückstellungsbildung für die künftigen Pensionsleistungen berechtigt. Demgegenüber hat der BFH im Urteil vom 2. Dezember 1997 – VIII R 15/96 – (BStBl. 2008 II S. 174) entschieden, eine derartige Pensionszusage führe bei der Gesellschaft zu einer zu passivierenden Verpflichtung, der auf der Gesellschafterebene eine korrespondierende Forderung gegenüberstehe. Das Urteil lässt offen, ob diese Forderung in einer Sonderbilanz nur bei dem durch die Zusage begünstigten Gesellschafter oder anteilig bei allen Gesellschaftern erfasst werden muss.

Inzwischen hat der BFH mit Urteilen vom 14. Februar 2006 – VIII R 40/03 – (BStBl. 2008 II S. 182) und vom 30. März 2006 - IV R 25/04 - (BStBl. 2008 II S. 171) entschieden, dass der zur Pensionsrückstellung korrespondierende Aktivposten ausschließlich in der Sonderbilanz des begünstigten Gesellschafters zu aktivieren ist. In seinem Urteil vom 30. März 2006 – IV R 25/04 – (BStBl. 2008 II S.171) hat der BFH außerdem festgelegt, dass diese Rechtsprechung auch auf bereits vorher bestehende Pensionszusagen anzuwenden ist. Dies bedeutet, dass in solchen Fällen im ersten Jahr, dessen Veranlagung verfahrensrechtlich noch geändert werden kann, in der Sonderbilanz des begünstigten Gesellschafters die bisher nicht aktivierte Zuführung zur Pensionsrückstellung gewinnerhöhend nachzuholen ist.

Unter Berücksichtigung der Grundsätze dieser BFH-Urteile gilt zur künftigen bilanzsteuer-rechtlichen Behandlung von Pensionszusagen einer Personengesellschaft an einen Gesellschafter und dessen Hinterbliebene im Einvernehmen mit den obersten Finanzbehörden der Länder Folgendes:

I. Pensionszusagen an einen Gesellschafter unmittelbar durch die Gesellschaft

1. Gesellschaftsebene

Die Gesellschaft hat für die sich aus der Pensionszusage ergebende Verpflichtung in der Gesellschaftsbilanz nach Maßgabe des § 6a EStG eine Pensionsrückstellung zu bilden; zum Passivierungswahlrecht bei laufenden Pensionen und Anwartschaften auf Pensionen, die vor dem 1. Januar 1987 rechtsverbindlich zugesagt worden sind (Altzusagen), vgl. R 6a Abs. 1 Satz 3 EStR 2005.[1]

Für die Zeit nach vertraglich vorgesehenem Eintritt des Versorgungsfalls sind unter Beachtung der Grundsätze in R 6a Abs. 22 EStR 2005 laufende Pensionsleistungen auf der Gesellschaftsebene als Betriebsausgaben abziehbar und ist die gebildete Pensionsrückstellung anteilig gewinnerhöhend aufzulösen. Entfällt die Verpflichtung und ist die Rückstellung deshalb in vollem Umfang aufzulösen (z.B. im Falle des Todes des Gesellschafters ohne Hinterbliebenenversorgung), entsteht auf Gesellschaftsebene ein außerordentlicher, allen Gesellschaftern zugute kommender Ertrag. Zur Auflösung der Pensionsrückstellungen allgemein vgl. R 6a Abs. 21 EStR 2005.[2]

2. Gesellschafterebene

Der aus der Zusage begünstigte Gesellschafter hat gemäß § 15 Abs. 1 Satz 1 Nr. 2 EStG in seiner Sonderbilanz eine Forderung auf künftige Pensionsleistungen zu aktivieren, die der Höhe nach bei der Gesellschaft passivierten Pensionsverpflichtung entspricht (korrespondierende Bilanzierung); bei den nicht begünstigten Gesellschaftern sind keine Ansprüche zu aktivieren. Ist die Pensionszusage bereits vor Beginn des Wirtschaftsjahres, das nach dem 31. Dezember 2007 endet, erteilt worden (Altzusage), kann der begünstigte Gesellschafter in den Fällen, in denen die Pensionszusage bisher entweder als steuerlich unbeachtliche Gewinnverteilungsabrede behandelt worden ist oder zwar eine Passivierung der Pensionszusage in der Gesellschaftsbilanz erfolgt ist, aber die hierdurch entstehende Gewinnminderung durch eine anteilige Aktivierung in den Sonderbilanzen aller Gesellschafter neutralisiert worden ist, aus Billigkeitsgründen eine Rücklage in Höhe von 14/15 des aus der erstmaligen Anwendung dieses Schreibens entstehenden Gewinns (Ertrag aus der erstmaligen Aktivierung des Pensionsanspruchs in der Sonderbilanz und anteiliger Aufwand aus der erstmaligen Passivierung aller Pensionsrückstellungen in der Gesamthandsbilanz oder Ertrag aus der Differenz zwischen dem bisher aktivierten anteiligen An-

---
1) Jetzt EStR 2012.
2) Jetzt EStR 2012.

Anlage § 015–08
Zu § 15 EStG

spruch und dem nunmehr zu aktivierenden vollen Anspruch) bilden, die in den nachfolgenden vierzehn Wirtschaftsjahren zu mindestens je einem vierzehntel gewinnerhöhend aufzulösen ist. Die Rücklage darf nur gebildet werden, soweit aufgrund der erstmaligen Anwendung dieses Schreibens insgesamt – also unter anteiliger Berücksichtigung aller in der Gesamthandsbilanz zu passivierenden Rückstellungen – ein Gewinn beim begünstigten Gesellschafter verbleibt.

Beispiel:

A und B sind als Mitunternehmer an einer Personengesellschaft zu je 50 % beteiligt. Beide Mitunternehmer haben eine Pensionszusage erhalten, und zwar beträgt der

Wert für A am Bilanzstichtag   80
Wert für B am Bilanzstichtag (wegen längerer Zugehörigkeit zur Gesellschaft)   100.

Für die Rücklagenbildung ist bei jedem Gesellschafter nicht nur die anteilige Passivierung „seiner" Pensionsrückstellung zu berücksichtigen, sondern die anteilige Passivierung aller Pensionsrückstellungen. Also ergibt sich für A kein rücklagefähiger Gewinn, sondern vielmehr ein Verlust von 10 (Aktivierung 80 ./. ½ von 180 = ./. 10). Bei B ergibt sich hingegen ein rücklagefähiger Gewinn von 10 (Aktivierung 100 ./. ½ von 180 = 10).

Die Rücklage in der Sonderbilanz des begünstigten Gesellschafters ist nur für Zwecke der Einkommensteuer zu berücksichtigen. Die Rücklage kann außerdem nur in Anspruch genommen werden, wenn von der Gesellschaft für Altzusagen die Grundsätze dieses Schreibens ab dem Erstjahr (das ist das Wirtschaftsjahr, das nach dem 31. Dezember 2007 endet - siehe RdNr. 10 -, in den Fällen der RdNr. 11 das entsprechende Vorjahr) angewendet werden. Wird also zunächst ein Antrag nach RdNr. 20 dieses Schreibens gestellt, für Altzusagen weiterhin nach der bisherigen Rechtslage zu verfahren und wird ein solcher Antrag später wieder zurückgenommen, kann die Rücklage nicht in Anspruch genommen werden. Die Rücklage ist bereits vor Ablauf des Fünfzehnjahreszeitraums aufzulösen, wenn der Pensionsanspruch wegfällt.

Entsprechendes gilt, wenn in der Vergangenheit in der Gesamthandsbilanz eine Pensionsrückstellung gebildet worden ist, die Zuführungen zur Rückstellung jedoch durch außerbilanzielle Hinzurechnungen neutralisiert worden sind. Die außerbilanziellen Hinzurechnungen sind hier bei dem Gesellschafter, bei dem sie vorgenommen worden sind, im Jahr der erstmaligen Anwendung dieses Schreibens als Aufwand zu berücksichtigen. Beim begünstigten Gesellschafter ist zusätzlich der Ertrag aus der erstmaligen Aktivierung des Pensionsanspruchs in der Sonderbilanz gewinnerhöhend zu erfassen. Der Saldo aus Gewinnerhöhung und Aufwandsberücksichtigung kann beim begünstigten Gesellschafter in eine Rücklage eingestellt werden; RdNr. 5 Satz 2 ff. sind hier entsprechend anzuwenden.

6 Laufende Pensionsleistungen sind als Sonderbetriebseinnahmen beim begünstigten Gesellschafter zu erfassen. Entsprechend den unterschiedlichen Rechtsgrundlagen ist zwischen Pensionsleistungen, die an noch beteiligte Gesellschafter gezahlt werden (§ 15 Abs. 1 Satz 1 Nr. 2 EStG), und Pensionsleistungen an ehemalige Gesellschafter (§ 15 Abs. 1 Satz 2 EStG) zu unterscheiden:

a) Pensionsleistungen an noch beteiligte Gesellschafter

7 Die Pensionsleistungen sind nach § 15 Abs. 1 Satz 1 Nr. 2 EStG als Sonderbetriebseinnahmen beim begünstigten Gesellschafter zu erfassen. Aufgrund der korrespondierenden Bilanzierung ist die in der Sonderbilanz aktivierte Forderung (RdNr. 5) entsprechend der gewinnerhöhenden Auflösung der Pensionsrückstellung in der Gesellschaftsbilanz (RdNr. 4) gewinnmindernd aufzulösen.

b) Pensionsleistungen an ehemalige Gesellschafter [1]

8 Der ehemalige Gesellschafter ist mit den nachträglichen Einkünften in die gesonderte und einheitliche Feststellung für die Gesellschaft einzubeziehen; laufende Pensionsleistungen sind nach § 15 Abs. 1 Satz 2 EStG als Sonderbetriebseinnahmen dieses Gesellschafters zu erfassen.

Die aufgrund der Pensionszusage ausgewiesene Forderung bleibt nach § 15 Abs. 1 Satz 2 EStG nach dem Ausscheiden des Gesellschafters Sonderbetriebsvermögen dieses Gesellschafters. Die Forderung ist entsprechend der gewinnerhöhenden Auflösung der Pensionsrückstellung in der Gesamthandsbilanz gewinnmindernd aufzulösen.

---

1) Siehe BFH-Urteil vom 6.3.2014 (BStBl. II S. 624):
Die korrespondierende Bilanzierung von Pensionsansprüchen eines Personengesellschafters in dessen Sonderbilanz und der Gesamthandsbilanz ist auch nach Ausscheiden des Gesellschafters fortzuführen, weil § 15 Abs. 1 Satz 2 EStG nach dem Ausscheiden geleistete Pensionszahlungen den während der Zugehörigkeit zur Gesellschaft bezogenen Sondervergütungen gleichstellt.

c) Wegfall des Pensionsanspruches

Bei Wegfall des Pensionsanspruches (z.B. durch Tod des Gesellschafters ohne Hinterbliebenenversorgung) entsteht durch die Ausbuchung der Forderung ein außerordentlicher Aufwand, der zu Sonderbetriebsausgaben beim betreffenden Gesellschafter führt. Eine noch bestehende Rücklage nach RdNr. 5 ist gewinnerhöhend aufzulösen. 9

3. Zeitliche Anwendung

Die Regelungen in den RdNrn. 3 bis 9 sind erstmals in der Schlussbilanz des Wirtschaftsjahres anzuwenden, das nach dem 31. Dezember 2007 endet. 10

Die Regelungen in RdNrn. 3 bis 9 können auch bereits für Wirtschaftsjahre noch offener Veranlagungszeiträume der Vorjahre angewendet werden, wenn die Gesellschafter der Personengesellschaft dies einvernehmlich gegenüber dem für die Gesellschaft örtlich zuständigen Finanzamt schriftlich und unwiderruflich erklären und die bisher vorgelegten Bilanzen (Gesellschaftsbilanzen und Sonderbilanzen) entsprechend berichtigen. 11

II. Pensionszusage an einen Gesellschafter durch die Komplementär-GmbH einer GmbH & Co. KG

1. Gesellschaftsebene

Durch die von der Komplementär-GmbH gewährte Pensionszusage wird die Gesamthandsbilanz der GmbH & Co. KG nicht berührt. 12

2. Komplementärebene

Die Komplementär-GmbH hat für die sich aus der Zusage ergebende Verpflichtung in ihrer Steuerbilanz nach Maßgabe des § 6a EStG eine Pensionsrückstellung zu bilden; die übrigen in RdNrn. 3 und 4 aufgeführten Grundsätze gelten entsprechend. Der Rückstellungsaufwand stellt für die Komplementär-GmbH eine Sonderbetriebsausgabe im Rahmen der Gewinnermittlung für die Personengesellschaft dar (§ 15 Abs. 1 Satz 1 Nr. 2 EStG). 13

3. Kommanditistenebene

Für den aus der Zusage (noch beteiligten oder ehemaligen) begünstigten Gesellschafter sind die Grundsätze in RdNr. 5 Satz 1 und in RdNrn. 6 bis 9 entsprechend anzuwenden. Die Billigkeitsregelung der RdNr. 5 Satz 2 ff. ist hier nicht anzuwenden, weil diese Fallgestaltung bereits dem BFH-Urteil vom 16. Dezember 1992 (BStBl. 1993 II S. 792) zugrunde lag. 14

III. Pensionszusage im Rahmen einer doppelstöckigen Personengesellschaft

Nach § 15 Abs. 1 Satz 1 Nr. 2 Satz 2 EStG steht der mittelbar über eine oder mehrere Personengesellschaften beteiligte Gesellschafter dem unmittelbar beteiligten Gesellschafter gleich. Für Pensionszusagen, die ein Gesellschafter von der Gesellschaft erhält, an der er mittelbar beteiligt ist, sind die Grundsätze der RdNrn. 3 bis 11 entsprechend anzuwenden. Erhält der Gesellschafter die Zusage von der Komplementär-GmbH der Gesellschaft, an der er mittelbar beteiligt ist, sind die Grundsätze der RdNrn. 12 bis 14 entsprechend anzuwenden. 15

Dem steht § 52 Abs. 18 Satz 2 EStG i.d.F. des StÄndG 1992 vom 25. Februar 1992 (BGBl. I S. 297; BStBl. I S. 146) nicht entgegen. Diese Vorschrift betraf die Auflösung von Pensionsrückstellungen in der ersten Schlussbilanz nach Einfügung des § 15 Abs. 1 Satz 1 Nr. 2 Satz 2 EStG (doppelstöckige Personengesellschaft) in das Einkommensteuergesetz und galt damit nur für das erste Wirtschaftsjahr, das nach dem 31. Dezember 1991 endete. 16

IV. Pensionszusage an Hinterbliebene eines Gesellschafters

Pensionszusagen an Hinterbliebene eines Gesellschafters (Witwen-/Witwerversorgung oder Waisenversorgung) sind vor Eintritt des Versorgungsfalls unselbständiger Bestandteil der Pensionszusage an den Gesellschafter; die insoweit bestehenden Verpflichtungen sind im Rahmen der Bewertung des Pensionsanspruchs und der Pensionsverpflichtung zu berücksichtigen. Auf die Ausführungen unter RdNrn. 3 bis 16 wird verwiesen. Wird nach dem Tod des Gesellschafters der Hinterbliebene Gesellschafter, so führt er den Wert in seiner Sonderbilanz fort. Andere Hinterbliebene sind mit ihren nachträglichen Einkünften als Rechtsnachfolger des Gesellschafters nach § 15 Abs. 1 Satz 2 und § 24 Nr. 2 EStG in die gesonderte und einheitliche Gewinnfeststellung für die Gesellschaft einzubeziehen (BFH-Beschluss vom 25. Januar 1994, BStBl. II S. 455); RdNr. 8 Satz 1 zweiter Halbsatz gilt entsprechend. Die Forderung des begünstigten Gesellschafters ist in dessen Sonderbilanz an den Wert anzupassen, der bei dem Hinterbliebenen anzusetzen ist. Der Hinterbliebene führt dann als Rechtsnachfolger die Sonderbilanz des Gesellschafters gemäß § 15 Abs. 1 Satz 2 EStG fort. War im Zeitpunkt der erstmaligen Anwendung der Grundsätze dieses Schreibens der Versorgungsfall für den Hinterbliebenen bereits eingetreten, ist 17 hinsichtlich des Gewinns aus der erstmaligen Aktivierung des (restlichen) Pensionsanspruchs die Billigkeitsregelung in RdNr. 5 entsprechend anzuwenden.

18 Mit Urteil vom 2. Dezember 1997 - VIII R 42/96 - (BStBl. II 2008 S. ...) hat der BFH entgegen der Auffassung im BMF-Schreiben vom 10. März 1992 (BStBl. I S. 190) entschieden, dass eine bis einschließlich 31. Dezember 1985 in den Steuerbilanzen einer Personengesellschaft gebildete Rückstellung wegen Versorgungsleistungen an eine Gesellschafter-Witwe in der Bilanz zum 31. Dezember 1986 nicht gewinnerhöhend aufzulösen ist und eine Aktivierung des Versorgungsanspruchs in einer Sonderbilanz der Witwe zum 31. Dezember 1986 nicht gefordert werden kann. Die Grundsätze dieses BFH-Urteils sind in allen noch offenen Fällen anzuwenden; an der entgegenstehenden Auffassung in den BMF-Schreiben vom 16. Juli 1986 (BStBl. I S. 359) und vom 10. März 1992 (BStBl. I S. 190) wird nicht mehr festgehalten.

V. Rückdeckungsversicherung

19 Hat die Personengesellschaft eine Pensionszusage an einen Gesellschafter und dessen Hinterbliebene durch den Abschluss eines Versicherungsvertrags rückgedeckt, gehört der der Personengesellschaft zustehende Versicherungsanspruch (Rückdeckungsanspruch) nicht zum Betriebsvermögen der Gesellschaft. Die Prämien für die Rückdeckungsversicherung stellen keine Betriebsausgaben dar. Sie sind Entnahmen, die allen Gesellschaftern nach Maßgabe ihrer Beteiligung zuzurechnen sind (BFH-Urteil vom 28. Juni 2001 – BStBl. 2002 II S. 724).

VI. Allgemeine Übergangsregelung betreffend die Behandlung von sog. Altzusagen

20 Die jeweilige Gesellschaft kann auf Antrag für Altzusagen (siehe RdNr. 5) auch für Wirtschaftsjahre, die nach dem 31. Dezember 2007 enden, die Pensionszusage als steuerlich unbeachtliche Gewinnverteilungsabrede behandeln oder aber bei Passivierung der Pensionsverpflichtung in der Gesamthandsbilanz die anteilige Aktivierung der Ansprüche in den Sonderbilanzen aller Gesellschafter vornehmen, wenn die betreffende Gesellschaft bisher kontinuierlich in dieser Weise verfahren ist und die Gesellschafter der betreffenden Personengesellschaft dies übereinstimmend gegenüber dem für die Gesellschaft örtlich zuständigen Finanzamt schriftlich erklären. In diesem Fall kann für Altzusagen die bisherige Behandlung zeitlich unbeschränkt fortgeführt werden. Der Antrag kann nur im Einvernehmen aller Gesellschafter zurückgenommen werden; eine Rücknahme des Antrags wirkt nur für die Zukunft.

Dieses Schreiben wird im Bundessteuerblatt Teil I veröffentlicht.

Zu § 15 EStG

Anlage § 015–09

Anteile an einer Komplementär-GmbH als funktional wesentliche Betriebsgrundlage

– Erlass SenFin Berlin vom 27.12.2010 – III B – S 2241 – 3/2003 –

1. Allgemeines

Die Anteile des Kommanditisten einer GmbH & Co. KG an der Komplementär-GmbH gehören im Allgemeinen zum notwendigen Sonderbetriebsvermögen II, weil sie der Stärkung der Gesellschafterstellung dienen. Aus der Zuordnung zum Sonderbetriebsvermögen II folgt jedoch nicht, dass die Beteiligung an der Komplementär-GmbH stets als funktional wesentliche Betriebsgrundlage für die Mitunternehmerstellung des Kommanditisten anzusehen ist. Der Begriff der „wesentlichen Betriebsgrundlage" ist normspezifisch auszulegen. Für die Anwendung des § 16 EStG ist die funktional-quantitative Betrachtungsweise maßgebend (H 16 Abs. 8 „Begriff der wesentlichen Betriebsgrundlage" EStH). Im Bereich des § 6 Abs. 3 EStG und der §§ 20, 24 UmwStG ist dagegen zu entscheiden, ob die Beteiligung des Kommanditisten an der Komplementär-GmbH in funktionaler Hinsicht als wesentliche Betriebsgrundlage anzusehen ist. Unter Berücksichtigung der BFH-Urteile vom 25.11.2009 (BStBl. 2010 II S. 471) und vom 16.12.2009 (BStBl. 2010 II S. 808) ergeben sich je nach Fallgestaltung folgende Beurteilungen:

2. Keine Beteiligung der Komplementär-GmbH am Vermögen sowie Gewinn und Verlust der KG

2.1 Der Kommanditanteil beträgt 50 % oder weniger als 50 %

Die wirtschaftliche Bedeutung der Beteiligung an der Komplementär-GmbH ergibt sich für den nicht mehrheitlich an der GmbH & Co. KG beteiligten Kommanditisten aus der mit der Gesellschafterstellung bei der GmbH verbundenen Möglichkeit der Einflussnahme auf die Geschäftsführung der GmbH, die zur Geschäftsführung der GmbH & Co. KG berufen ist (vgl. §§ 164, 116 HGB). Diese Möglichkeit der Einflussnahme ist allerdings nur wirtschaftlich von Bedeutung und begründet nur dann eine funktionale Wesentlichkeit der Beteiligung, wenn der Kommanditist die Mehrheit der Stimmrechte an der Komplementär-GmbH besitzt und hierüber in der Lage ist, seinen geschäftlichen Betätigungswillen in der GmbH & Co. KG über die GmbH durchzusetzen.

Ist der Kommanditist dagegen aufgrund der Stimmrechtsverhältnisse in der GmbH nicht in der Lage, maßgebend auf die GmbH Einfluss zu nehmen, hat er zwar eine stärkere Stellung als ein „Nur-Kommanditist", weil er als Gesellschafter der GmbH bei Entscheidungen mitwirken kann, die die Geschäftsführung der GmbH & Co. KG betreffen, doch ist diese Beteiligung wirtschaftlich von geringer Bedeutung, weil die mittelbaren Einflussnahmemöglichkeiten auf die GmbH & Co. KG nicht über die bereits bestehenden Stimm-, Kontroll- und Widerspruchsrechte des Kommanditisten (vgl. §§ 164, 166 HGB) hinausgehen. Es liegt keine funktional wesentliche Betriebsgrundlage vor.

Die Beteiligung an der Komplementär-GmbH ist als funktional wesentliche Betriebsgrundlage des Kommanditanteils anzusehen, wenn der Kommanditist
– nicht nur beherrschender Gesellschafter der GmbH
– sondern zugleich Geschäftsführer der GmbH & Co KG und/oder der GmbH

ist. Entscheidend ist insoweit allein die gesellschaftsrechtliche (beherrschende) Stellung des Kommanditisten bei der GmbH.

2.2 Der Kommanditanteil beträgt mehr als 50 %, jedoch weniger als 100 %

Ist der Kommanditist bereits mehrheitlich an der GmbH & Co. KG beteiligt, so sind die neben den Stimm-, Kontroll- und Widerspruchsrechten des Kommanditisten (vgl. §§ 164, 166 HGB) bestehenden Einflussnahmemöglichkeiten über die Gesellschafterstellung bei der Komplementär-GmbH wirtschaftlich nur von untergeordneter Bedeutung. Sie werden nur unwesentlich gestärkt, weil er aufgrund der mehrheitlichen Beteiligung an der GmbH & Co. KG bereits dort seinen geschäftlichen Betätigungswillen durchsetzen kann. Die Beteiligung an der Komplementär-GmbH stellt in diesem Fall keine funktional wesentliche Betriebsgrundlage dar.

2.3 Der Kommanditanteil beträgt 100 %

Wie im Falle einer mehrheitlichen Beteiligung des Kommanditisten an der KG (vgl. 2.2) dient die GmbH-Beteiligung auch hier nicht einer wirtschaftlich ins Gewicht fallenden Verstärkung des Einflusses auf die Geschäftsführung der KG.

Handelt es sich jedoch um eine Zweipersonengesellschaft – neben dem Kommanditisten ist lediglich die Komplementär-GmbH Gesellschafterin der KG –, stellt die Beteiligung an der Komplementär-GmbH eine funktional wesentliche Betriebsgrundlage für die Mitunternehmerstellung des Kommanditisten dar,

Anlage § 015–09

Zu § 15 EStG

weil die GmbH aus dessen Sicht benötigt wird, um überhaupt eine Personengesellschaft und damit eine Kommanditistenstellung mit der entsprechenden Haftungsbegrenzung zu begründen und zu erhalten. Dabei ist ohne Bedeutung, in welchem Umfang der Kommanditist an der GmbH beteiligt ist.

2.4 Erlöschen der KG infolge einer Umwandlung

Bei Einbringung des Betriebs einer KG in eine andere Gesellschaft nach §§ 20, 24 UmwStG (z.B. durch Formwechsel oder Verschmelzung) wird die bisherige Komplementärstellung infolge der Einbringung aus rechtlichen Gründen zwangsläufig gegenstandslos, weil die vermögenslos werdende KG infolge des Umwandlungsakts von Rechts wegen erlischt. Eine Übertragung auch der Beteiligung an der bisherigen Komplementärgesellschaft, deren Tätigkeit sich auf die Geschäftsführungsfunktion bei der KG beschränkt hat, ist somit wirtschaftlich ohne Sinn. Es kann deshalb in diesem Fall nicht davon ausgegangen werden, dass der vormalige Kommanditist mit der Beteiligung an der Komplementär-GmbH etwas für den übertragenen Mitunternehmeranteil Wesentliches zurückbehalten hat (vgl. BFH-Urteil vom 16.12.2009, BStBl. 2010 II S. 808).

3. Beteiligung der Komplementär-GmbH am Vermögen sowie Gewinn und Verlust der GmbH & Co. KG

Bei Beteiligung der Komplementär-GmbH am Vermögen sowie Gewinn und Verlust der GmbH & Co. KG ist die Beteiligung immer als funktional wesentliche Betriebsgrundlage zu qualifizieren. Der GmbH kommt zwar als selbstständiges der Körperschaftsteuer unterliegendes Steuersubjekt ertragsteuerlich Abschirmwirkung zu (vgl. BFH-Urteil vom 27.03.2007, BStBl. II S. 639 m. w. N.), so dass der Gewinn- oder Verlustanteil nicht unmittelbar vom Kommanditisten zu versteuern ist, doch entspricht bei wirtschaftlicher Betrachtung die mittelbare Gesellschafterstellung über die GmbH einer wirtschaftlich nicht unbedeutenden Erweiterung der bestehenden Kommanditbeteiligung.

4. Komplementär-GmbH mit eigenem Geschäftsbetrieb von nicht untergeordneter Bedeutung

4.1 Geschäftsbetrieb ohne Zusammenhang mit Betrieb der KG

Unterhält die GmbH – neben ihrer Geschäftsführertätigkeit für die GmbH & Co. KG – einen Geschäftsbetrieb von nicht ganz untergeordneter Bedeutung, ist davon auszugehen, dass beide Gesellschaften – und damit auch die Interessen der Gesellschafter – gleichrangig nebeneinander stehen. In diesem Fall gehören die Anteile der Kommanditisten an der Komplementär-GmbH nicht zu deren notwendigem Sonderbetriebsvermögen II (vgl. BFH-Urteil vom 23.01.2001, BStBl. II S. 825) und stellen keine funktional wesentliche Betriebsgrundlage dar.

4.2 Geschäftsbetrieb im Zusammenhang mit Betrieb der KG

Ist die GmbH aufgrund von Geschäftsbeziehungen – über ihre gesellschaftsrechtliche Beteiligung als Komplementärin und ihre Geschäftsführertätigkeit hinaus – auch wirtschaftlich mit der GmbH & Co. KG verflochten, gehören die Anteile zum notwendigen Sonderbetriebsvermögen II, wenn aus Sicht der GmbH & Co. KG die Geschäftsbeziehung zur GmbH von nicht geringer Bedeutung ist. Dies ist beispielsweise dann der Fall, wenn die GmbH über die Geschäftsführung für die GmbH & Co. KG hinaus auch den Alleinvertrieb für die Produkte der GmbH & Co. KG übernommen hat. Aufgrund dieser wirtschaftlichen Bedeutung der Beteiligung stellt diese auch immer eine funktional wesentliche Betriebsgrundlage dar.

5. GmbH ist Komplementärin mehrerer KGen

5.1 Beschränkung auf die Geschäftsführung dieser GmbH & Co KGen

Ist die GmbH Komplementärin mehrerer Kommanditgesellschaften und beschränkt sich ihre Tätigkeit auf die Geschäftsführung dieser GmbH & Co. KGen, sind die GmbH-Anteile nur dem notwendigen Sonderbetriebsvermögen II der Kommanditisten der zuerst gegründeten GmbH & Co. KG zuzurechnen.

Die Frage, ob die Beteiligung an der Komplementär-GmbH eine funktional wesentliche Betriebsgrundlage darstellt, ist für den jeweiligen Übertragungs- oder Einbringungsvorgang nach den unter 2. und 3. dargestellten Grundsätzen nur für die GmbH & Co. KG zu prüfen, zu deren Sonderbetriebsvermögen II die Beteiligung an der Komplementär-GmbH gehört. Bei den anderen GmbH & Co. KGen liegt eine funktional wesentliche Betriebsgrundlage bereits deshalb nicht vor, weil die Beteiligung an der Komplementär-GmbH bei diesen Gesellschaften nicht zum Betriebsvermögen gehört.

5.2 GmbH als Komplementärin mehrerer GmbH & Co. KGen mit eigenem Geschäftsbetrieb von nicht ganz untergeordneter Bedeutung

Bestehen Geschäftsbeziehungen der Komplementär-GmbH nur zu einer GmbH & Co. KG und sind diese aus Sicht dieser GmbH & Co. KG von nicht geringer Bedeutung, sind die GmbH-Anteile im Sonderbetriebsvermögen II der Kommanditisten dieser GmbH & Co. KG zu bilanzieren und als wesentliche Betriebsgrundlage anzusehen. Bestehen dagegen Geschäftsbeziehungen zu mehreren GmbH & Co. KGen, die für diese jeweils von nicht geringer Bedeutung sind, sind diese GmbH-Anteile dem Sonderbetriebsvermögen der Kommanditisten der zuerst gegründeten GmbH & Co. KG zuzuordnen, mit der Geschäftsbeziehungen im obigen Sinne unterhalten werden. Die Frage, ob es sich bei den Anteilen an der Komplementär-GmbH um eine funktional wesentliche Betriebsgrundlage für den Mitunternehmeranteil handelt, st entsprechend den unter 2. bis 4. dargestellten Grundsätzen zu beantworten.

Diese Regeln sind in Fällen der Beteiligung der Komplementär-GmbH am Vermögen sowie Gewinn und Verlust der GmbH & Co. KG sinngemäß anzuwenden.

Anlage § 015–10

Zu § 15 EStG

Personelle Verflechtung bei Betriebsaufspaltung – Zusammenrechnung von Ehegattenanteilen [1)]

Schreiben des BdF vom 18. November 1986 IV B 2 – S 2240 – 25/86^{II} (BStBl. 1986 I S. 537)

Mit Urteil vom 27. November 1985 – I R 115/85 – (BStBl. 1986 II S. 362) hat der Bundesfinanzhof zur Beurteilung der personellen Verflechtung zwischen Besitz- und Betriebsunternehmen bei Eheleuten als Voraussetzung für die Annahme einer Betriebsaufspaltung Stellung genommen. Unter Bezugnahme auf das Ergebnis der Erörterung mit den obersten Finanzbehörden der Länder bitte ich daher, die auf Grund meines Schreibens vom 15. August 1985 – IV B 2 – S 2240 – 11/85^{II} – (BStBl. I S. 537) und den entsprechenden Erlassen der obersten Finanzbehörden der Länder vorerst zurückgestellten Fälle nunmehr abzuwickeln.

Eine personelle Verflechtung i. S. der Betriebsaufspaltung ist allgemein und ebenso in Ehegattenfällen gegeben, wenn die hinter dem Besitz- und Betriebsunternehmen stehenden Personen einen einheitlichen geschäftlichen Betätigungswillen haben. Sind an beiden Unternehmen **nicht** dieselben Personen im gleichen Verhältnis beteiligt (sog. Beteiligungsidentität), wird ein einheitlicher geschäftlicher Betätigungswille dadurch dokumentiert, daß die Personen, die das Besitzunternehmen beherrschen, in der Lage sind, auch im Betriebsunternehmen ihren Willen durchzusetzen (sog. Beherrschungsidentität). Für die Beurteilung der Frage, ob eine sog. Beherrschungsidentität vorliegt, darf bei Ehegatten entsprechend dem Beschluß des BVerfG vom 12. März 1985 – 1 BvR 571/81 –, – 1 BvR 494/82 –, – 1 BvR 47/83 – (BStBl. II S. 475) nicht mehr von der – wenn auch widerlegbaren – Vermutung ausgegangen werden, sie verfolgten gleichgerichtete wirtschaftliche Interessen. Nach dem Beschluß des BVerfG vom 12. März 1985 ist eine Zusammenrechnung von Anteilen der Eheleute nur gerechtfertigt, wenn hierfür konkrete Umstände vorliegen. Es müssen zusätzlich zur ehelichen Lebensgemeinschaft Beweisanzeichen gegeben sein, die für die Annahme einer personellen Verflechtung durch gleichgerichtete wirtschaftliche Interessen sprechen.

Sind beide Eheleute jeweils an beiden Unternehmen in dem Maße beteiligt, daß ihnen zusammen die Mehrheit der Anteile gehört, stellen sie – wie bei vergleichbaren Verhältnissen zwischen fremden Dritten – eine durch gleichgerichtete Interessen geschlossene Personengruppe dar, die in der Lage ist, beide Unternehmen zu beherrschen. Damit ist die personelle Verflechtung gegeben (BFH-Urteil vom 7. November 1985 – BStBl. 1986 II S. 364). Das gilt dann nicht, wenn die Geschlossenheit der Personengruppe durch nachweisbar schwerwiegende Interessenkollisionen gestört oder aufgehoben ist (BFH-Urteil vom 16. Juni 1982 – BStBl. 1982 II S. 662 m. w. N.).

Ist dagegen an einem der beiden Unternehmen nur ein Ehegatte mehrheitlich beteiligt und gehört diesem Ehegatten an dem anderen Unternehmen lediglich zusammen mit dem anderen Ehegatten die Mehrheit der Anteile, so müssen besondere Umstände vorliegen, damit die Anteile der Ehegatten an dem anderen Unternehmen für die Beurteilung der Beherrschungsidentität zusammengerechnet werden dürfen. Die Voraussetzungen für eine Zusammenrechnung sind nach dem BFH-Urteil vom 24. Juli 1986 (BStBl. II S. 913) beispielsweise erfüllt, wenn die Ehegatten durch eine mehrere Unternehmen umfassende, planmäßige, gemeinsame Gestaltung der wirtschaftlichen Verhältnisse den Beweis dafür liefern, daß sie aufgrund ihrer gleichgerichteten wirtschaftlichen Interessen zusätzlich zur ehelichen Lebensgemeinschaft eine Zweck- und Wirtschaftsgemeinschaft eingegangen sind. Konkrete Umstände i. S. der Entscheidung des BVerfG vom 12. März 1985 können auch in dem Abschluß von sog. Stimmrechtsbindungsverträgen gesehen werden. Der Entscheidung des BFH vom 27. November 1985 (a. a. O.) zufolge genügen dagegen folgende Umstände nicht, um die Anteile eines Ehegatten an einem Unternehmen denen des anderen Ehegatten zuzurechnen:

a) Jahrelanges konfliktfreies Zusammenwirken der Eheleute innerhalb der Gesellschaft,
b) Herkunft der Mittel für die Beteiligung eines Ehegatten an der Betriebsgesellschaft vom anderen Ehegatten,
c) „Gepräge" der Betriebsgesellschaft durch den Ehegatten,
d) Erbeinsetzung des Ehegatten durch den anderen Ehegatten als Alleinerbe, gesetzlicher Güterstand der Zugewinngemeinschaft, beabsichtigte Alterssicherung des anderen Ehegatten.

Bei der Abwicklung der o.a. Fälle bitte ich auch zu prüfen, ob die an der Betriebsgesellschaft vermieteten Wirtschaftsgüter bei Fehlen der Voraussetzungen für die Annahme einer Betriebsaufspaltung wegen der vom BVerfG beanstandeten Zusammenrechnung von Ehegattenanteilen aus anderen Gründen Betriebsvermögen sind. Dies kann insbesondere der Fall sein

---

[1)] Siehe auch Anlage § 015-14.

- bei der Verpachtung eines Gewerbebetriebs im Ganzen (Abschnitt 137 Abs. 4 und Abschnitt 139 Abs. 5 EStR)[1],
- bei Personengesellschaften, die neben der vermögensverwaltenden Tätigkeit als Besitzgesellschaft noch in geringem Umfang gewerblich tätig sind und deren Tätigkeit somit insgesamt als Gewerbebetrieb gilt (§ 15 Abs. 3 Nr. 1 EStG),
- bei Personengesellschaften, die wegen ihrer Rechtsform als Gewerbebetriebe anzusehen sind (§ 15 Abs. 3 Nr. 2 EStG),
- in Betriebsaufspaltungsfällen, die nicht nur auf der vom BVerfG beanstandeten Zusammenrechnung von Ehegattenanteilen beruhen, und zwar
  - – wenn die Ehegatten – als Personengruppe an beiden Unternehmen beteiligt – in der Lage sind, beide Unternehmen zu beherrschen (BFH-Urteil vom 7. November 1985 – a. a. O.) und
  - – bei der sog. mitunternehmerischen Betriebsaufspaltung (vgl. BFH-Urteil vom 25. April 1985 – BStBl. II S. 622).

Können die an die Betriebsgesellschaft vermieteten Wirtschaftsgüter unter keinem rechtlichen Gesichtspunkt als Betriebsvermögen behandelt werden, sind sie in Fällen, in denen bis zum Ergehen der BVerfG-Entscheidung vom 12. März 1985 eine sog. echte Betriebsaufspaltung angenommen wurde (Abschnitt 137 Abs. 5 EStR), zu dem Zeitpunkt als entnommen anzusehen, in dem die Betriebsaufspaltung begründet worden ist. Abschnitt 15 Abs. 1 Satz 9 und 10 EStR ist anzuwenden. In Fällen, in denen eine sog. unechte Betriebsaufspaltung angenommen worden ist, sind die an die Betriebsgesellschaft vermieteten Wirtschaftsgüter ggf. zu keinem Zeitpunkt Betriebsvermögen geworden[2].

---

1) Jetzt R 15.7 und R 16 EStR.
2) Zur Abwicklung der sog. Altfälle siehe auch Vfg der OFD Stuttgart vom 13.1.1987 S 2240 A – 9 – St 31 (BB 1987 S. 318).
   Zur Bemessung der AfA bei Gebäuden siehe auch Vfg der OFD Münster vom 17.8.1987 S 2196 – 55 – St 11 – 31 (DStR 1987 S. 665).

Anlagen § 015–11, § 015–12 unbesetzt, § 015–13

Zu § 15 EStG

Abgrenzung von vermögensverwaltender und gewerblicher Tätigkeit bei Ein-Objekt-Gesellschaften

– BdF-Schreiben vom 1.4.2009 – IV C 6 – S 2240/08/10008, 2009/0208434 (BStBl. I S. 515) –

Mit Urteil vom 26. Juni 2007 (BStBl. 2009 II S. 289) hat der BFH entschieden, dass der Erwerb, die Vermietung und die Veräußerung von in die Luftfahrzeugrolle eingetragenen Flugzeugen eine gewerbliche Tätigkeit darstellt, wenn die Vermietung mit dem An- und Verkauf aufgrund eines einheitlichen Geschäftskonzepts verklammert ist. Daher gehört die Veräußerung von Wirtschaftsgütern, die Bestandteil des einheitlichen Geschäftskonzepts der gewerblichen Tätigkeit ist, zum laufenden Geschäftsbetrieb, auch wenn die Veräußerung zeitlich mit der Betriebsveräußerung/-aufgabe zusammenfällt.

Diese Aussage hat der BFH zu einer Personengesellschaft getroffen, die zum Gegenstand ihres Unternehmens den Kauf, die Vermietung (insbesondere in der Form des Leasings) und den Verkauf von mehreren beweglichen Wirtschaftsgütern hatte.

Zu der Frage der Anwendung der Grundsätze des BFH-Urteils vom 26. Juni 2007 auf die Fälle, in denen das Geschäftskonzept eines Einzelunternehmens oder einer Personengesellschaft den Ankauf, die Vermietung und den Verkauf von nur einem Wirtschaftsgut beinhaltet, also bei sog. Einzelobjekt- oder auch Ein-Objekt-Gesellschaften gilt im Einvernehmen mit den obersten Finanzbehörden der Länder Folgendes:

I. Zuordnung der Einkünfte

Die Voraussetzungen für eine gewerbliche Tätigkeit entnimmt der BFH dem § 15 Abs. 2 Satz 1 EStG und fügt in ständiger Rechtsprechung – zuletzt in seinem Urteil vom 31. Mai 2007 (BStBl. II S. 768) – als ungeschriebenes negatives Tatbestandsmerkmal hinzu, dass die Betätigung den Rahmen einer privaten Vermögensverwaltung überschreitet. Die Absicht, gewerbliche Gewinne zu erzielen, muss durch eine Tätigkeit verfolgt werden, die nach allgemeiner Auffassung als unternehmerisch (händlertypisch) gewertet wird.

Nach dem BFH-Urteil vom 2. Mai 2000 (BStBl. II S. 467) erfüllt das Vermieten einzelner beweglicher Wirtschaftsgüter zwar grundsätzlich die Tatbestandsmerkmale des § 15 Abs. 2 Satz 1 EStG, geht aber in der Regel nicht über den Rahmen der privaten Vermögensverwaltung hinaus.

Im Gegensatz dazu sind die verschiedenen Tätigkeiten – wie hier der Ankauf, die Vermietung und der Verkauf – gegenüber den Teilnehmern am wirtschaftlichen Verkehr ein Verhalten, das sich objektiv als nachhaltig darstellt.

So ist die Nachhaltigkeit einer Betätigung nicht schon dann zu verneinen, wenn nur ein einziger Vertrag abgeschlossen wird, dessen Erfüllung mehrere unterschiedliche Einzeltätigkeiten erfordert. Diese verschiedenen Tätigkeiten – wie hier Ankauf, Vermietung und Verkauf – rechtfertigen in ihrer Gesamtheit die Würdigung einer nachhaltigen Betätigung (vgl. BFH-Urteil vom 9. Dezember 2002, BStBl. 2003 II S. 294).

Auch wird eine Teilnahme am allgemeinen wirtschaftlichen Verkehr durch ein Tätigwerden nur für einen einzigen Vertragspartner nicht ausgeschlossen, auch nicht dadurch, dass ein Mietobjekt bereits bei seiner Anschaffung für einen bestimmten Mieter bestimmt ist (vgl. BFH-Urteil vom 22. Januar 2003, BStBl. II S. 464).

Eine gewerbliche Vermietungstätigkeit ist erst dann anzunehmen, wenn nach dem Gesamtbild der Verhältnisse im Einzelfall besondere Umstände hinzutreten, die der Tätigkeit als Ganzes das Gepräge einer selbständigen nachhaltigen, von Gewinnstreben getragenen Beteiligung am allgemeinen wirtschaftlichen Verkehr geben, hinter der die Gebrauchsüberlassung (Vermögensverwaltung) des Wirtschaftsguts in den Hintergrund tritt (vgl. BFH-Urteil vom 2. Mai 2000, BStBl. II S. 467). Die jeweiligen artspezifischen Besonderheiten des vermieteten Wirtschaftsguts sind dabei zu beachten.

Die Vermietungstätigkeit stellt dann nicht mehr die Nutzung von Vermögen im Sinne der Fruchtziehung aus zu erhaltenden Substanzwerten dar, wenn die Vermietungstätigkeit mit dem An- und Verkauf aufgrund eines einheitlichen Geschäftskonzepts verklammert ist. Das hat zur Folge, dass die gesamte Tätigkeit gewerblichen Charakter besitzt (vgl. BFH-Urteil vom 22. Januar 2003, BStBl. II S. 464).

Ein einheitliches Geschäftskonzept liegt vor, wenn von vorneherein ein Verkauf des vermieteten Wirtschaftsguts vor Ablauf von dessen gewöhnlicher oder tatsächlicher Nutzungsdauer geplant ist und die Erzielung eines Totalgewinns diesen Verkauf notwendig macht. Somit besteht die Tätigkeit in ihrer Gesamtheit nicht mehr alleine aus der Vermietung, sondern aus dem Ankauf, der Vermietung und dem Verkauf des einzelnen Wirtschaftsguts.

II. Gewinn im Zusammenhang mit einer Betriebsveräußerung/-aufgabe

In ständiger Rechtsprechung hat der BFH, u. a. in seinem Urteil vom 5. Juli 2005 (BStBl. 2006 II S. 160) entschieden, dass eine zusammengeballte Gewinnrealisierung dann nicht nach den §§ 16, 34 EStG begünstigt ist, wenn diese auf der im Wesentlichen unveränderten Fortsetzung der bisherigen unternehmerischen Tätigkeit beruht, ungeachtet dessen, ob der in Frage stehende Vorgang im zeitlichen Zusammenhang mit einer Betriebsveräußerung oder -aufgabe steht und die gewerbliche Gesamttätigkeit abschließt.

In Fällen, in denen die Gesamtheit der Tätigkeit aus Ankauf, Vermietung und Verkauf besteht (vgl. Rn. 2 und 5), gehört die Veräußerung des vermieteten Wirtschaftsguts noch zum bisherigen objektiven Geschäftsfeld des Unternehmens/der Gesellschaft und gehört daher zum gewerbesteuerpflichtigen (laufenden) Geschäftsbetrieb. Auf den Gewinn aus dem Verkauf des vermieteten Wirtschaftsguts finden die §§ 16, 34 Abs. 1 oder 3 EStG auch dann keine Anwendung, wenn das Wirtschaftsgut zum Anlagevermögen gehört.

III. Zeitliche Anwendung

Dieses Schreiben ist in allen noch offenen Fällen anzuwenden.

Anlage § O15–14

Zu § 15 EStG

Gesamtdarstellung Betriebsaufspaltung

– Vfg OFD Frankfurt vom 21.5.2008 – S 2240 A – 28 –St 219 –

1 Allgemeines

Eine echte Betriebsaufspaltung liegt vor, wenn ein bestehendes Unternehmen in ein Besitz- und ein Betriebsunternehmen aufgeteilt wird. Sind die entsprechenden Voraussetzungen bereits bei der Gründung gegeben, wird dies als unechte Betriebsaufspaltung bezeichnet.

Bei der Betriebsaufspaltung sind die folgenden Erscheinungsformen möglich:

Grundfall: Das Besitzunternehmen ist ein Einzelunternehmen, eine Personengesellschaft oder eine Gemeinschaft, das Betriebsunternehmen eine Kapitalgesellschaft.

Umgekehrte Betriebsaufspaltung: Das Besitzunternehmen ist die Kapitalgesellschaft, das Betriebsunternehmen die Personengesellschaft.

Mitunternehmerische Betriebsaufspaltung: beide Unternehmen sind Personengesellschaften.

Kapitalistische Betriebsaufspaltung: beide Unternehmen sind Kapitalgesellschaften.

2 Voraussetzungen für das Vorliegen einer Betriebsaufspaltung

Eine Betriebsaufspaltung setzt voraus, dass zwischen dem Besitzunternehmen und dem Betriebsunternehmen sowohl eine sachliche als auch eine personelle Verflechtung besteht.

2.1 Sachliche Verflechtung

Die sachliche Verflechtung im Rahmen einer Betriebsaufspaltung wird regelmäßig durch die Überlassung bereits einer wesentlichen Betriebsgrundlage seitens der Besitzgesellschaft an die Betriebsgesellschaft begründet.

2.1.1 Wesentliche Betriebsgrundlage

Die überlassenen materiellen oder immateriellen Wirtschaftsgüter müssen für die Betriebsgesellschaft eine wesentliche Betriebsgrundlage darstellen (BFH-Urteil vom 24.8.1989, BStBl. II 1989, 1014; BFH-Urteil vom 06.11.1991, BStBl. II 1992, 415).

Wesentliche Betriebsgrundlage sind solche Wirtschaftsgüter, denen ein besonderes wirtschaftliches Gewicht für die Betriebsführung zukommt und die zur Erreichung des Betriebszwecks erforderlich sind (z.B. BFH-Urteil vom 12.11.1985, BStBl. II 1986, 299). Nicht entscheidend ist, ob das Wirtschaftsgut erhebliche stille Reserven enthält (BFH-Urteil vom 2.10.1997, BStBl. II 1997, 104) oder jederzeit am Markt ersetzbar wäre (BFH-Urteil vom 26.5.1993, BStBl. II 1993, 718). Auch ungünstige oder heruntergekommene Wirtschaftsgüter können eine wesentliche Betriebsgrundlage sein (BFH-Urteil vom 26.5.1993 , a.a.O.).

2.1.2 Grundstücke als wesentliche Betriebsgrundlage

Bei der Beurteilung der Frage, ob das Grundstück von wesentlichem Gewicht für das Betriebsunternehmen ist, ist nicht auf die einzelnen Grundstücksteile, sondern auf das Grundstück als Einheit abzustellen (BFH-Urteil vom 29.10.1991, BStBl. II 1992, 334). Unter Grundstück ist hierbei der zusammenhängende Grundbesitz und nicht die katastermäßige Parzelle zu verstehen.

Ein Grundstück stellt eine wesentliche Betriebsgrundlage dar, sofern es für die Betriebsgesellschaft nicht nur von untergeordneter wirtschaftlicher Bedeutung ist. Von einer wirtschaftlichen Bedeutung ist auszugehen, wenn der Betrieb ohne das Grundstück nicht wie bisher fortgeführt werden könnte; insbesondere, wenn das Grundstück auf die Bedürfnisse des Betriebsunternehmens zugeschnitten ist, z.B. die aufstehenden Gebäude für dessen Zwecke hergerichtet oder gestaltet worden sind oder die Betriebsführung durch die Lage, die Größe bzw. den Grundriss des Grundstücks bestimmt wird (z.B. BFH-Urteil vom 12.11.1985 , a.a.O.). Eine individuelle Gestaltung des Grundstücks ist nicht zwingende Voraussetzung (BFH-Urteile vom 26.11.1992, BStBl. II 1993, 876, und vom 17.11.1992 , BStBl. II 1993, 233).

Fabrikgrundstücke sind in der Regel wesentliche Betriebsgrundlage, da die Gebäude meist durch ihre Gliederung oder sonstige Bauart auf den Betrieb zugeschnitten sind. Davon kann zumindest dann ausgegangen werden, wenn ein enger zeitlicher Zusammenhang zwischen Errichtung des Gebäudes, Vermietung und Aufnahme des Betriebs in diesem Gebäude besteht (z.B. BFH-Urteil vom 12.9.1991, BStBl. II 1992, 347).

Dasselbe wird regelmäßig für **Laden- und Verkaufsräume** angenommen, da diese die Eigenart des Betriebs prägen und der Kundenstamm mit ihnen verbunden ist (BFH-Urteil vom 12.2.1992, BStBl. II 1992, 723).

Die Wesentlichkeit eines Grundstücks kann nicht schon deshalb verneint werden, weil das Betriebsunternehmen jederzeit auf dem Markt ein für seine Belange gleichartiges Grundstück mieten oder kaufen könnte (BFH-Urteil vom 26.5.1993 , a.a.O.). Sie kann aber ausnahmsweise z.B. wegen der geringen Größe des überlassenen Grundstücks nicht erfüllt sein. Dabei ist neben den Größenverhältnissen im Vergleich zu den von Fremden gemieteten Betriebsgrundstücken auch die absolute Größe des Grundstücks zu beachten (BFH-Urteil vom 04.11.1992, BStBl. II 1993, 245).

2.1.3 Bürogebäude als wesentliche Betriebsgrundlage

Die Wesentlichkeit eines Büro- oder Verwaltungsgebäudes beurteilt sich grundsätzlich nach den o.g. Merkmalen.

Büro- oder Verwaltungsgebäuden kann zumindest dann eine nicht unerhebliche wirtschaftliche Bedeutung zukommen, wenn sie zur büro- oder verwaltungsmäßigen Nutzung neu errichtet und für die Bedürfnisse des Betriebsunternehmens hergerichtet bzw. gestaltet worden sind. Unabhängig von der örtlichen Lage oder dem baulichen Zuschnitt kann sich die Wesentlichkeit auch aus einer funktionalen Betrachtung heraus ergeben, wenn das Betriebsunternehmen ohne dieses Gebäude nur durch wesentliche organisatorische Änderungen fortgeführt werden könnte. Hierbei ist auf die jeweiligen Umstände des Einzelfalles abzustellen.

Nicht erforderlich ist, dass das Gebäude so hergerichtet wurde, dass es ohne bauliche Veränderung durch ein anderes Unternehmen nicht genutzt werden könnte. Ebenso wenig ist entscheidend, ob ein anderes Verwaltungsgebäude die betrieblichen Anforderungen hätte erfüllen können oder das angemietete Gebäude auch für andere Zwecke hätte genutzt werden können (z.B. BFH-Urteile vom 26.5.1993, a.a.O., und vom 2.4.1997, BStBl. II 1997, 565; FG Düsseldorf vom 14.8.1998, EFG 1998, 1579).

Insbesondere mit Urteil vom 23.05.2000 (BStBl. II 2000, 621) hat der BFH entschieden, dass Büro- und Verwaltungsgebäude, die eine sachliche Verflechtung im Sinne einer Betriebsaufspaltung begründen, immer dann wesentliche Betriebsgrundlagen sind, wenn die Grundstücke für die Betriebsgesellschaft von nicht untergeordneter Bedeutung sind. Hiervon muss bei einer Anmietung durch die Betriebsgesellschaft regelmäßig ausgegangen werden, wenn diese das Büro- und Verwaltungsgebäude benötigt, es für die betrieblichen Zwecke der Betriebsgesellschaft geeignet und wirtschaftlich von nicht untergeordneter Bedeutung ist.

Die Grundsätze des Urteils vom 23.5.2000 sind über den entschiedenen Fall hinaus mit folgender Maßgabe allgemein anzuwenden:

In den Fällen, in denen nur deshalb eine Betriebsaufspaltung vorliegt, weil die Anwendung der Grundsätze des BFH-Urteils vom 23.5.2000 zu einer Änderung gegenüber der vorherigen Verwaltungspraxis geführt hat, werden keine steuerlichen Konsequenzen aus der Betriebsaufspaltung auf Antrag erst für die Zeit nach dem 31.12.2002 gezogen. Auch in den Fällen, in denen allein die Anwendung der Grundsätze dieses BFH-Urteils zur Entstehung einer Betriebsaufspaltung führt, aber die Voraussetzungen hierfür vor dem 1.1.2003 wieder entfallen, ist das Urteil auf Antrag nicht anzuwenden. Wird der Antrag gestellt und besteht die Betriebsaufspaltung über den 31.12.2002 hinaus fort, sind die Wirtschaftsgüter beim Besitzunternehmen zum 1.1.2003 mit den Werten anzusetzen, mit denen sie zu Buche stehen würden, wenn die Betriebsaufspaltung von Anfang an zutreffend erkannt worden wäre. Es wird nicht beanstandet, wenn die Wirtschaftsgüter mit den Restwerten auf Grund der tatsächlich in Anspruch genommenen Absetzung für Abnutzung angesetzt werden. Steuerpflichtige, die von der Übergangsregelung Gebrauch machen wollen, können dies bis zur Unanfechtbarkeit des entsprechenden Steuerbescheids beantragen. Der Antrag kann nicht widerrufen werden (BMF-Schreiben vom 18.9.2001, BStBl. I 2001, 634[1]), vom 20.12.2001, BStBl. I 2002, 88 und vom 11.6.2002 , BStBl. I 2002, 647).

Nach dem BFH-Urteil vom 13.7.2006 (BStBl. II 2006, 804) können auch nicht besonders hergerichtete oder gestaltete Büroräume in einem Einfamilienhaus, die von den Gesellschaftern der Betriebsgesellschaft an diese als einziges Büro (Sitz der Geschäftsleitung) vermietet werden, wesentliche Betriebsgrundlagen sein. Dies gilt jedenfalls dann, wenn der Gebäudeteil nicht die in § 8 EStDV genannten Grenzen unterschreitet.

2.1.4 Erbbaurecht als wesentliche Betriebsgrundlage

Die Bestellung eines Erbbaurechts begründet unter denselben Voraussetzungen wie die Überlassung eines unbebauten Grundstücks durch das Besitzunternehmen an das Betriebsunternehmen eine sachliche Verflechtung. Eine solche ist nach den BFH-Urteilen vom 23.1.1991 (BStBl. II 1991, 405) und vom 19.3.2002 (BStBl. II 2002, 662) anzunehmen, wenn das Grundstück vom Betriebsunternehmen unter Zustimmung des Besitzunternehmens mit Gebäuden und Vorrichtungen bebaut wird, die für das Be-

---

[1] Siehe Anlage § 015-11.

Anlage § 015–14

triebsunternehmen eine wesentliche Betriebsgrundlage sind, weil sie für die Bedürfnisse des Betriebsunternehmens besonders hergerichtet worden sind. Die sachliche Verflechtung beginnt in diesen Fällen mit dem Abschluss des Erbbaurechtsvertrags.

2.1.5 Beginn der Betriebsaufspaltung

Die Betriebsaufspaltung entsteht erst in dem Zeitpunkt, in dem tatsächlich ein Gebäude für Zwecke des Betriebsunternehmens auf dem überlassenen Grund und Boden errichtet wird, es sei denn, bei der rechtsverbindlichen Bestellung des Erbbaurechts wird bereits im Rahmen eines abgestimmten Vertragskonzepts die Errichtung des Gebäudes fest vereinbart.

2.2 Personelle Verflechtung

2.2.1 Einheitlicher geschäftlicher Betätigungswille

Eine personelle Verflechtung liegt vor, sofern die hinter beiden selbständigen Unternehmern stehenden Personen einen einheitlichen geschäftlichen Betätigungswillen haben. Davon ist auszugehen, wenn dieselbe Person oder Personengruppe an beiden Unternehmen mehrheitlich beteiligt ist, so dass die das Besitzunternehmen tatsächlich beherrschende(n) Person(en), in der Lage ist/sind, auch in der Betriebsgesellschaft ihren Willen durchzusetzen (BFH-Urteil vom 8.11.1971, BStBl. II 1972, 63). Für die Durchsetzung des Willens sind grundsätzlich die **Stimmrechte** der einzelnen Gesellschafter entscheidend (BFH-Urteile vom 27.08.1992, BStBl. II 1993, 134, und vom 18.2.1986, BStBl. II 1986, 611). Diese bestimmen sich nach den gesellschaftsvertraglichen Regelungen, so dass die Einsichtnahme in die Gesellschaftsverträge erforderlich ist.

Wird im Gesellschaftsvertrag einer GbR die Führung der Geschäfte einem Gesellschafter allein übertragen, so beherrscht dieser Gesellschafter die Gesellschaft auch dann, wenn nach dem Gesellschaftsvertrag die Gesellschafterbeschlüsse einstimmig zu fassen sind. Das gilt auch, wenn dieser Gesellschafter die Betriebsgesellschaft zusammen mit einem weiteren Gesellschafter beherrscht, soweit beide Gesellschafter als Personengruppe sowohl an der Besitz- als auch an der Betriebsgesellschaft eine Mehrheit besitzen (BFH-Urteil vom 1.7.2003, BStBl. II 2003, 757).

Der Besitzunternehmer beherrscht die Betriebskapitalgesellschaft auch dann personell, wenn er zwar über die einfache Stimmrechtsmehrheit und nicht über die im Gesellschaftsvertrag vorgeschriebene qualifizierte Mehrheit verfügt, er aber als Gesellschafter-Geschäftsführer deren Geschäfte des täglichen Lebens beherrscht, sofern ihm die Geschäftsführungsbefugnis nicht gegen seinen Willen entzogen werden kann (BFH-Urteil vom 30.11.2005, BStBl. II 2006, 415, Fortführung des Senatsurteils vom 21.8.1996, BStBl. II 1997, 44, s.a. 2.2.7 III).

Wurden keine vertraglichen Vereinbarungen über das Stimmrecht getroffen, sind die gesetzlichen Vorschriften maßgebend (z.B. § 709 BGB, §§ 119, 161 HGB, § 133 AktG, § 47 GmbHG).

Bei Vorliegen sog. **Stimmrechtsbindungsverträge** ist das Stimmrecht des weisungsgebundenen Gesellschafters dem Weisungsberechtigten zuzurechnen. Ein **Stimmrechtsausschluss** der Gesellschafter, die sowohl am Besitzunternehmen als auch am Betriebsunternehmen beteiligt sind, bei Vornahme von Rechtsgeschäften zwischen diesen beiden Unternehmen steht einer personellen Verflechtung jedenfalls dann nicht entgegen, wenn es von den Gesellschaftern nicht praktiziert wird (BFH-Urteile vom 9.11.1983, BStBl. II 1984, 212, und vom 12.11.1986, BStBl. II 1986, 296).

2.2.2 Gruppentheorie

2.2.2.1 Beteiligungsidentität

Am deutlichsten tritt der einheitliche geschäftliche Betätigungswille hervor, wenn an beiden Unternehmen dieselben Personen im gleichen Verhältnis beteiligt sind (BFH-Urteile vom 8.11.1971, a.a.O, vom 2.8.1972, BStBl. II 1972, 796, und vom 24.2.1994, BStBl. II 1994, 466).

2.2.2.2 Beherrschungsidentität

Sind die Beteiligungsverhältnisse in beiden Gesellschaften nicht identisch und/oder weitere Gesellschafter jeweils nur am Besitz- oder Betriebsunternehmen beteiligt, ist eine personelle Verflechtung auch dann anzunehmen, wenn eine durch gleichgerichtete Interessen verbundene Personengruppe ihren Willen in beiden Unternehmen durchsetzen kann (BFH-Urteile vom 2.8.1972, a.a.O.; vom 16.6.1982, BStBl. II 1982, 662; und vom 24.2.1994, a.a.O.).

Gleichgerichtete Interessen sind unter den o.g. Voraussetzungen stets zu vermuten, da die beteiligten Personen sich i.d.R. zur Verfolgung eines bestimmten wirtschaftlichen Zwecks zusammengeschlossen haben (BFH-Urteil vom 24.2.2000, BStBl. II 2000, 417).

Einer Betriebsaufspaltung stehen **Interessenkollisionen** nur entgegen, sofern sie auf Grund der Gestaltung der Verträge und der bestehenden wirtschaftlichen Interessenlagen nicht nur möglich, sondern ihr Vorhandensein durch konkrete Tatsachen nachgewiesen wird (z.B. BFH-Urteil vom 5.9.1991, BStBl. II 1992, 349; BFH-Urteil vom 16.6.1982 , a.a.O.).

Ausnahmsweise können extrem **konträre Beteiligungsverhältnisse**, d.h. wenn mehrere Personen für sich an dem einen Unternehmen mit weniger als 50 %, am anderen Unternehmen mit mehr als 50 % beteiligt sind oder umgekehrt, der Annahme gleichgerichteter Interessen in der Personengruppe entgegenstehen, sofern die ungleiche Verteilung der Anteile auch zur Folge hat, dass der eine Beteiligte das Besitzunternehmen und der andere Beteiligte das Betriebsunternehmen jeweils allein beherrschen kann (BFH-Urteil vom 24.2.1994, a.a.O.; BFH-Urteil vom 24.2.2000, a.a.O.; BFH-Urteil vom 12.10.1988, BStBl. II 1989, 152, FG Kiel vom 28.6.2000, EFG 2000, 1121).

2.2.3 Anteile im Familienverbund

2.2.3.1 Zusammenrechnung von Ehegattenanteilen

Gemäß dem Beschluss des BVerfG vom 12.3.1985, BStBl. II 1985, 475, ist die Zusammenrechnung von Ehegattenanteilen verfassungswidrig, soweit sie ausschließlich auf der Ehe beruht oder nur mit der Lebenserfahrung begründet wird, zwischen Ehegatten bestünde bei wesentlichen wirtschaftlichen Entscheidungen eine identische Willensrichtung.

Eine Zusammenrechnung kommt dennoch in Betracht, sofern über die Ehe hinausgehende Beweisanzeichen vorliegen, die für gleichgerichtete Interessen sprechen. Solche sind insbesondere eine durch umfassende, planmäßige und gemeinsame Betätigung geprägte Wirtschaftsgemeinschaft (BFH-Urteil vom 24.7.1986, BStBl. II 1986, 913) sowie die Erteilung einer unwiderruflichen Stimmrechtsvollmacht. Dagegen stellen jahrelanges konfliktfreies Zusammenwirken, das Zur-Verfügung-Stellen der Mittel für die Beteiligung durch den anderen Ehegatten und der Güterstand der Zugewinngemeinschaft keine besonderen Beweisanzeichen dar, auch nicht, wenn mehrere Indizien gleichzeitig vorliegen (BFH-Urteil vom 1.12.1989, BStBl. II 1990, 500).

Ungeachtet dieses Beschlusses sind Ehegattenanteile zusammenzurechnen, wenn die Ehegatten jeweils an beiden Unternehmen beteiligt sind und i.S.d. Gruppentheorie eine Interessengruppe bilden, die in beiden Unternehmen ihren Willen durchsetzen kann. Denn in diesem Fall wird der Interessengleichklang nicht aus der ehelichen Beziehung, sondern aus dem zweckgerichteten Zusammenschluss derselben Personen abgeleitet (BFH-Urteil vom 28.5.1991, BStBl. II 1991, 801, BFH-Urteil vom 26.11.1992, BStBl. II 1993, 876; BFH-Urteil vom 24.2.2000 , a.a.O.; FG Kiel vom 28.6.2000 , a.a.O.).

Eine Betriebsaufspaltung liegt mangels personeller Verflechtung nicht vor, wenn das Besitzunternehmen alleine der Ehefrau und das Betriebsunternehmen alleine dem Ehemann gehört oder umgekehrt (**Wiesbadener Modell**, BFH-Urteil vom 30.7.1985, BStBl. II 1986, 359, BFH-Urteil vom 9.9.1986, BStBl. II 1987, 28).

2.2.3.2 Zusammenrechnung der Anteile von Eltern und minderjährigen Kindern

Die Zusammenrechnung kommt grundsätzlich in Betracht, sofern den Eltern die Vermögenssorge (§ 1626 Abs. 1 S. 2 BGB) zusteht. Haben beide Eltern gemeinsam das Vermögenssorgerecht für das Kind, ist zu beachten, dass von einer bestimmten Ausübung dieses Rechts durch beide Eltern nur ausgegangen werden kann, wenn auch eine Zusammenrechnung der Elternanteile möglich ist (vgl. R 15.7 (8) EStR).

2.2.4 Mittelbare Beteiligung

Auch eine mittelbare Beteiligung an der Betriebsgesellschaft kann zu deren Beherrschung ausreichen und eine personelle Verflechtung begründen (BFH-Urteil vom 23.7.1981, BStBl. II 1982, 60, BFH-Urteil vom 22.1.1988, BStBl. II 1988, 53).

2.2.5 Mittelbare Vermietung

Die für die Annahme einer Betriebsaufspaltung erforderliche personelle Verflechtung wird nicht dadurch ausgeschlossen, dass der Mehrheitsgesellschafter einer Betriebs-GmbH und Alleineigentümer des Betriebsgrundstücks dieses einer zwischengeschalteten GmbH zur Weitervermietung an die Betriebsgesellschaft überlässt (BFH-Urteil vom 28.11.2001, BStBl. II 2002, 363).

2.2.6 Faktische Beherrschung

In seltenen Ausnahmefällen kann die Beherrschung der Betriebsgesellschaft ohne entsprechenden Anteilsbesitz durch eine besondere Machtstellung vermittelt werden, wenn die Gesellschafter nach den Umständen des Einzelfalles darauf angewiesen sind, sich dem Willen eines anderen so unterzuordnen,

Anlage § 015–14 Zu § 15 EStG

dass sie keinen eigenen geschäftlichen Betätigungswillen entfalten können (BFH-Urteil vom 29.7.1976, BStBl. II 1976, 750; BFH-Urteil vom 27.2.1991, BFH/NV 1991, 454).

Dazu kann es z.B. kommen, wenn ein Gesellschafter der Gesellschaft unverzichtbare Betriebsgrundlagen zur Verfügung stellt, die er ohne weiteres wieder entziehen kann oder der Alleininhaber des Besitzunternehmens, der alleiniger Geschäftsführer der Betriebs-GmbH ist, in der Lage ist, jederzeit seinen Geschäftsanteil von 49 % auf bis zu 98 % zu erhöhen (BFH-Urteil vom 29.1.1997, BStBl. II 1997, 437).

Berufliche Vorbildung und Erfahrung der Geschäftsführer der Betriebsgesellschaft sowie fehlende Branchenkenntnis der Gesellschafter reichen zur Annahme einer faktischen Beherrschung nicht aus (BFH-Urteil vom 26.10.1988, BStBl. II 1989, 155; BFH-Urteil vom 12.10.1988, BStBl. II 1989, 152; BFH-Urteil vom 9.9.1986, BStBl. II 1987, 28; BFH-Urteil vom 1.12.1989, BStBl. II 1990, 500). Ebenso wenig liegt eine faktische Beherrschung vor, wenn die das Besitzunternehmen beherrschenden Ehemänner der an der Betriebsgesellschaft beteiligten Ehefrauen zugleich im Betriebsunternehmen angestellt sind und der Gesellschaftsvertrag vorsieht, dass die Gesellschaftsanteile der Ehefrauen bei Beendigung des Arbeitsverhältnisses des jeweiligen Ehemannes eingezogen werden können (BFH-Urteil vom 15.10.1998, BStBl. II 1999, 445).

2.2.7 Einstimmigkeitsabreden

Der BFH hat in seinen Urteilen vom 21. Januar 1999 (a.a.O.), vom 11. Mai 1999 (a.a.O.) und vom 15. März 2000 (a.a.O.) daran festgehalten, dass im Grundsatz eine personelle Verflechtung fehlt, wenn ein nur an der Besitzgesellschaft beteiligter Gesellschafter die rechtliche Möglichkeit hat zu verhindern, dass die beherrschende Person oder Personengruppe ihren Willen in Bezug auf die laufende Verwaltung des an die Betriebsgesellschaft überlassenen Wirtschaftsguts durchsetzt.

Im Einvernehmen mit den obersten Finanzbehörden der Länder gilt zur allgemeinen Anwendung der Grundsätze der BFH-Urteile vom 21. Januar 1999 (a.a.O.) und vom 11. Mai 1999 (a.a.O.) gemäß BMF-Schreiben vom 07.10.2002 – IV A 6 – S 2240 – 134/02 (BStBl. I 2002, 1028)[1] Folgendes:

I. Grundsatz

Für einen einheitlichen geschäftlichen Betätigungswillen als personelle Voraussetzung einer Betriebsaufspaltung genügt es, dass die Person oder die Personengruppe, die die Betriebsgesellschaft tatsächlich beherrscht, in der Lage ist, auch in dem Besitzunternehmen ihren Willen durchzusetzen (Beherrschungsidentität). Die Betriebsgesellschaft können ihren Willen in der Besitzgesellschaft durch Regelungen im Gesellschaftsvertrag, mit Mitteln des Gesellschaftsrechts oder aber ausnahmsweise durch eine faktische Beherrschung durchsetzen. Für die Durchsetzung des geschäftlichen Betätigungswillens ist auf das hinsichtlich der wesentlichen Betriebsgrundlage bestehende Miet- oder Pachtverhältnis (sachliche Verflechtung) abzustellen (BFH-Urteil vom 27. August 1992, BStBl. II 1993, 134).

II. Gesellschaftsrechtliches Einstimmigkeitsprinzip und Reichweite dieses Prinzips

Werden im Gesellschaftsvertrag keine Regelungen über die Zulässigkeit von Mehrheitsentscheidungen bei Gesellschafterbeschlüssen getroffen, gilt der Grundsatz der Einstimmigkeit (Einstimmigkeitsprinzip). Hierzu gilt im Einzelnen Folgendes:

1. Gesellschaft bürgerlichen Rechts

Wird das Besitzunternehmen als Gesellschaft bürgerlichen Rechts geführt, steht die Führung der Geschäfte den Gesellschaftern nur gemeinschaftlich zu. Für jedes Geschäft ist die Zustimmung aller Gesellschafter erforderlich (§ 709 Abs. 1 BGB).

2. Offene Handelsgesellschaft

Ist das Besitzunternehmen eine Offene Handelsgesellschaft, bedarf es für die über den gewöhnlichen Betrieb hinausgehenden Handlungen des Beschlusses aller Gesellschafter (§ 116 Abs. 2 HGB). Dieser Beschluss ist einstimmig zu fassen (§ 119 Abs. 1 HGB).

3. Kommanditgesellschaft

Das Einstimmigkeitsprinzip gilt auch für die Kommanditgesellschaft, soweit es um die Änderung oder Aufhebung des Miet- oder Pachtvertrags mit der Betriebsgesellschaft geht, denn hierbei handelt es sich um ein so genanntes außergewöhnliches Geschäft, das der Zustimmung aller Gesellschafter bedarf (§ 164 HGB; BFH-Urteil vom 27.8.1992 , a.a.O.). Für die laufenden, so genannten Geschäfte des täglichen Lebens ist dagegen die Zustimmung der Kommanditisten nicht erforderlich; insoweit gilt bei einer Kommanditgesellschaft das Einstimmigkeitsprinzip nicht.

---

1) Siehe Anlage § 015-18.

III. Beherrschungsidentität auf vertraglicher und gesellschaftsrechtlicher Grundlage

Ist an der Besitzgesellschaft neben der mehrheitlich bei der Betriebsgesellschaft beteiligten Person oder Personengruppe mindestens ein weiterer Gesellschafter beteiligt (Nur-Besitzgesellschafter) und müssen Beschlüsse der Gesellschafterversammlung wegen vertraglicher oder gesetzlicher Bestimmungen einstimmig gefasst werden, ist eine Beherrschungsidentität auf vertraglicher und gesellschaftsrechtlicher Grundlage und damit eine personelle Verflechtung nicht gegeben.

Die mehrheitlich beteiligte Person oder Personengruppe ist infolge des Widerspruchsrechts des nur an der Besitzgesellschaft beteiligten Gesellschafters nicht in der Lage, ihren geschäftlichen Betätigungswillen in der Besitzgesellschaft durchzusetzen.

Dies gilt jedoch nur, wenn das Einstimmigkeitsprinzip auch die laufende Verwaltung der vermieteten Wirtschaftsgüter, die so genannten Geschäfte des täglichen Lebens, einschließt. Ist die Einstimmigkeit nur bezüglich der Geschäfte außerhalb des täglichen Lebens vereinbart, wird die personelle Verflechtung dadurch nicht ausgeschlossen (BFH-Urteil vom 21.8.1996, BStBl. II 1997, 44, BFH-Urteil vom 30.11.2005, BStBl. II 2006, 415).

IV. Beherrschungsidentität auf faktischer Grundlage

In besonders gelagerten Ausnahmefällen kann trotz fehlender vertraglicher und gesellschaftsrechtlicher Möglichkeit zur Durchsetzung des eigenen geschäftlichen Betätigungswillens auch eine faktische Machtstellung ausreichen, um eine personelle Verflechtung zu bejahen. Eine solche faktische Beherrschung liegt vor, wenn auf die Gesellschafter, deren Stimmen zur Erreichung der im Einzelfall erforderlichen Stimmenmehrheit fehlen, aus wirtschaftlichen oder anderen Gründen Druck dahingehend ausgeübt werden kann, dass sie sich dem Willen der beherrschenden Person oder Personengruppe unterordnen. Dazu kann es z.B. kommen, wenn ein Gesellschafter der Gesellschaft unverzichtbare Betriebsgrundlagen zur Verfügung stellt, die er der Gesellschaft ohne weiteres wieder entziehen kann. Das Vorliegen solcher besonderen Umstände kann stets nur im Einzelfall festgestellt werden. Ein jahrelanges konfliktfreies Zusammenwirken allein lässt den Schluss auf eine faktische Beherrschung nicht zu (BFH-Urteil vom 21. Januar 1999, a.a.O.).

V. Anwendungsregelung

Die Grundsätze dieses Schreibens sind in allen offenen Fällen anzuwenden.

Die BMF-Schreiben vom 29. März 1985 (BStBl. 1985 I S. 121) und vom 23. Januar 1989 (BStBl. I S. 39) werden hiermit aufgehoben.

In den Fällen, in denen die Beteiligten entsprechend der bisherigen Verwaltungsauffassung (BMF-Schreiben vom 29. März 1985, a.a.O., und vom 23. Januar 1989, a.a.O.) steuerlich vom Vorliegen einer Betriebsaufspaltung ausgegangen sind und das Vorliegen einer Betriebsaufspaltung auf der Grundlage der unter I. bis IV. beschriebenen Grundsätze zu verneinen wäre, werden für die Vergangenheit daraus keine Folgerungen gezogen, wenn bis zum 31. Dezember 2002 Maßnahmen zur Herstellung der Voraussetzungen einer Betriebsaufspaltung (z.B. Rücknahme bzw. Ausschluss der Einstimmigkeitsabrede) getroffen werden. Steuerpflichtige, die von der Übergangsregelung Gebrauch machen wollen, können dies bis zur Unanfechtbarkeit des entsprechenden Steuerbescheids beantragen. Der Antrag kann nicht widerrufen werden und ist von allen Gesellschaftern oder Gemeinschaftern, ggf. vertreten durch einen gemeinsamen Bevollmächtigten oder einen Vertreter i.S.d. § 34 AO, einheitlich zu stellen.

Werden solche Maßnahmen nicht ergriffen und ein solcher Antrag nicht gestellt, gilt Folgendes:

1. Echte Betriebsaufspaltung

In Fällen, in denen in der Vergangenheit von einer echten Betriebsaufspaltung ausgegangen worden ist, die personelle Verflechtung aber nach der vorliegenden BFH-Rechtsprechung zu keinem Zeitpunkt bestanden hat, lag eine Betriebsaufspaltung von Anfang an nicht vor. Die Anwendung der vorliegenden BFH-Rechtsprechung allein führt nicht zu einer (Zwangs-)Betriebsaufgabe im Sinne des § 16 EStG.

Es ist vielmehr zu prüfen, ob die von der Besitzgesellschaft an die Betriebsgesellschaft überlassenen Wirtschaftsgüter aus anderen Gründen während der Zeit, für die bisher eine Betriebsaufspaltung angenommen worden ist, zum Betriebsvermögen der Besitzgesellschaft gehört haben und auch weiterhin gehören. Die Einkünfte aus der Überlassung dieser Wirtschaftsgüter sind dann weiterhin den Einkünften aus Gewerbebetrieb zuzurechnen. Dies kann insbesondere der Fall sein

– bei der Verpachtung eines Gewerbebetriebs im Ganzen (R 139 Abs. 5 EStR);
– bei Ruhenlassen der gewerblichen Tätigkeit (BFH-Urteil vom 11. Mai 1999, a.a.O.).

Anlage § 015–14

Zu § 15 EStG

Der Annahme einer Betriebsunterbrechung durch Ruhen des Betriebes steht die Betriebsaufteilung in übereignete Wirtschaftsgüter des Anlage- und Umlaufvermögens einerseits und verpachtete Wirtschaftsgüter andererseits nicht entgegen

- bei Personengesellschaften, die neben der nunmehr von Anfang an bestehenden vermögensverwaltenden Tätigkeit als Besitzgesellschaft noch gewerblich tätig sind und deren Tätigkeit somit insgesamt als Gewerbebetrieb gilt (§ 15 Abs. 3 Nr. 1 EStG);
- bei gewerblich geprägten Personengesellschaften (§ 15 Abs. 3 Nr. 2 EStG).

Können die von der Besitzgesellschaft an die Betriebsgesellschaft überlassenen Wirtschaftsgüter unter keinem rechtlichen Gesichtspunkt als Betriebsvermögen behandelt werden, sind sie in Fällen, in denen eine echte Betriebsaufspaltung angenommen wurde, zu dem Zeitpunkt als entnommen anzusehen (§ 4 Abs. 1 Satz 2 EStG), ab dem eine Betriebsaufspaltung angenommen worden ist. Sind die Bescheide des entsprechenden Veranlagungszeitraums bereits bestandskräftig, sind sie nach § 174 Abs. 3 AO zu ändern. Diese Vorschrift soll verhindern, dass ein steuererhöhender wie steuermindernder Vorgang bei der Besteuerung überhaupt nicht berücksichtigt wird (negativer Widerstreit). Der Gewinn aus dieser Entnahme kann nach §§ 16 und 34 EStG begünstigt sein, soweit die dort genannten übrigen Voraussetzungen erfüllt sind. Dies gilt auch dann, wenn bei Gründung der „Betriebsgesellschaft" Wirtschaftsgüter zu Buchwerten auf diese übertragen wurden und die Buchwerte bei der „Betriebsgesellschaft" fortgeführt werden.

Vor dem Ergehen der BFH-Urteile vom 11. Januar 1999 (a.a.O.), vom 11. Mai 1999 (a.a.O.) und vom 15. März 2000 (a.a.O.) haben die Finanzämter aufgrund der bisherigen Rechtsauffassung (BMF-Schreiben vom 29. März 1985, a.a.O. und vom 23. Januar 1989, a.a.O.) auf die Besteuerung von Entnahmegewinnen erkennbar verzichtet, die stillen Reserven sind in späteren Veranlagungszeiträumen steuerwirksam zu erfassen. Diese Annahme hat sich nachträglich als unzutreffend erwiesen. Werden bis zum 31. Dezember 2002 keine Maßnahmen zur Herstellung der Voraussetzungen einer Betriebsaufspaltung ergriffen und der entsprechende Antrag nicht gestellt, sind bestandskräftige Bescheide insoweit nach § 174 Abs. 3 AO zu ändern. Die Festsetzungsfrist ist auf Grund der Sonderregelung in § 174 Abs. 3 Satz 2 AO noch nicht abgelaufen.

§ 176 Abs. 1 Satz 1 Nr. 3 oder Abs. 2 AO steht einer Bescheidänderung nicht entgegen. Dem Steuerpflichtigen war bereits im Zeitpunkt der Betriebsaufspaltung bewusst, dass die stillen Reserven der von der Besitzgesellschaft an die Betriebsgesellschaft überlassenen Wirtschaftsgüter zu einem späteren Zeitpunkt steuerwirksam aufzulösen sind. Die Anwendung des § 176 Abs. 1 EStG würde dem Grundsatz von Treu und Glauben widersprechen, der auch im Verhältnis zwischen Steuerpflichtigen und Finanzbehörden zumindest insoweit Anwendung findet, als der Änderungsbescheid im Ergebnis zu keiner höheren Belastung des Steuerpflichtigen führt (BFH-Urteil vom 8. Februar 1995, BStBl. II S. 764).

Sind in der Vergangenheit auf Grund der Annahme einer Betriebsaufspaltung Wirtschaftsgüter zu Buchwerten auf die Betriebsgesellschaft übertragen worden, verbleibt es aus Billigkeitsgründen bei dem Ansatz des Buchwertes, wenn die Buchwerte auch von der Betriebsgesellschaft fortgeführt werden.

2. Unechte Betriebsaufspaltung

In Fällen, in denen eine sog. unechte Betriebsaufspaltung angenommen worden ist, sind die an die Betriebsgesellschaft überlassenen Wirtschaftsgüter zu keinem Zeitpunkt Betriebsvermögen geworden, sondern es lag von Anfang an Privatvermögen vor. Eine (Zwangs-)Betriebsaufgabe im Sinne des § 16 EStG ist somit nicht anzunehmen.

3. Ermittlung der Einkünfte bei dem Besitzunternehmen

Soweit in der Vergangenheit trotz fehlender personeller Verflechtung eine Betriebsaufspaltung mit Einkünften aus Gewerbebetrieb beim Besitzunternehmen angenommen worden ist und die Einkünfte auf der Basis eines Betriebsvermögensvergleichs bestandskräftig festgestellt worden sind, ist bei der Feststellung der Einkünfte aus Vermietung und Verpachtung für die Folgejahre darauf zu achten, dass Einnahmen und Ausgaben nicht doppelt angesetzt werden. Ggf. sind Berichtigungen nach § 174 AO durchzuführen. Es ist nicht zu beanstanden, wenn der Steuerpflichtige in der Erklärung für den ersten noch offenen Feststellungszeitraum eine Hinzurechnung und Abrechnung wie beim Übergang vom Betriebsvermögensvergleich (§ 4 Abs. 1 oder § 5 EStG) zur Einnahmenüberschussrechnung entsprechend R 4.6 Abs. 2 EStR 2005 vornimmt.

Zu § 15 EStG **Anlage § 015–14**

3 Folgen der Betriebsaufspaltung

3.1 Einkünftequalifizierung

Liegen die Voraussetzungen einer sachlichen und personellen Verflechtung vor, ist die Vermietung bzw. Verpachtung keine bloße Vermögensverwaltung mehr, sondern auf Grund des hinter der Nutzungsüberlassung stehenden einheitlichen gewerblichen Betätigungswillens eine gewerbliche Vermietung bzw. Verpachtung (BFH-Urteil vom 12.11.1985, BStBl. II 1986, 296). Der Gewerbebetrieb des Besitzunternehmens umfasst den Ertrag des gesamten Unternehmens, auch wenn nicht alle Gesellschafter der Besitzgesellschaft an der Betriebsgesellschaft beteiligt sind (BFH-Urteil vom 2.8.1972, BStBl. II 1972, 796; BFH-Urteil vom 13.11.1997, BStBl. II 1998, 254).

Zu den Einkünften aus § 15 EStG zählen auch Ausschüttungen der Betriebsgesellschaft an das Besitzunternehmen für Zeiträume vor Begründung der Betriebsaufspaltung, sofern der betreffende Gewinnverteilungsbeschluss danach gefasst wurde (BFH-Urteil vom 14.9.1999, BStBl. II 2000, 255).

3.2 Abfärbetheorie

Die Nutzungsüberlassung von Wirtschaftsgütern im Rahmen einer Betriebsaufspaltung ist eine gewerbliche Tätigkeit i.S.d. § 15 Abs. 3 Nr. 1 EStG (BFH-Urteil vom 13.11.1997, a.a.O.; BFH-Urteil vom 24.11.1998, BStBl. II 1999, 483). Dies hat zur Folge, dass sämtliche Einkünfte der ansonsten nicht gewerblich tätigen Besitzpersonengesellschaft als solche aus Gewerbebetrieb zu behandeln sind (BMF-Schreiben vom 8.6.1999, BStBl. I 1999, 454).

3.3 Betriebsvermögen

3.3.1 Notwendiges Betriebsvermögen

Notwendiges Betriebsvermögen des Besitzunternehmens sind alle Wirtschaftsgüter, die objektiv erkennbar zum unmittelbaren Einsatz im Betrieb selbst bestimmt sind (BFH-Urteil vom 30.4.1975, BStBl. II 1975, 582), aber auch solche Wirtschaftsgüter, die nicht wesentliche Betriebsgrundlage der Betriebsgesellschaft sind, sofern ihre Überlassung in unmittelbarem wirtschaftlichem Zusammenhang mit der Überlassung der wesentlichen Betriebsgrundlagen steht (BFH-Urteil vom 23.9.1998, BStBl. II 1999, 281).

Die Wirtschaftsgüter sind auch dann in vollem Umfang notwendiges Betriebsvermögen, wenn an der Besitzpersonengesellschaft Gesellschafter beteiligt sind, die nicht an der Betriebsgesellschaft beteiligt sind.

Einzelfälle:

– Die Zuordnung eines Grundstücks zum notwendigen Betriebsvermögen (Anlagevermögen) des Besitzunternehmens entfällt nicht deswegen, weil es vor Begründung der Betriebsaufspaltung als Umlaufvermögen zu dem Betriebsvermögen eines gewerblichen Grundstückshandels gehörte (BFH-Urteil vom 21.6.2001, BStBl. II 2002, 537).

– Vermietet eine Eigentümergemeinschaft, an der der Besitzeinzelunternehmer beteiligt ist, ein Grundstück an die Betriebsgesellschaft, deren alleiniger Gesellschafter dieser ist, kann der Anteil des Besitzeinzelunternehmers notwendiges Betriebsvermögen sein, wenn dieser Grundstücksteil dazu bestimmt ist, die Vermögens- und Ertragslage der Betriebsgesellschaft zu verbessern und damit den Wert der Beteiligung an der Betriebsgesellschaft zu erhalten oder zu erhöhen. Eine solche Verbesserung liegt immer dann vor, wenn die Nutzungsüberlassung eindeutig durch die Interessen der Betriebsgesellschaft bestimmt wird. Ob die Vermietung durch die Interessen der Betriebsgesellschaft veranlasst ist, ist unter Heranziehung der Umstände des Einzelfalles zu beurteilen. Indizien für die Zuordnung zum betrieblichen Bereich können sein, dass das Wirtschaftsgut zu unter Fremden unüblichen Bedingungen überlassen wird, es seiner Zweckbestimmung nach nur an das Betriebsunternehmen vermietet werden kann oder für dieses unverzichtbar ist. Für eine private Veranlassung kann sprechen, dass der Mietvertrag erst längere Zeit nach der Betriebsaufspaltung geschlossen wurde oder der Besitzunternehmer zivilrechtlich keinen oder nur geringen Einfluss auf die Beschlüsse der Gemeinschaft nehmen kann (BFH-Urteil vom 2.12.2004, BStBl. II 2005, 340).

– Die Anteile des Besitzunternehmers und beherrschenden Gesellschafters der Betriebskapitalgesellschaft an einer anderen Kapitalgesellschaft, welche intensive und dauerhafte Geschäftsbeziehungen zur Betriebskapitalgesellschaft unterhält, gehören zum notwendigen Betriebsvermögen des Besitz(einzel-)unternehmens (BFH-Urteil vom 20.4.2005, BStBl. II 2005, 694).

Auf Grund der Abfärberegelung ist das Gesamthandsvermögen einer Besitzpersonengesellschaft auch bei einer Vermietung weiterer Wirtschaftsgüter an Dritte notwendiges Betriebsvermögen.

3.3.2 Sonderbetriebsvermögen I

Wirtschaftsgüter, die einem Besitzgesellschafter gehören und der Besitzgesellschaft zur Weitervermietung an die Betriebsgesellschaft überlassen werden, sind als Sonderbetriebsvermögen I des Gesellschafters auszuweisen (BFH-Urteil vom 10.11.1998, BStBl. 1999 II S. 279). Dies gilt wegen der Abfärberegelung bei einer Vermietung weiterer Wirtschaftsgüter an Dritte ebenso.

3.3.3 Sonderbetriebsvermögen II

Wirtschaftsgüter, die einem Besitzgesellschafter gehören und von diesem unmittelbar an die Betriebsgesellschaft überlassen werden, können SBV II darstellen, sofern ihr Einsatz in der Betriebsgesellschaft durch den Betrieb des Besitzunternehmens veranlasst ist. Davon ist auszugehen, wenn die Wirtschaftsgüter zu Bedingungen überlassen werden, die einem Fremdvergleich nicht standhalten würden (z.B. Gewährung eines ungesicherten, unkündbaren Darlehens, für das Zinsen erst zum Ende der 16-jährigen Laufzeit gezahlt werden, BFH-Urteil vom 19.10.2000, BStBl. II 2001, 335) oder die Nutzungsüberlassung von der Dauer der Beteiligung abhängig ist. Ist die Überlassung durch eine andere betriebliche oder private Tätigkeit des Gesellschafters veranlasst, liegt kein Sonderbetriebsvermögen II vor. Für eine private Veranlassung spricht u.a., dass der Vertrag erst längere Zeit nach Begründung der Betriebsaufspaltung geschlossen wird (BFH-Urteil vom 13.10.1998, BStBl. II 1999, 357; BFH-Urteil vom 10.6.1999, BStBl. II 1999, 715).

3.3.3.1 Anteile an der Betriebskapitalgesellschaft

Bei Gesellschaftern, die sowohl an der Besitz- als auch an der Betriebsgesellschaft beteiligt sind, gehören die GmbH-Anteile an der Betriebs-Kapitalgesellschaftgesellschaft nach den allgemeinen Grundsätzen (ESt-Kartei § 15 Fach 2 Karte 6) zum notwendigen Sonderbetriebsvermögen II, da sie der Stärkung der Beteiligung an der Besitz-Personengesellschaft dienen.

3.3.3.2 Darlehen

Ein Darlehen, welches der Gesellschafter einer Besitzpersonengesellschaft unmittelbar der Betriebsgesellschaft gewährt, gehört zum notwendigen Sonderbetriebsvermögen der Besitzgesellschaft, wenn es dazu dient, die Vermögens- und Ertragslage der Betriebsgesellschaft zu verbessern und damit den Wert der Beteiligung des Besitzunternehmens an der Betriebsgesellschaft zu erhöhen (BFH-Urteil vom 10.11.1994, BStBl. II 1995, 452; BFH-Urteil vom 30.3.1993, BStBl. II 1993, 864). Für die Zuordnung zum Sonderbetriebsvermögen ist entscheidend, ob die Darlehensgewährung durch den Betrieb der Besitzpersonengesellschaft oder eine andere betriebliche oder private Tätigkeit des Gesellschafters veranlasst ist (BFH-Urteil vom 13.10.1998, BStBl. II 1999, 357; BFH-Urteil vom 10.6.1999, BStBl. II 1999, 717). Eine betriebliche Veranlassung ist anzunehmen, wenn das Darlehen in engem zeitlichem Zusammenhang mit der Begründung der Betriebsaufspaltung und/ oder zu marktunüblichen Bedingungen gewährt wird und deshalb nicht austauschbar ist (BFH-Urteil vom 19.10.2000, BStBl. II 2001, 335). Dies ist insbesondere bei sog. kapitalersetzenden Gesellschafterdarlehen, z.B. Krisendarlehen, krisenbestimmten Darlehen und Finanzplandarlehen (BMF-Schreiben vom 8.6.1999, BStBl. I 1999, 545) der Fall. Sie gehören von Anfang an zum Sonderbetriebsvermögen. Eine Wertberichtigung bei Ausfall des Darlehens wirkt sich daher gewinnmindernd als Betriebsausgabe aus.

Dagegen gehören Darlehen, die in guten Zeiten zu fremdüblichen Bedingungen gewährt und bei Eintritt einer Krise stehen gelassen werden, zunächst zum Privatvermögen des Gesellschafters. Durch den Kriseneintritt wird das Darlehen allerdings kapitalersetzend und ist ab diesem Zeitpunkt dem Sonderbetriebsvermögen II zuzuordnen. Es liegt eine Einlage vor, die mit dem Teilwert zu bewerten ist. Soweit dieser 0 € beträgt (was in diesen Fällen häufig der Fall sein wird), wirkt sich ein Darlehensausfall nicht gewinnmindernd aus.

Zur Abgrenzung der Marktüblichkeit der Darlehenshingabe können folgende Punkte maßgebend sein:
– Das Fehlen einer Sicherheit bei geringen Darlehen bis zu 25.000 EUR spricht allein noch nicht gegen die Marktüblichkeit. Denn eine Bank würde in diesem Fall zum Risikoausgleich einen entsprechenden Zinszuschlag verlangen. Dies kann ein GmbH-Gesellschafter dagegen nicht, da dieser Zuschlag bei ihm eine vGA darstellen würde.
– Ist eine Darlehensgewährung durch eine Bank nicht möglich, spricht dies für ein Finanzplandarlehen
– Allein die Verwendung des Darlehens zum Erwerb von Anlagevermögen bei der Betriebsgesellschaft spricht noch nicht für eine betriebliche Veranlassung.
– Das Stehenlassen des Darlehens bei Eintritt der Krise spricht nicht gegen eine zunächst gegebene private Veranlassung der Darlehenshingabe.

3.3.3.3 Bürgschaften

Bürgschaften, die die Gesellschafter der Besitzpersonengesellschaft für Verbindlichkeiten der Betriebskapitalgesellschaft übernehmen, können durch den Betrieb der Besitzpersonengesellschaft veranlasst sein und damit zum negativen Sonderbetriebsvermögen II gehören, wenn die Übernahme der Bürgschaften zu nicht marktüblichen Bedingungen erfolgt; die Inanspruchnahme aus solchen Bürgschaften führt – anders als im Bereich des § 17 EStG – nicht zu nachträglichen Anschaffungskosten für die zum Sonderbetriebsvermögen II gehörenden Anteile an der Betriebskapitalgesellschaft. Der Umstand, dass Verbindlichkeitsrückstellungen nur für solche künftigen Aufwendungen gebildet werden dürfen, die zu sofort abzugsfähigen Betriebsausgaben führen und nicht als Anschaffungs- oder Herstellungskosten zu aktivieren sind, steht deshalb einer Rückstellung wegen drohender Inanspruchnahme aus solchen Bürgschaften nicht entgegen (BFH vom 18.12.2001, BStBl. 2002 II S. 733).

3.3.4 Gewillkürtes Sonderbetriebsvermögen

Vermietet ein Besitzgesellschafter eigene Wirtschaftsgüter unmittelbar an Dritte, so kann gewillkürtes Sonderbetriebsvermögen vorliegen, sofern die Überlassung in einem gewissen objektiven Zusammenhang mit dem Betrieb der Besitzpersonengesellschaft steht.

3.4 Erfassung von Dividendenausschüttungen der Betriebsgesellschaft

Nach dem Beschluss des Großen Senats des BFH vom 7.8.2000 GrS 2/99 (BStBl. II 2000, 632) darf eine Kapitalgesellschaft, die mehrheitlich an einer anderen Kapitalgesellschaft beteiligt ist, Dividendenansprüche aus einer zum Bilanzstichtag noch nicht beschlossenen Gewinnverwendung der nachgeschalteten Gesellschaft grundsätzlich nicht aktivieren. Diese Rechtsgrundsätze gelten nach dem BFH-Urteil vom 31.10.2000 (BStBl. II 2001, 185) auch in den Fällen einer Betriebsaufspaltung.

Hinsichtlich der Übergangsregelung wird auf die Rdvfg. vom 22.9.1999 (ESt-Kartei § 4 Fach 1 Karte 15) hingewiesen. Danach wird eine phasengleiche Aktivierung für solche abgelaufenen Wirtschaftsjahre nicht beanstandet, für die noch das Anrechnungsverfahren gilt.

3.5 Behandlung von Übertragungsvorgängen

Wird eine Betriebsaufspaltung in der Weise begründet, dass unter Zurückbehaltung der wesentlichen Betriebsgrundlage die Wirtschaftsgüter des Einzelunternehmens in eine Betriebskapitalgesellschaft eingebracht werden, liegt keine Betriebseinbringung i.S.d. § 20 UmwStG vor, da es an der Einbringung eines – kompletten – Betriebs fehlt.

3.5.1 Rechtslage bis 31.12.1998 bei Übertragung sowohl auf Betriebskapital- als auch Betriebspersonengesellschaft

Im Rahmen einer echten Betriebsaufspaltung konnten einzelne Wirtschaftsgüter zu den Buchwerten ohne Gewinnrealisierung auf die Betriebsgesellschaft übertragen werden, soweit die steuerliche Erfassung der auf die Anteile an dieser Gesellschaft übergehenden stillen Reserven infolge der Zugehörigkeit zum Betriebsvermögen der Besitzgesellschaft sichergestellt ist.

Hieran mangelt es, wenn an der neugegründeten Kapitalgesellschaft **nahestehende Personen** beteiligt wurden, die nicht am Besitzunternehmen beteiligt sind und kein Aufgeld für die ihnen zuwachsenden stillen Reserven zu leisten hatten. Dies ist nach dem BMF- Schreiben vom 22.1.1985 (BStBl. I 1985, 97) der Fall, wenn

– sämtliche Anteile an der Betriebs-Kapitalgesellschaft zunächst vom Besitzunternehmen oder dessen Inhabern erworben und erst später einige dieser Anteile auf nahestehende Personen zu einem Preis übertragen werden, der niedriger ist als der bei Veräußerung an einen fremden Dritten erzielbare Kaufpreis, oder

– die Inhaber des Besitzunternehmens es einer nahestehenden Person ermöglichen, Anteile an der aus einer Betriebsaufspaltung hervorgegangenen Kapitalgesellschaft gegen Leistung einer Einlage zu erwerben, die niedriger als der Wert der Anteile ist.

In beiden Fällen liegt eine Entnahme vor, und zwar in Höhe des Unterschiedsbetrags zwischen dem erzielbaren Kaufpreis und dem vereinbarten Kaufpreis bzw. der von der nahestehenden Person geleisteten Einlage. Der Wert der Entnahme entspricht dem Betrag der stillen Reserven, der auf die von nahestehenden Personen erworbenen Anteile an der Betriebs-Kapitalgesellschaft übergeht.

Die Grundsätze des BMF-Schreibens vom 22.1.1985 sind entsprechend in den Fällen anzuwenden, in denen eine Betriebsaufspaltung mit einer zuvor durch Bargründung errichteten Kapitalgesellschaft begründet wird, an der Angehörige des Besitzunternehmers beteiligt worden sind. Auch bei dieser Gestaltung gehen stille Reserven auf Anteile an der Betriebs-Kapitalgesellschaft über, die nicht zum Betriebsvermögen des Besitzunternehmens gehören. Als Entnahmewert ist auch hier der Unterschiedsbetrag zwischen dem erzielbaren Kaufpreis für die den Angehörigen zustehenden Anteile an der Kapitalgesellschaft und der von diesen – ggf. aus geschenkten Mitteln – geleisteten Stammeinlage zugrunde zu legen. Die Entnahme ist bei dem Inhaber des Besitzunternehmens zu erfassen, der Anteile an der Betriebs-Kapitalgesellschaft auf Angehörige zu den o.a. Bedingungen übertragen bzw. Angehörigen den Erwerb ermöglicht hat.

3.5.2 Rechtslage vom 1.1.1999 bis 31.12.2000 bei Übertragung auf Betriebspersonengesellschaft
Gemäß § 6 Abs. 5 S. 3 EStG i.d.F. des StEntlG 1999/2000/2002 führt die Übertragung von Einzelwirtschaftsgütern auch im Rahmen einer Betriebsaufspaltung zwingend zur Aufdeckung der stillen Reserven.

3.5.3 Rechtslage ab 1.1.2001 bei Übertragung auf Betriebspersonengesellschaft
Nach der Neufassung des § 6 Abs. 5 S. 3 EStG durch das StSenkG ist die Übertragung von Einzelwirtschaftsgütern in den dort genannten Fällen zwingend zum Buchwert vorzunehmen. Derartige Fallgestaltungen können auch im Rahmen von Betriebsaufspaltungen vorkommen.

3.5.4 Rechtslage ab 1.1.1999 bei Übertragung auf Betriebskapitalgesellschaft
Nach § 6 Abs. 6 S. 1 EStG ist in Fällen des Tauschs (Übertragung gegen die Gewährung von Gesellschaftsrechten) der gemeine Wert anzusetzen, in den Fällen der verdeckten Einlage kommt nach § 6 Abs. 6 S. 2 und 3 EStG der Teilwert bzw. Einlagewert nach § 6 Abs. 1 Nr. 5 S. 1 EStG zum Tragen.

3.6 Übernahme von betrieblichen Verbindlichkeiten durch das Betriebsunternehmen
(Grundlage: HMdF-Erlass vom 27.03.1998 – S 2241 A – 25 – II B 1 a -)

Die Übertragung von Wirtschaftsgütern unter Übernahme von Verbindlichkeiten ist sowohl bei der Begründung als auch bei einer bestehenden Betriebsaufspaltung nicht steuerneutral möglich. Abweichend von den allgemeinen ertragsteuerlichen Grundsätzen ist die Übernahme von Verbindlichkeiten nur dann kein Entgelt, wenn Vermögensteile eines Gesamtvermögens (Betrieb, Teilbetrieb, Mitunternehmeranteil oder bei der Realteilung auch einzelne Wirtschaftsgüter) im Rahmen einer Auseinandersetzung auf die Berechtigten verteilt werden, weil in derartigen Fällen – also z.B. bei der Erbauseinandersetzung über einen Betrieb oder bei der Realteilung einer Personengesellschaft – für die Auseinandersetzung der Anteil am Nettovermögen entscheidend ist. Diese Betrachtung kann bei der isolierten Übertragung von einzelnen Wirtschaftsgütern nicht angewendet werden; in diesen Fällen gelten die allgemeinen Regeln, nach denen auch die Übernahme von Verbindlichkeiten zum Entgelt zählt. Nach bisheriger Auffassung ist die – im BFH-Urteil vom 10. Juli 1986 (BStBl. II S. 811) im Wesentlichen aus dem Wortlaut des § 16 Abs. 2 EStG abgeleitete – sog. Einheitstheorie ausschließlich auf die teilentgeltliche Übertragung von Betrieben, Teilbetrieben und Mitunternehmeranteilen anzuwenden (Tz. 35 ff. des Erlasses vom 13. Januar 1993 – S 2190 A – 31 – II B 1 a –). Werden dagegen einzelne Wirtschaftsgüter des Betriebsvermögens teilentgeltlich übereignet, so ist der Vorgang nach der sog. Trennungstheorie im Verhältnis des Veräußerungsentgelts zum Teilwert in ein voll entgeltliches und ein voll unentgeltliches Rechtsgeschäft aufzuteilen. Die auf den entgeltlichen Teil entfallenden stillen Reserven sind stets nach den für Veräußerungsgeschäfte geltenden Grundsätzen zu realisieren (Tz. 34 des Erlasses vom 13. Januar 1993 – S 2190 A – 31 – II B 1 a – sowie Tzn. 66 und 78 des „Mitunternehmererlasses" – BMF-Schreiben vom 20. Dezember 1977, BStBl. I 1978, 8).

Beispiel:

A und B sind zu je 50 % am Besitzunternehmen (GbR) und an der Betriebs-GmbH beteiligt. Eines der an die GmbH vermieteten Grundstücke (Buchwert: 1.000, Teilwert 2.500) soll auf die GmbH übertragen werden. Gleichzeitig soll die GmbH Verbindlichkeiten übernehmen, und zwar in Höhe von a) 800, b) 1.400 und c) 2.500.

Für die Fallvarianten ergeben sich folgende Lösungen:

Fall a:	Teilwert Grundstück	2.500	
	entgeltlich übertragener Anteil	800	(= 32 %)
	Unentgeltlich übertragener Anteil	1.700	(= 68 %)
	Teilentgelt	800	
	abzüglich anteiliger Buchwert (32 %)	320	
	Veräußerungsgewinn	480	
Fall b:	Teilwert Grundstück	2.500	
	entgeltlich übertragener Anteil	1.400	(= 56 %)
	unentgeltlich übertragener Anteil	1.100	(= 44 %)
	Teilentgelt	1.400	
	abzüglich anteiliger Buchwert (56 %)	560	
	Veräußerungsgewinn	840	
Fall c:	In diesem Fall liegt eine voll entgeltliche Veräußerung vor.		

Bei der – unentgeltlichen oder infolge der Übernahme auch von Verbindlichkeiten teilentgeltlichen – Übertragung einzelner Wirtschaftsgüter muss sichergestellt sein (z.B. durch übereinstimmende Erklärung gegenüber den Finanzämtern), dass Besitz- und Betriebsunternehmen die übertragenen Wirtschaftsgüter für die Besteuerung mit den gleichen Werten ansetzen.

Soweit bisher abweichend von den vorstehenden Rechtsgrundsätzen verfahren wurde, ist es nicht zu beanstanden, wenn diese Rechtsgrundsätze erstmals auf Fälle angewendet werden, in denen das wirtschaftliche Eigentum auf die Betriebsgesellschaft nach dem 31. Dezember 1997 übergegangen ist.

3.7 Zuordnung des Geschäftswerts

Der Geschäftswert des Besitzunternehmens ist Ausdruck seiner Gewinnchancen, soweit sie nicht in einzelnen Wirtschaftsgütern verkörpert sind, sondern durch den Betrieb eines lebenden Unternehmens gewährleistet erscheinen. Er wird durch besondere für das Unternehmen charakteristische Vorteile (z.B. Ruf, Kundenkreis und Organisation, usw.) bestimmt.

Diese Kriterien sind meist beim operativen Geschäft der Betriebsgesellschaft anzusiedeln. Daher ist der Geschäftswert nur dann weiterhin dem Besitzunternehmen zuzurechnen, wenn lediglich das Umlaufvermögen auf die Betriebsgesellschaft übertragen wird, das gesamte Anlagevermögen allerdings bei dem Besitzunternehmen verbleibt (BFH-Urteil vom 14.01.1998, BFHE 185, 230).

Wird dagegen nur ein Grundstück zurückbehalten, während Umlauf- und bewegliches Anlagevermögen sowie gewerbliche Schutzrechte auf die Betriebsgesellschaft übertragen werden, folgt der Geschäftswert diesen Wirtschaftsgütern und ist der Betriebsgesellschaft zuzurechnen (BFH-Urteil vom 28.06.1989, BStBl. II 1989, 982).

Auch mit seinem Urteil vom 27.3.2001 (BStBl. II 2001, 771) hat der BFH klargestellt, dass bei Begründung einer Betriebsaufspaltung der im bisherigen Unternehmen entstandene Geschäftswert auf die neu gegründete Betriebsgesellschaft übergehen kann. Er folgt dabei denjenigen geschäftswertbildenden Faktoren, die durch ihn verkörpert werden. Hierfür kommt beispielsweise auch eine besonders qualifizierte Arbeitnehmerschaft oder eine spezielle betriebliche Organisation in **Betracht**. Die erforderliche Zuordnung der geschäftswertbildenden Faktoren hängt dabei weitgehend von den tatsächlichen Umständen des jeweiligen Einzelfalls ab.

3.8 teilentgeltliche Überlassung von Wirtschaftsgütern

Zur Behandlung der teilentgeltlichen Überlassung von Wirtschaftsgütern eines GmbH-Gesellschafters im Rahmen einer Betriebsaufspaltung siehe ESt-Kartei § 3 c Karte 1.

3.9 Kapitalerhöhung bei der Betriebs-GmbH

Wird im Rahmen einer Betriebsaufspaltung zwischen Besitzeinzelunternehmen und Betriebs-GmbH das Kapital der Betriebs-GmbH erhöht und übernimmt ein Dritter eine Stammeinlage zum Nennwert, liegt eine Entnahme des Besitzunternehmers in Höhe der Differenz zwischen dem höheren Wert des übernommenen Anteils und der geleisteten Einlage vor (BFH-Urteil vom 17.11.2005, BStBl. II 2006, 287).

4 Wegfall der Betriebsaufspaltung

4.1 Betriebsaufgabe

Das Ende einer Betriebsaufspaltung infolge personeller oder sachlicher Entflechtung führt regelmäßig zu einer Betriebsaufgabe i.S.d. § 16 Abs. 3 EStG des Besitzunternehmens und damit zur Aufdeckung der stillen Reserven (BFH-Urteil vom 13.12.1983, BStBl. II 1984, 474; BFH-Urteil vom 15.12.1988, BStBl. II 1989, 363).

Eine begünstigte Betriebsaufgabe liegt jedoch nur vor, wenn sämtliche zum Besitzunternehmen gehörenden wesentlichen Betriebsgrundlagen veräußert oder entnommen werden. Zu den wesentlichen Betriebsgrundlagen gehören nach der funktionalen Betrachtungsweise auch die Anteile an einer Betriebskapitalgesellschaft. Werden diese Anteile nicht mitveräußert oder in das Privatvermögen entnommen, liegt keine begünstigte Betriebsaufgabe vor (BFH-Urteil vom 4.7.2007, BStBl. II 2007, 772).

4.2 Ausnahmen

Keine Betriebsaufgabe liegt vor, wenn das Besitzunternehmen weiterhin eigengewerblich tätig ist, in der Rechtsform der gewerblich geprägten Personengesellschaft betrieben wird, die Voraussetzungen der Betriebsverpachtung nach R 16 Abs. 5 EStR vorliegen (Wiederaufleben des Verpächterwahlrechts, BMF-Schreiben vom 17.10.1994, BStBl. 1994 I S. 771 und BFH-Urteil vom 17.4.2002, BStBl. II 2002, 527), das gesamte Besitzunternehmen zu Buchwerten in die Betriebskapitalgesellschaft eingebracht wird (§ 20 Abs. 1 UmwStG) oder die Voraussetzungen eines „ruhenden Gewerbebetriebs" vorliegen und keine eindeutige Aufgabeerklärung gegenüber dem Finanzamt abgegeben wurde (BFH vom 11.5.1999, BStBl. II 2002, 722, BFH-Urteil vom 14.3.2006, BStBl. II 2006, 591).

4.3 Konkurs/Insolvenz der Betriebsgesellschaft

Die Eröffnung des Konkurses über das Vermögen der Betriebsgesellschaft führt regelmäßig zur Beendigung der personellen Verflechtung und damit zum Ende der Betriebsaufspaltung. Dies hat die Be-

Anlage § 015–14

Zu § 15 EStG

triebsaufgabe des Besitzunternehmens zur Folge, wenn nicht das laufende Konkursverfahren mit anschließender Fortsetzung der Betriebsgesellschaft aufgehoben oder eingestellt wird (BFH-Urteil vom 6.3.1997, BStBl. II 1997, 460).

Diese Grundsätze gelten auch bei der Eröffnung des Insolvenzverfahrens, da der Insolvenzverwalter nach § 81 InsO die alleinige Verwaltungs- und Verfügungsbefugnis über das Gesellschaftsvermögen erlangt und damit die personelle Verflechtung endet.

5 Nachträgliche Aufdeckung der Betriebsaufspaltung

Wurde eine Betriebsaufspaltung in der Vergangenheit nicht erkannt, hat das Besitzunternehmen die überlassenen Wirtschaftsgüter und die Anteile an der Betriebsgesellschaft mit den fortgeführten Anschaffungs- bzw. Herstellungskosten zu aktivieren, sofern eine Eröffnungsbilanz wegen bereits eingetretener Bestandskraft nicht mehr erstellt werden kann (BFH-Urteil vom 30.10.1997, BFH/NV 1998, 578).

6 Mitunternehmerische Betriebsaufspaltung

Das Rechtsinstitut der Betriebsaufspaltung hat Vorrang vor den Rechtsfolgen aus § 15 Abs. 1 S. 1 Nr. 2 EStG (BFH-Urteil vom 23.4.1996, BStBl. II 1998, 325, BFH-Urteil vom 24.11.1998, BStBl. II 1999, 483). Einzelheiten enthält das BMF-Schreiben vom 28.4.1998 (BStBl. I 1998, 583).[1)]

6.1 Allgemeines

6.1.1 Bruchteilsgemeinschaften

In seinem Urteil vom 18.8.2005 (BStBl. II 2005, 830) hat der BFH bestätigt, dass auch eine Bruchteilsgemeinschaft ohne Gesamthandsvermögen Besitzgesellschaft einer mitunternehmerischen Betriebsaufspaltung sein kann; zumindest „konkludent" nimmt der BFH dabei die Gründung einer GbR an. Das Bruchteilseigentum wird folglich zu Sonderbetriebsvermögen I der Besitzpersonengesellschaft, welche als „Quasi-Willensbildung-GbR" kein originäres Gesamthandsvermögen besitzt. Mit der Änderung der steuerlichen Zuordnung des Sonderbetriebsvermögens, das zivilrechtlich auch weiterhin im Bruchteilseigentum der Gesellschafter steht, findet kein Rechtsträgerwechsel auf die Besitzpersonengesellschaft statt. Demzufolge kann das Bruchteilseigentum nicht in das Gesamthandsvermögen der Besitzpersonengesellschaft gelangen, sondern ist vielmehr als deren Sonderbetriebsvermögen zu behandeln (vgl. BMF-Schreiben vom 7.12.2006, BStBl. 2006 I S. 766). Auf Grund des BFH-Urteils vom 18.8.2005 (a.a.O.) wurde das BMF-Schreiben vom 3.3.2005 (BStBl. I 2005, 458) zur unentgeltlichen Übertragung von Mitunternehmeranteilen mit Sonderbetriebsvermögen (§ 6 Abs. 3 EStG) in den Tzn. 22 und 23 angepasst, vgl. ESt-Kartei § 15 Fach 2 Karte 20.

6.1.2 Freiberufler-GbR

Die Überlassung eines Praxisgrundstücks seitens einer ganz oder teilweise personenidentischen Miteigentümergemeinschaft an eine Freiberufler-GbR begründet keine mitunternehmerische Betriebsaufspaltung, da es an einem auf die Ausübung eines Gewerbebetriebs gerichteten Betätigungswillen mangelt, sofern die Betriebsgesellschaft keinen Gewerbebetrieb unterhält (BFH-Urteil vom 10.11.2005, BStBl. II 2006, 173).

6.2 Zweifelsfragen

6.2.1 Wiederaufleben der Qualifizierung als Sonderbetriebsvermögen

Auf Grund des Vorrangs des Rechtsinstituts der Betriebsaufspaltung vor den Folgen des § 15 Abs. 1 Satz 1 Nr. 2 Satz 2 EStG gehören Wirtschaftsgüter, die eine vermögensverwaltende Personengesellschaft im Rahmen einer mitunternehmerischen Betriebsaufspaltung an die Betriebsgesellschaft überlässt, zum Betriebsvermögen der Besitzgesellschaft. Sofern gleichzeitig die Voraussetzungen für Sonderbetriebsvermögen bei der Betriebsgesellschaft erfüllt sind, tritt diese Eigenschaft mit Ende der Betriebsaufspaltung wieder in Erscheinung, vgl. BFH-Urteil vom 30.8.2007, BStBl. II 2008, 129. Infolgedessen sind die stillen Reserven der überlassenen Wirtschaftsgüter bei Beendigung der Betriebsaufspaltung nicht zwingend aufzudecken.

6.2.2 Tarifermäßigung nach § 34 Abs. 3 EStG

Bei dem Verkauf einer mitunternehmerischen Betriebsaufspaltung liegen zwei Veräußerungsgeschäfte vor, da es sich bei Besitz- und Betriebsunternehmen um zwei rechtlich selbständige Gesellschaften handelt. Die Tarifbegünstigung des § 34 Abs. 3 EStG kann daher nur auf einen der jeweils eigenständig zu beurteilenden Veräußerungsgewinne angewendet werden. Dies gilt auch, wenn die Veräußerungsgeschäfte in einer Urkunde verbunden sind, vgl. FG Baden-Württemberg vom 29.1.2008 – 1 K 142/05.

---

1) Siehe Anlage § 015-05.

7 Betriebsaufspaltung über die Grenze

Verlegt im Falle der Betriebsaufspaltung der Inhaber des Besitzunternehmens seinen Wohnsitz ins Ausland, so stellt die Betriebsstätte der Betriebsgesellschaft keine Betriebsstätte des Besitzunternehmens dar. Sofern das Besitzunternehmen nur vom Wohnsitz des Inhabers geführt wird, muss dieser seinen Wohnsitz im Inland haben oder einen ständigen Vertreter im Sinne von § 49 Abs. 1 Nr. 2 EStG bestellt haben. Fehlt es hieran, liegt keine Betriebsaufspaltung über die Grenze vor. Der im Inland belegene und der Betriebsgesellschaft zur Nutzung überlassene Grundbesitz ist dann nicht Betriebsvermögen. Daraus ergibt sich zwangsläufig, dass die Wohnsitzverlegung ins Ausland zur Betriebsaufgabe mit voller Gewinnrealisierung im Betriebsvermögen führt. Gewinnausschüttungen der Betriebsgesellschaft nach der Betriebsaufgabe unterliegen ebenso wie etwaige Zinszahlungen der Betriebsgesellschaft an den früheren Besitzunternehmer nicht dem Betriebsstättenvorbehalt der DBA. Die Einkünfte aus der Verpachtung des Grundstücks unterliegen der beschränkten Einkommensteuerpflicht nach § 49 Abs.1 Nr. 6 EStG, die durch die DBA aufrechterhalten wird. Gewinne aus der Veräußerung des Grundstücks nach Betriebsaufgabe unterliegen der beschränkten Steuerpflicht nach § 49 Abs. 1 Nr. 8 EStG, die ebenfalls durch die DBA nicht berührt wird.

8 Gewerbesteuer

8.1 Gewerbesteuerbefreiungen

Mit Urteil vom 29.3.2006 (BStBl. II 2006, 661) hat der BFH abweichend von seiner vorherigen Auffassung (u.a. Urteil vom 19.03.2002, BStBl. II 2002, 662) entschieden, dass sich die Gewerbesteuerbefreiung der Betriebsgesellschaft nach § 3 Nr. 20 Bst. c GewStG auch auf den Vermietungsumsatz der Besitzgesellschaft erstreckt. Dabei gehe der BFH davon aus, das ungeachtet der (steuer-)rechtlichen Selbständigkeit von Besitz-und Betriebunternehmen die gewerbliche Qualifizierung des Besitzunternehmens eine Folge der personellen und sachlichen Verflechtung ist. Aus diesem Grund ist eine isolierende Betrachtungsweise des Besitzunternehmens nicht angezeigt, „weil eine solche „strikte Trennung" dem [...] Rechtsinstitut der letztlich insgesamt den Boden entzöge". Diese Auffassung hat der BFH in seinem Urteil vom 19.10.2006 (BFH/NV 2007, 149) bestätigt. In dem entschiedenen Fall erstreckte sich die Gewerbesteuerbefreiung der Betriebskapitalgesellschaft nach § 3 Nr. 6 GewStG auch auf das Besitzunternehmen.

8.2 Steuerermäßigung nach § 35 EStG

Soweit Ausschüttungen einer GmbH im Rahmen einer Betriebsaufspaltung zu Einkünften aus § 15 EStG bei dem Besitzunternehmer führen, fehlt es an der für die Steuerermäßigung nach § 35 EStG erforderlichen tatsächlichen Belastung mit Gewerbesteuer, sofern die Voraussetzungen für eine Kürzung des Gewerbeertrags nach § 9 Nr. 2a GewStG vorliegen, Urteil des FG Düsseldorf vom 8.11.2006 – 7 K 3473/05 E.

Anlage § 015–15

Zu § 15 EStG

Einkunftsermittlung bei im Betriebsvermögen gehaltenen Beteiligungen an vermögensverwaltenden Personengesellschaften [1]

– BdF-Schreiben vom 29. April 1994 $\frac{\text{IV B 2} - \text{S 2241} - 9/94}{\text{IV B 4} - \text{S 0361} - 11/94}$ (BStBl. I S. 282) –

Unter Bezugnahme auf das Ergebnis der Erörterungen mit den obersten Finanzbehörden der Länder gilt für die Ermittlung von Einkünften aus Beteiligungen an vermögensverwaltenden Personengesellschaften, die im Betriebsvermögen gehalten werden, folgendes:

1. Allgemeines

1 Eine vermögensverwaltende Personengesellschaft, die die Voraussetzungen des § 15 Abs. 3 Nr. 2 EStG nicht erfüllt (nicht gewerblich geprägte Personengesellschaft), erzielt Einkünfte aus Vermietung und Verpachtung oder Kapitalvermögen, die als Überschuß der Einnahmen über die Werbungskosten (§ 2 Abs. 2 Nr. 2 EStG) ermittelt werden.

2 Schwierigkeiten ergeben sich, wenn Anteile an einer vermögensverwaltenden, nicht gewerblich geprägten Personengesellschaft von einem oder mehreren Gesellschaftern im Betriebsvermögen gehalten werden. Nach der BFH-Rechtsprechung (BFH-Beschlüsse vom 25. Juni 1984, BStBl. II S. 751 und vom 19. August 1986, BStBl. 1987 II S. 212 sowie BFH-Urteil vom 20. November 1990, BStBl. 1991 II S. 345) ist den betrieblich beteiligten Gesellschaftern ein Anteil an den Einkünften aus Vermietung und Verpachtung oder Kapitalvermögen zuzurechnen und anschließend auf der Ebene des Gesellschafters in betriebliche Einkünfte umzuqualifizieren.

2. Gesonderte und einheitliche Feststellung

3 Die Einkünfte aller Beteiligten werden auf der Ebene der Gesellschaft als Überschuß der Einnahmen über die Werbungskosten ermittelt. Die Einkünfte aus Vermietung und Verpachtung oder aus Kapitalvermögen werden gesondert und einheitlich festgestellt. Gewinne aus der Veräußerung von Wirtschaftsgütern des Gesellschaftsvermögens sind nur dann im Rahmen der gesonderten und einheitlichen Feststellung zu berücksichtigen, wenn ein Fall des § 17 EStG (Veräußerung einer wesentlichen Beteiligung) oder des § 23 EStG (Spekulationsgeschäft) vorliegt. Gewinne aus der Veräußerung der Beteiligung selbst bleiben bei der gesonderten und einheitlichen Feststellung unberücksichtigt, auch wenn diese Veräußerung ein Spekulationsgeschäft i. S. des § 23 EStG darstellt (vgl. BFH-Urteil vom 13. Oktober 1993 – BStBl. 1994 II S. 86).

Die vorstehenden Grundsätze gelten unabhängig davon, ob die Beteiligung im Privat oder Betriebsvermögen gehalten wird. Sie gelten auch für den Fall, daß sämtliche Beteiligungen im Betriebsvermögen gehalten werden, es sei denn, daß die vermögensverwaltende Personengesellschaft von sich aus betriebliche Einkünfte erklärt und durch Betriebsvermögensvergleich ermittelt hat.

3. Folgebescheid

4 Gehören die Gesellschaftsanteile zum Betriebsvermögen des Gesellschafters, sind die gesondert und einheitlich festgestellten Überschußeinkünfte im Folgebescheid wie folgt zu behandeln:

5 a) Der Gesellschafter hat grundsätzlich alle Wirtschaftsgüter der Personengesellschaft anteilig im Rahmen seines eigenen Buchführungswerks zu erfassen und den Gewinnanteil, der sich für ihn aus den einzelnen Geschäftsvorfällen der Personengesellschaft ergibt, nach den Grundsätzen der Gewinnermittlung zu berechnen und anzusetzen. Diese Verfahrensweise ist vor allem im Hinblick darauf geboten, daß der Anteil an der Personengesellschaft steuerlich kein selbständiges Wirtschaftsgut ist (vgl. BFH-Beschluß vom 25. Juni 1984, BStBl. II S. 751 [763]). Hinsichtlich der anteiligen Berücksichtigung von AfA, erhöhten Absetzungen und Sonderabschreibungen gilt § 7a Abs. 7 EStG (vgl. auch Abschnitt 44 Abs. 7 EStR).

6 b) Ermittelt die Personengesellschaft freiwillig ergänzend zur Überschußrechnung den Gewinnanteil des Gesellschafters nach § 4 Abs. 1, § 5 EStG, so bestehen keine Bedenken dagegen, den in der Feststellungserklärung angegebenen Anteil am Gewinn oder Verlust dem für den Erlaß des Folgebescheids zuständigen Finanzamt als nachrichtlichen Hinweis zu übermitteln und die Angabe dort bei der Veranlagung zur Einkommen- oder Körperschaftsteuer auszuwerten. Weist der Steuerpflichtige den übermittelten Anteil am Gewinn oder Verlust gesondert in seinem Jahresabschluß aus,

---

[1] Ergänzend dazu auch BdF-Schreiben vom 16.1.1996 IV B 2 – S 2241 – 2/96 (FR 1996 S. 194).
Vgl. auch den Beschluss des Großen Senats des BFH vom 11.4.2005 GrS 2/02 (BStBl. II S. 679):
„Die verbindliche Entscheidung über die Einkünfte eines betrieblich an einer vermögensverwaltenden Gesellschaft beteiligten Gesellschafters ist sowohl ihrer Art als auch ihrer Höhe nach durch das für die persönliche Besteuerung dieses Gesellschafters zuständige (Wohnsitz-)Finanzamt zu treffen."

Zu § 15 EStG **Anlage § 015–15**

so kann aus Vereinfachungsgründen auf die Einzelberechnung nach Randnummer 5 verzichtet werden, wenn der angegebene Betrag nicht offensichtlich unzutreffend ist.

c) Ist der Steuerpflichtige an der Gesellschaft zu weniger als 10 v. H. beteiligt, so ist regelmäßig davon auszugehen, daß er die zur Durchführung der Gewinnermittlung nach § 4 Abs. 1, § 5 EStG erforderlichen Angaben von der Gesellschaft nur unter unverhältnismäßigem Aufwand erlangen kann. Außerdem ist bei einer Beteiligung von weniger als 10 v. H. die in Tz. 15 des BMF-Schreibens vom 20. Dezember 1990, BStBl. I S. 884, für den gewerblichen Grundstückshandel bestimmte Beteiligungsgrenze nicht erreicht. Vor diesem Hintergrund bestehen keine Bedenken dagegen, in einem solchen Fall den Anteil am Gewinn oder Verlust aus Vereinfachungsgründen in Höhe des Ergebnisanteils zu schätzen, der vom Betriebsfinanzamt nach den Grundsätzen der Überschußrechnung gesondert und einheitlich festgestellt worden ist. Der geschätzte Anteil am Gewinn oder Verlust ist auf einem „Beteiligungs"-Konto erfolgswirksam zu buchen. Auf dem Konto sind außerdem alle Vermögenszuführungen des Beteiligten in die Personengesellschaft und alle Vermögensauskehrungen an den Beteiligten zu erfassen. 7

Wird der Anteil an der Personengesellschaft veräußert, so ist als Gewinn der Unterschied zwischen dem Veräußerungserlös (nach Abzug von Veräußerungskosten) und dem bis dahin fortentwickelten Buchwert der „Beteiligung" anzusetzen. Auf diese Weise werden Gewinne aus der Veräußerung von Wirtschaftsgütern der Personengesellschaft spätestens im Zeitpunkt der Veräußerung der Beteiligung versteuert. Der Gewinn aus der Veräußerung des Anteils an der vermögensverwaltenden Personengesellschaft ist als laufender Gewinn aus Gewerbebetrieb zu behandeln. Diese Ausführungen gelten für den Fall der Entnahme des Gesellschaftsanteils, der Beendigung der Gesellschaft oder in anderen gleichzustellenden Fällen sinngemäß. 8

Voraussetzung für die dargestellte Verfahrensweise ist ein entsprechender Antrag des Steuerpflichtigen und die im Benehmen mit dem Betriebsfinanzamt zu erteilende Zustimmung des Wohnsitzfinanzamts, die im Fall des Drohens ungerechtfertigter Steuervorteile versagt bzw. mit Wirkung für den nächsten Veranlagungszeitraum widerrufen werden kann. 9

Ein ungerechtfertigter Steuervorteil droht vor allem dann, wenn

– die Vermögensauskehrungen von der Gesellschaft an den Gesellschafter zu einem Negativsaldo auf dem Beteiligungskonto führen bzw. einen bereits vorhandenen Negativsaldo erhöhen,

oder

– die aus der Veräußerung von Wirtschaftsgütern des Gesellschaftsvermögens stammenden Gewinne offenkundig so hoch sind, daß ein Aufschub ihrer Besteuerung unvertretbar erscheint.

Der gesondert und einheitlich festgestellte Anteil an den Überschußeinkünften der Personengesellschaft, die Entwicklung des Kontos „Beteiligung" sowie der Gewinn aus einer etwaigen Veräußerung des Anteils an der Personengesellschaft sind im Jahresabschluß des Gesellschafters gesondert auszuweisen. Ein Wechsel zu der Ermittlungsmethode nach Randnummer 5 oder 6 ist nur einmal möglich; durch Ansatz eines entsprechenden Übergangsgewinns oder -verlusts ist beim Wechsel sicherzustellen, daß der Totalgewinn zutreffend erfaßt wird. 10

Beispiel: 11

An der vermögensverwaltenden X-KG ist die Y-GmbH seit dem 1. Januar 01 als Kommanditistin mit einer Einlage von 25 000 DM beteiligt. Der Anteil der Y-GmbH an den Werbungskostenüberschüssen der Jahre 01–03 beträgt –5 000, –4 000 und –3 000 DM. Im Jahr 02 veräußert die X-KG außerhalb der Spekulationsfrist ein unbebautes Grundstück. Der Erlös wird an die Gesellschafter ausgekehrt; auf die Y-GmbH entfallen 1 500 DM. Zum 31. Dezember 03 veräußert die Y-GmbH ihre Beteiligung für 40 000 DM.

Der Buchwert des „Beteiligungs"-Kontos im Zeitpunkt der Beteiligungsveräußerung ist wie folgt zu ermitteln:

	EUR
Kapitaleinlage 01	25 000
Verlustanteil 01	–5 000
Verlustanteil 02	–4 000
Anteil an Auskehrung 02	–1 500
Verlustanteil 03	–3 000
Buchwert	11 500

1649

Anlage § 015–15   Zu § 15 EStG

Die Y-GmbH hat die Verlustanteile 01 und 02 in den entsprechenden Jahren jeweils mit positiven Einkünften aus ihrer übrigen Tätigkeit ausgeglichen.

Bei der Körperschaftsteuer-Veranlagung der Y-GmbH für das Jahr 03 sind anzusetzen:

	EUR
Verlustanteil 03	– 3 000
+ Veräußerungserlös	40 000
– Buchwert	–11 500
Einkünfte aus Gewerbebetrieb	25 500

12   d) Ermittelt der Gesellschafter seinen Gewinn nach § 4 Abs. 3 EStG, so kann sinngemäß nach den oben dargestellten Regelungen verfahren werden. Dabei ist ein dem Konto „Beteiligung" entsprechender Posten im Anlageverzeichnis des Gesellschafters zu führen und fortzuentwickeln.

Zu § 15 EStG   Anlage § 015–16

Abfärberegelung bei ärztlichen Gemeinschaftspraxen

– I. BdF-Schreiben vom 14.5.1997 – IV B 4 – S 2246 – 23/97 (BStBl. I S. 566) –

Die selbständig ausgeübte Tätigkeit als Arzt ist eine freiberufliche Tätigkeit im Sinne des § 18 Abs. 1 Nr. 1 EStG. Zu der Frage, ob Einnahmen einer ärztlichen Gemeinschaftspraxis aus der Anpassung und dem Verkauf von Kontaktlinsen, aus dem Verkauf von Pflegemitteln bei Augenärzten, Artikeln zur Mundhygiene bzw. Mundpflege bei Zahnärzten oder Tierarzneimitteln bei Tierärzten zu den Einnahmen aus der freiberuflichen Tätigkeit gehören, wird unter Bezugnahme auf das Ergebnis der Erörterungen mit den obersten Finanzbehörden der Länder wie folgt Stellung genommen:

1. Die Honorare, die ein Augenarzt für das Anpassen von Kontaktlinsen nach einer augenärztlichen Untersuchung erhält, sind den Einnahmen aus der freiberuflichen Tätigkeit zuzuordnen.
2. Der Verkauf von Kontaktlinsen, Pflegemitteln durch Augenärzte, Artikeln zur Mundhygiene bzw. Mundpflege durch Zahnärzte oder Tierarzneimitteln durch Tierärzte ist keine Ausübung der Heilkunde. Die Einnahmen des Arztes hieraus sind deshalb als Einnahmen aus Gewerbebetrieb (§ 15 EStG) zu behandeln.
3. Erzielt eine ärztliche Gemeinschaftspraxis auch Einnahmen aus einer gewerblichen Tätigkeit, gelten die Einkünfte der ärztlichen Gemeinschaftspraxis in vollem Umfang als Einkünfte aus Gewerbebetrieb (sog. Abfärberegelung: § 15 Abs. 3 Nr. 1 EStG). Der Verkauf der in Nr. 2 bezeichneten Gegenstände durch eine ärztliche Gemeinschaftspraxis führt also dazu, daß auch die Einnahmen aus der ärztlichen Tätigkeit als Einnahmen aus Gewerbebetrieb zu behandeln sind.
4. Wird die Beschaffung und der Verkauf der in Nr. 2 bezeichneten Gegenstände jedoch durch eine andere Gesellschaft des bürgerlichen Rechts vorgenommen, tritt die Folge einer Abfärbung nicht ein, und zwar selbst dann nicht, wenn ganz oder teilweise die gleichen Personen an der ärztlichen Gemeinschaftspraxis und der Gesellschaft bürgerlichen Rechts beteiligt sind (BFH vom 8. Dezember 1994 – BStBl. 1996 II S. 264). Die Abfärberegelung ist nämlich auf die ansonsten freiberuflich tätige ärztliche Gemeinschaftspraxis dann nicht anzuwenden, wenn die Beteiligung an der gewerblich tätigen Gesellschaft von einem, mehreren oder allen Gesellschaftern der ärztlichen Gemeinschaftspraxis persönlich oder von einer Schwestergesellschaft der ärztlichen Gemeinschaftspraxis gehalten wird (vgl. BMF vom 13. Mai 1996 – BStBl. I S. 621).[1)]

Die Tätigkeit der gewerblichen Gesellschaft bürgerlichen Rechts muß sich eindeutig von der Tätigkeit der ärztlichen Gemeinschaftspraxis abgrenzen lassen Dies setzt voraus:

   a) Der Gesellschaftsvertrag muß so gestaltet sein, daß die Gesellschaft wirtschaftlich, organisatorisch und finanziell von der ärztlichen Gemeinschaftspraxis unabhängig ist.
   b) Es sind getrennte Aufzeichnungen oder Bücher zu führen, besondere Bank- und Kassenkonten einzurichten sowie eigene Rechnungsformulare zu verwenden.
   c) Die in Nr. 2 bezeichneten Gegenstände sind getrennt vom Betriebsvermögen der ärztlichen Gemeinschaftspraxis zu lagern. Überwiegend im Zusammenhang mit der Angabe der in Nr. 2 bezeichneten Gegenstände genutzte Wirtschaftsgüter gehören zum Betriebsvermögen der gewerblichen Gesellschaft bürgerlichen Rechts.
5. Überläßt die ärztliche Gemeinschaftspraxis der gewerblichen Gesellschaft bürgerlichen Rechts für deren Zwecke Personal, Räume oder Einrichtungen usw. gegen Aufwendungsersatz, führt dies bei der ärztlichen Gemeinschaftspraxis mangels Gewinnerzielungsabsicht nicht zu Einkünften aus Gewerbebetrieb. Kann die Höhe dieser Aufwendungen nicht nach dem Verursacherprinzip ermittelt werden, ist es nicht zu beanstanden, wenn sie entsprechend dem Verhältnis der Umsätze beider Gesellschaften zueinander oder nach einem entsprechenden Schlüssel geschätzt werden und der geschätzte Betrag der ärztlichen Gemeinschaftspraxis erstattet wird. Die ärztliche Gemeinschaft hat einen Aufwendungsersatz durch die Gesellschaft bürgerlichen Rechts im Rahmen ihrer Einkünfte aus selbständiger Arbeit zu erfassen.

Dieses Schreiben tritt an die Stelle des BMF-Schreibens vom 19. Oktober 1984 (BStBl. I S. 588).

---

1) Bestätigt durch BFH-Urteil vom 19.2.1998 (BStBl. II S. 603).

Anlage § 015–16

Zu § 15 EStG

– II. Bayer. Landesamt für Steuern vom 20.4.2007 – S 2240 – 21 – St 32/St 33 –

Die Abgabe von Arzneien und Hilfsmitteln gehört grundsätzlich zu den gewerblichen Tätigkeiten, denn diese Art der Tätigkeit entspricht nicht typischerweise dem Berufsbild eines Arztes. Der Arzt steht insoweit in Konkurrenz zu Apotheken und Sanitätshäusern. Zudem dienen anders als bei der Abgabe von Impfstoffen (BMF-Schreiben vom 17. Februar 2000, IV C 2 – S 2246 - 5/00, DStR 2000 Seite 730) und dem Materialeinkauf (BMF-Schreiben vom 20. September 1999, IV C 2 – S 2246 – 20/99, DStR 1999 Seite 1814), die der Arzt zwangsläufig zur Ausübung seiner Tätigkeit benötigt, die Hilfsmittel allein dem Patienten. Erbringt der Arzt im Rahmen der integrierten Versorgung nach §§ 140a ff SGB V eine (Gesamt-) Leistung, übt er demnach eine gemischte Tätigkeit aus.

Bei einer Einzelpraxis sind die Einkünfte aus solchen Leistungen für die spätere Besteuerung getrennt nach den verschiedenen Einkunftsarten zu erfassen. Bei Gemeinschaftspraxen führt dies hingegen zur gewerblichen Infizierung der gesamten Einkünfte nach § 15 Abs. 3 Nr. 1 EStG, wenn der Anteil der originär gewerblichen Tätigkeit mehr als 1,25% an den Gesamtumsätzen entspricht (vgl. BFH-Urteil vom 11. August 1999, BStBl 2000 II S. 229). Maßgebend sind dabei die tatsächlichen Verhältnisse im jeweiligen Einzelfall.

Solange sich die Tätigkeit des Arztes auf die reine medizinische Betreuung und Versorgung der Patienten beschränkt, das heißt ohne die Abgabe von Arzneien und Hilfsmittel, stellt sich auch im Rahmen der Integrierten Versorgung die Frage nach der Gewerblichkeit seiner Tätigkeit nicht. Der Arzt ist ausschließlich freiberuflich i.S.d. § 18 Abs. 1 Nr. 1 EStG tätig.

Wenn der Arzt im Rahmen der integrierten Versorgung beispielsweise Augenoperationen nur unter Verwendung von Implantaten – hier Linsen – und den für die Operation erforderlichen Medikamenten durchführen kann, liegt eine einheitliche Tätigkeit vor. Die mit BMF-Schreiben vom 17. Februar 2000 a.a.O. zur Abgabe von Impfstoffen bekannt gegebenen Grundsätze sind in derartigen Fällen analog anzuwenden. Zu einer gewerblichen Infizierung kommt es daher nicht.

Für den Fall, dass der Arzt die vom Patienten nach der Operation benötigten Medikamente oder Hilfsmittel (Sehhilfen) nicht mittels Rezept verordnet, sondern diese selbst aus Eigenbeständen an den Patienten abgibt, erzielt der Arzt insoweit jedoch gewerbliche Einkünfte.

Zu § 15 EStG

Anlage § 015–17

Haftungsbeschränkung bei einer Gesellschaft bürgerlichen Rechts

– I. BdF-Schreiben vom 18.7.2000 – IV C 2 – S 2241 – 56/00 (BStBl. I S. 1198) –

Mit Urteil vom 27. September 1999 (DStR 1999 S. 1704) hat der BGH entschieden, dass für die im Namen einer Gesellschaft bürgerlichen Rechts (GbR) begründeten Verbindlichkeiten die Gesellschafter kraft Gesetzes auch persönlich haften und diese Haftung nicht durch einen Namenszusatz (z.B. „GbR mbH") oder einen anderen Hinweis beschränkt werden kann, der den Willen, nur beschränkt für die Gesellschaftsverbindlichkeiten einzustehen, verdeutlicht. Nach Auffassung des BGH ist für eine Haftungsbeschränkung vielmehr eine individuell getroffene Abrede der GbR bei jedem von ihr abgeschlossenen Vertrag erforderlich.

In steuerlicher Hinsicht hat diese Rechtsprechung im Wesentlichen Auswirkung

– auf die Beurteilung der so genannten gewerblichen Prägung i.S. des § 15 Abs. 3 Nr. 2 EStG.

So konnte nach bisheriger Auffassung eine vermögensverwaltende GbR, die nicht als Schein-KG in das Handelsregister eingetragen war, allein durch das Hinzutreten einer GmbH die gewerbliche Prägung nicht erlangen, es sei denn, die rechtsgeschäftliche Haftung der außer der Kapitalgesellschaft an der GbR beteiligten Gesellschafter war allgemein und im Außenverhältnis erkennbar auf ihre Einlage beschränkt. Dem entspricht die bisherige Aussage in H 138 Abs. 6 EStH 1999, die allerdings durch die Rechtsprechung des BGH und auch durch die Rechtsentwicklung überholt ist, da sich nach dem Handelsrechtsreformgesetz 1999 (BGBl. I 1998 S. 1474) jede vermögensverwaltende Personengesellschaft als Personenhandelsgesellschaft in das Handelsregister eintragen lassen kann.

– auf die Anwendung des § 15a Abs. 5 Nr. 2, 1. Alternative EStG („soweit die Inanspruchnahme des Gesellschafters für Schulden im Zusammenhang mit dem Betrieb durch Vertrag ausgeschlossen ist").

Unter Bezugnahme auf das Ergebnis der Erörterung mit den obersten Finanzbehörden der Länder nehme ich zu den steuerlichen Auswirkungen des o.g. BGH-Urteils wie folgt Stellung:

1. Auswirkungen auf die gewerbliche Prägung i.S. des § 15 Abs. 3 Nr. 2 EStG

a) Grundsatz

In Fällen, in denen in der Vergangenheit – beispielsweise bei einer GmbH + Co. GbR – auf Grund der bisherigen BGH-Rechtsprechung auch ohne ausdrückliche Abrede der Parteien eine Haftungsbeschränkung angenommen wurde, also steuerlich vom Vorliegen einer gewerblich geprägten Personengesellschaft i.S. des § 15 Abs. 3 Nr. 2 EStG ausgegangen wurde, erweist sich diese Annahme **rückwirkend** als unrichtig. Die betroffene GbR hatte **von Anfang an kein Betriebsvermögen**, sondern es lag von Anfang an Privatvermögen vor. Der Wandel der Beurteilung stellt also **keine (Zwangs-)Betriebsaufgabe i.S. des § 16 EStG dar**.

Wird die GbR nunmehr gemäß den Regelungen des Handelsrechtsreformgesetzes ins Handelsregister eingetragen und damit zur Personenhandelsgesellschaft (KG), so stellt dies steuerlich eine **Betriebseröffnung** i.S. des § 6 Abs. 1 Nr. 6 EStG dar.

Soweit in der Vergangenheit aus einem Betriebsvermögen einzelne Wirtschaftsgüter in eine – vermeintlich gewerblich geprägte – GbR eingebracht wurden, lag steuerlich gesehen eine **Entnahme** i.S. des § 4 Abs. 1 Satz 2 EStG vor.

b) Vertrauensschutzregelung

Ist in entsprechenden Fällen aufgrund der bisherigen BGH-Rechtsprechung eine i.S. des § 15 Abs. 3 Nr. 2 EStG gewerblich geprägte Personengesellschaft angenommen worden, so kann im Hinblick auf die bisherigen Regelungen in H 138 Abs. 6 EStH 1999 aus Vertrauensschutzgründen **auf Antrag der Gesellschaft** das Vermögen der Personengesellschaft weiterhin als Betriebsvermögen behandelt werden.

Der Antrag ist bis zum 31. Dezember 2000[1)2)] bei dem für die Besteuerung der Personengesellschaft zuständigen Finanzamt zu stellen. Der Antrag ist unwiderruflich und hat zur Folge, dass das Vermögen der Personengesellschaft **in jeder Hinsicht** als Betriebsvermögen behandelt wird,

---

1) Verlängert bis zum 31. Dezember 2001 durch BdF-Schreiben vom 28.8.2001 – IV A 6 – S 2240 – 49/01, nachstehend abgedruckt.

2) Zur Fristwahrung ist es ausreichend, wenn bei Vorliegen der Umwandlungsvoraussetzungen im Übrigen der Eintragungsantrag bei dem Registergericht bis zum Ablauf des 31.12.2001 gestellt (eingegangen) ist und soweit von Seiten der Antragsteller das für den Vollzug im Handelsregister Erforderliche veranlasst wurde (Erlass Bayern vom 20.12.2000 – 31 – S 2241 – 140/13 – S 6764, DB 2001 S. 69).

Anlage § 015–17

Zu § 15 EStG

d.h. es sind auch Gewinne oder Verluste aus einer späteren Betriebsveräußerung oder Betriebsaufgabe gemäß § 16 EStG steuerlich zu erfassen.

Voraussetzung hierfür ist, dass die betreffende GbR bis zum 31. Dezember 2000 **in eine GmbH + Co. KG umgewandelt** wird; diese Möglichkeit ist – wie dargestellt – durch das Handelsrechtsreformgesetz 1999 (BGBl. I 1998 S. 1474) eröffnet worden.

2. **Auswirkungen auf § 15a Abs. 5 Nr. 2 1. Alternative EStG**

Sofern ein Antrag gestellt wird, das Vermögen der GbR weiterhin als Betriebsvermögen zu behandeln (vgl. oben unter 1. b), hat dieser Antrag auch zur Folge, dass § 15a Abs. 5 Nr. 2 1. Alternative EStG auch auf etwaige Verluste innerhalb der Übergangszeit, d.h. bis zum 31. Dezember 2000[1)2)], anwendbar bleibt.[3)]

– II. BdF-Schreiben vom 28.8.2001 – IV A 6 – S 2240 – 49/01 (BStBl. 2001 I S. 614) –

Nach dem BGH-Urteil vom 27. September 1999 – II ZR 371/98 – kann die Haftung der Gesellschafter einer Gesellschaft bürgerlichen Rechts (GbR) für die im Namen der Gesellschaft begründeten Verpflichtungen nur durch eine individualrechtliche Vereinbarung ausgeschlossen werden. Die ertragsteuerlichen Auswirkungen dieses Urteils sind im BMF-Schreiben vom 18. Juli 2000 – IV C 2 – S 2241 – 56/00 – (BStBl. I S. 1198) dargestellt. Das Schreiben enthält auch eine Vertrauensschutzregelung mit einer bis zum 31. Dezember 2000 befristeten Antragsmöglichkeit unter der Voraussetzung einer bis zum gleichen Zeitpunkt vorgenommenen Umwandlung der bisherigen GbR in eine GmbH + Co. KG gemäß den Regelungen des Handelsrechtsreformgesetzes 1999 (BGBl. I 1998 S. 1474).

Zur Behandlung der Fälle, in denen ein solcher Antrag bisher nicht gestellt worden ist, nehme ich unter Bezugnahme auf das Ergebnis der Erörterung mit den obersten Finanzbehörden der Länder wie folgt Stellung:

1. Stille Reserven, die auf eine GbR übergegangen sind, die bisher irrigerweise als gewerblich angesehen worden ist, sind auch in den Fällen noch zu besteuern, in denen die entsprechenden Bescheide bereits bestandskräftig sind. Eine Änderung dieser Bescheide ist auf § 174 Abs. 3 AO zu stützen. Diese Vorschrift soll verhindern, dass ein steuererhöhender oder steuermindernder Vorgang bei der Besteuerung überhaupt nicht berücksichtigt wird (negativer Widerstreit).

   Vor dem Ergehen des BGH-Urteils vom 27. September 1999 (a.a.O.) haben die Finanzämter aufgrund der bisherigen Rechtsauffassung (H 138 Abs. 6 EStH 1999) auf die Besteuerung von Entnahme- und Veräußerungsgewinnen sowie auf die gewinnerhöhende Auflösung von Rücklagen nach §§ 6b, 6c EStG erkennbar in der Annahme verzichtet, die stillen Reserven seien in späteren Veranlagungszeiträumen steuerwirksam zu erfassen. Diese Annahme hat sich nachträglich als unzutreffend erwiesen. Wird die Vertrauensschutzregelung (vgl. Ziff. 3) nicht in Anspruch genommen, sind bestandskräftige Bescheide insoweit nach § 174 Abs. 3 AO zu ändern. Die Festsetzungsfrist ist aufgrund der Sonderregelung in § 174 Abs. 3 Satz 2 AO noch nicht abgelaufen.

2. § 176 Abs. 1 Satz 1 Nr. 3 oder Abs. 2 AO steht einer Bescheidänderung nicht entgegen. Dem Steuerpflichtigen war bereits im Zeitpunkt der Entnahme, Veräußerung oder Übertragung einer Rücklage

---

1) Verlängert bis zum 31. Dezember 2001 durch BdF-Schreiben vom 28.8.2001 – IV A 6 – S 2240 – 49/01, nachstehend abgedruckt.

2) Zur Fristwahrung ist es ausreichend, wenn bei Vorliegen der Umwandlungsvoraussetzungen im Übrigen der Eintragungsantrag bei dem Registergericht bis zum Ablauf des 31.12.2001 gestellt (eingegangen) ist und soweit von Seiten der Antragsteller das für den Vollzug im Handelsregister erforderliche veranlasst wurde (Erlass Bayern vom 20.12.2000 – 31 – S 2241 – 140/13 – 56 764, DB 2001 S. 69).

3) Vgl. dazu auch Vfg OFD Berlin vom 27.5.2002 – St 124 – S 2241a – 2/02:
„Nach dem BMF-Schreiben vom 28.2.2001 (BStBl. I 2001 S. 614) ist hinsichtlich der auf eine (vermeintlich gewerbliche) GbR übergegangenen stillen Reserven eine Bescheidänderung nach § 174 Abs. 3 AO bei dem einbringenden/übertragenden Unternehmen vorzunehmen.
Die obersten Finanzbehörden des Bundes und der Länder haben entschieden, dass bei der GbR hingegen die Feststellungsbescheide nach § 174 Abs. 3 AO genauso wenig nach § 174 Abs. 3 AO geändert werden können wie die für die GbR ergangenen Gewinnfeststellungen i. S. des § 180 Abs. 1 Nr. 2 Buchstabe a AO. Andererseits muss der nach § 15a Abs. 4 EStG festgestellte verrechenbare Verlust – zumindest aus Vertrauensschutzgesichtspunkten – auch dann in den Folgejahren abgezogen werden können, wenn die (in tatsächlicher Hinsicht unveränderte) Einkunftsquelle nun ab dem ersten offenen Veranlagungszeitraum nicht mehr als gewerblich behandelt wird, sondern als Vermögensverwaltung. Dies entspricht auch der Regelung in § 21 Abs.1 Satz 2 EStG, wonach § 15a EStG bei Einkünften aus Vermietung und Verpachtung sinngemäß anzuwenden sei. Die Bindungswirkung des Feststellungsbescheids nach § 182 Abs. 1 Satz 1 AO gilt insoweit ungeachtet der Zuordnung zu einer anderen Einkunftsart fort."

Zu § 15 EStG **Anlage § 015–17**

nach §§ 6b, 6c EStG bewusst, dass die auf die GbR übergegangenen stillen Reserven zu einem späteren Zeitpunkt steuerwirksam aufzulösen sind. Die Anwendung des § 176 AO würde dem Grundsatz von Treu und Glauben widersprechen, der auch im Verhältnis zwischen Steuerpflichtigen und Finanzbehörden zumindest insoweit Anwendung findet, als der Änderungsbescheid im Ergebnis zu keiner höheren Belastung des Steuerpflichtigen führt (BFH-Urteil vom 8. Februar 1995, BStBl II S. 764).

3. Aufgrund der Anwendbarkeit des § 174 Abs. 3 AO werden aus Vertrauensschutzgründen die in dem BMF-Schreiben vom 18. Juli 2000 (BStBl I S. 1198) eingeräumten Fristen, das Vermögen der Personengesellschaft auf Antrag der Gesellschaft weiterhin als Betriebsvermögen zu behandeln sowie die betreffende GbR nach den Regelungen des Handelsrechtsreformgesetzes in eine GmbH + Co. KG umzuwandeln, bis zum 31. Dezember 2001 verlängert.

III. Gewerbliche Prägung einer „GmbH & Co GbR" im Fall eines individualvertraglich vereinbarten Haftungsausschlusses (§ 15 Absatz 3 Nummer 2 EStG)

–BdF-Schreiben vom 17.03.2014 – IV C 6 – S 2241/07/10004, 2014/0252207 (BStBl. I S. 555) –

Nach dem Ergebnis einer Erörterung mit den obersten Finanzbehörden der Länder wird zur ertragsteuerlichen Behandlung einer „GmbH & Co GbR" wie folgt Stellung genommen:

1. Keine gewerbliche Prägung i.s. des § 15 Absatz 3 Nummer 2 EStG bei individualvertraglich vereinbartem Haftungsausschluss

Bei einer GbR liegt keine gewerbliche Prägung i. S. des § 15 Absatz 3 Nummer 2 EStG vor, wenn lediglich die GmbH persönlich haftende Gesellschafterin ist und die Haftung der übrigen Gesellschafter durch individualvertragliche Vereinbarungen ausgeschlossen ist (sog. „GmbH & Co GbR"). Bei der Auslegung der Vorschrift des § 15 Absatz 3 Nummer 2 EStG ist der abstrakte gesellschaftsrechtliche Typus entscheidend, weil das Tatbestandsmerkmal „persönlich haftender Gesellschafter" i. S. des § 15 Absatz 3 Nummer 2 EStG typisierend an die gesellschaftsrechtliche Stellung des Gesellschafters anknüpft. Nach dem gesetzlichen Leitbild kann bei einer GbR die persönliche Haftung der Gesellschafter gesellschaftsrechtlich aber nicht generell ausgeschlossen werden. Ein Haftungsausschluss kann zivilrechtlich vielmehr nur individuell beim einzelnen Vertragsabschluss mit der Zustimmung des jeweiligen Vertragspartners vereinbart werden und wirkt jeweils auch nur für den betreffenden Vertragsabschluss. Die Rechtsstellung als persönlich haftender Gesellschafter wird hiervon nicht berührt. Ein individualvertraglicher Haftungsausschluss ist deshalb für die ertragsteuerliche Beurteilung ohne Bedeutung. Hieraus folgt, dass bei einer GbR die gewerbliche Prägung nicht durch einen individualvertraglich vereinbarten Haftungsausschluss herbeigeführt werden kann. An der bisherigen Verwaltungsauffassung, dass bei einer GbR die gewerbliche Prägung durch einen individualvertraglich vereinbarten Haftungsausschluss herbeigeführt werden kann, wird nicht mehr festgehalten.

2. Übergangsregelung

Soweit bisher in entsprechenden Fällen aufgrund eines individualvertraglich vereinbarten Haftungsausschlusses eine gewerblich geprägte Personengesellschaft i.S. des § 15 Absatz 3 Nummer 2 EStG angenommen wurde, kann auf gesonderten schriftlichen Antrag der Gesellschaft das Vermögen der Personengesellschaft auch weiterhin als Betriebsvermögen behandelt werden. Der Antrag ist bis zum 31. Dezember 2014 bei dem für die Besteuerung der Personengesellschaft zuständigen Finanzamt zu stellen. Eine nach Veröffentlichung des BMF-Schreibens und vor dem 31. Dezember 2014 abgegebene Erklärung zur gesonderten und einheitlichen Feststellung der Einkünfte, in die die Einkünfte wie bisher als gewerbliche Einkünfte erklärt werden, reicht allein für einen wirksamen Antrag nicht aus. Der Antrag ist unwiderruflich und hat zur Folge, dass das Vermögen der betreffenden Personengesellschaft in jeder Hinsicht als Betriebsvermögen behandelt wird, d.h. es sind auch Gewinne oder Verluste aus einer späteren Betriebsveräußerung oder Betriebsaufgabe gemäß § 16 EStG steuerlich zu erfassen. Voraussetzung hierfür ist, dass die betreffende GbR bis zum 31. Dezember 2014 in eine gewerblich geprägte GmbH & Co KG umgewandelt wird. Maßgebend ist der Zeitpunkt, in dem der Antrag auf Eintragung der GmbH & Co KG in das Handelsregister gestellt wird.

Dieses Schreiben wird im Bundessteuerblatt Teil I veröffentlicht.

Anlage § 015–18

Zu § 15 EStG

Bedeutung von Einstimmigkeitsabreden beim Besitzunternehmen für das Vorliegen einer personellen Verflechtung im Rahmen einer Betriebsaufspaltung[1)]

– BdF-Schreiben vom 7.10.2002 – IV A 6 – S 2240 – 134/02 (BStBl. I. S. 1028) –

Der BFH hat in seinen Urteilen vom 21. Januar 1999 (BStBl. 2002 II S. 771), vom 11. Mai 1999 (BStBl. 2001 II S. 772) und vom 15. März 2000 (BStBl. 2002 II S. 774) daran festgehalten, dass im Grundsatz eine personelle Verflechtung fehlt, wenn ein nur an der Besitzgesellschaft beteiligter Gesellschafter die rechtliche Möglichkeit hat zu verhindern, dass die beherrschende Person oder Personengruppe ihren Willen in Bezug auf die laufende Verwaltung des an die Betriebsgesellschaft überlassenen Wirtschaftsguts durchsetzt.

Im Einvernehmen mit den obersten Finanzbehörden der Länder gilt zur allgemeinen Anwendung der Grundsätze der BFH-Urteile vom 21. Januar 1999 (a. a. O.) und vom 11. Mai 1999 (a. a. O.) Folgendes:

I. Grundsatz

Für einen einheitlichen geschäftlichen Betätigungswillen als personelle Voraussetzung einer Betriebsaufspaltung genügt es, dass die Person oder die Personengruppe, die die Betriebsgesellschaft tatsächlich beherrscht, in der Lage ist, auch in dem Besitzunternehmen ihren Willen durchzusetzen (Beherrschungsidentität). Die Betriebsgesellschafter können ihren Willen in der Besitzgesellschaft durch Regelungen im Gesellschaftsvertrag, mit Mitteln des Gesellschaftsrechts oder aber ausnahmsweise durch eine faktische Beherrschung durchsetzen. Für die Durchsetzung des geschäftlichen Betätigungswillens ist auf das hinsichtlich der wesentlichen Betriebsgrundlage bestehende Miet- oder Pachtverhältnis (sachliche Verflechtung) abzustellen (BFH-Urteil vom 27. August 1992, BStBl. II 1993 S. 134).

II. Gesellschaftsrechtliches Einstimmigkeitsprinzip und Reichweite dieses Prinzips

Werden im Gesellschaftsvertrag keine Regelungen über die Zulässigkeit von Mehrheitsentscheidungen bei Gesellschaftsbeschlüssen getroffen, gilt der Grundsatz der Einstimmigkeit (Einstimmigkeitsprinzip). Hierzu gilt im Einzelnen Folgendes:

1. Gesellschaft bürgerlichen Rechts

Wird das Besitzunternehmer als Gesellschaft bürgerlichen Rechts geführt, steht die Führung der Geschäfte den Gesellschaften nur gemeinschaftlich zu. Für jedes Geschäft ist die Zustimmung aller Gesellschafter erforderlich (§ 709 Abs. 1 BGB).

2. Offene Handelsgesellschaft

Ist das Besitzunternehmen eine Offene Handelsgesellschaft, bedarf es für die über den gewöhnlichen Betrieb hinausgehenden Handlungen des Beschlusses aller Gesellschafter (§ 116 Abs. 2 HGB). Dieser Beschluss ist einstimmig zu fassen (§ 119 Abs. 1 HGB).

3. Kommanditgesellschaft

Das Einstimmigkeitsprinzip gilt auch für die Kommanditgesellschaft, soweit es um die Änderung oder Aufhebung des Miet- oder Pachtvertrags mit der Betriebsgesellschaft geht, denn hierbei handelt es sich um ein so genanntes außergewöhnliches Geschäft, das der Zustimmung aller Gesellschafter bedarf (§ 164 HGB; BFH-Urteil vom 27. August 1992, a. a. O.). Für die laufenden, so genannten Geschäfte des täglichen Lebens ist dagegen die Zustimmung der Kommanditisten nicht erforderlich; insoweit gilt bei einer Kommanditgesellschaft das Einstimmigkeitsprinzip nicht.

III. Beherrschungsidentität auf vertraglicher und gesellschaftsrechtlicher Grundlage

Ist an der Besitzgesellschaft neben der mehrheitlich bei der Betriebsgesellschaft beteiligten Person oder Personengruppe mindestens ein weiterer Gesellschafter beteiligt (Nur-Besitzgesellschafter) und müssen Beschlüsse der Gesellschafterversammlung wegen vertraglicher und gesetzlicher Bestimmungen einstimmig gefasst werden, ist eine Beherrschungsidentität auf vertraglicher und gesellschaftsrechtlicher Grundlage und damit eine personelle Verflechtung nicht gegeben.

Die mehrfach beteiligte Person oder Personengruppe ist infolge des Widerspruchsrechts des nur an der Besitzgesellschaft beteiligten Gesellschafters nicht in der Lage, ihren geschäftlichen Betätigungswillen in der Besitzgesellschaft durchzusetzen.

---

1) Siehe auch Anlage 015-14.

Dies gilt jedoch nur, wenn das Einstimmigkeitsprinzip auch die laufende Verwaltung der vermieteten Wirtschaftsgüter, die so genannten Geschäfte des täglichen Lebens, einschließt.[1)] Ist die Einstimmigkeit nur bezüglich der Geschäfte außerhalb des täglichen Lebens vereinbart, wird die personelle Verflechtung dadurch nicht ausgeschlossen (BFH-Urteil vom 21. August 1996, BStBl. 1997 II S. 44).[2)]

IV. Beherrschungsidentität auf faktischer Grundlage

In besonders gelagerten Ausnahmefällen kann trotz fehlender vertraglicher und gesellschaftlicher Möglichkeit zur Durchsetzung des eigenen geschäftlichen Betätigungswillens auch eine faktische Machtstellung ausreichen, um eine personelle Verflechtung zu bejahen. Eine solche faktische Beherrschung liegt vor, wenn auf die Gesellschafter, deren Stimmen zur Erreichung der im Einzelfall erforderlichen Stimmenmehrheit fehlen, aus wirtschaftlichen oder anderen Gründen Druck dahingehend ausgeübt werden kann, dass sie sich dem Willen der beherrschenden Person oder Personengruppe unterordnen. Dazu kann es z. B. kommen, wenn ein Gesellschafter der Gesellschaft unverzichtbare Betriebsgrundlagen zur Verfügung stellt, die er der Gesellschaft ohne Weiteres wieder entziehen kann. Das Vorliegen solcher besonderen Umstände kann stets nur im Einzelfall festgestellt werden. Ein jahrelanges konfliktfreies Zusammenwirken allein lässt den Schluss auf eine faktische Beherrschung nicht zu (BFH-Urteil vom 21. Januar 1999, a. a. O.).

V. Anwendungsregelung

Die Grundsätze dieses Schreibens sind in allen offenen Fällen anzuwenden.

Die BMF-Schreiben vom 29. März 1985 (BStBl. I S. 121) und vom 23. Januar 1989 (BStBl. I S. 39) werden hiermit aufgehoben.

In den Fällen, in denen die Beteiligten entsprechend der bisherigen Verwaltungsauffassung (BMF-Schreiben vom 29. März 1985, a. a. O., und vom 23. Januar 1989, a. a. O.) steuerlich vom Vorliegen einer Betriebsaufspaltung ausgegangen sind und das Vorliegen einer Betriebsaufspaltung auf der Grundlage der unter I. bis IV. beschriebenen Grundsätze zu verneinen wäre, werden für die Vergangenheit daraus keine Folgerungen gezogen, wenn bis zum 31. Dezember 2002 Maßnahmen zur Herstellung der Voraussetzungen einer Betriebsaufspaltung (z. B. Rücknahme bzw. Ausschluss der Einstimmigkeitsabrede) getroffen werden. Steuerpflichtige, die von der Übergangsregelung Gebrauch machen wollen, können dies bis zur Unanfechtbarkeit des entsprechenden Steuerbescheids beantragen. Der Antrag kann nicht widerrufen werden und ist von allen Gesellschaftern oder Gemeinschaftern, ggf. vertreten durch einen gemeinsamen Bevollmächtigten oder einen Vertreter i. S. d. 34 AO, einheitlich zu stellen.

Werden solche Maßnahmen nicht ergriffen und ein solcher Antrag nicht gestellt, gilt Folgendes:

1. Echte Betriebsaufspaltung

In Fällen, in denen in der Vergangenheit von einer echten Betriebsaufspaltung ausgegangen worden ist, die personelle Verflechtung aber nach der vorliegenden BFH-Rechtsprechung zu keinem Zeitpunkt bestanden hat, lag eine Betriebsaufspaltung **von Anfang an** nicht vor. Die Anwendung der vorliegenden BFH-Rechtsprechung allein führt nicht zu einer (Zwangs-)Betriebsaufgabe im Sinne des § 15 EStG.

Es ist vielmehr zu prüfen, ob die von der Besitzgesellschaft an die Betriebsgesellschaft überlassenen Wirtschaftsgüter aus anderen Gründen während der Zeit, für die bisher eine Betriebsaufspaltung angenommen worden ist, zum Betriebsvermögen der Besitzgesellschaft gehört haben und auch weiterhin gehören. Die Einkünfte aus der Überlassung dieser Wirtschaftsgüter sind dann weiterhin den Einkünften aus Gewerbebetrieb zuzurechnen. Dies kann insbesondere der Fall sein

– bei der Verpachtung eines Gewerbebetriebs im Ganzen (R 139 Abs. 5 EStR);[3)]

– bei Ruhenlassen der gewerblichen Tätigkeit (BFH-Urteil vom 11. Mai 1999, a. a. O.). Der Annahme einer Betriebsunterbrechung durch Ruhen des Betriebes steht die Betriebsaufteilung in übereignete Wirtschaftsgüter des Anlage- und Umlaufvermögens einerseits und verpachtete Wirtschaftsgüter andererseits nicht entgegen;

– bei Personengesellschaften, die neben der nunmehr von Anfang an bestehenden vermögensverwaltenden Tätigkeit als Besitzgesellschaft noch gewerblich tätig sind und deren Tätigkeit somit insgesamt als Gewerbebetrieb gilt (§ 15 Abs. 3 Nr. 1 EStG);

---

1) Ist im Gesellschaftsvertrag einer GbR die Führung der Geschäfte einem Gesellschafter allein übertragen, dann beherrscht dieser Gesellschafter die Gesellschaft auch dann, wenn nach dem Gesellschaftsvertrag die Gesellschafterbeschlüsse einstimmig zu fassen sind (→ BFH vom 1.7.2003 – BStBl. II S. 757).

2) Bestätigt durch BFH-Urteil vom 30.11.2005 (BStBl. 2006 II S. 415).

3) Siehe jetzt § 16 Abs. 3 b EStG

– bei gewerblich geprägten Personengesellschaften (§ 15 Abs. 3 Nr. 2 EStG).

Können die von der Besitzgesellschaft an die Betriebsgesellschaft überlassenen Wirtschaftsgüter unter keinem rechtlichen Gesichtspunkt als Betriebsvermögen behandelt werden, sind sie in Fällen, in denen eine echte Betriebsaufspaltung angenommen wurde, zu dem Zeitpunkt als entnommen anzusehen (§ 4 Abs. 1 Satz 2 EStG), ab dem eine Betriebsaufspaltung angenommen worden ist. Sind die Bescheide des entsprechenden Veranlagungszeitraums bereits bestandskräftig, sind sie nach § 174 Abs. 3 AO[1)] zu ändern. Diese Vorschrift soll verhindern, dass ein steuererhöhender oder steuermindernder Vorgang bei der Besteuerung überhaupt nicht berücksichtigt wird (negativer Widerstreit). Der Gewinn aus dieser Entnahme kann nach §§ 16 und 34 EStG begünstigt sein, soweit die dort genannten übrigen Voraussetzungen erfüllt sind. Dies gilt auch dann, wenn bei Gründung der „Betriebsgesellschaft" Wirtschaftsgüter zu Buchwerten auf diese übertragen wurden und die Buchwerte bei der „Betriebsgesellschaft" fortgeführt werden.

Vor dem Ergehen der BFH-Urteile vom 11. Januar 1999 (a. a. O.), vom 11. Mai 1999 (a. a. O.) und vom 15. März 2000 (a. a. O.) haben die Finanzämter auf Grund der bisherigen Rechtsauffassung (BMF-Schreiben vom 29. März 1985, a. a. O. und vom 23. Januar 1989, a. a. O.) auf die Besteuerung von Entnahmegewinnen erkennbar in der Annahme verzichtet, die stillen Reserven seien in späteren Veranlagungszeiträumen steuerwirksam zu erfassen. Diese Annahme hat sich nachträglich als unzutreffend erwiesen. Werden bis zum 31. Dezember 2002 keine Maßnahmen zur Herstellung der Voraussetzungen einer Betriebsaufspaltung ergriffen und der entsprechende Antrag nicht gestellt, sind bestandskräftige Bescheide insoweit nach § 174 Abs. 3 AO zu ändern. Die Festsetzungsfrist ist auf Grund der Sonderregelung in § 174 Abs. 3 Satz 2 AO noch nicht abgelaufen.

§ 176 Abs. 1 Satz 1 Nr. 3 oder Abs. 2 AO steht einer Bescheidänderung nicht entgegen. Dem Steuerpflichtigen war bereits im Zeitpunkt der Betriebsaufspaltung bewusst, dass die stillen Reserven der von der Besitzgesellschaft an die Betriebsgesellschaft überlassenen Wirtschaftsgüter zu einem späteren Zeitpunkt steuerwirksam aufzulösen sind. Die Anwendung des § 176 AO würde dem Grundsatz von Treu und Glauben widersprechen, der auch im Verhältnis zwischen Steuerpflichtigen und Finanzbehörden zumindest insoweit Anwendung findet, als der Änderungsbescheid im Ergebnis zu keiner höheren Belastung des Steuerpflichtigen führt (BFH-Urteil vom 8. Februar 1995, BStBl. II S. 764).

Sind in der Vergangenheit auf Grund der Annahme einer Betriebsaufspaltung Wirtschaftsgüter zu Buchwerten auf die Betriebsgesellschaft übertragen worden, verbleibt es aus Billigkeitsgründen bei dem Ansatz des Buchwertes, wenn die Buchwerte auch von der Betriebsgesellschaft fortgeführt werden.

2. Unechte Betriebsaufspaltung

In Fällen, in denen eine sog. unechte Betriebsaufspaltung angenommen worden ist, sind die an die Betriebsgesellschaft überlassenen Wirtschaftsgüter zu keinem Zeitpunkt Betriebsvermögen geworden, sondern es lag **von Anfang an** Privatvermögen vor. Eine (Zwangs-)Betriebsaufgabe im Sinne des § 16 EStG ist somit nicht anzunehmen.

3. Ermittlung der Einkünfte bei dem Besitzunternehmen

Soweit in der Vergangenheit trotz fehlender personeller Verflechtung eine Betriebsaufspaltung mit Einkünften aus Gewerbebetrieb beim Besitzunternehmen angenommen worden ist und die Einkünfte auf der Basis eines Betriebsvermögensvergleichs bestandskräftig festgestellt worden sind, ist bei der Feststellung der Einkünfte aus Vermietung und Verpachtung für die Folgejahre darauf zu achten, dass Einnahmen und Ausgaben nicht doppelt angesetzt werden. Ggf. sind Berichtigungen nach § 174 AO durchzuführen. Es ist nicht zu beanstanden, wenn der Steuerpflichtige in der Erklärung für den ersten noch offenen Feststellungszeitraum eine Hinzurechnung und Abrechnung wie beim Übergang vom Betriebsvermögensvergleich (§ 4 Abs. 1 oder § 5 EStG) zur Einnahmeüberschussrechnung entsprechend R 17 Abs. 2 EStR vornimmt.

---

1) Siehe dazu den BFH-Beschluss vom 18.8.2005 – IV B 167/04 (BStBl. 2006 II S. 158):
„Es ist ernstlich zweifelhaft, ob § 174 Abs. 3 AO 1977 die Rechtsgrundlage dafür bietet, bestandskräftige Steuerbescheide in der weise zu ändern, dass ein Entnahmegewinn steuerlich berücksichtigt wird, den das FA seinerzeit wegen Nichtanwendung der BFH-Rechtsprechung zur Bedeutung von Einstimmigkeitsabreden bei der Betriebsaufspaltung nicht erfasst hat (Bedenken gegen die Richtigkeit der im BMF-Schreiben vom 7. Oktober 2002, BStBl. I 2002, 1028, unter V.1. vertretenen Auffassung)."

Zu § 15 EStG **Anlage § 015–19**

Einkommensteuerliche Behandlung von Venture Capital und Private Equity Fonds; Abgrenzung der privaten Vermögensverwaltung vom Gewerbebetrieb[1)]

– BdF-Schreiben vom 16.12.2003 – IV A 6 – S 2240 – 153/03 (BStBl. 2004 I S. 40) –

Zur einkommensteuerlichen Behandlung von Venture Capital Fonds und Private Equity Fonds nehme ich im Einvernehmen mit den obersten Finanzbehörden der Länder wie folgt Stellung:

I. Begriffsbestimmung

In Venture Capital und Private Equity Fonds, die meist von einem oder mehreren Initiatoren gegründet werden, schließen sich Kapitalanleger insbesondere zum Zweck der Finanzierung junger Unternehmen, des Wachstums mittelständischer Unternehmen, der Ausgliederung von Unternehmensteilen oder der Nachfolge in Unternehmen zusammen. Dabei dient der Fonds als Mittler zwischen den Kapitalanlegern einerseits und den zu finanzierenden Unternehmen (Portfolio-Gesellschaften) andererseits. Von den Fonds werden Eigenkapital- und eigenkapitalähnliche Beteiligungen an den Portfolio-Gesellschaften erworben. Nach Erreichen des durch die Finanzierung beabsichtigten Ziels (z. B. Umwandlung der Portfolio-Gesellschaften in Aktiengesellschaften und die Platzierung der Unternehmen an der Börse, Ausgliederung von Unternehmensteilen) werden die Anteile an den Gesellschaften – kurspflegend – veräußert.   1

II. Venture Capital und Private Equity Fonds

1. Typischer Sachverhalt

Bei Venture Capital Fonds und Private Equity Fonds ist regelmäßig von den nachfolgend dargestellten Sachverhaltselementen auszugehen: 2

Venture Capital und Private Equity Fonds werden regelmäßig in Form einer Personengesellschaft (GmbH & Co. KG) gegründet. Die Komplementär-GmbH ist meist am Vermögen der KG nicht beteiligt. In- und ausländische private und institutionelle Anleger beteiligen sich als Kommanditisten an den Fonds. Auch die Initiatoren beteiligen sich als Kommanditisten an den Fonds. Sie bringen neben ihrem Kapital regelmäßig auch immaterielle Beiträge (Erfahrungen, Kontakte, Netzwerke) ein.

Die laufende Geschäftsführung wird von der Komplementär-GmbH oder einer Management-Gesellschaft als Kommanditist mit Geschäftsführungsbefugnis („geschäftsführende Gesellschafter") wahrgenommen. Zur laufenden Geschäftsführung gehört die Prüfung der Beteiligungen, die Verhandlung der Beteiligungsverträge, die Überwachung der Beteiligungen, das Berichtswesen, die Kapitalabrufe und die Betreuung der Anleger. Der „geschäftsführende Gesellschafter" erhält regelmäßig eine jährliche Haftungs- und Geschäftsführungsvergütung zwischen 1,5 und 2,5 % des Zeichnungskapitals des Fonds. Die letztverantwortlichen Anlageentscheidungen (Investment- und Desinvestment-Entscheidungen) werden von einer weiteren GmbH und Co. KG (Initiator-KG) getroffen. Die Initiatoren erhalten unmittelbar oder mittelbar über die Initiator-KG neben ihrem Gewinnanteil für ihre letztverantwortlichen Anlageentscheidungen und sonstigen immateriellen Beiträge zusätzlich eine Vergütung von meist 20 % der Gewinne des Fonds, die erst nach der Ausschüttung der Gewinne an die übrigen Gesellschafter ausgezahlt wird (sog. Carried Interest).   3

Die Tätigkeit des Fonds besteht regelmäßig im Erwerb von Beteiligungen an den zu finanzierenden Unternehmen (meist Kapitalgesellschaften), dem Einziehen von Dividenden und Zinsen und – nach Erreichen des mit der Finanzierung beabsichtigten Zwecks – der Veräußerung der im Wert erheblich gestiegenen Beteiligungen. Die Beteiligungen werden im Durchschnitt 3 bis 5 Jahre gehalten, der Fonds hat im Durchschnitt eine Laufzeit von 8 bis 12 Jahren.   4

Die Beteiligungen werden ausschließlich mit Eigenmitteln des Fonds – mit Ausnahme der Inanspruchnahme staatlicher Förderung, die zivilrechtlich als Darlehen ausgestaltet ist – erworben. Die Verwaltung der Beteiligungen erfolgt in der Regel nur über die Ausübung von gesetzlichen oder üblichen gesellschaftsvertraglichen Rechten von Gesellschaftern. Für wichtige Geschäftsführungsmaßnahmen bei den Portfolio-Gesellschaften kann ein Zustimmungsvorbehalt für die Initiator-KG – analog § 111 Abs. 4 Satz 2 AktG – bestehen. Der Fonds oder die geschäftsführenden Gesellschafter streben eine Vertretung in Aufsichtsräten oder Beiräten der Portfolio-Gesellschaften an. Die Rechte und Pflichten als Aufsichtsrat oder Beirat orientieren sich am gesetzlichen Leitbild des Aufsichtsrats einer Kapitalgesellschaft.   5

---

1) Zur Behandlung der vom Fonds aufgewendeten Kosten als Werbungskosten, Betriebsausgaben oder Anschaffungskosten vgl. Vfg OFD Frankfurt vom 1.12.2006 (DB 2007 S. 22)

Anlage § 015–19 Zu § 15 EStG

2. Steuerrechtliche Beurteilung der Tätigkeit des Fonds

6 Eine private Vermögensverwaltung liegt vor, wenn sich die Betätigung noch als Nutzung von Vermögen im Sinne einer Fruchtziehung aus zu erhaltenden Substanzwerten darstellt und die Ausnutzung substanzieller Vermögenswerte durch Umschichtung nicht entscheidend in den Vordergrund tritt (vgl. BFH-Urteile vom 4. März 1980 – BStBl. II S. 389 – und vom 29. Oktober 1998 – BStBl. 1999 II S. 448 –). Ein Gewerbebetrieb liegt dagegen vor, wenn eine selbstständige nachhaltige Betätigung mit Gewinnerzielungsabsicht unternommen wird, die sich als Beteiligung am allgemeinen wirtschaftlichen Verkehr darstellt und über den Rahmen einer Vermögensverwaltung hinausgeht (vgl. BFH-Beschluss vom 25. Juni 1984 – BStBl. II S. 751, 762 –).

7 Nach der Rechtsprechung des BFH (vgl. BFH-Urteile vom 4. März 1980 – a. a. O. –, vom 31. Juli 1990 – BStBl. 1991 II S. 66 -, vom 6. März 1991 – BStBl. II S. 631 –, vom 19. Februar 1997 – BStBl. II S. 399 – und vom 29. Oktober 1998 – a. a. O. –) können folgende Merkmale für einen gewerblichen Wertpapierhandel sprechen:
   – Einsatz von Bankkrediten statt Anlage von Eigenkapital
   – Unterhaltung eines Büros oder einer Organisation zur Durchführung von Geschäften
   – Ausnutzung eines Marktes unter Einsatz beruflicher Erfahrungen
   – Anbieten von Wertpapiergeschäften einer breiten Öffentlichkeit gegenüber oder Wertpapiergeschäfte auch auf Rechnung Dritter
   – eigenes unternehmerisches Tätigwerden in den Portfolio-Gesellschaften

8 Unter Berücksichtigung dieser Merkmale und der Grundsätze des BFH-Urteils vom 25. Juli 2001 (BStBl. II S. 809) zum gewerblichen Handel mit GmbH-Geschäftsanteilen sind die Voraussetzungen für die Annahme einer gewerblichen Tätigkeit des Fonds in der Regel nicht erfüllt, wenn die Kriterien der Tz. 9 bis 16 vorliegen. Dabei ist auf das Gesamtbild der Tätigkeiten abzustellen; die einzelnen Kriterien sind im Zusammenhang zu würdigen.

Kein Einsatz von Bankkrediten/keine Übernahme von Sicherheiten

9 Der Fonds selbst muss den Erwerb von Anteilen an der Portfolio-Gesellschaft im Wesentlichen aus Eigenmitteln finanzieren. Die Inanspruchnahme staatlicher Förderung, die zivilrechtlich als Darlehen strukturiert ist, ist unschädlich. Unschädlich ist es auch, wenn ausstehende Kapitaleinlagen zur Überbrückung von Einforderungsfristen kurzfristig zwischenfinanziert werden müssen und der Zwischenkredit nach der Kapitaleinzahlung unverzüglich zurückgeführt wird. Werden dem Fonds durch Investoren (z. B. Banken) Gesellschafterdarlehen gewährt, liegt insoweit eine schädliche Fremdfinanzierung vor, da dem Fonds hier Fremdkapital zugeführt wird; dies gilt nicht, wenn das Gesellschafterdarlehen aus bank- oder versicherungsaufsichtsrechtlichen Gründen vorgeschrieben ist. Die vom BFH im Urteil vom 20. Dezember 2000 (BStBl. 2001 II S. 706) vertretene Auffassung, dass eine Fremdfinanzierung von Wertpapiergeschäften selbst in nennenswertem Umfang diese nicht als gewerblich prägt, ist auf die vorliegenden Gestaltungen nicht übertragbar. Durch die von üblichen Wertpapiergeschäften abweichende Zielsetzung dieser Fonds, in erster Linie Anteile an Kapitalgesellschaften zu erwerben und sie nach gewisser Zeit wieder zu veräußern, spricht eine wesentliche Fremdfinanzierung der zugrunde liegenden Beteiligungsgeschäfte für einen gewerblichen „Warenumschlag" der Beteiligungen an den Portfolio-Gesellschaften, weil dies ein „händlertypisches" Verhalten darstellt.

10 Übernimmt der Fonds die Besicherung von Verbindlichkeiten der Portfolio-Gesellschaft, entspricht dies eher dem Bild des Gewerbebetriebs als dem der privaten Vermögensverwaltung. Auch die Rückdeckung von Darlehensverbindlichkeiten der Portfolio-Gesellschaften durch den Fonds entspricht eher dem Bild des Gewerbebetriebs als dem der privaten Vermögensverwaltung; eine unschädliche Rückdeckung liegt jedoch vor, wenn die „rückgedeckten" Kredite der Portfolio-Gesellschaft als Zwischenkredite mit noch ausstehenden Einlagen durch den Fonds im Zusammenhang stehen.

Keine eigene Organisation

11 Der Fonds darf für die Verwaltung des Fonds-Vermögens keine umfangreiche eigene Organisation unterhalten. Betreibt der Fonds ein eigenes Büro und hat er Beschäftigte, ist dies unschädlich, wenn dies nicht das Ausmaß dessen übersteigt, was bei einem privaten Großvermögen üblich ist. Die Größe des verwalteten Vermögens begründet für sich allein betrachtet noch keinen Gewerbebetrieb (vgl. BFH-Urteile vom 17. Januar 1961 – BStBl. III S. 233 – und vom 18. März 1964 – BStBl. III S. 367 –).

Keine Ausnutzung eines Marktes unter Einsatz beruflicher Erfahrung

12 Der Fonds darf sich nicht eines Marktes bedienen und auf fremde Rechnung unter Einsatz beruflicher Erfahrungen tätig werden. Das Nutzbarmachen einschlägiger beruflicher Kenntnisse für eigene Rechnung begründet noch keine Gewerblichkeit. Der/die „geschäftsführenden Gesellschafter" und die Ini-

tiatoren nutzen häufig bei der Prüfung und Entscheidung der möglichen Investitionen ihr Know-how und ihre Branchenkenntnisse. Dies ist aber mit dem Verhalten eines privaten Anlegers, der ein umfangreiches Vermögen zu verwalten hat, noch vergleichbar und daher unschädlich.

Kein Anbieten gegenüber breiter Öffentlichkeit/Handeln auf eigene Rechnung
Der Fonds darf Beteiligungen an den Portfolio-Gesellschaften nicht gegenüber einer breiten Öffentlichkeit anbieten oder auf fremde Rechnung handeln. Ein Anbieten gegenüber einer breiten Öffentlichkeit als Teilnahme am allgemeinen wirtschaftlichen Verkehr liegt vor, wenn die Tätigkeit auf einen „Leistungs- und Güteraustausch" gerichtet ist. Bei der Verwaltung der Beteiligungen durch den Fonds ist dies nicht gegeben. Unschädlich sind daher die Tätigkeiten der Fonds-Gesellschaft bei der Verwertung ihrer auf eigene Rechnung eingegangenen Beteiligungen, z. B. bei der Veräußerung der Beteiligungen oder beim Börsengang der Portfolio-Gesellschaften. Der Fonds erwirbt seine Beteiligungen stets auf eigene Rechnung. Die Tätigkeit und das Nutzbarmachen der Kenntnisse des/der „geschäftsführenden Gesellschafter" oder der Initiatoren führt nicht zu der Annahme, dass der Fonds gleichzeitig auch für fremde Rechnung tätig wird. Denn die Tätigkeit dieser Kommanditisten ist unmittelbar dem Fonds als eigene Tätigkeit zuzurechnen.

13

Keine kurzfristige Beteiligung[1)]
Der Fonds muss die Beteiligungen mindestens mittelfristig, d. h. 3 bis 5 Jahre, halten, da bei kurzfristigen Anlagen keine Fruchtziehung aus zu erhaltenden Substanzwerten anzunehmen ist. Bei der Prüfung der Mindesthaltedauer sind alle Beteiligungen des Fonds einzubeziehen. Die Veräußerung einer einzelnen Beteiligung vor Ablauf der Haltedauer führt für sich noch nicht zum Gewerbebetrieb. Es ist vielmehr auf das Gesamtbild abzustellen; maßgeblich ist daher die gewogene durchschnittliche Haltedauer, bezogen auf das gesamte Beteiligungskapital. Von einer Fruchtziehung aus zu erhaltenden Substanzwerten ist zwar auszugehen, wenn die Ertragserwartung des Anlegers nicht im Zufluss von Dividenden, sondern überwiegend in der Realisierung von Wertsteigerungen der Beteiligung durch Veräußerung besteht, vgl. BFH-Urteil vom 20. Dezember 2000 (BStBl. 2001 II S. 706). Diese für Wertpapierverkäufe geltenden Grundsätze sind aber nicht entsprechend bei nachhaltigen, zeitlich eng zusammenhängenden An- und Verkäufen von Unternehmensbeteiligungen anzuwenden, vgl. BFH-Urteil vom 25. Juli 2001 (BStBl. II S. 809). Die Syndizierung, d. h. die spätere Aufteilung des Investitionsbetrags in eine Portfolio-Gesellschaft auf mehrere Fonds, z. B. zwecks Risikostreuung, nach Erwerb der Beteiligung stellt ebenfalls eine Veräußerung dar; diese bleibt für die Frage der Haltedauer jedoch außer Betracht, wenn die Aufteilung innerhalb von 18 Monaten nach Erwerb der Beteiligung nur zwischen Fonds desselben Initiators stattfindet und zu Anschaffungskosten zzgl. einer marktüblichen Verzinsung erfolgt.

14

Keine Reinvestition von Veräußerungserlösen
Die erzielten Veräußerungserlöse dürfen nicht reinvestiert, sondern müssen ausgeschüttet werden. Keine Reinvestition von Veräußerungserlösen liegt vor, wenn Erlöse in Höhe des Betrags, zu dem Kosten und der Ergebnis-Vorab für die Geschäftsführung aus Kapitaleinzahlungen finanziert wurden, erstmals in Beteiligungen investiert werden. Dasselbe gilt, wenn Veräußerungserlöse bis zur Höhe eines Betrags von 20 % des Zeichnungskapitals in Nachfinanzierungen von Portfolio-Gesellschaften investiert werden, an denen der Fonds bereits beteiligt ist.

15

---

1) Siehe dazu auch Vfg OFD München vom 15.10.2004 – S 2241 – 55 St 41/42 und Vfg OFD Magdeburg vom 5.5.2006 (DStR 2006 S. 1505):
„Für die Ermittlung der „gewogenen durchschnittlichen Haltedauer, bezogen auf das gesamte Beteiligungskapital" ist ausschließlich auf das Nominalkapital der jeweiligen Beteiligung abzustellen. Auf die detaillierte Entwicklung des Beteiligungskapitals unter Einbeziehung von Kapitalrücklagen, Gewinnmehrungen usw. kommt es daher nicht an. Der Begriff des „gesamten Beteiligungskapitals" ist im formalen Sinn zu verstehen. D. h., dass Darlehen, Mantel- und Optionsschuldverschreibung, typische stille Gesellschaften und Anteilsoptionen nicht zum Beteiligungskapital in diesem Sinn gehören, selbst wenn sie in einer Krise Eigenkapital ersetzenden Charakter hätten.
Soweit von Wagniskapitalgesellschaften den einzelnen Portfolio-Gesellschaften über mehrere Finanzierungsrunden verteilt Kapital zur Verfügung gestellt wird, ist für die Berechnung der Haltedauer vom kumulierten Kapital ohne Berücksichtigung der einzelnen Zahlungszeitpunkte auszugehen. Als Beginn der Haltedauer ist auch bei mehreren Beteiligungserwerben aufgrund aufeinander folgender Finanzierungsrunden insgesamt vom Zeitpunkt des ersten Beteiligungserwerbs auszugehen. Für die Frage des Endes der Haltedauer ist der Zeitpunkt maßgeblich, zu dem der Fonds seine Beteiligung im Wesentlichen veräußert hat. Hiervon ist auszugehen, wenn der Fonds mehr als 90% der gesamten erworbenen Anteile an einer Portfolio-Gesellschaft veräußert oder übertragen hat."

Kein unternehmerisches Tätigwerden in Portfolio-Gesellschaften [1]

16 Der Fonds darf sich nicht am aktiven Management der Portfolio-Gesellschaften (auch nicht über verbundene Dritte) beteiligen (vgl. Abschnitt 8 Abs. 5 KStR, BFH-Urteil vom 25. Juli 2001 – BStBl. II S. 809). Die Wahrnehmung von Aufsichtsratsfunktionen in den gesellschaftsrechtlichen Gremien der Portfolio-Gesellschaften ist hierbei unschädlich. Die Einräumung von Zustimmungsvorbehalten – analog § 111 Abs. 4 Satz 2 AktG – ist regelmäßig unschädlich, es sei denn, es werden Zustimmungsvorbehalte in einem Maße eingeräumt, dass der Geschäftsführung der Portfolio-Gesellschaft kein echter Spielraum für unternehmerische Entscheidungen bleibt, dies wäre ein Indiz für eine gewerbliche Tätigkeit des Fonds. Die Einschaltung eines sog. Inkubators (gewerbliche Entwicklungsgesellschaft), dessen Tätigkeit dem Fonds auf Grund schuldrechtlicher Verträge oder personeller Verflechtungen zuzurechnen ist, führt stets zur Gewerblichkeit des Fonds.

Keine gewerbliche Prägung bzw. gewerbliche „Infektion"

17 Bei dem Fonds darf es sich nicht bereits um einen Gewerbebetrieb kraft Prägung im Sinne des § 15 Abs. 3 Nr. 2 EStG bzw. kraft „Infektion" (§ 15 Abs. 3 Nr. 1 EStG) handeln. Venture Capital Fonds und Private Equity Fonds sind regelmäßig nicht gewerblich geprägt, weil auch Personen zur Geschäftsführung befugt sind, die Kommanditisten des Fonds sind. Eine in vollem Umfang gewerbliche Tätigkeit des Fonds ist dagegen gegeben, wenn der Fonds mitunternehmerische Beteiligungen (Beteiligung an gewerblich tätigen oder gewerblich geprägten Personengesellschaften) im Portfolio hält, § 15 Abs. 3 Nr. 1 EStG. Denn bei doppelstöckigen Personengesellschaften färbt eine etwaige gewerbliche Tätigkeit der Untergesellschaft auf die Obergesellschaft ab (vgl. BFH-Urteile vom 8. Dezember 1994, BStBl. 1996 II S. 264 und vom 18. April 2000, BStBl. 2001 II S. 359).

3. Steuerrechtliche Beurteilung der Gewinnanteile

18 Ist die Tätigkeit des Fonds nach Prüfung der oben genannten Kriterien nach dem Gesamtbild der Betätigung als gewerbliche Tätigkeit zu qualifizieren, gehören die Gewinnanteile der Gesellschafter zu den laufenden Einkünften aus Gewerbebetrieb nach § 15 Abs. 1 Satz 1 Nr. 2 Satz 1 EStG. Nach dem Wechsel des Körperschaftsteuersystems sind im Rahmen der jeweiligen Anwendungsvorschriften auch die Neuregelungen zur Besteuerung von Ausschüttungen und von Gewinnen aus der Veräußerung von Beteiligungen zu beachten. Sofern an dem Fonds natürliche Personen beteiligt sind und soweit der Gewinnanteil des Gesellschafters Gewinne aus der Veräußerung von Anteilen an Kapitalgesellschaften und Dividenden enthält, unterliegen danach diese Gewinne dem Halbeinkünfteverfahren nach § 3 Nr. 40 Satz 1 Buchst. a und d und Satz 2 i. V. m. § 3c Abs. 2 EStG. Soweit an dem Fonds eine Körperschaft, Personenvereinigung oder Vermögensmasse im Sinne des § 1 KStG beteiligt ist, sind Dividenden und Gewinne aus der Veräußerung von Anteilen an Kapitalgesellschaften nach § 8b Abs. 1 und 2 in Verbindung mit Abs. 6 KStG von der Körperschaftsteuer befreit. § 15 Abs. 4 Satz 4 EStG und § 8b Abs. 7 KStG finden keine Anwendung, weil es sich bei den Fonds nicht um ein Kreditinstitut, einen Finanzdienstleister oder ein Finanzunternehmen im Sinne des Gesetzes über das Kreditwesen handelt und die Fonds keine kurzfristigen Eigenhandelserfolge verfolgen, sondern mindestens mittelfristige Anlagen tätigen.

19 Haben sich beschränkt Steuerpflichtige an einem Venture Capital oder Private Equity Fonds mit Geschäftsleitung im Inland beteiligt, sind die Einkünfte des (inländischen) Fonds unter den Voraussetzungen der Tzn. 6 bis 17, soweit sie den beschränkt Steuerpflichtigen zuzurechnen sind, als gewerbliche Einkünfte gem. § 49 Abs. 1 Nr. 2 Buchst. a EStG anzusehen; es sei denn, die Einkünfte sind einer ausländischen Betriebsstätte des Fonds zuzuordnen. Befindet sich die Geschäftsleitung des Fonds im Ausland, sind Einkünfte des Fonds, die den beschränkt Steuerpflichtigen zuzurechnen sind, als gewerbliche Einkünfte i. S. v. § 49 Abs. 1 Nr. 2 Buchst. a EStG anzusehen, wenn sie einer inländischen Betriebsstätte des Fonds zugeordnet werden oder ein ständiger Vertreter im Inland bestellt ist.

---

1) Siehe dazu auch Vfg OFD München vom 15.10.2004 – S 2241 – 55 St 41/42 und Vfg OFD Magdeburg vom 5.5.2006 (DStR 2006 S. 1505):
„Die unschädliche „Wahrnehmung von Aufsichtsratfunktionen in den gesellschaftsrechtlichen Gremien der Portfolio-Gesellschaft" soll sich unabhängig von der Rechtsform und der Ansässigkeit der Portfolio-Gesellschaften nach dem gesetzlichen Leitbild des Aufsichtsrats einer deutschen Aktiengesellschaft bestimmen. D. h., auf andere Gesellschaftsformen (z. B. GmbH) und ausländische Portfolio-Gesellschaften werden die Grundsätze, die für den Aufsichtsrat einer deutschen Aktiengesellschaft gelten, übertragen.
Die Mitgliedschaft in einem Gremium einer ausländischen Portfolio-Gesellschaft mit geschäftsleitender Funktion, dessen Zuständigkeiten und Kompetenzen die eines Aufsichtsrats nach deutschem Aktienrecht überschreiten, ist i.S. der Rdn. 16 des BMF-Schreibens vom 16.12.2003 als unternehmerisches Tätigwerden zu werten, wenn eine nach dem maßgeblichen ausländischen Recht wirksame Beschränkung des Tätigkeitsumfangs des Fondsvertreters im besagten geschäftsleitenden Gremium nicht möglich oder zulässig ist. Das Vorliegen und die Wirksamkeit einer solchen Vereinbarung ist vom Fonds auf Verlangen des FA gegenüber nachzuweisen."

Zu § 15 EStG **Anlage § 015–19**

Die Einkünfte des Fonds unterliegen grundsätzlich auf der Ebene des Fonds nach § 2 Abs. 1 Satz 2 **20**
GewStG der Gewerbesteuer. § 8b Abs. 1 bis 5 KStG und § 3 Nr. 40 EStG sind bei der Ermittlung des
Gewerbeertrags des Fonds nicht anzuwenden. Ein ausländischer Fonds, für den im Inland nur ein ständiger Vertreter bestellt ist, unterliegt nicht der Gewerbesteuer.[1]

Ist die Tätigkeit des Fonds nach dem Gesamtbild der Betätigung als private Vermögensverwaltung einzustufen, gehören die laufenden Ergebnisanteile der Beteiligten des Fonds zu den Einkünften aus § 20 **21**
EStG, soweit sie auf die von den Beteiligungsunternehmen gezahlten Dividenden entfallen. Sind an dem
Fonds unbeschränkt Steuerpflichtige beteiligt, die die Beteiligung an dem Fonds nicht in einem Betriebsvermögen halten, führt die Veräußerung der Beteiligungen an den Portfolio-Gesellschaften selbst
nur dann zu steuerpflichtigen Einnahmen, wenn es sich um private Veräußerungsgeschäfte (§ 23 EStG),
um eine Beteiligung im Sinne des § 17 EStG oder um einbringungsgeborene Anteile im Sinne des § 21
UmwStG handelt. Für die Beurteilung, ob die Voraussetzungen des § 17 Abs. 1 EStG gegeben sind,
kommt es nicht auf den Anteil des Fonds an der Gesellschaft, sondern auf den Bruchteilsanteil der einzelnen Beteiligten des Fonds an der Portfolio-Gesellschaft an (sog. Bruchteilsbetrachtung, vgl. BFH-Urteil vom 9. Mai 2000, BStBl. II S. 686).

Nach dem Wechsel des Körperschaftsteuersystems unterliegen die Dividenden und die Gewinne aus der **22**
Veräußerung von Anteilen an Kapitalgesellschaften bei den Beteiligten des Fonds nach § 3 Nr. 40 i. V. m.
§ 3c EStG dem Halbeinkünfteverfahren oder der Steuerbefreiung gemäß § 8b Abs. 1 und 2 KStG im
Rahmen der jeweiligen Anwendungsregelungen, sofern es sich um steuerpflichtige Einkünfte handelt.
Bei Körperschaften im Sinne des § 1 Abs. 1 KStG als Gesellschafter des „vermögensverwaltenden"
Fonds findet § 8b Abs. 1 und 2 KStG unmittelbar Anwendung, weil wegen der Bruchteilsbetrachtung des
§ 39 Abs. 2 AO die Beteiligung an der Kapitalgesellschaft den Gesellschaftern der Personengesellschaft
anteilig zuzurechnen ist und die Veräußerung der Anteile an der Kapitalgesellschaft durch die vermögensverwaltende Personengesellschaft der anteiligen Veräußerung durch die Gesellschafter der Personengesellschaft gleichsteht.

Sind an dem Fonds beschränkt steuerpflichtige natürliche Personen beteiligt, sind Gewinne aus der **23**
Veräußerung von Anteilen an den Portfolio-Gesellschaften unter den Voraussetzungen des § 49 Abs. 1
Nr. 2 Buchstabe e) und Nr. 8 EStG zu erfassen. Ggf. ist eine Steuerfreistellung nach dem jeweils geltenden Doppelbesteuerungsabkommen zu beachten, insbesondere wenn das Abkommen eine Regelung
entsprechend dem Art. 13 Abs. 4 OECD-MA beinhaltet. Bei Körperschaften im Sinne des § 1 Abs. 1
KStG ist § 8b Abs. 1 und 2 KStG unmittelbar anwendbar.

Die Ausführungen in Tz. 21 bis 23 gelten nicht für den erhöhten Gewinnanteil (carried interest)[2)3)] der **24**
mittelbar oder unmittelbar an der Fonds-Gesellschaft beteiligten Initiatoren (zur Begriffsbestimmung
Tz. 3). Nur soweit der Gewinnanteil der mittelbar oder unmittelbar an der Fonds-Gesellschaft beteiligten
Initiatoren ihrem Anteil an der Gesamthand entspricht, können diese Einnahmen als Einnahmen im
Sinne der §§ 17, 20 oder 23 EStG gewertet werden, vgl. Rn. 18. Nach der Rechtsprechung des BFH
werden dem Gesellschafter die Kapitalbeteiligungen der Personengesellschaft nach § 39 Abs. 2 Nr. 2 AO
in einem seiner Beteiligung an der Gesamthand entsprechenden Bruchteil zugerechnet (BFH-Urteil vom
7. April 1976, BStBl. II S. 557, vom 27. März 1979, BStBl. II S. 724, vom 12. Juni 1980, BStBl. II
S. 646, zweifelnd BFH-Urteil vom 13. Juli 1999, BStBl. II S. 820, bestätigend BFH vom 9. Mai 2000,
BStBl. II S. 686). Bei dieser Betrachtung kann der erhöhte Gewinnanteil der mittelbar oder unmittelbar
an der Fonds-Gesellschaft beteiligten Initiatoren nicht Bestandteil etwaiger steuerfreier Veräußerungsgewinne oder steuerbegünstigter Dividenden sein, sondern wird als (verdecktes) Entgelt für eine Tätigkeit angesehen und führt somit stets zu steuerpflichtigen Einkünften (§ 18 Abs. 1 Nr. 3 EStG, u. U. auch
§ 15 EStG, sofern der Beteiligte seine Beteiligung an dem Fonds in einem Betriebsvermögen hält). Der
erhöhte Gewinnanteil beruht nicht auf der den mittelbar oder unmittelbar an der Fonds-Gesellschaft beteiligten Initiatoren – wie allen anderen Gesellschaftern – zuzurechnenden Kapitalbeteiligung. Der erhöhte Gewinnanteil ist ein voll steuerpflichtiges Entgelt für die Dienstleistungen, die die mittelbar oder
unmittelbar an der Fonds-Gesellschaft beteiligten Initiatoren zugunsten der Mitgesellschafter erbringen.
Die übrigen Gesellschafter überlassen den mittelbar oder unmittelbar an der Fonds-Gesellschaft beteiligten Initiatoren über die Gewinnbeteiligung innerhalb der Gesellschaft einen Teil ihrer Dividenden und

---

1) Tz. 20 Satz 2 wurde durch das BdF-Schreiben vom 21.3.2007 (BStBl. I S. 302) aufgehoben.
2) Durch das Gesetz zur Förderung von Wagniskapital vom 30.7.2004 (BStBl. I 2004, 846) wurde die Besteuerung des sog. „carried interest" bei vermögensverwaltenden Wagniskapitalgesellschaften neu geregelt (§ 3 Nr. 40a, § 18 Abs. 1 Nr. 4 EStG). Die Neuregelungen sind anzuwenden, wenn die Gesellschaft unter Beteiligung eines Initiators nach dem 31.3.2002 gegründet worden ist oder soweit die Vergütungen in Zusammenhang mit der Veräußerung von Anteilen an Kapitalgesellschaften stehen, die nach dem 7.11.2003 erworben worden sind (§ 52 Abs. 4c EStG).
3) Zur steuerlichen Behandlung des carried interest, der durch Private Equity Fonds in der Rechtsform einer Kapitalgesellschaft an Initiatoren gewährt wird, vgl. Vfg Bayer. Landesamt für Steuern vom 29.8.2008 (DB 2008 S. 2166).

Anlage § 015–19   Zu § 15 EStG

Veräußerungserlöse, die nach Maßgabe des aufgebrachten Kapitals ihnen zustehen würden. Das Entgelt wird nicht durch Zahlung eines Betrages, sondern durch Verzicht auf einen Anteil der den übrigen Gesellschaftern zustehenden Gewinnanteile erbracht. Dies stellt lediglich einen abgekürzten Zahlungsweg dar; an der Qualität der Vergütung als Entgelt für eine erbrachte Dienstleistung ändert dies aber nichts.

25 Das Halbeinkünfteverfahren nach § 3 Nr. 40 i. V. m. § 3c Abs. 2 EStG und die Steuerbefreiung des § 8b Abs. 1 und 2 KStG ist auf die erhöhten Gewinnanteile nicht anzuwenden, weil es sich hierbei nicht um eine Zuordnung der Einkünfte des Fonds nach Bruchteilen handelt, sondern um eine Vergütung für eine erbrachte Leistung, die nicht die Voraussetzungen des § 3 Nr. 40 i. V. m. § 3c Abs. 2 EStG bzw. § 8b Abs. 1 und 2 KStG erfüllt.

III. Anwendungszeitpunkt

26 Dieses BMF-Schreiben ist in allen nicht bestandskräftigen Fällen anzuwenden. Soweit die Anwendung der Regelungen dieses BMF-Schreibens zu einer Verschärfung der Besteuerung gegenüber der bisher geltenden Verwaltungspraxis führt, ist dieses Schreiben nicht anzuwenden, wenn der Fonds vor dem 1. April 2002 gegründet worden ist und soweit die Portfolio-Beteiligung vor dem 8. November 2003 erworben wurde.

Zu § 15 EStG

Anlage § 015–20

Ertragsteuerliche Behandlung von Photovoltaikanlagen und Blockheizkraftwerken

– Verfügung OFD Münster vom 10.07.2012 – S 2172 – 12- St 14-44 –

1. Photovoltaikanlagen

a) Allgemeines

Nach dem Gesetz für den Vorrang Erneuerbarer Energien vom 01.08.2004 (BGBl I 2004, S. 1918) - Erneuerbare-Energien-Gesetz (EEG 2004), gültig für Anlagen zur Erzeugung von Strom aus solarer Strahlungsenergie, die nach dem 31.07.2004 und vor dem 01.01.2009 in Betrieb genommen wurden - sowie dessen Nachfolgeregelung, dem Gesetz für den Vorrang Erneuerbarer Energien vom 25.10.2008 (BGBl I 2008, S. 2074) – EEG 2009 – sind Netzbetreiber verpflichtet, Anlagen zur Erzeugung von Strom aus erneuerbaren Energien unverzüglich vorrangig an ihr Netz anzuschließen, den gesamten aus diesen Anlagen angebotenen Strom aus erneuerbaren Energien vorrangig abzunehmen und zu übertragen und den von ihnen übernommenen Strom mindestens in gesetzlich festgelegter Höhe zu vergüten. Die Höhe der Vergütung für Strom aus solarer Strahlungsenergie regelt § 11 EEG 2004 bzw. § 16 Abs. 1 EEG 2009. Sie ist vor allem abhängig von der Leistung der Anlage, im Allgemeinen aber so hoch, dass die Betreiber regelmäßig nicht nur den überschüssigen, privat nicht benötigten, sondern den gesamten Strom an den Netzbetreiber veräußern.

Zu den Anlagen zur Erzeugung von Strom aus solarer Strahlungsenergie (sog. Solaranlagen) gehören neben den Solarkollektoranlagen die Photovoltaikanlagen. Photovoltaikanlagen sind Anlagen, in denen mittels Solarzellen ein Teil der Sonnenstrahlung unmittelbar in elektrische Energie umgewandelt wird. Dagegen dienen Solarkollektoranlagen – oder auch thermische Solaranlagen – ausschließlich der Wärmeerzeugung. Sie können lediglich über weitere Zwischenschritte - und damit nur indirekt - die erzeugte Wärme in elektrische Energie umwandeln.

b) Einkunftsart, Betriebseinnahmen

Steuerpflichtige, die Photovoltaikanlagen betreiben und damit Strom erzeugen, erzielen hieraus – unter der Voraussetzung des Bestehens einer Gewinnerzielungsabsicht – in Höhe der vom Netzbetreiber gewährten Vergütung Einnahmen aus einer gewerblichen Betätigung im Sinne des § 15 Abs. 2 EStG. Ob Gewinnerzielungsabsicht vorliegt, ist im Einzelfall nach den allgemeinen Grundsätzen – unter Berücksichtigung der individuellen Leistungsdaten der Anlage, der erhaltenen Fördermittel, der vorgenommenen Investitionen und der Finanzierung – zu prüfen. Dabei bitte ich zu berücksichtigen, dass die Vergütungen abhängig vom jeweiligen Jahr der Inbetriebnahme der Anlage sinken (vgl. § 11 Abs. 5 EEG 2004).

2009 vgl. § 20 EEG 2009. Dabei sind die Vergütungen für Strom aus Anlagen zur Erzeugung von Strom aus solarer Strahlungsenergie, die ausschließlich an oder auf einem Gebäude oder einer Lärmschutzwand angebracht sind, gesondert in § 33 EEG 2009 geregelt. Darüber hinaus sieht das EEG 2009 für Photovoltaikanlagen mit einer Leistung bis einschließlich 500 kW (bis 30.06.2010: 30 kW) einen gegenüber dem Einspeisetarif verringerten besonderen Anrechnungstarif vor, soweit der erzeugte Strom nachweislich in unmittelbarer Nähe zur Anlage selbst verbraucht und nicht in das Netz eingespeist wird (vgl. § 33 Abs. 2 EEG). Nimmt der Betreiber der Photovoltaikanlage den besonderen Anrechnungstarif in Anspruch, entfällt für ihn das Erfordernis, selbst benötigten Strom von einem anderen Energieversorger zu erwerben. Neben der Anrechnungsvergütung wird folglich eine Ersparnis i.H. des ortsüblichen Strompreises generiert. Der Betreiber hat außerdem - unter der Voraussetzung des Verbrauchs in der unmittelbaren Nähe der Anlage – die Möglichkeit, den Strom an einen Dritten zu veräußern. Auch der reduzierte Vergütungssatz unterliegt der Degression nach § 20 EEG 2009. Nicht selbst verbrauchter und damit in das Netz eingespeister Strom – z. B. in Zeiten geringen eigenen Strombedarfs – wird daneben weiterhin mit dem Einspeisetarif vergütet.

Die Vergütungs- bzw. Degressionssätze nach den §§ 32 und 33 EEG 2009 wurden bereits mehrfach, zuletzt zum 01.01.2012 geändert. Die Höhe der Vergütung richtet sich dabei jeweils nach den Bestimmungen, die zum Zeitpunkt der Inbetriebnahme der Anlage gelten.

Die reduzierten Vergütungen für selbst erzeugten und sofort verbrauchten Strom stellen neben den Vergütungen nach dem normalen Tarif für eingespeisten Strom Betriebseinnahmen im Rahmen des Gewerbebetriebes „Stromerzeugung" dar. Sie werden dem Steuerpflichtigen vom Netzbetreiber für die Stromerzeugung gewährt. Hinsichtlich des für private Zwecke verbrauchten Stroms ist darüber hinaus eine nach § 6 Abs. 1 Nr. 4 EStG mit dem Teilwert zu bewertende Entnahme anzusetzen. Dieser bestimmt sich grundsätzlich nach den anteiligen Herstellungskosten des selbst verbrauchten Stroms, zu denen

Anlage § 015–20   Zu § 15 EStG

auch die ertragsteuerlichen Abschreibungen und Finanzierungskosten gehören. Aus Vereinfachungsgründen habe ich aber keine Bedenken, den Entnahmewert für den Strom in Anlehnung an den Strompreis für aus dem Netz des Energieversorgers bezogenen Strom zu schätzen. Wird der Strom an einen Dritten veräußert, ist neben der reduzierten Vergütung des Netzbetreibers der vom tatsächlichen Stromabnehmer vereinnahmte Strompreis als Betriebseinnahme zu erfassen.

c) Betriebsvorrichtung oder unselbständiger Gebäudebestandteil

Die Abgrenzung des Grundvermögens von den Betriebsvorrichtungen richtet sich ertragsteuerrechtlich grundsätzlich nach den gleich lautenden Erlassen der obersten Finanzbehörden der Länder vom 15.03.2006 (BStBl. I 2006, S. 314). Danach fallen unter den Begriff Betriebsvorrichtung alle Vorrichtungen, mit denen ein Gewerbe unmittelbar betrieben wird (vgl. BFH-Urteil vom 11.12.1991, BStBl. II 1992 S. 278). Das können selbständige Bauwerke oder auch Teile von Bauwerken sein.

Die Entscheidung, ob einzelne Anlagen Gebäudebestandteile oder Betriebsvorrichtungen sind, hängt davon ab, ob sie der allgemeinen Benutzung des Gebäudes ohne Rücksicht auf den gegenwärtig ausgeübten Betrieb dienen oder ob sie in einer besonderen Beziehung zu diesem Betrieb stehen.

Photovoltaikanlagen, die als so genannte Aufdachanlagen mit einer Unterkonstruktion auf das Dach aufgesetzt werden, dienen nach den vorstehenden Grundsätzen ganz dem Gewerbebetrieb der Stromerzeugung und sind daher regelmäßig als Betriebsvorrichtungen, somit als selbständige, bewegliche Wirtschaftsgüter anzusehen.

Ungeachtet der bewertungsrechtlichen Zuordnung zu den Gebäudebestandteilen sind nach einem Beschluss der obersten Finanzbehörden des Bundes und der Länder auch dachintegrierte Photovoltaikanlagen für ertragsteuerliche Zwecke „wie" Betriebsvorrichtungen als selbständige, bewegliche Wirtschaftsgüter zu behandeln. Dies gilt nur für das Photovoltaikmodul selbst. Nicht zur Photovoltaikanlage, sondern zum Gebäude gehört dagegen die Dachkonstruktion. Die darauf entfallenden Aufwendungen sind daher dem Gebäude entweder als Anschaffungs- bzw. Herstellungskosten oder als Erhaltungsaufwendungen zuzurechnen.

d) Absetzungen für Abnutzung

Photovoltaikanlagen haben nach der amtlichen AfA-Tabelle eine betriebsgewöhnliche Nutzungsdauer von 20 Jahren (vgl. amtliche AfA-Tabelle vom 15.12.2000 , BStBl. I 2000 S. 1532, lfd. Nr. 3.1.6). Für vor dem 01.01.2008 bzw. zwischen dem 01.01.2009 und 31.12.2010 angeschaffte oder hergestellte Anlagen kann anstelle der linearen AfA auch die degressive AfA nach § 7 Abs. 2 EStG angesetzt werden.

Für die geplante Anschaffung oder Herstellung der Anlage kann ein Investitionsabzugsbetrag nach § 7g Abs. 1 EStG gebildet werden, wenn die übrigen Anspruchsvoraussetzungen vorliegen, z. B. verbindliche Bestellung bei Bildung eines Investitionsabzugsbetrags in einem Jahr vor der Inbetriebnahme (vgl. dazu das BMF-Schreiben vom 08.05.2009, BStBl. I 2009 S. 633). Für die Anschaffungs- oder Herstellungskosten der Anlage können Sonderabschreibungen nach § 7g Abs. 5 EStG in Anspruch genommen werden.

Nach bundeseinheitlich abgestimmter Auffassung ist entgegen der bislang von mir vertretenen Auffassung eine ausschließlich betriebliche Nutzung der Photovoltaikanlage i.S.d. § 7g Abs. 1 Satz 1 Nr. 2 Buchst. b , Abs. 6 Nr. 2 EStG auch dann gegeben, wenn ein Teil des selbst erzeugten Stroms unmittelbar zu privaten Zwecken verbraucht wird. In diesen Fällen liegt keine unmittelbare Privatnutzung der Photovoltaikanlage vor, sondern es handelt sich um eine - der Produktion nachfolgende - Entnahme des betrieblich erzeugten Wirtschaftsguts "Strom".

e) Zinsverbilligte Darlehen und Zuschüsse auf Grund von Förderprogrammen

Die Kreditanstalt für Wiederaufbau (KfW) hat in der Vergangenheit durch ihr Programm Nr. 140 „Solarstrom Erzeugen" durch langfristige zinsgünstige Darlehen mit Festzinssätzen und tilgungsfreien Anlaufjahren u.a. die Investitionskosten für die Errichtung, die Erweiterung oderden Erwerb einer Photovoltaikanlage gefördert. Aktuell fördert die KfW Photovoltaikanlagen mit ihrem Programm Nr. 270 „Erneuerbare Energien – Standard" ebenfalls durch langfristige, zinsgünstige Darlehen mit tilgungsfreien Anlaufjahren.Eine Gewährung von Zuschüssen sehen die Programme der KfW zurzeit nicht vor. Die jeweils aktuellen Förderprogramme der KfW können dem Internetportal der KfW Bankengruppe (www.kfw.de) entnommen werden.

Neben dem Programm der KfW gibt es auch Förderprogramme der einzelnen Bundesländer, die jeweils unterschiedlich ausgestaltet sind. In Nordrhein-Westfalen kommt z.B. eine Förderung nach dem Förderprogramm progres.nrw (Programm für Rationelle Energieverwendung, Regenerative Energieverwendung und Energiesparen) in Betracht. Hierbei ist eine Förderung im Wege der Zuschussgewährung vorgesehen. Entsprechende Zuschüsse können, da die Photovoltaikanlage als bzw. wie eine Betriebs-

Zu § 15 EStG **Anlage § 015–20**

vorrichtung anzusehen ist, alternativ als (sofort zu versteuernde) Betriebseinnahme oder als Minderungsbetrag der Anschaffungs- oder Herstellungskosten der Photovoltaikanlage erfasst werden (vgl. R 6.5 Abs. 2 EStR 2008).

f) Arbeitszimmer

Steht dem Betreiber für die Verwaltungstätigkeiten im Zusammenhang mit der Photovoltaikanlage kein anderer Arbeitsplatz zur Verfügung, besteht grundsätzlich die Möglichkeit, die Aufwendungen für ein häusliches Arbeitszimmer geltend zu machen, sofern überhaupt eine nahezu ausschließliche Nutzung des betreffenden Zimmers im Zusammenhang mit dem Betreiben der Photovoltaikanlage gegeben ist. Allerdings ist der Betriebsausgabenabzug ausgeschlossen, wenn das Arbeitszimmer nach Art und Umfang der Tätigkeit **nicht erforderlich** ist.

Das Kriterium der Erforderlichkeit ergibt sich zwar nicht unmittelbar aus dem Wortlaut der Vorschrift des § 4 Abs. 5 Nr. 6b EStG, jedoch aus deren Sinnzusammenhang (vgl. BFH vom 27.09.1996 - VI R 47/96). Die Überwachung der Abrechnungen nur eines Energie-Abnehmers und die Erstellung von einfachen Umsatzsteuervoranmeldungen und Gewinnermittlungen reichen demnach für einen Betriebsausgabenabzug regelmäßig nicht aus (vgl. FG Nürnberg, Urteil vom 19.03.2012 – 3 K 308/11).

2. Blockheizkraftwerke

a) Allgemeines

Ein Blockheizkraftwerk dient der gleichzeitigen Erzeugung von Strom und Wärme in einem Gebäude (so genannte Kraft-Wärme-Koppelung). Dabei wird mit einem Verbrennungsmotor zunächst mechanische Energie erzeugt und diese dann durch einen Generator in Strom umgewandelt. Die anfallende Abwärme des Generators und des Motors wird unmittelbar vor Ort zum Heizen und für die Warmwasserbereitung des Gebäudes verwandt. Voraussetzung für einen sinnvollen Einsatz eines Blockheizkraftwerkes ist daher der gleichzeitige Bedarf an Strom und Wärme. Das Verhältnis von Wärme- zu Stromerzeugung liegt, abhängig vom Kraftwerkstyp und Wirkungsgrad, bei ca. 70 % Wärme und 30 % Strom.

Ebenso wie bei einer Photovoltaikanlage sind die Netzbetreiber verpflichtet, Blockheizkraftwerke an ihr Netz anzuschließen und den in diesen Anlagen erzeugten Strom vorrangig abzunehmen (vgl. § 4 Abs. 1 des Gesetzes für die Erhaltung, die Modernisierung und den Ausbau der Kraft-Wärme-Kopplung vom 19.03.2002 (BGBl I 2003, S. 1092) - Kraft-Wärme-Kopplungs-Gesetz (KWKG 2002), zuletzt geändert durch das [Textänderung] Gesetz zur Neuregelung energiewirtschaftsrechtlicher Vorschriften (EnWRNRG) vom 26.07.2011 (BGBl I 2011, S. 1554)). [Textänderung Ende] Der selbst erzeugte Strom wird in der Regel nur insoweit in das öffentliche Netz eingespeist, als er nicht in dem Gebäude selbst verbraucht wird.

b) Einkunftsart, Betriebseinnahmen

Auch Steuerpflichtige, die ein Blockheizkraftwerk betreiben, damit Strom erzeugen und diesen an den Netzbetreiber veräußern, erzielen hieraus unter der Voraussetzung des Bestehens einer Gewinnerzielungsabsicht grds. Einkünfte aus einer gewerblichen Betätigung im Sinne des § 15 Abs. 2 EStG. Die Gewinnerzielungsabsicht ist unter Berücksichtigung der individuellen Leistungsdaten der Anlage, der erhaltenen Fördermittel, der vorgenommenen Investitionen und der Finanzierung zu überprüfen.

Zu den Einnahmen gehören zunächst die Vergütungen für den in das Netz eingespeisten Strom. Daneben sind Vergütungen, die der Steuerpflichtige aus der Lieferung von Strom und Wärme an Dritte erzielt, Zuschläge nach dem KWKG 2002 und eventuelle Mineralölsteuererstattungen nach dem Mineralölsteuergesetz als Betriebseinnahmen anzusetzen. Ist der Betreiber des Blockheizkraftwerks als Unternehmer im Sinne des Umsatzsteuergesetzes anzusehen und wird er nicht als Kleinunternehmer behandelt, gehören auch die vereinnahmte Umsatzsteuer sowie Umsatzsteuererstattungen zu den Betriebseinnahmen.

Als Betriebsausgaben kommen insbesondere die Aufwendungen für den Einkauf des Brennstoffes zum Betreiben des Motors, Reparatur- und Wartungskosten, Finanzierungskosten, AfA, Investitionsabzugsbeträge und für den Fall, dass der Betreiber des Blockheizkraftwerks als Unternehmer im Sinne des Umsatzsteuergesetzes anzusehen ist und nicht als Kleinunternehmer behandelt wird, Vorsteuerbeträge sowie Umsatzsteuer(voraus)zahlungen, in Betracht.

Für die Verwendung der Nutzwärme für die Beheizung und die Warmwasserversorgung des privaten Wohnhauses oder der privaten Wohnung und die Verwendung des Stroms für private Zwecke ist eine nach § 6 Abs. 1 Nr. 4 EStG mit dem Teilwert zu bewertende Entnahme anzusetzen. Dieser bestimmt sich nach den anteiligen Herstellungskosten des entnommenen Stroms bzw. der entnommenen Nutzwärme, zu denen auch die ertragsteuerlichen Abschreibungen und Finanzierungskosten gehören. Dies entspricht

Anlage § 015–20

der umsatzsteuerlichen Behandlung des Blockheizkraftwerkes (so auch Urteil des FG Niedersachsen vom 10.09.2009 16 K 41/09, DStRE 2010, 1386, Revision XI R 3/10).

Die Aufteilung zwischen **privater und betrieblicher Stromerzeugung einerseits und privater Wärmeerzeugung** andererseits obliegt dem Steuerpflichtigen. Sie kann aus Vereinfachungsgründen anhand der vom Hersteller bescheinigten Stromkennzahlen oder Leistungsangaben vorgenommen werden, sofern an der Anlage keine geeichte Messeinrichtung vorhanden ist.

c) Betriebsvorrichtung oder unselbständiger Gebäudebestandteil

Der Zweck eines Blockheizkraftwerks liegt nicht ausschließlich in der Stromerzeugung, sondern auch darin, ein Gebäude zu beheizen und mit warmem Wasser zu versorgen. Da jedoch der betriebliche Zweck der Stromerzeugung im Vordergrund steht, ist ein Blockheizkraftwerk für ertragsteuerliche Zwecke **„wie"** eine Betriebsvorrichtung als selbständiges, bewegliches Wirtschaftsgut zu behandeln.

Hinsichtlich der AfA gelten die selben Grundsätze wie bei Photovoltaikanlagen. Die betriebsgewöhnliche Nutzungsdauer eines Blockheizkraftwerks beträgt nach der amtlichen AfA-Tabelle vom 15.12.2000 (BStBl. I 2000 S. 1532) 10 Jahre.

Sofern sowohl der erzeugte Strom ganz oder teilweise veräußert als auch die erzeugte Wärme ganz oder teilweise in ein öffentliches Wärmenetz eingespeist, unmittelbar an Dritte (z.B. Mieter) veräußert oder für die Beheizung eigenbetrieblicher Gebäude oder Einrichtungen verwendet wird, kann für Zwecke der Steuerbegünstigungen des § 7g EStG davon ausgegangen werden, dass keine unmittelbare Privatnutzung des Blockheizkraftwerks vorliegt. Es handelt sich vielmehr, genauso wie bei Photovoltaikanlagen, um eine - der Produktion nachfolgende - Entnahme der betrieblich erzeugten Wirtschaftsgüter "Strom" und „Wärme".

Wird aber die gesamte mit dem Blockheizkraftwerk erzeugte Wärme ausschließlich privat verwendet, z. B. wenn das Blockheizkraftwerk in einem zu eigenen Wohnzwecken genutzten Wohngebäude an die Stelle der Zentralheizung und Warmwasserbereitung tritt, so liegt regelmäßig eine schädliche Privatnutzung vor, die einen Investitionsabzugsbetrag und die Sonderabschreibung nach § 7g EStG ausschließt. Ordnet der Steuerpflichtige in diesen Fällen das Blockheizkraftwerk zulässigerweise dem Betriebsvermögen des Gewerbebetriebs Stromerzeugung zu, ist die Bewertung der Wärmeentnahme nach den in Tz. 2 b) dargelegten Grundsätzen vorzunehmen.

Das Vorstehende gilt nicht für ein Blockheizkraftwerk, welches in einem technischen Zusammenhang mit einer Biogasanlage genutzt wird. In diesen Fällen ist das Blockheizkraftwerk ein integrierter Bestandteil der gesamten Biogasanlage und mit dieser einheitlich abzuschreiben; die betriebsgewöhnliche Nutzungsdauer einer Biogasanlage beträgt nach der amtlichen AfA-Tabelle vom 19.11.1996 (BStBl. I 1996, 1416) 16 Jahre.

d) Förderprogramme

Die Kreditanstalt für Wiederaufbau (KfW) fördert die Investitionskosten für die Errichtung, die Erweiterung oder den Erwerb von Blockheizkraftwerken im Rahmen ihrer Programme durch langfristige zinsgünstige Darlehen bzw. durch Zuschüsse.

Über das „Impulsprogramm Mini-KWK-Anlagen" des Bundesministeriums für Umwelt, Naturschutz und Reaktorsicherheit konnte bei Antragstellung bis zum 31.07.2009 ein Zuschuss zu den Anschaffungskosten eines Blockheizkraftwerks gewährt werden. Handelt es sich bei dem Blockheizkraftwerk um ein regenerativ betriebenes Kraftwerk, kommt in Nordrhein-Westfalen zudem eine Zuschussförderung im Rahmen des Fördergramms progres.nrw in Betracht. Die steuerliche Behandlung der Zuschüsse richtet sich – wie bei Photovoltaikanlagen – nach R 6.5 Abs. 2 EStR 2008.

3. Umsatzsteuer

Bezüglich der umsatzsteuerlichen Behandlung des Betriebs von Anlagen zur Energieerzeugung verweise ich auf Abschnitt 2.5 des Umsatzsteueranwendungserlasses (UStAE).

Zu § 15a EStG   Anlage § 015a–01

Zweifelsfragen zur Anwendung des § 15a EStG

Schreiben des BdF vom 8. Mai 1981
IV B 2 – S 2241 – 102/81 (BStBl. I S. 308)

Unter Bezugnahme auf das Ergebnis der Erörterung mit den obersten Finanzbehörden der Länder vertrete ich zu Zweifelsfragen zur Anwendung des § 15a EStG folgende Auffassung:

I. Zweifelsfragen zur Anwendung des § 15a EStG

1. **Prüfung der Frage der Mitunternehmerschaft**

   Die Anwendung des § 15a EStG setzt voraus, daß der Personenzusammenschluß nach den ertragsteuerrechtlichen Grundsätzen eine Mitunternehmerschaft i. S. des § 15 Abs. 1 Nr. 2 EStG ist und daß die Beteiligten demzufolge Mitunternehmer sind.

2. **Begriff und Umfang des Kapitalkontos im Sinne des § 15a Abs. 1 Satz 1 EStG**[1]

   § 15a Abs. 1 Satz 1 EStG stellt auf das steuerliche Kapitalkonto des Kommanditisten ab. Dieses Kapitalkonto spiegelt den Anteil des Kommanditisten am Gesamthandsvermögen der Gesellschaft und die Aufwendungen des Kommanditisten für den Erwerb des Mitunternehmeranteils, die in einer steuerlichen Ergänzungsbilanz auszuweisen sind, sowie das Sonderbetriebsvermögen des Kommanditisten wider. Das Sonderbetriebsvermögen umfaßt diejenigen Wirtschaftsgüter, die nicht zum Gesamthandsvermögen gehören, aber in den steuerlichen Betriebsvermögensvergleich der Mitunternehmerschaft einzubeziehen sind. Ist die Kommanditeinlage mit Fremdmitteln finanziert, gehört die Darlehensverbindlichkeit zum Sonderbetriebsvermögen und mindert das nach § 15a Abs. 1 EStG zu berücksichtigende Verlustausgleichsvolumen. Verluste aus dem Sonderbetriebsvermögen fallen nicht unter die Regelung des § 15a Abs. 1 EStG und sind deshalb auch dann ausgleichs- und abzugsfähig, wenn durch sie ein negatives Kapitalkonto entsteht oder sich erhöht.

3. **Zurechnung von Verlustanteilen**

   § 15a EStG regelt den Ausgleich und den Abzug von Verlusten bei beschränkt haftenden Unternehmern. Die Frage der Zurechnung von Einkünften wird durch diese Regelung nicht berührt. Das bedeutet, daß Verlustanteile, die der Kommanditist gemäß § 15a Abs. 1 Satz 1 EStG nicht ausgleichen oder abziehen darf, diesem Kommanditisten als Einkünfte zugerechnet werden. Aus diesem Grunde mindern diese Verlustanteile auch die Gewinne, die demselben Kommanditisten in späteren Wirtschaftsjahren aus seiner Beteiligung an der Kommanditgesellschaft zuzurechnen sind. Das gilt auch bei Treuhandverhältnissen.

4. **Außenhaftung des Kommanditisten nach § 15a Abs. 1 Satz 2 und 3 EStG**[2]

   Nach § 15a Abs. 1 Satz 2 EStG können in Fällen, in denen der Kommanditist am Bilanzstichtag den Gläubigern der Gesellschaft auf Grund des § 171 Abs. 1 des Handelsgesetzbuches haftet, abweichend von der Grundsatzregelung in § 15a Abs. 1 Satz 1 EStG Verlustanteile des Kommanditisten bis zur Höhe des Betrags, um den die im Handelsregister eingetragene Einlage des Kommanditisten seine geleistete Einlage übersteigt, auch ausgeglichen oder abgezogen werden, soweit durch den Verlust ein negatives Kapitalkonto entsteht oder sich erhöht. Die weiteren Voraussetzungen des § 15a Abs. 1 Satz 3 EStG müssen erfüllt sein. Danach muß derjenige, dem der Anteil zuzurechnen ist, im Handelsregister eingetragen sein[3], das Bestehen der Haftung nachgewiesen werden und eine Vermögensminderung auf Grund der Haftung nicht durch Vertrag ausgeschlossen oder nach Art und Weise des Geschäftsbetriebs unwahrscheinlich sein. Ob diese Voraussetzungen vorliegen, kann nur nach den Umständen des Einzelfalles unter Berücksichtigung nachstehender Grundsätze entschieden werden.

   a) Eintragung in das Handelsregister

      aa) Zeitpunkt der Eintragung

         Voraussetzung für den erweiterten Verlustausgleich bzw. Verlustabzug im Jahr der Entstehung des Verlusts bei der KG ist, daß derjenige, dem der Anteil zuzurechnen ist und der deshalb den Verlustanteil bei seiner persönlichen Steuerveranlagung ausgleichen oder abziehen will, am Bilanzstichtag namentlich im Handelsregister eingetragen ist. Die An-

---

1) Überholt. Siehe dazu auch Anlage § 015a-06 und die Anlage § 015a-08.
2) Vgl. dazu auch das BFH-Urteil vom 28.5.1993 (BStBl. II S. 665).
3) Siehe dazu auch den Erlaß Berlin vom 26.11.1993 (FR 1993 S. 276).

Anlage § 015a–01

Zu § 15a EStG

meldung zur Eintragung im Handelsregister kann nicht als ausreichend angesehen werden. Dies gilt auch, wenn die Eintragung z. B. nur wegen Überlastung des Handelsregistergerichts oder wegen firmenrechtlicher Bedenken des Gerichts noch nicht vollzogen ist.

bb) Eintragung eines Treuhänders oder Hauptbeteiligten

6 Bei Treuhandverhältnissen im Sinne des § 39 AO und bei Unterbeteiligungen, die ein beschränkt haftender Unternehmer einem Dritten an seinem Gesellschaftsanteil einräumt, reicht für die Frage, ob der Verlustanteil im Jahre der Entstehung des Verlusts bei der KG vom Kommanditisten ausgeglichen oder abgezogen werden darf, die Eintragung des Treuhänders oder des Hauptbeteiligten im Handelsregister nicht aus. Bei Treuhändereintragung und bei alleiniger Eintragung des Hauptbeteiligten bleibt es folglich bei der Grundsatzregelung, daß der zum negativen Kapitalkonto führende bzw. dieses erhöhende Verlust gemäß § 15a Abs. 2 EStG nur mit späteren Gewinnanteilen des Treugebers oder des Unterbeteiligten aus der Beteiligung verrechnet werden kann.

b) Unwahrscheinlichkeit der Inanspruchnahme nach Art und Weise des Geschäftsbetriebs[1)]

7 Die Anwendung des § 15a Abs. 1 Satz 2 EStG setzt voraus, daß eine Vermögensminderung auf Grund der Haftung nicht nach Art und Weise des Geschäftsbetriebs unwahrscheinlich ist. Dies bedeutet, daß die durch Handelsregistereintragung begründete Haftung mit einem wirtschaftlich ins Gewicht fallenden Risiko verbunden sein muß. Dabei ist auf die Verhältnisse am Bilanzstichtag abzustellen. Demnach müssen die tatsächlich geleistete Einlage (Einlage), die Pflichteinlage gemäß Gesellschaftsvertrag (Pflichteinlage) und die Hafteinlage gemäß Handelsregistereintragung (Hafteinlage) in ihrem Verhältnis zueinander und im Verhältnis zum insgesamt benötigten Finanzbedarf gewertet werden. Ist der insgesamt benötigte und wirtschaftlich begründete Finanzbedarf bei einem Projekt, für das bei der Anlegerwerbung eine in sich geschlossene Finanzierungskonzeption vorgelegt wird, durch Eigenkapital und Fremdkapital gedeckt, so begründet die höhere Hafteinlage nach den Verhältnissen am Bilanzstichtag keine Gefahr einer Inanspruchnahme aus der Haftung, es sei denn, am Bilanzstichtag ist für den einzelnen Kommanditisten konkret erkennbar, daß er wegen einer Verbindlichkeit der Gesellschaft in Anspruch genommen werden soll, weil die Gesellschaft die Verbindlichkeit nicht erfüllt.

8 Die Frage, ob eine Inanspruchnahme aus der Haftung nicht unwahrscheinlich ist, wenn eine Differenz zwischen Pflichteinlage und (tatsächlich geleisteter) Einlage besteht und die Pflichteinlage in das Handelsregister eingetragen ist, ist ebenfalls nach den Verhältnissen am Bilanzstichtag zu entscheiden. Am Bilanzstichtag steht fest, daß die Gesellschaft im Rahmen ihres Investitionsplanes, der im Rahmen der Anlegerwerbung in den Beitrittsunterlagen im einzelnen beschrieben und teilweise sogar Bestandteil des Gesellschaftsvertrages ist, bestimmte Investitionen getätigt hat, die aus den bis zum Bilanzstichtag anteilig abgerufenen Eigenmitteln (anteilige geleistete Pflichteinlage) und Fremdmitteln gemäß Finanzierungsplan finanziert wurden. Der noch nicht abgerufene Teil der Eigenmittel und der Fremdmittel betrifft Aufwendungen späterer Wirtschaftsjahre. Die Tatsache, daß z. B. eine Bank oder ein anderer Kreditgeber der Gesellschaft im Rahmen des abgestimmten und festliegenden Finanzierungsplans die bis zum Bilanzstichtag getätigten Investitionen teilweise finanziert hat, führt somit – da im allgemeinen davon auszugehen ist, daß der Gesellschaftszweck planmäßig verwirklicht wird – nicht zu einer Erhöhung des Verlustausgleichsvolumens in den Wirtschaftsjahren, in denen entsprechend den getroffenen Vereinbarungen Teile der Pflichteinlage noch nicht geleistet sind. In diesen Fällen sind deshalb Verlustanteile nur nach Maßgabe der tatsächlich geleisteten Einlage ausgleichsfähig, es sei denn, am Bilanzstichtag ist für den einzelnen Kommanditisten konkret erkennbar, daß er wegen einer Verbindlichkeit der Gesellschaft in Anspruch genommen werden soll, weil die Gesellschaft die Verbindlichkeit nicht erfüllt. Besondere Bedeutung kommt dieser Auslegung in Fällen zu, in denen die Pflichteinlage ratenweise in mehreren Wirtschaftsjahren zu erbringen ist.

9 Hat der Kommanditist die durch Gesellschaftsvertrag bedungene Einlage ganz oder teilweise nicht erbracht und hat die KG ihren Anspruch auf Einzahlung der Kommanditeinlage z. B. an eine Bank abgetreten, so führt dieser Umstand ebenfalls nicht zu einer Außenhaftung im Sinne des § 15a Abs. 1 Satz 2 und 3 EStG. Auch in diesen Fällen sind deshalb Verlustanteile nur nach Maßgabe der tatsächlich geleisteten Einlage ausgleichsfähig, es sei denn, am Bilanzstichtag ist für den einzelnen Kommanditisten konkret erkennbar, daß er wegen einer Verbindlichkeit der Gesellschaft in Anspruch genommen werden soll, weil die Gesellschaft die Verbindlichkeit

---

1) Siehe dazu auch Anlage § 015a-06.

Zu § 15a EStG **Anlage § 015a–01**

nicht erfüllt. Das gleiche gilt in Fällen der Bürgschaftsübernahme eines Dritten für den Fall der Nichteinzahlung der Kommanditeinlage.

c) Bestehen der Außenhaftung am Bilanzstichtag

Für Zwecke des § 15a Abs. 1 EStG kann nur eine am Bilanzstichtag bestehende Außenhaftung berücksichtigt werden. Auch die übrigen Voraussetzungen müssen nach den Verhältnissen des Bilanzstichtags beurteilt werden.

5. **Eröffnung des Betriebs im Sinne des § 52 Abs. 20a EStG**[1)]

Eine Betriebseröffnung im Sinne der Übergangsregelung für Altbetriebe (§ 52 Abs. 20a Satz 2 Nr. 1 EStG) liegt im allgemeinen nur vor, wenn der Betrieb vor dem Stichtag alle Voraussetzungen für die Annahme eines Gewerbebetriebs im Sinne des Gewerbesteuerrechts erfüllt. Es ist also grundsätzlich erforderlich, daß der Betrieb bereits vor dem Stichtag damit begonnen hat, seine Leistungen gegen Entgelt anzubieten. U. U. kann die Übergangsregelung auch in Betracht kommen, wenn der Betrieb zwar vor dem Stichtag seine Leistungen noch nicht angeboten hat, aber in dem Betrieb bereits erhebliche Investitionen getätigt worden sind. Investitionen in diesem Sinne liegen jedoch nicht vor, wenn vor dem Stichtag noch keine bindenden Investitionsentscheidungen getroffen worden, sondern nur Grundlagen vorhanden sind, die Investitionen ermöglichen, z. B. wenn Verfilmungsrechte bezüglich eines noch herzustellenden Spielfilms vorhanden sind, bei dem mit den Dreharbeiten noch nicht begonnen worden ist.

Darüber hinaus muß die Mitunternehmerschaft im Sinne des Steuerrechts, die Träger des Projekts sein soll, bereits vor dem Stichtag entstanden sein und ihre werbende Tätigkeit aufgenommen haben. Haben sich vor dem Stichtag nur die sog. Gründungsgesellschafter zusammengeschlossen, d. h. die Initiatoren des Projekts, treten die eigentlichen Geldgeber aber erst nach dem Stichtag der Gesellschaft bei, liegt ein Altbetrieb nicht vor. Andererseits kann jedoch ein Altbetrieb auch vorliegen, wenn nach dem Stichtag noch einzelne Gesellschafter beitreten, die Mitunternehmerschaft als solche jedoch bereits vor dem Stichtag gegründet worden ist und ihre werbende Tätigkeit begonnen hat.

6. **Verlustzurechnung nach § 52 Abs. 20a**[2)] **Satz 5 EStG beim Ausscheiden von Kommanditisten**

Scheidet ein Kommanditist oder ein anderer Mitunternehmer, dessen Haftung der eines Kommanditisten vergleichbar ist und dessen Kapitalkonto in der Steuerbilanz der Gesellschaft auf Grund von ausgleichs- oder abzugsfähigen Verlusten negativ geworden ist, aus der Gesellschaft aus oder wird in einem solchen Fall die Gesellschaft aufgelöst, so gilt nach § 52 Abs. 20a Satz 4 EStG der Betrag, den der Mitunternehmer nicht ausgleichen muß, als Veräußerungsgewinn im Sinne des § 16 EStG. In Höhe der nach dieser Vorschrift als Gewinn zuzurechnenden Beträge sind bei den anderen Mitunternehmern unter Berücksichtigung der für die Zurechnung von Verlusten geltenden Grundsätze Verlustanteile anzusetzen (§ 52 Abs. 20a Satz 5 EStG).

Das bedeutet, daß im Falle der Auflösung der Gesellschaft diese Verlustanteile ausschließlich bei den unbeschränkt haftenden Mitunternehmern anzusetzen sind. In den Fällen des Ausscheidens von Mitgesellschaftern ohne Auflösung der Gesellschaft sind die auf die in der Gesellschaft verbleibenden beschränkt haftenden Mitunternehmer anteilig entfallenden Verlustanteile des ausscheidenden Mitunternehmers nicht ausgleichsfähig, soweit dadurch ein negatives Kapitalkonto bei dem verbleibenden beschränkt haftenden Mitunternehmer entsteht oder sich erhöht.

Die o. a. Vorschriften sind nicht anwendbar, wenn der Kommanditist seinen Anteil ganz oder teilweise veräußert (§ 16 Abs. 1 Nr. 2 EStG). In Veräußerungsfällen ist der Veräußerungsgewinn vielmehr nach allgemeinen Grundsätzen unter Berücksichtigung des vom Kommanditisten nicht auszugleichenden Kapitalkontos zu ermitteln und ggf. gemäß § 15a Abs. 2 EStG um noch nicht ausgeglichene Verluste zu mindern. Für den Erwerber stellen die gesamten Aufwendungen zum Erwerb des Anteils (einschl. des negativen Kapitalkontos) Anschaffungskosten dar.

II. **Letztmalige Anwendung der Verlustklauseln**

Die Verlustklauseln (§ 7a Abs. 6 EStG, § 1 Abs. 7 und § 2 Abs. 2 EntwLStG, § 3 Abs. 3 ZRFG, sind bei Unternehmen, bei denen kein Mitunternehmer beschränkt haftet, insbesondere bei Einzelunternehmern, offenen Handelsgesellschaften, Partenreedereien und Kapitalgesellschaften in nach dem 31.12.1979 beginnenden Wirtschaftsjahren nicht mehr anzuwenden. In anderen Fällen, insbesondere bei Kommanditgesellschaften und atypischen stillen Gesellschaften, sind die Verlustklauseln im Rahmen der Übergangsregelungen (§ 52 Abs. 20a EStG, § 11 Abs. 4 EntwLStG, § 3 Abs. 6 ZRFG) weiter anzuwenden, und zwar wegen der Betriebsbezogenheit der Verlustklauseln auf

---

1) Jetzt: § 52 Abs. 33 EStG.
2) Jetzt: § 52 Abs. 33 EStG.

Anlage § 015a–01 Zu § 15a EStG

das gesamte Betriebsergebnis und ohne Berücksichtigung des jeweiligen Standes der einzelnen Kapitalkonten.

III. Ausländische Verluste[1)]

17 In Fällen, in denen bei Beteiligung an einer ausländischen Personengesellschaft mit Sitz in einem Staat, mit dem ein Abkommen zur Vermeidung der Doppelbesteuerung besteht (DBA-Staat), ein Antrag nach § 2 AIG[2)] gestellt wird, können auf Grund der Änderung dieser Vorschrift Verluste nur in dem sich aus § 15a EStG ergebenden Umfang bei der Ermittlung des Gesamtbetrags der Einkünfte abgezogen werden. Darüber hinaus gilt nach § 15a Abs. 5 Nr. 3 EStG unter den dort genannten weiteren Voraussetzungen die Verlustausgleichsbeschränkung des Absatzes 1 Satz 1 u. a. sinngemäß auch für Gesellschafter einer ausländischen Personengesellschaft, bei der der Gesellschafter als Unternehmer (Mitunternehmer) anzusehen ist. Diese Vorschrift hat Bedeutung für die Fälle der Beteiligung an einer Personengesellschaft in einem Staat, mit dem kein Doppelbesteuerungsabkommen besteht; sie ist ferner von Bedeutung, wenn bei Beteiligung an einer Personengesellschaft in einem DBA-Staat ein Antrag nach § 2 AIG[3)] nicht gestellt wird. Ist die Haftung auf Grund der Beteiligung an der ausländischen Gesellschaft mit derjenigen eines Kommanditisten einer Kommanditgesellschaft deutschen Rechts vergleichbar, sind somit die in § 15a Abs. 5 EStG bezeichneten Vorschriften zu beachten. Das gleiche gilt bei Anwendung des – negativen – Progressionsvorbehalts nach § 32b EStG wegen Beteiligung an einer Personengesellschaft in einem DBA-Staat, wenn ein Antrag nach § 2 Abs. 1 Satz 1 AIG[4)] nicht gestellt wird.

---

1) Vgl. dazu auch R 15a Abs. 5 EStR.
2) Siehe Anhang 1.
3) Siehe Anhang 1.
4) Siehe Anhang 1.

Zu § 15a EStG   Anlage § 015a–02

Eigenkapitalersetzende Darlehen und Finanzplandarlehen

– Vfg. OFD Hannover vom 13.7.2007 – S 2241a – 90 – StO 222/221 –

1. **Kapitalkonto i. S. d. § 15a EStG**[1)]
   Nach dem BFH-Urteil vom 14. Mai 1991, VIII R 31/88, BStBl. II 1992, 167, sind das Gesellschaftsvermögen laut Gesellschaftsbilanz einschließlich einer etwaigen Ergänzungsbilanz und das Sonderbetriebsvermögen für die Anwendung des § 15a EStG zu trennen. Die zum Sonderbetriebsvermögen I der Gesellschafter gehörenden Darlehensforderungen gegen die Gesellschaft sind nicht in das Kapitalkonto i. S. von § 15a EStG einzubeziehen; sie sind damit auch nicht geeignet, das Entstehen eines negativen Kapitalkontos der Kommanditisten aufgrund der ihnen zuzurechnenden Anteile am Verlust der KG zu verhindern (vgl. dazu BFH-Urteile vom 30. März 1993, VIII R 63/91, BStBl. II 1993, 706; vom 13. Oktober 1998, VIII R 78/97, BStBl. II 1999, 163).
   Es ist jedoch zu beachten, dass das Kapitalkonto sich bei einer KG aus mehreren Konten mit verschiedenen Bezeichnungen zusammensetzen und dazu auch ein „Darlehenskonto" gehören kann (vgl. u. a. BFH-Urteile vom 27. Juni 1996, IV R 80/95, BStBl. II 1997, 36, m. w. N.; vom 26. September 1996, IV R 105/94, BStBl. II 1997, 277, vom 4. Mai 2000, IV R 16/99, BStBl. II 2001, 171). Entscheidend ist, ob das Konto durch seine Teilhabe an Verlusten der Gesellschaft der gesamthänderischen Bindung unterliegt.

2. **Eigenkapitalersetzende Darlehen**
   Gewährt ein Gesellschafter einer GmbH ein Gesellschafter einer GmbH & Co. KG, bei der keine natürliche Person Komplementär ist, der Gesellschaft zu einem Zeitpunkt ein Darlehen, in dem ihr die Gesellschafter als ordentliche Kaufleute Eigenkapital zugeführt hätten, so stellt dieses Darlehen ein sog. eigenkapitalersetzendes Darlehen i. S. des § 172a HGB dar. Eigenkapitalersetzende Darlehen sind nach bilanzrechtlichen Grundsätzen wie Fremdkapital zu behandeln. Nach gefestigter Rechtsprechung des BFH und Auffassung der Finanzverwaltung sind eigenkapitalersetzende Darlehen steuerlich nicht als Kapital i. S. des § 15a EStG zu qualifizieren und führen damit nicht zu einer Erhöhung der Verlustausgleichsvolumen nach § 15a EStG (vgl. u. a. BFH-Urteil vom 28. März 2000, VIII R 28/98, BStBl. II 2000 S. 347). Wegen der nur vorübergehenden Eigenkapitalfunktion kapitalersetzender Darlehen und der Beschränkung der kapitalersetzenden Wirkung auf die Gläubiger der Gesellschaft hat es der BFH abgelehnt, eigenkapitalersetzende Darlehen als Teil des Kapitalkontos i. S. des § 15a Abs. 1 Satz 1 EStG anzusehen (vgl. dazu auch das BFH-Urteil vom 26. September 1996, IV R 105/94, BStBl. II 1997, 277).
   Entsprechendes gilt für Darlehen mit Rangrücktritt, vgl. BFH-Urteil vom 30. März 1993, IV R 57/91, BStBl. II 1993, 502.

3. **Voraussetzungen eines Finanzplandarlehens**
   Nach der Rechtsprechung des BGH (BGH-Urteil vom 21. März 1988, II ZR 238/87, BB 1988 S. 1084) sind Finanzplandarlehen Gesellschafterleistungen, die planmäßig in die Finanzierung der Gesellschaft einbezogen sind und folgende Merkmale aufweisen:
   – günstige Kreditkonditionen,
   – Pflicht zur langfristigen Belassung des Kapitals,
   – Fehlen einer einseitigen Kündigungsmöglichkeit,
   – Rückforderung lediglich als Abfindung oder Liquidationsguthaben und
   – Unentbehrlichkeit des Darlehens für die Verwirklichung der gesellschaftsvertraglichen Ziele, insbesondere im Hinblick auf die Aufnahme von Fremdmitteln.
   Mit Rücksicht darauf, dass die Gesellschafter in derartigen Fällen bei Gründung der Gesellschaft vertragsgemäß neben den Bareinlagen Darlehen als weitere Gesellschafterbeiträge leisten müssen, spricht man auch von „gesplitteten Einlagen".

4. **Finanzplandarlehen als Kapital (Ausnahmefall)**
   Der BFH hat mit Urteil vom 7. April 2005, IV R 24/03, BStBl. II 2005, 598, entschieden, dass das von einem Kommanditisten der KG gewährte Darlehen sein Kapitalkonto i. S. des § 15a Abs. 1 S. 1 EStG erhöht, wenn
   – das gewährte Darlehen aufgrund vertraglicher Vereinbarung für die Dauer des Bestehens nicht einseitig durch den Kommanditisten kündbar ist und

---

1) Siehe Anlage § 015a-08

Anlage § 015a–02

Zu § 15a EStG

– das Guthaben bei Ausscheiden des Kommanditisten bzw. Liquidation der KG zunächst mit einem eventuell bestehenden negativen Kapitalkonto zu verrechnen ist.

Sind beide Merkmale erfüllt, handelt es sich beim dem „Darlehen" nach Ansicht des IV. Senats des BFH um materielles Eigenkapital, das Bestandteil des Kapitalkontos i. S. des § 15a Abs. 1 S. 1 EStG ist und das Verlustausgleichspotential erhöht. Liegt ein dementsprechendes Finanzplandarlehen vor, so kann die Frage, ob ein solches Darlehen das Kapitalkonto i. S. des § 15a EStG erhöht, nach Auffassung des BFH nicht davon abhängen, ob es in der Bilanz als Eigenkapital zu erfassen ist oder ob es allein wegen des formellen Fremdcharakters dem kaufmännischen Vorsichtsprinzip folgend als Fremdkapital ausgewiesen werden muss.

Dem Urteil ist zu entnehmen, dass der BFH den Zeitpunkt der Verlustverrechnung nicht als maßgeblich ansieht. Damit reicht eine Verlustverrechnung am Ende der Gesellschafterstellung oder Liquidation für die Annahme von Eigenkapital aus. Außerdem stellt der BFH entscheidend auf die fehlende Kündigungsmöglichkeit des Darlehens durch den Gesellschafter ab. Ist eine der genannten Voraussetzungen nicht erfüllt – und das dürfte in der Praxis der Regelfall sein – handelt es sich bei dem Finanzplandarlehen weiterhin um Fremdkapital, welches bei der Anwendung des § 15a EStG nicht einzubeziehen ist.

5. Weitere Hinweise

Ein anderes Ergebnis folgt nicht daraus, dass die Verluste der Klägerin auf einem speziellen Verlustvortragskonto (Kapitalkonto III) erfasst wurden und somit buchhalterisch nicht das Konto minderten, das die streitigen Gesellschafterdarlehen auswies. Zwar hat der BFH in seinem Urteil vom 28. März 2000, VIII R 28/98, BStBl. II 2000, 347 ausgeführt, als Kapitalkonto könne ein Darlehenskonto grundsätzlich nur dann behandelt werden, wenn auf ihm auch Verluste verrechnet würden. Wie die Einschränkung durch das Wort „grundsätzlich" zeigt, gilt diese Regel jedoch nicht ausnahmslos. So hat der BFH beispielsweise in einem weiteren Urteil vom 27. Juni 1996, IV R 80/95, BStBl. II 1997, 36 ein als „Darlehenskonto" bezeichnetes Gesellschafterkonto als Kapitalkonto angesehen, obwohl auf ihm keine Verluste – solche waren nicht entstanden – verrechnet wurden. Dasselbe muss gelten, wenn Verluste zwar buchmäßig nicht auf dem Darlehenskonto verrechnet werden, das – vom Gesellschafter nicht kündbare – Darlehen im Falle der Liquidation oder seines Ausscheidens jedoch mit seinem – soweit vorhanden – negativen Kapitalkonto verrechnet wird. Auch durch eine solche Verrechnung zeigt sich die gesamthänderische Bindung der als „Darlehen" bezeichneten Gesellschaftermittel; denn der Gesellschafter muss bis zur Höhe des als Finanzplandarlehen zur Verfügung gestellten Betrags für Verluste einstehen, die die Gesellschaft durch ihre gesamthänderisch gebundene Tätigkeit erlitten hat.

§ 15a Abs. 1 S. 1 EStG gilt auch für Treugeber-Kommanditisten, so dass die Rechtsprechung zu Finanzplandarlehen sowie zu Darlehen mit gesplitteter Einlage auch für diese uneingeschränkt gilt. Inwieweit der Zinscharakter eines Finanzplandarlehens Einfluss auf die Zuordnung Fremd-/Eigenkapital nimmt, ließ der IV. Senat des BFH in seiner Entscheidung ausdrücklich offen.

Berücksichtigung von Kapitalrücklagen bei der Ermittlung des Kapitalkontos für Zwecke des § 15a EStG

– Vfg. OFD Hannover vom 14.5.2007 – S 2241 – 79 – StO 221/222 –

Mit dem Urteil vom 14. Mai 1991 (BStBl. II 1992 S. 167) hat der BFH vornehmlich entschieden, dass bei der Ermittlung der Höhe des Kapitalkontos i. S. d. § 15a Abs. 1 EStG das Sonderbetriebsvermögen des Kommanditisten außer Betracht zu lassen ist. Jedoch ergibt sich aus dem der Entscheidung zugrunde liegenden Sachverhalt, dass der Kommanditist der KG ein fremdfinanziertes Darlehen zur Verfügung gestellt hatte und dieses Darlehen durch Gesellschafterbeschluss vor dem Bilanzstichtag teilweise in Kommanditkapital umgewandelt wurde. Fraglich war dabei nicht nur, ob das Sonderbetriebsvermögen (Finanzierungsdarlehen) bei der Ermittlung des Standes des Kapitalkontos unberücksichtigt zu bleiben hat. Sondern vorgreiflich war auch darüber zu entscheiden, ob die durch Gesellschafterbeschluss herbeigeführte teilweise Umwandlung der Darlehensforderung des Kommanditisten in Kommanditkapital als tatsächlich geleistete Einlage vor dem Bilanzstichtag zu berücksichtigen war. Denn nur unter der Voraussetzung, dass durch die Umwandlung die Einlage auch vor dem Bilanzstichtag tatsächlich geleistet worden war, war auch die Frage zur Berücksichtigung von Sonderbetriebsvermögen entscheidungserheblich.

Zum Zeitpunkt der Einlage hat die Vorinstanz - das Finanzgericht Köln - in seiner Entscheidung vom 13. Januar 1988 (EFG S. 561) ausgeführt: „Tatsächlich ist davon auszugehen, dass die Einlage bereits vor dem Bilanzstichtag am 31. Dezember 1980 in vollem Umfang geleistet worden war, denn die Kapitalerhöhung war nach dem Protokoll der Gesellschafterversammlung aus dem der Klägerin (der KG) zur Verfügung gestellten Darlehen geleistet worden. Wenn (der Gesellschafter) W „aus diesem Darlehen sein Kommanditkapital" erhöht hat, so liegt darin eine Aufrechnung (Erfüllungssurrogat) der Darlehensforderung des Kommanditisten mit der Forderung der Klägerin auf Einzahlung der erhöhten Kapitaleinlage."

Dem schließt sich der BFH mit seiner Entscheidung vom 14. Mai 1991 (a. a. O.) an. So führt er unter 1. der Entscheidungsgründe aus: „Die tatsächlich geleistete Einlage des Kommanditisten S betrug am 31. Dezember 1980 499.000,00 DM, Dieser Betrag setzt sich zusammen aus dem ursprünglich vereinbarten Kommanditkapital von 19.000,00 DM und der im Zuge der Gesellschafterversammlung vom 19. Dezember 1980 vorgenommenen Einlageerhöhung um 480.000,00 DM. Diese Einlageerhöhung wurde formgerecht beschlossen und gleichzeitig unter Mitwirkung aller betroffenen Personen vollzogen. Durch den einstimmig gefassten Beschluss der Gesellschafter entstand eine Einlageforderung der KG gegen den Kommanditisten S, die dieser sofort durch Aufrechnung mit seiner gegenüber der KG bestehenden Darlehensforderung erfüllte."

Danach ist höchstrichterlich entschieden, dass eine Einlage bereits im Zeitpunkt des formgerechten Gesellschafterbeschlusses durch Aufrechnung tatsächlich geleistet ist. Auf die entsprechenden Abschlussbuchungen kommt es nicht an. Vielmehr ist entscheidend, dass bereits die formgerecht beschlossene und gleichzeitig unter Mitwirkung aller betroffenen Personen vollzogene Umwandlung von Gesellschafterdarlehen in Kommanditkapital zu einer tatsächlich geleisteten Einlage führt (vgl. BFH-Urteil vom 14. Mai 1991, a. a. O.). Dies setzt jedoch voraus, dass die entsprechenden Gesellschafterbeschlüsse vor dem jeweiligen Bilanzstichtag gefasst worden sind und die in Eigenkapital umzuwandelnden Darlehensmittel der Gesellschaft zuvor auch tatsächlich zur Verfügung standen.

Darüber hinaus ist für die steuerrechtliche Beurteilung auch die Frage der vollen Werthaltigkeit der Darlehensforderung im Zeitpunkt der Umwandlung in Kommanditkapital von Bedeutung.

Bisher sind jedoch keine Fallgestaltungen bekannt geworden, in denen die volle Werthaltigkeit der Darlehensforderung zweifelhaft war. Ich bitte Sie deshalb, sobald Ihnen entsprechende Fallgestaltungen bekannt werden, mich darüber zu unterrichten.

Die geänderte Rechtsauffassung ist in allen noch offenen Fällen anzuwenden.

Begriff des Kapitalkontos i. S. des § 15a EStG und Begriff der nicht unwahrscheinlichen Vermögensminderung i. S. des § 15a EStG

– BdF-Schreiben vom 20. Februar 1992 IV B 2 – S 2241a – 8/92 (BStBl. I S. 123) –

Der Bundesfinanzhof (BFH) hat mit Urteil vom 14. Mai 1991 – VIII R 31/88 – (BStBl. II 1992 S. 167) zum Begriff des Kapitalkontos i. S. des § 15a EStG und mit Urteil vom gleichen Tage – VIII R 111/86 – (BStBl. II 1992 S. 164) zum Begriff der nicht unwahrscheinlichen Vermögensminderung i. S. des § 15a EStG entschieden. Zu der Frage, welche Folgerungen aus den vorgenannten BFH-Urteilen zu ziehen sind, wird unter Bezugnahme auf das Ergebnis der Erörterungen mit den obersten Finanzbehörden der Länder wie folgt Stellung genommen:

1. Kapitalkonto i. S. des § 15a EStG [1)]

1.1. Keine Einbeziehung des Sonderbetriebsvermögens

Mit Urteil vom 14. Mai 1991 – VIII R 31/88 – (BStBl. II 1992 S. 167) hat der BFH entschieden, daß bei der Ermittlung des Kapitalkontos i. S. des § 15a EStG das – positive und negative – Sonderbetriebsvermögen des Kommanditisten außer Betracht zu lassen ist. Nach dem BFH-Urteil ist für die Anwendung des § 15a EStG das Kapitalkonto nach der Steuerbilanz der KG unter Berücksichtigung etwaiger Ergänzungsbilanzen maßgeblich. Die bisherige Verwaltungsauffassung, wonach auch das Sonderbetriebsvermögen des Kommanditisten in die Ermittlung des Kapitalkontos i. S. des § 15a EStG einzubeziehen war (vgl. Abschnitt 138d Abs. 2 EStR), ist überholt.

1.2. Anwendungsregelung

1.2.1. Negatives Sonderbetriebsvermögen

Die Grundsätze des BFH-Urteils vom 14. Mai 1991 – VIII R 31/88 – (BStBl. II 1992 S. 167) sind auf negatives Sonderbetriebsvermögen in allen Fällen anzuwenden, in denen ein bestandskräftiger Feststellungsbescheid noch nicht vorliegt. Bei der erstmaligen Anwendung der Grundsätze dieses BFH-Urteils ist bereits in die Ermittlung des Kapitalkontos i. S. des § 15a EStG zu Beginn des Wirtschaftsjahres ein etwaiges Sonderbetriebsvermögen des Kommanditisten nicht mehr einzubeziehen.

1.2.2. Positives Sonderbetriebsvermögen [2)]

Soweit einem Kommanditisten ein positives Sonderbetriebsvermögen zugerechnet wird, ist es nicht zu beanstanden, wenn die bisherige Verwaltungsauffassung, nach der das positive Sonderbetriebsvermögen in die Ermittlung des Kapitalkontos i. S. des § 15a EStG einzubeziehen ist, für eine Übergangszeit weiter angewendet wird, jedoch begrenzt auf die Höhe des am 31. Dezember 1991 vorhandenen positiven Sonderbetriebsvermögens. Spätestens zu Beginn des letzten im Jahre 1993 endenden Wirtschaftsjahres der KG ist auch das positive Sonderbetriebsvermögen bei der Ermittlung des Kapitalkontos i S. des § 15a EStG außer Betracht zu lassen.

2. Nicht unwahrscheinliche Vermögensminderung i. S. des § 15a EStG

2.1. Vermutung der Wahrscheinlichkeit einer Vermögensminderung

Mit Urteil vom 14. Mai 1991 – VIII R 111/86 – (BStBl. II 1992 S. 164) hat der BFH auch zum Begriff der nicht unwahrscheinlichen Vermögensminderung i. S. des § 15a EStG Stellung genommen. Mit der Eintragung der Haftsumme in das Handelsregister ist danach in der Regel ein echtes wirtschaftliches Risiko für den Kommanditisten verbunden. Eine Vermögensminderung für ihn ist nur dann unwahrscheinlich, wenn die finanzielle Ausstattung der KG und deren gegenwärtige sowie zu erwartende Liquidität im Verhältnis zu dem vertraglich festgelegten Gesellschaftszweck und dessen Umfang so außergewöhnlich günstig ist, daß die finanzielle Inanspruchnahme des zu beurteilenden Kommanditisten nicht zu erwarten ist. Bei der Wertung dieser Voraussetzungen ist nicht allein auf die Verhältnisse am Bilanzstichtag, sondern auch auf die voraussichtliche zukünftige Entwicklung des Unternehmens abzustellen.

---

1) Siehe dazu auch Anlage § 015a-08 und § 015a-09.
2) Der Begriff des positiven Sonderbetriebsvermögens darf nicht mit dem Begriff des aktiven Sonderbetriebsvermögens verwechselt werden. Unter aktivem Sonderbetriebsvermögen sind die aktiven Wirtschaftsgüter des Sonderbetriebsvermögens zu verstehen. Positives Sonderbetriebsvermögen liegt dagegen vor, wenn unter Berücksichtigung des aktiven und passiven Sonderbetriebsvermögens ein positiver Saldo verbleibt, d. h. ein positives Sonderkapital. Nur wenn der Saldo des aktiven und passiven Sonderbetriebsvermögens positiv ist, kommt eine Anwendung der in dem BdF-Schreiben vom 20.2.1992 vorgesehenen Übergangsregelung für positives Sonderbetriebsvermögen in Betracht (BdF-Schreiben vom 19.10.1992, DB 1992 S. 2274).

Zu § 15a EStG **Anlage § 015a–06**

Damit ist die von dieser Gesetzesauslegung abweichende bisherige Verwaltungsauffassung überholt, wonach nur in Ausnahmefällen davon auszugehen war, daß eine Vermögensminderung bei dem Kommanditisten aufgrund seiner im Handelsregister eingetragenen, aber noch nicht geleisteten Hafteinlage wahrscheinlich ist. Das gilt auch für die bisherige Verwaltungsauffassung, nach der allein auf die Verhältnisse am Bilanzstichtag abzustellen war. Vgl. hierzu Abschnitt 138d Abs. 3 Sätze 8 bis 11 EStR und das BMF-Schreiben vom 8. Mai 1981 – BStBl. I S. 308 (Tzn. 7 bis 10).

2.2. Anwendungsregelung

Die Grundsätze des BFH-Urteils vom 14. Mai 1991 – VIII R 111/86 – (BStBl. II 1992 S. 164) sind in allen Fällen anzuwenden, in denen ein bestandskräftiger Feststellungsbescheid noch nicht vorliegt.

3. Bisherige Verwaltungsanweisungen

Soweit die bisherigen Verwaltungsanweisungen in Abschnitt 138d Abs. 2 und Abs. 3 Sätze 8 bis 11 EStR und in den BMF-Schreiben vom 8. Mai 1981 – BStBl. I S. 308 (Tzn. 2 und 7 bis 10)[1] vom 9. Februar 1981 (BStBl. I S. 75), vom 14. September 1981 (BStBl. I S. 620) und vom 22. Dezember 1989 (BStBl. I S. 484) diesem Schreiben entgegenstehen, tritt es an deren Stelle.

---

1) Siehe Anlage § 015a-01.

Anlagen § 015a–07 unbesetzt, § 015a–08

Zu § 15a EStG

Umfang des Kapitalkontos i. S. des § 15 a Abs. 1 Satz 1 EStG

BdF-Schreiben vom 30.5.1997 – IV B2 – S 2241 a – 51/93 II (BStBl. I S. 627)

Mit Urteil vom 14. Mai 1991 (BStBl. 1992 II S. 167) hat der BFH entschieden, daß bei der Ermittlung des Kapitalkontos i. S. des § 15 a EStG das – positive und negative – Sonderbetriebsvermögen des Kommanditisten außer Betracht zu lassen ist. Nach dem Urteil ist für die Anwendung des § 15a EStG das Kapitalkonto nach der Steuerbilanz der KG unter Berücksichtigung etwaiger Ergänzungsbilanzen maßgeblich. Die bisherige Verwaltungsauffassung, wonach auch das Sonderbetriebsvermögen des Kommanditisten in die Ermittlung des Kapitalkontos i. S. des § 15a EStG einzubeziehen war (vgl. Abschnitt 138 d Abs. 2 EStR 1990), ist überholt (vgl. BMF-Schreiben vom 20. Februar 1992, BStBl. I S. 123 – nebst der darin getroffenen Übergangsregelung)[1]

Zu der Frage, wie der Umfang des Kapitalkontos i. S. des § 15a Abs. 1 Satz 1 EStG unter Zugrundelegung dieser Rechtsprechung zu bestimmen ist, nehme ich unter Bezugnahme auf das Ergebnis der Erörterung mit den obersten Finanzbehörden der Länder wie folgt Stellung:

Das Kapitalkonto i. S. des § 15a Abs. 1 Satz 1 EStG setzt sich aus dem Kapitalkonto des Gesellschafters in der Steuerbilanz der Gesellschaft und dem Mehr- oder Minderkapital aus einer etwaigen positiven oder negativen Ergänzungsbilanz des Gesellschafters (BFH-Urteil vom 30. März 1993, BStBl. II S. 706) zusammen. Bei der Ermittlung des Kapitalkontos sind im einzelnen folgende Positionen zu berücksichtigen:

1. Geleistete Einlagen; hierzu rechnen insbesondere erbrachte Haft- und Pflichteinlagen, aber auch z. B. verlorene Zuschüsse zum Ausgleich von Verlusten. Pflichteinlagen gehören auch dann zum Kapitalkonto i. S. des § 15a Abs. 1 Satz 1 EStG, wenn sie unabhängig von der Gewinn- oder Verlustsituation verzinst werden.

2. In der Bilanz ausgewiesene Kapitalrücklagen. Wenn eine KG zur Abdeckung etwaiger Bilanzverluste ihr Eigenkapital vorübergehend durch Kapitalzuführung von außen im Wege der Bildung einer Kapitalrücklage erhöht, so verstärkt sich das steuerliche Eigenkapital eines jeden Kommanditisten nach Maßgabe seiner Beteiligung an der Kapitalrücklage.

3. In der Bilanz ausgewiesene Gewinnrücklagen. Haben die Gesellschafter einer KG durch Einbehaltung von Gewinnen Gewinnrücklagen in der vom Gesellschaftsvertrag hierfür vorgesehenen Weise gebildet, so verstärkt sich das steuerliche Eigenkapital eines jeden Kommanditisten nach Maßgabe seiner Beteiligung an der Gewinnrücklage.

   Der Umstand, daß durch die Bildung von Kapital- (siehe Nr. 2) und Gewinnrücklagen das steuerliche Eigenkapital der KG nur vorübergehend verstärkt und die Haftung im Außenverhältnis nicht nachhaltig verbessert wird, ist für die Zugehörigkeit ausgewiesener Kapital- und Gewinnrücklagen zum Kapitalkonto i. S. des § 15a Abs. 1 Satz 1 EStG ohne Bedeutung.

4. **Beteiligungskonto in Abgrenzung zu einem Forderungskonto (Darlehenskonto)**

   Nach § 167 Abs. 2 HGB wird der Gewinnanteil des Kommanditisten seinem Kapitalanteil nur so lange gutgeschrieben, wie dieser die Höhe der vereinbarten Pflichteinlage nicht erreicht. Nach § 169 HGB sind nicht abgerufene Gewinnanteile des Kommanditisten, soweit sie seine Einlage übersteigen, außerhalb seines Kapitalanteils gutzuschreiben. In diesem Fall sind die auf einem weiteren Konto (Forderungskonto oder Darlehenskonto) ausgewiesenen Gewinnanteile dem Sonderbetriebsvermögen des Kommanditisten zuzuordnen, weil sie ein selbständiges Forderungsrecht des Kommanditisten gegenüber der Gesellschaft begründen.

   § 169 HGB kann jedoch durch Gesellschaftsvertrag abbedungen werden. Die Vertragspraxis hat daher ein System kombinierter Kapitalanteile mit geteilten Kapitalkonten entwickelt. Die Kaptalbeteiligung, das Stimmrecht und die Gewinn- bzw. Verlustbeteiligung richten sich regelmäßig nach dem Verhältnis der festen Kapitalanteile, wie sie auf dem sog. Kapitalkonto I ausgewiesen werden. Auf diesem Konto wird in der Regel die ursprünglich vereinbarte Pflichteinlage gebucht. Daneben wird ein zweites variables Gesellschafterkonto geführt, das eine Bezeichnung wie Kapitalkonto II, Darlehenskonto, Kontokorrentkonto o. ä. zu tragen pflegt. Dieses Konto dient dazu, über das Kapitalkonto I hinausgehend Einlagen, Entnahmen oder Gewinn- und Verlustanteile auszuweisen. Es kann aber auch Gesellschafterdarlehen aufnehmen (BFH-Urteil vom 3. Februar 1988 – BStBl. II S. 551). Soweit deshalb ein Gesellschaftsvertrag die Führung mehrerer Gesellschafterkonten vorschreibt, kann nicht mehr die Rechtslage nach dem HGB zugrunde gelegt werden. Vielmehr ist ent-

---

1) Vgl. Anlage § 015a-06.

Zu § 15a EStG

Anlage § 015a–08

scheidend darauf abzustellen, welche Rechtsnatur das Guthaben auf dem gesellschaftsvertraglich vereinbarten zweiten Gesellschafterkonto hat (BFH-Urteil vom 3. Februar 1988, a. a. O.).[1]

Werden auch Verluste auf dem separat geführten Gesellschafterkonto verrechnet, so spricht dies grundsätzlich für die Annahme eines im Gesellschaftsvermögen gesamthänderisch gebundenen Guthabens. Denn nach § 120 Abs. 2 HGB besteht der Kapitalanteil begrifflich aus der ursprünglichen Einlage und den späteren Gewinnen, vermindert um Verluste sowie Entnahmen. Damit werden stehengelassene Gewinne wie eine Einlage behandelt, soweit vertraglich nicht etwas anderes vereinbart ist; sie begründen keine Forderung des Gesellschafters gegen die Gesellschaft. Insoweit fehlt es an den Voraussetzungen der §§ 362 bis 397 BGB. Die Einlage einschließlich der stehengelassenen Gewinne und abzüglich der Verluste und der Entnahmen stellt damit für die Gesellschaft Eigen- und nicht Fremdkapital dar. Deshalb läßt sich die Verrechnung von Verlusten auf dem separat geführten Gesellschafterkonto mit der Annahme einer individualisierten Gesellschafterforderung nur vereinbaren, wenn der Gesellschaftsvertrag dahin verstanden werden kann, daß die Gesellschafter im Verlustfall eine Nachschußpflicht trifft und die nachzuschießenden Beträge durch Aufrechnung mit Gesellschafterforderungen zu erbringen sind (BFH-Urteil vom 3. Februar 1988, a. a. O.).

Sieht der Gesellschaftsvertrag eine Verzinsung der separat geführten Gesellschafterkonten im Rahmen der Gewinnverteilung vor, so spricht dies weder für noch gegen die Annahme individualisierter Gesellschafterforderungen, weil eine Verzinsung von Fremdkapital (§ 110, § 111 HGB) und eine Verzinsung der Kapitalanteile im Rahmen der Gewinnverteilung (§ 121 Abs. 1 und 2, § 168 Abs. 1 HGB) gleichermaßen üblich und typisch sind. Sieht der Gesellschaftsvertrag eine Ermäßigung der Verzinsung entsprechend der Regelung in § 121 Abs. 1 Satz 2 HGB vor, so spricht dies allerdings für die Annahme eines noch zum Gesellschaftsvermögen gehörenden Guthabens (BFH-Urteil vom 3. Februar 1988, a. a. O.).

Ob ein Gesellschafterdarlehen zum steuerlichen Eigenkapital der Gesellschaft oder zum steuerlichen Sonderbetriebsvermögen des Gesellschafters gehört, läßt sich danach nur anhand der Prüfung der Gesamtumstände des Einzelfalls anhand der vom BFH aufgezeigten Kriterien entscheiden. **Ein wesentliches Indiz für die Abgrenzung eines Beteiligungskontos von einem Forderungskonto ist, ob – nach der gesellschaftsvertraglichen Vereinbarung – auf dem jeweiligen Kapitalkonto auch Verluste gebucht werden.**[2]

5. **Verlustvortrag in Abgrenzung zu Darlehen der Gesellschaft an den Gesellschafter**

Nach § 167 Abs. 3 HGB nimmt der Kommanditist an dem Verlust nur bis zum Betrag seines Kapitalanteils und seiner noch rückständigen Einlage teil. Getrennt geführte Verlustvortragskonten mindern regelmäßig das Kapitalkonto des Kommanditisten i. S. des § 15a Abs. 1 Satz 1 EStG. Dies gilt **auch,** wenn die Regelung des § 167 Abs. 3 HGB von den Gesellschaftern abbedungen wird, so daß dem Gesellschafter im Verlustfall eine Nachschußpflicht trifft. **Derartige Verpflichtungen berühren die Beschränkung des Verlustausgleichs nach § 15a EStG nicht. Die Forderung der Gesellschaft gegen den Gesellschafter auf Übernahme bzw. Ausgleich des Verlustes entspricht steuerlich einer Einlageverpflichtung des Kommanditisten (BFH-Urteil vom 14. Dezember 1995, BStBl. 1996 II S. 226) und ist damit erst bei tatsächlicher Erbringung in das Gesamthandsvermögen zu berücksichtigen (BFH-Urteil vom 11. Dezember 1990, BStBl. 1992 II S. 232). Dem zur Verlustübernahme verpflichteten Gesellschafter ist steuerlich zum Bilanzstichtag im Verlustentstehungsjahr ein Verlustanteil zuzurechnen, der zu diesem Stichtag auch sein Kapitalkonto i. S. des § 15 a Abs. 1 Satz 1 EStG vermindert. Eine Berücksichtigung der Verpflichtung im Sonderbetriebsvermögen ist nicht möglich (BFH-Urteil vom 14. Dezember 1995, a. a. O.).**

---

1) Siehe dazu auch BFH Urteil vom 26.6.2007 (BStBl. 2008 II S. 103).
2) Bestätigt durch BFH Urteil vom 15.5.2008 (BStBl. 2008 II S. 812).
Im Streitfall war zu entscheiden, ob Verlustanteile eines Kommanditisten nach § 15a EStG mit anderen positiven Einkünften ausgeglichen werden durften. Einen Ausgleich gestattet das Gesetz nur bis zur Höhe der Einlage des Kommanditisten in das Eigenkapital der Gesellschaft. Der Kommanditist hatte auf einem als „Darlehenskonto" bezeichneten und verzinsten Konto Gewinnanteile aus früheren Jahren stehen gelassen. Verluste wurden auf einem besonderen Vortragskonto gebucht, waren aber bei einem Ausscheiden des Gesellschafters mit dem „Darlehenskonto" zu verrechnen.
Wegen dieser Verrechnungsmöglichkeit behandelte der BFH das Konto entgegen seiner Bezeichnung als Eigenkapital der Gesellschaft. Die gewinnunabhängige Verzinsung des Kontos und das Recht zur Entnahme der Zinsen hielt BFH für nicht entscheidend. Damit konnte der Gesellschafter auch Verlustanteile in Höhe dieses Kontos mit anderen positiven Einkünften ausgleichen.

Anlage § 015a–08 Zu § 15a EStG

6. Außer Betracht zu lassen sind kapitalersetzende Darlehen. Handels- und steuerrechtlich sind eigenkapitalersetzende Darlehen als Fremdkapital zu behandeln; eine Gleichbehandlung mit Eigenkapital ist nicht möglich (BFH-Urteil vom 5. Februar 1992 – BStBl. II S. 532).[1)2)]

Dieses Schreiben ersetzt mein Schreiben vom 24. November 1993 – IV B 2 – S 2241 a – 51/93 – (BStBl. I S. 934).

---

1) Bestätigt durch BFH-Urteil vom 28.3.2000 (BStBl. II S. 347).
2) Finanzplandarlehen erhöhen das Kapitalkonto i. S. des § 15a EStG (vgl. H 15a – Kapitalkonto –). Siehe auch Anlage § 015a-02

Saldierung von Gewinnen und Verlusten aus dem Gesellschaftsvermögen mit Gewinnen und Verlusten aus dem Sonderbetriebsvermögen

– BdF-Schreiben vom 15. Dezember 1993 IV B 2 – S 2241a – 57/93 (BStBl. I S. 976) –

Zur Frage der Saldierung von Gewinnen und Verlusten aus dem Gesellschaftsvermögen mit Gewinnen und Verlusten aus dem Sonderbetriebsvermögen nehme ich wie folgt Stellung:
Nach dem Urteil des Bundesfinanzhofs vom 14. Mai 1991 (BStBl. 1992 II S. 167) sind das Gesellschaftsvermögen laut Gesellschaftsbilanz einschließlich einer etwaigen Ergänzungsbilanz und das Sonderbetriebsvermögen für die Anwendung des § 15a EStG zu trennen. Deshalb ist das Sonderbetriebsvermögen eines Kommanditisten nicht in die Ermittlung seines Kapitalkontos im Sinne des § 15a EStG einzubeziehen (vgl. das BdF-Schreiben vom 20. Februar 1992 – BStBl. I S. 123)[1].

Aus der Trennung der beiden Vermögensbereiche folgt, daß
- in die Ermittlung der ausgleichs- und abzugsfähigen Verluste nach § 15a Abs. 1 EStG nur die Verluste aus dem Gesellschaftsvermögen einschließlich einer etwaigen Ergänzungsbilanz ohne vorherige Saldierung mit Gewinnen aus dem Sonderbetriebsvermögen einbezogen werden können; nur ein *nach* Anwendung des § 15a Abs. 1 EStG verbleibender ausgleichs- und abzugsfähiger Verlust ist mit Gewinnen aus dem Sonderbetriebsvermögen zu saldieren,
- Gewinne späterer Jahre aus dem Gesellschaftsvermögen einschließlich einer etwaigen Ergänzungsbilanz mit verrechenbaren Verlusten der Vorjahre verrechnet werden müssen (§ 15a Abs. 2 EStG) und Verluste aus dem Sonderbetriebsvermögen nur mit einem danach verbleibenden Gewinn aus dem Gesellschaftsvermögen einschließlich einer etwaigen Ergänzungsbilanz ausgeglichen werden können.

Die Abgrenzung zwischen dem Anteil am Gewinn oder Verlust der KG und dem Sonderbilanzgewinn bzw. -verlust richtet sich nach der Abgrenzung zwischen Gesellschafts- und Sonderbetriebsvermögen. Dem Kommanditisten gutgeschriebene Tätigkeitsvergütungen beruhen im Hinblick auf § 164 HGB mangels anderweitiger Vereinbarungen im Zweifel auf schuldrechtlicher Basis und sind damit als Sondervergütungen zu behandeln. Sie zählen hingegen zum Gewinnanteil aus der Personengesellschaft, wenn die Tätigkeit auf gesellschaftsrechtlicher Basis geleistet wird. (vgl. BFH-Urteile vom 14. November 1985 – BStBl. 1986 II S. 58, vom 7. April 1987 – BStBl. II S. 707 und vom 10. Juni 1987 – BStBl. II S. 816).

Solange für einen Kommanditisten aufgrund der Übergangsregelung in dem BdF-Schreiben vom 20. Februar 1992[2] das positive Sonderbetriebsvermögen in die Ermittlung des Kapitalkontos i. S. des § 15a EStG einbezogen wird, können weiterhin Verluste aus dem Gesellschaftsvermögen unter Einbeziehung einer etwaigen Ergänzungsbilanz mit Gewinnen des Kommanditisten aus dem Sonderbetriebsvermögen verrechnet werden, so daß nur der verbleibende Verlust der Beschränkung des § 15a Abs. 1 EStG unterliegt. In diesen Fällen können Gewinne aus dem Sonderbetriebsvermögen auch mit verrechenbaren Verlusten der Vorjahre verrechnet werden (§ 15a Abs. 2 EStG).

Für Entnahmen aus dem Sonderbetriebsvermögen *während* der Anwendung der Übergangsregelung in dem Bezugserlaß vom 20. Februar 1992 kommt auch eine Gewinnzurechnung aufgrund von Einlageminderungen unter den Voraussetzungen des § 15a Abs. 3 EStG in Betracht.

---

1) Siehe Anlage § 015a-06.
2) Siehe Anlage § 015a-06.

Anlage § 015a–10

Zu § 15a EStG

Sinngemäße Anwendung des § 15a Abs. 5 Nr. 2 2. Alt. EStG bei den Einkünften aus Vermietung und Verpachtung von Gesellschaften bürgerlichen Rechts

– BdF-Schreiben vom 30. Juni 1994 IV B 3 – S 2253b – 12/94 (BStBl. I S. 355) –

Die sinngemäße Anwendung des § 15a Abs. 5 EStG bei Gesellschaftern einer Gesellschaft bürgerlichen Rechts mit Einkünften aus Vermietung und Verpachtung (§ 21 Abs. 1 Satz 2 EStG) setzt voraus, daß ihre Haftung nach der gewählten tatsächlichen und rechtlichen Gestaltung der eines Kommanditisten vergleichbar ist. Liegt diese Voraussetzung vor, ist der Ausgleich und Abzug von negativen Einkünften aus Vermietung und Verpachtung über den Betrag der Einlage des jeweiligen Gesellschafters hinaus ausgeschlossen, soweit die Inanspruchnahme des Gesellschafters für Schulden der Gesellschaft im Zusammenhang mit dem Betrieb nach Art und Weise des Geschäftsbetriebs unwahrscheinlich ist. Der BFH hat mit Urteilen vom 17. Dezember 1992 – IX R 150/89 – (BStBl. 1994 II S. 490), – IX R 7/91 – (BStBl. 1994 II S. 492) und vom 30. November 1993 – IX R 60/91 – (BStBl. 1994 II S. 496) entschieden, daß eine Inanspruchnahme der Gesellschafter einer Gesellschaft bürgerlichen Rechts unwahrscheinlich i. S. des § 15a Abs. 5 Nr. 2 2. Alt. EStG ist, wenn der kalkulierte Gesamtaufwand durch Eigenkapital und im wesentlichen dinglich gesichertes Fremdkapital gedeckt und eine Kostenerhöhung bei normalem Verlauf der Dinge nicht zu erwarten ist. Der Gesellschafter habe persönliche Haftungsrisiken, die konkret bestehen, darzulegen, die nicht aus dem Gesellschaftsvermögen – unter Umständen sogar nach Zuführung von weiterem Eigenkapital durch Einlagenerhöhung oder durch Aufnahme neuer Gesellschafter oder von zusätzlichem Fremdkapital – gedeckt werden könnten.

Unter Bezugnahme auf das Ergebnis der Erörterungen mit den obersten Finanzbehörden der Länder sind die BFH-Urteile vom 17. Dezember 1992 – IX R 150/89 – (BStBl. 1994 II S. 490), – IX R 7/91 – (BStBl. 1994 II S. 492) und vom 30. November 1993 – IX R 60/91 – (BStBl. 1994 II S. 496) mit folgender Maßgabe anzuwenden:

Bei der Auslegung des Begriffs der nicht unwahrscheinlichen Inanspruchnahme nach § 15a Abs. 5 Nr. 2 2. Alt. EStG ist an die Auslegung des Begriffs der nicht unwahrscheinlichen Vermögensminderung nach § 15a Abs. 1 Satz 3 EStG anzuknüpfen. Eine Vermögensminderung nach § 15a Abs. 1 Satz 3 EStG ist bei gegenüber der Pflichteinlage höherer Hafteinlage nur dann unwahrscheinlich, wenn die finanzielle Ausstattung der KG und deren gegenwärtige sowie zu erwartende Liquidität im Verhältnis zu dem vertraglich festgelegten Gesellschaftszweck und dessen Umfang so außergewöhnlich günstig ist, daß die finanzielle Inanspruchnahme des zu beurteilenden Kommanditisten nicht zu erwarten ist (BFH-Urteil vom 14. Mai 1991, BStBl. 1992 II S. 164; BMF-Schreiben vom 20. Februar 1992, BStBl. II S. 123).[1]

Nach der Systematik der Regelung ist die Möglichkeit des Verlustausgleichs bzw. Verlustabzugs nicht an die Wahrscheinlichkeit der Inanspruchnahme geknüpft, sondern der Verlustausgleich und der Verlustabzug wird nur ausgeschlossen, wenn festgestellt wird, daß die Inanspruchnahme unwahrscheinlich ist. Der Regeltatbestand geht demnach von dem Risiko der Inanspruchnahme nach Art und Weise des Geschäftsbetriebs aus.

Die Haftung eines Gesellschafters einer Gesellschaft bürgerlichen Rechts kann nicht anders beurteilt werden als die eines Kommanditisten, dessen eingetragene Haftsumme die geleistete Einlage übersteigt. Kann nicht festgestellt werden, ob das Risiko der Inanspruchnahme des Gesellschafters einer Gesellschaft bürgerlichen Rechts für Gesellschaftsschulden unwahrscheinlich ist, ist von der Wahrscheinlichkeit der Inanspruchnahme auszugehen.

Die Wahrscheinlichkeit der Inanspruchnahme ist nicht deswegen ausgeschlossen, weil
– die Haftung des Gesellschafters der Gesellschaft bürgerlichen Rechts quotal beschränkt ist,
– das dem Immobilienfonds zugrundeliegende Vertragswerk ein geschlossenes Finanzierungskonzept vorsieht, wonach der voraussichtliche Finanzbedarf durch Eigenkapital und die Aufnahme von dinglich gesichertem Fremdkapital gedeckt ist,
– Einnahmen und Ausgaben so kalkuliert sind, daß nach Beendigung der Bauphase kein Ausgabenüberschuß entsteht.

Die Inanspruchnahme ist jedoch unwahrscheinlich, wenn durch entsprechende vertragliche Gestaltungen ein wirtschaftlich ins Gewicht fallendes Haftungsrisiko des Gesellschafters nicht mehr verbleibt, d. h. die Gesamtkosten einschließlich der Kosten der Finanzierung durch Garantie- und vergleichbare Verträge abgedeckt sind oder die Haftung des Gesellschafters auf einen bestimmten Höchstbetrag begrenzt wird. Dabei ist nicht auf den Inhalt des einzelnen Vertrags, sondern auf die Gesamtheit der Vereinbarungen abzustellen. Neben Garantieverträgen sind auch Versicherungsverträge in die Prü-

---
1) Siehe Anlage § 015a-06.

fung mit einzubeziehen. Die Unwahrscheinlichkeit der Inanspruchnahme kann bei folgenden Vereinbarungen in Betracht kommen:
- Übernahme der Verkehrssicherungspflichten durch den Bauunternehmer;
- Höchstzinsgarantien während und nach der Bauphase;
- Mietgarantien, sonstige Garantieverträge und vergleichbare Verträge, soweit die Haftung des Gesellschafters auf einen bestimmten Höchstbetrag begrenzt wird;
- Ausschluß einer Nachschußpflicht sowie Bindung des Geschäftsbesorgers, den Gesellschafter nur bis zu einer bestimmten Höhe in Anspruch zu nehmen;
- Schuldübernahme durch einen Dritten, soweit ein Rückgriffsanspruch gegen den Gesellschafter ausgeschlossen ist.

Bürgschaften eines Dritten mindern dagegen die Haftung der Gesellschafter nicht, soweit wegen des Rückgriffsanspruchs des Bürgen die Gesellschafter belastet bleiben.

Anlage § 015a–11

Zu § 15a EStG

Zurechnung von Verlustanteilen und Nachversteuerung negativer Kapitalkonten bei Kommanditisten

– Vfg OFD München vom 7.5.2004 – S 2241 – 26 St 41/42 –

1. Allgemeines

Der Große Senat des BFH hat durch Beschluss vom 10.11.1980 GrS 1/79 (BFH v. 10.11.1980 – GrS 1/79, BStBl. II 1981) entschieden, dass

a) einem Kommanditisten, dessen gesellschaftsrechtliche Stellung sich im Innen- und Außenverhältnis nach den Vorschriften des HGB bestimmt, ein Verlustanteil, der nach dem allgemeinen Gewinn- und Verlustverteilungsschlüssel der KG auf ihn entfällt, einkommensteuerrechtlich auch insoweit zuzurechnen ist, als er in einer den einkommensteuerrechtlichen Bilanzierungs- und Bewertungsvorschriften entsprechenden Bilanz der KG zu einem negativen Kapitalkonto des Kommanditisten führen würde,

b) der zu a) erwähnte Grundsatz aber nicht gilt, soweit bei Aufstellung der Bilanz nach den Verhältnissen am Bilanzstichtag feststeht, dass ein Ausgleich des negativen Kapitalkontos mit künftigen Gewinnanteilen des Kommanditisten nicht mehr in Betracht kommt,

c) bei Wegfall eines durch einkommensteuerliche Verlustzurechnung entstandenen negativen Kapitalkontos eines Kommanditisten in Höhe dieses negativen Kapitalkontos ein steuerpflichtiger Gewinn des Kommanditisten entsteht,

d) dieser Gewinn zwar grundsätzlich erst im Zeitpunkt der Betriebsaufgabe oder -veräußerung entsteht (§ 16 EStG), im Einzelfall jedoch schon ein steuerlich nicht begünstigter laufender Gewinn früher zu erfassen ist, sofern feststeht, dass ein Ausgleich des negativen Kapitalkontos des Kommanditisten mit künftigen Gewinnanteilen nicht mehr in Betracht kommt.

Bei der Anwendung dieser Grundsätze ist Folgendes zu beachten:

1.1 Einkommensteuerliche Zurechnung von Verlustanteilen einer KG

Einem Kommanditisten einer gewerblich tätigen (§ 15 Abs. 1 Nr. 1 EStG) oder gewerblich geprägten (§ 15 Abs. 3 Nr. 2 EStG) KG ist der auf ihn entfallende Verlustanteil einkommensteuerlich grundsätzlich auch insoweit zuzurechnen, als dieser in der Steuerbilanz zu einem negativen Kapitalkonto führt oder dieses erhöht, obwohl der Kommanditist in Höhe des negativen Kapitalkontos weder gegenüber den Gläubigern der Gesellschaft haftet noch in anderer Weise rechtlich verpflichtet ist, zusätzlich Einlagen an die KG oder Ausgleichszahlungen an die übrigen Gesellschafter zu leisten. Dies gilt, solange zu erwarten ist, dass künftige Gewinnanteile anfallen werden, die der Kommanditist der KG zur Deckung früherer Verluste belassen muss, die ihm aber gleichwohl einkommensteuerrechtlich als Gewinnanteile zuzurechnen sind. Diese „Verlusthaftung mit künftigen Gewinnanteilen" ist Ausdruck und Teil des Mitunternehmerrisikos.

Die Frage der Zurechnung von Einkünften wird durch die Regelung des § 15a EStG nicht berührt. Im Falle eines Verlustes der KG ist daher in jedem Fall zunächst zu entscheiden, ob einem Kommanditisten nach den unten dargestellten Grundsätzen Verlustanteile aus der Gesellschaftsbilanz noch zugerechnet werden können. Nur soweit eine Verlustzurechnung in Betracht kommt, ist im zweiten Schritt zu prüfen, ob § 15a EStG anzuwenden ist (vgl. H 138 d ‚Allgemeines' EStH 2003).

Über die Zurechnung von Einkünften ist nach den Verhältnissen am jeweiligen Bilanzstichtag zu entscheiden, da im Rahmen des Betriebsvermögensvergleiches die Veränderung des Vermögens der Gesellschaft ermittelt und gleichzeitig bestimmt wird, wenn das Betriebsvermögen steuerlich zuzurechnen ist (BFH v. 11.2.1988 – IV R 19/87, BStBl. II 1988, 825; v. 9.2.1993 – VIII R 29/91, BStBl. II 1993, 747).

Bei der Prüfung, ob nach den Verhältnissen am Bilanzstichtag feststand, dass ein Ausgleich des negativen Kapitalkontos mit künftigen Gewinnanteilen nicht mehr in Betracht kommt und eine Zurechnung von Verlustanteilen an den betreffenden Kommanditisten damit ausscheidet, ist auf die Umstände abzustellen, die den BFH veranlasst haben, die Bildung eines negativen Kapitalkontos zuzulassen. Danach sei, so der Senat, bei einer sonst gutgehenden KG mit stillen Reserven irgendwann zu erwarten, dass die Auflösung der stillen Reserven einen Gewinn der KG und damit auch Gewinnanteile des Kommanditisten bewirke, die dieser zur Auffüllung seines negativen Kapitalkontos zu verwenden habe.

Ein Ausgleich des negativen Kapitalkontos mit künftigen Gewinnanteilen auch ohne Veräußerung oder Aufgabe des Betriebs der KG kann deshalb insbesondere bei Fällen mit folgendem Sachverhalt nicht mehr in Betracht kommen:

– die KG ist erheblich überschuldet

Zu § 15a EStG — Anlage § 015a–11

- stille Reserven oder ein Geschäftswert sind nicht oder nicht in ausreichender Höhe vorhanden
- die KG tätigt keine nennenswerten Umsätze mehr
- die KG hat ihre werbende Tätigkeit eingestellt
- Antrag auf Eröffnung des Insolvenzverfahrens
- trotz erheblicher Überschuldung einer GmbH & Co. KG hat der Geschäftsführer pflichtwidrig keinen Antrag auf Eröffnung des Insolvenzverfahrens gestellt (§ 161 Abs. 2 i. V. m. § 130a Abs. 1 HGB)
- ein Antrag auf Eröffnung des Insolvenzverfahrens wurde mangels einer die Verfahrenskosten deckenden Masse abgelehnt (§ 26 Abs. 1 InsO)
- Eröffnung des Insolvenzverfahrens (vgl. hierzu Tz. 2)

Dass künftige Gewinnanteile zum Ausgleich eines negativen Kapitalkontos nicht mehr entstehen, kann im Einzelfall bei vernünftiger kaufmännischer Beurteilung auch bei einer KG, die gesellschaftsrechtlich noch nicht aufgelöst worden ist, feststehen. Umgekehrt schließt aber die gesellschaftsrechtliche Auflösung einer KG keineswegs aus, dass im Rahmen der Liquidation stille Reserven realisiert werden und deshalb noch Gewinne zu erwarten sind.

Die Einstellung der werbenden Tätigkeit ist anzunehmen, wenn das Unternehmen aufgehört hat, seine Dienstleistungen oder Produkte am Markt anzubieten. Keine Bedeutung kommt in diesem Zusammenhang Umsätzen aus dem Verkauf von Wirtschaftsgütern des Anlagevermögens sowie Umsätzen zu, die lediglich geeignet sind zu dokumentieren, dass die Gesellschaft noch existent ist.

Eine rein theoretische, mehr oder weniger spekulative Möglichkeit, eine KG werde durch Fortführung der bisherigen Tätigkeit oder durch Aufnahme einer andersartigen Betätigung wieder Gewinne erzielen, kann die Annahme nicht hindern, dass es insgesamt oder wenigstens für einen Teilbetrag des negativen Kapitalkontos bei vernünftiger kaufmännischer Beurteilung feststeht, dass künftige Gewinnanteile zum Ausgleich des negativen Kapitalkontos nicht mehr in Betracht kommen.

Insoweit können dem Kommanditisten laufende Verlustanteile der Gesellschaftsbilanz (einschließlich der Ergebnisse einer Ergänzungsbilanz) selbst dann nicht mehr zugerechnet werden, wenn sich der Kommanditist für Verbindlichkeiten der KG verbürgt hat. Ungeachtet der Bürgschaft entfällt auch für diesen zusätzliche Verlusthaftung mit künftigen Gewinnanteilen nach Maßgabe des Gewinn- und Verlustverteilungsschlüssels der KG, die allein der Rechtfertigungsgrund für die einkommensteuerrechtliche Anerkennung eines negativen Kapitalkontos eines Kommanditisten ist (vgl. BFH v. 19.3.1981 – IV R 42/75, BStBl. II 1981, 570), zur steuerlichen Behandlung von Bürgschaften eines Kommanditisten für Verbindlichkeiten der KG s. Tz. 3).

Im Einzelnen vgl. hierzu auch die ergänzende BFH-Urteile vom 19.3.1981, a. a. O., v. 26.3.1981 (BFH v. 26.3.1981 – IV R 134/78, BStBl. II 1981, 572; v. 26.5.1981 (BFH v. 26.5.1981 – IV R 17/81, BStBl. II 1981, 668; und v. 16.12.1981 (BFH v. 16.12.1981 – I R 93/77, BStBl. II 1982, 474).

Wegen der Zurechnung von Sanierungsgewinnen und deren Auswirkungen auf das negative Kapitalkonto des Kommanditisten wird auf das in H 138d ‚Sanierungsgewinn' EStH 2003 Bezug genommene Urteil des BFH vom 16.5.2002 (BFH v. 16.5.2002 – IV R 58/00, BStBl. II 2002, 748) verwiesen.

1.2 Nachversteuerung des negativen Kapitalkontos

Der Gewinn aus dem Wegfall des negativen Kapitalkontos (s. o. Tz. 1 Buchst. c) und d) entsteht grundsätzlich erst im Zeitpunkt der Betriebsaufgabe oder -veräußerung (§ 16 EStG).

Fällt das negative Kapitalkonto im Zuge der Liquidation der Gesellschaft weg, geschieht dies **handelsrechtlich** zu dem Zeitpunkt, für den die Liquidationsschlussbilanz aufgestellt wird. **Steuerrechtlich** ist im Rahmen der Ermittlung des Veräußerungs- bzw. Aufgabegewinns auf den Zeitpunkt abzustellen, zu dem die Gesellschaft ihren Gewerbebetrieb im Ganzen veräußert oder tatsächlich aufgibt. Die zu diesem Zeitpunkt aufzustellende Aufgabebilanz zur Ermittlung des Veräußerungs- bzw. Aufgabegewinns tritt an die Stelle der handelsrechtlichen Liquidationsschlussbilanz (vgl. BFH v. 19.1.1993 – VIII R 128/84, BStBl. II 1993, 594). In diesen Fällen ist der Gewinn aus dem Wegfall des negativen Kapitalkontos unter den weiteren Voraussetzungen der §§ 16 und 34 EStG ein begünstigter Veräußerungs- oder Aufgabegewinn.

Ergibt sich dagegen im Einzelfall, dass bereits zu einem Bilanzstichtag vor Aufgabe oder Veräußerung des Betriebs ein Ausgleich des durch Verlustanteile aus der Gesellschaftsbilanz (einschließlich Ergänzungsbilanz) entstandenen negativen Kapitalkontos mit künftigen Gewinnen des Kommanditisten nicht mehr in Betracht kommt, ergibt sich bereits zu diesem Zeitpunkt die Höhe des negativen Kapitalkontos ein laufender, nicht begünstigter Gewinn (vgl. den o. a. Beschluss des Großen Senats des BFH). Den Gewerbeertrag berührt dies in der Summe allerdings nicht, da insoweit dem persönlich haftenden Gesellschafter oder den anderen Kommanditisten, deren positives Kapitalkonto noch nicht aufgezehrt

Anlage § 015a–11

Zu § 15a EStG

ist. Verlustanteile in gleicher Höhe zuzurechnen sind (vgl. § 52 Abs. 33 Satz 4 EStG). Sind jedoch in dem VZ, in dem die vorzeitige Nachversteuerung des negativen Kapitalkontos erfolgt, auch die Voraussetzungen des § 52 Abs. 33 Satz 3 EStG erfüllt, ist der Gewinn nach §§ 16, 34 EStG begünstigt. § 52 Abs. 33 Satz 4 EStG ist dabei auch anzuwenden, wenn eine KG aufgelöst wird und der Kommanditist sein negatives Kapitalkonto nicht ausgleichen muss (BFH v. 11.8.1994 – IV R 124/92, BStBl. II 1995, 253).

Soweit allerdings ein negatives Kapitalkonto des Kommanditisten auf Entnahmen zurückzuführen ist, scheidet eine vorzeitige Nachversteuerung aus. In Höhe dieser Entnahmen entsteht jedoch ein Gewinn im Zeitpunkt der Auflösung der KG bzw. des Ausscheidens des Kommanditisten, soweit dieser nicht zu Ausgleichszahlungen an die anderen Gesellschafter verpflichtet ist (vgl. Schmidt, EStG, 22. Auflage, § 16 Rz. 472).

1.3 Nachholung eines zu Unrecht nicht aufgelösten negativen Kapitalkontos eines Kommanditisten

Ist das negative Kapitalkonto eines Kommanditisten nicht zum richtigen Bilanzstichtag aufgelöst worden und die Veranlagung des betroffenen Veranlagungszeitraumes bereits bestandskräftig, so kann die Auflösung im Folgejahr nach den für eine Bilanzberichtigung geltenden Grundsätzen erfolgswirksam nachgeholt werden (H 138d ‚Auflösung des negativen Kapitalkontos' EStH 2003). Das negative Kapitalkonto ist in diesem Zusammenhang einem Bilanzansatz i. S. des § 4 Abs. 1 Satz 1 EStG gleichzustellen (vgl. BFH v. 11.2.1988, a. a. O. und v. 10.12.1991 – VIII R 17/87, BStBl. II 1992, 650).

Ist die Gewinnfeststellung des Vorjahres nicht auf Grundlage einer von der KG eingereichten Bilanz, sondern im Wege der Schätzung vorgenommen worden, ist die Verknüpfung zwischen der Schlussbilanz des Vorjahres und der Anfangsbilanz des Folgejahres weiterhin gegeben (vgl. BFH v. 19.1.1993, a. a. O.). Auch in diesen Fällen kann deshalb eine bisher zu Unrecht unterbliebene erfolgswirksame Auflösung des negativen Kapitalkontos im Folgejahr nachgeholt werden.

Ist dagegen im Klageverfahren gegen einen Gewinnfeststellungsbescheid lediglich die Höhe des Veräußerungsgewinns streitig, so kann eine in den Schlussbilanzen der Vorjahre fehlerhaft ausgewiesene Beteiligung der Gesellschafter am Vermögen der Personengesellschaft in der Schlussbilanz des Streitjahres grundsätzlich nicht erfolgswirksam berichtigt werden. Eine Korrektur kommt insoweit nur hinsichtlich solcher Fehler in Betracht, die sich bisher nicht auf die Höhe der festgestellten Gewinne und Gewinnanteile ausgewirkt haben (z. B. Entnahmen und Einlagen), da die Schlussbilanz des Streitjahres Grundlage einer bestandskräftigen Feststellung des laufenden Gewinns und der Anteile der Gesellschafter an diesem Gewinn geworden ist. Die Schlussbilanz des Streitjahres ist insoweit keine „offene Bilanz" im Sinne der Rechtsprechung zum formellen Bilanzzusammenhang (vgl. BFH v. 19.1.1993, a. a. O.).

Fehlt es jedoch an einer Feststellung für das vorangegangene Wirtschaftsjahr und kann diese nach Ablauf der Feststellungsfrist auch nicht mehr nachgeholt werden, so ist es nach dem BFH-Urteil v. 28.1.1992 (BFH v. 28.1.1992 – VIII R 28/90, BStBl. II 1992, 881) nicht möglich, nach den Grundsätzen des Bilanzzusammenhangs an eine – wenn auch fehlerhafte – Schlussbilanz des vorangegangenen Wirtschaftsjahres anzuknüpfen. In diesem Fall ist der Bilanzzusammenhang durchbrochen, so dass die Versteuerung des negativen Kapitalkontos auch nicht mehr nachgeholt werden kann.

Der sich aus der Richtigstellung der Bilanzansätze für einen Kommanditisten ergebene Gewinn genießt die Steuervergünstigungen, die ihm bei rechtzeitigem Ausweis zugekommen wären (vgl. BfH-Urteil v. 11.2.1988, a. a. O.).

2. Besonderheiten im Insolvenzfall

Auch nach der Eröffnung des Insolvenzverfahrens bleibt eine KG als Handelsgesellschaft bestehen. Durch die Eröffnung des Insolvenzverfahrens über das Vermögen der Gesellschaft wird sie zwar aufgelöst (vgl. § 161 Abs. 2 i. V. m. § 131 Abs. 1 Nr. 3 HGB), aber noch nicht beendet. **Einkommensteuerrechtlich** betreibt eine KG auch während des Abwicklungsstadiums ein gewerbliches Unternehmen i. S. des § 15 EStG, Dies gilt auch dann, wenn die KG jegliche werbende Tätigkeit eingestellt hat, denn die gewerbliche Tätigkeit i. S. des § 15 EStG umfasst auch die auf Abwicklung gerichteten Handlungen (vgl. BFH v. 27.4.1978 – IV R 187/74, BStBl. II 1979, 89, und v. 11.2.1988, a. a. O.).

Gewerbesteuerrechtlich gelten die allgemeinen Grundsätze. Der Gewerbebetrieb als Steuergegenstand besteht damit bis zur tatsächlichen Einstellung des Betriebs (§ 2 Abs. 1 GewStG, § 4 und § 16 GewStDV sowie A 19 GewStR).

Die während der Abwicklung entstehenden Gewinne und Verluste einer aufgelösten KG sind im Wege des Betriebsvermögensvergleichs nach den Grundsätzen ordnungsgemäßer Buchführung zu ermitteln (§§ 4 Abs. 1, 5 Abs. 1 EStG) und gesondert festzustellen (§ 180 Abs. 1 Nr. 2a AO). Die Durchführung einer gesonderten und einheitlichen Feststellung der Einkünfte aus Gewerbebetrieb wird durch die Insolvenzeröffnung nicht gehindert.

Nach Eröffnung des Insolvenzverfahrens hat der Insolvenzverwalter für die ordnungsgemäße Erfüllung der steuerrechtlichen Buchführungs- und Bilanzierungspflichten zu sorgen (§ 80 Abs. 1 InsO, § 34 Abs. 3 AO). Soweit der Insolvenzverwalter seiner Verpflichtung zur Aufstellung entsprechender Bilanzen für die KG nicht nachkommt, sind die festzustellenden Besteuerungsgrundlagen zu schätzen (vgl. Tz. 1.3). Dabei sind die für den Steuerpflichtigen maßgeblichen Gewinnermittlungsvorschriften zu beachten. Die Schätzung ist so vorzunehmen, dass sie im Ergebnis einem ordnungsgemäß durchgeführten Bestandsvergleich möglichst nahe kommt (vgl. BFH v. 19.1.1993, a. a. O.). Dabei ist auch der Anfangs- und Endbestand des Betriebsvermögens schätzungsweise festzustellen und aktenkundig zu dokumentieren. Auch Gewinne und Verluste im Bereich des Sonderbetriebsvermögens eines Gesellschafters sind im Rahmen der Schätzung in den Gewinnfeststellungsbescheid aufzunehmen (BFH v. 5.6.2003 – IV R 36/02, BStBl. II 2003, 871).

Nach Eröffnung eines Insolvenzverfahrens muss umgehend geprüft werden, ob eine vorzeitige Nachversteuerung negativer Kapitalkonten erforderlich ist, weil bereits zum Zeitpunkt der Eröffnung des Insolvenzverfahrens feststeht, dass ein Ausgleich des negativen Kapitalkontos mit künftigen Gewinnanteilen des/der Kommanditisten nicht mehr in Betracht kommt. Allerdings ist hiervon nicht ohne weiteres auszugehen (vgl. BFH v. 22.1.1985 – VIII R 43/84, BStBl. II 1986, 136). Über die Zurechnung von Verlustanteilen und die Auflösung negativer Kapitalkonten beschränkt haftender Gesellschafter ist deshalb auch während eines laufenden Insolvenzverfahrens über das Vermögen einer KG nach den in Tz. 1 dargestellten allgemeinen Grundsätzen zu entscheiden. Sofern keine ausreichenden Unterlagen zur Feststellung und zeitlichen Erfassung des Aufgabegewinns vorliegen, sollten die gesonderten und einheitlichen Feststellungen bis zur abschließenden Sachverhaltsaufklärung unter dem Vorbehalt der Nachprüfung (§ 164 AO) durchgeführt werden.

3. Bürgschaftsübernahme durch Kommanditisten

Die Übernahme einer Bürgschaft durch einen Kommanditisten für Verbindlichkeiten der KG aus betrieblichen Gründen hat keinen Einfluss auf die Höhe des laufenden Gewinns/Verlusts der Gesellschaft. Die Bürgschaftsübernahme führt auch nicht zu Sonderbetriebsausgaben des betreffenden Kommanditisten. Droht die Inanspruchnahme des Kommanditisten aus der Bürgschaft oder wurde er bereits aus der Bürgschaft in Anspruch genommen, kann er in seiner Sonderbilanz keine Rückstellung bilden bzw. keine Verbindlichkeit einstellen (vgl. BFH v. 12.7.1990 – IV R 37/89, BStBl. II 1991, 64 m. w. N.). Die in Erfüllung einer Bürgschaftsverpflichtung geleisteten Zahlungen sind einkommensteuerrechtlich als Kapitaleinlage zu beurteilen. Dies gilt nicht nur für den Fall, dass die Übernahme der Bürgschaft und die Zahlung der Bürgschaftssumme auf dem Gesellschaftsverhältnis beruhende Beitragsleistungen des Kommanditisten darstellen, die während des Bestehens der Gesellschaft keinen Ersatzanspruch des Kommanditisten begründen. Eine Einlage liegt vielmehr auch vor, wenn dem Kommanditisten zivilrechtlich als Folge der Bürgschaftsleistung ein selbstständiger, noch nicht erfüllter Ersatzanspruch gegenüber der KG oder den persönlich haftenden Gesellschaftern zusteht. Ein etwaiges Wertloswerden einer solchen Forderung, die zum Sonderbetriebsvermögen des Kommanditisten gehört, wirkt sich nicht schon während des Bestehens, sondern erst mit der Beendigung der Gesellschaft steuerlich aus (BFH v. 5.6.2003 a. a. O.).

3.1 Gewinnermittlung bei vorzeitiger Nachversteuerung des negativen Kapitalkontos

Steht fest, dass ein Ausgleich des negativen Kapitalkontos mit künftigen Gewinnanteilen des Kommanditisten nicht mehr in Betracht kommt, ergibt sich bereits zu diesem Zeitpunkt in Höhe des negativen Kapitalkontos ein laufender, nicht begünstigter Gewinn. Der vorzeitigen Nachversteuerung unterliegt das durch Verlustanteile aus der Gesellschaftsbilanz (einschließlich Ergänzungsbilanz) entstandene negative Kapitalkonto (vgl. Tz. 1.2).

Ein positives Kapitalkonto in der Sonderbilanz des Kommanditisten mindert das vorzeitig nachzuversteuernde negative Kapitalkonto nicht. Dementsprechend können sich auch Bürgschaftszahlungen eines Kommanditisten, die zivilrechtlich keine auf dem Gesellschaftsverhältnis beruhende Beitragsleistungen darstellen, auf die Höhe des vorzeitig nachzuversteuernden negativen Kapitalkontos nicht auswirken, da die aufgrund der Bürgschaftsinanspruchnahme entstehenden Ersatzansprüche des Kommanditisten gegenüber der KG oder den persönlich haftenden Gesellschaftern Sonderbetriebsvermögen darstellen. Die Wertlosigkeit dieser Kapitalkontenteile ist erst mit der Beendigung der werbenden Tätigkeit d. h. mit der Ermittlung des Veräußerungs- oder Aufgabegewinns im Rahmen der Aufstellung der Liquidationsschlussbilanz steuerlich zu berücksichtigen. (BFH v. 5.6.2003, a. a. O.). Dementsprechend können auch drohende Bürgschaftsinanspruchnahme bei der vorzeitigen Nachversteuerung nicht berücksichtigt werden.

3.2 Wegfall des negativen Kapitalkontos eines Kommanditisten bei Betriebsveräußerung oder Betriebsaufgabe bzw. Ausscheiden des Kommanditisten

Fällt ein negatives Kapitalkonto eines Kommanditisten bei Betriebsveräußerung oder Betriebsaufgabe weg oder scheidet ein Kommanditist gegen Übernahme eines negativen Kapitalkontos durch den Erwerber aus der Gesellschaft aus, entsteht grundsätzlich zu diesem Zeitpunkt in Höhe des negativen Kapitalkontos ein Veräußerungs- oder Aufgabegewinn. Ein solcher Veräußerungs- oder Aufgabegewinn ist grundsätzlich auch dann zu versteuern, wenn der Kommanditist im Außenverhältnis aufgrund einer Bürgschaftsverpflichtung weiterhin für Verbindlichkeiten der Gesellschaft haftet. Etwas anderes gilt jedoch, wenn der Kommanditist aus der Bürgschaft bereits in Anspruch genommen worden ist, aber noch nicht gezahlt hat, oder wenn er mit einer Inanspruchnahme durch die Gesellschaftsgläubiger ernsthaft rechnen muss und er keine realisierbaren Ausgleichs- und Rückgriffsansprüche hat (vgl. BFH v. 12.7.1990, a. a. O.).

Die Ermittlung des Aufgabegewinns ist das im Zeitpunkt der Betriebsaufgabe vorhandene Betriebsvermögen zugrunde zu legen, im dem auch künftige Einnahmen und Ausgaben in Gestalt von Forderungen und Verbindlichkeiten zu berücksichtigen sind. Für einen Kommanditisten ist zu diesem Zweck eine Sonderbilanz aufzustellen, für die grundsätzlich die allgemeinen bilanzrechtlichen Vorschriften des EStG gelten (vgl. BFH v. 9.2.1993, a. a. O.). In dieser Sonderbilanz muss der Kommanditist eine den Aufgabe-/Veräußerungsgewinn mindernde Rückstellung bilden, wenn ihm in Zusammenhang mit seiner Beteiligung eine Haftungsinanspruchnahme droht und keine realisierbaren Ausgleichs- und Rückgriffsansprüche bestehen. Bürgschaftszahlungen, die der Kommanditist während des Bestehens der Gesellschaft bzw. vor seinem Ausscheiden geleistet hat, wirken sich – soweit kein realisierbarer Ersatzanspruch besteht – **ebenfalls erst zu diesem Zeitpunkt** gewinnmindernd aus (BFH v. 5.6.2003, a. a. O.).

Soweit ein Kommanditist im Falle der Beendigung der Gesellschaft aus dem Wegfall des negativen Kapitalkontos wegen der zu berücksichtigenden Bürgschaftsverpflichtung keinen Veräußerungsgewinn zu versteuern hat, ist dem Komplementär gleichwohl ein Verlust in Höhe des weggefallenen negativen Kapitalkontos zuzurechnen, weil dessen Verbindlichkeiten sich trotz der Bürgschaftsverpflichtung/ Bürgschaftszahlungen des Kommanditisten nicht vermindern. An die Stelle der weggefallenen Verbindlichkeiten gegenüber den Gesellschaftsgläubigern aufgrund der Zahlung durch den Bürgen tritt in derselben Höhe bei dem Komplementär die Ausgleichsverpflichtung nach § 774 BGB. Darüber hinaus kann sich eine Ausgleichsverpflichtung des Komplementärs aus § 670 BGB ergeben. Ein Gewinn entsteht beim Komplementär erst dann, wenn der Bürge auf seinen Ersatzanspruch verzichtet oder der Ersatzverpflichtete mit einer Inanspruchnahme durch den Bürgen nicht mehr zu rechnen braucht (vgl. BFH v. 22.11.1988 – VIII R 62/85, BStBl. II 1989, 359).

Soweit wegen des Bestehens einer Bürgschaftsverpflichtung ein Gewinn aus dem Wegfall eines negativen Kapitalkontos nicht besteuert worden ist, ergeben sich jedoch steuerliche Auswirkungen, wenn der Kommanditist tatsächlich später nicht oder nicht in vollem Umfang Zahlungen zu erbringen hat bzw. er später durch Rückgriff auf die KG, einen ihrer Gesellschafter oder Mitbürgen Ersatz seiner Aufwendungen erlangen kann (vgl. Schmidt, EStG, 22. Aufl., § 16 Rz. 465, 473). In diesem Fall ist der Feststellungsbescheid für das Jahr der Auflösung der KG bzw. des Ausscheidens des Kommanditisten bezüglich des Veräußerungsgewinnes gem. § 175 Abs. 1 Nr. 2 AO zu ändern, da sich aufgrund von Umständen, die nach der Aufgabe/Veräußerung neu hinzugetreten sind, ergeben hat, dass der der Besteuerung zugrunde gelegte Wert des Betriebsvermögens zu niedrig gewesen ist (vgl. BFH v. 19.7.1993 – GrS 1/92, BStBl. II 1993, 894). Entsprechendes gilt, wenn der Kommanditist über den bereits gewinnmindernd berücksichtigten Betrag hinaus für Verbindlichkeiten der KG in Anspruch genommen wird.

Sind bei der Ermittlung des Veräußerungs- bzw. Aufgabegewinns eines Kommanditisten Bürgschaftsverpflichtungen und/oder Bürgschaftszahlungen berücksichtigt worden, hat das für die Besteuerung der KG zuständige FA deshalb zu überwachen, ob tatsächlich eine Inanspruchnahme erfolgt bzw. Zahlungen geleistet werden und ob ggf. noch Rückgriffsansprüche realisiert werden konnten. Soweit dem Komplementär (bzw. mehreren Komplementären anteilig) Verluste in Höhe des negativen Kapitalkontos des ausgeschiedenen Kommanditisten zugerechnet wurden, ist ebenfalls zu überwachen, ob dem Komplementär, z. B. durch den Verzicht des Bürgen auf Rückgriffsansprüche, ein Gewinn in entsprechender Höhe zuzurechnen ist.

Zu § 15a EStG   **Anlage § 015a–12**

Anwendung des § 15 a EStG bei mehrstöckigen Personengesellschaften [1]

– Vfg OFD Frankfurt vom 04.11.2010 – S 2241a A – 7 – St 213 –

Die Anwendung des § 15 a EStG bei mehrstöckigen Personengesellschaften gestaltet sich insbesondere hinsichtlich der Ermittlung des maßgeblichen Kapitalkontos i. S. des § 15a Abs. 1 Satz 1 EStG und des nach § 15a Abs. 4 Satz 1 EStG gesondert festzustellenden Verlustes problematisch.
Dargestellt am Beispielsfall einer doppelstöckigen KG, vertrete ich hierzu folgende Rechtsauffassung:

Sachverhalt:

Die A-GmbH & Co. KG (= Obergesellschaft) ist zu 100 % als Kommanditistin an der B-KG (= Untergesellschaft) beteiligt. Alleiniger Kommanditist der A-GmbH & Co. KG ist die natürliche Person A, ebenfalls mit einer Kapitalbeteiligung von 100 %.
Im Vz 01 haben sich die Kapitalkonten der Gesellschafter in der jeweiligen Steuerbilanz wie folgt entwickelt:

bei der Untergesellschaft

Kapitalkonto der Obergesellschaft	am 01.01.01	400.000 €
Verlust 01		– 500.000 €
Kapitalkonto der Obergesellschaft	am 31.12.01	– 100.000 €

Folge: Der Verlustanteil der Obergesellschaft ist gem. § 15a Abs. 1 EStG in Höhe von 400.000 € ausgleichsfähig und in Höhe von 100.000 € nur mit künftigen Gewinnen verrechenbar.

bei der Obergesellschaft

Kapitalkonto des A	am 01.01.01	1.100.000 €
originärer Verlust der Obergesellschaft 01		– 650.000 €
Verlustanteil 01 aus der Untergesellschaft		– 500.000 €
Kapitalkonto des A	am 31.12.01	– 50.000 €

Fragen:

1. Wie berechnet sich das nach § 15a EStG maßgebliche Kapitalkonto des A?
2. Welche Verluste sind für A festzustellen?

Rechtliche Würdigung:

Beteiligt sich eine Personengesellschaft (Obergesellschaft) an einer anderen Personengesellschaft (Untergesellschaft) in der Weise, dass sie Mitunternehmerrisiko trägt und Mitunternehmerinitiative entfalten kann, so ist die Obergesellschaft – und nicht deren Gesellschafter – nicht nur zivilrechtlich Gesellschafterin, sondern auch im steuerrechtlichen Sinne Mitunternehmerin der Untergesellschaft. Dies hat zur Folge, dass der Anteil der Obergesellschaft am Gewinn oder Verlust der Untergesellschaft verfahrensrechtlich bindend bereits auf der Ebene der Untergesellschaft festgestellt und unmittelbar der Obergesellschaft zugerechnet wird (§§ 179, 180, 182 AO) und in deren Gesamtergebnis aus dem eigenen Betrieb und der Beteiligung an der Untergesellschaft eingeht (BFH-Urteil vom 26.01.1995, BStBl. 1995 II S. 467, 469).
Bilanziell ist bei mehrstöckigen Personengesellschaften die dem Betriebsvermögen der Obergesellschaft zugehörige Kommanditbeteiligung steuerrechtlich, abweichend von der handelsrechtlichen Beurteilung, nicht als eigenständiges Wirtschaftsgut zu qualifizieren, sondern repräsentiert lediglich die Anteile an

---

1) Siehe auch FM Schleswig-Holstein vom 29.4.2013 VI 307 – S 2241a – 066:
„Nach dem BFH-Urteil vom 1. Juli 2004 – IV R 67/00 (BStBl. 2010 II 5. 157) sind verrechenbare Verluste aus der Untergesellschaft mit einem Gewinn aus der Veräußerung des Anteils an der Obergesellschaft insoweit zu verrechnen, als der Gewinn aus der Veräußerung des Anteils an der Obergesellschaft auf die stillen Reserven der Untergesellschaft entfällt.
Es ist gefragt worden, ob dies auch gilt, soweit der Gewinn aus der Veräußerung des Anteils an der Obergesellschaft auf der Auflösung eines negativen Kapitalkontos der Obergesellschaft bei der Untergesellschaft beruht, dem keine entsprechenden stillen Reserven im Betriebsvermögen der Untergesellschaft gegenüberstehen.
Hierzu bitte ich die Auffassung zu vertreten, dass ein verrechenbarer Verlust aus einer Untergesellschaft auch insoweit mit dem Gewinn aus der Veräußerung des Anteils an der Obergesellschaft verrechnet werden kann, als der Gewinn auf der Auflösung eines negativen Kapitalkontos der Obergesellschaft bei der Untergesellschaft beruht, dem keine entsprechenden stillen Reserven im Betriebsvermögen der Untergesellschaft gegenüberstehen."

Anlage § 015a–12

Zu § 15a EStG

den einzelnen Wirtschaftsgütern des Gesamthandsvermögens der Untergesellschaft (BStBl. 1994 II S. 224).

Danach dürfte an sich die Kommanditbeteiligung der Obergesellschaft an der Untergesellschaft in der Steuerbilanz der Obergesellschaft nicht als Wirtschaftsgut „Finanzanlagen" oder „Beteiligung" ausgewiesen werden. Die Praxis löst dieses Problem regelmäßig durch Anwendung der sog. „Spiegelbildmethode" auf den Personengesellschaftsanteil der Obergesellschaft an der Untergesellschaft in der Steuerbilanz der Obergesellschaft. Dadurch entspricht das Kapitalkonto der Obergesellschaft in der Steuerbilanz der Untergesellschaft dem Beteiligungsansatz derselben an der Untergesellschaft in ihrer eigenen Steuerbilanz. Die Gewinn- und Verlustanteile der Obergesellschaft an der Untergesellschaft werden in voller Höhe in der Steuerbilanz der Obergesellschaft gewinnwirksam erfasst und wirken sich dadurch auf das Kapitalkonto des Gesellschafters der Obergesellschaft aus. Dies gilt auch für die auf der Ebene der Untergesellschaft nur als verrechenbar festgestellten Verluste, da die Frage der Zurechnung von Einkünften nicht durch die Regelung des § 15a Abs. 1 bis 4 EStG berührt wird (H 138 d (Allgemeines) EStH 1997, Rdvfg. vom 01.08.1996 – S 2241 A – 30 – St II 21, ESt-Kartei § 15 Fach 2 Karte 2). Der als nur verrechenbar festgestellte Verlust kann also durch die Zwischenschaltung einer weiteren Personengesellschaft – unabhängig von deren Kapitalausstattung – nicht in einen ausgleichsfähigen Verlust umqualifiziert werden.

Über Höhe und Zurechnung der Einkünfte wird bindend allein auf der Ebene der Untergesellschaft durch eine einheitliche und gesonderte Feststellung nach §§ 179, 180 Abs. 1 Nr. 2a) AO entschieden. Daneben ist in einem gesonderten Verfahren nach § 15a Abs. 4 EStG – ebenfalls auf der Ebene der Untergesellschaft – die Höhe des verrechenbaren Verlustanteils der Obergesellschaft gesondert festzustellen.

Ein insoweit bei der Untergesellschaft festgestellter verrechenbarer Verlust bleibt aufgrund der Bindungswirkung von gesonderten Feststellungsbescheiden nach § 182 AO auch im Rahmen der Gewinnfeststellung für die Obergesellschaft als solcher erhalten.

Um eine dem Sinn und Zweck des § 15a EStG widersprechende doppelte Berücksichtigung des schon bei der Untergesellschaft festgestellten verrechenbaren Verlustes zu vermeiden, ist das in der Steuerbilanz der Obergesellschaft geminderte Kapitalkonto und damit das zur Verfügung stehende Verlustausgleichspotential entsprechend zu berichtigen. Hierzu ist ein außerbilanzieller – nur für Zwecke des § 15a EStG maßgeblicher – Merkposten zu bilden, in dem sich die Entwicklung des verrechenbaren Verlustes aus der Untergesellschaft widerspiegelt.

Lösung des Beispielfalls:

1. Zur Anwendung des § 15a EStG bei der Obergesellschaft ergibt sich für A ein korrigiertes Kapitalkonto:

    Kapital des A am 01.01.01
    lt. Steuerbilanz   1.100.000 €
    Verlustanteil 01   originärer Verlustanteil der Obergesellschaft   – 650.000 €
         Verlustanteil aus der Untergesellschaft   – 500.000 €   – 1.150.000 €
    Kapital des A am 31.12.01
    lt. Steuerbilanz   – 50.000 €
    außerbilanzieller Merkposten für Zwecke des § 15a EStG
    (= Höhe des verrechenbaren Verlustes aus der Untergesellschaft)   100.000 €
    maßgebliches Kapital am 31.12.01 i. S. des § 15a Abs. 1 EStG   50.000 €
    (= Verlustausgleichspotential für künftige Verluste)

2. Auf der Ebene der Obergesellschaft sind für A folgende Besteuerungsgrundlagen einheitlich und gesondert festzustellen:

    zuzurechnender Verlustanteil   1.150.000 €
    – davon sind ausgleichsfähig   1.050.000 €
    – davon sind nur verrechenbar   100.000 €

Zu § 15b EStG   Anlage § 015b–01

Anwendungsschreiben § 15b EStG

– BDF-Schreiben vom 17.7.2007 – IV B 2 – S 2241b/07/0001 (BStBl. I S. 542) –

Durch das Gesetz zur Beschränkung der Verlustverrechnung im Zusammenhang mit Steuerstundungsmodellen vom 22. Dezember 2005 (BGBl. I S. 3683, BStBl. 2006 I S. 80) wurde § 15b EStG eingeführt. Danach sind Verluste im Zusammenhang mit Steuerstundungsmodellen nicht mehr mit den übrigen Einkünften des Steuerpflichtigen im Jahr der Verlustentstehung, sondern lediglich mit Gewinnen aus späteren Veranlagungszeiträumen aus dem nämlichen Steuerstundungsmodell verrechenbar, wenn die prognostizierten Verluste mehr als 10 % des gezeichneten und aufzubringenden oder eingesetzten Kapitals betragen. § 15b EStG ist auch bei den Einkünften aus Land- und Forstwirtschaft (§ 13 EStG), selbständiger Arbeit (§ 18 EStG), Kapitalvermögen (§ 20 EStG, vgl. hierzu auch Ausführungen unter Tz. 28), Vermietung und Verpachtung (§ 21 EStG) und sonstigen Einkünften i. S. von § 22 Nr. 1 Satz 1 EStG anzuwenden.

Im Einvernehmen mit den obersten Finanzbehörden der Länder gilt für die Anwendung der Verlustverrechnungsbeschränkung im Zusammenhang mit Steuerstundungsmodellen (§ 15b EStG) Folgendes:

I. Sachlicher Anwendungsbereich

§ 15b EStG gilt für negative Einkünfte aus Steuerstundungsmodellen. § 15b EStG findet auf Anlaufverluste von Existenz- und Firmengründern hingegen grundsätzlich keine Anwendung. 1

Die Anwendung des § 15b EStG setzt eine einkommensteuerrechtlich relevante Tätigkeit voraus. Daher ist vorrangig das Vorliegen einer Gewinn- oder Überschusserzielungsabsicht zu prüfen (BFH vom 12. Dezember 1995, BStBl. 1996 II S. 219; BMF-Schreiben vom 8. Oktober 2004, BStBl. I S. 933 [zu Einkünften aus Vermietung und Verpachtung]); denn nur dann entsteht überhaupt ein Steuerstundungseffekt. Liegt bereits keine Gewinn- oder Überschusserzielungsabsicht vor, handelt es sich um eine einkommensteuerrechtlich nicht relevante Tätigkeit. 2

Für die Anwendung des § 15b EStG ist es ohne Belang, auf welchen Ursachen die negativen Einkünfte aus dem Steuerstundungsmodell beruhen (§ 15b Abs. 2 Satz 3 EStG). 3

Die Einkünfte sind nach den allgemeinen Regelungen zu ermitteln. Für geschlossene Fonds und Anleger im Rahmen von Gesamtobjekten (§ 1 Abs. 1 Satz 1 Nr. 2 der Verordnung zu § 180 Abs. 2 AO) gelten die BMF-Schreiben vom 20. Oktober 2003 (BStBl I S. 546, sog. Fondserlass)[1)] und vom 23. Februar 2001 (BStBl. I S. 175) geändert durch BMF-Schreiben vom 5. August 2003 (BStBl I S. 406, sog. Medienerlass) unverändert[2)] fort. 4

Das BMF-Schreiben vom 13. Juli 1992 (BStBl. I S. 404)[3)] unter Berücksichtigung der Änderungen durch das BMF-Schreiben vom 28. Juni 1994 (BStBl. I S. 420) – sog. Verfahrenserlass – ist auch in den Fällen § 15b EStG anzuwenden. 5

Die Prüfung, ob § 15b EStG Anwendung findet, ist bei Gesellschaften und Gemeinschaften auch anlegerbezogen vorzunehmen (vgl. Tz. 8). 6

II. Tatbestandsmerkmale der Verlustverrechnungsbeschränkung im Einzelnen
1. Definition des Steuerstundungsmodells

Ein Steuerstundungsmodell i. S. von § 15b EStG liegt vor, wenn aufgrund einer modellhaften Gestaltung (vgl. Tz. 8 ff.) steuerliche Vorteile in Form negativer Einkünfte erzielt werden sollen (§ 15b Abs. 2 Satz 1 EStG). 7

Bei Beteiligung an einer Gesellschaft oder Gemeinschaft kann als Indiz für die Annahme eines Steuerstundungsmodells auch gesehen werden, dass der Anleger vorrangig eine kapitalmäßige Beteiligung ohne Interesse an einem Einfluss auf die Geschäftsführung anstrebt. Geschlossene Fonds in der Rechtsform einer Personengesellschaft, die ihren Anlegern in der Anfangsphase steuerliche Verluste zuweisen, sind regelmäßig als Steuerstundungsmodell zu klassifizieren, auch wenn die Gesellschafter in ihrer gesellschaftsrechtlichen Verbundenheit die Möglichkeit haben, auf die Vertragsgestaltung Einfluss zu nehmen (vgl. RdNr. 33 bis 37 des BMF-Schreibens vom 20. Oktober 2003, BStBl. I S. 546)[4)]. Hierzu gehören insbesondere Medienfonds, Gamefonds, New Energy Fonds, Lebensversicherungszweitmarktfonds und geschlossene Immobilienfonds. Entsprechendes gilt für Gesamtobjekte i. S. der

---

1) Siehe Anlage § 021-05.
2) Siehe Anlage § 005-20.
3) Siehe Anlage § 021-06.
4) Siehe Anlage § 021-05.

1691

Anlage § 015b–01

Zu § 15b EStG

RdNr. 1.3. des BMF-Schreibens vom 13. Juli 1992 (BStBl. I S. 404)[1], sofern in der Anfangsphase einkommensteuerrechtlich relevante Verluste erzielt werden.

§ 15b EStG erfasst aber auch modellhafte Anlage- und Investitionstätigkeiten einzelner Steuerpflichtiger außerhalb einer Gesellschaft oder Gemeinschaft. Es ist nicht erforderlich, dass mehrere Steuerpflichtige im Hinblick auf die Einkünfteerzielung gemeinsam tätig werden. Es sind demnach auch Investitionen mit modellhaftem Charakter von Einzelpersonen betroffen. Ein Steuerstundungsmodell im Rahmen von Einzelinvestitionen ist z. B. die mit Darlehen gekoppelte Lebens- und Rentenversicherung gegen Einmalbetrag.

2. Modellhafte Gestaltung[2]

a) Grundsatz

8 Für die Frage der Modellhaftigkeit sind vor allem folgende Kriterien maßgeblich:
- vorgefertigtes Konzept (vgl. Tz. 10),
- gleichgerichtete Leistungsbeziehungen, die im Wesentlichen identisch sind (vgl. Tz. 11).

Für die Modellhaftigkeit typisch ist die Bereitstellung eines Bündels an Haupt-, Zusatz- und Nebenleistungen. Zusatz- oder Nebenleistungen führen dann zur Modellhaftigkeit eines Vertragswerkes, wenn sie es nach dem zugrunde liegenden Konzept ermöglichen, den sofort abziehbaren Aufwand zu erhöhen. In Betracht kommen hierfür grundsätzlich alle nach dem BMF-Schreiben vom 20. Oktober 2003 (sog. Fondserlass, BStBl. I S. 546)[3] sofort abziehbaren Aufwendungen.

Wird den Anlegern neben der Hauptleistung ein Bündel von Neben- oder Zusatzleistungen gegen besonderes Entgelt angeboten, verzichtet ein Teil der Anleger jedoch darauf, liegen unterschiedliche Vertragskonstruktionen vor, die jeweils für sich auf ihre Modellhaftigkeit geprüft werden müssen (anlegerbezogene Betrachtungsweise).

> Beispiel:
> Ein Bauträger verkauft Wohnungen in einem Sanierungsgebiet, die von ihm auch saniert werden. Der Bauträger bietet daneben jeweils gegen ein gesondertes Entgelt eine Mietgarantie sowie die Übernahme einer Bürgschaft für die Endfinanzierung – entsprechend RdNr. 18 des BMF-Schreibens vom 20. Oktober 2003 (BStBl I S. 546)[4] – an.
> Anleger A kauft lediglich eine Wohnung, nimmt aber weder die Mietgarantie noch die Bürgschaft in Anspruch.
> Anleger B kauft eine Wohnung und nimmt sowohl die Mietgarantie als auch die Bürgschaft in Anspruch.
> Anleger C kauft eine Wohnung und nimmt lediglich die Mietgarantie in Anspruch.
> Bei Anleger A liegt keine modellhafte Gestaltung vor.
> Bei Anleger B ist aufgrund der Inanspruchnahme aller Nebenleistungen eine modellhafte Gestaltung gegeben.
> Bei Anleger C liegt wegen der Annahme einer der angebotenen Nebenleistungen eine modellhafte Gestaltung vor (vgl. Tz. 9).

b) Erwerb von Wohnungen von einem Bauträger

9 Der Erwerb einer Eigentumswohnung vom Bauträger zum Zwecke der Vermietung stellt grundsätzlich keine modellhafte Gestaltung dar, es sei denn, der Anleger nimmt modellhafte Zusatz- oder Nebenleistungen (z. B. Vermietungsgarantien)
- vom Bauträger selbst,
- von dem Bauträger nahe stehenden Personen sowie von Gesellschaften, an denen der Bauträger selbst oder diesem nahe stehenden Personen beteiligt sind, oder
- auf Vermittlung des Bauträgers von Dritten

---

1) Siehe Anlage § 021-06.
2) Siehe dazu auch BFH-Urteil vom 6.2.2014 (BStBl. II S. 465):
   1. § 15b EStG ist bezogen auf das Tatbestandsmerkmal einer „modellhaften Gestaltung" hinreichend bestimmt.
   2. Sieht nach den Feststellungen des FG das vertriebene Konzept keine steuerlichen Verluste vor und sollte es danach ausschließlich wegen der erzielten Erlöse als Geldanlage attraktiv sein, so verletzt der Schluss des FG, in der Sache liege kein Steuerstundungsmodell i. S. des § 15b Abs. 2 EStG vor, weil nicht die Möglichkeit zur Erzielung von Steuervorteilen in Form negativer Einkünfte geboten worden sei, weder Denkgesetze noch Erfahrungssätze.
3) Siehe Anlage § 021-05.
4) Siehe Anlage § 021-05.

in Anspruch, die den Steuerstundungseffekt ermöglichen sollen. Zur Annahme einer Modellhaftigkeit ist es nicht erforderlich, dass der Anleger mehrere Nebenleistungen in Anspruch nimmt. Bereits die Inanspruchnahme einer einzigen Nebenleistung (wie z. B. Mietgarantie oder Bürgschaft für die Endfinanzierung) führt daher zur Modellhaftigkeit der Anlage. Unschädlich sind jedoch die Vereinbarungen über Gegenleistungen, welche die Bewirtschaftung und Verwaltung des Objekts betreffen (z. B. Aufwendungen für die Hausverwaltung, Vereinbarung über den Abschluss eines Mietpools, Tätigkeit als WEG-Verwalter), soweit es sich nicht um Vorauszahlungen für mehr als zwölf Monate handelt.

Keine modellhafte Gestaltung liegt vor, wenn der Bauträger mit dem Erwerber zugleich die Modernisierung des Objekts ohne weitere modellhafte Zusatz- oder Nebenleistungen vereinbart. Dies gilt insbesondere für Objekte in Sanierungsgebieten und Baudenkmale, für die erhöhte Absetzungen nach §§ 7h, 7i EStG geltend gemacht werden können, und bei denen die Objekte vor Beginn der Sanierung an Erwerber außerhalb einer Fondskonstruktion veräußert werden.

c) Vorgefertigtes Konzept

Für die Modellhaftigkeit spricht das Vorhandensein eines vorgefertigten Konzepts, das die Erzielung steuerlicher Vorteile aufgrund negativer Einkünfte ermöglichen soll. Typischerweise, wenn auch nicht zwingend, wird das Konzept mittels eines Anlegerprospekts oder in vergleichbarer Form (z. B. Katalog, Verkaufsunterlagen, Beratungsbögen usw.) vermarktet. Auch Blindpools haben typischerweise ein vorgefertigtes Konzept i. S. des § 15b EStG. Blindpools sind Gesellschaften oder Gemeinschaften, bei denen zum Zeitpunkt des Beitritts der Anleger das konkrete Investitionsobjekt noch nicht bestimmt ist. Nur wenn der Anleger die einzelnen Leistungen und Zusatzleistungen sowie deren Ausgestaltung vorgibt, handelt es sich nicht um ein vorgefertigtes Konzept.

d) Gleichgerichtete Leistungsbeziehungen

Gleichgerichtete Leistungsbeziehungen liegen vor, wenn gleichartige Verträge mit mehreren identischen Vertragsparteien abgeschlossen werden, z. B. mit demselben Treuhänder, demselben Vermittler, derselben Finanzierungsbank. Werden Zusatz- und Nebenleistungen, die den Steuerstundungseffekt ermöglichen sollen, unmittelbar vom Modellinitiator angeboten, kann dies ebenfalls zur Anwendung des § 15b EStG führen.

e) Steuerliche Vorteile

§ 15b EStG ist nur anzuwenden, wenn steuerliche Vorteile in Form von negativen Einkünften erzielt werden sollen.

Bei vermögensverwaltenden Venture Capital und Private Equity Fonds steht die Erzielung nicht steuerbarer Veräußerungsgewinne im Vordergrund, so dass § 15b EStG auf diese Fonds regelmäßig keine Anwendung findet, weil die Erzielung negativer Einkünfte grundsätzlich nicht Gegenstand des Fondskonzepts ist.

Bleiben Einkünfte im Inland aufgrund von Doppelbesteuerungsabkommen außer Ansatz, ist dies für sich gesehen kein Steuervorteil i. S. des § 15b EStG. Zur Berücksichtigung eines negativen Progressionsvorbehalts vgl. Tz. 24.

f) Einkunftsquelle

Einkunftsquelle ist die Beteiligung am jeweiligen Steuerstundungsmodell. Soweit es sich bei dem Steuerstundungsmodell um eine Gesellschaft oder Gemeinschaft in der Rechtsform einer gewerblichen oder gewerblich geprägten Personengesellschaft handelt, bildet der Mitunternehmeranteil (Gesamthands- und Sonderbetriebsvermögen) die Einkunftsquelle. Bei vermögensverwaltenden Personengesellschaften sind neben der Beteiligung an der Personengesellschaft für die Einkunftsquelle die Sondereinnahmen und Sonderwerbungskosten der einzelnen Gesellschafter einzubeziehen (vgl. Tzn. 18 und 19).

Erzielt der Anleger aus einer vermögensverwaltenden Gesellschaft oder Gemeinschaft nebeneinander Einkünfte aus verschiedenen Einkunftsarten (z. B. § 20 und § 21 EStG), handelt es sich für Zwecke des § 15b EStG dennoch nur um eine Einkunftsquelle. Eine Aufteilung in mehrere Einkunftsquellen ist nicht vorzunehmen.

Maßgeblich ist bei Beteiligungen an Gesellschaften oder Gemeinschaften nicht das einzelne Investitionsobjekt. Soweit also in einer Gesellschaft oder Gemeinschaft Überschüsse erzielende und verlustbringende Investitionen kombiniert werden oder die Gesellschaft oder Gemeinschaft in mehrere Projekte investiert, sind diese für die Ermittlung der 10 %-Verlustgrenze (vgl. Tz. 16) zu saldieren.

Beispiel:

Anleger X hat in einen Windkraftfonds investiert, der zwei Windkraftparks mit jeweils 100 Windrädern betreibt. Für den Windkraftpark A werden aufgrund der dort herrschenden guten Wind-

Anlage § 015b–01

Zu § 15b EStG

verhältnisse Überschüsse erwartet. Für den Windkraftpark B werden hingegen hohe Verluste prognostiziert.

Die Beteiligung an dem Windkraftfonds stellt eine einzige Einkunftsquelle dar.

Handelt es sich bei dem Steuerstundungsmodell nicht um eine Beteiligung an einer Gesellschaft oder Gemeinschaft, sondern um eine modellhafte Einzelinvestition, stellt die Einzelinvestition die Einkunftsquelle dar. Tätigt der Steuerpflichtige mehrere gleichartige Einzelinvestitionen, stellt jede für sich betrachtet eine Einkunftsquelle dar. Dies gilt grundsätzlich auch für stille Beteiligungen.

Auch eventuelles Sonderbetriebsvermögen oder Sondervermögen ist – unabhängig davon, ob dieses modellhaft ist oder nicht – Bestandteil der Einkunftsquelle (vgl. Tzn. 18 und 19).

g) Prognostizierte Verluste/10 %-Grenze

14 Die Verlustverrechnung ist nur zu beschränken, wenn bei Gesellschaften oder Gemeinschaften innerhalb der Anfangsphase die prognostizierten Verluste 10 % des gezeichneten und nach dem Konzept auch aufzubringenden Kapitals übersteigen. Bei Einzelinvestoren führt ein konzeptbedingter Verlust von mehr als 10 % des eingesetzten Eigenkapitals zur Anwendung des § 15b EStG.

aa) Anfangsphase

15 Die Anfangsphase i. S. des § 15b EStG ist der Zeitraum, in dem nach dem zugrunde liegenden Konzept nicht nachhaltig positive Einkünfte erzielt werden, und ist damit im Regelfall identisch mit der Verlustphase. Der Abschluss der Investitionsphase ist zur Bestimmung der Anfangsphase ohne Bedeutung.

Die Anfangsphase endet, wenn nach der Prognoserechnung des Konzepts ab einem bestimmten Veranlagungszeitraum dauerhaft und nachhaltig positive Einkünfte erzielt werden.

bb) Summe der prognostizierten Verluste

16 Maßgeblich für die Berechnung der 10%-Grenze des § 15b EStG sind die prognostizierten Verluste, nicht jedoch die letztlich tatsächlich erzielten Verluste. Dies bedeutet, dass Aufwendungen (z. B. für die Erhaltung des Gebäudes), die im Zeitpunkt der Prognose nicht vorhersehbar sind, nicht in die Berechnung einzubeziehen sind.

Enthält die Prognoserechnung Unrichtigkeiten, ist sie bei der Berechnung der 10%-Grenze nicht zugrunde zu legen. Wird trotz Aufforderung eine berichtigte Prognoseberechnung nicht vorgelegt, können die fehlerhaften Angaben im Schätzungswege geändert werden. Eine Schätzung ist auch vorzunehmen, wenn keine Prognoserechnung vorgelegt wird.

cc) Maßgebendes Kapital bei Beteiligung an einer Gesellschaft

17 Für die Beteiligung an Gesellschaften ist auf das gezeichnete und nach dem Konzept auch aufzubringende Kapital abzustellen. Regelmäßig ist das sog. gezeichnete Eigenkapital, welches die Beteiligungssumme am Gesellschaftskapital darstellt, auch das aufzubringende Kapital.

Als Ausschüttungen gestaltete planmäßige Eigenkapitalrückzahlungen sind für Zwecke der Berechnung der 10%-Grenze vom gezeichneten Eigenkapital abzuziehen, soweit sie die aus dem normalen Geschäftsbetrieb planmäßig erwirtschafteten Liquiditätsüberschüsse übersteigen.

Soweit das aufzubringende Kapital in Teilbeträgen zu leisten ist (z. B. bei Zahlungen nach dem Baufortschritt oder dem Fortschritt der Dreharbeiten), ist die Summe der geleisteten Teilbeträge zugrunde zu legen, soweit diese in der Anfangsphase zu leisten sind. Gleiches gilt für Nachschüsse, wenn diese bereits bei Begründung der Einkunftsquelle feststehen und in der Anfangsphase zu leisten sind.

Wird ein Teil des aufzubringenden Kapitals modellhaft fremdfinanziert, ist das maßgebende Kapital um die Fremdfinanzierung zu kürzen (vgl. Beispiel zu Tz. 18). Es ist unerheblich, ob die Fremdfinanzierung auf der Ebene der Gesellschaft vorgenommen wird oder der Gesellschafter seine Einlage modellhaft finanziert.

dd) Sonderbetriebsvermögen

18 Sind modellhaft Sonderbetriebsausgaben oder Sonderwerbungskosten (z. B. bei modellhafter Finanzierung der Einlage) vorgesehen, ist das Sonderbetriebsvermögen oder Sondervermögen Bestandteil des Steuerstundungsmodells. Die Verluste des Sonderbetriebsvermögens oder die Sonderwerbungskosten stehen somit im Zusammenhang mit dem Steuerstundungsmodell und sind demnach auch Bestandteil der prognostizierten Verluste (vgl. auch Umfang der Verlustverrechnungsbeschränkung, Tz. 19). Die modellhaften Sonderbetriebsausgaben oder Sonderwerbungskosten sind daher bei der Berechnung der Verlustgrenze einzubeziehen.

Beispiel:

Anleger A beteiligt sich an einem Windkraftfonds mit 100 000 €. Das Konzept sieht eine 20 %ige Finanzierung der Einlage vor. Die restlichen 80 000 € erbringt A aus seinem Barvermögen. Die

Zu § 15b EStG **Anlage § 015b–01**

Verluste aus dem Gesamthandsvermögen betragen in der Anfangsphase 7 500 €, die modellhaften Zinsen für die Fremdfinanzierung (Sonderbetriebsausgaben) 1 500 €.

Der steuerliche Verlust des A beträgt insgesamt 9 000 € und liegt damit oberhalb von 10 % der aufzubringenden Einlage (80 000 €). Die Verlustverrechnungsbeschränkung des § 15b EStG ist anzuwenden.

3. Umfang der Verlustverrechnungsbeschränkung

Findet § 15b EStG dem Grunde nach Anwendung, erstreckt sich die Verlustverrechnungsbeschränkung auf sämtliche Verluste aus diesem Steuerstundungsmodell (Gesamthands- und Sondervermögen). Auch nicht modellhafte Sonderbetriebsausgaben oder Sonderwerbungskosten (z. B. bei individueller Finanzierung der Anlage durch den Anleger) und nicht prognostizierte Aufwendungen (z. B. bei unerwartetem Erhaltungsaufwand) unterliegen demnach der Verlustverrechnungsbeschränkung.

Beispiel:

Anleger A beteiligt sich modellhaft an einem Medienfonds mit einer Einlage von 100 000 €, die er zu 80 % bei seiner „Hausbank" fremdfinanziert (= nicht modellhafte Fremdfinanzierung). Die prognostizierten Verluste betragen 100 000 €. Aufgrund unvorhersehbarer Ereignisse steigen die Produktionskosten für den Film um 20 %, so dass A einen Verlust aus dem Gesamthandsvermögen von 120 000 € erzielt. Daneben hat A in der Verlustphase für die Finanzierung Zinsen i. H. v. 15 000 € zu bezahlen.

Der Gesamtverlust aus der Anlage beträgt 135 000 €. Dieser unterliegt in voller Höhe der Verlustverrechnungsbeschränkung.

4. Anwendung bei im Betriebsvermögen gehaltenen Anteilen an vermögensverwaltenden Personengesellschaften (sog. Zebragesellschaften)

Auf Ebene der vermögensverwaltenden Personengesellschaft sind lediglich Überschusseinkünfte festzustellen. Diese werden auf Ebene der Gesellschafter in gewerbliche Einkünfte umqualifiziert (vgl. BMF-Schreiben vom 29. April 1994, BStBl. I S. 282, BFH-Beschluss vom 11. April 2005, BStBl II S. 679). Ob ein Steuerstundungsmodell vorliegt, ist bereits auf Ebene der vermögensverwaltenden Personengesellschaft zu entscheiden. Die Umqualifizierung der Einkunftsart auf Ebene des Anteilseigners berührt die Einordnung als Steuerstundungsmodell grundsätzlich jedoch nicht. Dies gilt auch dann, wenn sich die Höhe der erzielten Einkünfte aufgrund der Umqualifizierung ändert.

5. Regelung bei mehrstöckigen Gesellschaften

Bei mehrstöckigen Personengesellschaften ist bereits auf Ebene der Untergesellschaften zu prüfen, ob § 15b EStG anzuwenden ist. Wird die Anwendung des § 15b EStG bereits auf Ebene der Untergesellschaften bejaht, ist ein Verlustausgleich mit anderen Einkünften auf Ebene der Obergesellschaft nicht möglich.

Es sind folgende Fälle zu unterscheiden:

1. Untergesellschaft und Obergesellschaft sind Steuerstundungsmodelle. In diesem Fall werden die Verluste der Untergesellschaft für den Gesellschafter „Obergesellschaft" festgestellt und von dieser als § 15b-Verluste an ihre Gesellschafter weitergegeben. Da die Obergesellschaft selbst ebenfalls ein Steuerstundungsmodell darstellt, sind die Voraussetzungen für die Anwendung des § 15b EStG (z. B. 10%-Grenze) ohne Berücksichtigung der §-15b-Verluste der Untergesellschaft zu prüfen.
2. Die Untergesellschaft ist ein Steuerstundungsmodell, die Obergesellschaft jedoch nicht. In diesem Fall werden die Verluste der Untergesellschaft für den Gesellschafter „Obergesellschaft" festgestellt und von dieser als § 15b-Verluste an ihre Gesellschafter weitergegeben. Verluste, die nicht aus der Untergesellschaft stammen, sind beim Gesellschafter im Rahmen der übrigen Verlustverrechnungsregelungen (z. B. § 10d EStG) ausgleichsfähig.
3. Die Untergesellschaft ist kein Steuerstundungsmodell; die Obergesellschaft ist ein Steuerstundungsmodell. In diesem Fall wird geprüft, ob auf die saldierten Einkünfte der Obergesellschaft (d. h. einschließlich der Einkünfte aus der Untergesellschaft) § 15b EStG anzuwenden ist.

6. Verhältnis § 15b EStG zu anderen Vorschriften

a) § 15 Abs. 4 EStG

§ 15b EStG geht als die speziellere Norm der Anwendung des § 15 Abs. 4 EStG vor.

b) § 15a EStG

Die Anwendung des § 15b EStG geht der Anwendung des § 15a EStG vor (§ 15b Abs. 1 Satz 3 EStG).

Anlage § 015b–01

Zu § 15b EStG

7. Nach DBA steuerfreie Einkünfte

24 Bei Einkünften, die nach einem Abkommen zur Vermeidung der Doppelbesteuerung dem Progressionsvorbehalt unterliegen (§ 32b Abs. 1 Nr. 3 EStG), gilt Folgendes:
Die Höhe der ausländischen Einkünfte ist nach deutschem Steuerrecht zu ermitteln (BFH-Urteil vom 22. Mai 1991, BStBl. 1992 II S. 94). Ein negativer Progressionsvorbehalt nach § 32b Abs. 1 Nr. 3 EStG ist ungeachtet § 2a EStG nicht zu berücksichtigen, wenn die ausländischen Verluste aus einem Steuerstundungsmodell i. S. des § 15b EStG herrühren (vorrangige Anwendung des § 15b EStG).

8. Behandlung der Verluste aus Steuerstundungsmodellen bei unentgeltlichem Beteiligungsübergang

25 Bei unentgeltlichem Erwerb einer Beteiligung gehen die beim Rechtsvorgänger nach § 15b EStG verrechen-baren Verluste auf den oder die Rechtsnachfolger über.
Ist der Rechtsvorgänger vor dem 11. November 2005 dem Steuerstundungsmodell beigetreten und unterliegen die Verluste daher nicht der Verlustverrechnungsbeschränkung des § 15b EStG, gilt dies insoweit auch für den Rechtsnachfolger, und zwar auch dann, wenn dieser zuvor bereits selbst nach dem 10. November 2005 dem Steuerstundungsmodell beigetreten ist.

9. Feststellungsverfahren

26 Der nicht ausgleichsfähige Verlust ist jährlich gesondert festzustellen (§ 15b Abs. 4 EStG). Zuständig für den Erlass des Feststellungsbescheids ist bei Gesellschaften oder Gemeinschaften das für die gesonderte und einheitliche Feststellung der Einkünfte aus dem Steuerstundungsmodell zuständige Finanzamt.

10. Übergangsregelungen

27 Nach § 52 Abs. 33a EStG ist § 15b EStG auf Verluste aus Steuerstundungsmodellen anzuwenden, denen der Steuerpflichtige nach dem 10. November 2005 beigetreten ist oder für die nach dem 10. November 2005 mit dem Außenvertrieb begonnen wurde. Der Außenvertrieb beginnt in dem Zeitpunkt, in dem die Voraussetzungen für die Veräußerung der konkret bestimmbaren Fondsanteile erfüllt sind und die Gesellschaft selbst oder über ein Vertriebsunternehmen mit Außenwirkung an den Markt herangetreten ist. Zur Vermeidung von Umgehungsgestaltungen ist bei Fonds, die bereits vor dem 11. November 2005 mit dem Außenvertrieb begonnen haben, dem Beginn des Außenvertriebs der Beschluss von Kapitalerhöhungen und die Reinvestition von Erlösen in neue Projekte gleichgestellt. Bei Einzelinvestitionen ist § 15b EStG auf Investitionen anzuwenden, die nach dem 10. November 2005 rechtsverbindlich getätigt wurden.

28 Durch das Jahressteuergesetz 2007 vom 13. Dezember 2006 (BGBl. I S. 2878, BStBl. 2007 I S. 28) wurde die bislang auf § 20 Abs. 1 Nr. 4 EStG (Einkünfte aus typisch stiller Beteiligung) beschränkte analoge Anwendung des § 15b EStG bei den Einkünften aus Kapitalvermögen durch die Einführung von § 20 Abs. 2b EStG mit Wirkung vom 1. Januar 2006 auf alle Einkünfte aus Kapitalvermögen ausgedehnt.[1]

29 Bei Anteilsübertragungen zwischen Gesellschaftern einer Personengesellschaft, bei der § 15b EStG nicht anzuwenden ist, ist bei der Ermittlung des Beitrittszeitpunktes insoweit auf den Zeitpunkt des Vertragsabschlusses und nicht auf den Zeitpunkt der ggf. erforderlichen Zustimmung der übrigen Gesellschafter abzustellen.

30 Wurden Anteile an einer Personengesellschaft, bei der § 15b EStG nicht anzuwenden ist, vor dem Stichtag von einem Treuhänder erworben und nach dem Stichtag an einzelne Anleger weiter veräußert,

---

1) Siehe dazu auch Vfg OFD Frankfurt vom 28.4.2009 – S 2241 b – A – 1 – St 213:
„Mit dem Jahressteuergesetz 2007 wurde durch die Einführung des § 20 Abs. 2b EStG (ab VZ 2009: § 20 Abs. 7 EStG) die Regelung des § 15b EStG zur Beschränkung der Verlustverrechnung im Zusammenhang mit Steuerstundungsmodellen auf alle Einkünfte aus Kapitalvermögen ausgedehnt.
Ein vorgefertigtes Konzept im Sinne des § 15b Abs. 2 Satz 2 EStG liegt nach § 20 Abs. 2b bzw. Abs. 7 Satz 2 EStG auch vor, wenn die positiven Einkünfte nicht der tariflichen Einkommensteuer unterliegen.
Auf die folgenden Sachverhalte ist § 20 Abs. 2b bzw. Abs. 7 i. V. m. § 15b EStG nicht anwendbar, wenn der Wertpapiererwerb mit Eigenkapital finanziert wurde:
– Ein Anleger erwirbt festverzinsliche Wertpapiere unter Ausweis von Stückzinsen (negative Einnahmen); die positiven Erträge, d.h. die Zinsen, werden nach dem 01.01.2009 (also im Anwendungszeitraum der mit dem Unternehmensteuerreformgesetz 2008 eingeführten Abgeltungsteuer) fällig. Der Ausweis von Stückzinsen entspricht den Marktusancen und ist erforderlich, damit der bisherige Gläubiger den Gegenwert des ihm zustehenden (anteiligen) Zinsanspruchs realisieren kann.
– Ein Anleger erwirbt Investmentfondsanteile unter Zahlung von Zwischengewinnen; die positiven Kapitalerträge (ausgeschüttete oder ausschüttungsgleiche Erträge) fließen nach Einführung der Abgeltungsteuer zu.
Im Falle eines kreditfinanzierten Wertpapiererwerbs ist das Verlustverrechnungsverbot des § 15b Abs. 1 EStG i. V. m. § 20 Abs. 2b bzw. Abs. 7 EStG zur Anwendung, wenn die negativen Einkünfte höher sind als 10 % des eingesetzten Eigenkapitals (§ 15b Abs. 3 EStG). Daher können Verluste aus gezahlten Stückzinsen bzw. Zwischengewinnen im Falle einer entsprechend hohen Fremdfinanzierung erst mit den später zufließenden Kapitaleinnahmen verrechnet werden."

Zu § 15b EStG **Anlage § 015b–01**

ist zur Ermittlung des Beitrittszeitpunkts auf die Veräußerung der Anteile durch den Treuhänder abzustellen.

Nach § 52 Abs. 15 Satz 3 und 4 i. V. m. § 5a Abs. 3 EStG a. F. können Schifffonds den Antrag auf Gewinnermittlung nach § 5a Abs. 1 EStG im Jahr der Anschaffung oder Herstellung des Handelsschiffes oder in einem der beiden folgenden Wirtschaftsjahre stellen. Für die Anwendung des § 15b EStG ist – analog zu § 15a EStG – der nach § 4 Abs. 1 oder § 5 EStG ermittelte Gewinn zugrunde zu legen. Verluste i. S. des § 15b EStG sind nicht mit Gewinnen i. S. des § 5a Abs. 1 EStG verrechenbar, Tz. 32 des BMF-Schreibens vom 12. Juni 2002 (BStBl. I S. 614) gilt entsprechend. **31**

Anlage § 015b–01 Zu § 15b EStG

Prüfschema §15b EStG

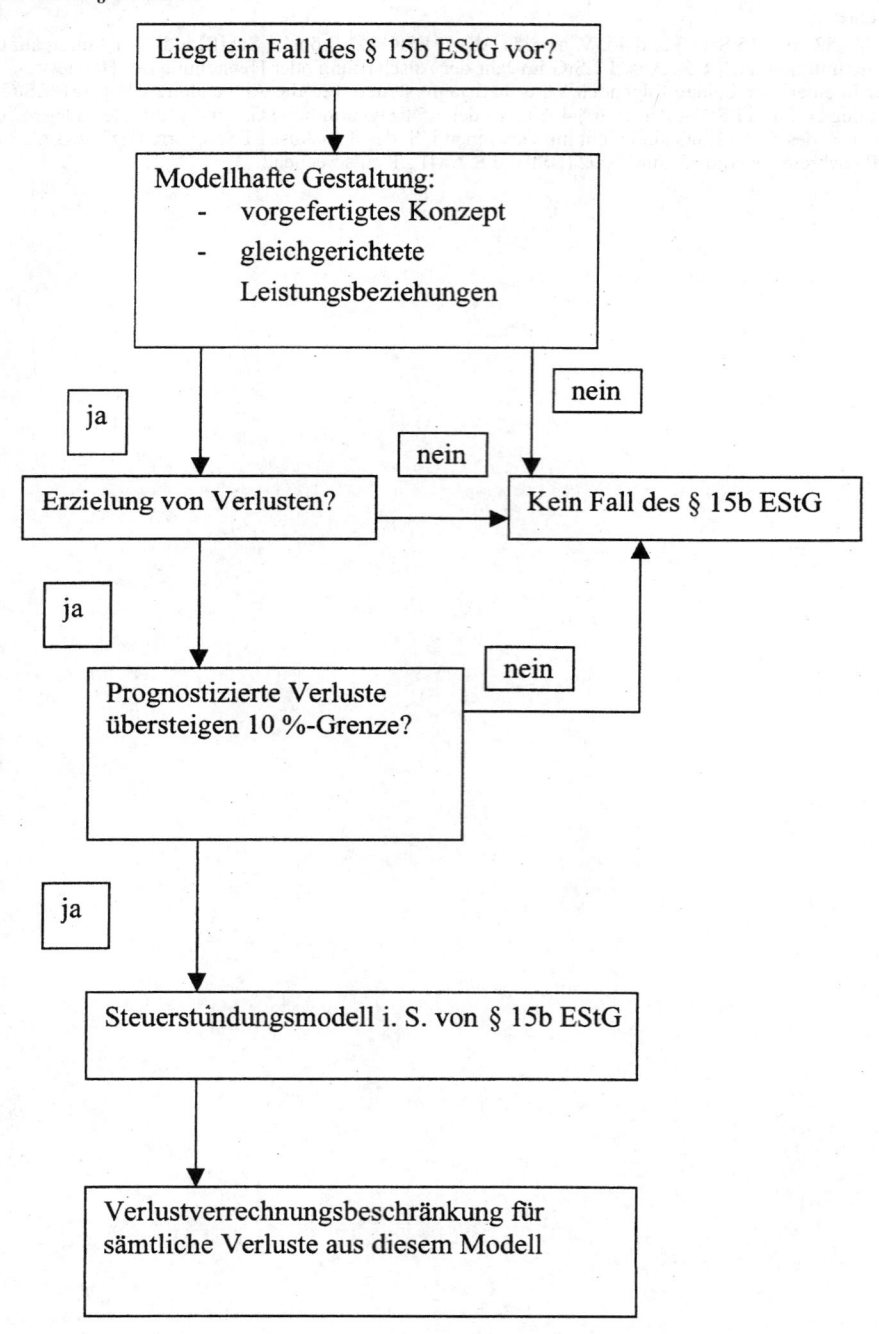

```
                  ┌─────────────────────────────────┐
                  │ Liegt ein Fall des § 15b EStG vor? │
                  └─────────────────────────────────┘
                                   │
                                   ▼
                  ┌─────────────────────────────────┐
                  │ Modellhafte Gestaltung:          │
                  │   - vorgefertigtes Konzept       │
                  │   - gleichgerichtete             │
                  │     Leistungsbeziehungen         │
                  └─────────────────────────────────┘
           ja                                    nein
            │                  nein                │
            ▼                                      ▼
   ┌──────────────────────┐  ────►  ┌──────────────────────┐
   │ Erzielung von Verlusten? │     │ Kein Fall des § 15b EStG │
   └──────────────────────┘         └──────────────────────┘
            │ ja                                   ▲
            ▼                      nein            │
   ┌──────────────────────────┐  ──────────────────┘
   │ Prognostizierte Verluste │
   │ übersteigen 10 %-Grenze? │
   └──────────────────────────┘
            │ ja
            ▼
   ┌─────────────────────────────────────────┐
   │ Steuerstundungsmodell i. S. von § 15b EStG │
   └─────────────────────────────────────────┘
            │
            ▼
   ┌─────────────────────────────────────────────┐
   │ Verlustverrechnungsbeschränkung für         │
   │ sämtliche Verluste aus diesem Modell        │
   └─────────────────────────────────────────────┘
```

Zu § 16 EStG   **Anlage § 016–01**

Ausscheiden eines Mitunternehmers aus einer Mitunternehmerschaft
gegen Sachwertabfindung

– Erlass Senatsverwaltung für Finanzen Berlin vom 03.02.2012 – III B- S 2242/1/2009 –

Zur ertragsteuerlichen Behandlung des Ausscheidens eines Mitunternehmers aus einer mehrgliedrigen Mitunternehmerschaft gegen Sachwertabfindung nehme ich wie folgt Stellung:

Scheidet ein Mitunternehmer aus einer mehrgliedrigen Personengesellschaft aus und wird diese gleichzeitig von den verbleibenden Mitunternehmern fortgeführt, liegt kein Fall der (steuerneutralen) Realteilung vor. Denn nach ständiger Rechtsprechung des BFH, die auch von der Finanzverwaltung geteilt wird (vgl. BMF-Schreiben vom 28.02.2006, BStBl. I 2006 S. 228) ist Voraussetzung dafür die Beendigung der bisherigen Mitunternehmerschaft.

Es handelt sich vielmehr um die Aufgabe eines Mitunternehmeranteils gegen Sachwertabfindung. Bei dem mit Sachwertabfindung ausscheidenden Mitunternehmer entsteht regelmäßig ein steuerpflichtiger Veräußerungsgewinn gemäß § 16 Abs. 1 Nr. 2 EStG. Dies gilt auch für das Ausscheiden eines Mitunternehmers aus einer zweigliedrigen Mitunternehmerschaft gegen Sachwertabfindung und gleichzeitiger Fortführung des Betriebs als Einzelunternehmen durch den nicht ausgeschiedenen Mitunternehmer.

Überführt der ausscheidende Mitunternehmer die ihm zugeteilten Wirtschaftsgüter in das Betriebsvermögen seines Einzelunternehmens oder in sein Sonderbetriebsvermögen einer anderen Mitunternehmerschaft, hat er nach § 6 Abs. 5 Satz 3 Nr. 1 i.V.m. Satz 1 EStG zwingend die Buchwerte fortzuführen, sofern die Besteuerung der stillen Reserven sichergestellt ist. Soweit Verbindlichkeiten übernommen werden, liegt allerdings zumindest insoweit ein teilentgeltlicher Veräußerungsvorgang vor (vgl. Rdnr. 15 des BMF-Schreibens vom 08.12.2011, BStBl. I S. 1279, EStG-Kartei Berlin § 6 (5) EStG Nr. 3).

Wird dem ausscheidenden Mitunternehmer auch ein – anteiliger – selbst geschaffener Mandantenstamm zugewiesen, ist dieser nach § 5 Abs. 2 EStG grundsätzlich weder bei der abgebenden Personengesellschaft noch in dem aufnehmenden Unternehmen anzusetzen.

Die spätere Besteuerung der stillen Reserven in dem übernommenen Mandantenstamm oder dem Geschäfts- oder Firmenwert ist sicherzustellen.

Ein steuerpflichtiger Veräußerungsgewinn entsteht auch, wenn der ausscheidende Mitunternehmer die Wirtschaftsgüter nicht in ein Betriebsvermögen seines Einzelunternehmens oder in sein Sonderbetriebsvermögen einer anderen Mitunternehmerschaft, sondern in das Gesamthandsvermögen einer anderen Mitunternehmerschaft überführt

Ertragsteuerliche Fragen im Zusammenhang mit einem derivativen Geschäfts- oder Firmenwert bei Aufgabe eines verpachteten Betriebs [1)]

Vfg – OFD Düsseldorf, vom 23. April 1991 – S 2242 A – St 11 H

Der BFH hat im Urteil vom 4.4.1989 X R 49/87 (BStBl. II 1989 S. 606) über die Frage entschieden, ob ein derivativer Geschäfts- oder Firmenwert in die Ermittlung des Aufgabegewinns nach § 16 EStG einzubeziehen ist, wenn der Betrieb weiter verpachtet wird. Nach Auffassung des BFH ist der Geschäfts- oder Firmenwert nicht im Rahmen des Aufgabegewinns anzusetzen, weil er nicht in das Privatvermögen überführt werden kann. Der BFH folgt damit seiner Rechtsprechung zum originären Geschäfts- oder Firmenwert. Originärer und derivativer Geschäfts- oder Firmenwert seien nicht privatisierbar; sie könnten nicht Privatvermögen durch Erklärung werden, weil ein Geschäftswert nur im Rahmen eines gewerblichen Betriebs denkbar sei. Sie blieben Betriebsvermögen mit der Folge, daß bei einer späteren entgeltlichen Veräußerung des Geschäftswerts der steuerliche Zugriff auf den dafür erzielten Erlös noch möglich sei.

Fraglich ist in diesem Zusammenhang, ob die Voraussetzungen für eine steuerbegünstigte Betriebsaufgabe nach §§ 16, 34 EStG vorliegen. Zweifel daran könnten sich deshalb ergeben, weil nicht alle wesentlichen Betriebsgrundlagen in das Privatvermögen überführt werden, denn der Geschäfts- oder Firmenwert bleibt ja nach der o. a. BFH-Rechtsprechung weiter Betriebsvermögen.

Dazu ist die Auffassung zu vertreten, daß der Verbleib des Geschäfts- oder Firmenwerts im Betriebsvermögen für die Annahme einer steuerbegünstigten Betriebsaufgabe unschädlich ist, da er nicht auf einer Willensentscheidung des Stpfl. beruht, sondern sich zwangsläufig aus der rechtlichen Beurteilung ergibt. Im übrigen hat auch der BFH in seinem Urteil vom 4.4.1989 (a. a. O.) eine Betriebsaufgabe nach § 16 Abs. 3 EStG angenommen. Im Fall einer späteren Veräußerung des verpachteten Betriebs sind die im Geschäfts- oder Firmenwert evtl. enthaltenen stillen Reserven aufzudecken und als nachträgliche Einkünfte gem. § 24 Nr. 2 EStG zu besteuern; eine Tarifermäßigung nach § 34 EStG kommt insoweit nicht mehr in Betracht. Hierin liegt keine Benachteiligung der ertragsteuerlichen Behandlung von Verpachtungsfällen, da es dem Verpächter freisteht, die Betriebsaufgabe zu erklären.

Bei anderen immateriellen Wirtschaftsgütern gilt folgendes: Kann ein Wirtschaftsgut einzeln veräußert werden, so ist es im Rahmen der Betriebsaufgabe mit zu entnehmen.

Der BFH hat in seinem Urteil vom 24.11.1982 (BStBl. II 1983 S. 113) die Möglichkeit zur Einzelveräußerung für einen Verlagswert bejaht. Hingegen kann eine Güterfernverkehrsgenehmigung im Hinblick auf ihre Personengebundenheit *regelmäßig* nicht veräußert werden. Wird sie *ausnahmsweise* im Rahmen einer Betriebsaufgabe auf ein anderes Unternehmen übertragen, so ist dieser Vorgang im Rahmen des § 16 Abs. 3 EStG zu berücksichtigen.

---

1) Wird zu Beginn oder während der Verpachtung des Gewerbebetriebs die Betriebsaufgabe erklärt, ist bei der Ermittlung des Aufgabegewinns weder ein originärer noch ein derivativer Geschäftswert anzusetzen. Der Geschäftswert ist dann zur Versteuerung heranzuziehen, wenn bei einer späteren Veräußerung des Unternehmens ein Entgelt für ihn geleistet wird (BFH vom 30.1.2002 – BStBl. II S. 387).

Zweifelsfragen im Zusammenhang mit der Ausübung des Verpächterwahlrechts gemäß R 139 Abs. 5 EStR [1)]

– BdF-Schreiben vom 17. Oktober 1994 IV B 2 – S 2242 – 47/94 (BStBl. I S. 771) –

Unter Bezugnahme auf das Ergebnis der Erörterungen mit den obersten Finanzbehörden der Länder nehme ich zu aufgetretenen Zweifelsfragen im Zusammenhang mit der Ausübung des Verpächterwahlrechts gemäß R 139 Abs. 5 EStR wie folgt Stellung:

1. Wiederaufleben des Verpächterwahlrechts

Die Frage, ob das Verpächterwahlrecht nach R 139 Abs. 5 EStR, das im Zeitpunkt der Verpachtung nicht ausgeübt werden konnte, zu einem späteren Zeitpunkt wieder auflebt, kann in folgenden Fällen von Bedeutung sein:

a) Gewerblich geprägte Personengesellschaft

Eine Personengesellschaft führt zunächst selbst einen Betrieb. Anschließend verpachtet sie ihn. Im Zeitpunkt der Verpachtung liegen die Voraussetzungen einer gewerblich geprägten Personengesellschaft i. S. des § 15 Abs. 3 Nr. 2 EStG vor. Während der Verpachtung entfallen diese Voraussetzungen, z. B. durch Eintritt einer natürlichen Person als Komplementärin neben der Komplementär-Kapitalgesellschaft.

Während ihrer gewerblichen Prägung steht der Personengesellschaft das Verpächterwahlrecht nicht zu.

b) Ausscheiden eines verpachtenden Mitunternehmers

Der Gesellschafter einer gewerblich tätigen oder geprägten Personengesellschaft verpachtet seinen bis dahin von ihm selbst geführten Betrieb im ganzen an die Mitunternehmerschaft. Später scheidet er aus der Gesellschaft aus.

Solange der verpachtende Gesellschafter der Mitunternehmerschaft angehört, rechnen der verpachtete Betrieb zu seinem Sonderbetriebsvermögen und die von der Mitunternehmerschaft gezahlten Pachtzinsen gem. § 15 Abs. 1 Satz 1 Nr. 2 EStG zu seinen Sonderbetriebseinnahmen. Das Verpächterwahlrecht steht ihm in dieser Zeit nicht zu.

c) Betriebsaufspaltung

Bei einer Betriebsverpachtung sind zunächst auch die Voraussetzungen der Betriebsaufspaltung erfüllt. Später entfallen die Voraussetzungen für eine Betriebsaufspaltung, z. B. wegen Wegfalls der personellen Verflechtung.

Die Regeln der Betriebsaufspaltung, wonach der Verpächter gewerblich tätig ist, gehen denen der Betriebsverpachtung vor. Deshalb ist während des Bestehens der Betriebsaufspaltung kein Verpächterwahlrecht gegeben.

Sind in Fällen der Buchstaben a, b und c weiterhin die Voraussetzungen der Betriebsverpachtung erfüllt, lebt das Verpächterwahlrecht wieder auf, sobald der Hinderungsgrund weggefallen ist, d. h.

– in den Fällen des Buchst. a die Voraussetzungen des § 15 Abs. 3 Nr. 2 EStG nicht mehr bestehen,
– in den Fällen des Buchst. b die Voraussetzungen des § 15 Abs. 1 Nr. 2 EStG durch Ausscheiden aus der Gesellschaft entfallen (vgl. BFH-Urteil vom 13. Dezember 1983, BStBl. 1984 II S. 474, 478 ff.) oder
– in den Fällen des Buchst. c die Betriebsaufspaltung beendet ist. [2)]

Der Verpächter erzielt daher weiterhin gewerbliche Einkünfte und die verpachteten Wirtschaftsgüter bleiben in seinem Betriebsvermögen, solange er die Betriebsaufgabe nicht ausdrücklich erklärt.

2. Gesellschafterwechsel und Gesellschafterbeitritt

Bei Personengesellschaften darf ein bestehendes Verpächterwahlrecht auch in den Fällen des Gesellschafterwechsels oder des Gesellschafterbeitritts weiter ausgeübt werden. Das gilt in den Fällen des Gesellschafterwechsels nur dann nicht, wenn alle bisherigen Gesellschafter ihre Beteiligungen innerhalb eines kurzen Zeitraums vollständig veräußern, wenn es also zu einem gänzlichen Austausch der Gesellschafter kommt.

In den Fällen des Gesellschafterbeitritts spielt die besondere Sicht des Umwandlungssteuerrechts, wonach die bisherigen Mitunternehmeranteile in eine „neue", durch den hinzutretenden Gesell-

---
1) Siehe jetzt § 16 Abs. 3 b EStG
2) Bestätigt durch BFH-Urteile vom 23.4.1996 (BStBl. 1998 II S. 325) und vom 17.4.2002 (BStBl. II S. 527).

Anlage § 016–04

Zu § 16 EStG

schafter vergrößerte Personengesellschaft eingebracht werden, für die Frage des Verpächterwahlrechts keine Rolle.

Beispiele:
a) Eine nicht gewerblich geprägte Personengesellschaft verpachtet ihren Gewerbebetrieb. Die Betriebsaufgabe wird nicht erklärt. Später veräußert ein Gesellschafter seinen Anteil an einen Dritten. Die Personengesellschaft darf das Verpächterwahlrecht weiterhin ausüben.
b) In eine Personengesellschaft tritt nach Beginn der Verpachtung ein neuer Gesellschafter ein. Auch in diesem Fall darf die Personengesellschaft das Verpächterwahlrecht weiterhin ausüben.

Solange die Personengesellschaft in den Beispielen a und b die Betriebsaufgabe nicht erklärt, erzielt sie weiterhin gewerbliche Einkünfte und bleiben die verpachteten Wirtschaftsgüter in ihrem Betriebsvermögen.

Zu § 16 EStG

Anlage § 016–05

Ertragsteuerliche Behandlung der Erbengemeinschaft und ihrer Auseinandersetzung

– BdF-Schreiben vom 14.3.2006 – IV B 2 – S 2242 – 7/06 (BStBl. I S. 253) –

Im Einvernehmen mit den obersten Finanzbehörden der Länder gilt zur ertragsteuerlichen Behandlung der Erbengemeinschaft und ihrer Auseinandersetzung auf der Grundlage des BFH-Beschlusses vom 5. Juli 1990 (BStBl. II S. 837) Folgendes:

Inhaltsübersicht

	Tz.
A. Allgemeines	1
B. Zurechnung der laufenden Einkünfte zwischen Erbfall und Erbauseinandersetzung	2–9
1. Allgemeines	2
2. Zurechnung laufender Gewinneinkünfte	3–5
3. Zurechnung laufender Überschusseinkünfte	6
4. Beendigung der Erbengemeinschaft und rückwirkende Zurechnung der laufenden Einkünfte	7–9
C. Erbauseinandersetzung durch Aufteilung des Nachlasses	10–36
I. Erbauseinandersetzung über Betriebsvermögen	10–21
1. Teilung ohne Abfindungszahlungen	10–13
a) Allgemeines	10
b) Gewinnrealisierung nach den Grundsätzen über die Betriebsaufgabe	11
c) Buchwertfortführung bei Übertragung in ein anderes Betriebsvermögen der Miterben	12
d) Ansatz bei Überführung von Wirtschaftsgütern in das Privatvermögen	13
2. Teilung mit Spitzen- oder Wertausgleich	14–21
a) Allgemeines	14–17
b) Übernahme von Verbindlichkeiten über die Erbquote hinaus	18
c) Buchwertfortführung im Zusammenhang mit Abfindungszahlungen	19–21
II. Erbauseinandersetzung über Privatvermögen	22–31
1. Teilung ohne Abfindungszahlungen	22–25
a) Allgemeines	22
b) Behandlung von Nachlassverbindlichkeiten	23–25
2. Teilung mit Abfindungszahlungen	26–31
a) Allgemeines	26–27
b) Aufteilung von Abfindungsleistungen	28–29
c) Behandlung liquider Mittel des Nachlasses	30
d) AfA-Bemessungsgrundlage und AfA-Satz nach Erbauseinandersetzung	31
III. Erbauseinandersetzung über einen Mischnachlaß	32–36
1. Teilung ohne Abfindungszahlungen	32–35
a) Allgemeines	32
b) Schaffung von Privatvermögen im engen zeitlichen Zusammenhang mit der Auseinandersetzung	33
c) Behandlung von Nachlassverbindlichkeiten bei Mischnachlässen, insbesondere Schuldzinsenabzug	34–35
2. Teilung mit Abfindungszahlungen	36
D. Entgeltliche und unentgeltliche Übertragung eines Erbteils	37–47
1. Allgemeines	37
2. Zum Nachlass gehört nur Betriebsvermögen	38–39

		a) Schenkung eines Erbteils	38
		b) Verkauf eines Erbteils	39
	3.	Zum Nachlass gehört nur Privatvermögen	40–43
		a) Schenkung eines Erbteils	40
		b) Verkauf eines Erbteils	41–43
	4.	Mischnachlaß	44–47
		a) Schenkung eines Erbteils	45
		b) Verkauf eines Erbteils	46–47
E.	**Ausscheiden eines Miterben**		48–52
	1.	Allgemeines	48
	2.	Ausscheiden ohne Abfindung	49
	3.	Ausscheiden gegen Barabfindung	50
	4.	Ausscheiden gegen Sachwertabfindung	51–52
		a) Grundsatz	51
		b) Buchwertfortführung	52
F.	**Erbauseinandersetzung durch Veräußerung des Nachlasses**		53–55
	1.	Allgemeines	53
	2.	Betriebsvermögen	54
	3.	Privatvermögen	55
G.	**Teilerbauseinandersetzung**		56–59
	1.	Behandlung wie Gesamtauseinandersetzung	56–57
	2.	Behandlung von umgekehrten Abfindungen	58–59
H.	**Vermächtnisse, Vorausvermächtnisse, Teilungsanordnung**		60–68
	1.	Steuerliche Auswirkungen von Vermächtnissen	60–63
	2.	Besonderheiten bei Vorausvermächtnissen	64–66
	3.	Steuerliche Auswirkungen von Teilungsanordnungen	67–68
I.	**Sonderfragen**		69–82
	I.	Erbfolge bei der Beteiligung an einer Personengesellschaft	69–74
		1. Fortsetzung der Gesellschaft durch die übrigen Gesellschafter oder Auflösungsklausel	69
		2. Eintrittsklausel	70
		3. Einfache Nachfolgeklausel	71
		4. Qualifizierte Nachfolgeklausel	72–74
	II.	Sonderfragen im Bereich der Land- und Forstwirtschaft	75–82
		1. Erbfolge im Bereich der Land- und Forstwirtschaft	75–81
		2. Behandlung von Abfindungen, die das Kapitalkonto unterschreiten	82
J.	**Übergangsregelung**		83

A. Allgemeines

1 Mit dem Tod des Erblassers geht der gesamte Nachlass unentgeltlich im Wege der Gesamtrechtsnachfolge auf den Alleinerben oder die Erbengemeinschaft über. Der Nachlass ist Gesamthandsvermögen der Erben (§ 1922 BGB). Die Erbengemeinschaft wird bis zu ihrer Auseinandersetzung (§ 2042 BGB) steuerlich bei den Überschusseinkünften wie eine Bruchteilsgemeinschaft (§ 39 Abs. 2 Nr. 2 AO) und bei den Gewinneinkünften als Mitunternehmerschaft behandelt.

Die steuerlichen Grundsätze zur Erbauseinandersetzung sind auch auf Abfindungszahlungen infolge eines gerichtlichen Vergleichs an angebliche Miterben anzuwenden (BFH-Urteil vom 14. März 1996 – BStBl. II S. 310). Ein Erbprätendent mit möglichem Pflichtteilsanspruch, der zur Vermeidung weiterer Streitigkeiten Wirtschaftsgüter aus dem Nachlass erhält, ist steuerlich wie ein Erbe zu behandeln (BFH-Urteil vom 13. Februar 1997 – BStBl. II S. 535).

Zu § 16 EStG											Anlage § 016–05

B. Zurechnung der laufenden Einkünfte zwischen Erbfall und Erbauseinandersetzung

1. Allgemeines

Sowohl für den Bereich des Betriebsvermögens als auch für den Bereich des Privatvermögens bilden Erbfall und Erbauseinandersetzung keine rechtliche Einheit. Hinterlässt ein Erblasser mehrere Erben, geht sein Vermögen mit dem Tod im Ganzen auf die Erben über und wird bei ihnen zu gemeinschaftlichem Vermögen. Die Miterben verwalten den Nachlass gemeinsam und können über Nachlassgegenstände nur gemeinschaftlich verfügen. Die Erbengemeinschaft kann unbegrenzt bestehen bleiben. Das Ergebnis ihrer Betätigung wird Bestandteil des gemeinschaftlichen Vermögens. Hieraus ergeben sich Folgerungen für das Entstehen und die Zurechnung von steuerlichen Einkünften bei den Miterben. 2

2. Zurechnung laufender Gewinneinkünfte

Gehört ein gewerbliches, freiberufliches oder land- und forstwirtschaftliches Unternehmen zum Nachlass, geht es mit dem Erbfall auf die Erbengemeinschaft über (§ 1922 BGB). Sämtliche Miterben werden – abgesehen von bestimmten Sonderfällen (siehe Tz. 69 ff.) – Mitunternehmer i.S.v. § 15 Abs. 1 Satz 1 Nr. 2 EStG. Aufgrund ihrer Stellung als Miterben tragen sie ein Mitunternehmerrisiko und können Mitunternehmerinitiative entfalten. Diese Beurteilung hängt nicht von der Länge des Zeitraums ab, in dem die Erbengemeinschaft das Unternehmen weiterführt. Auch wenn die Erben ein Unternehmen frühzeitig nach dem Erbfall abwickeln und einstellen oder es auf eine andere Person übertragen, haben sie zunächst die Eigenschaft von Mitunternehmern erlangt und behalten diese bis zur Betriebsbeendigung oder Auseinandersetzung über den Betrieb. Als solche beziehen die Erben ihre Einkünfte kraft eigener Verwirklichung des Einkünftetatbestandes. Die laufenden Einkünfte sind den einzelnen Miterben als Mitunternehmer nach dem allgemeinen Gewinnverteilungsschlüssel zuzurechnen, der sich bei den Miterben grundsätzlich nach ihren Erbteilen bestimmt (§ 2038 Abs. 2, § 743 Abs. 1 BGB). Zur rückwirkenden Zurechnung laufender Einkünfte vgl. Tz. 7 ff., zur Zurechnung der Einkünfte an einen Vermächtnisnehmer als wirtschaftlichem Eigentümer eines Gewerbebetriebes vgl. Tz. 61. 3

Gehört zu einem Nachlass neben einem Gewerbebetrieb der selbständigen Arbeit dienendes Betriebsvermögen, ein land- und forstwirtschaftlicher Betrieb oder Privatvermögen, findet § 15 Abs. 3 Nr. 1 EStG (sog. Abfärberegelung) keine Anwendung. 4

Ist der Erblasser selbständig tätig i.S.d. § 18 Abs. 1 Nr. 1 EStG gewesen, erzielt die Erbengemeinschaft Einkünfte aus selbständiger Arbeit i.S.v. § 18 EStG allerdings nur dann, wenn keine berufsfremden Erben an der Erbengemeinschaft beteiligt sind. Berufsfremd ist, wer nicht die erforderliche freiberufliche Qualifikation besitzt. Ist zumindest ein Miterbe berufsfremd, erzielt die Erbengemeinschaft Einkünfte aus Gewerbebetrieb. Ist mit dem Übergang eines freiberuflichen Betriebsvermögens auf Grund fehlender Qualifikation der Erben, Miterben oder Vermächtnisnehmers eine Umqualifizierung des bisher freiberuflichen Vermögens in gewerbliches Betriebsvermögen und eine entsprechende Umqualifizierung der aus dem Betrieb erzielten Einkünfte verbunden, kommt es nicht zu einer Betriebsaufgabe (vgl. BFH-Urteil vom 12. März 1992 – BStBl. 1993 II S. 36). 5

3. Zurechnung laufender Überschusseinkünfte

Hat der Erblasser Einkünfte aus Kapitalvermögen oder aus vermietetem oder verpachtetem Vermögen gehabt, wird dieses Vermögen nach dem Erbfall durch die Erbengemeinschaft zur Nutzung oder zum Gebrauch überlassen. Die Miterben bestimmen über die Verwendung des Vermögens, ihnen fließt der Vermögensertrag zu. Sie verwirklichen damit gemeinsam den Tatbestand der Einkunftserzielung nach §§ 20 oder 21 EStG. Die erzielten Einkünfte werden ihnen grundsätzlich nach ihren Erbanteilen zugerechnet (§ 2038 Abs. 2, § 743 Abs. 1 BGB). 6

4. Beendigung der Erbengemeinschaft und rückwirkende Zurechnung der laufenden Einkünfte

Die Einkunftserzielung durch die Erbengemeinschaft und damit die Zurechnung der laufenden Einkünfte an die Miterben findet ihr Ende, soweit sich die Miterben hinsichtlich des gemeinsamen Vermögens auseinandersetzen. 7

In den Fällen der Auseinandersetzung von Erbengemeinschaften – auch in den Fällen der Auseinandersetzung einer Mitunternehmerschaft – ist eine steuerlich unschädliche Rückwirkung auf den Zeitpunkt des Erbfalls in engen Grenzen anzuerkennen, da die Erbengemeinschaft eine gesetzliche Zufallsgemeinschaft ist, die auf Teilung angelegt ist. Bei der Auseinandersetzungsvereinbarung wird in der Regel eine rückwirkende Zurechnung laufender Einkünfte für sechs Monate anerkannt. Die Frist beginnt mit dem Erbfall. In diesen Fällen können die laufenden Einkünfte daher ohne Zwischenzurechnung ab dem Erbfall ungeschmälert dem die Einkunftsquelle übernehmenden Miterben zugerechnet werden. Dies gilt auch bei Teilauseinandersetzungen. Liegt eine Teilungsanordnung (§ 2048 BGB) des Erblassers vor und verhalten sich die Miterben tatsächlich bereits vor der Auseinandersetzung entsprechend dieser 8

1705

Anlage § 016–05 Zu § 16 EStG

Anordnung, indem dem das Unternehmen fortführenden Miterben die Einkünfte zugeordnet werden, ist eine rückwirkende Zurechnung laufender Einkünfte auch über einen längeren Zeitraum, der sich an den Umständen des Einzelfalls zu orientieren hat, vorzunehmen. Soweit laufende Einkünfte rückwirkend zugerechnet werden, ist die Auseinandersetzung steuerlich so zu behandeln, als ob sich die Erbengemeinschaft unmittelbar nach dem Erbfall auseinandergesetzt hätte (Durchgangserwerb der Erbengemeinschaft). Solange die Teilungsanordnung von den Erben vor der Auseinandersetzung beachtet wird, sind die Veranlagungen vorläufig nach § 165 Abs. 1 Satz 1 AO durchzuführen.

9   Allerdings reicht es nicht aus, wenn die Miterben innerhalb der Frist lediglich den Entschluss fassen, sich auseinanderzusetzen. Vielmehr muss innerhalb der Frist eine klare und rechtlich bindende Vereinbarung über die Auseinandersetzung und ihre Modalitäten vorliegen. Diese Auseinandersetzungsvereinbarung muss den Übergang von Nutzungen und Lasten für die von dieser Auseinandersetzung betroffenen Wirtschaftsgüter auf den Zeitpunkt des Erbfalls festlegen; sie muss auch tatsächlich durchgeführt werden. Soweit noch eine Wertfindung erforderlich ist, kann diese jedoch auch außerhalb der Frist erfolgen.

C. Erbauseinandersetzung durch Aufteilung des Nachlasses

I. Erbauseinandersetzung über Betriebsvermögen

1. Teilung ohne Abfindungszahlungen

a) Allgemeines

10 Gehört zum Nachlass nur Betriebsvermögen und wird der Nachlass ohne Zahlung von Abfindungen real geteilt, ist die Aufteilung kein entgeltlicher Vorgang, da es sich weder um einen Tausch von (Miteigentums-)Anteilen an den einzelnen Wirtschaftsgütern des Nachlasses noch um einen Tausch eines Gesamthandsanteils gegen Alleineigentum an den zugeteilten Wirtschaftsgütern, sondern um die Erfüllung des durch die Auseinandersetzungsvereinbarung konkretisierten gesetzlichen Auseinandersetzungsanspruchs handelt. Durch die Aufteilung können also weder Anschaffungskosten noch Veräußerungserlöse entstehen.

b) Gewinnrealisierung nach den Grundsätzen über die Betriebsaufgabe

11 Die Aufteilung eines Betriebsvermögens der Erbengemeinschaft ohne Betriebsfortführung ist zugleich eine Betriebsaufgabe, durch die regelmäßig ein begünstigter Aufgabegewinn (§ 16 Abs. 3 Satz 1, § 34 EStG) entsteht; es sei denn, es liegt ein Fall der Realteilung i.S.v. § 16 Abs. 3 Satz 2 bis 4 EStG (vgl. Tz. 12) oder der Buchwertfortführung nach § 6 Abs. 5 EStG vor.

Beispiel 1

A und B sind Miterben zu je 1/2. Zum Nachlass gehört ein Betriebsvermögen, das lediglich aus zwei Grundstücken besteht, die beide einen Buchwert von je 200.000 € und einen Verkehrswert von je 2 Mio. € haben. A und B setzen sich unter Aufgabe des Betriebs in der Weise auseinander, dass A das Grundstück 1 und B das Grundstück 2 erhält. Die Grundstücke gehören bei A und B jeweils zum Privatvermögen.

Durch die Betriebsaufgabe entsteht ein Aufgabegewinn von 3,6 Mio. € in der Erbengemeinschaft, den A und B je zur Hälfte zu versteuern haben. A und B müssen für die künftige Gebäude-AfA jeweils von den Entnahmewerten ausgehen (vgl. R 7.3 Abs. 6 Satz 4 und R 7.4 Abs. 11 EStR)[1]

c) Buchwertfortführung bei Übertragung in ein anderes Betriebsvermögen der Miterben

12 Die Miterben haben jedoch nach Maßgabe des § 16 Abs. 3 Satz 2 bis 4 EStG die Buchwerte fortzuführen, wenn die bei der Aufteilung erworbenen Wirtschaftsgüter in ein anderes Betriebsvermögen übertragen werden. Die Grundsätze des BMF-Schreibens zur Realteilung vom 28. Februar 2006 (BStBl. I S. 228)[2] sind sinngemäß anzuwenden.

Beispiel 2

S und T sind Miterben zu je 1/2. Zum Nachlass gehört ein aus zwei Teilbetrieben bestehender Betrieb im Wert von je 1 Mio. €. S erhält Teilbetrieb 1, T erhält Teilbetrieb 2.
Es liegt ein Fall der Realteilung vor. S und T haben nach § 16 Abs. 3 Satz 2 bis 4 EStG die Buchwerte fortzuführen.
Gleiches gilt, wenn der Nachlass aus zwei Betrieben besteht. Da die Mitunternehmerschaft (Erbengemeinschaft) nur ein Betriebsvermögen hat, sind die geerbten Betriebe wie Teilbetriebe der Erbengemeinschaft zu behandeln.

---

1) Jetzt R 7.3 Abs. 6 Satz 1 und R 7.4 Abs. 10 EStR 2012.
2) Siehe Anlage § 016-10.

Zu § 16 EStG

Anlage § 016–05

d) Ansatz bei Überführung von Wirtschaftsgütern in das Privatvermögen

Werden Wirtschaftsgüter, die zu den wesentlichen Betriebsgrundlagen gehören, von den Miterben insgesamt ins Privatvermögen überführt, liegt zwingend eine Betriebsaufgabe vor. Im Übrigen wird auf Abschnitt I des BMF-Schreibens zur Realteilung vom 28. Februar 2006 (BStBl. I S. 228)[1] verwiesen. Ein etwaiger Entnahmegewinn ist allen Miterben zuzurechnen; es sei denn, dass der Gewinn nach den von den Miterben schriftlich getroffenen Vereinbarungen über die Erbauseinandersetzung dem entnehmenden Miterben zuzurechnen ist.

2. Teilung mit Spitzen- oder Wertausgleich

a) Allgemeines

Wird im Rahmen einer Erbauseinandersetzung ein Nachlass real geteilt und erhält ein Miterbe wertmäßig mehr, als ihm nach seiner Erbquote zusteht, und zahlt er für dieses „Mehr" an seine Miterben einen Spitzen- oder Wertausgleich (Abfindung), liegt insoweit ein Anschaffungs- und Veräußerungsgeschäft vor. In Höhe der Abfindungszahlung liegen Anschaffungskosten vor. Derjenige, der die Abfindung erhält, erzielt einen Veräußerungserlös. Werden die bei der Aufteilung erworbenen Wirtschaftsgüter in ein anderes Betriebsvermögen der Miterben übertragen, ist der sich aus dem Veräußerungsgeschäft ergebende Veräußerungsgewinn nicht nach §§ 16 und 34 EStG begünstigt, sondern als laufender Gewinn zu besteuern. Der Gewinn rechnet grundsätzlich nicht zum Gewerbeertrag nach § 7 Satz 1 GewStG. Ab Erhebungszeitraum 2002 ist der Gewinn aus der Aufdeckung der stillen Reserven aber nach § 7 Satz 2 GewStG als Gewerbeertrag zu erfassen, soweit er nicht auf eine natürliche Person als unmittelbar beteiligtem Mitunternehmer entfällt. Werden die bei der Aufteilung erworbenen Wirtschaftsgüter insgesamt ins Privatvermögen übertragen, führt dieser Vorgang zu einer nach §§ 16, 34 EStG steuerbegünstigten Betriebsaufgabe. Aufgabegewinn ist der Gewinn, der sich aus dem Entnahmegewinn (Übertragung der Wirtschaftsgüter ins Privatvermögen) und dem Gewinn aus der Abfindungszahlung ergibt.

Beispiel 3

A und B sind Miterben zu je 1/2. Zum Nachlass gehört ein Betriebsvermögen, das lediglich aus zwei Grundstücken besteht. Grundstück 1 hat einen Buchwert von 300.000 € und einen Verkehrswert von 3 Mio. €. Grundstück 2 hat einen Buchwert von 200.000 € und einen Verkehrswert von 2 Mio. €. A erhält das Grundstück 1, B das Grundstück 2 und eine Abfindung von A in Höhe von 500.000 €. A führt den Betrieb mit Grundstück 1 fort. Grundstück 2 wird Privatvermögen des B.

Die Abfindung stellt bei A Anschaffungskosten und bei B Veräußerungserlös dar. A erwirbt 5/6 seines Betriebsvermögens unentgeltlich und führt insoweit den Buchwert (= 250.000 €) fort. Der Buchwert ist zusätzlich um die Abfindungszahlung i.H.v. 500.000 € zu erhöhen. Nach Erbauseinandersetzung beträgt der Buchwert 750.000 €.

Für B liegt eine Betriebsaufgabe vor. Durch die Aufgabe seines Mitunternehmeranteils erzielt er einen Aufgabegewinn i.H.v. 2,25 Mio. €, der sich aus dem Gewinn aus der Entnahme des Grundstücks 2 (2 Mio. abzgl. 200.000 € Buchwert) und dem Gewinn aus der Abfindungszahlung (500.000 € abzgl. 50.000 € Buchwert) zusammensetzen. Der Gewinn ist nach §§ 16, 34 EStG begünstigt zu besteuern.

Die vorstehenden Grundsätze gelten auch, soweit sich die Erbengemeinschaft gemäß § 2042 Abs. 2, § 753 Abs. 1 BGB durch Zwangsversteigerung zum Zweck der Aufhebung der Gemeinschaft auseinandersetzt und die Erben dabei Nachlassgegenstände erwerben (BFH-Urteil vom 29. April 1992 – BStBl. II S. 727).

Bei der Teilung im Rahmen einer Erbauseinandersetzung bezieht sich das Entgelt nicht auf das, was ein Miterbe aufgrund seiner Erbquote erhält, sondern nur auf das „Mehr", das er aufgrund eines neben der Teilung bestehenden besonderen entgeltlichen Rechtsgeschäfts bekommt. Es handelt sich hier also nicht um die bloße Aufteilung eines einheitlichen Rechtsvorgangs, sondern um die Beurteilung von zwei rechtlich selbständigen Vorgängen, von denen der eine unentgeltlich und der andere entgeltlich ist. Für die Zahlung einer Abfindung bedarf es daher regelmäßig einer gesonderten Vereinbarung zwischen den Beteiligten, da sich eine derartige Abwicklung nicht aus dem erbrechtlichen Auseinandersetzungsanspruch ergibt; die Zahlung einer Abfindung kann sich allerdings auch auf Grund einer Teilungsanordnung des Erblassers oder aufgrund einer vom Erblasser angeordneten Testamentsvollstreckung ergeben. Die Vereinbarung ist bei der Berechnung des Anteils des Miterben am Aufgabegewinn in den Fällen der Betriebsaufgabe zu berücksichtigen.

---

1) Siehe Anlage § 016-10.

Anlage § 016–05

Zu § 16 EStG

17 Die Abfindungszahlung ist bei der Übertragung von Betrieben oder Teilbetrieben dem Teil des Kapitalkontos gegenüberzustellen, der dem Verhältnis von Abfindungszahlung zum Wert des übernommenen Betriebsvermögens entspricht.

Beispiel 4

S und T sind Miterben zu je 1/2. Zum Nachlass (3,6 Mio. €) gehört ein aus zwei Teilbetrieben bestehender Gewerbebetrieb. Teilbetriebsvermögen 1 hat einen Wert von 2 Mio. € und einen Buchwert von 200.000 €. Teilbetriebsvermögen 2 hat einen Wert von 1,6 Mio. € und einen Buchwert von 160.000 €. Im Wege der Erbauseinandersetzung erhält S das Teilbetriebsvermögen 1 und T das Teilbetriebsvermögen 2. Außerdem zahlt S an T eine Abfindung von 200.000 €.

S stehen wertmäßig am Nachlass 1,8 Mio. € (50 % von 3,6 Mio. €) zu. Da er aber 2 Mio. € erhält, also 200.000 € mehr, zahlt er diesen Betrag für 1/10 (10 % von 2 Mio. € = 200.000 €) des Teilbetriebsvermögens 1, das er mehr erhält. S erwirbt also 9/10 des Teilbetriebsvermögens 1 unentgeltlich und 1/10 entgeltlich. Auf diese 1/10 entfällt ein Buchwert von 20.000 €, so dass S die Aktivwerte um 180.000 € (200.000 € Abfindung abzgl. anteiligem Buchwert von 20.000 €) aufstocken muss und T einen als laufenden Gewinn zu versteuernden Veräußerungsgewinn von 180.000 € (200.000 € Abfindung ./. 20.000 € anteiliger Buchwert) zu versteuern hat. Im Übrigen (für 9/10 des Nachlasses) liegt eine steuerneutrale Realteilung vor (vgl. BMF-Schreiben zur Realteilung vom 28. Februar 2006, BStBl. I S. 228)[1].

Gleiches gilt, wenn der Nachlass aus zwei Betrieben besteht. Da die Mitunternehmerschaft (Erbengemeinschaft) nur ein Betriebsvermögen hat, sind die geerbten Betriebe wie Teilbetriebe der Erbengemeinschaft zu behandeln.

Beispiel 5

S und T sind Miterben zu je 1/2. Zum Nachlass gehört ein Betriebsvermögen, das aus dem Grundstück 1 (Teilwert 2 Mio. €, Buchwert 200.000 €) und dem Grundstück 2 (Teilwert 1,6 Mio. €, Buchwert 160.000 €) besteht. S erhält das Grundstück 1 und zahlt an T 200.000 € Abfindung. T erhält Grundstück 2 und die Abfindung. Beide bringen die Grundstücke in ein ihnen gehörendes Betriebsvermögen ein.

S stehen an dem Nachlass wertmäßig 1,8 Mio. € zu. Da er aber das Grundstück 1 im Wert von 2 Mio. € erhält, also 200.000 € mehr, zahlt er diesen Betrag für 1/10 (200.000 € / 2 Mio. € = 1/10) des Grundstücks 1, das er erhält. S erwirbt also 9/10 des Grundstücks 1 unentgeltlich und 1/10 entgeltlich. Auf diese 1/10 entfällt ein Buchwert von 20.000 €, so dass S den Grundstücksbuchwert in seiner Bilanz um 180.000 € aufstocken muss und T einen Gewinn von 180.000 € (200.000 € Abfindung ./. 20.000 € anteiliger Buchwert) als laufenden Gewinn zu versteuern hat. Im Übrigen (für 9/10 des Nachlasses) liegt eine steuerneutrale Realteilung vor.

---

1) Siehe Anlage § 016-10.

b) Übernahme von Verbindlichkeiten über die Erbquote hinaus [1)2)]

Eine Übernahme von Schulden über die Erbquote hinaus führt nicht zu Anschaffungskosten. Deshalb entsteht auch kein Veräußerungserlös, soweit ein Miterbe Verbindlichkeiten über die Erbquote hinaus übernimmt. Zur Übernahme von Verbindlichkeiten vgl. im Übrigen Tz. 23 ff. [18]

Beispiel 6

Wie Beispiel 3 mit der Abwandlung, dass S den T von Betriebsschulden i.h.v. 200.000 €, die zum Teilbetriebsvermögen 2 gehören, freistellt, also zum gesamthänderisch gebundenen Nachlass gehörende Verbindlichkeiten i.H.v. 200.000 € übernimmt.

S erhält wertmäßig nur 1,8 Mio. € und braucht an T keine Abfindung zu zahlen. Es liegt keine entgeltliche Teilung vor.

c) Buchwertfortführung im Zusammenhang mit Abfindungszahlungen

Werden Abfindungszahlungen geleistet, haben die Miterben, abgesehen von der notwendigen teilweisen Gewinnrealisierung nach Maßgabe der Abfindung, nach § 16 Abs. 3 Satz 2 bis 4 EStG die Buchwerte fortzuführen, soweit die zugeteilten Wirtschaftsgüter Betriebsvermögen bleiben. Der vom Miterben, der die Abfindungszahlung erhält, zu versteuernde Gewinn ist nicht nach §§ 16, 34 EStG begünstigt. Der Gewinn rechnet grundsätzlich nicht zum Gewerbeertrag nach § 7 Satz 1 GewStG. Ab Erhebungszeitraum 2002 ist der Gewinn aus der Aufdeckung der stillen Reserven aber nach § 7 Satz 2 GewStG als Gewerbeertrag zu erfassen, soweit er nicht auf eine natürliche Person als unmittelbar beteiligtem Mitunternehmer entfällt. Ist eine Buchwertfortführung nach § 16 Abs. 3 Satz 2 bis 4 EStG nicht möglich, kommt ggf. unter den dortigen Voraussetzungen eine Buchwertfortführung nach § 6 Abs. 5 EStG in Betracht. [19]

Soweit Wirtschaftsgüter gegen Abfindungszahlungen übernommen werden und Betriebsvermögen bleiben, gilt für die AfA Folgendes: Bei der Übernahme eines Grundstücks ergeben sich hinsichtlich des Gebäudes zwei AfA-Reihen. Hinsichtlich des unentgeltlich erworbenen Gebäudeteils muss der übernehmende Miterbe die Buchwerte der Erbengemeinschaft fortführen. Bezüglich des entgeltlich erworbenen Gebäudeteils hat er Anschaffungskosten in Höhe der Abfindungszahlung. Die Bemessungsgrundlage für die weitere AfA hinsichtlich des entgeltlich erworbenen Teils des Gebäudes sind. Entsprechendes gilt im Grundsatz, wenn kein Gebäude, sondern ein bewegliches Wirtschaftsgut übernommen wird; da jedoch die Nutzungsdauer des entgeltlich erworbenen Teils des Wirtschaftsguts hier [20]

---

1) Siehe dazu auch das BMF-Schreiben vom 30.3.2006 (BStBl. I S. 306):
„Mit Urteil vom 14. Dezember 2004 – IX R 23/02 – (BStBl. II 2006 S. 296) hat der BFH entschieden, dass die von einem Miterben im Rahmen einer Erbauseinandersetzung übernommenen Schulden der Erbengemeinschaft insoweit Anschaffungskosten der von ihm übernommenen Nachlassgegenstände darstellen, als sie seinen Anteil am Nachlass übersteigen.
Nach dem Ergebnis der Erörterungen mit den Vertretern der obersten Finanzbehörden der Länder zu TOP 3 der ESt I/06 vom 25. bis 27. Januar 2006 sind die Grundsätze dieses Urteils aus den nachfolgenden Gründen nicht über den entschiedenen Einzelfall hinaus anzuwenden.
Die vom BFH im vorgenannten Urteil aufgestellten Grundsätze sind nicht mit der bisherigen BFH-Rechtsprechung zur Erbauseinandersetzung vereinbar. Nach dem Beschluss des Großen Senates des BFH vom 9. Juli 1990 (BStBl. II S. 837) führt die Erfüllung eines erbrechtlichen Auseinandersetzungsanspruches auch dann zu einem Erwerb ohne Gegenleistung, wenn die wertmäßige Angleichung des zugewiesenen Vermögens durch eine überquotale Übernahme von Verbindlichkeiten der Erbengemeinschaft bewirkt wird. Nur soweit der (Saldo-)Wert des Erlangten den Wert des Erbanteils übersteigt und hierfür Abfindungen zu zahlen sind, liegt ein entgeltlicher Vorgang vor."

2) Wird eine Erbengemeinschaft vor dem vom Erblasser festgelegten Termin aufgelöst und übernimmt ein Miterbe Schulden, die auf seinen für einen anderen Miterben bestimmten Grundstücke lasten, so bildet eine solche Schuldübernahme Anschaffungskosten, wenn sie eine Gegenleistung dafür ist, dass der übernehmende Miterbe den ihm erst später zugedachten Grundbesitz vorzeitig aus dem Vermögen der Erbengemeinschaft in sein eigenes Vermögen überführen kann (so BFH-Urteil vom 19.12.2006 – IX R 44/04).
Ein Erblasser hatte in seinem Testament bestimmt, dass seine Kinder den Grundbesitz 10 Jahre lang gemeinsam bewirtschaften und die Erträge unter sich aufteilen sollten. Danach sollte der Grundbesitz unter den Kindern in bestimmter Weise aufgeteilt werden. Nach dem Tod des Erblassers kam es jedoch zu erheblichen persönlichen Differenzen zwischen den Kindern. Sie lösten deshalb die Erbengemeinschaft schon vor dem vom Erblasser gesetzten Termin auf. Der Grundbesitz wurde wie vom Erblasser bestimmt aufgeteilt. Einer der Erben übernahm jedoch einen Teil der Schulden, die auf dem seiner Schwester zugedachten Grundbesitz lasteten. Er beantragte vergeblich, diesen Betrag als Werbungskosten bei seinen Einkünften aus Vermietung und Verpachtung abzuziehen. Das Finanzgericht hatte die dagegen erhobene Klage abgewiesen, weil die Übernahme der Verbindlichkeiten in keinem Zusammenhang mit den Einkünften des Klägers stehe, sondern nur die steuerrechtlich unerhebliche Vermögensebene berühre. Der Kläger und seine Schwester hätten nicht die Erbquote verändert, sondern lediglich die durch die vorgezogene Auseinandersetzung bedingten Veränderungen ausgeglichen.
Der BFH entschied hingegen, es handele sich um Anschaffungskosten der vom Kläger in der Erbauseinandersetzung erworbenen Grundstücke. Der Kläger habe durch die Schuldübernahme eine Ausgleichsleistung dafür erbracht, dass er den ihm zugedachten Grundbesitz um mehrere Jahre verfrüht aus dem Nachlass erwerben konnte.

Anlage § 016–05

Zu § 16 EStG

regelmäßig mit der Restnutzungsdauer des unentgeltlich erworbenen Teils des Wirtschaftsguts übereinstimmt, kann in diesen Fällen auf eine Aufspaltung in zwei AfA-Reihen verzichtet werden.

21 Soweit Wirtschaftsgüter gegen Abfindungszahlungen übernommen werden, gilt für die Anwendung des § 6b Abs. 3 EStG Folgendes:
Für den entgeltlich erworbenen Teil des Wirtschaftsguts kann auf die durch die Abfindungszahlungen entstandenen Anschaffungskosten eine Rücklage nach § 6b EStG übertragen werden. Hinsichtlich des unentgeltlich erworbenen Teils des Wirtschaftsgutes ist im Falle einer späteren Veräußerung die Besitzzeit der Erbengemeinschaft und des Erblassers für die Besitzzeit i.S.d. § 6b Abs. 4 Satz 1 Nr. 2 EStG zu berücksichtigen, wenn die entsprechenden Voraussetzungen erfüllt sind.

II. Erbauseinandersetzung über Privatvermögen

1. Teilung ohne Abfindungszahlungen

a) Allgemeines

22 Auch bei der Erbauseinandersetzung über Privatvermögen führt eine Teilung ohne Abfindungszahlungen nicht zur Entstehung von Anschaffungskosten oder Veräußerungserlösen. Eine Erbauseinandersetzung kann auch in der Weise durchgeführt werden, dass einem Miterben ein Nutzungsrecht an einem zum Nachlass gehörenden Wirtschaftsgut eingeräumt wird, das einem anderen Miterben zugeteilt wird (z.B. Wohnrecht an einem Gebäude). Dieses Nutzungsrecht ist nicht gegen Entgelt bestellt. Die Ablösung des Nutzungsrechts durch den Miterben führt zu nachträglichen Anschaffungskosten (BFH-Urteil vom 28. November 1991 – BStBl. 1992 II S. 381).

Ein unentgeltlicher Vorgang liegt auch vor, wenn Gesamthandseigentum in Bruchteilseigentum umgewandelt wird und ein Miterbe Anteile an der Bruchteilsgemeinschaft von einem anderen Miterben im Tauschwege gegen eigene Anteile erwirbt.

b) Behandlung von Nachlassverbindlichkeiten

23 Eine Schuldübernahme führt auch insoweit nicht zu Anschaffungskosten, als sie die Erbquote übersteigt[1]. Dies bedeutet gleichzeitig, dass Nachlassverbindlichkeiten einen wertmäßigen Ausgleich unter den Miterben bei einer Teilung und damit einen unentgeltlichen Rechtsvorgang ermöglichen. Dabei kommt es nicht darauf an, ob die übernommenen Verbindlichkeiten in einem Finanzierungszusammenhang mit zugeteilten Nachlassgegenständen stehen.

Beispiel 7
A und B sind Erben zu je 1/2. Zum Nachlass gehört ein Grundstück (Wert 2 Mio. €), das mit einer noch voll valutierten Hypothek von 1 Mio. € belastet ist. Zum Nachlass gehören außerdem Wertpapiere (Wert 3 Mio. €). Die Erben setzen sich dahin auseinander, dass A das Grundstück und B die Wertpapiere erhält. B übernimmt außerdem die Verbindlichkeit in voller Höhe.
Es liegt eine Teilung ohne Abfindungszahlung, also ein unentgeltlicher Rechtsvorgang vor. A erhält einen Wert von 2 Mio. € (Grundstück). B erhält ebenfalls einen Wert von 2 Mio. € (Wertpapiere im Wert von 3 Mio. € abzüglich einer übernommenen Verpflichtung von 1 Mio. €).

24 Die Übernahme von Verbindlichkeiten der Erbengemeinschaft durch einzelne Miterben über die Erbquote hinaus führt auch dann nicht zu Anschaffungskosten, wenn durch die Art der Verteilung von Verbindlichkeiten zusätzlich Abfindungsbedarf geschaffen wird[2]. Dies gilt unabhängig davon, ob durch die Art der Verteilung von Verbindlichkeiten ein bisher bestehender Finanzierungszusammenhang zwischen Wirtschaftsgut und Schuld erhalten bleibt oder nicht. Regelmäßig wird der Übernahme von Verbindlichkeiten eine interne Freistellungsverpflichtung zugrunde liegen.

Beispiel 8
A und B sind Erben zu je 1/2. Zum Nachlass gehören zwei Grundstücke im Wert von je 1 Mio. €, die mit Hypotheken von je 500.000 € belastet sind. A erhält Grundstück 1 und übernimmt auch die das Grundstück 2 betreffende Hypothek. B erhält das Grundstück 2 und zahlt an A 500.000 €.
Es liegt eine Teilung ohne Abfindungszahlung vor. B hat mit der Zahlung von 500.000 € an A die Freistellung von der das Grundstück 2 belastenden Schuld intern beglichen.

Beispiel 9
A und B sind Erben zu je 1/2. Zum Nachlass gehört ein Grundstück (Wert 2 Mio. €), das mit einer noch voll valutierten Hypothek von 1 Mio. € belastet ist. Die zu Grunde liegende Verpflichtung betrifft ein Darlehen, das zur Anschaffung des Grundstücks verwendet worden ist. Zum Nachlass ge-

---

1) Siehe dazu die Fußnote zu Tz. 18.
2) Siehe dazu auch die Fußnote zu Tz. 18.

hört außerdem eine Beteiligung an einer Kapitalgesellschaft (Wert 3 Mio. €). Die Erben setzen sich dahin auseinander, dass A das Grundstück und das dazugehörige Darlehen und B die Beteiligung übernimmt. B leistet zusätzlich an A eine Zahlung von 1 Mio. €. B bezahlt mit der Leistung von 1 Mio. € an A eine interne Schuldfreistellung wegen der Übernahme des hypothekarisch gesicherten Darlehens durch A i.H.v. 1 Mio. €. Im Ergebnis hat somit A infolge der Freistellungsverpflichtung des B ein unbelastetes Grundstück im Wert von 2 Mio. € erhalten und B hat die Beteiligung zugeteilt bekommen, ist allerdings durch die Zahlung für die Freistellung belastet, so dass er im Ergebnis ebenfalls einen Wert von 2 Mio. € erhalten hat. Dass die Übernahme der Darlehensschuld durch A nach außen hin den Finanzierungszusammenhang zwischen Wirtschaftsgut und Schuld aufrechterhält, ist dabei ohne Bedeutung.

Die vom BFH in seinem Beschluss vom 5. Juli 1990 (BStBl. II S. 837) zur Wertangleichung zugelassene Möglichkeit der Übernahme von Verbindlichkeiten der Erbengemeinschaft über die Erbquote hinaus bezieht sich nur auf Nachlassverbindlichkeiten. Dabei kommt es nicht darauf an, ob die Verbindlichkeit bereits im Zeitpunkt des Erbfalls bestanden hat oder ob sie erst im Zuge der Verwaltung des Nachlasses entstanden ist. Geht die Erbengemeinschaft dagegen im engen zeitlichen Zusammenhang mit der Erbauseinandersetzung Verbindlichkeiten ein, um insoweit eine gewinnneutrale Realteilung zu ermöglichen, handelt es sich nicht mehr um Nachlassverbindlichkeiten (§ 42 AO). 25

2. Teilung mit Abfindungszahlungen

a) Allgemeines

Wird im Rahmen einer Erbauseinandersetzung ein Nachlass real geteilt und erhält ein Miterbe wertmäßig mehr, als ihm nach seiner Erbquote zusteht, und zahlt er für dieses „Mehr" an seine Miterben eine Abfindung, liegt insoweit – wie bei der Erbauseinandersetzung über Betriebsvermögen – ein Anschaffungs- und Veräußerungsvorgang vor. In Höhe der Abfindungszahlung entstehen Anschaffungskosten. Das gilt auch, soweit sich die Erbengemeinschaft durch Zwangsversteigerung zum Zwecke der Aufhebung der Gemeinschaft auseinandersetzt. Wird ein Wirtschaftsgut gegen Abfindungszahlung erworben, berechnen sich der entgeltlich und der unentgeltlich erworbene Teil des Wirtschaftsguts nach dem Verkehrswert (vgl. BFH-Urteil vom 29. Oktober 1991 – BStBl. 1992 II S. 512). In der Regel kann davon ausgegangen werden, dass der Verkehrswert dem Wert entspricht, den die Miterben der Erbauseinandersetzung zugrunde legen (Anrechnungswert). 26

Beispiel 10

A und B sind Miterben zu je 1/2. Der Nachlass besteht aus einem Gebäude auf einem Erbbaugrundstück (Verkehrswert 1 Mio. €) und Bargeld (500.000 €). A erhält das Gebäude und zahlt an B eine Abfindung i.H.v. 250.000 €. B erhält das Bargeld und die Abfindungszahlung.

A hat Anschaffungskosten in Höhe von 250.000 €. Es ist unerheblich, aus welchem Vermögensbereich der die Abfindung Zahlende die Mittel für die Abfindungszahlung entnimmt. A zahlt die Abfindung nicht für das ganze Gebäude, auch nicht für den gesamten Anteil des B an dem Gebäude (1/2), sondern nur für das wertmäßige „Mehr", das er bei der Erbteilung erhalten hat. Das Gebäude ist 1 Mio. € wert. 750.000 € stehen dem A nach seiner Erbquote zu, so dass A mithin 1/4 des Gebäudes für 250.000 € entgeltlich und 3/4 des Gebäudes unentgeltlich erworben hat.

Der Veräußerungsgewinn ist nur steuerpflichtig, wenn die Voraussetzungen der §§ 17, 23 EStG oder des § 21 UmwStG[1]) vorliegen. 27

Beispiel 11

Erblasser E, zu dessen Privatvermögen eine 50 v.H.-Beteiligung an einer GmbH gehörte, wird von A und B beerbt. Im Zuge der Erbauseinandersetzung erhält A die gesamte Beteiligung gegen Ausgleichszahlung an B für dessen hälftigen Anteil.

A erlangt – auf der Grundlage getrennter Rechtsgeschäfte – die Beteiligung zum einen i.H.v. 1/2 (25 v.H.) in Erfüllung seines erbrechtlichen Auseinandersetzungsanspruchs entsprechend § 11d EStDV zum anderen bezüglich des Mehrempfangs entgeltlich von B. B erzielt in Höhe der Ausgleichszahlung einen Veräußerungserlös, der im Rahmen des § 17 EStG anzusetzen ist.

A führt die Anschaffungskosten des Erblassers zur Hälfte, nämlich für die auf ihn entfallende 25 v.H.-Beteiligung fort; im Übrigen ist die Zahlung des A als Anschaffungskosten für die von B erhaltene 25 v.H.-Beteiligung anzusehen.

---

1) § 21 UmwStG i.d.F. des UmwStG vom 28.10.1994, zuletzt geändert durch das StVergAbG war letztmals für Einbringungen vor dem 13.12.2006 anzuwenden.

Anlage § 016–05

Zu § 16 EStG

b) Aufteilung von Abfindungsleistungen

28 Erhält ein Miterbe alle oder mehrere Wirtschaftsgüter des Nachlasses gegen Leistung einer Abfindung an die übrigen Miterben, ist die Abfindung nach dem Verhältnis der Verkehrswerte der Wirtschaftsgüter aufzuteilen. Tz. 42 ist entsprechend anzuwenden.

Beispiel 12

Erben sind A und B je 1/2. Zum Nachlass gehören Grundstück 1 (Verkehrswert 800.000 €) und Grundstück 2 (Verkehrswert 400.000 €). A übernimmt beide Grundstücke und zahlt an B 600.000 €.

Die Abfindungszahlungen sind Anschaffungskosten, die mit 400.000 € für den Erwerb des hälftigen Anteils am Grundstück 1 und mit 200.000 € für den Erwerb des hälftigen Anteils am Grundstück 2 aufgewendet worden sind.

29 Erhalten bei einer Erbauseinandersetzung mit Abfindungszahlungen mehrere Miterben Wirtschaftsgüter des Nachlasses, sind die Anschaffungskosten ebenfalls im Verhältnis der Verkehrswerte auf die erlangten Nachlassgegenstände zu verteilen. Tz. 42 ist entsprechend anzuwenden.

Beispiel 13

Erben sind A und B je 1/2. Zum Nachlass gehören Grundstück 1 (Verkehrswert 800.000 €) Grundstück 2 (Verkehrswert 600.000 €) und Grundstück 3 (Verkehrswert 400.000 €). A erhält Grundstück 1, B die Grundstücke 2 und 3. B zahlt an A eine Abfindung von 100.000 €.

Die Abfindung von 100.000 € stellt für B Anschaffungskosten dar. B muss diese Abfindung im Verhältnis der Verkehrswerte (6 : 4) auf Grundstück 2 und 3 verteilen. Somit erwirbt er jedes Grundstück zu 1/10 entgeltlich und zu 9/10 unentgeltlich.

c) Behandlung liquider Mittel des Nachlasses

30 Keine Anschaffungskosten liegen vor, soweit eine Abfindungszahlung dem Wert übernommener liquider Mittel des Nachlasses (z.B. Bargeld, Bankguthaben, Schecks) entspricht, weil es sich wirtschaftlich um einen Leistungsaustausch „Geld gegen Geld" handelt, der einer Rückzahlung der Abfindungszahlung gleichsteht.

Beispiel 14

Ein Nachlass besteht aus einem Grundstück (Verkehrswert 2 Mio. €) und aus Bankguthaben (Verkehrswert 2 Mio. €). Miterben sind A und B zu je 1/2. A erhält das Grundstück und das Bankguthaben und zahlt an B eine Abfindung von 2 Mio. €.

Es ist steuerlich davon auszugehen, dass der Nachlass im Wege der Naturalteilung verteilt wurde, bei der A das Grundstück und B das Bankguthaben erhalten hat. A hat deshalb keine Anschaffungskosten (vgl. auch Beispiel 8).

d) AfA-Bemessungsgrundlage und AfA-Satz nach Erbauseinandersetzung[1]

31 Nach der Erbauseinandersetzung ist hinsichtlich der weiteren Abschreibung zwischen dem unentgeltlich erworbenen Teil des Wirtschaftsguts und dem entgeltlich erworbenen Teil zu unterscheiden.

Auf den unentgeltlich erworbenen Teil ist § 11d Abs. 1 EStDV anzuwenden. Der Miterbe führt die von der Erbengemeinschaft vorgenommene Abschreibung anteilig fort.

Soweit der Miterbe das Wirtschaftsgut entgeltlich erworben hat, sind der weiteren AfA seine Anschaffungskosten zu Grunde zu legen. Für den entgeltlich erworbenen Teil des Wirtschaftsguts bemessen sich die AfA

---

[1] Kosten für die Auseinandersetzung eines Nachlasses können bei zum Nachlass gehörenden vermieteten Grundstücken zu Anschaffungsnebenkosten führen, die im Rahmen von Absetzungen für Abnutzung (AfA) abziehbar sind. Dies hat der Bundesfinanzhof (BFH) durch Urteil vom 9. Juli 2013 (IX R 43111) entschieden.
Die Klägerin und ihr Bruder hatten von ihren Eltern mehrere Grundstücke geerbt. Den Nachlass teilten sie in der Weise auf, dass die Klägerin zwei mit Wohngebäuden bebaute, vermietete Grundstücke als Alleineigentümerin erhielt. Die Kosten hierfür (u. a. Notar- und Grundbuchkosten) machte sie bei den Einkünften aus Vermietung und Verpachtung geltend. Das Finanzamt lehnte dies ab, da Kosten, die mit einem unentgeltlichen Erwerb (hier: Erbfall) zusammenhängen, generell nicht abziehbar seien. Dies entsprach der langjährigen, durch ein Schreiben des Bundesministers der Finanzen geregelten Rechtspraxis. Das Finanzgericht (FG) hat der Klage stattgegeben.
Der BFH hat die Rechtsauffassung des FG bestätigt und die gegenteilige Rechtsansicht der Finanzverwaltung verworfen. Die Kosten für die Auseinandersetzung des Nachlasses dienten dem Erwerb des Alleineigentums an dem Vermietungsobjekt. Sie seien deshalb wie bei einem teilentgeltlichen Erwerb in voller Höhe als Anschaffungsnebenkosten abziehbar. Dass der unentgeltliche Erwerber im Übrigen die Anschaffungs- und Herstellungskosten seines Rechtsvorgängers fortschreiben muss (vgl. § 11d Abs. 1 Satz 1 EStDV) steht dem nicht entgegen, denn die Vorschrift betrifft nur die Verhältnisse des Rechtsvorgängers und schließt eigene Anschaffungskosten des Rechtsnachfolgers nicht aus. Die Anschaffungsnebenkosten erhöhen die Bemessungsgrundlage für die AfA.

1712

- bei beweglichen Wirtschaftsgütern und bei unbeweglichen Wirtschaftsgütern, die keine Gebäude sind, nach der tatsächlichen künftigen Nutzungsdauer des Wirtschaftsguts im Zeitpunkt der Erbauseinandersetzung.
- bei Gebäuden nach den hierfür geltenden Vorschriften (i.d.R. § 7 Abs. 4 EStG).

Danach kann sich bei Gebäuden für den unentgeltlich und den entgeltlich erworbenen Teil eine unterschiedliche Abschreibungsdauer ergeben.

Beispiel 15

Miterben sind S und T je zu 1/2. Zum Nachlass gehören ein bebautes Grundstück (Verkehrswerte: Gebäude 1,5 Mio. € und Grund und Boden 500.000 €) und Bargeld (1 Mio. €). Die ursprünglichen Anschaffungskosten des Gebäudes i.H.v. 2 Mio. € sind bei der Auseinandersetzung der Erbengemeinschaft am 1. Januar 04 bereits mit jährlich 2 v.H. bis auf 800.000 € abgeschrieben. S erhält das Grundstück und zahlt an T eine Abfindung i.H.v. 500.000 €. T erhält das Bargeld und die Abfindungszahlung.

S hat das Grundstück zu 1/4 entgeltlich erworben. Nach dem Verhältnis der Verkehrswerte entfallen auf das Gebäude 375.000 € und auf den Grund und Boden 125.000 € der Abfindungszahlung. Die AfA, die S nach der Erbauseinandersetzung vornehmen kann, bemessen sich wie folgt: Hinsichtlich 3/4 des Gebäudes hat S nach § 11d EStDV die AfA-Reihe der Erbengemeinschaft fortzuführen und mithin jährlich 2 v.H. von 1.500.000 € (3/4 von 2 Mio. € Anschaffungskosten des Erblassers) = 30.000 € abzuschreiben. Hinsichtlich 1/4 des Gebäudes liegt ein entgeltlicher Erwerb vor. S hat insofern – soweit keine kürzere Nutzungsdauer als 50 Jahre in Betracht kommt (§ 7 Abs. 4 Satz 2 EStG) – 2 v.H. von 375.000 € (= 7.500 €) jährlich abzusetzen.

III. Erbauseinandersetzung über einen Mischnachlass

1. Teilung ohne Abfindungszahlungen

a) Allgemeines

Auch beim Mischnachlass führt eine Teilung ohne Abfindungszahlungen nicht zur Entstehung von Anschaffungskosten oder Veräußerungserlösen. Demzufolge können auch hier keine Veräußerungsgewinne entstehen. 32

Beispiel 16

Erben sind A und B zu je 1/2. Zum Nachlass gehört ein Betriebsvermögen (Wert 3 Mio. €) und privater Grundbesitz (Wert 3 Mio. €). A und B setzen sich in der Weise auseinander, dass A den Betrieb und B den privaten Grundbesitz erhält.

Es liegen keine Anschaffungs- oder Veräußerungsgeschäfte vor mit der Folge, dass weder für A noch für B Anschaffungskosten entstehen. Der Mitunternehmeranteil des B geht ohne Gewinnrealisierung auf A nach § 6 Abs. 3 EStG zum Buchwert über. Dies gilt auch dann, wenn die Erbauseinandersetzung erst viele Jahre nach dem Erbfall stattfindet und der Umfang des Betriebsvermögens sich zwischenzeitlich verändert hat. A muss die Buchwerte fortführen. B tritt gemäß § 11d Abs. 1 EStDV in die Abschreibungsreihe der Erbengemeinschaft ein.

In der Teilung eines Mischnachlasses ohne Abfindungszahlungen liegt – ebenso wie in der Realteilung eines nur aus Betriebsvermögen bestehenden Nachlasses – nicht nur keine entgeltliche Anschaffung oder Veräußerung, sondern auch keine zur Gewinnrealisierung führende Aufgabe eines Mitunternehmerantils gemäß § 16 Abs. 3 Satz 1 EStG, sofern nicht alle wesentlichen Betriebsgrundlagen in das Privatvermögen überführt werden (vgl. Tzn. 11 und 13).

b) Schaffung von Privatvermögen im engen zeitlichen Zusammenhang mit der Auseinandersetzung

Die Teilung eines Mischnachlasses ohne Abfindungszahlung führt nicht zur Entstehung von Anschaffungskosten einerseits sowie eines Veräußerungs- oder Aufgabegewinns andererseits, es sei denn alle wesentlichen Betriebsgrundlagen werden ins Privatvermögen überführt. Dabei kommt es nicht darauf an, ob bereits im Zeitpunkt des Erbfalls ein Mischnachlass bestanden hat oder ob sich im Zuge der Verwaltung des Nachlasses privates Nachlassvermögen gebildet hat. Wird dagegen durch Entnahmen liquider Mittel im engen zeitlichen Zusammenhang mit der Auseinandersetzung Privatvermögen geschaffen, um insoweit eine gewinnneutrale Teilung zu ermöglichen, ist diese Gestaltung nach § 42 AO steuerlich nicht anzuerkennen. 33

c) Behandlung von Nachlassverbindlichkeiten bei Mischnachlässen, insbesondere Schuldzinsenabzug

Auch bei einem Mischnachlass kann die Abstimmung mit dem Auseinandersetzungsguthaben des Miterben dadurch erreicht werden, dass der Miterbe Verbindlichkeiten der Erbengemeinschaft übernimmt. Wie sich derartige Schulden in der Folge bei den Miterben auswirken, hängt davon ab, mit welchem 34

Anlage § 016–05

Zu § 16 EStG

Vermögen sie in Zusammenhang stehen und wie dieses Vermögen beim Erben verwendet wird. So kann Privatvermögen der Erbengemeinschaft beim Miterben Betriebsvermögen und die damit zusammenhängende Verbindlichkeit Betriebsschuld werden.

Die Übernahme von Schulden über die Erbquote hinaus kann trotz fehlender Anschaffungskosten (vgl. Tz. 18 Satz 1) zu Betriebsvermögen führen, das den Schuldzinsenabzug ermöglicht.

Beispiel 17

A und B sind Miterben zu je 1/2. Zum Nachlass gehören ein Betrieb (Wert 3 Mio. €) sowie ein privates Grundstück (Wert 2 Mio. €), das mit einer Hypothek von 1 Mio. € belastet ist. A übernimmt den Betrieb und die Verbindlichkeit, B erhält das Grundstück.

Es ist von einer gewinnneutralen Teilung eines Mischnachlasses auszugehen, da auch beim Mischnachlass eine Wertangleichung zur Vermeidung von Ausgleichszahlungen durch überproportionale Übernahme von Nachlassverbindlichkeiten erreicht werden kann. Die von A zusätzlich zum Betrieb übernommene private Nachlassschuld bleibt keine Privatschuld, sondern wandelt sich nach der Übernahme durch A in eine Betriebsschuld um mit der Folge, dass A künftig die auf diese Schuld entfallenden Schuldzinsen als Betriebsausgaben abziehen kann.

35 Die Begleichung von Erbfallschulden (z.B. Pflichtteils- und Erbersatzansprüche) führt nicht zu Anschaffungskosten. Die Aufwendungen für die Finanzierung von Pflichtteils- und Erbersatzansprüchen dürfen nicht als Betriebsausgaben oder Werbungskosten abgezogen werden (BFH-Urteile vom 2. März 1993 – BStBl. 1994 II S. 619, vom 25. November 1993 – BStBl. 1994 II S. 623 und vom 27. Juli 1993 – BStBl. 1994 II S. 625). Dies gilt auch für die Aufwendungen zur Finanzierung von Vermächtnissen.

Werden Pflichtteilsansprüche durch die Übertragung von im Nachlass befindlichen Wirtschaftsgütern, Betrieben, Teilbetrieben oder Mitunternehmeranteilen abgegolten, liegt grundsätzlich eine entgeltliche Übertragung vor. Dies bedeutet, dass der Erbe das einzelne Wirtschaftsgut, den Betrieb, Teilbetrieb oder Mitunternehmeranteil veräußert und der Pflichtteilsberechtigte Anschaffungskosten für das erhaltene Vermögen in Höhe seines Pflichtteilsanspruchs hat (BFH-Urteil vom 16. Dezember 2004 – BStBl. 2005 II S. 554).

2. Teilung mit Abfindungszahlungen

36 Auch beim Mischnachlass liegt Entgeltlichkeit nur vor, soweit Abfindungszahlungen geleistet werden. Hat daher im Rahmen einer Teilung ein Miterbe an andere Miterben Abfindungszahlungen zu leisten, führt dies insoweit zu Anschaffungskosten einerseits und zu einem – ggf. einkommensteuerpflichtigen – Veräußerungserlös andererseits.

Beispiel 18

Erben sind A und B je 1/2. Zum Nachlass gehören ein Betrieb (Wert 1 Mio. €, Buchwert 200.000 €) und ein Privatgrundstück (Wert 500.000 €). A erhält den Betrieb, B das Grundstück und eine Abfindung von A i.H.v. 250.000 €.

Die Abfindung stellt bei A Anschaffungskosten, bei B Veräußerungserlös für die Übertragung eines Mitunternehmeranteils dar. Da A und B jeweils im Wert von 750.000 € am Gesamtnachlass beteiligt sind (= 1/2 von 1,5 Mio. €), erwirbt A 3/4 des Betriebs unentgeltlich und führt insoweit die Buchwerte (= 150.000 €) fort. B erzielt durch die Übertragung eines Mitunternehmeranteils von 1/4 einen – als nicht nach §§ 16, 34 EStG begünstigten – Veräußerungsgewinn von 200.000 € (= 250.000 € ./. 50.000 €). A stockt die Buchwerte um 200.000 € auf, da B 1/4 des Betriebs entgeltlich an A übertragen hat. Das restliche 1/4, das dem B als Mitunternehmer zuzurechnen war, ist unentgeltlich auf A übergegangen.

D. Entgeltliche und unentgeltliche Übertragung eines Erbteils

1. Allgemeines

37 Ein Miterbe kann seinen Anteil am Nachlass (seinen Erbteil) an einen anderen Miterben oder an einen Dritten verschenken oder verkaufen (§ 2033 Abs. 1 BGB). Wird ein Erbteil verschenkt, entstehen weder Anschaffungskosten noch Veräußerungserlöse. Wird ein Erbteil verkauft, hat der Käufer dagegen Anschaffungskosten und der Verkäufer einen Veräußerungserlös. Die Ausschlagung der Erbschaft gegen eine Abfindung steht der entgeltlichen Veräußerung des Erbteils gleich (vgl. BFH-Urteil vom 20. April 2004 – BStBl. II S. 987).

2. Zum Nachlass gehört nur Betriebsvermögen

a) Schenkung eines Erbteils

38 Wird ein Erbteil verschenkt und gehört zum Nachlass nur Betriebsvermögen, hat der Beschenkte die Buchwerte des Schenkers fortzuführen (§ 6 Abs. 3 EStG).

Zu § 16 EStG **Anlage § 016–05**

b) Verkauf eines Erbteils

Die entgeltliche Übertragung des Erbanteils bedeutet die Veräußerung eines Mitunternehmeranteils i.S.v. § 16 Abs. 1 Satz 1 Nr. 2 EStG, und zwar auch dann, wenn der Erwerber Miterbe ist. Anschaffungskosten und Veräußerungsgewinn errechnen sich wie bei der Übertragung eines Mitunternehmeranteils. 39

Beispiel 19

Der Nachlass besteht allein aus einem Einzelunternehmen. Das Kapitalkonto betrug 600.000 €. Erben sind A, B und C zu je 1/3, so dass auf jeden Miterben ein Kapitalkonto von 200.000 € entfällt. C verkauft seinen Erbteil und damit gleichzeitig seinen Mitunternehmeranteil an D für 320.000 €.

In diesem Fall liegt ein entgeltliches Veräußerungsgeschäft vor. Für C entsteht nach § 16 Abs. 2 EStG ein Veräußerungsgewinn i.H.v. 120.000 € (320.000 € Veräußerungserlös ./. 200.000 € Buchwert), der nach §§ 16, 34 EStG begünstigt ist. D hat Anschaffungskosten von 320.000 €, mit denen er seinen Anteil in der Bilanz der Erbengemeinschaft ausweisen muss. Das geschieht i.H.v. 200.000 € in der Hauptbilanz (Fortführung des Kapitalkontos des C) und i.H.v. 120.000 € in einer für D aufzustellenden positiven Ergänzungsbilanz.

3. Zum Nachlass gehört nur Privatvermögen

a) Schenkung eines Erbteils

Wird ein Erbteil verschenkt und gehört zum Nachlass nur Privatvermögen, findet § 11d Abs. 1 EStDV Anwendung. Durch den unentgeltlichen Erwerb des Erbteils ist der Beschenkte in die Rechtsstellung des Schenkers eingetreten, die dieser innerhalb der Erbengemeinschaft gehabt hat. Die anteilige AfA, die dem Beschenkten an den zum Nachlass gehörenden abnutzbaren Wirtschaftsgütern des Privatvermögens zusteht, bemisst sich demzufolge (weil der Schenker ebenfalls unentgeltlich erworben hat) nach der AfA-Bemessungsgrundlage der Erbengemeinschaft (§ 11d Abs. 1 Satz 1 EStDV). Der Beschenkte kann – anteilmäßig – nur noch das nicht bereits verbrauchte AfA-Volumen abschreiben. 40

b) Verkauf eines Erbteils

Verkauft ein Miterbe seinen Erbteil und gehört zum Nachlass nur Privatvermögen, ist § 11d Abs. 1 EStDV nicht anwendbar. Der Erwerber muss seine AfA ausgehend von seinen Anschaffungskosten nach § 7 EStG bemessen. 41

Beispiel 20

E wird von seinen Söhnen A, B und C zu je 1/3 beerbt. Zum Nachlass gehört nur ein privates Mietwohnhaus, das E für 2,5 Mio. € (Anteil Gebäude 2 Mio. €) erworben und jährlich mit 2 v.H. abgeschrieben hatte. C veräußert seinen Erbteil zum 01.01.04 für 700.000 € an D. Hiervon entfallen 560.000 € auf das Gebäude und 140.000 € auf den Grund und Boden. Im Zeitpunkt der Veräußerung hatte das Gebäude einen Restwert von 1,2 Mio. €.

Die AfA für das immer noch zum Nachlass gehörende Gebäude kann nicht mehr einheitlich vorgenommen werden. A und B haben als Miterben ihre Anteile am Nachlass und damit an dem Grundstück, aus dem der Nachlass besteht, unentgeltlich erworben. Sie müssen demzufolge nach § 11d Abs. 1 EStDV die AfA der Erbengemeinschaft – anteilig – fortführen. A und B können also jährlich je 13.334 € (je 1/3 von 40.000 €) absetzen. Für D hingegen ist, da er entgeltlich erworben hat, seine anteilige AfA nach seinen Anschaffungskosten zu bemessen. Er muss seinen Gebäudeanteil mit 2 v.H. von 560.000 € = 11.200 € abschreiben. Zu einem anderen Ergebnis kann D nur kommen, wenn er nachweist, dass die Nutzungsdauer kürzer ist.

Wird ein Erbteil entgeltlich erworben und gehören mehrere Wirtschaftsgüter zum Nachlass, ist für die Aufteilung der Anschaffungskosten des Erbteils einer nach außen hin erkennbaren Zuordnung der Anschaffungskosten durch die Erben zu folgen, soweit die Aufteilung nicht zu einer unangemessenen wertmäßigen Berücksichtigung der einzelnen Wirtschaftsgüter gehört (vgl. BFH-Urteil vom 27. Juli 2004 – BStBl. 2006 II S. 9). 42

Verkauft ein Miterbe seinen Erbteil, ist ein Veräußerungsgewinn nur steuerpflichtig, wenn die Voraussetzungen des § 17 EStG, des § 23 EStG oder des § 21 UmwStG[1] vorliegen. 43

4. Mischnachlass

Wird der Anteil an einem Mischnachlass veräußert, gelten die unter Tz. 32 ff. genannten Grundsätze. 44

---

1) § 21 UmwStG i.d.F. des UmwStG vom 28.10.1994, zuletzt geändert durch das StVergAbG war letztmals für Einbringungen vor dem 13.12.2006 anzuwenden.

Anlage § 016–05

Zu § 16 EStG

a) Schenkung eines Erbteils

45 Eine Bewertung der Nachlassgegenstände ist hier nicht erforderlich. Im privaten Bereich des Nachlasses hat der Erwerber die AfA der Erbengemeinschaft nach § 11d Abs. 1 EStDV und im betrieblichen Bereich die Buchwerte der Erbengemeinschaft (§ 6 Abs. 3 EStG) fortzuführen.

b) Verkauf eines Erbteils

46 Wird bei einem Mischnachlass ein Erbteil verkauft, muss der für den Erbteil erzielte Veräußerungserlös aufgeteilt werden. Dabei ist der Veräußerungserlös im Verhältnis des Verkehrswertes des Mitunternehmeranteils und der anteiligen Verkehrswerte der Wirtschaftsgüter des Privatvermögens zu verteilen. Tz. 42 gilt entsprechend. Der Kaufpreis ist beim Erbschaftskäufer entsprechend aufzuteilen.

47 § 15 Abs. 3 Nr. 1 EStG (sog. Abfärberegelung) ist auch dann nicht auf die Erbengemeinschaft anzuwenden, wenn ein Miterbe seinen Erbteil veräußert und ein fremder Dritter in die Erbengemeinschaft eintritt.

E. Ausscheiden eines Miterben

1. Allgemeines

48 Scheidet ein Miterbe freiwillig aus der Erbengemeinschaft aus, wächst zivilrechtlich sein Anteil am Gemeinschaftsvermögen den verbliebenen Miterben zu. Die Anwachsung eines Erbteils für den Fall, dass mehrere Erben in der Weise eingesetzt sind, dass sie die gesetzliche Erbfolge ausschließen, und dass einer der Erben vor oder nach dem Eintritt des Erbfalls wegfällt, ist in § 2094 BGB geregelt. Die Anwachsung ist ein Unterfall der Veräußerung des Erbteils. Ertragsteuerlich ist das Anwachsen als entgeltliche oder unentgeltliche Übertragung des Anteils des ausscheidenden Miterben auf die verbleibenden Miterben anzusehen.

2. Ausscheiden ohne Abfindung

49 Scheidet ein Miterbe ohne Abfindung aus der Erbengemeinschaft aus, finden die Grundsätze über die Schenkung eines Erbteils Anwendung.

3. Ausscheiden gegen Barabfindung

50 Scheidet ein Miterbe gegen Barabfindung aus der Erbengemeinschaft aus, finden die Grundsätze über den Verkauf eines Erbteils Anwendung.

4. Ausscheiden gegen Sachwertabfindung

a) Grundsatz

51 Beim Ausscheiden gegen Sachwertabfindung können sich zusätzlich zu dem vom ausscheidenden Miterben zu versteuernden Veräußerungsgewinn auch für die verbleibenden Miterben Veräußerungsgewinne ergeben.

Beispiel 21

A, B und C sind Miterben zu je 1/3. Der Nachlass besteht nur aus einem Betriebsvermögen. Der Wert des Betriebsvermögens beträgt 3 Mio. €, der Buchwert 300.000 €. Die Bilanz des Unternehmens sieht wie folgt aus:

Aktiva			Passiva
Wirtschaftsgut 1	100 000 €	KapKto A	100 000 €
	(TW: 1 Mio. €)	KapKto B	100 000 €
Wirtschaftsgut 2	200 000 €	KapKto C	100 000 €
	(TW: 2 Mio. €)		
	300 000 €		300 000 €

Zu § 16 EStG

Anlage § 016–05

C scheidet gegen eine Abfindung von 1 Mio € aus dem Unternehmen aus. Nach dem Ausscheiden des C hat die Bilanz folgendes Bild:

Aktiva			Passiva	
Wirtschaftsgut 1	100 000 €	KapKto A		100 000 €
+ 300 000 €	= 400 000 €	KapKto B		100 000 €
Wirtschaftsgut 2	200 000 €	Anspruch C		1 000 000 €
+ 600 000 €	= 800 000 €			
	1 200 000 €			1 200 000 €

Für C ist ein tarifbegünstigter Veräußerungsgewinn von 900.000 € (1.000.000 € ./. 100.000 €) entstanden. A und B müssen die Buchwerte der Wirtschaftsgüter 1 und 2 entsprechend aufstocken. Da die Wirtschaftsgüter zu 1/3 entgeltlich erworben wurden, erhöht sich die AfA-Bemessungsgrundlage um 900.000 € (Anschaffungskosten 1 Mio. € ./. Buchwert 100.000 €). Wenn C das Wirtschaftsgut 1 (Buchwert nunmehr 400.000 €) zur Tilgung seiner Ausgleichsforderung von 1 Mio. € erhält, müssen A und B dieses Wirtschaftsgut aus dem Betrieb nehmen. Da das Wirtschaftsgut 1 Mio. € wert ist, entsteht dadurch ein Veräußerungsgewinn i.H.v. 600.000 €, den A und B je zur Hälfte als laufenden Gewinn versteuern müssen. Ein Veräußerungsgewinn – und kein Entnahmegewinn – entsteht deshalb, weil die Hingabe des Sachwerts zum Wegfall der Schuld führt. Darin ist keine Entnahme, sondern eine Veräußerung, verbunden mit einer Gewinnrealisierung hinsichtlich des den Buchwert des Wirtschaftsguts übersteigenden Schuldenteils (Ausgleichsanspruch des C), zu sehen.

b) Buchwertfortführung

Gelangt die Sachwertabfindung beim ausscheidenden Miterben in ein Betriebsvermögen, hat der Miterbe die Buchwerte der Erbengemeinschaft fortzuführen. 52

Im Beispiel 21 entsteht kein Veräußerungsgewinn, wenn C das ihm zur Abfindung übereignete Wirtschaftsgut 1 in ein ihm gehörendes Betriebsvermögen nach § 6 Abs. 5 EStG zum Buchwert überführt. Für diesen Fall wird das Wirtschaftsgut 1 dem C zum Buchwert gegen Minderung seiner Beteiligungsrechte am Betrieb der Erbengemeinschaft übertragen. Da der Buchwert des Wirtschaftsguts 100.000 € beträgt, sinkt dadurch das Kapitalkonto des C unter gleichzeitigem Ausscheiden des C aus dem Betrieb auf Null. C muss das Wirtschaftsgut in seinen eigenen Betrieb mit 100.000 € erfolgsneutral (gegen entsprechende Erhöhung seines Kapitalkontos) einlegen. Für C entsteht weder ein Entnahme- noch ein Veräußerungsgewinn. Auch für A und B ergeben sich keine Gewinnauswirkungen.

F. Erbauseinandersetzung durch Veräußerung des Nachlasses

1. Allgemeines

Die Erbauseinandersetzung kann gem. §§ 2046 ff. BGB auch in der Weise erfolgen, dass alle Wirtschaftsgüter des Nachlasses veräußert werden. Anschließend werden alle Nachlassverbindlichkeiten abgezogen. Der Rest der Veräußerungserlöse wird den Erbquoten entsprechend anteilmäßig unter den Miterben verteilt. 53

2. Betriebsvermögen

Gehört zum Nachlass ein Betriebsvermögen, kann der gesamte Betrieb von der Erbengemeinschaft veräußert werden. Dann liegt ein Fall des § 16 Abs. 1 EStG vor. Der von der Erbengemeinschaft erzielte Veräußerungsgewinn ist von den Miterben begünstigt zu versteuern (§§ 16, 34 EStG). 54

Wird der Betrieb von den Miterben nicht fortgeführt und werden die einzelnen Wirtschaftsgüter des Betriebsvermögens veräußert, kann eine begünstigte Betriebsaufgabe vorliegen (§ 16 Abs. 3 Satz 1 EStG).

3. Privatvermögen

Soweit zum Nachlass Privatvermögen gehört, ist die Veräußerung einkommensteuerrechtlich nur dann zu erfassen, wenn die §§ 17, 23 EStG oder § 21 UmwStG[1]) zur Anwendung kommen. 55

---

1) § 21 UmwStG i.d.F. des UmwStG vom 28.10.1994, zuletzt geändert durch das StVergAbG war letztmals für Einbringungen vor dem 13.12.2006 anzuwenden.

Anlage § 016–05

Zu § 16 EStG

G. Teilerbauseinandersetzung

1. Behandlung wie Gesamtauseinandersetzung

56 Bei der gegenständlichen Teilauseinandersetzung stellen die geleisteten Abfindungen Anschaffungskosten bzw. Veräußerungsentgelt dar und zwar unabhängig davon, dass die Miterben am Restnachlass beteiligt bleiben.

Beispiel 22

Erben sind A und B je 1/2. Zum Nachlass gehören ein Betrieb (Wert 1 Mio. €, Buchwert 200.000 €) und ein Privatgrundstück (Wert 500.000 €). Bei einer Teilauseinandersetzung erhält A den Betrieb, B bekommt eine Abfindung von A i.H.v. 500.000 €. Das Grundstück verbleibt in der Erbengemeinschaft.

B erzielt einen tarifbegünstigten Veräußerungsgewinn von 400.000 €. A stockt die Buchwerte des Betriebs um 400.000 € auf. Der Wert und die spätere Verteilung des Restnachlasses bleiben zunächst außer Betracht.

57 Soweit im Rahmen einer Teilauseinandersetzung ein Wirtschaftsgut des Betriebsvermögens einem Miterben zu Lasten seiner Beteiligung am Restnachlass zugewiesen wird, das er in sein Privatvermögen übernimmt, entsteht ein Entnahmegewinn. Der Entnahmegewinn ist Teil des Gesamtgewinns der Mitunternehmerschaft. Dieser ist den Mitunternehmern (Miterben) nach dem allgemeinen Gewinnverteilungsschlüssel zuzurechnen, der sich bei den Miterben nach ihrem Anteil am Nachlass bestimmt (§ 2038 Abs. 2, § 743 Abs. 1 BGB), es sei denn, dass der Gewinn nach den von den Miterben schriftlich getroffenen Vereinbarungen über die Teilauseinandersetzung dem entnehmenden Miterben zuzurechnen ist.

Wird im Rahmen einer Teilauseinandersetzung ein Wirtschaftsgut aus dem Betriebsvermögen der Erbengemeinschaft (Mitunternehmerschaft) in ein anderes Betriebsvermögen eines der Miterben überführt, ist nach § 6 Abs. 5 EStG der Buchwert fortzuführen.

2. Behandlung von umgekehrten Abfindungen

58 Abfindungen in umgekehrter Richtung vermindern grundsätzlich die bei einer Teilauseinandersetzung angenommenen Anschaffungskosten und Veräußerungserlöse, wenn die Miterben eine weitere Auseinandersetzung im Auge hatten, bei der es zu umgekehrten Abfindungen kommt (BFH-Beschluss vom 5. Juli 1990 – BStBl. II S. 837). Davon ist auszugehen, wenn seit der vorausgegangenen Teilauseinandersetzung noch nicht mehr als fünf Jahre vergangen sind. Eine spätere (weitere) Teilauseinandersetzung oder Endauseinandersetzung ist nicht mehr mit vorangegangenen Teilauseinandersetzungen als Einheit zu betrachten, sondern wie eine selbständige Auseinandersetzung zu behandeln.

Ist bei einer vorangegangenen Teilauseinandersetzung eine Abfindung für den Erwerb mehrerer Wirtschaftsgüter geleistet worden, ist die umgekehrte Abfindung auf diese Wirtschaftsgüter nach dem Verhältnis ihrer Verkehrswerte im Zeitpunkt der vorangegangenen Teilauseinandersetzung aufzuteilen. Tz. 42 ist entsprechend anzuwenden.

Beispiel 23

Erben sind A und B zu je 1/2. Zum Nachlass gehören ein Betrieb (Wert 1 Mio. €, Buchwert 200.000 €) und ein Privatgrundstück. Bei einer Teilauseinandersetzung erhält A den Betrieb und muss an B eine Abfindung i.H.v. 500.000 € zahlen. Im Rahmen der vier (sechs) Jahre später erfolgenden Endauseinandersetzung erhält B das Grundstück, dessen Wert auf 500.000 € festgestellt wurde, und zahlt deshalb an A eine Abfindung i.H.v. 250.000 €.

Die von B bei der Endauseinandersetzung an A zu zahlende umgekehrte Abfindung i.H.v. 250.000 € bewirkt, dass der Veräußerungsgewinn des B von ursprünglich 400.000 € nunmehr nur noch 200.000 € beträgt und nicht mehr nach §§ 16, 34 EStG begünstigt ist. Die bisherige Aufstockung der Buchwerte bei A um 400.000 € muss auf einen Aufstockungsbetrag von 200.000 € gemindert werden.

Dagegen würde sich die ursprüngliche Behandlung der Teilauseinandersetzung nicht mehr ändern, wenn die Endauseinandersetzung sechs Jahre später erfolgt.

Aus der Veräußerung des Mitunternehmeranteils hat B einen nach den §§ 16 und 34 EStG begünstigten Veräußerungsgewinn i.H.v. 400.000 € zu versteuern; A hat die Buchwerte entsprechend aufzustocken. Der sich aus der sechs Jahre späteren Teilerbauseinandersetzung über das Grundstück ergebende Veräußerungsgewinn ist nur steuerpflichtig, wenn die Voraussetzungen des § 23 EStG vorliegen.

Werden im Rahmen einer Teilauseinandersetzung entstandene Veräußerungsgewinne durch umgekehrte Abfindungen gemindert, ist dies ein Ereignis, das Rückwirkung für die Vergangenheit hat (§ 175 Abs. 1 Satz 1 Nr. 2 AO), weshalb die Minderung des Veräußerungsgewinns rückwirkend erfolgen muss.

Auch die bei dem die ursprüngliche Abfindung leistenden Miterben durch die umgekehrte Abfindung eintretende Verminderung der Anschaffungskosten hat rückwirkend zu erfolgen (§ 175 Abs. 1 Satz 1 Nr. 2 AO). Umgekehrte Abfindungen sind insoweit nicht erst ab dem Jahr ihrer Zahlung zu berücksichtigen.

H. Vermächtnisse, Vorausvermächtnisse, Teilungsanordnung

1. Steuerliche Auswirkungen von Vermächtnissen

Im Falle der Erbeinsetzung liegt in vollem Umfang ein unentgeltlicher Erwerb unmittelbar vom Erblasser vor. Der Erbe ist an die Buch- und Steuerwerte gem. § 6 Abs. 3 EStG und § 11d Abs. 1 EStDV gebunden, auch wenn ihm die Erfüllung von Vermächtnissen auferlegt wird. Die Erfüllung eines Vermächtnisses durch den beschwerten Erben stellt kein Entgelt für den Erwerb des Erbteils dar und führt daher bei ihm nicht zu Anschaffungskosten (BFH-Urteil vom 17. Oktober 1991 – BStBl. 1992 II S. 392). Dies gilt auch, wenn ein Sachvermächtnis hinsichtlich eines Wirtschaftsguts des Betriebsvermögens ausgesetzt wird und dieses Sachvermächtnis vom Erben und Betriebsübernehmer erfüllt wird. Geht daher ein Betrieb durch Erbeinsetzung mit der Verpflichtung über, dass der Erbe oder die Erbengemeinschaft ein Wirtschaftsgut des Betriebsvermögens an einen Dritten herausgeben muss, führt dies zur Entnahme dieses Wirtschaftsguts. Dies gilt auch dann, wenn das Wirtschaftsgut beim Vermächtnisnehmer Betriebsvermögen wird (vgl. aber Tz. 65). Der Entnahmegewinn ist dem Alleinerben oder allen Miterben zuzurechnen.

Der Alleinerbe oder die Miterben können bei der Entnahme von Grund und Boden aus einem land- und forstwirtschaftlichen Betrieb ggf. den Freibetrag nach § 14a Abs. 4 EStG in Anspruch nehmen, wenn die Entnahme vor dem 1. Januar 2006 erfolgt.

Beispiel 24

A wurde vom Erblasser als Alleinerbe eingesetzt. Zum Nachlass gehört ein Gewerbebetrieb. In Erfüllung eines Vermächtnisses überträgt A auf B ein Betriebsgrundstück (Teilwert 1 Mio. €, Buchwert 400.000 €).

A führt nach § 6 Abs. 3 EStG die Buchwerte des Erblassers fort. Er erzielt bei der Übertragung des Grundstücks auf B einen nicht begünstigten Entnahmegewinn i.H.v. 600.000 € (= 1 Mio. € ./. 400.000 €). Das gilt auch, wenn das Grundstück beim Vermächtnisnehmer ins Betriebsvermögen übernommen wird.

Betrifft das Sachvermächtnis dagegen einen ganzen Betrieb, erzielt die Erbengemeinschaft (oder der Alleinerbe) keinen Veräußerungs- oder Aufgabegewinn. Der Vermächtnisnehmer führt nach § 6 Abs. 3 EStG die Buchwerte der Erbengemeinschaft fort. Ist ein Betrieb (Einzelunternehmen) aufgrund eines Sachvermächtnisses an einen der Miterben oder einen Dritten (Vermächtnisnehmer) herauszugeben, sind die nach dem Erbfall bis zur Erfüllung des Vermächtnisses erzielten betrieblichen Einkünfte grundsätzlich den Miterben als Mitunternehmern zuzurechnen. Abweichend von diesem Grundsatz sind die zwischen Erbfall und Erfüllung des Vermächtnisses angefallenen Einkünfte dem Vermächtnisnehmer zuzurechnen, wenn dieser schon vor der Erfüllung des Vermächtnisses als Inhaber des Betriebs (Unternehmer) anzusehen ist (BFH-Urteil vom 24. September 1991 – BStBl. 1992 II S. 330).

Besteht das Vermächtnis darin, dass dem Bedachten ein privates Wirtschaftsgut zu übertragen ist, ist er nach § 11d Abs. 1 EStDV an die bisher für den Alleinerben oder die Erbengemeinschaft maßgebenden Steuerwerte gebunden.

Wie die Erfüllung eines Vermächtnisses führt auch die Begleichung von Erbfallschulden (Pflichtteils- und Erbersatzansprüche) nicht zu Anschaffungskosten. Aufwendungen für die Finanzierung von Pflichtteils- und Erbersatzansprüchen dürfen nicht als Betriebsausgaben oder Werbungskosten abgezogen werden. Ein Vermächtnis führt ausnahmsweise dann zu einem Veräußerungserlös des beschwerten Erben oder der beschwerten Miterben und zu Anschaffungskosten des Vermächtnisnehmers, wenn der Vermächtnisnehmer für den Erwerb des vermachten Gegenstandes eine Gegenleistung zu erbringen hat.

2. Besonderheiten bei Vorausvermächtnissen

Wird ein Miterbe durch ein Vermächtnis bedacht (Vorausvermächtnis), hat er – ebenso wie ein nicht zu den Miterben gehörender Vermächtnisnehmer – lediglich einen schuldrechtlichen Anspruch gegenüber der Erbengemeinschaft. Die ihm durch das Vorausvermächtnis zugewandten Vermögensgegenstände des Erblassers erwirbt er daher nicht unmittelbar vom Erblasser, sondern von der Erbengemeinschaft.

Anlage § 016–05

Zu § 16 EStG

65 Betrifft das Vorausvermächtnis einen Betrieb, erzielt die Erbengemeinschaft keinen Veräußerungs- oder Aufgabegewinn. Der Vermächtnisnehmer führt nach § 6 Abs. 3 EStG die Buchwerte der Erbengemeinschaft fort. Demgegenüber liegt eine Entnahme durch die Erbengemeinschaft (nicht durch den Erblasser) vor, wenn ein Einzelwirtschaftsgut des Betriebsvermögens in Erfüllung eines Vorausvermächtnisses auf einen der Miterben in dessen Privatvermögen übertragen wird.

Beispiel 25

Erben sind A und B zu je 1/2. Der Nachlass umfasst neben anderen Nachlassgegenständen einen Betrieb. A erhält im Wege des Vorausvermächtnisses ein Grundstück dieses Betriebs (Teilwert 500.000 €, Buchwert 200.000 €), das er privat nutzt.

Die Erfüllung des Vorausvermächtnisses durch Übertragung des Betriebsgrundstücks auf A führt zu einem laufenden Entnahmegewinn bei der Erbengemeinschaft i.H.v. 300.000 €, der den beiden Miterben A und B im Rahmen der gesonderten und einheitlichen Feststellung der Gewinneinkünfte je hälftig zuzurechnen ist.

Wird in Erfüllung eines Vorausvermächtnisses ein Einzelwirtschaftsgut aus dem Betriebsvermögen der Erbengemeinschaft in ein anderes Betriebsvermögen eines der Miterben überführt, besteht nach § 6 Abs. 5 EStG die Pflicht zur – gewinnneutralen – Buchwertfortführung.

Beispiel 26

Erben sind A und B zu je 1/2. Zum Nachlass gehört u.a. ein Betrieb. A erhält im Wege des Vorausvermächtnisses ein Grundstück dieses Betriebs (Teilwert 500.000 €, Buchwert 200.000 €), das er in einem eigenen Betrieb nutzt.

Ein Entnahmegewinn entsteht nicht, da A als Mitunternehmer zur Fortführung des Buchwertes verpflichtet ist.

66 Besteht das Vorausvermächtnis darin, dass dem Bedachten ein privates Wirtschaftsgut zu übertragen ist, ist er nach § 11d Abs. 1 EStDV an die bisher für die Erbengemeinschaft maßgebenden Steuerwerte gebunden.

3. Steuerliche Auswirkungen von Teilungsanordnungen

67 Durch eine Teilungsanordnung (§ 2048 BGB) wird lediglich die Art und Weise der Erbauseinandersetzung durch den Erblasser festgelegt. Deshalb gehen auch bei der Teilungsanordnung zunächst alle Nachlassgegenstände auf die Erbengemeinschaft und nicht einzelne Nachlassgegenstände unmittelbar auf denjenigen Miterben über, der sie aufgrund der Teilungsanordnung erhalten soll. Verhalten sich die Miterben jedoch bereits vor der Auseinandersetzung entsprechend der Teilungsanordnung, ist dies auch steuerrechtlich anzuerkennen, solange die tatsächliche Auseinandersetzung innerhalb einer sich an den Umständen des Einzelfalls orientierten Frist vorgenommen wird. Dies gilt auch bei Anordnung einer Testamentsvollstreckung. Setzen sich die Erben einverständlich über die Teilungsanordnung hinweg, ist für die steuerliche Beurteilung die tatsächliche Auseinandersetzung maßgeblich. Solange die Teilungsanordnung von den Erben vor der Auseinandersetzung beachtet wird, sind die Veranlagungen vorläufig nach § 165 Abs. 1 Satz 1 AO durchzuführen.

68 Zur Abgrenzung zwischen Teilungsanordnung und Vorausvermächtnis ist von Bedeutung, dass sich die Teilungsanordnung in der Zuweisung bestimmter Nachlassgegenstände innerhalb des Rahmens des Erbteils erschöpft, während das Vorausvermächtnis in der Zuweisung bestimmter Nachlassgegenstände außerhalb des Erbteils, d.h. über den Erbteil hinaus, besteht. Mit dem Vorausvermächtnis will der Erblasser einem der Erben einen zusätzlichen Vermögensvorteil zuwenden. Bei der Teilungsanordnung fehlt ein derartiger Begünstigungswille, sie beschränkt sich auf die Verteilung der Nachlassgegenstände bei der Erbauseinandersetzung. Bei der Abgrenzung zwischen Teilungsanordnung und Vorausvermächtnis kommt es nicht auf die formale Bezeichnung, sondern auf das tatsächlich Gewollte an.

I. Sonderfragen

I. Erbfolge bei der Beteiligung an einer Personengesellschaft

1. Fortsetzung der Gesellschaft durch die übrigen Gesellschafter oder Auflösungsklausel

69 Bei Tod eines Gesellschafters scheidet der verstorbene Gesellschafter aus der Gesellschaft aus und die überlebenden Gesellschafter setzen die Gesellschaft fort (§ 131 Abs. 3 Nr. 1 HGB). In diesem Fall geht zivilrechtlich der Gesellschaftsanteil nicht auf die Erben über. Diese erlangen lediglich einen privaten Abfindungsanspruch gegenüber den verbleibenden Gesellschaftern. Steuerlich realisiert der Erblasser durch Aufgabe seines Mitunternehmeranteils unter Anwachsung bei den verbleibenden Gesellschaftern einen begünstigten Veräußerungsgewinn (§§ 16, 34 EStG) in Höhe des Unterschieds zwischen dem

Abfindungsanspruch und dem Buchwert seines Kapitalkontos im Todeszeitpunkt (BFH-Urteil vom 15. April 1993 – BStBl. 1994 II S. 227).

Ist im Gesellschaftsvertrag eine sog. Auflösungsklausel, nach der sich die Gesellschaft bei Tod eines Gesellschafters auflöst, enthalten, liegt insgesamt eine nach §§ 16, 34 EStG begünstigte Betriebsaufgabe vor, soweit weder nach Realteilungsgrundsätzen (vgl. BMF-Schreiben vom 28. Februar 2006 – BStBl. I S. 228) noch nach § 6 Abs. 5 EStG eine Buchwertfortführung möglich ist. Satz 1 gilt nicht, sofern die Gesellschafter die Gesellschaft fortsetzen.

2. Eintrittsklausel

Ist im Gesellschaftsvertrag eine Eintrittsklausel des Inhalts vereinbart worden, dass ein oder mehrere Erben mit dem Tod eines Gesellschafters das Recht haben, in die Gesellschaft einzutreten, wird die Gesellschaft zunächst mit den verbleibenden Gesellschaftern fortgesetzt. Der Gesellschaftsanteil des verstorbenen Gesellschafters wächst mithin den übrigen Gesellschaftern an und die eintrittsberechtigten Erben erben lediglich das Eintrittsrecht. Hieraus folgt grundsätzlich, dass bei Zahlung einer Abfindung im Fall des Nichteintritts – wie bei der Fortsetzungsklausel – der Erblasser einen tarifbegünstigten Veräußerungsgewinn (§§ 16, 34 EStG) erzielt. Wird allerdings das Eintrittsrecht innerhalb von 6 Monaten nach dem Erbfall ausgeübt, gelten, wenn alle Erben von ihrem Eintrittsrecht Gebrauch machen, die Ausführungen über die einfache Nachfolgeklausel (Tz. 71), wenn nur einer oder einige Erben von ihrem Eintrittsrecht Gebrauch machen, die Ausführungen über die qualifizierte Nachfolgeklausel (Tz. 72) entsprechend. 70

3. Einfache Nachfolgeklausel

Im Fall der sog. einfachen Nachfolgeklausel wird die Gesellschaft beim Tod eines Gesellschafters mit allen Erben dieses Gesellschafters fortgesetzt. Mitunternehmeranteile, die vom Erblasser gesondert auf die Miterben übergegangen sind, können im Fall der sog. einfachen Nachfolgeklausel in die Erbauseinandersetzung einbezogen und abweichend aufgeteilt werden. Ausgleichszahlungen an die weichenden Miterben führen auch in diesem Fall zu Anschaffungskosten (BFH-Urteile vom 13. Dezember 1990 – BStBl. 1992 II S. 510 und vom 29. Oktober 1991 – BStBl. 1992 II S. 512). 71

Diese Betrachtungsweise hat zur Folge, dass durch die Einbeziehung von Mitunternehmeranteilen in die Erbauseinandersetzung im Fall der sog. einfachen Nachfolgeklausel eine gewinnneutrale Realteilung eines Nachlasses erreicht wird.

Beispiel 27 (bei Mischnachlass)

Gesellschafter einer OHG sind A, B und C. A stirbt. Erben sind D und E je zur Hälfte. Zum Nachlass gehören der OHG-Anteil (Wert 2 Mio. €) sowie ein Privatgrundstück (Wert 2 Mio. €). D und E treten aufgrund der im Gesellschaftsvertrag verbrieften einfachen Nachfolgeklausel in die OHG ein. Das Grundstück wird zunächst in Erbengemeinschaft verwaltet. Nach einiger Zeit setzen sich D und E dergestalt auseinander, dass E dem D seinen Gesellschaftsanteil überlässt und dafür aus der Erbengemeinschaft das Privatgrundstück erhält. Ausgleichszahlungen erfolgen nicht.

Es ist von einer gewinnneutralen Teilung eines Mischnachlasses auszugehen, bei der D den Gesellschaftsanteil und E das Grundstück erhalten hat. Anschaffungskosten und Veräußerungsgewinne entstehen mangels Ausgleichszahlungen nicht.

Aus dieser Betrachtungsweise ergibt sich weiter, dass auch beim Vorhandensein von Sonderbetriebsvermögen eine gewinnneutrale Realteilung eines Nachlasses möglich ist.

Beispiel 28 (bei Mischnachlass)

Gesellschafter einer OHG sind A, B und C. A stirbt. Erben sind D und E je zur Hälfte. Zum Nachlass gehören der OHG-Anteil (Wert 1,2 Mio. €), ein der OHG überlassenes Grundstück (Wert 800.000 €) und ein Privatgrundstück (Wert 2 Mio. €). D und E treten aufgrund der im Gesellschaftsvertrag verbrieften einfachen Nachfolgeklausel in die OHG ein. Das Privatgrundstück wird zunächst von der Erbengemeinschaft verwaltet. Nach einiger Zeit setzen sich D und E dergestalt auseinander, dass E dem D seinen Gesellschaftsanteil und seinen Anteil an dem der OHG überlassenen Grundstück überträgt und dafür aus der Erbengemeinschaft das Privatgrundstück erhält. Ausgleichszahlungen erfolgen nicht.

Es liegt eine gewinnneutrale Teilung eines Mischnachlasses vor, bei der D den Gesellschaftsanteil an der OHG und das der OHG überlassene Grundstück und E das Privatgrundstück erhält. Anschaffungskosten und Veräußerungs- oder Entnahmegewinne entstehen mangels Ausgleichszahlungen nicht.

Anlage § 016–05

Zu § 16 EStG

4. Qualifizierte Nachfolgeklausel

72 In den Fällen der sog. qualifizierten Nachfolgeklausel folgen nicht alle Miterben, sondern nur einer oder einzelne von mehreren Miterben dem Erblasser in seiner Gesellschafterstellung nach. Nach dem BFH-Urteil vom 29. Oktober 1991 (BStBl. 1992 II S. 512) hat dies zur Folge, dass nur die qualifizierten Miterben, nicht dagegen die nicht qualifizierten Miterben als Mitunternehmer anzusehen sind (kein Durchgangserwerb). Werden von den qualifizierten Erben an die nicht qualifizierten Miterben Abfindungen geleistet, entstehen deshalb weder Veräußerungsgewinne noch Anschaffungskosten. Zur Behandlung der Schuldzinsen, die durch die Finanzierung der Wertausgleichsverbindlichkeiten veranlasst sind, wird auf das BMF-Schreiben vom 11. August 1994 (BStBl. I S. 603)[1] verwiesen.

73 Daraus ergibt sich weiter, dass es mit dem Erbfall zu einer anteiligen Entnahme etwaigen Sonderbetriebsvermögens kommt, soweit das Sonderbetriebsvermögen auf nicht qualifizierte Miterben entfällt (§ 39 Abs. 2 Nr. 2 AO). Denn das Sonderbetriebsvermögen geht – im Gegensatz zum Gesellschaftsanteil – zivilrechtlich auf die Erbengemeinschaft als Ganzes über. Dies gilt auch, wenn bei einer zeitnahen Auseinandersetzung das Sonderbetriebsvermögen auf den qualifizierten Miterben übergeht.

74 Der Entnahmegewinn ist dem Erblasser zuzurechnen, da der nicht qualifizierte Miterbe nicht Mitunternehmer geworden ist.

II. Sonderfragen im Bereich der Land- und Forstwirtschaft

1. Erbfolge im Bereich der Land- und Forstwirtschaft

75 Die Erbfolge im Bereich der Land- und Forstwirtschaft ist zivilrechtlich nach Landesrecht unterschiedlich geregelt. Im Übrigen gibt es bundesrechtliche Besonderheiten.

Während in den Ländern Hamburg, Niedersachsen, Nordrhein-Westfalen und Schleswig-Holstein für bestimmte Höfe die sog. Höfeordnung (HöfeO) Anwendung findet, sind in anderen Ländern (z.B. in Hessen und in Teilen von Baden-Württemberg bis 31. Dezember 2000) für bestimmte Höfe sog. Landesanerbengesetze maßgebend. Es gibt aber auch Länder, die weder eine HöfeO noch ein Landesanerbenrecht kennen (Bayern, Berlin, Brandenburg, Mecklenburg-Vorpommern, Saarland, Sachsen, Sachsen-Anhalt und Thüringen). Soweit keine Sonderregelung eingreift, können das Landgutrecht nach § 2049 BGB sowie das Zuweisungsverfahren nach §§ 13 bis 17 Grundstücksverkehrsgesetz bedeutsam sein.

76 Abfindungen an weichende Erben sind stets Entgelte, wenn nach den jeweiligen landesrechtlichen Vorschriften der Hof nicht unmittelbar vom Altbauer im Wege der Sondererbfolge auf den Hoferben als Alleinerben übergeht („Höferecht"), sondern zunächst auf die Erbengemeinschaft („Anerbenrecht"). Im letzteren Falle erwirbt der Hoferbe den Hof von der Erbengemeinschaft (Durchgangserwerb).

77 Was die als partielles Bundesrecht geltende HöfeO angeht, bestimmt § 4 HöfeO, dass der Hof als Teil der Erbschaft kraft Gesetzes nur einem der Erben zufällt und an seine Stelle im Verhältnis der Miterben zueinander der Hofeswert tritt. Diese Norm ist zivilrechtlich so zu verstehen, dass im Rahmen eines gespaltenen Nachlasses der Hof unmittelbar und sofort dem Hoferben als Alleinerben zufällt, während daneben zugleich für das hofesfreie Vermögen eine Erbengemeinschaft besteht. In den Fällen der HöfeO ist eine Miterbengemeinschaft hinsichtlich des Hofes ausgeschlossen, die weichenden Miterben erhalten vielmehr insoweit schuldrechtliche Abfindungsansprüche im Sinne gesetzlich angeordneter Vermächtnisse. Die weichenden Erben erhalten daher die Abfindung nach § 12 HöfeO nicht als Entgelt für die Aufgabe einer Erbquote am Hof. Die Abfindung einschließlich einer Nachabfindung nach § 13 HöfeO ist daher kein Entgelt. Aufwendungen für die Finanzierung der Abfindung sind nicht als Betriebsausgaben abzugsfähig.

Diese Betrachtungsweise gilt auch für die übrigen Landes-Höfegesetze. Nach § 9 Abs. 1 des Bremischen HöfeG fällt der Hof als Teil der Erbschaft nur einem Erben zu. § 14 des Rheinland-Pfälzischen Landesgesetzes über die HöfeO regelt die Erbfolge in gleicher Weise wie § 4 der HöfeO.

78 Nehmen in den Fällen der Tz. 77 Wirtschaftsgüter des Betriebsvermögens nicht an der Sonderrechtsnachfolge teil (hofesfreies Vermögen), sind sie auch steuerlich der Erbengemeinschaft zuzurechnen. Soweit diese Wirtschaftsgüter nicht anteilig dem Hoferben zuzurechnen sind, liegt eine Entnahme durch den Erblasser vor. Im Übrigen gelten die allgemeinen Regeln über die Behandlung der Erbauseinandersetzung.

79 Nehmen umgekehrt Wirtschaftsgüter des Privatvermögens an der Sonderrechtsnachfolge teil (z.B. Wohnung des Betriebsinhabers), findet insoweit ein unentgeltlicher Erwerb vom Erblasser statt und die Abfindung führt nicht zu Anschaffungskosten.

---

1) Siehe Anlage § 004-23.

Anders als bei land- und forstwirtschaftlichen Betrieben, die unter den Anwendungsbereich der HöfeO 80
oder unter vergleichbare Landes-Höferechte fallen („Höferecht"), ist die Erbfolge bei Betrieben zu beurteilen, in denen der Hof zunächst auf die Erbengemeinschaft übergeht. Dies ist insbesondere nach dem Badischen Hofgütergesetz und der Hessischen Landgüterordnung der Fall („Anerbenrecht"). Die Abfindung der „weichenden Erben" nach Badischem und Hessischem Landesrecht sowie deren Ergänzungsabfindungen (wenn die Berechtigung zur erbrechtlichen Schlechterstellung der Nicht-Hoferben entfällt) sind Entgelte. Denn der Hofübernehmer hat mehr an land- und forstwirtschaftlichem Betriebsvermögen bekommen, als ihm nach seiner Erbquote zustand. Insoweit vollzieht sich die Erbauseinandersetzung nach den allgemeinen Regeln.

Nach den allgemeinen Regeln vollzieht sich die Erbauseinandersetzung über einen land- und forstwirt- 81
schaftlichen Betrieb auch in den Bundesländern, die weder eine HöfeO noch ein Landesanerbenrecht kennen (Bayern, Berlin, Brandenburg, Mecklenburg-Vorpommern, Saarland, Sachsen, Sachsen-Anhalt und Thüringen).

2. Behandlung von Abfindungen, die das Kapitalkonto unterschreiten

Gehört zum Nachlass ein land- und forstwirtschaftlicher Betrieb, wird dieser gemäß § 2049 BGB im 82
Rahmen der Erbauseinandersetzung in den meisten Fällen nur mit dem Ertragswert berücksichtigt. Wegen der geringen Ertragsfähigkeit liegen die Ertragswerte solcher Betriebe deutlich unter dem Verkehrswert und regelmäßig auch unter dem Buchwert. Das bedeutet, dass die weichenden Erben nach erbrechtlichen Regelungen eine geringere Abfindung erhalten, als ihrem Kapitalkonto (gemessen an der Erbquote) entspricht. Abfindungen, die das Kapitalkonto unterschreiten, sind ertragsteuerlich in der Weise zu behandeln, dass in solchen Fällen der Betriebsübernehmer gemäß § 6 Abs. 3 EStG die Buchwerte fortführt. Dies bedeutet, dass keine Abstockung der Buchwerte erforderlich ist und die weichenden Erben keinen Veräußerungsverlust erleiden.

J. Übergangsregelung

Die Grundsätze dieses Schreibens sind in allen noch offenen Fällen anzuwenden. Es tritt an die Stelle der 83
BMF-Schreiben vom 11. Januar 1993 (BStBl. I S. 62) und vom 5. Dezember 2002 (BStBl. I S. 1392).

Soweit die Erbauseinandersetzung vor dem 1. Januar 2001 durchgeführt worden ist, gelten weiterhin die in den BMF-Schreiben vom 11. Januar 1993 und 11. August 1994 genannten Grundsätze (einschließlich Übergangsregelungen) unter Berücksichtigung der Gesetzesänderungen in § 6 Abs. 5 Satz 3 und § 16 Abs. 3 Satz 2 EStG i.d.F. des StEntlG 1999/2000/2002 für Vorgänge in der Zeit vom 1. Januar 1999 bis 31. Dezember 2000.

Anlage § 016–06

Zu § 16 EStG

Ertragsteuerliche Behandlung der vorweggenommenen Erbfolge[1]

– BdF-Schreiben vom 13. Januar 1993 IV B 3 – S 2190 – 37/92 (BStBl. 1993 I S. 80) –
unter Berücksichtigung der Änderungen durch das BdF-Schreiben vom 26.2.2007
– IV C 3 – 52190 – 18/06 (BStBl. I S. 269)

Inhaltsübersicht

		Tz.
A.	**Allgemeines**	
1.	Begriff der vorweggenommenen Erbfolge	1
2.	Abgrenzung zu voll entgeltlichen Geschäften	2
B.	**Übertragung von Privatvermögen**	
I.	Arten der Vermögensübertragung	3
1.	Versorgungsleistungen	4–6
2.	Ausgleichs- und Abstandsverpflichtungen	7–8
3.	Übernahme von Verbindlichkeiten	9
4.	Vorbehalt oder Einräumung von Nutzungsrechten an dem übertragenen Vermögen	10
II.	Höhe der Anschaffungskosten	
1.	Unverzinsliche Geldleistungspflichten	11
2.	Leistungen in Sachwerten	12
3.	Anschaffungsnebenkosten	13
III.	Aufteilung des Veräußerungs- und Anschaffungsvorgangs in einen entgeltlichen und einen unentgeltlichen Teil	14–15
IV.	Absetzungen für Abnutzung	
1.	Bemessungsgrundlage	16
2.	Vomhundertsatz	17–18
V.	Bedingung und Befristung	19–21
VI.	Schuldzinsenabzug	22
VII.	Steuerpflicht der Veräußerungsgewinne	23
C.	**Übertragung von Betriebsvermögen**	
I.	Arten der Vermögensübertragung	24
1.	Versorgungsleistungen	25–26
2.	Übernahme von Verbindlichkeiten	27–31
3.	Verpflichtung zur Übertragung von Gegenständen des Betriebsvermögens	32
II.	Übertragung einzelner Wirtschaftsgüter des Betriebsvermögens	
1.	Unentgeltliche Übertragung	33
2.	Teilentgeltliche Übertragung	34
III.	Übertragung eines Betriebs, Teilbetriebs oder Mitunternehmeranteils	
1.	Über dem Kapitalkonto liegendes Veräußerungsentgelt	35–37
2.	Veräußerungsentgelt bis zur Höhe des Kapitalkontos	38
IV.	Abschreibungen	39
V.	Schuldzinsen	40
VI.	Verbleibensfristen und Vorbesitzzeiten	41
D.	**Übertragung von land- und forstwirtschaftlichen Vermögen**	42
1.	Freibetrag nach § 14a Abs. 4 EStG	43
2.	Abfindungen nach der Höfeordnung	44

---

[1] Zur steuerlichen Behandlung von Versorgungsleistungen im Zusammenhang mit einer Vermögensübergabe vgl. auch Anlage § 010-01.

Zu § 16 EStG **Anlage § 016–06**

		Tz.
3.	Gutabstandsgelder	45
4.	Nach § 55 EStG pauschal bewerteter Grund und Boden	46
E.	Mischfälle	47
F.	Übergangsregelung	
1.	Allgemeines	48–49
2.	Nachholung unterbliebener AfA	50–53
3.	Anschaffungsnaher Aufwand	54

Unter Bezugnahme auf das Ergebnis der Erörterung mit den obersten Finanzbehörden der Länder nehme ich zur ertragsteuerlichen Behandlung der vorweggenommenen Erbfolge wie folgt Stellung:

A. Allgemeines
1. Begriff der vorweggenommenen Erbfolge
Unter vorweggenommener Erbfolge sind Vermögensübertragungen unter Lebenden mit Rücksicht auf 1
die künftige Erbfolge zu verstehen. Der Übernehmer soll nach dem Willen der Beteiligten wenigstens teilweise eine unentgeltliche Zuwendung erhalten (Beschluß des Großen Senats des BFH vom 5. Juli 1990, BStBl. II S. 847). Der Vermögensübergang tritt nicht kraft Gesetzes, sondern aufgrund einzelvertraglicher Regelungen ein.

2. Abgrenzung zu voll entgeltlichen Geschäften
Im Gegensatz zum Vermögensübergang durch vorweggenommene Erbfolge ist ein Vermögensübergang 2
durch voll entgeltliches Veräußerungsgeschäft anzunehmen, wenn die Werte der Leistung und Gegenleistung wie unter Fremden nach kaufmännischen Gesichtspunkten gegeneinander abgewogen sind (vgl. Abschnitt 23 Abs. 1 und 123 Abs. 3 EStR 1990). Trotz objektiver Ungleichwertigkeit von Leistung und Gegenleistung kann ein Veräußerungs-/Erwerbsgeschäft vorliegen, wenn die Beteiligten subjektiv von der Gleichwertigkeit ausgegangen sind (BFH-Urteil vom 29. Januar 1992, BStBl. 1992 II S. 465)[1].

B. Übertragung von Privatvermögen
I. Arten der Vermögensübertragung
Je nach Art der anläßlich der Vermögensübertragung durch vorweggenommene Erbfolge vereinbarten 3
Leistungen liegt eine voll unentgeltliche oder eine teilentgeltliche Übertragung vor.

1. Versorgungsleistungen
Eine unentgeltliche Übertragung liegt vor, soweit Versorgungsleistungen (Versorgungsrenten und dau- 4
ernde Lasten) bei der Übertragung von Vermögen vom Übernehmer dem Übergeber oder Dritten (z. B. Ehegatten des Übergebers, Geschwister des Übernehmers) zugesagt werden. Sie sind von den als Anschaffungskosten zu beurteilenden Veräußerungsleistungen und von steuerlich nicht abziehbaren Unterhaltsleistungen abzugrenzen[2].

Eine als Anschaffungskosten zu beurteilende Veräußerungsleistung ist anzunehmen, wenn die beider- 5
seitigen Leistungen nach den unter Tz. 2 dargestellten Grundsätzen nach kaufmännischen Gesichtspunkten gegeneinander abgewogen sind. Bei Vermögensübertragungen auf Abkömmlinge besteht eine nur in Ausnahmefällen zu widerlegende Vermutung dafür, daß die Übertragung aus familiären Gründen, nicht aber im Wege eines Veräußerungsgeschäfts unter kaufmännischer Abwägung von Leistung und Gegenleistung erfolgt (Beschluß des Großen Senats des BFH vom 5. Juli 1990 a. a. O.).

Bei der Abgrenzung zu nicht abziehbaren Unterhaltsleistungen ist Abschnitt 123 Absatz 3 EStR 1990 zu beachten (Beschluß des Großen Senats des BFH vom 15. Juli 1991, BStBl. 1992 II S. 78)[3].

Versorgungsleistungen können mit dem Ertragsanteil zu berücksichtigende Leibrenten (§ 10 Abs. 1 6
Nr. 1a Satz 2, § 22 Nr. 1 Satz 1 i. V. m. Satz 3 Buchstabe a[4] EStG) oder in voller Höhe zu berücksichtigende dauernde Lasten (§ 10 Abs. 1 Nr. 1a Satz 1 EStG) darstellen (vgl. Beschluß des Großen Senats des BFH vom 5. Juli 1990 a.a.O.). Das gilt auch, wenn die Versorgungsleistung nicht aus den Erträgen des übertragenen Vermögens geleistet werden kann (BFH-Urteil vom 23. Januar 1992, BStBl.

---

1) Bestätigt durch BFH vom 16.12.1993 (BStBl.1996 II S. 669) und vom 30.7.2003 (BSTBl. 2004 II S. 211).
2) Zur Abgrenzung – siehe Anlage § 010-01.
3) Überholt durch BMF vom 16.9.2004 – BStBl. I S.922– Rz. 50. Vgl. auch Anlage § 010-01.
4) Jetzt → Satz 3 Buchstabe a Doppelbuchstabe bb EStG.

Anlage § 016–06 Zu § 16 EStG

II S. 526)[1]. Versorgungsleistungen in Geld sind als dauernde Last abziehbar, wenn sich ihre Abänderbarkeit entweder aus einer ausdrücklichen Bezugnahme auf § 323 ZPO oder in anderer Weise aus dem Vertrag ergibt (Beschluß des Großen Senats des BFH vom 15. Juli 1991, a. a. O.)[2].

2. Ausgleichs- und Abstandsverpflichtungen

7 Ein Veräußerungs- und Anschaffungsgeschäft liegt vor, soweit sich der Übernehmer zur Zahlung eines bestimmten Geldbetrags an andere Angehörige des Übergebers oder an Dritte (Gleichstellungsgeld) oder zu einer Abstandszahlung an den Übergeber verpflichtet. Entsprechendes gilt, wenn der Übernehmer verpflichtet ist, bisher in seinem Vermögen stehende Wirtschaftsgüter auf Dritte zu übertragen, oder wenn er zunächst zu einer Ausgleichszahlung verpflichtet war und diese Verpflichtung später durch Hingabe eines Wirtschaftsguts erfüllt.

8 Der Übernehmer erwirbt nicht deshalb entgeltlich, weil er Teile des übernommenen Vermögens an Angehörige oder Dritte zu **übertragen** hat.

3. Übernahme von Verbindlichkeiten

9 Die Übernahme von Verbindlichkeiten des Übergebers durch den Übernehmer führt zu einem Veräußerungsentgelt und zu Anschaffungskosten. Hierbei macht es keinen Unterschied, ob die Verbindlichkeiten im wirtschaftlichen oder rechtlichen Zusammenhang mit dem übernommenen Wirtschaftsgut stehen oder ob es sich um Verbindlichkeiten handelt, die nicht mit einer Einkunftsart in Zusammenhang stehen (vgl. BMF-Schreiben vom 7. August 1992, BStBl. I S. 522).

4. Vorbehalt oder Einräumung von Nutzungsrechten an dem übertragenen Vermögen[3]

10 Behält sich der Übergeber ein dingliches oder obligatorisches Nutzungsrecht (z. B. Nießbrauch, Wohnrecht) an übertragenen Wirtschaftsgütern vor oder verpflichtet er den Übernehmer, ihm oder einem Dritten ein solches Nutzungsrecht einzuräumen, wird das bereits mit dem Nutzungsrecht belastete Vermögen erworben. Ein entgeltlicher Erwerb liegt insoweit nicht vor (vgl. BFH-Urteil vom 24. April 1991, BStBl. II. S. 793).

II. Höhe der Anschaffungskosten

1. Unverzinsliche Geldleistungspflichten

11 Hat sich der Übernehmer zu einer unverzinslichen Geldleistung verpflichtet, die nach mehr als einem Jahr zu einem bestimmten Zeitpunkt fällig wird, liegen Anschaffungskosten nicht in Höhe des Nennbetrags, sondern in Höhe des nach den Vorschriften des Bewertungsgesetzes abgezinsten Gegenwartswerts vor (BFH-Urteil vom 21. Oktober 1980, BStBl. 1981 II S. 160).
Den Zinsanteil kann der Übernehmer nach § 9 Abs. 1 Nr. 1 EStG als Werbungskosten im Jahr der Zahlung abziehen. Der Inhaber des aufgrund der getroffenen Vereinbarungen entstandenen Forderungsrechts hat insoweit steuerpflichtige Einkünfte nach § 20 Abs. 1 Nr. 7 EStG. Das ist bei echten Verträgen zugunsten Dritter der Begünstigte.

Beispiel

V überträgt im Wege der vorweggenommenen Erbfolge auf seinen Sohn S zum 1. Januar 1992 ein schuldenfreies vermietetes Mehrfamilienhaus. S verpflichtet sich gegenüber V an seine Schwester T am 1. Januar 1995 200 000 DM zu zahlen.

Lösung

S hat Anschaffungskosten für das Mehrfamilienhaus i. H. des Gegenwartswerts der unverzinslichen Geldleistungspflicht. Der Gegenwartswert beträgt nach § 12 Abs. 3 BewG 170 322 DM. Den Zinsanteil i. H. v. 29 678 DM kann S im Jahr der Zahlung als Werbungskosten nach § 9 Abs. 1 Nr. 1 EStG abziehen. T hat im Jahr der Zahlung in gleicher Höhe Einnahmen i. S.d. § 20 Abs. 1 Nr. 7 EStG.

2. Leistungen in Sachwerten

12 Ist der Übernehmer verpflichtet, Leistungen in Sachwerten zu erbringen (vgl. Tz. 7), hat er Anschaffungskosten in Höhe des gemeinen Werts der hingegebenen Wirtschaftsgüter. Entnimmt er ein Wirtschaftsgut aus dem Betriebsvermögen, ist der Teilwert maßgebend.

3. Anschaffungsnebenkosten

13 Im Rahmen eines teilentgeltlichen Erwerbs aufgewandte Anschaffungsnebenkosten (z. B. Notar-, Gerichtsgebühren) werden in voller Höhe den Anschaffungskosten zugerechnet (BFH-Urteil vom 10. Oktober 1991, BStBl. 1992 II S. 239). Nebenkosten eines in vollem Umfang unentgeltlichen Er-

---

1) → siehe aber – Anlage § 010-01.
2) → siehe aber – Anlage § 010-01.
3) Siehe dazu auch Anlage § 021-08.

Zu § 16 EStG   **Anlage § 016–06**

werbs führen weder zu Anschaffungskosten noch zu Werbungskosten.[1] **Nicht zu den Anschaffungskosten gehört die Schenkungsteuer (§ 12 Nr. 3 EStG).**

III. Aufteilung des Veräußerungs- und Anschaffungsvorgangs in einen entgeltlichen und einen unentgeltlichen Teil

Wird ein Wirtschaftsgut teilentgeltlich übertragen, ist der Vorgang in einen entgeltlichen und einen unentgeltlichen Teil aufzuteilen. Dabei berechnen sich der entgeltlich und der unentgeltlich erworbene Teil des Wirtschaftsguts nach dem Verhältnis des Entgelts (ohne Anschaffungsnebenkosten) zu dem Verkehrswert des Wirtschaftsguts. Werden mehrere Wirtschaftsgüter teilentgeltlich übertragen, ist eine von den Vertragsparteien vorgenommene Zuordnung der Anschaffungskosten auf die einzelnen Wirtschaftsgüter maßgeblich für die Besteuerung, wenn die Zuordnung nach außen hin erkennbar ist und die Aufteilung nicht zu einer nach § 42 AO unangemessenen wertmäßigen Berücksichtigung der einzelnen Wirtschaftsgüter führt. Ansonsten sind die Anschaffungskosten vorweg nach dem Verhältnis der Verkehrswerte den einzelnen Wirtschaftsgütern anteilig zuzurechnen.[2]

Hat sich der Übergeber ein Nutzungsrecht an dem übertragenen Wirtschaftsgut vorbehalten, ist bei Aufteilung des Rechtsgeschäfts in den entgeltlichen und den unentgeltlichen Teil dem Entgelt der um den Kapitalwert des Nutzungsrechts geminderte Wert des Wirtschaftsguts gegenüberzustellen (BFH-Urteil vom 24. April 1991, BStBl. II S. 793).

IV. Absetzungen für Abnutzung

1. Bemessungsgrundlage

Soweit der Übernehmer das Wirtschaftsgut unentgeltlich erworben hat, führt er die AfA des Übergebers fort. Er kann die AfA nur bis zu dem Betrag abziehen, der anteilig von der Bemessungsgrundlage des Übergebers nach Abzug der AfA, der erhöhten Absetzungen und Sonderabschreibungen verbleibt (§ 11d Abs. 1 EStDV). Soweit er das Wirtschaftsgut entgeltlich erworben hat, bemessen sich die AfA nach seinen Anschaffungskosten.

Beispiel:

V überträgt seinem Sohn S im Wege der vorweggenommenen Erbfolge ein schuldenfreies Mietwohngrundstück mit einem Verkehrswert von 2 Millionen DM (Gebäude 1,6 Millionen DM, Grund und Boden 400 000 DM). V hatte das Mietwohngrundstück zum 1. Januar 1970 erworben und die auf das Gebäude entfallenden Anschaffungskosten von 700 000 DM mit jährlich 2 v. H. abgeschrieben. S hat seiner Schwester T einen Betrag von 1 Million DM zu zahlen. Der Übergang von Nutzungen und Lasten erfolgt zum 1. Januar 1992.

Lösung:

S hat Anschaffungskosten in Höhe von 1 Million DM. Nach dem Verhältnis der Verkehrswerte entfallen auf das Gebäude 800 000 DM und auf den Grund und Boden 200 000 DM. Eine Gegenüberstellung von Anschaffungskosten und Verkehrswert ergibt, daß S das Gebäude zu $^1/_2$ unentgeltlich und zu $^1/_2$ entgeltlich für 800 000 DM erworben hat.

Die AfA-Bemessungsgrundlage und das AfA-Volumen ab 1992 berechnen sich wie folgt:

	unentgeltlich	entgeltlich
	erworbener Teil des Gebäudes	
Bemessungsgrundlage ab 1992	350 000 DM ($^1/_2$ von 700 000 DM)	800 000 DM
./. bereits von V für den unentgeltlich erworbenen Gebäudeteil in Anspruch genommene AfA 22 x 2 v. H. von 350 000 DM ($^1/_2$ von 700 000 DM)	154 000 DM	
AfA-Volumen ab 1992	196 000 DM	800 000 DM

2. Vomhundertsatz

Hinsichtlich des weiteren AfA-Satzes des Erwerbers ist zwischen dem unentgeltlich und dem entgeltlich erworbenen Teil des Wirtschaftsguts zu unterscheiden.

---

1) Satz 2 ist überholt; Nebenkosten eines in vollem Umfang unentgeltlichen Erwerbs begründen als Anschaffungsnebenkosten eine eigenständige AfA-Bemessungsgrundlage (→ BFH vom 9.7.2013, BStBl. 2014 II S. 878).

2) Tz. 14 wurde neugefasst durch das BdF-Schreiben vom 26.2.2007 (BStBl. I S. 269).

Anlage § 016–06 Zu § 16 EStG

Für den unentgeltlich erworbenen Teil des Wirtschaftsguts hat der Übernehmer die vom Übergeber begonnene Abschreibung anteilig fortzuführen (§ 11d Abs. 1 EStDV).
Für den entgeltlich erworbenen Teil des Wirtschaftsguts bemessen sich die AfA
- bei beweglichen Wirtschaftsgütern und bei unbeweglichen Wirtschaftsgütern, die keine Gebäude sind, nach der tatsächlichen künftigen Nutzungsdauer des Wirtschaftsguts im Zeitpunkt des Übergangs von Nutzungen und Lasten,
- bei Gebäuden regelmäßig nach § 7 Abs. 4 EStG.

Danach ergibt sich bei Gebäuden für den unentgeltlich und den entgeltlich erworbenen Teil regelmäßig eine unterschiedliche Abschreibungsdauer.

Beispiel:
Beträgt im vorigen Beispiel die tatsächliche Nutzungsdauer des Gebäudes am 1. Januar 1992 nicht weniger als 50 Jahre, sind folgende Beträge als AfA abzuziehen:

	unentgeltlich	entgeltlich
	erworbener Teil des Gebäudes	
AfA-Satz (§ 7 Abs. 4 S. 1 Nr. 2a EStG)	2 v. H.	2 v. H.
AfA jährlich	7 000 DM	16 000 DM
Abschreibungszeitraum	1992–2019	1992–2041

Die abzuziehenden AfA betragen mithin in den Jahren 1992 bis 2019 insgesamt 23 000 DM jährlich und in den Jahren 2020 bis 2041 16 000 DM jährlich.

18 Entsprechendes gilt im Grundsatz, wenn kein Gebäude, sondern ein bewegliches Wirtschaftsgut übernommen wird; da jedoch die Nutzungsdauer des entgeltlich erworbenen Teils des Wirtschaftsguts hier regelmäßig mit der Restnutzungsdauer des unentgeltlich erworbenen Teils des Wirtschaftsguts übereinstimmt, kann in diesen Fällen auf eine Aufspaltung in zwei AfA-Reihen verzichtet werden.

V. Bedingung und Befristung [1]

19 Eine Leistungsverpflichtung des Übernehmers steht i. d. R. unter einer aufschiebenden Bedingung, wenn ihre Entstehung von einem Ereignis abhängt, dessen Eintritt ungewiß ist (z. B. Heirat); sie steht i. d. R. unter einer aufschiebenden Befristung, wenn ihre Entstehung von einem Ereignis abhängt, dessen Eintritt sicher, der Zeitpunkt aber ungewiß ist (z. B. Tod).

20 **Von der Befristung ist die bloße Betagung zu unterscheiden, bei der lediglich der Eintritt der Fälligkeit der bereits bei Begründung des Schuldverhältnisses entstandenen Forderung von einem bestimmten Termin abhängt** (BFH-Urteil vom 24. November 1972, BStBl. 1973 II S. 354). Hier liegen Anschaffungskosten bereits im Zeitpunkt der Vermögensübertragung vor. Die Grundsätze der Tz. 11 sind zu beachten.

21 Aufschiebend bedingte oder befristete Leistungsverpflichtungen des Übernehmers führen erst bei Eintritt des Ereignisses, von dem die Leistungspflicht abhängt, zu Veräußerungsentgelten und Anschaffungskosten (vgl. §§ 6, 8 BewG). Der Umfang des entgeltlichen Erwerbs des Wirtschaftsguts bestimmt sich nach dem Verhältnis seines Verkehrswertes zur Höhe der Leistungsverpflichtung im Zeitpunkt ihrer Entstehung und hat Auswirkungen für die Bemessung der künftigen AfA.

Beispiel:
V überträgt im Wege der vorweggenommenen Erbfolge auf seinen Sohn S zum 1. Januar 1985 ein schuldenfreies Mehrfamilienhaus. V hat die Herstellungskosten in Höhe von 400 000 DM mit jährlich 2 v. H. bis auf 320 000 DM abgeschreiben. S verpflichtet sich, an seine Schwester T im Zeitpunkt ihrer Heirat einen Betrag von 300 000 DM zu zahlen. T heiratet am 1. Januar 1990. Das Mehrfamilienhaus hat

---

1) Siehe dazu auch Vfg. OFD München vom 13.12.1996 S 2190 – 24/6 St 413:
„Bei der steuerlichen Behandlung der Ausgleichszahlungen ist entsprechend den vertraglichen Vereinbarungen zu unterscheiden, ob eine Zahlung an die Geschwister nur zu leisten ist, wenn diese den Tod des längstlebenden Elternteils erleben, oder ob die Verpflichtung auch gegenüber den jeweiligen Erben der Geschwister zu erfüllen ist. a) Ist eine Zahlung nur an die Geschwister zu leisten, die die Eltern überleben, ist die Entstehung des Rechts bzw. der Last ungewiß. Gem. Tz. 19 und 21 des BMF-Schreibens vom 13.1.1993 (BStBl. I, 80) steht die Leistungsverpflichtung des Übernehmers somit unter einer aufschiebenden Befristung und ein Veräußerungsentgelt bzw. Anschaffungskosten sind erst bei Eintritt des Ereignisses anzusetzen.
b) Handelt es sich dagegen um unbedingte Ansprüche mit lediglich ungewiß befristeter Fälligkeit (s. BFH-Urteil vom 15.7.1992 X R 165/90, BStBl. II, 1020, 1023). sind (die ggf. abgezinsten) Ausgleichszahlungen bereits im Zeitpunkt des Erwerbs als Anschaffungskosten anzusetzen; denn Zahlungen sind in diesem Fall immer zu leisten, entweder an die Geschwister, oder an deren Erben."

Zu § 16 EStG **Anlage § 016–06**

zu diesem Zeitpunkt einen Wert von 600 000 DM (Grund und Boden 120 000 DM, Gebäude 480 000 DM).

Lösung:

S hat das Mehrfamilienhaus zunächst unentgeltlich erworben und setzt gem. § 11d EStDV die AfA des V fort. Zum 1. Januar 1990 entstehen dem S Anschaffungskosten in Höhe von 300 000 DM. Nach dem Verhältnis der Verkehrswerte zum 1. Januar 1990 entfallen auf das Gebäude 240 000 DM und auf den Grund und Boden 60 000 DM. Die Gegenüberstellung der Anschaffungskosten und des Verkehrswertes des Gebäudes ergibt, daß S das Gebäude jeweils zur Hälfte entgeltlich für 240 000 DM und zur Hälfte unentgeltlich erworben hat.

Die AfA berechnen sich ab 1985 wie folgt:

AfA 1. Januar 1985 bis 31. Dezember 1989:
5 Jahre x 2 v. H. = 10 v. H. von 400 000 DM = 40 000 DM

ab 1. Januar 1990:

AfA unentgeltlich erworbener Gebäudeteil:
2 v. H. von 200 000 DM ($^1/_2$ von 400 000 DM) = 4 000 DM

AfA entgeltlich erworbener Gebäudeteil:
2 v. H. von 240 000 DM = 4 800 DM

Der verbleibende Abschreibungszeitraum beträgt für den unentgeltlich erworbenen Gebäudeteil 35 Jahre und für den entgeltlich erworbenen Gebäudeteil 50 Jahre, wenn keine kürzere Nutzungsdauer nachgewiesen wird.

VI. Schuldzinsenabzug

Schuldzinsen für Verbindlichkeiten, die im Rahmen der vorweggenommenen Erbfolge übernommen werden oder die aufgenommen werden, um Abfindungszahlungen zu leisten, sind als Werbungskosten abziehbar, wenn und soweit der Übernehmer das betreffende Wirtschaftsgut zur Erzielung steuerpflichtiger Einkünfte einsetzt. Dies gilt auch, wenn die Verbindlichkeiten, die der Übernehmer übernehmen muß, beim Übergeber ursprünglich privat veranlaßt waren (BFH-Urteil vom 8. November 1990, BStBl. 1991 II S. 450).

VII. Steuerpflicht der Veräußerungsgewinne

Die teilentgeltliche Veräußerung von Wirtschaftsgütern des Privatvermögens führt beim Übergeber nur unter den Voraussetzungen der §§ 17 und 23 EStG und der §§ 20, 21[1)] Umwandlungssteuergesetz zu steuerpflichtigen Einkünften. Die Übertragung ist zur Ermittlung der steuerpflichtigen Einkünfte nach dem Verhältnis des nach den vorstehenden Grundsätzen ermittelten Veräußerungsentgelts zum Verkehrswert des übertragenen Wirtschaftsguts aufzuteilen (BFH-Urteil vom 17. Juli 1980, BStBl. 1981 II S. 11).

Beispiel:

V hält Aktien einer Aktiengesellschaft (Grundkapital 100 000 DM) im Nennwert von 30 000 DM (Verkehrswert 120 000 DM). Er überträgt seine Aktien im Wege der vorweggenommenen Erbfolge auf seinen Sohn S. S leistet an V eine Abstandszahlung von 60 000 DM. V hatte die Anteile für **94 000 DM** erworben.

Lösung:

V erhält ein Veräußerungsentgelt i. H. v. 60 000 DM. Nach dem Verhältnis des Veräußerungsentgelts zum Verkehrswert ist die Beteiligung zu $^1/_2$ entgeltlich übertragen worden. Der Veräußerungsgewinn wird nach § 17 Abs. 3 EStG nur insoweit zur Einkommensteuer herangezogen, als er den Teil von 20 000 DM übersteigt, der dem Nennwert des entgeltlich übertragenen Anteils (1/2 von 30 000 DM = 15 000 DM) entspricht.

---

1) § 21 UmwStG i.d.F. des UmwStG vom 28.10.1994, zuletzt geändert durch das StVergAbG, war letztmals für Einbringungen vor dem 13.12.200S anzuwenden.

Anlage § 016–06

Zu § 16 EStG

Der steuerpflichtige Veräußerungsgewinn i. S. d. § 17 EStG beträgt:

Veräußerungspreis		60 000 DM
./. $\frac{1}{2}$ Anschaffungskosten des V		47 000 DM
		13 000 DM [1]
./. Freibetrag nach § 17 Abs. 3 EStG		
$\frac{15}{100}$ von 20 000 DM		3 000 DM
Kürzung		
Veräußerungsgewinn	13 000 DM	
./. $\frac{15}{100}$ von 80 000 DM	12 000 DM	
	./. 1 000 DM	
		2 000 DM
		11 000 DM

In den Fällen des § 17 EStG ist bei einer späteren Veräußerung des unentgeltlich übertragenen Anteils durch den Übernehmer § 17 Abs. 1 Satz 5 EStG [2] zu beachten.

C. Übertragung von Betriebsvermögen
I. Arten der Vermögensübertragung

24 Für die Übertragung von Betriebsvermögen im Wege der vorweggenommenen Erbfolge gelten die unter den Tz. 3 bis 10 dargelegten Grundsätze entsprechend. Folgende Besonderheiten sind zu beachten:

1. Versorgungsleistungen

25 Private Versorgungsleistungen stellen wie bei der Übertragung von Privatvermögen weder Veräußerungsentgelt noch Anschaffungskosten dar, sondern können wiederkehrende Bezüge (§ 22 Nr. 1 EStG) und Sonderausgaben (§ 10 Abs. 1 Nr. 1a EStG) sein (vgl. Tz. 4). [3]

26 Sie sind von betrieblichen Versorgungsleistungen und betrieblichen Veräußerungsrenten abzugrenzen. Betriebliche Versorgungsleistungen sind nur in Ausnahmefällen anzunehmen (vgl. BFH-Urteil vom 20. Dezember 1988, BStBl. 1989 II S. 585). Eine betriebliche Veräußerungsrente ist gegeben, wenn bei der Veräußerung eines Betriebs, eines Teilbetriebs, eines Mitunternehmeranteils oder einzelner Wirtschaftsgüter des Betriebsvermögens Leistung und Gegenleistung nach den unter Tz. 2 dargestellten Grundsätzen gegeneinander abgewogen werden. Bei Betriebsübertragungen zwischen nahen Angehörigen gegen wiederkehrende Leistungen spricht, unabhängig vom Wert der übertragenen Vermögenswerte, eine widerlegbare Vermutung für eine private Versorgungsrente (BFH-Urteile vom 9. Oktober 1985, BStBl. 1986 II S. 51 und vom 29. Januar 1992, BStBl. II S. 465). Dies gilt auch, wenn der Übernehmer Versorgungsleistungen an Angehörige des Übergebers zusagt (BFH-Beschluß vom 5. Juli 1990, a. a. O.).

2. Übernahme von Verbindlichkeiten

27 Im Zusammenhang mit der Übertragung von Betriebsvermögen im Wege der vorweggenommenen Erbfolge übernommene private Verbindlichkeiten des Übergebers stellen Veräußerungsentgelte und Anschaffungskosten dar. Die Verbindlichkeiten sind, soweit sich aus ihrer Übernahme Anschaffungskosten des Betriebsvermögens ergeben, als Betriebsschulden zu passivieren (vgl. BFH-Urteil vom 8. November 1990, BStBl. 1991 II S. 450).

28 Die Übernahme betrieblicher Verbindlichkeiten führt zu einem Veräußerungsentgelt und zu Anschaffungskosten, wenn sie im Zusammenhang mit der Übertragung einzelner Wirtschaftsgüter des Betriebsvermögens steht.

29 Bei der Übertragung eines Betriebs, Teilbetriebs oder Mitunternehmeranteils stellen die übernommenen Verbindlichkeiten des übertragenen Betriebs, Teilbetriebs oder Mitunternehmeranteils kein Veräußerungsentgelt und keine Anschaffungskosten dar, so daß der Betriebsübernehmer hinsichtlich der übernommenen positiven und negativen Wirtschaftsgüter die Buchwerte des Übergebers fortzuführen hat.

30 Dies gilt grundsätzlich auch bei der Übertragung eines Betriebs, Teilbetriebs oder Mitunternehmeranteils, dessen steuerliches Kapitalkonto negativ ist, da das Vorhandensein eines negativen Kapitalkontos einer unentgeltlichen Betriebsübertragung nicht entgegensteht (BFH-Urteile vom 23. April 1971, BStBl. II S. 686 und vom 24. August 1972, BStBl. 1973 II S. 111).

---

1) Für Veräußerungen nach dem 31.12.2001 unterliegt der Veräußerungsgewinn nach § 3 Nr. 40 Satz. 1 Buchstabe c EStG dem Halbeinkünfteverfahren, ab 2009 dem Teileinkünfteverfahren..

2) Jetzt § 17 Abs. 1 Satz 4 EStG.

3) Siehe dazu Anlage § 010-01.

Zu § 16 EStG **Anlage § 016–06**

Ist allerdings neben der Übernahme des negativen Kapitalkontos noch ein Gleichstellungsgeld oder eine 31
Abstandszahlung zu leisten oder wird eine private Verbindlichkeit übernommen, handelt es sich um eine
entgeltliche Vermögensübertragung.

Der Übergeber erhält ein Veräußerungsentgelt in Höhe der ihm zusätzlich gewährten Leistungen zuzüglich des übertragenen negativen Kapitalkontos, das in der Regel auch der Veräußerungsgewinn ist, und der Übernehmer hat Anschaffungskosten in entsprechender Höhe.

Beispiel:

V überträgt seinen Gewerbebetrieb mit einem Verkehrswert von 600 000 DM im Wege der vorweggenommenen Erbfolge auf seinen Sohn S. V hat ein negatives Kapitalkonto von 100 000 DM (Aktiva 300 000 DM, Passiva 400 000 DM). S hat an seine Schwester T ein Gleichstellungsgeld in Höhe von 150 000 DM zu zahlen.

Lösung:

Das an T zu zahlende Gleichstellungsgeld zuzüglich des übertragenen negativen Kapitalkontos führen zu einem Veräußerungsentgelt i. H. v. 250 000 DM, das auch gleichzeitig der Veräußerungsgewinn ist, und zu Anschaffungskosten bei S in gleicher Höhe.

3. Verpflichtung zur Übertragung von Gegenständen des Betriebsvermögens

Überträgt der Übernehmer aufgrund einer Verpflichtung gegenüber dem Übergeber einem Dritten ein 32
Wirtschaftsgut des übernommenen Betriebsvermögens in unmittelbarem Anschluß an die Übertragung oder hält der Übernehmer ein Wirtschaftsgut des Betriebsvermögens zurück und verliert das Wirtschaftsgut dadurch seine Eigenschaft als Betriebsvermögen, handelt es sich um eine Entnahme des Wirtschaftsguts durch den Übergeber. Ist der Übernehmer verpflichtet, das Wirtschaftsgut zu einem späteren Zeitpunkt auf einen Dritten zu übertragen, erfolgt die Entnahme regelmäßig durch den Übernehmer, der den durch die Entnahme realisierten Gewinn zu versteuern hat.

II. Übertragung einzelner Wirtschaftsgüter des Betriebsvermögens

1. Unentgeltliche Übertragung

Die unentgeltliche Übertragung einzelner Wirtschaftsgüter des Betriebsvermögens stellt beim Überge- 33
ber regelmäßig eine Entnahme des Wirtschaftsguts dar[1]. Die anschließende Übertragung im Rahmen der vorweggenommenen Erbfolge erfolgt im Privatvermögen nach den hierfür geltenden Grundsätzen[2]. Der Übernehmer des Wirtschaftsguts hat daher seine Abschreibung regelmäßig nach dem Entnahmewert des Übergebers zu bemessen (§ 11d Abs. 1 EStDV).

2. Teilentgeltliche Übertragung

Werden einzelne Wirtschaftsgüter des Betriebsvermögens teilentgeltlich auf den Übernehmer über- 34
tragen, handelt es sich in Höhe des unentgeltlich übertragenen Teils um eine Entnahme in Höhe des anteiligen Teilwerts und in Höhe des entgeltlich übertragenen Teils um eine Veräußerung.

Beispiel:

V überträgt ein bebautes Betriebsgrundstück im Wege der vorweggenommenen Erbfolge auf seinen Sohn S. Der Teilwert des Gebäudes beträgt 1 000 000 DM (Buchwert 100 000 DM). S hat an V eine Abstandszahlung zu leisten, die mit 250 000 DM auf das Gebäude entfällt.

Lösung:

Nach dem Verhältnis Veräußerungsentgelt zum Teilwert hat V das Gebäude zu $^3/_4$ entnommen (anteiliger Teilwert 750 000 DM) und zu $^1/_4$ veräußert (Veräußerungserlös 250 000 DM). S hat, soweit das Gebäude von V entnommen wurde, seine AfA nach dem Entnahmewert des V i. H. v. 750 000 DM ($^3/_4$ von 1 000 000 DM) und, soweit er das Gebäude entgeltlich erworben hat, nach seinen Anschaffungskosten von 250 000 DM zu bemessen.

III. Übertragung eines Betriebs, Teilbetriebs oder Mitunternehmeranteils

1. Über dem Kapitalkonto liegendes Veräußerungsentgelt[3]

---

1) Bestätigt durch BFH-Urteil vom 27.8.1992 (BStBl. 1993 II S. 225).
2) Gleiches gilt in den Fällen, in denen die Übertragung des Wirtschaftsguts aus dem Sonderbetriebsvermögen eines Gesellschafters in das Sonderbetriebsvermögen eines anderen Gesellschafters derselben Personengesellschaft erfolgt. Auch in diesen Fällen handelt es sich um eine unentgeltliche Übertragung des Wirtschaftguts, die privat, nämlich aus Gründen der vorweggenommenen Erbfolge, veranlaßt ist, so daß die Nebenkosten nach den Grundsätzen der Rdn. 33 Satz 2 und 13 des BMF-Schreibens vom 13.1.1993 zu beurteilen sind (BdF-Schreiben vom 9.7.1993, DB 1993 S. 1492).
3) Zur Ermittlung des Veräußerungsgewinns bei negativem Kapitalkonto siehe das BFH-Urteil vom 16. 12.1992 (BStBl. 1993 II S. 436).

Anlage § 016–06 Zu § 16 EStG

35 Führen die vom Vermögensübernehmer zu erbringenden Leistungen bei Erwerb eines Betriebs, Teilbetriebs oder Mitunternehmeranteils zu einem Veräußerungspreis, der über dem steuerlichen Kapitalkonto des Übergebers liegt, ist von einem entgeltlichen Erwerb des Betriebs, Teilbetriebs oder Mitunternehmeranteils auszugehen. Der Veräußerungsgewinn im Sinne des § 16 Abs. 2 EStG ist durch Gegenüberstellung des Entgelts und des steuerlichen Kapitalkontos des Übergebers zu ermitteln (BFH-Urteil vom 10. Juli 1986, BStBl. II S. 811). Zur Ermittlung der Anschaffungskosten muß zunächst festgestellt werden, in welchen Buchwerten stille Reserven enthalten sind und wieviel sie insgesamt betragen. Diese stillen Reserven sind dann gleichmäßig um den Vomhundertsatz aufzulösen, der dem Verhältnis des aufzustockenden Betrages (Unterschied zwischen dem Buchwert des übertragenen Betriebsvermögens und dem Veräußerungspreis) zum Gesamtbetrag der vorhandenen stillen Reserven des beim Veräußerer ausgewiesenen Betriebsvermögens entspricht.

Zu einer Aufdeckung der stillen Reserven, die auf einen in dem vom Übertragenden selbst geschaffenen Geschäfts- oder Firmenwert entfallen, kommt es erst nach vollständiger Aufdeckung der stillen Reserven, die in den übrigen Wirtschaftsgütern des Betriebsvermögens enthalten sind.

Beispiel:

V überträgt im Wege der vorweggenommenen Erbfolge seinen Gewerbebetrieb mit einem Verkehrswert von 10 000 000 DM einschließlich der betrieblichen Verbindlichkeiten auf seinen Sohn S. S verpflichtet sich, an seinen Vater V eine Abstandszahlung von 500 000 DM und an seine Schwester T einen Gleichstellungsbetrag von 2 Mio. DM zu zahlen. Die Bilanz des Gewerbetriebs zum Übertragungszeitpunkt stellt sich wie folgt dar:

Buchwert		(Teilwert)		Buchwert
Geschäfts- oder Firmenwert	–	(3 Mio.)	Kapital	1 Mio.
Anlagevermögen	4 Mio.	(9 Mio.)	Verbindlichkeiten	7 Mio.
Umlaufvermögen	5 Mio.	(6 Mio.)	Rückstellungen	1 Mio.
	9 Mio.	18 Mio.		9 Mio.

Lösung:

Zum Erwerb des Betriebs wendet S 2 500 000 DM auf. Nicht zu den Anschaffungskosten gehören die übernommenen betrieblichen Verbindlichkeiten. V erzielt durch die entgeltliche Übertragung seines Betriebs einen nach §§ 16, 34 EStG begünstigten Veräußerungsgewinn in Höhe von 1 500 000 DM (Veräußerungsentgelt 2 500 000 DM ./. Betriebsvermögen 1 Mio. DM).

S hat V neben dem Kapitalkonto von 1 Mio. DM auch Teile der bisher nicht aufgedeckten stillen Reserven bezahlt (vgl. BFH-Urteil vom 10. Juli 1986, BStBl. II S. 811).

Für S ergeben sich folgende Wertansätze:

Im Anlage- und Umlaufvermögen sind folgende stille Reserven enthalten:

Anlagevermögen	5 Mio.
Umlaufvermögen	1 Mio.
	6 Mio.

Diese stillen Reserven werden i. H. v. 1 500 000 DM (=25 v. H.) aufgedeckt. Zu einer Aufdeckung der in dem von V selbst geschaffenen Geschäfts- oder Firmenwert enthaltenen stillen Reserven kommt es nicht.

S hat die Buchwerte um die anteilig aufgedeckten stillen Reserven wie folgt aufzustocken:

Anlagevermögen:

bisheriger Buchwert	4 000 000 DM
+ anteilig aufgedeckte stille Reserve (25 v. H. von 5 Mio. DM)	1 250 000 DM
	5 250 000 DM

Umlaufvermögen:

bisheriger Buchwert	5 000 000 DM
+ anteilig aufgedeckte stille Reserven (25 v. H. von 1 Mio. DM)	250 000 DM
	5 250 000 DM

Zu § 16 EStG   **Anlage § 016–06**

Die Eröffnungsbilanz des S lautet:

Geschäfts- oder Firmenwert	0 DM	Kapital	2 500 000 DM
Anlagevermögen	5 250 000 DM	Verbindlichkeiten	7 000 000 DM
Umlaufvermögen	5 250 000 DM	Rückstellungen	1 000 000 DM
	10 500 000 DM		**10 500 000 DM**

Der Freibetrag nach § 16 Abs. 4 EStG wird in den Fällen, in denen das Entgelt den Verkehrswert des 36
Betriebs, Teilbetriebs oder Mitunternehmeranteils nicht erreicht, nur im Verhältnis des bei der Veräußerung tatsächlich entstandenen Gewinns zu dem bei einer unterstellten Veräußerung des ganzen Betriebs erzielbaren Gewinns gewährt (BFH-Urteil vom 10. Juli 1986 – BStBl. II S. 811)[1].

Überschreiten die Anschaffungskosten das steuerliche Kapitalkonto des Übergebers, bestimmt sich der 37
entgeltlich und der unentgeltlich erworbene Teil der einzelnen Wirtschaftsgüter nach dem Verhältnis der gesamten Anschaffungskosten zum Verkehrswert des Betriebs, Teilbetriebs oder Mitunternehmeranteils. Aus Vereinfachungsgründen können die Aufstockungsbeträge wie nachträgliche Anschaffungskosten behandelt werden.

2. Veräußerungsentgelt bis zur Höhe des Kapitalkontos

Wendet der **Übernehmer** Anschaffungskosten bis zur Höhe des steuerlichen Kapitalkontos auf, hat er 38
die Buchwerte des Übergebers fortzuführen. Ein Veräußerungsverlust liegt beim Übergeber nicht vor.

Beispiel:

V überträgt seinen Gewerbebetrieb mit einem Verkehrswert von 1 000 000 DM (steuerliches Kapitalkonto 500 000 DM) im Wege der vorweggenommenen Erbfolge auf seinen Sohn S. S hat an seine Schwester T eine Abstandszahlung in Höhe von 200 000 DM zu leisten, die er durch Kredit finanziert.

Lösung:

V erzielt keinen Veräußerungsgewinn. S führt die Buchwerte des V unverändert fort (§ 7 Abs. 1 EStDV). Der Kredit führt zu einer Betriebsschuld, die zu passivieren ist.

IV. Abschreibungen

Der Übernehmer hat, soweit ein entgeltlicher Erwerb nicht gegeben ist, die Abschreibungen des Über- 39
gebers fortzuführen (§ 7 Abs. 1 EStDV).

V. Schuldzinsen

Schuldzinsen für einen Kredit, der zur Finanzierung von Abstandszahlungen und Gleichstellungs- 40
geldern aufgenommen wird, sind als Betriebsausgaben abziehbar, wenn und soweit sie im Zusammenhang mit der Übertragung des Betriebsvermögens stehen. Dies gilt auch, wenn die Schuldzinsen auf einer vom Rechtsvorgänger übernommenen privat veranlaßten Verbindlichkeit beruhen (vgl. Tz. 27).

IV. Verbleibensfristen und Vorbesitzzeiten

Fordern einzelne Regelungen (z. B. § 6b EStG, § 3 Zonenrandförderungsgesetz, § 5 Abs. 6 In- 41
vestitionszulagengesetz 1986, § 2 Fördergebietsgesetz) ein Verbleiben der begünstigten Wirtschaftsgüter für einen bestimmten Zeitraum im Betriebsvermögen des Steuerpflichtigen, können die Verbleibensfristen nur hinsichtlich des nach Tz. 24 bis 37 unentgeltlich übertragenen Teils des Betriebsvermögens beim Rechtsvorgänger und beim Rechtsnachfolger zusammengefaßt werden (vgl. BFH-Urteil vom 10. Juli 1986, BStBl. II S. 811). Hinsichtlich des entgeltlich erworbenen Teils der Wirtschaftsgüter handelt es sich um eine Anschaffung, die gegebenenfalls neue Fristen in Gang setzt. Zu den Verbleibensvoraussetzungen für die Sonderabschreibungen nach § 3 Zonenrandförderungsgesetz vgl. das BMF-Schreiben vom 27. Dezember 1989, BStBl. I S. 518.

D. Übertragung von land- und forstwirtschaftlichen Vermögen

Die vorstehenden Grundsätze gelten für die Übertragung land- und forstwirtschaftlichen Vermögens im 42
Wege einer vorweggenommenen Erbfolge entsprechend. Folgende Besonderheiten sind zu beachten.

---

1) Abweichend von Tz. 36 ist bei Übertragungen von Betrieben, Teilbetrieben oder Mitunternehmeranteilen im Wege der vorweggenommenen Erbfolge der Freibetrag nach § 16 Abs. 4 EStG auch in den Fällen, in denen das Entgelt den Verkehrswert des Betriebs, Teilbetriebs oder Mitunternehmeranteils nicht erreicht (teilentgeltliche Veräußerung), in voller Höhe zu gewähren (BMF vom 20.12.2005 – BStBl. 2006 I S. 7).

Anlage § 016–06

Zu § 16 EStG

1. Freibetrag nach § 14a Abs. 4 EStG[1)]

43 Veräußert der Hofübernehmer Grund und Boden, um mit dem Veräußerungserlös weichende Erben abzufinden, können ggf. die Freibeträge nach § 14a Abs. 4 EStG beansprucht werden (**vgl. Abschnitt 133b Abs. 3 EStR 1990**).

2. Abfindungen nach der Höfeordnung

44 Auf Abfindungen und Ergänzungsabfindungen, die der Übernehmer eines land- und forstwirtschaftlichen Betriebs nach §§ 12, 13, 17 Abs. 2 Höfeordnung an andere Abkömmlinge des Übergebers zahlen muß, sind die Grundsätze der ertragsteuerlichen Behandlung der Erbauseinandersetzung (Tz. 89 des BMF-Schreibens vom 11.1.1993[2)]) anzuwenden.

Für die Übertragung von hofesfreiem Vermögen gelten die Grundsätze der vorweggenommenen Erbfolge.

3. Gutabstandsgelder

45 Bei der Hofübergabe neben Altenteilsleistungen vereinbarte unverzinsliche Geldansprüche des Übergebers, die nur auf sein Verlangen zu erbringen sind und die mit seinem Tod erlöschen (Gutabstandsgelder), führen erst bei ihrer Entstehung zu Veräußerungsentgelten des Übergebers und Anschaffungskosten des Übernehmers.

4. Nach § 55 EStG pauschal bewerteter Grund und Boden

46 Bei Übertragung von nach § 55 Abs. 1 EStG mit pauschalen Buchwerten angesetztem Grund und Boden ist die Verlustklausel des § 55 Abs. 6 EStG zu beachten. Der entgeltlich erworbene Teil des Grund und Bodens ist beim Übernehmer mit den tatsächlichen Anschaffungskosten zu bilanzieren. Veräußerungsverluste, die sich für den entgeltlich übertragenen Teil aufgrund der pauschalen Werte ergeben, dürfen nach § 55 Abs. 6 EStG nicht berücksichtig werden; d. h. der Veräußerungsgewinn ist um die Differenz aus pauschalem Wert und Entgelt für den entgeltlich übertragenen Teil des Grund und Bodens zu erhöhen.

Beispiel:

V überträgt seinen land- und forstwirtschaftlichen Betrieb mit einem Verkehrswert von 800 000 DM (steuerliches Kapitalkonto 300 000 DM) im Wege der vorweggenommenen Erbfolge auf seinen Sohn S. S hat an seine Schwester T ein Gleichstellungsgeld in Höhe von 400 000 DM zu leisten. Bei Aufstellung einer Bilanz zum Übertragungszeitpunkt ergeben sich folgende Werte:

	Buchwert	(Teilwert)		Buchwert	(Teilwert)
pauschal bewerteter Grund und Boden	390 000	(260 000)	Kapital	300 000	(800 000)
sonstige Aktiva	60 000	(690 000)	Verbindlichkeiten	150 000	(150 000)
	450 000	(950 000)		450 000	(950 000)

Lösung:

Mit dem Gleichstellungsgeld von 400 000 DM erwirbt S 100 000 DM stille Reserven (400 000 DM Gleichstellungsgeld ./. 300 000 DM Kapital). Er hat damit $^1/_5$ der gesamten stillen Reserven aufzudecken (500 000 DM gesamte stille Reserven zu 100 000 DM entgeltlich erworbene stille Reserven). Die sonstigen Aktiva sind somit um 126 000 DM ($^1/_5$ von 630 000 DM) aufzustocken, der Grund und Boden ist um 26 000 DM ($^1/_5$ von 130 000 DM) abzustocken. Der Betrag von 26 000 DM fällt unter das Verlustausgleichsverbot des § 55 Abs. 6 EStG.

E. Mischfälle

47 Besteht das übertragene Vermögen sowohl aus Privatvermögen als auch aus Betriebsvermögen, sind der steuerlichen Beurteilung die für die jeweiligen Vermögensarten geltenden Grundsätze zu Grunde zu legen. Werden zusammen mit dem Betrieb auch Wirtschaftsgüter des Privatvermögens übertragen, sind vertraglich vereinbarte Einzelpreise für das gesamte Betriebsvermögen einerseits und für das jeweilige Wirtschaftsgut des Privatvermögens andererseits bis zur Höhe der jeweiligen Verkehrswerte nicht zu beanstanden. Ansonsten ist das Entgelt vorweg nach dem Verhältnis der Verkehrswerte des Betriebsvermögens und der privaten Wirtschaftsgüter aufzuteilen.[3)]

---

1) § 14a Abs. 4 EStG ist letztmals für Entnahmen und Veräußerungen vor dem 1.1.2006 anzuwenden.
2) Siehe Anlage § 016-05 jetzt Tz. 7.
3) Tz. 47 wurde neugefasst durch das BMF-Schreiben vom 26.2.2007 (BStBl. I S. 269).

Zu § 16 EStG **Anlage § 016–06**

Beispiel 1:

Im Rahmen der vorweggenommenen Erbfolge erhält Sohn S von seinem Vater V einen Betrieb der Land- und Forstwirtschaft mit einem Verkehrswert von 1 000 000 € (Buchwert 200 000 €) und ein Mietwohngrundstück mit einem Verkehrswert von 800 000 €. S ist verpflichtet, an V einen Betrag von 900 000 € zu zahlen. Sie vereinbaren einen Preis von 800 000 € für das Mietwohngrundstück und einen Preis von 100 000 € für den Betrieb der Land- und Forstwirtschaft.

L ö s u n g 1 :

S hat Anschaffungskosten für den Betrieb der Land- und Forstwirtschaft und das Mietwohngrundstück in Höhe der Zahlung von 900 000 €. Auf Grund der vereinbarten Einzelpreise ist das Mietwohngrundstück voll entgeltlich erworben worden, die Übernahme des Betriebs der Land- und Forstwirtschaft wird wegen Unterschreitung des Kapitalkontos dagegen steuerlich neutral behandelt. Zur Bemessung der Abschreibung ist für das Mietwohngrundstück eine Kaufpreisaufteilung (nach den Verkehrswertanteilen von Grund und Boden und vom Gebäude) vorzunehmen.

Beispiel 2:

Im Rahmen der vorweggenommenen Erbfolge erhält S von seinem Vater V einen Gewerbebetrieb mit einem Verkehrswert von 1 000 000 € (Buchwert 100 000 €) und ein Mietwohngrundstück mit einem Verkehrswert von 500 000 €, das mit Verbindlichkeiten in Höhe von 150 000 € belastet ist. Die Verbindlichkeiten stehen im Zusammenhang mit dem Erwerb des Mietwohngrundstücks. S ist verpflichtet, seiner Schwester T einen Betrag von 600 000 € zu zahlen.

L ö s u n g 2 :

S hat Anschaffungskosten für den Gewerbebetrieb und das Mehrfamilienhaus von insgesamt 750 000 € (Verbindlichkeiten 150 000 €, Gleichstellungsgeld 600 000 €). Nach dem Verhältnis der Verkehrswerte (Gewerbebetrieb 1 000 000 €, Mietwohngrundstück 500 000 €) entfallen die Anschaffungskosten zu 2/3 auf den Gewerbebetrieb und zu 1/3 auf das Mietwohngrundstück. S hat danach Anschaffungskosten für den Gewerbebetrieb i. H. v. 500 000 € und für das Mietwohngrundstück von 250 000 €. Das Mehrfamilienhaus (Verkehrswert 500 000 €) erwirbt er zu 1/2 entgeltlich und zu 1/2 unentgeltlich. Die auf den Betriebserwerb entfallenden Verbindlichkeiten i. H. v. 100 000 € (2/3 von 150 000 €) stellen betriebliche Verbindlichkeiten des S dar.

F. Übergangsregelung

1. **Allgemeines**

Die Grundsätze dieses Schreibens sind in allen noch offenen Fällen anzuwenden. Soweit die Vermögensübertragung vor dem 1. Januar 1991 rechtlich bindend festgelegt und bis spätestens 31. Dezember 1993 vollzogen worden ist, sind auf Antrag die Rechtsgrundsätze anzuwenden, die aufgrund der Rechtsprechung vor Ergehen des Beschlusses des BFH vom 5. Juli 1990 (BStBl. 1990 II S. 847) gegolten haben; in diesen Fällen ist nach den bisher maßgebenden Grundsätzen (vgl. BFH Urteil vom 26. November 1985, BStBl. 1986 II S. 161) zu verfahren.

Im Falle der Tz 48 Satz 2 ist ein Veräußerungsgewinn beim Übergeber unabhängig von der steuerlichen Behandlung beim Übernehmer gemäß § 163 AO oder § 176 AO außer Ansatz zu lassen. Zugunsten des Übernehmers sind auch in diesen Fällen die Grundsätze dieses Schreibens anzuwenden.

2. **Nachholung unterbliebener AfA**

Soweit eine vorweggenommene Erbfolge über abnutzbare Wirtschaftsgüter, die nach der Übertragung zur Erzielung von Einkünften im Sinne von § 2 Abs. 1 Nrn. 1 bis 7 EStG dienen, nach den bisher anzuwendenden Grundsätzen als unentgeltlicher Vorgang behandelt worden ist, sind die AfA in der Regel für den entgeltlich erworbenen Teil des Wirtschaftsguts zu niedrig angesetzt worden.

Für bereits veranlagte Kalenderjahre können die AfA nur berichtigt werden, soweit eine Aufhebung oder Änderung der Steuerfestsetzung verfahrensrechtlich zulässig ist (§§ 164, 165, 172 ff. AO). Eine Aufhebung oder Änderung nach § 173 Abs. 1 Nr. 2 AO scheidet aus, weil das Finanzamt bei ursprünglicher Kenntnis des Sachverhalts nach damaliger Rechtslage nicht anders entschieden hätte (BFH-Beschluß vom 23. November 1987, BStBl. 1988 II S. 180).

AfA, die bei dem entgeltlich erworbenen Teil eines Gebäudes unterblieben sind, für die die AfA nach § 7 Abs. 4 Satz 1 EStG zu bemessen gewesen wäre, sind in der Weise nachzuholen, daß die weiteren AfA von der nach den Grundsätzen dieses Schreibens ermittelten Bemessungsgrundlage mit dem für den entgeltlich erworbenen Teil des Gebäudes maßgebenden Vomhundertsatz vorgenommen werden. Die AfA können bis zu dem Betrag abgezogen werden, der von dieser Bemessungsgrundlage nach Abzug der bisherigen AfA, der erhöhten Absetzungen und Sonderabschreibungen verbleibt. Hierbei verlängert

Anlage § 016–06

Zu § 16 EStG

sich der Abschreibungszeitraum für den entgeltlich erworbenen Teil des Gebäudes über 25, 40 bzw. 50 Jahre hinaus (BFH-Urteil vom 3. Juli 1984, BStBl. II S. 709).

Beispiel:
V übertrug mit Wirkung zum 1. Januar 1980 im Wege der vorweggenommenen Erbfolge ein bebautes Grundstück mit einem Verkehrswert von 1 Mio. DM (Gebäude 800 000 DM, Grund und Boden 200 000 DM) auf seinen Sohn S. V hatte das Grundstück zum 1. Januar 1970 für 600 000 DM (Gebäude 480 000 DM, Grund und Boden 120 000 DM) erworben. S übernahm auf dem Grundstück lastende Verbindlichkeiten in Höhe von 400 000 DM und hatte an seine Schwester T 300 000 DM zu zahlen. Das Gebäude hatte am 1. Januar 1980 eine tatsächliche Nutzungsdauer von 50 Jahren. S hat seitdem die AfA des V, der das Gebäude nach § 7 Abs. 4 Nr. 2a EStG mit jährlich 2 v. H. abgeschrieben hat, unverändert fortgeführt. Die Einkommensteuerbescheide für S bis einschließlich 1989 sind bestandskräftig. In 1990 legte S dem Finanzamt den Sachverhalt dar.

Lösung:
S hat zum Erwerb des Grundstücks insgesamt 700 000 DM (Abfindungszahlung 300 000 DM und übernommene Verbindlichkeiten 400 000 DM) aufgewendet. Nach dem Verhältnis der Verkehrswerte entfallen auf das Gebäude 560 000 DM und auf den Grund und Boden 140 000 DM. Eine Gegenüberstellung der Anschaffungskosten und des Verkehrswerts des Gebäudes ergibt, daß S das Gebäude zu $^3/_{10}$ unentgeltlich und zu $^7/_{10}$ entgeltlich für Anschaffungskosten in Höhe von 560 000 DM erworben hat. Ab 1990 berechnen sich die AfA wie folgt:

	unentgeltlich	entgeltlich
	erworbener Teil des Gebäudes	
Bemessungsgrundlage ab 1990	144 000 DM ($^1/_3$ von 480 000 DM)	560 000 DM
– Afa 1970 bis 1989 für den unentgeltlich erworbenen Teil: 20 Jahre x 2 v. H. = 40 v. H. von 144 000 DM	57 600 DM	
– AfA 1980 bis 1989 für den entgeltlich erworbenen Teil, die S nach § 11 d EStDV bemessen hat: 10 Jahre x 2 v. H. = 20 v. H. von 336 000 DM (= 7/10 von 480 000 DM)		67 200 DM
Insgesamt verbleibende AfA ab 1990	86 400 DM	492 800 DM
Jährliche AfA ab 1990 2 v. H.	2 880 DM	11 200 DM
Verbleibender Absetzungszeitraum ab 1990	30 Jahre	44 Jahre
bis einschließlich	2019	2033

Die AfA betragen mithin in den Jahren 1990 bis 2019 insgesamt 14 080 DM jährlich und in den Jahren 2020 bis 2033 11 200 DM jährlich.

53 Sind AfA bei dem entgeltlich erworbenen Teil des Gebäudes teilweise unterblieben, den der Übernehmer nunmehr nach § 7 Abs. 4 Satz 2 EStG abschreibt, bemessen sich die weiteren AfA nach seinen um die bereits abgezogenen AfA, erhöhten Absetzungen und Sonderabschreibungen verminderten Anschaffungskosten und der Restnutzungsdauer des Gebäudes. Entsprechendes gilt für den entgeltlich erworbenen Teil eines beweglichen Wirtschaftsgutes.

54 Die vorstehenden Grundsätze sind entsprechend anzuwenden, wenn die Aufstockungsbeträge wie nachträgliche Anschaffungskosten behandelt werden (Tz. 36).

3. Anschaffungsnaher Aufwand

55 Erhaltungsaufwand, den der Übernehmer bereits in bestandskräftig veranlagten Kalenderjahren – ausgehend von den bisher für die vorweggenommene Erbfolge angewandten Grundsätzen – als Werbungskosten abgezogen hat, und der sich bei Annahme eines teilentgeltlichen Erwerbs als anschaffungsnaher Aufwand (Abschnitt 157 Abs. 5 EStR 1990) darstellt, ist nicht nachträglich in die AfA-Bemessungsgrundlage einzubeziehen.

Veräußerung einer zum Betriebsvermögen gehörenden Beteiligung an einer Kapitalgesellschaft, die im Einzeleigentum der Gesellschafter einer Personengesellschaft steht

Vfg der OFD Münster vom 11. September 1987 S 2242 – 62 – St 11 – 31

Nach Abschnitt 139 Abs. 3 Satz 23 EStR 1984[1]) ist § 16 Abs. 1 Nr. 1 zweiter Halbsatz EStG auf den Gewinn aus der Veräußerung einer Beteiligung, die das gesamte Nennkapital einer Kapitalgesellschaft umfaßt, anwendbar, wenn die Beteiligung im Eigentum eines oder mehrerer Mitunternehmer derselben Personengesellschaft stand und steuerlich zum Betriebsvermögen der Personengesellschaft gehörte. Diese Regelung ist entsprechend ihrem Wortlaut so auszulegen, daß auch die Veräußerung einer insgesamt 100 %igen Beteiligung an einer Kapitalgesellschaft, die im Einzeleigentum mehrerer Mitunternehmer steht und bei ihnen Sonderbetriebsvermögen darstellt, als Teilbetriebsveräußerung in diesem Sinne anzusehen ist.

Beispiel:

A und B sind zu jeweils 50 % an der Kapitalgesellschaft X beteiligt. Die Beteiligungen gehören steuerlich zum Sonderbetriebsvermögen von A und B bei der Personengesellschaft Y. A und B veräußern ihre Anteile an der Kapitalgesellschaft an einen Erwerber.

Der in der Fachliteratur vertretenen Auffassung, daß die im Sonderbetriebsvermögen liegende 100 %ige Beteiligung entweder im Alleineigentum eines Gesellschafters oder im Miteigentum mehrerer Gesellschafter stehen muß, wird *nicht* gefolgt (vgl. u. a. *Herrmann/Heuer/Raupach,* § 16 EStG Anm. 121).

---

1) Jetzt R 16 Abs. 3 Satz 7 EStR.

Anlage § 016–08

Zu § 16 EStG

Anwendung des Halbeinkünfteverfahrens bei der Veräußerung von Betrieben, Teilbetrieben, Mitunternehmeranteilen und Beteiligungen an Kapitalgesellschaften gegen wiederkehrende Leistungen, bei denen der Steuerpflichtige die Zuflussbesteuerung gewählt hat; Anwendung von R 139 Abs. 11 und R 140 Abs. 7 Satz 2 EStR

BdF-Schreiben vom 3.8.2004 – IV A 6 – S 2244 – 16/04 (BStBl. I S. 1187)

Wird ein Betrieb, ein Teilbetrieb, ein Mitunternehmeranteil oder eine Beteiligung i. S. d. § 17 EStG gegen eine Leibrente oder gegen einen in Raten zu zahlenden Kaufpreis (zur Verschaffung einer Versorgung) veräußert, hat der Veräußerer die Wahl zwischen der sofortigen Besteuerung eines Veräußerungsgewinns (Sofortbesteuerung) und einer nicht tarifbegünstigten Besteuerung als nachträgliche Betriebseinnahmen im Jahr des Zuflusses (Zuflussbesteuerung) (vgl. R 139 Abs. 11, R 140 Abs. 7 Satz 2 EStR)[1]. Im Einvernehmen mit den obersten Finanzbehörden der Länder gilt hierzu Folgendes:

A. Veräußerungen nach dem 31. Dezember 2003

1. Veräußerung gegen eine Leibrente

Bei Veräußerung gegen eine Leibrente sind die Rentenzahlungen bei der Wahl der Zuflussbesteuerung in einen Zins- und einen Tilgungsanteil aufzuteilen.

1.1 Veräußerung von Betrieben, Teilbetrieben oder Mitunternehmeranteilen (§ 16 EStG)

Mit ihrem Zinsanteil unterliegen die Rentenzahlungen im Jahr ihres Zuflusses als nachträgliche Einkünfte aus Gewerbebetrieb i. S. v. § 15 i. V. m. § 24 Nr. 2 EStG der Besteuerung. Der Tilgungsanteil ist nach Verrechnung mit dem Buchwert des steuerlichen Kapitalkontos und etwaigen Veräußerungskosten im Jahr des Zuflusses als nachträgliche Einkünfte aus Gewerbebetrieb (§ 15 EStG i. V. m. § 24 Nr. 2 EStG) zu versteuern. Bei Mitveräußerung eines Anteils an einer Kapitalgesellschaft, der im Betriebsvermögen gehalten wird, siehe ergänzend Nr. 3.

Die Aufteilung in einen Zins- und einen Tilgungsanteil ist nach §§ 13, 14 BewG oder nach versicherungsmathematischen Grundsätzen vorzunehmen.

1.2 Veräußerung von Anteilen an Kapitalgesellschaften i. S. v. § 17 EStG[2]

Mit ihrem Zinsanteil unterliegen die Rentenzahlungen im Jahr ihres Zuflusses als sonstige Einkünfte i. S. v. § 22 Nr. 1 Satz 3 Buchst. a EStG in voller Höhe der Besteuerung. Der Tilgungsanteil ist nach Verrechnung mit den Anschaffungskosten der Beteiligung und etwaigen Veräußerungskosten im Jahr des Zuflusses als nachträgliche Einkünfte aus Gewerbebetrieb i. S. v. § 17 i. V. m. §§ 15, 24 Nr. 2 EStG zu versteuern. Nur auf den Tilgungsanteil ist nach § 3 Nr. 40 Buchst. c EStG das Halbeinkünfteverfahren anzuwenden. Der Zinsanteil ist nach der Tabelle in § 22 Nr. 1 Satz 3 Buchst. a Satz 3 EStG zu ermitteln.

2. Veräußerung gegen einen in Raten zu zahlenden Kaufpreis

Bei Veräußerung gegen einen in Raten zu zahlenden Kaufpreis ist dieser in den Fällen, in denen die Raten während eines mehr als zehn Jahre dauernden Zeitraums zu zahlen sind und die Ratenvereinbarung sowie die sonstige Ausgestaltung des Vertrags eindeutig die Absicht des Veräußerers zum Ausdruck bringen, sich eine Versorgung zu verschaffen, nach Tab. 2 zu § 12 BewG in einen Zins- und einen Tilgungsanteil aufzuteilen. Aus Vereinfachungsgründen kann der Zinsanteil auch in Anlehnung an die Ertragswerttabelle des § 55 Abs. 2 EStDV bestimmt werden.

2.1 Veräußerung von Betrieben, Teilbetrieben oder Mitunternehmeranteilen (§ 16 EStG)

Der Zinsanteil unterliegt nach § 15 i. V. m. § 24 Nr. 2 EStG als nachträgliche Einkünfte aus Gewerbebetrieb im Jahr des Zuflusses der Besteuerung. Der Tilgungsanteil ist nach Verrechnung mit dem Buchwert des steuerlichen Kapitalkontos und etwaigen Veräußerungskosten im Jahr des Zuflusses als nachträgliche Einkünfte aus Gewerbebetrieb (§ 15 i. V. m. § 24 Nr. 2 EStG) zu versteuern. Bei Mitver-

---

1) Jetzt R 16 Abs. 11 EStR und R 17 Abs. 7 Satz 2 EStR.
2) Vgl. auch Vfg OFD Magdeburg vom 11.8.2008 – S 2244 – 58 – St 214 V:
„Bei der Veräußerung von Anteilen an Kapitalgesellschaften i. S. d. § 17 EStG vor dem 1.1. 2009 gegen wiederkehrende Leistungen, bei denen der Steuerpflichtige die Zuflussbesteuerung gewählt hat, unterliegt der zu versteuernde Gewinn auch ab dem Veranlagungszeitraum 2009 dem Halbeinkünfteverfahren.
Bei der Beurteilung, ob für einen Veräußerungsgewinn i. S. des § 17 EStG das Halbeinkünfteverfahren oder das Teileinkünfteverfahren anzuwenden ist, ist maßgebend auf den Veräußerungszeitpunkt und nicht auf den Zeitpunkt des Zuflusses der wiederkehrenden Leistungen abzustellen."

Zu § 16 EStG

Anlage § 016–08

äußerung eines Anteils an einer Kapitalgesellschaft, der im Betriebsvermögen gehalten wird, siehe ergänzend Nr. 3.

2.2 Veräußerung von Anteilen an Kapitalgesellschaften i. S. v. § 17 EStG
Der Zinsanteil unterliegt nach § 20 Abs. 1 Nr. 7 EStG ggf. nach Abzug des Sparerfreibetrags (§ 20 Abs. 4 EStG) im Jahr des Zuflusses in voller Höhe der Besteuerung. Der Tilgungsanteil nach Verrechnung mit den Anschaffungskosten der Beteiligung und etwaigen Veräußerungskosten gehört im Jahr des Zuflusses zu den Einkünften aus Gewerbebetrieb (§ 17 EStG). Das Halbeinkünfteverfahren nach § 3 Nr. 40 Buchst. c EStG ist nur auf den Tilgungsanteil anzuwenden.

Beispiel:
A veräußert zum 1. Januar 2004 seine 50 %ige Beteiligung an der AB-GmbH gegen einen in 11 gleichen Jahresraten zu zahlenden Kaufpreis von 1 100 000 €. Die erste der jährlichen Raten von 100 000 € ist am 31.12.2004 zur Zahlung fällig. Eine Verzinsung ist nicht vereinbart. Nach dem Inhalt des Kaufvertrags wurde die Ratenzahlung vereinbart, um A eine Versorgung zu verschaffen. Die Anschaffungskosten der Beteiligung betrugen 100 000 €.

Die Jahresraten sind nach Tab. 2 zu § 12 Abs. 1 BewG in einen Tilgungs- und in einen Zinsanteil aufzuteilen:

Jahr	Zugeflossene Rate	Kapitalwert am Anfang	Kapitalwert am Ende	Tilgungsanteil	Zinsanteil § 20 Abs. 1 Nr. 7 EStG	Steuerpflicht § 17 EStG i. V. m. § 3 Nr. 40 Buchst. c EStG
2004	100 000	831 500	774 500	57 000	43 000	0
2005	100 000	774 500	714 300	60 200	39 800	8 600
2006	100 000	714 300	650 900	63 400	36 600	31 700
2007	100 000	650 900	583 900	67 000	33 000	33 500
2008	100 000	583 900	513 300	70 600	29 400	35 300
2009	100 000	513 300	438 800	74 500	25 500	37 250
2010	100 000	438 800	360 200	78 600	21 400	39 300
2011	100 000	360 200	277 200	83 000	17 000	41 500
2012	100 000	277 200	189 700	87 500	12 500	43 750
2013	100 000	189 700	97 400	92 300	7 700	46 150
2014	100 000	97 400	0	97 400	2 600	48 700
Summe	1 100 000			831 500	268 500	365 750

Die jeweiligen Zinsanteile sind im Jahr des Zuflusses als Einkünfte aus Kapitalvermögen i. S. v. § 20 Abs. 1 Nr. 7 EStG in vollem Umfang zu versteuern. Der jeweilige Tilgungsanteil unterliegt nach Verrechnung mit den Anschaffungskosten der Beteiligung im Jahr des Zuflusses als nachträgliche Einkünfte aus Gewerbebetrieb nach § 17 i. V. m. §§ 15, 24 Nr. 2 EStG dem Halbeinkünfteverfahren (§ 3 Nr. 40 Buchst. C EStG).

3. Mitveräußerung eines Anteils an einer Kapitalgesellschaft, der im Betriebsvermögen gehalten wird
Wird ein Anteil an einer Kapitalgesellschaft, der im Betriebsvermögen gehalten wird, im Rahmen der Veräußerung eines Betriebes, Teilbetriebes oder Mitunternehmeranteils gegen wiederkehrende Leistungen verkauft, so gelten die vorgenannten Regelungen mit der Maßgabe, dass die Zinsanteile Einkünfte aus Gewerbetrieb darstellen, sinngemäß.

Beispiel
Einzelunternehmer A hält eine Beteiligung an der B-GmbH (Buchwert 10 000 €) in seinem Betriebsvermögen. A verkauft seinen Gewerbebetrieb zum 1. Januar 2004 gegen einen in 11 gleichen Jahresraten zu zahlenden Kaufpreis von insgesamt 1 100 000 €. Auf die Veräußerung der Beteiligung entfällt ein Anteil von 10 % des Kaufpreises. Die erste der jährlichen Raten von 100 000 € ist am 31.12.2004 zur Zahlung fällig. Eine Verzinsung ist nicht vereinbart. Nach dem Inhalt des Kaufvertrags wurde die Ratenzahlung vereinbart, um A eine Versorgung zu verschaffen. Das Kapitalkonto zum Zeitpunkt des Verkaufs beträgt 100 000 €.

Anlage § 016–08

Zu § 16 EStG

Jahr	Zugeflossene Rate	Kapitalwert am Anfang	Kapitalwert am Ende	Tilgungs-anteil	Zinsanteil § 15 i. V. m. § 24 Nr. 2 EStG	voll stpfl. Teil des Tilgungs-anteils	Stpfl. Teil-betrag aus Beteiligung § 15 EStG i. V. m. § 3 Nr. 40 Buchst. b EStG	Stpfl. Ge-samtbetrag Tilgungs-anteil (§ 15 i. V. m. § 24 Nr. 2) ins-gesamt
2004	100 000	831 500	774 500	57 000	43 000	0	0	0
2005	100 000	774 500	714 300	60 200	39 800	15 480	860	16 340
2006	100 000	714 300	650 900	63 400	36 600	57 060	3 170	60 230
2007	100 000	650 900	583 900	67 000	33 000	60 300	3 350	63 650
2008	100 000	583 900	513 300	70 600	29 400	63 540	3 530	67 070
2009	100 000	513 300	438 800	74 500	25 500	67 050	3 725	70 775
2010	100 000	438 800	360 200	78 600	21 400	70 740	3 930	74 670
2011	100 000	360 200	277 200	83 000	17 000	74 700	4 150	78 850
2012	100 000	277 200	189 700	87 500	12 500	78 750	4 375	83 125
2013	100 000	189 700	97 400	92 300	7 700	83 070	4 615	87 685
2014	100 000	97 400	0	97 400	2 600	87 660	4 870	92 530
Summe	1 100 000			831 500	268 500	658 350	36 575	694 925

Die Zinsanteile sind im Jahr des Zuflusses als nachträgliche Einkünfte aus Gewerbetrieb in vollem Umfang zu versteuern. Die jeweiligen Tilgungsanteile unterliegen nach Verrechnung mit dem Kapitalkonto und unter Berücksichtigung des Halbeinkünfteverfahrens bei dem auf die Beteiligung entfallenden Teile (siehe vorletzte Spalte) ebenfalls als nachträgliche Einkünfte aus Gewerbebetrieb der Einkommensteuer.

B. Veräußerungen von Anteilen an Kapitalgesellschaften vor dem 1. Januar 2004, bei denen im Fall der Sofortbesteuerung das Halbeinkünfteverfahren anzuwenden wäre

1. Veräußerung von Anteilen an Kapitalgesellschaften gegen Leibrente

Bei Veräußerung gegen eine Leibrente sind die Rentenzahlungen mit den Anschaffungskosten der Beteiligung und etwaigen Veräußerungskosten zu verrechnen. Nach vollständiger Verrechnung sind die Rentenzahlungen in einen Zins- und einen Tilgungsanteil aufzuteilen. Mit ihrem Zinsanteil unterliegen die Rentenzahlungen im Jahr ihres Zuflusses als sonstige Einkünfte i. S. v. § 22 Nr. 1 Satz 3 Buchst. a EStG in voller Höhe der Besteuerung. Der Tilgungsanteil ist im Jahr des Zuflusses als nachträgliche Einkünfte aus Gewerbebetrieb i. S. v. § 17 i. V. m. §§ 15, 24 Nr. 2 EStG zu versteuern. Nur auf den Tilgungsanteil ist nach § 3 Nr. 40 Buchst. c EStG das Halbeinkünfteverfahren anzuwenden. Der Zinsanteil ist nach der Tabelle in § 22 Nr. 1 Satz 3 Buchst. a Satz 3 EStG zu ermitteln.

2. Veräußerung gegen einen in Raten zu zahlenden Kaufpreis

Ratenzahlungen sind mit den Anschaffungskosten der Beteiligung und etwaigen Veräußerungskosten zu verrechnen und nach vollständiger Verrechnung in einen Zins und einen Tilgungsanteil aufzuteilen. Die jeweiligen Zinsanteile sind im Jahr des Zuflusses nach § 20 Abs. 1 Nr. 7 EStG ggf. nach Abzug des Sparerfreibetrags (§ 20 Abs. 4 EStG) in vollem Umfang zu besteuern. Der Tilgungsanteil unterliegt im Jahr des Zuflusses als nachträgliche Einkünfte aus Gewerbebetrieb i. S. v. § 17 EStG i. V. m. §§ 15, 24 Nr. 2 EStG dem Halbeinkünfteverfahren (§ 3 Nr. 40 Buchst. c EStG).

3. Mitveräußerung eines Anteils an einer Kapitalgesellschaft, der im Betriebsvermögen gehalten wird

Wird ein Anteil an einer Kapitalgesellschaft, der im Betriebsvermögen gehalten wird, im Rahmen der Veräußerung eines Betriebes, Teilbetriebes oder Mitunternehmeranteils gegen wiederkehrende Leistungen verkauft, so gelten die vorgenannten Regelungen mit der Maßgabe, dass die Zinsanteile Einkünfte aus Gewerbebetrieb darstellen, sinngemäß.

Dieses Schreiben wird im Bundessteuerblatt Teil I veröffentlicht.

Zu § 16 EStG   **Anlage § 016–09**

Gewährung des Freibetrages nach § 16 Abs. 4 EStG und der Tarifermäßigung nach § 34 Abs. 3 EStG

– BMF-Schreiben vom 20.12.2005 – IV B 2 – S 2242 – 18/05 (BStBl. 2006 I S. 7) –

Im Einvernehmen mit den obersten Finanzbehörden der Länder gilt zur Gewährung des Freibetrages nach § 16 Abs. 4 EStG und der Tarifermäßigung nach § 34 Abs. 3 EStG Folgendes:

I. Aufteilung des Freibetrages und Gewährung der Tarifermäßigung bei Betriebsaufgaben über zwei Kalenderjahre

Erstreckt sich eine Betriebsaufgabe (§ 16 Abs. 3 Satz 1 EStG, R 16 Abs. 2 EStR 2005)[1] über zwei Kalenderjahre und fällt der Aufgabegewinn daher in zwei Veranlagungszeiträumen an, ist der Freibetrag nach § 16 Abs. 4 EStG insgesamt nur einmal zu gewähren. Er bezieht sich auf den gesamten Betriebsaufgabegewinn und ist im Verhältnis der Gewinne auf beide Veranlagungszeiträume zu verteilen. Die Tarifermäßigung nach § 34 Abs. 3 EStG kann für diesen Gewinn auf Antrag in beiden Veranlagungszeiträumen gewährt werden. Der Höchstbetrag von fünf Millionen Euro ist dabei aber insgesamt nur einmal zu gewähren.

Beispiel:

Unternehmer A (60 Jahre alt) will seinen Gewerbebetrieb (Summe der Buchwerte des Betriebsvermögens 20.000 €) aufgeben. In der Zeit von November 2004 bis Januar 2005 werden daher alle – wesentlichen – Wirtschaftsgüter des Betriebsvermögens veräußert. Die Veräußerungserlöse betragen 80.000 € in 2004 (hierauf entfällt anteilig ein Buchwert von 16.000 €) und 100.000 € in 2005 (anteiliger Buchwert 4.000 €).

Der begünstigte Aufgabegewinn beträgt insgesamt 160.000 €. Davon entsteht ein Gewinn i.H.v. 64.000 € (40 %) in 2004 und ein Gewinn i.H.v. 96.000 € (60 %) in 2005.

Der zu gewährende Freibetrag beträgt insgesamt 21.000 € (45.000 € abzüglich (160.000 € – 136.000 €). Er ist i.H.v. 8.400 € (40 %) in 2004 und i.H.v. 12.600 € (60 %) in 2005 zu gewähren.

Da die Höhe des zu berücksichtigenden Freibetrages nach § 16 Abs. 4 EStG nach dem Gesamtaufgabegewinn beider Veranlagungszeiträume zu bemessen ist, steht die Höhe des Freibetrages nach § 16 Abs. 4 EStG erst nach Abschluss der Betriebsaufgabe endgültig fest.

Ergibt sich im zweiten Veranlagungszeitraum durch den Gewinn oder Verlust eine Über- oder Unterschreitung der Kappungsgrenze oder insgesamt ein Verlust, ist der im ersten Veranlagungszeitraum berücksichtigte Freibetrag rückwirkend zu ändern. Diese Tatsache stellt ein Ereignis mit steuerlicher Rückwirkung dar (§ 175 Abs. 1 Satz 1 Nr. 2 AO).

Entsteht in einem Veranlagungszeitraum ein Gewinn und in dem anderen ein Verlust, ist die Tarifermäßigung des § 34 EStG nur auf den saldierten Betrag anzuwenden.

Sowohl nach § 16 Abs. 4 EStG als auch nach § 34 Abs. 3 EStG ist in dem jeweiligen Veran-lagungszeitraum maximal der Betrag begünstigt, der sich insgesamt aus dem einheitlich zu beurteilenden Aufgabevorgang ergibt.

II. Aufteilung des Freibetrages, wenn der Veräußerungsgewinn auch einen Gewinn aus der Veräußerung von Anteilen an Körperschaften, Personenvereinigungen oder Vermögensmassen umfasst

Umfasst der Veräußerungsgewinn auch dem Halbeinkünfteverfahren unterliegende Gewinne aus der Veräußerung von Anteilen an Körperschaften, Personenvereinigungen oder Vermögensmassen, ist der Freibetrag nach § 16 Abs. 4 EStG entsprechend den Anteilen der Gewinne, die dem ermäßigten Steuersatz nach § 34 EStG unterliegen, und der Gewinne, die im Halbeinkünfteverfahren zu versteuern sind, am Gesamtgewinn aufzuteilen (vgl. H 16.13 EStH 2005 – Halbeinkünfteverfahren).[2]

III. Freibetrag bei teilentgeltlicher Veräußerung im Wege der vorweggenommenen Erbfolge

Abweichend von Tz. 36 des BMF-Schreibens vom 13.01.1993 – IV B 3 – S 2190 – 37/92 – (BStBl. 1993 I S. 80)[3] ist bei Übertragungen von Betrieben, Teilbetrieben oder Mitunternehmeranteilen im Wege der

---
1) Jetzt EStR 2012.
2) Überholt durch BFH-Urteil vom 14.7.2010 – X R 61/08 (BStBl. II S. 1011):
 „Erzielt der Stpfl. einen Veräußerungsgewinn, der sowohl dem Teileinkünfteverfahren unterliegende als auch in voller Höhe zu besteuernde Gewinne enthält, wird der Freibetrag gem. § 16 Abs. 4 EStG für Zwecke der Ermittlung der nach § 34 Abs. 1 und 3 EStG tarifermäßigt zu besteuernden Gewinne vorrangig mit dem Veräußerungsgewinn verrechnet, auf den das Teileinkünfteverfahren anzuwenden ist."
3) Siehe Anlage § 016-06.

Anlage § 016–09

Zu § 16 EStG

vorweggenommenen Erbfolge der Freibetrag nach § 16 Abs. 4 EStG auch in den Fällen, in denen das Entgelt den Verkehrswert des Betriebs, Teilbetriebs oder Mitunternehmeranteils nicht erreicht (teilentgeltliche Veräußerung), in voller Höhe zu gewähren.

IV. Vollendung der Altersgrenze in § 16 Abs. 4 und § 34 Abs. 3 EStG nach Beendigung der Betriebsaufgabe oder -veräußerung, aber vor Ablauf des Veranlagungszeitraums der Betriebsaufgabe oder -veräußerung

Vollendet der Steuerpflichtige das 55. Lebensjahr zwar nach Beendigung der Betriebsaufgabe oder -veräußerung, aber noch vor Ablauf des Veranlagungszeitraums der Betriebsaufgabe, sind weder der Freibetrag nach § 16 Abs. 4 EStG noch die Tarifermäßigung nach § 34 Abs. 3 EStG zu gewähren.[1]

Vollendet der Steuerpflichtige das 55. Lebensjahr bei einer Betriebsaufgabe über mehrere Veranlagungszeiträume zwar vor Beendigung der Betriebsaufgabe, aber erst im zweiten Veranlagungsjahr, sind der (anteilige) Freibetrag und die Tarifermäßigung auch für den ersten Veranlagungszeitraum zu gewähren.

V. Zeitliche Anwendung

Dieses Schreiben ist in allen noch offenen Fällen anzuwenden.

---

1) Bestätigt durch BFH-Urteil vom 28.11.2007 (BStBl. 2008 II S. 193).

Zu § 16 EStG   **Anlage § 016–10**

Realteilung; Anwendung von § 16 Abs. 3 Satz 2 bis 4 EStG

– BdF-Schreiben vom 28.2.2006 – IV B 2 – S 2242 – 6/06 (BStBl. I S. 228) –

Werden im Zuge einer Realteilung einer Mitunternehmerschaft Teilbetriebe, Mitunternehmeranteile oder einzelne Wirtschaftsgüter in das jeweilige Betriebsvermögen der einzelnen Mitunternehmer (Realteiler) übertragen, sind bei der Ermittlung des Gewinns der Mitunternehmerschaft die Wirtschaftsgüter mit den Buchwerten anzusetzen, sofern die Besteuerung der stillen Reserven sichergestellt ist; der übernehmende Mitunternehmer ist an diese Werte gebunden. Dagegen ist für den jeweiligen Übertragungsvorgang rückwirkend der gemeine Wert anzusetzen, soweit bei einer Realteilung, bei der einzelne Wirtschaftsgüter übertragen worden sind, zum Buchwert übertragener Grund und Boden, übertragene Gebäude oder andere übertragene wesentliche Betriebsgrundlagen innerhalb einer Sperrfrist nach der Übertragung veräußert oder entnommen werden; diese Sperrfrist endet drei Jahre nach Abgabe der Steuererklärung der Mitunternehmerschaft für den Veranlagungszeitraum der Realteilung (§ 16 Abs. 3 Satz 2 und 3 EStG).

Im Einvernehmen mit den obersten Finanzbehörden der Länder gilt für die Anwendung des § 16 Abs. 3 Satz 2 bis 4 EStG Folgendes:

I. Definition der Realteilung

Die Realteilung i.S.d. § 16 Abs. 3 Satz 2 und 3 EStG ist durch den auf der Ebene der Mitun-ternehmerschaft verwirklichten Tatbestand der Betriebsaufgabe gekennzeichnet. § 16 Abs. 3 EStG hat Vorrang vor den Regelungen des § 6 Abs. 3 und 5 EStG. Unschädlich für die Annahme einer im Übrigen steuerneutralen Realteilung ist jedoch die Zahlung eines Spitzen- oder Wertausgleichs (siehe auch VI.). Eine Realteilung setzt voraus, dass mindestens eine wesentliche Betriebsgrundlage nach der Realteilung weiterhin Betriebsvermögen eines Realteilers darstellt. Wesentliche Betriebsgrundlage i.S.d. § 16 Abs. 3 Satz 3 EStG sind Wirtschaftsgüter, in denen erhebliche stille Reserven ruhen (quantitative Betrachtungsweise) oder Wirtschaftsgüter, die zur Erreichung des Betriebszwecks erforderlich sind und denen ein besonderes wirtschaftliches Gewicht für die Betriebsführung zukommt (funktionale Betrachtungsweise). Es ist nicht erforderlich, dass jeder Realteiler wesentliche Betriebsgrundlagen des Gesamthandsvermögens erhält. Die in das Privatvermögen überführten oder übertragenen Wirt-schaftsgüter stellen Entnahmen der Realteilungsgemeinschaft dar. Im Übrigen sind zwingend die Buchwerte fortzuführen.

Eine begünstigte Realteilung i.S.v. § 16 Abs. 3 Satz 2 EStG ist insoweit nicht gegeben, als Einzelwirtschaftsgüter der real zu teilenden Mitunternehmerschaft unmittelbar oder mittelbar in das Betriebsvermögen einer Körperschaft, Personenvereinigung oder Vermögensmasse übertragen werden (§ 16 Abs. 3 Satz 4 EStG) und die Körperschaft nicht schon bisher mittelbar oder unmittelbar an dem übertragenen Wirtschaftsgut beteiligt war. Dies gilt auch dann, wenn an der real zu teilenden Mitunternehmerschaft ausschließlich Körperschaften, Personenvereinigungen oder Vermögensmassen beteiligt sind.

II. Abgrenzung der Realteilung von der Veräußerung/Aufgabe eines Mitunternehmeranteils

Von der Realteilung ist die Veräußerung oder die Aufgabe eines Mitunternehmeranteils bei Fortbestehen der Mitunternehmerschaft zu unterscheiden. Scheidet ein Mitunternehmer aus einer mehrgliedrigen Mitunternehmerschaft aus und wird diese im Übrigen von den verbleibenden Mitunternehmern fortgeführt, liegt kein Fall der Realteilung vor. Dies gilt auch dann, wenn der ausscheidende Mitunternehmer wesentliche Betriebsgrundlagen des Gesamthandsvermögens erhält. Es handelt sich in diesen Fällen um den Verkauf oder die Aufgabe eines Mitunternehmeranteils nach § 16 Abs. 1 Satz 1 Nr. 2 oder § 16 Abs. 3 Satz 1 EStG. Ggf. ist eine Buchwertfortführung nach § 6 Abs. 3 oder 5 EStG unter den dort genannten Voraussetzungen vorzunehmen. Dies gilt insbesondere auch im Fall des Ausscheidens eines Mitunternehmers aus einer zweigliedrigen Mitunternehmerschaft unter Fortführung des Betriebes als Einzelunternehmen durch den verbleibenden Mitunternehmer (vgl. BFH-Urteil vom 10. März 1998, BStBl. II 1999 S. 269). Scheidet ein Mitunternehmer aus einer mehrgliedrigen Mitunternehmerschaft in der Weise aus, dass sein Mitunternehmeranteil allen verbleibenden Mitunternehmern anwächst und er einen Abfindungsanspruch gegen die Gesellschaft erhält (Sachwertabfindung), liegt ebenfalls kein Fall der Realteilung vor.

III. Gegenstand der Realteilung

Gegenstand einer Realteilung ist das gesamte Betriebsvermögen der Mitunternehmerschaft, einschließlich des Sonderbetriebsvermögens der einzelnen Realteiler. Die Realteilung kann durch Übertragung oder Überführung von Teilbetrieben, Mitunternehmeranteilen oder Einzelwirtschaftsgütern erfolgen. Mitunternehmeranteile in diesem Sinne sind auch Teile von Mitunternehmeranteilen. Die Übertragung von Mitunternehmeranteilen stellt keinen Fall der Übertragung von Einzelwirtschaftsgütern mit der

Folge der Anwendbarkeit der Sperrfrist dar (vgl. VIII). Die Übertragung einer 100%igen Beteiligung an einer Kapitalgesellschaft ist als Übertragung eines Teilbetriebs zu behandeln.

IV. Übertragung in das jeweilige Betriebsvermögen der einzelnen Mitunternehmer

1. Umfang des Betriebsvermögens

Voraussetzung für die Buchwertfortführung ist, dass das übernommene Betriebsvermögen – hierzu gehört auch das Sonderbetriebsvermögen – nach der Realteilung weiterhin Betriebsvermögen bleibt. Hierfür ist es ausreichend, wenn erst im Rahmen der Realteilung bei den Realteilern durch die Übernahme einzelner Wirtschaftsgüter ein neuer Betrieb (z.B. durch Begründung einer Betriebsaufspaltung) entsteht. Es ist demnach nicht erforderlich, dass die Realteiler bereits vor der Realteilung außerhalb der real zu teilenden Mitunternehmerschaft noch Betriebsvermögen (z.B. im Rahmen eines Einzelunternehmens) haben. Das übernommene Betriebsvermögen muss in das jeweilige Betriebsvermögen des einzelnen Realteilers übertragen werden. Hierzu zählt auch das Sonderbetriebsvermögen bei einer anderen Mitunternehmerschaft. Eine Übertragung einzelner Wirtschaftsgüter des Gesamthandsvermögens in das Gesamthandsvermögen einer anderen Mitunternehmerschaft, an der der Realteiler eben-falls beteiligt ist, ist jedoch zu Buchwerten nicht möglich. Dies gilt auch dann, wenn es sich um eine personenidentische Schwesterpersonengesellschaft handelt.

Beim Übergang eines Mitunternehmeranteils oder eines Teiles eines Mitunternehmeranteils ist eine Übertragung oder Überführung in ein weiteres Betriebsvermögen des Realteilers nicht erforderlich.

2. Betriebsverpachtung im Ganzen

Wird eine Mitunternehmerschaft real geteilt und erfolgt die Realteilung durch Übertragung von Teilbetrieben, können diese Teilbetriebe anschließend im Rahmen einer Betriebsverpachtung im Ganzen unter den Voraussetzungen von R 139 Abs. 5 EStR 2003 (R 16.5 EStR 2005)[1)] verpachtet werden (vgl. BFH vom 14. Dezember 1978, BStBl. 1979 II S. 300). Wird ein land- und forstwirtschaftlicher Betrieb im Wege der Realteilung mit Einzelwirtschaftsgütern geteilt, kann das Verpächterwahlrecht nach der Realteilung erstmalig begründet oder fortgeführt werden, wenn die erhaltenen Wirtschaftsgüter bei dem Realteiler nach der Realteilung einen selbständigen land- und forstwirtschaftlichen Betrieb darstellen (vgl. BMF-Schreiben vom 1. Dezember 2000, BStBl. I S. 1556).

V. Sicherstellung der Versteuerung der stillen Reserven

Eine Übertragung oder Überführung des übernommenen Betriebsvermögens des Realteilers zu Buchwerten in ein anderes Betriebsvermögen ist nur dann möglich, wenn die stillen Reserven weiterhin steuerverhaftet bleiben. Dies ist z.B. dann nicht der Fall, wenn die Wirtschaftsgüter in eine ausländische Betriebsstätte überführt werden, deren Einkünfte durch ein DBA freigestellt sind. Im Übrigen wird auf Tz 2.6 des BMF-Schreibens vom 24. Dezember 1999 (BStBl. I S. 1076) hingewiesen.

VI. Realteilung und Spitzen- oder Wertausgleich[2)]

Wird ein Spitzen- oder Wertausgleich gezahlt, liegt im Verhältnis des Spitzenausgleichs zum Wert des übernommenen Betriebsvermögens ein entgeltliches Geschäft vor. In Höhe des um den anteiligen Buchwert verminderten Spitzenausgleichs entsteht ein Veräußerungsgewinn für den veräußernden Realteiler. Dieser Gewinn ist nicht nach §§ 16 und 34 EStG begünstigt, sondern als laufender Gewinn zu versteuern. Die Realteilung ist auch nach Gewerbesteuerrecht eine Betriebsaufgabe (BFH vom 17. Februar 1994, BStBl. II S. 809); die nachträgliche Aufdeckung vorgenannter stiller Reserven ist diesem Vorgang zuzuordnen. Der Gewinn rechnet grundsätzlich nicht zum Gewerbeertrag nach § 7 Satz 1 GewStG. Ab Erhebungszeitraum 2002 ist der Gewinn aus der Aufdeckung der stillen Reserven aber nach § 7 Satz 2 GewStG als Gewerbeertrag zu erfassen, soweit er nicht auf eine natürliche Person als unmittelbar beteiligter Mitunternehmer entfällt.

Beispiel:

A und B sind Mitunternehmer eines aus zwei Teilbetrieben bestehenden Gewerbebetriebs. Teilbetriebsvermögen 1 hat einen Wert von 2 Mio. € und einen Buchwert von 200.000 €. Teilbetriebsvermögen 2 hat einen Wert von 1,6 Mio. € und einen Buchwert von 160.000 €. Im Wege der Realteilung erhält A das Teilbetriebsvermögen 1 und B das Teilbetriebsvermögen 2. Außerdem zahlt A an B eine Abfindung von 200.000 €.

---

1) Siehe jetzt § 16 Abs. 3 b EStG
2) Siehe auch BFH-Urteil vom 11.4.2013 – (BStBl. 2014 II S. 242):
   Eine Realteilung mit Spitzenausgleich liegt vor, wenn ein Mitunternehmer aus eigenen Mitteln einen Ausgleich an den anderen Mitunternehmer leistet, weil er etwa im Rahmen der Realteilung Wirtschaftsgüter übernommen hat, deren Verkehrswerte den Wert seines Anteils am Gesamthandsvermögen übersteigen.

A stehen bei der Realteilung wertmäßig 1,8 Mio. € (50 % von 3,6 Mio. €) zu. Da er aber 2 Mio. € erhält, also 200.000 € mehr, zahlt er diesen Betrag für 1/10 (10 % von 2 Mio. € = 200.000 €) des Teilbetriebsvermögens 1, das er mehr erhält. A erwirbt also 9/10 des Teilbetriebsvermögens 1 unentgeltlich und 1/10 entgeltlich. Auf diese 1/10 entfällt ein Buchwert von 20.000 €, so dass A die Aktivwerte um 180.000 € (200.000 € Abfindung abzgl. anteiligem Buchwert von 20.000 €) aufstocken muss und B einen als laufenden Gewinn zu versteuernden Veräußerungsgewinn von 180.000 € (200.000 € Abfindung ./. 20.000 € anteiliger Buchwert) zu versteuern hat.

VII. Ansatz des übernommenen Betriebsvermögens

Entspricht der Buchwert des erhaltenen Vermögens dem Buchwert des bisherigen Kapitalkontos des jeweiligen Realteilers und geht auf den betreffenden Realteiler betragsmäßig genau der Anteil an den stillen Reserven über, der ihm zuvor auf Ebene der Mitunternehmerschaft zuzurechnen war, erübrigen sich in den Eröffnungsbilanzen der Realteiler bilanzielle Anpassungsmaßnahmen. Entspricht jedoch die Summe der Buchwerte der übernommenen Wirtschaftsgüter nicht dem Buchwert des Kapitalkontos, sind bilanzielle Anpassungsmaßnahmen erforderlich, damit sich Aktiva und Passiva in der Bilanz des Realteilers entsprechen. Hierzu ist die sog. Kapitalkontenanpassungsmethode anzuwenden. Bei der Kapitalkontenanpassungsmethode werden die Buchwerte der übernommenen Wirtschaftsgüter von den Realteilern in ihren eigenen Betrieben fortgeführt. Die Kapitalkonten der Realteiler laut Schlussbilanz der Mitunternehmerschaft werden durch Auf- oder Abstocken gewinnneutral dahin angepasst, dass ihre Höhe der Summe der Buchwerte der übernommenen Wirtschaftsgüter entspricht (BFH-Urteil vom 10. Dezember 1991, BStBl. 1992 II S. 385).

Beispiel:
A ist zu 40 %, B zu 60 % an der AB-OHG beteiligt. A und B beschließen, die OHG aufzulösen. Im Wege der Realteilung soll A den Teilbetrieb I und B den Teilbetrieb II erhalten. Die Schlussbilanz der OHG sieht wie folgt aus:

Schlussbilanz

Aktiva			Passiva		
	Buchwerte	Gemeine Werte		Buchwerte	Auseinandersetzungsansprüche
Teilbetrieb I	50 000	80 000	Kapital A	40 000	80 000
Teilbetrieb II	50 000	120 000	Kapital B	60 000	120 000
	100 000	200 000		100 000	200 000

Der Buchwert des Teilbetriebs I (50.000) übersteigt den Buchwert des Kapitalkontos des A um 10 000, während der Buchwert des Teilbetriebs II den Buchwert des Kapitalkontos des B um 10 000 unterschreitet.

Lösung:
Die Eröffnungsbilanzen stellen sich wie folgt dar:

Eröffnungsbilanz A

Aktiva				Passiva
Teilbetrieb I	50 000	Kapital A	40 000	
		Kapitalanpassung	10 000	50 000
	50 000			50 000

Eröffnungsbilanz B

Aktiva				Passiva
Teilbetrieb I	50 000	Kapital B	60 000	
		Kapitalanpassung	− 10 000	50 000
	50 000			50 000

VIII. Sperrfrist

Werden im Rahmen einer Realteilung einzelne Wirtschaftsgüter in ein Betriebsvermögen des Realteilers übertragen, ist für den jeweiligen Übertragungsvorgang nach § 16 Abs. 3 Satz 3 EStG rückwirkend der gemeine Wert anzusetzen, soweit übertragener Grund und Boden, Gebäude (ausgenommen Umlaufvermögen) oder andere übertragene wesentliche Betriebsgrundlagen innerhalb der Sperrfrist entnommen oder veräußert (maßgeblicher Zeitpunkt: Übergang des wirtschaftlichen Eigentums) werden. Auch die Entnahme oder Veräußerung von Grund und Boden und Gebäuden des Anlagevermögens, die keine wesentlichen Betriebsgrundlagen darstellen, löst die Folgen des § 16 Abs. 3 Satz 3 EStG aus. Bei einer Realteilung durch Übertragung von Betrieben, Teilbetrieben oder Mitunternehmeranteilen ist die Sperrfrist jedoch unbeachtlich. Die Sperrfrist beginnt im Zeitpunkt der Realteilung und endet drei Jahre nach Abgabe der Feststellungserklärung der Mitunternehmerschaft für den Veranlagungszeitraum der Realteilung.

Eine Veräußerung ist grundsätzlich auch eine Einbringung der im Rahmen der Realteilung erhaltenen einzelnen Wirtschaftsgüter, wenn sie zusammen mit einem Betrieb, Teilbetrieb oder Mitunternehmeranteil nach §§ 20, 24 UmwStG eingebracht werden, unabhängig davon, ob die Buchwerte, Teilwerte[1] oder Zwischenwerte angesetzt werden. Als Veräußerung gilt auch ein Formwechsel nach § 25 UmwStG. Überträgt der Realteiler Wirtschaftsgüter, die im Anschluss an die Realteilung Betriebsvermögen geworden sind, gegen Gewährung von Gesellschaftsrechten nach § 6 Abs. 5 EStG auf einen Dritten, liegt auch eine Veräußerung vor.

IX. Folgen bei Veräußerung oder Entnahme während der Sperrfrist

Eine schädliche Entnahme oder Veräußerung i.S.d. § 16 Abs. 3 Satz 3 EStG führt zu einer rückwirkenden Aufdeckung der in den veräußerten oder entnommenen Wirtschaftsgütern enthaltenen stillen Reserven. Dieser Vorgang stellt ein Ereignis mit steuerlicher Rückwirkung dar (§ 175 Abs. 1 Satz 1 Nr. 2 AO). Eine Aufdeckung der übrigen stillen Reserven erfolgt nicht. Der aus der nachträglichen Aufdeckung entstehende Gewinn stellt einen laufenden Gewinn dar, der nicht nach §§ 16 und 34 EStG begünstigt ist. Die Realteilung ist auch nach Gewerbesteuerrecht eine Betriebsaufgabe (BFH vom 17. Februar 1994, BStBl. II S. 809); die nachträgliche Aufdeckung vorgenannter stiller Reserven ist daher ein Vorgang nach Betriebsaufgabe. Der Gewinn rechnet daher grundsätzlich nicht zum Gewerbeertrag nach § 7 Satz 1 GewStG. Ab Erhebungszeitraum 2002 ist der Gewinn aus der Aufdeckung der stillen Reserven aber nach § 7 Satz 2 GewStG als Gewerbeertrag zu erfassen, soweit er nicht auf eine natürliche Person als unmittelbar beteiligter Mitunternehmer entfällt.

Dieser Gewinn ist bei Wirtschaftsgütern, die zum Gesamthandsvermögen der Mitunternehmerschaft gehörten, allen Realteilern nach dem allgemeinen Gewinnverteilungsschlüssel zuzurechnen, es sei denn, dass der Gewinn nach dem Gesellschaftsvertrag oder den von den Mitunternehmern schriftlich getroffenen Vereinbarungen über die Realteilung allein dem entnehmenden oder veräußernden Realteiler zuzurechnen ist. Gehörten die Wirtschaftsgüter zum Sonderbetriebsvermögen eines Realteilers, ist der Gewinn aus der schädlichen Entnahme oder Veräußerung diesem Realteiler zuzurechnen. Soweit Sonderbetriebsvermögen eines Realteilers von einem anderen Realteiler im Rahmen der Realteilung übernommen wurde, ist der Gewinn nur dann dem übernehmenden Realteiler zuzurechnen, wenn dies in den schriftlichen Vereinbarungen über die Realteilung so vereinbart wurde.

X. Zeitliche Anwendung

Für Veranlagungszeiträume 1999 und 2000 war eine steuerneutrale Realteilung nur bei Übertragung von Betrieben, Teilbetrieben oder Mitunternehmeranteilen möglich. Ab Veranlagungszeitraum 2001 ist eine steuerneutrale Realteilung auch bei Übertragung von Einzelwirtschaftsgütern möglich. Wurde eine Realteilung mit Übertragung von Einzelwirtschaftsgütern vor dem 1. Januar 2001 begonnen, aber erst nach dem 31. Dezember 2000 beendet, liegt keine Realteilung i.S.d. § 16 Abs. 3 Satz 2 bis 4 EStG i.d.F. des StEntlG 1999/2000/2002 vom 24. März 1999 (BStBl. I S. 402) vor. Die Realteilung beginnt mit der Übertragung der ersten wesentlichen Betriebsgrundlage auf den jeweiligen Mitunternehmer und endet mit der Übertragung der letzten wesentlichen Betriebsgrundlage auf den jeweiligen Mitunternehmer.

Dieses Schreiben ist auf alle offenen Fälle für Übertragungen ab dem 1. Januar 2001 anzuwenden.

---

[1] Gemeiner Wert für Umwandlungen nach dem 12.12.2006

Veräußerung eines Mitunternehmeranteils und Anwendung der §§ 16 Abs. 4, 34 Abs. 3 EStG

– Vfg OFD Koblenz vom 28.2.2007 – S 2243 A – St 313 –

- **Veräußerung des ganzen Mitunternehmeranteils an der Obergesellschaft**
Nach einer zwischen den obersten Finanzbehörden des Bundes und der Länder abgestimmten Auffassung ist die Veräußerung des ganzen Anteils an einer Mitunternehmerschaft, zu deren Betriebsvermögen die Beteiligung an einer anderen Mitunternehmerschaft gehört (sog. doppelstöckige Personengesellschaft), als **einheitlicher** Veräußerungsvorgang zu behandeln, **für den insgesamt**, soweit die Voraussetzungen im Übrigen erfüllt sind, § 16 Abs. 4 und § 34 Abs. 3 EStG Anwendung findet.
Schaubild zu einem beispielhaften Grundsachverhalt:

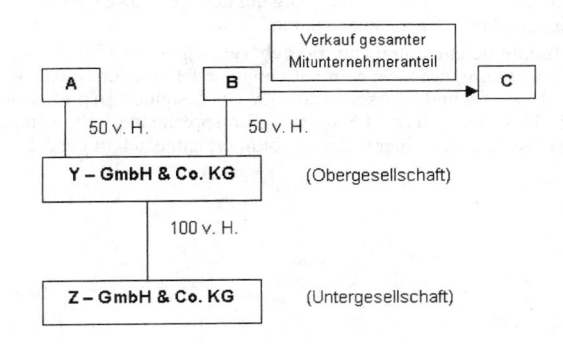

```
                    Verkauf gesamter
                    Mitunternehmeranteil
   ┌───┐        ┌───┐ ──────────────────▶ ┌───┐
   │ A │        │ B │                     │ C │
   └─┬─┘        └─┬─┘                     └───┘
   50 v. H.    50 v. H.
        ┌──────────────┐
        │ Y – GmbH & Co. KG │  (Obergesellschaft)
        └──────┬───────┘
            100 v. H.
        ┌──────────────┐
        │ Z – GmbH & Co. KG │  (Untergesellschaft)
        └──────────────┘
```

– Besonderheit bei der Ermittlung des Veräußerungsgewinns

Handelsbilanziell stellt die Beteiligung an einer Personengesellschaft einen eigenständigen Vermögensgegenstand dar, für den die allgemeinen handelsrechtlichen Bewertungsgrundsätze gelten (§ 253 Abs. 2 HGB).

Der Anteil an einer Personengesellschaft (Mitunternehmerschaft) stellt ertragsteuerlich kein bilanzierungsfähiges Wirtschaftsgut dar (BFH vom 25.02.1991 – GrS 7/89, BStBl II 1991, 691). Der handelsrechtliche Ansatz der Beteiligung an der Personengesellschaft ist für Zwecke der Steuerbilanz ohne Bedeutung. In der Steuerbilanz des Gesellschafters erfolgt der Wertansatz in Höhe dessen Kapitalkontos bei der Personengesellschaft nach der sogenannten Spiegelbildmethode. Für das bei der Ermittlung des Veräußerungsgewinns (§ 16 Abs. 1 Nr. 2 i. V. m. Abs. 2 EStG) in Abzug zu bringende Buchkapital des Mitunternehmers an der Obergesellschaft ist die Beteiligung an der Untergesellschaft auf den Zeitpunkt der Veräußerung ebenfalls nach diesem Grundsatz zu bewerten.

– Besonderheit bei der Erfassung stiller Reserven auf der Seite des Erwerbers

Mit dem Veräußerungspreis abgegoltene stille Reserven sind, soweit sie anteilig auf Wirtschaftsgüter des Betriebsvermögens der Untergesellschaft entfallen, in einer Ergänzungsbilanz für den Erwerber bei der Untergesellschaft - neben ggf. bereits bestehenden Ergänzungsbilanzen für die Obergesellschaft, für andere Mitunternehmer der Untergesellschaft oder andere Mitunternehmer der Obergesellschaft - zu berücksichtigen.

- **Veräußerung eines ganzen Mitunternehmeranteils, der zum Betriebsvermögen eines Einzelunternehmers gehört**
Wird im Zusammenhang mit der Veräußerung eines Einzelunternehmens ein zu dessen Betriebsvermögen gehörender Mitunternehmeranteil veräußert, handelt es sich um zwei getrennt voneinander zu beurteilende Rechtsakte. Die Anwendbarkeit des § 16 Abs. 4 EStG ist daher für jeden Vorgang gesondert zu prüfen. Liegen hinsichtlich beider Vorgänge die Voraussetzungen des § 16 Abs. 4 EStG vor, kann der Stpfl. den Abzug des Freibetrags entweder bei der Veräußerung des Einzelunternehmens oder bei der Veräußerung des Mitunternehmeranteiles beantragen (R 16 Abs. 13 Satz 6 und 7 EStR 2005).

Gewerbesteuer
Die o. a. Rechtsauffassung ist auch für Zwecke der Gewerbesteuer anzuwenden. Dies gilt insbesondere bei Anwendung des § 7 Satz 2 GewStG .

Anlage § 016–11

Zu § 16 EStG

– II. Verfügung OFD Frankfurt vom 16.09.2014 – S 2241 A – 99 – St 213 –

Anders als im Handelsrecht, das die Beteiligung an einer Personengesellschaft als eigenständigen Vermögensgegenstand qualifiziert, stellt ertragsteuerlich die Beteiligung der Obergesellschaft als Mitunternehmer der Untergesellschaft nach dem BFH-Urteil vom 25.04.1985 (BStBl. 1985 II, 350) kein eigenes Wirtschaftsgut dar, sondern vielmehr den Anteil des Gesellschafters an den einzelnen Wirtschaftsgütern des Gesellschaftsvermögens der Untergesellschaft. In der Steuerbilanz der Obergesellschaft wird deren Beteiligung an der Untergesellschaft nach der sogenannten Spiegelbildmethode in Höhe ihres Kapitalkontos bei der Untergesellschaft ausgewiesen.

Wird die Beteiligung an der Obergesellschaft veräußert, so handelt es sich um einen einheitlichen Veräußerungsvorgang. Der Veräußerungsgewinn ist nach den allgemeinen Grundsätzen des § 16 EStG durch Gegenüberstellung des Veräußerungspreises und des Kapitalkontos der Obergesellschaft, in das auch das Kapitalkonto der Untergesellschaft einfließt, zu ermitteln. Soweit die Voraussetzungen im Übrigen vorliegen, sind für diesen einheitlichen Vorgang der Freibetrag nach § 16 Abs. 4 EStG und die Tarifermäßigung nach § 34 Abs. 3 EStG zu gewähren.

Gehört dagegen ein Mitunternehmeranteil zum Betriebsvermögen eines Einzelunternehmers, so handelt es sich im Falle der Veräußerung um zwei getrennt voneinander zu beurteilende Rechtsakte, für die die Anwendbarkeit der §§ 16 Abs. 4 und 34 Abs. 3 EStG jeweils gesondert zu prüfen sind (vgl. R 16 Abs. 13 Sätze 6 und 7 sowie R 34.5 Abs. 2 Satz 3 EStR 2013). Entsprechendes gilt, wenn ein Mitunternehmeranteil zum Sonderbetriebsvermögen einer anderen Mitunternehmerschaft gehört.

Absenkung der Beteiligungsgrenze in § 17 EStG auf 1 %

– BdF-Schreiben vom 27.05.2013 – IV C 6-S 2244/12/10001, 2013/0463063 (BStBl. I S. 721) –

Im Einvernehmen mit den obersten Finanzbehörden der Länder gilt zur Anwendung der Grundsätze des BFH-Urteils vom 11. Dezember 2012 – IX R 7/12 – Folgendes:
Nach den Grundsätzen des BFH-Urteils vom 11. Dezember 2012 ist der Begriff der Beteiligung veranlagungszeitraumbezogen auszulegen, indem das Tatbestandsmerkmal „innerhalb der letzten fünf Jahre am Kapital der Gesellschaft wesentlich beteiligt" in § 17 Absatz 1 Satz 1 EStG für jeden abgeschlossenen Veranlagungszeitraum nach der in diesem Veranlagungszeitraum jeweils geltenden Beteiligungsgrenze zu bestimmen ist.
Die Urteilsgrundsätze sind auf alle vergleichbaren Fälle im Bereich der Absenkung der Beteiligungsgrenze in § 17 EStG von mehr als 25 % auf mindestens 10 % anzuwenden. Eine analoge Anwendung auf die Absenkung der Beteiligungsgrenze durch das Steuersenkungsgesetz vom 23. Oktober 2000 (StSenkG) auf 1 % ist aus nachfolgenden Gründen nicht vorzunehmen:
Seit der Absenkung der Beteiligungsgrenze auf 1 % durch das StSenkG ist nach dem Gesetzeswortlaut des § 17 Absatz 1 Satz 1 EStG Tatbestandsvoraussetzung, dass der Steuerpflichtige „innerhalb der letzten fünf Jahre am Kapital der Gesellschaft unmittelbar oder mittelbar zu mindestens 1 % beteiligt war". Anders als die Fassung des Steuerentlastungsgesetzes 1999/2000/2002 ab dem Veranlagungszeitraum 1999 enthält § 17 Absatz 1 EStG i. d. F. des StSenkG den Begriff der Wesentlichkeit der Beteiligung nicht mehr.
Dieses Schreiben wird im Bundessteuerblatt I veröffentlicht.

Nachträgliche Änderung eines Veräußerungsgewinns i. S. von § 17 EStG[1)]

– Erlaß Nordrhein-Westfalen vom 1. März 1994 – S 2244 – 9 – VB 1 –

Mit Beschluß vom 19.7.1993 (GrS 2/92, BStBl. II 1993 S. 897) hat der Große Senat des BFH für den Bereich des § 16 EStG entschieden, daß ein Ereignis mit steuerlicher Rückwirkung auf den Zeitpunkt der Veräußerung vorliegt, wenn die gestundete Kaufpreisforderung für die Veräußerung eines Gewerbebetriebs in einem späteren Veranlagungszeitraum ganz oder teilweise uneinbringlich wird.
Es ist die Frage aufgeworfen worden, ob die vom Großen Senat entwickelten Grundsätze entsprechend auch für den Ausfall der Kaufpreisforderung aus der Veräußerung einer wesentlichen Beteiligung i. S. von *§ 17 EStG* gelten.
Nach Ansicht des Großen Senats ist unter dem Begriff „Veräußerungspreis" in § 16 Abs. 2 EStG der tatsächlich erzielte Erlös zu verstehen. Dies erfordere es, später eingetretene Veränderungen beim ursprünglich vereinbarten Veräußerungspreis solange und soweit materiell-rechtlich auf den Zeitpunkt der Veräußerung zurückzubeziehen, als der Erwerber seine Verpflichtung zur Zahlung des Kaufpreises noch nicht erfüllt hat. Dabei sei es unerheblich, welche Gründe für die Minderung oder Erhöhung des Erlöses maßgebend waren.
Diese Erwägungen, die sich nicht zuletzt auch auf das Gebot der leistungsfähigkeitsgerechten Besteuerung stützen, sind angesichts der Parallelität der Regelungen von § 16 Abs. 2 und § 17 Abs. 2 EStG auch auf den Bereich des § 17 EStG zu übertragen.
Dieser Erlaß ist im Einvernehmen mit dem BMF und den obersten Finanzbehörden der anderen Länder ergangen.

---

1) Siehe auch das BFH-Urteil vom 21.12.1993 (BStBl. 1994 II S. 648).

Anlage § 017–03

Zu § 17 EStG

Auflösung einer Kapitalgesellschaft i. S. des § 17 Abs. 4 EStG

– Vfg OFD Frankfurt vom 19.7.2005 – S 2244 A – 19 – St II 2.05 –

Nach § 17 Abs. 4 Satz 1 EStG sind die Vorschriften des § 17 Abs. 1 bis Abs. 3 EStG über die Besteuerung von Gewinnen und Verlusten aus der Veräußerung von Anteilen an Kapitalgesellschaften entsprechend anzuwenden, wenn eine Kapitalgesellschaft aufgelöst wird. Nach § 17 Abs. 1 und Abs. 4 EStG gehört somit zu den Einkünften aus Gewerbebetrieb auch der Gewinn aus der Auflösung von Kapitalgesellschaften, wenn der Gesellschafter innerhalb der letzten fünf Jahre am Kapital der Gesellschaft i. S. des § 17 Abs. 1 EStG beteiligt war und er die Beteiligung in seinem Privatvermögen hält. Entsprechendes gilt auch für die aus der Auflösung einer Kapitalgesellschaft entstehenden Verluste, sofern die Verlustberücksichtigung nicht nach § 17 Abs. 2 Satz 4 EStG ausgeschlossen wird.

1. Entstehung eines Auflösungsgewinns bzw. -verlustes

Die Entstehung eines Auflösungsgewinns oder -verlustes setzt die zivilrechtliche Auflösung der Kapitalgesellschaft voraus (vgl. BFH vom 3.6.1993, BStBl. II 1994, 162) und vom 3.6.1993, BFH/NV 1994, 364).

Zivilrechtliche Gründe für die Auflösung einer GmbH sind nach § 60 GmbHG:

- Ablauf der im Gesellschaftsvertrag bestimmten Zeit (§ 60 Abs. 1 Nr. 1 GmbHG)
- entsprechender Gesellschafterbeschluss (§ 60 Abs. 1 Nr. 2 GmbHG)
- gerichtliches Urteil oder Entscheidung des Verwaltungsgerichts oder der Verwaltungsbehörde (§ 60 Abs. 1 Nr. 3 i. V. m. §§ 61, 62 GmbHG)
- Eröffnung des Konkursverfahrens bzw. Eröffnung des Insolvenzverfahrens (§ 60 Abs. 1 Nr. 4 GmbHG)
- Rechtskraft des Beschlusses, durch den die Eröffnung des Konkurs- bzw. Insolvenzverfahrens mangels Masse abgelehnt worden ist (§ 60 Abs. 1 Nr. 5 GmbHG)
- Rechtskraft einer Verfügung des Registergerichts, durch welche nach den §§ 144a, 144b des Gesetzes über die Angelegenheiten der freiwilligen Gerichtsbarkeit ein Mangel des Gesellschaftsvertrags oder die Nichteinhaltung der Verpflichtungen nach § 19 Abs. 4 GmbHG festgestellt worden ist (§ 60 Abs. 1 Nr. 6 GmbHG)
- Löschung der Gesellschaft wegen Vermögenslosigkeit nach § 141a des Gesetzes über die Angelegenheiten der freiwilligen Gerichtsbarkeit (§ 60 Abs. 1 Nr. 7 GmbHG)
- andere, im Gesellschaftsvertrag festgesetzte Auflösungsgründe (§ 60 Abs. 2 GmbHG)

Zivilrechtliche Gründe für die Auflösung einer AG sind nach § 262 AktG:

- Ablauf der in der Satzung bestimmten Zeit (§ 262 Abs. 1 Nr. 1 AktG)
- entsprechender Beschluss der Hauptversammlung (§ 262 Abs. 1 Nr. 2 AktG)
- Eröffnung des Konkursverfahrens bzw. Eröffnung des Insolvenzverfahrens (§ 262 Abs. 1 Nr. 3 AktG)
- Rechtskraft des Beschlusses, durch den die Eröffnung des Konkurs- bzw. Insolvenzverfahrens mangels Masse abgelehnt worden ist (§ 262 Abs. 1 Nr. 4 AktG)
- Rechtskraft einer Verfügung des Registergerichts, durch welche nach § 144a des Gesetzes über die Angelegenheiten der freiwilligen Gerichtsbarkeit ein Mangel der Satzung festgestellt worden ist (§ 262 Abs. 1 Nr. 5 AktG)
- Löschung der Gesellschaft wegen Vermögenslosigkeit nach § 141a des Gesetzes über die Angelegenheiten der freiwilligen Gerichtsbarkeit (§ 262 Abs. 1 Nr. 6 AktG)
- andere, im Gesellschaftsvertrag festgesetzte Auflösungsgründe (§ 262 Abs. 2 AktG)

2. Zeitpunkt der steuerlichen Berücksichtigung des Auflösungsgewinns bzw. -verlustes

Von dem Zeitpunkt der zivilrechtlichen Auflösung der Kapitalgesellschaft ist der Zeitpunkt der steuerlichen Berücksichtigung des Auflösungsgewinns bzw. -verlustes zu unterscheiden. Der BFH hat dabei folgende Grundsätze aufgestellt (vgl. BFH vom 4.11.1997, BStBl. II 1999, 344; vom 25.1.2000, BStBl. II 2000, 343; vom 14.6.2000, BFH/NV 2001, 302; vom 12.12.2000, BStBl. II 2001, 286; vom 12.12.2000, BStBl. II 2001, 385; vom 12.12.2000, BFH/NV 2001, 757; vom 12.12.2000, BFH/NV 2001, 761; vom 27.11.2001, BStBl. II 2002, 731 – vgl. auch H 17.7 Auflösung und Kapitalherabsetzung EStH 2001).

Der Zeitpunkt der steuerlichen Berücksichtigung des Auflösungsgewinns bzw. -verlustes bestimmt sich nach den Grundsätzen ordnungsgemäßer Buchführung, insbesondere dem sog. Realisationsprinzip.

Die Realisation des Auflösungsgewinns bzw. -verlustes setzt neben der zivilrechtlichen Auflösung der Gesellschaft voraus, dass der i. S. des § 17 Abs. 1 EStG beteiligte Gesellschafter mit Zuteilungen und Rückzahlungen aus dem Gesellschaftsvermögen nicht mehr rechnen kann, und es muss feststehen, ob und in welcher Höhe noch nachträgliche Anschaffungskosten oder sonstige im Rahmen des § 17 Abs. 2 EStG zu berücksichtigende wesentliche Aufwendungen anfallen werden.

Im Falle der *Auflösung mit anschließender Liquidation* sind die vorgenannten Voraussetzungen grundsätzlich erst im Zeitpunkt des Abschlusses der Liquidation erfüllt. Ausnahmsweise kann der Zeitpunkt der steuerlichen Berücksichtigung des Auflösungsergebnisses schon vor Abschluss der Liquidation liegen, wenn mit einer wesentlichen Änderung des bereits festgestellten Auflösungsergebnisses nicht mehr zu rechnen ist. Diese Voraussetzung ist beispielsweise erfüllt, wenn die Kapitalgesellschaft entsprechend ihrer vorgelegten Bilanz bereits im Zeitpunkt des Auflösungsbeschlusses vermögenslos war oder das Konkurs- bzw. Insolvenzverfahren nach § 107 KO/§ 26 InsO mangels Masse abgelehnt und innerhalb der sog. Notfrist von zwei Wochen keine (erfolgreiche) Beschwerde gegen den abweisenden Beschluss eingelegt wird. In diesen Fällen kann die Möglichkeit einer Auskehrung von Restvermögen an die Gesellschafter ausgeschlossen werden. Die Vermögenslosigkeit der Gesellschaft und ihre nachfolgende Löschung im Handelsregister haben ihre Vollbeendigung zur Folge. Bei der Prüfung, ob mit einer Auskehrung von Gesellschaftsvermögen an den Gesellschafter und mit einer wesentlichen Änderung der durch die Beteiligung veranlassten Aufwendungen nicht mehr zu rechnen ist, sind auch Sachverhalte zu berücksichtigen, die die Kapitalgesellschaft oder den Gesellschafter – wenn er Kaufmann wäre – zur Bildung einer Rückstellung verpflichten würden.

Eine Kapitalgesellschaft kann unter Berücksichtigung der besonderen Zwecksetzung des § 17 EStG trotz vorhandener Aktivwerte als vermögenslos behandelt werden, wenn der i. S. des § 17 Abs. 1 EStG beteiligte Gesellschafter mit einer Auskehrung von Gesellschaftsvermögen im Rahmen der Vermögensverteilung nach § 72 GmbHG nicht mehr rechnen konnte (vgl. BFH vom 12.10.1999; BFH/NV 2000, 561; vom 27.11.2001 a. a.O.).

Im Falle eines *Konkurs- bzw. Insolvenzverfahrens* kann der Auflösungsverlust (ein Auflösungsgewinn wird in diesen Fällen in der Regel nicht in Betracht kommen) grundsätzlich erst im Zeitpunkt der Beendigung des Konkurs- bzw. Insolvenzverfahrens berücksichtigt werden. Bei Eröffnung lässt es sich i. d. R. nicht feststellen, ob es zu der Auskehrung von Restvermögen an die Gesellschafter kommt. Die stillen Reserven sind bei Veräußerungsgeschäften erst dann realisiert, wenn der Konkurs- bzw. Insolvenzverwalter die einzelnen Wirtschaftsgüter des Gesellschaftsvermögens oder das Unternehmen im Ganzen veräußert und mit den letzten Geschäftsvorfall die Grundlage für die Schlussverteilung geschaffen hat. Denn die Dauer eines Konkurs- bzw. Insolvenzverfahrens ist nicht abzuschätzen. Dies gilt vor allem dann, wenn umfangreiches Betriebsvermögen mit erheblichen stillen Reserven abzuwickeln ist. Während des Konkurs- oder Insolvenzverfahrens können sich die Marktwerte der Wirtschaftsgüter erheblich verändern. Es kommt hinzu, dass bei der Eröffnung des Konkurs- bzw. Insolvenzverfahrens nicht sicher ist, ob es zu einer Vollbeendigung der Gesellschaft und damit zu einem endgültigen Auflösungsverlust der Gesellschafter kommt.

Denn Ziel der Eröffnung des Konkursverfahrens nach der bis 1998 geltenden Rechtslage war entweder die Zerschlagung der Gesellschaft oder die Herbeiführung eines Zwangsvergleichs. Selbst bei erheblicher Überschuldung ist bis zur Schlussverteilung ein Zwangsvergleich möglich, wenn die Masse ausreicht, um die Masseansprüche und die bevorrechtigten Gläubiger zu befriedigen. Dies gilt auch dann, wenn die Gesellschaft ihre werbende Tätigkeit eingestellt hat und die gesamte Aktivmasse den Gläubigern zur anteiligen Befriedigung gegen Erlass der Restschulden hingegeben werden soll (sog. Liquidationsvergleich). Nach dem Wirksamwerden des Vergleichs erhält die Gesellschaft ihr Verfügungsrecht über die Konkursmasse und die Möglichkeit wieder zurück, die Verlustanteile der Gesellschafter durch Gewinne wieder auszugleichen.

Nach § 1 InsO sind die Erhaltung des Unternehmens in Ausführung eines Insolvenzplans und die Liquidation gleichrangige Ziele des Verfahrens. Auch ist zu beachten, dass nach § 18 InsO bereits die drohende Zahlungsunfähigkeit einen Insolvenzgrund darstellt. Auch im Falle des Insolvenzverfahrens muss daher die Auflösung der Gesellschaft nicht zwangsläufig zu deren Vollbeendigung führen.

Ausnahmsweise kommt eine Berücksichtigung des Auflösungsverlustes schon vor Beendigung des Konkurs- bzw. Insolvenzverfahrens in Betracht, wenn aufgrund des Inventars und der Konkurs- bzw. Insolvenzeröffnungsbilanz oder einer Zwischenrechnungslegung ohne weitere Ermittlungen mit einer an Sicherheit grenzenden Wahrscheinlichkeit damit zu rechnen ist, dass das Vermögen der Gesellschaft zu Liquidationswerten die Schulden nicht mehr decken wird und ein Zwangsvergleich ausgeschlossen ist. Dies ist nicht der Fall, wenn noch erhebliches Vermögen vorhanden ist, dessen konkrete Verwertungsergebnisse bei Eröffnung des Konkurs- bzw. Insolvenzverfahrens noch nicht absehbar sind.

Anlage § 017–03 Zu § 17 EStG

Beschließen die Gesellschafter die Auflösung der Gesellschaft, ist ein Auflösungsgewinn oder -verlust solange nicht entstanden, wie die Fortsetzung der Gesellschaft konkret möglich erscheint und tatsächlich in Betracht kommt. Da die Fortsetzung einer Gesellschaft grundsätzlich zulässig ist, besteht bei Auflösung durch Gesellschafterbeschluss bis zur Beendigung noch die Möglichkeit, dass sich die Gesellschafter zur Fortsetzung entscheiden, wenn das Gesellschaftsvermögen mindestens die Schulden deckt. Da die Beendigung erst durch Löschung im Handelsregister eintritt, kann ein Auflösungsverlust mithin vor der Löschung nur angesetzt werden, wenn eine Fortsetzung ausgeschlossen erscheint (vgl. FG Hamburg, Urt. vom 11.7.2001 – VI 150/99, EFG 2001, 1445).

Liegt bei zivilrechtlicher Auflösung der Kapitalgesellschaft nach der zu diesem Zeitpunkt geltenden Rechtslage eine Beteiligung i. S. des § 17 Abs. 1 EStG vor, so ist im Jahr der Realisierung des Auflösungsverlustes ab dem Veranlagungszeitraum 1996 die Einschränkung der Verlustberücksichtigung gemäß § 17 Abs. 2 Satz 4 EStG zu beachten. Die darin geregelte fünfjährige Haltefrist läuft nach Eröffnung des Konkurs- bzw. Insolvenzverfahrens weiter.

Zu § 17 EStG   **Anlage § 017–04**

Auswirkung des Gesetzes zur Modernisierung des GmbH-Rechts und zur Bekämpfung von Missbräuchen (MoMiG) auf nachträgliche Anschaffungskosten gemäß § 17 Absatz 2 EStG

– BdF-Schreiben vom 21.10.2010 – IV C 6-S 2244/08/10001, 2010/0810418 (BStBl. I S.832) –

Der Bundesfinanzhof (BFH) hat unter Geltung des GmbH-Rechts vor Inkrafttreten des Gesetzes zur Modernisierung des GmbH-Rechts und zur Bekämpfung von Missbräuchen (MoMiG) am 1. November 2008 (BGBl. I S. 2026) in mehreren Urteilen zur Höhe der nachträglichen Anschaffungskosten gemäß § 17 Absatz 2 EStG in den Fällen des Darlehensverlustes eines i. S. des § 17 EStG beteiligten Gesellschafters Stellung genommen (BFH-Urteile vom 24. April 1997, BStBl. 1999 II S. 339 und BStBl. 1999 II S. 342 , vom 4. November 1997, BStBl. 1999 II S. 344, sowie vom 10. November 1998, BStBl. 1999 II S. 348). Nach den in diesen Urteilen zum Ausdruck kommenden Rechtsgrundsätzen gehören zu den Anschaffungskosten einer Beteiligung i. S. des § 17 EStG auch nachträgliche Aufwendungen auf die Beteiligung, wenn sie durch das Gesellschaftsverhältnis veranlasst und weder Werbungskosten bei den Einkünften aus Kapitalvermögen noch Veräußerungskosten sind. Danach zählt zu diesen Aufwendungen auch die Wertminderung des Rückzahlungsanspruchs aus einem der Gesellschaft gewährten Darlehen. Nach Auffassung des BFH muss der Begriff der nachträglichen Anschaffungskosten in § 17 EStG weit ausgelegt werden, damit das die Einkommensbesteuerung beherrschende Nettoprinzip im Anwendungsbereich dieser Norm ausreichend wirksam werden kann. Dem durch die Beteiligung veranlassten Ertrag ist der durch sie veranlasste Aufwand gegenüberzustellen. Als nachträgliche Anschaffungskosten i. S. des § 17 Absatz 2 EStG kommen deshalb nicht nur Aufwendungen in Betracht, die auf der Ebene der Gesellschaft als Nachschüsse oder verdeckte Einlagen zu werten sind, sondern auch sonstige, durch das Gesellschaftsverhältnis veranlasste Aufwendungen des Gesellschafters, sofern diese nicht Werbungskosten bei den Einkünften aus Kapitalvermögen oder Veräußerungskosten i. S. von § 17 Absatz 2 EStG sind. Die Finanzverwaltung hatte die Anwendung der durch die genannten BFH-Urteile geschaffenen Rechtsgrundsätze seinerzeit in dem BMF-Schreiben vom 8. Juni 1999 (BStBl. I S. 545) zusammengefasst.

Zu der Frage, welche Folgen sich für die Anwendung des § 17 EStG aufgrund des ab dem 1. November 2008 geltenden MoMiG (a. a. O.) ergeben, nehme ich im Einvernehmen mit den obersten Finanzbehörden der Länder wie folgt Stellung:

1. Rechtslage auf Grund des MoMiG

Das bisherige Recht bestand zum einen aus dem Bereich der gesetzlichen Regelungen in §§ 32a, 32b GmbHG (sog. Novellenregeln), und zum anderen aus einer aus der BGH-Rechtsprechung entwickelten analogen Anwendung der §§ 30, 31 GmbHG (sog. Rechtsprechungsregeln). Durch das MoMiG wurde das Eigenkapitalersatzrecht grundlegend dereguliert. Die Bestimmungen über kapitalersetzende Darlehen (§§ 32a, 32b GmbHG) wurden im Rahmen des MoMiG aus dem GmbHG entfernt und im Insolvenzrecht sowie im Anfechtungsgesetz (AnfG) neu geordnet. Damit hat der Gesetzgeber auch den zu §§ 30, 31 GmbHG entwickelten Rechtsprechungsregeln die gesetzliche Grundlage entzogen. Kern der Neuregelungen in den §§ 39 Absatz 1 Nummer 5 , §§ 44a, 135, 143 Absatz 3 der Insolvenzordnung (InsO) ist eine gesetzliche Nachrangigkeit aller Rückzahlungsansprüche aus Gesellschafterdarlehen in der Insolvenz, unabhängig davon, ob sie in der Krise gewährt wurden oder nicht („insolvenzrechtliches Institut der Nachrangigkeit"). Ist das Darlehen im Jahr vor Stellung des Insolvenzantrags getilgt worden oder wurde es zehn Jahre vor dem Eröffnungsantrag besichert, so ist gemäß § 135 Absatz 1 Nummer 2 InsO zusätzlich die Insolvenzanfechtung eröffnet, d. h. es besteht die Anfechtbarkeit der im letzten Jahr vor dem Insolvenzantrag von der Gesellschaft zurückgezahlten Gesellschafterleistungen, und zwar unabhängig von einer tatbestandlichen Anknüpfung an einen eigenkapitalersetzenden Charakter der Leistung. Wurde das Darlehen im Jahr vor Erlangung eines vollstreckbaren Schuldtitels zurückgezahlt oder wurde es zehn Jahre vor diesem Zeitpunkt besichert, so ist – außerhalb des Insolvenzverfahrens – zusätzlich die Anfechtungsmöglichkeit nach § 6 AnfG eröffnet. Das frühere Sanierungsprivileg und das frühere Kleinanlegerprivileg werden sinngemäß in § 39 Absatz 1 Nummer 5 , Absatz 4 und 5 InsO beibehalten, so dass die vorgenannten Einschränkungen hier nicht gelten.

2. Nachrangigkeit der Gesellschafterdarlehen

Während die Rechtsprechung bisher von einer Anbindung an das Eigenkapitalersatzrecht ausging (BFH-Urteil vom 13. Juli 1999 , BStBl. II S. 724), ist nach Abschaffung der Eigenkapitalersatzregeln in §§ 32a, 32b GmbHG die Darlehensgewährung durch den Gesellschafter selbst die alleinige Voraussetzung für die insolvenzrechtliche Bindung des Darlehens. Mit Ausnahme der durch das Sanierungsprivileg und

Anlage § 017–04

Zu § 17 EStG

das Kleinanlegerprivileg begünstigten Gesellschafterdarlehen treten alle Gesellschafterdarlehen in der Insolvenz unabhängig von ihrer vertraglichen Ausgestaltung und unabhängig vom Zeitpunkt der Hingabe gemäß § 39 Absatz 1 Nummer 5 InsO an die letzte Stelle aller Gläubiger.

Für die Frage nachträglicher Anschaffungskosten im Rahmen des § 17 Absatz 2 EStG ist auf die gesellschaftsrechtliche Veranlassung abzustellen. Unbeschadet der Aufgabe des Eigenkapitalersatzrechts durch das MoMiGorientiert sich deshalb die Auslegung einer gesellschaftsrechtlichen Veranlassung nach wie vor an der bereits von dem BMF-Schreiben vom 8. Juni 1999 (BStBl. I S. 545) herangezogenen Figur des ordentlichen und gewissenhaften Geschäftsführers, so dass bei gesellschaftsrechtlicher Veranlassung auch zukünftig nachträgliche Anschaffungskosten bei uneinbringlichen Rückzahlungsansprüchen des Gesellschafters anzunehmen sind.

3. Steuerliche Folgerungen für den Anschaffungskostenbegriff i. S. des § 17 EStG

Ein Darlehen ist nach Auffassung des BFH u. a. dann durch das Gesellschaftsverhältnis veranlasst, wenn im Zeitpunkt seiner Gewährung oder Weitergewährung die Rückzahlung des Darlehens angesichts der finanziellen Situation der Gesellschaft in dem Maße gefährdet ist, dass ein ordentlicher Kaufmann das Risiko einer Kreditgewährung zu denselben Bedingungen wie der Gesellschafter nicht mehr eingegangen wäre (sog. Krise). Der Begriff der Krise und die steuerliche Anknüpfung an die Krise werden auch im zeitlichen Geltungsbereich des MoMiG beibehalten. Außerdem ist auch nach der Abschaffung des Eigenkapitalersatzrechts im Rahmen des MoMiG eine gesellschaftsrechtliche Veranlassung der Darlehensgewährung danach zu beurteilen, ob die Gesellschaft unter den bestehenden Verhältnissen von einem Dritten noch einen Kredit zu marktüblichen Bedingungen erhalten hätte. Die bisherige Rechtsprechung des BFH zu nachträglichen Anschaffungskosten im Rahmen des § 17 Absatz 2 EStG kann daher grundsätzlich weiterhin angewendet werden.

Was im Fall der Hingabe des Darlehens in der Krise der Gesellschaft gilt, gilt nach Auffassung des BFH grundsätzlich auch bei einem der Gesellschaft vor der Krise gewährten Darlehen, wenn der Gesellschafter das Darlehen stehen lässt, obwohl er es hätte abziehen können und es angesichts der veränderten finanziellen Situation der Gesellschaft absehbar war, dass die Rückzahlung gefährdet sein wird (sog. stehen gelassenes Darlehen).

Im Einzelnen unterscheidet der BFH für die Frage des Umfangs nachträglicher Anschaffungskosten vier Fallgruppen:

a) Hingabe des Darlehens in der Krise

Im Falle der Hingabe des Darlehens in der Krise ist nach Auffassung des BFH für die Höhe der Anschaffungskosten dessen Nennwert maßgeblich.

b) Stehen gelassene Darlehen

Im Falle eines „stehen gelassenen" Darlehens ist grundsätzlich der gemeine Wert in dem Zeitpunkt maßgeblich, in dem es der Gesellschafter mit Rücksicht auf das Gesellschaftsverhältnis nicht abzieht; dies kann ein Wert erheblich unter dem Nennwert des Darlehens, im Einzelfall sogar ein Wert von 0 Euro sein. Nach der neuen, durch das MoMiG geschaffenen Rechtslage kann allerdings ein „stehen gelassenes" Darlehen begrifflich nur noch dann vorliegen, wenn die Krise zeitlich vor dem Beginn des Anfechtungszeitraums nach § 6 AnfG entstanden ist.

Ist die Krise erst nach dem Beginn des Anfechtungszeitraums entstanden, ist die Fallgruppe der „krisenbestimmten" Darlehen anzuwenden (vgl. hierzu unten unter d).

c) Finanzplandarlehen

Schon unter der Geltung des früheren GmbH-Rechts waren von den eigenkapitalersetzenden Darlehen die sog. Finanzplandarlehen abzugrenzen. Dies sind solche Darlehen, die von vornherein in die Finanzplanung der Gesellschaft in der Weise einbezogen werden, dass die zur Aufnahme der Geschäfte erforderliche Kapitalausstattung der Gesellschaft krisenunabhängig durch eine Kombination von Eigen- und Fremdfinanzierung erreicht werden soll. Solche von den Gesellschaftern gewährten „finanzplanmäßigen" Kredite zur Finanzierung des Unternehmenszwecks sind nach Gesellschaftsrecht den Einlagen gleichgestellt. Die Bindungen für sog. Finanzplandarlehen ergaben sich schon vor dem Inkrafttreten des MoMiG nicht aus dem Eigenkapitalersatzrecht, sondern aus den vertraglich herbeigeführten Vereinbarungen und Bindungen der Gesellschafter. Auch der Bundesgerichtshof (BGH) hat zwischen Eigenkapitalersatzrecht und Finanzplandarlehen differenziert. Die Abschaffung des Eigenkapitalersatzrechts hat also keine Auswirkungen auf die bisherige Behandlung der Finanzplandarlehen.

Liegt ein in diesem Sinne krisenunabhängiges Finanzplandarlehen vor, ist es nach Auffassung des BFH nicht nur von vornherein – also mit seiner Hingabe – gesellschaftsrechtlich als Haftkapital gebunden; es ist auch für die steuerrechtliche Beurteilung davon auszugehen, dass es mit Rücksicht auf das Gesellschaftsverhältnis gewährt wurde. Dementsprechend erhöhen sich im Falle seines Verlustes die Anschaffungskosten der Beteiligung nicht nur in Höhe seines Wertes im Zeitpunkt der Krise, sondern in Höhe seines Wertes im Zeitpunkt der Gründung der Gesellschaft, also seines Nennwertes.

d) Krisenbestimmte Darlehen
Was für Finanzplandarlehen gilt, muss – jedenfalls im Grundsatz – auch für krisenbestimmte Darlehen gelten. Dies sind Darlehen, bei denen der Gesellschafter schon vor dem Eintritt der Krise mit bindender Wirkung gegenüber der Gesellschaft oder den Gesellschaftsgläubigern erklärt, dass er das Darlehen auch im Falle einer Krise stehen lassen werde. Für die Frage der Höhe der nachträglichen Anschaffungskosten ist allerdings bei krisenbestimmten Darlehen weiter zu differenzieren. Es ist hier zu prüfen, ob die Krisenbindung des Darlehens – wie häufig – auf vertraglichen Vereinbarungen oder aber auf den gesetzlichen Neuregelungen der InsO und des AnfG aufgrund des MoMiG beruht:

aa) Krisenbestimmte Darlehen aufgrund vertraglicher Vereinbarungen
Hat der Gesellschafter schon zu einem früheren Zeitpunkt mit bindender Wirkung gegenüber der Gesellschaft oder den Gesellschaftsgläubigern erklärt, dass er das Darlehen auch in der Krise der Gesellschaft stehen lassen wird, führt der Ausfall eines solchen krisenbestimmten Darlehens zu nachträglichen Anschaffungskosten auf die Beteiligung in Höhe des Nennwerts des Darlehens. Denn zu einer solchen Erklärung wäre ein Darlehensgeber, der nicht auch Gesellschafter ist, mit Rücksicht auf das ihm bei Gefährdung des Rückzahlungsanspruchs regelmäßig zustehende außerordentliche Kündigungsrecht im Allgemeinen nicht bereit.

Der Ansatz in Höhe des Nennwerts des Darlehens beruht nach Auffassung des BFH auf der Erwägung, dass bei den krisenbestimmten Darlehen die Bindung bereits mit dem Verzicht auf eine ordentliche und außerordentliche Kündigung im Zeitpunkt der Krise eintritt und deshalb der Verlust des Darlehens auf diesem Verzicht und nicht nur auf den später eintretenden gesetzlichen Rechtsfolgen der Krise beruht, womit sich diese Fallgruppe wesentlich von derjenigen der „stehen gelassenen" Darlehen unterscheidet.

bb) Krisenbestimmte Darlehen aufgrund der gesetzlichen Neuregelungen in §§ 39, 135 InsO sowie § 6 AnfG
Beruht die Krisenbindung des Darlehens auf den gesetzlichen Neuregelungen der InsO und des AnfG aufgrund des MoMiG, so ist davon auszugehen, dass bereits die gesetzlichen Neuregelungen in der InsO und im AnfG mit Beginn des Anfechtungszeitraums den darlehensgebenden Gesellschafter wirtschaftlich regelmäßig so stellen, als habe er eine Krisenbindung vereinbart.

Die nachträglichen Anschaffungskosten bemessen sich für den Fall, dass die gesellschaftsrechtliche Veranlassung auf die insolvenzrechtliche Nachrangigkeit zurückgeht, nach dem gemeinen Wert im Zeitpunkt des Beginns des Anfechtungszeitraums.

4. Sanierungsprivileg
Nach § 39 Absatz 1 Nummer 5 , Absatz 4 InsO unterliegen zwar Darlehen (Darlehensforderungen), die zum Zwecke der Sanierung des Unternehmens hingegeben werden, nicht dem oben beschriebenen Nachranggebot. Gleichwohl ist es nach der Rechtsprechung des BFH (BFH-Urteil vom 19. August 2008, BStBl. II 2009 S. 5) zum bisherigen Sanierungsprivileg (§ 32a Absatz 3 Satz 3 GmbHG a. F.), – welche sinngemäß auch auf die neue Rechtslage nach dem MoMiG übertragen werden kann – der Sinn und Zweck des Sanierungsprivilegs als Sonderregelung, Anreize dafür zu bieten, einer GmbH Risikokapital zur Verfügung zu stellen und sich an Sanierungen zu beteiligen. Dieser Zweck würde nach Ansicht des BFH unterlaufen, wenn der das Sanierungskapital gebende Gesellschafter gegenüber anderen Gesellschaftern steuerrechtlich benachteiligt würde. Daher führen spätere Darlehensverluste auch hier sowohl nach der alten als auch nach der neuen Rechtslage zu nachträglichen Anschaffungskosten.

5. Kleinanlegerprivileg[1]
Sinn und Zweck des Kleinanlegerprivilegs gemäß § 39 Absatz 1 Nummer 5, Absatz 5 InsO (bisher Zwerganteilsprivileg nach § 32a Absatz 3 Satz 2 GmbHG a. F.) ist – anders als beim unter 4. beschriebenen Sanierungsprivileg – nicht die Schaffung eines Anreizes zur Gewährung von Risikokapital, sondern allein die gesetzliche Klarstellung, dass nicht geschäftsführende GmbH-Gesellschafter mit einer nur geringen Beteiligung am Stammkapital nicht unternehmerisch beteiligt sind und deshalb nicht in der Finanzierungsverantwortung für die Gesellschaft stehen (BR-Drucks. 967/96 S. 22 f.; BT-Drucks. 13/

---

[1] Siehe aber BFH-Urteil vom 6.5.2014 (BStBl. II S. 781):
Hat der darlehensgebende Gesellschafter mit der Gesellschaft vereinbart, das Darlehen solle „wie Eigenkapital" behandelt werden und halten sich die Beteiligten in der Insolvenz der Gesellschaft an diese Abrede, führt der endgültige Ausfall des Darlehensrückforderungsanspruchs zu nachträglichen Anschaffungskosten der Beteiligung, auch wenn der Gesellschafter mit nicht mehr als 10 % am Stammkapital der Gesellschaft beteiligt war.

7141 S. 11 f.). Der damalige Gesetzgeber hat damit die BGH-Rechtsprechung zu den eigenkapitalersetzenden Gesellschafterdarlehen bei Aktiengesellschaften auch im Bereich der Gesellschaften mit beschränkter Haftung für anwendbar gehalten. Diese Grundentscheidung hat der Gesetzgeber auch im Rahmen der durch das MoMiG vollzogenen gesetzlichen Neuregelung beibehalten. Allerdings wurde die Schwelle für die Finanzierungsfolgenverantwortung des Gesellschafters nunmehr rechtsformneutral auf eine 10-Prozent-Beteiligung festgesetzt (BT-Drucks. 16/6140 S. 57).

Die Nichtberücksichtigung des Verlustes eines im Sinne des § 32a Abs. 3 Satz 2 GmbHG a. F. beteiligten Gesellschafters im Rahmen der nachträglichen Anschaffungskosten nach § 17 Absatz 2 EStG (BFH-Urteil vom 2. April 2008, BStBl. II S. 706) ist daher – unter Beachtung der geänderten Beteiligungsgrenze – auch auf die Rechtslage nach MoMiG übertragbar.

6. Anwendungsregelung

Dieses BMF-Schreiben ist in allen noch offenen Fällen anzuwenden, bei denen auf die Behandlung des Darlehens die Vorschriften des MoMiG anzuwenden sind. Ein Darlehen ist nach den Vorschriften des MoMiG zu behandeln, wenn das Insolvenzverfahren bei einer GmbH nach dem 31. Oktober 2008 eröffnet wurde oder wenn Rechtshandlungen, die nach § 6 AnfG der Anfechtung unterworfen sind, nach dem 31. Oktober 2008 vorgenommen wurden. Für die übrigen Darlehen gilt weiterhin das BMF-Schreiben vom 8. Juni 1999 (BStBl. I S. 545).

Dieses Schreiben wird im Bundessteuerblatt Teil I veröffentlicht.

Rückwirkende Absenkung der Beteiligungsgrenze in § 17 Absatz 1 Satz 4 EStG[1)]

– BdF-Schreiben vom 20.12.2010 – IV C 6 – S 2244/10/10001, 2010/1006836 (BStBl. 2011 I S. 16) –

Das Bundesverfassungsgericht (BVerfG) hat mit Beschluss vom 7. Juli 2010 (BVerfG 2 BvR 748/05, 2 BvR 753/05 und 2 BvR 1738/05 entschieden, dass § 17 Absatz 1 Satz 4 in Verbindung mit § 52 Absatz 1 Satz 1 EStG in der Fassung des Steuerentlastungsgesetzes 1999/2000/2002 (StEntlG 1999/2000/2002) vom 24. März 1999 (BGBl. I S. 402) gegen die verfassungsrechtlichen Grundsätze des Vertrauensschutzes verstößt und nichtig ist, soweit in einem Veräußerungsgewinn Wertsteigerungen steuerlich erfasst werden, die bis zur Verkündung des StEntlG 1999/2000/2002 am 31. März 1999 entstanden sind und die entweder – bei einer Veräußerung bis zu diesem Zeitpunkt – nach der zuvor geltenden Rechtslage steuerfrei realisiert worden sind oder – bei einer Veräußerung nach Verkündung des Gesetzes – sowohl zum Zeitpunkt der Verkündung als auch zum Zeitpunkt der Veräußerung nach der zuvor geltenden Rechtslage steuerfrei hätten realisiert werden können. Das BVerfG begründet seine Entscheidung damit, dass insoweit bereits eine konkrete Vermögensposition entstanden sei, die durch die rückwirkende Absenkung der Beteiligungsgrenze nachträglich entwertet werde. Das führe zu einer unzulässigen Ungleichbehandlung im Vergleich zu Anteilseignern, die ihre Anteile noch bis Ende 1998 verkauft hatten, da diese den Gewinn noch steuerfrei vereinnahmen konnten. Dies sei unter dem Gesichtspunkt der Lastengleichheit nicht zulässig.

Soweit sich der steuerliche Zugriff auf die erst nach der Verkündung der Neuregelung eintretenden Wertsteigerungen beschränke, begegne dies unter Gesichtspunkten des Vertrauensschutzes jedoch keinen verfassungsrechtlichen Bedenken, auch wenn sie bislang steuerfrei gewesen wären. Zwar könne der Erwerb einer Beteiligung in einer bestimmten Höhe maßgeblich von der Erwartung bestimmt sein, etwaige Wertsteigerungen steuerfrei realisieren zu können. Die bloße Möglichkeit, Gewinne später steuerfrei vereinnahmen zu können, begründe aber keine vertrauensrechtlich geschützte Position, weil damit im Zeitpunkt des Erwerbs nicht sicher gerechnet werden könne.

Im Einvernehmen mit den obersten Finanzbehörden der Länder gelten für die Anwendung des Beschlusses des Bundesverfassungsgerichts vom 7. Juli 2010 (a. a. O.) die folgenden Grundsätze:

A. Beteiligung i. H. v. mehr als 25 %

War der Veräußerer in den letzten fünf Jahren vor der Veräußerung am Kapital der Gesellschaft unmittelbar oder mittelbar zu mehr als 25 % beteiligt, hat der o. g. BVerfG-Beschlusskeine Auswirkungen auf die steuerrechtliche Beurteilung der Veräußerung, da die Veräußerungen nach altem wie nach neuem Recht steuerbar sind.

B. Beteiligung i. H. v. weniger als 10 % vor Geltung des Steuersenkungsgesetzes (StSenkG) vom 23. Oktober 2000 (BStBl. I S. 1433; BStBl. I S. 1428)

Auf Veräußerungen vor Geltung des StSenkGhat der o. g. BVerfG-Beschluss keine Auswirkungen auf die steuerrechtliche Beurteilung der Veräußerung, wenn der Veräußerer in den letzten fünf Jahren vor der Veräußerung am Kapital der Gesellschaft unmittelbar oder mittelbar durchgehend zu weniger als 10 % beteiligt war, da die Veräußerungen nach altem (mehr als 25 %) wie nach neuem (mindestens 10 %) Recht nicht steuerbar sind.

C. Beteiligung i. H. v. mind. 10 % aber höchstens 25%

War der Veräußerer in den letzten fünf Jahren vor der Veräußerung am Kapital der Gesellschaft unmittelbar oder mittelbar zu höchstens 25 %, jedoch zu mind. 10 % beteiligt, gilt für die Besteuerung der Gewinne und Verluste aus der Veräußerung der Anteile Folgendes:

I. Veräußerung bis 31. März 1999

Der Gewinn aus der Veräußerung der Anteile ist nicht steuerbar.

II. Veräußerung ab dem 1. April 1999

1. Veräußerungsgewinne

Der Gewinn aus der Veräußerung der Anteile ist nur insoweit nicht steuerbar, als er auf den Wertzuwachs bis zum 31. März 1999 entfällt. Zur Ermittlung des Veräußerungsgewinns tritt abweichend von § 17 Absatz 2 EStG der gemeine Wert der veräußerten Anteile zum 31. März 1999 an die Stelle der ursprünglichen Anschaffungskosten. Soweit es sich um börsennotierte Anteile an Kapitalgesellschaften handelt, ist dies der Börsenkurs vom 31. März 1999. Liegt für den 31. März 1999 keine Notierung vor, ist

---
1) Siehe auch Anlage § 006–10 und Anlage § 017-01.

Anlage § 017–05

Zu § 17 EStG

der letzte innerhalb von 30 Tagen im regulierten Markt notierte Kurs anzusetzen. Soweit es sich nicht um börsennotierte Anteile handelt, vgl. Aussagen unter a) – c).

Beispiel:
A ist seit 1990 zu 10 % an der A-GmbH (AK umgerechnet 100.000 €) beteiligt. Er veräußert die Beteiligung am 2. August 2010 für 1.000.000 €. Der Wert der Beteiligung belief sich am 31. März 1999 auf umgerechnet 500.000 €.

Die beim Verkauf realisierten stillen Reserven (900.000 €) dürfen nur besteuert werden, soweit sie nach dem 31. März 1999 entstanden sind. Es dürfen im VZ 2010 daher nur 500.000 € (1.000.000 € (Veräußerungspreis) abzüglich 500.000 € (Wert der Beteiligung zum 31. März 1999)) im Teileinkünfteverfahren besteuert werden. Der steuerpflichtige Veräußerungsgewinn im Jahr 2010 beträgt demnach (500.000 € x 60 % =) 300.000 €.

a) Vereinfachungsregelung zur Ermittlung des steuerbaren Veräußerungsgewinns

Aus Vereinfachungsgründen ist der Umfang des steuerbaren Wertzuwachses der veräußerten Anteile regelmäßig entsprechend dem Verhältnis der Besitzzeit nach dem 31. März 1999 im Vergleich zur Gesamthaltedauer aus Vereinfachungsgründen zeitanteilig linear (monatsweise) zu ermitteln. Angefangene Monate werden bei der Ermittlung der Gesamtbesitzzeit aufgerundet und bei der Ermittlung der steuerbaren Besitzzeit (1. April 1999 bis Veräußerungsdatum) abgerundet.

Beispiel:
A hat am 15. Januar 1997 Anteile i. H. v. 20 % an der C-GmbH erworben (AK: umgerechnet 100.000 €). Am 3. August 2009 veräußerte A die Anteile für 500.000 €.

Die Gesamtbesitzzeit für die Anteile an der C-GmbH beträgt 150 volle und einen 1 angefangenen Monat (= aufgerundet 151 Monate). Auf den Zeitraum 31. März 1999 bis 3. August 2009 entfallen 124 volle Monate und 1 angefangener Monat (= abgerundet 124 Monate). Der Wertzuwachs von 400.000 € für die Anteile an der C-GmbH ist zu einem Anteil von 124/151 = 328.476 € steuerbar. Unter Berücksichtigung des Teileinkünfteverfahrens beträgt der steuerpflichtige Veräußerungsgewinn im Jahr 2009 (328.476 € x 60 % =) 197.085 €.

b) Abweichende Aufteilung zugunsten des Steuerpflichtigen

Abweichend davon findet die Vereinfachungsregelung auf Antrag des Steuerpflichtigen keine Anwendung, wenn dieser einen tatsächlich höheren Wertzuwachs für den Zeitraum zwischen dem Erwerb der Anteile und dem Zeitpunkt der Verkündung des StEntlG 1999/2000/2002 in geeigneter Weise (z. B. durch Gutachten oder anhand von tatsächlichen Veräußerungen in zeitlicher Nähe zum 31. März 1999) nachweist. Vgl. dazu auch die Aussagen unter II.3.

c) Abweichende Aufteilung zuungunsten des Steuerpflichtigen

Sofern im Einzelfall die grundsätzlich durchzuführende zeitanteilig lineare Aufteilung des Wertzuwachses zu offensichtlichen Widersprüchen zu den tatsächlichen Wertverhältnissen führt und klare, nachweisbare Anhaltspunkte für eine wesentliche – den linear ermittelten steuerbaren Wertzuwachs übersteigende – Wertsteigerung für den Zeitraum nach dem 31. März 1999 und dem Veräußerungszeitpunkt vorliegen, kann die Finanzverwaltung abweichend von der Vereinfachungsregelung auch eine andere – im Einzelfall sachgerechtere – Aufteilung des Wertzuwachses auch zuungunsten des Steuerpflichtigen durchführen. Vgl. dazu auch die Aussagen unter II.3.

2. Veräußerungsverluste

Auf Veräußerungsverluste (bezogen auf die gesamte Besitzzeit) i. S. v. § 17 EStG findet der Beschluss des BVerfG vom 7. Juli 2010 (a. a. O.) keine Anwendung. Bei der Ermittlung des Veräußerungsverlustes sind daher die ursprünglichen Anschaffungskosten zu berücksichtigen (§ 17 Absatz 2 EStG). Dies gilt auch, wenn bis zum 31. März 1999 eine Werterhöhung eingetreten ist (vgl. auch Aussagen unter II.3). Der Verlust ist ohne zeitanteilig lineare Aufteilung unter Beachtung des § 3c Absatz 2 EStG bei der Ermittlung des zu versteuernden Einkommens anzusetzen.

Beispiel
A war seit 1990 zu 10 % an der C-GmbH (AK umgerechnet 100.000 €) beteiligt. Am 31. März 1999 belief sich der Wert seiner Anteile auf umgerechnet 60.000 €. Am 2. August 2010 veräußerte A seine Anteile für 50.000 €.

Aus dem Verkauf entsteht im VZ 2010 ein Veräußerungsverlust i. H. v. 50.000 €, der im Teileinkünfteverfahren (§ 3 Nummer 40 Satz 1 Buchstabe c EStG i. V. m. § 3c Absatz 2 EStG) mit 60 % (30.000 €) abzugsfähig ist.

Anlage § 017–05

3. Berücksichtigung von zwischenzeitlichen Wertminderungen

Wird von der Vereinfachungsregelung unter II.1 nicht Gebrauch gemacht, gilt für die Berücksichtigung von zwischenzeitlichen Wertminderungen (= Wert der Beteiligung ist unter die Anschaffungskosten gesunken.) Folgendes:

a) Wertminderungen bis zum 31. März 1999

Wertminderungen, die bis zum 31. März 1999 eingetreten sind, jedoch nach diesem Zeitpunkt wieder aufgeholt wurden, bleiben ohne steuerliche Auswirkung. Der Beschluss des BVerfG vom 7. Juli 2010 (a. a. O.) ist nicht dahingehend zu interpretieren, dass bis zum 31. März 1999 eingetretene Wertminderungen den späteren Veräußerungsgewinn erhöhen. Der Beschluss betrifft ausdrücklich nur die bis zum 31. März 1999 eingetretene Wertsteigerung als verfassungsrechtlich geschützte Vermögensposition. In diesen Fällen sind nach Maßgabe der Regelungen unter II.1.c) bei der Ermittlung des Veräußerungsgewinns nach § 17 Absatz 2 EStG die ursprünglichen Anschaffungskosten zu berücksichtigen.

Beispiel

A war seit 1990 zu 10 % an der C-GmbH (AK umgerechnet 100.000 €) beteiligt. Am 31. März 1999 belief sich der Wert seiner Anteile auf umgerechnet 60.000 €. Am 2. August 2010 veräußerte A seine Anteile für 300.000 €.

Aus dem Verkauf entsteht ein Veräußerungsgewinn von 200.000 €, der unter Berücksichtigung des Teileinkünfteverfahrens (§ 3 Nummer 40 Satz 1 Buchstabe c EStG i. V. m. § 3c Absatz 2 EStG) zu 60 % (= 120.000 €) steuerpflichtig ist.

b) Wertminderungen nach dem 31. März 1999

Fand bis zum 31. März 1999 eine Werterhöhung statt und wurde diese durch eine spätere Wertminderung vollständig kompensiert, tritt im Fall der Veräußerung der Anteile der Wert der Beteiligung zum 31. März 1999 nach Maßgabe der Regelungen unter II.1.c) nicht an die Stelle der Anschaffungskosten, so dass sowohl die Werterhöhung als auch die spätere Wertminderung außer Ansatz bleiben.

Beispiel

A war seit 1990 zu 10 % an der C-GmbH (AK umgerechnet 100.000 €) beteiligt. Am 31. März 1999 belief sich der Wert seiner Anteile auf umgerechnet 500.000 €. Am 2. August 2010 veräußerte A seine Anteile für 100.000 €.

Aus dem Verkauf entsteht ein Veräußerungsgewinn von 0 €. Ein Veräußerungsverlust ist nicht zu berücksichtigen, da der gemeine Wert der Anteile zum 31. März 1999 nicht als Anschaffungskosten zu betrachten ist.

Fand bis zum 31. März 1999 eine vom Steuerpflichtigen nachgewiesene Werterhöhung statt und trat danach eine Wertminderung ein, die die Werterhöhung nur teilweise kompensierte, ist die noch nicht verzehrte Werterhöhung nach den Grundsätzen des o. g. BVerfG-Beschlusses nicht steuerbar.

Beispiel

A war seit 1990 zu 10 % an der C-GmbH (AK umgerechnet 100.000 €) beteiligt. Am 31. März 1999 belief sich der Wert seiner Anteile sich auf umgerechnet 500.000 €. Am 2. August 2010 veräußerte A seine Anteile für 300.000 €.

Aus dem Verkauf entsteht an sich ein Veräußerungsgewinn von 200.000 €. Da dieser Veräußerungsgewinn auf eine Werterhöhung zurückgeht, die vor dem 31. März 1999 eingetreten ist, ist er nicht steuerbar.

D. Absenkung der Beteiligungsgrenze auf mind. 1 % durch das StSenkG vom 23. Oktober 2000 (BGBl. I S. 1435 vom 26. Oktober 2000, BStBl. I S. 1428)[1)]

Die unter A. bis C. dargestellten Grundsätze sind entsprechend anzuwenden. Das StSenkG ist am 26. Oktober 2000 im BGBl. verkündet worden.

E. Anwendungsregelung

Dieses Schreiben ist auf alle noch offenen Fälle anzuwenden.

---

1) Siehe auch Anlage § 017-01.

Anlage § 018–01

Zu § 18 EStG

Ertragsteuerliche Behandlung von ärztlichen Laborleistungen

– I. – BdF-Schreiben vom 12.02.2009 – IV C 6 – S 2246/08/10001, 2009/0080376 (BStBl. I S. 398) –

Im Einvernehmen mit den obersten Finanzbehörden der Länder gilt zur ertragsteuerlichen Beurteilung von ärztlichen Laborleistungen Folgendes:

I. Erbringung von Laborleistungen durch einen niedergelassenen Laborarzt

1 Der Laborarzt erzielt Einkünfte aus freiberuflicher Tätigkeit (§ 18 Abs. 1 Nr. 1 Satz 2 EStG), wenn er – ggf. unter Mithilfe fachlich vorgebildeter Arbeitskräfte - auf Grund der eigenen Fachkenntnisse leitend und eigenverantwortlich tätig wird (sog. Stempeltheorie). Dies ist nach den Umständen des Einzelfalls zu beurteilen. Hierfür sind die Praxisstruktur, die individuelle Leistungskapazität des Arztes, das in der Praxis anfallende Leistungsspektrum und die Qualifikation der Mitarbeiter zu berücksichtigen. Eine leitende und eigenverantwortliche Tätigkeit liegt im Einzelfall z. B. dann nicht vor, wenn die Zahl der vorgebildeten Arbeitskräfte und die Zahl der täglich anfallenden Untersuchungen eine Eigenverantwortlichkeit ausschließen.

II. Erbringung von Laborleistungen durch eine Laborgemeinschaft

1. Definition der Laborgemeinschaft

2 Nach § 25 Abs. 3 des Bundesmantelvertrages-Ärzte (BMV-Ä) ist eine Laborgemeinschaft eine Gemeinschaftseinrichtung von Vertragsärzten, welche dem Zweck dient, labormedizinische Analysen in derselben gemeinschaftlich genutzten Betriebsstätte zu erbringen. Die Gesellschaften besitzen aus diesem Grund die für das Labor notwendigen Räume, stellen das Hilfspersonal ein und beschaffen die notwendigen Apparate und Einrichtungen. Die Gesellschafter haben in der Regel gleiche Investitionseinlagen zu leisten und sind am Gesellschaftsvermögen in gleicher Höhe beteiligt.

3 Laborgemeinschaften können in unterschiedlichen Organisationsformen – wie z. B. als Leistungserbringer, als Abrechnungseinheit oder als Laborgemeinschaft mit einer gesonderten Betriebsführungs- oder Laborgesellschaft – tätig werden.

2. Ertragsteuerliche Beurteilung

4 Unabhängig von der jeweiligen Organisationsform kommt es für die ertragsteuerliche Beurteilung auf die Gewinnerzielungsabsicht (§ 15 Abs. 2 EStG) an.

a) Erbringung von Laborleistungen ausschließlich an Mitglieder

5 Bei einer Laborgemeinschaft handelt es sich ertragsteuerlich regelmäßig um eine Kosten-/Hilfsgemeinschaft, die lediglich den Gesellschaftszweck „Erlangung wirtschaftlicher Vorteile durch gemeinsame Übernahme von Aufwendungen" verfolgt, d. h. die auf gemeinsame Rechnung getätigten Betriebsausgaben im Einzelnen auf ihre Mitglieder umzulegen. Die Ausgliederung aus der Einzelpraxis erfolgt ausschließlich aus technischen Gründen. Die Laborgemeinschaften sollen lediglich kostendeckend arbeiten, jedoch keinen Gewinn erzielen. Eine Gewinnerzielungsabsicht liegt daher grundsätzlich nicht vor.

6 Ist eine Ärztegemeinschaft an einer lediglich kostendeckend arbeitenden Laborgemeinschaft beteiligt, entsteht keine Mitunternehmerschaft i. S. v. § 15 Abs. 1 Satz 1 Nr. 2 EStG, so dass § 15 Abs. 3 Nr. 1 EStG für die gesamte Ärztegemeinschaft nicht anwendbar ist. Die Einnahmen aus einer Laborgemeinschaft oder aus Laborleistungen sind in diesem Fall unmittelbar den Einnahmen aus selbständiger Arbeit der beteiligten Ärzte zuzurechnen.

7 Da die Laborgemeinschaft auf Grund der lediglich kostendeckenden Auftragsabwicklung nicht mit Gewinnerzielungsabsicht tätig wird, ist in diesem Fall eine einheitliche und gesonderte Gewinnfeststellung für die Laborgemeinschaft nicht vorzunehmen. Es sind lediglich die anteiligen Betriebsausgaben gesondert festzustellen. Dies gilt auch für Laborgemeinschaften mit einer großen Zahl von Mitgliedern.

8 Die Änderung der Abrechnungsgrundsätze zwischen der Laborgemeinschaft und der gesetzlichen Krankenversicherung in Folge der Neuregelung des § 25 Abs. 3 BMV-Ä ändert an dieser Rechtsauffassung nichts, wenn die Laborgemeinschaft weiterhin lediglich die Kosten gegenüber der gesetzlichen Krankenkasse in der Höhe abrechnet, in der diese ihr tatsächlich entstanden sind (§ 25 Abs. 3 Satz 4 BMV-Ä). Der Gewinn wird in diesem Fall weiterhin ausschließlich durch die einzelnen Mitglieder im Rahmen ihrer jeweiligen ärztlichen Tätigkeit erwirtschaftet.

9 Sind an einer Laborgemeinschaft, die nicht mit Gewinnerzielungsabsicht tätig wird, auch niedergelassene Laborärzte beteiligt, ist eine Umqualifizierung der Einkünfte erst auf der Ebene des niedergelassenen Laborarztes nach den oben dargestellten Grundsätzen zu prüfen.

Zu § 18 EStG

Anlage § 018–01

Erzielt die Laborgemeinschaft hingegen Gewinne, stellt diese keine Kosten-/Hilfsgemeinschaft mehr im oben genannten Sinne, sondern eine Mitunternehmerschaft nach § 15 Abs. 1 Satz 1 Nr. 2 EStG i. V. m. § 18 Abs. 4 Satz 2 EStG dar. Für die Prüfung, ob die Laborgemeinschaft in diesem Fall gewerbliche (§ 15 EStG) oder freiberufliche (§ 18 EStG) Einkünfte erzielt, gelten die unter I. dargestellten Grundsätze entsprechend. Danach ist zu prüfen, ob unter Berücksichtigung der Zahl der Angestellten und der durchgeführten Untersuchungen eine eigenverantwortliche Tätigkeit der an der Laborgemeinschaft beteiligten Ärzte noch gegeben ist. Ist dies zu bejahen und sind nur selbständig tätige Ärzte an der Laborgemeinschaft beteiligt, erzielen sie Einkünfte aus ärztlicher Tätigkeit gemäß § 18 Abs. 1 Nr. 1 Satz 2 EStG. Ist dies zu verneinen und/oder sind nicht nur selbständig tätige Ärzte an der Laborgemeinschaft beteiligt, sind die gesamten Einkünfte der Laborgemeinschaft als Einkünfte aus Gewerbebetrieb gemäß § 15 Abs. 1 Satz 1 Nr. 2 EStG zu behandeln. Wegen der Regelung des § 15 Abs. 3 Nr. 1, 2. Alternative EStG schlägt diese Behandlung dann auch auf die Einkünftequalifizierung der beteiligten Ärztegemeinschaften durch (Abfärbung bei sog. „Beteiligungseinkünften").

b) Erbringung von Laborleistungen an Nichtmitglieder

Erbringt die Laborgemeinschaft auch Laboruntersuchungen für Nichtmitglieder, ist wie bei den niedergelassenen Laborärzten zu prüfen, ob unter Berücksichtigung der Zahl der Angestellten und durchgeführten Untersuchungen eine eigenverantwortliche Tätigkeit der Laborgemeinschaft noch gegeben ist.

III. Anwendungszeitraum

Diese Schreiben ersetzt das BMF-Schreiben vom 31. Januar 2003 (BStBl. I S. 170). Es gilt für Veranlagungszeiträume ab 2008.

Dieses Schreiben wird im Bundessteuerblatt Teil I veröffentlicht.

– II. Erlass Senatsverwaltung für Finanzen Berlin vom 25.08.2009 – III B – S 2246 – 3/2008–

Bei Laborgemeinschaften, die lediglich kostendeckend für die beteiligten Ärzte Untersuchungsleistungen erbringen und damit nicht mit Gewinnerzielungsabsicht tätig werden, sind weiterhin keine einheitliche und gesonderte Gewinnfeststellung für die Laborgemeinschaft vorzunehmen (vgl. Rz. 7 und 8 des vorstehenden BMF-Schreibens).

Die Laborgemeinschaften haben im Zuge der Umstellung der Abrechnungspraxis bei den Krankenkassen keine eigenen Abrechnungsnummern erhalten. Sie rechnen vielmehr mit den Abrechnungsnummern der beteiligten Ärzte mit den Krankenkassen ab. Deshalb sind die Zahlungen der Krankenkassen eine Zahlung im abgekürzten Zahlungsweg, so dass

– die Zahlungen der Krankenkassen an die Laborgemeinschaft Betriebseinnahmen des beteiligten Arztes (nicht der Laborgemeinschaft) sind und

– bei der Laborgemeinschaft (nur) die anteiligen Betriebsausgaben festzustellen und diese dann im Rahmen der Gewinnermittlung des beteiligten Arztes zu berücksichtigen sind.

Die erhobenen Umlagen sind sowohl bei den an den Laborgemeinschaften beteiligten Ärzten, als auch bei den Laborgemeinschaften selbst als Einlagen und damit gewinnneutral zu behandeln.

Um eine doppelte Berücksichtigung der Ausgaben als gezahlte Kostenumlagen und festgestellte Betriebsausgaben auszuschließen, ist

(1) bei den beteiligten Ärzten zu prüfen, ob sie die an die Laborgemeinschaft gezahlten Umlagen als Betriebsausgaben geltend machen. Sollte dies der Fall sein, sind Betriebsausgaben entsprechend zu korrigieren. Lediglich die festgestellten Betriebsausgaben mindern den Gewinn.

(2) bei den Laborgemeinschaften zu prüfen, ob sie die Umlagen als Betriebseinnahmen angesetzt haben. Sollte dies der Fall sein, sind dennoch lediglich die anteiligen Betriebsausgaben festzustellen. Die erklärten Betriebseinnahmen bleiben außen vor. Auf den Mitteilungen an die für die Besteuerung der beteiligten Ärzte zuständigen Finanzämter ist zu vermerken, dass die Laborgemeinschaft fälschlicherweise die gezahlten Umlagen als Betriebeinnahmen erfasst hat und dass ggf. der Gewinn des Arztes um die an die Laborgemeinschaft gezahlten Umlagen zu erhöhen ist.

Anlage § 018–02   Zu § 18 EStG

Aufgabe der Vervielfältigungstheorie bei einer sonstigen selbständigen Tätigkeit i. S. v. § 18 Abs. 1 Nr. 3 EStG

– Verfügung OFD Koblenz vom 23.09.2011 – S 2246 A – St 31 4 –

Mit Urteilen v. 15.12.2010, (Az: VIII R 50/09, BStBl. 2011 II S. 506; Az: VIII R 37/09, BFH/NV 2011 S. 1303 – 1306) hat der BFH die Vervielfältigungstheorie bei Steuerpflichtigen, die eine sonstige selbständige Tätigkeit i. S. v. § 18 Abs. 1 Nr. 3EStG ausüben, aufgegeben.

Der vom BFH in seiner bisherigen Rechtsprechung angewandten Vervielfältigungstheorie liegt zugrunde, dass eine solche Tätigkeit ohne die Mithilfe fachlich vorgebildeter Hilfskräfte ausgeübt werden muss (BFH-Urteil vom 13.05.1966, BStBl. III S. 489, u. v. a.). Nunmehr hält der BFH nicht mehr daran fest, dass der Gesetzgeber die Zulässigkeit des Einsatzes fachlich vorgebildeter Mitarbeiter für Berufe i. S. von § 18 Abs. 1 Nr. 1 und Nr. 3 EStG in einer nach Art der Tätigkeit unterschiedlichen Weise beurteilt haben wollte.

Die Tätigkeit eines Insolvenz- oder Zwangsverwalters i. S. des § 18 Abs. 1 Nr. 3 EStG setzt aber bei zulässiger Mitarbeit fachlich Vorgebildeter voraus, dass der Berufsträger trotz solcher Mitarbeiter weiterhin seinen Beruf leitend und eigenverantwortlich (Stempeltheorie) i. S. des § 18 Abs. 1 Nr. 1 S. 3 EStG ausübt. Eine solche Berufsausübung ist nur erfüllt, wenn diese über die Festlegung der Grundzüge der Organisation und der dienstlichen Aufsicht hinaus durch Planung, Überwachung und Kompetenz zur Entscheidung in Zweifelsfällen gekennzeichnet ist (BFH-Urteil vom 15.12.2010, BStBl. 2011 II S. 506).

Dies bedeutet, dass der Insolvenz- oder Zwangsverwalter die höchstpersönlichen Entscheidungen über das „Ob" bestimmter Einzelakte im Rahmen des Insolvenzverfahrens treffen muss (s. a. FG-Urteil Rheinland-Pfalz vom 21.06.2007, EFG 2007 S. 1523 – 1526). Die höchstpersönliche Arbeitsleistung wird aber auch dann noch vom Berufsträger ausgeübt, wenn er ausnahmsweise in einzelnen Routinefällen nicht mitgearbeitet hat. Hat er die Entscheidungen höchstpersönlich getroffen, ist die kaufmännisch-technische Umsetzung dieser Entscheidung („Wie") für die Beurteilung des § 18 Abs. 1 Nr. 3 EStG unbeachtlich, wenn diese auf Angestellte oder fremdbetrieblich tätige Dritte übertragen wird.

Die neue BFH-Rechtsprechung ist auf alle offenen Fälle anzuwenden und entspricht nunmehr inhaltlich der entsprechenden Abgrenzung zu § 18 Abs. 1 Nr. 1 EStG.

Hinweis:

Mit der Aufgabe der Vervielfältigungstheorie (BFH-Urteile vom 15.12.2010, a.a.O.) entfällt nicht die Einstiegsprüfung, ob ein Steuerpflichtiger eine Tätigkeit i. S. d. § 18 Abs. 1 Nr. 3 EStG ausübt. Im zweiten Prüfungsschritt ist das Vorliegen einer leitenden und eigenverantwortlichen Tätigkeit zu betrachten, die nur noch in seltenen Ausnahmefällen verneint werden kann.

Zu § 18 EStG   Anlage § 018–03

Einkünfte aus freiberuflicher Tätigkeit bei Heil-, Heilhilfsberufen

– BdF-Schreiben vom 22.10.2004 – IV B 2 – S 2246 – 3/04 (BStBl. I S. 1030) –

Zur Einordnung der Einkünfte aus der Tätigkeit im Rahmen eines Heil- oder Heilhilfsberufs als Einkünfte aus freiberuflicher Tätigkeit (§ 18 Abs. 1 Nr. 1 EStG) oder als Einkünfte aus Gewerbebetrieb (§ 15 EStG) gilt im Einvernehmen mit den obersten Finanzbehörden der Länder Folgendes:

Einen Heil- oder Heilhilfsberuf übt derjenige aus, dessen Tätigkeit der Feststellung, Heilung oder Linderung von Krankheiten, Leiden oder Körperschäden beim Menschen dient. Dazu gehören auch Leistungen der vorbeugenden Gesundheitspflege.

Soweit Heil- oder Heilhilfsberufe nicht zu den Katalogberufen zählen, ist ein solcher Beruf einem der in § 18 Abs. 1 Nr. 1 Satz 2 EStG genannten Katalogberufe ähnlich, wenn das typische Bild des Katalogberufs mit seinen wesentlichen Merkmalen dem Gesamtbild des zu beurteilenden Berufs vergleichbar ist. Dazu gehören die **Vergleichbarkeit der jeweils ausgeübten Tätigkeit** nach den sie charakterisierenden Merkmalen, der **Vergleichbarkeit der Ausbildung** und die **Vergleichbarkeit der Bedingungen, an die das Gesetz die Ausübung des zu vergleichenden Berufs knüpft**.

Bei der Prüfung der Vergleichbarkeit ist regelmäßig auf die Katalogberufe des Heilpraktikers oder Krankengymnasten abzustellen. Dies bedeutet für die einzelnen Tatbestandsmerkmale Folgendes:

1. Vergleichbarkeit der ausgeübten Tätigkeit

Die ausgeübte Tätigkeit ist den o.g. Katalogberufen ähnlich, wenn sie der Ausübung der Heilkunde dient.

2. Vergleichbarkeit der Ausbildung

Die Ausbildung ist den o.g. Katalogberufen ähnlich, wenn sie als mehrjährige theoretische und praktische Ausbildung auf Grund eines bundeseinheitlichen Berufsgesetzes absolviert wird.

3. Vergleichbarkeit der gesetzlichen Bedingungen an die Ausübung

Es müssen grundsätzlich vergleichbare berufsrechtliche Regelungen über Ausbildung, Prüfung, staatliche Anerkennung sowie staatliche Erlaubnis und Überwachung der Berufsausübung vorliegen.

a) Berufsrechtliche Regelung

Für den zu beurteilenden Beruf muss ein bundeseinheitliches Berufsgesetz existieren, in dem Ausbildung und Ausübung geregelt sind.

b) Staatliche Erlaubnis der Berufsausübung

Die Ausübung des zu beurteilenden Berufs muss einer gesetzlich vorgeschriebenen Erlaubnis bedürfen.

c) Staatliche Überwachung

Die Ausübung des zu beurteilenden Berufs muss einer staatlichen Überwachung durch die zuständige Behörde (z.B. Gesundheitsamt) unterliegen.

Abweichend von den unter a) bis c) dargestellten Grundsätzen stellt die Zulassung des jeweiligen Steuerpflichtigen oder die regelmäßige Zulassung seiner Berufsgruppe nach § 124 Abs. 2 SGB V durch die zuständigen Stellen der gesetzlichen Krankenkassen ein ausreichendes Indiz für das Vorliegen einer dem Katalogberuf des Krankengymnasten ähnlichen Tätigkeit dar. Fehlt es an dieser Zulassung, kann durch ein Gutachten nachgewiesen werden, ob die Ausbildung, die Erlaubnis und die Tätigkeit des Steuerpflichtigen mit den Erfordernissen des § 124 Abs. 2 Satz 1 Nr. 1 bis 3 SGB V vergleichbar sind. (vgl. BFH-Urteil vom 28. August 2003, BStBl. II 2004 S. 954).

Nach den vorgenannten Grundsätzen üben demnach folgende Berufsgruppen eine freiberufliche Tätigkeit aus:

– Altenpfleger, soweit keine hauswirtschaftliche Versorgung der Patienten erfolgt
– Diätassistenten
– Ergotherapeuten
– Fußpfleger, medizinische
– Hebammen/Entbindungspfleger
– Krankenpfleger/Krankenschwestern, soweit keine hauswirtschaftliche Versorgung der Patienten erfolgt
– Logopäden

Anlage § 018–03

Zu § 18 EStG

- staatlich geprüfte Masseure, Heilmasseure, soweit diese nicht lediglich oder überwiegend kosmetische oder Schönheitsmassagen durchführen
- medizinische Bademeister, soweit diese auch zur Feststellung des Krankheitsbefunds tätig werden oder persönliche Heilbehandlungen am Körper des Patienten vornehmen
- medizinisch-technische Assistenten
- Orthoptisten
- Psychologische Psychotherapeuten, Kinder- und Jugendlichenpsychotherapeuten
- Podologen
- Rettungsassistenten
- Zahnpraktiker

Dieses Schreiben tritt an die Stelle des Schreibens vom 3. März 2003 – IV A 6 – S 2246 – 8/03 – (BStBl. I S. 183) und ist auf alle noch offenen Fälle anzuwenden.

Zu § 18 EStG   **Anlage § 018–04**

Veräußerungsgewinn bei Fortführung der freiberuflichen Tätigkeit

– I. BdF-Schreiben vom 28.7.2003 – IV A 6 – S 2242 – 4/03 –

Eine Veräußerung i. S. des § 18 Abs. 3 EStG liegt vor, wenn die für die Ausübung wesentlichen Betriebsgrundlagen – insbes. auch der Mandantenstamm und der Praxiswert – entgeltlich auf einen Anderen übertragen werden. Die freiberufliche Tätigkeit muss wenigstens für eine gewisse Zeit eingestellt werden. Unschädlich ist die Fortführung einer freiberuflichen Tätigkeit in geringem Umfang, wenn die darauf entfallenden Umsätze in den letzten drei Jahren weniger als 10 % der gesamten Einnahmen ausmachten (BFH vom 7.11.1991, BStBl. II 1992 S. 457; vom 29.10.1992, BStBl. II 1993 S. 182).
Laut BFH-Beschluss vom 6.8.2001 (BFH/NV 2001 S. 1561) ist die Entwicklung der zurückbehaltenen Mandate nach der Veräußerung unerheblich, solange die o. g. Wertgrenze eingehalten wird. Die *Hinzugewinnung neuer Mandate/Patienten* „innerhalb" der „gewissen" Zeit nach Betriebsaufgabe ist – auch ohne Überschreiten der 10-%-Grenze – in jedem Fall *schädlich*, da eine Betriebsaufgabe dann tatsächlich nicht stattgefunden hat. Die Veräußerungserlöse sind als laufender Gewinn zu erfassen.

– II. Vfg OFD Koblenz vom 15.12.2006 – S 2249 A – St 31 1 –

Es ist im Hinblick auf den BFH-Beschluss vom 06.08.2001, BFH/NV 2001 S. 1561 gefragt worden, ob für die Begünstigungen von § 18 Abs. 3 i. V. m. §§ 16 und 34 EStG bei der Veräußerung einer freiberuflichen Praxis unter Zurückbehaltung weniger Mandanten/Patienten auch die zukünftige Entwicklung (z. B. Hinzugewinn neuer Mandanten/Patienten) bei der Prüfung der Unschädlichkeit der Zurückbehaltung zu berücksichtigen ist.
Hierzu vertreten die obersten Finanzbehörden des Bundes und der Länder folgende Auffassung:
Eine Veräußerung im Sinne des § 18 Abs. 3 EStG liegt vor, wenn die für die Ausübung wesentlichen Betriebsgrundlagen – insbesondere auch der Mandantenstamm und der Praxiswert – entgeltlich auf einen anderen übertragen werden. Die freiberufliche Tätigkeit in dem bisherigen örtlichen Wirkungskreis muss wenigstens für eine gewisse Zeit eingestellt werden. Unschädlich ist die Fortführung einer freiberuflichen Tätigkeit in geringem Umfang, wenn die darauf entfallenden Umsätze in den letzten drei Jahren weniger als 10 v. H. der gesamten Einnahmen ausmachten (BFH vom 07.11.1991, BStBl. 1992 II S. 457 und vom 29.10.1992, BStBl. 1993 II S. 182).
Zwar führt der BFH in seinem Beschluss vom 06.08.2001, a.a.O., aus, dass die Entwicklung der zurückbehaltenen Beziehungen nach der Veräußerung unerheblich sei. Dies kann sich jedoch nur auf die Entwicklung der zurückbehaltenen Mandaten/Patienten beziehen. Die Hinzugewinnung neuer Mandanten/Patienten innerhalb der „gewissen" Zeit nach der Betriebsaufgabe ist – auch ohne Überschreiten der vorerwähnten 10 v. H.Grenze – in jedem Fall schädlich, da eine Betriebsaufgabe dann tatsächlich nicht stattgefunden hat.
Anmerkung der OFD:
Werden neue Mandanten/Patienten im Verhältnis zu den zurückbehaltenen in nicht nur völlig unbedeutendem Umfang hinzugewonnen, ist der erzielte Gewinn aus der vorhergehenden Veräußerung der freiberuflichen Praxis unter Zurückbehaltung der zunächst unbeachtlichen Mandanten/Patienten als laufender Gewinn zu erfassen. Dies gilt grundsätzlich auch, wenn es sich bei der Hinzugewinnung nur um eine vorübergehende Maßnahme handelt (Urteil des Finanzgerichts Rheinland-Pfalz vom 18.11.1999, 4 K 3433/97, n.v. und BFH-Beschluss vom 27.10.2000, BFH/NV 2001 S. 588). Ist der Steuerbescheid des Veranlagungszeitraums der ursprünglich begünstigten Veräußerung der freiberuflichen Praxis bereits bestandskräftig, kommt eine Änderung nach § 175 Abs. 1 Nr. 2 EStG in Betracht.
Wird die 10 v. H.-Grenze bei der ursprünglichen Veräußerung unterschritten, sind ggf. später eintretende nur die zurückbehaltenen Mandanten/Patienten betreffenden Umsatzsteigerungen grundsätzlich unschädlich. Für die Annahme einer begünstigten Betriebsveräußerung ist aber in einem derartigen Fall schädlich, wenn die im Eigentum des bisherigen Praxisinhabers befindlichen Praxisräume nicht gleichzeitig und vollständig in das Privatvermögen überführt werden (können), weil ein Teil der Praxisräume weiterhin für die weitere Betreuung/Behandlung der zurück behaltenen Mandanten/Patienten von ihm genutzt wird. Für die Zurückbehaltung der (funktional wesentlichen) Büro-/Praxisräume gibt es keine Wesentlichkeitsgrenze.
Der Begriff „gewisse Zeit" ist höchstrichterlich noch nicht näher bestimmt worden; er ist von den Umständen des Einzelfalls abhängig, wie etwa der räumlichen Entfernung der wieder aufgenommenen Tätigkeit zur veräußerten Praxis, der Vergleichbarkeit der Betätigung oder der Art und Struktur der

Mandaten/Patienten. Nach dem BFH-Urteil vom 10.06.1999, BFH/NV 1999 S. 1594 stellt ein Zeitraum von fünf Monaten und nach dem o. a. Urteil des Finanzgerichts Rheinland-Pfalz vom 18.11.1999 ein Zeitraum von neun Monaten noch keine Einstellung der Tätigkeit für eine gewisse Zeit dar.
Bei einer Zeitspanne von mehr als drei Jahren kann im Allgemeinen eine ausreichende Wartezeit angenommen werden.

Zu § 18 EStG
Anlage § 018–05

Einkommensteuerrechtliche Behandlung der Geldleistungen für Kinder in Kindertagespflege

– BdF-Schreiben vom 17.12.2007 – IV C 3 – S 2342/07/0001, 2007/0586083 (BStBl. 2008 I S. 17) – unter Berücksichtigung der Änderungen durch das BMF-Schreiben vom 20.05.2009 – IV C 6 – S 2246/07/10002, 2009/0270935 (BStBl. I S. 642) –

Nach dem Ergebnis der Erörterungen mit den obersten Finanzbehörden der Länder gilt für in der Kindertagespflege vereinnahmte Gelder Folgendes:

Bei der Kindertagespflege nach § 22 Sozialgesetzbuch VIII (SGB VIII) soll eine Tagespflegeperson ein einer Kindertagesstätte ähnliches Angebot im familiären Rahmen bieten.

Die Kindertagespflege erfolgt im Haushalt der Kindertagespflegeperson, der Personensorgeberechtigten des Kindes oder in anderen geeigneten Räumen. Betreut die Tagespflegeperson Kinder verschiedener Personensorgeberechtigter im eigenen Haushalt oder in anderen Räumen eigenverantwortlich, handelt es sich um eine selbständige Tätigkeit, da sie vorrangig auf die Erzielung von Einkünften ausgerichtet ist.

Nach § 23 SGB VIII erhält die Tagespflegeperson eine laufende Geldleistung, die neben der Erstattung des Sachaufwands die Förderungsleistung der Tagespflegeperson anerkennen soll. Diese Geldleistung ist als steuerpflichtige Einnahme aus freiberuflicher Tätigkeit im Sinne des § 18 Abs. 1 Nr. 1 EStG zu qualifizieren. Dies gilt unabhängig von der Anzahl der betreuten Kinder und von der Herkunft der vereinnahmten Mittel; § 3 Nr. 11 und 26 EStG ist nicht anwendbar. Betreut die Tagespflegeperson ein Kind jedoch in dessen Familie nach Weisungen der Personensorgeberechtigten, ist sie in der Regel Arbeitnehmer, die Personensorgeberechtigten sind des Arbeitgeber. Abweichend hierzu ist eine Steuerbefreiung nach § 3 Nr. 11 EStG für Geldleistungen aus öffentlichen Mitteln noch zu gewähren, soweit diese für Betreuungsleistungen gezahlt werden, die bis zum 31. Dezember 2008 erbracht wurden.

Der Tagespflegeperson werden nachgewiesene Aufwendungen für Beiträge zu einer Unfallversicherung sowie hälftig die nachgewiesenen Aufwendungen zu einer angemessenen Alterssicherung vom Träger der Jugendhilfe erstattet. Diese Erstattungen gehören zu den steuerpflichtigen Einnahmen.

Bei der Ermittlung der Einkünfte aus selbständiger Arbeit wird aus Vereinfachungsgründen zugelassen, dass anstelle der tatsächlichen Betriebsausgaben von den erzielten Einnahmen 300 € je Kind und Monat pauschal als Betriebsausgaben abgezogen werden. Der Betriebsausgabenpauschale liegt eine wöchentliche Betreuungszeit von 40 Stunden zugrunde. Sollte die tatsächlich vereinbarte Betreuungszeit hiervon abweichen, ist die Betriebsausgabenpauschale zeitanteilig nach der nachfolgenden Formel zu kürzen:

$$\frac{300\ €\ \times\ \text{vereinbarte wöchentliche Betreuungszeit (max. 40 Stunden)}}{(8\ \text{Stunden} \times 5\ \text{Tage} =)\ 40\ \text{Stunden}}$$

Für Zeiten, in denen die Tagespflegeperson verhindert ist, die vereinbarten Betreuungszeiten selbst zu absolvieren (z. B. aufgrund von Urlaub, Krankheit oder Fortbildung), kann die Betriebsausgabenpauschale nur dann abgezogen werden, wenn das Betreuungsgeld für diese Zeit weiter gezahlt wird.

Findet die Betreuung im Haushalt der Personensorgeberechtigten oder in unentgeltlich zur Verfügung gestellten Räumlichkeiten als selbständige Tätigkeit statt, kann die Betriebsausgabenpauschale nicht abgezogen werden. Die Betriebsausgabenpauschale darf nur bis zur Höhe der Betriebseinnahmen abgezogen werden.

Der Tagespflegeperson bleibt es unbenommen, die tatsächlichen Aufwendungen nachzuweisen; dazu gehören zum Beispiel folgende tätigkeitsbezogene Aufwendungen für

– Nahrungsmittel, Ausstattungsgegenstände (Mobiliar), Beschäftigungsmaterialien, Fachliteratur, Hygieneartikel,
– Miete und Betriebskosten der zur Kinderbetreuung genutzten Räumlichkeiten,
– Kommunikationskosten,
– Weiterbildungskosten,
– Beiträge für Versicherungen, soweit unmittelbar mit der Tätigkeit im Zusammenhang stehend,
– Fahrtkosten,
– Freizeitgestaltung.

Das Schreiben vom 24. Mai 2007 (BStBl. I S. 487) wird aufgehoben.

Dieses Schreiben ersetzt ab dem Veranlagungszeitraum 2009 die BMF-Schreiben vom 20. Januar 1984 (BStBl. I S. 134), vom 1. August 1988 (BStBl. I S. 329) und vom 7. Februar 1990 (BStBl. I S. 109).

Anlage § 018–06

Zu § 18 EStG

I. Einkommensteuerrechtliche Behandlung der Geldleistungen für Kinder in Vollzeitpflege nach § 33 SGB VIII, für die Erziehung in einer Tagesgruppe nach § 32 SGB VIII, für Heimerziehung nach § 34 SGB VIII und für die intensive sozialpädagogische Einzelbetreuung nach § 35 SGB VIII

– BdF-Schreiben vom 21.04.2011 – IV C 3 – S 2342/07/0001:126, 2010/0744706 (BStBl. I S. 487) –

Nach dem Ergebnis der Erörterungen mit den obersten Finanzbehörden der Länder gilt für in der Vollzeitpflege (§ 33 SGB VIII), für die Erziehung in einer Tagesgruppe (§ 32 SGB VIII) in der Heimerziehung (§ 34 SGB VIII) und für die intensive sozialpädagogische Einzelbetreuung (§ 35 SGB VIII) nach § 39 SGB VIII vereinnahmte Gelder zum Unterhalt des Kindes oder des Jugendlichen Folgendes:

A. Vollzeitpflege (§ 33 SGB VIII)

Die Vollzeitpflege nach § 33 SGB VIII dient dazu, einem Kind zeitlich befristet oder dauerhaft im Haushalt der Pflegeeltern ein neues Zuhause zu bieten. Zwischen Pflegeeltern und Kind soll ein dem Eltern-Kind-Verhältnis ähnliches Band entstehen. Formen der Vollzeitpflege sind die Dauerpflege, die Kurzzeitpflege, die Bereitschaftspflege, die Wochenpflege, die Sonderpflege sowie die Familienpflege für besonders beeinträchtigte Kinder und Jugendliche.

Im Rahmen der Vollzeitpflege wird Pflegegeld ausgezahlt, welches die materiellen Aufwendungen und die Kosten der Erziehung abdeckt. Zusätzlich werden anlassbezogene Beihilfen und Zuschüsse geleistet. Sowohl das Pflegegeld als auch die anlassbezogenen Beihilfen und Zuschüsse aus öffentlichen Mitteln sind steuerfreie Beihilfen im Sinne des § 3 Nummer 11 EStG, die die Erziehung unmittelbar fördern, sofern eine Erwerbstätigkeit nicht vorliegt. Werden mehr als sechs Kinder gleichzeitig im Haushalt aufgenommen, wird eine Erwerbstätigkeit vermutet. Bei einer Betreuung von bis zu sechs Kindern ist ohne weitere Prüfung davon auszugehen, dass die Pflege nicht erwerbsmäßig betrieben wird.

Die Bestandteile der Vergütungen an Bereitschaftspflegepersonen, die unabhängig von der tatsächlichen Aufnahme von Kindern geleistet werden, fördern nicht unmittelbar die Erziehung. Für den Fall, dass sog. Platzhaltekosten und Bereitschaftsgelder gezahlt werden, sind diese – mit Ausnahme der Erstattungen zur Unfallversicherung und Altersvorsorge – insoweit steuerpflichtig.

B. Erziehung in einer Tagesgruppe (§ 32 SGB VIII)

Die Hilfe zur Erziehung in einer Tagesgruppe soll die Entwicklung des Kindes oder Jugendlichen durch soziales Lernen in der Gruppe, Begleitung der schulischen Förderung und Elternarbeit unterstützen und dadurch den Verbleib des Kindes oder des Jugendlichen in seiner Familie sichern. Diese Form der spezialisierten Tagespflege nach § 32 SGB VIII erfordert, dass die betreuende Person bestimmte pädagogische Voraussetzungen erfüllt. Sie unterscheidet sich daher von der Kindertagespflege nach § 23 SGB VIII. Die Hilfe nach § 32 SGB VIII bietet über die typische Betreuungs- und Erziehungsform einer Kindertagespflege hinaus vor allem älteren Kindern mit Leistungs- und Verhaltensproblemen Hilfestellung. Wird eine solche Hilfe gewährt, so wird auch der notwendige Unterhalt des Kindes oder Jugendlichen außerhalb des Elternhauses sichergestellt. Er umfasst die Kosten für den Sachaufwand sowie für die Pflege und Erziehung des Kindes oder Jugendlichen. Bei diesen Geldleistungen der Jugendämter handelt es sich um Beihilfen, die unmittelbar die Erziehung fördern und aus öffentlichen Mitteln geleistet werden. Sie sind daher bei der Pflegeperson als steuerfreie Einnahme im Sinne des § 3 Nummer 11 EStG zu behandeln.

C. Heimerziehung (§ 34 SGB VIII)[1]

Im Rahmen dieser Betreuungsform werden Kinder und Jugendliche in einer sog. Fachfamilie untergebracht. Dies ist vergleichbar mit einem ausgelagerten Heimerziehungsplatz. Die Aufnahme in eine Fachfamilie ist neben der Heimerziehung oder anderer betreuter Wohnformen (z. B. betreute selbständige Wohngemeinschaften, betreutes Einzelwohnen, Kinder- und Jugenddörfer) eine Möglichkeit, die Kinder und Jugendlichen durch eine Verbindung von Alltagserleben mit pädagogischen und therapeutischen Angeboten in ihrer Entwicklung zu fördern. Bei der Fachfamilie i. S. d. § 34 SGB VIII handelt es sich im Unterschied zu den Pflegefamilien i. S. d. § 33 SGB VIII um besonders qualifizierte Fachkräfte. Diese Form der Erziehungshilfe stellt eine berufliche Tätigkeit der Pflegeperson dar, die entsprechend vergütet wird. Sie wird regelmäßig erwerbsmäßig ausgeübt. Die hierfür gezahlten Gelder sind wegen ihres entgeltlichen Charakters keine Beihilfen im Sinne des § 3 Nummer 11 EStG und deshalb steuerpflichtig. Einnahmen einer Fachfamilie gemäß § 34 SGB VIII für die Pflege, Betreuung, Unterkunft und

---

1) Siehe dazu auch das in Abschnitt II abgedruckte BdF-Schreiben vom 27.11.2012

Zu § 18 EStG

Anlage § 018–06

Verpflegung eines behinderten oder von Behinderung bedrohten Menschen nach § 2 Absatz 1 SGB IX sind auch nicht nach § 3 Nummer 10 EStG steuerfrei.

D. Intensive sozialpädagogische Einzelbetreuung (§ 35 SGB VIII)

Intensive sozialpädagogische Einzelbetreuung soll Jugendlichen gewährt werden, die einer intensiven Unterstützung zur sozialen Integration und zu einer eigenverantwortlichen Lebensführung bedürfen. Die Hilfe ist in der Regel auf längere Zeit angelegt und soll den individuellen Bedürfnissen des Jugendlichen Rechnung tragen. Adressaten dieser Form der Hilfe sind besonders belastete oder gefährdete Jugendliche, die Gewalt erlebt haben, Kontakt mit dem Drogen- und Prostituiertenmilieu haben und z. T. ohne feste Unterkunft oder Arbeit sind bzw. bereits häufig strafrechtlich in Erscheinung getreten sind. Der Jugendliche wird bei der Bewältigung persönlicher Krisen, der Gewinnung neuer Perspektiven sowie bei der Alltagsbewältigung in Schule, Ausbildung oder Arbeit durch eine Einzelperson intensiv begleitet. Dies stellt hohe Anforderungen an die persönliche und fachliche Qualifikation der Betreuer/Innen. Die Hilfe nach § 35 SGB VIII ist deshalb nicht vergleichbar mit der Hilfe zur Erziehung in der Vollzeitpflege nach § 33 SGB VIII. Aufgrund des Vergütungscharakters der gezahlten Gelder kommt eine Steuerbefreiung nach § 3 Nummer 11 EStG nicht in Betracht. Die Leistungen des Jugendamtes für eine intensive sozialpädagogische Einzelbetreuung im Sinne des § 35 SGB VIII sind steuerpflichtige Einnahmen.

E. Leistungen des Jugendamtes über einen zwischengeschalteten Träger der freien Jugendhilfe

Werden Leistungen nach § 39 SGB VIII an Pflegefamilien/ Erziehungsstellen i. S. des § 33 SGB VIII über einen zwischengeschalteten Träger der freien Jugendhilfe geleistet, dann handelt es sich nur dann um steuerfreie Beihilfen nach § 3 Nummer 11 EStG, wenn die Pflegeperson das ihr zustehende Pflegegeld direkt vom örtlichen Jugendamt bewilligt worden ist, so dass das Geld bei dem zwischengeschalteten freien Träger nur einen so genannten durchlaufenden Posten darstellt. Zur Annahme eines durchlaufenden Postens müssen eindeutige und unmissverständliche vertragliche Regelungen zwischen dem Jugendamt, dem freien Träger und der Pflegeperson/Erziehungsstelle i. S. d. § 33 SGB VIII bestehen. So muss vertraglich zwischen allen Parteien festgehalten sein, dass das vom Jugendamt zweckgebunden an den freien Träger ausgezahlte Pflegegeld unverändert an die Pflegeperson weitergeleitet wird und sich durch diese formale, organisatorische Abwicklung dem Grunde und der Höhe nach am Pflegegeldanspruch der Pflegeperson nichts ändert. Außerdem sollten die Pflegepersonen mittels einer Vollmacht erklären, dass sie damit einverstanden sind, dass das örtliche Jugendamt das Pflegegeld über den freien Träger an sie weiterleitet, d. h. der freie Träger das Pflegegeld lediglich treuhänderisch in Empfang nimmt und ihnen auszahlt. Unter diesen Voraussetzungen gilt die für die Inanspruchnahme der Steuerbefreiung nach § 3 Nummer 11 EStG erforderliche offene Verausgabung als nach Maßgabe haushaltsrechtlicher Vorschriften und unter gesetzlicher Kontrolle verwirklicht.

Die Inanspruchnahme der Steuerbefreiung nach § 3 Nummer 11 EStG für Pflegegelder ist dagegen nicht möglich, wenn freie Träger den örtlichen Jugendämtern Pflegepersonen zur Verfügung stellen, diese Pflegepersonen betreuen und vergüten und den örtlichen Jugendämtern dann die gezahlten Pflegegelder in Rechnung stellen. Diese Zahlungen erfolgen aus Mitteln eines nicht öffentlichen Rechtsträgers (z. B. eines eingetragenen Vereins). Es handelt sich auch dann nicht um öffentliche Mittel, wenn sie aus öffentlichen, für Beihilfen im Sinne des § 3 Nummer 11 EStG zweckbestimmten Zuwendungen gespeist werden. Insoweit ist nicht gewährleistet, dass über die Mittel nach Maßgabe der haushaltsrechtlichen Vorschriften des öffentlichen Rechts verfügt werden kann und die Verwendung im Einzelnen gesetzlich geregelter Kontrolle unterliegt.

F. Erstattungen zur Unfallversicherung und Altersvorsorge

Die Leistungen des Jugendamtes umfassen nach § 39 Absatz 4 SGB VIII auch die Erstattung nachgewiesener Aufwendungen für Beiträge zu einer Unfallversicherung sowie die hälftige Erstattung nachgewiesener Aufwendungen zu einer angemessenen Alterssicherung der Pflegeperson. Diese Teilbeträge sind nach § 3 Nummer 9 EStG steuerfrei. Das gilt auch dann, wenn die Geldleistungen an sich steuerpflichtig sind.

Dieses Schreiben ersetzt die BMF-Schreiben vom 20. November 2007 (BStBl. I 2007 Seite 824) und vom 17. Dezember 2008 (BStBl. I 2009 Seite 15) , soweit § 39 Absatz 4 Satz 2 SGB VIII (Bereitschaftspflege) betroffen ist.

Anlage § 018–06

Zu § 18 EStG

II. Einkommensteuerrechtliche Behandlung der Sach- und Unterhaltskostenpauschale bei Heimerziehung

– BdF-Schreiben vom 27.11.2012 – IV C 3 – S 2342/07/0001:126, 2012/1011899 (BStBl. I S. 1226) –

Im Einvernehmen mit den obersten Finanzbehörden der Länder wird das BMF-Schreiben vom 21. April 2011 – IV C 3 – S 2342/07/0001:126, DOK 2010/0744706 (BStBl. I S. 487) unter **C. Heimerziehung (§ 34 SGB VIII)** wie folgt ergänzt:

Werden der Betreuungsperson Leistungen für die Bestreitung der Sach- und Unterhaltsaufwendungen des Kindes gezahlt, gilt Folgendes:

Ist die Betreuungsperson freiberuflich (§ 18 Absatz 1 Nummer 1 EStG) tätig, stellen die Zahlungen für die Bestreitung der Sach- und Unterhaltsaufwendungen des Kindes Betriebseinnahmen dar.

Grundsätzlich sind nur die tatsächlich angefallenen und auch nachgewiesenen Sach- und Unterhaltsaufwendungen für das Kind als Betriebsausgaben abziehbar. Aus Vereinfachungsgründen ist es jedoch nicht zu beanstanden, wenn statt der tatsächlich angefallenen und nachgewiesenen Betriebsausgaben ein Betriebsausgabenabzug für Sach- und Unterhaltskosten des Kindes in Höhe der hierfür erhaltenen kinderbezogenen Leistungen geltend gemacht wird. Der Betriebsausgabenabzug für anderweitige, im Zusammenhang mit der Kindesbetreuung entstandene Kosten, die keine Sach- und Unterhaltsaufwendungen für das Kind darstellen, bleibt unberührt.

Soweit die Betreuungsperson als Arbeitnehmer(in) tätig ist, gehört die Zahlung einer Sach- und Unterhaltskostenpauschale je Monat und Kind grundsätzlich zu den Einkünften aus nichtselbständiger Arbeit. Sie kann jedoch aus Vereinfachungsgründen als steuerfreier Auslagenersatz nach § 3 Nummer 50 EStG behandelt werden, wenn sie den für in Vollzeitpflege nach § 33 SGB VIII gezahlten Sätzen entspricht. Die Pauschale gehört in diesem Fall nicht zum steuerpflichtigen Arbeitslohn. Gleiches trifft auf einmalige Beihilfen zu, die auf Einzelantrag unter Beifügung eines Nachweises erstattet werden. Korrespondierend dazu dürfen nach § 3c Absatz 1 EStG die damit abgegoltenen Aufwendungen nicht als Werbungskosten geltend gemacht werden.

Dieses Schreiben wird im Bundessteuerblatt Teil I veröffentlicht. Es ist in allen noch offenen Fällen anzuwenden.

Zu § 18 EStG   Anlage § 018–07

Steuerliche Behandlung neuer Organisationsformen ärztlicher Betätigung – Abgrenzung der freiberuflichen von der gewerblichen Tätigkeit

– Vfg OFD Frankfurt vom 16.6.2008 – S 2246 A – 33 – St 210 –

Zurzeit werden zwischen den Kostenträgern und der Ärzteschaft verschiedene neue Formen der ärztlichen Leistungserbringung vereinbart.

Das BMF hat in Abstimmung mit den obersten Finanzbehörden der Länder anhand von vorgelegten Musterverträgen geprüft, ob bei den nachfolgend genannten Formen der ärztlichen Leistungserbringung freiberufliche oder gewerbliche Einkünfte erzielt werden. Danach gilt Folgendes:

I. Hausarztzentrierte Versorgung nach § 73b SGB V

Bei der hausarztzentrierten Versorgung (sog. Hausarztmodell) verpflichtet sich der Versicherte gegenüber seiner Krankenkasse, ambulante fachärztliche Leistungen nur auf Überweisung des von ihm ausgewählten Hausarztes in Anspruch zu nehmen. Der Hausarzt übernimmt damit eine Lotsenfunktion und steuert den Behandlungsprozess. Im Gegenzug gewähren die Krankenkassen ihren Versicherten für die Teilnahme am Hausarztmodell einen finanziellen Bonus, eine Erstattung der Praxisgebühren.

Der Hausarzt erhält eine Pauschalvergütung für die Beratung und Information der Versicherten bei deren Beitritt zum Hausarztmodell (Einschreibepauschale) sowie eine Pauschale für die Ausgestaltung des hausärztlichen Versorgungsgeschehens (Steuerungspauschale).

In den vorgelegten Musterverträgen waren keine gewerblichen Anteile enthalten. In der Übernahme der Koordination der medizinischen Maßnahmen, d. h. in der Steuerung des Behandlungsprozesses ist keine gewerbliche Tätigkeit zu sehen. Ungeachtet dessen sind derartige Verträge immer im Einzelfall auf das Vorhandensein gewerblicher Anteile zu prüfen.

II. Besondere ambulante Versorgung nach § 73c SGB V

Krankenkassen können mit Ärzten ohne Einschaltung der Kassenärztlichen Vereinigung besondere Versorgungsverträge im Bereich der ambulanten Versorgung abschließen (§ 73c SGB V). Die Möglichkeit der Ausgestaltung von Verträgen über die besondere ambulante Versorgung ist sehr vielfältig (z. B. Verträge über Hautscreening, Herzkrankheiten, Adipositas). Der Vorteil für den Arzt besteht beispielsweise darin, dass die gezahlten Pauschalvergütungen nicht in die Gesamtvergütung bzw. das Budget einfließen.

Aufgrund der vielfältigen vertraglichen Ausgestaltungen ist eine generelle Aussage zur ertragsteuerlichen Behandlung von Verträgen dieser Art nicht möglich. Vielmehr ist im jeweiligen Einzelfall zu prüfen, ob die Verträge auch gewerbliche Tätigkeiten (z. B. Abgabe von Medikamenten, die für die originäre ärztliche Tätigkeit nicht unmittelbar erforderlich sind) umfassen, die ggf. zu einer Umqualifizierung der Einkünfte führen.

III. Integrierte Versorgung nach §§ 140a ff. SGB V

In den Fällen der integrierten Versorgung werden zwischen dem Arzt und der Krankenkasse Verträge abgeschlossen, nach denen die Krankenkasse dem Arzt für die Behandlung der Patienten Fallpauschalen zahlt, die sowohl die medizinische Betreuung als auch die Abgabe von Arzneien und Hilfsmitteln abdecken können. Für die Teilnahme an einem integrierten Versorgungsangebot erhalten die Versicherten meist spezielle Boni (zum Beispiel Wegfall der Krankenhauszuzahlung und der Praxisgebühr). Teilnehmenden Ärzten werden neben den Fallpauschalen teilweise zusätzliche Vergütungen gewährt.

Die Abgabe von Arzneien und Hilfsmitteln im Rahmen der integrierten Versorgung führt nicht zu einer gewerblichen Infektion der Einkünfte, wenn sich die Abgabe von Medikamenten und/oder Hilfsmitteln derart bedingen, dass die Durchführung der ärztlichen Heilbehandlung ansonsten nicht möglich wäre. In diesem Fall ist die Abgabe der Hilfsmittel oder Medikamente als ein unselbstständiger Teil der Heilbehandlung zu beurteilen. Gleiches gilt auch für die Abgabe von Impfstoffen im Rahmen der Durchführung von Impfungen oder für den Einkauf von medizinischem Material zum Zweck der Heilbehandlung.

IV. Anstellung fachfremder oder fachgleicher Ärzte

Beschäftigt ein niedergelassener Arzt einen anderen Arzt, bedient er sich der Mithilfe fachlich vorgebildeter Mitarbeiter. Der niedergelassene Arzt erzielt in diesem Fall nur dann Einkünfte aus freiberuflicher Tätigkeit, wenn er weiterhin leitend und eigenverantwortlich tätig wird. Dies erfordert grds. eine persönliche Teilnahme des arbeitgebenden Arztes an der praktischen Arbeit des angestellten Arztes in ausreichendem Umfang. Entscheidet der angestellte Arzt hingegen allein und eigenverantwortlich über die medizinische Versorgung der Patienten, erzielt der arbeitgebende Arzt grds. Einkünfte aus Gewerbebetrieb nach § 15 Abs. 1 Nr. 1 EStG. Insbesondere bei der Anstellung fachfremder Ärzte kann von einer Eigenverantwortlichkeit des Praxisinhabers nicht ausgegangen werden. Maßgebend für eine endgültige Bestimmung der Einkunftsart sind jedoch immer die Gesamtumstände des jeweiligen Einzelfalls.

Zu § 18 EStG   **Anlage § 018–08**

Einkommensteuerliche Behandlung des Kaufs kassenärztlicher Zulassungen

– Verfügung OFD Magdeburg vom 29.02.2012 – S 2134a – 15 – St 213 –

1. Allgemeines

Die Vorteile der Übernahme einer Arztpraxis bestehen im Patientenstamm, eingespieltem Personal, einer kompletten Praxisinfrastruktur sowie einer realistischen Ertragsvorschau.

Seit dem Gesundheitsstrukturgesetz 1993 (vom 21.12.1992, BGBl. I 1993 S. 2266) bestehen für die Niederlassung von Ärzten Zulassungsbeschränkungen. Sofern durch die Kassenärztliche Vereinigung eine Überversorgung in einem Planungsbereich festgestellt wird, tritt somit grundsätzlich eine Zulassungssperre ein, wobei frei werdende Vertragsarztsitze erlöschen.

Im **nicht gesperrten Planungsbereich** wird lediglich eine Zulassung zur vertragsärztlichen Versorgung benötigt. Die Praxisübernahme ist dann nur noch eine zivilrechtliche Angelegenheit.

Im für Neuzulassungen **gesperrten Planungsbereich** hat der Gesetzgeber ein relativ umfängliches Verfahren festgelegt, nach welchem ein Zulassungsausschuss den geeigneten Praxisnachfolger auszuwählen hat.

Ein ausscheidender Arzt, der seine Praxis in einem überversorgten Planungsbereich betreibt und diese veräußern möchte, wendet sich an die Kassenärztliche Vereinigung und beantragt bei dieser seine bestehende Praxis zur Nachfolge auszuschreiben. Dieser Antrag löst dann ein Zulassungsverfahren aus, bei dem die Zulassung des Erwerbers vom Vorliegen persönlicher Eigenschaften (berufliche Eignung, Approbationsalter) abhängt und im Ermessen des Zulassungsausschusses steht. Bei der Ermessensentscheidung sind auch die wirtschaftlichen Interessen des ausscheidenden Vertragsarztes zu berücksichtigen. Dies gilt jedoch nur insoweit, als der Kaufpreis den Verkehrswert der Praxis nicht übersteigt (vgl. § 103 Abs. 4 Satz 8 SGB V). Der Kaufpreis für die Praxis ist auf den - aus sämtlichen wertbildenden Faktoren zusammengesetzten – Verkehrswert begrenzt. Ein Kaufpreisanteil für den Vorteil aus der Vertragsarztzulassung ist gemäß § 103 Abs. 4 Satz 8 SGB V nicht vorgesehen (vgl. BFH-Urteil vom 09.08.2011, VIII R 13/18 (BStBl. II S. 879, Rz. 24).

Durch diese Verfahrensweise wird für den die Praxis übergebenden Vertragsarzt auch in einem überversorgten Planungsbereich eine wirtschaftliche Verwertung der Praxis bzw. der Zulassung möglich. § 103 Abs. 4 SGB V bewirkt daher, dass der Kaufinteressent der Praxis die öffentlichrechtliche Zulassung erhalten kann und somit u. U. auch der Praxiserwerb möglich wird, obwohl grundsätzlich eine Zulassungssperre für den Planungsbereich besteht. Ohne diese Regelung könnte ein aufgebender Arzt seine Praxis quasi nicht mehr veräußern, da ohne eine vertragsärztliche Zulassung eine bedeutende Grundlage für die Fortführung der Praxis durch den Erwerber entzogen wäre.

2. Steuerliche Behandlung

2.1 Grundsatz

Mit seinem Urteil vom 09.08.2011, VIII R 13/08 (a. a. O.) hat der BFH erstmals entschieden, dass der Vorteil aus der Zulassung als Vertragsarzt im Regelfall im Praxiswert einer Arztpraxis enthalten ist.

Der die Praxis übergebende Vertragsarzt kann den Vorteil aus seiner Zulassung grundsätzlich nicht selbstständig verwerten. Er kann nur gegenüber der Kassenärztlichen Vereinigung einen Antrag auf Fortführung der bestehenden Praxis durch einen Nachfolger stellen. Beim Praxiswert handelt es sich daher um ein Paket, welches sich aus verschiedenen wertbildenden Einzelbestandteilen zusammensetzt (Patientenstamm, Standort, Umsatz, Facharztgruppe, etc.).

Erwirbt daher ein Praxisnachfolger eine bestehende Arztpraxis, einen Teilbetrieb oder einen Mitunternehmeranteil mit Vertragsarztsitz und zahlt er unter Berücksichtigung des wirtschaftlichen Interesses des ausscheidenden Vertragsarztes oder dessen Erben einen **Kaufpreis, der dem Verkehrswert der Praxis entspricht,** ist der **Zulassung als Vertragsarzt kein besonderer Wert beizumessen** und sie ist somit einheitlich mit dem Praxiswert abzuschreiben. In derart gelagerten Fällen lässt sich von dem Praxiswert kein gesondertes Wirtschaftsgut 'Vorteil aus der Vertragsarztzulassung' abspalten.

2.2 Ausnahme

Auch wenn der Vorteil aus der Zulassung als Vertragsarzt grundsätzlich kein neben dem Geschäftswert der übernommenen Praxis stehendes oder ihn überlagerndes selbständiges Wirtschaftsgut ist, schließt dies nicht aus, dass in **Sonderfällen** die Zulassung zum Gegenstand eines gesonderten Veräußerungsvorgangs gemacht und damit zu einem selbständigen Wirtschaftsgut konkretisiert werden kann (so auch BFH vom 09.08.2011, VIII R 13/08, Rz. 25 ff, a. a. O.). Dies kann der Fall sein, wenn ein Arzt an einen

Anlage § 018–08 Zu § 18 EStG

ausscheidenden Arzt eine Zahlung im Zusammenhang mit der Erlangung der Vertragsarztzulassung leistet, ohne jedoch die Praxis (mit ihren Räumen und dem Patientenstamm) tatsächlich zu übernehmen, weil er den Vertragsarztsitz an einen anderen Ort verlegen will (vgl. dazu auch Urteil des Niedersächsischen FG vom 28.09.2004, Az. 13 K 412/01; EFG 2005 S. 420).

In derart gelagerten Fällen entsteht ein selbstständiges immaterielles Wirtschaftsgut 'Vertragsarztzulassung/Kassenzulassung', dem entsprechende Anschaffungskosten zuzuordnen sind.

Die OFD Rheinland weist in Ihrer Kurzinformation Einkommensteuer Nr. 057/2011 vom 14.12.2011 darauf hin, dass zu einem solchen Ausnahme-Sachverhalt derzeit beim FG Köln (Az. 6 K 4538/07) ein Klageverfahren anhängig ist. Strittig ist hier die steuerliche Behandlung der Vertragsarztzulassung beim Erwerb einer Einzelpraxis, bei der bereits vor Abschluss des Kaufvertrages die Absicht dokumentiert wurde, dass der im Zusammenhang mit der Praxis erworbene Vertragsarztsitz auf einen Mitgesellschafter der erwerbenden Gemeinschaftspraxis übergehen soll.

Zu § 20 EStG   **Anlage § 020–01**

Zurechnung von Zinsen im Erbfall

– Vfg Landesamt für Steuer und Finanzen Sachsen vom 16.04.2013 – S 2252-110/1-211 –

Kapitalerträge sind bei Zufluss steuerlich zu erfassen. Zuflusszeitpunkt ist bei Kapitalerträgen im Sinne des § 20 Abs. 1 Nr. 7 EStG regelmäßig der Fälligkeitstermin.

Gehen festverzinsliche Wertpapiere, Sparbücher und ähnliche Kapitalforderungen, die nicht mit dem Tod des Inhabers fällig werden, während einer laufenden Zinsperiode im Wege der Gesamtrechtsnachfolge auf einen Erben über, sind die Zinsen in vollem Umfang dem Erwerber zuzurechnen. Eine rechnerische Aufteilung der Zinsen auf die Zeit bis zum Erbfall (Zurechnung beim Erblasser) und ab dem Erbfall (Zurechnung beim Erben) ist nicht vorzunehmen. Insoweit gelten für die Einkommensteuer und die Erbschaftsteuer unterschiedliche Regelungen.

Für die auf die Zeit vor dem Tod des Erblassers entfallende Zinsforderung findet die Steuerermäßigung bei Belastung mit Erbschaftsteuer (§ 35b EStG) nur insoweit Anwendung, als die Kapitalerträge beim Erben nicht dem Abgeltungsteuersatz nach § 32d Abs. 1 EStG unterliegen, sondern – zum Beispiel im Rahmen der Günstigerprüfung nach § 32d Abs. 6 EStG – tariflich besteuert werden (vgl. Rz. 132 des BMF-Schreibens vom 9. Oktober 2012, BStBl. I S. 953).

Ein vom Erblasser erteilter Freistellungsauftrag oder eine ihm erteilte NV-Bescheinigung verlieren mit dem Todestag ihre Gültigkeit (vgl. a. R 44b.2 Abs. 2 Satz 5 EStR). Für die Abstandnahme vom Kapitalertragsteuerabzug der dem Erben zuzurechnenden Zinsen benötigt dieser einen eigenen Freistellungsauftrag oder eine eigene NV-Bescheinigung.

Anlage § 020–02   Zu § 20 EStG

Steuerliche Behandlung der rechnungsmäßigen und außerrechnungsmäßigen Zinsen aus Lebensversicherungen

Schreiben des BdF vom 31. August 1979 IV B 4 – S 2252 – 77/79 (BStBl. I S. 592)[1]

Inhaltsübersicht

1. Art der Versicherung
2. Sparanteil
3. Rechnungsmäßige Zinsen
4. Außerrechnungsmäßige Zinsen
5. Ermittlung der Zinserträge
6. Zufluß
7. Vertragsänderungen
8. Gewährung eines Policendarlehens
9. Rückkauf einer Vermögensbildungsversicherung
10. Rentenversicherungen
11. Fondgebundene Lebensversicherungen
12. Pensionskassen
13. Kapitalertragsteuer
14. Anwendungsvorschriften

Außerrechnungsmäßige und rechnungsmäßige Zinsen aus Lebensversicherungen gehören unter bestimmten Voraussetzungen zu den Einkünften aus Kapitalvermögen (§ 20 Abs. 1 Nr. 6 EStG). Die Zinsen unterliegen der Kapitalertragsteuer (§ 43 Abs. 1 Nr. 4 EStG). Zur Anwendung dieser Vorschriften wird unter Bezugnahme auf das Ergebnis der Erörterungen mit den obersten Finanzbehörden der Länder wie folgt Stellung genommen:

1 Art der Versicherung

1.1 Zu den Einnahmen aus Kapitalvermögen rechnen nach § 20 Abs. 1 Nr. 6 EStG außerrechnungsmäßige und rechnungsmäßige Zinsen aus den Sparanteilen, die in den Beiträgen zu Versicherungen auf den Erlebens- oder Todesfall enthalten sind. Zu den Einnahmen aus Kapitalvermögen gehören stets Zinsen aus

    a) Kapitalversicherungen gegen Einmalbeitrag,

    b) Rentenversicherungen mit Kapitalwahlrecht gegen Einmalbeitrag,

    c) Rentenversicherungen mit Kapitalwahlrecht gegen laufende Beitragsleistung, bei denen die Auszahlung des Kapitals zu einem Zeitpunkt vor Ablauf von 12 Jahren seit Vertragsabschluß verlangt werden kann,

    d) Kapitalversicherungen gegen laufende Beitragsleistung, wenn der Vertrag nicht für die Dauer von mindestens 12 Jahren abgeschlossen ist.

1.2 Zinsen aus Versicherungen im Sinne des § 10 Abs. 1 Nr. 2 Buchst. b EStG rechnen grundsätzlich nicht zu den steuerpflichtigen Einnahmen (§ 20 Abs. 1 Nr. 6 Satz 2 EStG). Dazu gehören folgende Versicherungen auf den Erlebens- oder Todesfall:

    a) Risikoversicherungen, die nur für den Todesfall eine Leistung vorsehen,

    b) Rentenversicherungen ohne Kapitalwahlrecht,

    c) Rentenversicherungen mit Kapitalwahlrecht gegen laufende Beitragsleistung, bei denen die Auszahlung des Kapitals nicht zu einem Zeitpunkt vor Ablauf von 12 Jahren seit Vertragsabschluß verlangt werden kann,

    d) Kapitalversicherungen gegen laufende Beitragsleistung, wenn der Vertrag für die Dauer von mindestens 12 Jahren abgeschlossen worden ist.

1.3 Die Zinsen gehören bei den unter 1.2 genannten Versicherungsverträgen nicht zu den Einnahmen aus Kapitalvermögen, soweit sie

---

[1] Die Grundsätze dieses Schreibens sind für Altverträge (Vertragsabschluss vor dem 01.01.2005) weiterhin anzuwenden (vgl. BdF-Schreiben vom 1.10.2009, Anlage § 020-07).

Zu § 20 EStG   **Anlage § 020–02**

- mit Beiträgen desselben Versicherungsvertrages oder gleichartiger Verträge bei demselben Versicherungsunternehmen verrechnet oder
- im Versicherungsfall – auch vor Ablauf von 12 Jahren seit dem Vertragsabschluß – ausgezahlt oder
- im Fall des Rückkaufs oder der Auflösung des Vertrages nach Ablauf von 12 Jahren seit dem Vertragsabschluß ausgezahlt

werden [1].

Die Zinsen gehören bei diesen Verträgen jedoch zu den Einnahmen aus Kapitalvermögen soweit diese

- zu dem laufenden Vertrag oder
- im Fall des Rückkaufs des Vertrages vor Ablauf von 12 Jahren seit dem Vertragsabschluß mit dem Rückkaufswert

ausgezahlt werden.

2 Sparanteil

Der von den Lebensversicherungsunternehmen zu Versicherungen mit Sparanteil erhobene Versicherungsbeitrag, dessen Höhe sich nach dem Eintrittsalter des Versicherten, der Dauer der Versicherung und der Höhe der Versicherungsleistungen richtet, setzt sich zusammen aus dem

- Kostenanteil (Beitragsteil insbesondere für Verwaltungsausgaben des Unternehmens)
- Risikoanteil (Beitragsteil für vorzeitige Leistungen, z. B. in Todesfällen)
- Sparanteil

Die Finanzierung der vertraglich festgelegten Versicherungsleistung wird durch die Sparanteile ermöglicht, die einschließlich ihrer rechnungsmäßigen Verzinsung die Versicherungssumme im Erlebensfall ergeben. Die verzinsliche Ansammlung der Sparanteile während der Vertragsdauer bildet das Deckungskapital der einzelnen Versicherung.

3 Rechnungsmäßige Zinsen

3.1 Das Deckungskapital wird verzinst. Der Zinssatz ist geschäftsplanmäßig festgelegt und bedarf der Genehmigung durch die Aufsichtsbehörde. Er beträgt z. Z. für alle Lebensversicherungen einheitlich 3 v. H. Es handelt sich hierbei um die sog. rechnungsmäßigen Zinsen.

3.2 Zu den Einnahmen aus Kapitalvermögen gehören nur die Zinsen aus den Sparanteilen. Gewinne aus dem Kostenanteil oder dem Risikoanteil sowie Erträge aus der Anlage des Eigenkapitals des Versicherungsunternehmens gehören nicht dazu.

4 Außerrechnungsmäßige Zinsen

Die Versicherungsunternehmen erzielen aus ihren Kapitalanlagen in der Regel einen höheren Ertrag, als es dem rechnungsmäßigen Zins entspricht. Der Mehrertrag wird als außerrechnungsmäßiger oder überrechnungsmäßiger Zins bezeichnet. Er ist nach § 20 Abs. 1 Nr. 6 EStG insoweit steuerpflichtig, als er auf Grund des Geschäftsberichts des Lebensversicherungsunternehmens an den Versicherungsnehmer auszuschütten ist.

5 Ermittlung der Zinserträge

5.1 Nicht alle Lebensversicherungsunternehmen sind in der Lage, die rechnungsmäßigen und außerrechnungsmäßigen Zinsen im Einzelfall mit einem vertretbaren Aufwand genau festzustellen. In diesen Fällen ist nicht zu beanstanden, wenn die rechnungsmäßigen und außerrechnungsmäßigen Zinsen nach dem folgenden Näherungsverfahren ermittelt werden:

---

1) Für nach dem 31. Dezember 1985 zugeflossene stpfl. rechnungsmäßige und außerrechnungsmäßige Zinsen siehe Anlage § 020-03.

Anlage § 020–02

Zu § 20 EStG

$(3,2 \times m - 0,1 \times n - 4,5) \times RW : 100$ [1)]

Bei dem Näherungsverfahren wird der Zinsertrag in Abhängigkeit vom Rückkaufswert (RW) der Versicherung in Deutscher Mark angegeben. Die Höhe des Rückkaufswerts ist in der Regel zu den einzelnen Stichtagen in einer Anlage zu jedem Versicherungsvertrag vermerkt. Sie ist damit jedem Versicherungsnehmer bekannt. Die Formel berücksichtigt die vereinbarte Beitragszahlungsdauer der Versicherung (n) und die abgelaufene Dauer der Versicherung (m).

Beispiel:

Ein Steuerpflichtiger schließt im Alter von 30 Jahren eine Lebensversicherung mit einer Beitragszahlungsdauer von 35 Jahren ab. Die Versicherungssumme beträgt 10 000 DM. Nach einer Laufzeit von 10 Jahren kündigt er die Versicherung. Der Rückkaufswert beträgt nach der Anlage zu dem Versicherungsvertrag 160 DM je Tausend Versicherungssumme.

Es sind anzusetzen:

$n = 35$
$m = 10$
$RW = 160 \times 10 = 1600$

Nach der Näherungsformel errechnen sich die rechnungsmäßigen und außerrechnungsmäßigen Zinsen wie folgt:

$(3,2 \times 10 - 0,1 \times 35 - 4,5) \times 1600 : 100 = 384$ DM

5.2 Handelt es sich um eine Versicherung, bei der in der Vergangenheit Versicherungssumme und Beiträge planmäßig laufend erhöht worden sind, so ist folgende Formel maßgebend:

$$0,5 \left(1 + mR/mRA \frac{mR}{mR_A}\right) (3,2 \times m - 0,1 \times n - 4,5) \times mRA : 100$$

Dabei ist

mR = Rückkaufswert nach m Jahren, wenn keine planmäßigen Erhöhungen stattgefunden hätten.

mRA = Rückkaufswert nach m Jahren der Versicherung mit planmäßigen Erhöhungen.

Beispiel:

Ein Steuerpflichtiger schließt im Alter von 30 Jahren eine Lebensversicherung mit einer Vertragsdauer von 35 Jahren ab. Die Versicherungssumme beträgt 10 000 DM. Die Beiträge werden planmäßig jährlich um 6 v. H. erhöht. Nach einer Laufzeit von 10 Jahren wird die Versicherung gekündigt.

Der Rückkaufswert beträgt nach der Anlage zu dem Versicherungsvertrag 201 DM je Tausend Versicherungssumme.

Die rechnungsmäßigen und außerrechnungsmäßigen Zinsen errechnen sich nach der Näherungsformel wie folgt:

[1)] Siehe dazu auch Vfg OFD Magdeburg vom 11.1.2007 – S 2252 – 73 – St 214:
Der BFH mit Urteil vom 12. Oktober 2005(BStBl. 2006 II S. 251), entschieden, dass Zinsen aus einer Kapitallebensversicherung, die nach Ablauf eines Zeitraums von mehr als zwölf Jahren nach Vertragsabschluss bei Weiterführung des Versicherungsvertrages gezahlt werden, in entsprechender Anwendung des § 20 Abs. 1 Nr. 6 S. 2 EStG steuerfrei sind.
Der BFH stellt zwar klar, dass es sich hierbei um keinen im § 20 Abs. 1 Nr. 6 S. 2 EStG benannten Ausnahmefall handelt (Steuerfreiheit für Zinsen aus Versicherungen i.S.d. § 10 Abs. 1 Nr. 2 Buchstabe b EStG, die mit Beiträgen verrechnet oder im Versicherungsfall oder im Fall des Rückkaufs des Vertrags nach Ablauf von zwölf Jahren seit dem Vertragsabschluss ausgezahlt werden). Dennoch kann es nach Ansicht des BFH nach Ablauf von zwölf Jahren keine Rolle spielen, ob wegen des Rückkaufs des Vertrages zu einer Vertragsbeendigung und damit zu einer vollständigen Auszahlung der außerrechnungsmäßigen und rechnungsmäßigen Zinsen als Sparanteilen kommt, oder ob eine Zinsauszahlung vorgenommen, aber dennoch der Vertrag weitergeführt wird.
Berücksichtigt man die Überlegungen des Gesetzgebers, mit § 20 Abs. 1 Nr. 6 S. 2 EStG die Fälle zu begünstigen, die der Risikovorsorge und der Altersversorgung dienen, dann wird diesem Vorsorgegedanken gerade auch in dem Fall Rechnung getragen, wenn nach Ablauf von zwölf Jahren der Vertrag trotz Auszahlung der Zinsen nicht beendet wird.
Diese Rechtsgrundsätze widersprechen der bisherigen Auffassung der Finanzverwaltung im BMF-Schreiben vom 31. August 1979, BStBl. 1979 I S. 592, veröffentlicht in der ESt-Kartei - Teil I - § 20 Karte 1.5 Tz. 1.3.
Das Urteil vom 12. Oktober 2005, Az.: VIII R 87/03, a. a. O., ist in allen offenen und vergleichbaren Fällen anzuwenden. Hierbei ist zu beachten, dass dieses Urteil nur die Verträge betrifft, welche bis zum 31. Dezember 2004 wirksam abgeschlossen waren.

Zu § 20 EStG

Anlage § 020–02

$$0{,}5\ (1 + 1600/2010\frac{1600}{2010})\ \text{x}\ (3{,}2\ \text{x}\ 10 - 0{,}1\ \text{x}\ 35 - 4{,}5)\ \text{x}\ 2010 : 100\ = 433{,}20\ \text{DM}$$

5.3 = In Ausnahmefällen sind nur die rechnungsmäßigen Zinsen zu ermitteln, z. B. weil die außerrechnungsmäßigen Zinsen laufend mit Beiträgen verrechnet oder ausgezahlt worden sind. In diesen Fällen können die rechnungsmäßigen Zinsen unter den in Tz. 5.1 genannten Voraussetzungen nach der folgendenFormel ermittelt werden:

$$(1{,}4\ \text{x}\ m - 0{,}1\ \text{x}\ n + 1{,}5)\ \text{x}\ RW : 100$$

5.4 = Handelt es sich um eine Versicherung, bei der in der Vergangenheit Versicherungssumme und Beiräge planmäßig laufend erhöht worden sind, so ist für die Ermittlung lediglich der rechnungsmäßigen Zinsen folgende Formel maßgebend:

$$0{,}5\ (1 + mR/mRA\frac{_mR}{_mR_A})\ \text{x}\ 1{,}4\ \text{x}\ m - 0{,}1\ \text{x}\ n + 1{,}5)\ \text{x}\ mRA : 100$$

6 Zufluß

Die rechnungsmäßigen und außerrechnungsmäßigen Zinsen fließen dem Steuerpflichtigen in dem Zeitpunkt zu, in dem sie ihm in bar oder durch Überweisung

– ausgezahlt oder

– mit Beiträgen verrechnet oder

– im Fall des Rücklaufs des Vertrages mit dem Rückkaufswert ausgezahlt oder

– im Versicherungsfall mit der Versicherungssumme ausgezahlt

werden.

7 Vertragsänderungen

7.1 Allgemeines

7.1.1 Lebensversicherungsverträge haben in der Regel eine längere Laufzeit. Während dieser Laufzeit können sich die wirtschaftlichen Umstände oder die Erfordernisse des Versicherungsnehmers ändern.

7.1.2 Anpassungen an die neuen Erfordernisse verlangen mitunter Vertragsänderungen (z. B. Verkürzung oder Verlängerung der Vertragslaufzeit, Erhöhung oder Minderung der Versicherungssumme). Soweit die Beiträge auch nach der Vertragsänderung zu Lebensversicherungen im Sinne des § 10 Abs. 1 Nr. 2 Buchst. b EStG geleistet werden, gehören die rechnungsmäßigen und außerrechnungsmäßigen Zinsen grundsätzlich nicht zu den Einnahmen aus Kapitalvermögen. Die Ausführungen in Tz. 1.2 und 1.3 gelten sinngemäß.

7.2 Zuzahlungen

7.2.1 Die Ausführungen zu Tz. 7.1.2 gelten auch für Zuzahlungen zur Aufstockung der Versicherungssumme oder zur Abkürzung der Vertragslaufzeit; diese Zuzahlungen können von vornherein oder nachträglich vereinbart werden.

7.2.2 Die rechnungsmäßigen und außerrechnungsmäßigen Zinsen gehören auch bei Versicherungen im Sinne des § 10 Abs. 1 Nr. 2 Buchst. b EStG in voller Höhe zu den Einnahmen aus Kapitalvermögen, wenn der Vertrag vor Ablauf der Mindestvertragsdauer von 12 Jahren zurückgekauft wird. Ist die ursprüngliche Mindestvertragsdauer von 12 Jahren bei Rückkauf des Vertrages bereits abgelaufen und gilt für die Zuzahlung eine neue Mindestvertragsdauer von 12 Jahren, die bei Rückkauf des Vertrages noch nicht abgelaufen ist, so gehören die Zinsen, die auf die Zuzahlungen entfallen, ebenfalls zu den Einnahmen aus Kapitalvermögen.

7.3 Zusammenfassung von Verträgen

7.3.1 Die Lebensversicherungsunternehmen fassen aus Verwaltungsvereinfachungsgründen gelegentlich mehrere kleinere Lebensversicherungen zusammen.

7.3.2 Zinsen aus zusammengefaßten Verträgen gehören beim Vorliegen der übrigen Voraussetzungen nicht zu den Einnahmen aus Kapitalvermögen, wenn das versicherte Risiko bei allen Verträgen identisch war, alle Verträge die Voraussetzungen des § 10 Abs. 1 Nr. 2 Buchst. b EStG erfüllen und die ursprüngliche Mindestvertragsdauer bei jedem der früheren Einzelverträge auch nach der Zusammenfassung eingehalten wird. Geringe Aufrundungen der Versicherungssumme, der Beiträge oder der Laufzeit der Vertrages, die gelegentlich der Zusammenfassung zur Verwaltungsvereinfachung vorgenommen werden, sind unbedenklich.

Anlage § 020–02

Zu § 20 EStG

8 Gewährung eines Policendarlehens [1]

8.1 Der Versicherungsnehmer kann beim Lebensversicherungsunternehmen in der Regel ein Darlehen bis zur Höhe der Deckungsrückstellung seiner Lebensversicherung (Policendarlehen) beantragen.

8.2 Die Darlehenszinsen des Policendarlehens sind nicht als Beiträge zu einer Lebensversicherung anzusehen (vgl. BFH-Urteile vom 19. Dezember 1973 – BStBl. 1974 II S. 237 – und vom 1. März 1974 – BStBl. II S. 382). Außerrechnungsmäßige Zinsen, die mit Darlehenszinsen verrechnet werden, gehören daher zu den Einnahmen aus Kapitalvermögen. Eine Ausnahme besteht lediglich für die außerrechnungsmäßigen Zinsen aus Versicherungen i. S. des § 10 Abs. 1 Nr. 2 Buchst. b EStG (vgl. Tz.1.2 und 1.3), die im Versicherungsfall oder im Fall des Rückkaufs des Vertrages nach Ablauf von 12 Jahren seit dem Vertragsabschluß mit Darlehenszinsen verrechnet werden (§ 20 Abs. 1 Nr. 6 Satz 2 EStG).

9 Vermögensbildungsversicherung

Für die vermögensbildende Lebensversicherung ist gesetzlich festgelegt, daß der Rückkaufswert die Hälfte der eingezahlten Beiträge nicht unterschreiten darf (§ 2 Abs. 1 Buchst. e Ziff. 3 des 3. VermBG). Ist die Hälfte der gezahlten Beiträge höher als die Deckungsrückstellung, so wird in der Bilanz der Garantiewert (Hälfte der gezahlten Beträge) passiviert.

Solange das Deckungskapital nicht höher ist als dieser Garantiewert, gehören die Zinsen nicht zu den Einnahmen aus Kapitalvermögen.

10 Rentenversicherungen

10.1 Wird bei einer Rentenversicherung mit Kapitalwahlrecht von dem Kapitalwahlrecht kein Gebrauch gemacht oder besteht kein Wahlrecht, so daß ausschließlich Renten zu zahlen sind, so sind diese nach § 22 EStG als sonstige Einkünfte mit dem Ertragsanteil zu versteuern.

10.2 Wird bei einer Rentenversicherung mit Kapitalwahlrecht durch Ausübung des Kapitalwahlrechts anstelle der vorgesehenen Rente ein Kapital zur Zahlung fällig, so sind die damit zur Auszahlung gelangenden rechnungsmäßigen und außerrechnungsmäßigen Zinsen nach den gleichen Grundsätzen zu ermitteln, wie dies bei der Kapitalversicherung auf den Erlebens- oder Todesfall zu erfolgen hat.

11 Fondsgebundene Lebensversicherungen

11.1 Fondsgebundene Lebensversicherungen sind Kapitalversicherungen auf den Todes- und Erlebensfall. Sie unterscheiden sich von konventionellen Lebensversicherungen dadurch, daß der Teil des Beitrags, der nicht zur Deckung des versicherungstechnischen Risikos und der Verwaltungskosten bestimmt ist, nicht in Werten jeder Art, sondern in Wertpapiere (z. B. in Aktien und Investmentanteilen) angelegt wird. Diese werden gesondert vom übrigen Vermögen innerhalb einer selbständigen Abteilung des Deckungsstocks (Anlagestock) geführt. Die Erträge des Anlagestocks (Dividenden, Zinsen, Kursgewinne u. ä.) verbleiben im Anlagestock und erhöhen ihn damit. Die Versicherungsleistung besteht aus dem Deckungskapital, zu dem im Todesfall noch eine DM-Summe (Risikosumme) hinzukommt. Das Deckungskapital wird in Wertpapieren erbracht, der Berechtigte kann jedoch eine Geldleistung in Höhe des DM-Wertes der Wertpapiere verlangen. Wegen der einzelnen Modelle bei der fondsgebundenen Lebensversicherung vgl. BMF-Schreiben vom 19.8.1974 – IV B 3 – S 2221 – 33/74.

11.2 Die Kapitalerträge aus fondsgebundenen Lebensversicherungen gehören unter den gleichen Voraussetzungen zu den Einnahmen aus Kapitalvermögen, wie die rechnungsmäßigen und außerrechnungsmäßigen Zinsen aus konventionellen Lebensversicherungen. Die Vorschriften über die Erfassung der rechnungsmäßigen und außerrechnungsmäßigen Zinsen sind entsprechend anzuwenden (§ 20 Abs. 1 Nr. 6 Satz 3 EStG). Das Näherungsverfahren (vgl. Tz. 5) ist nicht anwendbar.

12 Pensionskassen

12.1 Diese Bestimmungen gelten sinngemäß für Versicherungsverhältnisse der in Tz. 1.1 bis 1.3 genannten Art, die mit Pensionskassen bestehen und bei denen ein Rückkaufswert gewährt wird, jedoch mit folgender Änderung:

Die nach den Formeln der Tz. 5.1 und 5.2 ermittelten Werte werden mit 0,83 multipliziert.

12.2 Für den Fall, daß nur rechnungsmäßige Zinsen zu erfassen sind, werden die nach den Formeln der Tz. 5.3 und 5.4 ermittelten Werte mit 1,17 multipliziert.

---

[1] Siehe dazu auch Anlage § 010-02.

12.3 In besonders gelagerten Fällen – z. B. bei abweichendem rechnungsmäßigen Zinssatz-, in denen die o. g. Verfahren zu unzutreffenden Ergebnissen führen, kann ein anderes, diesen besonderen Verhältnissen angepaßtes Verfahren vom Steuerpflichtigen angewendet oder vom Finanzamt für künftige Berechnungen verlangt werden.

13 Kapitalertragsteuer

13.1 Soweit die rechnungsmäßigen und außerrechnungsmäßigen Zinsen zu den Einnahmen aus Kapitalvermögen gehören, unterliegen sie der Kapitalertragsteuer (§ 43 Abs. 1 Nr. 4 EStG). Die Kapitalertragsteuer entsteht in dem Zeitpunkt, in dem die Kapitalerträge dem Gläubiger zufließen (vgl. Tz. 6). In diesem Zeitpunkt hat das Lebensversicherungsunternehmen den Steuerabzug für Rechnung des Gläubigers der Kapitalerträge vorzunehmen (§ 44 Abs. 1 EStG). Die Vorschriften über den Kapitalertragsteuerabzug (§§ 43 ff. EStG) sind zu beachten.

13.2 = Der Steuerabzug ist nicht vorzunehmen, wenn der Versicherungsnehmer im Zeitpunkt des Zufließens der Zinsen unbeschränkt einkommensteuerpflichtig ist und anzunehmen ist, daß für ihn eine Veranlagung zur Einkommensteuer nicht in Betracht kommt. Diese Voraussetzungen sind dem Lebensversicherungsunternehmen durch eine Nichtveranlagungs-Bescheinigung des für den Versicherungsnehmer zuständigen Wohnsitzfinanzamts nachzuweisen (§ 44a Abs. 1 und 2 EStG).

13.3 Das Lebensversicherungsunternehmen hat bei Gutschrift von rechnungsmäßigen und außerrechnungsmäßigen Zinsen, die zu den Einnahmen aus Kapitalvermögen gehören, den Versicherungsnehmer darauf hinzuweisen, daß die Zinsen steuerpflichtig und in der Einkommensteuererklärung anzugeben sind.

13.4 Für Kapitalerträge aus fondsgebundenen Lebensversicherungen gilt Entsprechendes.

14 Anwendungsvorschriften

Rechnungsmäßige und außerrechnungsmäßige Zinsen sind nur steuerpflichtig, wenn sie nach dem 31. Dezember 1974 zugeflossen sind. Weitere Bedingung ist, daß die Zinsen aus Versicherungsverträgen stammen, die nach dem 31. Dezember 1973 abgeschlossen sind (§ 52 Abs. 21 und 30 EStG 1975).

Anlage § 020–03

Zu § 20 EStG

Steuerliche Behandlung der rechnungsmäßigen und außerrechnungsmäßigen Zinsen aus Lebensversicherungen [1]

Schreiben des BdF vom 13. November 1985 IV B 4 – S 2252 – 150/85 (BStBl. I S. 661)

Nach Tz. 5.1 des BMF-Schreibens vom 31.8.1979 – IV B 4 – S 2252 – 77/79 (BStBl. I S. 592)[2] ist zugelassen worden, rechnungsmäßige und außerrechnungsmäßige Zinsen aus Lebensversicherungen durch ein Näherungsverfahren mit der Formel

$$(3{,}2 \cdot m - 0{,}1 \cdot n - 4{,}5) \cdot RW : 100$$

zu ermitteln.

Dieses Näherungsverfahren geht von einem in der Vergangenheit üblichen Zinsgewinnanteilsatz für außerrechnungsmäßige Zinsen von 3 v. H. aus.

Nachdem die Lebensversicherungsunternehmen die Zinsgewinnanteile erhöht haben, ist eine Anpassung des Näherungsverfahrens durch Erweiterung der Formel um den Faktor F erforderlich:

$$[1{,}4 \cdot m - 0{,}1 \cdot n + 1{,}5 + F(1{,}8m - 6)] \cdot RW : 100$$

Dieser Faktor F drückt das Verhältnis zwischen dem arithmetischen Mittel der tatsächlichen Gewinnanteilsätze und dem bisher unterstellten einheitlichen Gewinnanteilsatz von 3 v. H. aus.

Beispiel:

Vertragskündigung nach 10 Jahren. Die Zinsen für die ersten 3 Jahre bleiben außer Betracht, da keine oder nur geringe außerrechnungsmäßige Zinsen ausgeschüttet werden. In den 4 folgenden Jahren gilt der bisherige Satz von 3 %. Ab dem 8. bis 10. Jahr erhöht sich der Ausschüttungssatz auf 3,5 %.

Dann ist der Durchschnittszinssatz:

 4 Jahre à 3 % = 12 %
+ 3 Jahre à 3,5 % = 10 %
22,5 % dividiert durch 7 = 3,2143 %

Daraus folgt: $F = \dfrac{\text{Durchschnittszinssatz}}{\text{bisheriger Zinssatz}} = 3{,}2143\% / 3{,}000\% \dfrac{3{,}2143\%}{3{,}000\%} = 1{,}0714$

d. h. es ergeben sich um 7,14 % höhere außerrechnungsmäßige Zinsen im Vergleich zu der bisherigen Berechnung.

Auf Grund des Ergebnisses der Erörterung mit den obersten Finanzbehörden der Länder ist die erweiterte Formel zur Ermittlung von nach dem 31.12.1985 zugeflossenen steuerpflichtigen rechnungsmäßigen und außerrechnungsmäßigen Zinsen mit der Maßgabe anzuwenden, daß für vor dem 1.1.1984 endende Wirtschaftsjahre der bisherige einheitliche Zinsgewinnanteilsatz von 3 v. H. und für nach dem 31.12.1983 endende Wirtschaftsjahre der unternehmensindividuelle Zinsanteilsatz zugrunde gelegt werden kann.

---

1) Die Grundsätze dieses Schreibens sind für Altverträge (Vertragsabschluss vor dem 01.01.2005) weiterhin anzuwenden. Für Neuverträge siehe Anlage § 020-07.

2) Siehe Anlage § 020-02.

Zu § 20 EStG **Anlage § 020–04**

Steuerliche Erfassung der Zinsen auf Steuererstattungen gem. § 233a AO[1)2)]

I. – BdF-Schreiben vom 5.10.2000 – IV C 1 – S 2252 – 231/00 (BStBl. I S. 1508) –

Aufgrund der Aufhebung des § 10 Abs. 1 Nr. 5 EStG und der Änderung des § 10 Nr. 2 KStG durch das Steuerentlastungsgesetz 1999/2000/2002 vom 24. März 1999 (BGBl. I S. 402) können Zinsen auf Steuernachforderungen gem. § 233a AO mit Wirkung ab dem Veranlagungszeitraum 1999 nicht mehr steuermindernd geltend gemacht werden. Demgegenüber führen Zinsen auf Steuererstattungen gem. § 233a AO beim Gläubiger zu Einkünften aus Kapitalvermögen im Sinne des § 20 Abs. 1 Nr. 7 EStG oder i. V. m. § 20 Abs. 3 EStG zu Einkünften anderer Art. Diese unterschiedliche steuerliche Behandlung von Zinsen führt regelmäßig nicht zu einer sachlichen Unbilligkeit. Es handelt sich vielmehr um eine bewusste gesetzgeberische Entscheidung, die konsequent daran anknüpft, dass private Schuldzinsen nicht abzugsfähig, Guthabenzinsen aber steuerpflichtig sind. Die Regelung kann jedoch in Einzelfällen zu einem sachlich unbilligen Ergebnis führen, wenn – auf die Einkommen- oder Körperschaftsteuer bezogen – sowohl Steuernachforderungen als auch Steuererstattungen gegenüber demselben Steuerpflichtigen auf ein- und demselben Ereignis (z. B. Betriebsprüfung) beruhen.

Zur Vermeidung unbilliger Härten gilt nach dem Ergebnis der Erörterungen mit den obersten Finanzbehörden der Länder Folgendes:

Aus Gründen sachlicher Härte sind auf Antrag Erstattungszinsen im Sinne des § 233a AO nach § 163 AO nicht in die Steuerbemessungsgrundlage einzubeziehen, soweit ihnen nicht abziehbare Nachforderungszinsen gegenüberstehen, die auf ein- und demselben Ereignis beruhen. Dabei sind die Erstattungszinsen und die diesen gegenüberstehenden Nachforderungszinsen auf den Betrag der jeweils tatsächlich festgelegten Zinsen begrenzt. Der Antrag ist bei dem für die Personensteuer örtlich zuständigen Finanzamt zu stellen.

Ereignis in diesem Sinne ist der einzelne Vorgang, der Ansprüche aus dem Steuerschuldverhältnis für unterschiedliche Veranlagungszeiträume im engen zeitlichen und sachlichen Zusammenhang erhöht oder vermindert (z. B. Erhöhung des Warenbestandes eines Jahres/Erhöhung des Wareneinsatzes im Folgejahr).

Beispiel 1 (sachliche Unbilligkeit liegt vor):
Eine Betriebsprüfung in 09 umfasst die Veranlagungszeiträume bis einschließlich 04.

Veranlagungszeitraum 04
Erhöhung des Warenbestandes = Gewinnerhöhung um 100
Einkommensteuer 04 + 50
Nachforderungszinsen:
Zinslauf 1.4.06 bis 31.12.09 11,25
(45 volle Monate x 0,5% = 22,5%)

Veranlagungszeitraum 05
Erhöhung des Wareneinsatzes = Gewinnminderung um 100
Einkommensteuer 05 – 50
Erstattungszinsen:
Zinslauf 1.4.07 bis 31.12.09 8,25
(33 volle Monate x 0,5% = 16,5%)

Die Erstattungszinsen in Höhe von 8,25 sind auf Antrag nicht zu versteuern, weil ihnen nicht abziehbare Nachforderungszinsen gegenüberstehen, die auf ein- und demselben Ereignis beruhen.

---

1) Der BFH hat in seinem Urteil vom 15.6.2010 (Az: VIII R 33/07) seine Rechtsprechung zur Steuerbarkeit von Erstattungszinsen geändert und nunmehr entschieden, dass vom Finanzamt geleistete Zinsen auf Einkommensteuererstattungen (§ 233a AO) nicht zu versteuern sind.
Mit der Ergänzung des § 20 Abs. 1 Nr. 7 EStG um einen Satz 3 durch das JStG 2010 wurde klargestellt, dass Erstattungszinsen im Sinne des § 233a der Abgabenordnung Erträge aus sonstige Kapitalforderungen und damit steuerpflichtig sind. Die Änderung ist rückwirkend in allen noch offenen Fällen anzuwenden (vgl. § 52a Abs. 8 Satz 2 EStG).

2) Vgl. auch die Vfg OFD Frankfurt vom 29.4.2003 (FR 2003 S. 741):
– Die Rückzahlung von zuvor erhaltenen Erstattungszinsen führt zu negativen Einnahmen im Sinne des § 20 Abs. 1 Nr. 7 EStG.
– Die Erstattung von zuvor gezahlten Nachzahlungszinsen führt nicht zu Einnahmen i. S. des § 20 Abs. 1 Nr. 7 EStG.

Anlage § 020–04

Zu § 20 EStG

Beispiel 2 (sachliche Unbilligkeit liegt **nicht** vor):
Eine Betriebsprüfung in 09 umfasst die Veranlagungszeiträume bis einschliesslich 05.

Veranlagungszeitraum 04

Nichtanerkennung einer Teilwertabschreibung = Gewinnerhöhung um	100
Einkommensteuer 04	+ 50
Nachforderungszinsen: Zinslauf 1.4.06 bis 31.12.09 (45 volle Monate x 0,5% = 22,5%)	11,25

Veranlagungszeitraum 05

Zusätzliche Betriebsausgaben = Gewinnminderung um	100
Einkommensteuer 05	– 50
Erstattungszinsen: Zinslauf 1.4.07 bis 31.12.09 (33 volle Monate x 0,5% = 16,5%)	8,25

Ein Verzicht auf die Versteuerung der Erstattungszinsen in Höhe von 8,25 kommt **nicht** in Betracht, weil Nachforderungs- und Erstattungszinsen auf unterschiedlichen Ereignissen beruhen.

Die nach § 163 AO außer Ansatz zu lassenden Erstattungszinsen sind im Bedarfsfall sachgerecht zu schätzen.

Die Forgerungen aus dieser Billigkeitsregelung sind nach Abschnitt 38 Abs. 4 GewStR 1998 auch für die Ermittlung des Gewerbeertrags zu ziehen.

II. – Verfügung Bayer. Landesamt für Steuer vom 08.09.2011 – S 2252.21.1-6/4 St 32 –

Erstattungszinsen gem. § 233a AO sind als Einnahmen aus Kapitalvermögen nach § 20 Abs. 1 Nr. 7 EStG steuerpflichtig, soweit sie nicht zu den Betriebseinnahmen gehören. Bei den **Nachzahlungszinsen** handelt es sich um nicht berücksichtigungsfähige private Schuldzinsen i. S. des § 12 Nr. 3 EStG.

Werden **Erstattungszinsen** festgesetzt, so sind diese im Zeitpunkt des Zuflusses als Einnahmen aus Kapitalvermögen zu erfassen. Kommt es anschließend zu einer Änderung des zugrunde liegenden Steuerbescheids zuungunsten des Steuerpflichtigen und damit auch zu einer Minderung und (Teil-)Rückzahlung zuvor festgesetzter Erstattungszinsen, so handelt es sich **insoweit** um negative Einnahmen aus Kapitalvermögen. Diese sind im Zeitpunkt des Abflusses zu berücksichtigen (§ 11 Abs. 2 S. 1 EStG). Die Verpflichtung zur Rückzahlung der erhaltenen Erstattungszinsen bestand bereits in dem Zeitpunkt, in dem die Steuerpflichtigen diese erhielten. Dies ergibt sich für die Einkommensteuer aus § 38 AO i. V. m. § 36 Abs. 1 EStG, wonach die Einkommensteuer mit Ablauf des Veranlagungszeitraums entsteht. Wird sie zunächst in unzutreffender Höhe festgesetzt, basiert die Zinsberechnung nach § 233a AO auf der materiell-rechtlich unzutreffend festgesetzten Einkommensteuer. Die Verpflichtung zur Rückzahlung der erhaltenen Erstattungszinsen besteht dem Grunde nach bereits im Zeitpunkt der unzutreffenden Zinsfestsetzung. Sie konkretisiert sich jedoch erst mit der geänderten Zinsfestsetzung. Irrelevant ist in diesem Zusammenhang der Grund der korrigierten Veranlagung.

Entsprechend sind auch Rückzahlungen von durch den Steuerpflichtigen beglichenen **Nachzahlungszinsen** zu beurteilen. Die Nachzahlungszinsen gehören zu den nicht abziehbaren Aufwendungen i. S. des § 12 Nr. 3 EStG. Bei Rückzahlung dieser an den Steuerpflichtigen handelt es sich nicht um steuerpflichtige Erstattungszinsen, sondern um die Minderung zuvor festgesetzter Nachzahlungszinsen, die nicht von § 20 Abs. 1 Nr. 7 EStG erfasst werden. Die Nichtberücksichtigung ist auf die bisher geleisteten Nachzahlungszinsen begrenzt.

Werden Nachzahlungszinsen erstattet, die (bis einschl. Veranlagungszeitraum 1998) als Sonderausgaben abgezogen wurden, führt dies gem. § 175 Abs. 1 Nr. 2 AO zu einer Berichtigung des entsprechenden Einkommensteuerbescheides. Insoweit liegt ein Ereignis mit steuerlicher Rückwirkung vor (vgl. BFH-Urteil vom 28.05.1998, BStBl. 1999 II S. 95).

Einer **Billigkeitsregelung** bedarf es in diesen Fällen, in denen die Änderungen den gleichen Veranlagungszeitraum betreffen, nicht – im Gegensatz zu Fällen, in denen Erstattungs- und Nachzahlungszinsen, die auf ein- und demselben Ereignis beruhen, für unterschiedliche Veranlagungszeiträume festgesetzt werden (s. BMF-Schreiben vom 05.10.2000)[1].

---

1) Vorstehend abgedruckt.

Zu § 20 EStG **Anlage § 020–04**

Beispiel 1:
ESt-Bescheid 2007 vom 15.10.2009:
Nachzahlung ESt	200.000 €	
Zinslauf 6 Monate		
festzusetzende Zinsen (Nachzahlungszinsen)		6.000 €
Änderungsbescheid vom 22.01.2010:		
Erstattung ESt	220.000 €	
Erstattungszinsen		– 3.900 €
(20.000 € vom 01.04.2009 – 18.10.2009 = 6 Monate = 600 €		
220.000 € vom 18.10.2009 – 25.01.2010 = 3 Monate = 3.300 €)		
bisher festgesetzte Zinsen	6.000 €	
Minderung		
(200.000 € vom 01.04.2009 – 18.10.2009 = 6 Monate)	6.000 €	
	0 €	0 €
festzusetzende Zinsen		– 3.900 €
Erstattungsbetrag		9.900 €

Bei dem Erstattungsbetrag handelt es sich i.H.v. 3.900 € um Erstattungszinsen i.S. des § 20 Abs. 1 Nr. 7 EStG. Der darüber hinausgehende Betrag i.H.v. 6.000 € stellt eine Rückerstattung von im Jahr 2009 entrichteter Nachzahlungszinsen dar und zählt nicht zu den Einkünften aus Kapitalvermögen.

Beispiel 2:
ESt-Bescheid 2006 vom 16.08.2008:
Nachzahlung ESt	180.000 €	
Zinslauf 4 Monate		
festzusetzende Zinsen (Nachzahlungszinsen)		3.600 €
Änderungsbescheid vom 25.04.2009:		
Erstattung ESt	80.000 €	
Erstattungszinsen		– 3.200 €
(80.000 € vom 19.08.2008 – 28.04.2009 = 8 Monate)		
bisher festgesetzte Zinsen	3.600 €	
Minderung		
(80.000 € vom 01.04.2008 – 19.08.2008 = 4 Monate)	1.600 €	
	2.000 €	2.000 €
festzusetzende Zinsen		– 1.200 €
Erstattungsbetrag		4.800 €

Die im Jahr 2008 entrichteten Nachzahlungszinsen sind nicht abziehbare Aufwendungen i.S. des § 12 Nr. 3 EStG.

Die mit Bescheid vom 25.04.2009 festgesetzten Erstattungszinsen i.H.v. 3.200 € sind als Einkünfte aus Kapitalvermögen im VZ 2009 zu erfassen. Der darüber hinausgehende Erstattungsbetrag von 1.600 € stellt eine Rückzahlung von Nachzahlungszinsen dar und ist nicht steuerpflichtig.

Beispiel 3:
ESt-Bescheid 2007 vom 10.09.2009:
Erstattung ESt	100.000 €	
Zinslauf 5 Monatefestzusetzende Zinsen		– 2.500 €
(Erstattungszinsen)		
Änderungsbescheid vom 20.04.2010:		
Rückforderung ESt	20.000 €	
Zinslauf 12 Monate (Nachzahlungszinsen)		1.200 €
festzusetzende Zinsen (Erstattungszinsen)		– 1.300 €

Anlage § 020–04

Zu § 20 EStG

Nur soweit Erstattungszinsen und Nachzahlungszinsen für den selben Betrag und den selben Zeitraum berechnet werden, handelt es sich um eine Rückabwicklung der zunächst berechneten und gezahlten Zinsen (vgl. Urteil des FG Hamburg vom 23.10.2003, EFG 2004 S. 498).

Im Beispielsfall gibt es eine Überschneidung im obigen Sinn für 20.000 € und 5 Monate. In Höhe von 500 € (= 20.000 € x 2,5 %) liegt daher eine Rückzahlung von Erstattungszinsen und damit eine negative Einnahme aus Kapitalvermögen vor. Bei dem darüber hinausgehenden Betrag von 700 € handelt es sich dagegen um nicht abziehbare Nachzahlungszinsen.

Zu § 20 EStG   **Anlage § 020–05**

Steuerrechtliche Zurechnung der verdeckten Gewinnausschüttung

– BdF-Schreiben vom 20.5.1999 – IV C 6 – S 2252 – 8/99 (BStBl. I S. 514) –

Der Bundesfinanzhof hat in seinem Urteil vom 18. Dezember 1996 (BStBl. 1997 II S. 301) die Frage offen gelassen, ob eine verdeckte Gewinnausschüttung, die einer Person zufließt, die einem Gesellschafter nahesteht, dem betreffenden Gesellschafter nur dann steuerrechtlich zugerechnet werden darf, wenn er selbst durch sie einen Vermögensvorteil erlangt. Nach Abstimmung mit den obersten Finanzbehörden der Länder bitte ich hierzu die Auffassung zu vertreten, daß die der nahestehenden Person zugeflossene verdeckte Gewinnausschüttung steuerrechtlich stets dem Gesellschafter als Einnahme zuzurechnen ist, dem die Person nahesteht, der die Gewinausschüttung zugeflossen ist.

Anlage § 020–06 Zu § 20 EStG

Vermögensverlagerung von Eltern auf minderjährige Kinder

– Vfg OFD Magdeburg vom 26.1.2007 – S 2252 – 90 – St 214 –

Durch das Steueränderungsgesetz 2007 vom 19. Juli 2006 (BStBl. I 2006 S. 432) ist der Sparer-Freibetrag nach § 20 Abs. 4 EStG von 1.370 EUR bzw. 2.740 EUR (bei Zusammenveranlagung) mit Wirkung vom 1. Januar 2007 auf 750 EUR bzw. 1.500 EUR (bei Zusammenveranlagung) abgesenkt worden. Unter Berücksichtigung des (unveränderten) Werbungskosten-Pauschbetrages für die Einkünfte aus Kapitalvermögen können deshalb ab dem 1. Januar 2007 nur noch höchstens 801 EUR bzw. 1.602 EUR (bei Zusammenveranlagung) vom Kapitalertragsteuerabzug/Zinsabschlag freigestellt werden.

Vor diesem Hintergrund ist es möglich, dass – in der Regel – Eltern, bei denen das Freistellungsvolumen bereits ausgeschöpft ist, Vermögensverlagerungen auf ihre minderjährigen Kinder vornehmen. Anhaltspunkte für das Vorliegen derartiger Sachverhalte können insbesondere die Minderung des die Kapitalerträge erzielenden Vermögens bei den Eltern im Vergleich zum Vorjahr und die Beantragung einer NV-Bescheinigung nach § 44 a Abs. 1 Nr. 2 i. V. m. Abs. 2 Nr. 2 EStG für die minderjährigen Kinder sein.

Einnahmen aus Kapitalvermögen bezieht, wer Kapitalvermögen gegen Entgelt zur Nutzung überlässt. Entscheidend ist das Rechtsverhältnis, auf dem die Überlassung von Kapital beruht. In der Regel sind dem Inhaber des Kapitalvermögens die Einkünfte zuzurechnen.

Für den Fall, dass Eltern bisher eigenes Geldvermögen im Namen der Kinder anlegen und die Kapitalerträge daraus nunmehr den Kindern zugerechnet werden sollen, sind die Grundsätze im BFH-Urteil vom 24. April 1990, Az.: VIII R 170/83, BStBl. II 1990 S. 539 zu beachten. Nach diesen genügt es nicht, dass die Kinder zivilrechtlich Inhaber des in ihrem Namen angelegten Geldvermögens geworden sind und ihnen die Ansprüche gegen die Bank zustehen. Vielmehr muss der endgültige Übergang der Ansprüche gegen die Bank in das Vermögen des Kindes feststehen. Dies ist in der Regel gegeben, wenn die Eltern bei Abschluss des Vertrages über die Einrichtung eines Sparkontos und bei der Einzahlung der Einlagen den Willen hatten, die Guthabenforderung den Kindern sofort zuzuwenden und dieser Wille für die Bank erkennbar war (z. B. ausdrückliche Regelungen zur Begünstigung und Gläubigerstellung des Kindes, vgl. BFH vom 3. November 1976, Az.: VIII R 137/74, BStBl. II 1977 S. 205).

Darüber hinaus müssen für die steuerrechtliche Zurechnung der Kapitalerträge auf die Kinder auch alle sonstigen Folgerungen gezogen werden, die sich aus einer endgültigen Vermögensübertragung ergeben. Dies setzt voraus, dass die Eltern das Vermögen der Kinder und der daraus erzielten Einkünfte den familienrechtlichen Bestimmungen der elterlichen Vermögenssorge entsprechend verwalten (§§ 1626 BGB ff.), d. h. das Geldvermögen der Kinder wie fremdes Vermögen behandeln. Geschieht das nicht, ist davon auszugehen, dass die Eltern ihr Vermögen den Kindern mit der Einschränkung übertragen haben, dass die Kinder zwar zivilrechtlich Inhaber des Vermögens werden sollten, die Eltern im Verhältnis zu ihren Kindern jedoch das Vermögen weiterhin als eigenes Vermögen ansehen (BFH vom 3. November 1976, Az.: VIII R 170/74, BStBl. II 1977 S. 206). Ein in dieser Weise übertragenes und verwaltetes Vermögen und die Einkünfte daraus sind wirtschaftlich weiterhin den Eltern zuzurechnen.

Auslegungsschwierigkeiten können vermieden werden, wenn bei Errichten des Sparkontos klargestellt ist, dass eine Verfügungsbefugnis der Eltern nur auf dem elterlichen Sorgerecht entsprechend den §§ 1626 ff. BGB beruht (BFH vom 24. April 1990, a. a. O.) und tatsächlich entsprechend verfahren wird (vgl. auch BFH vom 30. März 1999, Az/VIII R 19/98, BFH/NV 1999 S. 1325).

Zu § 20 EStG

Anlage § 020–07

Besteuerung von Versicherungserträgen im Sinne des § 20 Absatz 1 Nummer 6 EStG

– I. BdF-Schreiben vom 01.10.2009 – IV C 1 – S 2252/07/0001, 2009/0637786 (BStBl. I S. 1171) –

Im Einvernehmen mit den obersten Finanzbehörden der Länder wird das BMF-Schreiben vom 22. Dezember 2005 (BStBl. I 2006, S. 92) wie folgt gefasst (Änderungen gegenüber dem bisherigen Text sind durch Fettdruck gekennzeichnet):

Übersicht

		Randziffer (Rz.)
I.	Versicherung im Sinne des § 20 Abs. 1 Nr. 6 EStG	1 – 7
II.	Allgemeine Begriffsbestimmungen	8 – 18
	1. Versicherungsnehmer	8
	2. Bezugsberechtigter	9 – 11
	3. Versicherte Person	12
	4. Überschussbeteiligung	13 – 18
III.	Rentenversicherung mit Kapitalwahlrecht, soweit nicht die Rentenzahlung gewählt wird	19 – 22
IV.	Kapitalversicherung mit Sparanteil	23 – 30
	1. Kapitalversicherung auf den Todes- und Erlebensfall (klassische Kapital-Lebensversicherung)	24 – 26
	2. Unfallversicherung mit garantierter Beitragsrückzahlung	27
	3. Kapitalversicherung auf den Todes- und Erlebensfall von zwei oder mehreren Personen (Kapitalversicherung auf verbundene Leben)	28
	4. Kapitalversicherung mit festem Auszahlungszeitpunkt (Termfixversicherung)	29
	5. Kapitalversicherung mit lebenslangem Todesfallschutz	30
V.	Sonderformen	31 – 35
	1. Fondsgebundene Kapital-Lebensversicherung und fondsgebundene Rentenversicherung	31 – 34
	2. Vermögensverwaltender Versicherungsvertrag	34a – 34m
	3. Direktversicherung, Pensionskasse, Pensionsfonds	35
VI.	Absicherung weiterer Risiken	36 – 39
VII.	Erlebensfall oder Rückkauf	40 – 49
	1. Erlebensfall	41 – 47
	2. Rückkauf	48 – 49
VIII.	Steuerpflichtiger	50 – 53
IX.	Berechnung des Unterschiedsbetrags	54 – 64
	1. Versicherungsleistung	55
	2. Summe der entrichteten Beiträge	56 – 59
	3. Negativer Unterschiedsbetrag (Verlust)	60
	4. Teilleistungen	61 – 64
	5. Entgeltlicher Erwerb	64a – 64b
X.	Hälftiger Unterschiedsbetrag	65 – 78
	1. Beginn der Mindestvertragsdauer	66
	2. Neubeginn aufgrund von Vertragsänderungen	67 – 73
	a. Bei Vertragsabschluss vereinbarte künftige Vertragsänderungen	68
	b. Nachträglich vereinbarte Vertragsänderungen	69 – 71
	c. Zahlungsschwierigkeiten	72 – 73
	d. Fortsetzung einer während der Elternzeit beitragsfrei gestellten Lebensversicherung	73a

Anlage § 020–07 Zu § 20 EStG

	e. Umwandlung einer Kapitallebensversicherung in eine nach § 851c ZPO unter Pfändungsschutz stehende Rentenversicherung	73b – 73e
3.	Policendarlehen	74
4.	Teilleistungen teilweise vor dem 60. Lebensjahr und teilweise danach	75 – 76
5.	Hälftiger Unterschiedsbetrag bei Kapitalversicherungen auf verbundene Leben	77 – 78
6.	Mindeststodesfallschutz	78a – 78m
	a. § 20 Absatz 1 Nummer 6 Satz 6 Buchstabe a EStG („50 %-Regel")	78a – 78j
	b. § 20 Absatz 1 Nummer 6 Satz 6 Buchstabe b EStG („10 %-Regel")	78k – 78l
	c. Verhältnis zwischen den Regelungen zum Mindesttodesfallschutz	78m
XI.	**Werbungskosten**	79 – 81
XIa.	**Entgeltliche Veräußerung**	81b
XII.	**Nachweis der Besteuerungsgrundlagen**	82 – 83
	1. Inländische Versicherungen	82
	2. Ausländische Versicherungen	83
XIII.	**Kapitalertragsteuer**	84 – 87
XIIIa.	**Mitteilungspflicht für inländische Versicherungsvermittler**	87a – 87c
XIV.	**Anwendungsregelungen**	88 – 97
	1. Zeitliche Abgrenzung von Altverträgen zu Neuverträgen	88 – 89
	2. Weitergeltung von BMF-Schreiben	90
	3. Vorratsverträge	91
	4. Vertragsänderungen bei Altverträgen	92 – 94
	5. Vertragsschluss im Namen eines minderjährigen Kindes	95 – 97

I. Versicherung im Sinne des § 20 Abs. 1 Nr. 6 EStG

1 Der Besteuerung nach § 20 Absatz 1 Nummer 6 EStG unterliegen die Erträge aus folgenden Versicherungen auf den Erlebens- oder Todesfall (kapitalbildende Lebensversicherungen): Rentenversicherungen mit Kapitalwahlrecht, soweit nicht die Rentenzahlung gewählt wird, und Kapitalversicherungen mit Sparanteil. Erträge aus Unfallversicherungen mit garantierter Beitragsrückzahlung unterliegen ebenfalls der Besteuerung nach § 20 Absatz 1 Nummer 6 EStG.

2 Eine Versicherung im Sinne des § 20 Absatz 1 Nummer 6 EStG unterscheidet sich von einer Vermögensanlage ohne Versicherungscharakter dadurch, dass ein wirtschaftliches Risiko abgedeckt wird, das aus der Unsicherheit und Unberechenbarkeit des menschlichen Lebens für den Lebensplan des Menschen erwächst (biometrisches Risiko). Die durch die Lebensversicherung typischerweise abgedeckten Gefahren sind der Tod (Todesfallrisiko) oder die ungewisse Lebensdauer (Erlebensfallrisiko, Langlebigkeitsrisiko). Bei der Unfallversicherung mit garantierter Beitragsrückzahlung stellen das Unfallrisiko oder das Risiko der Beitragsrückzahlung im Todesfall die mit der Versicherung untrennbar verbundenen charakteristischen Hauptrisiken dar.

3 Es liegt kein Versicherungsvertrag im Sinne des § 20 Absatz 1 Nummer 6 EStG vor, wenn der Vertrag keine nennenswerte Risikotragung enthält. Davon ist insbesondere dann auszugehen, wenn bei Risikoeintritt nur eine Leistung der angesammelten und verzinsten Sparanteile zuzüglich einer Überschussbeteiligung vereinbart ist. In der Regel ist vom Vorliegen eines Versicherungsvertrages im Sinne des § 20 Absatz 1 Nummer 6 EStG auszugehen, wenn es sich um eine Lebensversicherung oder Unfallversicherung mit garantierter Beitragsrückzahlung im Sinne des Versicherungsaufsichtsrechts handelt. **Die Regelungen zum Mindesttodesfallsschutz (vgl. Rz. 23 ff. des BMF Schreibens vom 22. August 2002 – IV C 4 – S 2221 – 211/02, BStBl. I S. 827) sind für nach dem 31. Dezember 2004 abgeschlossene Versicherungsverträge nicht anzuwenden; für nach dem 31. März 2009 abgeschlossene Kapitallebensversicherungsverträge gelten neue Regelungen zum Mindesttodesfallschutz (vgl. Rz. 78a ff.).**

3a Eine Rentenversicherung liegt nur dann vor, wenn bereits am Beginn der Vertragslaufzeit ein Langlebigkeitsrisiko vom Versicherungsunternehmen übernommen wird. Dies bedeutet, dass bereits bei Vertragsabschluss die Höhe der garantierten Leibrente in Form eines konkreten Geldbetrages festgelegt wird oder ein konkret beziffertet Faktor garantiert wird, mit dem die Höhe der garantierten Leibrente durch Multiplikation mit dem am Ende der Anspar- bzw. Aufschubphase vorhandenen Fondsvermögen bzw. Deckungskapital errechnet wird (Rentenfaktor). Für einzelne

Zu § 20 EStG

Anlage § 020–07

Vermögensteile (z. B. durch die Kapitalanlage sichergestelltes Mindestvermögen, eventuelle über die gezahlten Beiträge erheblich hinausgehende Wertsteigerungen) können auch unterschiedliche Rentenfaktoren garantiert werden. Bei Beitragserhöhungen muss der konkrete Geldbetrag oder der Rentenfaktor spätestens im Erhöhungszeitpunkt garantiert werden. Eine vereinbarte Anpassung des Beitrags oder der Leistung gemäß § 163 VVG ist unschädlich.

Für vor dem 1. Juli 2010 abgeschlossenen Rentenversicherungen ist es ausreichend, dass das Versicherungsunternehmen bei Vertragsabschluss bzw. im Erhöhungszeitpunkt hinreichend konkrete Grundlagen für die Berechnung der Rentenhöhe oder des Rentenfaktors zugesagt hat. Dieses Erfordernis ist auch erfüllt, wenn die bei Vertragsbeginn für die Rentenberechnung unterstellten Rechnungsgrundlagen mit Zustimmung eines unabhängigen Treuhänders, der die Voraussetzungen und die Angemessenheit prüft, geändert werden können. — 3b

Insbesondere bei den nachfolgenden Vertragsgestaltungen ist von einer hinreichenden Konkretisierung der Berechnungsgrundlagen auszugehen:

Beispiel 1: Es gelten die am Ende der Aufschubphase gültigen Rententarife. Der maßgebende Rentenfaktor muss dabei aber mindestens 75 % des Wertes des Rentenfaktors betragen, der sich mit den bei Vertragsabschluss verwendeten Rechnungsgrundlagen ergeben würde.

Beispiel 2: Die auszuzahlende Rente wird zu Beginn der Rentenzahlung für die gesamte Rentenbezugszeit festgelegt. Bei der Rentenberechnung werden mindestens 50 % der Sterblichkeiten der Sterbetafel DAV 2004 R und der dann aufsichtsrechtlich festgelegte Höchstrechnungszins zur Deckungsrückstellungsberechnung angesetzt.

Ein Vertrag, der keine hinreichend konkreten Berechnungsgrundlagen enthält, sondern lediglich eine Verrentung am Ende der Anspar- bzw. Aufschubphase zu den dann gültigen Bedingungen vorsieht, ist steuerrechtlich keine Rentenversicherung, sondern ein nach den allgemeinen Vorschriften zu besteuernder Sparvorgang mit einer steuerlich unbeachtlichen Verrentungsoption. Wird bei einem derartigen Vertrag während der Anspar- bzw. Aufschubphase ein Todesfallrisiko übernommen, ist von einer Kapitalversicherung und von einem Zufluss der Erträge am Ende der Anspar- bzw. Aufschubphase auszugehen (vgl. Rz. 26). Sofern vor dem 1. Juli 2010 ein konkreter Geldbetrag oder Rentenfaktor nachträglich zugesagt wird, ist der Vertrag als Rentenversicherung zu betrachten und es ist keine steuerlich relevante Vertragsänderung anzunehmen. Bei Verträgen, bei denen vor diesem Datum die Rentenzahlung beginnt, und bei vor dem 1. Januar 2005 abgeschlossenen Rentenversicherungsverträgen ist eine nachträgliche Zusage nicht erforderlich.

Bei ab dem 1. Juli 2010 abgeschlossenen Versicherungsverträgen ist nicht von einer steuerlich anzuerkennenden Rentenversicherung auszugehen, wenn der vereinbarte Rentenzahlungsbeginn dergestalt aufgeschoben ist, dass die mittlere Lebenserwartung der versicherten Person unwesentlich unterschritten oder sogar überschritten wird. Nicht zu beanstanden ist es, wenn der Zeitraum zwischen dem vereinbarten spätesten Rentenbeginn und der mittleren Lebenserwartung mehr als 10 % der bei Vertragsabschluss verbliebenen Lebenserwartung beträgt. Maßgebend ist die dem Vertrag zu Grunde gelegte Sterbetafel. — 3c

Beispiel: Die versicherte Person ist bei Vertragsabschluss 30 Jahre alt und hat eine mittlere Lebenserwartung von 82 Jahren. Die verbleibende Lebenserwartung beträgt 52 Jahre, davon 10 % sind 5,2 Jahre. Ein vereinbarter Rentenbeginn mit 77 Jahren wäre nicht zu beanstanden.

Keine Versicherungsverträge im Sinne des § 20 Absatz 1 Nummer 6 EStG sind Kapitalisierungsgeschäfte. Als Kapitalisierungsgeschäfte gelten Geschäfte, bei denen unter Anwendung eines mathematischen Verfahrens die im Voraus festgesetzten einmaligen oder wiederkehrenden Prämien und die übernommenen Verpflichtungen nach Dauer und Höhe festgelegt sind (vgl. § 1 Absatz 4 Satz 2 des Versicherungsaufsichtsgesetzes [VAG]). — 4

Bei Kapitalforderungen aus Verträgen mit Versicherungsunternehmen, bei denen es sich nicht um einen Versicherungsvertrag im oben angeführten Sinne handelt, richtet sich die Besteuerung des Kapitalertrags nach § 20 Absatz 1 Nummer 7 EStG. — 5

Zu den nach § 20 Absatz 1 Nummer 6 EStG steuerpflichtigen Renten- oder Kapitalversicherungen zählen nur solche, die einen Sparanteil enthalten. Bei solchen Versicherungen setzt sich der Versicherungsbeitrag grundsätzlich zusammen aus dem — 6

- **Kostenanteil** (Beitragsteil insbesondere für Verwaltungsaufgaben des Unternehmens, Abschlusskosten, Inkassokosten), dem

Anlage § 020–07 Zu § 20 EStG

- **Risikoanteil** (Beitragsanteil für Leistungen bei Eintritt eines charakteristischen Hauptrisikos: Tod bei Lebensversicherungen, Unfall oder Beitragsrückzahlung im Todesfall bei Unfallversicherungen mit garantierter Beitragsrückzahlung) und dem
- **Sparanteil** (Beitragsanteil, der für die Finanzierung einer Erlebensfall-Leistung verwendet wird).

7 Eine Leistung aus einer **reinen Risikoversicherung**, also einer Versicherung ohne Sparanteil (z. B. Risikolebensversicherung, Unfallversicherung ohne garantierte Beitragsrückzahlung, Berufsunfähigkeitsversicherung, Erwerbsunfähigkeitsversicherung, Pflegeversicherung), fällt nicht unter § 20 Absatz 1 Nummer 6 EStG. Dies gilt sowohl für Kapitalauszahlungen aus reinen Risikoversicherungen als auch für Rentenzahlungen (z. B. Unfall-Rente, Invaliditätsrente). Bei einer Rentenzahlung kann sich jedoch eine Besteuerung aus anderen Vorschriften (insbesondere § 22 Nummer 1 Satz 1 EStG oder § 22 Nummer 1 Satz 3 Buchstabe a Doppelbuchstabe bb EStG) ergeben. Die Barauszahlung von Überschüssen (vgl. Rz. 13 ff.) sowie die Leistung aufgrund einer verzinslichen Ansammlung der Überschüsse (vgl. Rz. 17) ist bei einer reinen Risikoversicherung keine Einnahme im Sinne des § 20 Absatz 1 Nummer 6 EStG und auch nicht im Sinne des § 20 Absatz 1 Nummer 7 EStG.

II. Allgemeine Begriffsbestimmungen

1. Versicherungsnehmer

8 Der Versicherungsnehmer (vgl. § 1 des Versicherungsvertragsgesetzes [VVG]) ist der Vertragspartner des Versicherers. Er ist Träger aller Rechte des Vertrages, z. B. Recht die Versicherungsleistung zu fordern, den Vertrag zu ändern, zu kündigen, Bezugsberechtigungen zu erteilen, die Ansprüche aus dem Vertrag abzutreten oder zu verpfänden. Er ist gleichzeitig Träger aller Pflichten, z. B. Pflicht zur Beitragszahlung.

2. Bezugsberechtigter

9 Der Bezugsberechtigte (vgl. §§ 166, 167 VVG)[1] ist derjenige, der nach den vertraglichen Vereinbarungen die Versicherungsleistung erhalten soll. In der Regel kann der Versicherungsnehmer ohne Zustimmung des Versicherers einen Dritten als Bezugsberechtigten bestimmen. Das Bezugsrecht kann getrennt für den Erlebensfall und den Rückkauf sowie für den Todesfall festgelegt sein. Es kann widerruflich oder unwiderruflich ausgesprochen sein.

10 Bei einem unwiderruflichen Bezugsrecht bedarf jede Änderung des Bezugsrechts der Zustimmung des Bezugsberechtigten. Dieser hat auch einen unmittelbaren Rechtsanspruch auf die Leistung.

11 Bei einem widerruflichen Bezugsrecht hat der Bezugsberechtigte nur eine Anwartschaft auf die Leistung. Das widerrufliche Bezugsrecht kann auch jederzeit durch eine Mitteilung des Versicherungsnehmers an das Versicherungsunternehmen geändert werden. Im Zeitpunkt des Versicherungsfalls wird aus der Anwartschaft ein Rechtsanspruch.

3. Versicherte Person

12 **Die versicherte Person ist die Person, auf deren Leben oder Gesundheit die Versicherung abgeschlossen wird (vgl. § 150 VVG). Da von ihren individuellen Eigenschaften (insbes. Alter und Gesundheitszustand) die wesentlichen Merkmale eines Versicherungsvertrages abhängen (vgl. BFH vom 9. Mai 1974, BStBl. II S. 633), ist die versicherte Person eine unveränderbare Vertragsgrundlage. Bei einem Wechsel der versicherten Person erlischt, unabhängig von der Frage, ob ein entsprechendes Optionsrecht bereits bei Vertragsabschluss vereinbart worden ist oder nicht (vgl. hierzu Rz. 68), steuerrechtlich der „alte Vertrag" und es wird steuerrechtlich vom Abschluss eines „neuen Vertrages" ausgegangen. Dabei ist für beide Verträge getrennt zu prüfen, ob die Voraussetzungen für die Anwendung des § 20 Absatz 1 Nummer 6 Satz 2 EStG erfüllt sind. Wird die auf den „alten Vertrag" entfallende Versicherungsleistung ganz oder teilweise auf den „neuen Vertrag" angerechnet, so gilt auch die angerechnete Versicherungsleistung aus dem „alten Vertrag" als zugeflossen. Die aus dem „alten Vertrag" angerechnete Versicherungsleistung gilt als Beitragszahlung auf den „neuen Vertrag".**

12a Ein steuerlich relevanter Zufluss liegt nicht vor, wenn bei einer internen Teilung nach § 10 des Versorgungsausgleichsgesetzes (VersAusglG) oder bei einer externen Teilung nach § 14 VersAusglG Ansprüche aus einem Vertrag der ausgleichspflichtigen Person übertragen werden. Der Vertrag der ausgleichsberechtigten Person gilt insoweit als zum gleichen Zeitpunkt abgeschlossen wie derjenige der ausgleichspflichtigen Person, § 52 Absatz 36 Satz 12 EStG.[2]

---

1) Jetzt §§ 159, 160 VVG.
2) Jetzt § 52 Abs. 28 Satz 9.

Zu § 20 EStG Anlage § 020–07

4. Überschussbeteiligung

Der Versicherungsvertrag sieht in der Regel vor, dass der Versicherungsnehmer und/oder der Bezugs- **13** berechtigte an den Überschüssen des Versicherungsunternehmens zu beteiligen ist. Überschüsse erzielen die Unternehmen vor allem aus dem Kapitalanlage-, dem Risiko- und dem Kostenergebnis.
Ein Überschuss entsteht im Kapitalanlageergebnis, wenn ein höherer Ertrag als der Rechnungszins erzielt wird. Der Rechnungszins gibt den vom Versicherungsunternehmen garantierten Zins wieder, mit dem die Deckungsrückstellung kalkuliert wird. Beim Risikoergebnis kommt es zu Überschüssen, wenn der Risikoverlauf günstiger ist, als bei der Kalkulation angenommen (z. B. bei Versicherungen mit Todesfall-Leistung eine geringere Anzahl von Sterbefällen). Das Kostenergebnis ist positiv, wenn das Versicherungsunternehmen weniger Kosten für die Einrichtung und die laufende Verwaltung des Vertrages aufwendet, als veranschlagt wurde. Die Überschüsse werden jährlich ermittelt.
Die Beteiligung an den Überschüssen kann insbesondere in Form der nachfolgend beschriebenen Methoden erfolgen:

Barauszahlung
Die Überschüsse werden jährlich ausgezahlt (zu den steuerlichen Folgen siehe Rz. 45). **14**

Beitragsverrechnung
Es kann auch vereinbart werden, dass die Überschüsse mit den Beiträgen zu verrechnen sind, so dass die **15** laufende Beitragsleistung des Versicherungsnehmers gemindert wird. Der kalkulierte Beitrag wird in diesem Zusammenhang als Bruttobeitrag, der um Überschüsse reduzierte Beitrag als Nettobeitrag bezeichnet (zu den steuerlichen Folgen siehe Rz. 46).

Bonussystem
Beim Bonussystem werden die Überschussanteile als Einmalbeiträge für eine zusätzliche beitragsfreie **16** Versicherung (Bonus) verwendet. Bei jährlichen Überschussanteilen erhöht sich dadurch die Versicherungsleistung von Jahr zu Jahr (zu den steuerlichen Folgen siehe Rzn. 47 und 57).

Verzinsliche bzw. rentierliche Ansammlung
Bei der verzinslichen Ansammlung werden die jährlichen Überschussanteile beim Versicherungs- **17** unternehmen einbehalten und Ertrag bringend angelegt. Die angesammelten Beträge zuzüglich der Erträge werden zusammen mit der Versicherungssumme ausbezahlt (zu den steuerlichen Folgen siehe Rz. 47).

Schlussüberschussbeteiligung
Überschussanteile, die nicht laufend dem Vertrag unwiderruflich zugeteilt, sondern nur für den Fall einer **18** Leistung aus dem Vertrag in einem Geschäftsjahr festgelegt werden, werden als Schlussüberschüsse, Schlussgewinne, Schlussdividende o. ä. bezeichnet (zu den steuerlichen Folgen siehe Rz. 47).

III. Rentenversicherung mit Kapitalwahlrecht, soweit nicht die Rentenzahlung gewählt wird

Bei einer Rentenversicherung besteht die Versicherungsleistung grundsätzlich in der Zahlung einer le- **19** benslänglichen Rente für den Fall, dass die versicherte Person den vereinbarten Rentenzahlungsbeginn erlebt. Zu den Einnahmen nach § 20 Absatz 1 Nummer 6 EStG rechnet die Versicherungsleistung aus einer Rentenversicherung mit Kapitalwahlrecht nur dann, wenn sie nicht in Form einer Rentenzahlung erbracht wird. Davon ist dann auszugehen, wenn eine einmalige Kapitalauszahlung erfolgt, wenn mehrere Teilauszahlungen geleistet werden oder wenn wiederkehrende Bezüge erbracht werden, die nicht die nachstehenden Anforderungen an eine Rente erfüllen (zur Berechnung des Unterschiedsbetrags bei der Leistung in Form eines wiederkehrenden Bezugs siehe Rz. 63). Ebenfalls nach § 20 Absatz 1 Nummer 6 EStG zu versteuern sind Kapitalleistungen, soweit ein Teil der Versicherungsleistung nicht als Rente gezahlt wird, oder wenn ein laufender Rentenzahlungsanspruch durch eine Abfindung abgegolten wird. Bei einer Teilverrentung kann bei der Ermittlung des Unterschiedsbetrages für die Kapitalauszahlung nur ein Teil der geleisteten Beiträge abgezogen werden. Dies gilt auch dann, wenn vereinbart ist, dass lediglich die Beiträge ausgezahlt werden sollen und der verbleibende Teil verrentet wird. Auch in diesem Fall sind die Beiträge gleichmäßig auf die Kapitalauszahlung und den nach versicherungsmathematischen Grundsätzen ermittelten Barwert der Rentenauszahlung zu verteilen (zur Berechnung des Unterschiedsbetrags in diesen Fällen siehe Rz. 64).

Eine die Besteuerung nach § 20 Absatz 1 Nummer 6 EStG ausschließende Rentenzahlung setzt voraus, **20** dass gleich bleibende oder steigende wiederkehrende Bezüge zeitlich unbeschränkt für die Lebenszeit der versicherten Person (lebenslange Leibrente) vereinbart werden. Leibrenten mit einer vertraglich vereinbarten Höchstlaufzeit (abgekürzte Leibrenten) und wiederkehrende Bezüge, die nicht auf die Lebenszeit, sondern auf eine festgelegte Dauer zu entrichten sind (Zeitrenten), sind nach § 20 Absatz 1 Nummer 6 EStG zu versteuern. Leibrenten mit einer vertraglich vereinbarten Mindestlaufzeit (ver-

Anlage § 020–07

Zu § 20 EStG

längerte Leibrenten) sind nur dann nach § 20 Absatz 1 Nummer 6 EStG zu versteuern, wenn die Rentengarantiezeit über die auf volle Jahre aufgerundete verbleibende mittlere Lebenserwartung der versicherten Person bei Rentenbeginn hinausgeht. Maßgebend ist die zum Zeitpunkt des Vertragsabschlusses zugrunde gelegte Sterbetafel und das bei Rentenbeginn vollendete Lebensjahr der versicherten Person. Entspricht die Rentengarantiezeit der Lebenserwartung oder ist sie kürzer, ist auch für den Rechtsnachfolger (in der Regel der Erbe) die Ertragsanteilsbesteuerung anzuwenden. Dabei wird der auf den Erblasser angewandte Ertragsanteil fortgeführt.

21 Wird neben einem gleich bleibenden oder steigenden Sockelbetrag eine jährlich schwankende Überschussbeteiligung gewährt, handelt es sich dennoch insgesamt um gleich bleibende oder steigende Bezüge im Sinne der Rz. 20. Sowohl auf den Sockelbetrag als auch auf die Überschussbeteiligung ist die Ertragsanteilsbesteuerung (§ 22 Nummer 1 Satz 3 Buchstabe a Doppelbuchstabe bb EStG) anzuwenden (vgl. BMF-Schreiben vom 26. November 1998, BStBl. I 1998, 1508).

Die Auszahlung in Form einer konstanten Anzahl von Investmentanteilen stellt keinen gleich bleibenden Bezug und damit keine Rentenzahlung dar.

22 Die Todesfall-Leistung einer Rentenversicherung gehört nicht zu den Einnahmen aus § 20 Absatz 1 Nummer 6 EStG. Bei einer Rentenzahlung kann sich jedoch eine Besteuerung aus anderen Vorschriften (insbesondere § 22 Nummer 1 Satz 3 Buchstabe a Doppelbuchstabe bb EStG) ergeben.

IV. Kapitalversicherung mit Sparanteil

23 Kapitalversicherungen mit Sparanteil treten insbesondere in folgenden Ausgestaltungen auf:

1. Kapitalversicherung auf den Todes- und Erlebensfall (klassische Kapital-Lebensversicherung)

24 Bei einer Kapitalversicherung auf den Todes- und Erlebensfall leistet der Versicherer, wenn die versicherte Person den im Versicherungsschein genannten Auszahlungstermin erlebt oder wenn die versicherte Person vor dem Auszahlungstermin verstirbt. Die Leistung im Todesfall unterfällt nicht der Besteuerung nach § 20 Absatz 1 Nummer 6 EStG.

25 Die Ausgestaltung des Vertrages mit oder ohne Rentenwahlrecht, gegen Einmalbeitrag oder laufende Beitragszahlung hat keinen Einfluss auf die Besteuerung nach § 20 Absatz 1 Nummer 6 EStG.

26 Wird bei einer Kapitalversicherung mit Rentenwahlrecht die Rentenzahlung gewählt, fließen die Erträge nach § 11 Absatz 1 EStG in dem Zeitpunkt zu, in dem die Kapitalleistung im Erlebensfall zu leisten wäre. Lediglich das nach Abzug von Kapitalertragsteuer vorhandene Kapital steht für die Verrentung zur Verfügung. Die Rentenzahlungen gehören zu den Einnahmen aus § 22 Nummer 1 Satz 3 Buchstabe a Doppelbuchstabe bb EStG.

2. Unfallversicherung mit garantierter Beitragsrückzahlung

27 Bei einer Unfallversicherung mit garantierter Beitragsrückzahlung wird neben den Beitragsbestandteilen für die Abdeckung des Unfallrisikos sowie des Risikos der Beitragsrückzahlung im Todesfall und der Verwaltungskosten ein Sparanteil erbracht, der verzinslich bzw. rentierlich angelegt wird. Die Versicherungsleistung bei Ablauf der Versicherungslaufzeit gehört zu den Einnahmen aus § 20 Absatz 1 Nummer 6 EStG, nicht aber die Versicherungsleistung bei Eintritt des versicherten Risikos. Sofern die Unfallversicherung mit garantierter Beitragsrückzahlung als Rentenversicherung mit Kapitalwahlrecht abgeschlossen wird, sind die unter Rzn. 19 ff. angeführten Regelungen anzuwenden.

3. Kapitalversicherung auf den Todes- und Erlebensfall von zwei oder mehreren Personen (Kapitalversicherung auf verbundene Leben)

28 Die Erlebensfall-Leistung ist bei einer Kapitalversicherung auf verbundene Leben zu erbringen, wenn beide/alle versicherten Personen den im Versicherungsschein genannten Ablauftermin erleben. Zur Ermittlung des hälftigen Unterschiedsbetrags, wenn nur einer der Steuerpflichtigen bei Auszahlung der Versicherungsleistung im Erlebensfall oder bei Rückkauf das 60. Lebensjahr vollendet hat, siehe Rzn. 77 – 78. Die Leistung im Todesfall unterfällt nicht der Besteuerung nach § 20 Absatz 1 Nummer 6 EStG.

4. Kapitalversicherung mit festem Auszahlungszeitpunkt (Termfixversicherung)

29 Bei einer Termfixversicherung wird die Versicherungsleistung nur zu einem festen Zeitpunkt ausgezahlt. Wenn die versicherte Person vor Erreichen dieses festen Zeitpunkts verstirbt, wird die Todesfallsumme in der Regel nicht sofort ausgezahlt, sondern es endet lediglich die Beitragszahlungsdauer. Die Leistung im Todesfall gehört nicht zu den Einnahmen aus § 20 Absatz 1 Nummer 6 EStG.

5. Kapitalversicherung mit lebenslangem Todesfallschutz

30 Bei einer Kapitalversicherung mit lebenslangem Todesfallschutz leistet das Versicherungsunternehmen grundsätzlich nur, wenn die versicherte Person stirbt. Der vornehmliche Zweck eines solchen Ver-

sicherungsvertrages ist die Deckung von Kosten und Aufwendungen im Zusammenhang mit dem Todesfall, z. B. Erbschaftsteuer (Erbschaftsteuerversicherung), zivilrechtlich bedingten Ausgleichszahlungen im Rahmen einer Erbschaftsplanung (Vermögensnachfolgeversicherung) oder Deckung der Bestattungskosten (Sterbegeldversicherung). Die Versicherungsleistung im Todesfall stellt keine Einnahme im Sinne des § 20 Absatz 1 Nummer 6 EStG dar. Manche Kapitalversicherungen mit lebenslangem Todesfallschutz bieten jedoch die Möglichkeit, zu Lebzeiten der versicherten Person eine Versicherungsleistung abzurufen, so dass die Versicherung beendet wird oder mit einer reduzierten Versicherungssumme bestehen bleibt. Eine abgerufene Leistung ist nach § 20 Absatz 1 Nummer 6 EStG zu versteuern.

V. Sonderformen

1. Fondsgebundene Kapital-Lebensversicherung und fondsgebundene Rentenversicherung

Fondsgebundene Lebensversicherungen unterscheiden sich von konventionellen Lebensversicherungen dadurch, dass die Höhe der Leistungen direkt von der Wertentwicklung der in einem besonderen Anlagestock angesparten Vermögensanlagen abhängt, wobei üblicherweise die Sparanteile nur in Investmentanteilen angelegt werden. Die Kapitalerträge aus fondsgebundenen Lebensversicherungen gehören unter den gleichen Voraussetzungen zu den Einnahmen aus Kapitalvermögen wie Erträge aus konventionellen Lebensversicherungen. 31

Eine der Höhe nach garantierte Leistung gibt es bei der fondsgebundenen Lebensversicherung in der Regel nicht, selbst der Verlust des gesamten eingesetzten Kapitals ist möglich (zu einem negativen Unterschiedsbetrag siehe Rz. 60). 32

Üblich sind Verträge, bei denen der Versicherungsnehmer einen oder mehrere Investmentfonds selbst wählen kann, wobei er die Auswahl für zukünftige Sparanteile während der Versicherungsdauer in der Regel ändern kann (Switchen). Außerdem kann das Recht eingeräumt sein, bereits investierte Sparanteile in andere Fonds umzuschichten (Shiften). Solche Umschichtungen stellen keinen Zufluss dar. 33

Hinsichtlich der Versicherungsleistung kann vereinbart sein, dass der Versicherungsnehmer wählen kann, ob er statt einer Geldzahlung die Übertragung der Fondsanteile in sein Depot möchte. Sofern eine Übertragung der Fondsanteile erfolgt, ist als Versicherungsleistung der Rücknahmepreis anzusetzen, mit dem die Versicherungsleistung bei einer Geldzahlung berechnet worden wäre. 34

2. Vermögensverwaltende Versicherungsverträge

Nach § 20 Absatz 1 Nummer 6 Satz 5 EStG (in der Fassung des Artikels 1 des Gesetzes vom 19. Dezember 2008 [BGBl. I S. 2794]) werden vermögensverwaltende Versicherungsverträge von den allgemeinen Besteuerungsregelungen für Versicherungsverträge ausgenommen. Stattdessen werden derartige Verträge transparent besteuert. Das heißt, dass im Zeitpunkt, in dem Kapitalerträge z. B. in Form von Zinsen, Dividenden oder Veräußerungsgewinnen dem vom Versicherungsunternehmen gehaltenen Depot oder Konto zufließen, diese dem wirtschaftlich Berechtigten zuzurechnen sind. Dabei richtet sich die Besteuerung nach den für das jeweilige Anlagegut geltenden Regelungen (z. B. bei Zinsen nach § 20 Absatz 1 Nummer 7 EStG, bei Dividenden nach § 20 Absatz 1 Nummer 1 EStG, bei Veräußerungen nach § 20 Absatz 2 i. V. m. Absatz 4 EStG und bei Investmentfondserträgen nach den Vorschriften des Investmentsteuergesetzes). Die Vorschrift ist für alle Kapitalerträge anzuwenden, die dem Versicherungsunternehmen nach dem 31. Dezember 2008 zufließen (§ 52 Absatz 36 Satz 10 EStG).[1)] Dies gilt nicht für Versicherungsverträge, die vor dem 1. Januar 2005 abgeschlossen wurden. 34a

Ein vermögensverwaltender Versicherungsvertrag liegt vor, wenn die folgenden Voraussetzungen kumulativ erfüllt sind: 34b

(1) In dem Versicherungsvertrag ist eine gesonderte Verwaltung von speziell für diesen Vertrag zusammengestellten Kapitalanlagen vereinbart und die zusammengestellten Kapitalanlagen sind nicht auf öffentlich vertriebene Investmentfondsanteile oder Anlagen, die die Entwicklung eines veröffentlichten Indexes abbilden, beschränkt und

(2) der wirtschaftlich Berechtigte kann unmittelbar oder mittelbar über die Veräußerung der Vermögensgegenstände und die Wiederanlage der Erlöse bestimmen (Dispositionsmöglichkeit).

Bei einer gesonderten Verwaltung, wird die Sparleistung nicht vom Versicherungsunternehmen für eine unbestimmte Vielzahl von Versicherten gemeinschaftlich, sondern separat für den einzelnen Vertrag angelegt bzw. verwaltet, wobei der wirtschaftlich Berechtigte das Kapitalanlagerisiko trägt. Typischerweise erfolgt die Kapitalanlage bei einem vermögensverwaltenden Versiche- 34c

---

1) Abs. 36 Satz 10 aufgehoben.

rungsvertrag auf einem Konto oder Depot bei einem vom Kunden frei wählbaren Kreditinstitut. Dabei wird das Versicherungsunternehmen Eigentümer bzw. Inhaber der auf dem Konto oder Depot verwalteten Anlagegüter.

34d Speziell für diesen Vertrag zusammengestellte Kapitalanlagen liegen vor, wenn die Anlage ganz oder teilweise gemäß den individuellen Wünschen des Versicherungsnehmers erfolgt. Dies ist insbesondere der Fall, wenn der Versicherungsnehmer einzelne Wertpapiere oder ein bereits vorhandenes Wertpapierdepot als Versicherungsbeitrag erbringt.

34e Die ausschließliche Auswahl von im Inland oder im Ausland öffentlich vertriebenen Investmentfondsanteilen schließt die Annahme eines vermögensverwaltenden Versicherungsvertrages aus. Die Verwendung von versicherungsinternen Fonds beeinträchtigt nicht die Charakterisierung als öffentlich vertriebene Investmentfondsanteile, vorausgesetzt dass diese internen Fonds die Anlagen von einem oder mehreren öffentlich vertriebenen Investmentfonds widerspiegeln.

34f Unter „Anlagen, die einen veröffentlichten Index abbilden" fallen auch Kombinationsmöglichkeiten mehrerer im Inland oder Ausland veröffentlichter Indizes.

34g Eine unmittelbare Dispositionsmöglichkeit besteht, wenn der Versicherungsvertrag ein Weisungsrecht des wirtschaftlich Berechtigten gegenüber dem Versicherungsunternehmen oder gegenüber einem beauftragten Vermögensverwalter vorsieht.

Von einer mittelbaren Dispositionsmöglichkeit ist insbesondere auszugehen, wenn
– die Anlageentscheidungen von einem Vermögensverwalter getroffen werden, der durch den wirtschaftlich Berechtigten beauftragt wurde,
– der wirtschaftlich Berechtigte einen Wechsel in der Person des Vermögensverwalters verlangen kann,
– eine individuelle Anlagestrategie zwischen dem Versicherungsunternehmen oder dem Vermögensverwalter und dem wirtschaftlich Berechtigten vereinbart wird.

34h Die Auswahlmöglichkeit aus standardisierten Anlagestrategien, die einer unbestimmten Vielzahl von Versicherungsnehmern angeboten werden, stellt keine unmittelbare oder mittelbare Dispositionsmöglichkeit dar; dies gilt auch dann, wenn der Versicherungsnehmer einem Vertrag mehrere derartiger standardisierter Anlagestrategien in unterschiedlicher Gewichtung zugrunde legen darf.

34i Wird ein bereits vorhandenes Depot in einen Versicherungsvertrag dergestalt eingebracht, dass die Depotführung und die Vermögensverwaltung beim bisherigen Kreditinstitut oder dem bisherigen Vermögensverwalter verbleiben, ist in der Regel von einer weiter bestehenden Dispositionsmöglichkeit des wirtschaftlich Berechtigten auszugehen. Es gilt insoweit die – widerlegbare – Vermutung, dass der wirtschaftlich Berechtigte aufgrund einer gewachsenen und weiterhin bestehenden Geschäftsbeziehung Einfluss auf die Anlageentscheidungen ausüben kann.

34j Wirtschaftlich Berechtigter ist der Inhaber des Anspruchs auf die Versicherungsleistung. Dies ist in der Regel der Versicherungsnehmer, kann in den Fällen eines unwiderruflich eingeräumten Bezugsrechts aber auch ein Dritter sein. Sicherungsübereignung oder Pfändung führt grundsätzlich nicht zu einem Wechsel in der Person des wirtschaftlich Berechtigten. Die Regelungen in Rzn. 50 – 53 gelten entsprechend.

34k Nach § 20 Absatz 1 Nummer 6 Satz 5 EStG erfolgt eine Besteuerung der dem Versicherungsunternehmen zugeflossenen Erträge im Sinne des § 20 Absatz 1 und Absatz 2 EStG. Leistungen im Todes- oder Erlebensfall sowie der Rückkauf des Vertrages sind hingegen einkommensteuerlich unbeachtlich, soweit die Erträge, die in diesen Versicherungsleistungen enthalten sind, nach § 20 Absatz 1 Nummer 6 Satz 5 EStG der Besteuerung unterlegen haben. Soweit in der Beitragsleistung Kosten insbesondere für die Verwaltung enthalten sind oder von dem Anlagekonto bzw. -depot entnommen werden, sind diese grundsätzlich als Werbungskosten zu betrachten. Werbungskosten werden ab dem Veranlagungszeitraum 2009 nur noch im Rahmen des Sparer-Pauschbetrages (§ 20 Absatz 9 EStG) berücksichtigt (vgl. Rz. 81a).

34l Die Übertragung von Anlagegütern auf das Versicherungsunternehmen im Zeitpunkt der Begründung eines vermögensverwaltenden Versicherungsvertrags sowie deren Rückübertragung auf den wirtschaftlich Berechtigten im Zeitpunkt der Beendigung des Vertragsverhältnisses ist steuerlich unbeachtlich und führt damit insbesondere nicht zu einer Veräußerung im Sinne des § 20 Absatz 2 EStG.

34m Ob eine Vertragsänderung, die darauf abzielt bislang bestehende Merkmale eines vermögensverwaltenden Versicherungsvertrages nachträglich abzubedingen, steuerlich zu einer Beendigung des bisherigen Vertrages und Schaffung eines neuen Vertrages führt, hängt von den jeweiligen

Umständen des Einzelfalls ab. Bei derartigen Vertragsänderungen die vor dem 1. Juli 2010 vorgenommen werden, ist jedenfalls nicht von einer steuerrechtlich relevanten Vertragsänderung auszugehen.

3. Direktversicherung, Pensionskasse, Pensionsfonds

Zur steuerrechtlichen Behandlung von Leistungen aus einer Pensionskasse, aus einem Pensionsfonds oder aus einer Direktversicherung wird auf das BMF-Schreiben vom 20. Januar 2009, BStBl. S. 273, Rzn. 268 – 285 verwiesen.[1)] 35

VI. Absicherung weiterer Risiken

Neben dem der Versicherung zugrunde liegenden charakteristischen Hauptrisiko können weitere Risiken (Nebenrisiken) in Form einer Zusatzversicherung oder innerhalb einer einheitlichen Versicherung abgesichert sein. Üblich sind dabei die Invaliditäts-, Berufsunfähigkeits-, Unfalltod-, Pflege- und die Dread-Disease-Absicherung. Bei einer Dread-DiseaseAbsicherung wird bei Eintritt einer schweren Krankheit geleistet (engl. dread disease = furchtbare Krankheit, schlimme Leiden). 36

Enthält der Versicherungsvertrag andere als die oben angeführten Nebenrisiken und ist der Eintritt dieses Risikos zu erwarten oder durch die versicherte Person herbeiführbar, so dass es sich bei wirtschaftlicher Betrachtungsweise um eine Fälligkeitsregelung handelt (z. B. Beginn der Ausbildung, Heirat), ist die Kapitalauszahlung bei Eintritt eines solchen unechten Nebenrisikos als Erlebensfall-Leistung nach § 20 Absatz 1 Nummer 6 EStG zu versteuern.

Kapitalauszahlungen bei Eintritt eines (echten) Nebenrisikos sind nicht nach § 20 Absatz 1 Nummer 6 EStG zu versteuern. Besteht die Leistung der weiteren Absicherung in einer Beitragsbefreiung für den Hauptvertrag, ist für die Berechnung des Unterschiedsbetrags ein rechnerischer Ausgleichsposten in Höhe der angenommenen oder tatsächlich durch das Versicherungsunternehmen übernommenen Beiträge bei der Berechnung des Unterschiedsbetrags ertragsmindernd zu berücksichtigen. 37

Überschüsse und sonstige Leistungen (z. B. Rückzahlung überhobener Beiträge) aus einer weiteren Absicherung sind grundsätzlich keine Einnahmen im Sinne des § 20 Absatz 1 Nummer 6 EStG. Der hierfür erforderliche Nachweis, dass die Überschüsse und sonstigen Leistungen aus einer weiteren Absicherung stammen, setzt voraus, dass das Versicherungsunternehmen den darauf entfallenden Beitrag, den Überschussanteil und die sonstige Leistung für die weitere Absicherung getrennt ausweist. In diesem Fall ist gegebenenfalls ein Sonderausgabenabzug nach § 10 Absatz 1 Nummer 3 Buchstabe a EStG für diese Beitragsbestandteile möglich. 38

Beitragsbestandteile für die Absicherung der Nebenrisiken mindern den steuerpflichtigen Unterschiedsbetrag nicht (vgl. Rz. 58). 39

VII. Erlebensfall oder Rückkauf

Der Besteuerung nach § 20 Absatz 1 Nummer 6 EStG unterliegen nur der Erlebensfall oder der Rückkauf. Die Versicherungsleistung bei Eintritt des mit der Versicherung untrennbar verbundenen charakteristischen Hauptrisikos (Tod, Unfall) rechnet nicht zu den Einnahmen nach § 20 Absatz 1 Nummer 6 EStG (hinsichtlich weiterer versicherter Risiken siehe Rzn. 36 – 38). 40

1. Erlebensfall

Alle Versicherungsleistungen, die vom Versicherungsunternehmen aufgrund des Versicherungsvertrages zu erbringen sind, ohne dass sich das versicherte Risiko realisiert hat (Risiko-Leistung) oder dass der Versicherungsvertrag ganz oder teilweise vorzeitig beendet wurde (Rückkauf), sind Erlebensfall-Leistungen. 41

Enthält der Versicherungsvertrag einen Anspruch auf Gewährung eines Darlehens des Versicherungsunternehmens an den Steuerpflichtigen, ohne dass sich das Versicherungsunternehmen eine freie Entscheidung über das ob der Darlehensgewährung vorbehält, ist generell von einer steuerpflichtigen Erlebensfall-Leistung auszugehen. In allen anderen Fällen ist zu prüfen, ob ein nicht am Versicherungsvertrag beteiligter Dritter einen vergleichbaren Darlehensvertrag abschließen würde, wenn man unterstellt, dass dem Dritten die vertraglichen Ansprüche zur Sicherheit abgetreten werden. Unter Zugrundelegung des Fremdvergleichsmaßstabs ist in der Regel von einer steuerpflichtigen Erlebensfall-Leistung auszugehen, wenn insbesondere 41a

- der Versicherungsschutz (Leistung bei Eintritt des versicherten Risikos) aufgrund der Auszahlung abgesenkt wird, oder

- keine oder offensichtlich marktunüblich niedrige Darlehenszinsen zu entrichten sind, oder

---

1) Jetzt BMF-Schreiben vom 24.7.2013 (BStBl. I S. 1022, Rz. 372–390).

Anlage § 020–07

Zu § 20 EStG

– die Höhe der Darlehenszinsen und/oder die Höhe des zurück zu zahlenden Kapitals an die Höhe der Verzinsung oder Wertentwicklung des Versicherungsvertrages gekoppelt sind. Diese Regelungen sind auf Auszahlungen nach Veröffentlichung dieses Schreibens im Bundessteuerblatt anzuwenden. Erfolgen die Auszahlungen entsprechend der Darlehensvereinbarung ratierlich, ist für die Anwendung dieser Regelung insgesamt das Datum der ersten Rate maßgeblich. Bei Altverträgen (zum Begriff siehe Rz. 88) kann eine steuerpflichtige Erlebensfall-Leistung nur vorliegen, wenn im Auszahlungszeitpunkt die Voraussetzungen für eine Steuerbefreiung im Sinne des § 20 Absatz 1 Nummer 6 Satz 2 EStG in der am 31. Dezember 2004 geltenden Fassung (a. F.) fehlen. Sofern nach den oben angeführten Grundsätzen von einer Erlebensfall-Leistung auszugehen ist, kann es sich bei Altverträgen nicht um eine schädliche Verwendung eines Policendarlehens im Sinne des § 10 Absatz 2 Satz 2 EStG a. F. handeln. Bei Endfälligkeit des Versicherungsvertrages sind bereits versteuerte außerrechnungsmäßige und rechnungsmäßige Zinsen oder Unterschiedsbeträge sowie an den Versicherer gezahlte Zinsen bei der Ermittlung des steuerpflichtigen Ertrags zum Abzug zu bringen. Ein zusätzlicher Abzug derartiger Zinsen als Werbungskosten oder Betriebsausgaben, wenn die Leistung zur Erzielung von Einkünften verwendet wird, ist ausgeschlossen.

42 In der Regel tritt der Erlebensfall bei Ablauf der vereinbarten Versicherungslaufzeit ein. Es können im Versicherungsvertrag mehrere konkrete Teilauszahlungstermine oder zeitlich und der Höhe nach flexible Abrufmöglichkeiten bereits in der Ansparphase bzw. Aufschubphase vereinbart sein, so dass es mehrere Erlebensfälle gibt. Beispielsweise können bei einem Versicherungsvertrag mit 30-jähriger Laufzeit Teilauszahlungen nach 20 und nach 25 Jahren vorgesehen sein. Sofern es sich dabei lediglich um ein Wahlrecht des Begünstigten handelt, das nicht ausgeübt wird, liegt kein Erlebensfall vor. Zur Ermittlung des Unterschiedsbetrags bei Teilauszahlungen siehe Rzn. 61 – 62.

43 Bei einer gestreckten Kapitalauszahlung (Teilauszahlungen oder wiederkehrende Bezüge, die keine Rentenzahlung darstellen, vgl. Rz. 20) nach Ablauf der Versicherungslaufzeit liegt nur ein Erlebensfall zum Ablauftermin vor. Ein Zufluss ist jedoch erst mit Leistung des jeweiligen Teilbetrags gegeben. Davon zu unterscheiden ist der Fall, dass bei einer Kapitallebensversicherung mit Rentenwahlrecht für die Rentenzahlung optiert wird. In der Ausübung der Renten-Option liegt eine Verfügung über die auszahlbare Versicherungsleistung, die einen Zufluss begründet (vgl. Rz. 26).

44 Wenn sich der Steuerpflichtige das Kapital nach Erreichen des Ablauftermins nicht auszahlen lässt, sondern es gegen Entgelt oder auch ohne Entgelt bis zur Entscheidung über die endgültige Verwendung dem Versicherungsunternehmen überlässt (sog. Parkdepot), liegt aufgrund der erlangten Verfügungsmacht ein Zufluss vor. Wird die Fälligkeit einer Versicherungsleistung aufgrund einer nachträglichen Vertragsänderung während der Versicherungslaufzeit (Verlängerung der Versicherungslaufzeit) hinausgeschoben, liegt dagegen zum ursprünglichen Fälligkeitszeitpunkt kein Zufluss vor.

45 Eine laufende (z. B. jährliche) Auszahlung von Überschüssen (vgl. Rz. 14) stellt eine zugeflossene Erlebensfall-Leistung dar. Die Regelungen zur Ermittlung des Unterschiedsbetrags bei Teilauszahlungen (siehe Rzn. 61 - 62) sind anzuwenden. Wird der Überschuss nicht zur Barauszahlung, sondern zur Reduzierung der laufenden Beitragszahlung verwendet, liegt zivilrechtlich eine Aufrechnung und damit ebenfalls eine zugeflossene Erlebensfall-Leistung vor. Bei der Berechnung des Unterschiedsbetrags ist der Bruttobeitrag (einschließlich des durch Aufrechnung gezahlten Teils) in Ansatz zu bringen.

46 Ist jedoch von vornherein keine Auszahlung der laufenden Überschüsse, sondern eine Verrechnung mit den Beiträgen vereinbart, besteht also kein Wahlrecht zwischen Auszahlung und Verrechnung, liegt hinsichtlich der Überschüsse kein Erlebensfall und kein Zufluss von Erträgen vor. Bei der Ermittlung des Unterschiedsbetrags ist nur der Netto-Beitrag (vgl. Rz. 15) anzusetzen.

47 Beim Bonussystem (vgl. Rz. 16), bei der verzinslichen bzw. rentierlichen Ansammlung (vgl. Rz. 17) und bei der Schlussüberschussbeteiligung (vgl. Rz. 18) liegt ein Zufluss von Erträgen in der Regel erst bei Ablauf der Versicherungslaufzeit vor.

2. Rückkauf

48 Ein Rückkauf liegt vor, wenn der Versicherungsvertrag vorzeitig ganz oder teilweise beendet wird (insbesondere aufgrund Rücktritt, Kündigung oder Anfechtung). Bei einer vorzeitigen Beendigung des Versicherungsvertrages ist regelmäßig vereinbart, dass das Versicherungsunternehmen einen Rückkaufswert zu erstatten hat (vgl. § 176 Absatz 1 VVG,[1]) der eine gesetzliche Verpflichtung zur Erstattung des Rückkaufswertes bei Kapitalversicherungen auf den Todesfall mit unbedingter Leistungspflicht enthält). Der Rückkaufswert ist nach den anerkannten Regeln der Versicherungsmathematik für den Schluss der laufenden Versicherungsperiode als Zeitwert der Versicherung zu berechnen. Beitragsrück-

---

1) Jetzt § 169 Abs. 1 VVG.

stände werden vom Rückkaufswert abgesetzt. § 12 Absatz 4 Satz 1 Bewertungsgesetz ist nicht anwendbar. Ein teilweiser Rückkauf liegt insbesondere vor, wenn der Versicherungsvertrag das Recht enthält, durch Teilkündigung einen Teil der Erlebensfall-Leistung vorzeitig abzurufen.

In der Anfangszeit einer Versicherung ist der Rückkaufswert regelmäßig niedriger als die Summe der geleisteten Beiträge. Dies ergibt sich daraus, dass jeder Vertrag Abschlusskosten (z. B. Provision für den Versicherungsvermittler) verursacht, die zu tilgen sind. Außerdem behalten sich die Versicherer gewöhnlich vor, einen Abzug bei vorzeitiger Beendigung vorzunehmen (Stornoabschlag). Dadurch kann es insbesondere bei einem sehr frühzeitigen Rückkauf zu einem negativen Unterschiedsbetrag kommen. 49

VIII. Steuerpflichtiger

Steuerpflichtiger im Sinne des § 20 Absatz 1 Nummer 6 EStG ist grundsätzlich derjenige, der das Kapital in Form der Sparanteile im eigenen Namen und für eigene Rechnung dem Versicherungsunternehmen zur Nutzung überlassen hat. Soweit eine andere Person wirtschaftlicher Eigentümer im Sinne des § 39 Absatz 2 Nummer 1 Abgabenordnung – AO – des Anspruchs auf die steuerpflichtige Versicherungsleistung (Erlebensfall-Leistung oder Rückkaufswert) ist, sind ihr die erzielten Erträge zuzurechnen. 50

In der Regel ist der Versicherungsnehmer Steuerpflichtiger, da er die Sparanteile zur Nutzung überlassen hat und auch Inhaber des Rechts ist, die Versicherungsleistung zu fordern. Wechselt die Person des Versicherungsnehmers durch Gesamtrechts- oder Einzelrechtsnachfolge, wird regelmäßig der Rechtsnachfolger Steuerpflichtiger. 51

Mit der Einräumung eines unwiderruflichen Bezugsrechts (vgl. Rz. 10) für die steuerpflichtige Versicherungsleistung gilt grundsätzlich der Bezugsberechtigte als Steuerpflichtiger der erzielten Erträge. Bei einem widerruflichen Bezugsrecht wird der Bezugsberechtigte erst bei Eintritt des Erlebensfalls Steuerpflichtiger. 52

Bei einer Abtretung des Anspruchs auf die Versicherungsleistung wird der Abtretungsempfänger (Zessionar) nur dann Steuerpflichtiger, wenn er und nicht der Abtretende (Zedent) die Erträge erzielt. Das Erzielen von Erträgen setzt voraus, dass nach den getroffenen Vereinbarungen die Versicherungsleistung das Vermögen des Zessionars und nicht das des Zedenten mehren soll. Dient beispielsweise die Versicherungsleistung dazu, eigene Verbindlichkeiten des Zedenten gegenüber dem Zessionar zu tilgen, bleibt der Zedent Steuerpflichtiger. Typischerweise werden durch die Versicherungsleistung bei Eintritt des Sicherungsfalls bei einer Sicherungsabtretung oder bei Einziehung und Verwertung durch einen Pfandgläubiger eigene Verbindlichkeiten des Zedenten bzw. des Pfandschuldners getilgt, so dass regelmäßig der Zedent bzw. der Pfandschuldner Steuerpflichtiger der Erträge bleibt. 53

IX. Berechnung des Unterschiedsbetrags

Die Ermittlung des Ertrags nach § 20 Absatz 1 Nummer 6 EStG ist nur anzuwenden, wenn der Steuerpflichtige die Versicherung im Privatvermögen hält. Gehört der Versicherungsvertrag zu dem Betriebsvermögen des Steuerpflichtigen, sind die allgemeinen Gewinnermittlungsvorschriften anzuwenden. Für den Kapitalertragsteuerabzug gelten aber auch in diesen Fällen die Vorschriften für Versicherungen im Privatvermögen (vgl. Rz. 84 ff.). 54

1. Versicherungsleistung

Versicherungsleistung ist grundsätzlich der Gesamtbetrag der zugeflossenen Geldleistungen (zur Übertragungsoption bei fondsgebundenen Lebensversicherungen siehe Rz. 34). In der Versicherungsleistung enthalten sind die angesammelten Sparanteile, die garantierte Verzinsung der Sparanteile und Überschüsse aus dem Kapitalanlage-, dem Risiko- und dem Kostenergebnis. Auszusondern sind die Überschussanteile und sonstige Leistungen aus Nebenrisiken (vgl. Rz. 38). 55

2. Summe der entrichteten Beiträge

Versicherungsbeiträge (Prämien) sind die aufgrund des Versicherungsvertrages erbrachten Geldleistungen. Hierzu gehören auch die Ausfertigungsgebühr, Abschlussgebühr und die Versicherungsteuer. Provisionen, die der Versicherungsvermittler von der Versicherungsgesellschaft erhält und die dieser an den Steuerpflichtigen weiterleitet, oder Provisionen, die der Steuerpflichtige unmittelbar von der Versicherungsgesellschaft erhält (sog. Eigenprovisionen), mindern die Summe der entrichteten Beiträge (BFH-Urteil vom 2. März 2004, BStBl. II 2004, 506). Eine Vermittlungsprovision, die vom Versicherungsnehmer aufgrund eines gesonderten Vertrages an einen Versicherungsvermittler erbracht wird, ist bei der Berechnung des Unterschiedsbetrags ertragsmindernd anzusetzen. Für Zwecke der Kapitalertragsteuer ist es erforderlich, dass der Steuerpflichtige die Zahlung der Provision an den Vermittler gegenüber dem Versicherungsunternehmen belegt. 56

Anlage § 020–07
Zu § 20 EStG

57 Zur Höhe der entrichteten Beiträge in den Fällen der Beitragsverrechnung siehe Rzn. 45 und 46. Der beim Bonussystem (vgl. Rz. 16) für eine Erhöhung der Versicherungsleistung verwendete Überschussanteil stellt keinen entrichteten Beitrag dar.

58 Die im Beitrag enthaltenen Anteile zur Absicherung des charakteristischen Hauptrisikos (Todesfallrisiko bei einer Lebensversicherung, Unfallrisiko sowie das Risiko der Beitragsrückzahlung im Todesfall bei einer Unfallversicherung mit Beitragsrückzahlung) mindern den steuerpflichtigen Ertrag. Beitragsanteile, die das Versicherungsunternehmen aufgrund individueller oder pauschaler Kalkulation den Nebenrisiken (Rzn. 36 ff.) zugeordnet hat, sind bei der Ermittlung des Unterschiedsbetrags nicht ertragsmindernd anzusetzen.

59 Für die Berechnung des Unterschiedsbetrags ist es grundsätzlich unerheblich, wer die Versicherungsbeiträge aufgewendet hat. Auch Beiträge, die nicht der Steuerpflichtige aufgewendet hat, mindern den steuerpflichtigen Ertrag.

3. Negativer Unterschiedsbetrag (Verlust)

60 Insbesondere in den Fällen eines frühzeitigen Rückkaufs (vgl. Rz. 49) des Versicherungsvertrags kann es zu einem negativen Unterschiedsbetrag kommen. Ist die Einkunftserzielungsabsicht zu überprüfen, ist vom hälftigen Unterschiedsbetrag als Ertrag auszugehen, wenn nach dem vereinbarten Versicherungsverlauf die Voraussetzungen des § 20 Absatz 1 Nummer 6 Satz 2 EStG erfüllt worden wären (vgl. BFH-Urteil vom 6. März 2003, BStBl. II 2003, 702; zum Ansatz der Werbungskosten vgl. Rz. 81).

4. Teilleistungen [1]

61 Bei Teilleistungen (Teilauszahlungen, Auszahlungen in Form von wiederkehrenden Bezügen, die keine Rentenzahlung darstellen, sowie Barauszahlungen von laufenden Überschussanteilen) sind die anteilig entrichteten Beiträge von der Auszahlung in Abzug zu bringen. Die anteilig entrichteten Beiträge sind dabei wie folgt zu ermitteln:

$$\frac{\text{Versicherungsleistung} \times (\text{Summe der entrichteten Beiträge} - \text{bereits verbrauchte Beiträge})}{\text{Zeitwert der Versicherung zum Auszahlungszeitpunkt}}$$

Die hiernach ermittelten Beiträge sind höchstens in Höhe der Teilleistung anzusetzen. Die bereits für Teilleistungen verbrauchten Beiträge mindern die bei nachfolgenden Teilleistungen zu berücksichtigenden Beiträge. Bei der Ermittlung des Unterschiedsbetrags der letzten Teilleistung bzw. der Schlussleistung sind die noch nicht angesetzten Beiträge abzuziehen.

62 Beispiel 1: Teilauszahlung in der Ansparphase

Laufzeit 20 Jahre, nach 10 Jahren Teilauszahlung i. H. v. 5.000 €, geleistete Beiträge im Auszahlungszeitpunkt: 10.000 €, Zeitwert der Versicherung im Auszahlungszeitpunkt 15.000 €;

Restauszahlung nach weiteren 10 Jahren i. H. v. 25.000 €, geleistete Beiträge insgesamt: 20.000 €

Lösung:

– Teilauszahlung i.H.v. 5.000 €

anteilige Beiträge: $\frac{5.000 \times 10.000}{15.000} = 3.333{,}33\ €$

Versicherungsleistung:	5.000,00 €	
./. anteilig geleistete Beiträge:	3.333,33 €	(= 33 %)
Ertrag nach § 20 Absatz 1 Nummer 6 EStG	1.666,67 €	

– Restauszahlung i.H.v. 25.000 €

Versicherungsleistung:	25.000,00 €
./. geleistete Beiträge (20.000 – 3.333,33)	16.666,67 €
Ertrag nach § 20 Absatz 1 Nummer 6 EStG	8.333,33 €

Kontrollrechnung:

Versicherungsleistung:	5.000,00 € + 25.000,00 € = 30.000,00 €
Summe der Beiträge:	3.333,33 € + 16.666,67 € = 20.000,00 €
Ertrag nach § 20 Absatz 1 Nummer 6 EStG	10.000,00 €

63 Beispiel 2: Auszahlung in Form eines wiederkehrenden Bezugs

---

[1] Siehe dazu auch das in Abschnitt II nachstehend abgedruckte BdF-Schreiben vom 18.6.2013.

Zu § 20 EStG | **Anlage § 020–07**

Der Versicherungsvertrag sieht wiederkehrende Bezüge von jährlich 6.000 € für die Lebenszeit des Begünstigten, längstens jedoch für fünf Jahre vor. An Beiträgen wurden 12.000 € erbracht. Der Steuerpflichtige (männlich) hat zum Beginn der Auszahlung das 50. Lebensjahr vollendet.

Der nach den anerkannten Regeln der Versicherungsmathematik unter Berücksichtigung der geschlechtsspezifischen Sterbewahrscheinlichkeit ermittelte Zeitwert der Versicherung vor Auszahlung der jeweiligen Bezüge beträgt im
Jahr 01: 27.500
Jahr 02: 22.500
Jahr 03: 17.200
Jahr 04: 11.700
Jahr 05: 6.000.

Lösung:

– anteilige Beiträge im Jahr 01: $\frac{6.000 \times 12.000}{27.500} = 2.618{,}18\ €$

Versicherungsleistung:	6.000,00 €
./. anteilig geleistete Beiträge:	2.618,18 €
Ertrag nach § 20 Absatz 1 Nummer 6 EStG	3.381,82 €

– anteilige Beiträge im Jahr 02: $\frac{6.000 \times (12.000 - 2.618{,}18)}{22.500} = 2.501{,}82\ €$

Versicherungsleistung:	6.000,00 €
./. anteilig geleistete Beiträge:	2.501,82 €
Ertrag nach § 20 Absatz 1 Nummer 6 EStG	3.498,18 €

– Gesamtlösung:

Jahr	Versicherungsleistungen	anteilige Beiträge	Ertrag
01	6.000,00 €	2.618,18	3.381,82
02	6.000,00 €	2.501,82	3.498,18
03	6.000,00 €	2.400,00	3.600,00
04	6.000,00 €	2.297,44	3.702,56
05	6.000,00 €	2.182,56	3.817,44
Kontrollsumme	30.000,00 €	12.000,00	18.000,00

Beispiel 3: Teilkapitalauszahlung bei einer Rentenversicherung

Rentenversicherung mit Kapitalwahlrecht, Ansparphase 20 Jahre, gezahlte Beiträge insgesamt 20.000 €, Zeitwert der Versicherung zum Ende der Ansparphase: 30.000 €, Ausübung des Kapitalwahlrechts in Höhe von 15.000 €, Verrentung des Restkapitals führt zu einer monatlichen garantierten Rente von 100 €.

Lösung:

– Teilauszahlung in Höhe von 15.000 €:

anteilige Beiträge: $\frac{15.000 \times 20.000}{30.000} = 10.000\ €$

Versicherungsleistung:	15.000 €
./. anteilig geleistete Beiträge:	10.000 €
Ertrag nach § 20 Absatz 1 Nummer 6 EStG	5.000 €

– Rentenzahlung:

Jahresbetrag der Rente (ggf. zuzüglich Überschüsse) 1.200 €

zu versteuern nach § 22 Nummer 1 Satz 3 Buchstabe a Doppelbuchstabe bb EStG

5. Entgeltlicher Erwerb

Die Aufwendungen für den Erwerb des Anspruchs auf eine Versicherungsleistung sind Anschaffungskosten (siehe Rz. 80 und Rz. 81b). Diese Anschaffungskosten treten nach § 20 Absatz 1 Nummer 6 Satz 3 EStG an die Stelle der vor dem Erwerb entrichteten Beiträge und sind bei der Ermittlung des Unterschiedsbetrags steuermindernd anzusetzen. Diese Regelung ist ab dem Veranlagungszeitraum 2008 anzuwenden (§ 52 Absatz 1 EStG i. d. F. des Unternehmensteuerreformgesetzes 2008 [BGBl. I S. 1912]).

Anlage § 020–07
Zu § 20 EStG

64b Bei einem entgeltlichen Erwerb eines vor dem 1. Januar 2005 abgeschlossenen Versicherungsvertrages ist die Steuerfreiheit der außerrechnungsmäßigen und rechnungsmäßigen Zinsen in der Regel ausgeschlossen (§ 20 Absatz 1 Nummer 6 Satz 3, i. V. m. § 10 Absatz 1 Nummer 2 Buchstabe b Satz 6, § 52 Absatz 36 Satz 4 und Satz 5 EStG jeweils in der am 31.Dezember 2004 geltenden Fassung). Zur weiteren Erläuterung und den Ausnahmen siehe Rz. 4 des BMF-Schreibens vom 22. August 2002 (BStBl. I 2002, S. 827). § 20 Absatz 1 Nummer 6 Satz 3 EStG ist bei der Ermittlung der zu versteuernden außerrechnungsmäßigen und rechnungsmäßigen Zinsen entsprechend anzuwenden. Das heißt, dass die bis zu dem Erwerbszeitpunkt angefallenen außerrechnungsmäßigen und rechnungsmäßigen Zinsen steuermindernd zu berücksichtigen sind. Als Nachweis für die Höhe der Zinsen im Erwerbszeitpunkt ist in der Regel eine Bescheinigung des Versicherungsunternehmens vorzulegen.

X. Hälftiger Unterschiedsbetrag

65 Wird die Versicherungsleistung nach Vollendung des 60. Lebensjahres des Steuerpflichtigen und nach Ablauf von zwölf Jahren seit dem Vertragsabschluss ausgezahlt, ist die Hälfte des Unterschiedsbetrags anzusetzen. **Bei Verträgen, die nach dem 31. Dezember 2011 abgeschlossen werden, ist die Vollendung des 62. Lebensjahres des Steuerpflichtigen erforderlich (§ 52 Absatz 36 Satz 9 EStG).** [1)]

1. Beginn der Mindestvertragsdauer

66 Für den Beginn der Mindestvertragsdauer bestehen aus Vereinfachungsgründen keine Bedenken, als Zeitpunkt des Vertragsabschlusses den im Versicherungsschein bezeichneten Tag des Versicherungsbeginns gelten zu lassen, wenn innerhalb von drei Monaten nach diesem Tag der Versicherungsschein ausgestellt und der erste Beitrag gezahlt wird; ist die Frist von drei Monaten überschritten, tritt an die Stelle des im Versicherungsschein bezeichneten Tages des Versicherungsbeginns der Tag der Zahlung des ersten Beitrages.

2. Neubeginn aufgrund von Vertragsänderungen [2)]

67 Werden wesentliche Vertragsmerkmale einer Versicherung im Sinne des § 20 Absatz 1 Nummer 6 EStG (Versicherungslaufzeit, Versicherungssumme, Beitragshöhe, Beitragszahlungsdauer, vgl. BFH vom 9. Mai 1974, BStBl. II S. 633) geändert, führt dies nach Maßgabe der nachfolgenden Regelungen zu einem Neubeginn der Mindestvertragsdauer. Bei einer Änderung der Person des Versicherungsnehmers ist steuerrechtlich grundsätzlich nicht von einem neuen Vertrag auszugehen.

a. Bei Vertragsabschluss vereinbarte künftige Vertragsänderungen

68 Vertragsanpassungen, die bereits bei Vertragsabschluss vereinbart worden sind, sowie hinreichend bestimmte Optionen zur Änderung des Vertrages führen vorbehaltlich der Grenzen des Gestaltungsmissbrauchs nicht zu einem Neubeginn der Mindestvertragsdauer.

b. Nachträglich vereinbarte Vertragsänderungen

69 Werden ausschließlich wesentliche Vertragsbestandteile vermindert bzw. gesenkt (z. B. Verkürzung der Laufzeit oder der Beitragszahlungsdauer, niedrigere Beitragszahlungen oder Versicherungssumme), so gilt steuerrechtlich der geänderte Vertrag als „alter Vertrag", der unverändert fortgeführt wird.

70 Nachträglich vereinbarte Änderungen der Versicherungslaufzeit oder der Beitragszahlungsdauer bleiben für die Beurteilung der Mindestvertragsdauer außer Betracht, soweit nicht die Gesamtvertragsdauer von zwölf Jahren unterschritten wird (z. B. nachträgliche Verlängerung der Versicherungslaufzeit und/oder der Beitragszahlungsdauer bei gleich bleibender Versicherungssumme aufgrund reduzierten Beitrags).

71 Nachträglich vereinbarte Beitragserhöhungen und Erhöhungen der Versicherungssumme gelten steuerlich im Umfang der Erhöhung als gesonderter neuer Vertrag, für den die Mindestvertragsdauer ab dem vereinbarten Erhöhungszeitpunkt neu zu laufen beginnt.

Im Hinblick auf die gesetzliche Anhebung des Rentenalters von 65 auf 67 Jahre gilt Folgendes:

Die Veränderung der Laufzeit eines Vertrages, der bisher als Auszahlungstermin die Vollendung des 65. oder 66. Lebensjahres zum Inhalt hatte, führt nicht zu einer nachträglichen Vertragsänderung, wenn die Verlängerung einen Zeitraum von höchstens zwei Jahren umfasst. Eine entsprechende Verlängerung der Beitragszahlungsdauer ist zulässig. Eine solche Verlängerung der Laufzeit bzw. der Beitragszahlungsdauer infolge der Anhebung der Altersgrenze kann nur einmalig vorgenommen werden.

---

1) Jetzt § 52 Abs. 28 Satz 7.
2) Zu den steuerlichen Auswirkungen einer Anpassung von Vorsorgeverträgen an die Anhebung des Mindestrentenalters vom 60. auf das 62. Lebensjahr siehe Anlage § 020-09.

c. Zahlungsschwierigkeiten

Wurden Versicherungsbeiträge oder die Versicherungssumme wegen Zahlungsschwierigkeiten des Versicherungsnehmers insbesondere wegen Arbeitslosigkeit, Kurzarbeit oder Arbeitsplatzwechsels gemindert oder die Beiträge ganz oder teilweise befristet gestundet, so kann der Versicherungsnehmer innerhalb einer Frist von in der Regel drei Jahren eine Wiederherstellung des alten Versicherungsschutzes bis zur Höhe der ursprünglich vereinbarten Versicherungssumme verlangen und die Beitragsrückstände nachentrichten. Die nachentrichteten Beiträge werden als auf Grund des ursprünglichen Vertrages geleistet angesehen. 72

Konnte der Versicherungsnehmer wegen Zahlungsschwierigkeiten, insbesondere aufgrund von Arbeitslosigkeit, Kurzarbeit oder Arbeitsplatzwechsel die vereinbarten Beiträge nicht mehr aufbringen und nach Behebung seiner finanziellen Schwierigkeiten die fehlenden Beiträge nicht nachentrichten, so kann der Versicherungsnehmer innerhalb von in der Regel bis zu drei Jahren eine Wiederherstellung des alten Versicherungsschutzes bis zur Höhe der ursprünglich vereinbarten Versicherungssumme verlangen. Maßnahmen zur Schließung der Beitragslücke (z. B. Anhebung der künftigen Beiträge, Leistungsherabsetzung, Verlegung von Beginn- und Ablauftermin) führen nicht zu einem Neubeginn der Mindestvertragsdauer. 73

d. Fortsetzung einer während der Elternzeit beitragsfrei gestellten Lebensversicherung

Die Regelungen in den Rzn. 72 und 73 sind entsprechend anzuwenden, wenn eine Lebensversicherung während der Elternzeit im Sinne des Bundeselterngeld- und Elternzeitgesetzes beitragsfrei gestellt wurde und innerhalb von drei Monaten nach Beendigung der Elternzeit zu den vor der Umwandlung vereinbarten Bedingungen fortgeführt wird. 73a

e. Umwandlung einer Kapitallebensversicherung in eine nach § 851c ZPO unter Pfändungsschutz stehende Rentenversicherung

Eine vor dem 1. Januar 2010 vollzogene Umwandlung einer Kapitallebensversicherung in eine Rentenversicherung, die die in § 10 Absatz 1 Nummer 2 Buchstabe b EStG genannten Voraussetzungen nicht erfüllt, die jedoch den Voraussetzungen des § 851c Absatz 1 ZPO entspricht, wird aus Billigkeitsgründen nicht als steuerschädliche Vertragsänderung betrachtet. Hiervon ausgenommen sind vor dem 1. Januar 2005 abgeschlossene Versicherungsverträge, wenn bei vertragsgemäßer Fortsetzung bis zum vereinbarten Ablaufzeitpunkt die rechnungsmäßigen und außerrechnungsmäßigen Zinsen nach § 20 Absatz 1 Nummer 6 Satz 1 EStG in der am 31. Dezember 2004 geltenden Fassung der Besteuerung unterlegen hätten und Lebensversicherungsverträge, die nach dem 30. März 2007 abgeschlossen wurden. Zu den Rechtsfolgen einer Umwandlung eines Kapitallebensversicherungsvertrags in einen Rentenversicherungsvertrag im Sinne des § 10 Absatz 1 Nummer 2 Buchstabe b EStG (Basisrente) siehe Rz. 104 des BMF-Schreibens vom 30. Januar 2008 (BStBl. I S. 390).[1)] 73b

Nach der Umwandlung geleistete Versicherungsbeiträge können als sonstige Vorsorgeaufwendungen berücksichtigt werden, wenn der Beginn des Versicherungsvertrages vor dem 1. Januar 2005 lag und ein Versicherungsbeitrag vor diesem Zeitpunkt geleistet wurde. Aus Billigkeitsgründen sind für die Frage des Versicherungsbeginns und der ersten Beitragsleistung (§ 10 Absatz 1 Nummer 3 Buchstabe b EStG) der ursprüngliche Kapitallebensversicherungsvertrag und der Rentenversicherungsvertrag als Einheit anzusehen. Die aus dem umgewandelten Vertrag angerechnete Versicherungsleistung kann nicht als Sonderausgabe berücksichtigt werden. 73c

Beispiel: 73d

Unternehmer A hat in 2007 eine Kapitallebensversicherung vor dem 30. März 2007 abgeschlossen, die nach Ablauf der Versicherungslaufzeit eine Erlebensfall-Leistung in Form einer Kapitalauszahlung vorsieht (steuerpflichtig nach § 20 Absatz 1 Nummer 6 EStG). Im Jahre 2008 macht er von seinem Umwandlungsrecht nach § 173 VVG[2)] Gebrauch und stellt die Kapitallebensversicherung auf einen privaten Rentenversicherungsvertrag um, der im Todesfall während der Ansparphase eine Todesfall-Leistung in Form einer Beitragsrückgewähr vorsieht, die seine Erben erhalten sollen.

Die Regelung in Rz. 58 des BMF-Schreibens vom 22. August 2002 (BStBl. I 2002, 827), dass die Umstellung einer Kapitallebensversicherung in einen Vertrag im Sinne des Altersvorsorgeverträge-Zertifizierungsgesetzes keine steuerschädliche Vertragsänderung darstellt, ist auf nach dem 31. Dezember 2004 abgeschlossene Versicherungsverträge nicht anzuwenden (vgl. Rz. 90). 73e

---

1) Jetzt BMF-Schreiben vom 19.8.2013 (BStBl. I S. 1087).
2) Jetzt § 167 VVG.

Anlage § 020–07 Zu § 20 EStG

3. Policendarlehen

74 Dienen die Ansprüche aus dem Versicherungsvertrag der Tilgung oder Sicherung eines Darlehens, so steht dies der Anwendung des § 20 Absatz 1 Nummer 6 Satz 2 EStG (Ansatz des hälftigen Unterschiedsbetrag) nicht entgegen. **Zur Abgrenzung zwischen Policendarlehen und steuerpflichtigen Versicherungsleistungen siehe Rz. 41a.**

4. Teilleistungen teilweise vor dem 60. Lebensjahr und teilweise danach

75 Werden mehrere Versicherungsleistungen zu unterschiedlichen Zeitpunkten ausgekehrt (z. B. bei Teilauszahlungen und Barauszahlungen von laufenden Überschussanteilen), ist jeweils gesondert zu prüfen, ob § 20 Absatz 1 Nummer 6 Satz 2 EStG zur Anwendung kommt. Die anteilig entrichteten Beiträge sind zu berücksichtigen.

76 Beispiel:
Laufzeit 20 Jahre, nach 10 Jahren Teilauszahlung i. H. v. 5.000 €, vollendetes Lebensalter des Steuerpflichtigen im Zeitpunkt der Teilauszahlung 55 Jahre, geleistete Beiträge zum Auszahlungszeitpunkt: 10.000 €, Zeitwert der Versicherung zum Auszahlungszeitpunkt 15.000 €; Restauszahlung nach weiteren 10 Jahren i. H. v. 25.000 € geleistete Beiträge insgesamt 20.000 €.

Lösung:

– Teilauszahlung i.H.v. 5.000 € (Laufzeit 10 Jahre Alter 55)

Versicherungsleistung:	5.000,00 €	
./. anteilig geleistete Beiträge: (5.000 : 15.000 x 10.000)	3.333,33 €	(= 33 %)
Ertrag nach § 20 Absatz 1 Nummer 6 Satz 1 EStG	1.666,67 €	

– Restauszahlung i.H.v. 25.000 € (Laufzeit 20 Jahre Alter 65)

Versicherungsleistung:	25.000,00 €
./. geleistete Beiträge (20.000 – 3.333,33)	16.666,67 €
Ertrag nach § 20 Absatz 1 Nummer 6 Satz 1 EStG	8.333,33 €
Davon anzusetzen nach § 20 Absatz 1 Nummer 6 Satz 2 EStG	4.166,67 €

5. Hälftiger Unterschiedsbetrag bei Kapitalversicherungen auf verbundene Leben

77 Sofern bei einer Kapitalversicherung auf verbundene Leben (vgl. Rz. 28) die Versicherungsleistung mehreren Steuerpflichtigen gemeinschaftlich zufließt, ist bei jedem Beteiligten gesondert zu prüfen, inwieweit er in seiner Person den Tatbestand des § 20 Absatz 1 Nummer 6 Satz 1 bzw. Satz 2 EStG verwirklicht. Die Aufteilung der Erträge ist dabei nach Köpfen vorzunehmen, soweit kein abweichendes Verhältnis vereinbart ist.

78 Beispiel:
Ehemann A schließt als Versicherungsnehmer eine Kapitalversicherung mit Sparanteil auf verbundene Leben ab. Versicherte Personen sind Ehemann A und Ehefrau B. Beiden steht das unwiderrufliche Bezugsrecht gemeinschaftlich zu. Laufzeit der Versicherung 20 Jahre. Erlebensfall-Leistung 30.000 €, geleistete Beiträge 20.000 €. A hat zum Auszahlungszeitpunkt das 62., B das 58. Lebensjahr vollendet.

Lösung:

Versicherungsleistung:	30.000 €
./. geleistete Beiträge:	20.000 €
Zwischensumme:	10.000 €

Auf Ehemann A entfallen 50 % = 5.000 €	
Davon anzusetzen nach § 20 Absatz 1 Nummer 6 Satz 2 EStG	2.500 €
Auf Ehefrau B entfallen 50 % = 5.000 €	
Davon anzusetzen nach § 20 Absatz 1 Nummer 6 Satz 1 EStG	5.000 €

6. Mindesttodesfallschutz

78a Durch § 20 Absatz 1 Nummer 6 Satz 6 EStG (in der Fassung des Artikels 1 des Gesetzes vom 19. Dezember 2008 [BGBl. I S. 2794] werden neue steuerliche Mindeststandards für die Anforderungen an die Risikoleistung aus einer Kapitallebensversicherung gesetzt. Sofern diese nicht erfüllt sind, ist die Steuerbegünstigung des Satzes 2 nicht anzuwenden, d.h. diese Verträge sind von einer nur hälftigen Versteuerung der Erträge ausgeschlossen. Die Neuregelung ist für alle Ver-

Zu § 20 EStG   **Anlage § 020–07**

sicherungsverträge anzuwenden, die nach dem 31. März 2009 abgeschlossen werden oder bei denen die erstmalige Beitragsleistung nach dem 31. März 2009 erfolgt (§ 52 Absatz 36 Satz 11 EStG).[1]

a. § 20 Absatz 1 Nummer 6 Satz 6 Buchstabe a EStG („50 %-Regel")

Buchstabe a des § 20 Absatz 1 Nummer 6 Satz 6 EStG (im Weiteren nur „Buchstabe a") betrifft Kapital-Lebensversicherungen mit einer vereinbarten laufenden Beitragszahlung bis zum Zeitpunkt des Erlebensfalls. Mindestens 50 % der über die gesamte Laufzeit zu zahlenden Beiträge werden als Mindesttodesfallschutz vorausgesetzt. Dies gilt nicht für Kapital-Lebensversicherungen, bei denen die Todesfallsumme mindestens der Erlebensfallsumme entspricht; bei diesen Verträgen ist die Festlegung eines Mindesttodesfallschutzes nicht erforderlich.   78b

Beitragserhöhungen

Eine „vereinbarte laufende Beitragszahlung in mindestens gleich bleibender Höhe" liegt auch bei vertraglich vereinbarten Beitragserhöhungen und vertraglich vereinbarten Optionsrechten im Sinne der Rz. 68 vor. Sie stehen der Anwendung des Mindestrisikoschutzes nach Buchstabe a nicht entgegen. Bei dynamischen Tarifen ist zu unterscheiden zwischen solchen, bei denen von vornherein Beitragserhöhungen zur Erlebensfall-Leistung fest vereinbart werden, und solchen, bei denen der Versicherungsnehmer zwar das Recht auf Erhöhung des Beitrags hat, eine Verpflichtung zur Beitragserhöhung aber nicht besteht. Für die Unterscheidung sind die im Versicherungsvertrag enthaltenen Vereinbarungen maßgebend. Beitragserhöhungen, die von vornherein vereinbart werden, sind bei der Bestimmung des Mindesttodesfallschutzes zu berücksichtigen. Künftige Beitragserhöhungen sind dagegen erst dann zu berücksichtigen, wenn die Erhöhung wirksam wird.   78c

Sofern Beitragserhöhungen eine steuerlich relevante Vertragsänderung darstellen (z. B. nachträglich vereinbarte einmalige Zuzahlungen), sind die Voraussetzungen für den Mindesttodesfallschutz für den neuen Vertagsteil separat zu prüfen. Bei einmaligen nachträglichen Zuzahlungen, die eine steuerlich relevante Vertragsänderung darstellen, kommt in der Regel der Mindesttodesfallschutz nach Buchstabe b des § 20 Absatz 1 Nummer 6 Satz 6 EStG in Betracht.   78d

Beitragsfreistellung/Beitragsherabsetzung

Ist die Beitragszahlungsdauer kürzer als die Versicherungsdauer kommt die Anwendung des Mindesttodesfallschutzes nach Buchstabe a grundsätzlich nicht in Betracht. Das Recht des Versicherungsnehmers jederzeit die Umwandlung der Versicherung in eine prämienfreie Versicherung zu verlangen (§ 165 VVG) schließt die Anwendbarkeit des Mindesttodesfallschutzes nach Buchstabe a jedoch nicht aus. Übt der Versicherungsnehmer dieses aus, reduziert sich der Mindesttodesfallschutz auf 50 % der sich nach der Beitragsfreistellung insgesamt für die Vertragsdauer ergebenden Beitragssumme. Entsprechendes gilt bei einer nachträglich vereinbarten Beitragsherabsetzung. Nach der Herabsetzung müssen die neuen laufenden Beiträge nach der Vereinbarung in mindestens gleich bleibender Höhe bis zum Zeitpunkt des Erlebensfalls vorgesehen werden.   78e

Kapital-Lebensversicherungen mit mehreren Erlebensfallzahlungen während der Versicherungsdauer

Nach jeder Teilauszahlung ermäßigt sich der Mindesttodesfallschutz in dem Verhältnis, in dem die Teilauszahlungssumme zum aktuellen Rückkaufswert vor Abzug von Kosten steht.   78f

Beispiel:

Vertraglich vereinbarte Beitragssumme 70.000 €; garantierte Erlebensfall-Leistung 100.000 €. Mindesttodesfallschutz: 35.000 €; Vertragsstand nach 20 Jahren: 90.000 € (Rückkaufswert). Teilauszahlung nach 20 Jahren i. H. v. 30.000 €.

Lösung:

Der Mindesttodesfallschutz ermäßigt sich im Verhältnis 30.000 zu 90.000 mithin um 1/3. Der Mindesttodesfallschutz beträgt nach der Teilauszahlung 23.333 € (35.000 € x 2/3).

Zuzahlungen zur Abkürzung der Versicherungsdauer

Zuzahlungen zur Abkürzung der Versicherungsdauer, bei denen der ursprünglich vereinbarte Beitrag nach erfolgter Zuzahlung in unveränderter Höhe weiterläuft, führen ebenfalls zu einer Neuberechnung des Mindesttodesfallschutzes, sofern die Zuzahlung keine steuerlich relevante Vertragsänderung darstellt (insbesondere bei gleichbleibender Versicherungssumme).   78g

---

1) Jetzt § 52 Abs. 28 Satz 8.

Anlage § 020–07

Zu § 20 EStG

Beispiel:
Vertragsdauer 30 Jahre, Jahresbeitrag 3.000 €, Beitragssumme 90.000 €, Mindesttodesfallschutz 45.000 €, garantierte Erlebensfall-Leistung 120.000 €.
Zuzahlung im Jahr 10 i. H. v. 20.000 € führt zu einer neuen Vertragslaufzeit von 20 Jahren, Versicherungssumme bleibt unverändert.

Lösung:
Die Beitragsumme reduziert sich auf 80.000 € (20 Jahre x 3.000 € + 20.000 €). Der Mindesttodesfallschutz reduziert sich ab Zuzahlung entsprechend auf 40.000 € (80.000 € x 50 %).

Zusatzversicherungen

78h Beitragsanteile für Nebenrisiken, die nach Rz. 58 bei der Ermittlung des Unterschiedsbetrages nicht ertragsmindernd anzusetzen sind, bleiben bei der Bestimmung des Mindesttodesfallschutzes außer Betracht.

Karenzzeit

78i Ein Ausschluss der Risikotragung in den ersten Jahren der Vertragslaufzeit ist bei der Prüfung des Mindesttodesfallschutzes nach Buchstabe a nicht zulässig.

b. § 20 Absatz 1 Nummer 6 Satz 6 Buchstabe b EStG („10 %-Regel")

78j Buchstabe b des § 20 Absatz 1 Nummer 6 Satz 6 EStG (im Weiteren nur: „Buchstabe b") betrifft hauptsächlich Kapitallebensversicherungsverträge gegen Einmalbeitrag oder mit abgekürzter Beitragszahlungsdauer. Anstatt auf die Beitragssumme werden bei diesen Verträgen die Anforderungen an den Mindesttodesfallschutz auf das Deckungskapital, auf den Zeitwert des Vertrages oder auf die Summe der gezahlten Beiträge bezogen. Als ausreichend wird eine Todesfall-Leistung betrachtet, die das Deckungskapital oder den Zeitwert um mindestens zehn Prozent des Deckungskapitals, des Zeitwerts oder die Summe der gezahlten Beiträge übersteigt.

Karenzzeit

78k Es ist zulässig, wenn der Mindesttodesfallschutz erst nach Ablauf von fünf Jahren nach Vertragsabschluss erbracht wird. Beitragserhöhungen führen nicht dazu, dass diese Frist erneut zu laufen beginnt.

Absinken des Mindesttodesfallschutzes

78l Der Mindesttodesfallschutz nach Buchstabe b darf vom Zeitpunkt des Beginns des Versicherungsschutzes an bis zum Ende der Vertragslaufzeit in jährlich gleichen Schritten auf Null sinken (§ 20 Absatz 1 Nummer 6 Satz 6 Buchstabe b Satz 2 EStG). Bei der Vereinbarung einer Karenzzeit darf das gleichmäßige Absinken des Satzes von zehn Prozent erst nach Ablauf der vereinbarten Karenzzeit einsetzen. Diese Regelung zum Absinken des Versicherungsschutzes ist nicht auf Kapitallebensversicherungen mit lebenslangen Todesfallschutz (vgl. Rz. 30) anwendbar, da es an einem zeitlich bestimmten Laufzeitende fehlt.

Beitragserhöhungen

78m Vertraglich vereinbarte Beitragserhöhungen, die keine steuerlich relevante Vertragsänderung darstellen, führen zu einer Erhöhung des Deckungskapitals bzw. des Zeitwertes und sind bei der Ermittlung des Mindesttodesfallschutzes zu berücksichtigen. § 20 Absatz 1 Nummer 6 Satz 6 Buchstabe b Satz 2 EStG ist dabei mit der Maßgabe anzuwenden, dass im Zeitpunkt der Beitragserhöhung weiterhin der sich zu diesem Zeitpunkt ergebende Prozentsatz maßgeblich ist.

78n Soweit aufgrund einer Beitragserhöhung steuerlich ein neuer Vertrag vorliegt (z. B. bei einer nachträglich vereinbarten Beitragserhöhung) ist hinsichtlich des neuen Vertragsteils der Mindesttodesfallschutz einschließlich des Prozentsatzes nach § 20 Absatz 1 Nummer 6 Satz 6 Buchstabe b Satz 2 EStG neu zu ermitteln.

c. Verhältnis zwischen den Regelungen zum Mindesttodesfallschutz

78o Der Versicherungsvertrag muss durchgehend entweder den Mindesttodesfallschutz nach Buchstabe a oder Buchstabe b des § 20 Absatz 1 Nummer 6 Satz 6 EStG erfüllen. Ein Wechsel zwischen den beiden Varianten ist während der Vertragslaufzeit nicht möglich. Wenn ein Versicherungsvertrag die Anforderungen in Buchstabe a und Buchstabe b dergestalt miteinander verbindet, dass bei Risikoeintritt jeweils die Variante anzuwenden sei, die zu einer niedrigeren Leistung führt, ist nicht von einem ausreichenden Mindesttodesfallschutz auszugehen. Es besteht jedoch ein ausreichender Todesfallschutz, wenn der Versicherungsvertrag bei Risikoeintritt die höhere Leistung nach den Anforderungen von Buchstabe a oder Buchstabe b bietet.

XI. Werbungskosten

Zu § 20 EStG **Anlage § 020–07**

Kosten, die durch den Versicherungsvertrag veranlasst sind, können als Werbungskosten abgezogen werden. Zur Behandlung einer Vermittlungsprovision, die der Versicherungsnehmer aufgrund eines gesonderten Vertrages an den Versicherungsvermittler zahlt, siehe Rz. 56. Abschlusskosten, die durch die Beitragsleistung bezahlt werden (insbesondere die Vermittlungsprovision, die das Versicherungsunternehmen an den Vermittler erbringt), sind keine Werbungskosten. **Die Werbungskosten sind auf den Sparer-Pauschbetrag beschränkt (Rz. 81a).** 79

Die Aufwendungen für den entgeltlichen Erwerb eines Versicherungsvertrages sind Anschaffungskosten und keine Werbungskosten (siehe Rz. 64a und Rz. 81b). 80

Auch bei hälftigem Unterschiedsbetrag besteht der volle Werbungskostenabzug. § 3c Absatz 1 EStG ist nicht anwendbar, da § 20 Absatz 1 Nummer 6 Satz 2 EStG keine Steuerbefreiung, sondern eine Sonderregelung zur Ermittlung des anzusetzenden Ertrags enthält. 81

Ab dem 1. Januar 2009 ist der Werbungskostenabzug nach § 20 Absatz 9 EStG ausschließlich durch den Sparer-Pauschbetrag in Höhe von 801 Euro bzw. 1.602 Euro für Verheiratete möglich. Der Ansatz der tatsächlichen Werbungskosten ist ausgeschlossen. 81a

XIa. Entgeltliche Veräußerung

Nach § 20 Absatz 2 Satz 1 Nummer 6 EStG ist die Veräußerung von Ansprüchen auf eine Versicherungsleistung im Sinne des § 20 Absatz 1 Nummer 6 steuerpflichtig, wenn der Verkauf nach dem 31. Dezember 2008 stattgefunden hat und der Versicherungsvertrag nach dem 31. Dezember 2004 abgeschlossen wurde. Bei Versicherungsverträgen, die vor dem 1. Januar 2005 abgeschlossen wurden, ist die Veräußerung nach § 20 Absatz 2 Satz 1 Nummer 6 EStG steuerpflichtig, wenn bei einem Rückkauf zum Veräußerungszeitpunkt die Erträge nach § 20 Absatz 1 Nummer 6 EStG i. d. F. vom 31. Dezember 2004 steuerpflichtig wären (§ 52a Absatz 10 Satz 5 EStG).[1] 81b

XII. Nachweis der Besteuerungsgrundlagen

1. Inländische Versicherungen

Bei Versicherungen, die im Inland Sitz, Geschäftsleitung oder Niederlassung haben, dient als Nachweis für die Höhe der Kapitalerträge im Sinne des § 20 Absatz 1 Nummer 6 EStG im Rahmen der Einkommensteuererklärung bei positiven Kapitalerträgen die Steuerbescheinigung im Sinne des § 45a EStG. Negative Kapitalerträge sind in der Regel durch eine Berechnung des Versicherungsunternehmens zu belegen. 82

2. Ausländische Versicherungen

Der Steuerpflichtige hat alle für die Besteuerung nach § 20 Absatz 1 Nummer 6 EStG erforderlichen Unterlagen zu beschaffen und seiner Steuererklärung beizufügen (§ 90 Absatz 2 AO). 83

XIII. Kapitalertragsteuer

Dem Kapitalertragsteuerabzug (§ 43 Absatz 1 Satz 1 Nummer 4 Satz 1 EStG) unterliegen auch Teilleistungen (vgl. Rz. 61). 84

Bemessungsgrundlage ist im Regelfall der Unterschiedsbetrag, im Falle des § 20 Absatz 1 Nummer 6 Satz 2 EStG der halbe Unterschiedsbetrag. 85

Kapitalertragsteuer ist nach § 44a EStG nicht einzubehalten, wenn eine Nichtveranlagungsbescheinigung vorgelegt oder soweit ein Freistellungsauftrag erteilt wurde. 86

Die Kapitalertragsteuer wird von den inländischen Versicherungsunternehmen auch von den Erträgen aus Versicherungen im Sinne des § 20 Absatz 1 Nummer 6 EStG erhoben, bei denen der Steuerpflichtige nur beschränkt steuerpflichtig ist (§§ 1 Absatz 4, 49 Absatz 1 Nummer 5 EStG). Sie hat in diesen Fällen nach **§ 50 Absatz 2 Satz 1 EStG** abgeltende Wirkung. Niedrigere Quellensteuerhöchstsätze nach den Doppelbesteuerungsabkommen sind im Erstattungsverfahren nach § 50d Absatz 1 EStG geltend zu machen. 87

XIIIa. Mitteilungspflicht für inländische Versicherungsvermittler

Ein inländischer Versicherungsvermittler ist verpflichtet, die erfolgreiche Vermittlung eines Vertrages i. S. d. § 20 Absatz 1 Nummer 6 (Kapitalversicherungen und Rentenversicherungen) nach § 45d Absatz 3 EStG bis zum 30. März des Folgejahres gegenüber dem Bundeszentralamt für Steuern (BZSt) mitzuteilen, wenn es sich um einen Vertrag zwischen einer im Inland ansässigen Person und einem ausländischen Versicherungsunternehmen handelt. Ausgenommen sind Ver- 87a

---
1) Jetzt § 52 Abs. 28 Satz 14.

Anlage § 020–07

Zu § 20 EStG

träge mit ausländischen Versicherungsunternehmen mit inländischer Niederlassung, da für diese Fälle eine Verpflichtung zum Einbehalt der Kapitalertragsteuer besteht (§ 43 Absatz 3 Satz 1 EStG).

Die Verpflichtung zur Mitteilung entfällt, sofern das Versicherungsunternehmen freiwillig das BZSt bis zum 30. März des Folgejahres über den Abschluss eines Vertrages informiert hat und den Versicherungsvermittler hierüber in Kenntnis gesetzt hat.

87b Der Versicherungsvermittler hat die in § 45d Absatz 3 Satz 2 EStG genannten Daten dem BZSt mitzuteilen, wenn der Versicherungsvertrag nach dem 31. Dezember 2008 abgeschlossen wurde. Die erstmalige Übermittlung hat bis zum 30. März 2011 zu erfolgen, somit sind in 2011 die Vertragsabschlüsse für zwei Kalenderjahre zu übermitteln.

87c Die Übermittlung hat nach amtlich vorgeschriebenen Datensatz grundsätzlich in elektronischer Form zu erfolgen (§ 45d Absatz 3 Satz 3 i. V. m. Absatz 1 Satz 2 bis 4 EStG, § 150 Absatz 6 AO, § 1 Absatz 1 Steuerdaten-Übermittlungsverordnung). Die Datensatzbeschreibung und Hinweise zur Übermittlung werden in einem gesonderten nachfolgenden Schreiben dargestellt.

XIV. Anwendungsregelungen

1. Zeitliche Abgrenzung von Altverträgen zu Neuverträgen

88 Durch das Alterseinkünftegesetz vom 5. Juli 2004 (BGBl. I S. 1427) ist § 20 Absatz 1 Nummer 6 EStG neu gefasst worden. Nach § 52 Absatz 36 EStG[1] ist für vor dem 1. Januar 2005 abgeschlossene Versicherungsverträge (Altverträge) § 20 Absatz 1 Nummer 6 EStG in der am 31. Dezember 2004 geltenden Fassung (a. F.) weiter anzuwenden. Damit besteht insbesondere die Steuerbefreiung nach § 20 Absatz 1 Nummer 6 Satz 2 EStG a. F. für Altverträge fort.

89 Für die Frage, ob noch § 20 Absatz 1 Nummer 6 EStG a. F. anzuwenden ist, kommt es auf den Zeitpunkt des Vertragsabschlusses an. Die Regelung zur Rückdatierung (Rz. 66) ist in diesem Zusammenhang nicht anzuwenden. Der Versicherungsvertrag kommt mit dem Zugang der Annahmeerklärung des Versicherers beim Versicherungsnehmer zustande. Auf eine ausdrückliche Annahmeerklärung kann jedoch verzichtet werden, wenn sie nach der Verkehrssitte nicht zu erwarten ist oder der Antragende auf sie verzichtet hat (§ 151 BGB). Bei Lebensversicherungsverträgen kann aufgrund der regelmäßig erforderlichen Risikoprüfung davon ausgegangen werden, dass eine ausdrückliche Annahmeerklärung erfolgt.

Für die steuerrechtliche Beurteilung ist unter dem Zeitpunkt des Vertragsabschlusses grundsätzlich das Datum der Ausstellung des Versicherungsscheines zu verstehen. Wenn der Steuerpflichtige geltend macht, der Vertragsschluss sei vor dem Datum der Ausstellung des Versicherungsscheins erfolgt, hat er dies durch geeignete Dokumente (z. B. Annahmeerklärung des Versicherers) zu belegen. Aus Vereinfachungsgründen ist es nicht erforderlich, dass der Steuerpflichtige den Zeitpunkt des Zugangs der Annahmeerklärung nachweist, sondern es ist auf das Datum der Annahmeerklärung abzustellen.

2. Weitergeltung von BMF-Schreiben

90 Die BMF-Schreiben vom 22. August 2002 – IV C 4 – S 2221 – 211/02 – (BStBl. I S. 827), vom 15. Juni 2000 – IV C 4 – S 2221 – 86/00 – (BStBl. I S. 1118), vom 13. November 1985 – IV B 4 – S 2252 – 150/85 – (BStBl. I S. 661) und vom 31. August 1979 – IV B 4 – S 2252 – 77/79 – (BStBl. I S. 592) sind für Altverträge weiterhin anzuwenden. Die BMF-Schreiben vom 25. November 2004 – IV C 1 – S 2252 – 405/04 – (BStBl. I S. 1096) und vom 22. Dezember 2005 – IV C 1 – S 2252 – 343/05 – werden aufgehoben.

3. Vorratsverträge

91 Im Abschluss so genannter Vorratsverträge ist regelmäßig ein steuerrechtlicher Gestaltungsmissbrauch im Sinne des § 42 AO zu sehen. Bei Versicherungsverträgen, die zwar noch im Jahr 2004 abgeschlossen werden, bei denen der vereinbarte Versicherungsbeginn aber erst nach dem 31. März 2005 liegt, kommt steuerlich der Vertragsabschluss zu dem Zeitpunkt zustande, zu dem die Versicherung beginnt.

4. Vertragsänderungen bei Altverträgen

92 Ergänzend zu dem BMF-Schreiben vom 22. August 2002 – IV C 4 – S 2221 – 211/02 – (BStBl. I S. 827) gilt für Beitragserhöhungen bei Altverträgen Folgendes: Ob im Falle von bereits bei Vertragsabschluss vereinbarte Beitragsanpassungen in vollem Umfange ein Altvertrag vorliegt, hängt davon ab, ob die vereinbarten Beitragsanpassungen als rechtsmissbräuchlich einzustufen sind (BMF-Schreiben vom 22. August 2002, BStBl. I S. 827, Rz. 38). Ein Missbrauch rechtlicher Gestaltungsmöglichkeiten liegt ins-

---

1) Jetzt § 52 Abs. 28.

besondere dann nicht vor, wenn die Beitragserhöhung pro Jahr 20 v. H. des bisherigen Beitrags nicht übersteigt. Dabei ist es unbeachtlich, ob die Beitragserhöhung durch Anwendung eines Vomhundertsatzes oder eines vergleichbaren Dynamisierungsfaktors, bezifferter Mehrbeträge oder durch im Voraus festgelegte feste Beiträge ausgedrückt wird. Im Falle einer Beitragserhöhung pro Jahr um mehr als 20 v. H. des bisherigen Beitrags handelt es sich nicht um einen Missbrauch steuerlicher Gestaltungsmöglichkeiten,
- wenn die jährliche Beitragserhöhung nicht mehr als 250 € beträgt oder
- wenn der Jahresbeitrag bis zum fünften Jahr der Vertragslaufzeit auf nicht mehr als 4.800 € angehoben wird und der im ersten Jahr der Vertragslaufzeit zu zahlende Versicherungsbeitrag mindestens 10 v. H. dieses Betrages ausmacht oder
- wenn der erhöhte Beitrag nicht höher ist, als der Beitrag, der sich bei einer jährlichen Beitragserhöhung um 20 v. H. seit Vertragsabschluss ergeben hätte.

Im Hinblick auf die gesetzliche Anhebung des Rentenalters von 65 auf 67 Jahre gilt Folgendes: Die Veränderung der Laufzeit eines Vertrages, der bisher als Auszahlungstermin die Vollendung des 65. oder 66. Lebensjahres zum Inhalt hatte, führt nicht zu einer nachträglichen Vertragsänderung, wenn die Verlängerung einen Zeitraum von höchstens zwei Jahren umfasst. Eine entsprechende Verlänergung der Beitragszahlungsdauer ist zulässig. Eine solche Verlängerung der Laufzeit bzw. der Beitragszahlungsdauer infolge der Anhebung der Altersgrenze kann nur einmalig vorgenommen werden.[1]

Ist die Erhöhung der Beitragsleistung als missbräuchlich einzustufen, sind die insgesamt auf die Beitragserhöhung entfallenden Vertragsbestandteile steuerlich als gesonderter neuer Vertrag zu behandeln. Der neue Vertrag gilt in dem Zeitpunkt als abgeschlossen, zu dem der auf den Erhöhungsbetrag entfallende Versicherungsschutz erfolgt. Wenn die Beitragshöhe in den Kalenderjahren 2005 oder 2006 gesenkt wird und nunmehr die o. a. Grenzen nicht überschritten werden, ist kein Gestaltungsmissbrauch und steuerlich kein gesonderter neuer Vertrag anzunehmen. 93

Es wird nicht beanstandet, wenn das Versicherungsunternehmen als Einnahmen aus einem Vertrag, für den aufgrund einer Vertragsänderung nach Maßgabe des BMF-Schreibens vom 22. August 2002 (BStBl. I S. 827) für den „alten Vertrag" § 20 Absatz 1 Nummer 6 EStG a. F. und für den „neuen Vertrag" § 20 Absatz 1 Nummer 6 EStG n. F. Anwendung findet, insgesamt die rechnungsmäßigen und außerrechnungsmäßigen Zinsen zugrunde legt, wenn der Steuerpflichtige dem zugestimmt hat. § 20 Absatz 1 Nummer 6 Satz 2 EStG n. F. ist für den „neuen Vertrag" entsprechend anzuwenden. 94

5. Vertragsschluss im Namen eines minderjährigen Kindes
Fälle, in denen Eltern für ihr minderjähriges Kind einen Versicherungsvertrag dergestalt vor dem 31. Dezember 2004 abschließen, dass das Kind Versicherungsnehmer wird, sind folgendermaßen zu behandeln: 95

Nach § 1643 Absatz 1 BGB in Verbindung mit § 1822 Nummer 5 BGB bedarf ein Vertrag der Genehmigung des Familiengerichts, wenn durch den Vertrag der Minderjährige zu wiederkehrenden Leistungen verpflichtet wird und das Vertragsverhältnis länger als ein Jahr nach dem Eintritt der Volljährigkeit fortdauern soll. Enthält der Versicherungsvertrag eine Beitragszahlungsverpflichtung über den 19. Geburtstag hinaus, ist somit eine Genehmigung erforderlich. Wird das Kind volljährig, so tritt seine Genehmigung an die Stelle des Familiengerichts (§ 1829 Absatz 3 BGB). Solange keine Genehmigung erteilt wurde, ist das Rechtsgeschäft schwebend unwirksam (§ 1829 Absatz 1 Satz 1 BGB). Nach § 184 Absatz 1 BGB wirkt eine Genehmigung auf den Zeitpunkt der Vornahme des Rechtsgeschäfts zurück (ex tunc). Bei Genehmigung gilt der Vertrag als noch in 2004 geschlossen. § 20 Absatz 1 Nummer 6 EStG ist in der bis zum 31. Dezember 2004 geltenden Fassung anzuwenden. 96

Wird die Genehmigung nicht erteilt und erfolgt eine Rückabwicklung des Leistungsverhältnisses (§ 812 BGB), sind die in den Rückabwicklungsansprüchen enthaltenen Zinsanteile nach § 20 Absatz 1 Nummer 7 EStG zu versteuern. 97

Dieses Schreiben wird im Bundessteuerblatt Teil I veröffentlicht.

---

1) Vgl. dazu auch Anlage § 020–09

Anlage § 020–07

Zu § 20 EStG

II. Berechnung des Unterschiedsbetrages zwischen der Versicherungsleistung und der Summe der auf sie entrichteten Beiträge bei (Teil-)Auszahlungen des Zeitwertes von Rentenversicherungen nach Beginn der Rentenzahlung

– BdF-Schreiben vom 18.06.2013 – IV C 1-S 2252/07/0001:023, 2013/0556629 (BStBl. I S. 786) –

Zu der Frage, wie der Unterschiedsbetrag zwischen der Versicherungsleistung und der Summe der auf sie entrichteten Beiträge bei (Teil-)Kapitalauszahlungen des Zeitwertes von Rentenversicherungen nach Beginn der laufenden Rentenzahlung zu ermitteln ist, gilt nach Erörterung mit den obersten Finanzbehörden der Länder Folgendes:

Bei einer Rentenversicherung besteht die Versicherungsleistung grundsätzlich in der Zahlung einer lebenslänglichen Rente für den Fall, dass die versicherte Person den vereinbarten Rentenzahlungsbeginn erlebt. Die laufende Rentenzahlung unterliegt gemäß § 22 Nummer 1 Satz 3 Buchstabe a Doppelbuchstabe bb EStG der Besteuerung mit dem Ertragsanteil. Hierbei wird u. a. berücksichtigt, dass mit der Rentenzahlung auch eine Rückzahlung der zum Aufbau der Anwartschaft aus dem versteuerten Einkommen eingesetzten Beiträge erfolgt.

Zu den Einnahmen nach § 20 Absatz 1 Nummer 6 EStG zählt die Versicherungsleistung aus einer Rentenversicherung, soweit sie nicht in Form einer lebenslangen Leibrente erbracht wird. Dies gilt insbesondere, wenn ein laufender Rentenzahlungsanspruch nach einer Kündigung oder Teilkündigung des Versicherungsvertrages durch Auszahlung des Zeitwertes der Versicherung abgegolten wird.

Wie der Unterschiedsbetrag nach § 20 Absatz 1 Nummer 6 EStG im Falle einer Teilkapitalauszahlung einer Rentenversicherung zum Ende der Ansparphase zu berechnen ist, ergibt sich aus Rz. 64 des BMF-Schreibens vom 1. Oktober 2009.

Erfolgt die Kapitalauszahlung nach Beginn der Auszahlungsphase der Rentenversicherung, ist bei der Ermittlung des Unterschiedsbetrages zu berücksichtigen, dass in den bis zum Zeitpunkt der Auszahlung geleisteten Rentenzahlungen anteilige Versicherungsbeiträge enthalten sind. Diese ergeben sich in pauschalierender Form aus der Differenz zwischen dem bisher ausgezahlten Rentenbetrag und dem für diese Rentenzahlung anzusetzenden Ertragsanteil. Der so ermittelte Betrag ist bei der Berechnung des Unterschiedsbetrages nach § 20 Absatz 1 Nummer 6 EStG als bereits verbrauchte Beiträge zu berücksichtigen.

Die anteilig entrichteten Beiträge sind dabei wie folgt zu ermitteln:

Beispiel:

Zeitwert der Versicherung zum Auszahlungszeitpunkt	24.000 €
Teilauszahlung von 50 % des Zeitwertes der Versicherung	12.000 €
Summe der auf die Versicherung entrichteten Beiträge	20.000 €
bei Beginn der Rente vollendetes Lebensjahr des Rentenberechtigten	65
Ertragsanteil der Rente in Prozent	18
Monatliche Rente	100 €
Dauer des Rentenbezuges bis zur Teilauszahlung in Monaten	60
Summe der Rentenzahlungen	6.000 €
Kumulierter Ertragsanteil auf die Rentenzahlungen	1.080 €

Anteilig entrichtete Beiträge:

$$\frac{12.000 \times (20.000 - 4.920)}{24.000} = 7.540 \text{ €}$$

Berechnung des Unterschiedsbetrages:

12.000 € – 7.540 € =   4.460 €
Ertrag nach § 20 Absatz 1 Nummer 6 EStG: 4.460 €

Soweit der Unterschiedsbetrag bei (Teil-)Auszahlungen des Zeitwertes von Rentenversicherungen nach Beginn der Rentenzahlung abweichend von diesem Schreiben entsprechend der Rz. 61 – 64 des BMF-Schreibens vom 1. Oktober 2009 (BStBl. I Seite 1172) berechnet wurde, wird dies für Teilauszahlungen vor Veröffentlichung dieses Schreibens nicht beanstandet.

Dieses Schreiben wird im Bundessteuerblatt Teil I veröffentlicht.

Zu § 20 EStG

Anlage § 020–08

Einzelfragen zur Abgeltungsteuer

– BdF-Schreiben vom 09.10.2012 – IV C 1 – S 2252/10/10013, 12/0948384 (BStBl. I S. 953) unter Berücksichtigung der Änderungen durch das BdF-Schreiben vom 03.01.2014 – IV C 1 – S 2252/09/10004: 005, 2013/1196368 (BStBl. I S. 58) – und durch das BdF-Schreiben vom 9.12.2014 – IV C 1 – S 2252/08/10004 :015, 2014/0887849 (BStBl. I S. 1608) –

Durch das Unternehmensteuerreformgesetz 2008 vom 14. August 2007 (BGBl. I S. 1912) wurde eine Abgeltungsteuer auf Kapitalerträge zum 1. Januar 2009 eingeführt. Unter Bezugnahme auf das Ergebnis der Erörterung mit den obersten Finanzbehörden der Länder nehme ich zur Anwendung der gesetzlichen Regelungen wie folgt Stellung:

Übersicht

		Rz.
I.	**Kapitalvermögen (§ 20 EStG)**	1 – 129
	1. Laufende Erträge (§ 20 Absatz 1 EStG)	1 – 8a
	a) Dividenden (§ 20 Absatz 1 Nummer 1 EStG)	1 – 3
	b) Einnahmen aus der Beteiligung an einem Handelsgewerbe als stiller Gesellschafter (§ 20 Absatz 1 Nummer 4 EStG)	4
	c) Lebensversicherung (§ 20 Absatz 1 Nummer 6 EStG)	5
	d) Erträge aus sonstigen Kapitalforderungen (§ 20 Absatz 1 Nummer 7 EStG)	6 – 8a
	2. Gewinne aus Veräußerung, Einlösung, Termingeschäften (§ 20 Absatz 2 EStG)	9 – 82
	a) Termingeschäfte (§ 20 Absatz 2 Satz 1 Nummer 3 EStG) und Stillhaltergeschäfte (§ 20 Absatz 1 Nummer 11 EStG)	9 – 47
	b) Veräußerung sonstiger Kapitalforderungen (§ 20 Absatz 2 Satz 1 Nummer 7 EStG)	48 – 58
	c) Veräußerungsbegriff (§ 20 Absatz 2 Satz 2 EStG)	59 – 71
	d) Abgeltungsteuer und Personengesellschaften, insbesondere Beteiligungen an Personengesellschaften (§ 20 Absatz 2 Satz 3 EStG)	72 – 82
	3. Besondere Entgelte und Vorteile (§ 20 Absatz 3 EStG)	83 – 84
	4. Gewinn (§ 20 Absatz 4 EStG)	85 – 99
	a) Grundregelung (§ 20 Absatz 4 Satz 1 EStG)	85 – 96
	b) Fifo-Methode (§ 20 Absatz 4 Satz 7 EStG)	97 – 99
	5. Kapitalmaßnahmen (§ 20 Absatz 4a EStG)	100 – 117
	a) Anteilstausch (§ 20 Absatz 4a Satz 1 EStG)	100 – 102
	b) Sonstige Kapitalforderungen (§ 20 Absatz 4a Satz 3 EStG)	103 – 107
	c) Kapitalerhöhung gegen Einlage (§ 20 Absatz 4a Satz 4 EStG)	108 – 110
	d) Zuteilung von Anteilen ohne Gegenleistung (§ 20 Absatz 4a Satz 5 EStG)	111 – 117
	6. Verluste (§ 20 Absatz 6 EStG)	118 – 123
	7. Subsidiarität (§ 20 Absatz 8 EStG)	124
	8. Einkunftserzielungsabsicht (§ 20 Absatz 9 EStG)	125 – 129
II.	**Private Veräußerungsgeschäfte (§ 23 EStG)**	130 – 131
III.	**Gesonderter Steuertarif für Einkünfte aus Kapitalvermögen (§ 32d EStG)**	132 – 151
	1. Tarif (§ 32d Absatz 1 EStG)	132 – 133
	2. Ausnahmen vom Abgeltungsteuersatz (§ 32d Absatz 2 EStG)	134 – 143
	a) Zwingende Ausnahme bei Kapitalüberlassung an nahe stehende Personen oder von Anteilseignern (§ 32d Absatz 2 Nummer 1 EStG)	134 – 137
	b) Ausnahme auf Antrag bei bestimmter Beteiligungshöhe (§ 32d Absatz 2 Nummer 3 EStG)	138 – 143
	3. Erträge, die nicht dem Kapitalertragsteuerabzug bei einem inländischen Kreditinstitut unterlegen haben (§ 32d Absatz 3 EStG)	144
	4. Veranlagungs-Wahlrecht (§ 32d Absatz 4 EStG)	145 – 147
	5. Anrechnung ausländischer Steuern (§ 32d Absatz 5 EStG)	148

Anlage § 020–08

Zu § 20 EStG

	6. Günstigerprüfung (§ 32d Absatz 6 EStG)	149 – 151
IV.	**Kapitalerträge mit Steuerabzug (§ 43 EStG)**	152 – 183
	1. Treuhanddepots	152 – 158
	2. Kapitalerträge mit Steuerabzug (§ 43 Absatz 1 EStG)	159 – 173
	a) Nachzahlungen (§ 43 Absatz 1 Satz 1 Nummer 7 EStG)	159
	b) Weltbank-Papiere im Rahmen der Abgeltungsteuer (§ 43 Absatz 1 Satz 1 Nummer 7 Buchstabe a EStG)	160
	c) Namensschuldverschreibungen (§ 43 Absatz 1 Satz 1 Nummer 7 EStG)	161
	d) Depotübertrag mit Gläubigerwechsel (§ 43 Absatz 1 Satz 4 bis 6 EStG)	162 – 173
	3. Ausnahmen vom Steuerabzug (§ 43 Absatz 2 EStG)	174 – 179
	a) Interbankenprivileg (§ 43 Absatz 2 Satz 2 EStG)	174
	b) Ausnahmen für Unternehmen (§ 43 Absatz 2 Satz 3 bis 8 EStG)	175 – 179
	4. Einbehalt und Abführung der Kapitalertragsteuer durch inländische Niederlassungen von ausländischen Versicherungsunternehmen (§ 43 Absatz 3 EStG)	180 – 181
	5. Abgeltungswirkung bei von den Erträgen abweichender Bemessungsgrundlage (§ 43 Absatz 5 EStG)	182 – 183
V.	**Bemessung der Kapitalertragsteuer (§ 43a EStG)**	184 – 240
	1. Depotüberträge ohne und mit Gläubigerwechsel (§ 43a Absatz 2 EStG)	184 – 200
	a) Einzelfragen	184 – 193
	b) Ersatzbemessungsgrundlage und Verluste (§ 43a Absatz 2 Satz 6 und 7 EStG)	194 – 197
	c) Übertragung nicht verbriefter Kapitalforderungen / Wertpapiere des Bundes und der Länder (§ 43a Absatz 2 Satz 8 EStG)	198 – 200
	2. Anrechnung ausländischer Quellensteuer (§ 43a Absatz 3 Satz 1 EStG)	201 – 211
	3. Verlusttopf (§ 43a Absatz 3 Satz 2 bis 7 EStG)	212 – 240
	5. Korrekturen beim Kapitalertragsteuerabzug	241 – 241c
VI.	**Entrichtung der Kapitalertragsteuer (§ 44 EStG)**	242 – 251
	1. Zuflusszeitpunkt, auszahlende Stelle, Umfang des Steuerabzugs (§ 44 Absatz 1 EStG)	242 – 250
	a) Zufluss von Zinsen (§ 44 Absatz 1 Satz 2 EStG)	241 – 243
	b) Umfang des Steuerabzugs (§ 44 Absatz 1 Satz 2 EStG)	244 – 247
	c) Auszahlende Stelle (§ 44 Absatz 1 Satz 3 und 4 EStG)	248 – 251
	2. Korrektur materieller Fehler beim Kapitalertragsteuerabzug (§ 44 Absatz 5 EStG)	251
VII.	**Abstandnahme vom Steuerabzug (§ 44a EStG)**	252 – 306
	1. Freistellungsauftrag, NV-Bescheinigung (§ 44a Absatz 2 EStG)	252 – 294
	a) Ausstellung, Widerruf und Verwendung einer NV-Bescheinigung	252 – 256
	b) Erteilung und Änderung von Freistellungsaufträgen	257 – 260
	c) Freistellungsaufträge bei Ehegatten	261 – 265
	d) Gemeinsamer Freistellungsauftrag als Voraussetzung für die Verlustverrechnung gemäß § 43a Absatz 3 Satz 2 EStG	266 – 277
	e) NV-Bescheinigungen und Freistellungsaufträge nach dem Tod eines Ehegatten	278 – 279
	f) NV-Bescheinigung und Freistellungsaufträge bei nicht steuerbefreiten Körperschaften	280 – 285
	g) Nicht der Körperschaftsteuer unterliegende Zusammenschlüsse	286 – 294
	2. NV-Bescheinigung bei steuerbefreiten Körperschaften und inländischen juristischen Personen des öffentlichen Rechts (§ 44a Absatz 4, 7 und 8 EStG)	295 – 300
	a) Abstandnahme	295 – 298a
	b) Zinszahlungen an eine Personengesellschaft mit körperschaftsteuerbefreiten Gesellschaftern (§ 44a Absatz 4 Satz 1 EStG)	299

c) Erstattung der Kapitalertragsteuer in besonderen Fällen		300 – 300b
3. Identität von Kontoinhaber und Gläubiger der Kapitalerträge (§ 44a Absatz 6 EStG)		301 – 302
4. Ausstellung von Bescheinigungen und Verwendung von Kopien		303 – 304
5. Gutschriften zugunsten von ausländischen Personengesellschaften		305 – 306
VIII. **Erstattung der Kapitalertragsteuer in besonderen Fällen (§ 44b Absatz 5 EStG)**		307 – 309
IX. **Anmeldung und Bescheinigung von Kapitalertragsteuer (§ 45a EStG)**		310
X. **Sammelantragsverfahren für Freistellungsaufträge bei Warengenossenschaften etc. (§ 45b Absatz 1 EStG)**		311
XI. **Kapitalertragsteuerabzug bei beschränkt steuerpflichtigen Einkünften aus Kapitalvermögen (§ 49 Absatz 1 Nummer 5 EStG)**		312 – 315
XII. **Anwendungsvorschriften zur Einführung einer Abgeltungsteuer (§ 52a EStG)**		316 – 323
1. Einbehalt der Kapitalertragsteuer bei bestehenden, bisher nicht dem Steuerabzug unterliegenden Beitragsdepots und vergleichbaren Einrichtungen (§ 52a Absatz 1 EStG)		316
2. Zeitliche Anwendung von § 20 Absatz 2 Satz 1 Nummer 1 und § 23 Absatz 1 Nummer 2 a. F. EStG (§ 52a Absatz 10 Satz 1, Absatz 11 Satz 4 EStG)		317 – 318
3. Übergangsregelung bei obligationsähnlichen Genussrechten und Gewinnobligationen (§ 52a Absatz 10 Satz 6 und 7 EStG)		319
4. Zertifikate (§ 52a Absatz 10 Satz 8 EStG)		320 – 321
5. Depotgebühren für 2008, die in 2009 gezahlt werden (§ 52a Absatz 10 Satz 10 EStG)		322 – 323
XIII. **Fundstellennachweis und Anwendungsregelung**		324 – 326

I. Kapitalvermögen (§ 20 EStG)

1. Laufende Erträge (§ 20 Absatz 1 EStG)

a) Dividenden (§ 20 Absatz 1 Nummer 1 EStG)

Nachzahlungen

Werden einem Steuerpflichtigen Nachzahlungsbeträge im Zusammenhang mit Anteilen an Kapitalgesellschaften zugewiesen und ist die Rechtsnatur der Zahlungen nicht eindeutig erkennbar, hat die auszahlende Stelle im Zweifelsfall die Erträge als Kapitalertrag i. S. des § 20 Absatz 1 Nummer 1 EStG zu behandeln. [1]

Einkommensteuerrechtliche Behandlung der Erträge aus einer Limited Liability Company (LLC)

Gesellschaften in der Rechtsform einer LLC können nach dem US-Steuerrecht zur Besteuerung als Personengesellschaft optieren. Erträge aus einer LLC sind für das Steuerabzugsverfahren auch dann als Dividendenerträge i. S. des § 20 Absatz 1 Nummer 1 EStG zu behandeln, wenn nach US-Steuerrecht zur Besteuerung als Personengesellschaft optiert wurde. [2]

Die Anrechnung der ausländischen Quellensteuer findet allein im Veranlagungsverfahren statt. Hinsichtlich der steuerlichen Einordnung der LLC als Personengesellschaft oder Kapitalgesellschaft gelten die Grundsätze des BMF-Schreibens vom 19. März 2004 (BStBl. I S. 411). [3]

b) Einnahmen aus der Beteiligung an einem Handelsgewerbe als stiller Gesellschafter (§ 20 Absatz 1 Nummer 4 EStG)

Zu den Einkünften aus Kapitalvermögen auf Grund einer Beteiligung an einem Handelsgewerbe als stiller Gesellschafter gehört der dem stillen Gesellschafter zugewiesene Gewinn oder der unter Berücksichtigung der §§ 15a, 15b EStG zuzurechnende Verlust. Wird dem stillen Gesellschafter im Rahmen der Auseinandersetzung sein Guthaben zugewiesen, werden bei der Ermittlung des Gewinns i. S. des § 20 Absatz 4 EStG die als laufende Einkünfte berücksichtigten Gewinn- oder Verlustanteile, die das Auseinandersetzungsguthaben erhöht oder gemindert haben, vom Gewinn abgerechnet oder dem Gewinn hinzugerechnet. [4]

Beispiel:

A beteiligt sich im Jahr 09 als typisch stiller Gesellschafter an dem Einzelunternehmen des B mit einer Einlage von 100.000 €. Auf den stillen Gesellschafter entfallen in den Jahren 10 und 11 jeweils Verluste in Höhe von 10.000 €. Die Verluste werden jeweils von der Einlage des stillen Gesellschafters abgebucht.

Anlage § 020–08 Zu § 20 EStG

Im Jahr 12 erhält er sein Auseinandersetzungsguthaben in Höhe von 80.000 €.

Lösung:
Die laufenden Verlustanteile können unabhängig davon, ob der stille Gesellschafter eine nahestehende Person i. S. des § 32d Absatz 2 Nummer 1 EStG ist, als Verlust i. S. des § 20 Absatz 1 Nummer 4 EStG berücksichtigt werden.
Durch die Vereinnahmung des Auseinandersetzungsguthabens erzielt A Einkünfte i. S. des § 20 Absatz 2 Satz 1 Nummer 4 i. V. m. Absatz 2 Satz 2 EStG. A erzielt einen Gewinn i. S. des § 20 Absatz 4 Satz 1 EStG in Höhe von 0 €. (Einlage 100.000 € abzüglich Auseinandersetzungsguthaben in Höhe von 80.000 € zuzüglich Verlust in Höhe von 20.000 €).

c) Lebensversicherungen (§ 20 Absatz 1 Nummer 6 EStG)

5 Hinweis auf BMF-Schreiben vom 22. Dezember 2005 (BStBl. 2006 I S. 92), geändert durch BMF-Schreiben vom 1. Oktober 2009 (BStBl. I S. 1172).

d) Erträge aus sonstigen Kapitalforderungen (§ 20 Absatz 1 Nummer 7 EStG)
Optionsanleihe

6 Bei einer Optionsanleihe besitzt der Inhaber neben dem Recht auf Rückzahlung des Nominalbetrags ein in einem Optionsschein verbrieftes Recht, innerhalb der Optionsfrist eine bestimmte Anzahl von Aktien des Emittenten oder einer anderen Gesellschaft, Anleihen, Fremdwährungen, Edelmetalle oder andere Basiswerte zu einem festgelegten Kaufpreis zu erwerben. Mit der Ausübung der Option erlischt der Anspruch auf Rückzahlung des Nominalbetrags der Anleihe nicht. Anleihe und Optionsschein können voneinander getrennt werden und sind sodann gesondert handelbar.

7 Dabei stellen Anleihe und Optionsschein jeweils selbständige Wirtschaftsgüter dar. Erträge aus der Anleihe sind nach § 20 Absatz 1 Nummer 7 und § 20 Absatz 2 Satz 1 Nummer 7 EStG als Einkünfte aus Kapitalvermögen zu behandeln. Unabhängig davon, ob der Optionsschein noch mit der Anleihe verbunden ist oder bereits von ihr getrennt wurde, gelten für seine einkommensteuerrechtliche Behandlung die Rzn. 9 bis 15, zu den Anschaffungskosten des Basiswerts im Falle der Ausübung der Option vgl. Rz. 86.

In Optionsscheinen verbriefte Kapitalforderungen

8 Enthalten die Emissionsbedingungen eines als Optionsschein bezeichneten Wertpapiers Regelungen, die dem Käufer die volle oder teilweise Rückzahlung des hingegebenen Kapitals oder ein Entgelt für die Kapitalüberlassung zusagen oder leisten, sind die laufenden Erträge aus dem Optionsschein Einkünfte nach § 20 Absatz 1 Nummer 7 EStG, wenn die Wertpapiere vor dem 1. Januar 2009 erworben wurden. Dasselbe gilt, wenn die Rückzahlung des hingegebenen Kapitals oder ein Entgelt für die Kapitalüberlassung durch eine Kombination von Optionsscheinen, die vor dem 1. Januar 2009 erworben wurden, gesichert ist.
Die Veräußerung solcher Optionsscheine führt zu Einkünften i. S. des § 20 Absatzes 2 Satz 1 Nummer 7 EStG. Für Optionsscheine, die nach dem 31. Dezember 2008 angeschafft wurden, finden die Rzn. 9 bis 35 Anwendung.

Kapitalforderungen mit mehreren Zahlungszeitpunkten

8a Liegen bei einem Vollrisikozertifikat mehrere Zahlungszeitpunkte bis zur Endfälligkeit vor, sind die Erträge zu diesen Zeitpunkten Einkünfte i. S. des § 20 Absatz 1 Nummer 7 EStG; dies gilt nicht, wenn die Emissionsbedingungen von vornherein eindeutige Angaben zur Tilgung oder zur Teiltilgung während der Laufzeit vorsehen und die Vertragspartner entsprechend verfahren. Erfolgt bei diesen Zertifikaten zum Zeitpunkt der Endfälligkeit keine Zahlung mehr, liegt zum Zeitpunkt der Endfälligkeit kein veräußerungsgleicher Vorgang i. S. des § 20 Absatz 2 EStG vor. Sind bei einem Zertifikat im Zeitpunkt der Endfälligkeit keine Zahlungen vorgesehen, weil der Basiswert eine nach den Emissionsbedingungen vorgesehene Bandbreite verlassen hat und dadurch das Verlassen der Bandbreite zu einer – vorzeitigen – Beendigung des Zertifikats (z. B. bei einem Zertifikat mit „Knock-out"-Struktur) ohne weitere Kapitalrückzahlungen, liegt gleichfalls kein veräußerungsgleicher Tatbestand i. S. des § 20 Absatz 2 EStG vor.

2. Gewinne aus Veräußerung, Einlösung, Termingeschäften (§ 20 Absatz 2 EStG)

a) Termingeschäfte (§ 20 Absatz 2 Satz 1 Nummer 3 EStG) und Stillhaltergeschäfte (§ 20 Absatz 1 Nummer 11 EStG)
Begriff des Termingeschäfts

9 Der Begriff des Termingeschäfts umfasst sämtliche als Options- oder Festgeschäft ausgestaltete Finanzinstrumente sowie Kombinationen zwischen Options- und Festgeschäften, deren Preis unmittelbar oder mittelbar abhängt von

Zu § 20 EStG

Anlage § 020–08

- dem Börsen- oder Marktpreis von Wertpapieren,
- dem Börsen- oder Marktpreis von Geldmarktinstrumenten,
- dem Kurs von Devisen oder Rechnungseinheiten,
- Zinssätzen oder anderen Erträgen oder
- dem Börsen- oder Marktpreis von Waren oder Edelmetallen.

Dabei ist es ohne Bedeutung, ob das Termingeschäft in einem Wertpapier verbrieft ist, an einer amtlichen Börse oder außerbörslich abgeschlossen wird. Zu den Termingeschäften gehören insbesondere Optionsgeschäfte, Swaps, Devisentermingeschäfte und Forwards oder Futures, vgl. Rzn. 36 und 37.

Beim Optionsgeschäft hat der Käufer der Option das Recht, jedoch nicht die Verpflichtung, zu einem späteren Zeitpunkt ein Geschäft, z. B. den Kauf oder Verkauf eines Wertpapiers, zu vorab festgelegten Konditionen abzuschließen (bedingtes Termingeschäft). Im Gegensatz dazu gehen beim Festgeschäft beide Vertragsparteien bereits bei Abschluss des Geschäfts die feste Verpflichtung ein, zu einem späteren Zeitpunkt z. B. einen bestimmten Kaufgegenstand zum vereinbarten Preis zu erwerben oder zu liefern (unbedingtes Termingeschäft). 10

Optionsgeschäfte

Inhalt des Optionsgeschäfts

Beim Optionsgeschäft erwirbt der Käufer der Option (Optionsnehmer) vom Verkäufer der Option (Optionsgeber oder sog. Stillhalter) gegen Bezahlung einer Optionsprämie das Recht, eine bestimmte Anzahl Basiswerte (z. B. Aktien) am Ende der Laufzeit oder jederzeit innerhalb der Laufzeit der Option (so möglich bei EUREX-Optionen) zum vereinbarten Basispreis entweder vom Verkäufer der Option zu kaufen (Kaufoption oder „call") oder an ihn zu verkaufen (Verkaufsoption oder „put"). Diesem Recht des Optionskäufers steht die entsprechende Verpflichtung des Verkäufers der Option gegenüber, die Basiswerte zu liefern oder abzunehmen, wenn der Optionskäufer sein Optionsrecht ausübt. 11

Ist die effektive Abnahme oder Lieferung des Basiswertes auf Grund der Natur der Sache (z. B. bei Indices) oder auf Grund von Handelsbedingungen (z. B. bei EUREX-Optionen auf Futures) ausgeschlossen, besteht die Verpflichtung des Optionsgebers bei Ausübung der Option durch den Optionskäufer in der Zahlung der Differenz zwischen vereinbartem Basispreis und Tageskurs des Basiswerts (Barausgleich oder „cash-settlement"). Ein Barausgleich kann bei jeder Option vereinbart werden, auch wenn der Basiswert lieferbar ist. 12

Die Option erlischt 13
- mit Ablauf der Optionsfrist durch Verfall,
- durch Ausübung der Option oder
- an der EUREX auch durch sog. Glattstellung.

Bei Glattstellung tätigt der Anleger ein Gegengeschäft, d.h. z. B. der Inhaber einer Kauf- oder Verkaufsoption verkauft eine Option derselben Serie, aus der er zuvor gekauft hat. Kennzeichnet er das Geschäft als Glattstellungs- oder closing-Geschäft, bringt er damit Rechte und Pflichten aus beiden Geschäften zum Erlöschen. Umgekehrt kann sich auch der Optionsverkäufer (Stillhalter) vor Ablauf der Optionsfrist durch Kauf einer Option derselben Serie aus seiner Verpflichtung lösen.

Anders als bei außerbörslichen Optionsgeschäften und bei Optionsscheinen ist es einem Anleger an der EUREX nicht möglich, die erworbene Option auf einen Dritten zu übertragen. 14

Anleger können grundsätzlich vier Grundpositionen eingehen: 15
- Kauf einer Kaufoption („long call")
- Kauf einer Verkaufsoption („long put")
- Verkauf einer Kaufoption („short call")
- Verkauf einer Verkaufsoption („short put").

Darüber hinaus ist an der EUREX auch der standardisierte Abschluss eines sog. Kombinationsgeschäfts, d.h. einer Kombination von jeweils zwei Grundgeschäften in einem Abschluss möglich. Zu unterscheiden sind: 16
- „spreads": Gleichzeitiger Kauf und Verkauf von Optionen der gleichen Serie, aber mit unterschiedlichem Basispreis und/oder Verfalldatum
- „straddles": Gleichzeitiger Kauf einer Kauf- und einer Verkaufsoption mit gleichem Basiswert, Basispreis und Verfalldatum
- „strangles": Gleichzeitiger Kauf einer Kauf- und einer Verkaufsoption mit gleichem Basiswert und Verfalldatum, aber unterschiedlichem Basispreis.

Anlage § 020–08

Zu § 20 EStG

Besonderheiten bei Optionsscheinen

17 Bei Optionsscheinen ist das Optionsrecht (vgl. Rz. 11) in einem Wertpapier verbrieft. Der Käufer eines Optionsscheins erwirbt entweder eine Kaufoption oder eine Verkaufsoption, der Emittent des Optionsscheins nimmt stets die Stillhalter-Position ein. Optionsscheine sehen überwiegend einen Barausgleich vor. Das Optionsrecht kann nicht durch ein glattstellendes Gegengeschäft zum Erlöschen gebracht werden.

18 Optionsscheine können mit Zusatzvereinbarungen ausgestattet sein, die neben dem Optionsrecht z. B.
- eine Zusatzprämie beim Eintritt bestimmter Bedingungen gewähren,
- hinsichtlich des Barausgleichs mit einer Obergrenze („cap") ausgestattet sind,
- besondere Berechnungsmodalitäten für den Barausgleich vorsehen oder
- Zusatzvereinbarungen über Ausübung oder Verfall des Optionsrechts beinhalten.

19 Optionsscheine können mit einer Schuldverschreibung (Anleihe) verbunden sein (Optionsanleihe), vgl. Rz. 6 letzter Satz.

20 Die Emissionsbedingungen eines als Optionsschein bezeichneten Wertpapiers können Regelungen enthalten, die dem Inhaber des Optionsscheins eine Rückzahlung des eingesetzten Kapitals oder ein Entgelt für die Kapitalüberlassung zusagen oder gewähren (z. B. sog. airbag-warrants). Auch durch eine Kombination von Optionsscheinen kann sich der Käufer eine Kapitalrückzahlung oder ein Entgelt für die Kapitalüberlassung sichern (z. B. capped warrants).

Einkommensteuerrechtliche Behandlung eines Optionsgeschäfts

Kauf einer Kaufoption

21 Die gezahlten Optionsprämien sind Anschaffungskosten des Käufers für das Wirtschaftsgut „Optionsrecht". Beim Erwerb der Option anfallende Bankspesen, Provisionen und andere Transaktionskosten sind Teil der Anschaffungskosten.

Ausübung einer Kaufoption

22 Übt der Inhaber die Kaufoption aus und wird der Basiswert geliefert, gehören die Anschaffungs- und Anschaffungsnebenkosten des Optionsrechts zu den Anschaffungskosten des Basiswerts.

23 Erhält der Inhaber an Stelle des Basiswerts einen Barausgleich, liegen Kapitaleinkünfte i. S. des § 20 Absatz 2 Satz 1 Nummer 3 Buchstabe a EStG vor. Die Anschaffungs- und Anschaffungsnebenkosten des Optionsrechts sind bei der Ermittlung des Gewinns gemäß § 20 Absatz 4 Satz 5 EStG zu berücksichtigen.

Veräußerung und Glattstellung einer Kaufoption

24 Veräußert der Inhaber die Kaufoption (z. B. Call-Optionsschein), erzielt er Kapitaleinkünfte i. S. der § 20 Absatz 2 Satz 1 Nummer 3 Buchstabe b EStG; entsprechendes gilt bei einer Veräußerung mit closing-Vermerk (vgl. Rz. 13). Gewinn oder Verlust gemäß § 20 Absatz 4 Satz 1 EStG ist in diesem Fall der Unterschiedsbetrag zwischen den Anschaffungs- und Anschaffungsnebenkosten der Kaufoption und der aus dem glattstellenden Abschluss des Stillhaltergeschäfts erzielten Optionsprämie.

Beispiel:

Privatkunde K erwirbt am 1. März über seine Bank an der EUREX zehn Kaufoptionen über je 100 Aktien der S-AG zum Basispreis von 320 €, weil er für die nächsten Monate mit einem Kursanstieg der Aktie rechnet (Kurs der S-Aktie am 1. März 309,60 €). Verfallmonat der Kaufoption ist Juli. K entrichtet eine Optionsprämie von 1.000 x 20,40 € = 20.400 € zuzüglich 250 € Spesen. Am 1. April ist der Kurs der S-Aktie auf 350 € gestiegen. Das Recht, die Aktien zu einem Basispreis von 320 € zu kaufen, ist jetzt 50 € wert (innerer Wert 30 €, angenommener Zeitwert 20 €).

K beschließt daher, seine Position durch ein Gegengeschäft glattzustellen, d.h. er verkauft über seine Bank zehn EUREX-Kaufoptionen über je 100 Aktien der S-AG zum Basispreis von 320 €, Verfallmonat Juli, mit closing-Vermerk. K erhält dafür am 2. April eine Optionsprämie von 1.000 x 50 € = 50.000 € abzüglich 500 € Spesen.

Lösung:

K hat einen steuerpflichtigen Veräußerungsgewinn in Höhe von (50.000 – 500 – 20.400 – 250) = 28.850 € erzielt.

Einkommensteuerrechtliche Behandlung des Stillhalters bei einer Kaufoption

25 Der Stillhalter erhält die Optionsprämie für seine Bindung und die Risiken, die er durch die Einräumung des Optionsrechts während der Optionsfrist eingeht. Die Optionsprämie stellt bei ihm ein Entgelt i. S. des § 20 Absatzes 1 Nummer 11 EStG dar.

Werden Stillhalterprämien vereinnahmt, unterliegen diese in diesem Zeitpunkt dem Kapitalertragsteuerabzug i. S. des § 43 Absatz 1 Satz 1 Nummer 8 EStG. Schließt der Stillhalter ein Glattstellungs-

Zu § 20 EStG

Anlage § 020–08

geschäft ab, sind die gezahlten Prämien und die damit im Zusammenhang angefallenen Nebenkosten zum Zeitpunkt der Zahlung als negativer Kapitalertrag in den sog. Verlustverrechnungstopf i. S. des § 43a Absatz 3 Satz 2 EStG einzustellen. Gleiches gilt, wenn die im Zusammenhang mit erhaltenen Prämien angefallenen Nebenkosten die vereinnahmten Stillhalterprämien mindern, da es insoweit unerheblich ist, ob die Nebenkosten im Zeitpunkt der Glattstellung oder der Vereinnahmung angefallen sind. Diese Regelung gilt auch, wenn die Stillhalterprämie bereits vor dem 31. Dezember 2008 zugeflossen und daher noch nach § 22 Nummer 3 EStG a. F. zu versteuern ist.

Übt der Inhaber die Kaufoption aus und liefert der Stillhalter den Basiswert, liegt beim Stillhalter ein Veräußerungsgeschäft nach § 20 Absatz 2 EStG hinsichtlich des Basiswerts vor, wenn der Basiswert ein Wirtschaftsgut i. S. des § 20 Absatz 2 EStG (z. B. Aktie) ist. Die vereinnahmte Optionsprämie, die nach Absatz 1 Nummer 11 zu versteuern ist, wird bei der Ermittlung des Veräußerungsgewinns nicht berücksichtigt. Hat der Stillhalter einen Barausgleich zu leisten, bleibt dieser einkommensteuerrechtlich unbeachtlich. 26

Verfall einer Kaufoption

Lässt der Inhaber der Kaufoption diese am Ende der Laufzeit verfallen, sind deren Anschaffungs- und Anschaffungsnebenkosten einkommensteuerrechtlich ohne Bedeutung. 27

Kauf einer Verkaufsoption

Die gezahlten Optionsprämien sind Anschaffungskosten des Käufers für das Wirtschaftsgut „Optionsrecht". Beim Erwerb der Option anfallende Bankspesen, Provisionen und andere Transaktionskosten gehören zu den Anschaffungskosten. 28

Ausübung einer Verkaufsoption

Übt der Inhaber der Verkaufsoption aus und liefert er den Basiswert, liegt ein Veräußerungsgeschäft nach § 20 Absatz 2 EStG hinsichtlich des Basiswerts vor, wenn dieser ein Wirtschaftsgut i. S. des § 20 Absatz 2 EStG (z. B. Aktien oder Anleihe) ist. Die Anschaffungs- und Anschaffungsnebenkosten des Optionsrechts sind gemäß § 20 Absatz 4 Satz 1 EStG zu berücksichtigen. 29

Erhält der Inhaber der Verkaufsoption einen Barausgleich, liegen Kapitaleinkünfte i. S. § 20 Absatz 2 Satz 1 Nummer 3 Buchstabe a EStG vor. Die Anschaffungskosten des Optionsrechts sind gemäß Absatz 4 Satz 5 zu berücksichtigen. 30

Veräußerung und Glattstellung einer Verkaufsoption

Veräußert der Inhaber die Verkaufsoption (z. B. Put-Optionsschein), liegt ein Veräußerungsgeschäft i. S. der Nummer 3 Buchstabe b vor. Verkauft der Inhaber einer Verkaufsoption eine Verkaufsoption derselben Serie mit closing-Vermerk, gilt Entsprechendes. Gewinn oder Verlust ist in diesem Fall der Unterschiedsbetrag zwischen den Anschaffungskosten der Verkaufsoption und der aus dem glattstellenden Abschluss des Stillhaltergeschäfts erzielten Optionsprämie. 31

Verfall einer Verkaufsoption

Lässt der Inhaber der Verkaufsoption diese am Ende der Laufzeit verfallen, sind deren Anschaffungs- und Anschaffungsnebenkosten einkommensteuerrechtlich ohne Bedeutung. 32

Einkommensteuerrechtliche Behandlung des Stillhalters bei einer Verkaufsoption

Übt der Inhaber die Verkaufsoption aus und liefert er den Basiswert, liegt beim Stillhalter ein Anschaffungsgeschäft nach § 20 Absatz 2 EStG hinsichtlich des Basiswerts vor, wenn es sich dabei um ein Wirtschaftsgut i. S. von § 20 Absatz 2 EStG handelt. Bei einer späteren Veräußerung wird die vereinnahmte Optionsprämie, die nach § 20 Absatz 1 Nummer 11 EStG zu versteuern ist, bei der Ermittlung des Veräußerungsgewinns nicht berücksichtigt. 33

Hat der Stillhalter auf Grund des Optionsgeschäfts einen Barausgleich zu leisten, mindern die Zahlungen nicht die Einnahmen aus den Stillhalterprämien. Sie stellen einen einkommensteuerrechtlich unbeachtlichen Vermögensschaden dar. 34

Kombinationsgeschäfte, vgl. Rz. 16

Da jedes sog. Kombinationsgeschäft aus mindestens zwei rechtlich selbständigen Grundgeschäften besteht, gelten für ihre einkommensteuerrechtliche Behandlung die Regelungen für die Grundgeschäfte (vgl. Rzn. 21 bis 34) entsprechend. Die gezahlte oder erhaltene Optionsprämie ist im Verhältnis der am Kauftag für die Grundgeschäfte zu zahlenden Optionsprämien aufzuteilen. Entsprechendes gilt, wenn zwei oder mehr gleichgerichtete Grundgeschäfte kombiniert werden. 35

Beispiel:

Der Kurs der B-Aktie liegt im Februar bei 41 €. Anleger A erwartet für Ende März ein Kurspotential von bis zu 44 €. Wegen der Abhängigkeit der Aktie vom amerikanischen Markt lässt sich aber auch eine gegenläufige Entwicklung nicht ausschließen. A kauft im Februar eine EUREX-Kaufoption über 100 B-

Anlage § 020–08 Zu § 20 EStG

Aktien mit Fälligkeit März und einem Basispreis von 42 €. Gleichzeitig verkauft A eine EUREX-Kaufoption über 100 B-Aktien mit Fälligkeit März und einem Basispreis von 44 €. Für diesen sog. „Spread" („Bull Call Spread") muss A insgesamt eine Prämie von 100 € zahlen. Diese ergibt sich als Differenz aus 195 € zu zahlender Optionsprämie für den Kauf der Kaufoption und 95 € erhaltener Optionsprämie für den Verkauf der Kaufoption.

Lösung:
Die vereinnahmte Optionsprämie von 95 € führt zu Einnahmen nach § 20 Absatz 1 Nummer 11 EStG. Im März beträgt der Kurs der B-Aktie 44 €. A stellt die gekaufte Kaufoption glatt und erhält eine Optionsprämie von 200 €. Er erzielt damit einen Veräußerungsgewinn nach § 20 Absatz 2 Satz 1 Nummer 3 Buchstabe b EStG von 200 – 195 = 5 €. Die verkaufte Kaufoption verfällt, weil sich der Ausübungspreis mit dem Kurs der Aktie deckt.

Als Festgeschäft ausgestaltete Termingeschäfte (Futures und Forwards)

36 Futures und Forwards stellen im Gegensatz zu Optionen für Käufer und Verkäufer die feste Verpflichtung dar, nach Ablauf einer Frist einen bestimmten Basiswert (z. B. Anleihen) zum vereinbarten Preis abzunehmen oder zu liefern. Mit dem Begriff Futures werden die an einer amtlichen Terminbörse (z. B. EUREX) gehandelten, standardisierten Festgeschäfte, mit dem Begriff Forwards die außerbörslich gehandelten, individuell gestalteten Festgeschäfte bezeichnet. Bei physisch nicht lieferbaren Basiswerten (z. B. Aktienindex) wandelt sich die Verpflichtung auf Lieferung oder Abnahme in einen Barausgleich in Höhe der Differenz zwischen Kaufpreis des Kontrakts und dem Wert des Basisobjekts bei Fälligkeit des Kontrakts.

Wird bei Fälligkeit eines Future-Kontrakts ein Differenzausgleich gezahlt, erzielt der Empfänger einen Gewinn und der Zahlende einen Verlust aus einem Veräußerungsgeschäft i. S. des § 20 Absatz 2 Satz 1 Nummer 3 Buchstabe a EStG.

Bei an der EUREX gehandelten Futures ist als Differenzausgleich die Summe oder die Differenz der während der Laufzeit eines Kontrakts geleisteten Zahlungen im Zeitpunkt der Fälligkeit des Kontrakts zu erfassen.

Bei der Glattstellung eines Future-Kontrakts liegt ein Termingeschäft i. S. des § 20 Absatz 2 Satz 1 Nummer 3 Buchstabe a EStG vor. Der Gewinn oder Verlust ergibt sich aus der Summe oder Differenz aller während der Laufzeit des Kontrakts geleisteten Zahlungen.

Wird der Basiswert geliefert, sind die auf den Future-Kontrakt geleisteten Zahlungen sowie die Nebenkosten des Future-Kontrakts beim Käufer Anschaffungskosten des Basiswerts. Veräußert der Käufer den Basiswert, liegt bei ihm ein Veräußerungsgeschäft i. S. des § 20 Absatz 2 EStG vor, wenn dieser ein Wirtschaftsgut i. S. des § 20 Absatz 2 EStG darstellt.

Auch bei den Kapitalmarkt-Futures kann es zur Lieferung kommen. Bei den an der EUREX z. B. auch gehandelten Kapitalmarkt-Futures kauft oder verkauft der Anleger z. B. fiktive Schuldverschreibungen mit verschiedener Laufzeit, die jeweils mit einer Verzinsung ausgestattet sind. Dabei sind die tatsächlich gelieferten mit den fiktiven Schuldverschreibungen des Future-Kontrakts als wirtschaftlich identisch anzusehen.

Einkommensteuerrechtliche Behandlung von Forwards

37 Für die einkommensteuerrechtliche Behandlung von Forwards gilt die Rz. 36 entsprechend.

Besonderheiten bei Devisentermingeschäften

38 Devisentermingeschäfte können die Verpflichtung der Vertragsparteien zum Gegenstand haben, zwei vereinbarte Währungsbeträge zu einem zukünftigen Zeitpunkt zu einem vorher festgelegten Terminkurs auszutauschen. Devisentermingeschäfte können nach dem Willen der Vertragsparteien aber ausschließlich auf die Erzielung eines Differenzausgleichs nach § 20 Absatz 2 Satz 1 Nummer 3 Buchstabe a EStG gerichtet sein, selbst wenn sie äußerlich in die Form eines Kaufvertrags gekleidet sind.

Ein auf Differenzausgleich gerichtetes Devisentermingeschäft kann auch bei Abschluss eines Eröffnungsgeschäfts mit nachfolgendem Gegengeschäft gegeben sein. Dabei stimmen Devisenbetrag und Fälligkeit beider Geschäfte regelmäßig überein. Aber auch bei unterschiedlicher Fälligkeit oder unterschiedlichem Devisenbetrag kann ein zum Differenzausgleich führendes Devisentermingeschäft vorliegen, soweit mit dem Abschluss des Gegengeschäfts der Gewinn oder Verlust aus beiden Geschäften feststeht.

Beispiel:
A erwirbt am 10. Juni 100.000 US-$ zum 30. September. Der Terminkurs beträgt 120.000 €. Am 15. Juli veräußert er 50.000 US-$ zum 10. Oktober. Der Terminkurs beträgt 62.000 €.

Zu § 20 EStG

Anlage § 020–08

Lösung:
Hinsichtlich 50.000 US-$ steht mit dem Terminverkauf am 15. Juli fest, dass A einen Gewinn von 2.000 € erzielt. Der Verkauf ist deshalb insoweit als Gegengeschäft zum Terminkauf am 10. Juni anzusehen.

Kommt es zur effektiven Lieferung des Fremdwährungsbetrags und tauscht der Käufer diesen innerhalb eines Jahres nach Abschluss des Devisentermingeschäfts in € oder eine andere Währung um, führt dies zu einem privaten Veräußerungsgeschäft i. S. des § 23 Absatz 1 Satz 1 Nummer 2 EStG. Dasselbe gilt, wenn am Fälligkeitstag ein auf € lautendes Konto des Käufers mit dem Kaufpreis belastet und ihm gleichzeitig der €-Betrag gutgeschrieben wird, welcher der auf Termin gekauften Fremdwährung entspricht. In diesem Fall wird die mit dem Devisentermingeschäft erworbene Fremdwährung am Fälligkeitstag geliefert und unmittelbar danach in € zurückgetauscht. 39

Zinsbegrenzungsvereinbarungen

Bei Zinsbegrenzungsvereinbarungen sind der Optionsinhaber und der Stillhalter wie folgt zu behandeln:

Kauf einer Zinsbegrenzungsvereinbarung (Rechtsstellung des Optionsinhabers)

Zinsbegrenzungsvereinbarungen sind Verträge, in denen sich einer der Vertragspartner (der Verkäufer) verpflichtet, an einen anderen Vertragspartner (den Käufer) Ausgleichszahlungen zu leisten, wenn ein bestimmter Zinssatz eine gewisse Höhe über- oder unterschreitet. Ihre Grundformen sind Caps (Zinsobergrenzungen), Floors (Zinsunterbegrenzungen) und Collars (eine Kombination aus Caps und Floors). 40

Da die Ausgleichszahlungen in Abhängigkeit von der Entwicklung einer bestimmten Bezugsgröße, dem Referenzzinssatz, gezahlt werden, sind Zinsbegrenzungsvereinbarungen als Termingeschäfte i. S. des § 20 Absatz 2 Satz 1 Nummer 3 Buchstabe a EStG zu klassifizieren. Ihrem wirtschaftlichen Gehalt nach werden Zinsbegrenzungsvereinbarungen als eine Reihe von Zinsoptionen beurteilt.

Caps, Floors und Collars können dabei nach analogen Grundsätzen behandelt werden. Die Zahlung der Prämie zum Zeitpunkt des Erwerbs der Zinsbegrenzungsvereinbarung stellt die Anschaffung eines Optionsrechts bzw. mehrerer hintereinander gestaffelter Optionsrechte dar. Zinsbegrenzungsvereinbarungen stellen Dauerschuldverhältnisse dar, deren Leistungen sich zu bestimmten vertraglich vereinbarten Terminen konkretisieren. 41

I. S. einer cash-flow-Besteuerung ist an die während der Laufzeit des Kontrakts zu leistenden Ausgleichszahlungen anzuknüpfen. Die für den Erwerb der Zinsbegrenzungsvereinbarung getätigten Aufwendungen werden zum Zeitpunkt der ersten Ausgleichszahlung berücksichtigt (§ 20 Absatz 4 Satz 5 EStG). 42

Kommt es zu keiner Ausgleichszahlung über die gesamte Vertragslaufzeit, weil der Referenzzinssatz die Zinsobergrenze zu keinem Zeitpunkt überschreitet bzw. die Zinsuntergrenze zu keinem Zeitpunkt unterschreitet, sind die für einen Verfall von Rechtspositionen geltenden Rechtsgrundsätze anzuwenden. 43

Verkauf einer Zinsbegrenzungsvereinbarung (Stillhalterposition)

Die zu Vertragsbeginn vereinnahmte Prämie zählt zu den nach § 20 Absatz 1 Nummer 11 EStG abgeltungsteuerpflichtigen Kapitalerträgen. Die vom Stillhalter einer derartigen Vereinbarung zu leistenden Ausgleichszahlungen entsprechen der Entrichtung eines Differenzausgleiches und sind bei Stillhaltergeschäften im Privatvermögen einkommensteuerrechtlich unbeachtlich. 44

Aktienswaps

Aktienswaps werden in der Regel dazu eingesetzt, aus einer Aktienposition resultierende Chancen und Risiken auf einen Vertragspartner (Sicherungsgeber, in der Regel die Hausbank) zu übertragen. Der Sicherungsgeber übernimmt dabei für die Laufzeit des Geschäfts das Kurs- und Dividendenrisiko aus den Aktien. Er erhält Dividendenausgleichszahlungen bei Fälligkeit einen Ausgleich von etwaigen Wertsteigerungen der Aktien. Im Gegenzug ersetzt der Sicherungsgeber dem Sicherungsnehmer dessen Finanzierungskosten (Berechnungsgrundlage der vertraglich vereinbarten „Zinszahlungen" ist der Marktwert der Aktienposition bei Vertragsabschluss) und leistet einen Ausgleich für etwaige Kursverluste. 45

Ein Kapitaltransfer in Höhe des Marktwertes der dem Swap-Geschäft zu Grunde liegenden Aktienpositionen findet regelmäßig nicht statt.

Die Anwendung der sachlich gebotenen Nettobetrachtung hat folgende steuerliche Konsequenzen: 46
(1) Vereinnahmung der Dividende: Kapitalertrag i. S. des § 20 Absatz 1 Nummer 1 EStG.
(2) Leistung einer Dividendenausgleichszahlung an die Hausbank (Sicherungsgeber): Aufwendungen i. S. des § 20 Absatz 4 Satz 5 EStG.
(3) Vergütung etwaiger Wertsteigerungen an die Hausbank (Sicherungsgeber): Aufwendungen i. S. des § 20 Absatz 4 Satz 5 EStG.

Anlage § 020–08 Zu § 20 EStG

(4) „Zinszahlungen" der Hausbank (Sicherungsgeber) an den Anleger: Geldbetrag i. S. des § 20 Absatz 4 Satz 5 EStG.

(5) Ausgleich der Hausbank (Sicherungsgeber) für etwaige Kursverluste: Geldbetrag i. S. des § 20 Absatz 4 Satz 5 EStG.

Die einzelnen Leistungen sind beim Steuerabzug zum Zeitpunkt des Zuflusses oder Abflusses zu berücksichtigen.

Zinsswaps

47 Bei einem Zinsswap vereinbaren die Parteien für eine vertraglich bestimmte Laufzeit den Austausch von Geldbeträgen, welche sich in Bezug auf die Zinsberechnungsbasis unterscheiden. Kapitalbeträge werden nicht ausgetauscht, sondern dienen lediglich als Berechnungsbasis für die Ermittlung der auszutauschenden Geldbeträge. Im einfachsten Fall werden jährlich (halbjährlich, quartalsweise, monatlich) zu zahlende Festzinsbeträge gegen jährlich (halbjährlich, quartalsweise, monatlich) zu zahlende variable Zinsbeträge getauscht, die sich nach einem Referenzzins wie beispielsweise dem EURIBOR richten.

Häufig werden laufende Zinszahlungen gegen einmalig am Anfang oder am Ende der Laufzeit zu zahlende Beträge getauscht („Up-Front-Zinsswap" oder „Balloon-Zinsswap").

Zu beachten ist, dass Swapgeschäfte, ähnlich wie Zinsbegrenzungsvereinbarungen, Dauerschuldverhältnisse sind und als Termingeschäfte i. S. des § 20 Absatz 2 Satz 1 Nummer 3 Buchstabe a EStG einzustufen sind.

Entsprechend den Regelungen zu Zinsbegrenzungsvereinbarungen ist an die während der Laufzeit jeweils erhaltenen und geleisteten Zinsbeträge anzuknüpfen. Up-Front- oder Balloon-Payments sind zum jeweiligen Zahlungszeitpunkt zu berücksichtigen bzw. in den Verlusttopf gemäß § 43a Absatz 3 EStG einzustellen. Transaktionskosten sind als Aufwendungen i. S. des § 20 Absatz 4 Satz 5 EStG zum Zeitpunkt ihrer Leistung zu berücksichtigen.

b) Veräußerung sonstiger Kapitalforderungen (§ 20 Absatz 2 Satz 1 Nummer 7 EStG)

Allgemeines

48 Unter den Wortlaut des § 20 Absatz 2 Satz 1 Nummer 7 EStG fallen auch sonstige Kapitalforderungen, bei denen sowohl die Höhe des Entgelts als auch die Höhe der Rückzahlung von einem ungewissen Ereignis abhängen. Erfasst werden Kapitalforderungen, deren volle oder teilweise Rückzahlung weder rechtlich noch faktisch garantiert wird. Erträge, die bei Rückzahlung, Einlösung oder Veräußerung realisiert werden, unterliegen der Besteuerung nach § 20 Absatz 2 Satz 1 Nummer 7 EStG.

Stückzinsen

49 Werden Wertpapiere im Laufe eines Zinszahlungszeitraums mit dem laufenden Zinsschein veräußert, hat der Erwerber dem Veräußerer in der Regel den Zinsbetrag zu vergüten, der auf die Zeit seit dem Beginn des laufenden Zinszahlungszeitraums bis zur Veräußerung entfällt. Diese Zinsen heißen Stückzinsen. Sie werden i. d. R. besonders berechnet und vergütet.

50 Der Veräußerer hat die besonders in Rechnung gestellten und vereinnahmten Stückzinsen als Einkünfte aus Kapitalvermögen i. S. des § 20 Absatz 2 Satz 1 Nummer 7 EStG zu versteuern. Dies gilt auch bei Wertpapieren, die vor dem 1. Januar 2009 angeschafft wurden (vgl. § 52 a Absatz 10 Satz 7 EStG). Soweit in diesen Fällen im Jahr 2009 im Rahmen des Kapitalertragsteuerabzugs § 20 Absatz 2 Satz 1 Nummer 7 EStG nicht angewandt wurde, ist dies nicht zu beanstanden. In diesen Fällen besteht jedoch eine Veranlagungspflicht nach § 32d Absatz 3 EStG.

Beispiel 1:

A erwirbt zum 1. Dezember 2007 eine Anleihe mit Stückzinsausweis zu einem Kurs von 99,00 Euro (100 % Kapitalgarantie, 5 % laufender Kupon, keine Finanzinnovation). Nächster Zinszahlungstermin ist der 31. Dezember 2009. Er veräußert die Anleihe am 15. Dezember 2009 unter Stückzinsausweis zu einem Kurs von 101,00 Euro.

Lösung:

Die Stückzinsen sind gemäß § 20 Absatz 2 Satz 1 Nummer 7 EStG steuerpflichtig. Die Zinsen waren bereits nach § 20 Absatz 2 Satz 1 Nummer 3 EStG a. F. steuerverhaftet. Der Kursgewinn von 2 Euro ist nicht zu versteuern, vgl. § 52a Absatz 10 Satz 7 EStG.

Beispiel 2:

A erwirbt zum 1. Dezember 2008 eine finanzinnovative Anleihe mit Stückzinsausweis (100 % Kapitalgarantie; z. B. Bundesschatzbrief Typ B). Er veräußert diese am 15. Dezember 2009 unter Stückzinsausweis.

Zu § 20 EStG

Anlage § 020–08

Lösung:
Der Veräußerungsgewinn ist ohne Einschränkung steuerpflichtig (§ 52a Absatz 10 Satz 6 i. V. mit § 52a Absatz 1 EStG).

Beim Erwerber der Wertpapiere sind die von ihm entrichteten Stückzinsen im Veranlagungszeitraum des Abflusses negative Einnahmen aus Kapitalvermögen i. S. des § 20 Absatz 1 Nummer 7 EStG und beim Privatanleger in den Verlustverrechnungstopf einzustellen. 51

Bundesschatzbrief Typ B / Wertpapiere des Bundes und der Länder

Werden bei Bundesschatzbriefen Typ B Stückzinsen gesondert in Rechnung gestellt, gelten die Ausführungen zu Rzn. 49 bis 51 entsprechend. 52

Die Auszahlung der Geldbeträge bei Endfälligkeit, die entgeltliche Übertragung sowie die vorzeitige Rückgabe führen jeweils zu Einnahmen aus einer Veräußerung i. S. des § 20 Absatz 2 Satz 1 Nummer 7 EStG. Gehören die Erträge aus Bundesschatzbriefen zu den Betriebseinnahmen, unterbleibt der Kapitalertragsteuereinbehalt bei entsprechender Freistellungserklärung gemäß § 43 Absatz 2 Satz 3 EStG durch den Anleger; vgl. Muster **Anlage 1**. Die Erträge sind bei der Einkommensteuerveranlagung (im Rahmen der betrieblichen Gewinnermittlung) zu berücksichtigen. 53

Die Zuordnung zu den Veräußerungsgewinnen bei einer entgeltlichen Übertragung und bei vorzeitiger Rückgabe ist nicht zu beanstanden, da sowohl der Veräußerungserlös als auch die Stückzinsen zu Einnahmen aus Veräußerung i. S. des § 20 Absatz 4 EStG führen, die im Rahmen der Ermittlung des Veräußerungsgewinns den Veräußerungsaufwendungen und Anschaffungskosten gegenüberzustellen sind. 54

Einnahmen aus der Einlösung von Zero-Bonds durch den Ersterwerber

Die Einlösung von Zero-Bonds und anderen in § 20 Absatz 2 Satz 1 Nummer 4 Buchstabe a EStG a. F. genannten Auf- und Abzinsungspapieren fällt auch beim (durchhaltenden) Ersterwerber unter § 20 Absatz 2 EStG, da auch die Einlösung und Rückzahlung als Veräußerung gilt, ohne zwischen Ersterwerber und Zweiterwerber zu unterscheiden. 55

Nichtbeanstandungsregelung für Alt-Finanzinnovationen

§ 20 Absatz 2 Satz 1 Nummer 7 EStG findet auch bei sog. Finanzinnovationen Anwendung, die vor dem 1. Januar 2009 erworben wurden (§ 52a Absatz 10 Satz 6 und 7 EStG). Bei diesen Kapitalanlagen ist es nicht zu beanstanden, wenn bei der Gewinnermittlung i. S. des § 20 Absatz 4 EStG Anschaffungsnebenkosten nicht berücksichtigt werden, wenn dem inländischen Kreditinstitut hierfür keine Daten vorliegen. Erfolgte die Anschaffung dieser Wertpapiere in einer Fremdwährung, ist es nicht zu beanstanden, wenn bei der Veräußerung oder Einlösung der Unterschiedsbetrag weiterhin in der Fremdwährung ermittelt wird und sich der ergebene Gewinn mit dem Umrechnungskurs zum Zeitpunkt der Veräußerung oder Einlösung umgerechnet wird, sofern diese Erträge dem inländischen Steuerabzug unterliegen. 56

Zertifikate

Werden Inhaberschuldverschreibungen veräußert oder eingelöst, die einen Lieferanspruch auf Gold oder einen anderen Rohstoff verbriefen und durch Gold oder einen anderen Rohstoff in physischer Form nicht gedeckt sind, sind die Einnahmen Einkünfte i. S. des § 20 Absatz 2 Satz 1 Nummer 7 EStG. Entsprechendes gilt bei verbrieften Ansprüchen, die börsenfähige Wertpapiere darstellen, auch wenn der Lieferanspruch in physischer Form gedeckt ist. § 20 Absatz 2 Satz 1 Nummer 7 EStG findet außerdem bei der Veräußerung oder der Einlösung Anwendung, wenn die jeweiligen Vertrags-/Emissionsbedingungen vorsehen, dass der Anspruch des Forderungsinhabers/Zeichners nicht nur durch die Lieferung des Basiswertes erfüllt werden kann, sondern entweder der Forderungsschuldner/Emittent den Lieferanspruch des Forderungsinhabers/Zeichners auch durch eine Geldzahlung befriedigen oder der Forderungsinhaber/Zeichner von dem Forderungsschuldner/Emittenten statt der Lieferung des Rohstoffs auch die Erfüllung durch Geld verlangen kann. Für vor dem 1. Januar 2009 angeschaffte Inhaberschuldverschreibungen findet § 52a Absatz 10 Satz 8 EStG Anwendung. 57

Private Kapitalforderungen; Besserungsscheine

Eine Forderung, die keine am Finanzmarkt angebotenes Produkt darstellt (z. B. eine private Darlehensforderung, Gesellschafterforderung), ist eine Kapitalforderung i. S. des § 20 Absatz 2 Satz 1 Nummer 7 EStG. § 20 Absatz 2 Satz 1 Nummer 7 EStG findet auf diese Forderung erstmals Anwendung, wenn die Forderung nach dem 31. Dezember 2008 angeschafft oder begründet wurde. 58

c) Veräußerungsbegriff (§ 20 Absatz 2 Satz 2 EStG)

Allgemeines

§ 20 Absatz 2 Satz 2 EStG stellt klar, dass als Veräußerung neben der entgeltlichen Übertragung des – zumindest wirtschaftlichen – Eigentums auch die Abtretung einer Forderung, die vorzeitige oder ver- 59

Anlage § 020–08   Zu § 20 EStG

tragsmäßige Rückzahlung einer Kapitalforderung oder die Endeinlösung einer Forderung oder eines Wertpapiers anzusehen ist. Entsprechendes gilt für die verdeckte Einlage von Wirtschaftsgütern i. S. des § 20 Absatz 2 EStG in eine Kapitalgesellschaft. Die Sicherungsabtretung ist keine Veräußerung i. S. dieser Vorschrift. Eine Veräußerung liegt nicht vor, wenn der Veräußerungspreis die tatsächlichen Transaktionskosten nicht übersteigt. Wird die Höhe der in Rechnung gestellten Transaktionskosten nach Vereinbarung mit dem depotführenden Institut dergestalt begrenzt, dass sich die Transaktionskosten aus dem Veräußerungserlös unter Berücksichtigung eines Abzugsbetrages errechnen, wird zudem ein Veräußerungsverlust nicht berücksichtigt.

Forderungsausfall

60   Der Forderungsausfall ist keine Veräußerung i. S. des § 20 Absatz 2 Satz 2 EStG. Die Anschaffungs- und Anschaffungsnebenkosten der Forderung sind einkommensteuerrechtlich insoweit ohne Bedeutung.

Forderungsverzicht

61   Entsprechendes gilt für einen Forderungsverzicht, soweit keine verdeckte Einlage in eine Kapitalgesellschaft vorliegt.

Beispiel:

Gesellschafter A verzichtet am 1. Juli 10 auf eine am 2. Januar 09 begründete Forderung gegen seine GmbH. Der Nominalwert der Forderung beträgt im Zeitpunkt des Verzichts 100.000 €, der Teilwert dagegen nur 10.000 €.

Lösung:

Der Forderungsverzicht des Gesellschafters führt zu einer verdeckten Einlage und zum Zufluss der Darlehensvaluta. Dies gilt aber nur für den im Zeitpunkt des Verzichts noch werthaltigen Teil der Forderung (BFH-Beschluss vom 9. Juni 1997 – BStBl. II 1998 S. 307). Nur der werthaltige Teil i. H. von 10.000 € wird also zurückgezahlt und gilt damit gem. § 20 Absatz 2 Satz 2 i. V. m. Satz 1 Nummer 7 EStG als Veräußerung (verdeckte Einlage 10.000 € abzüglich Anschaffungskosten der Forderung 10.000 € = Gewinn i. S. des § 20 Absatz 4 EStG in Höhe von 0 €). In Höhe des nicht werthaltigen Teils von 90.000 € hat ein vorangegangener schlichter Forderungsausfall stattgefunden. Die Beteiligungsanschaffungskosten des Gesellschafters erhöhen sich nur um 10.000 €. Der Forderungsausfall findet außerhalb des Anwendungsbereichs von § 17 EStG keine steuerliche Berücksichtigung.

Forderungsverzicht gegen Besserungsschein

62   Bei einem Forderungsverzicht gegen Besserungsschein verzichtet der Gesellschafter unter der Bedingung, dass die Forderung (ggf. rückwirkend auch Zinsen) wieder auflebt, wenn bei der Kapitalgesellschaft die Besserung eintritt. Im Zeitpunkt des Verzichts finden die für den Forderungsverzicht geltenden Grundsätze Anwendung.

Beispiel:

GmbH-Gesellschafter A verzichtet am 1. Juli 10 auf eine am 2. Januar 09 begründete Gesellschafterforderung gegen Besserungsschein. Der Nominalwert der Forderung beträgt im Zeitpunkt des Verzichts 100.000 €, der Teilwert dagegen nur 10.000 €. Im Jahr 11 tritt der Besserungsfall ein und A erhält eine Darlehensrückzahlung von 100.000 €.

Lösung:

Wie in dem Beispiel unter Rz. 61 erzielt A durch den Forderungsverzicht zunächst Einnahmen i. S. des § 20 Absatz 2 Satz 1 Nummer 7 EStG i. H. v. 10.000 €. Insoweit liegt eine verdeckte Einlage vor, die auch zu Anschaffungskosten der GmbH-Anteile führt. Da die Forderung zum Nominalwert angeschafft (hingegeben) wurde, die Anschaffungskosten dieses Teils der Forderung also 10.000 € betragen, beläuft sich der anteilige Gewinn i. S. d. § 20 Absatz 2 Satz 1 Nummer 7 EStG auf 0 €.

Das Wiederaufleben der Forderung und damit des schuldrechtlichen Veranlassungszusammenhangs nach Eintritt der Besserung mindert die Beteiligungsanschaffungskosten um 10.000 €. Die Tilgung der Kapitalforderung führt beim Gesellschafter A zu Einnahmen i. S. d. § 20 Absatz 2 Satz 1 Nummer 7 EStG i. H. v. 100.000 €. Da diesen Einnahmen nach Wiederaufleben des Veranlassungszusammenhangs die ursprünglichen Anschaffungskosten von 100.000 € gegenüberstehen, betragen die Einkünfte des A i. S. d. § 20 Absatz 2 Satz 1 Nummer 7 EStG 0 €. Sofern für das Jahr 10 die verdeckte Einlage bei der Einkommensteuerfestsetzung bereits berücksichtigt wurde, ist diese gemäß § 175 Absatz 1 Nummer 2 AO zu ändern.

Abwandlung:

GmbH-Gesellschafter A verzichtet am 1. Juli 2010 auf eine am 2. Januar 2009 begründete Gesellschafterforderung gegen Besserungsschein. Der Nominalwert der Forderung beträgt im Zeitpunkt des Verzichts 100.000 €, der Teilwert dagegen nur 10.000 €. Sodann veräußert A seine Beteiligung und sei-

Zu § 20 EStG   **Anlage § 020–08**

nen Besserungsanspruch für jeweils 1 € an B. Im Jahr 2011 tritt der Besserungsfall ein und B erhält eine Darlehensrückzahlung von 100.000 €.

Lösung:

Wie in dem Beispiel unter Rz. 61 erzielt zunächst A durch den Forderungsverzicht Einnahmen i. S. d. § 20 Absatz 2 Satz 1 Nummer 7 EStG i .H. v. 10.000 €. Da die Forderung zum Nominalwert hingegeben (angeschafft) wurde, beläuft sich der anteilige Gewinn i. S. des § 20 Absatz 2 Satz 1 Nummer 7 EStG auf 0 €. Die Tilgung der wieder entstandenen Kapitalforderung nach Eintritt der Besserung führt allerdings beim Gesellschafter B i .H. v. 100.000 € zu Einnahmen i. S. des § 20 Absatz 2 Satz 1 Nummer 7 EStG. Da diesen Einnahmen Anschaffungskosten von nur 1 € gegenüber stehen, betragen die Einkünfte des B 99.999 €. Auf diese Einkünfte findet § 32d Absatz 2 Satz 1 Nummer 1 Buchstabe b EStG Anwendung.

Liquidation einer Kapitalgesellschaft

Die Liquidation einer Kapitalgesellschaft ist keine Veräußerung der Anteile an dieser Kapitalgesellschaft (zur Steuerpflicht der Erträge, soweit es sich nicht um die Rückzahlung von Nennkapital handelt vgl. § 20 Absatz 1 Nummer 2 EStG). § 17 Absatz 4 EStG bleibt unberührt. **63**

Tausch von Wertpapieren

Beim Tausch von Aktien eines Unternehmens gegen Aktien eines anderen Unternehmens werden die bisher gehaltenen Aktien veräußert und die erlangten Aktien erworben, soweit nicht die Voraussetzungen des § 20 Absatz 4a Satz 1 EStG (vgl. Rz. 100) vorliegen. Entsprechendes gilt für den Tausch von anderen Wertpapieren. **64**

Veräußerungserlös der hingegebenen **Wertpapiere**

Als Veräußerungserlös für die hingegebenen **Wertpapiere** ist der Börsenkurs der erlangten **Wertpapiere** am Tag der Depoteinbuchung anzusetzen. Der Wert ist unter sinngemäßer Anwendung des § 43a Absatz 2 Satz 9 EStG zu ermitteln. **Ist dieser Börsenkurs nicht zeitnah ermittelbar, wird nicht beanstandet, wenn stattdessen auf den Börsenkurs der hingegebenen Wertpapiere abgestellt wird.** **65**

Anschaffungskosten der erlangten **Wertpapiere**

Als Anschaffungskosten der erlangten **Wertpapiere** ist der Börsenkurs der hingegebenen **Wertpapiere** im Zeitpunkt der Depotausbuchung anzusetzen. Der Wert ist unter sinngemäßer Anwendung des § 43a Absatz 2 Satz 9 EStG zu ermitteln. **Ist dieser Börsenkurs nicht zeitnah ermittelbar, wird nicht beanstandet, wenn stattdessen auf den Börsenkurs der erlangten Wertpapiere abgestellt wird.** **66**

Werden im Rahmen von Umschuldungsmaßnahmen auf Veranlassung des Schuldners/Emittenten die ursprünglich ausgegebenen Wertpapiere durch den Schuldner gegen neue Wertpapiere getauscht, ist als Veräußerungserlös der hingegebenen Wertpapiere und als Anschaffungskosten der erhaltenen Wertpapiere der Börsenkurs der erhaltenen Wertpapiere anzusetzen. **66a**

Beschließt eine Aktiengesellschaft die Umwandlung von Vorzugs- in Stammaktien, hat dies lediglich eine Modifikation der bestehenden Mitgliedschaftsrechte der Aktionäre zur Folge. Die Umwandlung ist für Zwecke des § 20 Absatz 2 EStG nicht als Tausch der Vorzugs- in Stammaktien anzusehen. Barzuzahlungen des Aktionärs führen hierbei zu nachträglichen Anschaffungskosten. Diese Regelungen gelten entsprechend für den Fall der Umwandlung von Inhaber- in Namensaktien und umgekehrt. Auch rein wertpapiertechnisch bedingte Umtauschvorgänge wie z. B. Umtausch wegen ISIN-Änderung oder Urkundentausch sind nicht als Tausch im steuerrechtlichen Sinne anzusehen. **67**

Steuerliche Behandlung des Umtauschs von ADRs, GDRs bzw. IDRs in Aktien[1]

ADRs und GDRs (American, Global bzw. International Depositary Receipts) ermöglichen Anlegern, denen z. B. aus rechtlichen Gründen der unmittelbare Aktienbesitz verwehrt ist, eine Teilhabe an der Wertentwicklung einschließlich Dividendenausschüttung eines Unternehmens. Die Umbuchung von Depositary Receipts in die dahinter stehenden Aktien ist keine Veräußerung des Receipts bzw. Neuanschaffung der bezogenen Aktien. Soweit der Umtausch in 2009 als Veräußerung behandelt wurde, ist dies nicht zu beanstanden. **68**

Abfindung von Minderheits-Aktionären bei Übernahmevorgängen

Es ist es ohne Bedeutung, ob die Veräußerung freiwillig oder unter wirtschaftlichem Zwang erfolgt. Werden oder sind bei einer Gesellschaftsübernahme die verbliebenen Minderheitsgesellschafter rechtlich oder wirtschaftlich gezwungen, ihre Anteile an den Übernehmenden zu übertragen, liegt vorbehaltlich des § 20 Absatz 4a Satz 1 EStG eine Veräußerung der Anteile an den Übernehmenden vor. Wird die Gegenleistung nicht in Geld geleistet (z. B. Lieferung eigener Aktien des Übernehmenden), ist als Veräußerungspreis der gemeine Wert der erhaltenen Wirtschaftsgüter anzusetzen. **69**

---
1) Siehe dazu auch BMF-Schreiben vom 24.5.2013 (BStBl. I S. 718).

Anlage § 020–08

Zu § 20 EStG

70 Rz. 69 gilt auch bei der Übernahme oder Einziehung von Beteiligungen i. S. der §§ 327a ff. AktG (sog. squeeze-out).

Einlagewert für Kapitalanlagen

71 Die Einlage in eine Kapitalgesellschaft ist grundsätzlich keine Veräußerung i. S. des § 20 Absatz 2 Satz 2 EStG, es sei denn, es handelt sich um eine verdeckte Einlage. Bei Einlagen bis zum 31. Dezember 2008 gelten die bisherigen Regelungen des § 6 Absatz 1 Nummer 5 EStG, d. h., Ansatz mit dem Teilwert oder mit den Anschaffungskosten bei Erwerb innerhalb der letzten 3 Jahre. Wirtschaftsgüter, die ab dem 1. Januar 2009 eingelegt werden, sind mit dem Teilwert, höchstens mit den (ursprünglichen) Anschaffungskosten, zu bewerten. Bei verdeckten Einlagen gilt § 20 Absatz 2 Satz 2 EStG (Veräußerungsfiktion). Er geht § 6 Absatz 1 Nummer 5 Buchstabe c EStG vor.

d) Abgeltungsteuer und Personengesellschaften, insbesondere Beteiligungen an vermögensverwaltenden Personengesellschaften (§ 20 Absatz 2 Satz 3 EStG)

72 Erzielt eine Personengesellschaft Kapitalerträge i. S. des § 20 EStG, sind diese Einkünfte gemäß § 179 Absatz 2, § 180 Absatz 1 Nummer 2 Buchstabe a AO gesondert und einheitlich festzustellen (vgl. auch Rz. 286 bis 290). Der Feststellungsbescheid entfaltet sowohl hinsichtlich der Frage der Inanspruchnahme der Veranlagungsoption als auch der Frage der Qualifizierung der Einkunftsart keine Bindungswirkung für den Steuerbescheid. Ob eine Veranlagung i. S. des Einkommensteuergesetzes durchzuführen ist, ist hierfür nicht von Bedeutung. Veräußerungsvorgänge einer vermögensverwaltenden Gesellschaft, die den Tatbestand des § 20 Absatz 2 Satz 1 Nummer 1 EStG erfüllen, sind zunächst als Gewinn/Verlust gesondert und einheitlich festzustellen, und zwar auch dann, wenn ein, mehrere oder alle Gesellschafter mit der Veräußerung den Tatbestand des § 17 EStG verwirklicht haben. Die (Um-)Qualifizierung als Vorgang nach § 17 EStG (§ 20 Absatz 8 EStG) erfolgt auf Ebene der Gesellschafter im Veranlagungsverfahren. Die Beteiligungsquoten der einzelnen Gesellschafter an der vermögensverwaltenden Personengesellschaft bzw. an der veräußerten Kapitalbeteiligung sind dem Wohnsitzfinanzamt nachrichtlich mitzuteilen.

73 Gemäß § 20 Absatz 2 Satz 3 EStG gilt die Anschaffung oder Veräußerung einer unmittelbaren oder mittelbaren Beteiligung an einer vermögensverwaltenden Personengesellschaft als Anschaffung oder Veräußerung der anteiligen Wirtschaftsgüter.

Eintritt eines Gesellschafters

74 Tritt ein Gesellschafter **der** Personengesellschaft **bei**, erwirbt er durch seine Einlage **oder den Erwerb des Gesellschafteranteils** eine Beteiligung an der Personengesellschaft. Der Erwerb der Beteiligung gilt zugleich als Anschaffung der von der Gesellschaft gehaltenen Wirtschaftsgüter anteilig nach der Beteiligungsquote. Als Anschaffungskosten der erworbenen Wirtschaftsgüter gilt der Anteil der Einlage **oder des Kaufpreises**, der nach dem Verhältnis **der Verkehrswerte der erworbenen Wirtschaftsgüter zueinander** auf das entsprechende Wirtschaftsgut entfällt.

75 Durch den Neueintritt eines Gesellschafters veräußern zugleich die Altgesellschafter einen Anteil der Wirtschaftsgüter an den neuen Gesellschafter. Als Gewinn aus der Veräußerung der einzelnen Wirtschaftsgüter ist der den Altgesellschaftern zuzurechnende Anteil der Einlage oder des Verkaufspreises, der nach dem Verhältnis der Verkehrswerte der veräußerten Wirtschaftsgüter zueinander auf das entsprechende Wirtschaftsgut entfällt, abzüglich des Anteils der Anschaffungskosten der an den Neugesellschafter veräußerten Wirtschaftsgüter, anzusetzen.

Beispiel 1:

An der vermögensverwaltenden X GbR sind A und B beteiligt. Mit ihrer Einlage von jeweils 5.000 € hatten sie im Jahr 01. 1.200 Aktien der Y AG zu 5 € und 800 Aktien der Z AG zu 5 € erworben. Im Jahr 03 beteiligt sich C, in dem er an A und B jeweils 2.500 € zahlt. Er erhält 1/3 der Anteile. Die Aktien der Y AG haben zu diesem Zeitpunkt einen Verkehrswert von 8 € (x 1.200 Stück = 9.600 €), die der Z AG von 6,75 € (x 800 Stück = 5.400 €).

Lösung:

Anschaffungskosten C:

C erhält jeweils 1/3 der Anteile der Y AG und der Z AG. Da sich die Anschaffungskosten nach dem Verhältnis der Verkehrswerte der Anteile zueinander bemessen, betragen die Anschaffungskosten hinsichtlich des Anteils an den Aktien der Y AG 3.200 € sowie bezüglich des Anteils an den Aktien der Z AG 1.800 €.

Veräußerungsgewinn A und B:

A und B haben jeweils 1/3 ihres Anteils an den Aktien der Y AG und der Z AG veräußert.

Veräußerungsgewinn Y AG (jeweils A und B):

Zu § 20 EStG **Anlage § 020–08**

erhaltener anteiliger Veräußerungserlös	
(9.600/15.000 von 2.500 €)	1.600 €
abz. Anschaffungskosten	
(1/2 x 1/3 von 1.200 Aktien zu 5 €)	1.000 €
Summe	600 €

Veräußerungsgewinn Z AG (jeweils A und B):
erhaltener anteiliger Veräußerungserlös	
(5.400/15.000 von 2.500 €)	900 €
abz. Anschaffungskosten	
(1/2 x 1/3 von 800 Aktien zu 5 €)	666 €
Summe	234 €
Insgesamt	834 €

Der Gewinn aus der Veräußerung ist nicht kapitalertragsteuerpflichtig. Er ist im Rahmen der gesonderten und einheitlichen Feststellung zu erklären und in der Einkommensteuererklärung des Gesellschafters anzugeben. Das Feststellungsfinanzamt teilt den Wohnsitzfinanzämtern der Altgesellschafter die Besteuerungsgrundlagen insoweit nachrichtlich mit.

Beispiel 2:
Wie Beispiel 1. Allerdings hat C keine Anteile von A und B erworben, sondern legt den Betrag in Höhe von 5.000 € in das Gesellschaftsvermögen ein.
Wert des Gesellschaftsvermögens in 03 (vor Beitritt C) 15.000 €
– auf A und B entfallen je Y.2 = 7.500 C (Aktienpaket Y AG = 9.600 €; Aktienpaket Z AG = 5.400 €)
Lösung:
Wert des Gesellschaftsvermögens in 03 (nach Beitritt €): 20.000 € Die Beteiligungsverhältnisse stellen sich wie folgt dar:
– C 5.000 C (= 1/4, entspricht 25 %)
– B 7.500 C (= 3/8, entspricht 37,5 %)
– A 7.500 C (= 3/8, entspricht 37,5 %)
Die Gesellschafter der X GbR sind entsprechend dieser Beteiligungsquoten an den vorhandenen Wirtschaftsgütern (Aktien der Y AG und der Z AG sowie Bareinlage/Kontobestand) beteiligt.
Anschaffungskosten C:
Die Anschaffungskosten des C betragen hinsichtlich des Anteils an den Aktien der Y-AG 2.400 €, des Anteils an der Z-AG 1.350 C sowie bezüglich des Kontobestandes 1.250 €.
Veräußerungsgewinn A und B
Aktien der Y AG

Erlös (anteilige Einlage des C; 1/4 von 9.600 €)	2.400 €
abzgl. Anschaffungskosten (1/4 von 6.000 €)	1.500 €
Veräußerungsgewinn	900 €

A und B erzielen einen Veräußerungsgewinn in Höhe von je 450 €.
Aktien der Z AG

Erlös (anteilige Einlage des C; 1/4 von 5.400 €)	1.350 €
abzgl. Anschaffungskosten (1/4 von 4.000 €)	1.000 €
Veräußerungsgewinn	350 €

A und B erzielen einen Veräußerungsgewinn in Höhe von je 175 €.
Insgesamt erzielen A und B einen Veräußerungsgewinn von 1.250 €. Dieser ist A und B je zur Hälfte zuzurechnen.
Der Gewinn aus der Veräußerung ist nicht kapitalertragsteuerpflichtig. Er ist im Rahmen der gesonderten und einheitlichen Feststellung zu erklären und in der Einkommensteuererklärung des Gesellschafters anzugeben. Das Feststellungsfinanzamt teilt den Wohnsitzfinanzämtern der Altgesellschafter die Besteuerungsgrundlagen insoweit nachrichtlich mit.

Anlage § 020–08 Zu § 20 EStG

76 Gehören zum Bestand einer Personengesellschaft Wertpapiere, die vor dem 1. Januar 2009 erworben wurden, findet § 20 Absatz 2 Satz 3 EStG bei der Veräußerung keine Anwendung, sofern ein Fall des Bestandsschutzes i. S. des § 52a Absatz 10 Satz 1 EStG vorliegt.

In den Beispielsfällen haben A und B die Aktien der Y AG im Jahr 2007 und die Aktien der Z AG im Jahr 2009 erworben. Im Jahr 2010 tritt C der GbR bei. Der auf die Anteile der Y AG entfallende Gewinn ist nicht steuerbar.

77 Werden durch die Gesellschaft Wertpapiere veräußert, sind die auf den jeweiligen Gesellschafter entfallenden spezifischen Anschaffungskosten und -Zeitpunkte zu berücksichtigen.

In den Beispielsfällen veräußert die Gesellschaft im Jahr 2011 100 Aktien der Y AG und 100 Aktien der Z AG zu jeweils 9 € das Stück.

Lösung zu Beispiel 1:

Veräußerungsgewinn A und B (jeweils):

Aus den Aktien der Y AG:

Die Anteile wurden vor dem 1. Januar 2009 erworben. Der Veräußerungsgewinn ist nicht steuerbar.

Aus den Aktien der Z AG:

Veräußerungserlös (100 x 9 € x 1/3)	*300,— €*
Anschaffungskosten	
(100 x 5 € x 1/3)	*166,67 €*
Gewinn	*133,33 €*

Veräußerungsgewinn C

Aus den Aktien der Y AG:

Veräußerungserlös (100 x 9 € x 1/3)	*300,— €*
Anschaffungskosten	
(100 x 8 € x 1/3)	*266,67 €*
Gewinn	*33,33 €*

Aus den Aktien der Z AG:

Veräußerungserlös (100 x 9 € x 1/3)	*300,— €*
Anschaffungskosten	
(100 x 6,75 € x 1/3)	*225,— €*
Gewinn	*75,— €*

Der Gewinn aus der Veräußerung der Anteile an der ZAG ist kapitalertragsteuerpflichtig, da die Anteile nach dem 31. Dezember 2008 erworben wurden.

Die GbR hat eine Erklärung zur gesonderten und einheitlichen Feststellung abzugeben.

Da die Anteile der Y AG durch die GbR vor dem 1. Januar 2009 erworben wurden, behält die Bank bei der Veräußerung der Anteile im Jahr 2011 keine Kapitalertragsteuer ein. Die dem C zuzurechnenden Anteile sind von C nach dem 31. Dezember 2008 erworben worden, dieser spätere Anschaffungszeitpunkt auf Ebene des Gesellschafters wird beim Kapitalertragsteuerabzug nicht berücksichtigt. C hat seinen Veräußerungsgewinn im Rahmen der Veranlagung gemäß § 32d Absatz 3 EStG als Ertrag aus einer Beteiligung zu erklären. Die GbR hat den Veräußerungsgewinn des C im Rahmen der Erklärung zur gesonderten und einheitlichen Feststellung anzugeben.

Für die Anteile der ZAG hat die Bank Kapitalertragsteuer einzubehalten. Als Gewinn hat die Bank 400 € (Anschaffungskosten der Aktien durch die GbR 5 €, Veräußerungserlös 9 €) anzusetzen und 100 € Kapitalertragsteuer einzubehalten. Mit dem auf A und B entfallenden Steuerabzug in Höhe von je 33,33 € ist deren Einkommensteuer grundsätzlich abgegolten. Da bei C auf seinen Gewinn von 75,— € tatsächlich nur 18,75 € Abgeltungsteuer entfallen und die Bank – bezogen auf seinen Anteil – 33,33 € Kapitalertragsteuer einbehalten hat, kann er gemäß § 32d Absatz 4 EStG eine Veranlagung beantragen, seine individuell höheren Anschaffungskosten von 6,75 € geltend machen und sich die zu viel gezahlte Kapitalertragsteuer erstatten lassen.

Lösung zu Beispiel 2:

Veräußerungsgewinn A und B (jeweils):

Aus den Aktien der Y AG:

Zu § 20 EStG

Anlage § 020–08

Die Anteile wurden vor dem 1. Januar 2009 erworben. Der Veräußerungsgewinn ist wie im Beispiel 1 nicht steuerbar.

Aus den Aktien der Z AG:
Veräußerungserlös (100 St x 9 € x 3/8) 337,50 €
Anschaffungskosten
(100 x 5 € x 3/8) 187,50 €
Gewinn 150,— €

Veräußerungsgewinn C
Aus den Aktien der Y AG:
Veräußerungserlös (100 St x 9 € x 1/4) 225,— €
Anschaffungskosten
(100 x 8 € x 1/4) 200,— €
Gewinn 25,— €

Aus den Aktien der Z AG:
Veräußerungserlös (100 St x 9 € x 1/4) 225,— €
Anschaffungskosten
(100 x 6,75 € x 1/4) 168,75 €
Gewinn 56,25 €

Der Gewinn aus der Veräußerung der Anteile an der Z AG ist kapitalertragsteuerpflichtig, da die Anteile nach dem 31. Dezember 2008 erworben wurden.

Die GbR hat eine Erklärung zur gesonderten und einheitlichen Feststellung abzugeben.

Da die Anteile der Y AG durch die GbR vor dem 1. Januar 2009 erworben wurden, behält die Bank bei der Veräußerung der Anteile im Jahr 2011 keine Kapitalertragsteuer ein. Die dem C zuzurechnenden Anteile sind von C nach dem 31. Dezember 2008 erworben worden, dieser spätere Anschaffungszeitpunkt auf Ebene des Gesellschafters wird beim Kapitalertragsteuerabzug nicht berücksichtigt. C hat seinen Veräußerungsgewinn im Rahmen der Veranlagung gemäß § 32d Absatz 3 EStG als Ertrag aus einer Beteiligung zu erklären. Die GbR hat den Veräußerungsgewinn des C im Rahmen der Erklärung zur gesonderten und einheitlichen Feststellung anzugeben.

Für die Anteile der Z AG hat die Bank Kapitalertragsteuer einzubehalten. Als Gewinn hat die Bank 400 € (Anschaffungskosten der Aktien durch die GbR 5 €, Veräußerungserlös 9 €) anzusetzen und 100 € Kapitalertragsteuer einzubehalten. Mit dem auf A und B entfallenden Steuerabzug in Höhe von je 37,50 € ist deren Einkommensteuer grundsätzlich abgegolten. Da bei C auf seinen Gewinn von 56,25 € tatsächlich nur 14,06 € Abgeltungsteuer entfallen und die Bank – bezogen auf seinen Anteil – 25 € Kapitalertragsteuer einbehalten hat, kann er gemäß § 32d Absatz 4 EStG eine Veranlagung beantragen, seine individuell höheren Anschaffungskosten von 6,75 € geltend machen und sich die zu viel gezahlte Kapitalertragsteuer erstatten lassen.

Austritt eines Gesellschafters

Verlässt ein Gesellschafter die Personengesellschaft und lässt er sich den gegenwärtigen Wert der ihm anteilig zustehenden Wertpapiere auszahlen, liegt eine Veräußerung der Beteiligung an der Personengesellschaft vor. Die Veräußerung wird nach § 20 Absatz 2 Satz 3 EStG als Veräußerung der anteiligen Wertpapiere eingestuft. Gehören hierzu Wertpapiere i. S. des § 23 EStG a. F., die vor dem 1. Januar 2009 erworben wurden und war der Gesellschafter zu diesem Zeitpunkt bereits an der Gesellschaft beteiligt, findet § 20 Absatz 2 Satz 3 EStG keine Anwendung. 78

Ein Kapitalertragsteuerabzug ist hinsichtlich dieses Veräußerungsvorganges nicht durchzuführen. Der austretende Gesellschafter hat die Veräußerung in seiner Einkommensteuererklärung gemäß § 32d Absatz 3 EStG anzugeben. Ferner ist die Veräußerung im Rahmen der gesonderten und einheitlichen Feststellung zu erklären. Das Feststellungsfinanzamt teilt dem Wohnsitzfinanzamt des austretenden Gesellschafters die Besteuerungsgrundlagen insoweit nachrichtlich mit. 79

Als Gewinn ist der dem austretenden Gesellschafter zufließende Auszahlungsbetrag aus der Einlage abzüglich der ihm zugewiesenen Anschaffungskosten der Wirtschaftsgüter anzusetzen. 80

Anlage § 020–08 Zu § 20 EStG

81 Als Anschaffungskosten der an die verbleibenden Gesellschafter übertragenen Anteile der Wirtschaftsgüter gilt der Anteil des Auszahlungsbetrags, der nach dem Verhältnis des Verkehrswerts auf das entsprechende Wirtschaftsgut entfällt.

Fortführunq der Beispiele zu Rzn. 75 und 76

C ist im Jahr 2010 in die GbR eingetreten. Die Aktien der Y AG hatten A und B im Jahr 2007, die der Z AG im Jahr 2009 erworben. Im Jahre 2012 tritt A aus der GbR aus. Zu diesem Zeitpunkt haben die 1.200 Aktien der Y AG und die 800 Aktien der ZAG jeweils einen Wert von 10 €.

Lösung zu Beispiel 1:

Der Wert des Gesellschaftsvermögens beträgt 20.000 € (Y AG 12.000 € und Z AG 8.000 €). Der Abfindungsanspruch des A beträgt 6.667 € (1/3 von 20.000 €). Der auf die Anteile der Y AG entfallende Veräußerungserlös in Höhe von 4.000 € führt nicht zu einem steuerbaren Veräußerungsgewinn, da die Anteile vor dem 1. Januar 2009 erworben wurden.

Veräußerungsgewinn aus den Aktien der Z AG:

Anteiliger Veräußerungserlös	
(8.000/20.000 von 6.667 €)	2.667 €
Anschaffungskosten (800 St x 5 € x 1/3)	1.333 €
Gewinn	1.334 €

B hält nunmehr neben seinem bisherigen Anteil von 1/3 der Aktien der Y AG und Z AG mit Anschaffungskosten von 5 € den von A erworbenen Anteil von 1/6 der Aktien der Y AG und Z AG mit Anschaffungskosten von 10 €. C hält neben seinem bisherigen Anteil von 1/3 der Aktien der Y AG mit Anschaffungskosten von 8 € den von A erworbenen Anteil von 1/6 der Aktien der Y AG mit Anschaffungskosten von 10 €. Außerdem hält C neben seinem bisherigen Anteil von 1/3 der Aktien der Z AG mit Anschaffungskosten von 6,75 € den von A erworbenen Anteil von 1/6 der Aktien der Z AG mit Anschaffungskosten von 10 €.

Lösung zu Beispiel 2:

Wert der Aktienpakete	
(Y AG 12.000 €; Z AG 8.000 €)	20.000 €
zzgl. Kontostand (nach Einlage C)	5.000 €
Gesellschaftervermögen	25.000 €
Anteil des A = 3/8 (Abfindungsanspruch)	9.375 €

Der auf die Anteile an der Y AG entfallende Veräußerungserlös in Höhe von 4.500 € (12.000 € x 3/8) führt nicht zu einem steuerbaren Veräußerungsgewinn, da die Anteile vor dem 1. Januar 2009 erworben wurden. Veräußerungsgewinn aus den Aktien der Z-AG: Veräußerungserlös (8.000 € x 3/8) Anschaffungskosten (800 x 5 € x 3/8)

Veräußerungsgewinn aus den Aktien der Z-AG:

Veräußerungserlös (8.000 € x 3/8)	3.000 €
Anschaffungskosten (800 x 5 € x 3/8)	1.500 €
Gewinn	1.500 €

B hält nunmehr neben seinem bisherigen Anteil von 3/8 der Aktien der Y AG und Z AG mit Anschaffungskosten von 5 € den von A erworbenen Anteil von 3/16 der Aktien der Y AG und ZAG mit Anschaffungskosten von 10 €. C hält neben seinem bisherigen Anteil von 1/4 der Aktien der Y AG mit Anschaffungskosten von 8 € den von A erworbenen Anteil von 3/16 der Aktien der Y AG mit Anschaffungskosten von 10 €. Außerdem hält C neben seinem bisherigen Anteil von 1/4 der Aktien der Z AG mit Anschaffungskosten von 6,75 € den von A erworbenen Anteil von 1/6 der Aktien der Z AG mit Anschaffungskosten von 10 €.

Die Rzn. 78 bis 81 gelten sinngemäß für den Fall der Veräußerung des Anteils an der Personengesellschaft an einen Dritten.

82 Die Übertragung von Wertpapieren auf eine Personengesellschaft ohne Betriebsvermögen gegen Entgelt oder gegen Gewährung von Gesellschaftsrechten ist nicht als Veräußerung anzusehen, soweit der bisherige Eigentümer auch nach der Übertragung am Vermögen der Gesellschaft beteiligt ist.

Beispiel:

Zu § 20 EStG **Anlage § 020–08**

A und B gründen im Jahr 2010 mit einer Beteiligung zu ½ eine Personengesellschaft zum Zwecke der gemeinsamen Kapitalanlage. A zahlt eine Einlage in Höhe von 5.000 €. B überträgt als Einlage 1000 Aktien, die er im Jahr 2009 für 2.500 € erworben hatte, und die nunmehr einen Verkehrswert von 5.000 € haben.

Lösung:

Die Übertragung der Aktien ist zur Hälfte nicht als Veräußerung anzusehen, weil B in diesem Umfang an der GbR beteiligt ist.

Berechnung des Veräußerungsgewinns

½ des Veräußerungserlöses von 5.000 €	2.500 €
½ der Anschaffungskosten von 2.500 €	1.250 €
Gewinn	1.250 €

B hat einen Gewinn in Höhe von 1.250 € erzielt. Ein Kapitalertragsteuerabzug ist hinsichtlich dieses Veräußerungsvorganges nicht durchzuführen. Die Veräußerung ist im Rahmen der gesonderten und einheitlichen Feststellung zu erklären. Weiterhin hat B die Veräußerung in seiner Einkommensteuererklärung gemäß § 32d Absatz 3 EStG anzugeben. Das Feststellungsfinanzamt teilt dem Wohnsitzfinanzamt des B die Besteuerungsgrundlagen insoweit nachrichtlich mit.

Entsprechendes gilt, wenn die Wertpapiere von der Personengesellschaft auf einen Gesellschafter übertragen werden.

3. Besondere Entgelte und Vorteile (§ 20 Absatz 3 EStG)

Schadensersatz oder Kulanzerstattungen

Erhalten Anleger Entschädigungszahlungen für Verluste, die auf Grund von Beratungsfehlern im Zusammenhang mit einer Kapitalanlage geleistet werden, sind diese Zahlungen besondere Entgelte und Vorteile i. S. des § 20 Absatz 3 i. V. m. § 20 Absatz 1 oder 2 EStG, wenn ein unmittelbarer Zusammenhang zu einer konkreten einzelnen Transaktion besteht, bei der ein konkreter Verlust entstanden ist oder ein steuerpflichtiger Gewinn vermindert wird. Dies gilt auch dann, wenn die Zahlung ohne eine rechtliche Verpflichtung erfolgt und im Übrigen auch bei Entschädigungszahlungen für künftig zu erwartende Schäden. 83

Behandlung von weitergegebenen Bestandsprovisionen

Investmentgesellschaften zahlen Vermittlungsentgelte an Kreditinstitute für den Vertrieb von Fondsanteilen in Form von sog. Kontinuitätsprovisionen (Bestandsprovisionen). Die Provisionen werden regelmäßig gezahlt und bemessen sich nach dem beim Kreditinstitut verwahrten Bestand an Fondsanteilen. 84

Erstatten Kreditinstitute ihren Kunden diese Bestandsprovisionen ganz oder teilweise, stellt die Rückvergütung der Bestandsprovision wirtschaftlich betrachtet einen teilweisen Rückfluss früherer Aufwendungen dar. Es handelt sich daher um Kapitalerträge i. S. des § 20 Absatz 1 Nummer 1 EStG, bei denen die Kapitalertragsteuer gemäß § 7 Absatz 1 InvStG einbehalten wird.

4. Gewinn (§ 20 Absatz 4 EStG)

a) Grundregelung (§ 20 Absatz 4 Satz 1 EStG)

Regelung des maßgeblichen Zeitpunkts bei Veräußerungstatbeständen

Der Zeitpunkt, in dem das der Veräußerung / Einlösung zugrunde liegende obligatorische Rechtsgeschäft abgeschlossen wird, ist der maßgebliche Zeitpunkt für die Währungsumrechnung und die Berechnung des steuerlichen Veräußerungs- bzw. Einlösungsgewinns oder –verlustes sowie für die Freistellungsauftragsverwaltung und die Verlustverrechnung. 85

Anschaffungskosten bei Optionsanleihen

Übt der Inhaber des Optionsscheins das Optionsrecht aus, schafft er im Zeitpunkt der Ausübung den Basiswert an. Der Kaufpreis und die Anschaffungsnebenkosten des Optionsscheins gehören zu den Anschaffungskosten des Basiswerts. Wurde der Optionsschein zusammen mit der Anleihe erworben, sind die Anschaffungskosten des Optionsscheines aufzuteilen in Anschaffungskosten der Anleihe und Anschaffungskosten des Optionsrechts. Die Aufteilung der Anschaffungskosten der Optionsanleihe richtet sich beim Ersterwerb nach den Angaben im Emissionsprospekt, soweit dort ein gesondertes Aufgeld für das Optionsrecht ausgewiesen und die Anleihe mit einer marktgerechten Verzinsung ausgestattet ist. In anderen Fällen kann der Steuerpflichtige die Anschaffungskosten der Anleihe zurechnen, wenn die Aufteilung der Anschaffungskosten der Optionsanleihe nicht nach den Angaben im Emissionsprospekt erfolgen kann. Dies gilt auch für vor dem 1. Januar 2009 erworbene Optionsanleihen. 86

Anschaffung von Aktien durch Ausübung von Arbeitnehmer-Optionen („stock-options")

Anlage § 020–08

Zu § 20 EStG

87 Übt ein Arbeitnehmer eine ihm vom Arbeitgeber eingeräumte Option zum Bezug von Aktien des Arbeitgebers oder einer anderen Gesellschaft (stock option) aus, ist als Anschaffungskosten der Aktien bei späterem Verkauf neben der zu leistenden Zuzahlung der Wert anzusetzen, der als geldwerter Vorteil bei den Einkünften des Arbeitnehmers aus nichtselbständiger Arbeit angesetzt wird. Auch in den Fällen, in denen der geldwerte Vorteil – beispielsweise durch die Anwendung des Freibetrags i. S. von § 8 Absatz 3 Satz 2 EStG – nicht der Besteuerung unterworfen wurde oder in denen eine Steuerbegünstigung gewährt wird, liegen Anschaffungskosten in Höhe dieses (unversteuerten oder besonders versteuerten) geldwerten Vorteils vor.

Aktiensplit und Reserve-Split

88 Aktiensplit ist die Aufteilung einer Aktie in zwei oder mehr Aktien. Der Gesellschaftsanteil, den der einzelne Aktionär an dem Unternehmen hält, sowie das Grundkapital der Gesellschaft sind vor und nach dem Aktiensplit gleich.

89 Die im Rahmen eines Aktiensplits zugeteilten Aktien werden durch diesen Vorgang nicht angeschafft und die gesplittete Aktie nicht veräußert. Als Tag der Anschaffung des Aktienbestands gilt weiterhin der Tag, an dem die jetzt gesplitteten Aktien angeschafft wurden. Die Anschaffungskosten der Aktien sind nach dem Split-Verhältnis auf die neue Anzahl an Aktien aufzuteilen.

89a Die Aussagen der Randziffern 88 und 89 gelten auch für einen Reserve-Split. Ein Reserve-Split ist die Zusammenfassung mehrerer Aktien zu einem Wertpapier.

Veräußerung und Ausübung von Teilrechten bei einer Kapitalerhöhung

90 Erhöht eine Aktiengesellschaft ihr Grundkapital aus Gesellschaftsmitteln nach §§ 207 ff. AktG und werden damit neue Anteilsrechte (Gratis- oder Berichtigungsaktien und Teilrechte) zugeteilt, werden die Gratisaktien oder Teilrechte vom Aktionär nicht im Zeitpunkt ihrer Gewährung oder Ausgabe angeschafft. Als Zeitpunkt der Anschaffung der Gratisaktien oder Teilrechte gilt der Zeitpunkt der Anschaffung der Altaktien.

Die Kapitalerhöhung aus Gesellschaftsmitteln führt zu einer Abspaltung der in den Altaktien verkörperten Substanz und dementsprechend zu einer Abspaltung eines Teils der ursprünglichen Anschaffungskosten. Die bisherigen Anschaffungskosten der Altaktien vermindern sich um den Teil, der durch die Abspaltung auf die Gratisaktien oder Teilrechte entfällt. Die Aufteilung der Anschaffungskosten erfolgt nach dem rechnerischen Bezugsverhältnis.

Die Geltendmachung der Teilrechte ist keine Veräußerung der Teilrechte und keine Anschaffung der bezogenen Aktien. Der Gewinn aus der Veräußerung von Teilrechten oder Gratisaktien ist unter Beachtung der Anwendungsregelung des § 52a Absatz 10 EStG ein steuerpflichtiger Veräußerungsgewinn i. S. des § 20 Absatz 4 EStG. § 20 Absatz 4a Satz 4 EStG findet keine Anwendung.

Beispiel:
Der Steuerpflichtige A hat am 10. Januar 30 Aktien der B-AG zum Kurs von 150 € angeschafft. Die B-AG beschließt am 30. April eine Kapitalerhöhung aus Gesellschaftsmitteln. Für je zwei Altaktien wird am 1. Juni eine neue Aktie ausgegeben. Am 30. April beträgt der Kurs 120 €. Durch die Abspaltung sinkt der Kurs der Altaktien am 2. Mai auf 80 €. A erwirbt zu den ihm zugeteilten 30 Teilrechten am 3. Mai 30 weitere Teilrechte zum Kurs von 40 € hinzu und erhält am 1. Juni eine Zuteilung von 30 Aktien (für je zwei Teilrechte eine neue Aktie). A veräußert am 10. August sämtliche Aktien der B-AG zum Kurs von 100 €.

Lösung:
Der erzielte Veräußerungsgewinn ist steuerpflichtig. Die durch die zugeteilten Teilrechte erlangten Aktien gelten am 10. Januar, die durch die erworbenen Teilrechte erlangten Aktien gelten mit der Anschaffung der Teilrechte am 3. Mai als angeschafft. Die Anschaffungskosten der ursprünglich angeschafften 30 Aktien entfallen nach Ausübung der Teilrechte auf 45 Aktien.

Der Veräußerungsgewinn beträgt:

Veräußerungserlös	60 x 100 €		6.000 €	
Anschaffungskosten für 45 Aktien	30 x 150 €	4.500 €		
Anschaffungskosten für 15 Aktien	30 x 40 €	1.200 €	5.700 €	
Veräußerungsgewinn			300 €	

Abwandlung des Beispiels:
A veräußert am 3. Mai die ihm zugeteilten 30 Teilrechte zum Kurs von 40 €. Die Anschaffungskosten einer Altaktie von 150 € entfallen zu 1/3 auf das zugeteilte Teilrecht. Dessen Anschaffungskosten betragen somit 50 €.

Zu § 20 EStG
Anlage § 020–08

Lösung:

Der Veräußerungserlös beträgt:

Veräußerungserlös	*30 x 40 €*	*1.200 €*
Anschaffungskosten	*30 x 50 €*	*– 1.500 €*
Veräußerungsverlust		*300 €.*

Entspricht die Kapitalerhöhung bei inländischen Gesellschaften nicht den Vorschriften der §§ 207 ff. AktG, stellt die Zuteilung der Teilrechte oder Gratisaktien Einkünfte i. S. des § 20 Absatz 1 Nummer 1 EStG dar. Die Höhe der Kapitalerträge bemisst sich nach dem niedrigsten am ersten Handelstag an einer Börse notierten Kurs der Teilrechte oder Gratisaktien. Dieser Wert gilt zugleich als Anschaffungskosten der Teilrechte oder der Gratisaktien. Bei ausländischen Gesellschaften findet in diesen Fällen § 20 Absatz 4a Satz 5 EStG Anwendung. 91

Kapitalherabsetzung/Ausschüttung aus dem Einlagekonto

Die Herabsetzung des Nennkapitals einer Kapitalgesellschaft ist keine anteilige Veräußerung der Anteile an der Kapitalgesellschaft i. S. des § 20 Absatz 2 EStG. Erfolgt keine Auskehrung des Herabsetzungsbetrages an die Anteilseigner, ergibt sich auch keine Auswirkung auf die Anschaffungskosten der Anteile. Wird der Kapitalherabsetzungsbetrag an den Anteilseigner ausgekehrt, mindert der Auskehrungsbetrag die Anschaffungskosten der Anteile, soweit er nicht auf einen Sonderausweis nach § 28 Absatz 1 Satz 3 KStG entfällt. Zahlungen aus einer Kapitalherabsetzung oder Zahlungen aus dem steuerlichen Einlagekonto können je nach Einstandskurs auch zu negativen Anschaffungskosten führen (BFH vom 20. April 1999, BStBl. II S. 698). Soweit der Auskehrungsbetrag auf einen Sonderausweis nach § 28 Absatz 1 Satz 3 KStG entfällt, ist der Herabsetzungsbetrag als Einkünfte aus Kapitalvermögen nach § 20 Absatz 1 Nummer 2 EStG zu behandeln; eine Minderung der Anschaffungskosten für die Anteile an der Kapitalgesellschaft tritt insoweit nicht ein. 92

Transaktionskostenanteil des Vermögensverwaltungsentgelts / all-in-fee bei Kreditinstituten

Im Rahmen der Abgeltungsteuer sind Depot- und Vermögensverwaltungsgebühren nicht mehr als Werbungskosten abziehbar. Hingegen wirken sich Anschaffungsnebenkosten und Veräußerungskosten (Aufwendungen, die im unmittelbaren Zusammenhang mit dem Veräußerungsgeschäft stehen) steuermindernd aus. Auch der Transaktionskostenanteil der all-in-fee (= pauschales Entgelt bei den Kreditinstituten, das auch die Transaktionskosten mit abdeckt) ist abzugsfähig. Dies gilt jedenfalls dann, wenn im Vermögensverwaltungsvertrag festgehalten ist, wie hoch der Transaktionskostenanteil der all-in-fee ist. 93

Da die pauschale Jahresgebühr keinem Geschäft konkret zugeordnet werden kann, ist die in der all-in-fee enthaltene Transaktionskostenpauschale im Zeitpunkt der Verausgabung als abziehbarer Aufwand anzuerkennen. Sofern die Pauschale einen Betrag von 50 % der gesamten Gebühr nicht überschreitet, ist sie im Rahmen des Kapitalertragsteuerabzugs in den Verlustverrechnungstopf einzustellen. Voraussetzung hierfür ist jedoch, dass die in der all-in-fee enthaltene Transaktionskostenpauschale auf einer sachgerechten und nachprüfbaren Berechnung beruht. Bei Anwendung dieser Pauschale dürfen Einzelveräußerungskosten nicht zusätzlich berücksichtigt werden, es sei denn, es handelt sich um weiterberechnete Spesen von dritter Seite.

Dies gilt auch für ein Veranlagungsverfahren nach § 32d EStG. 94

Die Regelung ist auch bei Beratungsverträgen anwendbar. Beratungsverträge unterscheiden sich von Vermögensverwaltungsverträgen lediglich dadurch, dass die von Seiten des Kreditinstituts empfohlenen Wertpapiertransaktionen jeweils unter dem Vorbehalt der Zustimmung des Kunden stehen. 95

Die Regelung ist auch anwendbar, wenn ein Ausweis des Transaktionskostenanteils alternativ in der jeweiligen Abrechnung der all-in-fee erfolgt. 96

Beispiel 1:

Der Vermögensverwaltungsvertrag sieht eine pauschale Vergütung in Höhe von 2 Prozent (inkl. Umsatzsteuer) des verwalteten Depotbestands, bewertet jeweils zum Stichtag 31. Dezember, vor. Die Pauschale deckt auch die Transaktionskosten (Veräußerungskosten) des Kunden ab. Der Kunde erhält von seinem Vermögensverwalter (Depotbank) folgende Abrechnung nach Ablauf eines Jahres:

Verwaltetes Vermögen:		*250.000 €*
all-in-fee (insgesamt):	*2 % v. 250.000 €*	*= 5.000 €.*

Nachrichtlich erfolgt die Information, dass sich die all-in-fee in folgende Positionen gliedert:

Anlage § 020–08 Zu § 20 EStG

Vermögensverwaltung:	2.600 €
Depotführung	500 €
Wertpapierumsatz:	1.900 €
Summe:	5.000 €

Lösung:
Da der ausgewiesene Transaktionskostenanteil (Wertpapierumsatz) auf Grund des vorgegebenen festgelegten Kostenschlüssels die 50 Prozent-Grenze bezogen auf die all-in-fee nicht übersteigt, kann der Gesamtbetrag von 1.900 € in den Verlustverrechnungstopf eingestellt werden.

Beispiel 2:
Der Vermögensverwaltungsvertrag sieht eine pauschale Vergütung in Höhe von 1,5 Prozent (inkl. Umsatzsteuer) des verwalteten Depotbestandes, bewertet jeweils zum Stichtag 31. Dezember, vor. Die Pauschale deckt auch die Transaktionskosten (Veräußerungskosten) des Kunden ab. Der Kunde erhält von seinem Vermögensverwalter (Depotbank) folgende Abrechnung nach Ablauf eines Jahres:
Verwaltetes Vermögen: 100.000 € x 1,5 % = 1.500 €.

Nachrichtlich erfolgt die Information, dass der darin enthaltene Transaktionskostenanteil auf Grund des vorgegebenen festgelegten Kostenschlüssels 70 Prozent der all-in-fee beträgt.

Lösung:
Der Transaktionskostenanteil kann begrenzt auf 50 Prozent der all-in-fee, d. h., in Höhe von 750 €, in den Verlustverrechnungstopf eingestellt werden.

b) Fifo-Methode (§ 20 Absatz 4 Satz 7 EStG)

97 Gemäß § 20 Absatz 4 Satz 7 EStG ist bei Wertpapieren bei der Veräußerung aus der Girosammelverwahrung (§§ 5 ff. DepotG) zu unterstellen, dass die zuerst angeschafften Wertpapiere zuerst veräußert werden (Fifo-Methode). Die Anwendung der Fifo-Methode i. S. des § 20 Absatz 4 Satz 7 EStG ist auf das einzelne Depot bezogen anzuwenden. Konkrete Einzelweisungen des Kunden, welches Wertpapier veräußert werden soll, sind insoweit einkommensteuerrechtlich unbeachtlich.

98 Als Depot i. S. dieser Regelung ist auch ein Unterdepot anzusehen. Bei einem Unterdepot handelt es sich um eine eigenständige Untergliederung eines Depots mit einer laufenden Unterdepot-Nummer. Der Kunde kann hierbei die Zuordnung der einzelnen Wertpapiere zum jeweiligen Depot bestimmen.

99 Die Fifo-Methode gilt auch bei der Streifbandverwahrung.

5. Kapitalmaßnahmen (§ 20 Absatz 4a EStG)

a) Anteilstausch (§ 20 Absatz 4a Satz 1 EStG)

Anwendungsbereiche des Anteilstauschs

100 § 20 Absatz 4a Satz 1 EStG umfasst Verschmelzungen, Aufspaltungen **sowie Anteilstauschvorgänge, sofern diese auf eine gesellschaftlich veranlasste Maßnahme (z. B. freiwilliges Übernahmeangebot) zurückzuführen sind.** In diesen Fällen, in denen der Anteilseigner eines Unternehmens für die Hingabe der Anteile einer Gesellschaft neue Anteile einer anderen Gesellschaft erhält, treten die erhaltenen Anteile an die Stelle der hingegebenen Anteile. Die Anschaffungskosten der hingegebenen Anteile werden in den neuen Anteilen fortgeführt. Der Anteilstausch stellt hierbei keine Veräußerung nach § 20 Absatz 2 EStG dar. Im Zusammenhang mit dem Anteilstausch anfallende Transaktionskosten bleiben steuerrechtlich unberücksichtigt und führen nicht zu einem Veräußerungsverlust. § 20 Absatz 4a Satz 1 EStG findet auch Anwendung für Anteile, die vor dem 1. Januar 2009 erworben wurden. § 20 Absatz 4a Satz 1 EStG findet keine Anwendung bei der Verschmelzung von Investmentvermögen; hier gelten die Regelungen des InvStG.

Umtauschverhältnis

101 Ergibt sich bei einer Spaltung die Notwendigkeit, die Anschaffungskosten der alten Anteile auf mehrere neue Anteile aufzuteilen ist grundsätzlich auf das Umtauschverhältnis lt. Spaltungs- oder Übernahmevertrag oder Spaltungsplan abzustellen. Wenn dieses Verhältnis, insbesondere bei ausländischen Maßnahmen, nicht bekannt ist, ist das rechnerische Umtauschverhältnis bzw. das Splittingverhältnis maßgebend.

Prüfung der Voraussetzungen für die Steuerverstrickung (§ 20 Absatz 4a Satz 1 EStG)

102 Gemäß § 20 Absatz 4a Satz 1 EStG ist Voraussetzung für die steuerneutrale Behandlung ausländischer Anteilstauschvorgänge, dass das Recht der Bundesrepublik Deutschland hinsichtlich der Besteuerung des Gewinns aus der Veräußerung der erlangten Anteile nicht ausgeschlossen oder beschränkt ist. Für die

Zu § 20 EStG   Anlage § 020–08

Zwecke des Kapitalertragsteuerabzugs ist davon auszugehen, dass das Besteuerungsrecht Deutschlands hinsichtlich der erlangten Anteile nicht beschränkt oder ausgeschlossen ist.

b) Sonstige Kapitalforderungen (§ 20 Absatz 4a Satz 3 EStG)

Abgrenzung

Zu den Kapitalforderungen i. S. des § 20 Absatz 4a Satz 3 EStG gehören insbesondere sog. Wandelanleihen, Umtauschanleihen oder Hochzinsanleihen, nicht jedoch Optionsanleihen (vgl. Rz. 6). 103

Bei einer Wandelanleihe (Wandelschuldverschreibung i. S. des § 221 AktG) besitzt der Inhaber das Recht, innerhalb einer bestimmten Frist die Anleihe in eine bestimmte Anzahl von Aktien des Emittenten umzutauschen. Mit dem Umtausch erlischt der Anspruch auf Rückzahlung des Nominalbetrags der Anleihe.

Bei einer Umtauschanleihe besitzt der Inhaber das Recht, bei Fälligkeit an Stelle der Rückzahlung des Nominalbetrags der Anleihe vom Emittenten die Lieferung einer vorher festgelegten Anzahl von Aktien zu verlangen. Mit der Ausübung der Option erlischt der Anspruch auf Rückzahlung des Nominalbetrags der Anleihe.

Bei einer Hochzins- oder Aktienanleihe besitzt der Emittent das Recht, bei Fälligkeit dem Inhaber an Stelle der Rückzahlung des Nominalbetrags der Anleihe eine vorher festgelegte Anzahl von Aktien anzudienen. Mit der Ausübung der Option erlischt die Verpflichtung zur Rückzahlung des Nominalbetrags der Anleihe.

Anwendbarkeit auf Vollrisikozertifikate mit Andienungsrecht

Wird bei Fälligkeit einer sonstigen Kapitalforderung i. S. des § 20 Absatz 1 Nummer 7 EStG anstelle der Rückzahlung des Nominalbetrags eine vorher festgelegte Anzahl von Wertpapieren geliefert, fingiert § 20 Absatz 4a Satz 3 EStG das Entgelt für den Erwerb der Kapitalforderung als Veräußerungspreis der Kapitalforderung. Zugleich ist das Entgelt für den Forderungserwerb als Anschaffungskosten der erhaltenen Wertpapiere anzusetzen. 104

Die Regelung findet im Vorgriff auf eine gesetzliche Änderung auch Anwendung auf Vollrisikozertifikate mit Andienungsrecht, sofern die Andienung nach dem 31. Dezember 2009 erfolgt und diese Zertifikate nach dem 14. März 2007 angeschafft wurden. 105

Sie findet keine Anwendung auf Vollrisikozertifikate mit Andienungsrecht, wenn die Andienung vor dem 1. Januar 2010 erfolgt. Sofern im Rahmen des Kapitalertragsteuerverfahrens die auszahlende Stelle hiervon abweichend von einer Anwendung des § 20 Absatz 4a Satz 3 EStG ausgegangen ist, sind die Anschaffungskosten der Aktien, soweit sie sich am 31. Dezember 2009 im Depot des Kunden befanden, zu korrigieren.

Zur Anwendung des § 23 EStG in der bis zum 31. Dezember 2008 geltenden Fassung vgl. Rz. 320.

Vollrisikozertifikate sind Schuldverschreibungen, bei denen die Wertentwicklung von der Entwicklung eines Basiswerts, z. B. eines Indexes oder eines Aktienkorbs, abhängig ist und bei denen sowohl die Rückzahlung des Kapitals als auch die Erzielung von Erträgen unsicher sind.

Behandlung eines Barausgleichs von Bruchteilen

Werden bei der Tilgung von sonstigen Kapitalforderungen mittels Andienung von Wertpapieren (z. B. Aktien) Bruchteile nicht geliefert, sondern in Geld ausgeglichen, handelt es sich bei den Zahlungen um einen Kapitalertrag i. S. des § 20 Absatz 1 Nummer 7 EStG, sofern die Voraussetzungen von Rz. 107 nicht vorliegen. 106

Beispiel:

Anleger K erwirbt 10.000 € Nominal einer Aktienanleihe mit einem Basispreis von 22 €. Da der Kurs des Basiswertes am Bewertungstag unter der maßgeblichen Schwelle liegt (z. B. 21 €), bekommt er pro 1.000 € Nominal Aktienanleihe rechnerisch 45,4545 Aktien (1.000 € / 22 €) geliefert. Weil die Lieferung von Bruchstücken nicht möglich ist, bekommt der Anleger im Ergebnis 450 Aktien. Bruchstücke in Höhe von 4,545 „Aktien" werden dem Anleger stattdessen zum Kurs – in Abhängigkeit der Emissionsbedingungen – am Tag der Fälligkeit der Anleihe ausgezahlt.

Lösung:

*Die Anschaffungskosten der 450 Aktien betragen 10.000 €. Bei einem am Fälligkeitstag unterstellten Kurs von 20 € fließen dem Anleger 90,90 € (4,545 * 20 €) als Kapitalertrag i. S. des § 20 Absatz 1 Nummer 7 EStG zu.*

Teilweise Tilgung der Kapitalforderung in bar

Anlage § 020–08 Zu § 20 EStG

107 Sehen die Emissionsbedingungen von vornherein eine eindeutige Angabe zur Tilgung in bar oder in Stücken vor und wird entsprechend am Ende der Laufzeit verfahren, werden die Anschaffungskosten der Anleihe entsprechend den erhaltenen Stücken zugewiesen.
Beispiel:
Die Emissionsbedingungen einer verzinslichen Wandelanleihe mit einem Nennwert von 1.000 € sehen bei einem Verfall eine Rückzahlung in bar in Höhe von 501,25 € sowie zusätzlich eine Andienung von 7,1454 Aktien vor. Die Bruchteile der Aktie werden basierend auf dem Wandelpreis in bar ausgezahlt.
Lösung:
Auf Grund des vom Emittenten vorgegebenen Aufteilungsverhältnisses zwischen Barrückzahlung und Andienung von Stücken besteht ein konkreter Aufteilungsmaßstab für die Anschaffungskosten. Da der Rückzahlungsbetrag in Höhe von 501,25 € einem Betrag von 50,125 % der Anschaffungskosten der Anleihe entspricht, können den erhaltenen Stücken somit 49,875 % der Aufwendungen für die Anleihe als Anschaffungskosten zugewiesen werden.
Der Barausgleich für die Abfindung der Bruchteile stellt Einnahmen aus Kapitalvermögen i. S. des § 20 Absatz 4 Satz 1 EStG dar.

c) Kapitalerhöhung gegen Einlage (§ 20 Absatz 4a Satz 4 EStG)

108 Erhält der Anteilsinhaber Bezugsrechte zugeteilt, werden diese gemäß § 20 Absatz 4a Satz 4 EStG mit Anschaffungskosten in Höhe von 0 € eingebucht. Diese Regelung gilt unabhängig davon, ob die Altanteile vom Anteilseigner vor dem 1. Januar 2009 oder nach dem 31. Dezember 2008 angeschafft wurden.

109 Das Anschaffungsdatum der Altanteile geht im Falle der Veräußerung auf die Bezugsrechte über. Veräußert der Anleger später die Bezugsrechte, entsteht ein steuerpflichtiger Veräußerungsgewinn somit nur in den Fällen, in denen auch die zugrunde liegenden Altanteile steuerlich verstrickt sind. Wurden die Anteile vor dem 1. Januar 2009 erworben, unterliegt die Veräußerung der zugeteilten Bezugsrechte nicht der Abgeltungsteuer; sofern die Jahresfrist des § 23 Absatz 1 Satz 1 Nummer 2 EStG noch nicht abgelaufen ist, muss der Anleger ein privates Veräußerungsgeschäft in seiner Steuererklärung deklarieren.

110 Die Ausübung des Bezugsrechts ist nicht als Veräußerung des Bezugsrechts anzusehen. Übt der Steuerpflichtige das Bezugsrecht aus, wird die junge Aktie zu diesem Zeitpunkt angeschafft. Der Wert des Bezugsrechts ist als Anschaffungskosten der jungen Aktien mit 0 € anzusetzen und daher nicht von Bedeutung.

d) Zuteilung von Anteilen ohne Gegenleistung (§ 20 Absatz 4a Satz 5 EStG)
Bezug von Bonus-Aktien

111 Werden Aktien von einer Aktiengesellschaft oder einem Dritten ohne zusätzliches Entgelt an die Aktionäre ausgegeben und stammen sie nicht aus einer Kapitalerhöhung aus Gesellschaftsmitteln (Bonusaktien oder Freianteile), sind gemäß § 20 Absatz 4a Satz 5 EStG die Einkünfte aus ihrem Bezug und die Anschaffungskosten mit 0 € anzusetzen, wenn die Ermittlung der Höhe des Kapitalertrags nicht möglich ist. Davon ist bei ausländischen Sachverhalten in der Regel auszugehen, es sei denn dem Anleger steht nach ausländischem Recht (z. B. Niederlande) ein Wahlrecht zwischen Dividende und Freianteilen zu.

112 Bei inländischen Sachverhalten ist davon auszugehen, dass die Erträge durch entsprechende Angaben des Emittenten zu ermitteln sein werden. § 20 Absatz 4a Satz 5 EStG findet insoweit keine Anwendung. Als Anschaffungskosten der Bonusaktien oder Freianteile zur Ermittlung eines Veräußerungsgewinns bei späterem Verkauf ist der Wert anzusetzen, der bei ihrem Bezug als Einkünfte (einschließlich ggf. steuerfrei bleibender Teile) angesetzt wurde.

Folgen einer Anteilsübertragung auf Anteilseigner (Sachausschüttung und Abspaltung)

113 Überträgt eine Körperschaft in ihrem Besitz befindliche Anteile an einer weiteren Körperschaft ohne Kapitalherabsetzung ohne zusätzliches Entgelt auf ihre Anteilseigner, ist diese Übertragung als Sachausschüttung an die Anteilseigner der übertragenden Körperschaft zu beurteilen. Die Sachausschüttung führt zu ·Einkünften aus Kapitalvermögen nach § 20 Absatz 1 Nummer 1 EStG.

114 Ist die Ermittlung des Kapitalertrags nicht möglich, findet § 20 Absatz 4a Satz 5 EStG Anwendung. Von dieser Vermutung ist bei ausländischen Sachverhalten in der Regel auszugehen. Bei inländischen Sachverhalten ist davon auszugehen, dass die Erträge durch entsprechende Angaben des Emittenten zu ermitteln sein werden. Die übertragenen Anteile gelten im Zeitpunkt der Depoteinbuchung über die Übertragung zum gemeinen Wert gemäß § 43a Absatz 2 Satz 9 EStG als angeschafft.

115 Erhält ein Anteilseigner Anteile an einer Körperschaft aufgrund einer Abspaltung i. S. des § 123 Absatz 2 UmwG oder aufgrund eines vergleichbaren ausländischen Vorgangs, findet § 20 Absatz 4a Satz 7 EStG Anwendung. Die Rzn. 100 ff. gelten entsprechend. Abgesehen von den Fällen einer Abspaltung zur

Aufnahme ist bei ausländischen Vorgängen für die Anwendung des § 20 Absatz 4a Satz 7 EStG bereits dann von einer Abspaltung auszugehen, wenn folgende Kriterien erfüllt sind:
- Die ISIN der ursprünglichen Gattung (= Rumpfunternehmen) bleibt erhalten.
- Die ISIN der neu eingebuchten Gattung wurde neu vergeben und es handelt sich nicht um eine bereits börsennotierte Gesellschaft.
- Auf Grundlage der Emitteninformationen liegen die Strukturmerkmale einer Abspaltung gemäß Rz. 01.36 des BMF-Schreibens vom 11. November 2011 (BStBl. I S. 1314) vor.
- Es ist ein Aufteilungsverhältnis angegeben.
- Es wird keine Quellensteuer einbehalten.
- Aus den Emitteninformationen ergeben sich keine Hinweise auf eine Gewinnverteilung.
- Der übertragende ausländische und der übernehmende in- oder ausländische Rechtsträger müssen einem vergleichbaren umwandlungsfähigen Rechtsträger inländischen Rechts entsprechen. Der Rechtstypenvergleich ausgewählter ausländischer Rechtsformen erfolgt entsprechend Tabellen 1 und 2 zum BMF-Schreiben vom 24. Dezember 1999 (BStBl. I S. 1076).
- Es wurde keine Barzuzahlung durch den Aktionär geleistet.

§ 20 Absatz 4a Satz 7 EStG findet insoweit keine Anwendung, als die Beteiligungen in einem Betriebsvermögen gehalten werden; vgl. § 20 Absatz 8 Satz 2 EStG.

Für die Klassifikation als Abspaltung gemäß § 20 Absatz 4a Satz 7 EStG kommt es auf das Kriterium des Teilbetriebserfordernisses oder des Vorliegens einer Kapitalherabsetzung nicht an. **115a**

Es ist nicht zu beanstanden, wenn die Änderungen der Rzn. 113 – 115 im Steuerabzugsverfahren erst zum 1. Januar 2014 angewendet werden.

Anwendung der Auffangregelung bei unklaren Sachverhalten

Ist die einkommensteuerrechtliche Beurteilung der Einbuchung neuer Stücke auf Grund von Schwierigkeiten bei der Sachverhaltsbeurteilung zweifelhaft (z. B. Einbuchung als Bonus- oder Gratisaktie), findet § 20 Absatz 4a Satz 5 EStG Anwendung. **116**

Reorganisation einer ausländischen Kapitalgesellschaft (B-Shares) **117**

Werden dem Anleger im Zuge einer Reorganisation sog. B-Aktien (B-Shares, redemptionshares) angedient, die ihm Wahlrechte zur sofortigen Bareinlösung oder einer späteren Einlösung einräumen, ist danach zu differenzieren, welches Wahlrecht der Anleger ausübt.

Beispiel:
Im Jahr 2006 führte eine Gesellschaft eine Reorganisation im Verhältnis 8:7 + 1 B-Share durch. Die zugeteilten B-Shares konnten entweder sofort oder innerhalb einer vom Emittenten gesetzten Frist in einen festgelegten Geldbetrag umgetauscht werden. Nach Ablauf der Frist erfolgte ein Umtausch durch die Gesellschaft aufgrund eines vorbehaltenen Kündigungsrechtes.

Lösung:
Erhält der Anleger sogleich das Geld, handelt es sich im Anwendungsbereich der Abgeltungsteuer um eine Bardividende. Bezieht der Anleger B-Shares, gelten die Grundsätze zur Sachausschüttung.

5. Verluste (§ 20 Absatz 6 EStG)
Verlustverrechnung **118**

Nach § 20 Absatz 6 Satz 1 EStG sind verbleibende positive Einkünfte aus Kapitalvermögen i. S. des § 20 Absatz 2 EStG nach der Verrechnung gemäß § 43a Absatz 3 EStG zunächst mit Verlusten aus privaten Veräußerungsgeschäften nach Maßgabe des § 23 Absatz 3 Satz 9 und 10 EStG zu verrechnen. Außerdem sind verbleibende Einkünfte i. S. des § 20 Absatz 1 Nummer 11 EStG nach der Verrechnung gemäß § 43a Absatz 3 EStG mit Verlusten i. S. des § 22 Nummer 3 Satz 5 und 6 EStG zu verrechnen. Die Verlustverrechnung im Rahmen des Steuerabzugsverfahrens durch die Kreditinstitute ist somit vorrangig, vgl. auch Rz. 212. Sie kann im Rahmen der Veranlagung nicht mehr rückgängig gemacht werden.

Es wird unter Berücksichtigung der Reihenfolge in folgenden Verlustverrechnungskreisen verrechnet; die Verlustverrechnung kann nicht auf Teilbeträge beschränkt werden:
1. Stillhaltergeschäfte;
    Verluste i. S. des § 22 Nummer 3 EStG in der bis zum 31. Dezember 2008 geltenden Fassung werden bis zum Jahr 2013 vor Berücksichtigung des Sparer-Pauschbetrags mit Einkünften aus § 20 Absatz 1 Nummer 11 EStG verrechnet. Die Verrechnung von Altverlusten kann nicht auf Teilbeträge beschränkt werden.
2. private Veräußerungsgeschäfte;

Anlage § 020–08

Zu § 20 EStG

Verluste aus privaten Veräußerungsgeschäften i. S. des § 23 EStG in der am 31. Dezember 2008 anzuwendenden Fassung (Altverluste) dürfen bis zum Veranlagungszeitraum 2013 vor Berücksichtigung des Sparer-Pauschbetrags mit Gewinnen i. S. des § 20 Absatz 2 EStG verrechnet werden. Hat der Steuerpflichtige im gleichen Veranlagungszeitraum Gewinne aus Kapitalvermögen und private Veräußerungsgewinne, sind die Altverluste aus privaten Veräußerungsgeschäften zunächst innerhalb der Einkunftsart mit den Gewinnen aus privaten Veräußerungsgeschäften zu verrechnen. Bei Veräußerungsverlusten i. S. des § 23 EStG, die in 2009 anfallen, kann gemäß § 10d Absatz 1 Satz 5 EStG wahlweise ein Verlustrücktrag nach 2008 vorgenommen werden. Die Verrechnung von Altverlusten kann nicht auf Teilbeträge beschränkt werden.

3. Aktienveräußerungsgewinne/-verluste;
   Aktienveräußerungsverluste dürfen nur mit Aktienveräußerungsgewinnen verrechnet werden.

4. sonstige Kapitalerträge/Verluste;
   sonstige negative Einkünfte aus § 20 EStG dürfen mit positiven Einkünften aus § 20 EStG verrechnet werden.

119 Um im Rahmen der Veranlagung eine Verrechnung mit sog. Altverlusten i. S. des § 23 EStG durchzuführen, hat der Steuerpflichtige eine Steuerbescheinigung i. S. des § 45a Absatz 2 EStG einzureichen, in der die insgesamt erzielten Gewinne i. S. des § 20 Absatz 2 EStG und die darin enthaltenen Gewinne aus Aktienveräußerungen angeführt werden. Liegt eine Steuerbescheinigung mit diesen Angaben vor, ist davon auszugehen, dass die bescheinigte Kapitalertragsteuer auf diese Positionen entfällt.

Beispiel:
Zum 31. Dezember 2009 werden folgende Verluste festgestellt:

Altverluste § 23 EStG	*15.000 €*
Aktienveräußerungsverluste	*3.000 €*

Folgende Einkünfte liegen im Jahr 2010 vor:

Bank A:	
Aktiengewinne	*6.000 €*
Aktienverluste	*2.000 €*
Bank B:	
Zinsen	*4.000 €*
Verluste Risikozertifikat	*5.000 €*
Gewinn Termingeschäfte	*8.000 €*
Verlustverrechnung durch die Bank A:	
Aktienveräußerungsgewinne	*6.000 €*
./. Aktienveräußerungsverluste	*2.000 €*
= Summe (§ 20 Absatz 6 Satz 5 EStG)	*4.000 €*
Ausweis Steuerbescheinigung (Bank A)	
Kapitalerträge	*4.000 €*
davon Kapitalerträge nach § 20 Absatz 2 EStG	*4.000 €*
davon Aktienveräußerungsgewinne	*4.000 €*

Verlustverrechnung durch die Bank B:
Vorrangige Verrechnung der Verluste nach § 20 Absatz 2 EStG mit Erträgen nach § 20 Absatz 1 EStG, damit Altverluste aus § 23 EStG in maximaler Höhe verrechnet werden können.

Zinsen (§ 20 Absatz 1 EStG)	*4.000 €*
./. Verlust Risikozertifikat	*5.000 €*
Differenz	*./. 1.000 €*
+ Gewinn Termingeschäft	*8.000 €*
= Summe (§ 20 Absatz 2 EStG)	*7.000 €*
Ausweis Steuerbescheinigung (Bank B)	
Kapitalerträge	*7.000 €*
davon Kapitalerträge nach § 20 Absatz 2 EStG	*7.000 €*

Zu § 20 EStG   **Anlage § 020–08**

Verlustverrechnung im Veranlagungsverfahren gemäß § 32d Absatz 4 EStG
Einkünfte § 20 Absatz 2 EStG

(lt. Steuerbescheinigung Bank A)	4.000 €
(lt. Steuerbescheinigung Bank B)	7.000 €
Summe § 20 Absatz 2 EStG	11.000 €
./. Verlustvortrag § 23 EStG (max.)	11.000 €
	0 €
Verlustvortrag § 23 EStG (31.12.10)	4.000 €
Verlustvortrag Aktienverluste (31.12.10)	3.000 €

Verluste aus Kapitaleinkünften, die nach § 32d Absatz 1 EStG dem besonderen Steuersatz unterliegen, dürfen nicht mit positiven Erträgen aus Kapitaleinkünften, die der tariflichen Steuer nach § 32d Absatz 2 EStG unterliegen, verrechnet werden. 119a

Vorrang der Verlustverrechnung vor der Gewährung des SparerPauschbetrages

Der Sparer-Pauschbetrag ist nur zu berücksichtigen, wenn nach Verrechnung sämtlicher positiver und negativer Einkünfte aus Kapitalvermögen positive Einkünfte verbleiben. 119b

Verlustverrechnung und Anrechnung ausländischer Quellensteuer sowie Anwendung des Freistellungsauftrags

Die Grundsätze zur Verlustverrechnung und Anrechnung ausländischer Quellensteuer sowie Anwendung des Freistellungsauftrags (vgl. Rzn. 201ff. zu § 43a EStG) gelten im Rahmen der Veranlagung entsprechend. 120

Die noch nicht angerechnete ausländische Quellensteuer kann dem neuen Kreditinstitut nach einem vollständigen Depotwechsel mitgeteilt werden. 121

Verluste mindern die abgeltungsteuerpflichtigen Erträge unabhängig davon, ob diese aus in- oder ausländischen Quellen stammen. Die Summe der anrechenbaren ausländischen Quellensteuer ist auf die nach Verlustverrechnung verbleibende Abgeltungsteuerschuld anzurechnen. Die Anwendung des Freistellungsauftrags hat die gleiche Wirkung wie die Verlustverrechnung. 122

Beispiel:

A erzielt in Februar aus der Veräußerung von festverzinslichen Wertpapieren einen Verlust in Höhe von 300 €. Im März erhält er ausländische Dividenden in Höhe von 100 €. Die anrechenbare ausländische Steuer beträgt 15 €. A hält die Wertpapiere im Depot der Bank X. Wegen der Verluste aus dem Februar behält die Bank keine Kapitalertragsteuer ein.

Weiterhin erhält A im Juni ausländische Dividenden in Höhe von 700 €. Die anrechenbare ausländische Steuer beträgt 70 €. A hält die Wertpapiere im Depot der Bank Y. Da er der Bank einen Freistellungsauftrag über 801 € erteilt hat, erfolgt kein Kapitalertragsteuerabzug.

Im Dezember erhält A Zinseinkünfte bei der Bank Z in Höhe von 621 €. Die Bank behält 155 € Kapitalertragsteuer ein.

A erklärt im Rahmen der Veranlagung seine Einkünfte aus Kapitalvermögen gemäß § 32d Absatz 4 EStG. Die Verlust-Bescheinigung gemäß § 43a Absatz 3 Satz 4 EStG sowie die entsprechenden Steuerbescheinigungen nach § 45a Absatz 2 EStG legt er bei.

Lösung:

Im Rahmen der Veranlagung werden die Kapitaleinkünfte wie folgt berücksichtigt.

	Erträge	Anrechenbare Steuer
Veräußerung Wertpapiere	*./. 300 €*	
Erträge ausländische	*800 €*	*85 €*
Dividenden Zinseinkünfte	*621 €*	

A erzielt insgesamt Einnahmen in Höhe von 1.121 €. Unter Berücksichtigung des SparerPauschbetrages verbleiben 320 €. Hierauf entfällt eine Abgeltungsteuer in Höhe von 80 €. Angerechnet werden somit ausländische Steuern i. H. v. maximal 80 €. Die bisher einbehaltene Kapitalertragsteuer in Höhe von 155 € wird erstattet.

Behandlung von Verlusten aus der Veräußerung von ADRs (American Depositary Receipts)

Erzielt der Steuerpflichtige Verluste aus der Veräußerung oder Einlösung von ADRs und GDRs (vgl. Rz. 68), fallen diese unter die eingeschränkte Verlustverrechnung i. S. des § 20 Absatz 6 Satz 5 EStG. 123

Anlage § 020–08

Zu § 20 EStG

Sofern im Jahr 2009 eine Anwendung des § 20 Absatz 6 Satz 5 EStG beim Kreditinstitut nicht erfolgte, ist dies nicht zu beanstanden.

7. Subsidiarität (§ 20 Absatz 8 EStG)

124 Termingeschäfte (z. B. Zinsbegrenzungsvereinbarungen oder Swaps), die zu den Einkünften aus Vermietung und Verpachtung gehören, fallen nicht unter die Einkünfte des § 20 EStG. Derartige Geschäfte werden von den Steuerpflichtigen – wie bei den betrieblichen Einkünften – meist zu Absicherungszwecken (Absicherung von Darlehen, die der Finanzierung vermieteter Immobilien dienen) abgeschlossen.

8. Einkunftserzielungsabsicht (§ 20 Absatz 9 EStG)

Grundsatz

125 Bei den Einkünften aus Kapitalvermögen ist infolge des beschränkten und pauschalierten Werbungskostenabzugs regelmäßig von einer Einkunftserzielungsabsicht auszugehen.

Bausparverträge

126 Werden Guthabenzinsen aus Bausparverträgen, die mit sog. Auffüllkrediten bzw. Vorfinanzierungsdarlehen aus Bausparverträgen gekoppelt sind, zur Finanzierung einer selbst genutzten Immobilie eingesetzt, sind die Guthabenzinsen aus Billigkeitsgründen einkommensteuerrechtlich unbeachtlich, sofern die Finanzierungsverträge bis zum 30. Juni 2010 abgeschlossen worden sind.

127 In diesen Fällen ist dennoch ein Kapitalertragsteuerabzug vorzunehmen, da bei dem Abschluss der entsprechenden Verträge nicht von vornherein ausgeschlossen werden kann, dass eine Immobilie zur Fremdnutzung eingesetzt wird.

128 Die Steuerpflichtigen können sich die einbehaltene Kapitalertragsteuer auf Guthabenzinsen aus Bausparverträgen, die zur Finanzierung einer selbst genutzten Immobilie eingesetzt werden, nach § 32d Absatz 4 EStG durch das Veranlagungsfinanzamt auf die festgesetzte Einkommensteuer anrechnen lassen.

Sparer-Pauschbetrag

129 Hat der Steuerpflichtige sowohl Kapitalerträge, für die § 32d Absatz 1 EStG gilt, als auch solche i. S. des § 32d Absatz 2 Nummer 2 EStG erzielt, ist der Sparer-Pauschbetrag vorrangig von den Kapitalerträgen i. S. des § 32d Absatz 2 Nummer 2 EStG abzuziehen. Die im Rahmen des Kapitalertragsteuerabzugs freigestellten Kapitalerträge sind im Rahmen der Einkommensteuer-Veranlagung dem gesonderten Steuertarif nach § 32d Absatz 1 EStG zu unterwerfen.

II. Private Veräußerungsgeschäfte (§ 23 EStG)

130 Verluste aus privaten Veräußerungsgeschäften i. S. des § 23 EStG in der bis zum 31. Dezember 2008 anzuwendenden Fassung können auch mit Einkünften i. S. des § 20 Absatz 2 EStG ausgeglichen werden und mindern nach Maßgabe des § 10d EStG die Einkünfte des Steuerpflichtigen, die er in den folgenden Veranlagungszeiträumen aus § 20 Absatz 2 EStG erzielt (§ 23 Absatz 3 Satz 9 und 10 EStG). Veräußerungsverluste aus Grundstücken und grundstücksgleichen Rechten, die nach dem 31. Dezember 2008 erzielt werden, sind keine Verluste i. S. des § 23 EStG in der bis zum 31. Dezember 2008 geltenden Fassung i. S. dieser Vorschrift, vgl. Rz. 118.

131 Bei der Anschaffung und Veräußerung von Fremdwährungsbeträgen kann es sich um ein privates Veräußerungsgeschäft i. S. des § 23 Absatz 1 Satz 1 Nummer 2 EStG handeln; vgl. BFH-Urteil vom 2. Mai 2000 (BStBl. II S. 614).[1]

III. Gesonderter Steuertarif für Einkünfte aus Kapitalvermögen (§ 32d EStG)

1. Tarif (§ 32d Absatz 1 EStG)

Abgeltungsteuer nach § 32d und § 35b EStG

132 Die Einkommensteuer für Einkünfte aus Kapitalvermögen i. S. des § 32d Absatz 1 EStG ist keine tarifliche Steuer i. S. des § 32a Absatz 1 EStG. Steuerermäßigungen, die an die tarifliche Einkommensteuer anknüpfen (z. B. §§ 25 a und 35 b EStG), können infolgedessen die Einkommensteuer nach dem gesonderten Steuertarif für Einkünfte aus Kapitalvermlgen i. S. des § 32 d Absatz 1 EStG nicht mindern.

Höhe der Ermäßigung der Kapitalertragsteuer bei Zwölftelung der Kirchensteuer (§ 32d Absatz 1 Satz 3 bis 5 EStG)

133 Stimmen der Zeitraum der Einkommensteuerpflicht und der Kirchensteuerpflicht nicht überein, wird die Kirchensteuer im Fall der Erhebung der Kirchensteuer auf die Kapitalertragsteuer durch das Finanzamt

---

[1] Siehe auch BFH-Urteil vom 21.1.2014 (BStBl. II S. 385).

Zu § 20 EStG

Anlage § 020–08

gezwölftelt. Bei der Ermäßigung der Kapitalertragsteuer ist der gezwölftelte Kirchensteuersatz anzuwenden.

Beispiel:
Endet die Kirchensteuerpflicht im Januar, ist in der Formel des § 32d Absatz 1 Satz 4 EStG für k bei einem angenommenen Kirchensteuersatz von 9 % nicht 9, sondern nur 9 x 1/12 = 0,75 anzusetzen.

2. Ausnahmen vom Abgeltungsteuersatz (§ 32d Absatz 2 EStG)

a) Zwingende Ausnahme bei Kapitalüberlassung an nahestehende Personen oder von Anteilseignern (§ 32d Absatz 2 Nummer 1 EStG)

Die Regelung findet bei Einkünften i. S. des § 20 Absatz 1 Nummer 7 und § 20 Absatz 2 Satz 1 Nummer 7 EStG nur Anwendung, wenn der Darlehensnehmer eine natürliche Person ist, die Einkünfte aus Land- und Forstwirtschaft, Gewerbebetrieb, selbständiger Arbeit und Vermietung und Verpachtung oder Einkünfte i. S. des § 22 Nummer 1 Satz 3 Buchstabe a Doppelbuchstabe bb EStG (fremdfinanzierte Rentenversicherungen) und § 22 Nummer 3 EStG (z. B. Containerleasing) erzielt und sie die Darlehenszinsen als Betriebsausgaben oder Werbungskosten geltend machen kann oder der Darlehensnehmer eine Personengesellschaft ist, bei der hinsichtlich der Erträge aus der Darlehensgewährung § 15 Absatz 1 Satz 1 Nummer 2 Satz 1 EStG keine Anwendung findet. Entsprechendes gilt in den Fällen, in denen eine Stiftung Darlehensnehmer ist. 134

Werden Erträge von einer Kapitalgesellschaft oder Genossenschaft gezahlt, findet § 32d Absatz 2 Nummer 1 Buchstabe b EStG Anwendung. § 32d Absatz 2 Nummer 1 Buchstabe a EStG ist nicht anzuwenden, auch wenn die Beteiligung unter 10 % liegt. 135

Definition der nahestehenden Person (§ 32d Absatz 2 Nummer 1 Buchstabe a EStG)

Das Verhältnis von nahestehenden Personen liegt vor, wenn die Person auf den Steuerpflichtigen einen beherrschenden Einfluss ausüben kann oder umgekehrt der Steuerpflichtige auf diese Person einen beherrschenden Einfluss ausüben kann oder eine dritte Person auf beide einen beherrschenden Einfluss ausüben kann oder die Person oder der Steuerpflichtige imstande ist, bei der Vereinbarung der Bedingungen einer Geschäftsbeziehung auf den Steuerpflichtigen oder die nahestehende Person einen außerhalb dieser Geschäftsbeziehung begründeten Einfluss auszuüben oder wenn einer von ihnen ein eigenes wirtschaftliches Interesse an der Erzielung der Einkünfte des anderen hat. Von einem solchen Beherrschungsverhältnis ist auszugehen, wenn der beherrschten Person auf Grund eines absoluten Abhängigkeitsverhältnisses im Wesentlichen kein eigener Entscheidungsspielraum verbleibt (BFH-Urteile vom 29. April 2014, VIII R 9/13, VIII R 35/13, VIII R 44/13. Das Abhängigkeitsverhältnis kann wirtschaftlicher oder persönlicher Natur sein. 136

Beteiligungsgrenze (§ 32d Absatz 2 Nummer 1 Buchstabe b EStG)

Bei der Berechnung der 10 %-igen Beteiligungsgrenze sind sowohl unmittelbare als auch mittelbare Beteiligungen einzubeziehen. 137

b) Ausnahme auf Antrag bei bestimmter Beteiligungshöhe (§ 32d Absatz 2 Nummer 3 EStG)

Berufliche Tätigkeit

Unter den Begriff der beruflichen Tätigkeit fallen sowohl selbständig als auch nichtselbständig ausgeübte Tätigkeiten. Ob es sich bei der beruflichen Tätigkeit um eine gewerbliche, freiberufliche oder um eine andere unter die Gewinneinkünfte fallende Tätigkeit handelt, ist unerheblich. Nicht ausreichend ist eine Tätigkeit von untergeordneter Bedeutung. 138

Zeitraum der Beteiligung

Es ist ausreichend, **dass die notwendige Beteiligungsquote** zu irgendeinem Zeitpunkt in dem Veranlagungszeitraum, für den der Antrag vorliegt. **Wird die Beteiligungsquote in einem auf die erstmalig Antragstellung folgenden Jahr nicht mehr erreicht, entfaltet die vorher ausgeübte Option keine Wirkung mehr.** § 32d Absatz 2 Nummer 3 Satz 4 EStG beinhaltet insoweit lediglich eine **Nachweiserleichterung und ersetzt nicht die Tatbestandsvoraussetzungen.** 139

Erwirbt der Steuerpflichtige Anteile hinzu, findet die Regelung auf die gesamte Beteiligung Anwendung. Eine teilweise Anwendung der Vorschrift auf die hinzuerworbenen Anteile ist nicht möglich. 140

Antragsfrist

Der Antrag ist spätestens zusammen mit der **Abgabe der erstmaligen** Einkommensteuererklärung **(gleicher Eingangsstempel)** für den jeweiligen Veranlagungszeitraum zu stellen. Hierbei handelt es sich um eine Ausschlussfrist, wobei es auf die erstmalige Abgabe der Steuererklärung für das jeweilige Jahr ankommt. Eine Nachholung ist nur unter den Voraussetzungen des § 110 AO möglich. **Ein Widerruf des Antrags kann auch für das Erstjahr bis zur Bestandskraft erklärt werden. Nach Eintritt der** 141

Anlage § 020–08

Zu § 20 EStG

Bestandskraft kommt ein wirksamer Widerruf allenfalls in Betracht, soweit die Steuerfestsetzung verfahrensrechtlich geändert werden kann.

Verfahrensfragen

142 Ist der Steuerpflichtige mittelbar über eine vermögensverwaltende Personengesellschaft an einer Kapitalgesellschaft beteiligt, ist der Antrag im Rahmen der Einkommensteuerveranlagung des Steuerpflichtigen zu stellen. Insoweit liegen die Voraussetzungen des § 32d Absatz 2 Nummer 3 Satz 3 EStG zur Anwendung des Teileinkünfteverfahrens sowie zur Verlustverrechnung und Abziehbarkeit von Werbungskosten vor.

Vorliegen von Kapitalerträgen

143 Das abstrakte Vorliegen von Kapitalerträgen i. S. des § 20 Absatz 1 Nummer 1 oder 2 EStG ermöglicht dem Steuerpflichtigen die Ausübung der Option also auch dann, wenn in dem jeweiligen Veranlagungszeitraum Erträge tatsächlich nicht vorhanden sind und die Option nur dazu dient, die tatsächlich entstandenen Werbungskosten zu 60 % im Rahmen der Veranlagung zu berücksichtigen.

3. Erträge, die nicht dem Kapitalertragsteuerabzug bei einem inländischen Kreditinstitut unterlegen haben (§ 32d Absatz 3 EStG)

144 Steuerpflichtige Kapitalerträge, die aus rechtlichen oder tatsächlichen Gründen nicht dem Kapitalertragsteuerabzug unterlegen haben (z. B. Veräußerungsgewinne aus GmbH-Anteilen, verdeckte Gewinnausschüttungen sowie Erträge aus ausländischen thesaurierenden Investmentvermögen) hat der Steuerpflichtige nach § 32d Absatz 3 Satz 1 EStG in seiner Einkommensteuererklärung anzugeben (vgl. auch Rz. 180).

4. Veranlagungs-Wahlrecht (§ 32d Absatz 4 EStG)

Allgemeines

145 Dem Steuerpflichtigen steht für Kapitaleinkünfte, die der Kapitalertragsteuer unterlegen haben, ein Wahlrecht zu, diese im Rahmen seiner Veranlagung geltend zu machen, um die gesetzlich geregelten Tatbestände, die beim Kapitalertragsteuerabzug nicht berücksichtigt werden können, wie z. B. ein Verlustvortrag nach § 20 Absatz 6 EStG, steuermindernd geltend zu machen. Ebenso besteht für den Steuerpflichtigen die Möglichkeit, den Steuereinbehalt des Kreditinstituts dem Grund und der Höhe nach überprüfen zu lassen. Der entsprechende Antrag kann bis zur Unanfechtbarkeit des Einkommensteuerbescheides gestellt werden bzw. solange eine Änderung nach den Vorschriften der Abgabenordnung (z. B. § 164 Absatz 2 AO) oder den Einzelsteuergesetzen möglich ist. §§ 177 und 351 Absatz 1 AO sind zu beachten.

So kann der Steuerpflichtige z. B. bei Veräußerungsfällen Anschaffungskosten, die sein depotführendes Institut nicht berücksichtigt hat, im Rahmen der Veranlagung anführen. Außerdem kann der Steuerpflichtige unter anderem in den Fällen, in denen beim Kapitalertragsteuerabzug der steuermindernde Effekt der Kirchensteuerzahlung noch nicht berücksichtigt wurde (z. B. bei Dividendenausschüttungen), diesen im Rahmen der Veranlagung nachholen, wenn er den Kirchensteuerabzug durch sein depotführendes Institut nicht beantragt hat und die Festsetzung der Kirchensteuer in der Veranlagung zu erfolgen hat.

Macht er diese Einkünfte in der Veranlagung geltend, erfolgt entsprechend der Regelung in § 32d Absatz 3 Satz 2 EStG eine Erhöhung der tariflichen Einkommensteuer um 25 % der – durch die entsprechenden Tatbestände geminderten – Einkünfte. Die vom Kreditinstitut bereits einbehaltene und bescheinigte Kapitalertragsteuer wird nach § 36 Absatz 2 Nummer 2 EStG im Rahmen der Veranlagung auf die für die Einkünfte aus Kapitalvermögen festgesetzte Einkommensteuer angerechnet. Dies kann zu einer Einkommensteuerstattung führen.

146 § 32d Absatz 4 EStG findet zur Verrechnung von positiven Einkünften aus Kapitalvermögen mit negativen Einkünften aus anderen Einkunftsarten keine Anwendung. In diesen Fällen ist § 32d Absatz 6 EStG anzuwenden.

Ausweis der abgeführten Kapitalertragsteuer in der Steuerbescheinigung und Zurechnung zu den verschiedenen Ertragsarten

147 Die Erhebung und der Ausweis der abgeführten Kapitalertragsteuer in der Steuerbescheinigung auf Summenbasis erfordern für die Veranlagung verschiedene vereinfachende Annahmen. So wird angenommen, dass die in der Steuerbescheinigung ausgewiesene Kapitalertragsteuer auf

- ausländische Erträge,
- eine Ersatzbemessungsgrundlage oder
- Gewinne nach § 20 Absatz 2 EStG

entfällt.

Nach § 32d Absatz 5 Satz 1 EStG ist der Umfang der anrechenbaren ausländischen Steuer auf 25 % beschränkt. Hierauf beschränkt sich auch der Ausweis in der Steuerbescheinigung. Daraus ergibt sich, dass ein Ausweis der noch nicht angerechneten ausländischen Quellensteuer grundsätzlich nur in Betracht kommt, wenn keine einbehaltene Kapitalertragsteuer auf Kapitalerträge in der Steuerbescheinigung bescheinigt wird.

Verfügt der Steuerpflichtige lediglich über eine Bankverbindung und weist die Steuerbescheinigung eine Ersatzbemessungsgrundlage sowie Erträge nach § 20 Absatz 2 EStG aus, hat er im Rahmen der Veranlagung ein Wahlrecht, ob zuerst die Ersatzbemessungsgrundlage reduziert wird oder ob er lediglich die Anrechnung der abgeführten Kapitalertragsteuer auf Veräußerungsgewinne nach § 20 Absatz 2 EStG zur Verrechnung mit Altverlusten begehrt.

- Entscheidet sich der Steuerpflichtige im Rahmen der Veranlagung dazu, die mit der Ersatzbemessungsgrundlage besteuerten Erträge zu mindern, ergibt sich daraus eine veränderte Größe der anzusetzenden Kapitalerträge. Auch die Veräußerungsgewinne nach § 20 Absatz 2 EStG ändern sich entsprechend, wodurch nur noch der verminderte Betrag zur Verrechnung mit Altverlusten genutzt werden kann. Die bescheinigte Kapitalertragsteuer entfällt vorrangig auf den Differenzbetrag zwischen Ersatzbemessungsgrundlage und tatsächlichem Veräußerungsgewinn.
- Sollen die mit der Ersatzbemessungsgrundlage besteuerten Kapitalerträge nicht korrigiert werden, werden die Altverluste aus § 23 EStG mit den (nicht korrigierten) Veräußerungsgewinnen nach § 20 Absatz 2 EStG verrechnet. In diesem Falle wird die bescheinigte Kapitalertragsteuer vorrangig den Veräußerungsgewinnen nach § 20 Absatz 2 EStG zugeordnet.

Verfügt der Steuerpflichtige über verschiedene Bankverbindungen, werden für Zwecke der Veranlagung die in den Steuerbescheinigungen der verschiedenen Banken ausgewiesenen Beträge aus den Einzelbescheinigungen addiert und das Ergebnis der Veranlagung zu Grunde gelegt.

5. Anrechnung ausländischer Steuern (§ 32d Absatz 5 EStG)

Vorrang der Anrechnung der Quellensteuer gemäß der EU-Zinsrichtlinie/Zinsinformationsverordnung – ZIV [1)]

Wird durch einen Staat im Rahmen der EU-Zinsrichtlinie auf die Kapitalerträge Quellensteuer einbehalten, so wird dem wirtschaftlichen Eigentümer eine Steuergutschrift in Höhe der einbehaltenen Steuer gewährt und auf die Einkommensteuer angerechnet (vgl. § 14 Absatz 2 ZIV).

Kapitalerträge, die unter die ZIV fallen, unterliegen gemäß § 32d Absatz 3 EStG im Inland der Besteuerung. Gemäß § 14 Absatz 2 ZIV wird dem wirtschaftlichen Eigentümer der Zinserträge jedoch eine Steuergutschrift in Höhe der einbehaltenen Steuer gewährt. Dabei ist die Anwendung von DBA-Anrechnungsregeln, § 32d Absatz 5 und § 34c EStG ausgeschlossen. Die Anrechnung erfolgt im Festsetzungsverfahren gesondert in der Anrechnungsverfügung. § 14 Absatz 2 ZIV ist vorrangig. Damit bleibt es bei der Berücksichtigung der EU-Quellensteuer außerhalb der Steuerfestsetzung – ohne Auswirkung auf die Berechnung der Kirchensteuer.

6. Günstigerprüfung (§ 32d Absatz 6 EStG)

Allgemeines

§ 32d Absatz 6 EStG regelt die Wahlmöglichkeit des Steuerpflichtigen, seine Einkünfte aus Kapitalvermögen abweichend von § 32d Absatz 1 EStG den allgemeinen einkommensteuerrechtlichen Regelungen zur Ermittlung der tariflichen Einkommensteuer zu unterwerfen. Damit wird für Steuerpflichtige, deren Belastung mit der tariflichen Einkommensteuer auf Kapitaleinkünfte niedriger ist als der Abgeltungsteuersatz i. H. von 25 %, die Möglichkeit geschaffen, dass ihre Einkünfte aus Kapitalvermögen diesem niedrigeren Steuersatz unterworfen werden. Der Steuerpflichtige hat diese Wahlmöglichkeit im Rahmen seiner Veranlagung geltend zu machen. Zusammenveranlagte Ehegatten können nen das Wahlrecht nur gemeinsam ausüben. Der Antrag aug Günstigerprüfung kann bis zur Unanfechtbarkeit des betreffenden Einkomensteuerbescheides gestellt werden bzw. solange eine Änderung nach den Vorschriften der Abgabenordnung (z. B. § 164 Absatz 2 AO) oder den Einzelsteuergesetzen möglich ist. §§ 177 und 351 Absatz 1 AO sind zu beachten.

Das Finanzamt prüft im Rahmen der Steuerfestsetzung von Amts wegen, ob die Anwendung der allgemeinen Regelungen (insbesondere unter Berücksichtigung des Grundfreibetrags, und des Altersentlastungsbetrags) zu einer niedrigeren Steuerfestsetzung führt (Günstigerprüfung). Sollte dies nicht der Fall sein, gilt der Antrag als nicht gestellt.

Wird das Veranlagungswahlrecht nach § 32d Absatz 6 EStG ausgeübt, müssen alle Kapitalerträge erklärt werden. Hierzu sind sämtliche Steuerbescheinigungen einzureichen. Nicht ausgeglichene Verluste i. S.

---
1) Siehe Anhang 3.

Anlage § 020–08

Zu § 20 EStG

des § 43a Absatz 3 EStG sind nur zu berücksichtigen, wenn die Bescheinigung nach § 43a Absatz 3 Satz 4 EStG vorliegt. Der Abzug der tatsächlichen Werbungskosten ist auch im Rahmen der Günstigerprüfung ausgeschlossen (§ 20 Absatz 9 EStG).

Bei Ansatz der tariflichen Einkommensteuer ist die Kirchensteuer auf Kapitalerträge als Sonderausgabe abzugsfähig (§ 10 Absatz 1 Nummer 4 EStG).

Beispiel:
A (ledig) erzielt in 2009 folgende Einkünfte:
Verluste aus Gewerbebetrieb 20.000 €
Einkünfte aus Kapitalvermögen bei seinem inländischen Kreditinstitut 25.000 €

Lösung:
Beantragt der Steuerpflichtige die Günstigerprüfung, beträgt die festzusetzende tarifliche Einkommensteuer 0 €. Die einbehaltene Kapitalertragsteuer (zzgl. Zuschlagsteuern) wird im Rahmen der Veranlagung erstattet.
Alternativ kann der Steuerpflichtige die Kapitaleinkünfte mit dem in § 32d EStG geregelten Steuersatz versteuern. In diesem Fall beträgt der negative Gesamtbetrag der Einkünfte 20.000 €, welcher nach den Regelungen des § 10d EStG zu berücksichtigen ist.

151 Die nach § 32d Absatz 5 EStG ermittelte ausländische Steuer wird auch im Falle der Günstigerprüfung angerechnet. Dabei ist die Anrechnung auf die tarifliche Einkommensteuer beschränkt, die auf die hinzugerechneten Kapitaleinkünfte entfällt (§ 32d Absatz 6 Satz 2 EStG).

Der Anrechnungshöchstbetrag ist wie folgt zu berechnen:

tarifliche Einkommensteuer bei Hinzurechnung der Kapitaleinkünfte

abzüglich tarifliche Einkommensteuer ohne Kapitaleinkünfte

= *Anrechnungshöchstbetrag*

IV. Kapitalerträge mit Steuerabzug (§ 43 EStG) [1)]

151a Aufgrund der Systematik der Abgeltungsteuer haben die Kreditinstitute als Organe der Steuererhebung die Rechtsauffassung der Finanzverwaltung hinsichtlich des Kapitalertragsteuereinbehaltes anzuwenden (vgl. BT-Drs. 17/3549 s. 6). Nur so kann verhindert werden, dass der Umfang der Steuererhebung davon abhängig ist, bei welchem Institut der Steuerpflichtige sein Kapital anlegt.

1. Treuhanddepots

152 Treuhandkonten und -depots sind im Rahmen der Abgeltungsteuer nach den für die Einkünfte aus Kapitalvermögen geltenden Regeln, d. h. grundsätzlich wie Privatkonten und -depots zu behandeln. Die Verlustverrechnung und die Anrechnung ausländischer Quellensteuer hat nach § 43a Absatz 3 EStG zu erfolgen. Für jedes Treuhandkonto ist ein gesonderter Verlustverrechnungstopf zu führen. Als Steuerbescheinigung ist das Muster I der Anlage 1 des BMF-Schreibens vom 18. Dezember 2009 (BStBl. 2010 I S. 79) unter berücksichtigung der Änderungen durch BMF-Schreiben vom 16. November 2010 (BStBl. I S. 1305) zu verwenden. Eine Steuerbescheinigung nach Muster III der Anlage 3 des o. g. BMF-Schreibens darf nicht ausgestellt werden.

153 Bei Treuhandkonten und -depots scheidet eine Abstandnahme vom Steuerabzug aufgrund eines Freistellungsauftrags oder einer NV-Bescheinigung aus, da nach § 44a Absatz 6 EStG Voraussetzung für die Abstandnahme ist, dass Kontoinhaber und Gläubiger der Kapitalerträge identisch sind, vgl. Rzn. 301, 302.

154 Eine Freistellung des Betriebsvermögens gemäß § 43 Absatz 2 Satz 3 EStG von den neuen Kapitalertragsteuertatbeständen ist bei Treuhandkonten und -depots nicht möglich.

Verwaltung durch einen Insolvenzverwalter

155 Betriebliche Konten und Depots, die durch einen Insolvenzverwalter verwaltet werden, fallen nicht unter die Regelungen der Rzn. 152 und 154. Zum Nachweis, dass es sich um ein betriebliches Konto handelt, reicht eine Bestätigung des Insolvenzverwalters gegenüber dem Kreditinstitut aus.

Treuhänderische Vermögensauslagerung auf sog. Contractual Trust Arrangements (CTA)

---

1) Siehe auch BMF-Schreiben vom 12.9.2013 (BStBl. I S. 1167):
„Auf Grund der Systematik der Abgeltungsteuer bleibt es dabei, dass die Kreditinstitute als Organe der Steuererhebung die Rechtsauffassung der Finanzverwaltung hinsichtlich des Kapitalertragsteuereinbehalts anzuwenden haben (vgl. BT-Drs. 17/3549 Seite 6). Nur so kann verhindert werden, dass der Umfang der Steuererhebung davon abhängig ist, bei welchem Institut der Steuerpflichtige sein Kapital anlegt."

Zu § 20 EStG

Anlage § 020–08

Die Rz. 152 bis 154 gelten nicht bei Contractual Trust Arrangements (CTAs). Dem konto- bzw. depotführenden Kreditinstitut sind sowohl bei seinen eigenen (konzerninternen) CTAs als auch bei den von dem Kreditinstitut verwalteten für Kunden zur Verfügung gestellten CTAs und Gruppen-CTAs sämtliche Details der Strukturen vollinhaltlich bekannt. Insbesondere ist das Treugeberunternehmen, dem die Kapitalerträge zuzurechnen sind, dem Kreditinstitut bekannt. In diesem Fall sind die Erträge dem Betriebsvermögen des Treugeberunternehmens zuzurechnen. Das Kreditinstitut hat infolge dessen von betrieblichen Einnahmen auszugehen, so dass keine Verlustverrechnung und keine Quellensteueranrechnung erfolgt (§ 43a Absatz 3 Satz 7 EStG). Für die Freistellung vom Steuerabzug nach § 43 Absatz 2 Satz 3 Nummer 1 oder 2 EStG ist auf das Treugeberunternehmen (als Gläubigerin der Kapitalerträge) abzustellen. Ist das Treugeberunternehmen ein Kredit- oder Finanzdienstleistungsinstitut, findet § 43 Absatz 2 Satz 2 EStG Anwendung. 156

Für andere Treuhandkonten und -depots, die dem konto- bzw. depotführenden Kreditinstitut gegenüber als CTA-Konstruktion offen angezeigt sind, gilt Folgendes: 157

Der Treuhänder legt dem Kreditinstitut ein Schreiben des Treugeberunternehmers vor, wonach die folgenden Voraussetzungen für die wirtschaftliche Zurechnung zum Treugeberunternehmen für das betreffende Treuhandvermögen erfüllt sind:

- der Treuhänder hat die überlassenen Barmittel oder anderen Vermögenswerte nach vom Treugeber aufgestellten Richtlinien anzulegen oder zu verwalten;
- das eigene Vermögen des Treuhänders und das Treuhandvermögen werden getrennt verwaltet, so dass eine Identifizierung der vom Treuhänder übertragenen Vermögenswerte jederzeit gewährleistet ist;
- Geschäfte mit dem Treugut werden im Namen des Treuhänders aber nur für Rechnung des Treugebers getätigt;
- der Treugeber kann die Herausgabe des endgültig nicht mehr benötigten Treuhandvermögens verlangen;
- den Treugeber treffen die wirtschaftlichen Entwicklungen der Vermögensanlage einschließlich des Risikos einer Wertminderung sowie der nicht zweckgerichteten Verwendung endgültig.

Wird ein solches Schreiben vorgelegt, hat das konto- bzw. depotführende Kreditinstitut dann von Betriebsvermögen auszugehen und für die Freistellung vom Steuerabzug nach § 43 Absatz 2 Satz 3 Nummer 1 und 2 EStG auf die Merkmale des Treugeberunternehmens abzustellen. Ist eine Freistellung vom Steuerabzug nach § 43 Absatz 2 Satz 3 Nummer 1 und 2 EStG nicht möglich, wird unter den Voraussetzungen des Satzes 1 eine Abstandnahme vom Steuerabzug aufgrund einer NV-Bescheinigung nicht beanstandet.

In Fällen der Rzn. 156 und 157 sind im Zusammenhang mit einer Freistellung nach § 43 Absatz 2 Satz 3 Nummer 2 i. V. m. § 43 Absatz 2 Satz 7 EStG die Kontendaten des Treuhänders zu übermitteln und dabei dem Treugeber zuzuordnen. 158

2. Kapitalerträge mit Steuerabzug (§ 43 Absatz 1 EStG)

a) Nachzahlungen (§ 43 Absatz 1 Satz 1 Nummer 7 EStG)

Erhält ein Anleger verzinsliche Nachzahlungen auf einen squeeze-out (vgl. Rz. 70), ist der Zinsertrag gemäß § 20 Absatz 1 Nummer 7 EStG zu erfassen. Kapitalertragsteuer ist nicht einzubehalten, es sei denn, das auszahlende Kreditinstitut ist Schuldner der Kapitalerträge. 159

b) Weltbank-Papiere im Rahmen der Abgeltungsteuer (§ 43 Absatz 1 Satz 1 Nummer 7 Buchstabe a EStG)

Auf Zinsscheine zu DM- und Fremdwährungsanleihen der Afrikanischen Entwicklungsbank (African Development Bank – AfDB), der Asiatischen Entwicklungsbank (Asian Development Bank – AFB), der International Finance Corporation (IFC), der Weltbank (International Bank for Reconstruction and Development – IBRD) und zu Fremdwährungsanleihen der Interamerikanischen Entwicklungsbank (Inter-American Development Bank – IADB), die vor dem 24. September 1992 begeben worden sind, sowie auf Zinsscheine zu DM-Anleihen der Interamerikanischen Entwicklungsbank (IADB), die vor dem 4. November 1992 begeben worden sind, wird kein Steuerabzug vorgenommen, wenn die Zinsscheine im Tafelgeschäft bei Kreditinstituten eingelöst werden, die in den jeweiligen Emissionsbedingungen als Zahlstellen genannt sind. Die Festsetzung der Einkommensteuer ist gemäß § 32d Absatz 3 EStG im Rahmen der Einkommensteuerveranlagung durchzuführen. 160

Anlage § 020–08

Zu § 20 EStG

c) Namensschuldverschreibungen (§ 43 Absatz 1 Satz 1 Nummer 7 EStG)

161 Eine Namensschuldverschreibung fällt grundsätzlich unter § 43 Absatz 1 Satz 1 Nummer 7 Buchstabe b EStG, ist jedoch ausnahmsweise als Teilschuldverschreibung im Sinne des § 43 Absatz 1 Satz 1 Nummer 7 Buchstabe a EStG einzuordnen, wenn folgende Voraussetzungen erfüllt sind:
- die Anleihe / Emission muss in einem einheitlichen Akt begeben worden sein,
- die über die einheitliche Anleihe ausgestellten, auf Teile des Gesamtnennbetrags lautenden Schuldverschreibungen müssen hinsichtlich der Konditionen (Ausstellungsdatum, Laufzeit, Tilgungsmodalitäten, Verzinsung) einheitlich ausgestaltet, also untereinander austauschbar und übertragbar (fungibel) sein und
- aus der Teilschuldverschreibung muss ersichtlich sein, dass sie einen Teil einer Gesamtemission verbrieft.

Findet die Verwahrung als Streifbandverwahrung oder als eingeschränkte Girosammelverwahrung statt und schafft der Emittent hierdurch die Möglichkeit, Namensschuldverschreibungen auf einfachem Weg auszutauschen und zu übertragen, reicht dies für die Annahme einer hinreichenden Fungibilität als Merkmal einer Teilschuldverschreibung aus.

d) Depotübertrag mit Gläubigerwechsel (§ 43 Absatz 1 Satz 4 bis 6 EStG)

Veräußerungsfiktion bei Depotübertrag mit Gläubigerwechsel (§ 43 Absatz 1 Satz 4 EStG)

162 Für Zwecke des Kapitalertragsteuerabzugs gilt die Übertragung eines von einer auszahlenden Stelle verwahrten oder verwalteten Wirtschaftsguts i. S. von § 20 Absatz 2 EStG auf einen anderen Gläubiger grundsätzlich als Veräußerung des Wirtschaftsguts.

163 Eine nach § 43 Absatz 1 Satz 4 EStG fingierte Veräußerung ist nur dann kapitalertragsteuerpflichtig, wenn sich nach der Übergangsregelung in § 52a Absatz 10 EStG eine materielle Steuerpflicht des Veräußerungsgewinns nach § 20 Absatz 2 EStG ergeben würde.

Beispiel:

A überträgt an B Aktien, die er im Jahr 2006 erworben hat.

Lösung:

Die Übertragung stellt keine steuerpflichtige Veräußerung i. S. des § 43 Absatz 1 Satz 4 EStG dar.

164 Die auszahlende Stelle muss die anfallende Kapitalertragsteuer vom Kunden einfordern bzw. das Betriebsstätten-Finanzamt informieren, soweit der Betrag nicht zur Verfügung gestellt wird (entsprechende Anwendung von § 44 Absatz 1 Satz 7 bis 9 EStG).

*Übertragung von Depots aus Anlass von Erbfällen (§ 43 Absatz 1 Satz 5 EStG)/***Übertragungen für Zwecke der Begründung eines Treuhandverhältnisses.**

165 Kommt es in Erbfällen zu einem Depotübertrag auf einen anderen Gläubiger, ist von einem unentgeltlichen Depotübertrag i. S. des § 43 Absatz 1 Satz 5 EStG auszugehen. Da in diesen Fällen dem Grunde nach eine Verpflichtung zur Anzeige unmittelbar an das zuständige Erbschaftsteuerfinanzamt nach § 33 ErbStG besteht, ist eine Meldung nach § 43 Absatz 1 Satz 6 EStG nicht erforderlich.

In den Fällen, in denen sowohl der Treuhänder als auch der Treugeber bekannt sind (offene Treuhand) und eine Übertragung zwischen Treugeber und Treuhänder erfolgt, ist eine Meldung nicht erforderlich.

Unentgeltliche Depotüberträge (§ 43 Absatz 1 Satz 5 und 6 EStG)

166 Von einer Veräußerung ist nicht auszugehen, wenn der Steuerpflichtige **unter Benennung der gesetzlich geforderten Daten** der auszahlenden Stelle mitteilt, dass es sich um eine unentgeltliche Übertragung handelt.

Sofern bei einer Übertragung eines Depots die erforderlichen Daten, die den Übertragenden und den Depotempfänger betreffen, berechtigter Weise nicht vollständig mitgeteilt werden können, steht dies einer Einordnung als unentgeltlicher Übertragung nicht entgegen. Dies gilt insbesondere bei Personengesellschaften, Körperschaften und anderen Unternehmen, Anlegern aus dem Ausland und deutschen Diplomaten, die nicht über eine Identifikationsnummer verfügen.

Sind mehrere Personen, entweder als Übertragende oder als Empfänger, Inhaber eines Gemeinschaftsdepots, so ist für diesen Depotübertrag nur eine Meldung vorzunehmen (inklusive der Identifikationsnummern und der sonstigen gesetzlich vorgeschriebenen Angaben).

Bei einem Übertrag der Wertpapiere von einem Treuhänder auf einen Dritten, sind die Identifikationsnummern des Treugebers (soweit bekannt), des Treuhänders und des Empfängers zu melden.

Zu § 20 EStG **Anlage § 020–08**

Die auszahlende Stelle kann zur Verfahrensvereinfachung die Übertragungen je Empfänger zusammenfassen. Die Übertragungen sind bis zum 31. Mai des Folgejahres dem Betriebsstättenfinanzamt zu übermitteln. — 167

Wird ein Wirtschaftsgut vom Einzeldepot eines Ehegatten auf ein Gemeinschaftsdepot der Ehegatten (oder umgekehrt) oder auf ein Einzeldepot des anderen Ehegatten übertragen, gilt dies für Zwecke des Kapitalertragsteuerabzugs als unentgeltliche Übertragung i. S. des § 43 Absatz 1 Satz 5 und 6 EStG. **Hiervon unabhängig bedarf es jedoch der Angabe der Identifikationsnummern der Ehegatten.** — 168

Bei einem unentgeltlichen Depotübertrag muss keine Meldung an das Finanzamt erfolgen, soweit es sich um einen Übertrag von Altbeständen i. S. d. § 52a Absatz 10 EStG handelt, die nicht der Abgeltungsteuer unterliegen. — 169

Behandlung von Wertpapierleihe, Wertpapierpensions- und Repogeschäften

Werden Wertpapierleihe, Wertpapierpensions- oder Repogeschäfte durchgeführt, liegt unabhängig von der zivilrechtlichen Abwicklung einkommensteuerrechtlich in allen Varianten ein Depotübertrag auf einen anderen Gläubiger (Depot des Verleihers auf Depot des Entleihers) vor, der nach § 43 Absatz 1 Satz 4 EStG als Veräußerung fingiert wird. Beim Entleiher erfolgt eine Einbuchung mit dem Ersatzwert für die Anschaffungskosten, § 43a Absatz 2 Satz 11 EStG. Bei entsprechender Mitteilung kann der Vorgang auch als unentgeltlicher Depotübertrag mit Meldung an das Finanzamt abgewickelt werden (§ 43 Absatz 1 Satz 5 und 6 EStG). — 170

Ist das depotführende Kreditinstitut in den Leihevorgang als Entleiher eingeschaltet, sind der Entleihvorgang und die Rückgabe steuerlich neutral zu behandeln. § 43 Absatz 1 Satz 4 bis 6 EStG finden keine Anwendung. — 171

Rz. 171 gilt entsprechend, wenn das Kreditinstitut der Verleiher der Wertpapiere ist. Werden die auf Grund der Wertpapierleihe eingebuchten Wertpapiere im Zeitraum des Leihgeschäfts zwischenzeitlich veräußert, ist hinsichtlich der Ermittlung des Veräußerungsgewinns die Ersatzbemessungsgrundlage nach § 43a Absatz 2 Satz 7 EStG anzuwenden. Deckt sich der Steuerpflichtige mit den Wertpapieren für Zwecke der Rückübertragung ein, hat das Kreditinstitut die hierfür angefallenen Anschaffungskosten nachträglich dem Veräußerungsgeschäft zuzuordnen. Im Rahmen der Kapitalertragsteueranmeldung ist die Erhebung der Kapitalertragsteuer insoweit zu korrigieren, als anstelle des Ansatzes der Ersatzbemessungsgrundlage der tatsächliche Veräußerungsgewinn unter Berücksichtigung der tatsächlichen Anschaffungskosten anzusetzen ist. — 172

Kann die Zuordnung des späteren Eindeckungsgeschäfts zu dem vorangehenden Veräußerungsgeschäft ausnahmsweise nicht durch das Kreditinstitut vorgenommen werden oder unterbleibt die Zuordnung, weil das Eindeckungsgeschäft in einem späteren Kalenderjahr als der Verkauf erfolgt, wird das Erfüllungsgeschäft als entgeltlicher Depotübertrag (§ 43 Absatz 1 Satz 4 EStG) behandelt. Dabei wird als Ersatzwert für den Veräußerungserlös der Börsenkurs angesetzt. Die Zuordnung des Eindeckungsgeschäfts zu dem vorangehenden Veräußerungsgeschäft kann in diesem Fall vom Kunden in der Veranlagung vorgenommen werden (§ 32d Absatz 4 EStG).

Für den im Rahmen eines Wertpapierpensionsgeschäfts geleisteten Repozins findet § 22 Nummer 3 EStG Anwendung. — 173

3. Ausnahmen vom Steuerabzug (§ 43 Absatz 2 EStG)

a) Interbankenprivileg (§ 43 Absatz 2 Satz 2 EStG)

Kapitalertragsteuerpflicht für Zahlungen an die Deutsche Bundesbank und ausländische Zweigstellen inländischer Kredit- und Finanzdienstleistungsinstitute

§ 43 Absatz 2 Satz 2 EStG ist auch anzuwenden, wenn Gläubiger der Kapitalerträge die Deutsche Bundesbank oder eine ausländische Zweigstelle eines inländischen Kreditinstituts oder inländischen Finanzdienstleistungsinstituts ist. — 174

b) Ausnahmen für Unternehmen (§ 43 Absatz 2 Satz 3 bis 8 EStG)

Nach ausländischem Recht gegründete, unbeschränkt steuerpflichtige Körperschaften

Unter die Freistellung vom Steuerabzug gemäß § 43 Absatz 2 Satz 3 Nummer 1 EStG fallen auch unbeschränkt steuerpflichtige Körperschaften, die nach ausländischem Recht gegründet wurden. Körperschaften in diesem Sinne sind insbesondere die in Anlage 2 zum EStG (zu § 43b EStG) angeführten Gesellschaften. — 175

Erklärung zur Freistellung vom Steuerabzug nach § 43 Absatz 2 Satz 3 Nummer 2 EStG

Bei Kapitalerträgen i. S. des § 43 Absatz 1 Satz 1 Nummer 6 und 8 bis 12 sowie Satz 2 EStG ist kein Steuerabzug vorzunehmen, wenn die Kapitalerträge Betriebseinnahmen oder Erträge aus Options- und — 176

Anlage § 020–08

Zu § 20 EStG

Termingeschäften im Rahmen der Einkünfte aus Vermietung und Verpachtung sind und der Gläubiger der Kapitalerträge dies gegenüber der auszahlenden Stelle nach amtlich vorgeschriebenen Muster erklärt.

177 Zum Muster vgl. **Anlage 1**.

178 Es ist nicht zu beanstanden, wenn Sachverhalte, die bei einer auszahlenden Stelle nicht vorkommen, im Freistellungserklärungsformular weggelassen werden, (z. B. depotführende Kapitalanlagegesellschaften führen keine Termin- und Optionsgeschäfte für ihre Kunden aus, so dass die entsprechenden Ankreuzkästchen mit dazugehörigem Text in der Freistellungserklärung entfallen können).

179 Weiterhin wird nicht beanstandet, wenn – je nach Fallgestaltung – in der Freistellungserklärung nur die Depots benannt und die Konten weggelassen werden. Außerdem kann statt der Formulierung „ aus den Konten und Depots mit der Stammnummer …" auch die Formulierung „ aus den Konten und Depots mit der Kundennummer…" verwendet werden.

4. Einbehalt und Abführung der Kapitalertragsteuer durch inländische Niederlassungen von ausländischen Versicherungsunternehmen (§ 43 Absatz 3 EStG)

180 Bei inländischen Kapitalerträgen im Sinne des § 20 Absatz 1 Nummer 6 EStG ist Kapitalertragsteuer zu erheben (§ 43 Absatz 1 Satz 1 Nummer 4 EStG). Inländische Kapitalerträge liegen auch dann vor, wenn der Schuldner eine Niederlassung im Sinne der §§ 106, 110a oder 110d des Versicherungsaufsichtsgesetzes im Inland hat (§ 43 Absatz 3 Satz 1 Halbsatz 2 EStG). **Maßgeblich ist der Zeitpunkt des Zuflusses der Kapitalerträge (§ 52 Absatz 16 Satz 1 EStG). Keine Bedeutung hat insoweit der Zeitpunkt des Vertragsabschlusses.** Ein Steuerabzug hat gegenüber allen unbeschränkt steuerpflichtigen Personen unabhängig davon zu erfolgen, ob der Versicherungsvertrag über die inländische Niederlassung oder über eine ausländische Geschäftsstelle abgeschlossen oder verwaltet wurde. Handelt es sich bei dem Gläubiger der Kapitalerträge um eine nicht unbeschränkt steuerpflichtige Person, ist in den Fällen des § 43 Absatz 3 Satz 1 2. Halbsatz EStG kein Steuerabzug vorzunehmen.

181 Die inländische Niederlassung gilt für Zwecke der Kapitalertragsteuer als Schuldner der Kapitalerträge. Bei mehreren inländischen Niederlassungen hat das Versicherungsunternehmen eine Niederlassung zu bestimmen, die die Rechte und Pflichten aus dem Steuerabzugsverfahren wahrnimmt; hierüber ist das örtlich zuständige Finanzamt der Niederlassung zu informieren. Die inländische Niederlassung hat insbesondere die einbehaltene Kapitalertragsteuer gegenüber ihrem örtlich zuständigen Finanzamt anzumelden und abzuführen, auf Verlangen des Steuerpflichtigen eine Steuerbescheinigung zu erstellen und Freistellungsaufträge oder Nichtveranlagungs-Bescheinigungen sowie Anträge auf Einbehalt der Kirchensteuer anzunehmen.

5. Abgeltungswirkung bei von den Erträgen abweichender Bemessungsgrundlage (§ 43 Absatz 5 EStG)

182 Ist die beim Kapitalertragsteuerabzug angesetzte Bemessungsgrundlage größer als die tatsächlich erzielten Erträge, kann der Steuerpflichtige im Rahmen des Veranlagungswahlrechts nach § 32d Absatz 4 EStG den zutreffenden Ansatz geltend machen.

183 Ist die beim Kapitalertragsteuerabzug angesetzte Bemessungsgrundlage kleiner als die tatsächlich erzielten Erträge, tritt die Abgeltungswirkung nach § 43 Absatz 5 EStG nur insoweit ein, als die Erträge der Höhe nach dem Steuerabzug unterliegen. Für den darüber hinausgehenden Betrag besteht eine Veranlagungspflicht nach § 32d Absatz 3 EStG. Aus Billigkeitsgründen kann hiervon abgesehen werden, wenn die Differenz je Veranlagungszeitraum nicht mehr als 500 € beträgt und keine weiteren Gründe für eine Veranlagung nach § 32d Absatz 3 EStG vorliegen.

V. Bemessung der Kapitalertragsteuer (§ 43a EStG)

01. Übernahme der Kapitalertragsteuer durch den Schuldner der Kapitalerträge

183a Übernimmt der Schuldner der Kapitalerträge für den Gläubiger die Kapitalertragsteuer, gilt dies auch für den Solidaritätszuschlag. Die Kirchensteuer ist ebenfalls zu berücksichtigen, wenn ein Antrag im Sinne des § 51 Absatz 2c Satz I EStG des Anteilseigners vorliegt.

Beispiel 1:

Berechnungsbeispiel (mit Kirchensteuer):	
verdeckte Gewinnausschüttung:	*100.000,00 €*
vom Schuldner übernommene Kapitalertragsteuer:	*33.955,86 €*
vom Schuldner übernommener Solidaritätszuschlag:	*1.867,57 €*
vom Schuldner übernommene Kirchensteuer:	*3.056,03 €*
Kapitalertrag i. S. d. § 43a Absatz 1 Satz 1 Nummer 1 EStG:	*138.879,46 €*

Zu § 20 EStG

Anlage § 020–08

Die Berechnungsformel nach § 32d Absatz 1 Satz 3 EStG ist wie folgt anzupassen:

$$\text{Kapitalertrag} = \frac{\text{tatsächlich ausgezahlter Betrag} \times 4{,}09}{2{,}945}$$

Bei einem Kirchensteuer-Satz von 8 % ist im Zähler ein Wert von 4,08 zu verwenden.
Beispiel 2:
Berechnungsbeispiel (ohne Kirchensteuer):

verdeckte Gewinnausschüttung:	*100.000,00 €*
vom Schuldner übernommene Kapitalertragsteuer:	*33.955,86 €*
vom Schuldner übernommener Solidaritätszuschlag:	*1.867,57 €*
Kapitalertrag i. S. d. § 43a Absatz 1 Satz 1 Nummer 1 EStG:	*135.823,43 €*

Berechnungsformel:

$$\text{Kapitalertrag} = \frac{\text{tatsächlich ausgezahlter Betrag} \times 4}{2{,}945}$$

1. Depotüberträge ohne und mit Gläubigerwechsel (§ 43a Absatz 2 EStG)

a) Einzelfragen (§ 43a Absatz 2 Satz 3 ff. EStG)
Wertansatz bei nicht börsennotierten Inhaber-Schuldverschreibungen
Kommt es bei einer nicht börsennotierten Inhaber-Schuldverschreibung zu einem Depotwechsel, kann mangels Börsenkurs der von der emittierenden Stelle festgestellte Wert angesetzt werden. Da in der Praxis der Emittent bei diesen Papieren regelmäßig den Kurs feststellt, sind diese Daten anzusetzen. 184

Wertansatz bei Anteilen an Investmentfonds
Soweit der Börsenkurs bei börsennotierten Wertpapieren zu Grunde zu legen ist, tritt an diese Stelle bei Anteilen an Investmentfonds der Rücknahmepreis. Wird bei Investmentanteilen ein Rücknahmepreis nicht festgesetzt, tritt an seine Stelle der Börsen- oder Marktpreis. 185

Depotübertrag aufgrund einer Versicherungsleistung in Form von Investmentfondsanteilen
Bei fondsgebundenen Versicherungsverträgen i. S. des § 20 Absatz 1 Nummer 6 EStG wird dem Versicherungsnehmer mitunter das Wahlrecht eingeräumt, anstatt einer Auszahlung der Versicherungsleistung in Geld eine Übertragung von Fondsanteilen zu verlangen. § 43a Absatz 2 Satz 3 EStG ist in diesen Fällen entsprechend anzuwenden. Die vom Versicherungsunternehmen mitgeteilten Anschaffungsdaten sind von dem übernehmenden inländischen Kreditinstitut zu verwenden. Als Anschaffungskosten gilt dabei der Rücknahmepreis, mit dem die Versicherungsleistung bei einer Geldzahlung berechnet worden wäre; vgl. Rz. 34 des BMF-Schreibens vom 1. Oktober 2009 (BStBl. I S.1172). Als Anschaffungsdatum ist der Zeitpunkt der Fälligkeit der Versicherungsleistung vom Versicherungsunternehmen mitzuteilen. 186

Behandlung von Depotüberträgen ohne Gläubigerwechsel, die vor 2009 vollzogen werden
Für die Anwendung des § 43a Absatz 2 Satz 3 EStG (Überträge innerhalb Deutschlands) sowie des § 43a Absatz 2 Satz 5 EStG (EU/EWR-Auslandsfälle) ist keine besondere Übergangsregelung in § 52a EStG vorgesehen. Es gilt daher die allgemeine Anwendungsregel des § 52a Absatz 1 EStG, wonach die Vorschriften zur Abgeltungsteuer erstmals für nach dem 31. Dezember 2008 zufließende Kapitalerträge gelten. § 43a Absatz 2 Satz 3 und 5 EStG gelten somit erst für Depotüberträge ab 2009. 187

Hat die inländische abgebende Stelle bei einem Depotübertrag, der vor 2009 vollzogen wurde, der übernehmenden auszahlenden Stelle die Daten übertragen oder überträgt sie diese Daten nach dem 31. Dezember 2008, obwohl sie hierzu nicht verpflichtet ist, sind diese Daten von der übernehmenden Stelle zu berücksichtigen; die Regelung zur Ersatzbemessungsgrundlage findet insoweit keine Anwendung. Werden die Daten von der abgebenden auszahlenden Stelle erst zeitlich nach einer bereits abgerechneten Veräußerung übertragen, ist diese Abrechnung von der übernehmenden auszahlenden Stelle nicht zu korrigieren. 188

Behandlung von Depotübertragungen bei Wertpapieren, die vor dem 1. Januar 2009 angeschafft wurden
§ 43a Absatz 2 Satz 3ff. EStG finden auch Anwendung bei Wertpapieren, die vor dem 1. Januar 2009 angeschafft wurden. 189

Weitergabe von Anschaffungsdaten im Emissionsgeschäft
Im Emissionsgeschäft begibt der Emittent bestimmte Wertpapiere (z. B. Inhaberschuldverschreibungen oder Genussscheine) und bietet diese im Rahmen eines öffentlichen Angebotes selbstständig, d. h., ohne Beteiligung der abwickelnden Bank, interessierten Anlegern an. Sodann beauftragt der Emittent ein Fi- 190

Anlage § 020–08 Zu § 20 EStG

nanzdienstleistungs- oder Kreditinstitut mit der Verbriefung der zu begebenden Wertpapiere. Das insgesamt angebotene Emissionsvolumen wird daraufhin von dem Finanzdienstleistungs- oder Kreditinstitut „en bloc" oder in Teilbeträgen verbrieft, bei einem Zentralverwahrer (z. B. Clearstream Banking) zugelassen und in ein Emissionsdepot des Emittenten eingebucht.

Aus dem Emissionsdepot heraus werden dann Übertragungsaufträge erteilt, mit denen die jeweils gezeichneten Wertpapiere zu den entsprechenden Anlegern transportiert werden sollen. Alle notwendigen Anschaffungsdaten teilt der Emittent der begleitenden Bank gemeinsam mit den Übertragungsaufträgen mit, so dass die begleitende Bank der Depotbank des Anlegers die effektiv zugrunde zu legenden Anschaffungsdaten mitteilen kann. Sowohl Anschaffungspreise als auch Anschaffungszeitpunkte können dabei auf Basis des Emissionsprospektes oder auch der Zeichnungsscheine festgestellt werden. Die eingeschränkte Möglichkeit des Nachweises der Anschaffungsdaten nach § 43a Absatz 2 Satz 3 EStG findet insoweit keine Anwendung, da die Richtigkeit der Anschaffungskosten auf Ebene der begleitenden Bank nachvollzogen werden kann.

Depotüberträge aufgrund von Umstrukturierungen im Konzern und Geschäftsstellenveräußerungen – Übertragung von nicht ausgeglichenen Verlusten sowie nicht angerechneter ausländischer Quellensteuern

191 Werden depotführende Unternehmensteile eines Kreditinstituts veräußert oder auf andere Konzerngesellschaften übertragen (Gesamt- oder Einzelrechtsnachfolge), hat in diesen Fällen der Konzernumstrukturierungen und Veräußerungen einer Geschäftsstelle eines Kreditinstituts an ein anderes Kreditinstitut die Ermittlung der Bemessungsgrundlage für den Kapitalertragsteuerabzug weiterhin nach den historischen Anschaffungsdaten zu erfolgen. Die Ersatzbemessungsgrundlage ist nicht anzuwenden. Eventuell erteilte Freistellungsaufträge oder NV-Bescheinigungen gelten weiter, sofern die Geschäftsbeziehungen zum übertragenden Institut aufgegeben werden. Weiterhin sind die nicht ausgeglichenen Verluste sowie die nicht angerechneten anrechenbaren ausländischen Quellensteuern zu berücksichtigen.

192 Entsprechendes gilt, wenn an der Umstrukturierung depotführende Kapitalanlagegesellschaften beteiligt sind.

Übermittlung der Anschaffungsdaten bei Übertrag ohne Gläubigerwechsel von einem ausländischen Institut

193 Nach dem Wortlaut des § 43a Absatz 2 Satz 5 EStG kann der Steuerpflichtige den Nachweis der Anschaffungsdaten bei Depotüberträgen von einem ausländischen Institut mit Sitz innerhalb der EU, des EWR oder eines anderen Vertragsstaates nach Art. 17 Abs. 2 Ziff. i der Richtlinie 2003/48/EG (Zinsrichtlinie) nur mittels Bescheinigung des ausländischen Instituts führen. Es ist jedoch nicht zu beanstanden, wenn bei Überträgen aus dem Ausland eine Übertragung der Daten auf elektronischem Wege erfolgt. Bei Depotüberträgen von einem ausländischen Institut mit Sitz außerhalb der vorgenannten Staaten ist nach § 43a Absatz 2 Satz 6 EStG ein Nachweis der Anschaffungsdaten nicht zulässig und infolge dessen die Ersatzbemessungsgrundlage anzuwenden.

b) Ersatzbemessungsgrundlage und Verluste (§ 43a Absatz 2 Satz 6 bis 7 EStG)

194 Die Korrektur des Kapitalertrags nach Anwendung einer Ersatzbemessungsgrundlage erfolgt grundsätzlich im Rahmen der Veranlagung nach § 32d Absatz 4 EStG (vgl. Rz. 145). Der Steuerpflichtige hat hierbei die entsprechenden Unterlagen vorzulegen, die zur Korrektur der steuerlichen Daten dieses Geschäftsvorfalls dienen.

Beispiel:

Der Steuerpflichtige weist die Anschaffungsdaten bei einem Geschäftsvorfall (Einlösung einer Anleihe), den das Kreditinstitut mit Ersatzbemessungsgrundlage (Gewinn 300 €) abgerechnet hat, in der Veranlagung nach (Gewinn 0 €).

Lösung:

Die einbehaltene Kapitalertragsteuer wird erstattet.

Abwandlung:

Der Steuerpflichtige hat aus der Veräußerung von Anleihen außerdem Verluste in Höhe von 500 € erzielt. Die Bank bescheinigt am Ende des Kalenderjahres Verluste in Höhe von 200 €. Der Steuerpflichtige weist die Anschaffungsdaten im Rahmen der Veranlagung nach, so dass er neben den von der Bank bescheinigten Verlusten in Höhe von 200 € weitere Verluste in Höhe von 300 € im Rahmen der Veranlagung mit Gewinnen aus Kapitaleinkünften verrechnen kann.

Lösung:

Erklärt der Steuerpflichtige keine weiteren Einkünfte aus Kapitalvermögen, wird zum Jahresende ein Verlust i. H. v. 500 € festgestellt (§ 20 Absatz 6 EStG). Kapitalertragsteuer wird nicht erstattet.

Ist bei einem als entgeltlich zu behandelnden Depotübertrag (§ 43 Absatz 1 Satz 4 EStG) keine Ersatzbemessungsgrundlage ermittelbar, weil weder die Anschaffungskosten bekannt sind noch ein Veräußerungspreis ermittelbar ist, hat in diesem Fall eine Meldung an das zuständige Finanzamt entsprechend § 44 Absatz 1 Satz 7 ff. EStG zu erfolgen.

Behandlung von Leerverkäufen

Verfügt der Kunde über keinen Bestand und erteilt er einen Verkaufsauftrag (eigentlicher Leerverkauf), gilt Folgendes:

Der Verkaufsauftrag muss sofort als Veräußerungsgeschäft abgewickelt werden. Da dem Veräußerungsgeschäft kein Depotbestand und somit auch keine Anschaffungskosten gegenüberstehen, ist der Verkauf mit der Ersatzbemessungsgrundlage abzurechnen (§ 43a Absatz 2 Satz 7 EStG).

Deckt der Kunde sich anschließend mit entsprechenden Wertpapieren ein, hat das Kreditinstitut die hierfür angefallenen Anschaffungskosten nachträglich dem Veräußerungsgeschäft zuzuordnen. Im Rahmen der Kapitalertragsteueranmeldung ist die Erhebung der Kapitalertragsteuer insoweit zu korrigieren, als anstelle des Ansatzes der Ersatzbemessungsgrundlage der tatsächliche Veräußerungsgewinn unter Berücksichtigung der tatsächlichen Anschaffungskosten anzusetzen ist. Das Erfüllungsgeschäft (Lieferung der Wertpapiere) ist steuerlich nicht relevant.

Kann die Zuordnung des späteren Eindeckungsgeschäfts zu dem vorangehenden Veräußerungsgeschäft ausnahmsweise nicht durch das Kreditinstitut vorgenommen werden oder unterbleibt die Zuordnung, weil das Eindeckungsgeschäft in einem späteren Kalenderjahr als der Leerverkauf erfolgt, wird das Erfüllungsgeschäft als entgeltlicher Depotübertrag (§ 43 Absatz 1 Satz 4 EStG) behandelt. Dabei wird als Ersatzwert für den Veräußerungserlös der Börsenkurs angesetzt. Die Zuordnung des Eindeckungsgeschäfts zu dem vorangehenden Veräußerungsgeschäft kann in diesem Fall vom Kunden in der Veranlagung vorgenommen werden (§ 32d Absatz 4 EStG).

Nimmt das Kreditinstitut eine Zuordnung des Eindeckungsgeschäfts zu dem vorangegangenen Veräußerungsgeschäft im gleichen Kalenderjahr vor, ist im Rahmen der Kapitalertragsteueranmeldung die Erhebung der Kapitalertragsteuer insoweit zu korrigieren, als dass anstelle der Ersatzbemessungsgrundlage der Gewinn aus der Differenz zwischen dem Veräußerungserlös und den tatsächlichen Anschaffungskosten anzusetzen ist.

Erfolgt zunächst der Wertpapierkauf und anschließend der Wertpapierverkauf (so die Reihenfolge der Kaufverträge), wird aber die Kaufabrechnung nach der Verkaufsabrechnung verbucht (rein technisch bedingter Minusbestand) gilt Folgendes:

Der Verkauf wird zunächst unter Anwendung der Ersatzbemessungsgrundlage (wegen fehlender Anschaffungsdaten) abgewickelt. Bei späterer Einbuchung der Anschaffungskosten erfolgt dann jedoch eine Korrekturabrechnung durch die Depotbank.

c) Übertragung nicht verbriefter Kapitalforderungen/Wertpapiere des Bundes und der Länder (§ 43a Absatz 2 Satz 8 EStG)

Werden nicht für einen marktmäßigen Handel bestimmte schuldbuchfähige Wertpapiere des Bundes, bei denen die rechnerisch angefallenen Zinsen ausgewiesen werden, auf einen anderen Gläubiger übertragen, ist als Einnahme aus der Veräußerung nach § 43a Absatz 2 Satz 8 EStG der Börsenpreis zum Zeitpunkt der Übertragung anzusetzen. Als Börsenpreis gilt in allen Fällen der Übertragung der Wert der Kapitalforderung einschließlich der bis zum Übertragungszeitpunkt rechnerisch angefallenen und ausgewiesenen Zinsen. § 43a Absatz 2 Satz 15 EStG ist nicht anzuwenden.

Die entsprechende Kapitalertragsteuer ist nach § 44 Absatz 1 Satz 7 EStG bei dem Steuerpflichtigen anzufordern. Nach § 43a Absatz 2 Satz 8 EStG hat die auszahlende Stelle bei Nichtzahlung eine Anzeige bei ihrem Betriebsstättenfinanzamt vorzunehmen.

Wird bei den nicht für einen marktmäßigen Handel bestimmten schuldbuchfähigen Wertpapieren der Länder der rechnerisch angefallene Zins ebenfalls berechnet und ausgewiesen, gelten die Ausführungen zu den Wertpapieren des Bundes entsprechend. Andernfalls ist bei diesen Wertpapieren zwar bei ihrer Übertragung von der Veräußerungsfiktion des § 43 Absatz 1 Satz 4 EStG auszugehen, aber mangels einer vergleichbaren Bemessungsgrundlage kein Kapitalertragsteuerabzug vorzunehmen. Weiterhin ist beim Zessionar bei der Einlösung gemäß § 43a Absatz 2 Satz 15 EStG der Kapitalertragsteuerabzug nach dem vollen Kapitalertrag vorzunehmen. Die Ermittlung der tatsächlichen Bemessungsgrundlagen ist für den Zedenten und den Zessionar im Wege der Veranlagung vorzunehmen.

2. Anrechnung ausländischer Quellensteuer (§ 43a Absatz 3 Satz 1 EStG)

Anwendungsbereich, Verfahrensweise

Anlage § 020–08 Zu § 20 EStG

201 Gemäß § 43a Absatz 3 Satz 1 EStG sind ausländische Steuern auf Kapitalerträge auf Ebene der Kreditinstitute nach Maßgabe des § 32d Absatz 5 EStG zu berücksichtigen. Danach ist bei jedem einzelnen ausländischen Kapitalertrag die jeweilige ausländische Steuer auf die deutsche Abgeltungsteuer anzurechnen, wobei gegebenenfalls die Anrechnungsregelungen nach den jeweiligen Doppelbesteuerungsabkommen zu berücksichtigen sind. Die Anrechnung erfolgt unabhängig vom Beitrag in- oder ausländischer Kapitalerträge zum Abgeltungsteueraufkommen; sie ist begrenzt auf 25 %.

202 Die Anrechnung der ausländischen Steuer gem. § 32d Absatz 5 EStG ist nur für diejenigen Kapitalerträge durchzuführen, die den Einkünften aus Kapitalvermögen zuzurechnen sind.

Beispiel 1:

Ausländische Dividende	100
Steuerberechnung:	
Abgeltungsteuer (25 %)	25
./. anrechenbare ausl. Steuer	– 15
zu zahlende Abgeltungsteuer	10

Beispiel 2:

Geschäftsvorfall	Ertrag	Abgeltungsteuer	anrechenbare ausl. Steuer
(1) Ausl. Div. Land 1	100	10	15
(2) Ausl. Div. Land 2	200	0	50
(3) Inl. Zinsertrag	300	75	–
Summe	600	85	65

Steuerverprobung:	
Erträge insgesamt	600
Abgeltungsteuer (25 %)	150
./. anrechenbare ausl. Steuer	– 65
Zu zahlende Abgeltungsteuer	85

Verluste mindern die abgeltungsteuerpflichtigen Erträge unabhängig davon, ob diese aus in- oder ausländischen Quellen stammen. Die Summe der anrechenbaren ausländischen Quellensteuerbeträge ist auf die nach Verlustverrechnung verbleibende Abgeltungsteuerschuld anzurechnen.

Beispiel 3:
Geschäftsvorfälle (1) – (3) wie Beispiel 2, zusätzlich danach
(4) Verlust aus Anleiheveräußerung

Geschäftsvorfall	Ertrag	Verlusttopf	Abgeltungsteuer	anrechenbare ausl. Steuer
(1) Ausl. Div. Land 1	100		10	15
(2) Ausl. Div. Land 2	200		0	50
(3) Inl. Zinsertrag	300		75	–
(4) Veräußerungsverlust		– 300		
Summe brutto	600	– 300	85	65
Verlustverrechnung	– 300	300		
Zwischensumme	300	0	85	65
Steuererstattung			– 75	
Endsumme	300	0	10	65

Steuerverprobung:	
Erträge nach Verlustverrechnung	300
Abgeltungsteuer (25 %)	75
./. anrechenbare ausländische Steuer	– 65
Verbleibende Abgeltungsteuerschuld	10
./. bereits gezahlte Abgeltungsteuer	– 85
Erstattung	– 75

Zu § 20 EStG **Anlage § 020–08**

Auf die Abrechnungsperiode bezogen, ergibt sich hinsichtlich der Anrechnung ausländischer Steuern 203
insgesamt kein Unterschied aus der Reihenfolge des Anfalls von Verlusten und Erträgen.

Beispiel 4:
Wie Beispiel 3, aber zuerst Verlust aus Anleiheveräußerung

Geschäftsvorfall	Ertrag	Verlusttopf	Abgeltungsteuer	anrechenbare ausl. Steuer
(0) Veräußerungsverlust		– 300	–	–
(1) Ausl. Div. Land 1	100	(– 100)	0	15
(2) Ausl. Div. Land 2	200	(– 200)	0	50
(3) Inl. Zinsertrag	300		75	–
Summe brutto	600	– 300	75	65
Verlustverrechnung	– 300	300		
Zwischensumme	300	0	75	65
Steuererstattung			– 65	
Endsumme	300	0	10	65

Steuerverprobung:

Erträge nach Verlustverrechnung	300
Abgeltungsteuer (25 %)	75
./. anrechenbare ausländische Steuer	– 65
Verbleibende Abgeltungsteuerschuld	10
./. bereits gezahlte Abgeltungsteuer	– 75
Erstattung	– 65

Eine dem Grunde nach anzurechnende ausländische Steuer muss der Höhe nach nicht dem gesonderten 204
Steuersatz von 25 % entsprechen. Eine Anrechnung über 25 % ist nicht möglich, mit der Konsequenz, dass
der Empfänger dieses ausländischen Kapitalertrags insoweit endgültig belastet bleibt. Die Verrechnung eines
derartigen Anrechnungsüberhangs mit der auf anderen Kapitalerträgen lastenden Abgeltungsteuer durch die
Zahlstelle ist ebenso wenig möglich wie eine Erstattung ausländischer Quellensteuer.

Die Anwendung des Freistellungsauftrags hat die gleiche Wirkung wie die Verlustverrechnung. Die 205
Bemessungsgrundlage für die Abgeltungsteuer wird unabhängig davon gemindert, ob es sich um in-
oder ausländische Erträge handelt. Eine nach Ländern differenzierte Anwendung des Freistellungsauftrags und eine dahingehend eingeschränkte Anrechnung ausländischer Quellensteuer kommt – wie
bei der Verlustverrechnung – nicht in Betracht.

Wenn nach Verlustverrechnung und Anwendung des Freistellungsauftrags die Abgeltungsteuer geringer 206
ist als die anrechenbare ausländische Quellensteuer, so kann der Anrechnungsüberhang vom Kreditinstitut gesondert bescheinigt werden, damit der Kunde diesen gegebenenfalls mit anderweitig geschuldeter Abgeltungsteuer im Rahmen der Veranlagung verrechnen kann (Anwendungsfall des § 32d
Absatz 4 EStG). Ist dies nicht möglich, verfällt die ausländische Steuer.

In der Veranlagung besteht nicht die Möglichkeit des Abzugs gemäß § 34c Absatz 2 EStG. 207

Anrechnung ausländischer Steuer bei einem Erstattungsanspruch im ausländischen Staat

Die auszahlende Stelle hat keine Anrechnung der ausländischen Quellensteuer vorzunehmen, wenn im 207a
betreffenden ausländischen Staat nach dem Recht dieses Staates ein Anspruch auf teilweise oder vollständige Erstattung der ausländischen Steuer besteht. Besteht lediglich der Anspruch auf eine teilweise
Erstattung, kann der Steuerpflichtige die Anrechnung im Wege der Veranlagung gemäß § 32d Absatz 4
EStG beantragen. In diesen Fällen hat er dem zuständigen Finanzamt die Höhe der möglichen Erstattung
im ausländischen Staat nachzuweisen (z.B. durch Vorlage des ausländischen Bescheides über die Erstattung der anteiligen Quellensteuer nach ausländischem Recht).

Beispiel:

In Spanien werden Kapitaleinkünfte pauschal mit 18 % (ab 2010: 19 %) besteuert. Dividendenaus-
schüttungen sind bis 1.500 € von der Steuer befreit. Hierbei handelt es sich um einen Freibetrag, der
sich auf sämtliche in einem Jahr erhaltene Ausschüttungen bezieht. Dieser Freibetrag wird beim Abzug
der Quellensteuer in Spanien nicht berücksichtigt. Nicht in Spanien ansässige Dividendenempfänger
aus einem EU- oder DBA-Staat erhalten auf Antrag eine Erstattung der Quellensteuer für maximal
1.500 € Dividenden pro Jahr.

Anlage § 020–08

Zu § 20 EStG

A bezieht im Jahr 01 2.000 € Dividenden aus Spanien. Die inländische auszahlende Stelle hat keine Quellensteueranrechnung vorzunehmen und behält 500 € (2.000 € x 25%) Kapitalertragsteuer ein. A kann im Rahmen seiner Einkommensteuererklärung gemäß § 32d Absatz 4 EStG die Anrechnung der spanischen Quellensteuer beantragen. Da A bis zu einem Kapitalertrag von 1.500 € nach spanischem Recht einen vollständigen Erstattungsanspruch gegenüber den spanischen Finanzbehörden besitzt und für den übersteigenden Kapitalertrag von 500 € nach dem DBA Deutschland-Spanien die Quellensteuer nur zu 15 % angerechnet werden kann, hat das Finanzamt 75 € [(2.000 €- 1.500 €) x 15%]
Quellensteuer anzurechnen (§ 32d Absatz 5 EStG und Artikel 10 Absatz 2 Buchstabe b DBA-Spanien).

Hinsichtlich der Anrechnung spanischer und norwegischer Quellensteuer vgl. BMF Schreiben vom 8. September 2011 (BStBl. I S. 854) und BMF-Schreiben vom 15. November 2011 (BStBl. I S. 1113).

Auf der Internetseite des BZSt können die entsprechenden Erstattungsformulare unter folgendem Link heruntergeladen werden: http://www.steuerliches-info-center.de/DE/AufgabenDesBZSt/Auslaendische Formulare/auslaendischeformulare_node.html.

Anrechnung ausländischer Steuern in Nicht-DBA-Fällen

208 Da es vor allem in Nicht-DBA-Fällen fraglich ist, ob die abgezogene ausländische Quellensteuer eine der deutschen Einkommensteuer entsprechende Steuer darstellt, können die Kreditinstitute nicht von einer generellen Anrechenbarkeit von Quellensteuern (ausländischen Steuern) auf Kapitalerträge ausgehen. Die gesetzlichen Voraussetzungen, nach denen eine Anrechnung ausländischer Steuern vorgenommen werden kann, müssen im Einzelfall vorliegen. Für die Prüfung, ob eine ausländische Steuer der deutschen Einkommensteuer entspricht, enthält Anhang 12 II des Einkommensteuerhandbuchs 2008 [1] eine Übersicht.

Anrechnung ausländischer Steuer bei einem Erstattungsanspruch im ausländischen Staat

208a Das Bundeszentralamt für Steuern veröffentlicht auf seiner Internetseite unter Steuern International – Ausländische Quellensteuer eine Übersicht der Sätze der anrechenbaren ausländischen Quellensteuer, die jährlich zum Stand 1. Januar aktualisiert wird und die für die auszahlenden Stellen maßgebend ist. Es ist nicht zu beanstanden, wenn die sich aus der Übersicht ergebenden Änderungen erst ab dem 1. Juli des jeweiligen Kalenderjahres durch die auszahlenden Stellen berücksichtigt werden.

Anrechnung fiktiver Quellensteuer im Steuerabzugsverfahren

209 Die Anrechnung fiktiver Quellensteuern ist im Rahmen des Kapitalertragsteuerabzugs möglich, wenn die Anrechnung nach dem DBA nicht an besondere Voraussetzungen gebunden ist. Grundlage stellt hierzu die auf der Internetseite des steuerlichen Info-Centers des Bundeszentralamts für Steuern veröffentlichte Übersicht der Sätze der anrechenbaren ausländischen Quellensteuern unter – Steuern international – Ausländische Quellensteuer – dar. Im Übrigen erfolgt die Anrechnung im Rahmen der Veranlagung durch das zuständige Finanzamt.

Anrechnung ausländischer Quellensteuern bei Treuhandkonten, Nießbrauch- und Nachlasskonten

210 Da für die genannten Konten beim Steuerabzug grundsätzlich die für Einkünfte aus Kapitalvermögen geltenden Regelungen angewendet werden (mit konten- oder nachlassbezogenen eigenen Verlustverrechnungskreisen), ist auch die Anrechnung ausländischer Quellensteuern bei Treuhandkonten, Nießbrauch- und Nachlasskonten möglich (zu Treuhandkonten vgl. Rz 152 bis 154).

Anrechnung ausländischer Quellensteuer bei Ausschüttungen kanadischer Income Trusts

211 Für Zwecke des Kapitalertragsteuerverfahrens gelten die Ausschüttungen kanadischer Income Trusts als Einkünfte i. S. des § 20 Absatz 1 Nummer 1 EStG. Eine Anrechnung der kanadischen Quellensteuer ist nicht vorzunehmen. Die tatsächliche Zurechnung der Erträge zu den einzelnen Einkunftsarten sowie die Anrechnung der Quellensteuer erfolgt im Rahmen einer Veranlagung zur Einkommensteuer. Entsprechendes gilt für vergleichbar konzipierte Trustgebilde anderer Staaten, bei denen eine eindeutige Zuordnung der Erträge zu einer Einkunftsart im Rahmen des Kapitalertragsteuerverfahrens schwierig ist.

3. Verlusttopf (§ 43a Absatz 3 Satz 2 bis 7 EStG)

Führung eines Steuerverrechnungskontos mit Erstattungsmöglichkeit und Auskunft über den Stand des Steuerverrechnungskontos

212 Im Steuerabzugsverfahren hat das Kreditinstitut im Kalenderjahr negative Kapitalerträge einschließlich gezahlter Stückzinsen bis zur Höhe der positiven Kapitalerträge auszugleichen (§ 43a Absatz 3 Satz 2 EStG). Unterjährig kann das Kreditinstitut die Erträge allerdings nur in der Reihenfolge ihres Zuflusses abarbeiten. Dies kann zu einem unterschiedlichen Kapitalertragsteuerabzug führen, je nach Reihenfolge von positiven und negativen Erträgen.

---

1) Siehe Anlage § 034c-01.

Zu § 20 EStG **Anlage § 020–08**

Um dem Erfordernis des Verlustausgleichs über das Kalenderjahr hinweg gerecht zu werden, kann das Kreditinstitut dem Steuerpflichtigen eine Steuergutschrift aus einer nachträglichen Verrechnung mit dem Verlusttopf erteilen.

Der Ausgleich kann technisch über ein vom Kreditinstitut intern für jeden Steuerpflichtigen geführtes Steuerverrechnungskonto vorgenommen werden.

Im Hinblick auf dieses Steuerverrechnungskonto und das skizzierte Ausgleichserfordernis wird nicht beanstandet, wenn das Kreditinstitut nicht nur am Ende des Kalenderjahres, sondern auch unterjährig (zu bestimmten Stichtagen oder auch täglich bzw. mit jedem neuen Geschäftsvorfall) einen Abgleich vornimmt und dem Steuerpflichtigen einen etwaigen sich ergebenden positiven Steuersaldo erstattet, der im Rahmen der jeweils nächsten Kapitalertragsteueranmeldung verrechnet wird.

Soweit inländische Dividenden durch eine Verlustverrechnung vom Steuerabzug freizustellen sind, ist 213 bereits ab dem Veranlagungszeitraum 2009 der zu erstattende Steuerbetrag im Rahmen der jeweils nächsten Kapitalertragsteueranmeldung (also über das jeweilige Betriebstättenfinanzamt) zu verrechnen. Entsprechendes gilt für die übrigen Kapitalerträge, bei denen die Abgeltungsteuer vom Emittenten der Wertpapiere einzubehalten ist.

Verlustverrechnung nur für Konten und Depots des Privatvermögens

Die Verlustverrechnung ist bei natürlichen Personen nur für diejenigen Kapitalerträge durchzuführen, 214 die den Einkünften aus Kapitalvermögen zuzuordnen sind.

Bei betrieblichen und anderen nicht den Einkünften aus Kapitalvermögen zuzuordnenden privaten 215 Konten und Depots kommt eine Verlustverrechnung nicht in Betracht. Negative Kapitalerträge, die anderen Einkunftsarten zuzuordnen sind, sind somit nicht verrechenbar mit positiven Kapitalerträgen des Privatvermögens und umgekehrt.

Die Kreditinstitute dürfen hierbei auf die Angaben der Kunden vertrauen. Nur wenn dem Institut auf 216 dieser Grundlage bekannt ist, dass es sich um ein betriebliches oder der Vermietung oder Verpachtung zugehörendes Konto oder Depot handelt, ist es in der Lage, die betreffenden Konten und Depots von der Verlustverrechnung auszuschließen.

Verlustverrechnung bei Ehegatten für den Veranlagungszeitraum 2009

Bei Ehegatten sind bis zu drei allgemeine Verlusttöpfe und ggf. bis zu drei Aktientöpfe (vgl. Rzn. 228ff.) 217 vorzuhalten (je ein Topf für Konten und Depots des Ehemannes, je ein Topf für Konten und Depots der Ehefrau, je ein Topf für Gemeinschaftskonten und -depots). Der gemeinsame Freistellungsauftrag (vgl. Rzn. 261ff.) gilt zwar für alle Konten und Depots, eine übergreifende Verlustverrechnung ist aber in 2009 noch nicht möglich.

Das Institut trägt am Jahresende bestehende Verlustüberhänge – getrennt nach den drei Töpfen – auf das 218 nächste Jahr vor. Um für das abgelaufene Kalenderjahr eine übergreifende Verlustverrechnung zu erreichen, müssen die Ehegatten bis zum 15. Dezember des laufenden Jahres bei dem Kreditinstitut einen Antrag auf Ausstellung der Verlustbescheinigung (§ 43a Absatz 3 Satz 4 und 5 EStG) stellen und die Zusammenveranlagung einschließlich der jeweiligen Kapitalerträge wählen (§ 32d Absatz 4 EStG).

Verlustverrechnung bei Ehegatten ab dem Veranlagungszeitraum 2010

Mit Wirkung ab dem Jahr 2010 haben die Kreditinstitute im Rahmen des Steuerabzugsverfahrens eine 219 übergreifende Verlustverrechnung über alle beim Kreditinstitut geführten Konten und Depots der Ehegatten (Einzelkonten und -depots; Gemeinschaftskonten und -depots) vorzunehmen, wenn die Ehegatten einen gemeinsamen Freistellungsauftrag erteilt haben. Hinsichtlich der Erteilung und Änderung von Freistellungsaufträgen bei Ehegatten wird auf die Rzn. 261 ff. verwiesen.

Gemeinschaftskonten und -depots

Bei Gemeinschaftskonten und -depots natürlicher Personen wird der Verlusttopf für die jeweilige Ge- 220 meinschaft geführt (z. B. nichteheliche Lebensgemeinschaft, eingetragene Lebenspartnerschaft). Dies gilt auch für andere Personengemeinschaften (z. B. private Investmentclubs, Sparclubs etc.).

Die Verlustverrechnung ist unabhängig von einem Wechsel der Beteiligten (z. B. Ein- und Austritte bei 221 Investmentclubs oder bei vermögensverwaltenden Personengesellschaften) fortzuführen. Eine Aufteilung der Erträge und der Verluste oder sogar Zuordnung von Verlusttöpfen ist weder unterjährig noch zum Jahresende vorzunehmen. Wird eine Verlustbescheinigung beantragt, wird diese für die (im Zeitpunkt der Erstellung aktuelle) Gemeinschaft ausgestellt. Sofern kein Antrag gestellt wird, hat das Institut einen Verlustüberhang auf das Folgejahr vorzutragen.

Treuhandkonten und -depots, Wohnungseigentümergemeinschaften u. ä.

Bei Treuhandkonten, Nießbrauchkonten, Notaranderkonten, Mietkautionskonten und bei Wohnungs- 222 eigentümergemeinschaften ist eine getrennte Verlustverrechnung (je Konto oder Depot) vorzunehmen

Anlage § 020–08

Zu § 20 EStG

unabhängig davon, ob der Treugeber bekannt ist und weitere Konten und Depots beim Kreditinstitut führt oder ob er dem Institut nicht bekannt ist.

Schließen des Verlusttopfs bei Tod eines Kunden

223 Sobald ein Kreditinstitut vom Tod eines Kunden Kenntnis erlangt, hat es den Verlusttopf zu schließen. Entsprechendes gilt bei Gemeinschaftskonten von Ehegatten. Eine Abgrenzung der Erträge und Verluste zurück auf den Todestag ist nicht erforderlich.

224 Da die Verlustverrechnung bei anderen Gemeinschaftskonten oder Personengesellschaftskonten sowie -depots unabhängig vom Bestand der Gemeinschaft oder der Gesellschaft erfolgt, wird der Verlusttopf fortgeführt, wenn eine der beteiligten Personen stirbt und die Gemeinschaft oder Gesellschaft dann noch aus mindestens zwei Personen besteht.

225 Stirbt ein Ehegatte, wird der für ihn selbst geführte Verlusttopf geschlossen, der Verlusttopf für den anderen Ehegatten wird hingegen fortgeführt.

Verlustverrechnung bei NV-Fällen

226 Verluste, die bis zum Widerruf einer NV-Bescheinigung aufgelaufen sind, können im Rahmen des Kapitalertragsteuerabzugs nicht berücksichtigt werden. Entsprechendes gilt für nicht angerechnete Quellensteuer.

227 Die Kreditinstitute haben im Hinblick auf die Veranlagung die aufgelaufenen Verluste zu berücksichtigen (z. B. in einem sog. fiktiven Verlusttopf oder durch anderweitige Verrechnung positiver und negativer Erträge während der NV-Phase). Die nicht angerechnete Quellensteuer ist dem Steuerpflichtigen jährlich zu bescheinigen. Nach Fristablauf der NV-Bescheinigung oder falls das Kreditinstitut vom Widerruf der NV-Bescheinigung Kenntnis erlangt, darf ein verbleibender Verlust- oder Quellensteuersaldo nicht mit später zufließenden steuerpflichtigen Erträgen verrechnet oder in das Folgejahr übertragen werden. Wird ein fiktiver Verlust- oder Quellensteuertopf geführt, ist dieser zu schließen. Ein während der NV-Phase entstandener Verlustüberhang ist zu bescheinigen.

Verrechnung von Aktienverlusten (Aktientopf)

228 Da Verluste aus Aktienverkäufen nur mit Gewinnen aus Aktienverkäufen verrechnet werden dürfen (§ 43a Absatz 3 Satz 2 i. V. mit § 20 Absatz 6 Satz 5 EStG), muss ein zusätzlicher Verrechnungstopf eingerichtet werden. Verluste aus der Veräußerung von ADRs und GDRs sind in diesen Verlusttopf einzustellen (vgl. Rz. 123). Verluste aus Veräußerungen von Teilrechten und von Bezugsrechten auf Aktien sind nicht in diesen Verlusttopf einzustellen und ohne Einschränkung verrechenbar. Gewinne aus der Veräußerung von Teilrechten und Bezugsrechten können nicht mit verrechnet werden.

229 Gewinne aus der Veräußerung von Aktien, die nicht durch entsprechende Aktienveräußerungsverluste ausgeglichen werden können, können mit dem allgemeinen Verlusttopf verrechnet werden. Dies kann über das Steuerverrechnungskonto erfolgen (siehe Rz. 212ff.). Falls nach Verrechnung eines Aktienveräußerungsgewinns mit dem allgemeinen Verlusttopf im weiteren Verlauf des Jahres ein Aktienveräußerungsverlust realisiert wird, muss die Verlustverrechnung insoweit, um eine zeitnahe Verrechnung der Aktienverluste zu erreichen, wieder korrigiert und der Aktienverlust nachträglich mit dem Aktiengewinn verrechnet werden; der allgemeine Verlusttopf lebt also insoweit wieder auf.

Berücksichtigung von Freistellungsaufträgen

230 Ein erteilter Freistellungsauftrag (vgl. Rz. 257ff.) ist erst auf den nach Verlustverrechnung verbleibenden abzugspflichtigen Ertrag anzuwenden. Ein Freistellungsauftrag wird somit erst nach Berücksichtigung des Verlustverrechnungstopfes angewendet („verbraucht"). Je nach Reihenfolge der Geschäfte kann diese Betrachtung dazu führen, dass ein ausgeführter Freistellungsauftrag bzw. der Freistellungsbetrag wieder auflebt, weil eine vorrangige Verrechnung von Verlusten die Ausführung des Freistellungsauftrages insoweit verhindert.

Beispiel:

Geschäftsvorfall	Ertrag/ Verlust	Verlusttopf/ Aktienveräußerung	Verlusttopf übrige	zur Verfügung stehendes Freistellungsvolumen	Abgeltungsteuer
1.2.2009 gezahlte Stückzinsen	–100		100	801	0
1.3.2009 Zinszahlung	+900		0	1 501	0
1.4.2009 Termingeschäft	–500		0	(aufgelebtes Freistellungsvolumen)	0

Zu § 20 EStG | **Anlage § 020–08**

Hierdurch wird sichergestellt, dass der Sparer-Pauschbetrag nicht höher ist als die nach Maßgabe des § 20 Absatz 6 EStG verrechneten Kapitalerträge. Nicht verrechenbare Aktienverluste bleiben dabei unberücksichtigt.

Erstattung bereits einbehaltener Kapitalertragsteuer auf Grund der Erteilung eines gemeinsamen Freistellungsauftrages im Jahr der Eheschließung

Ehegatten, die unbeschränkt einkommensteuerpflichtig sind und nicht dauernd getrennt leben, können entweder einen gemeinsamen Freistellungsauftrag oder Einzel-Freistellungsaufträge erteilen. Der gemeinsame Freistellungsauftrag gilt sowohl für Gemeinschaftskonten als auch für Konten oder Depots, die auf den Namen nur eines Ehegatten geführt werden. 231

Eine rückwirkende Erstattung bereits einbehaltener Kapitalertragsteuer ist auch im Jahr der Eheschließung aufgrund eines gemeinsamen Freistellungsauftrages möglich. 232

Verlustvortrag auf Folgejahr bzw. Ausstellung einer Verlustbescheinigung

Etwaige am Jahresende sich ergebende Verlustüberhänge im allgemeinen Verlusttopf und im Aktienverlusttopf sind getrennt auf das Folgejahr vorzutragen. Der Antrag auf die Erteilung der Verlustbescheinigung kann für beide Töpfe getrennt gestellt werden. In den Fällen der ehegattenübergreifenden Verlustverrechnung umfasst die Bescheinigung die nach Maßgabe der Rzn. 266 bis 277 ermittelten nicht ausgeglichenen Verluste. 233

Nach dem Gesetzeswortlaut muss der Gläubiger den Antrag stellen (§ 43a Absatz 3 Satz 4 EStG). Dies ist dahingehend auszulegen, dass der Konto- bzw. Depotinhaber (bei Gemeinschaftskonten/-depots der Bevollmächtigte) den Antrag stellen kann (muss nicht der Gläubiger im steuerlichen Sinne sein, z. B. bei Treuhandkonto). Geht der Antrag nicht bis zum 15. Dezember des laufenden Jahres bei der auszahlenden Stelle ein, kann keine Bescheinigung erstellt werden. Eine Berücksichtigung der Verluste im Rahmen der Einkommensteuerveranlagung ist nicht möglich. 234

Überträgt der Steuerpflichtige sein Depot vollständig auf ein anderes Institut, werden die Verluste nur auf Antrag übertragen. Voraussetzung ist, dass sämtliche von der auszahlenden Stelle verwahrten Wertpapiere übertragen werden. Auch eine getrennte Übertragung der Verluste aus Aktienveräußerungen sowie der Verluste aus anderen Veräußerungsgeschäften ist möglich. Ein Verlustübertrag ohne einen Übertrag von Wirtschaftsgütern ist nicht möglich. 235

Vollständiger Depotübertrag auf mehrere Institute nach Beendigung der Kundenbeziehung

Es ist zulässig, den Aktientopf und den allgemeinen Verlusttopf jeweils auf unterschiedliche Institute zu übertragen. 236

Verlustbescheinigung beim Tod eines Kunden (§ 43a Absatz 3 Satz 4 EStG)

Sobald das Kreditinstitut vom Tod eines Kunden Kenntnis erlangt, werden die Verlustverrechnungstöpfe geschlossen. In diesen Fällen ist der an sich erforderliche Antrag auf Ausstellung einer Verlustbescheinigung gemäß § 43a Absatz 3 Satz 4 EStG als gestellt anzusehen. 237

Verlustbescheinigung bei Beendigung der Kundenbeziehung und bei Steuerausländereigenschaft

Bei Beendigung der Kundenbeziehung sind die in diesem Zeitpunkt noch vorhandenen Verlusttöpfe zu schließen und eine Verlustbescheinigung zum Jahresende zu erstellen, sofern kein Antrag auf Verlustmitteilung an das neue Kreditinstitut (§ 43a Absatz 3 Satz 6 EStG) gestellt wird. Entsprechendes gilt, wenn der Kunde in den Status des Steuerausländers wechselt. Die Ausstellung der Bescheinigungen durch das Kreditinstitut erfolgt ohne Antrag. 238

Lebensversicherungsunternehmen können die Verlustbescheinigung ohne Antrag erteilen, wenn auf Grund der Beziehungen zwischen dem Unternehmen und dem Steuerpflichtigen nicht damit zu rechnen ist, dass im nächsten Jahr positive Kapitalerträge von diesem Unternehmen für den Steuerpflichtigen anfallen. Ein derartiger Fall liegt insbesondere dann vor, wenn bei dem Versicherungsunternehmen nur ein Lebensversicherungsvertrag besteht, der durch Rückkauf beendet wird. 239

Kein Verlusttopf bei Körperschaften (§ 43a Absatz 3 Satz 7 EStG)

Bei den Körperschaften ist – wie auch bei den Einkünften gemäß § 20 Absatz 8 EStG – kein Verlusttopf zu führen, da § 43a Absatz 3 EStG in diesen Fällen keine Anwendung findet. Die in § 43a Absatz 3 EStG enthaltenen Regelungen insbesondere zur Verlustverrechnung, zur vereinfachten – Anrechnung ausländischer Steuern sind darauf ausgerichtet, durch eine zusammenfassende Betrachtung aller bei einem Kreditinstitut unterhaltenen Konten und Depots eines Steuerpflichtigen mit privaten Kapitalerträgen schon bei Erhebung der Kapitalertragsteuer die letztlich zutreffende Jahressteuer zu erheben, um den Abgeltungscharakter der Kapitalertragsteuer auf private Kapitalerträge in möglichst vielen Fällen sicherzustellen. Auch die Führung eines eingeschränkten Verlusttopfes – nur für gezahlte Stückzinsen und Zwischengewinne – ist nicht zulässig. 240

Anlage § 020–08   Zu § 20 EStG

5. Korrekturen beim Kapitalertragsteuerabzug (§ 43a Absatz 3 Satz 7 EStG)

241 Korrekturen beim Kapitalertragsteuerabzug sind gemäß § 43a Absatz 3 Satz 7 EStG nur mit Wirkung für die Zukunft, d. h. nach den Verhältnissen im Zeitpunkt des Bekanntwerdens des Fehlers vorzunehmen.

Beispiel 1:

A erhält eine Ausschüttung einer Kapitalgesellschaft über 100 € im Jahr 01, die in voller Höhe als Dividende behandelt wird. Im Jahr 02 erfolgt die Korrektur des Dividendenertrags auf 50 €. In Höhe von weiteren 50 € lag eine nicht steuerbare Kapitalrückzahlung vor. Insoweit ergibt sich eine Minderung der Anschaffungskosten für die Anteile. Die Aktien sind im Jahr 02 noch im Bestand des Kunden.

Das Kreditinstitut hat einen allgemeinen Verlust in Höhe von 50 € im Jahr 02 einzubuchen. Außerdem sind die Anschaffungskosten um 50 € zu mindern.

Abwandlung:

Die Aktien wurden von A im Jahr 01 mit einem Verlust von 20 € veräußert.

Das Kreditinstitut hat einen allgemeinen Verlust in Höhe von 50 € und einen Aktienveräußerungsgewinn von 50 € einzubuchen.

Beispiel 2:

A hat im Jahr 01 Aktien mit einen Gewinn von 2.000 € veräußert. Im Jahr 02 führt die Neuberechnung des Veräußerungsergebnisses auf Grund einer Fehlerkorrektur zu einem Verlust von 500 €.

Die Bank hat im Jahr 02 einen allgemeinen Verlust in Höhe von 2.000 € und einen Aktienverlust in Höhe von 500 € einzubuchen.

Beispiel 3:

A kauft im Jahr 01 Anteile an einem Investmentfonds mit einem Zwischengewinn von 10 €. Im Jahr 02 wird der Zwischengewinn auf 5 € abgesenkt. Die Anteile befinden sich noch im Depotbestand des A.

Der zu hohe Einkaufszwischengewinn wird durch eine Einbuchung eines laufenden Ertrags von 5 € korrigiert. *Abwandlung:*

Die Fondsanteile werden im Jahr 02 mit einem Gewinn von 100 € veräußert.

Der zu holte Einkaufszwischengewinn wird durch die Einbuchung eines laufenden Ertrags von 5 € korrigiert. Da das Veräußerungsergebnis i. S. des § 8 Absatz 5 InvStG um 5 € zu hoch ist, erfolgt die Korrektur durch Einbuchung eines allgemeinen Verlustes von 5 €.

Beispiel 4:

Wie Beispiel 3. Allerdings wird im Jahr 02 der Zwischengewinn auf 20 € erhöht. Die Fondsanteile sind noch im Bestand des Kunden.

Der zu niedrige Einkaufszwbichengewinn wird durch die Einbuchung eines allgemeinen Verlusts von 10 € korrigiert.

Abwandlung:

Die Fondsanteile werden im Jahr 02 mit einem Gewinn von 100 € veräußert. Der zu niedrige Einkaufszwischengewinn wird durch die Einbuchung eines allgemeinen Verlusts von 10 € korrigiert. Da das Veräußerungsergebnis i. S. des § 8 Absatz 5 InvStG zu niedrig ist, erfolgt die Einbuchung eines Veräußerungsgewinns in Höhe von 10 €.

Beispiel 5:

A veräußert im Jahr 01 Wertpapiere mit einem Verlust von 200 €. Die Bank behandelt die Verluste als Aktienveräußerungsverluste. Im Jahr 02 stellt sich heraus, dass es sich um Verluste aus der Veräußerung von Finanzinnovationen handelt. Der Verlusttopf ist noch nicht verbraucht.

Die Bank hat die steuerrechtliche Einstufung im Jahr 02 zu korrigieren.

Beispiel 6:

Ehegatten A und B erteilen einen gemeinsamen Freistellungsauftrag gegenüber der Bank in Höhe von 1.602 Euro. A verstirbt im Jahr 01. Ehegatte B teilt dies seiner Bank erst im Jahr 04 mit. Die Bank hat eine Korrektur nach § 43a Absatz 3 Satz 7 EStG im Jahr 04 für die Jahre 02 und 03 durchzuführen. Die Steuerbescheinigungen der Jahre 02 und 03 werden nicht korrigiert.

Hiervon abweichend können die auszahlenden Stellen einheitlich für alle Anleger bis zum 31. Januar Korrekturen für das vorangegangene Kalenderjahr vornehmen.

Bei der Korrektur nach Satz 1 hat die auszahlende Stelle nicht auf die rechtliche Zuordnung zum Zeitpunkt des Steuerabzugs, sondern auf die rechtliche Zuordnung zum Zeitpunkt der Korrektur abzustellen.

Zu § 20 EStG   **Anlage § 020–08**

Beispiele:
- Zum Zeitpunkt des Steuereinbehalts im Jahr 01 befanden sich die Wertpapiere im Privatvermögen des A. Im Jahr 02 gehören die Wertpapiere zum Betriebsvermögen. Eine Korrektur im Jahr 02 ist nicht vorzunehmen.
- A war zum Zeitpunkt des Steuereinbehalts im Jahr 01 unbeschränkt steuerpflichtig. Ende des Jahres 01 zieht er in das Ausland. Eine Korrektur ist im Jahr 02 nicht vorzunehmen.

Hat die auszahlende Stelle den Fehler offensichtlich selbst zu vertreten, kann sie abweichend von Satz 1 nach § 44b Absatz 5 Satz 1 EStG die Korrektur für die Vergangenheit durchführen. In diesen Fällen ist es zulässig, die Korrektur des Steuerabzugs erst im Rahmen der nächsten Steueranmeldung zu berücksichtigen; eine Änderung der ursprünglichen Anmeldung ist nicht erforderlich.

Korrekturen mit Wirkung für die Zukunft nach Maßgabe der Randziffer 241 finden keine Anwendung bei   241a
- Anlegern, deren Kapitalerträge Betriebseinnahmen sind (§ 43a Absatz 3 Satz 8 EStG),
- Steuerausländern,
- der Korrektur der Ersatzbemessungsgrundlage, sofern nicht die Voraussetzungen der Rz. 196 vorliegen.

Beispiel:
Das Kreditinstitut hat im Jahr 01 einen Wertpapierverkauf wegen fehlender Kenntnis über die Anschaffungskosten mit der Ersatzbemessungsgrundlage abgerechnet. Als Veräußerungspreis wurde ein Börsenkurs von 100 € zu Grunde gelegt. Im Jahr 02 stellt sich heraus, dass der Börsenkurs tatsächlich 90 € betrug.
Eine Korrektur ist nicht vorzunehmen.

- Korrekturen bei Erträgen aus Anteilen an ausländischen Investmentvermögen, soweit bei der Veräußerung oder Rückgabe von Anteilen an ausländischen thesaurierenden Investmentfonds § 7 Absatz 1 Satz 1 Nummer 3 InvStG angewendet wurde,
- Korrekturen bei der Anrechnung ausländischer Quellensteuer, wenn der Steuerpflichtige die Quellensteuer auf Grund einer Entscheidung des EuGH vom ausländischen Staat erstattet bekommt, sowie bei Änderung oder Wegfall der Bemessungsgrundlage auf Grund einer Entscheidung des EuGH, des Bundesverfassungsgerichts oder des Bundesfinanzhofs,
- wenn ein Steuerpflichtiger die Geschäftsbeziehung mit einer auszahlenden Stelle beendet, ohne seine Wertpapiere auf ein anderes Institut zu übertragen.

Die zutreffende Festsetzung der Einkommensteuer erfolgt in diesen Fällen bei unbeschränkt Steuerpflichtigen im Rahmen der Veranlagung. Eine Veranlagung von beschränkt Steuerpflichtigen kommt nur in Ausnahmefällen in Betracht.

Weist der Steuerpflichtige durch eine Bescheinigung der auszahlenden Stelle nach, dass sie die Korrektur nicht vorgenommen hat und auch nicht vornehmen wird, kann er die Korrektur nach § 32d Absatz 4 oder § 32d Absatz 6 EStG geltend machen. In den Fällen der Randziffer 241a bedarf es keiner Bescheinigung.   241b

Korrektur ausländischer Quellensteuer

Wird der Betrag der anrechenbaren ausländischen Quellensteuer zu Gunsten des Steuerpflichtigen korrigiert und wurde im Berichtigungsjahr bereits Kapitalertragsteuer einbehalten, kann diese um die Quellensteuer gemindert und erstattet werden. Wurde noch keine Kapitalertragsteuer einbehalten, ist der Betrag im Quellensteuertopf zu erfassen und beim nächsten Steuereinbehalt zu berücksichtigen.   241c

Wird der Betrag der anrechenbaren ausländischen Quellensteuer zu Lasten des Steuerpflichtigen korrigiert, hat die auszahlende Stelle den Betrag gleichfalls im Quellensteuertopf als Negativbetrag einzustellen und beim nächsten Steuereinbehalt zu Lasten des Steuerpflichtigen zu berücksichtigen. Hiervon abweichend ist es nicht zu beanstanden, wenn an Stelle der Einstellung des Negativbetrags in den Quellensteuertopf die auszahlende Stelle zum Zeitpunkt der Korrektur die Kapitalertragsteuer einbehält.

Am Ende des Kalenderjahres wird der Quellensteuertopf geschlossen. Positive oder negative Beträge – die beim Steuerabzug nicht berücksichtigt werden konnten – sind in der Steuerbescheinigung im Hinblick auf eine Veranlagung gemäß § 32d Absatz 3 EStG im Falle eines negativen Quellensteuertopfes sowie gemäß § 32d Absatz 4 EStG im Falle eines positiven Quellensteuertopfes auszuweisen.

Wenn der Schuldner der Kapitalertragsteuer seine Bankverbindung beendet hat und eine Korrektur gemäß § 43a Absatz 3 Satz 7 EStG nicht mehr möglich ist, ist die Regelung des § 44 Absatz 1 Satz 8 bis 9 EStG entsprechend anzuwenden.

Anlage § 020–08

Zu § 20 EStG

VI. Entrichtung der Kapitalertragsteuer (§ 44 EStG)

1. Zuflusszeitpunkt, auszahlende Stelle, Umfang des Steuerabzugs (§ 44 Absatz 1 EStG)

a) Zufluss von Zinsen (§ 44 Absatz 1 Satz 2 EStG)

242 Zinsen fließen als regelmäßig wiederkehrende Einnahmen dem Steuerpflichtigen nach § 11 Absatz 1 Satz 2 EStG in dem Jahr zu, zu dem sie wirtschaftlich gehören. Die wirtschaftliche Zugehörigkeit bestimmt sich nach dem Jahr, in dem sie zahlbar, d. h. fällig sind, unabhängig davon, für welchen Zeitraum die Zinsen gezahlt werden oder wann die Gutschrift tatsächlich vorgenommen wird. Auch bei auf- und abgezinsten Kapitalforderungen ist für den Zufluss nicht der Zeitraum maßgebend, für den die Zinsen gezahlt werden, sondern der Zeitpunkt der Fälligkeit.

243 Bei Bundesschatzbriefen Typ B, bei denen der Zinslauf am 1. Januar beginnt, ist die Kapitalertragsteuer ebenfalls bei Fälligkeit, d. h. am 1. Januar, abzuziehen.

b) Umfang des Steuerabzugs (§ 44 Absatz 1 Satz 2 EStG)

Vorschusszinsen bei Spareinlagen

244 Nach § 21 Absatz 4 der Verordnung über die Rechnungslegung der Kreditinstitute (RechKredV) können Sparbedingungen dem Kunden das Recht einräumen, über Spareinlagen, für die eine Kündigungsfrist von drei Monaten gilt, bis zu einem bestimmten Betrag, der jedoch pro Sparkonto und Kalendermonat 2.000 € nicht überschreiten darf, ohne Kündigung zu verfügen. Es bleibt den Kreditinstituten überlassen, in welcher Weise sie im Einzelfall auf Verfügungen vor Fälligkeit reagieren wollen.

245 Berechnen die Kreditinstitute das Entgelt für die vorzeitige Rückzahlung in der Form, dass die Vorschusszinsen weder den Betrag der insgesamt gutgeschriebenen Habenzinsen übersteigen, noch für einen längeren Zeitraum als 2 ½ Jahre berechnet werden, und bleibt die geleistete Spareinlage in jedem Fall unangetastet, kann die Kapitalertragsteuer von dem saldierten Zinsbetrag (Habenzinsen abzüglich Vorschusszinsen) erhoben werden.

Kapitalertragsteuer bei Zinsen aus Kontokorrentkonten

246 Bei Zinsen aus Kontokorrentkonten ist die Kapitalertragsteuer nicht auf der Grundlage des Saldos am Ende des jeweiligen Abrechnungszeitraums, sondern von den einzelnen Habenzinsbeträgen vor der Saldierung zu erheben.

Umrechnung von Währungsbeträgen

247 Bei in Fremdwährung bezogenen Kapitalerträgen, z. B. aus Fremdwährungsanleihen und Fremdwährungskonten, ist sowohl für die Gutschrift als auch für die Kapitalertragsteuer der Devisenbriefkurs der jeweiligen Fremdwährung zugrunde zu legen, der am Tag des Zuflusses der Kapitalerträge gilt (zur Billigkeitsregelung bei sog. „Alt-Finanzinnovationen vgl. Rz. 56).

c) Auszahlende Stelle (§ 44 Absatz 1 Satz 3 und 4 EStG)

Mehrstufige Verwahrung

248 Wertpapiere werden vielfach nicht unmittelbar von dem Kreditinstitut oder der anderen auszahlenden Stelle verwahrt, bei dem der Steuerpflichtige sein Depot unterhält, sondern auch – z. B. im Falle der Girosammelverwahrung – bei der Wertpapiersammelbank (Clearstream Banking AG) als Unterverwahrer. Auszahlende Stelle ist bei mehrstufiger Verwahrung die depotführende auszahlende Stelle, die als letzte auszahlende Stelle die Wertpapiere für den Steuerpflichtigen verwahrt und allein dessen individuellen Verhältnisse (z. B. Freistellungsauftrag, NV-Bescheinigung) berücksichtigen kann.

Stillhalter- oder Termingeschäfte

249 Ist ein Kreditinstitut Partei eines Termingeschäfts, hat es in diesen Fällen hinsichtlich der Erträge, die aus diesem Geschäft auszahlt oder gutgeschrieben werden, Kapitalertragsteuer einzubehalten (vgl. § 44 Absatz 1 Satz 4 Nummer 1 Buchstabe a Doppelbuchstabe aa EStG). Dies gilt entsprechend bei Stillhaltergeschäften.

Wertpapierhandelsunternehmen und Wertpapierhandelsbank

250 Auszahlende Stelle i. S. des § 44 Absatz 1 Satz 4 Nummer 1 EStG ist neben den inländischen Kreditinstituten und inländischen Finanzdienstleistungsinstituten das inländische Wertpapierhandelsunternehmen und die inländische Wertpapierhandelsbank. Zum Begriff der Wertpapierhandelsunternehmen und -banken vgl. § 1 Absatz 3d KWG.

251 Wertpapierhandelsunternehmen und -banken sowie Finanzdienstleistungsunternehmen, die einen Eigenhandel i. S. des § 1 Absatz 1a Satz 1 Nummer 4 KWG sowie Eigengeschäfte gemäß § 1 Absatz 1a Satz 2 KWG betreiben, führen insoweit keine Veräußerung i. S. des § 44 Absatz 1 Satz 4 Nummer 1 EStG durch.

Zu § 20 EStG   **Anlage § 020–08**

VII. Abstandnahme vom Steuerabzug (§ 44a EStG)

1. Freistellungsauftrag, NV-Bescheinigung (§ 44a Absatz 2 EStG)

a) Ausstellung, Widerruf und Verwendung einer NV-Bescheinigung

Eine NV-Bescheinigung i. S. des § 44a Absatz 2 Satzes 1 Nummer 2 EStG ist auch in den Fällen des 252
§ 44a Absatz 1 Nummer 2 EStG nicht zu erteilen, wenn der Steuerpflichtige voraussichtlich oder auf
Antrag zur Einkommensteuer veranlagt wird. Daher ist eine NV-Bescheinigung in allen Fällen eines
festgestellten verbleibenden Verlustabzugs sowie in den Fällen, in denen eine Antragsveranlagung nach
§ 46 Absatz 2 Nummer 8 EStG in Betracht kommt, nicht zu erteilen.

Nach § 44a Absatz 2 Satz 2 und 3 EStG ist die NV-Bescheinigung unter dem Vorbehalt des Widerrufs mit 253
einer Geltungsdauer von höchstens drei Jahren auszustellen; sie muss am Schluss eines Kalenderjahres
enden.

Der Widerruf einer NV-Bescheinigung dürfte in der Regel mit Wirkung ab Beginn des folgenden Ka- 254
lenderjahres ausgesprochen werden. Sollte die Geltungsdauer in Widerrufsfällen ausnahmsweise während des Jahres enden und der Steuerpflichtige im Anschluss daran einen Freistellungsauftrag erteilen,
muss im Hinblick auf das noch zur Verfügung stehende Freistellungsvolumen berücksichtigt werden, in
welcher Höhe zuvor während des Kalenderjahres der Kapitalertragsteuerabzug unterblieben ist und etwaige Anträge auf Erstattung von Kapitalertragsteuer gestellt worden sind oder noch gestellt werden.

Wird dagegen neben einem Freistellungsauftrag oder nach dessen Widerruf eine NV-Bescheinigung 255
vorgelegt, ist es unerheblich, in welchem Umfang zuvor eine Abstandnahme vom Kapitalertragsteuerabzug vorgenommen wurde und Anträge auf Erstattung gestellt worden sind. Nach Ablauf der Geltungsdauer oder Widerruf der NV-Bescheinigung lebt der erteilte Freistellungsauftrag wieder auf.

Es bestehen keine Bedenken, neben dem Original der NV-Bescheinigung auch eine amtlich beglaubigte 256
Kopie für steuerliche Zwecke anzuerkennen. Gleiches gilt, wenn durch einen Mitarbeiter des zum
Steuerabzug Verpflichteten oder eines anderen Kreditinstituts auf einer Kopie vermerkt wird, dass das
Original der NV-Bescheinigung vorgelegen hat.

b) Erteilung und Änderung von Freistellungsaufträgen

Jeder Freistellungsauftrag muss nach amtlich vorgeschriebenem Muster erteilt werden; vgl. **Anlage 2.** 257
Das Muster sieht die Unterschrift des Kunden vor. Eine Vertretung ist zulässig. Der Freistellungsauftrag
kann auch per Fax erteilt werden. Daneben ist die Erteilung im elektronischen Verfahren zulässig. In
diesem Fall muss die Unterschrift durch eine elektronische Authentifizierung des Kunden z. B. in Form
des banküblichen gesicherten PIN/TAN-Verfahrens ersetzt werden. Hierbei wird zur Identifikation die
persönliche Identifikationsnummer (PIN) verwendet und die Unterschrift durch Eingabe der Transaktionsnummer (TAN) ersetzt.

Wird im Laufe des Kalenderjahres ein dem jeweiligen Kreditinstitut bereits erteilter Freistellungsauftrag 258
geändert, handelt es sich insgesamt nur um einen Freistellungsauftrag. Wird der freizustellende Betrag
herabgesetzt, muss das Kreditinstitut prüfen, inwieweit das bisherige Freistellungsvolumen bereits durch
Abstandnahme vom Steuerabzug ausgeschöpft ist. Ein Unterschreiten des bereits freigestellten und
ausgeschöpften Betrages ist nicht zulässig. Eine Erhöhung des freizustellenden Betrages darf ebenso wie
die erstmalige Erteilung eines Freistellungsauftrages nur mit Wirkung für das Kalenderjahr, in dem der
Antrag geändert wird, und spätere Kalenderjahre erfolgen.

Freistellungsaufträge können nur mit Wirkung zum Kalenderjahresende **befristet werden.** Eine Herab- 259
setzung bis zu dem im Kalenderjahr bereits **genutzten** Betrag ist jedoch zulässig. **Sofern ein Freistellungsauftrag im laufenden Jahr noch nicht genutzt wurde, kann er auch zum 1. Januar des
laufenden Jahres widerrufen werden.** Eine Beschränkung des Freistellungsauftrags auf einzelne
Konten oder Depots desselben Kreditinstituts ist nicht möglich. **Es ist nicht zu beanstanden, wenn
bereits gedruckte Muster der Freistellungsaufträge, die neueren Ausführungen der Rz. 259 noch
nicht enthalten, noch bis zum 30. Juni 2013 weiter verwendet werden.**

Jede Änderung muss nach amtlich vorgeschriebenem Muster vorgenommen werden. 260

c) Freistellungsaufträge bei Ehegatten

Ehegatten, die unbeschränkt einkommensteuerpflichtig sind und nicht dauernd getrennt leben, haben ein 261
gemeinsames Freistellungsvolumen (§ 20 Absatz 9 Satz 2 EStG) und können entweder einen gemeinsamen Freistellungsauftrag oder Einzel-Freistellungsaufträge erteilen.

Der gemeinsame Freistellungsauftrag gilt sowohl für Gemeinschaftskonten als auch für Konten oder
Depots, die auf den Namen nur eines Ehegatten geführt werden.

Anlage § 020–08 Zu § 20 EStG

Beispiel:
Die Ehegatten haben Einzel-Freistellungsaufträge über jeweils 801 € gestellt.

		Ehemann	Ehefrau
15.02.	Einnahme	10.000 €	./. 10.000 €
	Freistellungsauftrag	801 €	801 €
	Saldo	9.199 €	./. 10.000 €
31.12.	Verlustverrechnung	entfällt	entfällt
	Verbleiben	9.199 €	./. 10.000 €
	Verlustvortrag	**0 €**	**./. 10.000 €**

Der Freistellungsauftrag der Ehefrau hat sich nicht ausgewirkt, weil sie keine positiven Einkünfte erzielt hat. Der insoweit nicht ausgeschöpfte Sparer-Pauschbetrag kann im Rahmen der Veranlagung bei den Kapitaleinkünften des Ehemanns berücksichtigt werden. Der gesamte Verlust wird in den Verlusttopf der Ehefrau eingestellt und vom Kreditinstitut vorgetragen, sofern die Ehefrau keine Verlustbescheinigung beantragt.

262 Bei Erteilung und Änderung des Freistellungsauftrags im elektronischen Verfahren ist das amtlich vorgeschriebene Muster vom Kreditinstitut mit der Maßgabe anzuwenden, dass der erstgenannte Ehegatte als Auftraggeber gilt. Der Auftraggeber hat zu versichern, dass er für die Erteilung oder Änderung durch seinen Ehegatten bevollmächtigt wurde. Für die Versicherung hat das Kreditinstitut eine entsprechende Abfragemöglichkeit einzurichten. Nach der Dokumentation des Freistellungsauftrags beim Kreditinstitut erhält der vertretene Ehegatte sowohl eine gesonderte schriftliche Benachrichtigung, mit der er über die Erteilung oder Änderung durch den Auftraggeber informiert wird, als auch eine Kopie des Freistellungsauftrags.

263 Die Kreditinstitute können bei Entgegennahme eines gemeinsamen Freistellungsauftrags von Ehegatten auf die Richtigkeit der gemachten Angaben grundsätzlich vertrauen, sofern ihnen nichts Gegenteiliges bekannt ist; bei grob fahrlässiger Unkenntnis ergeben sich Haftungsfolgen. Die Kreditinstitute müssen jedoch darauf achten, dass der Freistellungsauftrag korrekt ausgefüllt ist; eine Vertretung ist zulässig.

Haben Ehegatten bereits vor dem Zeitpunkt ihrer Eheschließung einzeln Freistellungsaufträge erteilt, kann der gemeinsame Freistellungsauftrag für den Veranlagungszeitraum der Eheschließung erteilt werden. In diesem Fall ist der Freistellungsauftrag mindestens in Höhe der Summe der Kapitalerträge, die bereits aufgrund der von den Ehegatten einzeln erteilten Freistellungsaufträge vom Kapitalertragsteuerabzug freigestellt worden sind, zu erteilen. Die Summe der Kapitalerträge, die bereits aufgrund der einzeln erteilten Freistellungsaufträge vom Kapitalertragsteuerabzug freigestellt worden sind, wird von der auszahlenden Stelle auf das Freistellungsvolumen des gemeinsamen Freistellungsauftrags angerechnet. Eine (rückwirkende) Erstattung bereits einbehaltener Kapitalertragsteuer aufgrund des gemeinsamen Freistellungsauftrags ist zulässig.

264 Ehegatten, die unbeschränkt einkommensteuerpflichtig sind und nicht dauernd getrennt gelebt haben, haben im Jahr der Trennung noch ein gemeinsames Freistellungsvolumen (§ 20 Absatz 9 Satz 2 EStG). Sie können daher für das Kalenderjahr der Trennung auch für die Zeit nach der Trennung gemeinsame Freistellungsaufträge erteilen. Dies gilt sowohl für Gemeinschaftskonten als auch für nur auf den Namen eines der Ehegatten geführten Konten oder Depots.

265 Für Kalenderjahre, die auf das Kalenderjahr der Trennung folgen, dürfen nur auf den einzelnen Ehegatten bezogene Freistellungsaufträge erteilt werden.

d) Gemeinsamer Freistellungsauftrag als Voraussetzung für die Verlustverrechnung gemäß § 43a Absatz 3 Satz 2 Halbsatz 2 EStG

266 Für die – ab dem Kalenderjahr 2010 mögliche – ehegattenübergreifende Verlustverrechnung ist Voraussetzung, dass es sich um zusammen veranlagte Ehegatten handelt, die gegenüber dem Kreditinstitut einen gemeinsamen Freistellungsauftrag erteilt haben. Die ehegattenübergreifende Verlustverrechnung erfolgt unabhängig davon, ob die Ehegatten eine oder mehrere Verlustbescheinigungen im Sinne des § 43a Absatz 3 Satz 4 EStG beantragt haben (vgl. Rzn. 233 ff.). Verlustbescheinigungen umfassen somit nur die nach der übergreifenden Verrechnung noch nicht ausgeglichenen Verluste.

Zwar können Ehegatten zwischen Zusammenveranlagung und getrennter Veranlagung wählen. In welcher Form die Ehegatten dieses Wahlrecht ausüben, ist für das Steuerabzugsverfahren unbeachtlich. Erteilen Eheleute einen gemeinsamen Freistellungsauftrag – vgl. **Anlage 2** – haben die Kreditinstitute die neue übergreifende Verlustverrechnung durchzuführen.

Zu § 20 EStG   **Anlage § 020–08**

Ehegatten können auch einen gemeinsamen Freistellungsauftrag über 0 € erteilen. Dies ist erforderlich, 267
wenn Ehegatten eine übergreifende Verlustverrechnung vom Kreditinstitut durchführen lassen möchten,
ihr gemeinsames Freistellungsvolumen aber schon bei einem anderen Institut ausgeschöpft haben.

Haben Ehegatten vor 2010 einen gemeinsamen Freistellungsauftrag erteilt, hat dieser weiterhin Bestand 268
und führt zu einer gemeinsamen Verlustverrechnung.

Getrennte Verlusttöpfe mit übergreifender Verrechnung nur am Jahresende

Die Kapitaleinkünfte sind unter Berücksichtigung des Freistellungsauftrags (vgl. Rz. 230 und 261) zu- 269
nächst getrennt zu ermitteln, d. h. wie bisher gesondert für die Einzelkonten und depots des Ehemannes,
der Ehefrau sowie für die Gemeinschaftskonten und -depots. Einmalig zum Jahresende erfolgt dann die
Verrechnung bestehender Verlustüberhänge über einen Ausgleich der einzelnen Verlusttöpfe. Voraussetzung ist, dass am Jahresende ein gemeinschaftlich gestellter gültiger Freistellungsauftrag vorliegt.

Beispiel 1:
Die Ehegatten haben einen gemeinsamen Freistellungsauftrag von 0 € gestellt.
Verlustverrechnung am Jahresende:

		Ehemann	*Ehefrau*
15.02.	Einnahme	1.000 €	
20.03.	Verlust		./. 1.000 €
28.06.	Einnahme		500 €
	Summe	1.000 €	./. 500 €
31.12.	Verlustverrechnung	./. 500 €	500 €
	Verbleiben	**500 €**	**0 €**

Eine fortlaufende Verlustverrechnung ist nicht zulässig.   270

Beispiel 2:

		Ehemann	*Ehefrau*
15.02.	Einnahme	1.000 €	
20.03.	Verlust		./. 1.000 €
20.03.	Verlustverrechnung	./. 1.000 €	1.000 €
	Zwischensumme	0 €	0 €
28.06.	Einnahme		500 €
31.12.	Kapitalerträge	0 €	500 €
	Verbleiben	**0 €**	**500 €**

Die Beispiele zeigen, dass nur die Verlustverrechnung am Jahresende zu nachvollziehbaren und plausiblen
Ergebnissen führt (siehe Beispiel 1). Bei fortlaufender Verlustverrechnung (Beispiel 2) fällt hingegen Kapitalertragsteuer auf die von der Ehefrau am 28. Juni erzielte Einnahme an, obwohl die Ehefrau insgesamt in
dem Jahr einen Verlust erzielt hat. Hier ergeben sich rein zufällig unterschiedlich hohe Kapitalerträge für die
Ehegatten, je nachdem in welcher zeitlichen Reihenfolge positive und negative Erträge anfallen. Da die
Kirchensteuer an die Kapitalertragsteuer anknüpft, ergeben sich zwangsläufig auch Zufallsergebnisse bei
der Kirchensteuer, wenn z. B. nur ein Ehegatte Mitglied einer kirchensteuerberechtigten Religionsgemeinschaft ist oder wenn die Ehegatten unterschiedlichen Religionsgemeinschaften angehören.

Beenden die Ehegatten die gesamte Geschäftsbeziehung im Laufe des Kalenderjahres, können die Kre- 271
ditinstitute eine ehegattenübergreifende Verlustverrechnung nicht mehr durchführen. Eine Verlustverrechnung am Jahresende setzt voraus, dass noch mindestens ein Konto bzw. Depot der Kunden geführt wird, um den erforderlichen Geldausgleich für die Erstattung der Kapitalertragsteuer vorzunehmen.

Sofern am Jahresende keine Geschäftsbeziehung mehr besteht, werden die Kreditinstitute die Verluste 272
bzw. die gezahlte Kapitalertragsteuer in der jeweiligen Steuerbescheinigung für Ehemann, Ehefrau sowie für die Gemeinschaftskonten und -depots ausweisen, ohne dass eine übergreifende Verlustverrechnung stattfindet (zur automatischen Erstellung einer Verlustbescheinigung zum Jahresende bei
Beendigung der Kundenbeziehung vgl. Rz. 234).

Verrechnung von Verlusten aus Aktienveräußerungen

Bei der übergreifenden Verlustverrechnung werden zunächst der Aktienverlust und dann der allgemeine 273
Verlust verrechnet. Dabei werden ausschließlich die am Jahresende vorhandenen „Verlustüberhänge" –
wie in Rz. 269 dargestellt – verrechnet. Es erfolgt keine umfassende Verrechnung von Aktienverlusten

Anlage § 020–08

Zu § 20 EStG

zwischen den Ehegatten mit der Folge, dass ggf. der allgemeine Verlusttopf wieder auflebt (anders als bei der zeitnahen Verlustverrechnung für die Einzelperson; vgl. Rz. 228).

Beispiel:

		Ehemann	Ehefrau
15.02.	Aktiengewinn		100 €
20.03.	Aktienverlust	./. 100 €	
27.06.	allgemeiner Verlust	./. 100 €	
30.09.	allgemeiner Verlust		./. 50 €
31.12.	Saldo je Ehegatte	./. 100 € (Aktienverlust) ./. 100 € (allgemeiner Verlust)	50 €
31.12.	Übergreifende Verlustverrechnung	50 €	./. 50 €
	Verbleiben	**./. 50 € (Aktienverlust) ./. 100 € (allgemeiner Verlust)**	**0 €**

Die übergreifende Verlustverrechnung am Jahresende führt nicht dazu, dass der Aktiengewinn der Ehefrau in vollem Umfang mit dem Aktienverlust des Ehemannes verrechnet wird; die bereits erfolgte Verrechnung mit dem allgemeinen Verlusttopf in Höhe von 50 € bleibt vielmehr bestehen. Verrechnet wird nur der am Jahresende noch nicht verrechnete Aktiengewinn (im Beispiel 50). Ein Wiederaufleben von Verlusttöpfen kommt nicht in Betracht.

Berücksichtigung des gemeinsamen Freistellungsauftrags

274 Im Rahmen der Veranlagung wird der gemeinsame Sparer-Pauschbetrag auch dann gewährt, wenn nur ein Ehegatte positive Einkünfte aus Kapitalvermögen in dieser Höhe erzielt hat, die Ehegatten aber insgesamt einen Verlust aus Kapitalvermögen erzielt haben (vgl. zu § 20 Absatz 4 EStG a. F.: R 20.3 Absatz 1 Satz 3 EStR 2008).

275 Für das Steuerabzugsverfahren folgt daraus, dass zuerst die Einkünfte der Ehegatten unter Berücksichtigung des gemeinsamen Freistellungsauftrags zu ermitteln sind und dann – wie nachstehend dargestellt – die danach noch bestehenden Verluste am Jahresende ehegattenübergreifend zu verrechnen sind.

Beispiel 1:

Die Ehegatten haben einen gemeinsamen Freistellungsauftrag in Höhe von 1.602 € erteilt.

Ehegattenübergreifende Verlustverrechnung nach Berücksichtigung des Freistellungsauftrags:

	Ehemann	Ehefrau
Einnahme	10.000 €	./. 15.000 €
Freistellungsauftrag	./. 1.602 €	
Saldo	8.398 €	./. 15.000 €
Verlustverrechnung	./. 8.398 €	8.398 €
verbleiben	0 €	./. 6.602 €
Verlustvortrag	**0 €**	**./. 6.602 €**

Eine ehegattenübergreifende Verlustverrechnung vor Berücksichtigung des Freistellungsauftrags erfolgt nicht.

Beispiel 2:

	Ehemann	Ehefrau
Einnahme	10.000 €	./. 15.000 €
Verlustverrechnung	./. 10.000 €	10.000 €
Verbleiben	0 €	./. 5.000 €
Freistellungsauftrag	**0 €**	**0 €**
verbleiben	0 €	./. 5.000 €
Verlustvortrag	**0 €**	**./. 5.000 €**

Zu § 20 EStG

Anlage § 020–08

Die Beispiele zeigen, dass eine ehegattenübergreifende Verlustverrechnung vor Berücksichtigung von Freistellungsaufträgen (Beispiel 2) zu einer nicht zu rechtfertigenden Benachteiligung von Ehegatten gegenüber Einzelpersonen führen würde. Denn in dem Beispiel würde der Ehemann, obwohl er positive Einkünfte erzielt hatte, nicht in den Genuss des Sparer-Pauschbetrages kommen.

Quellensteueranrechnung

Sofern ein gemeinsamer Freistellungsauftrag der Ehegatten vorliegt, hat die Quellensteueranrechnung gleichfalls ehegattenübergreifend zu erfolgen, um Veranlagungsfälle zu vermeiden.

Hierzu werden getrennte Quellensteuertöpfe geführt. Die übergreifende Anrechnung erfolgt im Rahmen der übergreifenden Verlustverrechnung am Jahresende. Eine bereits erfolgte Quellensteueranrechnung wird wieder rückgängig gemacht, wenn nach der übergreifenden Verlustverrechnung keiner der Ehegatten mit Kapitalertragsteuer belastet wird.

Beispiel 1:

	Ehemann	Ehefrau
Saldo Kapitalerträge (inkl. ausländischer Erträge)	*./. 1.000 €*	*5.000 €*
Verlustverrechnung	*1.000 €*	*./. 1.000 €*
Kapitalerträge nach Verlustverrechnung	*0 €*	*4.000 €*
nicht angerechnete Quellensteuer (vor Verlustverrechnung)	*50 €*	*0 €*
Anrechnung Quellensteuer nach Verlustverrechnung		*50 €*

Es wird die beim Ehemann angefallene Quellensteuer auf die von der Ehefrau gezahlte Kapitalertragsteuer angerechnet.

Beispiel 2:

	Ehemann	Ehefrau
Saldo Kapitalerträge (inkl. ausländischer Erträge beim Ehemann)	*0 €*	*5.000 €*
Verlustverrechnung	*–*	*–*
Kapitalerträge nach Verlustverrechnung	*0 €*	*5.000 €*
nicht angerechnete Quellensteuer	*50 €*	*0 €*
Anrechnung Quellensteuer		*50 €*

Die beim Ehemann angerechnete Quellensteuer wird auf die von der Ehefrau gezahlte Quellensteuer angerechnet. Dies gilt auch, wenn eine ehegattenübergreifende Verlustverrechnung nicht durchgeführt wird.

Beispiel 3:

	Ehemann	Ehefrau
Saldo Kapitalerträge	*1.000 €*	*./. 1.000 €*
Verlustverrechnung	*./. 1.000 €*	*1.000 €*
Kapitalerträge nach Verlustverrechnung	*0 €*	*0 €*
angerechnete Quellensteuer vor Verlustverrechnung	*50 €*	*0 €*
Anrechnung Quellensteuer nach Verlustverrechnung	*0 €*	*0 €*

Die bereits erfolgte Quellensteuer-Anrechnung wird wieder rückgängig gemacht, da nach der übergreifenden Verlustverrechnung keiner der Ehegatten mit Kapitalertragsteuer belastet ist.

Kirchensteuer

Die bereits abgeführte Kirchensteuer der Ehegatten wird durch die übergreifende Verlust- und Quellensteuerverrechnung beeinflusst. Die Kirchensteuer des einen Ehegatten wird somit durch den Verlust des anderen Ehegatten gemindert.

Anlage § 020–08 Zu § 20 EStG

e) NV-Bescheinigungen und Freistellungsaufträge nach dem Tod eines Ehegatten

278 Mit dem Tod eines Ehegatten entfällt die Wirkung eines gemeinsam erteilten Freistellungsauftrags für Gemeinschaftskonten der Ehegatten sowie Konten und Depots, die auf den Namen des Verstorbenen lauten. Da dem verwitweten Steuerpflichtigen im Todesjahr noch der gemeinsame Sparer-Pauschbetrag zusteht, bleibt der gemeinsame Freistellungsauftrag allerdings bis zum Ende des laufenden Veranlagungszeitraums noch für solche Kapitalerträge wirksam, bei denen die alleinige Gläubigerstellung des Verwitweten feststeht; vgl. § 44a Absatz 6 EStG. Entsprechendes gilt für eine den Ehegatten erteilte NV-Bescheinigung.

279 Es bestehen keine Bedenken dagegen, dass der verwitwete Steuerpflichtige Freistellungsaufträge, die er gemeinsam mit dem verstorbenen Ehegatten erteilt hat, im Todesjahr ändert oder neue Freistellungsaufträge erstmals erteilt. In diesen Fällen sind anstelle der Unterschrift des verstorbenen Ehegatten Vorname, Name und Todestag des Verstorbenen einzutragen. Wird ein ursprünglich gemeinsam erteilter Freistellungsauftrag geändert, muss das Kreditinstitut prüfen, inwieweit das bisherige Freistellungsvolumen bereits durch Abstandnahme vom Kapitalertragsteuerabzug ausgeschöpft ist. Durch die Änderung darf der bereits freigestellte und ausgeschöpfte Betrag nicht unterschritten werden.

Ein Widerruf ist nur zum Jahresende möglich (vgl. Rz. 258). Für das auf das Todesjahr folgende Jahr dürfen unabhängig von der Gewährung des Splitting-Tarifs nur Einzel-Freistellungsaufträge über den Sparer-Pauschbetrag des verwitweten Steuerpflichtigen, d. h. nur bis zur Höhe von insgesamt 801 € erteilt werden.

f) NV-Bescheinigung und Freistellungsaufträge bei nicht steuerbefreiten Körperschaften

Abstandnahme vom Steuerabzug

280 Unbeschränkt steuerpflichtigen und nicht steuerbefreiten Körperschaften, Personenvereinigungen und Vermögensmassen steht, wenn sie Einkünfte aus Kapitalvermögen erzielen, nach § 8 Absatz 1 KStG der Sparer-Pauschbetrag von 801 € (§ 20 Absatz 9 Satz 1 EStG) zu. Sie können mit dem gleichen Muster – vgl. **Anlage 2** – wie es für natürliche Personen vorgesehen ist, einen Freistellungsauftrag erteilen, wenn das Konto auf ihren Namen lautet und soweit die Kapitalerträge den Sparer-Pauschbetrag nicht übersteigen. Bei ihnen kann im Rahmen des Kapitalertragsteuerabzugs auch eine Verlustverrechnung sowie eine Quellensteueranrechnung durchgeführt werden. Dies gilt auch für nichtrechtsfähige Vereine. Für die Anwendung des Freistellungsauftrages ist es unschädlich, wenn für diese Personengruppe keine Identifikationsnummer in den Freistellungsauftrag eingetragen werden kann.

281 Die Regelung zum Freistellungsauftrag gilt nicht für Gesellschaften des bürgerlichen Rechts.

282 Ein nichtrechtsfähiger Verein liegt vor, wenn die Personengruppe
- einen gemeinsamen Zweck verfolgt,
- einen Gesamtnamen führt,
- unabhängig davon bestehen soll, ob neue Mitglieder aufgenommen werden oder bisherige Mitglieder ausscheiden,
- einen für die Gesamtheit der Mitglieder handelnden Vorstand hat.

283 Das Kreditinstitut hat sich anhand einer Satzung der Personengruppe zu vergewissern, ob die genannten Wesensmerkmale gegeben sind.

284 Unbeschränkt steuerpflichtige und nicht steuerbefreite Körperschaften, Personenvereinigungen und Vermögensmassen, denen der Freibetrag nach § 24 KStG zusteht und deren Einkommen den Freibetrag von 5.000 € nicht übersteigt, haben Anspruch auf Erteilung einer NV-Bescheinigung (Vordruck NV 3 B).

Erstattung von Kapitalertragsteuer

285 Im Anwendungsbereich des Teileinkünfteverfahrens bleiben Gewinnausschüttungen auf der Ebene der empfangenden nicht steuerbefreiten Körperschaft gemäß § 8b Absatz 1 KStG bei der Ermittlung des Einkommens außer Ansatz. Eine Erstattung von Kapitalertragsteuer kann durch eine NV-Bescheinigung bewirkt werden. Eine NV-Bescheinigung kann nur für sog. kleine Körperschaften i. S. von § 24 KStG (NV-Bescheinigung NV 3 B) und für sog. Überzahler i. S. von § 44a Absatz 5 EStG (Bescheinigung NV 2 B) erteilt werden. Es ist jedoch nicht zu beanstanden, wenn in diesen Fällen eine Erstattung der Kapitalertragsteuer auch durch den Freistellungsauftrag durchgeführt wird.

g) Nicht der Körperschaftsteuer unterliegende Zusammenschlüsse

Grundsatz

286 Ein nicht körperschaftsteuerpflichtiger Personenzusammenschluss (z. B. eine Gesellschaft bürgerlichen Rechts oder eine Personenvereinigung, die nicht die in Rz. 282 beschriebenen Wesensmerkmale erfüllt)

darf einen Freistellungsauftrag nicht erteilen. Die ihm zufließenden Kapitalerträge unterliegen der Kapitalertragsteuer nach den allgemeinen Grundsätzen.

Die Einnahmen aus Kapitalvermögen, die Gewinne und Verluste i. S. des § 20 Absatz 4 EStG und die anzurechnende Kapitalertragsteuer sind grundsätzlich nach § 180 Absatz 1 Nummer 2 Buchstabe a AO gesondert und einheitlich festzustellen. 287

Die Erklärung zur gesonderten und einheitlichen Feststellung ist vom Geschäftsführer bzw. vom Vermögensverwalter abzugeben. Soweit ein Geschäftsführer oder Vermögensverwalter nicht vorhanden ist, kann sich das Finanzamt an jedes Mitglied oder jeden Gesellschafter halten. 288

Die gesondert und einheitlich festgestellten Besteuerungsgrundlagen werden bei der Einkommensteuerveranlagung des einzelnen Mitglieds oder Gesellschafters berücksichtigt. Dabei wird auch der Sparer-Pauschbetrag angesetzt. 289

Von einer gesonderten und einheitlichen Feststellung der Besteuerungsgrundlagen kann gemäß § 180 Absatz 3 Satz 1 Nummer 2 AO abgesehen werden, wenn es sich um einen Fall von geringer Bedeutung handelt. In diesen Fällen reicht es aus, dass der Geschäftsführer bzw. Vermögensverwalter (Kontoinhaber) die anteiligen Einnahmen aus Kapitalvermögen auf die Mitglieder oder Gesellschafter aufteilt und sie den Beteiligten mitteilt. Die Anrechnung der Kapitalertragsteuer bei den einzelnen Beteiligten ist nur zulässig, wenn neben der Mitteilung des Geschäftsführers bzw. Vermögensverwalters über die Aufteilung der Einnahmen und der Kapitalertragsteuer eine Ablichtung der Steuerbescheinigung des Kreditinstituts vorgelegt wird. 290

Vereinfachungsregel

Aus Vereinfachungsgründen ist es nicht zu beanstanden, wenn bei losen Personenzusammenschlüssen (z. B. Sparclubs, Schulklassen, Sportgruppen), die aus mindestens sieben Mitgliedern bestehen, wie folgt verfahren wird: 291

Das Kreditinstitut kann vom Steuerabzug i. S. des § 43 Absatz 1 EStG Abstand nehmen, wenn

- das Konto neben dem Namen des Kontoinhabers einen Zusatz enthält, der auf den Personenzusammenschluss hinweist (z. B. Sparclub XX, Klassenkonto der Realschule YY, Klasse 5 A),
- die Kapitalerträge bei den einzelnen Guthaben des Personenzusammenschlusses im Kalenderjahr den Betrag von 10 €, vervielfältigt mit der Anzahl der Mitglieder, höchstens 300 € im Kalenderjahr, nicht übersteigen und
- Änderungen der Anzahl der Mitglieder dem Kreditinstitut zu Beginn eines Kalenderjahres mitgeteilt werden.

Die Verpflichtung zur Erstellung einer Steuerbescheinigung i. S. des § 45a Absatz 2 EStG ist hiervon unberührt. 292

Die Anwendung der Vereinfachungsregelung setzt grundsätzlich voraus, dass die insgesamt – d. h. auch bei Aufsplittung des Guthabens auf mehrere Konten und auch ggf. verteilt auf mehrere Kreditinstitute – zugeflossenen Kapitalerträge die genannten Grenzen im Kalenderjahr nicht übersteigen. 293

Ein „loser Personenzusammenschluss" i. S. dieser Vereinfachungsregel ist z. B. nicht gegeben bei 294

- Grundstücksgemeinschaften,
- Erbengemeinschaften,
- Wohnungseigentümergemeinschaften,
- Mietern im Hinblick auf gemeinschaftliche Mietkautionskonten.

2. NV-Bescheinigung bei steuerbefreiten Körperschaften und inländischen juristischen Personen des öffentlichen Rechts (§ 44a Absatz 4, 7 und 8 EStG)

a) Abstandnahme[1]

Für die vollständige Abstandnahme vom Steuerabzug nach § 44a Absatz 4 und 7 EStG und die teilweise Abstandnahme vom Steuerabzug nach § 44a Absatz 8 EStG ist grundsätzlich die Vorlage einer Bescheinigung (NV 2 B) erforderlich. Es wird jedoch nicht beanstandet, wenn dem Schuldner der Kapitalerträge oder der auszahlenden Stelle statt der Bescheinigung eine amtlich beglaubigte Kopie des 295

---

1) Siehe dazu auch das BMF-Schreiben vom 5.7.2013 (BStBl. I S. 881)
„Die Rzn. 295 und 298 gelten auch entsprechend, wenn eine amtlich beglaubigte Kopie des Feststellungsbescheides nach § 60a AO dem Finanzamt überlassen wird, dessen Erteilung nicht länger als drei Kalenderjahre zurückliegt. Endet diese Drei-Jahresfrist unterjährig, kann eine Abstandnahme vom Steuerabzug nur für das Kalenderjahr erfolgen, in dem die zuvor genannten Voraussetzungen ganzjährig erfüllt waren. Wird ein Feststellungsbescheid nach § 60a unterjährig erteilt, kann er mit Wirkung ab dem 1. Januar des betreffenden Kalenderjahres angewendet werden."

Anlage § 020–08

Zu § 20 EStG

zuletzt erteilten Freistellungsbescheides überlassen wird, der für einen nicht älter als fünf Jahre zurückliegenden Veranlagungszeitraum vor dem Veranlagungszeitraum des Zuflusses der Kapitalerträge erteilt worden ist. Dies gilt auch für die Abstandnahme vom Kapitalertragsteuerabzug bei Personengesellschaften i. s. des § 212 Absatz 1 SGB V(§ 44 a Absatz 4a und 8a EStG).

296 Die Vorlage des Freistellungsbescheides ist unzulässig, wenn die Erträge in einem wirtschaftlichen Geschäftsbetrieb anfallen, für den die Befreiung von der Körperschaftsteuer ausgeschlossen ist, oder wenn sie in einem nicht von der Körperschaftsteuer befreiten Betrieb gewerblicher Art anfallen.

297 **Die Rzn. 295 und 296 gelten entsprechend,** wenn eine amtlich beglaubigte Kopie der vorläufigen Bescheinigung des Finanzamts über die Gemeinnützigkeit überlassen wird, deren Gültigkeitsdauer nicht vor dem Veranlagungszeitraum des Zuflusses der Kapitalerträge endet. **Wird eine vorläufige Bescheinigung über die Gemeinnützigkeit unterjährig erteilt, kann sie mit Wirkung ab dem 1. Januar des betreffenden Kalenderjahres angewendet werden.**

298 Unterhalten steuerbefreite Körperschaften einen wirtschaftlichen Geschäftsbetrieb, bei dem die Freibeträge und Freigrenzen überschritten sind, sind sie jährlich zur Körperschaftsteuer zu veranlagen. In diesen Fällen ist die Steuerbefreiung für den steuerbegünstigten Bereich in Form einer Anlage zum Körperschaftsteuerbescheid zu bescheinigen. Die Abstandnahme ist zulässig bis zum Ablauf des dritten Kalenderjahres, das auf das Kalenderjahr folgt, für das der Körperschaftsteuerbescheid erteilt wurde. Der Gläubiger der Kapitalerträge hat dem zum Steuerabzug Verpflichteten in Schriftform mitzuteilen, ob die Kapitalerträge im steuerfreien oder steuerpflichtigen Bereich angefallen sind.

298a Rzn. 295 bis 298 finden bei Erstattungen i. S. des § 44 b Absatz 6 Satz 1 Nummer 3 und 4 EStG und bei der Abstandnahme vom Steuerabzug i. S. der **§§ 44 a Absatz 4b Satz 1 Nummer 3 und 4 und 10 Satz 1 Nummer 3 und 4 EStG entsprechende Anwendung.**

b) Zinszahlungen an eine Personengesellschaft mit körperschaftsteuerbefreiten Gesellschaftern (§ 44a Absatz 4 Satz 1 EStG)

299 Ist für eine Personengesellschaft, an der zumindest ein Gesellschafter beteiligt ist, der von der Körperschaftsteuer befreit ist, Kapitalertragsteuer nach § 43 Absatz 1 Satz 1 Nummer 4, 6, 7 und 8 bis 12 sowie Satz 2 EStG einbehalten worden, kann die einbehaltene Kapitalertragsteuer an die körperschaftsteuerbefreiten Gesellschafter auf deren Antrag von dem für sie zuständigen Finanzamt erstattet werden.

c) Erstattung der Kapitalertragsteuer in besonderen Fällen

300 Ist die Kapitalertragsteuer bei Kapitalerträgen, die steuerbefreiten inländischen Körperschaften, Personenvereinigungen und Vermögensmassen oder inländischen juristischen Personen des öffentlichen Rechts zufließen, deswegen einbehalten worden, weil dem Schuldner der Kapitalerträge oder der auszahlenden Stelle die Bescheinigung nach § 44a Absatz 4 Satz 3 EStG nicht vorlag und der Schuldner oder die auszahlende Stelle von der Möglichkeit der Änderung der Steueranmeldung nach § 44b Absatz 5 EStG keinen Gebrauch macht, gilt Folgendes:
Bei den genannten Einrichtungen ist die Körperschaftsteuer grundsätzlich durch den Steuerabzug vom Kapitalertrag abgegolten (§ 32 Absatz 1 KStG). Eine Veranlagung findet nicht statt. Zur Vermeidung von sachlichen Härten wird die Kapitalertragsteuer auf Antrag der betroffenen Organisation von dem für sie zuständigen Betriebsfinanzamt erstattet.

300a Ist in den Fällen des § 44a Absatz 7, 8 und 10 Nummer 3 und 4 EStG ein Steuerabzug vom Kapitalertrag deswegen vorgenommen worden, weil dem Schuldner der Kapitalerträge oder der auszahlenden Stelle die Bescheinigung im Sinne des § 44a Absatz 7 Satz 2 EStG bzw. § 44a Absatz 8 Satz 2 EStG nicht vorlag, und hat der Schuldner der Kapitalerträge oder die auszahlende Stelle von der Möglichkeit der Änderung der Steueranmeldung nach § 44b Absatz 5 EStG keinen Gebrauch gemacht, wird zur Vermeidung von Härten zugelassen, dass die Kapitalertragsteuer auf Antrag der betroffenen Körperschaft in der gesetzlich zulässigen Höhe von dem Finanzamt, an das die Kapitalertragsteuer abgeführt wurde, erstattet wird.

300b Ist in Fällen, in denen eine Institution i. S. des § 44 a Absatz 7 oder 8 EStG als Erbe eingesetzt worden ist, ein Steuerabzug vom Kapitalertrag vorgenommen worden, weil dem Schuldner der Kapitalerträge oder der auszahlenden Stelle die Bescheinigung i. S. des § 44a Absatz 7 oder § 44 a Absatz 8 EStG nicht oder erst verspätet vorgelegt werden konnte und hat der Schuldner der Kapitalerträge oder die auszahlende Stelle von der Möglichkeit der Änderung der Steueranmeldung nach § 44b Absatz 5 EStG keinen Gebrauch gemacht, so erstattet auf Antrag der betroffenen Körperschaft das Finanzamt, an das die Kapitalertragsteuer abgeführt worden ist, die Kapitalertragsteuer unter den Voraussetzungen des § 44a Absatz 4, 7, 8 oder Absatz 10 Satz 1 Nummer 3 und 4 EStG in dem dort beschriebenen Umfang. Dem Antrag ist die Bescheinigung i. s. des § 44a Absatz 7 oder§ 44a Absatz 8 EStG, die Steuerbescheinigung im Original und ein Nachweis über die Rechtsnachfolge beizufügen. Das Finanzamt, an das die Kapitalertragsteuer abgeführt wurde, erstattet auch die Kapitalertragsteuer auf Kapitalerträge, die einer Insti-

Zu § 20 EStG   **Anlage § 020–08**

tution i. S. des § 44a Absatz 7 oder 8 EStG vor dem 1. Januar 2013 zugeflossen sind. Die Erstattung erfolgt nicht über das Sammelantragsverfahren beim Bundeszentralamt für Steuern nach § 45b Absatz 2a EStG.

3. Identität von Kontoinhaber und Gläubiger der Kapitalerträge (§ 44a Absatz 6ff. EStG)

Voraussetzung für die Abstandnahme vom Steuerabzug ist u. a., dass Einlagen und Guthaben beim Zufluss von Einnahmen unter dem Namen des Gläubigers der Kapitalerträge bei der auszahlenden Stelle verwaltet werden. Die Abstandnahme setzt also Identität von Gläubiger und Kontoinhaber voraus. Auf die Verfügungsberechtigung kommt es nicht an; denn Gläubiger von Kapitalerträgen kann auch sein, wer nicht verfügungsberechtigt ist. — 301

Erstattung der Kapitalertragsteuer von Erträgen einer juristischen Person des öffentlichen Rechts aus Treuhandkonten und von Treuhandstiftungen

Bei Kapitalerträgen, die inländischen juristischen Personen des öffentlichen Rechts über einen Treuhänder zufließen, sieht das geltende Recht keine Abstandnahme vom Steuerabzug und keine Erstattung der einbehaltenen Kapitalertragsteuer vor. Eine Veranlagung zur Körperschaftsteuer findet nicht statt; die Körperschaftsteuer ist durch den Steuerabzug vom Kapitalertrag abgegolten (§ 32 KStG). — 302

Zur Vermeidung von sachlichen Härten wird zugelassen, dass die Kapitalertragsteuer auf Antrag der betroffenen Körperschaft in der gesetzlich zulässigen Höhe von dem für sie zuständigen Finanzamt erstattet wird.

Entsprechendes gilt **für Kapitalerträge, die vor dem 1. Januar 2011 zugeflossen sind**, in den Fällen, in denen ein inländisches Kreditinstitut das Vermögen einer nichtrechtsfähigen Stiftung des privaten Rechts in Form eines Treuhanddepots verwaltet und bei der Stiftung die Voraussetzungen für eine Körperschaftsteuerbefreiung vorliegen. **Bei Kapitalerträgen, die nach dem 31. Dezember 2010 zufließen, gilt das Treuhandkonto oder-depot abweichend von § 44 a Absatz 6 Satz 1 EStG für die Anwendung des § 44a Absatz 4, 7 und 10 Satz 1 Nummer 3 EStG sowie des § 44 b Absatz 6 in Verbindung mit § 44 a Absatz 7 EStG als im Namen der Stiftung geführt, wenn Konto oder Depot durch einen Zusatz zur Bezeichnung eindeutig sowohl vom übrigen Vermögen des anderen Berechtigten zu unterscheiden als auch steuerlich der Stiftung zuzuordnen ist (§§ 44a Absatz 6 Satz 3 EStG, 52a Absatz 16a Satz 2 EStG). Für Kapitalerträge, die im Kalenderjahr 2011 zugeflossen sind, kann entsprechend verfahren werden (BMF-Schreiben vom 16. August 2011, BStBl. I S. 787).**

4. Ausstellung von Bescheinigungen und Verwendung von Kopien

Der Gläubiger der Kapitalerträge hat einen Anspruch auf Ausstellung der von ihm benötigten Anzahl von NV-Bescheinigungen sowie auf die Beglaubigung von Kopien des zuletzt erteilten Freistellungsbescheides, der vorläufigen Bescheinigung über die Gemeinnützigkeit oder der Bescheinigung über die Steuerbefreiung für den steuerbefreiten Bereich. — 303

Es bestehen keine Bedenken, neben dem Original der Bescheinigungen oder Bescheide auch eine amtlich beglaubigte Kopie für steuerliche Zwecke anzuerkennen. Gleiches gilt, wenn durch einen Mitarbeiter des zum Steuerabzug Verpflichteten oder eines anderen Kreditinstituts auf einer Kopie vermerkt wird, dass das Original der Bescheinigung oder des Freistellungsbescheides vorgelegen hat. — 304

5. Gutschriften zugunsten von ausländischen Personengesellschaften

Gläubiger der Kapitalerträge bei einem auf den Namen einer Personengesellschaft geführten Konto sind die Gesellschafter. Von der Erhebung der Kapitalertragsteuer kann deshalb nur dann abgesehen werden, wenn es sich bei allen Gesellschaftern um Steuerausländer handelt. — 305

Wird dagegen im Inland ein Konto geführt, das auf den Namen einer Personenhandelsgesellschaft lautet, die weder Sitz, Geschäftsleitung noch Betriebsstätte im Inland hat, ist der Kapitalertragsteuereinbehalt wegen der Ausländereigenschaft nicht vorzunehmen. — 306

VIII. Erstattung der Kapitalertragsteuer in besonderen Fällen (§ 44b Absatz 5 EStG)

Erstattung bei zu Unrecht einbehaltener Kapitalertragsteuer

In den Fällen, in denen Kapitalertragsteuer ohne rechtliche Verpflichtung einbehalten und abgeführt worden ist (z. B. Nichtvorliegen einer beschränkten Steuerpflicht bei Zinseinkünften von Steuerausländern), geht das Erstattungsverfahren nach § 44b Absatz 5 EStG dem Verfahren nach § 37 Absatz 2 AO vor. Da § 44b Absatz 5 EStG keine Verpflichtung für den Abzugsschuldner enthält, die ursprüngliche Steueranmeldung insoweit zu ändern oder bei der folgenden Steueranmeldung eine entsprechende Kürzung vorzunehmen, führt die ohne rechtlichen Grund einbehaltene Kapitalertragsteuer zu einem — 307

1867

Anlage § 020–08   Zu § 20 EStG

Steuererstattungsanspruch i. S. von § 37 Absatz 2 AO. Der Antrag auf Erstattung der Kapitalertragsteuer ist an das Betriebstättenfinanzamt der Stelle zu richten, die die Kapitalertragsteuer abgeführt hat.

308 Die Erstattung der Kapitalertragsteuer an Steuerausländer ist jedoch ausgeschlossen, wenn es sich um sog. Tafelgeschäfte i. S. des § 44 Absatz 1 Satz 4 Buchstabe a Doppelbuchstabe bb EStG handelt.

Erstattung in Treuhandfällen bei Steuerausländern

309 Bei Kapitalerträgen, die auf einem Treuhandkonto erzielt werden, ist mangels Identität von Gläubiger und Kontoinhaber eine Abstandnahme vom Kapitalertragsteuerabzug nicht zulässig. Dies gilt auch, wenn der Gläubiger der Kapitalerträge ein Steuerausländer ist, der mit den Einkünften aus Kapitalvermögen nicht der beschränkten Steuerpflicht unterliegt. Da die Einkünfte mangels Steuerpflicht nicht in eine Veranlagung einbezogen werden können, kommt eine Anrechnung der einbehaltenen Kapitalertragsteuer im Rahmen einer Einkommensteuer-Veranlagung nicht in Betracht. Eine Erstattung nach § 50d Absatz 1 EStG ist ebenfalls nicht zulässig, weil die Kapitalerträge nicht auf Grund des § 43b EStG oder eines DBA vom Steuerabzug freizustellen sind. Der Steuerausländer hat vielmehr einen Erstattungsanspruch nach § 37 Absatz 2 AO.

IX. Anmeldung und Bescheinigung von Kapitalertragsteuer (§ 45a EStG)

310 Vgl. BMF-Schreiben vom 18. Dezember 2009 (BStBl. 2010 I S. 79) unter Berücksichtigung der Änderungen durch BMF-Schreiben vom 16. November 2010 (BStBl. I S. 1305) und des BMF-Schreibens vom 14. November 2011 (BStBl. I S. 1098).

X. Sammelantragsverfahren für Freistellungsaufträge bei Warengenossenschaften etc. (§ 45b Absatz 1 EStG)

311 Im Vorgriff auf eine gesetzliche Änderung ist das Sammelantragsverfahren für Freistellungsaufträge bei Anträgen von Genossenschaften, die keine Kredit- oder Finanzdienstleistungsinstitute sind, für nach dem 31. Dezember 2009 zufließende Kapitalerträge weiterhin anzuwenden. Hierfür besteht auch weiterhin ein Bedürfnis, damit sich auch bei den Kapitalerträgen im Sinne des § 43 Absatz 1 Satz 1 Nummer 1 und 2 EStG das Freistellungsvolumen in Höhe des Sparer-Pauschbetrags zeitnah auswirkt und nicht allein zum Zweck der Anrechnung der Kapitalertragsteuer Einkünfte aus Kapitalvermögen in die Einkommensteuererklärung aufgenommen werden müssen oder allein zum Zwecke der Anrechnung und Erstattung eine Steuererklärung abgegeben werden muss.

XI. Kapitalertragsteuerabzug bei beschränkt steuerpflichtigen Einkünften aus Kapitalvermögen (§ 49 Absatz 1 Nummer 5 EStG)

312 Soweit die Einkünfte aus Kapitalvermögen der beschränkten Steuerpflicht unterliegen, können sie dem Kapitalertragsteuerabzug unterliegen. Der beschränkten Einkommensteuerpflicht unterliegen die in § 49 Absatz 1 Nummer 5 EStG aufgeführten Kapitaleinkünfte, die von natürlichen oder juristischen Personen ohne Sitz, Wohnsitz und gewöhnlichen Aufenthalt im Inland bezogen werden (§ 1 Absatz 4 EStG). Vom Kapitalertragsteuerabzug sind insbesondere Dividendenzahlungen eines inländischen Schuldners (z. B. bestimmter Körperschaften) betroffen.

313 Soweit bei Kapitaleinkünften die Voraussetzungen für eine beschränkte Steuerpflicht nicht vorliegen, ist von der auszahlenden Stelle für diese Einkünfte kein Kapitalertragsteuereinbehalt vorzunehmen. Es ist nicht zu beanstanden, wenn bei Treuhand- und Nießbrauchsverhältnissen, bei denen sowohl Treuhänder/Nießbraucher als auch Treugeber (Inhaber der Forderung Steuerausländer sind, kein Kapitalertragsteuereinbehalt vorgenommen wird.

314 Die Ausländereigenschaft eines Kunden kann anhand der Merkmale festgestellt werden, die vom Kreditinstitut im Zusammenhang mit der Legitimationsprüfung nach § 154 AO oder der Identifizierung nach **§§ 3, 4 des Geldwäschegesetzes (GwG) bei der Begründung der Geschäftsbeziehung oder der Kontoeröffnung** erhoben werden. Ist im Einzelfall unklar, ob der Kunde Steuerausländer ist, kann das Institut auf die von einer ausländischen Finanzbehörde ausgestellte Wohnsitzbescheinigung vertrauen und für den Steuerabzug davon ausgehen, dass im Inland nur eine beschränkte Steuerpflicht besteht.

Teilt ein Kunde seinem Kreditinstitut den Umzug vom Inland in das Ausland mit, kann das Kreditinstitut nur dann nicht mehr von einer unbeschränkten Steuerpflicht ausgehen, wenn dem Kreditinstitut der Statuswechsel durch schriftliche, beweiskräftige Unterlagen nachgewiesen wurde. Schriftliche beweiskräftige Unterlagen sind insbesondere die melderechtlichen Nachweise (Schreiben an Meldebehörde) des Wohnsitzwechsels oder die von einer ausländischen Finanzbehörde ausgestellte Wohnsitzbescheinigung. Kann der Statuswechsel nicht zweifelsfrei nachgewiesen werden, ist weiterhin davon auszugehen, dass im Inland eine unbeschränkte Steuerpflicht besteht. Die Voraussetzungen, dass keine unbeschränkte Steuerpflicht vorliegt, sind in einem zeitlich angemessenen Abstand vom Kreditinstitut entsprechend den Grundsätzen zu §§ 3 Absatz 2 Nummer 4, 4 Absatz 2 GwG zu überprüfen.

Besitzt ein Steuerausländer Anteile an einer Kapitalgesellschaft, die in einem inländischen Depot liegen, besteht im Falle der Veräußerung (§ 49 Absatz 1 Nummer 2 Buchstabe e EStG) auch dann keine Verpflichtung zum Steuerabzug, wenn der Steuerausländer an der Kapitalgesellschaft zu mindestens 1 % beteiligt ist.

XII. Anwendungsvorschriften zur Einführung einer Abgeltungsteuer (§ 52a EStG)

1. Einbehalt der Kapitalertragsteuer bei bestehenden, bisher nicht dem Steuerabzug unterliegenden Beitragdepots und vergleichbaren Einrichtungen(§ 52a Absatz 1 EStG)

Auch bei Erträgen aus Beitragsdepots, Parkdepots, Ablaufdepots oder Kapitalisierungsgeschäften, die vor dem 1. Januar 2007 abgeschlossen wurden, besteht nach Einführung der Abgeltungsteuer bei Versicherungsunternehmen gemäß § 52a Absatz 1 EStG eine Pflicht zum Einbehalt der Kapitalertragsteuer, soweit die Kapitalanlagen mit dem Einlagengeschäft bei Kreditinstituten vergleichbar sind. Es ist jedoch nicht zu beanstanden, wenn bei Beitragdepots, die vor dem 1. Januar 2007 abgeschlossen wurden, vom Steuerabzug Abstand genommen wird.

2. Zeitliche Anwendung von § 20 Absatz 2 Satz 1 Nummer 1 und § 23 Absatz 1 Nummer 2 EStG (§ 52a Absatz 10 Satz 1, Absatz 11 Satz 4 EStG)

§ 23 Absatz 1 Satz 1 Nummer 2 EStG a. F. ist letztmals auf private Veräußerungsgeschäfte mit Wertpapieren anzuwenden, die vor dem 1. Januar 2009 erworben wurden. Der Begriff des Erwerbs beinhaltet den Tatbestand des „rechtswirksam abgeschlossenen obligatorischen Vertrags oder gleichstehenden Rechtsaktes".

Anschaffungszeitpunkt angedienter Wertpapiere in der Übergangszeit 2008/2009

Nach bisheriger Rechtslage gelten bei Umtausch- oder Aktienanleihen die Aktien zu dem Zeitpunkt als angeschafft, in dem die entsprechenden Ausübungsrechte (Umtauschanleihe) ausgeübt oder nach den Emissionsbedingungen der Anleihe feststeht, dass es zur Lieferung kommt (Aktienanleihe).

Damit ist für die erhaltenen Aktien weiterhin § 23 EStG in der bis zum 31. Dezember 2008 geltenden Fassung anzuwenden, auch wenn die Aktien, die als noch in 2008 angeschafft gelten, dem Steuerpflichtigen erst in 2009 zugehen.

Der Steuerpflichtige erzielt aus der Anleihe – durch den Bezug der Aktien – Einkünfte i. S. des § 20 Absatz 2 Satz 1 Nummer 7 EStG. In diesen Fällen findet § 20 Absatz 4a Satz 3 EStG keine Anwendung.

3. Übergangsregelung bei obligationsähnlichen Genussrechten und Gewinnobligationen (§ 52a Absatz 10 Satz 6 und 7 EStG)

Für die Veräußerung von obligationsähnlichen Genussrechten und Gewinnobligationen i. S. des § 20 Absatz 2 Satz 1 Nummer 4 Satz 5 EStG in der bis 31. Dezember 2008 anzuwendenden Fassung findet § 52a Absatz 10 Satz 6 EStG Anwendung.[1)]

---

1) Siehe dazu das BdF-Schreiben vom 12.9.2013 – IV C 1 – S 2252/07/0002:010, 2013/0845629 (BStBl. I S. II67):
„Der BFH hat in seinem Urteil vom 12. Dezember 2012 – IR 27/12 – (BStBl. 2013 II S. 682) entschieden, dass Veräußerungsgewinne aus im Privatvermögen gehaltenen obligationsähnlichen Genussrechten, die vor dem 1. Januar 2009 erworben wurden, nach Ablauf der Haltefrist nicht steuerbar sind. Er leitet dieses Ergebnis aus § 52a Absatz 10 Satz 7 EStG ab.
Diese Auffassung steht im Gegensatz zur Auffassung der Finanzverwaltung in Randziffer 319 des BMF-Schreibens vom 9. Oktober 2012 (BStBl. I Seite 953). Danach ist der Gewinn aus der Veräußerung obligationsähnlicher Genussrechte steuerpflichtig; ein Bestandsschutz besteht nach § 52a Absatz 10 Satz 6 EStG nicht.
Der BFH hat zudem angeführt, dass die Kreditinstitute insoweit das BMF-Schreiben nicht hätten anwenden sollen. Im Einvernehmen mit den obersten Finanzbehörden der Länder gilt hinsichtlich der ertragsteuerlichen Behandlung von Gewinnen aus der Veräußerung von vor dem 1. Januar 2009 erworbenen obligationsähnlichen Genussrechten und der Anwendung des o. g. Urteils Folgendes:
1) Auf Grund der Systematik der Abgeltungsteuer bleibt es dabei, dass die Kreditinstitute als Organe der Steuererhebung die Rechtsauffassung der Finanzverwaltung hinsichtlich des Kapitalertragsteuereinbehalts anzuwenden haben (vgl. BT-Drs. 17/3549 Seite 6). Nur so kann verhindert werden, dass der Umfang der Steuererhebung davon abhängig ist, bei welchem Institut der Steuerpflichtige sein Kapital anlegt.
2) Randziffer 319 des BMF-Schreibens vom 9. Oktober 2012 (BStBl. I Seite 953) wird wie folgt geändert: „Für die Veräußerung von obligationsähnlichen Genussrechten und Gewinnobligationen i. S. d. § 20 Absatz 2 Satz 1 Nummer 4 Satz 5 EStG in der bis 31. Dezember 2008 anzuwendenden Fassung findet § 52a Absatz 10 Satz 7 EStG (BFH vom 12. Dezember 2012, BStBl. I2013 II S. 682) Anwendung."
Das BMF-Schreiben ist insoweit auf alle offenen Fälle anzuwenden.

Anlage § 020–08

Zu § 20 EStG

4. Zertifikate (§ 52a Absatz 10 Satz 8 EStG)

320 Werden Zertifikate, bei denen weder eine Ertragszahlung noch eine Kapitalrückzahlung zugesagt wird, vor dem 1. Januar 2009 erworben und innerhalb der einjährigen Haltefrist eingelöst oder veräußert, findet § 23 EStG in der bis zum 31. Dezember 2008 geltenden Fassung Anwendung. § 20 Absatz 2 Satz 1 Nummer 7 EStG ist insoweit ausgeschlossen.

321 Wird die Endfälligkeit eines nach dem 15. März 2007 angeschafften Risikozertifikats mit einer Haltedauer von über einem Jahr und einem Laufzeitende vor dem 1. Juli 2009 bei einem sich abzeichnenden Verlust hinausgeschoben, handelt es sich um eine missbräuchliche rechtliche Gestaltung i. S. des § 42 AO. Als Rechtsfolge ist in derartigen Fällen bei einem Verlustgeschäft nicht von einer – steuerwirksamen – Endfälligkeit nach dem 30. Juni 2009 auszugehen; vielmehr ist dieser Verlust – wie bei einer Endfälligkeit vor dem Stichtag 1. Juli 2009 – einkommensteuerrechtlich ohne Bedeutung.

5. Depotgebühren für 2008, die in 2009 gezahlt werden (§ 52a Absatz 10 Satz 10 EStG)

322 Werbungskosten sind in dem Jahr abzusetzen, in dem sie geleistet worden sind (Abflussprinzip, § 11 Absatz 2 Satz 1 EStG). Werden Ausgaben in 2009 geleistet, fallen sie auch dann unter das Abzugsverbot des § 20 Absatz 2 EStG, wenn sie mit Kapitalerträgen der Vorjahre zusammenhängen (vgl. BFH-Urteil vom 01. Juli 2014 VIII R 53/12). Hiervon unberührt ist die Regelung des § 11 Absatz 2 Satz 2 EStG.

323 Zur Frage, wie die Aufwendungen für Depotgebühren und andere im Zusammenhang mit der Konto- und Depotführung regelmäßig wiederkehrende Leistungen (z. B. Kosten der Ertragnisaufstellung, nicht jedoch Schuldzinsen) beim Übergang zur Abgeltungsteuer Ende 2008 zu berücksichtigen, gilt Folgendes:

In der Praxis kommt es regelmäßig vor, dass Depotgebühren erst nach dem 10-Tage-Zeitraum für regelmäßig wiederkehrende Ausgaben (§ 11 Absatz 2 Satz 2 EStG) dem Kunden belastet werden. Da ab dem 1. Januar 2009 die Werbungskosten nur in Höhe des Sparer-Pauschbetrages gemäß § 20 Absatz 9 EStG pauschal berücksichtigt werden, wird aus Billigkeitsgründen der 10-Tage-Zeitraum bis zum 31. Januar 2009 verlängert. Aus Vereinfachungsgründen wird bei Zahlungen im Januar 2009 auch auf Zuordnung der einzelnen Werbungskosten im Rahmen des § 3c EStG verzichtet.

XIII. Fundstellennachweis und Anwendungsregelung

324 Für die Anwendung einer Abgeltungsteuer auf Kapitalerträge und Veräußerungsgewinne sind die Grundsätze dieses Schreibens auf **alle offenen Fälle anzuwenden. Es wird jedoch nicht beanstandet, wenn die Grundsätze für die Kapitalertragsteuererhebung erst zum 1. April 2013 angewendet werden. Im Übrigen ist dieses Schreiben in der Fassung vom 16. November 2010 (BStBl. I S. 1305)** auf Kapitalerträge, die nach dem 31. Dezember 2008 zufließen sowie erstmals für den Veranlagungszeitraum 2009 anzuwenden. Es wird nicht beanstandet, wenn Randziffer 66a für die Kapitalertragsteuererhebung erst ab dem 1. März 2015 berücksichtigt werden und die Änderung der Randziffer 227 i. d. Fassung des BMF-Schreibens vom 9. Dezember 2014 erst zum 1. Januar 2016 angewendet wird.

325 Bei Sachverhalten, die unter die Regelung dieses Schreibens fallen, sind folgende BMF-Schreiben nicht mehr anzuwenden: das BMF-Schreiben vom 1. März 1993 (BStBl. I S. 276), das BMF-Schreiben vom 15. März 1994 (BStBl. I S. 230), das BMF-Schreiben vom 29. Mai 1995 (BStBl. I S. 283), das BMF-Schreiben vom 27. November 2001 (BStBl. I S. 986), das BMF-Schreiben vom 5. November 2002 (BStBl. I S. 1346), das BMF-Schreiben vom 25. Oktober 2004 (BStBl. I S. 1034), das BMF-Schreiben vom 20. Dezember 2005 (BStBl. 2006 I S. 8), das BMF-Schreiben vom 2. Juli 2008 (BStBl. I S. 687) und das BMFSchreiben vom 27. April 2009 – IV C 1 – S 2252/08/10003 – 2009/0202883 – (nicht im BStBl. veröffentlicht).

326 Die Bestimmungen der Randziffern dieses Schreibens zu Ehegatten finden ab dem Inkrafttreten des Gesetzes zur Änderung des Einkommensteuergesetzes in Umsetzung der Entscheidung des Bundesverfassungsgerichtes vom 7. Mai 2013 auf Lebenspartner Anwendung.

Es ist nicht zu beanstanden, wenn ab diesem Zeitpunkt erteilte gemeinsame Freistellungsaufträge aus automationstechnischen Gründen erst mit Wirkung ab dem 1. Januar 2014 berücksichtigt werden.[1]

---

1) Rz. 326 eingefügt durch das BMF-Schreiben vom 31.7.2013 (BStBl. I S. 940).

Zu § 20 EStG

Anlage § 020–08

Anlage 1

Erklärung zur Freistellung vom Kapitalertragsteuerabzug gemäß § 43 Absatz 2 Satz 3 Nummer 2 EStG

(Name/Firma – bei natürlichen Personen Vor- und Zuname, Geburtsdatum).

(Anschrift)   (Steuernummer – bei natürlichen Personen Identifikationsnummer, soweit erhalten)

An die auszahlende Stelle/Kreditinstitut
(Name/Firma)

(Filiale X-Stadt)
(Anschrift)

Ich erkläre/Wir erklären hiermit, dass die Kapitalerträge
- ☐ aus den Konten und Depots mit der Stammnummer …………..
- ☐ aus den nachstehend oder in der Anlage angeführten Konten und Depots
- ☐ Konto- bzw. Depot- Nr………..
- ☐ Konto- bzw. Depot- Nr………..
- ☐ Konto- bzw. Depot- Nr………..
- ☐ Konto- bzw. Depot- Nr………..
- ☐ Konto- bzw. Depot- Nr………..
- ☐ aus den mit Ihnen seit dem … abgeschlossenen Termin- und/oder Optionsgeschäften
- ☐ aus sonstigen nach dem ….. erworbenen Kapitalforderungen, auch wenn diese nicht konten- oder depotmäßig verbucht sind,

zu den Betriebseinnahmen meines/unseres inländischen Betriebs gehören und der Steuerabzug bei Kapitalerträgen i. S. des § 43 Absatz 1 Satz 1 Nummer 6 und 8 – 12 sowie Satz 2 EStG nicht vorzunehmen ist.

- ☐ aus den mit Ihnen seit dem … abgeschlossenen Termin- und/oder Optionsgeschäften zu meinen/unseren Einkünften aus Vermietung und Verpachtung gehören und der Steuerabzug bei Kapitalerträgen i. S. des § 43 Absatz 1 Satz 1 Nummer 8 und 11 sowie Satz 2 EStG nicht vorzunehmen ist.

Werden von mir/uns im Rahmen meines/unseres inländischen Betriebs weitere betriebliche Konten/Depots eröffnet, Kapitalforderungen erworben oder Options- und/oder Termingeschäfte abgeschlossen, so können die Kapitalerträge bei der Eröffnung, dem Erwerb und dem Abschluss durch Bezugnahme auf diese Erklärung als vom Steuerabzug auf Kapitalerträge i. S. des § 43 Absatz 1 Satz 1 Nummer 6 und 8 – 12 sowie Satz 2 EStG freizustellende Erträge gekennzeichnet werden. Entsprechendes gilt beim Abschluss von Options- und/oder Termingeschäften im Rahmen der Einkünfte aus Vermietung und Verpachtung.

Diese Erklärung gilt ab dem …… bis zu einem möglichen Widerruf.

Änderungen der Verhältnisse werden Ihnen umgehend mitgeteilt.

(Unterschrift)

Anlage § 020–08   Zu § 20 EStG

Hinweise:
1. Bei Kapitalerträgen i. S. des § 43 Absatz 1 Satz 1 Nummer 6 und 8 – 12 sowie Satz 2 EStG ist kein Steuerabzug vorzunehmen, wenn die Kapitalerträge Betriebseinnahmen eines inländischen Betriebs sind und der Gläubiger der Kapitalerträge oder die Personenmehrheit dies gegenüber der auszahlenden Stelle nach dem vorliegenden Vordruck erklärt. Entsprechendes gilt für Erträge aus Options- und/oder Termingeschäften, die zu den Einkünften aus Vermietung und Verpachtung gehören.
2. Bei Personenmehrheiten ist die Einkunftsqualifikation auf der Ebene der Personenmehrheit maßgeblich, nicht die abweichende Qualifikation bei einzelnen Beteiligten.
3. Die auszahlende Stelle hat die vorliegende Erklärung zehn Jahre lang aufzubewahren. Die Frist beginnt am Ende des Jahres zu laufen, in dem die Erklärung der auszahlenden Stelle zugegangen ist.
4. Die auszahlende Stelle übermittelt im Falle der Freistellung die Steuernummer bzw. bei natürlichen Personen die Identifikationsnummer (soweit erhalten), Vor- und Zuname des Gläubigers der Kapitalerträge sowie die Konto- oder Depotbezeichnung bzw. die sonstige Kennzeichnung des Geschäftsvorgangs an die Finanzverwaltung. Bei Personenmehrheiten treten die Firma oder vergleichbare Bezeichnungen an die Stelle des Vor- und Zunamens.

Zu § 20 EStG **Anlage § 020–08**

Anlage 2[1)]

Muster
– Freistellungsauftrag für Kapitalerträge und Antrag auf ehegattenübergreifende Verlustverrechnung –
(Gilt nicht für Betriebseinnahmen und Einnahmen aus Vermietung und Verpachtung)

_____   _____
(Name, abweichender Geburtsname. Vorname,   (Straße. Hausnummer)
Geburtsdatum des Gläubigers der Kapitalerträge)

_____
(Identifikationsnummer des Gläubigers)

☐ Gemeinsamer Freistellungsauftrag*)

_____   _____
(ggf. Name, abweichender Geburtsname,   (Postleitzahl, Ort)
Vorname, Geburtsdatum des Ehegatten)

_____
(Identifikationsnummer des Ehegatten bei
gemeinsamem Freistellungsauftrag)

An

_____
(z. B. Kreditinstitut/Bausparkasse/Lebensversicherungsunternehmen/Bundes-/
Landesschuldenverwaltung)

_____   _____
(Straße, Hausnummer)   (Postleitzahl, Ort)

Hiermit erteile ich/erteilen wir**) Ihnen den Auftrag, meine / unsere**) bei Ihrem Institut anfallenden Kapitalerträge vom Steuerabzug freizustellen und/oder bei Dividenden und ähnlichen Kapitalerträgen die Erstattung von Kapitalertragsteuer zu beantragen, und zwar

☐ bis zu einem Betrag von .... € (bei Verteilung des Sparer-Pauschbetrages auf mehrere Kreditinstitute).

☐ bis zur Höhe des für mich / uns**) geltenden Sparer-Pauschbetrages von insgesamt 801 € / 1.602 €**).

☐ über 0 €***) (sofern lediglich eine ehegattenübergreifende Verlustverrechnung beantragt werden soll).

☐ Zutreffendes bitte ankreuzen

*)   Angaben zum Ehegatten und dessen Unterschrift sind nur bei einem gemeinsamen Freistellungsauftrag erforderlich
**) Nichtzutreffendes bitte streichen
***) Möchten Sie mit diesem Antrag lediglich eine ehegattenübergreifende Verlustverrechnung beantragen, so kreuzen Sie bitte dieses Feld an

---

1) Dieses Muster ersetzt das Muster im BMF-Schreiben vom 9. Oktober 2012. Bereits gedruckte Muster der Freistellungsaufträge können noch bis zum 30.8.2014 weiter verwendet werden (BMF vom 31.7.2013 – BStBl. I S. 940).

Anlage § 020–09

Zu § 20 EStG

Anhebung der Altersgrenzen; Erhöhungen im Bereich Versicherungen im Sinne des § 20 Absatz 1 Nummer 6 EStG, Altersvorsorgeverträge, Basisrentenverträge, betriebliche Altersversorgung

– BdF-Schreiben vom 06.03.2012 – IV C 3-S 2220/11/10002, IV C 1-S 2252/07/0001:005, 2012/0186064 (BStBl. I S. 238) –

In Abstimmung mit den obersten Finanzbehörden der Länder gilt im Hinblick auf die steuerlichen Auswirkungen einer Anpassung von Vorsorgeverträgen an die Anhebung des Mindestrentenalters vom 60. auf das 62. Lebensjahr Folgendes:

II. Versicherungsleistungen, die nach § 20 Absatz 1 Nummer 6 EStG zu versteuern sind

Bei Versicherungsverträgen, die nach dem 31. Dezember 2011 abgeschlossen werden, ist der hälftige Unterschiedsbetrag nach § 20 Absatz 1 Nummer 6 Satz 2 EStG mit der Maßgabe anzuwenden, dass die Versicherungsleistung nach Vollendung des 62. Lebensjahres des Steuerpflichtigen ausgezahlt wird.

Werden wesentliche Vertragsmerkmale einer Versicherung (Versicherungslaufzeit, Versicherungssumme, Beitragshöhe, Beitragszahlungsdauer), die vor dem 1. Januar 2012 abgeschlossen wurde, geändert und führt dies nach den Ausführungen im BMF-Schreiben vom 22. August 2002 (BStBl. I Seite 827)[1] und den Rz. 67 ff. des BMF-Schreibens vom 1. Oktober 2009 (BStBl. I Seite 1172)[2] zu einem Neubeginn der Mindestvertragsdauer, dann ist bei Vertragsänderung nach dem 31. Dezember 2011 der hälftige Unterschiedsbetrag nur dann anzusetzen, wenn

– die Versicherungsleistungen nach Vollendung des 62. Lebensjahres des Steuerpflichtigen und
– nach Ablauf von zwölf Jahren seit der Vertragsänderung ausgezahlt werden.

Soweit nachträglich vereinbarte Beitragserhöhungen oder Erhöhungen der Versicherungssumme im Umfang der Erhöhung steuerlich zu einem gesonderten neuen Vertrag führen, gelten die v. g. Regelungen nur für diesen neuen Vertrag.

Führt die Vertragsänderung bei vor dem 1. Januar 2012 abgeschlossen Versicherungsverträgen nicht zu einem Neubeginn der Mindestvertragsdauer, bspw. weil sie bereits bei Vertragsabschluss vereinbart wurde, kommt es für die Anwendung des § 20 Absatz 1 Nummer 6 Satz 2 EStG nicht zu einer Anhebung der Altersgrenze auf das 62. Lebensjahr. Der Zeitpunkt der Vertragsänderung ist insoweit ohne Bedeutung.

Darüber hinaus werden Rz. 71 und Rz. 92 des BMF-Schreibens vom 1. Oktober 2009 (BStBl. I Seite 1172)[3] um folgende Sätze ergänzt:

„Im Hinblick auf die gesetzliche Anhebung des Rentenalters von 65 auf 67 Jahre gilt Folgendes:

Die Verlängerung der Laufzeit eines Vertrages, der bisher einen Auszahlungszeitpunkt im 65. oder 66. Lebensjahr zum Inhalt hatte, führt nicht zu einer nachträglichen Vertragsänderung, wenn die Verlängerung einen Zeitraum von höchstens zwei Jahren umfasst. Eine entsprechende Verlängerung der Beitragszahlungsdauer ist zulässig. Eine solche Verlängerung der Laufzeit bzw. der Beitragszahlungsdauer infolge der Anhebung der Altersgrenze kann nur einmalig vorgenommen werden."

II. Zertifizierte Altersvorsorgeverträge

Bei Altersvorsorgeverträgen, die nach dem 31. Dezember 2011 abgeschlossen werden, dürfen die sich ergebenden Altersleistungen nicht vor Vollendung des 62. Lebensjahres oder einer vor Vollendung des 62. Lebensjahres beginnenden Leistung aus einem gesetzlichen Alterssicherungssystem des Anlegers ausgezahlt werden.

Bei Altersvorsorgeverträgen ist im Hinblick auf die Förderbarkeit der Beiträge (§ 10a/Abschnitt XI EStG) insgesamt auf das Datum des ursprünglichen Vertragsabschlusses und das dem Vertragsabschluss zugrunde liegende Vertragsmuster abzustellen. D. h., wurde der Altersvorsorgevertrag vor dem 1. Januar 2012 abgeschlossen und sieht dieser auch für den Beginn der Altersleistungen ein Mindestrentenalter von 60 Jahren vor, dann gilt dies auch für eine nach dem 31. Dezember 2011 vorgenommene Erhöhung des Beitrags bzw. der Versicherungssumme.

---

1) Vgl. Anlage § 010-05
2) Vgl. Anlage § 020-07
3) Vgl. Anlage § 020-07

Zu § 20 EStG

Anlage § 020–09

Die sich aus den geförderten Beträgen ergebenden Leistungen unterliegen der nachgelagerten Besteuerung nach § 22 Nummer 5 Satz 1 EStG. Der Zeitpunkt der Beitragserhöhung ist insoweit ohne Bedeutung.

Für die Besteuerung von Leistungen aus Altersvorsorgeverträgen, die auf ungeförderten Beiträgen beruhen, ist § 22 Nummer 5 Satz 2 EStG anzuwenden. Im Hinblick auf den Ansatz des hälftigen Unterschiedsbetrags nach § 20 Absatz 1 Nummer 6 Satz 2 EStG gelten für Versicherungsverträge die unter I. genannten Grundsätze. Für die Frage der anwendbaren Altersgrenze kommt es somit auf den Zeitpunkt des Vertragsabschlusses an. Für Altersvorsorgeverträge, deren Leistungen nach § 22 Nummer 5 Satz 2 Buchstabe c EStG besteuert werden, gelten die oben genannten Grundsätze entsprechend.

III. Basisrentenverträge

Bei Basisrentenverträgen, die nach dem 31. Dezember 2011 abgeschlossen werden, dürfen die sich ergebenden Altersleistungen nicht vor Vollendung des 62. Lebensjahres des Anlegers ausgezahlt werden.

Wurde der Basisrentenvertrag vor dem 1. Januar 2012 abgeschlossen, dann führt die Erhöhung der Versicherungssumme bzw. der Beiträge nicht zu einer steuerlichen Aufteilung des Vertrags. Die zugunsten des Basisrentenvertrags geleisteten Beiträge sind nach § 10 Absatz 1 Nummer 2 Buchstabe b EStG begünstigt, da sie zugunsten eines zertifizierten Basisrentenvertrags gezahlt werden.

Die sich aus dem Basisrentenvertrag ergebenden Leistungen sind nach § 22 Nummer 1 Satz 3 Buchstabe a Doppelbuchstabe aa EStG nachgelagert zu versteuern. Der Zeitpunkt der Beitragserhöhung ist insoweit ohne Bedeutung.

IV. Betriebliche Altersversorgung

Im Bereich der betrieblichen Altersversorgung gilt als Untergrenze für betriebliche Altersversorgungsleistungen bei altersbedingtem Ausscheiden aus dem Erwerbsleben im Regelfall das 60. Lebensjahr. Für Versorgungszusagen, die nach dem 31. Dezember 2011 erteilt werden, tritt an die Stelle des 60. Lebensjahres regelmäßig das 62. Lebensjahr (Rz. 249 des BMF-Schreibens vom 31. März 2010 - BStBl. I Seite 270).

Wird in einer vor dem 1. Januar 2012 erteilten Zusage die Untergrenze für betriebliche Altersversorgungsleistungen bei altersbedingtem Ausscheiden aus dem Erwerbsleben entsprechend erhöht, führt dies allein nicht zu einer Neuzusage (s. auch Rz. 306 ff. des BMF-Schreibens vom 31. März 2010). Dabei ist es unerheblich, ob dies zusammen mit einer Verlängerung der Beitragszahlungsdauer erfolgt oder nicht.

Hinsichtlich der Besteuerung der Leistungen aus einer betrieblichen Altersversorgung in den Durchführungswegen Direktversicherung, Pensionskasse und Pensionsfonds gelten die Ausführungen unter Abschnitt I. bis III. entsprechend. Wird bei einem vor dem 1. Januar 2012 abgeschlossenen Vertrag die Untergrenze für betriebliche Altersversorgungsleistungen bis auf das 62. Lebensjahr erhöht und dadurch die Laufzeit des Vertrages verlängert, führt auch dies allein zu keiner nachträglichen Vertragsänderung, wenn die Verlängerung einen Zeitraum von höchstens zwei Jahren umfasst. Eine entsprechende Verlängerung der Beitragszahlungsdauer ist zulässig. Eine Verlängerung der Laufzeit bzw. der Beitragszahlungsdauer infolge der Anhebung der Altersgrenze kann nur einmalig vorgenommen werden.

Anlage § 020–10

Zu § 20 EStG

Einkünfte aus Kapitalvermögen beim Umtausch von Griechenland-Anleihen

– BdF-Schreiben vom 09.03.2012 – IV C 1 – S 2252/0:016, 2012/0222645 (BStBl. I S. 306) –

Die Republik Griechenland hat den Gläubigern der in Annex I des „Invitation Memorandums" vom 24. Februar 2012 aufgeführten Anleihen ein Umtauschangebot unterbreitet. Das Umtauschangebot setzt sich aus vier Bestandteilen zusammen. Die Anleger erhalten für Altanleihen im Nennwert von 1000 Euro neue Anleihen der Republik Griechenland im Gesamtnennbetrag von nominal 315 Euro (Bestandteil 1), neue Anleihen in Form von PSI Payment Notes des EFSF im Gesamtnennbetrag von 150 Euro (Bestandteil 2), so genannte GDP linked Securities im Gesamtnennbetrag von 315 Euro (Bestandteil 3) und für aufgelaufene Stückzinsen eine Nullkuponanleihe des EFSF (Bestandteil 4).

In Abstimmung mit den obersten Finanzbehörden der Länder gilt für den Tausch der von dem Umtauschangebot der Republik Griechenland betroffenen Anleihen Folgendes:

1. Für die hingegebenen Anleihen ist als Veräußerungserlös in sinngemäßer Anwendung der Rz. 65 des BMF-Schreibens vom 22. Dezember 2009 (BStBl. 2010 I S. 94) der Börsenkurs aller neuen Anleihen (bestehend aus den neuen Anleihen der Republik Griechenland und den PSI des EFSF - Bestandteile 1 und 2) am Tag der Depoteinbuchung anzusetzen. Sofern zu diesem Zeitpunkt kein Börsenkurs festgestellt ist, ist der niedrigste Kurs am ersten Handelstag maßgebend. Hierbei ist zu beachten, dass es sich bei den zu tauschenden Anleihen um Finanzinnovationen im Sinne des § 20 Absatz 2 Satz 1 Nummer 4 a bis d des Einkommensteuergesetzes (EStG) in der bis zum 31. Dezember 2008 geltenden Fassung handeln kann. Der Veräußerungserlös der hingegebenen Anleihen setzt sich zusammen aus der Summe der Kurswerte der durch den Tausch erworbenen Anleihen (Bestandteile 1 und 2).
2. Als Anschaffungskosten der neuen Anleihen (bestehend aus den neuen Anleihen der Republik Griechenland und den PSI des EFSF - Bestandteile 1 und 2) ist in sinngemäßer Anwendung der Rz. 66 des BMF-Schreibens vom 22. Dezember 2009 (BStBl. 2010 I S. 94) der Börsenkurs der hingegebenen Anleihen im Zeitpunkt der Depotausbuchung anzusetzen. Aus Vereinfachungsgründen kann der Börsenkurs der neuen Anleihen am Tag der Depoteinbuchung angesetzt werden. Sofern zu diesem Zeitpunkt noch kein Börsenkurs besteht, ist der niedrigste Börsenkurs am ersten Handelstag anzusetzen.

   Werden die neuen Wertpapiere bereits vor der ersten Börsennotierung veräußert, ist die Ersatzbemessungsgrundlage im Sinne des § 43a Absatz 2 Satz 7 EStG anzuwenden. Sobald eine Börsennotierung vorliegt, ist eine Korrektur des Steuerabzugs insoweit vorzunehmen, als nunmehr die tatsächliche Bemessungsgrundlage anzusetzen ist.
3. Die an die Entwicklung des griechischen Bruttoinlandsproduktes gekoppelten Anleihen (GDP linked Securities - Bestandteil 3) sind aus Vereinfachungsgründen in entsprechender Anwendung der Grundsätze des § 20 Absatz 4a Satz 5 EStG mit Anschaffungskosten von 0 Euro anzusetzen. Die Papiere enthalten einen Anspruch auf eine an die Entwicklung des griechischen Bruttoinlandsproduktes gekoppelte Zinszahlung. Bei Veräußerung wird ein gemäß § 20 Absatz 2 Satz 1
4. Für die als Gegenleistung für aufgelaufene Stückzinsen gewährten Wertpapiere (Bestandteil 4) gilt Tz. 3 mit der Maßgabe entsprechend, dass im Falle der Veräußerung ein gemäß § 20 Absatz 2 Satz 1 Nummer 7 EStG steuerpflichtiger Kapitalertrag erzielt wird.

Zu § 20 EStG   **Anlage § 020–11**

Prämien wertlos gewordener Optionen als Werbungskosten bei einem Termingeschäft

– BdF-Schreiben vom 27.03.2013 – IV C 1-S 2256/07/10005:013, 2013/0288345 (BStBl. I S. 403) –

In dem Urteil vom 26. September 2012 – IX R 50/09 hat der Bundesfinanzhof (BFH) entschieden, dass das Recht auf einen Differenzausgleich, Geldbetrag oder Vorteil auch dann i. S. von § 23 Absatz 1 Satz 1 Nummer 4 EStG a.F.beendet wird, wenn ein durch das Basisgeschäft indizierter negativer Differenzausgleich durch Nichtausüben der (wertlosen) Forderung aus dem Termingeschäft vermieden wird.

Unter Bezugnahme auf das Ergebnis der Erörterungen mit den obersten Finanzbehörden der Länder findet das Urteil keine Anwendung auf Fälle des § 20 Absatz 2 Satz 1 Nummer 3 Buchstabe a EStG.

Zudem sind die Grundsätze des Beschlusses des BFH vom 24. April 2012 – IX B 154/10 – (BStBl. II Seite 454) zu den Aufwendungen im Zusammenhang mit dem Erwerb eines Knock-Out-Zertifikats weiterhin für die Fälle des § 23 Absatz 1 Satz 1 Nummer 4 EStG a.F. anwendbar.

Anlage § 020–12   Zu § 20 EStG

Folgen der „Umqualifizierung" von Einkünften i. S. des § 20 Absatz 2 Satz 1 Nummer 1 EStG in Einkünfte i. S. des § 17 EStG

– BdF-Schreiben vom 16.12.2014 – IV C 1 – S 2252/14/10001:001, 2014/1106737 –

Ich bin gefragt worden, wie bei der Veranlagung von Einkünften nach § 17 EStG, die durch Veräußerung von in inländischen Depots verwahrten Beteiligungen an börsennotierten Gesellschaften realisiert werden, die vor Veranlagung der Einkünfte erfolgte Abwicklung des Veräußerungsgeschäftes durch das depotführende Institut berücksichtigt wird. Denn durch dieses wurde ein Veräußerungstatbestand nach § 20 Absatz 2 Satz 1 Nummer 1 EStG erfasst und im Falle eines Veräußerungsgewinns ein Steuerabzug nach § 43 Absatz 1 Satz 1 Nummer 9 EStG bzw. im Falle eines Veräußerungsverlustes ggf. eine Verlustverrechnung nach § 43a Absatz 3 EStG vorgenommen. Im Einvernehmen mit den obersten Finanzbehörden der Länder gilt hierzu Folgendes:

Die Behandlung als Veräußerungstatbestand nach § 20 Absatz 2 Satz 1 Nummer 1 EStG beim Kapitalertragsteuerabzug ist im Rahmen der Veranlagung zu korrigieren, wenn festgestellt wird, dass es sich um einen Veräußerungsgewinn oder -verlust aus einer nach § 17 EStG relevanten Beteiligung handelt. In diesen Fällen ist einerseits bei Veranlagung der Einkünfte die kapitalertragsteuerliche Behandlung durch das depotführende Institut zu berücksichtigen, andererseits sind aber auch beim depotführenden Institut die Folgewirkungen aus der Umqualifizierung der Einkünfte durch das Finanzamt zu beachten.

Die Behandlung als Veräußerungsgeschäft nach § 20 Absatz 2 Satz 1 Nummer 1 EStG durch das depotführende Institut kann zur Verrechnung mit anderen Kapitalerträgen oder Aktienverlusten führen und beeinflusst dann die insgesamt für den Kunden abgeführte Kapitalertragsteuer. In der Steuerbescheinigung (Muster I des BMF-Schreibens vom 20. Dezember 2012 – BStBl. 2013 I S. 36 [im Folgenden: Muster I]) wird die Veräußerung in den saldiert ausgewiesenen Beträgen berücksichtigt.

Es sind fünf Fallgruppen zu unterscheiden. Hierbei wird unterstellt, dass auf Ebene des depotführenden Institutes etwaige Verluste aus Aktien bzw. allgemeine Verluste vorrangig mit anderen Aktiengewinnen und erst danach mit einem Gewinn aus der Veräußerung der nach § 17 EStG relevanten Beteiligung verrechnet wurden bzw. etwaige Gewinne aus Aktiengeschäften vorrangig mit Verlusten aus anderen Aktiengeschäften verrechnet wurden, bevor eine Verrechnung des Verlustes aus der Veräußerung der nach § 17 EStG relevanten Beteiligung erfolgt ist.

1. Der Steuerpflichtige hat einen Veräußerungsgewinn erzielt. Das depotführende Institut hat den Veräußerungsgewinn gemäß § 20 Absatz 2 Satz 1 Nummer 1 EStG berücksichtigt und Kapitalertragsteuer einbehalten. Der Steuerpflichtige begehrt im Rahmen seiner Einkommensteuererklärung die Anrechnung der einbehaltenen Kapitalertragsteuer auf den nach § 17 EStG zu besteuernden Veräußerungsgewinn.

    – In diesem Fall ist der Einbehalt der Kapitalertragsteuer auf den Veräußerungsgewinn für Zwecke der Veranlagung belegt und in Höhe des auf den Veräußerungsgewinn entfallenden Betrages im Rahmen der Veranlagung der Einkünfte nach § 17 EStG anzurechnen, wenn folgende Voraussetzungen erfüllt sind:

        Auf der Steuerbescheinigung gemäß des Musters I, die der Steuerpflichtige im Rahmen der Einkommensteuererklärung vorlegt, wird im „davon-Ausweis" „Gewinn aus Aktienveräußerungen i. S. des § 20 Absatz 2 Satz 1 Nummer 1 EStG" ein Betrag ausgewiesen, der den im Rahmen der Einkommensteuererklärung als Gewinn nach § 17 EStG erklärten Betrag (vor Berücksichtigung des Teileinkünfteverfahrens und des Freibetrages gemäß § 17 Absatz 3 EStG) nicht unterschreitet.

    – Unter der Position „Kapitalertragsteuer" wird Kapitalertragsteuer mindestens in Höhe der rechnerisch auf den Veräußerungsgewinn entfallenden Kapitalertragsteuer ausgewiesen.

2. Der Steuerpflichtige hat einen Veräußerungsgewinn erzielt. Der Gewinn wurde teilweise mit anderen Aktienverlusten oder mit allgemeinen Verlusten durch das depotführende Institut verrechnet.

    Auf der Steuerbescheinigung gemäß des Musters I, die der Steuerpflichtige im Rahmen der Einkommensteuererklärung vorlegt, wird im „davon-Ausweis" „Gewinn aus Aktienveräußerungen i. S. des § 20 Absatz 2 Satz 1 Nummer 1 EStG" ein Betrag ausgewiesen, der niedriger ist als der im Rahmen der Veranlagung als Gewinn nach § 17 EStG geltend gemachte Betrag.

    In diesem Fall ist davon auszugehen, dass die Kapitalertragsteuer auf den Veräußerungsgewinn erhoben wurde, soweit in der Steuerbescheinigung ein Veräußerungsgewinn und abgeführte Kapitalertragsteuer in Höhe des auf den Veräußerungsgewinn entfallenden Steuerbetrages ausgewiesen wird. Insoweit erfolgt eine Anrechnung der Kapitalertragsteuer auf den im Rahmen der Veranlagung zu berücksichtigenden Veräußerungsgewinn nach § 17 EStG.

Soweit der in der Steuerbescheinigung ausgewiesene Aktiengewinn geringer ist als der in der Veranlagung nach § 17 EStG zu versteuernde Veräußerungsgewinn, wird auf Antrag des Steuerpflichtigen in Höhe des Unterschiedsbetrages durch das Finanzamt in der Veranlagung gemäß § 32d Absatz 4 EStG ein Aktienverlust nach § 20 Absatz 2 Satz 1 Nummer 1 EStG oder ein allgemeiner Verlust berücksichtigt, wenn der Steuerpflichtige die Art des mit dem Aktiengewinn verrechneten Verlustes durch Abrechnungsbelege des depotführenden Institutes oder eine Bestätigung des depotführenden Institutes nachweist. Insoweit wird die Verlustverrechnung auf Ebene des depotführenden Instituts durch das Finanzamt über die Berücksichtigung des Verlustes in der Veranlagung korrigiert.

3. Der Steuerpflichtige hat einen Veräußerungsverlust erzielt, den das depotführende Institut nach § 20 Absatz 2 Satz 1 Nummer 1 EStG berücksichtigt hat. Das depotführende Institut hat eine Verlustbescheinigung i. S. des § 43a Absatz 3 Satz 4 EStG gemäß des Musters I erstellt. In der der Einkommensteuererklärung beigefügten Verlustbescheinigung wird unter der Position „Höhe des nicht ausgeglichenen Verlustes aus der Veräußerung von Aktien i. S. des § 20 Absatz 2 Satz 1 Nummer 1 EStG" ein Betrag ausgewiesen, der nicht geringer ist als der nach § 17 EStG erklärte Verlust.

   In diesem Fall ist der bescheinigte Veräußerungsverlust als Verlust nach § 17 EStG zu berücksichtigen. Eine Berücksichtigung des bescheinigten Veräußerungsverlustes im Rahmen von § 20 EStG erfolgt insoweit nicht. Übersteigt der bescheinigte Veräußerungsverlust den nach § 17 EStG zu berücksichtigenden Veräußerungsverlust, wird der übersteigende Verlustbetrag durch das Finanzamt nach § 20 Absatz 6 EStG berücksichtigt.

4. Der Steuerpflichtige hat einen Veräußerungsverlust erzielt, den das depotführende Institut nach § 20 Absatz 2 Satz 1 Nummer 1 EStG berücksichtigt hat. Das depotführende Institut hat den Verlust in den Aktienverlusttopf eingebucht und auf Antrag eine Verlustbescheinigung i. S. des § 43a Absatz 3 Satz 4 EStG gemäß des Musters I erstellt. Diese weist infolge der Verrechnung des Verlustes mit Aktiengewinnen einen niedrigeren Verlust aus als der im Rahmen der Einkommensteuererklärung gemäß § 17 EStG erklärte Verlustbetrag.

   In diesem Fall wurden in Folge der Berücksichtigung als Aktienverlust durch das depotführende Institut Aktiengewinne mit dem Veräußerungsverlust verrechnet. Diese Verrechnung ist in der Veranlagung zu korrigieren. Soweit eine Verrechnung des Aktienverlustes mit Aktiengewinnen erfolgt ist, wird die Besteuerung der mit dem Verlust verrechneten Aktiengewinne durch das Finanzamt in der Veranlagung nach § 32d Absatz 3 EStG nachgeholt und in Höhe des verrechneten Verlustes in der Veranlagung ein Veräußerungsgewinn nach § 20 Absatz 2 Satz 1 Nummer 1 EStG berücksichtigt. Der Veräußerungsverlust nach § 17 EStG wird in voller Höhe berücksichtigt.

5. Der Steuerpflichtige hat einen Veräußerungsverlust erzielt, den das depotführende Institut nach § 20 Absatz 2 Satz 1 Nummer 1 EStG berücksichtigt hat. Das depotführende Institut hat den Verlust in den Aktienverlusttopf eingebucht. Es wurde keine Verlustbescheinigung erstellt. In seiner Einkommensteuererklärung begehrt der Steuerpflichtige eine Berücksichtigung des Veräußerungsverlustes gemäß § 17 EStG. Die Berücksichtigung als Aktienverlust durch das depotführende Institut hat entweder dazu geführt, dass Aktiengewinne mit dem Aktienverlust verrechnet wurden oder, dass der Aktienverlust noch im Verlusttopf weiter geführt wird. Dieses Ergebnis ist wie folgt zu korrigieren.

   Das Finanzamt hat dem Steuerpflichtigen zu bestätigen, dass es sich in Höhe des jeweiligen Veräußerungsverlustes um einen nach § 17 EStG zu berücksichtigenden Verlust handelt.

   Nach Vorlage dieser Bestätigung durch den Steuerpflichtigen hat das depotführende Institut:
   – eine Korrektur gemäß § 43a Absatz 3 Satz 7 EStG in Höhe des aktuell noch nicht verrechneten Aktienverlustes vorzunehmen und
   – dem Steuerpflichtigen die Höhe dieses Betrages sowie des bereits verrechneten Verlustbetrages zur Vorlage beim Finanzamt zu bestätigen.

   Nach Vorlage der Bestätigung des depotführenden Institutes ist in der Veranlagung der Verlust im Rahmen von § 17 EStG zu berücksichtigen. In Höhe des bereits verrechneten Verlustbetrages berücksichtigt das Finanzamt in der Veranlagung einen Veräußerungsgewinn nach § 20 Absatz 2 Satz 1 Nummer 1 EStG.

   Beispiel:

   Ein Steuerpflichtiger hat einen Veräußerungsverlust i.S. des § 17 EStG in Höhe von 1.000 Euro erzielt und setzt diesen im Rahmen seiner Einkommensteuererklärung an. Das depotführende Institut hat den Verlust nach § 20 Absatz 2 Satz 1 Nummer 1 EStG im Aktienverlusttopf berücksichtigt.

   Nach Vorlage der Bestätigung des Finanzamts durch den Steuerpflichtigen stellt das depotführende Institut fest, dass der Veräußerungsverlust bereits in Höhe von 200 Euro mit Aktiengewinnen verrechnet worden ist. Das depotführende Institut hat in Höhe von 800 Euro eine Korrektur gemäß § 43a

Anlage § 020–12   Zu § 20 EStG

Absatz 3 Satz 7 EStG vorzunehmen und dem Steuerpflichtigen den Korrekturbetrag in Höhe von 800 Euro und den übersteigenden Betrag von 200 Euro, für den keine Korrektur erfolgen konnte, zu bestätigen.

Das Finanzamt berücksichtigt nach Vorlage der Bestätigung einen Veräußerungsverlust von 1.000 Euro nach § 17 EStG. Die Besteuerung der durch das depotführende Institut verrechneten Aktiengewinne in Höhe von 200 Euro nach § 20 Absatz 2 Satz 1 Nummer 1 EStG wird gemäß § 32d Absatz 3 EStG in der Veranlagung nachgeholt.

Die Grundsätze dieses Schreibens sind auf alle noch offenen Fälle anzuwenden.

Dieses Schreiben wird im Bundessteuerblatt Teil I veröffentlicht.

Zu § 21 EStG

Anlage § 021–01

Abgrenzung von Anschaffungskosten, Herstellungskosten und Erhaltungsaufwendungen bei der Instandsetzung und Modernisierung von Gebäuden [1)]

– BdF-Schreiben vom 18.7.2003 – IV C 3 – S 2211 – 94/03 (BStBl. I S. 386) –

Mit den Urteilen vom 9. Mai 1995 (BStBl. 1996 II S. 628, 630, 632, 637), vom 10. Mai 1995 (BStBl. 1996 II S. 639) und vom 16. Juli 1996 (BStBl. II S. 649) sowie vom 12. September 2001 (BStBl. 2003 II S. 569, 574) und vom 22. Januar 2003 (BStBl. II S. 596) hat der Bundesfinanzhof zur Abgrenzung von Anschaffungskosten, Herstellungskosten und sofort abziehbaren Erhaltungsaufwendungen bei Instandsetzung und Modernisierung eines Gebäudes entschieden. Unter Bezugnahme auf das Ergebnis der Erörterung mit den obersten Finanzbehörden der Länder nehme ich zur Anwendung der Urteilsgrundsätze wie folgt Stellung:

I. Anschaffungskosten zur Herstellung der Betriebsbereitschaft

Anschaffungskosten eines Gebäudes sind die Aufwendungen, die geleistet werden, um das Gebäude zu erwerben und es in einen betriebsbereiten Zustand zu versetzen, soweit sie dem Gebäude einzeln zugeordnet werden können, ferner die Nebenkosten und die nachträglichen Anschaffungskosten (§ 255 Abs. 1 HGB). 1

Ein Gebäude ist betriebsbereit, wenn es entsprechend seiner Zweckbestimmung genutzt werden kann. Die Betriebsbereitschaft ist bei einem Gebäude für jeden Teil des Gebäudes, der nach seiner Zweckbestimmung selbstständig genutzt werden soll, gesondert zu prüfen. Dies gilt auch für Gebäudeteile (z. B. die einzelnen Wohnungen eines Mietwohngebäudes), die als Folge des einheitlichen Nutzungs- und Funktionszusammenhangs mit dem Gebäude keine selbstständigen Wirtschaftsgüter sind (vgl. § 7 Abs. 5a EStG und R 13 Abs. 3 EStR 2001) [2)]. 2

Nutzt der Erwerber das Gebäude ab dem Zeitpunkt der Anschaffung (d. h. ab Übergang von Besitz, Gefahr, Nutzungen und Lasten) zur Erzielung von Einkünften oder zu eigenen Wohnzwecken, ist es ab diesem Zeitpunkt grundsätzlich betriebsbereit. Instandsetzungs- und Modernisierungsaufwendungen können in diesem Fall keine Anschaffungskosten im Sinne des § 255 Abs. 1 Satz 1 HGB sein (vgl. jedoch Rz. 6). Dies gilt nicht, wenn der Erwerber ein vermietetes Gebäude erworben hat und umgehend die Mietverträge kündigt, weil das Gebäude aus der Sicht des Erwerbers nicht zur Erzielung der vor der Veräußerung erwirtschafteten Einkünfte aus Vermietung und Verpachtung bestimmt war, auch wenn diese während einer kurzen Übergangszeit tatsächlich erzielt wurden. [3)] 3

Wird das Gebäude im Zeitpunkt der Anschaffung nicht genutzt, ist zunächst offen, ob es aus Sicht des Erwerbers betriebsbereit ist. Führt der Erwerber im Anschluss an den Erwerb und vor der erstmaligen Nutzung Baumaßnahmen durch, um das Gebäude entsprechend seiner Zweckbestimmung nutzen zu können, sind die Aufwendungen hierfür Anschaffungskosten. Zweckbestimmung bedeutet die konkrete Art und Weise, in der der Erwerber das Gebäude zur Erzielung von Einnahmen im Rahmen einer Einkunftsart nutzen will (z. B. ob er das Gebäude zu Wohnzwecken oder als Büroraum nutzen will). 4

1. Herstellung der Funktionstüchtigkeit

Die Betriebsbereitschaft setzt die objektive und subjektive Funktionstüchtigkeit des Gebäudes voraus. 5

1.1 Objektive Funktionsuntüchtigkeit

Ein Gebäude ist objektiv funktionsuntüchtig, wenn für den Gebrauch wesentliche Teile objektiv nicht nutzbar sind. Dies gilt unabhängig davon, ob das Gebäude im Zeitpunkt der Anschaffung bereits genutzt wird oder leer steht. Mängel, vor allem durch Verschleiß, die durch laufende Reparaturen beseitigt werden, schließen die Funktionstüchtigkeit hingegen nicht aus. Werden für den Gebrauch wesentliche Teile des Gebäudes funktionstüchtig gemacht, führen die Aufwendungen zu Anschaffungskosten. [4)] 6

---

1) Zur Anwendung des § 6 Abs. 1a EStG vgl. Anlage § 006-13.
2) Jetzt R 4.2 Abs. 3 EStR.
3) Plant der Erwerber eines vermieteten Gebäudes bereits im Zeitpunkt der Anschaffung die Eigennutzung und nicht die weitere Vermietung, machen die von vornherein geplanten und nach Beendigung des Mietverhältnisses durchgeführten Baumaßnahmen das Gebäude betriebsbereit, wenn dadurch ein höherer Standard erreicht wird. Die betreffenden Aufwendungen sind daher Anschaffungskosten (BFH vom 22.1.2003 – BStBl. II S. 596).
4) Befindet sich ein Wohngebäude vor der erstmaligen Nutzung nach dem Erwerb wegen eines Schadens (hier: Funktionsuntüchtigkeit der Heizung) nicht in einem vermietbaren Zustand, dann führen die Aufwendungen zur Behebung des Schadens zu Anschaffungskosten i. S. d. § 255 Abs. 1 HGB (→ BFH vom 20.8.2002 – BStBl. 2003 II S. 585).

Anlage § 021–01

Zu § 21 EStG

1.2 Subjektive Funktionsuntüchtigkeit

7 Ein Gebäude ist subjektiv funktionsuntüchtig, wenn es für die konkrete Zweckbestimmung des Erwerbers nicht nutzbar ist. Aufwendungen für Baumaßnahmen, welche zur Zweckerreichung erforderlich sind, führen zu Anschaffungskosten.

8 Beispiele:
- Die Elektroinstallation eines Gebäudes, die für Wohnzwecke, jedoch nicht für ein Büro brauchbar ist, wird für die Nutzung als Bürogebäude erneuert.
- Büroräume, die bisher als Anwaltskanzlei genutzt wurden, werden zu einer Zahnarztpraxis umgebaut.

2. Hebung des Standards[1]

9 Zur Zweckbestimmung gehört auch die Entscheidung, welchem Standard das Gebäude künftig entsprechen soll (sehr einfach, mittel oder sehr anspruchsvoll). Baumaßnahmen, die das Gebäude auf einen höheren Standard bringen, machen es betriebsbereit; ihre Kosten sind Anschaffungskosten.

10 Der Standard eines Wohngebäudes bezieht sich auf die Eigenschaften einer Wohnung. Wesentlich sind vor allem Umfang und Qualität der Heizungs-, Sanitär- und Elektroinstallationen sowie der Fenster (zentrale Ausstattungsmerkmale). Führt ein Bündel von Baumaßnahmen bei mindestens drei Bereichen der zentralen Ausstattungsmerkmale zu einer Erhöhung und Erweiterung des Gebrauchswertes, hebt sich der Standard eines Gebäudes.

2.1 Sehr einfacher Standard

11 Sehr einfacher Wohnungsstandard liegt vor, wenn die zentralen Ausstattungsmerkmale im Zeitpunkt der Anschaffung nur im nötigen Umfang oder in einem technisch überholten Zustand vorhanden sind.

Beispiele:
- Das Bad besitzt kein Handwaschbecken.
- Das Bad ist nicht beheizbar.
- Eine Entlüftung ist im Bad nicht vorhanden.
- Die Wände im Bad sind nicht überwiegend gefliest.
- Die Badewanne steht ohne Verblendung frei.
- Es ist lediglich ein Badeofen vorhanden.
- Die Fenster haben nur eine Einfachverglasung.
- Es ist eine technisch überholte Heizungsanlage vorhanden (z. B. Kohleöfen).
- Die Elektroversorgung ist unzureichend.

2.2 Mittlerer Standard

12 Mittlerer Standard liegt vor, wenn die zentralen Ausstattungsmerkmale durchschnittlichen und selbst höheren Ansprüchen genügen.

2.3 Sehr anspruchsvoller Standard (Luxussanierung)

13 Sehr anspruchsvoller Standard liegt vor, wenn bei dem Einbau der zentralen Ausstattungsmerkmale nicht nur das Zweckmäßige, sondern das Mögliche, vor allem durch den Einbau außergewöhnlich hochwertiger Materialien, verwendet wurde (Luxussanierung).

2.4 Standardhebung und Erweiterung im Sinne des § 255 Abs. 2 Satz 1 HGB[2]

14 Treffen Baumaßnahmen, die ihrer Art nach – z. B. als Erweiterung im Sinne von § 255 Abs. 2 Satz 1 HGB (vgl. Rz. 19 bis 24) – stets zu Herstellungskosten führen und einen der den Nutzungswert eines Gebäudes bestimmenden Bereiche der zentralen Ausstattungsmerkmale betreffen, mit der Verbesserung von mindestens zwei weiteren Bereichen der zentralen Ausstattungsmerkmale zusammen, ist ebenfalls eine Hebung des Standards anzunehmen.

Beispiel:
Im Anschluss an den Erwerb eines leer stehenden, bisher als Büro genutzten Einfamilienhauses, das für eine Vermietung zu fremden Wohnzwecken vorgesehen ist, wird im bisher nicht ausgebauten Dachgeschoss ein zusätzliches Badezimmer eingerichtet. Außerdem werden einfach verglaste Fens-

---

1) Auch Aufwendungen für die Beseitigung versteckter Mängel können den Nutzungswert des Gebäudes steigern und zu Anschaffungs- oder Herstellungskosten i. S. d. § 255 HGB führen (→ BFH vom 22.1.2003 – BStBl. II S. 596).

2) Siehe Anhang 15.

Zu § 21 EStG **Anlage § 021–01**

ter durch isolierte Sprossenfenster ersetzt und die Leistungskapazität der Elektroinstallation durch den Einbau dreiphasiger an Stelle zweiphasiger Elektroleitungen maßgeblich aufgebessert sowie die Zahl der Anschlüsse deutlich gesteigert.

Neben die Erweiterung des Gebäudes als Herstellungskosten im Sinne des § 255 Abs. 2 Satz 1 HGB durch den Einbau des Badezimmers tritt die Verbesserung von zwei weiteren Bereichen der zentralen Ausstattungsmerkmale ein. Die hierdurch verursachten Aufwendungen führen zu Anschaffungskosten des Gebäudes.

3. Unentgeltlicher oder teilentgeltlicher Erwerb

Aufwendungen für Baumaßnahmen, die das Gebäude in einen betriebsbereiten Zustand versetzen, führen bei einem unentgeltlichen Erwerb mangels Anschaffung im Sinne des § 255 Abs. 1 HGB[1]) nicht zu Anschaffungskosten; vielmehr handelt es sich um Erhaltungsaufwendungen oder, sofern die Voraussetzungen des § 255 Abs. 2 HGB[2]) erfüllt sind (vgl. Rz. 17 bis 32), um Herstellungskosten. 15

Bei einem teilentgeltlichen Erwerb können Anschaffungskosten zur Herstellung der Betriebsbereitschaft nur im Verhältnis zum entgeltlichen Teil des Erwerbvorganges gegeben sein. Im Übrigen liegen Erhaltungsaufwendungen oder, sofern die Voraussetzungen des § 255 Abs. 2 HGB[3]) erfüllt sind (vgl. Rz. 17 bis 32), Herstellungskosten vor. 16

II. Herstellungskosten

Herstellungskosten eines Gebäudes sind nach § 255 Abs. 2 Satz 1 HGB[4]) Aufwendungen für die Herstellung eines Gebäudes sowie Aufwendungen, die für die Erweiterung oder für die über den ursprünglichen Zustand hinausgehende wesentliche Verbesserung eines Gebäudes entstehen. 17

1. Herstellung[5])

Instandsetzungs- und Modernisierungsarbeiten können ausnahmsweise auch im Zusammenhang mit der (Neu-)Herstellung eines Gebäudes stehen. Dies ist der Fall, wenn das Gebäude so sehr abgenutzt ist, dass es unbrauchbar geworden ist (Vollverschleiß), und durch die Instandsetzungsarbeiten unter Verwendung der übrigen noch nutzbaren Teile ein neues Gebäude hergestellt wird. Ein Vollverschleiß liegt vor, wenn das Gebäude schwere Substanzschäden an den für die Nutzbarkeit als Bau und die Nutzungsdauer des Gebäudes bestimmenden Teilen hat. 18

2. Erweiterung

Instandsetzungs- und Modernisierungsaufwendungen bilden unabhängig von ihrer Höhe Herstellungskosten, wenn sie für eine Erweiterung i. S. von § 255 Abs. 2 Satz 1 HGB[6]) entstehen. R 157 Abs. 3 Satz 2 EStR 2001[7]) bleibt unberührt. 19

Eine Erweiterung liegt in folgenden Fällen vor:

2.1 Aufstockung oder Anbau

Ein Gebäude wird aufgestockt oder ein Anbau daran errichtet. 20

2.2 Vergrößerung der nutzbaren Fläche[8])

Die nutzbare Fläche des Gebäudes wird vergrößert. Hierfür reicht es aus, wenn die Baumaßnahmen zu einer – wenn auch nur geringfügigen – Vergrößerung der Nutzfläche führen. Die Nutzfläche ist in sinn- 21

---

1) Siehe Anhang 15.
2) Siehe Anhang 15.
3) Siehe Anhang 15.
4) Siehe Anhang 15.
5) Bei der Prüfung, ob Herstellungsaufwand vorliegt, darf nicht auf das gesamte Gebäude abgestellt werden, sondern nur auf den entsprechenden Gebäudeteil, wenn das Gebäude in unterschiedlicher Weise genutzt wird und deshalb mehrere Wirtschaftsgüter umfasst (→ BFH vom 25.9.2007 – BStBl. 2008 II S. 218).
6) Siehe Anhang 15.
7) Jetzt R 21.1 Abs. 2 Satz 2 EStR. Betragsgrenze dort: 4 000 €.
8) Siehe dazu das BFH-Urteil vom 15.5.2013 (BStBl. II 5. 732):
„Unter dem Gesichtspunkt der Erweiterung sind (nachträgliche) Herstellungskosten – neben Anbau und Aufstockung – auch gegeben, wenn nach Fertigstellung des Gebäudes seine nutzbare Fläche – wenn auch nur geringfügig – vergrößert wird (hier: Satteldach statt Flachdach). Auf die tatsächliche Nutzung sowie den davon etwa noch erforderlichen finanziellen Aufwand für die Fertigstellung zu Wohnzwecken kommt es nicht an. Die „nutzbare Fläche" umfasst nicht nur die (reine) Wohnfläche (einer Wohnung/eines Gebäudes) i.S. des § 2 Abs. 1, Abs. 2, § 4 WoFlV, sondern auch die zur Wohnung/zum Gebäude gehörenden Grundflächen der Zubehörräume sowie die den Anforderungen des Bauordnungsrechts nicht genügenden Räume (§ 2 Abs. 3 Nrn. 1, 2 WoFlV)."

Anlage § 021–01 Zu § 21 EStG

gemäßer Anwendung der §§ 42 und 44 der II. Berechnungsverordnung zu ermitteln. Von Herstellungskosten ist z. B. auszugehen, wenn die Nutzfläche durch eine zuvor nicht vorhandene Dachgaube, den Anbau eines Balkons oder einer Terrasse über die ganze Gebäudebreite vergrößert wird oder durch ein das Flachdach ersetzendes Satteldach erstmals ausbaufähiger Dachraum geschaffen wird (vgl. BFH-Urteil vom 19. Juni 1991 – BStBl. 1992 II S. 73).

2.3 Vermehrung der Substanz

22 Ein Gebäude wird in seiner Substanz vermehrt, ohne dass zugleich seine nutzbare Fläche vergrößert wird, z. B. bei Einsetzen von zusätzlichen Trennwänden[1], bei Errichtung einer Außentreppe, bei Einbau einer Alarmanlage (vgl. BFH-Urteil vom 16. Februar 1993 – BStBl. II S. 544), einer Sonnenmarkise (vgl. BFH-Urteil vom 29. August 1989 – BStBl. 1990 II S. 430), einer Treppe zum Spitzboden, eines Kachelofens oder eines Kamins.[2]

23 Keine zu Herstellungsaufwendungen führende Substanzmehrung liegt dagegen vor, wenn der neue Gebäudebestandteil oder die neue Anlage die Funktion des bisherigen Gebäudebestandteils für das Gebäude in vergleichbarer Weise erfüllen. Erhaltungsaufwendungen können daher auch angenommen werden, wenn der neue Gebäudebestandteil für sich betrachtet nicht die gleiche Beschaffenheit aufweist wie der bisherige Gebäudebestandteil oder die Anlage technisch nicht in der gleichen Weise wirkt, sondern lediglich entsprechend dem technischen Fortschritt modernisiert worden ist. Von einer Substanzmehrung ist danach regelmäßig z.B. nicht auszugehen bei

- Anbringen einer zusätzlichen Fassadenverkleidung (z. B. Eternitverkleidung oder Verkleidung mit Hartschaumplatten und Sichtklinker) zu Wärme- oder Schallschutzzwecken (vgl. BFH-Urteil vom 13. März 1979 – BStBl. II S. 435),

- Umstellung einer Heizungsanlage von Einzelöfen auf eine Zentralheizung (vgl. BFH-Urteil vom 24. Juli 1979 – BStBl. 1980 II S. 7),

- Ersatz eines Flachdaches durch ein Satteldach, wenn dadurch lediglich eine größere Raumhöhe geschaffen wird, ohne die nutzbare Fläche und damit die Nutzungsmöglichkeit zu erweitern,

- Vergrößern eines bereits vorhandenen Fensters oder

- Versetzen von Wänden.

24 Ein neuer Gebäudebestandteil erfüllt auch dann regelmäßig die Funktion des bisherigen Gebäudebestandteils in vergleichbarer Weise, wenn er dem Gebäude lediglich deshalb hinzugefügt wird, um bereits eingetretene Schäden zu beseitigen oder einen konkret drohenden Schaden abzuwenden. Das ist z. B. der Fall bei Anbringung einer Betonvorsatzschale zur Trockenlegung der durchfeuchteten Fundamente (insoweit entgegen BFH-Urteil vom 10. Mai 1995 – BStBl. 1996 II S. 639), bei Überdachung von Wohnungszugängen oder einer Dachterrasse mit einem Glasdach zum Schutz vor weiteren Wasserschäden (vgl. BFH-Urteil vom 24. Februar 1981 – BStBl. II S. 468).

3. Über den ursprünglichen Zustand hinausgehende wesentliche Verbesserung

25 Instandsetzungs- oder Modernisierungsaufwendungen sind, soweit sie nicht als Folge der Herstellung der Betriebsbereitschaft bereits zu den Anschaffungskosten gehören, nach § 255 Abs. 2 Satz 1 HGB[3] als Herstellungskosten zu behandeln, wenn sie zu einer über den ursprünglichen Zustand hinausgehenden wesentlichen Verbesserung führen. Dies gilt auch, wenn oder soweit das Gebäude unentgeltlich erworben wurde.[4]

---

1) Siehe dazu aber das BFH-Urteil vom 16.1.2007 (BStBl. II S. 922): Aufwendungen für den Umbau eines Großraumbüros in vier Einzelbüros unter Verwendung von Rigips-Ständerwerk sowie für die Anpassung der Elektroinstallation im hierdurch notwendigen Umfang sind sofort abziehbare Erhaltungsaufwendungen bei den Einkünften aus Vermietung und Verpachtung.

2) Aufwendungen für den Einbau neuer Gegenstände in vorhandene Installationen eines Wohnhauses können nur dann zu Herstellungskosten im Sinne des § 255 Abs. 2 Satz 1 HGB führen, wenn sie eine wesentliche Verbesserung zur Folge haben (→ BFH vom 20.8.2002 – BStBl. 2003 II S. 604). Der Einbau einer Solaranlage zur Brauchwassererwärmung in eine vorhandene Gaswärmeversorgung ist keine solche Verbesserung (BFH-Urteil vom 14.7.2004, BStBl. II S. 949).

3) Siehe Anhang 15.

4) Ursprünglicher Zustand im Sinne des § 255 Abs. 2 Satz 1 HGB ist bei Erwerb eines Wohngebäudes durch Schenkung oder Erbfall der Zustand im Zeitpunkt der Anschaffung oder Herstellung durch den Schenker oder Erblasser (BFH vom 3.12.2002 – BStBl. 2003 II S. 590).

Zu § 21 EStG

Anlage § 021–01

3.1 Ursprünglicher Zustand

Ursprünglicher Zustand i. S. von § 255 Abs. 2 Satz 1 HGB[1]) ist grundsätzlich der Zustand des Gebäudes im Zeitpunkt der Herstellung oder Anschaffung durch den Steuerpflichtigen oder seinen Rechtsvorgänger im Fall des unentgeltlichen Erwerbs. Erforderlich ist danach ein Vergleich des Zustands des Gebäudes, in dem es sich bei Herstellung oder Anschaffung befunden hat, mit dem Zustand, in den es durch die vorgenommenen Instandsetzungs- oder Modernisierungsarbeiten versetzt worden ist. Hiervon abweichend ist in Fällen, in denen die ursprünglichen Herstellungs- oder Anschaffungskosten zwischenzeitlich z. B. durch anderweitige Herstellungs- oder Anschaffungskosten, durch Absetzungen für außergewöhnliche Abnutzung nach § 7 Abs. 4 Satz 3 i.V.m. Abs. 1 Satz 5 EStG oder durch Teilwertabschreibung verändert worden sind, für den Vergleich auf den für die geänderte AfA-Bemessungsgrundlage maßgebenden Zustand abzustellen. Wird ein Gebäude dem Betriebsvermögen entnommen oder in das Betriebsvermögen eingelegt, kommt es für die Bestimmung des ursprünglichen Zustandes auf den Zeitpunkt der Entnahme oder der Einlage an. 26

3.2 Wesentliche Verbesserung

Eine wesentliche Verbesserung i. S. von § 255 Abs. 2 Satz 1 HGB[2]) liegt nicht bereits dann vor, wenn ein Gebäude generalüberholt wird, d. h. Aufwendungen, die für sich genommen als Erhaltungsaufwendungen zu beurteilen sind, in ungewöhnlicher Höhe zusammengeballt in einem Veranlagungszeitraum oder Wirtschaftsjahr anfallen.[3]) 27

Eine wesentliche Verbesserung i. S. von § 255 Abs. 2 Satz 1 HGB[4]) und damit Herstellungskosten sind vielmehr erst dann gegeben, wenn die Maßnahmen zur Instandsetzung und Modernisierung eines Gebäudes in ihrer Gesamtheit über eine zeitgemäße substanzerhaltende (Bestandteil-)Erneuerung hinausgehen, den Gebrauchswert des Gebäudes insgesamt deutlich erhöhen und damit für die Zukunft eine erweiterte Nutzungsmöglichkeit geschaffen wird.[5]) Von einer deutlichen Erhöhung des Gebrauchswerts ist z. B. auszugehen, wenn der Gebrauchswert des Gebäudes (Nutzungspotenzial) von einem sehr einfachen auf einen mittleren oder von einem mittleren auf einen sehr anspruchsvollen Standard gehoben wird. Zum Standard des Wohngebäudes vgl. Rz. 9 bis 14. 28

Instandsetzungs- oder Modernisierungsmaßnahmen, die über eine substanzerhaltende Erneuerung nicht hinausgehen, sind bei dieser Prüfung grundsätzlich außer Betracht zu lassen. 29

Eine substanzerhaltende (Bestandteil-)Erneuerung liegt vor, wenn ein Gebäude durch die Ersetzung einzelner Bestandteile oder Instandsetzungs- oder Modernisierungsmaßnahmen an dem Gebäude als Ganzem lediglich in ordnungsgemäßem Zustand entsprechend seinem ursprünglichen Zustand erhalten oder dieser in zeitgemäßer Form wiederhergestellt wird. Dem Gebäude wird in diesem Fall nur der zeitgemäße Wohnkomfort wiedergegeben, den es ursprünglich besessen, aber durch den technischen Fortschritt und die Veränderung der Lebensgewohnheiten verloren hat. 30

Beispiel:

Der Eigentümer eines bewohnten verwahrlosten Wohnhauses lässt die alten Kohleöfen durch eine moderne Heizungsanlage ersetzen. Er baut an Stelle der einfach verglasten Fenster Isolierglasfenster ein. Er modernisiert das Bad, wobei er neben der Badewanne separat eine Dusche einbaut. Außerdem lässt er es durchgängig fliesen. Im Übrigen lässt er Schönheitsreparaturen durchführen.

Hinsichtlich der Aufwendungen für die zentralen Ausstattungsmerkmale liegen Herstellungskosten als wesentliche Verbesserung i. S. von § 255 Abs. 2 Satz 1 HGB[6]) vor. Bei den Schönheitsreparaturen handelt es sich um sofort abziehbare Erhaltungsaufwendungen (vgl. aber Rz. 33 bis 35).

3.3 Sanierung in Raten

Aufwendungen für Baumaßnahmen innerhalb eines Veranlagungszeitraumes oder Wirtschaftsjahres sind Herstellungskosten i. S. von § 255 Abs. 2 Satz 1 HGB[7]), wenn die Baumaßnahmen zwar für sich gesehen noch nicht zu einer wesentlichen Verbesserung führen, wenn sie aber Teil einer Gesamt- 31

---

1) Siehe Anhang 15.
2) Siehe Anhang 15.
3) Siehe Fußnote zu RdNr. 22.
4) Siehe Anhang 15.
5) Bei betrieblich genutzten Gebäuden/Gebäudeteilen kommt es dabei weniger auf die Kernbereiche der Ausstattung an, als vielmehr darauf, ob die Baumaßnahmen vor dem Hintergrund der betrieblichen Zielsetzung zu einer höherwertigen Nutzbarkeit führt (→ BFH vom 25.9.2007 – BStBl. 2008 II S. 218).
6) Siehe Anhang 15.
7) Siehe Anhang 15.

maßnahme sind, die sich planmäßig in zeitlichem Zusammenhang über mehrere Veranlagungszeiträume erstreckt und die insgesamt zu einer Hebung des Standards führt (Sanierung in Raten). Von einer Sanierung in Raten ist grundsätzlich auszugehen, wenn die Maßnahmen innerhalb eines Fünfjahreszeitraumes durchgeführt worden sind.

3.4 Baumaßnahmen, die nur einen Teil des Gebäudes betreffen

32 Wird ein Gebäude in der Weise saniert, dass von einer Vielzahl von Wohnungen nur der Gebrauchswert einer oder mehrerer Wohnungen erhöht wird, sind die dafür entstandenen Aufwendungen Herstellungskosten i. S. von § 255 Abs. 2 Satz 1 HGB[1]).

III. Zusammentreffen von Anschaffungs- oder Herstellungskosten mit Erhaltungsaufwendungen

33 Sind im Rahmen einer umfassenden Instandsetzungs- und Modernisierungsmaßnahme sowohl Arbeiten zur Schaffung eines betriebsbereiten Zustandes, zur Erweiterung des Gebäudes oder Maßnahmen, die über eine zeitgemäße substanzerhaltende Erneuerung hinausgehen, als auch Erhaltungsarbeiten durchgeführt worden, sind die hierauf jeweils entfallenden Aufwendungen grundsätzlich – ggf. im Wege der Schätzung – in Anschaffungs- oder Herstellungskosten und Erhaltungsaufwendungen aufzuteilen, die mit den jeweiligen Aufwendungsarten im Zusammenhang stehen.

Beispiel:

Ein für die Gesamtmaßnahme geleistetes Architektenhonorar oder Aufwendungen für Reinigungsarbeiten sind entsprechend dem Verhältnis von Anschaffungs- oder Herstellungskosten und Erhaltungsaufwendungen aufzuteilen.

34 Aufwendungen für ein Bündel von Einzelmaßnahmen, die für sich genommen teils Anschaffungskosten oder Herstellungskosten, teils Erhaltungsaufwendungen darstellen, sind insgesamt als Anschaffungskosten oder Herstellungskosten zu beurteilen, wenn die Arbeiten im sachlichen Zusammenhang stehen.

35 Ein sachlicher Zusammenhang in diesem Sinne liegt vor, wenn die einzelnen Baumaßnahmen – die sich auch über mehrere Jahre erstrecken können – bautechnisch ineinander greifen. Ein bautechnisches Ineinandergreifen ist gegeben, wenn die Erhaltungsarbeiten

– Vorbedingung für Schaffung des betriebsbereiten Zustandes oder für die Herstellungsarbeiten

oder

– durch Maßnahmen, welche den betriebsbereiten Zustand schaffen, oder durch Herstellungsarbeiten veranlasst (verursacht) worden

sind.

Beispiel 1:

Um eine Überbauung zwischen zwei vorhandenen Gebäuden durchführen zu können, sind zunächst Ausbesserungsarbeiten an den Fundamenten des einen Gebäudes notwendig (vgl. BFH-Urteil vom 9. März 1962 – BStBl. III S. 195).

Ein solcher Zusammenhang wird nicht dadurch gelöst, dass die Arbeiten in verschiedenen Stockwerken des Gebäudes ausgeführt werden.

Beispiel 2:

Im Dachgeschoss eines mehrgeschossigen Gebäudes werden erstmals Bäder eingebaut. Diese Herstellungsarbeiten machen das Verlegen von größeren Fallrohren bis zum Anschluss an das öffentliche Abwassernetz erforderlich. Die hierdurch entstandenen Aufwendungen sind ebenso wie die Kosten für die Beseitigung der Schäden, die durch das Verlegen der größeren Fallrohre in den Badezimmern der darunter liegenden Stockwerke entstanden sind, den Herstellungskosten zuzurechnen.

Von einem bautechnischen Ineinandergreifen ist nicht allein deswegen auszugehen, weil der Steuerpflichtige solche Herstellungsarbeiten zum Anlass nimmt, auch sonstige anstehende Renovierungsarbeiten vorzunehmen. Allein die gleichzeitige Durchführung der Arbeiten, z. B. um die mit den Arbeiten verbundenen Unannehmlichkeiten abzukürzen, reicht für einen solchen sachlichen Zusammenhang nicht aus. Ebenso wird ein sachlicher Zusammenhang nicht dadurch hergestellt, dass die Arbeiten unter dem Gesichtspunkt der rationellen Abwicklung eine bestimmte zeitliche Abfolge der einzelnen Maßnahmen erforderlich machen – die Arbeiten aber ebenso unabhängig voneinander hätten durchgeführt werden können.

---

1) Siehe Anhang 15.

Beispiel 3:

Wie Beispiel 2, jedoch werden die Arbeiten in den Bädern der übrigen Stockwerke zum Anlass genommen, diese Bäder vollständig neu zu verfliesen und neue Sanitäranlagen einzubauen. Diese Modernisierungsarbeiten greifen mit den Herstellungsarbeiten (Verlegung neuer Fallrohre) nicht bautechnisch ineinander. Die Aufwendungen führen daher zu Erhaltungsaufwendungen. Die einheitlich in Rechnung gestellten Aufwendungen für die Beseitigung der durch das Verlegen der größeren Fallrohre entstandenen Schäden und für die vollständige Neuverfliesung sind dementsprechend in Herstellungs- und Erhaltungsaufwendungen aufzuteilen.

Beispiel 4:

Durch das Aufsetzen einer Dachgaube wird die nutzbare Fläche des Gebäudes geringfügig vergrößert. Diese Maßnahme wird zum Anlass genommen, gleichzeitig das alte, schadhafte Dach neu einzudecken. Die Erneuerung der gesamten Dachziegel steht insoweit nicht in einem bautechnischen Zusammenhang mit der Erweiterungsmaßnahme. Die Aufwendungen für Dachziegel, die zur Deckung der neuen Gauben verwendet werden, sind Herstellungskosten, die Aufwendungen für die übrigen Dachziegel sind Erhaltungsaufwendungen.

Beispiel 5:

Im Zusammenhang mit einer Erweiterungsmaßnahme erhält ein Gebäude ein zusätzliches Fenster. Zudem wird die Einfachverglasung der schon vorhandenen Fenster durch Isolierverglasung ersetzt. Die Erneuerung der bestehenden Fenster ist nicht durch die Erweiterungsmaßnahme und das Einsetzen des zusätzlichen Fensters veranlasst, greift daher nicht bautechnisch mit diesen Maßnahmen ineinander (insoweit entgegen BFH-Urteil vom 9. Mai 1995 – IX R 2/94 –, BStBl. 1996 II S. 637). Die auf die Fenstererneuerung entfallenden Aufwendungen können demnach als Erhaltungsaufwendungen abgezogen werden.

IV. Feststellungslast

Die Feststellungslast für die Tatsachen, die eine Behandlung als Anschaffungs- oder Herstellungskosten begründen (wie z. B. die Herstellung der Betriebsbereitschaft oder eine wesentliche Verbesserung über den ursprünglichen Zustand hinaus), trägt das Finanzamt. Soweit das Finanzamt nicht in der Lage ist, den Zustand des Gebäudes im Zeitpunkt der Anschaffung (vgl. Rz. 5 bis 16) oder den ursprünglichen Zustand im Sinne des § 255 Abs. 2 HGB[1] (vgl. Rz. 25 bis 32) festzustellen, trifft den Steuerpflichtigen hierbei eine erhöhte Mitwirkungspflicht (§ 90 Abs. 1 Satz 3 AO). Kann der maßgebliche Zustand des Wohngebäudes nicht sicher festgestellt werden, kann das Finanzamt aus Indizien auf die Hebung des Standards eines Gebäudes und somit auf Anschaffungs- oder Herstellungskosten schließen. 36

Indizien für die Hebung des Standards liegen vor, wenn 37
– ein Gebäude in zeitlicher Nähe zum Erwerb im Ganzen und von Grund auf modernisiert wird,
– hohe Aufwendungen für die Sanierung der zentralen Ausstattungsmerkmale getätigt werden,
– auf Grund dieser Baumaßnahmen der Mietzins erheblich erhöht wird.

Ob eine Hebung des Standards vorliegt, ist für die ersten drei Jahre nach Anschaffung des Gebäudes nicht zu prüfen, wenn die Aufwendungen für die Instandsetzung und Modernisierung des Gebäudes insgesamt 15 % der Anschaffungskosten des Gebäudes nicht übersteigen. Dies gilt nicht, wenn sich bei Erwerb des Gebäudes mit mehreren Wohnungen der Standard für einzelne Wohnungen hebt oder die Instandsetzungsmaßnahme der Beginn einer Sanierung in Raten sein kann. Veranlagungen sind vorläufig durchzuführen, solange in diesem Zeitraum die Instandsetzungsarbeiten 15 % der Anschaffungskosten des Gebäudes nicht übersteigen oder wenn eine Sanierung in Raten zu vermuten ist. 38

V. Anwendungsregelung

Dieses Schreiben ersetzt das BMF-Schreiben vom 16. Dezember 1996 (BStBl. I S. 1442), welches hiermit aufgehoben wird. 39
Die Grundsätze dieses Schreibens sind in allen noch offenen Fällen anzuwenden.
Auf Antrag ist dieses Schreiben nicht anzuwenden, wenn mit Baumaßnahmen vor dem Tag der Veröffentlichung des Schreibens im Bundessteuerblatt begonnen wurde.[1]

---

1) Die Veröffentlichung erfolgte am 5.8.2003.

Anlagen § 021–02 unbesetzt, § 021–03

Zu § 21 EStG

Einkunftserzielung bei den Einkünften aus Vermietung und Verpachtung

– I. BdF-Schreiben vom 8.10.2004 – IV C 3 – S 2253 – 91/04 (BStBl. I S. 933) –

Nach dem Beschluss des Großen Senats vom 25. Juni 1984 (BStBl. II S. 751) setzt eine einkommensteuerrechtlich relevante Betätigung oder Vermögensnutzung im Bereich der Überschusseinkünfte die Absicht voraus, auf Dauer gesehen nachhaltig Überschüsse zu erzielen.

1 Bei den Einkünften aus Vermietung und Verpachtung ist nach ständiger Rechtsprechung des Bundesfinanzhofs (vgl. BFH-Urteil vom 30. September 1997, BStBl. 1998 II S. 771, m. w. N.) bei einer auf Dauer angelegten Vermietungstätigkeit grundsätzlich ohne weitere Prüfung vom Vorliegen der Einkunftserzielungsabsicht auszugehen. [1]

2 Dies gilt nur dann nicht, wenn besondere Umstände oder Beweisanzeichen gegen das Vorliegen einer Einkunftserzielungsabsicht sprechen oder besondere Arten der Nutzung für sich allein Beweisanzeichen für eine private, nicht mit der Erzielung von Einkünften zusammenhängende Veranlassung sind. [2][3][4][5]

3 Zur einkommensteuerlichen Ermittlung der Einkünfte aus Vermietung und Verpachtung hat der Bundesfinanzhof mit Urteilen vom 21. November 2000 (BStBl. 2001 II S. 705), 6. November 2001 (BStBl. II 2002 S. 726), 9. Juli 2002 (BStBl. 2003 II S. 580 u. S. 695), 5. November 2002 (BStBl. 2003 II S. 646 u. S. 914), 9. Juli 2003 (BStBl. II S. 940) und vom 22. Juli 2003 (BStBl. II S. 806) seine Rechtsprechung weiter präzisiert.

Unter Bezugnahme auf das Ergebnis der Erörterungen mit den obersten Finanzbehörden des Bundes und der Länder sind die Grundsätze dieser Urteile mit folgender Maßgabe anzuwenden:

1. Auf Dauer angelegte Vermietungstätigkeit

4 Eine Vermietungstätigkeit ist auf Dauer angelegt, wenn sie nach den bei Beginn der Vermietung ersichtlichen Umständen keiner Befristung unterliegt (vgl. aber RdNr. 28). Hat der Steuerpflichtige den Entschluss, auf Dauer zu vermieten, endgültig gefasst, gelten die Grundsätze des Urteils vom 30. September 1997 (RdNr. 1) für die Dauer seiner Vermietungstätigkeit auch dann, wenn er das bebaute Grundstück später auf Grund eines neu gefassten Entschlusses veräußert (BFH-Urteil vom 9. Juli 2002, BStBl. 2003 II S. 580, m. w. N.). [6]

2. Gegen die Einkunftserzielungsabsicht sprechende Beweisanzeichen

a) Nicht auf Dauer angelegte Vermietungstätigkeit

---

1) Diese Grundsätze gelten nur für die Vermietung von Wohnungen (auch wenn der Mieter das Objekt nicht zu Wohnzwecken nutzt), nicht indes für die Vermietung von Gewerbeobjekten (→ BFH vom 20.7.2010 – BStBl. II S. 1038 und vom 19.2.2013 – BStBl. II S. 436) und für die Vermietung unbebauter Grundstücke (→ BFH vom 1.4.2009 – BStBl. II S. 776). Siehe dazu auch BFH vom 9.10.2013 (BStBl. 2014 II S. 527).

2) Zu einer Wohnung in einem aufwändig gestalteten oder ausgestatteten Wohnhaus, deren besonderen Wohnwert die Marktmiete nicht angemessen berücksichtigt → BFH vom 6.10.2004 (BStBl. 2005 II S. 386). Vgl. auch Abschnitt II dieser Anlage.

3) Auch der Umstand, dass der Stpfl. die Anschaffungskosten oder Herstellungskosten des Vermietungsobjekts sowie anfallende Schuldzinsen mittel Darlehen finanziert, die zwar nicht getilgt, indes bei Fälligkeit durch den Einsatz von parallel laufenden Lebensversicherungen abgelöst werden sollen, führt nicht dazu, dass bei einer auf Dauer angelegten Vermietungstätigkeit die Einkünfteerzielungsabsicht zu prüfen ist (→ BFH vom 19.4.2005 – BStBl. II S. 692 und vom 19.4.2005 – BStBl. II S. 754).

4) Die Einkunftserzielungsabsicht ist bei langfristiger Vermietung jedoch zu prüfen, wenn der Stpfl. die Anschaffungs- oder Herstellungskosten des Vermietungsobjekts sowie anfallende Schuldzinsen fremdfinanziert und somit Zinsen auflaufen lässt, ohne dass durch ein Finanzierungskonzept von vornherein deren Kompensation durch spätere positive Ergebnisse vorgesehen ist (→ BFH vom 10.5.2007 – BStBl. II S. 873).

5) Bei der Vermietung mehrerer Objekte (Gebäude und Gebäudeteile), die sich auf einem Grundstück befinden, bezieht sich die Prüfung der Einkünfteerzielungsabsicht auf jedes einzelne Objekt (→ BFH vom 1.4.2009 – BStBl. II S. 776). Auch bei Vorliegen eines einheitlichen Mietvertrags ist die Einkünfteerzielungsabsicht für jedes einzelne vermietete Objekt gesondert zu prüfen (→ BFH vom 26.11.2008 – BStBl. 2009 II S. 370). Siehe dazu auch BFH vom 9.10.2013 (BStBl. 2014 II S. 527).

6) Siehe dazu das BFH-Urteil vom 22.1.2013 (BStBl. II 5. 533):
„Tritt der Erwerber eines Mietobjekts in einen bestehenden Mietvertrag ein, so wird seine Einkünfteerzielungsabsicht auf der Grundlage der Auslegung dieses Mietvertrags durch den Umgang des Erwerbers mit ihm, insbesondere auch mit einer noch laufenden Befristung und/oder Eigenbedarfsklausel, indiziert. Für eine Zurechnung der Einkünfteerzielungsabsicht des Rechtsvorgängers, von dem der Erwerber das Vermietungsobjekt entgeltlich erworben hat, fehlt jegliche Rechtsgrundlage."

Zu § 21 EStG

Anlage § 021–03

Hat sich der Steuerpflichtige nur für eine vorübergehende Vermietung entschieden, wie es regelmäßig bei der Beteiligung an einem Mietkaufmodell (BFH-Urteil vom 9. Februar 1993, BStBl. 1993 II S. 658) oder einem Bauherrenmodell mit Rückkaufangebot oder Verkaufsgarantie (BFH-Urteil vom 22. April 1997, BStBl. II S. 650, m. w. N.) der Fall ist, bildet dies ein gegen die Einkunftserzielungsabsicht sprechendes Beweisanzeichen, wenn voraussichtlich Werbungskostenüberschüsse erzielt werden. Gleiches gilt auch außerhalb modellhafter Gestaltungen, wenn sich der Steuerpflichtige bei der Anschaffung oder Herstellung noch nicht endgültig entschieden hat, ob er das Grundstück langfristig vermieten will.[1]

Liegen Umstände vor, aus denen geschlossen werden kann, dass sich der Steuerpflichtige die Möglichkeit ausbedungen oder offen gehalten hat, das Mietobjekt innerhalb einer bestimmten Frist, innerhalb der er einen positiven Gesamtüberschuss nicht erzielen kann, unabhängig von einer Zwangslage zu verkaufen oder nicht mehr zur Einkunftserzielung zu nutzen, ist die Einkunftserzielungsabsicht zu verneinen. Beweisanzeichen hierfür können zum Beispiel der Abschluss eines entsprechenden Zeitmietvertrages, einer entsprechenden kurzen Fremdfinanzierung oder die Suche nach einem Käufer schon kurze Zeit nach Anschaffung oder Herstellung des Gebäudes sein. Gleiches gilt für den Fall der Kündigung eines bestehenden Mietverhältnisses, in das der Steuerpflichtige mit der Anschaffung des Objekts eingetreten ist (zur Anwendung vgl. RdNr. 41)[2]. Die Inanspruchnahme von Sonderabschreibungen oder erhöhten Absetzungen bei Gebäuden reicht zur Widerlegung der Einkunftserzielungsabsicht allein nicht aus.

Ein gegen die Einkunftserzielungsabsicht sprechendes Beweisanzeichen liegt auch dann vor, wenn der Steuerpflichtige ein bebautes Grundstück oder eine Wohnung innerhalb eines engen zeitlichen Zusammenhangs – von in der Regel bis zu fünf Jahren – seit der Anschaffung oder Herstellung veräußert oder selbst nutzt und innerhalb dieser Zeit nur einen Werbungskostenüberschuss erzielt.[3][4] Je kürzer der Abstand zwischen der Anschaffung oder Errichtung des Objekts und der nachfolgenden Veräußerung oder Selbstnutzung ist, umso mehr spricht dies gegen eine auf Dauer angelegte Vermietungstätigkeit und für eine von vornherein bestehende Veräußerungs- oder Selbstnutzungsabsicht (BFH-Urteile vom 9. Juli 2002).

Beispiel:
A erwirbt mit Wirkung vom Januar 01 eine gebrauchte Eigentumswohnung, die er zunächst fremdvermietet. Ende Juli 03 kündigt er das Mietverhältnis mit Ablauf des 31. Dezember 03 wegen Eigenbedarf. Nach Durchführung von Renovierungsarbeiten für insgesamt 30 000 € zieht A selbst in das Objekt ein.

Dass A das Mietobjekt innerhalb von fünf Jahren seit der Anschaffung tatsächlich selbst nutzt, spricht gegen eine auf Dauer angelegte Vermietungstätigkeit. Kann A keine Umstände darlegen und nachweisen, die dafür sprechen, dass er den Entschluss zur Selbstnutzung erst nachträglich (neu) gefasst hat, ist anhand einer Prognose zu prüfen, ob er aus der befristeten Vermietung einen Totalüberschuss erzielen kann. Diese Prognose bezieht sich grundsätzlich auf die Zeit bis einschließlich Dezember 03. Die Kosten der erst nach Beendigung der Vermietungstätigkeit durchgeführten Renovierungsmaßnahme können nicht als Werbungskosten abgezogen werden und sind daher auch nicht zusätzlich in diese Prüfung einzubeziehen.

Selbstnutzung ist gegeben, wenn der Steuerpflichtige die Wohnung selbst nutzt oder sie unentgeltlich Dritten zur Nutzung überlässt.

Die objektive Beweislast (Feststellungslast) für das Vorliegen der Einkunftserzielungsabsicht trägt der Steuerpflichtige. Er kann die gegen die Einkunftserzielungsabsicht sprechende Beweisanzeichen erschüttern, indem er Umstände schlüssig darlegt und ggf. nachweist, die dafür sprechen, dass er den Entschluss zur Veräußerung oder zur Selbstnutzung erst nachträglich gefasst hat (BFH-Urteil vom 9. Juli 2002, BStBl. 2003 II S. 695).

---

1) Soll nach dem Konzept eines geschlossenen Immobilienfonds in der Rechtsform einer Personengesellschaft die Vermietungstätigkeit des Fonds nur 20 Jahre umfassen, ist sie nicht auf Dauer ausgerichtet (BFH vom 2.7.2008 – BStBl. II S. 815).

2) Wird mit dem Eigentumserwerb eine Vermietung mit einem noch drei Jahre und vier Monate dauernden Mietverhältnis begonnen, kann dies als nicht auf Dauer angelegt gewertet werden (→ BFH vom 22.1.2013, BStBl. II S. 533).

3) Allein der Abschluss eines Mietvertrages auf eine bestimmte Zeit rechtfertigt noch nicht den Schluss, auch die Vermietungstätigkeit sei nicht auf Dauer ausgerichtet. Wird bereits im Mietvertrag die Befristung mit einer ausdrücklich erklärten Selbstnutzungs- oder Verkaufsabsicht verknüpft, spricht dies gegen eine auf Dauer angelegte Vermietung (→ BFH vom 14.12.2004 – BStBl. 2005 II S. 211).

4) Auch die Veräußerung innerhalb eines engen zeitlichen Zusammenhangs seit der Anschaffung/Herstellung an eine die Vermietung der Immobilie fortführende gewerblich geprägte Personengesellschaft, an der der bisherige Vermieter selbst beteiligt ist, spricht gegen die Einkünfteerzielungsabsicht (→ BFH vom 9.3.2011 – BStBl. II S. 704).

Anlage § 021–03 — Zu § 21 EStG

10 Stellt sich das Fehlen einer Einkunftserzielungsabsicht (als Haupttatsache) erst zu einem späteren Zeitpunkt heraus, etwa durch nachträglich bekannt gewordene oder entstandene negative Beweisanzeichen (als Hilfstatsachen), kommt eine Änderung bestandskräftiger Steuerbescheide nach § 173 Abs. 1 Nr. 1 AO in Betracht (vgl. BFH-Urteil vom 6. Dezember 1994, BStBl. 1995 II S. 192).

b) Verbilligte Überlassung einer Wohnung

11 Nach § 21 Abs. 2 EStG ist die Nutzungsüberlassung in einen entgeltlichen und in einen unentgeltlichen Teil aufzuteilen, wenn das Entgelt für die Überlassung einer Wohnung zu Wohnzwecken (Kaltmiete und gezahlte Umlagen) weniger als 56 v. H. (bis einschließlich Veranlagungszeitraum 2003: 50 v. H.) der ortsüblichen Marktmiete beträgt.

Der Bundesfinanzhof hat mit Urteil vom 5. November 2002 (BStBl. 2003 II S. 646) eine Aufteilung auch für Mieten von mindestens 50 v. H. der ortsüblichen Marktmiete (vgl. R 162 EStR) vorgenommen, wenn die auf Grund einer verbilligten Vermietung angezeigte Überschussprognose zur Überprüfung der Einkunftserzielungsabsicht negativ ist.

12 Bei einer langfristigen Vermietung ist grundsätzlich vom Vorliegen einer Einkunftserzielungsabsicht auszugehen, wenn das Entgelt nicht weniger als 75 v. H. der ortsüblichen Marktmiete beträgt.

13 Beträgt das Entgelt 56 v. H. und mehr, jedoch weniger als 75 v. H. der ortsüblichen Marktmiete, ist die Einkunftserzielungsabsicht anhand einer Totalüberschussprognose zu prüfen (vgl. RdNr. 37). Führt diese zu positiven Ergebnissen, sind die mit der verbilligten Vermietung zusammenhängenden Werbungskosten in voller Höhe abziehbar. Ist die Überschussprognose negativ, muss die Vermietungstätigkeit in einen entgeltlichen und einen unentgeltlichen Teil aufgeteilt werden. Die anteilig auf den entgeltlichen Teil entfallenden Werbungskosten sind abziehbar.[1]

14 Bei Überlassung eines Mietobjekts zu einem Entgelt, das unter 56 v. H.[2] der ortsüblichen Marktmiete liegt, ist die Nutzungsüberlassung in einen entgeltlichen und in einen unentgeltlichen Teil aufzuteilen. Die geltend gemachten Aufwendungen sind insoweit zu berücksichtigen, als sie auf den entgeltlichen Teil entfallen. In diesem Fall entfällt die Prüfung der Einkunftserzielungsabsicht in Bezug auf die verbilligte Miete (BFH-Urteil vom 22. Juli 2003, BStBl. II S. 806).[3]

15 Für die Beurteilung der Einkunftserzielungsabsicht ist es ohne Belang, ob an fremde Dritte oder an Angehörige verbilligt vermietet wird.

c) Vermietung von Ferienwohnungen[4]

– Ausschließliche Vermietung

16 Bei einer ausschließlich an wechselnde Feriengäste vermieteten und in der übrigen Zeit hierfür bereit gehaltenen Ferienwohnung ist ohne weitere Prüfung von der Einkunftserzielungsabsicht des Steuerpflichtigen auszugehen Diese Grundsätze gelten unabhängig davon, ob der Steuerpflichtige die Ferienwohnung in Eigenregie oder durch Einschalten eines fremden Dritten vermietet (BFH-Urteile vom 21. November 2000 – BStBl. 2001 II S. 705 – und vom 5. November 2002 – BStBl. 2003 II S. 914 –).

17 Dem Steuerpflichtigen obliegt die Feststellungslast, dass ausschließlich eine Vermietung der Ferienwohnung vorliegt. Davon kann ausgegangen werden, wenn der Steuerpflichtige einen der folgenden Umstände glaubhaft macht:

– Der Steuerpflichtige hat die Entscheidung über die Vermietung der Ferienwohnung einem ihm nicht nahe stehenden Vermittler (überregionaler Reiseveranstalter, Kurverwaltung o. a.) übertragen und eine Eigennutzung vertraglich für das gesamte Jahr ausgeschlossen.

– Die Ferienwohnung befindet sich in ansonsten selbst genutzten Zwei- oder Mehrfamilienhaus des Steuerpflichtigen oder in unmittelbarer Nähe zu seiner selbst genutzten Wohnung. Voraussetzung ist jedoch, dass die selbst genutzte Wohnung nach Größe und Ausstattung den Wohnbedürfnissen des Steuerpflichtigen entspricht. Nur wenn die selbst genutzte Wohnung die Möglichkeit zur Unterbringung von Gästen bietet, kann davon ausgegangen werden, dass der Steuerpflichtige die Ferienwohnung nicht selbst nutzt.

---

1) Ab VZ 2012 überholt, → § 21 Abs. 2 EStG.
2) Ab VZ 2012: 66 %.
3) Ab VZ 2012 in diesem Fall keine Prüfung der Totalüberschussprognose mehr → § 21 Abs. 2 EStG.
4) Bei einer ausschließlich an wechselnde Feriengäste vermieteten und in der übrigen Zeit hierfür bereitgehaltenen Ferienwohnung ist die Einkünfteerzielungsabsicht des Stpfl. ausnahmsweise anhand einer Prognose zu überprüfen, wenn das Vermieten des ortsübliche Vermietungszeit von Ferienwohnungen- ohne dass Vermietungshindernisse gegeben sind – erheblich unterschreitet; hiervon ist bei einem Unterschreiten von mindestens 25 % auszugehen; insoweit ist die in RdNr. 16 erwähnte Rechtsprechung überholt (→ BFH vom 26.10.2004 – BStBl. 2005 II S. 388 und vom 24.8.2006 – BStBl. 2007 II S. 256).

- Der Steuerpflichtige hat an demselben Ort mehr als eine Ferienwohnung und nutzt nur eine dieser Ferienwohnungen für eigene Wohnzwecke oder in Form der unentgeltlichen Überlassung. Hiervon kann ausgegangen werden, wenn Ausstattung und Größe einer Wohnung auf die besonderen Verhältnisse des Steuerpflichtigen zugeschnitten sind.

- Die Dauer der Vermietung der Ferienwohnung entspricht zumindest dem Durchschnitt der Vermietungen in der am Ferienort üblichen Saison.

In den übrigen Fällen muss der Steuerpflichtige das Fehlen der Selbstnutzung schlüssig darlegen und ggf. nachweisen. Bei einer zu geringen Zahl der Vermietungstage muss der Steuerpflichtige die Absicht einer auf Dauer angelegten Vermietungstätigkeit durch entsprechend gesteigerte Werbemaßnahmen – z. B. durch häufige Zeitungsanzeigen – nachweisen. **18**

Keine Selbstnutzung sind kurzfristige Aufenthalte des Steuerpflichtigen in der Ferienwohnung zu Wartungsarbeiten, Schlüsselübergabe an Feriengäste, Reinigung bei Mieterwechsel, allgemeiner Kontrolle, Beseitigung von durch Mieter verursachten Schäden, Durchführung von Schönheitsreparaturen oder Teilnahme an Eigentümerversammlungen. Begleiten den Steuerpflichtigen jedoch dabei Familienmitglieder oder Dritte oder dauert der Aufenthalt mehr als einen Tag, sind die dafür maßgebenden Gründe zu erläutern. Dabei ist schlüssig darzulegen und ggf. nachzuweisen, dass der (mehrtägige) Aufenthalt während der normalen Arbeitszeit vollständig mit Arbeiten für die Wohnung ausgefüllt war (BFH-Urteil vom 25. November 1993, BStBl. 1994 II S. 350). Dies gilt insbesondere dann, wenn es sich um Aufenthalte während der am Ferienort üblichen Saison handelt. **19**

Wird in einem späteren Veranlagungszeitraum die Ferienwohnung vermietet und (zeitweise) selbst genutzt (vgl. RdNr. 21), muss ab diesem Zeitpunkt eine Prüfung der Einkunftserzielungsabsicht erfolgen. **20**

– Zeitweise Vermietung und zeitweise Selbstnutzung

Selbstnutzung ist gegeben, wenn der Steuerpflichtige die Wohnung selbst nutzt oder sie unentgeltlich Dritten zur Nutzung überlässt. Wird eine Ferienwohnung zeitweise vermietet und zeitweise selbst genutzt oder behält sich der Steuerpflichtige eine zeitweise Selbstnutzung vor, ist diese Art der Nutzung Beweisanzeichen für eine auch private, nicht mit der Einkunftserzielung zusammenhängende Veranlassung der Aufwendungen. In diesen Fällen ist die Einkunftserzielungsabsicht stets zu prüfen. Der Steuerpflichtige muss im Rahmen der ihm obliegenden Feststellungslast für die Anerkennung dieser Absicht objektive Umstände vortragen, auf Grund derer im Beurteilungszeitraum ein Totalüberschuss (s. RdNr. 39) erwartet werden konnte. **21**

– Zuordnung der Leerstandszeiten

Hat der Steuerpflichtige die Selbstnutzung zeitlich beschränkt (z. B. bei der Vermietung durch einen Dritten), ist nur die vorbehaltene Zeit der Selbstnutzung zuzurechnen; im Übrigen ist die Leerstandszeit der Vermietung zuzuordnen. Ist die Selbstnutzung dagegen jederzeit möglich, sind die Leerstandszeiten im Wege der Schätzung entsprechend dem Verhältnis der tatsächlichen Selbstnutzung zur tatsächlichen Vermietung aufzuteilen. **22**

Lässt sich der Umfang der Selbstnutzung nicht aufklären, ist davon auszugehen, dass die Leerstandszeiten der Ferienwohnung zu gleichen Teilen durch das Vorhalten zur Selbstnutzung und das Bereithalten zur Vermietung entstanden sind und damit die hierauf entfallenden Aufwendungen zu je 50 v. H. der Selbstnutzung und der Vermietung zuzuordnen sind. **23**

d) Leer stehende Immobilie

Ein gegen die Einkunftserzielungsabsicht sprechendes Beweisanzeichen liegt dann vor, wenn sich der Steuerpflichtige bei Erwerb eines Objekts noch nicht entschieden hat, ob er dieses veräußern, selbst nutzen oder dauerhaft vermieten will (vgl. RdNr. 5). Sind zum Beispiel bei mehrjähriger Renovierung Bemühungen zur Fertigstellung der Baumaßnahmen nicht erkennbar, kann dies Beweisanzeichen für einen fehlenden Entschluss zur dauerhaften Vermietung sein. Hat sich der Steuerpflichtige jedoch zur dauerhaften Vermietung einer leer stehenden Wohnung entschlossen, gilt RdNr. 1 auch dann, wenn er die leer stehende Immobilie aufgrund eines neu gefassten Beschlusses selbst nutzt oder veräußert (siehe auch RdNr. 6). **24**

Eine Einkunftserzielungsabsicht kann schon vor Abschluss eines Mietvertrags über eine leer stehende Wohnung vorliegen. Dementsprechend können bereits vor dem Anfall von Einnahmen Aufwendungen als vorab entstandene Werbungskosten abgezogen werden, sofern anhand objektiver Umstände fest- **25**

Anlage § 021–03

Zu § 21 EStG

gestellt werden kann, dass der Steuerpflichtige den Entschluss zur dauerhaften Vermietung endgültig gefasst hat.[1)]

26 Steht eine Wohnung nach vorheriger auf Dauer angelegter Vermietung leer, sind Aufwendungen als Werbungskosten so lange abziehbar, wie der Steuerpflichtige den Entschluss, mit dieser Wohnung Einkünfte zu erzielen, nicht endgültig aufgegeben hat.[2)3)4)] Solange sich der Steuerpflichtige ernsthaft und nachhaltig um eine Vermietung der leer stehenden Wohnung bemüht – z. B. durch Einschaltung eines Maklers, fortgesetzte Zeitungsinserate u. Ä. –, kann regelmäßig nicht von einer endgültigen Aufgabe der Einkunftserzielungsabsicht ausgegangen werden, selbst wenn er – z. B. wegen mehrjähriger Erfolglosigkeit einer Vermietung – die Wohnung zugleich zum Verkauf anbietet (BFH-Urteil vom 9. Juli 2003, BStBl. II S. 940, m. w. N.).

27 Für die Ernsthaftigkeit und Nachhaltigkeit der Vermietungsbemühungen als Voraussetzungen der fortbestehenden Einkunftserzielungsabsicht trägt der Steuerpflichtige die Feststellungslast.

Beispiel:

B ist Eigentümer einer seit 15 Jahren zu ortsüblichen Konditionen vermieteten Eigentumswohnung. Nach dem Auszug des Mieters bemüht er sich nicht ernsthaft und nachhaltig um einen Nachmieter. Nach einer Leerstandszeit von zwei Jahren vermietet B die Wohnung zu einem auf 60 v. H. der ortsüblich erzielbaren Miete ermäßigten Mietzins an seine Schwester.

Während der Leerstandszeit fehlt es an einem ausreichend bestimmten wirtschaftlichen Zusammenhang mit der Erzielung von Einkünften aus Vermietung und Verpachtung. Als Folge der objektiven Ungewissheit über die Einkunftserzielungsabsicht muss der Werbungskostenabzug daher in diesem Zeitraum entfallen. Die spätere und auf Dauer angelegte Vermietung an die Schwester begründet zwar eine erneute Vermietungstätigkeit, die auf die vorangehende Leerstandszeit aber nicht zurückwirkt. Werbungskosten sind daher erst wieder von dem Zeitpunkt an abziehbar, zu dem sich der auf einer Absichtsänderung beruhende endgültige Vermietungsentschluss anhand objektiver Umstände feststellen lässt.

Infolge der gewährten Verbilligung ist zusätzlich festzustellen, ob B über die Dauer dieses Mietverhältnisses regelmäßig innerhalb eines Zeitraums von 30 Jahren seit Abschluss des Mietvertrags ein positives Gesamtergebnis erzielen kann. Weder die aus der ursprünglichen Fremdvermietung erziel-

---

1) Bestätigt durch BFH vom 28.10.2008 (BStBl. 2009 II S. 848), wonach Aufwendungen für eine zunächst selbst bewohnte, anschließend leer stehende und noch nicht vermietete Wohnung als vorab entstandene Werbungskosten anerkannt werden können, wenn der endgültige Entschluss, diese Wohnung zu vermieten, durch ernsthafte und nachhaltige Vermietungsbemühungen belegt wird.
Siehe dazu auch das BFH-Urteil vom 11.12.2012 (BStBl. 2013 II S. 533):
„Grundsätzlich steht es dem Steuerpflichtigen frei, die im Einzelfall geeignete Art und Weise der Platzierung des von ihm angebotenen Mietobjekts am Wohnungsmarkt und ihrer Bewerbung selbst zu bestimmen. Die Frage, welche Vermarktungsschritte als erfolgversprechend anzusehen sind, bestimmt sich nach den Umständen des Einzelfalles; dem Steuerpflichtigen steht insoweit ein inhaltlich angemessener, zeitlich begrenzter Beurteilungsspielraum zu. Auch die Reaktion auf „Mietgesuche" – d. h. die Kontaktaufnahme seitens des Steuerpflichtigen mit etwaigen Mietinteressenten – kann als ernsthafte Vermietungsbemühung anzusehen sein; in diesem Fall sind jedoch an die Nachhaltigkeit solcher Bemühungen erhöhte Anforderungen zu stellen."

2) Siehe auch BFH-Urteil vom 11.8.2010 (BStBl. 2011 II S. 166):
Lässt sich nach einem längeren Zeitraum – im Streitfall mehr als fünf Jahre nach Ablauf der streitigen Veranlagungszeiträume und mehr als zehn Jahre nach Renovierungsbeginn – auch in der mündlichen Verhandlung vor dem FG nicht absehen, ob und gegebenenfalls wann das Objekt im Rahmen der Einkunftsart Vermietung und Verpachtung genutzt werden wird, ist es nicht zu beanstanden, wenn sich das Gericht vom Vorliegen einer entsprechenden Absicht in den Streitjahren nicht überzeugen konnte.

3) Siehe auch BFH-Urteile vom 11.12.2012 (BStBl. 2013 II S. 279) und vom 9.7.2013 (BStBl. II S. 693):
„Aufwendungen für eine Wohnung, die nach vorheriger, auf Dauer angelegter Vermietung leersteht, sind auch während der Zeit des Leerstands als Werbungskosten abziehbar, solange der Steuerpflichtige den ursprünglichen Entschluss zur Einkünfteerzielung im Zusammenhang mit dem Leerstand der Wohnung nicht endgültig aufgegeben hat. Im Einzelfall kann .ein besonders lang andauernder Leerstand – auch nach vorheriger, auf Dauer angelegter Vermietung – dazu führen, dass eine vom Steuerpflichtigen aufgenommene Einkünfteerzielungsabsicht ohne sein Zutun oder Verschulden wegfällt. Für die Ernsthaftigkeit und Nachhaltigkeit von Vermietungsbemühungen als Voraussetzung einer (fort-)bestehenden Einkünfteerzielungsabsicht, deren Feststellung und Würdigung im Wesentlichen dem FG als Tatsacheninstanz obliegt, trägt der Steuerpflichtige die Feststellungslast."

4) Siehe auch BFH-Urteile vom 22.1.2013 (BStBl. II S. 376):
„Leerstandszeiten im Rahmen der Untervermietung einzelner Räume innerhalb der eigenen Wohnung des Steuerpflichtigen sind nicht der Eigennutzung, sondern der Vermietungstätigkeit zuzurechnen, wenn ein solcher Raum – als Objekt der Vermietungstätigkeit – nach vorheriger, auf Dauer angelegter Vermietung leer steht und feststeht, dass das vorübergehend leer stehende Objekt weiterhin für eine Neuvermietung bereit gehalten wird."

ten Erträge noch die der Leerstandszeit zuzurechnenden und steuerrechtlich irrelevanten Aufwendungen fließen in diese Prüfung ein (vgl. RdNr. 34, 1. Tiret). [1)]

e) Entstehen oder Wegfall der Einkunftserzielungsabsicht

Die Einkunftserzielungsabsicht kann zu einem späteren Zeitpunkt sowohl begründet werden als auch wegfallen (BFH-Urteil vom 5. November 2002, BStBl. 2003 II S. 914, m. w. N.). Deshalb ist z. B. bei Umwandlung eines ausdrücklich mit Veräußerungs- oder Selbstnutzungsabsicht vereinbarten befristeten Mietvertrags in ein unbefristetes Mietverhältnis oder bei erneuter Vermietung dieser Immobilie nach Auszug des Mieters erneut zu prüfen, ob eine dauernde Vermietungsabsicht vorliegt. Entsprechend ist bei Vereinbarung eines befristeten Mietverhältnisses im Anschluss an eine unbefristete Vermietung oder bei verbilligter Überlassung einer Wohnung nach vorheriger nicht verbilligter Überlassung die Einkunftserzielungsabsicht zu prüfen. 28

Beispiel:

Wie Beispiel zu RdNr. 27, allerdings vermietet B die Wohnung nach Auszug des Mieters aufgrund eines mit Selbstnutzungsabsicht begründeten Zeitmietvertrags für vier Jahre an einen weiteren Mieter.

Die an das Dauermietverhältnis anschließende, nicht auf Dauer angelegte Fremdvermietung ist gesondert daraufhin zu untersuchen, ob Einkunftserzielungsabsicht gegeben ist (vgl. RdNrn. 6 und 36).

3. Unbebaute Grundstücke

– Verpachtung unbebauter Grundstücke

Die Grundsätze des BFH-Urteils vom 30. September 1997 zur Einkunftserzielungsabsicht bei auf Dauer angelegter Vermietung (RdNr. 1) gelten nicht für die dauerhafte Vermietung und Verpachtung von unbebautem Grundbesitz (BFH-Beschluss vom 25. März 2003, BStBl. II S. 479).[2)3)] Für die Ermittlung des Totalüberschusses ist RdNr. 33 ff. entsprechend anzuwenden. 29

4. Personengesellschaften und -gemeinschaften [4)]

Bei Grundstücksverwaltungsgesellschaften oder -gemeinschaften mit Einkünften aus Vermietung und Verpachtung von Grundstücken sowie bei geschlossenen Immobilienfonds gelten die Grundsätze zu RdNr. 1 ff. entsprechend. 30

Bei einer Personengesellschaft mit Einkünften aus Vermietung und Verpachtung, bei der die Einkünfte zunächst auf der Ebene der Gesellschaft zu ermitteln und sodann auf die Gesellschafter zu verteilen sind, muss die Einkunftserzielungsabsicht sowohl auf der Ebene der Gesellschaft als auch auf der Ebene des einzelnen Gesellschafters gegeben sein. Im Regelfall bedarf es insoweit allerdings keiner getrennten Beurteilung (BFH-Urteil vom 8. Dezember 1998, BStBl. 1999 II S. 468). Insbesondere können den einzelnen Gesellschaftern keine steuerrechtlich relevanten Einkünfte zugerechnet werden, wenn (bereits) auf der Gesellschaftsebene keine Einkunftserzielungsabsicht besteht. Liegt hingegen auf der Gesellschaftsebene Einkunftserzielungsabsicht vor, kann gleichwohl diese Absicht eines Gesellschafters dann zweifelhaft sein, wenn er sich z. B. nur kurzfristig zur Verlustmitnahme an einer Gesellschaft beteiligt hat (BFH-Urteil vom 21. November 2000, BStBl. 2001 II S. 789, m. w. N.). 31

Soweit es sich bei der Personengesellschaft jedoch um eine Verlustzuweisungsgesellschaft handelt, besteht zunächst die Vermutung der fehlenden Einkunftserzielungsabsicht (BFH-Urteil vom 21. November 2000). Bei einer Verlustzuweisungsgesellschaft liegt in der Regel eine Einkunftserzielungsabsicht erst von dem Zeitpunkt an vor, in dem nach dem Urteil eines ordentlichen Kaufmanns mit großer Wahrscheinlichkeit ein Totalüberschuss erzielt werden kann. Zur Ermittlung des Totalüberschusses vgl. RdNr. 33 ff. 32

---

1) Ab VZ 2012 überholt, siehe § 21 Abs. 2 EStG.
2) Siehe auch BFH-Urteil vom 28.11.2007 (BStBl. 2008 II S. 515).
3) Vermietet ein Stpfl. auf Grund eines einheitlichen Mietvertrags ein bebautes zusammen mit einem unbebauten Grundstück, gilt die Typisierung der Einkünfteerzielungsabsicht bei auf Dauer angelegter Vermietungstätigkeit grundsätzlich nicht für die Vermietung des unbebauten Grundstücks (→ BFH vom 26.11.2008 – BStBl. 2009 II S. 370).
4) Vermietet eine vermögensverwaltende Personengesellschaft die ihr vom Gesellschafter veräußerten Grundstücke weiter, erfüllt der Gesellschafter gemeinschaftlich mit anderen nach wie vor den objektiven und subjektiven Tatbestand der Einkunftsart der Vermietung und Verpachtung, den er zuvor allein verwirklicht hat. Er hat dann kontinuierlich Einkünfteerzielungsabsicht, vor der Veräußerung allein und nach der Veräußerung zusammen mit anderen. Diese Kontinuität wird unterbrochen, wenn die Personengesellschaft, die die Grundstücke weiterhin vermietet, gewerblich geprägt ist und Einkünfte aus Gewerbebetrieb erzielt (→ BFH vom 9.3.2011 – BStBl. II S. 704).

Anlage § 021–03   Zu § 21 EStG

5. Ermittlung des Totalüberschusses (Überschussprognose)
a) Allgemeine Grundsätze zur Ermittlung des Totalüberschusses

33 Sprechen Beweisanzeichen gegen das Vorliegen der Einkunftserzielungsabsicht (vgl. RdNr. 5ff.), ist stets zu prüfen, ob ein Totalüberschuss zu erzielen ist. Ob die jeweilige Vermietungstätigkeit einen Totalüberschuss innerhalb des Zeitraums der tatsächlichen Vermögensnutzung erwarten lässt, hängt von einer vom Steuerpflichtigen zu erstellenden Prognose über die voraussichtliche Dauer der Vermögensnutzung, die in dieser Zeitspanne voraussichtlich erzielbaren steuerpflichtigen Einnahmen und anfallenden Werbungskosten ab. In diese Prognose sind alle objektiv erkennbaren Umstände einzubeziehen, zukünftig eintretende Faktoren jedoch nur dann, wenn sie bei objektiver Betrachtung vorhersehbar waren. Die Verhältnisse eines bereits abgelaufenen Zeitraums können wichtige Anhaltspunkte liefern. Dies gilt umso mehr, wenn die zukünftige Bemessung eines Faktors unsicher ist (BFH-Urteil vom 6. November 2001).

34 Dabei ist nach folgenden Grundsätzen zu verfahren:
- Für die Prognose ist nicht auf die Dauer der Nutzungsmöglichkeit des Gebäudes, sondern auf die voraussichtliche Dauer der Nutzung durch den Nutzenden und ggf. seiner unentgeltlichen Rechtsnachfolger abzustellen. Der Prognosezeitraum umfasst – sofern nicht von einer zeitlich befristeten Vermietung auszugehen ist – einen Zeitraum von 30 Jahren (s. auch BFH-Urteile vom 9. Juli 2003).[1] Dieser beginnt grundsätzlich mit der Anschaffung oder Herstellung des Gebäudes; in Fällen der RdNr. 28 mit dem Zeitpunkt, zu dem wegen Veränderung der Verhältnisse der nachträgliche Wegfall oder die nachträgliche Begründung der Einkunftserzielungsabsicht zu prüfen ist, und im Fall der Vermietung nach vorheriger Selbstnutzung mit Beendigung der Selbstnutzung.
- Bei der Ermittlung des Totalüberschusses ist von den Ergebnissen auszugehen, die sich nach den einkommensteuerrechtlichen Vorschriften voraussichtlich ergeben werden. Die Einkunftserzielungsabsicht ist für jede Einkunftsart gesondert zu ermitteln;[2] private Veräußerungsgewinne sind nicht in die auf eine Vermietungstätigkeit bezogene Prognose einzubeziehen, unabhängig davon, ob und ggf. in welcher Höhe sie nach § 23 Abs. 1 Satz 1 Nr. 1 EStG der Besteuerung unterliegen.
- Die Einkunftserzielungsabsicht ist in der Regel jeweils für das einzelne Mietverhältnis gesondert zu prüfen. Abweichend hiervon ist bei der Vermietung von Ferienwohnungen eine objekt-, d. h. wohnungsbezogene Prüfung durchzuführen.

  Beispiel 1:
  C tritt im Mai 01 durch den Erwerb eines vollständig vermieteten Zweifamilienhauses in die bestehenden Mietverträge ein. Dem Mieter der Erdgeschosswohnung kündigt er wegen Eigenbedarf. In Wahrung der im Einzelfall geltenden Kündigungsschutzfrist besteht das Mietverhältnis allerdings noch bis einschließlich Mai 02 fort, so dass C die Wohnung erst zum 1. Juni 02 bezieht.

  Infolge der gegen eine auf Dauer angelegte Vermietung sprechenden Beweisanzeichen ist zu prüfen, ob Einkunftserzielungsabsicht besteht. Hierzu ist zu ermitteln, ob C über die von vor-neherein befristete Vermietung der Erdgeschosswohnung in der Zeit bis einschließlich Mai 02 einen Totalüberschuss erzielen kann. Die aus der auf Dauer angelegten Vermietung der Obergeschosswohnung erzielten Erträge fließen nicht in diese Prüfung ein.

  Beispiel 2:
  Wie Beispiel 1, allerdings bezieht nicht C, sondern sein Sohn zum 1. Juni 02 die Erdgeschosswohnung. Grundlage dieser Nutzungsüberlassung bildet ein zwischen den beiden abgeschlossener Fremdvergleich standhaltender Mietvertrag, der aber einen auf 60 v. H. der ortsüblich erzielbaren Miete ermäßigten Mietzins vorsieht.

  Wie im Beispiel 1 ist zunächst eigenständig zu prüfen, ob C über die nach wie vor von vornherein befristete Vermietung der Erdgeschosswohnung in der Zeit bis einschließlich Mai 02 einen Totalüberschuss erzielen kann.

  Für die Zeit ab Juni 02 ist entsprechend Beispiel zu RdNr. 27 festzustellen, ob C über die Dauer dieses Mietverhältnisses, regelmäßig innerhalb eines Zeitraums von 30 Jahren seit Abschluss des Mietvertrags mit seinem Sohn, ein positives Gesamtergebnis erzielen kann. Hier sind also weder

---
1) Der Prognosezeitraum beträgt auch bei einer Verpachtung unbebauten Grundbesitzes 30 Jahre (BFH-Urteil vom 28.11.2007 – BStBl. 2008 II S. 515).
2) Siehe auch BFH-Urteil vom 9.3.2011 (BStBl. II S. 704):
Die Einkünfteerzielungsabsicht ist für jede Einkunftsart gesondert zu ermitteln. Der Dualismus der Einkunftsarten und einkunftsspezifische Besonderheiten machen es erforderlich, zunächst die Einkunftsart zu klären, bevor die Einkünfteerzielungsabsicht zu prüfen ist. Eine die Einkunftsarten übergreifende Einkünfteerzielungsabsicht kennt das Gesetz nicht.

Zu § 21 EStG **Anlage § 021–03**

- die aus der Vermietung der Obergeschosswohnung noch die aus der vorangegangenen Vermietung der Erdgeschosswohnung erzielten Erträge zu berücksichtigen
- Bei der Totalüberschussprognose ist für die Gebäudeabschreibung allgemein von der AfA nach § 7 Abs. 4 EStG auszugehen. Die tatsächlich in Anspruch genommenen Absetzungen (also auch Sonderabschreibungen, erhöhte Absetzungen und degressive AfA nach § 7 Abs. 5 EStG) sind regelmäßig nicht anzusetzen (vgl. aber RdNr. 36).
- Die im Prognosezeitraum zu erwartenden Einnahmen und Ausgaben sind zu schätzen. Sofern der Steuerpflichtige keine ausreichenden objektiven Umstände über die zukünftige Entwicklung vorträgt, sind die zu erwartenden Überschüsse anhand des Durchschnitts der in der Vergangenheit in einem bestimmten Zeitraum (in der Regel in den letzten fünf Veranlagungszeiträumen) angefallenen Einnahmen und Werbungskosten zu schätzen. Künftig anfallende Instandhaltungsaufwendungen können in Anlehnung an § 28 der Zweiten Berechnungsverordnung vom 12. Oktober 1990 in die Schätzung einbezogen werden.
- Legt der Steuerpflichtige dar, dass er auf die in der Vergangenheit entstandenen Werbungskostenüberschüsse reagiert und die Art und Weise der weiterhin ausgeübten Vermietungstätigkeit geändert hat, ist der Schätzung der Durchschnitt der Einnahmen und Werbungskosten der zukünftigen (in der Regel ebenfalls fünf) Veranlagungszeiträume zu Grunde zu legen, in denen sich die im (jeweiligen) Streitjahr objektiv erkennbar angelegten Maßnahmen erstmals ausgewirkt haben. Die sich so ergebenden Überschüsse sind auf den Rest des Prognosezeitraums hochzurechnen.
- Wegen der Unsicherheitsfaktoren, denen eine Prognose über einen Zeitraum von bis zu 30 Jahren unterliegt, ist bei der Gesamtsumme der geschätzten Einnahmen ein Sicherheitszuschlag von 10 v. H. und bei der Gesamtsumme der geschätzten Werbungskosten ein Sicherheitsabschlag von 10 v. H. vorzunehmen.

Beispiel:
Bei der im Oktober 14 erfolgenden Einkommensteuerveranlagung für das Jahr 13 stellt das Finanzamt fest, dass D eine von ihm im Juli 01 für umgerechnet 100 000 € (Bodenwertanteil 20 %) angeschaffte und degressiv nach § 7 Abs. 5 EStG abgesetzte Eigentumswohnung für nach wie vor monatlich 400 € (einschließlich gezahlter Umlagen) an seinen Sohn vermietet. Der für den Veranlagungszeitraum 13 erklärte Verlust hieraus beträgt 1 100 €. Die ortsübliche Miete für dieses Jahr (einschließlich umlagefähiger Nebenkosten) beläuft sich auf monatlich 600 €.
Die in den Vorjahren berücksichtigten Verluste belaufen sich auf insgesamt 41 800 €, davon 8 500 € in den Jahren 08 bis 12. Schuldzinsen und Bewirtschaftungskosten wurden darin mit 20 500 € berücksichtigt. Nachdem das Finanzamt darauf hingewiesen hat, dass für das Jahr 13 infolge der Verbilligung eine Überschussprognose durchzuführen ist, teilt D mit, er hätte die monatliche Miete mit Wirkung ab dem Jahr 15 auf nunmehr 500 € angepasst. Ferner macht er glaubhaft, dass sich die Schuldzinsen ab dem Jahr 14 auf jährlich im Mittel 2 000 € und die Bewirtschaftungskosten auf 1 800 € belaufen würden. Für das Jahr 14 erklärt D einen Verlust von 1 000 €.
Die Mieterhöhung kann bei der für den Veranlagungszeitraum 13 erforderlichen Überschussprognose noch nicht berücksichtigt werden, weil sie in diesem Jahr noch nicht objektiv erkennbar angelegt war. Die auf der Grundlage von 13 geschätzten Mieteinnahmen von jährlich 4 800 € (12 x 400 €) sind daher lediglich um den Sicherheitszuschlag von 10 % zu erhöhen (geschätzte Jahreseinnahmen somit 5 280 €).
Bei den Werbungskosten sind die durchschnittlichen Schuldzinsen und Bewirtschaftungskosten von insgesamt 3 800 € zu berücksichtigen. Daneben die nach § 7 Abs. 4 EStG bemessene Jahres-AfA von 1 600 € (2 % von 80 000 €). Die gesamten Werbungskosten von 5 400 € sind um den Sicherheitsabschlag von 10 % zu kürzen (prognostizierte Werbungskosten somit 4 860 €). Der durchschnittlich prognostizierte Jahresüberschuss beträgt daher 420 €(5 280 – 4 860 €).
Der Prognosezeitraum umfasst die Jahre 01 bis einschließlich 30. Der auf die Jahre 14 bis 30 (17 Jahre) hochgerechnete Jahresüberschuss von 7 140 € (17 x 420 €) ist dem um die degressive AfA bereinigten Verlust der Jahre 01 bis 13 gegenüberzustellen:

angesetzte Verluste 01 bis 12:	– 41 800 €
erklärter Verlust 13:	– 1 100 €
Gesamtverlust	– 42 900 €
abzüglich degressive AfA nach § 7 Abs. 5 EStG:	
8 Jahre 5 % aus 80 000 €	+ 32 000 €
5 Jahre 2,5 % aus 80 000 €	+ 10 000 €

zuzüglich lineare AfA nach § 7 Abs. 4 EStG:
12,5 Jahre 2 % aus 80 000 €   – 20 000 €
bereinigter Verlust: = – 20 900 €

Für den Prognosezeitraum errechnet sich somit ein insgesamt negatives Gesamtergebnis von 13 760 € (7 140 – 20 900 €). Für die Besteuerung im Jahr 13 ist die Vermietung daher in einen entgeltlichen und einen unentgeltlichen Teil aufzuteilen mit der Folge, dass den Einnahmen von 4 800 € nur 66,66% der Werbungskosten von 5 900 € (= 3 933 €) entgegengerechnet werden können. Hieraus ergeben sich positive Einkünfte von 867 €.

Auch für das Jahr 14 ist eine Überschussprognose anzustellen, wobei hier allerdings die Mieterhöhung ab dem Jahr 15 berücksichtigt werden kann. Einschließlich des Sicherheitszuschlages von 10% kann daher nunmehr von geschätzten Mieteinnahmen von jährlich 6 600 € ausgegangen werden. Die geschätzten Werbungskosten bleiben mit 4 860 € unverändert, so dass ein durchschnittlich prognostizierter Jahresüberschuss von nunmehr 1 740 € (6 600 – 4 860 €) angesetzt werden kann. Hochgerechnet auf die Jahre 15 bis 30 (16 Jahre) ermittelt sich dann ein positiver Betrag von insgesamt 27 840 € (1 740 € x 16).

Bereits bei Gegenüberstellung mit den bereinigten Verlusten aus 01 bis 13 (20 900 €) ergibt sich ein insgesamt positives Gesamtergebnis. Der für 14 geltend gemachte Verlust von 1 000 € kann daher berücksichtigt werden. Im Jahr 15 beträgt die vereinbarte Miete mehr als 75% der Marktmiete. Es ist daher ohne weitere Prüfung vom Vorliegen einer Einkunftserzielungsabsicht auszugehen (vgl. RdNr. 12).

b) Ermittlung des Totalüberschusses in Sonderfällen

– Einbeziehung der Investitionszulage

35 Die Investitionszulage ist in die Beurteilung der Einkunftserzielungsabsicht einzubeziehen.

– Totalüberschussprognose bei befristeter Vermietung

36 Bei zeitlich befristeter Vermietung ist bei der Prüfung der Einkunftserzielungsabsicht wie folgt zu verfahren (BFH-Urteile vom 9. Juli 2002):
   – Ob ein Totalüberschuss zu erzielen ist, ergibt sich – abweichend von RdNr. 34 – aus der den Zeitraum der abgekürzten Vermögensnutzung umfassenden Totalüberschussprognose, d. h. nur die während des befristeten Vermietungszeitraums zufließenden Einnahmen und abfließenden Werbungskosten sind gegenüberzustellen.
   – Negative Einkünfte aufgrund von steuerrechtlichen Subventions- und Lenkungsnormen sind in die befristete Totalüberschussprognose einzubeziehen, wenn der jeweilige Zweck der Subventions- und Lenkungsnorm sowie die Art der Förderung dies gebieten. Dies hat zur Folge, dass – anders als bei auf Dauer angelegter Vermietung (vgl. RdNr. 34) – die jeweils tatsächlich in Anspruch genommenen Absetzungen (also auch Sonderabschreibungen, erhöhte Absetzungen und degressive AfA nach § 7 Abs. 5 EStG) und nicht die in fiktiver Anwendung des § 7 Abs. 4 EStG zu ermittelnden linearen Absetzungen anzusetzen sind.[1]

– Totalüberschussprognose bei verbilligter Überlassung

37 Ist bei verbilligter Überlassung einer Wohnung die Einkunftserzielungsabsicht zu prüfen (vgl. RdNr. 13), gelten für die Erstellung der Totalüberschussprognose die Grundsätze der RdNr. 34 f.

38 Eine Totalüberschussprognose ist auch erforderlich, wenn die Miethöhe im Lauf eines Mietverhältnisses die ortsübliche Marktmiete um mehr als 25 v. H. unterschreitet. In diese Prognose sind auch die in früheren Veranlagungszeiträumen durch Vermietung erzielten Entgelte einzubeziehen.

– Totalüberschussprognose bei zeitweise vermieteter und zeitweise selbst genutzter Ferienwohnung

39 In die Prognose sind als Werbungskosten nur die Aufwendungen einzubeziehen, die (ausschließlich oder anteilig) auf Zeiträume entfallen, in denen die Ferienwohnung an Feriengäste tatsächlich vermietet oder zur Vermietung angeboten und bereitgehalten worden ist (der Vermietung zuzurechnende Leerstandszeiten), dagegen nicht die auf die Zeit der nicht steuerbaren Selbstnutzung entfallenden Aufwendungen. Der Steuerpflichtige trägt die Feststellungslast dafür, ob und in welchem Umfang die Wohnung selbst genutzt oder zur Vermietung angeboten und bereitgehalten wird.

---

[1] Siehe aber BFH vom 25.6.2009 (BStBl. 2010 II S. 127), wonach geltend gemachte Sonderabschreibungen nach den §§ 1, 3 und 4 FördG dann nicht in die befristete Totalüberschussprognose einzubeziehen sind, wenn die nachträglichen Herstellungskosten innerhalb der voraussichtlichen Dauer der befristeten Vermietungstätigkeit gem. § 4 Abs. 3 FördG vollständig abgeschrieben werden.

Zu § 21 EStG

Anlage § 021–03

Aufwendungen, die sowohl durch die Selbstnutzung als auch durch die Vermietung veranlasst sind (z. B. Schuldzinsen, Grundbesitzabgaben, Erhaltungsaufwendungen, Gebäudeabschreibungen oder Versicherungsbeiträge), sind im Verhältnis der Zeiträume der jeweiligen Nutzung zueinander aufzuteilen. 40

6. Anwendungsregelung

Dieses Schreiben ersetzt die BMF-Schreiben vom 23. Juli 1992 (BStBl. I S. 434), 29. Juli 2003 (BStBl. I S. 405), 15. August 2003 (BStBl. I S. 427) und vom 20. November 2003 (BStBl. I S. 640). 41

Die Grundsätze der RdNr. 5 ff. zur Einkunftserzielungsabsicht bei befristeter Vermietung mit anschließender Selbstnutzung sind erstmals auf Mietverträge anzuwenden, die nach dem 31. Dezember 2003 abgeschlossen werden. In Fällen der Anschaffung von vermieteten bebauten Grundstücken oder Wohnungen sind diese Grundsätze anzuwenden, wenn das Grundstück oder die jeweilige Wohnung auf Grund eines nach dem 8. Oktober 2004 rechtswirksam abgeschlossenen Kaufvertrags oder gleichstehenden Rechtsakts angeschafft wird. Der Zeitpunkt des Abschlusses des Mietvertrages ist in diesen Fällen ohne Bedeutung.

Die Grundsätze der RdNr. 11 ff. zur Einkunftserzielungsabsicht bei verbilligter Überlassung einer Wohnung sind erstmals für den Veranlagungszeitraum 2004 anzuwenden.

Soweit die Anwendung der Grundsätze dieses Schreibens bei geschlossenen Immobilienfonds[1] zu einer Verschärfung der Besteuerung gegenüber der bisher geltenden Verwaltungspraxis führt, sind diese Grundsätze nicht anzuwenden, wenn der Außenvertrieb der Fondsanteile vor dem 8. Oktober 2004 begonnen hat. Dies gilt nicht bei konzeptionellen Änderungen des Fonds. Der Außenvertrieb beginnt in dem Zeitpunkt, in dem die Voraussetzungen für die Veräußerung der konkret bestimmbaren Fondsanteile erfüllt sind und die Gesellschaft selbst oder über ein Vertriebsunternehmen mit Außenwirkung an den Markt herangetreten ist.

II. Einkommensteuerrechtliche Behandlung von Ferienwohnungen; Ergänzungen zum BMF-Schreiben vom 8. Oktober 2004 (BStBl. I 2004, 933)

– Vfg OFD Niedersachsen vom 18.06.2010 – S 2254 – St 233/234 –

Zur Beurteilung der Überschusserzielungsabsicht von Ferienwohnungen ist in der **ersten Prüfungsstufe** zwischen der ausschließlich fremd vermieteten und der (auch) selbst genutzten Ferienwohnung zu unterscheiden.

1. Ausschließliche Vermietung

a) Nachweisanforderungen

Wenn der Steuerpflichtige (Stpfl.) die folgenden Umstände vorträgt und glaubhaft macht, kann bei einer Entscheidung, ob es sich um eine **ausschließlich fremd vermietete** Ferienwohnung handelt, davon ausgegangen werden, dass der Stpfl. die Ferienwohnung tatsächlich nicht selbst genutzt bzw. unentgeltlich überlassen hat:

– Der Stpfl. hat die Entscheidung über die Vermietung der Ferienwohnung einem ihm nicht nahe stehenden Vermittler (z. B. einem überregionalen Reiseveranstalter, Feriendienstorganisation, Kurverwaltung o. a.) übertragen und eine Eigennutzung vertraglich für das gesamte Jahr ausgeschlossen.

– Die Ferienwohnung befindet sich im ansonsten selbst genutzten Zwei- oder Mehrfamilienhaus des Stpfl. bzw. in unmittelbarer Nähe zur selbst genutzten Wohnung des Stpfl. (BFH-Urteil vom 21. November 2000, IX R 37/98, BStBl. II 2001, 705). „Unmittelbare Nähe", in diesem Sinne ist nur anzunehmen, wenn sich die Hauptwohnung des Stpfl. und die Ferienwohnung in derselben Stadt/Gemeinde befinden. Zu beachten ist darüber hinaus, dass die Hauptwohnung nach Größe und Ausstattung den Wohnbedürfnissen des Stpfl. entsprechen muss. Nur wenn die selbst genutzte Wohnung die Unterbringung von Gästen u. Ä. ermöglicht, kann davon ausgegangen werden, dass der Stpfl. die Ferienwohnung nicht selbst nutzt, sondern sie ausschließlich an wechselnde Feriengäste vermietet und in der übrigen Zeit hierfür bereit hält.

– Der Stpfl. hat an demselben Ort mehr als eine Ferienwohnung und nutzt nur eine dieser Ferienwohnungen für eigene Wohnzwecke oder in Form der unentgeltlichen Überlassung. Hiervon kann ausgegangen werden, wenn beispielsweise Ausstattung und Größe einer der Wohnungen auf die be-

---

[1] Siehe dazu Anlage § 021-05.

Anlage § 021–03

Zu § 21 EStG

sonderen Verhältnisse des Stpfl. zugeschnitten sind. Die Leerstandszeiten der anderen Ferienwohnung(en) sind in einem solchen Fall als Vermietungszeiten zu werten.

- Die Ferienwohnung wird in der (regional unterschiedlichen) Saison mit Ausnahme eines kurzzeitigen Leerstands nahezu durchgängig vermietet. Dabei ist zu beachten, dass „Saison", nicht immer nur die Hochsaison im Sommer, sondern auch die Zeiten der Nebensaison umfasst. Damit muss eine nahezu durchgängige Vermietung mindestens von März bis Oktober und zusätzlich für den Zeitraum zwischen Weihnachten und Jahreswechsel vorliegen, um eine Selbstnutzung objektiv auszuschließen.

In allen anderen Fällen ist zunächst davon auszugehen, dass der Stpfl. die Wohnung auch selbst genutzt bzw. unentgeltlich überlassen hat. Es bleibt dem Stpfl. unbenommen, die dauernde Vermietung und das Bereithalten zur dauernden Vermietung auf andere Weise nachzuweisen oder glaubhaft zu machen.

b) Kurzfristige Aufenthaltszeiten des Steuerpflichtigen

Die im o. g. BMF-Schreiben genannten kurzfristigen Aufenthalte in der Ferienwohnung sind nur dann nicht der Selbstnutzung zuzurechnen, wenn dargelegt und glaubhaft gemacht wird, dass der mehr als eintägige Aufenthalt während der normalen Arbeitszeit vollständig mit Arbeiten für die Wohnung ausgefüllt war (BFH-Urteil vom 25. November 1993, IV R 37/93, BStBl. II 1994, 350). Insbesondere bei mehrtägigen Aufenthalten während der Saison reicht alleine die Behauptung des Stpfl., er habe den Aufenthalt für Reparaturen, Grundreinigung u. Ä. genutzt, nicht aus.

c) Erhebliches Unterschreiten der ortsüblichen Vermietungszeit

Bei ausschließlich an wechselnde Feriengäste – in Eigenregie oder durch Beauftragung eines Dritten – vermieteten Ferienwohnungen ist die Einkunftserzielungsabsicht des Stpfl. anhand einer Überschussprognose zu prüfen, wenn ohne Vorliegen von Vermietungshindernissen (z. B. Unbewohnbarkeit der Wohnung wegen Instandsetzungsarbeiten) die Vermietung die ortsübliche Vermietungszeit von Ferienwohnungen erheblich unterschreitet (BFH-Urteil vom 26. Oktober 2004, IX R 57/02, BStBl. II 2005, 388). In Ergänzung der Rz. 16 und 17 des o. g. BMF-Schreibens ist bei einer solchen Prüfung eine Unterschreitungsgrenze von mindestens 25 % der ortsüblichen Vermietungszeit anzusetzen.

Die Ermittlung der ortsüblichen Vermietungstage ist u. U. sehr aufwendig, eventuell sogar unmöglich. Mit Urteil vom 19. August 2008, IX R 39/07, BStBl. II 2009, 138 hat der BFH entschieden, dass der Stpfl. die ortsüblichen Vermietungstage nachweisen muss. Kann er dies nicht, ist in jedem Fall eine Totalüberschussprognose durchzuführen.

d) Beurteilungszeitraum

Die ausschließliche Vermietung muss auf Dauer angelegt sein. Es reicht also nicht aus, dass der Stpfl. in einzelnen Veranlagungszeiträumen ohne Selbstnutzung vermietet, sondern es muss sich über einen längeren Zeitraum ein einheitliches Bild ergeben.

e) Überschusserzielungsabsicht

Ist nach der ersten Prüfungsstufe eine dauernde Vermietung anzunehmen, kann regelmäßig davon ausgegangen werden, dass eine Überschusserzielungsabsicht vorliegt. Nur in den in Rz. 16 und 17 des o. g. BMF-Schreibens genannten Fällen ist in der **zweiten Stufe** die Überschusserzielungsabsicht zu prüfen. Geht der Stpfl. von einer auf Dauer angelegten ausschließlichen Vermietung zur Vermietung und Selbstnutzung über, ist ab diesem Veranlagungszeitraum die Überschusserzielungsabsicht zu prüfen.

2. Zeitweise Vermietung und zeitweise Selbstnutzung

Liegt nach den Hinweisen zu Rz. 16 und 17 des o. g. BMF-Schreibens **keine ausschließliche Vermietung** vor, ist die Überschusserzielungsabsicht stets zu prüfen. Dabei sind Rz. 33 ff. des o. g. BMF-Schreibens sowie die nachfolgenden Hinweise zu beachten.

a) Grundlagen der Totalüberschussprognose

Für die Prognoserechnung sind zunächst die ausschließlich auf die Vermietung entfallenden Werbungskosten (z. B. Reinigungskosten, Entgelte für die Aufnahme in das Gastgeberverzeichnis und Anzeigen) entsprechend Rz. 39 des o. g. BMF-Schreibens zu berücksichtigen. Anschließend sind die übrigen Aufwendungen entsprechend Rz. 40 des o. g. BMF-Schreibens aufzuteilen.

b) Zuordnung der Leerstandszeiten und Renovierungstage

Eine zeitliche Beschränkung der Selbstnutzung i. S. des o. g. BMF-Schreibens ist nur dann anzunehmen, wenn der Stpfl. mit einem fremden Vermittler einen Vertrag abgeschlossen hat, der eine Selbstnutzung nur zu bestimmten, zu Beginn des Jahres genau festgelegten Zeiten (sog. „Sperrzeiten") zulässt und darüber hinaus jegliche Selbstnutzung ausschließt. Bei einer entsprechenden Vertragsformulierung sind die Sperrzeiten – unabhängig von der tatsächlichen Nutzung – als Zeiten der Selbstnutzung zu behandeln.

Zu § 21 EStG **Anlage § 021–03**

Für alle weiteren Tage (Vermietungszeiten und Leerstandszeiten) kann davon ausgegangen werden, dass eine Selbstnutzung nach objektiven Umständen ausgeschlossen ist, die Leerstandszeiten sind der Vermietung zuzurechnen.

Ist ein Vertrag mit einem fremden Vermittler dagegen so formuliert, dass lediglich der zeitliche Umfang der Selbstnutzung begrenzt ist, der Stpfl. allerdings nach Rücksprache mit dem Vermittler diese Selbstnutzungszeiten kurzfristig festlegen kann, umfasst der zur Werbungskostenkürzung führende Zeitraum nicht nur die tatsächlichen Selbstnutzungstage, sondern auch die anteiligen Leerstandszeiten. Da der Stpfl. in diesen Fällen letztlich selbst über die Vermietung bzw. Selbstnutzung entscheidet, sind die Leerstandszeiten auf die Vermietungs- und Selbstnutzungszeiten aufzuteilen. Dies gilt auch dann, wenn sich der Stpfl. wie ein fremder Dritter an den Vermittler wenden muss.

Hat der Stpfl. glaubhaft gemacht, dass ein Aufenthalt in der Ferienwohnung der Durchführung von Schönheitsreparaturen (s. Hinweis zu Rz. 19 des o. g. BMF-Schreibens) und nicht der Erholung diente, sind diese Zeiten grundsätzlich gleichwohl nicht in vollem Umfang der Vermietung zuzurechnen. Wird die Ferienwohnung sowohl vermietet als auch selbst genutzt, dienen auch Schönheitsreparaturen im Ergebnis sowohl der Selbstnutzung als auch der Vermietung. In einem solchen Fall sind die auf diese Zeiten entfallenden Aufwendungen – wie bei den Leerstandszeiten – im zeitlichen Verhältnis der tatsächlichen Vermietung aufzuteilen (BFH-Urteil vom 6. November 2001, IX R 97/00, BStBl. II 2002, 726).

Beispiel 1:
Ein Stpfl. vermietet eine Ferienwohnung in Eigenregie. Im VZ 01 war die Ferienwohnung an 120 Tagen tatsächlich vermietet und an 70 Tagen tatsächlich selbst genutzt. Nach Abzug der Selbstnutzungs- und Vermietungstage von 365 Gesamttagen verbleiben 175 Tage Leerstandszeiten. Von diesen Leerstandstagen entfallen 110 Tage auf die Vermietungszeit (175 Leerstandstage x 120 Vermietungstage/190 Nutzungstage). Insgesamt sind die Aufwendungen, die sowohl durch die Vermietung als auch durch die Selbstnutzung veranlasst sind, im Verhältnis von 230 Vermietungstagen zu 135 Selbstnutzungstagen aufzuteilen.

Beispiel 2:
Wie Beispiel 1, aber der Umfang der Selbstnutzung ist nicht festzustellen. Von den 365 Gesamttagen sind zunächst 120 Vermietungstage abzuziehen. Die verbleibenden 245 Leerstandstage entfallen zu je 50 % auf die Vermietung und die Selbstnutzung. Danach ergeben sich insgesamt 243 Vermietungstage (120 tatsächliche und 123 geschätzte Vermietungstage) zu 122 Selbstnutzungstagen.

c) Prognosezeitraum

Ein kürzerer Prognosezeitraum als 30 Jahre ist zugrunde zu legen, wenn sich aus objektiven Umständen eine Befristung der Nutzung ergibt, z. B. wegen eines bereits im Streitjahr beabsichtigten späteren Verkaufs der Beteiligung an einem Bauherrenmodell mit Rückkaufangebot oder Verkaufsgarantie (BFH-Urteile vom 30. September 1997, IX R 80/94, BStBl. II 1998, 771 und vom 6. November 2001, a. a. O.)

Der Prognosezeitraum beginnt im Jahr der Herstellung oder Anschaffung der Ferienwohnung. Das gilt auch dann, wenn im Falle eines Wechsels von der ausschließlichen Vermietung zur Vermietung und Selbstnutzung die ersten Veranlagungszeiträume bereits bestandskräftig veranlagt sind (vgl. Rz. 34 des o. g. BMF-Schreibens).

d) Schätzung der Einnahmen und Werbungskosten

Legt der Stpfl. eine eigene Totalüberschussprognose vor, muss er erläutern, aus welchen objektiven Gründen er davon ausgehen konnte, dass die angesetzten geschätzten Einnahmen und Werbungskosten realistisch waren. Hierzu kann er z. B. Schriftverkehr vorlegen, aus dem sich ergibt, dass er sich vor Beginn der Vermietung bei dem für den Ferienort zuständigen Fremdenverkehrsbüro Informationen über die Höhe der erzielbaren Übernachtungspreise und die zu erwartende Auslastung eingeholt hat.

Hinsichtlich der zu schätzenden Werbungskosten für die Totalüberschussprognose ist Folgendes zu beachten:

- Für den Ansatz der Aufwendungen zur Instandhaltung der Ferienwohnung, die erfahrungsgemäß mit dem Alter der Immobilie zunehmen, bilden die Wertansätze (Höchstbeträge) in § 28 der Zweiten Berechnungsverordnung – II. BV – (in der bei Beginn der Investition in die Ferienimmobilie geltenden Fassung) eine geeignete Schätzungsgrundlage.
- Die AfA auf in der Ferienwohnung enthaltene Einrichtungsgegenstände sind im Regelfall nach den Sätzen der amtlichen AfA-Tabelle Gastgewerbe zu bemessen.
- Die Finanzierungskosten sind ausgehend von den abgeschlossenen Verträgen zu schätzen. Wird vorgetragen, dass Darlehen vor Ablauf der Zinsbindungsfrist abgelöst werden sollen, ist durch ent-

sprechende Verträge/Vereinbarungen (z. B. für die Tilgung zweckgebunden abgeschlossene Lebensversicherungen oder Bausparverträge) nachzuweisen, dass entgegen der üblichen Bedingungen ausnahmsweise vor Ablauf der Zinsbindungsfrist Sondertilgungen und vorzeitige Kündigungen erfolgen werden.

– Wertsteigerungen und Veräußerungsgewinne sind in die Totalüberschussprognose nicht mit einzubeziehen, und zwar auch dann nicht, wenn sie im Fall eines 10 Jahre unterschreitenden Prognosezeitraums gem. § 23 Abs. 1 Satz 1 Nr. 1 EStG steuerpflichtig sind.

3. Anwendungsregelungen

Die Regelungen des o. g. BMF-Schreibens sind in allen noch offenen Veranlagungen anzuwenden. Ist danach die Überprüfung der Überschusserzielungsabsicht in Fällen erforderlich, in denen bereits einige Veranlagungszeiträume bestandskräftig veranlagt sind, umfasst die Totalüberschussprognose die bestandskräftig veranlagten Einkünfte ab dem Zeitpunkt der Herstellung oder Anschaffung der Ferienwohnung sowie die für den Rest des Prognosezeitraums zu erwartenden Einnahmen und Ausgaben. Sofern der Stpfl. im ersten offenen Veranlagungszeitraum keine ausreichenden objektiven Umstände über die zukünftige Entwicklung vorträgt, sind die zu erwartenden Einnahmen und Werbungskosten anhand der in den letzten fünf Veranlagungszeiträumen angefallenen Beträge zu schätzen (Rz. 34 des o. g. BMF-Schreibens).

Zu § 21 EStG

Anlage § 021–04

Zurechnung von Einkünften aus Vermietung und Verpachtung bei Treuhandverhältnissen

– BdF-Schreiben vom 1. September 1994 IV B 3 – S 2253a – 15/94 (BStBl. I S. 604) –

Mit o.a. Urteil hat der BFH entschieden, daß einem Treugeber Einkünfte aus Vermietung und Verpachtung zuzurechnen sind, wenn für ihn ein Treuhänder den Mietvertrag im eigenen Namen abschließt, der Treuhänder dabei ausschließlich auf Rechnung und Gefahr des Treugebers handelt und der Treugeber nach der Ausgestaltung des Treuhandverhältnisses und nach den sonstigen Umständen gegenüber dem Treuhänder eine derart beherrschende Stellung einnimmt, daß er wirtschaftlich die Rechte und Pflichten aus dem Mietverhältnis trägt. Zu der Frage, was eine Zurechnung von Einkünften aus Vermietung und Verpachtung beim Treugeber danach im einzelnen voraussetzt, nehme ich nach Erörterung mit den obersten Finanzbehörden der Länder wie folgt Stellung:

Nachstehende Grundsätze gelten, soweit sie im einzelnen nicht auf bestimmte Fälle beschränkt sind, für alle Treuhandgestaltungen, gleichgültig ob die Anleger sich zu einer Gesellschaft zusammenschließen und die Gesellschaft (Treugeber) ein Treuhandverhältnis mit einem Dritten (Treuhänder) eingeht oder ob die Anleger jeder für sich ein Treuhandverhältnis mit einem Dritten (Treuhänder) begründen. Dabei kann Treugut sowohl ein Grundstück oder Erbbaurecht (Fall der sog. vorgeschalteten Treuhand) als auch ein Gesellschaftsanteil (Fall des Treuhandkommanditisten oder Beteiligungstreuhänders) sein. 1

1. Voraussetzungen für die steuerrechtliche Anerkennung des Treuhandverhältnisses

Das Treuhandverhältnis ist steuerrechtlich anzuerkennen, wenn 2
– dem Treugeber im Innenverhältnis die Rechte an und aus dem Treugut zustehen und
– der Treugeber das Marktgeschehen jederzeit beherrscht und wirtschaftlich die Rechte und Pflichten aus dem Mietverhältnis trägt.

Bei einer treuhänderischen Gesellschaftsbeteiligung ist das der Fall, wenn der Treugeber durch das Treuhandverhältnis so gestellt ist wie ein unmittelbar beteiligter Gesellschafter.

1.1 Bestimmung des Treuguts

Ist Gegenstand des Treuhandverhältnisses ein Grundstück oder ein Erbbaurecht, muß der Treugeber das Treugut dem Treuhänder übertragen oder die Auswahl des Treuguts mitbestimmen können. Hat der Treuhänder bereits bei Begründung des Treuhandverhältnisses das Grundstück oder Erbbaurecht erworben, ist diese Voraussetzung dadurch erfüllt, daß der Treugeber mit dem Abschluß des Treuhandvertrags seine Zustimmung zur Auswahl des Treuguts erklärt. Ist Gegenstand des Treuhandverhältnisses die Beteiligung an einer KG oder Gesellschaft bürgerlichen Rechts (GbR), wird das Treugut mit Begründung des Treuhandverhältnisses bestimmt. 3

1.2 Einfluß auf die Gestaltung des Treuhandvertrags

Hat der Treuhänder den Treuhandvertrag vorformuliert, schließt dieser Umstand die Rechte des Treugebers an und aus dem Treugut und seine wirtschaftliche Stellung als Vermieter nicht aus. Ein Treuhandverhältnis ist hingegen steuerlich nicht oder nicht mehr anzuerkennen, wenn der Treugeber bereits mit Abschluß des Treuhandvertrags oder zu einem späteren Zeitpunkt seine Weisungs- und Mitwirkungsrechte – ganz oder teilweise – unwiderruflich überträgt. Derartige Einschränkungen der Rechte des Treugebers zugunsten des Treuhänders können sich aus dem Treuhandvertrag selbst und aus den den Vertrag ergänzenden Vereinbarungen ergeben und sind auch anzunehmen, wenn die Rechte unter Ausschluß des Treugebers, z. B. durch einen Beirat, ausgeübt werden sollen, an den sie nicht seinen Weisungen unterliegt. Verpflichtungen der Treugeber-Gesellschafter untereinander, die ohne Zustimmung des Treuhänders geändert werden können, berühren das Treuhandverhältnis grundsätzlich nicht. 4

Stimmt der Treugeber bereits abgeschlossenen Verträgen, z. B. über die Bebauung eines Grundstücks, zu, bewirkt dies allein keinen Verzicht auf die Treugeberrechte. Entsprechendes gilt für die unwiderrufliche Ermächtigung zu Rechtshandlungen, die zur Erreichung des Gesellschaftszwecks unabdingbar sind (z. B. wenn zu erwarten ist, daß die Baugenehmigung für das zu errichtende Gebäude nur mit der Maßgabe erteilt wird, daß ein bestimmter Grundstücksteil zur öffentlichen Nutzung abgetreten wird, und der Treugeber schon mit Abschluß des Treuhandvertrages den Treuhänder unwiderruflich zu einer entsprechenden Abtretung ermächtigt).

1.3 Kündbarkeit des Treuhandvertrags

Der steuerrechtlichen Anerkennung eines Treuhandverhältnisses steht es nicht entgegen, wenn die Kündbarkeit des Treuhandvertrags für nicht länger als ein Jahr vertraglich ausgeschlossen ist und die 5

Anlage § 021–04

Zu § 21 EStG

Kündigungsfrist ebenfalls nicht länger als ein Jahr beträgt. Dagegen sind Vereinbarungen schädlich, nach denen
- bei Kündigung des Treuhandverhältnisses die Pflicht zur Bestellung eines neuen Treuhänders besteht oder
- im Fall der vorgeschalteten Treuhand die Kündigung nur bei Auflösung der Fondsgesellschaft möglich ist oder
- die mögliche Kündigung des Treuhandverhältnisses die Auflösung der Fondsgesellschaft zur Folge hat.

6 Ist der Treuhänder gleichzeitig Geschäftsführer der KG oder der GbR, an der die Treugeber unmittelbar oder mittelbar über den Treuhänder beteiligt sind, muß er durch Beschluß der Gesellschafter zum Ablauf des Treuhandvertrags abberufen werden können.

Erbringt der Treuhänder darüber hinaus sonstige Dienstleistungen wie z. B. Baubetreuung oder Architektenleistungen und ist die Kündbarkeit dieser Verträge für die Bauphase ausgeschlossen, hindert dies die steuerrechtliche Anerkennung des Treuhandverhältnisses dagegen nicht.

1.4 Herausgabe des Treuguts nach Beendigung des Treuhandverhältnisses

7 Der Treugeber muß die Möglichkeit haben, das Treuhandverhältnis ohne erhebliche wirtschaftliche Nachteile zu beenden. Eine bei Beendigung des Treuhandverhältnisses an den Treuhänder möglicherweise zu leistende Entschädigung darf nicht so bemessen sein, daß die Entschädigungspflicht eine nach dem Treuhandvertrag zulässige Beendigung des Treuhandverhältnisses praktisch verhindert. Der im Treuhandvertrag vereinbarte Auslagenersatz und die Freistellung des Treuhänders von den für Rechnung des Treugebers eingegangenen Verbindlichkeiten durch den Treugeber gehören nicht zu dieser Entschädigung.

8 Nach Beendigung des Treuhandverhältnisses muß der Treugeber über das Treugut (vgl. Rz. 1) frei verfügen können. Dabei ist ohne Bedeutung, ob der Treugeber die Verfügungsbefugnis zum bürgerlichrechtlichen Erwerb des Treuguts, zu dessen Veräußerung – auch an den Treuhänder – oder zur Begründung eines neuen Treuhandverhältnisses nutzt.

1.5 Weisungsbefugnis für Begründung und Ausgestaltung von Mietverhältnissen

9 Treugeber, deren Beteiligungen an einer vermietenden GbR von einem Beteiligungstreuhänder oder bei einer vermietenden KG von einem Treuhandkommanditisten treuhänderisch gehalten werden, entfalten Vermieterinitiative, wenn ihnen durch das Treuhandverhältnis die Mitwirkungs- und Kontrollrechte eines unmittelbar Beteiligten (im Falle von Beteiligungstreugebern die Rechte nach § 716 BGB, im Falle von Treugeberkommanditisten die Rechte nach § 166 HGB) zustehen. Es reicht aus, wenn die Treugeber die jeweiligen Rechte rechtlich und tatsächlich wahrnehmen können, ohne sie auch auszuüben.

10 Treuhandverhältnisse, bei denen der Treuhänder nach außen als Vermieter auftritt (sog. vorgeschaltete Treuhand), sind unter dem Gesichtspunkt der Vermietungsinitiative steuerrechtlich anzuerkennen, wenn der Treugeber im Innenverhältnis dem Treuhänder kraft des Treuhandvertrags konkrete Weisungen für Beginn, Ausgestaltung und Beendigung der Mietverhältnisse geben kann; dabei ist unschädlich, daß der Treugeber mit Begründung des Treuhandverhältnisses bereits abgeschlossenen Mietverträgen zustimmt.

2. Tätigkeit des Treuhänders auf fremde Rechnung und Gefahr

11 Ein Treugeber kann Einkünfte aus Vermietung und Verpachtung erzielen, ohne selbst als Vermieter nach außen aufzutreten, wenn der Treuhänder im eigenen Namen, aber auf Rechnung und Gefahr des Treugebers tätig ist. Ist der Treugeber eine Personengesellschaft, werden die von den Gesellschaftern in ihrer gesamthänderischen Verbundenheit erzielten Einkünfte aus Vermietung und Verpachtung den Gesellschaftern zugerechnet.

12 2.1 Der Treuhänder ist für Rechnung des Treugebers tätig, wenn die Einnahmen aus Vermietung und Verpachtung im Innenverhältnis ausschließlich dem Treugeber zustehen und er alle im Zusammenhang mit dem Vermietungsobjekt stehenden Aufwendungen zu tragen hat. Das an den Treuhänder für seine Treuhändertätigkeit oder sonstige Dienstleistungen zu entrichtende Entgelt schließt die Zurechnung der Vermietungstätigkeit an den Treugeber nicht aus.

13 2.2 Der Treuhänder ist auf Gefahr des Treugebers tätig, wenn er seine Auslagen laufend ersetzt erhält und – spätestens bei Beendigung des Treuhandverhältnisses – einen Anspruch auf Befreiung von den auf Rechnung des Treugebers eingegangenen Verbindlichkeiten hat. Ist ein Gesellschaftsanteil Gegenstand des Treuhandverhältnisses, trägt der Treugeber wirtschaftlich die Risiken, wenn ihn außerdem nach dem Treuhandvertrag eine für einen entsprechenden Gesellschafter bestehende Nachschußpflicht – gegenbenenfalls begrenzt auf eine seinem Beteiligungsverhältnis entsprechende Quote – trifft.

Zu § 21 EStG   **Anlage § 021–04**

3. Zeitliche Anwendung
Soweit die Anwendung der Regelungen zu einer Verschärfung der Besteuerung gegenüber der bisher 14
geltenden Verwaltungspraxis führt, ist dieses Schreiben erstmals auf Immobilienfonds anzuwenden, für
deren Anteile der Außenvertrieb nach dem 30. November 1994 begonnen hat.

Anlage § 021–05

Zu § 21 EStG

Einkommensteuerrechtliche Behandlung von Gesamtobjekten, von vergleichbaren Modellen mit nur einem Kapitalanleger und von gesellschafts- sowie gemeinschaftsrechtlich verbundenen Personenzusammenschlüssen (geschlossene Fonds)

– BMF-Schreiben vom 20.10.2003 – IV C 3 – S 2253a – 48/03 (BStBl. I S. 546) –

Unter Bezugnahme auf das Ergebnis der Erörterungen mit den obersten Finanzbehörden der Länder wird zu der Frage der einkommensteuerlichen Behandlung von Einkünften im Rahmen von Gesamtobjekten (§ 1 Abs. 1 Nr. 2 der Verordnung zu § 180 Abs. 2 AO), von vergleichbaren Modellen mit nur einem Kapitalanleger sowie von sog. geschlossenen Fonds wie folgt Stellung genommen:

I. Gesamtobjekte und vergleichbare Modelle mit nur einem Kapitalanleger

1. Abgrenzung der Eigenschaft als Bauherr oder Erwerber bei der Errichtung, Sanierung, Modernisierung oder des Erwerbs von Gebäuden und Eigentumswohnungen

1 Ein Anleger, der sich auf Grund eines von den Projektanbietern vorformulierten Vertragswerks an einem Projekt beteiligt und sich bei den damit zusammenhängenden Rechtsgeschäften durch die Projektanbieter oder von ihnen eingeschalteten sonstigen Personen (z. B. Treuhänder, Geschäftsbesorger, Betreuer) umfassend vertreten lässt, ist regelmäßig nicht Bauherr, sondern Erwerber des bebauten und gegebenenfalls sanierten oder modernisierten Grundstücks (BFH-Urteil vom 14. November 1989, BStBl. 1990 II S. 299, m. w. N.). Das gilt auch, wenn der Anleger unter Verzicht auf eine dazu bevollmächtigte Person die Verträge selbst unterzeichnet, falls die Verträge vorher vom Projektanbieter bereits ausgehandelt oder vorformuliert worden sind, oder wenn die vertraglichen Vereinbarungen vorsehen, dass einzelne der in dem Vertragswerk angebotenen Leistungen abgewählt werden können.

2 Der Anleger ist nur Bauherr, wenn er auf eigene Rechnung und Gefahr ein Gebäude baut oder bauen lässt und das Baugeschehen beherrscht (BFH-Urteil vom 14. November 1989, a. a. O., vgl. auch BFH-Urteil vom 13. September 1989, BStBl. II S. 986). Der Bauherr muss das umfassend zu verstehende Bauherrenwagnis, d. h. wirtschaftlich das für die Durchführung des Bauvorhabens auf seinem Grundstück typische Risiko, tragen, sowie rechtlich und tatsächlich die Planung und Ausführung in der Hand haben. Das ist regelmäßig nicht der Fall, wenn eine Vielzahl von Wohnungen oder gleichförmig ausgestalteten Wohngebäuden nach einem bereits vor Beitritt des einzelnen Anlegers ausgearbeiteten Vertragswerk errichtet wird und der einzelne Anleger demzufolge weder die Vertragsgestaltung noch die Vertragsdurchführung wesentlich beeinflussen kann.

3 Die Entscheidung darüber, ob die Voraussetzungen für die Erwerber- oder Bauherreneigenschaft vorliegen, ist nach dem Gesamtbild unter Berücksichtigung aller Umstände des Einzelfalls zu treffen, und zwar unabhängig von den in den Verträgen gewählten Bezeichnungen nach dem wirklichen Gehalt der von den Beteiligten getroffenen Vereinbarungen und deren tatsächlicher Durchführung.

4 Wird für den Gesamtaufwand (einschließlich der bis zur Fertigstellung des Bauobjekts angefallenen Finanzierungskosten) ein Höchstpreis vereinbart, über den nach Abschluss der Bauarbeiten nicht gegenüber dem Beteiligten selbst detailliert Rechnung gelegt zu werden braucht, ist der Beteiligte ebenfalls Erwerber. Das gilt auch, wenn die tatsächlichen Baukosten zwar abgerechnet werden, der Unterschiedsbetrag zu dem vereinbarten Höchstpreis jedoch als Gebühr für die Höchstpreisgarantie beansprucht wird.

a) Allgemeines zur rechtlichen Einordnung der aufzubringenden Kosten

5 Die mit der Errichtung und dem Vertrieb der Objekte befassten Personen sind regelmäßig bestrebt, möglichst hohe Werbungskosten auszuweisen. Hierzu wird der Gesamtaufwand durch eine Vielzahl von Verträgen und durch Einschaltung zahlreicher, zum Teil finanziell und personell verbundener Unternehmen aufgespalten. Die geltend gemachten Aufwendungen können, auch wenn sie im Einzelfall nach dem Wortlaut der Vereinbarungen Werbungskosten sind, nicht als solche anerkannt werden, wenn sie in Wirklichkeit für andere als die in den Verträgen bezeichneten Leistungen gezahlt werden, die nicht zu Werbungskosten führen können. Die vereinbarten Kosten sind deshalb nicht nach der vertraglichen Bezeichnung, sondern nach dem tatsächlichen wirtschaftlichen Gehalt der erbrachten Leistungen zu beurteilen (vgl. BFH-Urteil vom 29. Oktober 1986, BStBl. II S. 217). Diese Beurteilung ist auch vorzunehmen, wenn Leistungen, die zu Anschaffungs- oder Herstellungskosten führen, nicht oder zu niedrig berechnet werden. Erfahrungsgemäß erfolgt in diesen Fällen ein Ausgleich, der dem tatsächlichen wirtschaftlichen Gehalt der Leistungen entspricht. Die Beurteilung nach dem tatsächlichen wirtschaftlichen Gehalt ist auch dann maßgebend, wenn für den Teil der Aufwendungen, der den Werbungskosten zuzurechnen ist, im Folgenden Vom-Hundert-Sätze oder Bruchteile angegeben werden.

Zu § 21 EStG   **Anlage § 021–05**

Der Anleger muss im Einzelnen nachweisen, welche tatsächlichen Leistungen an ihn erbracht worden sind und welches Entgelt er dafür leisten musste.

Soweit für Werbungskosten nachfolgend Vom-Hundert-Sätze oder Bruchteile angegeben sind, handelt es sich um Nettobeträge (ohne Umsatzsteuer).

b) Rechtliche Einordnung der vom Erwerber aufzubringenden Kosten

Die Kosten, die der Erwerber im Zusammenhang mit der Errichtung, Sanierung oder Modernisierung des Gebäudes oder der Eigentumswohnung aufzubringen hat, können Anschaffungskosten des Grund und Bodens, Anschaffungskosten des Gebäudes oder der Eigentumswohnung oder sofort abziehbare Werbungskosten sein. Zu den einzelnen Aufwendungen gilt Folgendes:

aa) Anschaffungskosten[1)]

Zu den Anschaffungskosten gehören grundsätzlich alle auf Grund des vorformulierten Vertragswerks an die Anbieterseite geleisteten Aufwendungen, die auf den Erwerb des Grundstücks mit dem bezugsfertigen Gebäude gerichtet sind, insbesondere die Baukosten für die Errichtung oder Modernisierung des Gebäudes, die Baubetreuungsgebühren, Treuhandgebühren, Finanzierungsvermittlungsgebühren, Zinsfreistellungsgebühren, Gebühren für die Vermittlung des Objekts oder Eigenkapitals und des Treuhandauftrags, Abschlussgebühren, Courtage, Agio, Beratungs- und Bearbeitungsgebühren, Platzierungsgarantiegebühren, Kosten für die Ausarbeitung der technischen, wirtschaftlichen und steuerlichen Grundkonzeption, für die Werbung der Bauinteressenten, für die Prospektprüfung und sonstige Vorbereitungskosten sowie Gebühren für die Übernahme von Garantien und Bürgschaften (vgl. BFH-Urteil vom 14. November 1989, a. a. O.). Eine Aufspaltung dieser Aufwendungen in sofort abziehbare Werbungskosten und Anschaffungskosten danach, ob sie auf die Finanzierung, die steuerliche Beratung oder die Errichtung des Gebäudes entfallen, kommt nicht in Betracht (vgl. BFH vom 14. November 1989, a. a. O.).

– Besonderheit bei Baumaßnahmen i. S. der §§ 7 h und 7 i EStG

Der Gesamtaufwand ist, soweit das eindeutig möglich ist, unmittelbar dem Grund und Boden, der Altbausubstanz des Gebäudes, den bescheinigten Baumaßnahmen i. S. der §§ 7 h, 7 i EStG, den übrigen Baumaßnahmen und den sofort abziehbaren Werbungskosten zuzuordnen. Aufwendungen, die sich nicht eindeutig zuordnen lassen, sind auf die Kostenarten, mit denen sie zusammenhängen, aufzuteilen. Die Aufteilung erfolgt im Verhältnis der auf diese Kostenarten eindeutig entfallenden Kosten. Die eindeutig den bescheinigten Baumaßnahmen i. S. der §§ 7 h, 7 i EStG zuzuordnenden Aufwendungen zuzüglich der nach den vorstehenden Grundsätzen ermittelten Anteile der nicht eindeutig zuzuordnenden Anschaffungskosten, die den Aufwendungen für bescheinigte Baumaßnahmen i. S. der §§ 7 h, 7 i EStG zuzurechnen sind, ergeben die begünstigten Anschaffungskosten i. S. der §§ 7 h, 7 i EStG. Ist der Erwerber dem Gesamtobjekt erst nach Beginn der begünstigten Baumaßnahmen i. S. der §§ 7 h, 7 i EStG beigetreten, gehören die Aufwendungen für Baumaßnahmen, soweit sie bis zu seinem Beitritt durchgeführt worden sind, zu den nicht begünstigten Anschaffungskosten. Der Erwerber hat die Aufteilung darzulegen. Ist er später beigetreten, hat er darzulegen, inwieweit die anteilig den Baumaßnahmen i. S. der §§ 7 h, 7 i EStG zuzurechnenden Aufwendungen auf Maßnahmen entfallen, die nach dem rechtswirksamen Abschluss des obligatorischen Erwerbsvertrags oder eines gleichstehenden Rechtsakts durchgeführt worden sind.

bb) Werbungskosten

Aufwendungen, die nicht auf den Erwerb des Grundstücks mit dem bezugsfertigen Gebäude gerichtet sind und die auch der Erwerber eines bebauten Grundstücks außerhalb eines Gesamtobjekts als Werbungskosten abziehen könnte, sind nicht den Anschaffungskosten des Objekts zuzurechnen. Werden sie an die Anbieterseite geleistet, sind sie unter den nachfolgenden Voraussetzungen Werbungskosten (vgl. BFH-Urteil vom 14. November 1989, a. a. O.):

– Bereits vor der Zahlung müssen klare Vereinbarungen über den Grund und die Höhe dieser Aufwendungen bestehen.

– Die vereinbarten Leistungen und das jeweils zugehörige Entgelt müssen den tatsächlichen Gegebenheiten entsprechen; der Rechtsgedanke des § 42 AO darf dem Werbungskostenabzug in der begehrten Höhe nicht entgegenstehen.

---

1) Siehe auch BFH-Urteil vom 14.4.2011 (BStBl. II S. 706):
Aufwendungen, die in der Rechtsform einer GmbH & Co. KG geführten Windkraftfonds für die Platzierungsgarantie, für die Prospekterstellung und Prospektprüfung, für die Koordinierung/Baubetreuung und für die Eigenkapitalvermittlung sind in der Steuerbilanz der KG in voller Höhe als Anschaffungskosten zu behandeln, wenn sich die Kommanditisten aufgrund eines vom Projektanbieter vorformulierten Vertragswerks an dem Fonds beteiligen.

Anlage § 021–05

Zu § 21 EStG

- Die Aufwendungen müssen von den übrigen Aufwendungen, die mit der Anschaffung des Erwerbsgegenstandes in Zusammenhang stehen, einwandfrei abgrenzbar sein.
- Die Vergütung darf nur dann zu zahlen sein, wenn der Anleger die Gegenleistung in Anspruch nimmt.
- Die rechtliche und tatsächliche Abwahlmöglichkeit der Leistung und die dann eintretende Ermäßigung des Gesamtpreises muss in dem Vertrag klar und eindeutig zum Ausdruck kommen.

– Zinsen der Zwischen- und Endfinanzierung

12 Zinsen und Bearbeitungskosten des Kreditinstituts sind, wenn der Anleger sie aufgrund eigener Verpflichtung gegenüber dem Darlehensgeber zahlt, Entgelt für die Überlassung des Kredits und damit Werbungskosten. Eine andere Beurteilung ist jedoch z. B. dann geboten, wenn hinsichtlich der Bauzeitzinsen eine Vereinbarung mit der Anbieterseite besteht, nach der eine bestimmte Zinsbelastung garantiert wird, und hierbei höhere Zinsen vom Garantiegeber getragen, niedrigere Zinsen jedoch dem Erwerber nicht erstattet werden. In einem derartigen Fall stellen die vom Darlehensnehmer zu zahlenden Zinsen und die Gebühr für die Zinsgarantie lediglich einen Kalkulationsbestandteil des Gesamtpreises und damit Anschaffungskosten dar.

– Vorauszahlung von Schuldzinsen

13 Zinsen sind im Regelfall spätestens am Ende des jeweiligen Jahres zu entrichten. Bei einer Vorauszahlung liegt ein im Jahr der Zahlung zu berücksichtigender Zahlungsabfluss nur vor, wenn für die Vorauszahlung ein wirtschaftlich vernünftiger Grund maßgebend ist. Hiervon kann ausgegangen werden, wenn Schuldzinsen für einen Zeitraum von nicht mehr als 12 Monaten vorausgezahlt werden. Bei einer Vorauszahlung für einen Zeitraum von mehr als 12 Monaten ist der wirtschaftlich vernünftige Grund vom Steuerpflichtigen im Einzelfall darzulegen. Bestehen für die Vorauszahlung von Schuldzinsen für einen Zeitraum von mehr als einem Jahr keine vernünftigen wirtschaftlichen Gründe, sind die vorausgezahlten Schuldzinsen anteilig in den Jahren als Werbungskosten abziehbar, zu denen sie wirtschaftlich gehören.

– Zinsfreistellungsgebühren

14 Vereinbarungen, nach denen der Anleger für mehrere Jahre von Zinszahlungsverpflichtungen gegenüber dem Darlehensgläubiger gegen Entrichtung von Gebühren an diesen freigestellt wird, haben den Charakter eines zusätzlichen Darlehens. Die gezahlten Gebühren sind deshalb anteilig in den Jahren als Werbungskosten abziehbar, für die der Anleger von Zinszahlungsverpflichtungen freigestellt worden ist.

– Damnum, Disagio, Bearbeitungs- und Auszahlungsgebühren

15 Diese Aufwendungen sind in Höhe des vom jeweiligen Darlehensnehmer an das Kreditinstitut gezahlten Betrag als Werbungskosten abziehbar, soweit unter Berücksichtigung der jährlichen Zinsbelastung die marktüblichen Beträge nicht überschritten werden. Der über die marktüblichen Beträge hinausgehende Teil ist auf den Zinsfestschreibungszeitraum oder bei dessen Fehlen auf die Laufzeit des Darlehens zu verteilen. Eine Zinsvorauszahlung ist regelmäßig anzunehmen, wenn der Nominalzins ungewöhnlich niedrig und das Damnum entsprechend hoch bemessen ist. Aus Vereinfachungsgründen kann von der Marktüblichkeit ausgegangen werden, wenn für ein Darlehen mit einem Zinsfestschreibungszeitraum von mindestens 5 Jahren ein Damnum in Höhe von bis zu 5 v. H. vereinbart worden ist. Ist ein Damnum nicht mehr als 3 Monate vor Auszahlung der Darlehensvaluta oder einer ins Gewicht fallenden Teilauszahlung des Darlehens (mindestens 30 v. H. der Darlehensvaluta einschließlich Damnum) geleistet worden, kann davon ausgegangen werden, dass ein wirtschaftlich vernünftiger Grund besteht (BfH-Urteil vom 3. Februar 1987, BStBl. II S. 492)[1].

– Kosten der Darlehenssicherung

16 Die anteiligen Notariats- und Grundbuchkosten für die Darlehenssicherung sind in der Höhe sofort abziehbare Werbungskosten, in der sie an den Notar und das Grundbuchamt abgeführt worden sind.

– Gebühren im Zusammenhang mit der Vermietung

17 Gebühren für die erstmalige Vermietung des Objekts sind Werbungskosten, soweit sie die ortsübliche Maklerprovision nicht überschreiten. Im Allgemeinen kann eine Gebühr in Höhe von bis zu 2 Monatsmieten als angemessen angesehen werden. An einer wirtschaftlich ernsthaften Gegenleistung fehlt es, wenn z. B. das Objekt schon von der Planung her für einen ganz bestimmten Mieter errichtet werden soll oder wenn bereits zum Beitrittszeitpunkt des Anlegers ein Mietvertrag oder eine entsprechende Vorvereinbarung mit dem Mieter bestand. Eine Mietervermittlungsgebühr ist auch nicht anzuerkennen, wenn der Vermittler mit dem Mieter identisch oder wirtschaftlich verflochten ist, der Anleger das Objekt selbst bezieht oder aus anderen Gründen die angebotenen Leistungen nicht in Anspruch nimmt. In diesen Fäl-

---

1) Siehe dazu jetzt § 11 Abs. 2 Satz 4 EStG.

Zu § 21 EStG **Anlage § 021–05**

len stellen die erhobenen Gebühren anteilig Anschaffungskosten des Grund und Bodens und des Gebäudes oder der Eigentumswohnung dar.

Die Anerkennung von Gebühren für die Übernahme von Garantien und Bürgschaften als Werbungskosten setzt stets voraus, dass das vom Garantiegeber oder Bürgen getragene Risiko im Verhältnis zu der dafür erhobenen Gebühr als eine wirtschaftlich ernsthafte Gegenleistung anzusehen ist. Außerdem muss der Garantiegeber oder Bürge wirtschaftlich (einkommens- und vermögensmäßig) in der Lage sein, die Garantieverpflichtung zu erfüllen. Alle diese Voraussetzungen sind vom Anleger darzulegen.

Gebühren für die Mietgarantie sind Werbungskosten, wenn tatsächlich ein Mietausfallwagnis besteht. Bei dem üblicherweise vereinbarten Garantiezeitraum von 5 Jahren kann das wirtschaftliche Risiko durch eine Gebühr bis zur Höhe von 4 Monatsmieten als abgedeckt angesehen werden. War das Objekt im Zeitpunkt des Vertragsabschlusses bereits vermietet, muss das Risiko entsprechend geringer bewertet werden; es ist regelmäßig mit einer Gebühr in Höhe von bis zu 2 Monatsmieten angemessen abgegolten. Soweit höhere Gebühren vereinbart und gezahlt worden sind, stellen diese anteilig Anschaffungskosten des Grund und Bodens und des Gebäudes oder der Eigentumswohnung dar.

– Gebühren im Zusammenhang mit der Endfinanzierung

Geldbeschaffungskosten, Bürgschafts- und Garantiegebühren für die Endfinanzierung sind unter den Voraussetzungen der RdNr. 17 2. Absatz sowie der RdNr. 22 und RdNr. 27 als Werbungskosten abzuziehen. Die RdNr. 22 und RdNr. 27 sind für die Bestimmung der Höhe des abziehbaren Betrags entsprechend anzuwenden. **18**

– Vergütungen an Steuer- und Rechtsberater

Beratungskosten im Zusammenhang mit der Anschaffung des Grund und Bodens oder der Errichtung oder Modernisierung des Gebäudes oder der Eigentumswohnung sind den jeweiligen Anschaffungskosten zuzurechnen. Soweit auch der Erwerber eines bebauten Grundstücks außerhalb eines Gesamtobjekts die Gebühren sofort als Werbungskosten abziehen könnte, können sie, insbesondere, soweit die Leistungen den Zeitraum nach Bezugsfertigkeit betreffen (z. B. Abgabe von Feststellungserklärungen, Rechtsbehelfsverfahren), als Werbungskosten berücksichtigt werden. Ist der Steuer- und Rechtsberater zugleich Vermittler, Initiator oder Treuhänder, ist bei vereinbarter gesonderter Berechnung der Gebühren zu prüfen, ob die Gebühren dem jeweiligen Leistungsumfang angemessen sind. Ist für die Vermittler-, Initiatoren- oder Treuhandtätigkeit und die Steuer- und Rechtsberatungstätigkeit ein Gesamthonorar vereinbart, gehören die Gebühren zu den Anschaffungskosten. Das gilt auch, wenn ein pauschales Steuer- und Rechtsberatungshonorar, das die Zeit vor und nach Bezugsfertigkeit umfasst, vereinbart worden ist und die Tätigkeit vor Bezugsfertigkeit mit der Anschaffung des bebauten Grundstücks wirtschaftlich zusammenhängt. **19**

– Beiträge zu Sach- und Haftpflichtversicherungen

Beiträge zu den Sach- und Haftpflichtversicherungen für während der Bauzeit eintretende Schäden sind Werbungskosten, soweit sie der Erwerber als Versicherungsnehmer gezahlt hat. **20**

c) Rechtliche Einordnung der vom Bauherrn aufzubringenden Kosten

Die Kosten, die der Bauherr im Zusammenhang mit der Errichtung des Gebäudes oder der Eigentumswohnung aufzubringen hat, können Anschaffungskosten des Grund und Bodens und – bei Beitritt nach Baubeginn – des bereits erstellten Teils des Gebäudes oder der Eigentumswohnung, Herstellungskosten des Gebäudes oder der Eigentumswohnung oder sofort abziehbare Werbungskosten sein. Zu den nachstehenden Aufwendungen gilt Folgendes: **21**

– Gebühren für die Vermittlung und die damit verbundene Bearbeitung der Zwischen- und Endfinanzierung

Diese Geldbeschaffungskosten sind in Höhe der marktüblichen Konditionen als Werbungskosten abziehbar. Erfahrungsgemäß betragen sie insgesamt 2 v. H. des jeweils vermittelten Darlehens. Der darüber hinausgehende Teil ist den Herstellungskosten des Gebäudes oder der Eigentumswohnung und den Anschaffungskosten anteilig hinzuzurechnen. Hat der Bauherr derartige Gebühren gezahlt, obwohl er die Finanzierung selbst beschafft, sind diese in vollem Umfang auf die Herstellungskosten des Gebäudes oder der Eigentumswohnung und die Anschaffungskosten aufzuteilen. **22**

– Gebühren für die Vermittlung des Objekts oder Eigenkapitals und des Treuhandauftrags, Abschlussgebühren, Courtage, Agio, Beratungs- und Bearbeitungsgebühren sowie Platzierungsgarantiegebühren

Diese Kosten sollen Leistungen des Anlageberaters an den Bauherrn abgelten. Sie sind auf die Erlangung des Bauobjekts gerichtet und gehören deshalb anteilig zu den Herstellungskosten des Gebäudes oder der **23**

Anlage § 021–05

Zu § 21 EStG

Eigentumswohnung und zu den Anschaffungskosten (vgl. BFH-Urteil vom 13. Oktober 1983, BStBl. 1984 II S. 101).

- Kosten für die Ausarbeitung der technischen, wirtschaftlichen und steuerlichen Grundkonzeption, für die Werbung der Bauinteressenten, für die Prospektprüfung und sonstige Vorbereitungskosten

24 Diese Kosten decken regelmäßig Kosten der Initiatoren des Bauvorhabens ab. Werden solche Aufwendungen vom Bauherrn übernommen, gehören sie anteilig zu den Herstellungskosten des Gebäudes oder der Eigentumswohnung und zu den Anschaffungskosten.

- Treuhandgebühren

25 Die Leistungen des Treuhänders betreffen zum Teil die Geldbeschaffung und die spätere Vermietung. Die hierauf entfallenden Teile der Treuhandgebühren können als Werbungskosten abgezogen werden. Zum Teil betreffen die Leistungen des Treuhänders die Anschaffung des Grund und Bodens. Deshalb gehört z. B. das Entgelt für die Mitwirkung beim Abschluss des Grundstückskaufvertrags oder für die Bewirkung der Grundbuchumschreibung bezüglich des Grunderwerbs im Namen des Bauherrn zu den Anschaffungskosten des Grund und Bodens. Zum Teil stehen die Leistungen des Treuhänders mit der Herstellung des Gebäudes oder der Eigentumswohnung im Zusammenhang. Die darauf entfallenden Teile der Treuhandgebühren gehören deshalb zu den Anschaffungs- oder Herstellungskosten des Gebäudes oder der Eigentumswohnung. Hierzu rechnen z. B. Entgeltsanteile für

- die Vergabe der Gebäudeplanung durch den Treuhänder im Namen des Bauherrn,
- die Vertretung des Bauherrn gegenüber Baubehörden,
- die sachliche und zeitliche Koordination aller für die Durchführung des Bauvorhabens erforderlichen Leistungen,
- die Stellung des Antrags auf Baugenehmigung für den Bauherrn oder für die Abgabe der zur Begründung des Wohnungseigentums von den künftigen Eigentümern erforderlichen Erklärungen,
- die Entgegennahme und Verwaltung der Geldmittel,
- die Beaufsichtigung des Baubetreuers.

Erfahrungsgemäß betrifft die Tätigkeit des Treuhänders überwiegend den Herstellungsbereich, während auf den Finanzierungsbereich und den Bereich der späteren Vermietung nur ein geringer Teil seiner gesamten Tätigkeit entfällt. Deshalb kann ein Viertel der Kosten für die Leistungen des Treuhänders, in aller Regel jedoch nicht mehr als 0,5 v. H. der Gesamtaufwendungen den Werbungskosten zugeordnet werden. Nicht zu den Gesamtaufwendungen gehören die in RdNr. 15 und RdNr. 23 genannten Aufwendungen. Der nicht als Werbungskosten anzuerkennende Teil der Treuhandgebühr ist anteilig den Herstellungskosten des Gebäudes oder der Eigentumswohnung und den Anschaffungskosten zuzuordnen.

- Baubetreuungskosten

26 Leistungen im Rahmen der technischen Baubetreuung (z. B. Beschaffung der Baugenehmigung, Erstellen von Leistungsverzeichnissen und Baufristenplänen, Bauaufsicht, Bauabnahme und dergleichen) sind dem Herstellungsbereich zuzuordnen. Im Rahmen der wirtschaftlichen Baubetreuung ist eine Vielzahl von unterschiedlichen Leistungen zu erbringen. Auch hierbei ist stets zu prüfen, ob die Aufwendungen des Bauherrn zu den Herstellungskosten des Gebäudes oder der Eigentumswohnung, den Anschaffungskosten oder den sofort abziehbaren Werbungskosten gehören. Anschaffungskosten des Grund und Bodens sind z. B. Kosten für die Regelung der eigentums- und bauplanungsrechtlichen Verhältnisse am Grundstück, z. B. betreffend Abtretung von Straßenland, Vorbereitung und Abschluss von Erschließungs- und Versorgungsverträgen sowie für Maßnahmen bei Vermessung und Erschließung des Grundstücks. Im Wesentlichen betreffen die Leistungen die Herstellung des Gebäudes oder der Eigentumswohnung.

Zu den Herstellungskosten gehören z. B. Entgeltsanteile für

- die Vertretung des Bauherren gegenüber Baubehörden, den an der Baudurchführung beteiligten Architekten, Ingenieuren und bauausführenden Unternehmen,
- Vorbereitung und Abschluss der mit der technischen Abwicklung des Bauprojekts zusammenhängenden Verträge,
- die Aufstellung eines Geldbedarfs- und Zahlungsplans in Koordination mit dem Baufristenplan,
- die Führung eines Baugeld-Sonderkontos für den Bauherrn,
- die Vornahme des gesamten das Bauprojekt betreffenden Zahlungsverkehrs,
- die laufende Unterrichtung des Treuhänders,
- die Übersendung von Auszügen des Baukontos,

- die Erstellung der Schlussabrechnung und die Erteilung der dazu erforderlichen Informationen an den Treuhänder,

- die sachliche und zeitliche Koordination aller für die Durchführung des Bauvorhabens erforderlichen Leistungen,

- eine Wirtschaftlichkeitsberechnung, die zur Beurteilung der Wirtschaftlichkeit des Herstellungsvorgangs für den Bauherrn erstellt worden ist.

Zu den sofort abziehbaren Werbungskosten gehören z. B. Entgeltsanteile für

- eine Wirtschaftlichkeitsberechnung, die Finanzierungszwecken des Bauherrn zu dienen bestimmt ist,
- Leistungen, die den Vermietungsbereich betreffen,
- Leistungen, die den Betreuungsbereich nach Fertigstellung des Objekts (z. B. Abschluss von Wartungsverträgen) betreffen.

Nach allgemeiner Erfahrung können den Werbungskosten ein Achtel der Gebühren für die wirtschaftliche Betreuung, in aller Regel jedoch nicht mehr als 0,5 v. H. des Gesamtaufwands genannten Aufwendungen zugeordnet werden. Nicht zu den Gesamtaufwendungen gehören die in den RdNr. 15 und RdNr. 23 genannten Aufwendungen. Der nicht als Werbungskosten anzuerkennende Teil der Gebühren für die wirtschaftliche Baubetreuung ist anteilig den Herstellungskosten des Gebäudes oder der Eigentumswohnung und den Anschaffungskosten zuzuordnen.

- Bürgschaftsgebühren für die Zwischen- und Endfinanzierung, Ausbietungsgarantie

Neben den Voraussetzungen der RdNr. 17 2. Absatz ist eine weitere vom Anleger darzulegende Voraussetzung für die Anerkennung der im Zusammenhang mit der Finanzierung stehenden Gebühren, dass die selbstschuldnerische Garantie oder Bürgschaft vom Darlehensgläubiger nachweislich gefordert und bei diesem auch hinterlegt worden ist. Gebühren für die Übernahme von Bürgschaftsverpflichtungen gegenüber dem Kreditgeber zur Sicherstellung der Zwischenfinanzierung können unabhängig von der Zahl der Bürgen in Höhe einer banküblichen Avalprovision (insgesamt 2 v. H. jährlich des verbürgten und zugesagten Betrags) den Werbungskosten zugerechnet werden. Mit Rücksicht auf die übrigen bestehenden Sicherungen können Gebühren für die Übernahme der Bürgschaft für die Endfinanzierung und der Ausbietungsgarantie einmalig, d. h. für den gesamten Zeitraum und unabhängig von der Zahl der Bürgen und Garantiegeber, in Höhe von insgesamt 0,5 v. H. der in Anspruch genommenen Darlehensmittel den Werbungskosten zugerechnet werden. Der nicht als Werbungskosten anzuerkennende Teil dieser Gebühren ist anteilig den Herstellungskosten des Gebäudes oder der Eigentumswohnung und den Anschaffungskosten zuzuordnen. 27

- Gebühren für die Preissteigerungs-, Kosten-, Vertragsdurchführungs-(Fertigstellungs-)Garantie

Vergütungen für die Übernahme solcher Garantien gegenüber dem Bauherrn sind keine sofort abziehbaren Werbungskosten. Sie sind grundsätzlich den Herstellungskosten des Gebäudes oder der Eigentumswohnung zuzurechnen. Gebühren für die Vertragsdurchführungsgarantie gehören in den Fällen, in denen die Garantie z. B. auf die Werbung von Bauinteressenten gerichtet ist, anteilig zu den Herstellungskosten des Gebäudes oder der Eigentumswohnung und den Anschaffungskosten. Bezieht sich bei der Herstellung von Eigentumswohnungen die Garantie auf die Finanzierung des gesamten Bauvorhabens, handelt es sich in der Regel um eine Vertragsdurchführungsgarantie, so dass die Kosten hierfür anteilig zu den Herstellungskosten des Gebäudes oder der Eigentumswohnung und den Anschaffungskosten gehören. 28

Als Werbungskosten kommen darüber hinaus Aufwendungen in Betracht ,die nach den Grundsätzen der RdNr. 12 bis 20 sofort abziehbar sind. Soweit Gebühren im Sinne von RdNr. 17 bis RdNr. 19 nicht als Werbungskosten anerkannt werden können, gehören die Kosten anteilig zu den Herstellungskosten des Gebäudes oder der Eigentumswohnung und den Anschaffungskosten. 29

2. Anwendung der Grundsätze bei anderen Wirtschaftsgütern

Die vorstehenden Grundsätze gelten entsprechend, wenn Gegenstand des Gesamtobjekts oder des vergleichbaren Modells mit nur einem Kapitalanleger nicht eine Immobilie, sondern ein anderes Wirtschaftsgut ist. 30

Anlage § 021–05

Zu § 21 EStG

II. Geschlossene Fonds [1]

31 Die nachstehenden Regelungen gelten im Grundsatz für alle Fonds. Die ertragsteuerliche Behandlung von Film- und Fernsehfonds richtet sich im Einzelnen nach den BMF-Schreiben vom 23. Februar 2001 (BStBl. I S.175) und vom 5. August 2003 (BStBl. I S 406). [2]

I. Einkunftserzielung

32 Erfüllt ein geschlossener Fonds in der Rechtsform der Personengesellschaft in der gesellschaftsrechtlichen Verbundenheit seiner Gesellschafter den Tatbestand der Einkunftserzielung, ist auf der Ebene der Gesellschaft zu entscheiden, ob Aufwendungen, die die Gesellschaft trägt, Herstellungskosten, Anschaffungskosten, Betriebsausgaben oder Werbungskosten sind. Der auf der Ebene der Gesellschaft ermittelte Überschuss der Einnahmen über die Werbungskosten oder der Gewinn ist den einzelnen Gesellschaftern zuzurechnen (vgl. BFH-Beschluss vom 19. August 1986, BStBl. 1987 II S. 212 m. w. N.).

2. Erwerbereigenschaft eines Fonds auf Grund fehlender wesentlicher Einflussnahmemöglichkeiten

33 Ein geschlossener Fonds ist nach den Grundsätzen der BFH-Urteile zur ertragsteuerlichen Behandlung der Eigenkapitalvermittlungsprovision und anderer Gebühren vom 8. Mai 2001 (BStBl. II S. 720) und vom 28. Juni 2001 (BStBl. II S. 717) immer dann als Erwerber anzusehen, wenn der Initiator der Gesellschaft ein einheitliches Vertragswerk vorgibt und die Gesellschafter in ihrer gesellschaftsrechtlichen Verbundenheit keine Möglichkeit besitzen, hierauf Einfluss zu nehmen.

34 Für die Herstellereigenschaft ist es wegen der besonderen Konzeption geschlossener Fonds bei gewerblichen Fonds erforderlich, dass die Mitwirkungsrechte der Gesellschafter über die zur Anerkennung der Mitunternehmereigenschaft nach § 15 Abs. 1 Satz 1 Nr. 2 EStG geforderte Initiative hinausgehen; auch bei vermögensverwaltenden Fonds müssen die Mitwirkungsrechte weiter gehen als die einem Kommanditisten nach dem HGB zustehenden Rechte. Wesentliche Einflussnahmemöglichkeiten entstehen nicht bereits dadurch, dass der Initiator als Gesellschafter oder Geschäftsführer für den Fond gehandelt hat oder handelt. Die Einflussnahmemöglichkeiten müssen den Gesellschaftern selbst gegeben sein, die sie innerhalb des Fonds im Rahmen der gesellschaftsrechtlichen Verbundenheit ausüben. Eine Vertretung durch bereits konzeptionell vorbestimmte Dritte (z. B. Treuhänder, Beiräte) reicht nicht aus. Einem von den Gesellschaftern selbst aus ihrer Mitte bestimmten Beirat oder einem vergleichbaren Gremium dürfen weder der Initiator noch Personen aus dessen Umfeld angehören. Über die Einrichtung und Zusammensetzung eines Beirats dürfen allein die Gesellschafter frühestens zu einem Zeitpunkt entscheiden, in dem mindestens 50 v. H. des prospektierten Kapitals eingezahlt sind.

35 Eine ausreichende Einflussnahmemöglichkeit ist gegeben, wenn der Fonds rechtlich und tatsächlich in der Lage ist, wesentliche Teile des Konzepts zu verändern. Das kann auch dann bejaht werden, wenn Entscheidungsalternativen für die wesentlichen Konzeptbestandteile angeboten werden. Allein die Zustimmung zu den vom Initiator vorgelegten Konzepten oder Vertragsentwürfen bedeutet keine ausreichende Einflussnahme. Die Gesellschafter müssen vielmehr über die wesentlichen Vertragsgestaltungen und deren Umsetzung tatsächlich selbst bestimmen können.

36 Die Einflussnahmemöglichkeiten dürfen auch faktisch nicht ausgeschlossen sein.

37 Die Umsetzung der wesentlichen Konzeptbestandteile und Abweichungen hiervon sind durch geeignete Unterlagen vollständig zu dokumentieren.

3. Rechtliche Einordnung der von einem Fonds ohne wesentliche Einflussnahmemöglichkeiten der Anleger aufzubringenden Kosten

a) Anschaffungskosten

38 Zu den Anschaffungskosten des Fonds gehören grundsätzlich alle Aufwendungen, die im wirtschaftlichen Zusammenhang mit der Abwicklung des Projekts in der Investitionsphase anfallen. RdNr. 9 gilt entsprechend. Ohne Bedeutung ist in diesem Zusammenhang, ob diese Aufwendungen von dem Gesellschafter unmittelbar geleistet werden oder ob ein Teil seiner Einlage mit oder ohne sein Wissen für diese Zahlungen verwendet wird. Unbeachtlich ist weiterhin, ob diese Aufwendungen an den Initiator des Projektes oder an Dritte gezahlt werden. Zu den Anschaffungskosten gehören darüber hinaus stets Haftungs- und Geschäftsführungsvergütungen für Komplementäre, Geschäftsführungsvergütungen bei

---

1) Siehe auch BFH-Urteil vom 14.4.2011 (BStBl. II S. 706):
Aufwendungen eines in der Rechtsform einer GmbH & Co. KG geführten Windkraftfonds für die Platzierungsgarantie, für die Prospekterstellung und Prospektprüfung, für die Koordinierung/Baubetreuung und für die Eigenkapitalvermittlung sind in der Steuerbilanz der KG in voller Höhe als Anschaffungskosten zu behandeln, wenn sich die Kommanditisten aufgrund eines vom Projektanbieter vorformulierten Vertragswerks an dem Fonds beteiligten.

2) Siehe Anlage § 005-20.

schuldrechtlichem Leistungsaustausch und Vergütungen für Treuhandkommanditisten, soweit sie auf die Investitionsphase entfallen.

b) Betriebsausgaben oder Werbungskosten

Aufwendungen, die nicht auf den Erwerb des ggf. sanierten oder modernisierten Wirtschaftsguts gerichtet sind und die auch der (Einzel-)Erwerber außerhalb einer Fondsgestaltung als Betriebsausgaben oder Werbungskosten abziehen könnte, sind nicht den Anschaffungskosten des Objekts zuzurechnen. 39

Für den Abzug von Betriebsausgaben oder Werbungskosten gelten RdNrn. 5 bis 7 und 11 bis 20 entsprechend. Die in RdNr. 11 (letzter Gliederungspunkt) aufgeführte rechtliche und tatsächliche Abwahlmöglichkeit der Leistung muss den Anlegern in ihrer gesellschaftsrechtlichen Verbundenheit gegeben sein. 40

4. Rechtliche Einordnung der von einem Fonds mit wesentlichen Einflussnahmemöglichkeiten der Anleger aufzubringenden Kosten

Haben die Anleger eines geschlossenen Fonds wesentliche Einflussnahmemöglichkeiten im Sinne der RdNr. 33 bis 73, richtet sich die Abgrenzung zwischen Erwerber- und Herstellereigenschaft nach den allgemeinen Grundsätzen zu § 6 Abs. 1 Nr. 1 EStG. 41

a) Herstellungs-, Modernisierungs- oder Sanierungsfonds

Für die Abgrenzung der Anschaffungskosten, Herstellungskosten und sofort abziehbaren Werbungskosten sowie Betriebsausgaben bei einem Fonds, der ein Wirtschaftsgut herstellt oder modernisiert sowie saniert, gelten die Ausführungen in RdNr. 5 bis 7 sowie 21 bis 29 entsprechend. In Fällen der Instandsetzung und Modernisierung von Gebäuden gilt zusätzlich das BMF-Schreiben vom 18. Juli 2003, BStBl. I S. 386.[1)] Ferner können insbesondere folgende Aufwendungen sofort abziehbare Werbungskosten sein: 42

aa) Eigenkapitalvermittlungsprovisionen[2)3)]

Provisionen, die die Fondsgesellschaft für die Vermittlung des Eintritts von Gesellschaftern zählt, sind in der Regel Betriebsausgaben oder Werbungskosten (BFH-Urteil vom 24. Juli 1987, BStBl. II S. 810). Bemessungsgrundlage ist das jeweils vermittelte Eigenkapital. Hierzu gehören neben der Einlage des Gesellschafters auch ein an die Gesellschaft zu leistendes Agio sowie ein Gesellschafterdarlehen, wenn es eigenkapitalähnlichen Charakter hat. Das ist grundsätzlich der Fall, wenn das Darlehen derselben zeitlichen Bindung wie die Gesellschaftereinlage unterliegt und zur Erreichung des Gesellschaftszwecks notwendig ist. Ist bei Refinanzierung der Einlage oder des Gesellschafterdarlehens das Refinanzierungsdarlehen durch Gesellschaftsvermögen gesichert, gehören die Beträge nur zum Eigenkapital, soweit das Refinanzierungsdarlehen gleichzeitig durch Vermögen des Gesellschafters tatsächlich gesichert ist. Provisionen von bis zu insgesamt höchsten 6 v. H. des vermittelten Eigenkapitals können den Betriebsausgaben oder Werbungskosten zugerechnet werden. Damit sind sämtliche Vertriebsleistungen Dritter, die auf die Werbung von Gesellschaftern gerichtet und nicht den Anschaffungs- oder Herstellungskosten zuzurechnen sind, abgegolten. Hierzu gehören insbesondere die Aufwendungen für die Prospekterstellung, Prospektprüfung und Übernahme der Prospekthaftung, für den Außenvertrieb, für Werbung und für Marketing. Der nicht als Betriebsausgaben oder Werbungskosten anzuerkennende Teil der Eigenkapitalvermittlungsprovision ist gegebenenfalls anteilig den Anschaffungs- oder Herstellungskosten des Objekts zuzuordnen. 43

bb) Haftungs- und Geschäftsführungsvergütungen für Komplementäre

Vergütungen, die der Komplementär für die Übernahme der Haftung oder Geschäftsführung aufgrund gesellschaftsrechtlich wirksamer Vereinbarung erhält, mindern, soweit sie nicht unangemessen sind, die Ergebnisanteile der übrigen Gesellschafter (vgl. BFH-Urteil vom 7. April 1987, BStBl. II 707). Die Haftungsvergütungen können wie Bürgschaftsgebühren entsprechend RdNr. 27 behandelt werden, soweit die dort genannten Höchstbeträge noch nicht ausgeschöpft sind. Wegen der steuerlichen Behandlung der Geschäftsführungsvergütung vgl. RdNr. 45. 44

---

1) Siehe Anlage § 021-01.
2) Zur Behandlung von Sondererstattungen des Kapitalvertriebs an Anleger geschlossene Fonds vgl. Erlass Berlin vom 28.3.2003 (DStR 2003 S. 1298).
3) Siehe auch BFH-Urteil vom 14.4.2011 (BStBl. II S. 706):
   Aufwendungen eines in der Rechtsform einer GmbH & Co. KG geführten Windkraftfonds für die Platzierungsgarantie, für die Prospekterstellung und Prospektprüfung, für die Koordinierung/Baubetreuung und für die Eigenkapitalvermittlung sind in der Steuerbilanz der KG in voller Höhe als Anschaffungskosten zu behandeln, wenn sich die Kommanditisten aufgrund eines vom Projektanbieter vorformulierten Vertragswerks an dem Fonds beteiligten.

Anlage § 021–05

Zu § 21 EStG

cc) Geschäftsführungsvergütungen bei schuldrechtlichem Leistungsaustausch

45 Vergütungen, die ein Gesellschafter für die Übernahme der Geschäftsführung erhält, können wie entsprechende Leistungen an einen Nichtgesellschafter auf einem schuldrechtlichen Leistungsaustausch beruhen (zur Abgrenzung vgl. BFH, Urteil vom 13. Oktober 1998, BStBl. 1999 II S. 284, und Urteil vom 23. Januar 2001, BStBl. II S. 621) In diesem Fall kommt ein Betriebsausgaben- oder Werbungskostenabzug auf der Gesellschaftsebene in Betracht. Die Geschäftsführung während der Investitionsphase betrifft im wesentlichen die Tätigkeiten i. S. der RdNr. 25 und 26. Hierzu zählen z. B. auch die „Verwaltung" der Gesellschaft, die Mittelverwaltung und die „Buchführung", die Unterrichtung der Beteiligten über den Fortgang des Projekts und die Einberufung von Gesellschafterversammlungen (Gesellschafterbetreuung). Diese Tätigkeiten sind untrennbar mit der Erstellung des Fondsobjekts verbunden. Die während der Investitionsphase geleisteten Geschäftsführungsvergütungen einschließlich der auf die Zeit nach Abschluss der Investition entfallenden Beträge sind in dem Verhältnis aufzuteilen, in dem die Geschäftsführungstätigkeit die Baubetreuung und die Treuhandtätigkeit im Sinne der RdNr. 25 und 26 betrifft. Die jeweiligen Anteile sind gegebenenfalls mit weiteren für die Baubetreuung oder Treuhandtätigkeit gezahlten Gebühren zusammenzufassen und nach den Grundsätzen der RdNr. 25 und 26 zu behandeln.

b) Erwerberfonds

46 Für die Abgrenzung der Anschaffungskosten von den sofort abziehbaren Werbungskosten oder Betriebsausgaben bei einem Fonds, der ein fertig gestelltes und nutzungsbereites Wirtschaftsgut erwirbt, gelten die Ausführungen in RdNr. 38 bis 40 entsprechend. Die von der Gesellschaft zu zahlende Eigenkapitalvermittlungsprovision ist nach den Grundsätzen der RdNr. 43 zu behandeln.

c) Konzeptionsgebühren und Platzierungsgarantiegebühren

47 Konzeptionsgebühren und Platzierungsgarantiegebühren gehören nicht zu den Betriebsausgaben oder Werbungskosten (vgl. RdNr. 23 und 24 sowie BFH-Beschluss vom 19. August 1986, a. a. O.).

d) Kosten für die Vertretung der Gesellschafter

48 Vergütungen, die Gesellschafter für die Wahrnehmung ihrer Interessen in der Gesellschaft an Dritte zahlen, sind entsprechend der tatsächlichen Gegenleistung in Anschaffungskosten, Herstellungskosten und sofort abziehbaren Werbungskosten oder Betriebsdausgaben aufzuteilen. Soweit sie den Anschaffungskosten oder Herstellungskosten zuzuordnen sind, sind sie in einer Ergänzungsrechnung zu erfassen oder in einer Ergänzungsbilanz zu aktivieren. Soweit sie sofort abziehbare Werbungskosten oder Betriebsausgaben darstellen, sind sie Sonderwerbungskosten oder Sonderbetriebsausgaben des betreffenden Gesellschafters. Werden diese Kosten gemäß Gesellschafterbeschluss von der Gesellschaft übernommen, ist die Aufteilung auf der Ebene der Gesamthand vorzunehmen.

e) Späterer Beitritt von Gesellschaftern

49 Aufwendungen, die vor dem Beitritt eines Gesellschafters zu einer Fondsgesellschaft rechtlich entstanden und gezahlt worden sind, gehören bei dem Gesellschafter zu den Anschaffungskosten. Rechtlich entstandene Aufwendungen, die nach dem Beitritt eines Gesellschafters von der Gesellschaft gezahlt werden und bei der Ermittlung der Einkünfte auf der Ebene der Gesellschaft den Betriebsausgaben oder Werbungskosten zuzurechnen sind, sind bei dem neu eintretenden Gesellschafter Betriebsausgaben oder Werbungskosten, wenn er mit ihnen belastet wird (vgl. BFH-Beschluss vom 19. August 1986, a. a. O.).

III. Erstmalige Anwendung

50 Dieses Schreiben ist in allen Fällen anzuwenden, in denen ein bestandskräftiger Steuerbescheid noch nicht vorliegt. Soweit die Anwendung der RdNr. 15 und 26 dieses Schreibens zu einem Nachteil gegenüber der bisherigen Verwaltungsauffassung bei der Steuerfestsetzung führt, ist dieses Schreiben erstmals für Darlehensverträge und Baubetreuungsverträge anzuwenden, die nach dem 31. Dezember 2003 abgeschlossen werden. Soweit die Anwendung dieser Grundsätze im Übrigen zu einer Verschärfung der Besteuerung gegenüber der bisher geltenden Verwaltungspraxis führt, sind die Grundsätze nicht anzuwenden, wenn der Außenvertrieb der Fondsanteile vor dem 1. September 2002 begonnen hat und der Steuerpflichtige dem Fonds vor dem 1. Januar 2004 beitritt. Der Außenvertrieb beginnt in dem Zeitpunkt, in dem die Voraussetzungen für die Veräußerung der konkret bestimmbaren Fondsanteile erfüllt sind und die Gesellschaft selbst oder über ein Vertriebsunternehmen mit Außenwirkung an den Markt herangetreten ist.[1]

51 Die BMF-Schreiben vom 31. August 1990 (BStBl. I S. 366), vom 1. März 1995 (BStBl. I S. 167), vom 24. Oktober 2001 (BStBl. I S. 780) und vom 29. November 2002 (BStBl. I S. 1388) werden aufgehoben.

---

[1] Siehe dazu auch RdNr. 41 der Anlage § 021-03.

Zu § 21 EStG

Anlage § 021–06

Verfahren bei der Geltendmachung von negativen Einkünften aus der Beteiligung an Verlustzuweisungsgesellschaften und vergleichbaren Modellen

BdF-Schreiben vom 13. Juli 1992 IV A 5 – S 0361 – 19/92 (BStBl. I S. 404)[1]

Unter Bezugnahme auf das Ergebnis der Erörterungen mit den obersten Finanzbehörden der Länder gilt für die gesonderte Feststellung und zur ertragsteuerlichen Berücksichtigung von negativen Einkünften aus der Beteiligung an Verlustzuweisungsgesellschaften und vergleichbaren Modellen folgendes:

1 Anwendungsbereich

1.1 Die nachstehenden Verfahrensgrundsätze gelten insbesondere für Beteiligungen an Verlustzuweisungsgesellschaften und an Gesamtobjekten i. S. d. § 1 Abs. 1 Satz 1 Nr. 2 und Satz 2 der Verordnung über die gesonderte Feststellung von Besteuerungsgrundlagen nach § 180 Abs. 2 AO (V zu § 180 Abs. 2 AO)[2] sowie für vergleichbare Modelle mit nur einem Kapitalanleger.

1.2 *Verlustzuweisungsgesellschaften*

1.2.1 Es handelt sich hierbei um Personenzusammenschlüsse in gesellschafts- oder gemeinschaftsrechtlicher Form, deren Gegenstand insbesondere die Herstellung oder die Anschaffung eines Anlageobjekts und dessen Nutzungsüberlassung ist und an der eine Beteiligung in der Absicht erworben wird, Verluste aus den Einkunftsarten des § 2 Abs. 1 Nr. 1-3 EStG oder negative Einkünfte i. S. des § 20 Abs. 1 Nr. 4 oder des § 21 EStG zu erzielen. Die Kapitalanleger werden dadurch zum Beitritt zur Verlustzuweisungsgesellschaft bewogen, daß sie auf der Basis eines im voraus gefertigten Konzepts zwecks Erzielung steuerlicher Vorteile – zumindest für eine gewisse Zeit – an den von der Gesellschaft erzielten negativen Einkünften beteiligt werden sollen. Verlustzuweisungsgesellschaften in diesem Sinne sind daher insbesondere sog. gewerbliche Abschreibungsgesellschaften sowie vermögensverwaltende Gesellschaften, wenn von den Initiatoren mit negativen Einkünften geworben wird.

1.2.2 Die im Rahmen einer mit Einkünfteerzielungsabsicht betriebenen Verlustzuweisungsgesellschaft erzielten negativen Einkünfte sind nach § 180 Abs. 1 Nr. 2 Buchstabe a oder Abs. 5 AO gesondert und einheitlich festzustellen. Ist eine Einkünfteerzielungsabsicht nicht anzunehmen, ist ein negativer Feststellungsbescheid nach § 181 Abs. 1 Satz 1 i. V. m. § 155 Abs. 1 Satz 3 AO zu erlassen.

1.3 *Gesamtobjekte*

Es handelt sich hierbei insbesondere um Beteiligungen an Bauherrenmodellen und Erwerbermodellen, einschließlich der Bauträger- und Sanierungsmodelle (vgl. hierzu BFM-Schreiben vom 31. August 1990 – IV B 3 – S 2253a – 49/90 –, BStBl. I S. 3661)[3] und vom 5. Dezember 1990 – IV A 5 – S 0361 – 20/90 –, BStBl. I S. 764). Gesondert und einheitlich festgestellt werden nur die auf den gleichartigen Rechtsbeziehungen und Verhältnissen beruhenden Besteuerungsgrundlagen. Soweit im folgenden die Behandlung von Einkünften geregelt ist, gilt dies für die nach der V zu § 180 Abs. 2 AO festzustellenden Besteuerungsgrundlagen entsprechend.

1.4 *Modelle mit nur einem Kapitalanleger*

Sind die Einkünfte eines vergleichbaren Modells nur einem Steuerpflichtigen zuzurechnen, kommt nur in den Fällen des § 180 Abs. 1 Nr. 2 Buchstabe b AO (Einkünfte aus Land- und Forstwirtschaft, Gewerbebetrieb oder freiberuflicher Tätigkeit) eine gesonderte Feststellung in Betracht. In den übrigen Fällen – insbesondere bei Einkünften aus Vermietung und Verpachtung – obliegt die Ermittlungskompetenz allein dem für den Erlaß des Einkommensteuerbescheides zuständigen Finanzamt.

2 Allgemeines

2.1 Rechtsfragen, die im Zusammenhang mit der Beteiligung an einem Modell i. S. der Tz. 1 gestellt werden, dürfen nur im Rahmen des nachfolgend dargestellten Prüfungs- oder Feststellungsverfahrens beantwortet werden.

2.2 Eine verbindliche Auskunft aufgrund des BMF-Schreibens vom 24. Juni 1987 – IV A 5 – S 0430 – 9/87 – (BStBl. I S. 474) kommt bei diesen Modellen nicht in Betracht.

---

1) Unter Berücksichtigung der Änderungen durch das BdF-Schreiben vom 28.6.1994 (BStBl. I S. 420).
2) Anhang 20.
3) Anlage § 021-05.

Anlage § 021–06 Zu § 21 EStG

2.3 Die Bezeichnung „Betriebsfinanzamt" wird im folgenden zur Kennzeichnung des für die gesonderte Feststellung der Einkünfte zuständigen Finanzamts verwendet.

Die Bezeichnung „Wohnsitzfinanzamt" gilt für jedes Finanzamt, das die Mitteilung über die Einkünfte des Beteiligten auszuwerten hat.

2.4 Die Beteiligten haben bei der Ermittlung des Sachverhaltes, unbeschadet der Untersuchungspflicht der Finanzbehörde, mitzuwirken (§ 90 Abs. 1 AO). Wird die Mitwirkungspflicht verletzt, sind gegebenenfalls die Besteuerungsgrundlagen zu schätzen (§ 162 AO). Bei Auslandsinvestitionen besteht eine gesteigerte Mitwirkungsverpflichtung. Hier haben die Beteiligten Beweisvorsorge zu treffen, unter Ausschöpfung aller bestehenden rechtlichen und tatsächlichen Möglichkeiten selbst den Sachverhalt aufzuklären und Beweismittel nicht nur zu benennen, sondern auch zu beschaffen (§ 90 Abs. 2 AO). Werden diese Pflichten nicht oder nicht ausreichend erfüllt und bleiben deshalb Unklarheiten im Sachverhalt, gehen diese zu Lasten der Beteiligten.

2.5 Bei Gesamtobjekten sind auch die Verfahrensregelungen des BMF-Schreibens vom 5. Dezember 1990 – IV A 5 – S 0361 – 20/90 – (BStBl. I S. 764) zu beachten.

3 Verfahren beim Betriebsfinanzamt

3.1 *Geltendmachung von negativen Einkünften für Zwecke des Vorauszahlungsverfahrens/der Lohnsteuerermäßigung*

3.1.1 Wird beim Betriebsfinanzamt zum Zwecke der Herabsetzung der Vorauszahlungen oder zur Eintragung eines Freibetrags auf der Lohnsteuerkarte der Beteiligten an einem Modell i. S. der Tz. 1 geltend gemacht, daß negative Einkünfte eintreten werden, so ermittelt das Betriebsfinanzamt im Wege der Amtshilfe (§§ 111-115 AO) für die Wohnsitzfinanzämter die Höhe der voraussichtlichen negativen Einkünfte der Beteiligten (Vorprüfung).

3.1.2 Ein Vorprüfungsverfahren findet nicht statt, soweit negative Einkünfte aus Vermietung und Verpachtung bei der Festsetzung der Einkommensteuervorauszahlungen oder im Lohnsteuerermäßigungsverfahren nicht berücksichtigt werden dürfen (§ 37 Abs. 3 Sätze 6 ff. und § 39a Abs. 1 Nr. 5 EStG). Wird gleichwohl ein Antrag i. S. der Tz. 3.1.1 beim Betriebsfinanzamt gestellt, so sind die Wohnsitzfinanzämter hierüber zu unterrichten.

3.1.3 Das Betriebsfinanzamt beginnt mit der Vorprüfung erst, wenn nachgewiesen ist, daß die Planung des Investitionsvorhabens abgeschlossen und durch konkrete Maßnahmen bereits mit ihrer Umsetzung begonnen worden ist (z. B. Beginn der Bau- oder Herstellungsmaßnahmen).

Bei Verlustzuweisungsgesellschaften (Tz. 1.2) ist zusätzlich Voraussetzung, daß mindestens 75 v. H. des von den Beteiligten selbst aufzubringenden Kapitals rechtsverbindlich gezeichnet sind; der Beitritt eines Treuhänders für noch zu werbende Treugeber reicht nicht aus.

3.1.4 Weitere Voraussetzung ist, daß sämtliche Unterlagen vorgelegt werden, die für die Beurteilung der geltend gemachten voraussichtlichen negativen Einkünfte dem Grunde und der Höhe nach sowie hinsichtlich ihrer Ausgleichsfähigkeit erforderlich sind. In einer Fremdsprache abgefaßte Verträge und Unterlagen sind ggf. in beglaubigter deutscher Übersetzung vorzulegen (vgl. § 87 AO).

3.1.5 Zu diesen Unterlagen gehören insbesondere

a) Prospekte, Objektbeschreibungen und Unterlagen für den Vertrieb (z. B. Baubeschreibungen, Musterverträge);

b) alle von den Projektanbietern und sonstigen Personen abgeschlossenen Verträge mit den Beteiligten (z. B. Beitrittserklärungen und Nebenabreden über Zahlungen), mit den an der Planung und Ausführung des Investitionsobjekts beteiligten Unternehmen, mit den in die Finanzierung eingeschalteten Firmen und ggf. mit den Personen, die das Investitionsobjekt nutzen;

c) = ein spezifizierter Finanzierungsplan (mit Kreditzusagen und Kreditverträgen) über den Gesamtfinanzierungsaufwand und den voraussichtlichen Einsatz der Finanzierungsmittel (Objektkalkulation);

d) Angaben über den Projektstand (z. B. Baugenehmigung, Baubeginnanzeige, Baufortschrittsanzeige, Teilungserklärung);

e) eine voraussichtliche Gewinn- und Verlustrechnung/Einnahmen-Überschußrechnung, aus der sich die Betriebsausgaben/Werbungskosten im einzelnen ergeben, bzw. bei Gesamtobjekten (Tz. 1.3) eine entsprechende Aufstellung über die voraussichtlichen Besteuerungsgrundlagen aus den gleichgelagerten Sachverhalten;

Zu § 21 EStG

f) eine Darstellung des angestrebten Totalgewinns/-überschusses;
g) ein Verzeichnis der Beteiligten mit Anschrift, Angabe des zuständigen Finanzamtes und der Steuernummer.

Die Antragsteller haben schriftlich zu versichern, daß die Unterlagen vollständig sind und daneben keine weiteren Vereinbarungen getroffen worden sind.

3.1.6 Das Betriebsfinanzamt kann von den Projektanbietern, der Verlustzuweisungsgesellschaft, den Verfahrensbeteiligten i. S. der V zu § 180 Abs. 2 AO oder sonstigen Personen (ggf. auf der Grundlage des § 93 AO) auch Erklärungen verlangen, wonach bestimmte Veträge nicht abgeschlossen oder bestimmte Unterlagen nicht vorhanden sind (Negativ-Erklärungen).

3.1.7 Soweit es sich bei den Projektanbietern und den von ihnen zur Ausführung oder Finanzierung des Investitionsvorhabens sowie zur Nutzung des Investitionsobjekts beauftragten Unternehmen um nahestehende Personen i. S. des § 1 Abs. 2 AStG handelt, sind diese Beziehungen bekanntzugeben.

3.1.8 Innerhalb eines Zeitraums von sechs Monaten nach Vorlage aller erforderlichen prüfungsfähigen Unterlagen (Tzn. 3.1.3–3.1.7) sollen die Vorprüfung der geltend gemachten negativen Einkünfte vorgenommen und das Ergebnis den Wohnsitzfinanzämtern mitgeteilt werden. Hierbei ist auch mitzuteilen, ob eine gesonderte und einheitliche Feststellung nach § 180 Abs. 1 Nr. 2 Buchstabe a AO oder nach § 1 Abs. 1 Satz 1 Nr. 2 und Satz 2 V zu § 180 Abs. 2 AO durchgeführt wird. Sind Sachverhalte vor Ort zu ermitteln, soll das Betriebsfinanzamt einen Betriebsprüfer hiermit beauftragen, sobald alle erforderlichen Unterlagen vorliegen.

3.1.9 Werden die geltend gemachten negativen Einkünfte ganz oder teilweise nicht anerkannt, so soll die Mitteilung eine für das Wohnsitzfinanzamt in einem etwaigen Rechtsbehelfsverfahren verwertbare Begründung und eine Aussage darüber enthalten, ob und ggf. in welcher Höhe eine Aussetzung der Vollziehung in Betracht kommt. Die Entscheidung über einen Antrag auf Aussetzung der Vollziehung obliegt dem Wohnsitzfinanzamt.

3.1.10 Kann eine Vorprüfung nicht innerhalb von sechs Monaten nach Vorlage sämtlicher Unterlagen (Tzn. 3.1.3–3.1.7) abgeschlossen werden und liegen auch die Voraussetzungen der Tz. 3.1.12 nicht vor, teilt das Betriebsfinanzamt den Wohnsitzfinanzämtern nach Ablauf dieser Frist mit, ob und in welchem Umfang nach dem gegenwärtigen Stand der Prüfung die geltend gemachten negativen Einkünfte anerkannt werden können. Die Mitteilung soll eine in Rechtsbehelfsverfahren verwertbare Begründung enthalten (= begründeter Schätzungsvorschlag).

3.1.11 Eingehende Anfragen der Wohnsitzfinanzämter (Tz. 4.1.1) sind vom Betriebsfinanzamt unverzüglich nach dem gegenwärtigen Verfahrensstand zu beantworten. Hierbei ist der Ablauf der Sechsmonatsfrist mitzuteilen sowie anzugeben, ob die prüfungsfähigen Unterlagen vorliegen. Hierbei ist auch mitzuteilen, ob eine gesonderte und einheitliche Feststellung nach § 180 Abs. 1 Nr. 2 Buchstabe a AO oder nach § 1 Abs. 1 Satz 1 Nr. 2 und Satz 2 V zu § 180 Abs. 2 AO durchgeführt wird.

3.1.12 Das Betriebsfinanzamt kann auf die Vorprüfung verzichten und dem Wohnsitzfinanzamt die Höhe der voraussichtlichen negativen Einkünfte des Steuerpflichtigen mitteilen, wenn es keine ernstlichen Zweifel hinsichtlich der Entstehung und der Höhe der geltend gemachten negativen Einkünfte hat, weil es sich
a) um ein Projekt handelt, das tatsächlicher und rechtlicher Hinsicht mit vom Betriebsfinanzamt bereits überprüften anderen Projekten derselben Projektanbieter vergleichbar ist und die negativen Einkünfte ohne wesentlichen Beanstandung anerkannt worden sind, oder
b) um negative Einkünfte aus einem Projekt handelt, für das bereits für Vorjahre negative Einkünfte überprüft und ohne wesentliche Beanstandung anerkannt worden sind.

3.2 *Gesonderte Feststellung der negativen Einkünfte durch das Betriebsfinanzamt*

3.2.1 Das Betriebsfinanzamt soll die gesonderte Feststellung der Einkünfte bei Modellen i. S. der Tz. 1 beschleunigt durchführen.

3.2.2 Im Rahmen der Feststellungserklärung sind grundsätzlich die gleichen Angaben zu machen und die gleichen Unterlagen vorzulegen wie im Vorauszahlungsverfahren (vgl. Tzn. 3.1.4–3.1.7). Soweit einzelne nach der Konzeption vorgesehene Verträge noch nicht abgeschlossen sind oder bestimmte Angaben nicht oder noch nicht gemacht werden können, ist hierauf besonders hinzuweisen.

3.2.3 Die Fristen für die Abgabe der Erklärungen zur gesonderten Feststellung der Einkünfte sind in der Regel nicht zu verlängern.

Anlage § 021–06

Zu § 21 EStG

3.2.4 Wird die Erklärung trotz Erinnerung nicht abgegeben oder werden die nach den Tzn. 3.1.3–3.1.7 vorzulegenden Unterlagen und Angaben trotz ergänzender Rückfragen nicht eingereicht, sollen die negativen Einkünfte im Feststellungsverfahren geschätzt werden (ggf. auf 0,– DM). Gleiches gilt bei Auslandssachverhalten, wenn die Beteiligten ihrer erhöhten Mitwirkungspflicht nicht nachkommen (vgl. Tz. 2.4).

3.2.5 Für die Bearbeitung und Prüfung vorliegender Feststellungserklärungen und für die Beantwortung von Anfragen der Wohnsitzfinanzämter gelten die für das Vorprüfungsverfahren getroffenen Regelungen (vgl. Tzn. 3.1.8 und 3.1.10 bis 3.1.12) entsprechend. Ist innerhalb der Sechsmonatsfrist eine abschließende Überprüfung des Sachverhalts nicht möglich, kann aufgrund einer vorläufigen Beurteilung ein unter dem Vorbehalt der Nachprüfung (§ 164 AO) stehender Feststellungsbescheid erlassen werden. Unsicherheiten bei der Ermittlung der festzustellenden Einkünfte, die die Beteiligten (z. B. wegen ausstehender Unterlagen oder Angaben i. S. der Tzn. 3.1.3–3.1.7) zu vertreten haben, sind zu deren Lasten bei der vorläufigen Beurteilung zu berücksichtigen. Die abschließende Prüfung der festzustellenden Einkünfte ist rechtzeitig vor Eintritt der Feststellungsverjährung nachzuholen.

3.2.6 Bei Feststellungen nach der V zu § 180 Abs. 2 AO ist der sachliche und zeitliche Umfang der Feststellung im Feststellungsbescheid und in der Feststellungsmitteilung zu erläutern (vgl. BMF-Schreiben vom 5. Dezember 1990 – IV A 5 – S 0361 – 20/90 –, BStBl. I S. 764). Wird eine gesonderte Feststellung abgelehnt, kann das Betriebsfinanzamt im Wege der Amtshilfe Ermittlungen für das Wohnsitzfinanzamt vornehmen.

3.2.7 Ist bei einer Verlustzuweisungsgesellschaft keine Einkünfteerzielungsabsicht anzunehmen, dürfen negative Einkünfte nicht gesondert und einheitlich festgestellt werden (vgl. Tz. 1.2.2). Beantragen die Beteiligten oder die Gesellschaft die Durchführung einer Vorprüfung, ist dies abzulehnen. Wird eine gesonderte und einheitliche Feststellung beantragt, ist ein negativer Feststellungsbescheid zu erlassen. Die Wohnsitzfinanzämter sind hierüber zu unterrichten.

3.2.8 Sind bei Modellen mit nur einem Kapitalanleger (Tz. 1.4) die Voraussetzungen für eine gesonderte Feststellung nach § 180 Abs. 1 Nr. 2 Buchstabe b AO nicht erfüllt, kann bei Einkünften aus Vermietung und Verpachtung das Betriebsfinanzamt bei der Festsetzung der Vorauszahlungen und der Jahressteuer zu berücksichtigende Besteuerungsgrundlagen im Wege der Amtshilfe für das Wohnsitzfinanzamt ermitteln. Die Regelungen der Tzn. 3.1 bis 3.2.5 gelten sinngemäß. Die Entscheidungskompetenz hinsichtlich der zu berücksichtigenden Besteuerungsgrundlagen hat allein das Wohnsitzfinanzamt. Als Betriebsfinanzamt gilt hierbei das Finanzamt, von dessen Bezirk die Verwaltung der Einkünfte aus Vermietung und Verpachtung ausgeht.

3.2.9 Hat ein Wohnsitzfinanzamt eine Anfrage an das Betriebsfinanzamt nach Tz. 4.2.1 gerichtet und stellt dieses fest, daß die Voraussetzungen für eine gesonderte Feststellung nach § 180 Abs. 1 Nr. 2 Buchstabe a AO nicht erfüllt sind, so muß das Betriebsfinanzamt einen negativen Feststellungsbescheid erlassen. Gleiches gilt, wenn das Betriebsfinanzamt nach § 4 der V zu § 180 Abs. 2 AO auf die Durchführung eines Feststellungsverfahrens verzichtet. Die Wohnsitzfinanzämter sind hierüber zu unterrichten.

4 Verfahren beim Wohnsitzfinanzamt

4.1 *Geltendmachung von negativen Einkünften für Zwecke des Vorauszahlungsverfahrens/der Lohnsteuerermäßigung*

4.1.1 Beantragt ein Beteiligter unter Hinweis auf seine voraussichtlichen negativen Einkünfte Vorauszahlungen herabzusetzen, hat das Wohnsitzfinanzamt im Rahmen seiner Pflicht zur Ermittlung der voraussichtlichen Jahreseinkommensteuer unverzüglich eine Anfrage an das Betriebsfinanzamt zu richten.

4.1.2 Legt der Beteiligte Unterlagen vor, die den Schluß zulassen, daß das Betriebsfinanzamt noch nicht eingeschaltet ist, so leitet das Wohnsitzfinanzamt eine Ausfertigung dieser Unterlagen mit seiner Anfrage dem Betriebsfinanzamt zu.

4.1.3 Während der dem Betriebsfinanzamt zur Verfügung stehenden Bearbeitungszeit von sechs Monaten (Tz. 3.1.8) soll das Wohnsitzfinanzamt in der Regel von weiteren Rückfragen nach dem Stand der Bearbeitung absehen.

4.1.4 Eine Anfrage an das Betriebsfinanzamt unterbleibt, wenn die Prüfung des Wohnsitzfinanzamts ergibt, daß eine Herabsetzung der Vorauszahlungen oder eine Lohnsteuerermäßigung aus Rechtsgründen nicht in Betracht kommt (vgl. Tz. 3.1.2). Bei der Einkunftsart Vermietung und Verpachtung ist eine Herabsetzung der Vorauszahlungen danach erstmals für Jahre möglich, die dem Jahr der Fertigstellung oder Anschaffung des Objekts folgen. Bei Inanspruchnahme erhöhter Absetzungen nach §§ 14a, 14c oder 14d BerlinFG oder Sonderabschreibungen nach § 4 Fördergebietsgesetz kommt eine Herabsetzung der Vorauszahlungen bereits für das Jahr der Fertigstellung/Anschaffung oder für das Jahr, in dem Teilherstellungskosten/Anzahlungen auf Anschaffungskosten als Bemessungsgrundlage geltend gemacht werden, in Betracht.

4.1.5 Nach Eingang des Antrags auf Herabsetzung der Vorauszahlungen kann das Wohnsitzfinanzamt zwischenzeitlich fällig werdende Vorauszahlungen so lange stunden, bis das Betriebsfinanzamt verwertbare Angaben mitgeteilt hat, längstens jedoch für sechs Monate. Die Stundung kann über diesen Zeitraum hinaus gewährt werden, wenn die Gründe für die Verlängerung nicht von den Beteiligten zu vertreten sind. Die gestundeten Steuerbeträge sind nicht zu verzinsen, soweit der Herabsetzungsantrag Erfolg hat.

4.1.6 Teilt das Betriebsfinanzamt die Höhe der voraussichtlichen negativen Einkünfte mit, so berücksichtigt das Wohnsitzfinanzamt diese Mitteilung bei der Entscheidung über den Antrag auf Herabsetzung der Vorauszahlungen.

4.1.7 Teilt das Betriebsfinanzamt mit, daß ihm die nach Tzn. 3.1.3–3.1.7 erforderlichen Unterlagen und Angaben nicht oder nicht vollständig vorliegen, und hat sie auch der Beteiligte selbst nicht beigebracht, ist der Antrag auf Herabsetzung der Vorauszahlungen abzulehnen. Das gilt auch, wenn die Voraussetzungen der Tz. 3.1.3 nicht vorliegen. § 30 AO steht entsprechenden begründenden Erläuterungen nicht entgegen.

4.1.8 Liegt dem Wohnsitzfinanzamt – entgegen der in Tz. 3.1.10 vorgesehenen Regelungen – nach Ablauf der dem Betriebsfinanzamt eingeräumten Sechsmonatsfrist keine Mitteilung über die Höhe der voraussichtlichen negativen Einkünfte vor und kommt eine Verlängerung der Stundung nach Tz. 4.1.5 nicht in Betracht, entscheidet das Wohnsitzfinanzamt aufgrund überschlägiger Prüfung, in welcher – ggf. geschätzten – Höhe die negativen Einkünfte des Beteiligten als glaubhaft gemacht anzusehen sind (BFH-Beschluß vom 26.10.1978, BStBl. 1979 II S. 46).

4.1.9 Die bei einer Veranlagung berücksichtigten negativen Einkünfte dürfen nicht ungeprüft bei der Festsetzung der Vorauszahlungen für Folgejahre übernommen werden.

4.1.10 Die vorstehenden Grundsätze gelten entsprechend, wenn ein Steuerpflichtiger im Hinblick auf negative Einkünfte aus der Beteiligung an einem Modell i. S. der Tz. 1 die Eintragung eines Freibetrags auf der Lohnsteuerkarte beantragt (§ 39a EStG). Das Wohnsitzfinanzamt kann einen Freibetrag – ggf. in geschätzter Höhe – bereits dann eintragen, wenn die Voraussetzungen vorliegen, unter denen nach Tz. 4.1.5 Vorauszahlungen gestundet werden können. Teilt das Betriebsfinanzamt die Höhe der voraussichtlichen Einkünfte mit, sind nach Maßgabe des § 37 EStG Vorauszahlungen festzusetzen, wenn die negativen Einkünfte aus der Beteiligung bei Bemessung des Freibetrags zu hoch angesetzt worden sind.

4.2 *Veranlagungsverfahren beim Wohnsitzfinanzamt*

4.2.1 Liegt dem Wohnsitzfinanzamt bei der Bearbeitung der Steuererklärung des Beteiligten weder eine Feststellungs-Mitteilung noch eine sonstige – vorläufige – Mitteilung für Veranlagungszwecke vor, ist unverzüglich eine entsprechende Anfrage an das Betriebsfinanzamt zu richten; Tzn. 4.1.1 und 4.1.2 gelten entsprechend.

4.2.2 Teilt das Betriebsfinanzamt mit, daß es die Besteuerungsgrundlagen innerhalb der ihm nach Tz. 3.2.5 eingeräumten Bearbeitungsfrist von 6 Monaten nicht (auch nicht vorläufig) ermitteln kann, oder äußert sich das Betriebsfinanzamt entgegen der in Tz. 3.1.10 und 3.1.11 getroffenen Regelung nach Ablauf dieser Frist nicht, hat das Wohnsitzfinanzamt die Höhe des Anteils an den negativen Einkünften bei der Veranlagung des Beteiligten – ggf. aufgrund einer überschlägigen Überprüfung – selbst zu schätzen (§ 162 Abs. 3 AO). Ein noch ausstehender Grundlagenbescheid hindert den Erlaß eines Folgebescheides nicht (§ 155 Abs. 2 AO). Von dem Beteiligten sind geeignete Unterlagen (z. B. unterschriebene Bilanz, Einnahme-Überschußrechnung, Angaben über das Beteiligungsverhältnis usw.; vgl. Tz. 3.1.5) anzufordern, die es ermöglichen, den erklärten Anteil an den negativen Einkünften dem Grunde und der Höhe nach zu beurteilen.

4.2.3 Veranlagungen mit voraussichtlich hoher Abschlußzahlung sollen nicht wegen noch fehlender Grundlagenbescheide zurückgestellt werden. Die geltend gemachten negativen Einkünfte können – trotz noch ausstehender Mitteilung des Betriebsfinanzamts – in geschätzter Höhe berücksichtigt werden.

4.2.4 Hat das Betriebsfinanzamt bereits im Vorauszahlungsverfahren für denselben Veranlagungszeitraum eine Mitteilung über die Höhe des Anteils an den negativen Einkünften übersandt, soll regelmäßig bei der Schätzung dieser Anteil an den negativen Einkünften angesetzt werden,

Anlage § 021–06

Zu § 21 EStG

höchstens aber die in der Steuererklärung angegebenen negativen Einkünfte. In diesen Fällen kann die Veranlagung auch vor Ablauf der Sechsmonatsfrist durchgeführt werden.

4.2.5 Beruht die zu erwartende gesonderte Feststellung auf § 1 Abs. 1 Satz 1 Nr. 2 und Satz 2 V zu § 180 Abs. 2 AO, ist die Einkommensteuer hinsichtlich der negativen Einkünfte aus der Beteiligung vorläufig festzusetzen (§ 165 AO), damit nach der späteren, ggf. nur einen Teil des Veranlagungszeitraums oder nur einen Teil der negativen Einkünfte betreffenden gesonderten Feststellung auch die durch sie nicht erfaßten Aufwendungen (z. B. Sonderwerbungskosten, als Werbungskosten abziehbare Vorsteuerbeträge) bei der Änderung der Einkommensteuerfestsetzung noch berücksichtigt werden können.

4.2.6 Nach Eingang der Feststellungsmitteilung wertet das Wohnsitzfinanzamt das Ergebnis der gesonderten Feststellung der negativen Einkünfte durch das Betriebsfinanzamt möglichst umgehend aus. Liegt bereits ein Steuerbescheid vor, so kann die Auswertung bei nur geringfügigen steuerlichen Auswirkungen bis zu einer aus anderen Gründen erforderlichen Änderung der Einkommensteuerfestsetzung zurückgestellt werden. Die Anpassung des Folgebescheides muß rechtzeitig vor Eintritt der Festsetzungsverjährung nachgeholt werden.

4.2.7 Hat das Betriebsfinanzamt einen negativen Feststellungsbescheid erlassen (Tzn. 3.2.7 oder 3.2.9), muß das Wohnsitzfinanzamt die betreffenden Einkünfte des Beteiligten selbst ermitteln und diese im Steuerbescheid oder ggf. in einem nach § 175 Abs. 1 Satz 1 Nr. 1 AO zu erlassenden Änderungsbescheid berücksichtigen (BFH-Urteil vom 11. Mai 1993, BStBl. II S. 820). Hat das Betriebsfinanzamt die Durchführung eines Feststellungsverfahrens wegen fehlender Einkünfteerzielungsabsicht abgelehnt, ist dieser Entscheidung auch im Veranlagungsverfahren zu folgen.

4.2.8 Kann bei einem Modell mit nur einem Kapitalanleger (Tz. 1.4) aus formellen Gründen keine gesonderte Feststellung durchgeführt werden und leistet das Betriebsfinanzamt nach Tz. 3.2.8 Amtshilfe, gelten die Regelungen der Tzn. 4.1 bis 4.2.4 sinngemäß. Dabei ist zu beachten, daß der Mitteilung des Betriebsfinanzamts keine Bindungswirkung i. S. des § 171 Abs. 10 und des § 175 Abs. 1 Satz 1 Nr. 1 AO zukommt. Daher ist sicherzustellen, daß Steuerbescheide des Kapitalanlegers vor Abschluß der Ermittlungen des Betriebsfinanzamts unter dem Vorbehalt der Nachprüfung (§ 164 AO) ergehen und die endgültige Überprüfung vor Eintritt der Festsetzungsverjährung und Wegfall des Vorbehalts der Nachprüfung erfolgt.

5 Schlußbestimmung

Dieses Schreiben tritt an die Stelle des BMF-Schreibens vom 14. Mai 1982 – IV A 7 – S 0353 – 9/82 –, BStBl. 1982 I S. 550. Es wird in die AO-Kartei aufgenommen.

Zu § 21 EStG   **Anlage § 021–07**

Abziehbarkeit von zugewendeten Aufwendungen in Fällen des sog. abgekürzten Vertragswegs (Drittaufwand)

– BdF-Schreiben vom 7.7.2008 – IV C 1 – S 2211/07/10007, 2008/0344679 (BStBl. I S. 717) –

Der BFH bestätigt in seinem Urteil vom 15. Januar 2008 – IX R 45/07 – (BStBl. II S. 572) seine Rechtsprechung (vgl. BFH-Urteil vom 15. November 2005 – IX R 25/03 –, BStBl. 2006 II S. 623), nach der Erhaltungsaufwendungen auch dann Werbungskosten des Steuerpflichtigen bei den Einkünften aus Vermietung und Verpachtung sind, wenn sie auf einem von einem Dritten im eigenen Namen, aber im Interesse des Steuerpflichtigen abgeschlossenen Werkvertrag beruhen und der Dritte die geschuldete Zahlung auch selbst leistet.

Unter Bezugnahme auf das Ergebnis der Erörterung mit den obersten Finanzbehörden der Länder sind die Rechtsgrundsätze des Urteils vom 15. Januar 2008 anzuwenden. Entsprechendes gilt für den Betriebsausgabenabzug nach § 4 Abs. 4 EStG.

Bei Kreditverbindlichkeiten und anderen Dauerschuldverhältnissen (z. B. Miet- und Pachtverträge) kommt eine Berücksichtigung der Zahlung unter dem Gesichtspunkt der Abkürzung des Vertragswegs weiterhin nicht in Betracht (vgl. BFH-Urteil vom 24. Februar 2000 – IV R 75/98 – BStBl. II S. 314). Gleiches gilt für Aufwendungen, die Sonderausgaben oder außergewöhnliche Belastungen darstellen.

Das BMF-Schreiben vom 9. August 2006 (BStBl. I S. 492) wird aufgehoben.

Anlage § 021–08

Zu § 21 EStG

Einkommensteuerrechtliche Behandlung des Nießbrauchs und anderer Nutzungsrechte bei Einkünften aus Vermietung und Verpachtung

– BdF-Schreiben vom 30.09.2013 – IV C 1 – S 2253/07/10004, 2013/0822518 (BStBl. I S 1184) –

Inhaltsübersicht

	Rz.
A. Allgemeines	
I. Zurechnung von Einkünften	1
II. Bestellung eines dinglichen Nutzungsrechts zugunsten naher Angehöriger	2 – 5
III. Obligatorische Nutzungsrechte und „fehlgeschlagener" Nießbrauch	6 – 8
IV. Sicherungsnießbrauch	9
B. Zurechnung von Einkünften im Einzelnen	
I. Zugewendete Nutzungsrechte	
1. Zuwendungsnießbrauch	
a) Abgrenzung zwischen entgeltlicher, teilweise entgeltlicher und unentgeltlicher Bestellung	10 – 13
b) Allgemeine Grundsätze	14 – 17
c) Unentgeltlich bestellter Nießbrauch	
aa) Behandlung beim Nießbraucher	18 – 22
bb) Behandlung beim Eigentümer	23 – 25
d) Entgeltlich bestellter Nießbrauch	
aa) Behandlung beim Nießbraucher	26 – 27
aa) Behandlung beim Eigentümer	28 – 30
e) Teilweise entgeltlich bestellter Nießbrauch	31
2. Vermächtnisnießbrauch	32
3. Zugewendetes dingliches Wohnrecht	33 – 34
4. Zugewendetes obligatorisches Nutzungsrecht	
a) Allgemeines	35
b) Behandlung beim Nutzenden	36
c) Behandlung beim Eigentümer	37 – 38
II. Vorbehaltene Nutzungsrechte	
1. Vorbehaltsnießbrauch	
a) Allgemeines	39 – 40
b) Behandlung beim Nießbraucher	41 – 44
c) Behandlung beim Eigentümer	45 – 48
2. Vorbehaltenes dingliches Wohnrecht	49 – 50
3. Vorbehaltenes obligatorisches Nutzungsrecht	
a) Allgemeines	51
b) Behandlung beim Nutzenden	52
c) Behandlung beim Eigentümer	53 – 54
C. Ablösung von Nutzungsrechten	
1. Vorbehaltsnießbrauch	
a) Allgemeines	55
b) Ablösung im Zusammenhang mit einer Vermögensübergabe	
aa) Allgemeines	56
bb) Behandlung beim Eigentümer	57
cc) Behandlung beim Nießbraucher	58
c) Ablösung im Zusammenhang mit sonstigen Vermögensübertragungen	

		Rz.
aa)	Behandlung beim Eigentümer	59
bb)	Behandlung beim Nießbraucher	60

2. Zuwendungsnießbrauch
   a) Unentgeltlicher Zuwendungsnießbrauch   61 – 62
   b) Entgeltlicher Zuwendungsnießbrauch Allgemein   63 – 64
3. Vermächtnisnießbrauch   65
4. Dingliches Wohnrecht   66
5. Obligatorisches Nutzungsrecht   67
D. Anwendungsregelung   68 – 74

Unter Bezugnahme auf das Ergebnis der Erörterung mit den obersten Finanzbehörden der Länder nehme ich zur einkommensteuerrechtlichen Behandlung des Nießbrauchs und anderer Nutzungsrechte bei den Einkünften aus Vermietung und Verpachtung wie folgt Stellung:

A. Allgemeines

I. Zurechnung von Einkünften

Einkünfte aus Vermietung und Verpachtung sind demjenigen zuzurechnen, der den Tatbestand der Einkunftsart Vermietung und Verpachtung (§ 21 EStG) verwirklicht und dadurch Einkünfte erzielt (BFH-Urteil vom 7. April 1987 – BStBl. II S. 707 m. w. N.). Den Tatbestand der Einkunftsart Vermietung und Verpachtung verwirklicht derjenige, der Träger der Rechte und Pflichten eines Vermieters ist (BFH-Urteil vom 31. Oktober 1989 – BStBl. II 1992 S. 506 m. w. N.) und mit diesen Rechten und Pflichten Sachen und Rechte i. S. d. § 21 Abs. 1 EStG an andere zur Nutzung gegen Entgelt überlässt (BFH-Urteil vom 26. April 1983 – BStBl. II S. 502). Einem Nutzungsberechtigten sind bei Vermietung des Grundstücks die Einkünfte im Sinne von § 21 Abs. 1 Satz 1 Nr. 1 EStG zuzurechnen, wenn ihm die volle Besitz- und Verwaltungsbefugnis zusteht, er die Nutzungen tatsächlich zieht, das Grundstück in Besitz hat und es verwaltet. Den Tatbestand der Einkunftsart Vermietung und Verpachtung erfüllt auch der am Gesellschaftsanteil einer Gesellschaft des bürgerlichen Rechts mit Einkünften aus Vermietung und Verpachtung Nießbrauchsberechtigte, wenn ihm kraft seines Nießbrauchs eine Stellung eingeräumt ist, die der eines Gesellschafters entspricht. Hierfür genügt die bloße Einräumung eines Anspruchs auf Gewinnbezug nicht (BFH-Urteil vom 9. April 1991 – BStBl. II S. 809).   **1**

II. Bestellung eines dinglichen Nutzungsrechts zugunsten naher Angehöriger

Bürgerlich-rechtliche Gestaltungen zwischen nahen Angehörigen sind steuerrechtlich nur dann anzuerkennen, wenn sie klar vereinbart, ernsthaft gewollt und tatsächlich durchgeführt werden.   **2**

Aus der Bestellung eines Nießbrauchs oder eines anderen dinglichen Nutzungsrechts zugunsten naher Angehöriger können somit steuerrechtliche Folgerungen nur gezogen werden, wenn ein bürgerlich-rechtlich wirksames Nutzungsrecht begründet worden ist und die Beteiligten die zwischen ihnen getroffenen Vereinbarungen auch tatsächlich durchführen (BFH-Urteil vom 11. März 1976 – BStBl. II S. 421 und vom 16. Januar 2007 – BStBl. II S. 579 m. w. N.). An der tatsächlichen Durchführung fehlt es, wenn äußerlich alles beim Alten bleibt und etwa nur die Erträge an den Nutzungsberechtigten abgeführt werden.   **3**

Räumen Eltern ihren minderjährigen Kindern einen Nießbrauch an einem Grundstück ein, bedarf es in der Regel der Mitwirkung eines Pflegers, weil das mit dem Nießbrauch regelmäßig verbundene gesetzliche Schuldverhältnis zwischen Eigentümer und Nießbraucher neben Rechten auch Pflichten des Nießbrauchers begründet und der Nießbraucher daher nicht lediglich einen rechtlichen Vorteil erlangt (BFH-Urteil vom 13. Mai 1980 – BStBl. II 1981 S. 297). Insbesondere der Eintritt des Nießbrauchers in die Vermieterstellung ist insoweit als rechtlich nachteilig anzusehen. Daher ist auch in den Fällen des Bruttonießbrauchs (Rz. 14) die Mitwirkung des Ergänzungspflegers erforderlich, wenn der Nießbraucher in bestehende Mietverhältnisse eintreten oder zur Vermietung verpflichtet sein soll. Die Anordnung einer Ergänzungspflegschaft ist nur für die Bestellung, nicht für die Dauer des Nießbrauchs erforderlich (BFH-Urteil vom 13. Mai 1980 – BStBl. II 1981 S. 295).   **4**

Die Bestellung des Nießbrauchs ohne Mitwirkung eines Ergänzungspflegers ist in diesen Fällen einkommensteuerrechtlich jedoch anzuerkennen, wenn das Familiengericht die Mitwirkung eines Ergänzungspflegers für entbehrlich gehalten hat.   **5**

Anlage § 021–08 Zu § 21 EStG

III. Obligatorische Nutzungsrechte und „fehlgeschlagener" Nießbrauch

6   Den Tatbestand der Erzielung von Einkünften aus Vermietung und Verpachtung kann auch ein obligatorisch Nutzungsberechtigter erfüllen, wenn er eine gesicherte Rechtsposition erlangt hat und tatsächlich selbst die Stellung des Vermieters oder Verpächters einnimmt. Eine gesicherte Rechtsposition ist gegeben, wenn der Eigentümer dem Nutzenden den Gebrauch des Grundstücks für eine festgelegte Zeit nicht entziehen kann (BFH-Urteil vom 29. November 1983 – BStBl. II 1984 S. 366).

7   Obligatorische Nutzungsrechte zugunsten naher Angehöriger sind nur anzuerkennen, wenn die Voraussetzungen der Rz. 2 bis 5 erfüllt sind. Ein unentgeltlich begründetes Nutzungsrecht kann regelmäßig nur anerkannt werden, wenn der Überlassungsvertrag schriftlich abgeschlossen und das Nutzungsrecht für einen festgelegten Zeitraum vereinbart worden ist. Bei einem teilweise entgeltlich begründeten Nutzungsrecht ist grundsätzlich ein schriftlicher Mietvertrag erforderlich. Die Befristung eines dinglichen Nutzungsrechts führt zu dessen Erlöschen kraft Gesetzes, die des schuldrechtlichen Nutzungsrechts zur Beendigung der Rechtswirkungen dieses Rechtsgeschäfts. Dies gilt nicht, wenn ein Fortbestehen des schuldrechtlichen Nutzungsrechts ausdrücklich oder konkludent auch für den Zeitraum nach Ablauf der (Bedingungs-)Frist vereinbart wird (BFH-Urteil vom 16. Januar 2007 – BStBl. II S. 579).

8   Ist ein Nießbrauch mangels Eintragung im Grundbuch bürgerlich-rechtlich nicht wirksam bestellt worden, sind die Grundsätze zu den obligatorischen Nutzungsrechten (Rz. 35 bis 38 und 51 bis 54) anzuwenden.

IV. Sicherungsnießbrauch

9   Ein Nießbrauch, der lediglich zu Sicherungszwecken eingeräumt wird, ist, soweit er nicht ausgeübt wird, einkommensteuerrechtlich unbeachtlich. Ein Sicherungsnießbrauch liegt vor, wenn die Vereinbarung des dinglichen Nutzungsrechts lediglich dazu bestimmt ist, die dem Berechtigten versprochenen Leistungen dinglich abzusichern, ohne dass der Berechtigte selbst auf Art und Umfang Einfluss nehmen kann (zum Sicherungsnießbrauch vgl. auch Rz. 81 ff. des BMF-Schreibens vom 11. März 2010 – BStBl. I S. 227[1]) i. V. m. Rz. 18 des BMF-Schreibens vom 16. September 2004 – BStBl. I S. 922).

B. Zurechnung von Einkünften im Einzelnen

I. Zugewendete Nutzungsrechte

1. Zuwendungsnießbrauch

a) Abgrenzung zwischen entgeltlicher, teilweise entgeltlicher und unentgeltlicher Bestellung

10   Ein Nießbrauch, der vom Eigentümer dem Berechtigten bestellt ist (Zuwendungsnießbrauch), ist als entgeltlich bestellt anzusehen, wenn der Wert des Nießbrauchs und der Wert der Gegenleistung nach wirtschaftlichen Gesichtspunkten gegeneinander abgewogen sind. Beim Vergleich von Leistung und Gegenleistung sind die von den Vertragsparteien jeweils insgesamt zu erbringenden Leistungen gegenüberzustellen.

11   Ist zwischen Personen, die nicht durch verwandtschaftliche oder sonstige enge Beziehungen miteinander verbunden sind, ein Nießbrauch gegen Entgelt vereinbart worden, ist davon auszugehen, dass der Wert des Nießbrauchs und der Wert der Gegenleistung nach wirtschaftlichen Gesichtspunkten abgewogen sind.

12   Sind der Wert des Nießbrauchs und der Wert der Gegenleistung nicht nach wirtschaftlichen Gesichtspunkten abgewogen, ist von einem teilweise entgeltlich bestellten Nießbrauch auszugehen. Der Vorgang ist in einen entgeltlichen und in einen unentgeltlichen Teil aufzuteilen. Dabei berechnen sich der entgeltlich und der unentgeltlich erworbene Teil des Nießbrauchs nach dem Verhältnis des Entgelts zu dem Kapitalwert des Nießbrauchs.

13   Ist der Wert der Gegenleistung im Verhältnis zum Wert des Nießbrauchs so bemessen, dass bei Zugrundelegung einer zwischen Fremden üblichen Gestaltung nicht mehr von einer Gegenleistung ausgegangen werden kann, liegt ein unentgeltlich bestellter Nießbrauch vor. Davon ist regelmäßig auszugehen, wenn der Wert der Gegenleistung weniger als 10 v. H. des Werts des Nießbrauchs beträgt.

b) Allgemeine Grundsätze

14   Nach § 567 BGB tritt der Nießbraucher in die Rechtsstellung des Eigentümers als Vermieter ein. Die Ausgestaltung eines Nießbrauchs als Bruttonießbrauch beeinträchtigt die Vermieterstellung eines Nießbrauchers grundsätzlich nicht (BFH-Urteil vom 13. Mai 1980 – BStBl. II 1981 S. 299). Es handelt sich dabei um einen Nießbrauch, bei dem sich der Nießbrauchbesteller verpflichtet, die den Nießbraucher

---

1) Siehe Anlage § 010-01.

nach §§ 1041, 1045, 1047 BGB treffenden Kosten und Lasten zu tragen, so dass dem Nießbraucher die Bruttoerträge verbleiben.

Mietzahlungen sind an den Nießbraucher zu leisten. Vertreten Eltern ihre minderjährigen Kinder, müssen die Willenserklärungen im Namen der Kinder abgegeben werden (BFH-Urteil vom 13. Mai 1980 – BStBl. II 1981 S. 295). 15

Bei einem Quotennießbrauch und einem Bruchteilsnießbrauch gelten für die Gemeinschaft von Nießbraucher und Eigentümer die Grundsätze in Rz. 14 und 15 entsprechend. Ein Quotennießbrauch liegt vor, wenn dem Nießbraucher ein bestimmter Anteil an den Einkünften des Grundstücks zusteht; ein Bruchteilsnießbrauch liegt vor, wenn der Nießbrauch an einem Bruchteil eines Grundstücks bestellt wird. Mietzahlungen auf ein gemeinsames Konto beeinträchtigen die Vermieterstellung des Quotennießbrauchers oder Bruchteilsnießbrauchers nicht, wenn sichergestellt ist, dass der anteilige Überschuss in die alleinige Verfügungsmacht des Nießbrauchers gelangt. 16

Hat der Nießbraucher das Gebäude oder eine Wohnung in Ausübung seines Nießbrauchsrechts an den Eigentümer vermietet, so kann darin die Rückgängigmachung des Nießbrauchs oder ein Missbrauch von rechtlichen Gestaltungsmöglichkeiten (§ 42 AO) liegen. Bestellen Eltern ihrem Kind einen befristeten Nießbrauch an einem Grundstück und vermietet das Kind den Grundbesitz anschließend an die Eltern zurück, stellt eine solche Gestaltung regelmäßig einen Missbrauch von rechtlichen Gestaltungsmöglichkeiten i. S. d. § 42 AO dar (BFH-Urteil vom 18. Oktober 1990 – BStBl. II 1991 S. 205). Eine missbräuchliche Gestaltung kann auch in der Unkündbarkeit eines in zeitlichem Zusammenhang mit der Nießbrauchsbestellung mit dem Nießbrauchsbesteller vereinbarten Mietverhältnisses oder darin liegen, dass die Dauer eines befristeten Nießbrauchs auf die Unterhaltsbedürftigkeit des Nießbrauchers abgestimmt ist. 17

c) Unentgeltlich bestellter Nießbrauch

aa) Behandlung beim Nießbraucher

Bei der Vermietung des nießbrauchbelasteten Grundstücks sind die Grundsätze der Rz. 14 bis 17 maßgebend. 18

AfA auf das Gebäude darf der Nießbraucher nicht abziehen (BFH-Urteil vom 24. April 1990 – BStBl. II S. 888). Von den Herstellungskosten für in Ausübung des Nießbrauchs eingebaute Anlagen und Einrichtungen im Sinne des § 95 Abs. 1 Satz 2 BGB darf der Nießbraucher AfA in Anspruch nehmen. Ferner darf er AfA für Aufwendungen für Einbauten zu vorübergehendem Zweck im Sinne des § 95 Abs. 1 Satz 1 BGB abziehen. 19

Auf das unentgeltlich erworbene Nießbrauchrecht darf der Nießbraucher keine AfA vornehmen (BFH-Urteil vom 28. Juli 1981 – BStBl. II 1982 S. 454). 20

Andere Werbungskosten darf der Nießbraucher abziehen, soweit er sie im Rahmen der Nießbrauchbestellung vertraglich übernommen und tatsächlich getragen hat oder – bei Fehlen einer vertraglichen Regelung – aufgrund der gesetzlichen Lastenverteilung getragen hat. Aufwendungen, zu denen der Nießbraucher nicht verpflichtet, aber nach § 1043 BGB berechtigt ist und die in seinem Interesse erfolgen, sind abzuziehen. Verzichtet der Nießbraucher jedoch gegenüber dem Eigentümer von vornherein auf den Ersatzanspruch nach § 1049 BGB oder steht schon bei der Aufwendung fest, dass der Ersatzanspruch nicht zu realisieren ist, ist von einer Zuwendung gemäß § 12 Nr. 2 EStG durch die Erhaltungsmaßnahme auszugehen (vgl. BFH-Urteil vom 14. November 1989 – BStBl. II 1990 S. 462 und vom 5. September 1991 – BStBl. II 1992 S. 192). 21

Hat der Nießbraucher größeren Erhaltungsaufwand nach § 82b EStDV auf mehrere Jahre verteilt und endet der Nießbrauch vor Ablauf des Verteilungszeitraums (z. B. durch Tod des Nießbrauchers), darf der Nießbraucher den noch nicht berücksichtigten Teil des Erhaltungsaufwands nur noch im Jahr der Beendigung des Nießbrauchs abziehen. Die von einem Steuerpflichtigen geleisteten Aufwendungen sind nach seinem Tod in der für ihn durchzuführenden Veranlagung zu berücksichtigen; eine spätere Verteilung nach § 82b EStDV durch den Rechtsnachfolger ist ausgeschlossen. 22

bb) Behandlung beim Eigentümer

Dem Eigentümer sind keine Einkünfte aus dem nießbrauchbelasteten Grundstück zuzurechnen. 23

Der Eigentümer darf AfA auf das Gebäude und Grundstücksaufwendungen, die er getragen hat, nicht als Werbungskosten abziehen, da er keine Einnahmen erzielt. 24

Bei einem Bruchteilsnießbrauch darf der Eigentümer AfA auf das Gebäude nicht abziehen, soweit sie auf den mit dem Nießbrauch belasteten Eigentumsanteil entfallen. Entsprechendes gilt für den Abzug anderer Aufwendungen. Die Sätze 1 und 2 gelten beim Quotennießbrauch sinngemäß. 25

Anlage § 021–08

Zu § 21 EStG

d) Entgeltlich bestellter Nießbrauch

aa) Behandlung beim Nießbraucher

26 Im Falle der Nutzung durch Vermietung sind Einmalzahlungen für die Einräumung eines Nießbrauchs als Werbungskosten im Zeitpunkt der Zahlung abzuziehen, sofern die Vorauszahlung für einen Zeitraum von bis zu fünf Jahren geleistet wird. Auf die Vorausleistung des für mehr als fünf Jahre geltenden Nießbrauchrechts ist § 11 Abs. 2 Satz 3 EStG anzuwenden und mithin auf den Zeitraum gleichmäßig zu verteilen, für den sie geleistet wird. Ist der Nießbrauch für die Lebenszeit des Berechtigten oder einer anderen Person eingeräumt, sind die Aufwendungen für den Erwerb des Nießbrauchs nach § 11 Abs. 2 Satz 3 EStG auf die mutmaßliche Lebenszeit der betreffenden Person zu verteilen, sofern diese mehr als fünf Jahre beträgt (zur Lebenserwartung ist auf die jeweils aktuelle Sterbetafel des Statistischen Bundesamtes abzustellen, § 14 Abs. 1 BewG, für Bewertungsstichtage ab 1. Januar 2011 siehe BMF-Schreiben vom 8. November 2010 – BStBl. I S. 1288, für Bewertungsstichtage ab dem 1. Januar 2012 siehe BMF-Schreiben vom 26. September 2011 – BStBl. I S. 834 und für Bewertungsstichtage ab dem 1. Januar 2013 siehe BMF-Schreiben vom 26. Oktober 2012 – BStBl. I S. 950). Leistet der Nießbraucher als Gegenleistung für die Einräumung des Nießbrauchs ausschließlich gleichmäßige laufende Zahlungen, sind die laufend gezahlten Beträge für das Kalenderjahr als Werbungskosten abzusetzen, in dem sie geleistet worden sind.

27 Nutzt der Nießbraucher das Gebäude durch Vermietung, darf er Aufwendungen, die er aufgrund vertraglicher Bestimmungen getragen hat, als Werbungskosten abziehen. Haben die Vertragsparteien bei Einräumung des Nießbrauchs keine besonderen Regelungen getroffen, sind Aufwendungen des Nießbrauchers als Werbungskosten zu berücksichtigen, soweit er sie nach den gesetzlichen Bestimmungen (§§ 1041, 1045, 1047 BGB) getragen hat. Zur Abziehbarkeit der Aufwendungen im Einzelnen vgl. Rz. 21.

bb) Behandlung beim Eigentümer

28 Beim Eigentümer ist das für die Bestellung des Nießbrauchs gezahlte Entgelt grundsätzlich im Jahr des Zuflusses als Einnahme aus Vermietung und Verpachtung zu erfassen. Das gilt unabhängig davon, ob beim Nießbraucher Einkünfte aus Vermietung und Verpachtung anfallen. Bei Vorausleistung des Entgelts durch den Nießbraucher für mehr als 5 Jahre können die Einnahmen auf den Zeitraum verteilt werden, für den die Zahlung geleistet wird (§ 11 Abs. 1 Satz 3 EStG).

29 (weggefallen)

30 Der Eigentümer ist – da ihm Einnahmen aus Vermietung und Verpachtung zuzurechnen sind – zur Vornahme von AfA berechtigt. Daneben darf er die von ihm aufgrund vertraglicher Vereinbarungen, bei fehlenden Vereinbarungen die aufgrund der gesetzlichen Lastenverteilung (§§ 1041, 1045, 1047 BGB), getragenen Aufwendungen für das belastete Grundstück abziehen.

e) Teilweise entgeltlich bestellter Nießbrauch

31 Bei einem teilweise entgeltlich bestellten Nießbrauch sind die Grundsätze der Rz. 26 bis 30 anzuwenden. Rz. 30 ist nicht anzuwenden, soweit der Nießbrauch unentgeltlich bestellt worden ist. Zur Aufteilung der Aufwendungen vgl. Rz. 12.

2. Vermächtnisnießbrauch

32 Ein Vermächtnisnießbrauch liegt vor, wenn aufgrund einer letztwilligen Verfügung des Grundstückseigentümers durch dessen Erben einem Dritten der Nießbrauch an dem Grundstück eingeräumt worden ist. Für den Vermächtnisnießbrauch gelten die Ausführungen zum unentgeltlichen Zuwendungsnießbrauch (Rz. 18 bis 25) entsprechend. Der Vermächtnisnehmer ist nicht berechtigt, die AfA für das vom Erblasser hinterlassene Gebäude in Anspruch zu nehmen (BFH-Urteil vom 28. September 1993 – BStBl. II 1994 S. 319).

3. Zugewendetes dingliches Wohnrecht

33 Ist das Grundstück in der Weise belastet, dass an einer Wohnung ein im Grundbuch eingetragenes Wohnrecht zugunsten eines anderen begründet worden ist, sind die für einen Zuwendungsnießbrauch geltenden Grundsätze insoweit entsprechend anzuwenden. Zur Abgrenzung von unentgeltlich, entgeltlich und teilentgeltlich zugewendeten dinglichen Wohnrechten vgl. Rz. 10 bis 13. Die Übertragung eines Grundstücks gegen die Verpflichtung, dieses mit einem Wohngebäude zu bebauen und dem Veräußerer ein dingliches Wohnrecht an einer Wohnung zu bestellen, stellt keine entgeltliche Überlassung des Wohnrechts, sondern ein auf die Anschaffung des Grundstücks gerichtetes Rechtsgeschäft dar.

Zu § 21 EStG

Anlage § 021–08

Der Eigentümer darf AfA auf den mit dem Wohnrecht belasteten Gebäudeteil nur in Anspruch nehmen, soweit das Wohnrecht entgeltlich zugewendet worden ist. Entsprechendes gilt für den Abzug anderer Aufwendungen. 34

4. Zugewendetes obligatorisches Nutzungsrecht

a) Allgemeines

Zur Abgrenzung zwischen der entgeltlichen, teilweise entgeltlichen und unentgeltlichen Einräumung eines Nutzungsrechts vgl. Rz. 10 bis 13. 35

b) Behandlung beim Nutzenden

Vermietet der Nutzungsberechtigte das Grundstück, hat er die erzielten Einnahmen zu versteuern. Er darf die vertraglich übernommenen und von ihm getragenen Aufwendungen einschließlich des an den Eigentümer gezahlten Entgelts als Werbungskosten absetzen. Bei bereits bestehenden Nutzungsverträgen kann der Nutzungsberechtigte nur durch eine rechtsgeschäftliche Vertragsübernahme in die Vermieterstellung eintreten (vgl. BFH-Urteil vom 26. April 1983 – BStBl. II S. 502). Im Übrigen gelten die Ausführungen in Rz. 14 bis 22, 26 bis 27 und 31 entsprechend. 36

c) Behandlung beim Eigentümer

Beim Eigentümer ist das für die Einräumung eines Nutzungsrechts gezahlte Entgelt im Jahr des Zuflusses als Einnahme aus Vermietung und Verpachtung zu erfassen. Im Übrigen gelten die Ausführungen in Rz. 14 bis 17, 23 bis 25, 28 bis 31 entsprechend. 37

Nutzt der Berechtigte eine ihm unentgeltlich überlassene Wohnung aufgrund einer gesicherten Rechtsposition, darf der Eigentümer AfA auf das Gebäude nicht in Anspruch nehmen, soweit sie auf den Gebäudeteil entfallen, auf den sich das Nutzungsrecht erstreckt. Entsprechendes gilt für den Abzug anderer Aufwendungen. 38

II. Vorbehaltene Nutzungsrechte

1. Vorbehaltsnießbrauch

a) Allgemeines

Ein Vorbehaltsnießbrauch liegt vor, wenn bei der Übertragung eines Grundstücks gleichzeitig ein Nießbrauchrecht für den bisherigen Eigentümer an dem übertragenen Grundstück bestellt wird. Einem Vorbehaltsnießbraucher ist ein Schenker gleichzustellen, der mit dem Beschenkten im Voraus eine klare und eindeutige Schenkungsabrede über den Erwerb eines bestimmten Grundstücks und die Bestellung eines Nießbrauchrechts an diesem Grundstück trifft (BFH-Urteil vom 15. Mai 1990 – BStBl. II 1992 S. 67). Gleiches gilt für einen vorläufigen Erben, der die Erbschaft mit der Maßgabe ausgeschlagen hat, dass ihm ein Nießbrauchrecht an den zum Nachlass gehörenden Gegenständen eingeräumt wird (BFH-Urteil vom 4. Juni 1996 – BStBl. II 1998 S. 431). 39

Die Bestellung des Nießbrauchs ist keine Gegenleistung des Erwerbers (BFH-Urteil vom 28. Juli 1981 – BStBl. II 1982 S. 378, vom 10. April 1991 – BStBl. II S. 791 und vom 24. April 1991 – BStBl. II S. 793), unabhängig davon, ob das Grundstück entgeltlich oder unentgeltlich übertragen wird. 40

b) Behandlung beim Nießbraucher

Ist das mit dem Vorbehaltsnießbrauch belastete Grundstück vermietet, erzielt der Nießbraucher Einkünfte aus Vermietung und Verpachtung. Dies gilt auch, wenn der Nießbraucher das Grundstück dem Grundstückseigentümer entgeltlich zur Nutzung überlässt. 41

Der Vorbehaltsnießbraucher darf im Falle der Nutzung durch Vermietung die AfA für das Gebäude wie zuvor als Eigentümer in Anspruch nehmen (BFH-Urteil vom 28. Juli 1981- BStBl. II 1982 S. 380, vom 24. September 1985 – BStBl. II 1986 S. 12 und vom 30. Januar 1995 – BStBl. II S. 281). Rz. 25 ist entsprechend anzuwenden. 42

Der Vorbehaltsnießbraucher ist berechtigt, die von ihm getragenen Aufwendungen auf das Grundstück nach Maßgabe der Rz. 21 und 22 als Werbungskosten abzuziehen. 43

Ist das Grundstück unter Vorbehalt des Nießbrauchs entgeltlich übertragen worden, ist die Bemessungsgrundlage für die AfA nicht um die Gegenleistung des Erwerbers zu kürzen. 44

c) Behandlung beim Eigentümer

Sind dem Eigentümer aus dem nießbrauchbelasteten Grundstück keine Einnahmen zuzurechnen, darf er Aufwendungen auf das Grundstück nicht als Werbungskosten abziehen. Sind dem Eigentümer Einnahmen aus dem nießbrauchbelasteten Grundstück zuzurechnen, ist Rz. 25 entsprechend anzuwenden. 45

Anlage § 021–08

Zu § 21 EStG

46 Nach Erlöschen des Nießbrauchs stehen dem Eigentümer die AfA auf das gesamte Gebäude zu.

47 Ist das Grundstück entgeltlich unter Vorbehalt des Nießbrauchs übertragen worden, bemessen sich die AfA nach den Anschaffungskosten des Eigentümers. Der Kapitalwert des Nießbrauchs gehört nicht zu den Anschaffungskosten. Die AfA-Bemessungsgrundlage erhöht sich um die zusätzlichen Herstellungskosten, die der Eigentümer getragen hat (BFH-Urteil vom 7. Juni 1994 – BStBl. II S. 927). Das AfA-Volumen ist um die AfA-Beträge zu kürzen, die von den Anschaffungskosten des Eigentümers auf den Zeitraum zwischen Anschaffung des Grundstücks und dem Erlöschen des Nießbrauchs entfallen.

48 Ist das Grundstück unentgeltlich unter Vorbehalt des Nießbrauchs übertragen worden, führt der Eigentümer nach Erlöschen des Nießbrauchs die AfA nach § 11d EStDV fort. Bei teilentgeltlichem Erwerb gelten die Grundsätze der Tz. 14 des BMF-Schreibens vom 26. Februar 2007 (BStBl. I S. 269) und 15 des BMF-Schreibens vom 13. Januar 1993 – BStBl. I S. 80[1]) entsprechend.

2. Vorbehaltenes dingliches Wohnrecht

49 Ist das Grundstück gegen Einräumung eines vorbehaltenen dinglichen Wohnrechts übertragen worden, sind die für den Vorbehaltsnießbrauch geltenden Grundsätze entsprechend anzuwenden.

50 Der Eigentümer darf AfA auf das entgeltlich erworbene Gebäude nur in Anspruch nehmen, soweit sie auf den unbelasteten Teil entfällt (BFH-Urteil vom 7. Juni 1994 – BStBl. II S. 927). In diesen Fällen ist die AfA-Bemessungsgrundlage nur für den unbelasteten Gebäudeteil zu ermitteln, und zwar wie folgt: Die Einräumung des Wohnrechts stellt kein Entgelt für die Übertragung des Grundstücks dar. Der Übernehmer erhält lediglich das von vornherein um das Nutzungsrecht geminderte Vermögen. Der Kaufpreis zuzüglich der Nebenkosten ist auf die beiden Wirtschaftsgüter Grund und Boden sowie Gebäude nach dem Verhältnis der Verkehrswerte aufzuteilen. Da sich das Wohnrecht nicht auf den Grund und Boden bezieht, ist nur der Verkehrswert des Gebäudes um den kapitalisierten Wert des Wohnrechts zu mindern. Der Anteil des unbelasteten Gebäudeteils an den tatsächlichen Gebäudeanschaffungskosten ergibt sich dann aus dem Verhältnis des Verkehrswerts des unbelasteten Teils zum Verkehrswert des gesamten Gebäudes abzüglich des kapitalisierten Werts des Nutzungsrechts (BFH-Urteil vom 31. Mai 2000 – BStBl. II 2001 S. 594). Eine von den Vertragsparteien vorgenommene Aufteilung des Kaufpreises auf einzelne Wirtschaftsgüter ist grundsätzlich – auch in den Fällen einer gemischten Schenkung – der Besteuerung zu Grunde zu legen, soweit der Verkehrswert des jeweiligen Wirtschaftsguts nicht überschritten wird (BFH-Urteil vom 27. Juli 2004 – BStBl. II 2006 S. 9).

Beispiel 1:

V überträgt sein Zweifamilienhaus gegen Übernahme der Verbindlichkeiten in Höhe von 175.000 € an K. Dabei behält V sich ein lebenslängliches dingliches Wohnrecht an der Wohnung im Obergeschoss vor (Kapitalwert des Wohnrechts im Erwerbszeitpunkt 75.000 €). Die Erdgeschosswohnung ist weiterhin vermietet. Beide Wohnungen sind gleich groß. Die Verkehrswerte betragen für das Gebäude 250.000 € und für den Grund und Boden 50.000 € (ohne Berücksichtigung des Wohnrechts). Im notariellen Vertrag erfolgte keine konkrete Zuordnung der Schuldübernahme als Kaufpreis auf die Wohnungen sowie den Grund und Boden.

Die AfA-Bemessungsgrundlage für die unbelastete Wohnung ist wie folgt zu ermitteln:

1. Schritt: Aufteilung der Anschaffungskosten in Höhe von 175.000 € auf Grund und Boden und Gebäude im Verhältnis der Verkehrswerte:

Verkehrswert Grund und Boden	50 000 €	= 22,22 v. H.
Verkehrswert Gebäude	250 000 €	
abzügl. Kapitalwert Nutzungsrecht	75 000 €	
	175 000 €	= 77,78 v. H.
Damit entfällt der Kaufpreis von 175 000 € auf	22,22 v. H.	
den Grund und Boden	von 175 000 €	38 885 €
	77,78 v. H.	
das Gebäude	von 175 000 €	136 115 €

---

1) Siehe Anlage § 016-06.

1926

2. Schritt: Ermittlung der AfA-Bemessungsgrundlage:

		unbelastete Wohnung (50 v. H.)	wohnrechts-belastete Wohnung (50 v.H.)
Verkehrswert Gebäude	250 000 €	125 000 €	125 000 €
abzügl. Kapitalwert Nutzungsrecht	75 000 €		75 000 €
	175 000 €	125000 €	50 000 €
Kaufpreisanteil	175/175	125/175	50/175
Gebäude	136 115 €	97 225 €	38 890 €

Da es sich hier um einen teilentgeltlichen Erwerb handelt, ist § 11d EStDV auf den unentgeltlich erworbenen und unbelasteten Anteil anzuwenden.

Beispiel 2 (Abwandlung):
Sachverhalt wie Beispiel 1, allerdings ist im Kaufvertrag folgendes vereinbart: Die wohnrechtsbelastete Wohnung geht unentgeltlich über. Als Kaufpreis werden für den Grund und Boden 50.000 € und für die vermietete Wohnung 125.000 € bestimmt. Die Kaufpreiszahlung erfolgt durch Schuldübernahme in entsprechender Höhe.

Lösung:
Die im Kaufvertrag vorgenommene Kaufpreiszuordnung ist steuerlich anzuerkennen, wenn sie weder zum Schein getroffen noch missbräuchlich vorgenommen wurde (BFH-Urteil vom 1. April 2009 – BStBl. II S. 663). Die AfA-Bemessungsgrundlage für die vermietete Wohnung beträgt hiernach 125.000 €.

3. Vorbehaltenes obligatorisches Nutzungsrecht

a) Allgemeines

Behält sich der bisherige Eigentümer bei der Übertragung des Grundstücks ein obligatorisches Nutzungsrecht vor, stellt die Einräumung des Nutzungsrechts keine Gegenleistung des Erwerbers dar. 51

b) Behandlung beim Nutzenden

Der Nutzungsberechtigte hat bei Vermietung des Grundstücks die Einnahmen zu versteuern. Er darf die 52
von ihm getragenen Aufwendungen einschließlich des an den Eigentümer gezahlten Entgelts als Werbungskosten absetzen. Der Nutzende darf wie zuvor als Eigentümer die AfA für das Gebäude in Anspruch nehmen (BFH-Urteil vom 28. März 1995 – BStBl. II 1997 S. 121).

c) Behandlung beim Eigentümer

Die für den Eigentümer geltenden Grundsätze des Vorbehaltsnießbrauchs nach Rz. 45 bis 48 sind entsprechend anzuwenden. 53

Zur AfA-Berechtigung des Eigentümers auf das Gebäude und zur Ermittlung der Bemessungsgrundlage 54
vgl. Rz. 50.

C. Ablösung von Nutzungsrechten

1. Vorbehaltsnießbrauch

a) Allgemeines

Unbeachtlich ist, ob der Nießbrauch anlässlich einer entgeltlichen oder einer unentgeltlichen Grundstücksübertragung vorbehalten wurde. Bei der Ablösung ist zu unterscheiden zwischen Vermögensübertragungen im Rahmen der vorweggenommenen Erbfolge (Vermögensübergabe) und sonstigen Vermögensübertragungen. Zur Abgrenzung der Vermögensübergabe von sonstigen Vermögensübertragungen vgl. Rz. 2, 3, 5 und 57 des BMF-Schreibens vom 11. März 2010[1] – a. a. O. 55

b) Ablösung im Zusammenhang mit einer Vermögensübergabe

aa) Allgemeines

Zum Begriff der vorweggenommenen Erbfolge und den Arten der Vermögensübertragung durch vorweggenommene Erbfolge vgl. BMF-Schreiben vom 13. Januar 1993 – BStBl. I S. 80[2]. 56

---

1) Siehe Anlage § 010-01.
2) Siehe Anlage § 016-06.

Anlage § 021–08 Zu § 21 EStG

bb) Behandlung beim Eigentümer

57 Einmalige Zahlungen zur Ablösung des Vorbehaltsnießbrauchs sind Abstandszahlungen an den Vermögensübergeber und erhöhen die Bemessungsgrundlage für die AfA des Grundstückseigentümers (BFH-Urteil vom 28. November 1991 – BStBl. II 1992 S. 381, vom 21. Juli 1992 – BStBl. II 1993 S. 484 und vom 21. Juli 1992 – BStBl. II 1993 S. 486). Zur Ablösung des Vorbehaltsnießbrauchs durch wiederkehrende Leistungen vgl. Rz. 85 des BMF-Schreibens vom 11. März 2010 – a. a. O.

cc) Behandlung beim Nießbraucher

58 Die Ablösung des Vorbehaltsnießbrauchs gegen Einmalzahlung ist beim Nießbraucher eine nicht steuerbare Vermögensumschichtung (für den Fall eines vorbehaltenen Wohnrechts vgl. BFH-Urteil vom 9. August 1990 – BStBl. II S. 1026). Zur Beurteilung der zur Ablösung empfangenen wiederkehrenden Leistungen vgl. Rz. 85, 89 des BMF-Schreibens vom 11. März 2010[1] – a. a. O.

c) Ablösung im Zusammenhang mit sonstigen Vermögensübertragungen

aa) Behandlung beim Eigentümer

59 Eine Einmalzahlung führt in voller Höhe, wiederkehrende Leistungen führen mit ihrem Barwert (§§ 13, 14 BewG i. V. m. Anlage 9, 9a zum BewG) zu Anschaffungskosten (BFH-Urteil vom 9. Februar 1994 – BStBl. II 1995 S. 47 und vom 18. Oktober 1994 – BStBl. II 1995 S. 169 – für dauernde Lasten -). Ist die Einmalzahlung bzw. der Barwert der wiederkehrenden Leistungen höher als der Wert des übertragenen Vermögens, ist Entgeltlichkeit in Höhe des angemessenen Kaufpreises anzunehmen. Der übersteigende Betrag ist eine Zuwendung i. S. d. § 12 Nr. 2 EStG. Ist der Barwert der wiederkehrenden Leistungen mehr als doppelt so hoch wie der Wert des übertragenen Vermögens, liegt insgesamt eine Zuwendung i. S. d. § 12 Nr. 2 EStG vor. Wiederkehrende Leistungen in Zusammenhang mit einer privaten Vermögensumschichtung dürfen weder als Rente noch als dauernde Last abgezogen werden (BFH-Urteil vom 25. November 1992 – BStBl. II 1996 S. 663 m. w. N.). Der in den wiederkehrenden Leistungen enthaltene Zinsanteil, der in entsprechender Anwendung der Ertragsanteilstabellen der §§ 22 EStG, 55 EStDV zu ermitteln ist, ist im Falle der Vermietung gem. § 9 Abs. 1 Satz 3 Nr. 1 Satz 2 EStG als Werbungskosten bei den Einkünften aus Vermietung und Verpachtung abzuziehen.

bb) Behandlung beim Nießbraucher

60 Die Ablösung eines vorbehaltenen Nießbrauchs gegen Einmalzahlung ist eine beim Nießbraucher nicht steuerbare Vermögensumschichtung. Wiederkehrende Leistungen, die nicht als Versorgungsleistungen im Rahmen einer Vermögensübergabe erbracht werden, sind mit ihrem Zinsanteil nach § 20 Abs. 1 Nr. 7 EStG oder bei Veräußerungsleibrenten mit dem Ertragsanteil nach § 22 Nr. 1 Satz 3 Buchst. a Doppelbuchst. bb EStG steuerbar (vgl. Rz. 75 des BMF-Schreibens vom 11. März 2010[2] – a. a. O.).

2. Zuwendungsnießbrauch

a) Unentgeltlicher Zuwendungsnießbrauch

61 Zahlungen zur Ablösung eines unentgeltlich eingeräumten Zuwendungsnießbrauchs sind grundsätzlich als Zuwendungen i. S. d. § 12 Nr. 2 EStG zu beurteilen (vgl. bei fehlender tatsächlicher Änderung der rechtlichen oder wirtschaftlichen Verhältnisse BFH-Urteil vom 13. Oktober 1993 – BStBl. II 1994 S. 451 und beim Missbrauch von rechtlichen Gestaltungsmöglichkeiten nach § 42 AO BFH-Urteil vom 6. Juli 1993 – BStBl. II 1998 S. 429). Sie gehören daher beim Nießbraucher nicht zu den Einkünften aus Vermietung und Verpachtung. Der Eigentümer kann sie nicht als Werbungskosten abziehen; sie erhöhen auch nicht seine Anschaffungskosten für das Grundstück. Ein anstelle des bisherigen Nießbrauchs eingeräumter Ersatznießbrauch ist als neu bestellter unentgeltlicher Zuwendungsnießbrauch zu behandeln.

62 Rz. 61 gilt nicht für die Fälle, in denen der ablösende Eigentümer das Grundstück selbst bereits mit der Belastung des Nießbrauchs erworben hat (vgl. BFH-Urteil vom 15. Dezember 1992 – BStBl. II 1993 S. 488). In einem solchen Fall vollzieht sich die Ablösung im Rahmen eines entgeltlichen Veräußerungsgeschäfts. Eine Einmalzahlung ist in voller Höhe, wiederkehrende Leistungen sind mit ihrem Barwert Anschaffungskosten.

b) Entgeltlicher Zuwendungsnießbrauch

63 Zahlungen zur Ablösung eines entgeltlich bestellten Zuwendungsnießbrauchs sind beim Eigentümer im Jahr der Zahlung als negative Einnahmen bei den Einkünften aus Vermietung und Verpachtung zu erfassen. Ist das für die Bestellung des Nießbrauchs gezahlte Entgelt nach § 11 Absatz 1 Satz 3 EStG auf mehrere Jahre verteilt worden, ist der noch nicht versteuerte Restbetrag beim Eigentümer als Einnahme

---

1) Siehe Anlage § 010-01.
2) Siehe Anlage § 010-01.

Zu § 21 EStG | **Anlage § 021–08**

aus Vermietung und Verpachtung zu erfassen. Besteht die Abfindung in wiederkehrenden Leistungen, sind diese jeweils im Jahr der Zahlung als negative Einnahmen anzusetzen.

Die Ablösungszahlungen sind beim Nießbraucher grundsätzlich der privaten Vermögensebene zuzuordnen (BFH-Urteil vom 9. August 1990 – BStBl. II S. 1026). 64

3. Vermächtnisnießbrauch

Aufwendungen zur Ablösung eines zugewendeten Vermächtnisnießbrauchs sind nachträgliche Anschaffungskosten des Grundstückseigentümers (BFH-Urteil vom 21. Juli 1992 – BStBl. II 1993 S. 484). 65
Die Ablösung eines Vermächtnisnießbrauchs gegen Einmalzahlung ist eine beim Nießbraucher nicht steuerbare Vermögensumschichtung. Zur Ablösung gegen wiederkehrende Leistungen vgl. Tz. 85, 86 des BMF-Schreibens vom 11. März 2010[1] – a. a. O.

4. Dingliches Wohnrecht

Für die Behandlung von Ablösungszahlungen des Eigentümers an den dinglich Wohnberechtigten sind die für die Ablösung von Nießbrauchrechten geltenden Grundsätze entsprechend anzuwenden. Aufwendungen zur Ablösung eines vom Rechtsvorgänger eingeräumten dinglichen Wohnrechts entfallen, soweit sie nachträgliche Anschaffungskosten des Grundstückseigentümers sind, in vollem Umfang auf das Gebäude (BFH-Urteil vom 21. Juli 1992 – BStBl. II 1993 S. 484). 66

5. Obligatorisches Nutzungsrecht

Für die Behandlung von Aufwendungen für die Ablösung obligatorischer Nutzungsrechte gelten die Grundsätze zur Ablösung eines Vorbehalts- und Zuwendungsnießbrauchs (Rz. 55 bis 64) entsprechend. 67

D. Anwendungsregelung

Dieses BMF-Schreiben tritt an die Stelle des BMF-Schreibens vom 24. Juli 1998 – BStBl. I S. 914. Die Grundsätze dieses Schreibens sind in allen noch offenen Fällen anzuwenden. Die BMF-Schreiben vom 9. Februar 2001 – BStBl. I S. 171 und vom 29. Mai 2006 – BStBl. I S. 392 werden aufgehoben. 68

Die Grundsätze in Rz. 4 und 5 sind in allen Fällen anzuwenden, in denen der Nießbrauch nach dem 30. Juni 1992 notariell beurkundet oder der Überlassungsvertrag nach dem 30. Juni 1992 abgeschlossen worden ist. Ist der Nießbrauch vor dem 1. Juli 1992 beurkundet oder der Überlassungsvertrag vor dem 1. Juli 1992 abgeschlossen worden, ist Rz. 4 bzw. Rz. 53 des BMF-Schreibens vom 15. November 1984 – BStBl. I S. 561 weiter anzuwenden. 69

Die Grundsätze in Rz. 26 und 28 sind erstmals auf Vorausleistungen anzuwenden, die nach dem 31. Dezember 2003 geleistet wurden. Auf vor dem 1. Januar 2004 getätigte Vorausleistungen finden die Rz. 26 und 28 sowie die Billigkeitsregelung gem. Rz. 29 des BMF-Schreibens vom 24. Juli 1998 – BStBl. I S. 914 weiter Anwendung. 70

Die Grundsätze in Rz. 32 sind in den Fällen anzuwenden, in denen der Vermächtnisnießbrauch nach dem 31. Mai 1994 notariell beurkundet worden ist. Ist der Vermächtnisnießbrauch vor dem 1. Juni 1994 notariell beurkundet worden, ist der Nießbraucher weiterhin zum Abzug der Gebäude-AfA nach Maßgabe der Rz. 51, 41 des BMF-Schreibens vom 15. November 1984 – BStBl. I S. 561 – berechtigt. 71

Die Grundsätze der Rz. 33 sind in allen noch offenen Fällen anzuwenden. Soweit die Anwendung der Randziffer zu einem Nachteil gegenüber der bisherigen Verwaltungsauffassung führt, sind die Grundsätze erstmals anzuwenden, wenn die Bestellung eines dinglichen Nutzungsrechts gegen Übertragung eines Grundstücks im privaten Bereich nach dem 31. Mai 2006 erfolgt ist. 72

Wurden wiederkehrende Leistungen im Zusammenhang mit der Ablösung eines Zuwendungsnießbrauchs vor dem 1. Januar 2008 vereinbart, können diese als Sonderausgaben nach § 10 Absatz 1 Nummer 1a EStG abgezogen werden, soweit die übrigen Voraussetzungen für eine begünstigte Vermögensübergabe vorliegen (Rz. 81 des BMF-Schreibens vom 11. März 2010 a. a. O.; BFH-Urteil vom 13. Dezember 2005 – BStBl. II 2008 S. 16). 73

In Fällen der Ermittlung des Nutzungswerts als Überschuss des Mietwerts über die Werbungskosten gelten die Rz. 68 bis 75 des BMF-Schreibens vom 24. Juli 1998 – a. a. O. fort. 74

Dieses Schreiben wird im Bundessteuerblatt Teil I veröffentlicht.

---

1) Siehe Anlage § 010-01.

Anlage § 021–09

Zu § 21 EStG

Schuldzinsen für Anschaffungskosten als nachträgliche Werbungskosten bei den Einkünften aus Vermietung und Verpachtung

– BdF-Schreiben vom 28.03.2013 – IV C 1-S 2211/11/10001:001, 2013/0146961(BStBl. I S. 508) –

In dem Urteil IX R 67/10 – vom 20.07. 2012 hat der Bundesfinanzhof (BFH) abweichend von der bisherigen BFH-Rechtsprechung und Auffassung der Finanzverwaltung entschieden, dass Schuldzinsen für ein zur Anschaffung eines Mietobjekts aufgenommenes Darlehen nach einer gemäß § 23 Absatz 1 Satz 1 Nummer 1 EStG steuerbaren Veräußerung dieser Immobilie als Werbungskosten bei den Einkünften aus Vermietung und Verpachtung abgezogen werden können, wenn und soweit der Veräußerungserlös nicht zur Tilgung der Darlehensverbindlichkeit ausreicht.

Unter Bezugnahme auf das Ergebnis der Erörterungen mit den obersten Finanzbehörden der Länder gelten für die Anwendung des o. g. BFH-Urteils folgende Grundsätze:

Voraussetzung für den Werbungskostenabzug bei den Einkünften aus Vermietung und Verpachtung ist, dass die nach § 23 Absatz 1 Satz 1 Nummer 1 EStG steuerbare Immobilienveräußerung innerhalb der zehnjährigen Veräußerungsfrist erfolgt ist, der Veräußerungserlös nicht ausreicht, um die Darlehensverbindlichkeit zu tilgen, und die Absicht, (weitere) Einkünfte aus Vermietung und Verpachtung zu erzielen, nicht bereits vor der Veräußerung des Immobilienobjekts aus anderen Gründen (vgl. BMF-Schreiben vom 8. Oktober 2004, BStBl. I S. 933) weggefallen ist.

Der Werbungskostenabzug ist mangels Veranlassungszusammenhang mit den Einkünften aus Vermietung und Verpachtung zu verneinen, soweit die Schuldzinsen auf Verbindlichkeiten entfallen, die durch den Veräußerungspreis der Immobilie hätten getilgt werden können (sog. Grundsatz des Vorrangs der Schuldentilgung).

Der Werbungskostenabzug ist ebenfalls in den Fällen einer nach § 23 Absatz 1 Satz 1 Nummer 1 EStG nicht steuerbaren Immobilienveräußerung außerhalb der zehnjährigen Veräußerungsfrist zu versagen.

Für Grundstücksveräußerungen, bei denen die Veräußerung auf einem vor dem 1. Januar 1999 rechtswirksam abgeschlossenen obligatorischen Vertrag oder gleichstehenden Rechtsakt beruht (sog. Altfälle) und die daher nicht unter den Anwendungsbereich des § 23 Absatz 1 Satz 1 Nummer 1 EStG in der Fassung des Steuerentlastungsgesetzes 1999/2000/2002 fallen, gilt die bisherige Auffassung der Finanzverwaltung fort. Danach ist für Schuldzinsen, die auf die Zeit nach der Aufgabe der Vermietungsabsicht oder -tätigkeit entfallen, kein nachträglicher Werbungskostenabzug bei den Einkünften aus Vermietung und Verpachtung vorzunehmen. Denn die Schuldzinsen stehen gem. bisheriger BFH-Rechtsprechung nicht mehr mit dieser Einkunftsart in wirtschaftlichem Zusammenhang im Sinne von § 9 Absatz 1 Satz 3 Nummer 1 EStG, sondern sind Gegenleistung für die Überlassung von Kapital, das im privaten Vermögensbereich nicht mehr der Erzielung von Einkünften dient (BFH-Urteil – IX R 15/90 – vom 12. November 1991, BStBl. 1992 II S. 289).

Zu § 21 EStG Anlage § 021–10

Wertpapierpensionsgeschäfte

Schreiben des BdF vom 28. Juni 1984 IV B 2 – S 2170 – 44/84 (BStBl. I S. 394)

Nach dem Beschluß des Großen Senats des BFH vom 29.11.1982 (BStBl. 1983 II S. 272) erwirbt der Pensionsnehmer bei einem echten Wertpapierpensionsgeschäft für dessen Dauer das uneingeschränkte bürgerlich-rechtliche Eigentum an den in Pension genommenen Wertpapieren. Er bezieht deshalb für die Dauer seiner Berechtigung (Pensionsdauer) die Zinsen aus den Wertpapieren nach § 793 BGB aus eigenem Recht (originär), so daß sie ihm auch steuerrechtlich zuzurechnen sind, wenn nicht im Einzelfall ein Mißbrauch von Gestaltungsmöglichkeiten vorliegt.

Unter Bezugnahme auf das Ergebnis der Erörterung mit den obersten Finanzbehörden der Länder vertrete ich zu der Frage, ob bei der Veranlagung von Einkünften zwischen nahen Angehörigen die Grundsätze der Entscheidung des Großen Senats des BFH vom 29.11.1982 (a. a. O.) anzuwenden sind, folgende Auffassung:

Nach dem BFH-Urteil vom 14.12.1976 (BStBl. 1977 II S. 115) ist einkommensteuerrechtlich die Einräumung von Nießbrauchsrechten an Wertpapieren als Vorausabtretung der künftigen Erträgnisansprüche zu werten mit der Folge, daß die Wertpapiererträge weiterhin dem Nießbrauchsbesteller zuzurechnen sind (vgl. Abschnitt III des BMF-Schreibens vom 23.11.1983, BStBl. I S. 508). Das gleiche gilt, wenn ein Wertpapierpensionsgeschäft zwischen nahen Angehörigen im wirtschaftlichen Ergebnis wie ein Nießbrauch ausgestaltet ist, der nach dem o. a. BFH-Urteil vom 14.12.1976 nicht zur Zurechnung der Wertpapiererträge beim Nießbraucher führt. Das ist z. B. auch der Fall, wenn bei einem solchen Geschäft zwischen Eltern und Kindern dem Pensionsnehmer (Kind) die vereinbarte Gegenleistung bis zum Zeitpunkt der Rückübertragung gestundet wird und im Zeitpunkt der Rückübertragung eine Aufrechnung der Ansprüche von Pensionsgeber und Pensionsnehmer stattfindet oder wenn dem Pensionsnehmer das zu leistende Entgelt zuvor dem Pensionsgeber schenkweise zur Verfügung gestellt worden ist.

Anlagen § 021–11 unbesetzt, § 021–12

Zu § 21 EStG

Zahlung von Erschließungskosten durch den Erbbauberechtigten; hier: Auswirkungen des BFH-Urteils vom 21. November 1989 (BStBl. 1990 II S. 310)

– BdF-Schreiben vom 16. Dezember 1991 IV B 3 – S 2253 – 67/91 (BStBl. 1991 I S. 1011) –

Unter Bezugnahme auf das Ergebnis der Erörterungen mit den obersten Finanzbehörden der Länder wird zur Frage der Behandlung der vom Erbbauberechtigten gezahlten Erschließungskosten im Privatvermögen in Abweichung von der bisherigen Verwaltungsauffassung wie folgt Stellung genommen:

1. Behandlung beim Erbbauverpflichteten

1.1 Zufluß und Ermittlung der Einnahmen

Durch Erschließungskosten, die der Erbbauberechtigte übernimmt, tritt beim Grundstückseigentümer (Erbbauverpflichteter) ein Wertzuwachs ein. Der Wertzuwachs fließt dem Erbbauverpflichteten erst im Zeitpunkt des Heimfalls oder der Beendigung des Erbbaurechts zu (BFH-Urteil vom 21. November 1991, a.a.O.). Die Höhe der Einnahmen bestimmt sich nach § 8 Abs. 2 EStG.

1.2 Bestandskräftige Steuerbescheide

Eine Änderung bestandskräftiger Steuerbescheide, in denen entsprechend der bisherigen Verwaltungsauffassung der Gesamtbetrag der Erschließungskosten bereits im Jahr der Zahlung beim Erbbauverpflichteten versteuert worden ist, kommt, sofern nicht eine Änderung aus anderen Gründen möglich ist, nicht in Betracht. Gleiches gilt auch für die Fälle, in denen ein Teilbetrag der aus Billigkeitsgründen auf zehn Jahre verteilten Erschließungskosten bestandskräftig zur Einkommensteuer herangezogen worden ist.

1.3 Anrechnung bereits versteuerter Einnahmen

Soweit der Erbbauverpflichtete die vom Erbbauberechtigten gezahlten Erschließungskosten bereits ganz oder teilweise versteuert hat, unterliegt im Zeitpunkt des Zuflusses (vgl. Nr. 1.1) lediglich der nach Abzug des bereits versteuerten Betrages noch verbleibende Wertzuwachs der Besteuerung.

2. Behandlung beim Erbbauberechtigten

2.1 Rechtliche Einordnung

2.1.1 An die Gemeinde gezahlte Erschließungskosten

Erschließungskosten, die der Erbbauberechtigte an die Gemeinde zahlt, gehören zu den Anschaffungskosten des Erbbaurechts und nicht zu den sofort in voller Höhe abziehbaren Aufwendungen.

2.1.2 An einen vorherigen Erbbauberechtigten (z. B. Bauunternehmer) erstattete Erschließungskosten

Die vom Erwerber des Erbbaurechts dem Vorerbbauberechtigten erstatteten Erschließungskosten stellen ebenfalls Anschaffungskosten des Erbbaurechts dar.

Diese Zuordnung gilt unabhängig davon, ob die Übertragung des Erbbaurechts gegen Zahlung eines einheitlichen Gesamtpreises ohne gesonderten Ausweis der Erschließungskosten erfolgt oder aber die Erschließungskosten dem Erwerber des Erbbaurechts gesondert in Rechnung gestellt werden. Ein Gesamtpreis ist nach dem Verhältnis der Verkehrswerte auf das Gebäude und das Erbbaurecht (einschließlich Erschließungskosten) aufzuteilen.

2.2 Steuerliche Berücksichtigung

Der Erbbauberechtigte kann die von ihm getragenen Erschließungskosten im Rahmen der Einkünfte aus Vermietung und Verpachtung verteilt auf die Laufzeit des Erbbaurechts nach § 9 Abs. 1 Satz 3 Nr. 7 EStG abziehen.

Soweit sich in Anwendung der bisherigen Verwaltungspraxis die Erschließungskosten bereits steuermindernd beim Erbbauberechtigten ausgewirkt haben, scheidet eine nochmalige Berücksichtigung im Wege der Absetzung für Abnutzung aus. Der Steuerpflichtige ist nach den Grundsätzen von Treu und Glauben an die bisherige Behandlung auch in den folgenden Veranlagungszeiträumen gebunden.

Hinsichtlich der bei einer zu eigenen Wohnzwecken genutzten Wohnung vor Bezug entstandenen Aufwendungen im Sinne von § 10e Abs. 6 EStG vergleiche Tz. 52 des BMF-Schreibens vom 25. Oktober 1990, BStBl. 1990 I S. 626, 633.

3. Erstmalige Anwendung

Die vorstehenden Regelungen sind in allen Fällen anzuwenden, in denen ein bestandskräftiger Steuerbescheid noch nicht vorliegt. Soweit die Anwendung dieser Regelungen zu einer Verschärfung der Besteuerung führt, sind sie nicht anzuwenden, soweit der rechtswirksame Abschluß des Erbbaurechtsvertrags oder des auf Übertragung eines Erbbaurechts gerichteten Vertrags vor dem 1. Januar 1992 liegt.

Anlage § 021–13

Zu § 21 EStG

Vermietung eines Büroraums an den Arbeitgeber

– BMF-Schreiben vom 13.12.2005 – IV C 3 – S 2253 – 112/05 (BStBl. 2006 I S. 4) –

Zur einkommensteuerrechtlichen Behandlung der Vermietung eines Büroraums durch einen Arbeitnehmer an seinen Arbeitgeber, den der Arbeitnehmer als Arbeitszimmer nutzt, hat der Bundesfinanzhof in Fortentwicklung der Urteile vom 19. Oktober 2001 (BStBl. 2002 II S. 300) und vom 20. März 2003 (BStBl. II S. 519) mit Urteil vom 16. September 2004 seine Rechtsprechung weiter präzisiert.

Unter Bezugnahme auf das Ergebnis der Erörterungen mit den obersten Finanzbehörden der Länder sind die Urteilsgrundsätze unter Anlegung eines strengen Maßstabs wie folgt anzuwenden:

Zu den Einkünften aus nichtselbständiger Arbeit zählen nach § 19 Abs. 1 Satz 1 Nr. 1 EStG auch andere Bezüge und Vorteile, die einem Arbeitnehmer für eine Beschäftigung im öffentlichen oder privaten Dienst gewährt werden. Ein Vorteil wird gewährt, wenn er durch das individuelle Dienstverhältnis des Arbeitnehmers veranlasst ist. Hieran fehlt es, wenn der Arbeitgeber dem Arbeitnehmer Vorteile aufgrund einer anderen, neben dem Dienstverhältnis gesondert bestehenden Rechtsbeziehung – beispielsweise einem Mietverhältnis – zuwendet.

Leistet der Arbeitgeber Zahlungen für ein im Haus oder in der Wohnung des Arbeitnehmers gelegenes Büro, das der Arbeitnehmer für die Erbringung seiner Arbeitsleistung nutzt, so ist die Unterscheidung zwischen Arbeitslohn und Einkünften aus Vermietung und Verpachtung danach vorzunehmen, in wessen vorrangigem Interesse die Nutzung des Büros erfolgt.

Dient die Nutzung in erster Linie den Interessen des Arbeitnehmers, ist davon auszugehen, dass die Zahlungen des Arbeitgebers als Gegenleistung für das Zurverfügungstellen der Arbeitskraft des Arbeitnehmers erfolgt sind. Die Zahlungen sind als Arbeitslohn zu erfassen.

Eine für die Zuordnung der Mietzahlungen zu den Einnahmen aus Vermietung und Verpachtung i.S. von § 21 Abs. 1 Nr. 1 EStG erforderliche, neben dem Dienstverhältnis gesondert bestehende Rechtsbeziehung setzt voraus, dass das Arbeitszimmer vorrangig im betrieblichen Interesse des Arbeitgebers genutzt wird und dieses Interesse über die Entlohnung des Arbeitnehmers sowie über die Erbringung der jeweiligen Arbeitsleistung hinaus geht. Die Ausgestaltung der Vereinbarung zwischen Arbeitgeber und Arbeitnehmer als auch die tatsächliche Nutzung des angemieteten Raumes im Haus oder der Wohnung des Arbeitnehmers müssen maßgeblich und objektiv nachvollziehbar von den Bedürfnissen des Arbeitgebers geprägt sein.

Für das Vorliegen eines betrieblichen Interesses sprechen beispielsweise folgende Anhaltspunkte:

- Für den/die Arbeitnehmer sind im Unternehmen keine geeigneten Arbeitszimmer vorhanden; die Versuche des Arbeitgebers, entsprechende Räume von fremden Dritten anzumieten, sind erfolglos geblieben.
- Der Arbeitgeber hat für andere Arbeitnehmer des Betriebs, die über keine für ein Arbeitszimmer geeignete Wohnung verfügen, entsprechende Rechtsbeziehungen mit fremden Dritten, die nicht in einem Dienstverhältnis zu ihm stehen, begründet.
- Es wurde eine ausdrückliche, schriftliche Vereinbarung über die Bedingungen der Nutzung des überlassenen Raumes abgeschlossen.

Allerdings muss der Steuerpflichtige auch in diesen Fällen das vorrangige betriebliche Interesse seines Arbeitgebers nachweisen, ansonsten sind die Zahlungen als Arbeitslohn zu erfassen.

Ein gegen das betriebliche Interesse und damit für den Arbeitslohncharakter der Mieteinnahmen sprechendes gewichtiges Indiz liegt vor, wenn der Arbeitnehmer im Betrieb des Arbeitgebers über einen weiteren Arbeitsplatz verfügt und die Nutzung des häuslichen Arbeitszimmers vom Arbeitgeber lediglich gestattet oder geduldet wird. In diesem Fall ist grundsätzlich von einem vorrangigen Interesse des Arbeitnehmers an der Nutzung des häuslichen Arbeitszimmers auszugehen. Zur Widerlegung dieser Annahme muss der Steuerpflichtige das vorrangige Interesse seines Arbeitgebers am zusätzlichen häuslichen Arbeitsplatz, hinter welches das Interesse des Steuerpflichtigen zurücktritt, nachweisen. Ein etwa gleichgewichtiges Interesse von Arbeitgeber und Arbeitnehmer reicht hierfür nicht aus.

Für das Vorliegen eines betrieblichen Interesses kommt es nicht darauf an,

- ob ein entsprechendes Nutzungsverhältnis zu gleichen Bedingungen auch mit einem fremden Dritten hätte begründet werden können,
- ob der vereinbarte Mietzins die Höhe des ortsüblichen Mietzinses unterschreitet, denn das geforderte betriebliche Interesse an der Nutzung des betreffenden Raumes wird durch eine für den Arbeitgeber vorteilhafte Gestaltung der zugrunde liegenden Rechtsbeziehung nicht in Frage gestellt.

Zu § 21 EStG

Anlage § 021–13

Bei einer auf Dauer angelegten Vermietungstätigkeit ist nach der Rechtsprechung des Bundesfinanzhofs vom Vorliegen der Einkunftserzielungsabsicht auszugehen (vgl. auch BMF-Schreiben vom 8. Oktober 2004 – BStBl. I S. 933). Das gilt auch für die Vermietung eines im Haus oder der Wohnung des Arbeitnehmers gelegenen Büros an den Arbeitgeber. Selbst wenn wegen der Koppelung des Mietvertrags an die Amts- oder Berufszeit des Arbeitnehmers und im Hinblick auf die Höhe des Mietzinses Zweifel am Vorliegen der Einkunftserzielungsabsicht bestehen, steht dies bei vorrangigem betrieblichen Interesse des Arbeitgebers einer Berücksichtigung der Aufwendungen nicht entgegen.

Liegen die Voraussetzungen für die Zuordnung der Mieteinnahmen zu den Einkünften aus Vermietung und Verpachtung vor, sind die das Dienstzimmer betreffenden Aufwendungen in vollem Umfang als Werbungskosten zu berücksichtigen. Sie fallen nicht unter die Abzugsbeschränkung des § 4 Abs. 5 Satz 1 Nr. 6b EStG.

Anlage § 021–14 Zu § 21 EStG

Ermittlung der ortsüblichen Marktmiete bei verbilligt überlassenen Wohnungen

– Vfg. Bayer. Landesamt für Steuern vom 25.1.2008 – S 2253 – 38 St 32/33 –

Der BFH hat mit Urteil vom 17.8.2005 (BStBl. 2006 II S. 71) zur lohnsteuerrechtlich relevanten Frage der Überlassung einer Wohnung an den Arbeitnehmer entschieden, dass die Überlassung zu einem Mietpreis, der innerhalb der Mietspanne des örtlichen Mietspiegels liegt, regelmäßig die Annahme eines geldwerten Vorteils ausschließt. Jeder Mietzins innerhalb der Mietpreisspanne könne die ortsübliche Miete und damit „üblicher Endpreis am Abgabeort" i. S. d. § 8 Abs. 2 EStG sein.

Aus Vereinfachungsgründen können diese Urteilsgrundsätze auch auf die verbilligte Vermietung von Wohnungen nach § 21 Abs. 2 EStG übertragen werden, d. h. im Regelfall ist der Ansatz eines Werts innerhalb des Mietpreisspanne (Mietspiegel) nicht zu beanstanden, auch wenn es der niedrigste Wert ist.

Im Übrigen bestehen aber keine Bedenken, wenn in Kommunen, für die **kein** Mietspiegel existiert, weiterhin vom ortsüblichen **Mittelwert** einer vergleichbaren Wohnung ausgegangen wird.

Zu § 21 EStG   **Anlage § 021–15**

Ermittlung der ortsüblichen Miete bei Objekten, für die keine Mietspiegel oder ähnliche Vergleichswerte vorhanden sind

– Erlass SenFin Berlin vom 24.01.2012 – S 2253-1/2012-2 –

In Fällen, in denen für Regionen im übrigen Bundesgebiet keine Mietspiegel vorhanden sind und eine ortsübliche Vergleichsmiete auch nicht auf andere Weise ermittelbar ist (z.B. durch Nachfrage bei der Gemeindeverwaltung), kann diese zur Prüfung der verbilligten Überlassung gemäß § 21 Abs. 2 EStG nach folgender Methode ermittelt werden:

Ausgangsgröße ist die bundesdurchschnittliche Bruttokaltmiete je m² für Wohnungen laut Mikrozensus 2006, Tabelle 14.1.

Der aus der Tabelle entnommene Mietwert ist anhand des Preisindex für Mieten für jeden Veranlagungszeitraum mit einer jährlichen Steigerung um 1,15 % des Ausgangswerts fortzuschreiben.

Anschließend ist die fortgeschriebene Miete entsprechend § 12 Wohngeldgesetz (vgl. Anlage 2) nach den der jeweiligen Region zugeordneten Mietstufe auf das entsprechende Mietpreisniveau anzupassen. Dabei ist im Falle der Stufen II bis V jeweils von den Mittelwerten auszugehen. Im Falle der Stufen I und VI sind die Mindestabweichungen anzusetzen (Stufe I = -16 %; Stufe VI = + 25 %)

Sollte der Vergleich der vereinbarten Miete mit der nach oben beschriebenen Methode ermittelten ortsüblichen Miete dazu führen, dass die Grenze für die verbilligte Überlassung nach § 21 Abs. 2 EStG in Höhe von 66 % (bis einschließlich 2011: 56 % bzw. 75 %) unterschritten wird, bleibt es dem Stpfl. unbenommen, durch andere geeignete Unterlagen nachzuweisen, dass die tatsächliche Miete, die nach Art, Lage und Ausstattung vergleichbare ortsübliche Miete um nicht mehr als 34 % unterschreitet.

Beispiel:

Vermietung einer 70 m²-Wohnung (Baujahr 1980) in Stadt X (belegen in den alten Bundesländern) für 6,- € / m² Bruttokaltmiete im VZ 2012.

Für die Stadt X ist kein aktueller örtlicher Mietspiegel vorhanden.

Die bundesdurchschnittliche Bruttokaltmiete beträgt laut Mikrozensus 2006 für vergleichbare Wohnungen 6,39 € / m².

Laut Liste der Mietenstufen der Gemeinden unterliegt die Stadt X der Mietenstufe VI. Hierdurch ergibt sich auf Grund des Mietniveaus der Stufe VI eine Erhöhung der durchschnittlichen Bundesmiete um mindestens 25 % (§ 12 Abs. 4 und 5 des Wohngeldgesetzes). ...

1. Es ergibt sich folgende Vergleichsberechnung:

Bundesdurchschnittliche Bruttokaltmiete	*6,39 €*
Fortschreibung von 2006 bis 2012 6,39 € + (6,39 € x 1,15 % x 6 Jahre):	*6,83 €*
Anpassung an das Mietniveau der entsprechenden Region (Mietenstufe VI mit Abweichungen von mind. 25 %)	*8,54 €*

2. Prüfung der verbilligten Überlassung nach § 21 Abs. 2 EStG

Verhältnis der vereinbarten Miete zur ortsüblichen Vergleichsmiete (6,- € / 8,54 €)	***70,26 %***

Die tatsächliche Miete beträgt mindestens 66 % der ortsüblichen Marktmiete, so dass das Mietverhältnis in vollem Umfang anzuerkennen ist.

Hinweis:

Nach § 21 Abs. 2 EStG i.d. für die VZ bis 2011 geltenden Fassung wäre im Beispielsfall eine Überschussprognose anzufordern, da die vereinbarte Miete zwar mehr als 56 %, jedoch weniger als 75 % der ortsüblichen Miete beträgt (vgl. BMF-Schreiben vom 08.10.2004, Rz. 13 - BStBl. I S. 933).

Mietvertrag mit einem Unterhaltsberechtigten

– Vfg OFD Berlin vom 28.6.2000 – St 175 – S 2253 – 3/91 –

Hinsichtlich der Anerkennung von Mietverträgen mit einem unterhaltsberechtigten Kind, das zwar die Miete, nicht aber den gesamten Lebensunterhalt aus eigenen Mitteln bestreiten kann, wurde bisher die Auffassung vertreten, es liege in diesen Fallgestaltungen eine rechtsmissbräuchliche Gestaltung i.S.d. § 42 AO vor. Dementsprechend wurde das BFH-Urteil vom 28.3.1995 (BStBl. II 1995 S. 59) nicht angewendet. (BMF-Schreiben vom 22.1.1996, BStBl. I 1996 S. 37).

Nunmehr wird durch die Rechtsprechung (BFH-Urteil vom 19.10.1999, BStBl. II 2000 S. 223) unter Aufgabe der bisherigen Rechtsprechung sogar nicht mehr beanstandet, wenn die Miete durch Verrechnung mit dem Barunterhalt entrichtet wird – auf das Vorliegen eigener anderer Einkünfte kommt es nicht mehr an.

Mit Veröffentlichung im Bundessteuerblatt ist die Rechtsprechung allgemein anzuwenden, die bisherige Verwaltungsauffassung ist damit aufgegeben.

Mietverträge mit Unterhaltsberechtigten sind nunmehr ohne weiteres unter Beachtung der allgemeinen Grundsätze zur Anerkennung von Mietverträgen zwischen nahen Angehörigen der Besteuerung in allen noch offenen Fällen zugrunde zu legen.

Zu § 21 EStG

Anlage § 021–18

Mietverträge mit nahen Angehörigen [1]

– Vfg OFD Frankfurt vom 29.9.2006 – S 2253 A – 46 – St 214 –

I. Fremdvergleich als Anerkennungsvoraussetzung

Schließen fremde Dritte einen Mietvertrag, kann im Regelfall davon ausgegangen werden, dass Leistung und Gegenleistung aufgrund der Interessengegensätze gegeneinander abgewogen sind. Dies kann bei nahen Angehörigen nicht ohne weitere Prüfung unterstellt werden. Mietverträge zwischen nahen Angehörigen müssen daher einem Fremdvergleich standhalten.

Für die steuerrechtliche Anerkennung von Verträgen zwischen nahen Angehörigen (vgl. auch R 4.8 EStR bzw. H 4.8 EStG) ist Voraussetzung, dass:

1. der Mietvertrag bürgerlich-rechtlich wirksam geschlossen sein muss und
2. das Mietverhältnis ernsthaft vereinbart und die Vereinbarung entsprechend tatsächlich durchgeführt wird.

Ob ein Mietvertrag einem Fremdvergleich standhält, muss nach der *Gesamtheit der objektiven Gegebenheiten* beurteilt werden (vgl. BFH-Urteil vom 7.5.1996, BStBl. II 1997 S. 796). Entspricht der Mietvertrag und seine Durchführung nicht den üblichen Gepflogenheiten unter fremden Dritten, ist ihm die steuerliche Anerkennung zu versagen. Dies bedeutet aber nicht, dass jede geringfügige Abweichung vom Üblichen sofort die steuerliche Nichtanerkennung zur Folge hätte. Dies gilt insbesondere für geringfügige Abweichungen, die durch geschäftliche Unerfahrenheit der Beteiligten verursacht sind. Entscheidend ist vielmehr, dass im Rahmen einer Gesamtwürdigung die ernsthafte Vereinbarung und die tatsächliche Durchführung des Mietvertrags mit hinreichender Sicherheit feststeht.

II. Bürgerlich-rechtliche Wirksamkeit

Mietverträge können grundsätzlich formlos geschlossen werden. Das gilt zwar auch im Bereich der Vermietung an nahe Angehörigen, allerdings stellt dies eine Unüblichkeit dar, die im Rahmen der Gesamtbetrachtung zu einer Nichtanerkennung beitragen kann. Der Stpfl. trägt die Beweislast für die Inhalte des Vertrags (vgl. FG Bremen, EFG 1994 S. 888).

Beim Abschluss von Mietverträgen mit Minderjährigen ist die Bestellung und Mitwirkung eines Ergänzungspflegers zwingend erforderlich. Hat dieser nicht mitgewirkt, ist der Vertrag nichtig oder schwebend unwirksam und damit auch steuerrechtlich nicht anzuerkennen (vgl. §§ 181, 1909 BGB, BFH-Urteil vom 13.5.1980, BStBl. II 1981 S. 297). Die zivilrechtliche Heilung durch Bestellung eines Ergänzungspflegers entfaltet steuerlich erst ab dem Zeitpunkt Wirkung, in dem dieser das Rechtsgeschäft genehmigt (vgl. BFH vom 31.10.1989, BStBl. II 1992 S. 506).

III. Ernsthafte Vereinbarung und tatsächliche Durchführung

Damit das Mietverhältnis ernsthaft vereinbart ist, muss der Mietvertrag in jedem Fall die Höhe des Mietzinses und die Mietsache bezeichnen, da dies Hauptinhalte eines Mietvertrags sind (vgl. § 535 BGB). Fehlende Nebenkostenabreden führen nicht automatisch zur steuerlichen Nichtanerkennung, können aber Beweisanzeichen im Rahmen der Gesamtbetrachtung sein (vgl. BFH vom 21.10.1997, BStBl. II 1998 S. 108 ; vom 17.2.1998, BStBl. II 1998 S. 349).

Die Anerkennung des Mietvertrags ist u.a. ausgeschlossen, wenn

1. die Miete nicht gezahlt wird,
2. die Mietzahlungen entgegen den Vereinbarungen im Mietvertrag nicht monatlich, sondern jährlich bzw. in einem Gesamtbetrag für mehrere Jahre erfolgen (BFH vom 19.6.1991, BStBl. II 1992 S. 75),
3. Wohnräume im Haus der Eltern, die keine abgeschlossene Wohnung bilden, an volljährige unterhaltsberechtigte Kinder vermietet werden (vgl. BFH vom 16.1.2003, BStBl. II 2003 S. 301) oder
4. Angehörige wechselseitig vermieten (BFH vom 25.1.1994, BStBl. II 1994 S. 738). Dies gilt allerdings nicht, wenn ein Kind den Eltern eine Wohnung vermietet und gleichzeitig unentgeltlich in einem Haus der Eltern wohnt (vgl. BFH vom 14.1.2003, BStBl. II 2003 S. 509).

Die Versagung der Anerkennung des Mietvertrags kann nicht allein darauf gestützt werden, dass:

1. die Miete durch Barzahlung ohne Quittung beglichen wird,

---

1) Siehe dazu auch H 21.4 EStH.

2. die Miete durch Verrechnung mit dem Unterhaltsanspruch (z.B. bei Kindern oder dauernd getrennt lebenden oder geschiedenen Ehegatten) beglichen wird (vgl. BFH-Urteil vom 19.9.1999, BStBl. II 2000 S. 223),
3. die Miete bei Vermietung durch den Unterhaltsverpflichteten (z.B. Eltern) durch dessen Unterhaltsleistungen oder anderen Geldschenkungen gezahlt wird (vgl. BFH vom 28.1.1997, BStBl. II 1997 S. 599)[1].

Je mehr Unüblichkeiten zusammentreffen, desto eher ist die steuerliche Anerkennung im Rahmen der Gesamtbetrachtung zu versagen.

---

1) Siehe dazu auch Anlage § 021-17.

Zu § 21 EStG

Anlage § 021–19

Einkommensteuerrechtliche Fragen im Zusammenhang mit der Vermögensrückgabe im Beitrittsgebiet bei den Einkünften aus Vermietung und Verpachtung

– BdF-Schreiben vom 11. Januar 1993 IV B 3 – S 2211 – 66/92 (BStBl. I S. 18) –

Zu Fragen der Rückgabe von bebauten oder unbebauten Grundstücken im Beitrittsgebiet, die der Erzielung von Einnahmen aus Vermietung und Verpachtung dienen, nehme ich wie folgt Stellung:

1. **Steuerliche Behandlung der Rückübertragung, Rückgabe nach Aufhebung der staatlichen Verwaltung und Entschädigung nach dem Vermögensgesetz**

   Die Rückübertragung von enteignetem Grundbesitz oder dessen Rückgabe nach Aufhebung der staatlichen Verwaltung aufgrund des Gesetzes zur Regelung offener Vermögensfragen vom 23. September 1990 in der Fassung der Bekanntmachung vom 3. August 1992 (VermG, BGBl. I S. 1446) ist keine Anschaffung im steuerlichen Sinne (§ 52 Abs. 2 Satz 2 D-Markbilanzgesetz i. d. F. vom 18. April 1991, DMBilG, BStBl. I S. 713). In Fällen der Rückübertragung oder Rückgabe gilt für die Bemessung der Absetzungen für Abnutzung als Anschaffungs- oder Herstellungskosten des Wert, der sich in entsprechender Anwendung des § 52 Abs. 1 Satz 1 DMBilG ergibt. Das ist regelmäßig der Verkehrswert des Grundstücks zum 1. Juli 1990, soweit er auf das Gebäude entfällt. § 11d EStDV ist entsprechend anzuwenden.

   Eine anstelle der Rückübertragung gezahlte Entschädigung gehört nicht zu den steuerpflichtigen Einkünften im Sinne des Einkommensteuergesetzes.

2. **Aufwendungen im Zusammenhang mit der Rückübertragung oder Rückgabe nach Aufhebung der staatlichen Verwaltung**

   Soweit Aufwendungen im Zusammenhang mit der Rückübertragung oder Rückgabe von vermietetem Grundbesitz (z. B. Kosten für Nachforschungen, Reisekosten; vgl. aber Tz. 3) entstanden sind, können diese als vorweggenommene Werbungskosten bei den Einkünften aus Vermietung und Verpachtung abziehbar sein. Dies gilt auch dann, wenn es entgegen den Erwartungen des Antragstellers nicht zu einer Rückübertragung an ihn kommt. Der Abzug als Werbungskosten setzt voraus, daß ein ausreichender wirtschaftlicher Zusammenhang zwischen den Aufwendungen und der späteren Erzielung von Einnahmen aus Vermietung und Verpachtung besteht. Im Zeitpunkt des Anfalls der Aufwendungen müssen Umstände erkennbar sein, wonach auf ein auf Einkunftserzielung gerichtetes Handeln geschlossen werden kann. Derartige, den Sachverhalt konkretisierende Umstände können z. B. Angaben über Art und Lage des Grundstücks, die derzeitige und die beabsichtigte Nutzung durch den Steuerpflichtigen, die derzeitigen Eigentumsverhältnisse, der Rechtsgrund, auf den der Steuerpflichtige seinen Anspruch auf Rückübertragung oder Rückgabe stützt, sowie die Vorlage einer Ablichtung des Antrags auf Rückübertragung oder Rückgabe sein.

   Aufwendungen für ein bebautes Grundstück, bei dem eine Rückübertragung ausgeschlossen ist und nur ein Anspruch auf Entschädigung besteht (§§ 4, 5 VermG, § 3a VermG i. d. F. der Bekanntmachung vom 18. April 1991 – BGBl. I S. 957, § 11 Abs. 2 Investitionsvorranggesetz BGBl. 1992 I S. 1257, 1268 – InVorG) oder für das der Steuerpflichtige eine Entschädigung zu wählen beabsichtigt (§§ 8, 11 VermG, 17 In VorG), stellen keine Werbungskosten dar.

   Soweit und solange der Sachverhalt unsicher oder unklar ist, kann das Finanzamt die Steuer vorläufig festsetzen (§ 165 der Abgabenordnung).

3. **Ablösung von Aufbauhypotheken, vergleichbaren Grundpfandrechten und Aufbaukrediten, Wertausgleich nach § 7 VermG**

   Ist ein Grundstückseigentümer zur Übernahme einer auf seinem Grundstück lastenden Aufbauhypothek, eines vergleichbaren Grundpfandrechts oder Aufbaukredites verpflichtet und löst er diese Verbindlichkeiten ab, sind diese Zahlungen als Leistung auf der Vermögensebene einkommensteuerrechtlich unbeachtlich. Sie können nicht als Werbungskosten im Rahmen der Einkünfte aus Vermietung und Verpachtung abgezogen werden und erhöhen nicht die Anschaffungs- oder Herstellungskosten (vgl. dazu Tz. 1). Das gleiche gilt im Fall eines bei Rückübertragung des enteigneten Grundstücks oder Rückgabe nach Aufhebung der staatlichen Verwaltung zu leistenden Wertausgleichs nach § 7 VermG.

4. **Veräußerung innerhalb von zwei Jahren nach Rückübertragung**

   Veräußert der Steuerpflichtige das Grundstück innerhalb von zwei Jahren nach Rückübertragung, findet § 23 EStG (Spekulationsgeschäfte) keine Anwendung (vgl. dazu Tz. 1), es sei denn, mit der Rückübertragung wurde ein entgeltlich erworbener Anspruch (§ 3 Abs. 1 Satz 2 VermG) erfüllt.

Anlage § 021–20

Zu § 21 EStG

Schuldzinsen bei einem Darlehen für die Anschaffung oder Herstellung eines teilweise vermieteten und teilweise selbst genutzten Gebäudes bei den Einkünften aus Vermietung und Verpachtung;
BFH-Urteil vom 25. März 2003 (BStBl. 2004 II S. 348) [1]

– BdF-Schreiben vom 16.4.2004 IV C 3 – S 2211 – 36/04 (BStBl. I S. 464) –

Der BFH hat mit den Urteilen vom 27. Oktober 1998 (BStBl. 1999 II S. 676, 678 und 680) sowie vom 9. Juli 2002 (BStBl. 2003 II S. 389) und zuletzt vom 25. März 2003 (BStBl. 2004 II S. 348) zum Abzug von Schuldzinsen bei Darlehen für die Anschaffung oder Herstellung eines teilweise vermieteten und teilweise selbst genutzten Gebäudes entschieden. Unter Bezugnahme auf das Ergebnis der Erörterung mit den obersten Finanzbehörden der Länder nehme ich zur Anwendung der Urteilsgrundsätze wie folgt Stellung:

Ein Steuerpflichtiger, der ein teilweise vermietetes und teilweise selbst genutztes Gebäude mit Eigenmitteln und Fremdmitteln finanziert, kann Darlehenszinsen als Werbungskosten bei den Einkünften aus Vermietung und Verpachtung abziehen, soweit er die Darlehensmittel tatsächlich zur Finanzierung der Anschaffungs- oder Herstellungskosten des vermieteten Gebäudeteils verwendet.

1. Zuordnung der Anschaffungs- oder Herstellungskosten

Der Abzug von Schuldzinsen als Werbungskosten setzt zunächst voraus, dass die Anschaffungs- oder Herstellungskosten den Gebäudeteilen, die eigenständige Wirtschaftsgüter bilden, zugeordnet werden. Hierbei ist Folgendes zu beachten:

a) Anschaffungskosten, Anschaffungsnebenkosten

- Einer nach außen hin erkennbaren Zuordnung der Anschaffungskosten durch den Steuerpflichtigen, z. B. durch Aufteilung des zivilrechtlich einheitlichen Kaufpreises im notariellen Kaufvertrag, ist steuerrechtlich zu folgen, soweit die Aufteilung nicht zu einer unangemessenen wertmäßigen Berücksichtigung der einzelnen Gebäudeteile führt.
- Trifft der Steuerpflichtige keine nach außen hin erkennbare Zuordnungsentscheidung, sind die Anschaffungskosten den einzelnen Gebäudeteilen nach dem Verhältnis der Wohn-/Nutzflächen anteilig zuzuordnen.

b) Herstellungskosten

- In Rechnung gestellte Entgelte für Lieferungen und Leistungen, die ausschließlich einen bestimmten Gebäudeteil betreffen (z. B. Aufwendungen für Bodenbeläge, Malerarbeiten oder Sanitärinstallationen in einer einzelnen Wohnung), sind diesem Gebäudeteil gesondert zuzuordnen. Diese Aufwendungen müssen entweder durch den Unternehmer gesondert abgerechnet oder durch den Steuerpflichtigen in einer gleichartigen Aufstellung gesondert aufgeteilt und ausgewiesen werden.
- Kosten, die das Gesamtgebäude betreffen (z. B. Aufwendungen für den Aushub der Baugrube, den Rohbau, die Dacheindeckung, den Außenanstrich), sind den einzelnen Gebäudeteilen nach dem Verhältnis der Wohn-/Nutzflächen anteilig zuzuordnen. Dies gilt auch, wenn der Steuerpflichtige die Kosten für die Errichtung des gesamten Gebäudes einheitlich abgerechnet hat, ohne die auf die jeweiligen Gebäudeteile entfallenden Kosten gesondert auszuweisen.

2. Wirtschaftlicher Zusammenhang zwischen Schuldzinsen und Anschaffungs- oder Herstellungskosten

Für den Werbungskostenabzug ist darüber hinaus ein wirtschaftlicher Zusammenhang zwischen den Schuldzinsen und den zugeordneten Anschaffungs- oder Herstellungskosten für den vermieteten Gebäudeteil unabdingbar. Dieser liegt nur dann vor, wenn dieser Teil der Anschaffungs- oder Herstellungskosten tatsächlich mit den dafür aufgenommenen Darlehensmitteln bezahlt worden ist. Hieraus folgt für Anschaffungs- und Herstellungsvorgänge:

---

[1] Siehe auch Vfg OFD Koblenz vom 21.2.2005 – S 2211 A und Vfg OFD Frankfurt vom 30.8.2006 – S 2211 A – 13 – St 214:
„Die Grundsätze des BdF-Schreibens vom 16.4.2004 gelten auch für Schuldzinsen bei einem Darlehen für die Finanzierung von Renovierungsaufwendungen (Erhaltungsaufwand) an einem teilweise vermieteten und teilweise selbst genutzten Gebäude."

Zu § 21 EStG

Anlage § 021-20

a) Anschaffung eines Gebäudes[1)]
   Eine gesonderte Zahlung der zugeordneten Anschaffungskosten liegt auch vor, wenn der Steuerpflichtige diese Kosten mittels eines eigenständigen Darlehens auf ein Notaranderkonto überweist und der Notar den gesamten Kaufpreis vom Notaranderkonto auskehrt.

b) Herstellung eines Gebäudes
   – Von einem wirtschaftlichen Zusammenhang ist auszugehen, wenn der Steuerpflichtige ein Baukonto ausschließlich mit Darlehensmitteln ausstattet und die Zahlungen der zugeordneten Herstellungskosten zu Lasten dieses Kontos ergehen.
   – Versäumt es der Steuerpflichtige, die den unterschiedlich genutzten Gebäudeteilen gesondert zugeordneten Aufwendungen getrennt mit Eigen-/Darlehensmitteln zu finanzieren, sind die Schuldzinsen nach dem Verhältnis der Baukosten der einzelnen Gebäudeteile schätzungsweise aufzuteilen.
   – Werden die Kosten für die Errichtung des gesamten Gebäudes einheitlich abgerechnet und bezahlt, ist grundsätzlich davon auszugehen, dass auch die Darlehensmittel nach dem Verhältnis der Wohn-/Nutzflächen verwendet worden sind. Etwas anderes gilt nur dann, wenn der Steuerpflichtige durch eigene Aufstellung die Herstellungskosten anteilig dem vermieteten Gebäudeteil zuordnet und die sich danach ergebenden Herstellungskosten mit Darlehensmitteln bezahlt (BFH-Urteil vom 25. März 2003).

3. Anwendungsregelungen

Die vorstehenden Grundsätze sind auch für ein vom Steuerpflichtigen beruflich genutztes häusliches Arbeitszimmer anwendbar, das als selbständiger Gebäudeteil zu behandeln ist.

Die vom Steuerpflichtigen vorgenommene tatsächliche Zuordnung von Darlehen bleibt auch maßgebend, wenn er die vormals selbst genutzte Wohnung später vermietet.

Dieses BMF-Schreiben, das gleichzeitig mit dem BFH-Urteil vom 25. März 2003 im Bundessteuerblatt veröffentlicht wird, ersetzt die BMF-Schreiben vom 10. Dezember 1999 (BStBl. I S. 1130) und vom 24. April 2003 (BStBl. I S. 287).

---

1) Siehe dazu auch das BFH-Urteil vom 01.04.2009 (BStBl. II S. 663):
   1. Nimmt der Steuerpflichtige Darlehen zur Finanzierung je unterschiedlicher Grundstücksteile auf, die eigenständige Wirtschaftsgüter bilden, scheitert der Zuordnungszusammenhang zu einzelnen Grundstücksteilen aber, weil die Valuten sämtlicher Darlehen auf ein Girokonto fließen, von dem dann der Steuerpflichtige den gesamten Kaufpreis an den Verkäufer überweist, so sind die entstandenen Schuldzinsen grundsätzlich nach dem Verhältnis der Wohnflächen/Nutzflächen aufzuteilen.
   2. Dies gilt nicht, wenn die Parteien des Kaufvertrags den Kaufpreis in anderer Weise auf die erworbenen Wirtschaftsgüter aufgeteilt haben und dieser Maßstab – weil weder zum Schein getroffen noch missbräuchlich – auch steuerrechtlich bindet. In diesem Fall ist der Kaufpreis nach dem Verhältnis des auf den vermieteten Grundstücksteil entfallenden Kaufpreises zum Gesamtkaufpreis aufzuteilen und die entstandenen Schuldzinsen in Höhe des hiernach auf den vermieteten Grundstücksteil entfallenden Anteils abzuziehen.

Anlage § 021–21

Zu § 21 EStG

Instandhaltungsrücklage bei Eigentumswohnungen

– Vfg OFD Frankfurt vom 30.3.2000 – S 2211 A – 12 – St II 23 –

1. Zivilrechtliche Grundlagen
Die Instandhaltungsrückstellung, im Sprachgebrauch Instandhaltungsrücklage genannt, zu deren Ansammlung die Wohnungseigentümer gem. §§ 21 Abs. 5 Nr. 4, 28 Abs. 1 Nr. 3 des Wohnungseigentümergesetzes (WEG) verpflichtet sind, dient der Instandhaltung und der Instandsetzung des gemeinschaftlichen Eigentums. Die Beiträge zur Instandhaltungsrücklage sind Teil der Vorschüsse auf das Wohngeld bzw. Hausgeld, die der einzelne Wohnungseigentümer entsprechend dem beschlossenen Wirtschaftsplan an den Verwalter zu leisten hat (§ 28 Abs. 1 Nr. 3 i. V. mit Abs. 2 WEG). Die Beiträge wie auch die Instandhaltungsrücklage selbst gehören zu den gemeinschaftlichen Geldern, die der Verwalter zu verwalten hat (§ 27 Abs. 1 Nr. 4 WEG). Sie sind Teil des Verwaltungsvermögens der Wohnungseigentümergemeinschaft. Der einzelne Wohnungseigentümer ist i.H. seiner Zahlungen als Eigentümer am Verwaltungsvermögen beteiligt.

2. Einnahmen aus der Anlage der Instandhaltungsrücklage
Zinsen, die der Beteiligte aus der verzinslichen Anlage der Instandhaltungsrücklage erzielt, gehören zu den Einkünften aus Kapitalvermögen (R 161 Abs. 2 EStR 1998).

3. Zeitpunkt des Werbungskostenabzugs
Die geleisteten Beiträge zur Instandhaltungsrücklage können beim einzelnen Wohnungseigentümer erst dann als Werbungskosten abgezogen werden, wenn der Verwalter sie für die Wohnungseigentümergemeinschaft tatsächlich für die Erhaltung des gemeinschaftlichen Eigentums oder für andere Maßnahmen, die die Erzielung von Einnahmen aus Vermietung und Verpachtung bezwecken oder durch sie veranlasst sind, verausgabt hat (s. H 161 „Werbungskosten" EStH 1998). Daher sind Wohngeld-Zahlungen bei vermieteten Eigentumswohnungen um die Zuführungsbeiträge zur Instandhaltungsrücklage zu kürzen.

Wird die Instandhaltungsrücklage für Maßnahmen verwendet, die zu Herstellungskosten führen, so sind nur die entsprechenden AfA als Werbungskosten abziehbar (§ 9 Abs. 1 Satz 3 Nr. 7 EStG).

4. Behandlung bei Veräußerung von Eigentumswohnungen
a) Beim Erwerber
Allein aus der zivilrechtlichen Verknüpfung des jeweiligen Anteils an der Instandhaltungsrücklage mit dem Wohnungseigentumsrecht kann nicht der Schluss gezogen werden, der Aufwand des Erwerbers für die anteilige Instandhaltungsrücklage sei für den Erwerb der Eigentumswohnung getätigt worden. Folglich gehört der bei Erwerb einer Eigentumswohnung im Kaufpreis enthaltene Anteil für das in der Instandhaltungsrücklage angesammelte Guthaben nicht zu den Anschaffungskosten der Eigentumswohnung (s. H 43 „Anschaffungskosten" EStH 1998). Vielmehr wird durch die Übernahme des Anteils durch den Erwerber eine vom Grundstückseigentum losgelöste Rechtsposition übertragen, die einer Geldforderung vergleichbar ist. Wird im Kaufvertrag nur ein einheitlicher Kaufpreis ausgewiesen, ist dieser entsprechend aufzuteilen. Beim Erwerber ist der um die erworbene anteilige Instandhaltungsrücklage gekürzte Kaufpreis für die Eigentumswohnung in die Bemessungsgrundlage für die AfA einzubeziehen.

b) Beim Veräußerer
Beim Veräußerer ist der auf den Erwerber übertragene Anteil an die Instandhaltungsrücklage im Zeitpunkt der Veräußerung *nicht* als Werbungskosten in Abzug zu bringen, da er insoweit seine Rechtsposition entgeltlich auf den Erwerber übertragen hat. Denn der Veräußerer erhält die zugeführten und noch nicht verbrauchten Rücklagenbeträge über den Kaufpreis vom Erwerber zurück.

Abziehbarkeit von Erhaltungsaufwendungen bei zunächst vermieteter und späterselbstgenutzter Wohnung

– BdF-Schreiben vom 26.11.2001 – IV C 3 – S 2211 – 53/01 (BStBl. I S. 868) –

Mit Urteil vom 10. Oktober 2000 – IX R 15/96 – hat der Bundesfinanzhof entschieden, dass Aufwendungen für Erhaltungsmaßnahmen, die der Steuerpflichtige noch während der Vermietungszeit an einem anschließend selbst genutzten Gebäude durchführt, – unabhängig vom Zahlungszeitpunkt – grundsätzlich als Werbungskosten bei den Einkünften aus Vermietung und Verpachtung abzuziehen sind. Für die Frage, ob Aufwendungen der Vermietungszeit oder der Selbstnutzung zuzurechnen sind, kommt es nicht auf die Zweckbestimmung des Erhaltungsaufwands an. Bei den während der Vermietungszeit durchgeführten Erhaltungsmaßnahmen ist vielmehr typisierend anzunehmen, dass sie noch der Einkünfteerzielung dienen.[1]

Unter Bezugnahme auf das Ergebnis der Erörterungen mit den obersten Finanzbehörden der Länder sind die Grundsätze dieses Urteils mit folgender Maßgabe anzuwenden.:

Aufwendungen für Erhaltungsmaßnahmen, die der Steuerpflichtige noch während der Vermietungszeit an einem anschließend selbst genutzten Gebäude durchführt, dürfen ausnahmsweise dann nicht als Werbungskosten abgezogen werden, wenn die Erhaltungsmaßnahmen für die Selbstnutzung bestimmt sind und in die Vermietungszeit vorverlagert werden. Dies kann insbesondere der Fall sein, wenn das Mietverhältnis bereits gekündigt ist und die Maßnahmen unter Zugrundelegung eines objektiven Maßstabs nicht nur zur Wiederherstellung oder Bewahrung der Mieträume und des Gebäudes erforderlich sind.

---

1) Mit Urteil vom 14. Dezember 2004, Az.: IX R 34/03 (BStBl. 2005 II S. 343), hat der BFH entschieden, dass Aufwendungen für die im Rahmen der Veräußerung eines Mietwohngrundstücks vom Verkäufer übernommene Instandsetzung auch dann nicht als Werbungskosten bei den bisherigen Einkünften aus Vermietung und Verpachtung zu berücksichtigen sind, wenn die betreffenden Arbeiten noch während der Vermietungszeit durchgeführt werden. Dieser Entscheidung lag der Sachverhalt zu Grunde, dass sich der Verkäufer im notariell beurkundetem Vertrag verpflichtet hatte, verschiedene Baumaßnahmen, z. B. Sanierung der Balkone, „bis zum Tage des Besitzübergangs" auf eigene Kosten durchzuführen. Der BFH verneinte den Werbungskostenabzug, weil der erforderliche Veranlassungszusammenhang mit der Vermietungstätigkeit nicht mehr gegeben ist, soweit die Aufwendungen allein oder ganz überwiegend durch die Veräußerung des Mietwohnobjekts veranlasst sind. Die typisierende Annahme, während der Vermietungszeit durchgeführte Erhaltungsmaßnahmen dienten noch der Vermietungszeit (BFH vom 10. Oktober 2000, Az. IX R 15/96, a. a. O.), setzt einen für solche Fälle üblichen Geschehensablauf voraus. Dieser ist aber im entschiedenen Fall durch die gewollte Gestaltung der Grundstücksübergabe nicht gegeben gewesen.

Anlagen § 021–23

Zu § 21 EStG

I. Nach Aufgabe der Vermietungstätigkeit entstandene Schuldzinsen zur Finanzierung sofort abziehbarer Werbungskosten als nachträgliche Werbungskosten bis 2013 [1]

– BdF-Schreiben vom 3.5.2006 – IV C 3 – S 2211 – 11/06 (BStBl. I S. 363) –

Der BFH hatte mit Urteil vom 16. September 1999 (BStBl. 2001 II S. 528) erstmals entschieden, dass nach Aufgabe der Vermietungstätigkeit gezahlte Schuldzinsen für Kreditmittel, die zur Finanzierung sofort abziehbarer Werbungskosten während der Vermietungsphase verwendet worden sind, als nachträgliche Werbungskosten bei den Einkünften aus Vermietung und Verpachtung zu berücksichtigen sind.

Mit BMF-Schreiben vom 18. Juli 2001 (BStBl. I S. 513) hatten die obersten Finanzbehörden des Bundes und der Länder die Berücksichtigung entsprechender Schuldzinsen nur insoweit zugelassen, als der bei der Veräußerung des Grundstücks erzielte Erlös nicht zur Schuldentilgung ausreicht oder – im Fall einer anderweitigen Nutzung des Grundstücks nach Aufgabe der Vermietungstätigkeit – der bei einer Veräußerung des Grundstücks erzielbare Erlös nicht zur Schuldentilgung ausgereicht hätte.

Nunmehr hat der BFH mit Entscheidung vom 12. Oktober 2005 (BStBl. 2006 II S. 407) klargestellt, dass es in diesen Fällen nicht darauf ankomme, ob ein bei einer Veräußerung des Objekts erzielbarer Erlös zur Tilgung des Darlehns ausgereicht hätte. Vielmehr bleibe der durch die tatsächliche Verwendung des Darlehns zur Finanzierung sofort abziehbarer Werbungskosten geschaffene Zusammenhang mit der Einkunftsart Vermietung und Verpachtung auch nach Aufgabe der Vermietungstätigkeit bestehen.

Die Finanzverwaltung hält deshalb an ihrer Auffassung nicht mehr fest. Im Einvernehmen mit den obersten Finanzbehörden der Länder wird das BMF-Schreiben vom 18. Juli 2001 aufgehoben. Die Grundsätze des BFH-Urteils vom 12. Oktober 2005 sind in allen noch offenen Fällen anzuwenden.

II. Schuldzinsen für darlehensfinanzierte sofort abziehbare Werbungskosten (Erhaltungsaufwendungen) nach Veräußerung des Mietobjekts als nachträgliche Werbungskosten ab 2014

– BdF-Schreiben vom 15.01.2014 – IV C 1 – S 2211/11/10001:001, 2014/0019176 (BStBl. I S. 108) –

Der BFH hatte mit Urteil vom 12. Oktober 2005 (BStBl. 2006 II Seite 407) entschieden, dass Zinsen für ein Darlehen, mit dem sofort abziehbare Werbungskosten (Erhaltungsaufwendungen) finanziert worden sind, als nachträgliche Werbungskosten bei den Einkünften aus Vermietung und Verpachtung abziehbar sind; es kam danach nicht darauf an, ob ein etwaiger Veräußerungserlös zur Schuldentilgung ausgereicht hätte.

Einer unveränderten Anwendung des BFH-Urteils stehen die aktuellen BFH-Urteile vom 20. Juni 2012 (BStBl. 2013 II Seite 275) und vom 28. März 2007 (BStBl. 2007 II Seite 642) und der Grundsatz der steuerlichen Gleichbehandlung von nachträglichen Schuldzinsen bei Gewinn- und Überschusseinkunftsarten entgegen.

Im Einvernehmen mit den obersten Finanzbehörden der Länder ist daher Voraussetzung für den nachträglichen Werbungskostenabzug für Schuldzinsen bei darlehensfinanzierten Erhaltungsaufwendungen bei den Einkünften aus Vermietung und Verpachtung, dass nach Veräußerung des Mietobjekts der Veräußerungserlös nicht ausreicht, um die Darlehensverbindlichkeit zu tilgen.

Der durch die tatsächliche Verwendung des Darlehens zur Finanzierung sofort abziehbarer Werbungskosten geschaffene Zusammenhang mit der Einkunftsart Vermietung und Verpachtung bleibt zwar grundsätzlich nach Beendigung der Vermietungstätigkeit bestehen. Wird der Veräußerungserlös aber nicht zur Tilgung dieses Darlehens verwendet, kann eine daneben bestehende bzw. neu entstehende relevante private Motivation für die Beibehaltung des Darlehens den ursprünglich gesetzten wirtschaftlichen Veranlassungszusammenhang überlagern und damit durchbrechen.

---

[1] Nach dem BFH-Urteil vom 20.06.2012, IX R 67/10 sind auch Schuldzinsen, die auf Verbindlichkeiten entfallen, welche der **Finanzierung von Anschaffungskosten** eines zur Erzielung von Einkünften aus Vermietung und Verpachtung genutzten Wohngrundstücks dienten, nach einer gemäaß § 23 Abs. 1 Satz 1 Nr. 1 EStG steuerbaren Veräußerung der Immobilie weiter als (nachträgliche) Werbungskosten bei den Einkünften aus Vermietung und Verpachtung abziehbar, soweit die Verbindlichkeiten durch den Veräußerungserlös nicht getilgt werden können. Siehe dazu auch Anlage § 021-09.

Bestehen im Zusammenhang mit dem veräußerten Mietobjekt mehrere Darlehensverbindlichkeiten, ist für die steuerliche Anerkennung der Verwendung des Veräußerungserlöses zur Tilgung der Verbindlichkeiten – entsprechend der Beurteilung durch einen ordentlichen und gewissenhaften Geschäftsmann – entscheidend, dass die Darlehen nach Maßgabe der konkreten Vertragssituationen marktüblich und wirtschaftlich unter Berücksichtigung der Zinskonditionen abgelöst werden.

Diese Rechtsgrundsätze sind erstmals anzuwenden auf entsprechende Schuldzinszahlungen, wenn das obligatorische Veräußerungsgeschäft des Mietobjekts nach dem 31. Dezember 2013 rechtswirksam abgeschlossen ist.

Wurde das obligatorische Veräußerungsgeschäft des Mietobjekts vor dem 1. Januar 2014 rechtswirksam abgeschlossen, bleibt das BMF-Schreiben vom 3. Mai 2006 (BStBl. I Seite 363) weiter auf entsprechende Schuldzinszahlungen anwendbar.

Anlagen § 022–01 unbesetzt, § 022–02 Zu § 22 EStG

Besteuerung von Schadensersatzrenten

– BdF-Schreiben vom 15.07.2009 – IV C 3 – S 2255/08/10012, 2009/0474962 (BStBl. I S. 836) –

Nach den BFH-Urteilen vom 25. Oktober 1994 (BStBl. 1995 II S. 121) und vom 26.November 2008 (BStBl. 2009 II S. 651) unterliegen Schadensersatzrenten nur in den Fällen der Einkommensteuer, in denen Ersatz für andere, bereits steuerbare Einkünfte geleistet wird.

Schadensersatzrenten zum Ausgleich vermehrter Bedürfnisse nach § 843 Absatz 1 2. Alternative BGB, die bei Verletzung höchstpersönlicher Güter im Bereich der privaten Vermögenssphäre geleistet werden (sog. Mehrbedarfsrenten), sind nach dem BFH-Urteil vom 25. Oktober 1994 weder als Leibrenten, noch als sonstige wiederkehrende Bezüge nach § 22 Nummer 1 EStG steuerbar, obwohl sie ihrer äußeren Form nach wiederkehrende Leistungen sind.

Unter Bezugnahme auf das Ergebnis der Erörterungen mit den obersten Finanzbehörden der Länder sind die Grundsätze des BFH-Urteils vom 25. Oktober 1994 auch auf die Zahlung von Schmerzensgeldrenten nach § 253 Absatz 2 BGB (früher: § 847 BGB) anzuwenden. Ebenso wie die Mehrbedarfsrente ist die Schmerzensgeldrente Ersatz für den durch die Verletzung höchstpersönlicher Güter eingetretenen Schaden. Der Geschädigte soll durch das Schmerzensgeld in die Lage versetzt werden, sich Erleichterungen und Annehmlichkeiten an Stelle derer zu verschaffen, deren Genuss ihm durch die Verletzung unmöglich gemacht wurde. Die Schmerzensgeldrente erhöht die wirtschaftliche Leistungsfähigkeit des Empfängers demnach ebenso wenig wie die lediglich zum Ausgleich für verletzungsbedingt entstandene zusätzliche Bedürfnisse gezahlten Ersatzleistungen nach § 843 Absatz 1 2. Alternative BGB.

In den einzelnen Rentenleistungen einer Schmerzensgeldrente ist auch kein steuerpflichtiger Zinsanteil enthalten. Der Schmerzensgeldanspruch wird anders als der Anspruch auf Mehrbedarfsrente regelmäßig kapitalisiert. Wird die Schmerzensgeldleistung ausnahmsweise in Form einer Rente erbracht, sollen hierdurch insbesondere dauernde Nachteile ausgeglichen werden, deren zukünftige Entwicklung noch nicht absehbar ist. Treten künftig weitere, bisher noch nicht erkenn- und voraussehbare Leiden auf, ist eine Anpassung der Rente nach den konkreten Umständen des Einzelfalles möglich. Insoweit kann ebenso wie bei den Mehrbedarfsrenten i. S. des § 843 BGB jede einzelne Zahlung als Schadensersatzleistung angesehen werden.

Mit Urteil vom 26. November 2008 hat der BFH entschieden, dass die Unterhaltsrente nach § 844 Absatz 2 BGB nicht steuerbar ist, da sie lediglich den durch das schädigende Ereignis entfallenden, nicht steuerbaren Unterhaltsanspruch ausgleicht und nicht Ersatz für entgangene oder entgehende Einnahmen i. S. der in § 2 Absatz 1 Satz 1 Nummer 1 bis 7 EStG genannten Einkunftsarten gewährt.

Unter Bezugnahme auf das Ergebnis der Erörterungen mit den obersten Finanzbehörden der Länder sind die Grundsätze des BFH-Urteils vom 26. November 2008 a. a. O. auch auf Ersatzansprüche wegen entgangener Dienste nach § 845 BGB anwendbar. Die Schadensersatzrente nach § 845 BGB erhöht ebenso wie die Unterhaltsrente nach § 844 Absatz 2 BGB nicht die wirtschaftliche Leistungsfähigkeit des Empfängers.

Diese Regelung ist in allen noch offenen Fällen anzuwenden. Dieses Schreiben wird im Bundessteuerblatt Teil I veröffentlicht und ersetzt das Schreiben vom 8. November 1995 (BStBl. I 1995, 705).

Beratungs-, Prozeß- und ähnliche Kosten im Zusammenhang mit Rentenansprüchen

– BdF-Schreiben vom 20.11.1997 – IV B 5 – S 2255 – 356/97 (BStBl. 1998 I S. 126) –

Es ist gefragt worden, ob Rechtsberatungs- und Prozeßkosten, an Versicherungsberater gezahlte Honorare und ähnliche Aufwendungen, die im Zusammenhang mit Ansprüchen aus der gesetzlichen Rentenversicherung oder aus privaten Rentenversicherungen sowie aus der betrieblichen Altersversorgung stehen, als Werbungskosten abzuziehen sind. Unter Bezugnahme auf das Ergebnis der Erörterungen mit den obersten Finanzbehörden der Länder wird dazu wie folgt Stellung genommen:

Ein Abzug von Aufwendungen als Werbungskosten nach § 9 Abs. 1 EStG setzt stets voraus, daß die Aufwendungen wirtschaftlich mit der Erzielung von Einkünften in Zusammenhang stehen; es muß ausgeschlossen sein, daß sie der Vemögensbildung dienen.

Unter dieser Voraussetzung sind die bezeichneten Aufwendungen als Werbungskosten anzuerkennen, gleichgültig, ob sie während des Bezugs der Rentenleistungen oder schon vorher erwachsen. Sie sind bei der Einkunftsart abzuziehen, zu der die Einkünfte aus den betreffenden Leistungen gehören, und zwar Aufwendungen im Zusammenhang mit Ansprüchen aus der gesetzlichen Rentenversicherung auch dann, wenn sie während einer rentenversicherungspflichtigen Tätigkeit erwachsen.

Die Voraussetzung eines wirtschaftlichen Zusammenhangs mit der Erzielung von Einkünften ist bei Aufwendungen im Zusammenhang mit Ansprüchen aus einer privaten Rentenversicherung mit Kapitalwahlrecht oder Kündigungsrecht – deren Ausübung der späteren Erzielung von Einkünften entgegenstehen würde – nicht gegeben. Bei privaten Rentenversicherungen, die ausschließlich ein Risiko absichern, wie auch Erwerbs- und Berufsunfähigkeitsversicherungen, ist stets vom Vorliegen dieser Voraussetzung auszugehen, weil eine Vermögensbildung ausgeschlossen ist.

Der Abzug ist ggf. in voller Höhe möglich. Dies gilt auch, wenn die Rentenleistungen nur teilweise zur Einkommensteuer herangezogen werden (BFH-Urteile vom 23. Januar 1991, BStBl. 1991 II S. 398, 399, und vom 21. Juli 1981, BStBl. 1982 II S. 41, 43). Stehen die Aufwendungen jedoch außer mit Rentenansprüchen auch mit anderen Ansprüchen (z. B. auf Leistungen aus einer Krankenversicherung) im Zusammenhang, so dienen sie insoweit nicht der Erzielung von Einkünften, sondern der Lebensführung (§ 12 Nr. 1 EStG). In solchen Fällen können die Aufwendungen nur anteilig als Werbungskosten abgezogen werden.

Einkommensteuerrechtliche Behandlung der Überschußbeteiligung bei fälligen privaten Rentenversicherungen

– BdF-Schreiben vom 26.11.1998 – IV C 3 – S 2255 – 35/98 (BStBl. I S. 1508) –

Es ist gefragt worden, wie Überschußbeteiligungen bei fälligen privaten Rentenversicherungen einkommensteuerrechtlich zu behandeln sind. Unter Bezugnahme auf das Ergebnis der Erörterungen mit den obersten Finanzbehörden der Länder gilt hierzu folgendes:

Entsprechend der bisherigen langjährigen Übung ist die gesamte Rente aus der privaten Rentenversicherung (einschließlich des Überschußanteils) auch weiterhin mit dem Ertragsanteil nach § 22 Nr. 1 Satz 3 Buchstabe a EStG zur Einkommensteuer heranzuziehen. Eine Aufteilung in garantierte Rente und Überschußanteil ist nicht vorzunehmen. Dem steht nicht entgegen, daß der Überschußanteil je nach Ertragslage des Versicherers und Lebenserwartung der Versicherten schwanken kann.

Eine volle Erfassung des Überschußanteils – etwa als wiederkehrender Bezug im Sinne des § 22 Nr. 1 Satz 1 EStG – bei gleichzeitiger Erfassung der garantierten Rente mit dem Ertragsanteil nach § 22 Nr. 1 Satz 3 Buchstabe a EStG würde bezogen auf die Gesamtleistung zu einer Überbesteuerung führen. Die garantierte Rente, die aus versicherungsaufsichtsrechtlichen Gründen auf der Basis eines Zinssatzes von derzeit lediglich 4 v. H. berechnet ist, wird mit einem Ertragsanteilssatz herangezogen, der auf der Basis einer vollen Heranziehung des Überschußanteils unterläge deshalb insgesamt auch ein Teil der Kapitalrückzahlung der Besteuerung. Mit der Anwendung eines durchschnittlichen Zinssatzes von 5,5 v. H. bei der Rente typisierend erfaßt, unabhängig vom tatsächlichen Ertrag im Einzelfall.

Anlage § 022–05

Zu § 22 EStG

Aufteilung von Leistungen bei der nachgelagerten Besteuerung nach § 22 Nr. 5 EStG

– BdF-Schreiben vom 11.11.2004 – IV C 3 – S 2257 b – 47/04 – (BStBl. I S. 1061)

Unter Bezugnahme auf das Ergebnis der Erörterung mit den obersten Finanzbehörden der Länder gilt Folgendes:
Leistungen aus zertifizierten Altersvorsorgeverträgen, Direktversicherung, Pensionsfonds und Pensionskassen werden nach Maßgabe des § 22 Nr. 5 EStG besteuert. Wurden in der Ansparphase sowohl geförderte als auch nicht geförderte Beiträge geleistet, sind die Leistungen aufzuteilen. Aufzuteilen ist bei erstmaligem Bezug von Leistungen und in den Fällen des § 93 Abs. 1 EStG (Fälle schädlicher Verwendung).

1. Wurden für jeden Versicherten die Beiträge individualisiert, die Beiträge ab dem 1. Januar 2002 zusätzlich nach den Steuerkriterien getrennt aufgezeichnet und die sich daraus ergebenden Leistungen einschließlich zugeteilter Erträge ebenfalls getrennt ermittelt, erfasst und fortgeschrieben, ist bereits durch diese Bestandsführung eine zutreffende Aufteilung der Leistungen gewährleistet.

2. Nur für den Fall, dass die geleisteten Beiträge und/oder die sich daraus ergebenden Leistungen einschließlich zugeteilter Erträge für jeden Versicherten, insbesondere für den vor dem 1. Januar 2002 liegenden Zeitraum, nicht ermittelt werden können, kann für die Aufteilung folgendes versicherungsmathematische Näherungsverfahren angewendet werden.

2.1 Zunächst ist für den einzelnen Berechtigten das am 31. Dezember 2001 zur Erfüllung der zugesagten Leistungen reservierte Vermögen der Versorgungseinrichtung zu ermitteln.

2.1.1 Bei einem **individuellen Anwartschaftsdeckungsverfahren** entspricht das reservierte Vermögen dem geschäftsplanmäßigen Deckungskapital, das dem einzelnen Berechtigten individuell zugeordnet wird, zuzüglich der zugeteilten Überschüsse. Soweit die Berechnung des Deckungskapitals nicht zum Geschäftsplan gehört, tritt an die Stelle des geschäftsplanmäßigen Deckungskapitals der nach § 176 Abs. 3 VVG berechnete Zeitwert.

2.1.2 Bei einem **kollektiven Anwartschaftsdeckungsverfahren** ist das für den Versichertenbestand reservierte Vermögen (kollektives Deckungskapital) nach folgendem Verfahren den einzelnen Berechtigten zuzuordnen:

2.1.2.1 Zunächst ist aus diesem reservierten Vermögen der Vermögensanteil abzuspalten, der zur vollständigen Erfüllung der Versorgungsverpflichtungen für die am 31. Dezember 2001 in Rente befindlichen und die zu diesem Zeitpunkt mit unverfallbaren Anwartschaften ausgeschiedenen Personen erforderlich ist. Hierzu ist der Barwert der Versorgungsverpflichtungen mit den am Stichtag angewendeten Rechnungsgrundlagen (z. B. Zins, Sterbetafeln) anzusetzen.

2.1.2.2 Anschließend ist das verbleibende reservierte Vermögen (V_{akt}) auf die aktiven Arbeitnehmer aufzuteilen. Dabei ist als Aufteilungsmaßstab der zeitanteilig quotierte Barwert der zugesagten Leistungen am 31. Dezember 2001 mit den an diesem Tag angewendeten Rechnungsgrundlagen (z. B. Zins, Sterbetafeln) heranzuziehen.[1)] Aus dem zeitanteilig quotierten Barwert der zugesagten Leistungen am 31. Dezember 2001 und dem reservierten Vermögen (V_{akt}) wird das individuell zugeordnete Vermögen (V_i) berechnet.[2)]

2.2 Berechnung des Teils der Leistungen, der nach § 22 Nr. 5 Satz 2 EStG zu versteuern ist:

2.2.1 Das am 31. Dezember 2001 für den einzelnen Berechtigten reservierte Vermögen gemäß Tz. 2.1 ist zusammen mit ggf. danach gezahlten, in § 22 Nr. 5 Satz 2 EStG genannten Beiträgen bis zum Zeitpunkt des erstmaligen Bezugs von Leistungen (in der Regel: Eintritt des Versorgungsfalls)

---

1) Formel zur Ermittlung des quotierten Barwerts der zugesagten Leistungen zum 31. Dezmber 2001:

$$\frac{m_i}{n_i} \cdot l_{x_i + m_i} \Big/ \sum_i \left(\frac{m_i}{n_i} \cdot L_{x_i + m_i}\right)$$

Hierbei ist:
m_i die bis zum 31. Dezember 2001 abgeleistete tatsächliche Deinstzeit der Person i;
n_i die bis zum vertraglichen Pensionsalter insgesamt mögliche Dienstzeit der Person i;

$l_{x_i + m_i}$ der Barwert der zugesagten Leistungen am 31. Dezember 2001 der Person i, deren Alter am 31. Dezember 2001 $x_i + m_i$ beträgt

2) Formel zur Ermittlung des individuell zugeordneten Vermögens:

$$V_i = V_{akt} \cdot \left\{ \frac{m_i}{n_i} \cdot l_{x_i + m_i} \Big/ \sum_i \left(\frac{m_i}{n_i} \cdot L_{x_i + m_i}\right) \right\}$$

Zu § 22 EStG	Anlage § 022–05

mit dem sich aus den tatsächlich erwirtschafteten Kapitalerträgen ergebenden Zinssatz aufzuzinsen (= Summe der aufgezinsten nicht steuerfrei gestellten und/oder nicht geförderten Beiträge je Berechtigten).

2.2.2 Daneben ist das für diesen Berechtigten am 31. Dezember 2001 reservierte Vermögen zusammen mit **allen** nach diesem Zeitpunkt gezahlten Beiträgen bis zum Zeitpunkt des erstmaligen Bezugs von Leistungen (in der Regel: Eintritt des Versorgungsfalls) mit dem sich aus den tatsächlich erwirtschafteten Kapitalerträgen ergebenden Zinssatz aufzuzinsen (= Summe der **insgesamt** bis zum Zeitpunkt des erstmaligen Bezugs von Leistungen tatsächlich erbrachten aufgezinsten Beiträge je Berechtigten).

2.2.3 Der für diesen Berechtigten nach § 22 Nr. 5 Satz 2 EStG zu versteuernde Teil der Leistungen ergibt sich aus dem folgenden Verhältnis:

$$\frac{\text{Summe der aufgezinsten nicht steuerfrei gestellten und/oder nicht geförderten Beiträge je Berechtigten (Tz. 2.2.1)}}{\text{Summe der \textbf{insgesamt} bis zum Zeitpunkt des erstmaligen Bezugs von Leistungen tatsächlich erbrachten aufgezinsten Beiträge je Berechtigten (Tz. 2.2.2)}}$$

3. Aus steuerrechtlicher Sicht ist nicht zu beantworten, an Stelle des in Tz. 2 beschriebenen versicherungsmathematischen Verfahrens die Leistungen ausschließlich nach dem Verhältnis der Summe der steuerfreien und/oder nicht geförderten Beiträge zur Summe der insgesamt geleisteten Beiträge ohne Berücksichtigung von Zinseffekten aufzuteilen (= beitragsproportionales Verfahren). Führt die Aufteilung nach dem beitragsproportionalen Verfahren zu offensichtlich unzutreffenden Ergebnissen, hat die Versorgungseinrichtung auf Verlagen des Leistungsempfängers die Aufteilung nach versicherungsmathematischen Grundsätzen durchzuführen.[1]

4. Das Betriebsstättenfinanzamt der Versorgungseinrichtung kann im Einzelfall ein von Tz. 2 und 3 abweichendes Aufteilungsverfahren genehmigen, wenn dies zu sachgerechten Ergebnissen führt und z. B. wegen eines besonderen Finanzierungsverfahrens erforderlich ist.

Dieses Schreiben wird im Bundessteuerblatt Teil I veröffentlicht.

---

[1] Tz. 3 ergänzt durch das BdF-Schreiben von 14.03.2012 – IV C3 – S 2257 – b/11/10003, 2012/0232233.

Anlage § 023–01

Zu § 23 EStG

Neuregelung der Besteuerung privater Grundstücksveräußerungsgeschäfte nach § 23 EStG

– BdF-Schreiben vom 5.10.2000 – IV C 3 – S 2256 – 263/00 (BStBl. I S. 1383) –

Im Einvernehmen mit den obersten Finanzbehörden der Länder nehme ich zu Zweifelsfragen der Besteuerung privater Veräußerungsgeschäfte bei Grundstücken und grundstücksgleichen Rechten nach § 23 EStG wie folgt Stellung:

1. Überführung eines Grundstücks aus dem Betriebsvermögen in das Privatvermögen (§ 23 Abs. 1 Satz 2 EStG)

1 Als Anschaffung gilt die Überführung eines Grundstücks in das Privatvermögen des Steuerpflichtigen durch Entnahme oder Betriebsaufgabe auch dann, wenn das Grundstück vor dem 1. Januar 1999 in das Privatvermögen überführt wird. [1)] Zum Zeitpunkt der Entnahme vgl. R 14 Abs. 3 EStR 1999.

2. Einlage eines Grundstücks in das Betriebsvermögen und Übertragungsvorgänge zwischen Gesellschaftsvermögen und Vermögen eines Gesellschafters (§ 23 Abs. 1 Satz 5 EStG)

2 Die Einlage eines Grundstücks in

– das Betriebsvermögen eines Einzelunternehmens,

– in das Sonderbetriebsvermögen des Steuerpflichtigen bei einer Personengesellschaft und

– in das Gesamthandsvermögen einer Personengesellschaft ohne Gewährung von Gesellschaftsrechten und sonstigen Gegenleistungen

ist keine Veräußerung. Demgegenüber ist eine verdeckte Einlage in eine Kapitalgesellschaft stets als Veräußerung des Grundstücks zu behandeln (§ 23 Abs. 1 Satz 5 Nr. 2 EStG).

3 Die Einlage eines Grundstücks in das Betriebsvermögen ist jedoch dann nachträglich als Veräußerung zu werten, wenn das Grundstück innerhalb von zehn Jahren nach seiner Anschaffung aus dem Betriebsvermögen veräußert wird (§ 23 Abs. 1 Satz 5 Nr. 1 EStG). Zur Ermittlung des privaten Veräußerungsgewinns und zur zeitlichen Erfassung siehe Rz. 35 ff.

4 Als Veräußerung des Grundstücks aus dem Betriebsvermögen gilt für die Anwendung des § 23 Abs. 1 Satz 5 Nr. 1 EStG z.B. auch

1. die Veräußerung des Grundstücks im Rahmen der Veräußerung des gesamten Betriebs oder eines Teilbetriebs. Bei einer Personengesellschaft gilt dies bei Veräußerung

   – des Betriebs,

   – eines Teilbetriebs oder

   – eines Mitunternehmeranteils,

   wenn das Grundstück zum Sonderbetriebsvermögen des Mitunternehmers gehört oder ohne Gewährung von Gesellschaftsrechten in das Gesamthandsvermögen eingelegt worden ist;

2. die Überführung eines zuvor in das Betriebsvermögen eingelegten Grundstücks in eine Kapitalgesellschaft im Wege einer verschleierten Sachgründung oder einer verschleierten Sacheinlage im Zusammenhang mit einer Kapitalerhöhung;

3. die Einbringung des zuvor eingelegten Grundstücks zusammen mit einem Betrieb, Teilbetrieb oder Mitunternehmeranteil in eine Kapitalgesellschaft oder in das Gesamthandsvermögen einer Personengesellschaft gegen Gewährung von Gesellschaftsrechten;

4. die Übertragung eines Grundstücks aus dem betrieblichen Gesamthandsvermögen einer Personengesellschaft in das Privatvermögen oder das Sonderbetriebsvermögen eines Gesellschafters, soweit das Grundstück vorher in das Vermögen der Gesellschaft ohne Gewährung von Gesellschaftsrechten eingelegt wurde;

[1)] Überholt. Vgl. das BdF-Schreiben vom 7.2.2007 (BStBl. I S. 262):
Der BFH hat mit Urteil vom 18. Oktober 2006 (BStBI. 2007 II S. 179) entschieden, dass § 23 Abs. 1 Satz 1 Nr. 1 i.V.m. Satz 2 und 3 des Einkommensteuergesetzes (EStG) in der Fassung des Steuerentlastungsgesetzes 1999/2000/2002 vom 24. März 1999 (BGBl. 1999 I S. 402) nicht auf Entnahmen vor dem 1. Januar 1999 anzuwenden ist.
Im Einvernehmen mit den obersten Finanzbehörden der Länder ist an der dem BFH-Urteil entgegenstehenden Verwaltungsauffassung im BMF-Schreiben vom 5. Oktober 2000 (BStBI. 2000 I S. 1383) nicht mehr festzuhalten. Randziffer 1 des BMF-Schreibens vom 5. Oktober 2000 wird deshalb wie folgt gefasst:
„Als Anschaffung gilt die Überführung eines Grundstücks in das Privatvermögen des Steuerpflichtigen durch Entnahme oder Betriebsaufgabe, wenn das Grundstück nach dem 31. Dezember 1998 in das Privatvermögen überführt wird. Zum Zeitpunkt der Entnahme vgl. R 4.3 Abs. 3 EStR 2005."
Die Grundsätze dieses Schreibens sind in allen noch offenen Fällen anzuwenden.

Zu § 23 EStG **Anlage § 023–01**

5. die verdeckte Einlage des Grundstücks in eine Kapitalgesellschaft, wenn die Anteile an der Kapitalgesellschaft zum Betriebsvermögen des Steuerpflichtigen gehören; hier ist kein Fall des § 23 Abs. 1 Satz 5 Nr. 2 EStG gegeben, weil das Grundstück gleichzeitig in das Betriebsvermögen des Steuerpflichtigen eingelegt wird.

Wird das in das Betriebsvermögen eingelegte Grundstück wieder ins Privatvermögen überführt, liegt keine Veräußerung aus dem Betriebsvermögen im Sinne des § 23 Abs. 1 Satz 5 Nr. 1 EStG vor. Zur steuerlichen Behandlung einer anschließenden Veräußerung vgl. Rz. 35. 5

Kein Fall des § 23 Abs. 1 Satz 5 Nr. 1 EStG, sondern eine Veräußerung im Sinne des § 23 Abs. 1 Satz 1 Nr. 1 EStG ist die Übertragung eines Grundstücks aus dem Privatvermögen in das betriebliche Gesamthandsvermögen einer Personengesellschaft oder in das Vermögen einer Kapitalgesellschaft, soweit sie gegen Gewährung von Gesellschaftsrechten erfolgt. Zur steuerlichen Behandlung der Übertragung von Grundstücken aus dem Privatvermögen in das betriebliche Gesamthandsvermögen einer Personengesellschaft und zur Übertragung eines Grundstücks aus dem betrieblichen Gesamthandsvermögen einer Personengesellschaft in das Privatvermögen vgl. im Übrigen BMF-Schreiben vom 29.3.2000 – BStBl. I S. 462 [1]). 6

Entsprechendes gilt bei der Übertragung eines Grundstücks in das Vermögen einer Gemeinschaft mit betrieblichem Vermögen oder aus dem betrieblichen Gemeinschaftsvermögen in das Vermögen eines Mitglieds der Gemeinschaft. 7

Die Übertragung eines Grundstücks auf eine Personengesellschaft oder Gemeinschaft ohne Betriebsvermögen gegen Entgelt oder gegen Gewährung von Gesellschaftsrechten ist insoweit nicht als Veräußerung anzusehen, als der bisherige Eigentümer nach der Übertragung am Vermögen der Gesellschaft oder Gemeinschaft beteiligt ist. [2]) Entsprechendes gilt, wenn das Grundstück von der Personengesellschaft oder Gemeinschaft auf einen Gesellschafter oder ein Mitglied der Gemeinschaft übertragen wird. Rz. 23 ff. des BMF-Schreibens vom 11. Januar 1993 – BStBl. I S. 62 [3]), bleiben unberührt. 8

Beispiel:
An der vermögensverwaltenden tätigen BC-GbR sind B und C zu je $^1/_2$ beteiligt. Im Jahr 2000 beteiligt sich A an der GbR und bringt dazu ein unbebautes Grundstück mit einem Wert von 240.000 DM, das er im Jahr 1993 für 180.000 DM erworben hatte, in die GbR ein. Danach sind A, B und C zu je $^1/_3$ an der GbR beteiligt. Im Jahr 2004 veräußert die GbR das Grundstück zu einem Kaufpreis von 270.000 DM an den Gesellschafter B, der es seinerseits im Jahr 2005 für 300.000 DM an einen fremden Dritten verkauft.

1. Einbringung durch A in GbR
   Die Übertragung des Grundstücks auf die GbR ist zu $^1/_3$ nicht als Veräußerung anzusehen, weil A in diesem Umfang an der GbR beteiligt ist.
   Berechnung des Veräußerungsgewinns:

$^2/_3$ des Veräußerungserlöses von 240.000 DM	160.000 DM
abzgl. $^2/_3$ der Anschaffungskosten von 180.000 DM	120.000 DM
Veräußerungsgewinn des A	40.000 DM

2. Verkauf GbR an B
   Die Veräußerung durch die GbR an B ist als anteilige Veräußerung des Grundstücks durch A und C an B zu behandeln. Der von A erzielte Veräußerungsgewinn unterliegt nicht der Besteuerung nach § 23 Abs. 1 Satz 1 Nr. 1 EStG, weil er das Grundstück, das ihm noch zu $^1/_3$ zuzurechnen ist, vor mehr als zehn Jahren vor der Veräußerung erworben hat.
   Berechnung des Veräußerungsgewinns des C:

$^1/_3$ des Veräußerungserlöses von 270.000 DM	90.000 DM
abzgl. $^1/_3$ der Anschaffungskosten von 240.000 DM im Jahr 2000	80.000 DM
Veräußerungsgewinn des C	10.000 DM

3. Verkauf B an Dritten
   Der Erwerb des Grundstücks durch die GbR im Jahr 2000 ist zu $^1/_3$ als Anschaffung durch B und der Erwerb des Grundstücks von der GbR durch B im Jahr 2004 zu $^2/_3$ als Anschaffung des Grundstücks durch B zu behandeln. Da die Anschaffungsvorgänge und die Veräußerung der jeweiligen Grund-

---

1) Siehe auch Anlage § 004-29.
2) Bestätigt durch BFH-Urteil vom 2.4.2008 (BStBl. II S. 679).
3) Siehe Anlage § 016-05.

Anlage § 023–01

Zu § 23 EStG

stücksanteile innerhalb der Zehnjahresfrist erfolgte, unterliegt der gesamte Vorgang der Besteuerung nach § 23 Abs. 1 Satz 1 Nr. 1 EStG.

Berechnung des Veräußerungsgewinns:
Veräußerungserlös		300.000 DM
Anschaffungskosten		
$^1/_3$ von 240.000 DM im Jahr 2000	80.000 DM	
$^2/_3$ von 270.000 DM im Jahr 2002	80.000 DM	260.000 DM
Veräußerungsgewinn des B		40.000 DM

3. Im Zeitraum zwischen Anschaffung und Veräußerung des Grundstücks errichtete Gebäude und andere in diesem Zeitraum durchgeführte Baumaßnahmen (§ 23 Abs. 1 Satz 1 Nr. 1 Satz 2 EStG)

9   Errichtet ein Steuerpflichtiger ein Gebäude und veräußert er es zusammen mit dem zuvor erworbenen Grund und Boden, liegt ein privates Veräußerungsgeschäft sowohl hinsichtlich des Grund und Bodens als auch hinsichtlich des Gebäudes vor, wenn die Frist zwischen Anschaffung des Grund und Bodens und Veräußerung des bebauten Grundstücks nicht mehr als zehn Jahre beträgt.

   Beispiel:
   A hat am 31. März 1993 ein unbebautes Grundstück angeschafft. Im Jahr 1998 stellt er darauf ein Einfamilienhaus fertig, das er anschließend vermietet. Ab dem 1. April 2003 kann er das bebaute Grundstück veräußern, ohne dass der Gewinn der Besteuerung nach § 23 EStG unterliegt.

10 Wurde der Grund und Boden vom Veräußerer unentgeltlich erworben und vom Rechtsvorgänger innerhalb von zehn Jahren vor der Veräußerung durch den Rechtsnachfolger angeschafft, unterliegt ein Veräußerungsgewinn beim Rechtsnachfolger sowohl hinsichtlich des Grund und Bodens als auch eines zwischenzeitlich errichteten Gebäudes der Besteuerung, unabhängig davon, ob der Rechtsvorgänger oder der Veräußerer das Gebäude errichtet hat. Dies gilt auch bei unentgeltlicher Einzelrechtsnachfolge (§ 23 Abs. 1 Satz 3 EStG).

11 Wird ein teilweise entgeltlich (z.B. im Wege der vorweggenommenen Erbfolge) oder gegen Abfindungszahlung bei der Erbauseinandersetzung erworbenes Grundstück während der Zehnjahresfrist nach Anschaffung bebaut und veräußert, ist das Gebäude anteilig in die Besteuerung nach § 23 Abs. 1 Nr. 1 EStG einzubeziehen. Für den unentgeltlich erworbenen Teil des Grundstücks gilt Rz. 10.

12 Im Zeitpunkt der Veräußerung noch nicht fertig gestellte Gebäude, Ausbauten und Erweiterungen sind einzubeziehen.

   Beispiel:
   A errichtet auf dem von ihm im Jahr 1993 erworbenen Grund und Boden im Jahr 1995 ein Einfamilienhaus, das zu Wohnzwecken vermietet wird. Im Jahr 1998 beginnt er mit dem Ausbau des bisher nicht nutzbaren Dachgeschosses zu einer zweiten, zur Vermietung bestimmten Wohnung. Im Februar 1999 wird das Grundstück mit dem teilfertigen Zweifamilienhaus veräußert.

   Der auf das Gebäude (einschließlich des noch nicht fertig gestellten Dachgeschossausbaus) entfallende Teil des Veräußerungserlöses ist in die Ermittlung des steuerpflichtigen Veräußerungsgewinns einzubeziehen.

13 Rz. 9 bis 12 gelten entsprechend für Außenanlagen sowie für Gebäudeteile, die selbständige unbewegliche Wirtschaftsgüter sind, für Eigentumswohnungen und für im Teileigentum stehende Räume.

4. Veräußerung eines „bebauten" Erbbaurechts (§ 23 Abs. 1 Satz 1 Nr. 1 EStG) [1]

14 Ein privates Veräußerungsgeschäft im Sinne des § 23 Abs. 1 Satz 1 Nr. 1 EStG liegt auch bei Veräußerung eines „bebauten" Erbbaurechts vor, wenn der Zeitraum zwischen

   a) dem Abschluss des Erbbaurechtsvertrags und der Veräußerung des „bebauten" Erbbaurechts oder

   b) der Anschaffung und der Veräußerung des „bebauten" Erbbaurechts

   nicht mehr als zehn Jahre beträgt (vgl. BFH-Urteil vom 30.11.1976 – BStBl. 1977 II S. 384). Der Veräußerungspreis entfällt insgesamt auf das Gebäude oder die Außenanlage, wenn der Erwerber dem bisherigen Erbbauberechtigten nachweislich nur etwas für das Gebäude oder die Außenanlage gezahlt hat

---

[1] Siehe dazu auch das BFH-Urteil vom 12.6.2013 – IX R 31/12:
„Für die Annahme eines privaten Veräußerungsgeschäfts nach §§ 22 Nr. 2, 23 EStG ist dem Erfordernis der Nämlichkeit zwischen angeschafftem und veräußertem Wirtschaftsgut teilweise genügt, wenn ein mit einem Erbbaurecht belastetes Grundstück angeschafft und – nach Löschung des Erbbaurechts – kurzfristig lastenfrei weiterveräußert wird. Der Ermittlung des Gewinns aus einem solchen privaten Veräußerungsgeschäft nach § 23 Abs. 3 Satz 1 EStG ist nur der anteilige Veräußerungspreis zugrunde zu legen, der – wirtschaftlich gesehen – auf das Grundstück im belasteten Zustand entfällt; er ist ggf. im Schätzungswege zu ermitteln."

Zu § 23 EStG   **Anlage § 023–01**

und gegenüber dem Erbbauverpflichteten nur zur Zahlung des laufenden Erbbauzinses verpflichtet ist (vgl. BFH-Urteil vom 15.11.1994 – BStBl. 1995 II S. 374).

Sind Grundstück und aufstehendes Gebäude getrennt handelbar (Art. 231 und 233 EGBGB), können sowohl Grundstück als auch Gebäude gesondert Gegenstand eines privaten Veräußerungsgeschäfts nach § 23 Abs. 1 Satz 1 Nr. 1 EStG sein. Wird ein Gebäude in Ausübung eines Nutzungsrechts am Grund und Boden errichtet und der Grund und Boden nach Fertigstellung des Gebäudes erworben, ist bei einer späteren Veräußerung des bebauten Grundstücks das Gebäude nicht in das private Veräußerungsgeschäft einzubeziehen. 15

Beispiel:

An einem unbebauten Grundstück wird im Jahr 1993 ein Erbbaurecht zu Gunsten von A bestellt. A errichtet auf dem Grundstück im Jahr 1994 ein zur Vermietung bestimmtes Gebäude. Im Jahr 1997 erwirbt er das Grundstück und veräußert es im Jahr 2000 mit dem aufstehenden Gebäude.

Hinsichtlich des Grundstücks liegt ein privates Veräußerungsgeschäft im Sinne des § 23 Abs. 1 Satz 1 Nr. 1 EStG vor. Das Gebäude ist nicht einzubeziehen, weil es vor der Anschaffung des Grundstücks in Ausübung des Erbbaurechts errichtet wurde und somit nicht das private Veräußerungsgeschäft betrifft, dessen Gegenstand das Grundstück und nicht das Erbbaurecht ist.

5. Zu eigenen Wohnzwecken genutzte Wirtschaftsgüter (§ 23 Abs. 1 Satz 1 Nr. 1 Satz 3 EStG)

5.1 Begünstigte Wirtschaftsgüter

Gebäude, selbständige Gebäudeteile, Eigentumswohnungen und in Teileigentum stehende Räume (Wirtschaftsgüter), die im Zeitraum zwischen Anschaffung oder Fertigstellung und Veräußerung ausschließlich zu eigenen Wohnzwecken oder im Jahr der Veräußerung und in den beiden vorangegangenen Jahren zu eigenen Wohnzwecken genutzt wurden, sind von der Veräußerungsgewinnbesteuerung ausgenommen. Dasselbe gilt bei Veräußerung eines teilweise zu eigenen Wohnzwecken und teilweise zu anderen Zwecken genutzten Gebäudes (z.B. zu Wohnzwecken vermietete Wohnung, betrieblich oder beruflich genutztes Arbeitszimmer einschließlich des Gebäudeanteils eines Grundstücksteils von untergeordnetem Wert nach § 8 EStDV und R 13 Abs. 8 EStR 1999)[1)] für den zu eigenen Wohnzwecken genutzten Gebäudeteil und für zu eigenen Wohnzwecken genutzte Eigentumswohnungen. 16

Von der Veräußerungsgewinnbesteuerung ausgenommen ist auch der Grund und Boden, der zu einem zu eigenen Wohnzwecken genutzten Gebäude gehört. Dieser umfasst nur die für die entsprechende Gebäudenutzung erforderlichen und üblichen Flächen.[2)] Dabei ist auch deren künftige Nutzung zu berücksichtigen. Die steuerfreie Veräußerung weiterer Flächen ist selbst dann ausgeschlossen, wenn diese im Veräußerungszeitpunkt als Hausgarten genutzt werden (vgl. BFH-Urteil vom 24.10.1996 – BStBl. 1997 II S. 50). Dies gilt insbesondere, soweit Teilflächen parzelliert werden und dadurch ein verkehrsfähiges Grundstück entstanden ist, das in absehbarer Zeit einer anderen Nutzung, z.B. als Bauland, zugeführt werden kann. 17

Bei Veräußerung eines teilweise zu eigenen Wohnzwecken und teilweise zu anderen Zwecken genutzten Gebäudes ist der Grund und Boden, der nach dem Verhältnis der Nutzflächen des Gebäudes auf den zu eigenen Wohnzwecken genutzten Gebäudeteil entfällt, nicht in den Veräußerungsgewinn einzubeziehen. 18

Für die Einbeziehung des Grund und Bodens in die Ermittlung des nicht zu besteuernden Veräußerungsgewinns ist es ohne Bedeutung, welchen Zwecken der Grund und Boden vor Errichtung des Gebäudes gedient hat. 19

Beispiel:

A hat im Jahr 1993 ein unbebautes Grundstück angeschafft, das er zunächst als Gartenland nutzt. Im Jahr 1996 errichtet er darauf ein Einfamilienhaus, das er bis zur Veräußerung des Grundstücks im Jahr 1999 mit seiner Familie bewohnt.

Da A das Einfamilienhaus im Zeitraum zwischen Fertigstellung und Veräußerung zu eigenen Wohnzwecken genutzt hat, unterliegt ein erzielter Veräußerungsgewinn insgesamt nicht der Besteuerung.

Ein unbebautes Grundstück ist kein begünstigtes Wirtschaftsgut im Sinne des § 23 Abs. 1 Satz 1 Nr. 1 Satz 3 EStG. 20

---

1) Jetzt R 4.2 Abs. 8 EStR.
2) Siehe dazu auch BFH-Urteil vom 25.5.2011 (BStBl. II S. 868):
   „Wird ein unbebautes, bislang als Garten eines benachbarten Wohngrundstücks genutztes Grundstück veräußert, ohne dass der Steuerpflichtige seine Wohnung aufgibt, so ist diese Veräußerung nicht nach § 23 Abs. 1 Satz 1 Nr. 1 Satz 3 EStG privilegiert."

Anlage § 023–01

Zu § 23 EStG

Beispiel:
A hat im Jahr 1995 ein unbebautes Grundstück angeschafft. Bis zu dessen Veräußerung im Jahr 1999 nutzt er das unbebaute Grundstück zusammen mit seiner Familie ausschließlich zu Erholungszwecken.
Ein erzielter Veräußerungsgewinn unterliegt der Besteuerung nach § 23 Abs. 1 Satz 1 Nr. 1 Satz 1 EStG.

Dies gilt auch
- in den Fällen, in denen die vorgesehene Bebauung mit einer zu eigenen Wohnzwecken bestimmten Wohnung nicht realisiert wird, und
- bei der Veräußerung von Grund und Boden (unbebaute Teilfläche) eines Grundstücks, das ansonsten mit dem zu eigenen Wohnzwecken genutzten Gebäude bebaut ist.

5.2 Wohnzwecke

21 Ein Wirtschaftsgut dient Wohnzwecken, wenn es dazu bestimmt und geeignet ist, Menschen auf Dauer Aufenthalt und Unterkunft zu ermöglichen. Wirtschaftsgüter, die zur vorübergehenden Beherbergung von Personen bestimmt sind (z.B. Ferienwohnungen), dienen nicht Wohnzwecken (vgl. R 42a Abs. 1 Satz 3 EStR 1999)[1]. Auch ein häusliches Arbeitszimmer (BMF-Schreiben vom 16.6.1998 – BStBl. I S. 863, Rz. 7)[2] dient nicht Wohnzwecken, selbst wenn der Abzug der Aufwendungen als Betriebsausgaben oder Werbungskosten nach § 4 Abs. 5 Satz 1 Nr. 6b, § 9 Abs. 5 EStG ausgeschlossen oder eingeschränkt ist.

5.3 Nutzung zu eigenen Wohnzwecken

22 Der Steuerpflichtige muss das Wirtschaftsgut zu eigenen Wohnzwecken genutzt haben. Diese Voraussetzung ist erfüllt, wenn er das Wirtschaftsgut allein, mit seinen Familienangehörigen oder gemeinsam mit einem Dritten bewohnt hat. Unschädlich ist, wenn der Steuerpflichtige Teile des Wirtschaftsguts einem Dritten unentgeltlich zu Wohnzwecken überlassen hat. Die dem Steuerpflichtigen zu eigenen Wohnzwecken verbleibenden Räume müssen jedoch noch den Wohnungsbegriff erfüllen und ihm die Führung eines selbständigen Haushalts ermöglichen. Ein Wirtschaftsgut wird auch dann zu eigenen Wohnzwecken genutzt, wenn es vom Steuerpflichtigen nur zeitweise bewohnt wird, in der übrigen Zeit ihm jedoch als Wohnung zur Verfügung steht (z.B. Wohnung im Rahmen einer doppelten Haushaltsführung, nicht zur Vermietung bestimmte Ferienwohnung; auf die Belegenheit der Wohnung in einem Sondergebiet für Ferien- oder Wochenendhäuser kommt es nicht an).

23 Eine Nutzung zu eigenen Wohnzwecken liegt auch vor, wenn der Steuerpflichtige das Wirtschaftsgut einem Kind, für das er Anspruch auf Kindergeld oder einen Freibetrag nach § 32 Abs. 6 EStG hat, unentgeltlich zu Wohnzwecken überlassen hat. Die unentgeltliche Überlassung eines Wirtschaftsguts an andere – auch unterhaltsberechtigte – Angehörige stellt keine Nutzung zu eigenen Wohnzwecken im Sinne des § 23 Abs. 1 Satz 1 Nr. 1 Satz 3 EStG dar. Die Altenteilerwohnung in der Land- und Forstwirtschaft ist kein vom Eigentümer zu eigenen Wohnzwecken genutztes Wirtschaftsgut.

24 Bewohnt ein Miteigentümer eines Zwei- oder Mehrfamilienhauses eine Wohnung allein, liegt eine Nutzung zu eigenen Wohnzwecken vor, soweit er die Wohnung auf Grund eigenen Rechts nutzt (vgl. R 164 Abs. 2 Satz 1 EStR 1999 und H 164 „Beispiele zur Überlassung an Miteigentümer" EStH 1999).[3]

5.4 Zeitlicher Umfang der Nutzung zu eigenen Wohnzwecken

25 Von der Besteuerung des Veräußerungsgewinns sind Wirtschaftsgüter ausgenommen, die ausschließlich, d.h. ununterbrochen
- vom Zeitpunkt der Anschaffung oder Fertigstellung bis zur Veräußerung zu eigenen Wohnzwecken genutzt wurden. Für die Bestimmung des Zeitpunkts der Anschaffung und der Veräußerung ist in diesem Zusammenhang jeweils auf den Zeitpunkt der Übertragung des wirtschaftlichen Eigentums abzustellen. Ein Leerstand vor Beginn der Nutzung zu eigenen Wohnzwecken ist unschädlich, wenn er mit der beabsichtigten Nutzung des Wirtschaftsguts zu eigenen Wohnzwecken in Zusammenhang steht. Dies gilt auch für einen Leerstand zwischen Beendigung der Nutzung zu eigenen Wohnzwecken und Veräußerung des Gebäudes, wenn der Steuerpflichtige die Veräußerungsabsicht nachweist;
- im Jahr der Veräußerung und in den beiden vorangegangenen Jahren, d.h. in einem zusammenhängenden Zeitraum innerhalb der letzten drei Kalenderjahre, der nicht die vollen drei Kalenderjahre umfassen muss, zu eigenen Wohnzwecken genutzt wurden. Ein Leerstand zwischen Beendigung der

---
1) Jetzt R 7.2 Abs. 1 Satz 3 EStR.
2) Anlage § 004-43.
3) Jetzt → H 21.6 (Mietverhältnis zwischen GbR und Gesellschafter) und H 21.6 (Miteigentum).

Zu § 23 EStG **Anlage § 023–01**

Selbstnutzung und Veräußerung ist unschädlich, wenn das Wirtschaftsgut im Jahr der Beendigung der Nutzung zu eigenen Wohnzwecken und in den beiden vorangegangenen Jahren zu eigenen Wohnzwecken genutzt wurde.

Beispiel: Eine Eigentumswohnung, die A im Jahr 1995 angeschafft und anschließend vermietet hatte, wird nach Beendigung des Mietverhältnisses im Dezember 1998 bis zur Veräußerung im Januar 2000 von ihm zu eigenen Wohnzwecken genutzt.

Da A die Wohnung im Jahr der Veräußerung und in den beiden vorangegangenen Jahren zu eigenen Wohnzwecken genutzt hat, unterliegt ein erzielter Veräußerungsgewinn nicht der Besteuerung. Hätte A die Eigentumswohnung im Jahr 1999 auch nur kurzfristig zu anderen Zwecken genutzt (z.B. vorübergehende Fremdvermietung), wäre der erzielte Veräußerungsgewinn zu versteuern.

Bei unentgeltlichem Erwerb (Gesamtrechtsnachfolge, unentgeltliche Einzelrechtsnachfolge) ist die Nutzung des Wirtschaftsguts zu eigenen Wohnzwecken durch den Rechtsvorgänger dem Rechtsnachfolger zuzurechnen. 26

Werden in das zu eigenen Wohnzwecken genutzte Wirtschaftsgut innerhalb des Zehnjahreszeitraums bisher zu anderen Zwecken genutzte Räume einbezogen, unterliegt ein auf diese Räume entfallender Veräußerungsgewinn nur dann nicht der Besteuerung, wenn die bisher zu anderen Zwecken genutzten Räume in einem zusammenhängenden Zeitraum innerhalb der letzten drei Kalenderjahre vor der Veräußerung zu eigenen Wohnzwecken genutzt wurden. 27

6. Ermittlung des steuerpflichtigen Veräußerungsgewinns (§ 23 Abs. 3 EStG)

6.1 Anschaffungs- und Herstellungskosten

Anschaffungs- und Herstellungskosten im Sinne des § 23 Abs. 3 Satz 1 EStG sind die vom Steuerpflichtigen getragenen Aufwendungen im Sinne des § 255 HGB. Dazu gehören auch nachträgliche Anschaffungs- und Herstellungskosten, die für das Wirtschaftsgut aufgewendet worden sind. Werden auf die Anschaffungs- oder Herstellungskosten Zuschüsse von dritter Seite geleistet, die keine Mieterzuschüsse im Sinne des R 163 Abs. 3 EStR 1999 [1]) sind, sind die Anschaffungs- oder Herstellungskosten bei der Ermittlung des Veräußerungsgewinns um diese Zuschüsse zu kürzen. Eigenheimzulage und Investitionszulage mindern die Anschaffungs- und Herstellungskosten nicht (§ 9 InvZulG 1999, § 16 EigZulG). 28

6.2 Werbungskosten

Als Werbungskosten sind die im Zusammenhang mit der Veräußerung stehenden Aufwendungen zu berücksichtigen, die nicht zu den Anschaffungs- oder Herstellungskosten des veräußerten Wirtschaftsguts gehören, nicht vorrangig einer anderen Einkunftsart zuzuordnen sind und nicht wegen der Nutzung zu eigenen Wohnzwecken unter das Abzugsverbot des § 12 EStG fallen (vgl. H 169 „Werbungskosten" EStH 1999). [2]) 29

6.3 Ermittlung des Veräußerungsgewinns bei einem teilweise entgeltlich oder im Wege der Erbauseinandersetzung mit Abfindungszahlung erworbenen Grundstück

Bei der Veräußerung eines teilweise entgeltlich, teilweise unentgeltlich oder im Wege der Erbauseinandersetzung mit Abfindungszahlung erworbenen Grundstücks berechnet sich der Veräußerungsgewinn im Sinne des § 23 Abs. 3 EStG für den entgeltlich erworbenen Teil durch Gegenüberstellung des anteiligen Veräußerungserlöses zu den tatsächlichen Anschaffungskosten. Der anteilige Veräußerungserlös bestimmt sich nach dem Verhältnis der aufgewendeten Anschaffungskosten zum Verkehrswert des Grundstücks im Zeitpunkt des Erwerbs (vgl. BMF-Schreiben vom 11.1.1993 – BStBl. I S. 62, Rz. 28, und BMF-Schreiben vom 13.1.1993 – BStBl. I S. 80, Rz. 23) [3]). Die Werbungskosten sind, soweit sie nicht eindeutig dem entgeltlichen oder unentgeltlichen Teil zugeordnet werden können, im Verhältnis des Entgelts (ohne Anschaffungsnebenkosten) zum Verkehrswert des Grundstücks im Zeitpunkt des Erwerbs aufzuteilen (BFH-Urteile vom 24.3.1993 – BStBl. II S. 704 und vom 1.10.1997 – BStBl. 1998 II S. 247). 30

Wird ein teilweise entgeltlich oder im Wege der Erbauseinandersetzung gegen Abfindungszahlung erworbenes Grundstück während der Zehnjahresfrist nach Anschaffung bebaut und veräußert, ist der auf das Gebäude entfallende Teil des Veräußerungserlöses in die Berechung des Veräußerungsgewinns einzubeziehen, soweit das Grundstück als entgeltlich erworben gilt. 31

---

1) Jetzt R 21.5 EStR.
2) Jetzt H 23 EStH.
3) Anlagen § 016-05 und 06.

Anlage § 023–01

Zu § 23 EStG

Beispiel:

A erwirbt im Jahr 1995 im Wege der vorweggenommenen Erbfolge von B ein unbebautes Grundstück mit einem gemeinen Wert von 200 000 DM für eine Gegenleistung von 50 000 DM. B hatte das Grundstück im Jahr 1982 erworben. Im Jahr 1999 wird das Grundstück mit einem Zweifamilienhaus mit Herstellungskosten von 400 000 DM bebaut und unmittelbar nach Fertigstellung des Gebäudes zu einem Kaufpreis von 800 000 DM veräußert. Von diesem Kaufpreis entfallen nach dem Verhältnis der Verkehrswerte 280 000 DM auf das Grundstück und 520 000 DM auf das Gebäude.

Das Grundstück gilt zu einem Viertel (50 000 DM zu 200 000 DM) als entgeltlich erworben. Der für das Grundstück erzielte Veräußerungserlös ist somit ebenfalls zu einem Viertel in die Berechnung des Veräußerungsgewinns im Sinne des § 23 Abs. 3 EStG einzubeziehen. Der auf das Gebäude entfallende Teil des Veräußerungserlöses geht im selben Verhältnis in die Ermittlung des steuerpflichtigen Veräußerungsgewinns ein.

¼ des Veräußerungserlöses Grundstück	70 000 DM	
abzüglich Anschaffungskosten Grundstück	./. 50 000 DM	20 000 DM
¼ des Veräußerungserlöses Gebäude	130 000 DM	
abzüglich ¼ der Herstellungskosten Gebäude	100 000 DM	30 000 DM
steuerpflichtiger Veräußerungsgewinn		50 000 DM

6.4 Ermittlung des steuerpflichtigen Veräußerungsgewinns bei teilweise zu eigenen Wohnzwecken, teilweise zu anderen Zwecken genutzten Gebäuden

32 Die Anschaffungs- oder Herstellungskosten und der Veräußerungspreis des gesamten Gebäudes sind auf den zu eigenen Wohnzwecken und auf den zu anderen Zwecken genutzten Gebäudeteil aufzuteilen. Für die Aufteilung ist das Verhältnis der Nutzfläche des zu anderen Zwecken genutzten Gebäudeteils zur Nutzfläche des gesamten Gebäudes maßgebend, es sei denn, die Aufteilung nach dem Verhältnis der Nutzflächen führt zu einem unangemessenen Ergebnis. Die Nutzfläche ist in sinngemäßer Anwendung der §§ 43 und 44 der Zweiten Berechnungsverordnung[1]) zu ermitteln. Für die Aufteilung der Anschaffungskosten und des Veräußerungspreises des Grund und Bodens, der zu dem zu anderen Zwecken genutzten Gebäudeteil gehört, ist das Verhältnis der Nutzfläche des zu anderen Zwecken genutzten Gebäudeteils zur Nutzfläche des gesamten Gebäudes maßgebend.

Beispiel:

A hat im Jahr 1993 ein unbebautes Grundstück für 220 000 DM angeschafft. Im Jahr 1996 stellt er darauf ein Zweifamilienhaus für 900 000 DM fertig. Eine Wohnung wird von ihm zu eigenen Wohnzwecken genutzt, die andere hat er vermietet. Beide Wohnungen haben eine Nutzfläche von jeweils 150 qm. Im Jahr 1999 veräußert A das Grundstück für 1,6 Mio. DM. Von dem Veräußerungspreis entfallen 1,2 Mio. DM auf das Gebäude und 400 000 DM auf den Grund und Boden.

Ermittlung des steuerpflichtigen Veräußerungsgewinns:

Verhältnis der Nutzfläche des vermieteten Gebäudeteils zur Gesamtnutzfläche des Gebäudes 150 qm : 300 qm.

Gebäude:	
Veräußerungspreis	1 200 000 DM
Herstellungskosten	900 000 DM
Veräußerungsgewinn	300 000 DM
davon entfallen auf den vermieteten Gebäudeteil 50 v.H. =	150 000 DM
Grund und Boden:	
Veräußerungspreis	400 000 DM
Anschaffungskosten	220 000 DM
Veräußerungsgewinn	180 000 DM
davon entfallen auf den vermieteten Gebäudeteil 50 v.H. =	90 000 DM
steuerpflichtiger Veräußerungsgewinn	240 000 DM

A hat einen Veräußerungsgewinn von 240 000 DM zu versteuern. Der auf die eigengenutzte Wohnung einschließlich des dazu gehörenden Grund und Bodens entfallende Gewinn von 240 000 DM unterliegt nicht der Besteuerung.

---

1) Siehe Anhang 18.

Zu § 23 EStG **Anlage § 023–01**

6.5 Ermittlung des steuerpflichtigen Veräußerungsgewinns bei Entnahme des Grundstücks aus einem Betriebsvermögen (§ 23 Abs. 1 Satz 2 und Abs. 3 Satz 3 EStG)

Wird ein Grundstück veräußert, das vorher aus einem Betriebsvermögen in das Privatvermögen überführt worden ist, tritt an die Stelle der Anschaffungs- oder Herstellungskosten der Wert, mit dem das Grundstück bei der Überführung angesetzt worden ist (§ 23 Abs. 3 Satz 3 i.V.m. § 6 Abs. 1 Nr. 4 EStG). Entsprechendes gilt für den Fall, in dem das Grundstück anlässlich der Betriebsaufgabe in das Privatvermögen überführt worden ist (§ 23 Abs. 3 Satz 3 i.V.m. § 16 Abs. 3 Satz 5 EStG). Sätze 1 und 2 gelten auch, wenn bei einer vorangegangenen Überführung des Grundstücks in das Privatvermögen der Entnahmegewinn nicht zur Einkommensteuer herangezogen worden ist (§ 16 Abs. 4, §§ 14, 14a, § 18 Abs. 3 EStG). 33

Bleibt bei der Überführung eines Wirtschaftsguts in das Privatvermögen der Entnahmegewinn kraft gesetzlicher Regelung bei der Besteuerung außer Ansatz, tritt an die Stelle der Anschaffungs- oder Herstellungskosten der Buchwert des Wirtschaftsguts im Zeitpunkt der Entnahme. Bei einer Überführung eines Wirtschaftsguts in das Privatvermögen vor dem 1. Januar 1999 ist in diesen Fällen aus Billigkeitsgründen Rz. 33 anzuwenden.[1)] 34

Beispiel 1:

A errichtet im Jahr 2000 auf einem zum Betriebsvermögen seines landwirtschaftlichen Betriebs gehörenden Grundstück ein Gebäude, das als Altenteilerwohnung genutzt werden soll. Das Gebäude ist im Januar 2002 fertig gestellt. Der Entnahmegewinn beim Grund und Boden bleibt nach § 13 Abs. 5 EStG bei der Besteuerung außer Ansatz. Nach dem Tod des Altenteilers wird das Gebäude mit dem dazugehörenden Grund und Boden zum 31. Dezember 2004 veräußert.

	Gebäude	Grund und Boden
Buchwert im Zeitpunkt der Entnahme		10 000 DM
Herstellungskosten des Gebäudes	300 000 DM	
Veräußerungserlös zum 31.12.2004	400 000 DM	100 000 DM
steuerpflichtiger Veräußerungsgewinn	100 000 DM	90 000 DM

Beispiel 2:[2)]

Eine ehemals zu einem land- und forstwirtschaftlichen Betriebsvermögen gehörende Wohnung des Betriebsinhabers wurde zusammen mit dem dazugehörenden Grund und Boden zum 31. Dezember 1995 in das Privatvermögen überführt. Der Entnahmegewinn war nach § 52 Abs. 15 Satz 7 EStG in der für den Veranlagungszeitraum der Entnahme anzuwendenden Fassung steuerbefreit. Die Wohnung war seit dem 1. Juli 1996 vermietet. Am 1. August 2000 wurde die Wohnung veräußert.

	Gebäude	Grund und Boden
Buchwert im Zeitpunkt der Entnahme	20 000 DM	10 000 DM
Steuerfreier Entnahmegewinn	60 000 DM	40 000 DM
Teilwert im Zeitpunkt der Entnahme	80 000 DM	50 000 DM
AfA für den Zeitraum 1.7.1996 bis 31.7.2000 (berechnet nach den ursprünglichen Anschaffungskosten)	– 5 000 DM	
	75 000 DM	
Veräußerungserlös zum 1.8.2000	78 000 DM	52 000 DM
steuerpflichtiger Veräußerungsgewinn	3 000 DM	2 000 DM

6.6 Ermittlung des privaten Veräußerungsgewinns bei Einlage des Grundstücks in das Betriebsvermögen (§ 23 Abs. 1 Satz 5 Nr. 1 und 2 und Abs. 3 Satz 2 EStG)

Wird das Grundstück in das Betriebsvermögen eingelegt und innerhalb der Zehnjahresfrist seit Anschaffung veräußert, tritt bei der Ermittlung des Gewinns oder des Verlustes aus dem privaten Veräußerungsgeschäft an die Stelle des Veräußerungspreises der Wert, mit dem die Einlage angesetzt wurde. Wurde das Grundstück wieder ins Privatvermögen überführt und innerhalb von zehn Jahren nach der ursprünglichen Anschaffung veräußert, sind bei der Ermittlung des privaten Veräußerungsgewinns die 35

---
1) Siehe dazu aber die Fußnote zu Tz. 1.
2) Siehe dazu aber die Fußnote zu Tz. 1.

Anlage § 023–01

Zu § 23 EStG

ursprünglichen Anschaffungskosten zu Grunde zu legen.[1] Dieser Veräußerungsgewinn ist um den im Betriebsvermögen zu erfassenden Gewinn zu korrigieren. Wurde das Grundstück nach mehr als zehn Jahren seit der ursprünglichen Anschaffung, aber innerhalb von zehn Jahren nach der Überführung ins Privatvermögen veräußert, ist bei der Ermittlung des privaten Veräußerungsgewinns der bei der Überführung angesetzte Wert zu Grunde zu legen.

Beispiel:

A hat am 2. Januar 1993 ein unbebautes Grundstück für 100 000 DM angeschafft. Im Jahr 1997 legt er es in sein Einzelunternehmen zum Teilwert von 150 000 DM ein und entnimmt es wieder am 3. März 2000. Der Teilwert zum Zeitpunkt der Entnahme beträgt 200 000 DM.

Veräußert A das Grundstück vor dem 3. Januar 2003 für 230 000 DM, ermittelt sich der private Veräußerungsgewinn wie folgt:

Veräußerungserlös	230 000 DM	
abzgl. Anschaffungskosten	100 000 DM	
Veräußerungsgewinn (§ 23 Abs. 1 Satz 1 EStG)		130 000 DM
Teilwert Entnahme	200 000 DM	
abzgl. Teilwert Einlage	150 000 DM	
abzuziehender Entnahmegewinn im Betriebsvermögen		50 000 DM
privater Veräußerungsgewinn		80 000 DM

Wird das Grundstück nach dem 2. Januar 2003 und vor dem 4. März 2010 veräußert, unterliegt der Veräußerungsgewinn auf der Grundlage des bei der Entnahme angesetzten Werts wie folgt der Besteuerung nach § 23 EStG:

Veräußerungserlös	230 000 DM
abzgl. Entnahmewert (§ 23 Abs. 3 Satz 3 EStG)	200 000 DM
privater Veräußerungsgewinn	30 000 DM

36 Der private Veräußerungsgewinn bei Einlage in das Betriebsvermögen und anschließender Veräußerung des Wirtschaftsguts aus dem Betriebsvermögen ist in dem Kalenderjahr anzusetzen, in dem der Veräußerungspreis zufließt. Fließt der Veräußerungspreis in Teilbeträgen über mehrere Kalenderjahre zu, ist der Veräußerungsgewinn erst zu berücksichtigen, wenn die Summe der gezahlten Teilbeträge die ggf. um die Absetzungen für Abnutzung, erhöhten Absetzungen und Sonderabschreibungen geminderten Anschaffungs- oder Herstellungskosten des veräußerten Wirtschaftsguts übersteigt.

37 In den Fällen der Rz. 4 Nr. 2 bis 5 gilt der Veräußerungspreis in dem Zeitpunkt als zugeflossen, in dem die dort genannten, der Veräußerung aus dem Betriebsvermögen gleichgestellten Sachverhalte verwirklicht werden. Bei der verdeckten Einlage eines Wirtschaftsguts in eine Kapitalgesellschaft ist der private Veräußerungsgewinn im Kalenderjahr der verdeckten Einlage zu erfassen.

6.7 Kürzung der Anschaffungs- oder Herstellungskosten um Absetzungen für Abnutzung, erhöhte Absetzungen und Sonderabschreibungen (§ 23 Abs. 3 Satz 4 EStG)

38 Bei Veräußerungsgeschäften, bei denen der Steuerpflichtige das Wirtschaftsgut nach dem 31. Juli 1995 angeschafft oder in das Privatvermögen überführt und veräußert hat, mindern sich die Anschaffungs- oder Herstellungskosten um Absetzungen für Abnutzung, erhöhte Absetzungen und Sonderabschreibungen, soweit sie bei der Ermittlung der Einkünfte im Sinne des § 2 Abs. 1 Nr. 4 bis 6 EStG abgezogen worden sind. Als Zeitpunkt der Anschaffung gilt der Zeitpunkt des Abschlusses des obligatorischen Vertrags oder des gleichstehenden Rechtsakts. Bei Veräußerung eines vom Steuerpflichtigen errichteten Wirtschaftsguts mindern sich die Herstellungskosten um Absetzungen für Abnutzung, erhöhte Absetzungen und Sonderabschreibungen, wenn der Steuerpflichtige das Wirtschaftsgut nach dem 31. Dezember 1998 fertig stellt und veräußert.

Beispiel:

A errichtet ab dem Jahr 1998 ein zur Vermietung zu Wohnzwecken bestimmtes Gebäude auf einem in 1996 angeschafften Grundstück in Dresden. Das Gebäude mit Herstellungskosten von 800 000 DM wird im Jahr 1999 fertig gestellt. Bis zum 31. Dezember 1998 sind Teilherstellungskosten in Höhe von 600 000 DM entstanden, für die A 150 000 DM Sonderabschreibungen nach § 4 Abs. 2 FördG für den

---

1) Siehe dazu auch das BFH-Urteil vom 12.6.2013 – IX R 66/10:
„Wer ein Grundstück innerhalb des maßgebenden Veräußerungszeitraums im Privatvermögen anschafft und aus dem Privatvermögen wieder veräußert, muss die Wertsteigerungen im Privatvermögen seit der Anschaffung versteuern, auch wenn er das Grundstück zeitweise im Betriebsvermögen gehalten hat. Der Gewinn aus dem privaten Veräußerungsgeschäft ist in diesem Fall um den im Betriebsvermögen zu erfassenden Gewinn (als Unterschied zwischen Einlage- und Entnahmewert) zu korrigieren."

Zu § 23 EStG   **Anlage § 023–01**

Veranlagungszeitraum 1998 in Anspruch nimmt. Das Gebäude wird unmittelbar nach Fertigstellung veräußert. A kann den Nachweis der Einkunftserzielungsabsicht erbringen.
Da das Wirtschaftsgut nach dem 31. Dezember 1998 fertig gestellt worden ist, sind die Herstellungskosten bei der Ermittlung des Veräußerungsgewinns um die in Anspruch genommenen Sonderabschreibungen in Höhe von 150 000 DM zu mindern.

Nutzt der Steuerpflichtige einen Raum zu betrieblichen oder beruflichen Zwecken (häusliches Arbeits- 39 zimmer), sind die anteiligen Anschaffungs- oder Herstellungskosten um den auf das häusliche Arbeitszimmer entfallenden Teil der Absetzungen für Abnutzung, der erhöhten Absetzungen und der Sonderabschreibungen zu kürzen. Die anteiligen Anschaffungs- oder Herstellungskosten sind nicht zu kürzen, wenn der Abzug der Aufwendungen nach § 4 Abs. 5 Satz 1 Nr. 6b, § 9 Abs. 5 EStG ausgeschlossen ist. Aus Vereinfachungsgründen gilt dies auch, wenn der Abzug der Betriebsausgaben oder Werbungskosten auf 2 400 DM begrenzt ist.

Die Anschaffungs- oder Herstellungskosten sind nicht um die Abzugsbeträge nach den §§ 10e, 10f, 10g 40 und 10h EStG oder § 7 FördG, die Eigenheimzulage und die Investitionszulage nach dem InvZulG 1999 zu kürzen.

7. Verlustverrechnung (§ 23 Abs. 3 Satz 8 und 9 EStG)

Bei der Zusammenveranlagung von Ehegatten ist der Gesamtgewinn aus privaten Veräußerungs- 41 geschäften für jeden Ehegatten zunächst getrennt zu ermitteln. Dabei ist für den Gewinn jedes Ehegatten die Freigrenze von 1 000 DM[1)] nach § 23 Abs. 3 Satz 6 EStG gesondert zu berücksichtigen. Die ggf. von einem Ehegatten nicht ausgeschöpfte Freigrenze kann nicht beim anderen Ehegatten berücksichtigt werden. Verluste aus privaten Veräußerungsgeschäften des einen Ehegatten sind mit Gewinnen des anderen Ehegatten aus privaten Veräußerungsgeschäften auszugleichen (vgl. BFH-Urteil vom 6.7.1989 – BStBl. II S. 787). Ein Ausgleich ist nicht vorzunehmen, wenn der erzielte Gesamtgewinn aus privaten Veräußerungsgeschäften des anderen Ehegatten steuerfrei bleibt, weil er im Kalenderjahr weniger als 1.000 DM betragen hat.[2)]

Nicht im Entstehungsjahr mit Veräußerungsgewinnen ausgeglichene Veräußerungsverluste der Jahre ab 42 1999 sind nach Maßgabe des § 10d EStG rück- und vortragsfähig. Sie mindern in den Rück- oder Vortragsjahren erzielte private Veräußerungsgewinne im Sinne des § 23 EStG, soweit diese in die Ermittlung der Summe der Einkünfte eingegangen sind oder eingehen würden (§ 23 Abs. 3 Satz 9 EStG). Bei der Zusammenveranlagung von Ehegatten ist der Verlustabzug nach Maßgabe des § 10d Abs. 1 und 2 EStG zunächst getrennt für jeden Ehegatten und anschließend zwischen den Ehegatten durchzuführen.[3)] Der am Schluss eines Veranlagungszeitraums verbleibende Verlustvortrag ist gesondert festzustellen (§ 23 Abs. 3 Satz 9, nach Maßgabe des § 10d Abs. 4 Satz 1 EStG).[4)]

Für Veräußerungsverluste aus den Veranlagungszeiträumen vor 1999 ist § 23 Abs. 3 Satz 9 EStG nicht 43 anzuwenden. Sie dürfen nur mit Veräußerungsgewinnen desselben Kalenderjahres ausgeglichen und nicht nach § 10d EStG abgezogen werden.[5)]

---

1) Ab VZ 2002: 512 €.
2) Die Freigrenze ist nur vor der Durchführung eines Verlustrücktrages zu berücksichtigen (→ BFH vom 11.1.2005 – BStBl. II S. 433).
3) Überholt durch BMF-Schreiben vom 29.11.2004, (Anlage § 010d-02).
4) Vgl. dazu das BdF-Schreiben vom 14.2.2007 (BStBl. I S. 268):
„Der BFH vertritt im Urteil vom 22. September 2005 (BStBl. 2007 II S. 158) die Auffassung, dass über die Verrechenbarkeit von Verlusten aus privaten Veräußerungsgeschäften i.S. des § 23 EStG, die im Entstehungsjahr nicht ausgeglichen werden können, erst im Jahr ihrer Verrechnung zu entscheiden sei. Ein gesondertes Feststellungsverfahren sehe die Vorschrift hierfür nicht vor.
Unter Bezugnahme auf das Ergebnis der Erörterung mit den Obersten Finanzbehörden der Länder sind die Rechtsgrundsätze des Urteils nicht über den entschiedenen Einzelfall hinaus anzuwenden. Bei der Verlustverrechnung findet weiterhin Rz. 42 des BMF-Schreibens vom 5. Oktober 2000 (BStBl. I S. 1383) Anwendung."
Insoweit ist § 23 Abs. 3 Satz 9 EStG i.d.F. des JStG 2007 auch in den Fällen anzuwenden, in denen am 1.1.2007 die Feststellungsfrist noch nicht abgelaufen ist (→ § 52 Abs. 39 Satz 7 EStG).
5) Siehe aber BFH-Urteil vom 1.6.2004 (BStBl. 2005 II S. 26):
„Für Verluste aus Spekulationsgeschäften i.S. von § 23 EStG in der für die Jahre vor 1999 geltenden Fassungen sind, soweit diese Vorschriften auch unter Berücksichtigung des Urteils des BVerfG vom 9. März 2004 2 BvL 17/02 anwendbar bleiben, in den noch offenen Altfällen die allgemeinen einkommensteuerrechtlichen Regelungen über Verlustausgleich und Verlustabzug anzuwenden."

Anlage § 023–02 Zu § 23 EStG

Rückwirkende Verlängerung der Veräußerungsfrist bei Spekulationsgeschäften von zwei auf zehn Jahre; Umsetzung des Beschlusses des Bundesverfassungsgerichts (BStBl. 2011 II, S. 76)TOP 3 der ESt VI/2010

– BdF-Schreiben vom 20.12.2010 – IV C 1 – S 2256/07/10001:006, 2010/1015920 (BStBl. 2011 I S. 14) –

Mit Beschluss vom 7. Juli 2010 2 BvL 14/02, 2 BvL 2/04, 2 BvL 13/05 hat das Bundesverfassungsgericht (BVerfG) entschieden, dass die mit dem Steuerentlastungsgesetz 1999/2000/2002 (StEntlG 1999/2000/2002) gesetzlich normierte Verlängerung der Frist von zwei auf zehn Jahre für die Veräußerung von Wirtschaftsgütern im Sinne des § 23 Absatz 1 Satz 1 Nummer 1 EStG i. V. m. § 52 Absatz 39 Satz 1 EStG als solche grundsätzlich nicht zu beanstanden ist.

Auch soweit die früher geltende zweijährige Veräußerungsfrist im Zeitpunkt der Verkündung des StEntlG 1999/2000/2002 am 31. März 1999 noch nicht abgelaufen war, begegnet ihrer Verlängerung nach Ansicht des BVerfG keine verfassungsrechtlichen Bedenken, da die bloße Möglichkeit, Gewinne später steuerfrei zu vereinnahmen, keine vertrauensrechtlich geschützte Position begründet.

Die Anwendung der verlängerten Veräußerungsfrist ist jedoch insoweit verfassungswidrig, als mit der Neuregelung Wertzuwächse besteuert werden, die bis zum Zeitpunkt der Verkündung der Gesetzesänderung am 31. März 1999 eingetreten sind und die nach Maßgabe der zuvor geltenden Rechtslage hätten steuerfrei realisiert werden können.

Unter Bezugnahme auf das Ergebnis der Erörterungen mit den obersten Finanzbehörden der Länder gelten für die Anwendung des Beschlusses des BVerfG die folgenden Grundsätze:

I. Veräußerungsgeschäfte vor dem 1. April 1999

Der Gewinn aus einem Veräußerungsgeschäft bei einem Wirtschaftsgut im Sinne des § 23 EStG, bei dem die Veräußerung auf einem nach dem 31. Dezember 1998 und vor dem 1. April 1999 rechtswirksam abgeschlossenen obligatorischen Vertrag oder gleichstehenden Rechtsakt beruht, ist nicht steuerbar, wenn die für dieses Veräußerungsgeschäft bis zur Gesetzesänderung geltende zweijährige Veräußerungsfrist abgelaufen war.

II. Veräußerungsgeschäfte nach dem 31. März 1999 und abgelaufener Zweijahresfrist

Erfolgt die Veräußerung eines Wirtschaftsgutes im Sinne des § 23 Absatz 1 Satz 1 Nummer 1 EStG auf der Grundlage eines nach dem 31. März 1999 rechtswirksam abgeschlossenen Vertrags oder gleichstehenden Rechtsakts und war für diese Veräußerung die vor der Gesetzesänderung geltende zweijährige Veräußerungsfrist bereits vor dem 1. April 1999 abgelaufen, ist der Veräußerungsgewinn in einen Anteil für den bis zur Verkündung des StEntlG 1999/2000/2002 entstandenen nicht steuerbaren Wertzuwachs und in einen Anteil für den nach der Verkündung dieses Gesetzes entstandenen steuerbaren Wertzuwachs aufzuteilen.

Auf in diesen Fällen entstandene Veräußerungsverluste findet der Beschluss des BVerfG vom 7. Juli 2010 keine Anwendung. Die Veräußerungsverluste sind ohne Aufteilung bei der Steuerfestsetzung zu berücksichtigen.

II.1. Vereinfachungsregelung

Regelmäßig ist der Umfang des steuerbaren Wertzuwachses entsprechend dem Verhältnis der Besitzzeit nach dem 31. März 1999 im Vergleich zur Gesamtbesitzzeit linear (monatsweise) zu ermitteln. Angefangene Monate der Gesamtbesitzzeit werden aus Vereinfachungsgründen aufgerundet. Angefangene Monate der Besitzzeit nach dem 31. März 1999 werden abgerundet. Einer anteiligen Zuordnung der nach

Zu § 23 EStG   **Anlage § 023–02**

§ 23 Absatz 3 Satz 1 EStG bei der Ermittlung der Einkünfte aus Veräußerungsgeschäften abziehbaren Werbungskosten bedarf es nicht.[1)]

Beispiel 1:

Anschaffung eines unbebauten Grundstückes mit notariellem Kaufvertrag vom 15. Januar 1997 für 100.000 DM. Veräußerung mit notariellem Kaufvertrag am 3. August 1999 für 150.000 DM.

Lösung:

Die Gesamtbesitzzeit für das unbebaute Grundstück beträgt 30 volle und einen angefangenen Monat = aufgerundet 31 Monate. Auf den Zeitraum 31. März 1999 bis 3. August 1999 entfallen vier volle Monate und ein angefangener Monat = auf volle Monate abgerundet. Der Wertzuwachs von 50.000 DM für das unbebaute Grundstück ist zu einem Anteil von 4/31 = 6.452 DM bei der Einkommensteuerfestsetzung zu berücksichtigen.

II.2. Aufteilung nach den tatsächlichen Wertverhältnissen

a) Günstigerregelung für den Steuerpflichtigen

Die Vereinfachungsregelung findet auf Antrag des Steuerpflichtigen keine Anwendung, wenn dieser einen tatsächlich höheren Wertzuwachs für den Zeitraum zwischen der Anschaffung des Wirtschaftsgutes im Sinne des § 23 EStG und dem Zeitpunkt der Verkündung des StEntlG 1999/2000/2002 nachweist.

Beispiel 2:

Anschaffung eines unbebauten Grundstückes von 1.000 qm mit notariellem Kaufvertrag vom 15. Januar 1997 für 10.000 DM. Im Januar 1999 wird das Grundstück als Bauland ausgewiesen. Der übliche Baulandpreis beträgt zum 1. Januar 1999 50 DM/qm. Veräußerung mit notariellem Kaufvertrag am 3. August 1999 für 55.000 DM.

Lösung:

Nach der Vereinfachungsregelung wären 4/31 von 45.000 DM = 5.806 DM als steuerbarer Wertzuwachs zu qualifizieren. Beantragt der Steuerpflichtige die Berücksichtigung des tatsächlichen Wertzuwachses und weist er den Zeitpunkt der Baulandreife und den ortsüblichen Baulandpreis nach, unterliegt lediglich ein Wertzuwachs von 5.000 DM der Einkommensbesteuerung.

b) Abweichende Aufteilung zu Ungunsten der Steuerpflichtigen

Sofern im Einzelfall die lineare Aufteilung des Wertzuwachses zu offensichtlichen Widersprüchen zu den tatsächlichen Wertverhältnissen führt und klare, nachweisbare Anhaltspunkte für eine wesentliche – den linear ermittelten steuerbaren Wertzuwachs übersteigende – Wertsteigerung für den Zeitraum nach dem 31. März 1999 und dem Veräußerungszeitpunkt vorliegen, kann die Finanzverwaltung abweichend von der Vereinfachungsregelung auch eine andere – im Einzelfall sachgerechtere – Aufteilung des Wertzuwachses zu Ungunsten des Steuerpflichtigen durchführen.

III. Veräußerungsgeschäfte nach dem 31. März 1999 innerhalb der bis zur Gesetzesänderung geltenden zweijährigen Veräußerungsfrist

Erfolgt die Veräußerung eines Wirtschaftsgutes im Sinne des § 23 Absatz 1 Satz 1 Nummer 1 EStG auf der Grundlage eines nach dem 31. März 1999 rechtswirksam abgeschlossenen Vertrags oder gleichstehenden Rechtsakts und ist für diese Veräußerung die vor der Gesetzesänderung geltende zweijährige Veräußerungsfrist nicht vor dem 1. April 1999 abgelaufen, ist der Veräußerungsgewinn insgesamt steuerbar. Eine Aufteilung in einen steuerbaren und einen nicht steuerbaren Wertzuwachs findet nicht statt.

Dieses Schreiben ist auf alle offenen Fälle anzuwenden.

---

1) Vgl dazu aber BFH-Urteil vom 06.05.2014, IX R 39/13:
„1. Wird eine Immobilie nach Ablauf der ursprünglichen Spekulationsfrist von zwei Jahren und vor Ablauf der neuen Spekulationsfrist von zehn Jahren veräußert, sind die Sonderabschreibungen und AfA-Beträge, die in der Zeit bis zur Verkündung des StEntlG 1999/2000/2002 zum 31.03.1999 in Anspruch genommen worden sind, dem nicht steuerbaren Zeitraum zuzuordnen.
2. Die in Ziff. II.1. des BMF-Schreibens vom 20. Dezember 2010 (BStBl. I 2011, 14) vorgesehene Vereinfachungsregel, wonach bei der Ermittlung des Gewinns aus privaten Veräußerungsgeschäften i. S. des § 23 Abs. 1 Satz 1 Nr. 1 EStG der Umfang des steuerbaren Wertzuwachses entsprechend dem Verhältnis der Besitzzeit nach dem 31.03.1999 im Vergleich zur Gesamtbesitzzeit linear (monatsweise) zu ermitteln ist, entspricht insoweit nicht der Rechtsprechung des BVerfG, als dadurch Wertsteigerungen, die im Fall einer Veräußerung vor dem 1. April 1999 nicht steuerverhaftet waren, nachträglich in die Besteuerung einbezogen werden (BVerfG-Beschluss vom 7. Juli 2010 2 BvL 14/02, 2 BvL 2/04, 2 BvL 13/05, BVerfGE 127, 1, BStBl. II 2011, 76)."

Anlage § 024b–01

Zu § 24b EStG

Entlastungsbetrag für Alleinerziehende (§ 24b EStG); Anwendungsschreiben

– BdF-Schreiben vom 29.10.2004 – IV C 4 – S 2281 – 515/04 (BStBl. I S. 1042) –

Unter Bezugnahme auf das Ergebnis der Erörterungen mit den obersten Finanzbehörden der Länder gilt für die Anwendung des § 24b EStG ab dem Veranlagungszeitraum 2004 Folgendes:

I. Allgemeines

Durch Artikel 9 des Haushaltsbegleitgesetzes 2004 vom 29. Dezember 2003 (BGBl. I S. 3076, BStBl. 2004 I S. 120) wurde mit § 24b EStG ein Entlastungsbetrag für Alleinerziehende in Höhe von 1 308 € jährlich zum 1. Januar 2004 in das Einkommensteuergesetz eingefügt. Durch das Gesetz zur Änderung der Abgabenordnung und weiterer Gesetze vom 21. Juli 2004 (BGBl. I S. 1753) wurden die Voraussetzungen für die Inanspruchnahme des Entlastungsbetrages für Alleinerziehende rückwirkend ab dem 1. Januar 2004 geändert, im Wesentlichen wurde der Kreis der Berechtigten erweitert.

Ziel des Entlastungsbetrages für Alleinerziehende ist es, die höheren Kosten für die eigene Lebens- bzw. Haushaltsführung der sog. echten Alleinerziehenden abzugelten, die einen gemeinsamen Haushalt nur mit ihren Kindern und keiner anderen erwachsenen Person führen, die tatsächlich oder finanziell zum Haushalt beiträgt.

Der Entlastungsbetrag für Alleinerziehende wird außerhalb des Familienleistungsausgleichs bei der Ermittlung des Gesamtbetrages der Einkünfte durch Abzug von der Summe der Einkünfte und beim Lohnsteuerabzug durch die Steuerklasse II berücksichtigt.

II. Anspruchsberechtigte

Der Entlastungsbetrag für Alleinerziehende wird Steuerpflichtigen gewährt, die

– „allein stehend" sind und
– zu deren Haushalt mindestens ein Kind gehört, für das ihnen ein Freibetrag nach § 32 Abs. 6 EStG oder Kindergeld zusteht.

„Allein stehend" im Sinne des § 24b Abs. 1 EStG sind nach § 24b Abs. 2 EStG Steuerpflichtige, die

– nicht die Voraussetzungen für die Anwendung des Splitting-Verfahrens (§ 26 Abs. 1 EStG) erfüllen oder
– verwitwet sind

und

– keine Haushaltsgemeinschaft mit einer anderen volljährigen Person bilden (Ausnahme siehe unter 3.).

1. Haushaltszugehörigkeit

Ein Kind gehört zum Haushalt des Steuerpflichtigen, wenn es dauerhaft in dessen Wohnung lebt oder mit seiner Einwilligung vorübergehend, z. B. zu Ausbildungszwecken, auswärtig untergebracht ist. Haushaltszugehörigkeit erfordert ferner eine Verantwortung für das materielle (Versorgung, Unterhaltsgewährung) und immaterielle Wohl (Fürsorge, Betreuung) des Kindes. Eine Heimunterbringung ist unschädlich, wenn die Wohnverhältnisse in der Familienwohnung die speziellen Bedürfnisse des Kindes berücksichtigen und es sich im Haushalt des Steuerpflichtigen regelmäßig aufhält (vgl. BFH-Urteil vom 14. November 2001, BStBl. 2002 II S. 244). Ist das Kind nicht in der Wohnung des Steuerpflichtigen gemeldet, trägt der Steuerpflichtige die Beweislast für das Vorliegen der Haushaltszugehörigkeit. Ist das Kind bei mehreren Steuerpflichtigen gemeldet oder gehört es unstreitig zum Haushalt des Steuerpflichtigen ohne bei ihm gemeldet zu sein, ist es aber bei weiteren Steuerpflichtigen gemeldet, steht der Entlastungsbetrag demjenigen Alleinstehenden zu, zu dessen Haushalt das Kind tatsächlich gehört. Dies ist im Regelfall derjenige, der das Kindergeld erhält.[1]

---

1) Siehe aber BFH-Urteil vom 28.4.2010 – III R 79/08:
„Ist ein Kind annähernd gleichwertig in die beiden Haushalte seiner allein stehenden Eltern augenommen, können die Eltern – unabhängig davon, an welchen Berechtigten das Kindergeld ausgezahlt wird – untereinander bestimmen, wem der Entlastungsbetrag zustehen soll, es sei denn, einer der Berechtigten hat bei seiner Veranlagung oder durch Berücksichtigung der Steuerklasse II beim Lohnsteuerabzug den Entlastungsbetrag bereits in Anspruch genommen. Treffen die Eltern keine Bestimmung über die Zuordnung des Entlastugnsbetrags, steht er demjenigen zu, an den das Kindergeld ausgezahlt wird."

Zu § 24b EStG Anlage § 024b–01

2. Splitting-Verfahren

Es sind grundsätzlich nur Steuerpflichtige anspruchsberechtigt, die nicht die Voraussetzungen für die Anwendung des Splitting-Verfahrens erfüllen[1]. Abweichend hiervon können verwitwete Steuerpflichtige nach § 24b Abs. 3 EStG den Entlastungsbetrag für Alleinerziehende erstmals zeitanteilig für den Monat des Todes des Ehegatten beanspruchen. Darüber hinaus, insbesondere in den Fällen der getrennten oder der besonderen Veranlagung im Jahr der Eheschließung, kommt eine zeitanteilige Berücksichtigung nicht in Betracht.[2]

Im Ergebnis sind nur Steuerpflichtige anspruchsberechtigt, die

– während des gesamten Veranlagungszeitraums nicht verheiratet (ledig, geschieden) sind,
– verheiratet sind, aber seit dem vorangegangenen Veranlagungszeitraum dauernd getrennt leben,
– verwitwet sind

oder

– deren Ehegatte im Ausland lebt und nicht unbeschränkt einkommensteuerpflichtig im Sinne des § 1 Abs. 1 oder 2 EStG oder des § 1a EStG ist.

3. Haushaltsgemeinschaft

Gemäß § 24b Abs. 2 Satz 1 EStG sind Steuerpflichtige nur dann „allein stehend", wenn sie keine Haushaltsgemeinschaft mit einer anderen volljährigen Person bilden.

Der Gewährung des Entlastungsbetrages für Alleinerziehende steht es kraft Gesetzes nicht entgegen, wenn eine andere minderjährige Person in den Haushalt aufgenommen wird oder es sich bei der anderen volljährigen Person um ein leibliches Kind, Adoptiv-, Pflege-, Stief- oder Enkelkind handelt, für das dem Steuerpflichtigen ein Freibetrag für Kinder (§ 32 Abs. 6 EStG) oder Kindergeld zusteht oder das steuerlich nicht berücksichtigt wird, weil es

– den gesetzlichen Grundwehr- oder Zivildienst leistet (§ 32 Abs. 5 Satz 1 Nr. 1 EStG),
– sich an Stelle des gesetzlichen Grundwehrdienstes freiwillig für die Dauer von nicht mehr als drei Jahren zum Wehrdienst verpflichtet hat (§ 32 Abs. 5 Satz 1 Nr. 2 EStG) oder
– eine vom gesetzlichen Grundwehrdienst oder Zivildienst befreiende Tätigkeit als Entwicklungshelfer im Sinne des § 1 Abs. 1 des Entwicklungshelfer-Gesetzes ausübt (§ 32 Abs. 5 Satz 1 Nr. 3 EStG).

§ 24b Abs. 2 Satz 2 EStG enthält neben der gesetzlichen Definition der Haushaltsgemeinschaft auch die widerlegbare Vermutung für das Vorliegen einer Haushaltsgemeinschaft, die an die Meldung der anderen volljährigen Person mit Haupt- oder Nebenwohnsitz in der Wohnung des Steuerpflichtigen anknüpft. Eine nachträgliche Ab- bzw. Ummeldung ist insoweit unerheblich. Die Vermutung gilt jedoch dann nicht, wenn die Gemeinde oder das Finanzamt positive Kenntnis davon hat, dass die tatsächlichen Verhältnisse von den melderechtlichen Verhältnissen zugunsten des Steuerpflichtigen abweichen.

a) Begriff der Haushaltsgemeinschaft

Eine Haushaltsgemeinschaft liegt vor, wenn der Steuerpflichtige und die andere Person in der gemeinsamen Wohnung – im Sinne des § 8 AO – gemeinsam wirtschaften („Wirtschaften aus einem Topf").[3] Die Annahme einer Haushaltsgemeinschaft setzt hingegen nicht die Meldung der anderen Person in der Wohnung des Steuerpflichtigen voraus.

Eine Haushaltsgemeinschaft setzt ferner nicht voraus, dass nur eine gemeinsame Kasse besteht und die zur Befriedigung jeglichen Lebensbedarfs dienenden Güter nur gemeinsam und aufgrund gemeinsamer Planung angeschafft werden. Es genügt eine mehr oder weniger enge Gemeinschaft mit nahem Beieinanderwohnen, bei der jedes Mitglied der Gemeinschaft tatsächlich oder finanziell seinen Beitrag zur Haushalts- bzw. Lebensführung leistet und an ihr partizipiert (der gemeinsame Verbrauch der Lebensmittel oder Reinigungsmittel, die gemeinsame Nutzung des Kühlschrankes etc.).

Auf die Zahlungswege kommt es dabei nicht an, d.h. es steht der Annahme einer Haushaltsgemeinschaft nicht entgegen, wenn z. B. der Steuerpflichtige die laufenden Kosten des Haushalts ohne Miete trägt und die andere Person dafür vereinbarungsgemäß die volle Miete bezahlt.

---

1) Bestätigt durch BFH-Urteil vom 19.10.2006 (BStBl. 2007 II S. 637).
2) Die getrennte Veranlagung wurde durch die Einzelveranlagung von Ehegatten ersetzt und die besondere Veranlagung aufgehoben.
3) Siehe dazu auch das BFH-Urteil vom 28.6.012 (BStBl. II S. 815): „Ein gemeinsames Wirtschaften kann sowohl darin bestehen, dass die andere volljährige Person zu den Kosten des gemeinsamen Haushalts beiträgt, als auch in einer Entlastung durch tatsächliche Hilfe und Zusammenarbeit. Auf den Umfang der Hilfe oder des Anteils an dem im Haushalt anfallenden Arbeiten kommt es grundsätzlich nicht an."

Anlage § 024b–01

Zu § 24b EStG

Es kommt ferner nicht darauf an, dass der Steuerpflichtige und die andere Person in besonderer Weise materiell (Unterhaltsgewährung) und immateriell (Fürsorge und Betreuung) verbunden sind.

Deshalb wird grundsätzlich bei jeder Art von Wohngemeinschaften vermutet, dass bei Meldung der anderen Person in der Wohnung des Steuerpflichtigen auch eine Haushaltsgemeinschaft vorliegt.

Als Kriterien für eine Haushaltsgemeinschaft können auch der Zweck und die Dauer der Anwesenheit der anderen Person in der Wohnung des Steuerpflichtigen herangezogen werden. So liegt eine Haushaltsgemeinschaft nicht vor bei nur kurzfristiger Anwesenheit in der Wohnung oder nicht nur vorübergehender Abwesenheit von der Wohnung.

> *Beispiele für nur kurzfristige Anwesenheit:*
> Zu Besuchszwecken, aus Krankheitsgründen
> *Beispiele für nur vorübergehende Abwesenheit:*
> Krankenhausaufenthalt, Auslandsreise, Auslandsaufenthalt eines Montagearbeiters, doppelte Haushaltsführung aus beruflichen Gründen bei regelmäßiger Rückkehr in die gemeinsame Wohnung
> *Beispiele für eine nicht nur vorübergehende Abwesenheit:*
> Strafvollzug, bei Meldung als vermisst, Auszug aus der gemeinsamen Wohnung, evtl. auch Unterhaltung einer zweiten Wohnung aus privaten Gründen

Haushaltsgemeinschaften sind jedoch insbesondere gegeben bei:
– eheähnlichen Gemeinschaften,
– eingetragenen Lebenspartnerschaften,
– Wohngemeinschaften unter gemeinsamer Wirtschaftsführung mit einer sonstigen volljährigen Person (z. B. mit Studierenden, mit volljährigen Kindern, für die dem Steuerpflichtigen weder Kindergeld noch ein Freibetrag für Kinder zusteht, oder mit anderen Verwandten),
– nicht dauernd getrennt lebenden Ehegatten, bei denen keine Ehegattenbesteuerung in Betracht kommt (z. B. bei deutschen Ehegatten von Angehörigen der NATO-Streitkräfte).

Mit sonstigen volljährigen Personen besteht keine Haushaltsgemeinschaft, wenn sie sich tatsächlich **und** finanziell nicht an der Haushaltsführung beteiligen.

Die Fähigkeit, sich tatsächlich an der Haushaltsführung zu beteiligen, fehlt bei Personen, bei denen mindestens ein Schweregrad der Pflegebedürftigkeit im Sinne des § 14 SGB XI (Pflegestufe I, II oder III) besteht oder die blind sind.

Die Fähigkeit, sich finanziell an der Haushaltsführung zu beteiligen, fehlt bei Personen, die kein oder nur geringes Vermögen im Sinne des § 33a Abs. 1 Satz 3 EStG besitzen und deren Einkünfte und Bezüge im Sinne des § 32 Abs. 4 Satz 2 bis 4 EStG den dort genannten Betrag nicht übersteigen.

Der Nachweis des gesundheitlichen Merkmals „blind" richtet sich nach § 65 EStDV.

Der Nachweis über den Schweregrad der Pflegebedürftigkeit im Sinne des § 14 SGB XI ist durch Vorlage des Leistungsbescheides des Sozialhilfeträgers bzw. des privaten Pflegeversicherungsunternehmens zu führen.

Bei rückwirkender Feststellung des Merkmals „blind" oder der Pflegebedürftigkeit sind ggf. bestandskräftige Steuerfestsetzungen auch hinsichtlich des Entlastungsbetrages nach § 24b EStG zu ändern.

b) Widerlegbarkeit der Vermutung

Der Steuerpflichtige kann die Vermutung der Haushaltsgemeinschaft bei Meldung der anderen volljährigen Person in seiner Wohnung widerlegen, wenn er glaubhaft darlegt, dass eine Haushaltsgemeinschaft mit der anderen Person nicht vorliegt.

c) Unwiderlegbarkeit der Vermutung

Bei nichtehelichen, aber eheähnlichen Gemeinschaften und eingetragenen Lebenspartnerschaften scheidet wegen des Verbots einer Schlechterstellung von Ehegatten (vgl. BVerfG-Beschluss vom 10. November 1998, BStBl 1999 II S. 182) die Widerlegbarkeit aus.

Eheähnliche Gemeinschaften – im Sinne einer auf Dauer angelegten Verantwortungs- und Einstehensgemeinschaft – können anhand folgender, aus dem Sozialhilferecht abgeleiteter Indizien festgestellt werden:
– Dauer des Zusammenlebens (z. B. von länger als einem Jahr),
– Versorgung gemeinsamer Kinder im selben Haushalt,
– Versorgung anderer Angehöriger im selben Haushalt,
– der Mietvertrag ist von beiden Partnern unterschrieben und auf Dauer angelegt,

Zu § 24b EStG Anlage § 024b–01

- gemeinsame Kontoführung,
- andere Verfügungsbefugnisse über Einkommen und Vermögen des Partners oder
- andere gemeinsame Verträge, z. B. über Unterhaltspflichten.

Beantragt ein Steuerpflichtiger den Abzug von Unterhaltsleistungen an den Lebenspartner als außergewöhnliche Belastungen nach § 33a Abs. 1 EStG, ist i. d. R. vom Vorliegen einer eheähnlichen Gemeinschaft auszugehen.

Anlage § 032–01

Zu § 32 EStG

Steuerliche Berücksichtigung volljähriger Kinder ab 2012

– BdF-Schreiben vom 7.12.2011 – IV C 4-S 2282/07/0001-01, 2011/0978333 (BStBl. I S. 1243) –

Die Anspruchsvoraussetzungen für die Berücksichtigung volljähriger Kinder im Familienleistungsausgleich sind durch das Steuervereinfachungsgesetz 2011 vom 1. November 2011 (BGBL I S. 2131) neu geregelt worden. Nach dem Ergebnis der Erörterungen mit den obersten Finanzbehörden der Länder gelten dazu die nachfolgenden Ausführungen.

1. Allgemeines

1 Durch die gesetzliche Neuregelung entfällt die bisher in § 32 Absatz 4 Satz 2 bis 10 EStG geregelte Einkünfte- und Bezügegrenze. Für die steuerliche Berücksichtigung eines volljährigen Kindes sind dessen eigene Einkünfte und Bezüge künftig unbeachtlich; die Einkommensgrenze von 8.004 Euro im Kalenderjahr ist abgeschafft. Stattdessen wird ein volljähriges Kind grundsätzlich bis zum Abschluss einer erstmaligen Berufsausbildung oder eines Erststudiums berücksichtigt. Darüber hinaus wird es nur noch berücksichtigt, wenn es einen der Grundtatbestände des § 32 Absatz 4 Satz 1 Nummer 2 erfüllt und keiner die Ausbildung hindernden Erwerbstätigkeit nachgeht. Diese Regelung gilt nicht für Kinder bis zur Vollendung des 21. Lebensjahrs, die bei einer Agentur für Arbeit als arbeitsuchend gemeldet sind (§ 32 Absatz 4 Satz 1 Nummer 1 EStG), sowie für behinderte Kinder, die nach § 32 Absatz 4 Satz 1 Nummer 3 EStG zu berücksichtigen sind.

2 Nach Abschluss einer erstmaligen Berufsausbildung wie auch nach Abschluss eines Erststudiums gilt die gesetzliche Vermutung, dass ein volljähriges Kind in der Lage ist, sich selbst zu unterhalten. Dies hat zur Folge, dass das Kind, wenn es nicht als arbeitsuchend gemeldet (bis 21 Jahre) oder behindert ist, nicht mehr zu berücksichtigen ist. Die Vermutung des Gesetzgebers gilt als widerlegt, wenn der Nachweis erbracht wird, dass das Kind weiterhin für einen Beruf ausgebildet wird (§ 32 Absatz 4 Satz 1 Nummer 2 Buchstabe a EStG) und tatsächlich keiner Erwerbstätigkeit nachgeht, die Zeit und Arbeitskraft des Kindes überwiegend beansprucht. Eine unschädliche Erwerbstätigkeit liegt vor, wenn diese 20 Stunden regelmäßiger wöchentlicher Arbeitszeit nicht übersteigt, ein Ausbildungsdienstverhältnis oder ein geringfügiges Beschäftigungsverhältnis im Sinne der §§ 8 und 8a SGB IV darstellt. Entsprechendes gilt für die Berücksichtigungstatbestände des § 32 Absatz 4 Satz I Nummer 2 Buchstabe b, c und d EStG.

2. Abschluss einer erstmaligen Berufsausbildung und eines Erststudiums

2.1 Erstmalige Berufsausbildung

3 Unter dem Begriff „Berufsausbildung" ist eine berufliche Ausbildung unter Ausschluss eines Studiums zu verstehen. Eine Berufsausbildung im Sinne des § 32 Absatz 4 Satz 2 EStG liegt vor, wenn das Kind durch eine berufliche Ausbildungsmaßnahme die notwendigen fachlichen Fertigkeiten und Kenntnisse erwirbt, die zur Aufnahme eines Berufs befähigen. Voraussetzung ist, dass der Beruf durch die Ausbildung in einem öffentlich-rechtlich geordneten Ausbildungsgang erlernt wird (BFH vom 6. März 1992 – BStBl. II S. 661) und der Ausbildungsgang durch eine Prüfung abgeschlossen wird.

4 Zur Berufsausbildung zählen:
- Berufsausbildungsverhältnisse gemäß § 1 Absatz 3, §§ 4 bis 52 Berufsbildungsgesetz (BBiG) sowie anerkannte Lehr- und Anlernberufe oder vergleichbar geregelte Ausbildungsberufe aus der Zeit vor dem In-Kraft-Treten des BBiG (§ 104 BBiG). Der erforderliche Abschluss besteht hierbei in der erfolgreich abgelegten Abschlussprüfung im Sinne des § 37 BBiG. Gleiches gilt, wenn die Abschlussprüfung nach § 43 Absatz 2 BBiG ohne ein Ausbildungsverhältnis auf Grund einer entsprechenden schulischen Ausbildung abgelegt wird, die gemäß den Voraussetzungen des § 43 Absatz 2 BBiG als im Einzelnen gleichwertig anerkannt ist;
- mit Berufsausbildungsverhältnissen vergleichbare betriebliche Ausbildungsgänge außerhalb des Geltungsbereichs des BBiG (zurzeit nach der Schiffsmechaniker-Ausbildungsverordnung vom 12. April 1994, BGBl. I S. 797 in der jeweils geltenden Fassung);
- die Ausbildung auf Grund der bundes- oder landesrechtlichen Ausbildungsregelungen für Berufe im Gesundheits- und Sozialwesen;
- landesrechtlich geregelte Berufsabschlüsse an Berufsfachschulen;
- die Berufsausbildung behinderter Menschen in anerkannten Berufsausbildungsberufen oder auf Grund von Regelungen der zuständigen Stellen in besonderen „Behinderten-Ausbildungsberufen" und

Zu § 32 EStG Anlage § 032–01

- die Berufsausbildung in einem öffentlich-rechtlichen Dienstverhältnis sowie die Berufsausbildung auf Kauffahrtschiffen, die nach dem Flaggenrechtsgesetz vom 8. Februar 1951 (BGBl. I S. 79) die Bundesflagge führen, soweit es sich nicht um Schiffe der kleinen Hochseefischerei und der Küstenfischerei handelt.

Andere Bildungsmaßnahmen werden einer Berufsausbildung im Sinne des 32 Absatz 4 Satz 2 EStG 5 gleichgestellt, wenn sie dem Nachweis einer Sachkunde dienen, die Voraussetzung zur Aufnahme einer fest umrissenen beruflichen Betätigung ist. Die Ausbildung muss in einem geordneten Ausbildungsgang erfolgen und durch eine staatliche oder staatlich anerkannte Prüfung abgeschlossen werden. Der erfolgreiche Abschluss der Prüfung muss Voraussetzung für die Aufnahme der beruflichen Betätigung sein. Die Ausbildung und der Abschluss müssen vom Umfang und Qualität der Ausbildungsmaßnahmen und Prüfungen her grundsätzlich mit den Anforderungen, die bei Berufsausbildungsmaßnahmen im Sinne der Rz. 4 gestellt werden, vergleichbar sein. Dazu gehört z. B. die Ausbildung zu Berufspiloten auf Grund der JAR-FCL1 deutsch vom 15. April 2003, Bundesanzeiger 2003 Nummer 80a.

Die Berufsausbildung ist als erstmalige Berufsausbildung anzusehen, wenn ihr keine andere abge- 6 schlossene Berufsausbildung beziehungsweise kein abgeschlossenes berufsqualifizierendes Hochschulstudium vorausgegangen ist. Wird ein Kind ohne entsprechende Berufsausbildung in einem Beruf tätig und führt es die zugehörige Berufsausbildung nachfolgend durch (nachgeholte Berufsausbildung), handelt es sich dabei um eine erstmalige Berufsausbildung (BFH vom 6. März 1992 – BStBl. II S. 661).

Entsprechendes gilt für ausländische Berufsausbildungsabschlüsse, die inländischen Abschlüssen 7 gleichgestellt sind. Bei Abschlüssen aus einem Mitgliedstaat der Europäischen Union (EU) oder einem Vertragstaats des europäischen Wirtschaftsraums (EWR) oder der Schweiz ist in der Regel davon auszugehen, dass eine Gleichartigkeit vorliegt.

2.2 Erststudium

Ein Studium im Sinne des § 32 Absatz 4 Satz 2 EStG liegt dann vor, wenn es sich um ein Studium an 8 einer Hochschule im Sinne des § 1 Hochschulrahmengesetz (HRG) handelt. Hochschulen im Sinne dieser Vorschrift sind Universitäten, Pädagogische Hochschulen, Kunsthochschulen, Fachhochschulen und sonstige Einrichtungen des Bildungswesens, die nach Landesrecht staatliche Hochschulen sind. Gleichgestellt sind private und kirchliche Bildungseinrichtungen sowie Hochschulen des Bundes, die nach Landesrecht als Hochschule anerkannt werden (§ 70 HRG). Studien können auch als Fernstudien durchgeführt werden (§ 13 HRG). Welche schulischen Abschlüsse oder sonstigen Voraussetzungen den Zugang zum Studium eröffnet haben, ist dabei unerheblich.

Ein Studium stellt dann ein Erststudium im Sinne des 32 Absatz 4 Satz 2 EStG dar, wenn es sich um eine 9 Erstausbildung handelt. Es darf ihm kein anderes durch einen berufsqualifizierenden Abschluss beendetes Studium bzw. keine andere abgeschlossene nichtakademische Berufsausbildung Sinne der Rz. 4 bis 7 vorangegangen sein. Dies gilt auch in den Fällen, in denen während eines Studiums eine Berufsausbildung erst abgeschlossen wird, unabhängig davon, ob die beiden Ausbildungen sich inhaltlich ergänzen. Ein Studium wird auf Grund der entsprechenden Prüfungsordnung einer inländischen Hochschule durch eine Hochschulprüfung oder eine staatliche oder kirchliche Prüfung abgeschlossen (§§ 15, 16 6 HRG).

Als Abschluss einer berufsqualifizierenden Hochschulprüfung kann ein Hochschulgrad verliehen wer- 10 den. Hochschulgrade sind der Diplom- und der Magistergrad im Sinne des §18 HRG. Das Landesrecht kann weitere Grade vorsehen. Ferner können die Hochschulen Studiengänge einrichten, die auf Grund entsprechender berufsqualifizierender Prüfungen zu einem Bachelor- oder Bakkalaureusgrad und einem Master- oder Magistergrad führen (§ 19 HRG). Der Magistergrad im Sinne des § 18 HRG setzt anders als der Master- oder Magistergrad im Sinne des § 19 HRG keinen vorherigen anderen Hochschulabschluss voraus. Zwischenprüfungen stellen keinen Abschluss eines Studiums im Sinne des 32 Absatz 4 Satz 2 EStG dar.

Die von den Hochschulen angebotenen Studiengänge führen in der Regel zu einem berufsqualifizie- 11 renden Abschluss (§ 10 Absatz 1 Satz 1 HRG). Im Zweifel ist davon auszugehen, dass die entsprechenden Prüfungen berufsqualifizierend sind.

Studien- und Prüfungsleistungen an ausländischen Hochschulen, die zur Führung eines ausländischen 12 akademischen Grades berechtigen, der nach § 20 HRG in Verbindung mit dem Recht des Landes, in dem der Gradinhaber seinen inländischen Wohnsitz oder inländischen gewöhnlichen Aufenthalt hat, anerkannt wird, sowie Studien- und Prüfungsleistungen, die von Staatsangehörigen eines Mitgliedstaats der EU oder von Vertragstaaten des EWR oder der Schweiz an Hochschulen dieser Staaten erbracht werden, sind nach diesen Grundsätzen inländischen Studien- und Prüfungsleistungen gleichzustellen. Der Steuerpflichtige hat die Berechtigung zur Führung des Grades nachzuweisen. Für die Gleichstellung von Studien- und Prüfungsleistungen werden die in der Datenbank „anabin" (www.anabin.de) der Zentral-

Anlage § 032–01

Zu § 32 EStG

stelle für ausländisches Bildungswesen beim Sekretariat der Kultusministerkonferenz aufgeführten Bewertungsvorschläge zugrunde gelegt.

2.2.1 Einzelfragen

13 Fachschulen:

Fachschulen sind Einrichtungen der beruflichen Weiterbildung, deren Besuch grundsätzlich eine berufliche Erstausbildung voraussetzt. Der Besuch einer Fachschule stellt daher ebenso wie ein nach dem Besuch einer Fachschule aufgenommenes Studium in der Regel keine Erstausbildung bzw. kein Erststudium im Sinne des 32 Absatz 4 Satz 2 EStG dar.

14 Wechsel und Unterbrechung des Studiums:

Bei einem Wechsel des Studiums ohne Abschluss des zunächst betriebenen Studiengangs stellt das zunächst aufgenommene Studium kein abgeschlossenes Erststudium dar. Bei einer Unterbrechung eines Studiengangs ohne einen berufsqualifizierenden Abschluss und seiner späteren Weiterführung stellt der der Unterbrechung vorangegangene Studienteil kein abgeschlossenes Erststudium dar.

15 Mehrere Studiengänge:

Werden zwei (oder ggf. mehrere) Studiengänge parallel studiert, die zu unterschiedlichen Zeiten abgeschlossen werden, stellt der nach dem berufsqualifizierenden Abschluss eines der Studiengänge weiter fortgesetzte andere Studiengang vom Zeitpunkt des Abschlusses des einen Studienganges an kein Erststudium mehr dar.

16 Aufeinanderfolgende Abschlüsse unterschiedlicher Hochschultypen:

Da die Universitäten, Pädagogischen Hochschulen, Kunsthochschulen, Fachhochschulen sowie weitere entsprechende landesrechtliche Bildungseinrichtungen gleichermaßen Hochschulen im Sinne des § 1 HRG sind, stellt ein Studium an einer dieser Bildungseinrichtungen nach einem abgeschlossenen Studium an einer anderen dieser Bildungseinrichtungen kein Erststudium dar. So handelt es sich z. B. bei einem Universitätsstudium nach einem abgeschlossenen Fachhochschulstudium nicht um ein Erststudium.

17 Ergänzungs- und Aufbaustudien:

Postgraduale Zusatz-, Ergänzungs- und Aufbaustudien im Sinne des § 12 HRG setzen den Abschluss eines ersten Studiums voraus und stellen daher kein Erststudium dar.

18 Vorbereitungsdienst:

Als berufsqualifizierender Studienabschluss gilt auch der Abschluss eines Studiengangs, durch den die fachliche Eignung für einen beruflichen Vorbereitungsdienst oder eine berufliche Einführung vermittelt wird (10 Absatz I Satz 2 HRG). Dazu zählt beispielhaft der juristische Vorbereitungsdienst (Referendariat). Daher ist z. B. das erste juristische Staatsexamen ein berufsqualifizierender Abschluss. Ein Referendariat zur Vorbereitung auf das zweite Staatsexamen ist jedoch ein Ausbildungsdienstverhältnis (siehe Rz. 25).

19 Bachelor- und Masterstudiengänge:

Nach § 19 Absatz 2 HRG ist der Bachelor- oder Bakkalaureusgrad einer inländischen Hochschule ein berufsqualifizierender Abschluss. Daraus folgt, dass der Abschluss eines Bachelorstudiengangs den Abschluss eines Erststudiums darstellt und ein nachfolgender Studiengang als weiteres Studium anzusehen ist. Dies gilt auch, wenn ein Masterstudium im Sinne des § 19 HRG auf einem Bachelorstudiengang aufbaut (konsekutives Masterstudium).

20 Berufsakademien und andere Ausbildungseinrichtungen:

Nach Landesrecht kann vorgesehen werden, dass bestimmte an Berufsakademien oder anderen Ausbildungseinrichtungen erfolgreich absolvierte Ausbildungsgänge einem abgeschlossenen Studium an einer Fachhochschule gleichwertig sind und die gleichen Berechtigungen verleihen, auch wenn es sich bei diesen Ausbildungseinrichtungen nicht um Hochschulen im Sinne des § 1 HRG handelt. Soweit dies der Fall ist, stellt ein entsprechendes Studium unter der Voraussetzung, dass ihm kein anderes abgeschlossenes Studium oder keine andere abgeschlossene Berufsausbildung vorangegangen ist, ein Erststudium Sinne des § 32 Absatz 4 Satz 2 EStG dar.

2.3 Abgrenzung des Tatbestandsmerkmals „Berufsausbildung" zum Tatbestandsmerkmal „für einen Beruf ausgebildet"

21 Die eng gefasste Auslegung des Tatbestandsmerkmals in § 32 Absatz 4 Satz 2 EStG im Sinne eines öffentlich-rechtlich geordneten Ausbildungsganges führt nicht zu einer Einschränkung des Berücksichtigungstatbestandes des § 32 Absatz 4 Satz I Nummer 2 Buchstabe a EStG. Bei der Auslegung des Tatbestandsmerkmals „für einen Beruf ausgebildet werden" ist weiterhin das BFH-Urteil vom 9. Juni

Zu § 32 EStG **Anlage § 032–01**

1999 (BStBl. II S. 70 I) anzuwenden. Hiernach wird für einen Beruf ausgebildet, wer sein Berufsziel noch nicht erreicht hat, sich aber ernstlich darauf vorbereitet. Der Vorbereitung auf ein Berufsziel dienen alle Maßnahmen, bei denen es sich um den Erwerb von Kenntnissen, Fähigkeiten und Erfahrungen handelt, die als Grundlagen für die Ausübung des angestrebten Berufs geeignet sind, und zwar unabhängig davon, ob die Ausbildungsmaßnahmen in einer Ausbildungsordnung oder Studienordnung vorgeschrieben sind. Der Besuch beispielsweise einer allgemein bildenden Schule führt demnach regelmäßig zu einer Berücksichtigung nach § 32 Absatz 4 Satz 1 Nummer 2 Buchstabe a EStG, der Erwerb eines Schulabschlusses jedoch nicht zum „Verbrauch" der erstmaligen Berufsausbildung nach § 32 Absatz 4 Satz 2 EStG. Gleiches gilt für ein Volontariat (vgl. BFH vom 9. Juni 1999 – BStBl. II S. 706) oder ein freiwilliges Berufspraktikum (vgl. BFH vom 9. Juni 1999 – BStBl. II S. 713).

Der Abschluss einer erstmaligen Berufsausbildung oder eines Erststudiums führt dazu, dass ein volljähriges Kind danach nur berücksichtigt wird, wenn es keiner Erwerbstätigkeit im Sinne des § 32 Absatz 4 Satz 2 und 3 EStG nachgeht. Dies gilt auch dann, wenn die erstmalige Berufsausbildung vor Vollendung des 18. Lebensjahres abgeschlossen worden ist.

3. Erwerbstätigkeit

Unter dem Begriff „Erwerbstätigkeit" ist nicht nur eine nichtselbständige Tätigkeit zu verstehen. Ein Kind ist vielmehr erwerbstätig, wenn es einer auf die Erzielung von Einkünften gerichteten Beschäftigung nachgeht, die den Einsatz seiner persönlichen Arbeitskraft erfordert (BFH vom 16. Mai 1975 – BStBl. II S. 537). Hieraus folgt, dass der Begriff auch durch eine land- und forstwirtschaftliche, eine gewerbliche und eine selbständige Tätigkeit erfüllt werden kann. Die Verwaltung eigenen Vermögens ist demgegenüber keine Erwerbstätigkeit.

Unschädlich ist eine Erwerbstätigkeit dann, wenn die regelmäßige wöchentliche Arbeitszeit insgesamt nicht mehr als 20 Stunden beträgt. Hierbei ist von der individuell vertraglich vereinbarten Arbeitszeit auszugehen. Eine vorübergehende (höchstens 2 Monate andauernde) Ausweitung der Beschäftigung auf mehr als 20 Stunden ist unbeachtlich, wenn während des Zeitraumes innerhalb eines Kalenderjahres, in dem einer der Grundtatbestände des § 32 Absatz 4 Satz 1 Nummer 2 EStG erfüllt ist, die durchschnittliche wöchentliche Arbeitszeit nicht mehr als 20 Stunden beträgt.

Beispiel:

Ein Kind schließt nach dem Abitur eine Lehre ab und studiert ab Oktober 2011. Gemäß vertraglicher Vereinbarung ist das Kind ab 1. April 2012 mit einer wöchentlichen Arbeitszeit von 20 Stunden als Bürokraft beschäftigt. In den Semesterferien arbeitet das Kind – auf Grund einer zusätzlichen vertraglichen Vereinbarung vom 1. August bis zur Kündigung am 30. September 2012 in Vollzeit mit 40 Stunden wöchentlich. Ab dem 1. November 2012 ist das Kind gemäß vertraglicher Vereinbarung mit einer wöchentlichen Arbeitszeit von 15 Stunden als Verkaufshilfe tätig. Somit ergeben sich folgende Arbeitszeiten pro voller Woche:

vom 1. April bis 31. Juli 2012 (17 Wochen): 20 Stunden pro Woche

vom 1. August bis 30. September 2012 (8 Wochen): 40 Stunden pro Woche (Ausweitung der Beschäftigung)

vom 1. November bis 31. Dezember 2012 (8 Wochen): 15 Stunden pro Woche

Die durchschnittliche wöchentliche Arbeitszeit beträgt 15 Stunden; Berechnung:

$$\frac{(17 \text{ Wochen} \times 20 \text{ Std.}) + (8 \text{ Wochen} \times 40 \text{ Std.}) + (8 \text{ Wochen} \times 15 \text{ Std.})}{52 \text{ Wochen}} = 15 \text{ Std.}$$

Das Kind ist aufgrund des Studiums das gesamte Jahr 2012 nach § 32 Absatz 4 Satz 1 Nummer 2 Buchstabe a EStG zu berücksichtigen. Das Studium wird jedoch nach Abschluss einer erstmaligen Berufsausbildung durchgeführt, so dass das Kind nach § 32 Absatz 4 Satz 2 und 3 EStG nur berücksichtigt werden kann, wenn die ausgeübte Erwerbstätigkeit unschädlich ist. Da die Ausweitung der Beschäftigung des Kindes lediglich vorübergehend ist und gleichzeitig während des Vorliegens des Grundtatbestandes nach § 32 Absatz 4 Satz 1 Nummer 2 EStG die durchschnittliche wöchentliche Arbeitszeit 20 Stunden nicht übersteigt, ist die Erwerbstätigkeit unschädlich. Das Kind ist während des gesamten Kalenderjahres zu berücksichtigen.

Variante:

Würde das Kind während der Semesterferien dagegen vom 1. Juli bis 30. September 2012 (mehr als zwei Monate) vollzeiterwerbstätig sein, wäre die Ausweitung der Erwerbstätigkeit nicht nur vorübergehend und damit diese Erwerbstätigkeit als schädlich einzustufen. Dies gilt unabhängig davon, dass auch hier die durchschnittliche wöchentliche Arbeitszeit 20 Stunden nicht überschritten würde.

Anlage § 032–01 Zu § 32 EStG

Das Kind könnte demnach für die Monate Juli, August und September 2012 nicht berücksichtigt werden.

25 Ein Ausbildungsdienstverhältnis ist unschädlich. Es liegt dann vor, wenn die Ausbildungsmaßnahme Gegenstand des Dienstverhältnisses ist (vgl. R 9.2 LStR 2011 und H 9.2 „Ausbildungsdienstverhältnis" LStH 2011). Zu den Ausbildungsdienstverhältnissen zählen z. B. die Berufsausbildungsverhältnisse gemäß § 1 Absatz 3, §§ 4 bis 52 BBiG. Dementsprechend liegt kein Ausbildungsdienstverhältnis vor, wenn die Berufsausbildung oder das Studium nicht Gegenstand des Dienstverhältnisses ist, auch wenn die Berufsbildungsmaßnahme oder das Studium seitens des Arbeitgebers durch Hingabe von Mitteln, z. B. eines Stipendiums, gefördert wird. Eine neben einem Ausbildungsdienstverhältnis ausgeübte geringfügige Beschäftigung (Rz. 26 bis 30) ist hingegen unschädlich.

26 Eine geringfügige Beschäftigung im Sinne der §§ 8 und 8a SGB IV ist ebenfalls unschädlich. Sie liegt vor, wenn das Arbeitsentgelt aus dieser Beschäftigung regelmäßig im Monat 400 Euro nicht überschreitet (geringfügig entlohnte Beschäftigung). Das gilt nicht, wenn gleichzeitig mehrere geringfügige Beschäftigungsverhältnisse bestehen und das Entgelt hieraus insgesamt mehr als 400 Euro beträgt. Die wöchentliche Arbeitszeit und die Anzahl der monatlichen Arbeitseinsätze sind dabei unerheblich.

27 Eine geringfügige Beschäftigung liegt nach § 8 Absatz 1 Nummer 2 SGB IV ebenfalls vor, wenn das Entgelt zwar 400 Euro im Monat übersteigt, die Beschäftigung aber innerhalb eines Kalenderjahres auf längstens zwei Monate oder 50 Arbeitstage nach ihrer Eigenart begrenzt zu sein pflegt oder im Voraus vertraglich begrenzt ist (kurzfristige Beschäftigung). Der Zwei-Monats-Zeitraum gilt als zeitliche Grenze, wenn die Beschäftigung an mindestens 5 Tagen pro Woche ausgeübt wird. Bei Beschäftigungen von regelmäßig weniger als 5 Tagen pro Woche ist die Begrenzung von 50 Arbeitstagen maßgeblich.

28 Die Zeiten mehrerer kurzfristiger Beschäftigungen werden zusammengerechnet. Dies gilt auch dann, wenn die einzelnen Beschäftigungen bei verschiedenen Arbeitgebern ausgeübt werden. Wird durch eine Zusammenrechnung mehrerer kurzfristiger Beschäftigungen die Grenze von zwei Monaten oder 50 Arbeitstagen überschritten, handelt es sich um eine regelmäßig ausgeübte Beschäftigung.

29 Eine geringfügige Beschäftigung kann neben einer Erwerbstätigkeit im Sinne der Rz. 24 nur ausgeübt werden, wenn dadurch insgesamt die 20-Stunden-Grenze nicht überschritten wird.

30 Bei der Beurteilung, ob ein geringfügiges Beschäftigungsverhältnis vorliegt, ist grundsätzlich die Einstufung des Arbeitgebers maßgeblich. Hierzu kann eine Bescheinigung des Arbeitgebers oder ein anderer Nachweis vorgelegt werden.

4. Monatsprinzip

31 Bei der Prüfung, ob die Voraussetzungen des § 32 Absatz 4 Satz 1 bis 3 EStG vorliegen, ist auf den Kalendermonat abzustellen. Es genügt, wenn in dem jeweiligen Monat an einem Tag die Anspruchsvoraussetzungen vorliegen.

Beispiel:

Ein Kind schließt nach dem Abitur zunächst eine Berufsausbildung mit der Gesellenprüfung ab und studiert ab dem Jahr 2010. Ab dem 20. Juli 2012 nimmt es unbefristet eine Teilzeitbeschäftigung mit 30 Stunden pro Woche auf.

Auf Grund des Studiums ist das Kind nach § 32 Absatz 4 Satz 1 Nummer 2 Buchstabe a EStG zu berücksichtigen. Das Studium wird jedoch nach Abschluss einer erstmaligen Berufsausbildung durchgeführt, so dass das Kind nach § 32 Absatz 4 Satz 2 EStG nur berücksichtigt werden kann, wenn es keiner Erwerbstätigkeit nachgeht. Die Erwerbstätigkeit des Kindes ist gemäß § 32 Absatz 4 Satz 3 EStG zwar grundsätzlich als schädlich einzustufen. Das Kind kann aber für jeden Kalendermonat berücksichtigt werden, in dem wenigstens an einem Tage die Anspruchsvoraussetzungen – hier „keiner Erwerbstätigkeit nachgeht" – vorgelegen haben, somit für die Monate Januar bis Juli 2012. Für die Monate August bis Dezember 2012 kann das Kind nicht berücksichtigt werden.

32 Werden die Grenzen für eine geringfügige Beschäftigung im Sinne der Rz. 26 und 27 während eines Monats überschritten, kann das Kind ab dem auf das Überschreiten folgenden Monat nicht mehr berücksichtigt werden. Dies gilt, solange die Grenzen überschritten werden bzw. die entsprechende Beschäftigung ausgeübt wird.

5. Behinderte Kinder (§ 32 Absatz 4 Satz 1 Nummer 3 EStG)

33 Ein Kind ist zu berücksichtigen, wenn es wegen körperlicher, geistiger oder seelischer Behinderung außerstande ist, sieh selbst zu unterhalten, d. h. wenn es mit den ihm zur Verfügung stehenden finanziellen Mitteln seinen gesamten notwendigen Lebensbedarf nicht bestreiten kann. Dieser notwendige Lebensbedarf setzt sich typischerweise aus dem allgemeinen Lebensbedarf (Grundbedarf) und dem individuellen behinderungsbedingten Mehrbedarf zusammen. Als Grundbedarf ist bei der Prüfung der

Zu § 32 EStG **Anlage § O32–01**

Voraussetzungen der Grundfreibetrag nach § 32a Absatz 1 Satz 2 Nummer 1 EStG anzusetzen. Der im BMF-Schreiben vom 22. November 2010, BStBl. I S. 1346, in Abschnitt IV genannte Jahresgrenzbetrag ist nicht mehr maßgeblich. Die kindeseigenen finanziellen Mittel setzen sich aus dem verfügbaren Nettoeinkommen (siehe Rz. 34) und den Leistungen Dritter zusammen. Auf die Einkünfte und Bezüge (R 32.10 EStR 2008) ist nicht mehr abzustellen.

Bei der Ermittlung des verfügbaren Nettoeinkommens sind alle steuerpflichtigen Einkünfte im Sinne 34 des § 2 Absatz 1 EStG (Gewinneinkünfte im Sinne der §§ 13 bis 18 EStG, Überschusseinkünfte im Sinne der §§ 19 bis 23 EStG- auch unter Berücksichtigung privater Veräußerungsgeschäfte), alle steuerfreien Einnahmen (z. B. Leistungen nach dem SGB III und BEEG) sowie etwaige Steuererstattungen (Einkommensteuer, Kirchensteuer, Solidaritätszuschlag) zu berücksichtigen. Abzuziehen sind tatsächlich gezahlte Steuern (Steuervorauszahlungen und -nachzahlungen, Steuerabzugsbeträge) sowie die unvermeidbaren Vorsorgeaufwendungen (Beiträge zu einer Basiskranken- und Pflegepflichtversicherung, gesetzliche Sozialabgaben bei Arbeitnehmern).

6. Anwendungszeitraum

Dieses Schreiben ist ab dem Veranlagungszeitraum 2012 anzuwenden. 35

– II. Schreiben des Bundeszentralamts für Steuern vom 20.12.2011 (BStBl. 2012 I S. 40) –

Die Anspruchsvoraussetzungen für die Berücksichtigung volljähriger Kinder im Familienleistungsausgleich sind durch das Steuervereinfachungsgesetz 2011 (StVereinfG 2011) vom 1. November 2011 (BGBl. I S. 2131) neu geregelt worden. Ergänzend zum BMF-Schreiben vom 7. Dezember 2011, BStBl. 2011 I S. 1243 ergeht folgende Weisung:

1 Allgemeines

Für das steuerliche Kindergeld sind insbesondere die nachfolgend aufgeführten Rechtsänderungen von Bedeutung:

- Die Einkünfte- und Bezügegrenze in § 32 Abs. 4 Satz 2 bis 10 EStG 2011 entfällt mit Ablauf des 31. Dezember 2011.
- Ab dem 1. Januar 2012 werden Kinder, die eine erstmalige Berufsausbildung oder ein Erststudium abgeschlossen haben und einen Grundtatbestand des § 32 Abs. 4 Satz 1 Nr. 2 EStG erfüllen, nach § 32 Abs. 4 Satz 2 und 3 EStG nur berücksichtigt, wenn sie keiner schädlichen Erwerbstätigkeit nachgehen. Unschädlich ist eine Erwerbstätigkeit mit bis zu 20 Stunden regelmäßiger wöchentlicher Arbeitszeit, ein Ausbildungsdienstverhältnis oder ein geringfügiges Beschäftigungsverhältnis im Sinne der §§ 8und 8a des Vierten Buches Sozialgesetzbuch. Zur Anwendung siehe Abschnitt 2.
- Die Korrekturnorm § 70 Abs. 4 EStG wird ab dem 1. Januar 2012 aufgehoben und ist nach § 52 Abs. 62a EStG noch für Anspruchszeiträume bis einschließlich 31. Dezember 2011 anzuwenden. Zur Anwendung siehe Abschnitt 3.2.
- Der Arbeitnehmer-Pauschbetrag nach § 9a EStG ist rückwirkend ab dem 1. Januar 2011 auf 1.000 € erhöht worden. Zur Anwendung siehe Abschnitt 3.2.

2 Materielles Recht

§ 32 Abs. 4 Satz 2 und 3 EStG hat ab 2012 folgenden Wortlaut:

„Nach Abschluss einer erstmaligen Berufsausbildung und eines Erststudiums wird ein Kind in den Fällen des Satzes 1 Nummer 2 nur berücksichtigt, wenn das Kind keiner Erwerbstätigkeit nachgeht. Eine Erwerbstätigkeit mit bis zu 20 Stunden regelmäßiger wöchentlicher Arbeitszeit, ein Ausbildungsdienstverhältnis oder ein geringfügiges Beschäftigungsverhältnis im Sinne der §§ 8 und 8a des Vierten Buches Sozialgesetzbuch sind unschädlich."

2.1 Erstmalige Berufsausbildung und Erststudium

Zur Auslegung der Tatbestandsmerkmale „Erstmalige Berufsausbildung" und „Erststudium" wird auf Abschnitt 2 des BMF-Schreibens vom 7. Dezember 2011, BStBl. 2011 I S. 1243 verwiesen.

Ergänzend dazu weise ich darauf hin, dass der Wortlaut des § 32 Abs. 4 Satz 2 EStG so auszulegen ist, dass bereits bei Vorliegen eines der beiden Tatbestandsmerkmale (Abschluss einer erstmaligen Berufsausbildung oder Abschluss eines Erststudiums) die Prüfung einer schädlichen Erwerbstätigkeit nach den Sätzen 2 und 3 erfolgen muss.

Anlage § 032–01

Zu § 32 EStG

2.2 Abgrenzung des Tatbestandsmerkmals „für einen Beruf ausgebildet werden" zum Tatbestandsmerkmal „Berufsausbildung"

Ungeachtet der Änderungen durch das StVereinfG 2011 bleiben die Tatbestandsvoraussetzungen des § 32 Abs. 4 **Satz 1** EStG unverändert.

Die Tatbestände „für einen Beruf ausgebildet werden" nach § 32 Abs. 4 **Satz 1** Nr. 2 Buchstabe a EStG und „Berufsausbildung" nach § 32 Abs. 4 **Satz 2** EStG sind zu unterscheiden. Die zusätzlichen Tatbestandsvoraussetzungen des § 32 Abs. 4 Satz 2 und 3 EStG sind lediglich nach Abschluss einer erstmaligen Berufsausbildung (oder eines Erststudiums) zu prüfen.

Der Tatbestand „Berufsausbildung" nach Satz 2 ist gegenüber Satz 1 enger gefasst. Es handelt sich bei einer „Berufsausbildung" im Sinne des **Satzes 2** stets auch um eine Maßnahme, in der das Kind nach **Satz 1** „für einen Beruf ausgebildet wird". Jedoch ist nicht jede allgemein berufsqualifizierende Maßnahme gleichzeitig auch eine „Berufsausbildung". Der Abschluss einer solchen Maßnahme soll nicht bereits dazu führen, dass ein Kind, das danach weiterhin die Anspruchsvoraussetzungen nach § 32 Abs. 4 Satz 1 Nr. 2 EStG erfüllt, nur noch unter den weiteren Voraussetzungen der Sätze 2 und 3 berücksichtigt wird.

Beispiel 1

Nach dem Abitur absolvierte ein 20-jähriges Kind ein Praktikum. Danach kann es eine Berufsausbildung mangels Ausbildungsplatz nicht beginnen und geht zur Überbrückung einer Erwerbstätigkeit nach (30 Wochenstunden).

In der Zeit zwischen Praktikum und Beginn der Berufsausbildung erfüllt das Kind den Grundtatbestand des § 32 Abs. 4 Satz 1 Nr. 2 Buchstabe c EStG. § 32 Abs. 4 Satz 2 und 3 EStG ist nicht einschlägig, da das Praktikum zwar das Tatbestandsmerkmal des § 32 Abs. 4 Satz 1 Nr. 2 Buchstabe a EStG („für einen Beruf ausgebildet werden") erfüllt, jedoch keine „Berufsausbildung" i. S. d. § 32 Abs. 4 Satz 2 EStG darstellt. Der Kindergeldanspruch besteht somit unabhängig davon, wie viele Stunden das Kind in der Woche arbeitet.

2.3 Unschädlichkeit einer Erwerbstätigkeit

Das Beispiel in Abschnitt 3 des BMF-Schreibens vom 7. Dezember 2011, BStBl. 2011 I S. 1243 regelt den Fall, dass eine Ausweitung der Beschäftigung auf über 20 Wochenstunden unbeachtlich ist, wenn sie

– vorübergehend ist, d. h. nicht mehr als zwei Monate andauert, und

– die durchschnittliche wöchentliche Arbeitszeit **nicht mehr als 20 Stunden** beträgt.

Ergänzend dazu gilt Folgendes:

Führt eine vorübergehende (höchstens zwei Monate andauernde) Ausweitung der Beschäftigung auf über 20 Wochenstunden dazu, dass die durchschnittliche wöchentliche Arbeitszeit insgesamt **mehr als 20 Stunden** beträgt, ist der Zeitraum der Ausweitung schädlich, nicht der gesamte Zeitraum der Erwerbstätigkeit.

Beispiel 2

Ein Kind befindet sich während des gesamten Kalenderjahres 2012 im Studium. Diesem ist eine abgeschlossene Berufsausbildung vorausgegangen. Neben dem Studium übt das Kind ganzjährig eine Beschäftigung mit einer vertraglich vereinbarten Arbeitszeit von 20 Stunden wöchentlich aus. In der vorlesungsfreien Zeit von Juli bis August weitet das Kind seine wöchentliche Arbeitszeit vorübergehend auf 40 Stunden aus. Ab September beträgt die wöchentliche Arbeitszeit wieder 20 Stunden.

Durch die vorübergehende Ausweitung seiner Arbeitszeit erhöht sich die durchschnittliche wöchentliche Arbeitszeit des Kindes auf über 20 Stunden. Aus diesem Grund ist der Zeitraum der Ausweitung als schädlich anzusehen. Für die Monate Juli und August entfällt daher nach § 32 Abs. 4 Satz 2 und 3 EStG der Anspruch.

Unabhängig von ihrem Umfang ist eine Erwerbstätigkeit im Rahmen eines Ausbildungsdienstverhältnisses unschädlich. Dazu gehört grundsätzlich auch ein Praktikum bzw. ein Volontariat, bei dem die Voraussetzungen nach DA-FamEStG 63.3.2.4 bzw. 63.3.2.2 Abs. 3 vorliegen. Ebenso ist eine Erwerbstätigkeit im Rahmen eines Freiwilligendienstes i. S. v. § 32 Abs. 4 Satz 1 Nr. 2 Buchstabe d EStG unschädlich.

2.4 Monatlicher Anspruch

Liegen die Anspruchsvoraussetzungen des § 32 Abs. 4 Satz 1 bis 3 EStG wenigstens an einem Tag im Kalendermonat vor, besteht nach § 66 Abs. 2 EStG für diesen Monat Anspruch auf Kindergeld. Hat ein Kind eine erstmalige Berufsausbildung oder ein Erststudium abgeschlossen und erfüllt es weiterhin einen Anspruchstatbestand des § 32 Abs. 4 Satz 1 Nr. 2 EStG, entfällt der Kindergeldanspruch nur in den

Zu § 32 EStG   **Anlage § 032–01**

Monaten, in denen die vertragliche Vereinbarung über die schädliche Erwerbstätigkeit den gesamten Monat umfasst.

2.5 Behinderte Kinder

Ergänzend zu Abschnitt 5 des BMF-Schreibens vom 7. Dezember 2011, BStBl. 2011 I S. 1243 gilt für die Prüfung, ob ein behindertes Kind i. S. v. § 32 Abs. 4 Satz 1 Nr. 3 EStG außerstande ist, sich selbst zu unterhalten, DA-FamEStG 63.3.6.4 mit der Maßgabe fort, dass anstelle des Grenzbetrags nach § 32 Abs. 4 Satz 2 EStG 2011 der Grundfreibetrag nach § 32a Abs. 1 Satz 2 Nr. 1 EStG in Höhe von derzeit 8.004 € als allgemeiner Lebensbedarf anzusetzen ist.

2.6 Verheiratete Kinder, Kinder in einer eingetragenen Lebenspartnerschaft und Unterhaltsanspruch nach § 1615l BGB

Zu Kindergeldansprüchen für verheiratete Kinder, für Kinder in einer eingetragenen Lebenspartnerschaft und für Kinder, die einen Anspruch nach § 1615l BGB haben, ist die Abstimmung mit dem Bundesministerium der Finanzen noch nicht abgeschlossen. Es werden zu gegebener Zeit nähere Weisungen folgen.

3 Verfahrensrecht

3.1 Anspruchszeiträume ab 2012

Besteht aufgrund der Änderungen in § 32 Abs. 4 Satz 2 ff. EStG kein Anspruch auf Kindergeld mehr, ist eine bestehende Festsetzung ab Januar 2012 gemäß § 70 Abs. 2 EStG aufzuheben.

Nimmt ein Kind nach dem 1. Januar 2012 eine schädliche Erwerbstätigkeit auf, ist die Festsetzung erst ab dem Folgemonat der Aufnahme der schädlichen Erwerbstätigkeit aufzuheben (vgl. DA-FamEStG 70.2.1.3 Satz 3). Schließt das Kind eine erstmalige Berufsausbildung oder ein Erststudium ab, erfüllt jedoch weiterhin einen Grundtatbestand nach § 32 Abs. 4 Satz 1 Nr. 2 EStG und geht einer schädlichen Erwerbstätigkeit nach, ist die Festsetzung ebenfalls nach § 70 Abs. 2 EStG aufzuheben.

3.2 Anspruchszeiträume vor 2012

§ 70 Abs. 4 EStG entfällt ab dem 1. Januar 2012, ist jedoch auf Zeiträume vor 2012 weiterhin anwendbar (vgl. § 52 Abs. 62a EStG). Somit können bestehende Kindergeldfestsetzungen im Rahmen der abschließenden Prüfung des Kalenderjahres 2011 weiterhin nach § 70 Abs. 4 EStG korrigiert werden.

Außerdem wurde der Arbeitnehmer-Pauschbetrag gemäß § 9a Satz 1 Nr. 1 EStG auf 1.000 € erhöht. Der erhöhte Betrag ist entsprechend § 52 Abs. 23e EStG bereits bei der abschließenden Prüfung des Kalenderjahres 2011 anzusetzen.

Sofern eine Kindergeldfestsetzung für 2011 aufgrund zu hoher Einkünfte und Bezüge bestandskräftig abgelehnt bzw. aufgehoben wurde, die Einkünfte und Bezüge jedoch durch die Erhöhung des Arbeitnehmer-Pauschbetrages den maßgeblichen Grenzbetrag nicht überschreiten, ist die Ablehnungs- bzw. Aufhebungsentscheidung nach § 70 Abs. 4 EStG zu korrigieren. Durch die Rechtsänderung hat sich die Höhe der Einkünfte nach dem Zeitpunkt der Prognoseentscheidung tatsächlich geändert und diese Änderung wird der Familienkasse nachträglich bekannt.

4 Überprüfung bestehender Festsetzungen

Die ab dem 1. Januar 2012 geltenden Rechtsänderungen dürfen nicht zu einer Einstellung der Kindergeldzahlung ohne vorherige Aufhebung der Festsetzung führen (vgl. DA-FamEStG 70.1 Abs. 9).

Bei bereits vor 2012 bestehenden Festsetzungen (Bestandsfälle) für Kinder, die weiterhin einen Grundtatbestand nach § 32 Abs. 4 Satz 1 Nr. 2 EStG erfüllen, ist zu prüfen, ob der Anspruch ab dem 1. Januar 2012 auch nach den Voraussetzungen der Sätze 2 und 3 vorliegt. Dabei ist der Vordruck „Erklärung zu den Verhältnissen eines über 18 Jahre alten Kindes für Zeiträume ab 2012" (KG 7a) zu verwenden. Die Prüfung sollte spätestens bis zum Ende des Jahres 2012 abgeschlossen sein, um längere Rückforderungszeiträume zu vermeiden.

Anlage § 032–02 Zu § 32 EStG

Steuerliche Berücksichtigung behinderter Kinder

– BdF-Schreiben vom 22.11.2010 – IV C 4 – S 2282/07/0006-01, 2010/0912635 (BStBl. I S. 1346) –

Unter Bezugnahme auf das Ergebnis der Erörterungen mit den obersten Finanzbehörden der Länder gilt zur Anwendung der BFH-Urteile VIII R 43/02 vom 4. November 2003, VIII R 59/01 und VIII R 50/03 jeweils vom 24. August 2004, III R 71/05 vom 31. August 2006 sowie III R 105/07 vom 19. November 2008 für die steuerliche Berücksichtigung von Kindern, die wegen körperlicher, geistiger oder seelischer Behinderung außerstande sind, sich selbst zu unterhalten, Folgendes:

I. Behinderte Kinder (Allgemeines)

Menschen sind behindert, wenn ihre körperliche Funktion, geistige Fähigkeit oder seelische Gesundheit mit hoher Wahrscheinlichkeit länger als sechs Monate von dem für das Lebensalter typischen Zustand abweichen und daher ihre Teilhabe am Leben in der Gesellschaft beeinträchtigt ist (§ 2 Absatz 1 Satz 1 SGB IX). Zu einer Behinderung können auch Suchtkrankheiten (z. B. Drogenabhängigkeit, Alkoholismus) führen (BFH vom 16. April 2002 – BStBl. II Seite 738). Nicht zu den Behinderungen zählen Krankheiten, deren Verlauf sich auf eine im Voraus abschätzbare Dauer beschränkt, insbesondere akute Erkrankungen.

Ein Kind, das wegen seiner Behinderung außerstande ist, sich selbst zu unterhalten, kann bei Vorliegen der sonstigen Voraussetzungen über das 25. Lebensjahr hinaus ohne altersmäßige Begrenzung berücksichtigt werden. Eine Berücksichtigung setzt voraus, dass die Behinderung, deretwegen das Kind nicht in der Lage ist, sich selbst zu unterhalten, vor Vollendung des 25. Lebensjahres eingetreten ist. Ein Kind kann auch berücksichtigt werden, wenn diese Behinderung bereits vor dem 1. Januar 2007 und vor Vollendung des 27. Lebensjahres eingetreten ist (§ 52 Absatz 40 Satz 8 EStG).

II. Nachweis der Behinderung

Der Nachweis einer Behinderung kann folgendermaßen erbracht werden:
1. bei einer Behinderung, deren Grad auf mindestens 50 festgestellt wurde, durch einen Ausweis nach dem SGB IX oder durch einen Bescheid der nach § 69 Absatz 1 SGB IX zuständigen Behörde,
2. bei einer Behinderung, deren Grad auf weniger als 50, aber mindestens 25 festgestellt ist,
    a) durch eine Bescheinigung der nach § 69 Absatz 1 SGB IX zuständigen Behörde auf Grund eines Feststellungsbescheides nach § 69 Absatz 1 SGB IX, die eine Äußerung darüber enthält, ob die Behinderung zu einer dauernden Einbuße der körperlichen Beweglichkeit geführt hat oder auf einer typischen Berufskrankheit beruht,
    b) wenn dem Kind wegen seiner Behinderung nach den gesetzlichen Vorschriften Renten oder andere laufende Bezüge zustehen, durch den Rentenbescheid oder einen entsprechenden Bescheid,
3. bei einer Einstufung als schwerstpflegebedürftige Person in Pflegestufe III nach dem SGB XI oder diesem entsprechenden Bestimmungen durch den entsprechenden Bescheid.

Der Nachweis der Behinderung kann auch in Form einer Bescheinigung des behandelnden Arztes oder eines ärztlichen Gutachtens erbracht werden (BFH vom 16. April 2002 – BStBl. II Seite 738). Aus der Bescheinigung bzw. dem Gutachten muss Folgendes hervorgehen:
– Umfang der Behinderung,
– Beginn der Behinderung, soweit das Kind das 25. Lebensjahr vollendet hat und
– Auswirkungen der Behinderung auf die Erwerbstätigkeit des Kindes.

Für ein Kind, das wegen seiner Behinderung bereits länger als ein Jahr in einer Kranken- oder Pflegeeinrichtung untergebracht ist, genügt eine Bestätigung des für diese Einrichtung zuständigen Arztes hierüber; die Bescheinigung ist nach spätestens fünf Jahren zu erneuern.

III. Ursächlichkeit der Behinderung

Die Behinderung des Kindes muss ursächlich („wegen") für die mangelnde Fähigkeit zum Selbstunterhalt sein. Hiervon ist zur Vereinfachung des Verfahrens grundsätzlich auszugehen, wenn bei einem Kind der Grad der Behinderung 50 oder mehr beträgt und besondere Umstände hinzutreten, auf Grund derer eine Erwerbstätigkeit unter den üblichen Bedingungen des Arbeitsmarktes ausgeschlossen erscheint. Als besondere Umstände gelten beispielsweise die Unterbringung in einer Werkstatt für behinderte Menschen, der Bezug von Grundsicherungsleistungen nach dem SGB XII oder die Fortdauer einer Schul- oder Berufsausbildung eines Kindes auf Grund seiner Behinderung über das 25. Lebensjahr hinaus. Die Ursächlichkeit der Behinderung ist auch gegeben, wenn im Ausweis über die Eigenschaft als schwerbehinderter Mensch das Merkmal „H" (hilflos) eingetragen ist. Dem Merkzeichen „H" steht die Einstufung als Schwerstpflegebedürftiger in Pflegestufe III nach dem SGB XI oder diesem entsprechenden Bestimmungen gleich. Entsprechendes gilt bei einer Festsetzung einer vollen Erwerbsminderungsrente gegenüber dem Kind.

Bestehen Zweifel an der Ursächlichkeit der Behinderung, ist eine Stellungnahme der Agentur für Arbeit darüber einzuholen, ob die Voraussetzungen für eine Mehrfachanrechnung nach § 76 Absätze 1 oder 2 SGB IX erfüllt sind oder ob das Kind nach Art und Umfang seiner Behinderung in der Lage ist, eine arbeitslosenversicherungspflichtige, mindestens 15 Stunden wöchentlich umfassende Beschäftigung unter den üblichen Bedingungen des für das Kind in Betracht kommenden Arbeitsmarktes auszuüben. Liegen die Voraussetzungen für eine Mehrfachanrechnung vor, ist das Kind zu berücksichtigen, auch wenn es eine Erwerbstätigkeit von mehr als 15 Stunden wöchentlich ausüben könnte. Ist das Kind nicht in der Lage, eine mindestens 15 Stunden wöchentlich umfassende Beschäftigung unter den üblichen Bedingungen des für das Kind in Betracht kommenden Arbeitsmarktes auszuüben, kann unterstellt werden, dass die Ursächlichkeit der Behinderung gegeben ist.

Beträgt der Grad der Behinderung weniger als 50 und treten keine besonderen Umstände hinzu, ist die Behinderung grundsätzlich als nicht ursächlich für die mangelnde Fähigkeit zum Selbstunterhalt anzusehen.

Wird der Nachweis der Behinderung nicht durch einen Ausweis nach dem SGB IX oder über einen behördlichen Bescheid (z. B. Feststellungsbescheid des Versorgungsamtes bzw. der nach Landesrecht zuständigen Behörde, Rentenbescheid) geführt, ist für die Frage der Ursächlichkeit der Behinderung in jedem Fall die Stellungnahme der Agentur für Arbeit einzuholen (siehe vorstehende Ausführungen; vgl. im Übrigen DA-FamEStG 63.3.6.3 Absatz 3 – BStBl. 2009 I Seite 1070); hierzu kann der Vordruck KG 4a des Bundeszentralamts für Steuern (http://www.bzst.de/DE/Steuern_National/Kindergeld_Fachaufsicht/Familienkassen/Formulare/Formulare_node.html) verwendet werden. In Zweifelsfällen ist zunächst die Familienkasse zu beteiligen (R 31 Absatz 4 EStR 2008).

Die Behinderung muss bei der Prüfung der Ursächlichkeit nicht die einzige Ursache dafür sein, dass das Kind außerstande ist, sich selbst zu unterhalten. Eine Mitursächlichkeit ist ausreichend, wenn der Mitursächlichkeit nach den Gesamtumständen des Einzelfalls erhebliche Bedeutung zukommt (BFH vom 19. November 2008 – III R 105/07). Die Prüfung der Mitursächlichkeit kommt in den Fällen zum Tragen, in denen das Kind grundsätzlich in der Lage ist, eine Erwerbstätigkeit auf dem allgemeinen Arbeitsmarkt auszuüben (d. h. eine mindestens 15 Stunden wöchentlich umfassende Beschäftigung), die Behinderung einer Vermittlung einer Arbeitsstelle jedoch entgegensteht. Eine allgemein ungünstige Situation auf dem Arbeitsmarkt oder andere Umstände (z. B. mangelnde Mitwirkung bei der Arbeitsvermittlung, Ablehnung von Stellenangeboten), die zur Arbeitslosigkeit des Kindes und damit zur Unfähigkeit zum Selbstunterhalt führen, begründen hingegen keine Berücksichtigung nach § 32 Absatz 4 Satz 1 Nummer 3 EStG.

IV. Außerstande sein, sich selbst zu unterhalten [1)]

Ein behindertes Kind ist außerstande, sich selbst zu unterhalten, wenn es mit den ihm zur Verfügung stehenden finanziellen Mitteln seinen gesamten notwendigen Lebensbedarf nicht bestreiten kann. Bei der Prüfung dieser Voraussetzung ist der Lebensbedarf zu ermitteln und den Einkünften und Bezügen (R 32.10 EStR 2008) sowie weiteren verfügbaren Mitteln des Kindes gegenüberzustellen. Da sich diese Ermittlung im Einzelfall recht aufwändig gestalten kann, ist in dieser Weise nur dann zu verfahren, wenn die Einkünfte und Bezüge des behinderten Kindes den Grenzbetrag des § 32 Absatz 4 Satz 2 EStG übersteigen. Zu den Bezügen eines behinderten Kindes zählen **bei dieser vereinfachten Methode** keine Leistungen, die dem Kind wegen eines zweckgebundenen Bedarfs zweckgebunden zufließen, wie beispielsweise das Pflegegeld oder das Blindengeld. Unterschreiten die Einkünfte und Bezüge des Kindes den Grenzbetrag, ist ohne weiteres davon auszugehen, dass das Kind außerstande ist, sich selbst zu unterhalten (R 32.9 EStR 2008).

Übersteigen die Einkünfte und Bezüge des behinderten Kindes den Grenzbetrag des § 32 Absatz 4 Satz 2 EStG, ist bei der **regulären Vergleichsberechnung** nach den folgenden Grundsätzen zu verfahren: zunächst ist der existenzielle Lebensbedarf des behinderten Kindes zu ermitteln. Dieser setzt sich typischerweise aus dem allgemeinen Lebensbedarf (Grundbedarf) und dem individuellen behinderungsbedingten Mehrbedarf zusammen. Als Grundbedarf ist der Jahresgrenzbetrag des § 32 Absatz 4 Satz 2 EStG anzusetzen. Der behinderungsbedingte Mehrbedarf umfasst Aufwendungen, die nicht behinderte Kinder nicht haben (siehe Abschnitt V). Dem gesamten notwendigen Lebensbedarf des behinderten Kindes sind sodann dessen finanzielle Mittel (Einkünfte und Bezüge einschließlich der Leistungen, die

---
1) Teilweise überholt durch Tz. 33 der Anlage § 032-01.

Anlage § 032–02

Zu § 32 EStG

dem Kind wegen eines behinderungsbedingten Bedarfs zweckgebunden zufließen) gegenüberzustellen. Zur Berechnung kann der Vordruck KG 4c des Bundeszentralamts für Steuern (http://www.bzst.de/DE/Steuern_National/Kindergeld_Fachaufsicht/Familienkassen/Formulare/Formulare_node.html) verwendet werden (vgl. zur Berechnung auch die Beispiele in H 32.9 EStH 2009). Übersteigen die eigenen finanziellen Mittel des Kindes seinen Lebensbedarf nicht, ist es außerstande, sich selbst zu unterhalten und demzufolge als Kind zu berücksichtigen.

V. Behinderungsbedingter Mehrbedarf

a) Allgemeines

Zum behinderungsbedingten Mehrbedarf gehören alle mit einer Behinderung zusammenhängenden außergewöhnlichen Belastungen, z. B. Aufwendungen für die Hilfe bei den gewöhnlichen und regelmäßig wiederkehrenden Verrichtungen des täglichen Lebens, für die Pflege sowie für einen erhöhten Wäschebedarf. Sofern kein Einzelnachweis erfolgt, bemisst sich der behinderungsbedingte Mehrbedarf grundsätzlich nach dem Pauschbetrag für behinderte Menschen gemäß § 33b Absatz 3 EStG. **Daneben** kann ein weiterer behinderungsbedingter Mehrbedarf angesetzt werden, soweit dieser nicht schon durch den Pauschbetrag erfasst ist. Zu den zusätzlich berücksichtigungsfähigen Aufwendungen gehören alle übrigen durch die Behinderung bedingten Aufwendungen wie z. B. Operationskosten und Heilbehandlungen, Kuren, Arzt- und Arzneikosten; bestehen Zweifel darüber, dass die Aufwendungen durch die Behinderung bedingt sind, ist eine ärztliche Bescheinigung hierüber vorzulegen.

Zu den zusätzlich berücksichtigungsfähigen Aufwendungen zählen auch ergänzende persönliche Betreuungsleistungen der Eltern, soweit sie über die durch das Pflegegeld abgedeckte Grundpflege und hauswirtschaftliche Verrichtungen hinausgehen und amtsärztlicher Bescheinigung unbedingt erforderlich sind. Der hierfür anzusetzende Stundensatz beträgt 8 Euro. Unter bestimmten Voraussetzungen sind Fahrtkosten ebenfalls als Mehrbedarf zu berücksichtigen (H 33.1-33.4 Fahrtkosten behinderter Menschen EStH 2009). Zusätzlich können Mehraufwendungen als behinderungsbedingter Mehrbedarf berücksichtigt werden, die einem behinderten Kind anlässlich einer Urlaubsreise durch Kosten für Fahrten, Unterbringung und Verpflegung einer Begleitperson entstehen, sofern die Notwendigkeit ständiger Begleitung nachgewiesen ist (siehe hierzu im Einzelnen DA-FamEStG 63.3.6.4 Absatz 3 – BStBl. 2009 I Seite 1071).

Anstelle des Pauschbetrages für behinderte Menschen nach § 33b Absatz 3 EStG kann das Pflegegeld als behinderungsbedingter Mehrbedarf angesetzt werden, wenn das Kind Pflegegeld aus der Pflegeversicherung erhält (BFH vom 24. August 2004 – VIII R 50/0). Dies gilt gleichermaßen für das Blindengeld (BFH vom 31. August 2006 – III R 71/05). Diese Regelung findet sowohl bei Kindern, die in eigener Wohnung (ohne Kostenbeteiligung Dritter) oder im Haushalt der Eltern leben, Anwendung als auch in Fällen teil- oder vollstationärer Unterbringung.

b) Behinderungsbedingter Mehrbedarf bei teilstationärer Unterbringung

Eine teilstationäre Unterbringung liegt beispielsweise dann vor, wenn ein Kind tagsüber in einer Werkstatt für behinderte Menschen betreut wird, ansonsten aber im Haushalt der Eltern lebt. Ohne Einzelnachweis bemisst sich der behinderungsbedingte Mehrbedarf bei Kindern, die teilstationäre Einrichtungen besuchen und entsprechende Leistungen im Rahmen der Eingliederungshilfe erhalten (z. B. für die Betreuung in einer Werkstatt für behinderte Menschen), nach dem Pauschbetrag für behinderte Menschen gemäß § 33b Absatz 3 EStG. **Zusätzlich** kann ein weiterer behinderungsbedingter Mehrbedarf angesetzt werden. Dieser umfasst neben den im vorherigen Abschnitt aufgeführten Mehraufwendungen insbesondere die Kosten im Rahmen der Eingliederungshilfe (Kosten für die Beschäftigung in der Werkstatt für behinderte Menschen, Fahrten zur Werkstatt) abzüglich des nach der Sozialversicherungsentgeltverordnung zu ermittelnden Wertes der Verpflegung, da diese schon durch den Grundbedarf abgedeckt ist (vgl. Buchstabe A der Beispiele in H 32.9 Außerstande sein, sich selbst zu unterhalten EStH 2009).

c) Behinderungsbedingter Mehrbedarf bei vollstationärer Unterbringung

Ein Kind ist vollstationär untergebracht, wenn es nicht im Haushalt der Eltern lebt, sondern anderweitig auf Kosten eines Dritten (im Regelfall der Sozialhilfeträger) untergebracht ist. Dabei kommt es nicht darauf an, ob das Kind in einem Heim untergebracht ist; es kann auch in einer eigenen Wohnung oder einer sonstigen Wohneinrichtung (z. B. betreutes Wohnen) leben. Eine vollstationäre Unterbringung liegt auch dann vor, wenn sich das Kind zwar zeitweise (z. B. am Wochenende oder in den Ferien) im Haushalt der Eltern aufhält, der Platz im Heim oder im Rahmen des betreuten Wohnens aber durchweg auch während dieser Zeit zur Verfügung steht.

Zu § 32 EStG **Anlage § 032–02**

In den Fällen der vollstationären Unterbringung eines behinderten Kindes erfolgt die Ermittlung des behinderungsbedingten Mehrbedarfs regelmäßig durch Einzelnachweis der Aufwendungen, indem die im Wege der Eingliederungshilfe übernommenen Kosten für die Unterbringung abzüglich des nach der Sozialversicherungsentgeltverordnung zu ermittelnden Wertes der Verpflegung angesetzt werden (BFH vom 15. Oktober 1999 – BStBl. 2000 II Seite 79; vgl. zur Berechnung Buchstabe B der Beispiele in H 32.9 Außerstande sein, sich selbst zu unterhalten EStH 2009), die schon durch den Grundbedarf abgedeckt ist. Sofern kein Einzelnachweis erfolgt, bemisst sich der behinderungsbedingte Mehrbedarf auch bei Kindern, die vollstationär untergebracht sind, nach dem Pauschbetrag für behinderte Menschen gemäß § 33b Absatz 3 EStG. **Daneben** kann ein weiterer behinderungsbedingter Mehrbedarf angesetzt werden, soweit dieser nicht schon durch den Pauschbetrag erfasst ist. Hierzu zählen die im Abschnitt a) aufgeführten Mehraufwendungen. Eine Berücksichtigung der Eingliederungshilfe neben dem Pauschbetrag für behinderte Menschen ist nicht möglich, da der Ansatz der Kosten für die Unterbringung bei vollstationärer Unterbringung einem Einzelnachweis entspricht.

VI. Monatsprinzip

Bei der Prüfung, ob ein volljähriges behindertes Kind behinderungsbedingt außerstande ist, sich selbst zu unterhalten, ist vom Grundsatz her auf den Kalendermonat abzustellen, da die für behinderte Kinder maßgebliche Vorschrift des § 32 Absatz 4 Satz 1 Nummer 3 EStG von der Jahresgrenzbetragsregelung in § 32 Absatz 4 Satz 2 EStG nicht erfasst wird (BFH vom 4. November 2003 – VIII R 43/0). Eine Jahresberechnung führt bei gleich bleibenden monatlichen Einnahmen und einem monatlich gleich bleibenden behinderungsbedingten Mehrbedarf während des gesamten Kalenderjahres jedoch zu demselben Ergebnis wie eine Monatsberechnung. Aus Vereinfachungsgründen ist deshalb in der Praxis bei der Ermittlung des individuellen behinderungsbedingten Mehrbedarfs sowie bei der Ermittlung der finanziellen Mittel des behinderten Kindes eine Monatsberechnung nur dann anzustellen, wenn ein nicht monatlich anfallender Sonderbedarf gegeben ist bzw. unregelmäßig anfallende Gratifikationen oder Sonderzuwendungen wie beispielsweise das Urlaubs- oder Weihnachtsgeld zugeflossen sind.

Der behinderungsbedingte Sonderbedarf, der nicht jeden Monat anfällt, ist nicht ausschließlich dem Monat zuzuordnen, in dem die Kosten angefallen sind. Die Fähigkeit zum Selbstunterhalt bleibt vielmehr auch dann bestehen, wenn die monatlichen Einnahmen eines längeren Zeitraumes so hoch gewesen sind, dass sie den nicht monatlich anfallenden behinderungsbedingten Mehrbedarf abdecken können. Es ist deshalb darauf abzustellen, ob bei einer vorausschauenden Bedarfsplanung unter Zugrundelegung einer monatlichen Durchschnittsbelastung der Mehrbedarf aufgefangen werden kann (BFH vom 24. August 2004 – VIII R 59/01). Der Mehrbedarf ist demzufolge gleichmäßig auf das Kalenderjahr zu verteilen.

Sonderzuwendungen, die nicht monatlich anfallen, und einmalige Einnahmen sind auf einen angemessenen Zeitraum aufzuteilen und monatlich mit einem entsprechenden Teilbetrag anzusetzen. Jährlich anfallende Einnahmen wie Weihnachts- oder Urlaubsgeld sind bei dieser monatsbezogenen Vergleichsberechnung nicht ausschließlich dem Monat des Zuflusses zuzuordnen, sondern auf den Zuflussmonat und die nachfolgenden elf Monate aufzuteilen (BFH vom 24. August 2004 – BStBl. 2007 II Seite 248).

Beispiel: *Die Tochter (28 Jahre, Grad der Behinderung 80) eines Steuerpflichtigen erhält Weihnachtsgeld im November 2009 in Höhe von 1.200 Euro. Für die Monate November 2009 bis Oktober 2010 sind jeweils 100 Euro an Einnahmen anzusetzen.*

Nachzahlungen für vorangegangene Kalenderjahre sind in voller Höhe im Jahr des Zuflusses zu erfassen (BFH vom 4. November 2003 – VIII R 43/02) und auf den Zuflussmonat und die nachfolgenden Monate des Zuflussjahres zu verteilen.

Das Monatsprinzip gilt lediglich für die Vergleichsberechnung zur Prüfung der wirtschaftlichen Leistungsfähigkeit (Lebensbedarf ./. finanzielle Mittel) eines behinderten Kindes. Die auf das gesamte Veranlagungsjahr bezogene Vergleichsberechnung des § 31 Satz 4 EStG ist hiervon nicht berührt.

Für den Fall, dass die finanziellen Mittel des behinderten Kindes dessen allgemeinen Lebensbedarf übersteigen, ist zu prüfen, ab welchem Monat das Kind in der Lage ist, selbst für seinen Lebensunterhalt zu sorgen. Dabei ist der Monat der Änderung der Verhältnisse ggf. wie ein Teilmonat zu behandeln, in dem das Kind berücksichtigt wird.

Dieses Schreiben wird im Bundessteuerblatt Teil I veröffentlicht.

Anlage § 032–03

Zu § 32 EStG

Übertragung der Freibeträge für Kinder nach § 32 Absatz 6 Satz 6 bis 11 EStG

– BdF-Schreiben vom 28.06.2013 – IV C 4-S 2282-a/10/10002, 2013/0518616 (BStBl. I S. 845) –

Durch das Steuervereinfachungsgesetz 2011 vom 1. November 2011 (BGBl. I Seite 2131) sind die Voraussetzungen für die Übertragung der Freibeträge für Kinder (§ 32 Absatz 6 Satz 6 bis 11 EStG) sowie des Behinderten-Pauschbetrags (§ 33b Absatz 5 Satz 2 EStG) mit Wirkung ab dem Veranlagungszeitraum 2012 geändert worden. Nach dem Ergebnis der Erörterungen mit den obersten Finanzbehörden der Länder gelten hierzu die nachfolgenden Ausführungen:

I. Übertragung des Kinderfreibetrags des anderen Elternteils (§ 32 Absatz 6 Satz 6 und 7 EStG)

1. Bei nicht verheirateten, geschiedenen oder dauernd getrennt lebenden unbeschränkt einkommensteuerpflichtigen Eltern wird auf Antrag eines Elternteils der Kinderfreibetrag des anderen Elternteils auf ihn übertragen, wenn er, nicht aber der andere Elternteil, seiner Unterhaltspflicht gegenüber dem Kind für das Kalenderjahr im Wesentlichen nachkommt (Rz. 2) oder der andere Elternteil mangels Leistungsfähigkeit nicht unterhaltspflichtig ist (Rz. 3).

2. Ein Elternteil kommt seiner Barunterhaltsverpflichtung gegenüber dem Kind dann im Wesentlichen nach, wenn er sie mindestens zu 75 % erfüllt. Der Elternteil, in dessen Obhut sich ein minderjähriges Kind befindet, erfüllt seine Unterhaltsverpflichtung in der Regel durch die Pflege und Erziehung des Kindes (§ 1606 Absatz 3 Satz 2 BGB).

3. Eine Unterhaltspflicht besteht für den anderen Elternteil dann nicht, wenn er mangels ausreichender eigener Mittel nicht leistungsfähig ist (§ 1603 Absatz 1 BGB). Freiwillige Leistungen des nicht leistungsfähigen Elternteils können die Übertragung nicht verhindern.

4. Eine Übertragung scheidet für solche Kalendermonate aus, für die Unterhaltsleistungen nach dem Unterhaltsvorschussgesetz gezahlt werden. Auf die Höhe der Unterhaltsleistungen kommt es nicht an. Nachzahlungen sind auf die Kalendermonate zu verteilen, für die sie bestimmt sind.

5. Die Übertragung des Kinderfreibetrags führt stets auch zur Übertragung des Freibetrags für den Betreuungs- und Erziehungs- oder Ausbildungsbedarf.

II. Übertragung des Freibetrags für den Betreuungs- und Erziehungs- oder Ausbildungsbedarf (§ 32 Absatz 6 Satz 8 und 9 EStG)

6. Bei minderjährigen Kindern von nicht verheirateten, geschiedenen oder dauernd getrennt lebenden unbeschränkt einkommensteuerpflichtigen Eltern wird auf Antrag des Elternteils, bei dem das Kind gemeldet ist, der Freibetrag für den Betreuungs- und Erziehungs- oder Ausbildungsbedarf des anderen Elternteils auf ihn übertragen, wenn das minderjährige Kind bei dem anderen Elternteil nicht gemeldet ist.

7. Der Elternteil, bei dem das Kind nicht gemeldet ist, kann der Übertragung widersprechen, wenn er Kinderbetreuungskosten (Rz. 8) trägt oder wenn er das Kind regelmäßig in einem nicht unwesentlichen Umfang (Rz. 9) betreut.

8. Als Kinderbetreuungskosten gelten nicht nur Aufwendungen für Dienstleistungen im Sinne des § 10 Absatz 1 Nummer 5 EStG, sondern alle Aufwendungen für die Betreuung, Erziehung oder Ausbildung des Kindes bis zur Vollendung seines 18. Lebensjahres. Hierzu zählen beispielsweise Aufwendungen für die regelmäßige Unterbringung an Wochenenden.

9. Maßgebend für eine regelmäßige Betreuung in einem nicht unwesentlichen Umfang ist ein nicht nur gelegentlicher Umgang mit dem Kind, der erkennen lässt, dass der Elternteil die Betreuung mit einer gewissen Nachhaltigkeit wahrnimmt, d.h. fortdauernd und immer wieder in Kontakt zum Kind steht. Bei lediglich kurzzeitigem, anlassbezogenem Kontakt, beispielsweise zum Geburtstag, zu Weihnachten und zu Ostern, liegt eine Betreuung in unwesentlichem Umfang vor. Von einem nicht unwesentlichen Umfang der Betreuung eines Kindes ist typischerweise auszugehen, wenn eine gerichtliche oder außergerichtliche Vereinbarung über einen regelmäßigen Umgang an Wochenenden und in den Ferien vorgelegt wird.

10. Widerspricht der andere Elternteil der Übertragung des Freibetrags, so hat das Finanzamt zu prüfen, ob dieser Einrede für das weitere Verfahren Bedeutung zukommt. Die Entscheidung hierüber wird nicht in einem eigenen Verwaltungsakt getroffen, sondern im jeweiligen Einkommensteuerbescheid.

11. Es ist ausreichend, wenn der Steuerpflichtige der Übertragung durch Einspruch gegen seinen eigenen Steuerbescheid mit dem Ziel widerspricht, dass bei ihm der Freibetrag neu oder wieder angesetzt wird. Ist diese widersprechende Einrede sachlich gerechtfertigt, so ist der Steuerbescheid

Zu § 32 EStG **Anlage § 032–03**

desjenigen Elternteils, auf dessen Antrag zunächst der Freibetrag übertragen wurde, nach § 175 Absatz 1 Satz 1 Nummer 2 AO zu ändern.

III. Übertragung der Freibeträge für Kinder auf einen Stief- oder Großelternteil (§ 32 Absatz 6 Satz 10 und 11 EStG)

12. Die den Eltern zustehenden Freibeträge für Kinder können auf Antrag auf einen Großelternteil übertragen werden, wenn dieser das Kind in seinen Haushalt aufgenommen hat oder einer Unterhaltspflicht gegenüber dem Kind unterliegt. Auf einen Stiefelternteil können diese Freibeträge auf Antrag übertragen werden, wenn dieser das Kind in seinen Haushalt aufgenommen hat. Da ein Stiefelternteil keiner gesetzlichen Unterhaltspflicht gegenüber seinem Stiefkind unterliegt, kommt eine Übertragung aus diesem Grund nicht in Betracht.

13. Eine Übertragung auf einen Großelternteil, der das Kind nicht in seinen Haushalt aufgenommen hat, ist nur möglich, wenn dieser einer konkreten Unterhaltsverpflichtung unterliegt. Dies ist insbesondere dann der Fall, wenn die Eltern des Kindes nicht leistungsfähig sind.

14. Die Tatsache, dass der die Übertragung beantragende Großelternteil die Unterhaltsverpflichtung gegenüber seinem Enkelkind erfüllt, ist in geeigneter Weise – zum Beispiel durch Vorlage von Zahlungsbelegen – nachzuweisen. Bei einer Haushaltsaufnahme erübrigt sich der Nachweis.

IV. Aufteilung des Behinderten-Pauschbetrags eines Kindes bei der Übertragung auf die Eltern (§ 33b Absatz 5 Satz 2 EStG)

15. Steht der Behinderten-Pauschbetrag oder der Hinterbliebenen-Pauschbetrag einem Kind zu, für das der Steuerpflichtige einen Anspruch auf einen Freibetrag nach § 32 Absatz 6 EStG oder auf Kindergeld hat, wird der Pauschbetrag auf Antrag auf den Steuerpflichtigen übertragen, wenn ihn das Kind nicht in Anspruch nimmt. Der Pauschbetrag wird auf die Elternteile je zur Hälfte aufgeteilt, es sei denn, der Kinderfreibetrag wurde auf den anderen Elternteil übertragen.

16. Bei einer Übertragung des Kinderfreibetrags ist stets der volle Behinderten-Pauschbetrag oder der volle Hinterbliebenen-Pauschbetrag zu übertragen. Eine Übertragung des vollen Pauschbetrags erfolgt auch dann, wenn der Kinderfreibetrag nur für einen Teil des Kalenderjahres übertragen wird.

V. Anwendungszeitraum

17. Dieses Schreiben ist ab dem Veranlagungszeitraum 2012 anzuwenden.

Anlage § 033–01

Zu § 33 EStG

Aufwendungen für die krankheits- oder behinderungsbedingte Unterbringung eines nahen Angehörigen in einem Heim als außergewöhnliche Belastung [1)]

I. – BdF-Schreiben vom 2.12.2002 – IV C 4 – S 2284 – 108/02 (BStBl. I S. 1389) –

Unter Bezugnahme auf das Ergebnis der Erörterungen mit den obersten Finanzbehörden der Länder gilt für die Anwendung der §§ 33 und 33a Abs. 1 EStG auf Fälle, in denen einem Steuerpflichtigen Aufwendungen für die krankheits- oder behinderungsbedingte Unterbringung eines nahen Angehörigen in einem Heim entstehen, das Folgende:

Erwachsen einem oder mehreren Steuerpflichtigen zwangsläufig Aufwendungen für die krankheits- oder behinderungsbedingte Unterbringung eines nahen Angehörigen in einem Heim, gehören zu den Aufwendungen, die nach § 33 EStG zu berücksichtigen sind, die gesamten vom Heim in Rechnung gestellten Unterbringungskosten einschließlich der Kosten für die ärztliche Betreuung und Pflege, gemindert um eine Haushaltsersparnis entsprechend R 188 Abs. 2 EStR.[2)] Eine zusätzliche Berücksichtigung des Abzugsbetrags nach § 33a Abs. 3 Satz 2 Nr. 2 EStG ist nicht zulässig[3)] (BFH-Urteil vom 24. Februar 2000, BStBl. II S. 294).

Die Übernahme der Kosten einer Heimunterbringung für einen nahen Angehörigen ist nur dann zwangsläufig, wenn die untergebrachte Person kein oder nur ein geringes Vermögen besitzt und soweit ihre eigenen Einkünfte und Bezüge zur Deckung dieser Kosten nicht ausreichen. Bei der Beurteilung, ob die eigenen Einkünfte und Bezüge nicht ausreichen, ist ein angemessener Betrag für einen zusätzlichen persönlichen Bedarf zu berücksichtigen. Als angemessen kann in Anlehnung an § 21 Abs. 3 BSHG regelmäßig der für den zusätzlichen persönlichen Bedarf erklärte Betrag anerkannt werden, soweit er 1 550 € (bis zum Kalenderjahr 2000 einschließlich 3 000 DM) jährlich nicht übersteigt.

Eine krankheits- oder behinderungsbedingte Unterbringung liegt nur dann vor, wenn eine Pflegestufe nach dem Elften Buch Sozialgesetzbuch festgestellt worden ist (R 188 Abs. 1 EStR)[4)]. Der Nachweis ist durch eine Bescheinigung der sozialen Pflegekasse oder des privaten Versicherungsunternehmens, das die private Pflegepflichtversicherung durchführt, oder nach § 65 Abs. 2 EStDV zu erbringen. Dies gilt auch dann, wenn der nahe Angehörige bereits seit einem früheren Zeitpunkt aus anderen Gründen (z. B. wegen Alters) im Heim untergebracht ist. Werden die Kosten für eine behinderungsbedingte Unterbringung zum Teil vom Sozialhilfeträger übernommen (insbesondere durch die Gewährung einer Eingliederungshilfe nach § 39 BSHG), braucht die Notwendigkeit der Unterbringung nicht nachgewiesen zu werden, da regelmäßig von einer sorgfältigen, ordnungsmäßigen Prüfung durch den Sozialhilfeträger und von der Richtigkeit seiner Entscheidung ausgegangen werden kann (BFH-Urteil vom 23. Mai 2002 – BStBl. II S. 567).

Aufwendungen in Höhe der Haushaltsersparnis können zusammen mit vom Steuerpflichtigen zusätzlich getragenen Kosten für die normale Lebensführung (z. B. Kleidung, Versicherung) entsprechend den Grundsätzen des § 33a Abs. 1 EStG als Unterhaltsaufwendungen berücksichtigt werden.

Beispiel 1:

Der pflegebedürftige (Pflegestufe II) vermögenslose Vater A hat seinen eigenen Haushalt aufgelöst und ist während der gesamten Kalenderjahre 2001 und 2002 in einem Pflegeheim untergebracht.
Für die Heimunterbringung werden insgesamt 33 000 € (2001: 66 000 DM) in Rechnung gestellt. Die Pflegeversicherung übernimmt hiervon 15 348 € (2001: 30 000 DM). A zahlt aus seinen eigenen anre-

---

1) Vgl. dazu auch das BFH-Urteil vom 30.06.2011 – VI R 14/10:
„Aufwendungen, die einem Steuerpflichtigen für die krankheitsbedingte Unterbringung eines Angehörigen in einem Altenpflegeheim entstehen, stellen als Krankheitskosten eine außergewöhnliche Belastung i. S. des § 33 EStG dar. Abziehbar sind neben den Pflegekosten auch die Kosten, die auf die Unterbringung und Verpflegung entfallen, soweit es sich hierbei um gegenüber der normalen Lebensführung entstehende Mehrkosten handelt. Eine Aufteilung derartiger Kosten in Unterhaltskosten i. S. von § 33a EStG und Krankheitskosten i. S. von § 33 EStG kommt nicht in Betracht.
Bei Unterhaltsaufwendungen besteht kein Wahlrecht zwischen einem Abzug nach § 33 EStG oder nach § 33a EStG (§ 33a Abs. 5 EStG).
Aufwendungen für die altersbedingte Heimunterbringung von Angehörigen können nur nach § 33a Abs. 1 EStG berücksichtigt werden."
Aufgrund dieser Entscheidung erscheint es fraglich, ob die im vorliegenden BdF-Schreiben vorgegebene mehrstufige Berechnung der abziehbaren Aufwendungen noch der Rechtsprechung entspricht.
2) Jetzt R 33.3 Abs. 2 EStR.
3) § 33a Abs. 3 EStG wurde mit Wirkung ab VZ 2009 aufgehoben.
4) Überholt, vgl. R 33.3 Abs. 1 EStR.

Zu § 33 EStG **Anlage § 033–01**

chenbaren Einkünften und Bezügen in Höhe von 4 500 € (2001: 9 000 DM) einen Betrag von 3 300 € (2001: 6 600 DM) auf die Heimkosten und behält einen Betrag von 1 200 € (2001: 2 400 DM) für zusätzlichen persönlichen Bedarf zurück. Die restlichen Heimkosten von 14 352 € (33 000 € – 15 348 € – 3 300 €; im Jahr 2001: 66 000 DM – 30 000 DM – 6 600 DM = 29 400 DM) trägt der Sohn B.

Die Abzugsbeträge für B berechnen sich wie folgt:

– **nach § 33a Abs. 1 EStG:**

	2001	2002	2001	2002
Anteil für den typischen Unterhalt in Höhe der Haushaltsersparnis			14 040 DM	7 188 €[1]
anrechenbare Einkünfte und Bezüge des A	9 000 DM	4 500 €		
anrechnungsfreier Betrag	– 1 200 DM	– 624 €		
anzurechnende Einkünfte und Bezüge des A	7 800 DM	3 876 €	– 7 800 DM	– 3 876 €
zu berücksichtigender Betrag			**6 240 DM**	**3 312 €**

Der Betrag von 6 240 DM für 2001 und 3 312 € für 2002 ist nach § 33a Abs. 1 EStG in voller Höhe vom Gesamtbetrag der Einkünfte des B abzuziehen. Hiermit sind auch zusätzlich getragene Kosten wie z. B. Versicherungsbeiträge abgegolten.

– **nach § 33 EStG:**

	2001	2002
Heimkosten	66 000 DM	33 000 €
Pflegeversicherungsleistungen	– 30 000 DM	– 15 348 €

Anteil des A aufgrund seiner eigenen Einkünfte und Bezüge, mindestens aber die Haushaltsersparnis:

	2001	2002		
eigene Einkünfte und Bezüge des A:	9 000 DM	4 500 €		
gemindert um einen angemessenen Betrag für den zusätzlichen persönlichen Bedarf (pauschal)	– 3 000 DM	– 1 550 €		
verbleibender Betrag	6 000 DM	2 950 €		
Dieser Betrag liegt unter der Haushaltsersparnis von	14 040 DM	7 188 €.[2]		
Daher ist die Haushaltsersparnis anzusetzen:			– 14 040 DM	– 7 188 €[3]
Höchstbetrag der bei B zu berücksichtigenden Heimkosten:			**21 960 DM**	**10 464 €.**

Da die eigenen Einkünfte und Bezüge des A nicht ausreichen, um dessen Kosten für die normale Lebensführung einschließlich der krankheitsbedingten Heimunterbringung zu bestreiten, ist der von B getragene Anteil, vermindert um die bereits nach § 33a Abs. 1 EStG berücksichtigten Aufwendungen, bis zur Höhe von 21 960 DM für 2001 und 10 464 € für 2002 abzuziehen.

	2001	2002
Von B getragene Heimkosten	29 400 DM	14 352 €
davon nach § 33a Abs. 1 EStG berücksichtigt	– 6 240 DM	– 3 312 €
verbleibende Heimkosten	**23 160 DM**	**11 040 €**

Der Höchstbetrag von 21 960 DM für 2001 und 10 464 € für 2002 ist nach Minderung um die zumutbare Belastung nach § 33 EStG vom Gesamtbetrag der Einkünfte des B abzuziehen.

Beispiel 2:

Sachverhalt wie im ersten Beispiel, jedoch hat A anrechenbare Einkünfte und Bezüge von 18 000 € (2001: 36 000 DM). Er zahlt daraus auf die Gesamtkosten 15 000 € (2001: 30 000 DM) und behält 3 000 € (2001: 6 000 DM) für seinen zusätzlichen persönlichen Bedarf zurück. Die restlichen Heimkosten von 2 652 € (33 000 € – 15 348 € – 15 000 €; im Jahr 2001: 66 000 DM – 30 000 DM – 30 000 DM = 6 000 DM) trägt der Sohn B.

Da die anrechenbaren eigenen Einkünfte und Bezüge des A höher sind als die Summe aus Höchstbetrag und anrechnungsfreiem Betrag (7 188 €[4] + 624 € = 7 812 €; im Jahr 2001: 14 040 DM + 1 200 DM =

---

1) Ab 2004: 7 680 €; ab 2010: 8 004 €; ab 2013: 8 130 €.
2) Ab 2004: 7 680 €; ab 2010: 8 004 €; ab 2013: 8 130 €.
3) Ab 2004: 7 680 €; ab 2010: 8 004 €; ab 2013: 8 130 €.
4) Ab 2004: 7 680 €; ab 2010: 8 004 €; ab 2013: 8 130 €.

Anlage § 033–01

Zu § 33 EStG

15 240 DM), scheidet ein Abzug nach § 33a Abs. 1 EStG aus. Für B kommt nur ein Abzug nach § 33 EStG in Betracht. Dieser berechnet sich wie folgt:

			2001	2002
Heimkosten			66 000 DM	33 000 €
Pflegeversicherungsleistungen			– 30 000 DM	– 15 348 €
Anteil des A aufgrund seiner eigenen Einkünfte und Bezüge, mindestens aber die Haushaltsersparnis:	2001	2002		
eigene Einkünfte und Bezüge des A:	36 000 DM	18 000 €		
gemindert um einen angemessenen Betrag für den zusätzlichen Bedarf (pauschal):	– 3 000 DM	– 1 550 €		
verbleibender Betrag (mindestens Haushaltsersparnis)			– 33 000 DM	– 16 450 €
Höchstbetrag der bei B zu berücksichtigenden Heimkosten:			**3 000 DM**	**1 202 €**

Der Höchstbetrag von 3 000 DM für 2001 und 1 202 € für 2002, der niedriger ist als die von B getragenen Aufwendungen von 6 000 DM in 2001 und 3 000 € in 2002, ist nach Minderung um die zumutbare Belastung nach § 33 EStG vom Gesamtbetrag der Einkünfte des B abzuziehen.

Die vorstehenden Grundsätze sind in allen noch offenen Fällen anzuwenden.

Mein Schreiben vom 26. Februar 1999 $-\frac{\text{IV C4} - \text{S 228} - 7/99}{\text{IV C 4} - \text{S 2284} - 9/99}-$ (BStBl. I S. 270) wird aufgehoben.

II. – BdF-Schreiben vom 20.1.2003 – IV C 4 – S 2284 – 2/03 (BStBl. I S. 89) –

Mit Urteil vom 18. April 2002 (BStBl. 2003 II S. 70) hat der BFH entschieden, dass der Umfang der Berücksichtigung von Aufwendungen für die krankheits- oder behinderungsbedingte Unterbringung in einem Alten(wohn)heim als außergewöhnliche Belastung davon abhängt, ob bereits die Übersiedlung in das Alten(wohn)heim aus Krankheits- oder Behinderungsgründen erfolgt ist oder ob die Krankheit oder Behinderung erst zu einem späteren Zeitpunkt eingetreten ist.

Die Rechtsgrundsätze der Entscheidung sind über den entschiedenen Einzelfall hinaus nicht anzuwenden. Der Abzug von Aufwendungen eines Steuerpflichtigen für die eigene krankheits- oder behinderungsbedingte Unterbringung in einem Heim oder für eine entsprechende Unterbringung eines nahen Angehörigen ist ab dem Zeitpunkt der Feststellung mindestens der Pflegestufe I zulässig. Dabei ist es ohne Bedeutung, ob die betreffende Person bereits vorher in das Heim übergesiedelt ist[1].

---

1) Nach dem Urteil des BFH vom 10. Mai 2007 III R 39/05 (BStBl. II S. 764) kann der Bewohner eines Altenwohnheims die vom Heimträger in Rechnung gestellten Pflegesätze für die sog. Pflegestufe 0 bei der Einkommensteuerveranlagung als außergewöhnliche Belastung abziehen.
Im Streitfall zog die 1927 geborene Klägerin in ein Alten- und Pflegeheim. Die AOK wies ihren Antrag auf Leistungen für vollstationäre Pflege nach dem Elften Buch Sozialgesetzbuch (SGB XI) ab, weil der Hilfebedarf nicht mindestens anderthalb Stunden täglich betragen habe. Die Voraussetzungen für eine Zuordnung zur Pflegestufe I seien daher nicht gegeben.
Das Finanzamt ließ die Kosten für die Pflegeleistungen bei der Einkommensteuerveranlagung der Klägerin nicht zum Abzug als außergewöhnliche Belastung zu. Aufwendungen wegen Pflegebedürftigkeit seien nur bei Personen zu berücksichtigen, die durch den medizinischen Dienst der Pflegekasse mindestens der Pflegestufe I zugeordnet worden seien.
Der BFH führte aus, dass die Zuordnung zu einer der Pflegestufen im Sinne der §§ 14, 15 SGB XI (Pflegestufen I bis III) nicht Voraussetzung für den Abzug von Pflegeaufwendungen als außergewöhnliche Belastung ist. Auch bei einem geringeren Grad der Pflegebedürftigkeit sind Pflegeaufwendungen abziehbar, wenn die Pflegebedürftigkeit nachgewiesen und Pflegeleistungen tatsächlich angefallen sind. Werden einem Heimbewohner Pflegesätze in Rechnung gestellt, die der Heimträger mit dem Sozialhilfeträger für eine Pflegebedarf unterhalb der Pflegestufe I (Pflegestufe 0) vereinbart hat, ist davon auszugehen, dass der Heimbewohner pflegebedürftig war und das Heim entsprechend erforderliche Pflegeleistungen erbracht hat. Denn der Pflegestufe 0 werden Personen zugeordnet, die auf Pflegeleistungen angewiesen sind, deren Pflegebedürftigkeit aber (noch) nicht den in §§ 14, 15 SGB XI für die Zuordnung zur Pflegestufe I festgelegten Umfang erreicht. Die gesondert in Rechnung gestellten Pflegeaufwendungen sind unabhängig davon als außergewöhnliche Belastung abziehbar, ob der Steuerpflichtige wegen seiner Pflegebedürftigkeit in das Heim umgezogen oder erst nach dem Umzug pflegebedürftig geworden ist.

Zu § 33 EStG   **Anlage § 033–02**

Kfz-Aufwendungen als außergewöhnliche Belastung

– BdF-Schreiben vom 29.4.1996 IV B 1 – S 2284 – 27/96 (BStBl. I S. 446) –

Im Einvernehmen mit den obersten Finanzbehörden der Länder gilt ab Veranlagungszeitraumg 1995 für die Berücksichtigung von Kfz-Aufwendungen Geh- und Stehbehinderter und außergewöhnlich Gehbehinderter, Blinder und Hilfloser, soweit es sich hierbei nicht um Werbungskosten, Betriebsausgaben oder Sonderausgaben handelt, folgendes:

1. **Bei geh- und stehbehinderten Steuerpflichtigen (GdB von mindestens 80 oder GdB von mindestens 70 und Merkzeichen G):**

    Aufwendungen für durch die Behinderung veranlaßte unvermeidbare Fahrten sind als außergewöhnliche Belastung anzuerkennen, soweit sie nachgewiesen oder glaubhaft gemacht werden und angemessen sind.

    Aus Vereinfachungsgründen kann im allgemeinen ein Aufwand für Fahrten bis zu 3000 km im Jahr als angemessen angesehen werden.

2. **Bei außergewöhnlich gehbehinderten Steuerpflichtigen (Merkzeichen aG), Blinden (Merkzeichen Bl) und Hilflosen (Merkzeichen H):**

    In den Grenzen der Angemessenheit dürfen nicht nur die Aufwendungen für durch die Behinderung veranlaßte unvermeidbare Fahrten, sondern auch für Freizeit-, Erholungs- und Besuchsfahrten abgezogen werden. Die tatsächliche Fahrleistung ist nachzuweisen bzw. glaubhaft zu machen. Eine Fahrleistung von mehr als 15000 km im Jahr liegt in aller Regel nicht mehr im Rahmen des Angemessenen (BFH-Urteil vom 2. Oktober 1992, BStBl. 1993 II S. 286).

3. Ein höherer Aufwand als 0,58 DM/km [1] (ab VZ 2002: 0,30 €) [2] gilt als unangemessen und darf deshalb im Rahmen des § 33 EStG nicht berücksichtigt werden.

Das Schreiben vom 11. April 1994 – IV B 1 – S 2284 – 49/94 – wird ab Veranlagungszeitraum 1995 aufgehoben.

---

1) Festgelegt durch BdF-Schreiben vom 12.4.2001 – IV C 4 – S 2284 – 39/01 (BStBl. I S. 262) ab VZ 2001.
2) Festgelegt durch BdF-Schreiben vom 21.11.2001 – IV C 4 – S 2284 – 98/01 (BStBl. I S. 868).

Anlagen § 033–03 unbesetzt, § 033–04

Zu § 33 EStG

Aufwendungen für eine behindertengerechte Umrüstung eines PKW als außergewöhnliche Belastung i. S. d. § 33 EStG

– Vfg Bayer. Landesamt für Steuern vom 28.05.2010 – S 2284.1.1-2/6 St 32 –

Die Aufwendungen für die behindertengerechte Umrüstung eines PKW gehören zu den Anschaffungskosten des PKW, da die Aufwendungen geleistet werden, um den PKW in einen für den behinderten Menschen betriebsbereiten Zustand zu versetzen.

Kraftfahrzeugkosten behinderter Menschen können im Rahmen der Angemessenheit neben den Pauschbeträgen für behinderte Menschen nicht uneingeschränkt berücksichtigt werden. Sie sind – einschließlich der Anschaffungskosten des PKW – mit den Kilometerpauschbetrag von 0,30 €/km abgegolten, so dass Anschaffungskosten dem Grunde nach nicht zusätzlich als weitere außergewöhnliche Belastungen berücksichtigt werden könnten. Der Ansatz eines höheren Kilometerpauschbetrags unter Berücksichtigung der Aufwendungen für die behindertengerechten Umrüstung ist unangemessen und darf deshalb im Rahmen des § 33 EStG nicht gewährt werden, vgl. H 33.1 – 33.4 (Fahrtkosten behinderter Menschen).

Da es sich aber bei den Umrüstungskosten um für den behinderten Menschen unvermeidbare Aufwendungen handelt, können die Aufwendungen für die behindertengerechte Umrüstung eines PKW nach bundeseinheitlich abgestimmter Auffassung neben den Fahrtkosten als außergewöhnliche Belastungen berücksichtigt werden.

An der bundeseinheitlich vertretenen Auffassung, dass die Aufwendungen für die behindertengerechte Umrüstung eines PKW im Wege der Verteilung auf die (Rest-)Nutzungsdauer des PKW neben den Fahrtkosten als außergewöhnliche Belastung berücksichtigt werden, wird im Hinblick auf das zwischenzeitlich amtlich veröffentlichte BFH-Urteil vom 22.10.2009 VI R 7/09 (BStBl. 2010 II S. 280 zu behinderungsbedingten Umbaumaßnahmen eines Hauses) nicht mehr festgehalten.

Entsprechend dem BFH-Urteil vom 22.10.2009 (a.a.O.) sind die aufgrund der Umrüstung des PKW's entstandenen **Aufwendungen grundsätzlich im Jahr des Abflusses in voller Höhe** neben den Fahrtkosten als außergewöhnliche Belastungen **abzugsfähig**.

Eine Verteilung der Aufwendungen auf mehrere Jahre kommt nach dem BFH-Urteil vom 22.10.2009 allenfalls im Wege einer abweichenden Festsetzung von Steuern aus Billigkeitsgründen nach § 163 AO in Betracht, wenn ein zu geringer Gesamtbetrag der Einkünfte dem vollen Abzug der Aufwendungen entgegensteht.

Sofern in Einzelfällen entsprechende Umrüstungskosten aufgrund der bisherigen Verwaltungsauffassung auf die voraussichtliche (Rest-)Nutzungsdauer eines PKW's verteilt und dementsprechend im Jahr des Abflusses nur anteilig als außergewöhnliche Belastung berücksichtigt worden sind, kann hiernach aus Vertrauensschutzgründen mit Zustimmung des Steuerpflichtigen für die übrigen Jahre der (Rest-)Nutzungsdauer des PKW`s weiterhin verfahren werden.

Zu § 33a EStG   Anlage § 033a–01

Berücksichtigung von Aufwendungen für den Unterhalt von Personen im Ausland als außergewöhnliche Belastung nach § 33a Absatz 1 EStG

– BdF-Schreiben vom 07.06.2010 – IV C 4 – S 2285/07/0006:001, 2010/0415753 (BStBl. I S. 588) –

Inhaltsübersicht

		Rz.
1.	**Unterhaltsempfänger**	
	1.1 Zum Abzug berechtigende Unterhaltsempfänger	1
	1.2 Zum Abzug nicht berechtigende Unterhaltsempfänger	2
2.	**Feststellungslast/Beweisgrundsätze/Erhöhte Mitwirkungspflicht und Beweisvorsorge des Steuerpflichtigen**	3 – 4
3.	**Nachweis der Unterhaltsbedürftigkeit/Unterhaltserklärung**	5 – 7
4.	**Unterstützung von Personen im erwerbsfähigen Alter (Erwerbsobliegenheit)**	8 – 9
5.	**Nachweis von Aufwendungen für den Unterhalt**	
	5.1 Überweisungen	10 – 13
	5.2 Andere Zahlungswege	14 – 18
6.	**Aufteilung einheitlicher Unterhaltsleistungen auf mehrere Personen**	19
7.	**Unterstützung durch mehrere Personen**	
	7.1 Unterstützung durch mehrere unbeschränkt einkommensteuerpflichtige Personen	20
	7.2 Unterstützung durch eine im Inland nicht unbeschränkt einkommensteuerpflichtige Person	21
8.	**Zeitanteilige Ermäßigung des Höchstbetrags**	
	8.1 Feststellung der Monate der Unterhaltszahlungen	22
	8.2 Zeitliche Zuordnung der Unterhaltsaufwendungen	23 – 25
	8.3 Vereinfachungsregelungen	26
	8.4 Zeitpunkt des Abflusses der Unterhaltsleistung	27
9.	**Anrechnung eigener Bezüge der unterhaltenen Personen**	
	9.1 Begriff der Bezüge	28
	9.2 Umrechnung ausländischer Bezüge	29
	9.3 Berücksichtigung der Kostenpauschale	30
	9.4 Unterstützungszeitraum / Schwankende Bezüge	31
10.	**Abzugsbeschränkungen**	
	10.1 Verhältnisse des Wohnsitzstaates (Ländergruppeneinteilung)	32 – 33
	10.2 Opfergrenzenregelung	34 – 37
11.	**Anwendungsregelung**	35 – 36

Im Einvernehmen mit den obersten Finanzbehörden der Länder gelten für die Berücksichtigung von Unterhaltsaufwendungen an Personen im Ausland als außergewöhnliche Belastung die folgenden Grundsätze.

1. Unterhaltsempfänger

1.1. Zum Abzug berechtigende Unterhaltsempfänger

Aufwendungen für den Unterhalt an Personen im Ausland dürfen nur abgezogen werden, wenn diese   1
gegenüber dem Steuerpflichtigen oder seinem Ehegatten nach inländischem Recht gesetzlich unterhaltsberechtigt sind (§ 33a Absatz 1 Satz 1 und 5, 2. Halbsatz – ab VZ 2010 Satz 6 2. Halbsatz – EStG; BFH-Urteil vom 4. Juli 2002, BStBl. II Seite 760).[1]

---

1) Siehe dazu auch BFH-Urteil vom 27.7.2011 – VI R 13/10:
„Unterhaltszahlungen an die Schwiegereltern sind während der Ehe, ungeachtet des dauernd Getrenntlebens der Ehegatten, als außergewöhnliche Belastungen nach § 33a Abs. 1 Satz 1 EStG abziehbar."

Anlage § 033a–01

Zu § 33a EStG

1.2. Zum Abzug nicht berechtigende Unterhaltsempfänger

2   Ein Abzug nach § 33a Absatz 1 EStG kommt nicht in Betracht, wenn der Unterhaltsempfänger
- ein Kind ist, für das ein Anspruch auf Freibeträge für Kinder nach § 32 Absatz 6 EStG oder Kindergeld besteht (§ 33a Absatz 1 Satz 3 – ab VZ 2010 Satz 4 – EStG); andere Leistungen für Kinder und dem inländischen Kindergeld vergleichbare Familienbeihilfen nach ausländischem Recht stehen nach § 65 EStG dem Kindergeld gleich (BFH-Urteil vom 4. Dezember 2003, BStBl. 2004 II Seite 275);
- der nicht dauernd getrennt lebende und nicht unbeschränkt einkommensteuerpflichtige Ehegatte des Steuerpflichtigen ist und das Veranlagungswahlrecht nach § 26 Absatz 1 Satz 1 in Verbindung mit § 1a Absatz 1 Nummer 2 EStG gegeben ist, es sei denn, § 26c EStG kommt zur Anwendung;
- der geschiedene oder dauernd getrennt lebende Ehegatte des Steuerpflichtigen ist und der Sonderausgabenabzug nach § 10 Absatz 1 Nummer 1 i. V. m. § 1a Absatz 1 Nummer 1 EStG vorgenommen wird;
- zwar nach ausländischem, aber nicht nach inländischem Recht unterhaltsberechtigt ist, selbst wenn die Unterhaltspflicht des Steuerpflichtigen aufgrund internationalem Privatrechts im Inland verbindlich ist (BFH-Urteil vom 4. Juli 2002, a. a. O.).

2. Feststellungslast / Beweisgrundsätze / Erhöhte Mitwirkungspflicht und Beweisvorsorge des Steuerpflichtigen

3   Der Steuerpflichtige trägt nach den im Steuerrecht geltenden allgemeinen Beweisgrundsätzen für Steuerermäßigungen die objektive Beweislast (Feststellungslast). Bei Sachverhalten im Ausland müssen sich die Steuerpflichtigen in besonderem Maße um Aufklärung und Beschaffung geeigneter, in besonderen Fällen auch zusätzlicher Beweismittel bemühen (§ 90 Absatz 2 AO). Danach trifft den Steuerpflichtigen bei der Gestaltung der tatsächlichen Verhältnisse eine Pflicht zur Beweisvorsorge. Aus den Unterlagen muss hervorgehen, dass Geldbeträge des Steuerpflichtigen tatsächlich verwendet worden und an den Unterhaltsempfänger gelangt sind. Der Steuerpflichtige muss, wenn er seine Aufwendungen steuerlich geltend machen will, dafür Sorge tragen, dass sichere und leicht nachprüfbare Belege über die Bescheinigungen vorliegen, die den Zugang und Abfluss der Geldbeträge erkennen lassen. Eigenerklärungen oder eidesstattliche Versicherungen sind allein keine ausreichenden Mittel zur Glaubhaftmachung (BFH-Urteil vom 3. Juni 1987, BStBl. II Seite 675). Unterlagen in ausländischer Sprache ist eine deutsche Übersetzung durch einen amtlich zugelassenen Dolmetscher, ein Konsulat oder eine sonstige zuständige (ausländische) Dienststelle beizufügen. Hierfür anfallende Aufwendungen sind keine Unterhaltsaufwendungen.

4   Die Erfüllung der Pflichten zur Aufklärung des Sachverhalts und zur Vorsorge und Beschaffung von Beweismitteln muss erforderlich, möglich, zumutbar und verhältnismäßig sein. Ist ein Steuerpflichtiger wegen der besonderen Situation im Wohnsitzstaat der unterhaltenen Person nicht in der Lage, beweisgeeignete Unterlagen zu erlangen, so ist ihm dies unter dem Gesichtspunkt des Beweisnotstands nur nach Würdigung der Gesamtumstände des Einzelfalls anzulasten. Ein Beweisnotstand kann beispielsweise in Betracht kommen, wenn wegen der sozialen oder politischen Verhältnisse (etwa im Falle eines Bürgerkriegs) im Heimatland des Empfängers die Beschaffung von beweiserheblichen Unterlagen nicht möglich oder für den Steuerpflichtigen mit erheblichen Schwierigkeiten verbunden und daher unzumutbar ist (BFH-Urteil vom 2. Dezember 2004, BStBl. 2005 II Seite 483). Die Weigerung der zuständigen Heimatbehörde, die Angaben der unterstützten Person auf der Unterhaltserklärung zu bestätigen, stellt keinen Beweisnotstand dar (Hinweis auf Rz. 7).

3. Nachweis der Unterhaltsbedürftigkeit/Unterhaltserklärung[1]

5   Voraussetzung für den Abzug von Unterhaltsaufwendungen ist der Nachweis über die Unterhaltsbedürftigkeit der im Ausland lebenden unterhaltenen Person. Hierzu sind folgende Angaben des Steuerpflichtigen und der unterhaltenen Person erforderlich:

---

1) Voraussetzung für die Berücksichtigung von Unterhaltsaufwendungen nach § 33a Abs. 1 EStG ist die Unterhaltsbedürftigkeit der unterhaltenen Person. Hierzu muss der Steuerpflichtige verschiedene Angaben zu den persönlichen und wirtschaftlichen Verhältnissen der unterhaltenen Person erbringen, die in den Vordruck „Unterhaltserklärung deutsch" und „Unterhaltserklärung zweisprachig" einzutragen sind. Die Unterhaltserklärungen stehen im Internet zum Download bereit: (http://www.formulare-bfinv.de).
Nach Prüfung einer elektronischen Nutzung der Vordrucke, besteht nun die Möglichkeit das Formular „Unterhaltserklärung deutsch" online auszufüllen oder offline zu bearbeiten, die Druckdatei (PDF) auf dem Rechner zu speichern und diese dann per E-Mail weiterzusenden. Die zweisprachigen Unterhaltserklärungen stehen weiterhin nur im PDF-Format zur Verfügung. Es besteht jedoch die Möglichkeit, die deutschsprachige Unterhaltserklärung elektronisch auszufüllen und die nicht ausfüllbaren zweisprachigen PDF-Dateien als „Übersetzungshilfe" zu verwenden. Der Nutzer wird durch einen entsprechenden Hinweis darauf aufmerksam gemacht.

Zu § 33a EStG **Anlage § 033a–01**

- das Verwandtschaftsverhältnis der unterhaltenen Person zum Steuerpflichtigen oder seinem Ehegatten,
- Name, Geburtsdatum und -ort, berufliche Tätigkeit, Anschrift, Familienstand der unterhaltenen Person sowie eine Aussage, ob zu ihrem Haushalt noch weitere Personen gehören; diese Angaben sind durch eine Bestätigung der Heimatbehörde (Gemeinde-/Meldebehörde) der unterhaltenen Person nachzuweisen,
- Angaben über Art und Umfang der eigenen Einnahmen (einschließlich Unterhaltsleistungen von dritter Seite) und des eigenen Vermögens der unterhaltenen Person im Kalenderjahr der Unterhaltsleistung sowie eine Aussage darüber, ob die unterhaltene Person nicht, gelegentlich oder regelmäßig beruflich tätig war und ob Unterstützungsleistungen aus öffentlichen Mitteln erbracht worden sind,
- bei erstmaliger Antragstellung sind außerdem detaillierte Angaben darüber zu machen, wie der Unterhalt bisher bestritten worden ist, welche jährlichen Einnahmen vor der Unterstützung bezogen worden sind, ob eigenes Vermögen vorhanden war und welcher Wert davon auf Hausbesitz entfällt. Die Einnahmen sind durch Vorlage geeigneter Unterlagen (z. B. Steuerbescheide, Rentenbescheide, Verdienstbescheinigungen, Bescheide der ausländischen Arbeits- oder Sozialverwaltung) zu belegen,
- Angaben darüber, ob noch andere Personen zum Unterhalt beigetragen haben, welche Unterhaltsbeiträge sie geleistet haben und ab wann und aus welchen Gründen die unterhaltene Person nicht selbst für ihren Lebensunterhalt aufkommen konnte.

Zur Erleichterung und Vereinheitlichung der insoweit vorzunehmenden Sachverhaltsaufklärung und zur erleichterten Beweisführung werden zweisprachige Unterhaltserklärungen in den gängigsten Sprachen aufgelegt und auf den Internetseiten des Bundesministeriums der Finanzen (http://www.formulare-bfinv.de) zum Download bereit gestellt. Die Richtigkeit der darin zu den persönlichen und wirtschaftlichen Verhältnissen geforderten detaillierten Angaben ist durch Unterschrift der unterhaltenen Person zu bestätigen und durch Vorlage geeigneter Unterlagen (z. B. Steuerbescheide, Rentenbescheide, Verdienstbescheinigungen, Bescheide der Arbeits- oder Sozialverwaltung) zu belegen. Für jede unterhaltene Person ist eine eigene Unterhaltserklärung einzureichen. Die Vorlage der Unterhaltserklärung schließt nicht aus, dass das Finanzamt nach den Umständen des Einzelfalls weitere Auskünfte oder Nachweise verlangen kann.[1)] 6

Ist eine Unterhaltserklärung als Nachweis für die Bedürftigkeit der unterhaltenen Person nur unvollständig ausgefüllt, so ist grundsätzlich die Bedürftigkeit der sie betreffenden Person nicht anzuerkennen (BFH-Urteil vom 2. Dezember 2004, a. a. O.). Weigert sich die Heimatbehörde, die Angaben auf der zweisprachigen Unterhaltserklärung zu bestätigen (vgl. hierzu auch Rz. 4), kann die behördliche Bestätigung zum Verwandtschaftsverhältnis, zu Name, Geburtsdatum und -ort, zur beruflichen Tätigkeit und Anschrift, zum Familienstand der unterhaltenen Person sowie zu Haushaltsmitgliedern auf anderen Dokumenten erbracht werden. 7

4. Unterstützung von Personen im erwerbsfähigen Alter (Erwerbsobliegenheit)

Bei Personen im erwerbsfähigen Alter ist davon auszugehen, dass sie ihren Lebensunterhalt durch eigene Arbeit verdienen (BFH-Urteil vom 2. Dezember 2004, a. a. O.). Hierzu hat die unterhaltene Person ihre Arbeitskraft als die ihr zur Bestreitung ihres Lebensunterhalts zur Verfügung stehende Quelle in ausreichendem Maße auszuschöpfen (sog. Erwerbsobliegenheit). Für Personen im erwerbsfähigen Alter sind daher – mangels Zwangsläufigkeit – grundsätzlich keine Unterhaltsaufwendungen anzuerkennen. Die Erwerbsobliegenheit ist bei allen unterhaltsberechtigten Personen, die nicht unbeschränkt einkommensteuerpflichtig sind, zu prüfen (z. B. auch bei dem im Ausland lebenden Ehegatten[2)]). Die in R 33a.1 Absatz 2 Satz 2 i. V. m. Absatz 1 Satz 4 EStR aufgeführte Vereinfachungsregelung gilt in diesen Fällen nicht. 8

---

1) Siehe dazu auch BFH-Urteil vom 11.11.2010 - VI R 16/09:
„Der Abzug von Unterhaltsaufwendungen an im Ausland lebende Eltern als außergewöhnliche Belastung entfällt trotz entsprechender amtlicher Unterhaltsbescheinigung, wenn die Unterhaltsbedürftigkeit der Eltern nicht glaubhaft ist. Reichen die vom Steuerpflichtigen, der angibt, einziger Unterhaltszahler zu sein, gezahlten Beträge nicht aus, um den gesamten Lebensbedarf der Eltern zu decken, müssen diese noch über andere Einnahmen verfügen, die sie verschwiegen haben. Damit entfällt die Glaubwürdigkeit der Unterhaltsbescheinigungen."

2) Mit Urteilen vom 05.05.2010 (VI R 29/09, BStBl. 2011 II S. 116, und VI R 40/09 BStBl. 2011 II S. 164) hat der BFH entschieden, bei Unterhaltszahlungen an Angehörige im Ausland sei die Bedürftigkeit im Wege der sog. konkreten Betrachtungsweise zu prüfen. Der BFH hat insoweit eine generelle Erwerbsobliegenheit grundsätzlich bestätigt. Eine Ausnahme ist hingegen bei im Ausland lebenden Ehegatten zu beachten. Abweichend von Rz 8 des BMF-Schreibens vom 07.06.2010 ist durch die Veröffentlichung des BFH-Urteils vom 05.05.2010 (Az: VI R 5/09) im BStBl. 2011 II S. 115 bei Ehegatten weder die Bedürftigkeit noch die Erwerbsobliegenheit zu prüfen. Ist einem Ehegatten die Haushaltsführung überlassen, so erfüllt er seine Verpflichtung, durch Arbeit zum Unterhalt der Familien beizutragen, i. d. R. durch die Führung des Haushalts. Der den Haushalt führende Ehegatte muss seine Arbeitskraft nur dann einsetzen, wenn die Arbeitskraft des verdienenden Ehegatten zur Deckung des Familienunterhalts nicht ausreicht.

1989

Anlage § 033a–01 Zu § 33a EStG

9 Der Einsatz der eigenen Arbeitskraft darf nicht gefordert werden, wenn die unterhaltene Person aus gewichtigen Gründen keiner oder nur in geringem Umfang einer Beschäftigung gegen Entgelt nachgehen kann (BFH-Urteil vom 13. März 1987, BStBl. II Seite 599). Als Gründe kommen beispielsweise Alter (ab vollendetem 65. Lebensjahr), Behinderung, schlechter Gesundheitszustand, die Erziehung oder Betreuung von Kindern unter 6 Jahren, die Pflege behinderter Angehöriger, ein ernsthaft und nachhaltig betriebenes Studium oder eine Berufsausbildung in Betracht. Eine von den zuständigen Heimatbehörden bestätigte Arbeitslosigkeit der unterhaltenen Person stellt grundsätzlich keinen gewichtigen Grund dar.

Bei Personen unter 65 Jahren, die bereits eine Rente beziehen, kann auf den Einsatz der eigenen Arbeitskraft nur dann verzichtet werden, wenn die Rente auf Grund eines schlechten Gesundheitszustandes oder einer Behinderung gezahlt wird. An den Nachweis einer Behinderung und eines schlechten Gesundheitszustandes sind im Regelfall strenge Anforderungen zu stellen. Der Nachweis ist durch eine Bescheinigung des behandelnden Arztes zu führen, die mindestens Ausführungen zur Art der Krankheit, zum Krankheitsbild und den dadurch bedingten dauernden Beeinträchtigungen bzw. dem Grad der Behinderung der unterstützten Person enthalten muss. Außerdem ist anzugeben, in welchem Umfang die unterstützte Person noch in der Lage ist, einer Erwerbstätigkeit nachzugehen. Entsprechend den in Rz. 3 genannten Grundsätzen ist den Unterlagen eine deutsche Übersetzung beizufügen. Die Vorlage der Bescheinigung eines Arztes schließt nicht aus, dass das Finanzamt nach den Umständen des Einzelfalles weitere Auskünfte oder Nachweise verlangen kann.

5. Nachweis von Aufwendungen für den Unterhalt

5.1. Überweisungen

Post- und Bankbelege

10 Überweisungen sind grundsätzlich durch Post- oder Bankbelege (Buchungsbestätigung oder Kontoauszüge) nachzuweisen, die die unterhaltene Person als Empfänger ausweisen. Durch solche Unterlagen wird in der Regel in hinreichendem Maße bewiesen, wann und wie viel Geld aus dem Vermögensbereich des Unterhaltsleistenden abgeflossen ist, und es kann im Allgemeinen unterstellt werden, dass diese Beträge auch in den Verfügungsbereich des Adressaten gelangt, nämlich auf dessen Bankkonto im Ausland verbucht bzw. von der Post bar ausgehändigt worden sind (BFH-Urteil vom 14. Mai 1982, BStBl. II Seite 772). Für den Geldtransfer anfallende Aufwendungen (Porto, Spesen und Bearbeitungsgebühren) sind keine Unterhaltsaufwendungen.

Mehrere Personen

11 Werden mehrere Personen, die in einem gemeinsamen Haushalt leben, unterhalten, so genügt es, wenn die Überweisungsbelege auf den Namen einer dieser Personen lauten.

Abweichender Kontoinhaber

12 Bei Überweisungen auf ein nicht auf den Namen der unterhaltenen Person lautendes Konto im Ausland muss der Steuerpflichtige neben den inländischen Zahlungsbelegen eine Bescheinigung der Bank über die Kontovollmacht und über den Zeitpunkt, die Höhe und den Empfänger der Auszahlung vorlegen.

Ersatzbelege

13 Sind Zahlungsbelege abhanden gekommen, hat der Steuerpflichtige Ersatzbelege zu beschaffen. Die hierfür anfallenden Kosten sind keine Unterhaltsaufwendungen.

5.2. Andere Zahlungswege

Allgemeine Grundsätze

14 Der Steuerpflichtige kann auch einen anderen Zahlungsweg wählen, wenn die so erbrachte Unterhaltsleistung in hinreichender Form nachgewiesen wird (BFH-Urteil vom 14. Mai 1982, BStBl. II Seite 774). Entsprechend den unter Rz. 3, 4 dargelegten Grundsätzen sind bei baren Unterhaltszahlungen sowie bei allen anderen Zahlungswegen erhöhte Beweisanforderungen zu erfüllen. Abhebungsnachweise und detaillierte Empfängerbestätigungen (vgl. Rz. 18) sind erforderlich. Zwischen der Abhebung und jeweiligen Geldübergabe muss ein ausreichender Sachzusammenhang (Zeitraum von höchstens zwei Wochen) bestehen. Die Durchführung der Reise ist stets durch Vorlage von Fahrkarten, Tankquittungen, Grenzübertrittsvermerken, Flugscheinen, Visa usw. nachzuweisen.

Mitnahme von Bargeld bei Familienheimfahrten

15 Erleichterungen gelten bei Familienheimfahrten des Steuerpflichtigen zu seiner von ihm unterstützten und im Ausland lebenden Familie. Eine Familienheimfahrt liegt nur vor, wenn der Steuerpflichtige seinen im Ausland lebenden Ehegatten besucht, der dort weiter den Familienhaushalt aufrechterhält. Lebt auch der Ehegatte im Inland und besucht der Steuerpflichtige nur seine im Ausland lebenden Kinder oder

Zu § 33a EStG **Anlage § 033a–01**

die eigenen Eltern, liegt keine Familienheimfahrt vor mit der Folge, dass die allgemeinen Beweisgrundsätze gelten (BFH-Urteil vom 19. Mai 2004, BStBl. 2005 II Seite 24).

Bei Arbeitnehmern kann grundsätzlich davon ausgegangen werden, dass der Steuerpflichtige je Familienheimfahrt einen Nettomonatslohn für den Unterhalt des Ehegatten, der Kinder und anderer im Haushalt der Ehegatten lebender Angehöriger mitnimmt. Diese Beweiserleichterung gilt nur für bis zu vier im Kalenderjahr nachweislich durchgeführte Familienheimfahrten. Im Rahmen der Beweiserleichterung kann aber höchstens ein Betrag geltend gemacht werden, der sich ergibt, wenn der vierfache Nettomonatslohn um die auf andere Weise erbrachten und nachgewiesenen oder glaubhaft gemachten Zahlungen gekürzt wird (vgl. BFH-Urteil vom 4. August 1994, BStBl. 1995 II Seite 114). 16

Macht der Steuerpflichtige höhere Aufwendungen als (pauschal) den vierfachen Nettomonatslohn geltend, müssen alle Zahlungen entsprechend den allgemeinen Grundsätzen nachgewiesen werden.

Beispiel 1:

Ein Arbeitnehmer hat seinen Familienhaushalt (Ehefrau, minderjähriges Kind, kein Anspruch auf Kindergeld oder vergleichbare Leistungen) in einem Land der Ländergruppe 1 (keine Kürzung). Er hat im Jahr 2009 nachweislich zwei Heimfahrten unternommen und macht die Mitnahme von Bargeld im Wert von je 1.500 Euro geltend, ohne diese jedoch belegen zu können. Außerdem hat er drei Überweisungen in Höhe von jeweils 1.450 Euro nachgewiesen. Sein Nettomonatslohn beläuft sich auf 1.312 Euro. Die Opfergrenze kommt nicht zur Anwendung.

1. Aufwendungen für den Unterhalt:
   Mitnahme von Bargeld
   (2 tatsächliche Familienheimfahrten x 1.312 Euro, Rz. 16 Satz 1)   2.624 Euro
   Überweisungen (3 x 1.450 Euro)   4.350 Euro
   Summe   6.974 Euro
2. Berechnung der abziehbaren Unterhaltsaufwendungen:
   Vierfacher Nettomonatslohn (1.312 Euro x 4)
   (jährlich höchstens anzusetzen im Rahmen der Beweiserleichterung)   5.248 Euro
   ./. Anderweitig nachgewiesene Zahlungen   4.350 Euro
   Verbleibender Betrag im Rahmen der Beweiserleichterung   898 Euro
   Abziehbare Unterhaltsaufwendungen (4.350 Euro + 898 Euro)   5.248 Euro

Geldtransfer durch eine Mittelsperson

Der Geldtransfer durch eine Mittelsperson (hierzu zählt auch ein neutrales gewerbliches Transportunternehmen) kann grundsätzlich nicht anerkannt werden. Dies gilt nicht, wenn wegen der besonderen Situation im Wohnsitzstaat (z. B. Krisengebiet) ausnahmsweise kein anderer Zahlungsweg möglich ist. In diesem Fall sind neben der Identität der Mittelsperson (Name und Anschrift) der genaue Reiseverlauf darzustellen sowie ein lückenloser Nachweis über die Herkunft des Geldes im Inland und über jeden einzelnen Schritt bis zur Übergabe an die unterhaltene Person zu erbringen. Die Durchführung der Reise durch eine private Mittelsperson ist stets durch die Vorlage von Fahrkarten, Tankquittungen, Grenzübertrittsvermerken, Flugscheinen, Visa usw. nachzuweisen. 17

Empfängerbestätigung

Eine Empfängerbestätigung muss für die Übergabe jedes einzelnen Geldbetrags ausgestellt werden. Sie muss den Namen und die Anschrift des Steuerpflichtigen und der unterhaltenen Person, das Datum der Ausstellung und die Unterschrift des Empfängers sowie den Ort und den Zeitpunkt der Geldübergabe enthalten. Um die ihr zugedachte Beweisfunktion zu erfüllen, muss sie Zug um Zug gegen Hingabe des Geldes ausgestellt werden. Nachträglich ausgestellte oder zusammengefasste Empfängerbestätigungen sind nicht anzuerkennen. 18

6. Aufteilung einheitlicher Unterhaltsleistungen auf mehrere Personen

Werden Personen unterhalten, die in einem gemeinsamen Haushalt leben, sind die insgesamt nachgewiesenen bzw. glaubhaft gemachten Aufwendungen einheitlich nach Köpfen aufzuteilen, auch soweit unterhaltene Personen nicht zu den zum Abzug berechtigenden Unterhaltsempfängern (Rz. 2) gehören (BFH-Urteile vom 12. November 1993, BStBl. 1994 II Seite 731 und vom 19. Juni 2002, BStBl. II Seite 753). 19

Anlage § 033a–01   Zu § 33a EStG

Beispiel 2:

Ein Steuerpflichtiger unterstützt im Kalenderjahr 2009 seine Ehefrau, sein minderjähriges Kind (Kindergeld wird gewährt), seine verwitwete Mutter und seine Schwester, die im Heimatland in einem gemeinsamen Haushalt leben, mit 6.000 Euro.
Von den Aufwendungen für den Unterhalt in Höhe von 6.000 Euro entfallen auf jede unterstützte Person 1.500 Euro (6.000 Euro : 4). Die Schwester des Steuerpflichtigen und das minderjährige Kind gehören nicht zu den zum Abzug berechtigenden Unterhaltsempfängern (Rz. 1). Abziehbar sind – vorbehaltlich anderer Abzugsbeschränkungen – lediglich die für die Ehefrau (1.500 Euro) und die Mutter (1.500 Euro) erbrachten Aufwendungen.

7. Unterstützung durch mehrere Personen

7.1. Unterstützung durch mehrere unbeschränkt einkommensteuerpflichtige Personen

20 Werden Aufwendungen für eine unterhaltene Person von mehreren unbeschränkt Einkommensteuerpflichtigen getragen, so wird bei jedem der Teil des sich hiernach ergebenden Betrags abgezogen, der seinem Anteil am Gesamtbetrag der Leistung entspricht (§ 33a Absatz 1 Satz 6 – ab VZ 2010 Satz 7 – EStG).

Beispiel 3:

Vier Töchter A, B, C und D unterstützen ihren in einem Land der Ländergruppe 1 (keine Kürzung) lebenden bedürftigen Vater im Kalenderjahr 2009 mit jeweils 250 Euro monatlich.
Der Abzug der Aufwendungen für den Unterhalt von insgesamt 12.000 Euro ist auf den Höchstbetrag von 7.680 Euro(Ab VZ 2010: 8.004 Euro)[1]) (§ 33a Absatz 1 Satz 1 EStG) beschränkt. Dieser ist entsprechend dem Anteil der Töchter am Gesamtbetrag der Leistungen mit jeweils 1.920 Euro (7.680 Euro : 4) abziehbar.

7.2. Unterstützung durch eine im Inland nicht unbeschränkt einkommensteuerpflichtige Person

21 Tragen mehrere Personen zum Unterhalt bei und ist eine davon im Inland nicht unbeschränkt einkommensteuerpflichtig, wird diese bei der Aufteilung des abziehbaren Betrags nicht berücksichtigt. Deren Unterhaltsleistungen sind bei der unterhaltenen Person als Bezüge (Rz. 28) zu erfassen.

Beispiel 4:

Sachverhalt wie Beispiel 3, die Tochter D lebt jedoch in Frankreich.

Höchstbetrag (§ 33a Absatz 1 Satz 1 EStG):		7.680 Euro
		(Ab VZ 2010: 8.004 Euro)
anrechenbare Bezüge (250 Euro x 12)	3.000 Euro	
Kostenpauschale	– 180 Euro	
	2.820 Euro	
anrechnungsfreier Betrag	– 624 Euro	
anzurechnende Bezüge	2.196 Euro	2.196 Euro
abziehbarer Höchstbetrag:		5.484 Euro

Bei den Töchtern A, B und C ist wegen ihrer Leistungen in gleicher Höhe jeweils ein Betrag von 1.828 Euro (5.484 Euro : 3) abzuziehen.

8. Zeitanteilige Ermäßigung des Höchstbetrags

8.1. Feststellung der Monate der Unterhaltszahlungen

22 Für jeden vollen Kalendermonat, in dem die allgemeinen Voraussetzungen für den Abzug von Aufwendungen für den Unterhalt nicht vorgelegen haben, ermäßigt sich der nach Rz. 32 in Betracht kommende Höchstbetrag um ein Zwölftel (§ 33a Absatz 3 Satz 1 EStG). Es ist deshalb festzustellen, für welche Monate Zahlungen geleistet wurden.

Beispiel 5:

Der Steuerpflichtige unterstützt seine in einem Land der Ländergruppe 1 (keine Kürzung) lebende bedürftige 70 Jahre alte Mutter durch monatliche Überweisungen vom Juni bis Dezember 2009 in Höhe von 800 Euro.

---

1) VZ 2013: 8 130 Euro; VZ 2014: 8 354 Euro.

Zu § 33a EStG **Anlage § 033a–01**

Nachgewiesene Aufwendungen für den Unterhalt	5.600 Euro
Höchstbetrag (§ 33a Absatz 1 Satz 1 EStG)	7.680 Euro
	(Ab VZ 2010: 8.004 Euro)[1]
Zeitanteilige Ermäßigung des Höchstbetrags um 5/12	
(§ 33a Absatz 3 Satz 1 EStG, erste Zahlung im Juni)	– 3.200 Euro
Abziehbare Aufwendungen für den Unterhalt (7/12)	4.480 Euro

8.2. Zeitliche Zuordnung der Unterhaltsaufwendungen

Unterhaltsaufwendungen können nur abgezogen werden, soweit sie dem laufenden Lebensbedarf der unterhaltenen Person im Kalenderjahr der Leistung dienen. 23

Auch nur gelegentliche oder einmalige Leistungen im Kalenderjahr können Aufwendungen für den Unterhalt sein. Die Unterstützung und die Eignung der Leistungen zur Deckung des laufenden Unterhalts sind dabei besonders sorgfältig zu prüfen. Unterhaltsaufwendungen dürfen aber grundsätzlich nicht auf Monate vor ihrer Zahlung zurückbezogen werden. Dabei ist davon auszugehen, dass der Unterhaltsverpflichtete seine Zahlungen so einrichtet, dass sie zur Deckung des Lebensbedarfs der unterhaltenen Person bis zum Erhalt der nächsten Unterhaltszahlung dienen. Etwas anderes gilt, wenn damit Schulden getilgt werden, die der unterhaltenen Person in den vorangegangenen Monaten des Jahres durch Bestreitung von Lebenshaltungskosten entstanden sind, und wenn der Steuerpflichtige dies nachweist (BFH-Urteil vom 2. Dezember 2004, a. a. O.). 24

Soweit Zahlungen nicht ausschließlich dazu bestimmt sind, den Unterhaltsbedarf des laufenden sondern auch des folgenden Jahres abzudecken, können die gesamten Unterhaltsaufwendungen nur im Jahr der Zahlung, nicht jedoch im Folgejahr berücksichtigt werden. Dabei wird zugunsten des Steuerpflichtigen unterstellt, dass die Zahlung der Bedarfsdeckung bis zum Ende des Kalenderjahres der Zahlung dient. 25

Beispiel 6:
Der Steuerpflichtige überweist erstmals im Dezember 2009 einen Betrag von 3.000 Euro an seinen bedürftigen Vater in einem Land der Ländergruppe 1 (keine Kürzung). Die Zahlung ist für den Unterhalt bis zum 30.06.2010 bestimmt.

Die Unterhaltszahlung ist in 2009 abgeflossen (§ 11 Absatz 2 EStG). Die Unterhaltsaufwendungen sind mit 640 Euro (1/12 von 7.680 Euro) abziehbar. Eine Berücksichtigung in 2010 ist nicht möglich.

8.3. Vereinfachungsregelungen

Aus Vereinfachungsgründen kann davon ausgegangen werden, dass 26

- Unterhaltsleistungen an den Ehegatten stets zur Deckung des Lebensbedarfs des gesamten Kalenderjahrs bestimmt sind;
- bei Unterhaltsleistungen an andere unterhaltene Personen die einzelne Zahlung ohne Rücksicht auf die Höhe ab dem Zeitpunkt, in dem sie geleistet wurde, zur Deckung des Lebensbedarfs der unterhaltenen Person bis zur nächsten Zahlung reicht. Dies gilt auch, wenn einzelne Zahlungen den auf einen Monat entfallenden anteiligen Höchstbetrag nicht erreichen;
- die einzige oder letzte Unterhaltsleistung im Kalenderjahr der Bedarfsdeckung bis zum Schluss des Kalenderjahrs dient;
- bei jeder nachgewiesenen Familienheimfahrt Unterhalt geleistet wird (Rz. 15, 16);
- Unterhaltsleistungen an den Ehegatten auch zum Unterhalt anderer Personen bestimmt sind, die mit diesem in einem gemeinsamen Haushalt leben (Rz. 19).

Beispiel 7:
Der Steuerpflichtige unterstützt im Kalenderjahr 2009 seine in einem Land der Ländergruppe 1 (keine Kürzung) lebende bedürftige Ehefrau durch eine einmalige Zahlung im Monat Juli in Höhe von 5.000 Euro.

Es ist davon auszugehen, dass die Aufwendungen für den Unterhalt an die Ehefrau zur Deckung des Lebensbedarfs des gesamten Kalenderjahres bestimmt sind. Die Aufwendungen für den Unterhalt sind in voller Höhe (5.000 Euro) abziehbar.

Beispiel 8:
Der Steuerpflichtige unterstützt seinen in einem Land der Ländergruppe 2 (Kürzung des Höchstbetrages auf 3/4 bzw. 5.760 Euro) lebenden bedürftigen schwerkranken Vater durch gelegentliche Überweisungen

---
[1] VZ 2013: 8 130 Euro; VZ 2014: 8 354 Euro.

Anlage § 033a–01

Zu § 33a EStG

im Laufe des Kalenderjahres 2009 in Höhe von 3.200 Euro, und zwar im Februar mit 1.200 Euro und im November mit 2.000 Euro.

Es ist aus Vereinfachungsgründen davon auszugehen, dass die Zahlung im Februar ohne Rücksicht auf die Höhe zur Deckung des Lebensbedarfs des Vaters bis zur nächsten Zahlung im November reicht.

Die tatsächlich geleisteten Unterhaltszahlungen sind in voller Höhe (3.200 Euro) abziehbar, da sie unter dem anteiligen Höchstbetrag von 5.280 Euro (11/12 von 5.760 Euro) liegen.

Beispiel 9:

Der Steuerpflichtige unterstützt im Kalenderjahr 2009 seine in einem Land der Ländergruppe 1 (keine Kürzung) lebende bedürftige 80 Jahre alte Mutter durch eine einmalige Zahlung im Monat Juli in Höhe von 5.000 Euro.

Es ist davon auszugehen, dass die Aufwendungen für den Unterhalt an die Mutter der Bedarfsdeckung bis zum Schluss des Kalenderjahres dienen. Von den tatsächlichen Aufwendungen für den Unterhalt in Höhe von 5.000 Euro sind jedoch unter Berücksichtigung der zeitanteiligen Kürzung des Höchstbetrags nach § 33a Absatz 3 Satz 1 EStG lediglich 3.840 Euro (6/12 von 7.680 Euro) abziehbar.

Beispiel 10:

Wie Beispiel 9, aber der Steuerpflichtige leistet vier Zahlungen in Höhe von insgesamt 8.000 Euro (je 2.000 Euro im Februar, Juni, August und November).

Es ist davon auszugehen, dass von Februar an (Zeitpunkt der ersten Unterhaltsleistung) Unterhalt erbracht wurde und dass die letzte Unterhaltsrate der Bedarfsdeckung bis zum Ende des Kalenderjahrs dient. Die tatsächlichen Aufwendungen in Höhe von 8.000 Euro sind damit unter Berücksichtigung der zeitanteiligen Kürzung des Höchstbetrags nach § 33a Absatz 3 Satz 1 EStG lediglich in Höhe von 7.040 Euro (11/12 von 7.680 Euro) abziehbar.

8.4. Zeitpunkt des Abflusses der Unterhaltsleistung

27 Eine Unterhaltsleistung ist in dem Zeitpunkt abgeflossen, in dem der Steuerpflichtige die wirtschaftliche Verfügungsmacht über das Geld verliert. Für Überweisungen bedeutet dies, dass die Leistung grundsätzlich mit Abgabe des Überweisungsträgers bei der Überweisungsbank, spätestens jedoch mit der Lastschrift (Wertstellung) bei der unterstützenden Person abgeflossen ist (BFH-Urteil vom 6. März 1997, BStBl. II Seite 509).

Beispiel 11:

Der Steuerpflichtige überweist mit Wertstellung 23. Dezember 2009 einen Betrag von 3.000 Euro an seine bedürftige Mutter in der Türkei. Das Geld wird am 6. Januar 2010 auf dem Konto der Mutter gutgeschrieben. Die Unterhaltsleistung ist in 2009 abgeflossen (§ 11 Absatz 2 EStG). Daher sind die Unterhaltsaufwendungen als Leistungen des Monats Dezember 2009 zu berücksichtigen. Eine Berücksichtigung in 2010 ist nicht möglich.

9. Anrechnung eigener Bezüge der unterhaltenen Personen

9.1. Begriff der Bezüge

28 Bezüge sind alle Einnahmen in Geld oder Geldeswert, die nicht im Rahmen der einkommensteuerrechtlichen Einkunftsermittlung erfasst werden. Bezüge im Ausland, die – wenn sie im Inland anfielen – Einkünfte wären, sind wie inländische Einkünfte zu ermitteln. Unter Beachtung der Ländergruppeneinteilung (Rz. 32) sind Sachbezüge nach der jeweils geltenden Sozialversicherungsentgeltverordnung mit dem sich ergebenden Anteil anzusetzen. Werbungskosten-Pauschbeträge, Sparer-Pauschbetrag und die Kostenpauschale (Rz. 30) sind jedoch nicht zu kürzen.

9.2. Umrechnung ausländischer Bezüge[1)]

29 Ausländische Bezüge sind in Euro umzurechnen. Hierfür können die jährlich vom Bundeszentralamt für Steuern im Bundessteuerblatt Teil I für Zwecke des Familienleistungsausgleichs veröffentlichten Devisenkurse zugrunde gelegt werden (§ 32 Absatz 4 Satz 10 EStG ist dabei entsprechend anzuwenden).

9.3. Berücksichtigung der Kostenpauschale

30 Bei Bezügen, die nicht wie inländische Einkünfte ermittelt werden, ist eine Kostenpauschale von 180 Euro (unabhängig von der Ländergruppeneinteilung) zu berücksichtigen, wenn nicht höhere Aufwendungen geltend gemacht werden.

---

1) VZ 2013: 8 130 Euro; VZ 2014: 8 354 Euro.

Zu § 33a EStG   **Anlage § 033a–01**

Beispiel 12:

Ein Steuerpflichtiger unterstützt seine im Heimatland (Ländergruppe 2, Kürzung auf ¾) lebenden Eltern durch zwei Überweisungen am 3. April und am 6. September 2009 von jeweils 750 Euro. Der Vater erzielt im Jahr Kalenderjahr 2009 Bezüge aus gewerblicher Tätigkeit (Rz. 28) von – umgerechnet – 1.000 Euro im Kalenderjahr. Die Mutter bezieht eine Rente von – umgerechnet – 1.440 Euro im Kalenderjahr.

1.	Höhe der Aufwendungen für den Unterhalt		
	Nachgewiesene Zahlungen		1.500 Euro
2.	Berechnung der Höchstbeträge		
	Berechnung der Höchstbeträge: 7.680[1] Euro 10 x 2		15.360 Euro
	Zeitanteilige Ermäßigung auf 9/12 (§ 33a Absatz 3 Satz 1 EStG) (Erste Zahlung im April)		11.520 Euro
	Ermäßigung nach der Ländergruppeneinteilung auf 3/4		8.640 Euro
3.	Berechnung der anzurechnenden Bezüge		
3.1	Bezüge aus gewerblicher Tätigkeit (Vater) Im Unterstützungszeitraum anteilig: 9/12 (April bis Dezember, § 33a Absatz 3 Satz 2 EStG)	1.000 Euro	750 Euro
3.2	Renteneinnahmen (Mutter) (Erfassung der Rente in voller Höhe)	1.440 Euro	
	Werbungskostenpauschbetrag 102 Euro (für den den sonstigen Einkünften vergleichbaren Rentenanteil)	102 Euro	
	Kostenpauschale 180 Euro (für den Rentenanteil, der bei einer inländischen Rente als Bezug zu erfassen wäre)	– 180 Euro	
	Anzusetzende Rente	1.158 Euro	
	Im Unterstützungszeitraum angefallen: 9/12 (April bis Dezember, § 33a Absatz 3 Satz 2 EStG)		868 Euro
3.3	Summe der anteilig anzurechnenden Bezüge (April bis Dezember, § 33a Absatz 3 Satz 2 EStG)		1.618 Euro
	Anrechnungsfreier Betrag (§ 33a Absatz 1 Satz 4 EStG): 624 Euro x 2	1.248 Euro	
	Kürzung nach der Ländergruppeneinteilung auf 3/4	936 Euro	
	Im Unterstützungszeitraum anteilig zu berücksichtigen : 9/12		702 Euro
	Summe der anzurechnenden Bezüge		916 Euro
4.	Berechnung des abziehbaren Höchstbetrags		
	Ermäßigte zeitanteilige Höchstbeträge (Nr. 2)		8.640 Euro
	Anzurechnende Bezüge (Nr. 3)		– 916 Euro
	Abziehbarer Höchstbetrag		7.724 Euro

Abziehbar sind jedoch höchstens die nachgewiesenen Unterhaltsaufwendungen in Höhe von 1.500 Euro (Nr. 1).

9.4. Unterstützungszeitraum / Schwankende Bezüge

Bezüge der unterhaltenen Person, die auf Kalendermonate entfallen, in denen die Voraussetzungen für 31 die Anerkennung von Aufwendungen für den Unterhalt nicht vorliegen, vermindern nicht den ermäßigten Höchstbetrag (§ 33a Absatz 3 Satz 2 EStG). Bei schwankenden Bezügen ist aus Vereinfachungsgründen keine monatliche Betrachtungsweise bzw. Zuordnung vorzunehmen, sondern der jeweilige Unterstützungszeitraum als Ganzes zu sehen.

---

1) Nicht auf Euro lautende Beträge sind entsprechend dem für Ende September des Jahres vor dem Veranlagungszeitraum von der Europäischen Zentralbank bekannt gegebenen Referenzkurs umzurechnen → § 33a Abs. 1 Satz 8 EStG.

Anlage § 033a–01

Zu § 33a EStG

10. Abzugsbeschränkungen

10.1. Verhältnisse des Wohnsitzstaates (Ländergruppeneinteilung)

32 Aufwendungen für den Unterhalt können nur abgezogen werden, soweit sie nach den Verhältnissen des Wohnsitzstaates notwendig und angemessen sind (§ 33a Absatz 1 Satz 5 – ab VZ 2010 Satz 6 – EStG). Als Maßstab gilt ab 2004 grundsätzlich das Pro-Kopf-Einkommen der Bevölkerung.

Die Ländergruppeneinteilung und die sich hiernach ergebenden Kürzungen für die einzelnen Staaten werden durch BMF-Schreiben bekannt gegeben (zuletzt durch BMF-Schreiben vom 6. November 2009, BStBl. I Seite 1323).

Vorübergehende Inlandsbesuche eines Unterhaltsempfängers mit Wohnsitz im Ausland führen unabhängig davon, dass nicht nachgewiesene Aufwendungen in Höhe des inländischen existenznotwendigen Bedarfs je Tag geschätzt werden können, nicht zu einem Aussetzen der Ländergruppeneinteilung (BFH-Urteil vom 5. Juni 2003, BStBl. II Seite 714).

33 Der Höchstbetrag nach § 33a Absatz 1 Satz 1 EStG und der anrechnungsfreie Betrag nach § 33a Absatz 1 Satz 4 – ab VZ 2010 Satz5 – EStG sind entsprechend der Ländergruppeneinteilung zu kürzen.

10.2. Opfergrenzenregelung

34 Eine Abzugsbeschränkung von Unterhaltsaufwendungen kann sich auch durch die Berücksichtigung der Verhältnisse des Steuerpflichtigen selbst und die Anwendung der sog. Opfergrenze ergeben (vgl. hierzu Rz. 9 – 11 des BMF-Schreibens „Allgemeine Hinweise zur Berücksichtigung von Unterhaltsaufwendungen nach § 33a Absatz 1 EStG als außergewöhnliche Belastung" vom 7. Juni 2010)[1].

Beispiel 13:

Ein unbeschränkt einkommensteuerpflichtiger ausländischer Arbeitnehmer unterstützt seine im Heimatland (Ländergruppe 1, keine Kürzung) in einem gemeinsamen Haushalt lebenden Angehörigen, und zwar seine Ehefrau, sein minderjähriges Kind (Kindergeld wird gewährt) und seine Schwiegereltern. Er hatte im Kalenderjahr 2009 Aufwendungen für den Unterhalt in Höhe von 8.400 Euro. Die Unterhaltsbedürftigkeit der Ehefrau und der Schwiegereltern ist nachgewiesen. Alle Personen haben keine Bezüge. Der Steuerpflichtige hat Einnahmen (Bruttoarbeitslohn, Steuererstattungen, Kindergeld) in Höhe von 27.998 Euro. Die Abzüge von Lohn- und Kirchensteuer und Solidaritätszuschlag betragen 4.196 Euro. Die Arbeitnehmerbeiträge zur Sozialversicherung belaufen sich auf 5.852 Euro. An Werbungskosten sind ihm 4.250 Euro entstanden.

1. *Die Aufwendungen für den Unterhalt sind nach Köpfen auf alle unterstützten Personen aufzuteilen (Rz. 19). Hiernach entfallen auf jede unterstützte Person 2.100 Euro (8.400 Euro : 4)*
2. *Das minderjährige Kind, für das Kindergeld gewährt wird, gehört nicht zu den begünstigten Unterhaltsempfängern (Rz. 2). Insoweit kommt ein Abzug nicht in Betracht.*
3. *Für die Unterhaltsleistungen an die Ehefrau gilt die Opfergrenzenregelung nicht. Sie sind in voller Höhe (2.100 Euro) abziehbar.*
4. *Für die Unterhaltsleistungen an die Schwiegereltern (4.200 Euro) kann eine Begrenzung durch die Opfergrenze in Betracht kommen.*

4.1 *Berechnung des Nettoeinkommens:*

Verfügbare Einnahmen	
(Bruttoarbeitslohn, Steuererstattungen, Kindergeld)	*27.998 Euro*
Abzüge für Lohn- und Kirchensteuer und Solidaritätszuschlag	*– 4.196 Euro*
Arbeitnehmerbeiträge zur Sozialversicherung	*– 5.852 Euro*
Werbungskosten	*– 4.250 Euro*
Verfügbares Nettoeinkommen für die Ermittlung der Opfergrenze	*13.700 Euro*

4.2 *Berechnung der Opfergrenze:*

1 % je volle 500 Euro des Nettoeinkommens	*27 %*
(13.700 Euro : 500 Euro = 27,4)	*(abgerundet)*
abzgl. je 5 %-Punkte für Ehefrau und Kind	*– 10 %*
Maßgebender Prozentsatz für die Berechnung der Opfergrenze	*17 %*

Die Opfergrenze liegt somit bei 2.329 Euro (17 % von 13.700 Euro).

5. *Berechnung der Abzugsbeträge*

---

1) Siehe Anlage § 033a-03.

Zu § 33a EStG   **Anlage § 033a–01**

5.1 Aufwendungen für den Unterhalt an die Ehefrau:
     Nachgewiesene Zahlungen (Nr. 3)   2.100 Euro
5.2 Aufwendungen für den Unterhalt an die Schwiegereltern:
     Nachgewiesene Zahlungen (Nr. 4): 4.200 Euro, davon höchstens zu berück-
     sichtigen (Opfergrenze, Nr. 4.2)   2.329 Euro
     Summe der abziehbaren Unterhaltsaufwendungen   4.429 Euro

11. Anwendungsregelung

Rz. 8 ist hinsichtlich der Prüfung der Erwerbsobliegenheit bei unterstützten nicht unbeschränkt einkommensteuerpflichtigen Personen im EU-/EWR-Gebiet ab dem Veranlagungszeitraum 2010 anzuwenden. Soweit nach den Rz. 11, 19 und 26 bei der Aufteilung einheitlicher Unterhaltsleistungen auf mehrere Personen nur noch die in einem Haushalt lebenden Personen berücksichtigt werden, sind die Änderungen ebenfalls erst ab dem Veranlagungszeitraum 2010 anzuwenden. Im Übrigen gelten die vorstehenden Grundsätze für alle offenen Fälle und ersetzen das BMF-Schreiben vom 9. Februar 2006 (BStBl. I Seite 217).

Dieses Schreiben wird im Bundessteuerblatt Teil I veröffentlicht.

Anlage § 033a–02 Zu § 33a EStG

Berücksichtigung ausländischer Verhältnisse – Ländergruppeneinteilung
ab 1. Januar 2014

– BdF-Schreiben vom 18.11.2013 – IV C 4-S 2285/07/0005:013, 2013/1038632 (BStBl. I S. 1462) –

Unter Bezugnahme auf das Abstimmungsergebnis mit den obersten Finanzbehörden der Länder ist die Ländergruppeneinteilung ab dem Veranlagungszeitraum 2014 überarbeitet worden. Änderungen sind durch Fettdruck hervorgehoben. Gegenüber der Ländergruppeneinteilung zum 1. Januar 2012 ergeben sich insbesondere folgende Änderungen:

Amerikanisch-Samoa: Neuaufnahme in Gruppe 3,
Äquatorialguinea: von Gruppe 3 nach Gruppe 2,
Aruba: Neuaufnahme in Gruppe 2,
Barbados: von Gruppe 2 nach Gruppe 3,
Bermuda: Neuaufnahme in Gruppe 1,
China: von Gruppe 4 nach Gruppe 3,
Cookinseln: von Gruppe 3 nach Gruppe 2,
Französisch-Polynesien: Neuaufnahme in Gruppe 2,
Griechenland: von Gruppe 1 nach Gruppe 2,
Grönland: Neuaufnahme in Gruppe 2,
Malediven: von Gruppe 4 nach Gruppe 3,
Neukaledonien: Neuaufnahme in Gruppe 1,
Peru: von Gruppe 4 nach Gruppe 3,
Puerto Rico: Neuaufnahme in Gruppe 2,
Südsudan: Neuaufnahme in Gruppe 4,
Thailand: von Gruppe 4 nach Gruppe 3,
Tuvalu: von Gruppe 4 nach Gruppe 3,
Ungarn: von Gruppe 2 nach Gruppe 3.

Zu § 33a EStG

Anlage § 033a–02

Die Beträge des § 1 Absatz 3 Satz 2, des § 10 Absatz 1 Nummer 5 Satz 3, des § 32 Absatz 6 Satz 4, des § 33a Absatz 1 Satz 6 und Absatz 2 Satz 2 EStG sind ab dem Veranlagungszeitraum 2014 wie folgt anzusetzen:

in voller Höhe	mit 3/4	mit 1/2	mit 1/4
	Wohnsitzstaat des Steuerpflichtigen bzw. der unterhaltenen Person		
1	2	3	4
Andorra	Äquatorialguinea	Algerien	Afghanistan
Australien	**Aruba**	**Amerikanisch-Samoa**	Ägypten
Belgien	Bahamas	Antigua und Barbuda	Albanien
Bermuda	Bahrain	Argentinien	Angola
Brunei Darussalam	**Cookinseln**	Aserbaidschan	Armenien
Dänemark	Estland	**Barbados**	Äthiopien
Finnland	**Französisch-Polynesien**	Bosnien und Herzegowina	Bangladesch
Frankreich	**Grönland**	Botsuana	Belize
Hongkong	**Grönland**	Brasilien	Benin
Insel Man	Korea, Republik	Bulgarien	Bhutan
Irland	Kroatien	Chile	Bolivien, **Plurinationaler Staat**
Island	Malta	**China**	Burkina Faso
Israel	Oman	Costa Rica	Burundi
Italien	Portugal	Dominica	Côte de l'voire
Japan	**Puerto Rico**	Dominikanische Republik	Dschibuti
Kaimaninseln	Saudi Arabien	Gabun	Ecuador
Kanada	Slowakei	Grenada	El Salvador
Kanalinseln	Slowenien	Iran, Islamische Republik	Eritrea
Katar	Taiwan	Jamaika	Fidschi
Kuwait	Trinidad und Tobago	Kasachstan	Gambia
Liechtenstein	Tschechische Republik	Kolumbien	Georgien
Luxemburg	Turks- und Caicos-Inseln	Kuba	Ghana
Macau		Lettland	Guatemala
Monaco		Libanon	Guinea
Neukaledonien		Libyen	Guinea-Bissau
Neuseeland		Litauen	Guyana
Niederlande		Malaysia	Haiti
Norwegen		**Malediven**	Honduras
Österreich		Mauritius	Indien
Palästinensische Gebiete		Mazedonien, ehemalige jugoslawische Republik	Indonesien
San Marino			Irak
Schweden		Mexiko	Jemen
Schweiz		Montenegro	Jordanien
Singapur		Namibia	Kambodscha
Spanien		Nauru	Kamerun
Vereinigte Arabische Emirate		Niue	Kap Verde
Vereinigte Staaten		Palau	Kenia
Vereinigtes Königreich		Panama	Kirgisistan
Zypern		**Peru**	Kiribati
		Polen	Komoren
		Rumänien	Kongo
		Russische Föderation	Kongo, Demokratische Republik
		Serbien	
		Seychellen	Korea, Demokratische Volksrepublik
		St. Kitts und Nevis	
		St. Lucia	Kosovo
		St. Vincent und die Grenadien	Laos, Demokratische Volksrepublik
		Südafrika	
		Suriname	Lesotho
		Thailand	Liberia
		Türkei	Madagaskar
		Tuvala	Malawi
		Ungarn	Malediven
		Uruguay	Mali
		Venezuela, **Bolivarische Republik**	Marokko
			Marshallinseln
		Weißrussland/Belarus	Mauretanien
			Mikronesien, Föderierte Staaten von
			Moldau, Republik
			Mongolei
			Mosambik
			Myanmar
			Nepal
			Nicaragua

1999

Anlage § 033a–02

Zu § 33a EStG

in voller Höhe	mit 3/4	mit 1/2	mit 1/4
Wohnsitzstaat des Steuerpflichtigen bzw. der unterhaltenen Person			
1	2	3	4
			Niger
			Nigeria
			Pakistan
			Papua Neuguinea
			Paraguay
			Philippinen
			Ruanda
			Salomonen
			Sambia
			Samoa
			São Tomé und Principe
			Senegal
			Sierra Leone
			Simbabwe
			Somalia
			Sri Lanka
			Sudan
			Südsudan
			Swasiland
			Syrien, Arabische Republik
			Tadschikistan
			Tansania, Vereinigte Republik
			Timor-Leste
			Togo
			Tonga
			Tschad
			Tunesien
			Turkmenistan
			Uganda
			Ukraine
			Usbekistan
			Vanuatu
			Vietnam
			Zentralafrikanische Republik

Dieses Schreiben ersetzt ab dem Veranlagungszeitraum 2014 das BMF-Schreiben vom 4. Oktober 2011 (BStBl. I 2011 S. 961).

Zu § 33a EStG **Anlage § 033a–03**

Allgemeine Hinweise zur Berücksichtigung von Unterhaltsaufwendungen nach § 33a Absatz 1 EStG als außergewöhnliche Belastung

– BdF-Schreiben vom 07.06.2010 – IV C 4 – S 2285/07/0006:001, 2010/0415733 (BStBl. I S. 582) –

Inhaltsübersicht

		Rz.
1.	Begünstigter Personenkreis	1 – 2
2.	Besonderheiten bei gleichgestellten Personen	3 – 8
3.	Abzugsbeschränkung/Ermittlung der abzugsfähigen Unterhaltsaufwendungen unter Berücksichtigung des verfügbaren Nettoeinkommens	
	3.1 Ermittlung des verfügbaren Nettoeinkommens	9 – 10
	3.2 Anwendung der Opfergrenze auf das verfügbare Nettoeinkommen (keine Haushaltsgemeinschaft)	11
	3.3 Ermittlung der abziehbaren Unterhaltsaufwendungen bei einer Haushaltsgemeinschaft	12
4.	Eigene Einkünfte und Bezüge der unterhaltenen Person	13
5.	Nachweiserfordernisse	14
6.	Anwendungsregelung	15 – 16

Im Einvernehmen mit den obersten Finanzbehörden der Länder gelten für die steuerliche Behandlung von Unterhaltsaufwendungen als außergewöhnliche Belastung nach § 33a Absatz 1 EStG die folgenden allgemeinen Grundsätze.

1. Begünstigter Personenkreis

Nach § 33a Absatz 1 Satz 1 EStG sind Aufwendungen für den Unterhalt und die Berufsausbildung einer 1
dem Steuerpflichtigen oder seinem Ehegatten gegenüber gesetzlich unterhaltsberechtigten Person bis zu dem vorgesehenen Höchstbetrag als außergewöhnliche Belastung zu berücksichtigen. Gesetzlich unterhaltsberechtigt sind seit dem 1. August 2001 auch die Partner einer eingetragenen Lebenspartnerschaft (BFH-Urteil vom 20. Juli 2006, BStBl. II Seite 883).

Den gesetzlich Unterhaltsberechtigten stehen nach § 33a Absatz 1 Satz 2 EStG *(ab VZ 2010: Satz 3)* 2
Personen gleich, bei denen die inländische öffentliche Hand ihre Leistungen (z. B. Sozialhilfe oder Arbeitslosengeld II) wegen der Unterhaltsleistungen des Steuerpflichtigen ganz oder teilweise nicht gewährt oder einem entsprechenden Antrag gestellt würde, ganz oder teilweise nicht gewähren würde (sog. sozialrechtliche Bedarfsgemeinschaft). Unterhaltsleistungen des Steuerpflichtigen für seinen bedürftigen im Inland lebenden ausländischen Lebensgefährten können auch nach § 33a Absatz 1 Satz 2 EStG *(ab VZ 2010: Satz 3)* abziehbar sein, wenn der Lebensgefährte bei Inanspruchnahme von Sozialhilfe damit rechnen müsste, keine Aufenthaltsgenehmigung zu erhalten oder ausgewiesen zu werden (BFH-Urteil vom 20. April 2006, BStBl. 2007 II Seite 41).

2. Besonderheiten bei gleichgestellten Personen

Als Personen, die gesetzlich unterhaltsberechtigten Personen gleichstehen, kommen insbesondere Part- 3
ner einer eheähnlichen Gemeinschaft oder in Haushaltsgemeinschaft mit dem Steuerpflichtigen lebende Verwandte und Verschwägerte in Betracht (BFH-Urteil vom 23. Oktober 2002, BStBl. 2003 II Seite 187). Seit dem 1. August 2006 können dies auch Partner einer gleichgeschlechtlichen Lebensgemeinschaft (lebenspartnerschaftsähnliche Gemeinschaft) sein (§ 7 Absatz 3 Nummer 3c i. V. m. Absatz 3a SGB II und § 20 SGB XII). Ob eine Gemeinschaft in diesem Sinne vorliegt, ist ausschließlich nach sozialrechtlichen Kriterien zu beurteilen (sozialrechtliche Bedarfsgemeinschaft).

Hat die unterhaltene Person Leistungen der inländischen öffentlichen Hand erhalten, die zur Bestreitung 4
des Unterhalts bestimmt oder geeignet sind, sind diese Beträge als Bezüge der unterhaltenen Person im Rahmen des § 33a Absatz 1 Satz 4 EStG *(ab VZ 2010: Satz 5)* zu berücksichtigen. Bei Vorliegen einer sozialrechtlichen Bedarfsgemeinschaft zwischen der unterhaltenen Person und dem Steuerpflichtigen werden typischerweise Sozialleistungen gekürzt oder nicht gewährt, da bei Prüfung der Hilfsbedürftigkeit der unterhaltenen Person nicht nur deren eigenes Einkommen und Vermögen, sondern auch das Einkommen und Vermögen der mit ihm in der Bedarfsgemeinschaft lebenden Personen berücksichtigt wird. Deshalb sind nach dem SGB II in die Prüfung eines Anspruchs auf Arbeitslosengeld II die Ein-

Anlage § 033a–03

Zu § 33a EStG

künfte und das Vermögen des Partners einer eheähnlichen oder lebenspartnerschaftsähnlichen Gemeinschaft einzubeziehen.

5 Da die Vorschriften des § 20 Satz 1 SGB XII und der §§ 7 Absatz 3 Nummer 3c i. V. m. Absatz 3a , 9 Absatz 2 SGB II eheähnliche und lebenspartnerschaftsähnliche Gemeinschaften faktisch wie Ehegatten behandeln, bestehen keine Bedenken, wenn in diesen Fällen grundsätzlich davon ausgegangen wird, dass bei der unterstützten Person die Voraussetzungen des § 33a Absatz 1 Satz 2 EStG *(ab VZ 2010: Satz 3)* vorliegen, auch wenn sie keinen Antrag auf Sozialhilfe oder Arbeitslosengeld II gestellt hat. Bei Vorliegen einer Haushaltsgemeinschaft mit Verwandten oder Verschwägerten kann aus Vereinfachungsgründen ebenfalls auf die Vorlage eines Kürzungs- oder Ablehnungsbescheids verzichtet werden, obwohl in diesen Fällen lediglich die widerlegbare Vermutung einer Unterhaltsgewährung besteht (§ 9 Absatz 5 SGB II, § 36 SGB XII).

6 Wird auf die Vorlage eines Kürzungs- oder Ablehnungsbescheids verzichtet, setzt die steuermindernde Berücksichtigung der Unterhaltsleistungen voraus, dass die unterstützte Person schriftlich versichert,
 – dass sie für den jeweiligen Veranlagungszeitraum keine zum Unterhalt bestimmten Mittel aus inländischen öffentlichen Kassen erhalten und auch keinen entsprechenden Antrag gestellt hat,
 – dass im jeweiligen Veranlagungszeitraum eine sozialrechtliche Bedarfsgemeinschaft (§§ 7 Absatz 3 Nummer 3c i. V. m. Absatz 3a, 9 Absatz 2 SGB II) mit dem Steuerpflichtigen bestand und
 – über welche anderen zum Unterhalt bestimmten Einkünfte und Bezüge sowie über welches Vermögen sie verfügt hat.

7 Die Vorlage der oben genannten Erklärung schließt im Einzelfall nicht aus, dass das Finanzamt weitere Nachweise oder Auskünfte verlangen und ggf. ein Auskunftsersuchen an die zuständigen Behörden (§ 93 AO) stellen kann.

8 In entsprechender Anwendung der R 33a.1 Absatz 1 Satz 5 EStR ist auch bei Unterhaltszahlungen an gleichgestellte Personen davon auszugehen, dass dem Steuerpflichtigen Unterhaltsaufwendungen in Höhe des maßgeblichen Höchstbetrags erwachsen. Wegen möglicher Abzugsbeschränkungen wird auf die Ausführungen unter Tz. 3.3. (Rz. 12) verwiesen.

3. Abzugsbeschränkung/Ermittlung der abzugsfähigen Unterhaltsaufwendungen unter Berücksichtigung des verfügbaren Nettoeinkommens [1)]

3.1. Ermittlung des verfügbaren Nettoeinkommens

9 Eine Beschränkung der Abziehbarkeit von Aufwendungen für den Unterhalt kann sich durch die Berücksichtigung der Verhältnisse des Steuerpflichtigen selbst ergeben. Es ist zu prüfen, inwieweit der Steuerpflichtige zur Unterhaltsleistung unter Berücksichtigung seiner persönlichen Einkommensverhältnisse verpflichtet ist bzw. bis zu welcher Höhe ihm die Übernahme der Unterhaltsleistungen überhaupt möglich ist. Hierfür ist es notwendig, das verfügbare Nettoeinkommen des Steuerpflichtigen zu ermitteln.

10 Bei der Ermittlung des verfügbaren Nettoeinkommens sind alle steuerpflichtigen Einkünfte i. S. d. § 2 Absatz 1 EStG (Gewinneinkünfte i. S. d. §§ 13 – 18 EStG – z. B. unter Berücksichtigung des Investitionsabzugsbetrages [2)] und erhöhter Absetzungen –, Überschusseinkünfte i. S. d. §§ 19 – 23 EStG – auch unter Berücksichtigung privater Veräußerungsgeschäfte –), alle steuerfreien Einnahmen (z. B. Kindergeld und vergleichbare Leistungen, Leistungen nach dem SGB II, SGB III und BEEG, ausgezahlte Arbeitnehmer-Sparzulagen nach dem 5. VermBG , Eigenheimzulage, steuerfreier Teil der Rente) sowie etwaige Steuererstattungen (Einkommensteuer, Kirchensteuer, Solidaritätszuschlag) anzusetzen. Wegen der Besonderheiten bei der Berücksichtigung von Kindergeld wird auch auf die Ausführungen unter Rz. 12 verwiesen.

Abzuziehen sind die entsprechenden Steuervorauszahlungen und -Steuernachzahlungen sowie die Steuerabzugsbeträge (Lohn- und Kirchensteuern, Kapitalertragsteuer, Solidaritätszuschlag). Ferner sind die unvermeidbaren Versicherungsbeiträge mindernd zu berücksichtigen (gesetzliche Sozialabgaben bei

---

1) Siehe dazu auch das BFH-Urteil vom 28.3.2012 (BStBl. II S. 269): „Die Berechnung des verfügbaren Nettoeinkommens ist bei Selbständigen auf Grundlage eines Dreijahreszeitraums vorzunehmen. Steuerzahlungen sind dabei in dem Jahr abzuziehen, in dem sie gezahlt worden sind."
2) Siehe dazu aber BFH-Urteil vom 6.2.2014 (BStBl. II S. 619):
   1. Unterhaltsaufwendungen können nur dann als außergewöhnliche Belastungen berücksichtigt werden, wenn sie in einem angemessenen Verhältnis zum Nettoeinkommen des Leistenden stehen.
   2. Zum Nettoeinkommen gehören im Wesentlichen alle steuerpflichtigen Einkünfte und alle steuerfreien Einnahmen.
   3. Das Nettoeinkommen ist um den in § 7g EStG geregelten Investitionsabzugsbetrag zu erhöhen.

Zu § 33a EStG   **Anlage § 033a–03**

Arbeitnehmern, gesetzliche Kranken- und Pflegeversicherungsbeiträge bei Rentnern, für alle Übrigen ab dem Veranlagungszeitraum 2010 die Beiträge zu einer Basiskranken- und Pflegepflichtversicherung). Der Arbeitnehmer-Pauschbetrag ist auch dann abzuziehen, wenn der Steuerpflichtige keine Werbungskosten hatte (BFH-Urteil vom 11. Dezember 1997, BStBl. 1998 II Seite 292). Entsprechendes gilt für den Abzug anderer Werbungskosten-Pauschbeträge nach § 9a EStG und des Sparer-Pauschbetrags nach § 20 Absatz 9 EStG bei der Ermittlung der anderen Einkünfte.

3.2. Anwendung der Opfergrenze auf das verfügbare Nettoeinkommen (keine Haushaltsgemeinschaft)

Unter Berücksichtigung seiner Verhältnisse ist ein Steuerpflichtiger nur insoweit zur Unterhaltsleistung verpflichtet, als die Unterhaltsaufwendungen in einem vernünftigen Verhältnis zu seinen Einkünften stehen und ihm nach Abzug der Unterhaltsaufwendungen genügend Mittel zur Bestreitung des Lebensbedarfs für sich und ggf. für seinen Ehegatten und seine Kinder verbleiben – sog. Opfergrenze (BFH-Urteil vom 27. September 1991, BStBl. 1992 II Seite 35).

Soweit keine Haushaltsgemeinschaft mit der unterhaltenen Person besteht, sind Aufwendungen für den Unterhalt im Allgemeinen höchstens insoweit als außergewöhnliche Belastung anzuerkennen, als sie einen bestimmten Prozentsatz des verfügbaren Nettoeinkommens nicht übersteigen. Dieser beträgt 1 Prozent je volle 500 Euro des verfügbaren Nettoeinkommens, höchstens 50 Prozent, und ist um je 5 Prozent für den (ggf. auch geschiedenen) Ehegatten und für jedes Kind, für das der Steuerpflichtige **Anspruch auf** Freibeträge für Kinder nach § 32 Absatz 6 EStG, Kindergeld oder eine andere Leistung für Kinder (§ 65 EStG) hat, zu kürzen, höchstens um 25 Prozent.

Die Opfergrenzenregelung gilt nicht bei Aufwendungen für den Unterhalt an den (ggf. auch geschiedenen) Ehegatten.

Beispiel 1:

A unterstützt seinen im Kalenderjahr 2010 nicht mit ihm in einer Haushaltsgemeinschaft lebenden eingetragenen Lebenspartner B im Sinne des Lebenspartnerschaftsgesetzes. A erzielt Einkünfte aus Gewerbebetrieb in Höhe von 30.000 Euro und einen Verlust aus Vermietung und Verpachtung in Höhe von 5.000 Euro. Hierauf entfallen Einkommensteuervorauszahlungen in Höhe von 5.000 Euro und eigene Beiträge zu einer Basiskranken- und Pflegepflichtversicherung in Höhe von 6.000 Euro. Des Weiteren erhält A im April 2010 eine Einkommensteuererstattung für den Veranlagungszeitraum 2008 in Höhe von 1.000 Euro. B hat keine eigenen Einkünfte und Bezüge.

Berechnung der außergewöhnlichen Belastung nach § 33a Absatz 1 EStG:

Höchstbetrag nach § 33a Abs. 1 EStG:	8.004 Euro [1)]
Nettoeinkommen des A:	
Einkünfte aus Gewerbebetrieb	30.000 Euro
Verlust aus Vermietung und Verpachtung	– 5.000 Euro
zuzüglich Einkommensteuererstattung	1.000 Euro
abzüglich Beiträge zur Basiskranken- und Pflegepflichtversicherung	– 6.000 Euro
abzüglich Einkommensteuervorauszahlung	– 5.000 Euro
Verfügbares Nettoeinkommen für die Berechnung der Opfergrenze:	15.000 Euro
Opfergrenze: 1 % je volle 500 Euro	30 %
30 % von 15.000 Euro =	4.500 Euro

A kann maximal Unterhaltsleistungen in Höhe von 4.500 Euro als außergewöhnliche Belastung nach § 33a Absatz 1 EStG geltend machen.

3.3. Ermittlung der abziehbaren Unterhaltsaufwendungen bei einer Haushaltsgemeinschaft

Bei einer bestehenden Haushaltsgemeinschaft mit der unterhaltenen Person (sozialrechtliche Bedarfsgemeinschaft) ist die Opfergrenze nicht mehr anzuwenden (BFH-Urteil vom 29. Mai 2008, BStBl. 2009 II Seite 363). Für die Ermittlung der nach § 33a Absatz 1 EStG maximal abziehbaren Unterhaltsaufwendungen sind die verfügbaren Nettoeinkommen der Unterhaltsleistenden und der unterhaltenen Person(en) zusammenzurechnen und dann nach Köpfen auf diese Personen zu verteilen (BFH-Urteil vom 17. Dezember 2009, BStBl. 2010 II Seite 343).

Für zur Haushaltsgemeinschaft gehörende *gemeinsame Kinder* (im Sinne des § 32 EStG) des Steuerpflichtigen und der unterhaltenen Person wird das hälftige Kindergeld jeweils dem Nettoeinkommen des

---

1) Ab VZ 2013: 8 130 Euro. Ab VZ 2014: 8 354 Euro.

Anlage § 033a–03

Zu § 33a EStG

Steuerpflichtigen und der unterhaltenen Person zugerechnet. Bei der Ermittlung der maximal abziehbaren Unterhaltsaufwendungen sind die den Eltern gemeinsam zur Verfügung stehenden Mittel um den nach § 1612a BGB zu ermittelnden Mindestunterhalt der Kinder zu kürzen (BFH-Urteil vom 17. Dezember 2009, a. a. O.). Der verbleibende Betrag ist auf die Eltern nach Köpfen zu verteilen und ergibt die maximal abziehbaren Unterhaltsaufwendungen i. S. d. § 33a Absatz 1 EStG.

Für zur Haushaltsgemeinschaft gehörende **Kinder** (im Sinne des § 32 EStG) ***des Steuerpflichtigen,*** die zu der unterhaltenen Person in keinem Kindschaftsverhältnis stehen, wird bei der Berechnung des verfügbaren Nettoeinkommens das hälftige Kindergeld hinzugerechnet. Bei der Ermittlung der maximal abziehbaren Unterhaltsaufwendungen ist das gemeinsame verfügbare Nettoeinkommen um die Hälfte des nach § 1612a BGB zu ermittelnden Mindestunterhalts für diese Kinder bzw. dieses Kind zu kürzen und der verbleibende Betrag nach Köpfen zu verteilen.

Gemäß § 1612a BGB richtet sich der Mindestunterhalt nach dem doppelten Freibetrag für das sächliche Existenzminimum eines Kindes (Kinderfreibetrag) nach § 32 Absatz 6 Satz 1 EStG (in 2009: 1.932 Euro bzw. in 2010: 2.184 Euro). Er beträgt monatlich entsprechend dem Alter des Kindes für die Zeit bis zur Vollendung des sechsten Lebensjahres 87 Prozent (erste Altersstufe), für die Zeit vom siebten bis zur Vollendung des zwölften Lebensjahres 100 Prozent (zweite Altersstufe) und für die Zeit vom dreizehnten Lebensjahr an 117 Prozent (dritte Altersstufe) eines Zwölftels des doppelten Kinderfreibetrages.

Soweit bei einer eheähnlichen oder lebenspartnerschaftsähnlichen Lebensgemeinschaft zu der Haushaltsgemeinschaft auch Kinder (im Sinne des § 32 EStG) des Lebensgefährten/der Lebensgefährtin gehören, die zum Steuerpflichtigen in keinem Kindschaftsverhältnis stehen und denen gegenüber der Steuerpflichtige nicht unterhaltsverpflichtet ist, ist aus Vereinfachungsgründen typisierend zu unterstellen, dass deren Unterhaltsbedarf in vollem Umfang durch das Kindergeld und die Unterhaltszahlungen des anderen Elternteils abgedeckt wird und sie damit nicht der sozialrechtlichen Bedarfsgemeinschaft angehören. Dies hat zur Folge, dass diese Kinder bei der Ermittlung und Verteilung des verfügbaren Nettoeinkommens nicht berücksichtigt werden. Kindergeld, das der unterhaltenen Person für ein solches Kind zufließt, ist demnach bei der Ermittlung des verfügbaren Nettoeinkommens nicht zu berücksichtigen.

Beispiel 2:

A und B leben zusammen mit dem leiblichen Kind von B in eheähnlicher Gemeinschaft und bilden eine Haushaltsgemeinschaft. A ist nicht der leibliche Vater des Kindes.

Im Kalenderjahr 2009 erzielt A Einnahmen aus nichtselbständiger Arbeit in Höhe von 30.000 Euro und einen Verlust aus privaten Veräußerungsgeschäften in Höhe von 5.000 Euro. Hierauf entfallen Steuern in Höhe von 5.000 Euro und Sozialversicherungsbeiträge in Höhe von 6.200 Euro. Des Weiteren erhält A im April 2009 eine Einkommensteuererstattung für den Veranlagungszeitraum 2007 in Höhe von 1.000 Euro. B erhält Kindergeld und hat darüber hinaus keine eigenen Einkünfte und Bezüge.

Berechnung der außergewöhnlichen Belastung nach § 33a Absatz 1 EStG:

Höchstbetrag nach § 33a Absatz 1 Satz 1 EStG:		7.680 Euro
		(Ab VZ 2010:
		8.004 Euro)[1)]
Nettoeinkommen des A:		
Arbeitslohn	30.000 Euro	
abzüglich Arbeitnehmer-Pauschbetrag	– 920 Euro[2)]	29.080 Euro
Verlust aus privaten Veräußerungsgeschäften	– 5.000 Euro	
zuzüglich Einkommensteuererstattung	1.000 Euro	
abzüglich Sozialversicherung	– 6.200 Euro	
abzüglich Lohnsteuer	– 5.000 Euro	
Nettoeinkommen des A:		13.880 Euro
Nettoeinkommen der B:		0 Euro
Gemeinsames verfügbares Nettoeinkommen:		13.880 Euro
Aufteilung des Nettoeinkommens nach Köpfen		: 2
Maximal als Unterhaltszahlung zur Verfügung stehender Betrag		6.940 Euro

---

1) Ab VZ 2013: 8 130 Euro. Ab VZ 2014: 8 354 Euro.
2) Ab 2011: 1.000 Euro.

Zu § 33a EStG **Anlage § 033a–03**

A kann maximal Unterhaltsleistungen in Höhe von 6.940 Euro als außergewöhnliche Belastung nach § 33a Absatz 1 EStG geltend machen. Die Opfergrenze ist nicht anzuwenden. Bei der Ermittlung und Verteilung des verfügbaren Nettoeinkommens ist das Kind von B nicht zu berücksichtigen.

Beispiel 3:
Der Steuerpflichtige A lebt im Kalenderjahr 2009 mit seiner Lebensgefährtin B in einer eheähnlichen Gemeinschaft. A hat zwei leibliche Kinder (Kind X vollendet im Mai 2009 das sechste Lebensjahr, Kind Y vollendet im Juni 2009 das fünfzehnte Lebensjahr) mit in den Haushalt gebracht, die zu B in keinem Kindschaftsverhältnis stehen. Gleiches gilt für die zwei von B mit in die Haushaltsgemeinschaft gebrachten Kinder. Für alle Kinder wird noch Kindergeld gezahlt. A erzielt im Jahr 2009 Einnahmen aus nichtselbständiger Arbeit in Höhe von 39.000 Euro (Sozialversicherungsbeträge und einbehaltene Lohnsteuer jeweils 8.000 Euro) sowie einen Überschuss aus Vermietung und Verpachtung in Höhe von 1.000 Euro. Außerdem hat A im Jahr 2009 Steuervorauszahlungen in Höhe von 2.000 Euro und eine Steuernachzahlung für das Jahr 2007 in Höhe von 4.000 Euro geleistet. B hat keine weiteren Einkünfte oder Bezüge und kein eigenes Vermögen.

Berechnung des Mindestunterhalts:

1.932 Euro x 2 = 3.864 Euro, davon 1/12 = 322 Euro (monatlicher Ausgangswert)

Kind X:

monatlicher Mindestunterhalt von Januar bis Mai nach der ersten Altersstufe:

87 % von 322 Euro = 280,14 Euro (* 5 = gesamt 1.400,70 Euro)

monatlicher Mindestunterhalt von Juni bis Dezember nach der zweiten Altersstufe:

100 % von 322 Euro = 322 Euro (* 7 = gesamt 2.254 Euro)

Jahresmindestunterhalt für Kind X = 3.654,70 Euro

davon hälftiger Anteil des A = *1.827 Euro*

Kind Y:

monatlicher Mindestunterhalt von Januar bis Dezember nach der dritten Altersstufe:

117 % von 322 Euro = 376,74 Euro

Jahresmindestunterhalt für Kind Y = 4.520,88 Euro

davon hälftiger Anteil des A = *2.260 Euro*

Berechnung der außergewöhnlichen Belastung nach § 33a Absatz 1 EStG:

Höchstbetrag nach § 33a Absatz 1 Satz 1 EStG:		7.680 Euro
		(Ab VZ 2010:
		8.004 Euro)[1]
Nettoeinkommen des A:		
Arbeitslohn	39.000 Euro	
abzüglich Arbeitnehmer-Pauschbetrag	– 920 Euro[2]	38.080 Euro
abzüglich Sozialversicherung	– 8.000 Euro	
abzüglich Lohnsteuer	– 8.000 Euro	
Überschuss aus Vermietung und Verpachtung	1.000 Euro	
abzüglich Steuernachzahlung	– 4.000 Euro	
abzüglich Steuervorauszahlungen	– 2.000 Euro	
Zuzüglich hälftiges Kindergeld für die Kinder des A	2.068 Euro	
Nettoeinkommen des A:		19.148 Euro
Nettoeinkommen der B:		0 Euro
Gemeinsames Nettoeinkommen von A und B:		19.148 Euro
abzüglich Mindestunterhalt für 2 Kinder des A(1.827 Euro + 2.260 Euro =)		– 4.087 Euro
Gemeinsames verfügbares Nettoeinkommen:		15.061 Euro
Aufteilung des Nettoeinkommens nach Köpfen auf A und B		: 2
Maximal als Unterhaltszahlung zur Verfügung stehender Betrag		7.531 Euro

---

1) Ab VZ 2013: 8 130 Euro. Ab VZ 2014: 8 354 Euro.
2) Ab 2011: 1.000 Euro.

Anlage § 033a–03

Zu § 33a EStG

A kann maximal Unterhaltsleistungen in Höhe von 7.531 Euro als außergewöhnliche Belastung nach § 33a Absatz 1 EStG geltend machen. Die Opfergrenze ist nicht anzuwenden. Bei der Ermittlung und Verteilung des verfügbaren Nettoeinkommens sind die leiblichen Kinder von B nicht zu berücksichtigen.

Beispiel 4:
A und B sind miteinander verwandt und bilden eine Haushaltsgemeinschaft. Im Kalenderjahr 2009 erzielt A Einnahmen aus nichtselbständiger Arbeit in Höhe von 20.000 Euro. Hierauf entfallen Lohnsteuer in Höhe von 2.000 Euro und Sozialversicherungsbeiträge in Höhe von 4.000 Euro. Des Weiteren erhält A im April 2009 eine Einkommensteuererstattung für den Veranlagungszeitraum 2007 in Höhe von 1.000 Euro.

B erhält eine – wegen des Vorliegens einer Haushaltgemeinschaft – gekürzte Sozialhilfe in Höhe von 4.000 Euro.

Berechnung der außergewöhnlichen Belastung nach § 33a Absatz 1 EStG:

Höchstbetrag nach § 33a Absatz 1 EStG		7.680 Euro
		(Ab VZ 2010:
		8.004 Euro)[1]
Bezüge des B: Sozialhilfe	4.000 Euro	
Kostenpauschale	– 180 Euro	
anrechnungsfreier Betrag(§ 33a Absatz 1 Satz 4 EStG, ab VZ 2010: Satz 5)	– 624 Euro	
anzurechnende Bezüge	3.196 Euro	– 3.196 Euro
Verbleibender Höchstbetrag:		4.484 Euro
Nettoeinkommen des A:		
Arbeitslohn	20.000 Euro	
abzüglich Arbeitnehmer-Pauschbetrag	– 920 Euro[2]	19.080 Euro
zuzüglich Einkommensteuererstattung	1.000 Euro	
abzüglich Sozialversicherung	– 4.000 Euro	
abzüglich Lohnsteuer	– 2.000 Euro	
Nettoeinkommen des A:		14.080 Euro
Nettoeinkommen der B:		4.000 Euro
Gemeinsames verfügbares Nettoeinkommen:		18.080 Euro
Aufteilung des Nettoeinkommens nach Köpfen		: 2
Maximal als Unterhaltszahlung zur Verfügung stehender Betrag		9.040 Euro

Die Unterhaltsleistungen des A können bis zur Höhe von 4.484 Euro als außergewöhnliche Belastung nach § 33a Absatz 1 EStG berücksichtigt werden.

4. Eigene Einkünfte und Bezüge der unterhaltenen Person

13 Ab dem Veranlagungszeitraum 2010 entfällt der bislang in § 33a Absatz 1 Satz 4 EStG enthaltene Verweis auf § 32 Absatz 4 Satz 2 EStG, so dass die unvermeidbaren Versicherungsbeiträge der unterhaltenen Person im Rahmen der Ermittlung der eigenen Einkünfte und Bezüge nicht mehr zu berücksichtigen sind. Dies beruht auf dem Umstand, dass die Kranken- und Pflegeversicherungsbeiträge, die der Mindestversorgung dienen, künftig bereits bei der Bemessung des Höchstbetrages berücksichtigt werden und daher zur Vermeidung einer Doppelberücksichtigung nicht zusätzlich die Einkünfte und Bezüge der unterhaltenen Person mindern dürfen.

5. Nachweiserfordernisse

14 Bei Bargeldzahlungen ist die Rz. 14 des BMF-Schreibens „Berücksichtigung von Aufwendungen für den Unterhalt von Personen im Ausland als außergewöhnliche Belastung nach § 33a Absatz 1 EStG vom 7. Juni 2010[3] sinngemäß anzuwenden.

6. Anwendungsregelung

15 Die vorstehenden Grundsätze sind – soweit nicht ausdrücklich etwas anderes bestimmt ist – ab sofort auf alle offenen Fälle anzuwenden und ersetzen das BMF-Schreiben vom 28. März 2003 (BStBl. I Seite 243).

16 Dieses Schreiben wird im Bundessteuerblatt Teil I veröffentlicht.

---

1) Ab VZ 2013: 8 130 Euro. Ab VZ 2014: 8 354 Euro.
2) Ab 2011: 1.000 Euro.
3) Siehe Anlage § 033a-01.

Zu § 34 EStG   Anlage § 034–01

Zweifelsfragen im Zusammenhang mit der ertragsteuerlichen Behandlung von Entlassungsentschädigungen (§ 34 EStG)

– BdF-Schreiben vom 01.11.2013 – IV C 4-S 2290/13/10002, 2013/0929313 (BStBl. I S. 1326) –

Unter Bezugnahme auf das Ergebnis der Erörterungen mit den obersten Finanzbehörden der Länder nehme ich zu Fragen im Zusammenhang mit der ertragsteuerlichen Behandlung von Entlassungsentschädigungen wie folgt Stellung:

Inhaltsverzeichnis

		Rz.
I.	Allgemeines	1 – 3
II.	Lebenslängliche betriebliche Versorgungszusagen	4 – 7
	1. Steuerliche Behandlung von Entlassungsentschädigungen bei Verzicht des Arbeitgebers auf die Kürzung einer lebenslänglichen Betriebsrente	5
	2. Steuerliche Behandlung von Entlassungsentschädigungen bei vorgezogener lebenslänglicher Betriebsrente	6
	3. Steuerliche Behandlung von Entlassungsentschädigungen bei Umwandlung eines (noch) verfallbaren Anspruchs auf lebenslängliche Betriebsrente in einen unverfallbaren Anspruch	7
III.	Zusammenballung von Einkünften i. S. d. § 34 EStG	8 – 15
	1. Zusammenballung von Einkünften in einem VZ (→ 1. Prüfung)	8
	2. Zusammenballung von Einkünften unter Berücksichtigung der wegfallenden Einnahmen (→ 2. Prüfung)	9 – 12
	2.1 Zusammenballung i. S. d. § 34 EStG, wenn durch die Entschädigung die bis zum Jahresende wegfallenden Einnahmen überschritten werden	9
	2.2 Zusammenballung i. S. d. § 34 EStG, wenn durch die Entschädigung nur ein Betrag bis zur Höhe der bis zum Jahresende wegfallenden Einnahmen abgegolten wird	10 – 12
	a) Ermittlung der zu berücksichtigenden Einkünfte (mit Beispielen)	11
	b) Anwendung im Lohnsteuerabzugsverfahren	12
	3. Zusammenballung von Einkünften bei zusätzlichen Entschädigungsleistungen des Arbeitgebers	13 – 15
	a) Zusätzliche Entschädigungsleistungen des Arbeitgebers	13
	b) Zusammenballung von Einkünften bei zusätzlichen Entschädigungsleistungen des Arbeitgebers aus Gründen der sozialen Fürsorge in späteren VZ	14
	c) Weitere Nutzung der verbilligten Wohnung	15
IV.	Planwidriger Zufluss in mehreren VZ/Rückzahlung bereits empfangener Entschädigungen	16 – 19
	1. Versehentlich zu niedrige Auszahlung der Entschädigung	18
	2. Nachzahlung nach Rechtsstreit	19
V.	Vom Arbeitgeber freiwillig übernommene Rentenversicherungsbeiträge i. S. d. § 187a SGB VI	20 – 21
VII.	Anwendung	22

I. Allgemeines

[1] ¹Scheidet ein Arbeitnehmer auf Veranlassung des Arbeitgebers vorzeitig aus einem Dienstverhältnis aus, so können ihm folgende Leistungen des Arbeitgebers zufließen, die wegen ihrer unterschiedlichen steuerlichen Auswirkung gegeneinander abzugrenzen sind:
– normal zu besteuernder Arbeitslohn nach § 19, ggf. i. V. m. § 24 Nr. 2 EStG,
– steuerbegünstigte Entschädigungen nach § 24 Nr. 1 i. V. m. § 34 Abs. 1 und 2 EStG (→ Rz. 2 bis 3),
– steuerbegünstigte Leistungen für eine mehrjährige Tätigkeit i. S. d. § 34 Abs. 2 Nr. 4 EStG.

²Auch die Modifizierung betrieblicher Renten kann Gegenstand von Auflösungsvereinbarungen sein (→ Rz. 4 bis 7).

Anlage § 034–01   Zu § 34 EStG

2 ¹Eine steuerbegünstigte Entschädigung setzt voraus, dass an Stelle der bisher geschuldeten Leistung eine andere tritt. ²Diese andere Leistung muss auf einem anderen, eigenständigen Rechtsgrund beruhen. ³Ein solcher Rechtsgrund wird regelmäßig Bestandteil der Auflösungsvereinbarung sein; er kann aber auch bereits bei Abschluss des Dienstvertrags oder im Verlauf des Dienstverhältnisses für den Fall des vorzeitigen Ausscheidens vereinbart werden. ⁴Eine Leistung in Erfüllung eines bereits vor dem Ausscheiden begründeten Anspruchs des Empfängers ist keine Entschädigung, auch wenn dieser Anspruch in einer der geänderten Situation angepassten Weise erfüllt wird (Modifizierung; siehe z. B. Rz. 4 bis 7). ⁵Der Entschädigungsanspruch darf – auch wenn er bereits früher vereinbart worden ist – erst als Folge einer vorzeitigen Beendigung des Dienstverhältnisses entstehen. ⁶Eine Entschädigung i. S. d. § 24 Nr. 1 Buchstabe a EStG kann auch vorliegen, wenn der Arbeitgeber seinem Arbeitnehmer eine (Teil-)Abfindung zahlt, weil dieser seine Wochenarbeitszeit aufgrund eines Vertrags zur Änderung des Arbeitsvertrags unbefristet reduziert (→ BFH vom 25.08.2009 – BStBl. 2010 II S. 1030).

3 ¹Eine Entschädigung i. S. d. § 24 Nr. 1 Buchstabe a EStG, die aus Anlass einer Entlassung aus dem Dienstverhältnis vereinbart wird (Entlassungsentschädigung), setzt den Verlust von Einnahmen voraus, mit denen der Arbeitnehmer rechnen konnte. ²Eine Zahlung des Arbeitgebers, die bereits erdiente Ansprüche abgilt, wie z. B. rückständiger Arbeitslohn, anteiliges Urlaubsgeld, Urlaubsabgeltung, Weihnachtsgeld, Gratifikationen, Tantiemen oder bei rückwirkender Beendigung des Dienstverhältnisses bis zum steuerlich anzuerkennenden Zeitpunkt der Auflösung noch zustehende Gehaltsansprüche, ist keine Entschädigung i. S. d. § 24 Nr. 1 Buchstabe a EStG. ³Das gilt auch für freiwillige Leistungen, wenn sie in gleicher Weise den verbleibenden Arbeitnehmern tatsächlich zugewendet werden.

II. Lebenslängliche betriebliche Versorgungszusagen

4 ¹Lebenslängliche Bar- oder Sachleistungen sind als Einkünfte i. S. d. § 24 Nr. 2 EStG zu behandeln (→ BFH vom 28.09.1967 – BStBl. 1968 II S. 76). ²Sie sind keine außerordentlichen Einkünfte i. S. d. § 34 Abs. 2 EStG und damit für eine begünstigte Besteuerung der im Übrigen gezahlten Entlassungsentschädigung i. S. d. § 24 Nr. 1 Buchstabe a EStG unschädlich (siehe die hauptsächlichen Anwendungsfälle in Rz. 5 bis 7). ³Deshalb kommt die begünstigte Besteuerung auch dann in Betracht, wenn dem Arbeitnehmer im Rahmen der Ausscheidensvereinbarung erstmals lebenslange laufende Versorgungsbezüge zugesagt werden. ⁴Auch eine zu diesem Zeitpunkt erstmals eingeräumte lebenslängliche Sachleistung, wie z. B. ein verbilligtes oder unentgeltliches Wohnrecht, ist für die ermäßigte Besteuerung unschädlich.

1. Steuerliche Behandlung von Entlassungsentschädigungen bei Verzicht des Arbeitgebers auf die Kürzung einer lebenslänglichen Betriebsrente

5 Wird bei Beginn der Rente aus der gesetzlichen Rentenversicherung die lebenslängliche Betriebsrente ungekürzt gezahlt, so schließt dies die ermäßigte Besteuerung der Entlassungsentschädigung, die in einem Einmalbetrag gezahlt wird, nicht aus.

2. Steuerliche Behandlung von Entlassungsentschädigungen bei vorgezogener lebenslänglicher Betriebsrente

6 ¹Wird im Zusammenhang mit der Auflösung des Dienstverhältnisses neben einer Einmalzahlung eine (vorgezogene) lebenslängliche Betriebsrente bereits vor Beginn der Rente aus der gesetzlichen Rentenversicherung gezahlt, so schließt auch dies die ermäßigte Besteuerung der Entlassungsentschädigung nicht aus. ²Dabei ist es unerheblich, ob die vorgezogene Betriebsrente gekürzt, ungekürzt oder erhöht geleistet wird. ³In diesen Fällen ist die vorgezogene Betriebsrente nach § 24 Nr. 2 EStG zu erfassen.

3. Steuerliche Behandlung von Entlassungsentschädigungen bei Umwandlung eines (noch) verfallbaren Anspruchs auf lebenslängliche Betriebsrente in einen unverfallbaren Anspruch

7 Wird ein (noch) verfallbarer Anspruch auf lebenslängliche Betriebsrente im Zusammenhang mit der Auflösung eines Dienstverhältnisses in einen unverfallbaren Anspruch umgewandelt, so ist die Umwandlung des Anspruchs für die Anwendung des § 34 Abs. 1 EStG auf die Einmalzahlung unschädlich.

III. Zusammenballung von Einkünften i. S. d. § 34 EStG

1. Zusammenballung von Einkünften in einem VZ (→ 1. Prüfung)

8 ¹Nach ständiger Rechtsprechung (→ BFH vom 14.08.2001 – BStBl. 2002 II S. 180 m. w. N.) setzt die Anwendung der begünstigten Besteuerung nach § 34 Abs. 1 und 2 EStG u. a. voraus, dass die Entschädigungsleistungen zusammengeballt in einem VZ zufließen. ²Der Zufluss mehrerer Teilbeträge in unterschiedlichen VZ ist deshalb grundsätzlich schädlich (→ BFH vom 03.07.2002 – BStBl. 2004 II S. 447, → 1. Prüfung). ³Dies gilt nicht, soweit es sich um eine im Verhältnis zur Hauptleistung stehende geringfügige Zahlung (maximal 5 % der Hauptleistung) handelt, die in einem anderen VZ zufließt

Zu § 34 EStG   **Anlage § 034–01**

(→ BFH vom 25.08.2009 – BStBl. 2011 II S. 27). ⁴Ausnahmsweise können jedoch ergänzende Zusatzleistungen, die Teil der einheitlichen Entschädigung sind und in späteren VZ aus Gründen der sozialen Fürsorge für eine gewisse Übergangszeit gewährt werden, für die Beurteilung der Hauptleistung als einer zusammengeballten Entschädigung unschädlich sein (→ Rz. 13). ⁵Pauschalbesteuerte Arbeitgeberleistungen sind bei der Beurteilung des Zuflusses in einem VZ nicht zu berücksichtigen. ⁶Bestimmen Arbeitgeber und Arbeitnehmer, dass die fällige Entschädigung erst im Folgejahr zufließen soll, ist dies für die Anwendung von § 34 Abs. 1 und 2 EStG unschädlich. ⁷Dabei gelten die Grundsätze von Rz. 8 bis 15 entsprechend (→ BFH vom 11.11.2009 – BStBl. 2010 II S. 46). ⁸Ein auf zwei Jahre verteilter Zufluss der Entschädigung ist ausnahmsweise unschädlich, wenn die Zahlung der Entschädigung von vornherein in einer Summe vorgesehen war und nur wegen ihrer ungewöhnlichen Höhe und der besonderen Verhältnisse des Zahlungspflichtigen auf zwei Jahre verteilt wurde oder wenn der Entschädigungsempfänger – bar aller Existenzmittel – dringend auf den baldigen Bezug einer Vorauszahlung angewiesen war (→ BFH vom 02.09.1992 – BStBl. 1993 II S. 831).

2. Zusammenballung von Einkünften unter Berücksichtigung der wegfallenden Einnahmen (→ 2. Prüfung)

2.1. Zusammenballung i. S. d. § 34 EStG, wenn durch die Entschädigung die bis zum Jahresende wegfallenden Einnahmen überschritten werden

Übersteigt die anlässlich der Beendigung eines Arbeitsverhältnisses gezahlte Entschädigung die bis zum 9
Ende des VZ entgehenden Einnahmen, die der Arbeitnehmer bei Fortsetzung des Arbeitsverhältnisses bezogen hätte, so ist das Merkmal der Zusammenballung von Einkünften stets erfüllt.

2.2. Zusammenballung i. S. d. § 34 EStG, wenn durch die Entschädigung nur ein Betrag bis zur Höhe der bis zum Jahresende wegfallenden Einnahmen abgegolten wird

Übersteigt die anlässlich der Beendigung eines Dienstverhältnisses gezahlte Entschädigung die bis zum 10
Ende des (Zufluss-) VZ entgehenden Einnahmen nicht, ist das Merkmal der Zusammenballung von Einkünften nur erfüllt, wenn der Steuerpflichtige weitere Einnahmen bezieht, die er bei Fortsetzung des Dienstverhältnisses nicht bezogen hätte (→ BFH vom 04.03.1998 – BStBl. II S. 787, → 2. Prüfung).

a) Ermittlung der zu berücksichtigenden Einkünfte (mit Beispielen)

¹Für die Beurteilung der Zusammenballung ist es ohne Bedeutung, ob die Entschädigung für den Ein- 11
nahmeverlust mehrerer Jahre gewährt werden soll. ²Entscheidend ist vielmehr, ob es unter Einschluss der Entschädigung infolge der Beendigung des Dienstverhältnisses in dem jeweiligen VZ insgesamt zu einer über die normalen Verhältnisse hinausgehenden Zusammenballung von Einkünften kommt (→ BFH vom 04.03.1998 – BStBl. II S. 787). ³Dagegen kommt es auf eine konkrete Progressionserhöhung nicht an (→ BFH vom 17.12.1982 – BStBl. 1983 II S. 221, vom 21.03.1996 – BStBl. II S. 416 und vom 04.03.1998 – BStBl. II S. 787). ⁴Auch die Zusammenballung mit anderen laufenden Einkünften des Steuerpflichtigen ist keine weitere Voraussetzung für die Anwendung des § 34 Abs. 1 EStG (→ BFH vom 13.11.1953 – BStBl. 1954 III S. 13); dies gilt insbesondere in Fällen, in denen die Entschädigung die bis zum Jahresende entgehenden Einnahmen nur geringfügig übersteigt (→ Rz. 9). ⁵Andererseits kommt § 34 Abs. 1 EStG unter dem Gesichtspunkt der Zusammenballung auch dann in Betracht, wenn im Jahr des Zuflusses der Entschädigung weitere Einkünfte erzielt werden, die der Steuerpflichtige nicht bezogen hätte, wenn das Dienstverhältnis ungestört fortgesetzt worden wäre und er dadurch mehr erhält, als er bei normalem Ablauf der Dinge erhalten hätte (→ BFH vom 04.03.1998 – BStBl. II S. 787). ⁶Bei der Berechnung der Einkünfte, die der Steuerpflichtige beim Fortbestand des Vertragsverhältnisses im VZ bezogen hätte, ist grundsätzlich auf die Einkünfte des Vorjahres abzustellen (→ BFH vom 04.03.1998 – BStBl. II S. 787), es sei denn, die Einnahmesituation ist in diesem Jahr durch außergewöhnliche Ereignisse geprägt (→ BFH vom 27.01.2010 – BStBl. 2011 II S. 28). ⁷Die erforderliche Vergleichsrechnung ist grundsätzlich anhand der jeweiligen Einkünfte des Steuerpflichtigen laut Steuerbescheid/Steuererklärung vorzunehmen (→ Beispiele 1 und 2). ⁸Da die außerordentlichen Einkünfte innerhalb einer Einkunftsart bzw. der Summe der Einkünfte eine „besondere Abteilung" bilden (→ BFH vom 29.10.1998 – BStBl. 1999 II S. 588), sind in die Vergleichsrechnung nur Einkünfte einzubeziehen, die in einem Veranlassungszusammenhang mit dem (früheren) Arbeitsverhältnis oder dessen Beendigung stehen bzw. in einem inneren Zusammenhang mit der früheren Tätigkeit stehen, d. h. die dazu bestimmt sind, die Einkünfte aus der früheren Tätigkeit zu ersetzen. ⁹Negative Einkünfte aus einer neu aufgenommenen Tätigkeit i. S. d. §§ 13, 15, 18 sowie § 19 EStG (ohne Versorgungsbezüge) sind nie zu berücksichtigen. ¹⁰Dabei ist der Arbeitnehmer-Pauschbetrag vorrangig von den laufenden Einkünften i. S. d. § 19 EStG abzuziehen (→ BFH vom 29.10.1998 – BStBl. 1999 II S. 588). ¹¹Dem Progressionsvorbehalt unterliegende positive Lohnersatzleistungen und dem § 32b EStG unterliegender Arbeitslohn sind in die Vergleichsrechnung einzubeziehen. ¹²Liegen ausschließlich Einkünfte i. S. d. § 19 EStG vor,

Anlage § 034–01

Zu § 34 EStG

ist es nicht zu beanstanden, wenn die erforderliche Vergleichsrechnung stattdessen anhand der betreffenden Einnahmen aus nichtselbständiger Arbeit durchgeführt wird. [13]Unbeschadet der Regelungen in Rz. 8 (Zusammenballung von Einkünften in einem VZ) sind bei einer solchen Vergleichsrechnung nach Maßgabe der Einnahmen neben den positiven Lohnersatzleistungen und dem Arbeitslohn, die dem Progressionsvorbehalt nach § 32b EStG unterliegen, auch pauschalbesteuerte Arbeitgeberleistungen einzubeziehen (→ Beispiel 3).

Beispiel 1:

Auflösung des Dienstverhältnisses im Jahr 02. Die Entschädigung im Jahr 02 beträgt 15.000 EUR.

Vergleich:

– Jahr 01

Einkünfte i. S. d. § 19 EStG (50 000 EUR ./. 1 000 EUR)	49.000 EUR
Einkünfte aus den übrigen Einkunftsarten	0 EUR
Summe	49.000 EUR

– Jahr 02

Einnahmen i. S. d. § 19 EStG aus bisherigem Dienstverhältnis	25.000 EUR
Einnahmen i. S. d. § 19 EStG aus neuem Dienstverhältnis	25.000 EUR
abzgl. AN-Pauschbetrag (1 000 EUR)	49.000 EUR
Entschädigung	15.000 EUR
Summe	64.000 EUR

Die Entschädigung (15.000 EUR) übersteigt nicht den Betrag der entgehenden Einnahmen (25.000 EUR). Der Steuerpflichtige hat aber aus dem alten und neuen Dienstverhältnis so hohe Einkünfte, dass es unter Einbeziehung der Entschädigung zu einer die bisherigen Einkünfte übersteigenden Zusammenballung von Einkünften und somit zur Anwendung des § 34 EStG kommt.

Beispiel 2:

Auflösung des Dienstverhältnisses im Jahr 02. Die Entschädigung im Jahr 02 beträgt 20.000 EUR.

Vergleich:

– Jahr 01

Einkünfte i. S. d. § 19 EStG (50.000 EUR ./. 1.000 EUR)	49.000 EUR
Einkünfte aus den übrigen Einkunftsarten	0 EUR
Summe	49.000 EUR

– Jahr 02

Einnahmen i. S. d. § 19 EStG aus bisherigem Dienstverhältnis	20.000 EUR
abzgl. AN-Pauschbetrag (1.000 EUR)	19.000 EUR
Entschädigung	20.000 EUR
tatsächlich bezogenes Arbeitslosengeld	4.800 EUR
Summe	43.800 EUR

Die Entschädigung von 20.000 EUR übersteigt nicht den Betrag der entgehenden Einnahmen (30.000 EUR). Der auf der Basis der Einkünfte vorgenommene Vergleich der aus dem bisherigen Dienstverhältnis im Jahr 02 bezogenen Einkünfte einschließlich der Entschädigung (19.000 EUR + 20.000 EUR + 4.800 EUR = 43.800 EUR) übersteigt nicht die bisherigen Einkünfte des Jahres 01 (49.000 EUR).

Auch bei einem Vergleich nach Maßgabe der Einnahmen aus nichtselbständiger Arbeit übersteigen die im Jahr 02 bezogenen Einnahmen einschließlich der Entschädigung (20.000 EUR + 20.000 EUR + 4.8000 = 44.800 EUR) nicht die Einnahmen des Jahres 01 (50.000 EUR). Eine Zusammenballung der Einkünfte liegt daher nicht vor. Für die Entschädigung kommt eine ermäßigte Besteuerung nach § 34 Abs. 1 und 2 EStG deshalb nicht in Betracht.

Beispiel 3:

Auflösung des Dienstverhältnisses im Jahr 02. Die Entschädigung im Jahr 02 beträgt 25.000 EUR.

Vergleich auf der Basis der Einnahmen:

Anlage § 034–01

Zu § 34 EStG
– Jahr 01

Einnahmen i. S. d. § 19 EStG	50.000 EUR
– Jahr 02	
Einnahmen i. S. d. § 19 EStG aus bisherigem Dienstverhältnis	20.000 EUR
Entschädigung	25.000 EUR
pauschal besteuerte Zukunftssicherungsleistungen ab dem Ausscheiden	994 EUR
tatsächlich bezogenes Arbeitslosengeld	4.800 EUR
Summe	**50.794 EUR**

Die Entschädigung 25.000 EUR übersteigt nicht den Betrag der entgehenden Einnahmen (30.000 EUR).

Der Vergleich nach Maßgabe der Einnahmen aus nichtselbständiger Arbeit ergibt, dass die Einnahmen im Jahr 02 einschließlich der Entschädigung, den pauschal besteuerten Zukunftssicherungsleistungen ab dem Ausscheiden und dem tatsächlich bezogenen Arbeitslosengeld (50.794 EUR) die Einnahmen des Jahres 01 (50.000 EUR) übersteigen. Aufgrund der vorliegenden Zusammenballung kann die Entschädigung nach § 34 Abs. 1 und 2 EStG ermäßigt besteuert werden.

Beispiel 4:
Auflösung des Dienstverhältnisses im März 02 – Einnahmen i. S. d. § 19 EStG bis dahin 17.000 EUR, die Entschädigung beträgt 46.000 EUR. Anschließend Bezug von Arbeitslosengeld (April 02 bis Oktober 02) 9.000 EUR. Gründung eines Gewerbebetriebs im November 02 (Einkünfte: ./. 15.000 EUR).

Vergleich:

– Jahr 01	
Einkünfte i. S. d. § 19 EStG (65.000 EUR ./. 1.000 EUR)	64.000 EUR
Einkünfte aus den übrigen Einkunftsarten	0 EUR
Summe	**64.000 EUR**
– Jahr 02	
Einkünfte i. S. d. § 19 EStG aus bisherigem Dienstverhältnis (17.000 EUR ./. 1.000 EUR)	16.000 EUR
Entschädigung	46.000 EUR
tatsächlich bezogenes Arbeitslosengeld	9.000 EUR
Summe	**71.000 EUR**

Die Entschädigung (46.000 EUR) übersteigt nicht den Betrag der entgehenden Einnahmen (65.000 EUR ./. 17.000 EUR) in Höhe von 48.000 EUR.

Nach dem Vergleich der Einkünfte aus dem früheren Dienstverhältnis des Jahres 01 (64.000 EUR) mit den Einkünften des Jahres 02, die in Zusammenhang mit dem früheren Arbeitsverhältnis (Arbeitslohn und Entschädigung) und dessen Auflösung (Arbeitslosengeld) stehen (71.000 EUR), liegt jedoch eine Zusammenballung von Einkünften im Jahr 02 vor.

Die negativen Einkünfte aus dem neu aufgenommenen Gewerbebetrieb sind nicht zu berücksichtigen.

b) Anwendung im Lohnsteuerabzugsverfahren

[1]Im Lohnsteuerabzugsverfahren richtet sich die Anwendung des § 34 EStG nach § 39b Abs. 3 Satz 9 EStG. [2]Dabei ist die Regelung nach Rz. 8 und 11 ebenfalls anzuwenden, wobei der Arbeitgeber auch solche Einnahmen (Einkünfte) berücksichtigen darf, die der Arbeitnehmer nach Beendigung des bestehenden Dienstverhältnisses erzielt. [3]Der Arbeitnehmer ist in diesem Fall zur Abgabe einer Einkommensteuererklärung verpflichtet (Pflichtveranlagung nach § 46 Abs. 2 Nr. 5 EStG). [4]Kann der Arbeitgeber die erforderlichen Feststellungen nicht treffen, ist im Lohnsteuerabzugsverfahren die Besteuerung ohne Anwendung des § 39b Abs. 3 Satz 9 EStG durchzuführen. [5]Die begünstigte Besteuerung erfolgt dann ggf. erst im Veranlagungsverfahren (Antragsveranlagung nach § 46 Abs. 2 Nr. 8 EStG). [6]Die ermäßigte Besteuerung ist im Lohnsteuerabzugsverfahren nicht anzuwenden, wenn sie zu einer höheren Steuer führt als die Besteuerung als nicht begünstigter sonstiger Bezug (→ BMF-Schreiben vom 10.01.2000 – BStBl. I S. 138).

3. Zusammenballung von Einkünften bei zusätzlichen Entschädigungsleistungen des Arbeitgebers

a) Zusätzliche Entschädigungsleistungen des Arbeitgebers

[1]Sehen Entlassungsvereinbarungen zusätzliche Leistungen des früheren Arbeitgebers vor, z. B. unentgeltliche Nutzung des Dienstwagens, ohne dass der ausgeschiedene Mitarbeiter noch zu einer Dienstleistung verpflichtet wäre, so kann es sich um eine Entschädigung handeln (→ Rz. 2, 3). [2]Eine Ent-

Anlage § 034–01

Zu § 34 EStG

schädigung liegt in diesen Fällen u. a. nicht vor, wenn derartige zusätzliche Leistungen nicht nur bei vorzeitigem Ausscheiden, sondern auch in anderen Fällen, insbesondere bei altersbedingtem Ausscheiden, erbracht werden, z. B. Fortführung von Mietverhältnissen, von Arbeitgeberdarlehen, von Deputatlieferungen und von Sondertarifen, sowie Weitergewährung von Rabatten. ³Lebenslänglich zugesagte Geld- oder Sachleistungen sind stets nach § 24 Nr. 2 EStG zu behandeln.

b) Zusammenballung von Einkünften bei zusätzlichen Entschädigungsleistungen des Arbeitgebers aus Gründen der sozialen Fürsorge in späteren VZ

14 ¹Fließt die Gesamtentschädigung (Einmalbetrag zuzüglich zusätzlicher Entschädigungsleistungen) nicht in einem VZ zu, so ist dies für die Anwendung des § 34 EStG grundsätzlich schädlich (→ Rz. 8). ²Werden aber zusätzliche Entschädigungsleistungen, die Teil einer einheitlichen Entschädigung sind, aus Gründen der sozialen Fürsorge für eine gewisse Übergangszeit in späteren VZ gewährt, sind diese für die Beurteilung der Hauptleistung als einer zusammengeballten Entschädigung unschädlich, wenn sie weniger als 50 % der Hauptleistung betragen. ³Die Vergleichsrechnung ist hier durch Einnahmenvergleich vorzunehmen. ⁴Zusatzleistungen aus Gründen der sozialen Fürsorge sind beispielsweise solche Leistungen, die der (frühere) Arbeitgeber seinem (früheren) Arbeitnehmer zur Erleichterung des Arbeitsplatz- oder Berufswechsels oder als Anpassung an eine dauerhafte Berufsaufgabe und Arbeitslosigkeit erbringt. ⁵Sie setzen keine Bedürftigkeit des entlassenen Arbeitnehmers voraus. ⁶Soziale Fürsorge ist allgemein im Sinne der Fürsorge des Arbeitgebers für seinen früheren Arbeitnehmer zu verstehen. ⁷Ob der Arbeitgeber zu der Fürsorge arbeitsrechtlich verpflichtet ist, ist unerheblich. ⁸Derartige ergänzende Zusatzleistungen können beispielsweise die Übernahme von Kosten für eine Outplacement-Beratung (→ BFH vom 14.08.2001 – BStBl. 2002 II S. 180), die befristete Weiterbenutzung des Dienstwagens (→ BFH vom 03.07.2002 – BStBl. 2004 II S. 447), die befristete Übernahme von Versicherungsbeiträgen, die befristete Zahlung von Zuschüssen zum Arbeitslosengeld (→ BFH vom 24.01.2002 – BStBl. 2004 II S. 442), die Zahlung einer Jubiläumszuwendung nach dem Ausscheiden, die der Arbeitnehmer bei Fortsetzung des Arbeitsverhältnisses erhalten hätte (→ BFH vom 14.05.2003 – BStBl. 2004 II S. 451) und Zahlungen zur Verwendung für die Altersversorgung (→ BFH vom 15.10.2003 – BStBl. 2004 II S. 264) sein. ⁹Die aus sozialer Fürsorge erbrachten ergänzenden Zusatzleistungen, die außerhalb des zusammengeballten Zuflusses in späteren VZ erfolgen, fallen nicht unter die Tarifbegünstigung des § 34 Abs. 1 EStG.

Beispiel:

Auflösung des Dienstverhältnisses im Jahr 02. Der Arbeitgeber zahlt im Jahr 02 insgesamt 150.000 EUR Entschädigung und gewährt von Juli 02 bis Juni 03 zur Überbrückung der Arbeitslosigkeit einen Zuschuss zum Arbeitslosengeld von monatlich 2.500 EUR. Im Jahr 03 fließen keine weiteren Einkünfte zu.

- Jahr 02
  - Einnahmen i. S. d. § 19 EStG   50.000 EUR
  - Entschädigung   150.000 EUR
  - monatlicher Zuschuss (6 x 2.500 EUR)   15.000 EUR
  - Entschädigung insgesamt (Hauptleistung)   165.000 EUR
- Jahr 03
  - monatlicher Zuschuss (6 x 2.500 EUR)   15.000 EUR

Die im Jahr 03 erhaltenen Zahlungen sind zusätzliche Entschädigungsleistungen, die aus sozialer Fürsorge für eine gewisse Übergangszeit gewährt wurden. Sie betragen 15.000 EUR = 9,09 % von 165.000 EUR (Entschädigungshauptleistung) und sind damit unschädlich für die Beurteilung der Hauptleistung als einer zusammengeballten Entschädigung. Die im Jahr 02 erhaltenen Entschädigungsleistungen sind daher nach § 34 EStG ermäßigt zu besteuern. Die im Jahr 03 erhaltenen Zusatzleistungen fallen nicht unter die Tarifbegünstigung des § 34 EStG. Wegen des vorzunehmenden Vergleichs der Einnahmen bleibt der Arbeitnehmer-Pauschbetrag außer Betracht.

c) Weitere Nutzung der verbilligten Wohnung

15 Ist die weitere Nutzung einer Wohnung Bestandteil der Entschädigungsvereinbarung, so ist die Mietverbilligung nur dann für die Zusammenballung von Einkünften schädlich, wenn sie mietrechtlich frei vereinbar und dem Grunde nach geldwerter Vorteil aus dem früheren Dienstverhältnis ist und nicht auf die Lebenszeit des oder der Berechtigten abgeschlossen ist.

IV. Planwidriger Zufluss in mehreren VZ/Rückzahlung bereits empfangener Entschädigungen

16 ¹Die Anwendung der begünstigten Besteuerung nach § 34 Abs. 1 und 2 EStG setzt u. a. voraus, dass die Entschädigungsleistungen zusammengeballt, d. h. in einem VZ zufließen (→ Rz. 9). ²Das Interesse der

Vertragsparteien ist daher regelmäßig auf den planmäßigen Zufluss in einem VZ gerichtet. ³Findet in den Fällen der nachstehenden Rz. 19 und 20 ein planwidriger Zufluss in mehreren VZ statt, obwohl die Vereinbarungen eindeutig auf einen einmaligen Zufluss gerichtet waren, ist der Korrekturbetrag eines nachfolgenden VZ (VZ 02) auf Antrag des Steuerpflichtigen in den VZ (VZ 01) zurück zu beziehen, in dem die – grundsätzlich begünstigte – Hauptentschädigung zugeflossen ist. ⁴Stimmt das Finanzamt diesem Antrag zu (§ 163 AO), ist der Steuerbescheid (VZ 01) nach § 175 Abs. 1 Satz 1 Nr. 2 AO zu ändern, wobei die begünstigte Besteuerung auf die gesamte Entschädigungsleistung (Hauptentschädigung zzgl. Korrekturbetrag) anzuwenden ist. ⁵Wird der Antrag nicht gestellt und ist die Steuerfestsetzung für diesen VZ (VZ 02) bereits bestandskräftig, so ist der Bescheid (VZ 01) nach § 175 Abs. 1 Satz 1 Nr. 2 AO zu ändern und die begünstigte Steuerberechnung wegen fehlender Zusammenballung zu versagen.

¹Hat der Steuerpflichtige in einem nachfolgenden VZ einen Teil der Entschädigung zurückzuzahlen, so ist die Rückzahlung als Korrektur auch dann im Jahr des Abflusses zu berücksichtigen, wenn die Abfindung im Zuflussjahr begünstigt besteuert worden ist. ²Eine Lohnrückzahlung ist regelmäßig kein rückwirkendes Ereignis i. S. d. § 175 Abs. 1 Satz 1 Nr. 2 AO, das zur Änderung des Einkommensteuerbescheides des Zuflussjahres berechtigt (→ BFH vom 04.05.2006 – BStBl. II S. 911). 17

1. Versehentlich zu niedrige Auszahlung der Entschädigung
¹Es kommt vor, dass eine Entschädigung an den ausscheidenden Arbeitnehmer versehentlich – z. B. auf Grund eines Rechenfehlers, nicht jedoch bei unzutreffender rechtlicher Würdigung – im Jahr des Ausscheidens zu niedrig ausgezahlt wird. ²Der Fehler wird im Laufe eines späteren VZ erkannt und der Differenzbetrag ausgezahlt. 18

2. Nachzahlung nach Rechtsstreit
¹Streiten sich Arbeitgeber und Arbeitnehmer vor Gericht über die Höhe der Entschädigung, zahlt der Arbeitgeber üblicherweise an den Arbeitnehmer im Jahr des Ausscheidens nur den von ihm (Arbeitgeber) für zutreffend gehaltenen Entschädigungsbetrag und leistet ggf. erst Jahre später auf Grund einer gerichtlichen Entscheidung oder eines Vergleichs eine weitere Zahlung. ²Voraussetzung für die Anwendung der Billigkeitsregelung nach Rz. 16 ist in diesen Fällen, dass der ausgeschiedene Arbeitnehmer keinen Ersatzanspruch hinsichtlich einer aus der Nachzahlung resultierenden eventuellen ertragsteuerlichen Mehrbelastung gegenüber dem früheren Arbeitgeber hat. 19

V. Vom Arbeitgeber freiwillig übernommene Rentenversicherungsbeiträge i. S. d. § 187a SGB VI
Die Hälfte der vom Arbeitgeber freiwillig übernommenen Rentenversicherungsbeiträge i. S. d. § 187a SGB VI, durch die Rentenminderungen bei vorzeitiger Inanspruchnahme der Altersrente gemildert oder vermieden werden können, ist steuerfrei nach § 3 Nr. 28 EStG. 20

¹Die vom Arbeitgeber zusätzlich geleisteten Rentenversicherungsbeiträge nach § 187a SGB VI einschließlich darauf entfallender, ggf. vom Arbeitgeber getragener Steuerabzugsbeträge sind als Teil der Entschädigung i. S. d. § 24 Nr. 1 EStG, die im Zusammenhang mit der Auflösung eines Dienstverhältnisses geleistet wird, zu behandeln. ²Leistet der Arbeitgeber diese Beiträge in Teilbeträgen, ist dies für die Frage der Zusammenballung unbeachtlich. ³Die dem Arbeitnehmer darüber hinaus zugeflossene Entschädigung (Einmalbetrag) kann daher aus Billigkeitsgründen auf Antrag unter den übrigen Voraussetzungen begünstigt besteuert werden. 21

VI. Anwendung
¹Die vorstehenden Grundsätze sind in allen noch offenen Fällen anzuwenden. ²Dieses Schreiben ersetzt die BMF-Schreiben
vom 24. Mai 2004 – IV A 5 – S 2290 – 20/04 – (BStBl. I S. 505, berichtigt BStBl. I S. 633)
und vom 17. Januar 2011 – IV C 4 – S 2290/07/10007:005; DOK 2010/1031340 – (BStBl. I S. 39). 22

Anlage § 034a–01

Zu § 34 EStG

Anwendungsschreiben zu § 34a EStG – Tarifbegünstigung für nicht entnommene Gewinne

– BdF- Schreiben vom 11.8.2008 – IV C 6 – S 2290-a/07/10002, 2008/0431405 (BStBl. I S. 838) –

Inhaltsübersicht Rz.

I. Tarifbegünstigung für nicht entnommene Gewinne
   1. Begünstigte Einkunftsarten   1 – 2
   2. Begünstigter Gewinn bei beschränkter Steuerpflicht   3
   3. Veräußerungsgewinne   4 – 6
   4. Antragstellung   7
      a) Antragstellung bei Einzelunternehmern   8
      b) Antragstellung bei Mitunternehmern   9
      c) Änderung des Antrags   10
II. Nicht entnommener Gewinn   11 – 14
   1. Gewinnermittlungsart   15
   2. Nicht abzugsfähige Betriebsausgaben   16
   3. Steuerfreie Gewinnanteile   17
   4. Ausländische Betriebsstätten   18
   5. Abweichendes Wirtschaftsjahr   19
   6. Nicht entnommener Gewinn bei Personengesellschaften   20
   7. Nicht entnommener Gewinn bei doppel- und mehrstöckigen Personengesellschaften   21
III. Begünstigungsbetrag/ Nachversteuerungspflichtiger Betrag   22
   1. Begünstigungsbetrag   23
   2. Nachversteuerungspflichtiger Betrag des Veranlagungszeitraums   24
   3. Ermittlung des nachversteuerungspflichtigen Betrags zum Ende des Veranlagungszeitraums   25
IV. Nachversteuerung   26
   1. Nachversteuerungsbetrag   27 – 28
   2. Verwendungsreihenfolge   29
   3. Entnahmen zur Zahlung von Erbschaft-/ Schenkungsteuer   30 – 31
V. Übertragungen und Überführungen von einzelnen Wirtschaftsgütern
   1. Entnahmereihenfolge bei Übertragung oder Überführung von einzelnen Wirtschaftsgütern (§ 34a Abs. 5 EStG)   32 – 33
   2. Grenzüberschreitende Überführungen und Übertragungen von Wirtschaftsgütern   34 – 40
VI. Nachversteuerungsfälle nach § 34a Abs. 6 EStG   41
   1. Betriebsaufgabe, -veräußerung   42
   2. Umwandlungsfälle   43
   3. Wechsel der Gewinnermittlungsart   44
   4. Antrag auf Nachversteuerung   45
   5. Stundung   46
VII. Fälle des § 6 Abs. 3 EStG und § 24 UmwStG   47
VIII. Anwendungszeitpunkt   48

Zu § 34 EStG   **Anlage § 034a–01**

Im Einvernehmen mit den obersten Finanzbehörden der Länder gilt zur Anwendung der Tarifbegünstigung für nicht entnommene Gewinne nach § 34a EStG Folgendes:

I. Tarifbegünstigung für nicht entnommene Gewinne

1. Begünstigte Einkunftsarten

Der unbeschränkt oder beschränkt Steuerpflichtige kann die Tarifbegünstigung nach § 34a EStG für 1
Einkünfte aus Land- und Forstwirtschaft (§ 13 EStG), Gewerbebetrieb (§ 15 EStG) und selbständiger Arbeit (§ 18 EStG) für den nicht entnommenen Teil des Gewinns aus einem Einzelunternehmen oder aus einem Mitunternehmeranteil in Anspruch nehmen. Die Ermittlung des zu versteuernden Einkommens (§ 2 Abs. 5 EStG) bleibt durch § 34a EStG unberührt. Damit sind insbesondere die Regelungen über den Verlustausgleich und -abzug vorrangig zu beachten. Der Verlustausgleich und -abzug ist auch dann vorzunehmen, wenn für nicht entnommene Gewinne die Tarifbegünstigung nach § 34a EStG in Anspruch genommen wird. Durch § 34a EStG kann daher kein Verlustvortrag nach § 10d EStG generiert werden.

Bei Mitunternehmeranteilen kommt eine Inanspruchnahme des § 34a EStG für den Gewinnanteil des 2
Mitunternehmers aus der Mitunternehmerschaft, d. h. für den Anteil am Gewinn der Gesellschaft sowie aus etwaigen Ergänzungs- und Sonderbilanzen des Mitunternehmers in Betracht. Auch der persönlich haftende Gesellschafter einer Kommanditgesellschaft auf Aktien, der kein Mitunternehmer ist, jedoch wie ein Mitunternehmer zu behandeln ist, kann für seinen nicht entnommenen Gewinnanteil nach § 15 Abs. 1 Satz 1 Nr. 3 EStG die Tarifbegünstigung nach § 34a EStG in Anspruch nehmen.

2. Begünstigter Gewinn bei beschränkter Steuerpflicht

Abweichend von der Behandlung der unbeschränkt Steuerpflichtigen gilt für beschränkt Steuerpflichtige 3
Folgendes:

Bei beschränkt Steuerpflichtigen erstreckt sich die Anwendung des § 34a EStG auf die Gewinneinkünfte nach § 49 EStG (ggf. eingeschränkt durch ein Doppelbesteuerungsabkommen). Entnahmen und Einlagen, die nicht diesen Einkünften zugeordnet werden können, bleiben außer Ansatz. Zu grenzüberschreitenden Überführungen und Übertragungen vgl. Tz. 34 ff.

3. Veräußerungsgewinne

Für Veräußerungsgewinne, bei denen der Steuerpflichtige den Freibetrag nach § 16 Abs. 4 EStG oder die 4
Tarifermäßigung nach § 34 Abs. 3 EStG in Anspruch nimmt, ist eine Tarifbegünstigung nach § 34a EStG nicht möglich. Dies gilt auch für den Veräußerungsgewinn, der nach Abzug des Freibetrags nach § 16 Abs. 4 EStG zu versteuern ist, der bei Inanspruchnahme des § 34 Abs. 3 EStG die Höchstgrenze überschreitet oder nach § 3 Nr. 40 Satz 1 Buchst. b EStG dem Teileinkünfteverfahren unterliegt.

Eine Tarifbegünstigung nach § 34a EStG kommt jedoch in Betracht, soweit es sich um einen Ver- 5
äußerungsgewinn handelt, der nicht aus dem Unternehmen entnommen wurde (z. B. bei Veräußerung eines Teilbetriebs oder Veräußerung eines in einem Betriebsvermögen befindlichen Mitunternehmeranteils) und kein Antrag nach § 16 Abs. 4 oder § 34 Abs. 3 EStG gestellt wurde.

Sind sowohl die Voraussetzungen für eine Tarifbegünstigung nach § 34a EStG als auch die Voraus- 6
setzung für eine Begünstigung nach § 34 Abs. 1 EStG erfüllt, kann der Steuerpflichtige wählen, welche Begünstigung er in Anspruch nehmen will. Dies gilt auch für übrige Tarifermäßigungen (z. B. § 34b EStG).

4. Antragstellung

Der Antrag auf Tarifbegünstigung nach § 34a EStG ist grundsätzlich bei Abgabe der Einkommensteu- 7
ererklärung für jeden Betrieb oder Mitunternehmeranteil gesondert zu stellen. Dabei kann der Steuerpflichtige für jeden Betrieb oder Mitunternehmeranteil wählen, ob und in welcher Höhe er für den jeweils nicht entnommenen Gewinn die Tarifbegünstigung nach § 34a EStG in Anspruch nimmt. Der Antrag kann für jeden Betrieb oder Mitunternehmeranteil bis zur Höhe des nicht entnommenen Gewinns gestellt werden.

a) Antragstellung bei Einzelunternehmern

Einzelunternehmer können unabhängig von der Höhe des Gewinns nach § 4 Abs. 1 Satz 1 oder § 5 EStG 8
die Tarifbegünstigung nach § 34a EStG ganz oder teilweise in Anspruch nehmen.

b) Antragstellung bei Mitunternehmern

Jeder einzelne Mitunternehmer kann nur dann einen Antrag stellen, wenn die Beteiligung am Gewinn 9
(aus Gesamthands-, Sonder- und Ergänzungsbilanz) nach § 4 Abs. 1 Satz 1 oder § 5 EStG mehr als 10 %

Anlage § 034a–01

Zu § 34 EStG

oder mehr als 10.000 € beträgt. Der vertraglichen Gewinnverteilungsabrede kommt keine Bedeutung zu. Einer einheitlichen Antragstellung aller Mitunternehmer einer Personengesellschaft bedarf es nicht.

Beispiel:

A und B sind Mitunternehmer der AB-OHG. A ist zu 90 %, B ist nach der getroffenen Gewinnverteilungsabrede zu 10 % am Gesamthandsgewinn beteiligt. Der Gewinn nach § 4 Abs. 1 Satz 1 EStG aus dem Gesamthandsbereich beträgt 200.000 €. Es sind nicht abzugsfähige Betriebsausgaben in Höhe von 30.000 € angefallen. B hat in seiner Sonderbilanz aus der Vermietung eines Grundstücks an die AB-OHG einen Verlust von 12.000 € erzielt.

Der nach § 4 Abs. 1 S. 1 und § 5 EStG ermittelte Gewinn der Mitunternehmerschaft beträgt 188.000 € (200.000 € Gesamthand abzgl. 12.000 € Sonderbilanz des B; die nicht abzugsfähigen Betriebsausgaben haben den Gewinn nach § 4 Abs. 1 Satz 1 EStG gemindert.). Hieran ist B mit weniger als 10.000 € (20.000 € Gesamthandsbereich abzgl. 12.000 € aus Sonderbilanz = 8.000 €) und nicht zu mehr als 10% (8/188 = 4,25%) beteiligt, so dass die Anwendung des § 34a EStG nur für A (Gewinnanteil 180.000 €) zulässig ist.

c) Änderung des Antrags

10 Hinsichtlich der Änderung des Antrages nach § 34a Abs. 1 Satz 1 EStG gelten die allgemeinen Grundsätze zur Ausübung von Wahlrechten (vgl. Nr. 8 des AEAO vor §§ 172 – 177). Danach können nach Eintritt der Unanfechtbarkeit der Steuerfestsetzung Wahlrechte nur noch ausgeübt werden, soweit die Steuerfestsetzung nach §§ 129, 164, 165, 172 ff. AO oder nach entsprechenden Regelungen in den Einzelsteuergesetzen korrigiert werden kann; dabei sind die §§ 177 und 351 Abs. 1 AO zu beachten. Darüber hinaus kann der Antrag jederzeit noch bis zur Unanfechtbarkeit des Einkommensteuerbescheids für den folgenden Veranlagungszeitraum ganz oder teilweise zurückgenommen (§ 34a Abs. 1 Satz 4 EStG) werden.

II. Nicht entnommener Gewinn

11 Maßgeblich für die Tarifbegünstigung nach § 34a EStG ist der nach § 4 Abs. 1 Satz 1 oder § 5 EStG ermittelte Gewinn (einschließlich Ergebnisse aus Ergebnisabführungsverträgen in Organschaftsfällen oder steuerfreier Gewinnbestandteile wie z. B. steuerfreie Betriebsstättengewinne, steuerfreie Teileinkünfte oder Investitionszulage). Dieser Gewinn ist der Unterschiedsbetrag zwischen dem Betriebsvermögen am Schluss des Wirtschaftsjahrs und dem Betriebsvermögen am Schluss des vorangegangenen Wirtschaftsjahrs (§ 4 Abs. 1 Satz 1, 1. Halbsatz EStG), vermehrt um die Hinzurechnungen für privat veranlassten Wertabgaben, die das Betriebsvermögen gemindert haben (Entnahmen) und vermindert um die privat veranlassten Wertzuführungen, die das Betriebsvermögen erhöht haben (Einlagen, § 4 Abs. 1 Satz 1, 2. Halbsatz EStG). Im Gewinn nach § 4 Abs. 1 Satz 1 EStG sind auch noch die Beträge enthalten, die zur weiteren Ermittlung des steuerpflichtigen Gewinns außerhalb der Bilanz abgezogen (z. B. steuerfreie Gewinnanteile) oder hinzugerechnet (z. B. nicht abzugsfähige Betriebsausgaben) werden.

12 Bei Personengesellschaften umfasst der Gewinn nach § 4 Abs. 1 Satz 1 EStG auch die Korrekturen aufgrund von Ergänzungsbilanzen und die Ergebnisse der Sonderbilanzen der Mitunternehmer.

13 Der nicht entnommene Gewinn i. S. d. § 34a EStG wird durch Abzug des positiven Saldos aus Entnahmen und Einlagen (bei Mitunternehmeranteilen Entnahmen und Einlagen der Gesamthands-, Sonder- und Ergänzungsbilanzen) vom Gewinn nach § 4 Abs. 1 Satz 1 EStG ermittelt (maximaler Begünstigungsbetrag).

14 Entnahmen i. S. d. § 34a EStG sind die Entnahmen nach § 4 Abs. 1 Satz 2 i. V. m. § 6 Abs. 1 Nr. 4 EStG. Es wird nicht zwischen Bar-, Sach- und Nutzungsentnahmen unterschieden. Zur Behandlung von Entnahmen nach § 4 Abs. 1 Satz 3 EStG bei Überführung von Wirtschaftsgütern ins Ausland vgl. Tz. 34 ff.

1. Gewinnermittlungsart

15 Die Tarifbegünstigung nach § 34a EStG kann nur in Anspruch genommen werden, wenn der Gewinn durch Bestandsvergleich (§ 4 Abs. 1 Satz 1 oder § 5 EStG) ermittelt wird. Das Erfordernis der Gewinnermittlung durch Bestandsvergleich erstreckt sich auch auf etwaige im Betriebsvermögen gehaltene Beteiligungen an vermögensverwaltenden, land- und forstwirtschaftlichen, gewerblichen oder freiberuflichen Personengesellschaften (vgl. BFH-Beschluss vom 11. April 2005, BStBl. II S. 679). Es ist nicht erforderlich, dass die Untergesellschaft selbst ihren Gewinn nach § 4 Abs. 1 Satz 1 oder § 5 EStG ermittelt. Jedoch muss die Obergesellschaft ihren Gewinn aus der Untergesellschaft nach § 4 Abs. 1 Satz 1 oder § 5 EStG ermitteln.

Bei Gewinnermittlung durch Einnahmenüberschussrechnung (§ 4 Abs. 3 EStG) oder bei pauschalierten Gewinnermittlungen (§§ 5a, 13a EStG) ist eine ermäßigte Besteuerung nicht möglich.

Zu § 34 EStG **Anlage § 034a–01**

2. Nicht abzugsfähige Betriebsausgaben

Die nach § 4 Abs. 4a, 5, 5a und 5b und § 4h EStG nicht abzugsfähigen Betriebsausgaben haben den nach 16 § 4 Abs. 1 Satz 1 oder § 5 EStG ermittelten Gewinn gemindert, da sie außerbilanziell hinzuzurechnen sind. Soweit der steuerpflichtige Gewinn also auf Betriebsausgabenabzugsverboten beruht, kann keine Tarifbegünstigung nach § 34a EStG in Anspruch genommen werden.

Beispiel:

Der Gewinn (§ 4 Abs. 1 Satz 1 oder § 5 EStG) des Unternehmens beträgt 330.000 €. Es sind nicht abzugsfähige Betriebsausgaben (§ 4 Abs. 5 EStG) von 45.000 € angefallen. Der Unternehmer hat 70.000 € entnommen. Einlagen wurden in Höhe von 10.000 € getätigt.

Der nicht entnommene Gewinn beträgt 270.000 € (330.000 € abzgl. Saldo Entnahmen (70.000 €) und Einlagen (10.000 €) (60.000 €)). Der steuerpflichtige Gewinn beträgt 375.000 € (330.000 € zzgl. 45.000 € nicht abzugsfähige Betriebsausgaben). Der Steuerpflichtige kann einen Antrag nach § 34a EStG für einen Gewinn bis zu 270.000 € stellen.

3. Steuerfreie Gewinnanteile

Steuerfreie Gewinnanteile sind Bestandteil des Steuerbilanzgewinns, können aufgrund ihrer Steuer- 17 freiheit jedoch selbst nicht Gegenstand der Tarifbegünstigung nach § 34a EStG sein. Bei der Ermittlung des nicht entnommenen Gewinns gelten sie jedoch als vorrangig entnommen.

Beispiel:

Der Gewinn (§ 4 Abs. 1 Satz 1 oder § 5 EStG) des Unternehmens beträgt 330.000 €. Hierin sind steuerfreie Gewinnanteile (z. B. nach § 3 Nr. 40 EStG) von 50.000 € enthalten. Der Unternehmer hat 70.000 € entnommen. Einlagen wurden nicht getätigt.

Der nicht entnommene Gewinn beträgt 260.000 € (330.000 € abzgl. 70.000 € Entnahmen). Der steuerpflichtige Gewinn beträgt 280.000 € (330.000 € abzgl. 50.000 € steuerfreie Gewinnanteile). Der Steuerpflichtige kann einen Antrag nach § 34a EStG für einen Gewinn bis zu 260.000 € stellen.

4. Ausländische Betriebsstätten

Einkünfte ausländischer Betriebsstätten sind im Rahmen des Betriebsvermögensvergleichs des Ge- 18 samtunternehmens zu erfassen und führen zu einem um die ausländischen Gewinnanteile erhöhten oder verminderten Gewinn nach § 4 Abs. 1 Satz 1 oder § 5 EStG. Damit beeinflussen ausländische Betriebsstättenergebnisse unmittelbar den nicht entnommenen Gewinn des (inländischen) Betriebes. Soweit die Gewinne aus ausländischen Betriebsstätten steuerfrei (z. B. aufgrund eines Doppelbesteuerungsabkommens) gestellt sind, können sie – wie die anderen steuerfreien Gewinnanteile – nicht Gegenstand der Tarifbegünstigung nach § 34a EStG sein. Vergleiche im Übrigen Tz. 34 ff.

5. Abweichendes Wirtschaftsjahr

Bei Personenunternehmen, die Einkünfte aus Gewerbebetrieb beziehen und ein abweichendes Wirt- 19 schaftsjahr haben, gilt der Gewinn in dem Veranlagungsjahr als bezogen, in dem das Wirtschaftsjahr endet (§ 4a Abs. 2 Nr. 2 EStG). Eine Aufteilung des Gewinns des Wirtschaftsjahrs 2007/2008 sowie der Entnahmen und Einlagen für Zwecke des § 34a EStG ist nicht vorzunehmen. Daher kann die Tarifbegünstigung nach § 34a EStG auch schon für den gesamten Gewinn des Wirtschaftsjahrs 2007/2008 beantragt werden, wenn die übrigen Voraussetzungen erfüllt sind.

Dagegen ist der Gewinn bei Personenunternehmen, die Einkünfte aus Land- und Forstwirtschaft erzielen und ein abweichendes Wirtschaftsjahr haben, auf die Kalenderjahre, in denen das Wirtschaftsjahr beginnt und endet, zeitanteilig aufzuteilen (§ 4a Abs. 2 Nr. 1 EStG). Die Entnahmen und Einlagen sind dabei für Zwecke des § 34a EStG ebenfalls zeitanteilig auf die betreffenden Kalenderjahre aufzuteilen. Der Antrag nach § 34a Abs. 1 EStG kann somit auch nur für den danach auf das jeweilige Kalenderjahr entfallenden nicht entnommenen Gewinn gestellt werden.

6. Nicht entnommener Gewinn bei Personengesellschaften

Bei Mitunternehmeranteilen werden sowohl die Entnahmen und Einlagen des Gesamthandsvermögens 20 als auch die des Sonderbetriebsvermögens berücksichtigt. Deren Ermittlung erfolgt für Zwecke des § 34a EStG mitunternehmeranteilsbezogen, d. h. eine Entnahme des Mitunternehmers aus dem Betriebsvermögen der Mitunternehmerschaft mindert den nicht entnommenen Gewinn nur, wenn sie in sein Privatvermögen oder in ein anderes Betriebsvermögen erfolgt.

Die Übertragung eines Wirtschaftsguts aus dem Gesamthandsvermögen einer Mitunternehmerschaft in das Sonderbetriebsvermögen eines Mitunternehmers bei derselben Mitunternehmerschaft (und umgekehrt) hat keinen Einfluss auf die Höhe des nicht entnommenen Gewinns dieses Mitunternehmeranteils. Die Zahlung von Sondervergütungen i. S. v. § 15 Abs. 1 Satz 1 Nr. 2 Satz 1, 2. Halbsatz EStG an einen

Anlage § 034a–01

Zu § 34 EStG

Mitunternehmer führt nur dann zu einer Entnahme i. S. d. § 34a EStG, wenn die Zahlung ins Privatvermögen (z. B. auf ein privates Bankkonto des Mitunternehmers) erfolgt.

7. Nicht entnommener Gewinn bei doppel- und mehrstöckigen Personengesellschaften

21 Bei doppel- und mehrstöckigen Personengesellschaften ist für den Mitunternehmer der Obergesellschaft nur ein einheitlicher begünstigter Gewinn zu ermitteln, der neben dem Gewinn aus der Obergesellschaft – einschließlich der Ergebnisse aus Ergänzungs- und Sonderbilanzen – auch die Ergebnisse aus einer etwaigen Sonderbilanz nach § 15 Abs. 1 Satz 1 Nr. 2 Satz 2 EStG bei der Untergesellschaft umfasst. Entnahmen des Mitunternehmers bei der Obergesellschaft sind zu addieren mit Entnahmen, die von ihm aus seinem Sonderbetriebsvermögen bei der Untergesellschaft (§ 15 Abs. 1 Satz 1 Nr. 2 Satz 2 EStG) getätigt werden. Gleiches gilt für Einlagen.

Zahlungen zwischen der Obergesellschaft und der Untergesellschaft haben keinen Einfluss auf das Begünstigungsvolumen.

Beispiel:

An der X-KG (Obergesellschaft) ist A zu 50 % als Mitunternehmer beteiligt. Die X-KG ist ihrerseits an der Y-OHG (Untergesellschaft) beteiligt. Die X-KG erzielt (einschließlich des von der Y-OHG stammenden Gewinnanteils) einen Gewinn von 80.000 €, der A zur Hälfte zugerechnet wird. A erzielt aus einem an die Y-OHG vermieteten Grundstück (Sonderbetriebsvermögen des A bei der Y-OHG) einen Gewinn von 5.000 €. Die gesamten Mietzahlungen der Y-OHG in Höhe von 20.000 € hat A privat verwendet. Aus der X-KG hat A 15.000 € entnommen. Weitere Entnahmen oder Einlagen wurden nicht getätigt.

Der nicht entnommene Gewinn des A beträgt 10.000 € (40.000 € Gewinnanteil Obergesellschaft zzgl. 5.000 € Gewinn aus dem Sonderbetriebsvermögen bei der Untergesellschaft) = 45.000 € Gewinn nach § 4 Abs. 1 Satz 1 EStG abzgl. Saldo aus Entnahmen (15.000 € aus Obergesellschaft zzgl. 20.000 € aus Sonderbetriebsvermögen bei der Untergesellschaft = 35.000 €) und Einlagen (0 €)).

III. Begünstigungsbetrag/ Nachversteuerungspflichtiger Betrag

22 Aus der Ausgangsgröße des nicht entnommenen Gewinns werden zunächst der Begünstigungsbetrag (§ 34a Abs. 3 Satz 1 EStG) und daraus der nachversteuerungspflichtige Betrag entwickelt (§ 34a Abs. 3 Satz 2 EStG).

1. Begünstigungsbetrag

23 Der Begünstigungsbetrag ist der Teil des nicht entnommenen Gewinns, für den der Steuerpflichtige einen Antrag nach § 34a Abs. 1 EStG stellen kann und diesen auch gestellt hat. Der Begünstigungsbetrag ist die Bemessungsgrundlage für die Steuer nach § 34a Abs. 1 Satz 1 EStG.

Beispiel:

Der nicht entnommene Gewinn (§ 34a Abs. 2 EStG) beträgt 150.000 €. Der Steuerpflichtige stellt einen Antrag nach § 34a Abs. 1 Satz 1 EStG für 60.000 €.

Der Begünstigungsbetrag (§ 34a Abs. 3 Satz 1 EStG) beträgt 60.000 €.

Der Steuerpflichtige muss 90.000 € mit dem progressiven persönlichen Steuersatz (Bemessungsgrundlage verbleibendes z. v. E. nach Abzug des nach § 34a EStG begünstigt zu versteuernden Gewinns) versteuern. Für den Begünstigungsbetrag zahlt er 16.950 € (28,25 % v. 60.000 €) ESt zzgl. 932,25 € (5,5 % v. 16.950 €) SolZ.

2. Nachversteuerungspflichtiger Betrag des Veranlagungszeitraums

24 Der nachversteuerungspflichtige Betrag des Betriebs oder Mitunternehmeranteils für den laufenden Veranlagungszeitraum wird aus dem Begünstigungsbetrag durch Abzug der auf den Begünstigungsbetrag entfallenden Steuerbelastung (ESt und SolZ, nicht jedoch der KiSt) ermittelt. Der Betrag ist Euro und Cent genau zu ermitteln.

Beispiel:

Der Steuerpflichtige hat für 60.000 € seines im Jahr 01 nicht entnommenen Gewinns die Tarifbegünstigung nach § 34a EStG beantragt (wie voriges Beispiel).

Zu § 34 EStG **Anlage § 034a–01**

Der nachversteuerungspflichtige Betrag des Jahres 01 ermittelt sich wie folgt:

Begünstigungsbetrag	60.000,00 €
Abzgl. ESt (28,25 % von 60.000 €)	16.950,00 €
Abzgl. SolZ (5,5 % von 16.950 €)	932,25 €
Nachversteuerungspflichtiger Betrag	42.117,75 €

3. Ermittlung des nachversteuerungspflichtigen Betrags zum Ende des Veranlagungszeitraums

Der nachversteuerungspflichtige Betrag ist jährlich fortzuschreiben und zum Ende des Veranlagungszeitraums für jeden Betrieb und Mitunternehmeranteil gesondert festzustellen (§ 34a Abs. 3 Satz 3 EStG). In den Fällen des § 34a Abs. 7 EStG (vgl. Tz. 47) ist der nachversteuerungspflichtige Betrag zum Ende des Tages vor dem steuerlichen Übertragungsstichtag festzustellen. 25

Die Ermittlung und Fortschreibung des nachversteuerungspflichtigen Betrags (§ 34a Abs. 3 Satz 2 EStG) wird durch das nachfolgende Schema veranschaulicht:

Nachversteuerungspflichtiger Betrag zum 31.12. des vorangegangenen Veranlagungszeitraums

zzgl. nachversteuerungspflichtiger Betrag des laufenden Veranlagungszeitraums (§ 34a Abs. 3 EStG)

zzgl. auf diesen Betrieb oder Mitunternehmeranteil von einem anderen Betrieb oder Mitunternehmeranteil desselben Steuerpflichtigen übertragener nachversteuerungspflichtiger Betrag (§ 34a Abs. 5 EStG)

abzgl. Nachversteuerungsbetrag des laufenden Veranlagungszeitraums (§ 34a Abs. 4, 5 und 6 EStG)

abzgl. auf einen anderen Betrieb oder Mitunternehmeranteil von diesem Betrieb oder Mitunternehmeranteil übertragener nachversteuerungspflichtiger Betrag (§ 34a Abs. 5 EStG)

= Nachversteuerungspflichtiger Betrag zum 31.12. des Veranlagungszeitraums

IV. Nachversteuerung (§ 34a Abs. 4 EStG)

Liegt in späteren Jahren der positive Saldo von Entnahmen und Einlagen über dem Gewinn dieses Jahres, ist nach § 34a Abs. 4 EStG insoweit eine Nachversteuerung des festgestellten nachversteuerungspflichtigen Betrags durchzuführen. 26

1. Nachversteuerungsbetrag

Es kommt grundsätzlich zur Nachversteuerung, wenn der positive Saldo von Entnahmen und Einlagen im Wirtschaftsjahr den (positiven) Gewinn nach § 4 Abs. 1 Satz 1 oder § 5 EStG dieses Wirtschaftsjahrs übersteigt (Entnahmenüberhang). Im Fall eines Verlustes ist der Entnahmenüberhang so hoch wie der positive Saldo von Entnahmen und Einlagen. In Höhe des Entnahmenüberhangs entsteht ein Nachversteuerungsbetrag (Ausnahme: Entnahmen zur Zahlung von Erbschaft-/ Schenkungsteuer, vgl. Tz. 30 und Fälle des § 34a Abs. 5 Satz 2 EStG, vgl. Tz. 32 und 33). Die Nachversteuerung wird in Höhe des Nachversteuerungsbetrags (max. in Höhe des festgestellten nachversteuerungspflichtigen Betrags) mit einem festen Steuersatz von 25 % zzgl. Solidaritätszuschlag und ggf. Kirchensteuer neben der Versteuerung des zu versteuernden Einkommens des laufenden Veranlagungszeitraums mit dem persönlichen Steuersatz vorgenommen. 27

Beispiel:

Der Steuerpflichtige hat im Jahr 04 einen Gewinn nach § 4 Abs. 1 Satz 1 EStG i. H. v. 8.000 €. Die Entnahmen betragen 50.000 €. Der für das Vorjahr festgestellte nachversteuerungspflichtige Betrag beträgt 60.000 €. Einlagen wurden nicht getätigt.

Der Steuerpflichtige muss den laufenden Gewinn des Jahres (8.000 €) nach § 32a EStG versteuern. Der Entnahmenüberhang beträgt 42.000 €, für die er 10.500 € ESt (25 % von 42.000 €) und 577,50 € SolZ zahlen muss. Der nachversteuerungspflichtige Betrag zum 31.12.04 ist i. H. v. 18.000 € festzustellen.

Bei der Ermittlung des Entnahmenüberhangs sind außerbilanzielle Hinzurechnungen (z. B. nicht abzugsfähige Betriebsausgaben) nicht zu berücksichtigen. 28

Beispiel:

Der Steuerpflichtige hat im Jahr 04 einen Gewinn nach § 4 Abs. 1 Satz 1 EStG i. H. v. 60.000 €. Es sind nicht abzugsfähige Betriebsausgaben nach § 4 Abs. 5 EStG i. H. v. 30.000 € entstanden. Die Entnahmen betragen 80.000 €. Der für das Vorjahr festgestellte nachversteuerungspflichtige Betrag beträgt 60.000 €. Einlagen wurden nicht getätigt.

Der Steuerpflichtige muss den laufenden Gewinn des Jahres (90.000 € (60.000 € zzgl. nichtabzugsfähige Betriebsausgaben von 30.000 €)) nach § 32a EStG versteuern. Der Entnahmenüberhang be-

Anlage § 034a–01 Zu § 34 EStG

trägt 20.000 € (60.000 € abzgl. 80.000 €), für die er 5.000 € ESt (25 % von 20.000 €) und 275 € SolZ zahlen muss. Der nachversteuerungspflichtige Betrag zum 31.12.04 ist i. H. v. 40.000 € festzustellen.

2. Verwendungsreihenfolge

29 Die Verwendungsreihenfolge des positiven Saldos aus Entnahmen und Einlagen ist wie folgt aufgebaut:
1. positiver steuerfreier Gewinn des laufenden Jahres
2. positiver steuerpflichtiger Gewinn des laufenden Jahres
3. nicht entnommene und nach § 34a EStG begünstigte Gewinne der Vorjahre (= Nachversteuerungspflichtiger Gewinn der Vorjahre)
4. steuerfreie und nicht entnommene mit dem persönlichen Steuersatz versteuerte Gewinne der Vorjahre.

3. Entnahmen zur Zahlung von Erbschaft-/ Schenkungsteuer

30 Eine Nachversteuerung nach § 34a Abs. 4 Satz 1 EStG ist nicht durchzuführen, soweit sie durch Entnahmen für die Erbschaft-/ Schenkungsteuer anlässlich der Übertragung des Betriebs oder Mitunternehmeranteils ausgelöst wird. Die Erbschaft-/ Schenkungsteuer anlässlich der Übertragung des Betriebs oder Mitunternehmeranteils berechnet sich wie folgt:

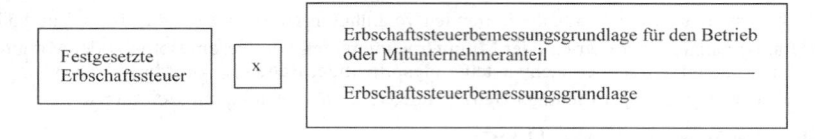

$$\text{Festgesetzte Erbschaftssteuer} \times \frac{\text{Erbschaftssteuerbemessungsgrundlage für den Betrieb oder Mitunternehmeranteil}}{\text{Erbschaftssteuerbemessungsgrundlage}}$$

31 Entnahmen für die Erbschaft-/ Schenkungsteuer sind bei der Ermittlung des nicht entnommenen Gewinns des laufenden Wirtschaftsjahrs zu berücksichtigen (vgl. Tz. 11). Die Regelung des § 34a Abs. 4 Satz 1 EStG lässt diese nur bei der Ermittlung des Nachversteuerungsbetrags unberücksichtigt.

Eine Entnahme aus einem Betrieb für die Erbschaftsteuer eines anderen Betriebsvermögens desselben Steuerpflichtigen fällt nicht unter die Ausnahmeregelung und führt daher im Fall des Entnahmenüberhangs zur Nachversteuerung beim Betrieb, bei dem die Entnahme getätigt wurde.

Wird die Erbschaft-/ Schenkungsteuer nur teilweise aus dem Betrieb entnommen, gilt die Entnahme vorrangig als für die auf den Betrieb oder Mitunternehmeranteil entfallende Erbschaft-/ Schenkungsteuer getätigt.

Beispiel:
Die Erbschaftsteuer beträgt insgesamt 100.000 €, davon entfallen 50.000 € auf den geerbten Gewerbebetrieb. Zur Bezahlung der Erbschaftsteuer entnimmt der Steuerpflichtige 80.000 € aus dem Betrieb. Die restlichen 20.000 € werden aus privaten Mitteln beglichen. Der Gewinn des Betriebs beträgt 0 €. Es wurde ein nachversteuerungspflichtiger Betrag von 60.000 € für diesen Betrieb festgestellt.

Der Entnahmenüberhang beträgt 80.000 €. Davon entfallen 50.000 € auf die Entnahme für Erbschaftsteuer (§ 34a Abs. 4 Satz 1 EStG). Es sind daher lediglich 30.000 € nachzuversteuern.

V. Übertragungen und Überführungen von einzelnen Wirtschaftsgütern

1. Entnahmereihenfolge bei Übertragung oder Überführung von einzelnen Wirtschaftsgüter (§ 34a Abs. 5 EStG)

32 Es besteht nach § 34a Abs. 5 Satz 2 EStG die Möglichkeit, bei Übertragungen und Überführungen von einzelnen Wirtschaftsgütern zum Buchwert in ein anderes Betriebsvermögen nach § 6 Abs. 5 ESG statt einer Nachversteuerung beim Ursprungsbetrieb den (anteiligen) nachversteuerungspflichtigen Betrag auf das übernehmende Unternehmen zu übertragen.

§ 34a Abs. 5 Satz 2 EStG ist nicht anzuwenden, wenn Geldbeträge von einem Betrieb oder Mitunternehmeranteil in einen anderen Betrieb oder Mitunternehmeranteil des Steuerpflichtigen unter den Voraussetzungen des § 6 Abs. 5 EStG überführt oder übertragen werden.

Ist in späteren Wirtschaftsjahren nach § 6 Abs. 5 Satz 4 oder 6 EStG für den Übertragungs-/Überführungsvorgang auf Grund eines schädlichen Ereignisses rückwirkend der Teilwert anzusetzen, ist insoweit die Übertragung des nachversteuerungspflichtigen Betrags rückgängig zu machen.

Zu § 34 EStG **Anlage § 034a–01**

Beispiel:

Der Steuerpflichtige überführt in 01 ein Grundstück (Buchwert 200.000 €) zum Buchwert von seinem Einzelunternehmen in das Sonderbetriebsvermögen einer Personengesellschaft, an der er beteiligt ist. Der Steuerpflichtige tätigt in 01 übrige Entnahmen i. H. v. 60.000 €. Der Gewinn seines Einzelunternehmens beträgt in 01 40.000 €. Der nachversteuerungspflichtige Betrag des Einzelunternehmens zum 31.12.00 beträgt 300.000 €. Einlagen wurden nicht getätigt.

Die Gesamtentnahmen des Steuerpflichtigen betragen 260.000 €. Der Nachversteuerungsbetrag nach § 34a Abs. 4 EStG beträgt zunächst 220.000 € (260.000 € Entnahmen abzgl. 40.000 € Gewinn). Auf Antrag des Steuerpflichtigen können 200.000 € (= Buchwert des überführten Grundstücks) auf den nachversteuerungspflichtigen Betrag des Mitunternehmeranteils übertragen werden. Es verbleiben 20.000 €, die der Nachversteuerung mit 25 % unterliegen (= 5.000 €). Der nachversteuerungspflichtige Betrag des Einzelunternehmens zum 31.12.01 beträgt 80.000 € (300.000 € abzgl. 200.000 € Übertragung abzgl. 20.000 € Nachversteuerung).

Der übertragungsfähige nachversteuerungspflichtige Betrag i. S. d. § 34a Abs. 5 EStG ist der nach Be- 33 rücksichtigung der übrigen Entnahmen und hierauf nach § 34a Abs. 4 EStG erfolgender Nachversteuerungen verbleibende nachversteuerungspflichtige Betrag, maximal jedoch der Buchwert.

Beispiel:

Der Steuerpflichtige überführt in 01 ein Grundstück (Buchwert 200.000 €) zum Buchwert von seinem Einzelunternehmen in das Sonderbetriebsvermögen einer Personengesellschaft, an der er beteiligt ist. Der Steuerpflichtige tätigt in 01 übrige Entnahmen i. H. v. 60.000 €. Der Gewinn seines Einzelunternehmens beträgt in 01 0 €. Der nachversteuerungspflichtige Betrag des Einzelunternehmens zum 31.12.00 beträgt 150.000 €. Einlagen wurden nicht getätigt.

Die Gesamtentnahmen des Steuerpflichtigen betragen 260.000 €. Der Entnahmenüberhang nach § 34a Abs. 4 EStG beträgt (zunächst) 260.000 €, da ein Gewinn nicht erzielt wurde. Der Steuerpflichtige muss 60.000 € nachversteuern, da der Entnahmenüberhang insoweit auf den übrigen Entnahmen beruht. Auf Antrag des Steuerpflichtigen können 90.000 € (= Buchwert des überführten Grundstücks (200.000 €, maximal jedoch verbleibender nachversteuerungspflichtiger Betrag (150.000 € abzgl. Nachversteuerungsbetrag 60.000 €) auf den nachversteuerungspflichtigen Betrag des Mitunternehmeranteils übertragen werden. Der nachversteuerungspflichtige Betrag des Einzelunternehmens zum 31.12.01 beträgt 0 € (150.000 € abzgl. 60.000 € Nachversteuerungsbetrag abzgl. 90.000 € Übertragungsbetrag).

2. Grenzüberschreitende Überführungen und Übertragungen von Wirtschaftsgütern

Entnahmen i. S. d. § 4 Abs. 1 Satz 3 ff. EStG aufgrund der Überführung oder Übertragung von Wirt- 34 schaftsgütern aus einem inländischen Betriebsvermögen in ein ausländisches Betriebsvermögen desselben Steuerpflichtigen sind grundsätzlich auch bei der Ermittlung des nicht entnommenen Gewinns und des Entnahmenüberhangs i. S. d. § 34a EStG zu berücksichtigen. Gleiches gilt für Einlagen i. S d. § 4 Abs. 1 Satz 7 EStG aufgrund der Überführung oder Übertragung aus einem ausländischen Betriebsvermögen in ein inländisches Betriebsvermögen desselben Steuerpflichtigen. Dabei sind jedoch folgende Fallgruppen zu unterscheiden:

a. Überführungen innerhalb eines Betriebs oder Mitunternehmeranteils

Bei unbeschränkt Steuerpflichtigen wirkt sich die Überführung eines Wirtschaftsguts von einer inlän- 35 dischen in eine ausländische Betriebsstätte nicht auf den Gewinn des Gesamtunternehmens aus, da der Entnahme aus der inländischen Betriebsstätte eine korrespondierende Einlage in die ausländische Betriebsstätte gegenübersteht. Entsprechendes gilt für die Überführung eines Wirtschaftsguts von einer ausländischen in eine inländische Betriebsstätte.

Bei beschränkt Steuerpflichtigen ist die Anwendung des § 34a EStG begrenzt auf den nicht entnomme- 36 nen Gewinn/den Entnahmenüberhang der inländischen Betriebsstätte (vgl. Tz. 3). Die der Einlage in die inländische Betriebsstätte vorhergehende Entnahme aus dem ausländischen Betriebsvermögen oder die der Entnahme aus der inländischen Betriebsstätte nachfolgenden Einlage in das ausländische Betriebsvermögen bleibt infolge der in Satz 1 beschriebenen Begrenzung unberücksichtigt.

b. Überführungen und Übertragungen zwischen mehreren Betrieben oder Mitunternehmeranteilen

Die Überführung eines Wirtschaftsguts von einem inländischen Betrieb in einen anderen, im Ausland 37 belegenen Betrieb desselben unbeschränkt Steuerpflichtigen ist eine Entnahme aus dem inländischen und eine Einlage in den ausländischen Betrieb. Eine Zusammenfassung ist – wie bei reinen Inlandsvorgängen – nicht zulässig. Entsprechendes gilt für die Überführung eines Wirtschaftsguts von einem

2021

Anlage § 034a–01　　　　　　　　　　　　　　　　　　　　　　　　　　　Zu § 34 EStG

ausländischen Betrieb in einen anderen, im Inland belegenen Betrieb desselben unbeschränkt Steuerpflichtigen.

38　Bei beschränkt Steuerpflichtigen haben derartige Vorgänge nur Bedeutung für den nicht entnommenen Gewinn/den Entnahmenüberhang der inländischen Betriebsstätte. Infolge der in Tz. 36 Satz 1 beschriebenen Begrenzung auf den nicht entnommenen Gewinn/den Entnahmenüberhang der inländischen Betriebsstätte sind die Verhältnisse im Ausland ohne Bedeutung.

39　Die grenzüberschreitende Übertragung eines Wirtschaftsguts aus dem oder in das Gesamthandsvermögen einer Personengesellschaft steht der grenzüberschreitenden Überführung aus einem oder in einen Betrieb gleich. Insoweit gelten die Ausführungen in Tz. 37 entsprechend.

c. Grenzüberschreitende Überführungen und Übertragungen bei Einkünften aus Land- und Forstwirtschaft und selbständiger Arbeit

40　Die vorstehenden Grundsätze gelten sinngemäß für Einkünfte aus Land- und Forstwirtschaft und selbständiger Arbeit.

VI. Nachversteuerungsfälle nach § 34a Abs. 6 EStG

41　Nach § 34a Abs. 6 EStG ist eine Nachversteuerung auch in den folgenden Fällen durchzuführen:
   – Betriebsaufgaben (einschl. Realteilung nach § 16 Abs. 3 Satz 2 bis 4 EStG), -veräußerungen (vgl. Tz. 42)
   – Umwandlungsfälle (vgl. Tz. 43)
   – Wechsel der Gewinnermittlungsart (vgl. Tz. 44)
   – Antrag des Steuerpflichtigen (freiwillige Nachversteuerung) (vgl. Tz. 45).

1. Betriebsaufgabe, -veräußerung

42　Wird ein ganzer Betrieb oder ein ganzer Mitunternehmeranteil vollständig aufgegeben, real geteilt oder veräußert (§ 16 EStG), entfällt die Grundlage für die Tarifbegünstigung nach § 34a EStG und damit die Möglichkeit, beim Steuerpflichtigen eine Nachversteuerung durchzuführen (§ 34a Abs. 6 Satz 1 Nr. 1 EStG). Der für diesen Betrieb oder Mitunternehmeranteil festgestellte nachversteuerungspflichtige Betrag ist in voller Höhe aufzulösen und nachzuversteuern. Dies gilt auch für die Fälle des § 16 Abs. 2 Satz 3 EStG.

Veräußert der Steuerpflichtige nur einen Teil seines Betriebs oder Mitunternehmeranteils oder einen Teilbetrieb, löst dies hingegen keine Nachversteuerung der zuvor nach § 34a EStG begünstigten Gewinne aus, da eine Nachversteuerung beim Steuerpflichtigen im Rahmen des verbleibenden Teils des Betriebs oder Mitunternehmeranteils weiterhin möglich ist.

2. Umwandlungsfälle

43　Eine Nachversteuerung in voller Höhe des festgestellten nachversteuerungspflichtigen Betrags ist bei Einbringung eines Betriebs oder Mitunternehmeranteils in eine Kapitalgesellschaft oder eine Genossenschaft sowie in den Fällen des Formwechsels einer Personengesellschaft in eine Kapitalgesellschaft oder Genossenschaft vorzunehmen (§ 34a Abs. 6 Satz 1 Nr. 2 EStG). Bei der Einbringung eines Teils eines Betriebs, eines Teilbetriebs oder eines Teils eines Mitunternehmeranteils gilt Tz. 42 2. Absatz entsprechend.

3. Wechsel der Gewinnermittlungsart

44　Beim Übergang von der Gewinnermittlung durch Betriebsvermögensvergleich zur Einnahmenüberschussrechnung oder zu einer pauschalierten Gewinnermittlung (z. B. § 5a EStG, § 13a EStG) ist der festgestellte nachversteuerungspflichtige Betrag ebenfalls in voller Höhe aufzulösen (§ 34a Abs. 6 Satz 1 Nr. 3 EStG).

4. Antrag auf Nachversteuerung

45　Eine Nachversteuerung des gesamten oder eines Teils des festgestellten nachversteuerungspflichtigen Betrags ist zudem durchzuführen, wenn der Steuerpflichtige dies beantragt (§ 34a Abs. 6 Satz 1 Nr. 4 EStG).

5. Stundung

46　Bei Nachversteuerungen nach § 34a Abs. 6 Satz 1 Nr. 1 und 2 EStG besteht die Möglichkeit, die nach § 34a Abs. 4 EStG geschuldete Steuer über einen Zeitraum von bis zu 10 Jahren zinslos zu stunden. Voraussetzung ist jedoch, dass die sofortige Begleichung der Steuer eine erhebliche Härte darstellen würde. Ob eine erhebliche Härte vorliegt, ist nach den Gesamtumständen des jeweiligen Einzelfalls nach den Grundsätzen des § 222 AO zu prüfen.

Eine Stundung nach § 34a Abs. 6 Satz 2 EStG ist bei Wechsel der Gewinnermittlungsart und bei freiwilliger Nachversteuerung nicht vorgesehen. Die Stundungsmöglichkeit nach § 222 AO bleibt unberührt.

VII. Fälle des § 6 Abs. 3 EStG und § 24 UmwStG

In den Fällen der unentgeltlichen Übertragung eines ganzen Betriebs oder eines ganzen Mitunternehmeranteils nach § 6 Abs. 3 EStG und den Fällen der Einbringung eines ganzen Betriebs oder eines ganzen Mitunternehmeranteils zu Buchwerten in eine Personengesellschaft nach § 24 UmwStG ist nach § 34a Abs. 7 EStG der für diesen Betrieb oder Mitunternehmeranteil festgestellte nachversteuerungspflichtige Betrag (vgl. Tz. 25) auf den neuen (Mit-)Unternehmer zu übertragen. Bei der Übertragung eines Teils eines Betriebs, eines Teilbetriebs oder eines Teils eines Mitunternehmeranteils verbleibt der nachversteuerungspflichtige Betrag in voller Höhe beim bisherigen (Mit-)Unternehmer. Erfolgt die Einbringung eines ganzen Betriebs oder eines ganzen Mitunternehmeranteils hingegen nicht zu Buchwerten, ist der nachversteuerungspflichtige Betrag im Jahr der Einbringung in voller Höhe nachzuversteuern.

Findet die unentgeltliche Übertragung des Betriebs oder Mitunternehmeranteils nicht zum Ende des Wirtschaftsjahres statt, ist eine Schlussbilanz auf den Zeitpunkt der Übertragung zu erstellen. Geschieht dies nicht, sind die Entnahmen und Einlagen des Wirtschaftsjahres der Übertragung vor dem Übertragungsstichtag dem Rechtsvorgänger und die Entnahmen und Einlagen des Wirtschaftsjahres der Übertragung nach dem Übertragungsstichtag dem Rechtsnachfolger zuzurechnen. Maßgeblich ist der tatsächliche Zeitpunkt der Entnahmen und Einlagen. Der Gewinn des Wirtschaftsjahres der Übertragung ist im Wege der Schätzung auf Rechtsvorgänger und Rechtsnachfolger aufzuteilen. Zur Feststellung des nachversteuerungspflichtigen Betrags vgl. Tz. 25 Satz 2.

Die Übertragung des nachversteuerungspflichtigen Betrags auf den Rechtsnachfolger kann vermieden werden, wenn der Rechtsvorgänger vor der Übertragung die Nachversteuerung nach § 34a Abs. 6 Satz 1 Nr. 4 EStG beantragt.

VIII. Anwendungszeitpunkt

Dieses Schreiben ist ab Veranlagungszeitraum 2008 anzuwenden.

Dieses Schreiben wird im Bundessteuerblatt Teil I veröffentlicht.

Anlage § 034c–01 Zu R 212a (Anlage 3 der EStR)

Verzeichnis
ausländischer Steuern in Nicht-DBA-Staaten, die der deutschen Einkommensteuer entsprechen

Äthiopien
income tax (Einkommen- und Körperschaftsteuer)

Afghanistan
income tax (Einkommen- und Körperschaftsteuer),
rent tax (Steuer auf Einkünfte aus Vermietung),
corporate tax (Körperschaftsteuer)

Albanien
individual income tax (Einkommensteuer),
Corporation profit tax (Körperschaftsteuer),
simplified profit tax (vereinfachte Gewinnsteuer).

Angola
imposto industrial (Steuer auf Einkünfte aus Gewerbebetrieb),
imposto sobre os rendimentos do trabalho (Steuer auf Einkünfte aus selbständiger und nichtselbständiger Arbeit),
imposto predial urbano (Steuer auf Einkünfte aus bebauten Grundstücken),
imposto sobre a aplіçаçасо de capitais (Steuer auf Einkünfte aus Kapitalvermögen)

Barbados
income and corporate tax (Einkommen- und Körperschaftsteuer)

Benin
l'impôt general sur le revenue (allgemeine Einkommensteuer)

Bhutan
tax deducted at source oder salary tax (Steuer auf Löhne und Gehälter),
health contribution (Einkommensteuer)

Botsuana
income tax (Einkommen- und Körperschaftsteuer)

Brasilien
imposto de renda da pessoas fisicas (Einkommensteuer),
imposto de renda da pessoas juridicas (Körperschaftsteuer),
imposto de renda retido da fonte (Einkommensteuer als Quellensteuer auf Einkünfte von Steuerausländern)

Brunei
income tax (Einkommensteuer)

Burkina Faso
impôt Unique sur les Traitements et Salaires – IUTS (Steuer auf Löhne und Gehälter)

Chile
impuesto a la renta (Einkommen- und Körperschaftsteuer),
impuesto global complementario (Zusatzsteuer auf das Gesamteinkommen), impuesto adicional (Zusatzsteuer auf Einkünfte von Steuerausländern)

China (Taiwan)
individual consolidated income tax (Einkommensteuer der natürlichen Personen), profit-seeking enterprise income tax (Einkommensteuer der gewerblichen Unternehmen)

China, Volksrepublik
(Special Administrative Region Hongkong) siehe Hongkong

Cookinseln
income tax (Einkommen- und Körperschaftsteuer)

Costa Rica
Impuesto sobres las utilidades (Steuer auf Einkünfte aus Gewerbebetrieb und selbständiger Arbeit),
Impuesto único sobre laimpuesto ús rentas del trabajo personal dependiente (Einkünfte aus nichtselbständiger Arbeit),
Impuesto sobre las remesas al exterior (Quellensteuer)

Zu R 212a (Anlage 3 der EStR) **Anlage § 034c–01**

Dominikanische Republik
impuesto sobre la renta (Einkommen- und Körperschaftsteuer),
contribucion adicional al impuesto sobre la renta (Zuschlag zur Einkommen- und Körperschaftssteuer)

El Salvador
impuesto sobre la renta (Einkommen- und Körperschaftsteuer)

Fidschi
income tax (Einkommen- und Körperschaftsteuer),
dividend tax (Quellensteuer auf Dividenden von Steuerinländern),
interest witholding tax (Quellensteuer auf Zinsen),
Non-resident dividend witholding tax (Quellensteuer auf Dividenden Steuerausländer)

Gabun
impôt general sur le revenu des personnes physiques (allgemeine Einkommensteuer),
impôt sur le revenu des valeurs mobilieres (Steuer auf Einkünfte aus Beteiligungen),
taxe complementaire sur les salaires (Zusatzsteuer auf Einkünfte aus nichtselbständiger Arbeit),
impôt sur les societes (Körperschaftsteuer)

Gambia
income tax (Einkommen- und Körperschaftsteuer);
capital gains tax (Steuer auf Veräußerungsgewinne)

Gibraltar
income tax (Einkommen- und Körperschaftsteuer)

Grönland
Akileraarutissaq/Indkomstskat, Aningaasariat (Einkommensteuer)

Guatemala
impuesto sobre la renta (Einkommen- und Körperschaftsteuer)

Guinea
impôt general sur le revenu (Einkommensteuer),
impôt sur les traitements et salaires (Steuer auf Einkünfte aus nichtselbständigerArbeit),
impôt sur les revenus non salariaux verses ä des non residents (Quellensteuer für Steuerausländer),
impôt sur les benefices industriels, commerciaux et non commerciaux (Steuer auf gewerbliche Einkünfte und auf Einkünfte aus selbständiger Arbeit),
impôt sur le revenu des capitaux mobiliers (Quellensteuer auf Kapitalerträge),
impôt sur les societes (Körperschaftsteuer)

Guyana
income tax (Einkommen- und Körperschaftsteuer),
Corporation tax (Körperschaftsteuer),
Capital gains tax (Steuer auf Veräußerungsgewinne)

Haiti
impôt sur le revenu (Einkommen- und Körperschaftsteuer)

Honduras
impuesto sobre la renta (Einkommen- und Körperschaftsteuer),
aportación solidaria temporal (Solidaritätszuschlag für Körperschaften)

Hongkong
Profits tax (Gewinnsteuer),
salaries tax (Lohnsteuer),
property tax (Steuer auf Mieteinkünfte)

Irak
income tax (Einkommen- und Körperschaftsteuer)

Jordanien
income tax (Einkommen- und Körperschaftsteuer),
social welfare tax (Zuschlag auf die Einkommensteuer,
university tax (Steuer auf ausschüttungsfähige Gewinne)

Anlage § 034c–01

Zu R 212a (Anlage 3 der EStR)

Kamerun
impôt sur le revenu des personnes physiques (Einkommensteuer),
impôt sur les societes (Körperschaftsteuer)

Katar
income tax (Körperschaftsteuer)

Kolumbien
impuesto sobre la renta (Einkommen- und Körperschaftssteuer einschließlich Zuschlag),
impuesto complementario des remesas (Zuschlag zur Einkommen- und Körperschaftsteuer bei Mittelabflüssen ins Ausland)
retencion en la fuente (Quellensteuer auf Dividenden, Zinsen, Lizenzen und technische Dienstleistungen)

Kongo
impôt sur le revenu des personnes physiques (Einkommensteuer),
impôt complementaire (Ergänzungsteuer zur Einkommensteuer),
impôt sur les societes (Körperschaftsteuer),
impôt sur le revenu des valeurs mobilieres (Steuern auf Kapitalerträge),
taxe immobileres sur les loyers (Steuer auf Mieteinkünfte),
impôt sur les plus-values resultant de la cession d'immeubles (Steuer auf Gewinne aus der Veräußerung von Grundvermögen)

Kongo, Demokratische Republik
impôt sur les revenus locatifs (Steuer auf Einkünfte aus Vermietung),
impôt mobilier (Steuer auf Kapitalerträge), impôt professionnel (Steuer auf Erwerbseinkünfte),
contribution sur les revenus des personnes physiques (Einkommensteuer)

Kuba
impuesto sobre utilidades (Gewinnsteuer); impuesto sobre ingresos personales (Einkommensteuer)

Lesotho
income tax (Einkommen- und Körperschaftsteuer), graded tax (Zusatzsteuer vom Einkommen)

Libanon
impôt sur le revenu (Einkommen- und Körperschaftsteuer),
impôt sur les immeubles bâtis (Steuer auf Mieteinkünfte),
Distribution tax (Sondersteuer auf Dividendenzahlungen)

Libyen
income tax (Einkommen- und Körperschaftsteuer),
defense-tax (Zusatzsteuer auf alle Einkommen außer solchen aus Landwirtschaft

Liechtenstein
Erwerbsteuer (Einkommensteuer),
Lohnsteuer,
Ertragsteuer (Körperschaftsteuer), Couponsteuer (Kapitalertragsteuer)

Macau
imposto professional (Einkommensteuer)

Madagaskar
impôt general sur le revenu (Einkommensteuer),
impôt sur les benefices des societes (Körperschaftsteuer),
impôt sur les revenus des capitaux mobiliers (Steuer auf Kapitalerträge),
impôt sur la plus-value immobiliere (Steuer auf Veräußerungsgewinne von Grundvermögen)

Malawi
income tax (Einkommen- und Körperschaftsteuer),
PAYE-tax (Lohnsteuer)

Mali
impôt general sur le revenu (Einkommensteuer)
impôt sur le benefice agricole (Steuer auf Einkünfte aus Land- und Forstwirtschaft)
impôt sur les revenus fonciers (Steuer auf Einkünfte aus Vermietung und Verpachtung)
impôt sur les revenus des valeurs mobilieres (Steuer auf Kapitalerträge)

impôt sur les benefices industriels et com-merciaux (Steuer auf gewerbliche und freiberufliche Einkünfte),
impôt sur les societes (Körperschaftsteuer)
Mauretanien
impôt general sur les revenus (Einkommensteuer),
impôt sur les benefices industriels et com-merciaux (Steuer auf gewerbliche Gewinne),
impôt sur les revenus des capitaux mobiliers (Steuer auf Kapitalerträge),
impôt sur les benefices non commerciaux (Steuer auf nichtgewerbliche Einkünfte),
impôt sur les traitements et salaires (Steuer auf Einkünfte aus nichtselbständiger Arbeit)
Monaco
impôt sur les benefices des activites industrielles et commerciales (Steuer auf gewerbliche Gewinne)
Mosambik
imposto de rendimento das pessoas singulares (Einkommensteuer),
Imposto sobre o rendimento das pessoas colectivas (Körperschaftsteuer)
Myanmar
income tax (Einkommen- und Körperschaftsteuer),
profits tax (Einkommensteuer)
Nepal
income tax (Einkommen- und Körperschaftsteuer),
Surcharge on income tax (Zusatzsteuer),
Tax on rental income (Steuer auf Einkünfte aus Vermietung und Verpachtung)
Nicaragua
impuesto sobre la renta (Einkommen- und Körperschaftsteuer)
Niederländische Antillen
inkomstenbelasting (Einkommensteuer),
winstbelasting (Körperschaftsteuer),
isular surcharge (Zusatzsteuer)
Niger
impôt general sur les revenus (Einkommensteuer),
impôt sur les benefices industriels, commerciaux et agricols (Steuer auf gewerbliche und landwirtschaftliche Einkünfte),
impôt sur les benefices des professions noncommerciales (Steuer auf nichtgewerbliche Einkünfte),
impôt sur les traitements publics et privés, les indemnites et emoluments, les salaires, les pensions ou indemnites annuelles et rentes viageres (Steuer auf öffentliche und private Bezüge, auf Entschädigungen, Löhne, Ruhegehälter, Leibrenten und Altersrenten),
impôt sur les revenus des capitaux mobiliers (Steuer auf Kapitalerträge)
Nigeria
personal income tax (Einkommensteuer),
companies income tax (Bundeskörperschaftsteuer),
Petroleum profits tax (Steuer auf Einkünfte von Erdölunternehmen),
capital gains tax (Veräußerungsgewinnsteuer)
Directors' fees tax (Einkommensteuer für Aufsichtsratsvergütungen),
education tax (Ergänzungsabgabe für Körperschaften)
Oman
Company income tax (Körperschaftsteuer),
profit tax on establishments (Gewinnsteuer auf Unternehmen).
Panama
impuesto sobre la renta (Einkommen- und Körperschaftsteuer),
impuesto complementario (Steuer auf nicht ausgeschüttete Gewinne von juristischen Personen)
impuesto sobre los dividendos (Quellensteuer auf Divideñen)
impuesto sobre la ganancia de capital (Steuer auf Veräußerungsgewinne von Anteilen an einer Kapitalgesellschaft)
Paraguay
impuesto a la renta del servicío de carácter personal (Allgemeine Einkommensteuer),

Anlage § 034c–01 Zu R 212a (Anlage 3 der EStR)

impuesto a la renta de actividades comercia-les, industriales o de servicios (Steuer auf gewerbliche Einkünfte),
impuesto a la renta de las actividades agro-pecuarias (Steuer auf Einkünfte aus Land-und Forstwirtschaft),
tributo único (Steuer auf gewerbliche Einkünfte natürlicher Personen)

Papua-Neuguinea

die Lohnsteuer (salary or wages tax),
die zusätzliche Gewinnsteuer auf steuerbare zusätzliche Gewinne aus dem Bergbau (additional Profits tax upon taxable additional profits from mining operations), ·
die zusätzliche Gewinnsteuer auf steuerbare zusätzliche Gewinne aus dem Erdölgeschäft (additional Profits tax upon taxable additional profits from petroleum operations),
die Steuer auf steuerbare spezifische Gewinne (specific gains tax upon taxable specific gains)
withholding tax on service fees including management and technical service fees (Einkommensteuer auf Vergütungen für Dienstleistungen inklusive Management und technische Dienstleistungen)

Peru

impuesto a la renta (Einkommen- und Körperschaftsteuer)

Puerto Rico

income tax (Einkommen- und Körperschaftsteuer),
surtax (Zusatzsteuer)

Ruanda

income tax (Einkommen- und Körperschaftsteuer),
PAYE-tax (Lohnsteuer),
rental income tax (Steuer auf Einkünfte aus Vermietung und Verpachtung),
Loans tax (Steuer auf Kapitalerträge)

Salomonen

withholding tax (Abzugsteuer) auf Dividendenerträge

San Marino

Imposta Generale sui Redditi (Einkommen-und Körperschaftsteuer)

Saudi-Arabien

income tax (Einkommen- und Körperschaftsteuer)

Senegal

impôt sur le revenu des personnes physiques (Einkommensteuer),
impôt sur les societes (Körperschaftsteuer)

Seychellen

Business tax (Einkommen- und Körperschaftsteuer)

Sierra Leone

income tax (Einkommen- und Körperschaftsteuer),
diamond industry profit tax (Sondersteuer für die Diamantenindustrie)

Somalia

income tax (Einkommen- und Körperschaftsteuer)

Sudan

income tax (Einkommen- und Körperschaftsteuer),
capital gains tax (Steuer auf Veräußerungsgewinne)

Suriname

inkomstenbelasting (Einkommen- und Körperschaftsteuer)

Swasiland

income tax (Einkommen- und Körperschaftsteuer),
Graded tax (Zusatzsteuer zur Einkommensteuer),
Branch profits tax (Zusatzsteuer zur Körperschaftsteuer für nicht ansässige Kapitalgesellschaften),
Non-resident tax on interest (Steuer auf Zinserträge Nichtansässiger) non-resident shareholder tax on dividends (Steuer auf Dividenden der Nichtansässigen)

Syrien, Arabische Republik
income tax on commercial, industrial, and non-commercial profits (Einkommen- und Körperschaftsteuer),
income tax on salaries and wages (Einkommensteuer auf Einkünfte aus nichtselbständiger Arbeit),
income tax on non-residents (Einkommensteuer der Steuerausländer),
income tax on revenue of movable and im-movable capital (Steuer auf Kapital. Und Grundvermögen)

Taiwan
siehe China (Taiwan)

Tansania, Vereinigte Republik
income tax (Einkommen- und Körperschaftsteuer),
capital gains tax (Steuer auf Veräußerungsgewinne)

Togo
impôt general sur le revenu des personnes physiques (Einkommensteuer),
impôt sur les societes (Körperschaftsteuer),
Taxe complementaire (Zusatzsteuer zur Einkommensteuer),
taxe sur le salaire (Lohnsteuer)

Uganda
income tax (Einkommen- und Körperschaftsteuer),
branch profits tax (Zuschlag zur Körperschaftsteuer),
graduated tax (Lokale Einkommensteuer)

Anlage § 035–01

Zu § 35 EStG

Anrechnung der Gewerbesteuer auf die Einkommensteuer – Anwendungsschreiben zu § 35 EStG in der ab 2008 geltenden Fassung

– BdF-Schreiben vom 24.02.2009 – IV C 6 – S 2296-a/08/10002, 2007/0220243 (BStBl. I S. 440) unter Berücksichtigung der Änderungen durch das BdF-Schreiben vom 25.11.2010
– IV C 6 – S 2296-a/09/10001, 2010/0912228 (BStBl. I S. 1312) –

Inhaltsverzeichnis

		Rz.
1.	Anwendungsbereich	1 – 4
2.	Tarifliche Einkommensteuer i. S. d. § 35 Abs. 1 EStG	5
3.	Anrechnungsvolumen	6 – 13
4.	Gewerbliche Einkünfte i. S. d. § 35 EStG	14 – 15
5.	Ermittlung des Ermäßigungshöchstbetrages	16 – 18
6.	Steuerermäßigung bei Mitunternehmerschaften	
6.1.	Aufteilung nach dem allgemeinen Gewinnverteilungsschlüssel	19 – 26
6.2.	Besonderheiten bei mehrstöckigen Personengesellschaften	27 – 28
6.3.	Der anteilige Gewerbesteuer-Messbetrag bei einer KGaA	29
6.4.	Ermittlung des Gewerbesteuer-Messbetrags bei unterjähriger Unternehmensübertragung und Gesellschafterwechsel	30 – 32
6.5.	Gesonderte oder gesonderte und einheitliche Feststellung	33 – 34
7.	Anwendungszeitraum	35

Im Einvernehmen mit den obersten Finanzbehörden der Länder nehme ich zur Anwendung der Steuerermäßigung bei Einkünften aus Gewerbebetrieb nach § 35 EStG wie folgt Stellung:

1. Anwendungsbereich

1 § 35 EStG ist erstmals für den Veranlagungszeitraum 2001 anzuwenden. Dies gilt auch für Einkünfte aus einem Gewerbebetrieb mit einem vom Kalenderjahr abweichenden Wirtschaftsjahr, wenn das Wirtschaftsjahr nach dem 31. Dezember 2000 endet (§ 52 Abs. 50a EStG 2001). Begünstigt sind unbeschränkt und beschränkt steuerpflichtige natürliche Personen mit Einkünften aus Gewerbebetrieb als Einzelunternehmer oder als unmittelbar oder mittelbar beteiligter Mitunternehmer i. S. d. § 15 Abs. 1 Satz 1 Nr. 2 EStG oder i. S. d. § 15 Abs. 3 Nr. 1 oder 2 EStG. Begünstigt sind auch die persönlich haftenden Gesellschafter einer Kommanditgesellschaft auf Aktien (KGaA) mit ihren Gewinnanteilen (§ 15 Abs. 1 Satz 1 Nr. 3 EStG).

2 § 35 EStG in der Fassung des Unternehmensteuerreformgesetz 2008 vom 14. August 2007 (BGBl. I S. 1912), geändert durch das Jahressteuergesetz 2008 vom 20. Dezember 2007 (BGBl. I S. 3150) und das Jahressteuergesetz 2009 vom 19. Dezember 2008 (BGBl. I S. 2794), ist erstmalig für den Veranlagungszeitraum 2008 anzuwenden. Gewerbesteuer-Messbeträge, die Erhebungszeiträumen zuzuordnen sind, die vor dem 01. Januar 2008 enden, sind nur mit dem 1,8fachen des Gewerbesteuer-Messbetrages zu berücksichtigen.

3 Beispiel:
A ist an der AB-OHG unmittelbar beteiligt. Die AB-OHG ist wiederum an der CD-OHG beteiligt.
A bezieht in 2008 aus der Beteiligung an der AB-OHG folgende Einkünfte:
– 50.000 Euro unmittelbar aus der Beteiligung an der AB-OHG. Die AB-OHG hat ein vom Kalenderjahr abweichendes Wirtschaftsjahr (01.07 bis 30.06.). Den Gewinn – ohne Berücksichtigung von eigenen Beteiligungserträgen – erzielt sie für das Wirtschaftsjahr 01.07.2007 bis 30.06.2008.
– 10.000 Euro mittelbar aus der Untergesellschaft CD-OHG. Das Wirtschaftsjahr der CD-OHG entspricht dem Kalenderjahr. Der Gewinn wurde im Wirtschaftsjahr 01.01.2007 bis 31.12.2007 erzielt.

Lösung:
Der Gewerbeertrag der AB-OHG als Grundlage für die Berechnung des Gewerbesteuer-Messbetrags gilt gem. § 10 Abs. 2 GewStG als in dem Erhebungszeitraum 2008 bezogen. Der Gewerbeertrag für die CD-OHG, der aufgrund der Kürzungsvorschrift des § 9 Nr. 2 GewStG nicht in dem Gewerbeertrag der AB-OHG enthalten ist, aber dem nach § 35 Abs. 2 Satz 5 EStG in die Feststellung einzubeziehenden anteiligen Gewerbesteuer-Messbetrag zugrunde liegt, ist Grundlage für die Berechnung der Gewerbesteuer

Zu § 35 EStG   **Anlage § 035–01**

für den Erhebungszeitraum 2007. A bezieht somit für 2008 Einkünfte aus Gewerbebetrieb, denen zwei unterschiedliche Erhebungszeiträume zu Grunde liegen. Für die Einkünfte aus dem Erhebungszeitraum 2007 (10.000 Euro aus der mittelbaren Beteiligung an der CD-OHG) ist für die Steuerermäßigung des § 35 EStG der Anrechnungsfaktor 1,8 zu berücksichtigen, zudem ist die Steuerermäßigung auf die tatsächlich zu zahlende Gewerbesteuer begrenzt.

Die Steuerermäßigung nach § 35 EStG mindert die Bemessungsgrundlage des Solidaritätszuschlags (§ 3 Abs. 2 SolZG), nicht aber die Bemessungsgrundlage der Kirchensteuer (§ 51a Abs. 2 Satz 3 EStG i.V.m. den jeweiligen Kirchensteuergesetzen). 4

2. Tarifliche Einkommensteuer i. S. d. § 35 Abs. 1 EStG

Ausgangsgröße für die Steuerermäßigung nach § 35 EStG ist die tarifliche Einkommensteuer, vermindert um die anzurechnenden ausländischen Steuern nach § 34c Abs. 1 und 6 EStG und § 12 AStG (tarifliche Einkommensteuer i. S. d. § 35 Abs. 1 Satz 1 EStG). Die Steuerermäßigungen nach § 34f EStG, § 34g EStG sowie nach § 35a EStG sind erst nach Abzug der Steuerermäßigung nach § 35 EStG zu berücksichtigen. 5

3. Anrechnungsvolumen[1)]

Das Anrechnungsvolumen ist begrenzt auf den Ermäßigungshöchstbetrag (siehe Rz. 16 ff.); es darf die tatsächlich zu zahlende Gewerbesteuer (§ 35 Abs. 1 Satz 5 EStG) nicht übersteigen (Rz. 7). 6

Die tatsächlich zu zahlende Gewerbesteuer entspricht grundsätzlich der im Gewerbesteuerbescheid festgesetzten Gewerbesteuer für den jeweiligen Betrieb (vgl. § 35 Abs. 3 Satz 2 EStG) und in den Fällen des § 35 Abs. 1 Satz 1 Nr. 2 EStG der jeweils anteiligen festgesetzten Gewerbesteuer. Erfolgt die Festsetzung der Einkommensteuer vor Bekanntgabe des Gewerbesteuerbescheides durch die Gemeinde, kann die tatsächlich zu zahlende Gewerbesteuer auf der Grundlage des festgestellten Gewerbesteuer-Messbetrages und des Hebesatzes angesetzt werden (§ 16 Abs. 1 GewStG). Bei einer Abweichung zwischen der zunächst dem Einkommensteuerbescheid zugrunde gelegten „tatsächlich zu zahlenden Gewerbesteuer" und der im Gewerbesteuerbescheid festgesetzten Gewerbesteuer kann der Einkommensteuerbescheid nach § 175 Abs. 1 Satz 1 Nr. 1 AO geändert werden. Entsprechendes gilt, wenn die Kommune nach Bekanntgabe des Gewerbesteuerbescheides die tatsächlich zu zahlende Gewerbesteuer aufgrund einer Billigkeitsmaßnahme nach § 163 AO mindert. Bei einer Billigkeitsmaßnahme im Erhebungsverfahren gemäß § 227 AO besteht die Möglichkeit einer Änderung des Einkommensteuerbescheides gemäß § 175 Abs. 1 Satz 1 Nr. 2 AO. 7

Der Steuerpflichtige ist gemäß § 153 Abs. 2 AO verpflichtet, dem Finanzamt die Minderung der tatsächlich zu zahlenden Gewerbesteuer unverzüglich mitzuteilen.

Die Höhe der Steuerermäßigung beträgt das 3,8-fache des nach § 14 GewStG festgesetzten Gewerbesteuer-Messbetrags oder des anteiligen Gewerbesteuer-Messbetrags (Anrechnungsvolumen). Maßgebend ist der Gewerbesteuer-Messbetrag, der für den Erhebungszeitraum festgesetzt worden ist, der dem Veranlagungszeitraum entspricht. Bei einem vom Kalenderjahr abweichenden Wirtschaftsjahr wird der Gewerbeertrag dem Erhebungszeitraum zugerechnet, in dem das Wirtschaftsjahr endet (§ 10 Abs. 2 GewStG). 8

Zur Ermittlung des auf den Mitunternehmer oder des auf den persönlich haftenden Gesellschafter einer KGaA entfallenden anteiligen Gewerbesteuer-Messbetrags siehe Rz. 29. 9

Sind dem Steuerpflichtigen als Einzelunternehmer oder Mitunternehmer Gewinne aus mehreren Gewerbebetrieben zuzurechnen, sind die jeweiligen Gewerbesteuer-Messbeträge für jeden Gewerbebetrieb und für jede Mitunternehmerschaft getrennt zu ermitteln, mit dem Faktor 3,8 zu vervielfältigen und auf die zu zahlende Gewerbesteuer zu begrenzen. Dabei sind bei negativen gewerblichen Einkünften eines Betriebes oder aus einer Beteiligung der – auf Grund von Hinzurechnungen entstehende – zugehörige Gewerbesteuer-Messbetrag und die zu zahlende Gewerbesteuer nicht zu berücksichtigen. Die so ermittelten Beträge sind zur Berechnung des Anrechnungsvolumens zusammenzufassen. Bei zusammenveranlagten Ehegatten sind die Anrechnungsvolumina der Ehegatten zusammenzufassen. Zu den Besonderheiten bei mehrstöckigen Gesellschaften vgl. Rz. 27 und 28. 10

Die Festsetzungen des Gewerbesteuer-Messbetrags, der zu zahlenden Gewerbesteuer und die Feststellung der Prozentsätze nach § 35 Abs. 2 EStG (anteiliger Gewerbesteuer-Messbetrag und anteilig zu 11

---

1) Vgl. dazu auch das BFH-Urteil vom 22.9.2011 (BStBl. 2012 II S. 14): „Bei der gesonderten und einheitlichen Feststellung nach § 35 Abs. 2 Satz 5 EStG sind auch bei Vorliegen einer Organschaft anteilige Gewerbesteuer-Messbeträge nicht zu berücksichtigen, die aus einer Beteiligung an einer Kapitalgesellschaft (Organgesellschaft) stammen. Der „Durchleitung" anteiliger Gewerbesteuer-Messbeträge durch eine Kapitalgesellschaft steht die Abschirmung der Vermögenssphäre der Kapitalgesellschaft gegenüber ihren Anteilseignern entgegen."

Anlage § 035–01 Zu § 35 EStG

zahlende Gewerbesteuer bei Mitunternehmerschaften und KGaA) sind bei der Ermittlung der Steuerermäßigung nach § 35 Abs. 1 EStG Grundlagenbescheide (§ 35 Abs. 3 Satz 2 EStG).

12 Nicht nutzbares Anrechnungsvolumen kann nicht auf vorherige und nachfolgende Veranlagungszeiträume übertragen werden (vgl. BFH-Urteil vom 23. April 2008, BStBl. 2009 II S. 7).

13 Der auf einen Veräußerungs- oder Aufgabegewinn nach § 18 Abs. 4 Satz 1 und 2 UmwStG a.F., § 18 Abs. 3 Satz 1 und 2 UmwStG i.d.F. des SEStEG entfallende Gewerbesteuer-Messbetrag bleibt bei der Ermäßigung der Einkommensteuer nach § 35 EStG unberücksichtigt (§ 18 Abs. 4 Satz 3 UmwStG, neu § 18 Abs. 3 Satz 3 UmwStG i.d.F. des SEStEG). § 35 EStG findet keine Anwendung auf Gewinne, die der Tonnagebesteuerung nach § 5a Abs. 1 EStG unterliegen (§ 5a Abs. 5 EStG); insoweit sind auch der (anteilig) darauf entfallende Gewerbesteuer-Messbetrag und die (anteilig) darauf entfallende, tatsächlich zu zahlende Gewerbesteuer nicht zu berücksichtigen.

4. Gewerbliche Einkünfte i. S. d. § 35 EStG

14 Die gewerblichen Einkünfte i. S. d. § 35 EStG umfassen die Einkünfte aus Gewerbebetrieb i. S. d. § 15 EStG, wenn sie gewerbesteuerpflichtig und nicht von der Anwendung des § 35 EStG ausgeschlossen sind (vgl. Rz. 13) . Einkünfte i. S. d. §§ 16 und 17 EStG gehören grundsätzlich nicht zu den gewerblichen Einkünften i. S. d. § 35 EStG. In die gewerblichen Einkünfte i. S. d. § 35 EStG einzubeziehen sind jedoch die gewerbesteuerpflichtigen Veräußerungsgewinne aus der 100 %igen Beteiligung an einer Kapitalgesellschaft (§ 16 Abs. 1 Satz 1 Nr. 1 Satz 2 EStG), wenn die Veräußerung nicht im engen Zusammenhang mit der Aufgabe des Gewerbebetriebs erfolgt (vgl. Abschn. 39 Abs. 1 Nr. 1 Satz 13 GewStR)[1] sowie die Veräußerungsgewinne, die nach § 7 Satz 2 GewStG gewerbesteuerpflichtig sind. Der Gewinn aus der Veräußerung eines Teils eines Mitunternehmeranteils i. S. § 16 Abs. 1 Satz 2 EStG gehört als laufender Gewinn auch zu den gewerblichen Einkünften i. S. d. § 35 EStG. Die auf einen Veräußerungs- oder Aufgabegewinn nach § 18 Abs. 4 Satz 1 und 2 UmwStG, neu § 18 Abs. 3 Satz 1 und 2 UmwStG i. d. F. des SEStEG entfallenden Einkünfte aus Gewerbebetrieb sind nicht in die gewerblichen Einkünfte i. S. d. § 35 EStG einzubeziehen.

15 Nicht entnommene Gewinne i. S. d. § 34a EStG sind im Veranlagungszeitraum ihrer begünstigten Besteuerung bei der Steuerermäßigung nach § 35 EStG einzubeziehen. Im Veranlagungszeitraum der Nachversteuerung i. S. d. § 34a Abs. 4 EStG
   – gehören die Nachversteuerungsbeträge nicht zu den begünstigten gewerblichen Einkünften,
   – gehört die Einkommensteuer auf den Nachversteuerungsbetrag zur tariflichen Einkommensteuer.

5. Ermittlung des Ermäßigungshöchstbetrags (§ 35 Abs. 1 Satz 2 EStG)

16 Die Steuerermäßigung wird durch § 35 Abs. 1 EStG auf die tarifliche Einkommensteuer beschränkt, die anteilig auf die gewerblichen Einkünfte entfällt (Ermäßigungshöchstbetrag).
Der Ermäßigungshöchstbetrag wird wie folgt ermittelt (§ 35 Abs. 1 Satz 2 EStG):

$$\frac{\text{Summe der positiven gewerblichen Einkünfte}}{\text{Summe aller positiven Einkünfte}} * \text{geminderte tarifliche Steuer}$$

Positive Einkünfte im Sinne dieser Berechnungsformel sind die positiven Einkünfte aus der jeweiligen Einkunftsquelle. Eine Saldierung der positiven mit den negativen Einkunftsquellen innerhalb der gleichen Einkunftsarten (sog. horizontaler Verlustausgleich) und zwischen den verschiedenen Einkunftsarten (sog. vertikaler Verlustausgleich) erfolgt nicht.
Aus Vereinfachungsgründen gelten die Einkünfte i. S. d. § 20 EStG als aus einer Einkunftsquelle stammend.

17 **Beispiel 1:**
Der ledige Steuerpflichtige A erzielt folgende Einkünfte:

§ 15 EStG, Gewerbebetrieb 1	– 150.000 €
§ 15 EStG, Gewerbebetrieb 2	120.000 €
§ 17 EStG (nicht gewerbl. i. S. § 35 EStG)	30.000 €
§ 21 EStG, Grundstück 1	– 100.000 €
§ 21 EStG, Grundstück 2	200.000 €
Summe der Einkünfte	100.000 €

---

[1] Jetzt H 7.1 „Gewinn aus der Veräußerung einer 100%igen Beteiligung an einer Kapitalgesellschaft" GewStH.

Zu § 35 EStG **Anlage § 035–01**

Lösung:
Der Ermäßigungshöchstbetrag ermittelt sich wie folgt:

$$\frac{120.000 \text{ (Einkünfte Gewerbebetrieb 2)}}{350.000 \text{ (Einkünfte Gewerbebetrieb 2 + Einkünfte § 17+ Einkünfte Grundstück 2)}} * \text{geminderte tarifliche Steuer}$$

Beispiel 2:
Ein zusammenveranlagtes Ehepaar erzielt folgende Einkünfte:

	EM	EF
§ 15 EStG	50.000 € Gewerbebetrieb EM	– 25.000 € Gewerbebetrieb EF
§ 19 EStG		10.000 €
§ 21 EStG	– 30.000 € Grundstück EM	25.000 € Grundstück EF
Summe der Einkünfte:		30.000 €

Lösung:
Der Ermäßigungshöchstbetrag ermittelt sich wie folgt:

$$\frac{50.000 \text{ (Einkünfte aus Gewerbebetrieb EM)}}{85.000 \text{ (Einkünfte Gewerbebetrieb EM + Einkünfte § 19 + Einkünfte Grundstück EF)}} * \text{geminderte tarifliche Steuer}$$

6. Steuerermäßigung bei Mitunternehmerschaften [1]

6.1. Aufteilung nach dem allgemeinen Gewinnverteilungsschlüssel [2]

Der anteilige Gewerbesteuer-Messbetrag von Mitunternehmern ist gemäß § 35 Abs. 2 Satz 2 EStG nach Maßgabe des allgemeinen Gewinnverteilungsschlüssels zu ermitteln; auf die Verteilung im Rahmen der einheitlichen und gesonderten Feststellung der Einkünfte aus Gewerbebetrieb kommt es dabei nicht an. Dies gilt auch für Fälle der atypisch stillen Gesellschaft.

Für die Verteilung aufgrund des allgemeinen Gewinnverteilungsschlüssels ist grundsätzlich die handelsrechtliche Gewinnverteilung maßgeblich. Diese ergibt sich entweder aus den gesetzlichen Regelungen des HGB oder aus abweichenden gesellschaftsvertraglichen Vereinbarungen.

Dies gilt jedoch nur insoweit, wie die handelsrechtliche Gewinnverteilung auch in steuerrechtlicher Hinsicht anzuerkennen ist. So sind steuerrechtliche Korrekturen der Gewinnverteilung bei Familien-

---

[1] Mit Beschluss vom 07.04.2009 – IV B 109/08 hat der BFH entschieden, dass Vorabgewinnanteile für die Bemessung des Anteils eines Mitunternehmers am Gewerbesteuermessbetrag nicht zu berücksichtigen sind. Daraus zieht die Verwaltung mit BMF-Schreiben vom 22.12.2009 – IV C 6 – S 2296-a/08/10002 (BStBl. 2010 I S. 43) folgende Konsequenzen:
– Für Veranlagungszeiträume bis einschließlich 2007 ist Rz. 21 des BMF-Schreibens vom 19.09.2007 (BStBl. I S. 701) weiter anzuwenden, es sei denn, mindestens ein Mitunternehmer beantragt, auf die Anwendung zu verzichten.
– Rz. 23 des vorliegenden BMF-Schreibens ist für Wirtschaftsjahre, die vor dem 01.07.2010 beginnen, weiterhin anzuwenden, es sei denn, mindestens ein Mitunternehmer beantragt, auf die Anwendung zu verzichten.
– In Rz. 22 des vorliegenden BMF-Schreibens vom 24.02.2009 wird für Wirtschaftsjahre, die nach dem 30.06.2010 beginnen, die Angabe „ die in ihrer Höhe nicht vom Gewinn abhängig sind" gestrichen.
– Rz 23 und 24 des vorliegenden BMF-Schreibens vom 24.02.2009 werden für Wirtschaftsjahre, die nach dem 30.06.2010 beginnen, aufgehoben.

[2] Siehe dazu auch FM Schleswig-Holstein vom 28.1.2013 – VI 307 – S 2296a – 001:
„Soweit an einem Mitunternehmeranteil ein Nießbrauch besteht, bitte ich bei der Aufteilung des Gewerbesteuer-Messbetrags (§ 35 Abs. 2 EStG) und der zu zahlenden Gewerbesteuer(§ 35 Abs. 4 EStG) folgende Auffassung zu vertreten.
§ 35 EStG hat die Entlastung des Steuerpflichtigen von der Gewerbesteuer zum Ziel. Die Verteilung des Gewerbesteuer-Messbetrags und der zu zahlenden Gewerbesteuer muss daher grundsätzlich der (steuerlichen) Gewinnverteilung folgen.
Im Fall eines Nießbrauchs wird die (steuerliche) Verteilung des Gewinns einer Mitunternehmerschaft zweistufig vorgenommen. In einem ersten Schritt wird der anteilige Gewinn des Mitunternehmers für seinen Mitunternehmeranteil entsprechend dem allgemeinen vertraglichen oder gesetzlichen Regelungen berechnet; in einem zweiten Schritt wird der dem Mitunternehmer zuzurechnende Gewinnanteil zwischen ihm und dem Nießbraucher entsprechend der Nießbrauchsvereinbarung aufgeteilt. Im Verhältnis des Mitunternehmers zum Nießbraucher kommt es auf Entnahmebeschränkungen nicht an.
Soweit der Gewinnanteil vom Mitunternehmer (nicht entnahmefähiger Betrag und anteiliger entnahmefähiger Betrag) zu versteuern ist, sind ihm quotal auch der anteilige Gewerbesteuer-Messbetrag und die darauf zu zahlende Gewerbesteuer zuzurechnen. Soweit der Gewinnanteil vom Nießbraucher (anteiliger entnahmefähiger Betrag) zu versteuern ist, sind ihm der anteilige Gewerbesteuer-Messbetrag und die zu zahlende Gewerbesteuer quotal zuzurechnen."

Anlage § 035–01 — Zu § 35 EStG

personengesellschaften in Fällen, in denen die gesellschaftsvertragliche Gewinnverteilung nicht anerkannt wird oder steuerrechtliche Korrekturen in Fällen, in denen eine unzulässige rückwirkende Änderung der Gewinnverteilungsabrede festgestellt wird, auch bei der Ermittlung des allgemeinen Gewinnverteilungsschlüssels i. S. d. § 35 Abs. 2 Satz 2 EStG zu berücksichtigen.

22 Bei der Ermittlung des Aufteilungsmaßstabs für den Gewerbesteuer-Messbetrag sind Vorabgewinnanteile[1] nach § 35 Abs. 2 Satz 2 2. Halbsatz EStG nicht zu berücksichtigen. Dies gilt auch für Sondervergütungen i. S. d. § 15 Abs. 1 Satz 1 Nr. 2 EStG, sowie für die Ergebnisse aus Sonder- und Ergänzungsbilanzen.

Rz. 23 und 24 aufgehoben

25 Gewerbesteuer-Messbeträge aus gewerbesteuerpflichtigen Veräußerungsgewinnen sind ebenfalls entsprechend dem allgemeinen Gewinnverteilungsschlüssel aufzuteilen.

26 In die Aufteilung sind auch Gesellschafter einzubeziehen, für die eine Ermäßigung nach § 35 EStG nicht in Betracht kommt, beispielsweise Kapitalgesellschaften.[2]

6.2. Besonderheiten bei mehrstöckigen Gesellschaften

27 Bei mehrstöckigen Mitunternehmerschaften sind bei der Ermittlung des Ermäßigungshöchstbetrags nach § 35 EStG die Einkünfte aus der Obergesellschaft (einschließlich der Ergebnisse der Untergesellschaft) als gewerbliche Einkünfte zu berücksichtigen. Es sind zudem die anteilig auf die Obergesellschaft entfallenden Gewerbesteuer-Messbeträge sämtlicher Untergesellschaften den Gesellschaftern der Obergesellschaft nach Maßgabe des allgemeinen Gewinnverteilungsschlüssels zuzurechnen (§ 35 Absatz 2 Satz 5 EStG). Dies gilt auch für die Zurechnung eines anteiligen Gewerbesteuer-Messbetrags einer Untergesellschaft an den mittelbar beteiligten Gesellschafter, wenn sich auf der Ebene der Obergesellschaft ein negativer Gewerbeertrag und damit ein Gewerbesteuer-Messbetrag von 0 Euro ergibt. Ein Gewerbesteuer-Messbetrag der Unter- oder Obergesellschaft, dem jedoch negative Einkünfte auf Ebene der Obergesellschaft unter Berücksichtigung der Einkünfte aus der Untergesellschaft zu Grunde liegen (z. B. aufgrund von Hinzurechnungen), ist nicht zu berücksichtigen (vgl. Rz. 10). Für die Berücksichtigung der tatsächlich zu zahlenden Gewerbesteuer (§ 35 Absatz 1 Satz 5 EStG) gelten die Sätze 1 bis 4 entsprechend.

Die Berechnung der Beschränkung des Anrechnungsvolumens auf die tatsächlich gezahlte Gewerbesteuer (§ 35 Absatz 1 Satz 5 EStG) (Vergleich zwischen dem mit dem Faktor 3,8 vervielfältigten Gewerbesteuer-Messbetrag und der tatsächlich zu zahlenden Gewerbesteuer) ist bei mehrstöckigen Mitunternehmerschaften ausschließlich in Bezug auf die (anteiligen) Gewerbesteuer-Messbeträge der Ober- und Untergesellschaft(en) und die (anteilige) tatsächlich zu zahlende Gewerbesteuer der Ober- und Untergesellschaft(en) des anrechnungsberechtigten Mitunternehmers der Obergesellschaft vorzunehmen (vgl. Rz. 10).

28 **Beispiel:**
A ist zu 70 % an der GmbH & Co KG I (KG I) beteiligt, die wiederum zu 50 % an der GmbH & Co KG II (KG II) beteiligt ist. Die KG II erzielt einen Gewinn von 100.000 €. Für die KG II wird unter Berücksichtigung von §§ 8 und 9 GewStG ein Gewerbesteuer-Messbetrag von 1.000 € festgestellt; die tatsächlich zu zahlende Gewerbesteuer beträgt 3.600 €. Dies führt damit zu einem der KG I zuzurechnenden anteiligen Gewerbesteuer-Messbetrag von 500 € (50 % von 1.000 € entsprechend dem allgemeinen Gewinnverteilungsschlüssel) und einer zuzurechnenden anteiligen tatsächlich zu zahlenden Gewerbesteuer von 1.800 € (50 % von 3.600 € entsprechend dem allgemeinen Gewinnverteilungsschlüssel).

Der KG I werden aus der Beteiligung an der KG II Einkünfte von 50.000 € zugewiesen. Die KG I erzielt aus dem operativen Geschäft einen Verlust von 40.000 € und somit einen negativen Gewerbeertrag. Dies führt zu einem Gewerbesteuer-Messbetrag und zu einer zu zahlenden Gewerbesteuer von 0 €. A werden aus der Beteiligung an der KG I insgesamt Einkünfte von 7.000 € zugewiesen (unter Einbezug des (anteiligen) Ergebnisanteils aus der KG II). Der aus der Beteiligung an der KG II stammende anteilige Gewerbesteuer-Messbetrag von 500 € und die anteilige zu zahlende Gewerbesteuer von 1.800 € ist in die Feststellung nach § 35 Absatz 2 EStG bei der KG I einzubeziehen und dem Gesellschafter A anteilig entsprechend dem allgemeinen Gewinnverteilungsschlüssel zuzurechnen.

---

1) Siehe dazu BFH-Urteil vom 5.6.2014 – IV R 43/11:
   Ein „Vorabgewinnanteil" i. S. des § 35 Abs. 3 Satz 2 Halbsatz 2 EStG ist dadurch gekennzeichnet, dass der betroffene Gesellschafter vor den übrigen Gesellschaftern aufgrund gesellschaftsvertraglicher Abrede einen Anteil am Gewinn erhält. Der „Vorabgewinnanteil" ist vor der allgemeinen Gewinnverteilung zu berücksichtigen und reduziert den noch zu verteilenden Restgewinn.

2) Bestätigt durch das BFH-Urteil vom 22.9.2011 (BStBl. 2012 II S. 183).

Der auf A entfallende Gewerbesteuer-Messbetrag beträgt hiernach 350 € (70 % von 500 €) und die auf A entfallende tatsächlich zu zahlende Gewerbesteuer 1.260 € (70 % von 1.800 €). Bei A ist aufgrund seiner Beteiligung an der KG I eine Steuerermäßigung nach § 35 EStG in Höhe des 3,8-fachen Gewerbesteuer-Messbetrags von 350 € (= 1.330 €), höchstens der Ermäßigungshöchstbetrag nach § 35 Absatz 1 Satz 2 EStG und begrenzt auf die tatsächlich zu zahlende Gewerbesteuer von 1.260 € zu berücksichtigen. Bei der Ermittlung des Ermäßigungshöchstbetrags für A sind in Bezug auf die Beteiligung an der KG I positive Einkünfte aus Gewerbebetrieb von 7.000 € anzusetzen.

6.3. Der anteilige Gewerbesteuer-Messbetrag bei einer KGaA

Bei einer KGaA führt nur der auf die persönlich haftenden Gesellschafter entfallende Teil des Gewerbesteuer-Messbetrags zu einer Steuerermäßigung. Für die erforderliche Aufteilung des Gewerbesteuer-Messbetrags gilt die Regelung des § 35 Abs. 2 EStG. Zur Ermittlung des anteilig auf den persönlich haftenden Gesellschafter entfallenden Gewerbesteuer-Messbetrags ist ebenfalls auf den allgemeinen Gewinnverteilungsschlüssel (vgl. Rz. 20 ff.) abzustellen. Demnach ist das Verhältnis seines allgemeinen Gewinnanteils an der Gesellschaft, soweit er nicht auf seine Anteile am Grundkapital (Kommanditaktien) entfällt, zum Gesamtgewinn der KGaA maßgebend. Gewinnunabhängige Sondervergütungen werden bei der Ermittlung des Aufteilungsschlüssels nicht berücksichtigt.

Erhält der persönlich haftende Gesellschafter neben seiner Ausschüttung auf seine Anteile am Grundkapital beispielsweise nur eine gewinnunabhängige Tätigkeitsvergütung, beträgt sein anteiliger Gewerbesteuer-Messbetrag immer 0 Euro.

Für die Berücksichtigung der tatsächlich zu zahlenden Gewerbesteuer (§ 35 Abs. 1 Satz 5 EStG) gilt Entsprechendes.

6.4. Ermittlung des Gewerbesteuer-Messbetrags bei unterjähriger Unternehmensübertragung und Gesellschafterwechsel

Tritt ein Gesellschafter während des Wirtschaftsjahrs in eine Personengesellschaft ein oder scheidet er aus dieser aus, und besteht die Personengesellschaft fort, geht der Gewerbebetrieb nicht im Ganzen auf einen anderen Unternehmer über. Für Zwecke der Berechnung der Steuerermäßigung ist der für den Erhebungszeitraum festgestellte Gewerbesteuer-Messbetrag auf die einzelnen Gesellschafter aufzuteilen. Maßgeblich ist dabei der von den Gesellschaftern gewählte allgemeine Gewinnverteilungsschlüssel einschließlich der Vereinbarungen, die anlässlich des Eintritts oder des Ausscheidens des Gesellschafters getroffen worden sind. Der Veräußerungs- und Aufgabegewinn des ausscheidenden Gesellschafters beeinflusst den allgemeinen Gewinnverteilungsschlüssel nicht. 30

Wird ein Einzelunternehmen durch Aufnahme eines oder mehrerer Gesellschafter in eine Personengesellschaft umgewandelt oder scheiden aus einer Personengesellschaft alle Gesellschafter bis auf einen aus und findet dieser Rechtsformwechsel während des Kalenderjahrs statt, ist der für den Erhebungszeitraum ermittelte einheitliche Steuermessbetrag dem Einzelunternehmer und der Personengesellschaft anteilig zuzurechnen und getrennt festzusetzen (Abschn. 69 Abs. 2 GewStR)[1]. Die getrennte Festsetzung des anteiligen Steuermessbetrags ist jeweils für die Anwendung des § 35 EStG maßgeblich. Eine gesonderte Aufteilung des Gewerbesteuer-Messbetrags zwischen dem Einzelunternehmen und der Personengesellschaft ist daher nicht erforderlich. 31

Besteht die sachliche Gewerbesteuerpflicht bei Vorgängen nach dem UmwStG für das Unternehmen fort, obwohl der gewerbesteuerliche Steuerschuldner wechselt, so ergehen mehrere den Steuerschuldnerwechsel berücksichtigende Gewerbesteuer-Messbescheide mit Anteilen des einheitlichen Gewerbesteuer-Messbetrags. Diese Anteile sind bei der Ermittlung der Steuermäßigung nach § 35 EStG maßgeblich. 32

Für die Berücksichtigung der tatsächlich zu zahlenden Gewerbesteuer (§ 35 Abs. 1 Satz 5 EStG) gilt Entsprechendes.

6.5. Gesonderte oder gesonderte und einheitliche Feststellung

Zuständig für die gesonderte Feststellung des anteiligen Gewerbesteuer-Messbetrags und der tatsächlich zu zahlenden Gewerbesteuer nach § 35 Abs. 2 EStG ist das für die gesonderte Feststellung der Einkünfte zuständige Finanzamt (§ 35 Abs. 3 Satz 1 EStG). Dabei sind die Festsetzung des Gewerbesteuer-Messbetrags, die tatsächlich zu zahlende Gewerbesteuer und die Festsetzung des anteiligen Gewerbesteuer-Messbetrags aus der Beteiligung an einer Mitunternehmerschaft Grundlagenbescheide (§ 35 Abs. 3 Satz 3 EStG). 33

---
1) Jetzt R 11.1 Satz 3 GewStR.

Anlage § 035–01

Zu § 35 EStG

34 Das Betriebsfinanzamt stellt außerdem die gewerblichen Einkünfte i. S. d. § 35 EStG und ggf. Verluste gemäß § 16 EStG, die nicht in die Ermittlung des Gewerbeertrages einzubeziehen sind, gesondert oder bei einer Beteiligung mehrerer Personen gesondert und einheitlich fest.

7. Anwendungszeitraum

35 Das BMF-Schreiben zu § 35 EStG vom 19. September 2007 (BStBl. I S. 701) gilt letztmalig für den Veranlagungszeitraum 2007. Dieses Schreiben gilt erstmalig für Veranlagungszeiträume ab 2008.

Das Schreiben wird im Bundessteuerblatt Teil I veröffentlicht.

Zu § 35a EStG **Anlage § 035a–01**

Anwendungsschreiben zu § 35a EStG

– BdF-Schreiben vom 10.01.2014 – IV C 4 – S 2296-b/07/0003 :004, 2014/0023765 (BStBl. I S. 75) –

Unter Bezugnahme auf das Ergebnis der Erörterungen mit den obersten Finanzbehörden der Länder gilt für die Anwendung des § 35a EStG Folgendes:

I Haushaltsnahe Beschäftigungsverhältnisse oder Dienstleistungen

1. Haushaltsnahe Beschäftigungsverhältnisse

Der Begriff des haushaltsnahen Beschäftigungsverhältnisses ist gesetzlich nicht definiert. Im Rahmen eines solchen Beschäftigungsverhältnisses werden Tätigkeiten ausgeübt, die einen engen Bezug zum Haushalt haben. Zu diesen Tätigkeiten gehören u. a. die Zubereitung von Mahlzeiten im Haushalt, die Reinigung der Wohnung des Steuerpflichtigen, die Gartenpflege und die Pflege, Versorgung und Betreuung von Kindern sowie von kranken, alten oder pflegebedürftigen Personen. Die Erteilung von Unterricht (z. B. Sprachunterricht), die Vermittlung besonderer Fähigkeiten sowie sportliche und andere Freizeitbetätigungen fallen nicht darunter.

2. Geringfügige Beschäftigung im Sinne des § 8a SGB IV

Die Steuerermäßigung nach § 35a Absatz 1 EStG kann der Steuerpflichtige nur beanspruchen, wenn es sich bei dem haushaltsnahen Beschäftigungsverhältnis um eine geringfügige Beschäftigung im Sinne des § 8a SGB IV handelt. Es handelt sich nur dann um ein geringfügiges Beschäftigungsverhältnis im Sinne dieser Vorschrift, wenn der Steuerpflichtige am Haushaltsscheckverfahren teilnimmt und die geringfügige Beschäftigung in seinem inländischen oder in einem anderen Mitgliedstaat der Europäischen Union oder im Europäischen Wirtschaftsraum liegenden Haushalt ausgeübt wird.

Wohnungseigentümergemeinschaften und Vermieter können im Rahmen ihrer Vermietertätigkeit nicht am Haushaltsscheckverfahren teilnehmen. Die von ihnen eingegangenen geringfügigen Beschäftigungsverhältnisse sind nicht nach § 35a Absatz 1 EStG begünstigt. Sie fallen unter die haushaltsnahen Dienstleistungen. Zur Berücksichtigung der Aufwendungen siehe Rdnr. 7.

3. Beschäftigungsverhältnisse in nicht inländischen Haushalten

Bei einem nicht inländischen Haushalt, der in einem Staat liegt, der der Europäischen Union oder dem Europäischen Wirtschaftsraum angehört, setzt die Inanspruchnahme der Steuerermäßigung nach § 35a Absatz 1 EStG voraus, dass das monatliche Arbeitsentgelt 400 Euro (ab 1. Januar 2013: 450 Euro)[1] nicht übersteigt, die Sozialversicherungsbeiträge ausschließlich vom Arbeitgeber zu entrichten sind und von ihm auch entrichtet werden. Bei anderen haushaltsnahen Beschäftigungsverhältnissen ist für die Gewährung einer Steuerermäßigung nach § 35a Absatz 2 Satz 1 Alternative 1 EStG Voraussetzung, dass aufgrund des Beschäftigungsverhältnisses Arbeitgeber- und Arbeitnehmerbeiträge an die Sozialversicherung in dem jeweiligen Staat der Europäischen Union oder des Europäischen Wirtschaftsraums entrichtet werden.

4. Beschäftigungsverhältnisse mit nahen Angehörigen oder zwischen Partnern einer eingetragenen Lebenspartnerschaft bzw. einer nicht ehelichen Lebensgemeinschaft

Da familienrechtliche Verpflichtungen grundsätzlich nicht Gegenstand eines steuerlich anzuerkennenden Vertrags sein können, sind entsprechende Vereinbarungen zwischen in einem Haushalt zusammenlebenden Ehegatten (§§ 1360, 1356 Absatz 1 BGB) oder zwischen Eltern und in deren Haushalt lebenden Kindern (§ 1619 BGB) nicht begünstigt. Entsprechendes gilt für die Partner einer eingetragenen Lebenspartnerschaft. Auch bei in einem Haushalt zusammenlebenden Partnern einer nicht ehelichen Lebensgemeinschaft oder einer nicht eingetragenen Lebenspartnerschaft kann regelmäßig nicht von einem begünstigten Beschäftigungsverhältnis ausgegangen werden, weil jeder Partner auch seinen eigenen Haushalt führt und es deshalb an dem für Beschäftigungsverhältnisse typischen Über- und Unterordnungsverhältnis fehlt. Ein steuerlich nicht begünstigtes Vertragsverhältnis liegt darüber hinaus auch dann vor, wenn der Vertragspartner eine zwischengeschaltete Person (z. B. GmbH) ist und die Arbeiten im Namen dieser zwischengeschalteten Person von einer im Haushalt lebenden Person ausgeführt werden. Zur haushaltsbezogenen Inanspruchnahme der Steuerermäßigung vgl. Rdnrn. 52 bis 54.

Haushaltsnahe Beschäftigungsverhältnisse mit Angehörigen, die nicht im Haushalt des Steuerpflichtigen leben (z. B. mit Kindern, die in einem eigenen Haushalt leben), können steuerlich nur anerkannt

---

1) Gesetz zu Änderungen im Bereich der geringfügigen Beschäftigung vom 5. Dezember 2012, BGBl. I Seite 2474.

Anlage § 035a–01
Zu § 35a EStG

werden, wenn die Verträge zivilrechtlich wirksam zustande gekommen sind, inhaltlich dem zwischen Fremden Üblichen entsprechen und tatsächlich auch so durchgeführt werden.

5. Haushaltsnahe Dienstleistungen

Grundsatz

7 Unter haushaltsnahen Dienstleistungen im Sinne des § 35a Absatz 2 Satz 1 Alternative 2 EStG werden Leistungen verstanden, die eine hinreichende Nähe zur Haushaltsführung aufweisen oder damit im Zusammenhang stehen. Das sind Tätigkeiten, die gewöhnlich durch Mitglieder des privaten Haushalts oder entsprechend Beschäftigte erledigt werden oder für die eine Dienstleistungsagentur oder ein selbstständiger Dienstleister in Anspruch genommen wird. Zu den haushaltsnahen Dienstleistungen gehören auch geringfügige Beschäftigungsverhältnisse, die durch Wohnungseigentümergemeinschaften und Vermieter im Rahmen ihrer Vermietertätigkeit eingegangen werden. Keine haushaltsnahen Dienstleistungen sind solche, die zwar im Haushalt des Steuerpflichtigen ausgeübt werden, jedoch keinen Bezug zur Hauswirtschaft haben (BFH, Urteil vom 1. Februar 2007, BStBl. II Seite 760). Ebenfalls nicht zu den haushaltsnahen Dienstleistungen gehören die handwerklichen Leistungen im Sinne des § 35a Absatz 3 EStG. Keine begünstigte haushaltsnahe Dienstleistung ist die als eigenständige Leistung vergütete Bereitschaft auf Erbringung einer Leistung im Bedarfsfall. Etwas anderes gilt nur dann, wenn der Bereitschaftsdienst Nebenleistung einer ansonsten begünstigten Hauptleistung ist. S. auch Rdnrn. 17 und 29. Eine beispielhafte Aufzählung begünstigter und nicht begünstigter haushaltsnaher Dienstleistungen enthält Anlage 1.

Personenbezogene Dienstleistungen

8 Personenbezogene Dienstleistungen (z. B. Frisör- oder Kosmetikerleistungen) sind keine haushaltsnahen Dienstleistungen, selbst wenn sie im Haushalt des Steuerpflichtigen erbracht werden. Diese Leistungen können jedoch zu den Pflege- und Betreuungsleistungen im Sinne der Rdnr. 10 gehören, wenn sie im Leistungskatalog der Pflegeversicherung aufgeführt sind.

Öffentliches Gelände, Privatgelände, nicht begünstigte Aufwendungen[1]

9 Bei Dienstleistungen, die sowohl auf öffentlichem Gelände als auch auf Privatgelände durchgeführt werden (z. B. Straßen- und Gehwegreinigung, Winterdienst), sind nur Aufwendungen für Dienstleistungen auf Privatgelände begünstigt. Das gilt auch dann, wenn eine konkrete Verpflichtung besteht (z. B. zur Reinigung und Schneeräumung von öffentlichen Gehwegen und Bürgersteigen). Zur betrags- oder verhältnismäßigen Aufteilung auf öffentliche Flächen und Privatgelände s. Rdnr. 40. Nicht begünstigt sind Aufwendungen, bei denen die Entsorgung im Vordergrund steht (z. B. Müllabfuhr). Etwas anderes gilt, wenn die Entsorgung als Nebenleistung zur Hauptleistung anzusehen ist. Auch Aufwendungen, bei denen eine Gutachtertätigkeit im Vordergrund steht, sind nicht begünstigt. Das Gleiche gilt für Verwaltergebühren.

Pflege- und Betreuungsleistungen

10 Die Feststellung und der Nachweis einer Pflegebedürftigkeit oder der Bezug von Leistungen der Pflegeversicherung sowie eine Unterscheidung nach Pflegestufen sind nicht erforderlich. Es reicht aus, wenn Dienstleistungen zur Grundpflege, d. h. zur unmittelbaren Pflege am Menschen (Körperpflege, Ernährung und Mobilität) oder zur Betreuung in Anspruch genommen werden. Die Steuerermäßigung steht neben der pflegebedürftigen Person auch anderen Personen zu, wenn diese für Pflege- oder Betreuungsleistungen aufkommen, die in ihrem inländischen oder in einem anderen Mitgliedstaat der Europäischen Union oder im Europäischen Wirtschaftsraum liegenden Haushalt bzw. im Haushalt der gepflegten oder betreuten Person durchgeführt werden. Die Steuerermäßigung ist haushaltsbezogen. Wer-

---

1) Mit Urteil vom 20.03.2014 (BStBl. II S. 880) hat der BFH entschieden, dass auch die Inanspruchnahme von Diensten, die jenseits der Grundstücksgrenze auf fremdem, beispielsweise öffentlichem Grund geleistet werden, als haushaltsnahe Dienstleistung nach § 35a Abs. 2 Satz 1 EStG begünstigt sein kann. Voraussetzung dafür sei aber, dass es sich um Tätigkeiten handeln muss, die ansonsten üblicherweise von Familienmitgliedern erbracht und in unmittelbarem räumlichen Zusammenhang zum Haushalt durchgeführt werden und dem Haushalt dienen. Hiervon sei insbesondere auszugehen, wenn der Steuerpflichtige als Eigentümer oder Mieter zur Reinigung und Schneeräumung von öffentlichen Straßen und (Geh-)Wegen verpflichtet ist.
In der weiteren Entscheidung vom 20.03.2014 – VI R 56/12 – gelangte der BFH zu der Auffassung, dass die Inanspruchnahme von Handwerkerleistungen, die jenseits der Grundstücksgrenze auf fremdem, beispielsweise öffentlichem Grund erbracht werden, ebenfalls als Handwerkerleistung nach § 35a Abs. 2 Satz 2 EStG begünstigt sein kann. Hierfür sei Voraussetzung, dass es sich dabei um Tätigkeiten handelt, die in unmittelbarem räumlichen Zusammenhang zum Haushalt durchgeführt werden und dem Haushalt dienen. Hiervon sei insbesondere auszugehen, wenn der Haushalt des Steuerpflichtigen an das öffentliche Versorgungsnetz angeschlossen wird.
Damit widerspricht der BFH mit seinen Entscheidungen der Verwaltungsauffassung im vorliegenden BMF-Schreiben vom 10.01.2014 (insbesondere Rdnr. 9, 14 und 15).

Zu § 35a EStG **Anlage § 035a–01**

den z. B. zwei pflegebedürftige Personen in einem Haushalt gepflegt, kann die Steuerermäßigung nur einmal in Anspruch genommen werden.

Aufwendungen für Dienstleistungen, die mit denen einer Hilfe im Haushalt vergleichbar sind

Begünstigt sind auch Aufwendungen, die einem Steuerpflichtigen wegen der Unterbringung in einem Heim oder zur dauernden Pflege erwachsen, soweit darin – die allgemeinen Unterbringungskosten übersteigende – Aufwendungen für Dienstleistungen enthalten sind, die mit denen einer Hilfe im Haushalt vergleichbar sind (§ 35a Absatz 2 Satz 2 EStG). In Frage kommen die (anteiligen) Aufwendungen für 11

- die Reinigung des Zimmers oder des Appartements,
- die Reinigung der Gemeinschaftsflächen,
- das Zubereiten der Mahlzeiten in dem Heim oder an dem Ort der dauernden Pflege,
- das Servieren der Mahlzeiten in dem Heim oder an dem Ort der dauernden Pflege,
- den Wäscheservice, soweit er in dem Heim oder an dem Ort der dauernden Pflege erfolgt.

Siehe auch Rdnr. 14.

Nicht begünstigt sind 12

- Mietzahlungen, wie z. B. die allgemeinen Aufwendungen für die Unterbringung in einem Alten(wohn)heim, einem Pflegeheim oder einem Wohnstift,
- die Aufwendungen für den Hausmeister, den Gärtner sowie sämtliche Handwerkerleistungen.

Nicht mit einer Hilfe im Haushalt vergleichbar sind Pflege- und Betreuungsleistungen (s. Rdnr. 10).

6. Haushalt des Steuerpflichtigen [1]

Voraussetzung

Das haushaltsnahe Beschäftigungsverhältnis, die haushaltsnahe Dienstleistung oder die Handwerkerleistung müssen in einem inländischen oder in einem anderen in der Europäischen Union oder im Europäischen Wirtschaftsraum liegenden Haushalt des Steuerpflichtigen ausgeübt oder erbracht werden. Beschäftigungsverhältnisse oder Dienstleistungen, die ausschließlich Tätigkeiten zum Gegenstand haben, die außerhalb des Haushalts des Steuerpflichtigen ausgeübt oder erbracht werden, sind nicht begünstigt. Die Begleitung von Kindern, kranken, alten oder pflegebedürftigen Personen bei Einkäufen und Arztbesuchen sowie kleine Botengänge usw. sind nur dann begünstigt, wenn sie zu den Nebenpflichten der Haushaltshilfe, des Pflegenden oder Betreuenden im Haushalt gehören. Pflege- und Betreuungsleistungen sind auch begünstigt, wenn die Pflege und Betreuung im Haushalt der gepflegten oder betreuten Person durchgeführt wird. In diesem Fall ist Voraussetzung, dass der Haushalt der gepflegten oder betreuten Person im Inland, in einem anderen Mitgliedstaat der Europäischen Union oder im Europäischen Wirtschaftsraum liegt (§ 35a Absatz 4 EStG). 13

Voraussetzung für die Gewährung einer Steuerermäßigung für Aufwendungen, die mit denen einer Hilfe im Haushalt vergleichbar sind (Rdnr. 11), ist, dass das Heim oder der Ort der dauernden Pflege in der Europäischen Union oder dem Europäischen Wirtschaftsraum liegt (§ 35a Absatz 4 Satz 2 EStG). Das Vorhandensein eines eigenen Haushalts im Heim oder am Ort der dauernden Pflege ist nicht erforderlich. Zum Wohnen in einem eigenständigen und abgeschlossenen Haushalt in einem Alten(wohn)heim, einem Pflegeheim oder einem Wohnstift vgl. Rdnrn. 16, 17 und 29. 14

Zubehörräume und Außenanlagen

Zur Haushaltsführung gehört auch das Bewirtschaften von Zubehörräumen und Außenanlagen. Die Grenzen des Haushalts im Sinne des § 35a EStG werden daher regelmäßig – unabhängig von den Eigentumsverhältnissen – durch die Grundstücksgrenzen abgesteckt. Maßgeblich ist, dass der Steuerpflichtige den ggf. gemeinschaftlichen Besitz über diesen Bereich ausübt und für Dritte dieser Bereich nach der Verkehrsanschauung der (Wohn-)Anlage, in der der Steuerpflichtige seinen Haushalt betreibt, zugeordnet wird. So gehört z. B. auch eine an ein Mietwohngrundstück angrenzende, im Gemeinschaftseigentum der Wohnungseigentümer stehende Gartenanlage zum Haushalt des Bewohners, und zwar unabhängig davon, ob der Bewohner diese Gartenanlage als Miteigentümer kraft eigenen Rechts oder als Mieter kraft abgeleiteten Rechts bewirtschaften darf. 15

Wohnen in einem Alten(wohn)heim, einem Pflegeheim oder einem Wohnstift

Eine Inanspruchnahme der Steuerermäßigung nach § 35a Absätze 1 bis 3 EStG ist auch möglich, wenn sich der eigenständige und abgeschlossene Haushalt in einem Heim, wie z. B. einem Altenheim, einem Altenwohnheim, einem Pflegeheim oder einem Wohnstift befindet. Ein Haushalt in einem Heim ist ge- 16

---

1) Siehe die Fußnote zu Rdnr. 9.

Anlage § 035a–01 Zu § 35a EStG

geben, wenn die Räumlichkeiten des Steuerpflichtigen nach ihrer Ausstattung für eine Haushaltsführung geeignet sind (Bad, Küche, Wohn- und Schlafbereich), individuell genutzt werden können (Abschließbarkeit) und eine eigene Wirtschaftsführung des Steuerpflichtigen nachgewiesen oder glaubhaft gemacht wird.

17 Zu den begünstigten haushaltsnahen Dienstleistungen bei einer Heimunterbringung gehören neben den in dem eigenständigen und abgeschlossen Haushalt des Steuerpflichtigen durchgeführten und individuell abgerechneten Leistungen (z. B. Reinigung des Appartements, Pflege- oder Handwerkerleistungen im Appartement) u. a. die Hausmeisterarbeiten, die Gartenpflege sowie kleinere Reparaturarbeiten, die Dienstleistungen des Haus- und Etagenpersonals sowie die Reinigung der Gemeinschaftsflächen, wie Flure, Treppenhäuser und Gemeinschaftsräume (BFH, Urteil v. 29. Januar 2009, BStBl. 2010 II Seite 166). Aufwendungen für die Zubereitung von Mahlzeiten in der hauseigenen Küche eines Alten(wohn)heims, Pflegeheims oder Wohnstifts und das Servieren der Speisen in dem zur Gemeinschaftsfläche rechnenden Speisesaal sind ebenfalls als haushaltsnahe Dienstleistungen begünstigt. Die Tätigkeit von Haus- und Etagenpersonal, dessen Aufgabe neben der Betreuung des Bewohners noch zusätzlich in der Begleitung des Steuerpflichtigen, dem Empfang von Besuchern und der Erledigung kleiner Botengänge besteht, ist grundsätzlich den haushaltsnahen Dienstleistungen zuzurechnen. Zur Anspruchsberechtigung im Einzelnen s. Rdnr. 29.

Weitere Fälle eines Haushalts des Steuerpflichtigen

18 Zu dem inländischen oder in einem anderen Mitgliedstaat der Europäischen Union oder im Europäischen Wirtschaftsraum liegenden Haushalt des Steuerpflichtigen gehört auch eine Wohnung, die der Steuerpflichtige einem bei ihm zu berücksichtigenden Kind (§ 32 EStG) zur unentgeltlichen Nutzung überlässt. Das Gleiche gilt für eine vom Steuerpflichtigen tatsächlich eigen genutzte Zweit-, Wochenend- oder Ferienwohnung sowie eine tatsächlich eigen genutzte geerbte Wohnung. Der Steuerpflichtige kann deshalb für Leistungen, die in diesen Wohnungen durchgeführt werden, bei Vorliegen der sonstigen Voraussetzungen die Steuerermäßigung nach § 35a EStG in Anspruch nehmen; dies gilt auch, wenn die Leistungen für die eigen genutzte geerbte Wohnung noch vom Erblasser in Anspruch genommen und die Rechnungsbeträge vom Erben überwiesen worden sind. Die Steuerermäßigung wird – auch bei Vorhandensein mehrerer Wohnungen – insgesamt nur einmal bis zu den jeweiligen Höchstbeträgen gewährt.[1)]

Wohnungswechsel, Umzug

19 Der Begriff „im Haushalt" ist nicht in jedem Fall mit „tatsächlichem Bewohnen" gleichzusetzen. Beabsichtigt der Steuerpflichtige umzuziehen, und hat er für diesen Zweck bereits eine Wohnung oder ein Haus gemietet oder gekauft, gehört auch diese Wohnung oder dieses Haus zu seinem Haushalt, wenn er tatsächlich dorthin umzieht. Hat der Steuerpflichtige seinen Haushalt durch Umzug in eine andere Wohnung oder ein anderes Haus verlegt, gelten Maßnahmen zur Beseitigung der durch die bisherige Haushaltsführung veranlassten Abnutzung (z. B. Renovierungsarbeiten eines ausziehenden Mieters) noch als im Haushalt erbracht. Voraussetzung ist, dass die Maßnahmen in einem engen zeitlichen Zusammenhang zu dem Umzug stehen. Für die Frage, ab wann oder bis wann es sich um einen Haushalt des Steuerpflichtigen handelt, kommt es im Übrigen grundsätzlich auf das wirtschaftliche Eigentum an. Bei einem Mietverhältnis ist deshalb der im Mietvertrag vereinbarte Beginn des Mietverhältnisses oder bei Beendigung das Ende der Kündigungsfrist und bei einem Kauf der Übergang von Nutzen und Lasten entscheidend. Ein früherer oder späterer Zeitpunkt für den Ein- oder Auszug ist durch geeignete Unterlagen (z. B. Meldebestätigung der Gemeinde, Bestätigung des Vermieters) nachzuweisen. In Zweifelsfällen kann auf das in der Regel anzufertigende Übergabe-/Übernahmeprotokoll abgestellt werden.

II Inanspruchnahme von Handwerkerleistungen

1. Begünstigte Handwerkerleistung

20 § 35a Absatz 3 EStG gilt für alle handwerklichen Tätigkeiten für Renovierungs-, Erhaltungs- und Modernisierungsmaßnahmen, die in einem inländischen, in der Europäischen Union oder dem Europäischen Wirtschaftsraum liegenden Haushalt des Steuerpflichtigen erbracht werden, unabhängig davon, ob es sich um regelmäßig vorzunehmende Renovierungsarbeiten oder kleine Ausbesserungsarbeiten handelt, die gewöhnlich durch Mitglieder des privaten Haushalts erledigt werden, oder um Erhaltungs- und Modernisierungsmaßnahmen, die im Regelfall nur von Fachkräften durchgeführt werden. Ob es sich bei den Aufwendungen für die einzelne Maßnahme ertragsteuerrechtlich um Erhaltungs- oder Herstellungsaufwand handelt, ist nicht ausschlaggebend. Die sachliche Begrenzung der begünstigten Maßnahme ist vielmehr aus dem Tatbestandsmerkmal „im Haushalt" zu bestimmen. Maßnahmen im Zusammenhang mit neuer Wohn- bzw. Nutzflächenschaffung in einem vorhandenen Haushalt sind be-

---

1) Bestätigt durch BFH-Urteil vom 29.7.2010 (BStBl. 2014 II S. 151).

günstigt (BFH, Urteil vom 13. Juli 2011, BStBl. 2012 II Seite 232) vgl. auch Rdnr. 21. Eine – nachhaltige – Erhöhung des Gebrauchswerts der Immobilie ist kein Kriterium und führt nicht zum Ausschluss der Gewährung der Steuerermäßigung.

2. Nicht begünstigte Handwerkerleistungen

Handwerkliche Tätigkeiten im Rahmen einer Neubaumaßnahme sind nicht begünstigt. Als Neubaumaßnahmen gelten alle Maßnahmen, die im Zusammenhang mit der Errichtung eines Haushalts bis zu dessen Fertigstellung (vgl. H 7.4 „Fertigstellung" EStH) anfallen. Rdnr. 19 ist für Dienstleistungen im Zusammenhang mit dem Bezug der Wohnung anwendbar. Eine beispielhafte Aufzählung begünstigter und nicht begünstigter handwerklicher Tätigkeiten enthält Anlage 1. 21

3. Gutachtertätigkeiten

Die Tätigkeit eines Gutachters gehört weder zu den haushaltsnahen Dienstleistungen, noch handelt es sich um eine Handwerkerleistung. Grundsätzlich nicht nach § 35a EStG begünstigt sind daher z. B. 22

- Mess- oder Überprüfungsarbeiten,
- eine Legionellenprüfung,
- Kontrolle von Aufzügen oder von Blitzschutzanlagen,
- die Feuerstättenschau sowie andere
- technische Prüfdienste.

Das gilt auch, wenn diese Leistungen durch einen Kaminkehrer oder Schornsteinfeger erbracht werden, dessen Schornstein-Kehrarbeiten sowie Reparatur- und Wartungsarbeiten als Handwerkerleistung begünstigt sind; vgl. hierzu auch Rdnr. 58.

4. Beauftragtes Unternehmen

Das beauftragte Unternehmen muss nicht in die Handwerksrolle eingetragen sein; es können auch Kleinunternehmer im Sinne des § 19 Absatz 1 Umsatzsteuergesetz mit der Leistung beauftragt werden. 23

5. Öffentlich geförderte Maßnahmen

Unter einer Maßnahme im Sinne des § 35a Absatz 3 Satz 2 EStG ist die (Einzel-)Maßnahme zu verstehen, für die eine öffentliche Förderung in der Form eines zinsverbilligten Darlehens oder steuerfreier Zuschüsse in Anspruch genommen wird. Wird für diese Maßnahme die öffentliche Förderung bewilligt, schließt dies die Möglichkeit der Inanspruchnahme einer Steuerermäßigung nach § 35a Absatz 3 EStG auch für den Teil der mit dieser Maßnahme verbundenen Aufwendungen aus, die sich – z. B. weil sie den Förderhöchstbetrag übersteigen – im Rahmen der öffentlichen Förderung nicht auswirken. Eine Aufteilung der Aufwendungen für eine öffentlich geförderte (Einzel-)Maßnahme mit dem Ziel, für einen Teil der Aufwendungen die Steuerermäßigung nach § 35a Absatz 3 EStG in Anspruch zu nehmen, ist nicht möglich. 24

Werden im Rahmen von Renovierungs-, Erhaltungs- und Modernisierungsmaßnahmen mehrere (Einzel-)Maßnahmen durchgeführt, von denen einzelne öffentlich gefördert werden, ist die Inanspruchnahme der Steuerermäßigung für (Einzel-)Maßnahmen, die nicht unter diese öffentliche Förderung fallen, möglich. 25

Beispiel 1:

Der Eigentümer E saniert sein Einfamilienhaus. Er lässt von einer Heizungsfirma eine neue energieeffiziente Heizungsanlage einbauen und beantragt dafür öffentliche Fördergelder mit der Folge, dass die Inanspruchnahme der Steuerermäßigung nach § 35a EStG für diese Maßnahme ausgeschlossen ist. Gleichzeitig lässt er an den Außenwänden eine Wärmedämmung anbringen. Hierfür beantragt er keine öffentliche Förderung, sondern macht für die darauf entfallenden Arbeitskosten die ihm für diese Maßnahme auch zu gewährende Steuerermäßigung nach § 35a Absatz 3 EStG geltend.

III Anspruchsberechtigte

1. Arbeitgeber, Auftraggeber, Grundsatz

Der Steuerpflichtige kann die Steuerermäßigung nach § 35a EStG grundsätzlich nur in Anspruch nehmen, wenn er entweder Arbeitgeber des haushaltsnahen Beschäftigungsverhältnisses oder Auftraggeber der haushaltsnahen Dienstleistung oder Handwerkerleistung ist. 26

2. Wohnungseigentümergemeinschaften

Besteht ein Beschäftigungsverhältnis zu einer Wohnungseigentümergemeinschaft (z. B. bei Reinigung und Pflege von Gemeinschaftsräumen) oder ist eine Wohnungseigentümergemeinschaft Auftraggeber 27

Anlage § 035a–01

Zu § 35a EStG

der haushaltsnahen Dienstleistung bzw. der handwerklichen Leistung, kommt für den einzelnen Wohnungseigentümer eine Steuerermäßigung in Betracht, wenn in der Jahresabrechnung
- die im Kalenderjahr unbar gezahlten Beträge nach den begünstigten haushaltsnahen Beschäftigungsverhältnissen, Dienstleistungen und Handwerkerleistungen jeweils gesondert aufgeführt sind (zur Berücksichtigung von geringfügigen Beschäftigungsverhältnissen – siehe Rdnr. 7),
- der Anteil der steuerbegünstigten Kosten ausgewiesen ist (Arbeits- und Fahrtkosten, siehe auch Rdnr. 39) und

der Anteil des jeweiligen Wohnungseigentümers individuell errechnet wurde. Die Aufwendungen für Dienstleistungen, die sowohl auf öffentlichem Gelände als auch auf Privatgelände durchgeführt werden (vgl. Rdnr. 9), sind entsprechend aufzuteilen (vgl. Rdnr. 40). Hat die Wohnungseigentümergemeinschaft zur Wahrnehmung ihrer Aufgaben und Interessen einen Verwalter bestellt und ergeben sich die Angaben nicht aus der Jahresabrechnung, ist der Nachweis durch eine Bescheinigung des Verwalters über den Anteil des jeweiligen Wohnungseigentümers zu führen. Ein Muster für eine derartige Bescheinigung ist als Anlage 2 beigefügt. Das Datum über die Beschlussfassung der Jahresabrechnung kann formlos bescheinigt oder auf der Bescheinigung vermerkt werden.

3. Mieter/unentgeltliche Nutzer

28 Auch der Mieter einer Wohnung kann die Steuerermäßigung nach § 35a EStG beanspruchen, wenn die von ihm zu zahlenden Nebenkosten Beträge umfassen, die für ein haushaltsnahes Beschäftigungsverhältnis, für haushaltsnahe Dienstleistungen oder für handwerkliche Tätigkeiten geschuldet werden und sein Anteil an den vom Vermieter unbar gezahlten Aufwendungen entweder aus der Jahresabrechnung hervorgeht oder durch eine Bescheinigung (vgl. Rdnr. 27 und Anlage 2) des Vermieters oder seines Verwalters nachgewiesen wird. Das gilt auch für den Fall der unentgeltlichen Überlassung einer Wohnung, wenn der Nutzende die entsprechenden Aufwendungen getragen hat.

4. Wohnen in einem Alten(wohn)heim, einem Pflegeheim oder einem Wohnstift

29 Für Bewohner eines Altenheims, eines Altenwohnheims, eines Pflegeheims oder eines Wohnstiftes (vgl. Rdnrn. 14, 16) gilt nach Abschluss eines sog. Heimvertrages Folgendes: Aufwendungen für Dienstleistungen, die innerhalb des Appartements erbracht werden, wie z. B. die Reinigung des Appartements oder die Pflege und Betreuung des Heimbewohners, sind begünstigt. Aufwendungen für Dienstleistungen, die außerhalb des Appartements erbracht werden, sind im Rahmen der Rdnrn. 11, 14, 16 und 17 begünstigt. Das gilt jeweils auch für die von dem Heimbetreiber pauschal erhobenen Kosten, sofern die damit abgegoltene Dienstleistung gegenüber dem einzelnen Heimbewohner nachweislich tatsächlich erbracht worden ist. Darüber hinausgehende Dienstleistungen fallen grundsätzlich nicht unter die Steuerermäßigungsregelung des § 35a EStG, es sei denn, es wird nachgewiesen, dass die jeweilige haushaltsnahe Dienstleistung im Bedarfsfall von dem Heimbewohner abgerufen worden ist. Das gilt sowohl für Dienstleistungen des Heimbetreibers selbst, ggf. mittels eigenen Personals, als auch für Dienstleistungen eines externen Anbieters. Rdnrn. 27 und 28 gelten sinngemäß. Aufwendungen für die Möglichkeit, bei Bedarf bestimmte Pflege- oder Betreuungsleistungen in Anspruch zu nehmen, sind begünstigt. Aufwendungen für Pflegekostenergänzungsregelungen oder Beiträge an Einrichtungen (z. B. Solidarkassen), durch welche der Heimbewohner ähnlich einer Versicherung Ansprüche erwirbt, in vertraglich definierten Sachverhalten (z. B. bei Eintritt der Pflegebedürftigkeit) eine Kostenfreistellung oder eine Kostenerstattung zu erhalten, sind nicht begünstigt.

5. Arbeitgeber-Pool

30 Schließen sich mehrere Steuerpflichtige als Arbeitgeber für ein haushaltsnahes Beschäftigungsverhältnis zusammen (sog. Arbeitgeber-Pool), kann jeder Steuerpflichtige die Steuerermäßigung für seinen Anteil an den Aufwendungen in Anspruch nehmen, wenn für die an dem Arbeitgeber-Pool Beteiligten eine Abrechnung über die im jeweiligen Haushalt ausgeführten Arbeiten vorliegt. Wird der Gesamtbetrag der Aufwendungen für das Beschäftigungsverhältnis durch ein Pool-Mitglied überwiesen, gelten die Regelungen für Wohnungseigentümer und Mieter (vgl. Rdnrn. 27 und 28) entsprechend.

IV Begünstigte Aufwendungen

1. Ausschluss der Steuerermäßigung bei Betriebsausgaben oder Werbungskosten

31 Die Steuerermäßigung für Aufwendungen ist ausgeschlossen, soweit diese zu den Betriebsausgaben oder Werbungskosten gehören oder wie solche behandelt werden. Gemischte Aufwendungen (z. B. für eine Reinigungskraft, die auch das beruflich genutzte Arbeitszimmer reinigt) sind unter Berücksichtigung des zeitlichen Anteils der zu Betriebsausgaben oder Werbungskosten führenden Tätigkeiten an der Gesamtarbeitszeit sachgerecht aufzuteilen.

Zu § 35a EStG   Anlage § 035a–01

2. Ausschluss der Steuerermäßigung bei Berücksichtigung der Aufwendungen als Sonderausgaben oder außergewöhnliche Belastungen; Aufwendungen für Kinderbetreuung

Sonderausgaben, außergewöhnliche Belastungen

Eine Steuerermäßigung nach § 35a EStG kommt nur in Betracht, soweit die Aufwendungen nicht vorrangig als Sonderausgaben (z. B. Erhaltungsmaßnahme nach § 10f EStG oder Kinderbetreuungskosten – vgl. Rdnr. 34) oder als außergewöhnliche Belastungen berücksichtigt werden. Für den Teil der Aufwendungen, der durch den Ansatz der zumutbaren Belastung nach § 33 Absatz 3 EStG oder wegen der Gegenrechnung von Pflegegeld oder Pflegetagegeld nicht als außergewöhnliche Belastung berücksichtigt wird, kann der Steuerpflichtige die Steuerermäßigung nach § 35a EStG in Anspruch nehmen. Werden im Rahmen des § 33 EStG Aufwendungen geltend gemacht, die dem Grunde nach sowohl bei § 33 EStG als auch bei § 35a EStG berücksichtigt werden können, ist davon auszugehen, dass die zumutbare Belastung vorrangig auf die nach § 35a EStG begünstigten Aufwendungen entfällt. 32

Behinderten-Pauschbetrag

Nimmt die pflegebedürftige Person einen Behinderten-Pauschbetrag nach § 33b Absatz 1 Satz 1 in Verbindung mit Absatz 3 Satz 2 oder 3 EStG in Anspruch, schließt dies eine Berücksichtigung dieser Pflegeaufwendungen nach § 35a EStG bei ihr aus.[1)] Das gilt nicht, wenn der einem Kind zustehende Behinderten-Pauschbetrag nach § 33b Absatz 5 EStG auf den Steuerpflichtigen übertragen wird (BFH, Urteil vom 11. Februar 2010, BStBl. II Seite 621) und dieser für Pflege- und Betreuungsaufwendungen des Kindes aufkommt (vgl. Rdnr. 10). 33

Kinderbetreuungskosten

Fallen Kinderbetreuungskosten dem Grunde nach unter die Regelung des § 10 Absatz 1 Nummer 5 EStG (§ 9c EStG a. F.), kommt ein Abzug nach § 35a EStG nicht in Betracht (§ 35a Absatz 5 Satz 1 EStG). Dies gilt sowohl für den Betrag, der zwei Drittel der Aufwendungen für Dienstleistungen übersteigt, als auch für alle Aufwendungen, die den Höchstbetrag von 4 000 Euro je Kind übersteigen. 34

Au-pair

Bei Aufnahme eines Au-pairs in eine Familie fallen in der Regel neben den Aufwendungen für die Betreuung der Kinder auch Aufwendungen für leichte Hausarbeiten an. Wird der Umfang der Kinderbetreuungskosten nicht nachgewiesen (vgl. Rdnr. 7 des BMF-Schreibens vom 14. März 2012, BStBl. I Seite 307), kann ein Anteil von 50 Prozent der Gesamtaufwendungen im Rahmen der Steuerermäßigung für haushaltsnahe Dienstleistungen nach § 35a Absatz 2 Satz 1 EStG berücksichtigt werden, wenn die übrigen Voraussetzungen des § 35a EStG (insbesondere die Zahlung auf ein Konto des Au-pairs) vorliegen. 35

3. Umfang der begünstigten Aufwendungen

Arbeitsentgelt

Zu den begünstigten Aufwendungen des Steuerpflichtigen nach § 35a Absatz 1 und Absatz 2 Alternative 1 EStG gehört der Bruttoarbeitslohn oder das Arbeitsentgelt (bei Anwendung des Haushaltsscheckverfahrens und geringfügiger Beschäftigung im Sinne des § 8a SGB IV) sowie die vom Steuerpflichtigen getragenen Sozialversicherungsbeiträge, die Lohnsteuer ggf. zuzüglich Solidaritätszuschlag und Kirchensteuer, die Umlagen nach dem Aufwendungsausgleichsgesetz (U 1 und U 2) und die Unfallversicherungsbeiträge, die an den Gemeindeunfallversicherungsverband abzuführen sind. 36

Nachweis des Arbeitsentgelts

Als Nachweis dient bei geringfügigen Beschäftigungsverhältnissen (s. Rdnr. 2), für die das Haushaltsscheckverfahren Anwendung findet, die dem Arbeitgeber von der Einzugstelle (Minijob-Zentrale) zum Jahresende erteilte Bescheinigung nach § 28h Absatz 4 SGB IV. Diese enthält den Zeitraum, für den Beiträge zur Rentenversicherung gezahlt wurden, die Höhe des Arbeitsentgelts sowie die vom Arbeitgeber getragenen Gesamtsozialversicherungsbeiträge und Umlagen. Zusätzlich wird in der Bescheinigung die Höhe der einbehaltenen Pauschsteuer beziffert. 37

Bei sozialversicherungspflichtigen haushaltsnahen Beschäftigungsverhältnissen, für die das allgemeine Beitrags- und Meldeverfahren zur Sozialversicherung gilt und bei denen die Lohnsteuer pauschal oder nach Maßgabe der persönlichen Lohnsteuerabzugsmerkmale erhoben wird, sowie bei geringfügigen Beschäftigungsverhältnissen ohne Haushaltsscheckverfahren gelten die allgemeinen Nachweisregeln für die Steuerermäßigung. 38

---

1) Siehe dazu auch BFH-Urteil vom 5.6.2014 – VI R 12112:
Nimmt der Steuerpflichtige den Behinderten-Pauschbetrag nach § 33b EStG in Anspruch, so ist eine Steuerermäßigung nach § 35a Abs. 5 Satz 1 EStG ausgeschlossen, soweit die Aufwendungen mit dem Behinderten-Pauschbetrag abgegolten sind.

Anlage § 035a–01　　　　　　　　　　　　　　　　　　　　　　　　　　　　　　　Zu § 35a EStG

Arbeitskosten, Materialkosten

39　Begünstigt sind generell nur die Arbeitskosten. Das sind die Aufwendungen für die Inanspruchnahme der haushaltsnahen Tätigkeit selbst, für Pflege- und Betreuungsleistungen bzw. für Handwerkerleistungen einschließlich der in Rechnung gestellten Maschinen- und Fahrtkosten. Materialkosten oder sonstige im Zusammenhang mit der Dienstleistung, den Pflege- und Betreuungsleistungen bzw. den Handwerkerleistungen gelieferte Waren bleiben mit Ausnahme von Verbrauchsmitteln außer Ansatz.

40　Der Anteil der Arbeitskosten muss grundsätzlich anhand der Angaben in der Rechnung gesondert ermittelt werden können. Auch eine prozentuale Aufteilung des Rechnungsbetrages in Arbeitskosten und Materialkosten durch den Rechnungsaussteller ist zulässig. Bei Wartungsverträgen ist es nicht zu beanstanden, wenn der Anteil der Arbeitskosten, der sich auch pauschal aus einer Mischkalkulation ergeben kann, aus einer Anlage zur Rechnung hervorgeht. Dienstleistungen, die sowohl auf öffentlichem Gelände als auch auf Privatgelände durchgeführt werden (vgl. Rdnr. 9), sind vom Rechnungsaussteller entsprechend aufzuteilen. Zur Aufteilung solcher Aufwendungen bei Wohnungseigentümergemeinschaften genügt eine Jahresbescheinigung des Grundstücksverwalters, die die betrags- oder verhältnismäßige Aufteilung auf öffentliche Flächen und Privatgelände enthält. Entsprechendes gilt für die Nebenkostenabrechnung der Mieter. Abschlagszahlungen können nur dann berücksichtigt werden, wenn hierfür eine Rechnung vorliegt, welche die Voraussetzungen des § 35a EStG erfüllt (vgl. Rdnr. 49). Ein gesonderter Ausweis der auf die Arbeitskosten entfallenden Mehrwertsteuer ist nicht erforderlich.

Versicherungsleistungen

41　Aufwendungen für haushaltsnahe Dienstleistungen oder Handwerkerleistungen, die im Zusammenhang mit Versicherungsschadensfällen entstehen, können nur berücksichtigt werden, soweit sie nicht von der Versicherung erstattet werden. Dabei sind nicht nur erhaltene, sondern auch in späteren Veranlagungszeiträumen zu erwartende Versicherungsleistungen zu berücksichtigen. Das gilt auch für Versicherungsleistungen, die zur medizinischen Rehabilitation erbracht werden, wie z. B. für Haushaltshilfen nach § 10 Absatz 2 Satz 2, § 36 Absatz 1 Satz 2, § 37 Absatz 1 Satz 2, § 39 Absatz 1 Satz 2 des Gesetzes über die Alterssicherung der Landwirte, § 10 des Zweiten Gesetzes über die Krankenversicherung der Landwirte, § 38 Absatz 4 Satz 1 Alternative 2 SGB V, § 54 Absatz 2, § 55 SGB VII, § 54 SGB IX. In solchen Fällen ist nur die Selbstbeteiligung nach § 35a EStG begünstigt.

42　Empfangene Leistungen der Pflegeversicherung des Steuerpflichtigen sowie die Leistungen im Rahmen des Persönlichen Budgets im Sinne des § 17 SGB IX sind anzurechnen, soweit sie ausschließlich und zweckgebunden für Pflege- und Betreuungsleistungen sowie für haushaltsnahe Dienstleistungen im Sinne des § 35a Absatz 2 in Verbindung mit Absatz 5 EStG, die keine Handwerkerleistungen im Sinne des § 35a Absatz 3 EStG sind, gewährt werden. Danach sind Pflegesachleistungen nach § 36 SGB XI und der Kostenersatz für zusätzliche Betreuungsleistungen nach § 45b SGB XI auf die entstandenen Aufwendungen anzurechnen. Leistungen der Pflegeversicherung im Sinne des § 37 SGB XI (sog. Pflegegeld) sind dagegen nicht anzurechnen, weil sie nicht zweckgebunden für professionelle Pflegedienste bestimmt sind, die die Voraussetzungen des § 35a Absatz 5 EStG erfüllen (Ausstellung einer Rechnung, Überweisung auf ein Konto des Empfängers).

Beispiel 2:

Ein pflegebedürftiger Steuerpflichtiger der Pflegestufe II mit dauerhafter erheblicher Einschränkung seiner Alltagskompetenz erhält im Veranlagungszeitraum 2012 in seinem eigenen Haushalt Pflegesachleistungen in der Form einer häuslichen Pflegehilfe sowie zusätzliche Betreuung. Er nimmt dafür einen professionellen Pflegedienst in Anspruch. Die monatlichen Aufwendungen betragen 1.400 €. Die Pflegeversicherung übernimmt die Aufwendungen in Höhe von monatlich 1.100 € (§ 36 Absatz 3 Nummer 2c SGB XI). Darüber hinaus erhält der Steuerpflichtige einen Kostenersatz nach § 45b SGB XI in Höhe von monatlich 100 €.

Es handelt sich um die Inanspruchnahme von Pflege- und Betreuungsleistungen im Sinne des § 35a Absatz 2 Satz 2 EStG, für die der Steuerpflichtige eine Steuerermäßigung in Anspruch nehmen kann. Die Beträge nach § 36 SGB XI sowie der Kostenersatz nach § 45b SGB XI sind anzurechnen.

Die Steuerermäßigung für die Pflege- und Betreuungsleistungen wird für den Veranlagungszeitraum 2012 wie folgt berechnet:

1.400 € x 12 Monate	16.800 €
– (1.100 € + 100 €) x 12 Monate	– 14.400 €
verbleibende Eigenleistung	2.400 €

Davon 20 % = 480 €. Der Steuerpflichtige kann 480 € als Steuerermäßigungsbetrag in Anspruch nehmen.

Zu § 35a EStG Anlage § 035a–01

Beispiel 3:

Eine pflegebedürftige Steuerpflichtige der Pflegestufe I beantragt anstelle der häuslichen Pflegehilfe (§ 36 SGB XI) ein Pflegegeld nach § 37 SGB XI. Im Veranlagungszeitraum 2012 erhält sie monatlich 235 €. Die Steuerpflichtige nimmt zur Deckung ihres häuslichen Pflege- und Betreuungsbedarfs zusätzlich einzelne Pflegeeinsätze eines professionellen Pflegedienstes in Anspruch. Die Aufwendungen dafür betragen jährlich 1.800 €.

Es handelt sich um die Inanspruchnahme von Pflege- und Betreuungsleistungen im Sinne des § 35a Absatz 2 Satz 2 EStG, für die die Steuerpflichtige eine Steuerermäßigung in Anspruch nehmen kann. Das Pflegegeld ist nicht anzurechnen.

Die Steuerermäßigung für die Pflege- und Betreuungsleistungen wird für den Veranlagungszeitraum 2012 wie folgt berechnet:

20 % von 1.800 € = 360 €. Die Steuerpflichtige kann 360 € als Steuerermäßigungsbetrag in Anspruch nehmen.

Beispiel 4:

Ein pflegebedürftiger Steuerpflichtiger der Pflegestufe II nimmt im Veranlagungszeitraum 2012 die ihm nach § 36 Absatz 3 Nummer 2c SGB XI zustehende Sachleistung nur zur Hälfte in Anspruch (550 € / Monat). Er erhält daneben ein anteiliges Pflegegeld (§ 38 in Verbindung mit § 37 SGB XI) in Höhe von monatlich 220 €. Die durch die Pflegeversicherung im Wege der Sachleistung zur Verfügung gestellten regelmäßigen professionellen Pflegeeinsätze werden durch den Steuerpflichtigen durch gelegentliche zusätzliche Beauftragungen eines Pflegedienstes ergänzt. Die Aufwendungen hierfür betragen jährlich 1.800 Euro; hierfür werden keine Pflegesachleistungen gewährt. Die weiteren Pflege- und Betreuungsdienstleistungen erfolgen durch Freunde des Steuerpflichtigen, von denen eine Person im Rahmen einer geringfügigen Beschäftigung im Sinne des § 8a SGB IV zu einem Monatslohn einschließlich der pauschalen Abgaben in Höhe von 380 € beschäftigt wird. Einen Teil des Pflegegeldes leitet der Steuerpflichtige an die anderen Hilfspersonen weiter.

Die Inanspruchnahme des Pflegedienstes ist nach § 35a Absatz 2 Satz 2 EStG begünstigt. Das Pflegegeld nach § 37 SGB XI ist nicht anzurechnen. Das geringfügige Beschäftigungsverhältnis fällt unter § 35a Absatz 1 EStG.

Die Steuerermäßigung für das geringfügige Beschäftigungsverhältnis wird für den Veranlagungszeitraum 2012 wie folgt berechnet:

380 € x 12 Monate 4.560 €

Davon 20 % = 912 €. Der Steuerpflichtige kann 510 € (= Höchstbetrag) als Steuerermäßigung in Anspruch nehmen.

Die Steuerermäßigung für die zusätzlich zu den Sachleistungen der Pflegeversicherung selbst finanzierten externen Pflegeeinsätze wird für den Veranlagungszeitraum 2012 wie folgt berechnet:

20 % von 1.800 € = 360 €. Der Steuerpflichtige kann (510 € + 360 € =) 870 € als Steuerermäßigungsbetrag in Anspruch nehmen.

Wird die Steuerermäßigung für Pflege- und Betreuungsaufwendungen von einem Angehörigen oder einer anderen Person geltend gemacht, ist Rdnr. 42 entsprechend anzuwenden, wenn das Pflegegeld an diese Person weitergeleitet wird. 43

Beispiel 5:

Eine pflegebedürftige Person der Pflegestufe II nimmt im Veranlagungszeitraum 2012 in ihrem eigenen Haushalt einen professionellen Pflegedienst in Anspruch. Die monatlichen Gesamtaufwendungen hierfür betragen 1.500 €. Durch die Pflegeversicherung werden Pflegesachleistungen nach § 36 Absatz 3 Nummer 2c SGB XI in Höhe von 1.100 € monatlich übernommen. Die darüber hinausgehenden Aufwendungen trägt der Sohn in Höhe von monatlich 400 €.

Es handelt sich um die Inanspruchnahme von Pflege- und Betreuungsleistungen im Sinne des § 35a Absatz 2 Satz 2 EStG, für die der Sohn eine Steuerermäßigung in Anspruch nehmen kann. Die Beträge nach § 36 SGB XI sind anzurechnen.

Die Steuerermäßigung für die Pflege- und Betreuungsleistungen wird für den Veranlagungszeitraum 2012 wie folgt berechnet:

Anlage § 035a–01

Zu § 35a EStG

Steuerpflichtiger:
1.500 € x 12 Monate	18.000 €
– 1.100 € x 12 Monate	13.200 €
Eigenleistung des Sohnes	4.800 €

Davon 20 % = 960 €. Der Sohn kann 960 € als Steuerermäßigungsbetrag in Anspruch nehmen.

Beispiel 6:
Ein pflegebedürftiger Steuerpflichtiger der Pflegestufe II (Schwerbehindertenausweis mit Merkzeichen „H") beantragt anstelle der häuslichen Pflegehilfe (§ 36 SGB XI) ein Pflegegeld nach § 37 SGB XI. Im Veranlagungszeitraum 2012 erhält er monatlich 440 €. Der Steuerpflichtige wird grundsätzlich von seiner Tochter betreut und gepflegt. Er reicht das Pflegegeld an die Tochter weiter. Zu ihrer Unterstützung beauftragt die Tochter gelegentlich zusätzlich einen professionellen Pflegedienst. Die Aufwendungen hierfür haben 2012 insgesamt 1.800 € betragen. Diese Kosten hat die Tochter getragen.

Bei der Beauftragung des Pflegedienstes handelt es sich um die Inanspruchnahme von Pflege- und Betreuungsleistungen im Sinne des § 35a Absatz 2 Satz 2 EStG, für die die Tochter eine Steuerermäßigung in Anspruch nehmen kann. Die an sie weitergeleiteten Beträge nach § 37 SGB XI sind nicht anzurechnen.

Die Steuerermäßigung für die Pflege- und Betreuungsleistungen wird bei der Tochter für den Veranlagungszeitraum 2012 wie folgt berechnet:
20 % von 1.800 € = 360 €. Die Tochter kann 360 € als Steuerermäßigungsbetrag in Anspruch nehmen.

Den Pflege-Pauschbetrag nach § 33b Absatz 6 Satz 1 EStG kann die Tochter nicht in Anspruch nehmen, da sie durch Weiterleitung des Pflegegeldes durch den Vater an sie Einnahmen im Sinne des § 33b Absatz 6 Satz 1 und 2 EStG erhält und sie das Pflegegeld nicht nur treuhänderisch für den Vater verwaltet, um daraus Aufwendungen des Pflegebedürftigen zu bestreiten (vgl. H 33b „Pflege-Pauschbetrag" EStH).

Beispiel 7:
Ein pflegebedürftiges Ehepaar lebt mit seiner Tochter in einem Haushalt. Der Vater hat Pflegestufe II, die Mutter Pflegestufe I. Der Vater wird täglich durch einen professionellen Pflegedienst gepflegt und betreut. Die Aufwendungen wurden 2012 von der Pflegeversicherung als Pflegesachleistung in Höhe von monatlich 1.100 € übernommen (§ 36 Absatz 3 Nummer 2c SGB XI). Die Mutter hat 2012 Pflegegeld nach § 37 SGB XI in Höhe von monatlich 235 € bezogen. Bei ihrer Pflege hilft die Tochter. Sie erhält als Anerkennung das Pflegegeld von der Mutter.

Die monatlichen Aufwendungen für den Pflegedienst des Vaters betragen nach Abzug der Leistungen der Pflegeversicherung 320 €. Zu ihrer Unterstützung beauftragt die Tochter gelegentlich zusätzlich einen Pflegedienst für die Mutter. Die Aufwendungen hierfür haben 2012 insgesamt 1.200 € betragen. Diese Kosten hat die Tochter getragen.

Es handelt sich um die Inanspruchnahme von Pflege- und Betreuungsleistungen im Sinne des § 35a Absatz 2 Satz 2 EStG, für die die Eltern und die Tochter eine Steuerermäßigung in Anspruch nehmen können. Die Beträge nach § 37 SGB XI sind nicht anzurechnen.

Die Steuerermäßigung für die Pflege- und Betreuungsleistungen wird für den Veranlagungszeitraum 2012 wie folgt berechnet:

Eltern: Eigenleistung 320 € x 12 Monate	3.840 €

Davon 20 % = 768 €. Die Eltern können 768 € als Steuerermäßigungsbetrag in Anspruch nehmen.

Tochter: Eigenleistung	1.200 €

Davon 20 % = 240 €. Die Tochter kann 240 € als Steuerermäßigung in Anspruch nehmen.

Zahlungszeitpunkt

44 Für die Inanspruchnahme der Steuerermäßigung ist auf den Veranlagungszeitraum der Zahlung abzustellen (§ 11 Absatz 2 EStG). Bei regelmäßig wiederkehrenden Ausgaben (z. B. nachträgliche monatliche Zahlung oder monatliche Vorauszahlung einer Pflegeleistung), die innerhalb eines Zeitraums von bis zu zehn Tagen nach Beendigung bzw. vor Beginn eines Kalenderjahres fällig und geleistet worden sind, werden die Ausgaben dem Kalenderjahr zugerechnet, zu dem sie wirtschaftlich gehören. Bei geringfügigen Beschäftigungsverhältnissen gehören die Abgaben für das in den Monaten Juli bis De-

Zu § 35a EStG   Anlage § 035a–01

zember erzielte Arbeitsentgelt, die erst am 15. Januar des Folgejahres fällig werden, noch zu den begünstigten Aufwendungen des Vorjahres.

Dienst- oder Werkswohnung

Für vom Arbeitnehmer bewohnte Dienst- oder Werkswohnungen gilt Folgendes: Lässt der Arbeitgeber haushaltsnahe Dienstleistungen oder Handwerkerleistungen von einem (fremden) Dritten durchführen und trägt er hierfür die Aufwendungen, kann der Arbeitnehmer die Steuerermäßigung nach § 35a EStG nur in Anspruch nehmen, wenn er die Aufwendungen – neben dem Mietwert der Wohnung – als Arbeitslohn (Sachbezug) versteuert hat und der Arbeitgeber eine Bescheinigung erteilt hat, aus der eine Aufteilung der Aufwendungen nach haushaltsnahen Dienstleistungen und Handwerkerleistungen, jeweils unterteilt nach Arbeitskosten und Materialkosten, hervorgeht. Zusätzlich muss aus der Bescheinigung hervorgehen, dass die Leistungen durch (fremde) Dritte ausgeführt worden sind und zu welchem Wert sie zusätzlich zum Mietwert der Wohnung als Arbeitslohn versteuert worden sind. Die Steuerermäßigung kann nicht in Anspruch genommen werden, wenn die haushaltsnahen Dienstleistungen oder Handwerkerleistungen durch eigenes Personal des Arbeitgebers durchgeführt worden sind. Auch pauschale Zahlungen des Mieters einer Dienstwohnung an den Vermieter für die Durchführung von Schönheitsreparaturen sind nicht begünstigt, wenn die Zahlungen unabhängig davon erfolgen, ob und ggf. in welcher Höhe der Vermieter tatsächlich Reparaturen an der Wohnung des Mieters in Auftrag gibt (BFH, Urteil vom 5. Juli 2012, BStBl. 2013 II Seite 14). 45

Altenteilerwohnung

Für empfangene Sachleistungen, die ein Altenteiler als wiederkehrende Bezüge versteuert, kann er die Steuerermäßigung für Handwerkerleistungen im Haushalt in Anspruch nehmen, soweit sie auf seinen Haushalt entfallen und in der Person des die Sachleistungen erbringenden Altenteilsverpflichteten alle Voraussetzungen für die Gewährung der Steuerermäßigung vorliegen. 46

Wohnungseigentümer und Mieter

Bei Wohnungseigentümern und Mietern ist erforderlich, dass die auf den einzelnen Wohnungseigentümer und Mieter entfallenden Aufwendungen für haushaltsnahe Beschäftigungsverhältnisse und Dienstleistungen sowie für Handwerkerleistungen entweder in der Jahresabrechnung gesondert aufgeführt oder durch eine Bescheinigung des Verwalters oder Vermieters nachgewiesen sind. Aufwendungen für regelmäßig wiederkehrende Dienstleistungen (wie z. B. Reinigung des Treppenhauses, Gartenpflege, Hausmeister) werden grundsätzlich anhand der geleisteten Vorauszahlungen im Jahr der Vorauszahlungen berücksichtigt, einmalige Aufwendungen (wie z. B. Handwerkerrechnungen) dagegen erst im Jahr der Genehmigung der Jahresabrechnung. Soweit einmalige Aufwendungen durch eine Entnahme aus der Instandhaltungsrücklage finanziert werden, können die Aufwendungen erst im Jahr des Abflusses aus der Instandhaltungsrücklage oder im Jahr der Genehmigung der Jahresabrechnung, die den Abfluss aus der Instandhaltungsrücklage beinhaltet, berücksichtigt werden. Wird eine Jahresabrechnung von einer Verwaltungsgesellschaft mit abweichendem Wirtschaftsjahr erstellt, gilt nichts anderes. Es ist aber auch nicht zu beanstanden, wenn Wohnungseigentümer die gesamten Aufwendungen erst in dem Jahr geltend machen, in dem die Jahresabrechnung im Rahmen der Eigentümerversammlung genehmigt worden ist. Für die zeitliche Berücksichtigung von Nebenkosten bei Mietern gelten die vorstehenden Ausführungen entsprechend. 47

Die Entscheidung, die Steuerermäßigung hinsichtlich der Aufwendungen für die regelmäßig wiederkehrenden Dienstleistungen im Jahr der Vorauszahlung und für die einmaligen Aufwendungen im Jahr der Beschlussfassung oder für die gesamten Aufwendungen die Steuerermäßigung erst im Jahr der Beschlussfassung in Anspruch zu nehmen, hat jeder einzelne Eigentümer bzw. Mieter im Rahmen seiner Einkommensteuererklärung zu treffen. Zur Bescheinigung des Datums über die Beschlussfassung s. Rdnr. 27 und Anlage 2. Hat sich der Wohnungseigentümer bei einer Abrechnung mit einem abweichenden Wirtschaftsjahr dafür entschieden, die gesamten Aufwendungen erst in dem Jahr geltend zu machen, in dem die Jahresabrechnung im Rahmen der Eigentümerversammlung genehmigt worden ist, hat das zur Folge, dass hinsichtlich der regelmäßig wiederkehrenden Dienstleistungen die Aufwendungen des abweichenden Wirtschaftsjahres maßgebend sind. Eine davon abweichende andere zeitanteilige Aufteilung der Aufwendungen ist nicht möglich. Auch für den Fall, dass die Beschlussfassungen über die Jahresabrechnungen für zwei Kalenderjahre in einem Kalenderjahr getroffen werden, kann die Entscheidung für alle in einem Jahr genehmigten Abrechnungen, die Steuerermäßigung im Jahr der Vorauszahlung oder in dem der Beschlussfassung in Anspruch zu nehmen, nur einheitlich getroffen werden. 48

4. Nachweis

Die Steuerermäßigung ist davon abhängig, dass der Steuerpflichtige für die Aufwendungen eine Rechnung erhalten hat und die Zahlung auf das Konto des Erbringers der haushaltsnahen Dienstleistung, der 49

Anlage § 035a–01   Zu § 35a EStG

Handwerkerleistung oder der Pflege- oder Betreuungsleistung erfolgt ist (§ 35a Absatz 5 Satz 3 EStG). Dies gilt auch für Abschlagszahlungen (vgl. Rdnr. 40). Bei Wohnungseigentümern und Mietern müssen die sich aus Rdnr. 47 ergebenden Nachweise vorhanden sein. Es ist ausreichend, wenn der Steuerpflichtige die Nachweise auf Verlangen des Finanzamtes vorlegen kann.

Zahlungsarten

50 Die Zahlung auf das Konto des Erbringers der Leistung erfolgt in der Regel durch Überweisung. Beträge, für deren Begleichung ein Dauerauftrag eingerichtet worden ist oder die durch eine Einzugsermächtigung abgebucht oder im Wege des Online-Bankings überwiesen wurden, können in Verbindung mit dem Kontoauszug, der die Abbuchung ausweist, anerkannt werden. Das gilt auch bei Übergabe eines Verrechnungsschecks oder der Teilnahme am Electronic-Cash-Verfahren oder am elektronischen Lastschriftverfahren. Barzahlungen, Baranzahlungen oder Barteilzahlungen können nicht anerkannt werden (BFH, Urteil vom 20. November 2008, BStBl. 2009 II Seite 307). Das gilt selbst dann, wenn die Barzahlung von dem Erbringer der haushaltsnahen Dienstleistung, der Pflege- und Betreuungsleistung oder der Handwerkerleistung tatsächlich ordnungsgemäß verbucht worden ist und der Steuerpflichtige einen Nachweis über die ordnungsgemäße Verbuchung erhalten hat oder wenn eine Barzahlung durch eine später veranlasste Zahlung auf das Konto des Erbringers der Leistung ersetzt wird.

Konto eines Dritten

51 Die Inanspruchnahme der Steuerermäßigung durch den Steuerpflichtigen ist auch möglich, wenn die haushaltsnahe Dienstleistung, Pflege- oder Betreuungsleistung oder die Handwerkerleistung, für die der Steuerpflichtige eine Rechnung erhalten hat, von dem Konto eines Dritten bezahlt worden ist.

V Haushaltsbezogene Inanspruchnahme der Höchstbeträge

1. Ganzjährig ein gemeinsamer Haushalt

52 Die Höchstbeträge nach § 35a EStG können nur haushaltsbezogen in Anspruch genommen werden (§ 35a Absatz 5 Satz 4 EStG). Leben z. B. zwei Alleinstehende im gesamten Veranlagungszeitraum in einem Haushalt, kann jeder seine tatsächlichen Aufwendungen grundsätzlich nur bis zur Höhe des hälftigen Abzugshöchstbetrages geltend machen. Das gilt auch, wenn beide Arbeitgeber im Rahmen eines haushaltsnahen Beschäftigungsverhältnisses oder Auftraggeber haushaltsnaher Dienstleistungen, von Pflege- und Betreuungsleistungen oder von Handwerkerleistungen sind. Eine andere Aufteilung des Höchstbetrages ist zulässig, wenn beide Steuerpflichtige einvernehmlich eine andere Aufteilung wählen und dies gegenüber dem Finanzamt anzeigen. Das gilt auch für Partner einer eingetragenen Lebenspartnerschaft.

Beispiel 8:

Das Ehepaar A und B beschäftigt eine Haushaltshilfe im Rahmen einer geringfügigen Beschäftigung im Sinne des § 8a SGB IV. Die Aufwendungen im Veranlagungszeitraum 2012 betragen einschließlich Abgaben 2.500 €. Darüber hinaus sind Aufwendungen für die Inanspruchnahme von Handwerkerleistungen in Höhe von 4.000 € (Arbeitskosten einschließlich Fahrtkosten) angefallen. Das Ehepaar wird zusammenveranlagt.

Die Steuerermäßigung nach § 35a EStG wird für den Veranlagungszeitraum 2012 wie folgt berechnet:

20 % von 2.500 € (§ 35a Absatz 1 EStG)	500 €
20 % von 4.000 € (§ 35a Absatz 3 EStG)	800 €
Steuerermäßigung 2012	1.300 €

Für die Steuerermäßigung ist es unerheblich, welcher Ehegatte die Aufwendungen bezahlt hat.

Beispiel 9:

C und D sind allein stehend und leben im gesamten Veranlagungszeitraum 2012 in einem gemeinsamen Haushalt. Sie beschäftigen eine Haushaltshilfe im Rahmen einer geringfügigen Beschäftigung im Sinne des § 8a SGB IV. Dabei tritt D gegenüber der Minijob-Zentrale als Arbeitgeberin auf. Sie bezahlt den Lohn der Haushaltshilfe, und von ihrem Konto werden die Abgaben durch die Minijob-Zentrale abgebucht. Die Aufwendungen im Veranlagungszeitraum 2012 betragen einschließlich Abgaben 2.500 €.

Darüber hinaus sind Aufwendungen für die Inanspruchnahme von Handwerkerleistungen angefallen wie folgt:

Schornsteinfegerkosten (Schornstein-Kehrarbeiten, ggf. einschließlich Reparatur-   100 €
und Wartungsaufwand)

Zu § 35a EStG **Anlage § 035a–01**

Tapezieren und Streichen der Wohnräume (Arbeitskosten einschließlich Fahrtkosten)	2.000 €
Reparatur der Waschmaschine vor Ort (Arbeitskosten einschließlich Fahrtkosten)	200 €
	2.300 €

Das Tapezieren und Streichen der Wohnräume haben C und D je zur Hälfte bezahlt. Beide sind gegenüber dem Handwerksbetrieb als Auftraggeber aufgetreten.
Die Schornsteinfegerkosten hat C, die Waschmaschinenreparatur hat D bezahlt.
Die Steuerermäßigung nach § 35a EStG wird für den Veranlagungszeitraum 2012 für die jeweilige Einzelveranlagung wie folgt berechnet:

C:	20 % von (1/2 von 2.000 € =) 1.000 € (§ 35a Absatz 3 EStG)	200 €
	20 % von 100 € (§ 35a Absatz 3 EStG)	20 €
	Steuerermäßigung 2012 für C	220 €
D:	20 % von 2.500 € (§ 35a Absatz 1 EStG)	500 €
	20 % von (1/2 von 2.000 € =) 1.000 € (§ 35a Absatz 3 EStG)	200 €
	20 % von 200 € (§ 35a Absatz 3 EStG)	40 €
	Steuerermäßigung 2012 für D	740 €

C und D zeigen die abweichende Aufteilung gegenüber dem Finanzamt an.

Beispiel 10:
E und F sind allein stehend und leben im gesamten Veranlagungszeitraum 2012 in einem gemeinsamen Haushalt in einem Haus, das der F gehört. Von Juni bis September wird das Haus aufwendig renoviert. Für den Austausch der Fenster und Türen, das Tapezieren und Streichen der Wände, die Renovierung des Badezimmers und das Austauschen der Küche bezahlen sie an die Handwerker insgesamt 30.000 €. Auf Arbeitskosten einschließlich Fahrtkosten entfallen davon 10.000 €. E und F treten gegenüber den Handwerkern gemeinsam als Auftraggeber auf.

a) E und F teilen sich die Aufwendungen hälftig.
Die Steuerermäßigung nach § 35a EStG wird für den Veranlagungszeitraum 2012 für die jeweilige Einzelveranlagung wie folgt berechnet:

E:	20 % von (1/2 von 10.000 € =) 5.000 € (§ 35a Absatz 3 EStG),	
	= 1.000 €, höchstens ½ von 1.200 € =	600 €
F:	Die Steuerermäßigung für F wird ebenso berechnet	600 €

Damit beträgt der haushaltsbezogene in Anspruch genommene Höchstbetrag für die Steuerermäßigung für Handwerkerleistungen 1.200 €.

b) E bezahlt 80 %, F bezahlt 20 % der Aufwendungen.
Die Steuerermäßigung nach § 35a EStG wird für den Veranlagungszeitraum 2012 für die jeweilige Einzelveranlagung grundsätzlich wie folgt berechnet:

E:	20 % von (80 % von 10.000 € =) 8.000 € (§ 35a Absatz 3 EStG),	
	= 1.600 €, höchstens ½ von 1.200 € =	600 €
F:	20 % von (20 % von 10.000 € =) 2.000 € (§ 35a Absatz 3 EStG)	400 €

E und F wählen eine andere Aufteilung des Höchstbetrages, und zwar nach dem Verhältnis, wie sie die Aufwendungen tatsächlich getragen haben. Sie zeigen dies auch gegenüber dem Finanzamt einvernehmlich an.
Die Steuerermäßigung nach § 35a EStG wird für den Veranlagungszeitraum 2012 für die jeweilige Einzelveranlagung wie folgt berechnet:

E:	20 % von (80 % von 10.000 € =) 8.000 € (§ 35a Absatz 3 EStG),	
	= 1.600 €, höchstens ½ von 1.200 € =	960 €
F:	20 % von (20 % von 10.000 € =) 2.000 € (§ 35a Absatz 3 EStG),	
	= 400 €, höchstens 20 % von 1.200 € =	400 €

Damit beträgt der haushaltsbezogene in Anspruch genommene Höchstbetrag für die Steuerermäßigung für Handwerkerleistungen 1.200 €.

Anlage § 035a–01 Zu § 35a EStG

c) F bezahlt als Hauseigentümerin die gesamten Aufwendungen.

Die Steuerermäßigung nach § 35a EStG wird für den Veranlagungszeitraum 2012 für die Einzelveranlagung der F grundsätzlich wie folgt berechnet:

20 % von 10.000 € (§ 35a Absatz 3 EStG) = 2.000 €,
höchstens ½ von 1.200 € (= hälftiger Höchstbetrag)   600 €

E und F haben jedoch die Möglichkeit, eine andere Aufteilung des Höchstbetrags zu wählen, und zwar nach dem Verhältnis, wie sie die Aufwendungen tatsächlich getragen haben (also zu 100 % auf F und zu 0 % auf E). Sie zeigen dies auch gegenüber dem Finanzamt einvernehmlich an.

Die Steuerermäßigung nach § 35a EStG wird für den Veranlagungszeitraum 2012 für die Einzelveranlagung der F nunmehr wie folgt berechnet:

20 % von 10.000 € (§ 35a Absatz 3 EStG) = 2.000 €,
höchstens   1.200 €

E hat keinen Anspruch auf die Steuerermäßigung, da er keine eigenen Aufwendungen getragen hat.

2. Unterjährige Begründung oder Beendigung eines gemeinsamen Haushalts

53 Begründen zwei bisher Alleinstehende mit eigenem Haushalt im Lauf des Veranlagungszeitraums einen gemeinsamen Haushalt oder wird der gemeinsame Haushalt zweier Personen während des Veranlagungszeitraums aufgelöst und es werden wieder zwei getrennte Haushalte begründet, kann bei Vorliegen der übrigen Voraussetzungen jeder Steuerpflichtige die vollen Höchstbeträge in diesem Veranlagungszeitraum in Anspruch nehmen. Das gilt unabhängig davon, ob im Veranlagungszeitraum der Begründung oder Auflösung des Haushalts auch die Eheschließung, die Trennung oder die Ehescheidung erfolgt. Grundsätzlich kann jeder seine tatsächlichen Aufwendungen im Rahmen des Höchstbetrags geltend machen. Darauf, in welchem der beiden Haushalte in diesem Veranlagungszeitraum die Aufwendungen angefallen sind, kommt es nicht an. Für die Inanspruchnahme des vollen Höchstbetrages pro Person ist maßgebend, dass von der jeweiligen Person zumindest für einen Teil des Veranlagungszeitraums ein alleiniger Haushalt unterhalten worden ist.

Beispiel 11:

G und H begründen im Laufe des Veranlagungszeitraums 2012 einen gemeinsamen Haushalt. Vorher hatten beide jeweils einen eigenen Haushalt. Im Laufe des Jahres sind die folgenden Aufwendungen im Sinne des § 35a EStG angefallen:

Einzelhaushalt des G: Aufwendungen für Renovierungsarbeiten der alten Wohnung im zeitlichen Zusammenhang mit dem Umzug (vgl. Rdnr. 19) in Höhe von 12.000 €. Davon entfallen auf Arbeitskosten einschließlich Fahrtkosten 6.000 €.

Einzelhaushalt der H: Aufwendungen für Renovierungsarbeiten der alten Wohnung im zeitlichen Zusammenhang mit dem Umzug (vgl. Rdnr. 19) in Höhe von 2.500 €. Davon entfallen auf Arbeitskosten einschließlich Fahrtkosten 1.000 €.

Gemeinsamer Haushalt: Handwerkerkosten (Arbeitskosten) für die Montage der neuen Möbel 500 €, für das Verlegen von Elektroanschlüssen 200 €, für den Einbau der neuen Küche 400 €. Für Wohnungsreinigungsarbeiten haben sie ein Dienstleistungsunternehmen beauftragt. Die Aufwendungen betragen (ohne Materialkosten) bis Jahresende 800 €. G und H treten gegenüber den jeweiligen Firmen gemeinsam als Auftraggeber auf. Die Kosten teilen sie sich zu gleichen Teilen.

a) Die Steuerermäßigung nach § 35a EStG wird für den Veranlagungszeitraum 2012 für die jeweilige Einzelveranlagung wie folgt berechnet:

G: 20 % von 6.000 € (§ 35a Absatz 3 EStG)   1.200 €
      20 % von (1/2 von 800 € =) 400 € (§ 35a Absatz 2 EStG)   80 €
                                                                                     1.280 €

Durch die Handwerkerkosten für den Einzelhaushalt hat G seinen Höchstbetrag nach § 35a Absatz 3 EStG ausgeschöpft. Die weiteren Handwerkerkosten in der neuen Wohnung bleiben bei ihm unberücksichtigt. Eine Übertragung des nicht ausgeschöpften Höchstbetrages von H ist nicht möglich.

H: 20 % von 1.000 € (§ 35a Absatz 3 EStG)   200 €
      20 % von (1/2 von 1.100 € =) 550 € (§ 35a Absatz 3 EStG)   110 €
      20 % von (1/2 von 800 € =) 400 € (§ 35a Absatz 2 EStG)   80 €
                                                                                      390 €

Zu § 35a EStG **Anlage § 035a–01**

H kann die durch G nicht nutzbare Steuerermäßigung nicht geltend machen, da sie insoweit nicht die Aufwendungen getragen hat.

b) G und H heiraten im November 2012. Sie beantragen die Zusammenveranlagung.

Die Steuerermäßigung nach § 35a EStG wird für 2012 wie folgt berechnet:

20 % von 800 € (§ 35a Absatz 2 EStG)	160 €
20 % von 6.000 € – Einzelhaushalt des G (§ 35a Absatz 3 EStG)	1.200 €
20 % von 1.000 € – Einzelhaushalt der H (§ 35a Absatz 3 EStG)	200 €
20 % von 1.100 € – gemeinsamer Haushalt (Höchstbetrag für Handwerkerkosten ist bei H noch nicht ausgeschöpft; darauf, wer von beiden die Aufwendungen tatsächlich getragen hat, kommt es nicht an)	220 €
	1.780 €

Wird unmittelbar nach Auflösung eines gemeinsamen Haushalts ein gemeinsamer Haushalt mit einer anderen Person begründet, kann derjenige Steuerpflichtige, der ganzjährig in gemeinsamen Haushalten gelebt hat, seine tatsächlichen Aufwendungen nur bis zur Höhe des hälftigen Abzugshöchstbetrages geltend machen. Hat für die andere Person für einen Teil des Veranlagungszeitraums ein alleiniger Haushalt bestanden, ist die Regelung der Rdnr. 53 sinngemäß anzuwenden mit der Folge, dass diese Person den vollen Höchstbetrag beanspruchen kann. Auch in diesen Fällen gilt, dass jeder Steuerpflichtige nur seine tatsächlichen Aufwendungen im Rahmen seines Höchstbetrages geltend machen kann. Etwas anderes gilt nur dann, wenn Steuerpflichtige, die zumindest für einen Teil des Veranlagungszeitraums zusammen einen Haushalt unterhalten haben, einvernehmlich eine andere Aufteilung des Höchstbetrages wählen und dies gegenüber dem Finanzamt anzeigen. Dabei kann für einen Steuerpflichtigen maximal der volle Höchstbetrag berücksichtigt werden. 54

Beispiel 12:

K und L leben seit Jahren zusammen, sind aber nicht verheiratet. Im Laufe des Veranlagungszeitraums 2012 zieht K aus der gemeinsamen Wohnung aus und zieht in den Haushalt von M.

Für den Haushalt von K und L sind die folgenden Aufwendungen angefallen:

Haushaltsnahe Dienstleistungen nach § 35a Absatz 2 EStG in Höhe von 800 €, Aufwendungen für Renovierung und Erhaltung des Haushalts in Höhe von 8.000 €. Es handelt sich jeweils um Arbeitskosten. K und L waren beide Auftraggeber und haben sich die Kosten geteilt.

Für den Haushalt von L sind nach dem Auszug von K die folgenden Aufwendungen angefallen:

Haushaltsnahes Beschäftigungsverhältnis nach § 35a Absatz 1 EStG in Höhe von 700 €, Aufwendungen für Renovierung (Arbeitskosten) 900 €.

Für den Haushalt von M sind bis zum Einzug von K die folgenden Aufwendungen angefallen:

Reparaturkosten der Spülmaschine (Arbeitskosten und Fahrtkostenpauschale) in Höhe von 100 €, Schornsteinfegerkosten (Schornstein-Kehrarbeiten einschließlich Reparatur- und Wartungsaufwand) in Höhe von 120 €.

Für den Haushalt von K und M sind die folgenden Aufwendungen angefallen:

Haushaltsnahe Dienstleistungen nach § 35a Absatz 2 EStG in Höhe von 1.000 € (Arbeitskosten). Die Aufwendungen trägt nur M.

Die Steuerermäßigung nach § 35a EStG wird für den Veranlagungszeitraum 2012 für die jeweilige Einzelveranlagung wie folgt berechnet:

K:	20 % von (1/2 von 800 € =) 400 € (§ 35a Absatz 2 EStG)	80 €
	20 % von (1/2 von 8.000 € =) 4.000 € (§ 35a Absatz 3 EStG)	
	= 800 €, höchstens ½ von 1.200 €	600 €
	Steuerermäßigung 2012 für K	680 €

Durch die Handwerkerkosten für den Haushalt mit L hat K seinen Höchstbetrag nach § 35a Absatz 3 EStG ausgeschöpft.

L:	20 % von (1/2 von 800 € =) 400 € (§ 35a Absatz 2 EStG)	80 €
	20 % von (1/2 von 8.000 € =) 4.000 € (§ 35a Absatz 3 EStG)	800 €
	20 % von 900 € (§ 35a Absatz 3 EStG)	180 €
	(Keine Begrenzung auf den hälftigen Höchstbetrag von 600 €, da L ab dem Auszug von K alleine einen eigenen Haushalt hat.)	

Anlage § 035a–01 Zu § 35a EStG

20 % von 700 € (§ 35a Absatz 1 EStG)	140 €
Steuerermäßigung 2012 für L	1.200 €

L kann die Aufwendungen in Höhe von 1.000 € für Handwerkerleistungen, die sich bei K nicht als Steuerermäßigung ausgewirkt haben, auch mit dessen Zustimmung nicht geltend machen, da L insoweit die Aufwendungen nicht getragen hat.

M:	20 % von 220 € (§ 35a Absatz 3 EStG)	44 €
	20 % von 1.000 € (§ 35a Absatz 2 EStG)	200 €
	Steuerermäßigung 2012 für M	244 €

Beispiel 13:
N und O leben seit Jahren zusammen, sind aber nicht verheiratet. Im Laufe des Veranlagungszeitraums 2012 zieht N aus der gemeinsamen Wohnung aus und zieht in den Haushalt von P.

Für den Haushalt von N und O sind die folgenden Aufwendungen angefallen:

Aufwendungen für Renovierung und Erhaltung des Haushalts in Höhe von 5.000 €. Es handelt sich jeweils um Arbeitskosten. N und O waren beide Auftraggeber. Die Kosten wurden zu 80 % von N getragen, 20 % von O.

Für den Haushalt von O sind nach dem Auszug von N die folgenden Aufwendungen angefallen: Aufwendungen für Renovierung (Arbeitskosten) 3.000 €.

a) Die Steuerermäßigung nach § 35a EStG wird für den Veranlagungszeitraum 2012 für die jeweilige Einzelveranlagung wie folgt berechnet:

N:	20 % von (80 % von 5.000 € =) 4.000 € (§ 35a Absatz 3 EStG) = 800 €, höchstens ½ von 1.200 €	600 €

Durch die Handwerkskosten hat N seinen Höchstbetrag nach § 35a Absatz 3 EStG ausgeschöpft.

O:	20 % von (20 % von 5.000 € =) 1.000 € (§ 35a Absatz 3 EStG)	200 €
	20 % von 3.000 € (§ 35a Absatz 3 EStG)	600 €
	Steuerermäßigung 2012 für O	800 €

(Keine Begrenzung auf den hälftigen Höchstbetrag, da O ab dem Auszug von N einen eigenen Haushalt hat. Allerdings beträgt der Höchstbetrag nach § 35a Absatz 3 EStG für O insgesamt 1.200 €. Dieser ist nicht überschritten.)

O kann die durch N nicht nutzbare Steuerermäßigung nicht geltend machen, da sie für ihren Aufwendungsteil die Steuerermäßigung ausgeschöpft hat und darüber hinaus die Aufwendungen nicht getragen hat.

b) N und O wählen eine andere Aufteilung des Höchstbetrages, und zwar nach dem Verhältnis, wie sie die Aufwendungen tatsächlich getragen haben. Sie zeigen dies auch gegenüber dem Finanzamt einvernehmlich an.

Die Steuerermäßigung nach § 35a EStG wird für den Veranlagungszeitraum 2012 für die jeweilige Einzelveranlagung wie folgt berechnet:

N:	20 % von (80 % von 5.000 € =) 4.000 €, höchstens von (80 % von 6.000 € =) 4.800 € (§ 35a Absatz 3 EStG)	800 €

N kann seine vollen Aufwendungen nach § 35a Absatz 3 EStG geltend machen.

O:	20 % von (20 % von 5.000 € =) 1.000 € (§ 35a Absatz 3 EStG)	200 €
	20 % von 3.000 € (§ 35a Absatz 3 EStG)	600 €
	(Keine Begrenzung auf den hälftigen Höchstbetrag, da O ab dem Auszug von N einen eigenen Haushalt hat. Allerdings reduziert sich der Höchstbetrag nach § 35a Absatz 3 EStG für O um den auf N übertragenen Anteil von (20 % von 1.000 € =) 200 € auf (20 % von 5.000 € =) 1.000 €. Dieser ist nicht überschritten.)	800 €

VI Anrechnungsüberhang

55 Entsteht bei einem Steuerpflichtigen infolge der Inanspruchnahme der Steuerermäßigung nach § 35a EStG ein sog. Anrechnungsüberhang, kann der Steuerpflichtige weder die Festsetzung einer negativen

Einkommensteuer in Höhe dieses Anrechnungsüberhangs noch die Feststellung einer rück- oder vortragsfähigen Steuerermäßigung beanspruchen (BFH, Urteil vom 29. Januar 2009, BStBl. II Seite 411).

VII Anwendungsregelung

Dieses Schreiben ersetzt das BMF-Schreiben vom 15. Februar 2010 (BStBl. I Seite 140). **56**

Rdnrn. 52, 53 und 54 sind in allen noch offenen Fällen ab dem Veranlagungszeitraum 2003 anzuwenden. **57**
Rdnrn. 20 und 21 sind in allen noch offenen Fällen ab dem Veranlagungszeitraum 2006 anzuwenden.
Rdnrn. 11, 12 und 14 sind in allen noch offenen Fällen ab dem Veranlagungszeitraum 2009 anzuwenden.
Rdnrn. 24 und 25 sind in allen noch offenen Fällen ab dem Veranlagungszeitraum 2011 anzuwenden.

Aus Vereinfachungsgründen brauchen Schornsteinfegerleistungen bis einschließlich Veranlagungszeitraum 2013 nicht in Schornstein-Kehrarbeiten sowie Reparatur- und Wartungsarbeiten einerseits (als Handwerkerleistungen begünstigt) und Mess- oder Überprüfungsarbeiten sowie Feuerstättenschau andererseits (nicht begünstigt) aufgeteilt zu werden, sondern können als einheitliche begünstigte Handwerkerleistung berücksichtigt werden; vgl. hierzu Rdnr. 22. Ab dem Veranlagungszeitraum 2014 kann für Schornstein-Kehrarbeiten sowie Reparatur- und Wartungsarbeiten des Schornsteinfegers eine Steuerermäßigung nur gewährt werden, wenn sich die erforderlichen Angaben nach Maßgabe der Rdnr. 40 aus der Rechnung ergeben. **58**

Anlage § 035a–01

Zu § 35a EStG

Anlage 1
Beispielhafte Aufzählung begünstigter und nicht begünstigter haushaltsnaher Dienstleistungen und Handwerkerleistungen
(zu Rdnrn. 7, 10, 20)

Maßnahme	begünstigt	nicht begünstigt	Haushaltsnahe Dienstleistung	Handwerker-leistung
Abfallmanagement („Vorsortierung")	innerhalb des Grundstücks	alle Maßnahmen außerhalb des Grundstücks	X	
Abflussrohrreinigung	innerhalb des Grundstücks	außerhalb des Grundstücks		X
Ablesedienste und Abrechnung bei Verbrauchszählern (Strom, Gas, Wasser, Heizung usw.)		X		
Abriss eines baufälligen Gebäudes mit anschließendem Neubau		X		
Abwasserentsorgung	Wartung und Reinigung innerhalb des Grundstücks	alle Maßnahmen außerhalb des Grundstücks		X
Anliegerbeitrag		X		
Arbeiten 1. am Dach 2. an Bodenbelägen 3. an der Fassade 4. an Garagen 5. an Innen- und Außenwänden 6. an Zu- und Ableitungen	X X X X X soweit innerhalb des Grundstücks	 alle Maßnahmen außerhalb des Grundstücks		X X X X X
Architektenleistung		X		
Asbestsanierung	X			X
Aufstellen eines Baugerüstes	Arbeitskosten	Miete, Material		X
Aufzugnotruf		X		
Außenanlagen, Errichtung von ~, wie z. B. Wege, Zäune	Arbeitskosten für Maßnahmen auf privatem Grundstück	– auf öffentlichem Grundstück oder – im Rahmen einer Neubaumaßnahme (Rdnr.21) – Materialkosten		X
Austausch oder Modernisierung 1. der Einbauküche 2. von Bodenbelägen (z. B. Teppichboden, Parkett, Fliesen) 3. von Fenstern und Türen	X X X			X X X
Bereitschaft der Erbringung einer ansonsten begünstigten Leistung im Bedarfsfall	als Nebenleistung einer ansonsten begünstigten Hauptleistung	nur Bereitschaft	Abgrenzung im Einzelfall	Abgrenzung im Einzelfall
Brandschadensanierung	soweit nicht Versicherungsleistung	soweit Versicherungsleistung		X

Zu § 35a EStG

Anlage § 035a–01

Maßnahme	begünstigt	nicht begünstigt	Haushaltsnahe Dienstleistung	Handwerkerleistung
Breitbandkabelnetz	Installation, Wartung und Reparatur innerhalb des Grundstücks	alle Maßnahmen außerhalb des Grundstücks		X
Carport, Terrassenüberdachung	Arbeitskosten	– Materialkosten sowie – Errichtung im Rahmen einer Neubaumaßnahme (Rdnr. 21)		X
Chauffeur		X		
Dachgeschossausbau	Arbeitskosten	– Materialkosten sowie – Errichtung im Rahmen einer Neubaumaßnahme (Rdnr. 21)		X
Dachrinnenreinigung	X			X
Datenverbindungen	s. Hausanschlüsse	s. Hausanschlüsse		X
Deichabgaben		X		
Dichtheitsprüfung von Abwasseranlagen		X		
Elektroanlagen	Wartung und Reparatur			X
Energiepass		X		
Entsorgungsleistung	als Nebenleistung, (z. B. Bauschutt, Fliesenabfuhr bei Neuverfliesung eines Bades, Grünschnittabfuhr bei Gartenpflege)	als Hauptleistung	Abgrenzung im Einzelfall	Abgrenzung im Einzelfall
Erhaltungsmaßnahmen	Arbeitskosten für Maßnahmen auf privatem Grundstück	– Materialkosten sowie – alle Maßnahmen außerhalb des Grundstücks	Abgrenzung im Einzelfall	Abgrenzung im Einzelfall
Erstellung oder Hilfe bei der Erstellung der Steuererklärung		X		
Fäkalienabfuhr		X		
Fahrstuhlkosten	Wartung und Reparatur	Betriebskosten		X
Fertiggaragen	Arbeitskosten	– Materialkosten sowie – Errichtung im Rahmen einer Neubaumaßnahme (Rdnr. 21)		X

Anlage § 035a–01

Zu § 35a EStG

Maßnahme	begünstigt	nicht begünstigt	Haushaltsnahe Dienstleistung	Handwerkerleistung
Feuerlöscher	Wartung			X
Feuerstättenschau – s. auch Schornsteinfeger		X		
Fitnesstrainer		X		
Friseurleistungen	**nur** soweit sie zu den Pflege- und Betreuungsleistungen gehören, wenn sie im Leistungskatalog der Pflegeversicherung aufgeführt sind (und der Behinderten-Pauschbetrag nicht geltend gemacht wird; s. Rdnrn. 8, 10, 32, 33)	alle anderen Friseurleistungen	X	
Fußbodenheizung	Wartung, Spülung, Reparatur, nachträglicher Einbau	Materialkosten		X
Gärtner	innerhalb des Grundstücks	alle Maßnahmen außerhalb des Grundstücks	Abgrenzung im Einzelfall	Abgrenzung im Einzelfall
Gartengestaltung	Arbeitskosten	– Materialkosten sowie – erstmalige Anlage im Rahmen einer Neubaumaßnahme (Rdnr. 21)		X
Gartenpflegearbeiten (z. B. Rasen mähen, Hecken schneiden)	innerhalb des Grundstücks einschließlich Grünschnittentsorgung als Nebenleistung	alle Maßnahmen außerhalb des Grundstücks	X	
Gemeinschaftsmaschinen bei Mietern (z. B. Waschmaschine, Trockner)	Reparatur und Wartung	Miete		X
Gewerbeabfallentsorgung		X		
Graffitibeseitigung	X			X
Gutachtertätigkeiten		X		

Zu § 35a EStG Anlage § 035a–01

Maßnahme	begünstigt	nicht begünstigt	Haushaltsnahe Dienstleistung	Handwerkerleistung
Hand- und Fußpflege	nur soweit sie zu den Pflege- und Betreuungsleistungen gehören, wenn sie im Leistungskatalog der Pflegeversicherung aufgeführt sind (und der Behinderten-Pauschbetrag nicht geltend gemacht wird; s. Rdnrn. 8, 10, 32, 33)	alle anderen	X	
Hausanschlüsse	z. B. für den Anschluss von Stromkabeln, für das Fernsehen, für Internet über Kabelfernsehen, Glasfaser oder per Satellitenempfangsanlagen sowie Weiterführung der Anschlüsse, jeweils innerhalb des Grundstücks	– Materialkosten sowie – erstmalige Anschlüsse im Rahmen einer Neubaumaßnahme (Rdnr. 21) und – alle Maßnahmen außerhalb des Grundstücks		X
Hausarbeiten, wie reinigen, Fenster putzen, bügeln usw. (Rdnr. 1)	X		X	
Haushaltsauflösung		X		
Hauslehrer		X		
Hausmeister, Hauswart	X		X	
Hausreinigung	X		X	
Hausschwammbeseitigung	X			X
Hausverwalterkosten oder -gebühren		X		
Heizkosten: 1. Verbrauch 2. Gerätemiete für Zähler 3. Garantiewartungsgebühren 4. Heizungswartung und Reparatur 5. Austausch der Zähler nach dem Eichgesetz 6. Schornsteinfeger 7. Kosten des Ablesedienstes 8. Kosten der Abrechnung an sich	 X X X s. Schornsteinfeger	 X X s. Schornsteinfeger X X		 X X X
Hilfe im Haushalt (Rdnrn. 11, 12, 14) – s. Hausarbeiten				
Insektenschutzgitter	Montage und Reparatur	Material		X

2057

Anlage § 035a–01

Zu § 35a EStG

Maßnahme	begünstigt	nicht begünstigt	Haushaltsnahe Dienstleistung	Handwerkerleistung
Kamin-Einbau	Arbeitskosten	– Materialkosten sowie – Errichtung im Rahmen einer Neubaumaßnahme (Rdnr. 21)		X
Kaminkehrer – s. Schornsteinfeger				
Kellerausbau	Arbeitskosten	– Materialkosten sowie – Errichtung im Rahmen einer Neubaumaßnahme (Rdnr. 21)		X
Kellerschachtabdeckungen	Montage und Reparatur	Material		X
Kfz. – s. Reparatur		X		
Kinderbetreuungskosten	soweit sie nicht unter § 10 Absatz 1 Nummer 5 EStG (§ 9c EStG a. F.) fallen und für eine Leistung im Haushalt des Steuerpflichtigen anfallen	im Sinne von § 10 Absatz 1 Nummer 5 EStG (§ 9c EStG a. F.); s. auch Rdnr. 34	X	
Klavierstimmer	X			X
Kleidungs- und Wäschepflege und -reinigung	im Haushalt des Steuerpflichtigen		X	
Kontrollaufwendungen des TÜV, z. B. für den Fahrstuhl oder den Treppenlift		X		
Kosmetikleistungen	nur soweit sie zu den Pflege- und Betreuungsleistungen gehören, wenn sie im Leistungskatalog der Pflegeversicherung aufgeführt sind (und der Behinderten-Pauschbetrag nicht geltend gemacht wird; s. Rdnrn. 8, 10, 32, 33)	alle anderen	X	
Laubentfernung	auf privatem Grundstück	auf öffentlichem Grundstück	Abgrenzung im Einzelfall	Abgrenzung im Einzelfall
Legionellenprüfung		X		
Leibwächter		X		

Zu § 35a EStG **Anlage § 035a–01**

Maßnahme	begünstigt	nicht begünstigt	Haushaltsnahe Dienstleistung	Handwerkerleistung
Material und sonstige im Zusammenhang mit der Leistung gelieferte Waren einschließlich darauf entfallende Umsatzsteuer		Rdnr. 39 Bsp.: Farbe, Fliesen, Pflastersteine, Mörtel, Sand, Tapeten, Teppichboden und andere Fußbodenbeläge, Waren, Stützstrümpfe usw.		
Mauerwerksanierung	X			X
Miete von Verbrauchszählern (Strom, Gas, Wasser, Heizung usw.)		X		
Modernisierungsmaßnahmen (z. B. Badezimmer, Küche)	innerhalb des Grundstücks	alle Maßnahmen außerhalb des Grundstücks		X
Montageleistung z. B. beim Erwerb neuer Möbel	X			X
Müllabfuhr		X		
Müllentsorgungsanlage (Müllschlucker)	Wartung und Reparatur			X
Müllschränke	Anlieferung und Aufstellen	Material		X
Nebenpflichten der Haushaltshilfe, wie kleine Botengänge oder Begleitung von Kindern, kranken, alten oder pflegebedürftigen Personen bei Einkäufen oder zum Arztbesuch	X		X	
Neubaumaßnahmen		Rdnr. 21		
Notbereitschaft/Notfalldienste	soweit es sich um eine nicht gesondert berechnete Nebenleistung z. B. im Rahmen eines Wartungsvertrages handelt	alle anderen reinen Bereitschaftsdienste	X	
Pflasterarbeiten	innerhalb des Grundstücks	– Materialkosten sowie – alle Maßnahmen außerhalb des Grundstücks		X
Pflegebett		X		
Pflege der Außenanlagen	innerhalb des Grundstücks	alle Maßnahmen außerhalb des Grundstücks	X	
Pilzbekämpfung	X			X
Prüfdienste/Prüfleistung (z. B. bei Aufzügen)		X		
Rechtsberatung		X		

Anlage § 035a–01

Zu § 35a EStG

Maßnahme	begünstigt	nicht begünstigt	Haushaltsnahe Dienstleistung	Handwerkerleistung
Reinigung	der Wohnung, des Treppenhauses und der Zubehörräume		X	
Reparatur, Wartung und Pflege				
1. von Bodenbelägen (z. B. Teppichboden, Parkett, Fliesen)	X		Pflege	Reparatur und Wartung
2. von Fenstern und Türen (innen und außen)	X		Pflege	Reparatur und Wartung
3. von Gegenständen im Haushalt des Steuerpflichtigen (z. B. Waschmaschine, Geschirrspüler, Herd, Fernseher, Personalcomputer und andere	soweit es sich um Gegenstände handelt, die in der Hausratversicherung mitversichert werden können	Arbeiten außerhalb des Grundstücks des Steuerpflichtigen	Pflege im Haushalt bzw. auf dem Grundstück des Steuerpflichtigen	Reparatur und Wartung im Haushalt bzw. auf dem Grundstück des Steuerpflichtigen
4. von Heizungsanlagen, Elektro-, Gas- und Wasserinstallationen	auf dem Grundstück des Steuerpflichtigen	außerhalb des Grundstücks des Steuerpflichtigen		X
5. von Kraftfahrzeugen (einschließlich TÜV-Gebühren)		X		
6. von Wandschränken	X			X
Schadensfeststellung, Ursachenfeststellung (z. B. bei Wasserschaden, Rohrbruch usw.)		X		
Schadstoffsanierung	X			X
Schädlings- und Ungezieferbekämpfung	X		Abgrenzung im Einzelfall	Abgrenzung im Einzelfall
Schornsteinfeger	– Schornstein-Kehrarbeiten – Reparatur- und Wartungsarbeiten (Rdnr. 58)	– Mess- oder Überprüfungsarbeiten – Feuerstättenschau (Rdnr. 22, 58)	X	X
Sekretär; hierunter fallen auch Dienstleistungen in Form von Büroarbeiten (z. B. Ablageorganisation, Erledigung von Behördengängen, Stellen von Anträgen bei Versicherungen und Banken usw.)		X		
Sperrmüllabfuhr		X		
Statikerleistung		X		
Straßenreinigung	auf privatem Grundstück	auf öffentlichem Grundstück	X	
Tagesmutter bei Betreuung im Haushalt des Steuerpflichtigen	soweit es sich bei den Aufwendungen nicht um Kinderbetreuungskosten (Rdnr. 34) handelt	Kinderbetreuungskosten (Rdnr. 34)	X	
Taubenabwehr	X		Abgrenzung im Einzelfall	Abgrenzung im Einzelfall

Zu § 35a EStG

Anlage § 035a–01

Maßnahme	begünstigt	nicht begünstigt	Haushaltsnahe Dienstleistung	Handwerker-leistung
Technische Prüfdienste (z. B. bei Aufzügen)		X		
Terrassenüberdachung	Arbeitskosten	– Materialkosten sowie – Errichtung im Rahmen einer Neubaumaßnahme (Rdnr. 21)		X
Tierbetreuungs-, pflege- oder -arztkosten		X		
Trockeneisreinigung	X			X
Trockenlegung von Mauerwerk	Arbeiten mit Maschinen vor Ort	ausschließliche Maschinenanmietung		X
TÜV-Gebühren		X		
Überprüfung von Anlagen (z. B. Gebühr für den Schornsteinfeger oder für die Kontrolle von Blitzschutzanlagen)	s. Schornsteinfeger	TÜV-Gebühren; s. auch Schornsteinfeger		X
Umzäunung, Stützmauer o. ä.	Arbeitskosten für Maßnahmen auf privatem Grundstück	– Materialkosten sowie – Maßnahmen auf öffentlichem Grundstück oder – im Rahmen einer Neubaumaßnahme (Rdnr. 21)		X
Umzugsdienstleistungen	für Privatpersonen (Rdnrn. 19, 31)		Abgrenzung im Einzelfall	Abgrenzung im Einzelfall
Verarbeitung von Verbrauchsgütern im Haushalt des Steuerpflichtigen	X		X	
Verbrauchsmittel, wie z. B. Schmier-, Reinigungs- oder Spülmittel sowie Streugut	X		als Nebenleistung (Rdnr. 39) – Abgrenzung im Einzelfall	als Nebenleistung (Rdnr. 39) – Abgrenzung im Einzelfall
Verwaltergebühr		X		
Wachdienst	innerhalb des Grundstücks	außerhalb des Grundstücks	X	
Wärmedämmmaßnahmen	X			X
Wartung: 1. Aufzug 2. Heizung und Öltankanlagen (einschl. Tankreinigung) 3. Feuerlöscher 4. CO$_2$-Warngeräte 5. Pumpen 6. Abwasser-Rückstau-Sicherungen	X X X X X X			X X X X X X
Wasserschadensanierung	X	soweit Versicherungsleistung		X

Anlage § 035a–01

Zu § 35a EStG

Maßnahme	begünstigt	nicht begünstigt	Haushaltsnahe Dienstleistung	Handwerker-leistung
Wasserversorgung	Wartung und Reparatur			X
Winterdienst	innerhalb des Grundstücks	alle Maßnahmen außerhalb des Grundstücks	X	
Zubereitung von Mahlzeiten im Haushalt des Steuerpflichtigen	X		X	

Zu § 35a EStG

Anlage § 035a–01

Muster für eine Bescheinigung
(zu Rdnr. 27)

Anlage 2

_____
_____
_____
(Name und Anschrift des Verwalters / Vermieters)

_____
_____
_____
(Name und Anschrift des Eigentümers / Mieters)

Anlage zur Jahresabrechnung für das Jahr/Wirtschaftsjahr ....
Ggf. Datum der Beschlussfassung der Jahresabrechnung: _____
In der Jahresabrechnung für das nachfolgende Objekt

_____
(Ort, Straße, Hausnummer und ggf. genaue Lagebezeichnung der Wohnung)

sind Ausgaben im Sinne des § 35a Einkommensteuergesetz (EStG) enthalten, die wie folgt zu verteilen sind:

A) *Aufwendungen für Sozialversicherungspflichtige Beschäftigungen*
(§ 35a Absatz 2 Satz 1 Alternative 1 EStG)

Bezeichnung	Gesamtbetrag (in Euro)	Anteil des Miteigentümers/des Mieters

B) *Aufwendungen für die Inanspruchnahme von haushaltsnahen Dienstleistungen*
(§ 35a Absatz 2 Satz 1 Alternative 2 EStG)

Bezeichnung	Gesamtbetrag (in Euro)	nicht zu berücksichtigende Materialkosten (in Euro)	Aufwendungen bzw. Arbeitskosten (Rdnr. 35, 36) (in Euro)	Anteil des Miteigentümers/ des Mieters

C) *Aufwendungen für die Inanspruchnahme von Handwerkerleistungen für Renovierungs-, Erhaltungs- und Modernisierungsmaßnahmen*
(§ 35a Absatz 3 EStG)

Bezeichnung	Gesamtbetrag (in Euro)	nicht zu berücksichtigende Materialkosten (in Euro)	Aufwendungen bzw. Arbeitskosten (Rdnr. 35, 36) (in Euro)	Anteil des Miteigentümers/ des Mieters

_____
(Ort und Datum)

_____
(Unterschrift des Verwalters oder Vermieters)

Hinweis: Die Entscheidung darüber, welche Positionen im Rahmen der Einkommensteuererklärung berücksichtigt werden können, obliegt ausschließlich der zuständigen Finanzbehörde.

Anlage § 037b–01

Zu § 37b EStG

Pauschalierung der Einkommensteuer bei Sachzuwendungen nach § 37b EStG

– BdF-Schreiben vom 29.4.2008 – IV B 2 – S 2297 – b/07/0001, 2008/0210802 (BStBl. I S. 566) –

Mit dem Jahressteuergesetz 2007 vom 13. Dezember 2006 (BGBl. I 2006 S. 2878, BStBl. I 2007 S. 28) wurde mit § 37b EStG eine Regelung in das Einkommensteuergesetz eingefügt, die es dem zuwendenden Steuerpflichtigen ermöglicht, die Einkommensteuer auf Sachzuwendungen an einen Arbeitnehmer oder Nichtarbeitnehmer mit einem Steuersatz von 30 Prozent pauschal zu übernehmen und abzuführen. Zur Anwendung dieser Regelung gilt im Einvernehmen mit den obersten Finanzbehörden der Länder Folgendes:

I. Anwendungsbereich des § 37b EStG [1]

1 Zuwendender i. S. d. § 37b EStG kann jede natürliche und juristische Person sein. Macht der Zuwendende von der Wahlmöglichkeit des § 37b EStG Gebrauch, so ist er Steuerpflichtiger i. S. d. § 33 AO. Ausländische Zuwendende und nicht steuerpflichtige juristische Personen des öffentlichen Rechts werden spätestens mit der Anwendung des § 37b EStG zu Steuerpflichtigen i. S. dieser Vorschrift.

2 Zuwendungsempfänger können eigene Arbeitnehmer des Zuwendenden sowie Dritte unabhängig von ihrer Rechtsform (z. B. AGs, GmbHs, Aufsichtsräte, Verwaltungsratsmitglieder, sonstige Organmitglieder von Vereinen und Verbänden, Geschäftspartner, deren Familienangehörige, Arbeitnehmer Dritter) sein.

3 Zuwendungen an eigene Arbeitnehmer sind Sachbezüge i. S. d. § 8 Abs. 2 Satz 1 EStG, für die keine gesetzliche Bewertungsmöglichkeit nach § 8 Abs. 2 Satz 2 bis 8, Abs. 3 und § 19a EStG sowie keine Pauschalierungsmöglichkeit nach § 40 Abs. 2 EStG besteht. Für sonstige Sachbezüge, die nach § 40 Abs. 1 EStG pauschaliert besteuert werden können, kann der Steuerpflichtige auch die Pauschalierung nach § 37b EStG wählen.

II. Wahlrecht zur Anwendung des § 37b EStG

1. Einheitlichkeit der Wahlrechtsausübung

4 Das Wahlrecht zur Anwendung der Pauschalierung der Einkommensteuer ist nach § 37b Abs. 1 Satz 1 EStG einheitlich für alle innerhalb eines Wirtschaftsjahres gewährten Zuwendungen, mit Ausnahme der die Höchstbeträge nach § 37b Abs. 1 Satz 3 EStG übersteigenden Zuwendungen, auszuüben. Dabei ist es zulässig, für Zuwendungen an Dritte (Absatz 1) und an eigene Arbeitnehmer (Absatz 2) § 37b EStG jeweils gesondert anzuwenden.

Die Entscheidung zur Anwendung des § 37b EStG kann nicht zurückgenommen werden.

5 Werden Zuwendungen an Arbeitnehmer verbundener Unternehmen i. S. d. §§ 15 ff. AktG oder § 271 HGB vergeben, fallen diese Zuwendungen in den Anwendungsbereich des § 37b Abs. 1 EStG und sind nach § 37b Abs. 1 Satz 2 EStG mindestens mit dem sich aus § 8 Abs. 3 Satz 1 EStG ergebenden Wert zu bemessen (Rabattgewährung an Konzernmitarbeiter). Es wird nicht beanstandet, wenn diese Zuwendungen an Arbeitnehmer verbundener Unternehmen individuell besteuert werden, auch wenn der Zuwendende für die übrigen Zuwendungen § 37b Abs. 1 EStG anwendet. Für die übrigen Zuwendungen ist das Wahlrecht einheitlich auszuüben.

6 Übt ein ausländischer Zuwendender das Wahlrecht zur Anwendung des § 37b EStG aus, sind die Zuwendungen, die unbeschränkt oder beschränkt Einkommen- oder Körperschaftsteuerpflichtigen im Inland gewährt werden, einheitlich zu pauschalieren.

---

1) Die von den Finanzgerichten unterschiedlich beurteilte Frage, ob § 37b EStG voraussetzt, dass die Zuwendungen oder Geschenke dem Empfänger im Rahmen einer der Einkommensteuer unterliegenden Einkunftsart zufließen, hat der BFH mit drei Urteilen vom 16.10.2013 in grundsätzlicher Weise bejaht. Er widersprach damit zugleich der gegenteiligen Auffassung der Finanzverwaltung im Wesentlichen mit der Begründung, dass § 37b EStG keine eigenständige Einkunftsart begründe, sondern lediglich eine besondere pauschalierende Erhebung der Einkommensteuer zur Wahl stelle.
Im ersten vom BFH entschiedenen Streitfall (VI R 57/11) hatten nicht in Deutschland einkommensteuerpflichtige Arbeitnehmer Zuwendungen erhalten. Das Finanzamt (FA) erhob in Anwendung des pauschalen Steuersatzes von 30 % (zu Unrecht) dennoch Einkommensteuer auf diese Zuwendungen. In einem weiteren Streitfall (VI R 52/11) hatte eine Kapitalgesellschaft ihren Kunden und Geschäftsfreunden Geschenke zukommen lassen. Auch dort hatte das FA die pauschale Einkommensteuer unabhängig davon erhoben, ob diese Geschenke beim Empfänger überhaupt einkommensteuerbar und einkommensteuerpflichtig waren. Im dritten Streitfall (VI R 78/12), in dem Arbeitnehmer auf Geheiß des Arbeitgebers Geschäftsfreunde auf einem Regattabegleitschiff zu betreuen hatten, stellte der BFH nochmals klar, dass § 37b EStG nicht den steuerrechtlichen Lohnbegriff erweitere.

Zu § 37b EStG Anlage § 037b–01

2. Zeitpunkt der Wahlrechtsausübung

Die Entscheidung zur Anwendung der Pauschalierung kann für den Anwendungsbereich des § 37b Abs. 1 EStG auch im laufenden Wirtschaftsjahr, spätestens in der letzten Lohnsteuer-Anmeldung des Wirtschaftsjahres der Zuwendung getroffen werden. Eine Berichtigung der vorangegangenen einzelnen Lohnsteuer-Anmeldungen zur zeitgerechten Erfassung ist nicht erforderlich. 7

Für den Anwendungsbereich des § 37b Abs. 2 EStG ist die Entscheidung zur Anwendung der Pauschalierung spätestens bis zu dem für die Übermittlung der elektronischen Lohnsteuerbescheinigung geltenden Termin (§ 41b Abs. 1 Satz 2 EStG, 28. Februar des Folgejahres) zu treffen. Dieser Endtermin gilt auch, wenn ein Arbeitnehmer während des laufenden Kalenderjahres ausscheidet. Ist eine Änderung des Lohnsteuerabzugs gemäß § 41c EStG zum Zeitpunkt der Ausübung des Wahlrechts nicht mehr möglich, so hat der Arbeitgeber dem Arbeitnehmer eine Bescheinigung über die Pauschalierung nach § 37b Abs. 2 EStG auszustellen. Die Korrektur des bereits individuell besteuerten Arbeitslohns kann der Arbeitnehmer dann nur noch im Veranlagungsverfahren begehren. 8

III. Bemessungsgrundlage

1. Begriffsbestimmung

Besteuerungsgegenstand sind Zuwendungen, die zusätzlich zur ohnehin vereinbarten Leistung oder zum ohnehin geschuldeten Arbeitslohn erbracht werden, die nicht in Geld bestehen und die nicht gesellschaftsrechtlich veranlasst sind. Verdeckte Gewinnausschüttungen (§ 8 Abs. 3 Satz 2 KStG, R 36 KStR) sind von der Pauschalierung nach § 37b EStG ausgenommen. Bei Zuwendungen an Dritte handelt es sich regelmäßig um Geschenke i. S. d. § 4 Abs. 5 Satz 1 Nr. 1 Satz 1 EStG oder Incentives (z. B. Reise oder Sachpreise aufgrund eines ausgeschriebenen Verkaufs- oder Außendienstwettbewerbs). Geschenke in diesem Sinne sind auch Nutzungsüberlassungen. Zuzahlungen des Zuwendungsempfängers ändern nichts den Charakter als Zuwendung; sie mindern lediglich die Bemessungsgrundlage. Zuzahlungen Dritter (z. B. Beteiligung eines anderen Unternehmers an der Durchführung einer Incentive-Reise) mindern die Bemessungsgrundlage hingegen nicht. 9

Sachzuwendungen, deren Anschaffungs- oder Herstellungskosten 10 Euro nicht übersteigen, sind bei der Anwendung des § 37b EStG als Streuwerbeartikel anzusehen und fallen daher nicht in den Anwendungsbereich der Vorschrift. Die Teilnahme an einer geschäftlich veranlassten Bewirtung i. S. d. § 4 Abs. 5 Satz 1 Nr. 2 EStG ist nicht in den Anwendungsbereich des § 37b EStG einzubeziehen (R 4.7 Abs. 3 EStR, R 8.1 Abs. 8 Nr. 1 LStR 2008[1]). 10

Zuwendungen, die ein Arbeitnehmer von einem Dritten erhalten hat, können nicht vom Arbeitgeber, der nach § 38 Abs. 1 Satz 3 EStG zum Lohnsteuerabzug verpflichtet ist, nach § 37b EStG pauschal besteuert werden. Die Pauschalierung nach § 37b EStG kann nur der Zuwendende selbst vornehmen. 11

Gibt ein Steuerpflichtiger eine Zuwendung unmittelbar weiter, die dieser selbst unter Anwendung des § 37b EStG erhalten hat, entfällt eine erneute pauschale Besteuerung nach § 37b EStG, wenn der Steuerpflichtige hierfür keinen Betriebsausgabenabzug vornimmt. 12

In die Bemessungsgrundlage sind alle Zuwendungen einzubeziehen; es kommt nicht darauf an, dass sie beim Empfänger im Rahmen einer Einkunftsart zufließen (zu den Besonderheiten bei Zuwendungen an Arbeitnehmer siehe Rdnr. 3). 13

2. Bewertung der Zuwendungen

Nach § 37b Abs. 1 Satz 2 EStG sind die Zuwendungen mit den Aufwendungen des Steuerpflichtigen einschließlich Umsatzsteuer zu bewerten. Der Bruttobetrag kann aus Vereinfachungsgründen mit dem Faktor 1,19 aus dem Nettobetrag hochgerechnet werden. In die Bemessung sind alle tatsächlich angefallenen Aufwendungen einzubeziehen, die der jeweiligen Zuwendung direkt zugeordnet werden können. Soweit diese nicht direkt ermittelt werden können, weil sie Teil einer Gesamtleistung sind, ist der auf die jeweilige Zuwendung entfallende Anteil an den Gesamtaufwendungen anzusetzen, der ggf. im Wege der Schätzung zu ermitteln ist. 14

Die bestehenden Vereinfachungsregelungen, die zur Aufteilung der Gesamtaufwendungen für VIP-Logen in Sportstätten und in ähnlichen Sachverhalten ergangen sind, gelten unverändert (Rdnrn. 14 und 19 des BMF-Schreibens vom 22. August 2005, BStBl. I S. 845 und BMF-Schreiben vom 11. Juli 2006, BStBl. I S. 447). Der danach ermittelte, auf Geschenke entfallende pauschale Anteil stellt die Aufwendungen dar, die in die Bemessungsgrundlage nach § 37b EStG einzubeziehen sind. Die Vereinfachungsregelungen zur Übernahme der Besteuerung (Rdnrn. 16 und 18 des BMF-Schreibens vom 22. August 2005 und entsprechende Verweise im BMF-Schreiben vom 11. Juli 2006) sind ab dem 1. Januar 2007 nicht mehr anzuwenden. 15

---

[1] Jetzt LStR 2013.

Anlage § 037b–01

Zu § 37b EStG

16 Besteht die Zuwendung in der Hingabe eines Wirtschaftsgutes des Betriebsvermögens oder in der unentgeltlichen Nutzungsüberlassung und sind dem Zuwendenden keine oder nur unverhältnismäßig geringe Aufwendungen entstanden (z. B. zinslose Darlehensgewährung), ist als Bemessungsgrundlage für eine Besteuerung nach § 37b EStG der gemeine Wert anzusetzen.

3. Wirkungen auf bestehende Regelungen

Sachbezüge, die im ganz überwiegenden eigenbetrieblichen Interesse des Arbeitgebers gewährt werden, sowie steuerfreie Sachbezüge werden von § 37b Abs. 2 EStG nicht erfasst. Im Übrigen gilt Folgendes:

a) Sachbezugsfreigrenze

17 Wird die Freigrenze des § 8 Abs. 2 Satz 9 EStG in Höhe von 44 Euro nicht überschritten, liegt kein steuerpflichtiger Sachbezug vor. Bei der Prüfung der Freigrenze bleiben die nach § 8 Abs. 2 Satz 1 EStG zu bewertenden Vorteile, die nach §§ 37b und 40 EStG pauschal versteuert werden, außer Ansatz.

b) Mahlzeiten aus besonderem Anlass

18 Mahlzeiten aus besonderem Anlass (R 8.1 Abs. 8 Nr. 2 LStR 2008[1]), die vom oder auf Veranlassung des Steuerpflichtigen anlässlich von Auswärtstätigkeiten an seine Arbeitnehmer abgegeben werden, können nach § 37b EStG pauschal besteuert werden, wenn der Wert der Mahlzeit 40 Euro übersteigt.

c) Aufmerksamkeiten

19 Zuwendungen des Steuerpflichtigen an seine Arbeitnehmer, die als bloße Aufmerksamkeiten (R 19.6 LStR 2008[2]) anzusehen sind und deren jeweiliger Wert 40 Euro nicht übersteigt, gehören nicht zum Arbeitslohn und sind daher nicht in die Pauschalierung nach § 37b EStG einzubeziehen. Bei Überschreitung des Betrags von 40 Euro ist die Anwendung des § 37b EStG möglich.

4. Zeitpunkt der Zuwendung

20 Die Zuwendung ist im Zeitpunkt der Erlangung der wirtschaftlichen Verfügungsmacht zu erfassen. Das ist bei Geschenken der Zeitpunkt der Hingabe (z. B. Eintrittskarte) und bei Nutzungen der Zeitpunkt der Inanspruchnahme (z. B. bei der Einladung zu einer Veranstaltung der Zeitpunkt der Teilnahme). Es ist aber nicht zu beanstanden, wenn die Pauschalierung nach § 37b EStG bereits in dem Wirtschaftsjahr vorgenommen wird, in dem der Aufwand zu berücksichtigen ist.

5. Beträge nach § 37b Abs. 1 Satz 3 EStG

21 Die Beträge des § 37b Abs. 1 Satz 3 EStG in Höhe von 10 000 Euro sind auf die Bruttoaufwendungen anzuwenden. Bei dem Betrag nach § 37b Abs. 1 Satz 3 Nr. 1 EStG handelt es sich um einen Höchstbetrag (z. B. drei Zuwendungen im Wert von jeweils 4 000 Euro, § 37b EStG ist nicht nur für die ersten beiden Zuwendungen anwendbar, sondern auch die Hälfte der Aufwendungen für die dritte Zuwendung muss in die Pauschalbesteuerung einbezogen werden); bei dem Betrag nach § 37b Abs. 1 Satz 3 Nr. 2 EStG handelt es sich um eine Höchstgrenze (z. B. Zuwendung im Wert von 15 000 Euro, § 37b EStG ist auf diese Zuwendung nicht anwendbar). Wird die Höchstgrenze für eine Zuwendung überschritten, ist eine Pauschalierung für andere Zuwendungen an diesen Zuwendungsempfänger im Rahmen des § 37b Abs. 1 Satz 3 Nr. 1 EStG zulässig (z. B. drei Zuwendungen im Wert von 3 000 Euro, 5 000 Euro und 12 000 Euro, die Aufwendungen für die Einzelzuwendung in Höhe von 12 000 Euro können nicht nach § 37b EStG pauschal besteuert werden, in die Pauschalbesteuerung sind indes die Aufwendungen für die beiden anderen Einzelzuwendungen von insgesamt 8 000 Euro einzubeziehen). Bei Zuzahlungen durch den Zuwendungsempfänger mindert sich der Wert der Zuwendung, auf den der Höchstbetrag/die Höchstgrenze anzuwenden ist.

IV. Verhältnis zu anderen Pauschalierungsvorschriften

1. Lohnsteuerpauschalierung mit Nettosteuersatz

22 Zum Zeitpunkt der Ausübung des Wahlrechts nach § 37b Abs. 2 EStG bereits nach § 40 Abs. 1 Satz 1 EStG durchgeführte Pauschalierungen müssen nicht rückgängig gemacht werden. Eine Änderung ist aber in den Grenzen der allgemeinen Regelungen zulässig; § 37b Abs. 2 EStG kann danach angewandt werden. Die Rückabwicklung eines nach § 40 Abs. 1 Satz 1 EStG pauschalierten Zuwendungsfalls muss für alle Arbeitnehmer einheitlich vorgenommen werden, die diese Zuwendung erhalten haben. Nach der Entscheidung zur Anwendung des § 37b EStG ist eine Pauschalierung nach § 40 Abs. 1 Satz 1 EStG für alle Zuwendungen, auf die § 37b EStG anwendbar ist, nicht mehr möglich.

---

1) Jetzt LStR 2013.
2) Jetzt LStR 2013.

Zu § 37b EStG

Anlage § 037b–01

2. Arbeitnehmer verbundener Unternehmen

Die Pauschalierung ist für Sachzuwendungen an Arbeitnehmer verbundener Unternehmen i. S. d. §§ 15 ff. AktG oder § 271 HGB zulässig, wenn die Voraussetzungen des § 37b Abs. 1 EStG erfüllt sind.

V. Steuerliche Behandlung beim Zuwendenden

1. Zuwendung

Die Aufwendungen für die Zuwendung sind nach allgemeinen steuerlichen Grundsätzen zu beurteilen; sie sind entweder in voller Höhe als Betriebsausgaben abziehbar (Geschenke an eigene Arbeitnehmer und Zuwendungen, die keine Geschenke sind) oder unter der Maßgabe des § 4 Abs. 5 Satz 1 Nr. 1 EStG beschränkt abziehbar. Die übrigen Abzugsbeschränkungen des § 4 Abs. 5 EStG, insbesondere des § 4 Abs. 5 Satz 1 Nr. 10 EStG sind ebenfalls zu beachten.

Bei der Prüfung der Freigrenze des § 4 Abs. 5 Satz 1 Nr. 1 Satz 2 EStG ist aus Vereinfachungsgründen allein auf den Betrag der Zuwendung abzustellen. Die übernommene Steuer ist nicht mit einzubeziehen.

2. Pauschalsteuer

Die Abziehbarkeit der Pauschalsteuer als Betriebsausgabe richtet sich danach, ob die Aufwendungen für die Zuwendung als Betriebsausgabe abziehbar sind.

VI. Steuerliche Behandlung beim Empfänger

Nach § 37b Abs. 3 Satz 1 EStG bleibt eine pauschal besteuerte Sachzuwendung bei der Ermittlung der Einkünfte des Empfängers außer Ansatz.

Besteht die Zuwendung in der Hingabe eines einzelnen Wirtschaftsgutes, das beim Empfänger Betriebsvermögen wird, gilt sein gemeiner Wert als Anschaffungskosten (§ 6 Abs. 4 EStG). Rdnr. 12 ist zu beachten.

VII. Verfahren zur Pauschalierung der Einkommensteuer

1. Entstehung der Steuer

Für den Zeitpunkt der Entstehung der Steuer ist grundsätzlich der Zeitpunkt des Zuflusses der Zuwendung maßgeblich. Dabei ist nicht auf den Entstehungszeitpunkt der Einkommen- und Körperschaftsteuer beim Zuwendungsempfänger abzustellen.

2. Unterrichtung des Empfängers der Zuwendung

Nach § 37b Abs. 3 Satz 3 EStG hat der Zuwendende den Empfänger der Zuwendung über die Anwendung der Pauschalierung zu unterrichten. Eine besondere Form ist nicht vorgeschrieben.

Arbeitnehmer sind nach § 38 Abs. 4 Satz 3 EStG verpflichtet, ihrem Arbeitgeber die ihnen von Dritten gewährten Bezüge am Ende des Lohnzahlungszeitraumes anzuzeigen. Erhält der Arbeitnehmer erst im Nachhinein eine Mitteilung vom Zuwendenden über die Anwendung des § 37b EStG, kann bei bereits durchgeführter individueller Besteuerung eine Korrektur des Lohnsteuerabzugs vorgenommen werden, wenn die Änderung des Lohnsteuerabzugs beim Arbeitnehmer noch zulässig ist.

3. Aufzeichnungspflichten

Die bestehenden Aufzeichnungspflichten für Geschenke nach § 4 Abs. 5 Satz 1 Nr. 1 EStG bleiben unberührt (§ 4 Abs. 7 EStG, R 4.11 EStR). Besondere Aufzeichnungspflichten für die Ermittlung der Zuwendungen, für die § 37b EStG angewandt wird, bestehen nicht. Aus der Buchführung oder den Aufzeichnungen muss sich ablesen lassen, dass bei Wahlrechtsausübung alle Zuwendungen erfasst wurden und dass die Höchstbeträge nicht überschritten wurden. Nach § 37b EStG pauschal versteuerte Zuwendungen müssen nicht zum Lohnkonto genommen werden (§ 4 Abs. 2 Nr. 8 LStDV i. V. m. § 41 Abs. 1 EStG).

Aus Vereinfachungsgründen kann bei Zuwendungen bis zu einem Wert von jeweils 40 Euro davon ausgegangen werden, dass der Höchstbetrag nach § 37b Abs. 1 Satz 3 Nr. 1 EStG auch beim Zusammenfallen mit weiteren Zuwendungen im Wirtschaftsjahr nicht überschritten wird. Eine Aufzeichnung der Empfänger kann insoweit unterbleiben.

§ 37b EStG kann auch angewendet werden, wenn die Aufwendungen beim Zuwendenden ganz oder teilweise unter das Abzugsverbot des § 160 AO fallen. Fallen mehrere Zuwendungen zusammen, bei denen § 160 AO zum Abzugsverbot der Aufwendungen führt, ist die Summe dieser Aufwendungen den Höchstbeträgen gegenüberzustellen.

Anlage § 037b–01

Zu § 37b EStG

4. Örtliche Zuständigkeit

35 Für ausländische Zuwendende ergeben sich die für die Verwaltung der Lohnsteuer zuständigen Finanzämter aus analoger Anwendung des H 41.3 LStH 2008 (wie ausländische Bauunternehmer).[1]

5. Kirchensteuer

36 Für die Ermittlung der Kirchensteuer bei Anwendung des § 37b EStG ist in Rheinland-Pfalz nach dem Erlass des rheinland-pfälzischen Finanzministeriums vom 29. Dezember 2006 (BStBl. I 2007 S. 79) und in den übrigen Ländern nach den gleichlautenden Erlassen der obersten Finanzbehörden dieser Länder vom 28. Dezember 2006 (BStBl. I 2007 S. 76) zu verfahren.

6. Anrufungsauskunft

37 Für Sachverhalte zur Pauschalierung der Einkommensteuer bei Sachzuwendungen nach § 37b EStG kann eine Anrufungsauskunft i. S. d. § 42e EStG eingeholt werden.

VIII. Anwendungszeitpunkt

38 Nach Artikel 20 Abs. 6 des Jahressteuergesetzes 2007 tritt Artikel 1 Nr. 28 (§ 37b EStG) zum 1. Januar 2007 in Kraft. § 37b EStG ist daher erstmals auf Zuwendungen anzuwenden, die nach dem 31. Dezember 2006 gewährt werden.

39 Für Wirtschaftsjahre, die vor dem 1. Juli 2008 enden, kann das Wahlrecht zur Anwendung des § 37b EStG für diesen Zeitraum abweichend von Rdnrn. 7 und 8 ausgeübt werden.

---

[1] Jetzt H 41.3 (Zuständige Finanzämter für ausländische Bauunternehmer) LStH 2014.

Zu § 37b EStG   **Anlage § 037b–02**

Pauschalierung der Einkommensteuer bei Sachzuwendungen nach § 37b EStG; Zeitpunkt der Wahlrechtsausübung nach § 37b Abs. 1 EStG

– Vfg Bayer. Landesamt für Steuern vom 26.06.2009 – S 2297a.1.1-1 St 32/St 33 –

Die Referatsleiter der obersten Finanzbehörden des Bundes und der Länder haben die Verfahrensweise für die nachfolgenden Fälle erörtert:

Ein Unternehmen gibt im März 2009 eine geänderte Lohnsteuer-Anmeldung für Dezember 2008 ab und erklärt darin **erstmals** eine pauschale Einkommensteuer **nach § 37b Abs. 1 EStG** für im Jahr 2008 getätigte **Sachzuwendungen an Geschäftsfreunde**. Gleichzeitig wird die pauschale Einkommensteuer an das Finanzamt bezahlt.

Hierzu wurde folgende bundeseinheitlich abgestimmte Auffassung vertreten:

Nach § 37b Abs. 4 Satz 1 EStG gilt die pauschale Einkommensteuer als Lohnsteuer und ist von dem die Sachzuwendung gewährenden Steuerpflichtigen in der Lohnsteueranmeldung anzumelden. Eine Ausschlussfrist, bis zu welchem Zeitpunkt die pauschale Einkommensteuer spätestens anzumelden ist, ist in § 37b EStG nicht genannt.

Auch aus dem BMF-Schreiben vom 29.4.2008 (BStBl. I S. 566) – dort **Rdnr. 7** – ergibt sich eine solche Frist nicht. Nach dieser Regelung ist die Entscheidung zur Anwendung der Pauschalierung spätestens in der letzten Lohnsteuer-Anmeldung des Wirtschaftsjahres der Zuwendung zu treffen. In der letzten Lohnsteuer-Anmeldung wird die Entscheidung auch dann getroffen, wenn für den letzten Lohnsteuer-Anmeldungszeitraum eine geänderte Anmeldung abgegeben wird, solange das verfahrensrechtlich (§§ 168 Satz 1, 164 Abs. 2 AO) noch möglich ist.

Eine andere Entscheidung hätte zur Folge, dass das Finanzamt die angemeldete pauschale Einkommensteuer zurückzahlen müsste. Ob dieser Steuerbetrag über die Ertragsteuern der Geschäftsfreunde wieder hereinkommen würde, ist zunächst einmal – jedenfalls wenn eine Vielzahl von Geschäftsfreunden Zuwendungen erhalten hat – ungewiss. Das widerspräche dem Sinn und Zweck der Pauschalierungsregelung.

Mit dieser Rechtsauffassung im Einklang steht die mit großer Mehrheit getroffene (nicht veröffentlichte) Entscheidung der Lohnsteuer-Referatsleiter in der Sitzung LSt I/09 zu TOP 6, wonach die Pauschalierung nach § 37b EStG für Zuwendungen an eigene Arbeitnehmer auch dann noch gewählt werden kann, wenn bisher keine Sachzuwendungen an eigene Arbeitnehmer pauschal besteuert wurden und entsprechende Sachverhalte im Rahmen einer Lohnsteuer-Außenprüfung (also u.U. längere Zeit nach Abgabe der entsprechenden Lohnsteuer-Anmeldung) entdeckt werden. Auch in den oben dargestellten Fällen der erstmaligen Erklärung einer pauschalen Einkommensteuer für Sachzuwendungen an Geschäftsfreunde in einer geänderten Lohnsteuer-Anmeldung waren bisher keine Sachzuwendungen nach § 37b Abs. 1 EStG pauschal (individuell beim Zuwendenden ist gar nicht denkbar) besteuert worden.

Anlage § 048–01 Zu § 48 EStG

Steuerabzug von Vergütungen für im Inland erbrachte Bauleistungen (§ 48 ff. EStG)

– BdF-Schreiben vom 27.12.2002 – IV A 5 – S 2272 – 1/02 (BStBl. I S. 1399) –
unter Berücksichtigung der Änderungen durch das BdF-Schreiben vom 4.9.2003
– IV A 5 – S 2272 b – 20/03 (BStBl. I S. 431)

Inhaltsübersicht Randziffer

1.	Steuerabzugspflicht	4 – 63
1.1	Begriff der Bauleistung	5 – 14
1.2	Abzugsverpflichteter	15 – 23
1.3	Leistender	24 – 27
1.4	Abstandnahme vom Steuerabzug	28 – 63
1.4.1	Erteilung der Freistellungsbescheinigung	29 – 40
1.4.2	Handhabung der Freistellungsbescheinigung durch den Leistungsempfänger	41 – 47
1.4.3	Bagatellregelung	48 – 53
1.4.4	Zweiwohnungsregelung	54 – 63
2.	Einbehaltung, Abführung und Anmeldung des Abzugsbetrages	64 – 69
3.	Abrechnung mit dem Leistenden	70 – 71
4.	Haftung	72 – 78
5.	Widerruf und Rücknahme der Freistellungsbescheinigung	79 – 80
6.	Bemessungsgrundlage und Höhe des Steuerabzugs	81 – 86
7.	Entlastung aufgrund von Doppelbesteuerungsabkommen	87
8.	Anrechnung des Steuerabzugsbetrags	88 – 91
9.	Erstattungsverfahren	92 – 95
10.	Sperrwirkung gegenüber §§ 160 AO, 42d Abs. 6 und 8 sowie 50a Abs. 7 EStG	96 – 98
11.	Zuständiges Finanzamt	99 – 104

1 Mit dem Gesetz zur Eindämmung der illegalen Betätigung im Baugewerbe vom 30. August 2001 (BGBl. I S. 2267), zuletzt geändert durch Art. 1 des Gesetzes zur Änderung steuerlicher Vorschriften (Steueränderungsgesetz 2001 – StÄndG 2001) vom 20. Dezember 2001 (BStBl. 2002 I S. 4) wurde zur Sicherung von Steueransprüchen bei Bauleistungen ein Steuerabzug eingeführt. Die Regelungen hierzu enthält Abschnitt VII des Einkommensteuergesetzes (§§ 48 bis 48d EStG). Ab 1. Januar 2002 haben danach unternehmerisch tätige Auftraggeber von Bauleistungen (Leistungsempfänger) im Inland einen Steuerabzug von 15 v. H. der Gegenleistung für Rechnung des die Bauleistung erbringenden Unternehmens (Leistender) vorzunehmen, wenn nicht eine gültige, vom zuständigen Finanzamt des Leistenden ausgestellte Freistellungsbescheinigung vorliegt oder bestimmte Freigrenzen nicht überschritten werden.

2 Im Zusammenhang mit der Einführung des Steuerabzugs wurde außerdem für Unternehmen des Baugewerbes, die ihren Sitz oder ihre Geschäftsleitung im Ausland haben, jeweils eine zentrale örtliche Zuständigkeit von Finanzämtern im Bundesgebiet geschaffen. Diese umfasst auch das Lohnsteuerabzugsverfahren sowie die Einkommensbesteuerung der von diesen Unternehmen im Inland beschäftigten Arbeitnehmer mit Wohnsitz im Ausland.

3 Im Einvernehmen mit den obersten Finanzbehörden der Länder gilt zur Anwendung dieser Regelung Folgendes:

1. Steuerabzugspflicht

4 Vergütungen für Bauleistungen, die im Inland gegenüber einem Unternehmer im Sinne des Umsatzsteuergesetzes (§ 2 UStG) oder einer juristischen Person des öffentlichen Rechts erbracht werden, unterliegen dem Steuerabzug (§ 48 Abs. 1 Satz 1 EStG). Dies gilt auch für Vergütungen für Bauleistungen, die im Inland an ausländische juristische Personen des öffentlichen Rechts erbracht werden, es sei denn, es handelt sich um Einrichtungen ausländischer Staaten und Institutionen mit vom Auswärtigen Amt anerkanntem Sonderstatus (z. B. nach der Wiener Konvention).

1.1 Begriff der Bauleistung

5 Unter Bauleistung sind alle Leistungen zu verstehen, die der Herstellung, Instandsetzung oder Instandhaltung, Änderung oder Beseitigung von Bauwerken dienen (§ 48 Abs. 1 Satz 3 EStG). Diese De-

Zu § 48 EStG

Anlage § 048–01

finition entspricht der Regelung in § 211 Abs. 1 Satz 2 SGB III in Verbindung mit der Baubetriebe-Verordnung (abgedruckt im Anhang), wobei zu den Bauleistungen im Sinne des Steuerabzugs nach § 48 EStG auch die Gewerke gehören, die von der Winterbauförderung gemäß § 2 Baubetriebe-Verordnung ausgeschlossen sind. Der Begriff des Bauwerks ist in Übereinstimmung mit der Rechtsprechung des Bundesarbeitsgerichts (BAG-Urteil vom 21. Januar 1976 – 4 AZR 71/75 –) weit auszulegen und umfasst demzufolge nicht nur Gebäude, sondern darüber hinaus sämtliche irgendwie mit dem Erdboden verbundene oder infolge ihrer eigenen Schwere auf ihm ruhende, aus Baustoffen oder Bauteilen mit baulichem Gerät hergestellten Anlagen. Zu den Bauleistungen gehören u. a. der Einbau von Fenstern und Türen sowie Bodenbelägen, Aufzügen, Rolltreppen und Heizungsanlagen, aber auch mit Einrichtungsgegenständen, wenn sie mit einem Gebäude fest verbunden sind, wie z. B. Ladeneinbauten, Schaufensteranlagen, Gaststätteneinrichtungen. Ebenfalls zu den Bauleistungen zählen die Installation einer Lichtwerbeanlage, Dachbegrünung eines Bauwerks oder der Hausanschluss durch Energieversorgungsunternehmen (die Hausanschlusskosten umfassen regelmäßig Erdarbeiten, Mauerdurchbruch, Installation des Hausanschlusskastens und Verlegung des Hausanschlusskabels vom Netz des Elektrizitätsversorgungsunternehmens (EVU) zum Hausanschlusskasten).

Die in der Baubetriebe-Verordnung aufgeführten Tätigkeiten sind nicht in allen Fällen dem Steuerabzug 6 zu unterwerfen. Voraussetzung für den Steuerabzug ist immer, dass die in der Baubetriebe-Verordnung aufgeführten Tätigkeiten im Zusammenhang mit einem Bauwerk durchgeführt werden, also der Herstellung, Instandsetzung, Instandhaltung, Änderung oder Beseitigung von Bauwerken dienen. Die Annahme einer Bauleistung setzt voraus, dass sie sich unmittelbar auf die Substanz des Bauwerks auswirkt, d. h. eine Substanzveränderung im Sinne einer Substanzerweiterung, Substanzverbesserung oder Substanzbeseitigung bewirkt, hierzu zählen auch Erhaltungsaufwendungen.

Ausschließlich planerische Leistungen (z. B. von Statikern, Architekten, Garten- und Innenarchitekten, 7 Vermessungs-, Prüf- und Bauingenieuren), Labordienstleistungen (z. B. chemische Analyse von Baustoffen) oder reine Leistungen zur Bauüberwachung, zur Prüfung von Bauabrechnungen und zur Durchführung von Ausschreibungen und Vergaben sind keine Bauleistungen. Werden neben diesen Leistungen auch als Bauleistung zu qualifizierende Tätigkeiten ausgeführt, ist Tz. 13 zu beachten.

Künstlerische Leistungen an Bauwerken, die sich unmittelbar auf die Substanz auswirken, unterliegen 8 grundsätzlich dem Steuerabzug. Dies gilt jedoch nicht, wenn der Künstler nicht die Ausführung des Werks als eigene Leistung schuldet, sondern lediglich Ideen oder Planungen zur Verfügung stellt oder die Ausführung des von einem Dritten geschuldeten Werks durch Bauunternehmer überwacht.

Die Arbeitnehmerüberlassung stellt keine Bauleistung dar, auch wenn die überlassenen Arbeitnehmer 9 für den Entleiher Bauleistungen erbringen.

Die bloße Reinigung von Räumlichkeiten oder Flächen, zum Beispiel Fenster, stellt keine Bauleistung 10 dar, es sei denn, es handelt sich um eine Nebenleistung zu weiteren als Bauleistung zu qualifizierenden Tätigkeiten. Eine Bauleistung stellt dagegen ein Reinigungsvorgang dar, bei dem die zu reinigende Oberfläche verändert wird. Eine zum Steuerabzug führende Fassadenreinigung gemäß § 2 Nr. 3 der Baubetriebe-Verordnung liegt z. B. bei Vornahme einer Behandlung vor, bei der die Oberfläche abgeschliffen oder abgestrahlt wird.

Reine Wartungsarbeiten an Bauwerken oder Teilen von Bauwerken stellen keine Bauleistung dar, so- 11 lange nicht Teile verändert, bearbeitet oder ausgetauscht werden.

Folgende Leistungen fallen für sich genommen nicht unter den Steuerabzug: 12

– Materiallieferungen (z. B. durch Baustoffhändler oder Baumärkte)
– Anliefern von Beton (demgegenüber stellt das Anliefern und das anschließende fachgerechte Verarbeiten des Betons durch den Anliefernden eine Bauleistung dar)
– Zurverfügungstellen von Betonpumpen
– Zurverfügungstellen von anderen Baugeräten (es sei denn, es wird zugleich Bedienungspersonal für substanzverändernde Arbeiten zur Verfügung gestellt)
– Aufstellen von Material- und Bürocontainern, mobilen Toilettenhäusern
– Entsorgung von Baumaterialien (Schuttabfuhr durch Abfuhrunternehmer)
– Aufstellen von Messeständen
– Gerüstbau
– Schiffbau
– Anlegen von Bepflanzungen und deren Pflege (z. B. Bäume, Gehölze, Blumen, Rasen) außer bei Dachbegrünungen (siehe auch Tz. 5).

Anlage § 048–01 Zu § 48 EStG

Werden diese Leistungen von demselben Leistenden zusammen mit Bauleistungen erbracht, ist Tz. 13 zu beachten.

13 Werden im Rahmen eines Vertragsverhältnisses mehrere Leistungen erbracht, bei denen es sich teilweise um Bauleistungen handelt, kommt es darauf an, welche Leistung im Vordergrund steht, also der vertraglichen Beziehung das Gepräge gibt. Eine Abzugsverpflichtung besteht dann, und zwar insgesamt, wenn die Bauleistung als Hauptleistung anzusehen ist. Die Nebenleistung teilt jeweils das Schicksal der Hauptleistung.

Beispiele

- Die von einem Gastwirt bestellte Theke ist von dem beauftragten Schreiner individuell nach den Wünschen des Auftraggebers geplant, gefertigt, geliefert und vor Ort montiert worden. Bei der Fertigung und Montage handelt es sich um Bauleistungen. Demgegenüber sind Planung und Transport durch den Schreiner nicht als Bauleistungen anzusehen. Sie teilen aber hier als Nebenleistungen das Schicksal der Hauptleistung, so dass von der Vergütung insgesamt ein Steuerabzug vorzunehmen ist.
- Einem Handwerksbetrieb wird eine Maschine geliefert. Der Lieferant nimmt die Maschine beim Auftraggeber in Betrieb. Zu diesem Zweck muss beim Auftraggeber eine Steckdose versetzt werden, was durch einen Arbeitnehmer des Lieferanten erfolgt. Ein Steuerabzug ist nicht vorzunehmen, denn die Lieferung der Maschine ist keine Bauleistung. Bei dem Versetzen der Steckdose handelt es sich zwar um eine Bauleistung, die jedoch als Nebenleistung hinter die Lieferung der Maschine zurücktritt.

14 Unerheblich ist demgegenüber die zivilrechtliche Einordnung des Vertragsverhältnisses. Die Abzugsverpflichtung ist nicht auf Werkverträge beschränkt, sondern greift z. B. auch in Fällen, in denen die Bauleistung im Rahmen eines „Werklieferungsvertrags" (§ 651 BGB) erbracht wird.

1.2 Abzugsverpflichteter

15 Abzugsverpflichtet ist der Leistungsempfänger (auch bei Erbringung der Gegenleistung durch einen Dritten, siehe Tz. 72), wenn es sich hierbei um einen Unternehmer im Sinne des § 2 UStG oder um eine juristische Person des öffentlichen Rechts handelt.

Umsatzsteuerlich ist Unternehmer, wer eine gewerbliche oder berufliche Tätigkeit selbstständig nachhaltig ausübt. Entscheidend ist hierbei, dass die Tätigkeit auf die Erzielung von Einnahmen gerichtet ist; auf die Absicht, mit der Tätigkeit Gewinn zu erzielen, kommt es nicht an. Daher werden auch Tätigkeiten erfasst, die einkommensteuerlich eine Liebhaberei darstellen. Dabei umfasst das Unternehmen die gesamte gewerbliche oder berufliche Tätigkeit. Die Abzugsverpflichtung besteht demzufolge auch für Kleinunternehmer (§ 19 UStG), pauschalversteuernde Land- und Forstwirte (§ 24 UStG) und Unternehmer, die ausschließlich steuerfreie Umsätze tätigen. Dazu gehört auch die Vermietung und Verpachtung von Grundstücken, von Gebäuden und Gebäudeteilen. Im Falle des Nießbrauchs ist der Nießbrauchsberechtigte Unternehmer. Der Gebäudeeigentümer (Nießbrauchsverpflichteter) ist nur bei entgeltlich bestelltem Nießbrauch Unternehmer (nachhaltige Duldungsleistung). Bei unentgeltlich bestelltem Nießbrauch (z. B. Vorbehalts-, Zuwendungsnießbrauch) fehlt es zur Unternehmereigenschaft an der Einnahmeerzielungsabsicht. Die Abzugsverpflichtung betrifft nur den unternehmerischen Bereich des Auftraggebers. Wird eine Bauleistung ausschließlich für den nichtunternehmerischen Bereich eines Unternehmers erbracht, findet der Steuerabzug nicht statt.

16 Wird die Bauleistung für ein Bauwerk erbracht, das nur teilweise unternehmerischen Zwecken dient, kommt es abweichend von A 192 Abs. 18 UStR darauf an, ob die Bauleistung dem unternehmerisch oder nichtunternehmerisch genutzten Teil des Bauwerks zugeordnet werden kann. Bauleistungen, die einem Teil des Bauwerks nicht eindeutig zugeordnet werden können, sind dem Zweck zuzuordnen, der überwiegt. Der überwiegende Zweck ist anhand des Wohn-/Nutzflächenverhältnisses oder anderer sachgerechter Maßstäbe festzustellen.

Beispiele:

- Ein Bäcker lässt im Verkaufsraum seiner Bäckerei eine neue Ladeneinrichtung installieren. Die Vergütung unterliegt dem Steuerabzug nach § 48 EStG.
- Ein freiberuflich tätiger Journalist lässt die Fliesen im Badezimmer seiner zu eigenen Wohnzwecken genutzten Eigentumswohnung erneuern. Die Vergütung unterliegt nicht dem Steuerabzug, obwohl es sich beim Leistungsempfänger um einen Unternehmer handelt, denn die Bauleistung wurde in dessen Privatwohnung vorgenommen.
- Ein Eigentümer lässt in einem Vierfamilienhaus, in dem er eine Wohnung selbst bewohnt und die übrigen Wohnungen vermietet, Verbundglasfenster einbauen. Da es sich bei dem Eigentümer hinsichtlich seiner Vermietungstätigkeit um einen Unternehmer handelt, unterliegt die Vergütung insoweit dem Steuerabzug, als sie sich auf den Einbau von Fenstern in den vermieteten Wohnungen bezieht. Fenster in Gemeinschaftsräumen (z. B. Flure, Treppenhäuser) sind der überwiegenden Nutzung

zuzuordnen. Da in dem Beispiel die größere Zahl der Wohnungen vermietet ist, ist von der Gegenleistung für diese Fenster der Steuerabzug vorzunehmen.

- Ein Arbeitnehmer ist nebenberuflich als Bausparkassenvertreter tätig und lässt das Dach seines selbstgenutzten Eigenheims neu eindecken, in dem sich ein häusliches Arbeitszimmer befindet. Der Arbeitnehmer ist zwar hinsichtlich seiner Nebentätigkeit Unternehmer. Ein Steuerabzug unterbleibt jedoch, weil die Bauleistung dem unternehmerischen Zweck nicht unmittelbar zugeordnet werden kann und die Wohnnutzung überwiegt.

Leistungsempfänger und damit zum Steuerabzug verpflichtet ist auch ein Generalunternehmer, der sich zur Erfüllung seiner Leistungspflicht Subunternehmer bedient. Der Generalunternehmer gilt im Verhältnis zum Auftraggeber auch dann als Leistender, wenn er selbst keine Bauleistungen erbringt, sondern lediglich über solche Leistungen abrechnet. Im Verhältnis zu den Subunternehmern handelt es sich indessen bei dem Generalunternehmer um einen Leistungsempfänger, der als Unternehmer zum Steuerabzug verpflichtet ist. 17

Leistungen von Bauträgern i. S. d. § 3 Makler- und Bauträgerverordnung unterliegen nur dann dem Steuerabzug bei Bauleistungen, wenn der Abnehmer der von dem Bauträger erstellten oder zu erstellenden Bauwerke als Bauherr i. S. d. BMF-Schreibens vom 31. August 1990, BStBl. I S. 366 (Anhang 30 I Amtliches Einkommensteuer-Handbuch), anzusehen ist. 18

Leistungsempfänger kann auch eine Gesellschaft bürgerlichen Rechts (z. B. eine Arbeitsgemeinschaft) sein. Entrichtungsschuldner des Steuerabzugsbetrags ist die Personengesellschaft. In diesen Fällen sind die geschäftsführenden Gesellschafter (§ 713 BGB) zur Vornahme des Steuerabzugs verpflichtet. 19

Bei Wohnungseigentümergemeinschaften ist zwischen dem Sondereigentum und dem Gemeinschaftseigentum zu unterscheiden. Bei Bauleistungen für das Sondereigentum ist der jeweilige Sondereigentümer als Leistungsempfänger zur Durchführung des Steuerabzugs verpflichtet, sofern er die Voraussetzungen des § 48 Abs. 1 EStG erfüllt. Bei Bauleistungen für das Gemeinschaftseigentum ist die Wohnungseigentümergemeinschaft als Leistungsempfängerin zur Durchführung des Steuerabzugs verpflichtet. Die Wohnungseigentümergemeinschaft ist Unternehmerin i. S. d. § 2 UStG, denn sie erbringt Leistungen gegenüber den Eigentümern. Dazu gehört auch die Instandhaltung des Bauwerks. 20

Im Rahmen einer umsatzsteuerlichen Organschaft ist der Organträger Unternehmer. Bei Bauleistungen, die von Leistenden außerhalb des Organkreises an die Organgesellschaft erbracht werden, ist deshalb der Organträger Leistungsempfänger und zur Durchführung des Steuerabzugs verpflichtet. Er haftet für das Unterlassen des Steuerabzugs. Es wird jedoch nicht beanstandet, wenn die Durchführung des Steuerabzugs durch die Organgesellschaft im Auftrage des Organträgers erfolgt. 21

Organgesellschaften einer umsatzsteuerlichen Organschaft sind keine Unternehmer. Bei Innenumsätzen zwischen verschiedenen Organgesellschaft beziehungsweise zwischen der Organgesellschaft und dem Organträger besteht daher keine Abzugsverpflichtung.

Bei juristischen Personen des öffentlichen Rechts kann der Steuerabzug auch durch einzelne Organisationseinheiten der juristischen Person des öffentlichen Rechts (z. B. Ressorts, Behörden, Ämter) vorgenommen werden. 22

Der Beginn und das Ende der Unternehmereigenschaft richten sich nach den Grundsätzen des Umsatzsteuergesetzes (Hinweis auf A 18 und 19 UStR). 23

1.3 Leistender

Der Steuerabzug ist vom Leistungsempfänger unabhängig davon durchzuführen, ob der Leistende (Auftragnehmer) im Inland oder im Ausland ansässig ist (§§ 8 – 11 AO). Es kommt auch nicht darauf an, ob es zum Unternehmenszweck des Leistenden gehört, Bauleistungen zu erbringen oder ob er mit seinem Unternehmen überwiegend Bauleistungen erbringt. Auch wenn jemand nur ausnahmsweise gegenüber einem Unternehmer eine Bauleistung erbringt, unterliegt die Vergütung dem Steuerabzug. Die Vergütungen für Bauleistungen, die juristische Personen des öffentlichen Rechts im Rahmen ihrer hoheitlichen Tätigkeit erbringen, unterliegen nicht dem Steuerabzug. Sie haben bei der Ausführung der Bauleistungen bzw. der Abrechnung in geeigneter Weise auf ihren Status als juristische Person des öffentlichen Rechts hinzuweisen. Diese Grundsätze gelten auch, wenn eine juristische Person des öffentlichen Rechts eine Bauleistung bzw. eine Abrechnung (im Sinne des § 48 Abs. 1 Satz 4 EStG) gegenüber einer anderen juristischen Person des öffentlichen Rechts erbringt. Der Steuerabzug ist vorzunehmen, wenn die juristische Person des öffentlichen Rechts im Rahmen eines Betriebes gewerblicher Art tätig wird. 24

Als Leistender gilt auch derjenige, der über eine Leistung abrechnet, ohne sie selbst erbracht zu haben. Daher ist der Steuerabzug auch von der Vergütung vorzunehmen, die ein Generalunternehmer erhält, der selbst nicht als Bauunternehmer tätig wird, aber mit dem Leistungsempfänger die Leistungen der be- 25

Anlage § 048–01   Zu § 48 EStG

auftragten Subunternehmer abrechnet. Dagegen ist die Abrechnung einer Wohnungseigentümergemeinschaft mit den Eigentümern keine Abrechnung im Sinne von § 48 Abs. 1 Satz 4 EStG.

26 Auch eine Personengesellschaft kann Leistender sein, ebenso eine Arbeitsgemeinschaft. Schließt eine Arbeitsgemeinschaft Verträge über Bauleistungen mit Leistungsempfängern ab, so ist die Arbeitsgemeinschaft der Leistende. Erbringt ein Partner der Arbeitsgemeinschaft auf Grund seines eigenen Vertrages Bauleistungen gegenüber der Arbeitsgemeinschaft, so ist insofern auch der Partner Leistender und die Arbeitsgemeinschaft Leistungsempfänger.

27 Erbringt eine Organgesellschaft Bauleistungen an Leistungsempfänger außerhalb des umsatzsteuerlichen Organkreises, ist Leistender die Organgesellschaft.

1.4 Abstandnahme vom Steuerabzug

28 Der Steuerabzug muss nicht vorgenommen werden, wenn die Gegenleistung im laufenden Kalenderjahr insgesamt die Freigrenze von 5.000 EUR bzw. 15.000 EUR (vgl. 1.4.3) voraussichtlich nicht übersteigen wird. Der Steuerabzug ist nicht vorzunehmen, wenn der Leistende (Auftragnehmer) dem Leistungsempfänger (Auftraggeber) eine im Zeitpunkt der Gegenleistung gültige Freistellungsbescheinigung vorlegt (§ 48 Abs. 2 Satz 1 EStG) oder der Leistungsempfänger nicht mehr als zwei Wohnungen vermietet (vgl. 1.4.4).

1.4.1 Erteilung der Freistellungsbescheinigung

29 Der Leistende kann bei dem für ihn zuständigen Finanzamt (vgl. 11.) eine Freistellungsbescheinigung beantragen (§ 48b EStG). Ist Leistender eine Personengesellschaft, zum Beispiel eine Arbeitsgemeinschaft, ist der Antrag bei dem für die Personengesellschaft beziehungsweise Arbeitsgemeinschaft zuständigen Finanzamt zu stellen. Ist eine Personengesellschaft ertragsteuerlich nicht zu führen, ist auf die umsatzsteuerliche Zuständigkeit abzustellen. Der Antrag bedarf keiner Form. Gegebenenfalls ermittelt das Finanzamt Angaben durch einen Fragebogen. Bei Leistenden, die ihren Wohnsitz, Sitz, Geschäftsleitung oder gewöhnlichen Aufenthalt nicht im Inland haben, ist eine Freistellungsbescheinigung zu erteilen, wenn ein inländischer Empfangsbevollmächtigter bestellt ist und der Steueranspruch nicht gefährdet erscheint, also sichergestellt ist, dass der Leistende seine steuerlichen Pflichten im Inland ordnungsgemäß erfüllt. Bei Leistenden mit Wohnsitz, Sitz, Geschäftsleistung oder gewöhnlichen Aufenthalt in einem Mitgliedstaat der Europäischen Union ist die Bestellung eines inländischen Empfangsbevollmächtigten nicht Voraussetzung für die Erteilung einer Freistellungsbescheinigung.

30 Der Steueranspruch ist insbesondere dann gefährdet und die Versagung einer Freistellungsbescheinigung gerechtfertigt, wenn

   1. der Leistende seine Anzeigepflicht nach § 138 AO nicht erfüllt.

31   2. der Leistende seine Mitwirkungspflicht nach § 90 AO nicht nachkommt.

Insbesondere bei Leistenden, die bislang noch nicht steuerlich erfasst sind, soll das Finanzamt die notwendigen Angaben zur Prüfung der Frage, ob durch einen Steuerabzug zu sichernde Steueransprüche bestehen können und die steuerliche Erfassung des Leistenden notwendig ist, mittels eines Fragebogens erheben. Werden diese Angaben nicht oder nicht vollständig erbracht, ist nach den Gesamtumständen des Einzelfalls abzuwägen, ob wegen einer Verletzung von Auskunfts- und Mitteilungspflichten die Freistellungsbescheinigung zu versagen ist.

32   3. der im Ausland ansässige Leistende den Nachweis der steuerlichen Ansässigkeit nicht durch eine Bescheinigung der zuständigen ausländischen Steuerbehörde erbringt.

Der dem Antragsteller auferlegte Nachweis der steuerlichen Ansässigkeit nach § 48b Abs. 1 Satz 2 Nr. 3 EStG wird grundsätzlich dadurch erbracht, dass die ausländische Steuerbehörde die steuerliche Erfassung im Sitzstaat bestätigt. In Zweifelsfällen kann das Finanzamt nach § 90 Abs. 2 AO vom Antragsteller eine qualifizierte Sitzbescheinigung verlangen, in der die ausländische Steuerbehörde bestätigt, dass sich auch der Ort der Geschäftsleitung (BFH-Urteil vom 16. Dezember 1998, BStBl. 1999 II S. 437) im Sitzstaat befindet und in welchem Umfang der Antragsteller im Sitzstaat selbst wirtschaftliche Aktivitäten entfaltet.

33 Über diese im Gesetz ausdrücklich erwähnten Versagungsgründe hinaus kann auch dann eine Gefährdung des zu sichernden Steueranspruchs vorliegen, wenn z. B. **nachhaltig** Steuerrückstände bestehen oder unzutreffende Angaben in Steueranmeldungen bzw. Steuererklärungen festgestellt werden oder der Leistende diese **wiederholt** nicht oder nicht rechtzeitig abgibt. Gegebenenfalls kann in diesen Fällen eine Freistellungsbescheinigung mit einer kurzen Geltungsdauer oder auftragsbezogen erteilt werden. Im Rahmen der Verfahren nach der Insolvenzordnung über das Vermögen des Leistenden ist die Erteilung einer Freistellungsbescheinigung nicht grundsätzlich ausgeschlossen. So ist einem Insolvenzverwalter, bei dem davon auszugehen ist, dass er seine steuerlichen Pflichten erfüllt, grundsätzlich eine Frei-

stellungsbescheinigung auszustellen. Einem vorläufigen Insolvenzverwalter mit Verfügungsbefugnis (§ 22 Abs. 1 InsO), bei dem davon auszugehen ist, dass er seine steuerlichen Pflichten erfüllt, ist eine Bescheinigung auszustellen, wenn erkennbar ist, dass das Insolvenzverfahren auch tatsächlich eröffnet wird. Unternehmer bleibt der Inhaber der Vermögensmasse, für die der Amtsinhaber (z. B. Insolvenzverwalter) tätig wird (Abschn. 16 Abs. 5 Satz 1 UStR 2000).

Einer Arbeitsgemeinschaft, für die keine gesonderte Feststellung der Besteuerungsgrundlagen erfolgt (§ 180 Abs. 4 AO), und die nicht Arbeitgeber der eingesetzten Arbeitnehmer ist, kann eine Freistellungsbescheinigung in der Regel nur erteilt werden, wenn auch den beteiligten Gesellschaftern von dem für sie zuständigen Finanzamt jeweils eine Freistellungsbescheinigung erteilt wurde. Das für die Arbeitsgemeinschaft zuständige Finanzamt kann die Vorlage der den beteiligten Gesellschaftern erteilten Freistellungsbescheinigungen verlangen.

Bei einer umsatzsteuerlichen Organschaft ist ausschließlich das steuerliche Verhalten der Organgesellschaft, die nach außen als Leistender auftritt, für die Erteilung der Freistellungsbescheinigung maßgebend. Ist die Organgesellschaft Leistender (vgl. Tz. 27), weicht die in der Freistellungsbescheinigung aufgeführte Steuernummer von der in der Rechnung bezeichneten Steuernummer ab, weil die Organgesellschaft in ihren Rechnungen die für Zwecke der Umsatzbesteuerung erteilte Steuernummer des Organträgers anzugeben hat (vgl. BMF-Schreiben vom 28. Juni 2002, BStBl. I S. 660).

Nach § 48b Abs. 2 EStG soll eine Freistellungsbescheinigung erteilt werden, wenn mit großer Wahrscheinlichkeit kein zu sichernder Anspruch besteht. Dies ist insbesondere dann der Fall, wenn mit großer Wahrscheinlichkeit kein Gewinn erzielt wird, zum Beispiel bei Existenzgründern. Der Leistende muss die Voraussetzungen glaubhaft machen. Einem Leistenden, der darlegt und glaubhaft macht, dass wegen seines nur kurzzeitigen Tätigwerdens im Inland keine zu sichernden Steueransprüche bestehen, soll eine Freistellungsbescheinigung erteilt werden, wenn das Vorbringen schlüssig ist und nicht in Widerspruch zu anderweitigen Erkenntnissen des Finanzamts steht. 34

Das Finanzamt kann eine Freistellungsbescheinigung für einen im Ausland ansässigen Leistenden vorbehaltlich der Tzn. 36 und 37 ablehnen, wenn nicht ausgeschlossen werden kann, dass das Besteuerungsrecht der Bundesrepublik Deutschland zusteht und sich die formelle Laufzeit der Werkverträge der nach dem einschlägigen Doppelbesteuerungsabkommen maßgeblichen Frist, deren Überschreitung zur Begründung einer inländischen Betriebsstätte (BMF-Schreiben vom 24. Dezember 1999, BStBl. I S. 1076, Tz. 4.3) führen würde, nähert oder sich aufgrund der Auswertung von Unterlagen oder anderweitiger Erkenntnisse Anhaltspunkte ergeben, dass eine Zusammenrechnung mehrerer Bauausführungen möglich ist, der Antragsteller im Inland eine Geschäftsstelle unterhält, durch einen abhängigen Vertreter handelt oder der unbeschränkten Steuerpflicht unterliegt. In diesen Fällen kann gegebenenfalls eine Freistellungsbescheinigung mit einer kurzen Dauer erteilt werden. 35

Liegen keine Versagungsgründe vor, erteilt das für den Leistenden zuständige Finanzamt die Freistellungsbescheinigung nach amtlich vorgeschriebenem Vordruck. Die Freistellungsbescheinigung kann dabei auf bestimmte Zeit, längstens jedoch für einen Zeitraum von drei Jahren, oder bezogen auf einen bestimmten Auftrag erteilt werden. Insbesondere der Finanzverwaltung erstmals bekannt werdenden Unternehmern kann eine Freistellungsbescheinigung mit einer kürzeren Laufzeit als drei Jahre ausgestellt werden. Die Freistellungsbescheinigung gilt ab dem Tag der Ausstellung.[1)] Ist dem Unternehmer eine Freistellungsbescheinigung auf eine bestimmte Zeit erteilt worden, werden ihm zusätzlich keine auftragsbezogenen Freistellungsbescheinigungen erteilt. 36

Für die Erteilung von Freistellungsbescheinigungen an Leistende mit Wohnsitz, Sitz, Geschäftsleitung oder gewöhnlichem Aufenthalt im Ausland gelten die für Inländer anzuwendenden Grundsätze. 37

Bei nur vorübergehender Tätigkeit im Inland, insbesondere wenn nur ein Auftrag im Inland beabsichtigt ist, kann die Freistellungsbescheinigung auftragsbezogen erteilt werden. Das Finanzamt kann die Erteilung einer Freistellungsbescheinigung von der Vorlage des Werkvertrages abhängig machen, wenn sie auf einen bestimmten Auftrag bezogen erteilt werden soll. Auch in Fällen, in denen die Freistellungsbescheinigung für einen bestimmten Auftrag erteilt wird, kann sie auf einen Gültigkeitszeitraum befristet werden.

Wird dem Antrag auf Erteilung einer Freistellungsbescheinigung nicht entsprochen, erlässt das Finanzamt unter Angabe der Gründe einen Ablehnungsbescheid. Hiergegen ist der Rechtsbehelf des Einspruchs statthaft. 38

Bei Verlust der Freistellungsbescheinigung wird eine Ersatzbescheinigung gleichen Inhalts und mit gleicher Sicherheitsnummer erteilt oder auf Antrag bei Vorliegen der übrigen Voraussetzungen eine neue Freistellungsbescheinigung ausgefertigt. 39

---

1) Siehe dazu auch Anlage § 048-02.

Anlage § 048–01

Zu § 48 EStG

40 Bei Änderung eines der in der Freistellungsbescheinigung eingetragenen persönlichen Identifikationsmerkmale (Steuernummer, Name oder Anschrift bzw. Firma) ist auf Antrag des Steuerpflichtigen eine neue Freistellungsbescheinigung vom ggf. neu zuständigen Finanzamt zu erteilen. Die neue Freistellungsbescheinigung kann eine von der bisherigen Freistellungsbescheinigung abweichende Befristung enthalten. Die bisherige Freistellungsbescheinigung bleibt daneben bestehen. Beim Bundesamt für Finanzen[1]) werden die Daten beider Bescheinigungen gespeichert und zur Abfrage bereit gehalten.

1.4.2 Handhabung der Freistellungsbescheinigung durch den Leistungsempfänger

41 In Fällen, in denen die Freistellungsbescheinigung auf einen bestimmten Auftrag beschränkt ist, wird sie dem Leistungsempfänger vom Leistenden ausgehändigt. In den übrigen Fällen genügt es, wenn dem Leistungsempfänger eine Kopie der Freistellungsbescheinigung ausgehändigt wird

42 Wird die Gegenleistung in Teilbeträgen (z. B. Abschlagszahlungen nach Baufortschritt) erbracht, kann im Hinblick auf diese Teilzahlungen nur dann vom Steuerabzug abgesehen werden, wenn bereits vor Auszahlung des jeweiligen Teilbetrags dem Leistungsempfänger eine gültige Freistellungsbescheinigung vorliegt. Es reicht demgegenüber nicht aus, wenn der Leistende die Freistellungsbescheinigung dem Leistungsempfänger erst zusammen mit der Schlussrechnung vorlegt. Entsprechendes gilt, wenn der Leistungsempfänger mit einer Gegenforderung gegen den Anspruch des Leistenden (Hauptforderung) aufrechnet. Der maßgebliche Zeitpunkt, in dem bei der Aufrechnung eine Freistellungsbescheinigung vorliegen muss, ist der Zeitpunkt der Aufrechnungserklärung, wenn zu diesem Zeitpunkt die Gegenforderung vollwirksam und fällig sowie die Hauptforderung erfüllbar sind (§ 387 BGB).

43 Wurde der Anspruch auf die Gegenleistung vom Leistenden (Zedent) an einen Dritten (Zessionar) an Erfüllungs Statt oder erfüllungshalber abgetreten (§ 398 BGB), kommt es auf die Zahlung an den Zessionar und nicht auf den Zeitpunkt der Abtretung an. Auch beim echten und unechten Factoring sowie beim Forderungskauf ist auf den Zeitpunkt der Zahlung an den Factor oder den Forderungskäufer abzustellen. Liegt bei Zahlung an den Dritten/Zessionar keine gültige Freistellungsbescheinigung des Leistenden vor, ist der Steuerabzug vorzunehmen – selbst wenn der Zahlungsempfänger hiervon keine Kenntnis hatte und die Gegenleistung in voller Höhe einfordert.

44 Die nach § 43ff. EStG bestehende öffentlich-rechtliche Verpflichtung zum Steuerabzug ist auch bei der zivilrechtlichen Zwangsvollstreckung zu berücksichtigen. Der Drittschuldner (Leistungsempfänger) kann, unabhängig davon, ob er im Zeitpunkt des Wirksamwerdens der Pfändung 15% der Gegenleistung bereits für Rechnung des Leistenden an das Finanzamt gezahlt hat, oder er noch verpflichtet ist, diesen Steuerabzug zu erbringen, geltend machen, dass die zu pfändende Forderung nur in Höhe von 85% der Gegenleistung besteht.

45 Liegt die Freistellungsbescheinigung dem Leistungsempfänger nicht spätestens im Zeitpunkt der Erbringung der Gegenleistung vor, bleibt die Verpflichtung zur Durchführung des Steuerabzugs auch dann bestehen, wenn die Freistellungsbescheinigung dem Leistungsempfänger später vorgelegt wird.

46 Wurde die Freistellungsbescheinigung bis zum 10. Februar 2002 vorgelegt, kann der Leistungsempfänger den einbehaltenen Betrag dem Leistenden auszahlen, wenn die Anmeldung noch nicht erfolgt ist.

47 Der Leistungsempfänger soll die ihm vom Leistenden übergebenen Unterlagen aufbewahren. Freistellungsbescheinigungen sind von Leistungsempfängern, die unter die Buchführungs- und Aufzeichnungspflichten der §§ 140 ff. Abgabenordnung fallen, nach § 147 Abs. 1 Nr. 5 AO sechs Jahre aufzubewahren (§ 147 Abs. 3 AO).

1.4.3 Bagatellregelung

48 Wird keine Freistellungsbescheinigung vorgelegt, soll vom Steuerabzug auch dann abgesehen werden, wenn die Gegenleistung im laufenden Kalenderjahr den Betrag von 5.000 EUR voraussichtlich nicht übersteigen wird. Die Freigrenze von 5.000 EUR erhöht sich auf 15.000 EUR, wenn der Leistungsempfänger allein deswegen als Unternehmer abzugspflichtig ist, weil er **ausschließlich** steuerfreie Umsätze nach § 4 Nr. 12 Satz 1 UStG (= umsatzsteuerbefreite Vermietungsumsätze) ausführt. Die erhöhte Freigrenze von 15.000 EUR ist nicht anzuwenden, wenn der Unternehmer die nach § 4 Nr. 12 Satz 1 UStG steuerfreien Umsätze nach § 9 UStG als umsatzsteuerpflichtig behandelt (Option zur Umsatzsteuer). Erbringt der Leistungsempfänger neben steuerfreien Umsätzen nach § 4 Nr. 12 Satz 1 UStG weitere, ggf. nur geringfügige umsatzsteuerpflichtige Umsätze, gilt insgesamt die Freigrenze von 5.000 EUR.

---

1) Ab 1.1.2006: Bundeszentralamt für Steuern.

Zu § 48 EStG   **Anlage § 048–01**

Nimmt in den Fällen der umsatzsteuerlichen Organschaft die Organgesellschaft den Steuerabzug im 49 Auftrag des Organträgers für Bauleistungen von Leistenden außerhalb des Organkreises vor (vgl. Tz. 21), sind die Freigrenzen nur zu beachten, wenn eine zentrale Überwachung der Freigrenzen im Organkreis erfolgt.

Wird der Steuerabzug bei juristischen Personen des öffentlichen Rechts von einzelnen Organisations- 50 einheiten der juristischen Person des öffentlichen Rechts vorgenommen (vgl. Tz. 22), sind die Freigrenzen nur zu beachten, wenn eine zentrale Überwachung der Freigrenzen für alle Organisationseinheiten der juristischen Person des öffentlichen Rechts erfolgt.

Wird die Gegenleistung für ein Bauwerk erbracht, das nur teilweise unternehmerisch genutzt wird, be- 51 zieht sich die Freigrenze nur auf Gegenleistungen für den unternehmerisch genutzten Teil des Bauwerkes (vgl. Tz. 16).

Für die Ermittlung des Betrags sind die für denselben Leistungsempfänger im Kalenderjahr erbrachten 52 und voraussichtlich noch zu erbringenden Bauleistungen zusammenzurechnen. Daher ist eine Abstandnahme vom Steuerabzug im Hinblick auf diese Freigrenzen nur zulässig, wenn im laufenden Kalenderjahr nicht mit weiteren Zahlungen für Bauleistungen an denselben Auftragnehmer zu rechnen ist oder die Zahlungen insgesamt nicht die Freigrenze überschreiten werden. Geht der Leistungsempfänger zunächst davon aus, dass die Freigrenze nicht überschritten wird, und nimmt er bei Erfüllung der Gegenleistung den Steuerabzug nicht vor, so ist der unterlassene Steuerabzug nachzuholen, wenn es im Nachhinein zur Überschreitung der maßgeblichen Freigrenze im laufenden Kalenderjahr kommt. Auf ein Verschulden des Leistungsempfängers kommt es insoweit nicht an. Eine Gegenleistung für eine weitere Bauleistung an denselben Leistungsempfänger, für die jedoch eine Freistellungsbescheinigung vorgelegt wird, bleibt für die Berechnung der Freigrenze außer Ansatz.

Beispiele:
- Ein Steuerpflichtiger lässt an einem vermieteten Mehrfamilienhaus das Dach neu eindecken. Der beauftragte Dachdecker legt keine Freistellungsbescheinigung vor. Die Kosten der Dachreparatur werden insgesamt ca. 20.000 EUR betragen. Hiervon sind 10.000 EUR zunächst als Abschlagszahlung und der Rest nach Erstellung der Schlussrechnung noch im selben Kalenderjahr zu erbringen. Damit steht von vornherein fest, dass die Freigrenze von 15.000 EUR überschritten wird, so dass bereits von der Abschlagszahlung der Steuerabzug vorzunehmen ist.
- Ein Steuerpflichtiger lässt an seinem vermieteten Dreifamilienhaus das Dach reparieren. Der beauftragte Dachdecker legt keine Freistellungsbescheinigung vor. Nach dem Kostenvoranschlag soll die Dachreparatur 14.500 EUR kosten. Vereinbarungsgemäß zahlt der Leistungsempfänger nach Baufortschritt eine Abschlagszahlung in Höhe von 10.000 EUR. Durch Zusatzarbeiten verteuert sich der Auftrag, so dass in der Schlussrechnung noch 6.000 EUR in Rechnung gestellt werden, die der Leistungsempfänger noch im selben Jahr zahlt. Damit wurde die Freigrenze von 15.000 EUR überschritten, so dass die gesamte Gegenleistung (16.000 EUR) dem Steuerabzug unterliegt. Sofern bei der Leistung der Abschlagszahlung der Steuerabzug unterblieben ist, muss er nun bei Erfüllung der Restzahlung nachgeholt werden, es sei denn, der Dachdecker legt vor Zahlung der Restsumme eine Freistellungsbescheinigung vor.

Reicht der Betrag der Gegenleistung, die im Laufe des Jahres nachträglich zum Überschreiten der Frei- 53 grenze führt, für die Erfüllung der Abzugsverpflichtung nicht aus, so entfällt die Abzugsverpflichtung in der Höhe, in der sie die Gegenleistung übersteigt.

- Ein Steuerpflichtiger lässt zu Beginn des Jahres Reparaturarbeiten an Regenrinnen seines vermieteten Dreifamilienhauses ausführen. Die Gegenleistung beträgt 14.000 EUR. Ein Steuerabzug wird nicht vorgenommen. Im November lässt er durch denselben Dachdecker an dem Gebäude ein Dachflächenfenster reparieren. Diese Reparatur führt zu einer Gegenleistung in Höhe von 2.000 EUR. Der Steuerabzugsbetrag in Höhe von insgesamt 2.400 EUR kann aus der letzten Gegenleistung nicht erbracht werden. Es ist ein Steuerabzug in Höhe der Gegenleistung von 2.000 EUR vorzunehmen.
- Danach wird noch eine weitere kleine Reparatur durch denselben Dachdecker vorgenommen. Die Gegenleistung beträgt 1.000 EUR. Der Steuerabzugsbetrag beträgt nunmehr insgesamt 2.550 EUR. Ein Abzug von 2.000 EUR ist bereits vorgenommen worden. Der noch verbleibende Steuerabzug von 550 EUR ist von der Gegenleistung durchzuführen.

1.4.4 Absehen vom Steuerabzug bei Vermietung von nicht mehr als zwei Wohnungen, § 48 Abs. 1 Satz 2 EStG

Vermietet der Leistungsempfänger nicht mehr als zwei Wohnungen, ist der Steuerabzug auf Bauleis- 54 tungen für diese Wohnungen nicht anzuwenden (Zweiwohnungsregelung). Eine Wohnung ist eine Zusammenfassung von Räumen, die von anderen Wohnungen oder Räumen baulich getrennt sind. Es muss

Anlage § 048–01

Zu § 48 EStG

ein dauerhafter baulicher Abschluss vorhanden sein, der jedoch nicht in allen Belangen den Anforderungen an die Abgeschlossenheit nach den Bestimmungen zum Wohnungseigentumsgesetz oder nach den DIN-Vorschriften entsprechen muss. Weiter muss ein eigener Zugang bestehen, der nicht durch einen anderen Wohnbereich führt. Diese Voraussetzung ist z. B. erfüllt, wenn ein eigener Zugang unmittelbar von außen vorhanden ist oder wenn jede Wohneinheit in dem Gebäude jeweils durch eine abschließbare Eingangstür gegenüber dem gemeinsamen Treppenhaus oder Vorraum abgetrennt ist. Die zu einer Wohneinheit zusammengefassten Räume müssen über eine Küche verfügen. Dabei reicht es aus, wenn in dem als Küche vorgesehen Raum die Anschlüsse für diejenigen Einrichtungs- und Ausstattungsgegenstände vorhanden sind, die für die Führung eines selbstständigen Haushalts notwendig sind, insbesondere Stromanschluss für den Elektroherd bzw. Gasanschluss für den Gasherd, Kalt- und ggf. Warmwasserzuleitung und ein Ausguss. Weiter müssen ein Bad mit Wanne oder Dusche und eine Toilette vorhanden sein; ein Waschbecken reicht nicht aus. Die Wohnfläche muss mindestens 23 m² betragen (R 175 Abs. 2 ErbStR).

55 Bei einzeln vermieteten Zimmern ist die Nutzung der gesamten Wohnung ausschlaggebend. Wird diese im Übrigen selbst genutzt oder unentgeltlich überlassen, ist kein Steuerabzug vorzunehmen. Werden sämtliche Zimmer an mehrere Mieter vermietet, rechnet die Wohnung als ein Objekt für die Zweiwohnungsregelung.

56 Die Verpflichtung zum Steuerabzug besteht für alle Wohnungen, wenn von einem Vermieter mehr als zwei Wohnungen vermietet werden. Der Steuerabzug für Bauleistungen für andere unternehmerische Zwecke bleibt von der Zweiwohnungsregelung unberührt.

Beispiel:

Sind eigenbetrieblich genutzte Gebäude und ein Zweifamilienhaus neben einer privat genutzten Villa vorhanden, ist der Steuerabzug nur auf die eigenbetrieblichen Gebäude anzuwenden. Hinsichtlich des Zweifamilienhauses gilt die Zweiwohnungsregelung. Die privat genutzte Villa unterliegt nicht dem Steuerabzug (vgl. Tz. 15).

Unentgeltlich überlassene Wohnungen bleiben unberücksichtigt.

57 Vorübergehend leerstehende Wohnungen sind im Rahmen der Zweiwohnungsgrenze zu berücksichtigen, es sei denn, der Vermieter hat die Vermietungsabsicht aufgegeben.

58 Es ist unerheblich, zu welchem Zweck vermietet wird und ob sich die vermieteten Wohnungen im Privatvermögen oder Betriebsvermögen des Vermieters befinden. Gewerblich oder zu freiberuflichen Zwecken vermietete Wohnungen sind daher zu berücksichtigen. Werden z. B. zwei Wohnungen des Privatvermögens zu Wohnzwecken und eine Wohnung, die zum Betriebsvermögen des Unternehmers gehört, gewerblich vermietet, ist die Zweiwohnungsregelung nicht anzuwenden.

59 Vermietete Wohnungen im Ausland sind bei der Anwendung der Zweiwohnungsregelung zu berücksichtigen.

60 Die Zweiwohnungsregelung wird auf die jeweilige Grundstücksgesellschaft/-gemeinschaft angewendet, die umsatzsteuerlich als eigenständiger Unternehmer qualifiziert wird. Demjenigen, der an mehreren Grundstücksgesellschaften/-gemeinschaften beteiligt ist, werden die einzelnen Beteiligungen nicht als Wohnungen zugerechnet.

61 Jede Grundstücksgesellschaft/-gemeinschaft ist für sich zu beurteilen. Bei entsprechender umsatzsteuerlicher Anerkennung können daher eine Vielzahl von Objektgesellschaften mit den gleichen Beteiligten bestehen.

62 Bei Ehegatten ist die Zweiwohnungsgrenze für jeden Ehegatten getrennt zu ermitteln. Eine Ehegatten-Eigentümergemeinschaft ist ein eigener Leistungsempfänger.

63 Garagen stellen nur dann einen Bestandteil einer Wohnung dar, wenn sie zusammen mit der Wohnung vermietet werden. Bauleistungen für nicht gemeinsam mit einer Wohnung vermietete Garage unterliegen dem Steuerabzug.

2. Einbehaltung, Abführung und Anmeldung des Abzugsbetrags

64 Die Verpflichtung zum Steuerabzug entsteht in dem Zeitpunkt, in dem die Gegenleistung erbracht wird, d. h. beim Leistungsempfänger selbst oder bei einem Dritten, der für den Leistungsempfänger zahlt, abfließt (§ 11 EStG). Dies gilt auch in Fällen, in denen die Gegenleistung in Teilbeträgen (Vorschüsse, Abschlagszahlungen, Zahlung gestundeter Beträge) erbracht wird. Erlischt die Gegenleistung infolge einer Aufrechnung, tritt die wirksame Aufrechnungserklärung an die Stelle der Zahlung. In diesem Zeitpunkt hat der Leistungsempfänger (=Auftraggeber und Schuldner der Gegenleistung) den Steuerabzug für Rechnung des Leistenden (Auftragnehmers) vorzunehmen (§ 48 Abs. 1 Satz 1 EStG). Dazu muss er den Steuerabzugsbetrag von der Gegenleistung einbehalten.

Zu § 48 EStG   **Anlage § 048–01**

Der Leistungsempfänger hat den innerhalb eines Kalendermonats einbehaltenen Steuerabzugsbetrag 65 unter Angabe des Verwendungszwecks jeweils bis zum 10. des Folgemonats an das für die Besteuerung des Einkommens des Leistenden zuständige Finanzamt (Finanzkasse) abzuführen. Eine Stundung des Steuerabzugsbetrags ist nach § 222 AO ausgeschlossen.

Darüber hinaus ist der Leistungsempfänger verpflichtet, über den einbehaltenen Steuerabzug ebenfalls 66 bis zum 10. des Folgemonats eine Anmeldung nach amtlich vorgeschriebenem Vordruck gegenüber dem für den Leistenden zuständigen Finanzamt (vgl. 11.) abzugeben, in der er den Steuerabzug für den Anmeldezeitraum (Kalendermonat) selbst berechnet. Die Regelung in Nr. 7 des AEAO zu § 152 über das grundsätzliche Absehen von der Festsetzung eines Verspätungszuschlags bei einer bis zu fünf Tage verspäteten Abgabe einer Steueranmeldung (Abgabe-Schonfrist) gilt nur für die dort genannten Umsatzsteuer-Voranmeldungen und Lohnsteuer-Anmeldungen, nicht aber für die Anmeldung des Steuerabzugs bei Bauleistungen. Der Leistungsempfänger hat für jeden Leistenden eine eigene Anmeldung abzugeben, auch wenn mehrere Leistende bei einem Finanzamt geführt werden. Die Anmeldung muss vom Leistungsempfänger oder von einem zu seiner Vertretung Berechtigten unterschrieben sein. Sie steht einer Steueranmeldung (§§ 167, 168 AO) gleich. In der Anmeldung ist die zugrundeliegende Bauleistung anzugeben (Art der Tätigkeit und Projekt); nur die Angabe einer Auftrags- oder Rechnungsnummer ist nicht ausreichend.

Die benötigten Adressen der zuständigen Finanzämter bzw. Konto-Nummern können regelmäßig beim 67 Leistenden erfragt werden.

Daneben können die Informationen auch im Internet unter www.finanzamt.de ermittelt werden.

Ferner kann jedes Finanzamt entsprechende Informationen geben.

Das Finanzamt kann dem Leistungsempfänger bei verspäteter Abgabe der Anmeldung einen Ver- 68 spätungszuschlag bis 10 v. H. des Abzugsbetrags auferlegen (höchstens 25.000 EUR); bei verspäteter Zahlung entstehen Säumniszuschläge.

Bei einer nachträglichen Erhöhung der Gegenleistung ist nur der Differenzbetrag zu der vorherigen 69 Anmeldung in dem Anmeldungszeitraum, in dem der erhöhte Betrag erbracht wurde, anzumelden (§ 48a Abs. 1 EStG). Bei einer Minderung der Gegenleistung ist keine Berichtigung vorzunehmen.

3. Abrechnung mit dem Leistenden

Der Leistungsempfänger ist verpflichtet, mit dem Leistenden über den einbehaltenen Steuerabzug ab- 70 zurechnen (§ 48a Abs. 2 EStG). Dazu hat er dem Leistenden (Auftragnehmer) einen Abrechnungsbeleg zu erteilen, der folgende Angaben enthalten muss:

1. Name und Anschrift des Leistenden,
2. Rechnungsbetrag, Rechnungsdatum und Zahlungstag,
3. Höhe des Steuerabzugs,
4. Finanzamt, bei dem der Abzugsbetrag angemeldet worden ist.

Es reicht aus, wenn der Leistungsempfänger dem Leistenden zum Zwecke der Abrechnung den dafür 71 vorgesehenen Durchschlag der Steueranmeldung überlässt.

4. Haftung

Ist der Steuerabzug nicht ordnungsgemäß durchgeführt worden, haftet der Leistungsempfänger für den 72 nicht oder zu niedrig abgeführten Abzugsbetrag (§ 48a Abs. 3 Satz 1 EStG). Bei Erbringung der Gegenleistung durch Dritte (z. B. durch ein Versicherungsunternehmen) haftet der Leistungsempfänger (z. B. der Geschädigte) für den Steuerabzug. Die Haftung ist grundsätzlich unabhängig von einem Verschulden des Leistungsempfängers, wenn dem Leistungsempfänger keine Freistellungsbescheinigung vorgelegen hat. Unerheblich ist auch, ob für den Leistenden im Inland zu sichernde Steueransprüche bestehen. Insbesondere kann sich der Leistungsempfänger im Haftungsverfahren nicht darauf berufen, dass die Gegenleistung beim Leistenden nach einem Doppelbesteuerungsabkommen im Inland nicht besteuert werden kann. Nach § 48d Abs. 1 Satz 1 EStG wird der Steuerabzug nicht durch Doppelbesteuerungsabkommen eingeschränkt. Eine Haftungsinanspruchnahme ist auch möglich, wenn die Person des Steuerschuldners nicht feststeht.

Über die Inanspruchnahme des Leistungsempfängers als Haftungsschuldner entscheidet das Finanzamt 73 im Rahmen seines pflichtgemäßen Ermessens. Dabei ist auch zu berücksichtigen, inwieweit nach den Umständen des Einzelfalls Steueransprüche bestehen oder entstehen können.

Die Haftung des Leistungsempfängers ist jedoch ausgeschlossen, wenn ihm im Zeitpunkt der Gegen- 74 leistung eine Freistellungsbescheinigung vorgelegen hat, auf deren Rechtmäßigkeit er vertrauen durfte. Der Leistungsempfänger ist verpflichtet, die Freistellungsbescheinigung zu überprüfen; insbesondere soll er sich vergewissern, ob die Freistellungsbescheinigung mit einem Dienstsiegel versehen ist und

Anlage § 048–01 Zu § 48 EStG

eine Sicherheitsnummer trägt. Bei Vorlage einer Kopie müssen alle Angaben auf der Freistellungsbescheinigung lesbar sein. Eine Verpflichtung zu einer regelmäßigen Prüfung der Freistellungsbescheinigung besteht nicht.

Der Leistungsempfänger hat die Möglichkeit, sich durch eine Prüfung der Gültigkeit der Freistellungsbescheinigung über ein eventuelles Haftungsrisiko Gewissheit zu verschaffen. Er kann hierzu im Wege einer elektronischen Abfrage beim Bundesamt für Finanzen[1] (per Internet unter www.bff-online.de) ggf. eine Bestätigung der Gültigkeit der Bescheinigung erlangen. Bestätigt das Bundesamt für Finanzen die Gültigkeit nicht oder kann der Leistungsempfänger die elektronische Abfrage nicht durchführen, kann sich der Leistungsempfänger auch durch eine Nachfrage bei dem auf der Freistellungsbescheinigung angegebenen Finanzamt Gewissheit verschaffen. Das Unterlassen einer elektronischen Abfrage beim Bundesamt für Finanzen oder eine Anfrage beim Finanzamt begründet für sich allein keine grobe Fahrlässigkeit. Anfragen an die Finanzämter zur Bestätigung der Gültigkeit der Freistellungsbescheinigungen werden mündlich oder fernmündlich beantwortet. Eine schriftliche Bestätigung erfolgt grundsätzlich nicht.

75 Eine Inanspruchnahme des Leistungsempfänger soll auch dann unterbleiben, wenn ihm zum Zeitpunkt der Erbringung der Gegenleistung keine Freistellungsbescheinigung vorgelegen hat, er aber gleichwohl den Steuerabzug nicht vorgenommen hat und ihm im Nachhinein eine bereits im Zeitpunkt der Zahlung gültige Freistellungsbescheinigung nachgereicht wird.

76 Schützenswertes Vertrauen liegt nicht vor, wenn die Freistellungsbescheinigung durch unlautere Mittel oder falsche Angaben erwirkt wurde und dem Leistungsempfänger dies bekannt oder infolge grober Fahrlässigkeit nicht bekannt war (§ 48a Abs. 3 Satz 3 EStG).

77 Dies gilt auch, wenn dem Leistungsempfänger eine gefälschte Freistellungsbescheinigung vorgelegt wurde und der Leistungsempfänger dies erkennen oder hätte erkennen müssen.

78 Sind die Voraussetzungen für eine Inanspruchnahme des Leistungsempfängers i. S. d. § 48a Abs. 3 EStG gegeben, kann er entweder durch Haftungsbescheid oder durch eine Steuerfestsetzung nach § 167 Abs. 1 AO in Anspruch genommen werden. Den entsprechenden Bescheid erlässt das für den Leistenden zuständige Finanzamt nach Anhörung des Leistungsempfängers.

5. Widerruf und Rücknahme der Freistellungsbescheinigung

79 Wird eine rechtmäßige Freistellungsbescheinigung für die Zukunft widerrufen, so ist sie für Gegenleistungen, die nach diesem Zeitpunkt erbracht werden, nicht mehr gültig. Entsprechendes gilt, wenn eine rechtswidrige Freistellungsbescheinigung mit Wirkung für die Vergangenheit zurückgenommen wird. In diesem Fall war die Abstandnahme vom Steuerabzug jedoch bereits in der Vergangenheit unzulässig. In den Fällen, in denen die Freistellungsbescheinigung für eine bestimmte Bauleistung erteilt worden war, unterrichtet das Finanzamt auch den Leistungsempfänger vom Widerruf bzw. der Rücknahme der Freistellungsbescheinigung. Dies hat zur Folge, dass der Leistungsempfänger von künftigen Gegenleistungen den Steuerabzug vorzunehmen hat und – bei der Rücknahme – auch den Steuerabzug für bereits erbrachte Gegenleistungen nachholen muss. Die Nachholung erfolgt grundsätzlich durch Einbehalt von künftigen Gegenleistungen. Ist dies nicht möglich oder reicht die künftige Gegenleistung hierfür nicht aus, so entfällt insoweit der Einbehalt.

Wird eine lediglich zeitlich befristete, jedoch nicht auf einen bestimmten Auftrag beschränkte Freistellungsbescheinigung widerrufen oder zurückgenommen, kommt eine Haftungsinanspruchnahme des Leistungsempfängers nur dann in Betracht, wenn ihm der Widerruf oder die Rücknahme bekannt oder infolge grober Fahrlässigkeit nicht bekannt waren.

80 Eine Freistellungsbescheinigung soll widerrufen werden, wenn der Steueranspruch gefährdet erscheint. Eine Gefährdung des Steueranspruchs kann bereits vor Stellung eines Insolvenzantrages vorliegen. Ob und wann ein Widerruf vorgenommen wird, ist nach den Gegebenheiten im Einzelfall zu entscheiden. Eine Anfechtung des Widerrufs durch den Insolvenzverwalter ist nur möglich, wenn das Verfahren eröffnet wurde und die Voraussetzungen des §§ 130, 131 InsO vorliegen.

6. Bemessungsgrundlage und Höhe des Steuerabzugs

81 Dem Steuerabzug unterliegt der volle Betrag der Gegenleistung. Zur Gegenleistung gehört das Entgelt für die Bauleistung zuzüglich der Umsatzsteuer. Das gilt auch im Falle des § 13b UStG, obwohl der Leistungsempfänger Schuldner der Umsatzsteuer ist. Der Steuerabzug beträgt 15 v. H. der Gegenleistung. Ein Solidaritätszuschlag wird auf den Abzugsbetrag nicht erhoben. Bei nachträglicher Erhöhung oder Minderung der Gegenleistung vgl. Tz. 69.

---

[1] Ab 1.1.2006: Bundeszentralamt für Steuern.

Zu § 48 EStG | **Anlage § 048–01**

Auch die nachträgliche Auszahlung von Sicherheitseinbehalten (z. B. nach Ablauf der Gewährleistungspflicht) stellt die Erbringung von Gegenleistungen dar. Der Steuerabzug ist hierauf vorzunehmen, sofern keine Freistellungsbescheinigung vorliegt und die Bagatellgrenze überschritten wird, auch wenn die zugrundeliegende Bauleistung vor dem 1. Januar 2002 (Anwendungszeitpunkt des Gesetzes gem. § 52 Abs. 56 EStG) erfolgte. 82

Der Steuerabzug nach § 49ff. EStG hat keine Auswirkungen auf die umsatzsteuerliche Behandlung: Zum umsatzsteuerlichen Entgelt gem. § 10 Abs. 1 Satz 2 UStG gehören auch Zahlungen des Leistungsempfängers an Dritte (vgl. A 149 Abs. 7 Satz 1 UStR). Deshalb ist bei der Ermittlung des Entgelts auch der vom Leistungsempfänger einzubehaltende und an das für den leistenden Unternehmer zuständige Finanzamt abzuführende Betrag zu berücksichtigen. 83

Beispiel:

Der Unternehmer erteilt dem Leistungsempfänger für erbrachte Bauleistungen folgende Rechnung:

Auftragssumme netto: 100.000 EUR
Umsatzsteuer 16 v. H.   16.000 EUR
Bruttobetrag   116.000 EUR

Der Leistungsempfänger überweist dem Unternehmer (116.000 EUR abzüglich 15 v. H. Bauabzugssteuer 17.400 EUR) 98.600 EUR

Das umsatzsteuerliche Entgelt beträgt 100.000 EUR, die darauf entfallende Umsatzsteuer 16.000 EUR.

Versteuert der leistende Unternehmer seine Umsätze nach vereinnahmten Entgelten (§ 20 UStG), ist die Versteuerung in dem Voranmeldungszeitraum vorzunehmen, in dem das Entgelt bzw. Teilentgelt vereinnahmt wird. Hierbei ist es unerheblich, dass der Leistungsempfänger den Steuerabzug gem. § 48a Abs. 1 EStG (15%) erst am 10. des Folgemonats an das Finanzamt entrichtet. 84

Beispiel:
Der Unternehmer erteilt dem Leistungsempfänger für erbrachte Bauleistungen die im Beispiel zu Tz. 83 bezeichnete Rechnung. Der Leistungsempfänger überweist im März 2002 (58.000 EUR abzüglich 15 v. H. Steuerabzug 8.700 EUR) 49.300 EUR und nochmals 49.300 EUR im Mai 2002.
Der leistende Unternehmer hat gem. § 13 Abs. 1 Nr. 1b UStG im März 2002 ein Teilentgelt von 50.000 EUR und im Mai 2002 den Restbetrag von 50.000 EUR zu versteuern.

Versteuert hingegen der leistende Unternehmer seine Umsätze nach vereinbarten Entgelten (Sollversteuerung), ist die Versteuerung in dem Voranmeldungszeitraum vorzunehmen, in dem die Bauleistung ausgeführt worden ist. Die vor Ausführung der Leistung vereinnahmten Vorauszahlungen, Abschlagszahlungen usw. führen jedoch nach § 13 Abs. 1 Nr. 1 Buchst a Satz 4 UStG zu einer früheren Steuerentstehung (vgl. A 171 UStR).

Beispiel:
Der Unternehmer führt im April 2002 Bauleistungen aus. Das vereinbarte Entgelt entspricht der im Mai 2002 erteilten Rechnung (vgl. Tz. 83). Der Leistungsempfänger überweist im März 2002 (58.000 EUR abzüglich 15 v. H. Steuerabzug 8.700 EUR) 49.300 EUR als Vorauszahlung und nochmals 49.300 EUR im Mai 2002. Der leistende Unternehmer hat gem. § 13 Abs. 1 Nr. 1 Buchst. a Satz 4 UStG im März 2002 ein Teilentgelt von 50.000 EUR und im April 2002 gem. § 13 Abs. 1 Nr. 1 Buchst. a Satz 1 UStG den Restbetrag von 50.000 EUR zu versteuern.

Der Steuerabzug ist auch bei der Aufrechnung und beim Tausch vorzunehmen. 85

Beispiel:
Die fällige Forderung des Leistenden aus einem Bauauftrag beträgt 30.000 EUR. Hiergegen rechnet der Leistungsempfänger mit einer fälligen Gegenforderung von 17.000 EUR auf. Aus der verbleibenden Verbindlichkeit von 13.000 EUR wird der Steuerabzug i. H. v. 4.500 EUR vorgenommen und der Restbetrag von 8.500 EUR an den Leistenden gezahlt.

Der Steuerabzug ist auch vorzunehmen, wenn sich im Rahmen der Aufrechnung Hauptforderung und Gegenforderung in gleicher oder annähernd gleicher Höhe gegenüberstehen. 86

7. Entlastung aufgrund von Doppelbesteuerungsabkommen

Auch in Fällen, in denen die Bauleistung von einem nicht unbeschränkt steuerpflichtigen Leistenden erbracht wird, unterliegt die Gegenleistung dem Steuerabzug. Dies gilt selbst dann, wenn die im Inland erzielten Einkünfte des Leistenden nach einem Abkommen zur Vermeidung der Doppelbesteuerung in der Bundesrepublik Deutschland nicht besteuert werden dürfen (§ 48d Abs. 1 Satz 1 EStG). Das Gleiche gilt, wenn die Gegenleistung aufgrund eines Doppelbesteuerungsabkommens vom Steuersatz frei- 87

Anlage § 048–01

Zu § 48 EStG

gestellt oder der Steuerabzug nach einem niedrigeren Steuersatz vorzunehmen ist. Unberührt bleibt jedoch der Anspruch des Leistenden auf völlige oder teilweise Erstattung des Abzugsbetrags; die Erstattung erfolgt auf Antrag durch das nach § 20a AO für die Besteuerung des nicht unbeschränkt steuerpflichtigen Leistenden zuständige Finanzamt.

8. Anrechnung des Steuerabzugsbetrags

88 Das Finanzamt rechnet den Abzugsbetrag auf die vom Leistenden zu entrichtenden Steuern an. Voraussetzung ist, dass der Abzugsbetrag einbehalten und angemeldet wurde (§ 48c Abs. 1 EStG). Zur Prüfung dieser Voraussetzung hat der Leistende auf Verlangen des Finanzamtes die vom Leistungsempfänger gemäß § 48a Abs. 2 EStG erteilten Abrechnungsbelege vorzulegen.

Steuerabzugsbeträge, die auf Bauleistungen beruhen, die vor Eröffnung des Insolvenzverfahrens ausgeführt wurden und vor der Insolvenzeröffnung durch den Leistungsempfänger an das Finanzamt gezahlt wurden, sind auf Steuern anzurechnen, die vor Eröffnung des Verfahrens begründet wurden (Insolvenzforderungen nach § 38 InsO). Bei der Anrechnung ist die Reihenfolge des § 38c Abs. 1 EStG zu beachten. Sofern sich danach keine Anrechnungsmöglichkeiten ergeben, sind die verbliebenen Beträge mit anderen Insolvenzforderungen aufzurechnen (§ 94 InsO).

Steuerabzugsbeträge, die auf Bauleistungen beruhen, die vor Eröffnung des Insolvenzverfahrens ausgeführt wurden und nach der Insolvenzeröffnung durch den Leistungsempfänger an das Finanzamt gezahlt wurden, sind an die Insolvenzmasse auszukehren (BFH-Beschluss vom 13. November 2002, BStBl. 2003 II S. 716).

Für die Anrechnung ist zum Schutz des Leistenden grundsätzlich nicht Voraussetzung, dass der angemeldete Betrag auch abgeführt wurde. Im Hinblick auf § 48c Abs. 3 EStG hat das Finanzamt vor der Anrechnung jedoch festzustellen, ob der Leistungsempfänger den angemeldeten Abzugsbetrag abgeführt hat. Ist dies nicht der Fall, ist vom Finanzamt durch weitere Sachverhaltsermittlungen zu klären, ob Anhaltspunkte für einen Missbrauch des Abzugsverfahrens gegeben sind.

Ist ein Abzugsbetrag vom Leistungsempfänger einbehalten, aber nicht angemeldet und abgeführt worden, wird der Abzugsbetrag beim Leistenden angerechnet, wenn der Leistende seinem Finanzamt die entsprechende Abrechnung i. S. d. § 48 Abs. 2 EStG vorlegt und der Leistungsempfänger durch Haftungsbescheid oder eine Steuerfestsetzung nach § 167 Abs. 1 AO in Anspruch genommen worden ist. Bis dahin ist eine Stundung der dem Steuerabzugsverfahren unterliegenden fälligen Steuern des Leistenden nach § 222 AO nicht möglich. Gegebenenfalls kommt die einstweilige Einstellung oder Beschränkung der Vollstreckung gemäß § 258 AO in Betracht.

Für die Anrechnung gilt folgende Reihenfolge:

1. auf die nach 41a Abs. 1 EStG vom Leistenden einbehaltene und angemeldete Lohnsteuer,
2. auf die vom Leistenden zu entrichtenden Vorauszahlungen auf die Einkommen- oder Körperschaftsteuer,
3. auf die Einkommen- oder Körperschaftsteuer des Besteuerungs- oder Veranlagungszeitraums, in dem die Leistung erbracht worden ist, und
4. auf die vom Leistenden selbst nach dem Steuerabzugsverfahren bei Bauleistungen anzumeldenden und abzuführenden Abzugsbeträge.

Die Anrechnung nach § 48c Abs. 1 Satz 1 Nr. EStG kann nur für Vorauszahlungszeiträume innerhalb des Besteuerungs- oder Veranlagungszeitraums erfolgen, in dem die Bauleistung erbracht worden ist. Außerdem darf die Anrechnung auf Vorauszahlungen nicht zu einer Erstattung führen. Die Anrechnung nach § 48 c Abs. 1 Satz 1 Nr. 1 und 4 EStG ist nur bis zu der Veranlagung zur Einkommen- oder Körperschaftsteuer des Jahres, in dem die Bauleistung erbracht wurde, möglich.

89 Soweit nach Anrechnung auf die Beträge nach § 48c Abs. 1 Nr. 1 ErbStG ein Guthaben verbleibt, kann dieses nur auf die Vorauszahlungen angerechnet werden, die für den Veranlagungszeitraum der Leistungserbringung festgesetzt wurden oder werden. Der übersteigende Betrag kann erst auf die veranlagte Einkommen- oder Körperschaftsteuer des Veranlagungszeitraums angerechnet werden, in dem die Leistung erbracht wurde. Bis zum Abschluss der Veranlagung dieses Veranlagungszeitraumes kann eine Erstattung der Steuer nicht erfolgen. Das Erstattungsverfahren nach § 48c Abs. 2 EStG bleibt hiervon unberührt.

Leistung in diesem Sinne ist nicht die Gegenleistung i. S. v. § 48 Abs. 3 EStG, sondern die Bauleistung nach § 48 Abs. 1 Satz EStG. Die Bauleistung ist in dem Zeitpunkt erbracht, in dem sie abgeschlossen und nach den Grundsätzen ordnungsgemäßer Buchführung die Ergebnisrealisierung eingetreten ist. Hiervon ist allgemein auszugehen, wenn das fertige Werk an den Leistungsempfänger übergeben und von diesem abgenommen wurde. Dass die Anrechnung des Abzugsbetrages erst im Veranlagungszeitraum der Gewinnrealisierung möglich ist, entspricht dem Sicherungscharakter des Steuerabzugsbetrages, der erst im Jahr der Gewinnrealisierung beim Leistenden zur Steueranrechnung zur Verfügung stehen soll. Eine Anrechnung auf Teilleistungen kann ausnahmsweise in vorhergehenden Veranlagungszeiträumen in Betracht kommen, wenn sich ein Großbauwerk über mehrere Jahre erstreckt und wenn der Leistende von seinem Wahlrecht Gebraucht gemacht hat, aufgrund von Teilabrechnungen und Teilabnahmen eine Teilgewinnrealisierung vorzunehmen.

Bei mehreren lohnsteuerlichen Betriebsstätten kann der Leistende die Reihenfolge der Anrechnung der Lohnsteuer entsprechend § 225 Abs. 1 AO bestimmen.

Sind Personengesellschaften Leistende, erfolgt die Anrechnung i. S. d. § 48c Abs. 1 Satz 1 Nr. 2 und 3 EStG bei der Einkommen- oder Körperschaftsteuer der Gesellschafter. Die Anrechnung auf Voraussetzungen nach § 48c Abs. 1 Nr. 2 EStG erfolgt, wenn der zur Vertretung der Gesellschaft Berechtigte (§ 34 Abs. 1 AO) dem Finanzamt mitteilt, in welchem Verhältnis die Anrechnung zu erfolgen hat. Die Mitteilung hat den Beteiligungsverhältnissen zu entsprechen. Ausnahmsweise können andere Kriterien berücksichtigt werden, wenn sie betrieblich begründet sind. Die Anrechnung auf die veranlagte Einkommen- oder Körperschaftsteuer des Besteuerungs- oder Veranlagungszeitraums nach § 48c Abs. 1 Nr. 3 EStG erfolgt bei den Gesellschaftern nach dem Gewinnverteilungsschlüssel der Gesellschaft. Bei Unstimmigkeiten zwischen den Gesellschaftern über die Höhe ihrer Anteile am Anrechnungsvolumen ist eine einheitliche und gesonderte Feststellung der Steuerabzugsbeträge nach § 180 Abs. 5 Nr. 2 AO durchzuführen; diese Feststellung kann mit der Gewinnfeststellung nach § 180 As. 1 Nr. 2 Buchstabe a AO verbunden werden. 90

Dies gilt auch für Arbeitsgemeinschaften.

Ist eine Organgesellschaft einer umsatzsteuerlichen Organschaft Leistender i. S. d. § 48 Abs. 1 EStG, wird der Steuerabzug nach § 48c Abs. 1 Nr. 2 und 3 EStG bei der Organgesellschaft angerechnet. Dies gilt auch im Fall einer körperschaftsteuerlichen Organschaft mit der Folge, dass der Steuerabzug ggf. nur nach § 48 Abs. 1 Nr. 1 EStG angerechnet werden kann. 91

9. Erstattungsverfahren

Verbleiben nach der Anrechnung gemäß § 48c Abs. 1 EStG Abzugsbeträge, die bis zur Veranlagung zur Einkommen- oder Körperschaftsteuer des Jahres, in dem die Bauleistung erbracht wurde, nicht angerechnet werden konnte und für die eine Aufrechnung § 226 AO nicht in Betracht kommt, werden sie dem Leistenden erstattet. 92

Auf Antrag des Leistenden erstattet das nach § 20a der Abgabenordnung zuständige Finanzamt dem Leistenden mit Wohnsitz, Geschäftsleitung oder Sitz außerhalb des Geltungsbereiches des Gesetzes den Abzugsbetrag (§ 48c Abs. 2 EStG). Voraussetzung ist, dass der Leistende nicht zur Abgabe von Lohnsteueranmeldungen verpflichtet ist und eine Veranlagung zur Einkommen- oder Körperschaftsteuer beim Leistenden oder seinen Gesellschaftern nicht in Betracht kommt oder glaubhaft gemacht wird, dass im Veranlagungszeitraum keine zu sichernden Steueransprüche entstehen werden. Wird die Erstattung beantragt, weil nach dem Doppelbesteuerungsabkommen die Gegenleistung im Inland nicht zu besteuern ist, hat der Leistende durch eine Bestätigung der für ihn im Ausland zuständigen Steuerbehörde nachzuweisen, dass er dort ansässig ist (§ 48d Abs. 1 Satz 4 EStG). 93

Der Antrag auf Erstattung gem. Tz. 93 ist nach amtlich vorgeschriebenem Muster zu stellen, und zwar bis spätestens zum Ablauf des zweiten Kalenderjahres, das auf das Jahr folgt, in dem der Abzugsantrag angemeldet worden ist. Ist in einem Doppelbesteuerungsabkommen eine längere Frist eingeräumt, ist diese maßgebend. 94

Erfolgt der Steuerabzug unberechtigt, z. B. weil keine Bauleistung gegeben ist oder weil ein Steuerabzug trotz Vorlage einer gültigen Freistellungsbescheinigung vorgenommen wurde, ist er gem. § 37 Abs. 2 AO durch das für die Besteuerung des Leistenden zuständige Finanzamt an den anmeldenden Leistungsempfänger zu erstatten. Der Leistende kann zivilrechtlich gegen einen unberechtigten Steuerabzug vorgehen. 95

10. Sperrwirkung gegenüber §§ 160 AO, 42d Abs. 6 und 8 sowie 50a Abs. 7 EStG

Ist der Leistungsempfänger seiner Verpflichtung zur Anmeldung und Abführung des Steuerabzugsbetrags nachgekommen oder hat ihm eine im Zeitpunkt der Gegenleistung gültige Freistellungsbescheinigung vorgelegen, sind § 160 Abs. 1 Satz 1 AO, § 42d Abs. 6 und 8 EStG sowie § 50a Abs. 7 EStG nicht anzuwenden. Es entfällt somit hinsichtlich der betroffenen Gegenleistung die Versagung des Betriebsausgaben- oder Werbungskostenabzugs. 96

Hat ein Steuerpflichtiger einen Steuerabzugsbetrag angemeldet und abgeführt oder hat ihm eine Freistellungsbescheinigung vorgelegen, obwohl keine Bauleistung i. S. d. § 48 Abs. 1 EStG vorlag, ist § 48 97

Anlage § 048–01

Zu § 48 EStG

Abs. 4 EStG bzw. § 48b Abs. 5 EStG nicht anzuwenden. Bei Arbeitnehmerüberlassung ist auch die Inanspruchnahme als Entleiher nach § 42d Abs. 6 und 8 EStG dann nicht ausgeschlossen.

98 Das Steuerabzugsverfahren geht der Abzugsanordnung nach § 50a Abs. 7 EStG als Spezialregelung vor. Die Anordnung dieses Steuerabzugs ist daher bei Bauleistungen ausgeschlossen.

11. Zuständiges Finanzamt

99 Für den Steuerabzug im Zusammenhang mit Bauleistungen ist das Finanzamt des Leistenden zuständig. Ist der leistende Unternehmer eine natürliche Person, ist dies das Finanzamt, in dessen Bezirk sich dessen inländischer Wohnsitz befindet. An die Stelle des Wohnsitzes tritt der inländische gewöhnliche Aufenthalt, wenn der leistende Unternehmer über keinen Wohnsitz verfügt. Ist das leistende Unternehmen eine Personengesellschaft mit Geschäftsleitung bzw. eine Körperschaft mit Sitz und Geschäftsleitung im Inland, ist dies das Finanzamt, in dessen Bezirk sich die Geschäftsleitung befindet. Findet für eine Arbeitsgemeinschaft keine gesonderte Feststellung der Besteuerungsgrundlagen statt (§ 180 Abs. 4 AO), ist für den Steuerabzug das Finanzamt zuständig, das für die Umsatzsteuer zuständig ist.

100 Hat der leistende Unternehmer seinen Wohnsitz im Ausland bzw. das leistende Unternehmen (Körperschaft oder Personenvereinigung) den Sitz oder die Geschäftsleitung im Ausland, besteht eine zentrale Zuständigkeit im Bundesgebiet (siehe Umsatzsteuerzuständigkeitsverordnung – UStZustV). Dies gilt auch, wenn eine natürliche Person zusätzlich im Inland einen weiteren Wohnsitz hat. Zuständigkeitsvereinbarungen sind unter den Voraussetzungen des § 27 AO zulässig. Dies gilt auch für die Verwaltung der Lohnsteuer. Demzufolge kann ein im Ausland ansässiges Bauunternehmen im Inland nur eine lohnsteuerliche Betriebsstätte haben. Daher sind die in der Umsatzsteuerzuständigkeitsverordnung genannten Finanzämter für die Besteuerung der inländischen Umsätze und des im Inland steuerpflichtigen Einkommens des Leistenden, für die Verwaltung der Lohnsteuer der Arbeitnehmer des Leistenden, für die Anmeldung und Abführung des Steuerabzugs nach § 58 EStG, für die Erteilung oder Ablehnung von Freistellungsbescheinigungen und für die Anrechnung oder Erstattung des Steuerabzugs nach § 48c EStG zuständig.

Die zentrale Zuständigkeit gilt auch für die Einkommensbesteuerung der Arbeitnehmer ausländischer Bauunternehmen, die im Inland tätig werden und ihren Wohnsitz im Ausland haben, dabei ist für die zentrale Zuständigkeit der Wohnsitzstaat des jeweiligen Arbeitnehmers maßgeblich.

Bei Personengesellschaften ist das zentrale Finanzamt auch für die gesonderte und einheitliche Feststellung nach § 18 Abs. 1 Nr. 2 AO zuständig. Das zentrale Finanzamt ist ferner gemäß § 48a Abs. 3 Satz 4 EStG für den Erlass eines Haftungsbescheides gemäß § 42d Abs. 6 EStG zuständig.

101 Anhängige Einspruchs- und Klageverfahren sind vom nunmehr zuständigen Finanzamt fortzuführen. Auf die Grundsätze des BMF-Schreibens vom 10. Oktober 1995, BStBl. I S. 664, wird hingewiesen. Die abgebenden Finanzämter haben die aufnehmenden Finanzämter auf anhängige Rechtsbehelfsverfahren und Anträge nach § 361 AO, §§ 69 und 114 FGO aufmerksam zu machen und bei anhängigen Klage- und Revisionsverfahren und anhängigen Nichtzulassungsbeschwerden das Finanzgericht über den Zuständigkeitswechsel zu informieren.

102 Einspruchs- und Klageverfahren wegen strittiger Entleiherhaftung sind von dem Finanzamt fortzuführen, das nach § 20a Abs. 2 AO für den Verleiher zuständig ist (§ 42d Abs. 6 Satz 9 EStG). Sind die Leistungen von Verleihern unterschiedlicher Nationalität Gegenstand eines Haftungsverfahrens (Altfälle), führt das Finanzamt das Rechtsbehelfsverfahren fort, das für den Verleiher mit dem in der Summe höchsten Haftungsbetrag zuständig ist.

103 Der Zuständigkeitswechsel betrifft auch die Zuständigkeit der Prüfungsdienste (Amtsbetriebsprüfung, Großbetriebsprüfung, Umsatzsteuersonderprüfung, Lohnsteuer-Außenprüfung). Die örtlich zuständigen Finanzämter beauftragen das Finanzamt, in dem das zu prüfende Unternehmen überwiegend tätig wird oder seine Geschäftsleitung unterhält, mit der Außenprüfung (§ 195 Satz 2 AO).

104 Der Steuerabzug nach § 48 EStG ist erstmals auf Gegenleistungen anzuwenden, die nach dem 31. Dezember 2001 erbracht werden (§ 52 Abs. 56 EStG). Auf den Zeitpunkt der Ausführung der Bauleistung kommt es dabei nicht an.

Dieses Schreiben tritt an die Stelle des BMF-Schreibens vom 1. November 2001 – IV A 5 – S 1900 – 292/01 –, BStBl. 2001 I S. 804. Es wird im Bundessteuerblatt Teil I veröffentlicht und steht ab sofort für eine Übergangszeit auf den Internet-Seiten des Bundesministeriums der Finanzen unter der Rubrik Steuern und Zölle – Steuern – Veröffentlichungen zu Steuerarten – Einkommensteuer – (http:/www.bundesfinanzministerium.de/Einkommensteuer-.479.htm) zum Download bereit.

Zu § 48 EStG **Anlage § 048–01**

Anhang:

§ 211 Absatz 1 SGB III:

„Ein Betrieb des Baugewerbes ist ein Betrieb, der gewerblich überwiegend Bauleistungen auf dem Baumarkt erbringt. Bauleistungen sind alle Leistungen, die der Herstellung, Instandsetzung, Änderung oder Beseitigung von Bauwerken dienen. Betriebe, die überwiegend Bauvorrichtungen, Baumaschinen, Baugeräte oder sonstige Baubetriebsmittel ohne Personal Betrieben des Baugewerbes gewerblich zur Verfügung stellen oder überwiegend Baustoffe oder Bauteile für den Markt herstellen, sowie Betriebe, die Betonentladegeräte gewerblich zur Verfügung stellen, sind nicht Betriebe im Sinne des Satzes 1. Betrieb im Sinne der Vorschriften über die Förderung der ganzjährigen Beschäftigung in der Bauwirtschaft ist auch eine Betriebsabteilung."

§ 1 Baubetriebe-Verordnung

(1) ...

(2) Betriebe und Betriebsabteilungen im Sinne des Absatzes 1 sind solche, in denen insbesondere folgende Arbeiten verrichtet werden:

1. Abdichtungsarbeiten gegen Feuchtigkeit;
2. Aptierungs- und Drainierungsarbeiten, wie zum Beispiel das Entwässern von Grundstücken und urbar zu machenden Bodenflächen, einschließlich der Grabenräumungs- und Faschinierungsarbeiten, des Verlegens von Drainagerohrleitungen sowie des Herstellens von Vorflut- und Schleusenanlagen;
2a. Asbestsanierungsarbeiten an Bauwerken und Bauwerksteilen;
3. Bautrocknungsarbeiten, das sind Arbeiten, die unter Einwirkung auf das Gefüge des Mauerwerks der Entfeuchtung dienen, auch unter Verwendung von Kunststoffen oder chemischen Mitteln sowie durch Einbau von Kondensatoren;
4. Beton- und Stahlbetonarbeiten einschließlich Betonschutz- und Betonsanierungsarbeiten sowie Armierungsarbeiten;
5. Bohrarbeiten;
6. Brunnenbauarbeiten;
7. chemische Bodenverfestigungen;
8. Dämm-(Isolier-)Arbeiten (das sind zum Beispiel Wärme-, Kälte-, Schallschutz-, Schallschluck-, Schallverbesserungs-, Schallveredelungsarbeiten) einschließlich Anbringung von Unterkonstruktionen sowie technischen Dämm-(Isolier-)Arbeiten, insbesondere an technischen Anlagen und auf Land-, Luft- und Wasserfahrzeugen;
9. Erdbewegungsarbeiten, das sind zum Beispiel Wegebau-, Meliorations-, Landgewinnungs-, Deichbauarbeiten, Wildbach- und Lawinenverbau, Sportanlagenbau sowie Errichtung von Schallschutzwällen und Seitenbefestigungen an Verkehrswegen;
10. Estricharbeiten, das sind zum Beispiel Arbeiten und Verwendung von Zement, Asphalt, Anhydrit, Magnesit, Gips, Kunststoffen oder ähnlichen Stoffen;
11. Fassadenbauarbeiten;
12. Fertigbauarbeiten: Einbauen oder Zusammenfügen von Fertigbauteilen zur Erstellung, Instandsetzung, Instandhaltung oder Änderung von Bauwerken; ferner das Herstellen von Fertigbauteilen, wenn diese zum überwiegenden Teil durch den Betrieb, einen anderen Betrieb desselben Unternehmens oder innerhalb von Unternehmenszusammenschlüssen – unbeschadet der Rechtsform – durch den Betrieb mindestens eines beteiligten Gesellschafters zusammengefügt oder eingebaut werden; nicht erfasst wird das Herstellen von Betonfertigteilen, Holzfertigteilen zum Zwecke des Errichtens von Holzfertigbauwerken und Isolierelementen in massiven, ortsfesten und auf Dauer eingerichteten Arbeitsstätten nach Art stationärer Betriebe; § 2 Nr. 12 bleibt unberührt;
13. Feuerungs- und Ofenbauarbeiten;
14. Fliesen-, Platten- und Mosaik-Ansetz- und Verlegearbeiten;
14a. Fugarbeiten an Bauwerken, insbesondere Verfugung von Verblendmauerwerk und von Anschlüssen zwischen Einbauteilen und Mauerwerk sowie dauerelastische und dauerplastische Verfugungen aller Art;
15. Glasstahlbetonarbeiten sowie Vermauern und Verlegen von Glasbausteinen;
16. Gleisbauarbeiten;

Anlage § 048–01

Zu § 48 EStG

17. Herstellen von nicht lagerfähigen Baustoffen, wie zum Beispiel Beton- und Mörtelmischungen (Transportbeton und Fertigmörtel), wenn mit dem überwiegenden Teil der hergestellten Baustoffe die Baustellen des herstellenden Betriebs, eines anderen Betriebs desselben Unternehmens oder innerhalb von Unternehmenszusammenschlüssen – unbeschadet der Rechtsform – die Baustellen des Betriebs mindestens eines beteiligten Gesellschafters versorgt werden;
18. Hochbauarbeiten;
19. Holzschutzarbeiten an Bauteilen;
20. Kanalbau-(Sielbau-)Arbeiten;
21. Maurerarbeiten;
22. Rammarbeiten;
23. Rohrleitungsbau-, Rohrleitungstiefbau-, Kabelleitungstiefbauarbeiten und Bodendurchpressungen;
24. Schachtbau- und Tunnelbauarbeiten;
25. Schalungsarbeiten;
26. Schornsteinbauarbeiten;
27. Spreng-, Abbruch- und Enttrümmerungsarbeiten; nicht erfasst werden Abbruch- und Abwrackbetriebe, deren überwiegende Tätigkeit der Gewinnung von Rohmaterialien oder der Wiederaufbereitung von Abbruchmaterialien dient;
28. Stahlbiege- und -flechtarbeiten, soweit sie zur Erbringung anderer baulicher Leistungen des Betriebes oder auf Baustellen ausgeführt werden;
29. Stakerarbeiten;
30. Steinmetzarbeiten;
31. Straßenbauarbeiten, das sind zum Beispiel Stein-, Asphalt-, Beton-, Schwarzstraßenbauarbeiten, Pflasterarbeiten aller Art, Fahrbahnmarkierungsarbeiten; ferner Herstellen und Aufbereiten des Mischguts, wenn mit dem überwiegenden Teil des Mischguts der Betrieb, ein anderer Betrieb desselben Unternehmens oder innerhalb von Unternehmenszusammenschlüssen – unbeschadet der Rechtsform – der Betrieb mindestens eines beteiligten Gesellschafters versorgt wird;
32. Straßenwalzarbeiten;
33. Stuck-, Putz-, Gips- und Rabitzarbeiten einschließlich des Anbringens von Unterkonstruktionen und Putzträgern;
34. Terrazzoarbeiten;
35. Tiefbauarbeiten;
36. Trocken- und Montagebauarbeiten (zum Beispiel Wand- und Deckeneinbau und -verkleidungen einschließlich des Anbringens von Unterkonstruktionen und Putzträgern;
37. Verlegen von Bodenbelägen in Verbindung mit anderen baulichen Leistungen;
38. Vermieten von Baumaschinen mit Bedienungspersonal, wenn die Baumaschinen mit Bedienungspersonal zur Erbringung baulicher Leistungen eingesetzt werden;
38a. Wärmedämmverbundsystemarbeiten;
39. Wasserwerksbauarbeiten, Wasserhaltungsarbeiten, Wasserbauarbeiten (zum Beispiel Wasserstraßenbau, Wasserbeckenbau, Schleusenanlagenbau);
40. Zimmerarbeiten und Holzbauarbeiten, die im Rahmen des Zimmergewerbes ausgeführt werden;
41. Aufstellen von Bauaufzügen;

(3) Betriebe und Betriebsabteilungen im Sinne des Absatzes 1 sind auch
1. Betriebe, die Gerüste aufstellen,
2. Betriebe des Dachdeckerhandwerks.

(4) Betriebe und Betriebsabteilungen im Sinne des Absatzes 1 sind ferner diejenigen des Garten- und Landschaftsbaus, in denen folgende Arbeiten verrichtet werden:
1. Erstellen von Garten-, Park-, und Grünanlagen, Sport- und Spielplätzen sowie Friedhofsanlagen;

2. Erstellung der gesamten Außenanlagen im Wohnungsbau, bei öffentlichen Bauvorhaben, insbesondere an Schulen, Krankenhäusern, Schwimmbädern, Straßen-, Autobahn-, Eisenbahn-Anlagen, Flugplätzen, Kasernen;
3. Deich-, Hang-, Halden- und Böschungsverbau einschließlich Faschinenbau;
4. Ingenieurbiologische Arbeiten aller Art;
5. Schutzpflanzungen aller Art;
6. Drainierungsarbeiten;
7. Meliorationsarbeiten;
8. Landgewinnungs- und Rekultivierungsarbeiten.

(5) Betriebe und Betriebsabteilungen im Sinne des Absatzes 1 sind von der Förderung der ganzjährigen Beschäftigung im Baugewerbe ausgeschlossen, wenn sie zu einer abgrenzbaren und nennenswerten Gruppe gehören, bei denen eine Einbeziehung nach den Absätzen 2 bis 4 nicht zu einer Belebung der ganzjährigen Bautätigkeit führt.

§ 2 Baubetriebe-Verordnung

Die ganzjährige Beschäftigung wird nicht gefördert insbesondere in Betrieben
1. des Bauten- und Eisenschutzgewerbes;
2. des Betonwaren und Terrazzowaren herstellenden Gewerbes, soweit nicht in Betriebsabteilungen nach deren Zweckbestimmung überwiegend Bauleistungen im Sinne des § 1 Abs. 1 und 2 ausgeführt werden;
3. der Fassadenreinigung;
4. der Fußboden- und Parkettlegerei;
5. des Glaserhandwerks;
6. des Installationsgewerbes, insbesondere der Klempnerei, des Klimaanlagenbaues, der Gas-, Wasser-, Heizungs-, Lüftungs- und Elektroinstallation, sowie des Blitzschutz- und Erdungsanlagenbaus;
7. des Maler- und Lackiererhandwerks, soweit nicht überwiegend Bauleistungen im Sinne des § 1 Abs. 1 und 2 ausgeführt werden;
8. der Naturstein- und Naturwerksteinindustrie und des Steinmetzhandwerks;
9. der Naßbaggerei;
10. des Kachelofen- und Luftheizungsbaues;
11. der Säurebauindustrie;
12. des Schreinerhandwerks sowie der holzbe- und -verarbeitenden Industrie einschließlich der Holzfertigbauindustrie, soweit nicht überwiegend Fertigbau-, Dämm- (Isolier-), Trockenbau- und Montagebauarbeiten oder Zimmerarbeiten ausgeführt werden;
13. des reinen Stahl-, Eisen-, Metall- und Leichtmetallbaus sowie des Fahrleitungs-, Freileitungs-, Ortsnetz- und Kabelbaus;
14. und in Betrieben, die Betonentladegeräte gewerblich zur Verfügung stellen.

Anlage § 048–02 Zu § 48 EStG

Neuausgabe der Freistellungsbescheinigungen nach § 48b EStG als Folgebescheinigung

– BdF-Schreiben vom 20.9-2004 – IV A 5 – S 2272b – 11/04 (BStBl. I S. 862) –

Nach Tz. 36 des Bezugsschreibens[1] gilt eine Freistellungsbescheinigung ab dem Tag der Ausstellung. Hierzu gilt ergänzend unter Bezugnahme auf das Ergebnis der Erörterungen mit den obersten Finanzbehörden der Länder Folgendes:

Sechs Monate vor Ablauf einer Freistellungsbescheinigung nach § 48b EStG kann auf Antrag des Leistenden eine Freistellungsbescheinigung erstellt werden, deren Geltungsdauer an die Geltungsdauer der bereits erstellten Freistellungsbescheinigung anknüpft (Folgebescheinigung).

Wird die Ausstellung einer Freistellungsbescheinigung mehr als sechs Monate vor Ablauf einer Freistellungsbescheinigung verlangt oder ist dem Antrag nicht zu entnehmen, dass eine Folgebescheinigung gewünscht wird, ist – entsprechend dem Grundsatz des Bezugsschreibens – eine Freistellungsbescheinigung auszustellen, die ab dem Tag der Ausstellung gültig ist.

---

1) Siehe Anlage § 048-01.

AIG

Anhang 1

Gesetz über steuerliche Maßnahmen bei Auslandsinvestitionen der deutschen Wirtschaft

i. d. F. vom 18. August 1969 (BGBl. I S. 1211, 1214, BStBl. I S. 477, 480)[1)2)]

§ 1
Steuerfreie Rücklage bei Überführung bestimmter Wirtschaftsgüter in Gesellschaften, Betriebe oder Betriebsstätten im Ausland

(1) Steuerpflichtige, die den Gewinn nach § 4 Abs. 1 oder § 5 des Einkommensteuergesetzes ermitteln und im Zusammenhang mit Investitionen im Sinne des Absatzes 2 zum Anlagevermögen eines inländischen Betriebs gehörende abnutzbare Wirtschaftsgüter in die Gesellschaft, den Betrieb oder die Betriebsstätte im Ausland überführen, können im Wirtschaftsjahr der Überführung bis zur Höhe des durch die Überführung entstandenen Gewinns eine den steuerlichen Gewinn mindernde Rücklage bilden. Die Rücklage ist vom fünften auf ihre Bildung folgenden Wirtschaftsjahr an jährlich mit mindestens einem Fünftel gewinnerhöhend aufzulösen.

(2) Investitionen im Ausland im Sinne des Absatzes 1 sind:
1. der Erwerb von Beteiligungen an Kapitalgesellschaften mit Sitz und Geschäftsleitung in einem ausländischen Staat,
2. Einlagen in Personengesellschaften in einem ausländischen Staat und
3. die Zuführung von Betriebsvermögen in einen Betrieb oder eine Betriebsstätte des Steuerpflichtigen in einem ausländischen Staat.

(3) Die Bildung der Rücklage nach Absatz 1 ist ausgeschlossen, wenn der Steuerpflichtige für die Investition im Ausland die Steuervergünstigung des § 3 des Entwicklungsländer-Steuergesetzes in Anspruch nimmt.

(4) Werden Beteiligungen im Sinne des Absatzes 2 Nr. 1 veräußert oder in das Privatvermögen überführt, so ist die für die Beteiligung gebildete Rücklage im Wirtschaftsjahr der Veräußerung oder Überführung in das Privatvermögen im Verhältnis des Anteils der veräußerten oder in das Privatvermögen überführten Beteiligung zur gesamten Beteiligung im Sinne des Absatzes 2 Nr. 1 vorzeitig gewinnerhöhend aufzulösen. Entsprechendes gilt, wenn bei Investitionen im Ausland im Sinne des Absatzes 2 Nr. 2 und 3 die zugeführten Wirtschaftsgüter veräußert oder in das Inland oder in das Privatvermögen überführt werden, ohne daß der Personengesellschaft, dem Betrieb oder der Betriebsstätte im Ausland bis zum Ende des auf die Veräußerung oder Überführung folgenden Wirtschaftsjahrs in entsprechendem Umfang Ersatzwirtschaftsgüter zugeführt werden. Bei einer durch die Verhältnisse im ausländischen Staat bedingten Umwandlung einer Personengesellschaft, eines Betriebes oder einer Betriebsstätte im Ausland in eine Kapitalgesellschaft entfällt die vorzeitige gewinnerhöhende Auflösung der Rücklage in Höhe des Betrags oder Teilbetrags, der dem Verhältnis zwischen der Beteiligung des Steuerpflichtigen an dieser Kapitalgesellschaft und seinem Anteil an der Personengesellschaft, dem Betrieb oder der Betriebsstätte vor der Umwandlung entspricht. Nach der Umwandlung gelten die Sätze 1 und 2 sinngemäß. Erfüllt die Gesellschaft, der Betrieb oder die Betriebsstätte im Ausland nicht mehr die Voraussetzungen des § 5, so ist die steuerfreie Rücklage in voller Höhe gewinnerhöhend aufzulösen.

(5) Voraussetzung für die Anwendung der Absätze 1 bis 4 ist, daß die Bildung und Auflösung der Rücklage in der Buchführung verfolgt werden können.

§ 2
Ausländische Verluste bei Doppelbesteuerungsabkommen

(1) Sind nach einem Abkommen zur Vermeidung der Doppelbesteuerung bei einem unbeschränkt Steuerpflichtigen aus einer in einem ausländischen Staat belegenen Betriebsstätte stammende Einkünfte aus gewerblicher Tätigkeit von der Einkommensteuer oder Körperschaftsteuer zu befreien, so ist auf Antrag des Steuerpflichtigen ein Verlust, der sich nach den Vorschriften des Einkommensteuergesetzes bei diesen Einkünften ergibt und nach den Vorschriften des Einkommensteuergesetzes vom Steuerpflichtigen ausgeglichen oder abgezogen werden könnte, wenn die Einkünfte nicht von der Einkommensteuer oder Körperschaftsteuer zu befreien wären, bei der Ermittlung des Gesamtbetrags der Einkünfte insoweit abzuziehen, als er nach diesem Abkommen zu befreiende positive Einkünfte aus gewerblicher Tätigkeit aus anderen in diesen ausländischen Staat belegenen Betriebsstätten übersteigt. Soweit der Verlust dabei nicht ausgeglichen wird, ist bei Vorliegen der Voraussetzungen des § 10d des Einkommensteuergesetzes

---

1) Zuletzt geändert durch Art. 16 des Jahressteuergesetzes 2009 vom 19.12.2008 (BGBl. I S. 2794).
2) Hinweis auf BMF-Schreiben vom 13. Oktober 2010 (BStBl. I S. 774) „Grundsätze für die Prüfung der Einkunftsabgrenzung zwischen nahestehenden Personen in Fällen von grenzüberschreitenden Funktionsverlagerungen" (Verwaltungsgrundsätze Funktionsverlagerung).

Anhang 1 — AIG

der Verlustabzug zulässig. Der nach Satz 1 abgezogene Betrag ist, soweit sich in einem der folgenden Veranlagungszeiträume bei den nach diesem Abkommen zu befreienden Einkünften aus gewerblicher Tätigkeit aus in diesem ausländischen Staat belegenen Betriebsstätten insgesamt ein positiver Betrag ergibt, in dem betreffenden Veranlagungszeitraum bei der Ermittlung des Gesamtbetrags der Einkünfte wieder hinzuzurechnen[1]. Satz 3 ist nicht anzuwenden, wenn der Steuerpflichtige nachweist, daß nach den für ihn geltenden Vorschriften des ausländischen Staates ein Abzug von Verlusten in anderen Jahren als dem Verlustjahr allgemein nicht beansprucht werden kann[2].

(2)[3] Wird eine in einem ausländischen Staat belegene Betriebsstätte in eine Kapitalgesellschaft umgewandelt, so ist ein nach Absatz 1 Satz 1 und 2 abgezogener Verlust, soweit er nach Absatz 1 Satz 3 nicht wieder hinzugerechnet worden ist oder nicht noch hinzuzurechnen ist, im Veranlagungszeitraum der Umwandlung in entsprechender Anwendung des Absatzes 1 Satz 3 dem Gesamtbetrag der Einkünfte hinzuzurechnen. Satz 1 ist nicht anzuwenden, wenn

1. bei der umgewandelten Betriebsstätte die Voraussetzungen des Absatzes 1 Satz 4 vorgelegen haben oder
2. der Steuerpflichtige nachweist, daß die Kapitalgesellschaft nach den für sie geltenden Vorschriften einen Abzug von Verlusten der Betriebsstätte nicht beanspruchen kann.

§ 3
Steuerfreie Rücklage für Verluste von ausländischen Tochtergesellschaften[4]

(1) Unbeschränkt Steuerpflichtige, die den Gewinn nach § 4 Abs. 1 oder § 5 des Einkommensteuergesetzes ermitteln, können für Verluste einer Kapitalgesellschaft mit Sitz und Geschäftsleitung in einem ausländischen Staat, an deren Nennkapital der Steuerpflichtige mindestens zu 50 vom Hundert, bei Kapitalgesellschaften mit Sitz und Geschäftsleitung in Entwicklungsländern im Sinne des § 6 des Entwicklungsländer-Steuergesetzes mindestens zu 25 vom Hundert, unmittelbar beteiligt ist (ausländische Tochtergesellschaft), eine den steuerlichen Gewinn mindernde Rücklage bilden. Die Bildung der Rücklage ist für das Wirtschaftsjahr, in dem der Steuerpflichtige Anteile an der ausländischen Kapitalgesellschaft in einem Ausmaß erwirbt, das erstmals zu einer Beteiligung des Steuerpflichtigen in dem in Satz 1 bezeichneten Umfang führt, oder – wenn der Steuerpflichtige an der ausländischen Kapitalgesellschaft bereits in dem in Satz 1 bezeichneten Umfang beteiligt war – in dem er weitere Anteile an dieser Kapitalgesellschaft erwirbt und in den vier folgenden Wirtschaftsjahren zulässig; die neu erworbenen Anteile müssen mindestens 5 vom Hundert des Nennkapitals der ausländischen Kapitalgesellschaft betragen. Die Rücklage darf für das Wirtschaftsjahr des Steuerpflichtigen, in dem der Verlust der ausländischen Tochtergesellschaft entstanden ist, bis zur Höhe des Teils des Verlustes gebildet werden, der dem Verhältnis der neu erworbenen Anteile zum Nennkapital dieser Gesellschaft entspricht; sie ist zu vermindern um den Betrag, in dessen Höhe der Steuerpflichtige im Wirtschaftsjahr ihrer Bildung auf die neu erworbenen Anteile an der ausländischen Tochtergesellschaft eine Teilwertabschreibung vornimmt. Die Rücklage darf den Betrag nicht übersteigen, mit dem die neu erworbenen Anteile in der Steuerbilanz angesetzt sind.

(2) Voraussetzung für die Bildung der Rücklage ist, daß

1. der neue Anteilserwerb im Sinne des Absatzes 1 Satz 2 nach dem 31. Dezember 1968 stattgefunden hat,
2. der Verlust der ausländischen Tochtergesellschaft nach Vorschriften ermittelt ist, die den allgemeinen deutschen Gewinnermittlungsvorschriften entsprechen; steuerliche Vergünstigungen sind dabei unberücksichtigt zu lassen,
3. die Voraussetzungen der Nummer 2 und des § 5 durch Vorlage sachdienlicher Unterlagen, insbesondere Bilanzen und Ergebnisrechnungen und etwaige Geschäftsberichte der ausländischen Tochtergesellschaft, nachgewiesen werden; auf Verlangen sind diese Unterlagen mit dem im Staat der Geschäftsleitung oder des Sitzes vorgeschriebenen oder üblichen Prüfungsvermerk einer behördlich anerkannten Wirtschaftsprüfungsstelle oder einer vergleichbaren Stelle vorzulegen,
4. der Steuerpflichtige und die ausländische Tochtergesellschaft sich verpflichten, Unterlagen der in Nummer 3 bezeichneten Art auch für die dem Verlustjahr folgenden Wirtschaftsjahre vorzulegen, solange eine Rücklage im Sinne des Absatzes 1 ausgewiesen wird; aus den Unterlagen muß sich die

---

1) § 2 Abs. 1 Satz 3 und 4 und Abs. 2 ist letztmals für den VZ 2008 anzuwenden (§ 8 Abs. 5).
2) § 2 Abs. 1 Satz 3 und 4 und Abs. 2 ist letztmals für den VZ 2008 anzuwenden (§ 8 Abs. 5).
3) § 2 Abs. 1 Satz 3 und 4 und Abs. 2 ist letztmals für den VZ 2008 anzuwenden (§ 8 Abs. 5).
4) Rücklagen nach § 3 können letztmalig für das Wirtschaftsjahr gebildet werden, das vor dem 1. Januar 1990 endet (§ 8 Abs. 4).

Höhe der in diesen Wirtschaftsjahren erzielten Betriebsergebnisse der ausländischen Tochtergesellschaft zweifelsfrei ergeben, und

5. die ausländische Tochtergesellschaft erklärt, daß sie mit der Erteilung von Auskünften durch die Steuerbehörden des Staates, in dem sie ihren Sitz und ihre Geschäftsleitung hat, an die deutschen Steuerbehörden einverstanden ist.

(3) Die Rücklage ist gewinnerhöhend aufzulösen,

1. wenn die ausländische Tochtergesellschaft in einem auf das Verlustjahr folgenden Wirtschaftsjahr einen Gewinn erzielt,

    in Höhe des Teils des Gewinns, der dem Verhältnis der neu erworbenen Anteile im Sinne des Absatzes 1 Satz 2 zum Nennkapital der ausländischen Tochtergesellschaft entspricht, soweit er die Verlustteile, die bei der Bildung der Rücklage nach Absatz 1 Satz 3 zweiter Halbsatz und Satz 4 unberücksichtigt geblieben sind, oder den Auflösungsbetrag im Sinne der Nummer 2 übersteigt,

2. wenn in einem auf ihre Bildung folgenden Wirtschaftsjahr auf die neu erworbenen Anteile im Sinne des Absatzes 1 Satz 2 an der ausländischen Tochtergesellschaft eine Teilwertabschreibung vorgenommen wird,

    in Höhe des Betrages der Teilwertabschreibung,

3. wenn vom Steuerpflichtigen Anteile an der ausländischen Tochtergesellschaft veräußert oder in das Privatvermögen überführt werden,

    in Höhe des Teils der Rücklage, der dem Anteil der veräußerten oder in das Privatvermögen überführten Anteile an den neu erworbenen Anteilen im Sinne des Absatzes 1 Satz 2 entspricht,

4. wenn die Nachweisverpflichtungen im Sinne des Absatzes 2 Nr. 4 nicht erfüllt werden,

    in voller Höhe,

spätestens jedoch am Schluß des fünften auf ihre Bildung folgenden Wirtschaftsjahrs.

(4) § 1 Abs. 5 gilt entsprechend.

§ 4

(weggefallen)

§ 5

Gemeinsame Voraussetzungen [1]

Voraussetzung für die Anwendung der §§ 1 bis 3 ist, daß die Gesellschaft, der Betrieb oder die Betriebsstätte im Ausland ausschließlich oder fast ausschließlich die Herstellung oder Lieferung von Waren außer Waffen, die Gewinnung von Bodenschätzen sowie die Bewirkung gewerblicher Leistungen zum Gegenstand hat, soweit diese nicht in der Errichtung oder dem Betrieb von Anlagen, die dem Fremdenverkehr dienen, oder in der Vermietung und Verpachtung von Wirtschaftsgütern einschließlich der Überlassung von Rechten, Plänen, Mustern, Verfahren, Erfahrungen und Kenntnissen bestehen. Soweit die Bewirkung gewerblicher Leistungen im Betrieb von Handelsschiffen oder Luftfahrzeugen im internationalen Verkehr besteht, ist weitere Voraussetzung, daß das Bundesministerium für Verkehr, Bau- und Wohnungswesen oder die von ihm bestimmte Stelle die verkehrspolitische Förderungswürdigkeit bestätigt.

§ 6

Gewerbesteuer

Die Vorschriften der §§ 1, 3 und 4 gelten auch für die Ermittlung des Gewerbeertrags.

§ 7

Ermächtigung

Der Bundesminister der Finanzen wird ermächtigt, den Wortlaut dieses Gesetzes in der jeweils geltenden Fassung mit neuem Datum bekanntzumachen, die Paragraphenfolge zu ändern und Unstimmigkeiten des Wortlauts zu beseitigen.

§ 8

Anwendungsbereich

(1) Die vorstehende Fassung dieses Gesetzes ist vorbehaltlich der Absätze 2 und 3 erstmals für den Veranlagungszeitraum 1982 anzuwenden.

---

1) Wegen der erstmaligen Anwendung siehe § 8 Abs. 3.

(2) § 4 in der Fassung des Artikels 2 des Gesetzes vom 18. August 1969 (BGBl. I S. 1214) ist auf Anteile an Kapitalgesellschaften anzuwenden, die vor dem 1. Januar 1982 erworben werden.

(3) § 5 in Verbindung mit den §§ 1 und 3 ist erstmals für das Wirtschaftsjahr anzuwenden, das nach dem 31. Dezember 1981 beginnt; für Wirtschaftsjahre, die vor dem 1. Januar 1982 beginnen, sind § 1 Abs. 3 Satz 1 und 2 sowie § 3 Abs. 2 Nr. 2 in der Fassung des Artikels 2 des Gesetzes vom 18. August 1969 (BGBl. I S. 1214) anzuwenden.

(4) Rücklagen nach den §§ 1 und 3 können letztmalig für das Wirtschaftsjahr gebildet werden, das vor dem 1. Januar 1990 endet.

(5) [1]§ 2 ist letztmals auf Verluste des Veranlagungszeitraums 1989 anzuwenden. [2]§ 2 Abs. 1 Satz 3, 4 und Abs. 2 ist für Veranlagungszeiträume ab 2009 weiter anzuwenden.

§ 9
Anwendung im Land Berlin

(gegenstandslos)

§ 10
Inkrafttreten

Dieses Gesetz tritt am Tage nach seiner Verkündung in Kraft.

Gesetz über die Besteuerung bei Auslandsbeziehungen
(Außensteuergesetz)
vom 8. September 1972 – BGBl. I S. 1713, BStBl.I S. 450)[1)]

Erster Teil
Internationale Verflechtungen

§ 1
Berichtigung von Einkünften

(1) [1]Werden Einkünfte eines Steuerpflichtigen aus einer Geschäftsbeziehung zum Ausland mit einer ihm nahe stehenden Person dadurch gemindert, dass er seiner Einkünfteermittlung andere Bedingungen, insbesondere Preise (Verrechnungspreise), zugrunde legt, als sie voneinander unabhängige Dritte unter gleichen oder vergleichbaren Verhältnissen vereinbart hätten (Fremdvergleichsgrundsatz), sind seine Einkünfte unbeschadet anderer Vorschriften so anzusetzen, wie sie unter den zwischen voneinander unabhängigen Dritten vereinbarten Bedingungen angefallen wären. [2]Steuerpflichtiger im Sinne dieser Vorschrift ist auch eine Personengesellschaft oder eine Mitunternehmerschaft; eine Personengesellschaft oder Mitunternehmerschaft ist selbst nahestehende Person, wenn sie die Voraussetzungen des Absatzes 2 erfüllt. [3]Für die Anwendung des Fremdvergleichsgrundsatzes ist davon auszugehen, dass die voneinander unabhängigen Dritten alle wesentlichen Umstände der Geschäftsbeziehung kennen und nach den Grundsätzen ordentlicher und gewissenhafter Geschäftsleiter handeln. [4]Führt die Anwendung des Fremdvergleichsgrundsatzes zu weitergehenden Berichtigungen als die anderen Vorschriften, sind die weitergehenden Berichtigungen neben den Rechtsfolgen der anderen Vorschriften durchzuführen.[2)]

(2) Dem Steuerpflichtigen ist eine Person nahestehend, wenn

1. die Person an dem Steuerpflichtigen mindestens zu einem Viertel unmittelbar oder mittelbar beteiligt (wesentlich beteiligt) ist oder auf den Steuerpflichtigen unmittelbar oder mittelbar einen beherrschenden Einfluß ausüben kann oder umgekehrt der Steuerpflichtige an der Person wesentlich beteiligt ist oder auf diese Person unmittelbar oder mittelbar einen beherrschenden Einfluß ausüben kann oder

2. eine dritte Person sowohl an der Person als auch an dem Steuerpflichtigen wesentlich beteiligt ist oder auf beide unmittelbar oder mittelbar einen beherrschenden Einfluß ausüben kann oder

3. die Person oder der Steuerpflichtige imstande ist, bei der Vereinbarung der Bedingungen einer Geschäftsbeziehung auf den Steuerpflichtigen oder die Person einen außerhalb dieser Geschäftsbeziehung begründeten Einfluß auszuüben oder wenn einer von ihnen ein eigenes Interesse an der Erzielung der Einkünfte des anderen hat.

(3) [1]Für eine Geschäftsbeziehung im Sinne des Absatzes 1 Satz 1 ist der Verrechnungspreis vorrangig nach der Preisvergleichsmethode, der Wiederverkaufspreismethode oder der Kostenaufschlagsmethode zu bestimmen, wenn Fremdvergleichswerte ermittelt werden können, die nach Vornahme sachgerechter Anpassungen im Hinblick auf die ausgeübten Funktionen, die eingesetzten Wirtschaftsgüter und die übernommenen Chancen und Risiken (Funktionsanalyse) für diese Methoden uneingeschränkt vergleichbar sind; mehrere solche Werte bilden eine Bandbreite. [2]Sind solche Fremdvergleichswerte nicht zu ermitteln, sind eingeschränkt vergleichbare Werte nach Vornahme sachgerechter Anpassungen der Anwendung einer geeigneten Verrechnungspreismethode zugrunde zu legen. [3]Sind in den Fällen des Satzes 2 mehrere eingeschränkt vergleichbare Fremdvergleichswerte feststellbar, ist die sich ergebende Bandbreite einzuengen. [4]Liegt der vom Steuerpflichtigen für seine Einkünfteermittlung verwendete Wert in den Fällen des Satzes 1 außerhalb der Bandbreite oder in den Fällen des Satzes 2 außerhalb der eingeengten Bandbreite, ist der Median maßgeblich. [5]Können keine eingeschränkt vergleichbaren Fremdvergleichswerte festgestellt werden, hat der Steuerpflichtige für seine Einkünfteermittlung einen hypothetischen Fremdvergleich unter Beachtung des Absatzes 1 Satz 3 durchzuführen. [6]Dazu hat er auf Grund einer Funktionsanalyse und innerbetrieblicher Planrechnungen den Mindestpreis des Leistenden und den Höchstpreis des Leistungsempfängers unter Berücksichtigung funktions- und risikoadäquater Kapitalisierungszinssätze zu ermitteln (Einigungsbereich); der Einigungsbereich wird von den jeweiligen Gewinnerwartungen (Gewinnpotenzialen) bestimmt. [7]Es ist der Preis im Einigungsbereich der Einkünfteermittlung zugrunde zu legen, der dem Fremdvergleichsgrundsatz mit der höchsten Wahrscheinlichkeit entspricht; wird kein anderer Wert glaubhaft gemacht, ist der Mittelwert des Einigungs-

---
1) Zuletzt geändert durch Art. 8 des Gesetzes vom 22.12.2014 (BGBl. I S. 2417).
2) Vgl. dazu auch die Funktionsverlagerungsverordnung vom 12.8.2008 (BGBl. I S. 1680), die durch Artikel 24 des Gesetzes vom 26.6.2013 (BGBl. I S. 1809) geändert worden ist (FVerlV)..

bereichs zugrunde zu legen. [8]Ist der vom Steuerpflichtigen zugrunde gelegte Einigungsbereich unzutreffend und muss deshalb von einem anderen Einigungsbereich ausgegangen werden, kann auf eine Einkünfteberichtigung verzichtet werden, wenn der vom Steuerpflichtigen zugrunde gelegte Wert innerhalb des anderen Einigungsbereichs liegt. [9]Wird eine Funktion einschließlich der dazugehörigen Chancen und Risiken und der mit übertragenen oder überlassenen Wirtschaftsgüter und sonstigen Vorteile verlagert (Funktionsverlagerung) und ist auf die verlagerte Funktion Satz 5 anzuwenden, weil für das Transferpaket als Ganzes keine zumindest eingeschränkt vergleichbare Fremdvergleichswerte vorliegen, hat der Steuerpflichtige den Einigungsbereich auf der Grundlage des Transferpakets zu bestimmen. [10]In den Fällen des Satzes 9 ist die Bestimmung von Einzelverrechnungspreisen für alle betroffenen Wirtschaftsgüter und Dienstleistungen nach Vornahme sachgerechter Anpassungen anzuerkennen, wenn der Steuerpflichtige glaubhaft macht, dass keine wesentlichen immateriellen Wirtschaftsgüter und Vorteile Gegenstand der Funktionsverlagerung waren, oder dass die Summe der angesetzten Einzelverrechnungspreise, gemessen an der Bewertung des Transferpakets als Ganzes, dem Fremdvergleichsgrundsatz entspricht; macht der Steuerpflichtige glaubhaft, dass zumindest ein wesentliches immaterielles Wirtschaftsgut Gegenstand der Funktionsverlagerung ist, und bezeichnet er es genau, sind Einzelverrechnungspreise für die Bestandteile des Transferpakets anzuerkennen. [11]Sind in den Fällen der Sätze 5 und 9 wesentliche immaterielle Wirtschaftsgüter und Vorteile Gegenstand einer Geschäftsbeziehung und weicht die tatsächliche spätere Gewinnentwicklung erheblich von der Gewinnentwicklung ab, die der Verrechnungspreisbestimmung zugrunde lag, ist widerlegbar zu vermuten, dass zum Zeitpunkt des Geschäftsabschlusses Unsicherheiten im Hinblick auf die Preisvereinbarung bestanden und unabhängige Dritte eine sachgerechte Anpassungsregelung vereinbart hätten. [12]Wurde eine solche Regelung nicht vereinbart und tritt innerhalb der ersten zehn Jahre nach Geschäftsabschluss eine erhebliche Abweichung im Sinne des Satzes 11 ein, ist für eine deshalb vorzunehmende Berichtigung nach Absatz 1 Satz 1 einmalig ein angemessener Anpassungsbetrag auf den ursprünglichen Verrechnungspreis der Besteuerung des Wirtschaftsjahres zugrunde zu legen, das dem Jahr folgt, in dem die Abweichung eingetreten ist.

(4) [1]Geschäftsbeziehungen im Sinne dieser Vorschrift sind

1. einzelne oder mehrere zusammenhängende wirtschaftliche Vorgänge (Geschäftsvorfälle) zwischen einem Steuerpflichtigen und einer ihm nahestehenden Person,
    a) die Teil einer Tätigkeit des Steuerpflichtigen oder der nahestehenden Person sind, auf die die §§ 13, 15, 18 oder 21 des Einkommensteuergesetzes anzuwenden sind oder anzuwenden wären, wenn sich der Geschäftsvorfall im Inland unter beteiligung eines unbeschränkt Steuerpflichtigen und einer inländischen nahestehenden Person ereignet hätte, und
    b) denen keine gesellschaftsvertragliche Vereinbarung zugrunde liegt; eine gesellschaftsvertragliche Vereinbarung ist eine Vereinbarung, die unmittelbar zu einer rechtlichen Änderung der Gesellschafterstellung führt;
2. Geschäftsvorfälle zwischen einem Unternehmen eines Steuerpflichtigen und seiner in einem anderen Staat gelegenen Betriebsstätte (anzunehmende schuldrechtliche Beziehungen).

[2]Liegen einem Geschäftsvorfall keine schuldrechtlichen Vereinbarung zugrunde, ist davon auszugehen, dass voneinander unabhängige ordentliche und gewissenhafte Geschäftsleiter eine schuldrechtliche Vereinbarung getroffen hätten oder eine bestehende Rechtspositionen geltend machen würden, die der Besteuerung zugrunde zu legen ist, es sei denn, der Steuerpflichtige macht im Einzelfall etwas anderes glaubhaft.

(5) [1]Die Absätze 1, 3 und 4 sind entsprechend anzuwenden, wenn für eine Geschäftsbeziehung im Sinne des Absatzes 4 Satz 1 Nummer 2 die Bedingungen, insbesondere die Verrechnungspreise, die der Aufteilung der Einkünfte zwischen einem inländischen Unternehmen und seiner ausländischen Betriebsstätte oder der Ermittlung der Einkünfte der inländischen Betriebsstätte eines ausländischen Unternehmens steuerlich zugrunde gelegt werden, nicht dem Fremdvergleichsgrundsatz entsprechen und dadurch die inländischen Einkünfte eines beschränkt Steuerpflichtigen gemindert oder die ausländischen Einkünfte eines unbeschränkt Steuerpflichtigen erhöht werden. [2]Zur Anwendung des Fremdvergleichsgrundsatzes ist eine Betriebsstätte wie ein eigenständiges und unabhängiges Unternehmen zu behandeln, es sei denn, die Zugehörigkeit der Betriebsstätte zum Unternehmen erfordert eine andere Behandlung. [3]Um die Betriebsstätte wie ein eigenständiges und unabhängiges Unternehmen zu behandeln, sind ihr in einem ersten Schritt zuzuordnen:

1. die Funktionen des Unternehmens, die durch ihr Personal ausgeübt werden (Personalfunktionen),
2. die Vermögenswerte des Unternehmens, die sie zur Ausübung der ihr zugeordneten Funktionen benötigt,

3. die Chancen und Risiken des Unternehmens, die sie auf Grund der ausgeübten Funktionen und zugeordneten Vermögenswerte übernimmt, sowie
4. ein angemessenes Eigenkapital (Dotationskapital).

³Auf der Grundlage dieser Zuordnung sind in einem zweiten Schritt die Art der Geschäftsbeziehungen zwischen dem Unternehmen und seiner Betriebsstätte und die Verrechnungspreise für diese Geschäftsbeziehungen zu bestimmen. ⁴Die Sätze 1 bis 4 sind entsprechend auf ständige Vertreter anzuwenden. ⁵Die Möglichkeit, einen Ausgleichsposten nach § 4g des Einkommensteuergesetzes zu bilden, wird nicht eingeschränkt. ⁶Auf Geschäftsbeziehungen zwischen einem Gesellschafter und seiner Personengesellschaft oder zwischen einem Mitunternehmer und seiner Mitunternehmerschaft sind die Sätze 1 bis 4 nicht anzuwenden, unabhängig davon, ob die Beteiligung unmittelbar besteht oder ob sie nach § 15 Absatz 1 Satz 1 Nummer 2 Satz 2 des Einkommensteuergesetzes mittelbar besteht; für diese Geschäftsbeziehungen gilt Absatz 1. ⁷Ist ein Abkommen zur Vermeidung der Doppelbesteuerung anzuwenden und macht der Steuerpflichtige geltend, dass dessen Regelungen den Sätzen 1 bis 7 widersprechen, so hat das Abkommen nur Vorrang, soweit der Steuerpflichtige nachweist, dass der andere Staat sein Besteuerungsrecht entsprechend diesem Abkommen ausübt und deshalb die Anwendung der Sätze 1 bis 7 zu einer Doppelbesteuerung führen würde.

(6) Das Bundesministerium der Finanzen wird ermächtigt, mit Zustimmung des Bundesrates durch Rechtsverordnung Einzelheiten des Fremdvergleichsgrundsatzes im Sinne der Absätze 1, 3 und 5 und Einzelheiten zu dessen einheitlicher Anwendung zu regeln sowie Grundsätze zur Bestimmung des Dotationskapitals im Sinne des Absatzes 5 Satz 3 Nummer 4 festzulegen.

Zweiter Teil

Wohnsitzwechsel in niedrigbesteuernde Gebiete

§ 2

Einkommensteuer

(1) Eine natürliche Person, die in den letzten zehn Jahren vor dem Ende ihrer unbeschränkten Steuerpflicht nach § 1 Abs. 1 Satz 1 des Einkommensteuergesetzes als Deutscher insgesamt mindestens fünf Jahre unbeschränkt einkommensteuerpflichtig war und

1. in einem ausländischen Gebiet ansässig ist, in dem sie mit ihrem Einkommen nur einer niedrigen Besteuerung unterliegt, oder in keinem ausländischen Gebiet ansässig ist und
2. wesentliche wirtschaftliche Interessen im Geltungsbereich dieses Gesetzes hat,

ist bis zum Ablauf von zehn Jahren nach dem Ende des Jahres, in dem ihre unbeschränkte Steuerpflicht geendet hat, über die beschränkte Steuerpflicht im Sinne des Einkommensteuergesetzes hinaus beschränkt einkommensteuerpflichtig mit allen Einkünften im Sinne des § 2 Abs. 1 Satz 1 erster Halbsatz des Einkommensteuergesetzes, die bei unbeschränkter Einkommensteuerpflicht nicht ausländische Einkünfte im Sinne des § 34d des Einkommensteuergesetzes sind. Satz 1 findet nur Anwendung für Veranlagungszeiträume, in denen die hiernach insgesamt beschränkt steuerpflichtigen Einkünfte mehr als 16 500 Euro betragen. Für Einkünfte der natürlichen Person, die weder durch deren ausländische Betriebsstätte noch durch deren in einem ausländischen Staat tätigen ständigen Vertreter erzielt werden, ist für die Anwendung dieser Vorschrift das Bestehen einer inländischen Geschäftsleitungsbetriebsstätte der natürlichen Person anzunehmen, der solche Einkünfte zuzuordnen sind.

(2) Eine niedrige Besteuerung im Sinne des Absatzes 1 Nr. 1 liegt vor, wenn

1. die Belastung durch die in dem ausländischen Gebiet erhobene Einkommensteuer – nach dem Tarif unter Einbeziehung von tariflichen Freibeträgen – bei einer in diesem Gebiet ansässigen unverheirateten natürlichen Person, die ein steuerpflichtiges Einkommen von 77 000 Euro bezieht, um mehr als ein Drittel geringer ist als die Belastung einer im Geltungsbereich dieses Gesetzes ansässigen natürlichen Person durch die deutsche Einkommensteuer unter sonst gleichen Bedingungen, es sei denn, die Person weist nach, daß die von ihrem Einkommen insgesamt zu entrichtenden Steuern mindestens zwei Drittel der Einkommensteuer betragen, die sie bei unbeschränkter Steuerpflicht nach § 1 Abs. 1 des Einkommensteuergesetzes zu entrichten hätte, oder
2. die Belastung der Person durch die in dem ausländischen Gebiet erhobene Einkommensteuer auf Grund einer gegenüber der allgemeinen Besteuerung eingeräumten Vorzugsbesteuerung erheblich gemindert sein kann, es sei denn, die Person weist nach, daß die von ihrem Einkommen insgesamt zu entrichtenden Steuern mindestens zwei Drittel der Einkommensteuer betragen, die sie bei unbeschränkter Steuerpflicht nach § 1 Abs. 1 des Einkommensteuergesetzes zu entrichten hätte.

(3) Eine Person hat im Sinne des Absatzes 1 Nr. 2 wesentliche wirtschaftliche Interessen im Geltungsbereich dieses Gesetzes, wenn

Anhang 2   AStG

1. sie zu Beginn des Veranlagungszeitraums Unternehmer oder Mitunternehmer eines im Geltungsbereich dieses Gesetzes belegenen Gewerbebetriebs ist oder, sofern sie Kommanditist ist, mehr als 25 Prozent der Einkünfte im Sinne des § 15 Abs. 1 Satz 1 Ziff. 2 des Einkommensteuergesetzes aus der Gesellschaft auf sie entfallen oder ihr eine Beteiligung im Sinne des § 17 Abs. 1 des Einkommensteuergesetzes an einer inländischen Kapitalgesellschaft gehört oder
2. ihre Einkünfte, die bei unbeschränkter Einkommensteuerpflicht nicht ausländische Einkünfte im Sinne des § 34d des Einkommensteuergesetzes sind, im Veranlagungszeitraum mehr als 30 Prozent ihrer sämtlichen Einkünfte betragen oder 62 000 Euro übersteigen oder
3. zu Beginn des Veranlagungszeitraums ihr Vermögen, dessen Erträge bei unbeschränkter Einkommensteuerpflicht nicht ausländische Einkünfte im Sinne des § 34d des Einkommensteuergesetzes wären, mehr als 30 Prozent ihres Gesamtvermögens beträgt oder 154 000 Euro übersteigt.

(4) Bei Anwendung der Absätze 1 und 3 sind bei einer Person Gewerbebetriebe, Beteiligungen, Einkünfte und Vermögen einer ausländischen Gesellschaft im Sinne des § 5, an der die Person unter den dort genannten Voraussetzungen beteiligt ist, entsprechend ihrer Beteiligung zu berücksichtigen.

(5) ¹Ist Absatz 1 anzuwenden, kommt der Steuersatz zur Anwendung, der sich für sämtliche Einkünfte der Person ergibt; für die Ermittlung des Steuersatzes bleiben Einkünfte aus Kapitalvermögen außer Betracht, die dem gesonderten Steuersatz nach § 32d Absatz 1 des Einkommensteuergesetzes unterliegen. ²Auf Einkünfte, die dem Steuerabzug auf Grund des § 50a des Einkommensteuergesetzes unterliegen, ist § 50 Absatz 2 des Einkommensteuergesetzes nicht anzuwenden. ³§ 43 Absatz 5 des Einkommensteuergesetzes bleibt unberührt.

(6) Weist die Person nach, daß die auf Grund der Absätze 1 und 5 zusätzlich zu entrichtende Steuer insgesamt zu einer höheren inländischen Steuer führt, als sie sie bei unbeschränkter Steuerpflicht und Wohnsitz ausschließlich im Geltungsbereich dieses Gesetzes zu entrichten hätte, so wird der übersteigende Betrag insoweit nicht erhoben, als er die Steuer überschreitet, die sich ohne Anwendung der Absätze 1 und 5 ergäbe.

§ 3
Vermögensteuer
(weggefallen)

§ 4
Erbschaftsteuer

(1) War bei einem Erblasser oder Schenker zur Zeit der Entstehung der Steuerschuld § 2 Abs. 1 Satz 1 anzuwenden, so tritt bei Erbschaftsteuerpflicht nach § 2 Abs. 1 Nr. 3 des Erbschaftsteuergesetzes die Steuerpflicht über den dort bezeichneten Umfang hinaus für alle Teile des Erwerbs ein, deren Erträge bei unbeschränkter Einkommensteuerpflicht nicht ausländische Einkünfte im Sinne des § 34d des Einkommensteuergesetzes wären.

(2) Absatz 1 findet keine Anwendung, wenn nachgewiesen wird, daß für die Teile des Erwerbs, die nach dieser Vorschrift über § 2 Abs. 1 Nr. 3 des Erbschaftsteuergesetzes hinaus steuerpflichtig wären, im Ausland eine der deutschen Erbschaftsteuer entsprechende Steuer zu entrichten ist, die mindestens 30 Prozent der deutschen Erbschaftsteuer beträgt, die bei Anwendung des Absatzes 1 auf diese Teile des Erwerbs entfallen würde.

§ 5
Zwischengeschaltete Gesellschaften

(1) Sind natürliche Personen, die in den letzten zehn Jahren vor dem Ende ihrer unbeschränkten Steuerpflicht nach § 1 Abs. 1 Satz 1 des Einkommensteuergesetzes als Deutscher insgesamt mindestens fünf Jahre unbeschränkt einkommensteuerpflichtig waren und die Voraussetzungen des § 2 Abs. 1 Satz 1 Nr. 1 erfüllen (Person im Sinne des § 2), allein oder zusammen mit unbeschränkt Steuerpflichtigen an einer ausländischen Gesellschaft im Sinne des § 7 beteiligt, so sind Einkünfte, mit denen diese Personen bei unbeschränkter Steuerpflicht nach den §§ 7, 8 und 14 steuerpflichtig wären und die nicht ausländische Einkünfte im Sinne des § 34d des Einkommensteuergesetzes sind, diesen Personen zuzurechnen. Liegen die Voraussetzungen des Satzes 1 vor, so sind die Vermögenswerte der ausländischen Gesellschaft, deren Erträge bei unbeschränkter Steuerpflicht nicht ausländische Einkünfte im Sinne des § 34d des Einkommensteuergesetzes wären im Fall des § 4 dem Erwerb entsprechend der Beteiligung zuzurechnen.

(2) Das Vermögen, das den nach Absatz 1 einer Person zuzurechnenden Einkünften zugrunde liegt, haftet für die von dieser Person für diese Einkünfte geschuldeten Steuern.

(3) § 18 findet entsprechende Anwendung.

Dritter Teil
Behandlung einer Beteiligung im Sinne des § 17 des Einkommensteuergesetzes bei Wohnsitzwechsel ins Ausland

§ 6
Besteuerung des Vermögenszuwachses

(1) ¹Bei einer natürlichen Person, die insgesamt mindestens zehn Jahre nach § 1 Abs. 1 des Einkommensteuergesetzes unbeschränkt einkommensteuerpflichtig war und deren unbeschränkte Steuerpflicht durch Aufgabe des Wohnsitzes oder gewöhnlichen Aufenthaltes endet, ist auf Anteile im Sinne des § 17 Abs. 1 Satz 1 des Einkommensteuergesetzes im Zeitpunkt der Beendigung der unbeschränkten Steuerpflicht § 17 des Einkommensteuergesetzes auch ohne Veräußerung anzuwenden, wenn im Übrigen für die Anteile zu diesem Zeitpunkt die Voraussetzungen dieser Vorschrift erfüllt sind. ²Der Beendigung der unbeschränkten Steuerpflicht im Sinne des Satzes 1 stehen gleich

1. die Übertragung der Anteile durch ganz oder teilweise unentgeltliches Rechtsgeschäft unter Lebenden oder durch Erwerb von Todes wegen auf nicht unbeschränkt steuerpflichtige Personen oder
2. die Begründung eines Wohnsitzes oder gewöhnlichen Aufenthalts oder die Erfüllung eines anderen ähnlichen Merkmals in einem ausländischen Staat, wenn der Steuerpflichtige auf Grund dessen nach einem Abkommen zur Vermeidung der Doppelbesteuerung als in diesem Staat ansässig anzusehen ist, oder
3. die Einlage der Anteile in einen Betrieb oder eine Betriebsstätte des Steuerpflichtigen in einem ausländischen Staat oder
4. der Ausschluss oder die Beschränkung des Besteuerungsrechts der Bundesrepublik Deutschland hinsichtlich des Gewinns aus der Veräußerung der Anteile auf Grund anderer als der in Satz 1 oder der in den Nummern 1 bis 3 genannten Ereignisse.

³§ 17 Abs. 5 des Einkommensteuergesetzes und die Vorschriften des Umwandlungssteuergesetzes bleiben unberührt. An Stelle des Veräußerungspreises (§ 17 Abs. 2 des Einkommensteuergesetzes) tritt der gemeine Wert der Anteile in dem nach Satz 1 oder 2 maßgebenden Zeitpunkt. ⁴Die §§ 17 und 49 Abs. 1 Nr. 2 Buchstabe e des Einkommensteuergesetzes bleiben mit der Maßgabe unberührt, dass der nach diesen Vorschriften anzusetzende Gewinn aus der Veräußerung dieser Anteile um den nach den vorstehenden Vorschriften besteuerten Vermögenszuwachs zu kürzen ist.

(2) ¹Hat der unbeschränkt Steuerpflichtige die Anteile durch ganz oder teilweise unentgeltliches Rechtsgeschäft erworben, so sind für die Errechnung der nach Absatz 1 maßgebenden Dauer der unbeschränkten Steuerpflicht auch Zeiträume einzubeziehen, in denen der Rechtsvorgänger bis zur Übertragung der Anteile unbeschränkt steuerpflichtig war. ²Sind die Anteile mehrmals nacheinander in dieser Weise übertragen worden, so gilt Satz 1 für jeden der Rechtsvorgänger entsprechend. ³Zeiträume, in denen der Steuerpflichtige oder ein oder mehrere Rechtsvorgänger gleichzeitig unbeschränkt steuerpflichtig waren, werden dabei nur einmal angesetzt.

(3) ¹Beruht die Beendigung der unbeschränkten Steuerpflicht auf vorübergehender Abwesenheit und wird der Steuerpflichtige innerhalb von fünf Jahren seit Beendigung der unbeschränkten Steuerpflicht wieder unbeschränkt steuerpflichtig, so entfällt der Steueranspruch nach Absatz 1, soweit die Anteile in der Zwischenzeit nicht veräußert und die Tatbestände des Absatzes 1 Satz 2 Nr. 1 oder 3 nicht erfüllt worden sind und der Steuerpflichtige im Zeitpunkt der Begründung der unbeschränkten Steuerpflicht nicht nach einem Abkommen zur Vermeidung der Doppelbesteuerung als in einem ausländischen Staat ansässig gilt. ²Das Finanzamt, das in dem nach Absatz 1 Satz 1 oder 2 maßgebenden Zeitpunkt nach § 19 der Abgabenordnung zuständig ist, kann diese Frist um höchstens fünf Jahre verlängern, wenn der Steuerpflichtige glaubhaft macht, dass berufliche Gründe für seine Abwesenheit maßgebend sind und seine Absicht zur Rückkehr unverändert fortbesteht. ³Wird im Fall des Erwerbs von Todes wegen nach Absatz 1 Satz 2 Nr. 1 der Rechtsnachfolger des Steuerpflichtigen innerhalb von fünf Jahren seit Entstehung des Steueranspruchs nach Absatz 1 unbeschränkt steuerpflichtig, gilt Satz 1 entsprechend. ⁴Ist der Steueranspruch nach Absatz 5 gestundet, gilt Satz 1 ohne die darin genannten zeitliche Begrenzung entsprechend, wenn

1. der Steuerpflichtige oder im Fall des Absatzes 1 Satz 2 Nr. 1 sein Rechtsnachfolger unbeschränkt steuerpflichtig werden oder
2. das Besteuerungsrecht der Bundesrepublik Deutschland hinsichtlich des Gewinns aus der Veräußerung der Anteile auf Grund eines anderen Ereignisses wieder begründet wird oder nicht mehr beschränkt ist.

(4) ¹Vorbehaltlich des Absatzes 5 ist die nach Absatz 1 geschuldete Einkommensteuer auf Antrag in regelmäßigen Teilbeträgen für einen Zeitraum von höchstens fünf Jahren seit Eintritt der ersten Fälligkeit gegen Sicherheitsleistung zu stunden, wenn ihre alsbaldige Einziehung mit erheblichen Härten für den Steuerpflichtigen verbunden wäre. ²Die Stundung ist zu widerrufen, soweit die Anteile während des Stundungszeitraums veräußert werden oder verdeckt in eine Gesellschaft im Sinne des § 17 Abs. 1 Satz 1 des Einkommensteuergesetzes eingelegt werden oder einer der Tatbestände des § 17 Abs. 4 des Einkommensteuergesetzes verwirklicht wird. ³In Fällen des Absatzes 3 Satz 1 und 2 richtet sich der Stundungszeitraum nach der auf Grund dieser Vorschrift eingeräumten Frist; die Erhebung von Teilbeträgen entfällt; von der Sicherheitsleistung kann nur abgesehen werden, wenn der Steueranspruch nicht gefährdet erscheint.

(5) ¹Ist der Steuerpflichtige im Fall des Absatzes 1 Satz 1 Staatsangehöriger eines Mitgliedstaates der Europäischen Union oder eines anderen Staates, auf den das Abkommen über den Europäischen Wirtschaftsraum vom 3. Januar 1994 (ABl. EG Nr. L 1 S. 3), zuletzt geändert durch den Beschluss des Gemeinsamen EWR-Ausschusses Nr. 91/2007 vom 6. Juli 2007 (ABl. EU Nr. L 328 S. 40), in der jeweils geltenden Fassung anwendbar ist (Vertragsstaat des EWR-Abkommens), und unterliegt er nach der Beendigung der unbeschränkten Steuerpflicht in einem dieser Staaten (Zuzugsstaat) einer der deutschen unbeschränkten Einkommensteuerpflicht vergleichbaren Steuerpflicht, so ist die nach Absatz 1 geschuldete Steuer zinslos und ohne Sicherheitsleistung zu stunden. ²Voraussetzung ist, dass die Amtshilfe und die gegenseitige Unterstützung bei der Beitreibung der geschuldeten Steuer zwischen der Bundesrepublik Deutschland und diesem Staat gewährleistet sind. ³Die Sätze 1 und 2 gelten entsprechend, wenn

1. im Fall des Absatzes 1 Satz 2 Nr. 1 der Rechtsnachfolger des Steuerpflichtigen einer der deutschen unbeschränkten Einkommensteuerpflicht vergleichbaren Steuerpflicht in einem Mitgliedstaat der Europäischen Union oder einem Vertragsstaat des EWR-Abkommens unterliegt oder

2. im Fall des Absatzes 1 Satz 2 Nr. 2 der Steuerpflichtige einer der deutschen unbeschränkten Einkommensteuerpflicht vergleichbaren Steuerpflicht in einem Mitgliedstaat der Europäischen Union oder einem Vertragsstaat des EWR-Abkommens unterliegt und Staatsangehöriger eines dieser Staaten ist oder

3. im Fall des Absatzes 1 Satz 2 Nr. 3 der Steuerpflichtige die Anteile in einen Betrieb oder eine Betriebsstätte in einem anderen Mitgliedstaat der Europäischen Union oder einem anderen Vertragsstaat des EWR-Abkommens einlegt oder

4. im Fall des Absatzes 1 Satz 2 Nummer 4 der Steuerpflichtige Anteile an einer in einem Mitgliedstaat der Europäischen Union oder in einem Vertragsstaat des EWR-Abkommens ansässigen Gesellschaft hält.

⁴Die Stundung ist zu widerrufen,

1. soweit der Steuerpflichtige oder sein Rechtsnachfolger im Sinne des Satzes 3 Nr. 1 Anteile veräußert oder verdeckt in eine Gesellschaft im Sinne des § 17 Abs. 1 Satz 1 des Einkommensteuergesetzes einlegt oder einer der Tatbestände des § 17 Abs. 4 des Einkommensteuergesetzes erfüllt wird;

2. soweit Anteile auf eine nicht unbeschränkt steuerpflichtige Person übergehen, die nicht in einem Mitgliedstaat der Europäischen Union oder einem Vertragsstaat des EWR-Abkommens einer der deutschen unbeschränkten Einkommensteuerpflicht vergleichbaren Steuerpflicht unterliegt;

3. soweit in Bezug auf die Anteile eine Entnahme oder ein anderer Vorgang verwirklicht wird, der nach inländischem Recht zum Ansatz des Teilwerts oder des gemeinen Werts führt;

4. wenn für den Steuerpflichtigen oder seinen Rechtsnachfolger im Sinne des Satzes 3 Nr. 1 durch Aufgabe des Wohnsitzes oder gewöhnlichen Aufenthalts keine Steuerpflicht nach Satz 1 mehr besteht.

⁵Ein Umwandlungsvorgang, auf den die §§ 11, 15 oder 21 des Umwandlungssteuergesetzes vom 7. Dezember 2006 (BGBl. I S. 2782, 2791) in der jeweils geltenden Fassung anzuwenden sind, gilt auf Antrag nicht als Veräußerung im Sinne des Satzes 4 Nr. 1, wenn die erhaltenen Anteile bei einem unbeschränkt steuerpflichtigen Anteilseigner, der die Anteile nicht in einem Betriebsvermögen hält, nach § 13 Abs. 2, § 21 Abs. 2 des Umwandlungssteuergesetzes mit den Anschaffungskosten der bisherigen Anteile angesetzt werden könnten; für Zwecke der Anwendung des Satzes 4 und der Absätze 3, 6 und 7 treten insoweit die erhaltenen Anteile an die Stelle der Anteile im Sinne des Absatzes 1. ⁶Ist im Fall des Satzes 1 oder Satzes 3 der Gesamtbetrag der Einkünfte ohne Einbeziehung des Vermögenszuwachses nach Absatz 1 negativ, ist dieser Vermögenszuwachs bei Anwendung des § 10d des Einkommensteuergesetzes nicht zu berücksichtigen. ⁷Soweit ein Ereignis im Sinne des Satzes 4 eintritt, ist der Vermögenszuwachs rückwirkend bei der Anwendung des § 10d des Einkommensteuergesetzes zu berücksichtigen und in

Anwendung des Satzes 6 ergangene oder geänderte Feststellungsbescheide oder Steuerbescheide sind aufzuheben oder zu ändern; § 175 Abs. 1 Satz 2 der Abgabenordnung gilt entsprechend.

(6) ¹Ist im Fall des Absatzes 5 Satz 4 Nr. 1 der Veräußerungsgewinn im Sinne des § 17 Abs. 2 des Einkommensteuergesetzes im Zeitpunkt der Beendigung der Stundung niedriger als der Vermögenszuwachs nach Absatz 1 und wird die Wertminderung bei der Einkommensbesteuerung durch den Zuzugsstaat nicht berücksichtigt, so ist der Steuerbescheid insoweit aufzuheben oder zu ändern; § 175 Abs. 1 Satz 2 der Abgabenordnung gilt entsprechend. ²Dies gilt nur, soweit der Steuerpflichtige nachweist, dass die Wertminderung betrieblich veranlasst ist und nicht auf eine gesellschaftsrechtliche Maßnahme, insbesondere eine Gewinnausschüttung, zurückzuführen ist. ³Die Wertminderung ist höchstens im Umfang des Vermögenszuwachses nach Absatz 1 zu berücksichtigen. ⁴Ist die Wertminderung auf eine Gewinnausschüttung zurückzuführen und wird sie bei der Einkommensbesteuerung nicht berücksichtigt, ist die auf diese Gewinnausschüttung erhobene und keinem Ermäßigungsanspruch mehr unterliegende inländische Kapitalertragsteuer auf die nach Absatz 1 geschuldete Steuer anzurechnen.

(7) ¹Der Steuerpflichtige oder sein Gesamtrechtsnachfolger hat dem Finanzamt, das in dem in Absatz 1 genannten Zeitpunkt nach § 19 der Abgabenordnung zuständig ist, nach amtlich vorgeschriebenem Vordruck die Verwirklichung eines der Tatbestände des Absatzes 5 Satz 4 mitzuteilen. ²Die Mitteilung ist innerhalb eines Monats nach dem meldepflichtigen Ereignis zu erstatten; sie ist vom Steuerpflichtigen eigenhändig zu unterschreiben. ³In den Fällen des Absatzes 5 Satz 4 Nr. 1 und 2 ist der Mitteilung ein schriftlicher Nachweis über das Rechtsgeschäft beizufügen. ⁴Der Steuerpflichtige hat dem nach Satz 1 zuständigen Finanzamt jährlich bis zum Ablauf des 31. Januar schriftlich seine am 31. Dezember des vorangegangenen Kalenderjahres geltende Anschrift mitzuteilen und zu bestätigen, dass die Anteile ihm oder im Fall der unentgeltlichen Rechtsnachfolge unter Lebenden seinem Rechtsnachfolger weiterhin zuzurechnen sind. ⁵Die Stundung nach Absatz 5 Satz 1 kann widerrufen werden, wenn der Steuerpflichtige seine Mitwirkungspflicht nach Satz 4 nicht erfüllt.

Vierter Teil

Beteiligung an ausländischen Zwischengesellschaften

§ 7

Steuerpflicht inländischer Gesellschafter

(1) Sind unbeschränkt Steuerpflichtige an einer Körperschaft, Personenvereinigung oder Vermögensmasse im Sinne des Körperschaftsteuergesetzes, die weder Geschäftsleitung noch Sitz im Geltungsbereich dieses Gesetzes hat und die nicht gemäß § 3 Abs. 1 des Körperschaftsteuergesetzes von der Körperschaftsteuerpflicht ausgenommen ist (ausländische Gesellschaft), zu mehr als der Hälfte beteiligt, so sind die Einkünfte, für die diese Gesellschaft Zwischengesellschaft ist, bei jedem von ihnen mit dem Teil steuerpflichtig, der auf die ihm zuzurechnende Beteiligung am Nennkapital der Gesellschaft entfällt.

(2) Unbeschränkt Steuerpflichtige sind im Sinne des Absatzes 1 an einer ausländischen Gesellschaft zu mehr als der Hälfte beteiligt, wenn ihnen allein oder zusammen mit Personen im Sinne des § 2 am Ende des Wirtschaftsjahres der Gesellschaft, in dem sie die Einkünfte nach Absatz 1 bezogen hat (maßgebendes Wirtschaftsjahr), mehr als 50 Prozent der Anteile oder der Stimmrechte an der ausländischen Gesellschaft zuzurechnen sind. Bei der Anwendung des vorstehenden Satzes sind auch Anteile oder Stimmrechte zu berücksichtigen, die durch eine andere Gesellschaft vermittelt werden, und zwar in dem Verhältnis, das den Anteilen oder Stimmrechten an der vermittelnden Gesellschaft zu den gesamten Anteilen oder Stimmrechten an dieser Gesellschaft entspricht; dies gilt entsprechend bei der Vermittlung von Anteilen oder Stimmrechten durch mehrere Gesellschaften. Ist ein Gesellschaftskapital nicht vorhanden und bestehen auch keine Stimmrechte, so kommt es auf das Verhältnis der Beteiligungen am Vermögen der Gesellschaft an.

(3) Sind unbeschränkt Steuerpflichtige unmittelbar oder über Personengesellschaften an einer Personengesellschaft beteiligt, die ihrerseits an einer ausländischen Gesellschaft im Sinne des Absatzes 1 beteiligt ist, so gelten sie als an der ausländischen Gesellschaft beteiligt.

(4) Einem unbeschränkt Steuerpflichtigen sind für die Anwendung der §§ 7 bis 14 auch Anteile oder Stimmrechte zuzurechnen, die eine Person hält, die seinen Weisungen so zu folgen hat oder so folgt, daß ihr kein eigener wesentlicher Entscheidungsspielraum bleibt. Diese Voraussetzung ist nicht schon allein dadurch erfüllt, daß der unbeschränkt Steuerpflichtige an der Person beteiligt ist.

(5) Ist für die Gewinnverteilung der ausländischen Gesellschaft nicht die Beteiligung am Nennkapital maßgebend oder hat die Gesellschaft kein Nennkapital, so ist der Aufteilung der Einkünfte nach Absatz 1 der Maßstab für die Gewinnverteilung zugrunde zu legen.

(6) Ist eine ausländische Gesellschaft Zwischengesellschaft für Zwischeneinkünfte mit Kapitalanlagecharakter im Sinne des § 10 Absatz 6a und ist ein unbeschränkt Steuerpflichtiger an der Gesellschaft zu mindestens 1 Prozent beteiligt, sind diese Zwischeneinkünfte bei diesem Steuerpflichtigen in dem in Absatz 1 bestimmten Umfang steuerpflichtig, auch wenn die Voraussetzungen des Absatz 1 im Übrigen nicht erfüllt sind. Satz 1 ist nicht anzuwenden, wenn die den Zwischeneinkünften mit Kapitalanlagecharakter zugrunde liegenden Bruttoerträge nicht mehr als zehn Prozent der den gesamten Zwischeneinkünften zugrunde liegenden Bruttoerträge der ausländischen Zwischengesellschaft betragen und die bei einer Zwischengesellschaft oder bei einem Steuerpflichtigen hiernach außer Ansatz zu lassenden Beträgen insgesamt 80 000 Euro nicht übersteigen. Satz 1 ist auch anzuwenden bei einer Beteiligung von weniger als 1 Prozent, wenn die ausländische Gesellschaft ausschließlich oder fast ausschließlich Bruttoerträge erzielt, die Zwischeneinkünften mit Kapitalanlagecharakter zugrunde liegen, es sei denn, dass mit der Hauptgattung der Aktien der ausländischen Gesellschaft ein wesentlicher und regelmäßiger Handel an einer anerkannten Börse stattfindet.

(6a) Zwischeneinkünfte mit Kapitalanlagecharakter sind Einkünfte der ausländischen Zwischengesellschaft (§ 8), die aus dem Halten, der Verwaltung, Werterhaltung oder Werterhöhung von Zahlungsmitteln, Forderungen, Wertpapieren, Beteiligungen (mit Ausnahme der in § 8 Abs. 1 Nr. 8 und 9 genannten Einkünfte) oder ähnlichen Vermögenswerten stammen, es sei denn, der Steuerpflichtige weist nach, dass sie aus einer Tätigkeit stammen, die einer unter § 8 Abs. 1 Nr. 1 bis 6 fallenden eigenen Tätigkeit der ausländischen Gesellschaft dient, ausgenommen Tätigkeiten im Sinne des § 1 Abs. 1 Nr. 6 des Kreditwesengesetzes in der Fassung der Bekanntmachung vom 9. September 1998 (BGBl. I S. 2776), das zuletzt durch Artikel 3 Abs. 3 des Gesetzes vom 22. August 2002 (BGBl. I S. 3387) geändert worden ist, in der jeweils geltenden Fassung.

(7) Die Absätze 1 bis 6a sind nicht anzuwenden, wenn auf die Einkünfte, für die die ausländische Gesellschaft Zwischengesellschaft ist, die Vorschriften des Investmentsteuergesetzes[1] in der jeweils geltenden Fassung anzuwenden sind, es sei denn, Ausschüttungen oder ausschüttungsgleiche Erträge wären nach einem Abkommen zur Vermeidung der Doppelbesteuerung von der inländischen Bemessungsgrundlage auszunehmen.

(8) Sind unbeschränkt Steuerpflichtige an einer ausländischen Gesellschaft beteiligt und ist diese an einer Gesellschaft im Sinne des § 16 des REIT-Gesetzes vom 28. Mai 2007 (BGBl. I S. 914) in der jeweils geltenden Fassung beteiligt, gilt Absatz 1 unbeschadet des Umfangs der jeweiligen Beteiligung an der ausländischen Gesellschaft, es sei denn, dass mit der Hauptgattung der Aktien der ausländischen Gesellschaft ein wesentlicher und regelmäßiger Handel an einer anerkannten Börse stattfindet.

§ 8
Einkünfte von Zwischengesellschaften

(1) Eine ausländische Gesellschaft ist Zwischengesellschaft für Einkünfte, die einer niedrigen Besteuerung unterliegen und nicht stammen aus:

1. der Land- und Forstwirtschaft,
2. der Herstellung, Bearbeitung, Verarbeitung oder Montage von Sachen, der Erzeugung von Energie sowie dem Aufsuchen und der Gewinnung von Bodenschätzen,
3. dem Betrieb von Kreditinstituten oder Versicherungsunternehmen, die für ihre Geschäfte einen in kaufmännischer Weise eingerichteten Betrieb unterhalten, es sei denn, die Geschäfte werden überwiegend mit unbeschränkt Steuerpflichtigen, die nach § 7 an der ausländischen Gesellschaft beteiligt sind, oder solchen Steuerpflichtigen im Sinne des § 1 Abs. 2 nahestehenden Personen betrieben,
4. dem Handel, soweit nicht
   a) ein unbeschränkt Steuerpflichtiger, der gemäß § 7 an der ausländischen Gesellschaft beteiligt ist, oder eine einem solchen Steuerpflichtigen im Sinne des § 1 Abs. 2 nahe stehende Person, die mit ihren Einkünften hieraus im Geltungsbereich dieses Gesetzes steuerpflichtig ist, der ausländischen Gesellschaft die Verfügungsmacht an den gehandelten Gütern oder Waren verschafft, oder
   b) die ausländische Gesellschaft einem solchen Steuerpflichtigen oder einer solchen nahe stehenden Person die Verfügungsmacht an den Gütern oder Waren verschafft,

   es sei denn, der Steuerpflichtige weist nach, dass die ausländische Gesellschaft einen für derartige Handelsgeschäfte in kaufmännischer Weise eingerichteten Geschäftsbetrieb unter Teilnahme am allgemeinen wirtschaftlichen Verkehr unterhält und die zur Vorbereitung, dem Abschluss und der

---
1) Siehe Anhang 11.

Ausführung der Geschäfte gehörenden Tätigkeiten ohne Mitwirkung eines solchen Steuerpflichtigen oder einer solchen nahe stehenden Person ausübt,

5. Dienstleistungen, soweit nicht

    a) die ausländische Gesellschaft für die Dienstleistung sich eines unbeschränkt Steuerpflichtigen, der gemäß § 7 an ihr beteiligt ist, oder einer einem solchen Steuerpflichtigen im Sinne des § 1 Abs. 2 nahestehenden Person bedient, die mit ihren Einkünften aus der von ihr beigetragenen Leistung im Geltungsbereich dieses Gesetzes steuerpflichtig ist, oder

    b) die ausländische Gesellschaft die Dienstleistung einem solchen Steuerpflichtigen oder einer solchen nahestehenden Person erbringt, es sei denn, der Steuerpflichtige weist nach, daß die ausländische Gesellschaft einen für das Bewirken derartiger Dienstleistungen eingerichteten Geschäftsbetrieb unter Teilnahme am allgemeinen wirtschaftlichen Verkehr unterhält und die zu der Dienstleistung gehörenden Tätigkeiten ohne Mitwirkung eines solchen Steuerpflichtigen oder einer solchen nahestehenden Person ausübt,

6. der Vermietung und Verpachtung, ausgenommen

    a) die Überlassung der Nutzung von Rechten, Plänen, Mustern, Verfahren, Erfahrungen und Kenntnissen, es sei denn, der Steuerpflichtige weist nach, daß die ausländische Gesellschaft die Ergebnisse eigener Forschungs- oder Entwicklungsarbeit auswertet, die ohne Mitwirkung eines Steuerpflichtigen, der gemäß § 7 an der Gesellschaft beteiligt ist, oder einer einem solchen Steuerpflichtigen im Sinne des § 1 Abs. 2 nahestehenden Person unternommen worden ist,

    b) die Vermietung oder Verpachtung von Grundstücken, es sei denn, der Steuerpflichtige weist nach, daß die Einkünfte daraus nach einem Abkommen zur Vermeidung der Doppelbesteuerung steuerbefreit wären, wenn sie von den unbeschränkt Steuerpflichtigen, die gemäß § 7 an der ausländischen Gesellschaft beteiligt sind, unmittelbar bezogen worden wären, und

    c) die Vermietung oder Verpachtung von beweglichen Sachen, es sei denn, der Steuerpflichtige weist nach, daß die ausländische Gesellschaft einen Geschäftsbetrieb gewerbsmäßiger Vermietung oder Verpachtung unter Teilnahme am allgemeinen wirtschaftlichen Verkehr unterhält und alle zu einer solchen gewerbsmäßigen Vermietung oder Verpachtung gehörenden Tätigkeiten ohne Mitwirkung eines unbeschränkt Steuerpflichtigen, der gemäß § 7 an ihr beteiligt ist, oder einer einem solchen Steuerpflichtigen im Sinne des § 1 Abs. 2 nahestehenden Person ausübt,

7. der Aufnahme und darlehensweisen Vergabe von Kapital, für das der Steuerpflichtige nachweist, daß es ausschließlich auf ausländischen Kapitalmärkten und nicht bei einer ihm oder der ausländischen Gesellschaft nahestehenden Person im Sinne des § 1 Abs. 2 aufgenommen und außerhalb des Geltungsbereichs dieses Gesetzes gelegenen Betrieben oder Betriebsstätten, die ihre Bruttoerträge ausschließlich oder fast ausschließlich aus unter die Nummern 1 bis 6 fallenden Tätigkeiten beziehen, oder innerhalb des Geltungsbereichs dieses Gesetzes gelegenen Betrieben oder Betriebsstätten zugeführt wird,

8. Gewinnausschüttungen von Kapitalgesellschaften,

9. der Veräußerung eines Anteils an einer anderen Gesellschaft sowie aus deren Auflösung oder der Herabsetzung ihres Kapitals, soweit der Steuerpflichtige nachweist, dass der Veräußerungsgewinn auf Wirtschaftsgüter der anderen Gesellschaft entfällt, die anderen als den in Nummer 6 Buchstabe b, soweit es sich um Einkünfte einer Gesellschaft im Sinne des § 16 des REIT-Gesetzes handelt, oder § 7 Abs. 6a bezeichneten Tätigkeiten dienen; dies gilt entsprechend, soweit der Gewinn auf solche Wirtschaftsgüter einer Gesellschaft entfällt, an der die andere Gesellschaft beteiligt ist; Verluste aus der Veräußerung von Anteilen an der anderen Gesellschaft sowie aus deren Auflösung oder der Herabsetzung ihres Kapitals sind nur insoweit zu berücksichtigen, als der Steuerpflichtige nachweist, dass sie auf Wirtschaftsgüter zurückzuführen sind, die Tätigkeiten im Sinne der Nummer 6 Buchstabe b, soweit es sich um Einkünfte einer Gesellschaft im Sinne des § 16 des REIT-Gesetzes handelt, und im Sinne des § 7 Abs. 6a dienen.

10. Umwandlungen, die ungeachtet des § 1 Abs. 2 und 4 des Umwandlungssteuergesetzes zu Buchwerten erfolgen könnten; das gilt nicht, soweit eine Umwandlung den Anteil an einer Kapitalgesellschaft erfasst, dessen Veräußerung nicht die Voraussetzungen der Nummer 9 erfüllen würde.

(2) Ungeachtet des Absatzes 1 ist eine Gesellschaft, die ihren Sitz oder ihre Geschäftsleitung in einem Mitgliedstaat der Europäischen Union oder einem Vertragsstaat des EWR-Abkommens hat, nicht Zwischengesellschaft für Einkünfte, für die unbeschränkt Steuerpflichtige, die im Sinne des § 7 Absatz 2 oder Absatz 6 an der Gesellschaft beteiligt sind, nachweisen, dass die Gesellschaft insoweit einer tatsächlichen wirtschaftlichen Tätigkeit in diesem Staat nachgeht. Weitere Voraussetzung ist, dass zwischen der Bundesrepublik Deutschland und diesem Staat auf Grund der Amtshilferichtlinie gemäß § 2

Absatz 2 des EU-Amtshilfegesetzes oder einer vergleichbaren zwei- oder mehrseitigen Vereinbarung, Auskünfte erteilt werden, die erforderlich sind, um die Besteuerung durchzuführen. Satz 1 gilt nicht für die der Gesellschaft nach § 14 zuzurechnenden Einkünfte einer Untergesellschaft, die weder Sitz noch Geschäftsleitung in einem Mitgliedstaat der Europäischen Union oder einem Vertragsstaat des EWR-Abkommens hat. Das gilt auch für Zwischeneinkünfte, die einer Betriebsstätte der Gesellschaft außerhalb der Europäischen Union oder der Vertragsstaaten des EWR-Abkommens zuzurechnen sind. Der tatsächlichen wirtschaftlichen Tätigkeit der Gesellschaft sind nur Einkünfte der Gesellschaft zuzuordnen, die durch diese Tätigkeit erzielt werden und dies nur insoweit, als der Fremdvergleichsgrundsatz (§ 1) beachtet worden ist.

(3) Eine niedrige Besteuerung im Sinne des Absatzes 1 liegt vor, wenn die Einkünfte der ausländischen Gesellschaft einer Belastung durch Ertragsteuern von weniger als 25 Prozent unterliegen, ohne dass dies auf einem Ausgleich mit Einkünften aus anderen Quellen beruht. In die Belastungsberechnung sind Ansprüche einzubeziehen, die der Staat oder das Gebiet der ausländischen Gesellschaft im Fall einer Gewinnausschüttung der ausländischen Gesellschaft dem unbeschränkt Steuerpflichtigen oder einer anderen Gesellschaft, an der der Steuerpflichtige direkt oder indirekt beteiligt ist, gewährt. Eine niedrige Besteuerung im Sinne des Absatzes 1 liegt auch dann vor, wenn Ertragsteuern von mindestens 25 Prozent zwar rechtlich geschuldet, jedoch nicht tatsächlich erhoben werden.

§ 9
Freigrenze bei gemischten Einkünften

Für die Anwendung des § 7 Abs. 1 sind Einkünfte, für die eine ausländische Gesellschaft Zwischengesellschaft ist, außer Ansatz zu lassen, wenn die ihnen zugrunde liegenden Bruttoerträge nicht mehr als zehn Prozent der gesamten Bruttoerträge der Gesellschaft betragen, vorausgesetzt, dass die bei einer Gesellschaft oder bei einem Steuerpflichtigen hiernach außer Ansatz zu lassenden Beträge insgesamt 80 000 Euro nicht übersteigen.

§ 10
Hinzurechnungsbetrag

(1) Die nach § 7 Abs. 1 steuerpflichtigen Einkünfte sind bei dem unbeschränkt Steuerpflichtigen mit dem Betrag, der sich nach Abzug der Steuern ergibt, die zu Lasten der ausländischen Gesellschaft von diesen Einkünften sowie von dem diesen Einkünften zugrunde liegenden Vermögen erhoben worden sind, anzusetzen (Hinzurechnungsbetrag). Soweit die abzuziehenden Steuern zu dem Zeitpunkt, zu dem die Einkünfte nach Absatz 2 als zugeflossen gelten, noch nicht entrichtet sind, sind sie nur in den Jahren, in denen sie entrichtet werden, von den nach § 7 Abs. 1 steuerpflichtigen Einkünften abzusetzen. In den Fällen des § 8 Absatz 3 Satz 2 sind die Steuern um die dort bezeichneten Ansprüche des unbeschränkt Steuerpflichtigen oder einer anderen Gesellschaft, an der der Steuerpflichtige direkt oder indirekt beteiligt ist, zu kürzen. Ergibt sich ein negativer Betrag, so entfällt die Hinzurechnung.

(2) Der Hinzurechnungsbetrag gehört zu den Einkünften im Sinne des § 20 Abs. 1 Nr. 1 des Einkommensteuergesetzes und gilt unmittelbar nach Ablauf des maßgebenden Wirtschaftsjahrs der ausländischen Gesellschaft als zugeflossen. Gehören Anteile an der ausländischen Gesellschaft zu einem Betriebsvermögen, so gehört der Hinzurechnungsbetrag zu den Einkünften aus Gewerbebetrieb, aus Land- und Forstwirtschaft oder aus selbstständiger Arbeit und erhöht den nach dem Einkommen- oder Körperschaftsteuergesetz ermittelten Gewinn des Betriebs für das Wirtschaftsjahr, das nach dem Ablauf des maßgebenden Wirtschaftsjahrs der ausländischen Gesellschaft endet. Auf den Hinzurechnungsbetrag sind § 3 Nr. 40 Satz 1 Buchstabe d, § 32d des Einkommensteuergesetzes und § 8b Abs. 1 des Körperschaftsteuergesetzes nicht anzuwenden. § 3c Abs. 2 des Einkommensteuergesetzes gilt entsprechend.

(3) [1]Die dem Hinzurechnungsbetrag zugrunde liegenden Einkünfte sind in entsprechender Anwendung der Vorschriften des deutschen Steuerrechts zu ermitteln; für die Ermittlung der Einkünfte aus Anteilen an einem inländischen oder ausländischen Investmentvermögen sind die Vorschriften des Investmentsteuergesetzes[1)] vom 15. Dezember 2003 (BGBl. I S. 2676, 2724) in der jeweils geltenden Fassung sinngemäß anzuwenden, sofern dieses Gesetz auf das Investmentvermögen anwendbar ist. [2]Eine Gewinnermittlung entsprechend den Grundsätzen des § 4 Abs. 3 des Einkommensteuergesetzes steht einer Gewinnermittlung nach § 4 Abs. 1 oder § 5 des Einkommensteuergesetzes gleich. [3]Bei mehreren Beteiligten kann das Wahlrecht für die Gesellschaft nur einheitlich ausgeübt werden. [4]Steuerliche Vergünstigungen, die an die unbeschränkte Steuerpflicht oder an das Bestehen eines inländischen Betriebs oder einer inländischen Betriebsstätte anknüpfen und die Vorschriften des § 4h des Einkommensteuergesetzes sowie der §§ 8a, 8b Abs. 1 und 2 des Körperschaftsteuergesetzes bleiben unberücksichtigt; dies gilt auch

---

1) Siehe Anhang 11.

für die Vorschriften des Umwandlungssteuergesetzes, soweit Einkünfte aus einer Umwandlung nach § 8 Abs. 1 Nr. 10 hinzuzurechnen sind. ⁵Verluste, die bei Einkünften entstanden sind, für die die ausländische Gesellschaft Zwischengesellschaft ist, können in entsprechender Anwendung des § 10d des Einkommensteuergesetzes, soweit sie die nach § 9 außer Ansatz zu lassenden Einkünfte übersteigen, abgezogen werden. ⁶Soweit sich durch den Abzug der Steuern nach Absatz 1 ein negativer Betrag ergibt, erhöht sich der Verlust im Sinne des Satzes 5.

(4) Bei der Ermittlung der Einkünfte, für die die ausländische Gesellschaft Zwischengesellschaft ist, dürfen nur solche Betriebsausgaben abgezogen werden, die mit diesen Einkünften in wirtschaftlichem Zusammenhang stehen.

§ 11
Veräußerungsgewinne

(1) Gewinne, die die ausländische Gesellschaft aus der Veräußerung der Anteile an einer anderen ausländischen Gesellschaft oder einer Gesellschaft im Sinne des § 16 des REIT-Gesetzes sowie aus deren Auflösung oder der Herabsetzung ihres Kapitals erzielt und für die die ausländische Gesellschaft Zwischengesellschaft ist, sind vom Hinzurechnungsbetrag auszunehmen, soweit die Einkünfte der anderen Gesellschaft oder einer dieser Gesellschaft nachgeordneten Gesellschaft aus Tätigkeiten im Sinne des § 7 Abs. 6a für das gleiche Kalenderjahr oder Wirtschaftsjahr oder für die vorangegangenen sieben Kalenderjahre oder Wirtschaftsjahre als Hinzurechnungsbetrag (§ 10 Abs. 2) der Einkommensteuer oder Körperschaftsteuer unterlegen haben, keine Ausschüttung dieser Einkünfte erfolgte und der Steuerpflichtige dies nachweist.

(2) (weggefallen)

(3) (weggefallen)

§ 12
Steueranrechnung

(1) Auf Antrag des Steuerpflichtigen werden auf seine Einkommen- oder Körperschaftsteuer, die auf den Hinzurechnungsbetrag entfällt, die Steuern angerechnet, die nach § 10 Abs. 1 abziehbar sind. In diesem Fall ist der Hinzurechnungsbetrag um diese Steuer zu erhöhen.

(2) Bei der Anrechnung sind die Vorschriften des § 34c Abs. 1 des Einkommensteuergesetzes und des § 26 Abs. 1 und 6 des Körperschaftsteuergesetzes entsprechend anzuwenden.

(3) Steuern von den nach § 3 Nr. 41 des Einkommensteuergesetzes befreiten Gewinnausschüttungen werden auf Antrag im Veranlagungszeitraum des Anfalls der zugrunde liegenden Zwischeneinkünfte als Hinzurechnungsbetrag in entsprechender Anwendung des § 34c Abs. 1 und 2 des Einkommensteuergesetzes und des § 26 Abs. 1 und 6 des Körperschaftsteuergesetzes angerechnet oder abgezogen. Dies gilt auch dann, wenn der Steuerbescheid für diesen Veranlagungszeitraum bereits bestandskräftig ist.

§ 13
(weggefallen)

§ 14
Nachgeschaltete Zwischengesellschaften

(1) Ist eine ausländische Gesellschaft allein oder zusammen mit unbeschränkt Steuerpflichtigen gemäß § 7 an einer anderen ausländischen Gesellschaft (Untergesellschaft) beteiligt, so sind für die Anwendung der §§ 7 bis 12 die Einkünfte der Untergesellschaft, die einer niedrigen Besteuerung unterlegen haben, der ausländischen Gesellschaft zu dem Teil, der auf ihre Beteiligung am Nennkapital der Untergesellschaft entfällt, zuzurechnen, soweit nicht nachgewiesen wird, dass die Untergesellschaft diese Einkünfte aus unter § 8 Abs. 1 Nr. 1 bis 7 fallenden Tätigkeiten oder Gegenständen erzielt hat oder es sich um Einkünfte im Sinne des § 8 Abs. 1 Nr. 8 bis 10 handelt oder dass diese Einkünfte aus Tätigkeiten stammen, die einer unter § 8 Abs. 1 Nr. 1 bis 6 fallenden eigenen Tätigkeit der ausländischen Gesellschaft dienen. Tätigkeiten der Untergesellschaft dienen nur dann einer unter § 8 Abs. 1 Nr. 1 bis 6 fallenden eigenen Tätigkeit der ausländischen Gesellschaft, wenn sie in unmittelbarem Zusammenhang mit dieser Tätigkeit stehen und es sich bei den Einkünften nicht um solche im Sinne des § 7 Abs. 6a handelt.

(2) Ist eine ausländische Gesellschaft gemäß § 7 an einer Gesellschaft im Sinne des § 16 des REIT-Gesetzes (Untergesellschaft) beteiligt, gilt Absatz 1, auch bezogen auf § 8 Abs. 3, sinngemäß.

(3) Absatz 1 ist entsprechend anzuwenden, wenn der Untergesellschaft weitere ausländische Gesellschaften nachgeschaltet sind.

Fünfter Teil
Familienstiftungen

§ 15
Steuerpflicht von Stiftern, Bezugsberechtigten und Anfallsberechtigten

(1) ¹Vermögen und Einkünfte einer Familienstiftung, die Geschäftsleitung und Sitz außerhalb des Geltungsbereichs dieses Gesetzes hat (ausländische Familienstiftung), werden dem Stifter, wenn er unbeschränkt steuerpflichtig ist, sonst den unbeschränkt steuerpflichtigen Personen, die bezugsberechtigt oder anfallsberechtigt sind, entsprechend ihrem Anteil zugerechnet. ²Dies gilt nicht für die Erbschaftsteuer.

(2) Familienstiftungen sind Stiftungen, bei denen der Stifter, seine Angehörigen und deren Abkömmlinge zu mehr als der Hälfte bezugsberechtigt oder anfallsberechtigt sind.

(3) Hat ein Unternehmer im Rahmen seines Unternehmens oder als Mitunternehmer oder eine Körperschaft, eine Personenvereinigung oder eine Vermögensmasse eine Stiftung errichtet, die Geschäftsleitung und Sitz außerhalb des Geltungsbereichs dieses Gesetzes hat, so wird die Stiftung wie eine Familienstiftung behandelt, wenn der Stifter, seine Gesellschafter, von ihm abhängige Gesellschaften, Mitglieder, Vorstandsmitglieder, leitende Angestellte und Angehörige dieser Personen zu mehr als der Hälfte bezugsberechtigt oder anfallsberechtigt sind.

(4) Den Stiftungen stehen sonstige Zweckvermögen, Vermögensmassen und rechtsfähige oder nichtrechtsfähige Personenvereinigungen gleich.

(5) ¹§ 12 Absatz 1 und 2 ist entsprechend anzuwenden. ²Für Steuern auf die nach Absatz 11 befreiten Zuwendungen gilt § 12 Absatz 3 entsprechend.

(6) Hat eine Familienstiftung Geschäftsleitung oder Sitz in einem Mitgliedstaat der Europäischen Union oder einem Vertragsstaat des EWR-Abkommens, ist Absatz 1 nicht anzuwenden, wenn

1. nachgewiesen wird, dass das Stiftungsvermögen der Verfügungsmacht der in den Absätzen 2 und 3 genannten Personen rechtlich und tatsächlich entzogen ist und
2. zwischen der Bundesrepublik Deutschland und dem Staat, in dem die Familienstiftung Geschäftsleitung oder Sitz hat, auf Grund der Amtshilferichtlinie gemäß § 2 Absatz 2 des EU-Amtshilfegesetzes oder einer vergleichbaren zwei- oder mehrseitigen Vereinbarung, Auskünfte erteilt werden, die erforderlich sind, um die Besteuerung durchzuführen.

(7) ¹Die Einkünfte der Stiftung nach Absatz 1 werden in entsprechender Anwendung der Vorschriften des Körperschaftsteuergesetzes und des Einkommensteuergesetzes ermittelt. ²Bei der Ermittlung der Einkünfte gilt § 10 Absatz 3 entsprechend. ³Ergibt sich ein negativer Betrag, entfällt die Zurechnung.

(8) ¹Die nach Absatz 1 dem Stifter oder der bezugs- oder anfallsberechtigten Person zuzurechnenden Einkünfte gehören bei Personen, die ihre Einkünfte nicht nach dem Körperschaftsteuergesetz ermitteln, zu den Einkünften im Sinne des § 20 Absatz 1 Nummer 9 des Einkommensteuergesetzes. ²§ 20 Absatz 8 des Einkommensteuergesetzes bleibt unberührt; § 3 Nummer 40 Satz 1 Buchstabe d und § 32d des Einkommensteuergesetzes sind nur insoweit anzuwenden, als diese Vorschriften bei unmittelbarem Bezug der zuzurechnenden Einkünfte durch die Personen im Sinne des Absatzes 1 anzuwenden wären. ³Soweit es sich beim Stifter oder der bezugs- oder anfallsberechtigten Person um Personen handelt, die ihre Einkünfte nach dem Körperschaftsteuergesetz ermitteln, bleibt § 8 Absatz 2 des Körperschaftsteuergesetzes unberührt; § 8b Absatz 1 und 2 des Körperschaftsteuergesetzes ist nur insoweit anzuwenden, als diese Vorschrift bei unmittelbarem Bezug der zuzurechnenden Einkünfte durch die Personen im Sinne des Absatzes 1 anzuwenden wäre.

(9) ¹Ist eine ausländische Familienstiftung oder eine andere ausländische Stiftung im Sinne des Absatzes 10 an einer Körperschaft, Personenvereinigung oder Vermögensmasse im Sinne des Körperschaftsteuergesetzes, die weder Geschäftsleitung noch Sitz im Geltungsbereich dieses Gesetzes hat und die nicht gemäß § 3 Absatz 1 des Körperschaftsteuergesetzes von der Körperschaftsteuerpflicht ausgenommen ist (ausländische Gesellschaft), beteiligt, so gehören die Einkünfte dieser Gesellschaft in entsprechender Anwendung der §§ 7 bis 14 mit dem Teil zu den Einkünften der Familienstiftung, der auf die Beteiligung der Stiftung am Nennkapital der Gesellschaft entfällt. ²Auf Gewinnausschüttungen der ausländischen Gesellschaft, denen nachweislich bereits nach Satz 1 zugerechnete Beträge zugrunde liegen, ist Absatz 1 nicht anzuwenden.

(10) ¹Einer ausländischen Familienstiftung werden Vermögen und Einkünfte einer anderen ausländischen Stiftung, die nicht die Voraussetzungen des Absatzes 6 Satz 1 erfüllt, entsprechend ihrem Anteil zugerechnet, wenn sie allein oder zusammen mit den in den Absätzen 2 und 3 genannten Personen zu mehr als der Hälfte unmittelbar oder mittelbar bezugsberechtigt oder anfallsberechtigt ist. ²Auf Zu-

wendungen der ausländischen Stiftung, denen nachweislich bereits nach Satz 1 zugerechnete Beträge zugrunde liegen, ist Absatz 1 nicht anzuwenden.

(11) Zuwendungen der ausländischen Familienstiftung unterliegen bei Personen im Sinne des Absatzes 1 nicht der Besteuerung, soweit die den Zuwendungen zugrunde liegenden Einkünfte nachweislich bereits nach Absatz 1 zugerechnet worden sind.

Sechster Teil
Ermittlung und Verfahren

§ 16
Mitwirkungspflicht des Steuerpflichtigen

(1) Beantragt ein Steuerpflichtiger unter Berufung auf Geschäftsbeziehungen mit einer ausländischen Gesellschaft oder einer im Ausland ansässigen Person oder Personengesellschaft, die mit ihren Einkünften, die in Zusammenhang mit den Geschäftsbeziehungen zu dem Steuerpflichtigen stehen, nicht oder nur unwesentlich besteuert wird, die Absetzung von Schulden oder anderen Lasten oder von Betriebsausgaben oder Werbungskosten, so ist im Sinne des § 160 der Abgabenordnung der Gläubiger oder Empfänger erst dann genau bezeichnet, wenn der Steuerpflichtige alle Beziehungen offenlegt, die unmittelbar oder mittelbar zwischen ihm und der Gesellschaft, Person oder Personengesellschaft bestehen und bestanden haben.

(2) Der Steuerpflichtige hat über die Richtigkeit und Vollständigkeit seiner Angaben und über die Behauptung, daß ihm Tatsachen nicht bekannt sind, auf Verlangen des Finanzamts gemäß § 95 der Abgabenordnung eine Versicherung an Eides Statt abzugeben.

§ 17
Sachverhaltsaufklärung

(1) Zur Anwendung der Vorschriften der §§ 5 und 7 bis 15 haben Steuerpflichtige für sich selbst und im Zusammenwirken mit anderen die dafür notwendigen Auskünfte zu erteilen. Auf Verlangen sind insbesondere

1. die Geschäftsbeziehungen zu offenbaren, die zwischen der Gesellschaft und einem so beteiligten unbeschränkt Steuerpflichtigen oder einer einem solchen im Sinne des § 1 Abs. 2 nahestehenden Person bestehen,
2. die für die Anwendung der §§ 7 bis 14 sachdienlichen Unterlagen einschließlich der Bilanzen und der Erfolgsrechnungen vorzulegen. Auf Verlangen sind diese Unterlagen mit dem im Staat der Geschäftsleitung oder des Sitzes vorgeschriebenen oder üblichen Prüfungsvermerk einer behördlich anerkannten Wirtschaftsprüfungsstelle oder vergleichbaren Stelle vorzulegen.

(2) Ist für die Ermittlung der Einkünfte, für die eine ausländische Gesellschaft Zwischengesellschaft ist, eine Schätzung nach § 162 der Abgabenordnung vorzunehmen, so ist mangels anderer geeigneter Anhaltspunkte bei der Schätzung als Anhaltspunkt von mindestens 20 Prozent des gemeinen Werts der von den unbeschränkt Steuerpflichtigen gehaltenen Anteile auszugehen; Zinsen und Nutzungsentgelte, die die Gesellschaft für überlassene Wirtschaftsgüter an die unbeschränkt Steuerpflichtigen zahlt, sind abzuziehen.

§ 18
Gesonderte Feststellung von Besteuerungsgrundlagen

(1) Die Besteuerungsgrundlagen für die Anwendung der §§ 7 bis 14 und § 3 Nr. 41 des Einkommensteuergesetzes werden gesondert festgestellt. Sind an der ausländischen Gesellschaft mehrere unbeschränkt Steuerpflichtige beteiligt, so wird die gesonderte Feststellung ihnen gegenüber einheitlich vorgenommen; dabei ist auch festzustellen, wie sich die Besteuerungsgrundlagen auf die einzelnen Beteiligten verteilen. Die Vorschriften der Abgabenordnung, mit Ausnahme des § 180 Abs. 3, und der Finanzgerichtsordnung über die gesonderte Feststellung von Besteuerungsgrundlagen sind entsprechend anzuwenden.

(2) Für die gesonderte Feststellung ist das Finanzamt zuständig, das bei dem unbeschränkt Steuerpflichtigen für die Ermittlung der aus der Beteiligung bezogenen Einkünfte örtlich zuständig ist. Ist die gesonderte Feststellung gegenüber mehreren Personen einheitlich vorzunehmen, so ist das Finanzamt zuständig, das nach Satz 1 für den Beteiligten zuständig ist, dem die höchste Beteiligung an der ausländischen Gesellschaft zuzurechnen ist. Läßt sich das zuständige Finanzamt nach den Sätzen 1 und 2 nicht feststellen, so ist das Finanzamt zuständig, das zuerst mit der Sache befaßt wird.

Anhang 2 AStG

(3) Jeder der an der ausländischen Gesellschaft beteiligten unbeschränkt Steuerpflichtigen und erweitert beschränkt Steuerpflichtigen hat eine Erklärung zur gesonderten Feststellung abzugeben; dies gilt auch, wenn nach § 8 Abs. 2 geltend gemacht wird, dass eine Hinzurechnung unterbleibt. Diese Verpflichtung kann durch die Abgabe einer gemeinsamen Erklärung erfüllt werden. Die Erklärung ist von dem Steuerpflichtigen oder von den in § 34 der Abgabenordnung bezeichneten Personen eigenhändig zu unterschreiben.

(4) Die Absätze 1 bis 3 gelten für Einkünfte und Vermögen im Sinne des § 15 entsprechend.

Siebenter Teil

Schlußvorschriften

§ 19

Übergangsregelung für die Auflösung von Zwischengesellschaften

(weggefallen)

§ 20

Bestimmungen über die Anwendung von Abkommen zur Vermeidung der Doppelbesteuerung

(1) Die Vorschriften der §§ 7 bis 18 und der Absätze 2 und 3 werden durch die Abkommen zur Vermeidung der Doppelbesteuerung nicht berührt.

(2) Fallen Einkünfte in der ausländischen Betriebsstätte eines unbeschränkt Steuerpflichtigen an und wären sie ungeachtet des § 8 Abs. 2 als Zwischeneinkünfte steuerpflichtig, falls diese Betriebsstätte eine ausländische Gesellschaft wäre, ist insoweit die Doppelbesteuerung nicht durch Freistellung, sondern durch Anrechnung der auf diese Einkünfte erhobenen ausländischen Steuern zu vermeiden. Das gilt nicht, soweit in der ausländischen Betriebsstätte Einkünfte anfallen, die nach § 8 Absatz 1 Nummer 5 Buchstabe a als Zwischeneinkünfte steuerpflichtig wären.

§ 21

Anwendungsvorschriften

(1) Die Vorschriften dieses Gesetzes sind, soweit in den folgenden Absätzen nichts anderes bestimmt ist, wie folgt anzuwenden:
1. für die Einkommensteuer und für die Körperschaftsteuer erstmals für den Veranlagungszeitraum 1972;
2. für die Gewerbesteuer erstmals für den Erhebungszeitraum 1972;
3. (weggefallen)
4. für die Erbschaftsteuer auf Erwerbe, bei denen die Steuerschuld nach dem Inkrafttreten dieses Gesetzes entstanden ist.

(2) Die Anwendung der §§ 2 bis 5 wird nicht dadurch berührt, daß die unbeschränkte Steuerpflicht der natürlichen Person bereits vor dem 1. Januar 1972 geendet hat.

(3) Soweit in Anwendung des § 10 Abs. 3 Wirtschaftsgüter erstmals zu bewerten sind, sind sie mit den Werten anzusetzen, die sich ergeben würden, wenn seit Übernahme der Wirtschaftsgüter durch die ausländische Gesellschaft die Vorschriften des deutschen Steuerrechts angewendet worden wären.

(4) § 13 Abs. 2 Nr. 2 ist erstmals anzuwenden
1. für die Körperschaftsteuer für den Veranlagungszeitraum 1984,
2. für die Gewerbesteuer für den Erhebungszeitraum 1984.

§ 1 Abs. 4, § 13 Abs. 1 Satz 1 Nr. 1 Buchstabe b und Satz 2 in der Fassung des Artikels 17 des Gesetzes vom 25. Februar 1992 (BGBl. I S. 297) sind erstmals anzuwenden:
1. für die Einkommensteuer und für die Körperschaftsteuer für den Veranlagungszeitraum 1992;
2. für die Gewerbesteuer für den Erhebungszeitraum 1992.

(5) § 18 Abs. 3 ist auch für Veranlagungszeiträume und Erhebungszeiträume vor 1985 anzuwenden, wenn die Erklärungen noch nicht abgegeben sind.

(6) [1]Bei der Anwendung der §§ 2 bis 6 für die Zeit nach dem 31. Dezember 1990 steht der unbeschränkten Steuerpflicht nach § 1 Abs. 1 Satz 1 des Einkommensteuergesetzes die unbeschränkte Steuerpflicht nach § 1 Abs. 1 des Einkommensteuergesetzes der Deutschen Demokratischen Republik in der Fassung vom 18. September 1970 (Sonderdruck Nr. 670 des Gesetzblattes) gleich. [2]Die Anwendung der §§ 2 bis 5 wird nicht dadurch berührt, daß die unbeschränkte Steuerpflicht der natürlichen Personen bereits vor dem 1. Januar 1991 geendet hat.

AStG Anhang 2

(7) § 7 Abs. 6, § 10 Abs. 6, § 11 Abs. 4 Satz 1, § 14 Abs. 4 Satz 5 und § 20 Abs. 2 in Verbindung mit § 10 Abs. 6 in der Fassung des Artikels 12 des Gesetzes vom 21. Dezember 1993 (BGBl. I S. 2310) sind erstmals anzuwenden

1. für die Einkommensteuer und Körperschaftsteuer für den Veranlagungszeitraum,
2. mit Ausnahme des § 20 Abs. 2 und 3 für die Gewerbesteuer, für die der Teil des Hinzurechnungsbetrags, dem Einkünfte mit Kapitalanlagecharakter im Sinne des § 10 Abs. 6 Satz 3 zugrunde liegen, außer Ansatz bleibt, für den Erhebungszeitraum,

für den Zwischeneinkünfte mit Kapitalanlagecharakter im Sinne des § 10 Abs. 6 Satz 2 und 3 hinzuzurechnen sind, die in einem Wirtschaftsjahr der Zwischengesellschaft oder der Betriebsstätte entstanden sind, das nach dem 31. Dezember 1993 beginnt. § 6 Abs. 1 in der Fassung des Artikels 5 des Gesetzes vom 20. Dezember 2001 (BGBl. I S. 3858) ist erstmals anzuwenden, wenn im Zeitpunkt der Beendigung der unbeschränkten Steuerpflicht auf Veräußerungen im Sinne des § 17 des Einkommensteuergesetzes § 3 Nr. 40 Buchstabe c des Einkommensteuergesetzes anzuwenden wäre. § 7 Abs. 6 in der Fassung des Artikels 5 des Gesetzes vom 20. Dezember 2001 (BGBl. I S. 3858) ist erstmals anzuwenden

1. für die Einkommen- und Körperschaftsteuer für den Veranlagungszeitraum,
2. für die Gewerbesteuer für den Erhebungszeitraum,

für den Zwischeneinkünfte hinzuzurechnen sind, die in einem Wirtschaftsjahr der Zwischengesellschaft entstanden sind, das nach dem 15. August 2001 beginnt. § 12 Abs. 2 in der Fassung des Artikels 12 des Gesetzes vom 23. Oktober 2000 (BGBl. I S. 1433) sowie § 7 Abs. 7, § 8 Abs. 1 Nr. 8 und 9 und Abs. 3, § 9, § 10 Abs. 2, 3, 6, 7, § 11, § 12 Abs. 1, § 14 und § 20 Abs. 2 in der Fassung des Artikels 5 des Gesetzes vom 20. Dezember 2001 (BGBl. I S. 3858) sind erstmals anzuwenden

1. für die Einkommen- und Körperschaftsteuer für den Veranlagungszeitraum,
2. für die Gewerbesteuer für den Erhebungszeitraum,

für den Zwischeneinkünfte hinzuzurechnen sind, die in einem Wirtschaftsjahr der Zwischengesellschaft oder der Betriebsstätte entstanden sind, das nach dem 31. Dezember 2000 beginnt. § 12 Abs. 3, § 18 Abs. 1 in der Fassung des Artikels 5 des Gesetzes vom 20. Dezember 2001 (BGBl. I S. 3858) sind erstmals anzuwenden, wenn auf Gewinnausschüttungen § 3 Nr. 41 des Einkommensteuergesetzes in der Fassung des Artikels 1 des Gesetzes vom 20. Dezember 2001 (BGBl. I S. 3858) anwendbar ist. § 8 Abs. 2 in der Fassung des Artikels 6 des Gesetzes vom 6. September 1976 (BGBl. I S. 2641), § 13 in der Fassung des Artikels 17 des Gesetzes vom 25. Februar 1992 (BGBl. I S. 297) sind letztmals anzuwenden

1. für die Einkommen- und Körperschaftsteuer für den Veranlagungszeitraum,
2. für die Gewerbesteuer für den Erhebungszeitraum,

für den Zwischeneinkünfte hinzuzurechnen sind, die in einem Wirtschaftsjahr der Zwischengesellschaft entstanden sind, das vor dem 1. Januar 2001 beginnt. § 11 in der Fassung des Artikels 12 des Gesetzes vom 21. Dezember 1993 (BGBl. I S. 2310) ist auf Gewinnausschüttungen der Zwischengesellschaft oder auf Gewinne aus der Veräußerung der Anteile an der Zwischengesellschaft nicht anzuwenden, wenn auf die Ausschüttungen oder auf die Gewinne aus der Veräußerung § 8 Abs. 1 oder 2 des Körperschaftsteuergesetzes in der Fassung des Artikels 3 des Gesetzes vom 23. Oktober 2000 (BGBl. I S. 1433) sowie § 3 Nr. 41 des Einkommensteuergesetzes in der Fassung des Artikels 1 des Gesetzes vom 20. Dezember 2001 (BGBl. I S. 3858) anwendbar ist.

(8) § 6 Abs. 3 Nr. 4 in der Fassung des Gesetzes vom 21. Dezember 1993 (BGBl. I S. 2310) ist erstmals auf Einbringungen anzuwenden, die nach dem 31. Dezember 1991, und letztmals auf Einbringungen anzuwenden, die vor dem 1. Januar 1999 vorgenommen wurden.

(9) § 8 Abs. 1 Nr. 7 und § 10 Abs. 3 Satz 6 in der Fassung des Artikels 7 des Gesetzes vom 13. September 1993 (BGBl. I S. 1569) sind erstmals anzuwenden

1. für die Einkommensteuer und Körperschaftsteuer für den Veranlagungszeitraum,
2. für die Gewerbesteuer für den Erhebungszeitraum,

für den Zwischeneinkünfte hinzuzurechnen sind, die in einem Wirtschaftsjahr der Zwischengesellschaft entstanden sind, das nach dem 31. Dezember 1991 beginnt. § 10 Abs. 3 Satz 1 in der Fassung dieses Gesetzes ist erstmals anzuwenden

1. für die Einkommensteuer und Körperschaftsteuer für den Veranlagungszeitraum,
2. für die Gewerbesteuer für den Erhebungszeitraum,

für den Zwischeneinkünfte hinzuzurechnen sind, die in einem Wirtschaftsjahr der Zwischengesellschaft entstanden sind, das nach dem 31. Dezember 1993 beginnt.

Anhang 2 AStG

(10) § 2 Abs. 1 Satz 2, Abs. 2 Nr.1 und Abs. 3 Nr. 2 und 3 sind in der Fassung des Artikels 9 des Gesetzes vom 19. Dezember 2000 (BGBl. I S. 1790) erstmals für den Veranlagungszeitraum 2002 anzuwenden. § 7 Abs. 6 Satz 2, § 9 und § 10 Abs. 6 Satz 1 sind in der Fassung des Artikels 9 des Gesetzes vom 19. Dezember 2000 (BGBl. I S. 1790) erstmals anzuwenden.

1. für die Einkommensteuer und die Körperschaftsteuer für den Veranlagungszeitraum,

2. für die Gewerbesteuer für den Erhebungszeitraum,

für den Zwischeneinkünfte hinzuzurechnen sind, die in einem Wirtschaftsjahr der Zwischengesellschaft entstanden sind, das nach dem 31. Dezember 2001 beginnt.

(11) § 1 Abs. 4 in der Fassung des Artikels 11 des Gesetzes vom 16. Mai 2003 (BGBl. I S. 660) ist erstmals für den Veranlagungszeitraum 2003 anzuwenden. § 7 Abs. 6 und 6a, § 8 Abs. 1 Nr. 9, §§ 10, 11, 14, 20 Abs. 2 in der Fassung des Artikels 11 des Gesetzes vom 16. Mai 2003 (BGBl. I S. 660), § 7 Abs. 7, § 8 Abs. 1 Nr. 4 und § 14 Abs. 1 in der Fassung des Artikels 5 des Gesetzes vom 22. Dezember 2003 (BGBl. I S. 2840) sind erstmals anzuwenden

1. für die Einkommen- und Körperschaftsteuer für den Veranlagungszeitraum,

2. für die Gewerbesteuer für den Erhebungszeitraum,

für den Zwischeneinkünfte hinzuzurechnen oder in einer Betriebsstätte angefallen sind, die in einem Wirtschaftsjahr der Zwischengesellschaft oder der Betriebsstätte entstanden sind, das nach dem 31. Dezember 2002 beginnt.

(12) § 10 Abs. 3 in der am 1. Januar 2004 geltenden Fassung, § 7 Abs. 7 in der Fassung des Artikels 11 des Gesetzes vom 9. Dezember 2004 (BGBl. I S. 3310) sind erstmals anzuwenden

1. für die Einkommen- und Körperschaftsteuer für den Veranlagungszeitraum,

2. für die Gewerbesteuer für den Erhebungszeitraum,

für den Zwischeneinkünfte hinzuzurechnen oder in einer Betriebsstätte angefallen sind, die in einem Wirtschaftsjahr der Zwischengesellschaft oder der Betriebsstätte entstanden sind, das nach dem 31. Dezember 2003 beginnt.

(13) [1]§ 6 Abs. 1 in der Fassung des Artikels 7 des Gesetzes vom 7. Dezember 2006 (BGBl. I S. 2782) ist erstmals für den Veranlagungszeitraum 2007 anzuwenden. [2]§ 6 Abs. 2 bis 7 in der Fassung des Gesetzes vom 7. Dezember 2006 (BGBl. I S. 2782) ist in allen Fällen anzuwenden, in denen die Einkommensteuer noch nicht bestandskräftig festgesetzt ist.

(14) § 8 Abs. 1 Nr. 10 und § 10 Abs. 3 Satz 4 in der Fassung des Artikels 7 des Gesetzes vom 7. Dezember 2006 (BGBl. I S. 2782) ist erstmals anzuwenden

1. für die Einkommen- und Körperschaftsteuer für den Veranlagungszeitraum,

2. für die Gewerbesteuer für den Erhebungszeitraum,

für den Zwischeneinkünfte hinzuzurechnen oder in einer Betriebsstätte angefallen sind, die in einem Wirtschaftsjahr der Zwischengesellschaft oder der Betriebsstätte entstanden sind, das nach dem 31. Dezember 2005 beginnt.

(15) § 7 Abs. 8, § 8 Abs. 1 Nr. 9, § 11 Abs. 1 und § 14 Abs. 2 in der Fassung des Artikels 5 des Gesetzes vom 28. Mai 2007 (BGBl. I S. 914) sind erstmals anzuwenden für

1. die Einkommen- und Körperschaftsteuer für den Veranlagungszeitraum sowie

2. die Gewerbesteuer für den Erhebungszeitraum,

für den Zwischeneinkünfte hinzuzurechnen sind, die in einem Wirtschaftsjahr der Zwischengesellschaft oder der Betriebsstätte entstanden sind, das nach dem 31. Dezember 2006 beginnt.

(16) § 1 Absatz 1, 3 Satz 1 bis 8 und Satz 11 bis 13 und Absatz 4 in der Fassung des Artikels 7 des Gesetzes vom 14. August 2007 (BGBl. I S. 1912) und § 1 Absatz 3 Satz 9 und 10 in der Fassung des Artikels 11 des Gesetzes vom 8. April 2010 (BGBl. I S. 386) sind erstmals für den Veranlagungszeitraum 2008 anzuwenden.

(17) [1]§ 7 Abs. 6 Satz 2, § 8 Abs. 2 und 3, §§ 9, 10 Abs. 2 Satz 3, § 18 Abs. 3 Satz 1 und § 20 Abs. 2 in der Fassung des Artikels 24 des Gesetzes vom 20. Dezember 2007 (BGBl. I S. 3150) sind erstmals anzuwenden

1. für die Einkommen- und Körperschaftsteuer für den Veranlagungszeitraum,

2. für die Gewerbesteuer für den Erhebungszeitraum,

AStG   Anhang 2

für den Zwischeneinkünfte hinzuzurechnen sind, die in einem Wirtschaftsjahr der Zwischengesellschaft oder der Betriebsstätte entstanden sind, das nach dem 31. Dezember 2007 beginnt. [1] [2]§ 8 Abs. 1 Nr. 9 in der Fassung des Artikels 24 des Gesetzes vom 20. Dezember 2007 (BGBl. I S. 3150) ist erstmals anzuwenden

1. für die Einkommen- und Körperschaftsteuer für den Veranlagungszeitraum,

2. für die Gewerbesteuer für den Erhebungszeitraum,

für den Zwischeneinkünfte hinzuzurechnen sind, die in einem Wirtschaftsjahr der Zwischengesellschaft oder der Betriebsstätte entstanden sind, das nach dem 31. Dezember 2006 beginnt. [3]§ 12 Abs. 3 Satz 1 in der Fassung des Artikels 24 des Gesetzes vom 20. Dezember 2007 (BGBl. I S. 3150) ist erstmals für Zeiträume anzuwenden, für die § 12 Abs. 3 in der am 25. Dezember 2001 geltenden Fassung erstmals anzuwenden ist. [4]§ 14 Abs. 1 Satz 1 in der Fassung des Artikels 24 des Gesetzes vom 20. Dezember 2007 (BGBl. I S. 3150) ist erstmals anzuwenden

1. für die Einkommen- und Körperschaftsteuer für den Veranlagungszeitraum,

2. für die Gewerbesteuer für den Erhebungszeitraum,

für den Zwischeneinkünfte hinzuzurechnen sind, die in einem Wirtschaftsjahr der Zwischengesellschaft oder der Betriebsstätte entstanden sind, das nach dem 31. Dezember 2005 beginnt. [5]§ 18 Abs. 4 in der am 29. Dezember 2007 geltenden Fassung ist für die Einkommen-und Körperschaftsteuer erstmals für den Veranlagungszeitraum 2008 anzuwenden.

(18) § 2 Abs. 1 und 5 und § 15 Abs. 6 in der Fassung des Artikels 9 des Gesetzes vom 19. Dezember 2008 (BGBl. I S. 2794) sind für die Einkommen- und Körperschaftsteuer erstmals für den Veranlagungszeitraum 2009 anzuwenden. § 15 Abs. 7 in der Fassung des Artikels 9 des Gesetzes vom 19. Dezember 2008 (BGBl. I S. 2794) ist in allen Fällen anzuwenden, in denen die Einkommen- und Körperschaftsteuer noch nicht bestandskräftig festgesetzt ist.

(19) § 8 Absatz 3 und § 10 Absatz 1 Satz 3 in der Fassung des Artikels 7 des Gesetzes vom 8. Dezember 2010 (BGBl. I S. 1768) sind erstmals anzuwenden

1. für die Einkommen- und Körperschaftsteuer für den Veranlagungszeitraum,

2. für die Gewerbesteuern für den Erhebungszeitraum,

für den Zwischeneinkünfte hinzuzurechnen sind, die in einem Wirtschaftsjahr der Zwischengesellschaft oder der Betriebsstätte entstanden sind, das nach dem 31. Dezember 2010 beginnt. § 20 Absatz 2 in der Fassung des Artikels 7 des Gesetzes vom 8. Dezember 2010 (BGBl. I S. 1768) ist in allen Fällen anzuwenden, in denen die Einkommensteuer noch nicht bestandskräftig festgesetzt ist.

(20) [1]§ 1 Absatz 1 Satz 2 erster Halbsatz und Absatz 3 und 6 in der Fassung des Artikels 6 des Gesetzes vom 26. Juni 2013 (BGBl. I S. 1809) ist erstmals für den Veranlagungszeitraum 2013 anzuwenden. [2]§ 1 Absatz 1 Satz 2 zweiter Halbsatz in der Fassung des Artikels 6 des Gesetzes vom 26. Juni 2013 (BGBl. I S. 1809) gilt für alle noch nicht bestandskräftigen Veranlagungen. [3]§ 1 Absatz 4 und 5 in der Fassung des Artikels 6 des Gesetzes vom 26. Juni 2013 (BGBl. I S. 1809) ist erstmals für Wirtschaftsjahre anzuwenden, die nach dem 31. Dezember 2012 beginnen.

(21) [1]§ 2 Absatz 5 in der Fassung des Artikels 6 des Gesetzes vom 26. Juni 2013 (BGBl. I S. 1809) ist erstmals für den Veranlagungszeitraum 2013 anzuwenden. [2]Auf Antrag ist § 2 Absatz 5 Satz 1 und 3 in der Fassung des Artikels 6 des Gesetzes vom 26. Juni 2013 (BGBl. I S. 1809) bereits für Veranlagungszeiträume vor 2013 anzuwenden, bereits ergangene Steuerfestsetzungen sind aufzuheben oder zu ändern. [3]§ 8 Absatz 2 in der Fassung des Artikels 6 des Gesetzes vom 26. Juni 2013 (BGBl. I S. 1809) ist erstmals anzuwenden

1. für die Einkommen- und Körperschaftsteuer für den Veranlagungszeitraum,

2. für die Gewerbesteuer für den Erhebungszeitraum,

für den Zwischeneinkünfte hinzuzurechnen sind, die in einem Wirtschaftsjahr der Zwischengesellschaft oder der Betriebsstätte entstanden sind, das nach dem 31. Dezember 2012 beginnt. [4]§ 15 Absatz 1, 5 bis 11 sowie § 18 Absatz 4 sind in der Fassung des Artikels 6 des Gesetzes vom 26. Juni 2013 (BGBl. I S. 1809) für die Einkommen- und Körperschaftsteuer erstmals anzuwenden für den Veranlagungszeitraum 2013.

(22) § 1 Absatz 4 in der am 31. Dezember 2014 geltenden Fassung ist für den Veranlagungszeitraum 2015 anzuwenden.

---

1) Zur Rechtslage bis zur erstmaligen Anwendung der neuen Vorschriften vgl. auch das BMF-Schreiben vom 8.1.2007 (BStBl. I S. 99).

2109

(23) § 6 Absatz 5 Satz 3 in der am 31. Dezember 2014 geltenden Fassung ist in allen Fällen anzuwenden, in denen die geschuldete Steuer noch nicht entrichtet ist.

§ 22
Neufassung des Gesetzes

Das Bundesministerium der Finanzen kann den Wortlaut dieses Gesetzes in der jeweils geltenden Fassung im Bundesgesetzblatt bekannt machen.

Verordnung zur Umsetzung der Richtlinie 2003/48/EG des Rates vom 3. Juni 2003 im Bereich der Besteuerung von Zinserträgen (Zinsinformationsverordnung – ZIV)[1)]

Vom 26. Januar 2004 (BGBl. I S. 128; BStBl. I S. 207)

Auf Grund des § 45e des Einkommensteuergesetzes in der Fassung der Bekanntmachung vom 19. Oktober 2002 (BGBl. I S. 4210[2)]), 2003 i. S. 179), der durch Artikel 1 Nr. 28 des Gesetzes vom 15. Dezember 2003 (BGBl. I S. 2645)[3)] eingefügt und durch Artikel 1 Nr. 21 des Gesetzes vom 9. Dezember 2004 (BGBl. I S. 3310) geändert worden ist, verordnet die Bundesregierung:

Inhaltsübersicht

Abschnitt 1
Allgemeine Bestimmungen

§ 1	Zielsetzung
§ 2	Definition des wirtschaftlichen Eigentümers
§ 3	Ermittlung von Identität und Wohnsitz des wirtschaftlichen Eigentümers
§ 4	Definition der Zahlstelle
§ 5	Definition der zuständigen Behörde
§ 6	Definition der Zinszahlung
§ 7	Räumlicher Geltungsbereich

Abschnitt 2
Datenübermittlung

§ 8	Datenübermittlung durch die Zahlstelle
§ 9	Datenerhebung und Datenübermittlung durch das Bundeszentralamt für Steuern

Abschnitt 3
Übergangsbestimmungen

§ 10	Übergangszeitraum
§ 11	Besteuerung nach innerstaatlichen Rechtsvorschriften
§ 12	Einnahmen
§ 13	Ausnahmen vom Quellensteuerverfahren
§ 14	Vermeidung der Doppelbesteuerung
§ 15	Umlauffähige Schuldtitel

Abschnitte 4
Anwendungs- und Schlussbestimmungen

§ 16	Andere Quellensteuern
§ 16a	Erweiterung des Anwendungsbereichs
§ 17	Inkrafttreten

Anhang
Liste der verbundenen Einrichtungen nach § 15

Abschnitt 1
Allgemeine Bestimmungen

§ 1
Zielsetzung

Die inländischen Zahlstellen haben die für die Durchführung dieser Verordnung notwendigen Aufgaben unabhängig davon wahrzunehmen, wo der Schuldner der den Zinsen zugrunde liegenden Forderung niedergelassen ist.

---

1) BGBl. 2004 I S. 128. Unter Berücksichtigung der Änderungen durch die Erste Verordnung zur Änderung der Zinsinformationsverordnung vom 22.6.2005 (BStBl. I S. 803; BGBl. I S. 1692) und das Gesetz vom 22.9.2005 (BGBl. I S. 2809) sowie die Zweite Verordnung zur Änderung der Zinsinformationsverordnung vom 5.11.2007 (BGBl. I S. 2562).
2) BStBl. I S. 1209.
3) BStBl. I S. 710.

§ 2
Definition des wirtschaftlichen Eigentümers

(1) Als „wirtschaftlicher Eigentümer" im Sinne dieser Verordnung gilt jede natürliche Person, die eine Zinszahlung vereinnahmt oder zu deren Gunsten eine Zinszahlung erfolgt, es sei denn, sie weist nach, dass sie die Zahlung nicht für sich selbst vereinnahmt hat oder sie nicht zu ihren Gunsten erfolgt ist, das heißt, dass sie

1. als Zahlstelle im Sinne von § 4 Abs. 1 handelt oder
2. im Auftrag
   a) einer juristischen Person,
   b) einer Einrichtung, deren Gewinne den allgemeinen Vorschriften der Unternehmensbesteuerung unterliegen,
   c) eines nach der Richtlinie 85/611/EWG des Rates vom 20. Dezember 1985 zur Koordinierung der Rechts- und Verwaltungsvorschriften betreffend bestimmte Organismen für gemeinsame Anlagen in Wertpapieren (ABl. EG Nr. L 375 S. 3), zuletzt geändert durch die Richtlinie 2001/108/EG des Europäischen Parlaments und des Rates vom 21. Januar 2002 (ABl. EG Nr. L 41 S. 35), zugelassenen Organismus für gemeinsame Anlagen in Wertpapieren (OGAW) oder
   d) einer Einrichtung nach § 4 Abs. 2 der Verordnung

   handelt und in letzterem Fall Namen und Anschrift der betreffenden Einrichtung dem Wirtschaftsbeteiligten mitteilt, der die Zinsen zahlt, welcher diese Angaben wiederum der zuständigen Behörde des Mitgliedstaats, in dem er ansässig ist, übermittelt, oder

3. im Auftrag einer anderen natürlichen Person handelt, welche der wirtschaftliche Eigentümer ist, und deren Identität und Wohnsitz nach § 3 Abs. 2 der Zahlstelle mitteilt.

(2) Liegen einer Zahlstelle Informationen vor, die den Schluss nahe legen, dass die natürliche Person, die eine Zinszahlung vereinnahmt oder zu deren Gunsten eine Zinszahlung erfolgt, möglicherweise nicht der wirtschaftliche Eigentümer ist, und fällt diese natürliche Person weder unter Absatz 1 Nr. 1 noch unter Absatz 1 Nr. 2, so unternimmt die Zahlstelle angemessene Schritte nach § 3 Abs. 2 zur Feststellung der Identität des wirtschaftlichen Eigentümers. Kann die Zahlstelle den wirtschaftlichen Eigentümer nicht feststellen, so behandelt sie die betreffende natürliche Person als den wirtschaftlichen Eigentümer.

§ 3
Ermittlung von Identität und Wohnsitz des wirtschaftlichen Eigentümers

(1) Bei vertraglichen Beziehungen, die vor dem 1. Januar 2004 eingegangen wurden, ermittelt die Zahlstelle die Identität des wirtschaftlichen Eigentümers, nämlich seinen Namen und seine Anschrift sowie seinen Wohnsitz, anhand der Informationen, die ihr auf Grund der geltenden Vorschriften, insbesondere des Geldwäschegesetzes in der jeweils geltenden Fassung, zur Verfügung stehen.

(2) Bei vertraglichen Beziehungen oder, wenn vertragliche Beziehungen fehlen, bei Transaktionen, die ab dem 1. Januar 2004 eingegangen oder getätigt wurden, ermittelt die Zahlstelle die Identität des wirtschaftlichen Eigentümers, nämlich seinen Namen und seine Anschrift, seinen Wohnsitz und, sofern vorhanden, die ihm vom Mitgliedstaat seines steuerlichen Wohnsitzes zu Steuerzwecken erteilte Steuer-Identifikationsnummer. Die Angaben zur Identität des wirtschaftlichen Eigentümers und seiner Steuer-Identifikationsnummer werden auf der Grundlage des Passes oder des von ihm vorgelegten amtlichen Personalausweises festgestellt. Ist die Anschrift nicht in diesem Pass oder diesem amtlichen Personalausweis eingetragen, so wird sie auf der Grundlage eines anderen vom wirtschaftlichen Eigentümer vorgelegten beweiskräftigen Dokuments festgestellt. Ist die Steuer-Identifikationsnummer nicht im Pass, im amtlichen Personalausweis oder in einem anderen vom wirtschaftlichen Eigentümer vorgelegten beweiskräftigen Dokument, etwa einem Nachweis über den steuerlichen Wohnsitz, eingetragen, so wird seine Identität anhand seines auf der Grundlage des Passes oder amtlichen Personalausweises festgestellten Geburtsdatums und -ortes präzisiert. Der Wohnsitz wird anhand der im Pass oder im amtlichen Personalausweis angegebenen Adresse oder erforderlichenfalls anhand eines anderen vom wirtschaftlichen Eigentümer vorgelegten beweiskräftigen Dokuments in der Weise ermittelt, dass bei einer natürlichen Person, die einen in einem Mitgliedstaat ausgestellten Pass oder amtlichen Personalausweis vorlegt und die ihren Angaben zufolge in einem Staat ihren Wohnsitz haben soll, der nicht Mitgliedstaat ist (Drittstaat), der Wohnsitz anhand eines Nachweises über den steuerlichen Wohnsitz festgestellt wird, der von der zuständigen Behörde des Drittstaats ausgestellt ist, in dem die betreffende Person ihren eigenen Angaben zufolge ihren Wohnsitz haben soll. Wird dieser Nachweis nicht vorgelegt, so gilt der Wohnsitz als in dem Mitgliedstaat belegen, in dem der Pass oder ein anderer amtlicher Identitätsausweis ausgestellt wurde.

§ 4
Definition der Zahlstelle

(1) Als „Zahlstelle" im Sinne dieser Verordnung gilt jeder Wirtschaftsbeteiligte, der dem wirtschaftlichen Eigentümer Zinsen zahlt oder eine Zinszahlung zu dessen unmittelbaren Gunsten einzieht, und zwar unabhängig davon, ob dieser Wirtschaftsbeteiligte der Schuldner der den Zinsen zugrunde liegenden Forderung ist oder vom Schuldner oder dem wirtschaftlichen Eigentümer mit der Zinszahlung oder deren Einziehung beauftragt ist. Ein Wirtschaftsbeteiligter ist jegliche natürliche oder juristische Person, die in Ausübung ihres Berufs oder ihres Gewerbes Zinszahlungen tätigt.

(2) Jegliche in einem Mitgliedstaat niedergelassene Einrichtung, an die eine Zinszahlung zugunsten des wirtschaftlichen Eigentümers geleistet wird oder die eine Zinszahlung zugunsten des wirtschaftlichen Eigentümers einzieht, gilt bei einer solchen Zahlung oder Einnahme ebenfalls als Zahlstelle. Dies gilt nicht, wenn der Wirtschaftsbeteiligte auf Grund beweiskräftiger und von der Einrichtung vorgelegter offizieller Unterlagen Grund zu der Annahme hat, dass

1. sie eine juristische Person mit Ausnahme der in Absatz 5 genannten juristischen Personen ist oder
2. ihre Gewinne den allgemeinen Vorschriften für die Unternehmensbesteuerung unterliegen oder
3. sie ein nach der Richtlinie 85/611/EWG zugelassener OGAW ist.

Zahlt ein Wirtschaftsbeteiligter Zinsen zugunsten einer solchen in einem anderen Mitgliedstaat niedergelassenen und gemäß Satz 1 als Zahlstelle geltenden Einrichtung oder zieht er für sie Zinsen ein, so teilt er Namen und Anschrift der Einrichtung sowie den Gesamtbetrag der zugunsten dieser Einrichtung gezahlten oder eingezogenen Zinsen der zuständigen Behörde des Mitgliedstaates seiner Niederlassung mit, welche diese Informationen an die zuständige Behörde des Mitgliedstaats weiterleitet, in dem die betreffende Einrichtung niedergelassen ist.

(3) Inländische Einrichtungen im Sinne von Absatz 2 Satz 1 können sich für die Zwecke dieser Verordnung jedoch als OGAW im Sinne von Absatz 2 Satz 2 Nr. 3 behandeln lassen, wenn sie steuerlich erfasst sind. Macht eine inländische Einrichtung von dieser Wahlmöglichkeit Gebrauch, so wird ihr von der nach § 5 zuständigen Behörde ein entsprechender Nachweis ausgestellt, den sie an den Wirtschaftsbeteiligten weiterleitet.

(4) Sind der Wirtschaftsbeteiligte und die Einrichtung im Sinne von Absatz 2 im Inland niedergelassen, so gelten die Vorschriften dieser Verordnung für die Einrichtung, wenn sei als Zahlstelle handelt.

(5) Die von Absatz 2 Satz 2 Nr. 1 ausgenommenen juristischen Personen sind:
1. in Finnland: avoin yhtiö (Ay) und kommandüttiyhtiö (Ky)/öppet bolag und kommanditbolag,
2. in Schweden: handelsbolag (HB) und kommanditbolag (KB).

§ 5
Definition der zuständigen Behörde

(1) Als „zuständige Behörde" im Sinne dieser Verordnung gilt:
1. in den Mitgliedstaaten jegliche Behörde, die die Mitgliedstaaten der Kommission melden, und
2. in Drittländern die für Zwecke bilateraler oder multilateraler Steuerabkommen zuständige Behörde oder, in Ermangelung einer solchen, diejenige Behörde, die für die Ausstellung von Aufenthaltsbescheinigungen für steuerliche Zwecke zuständig ist.

(2) Zuständige Behörde im Inland ist das Bundeszentralamt für Steuern. Abweichend hiervon ist für die Ausstellung des Nachweises nach § 4 Abs. 3 das Finanzamt, bei dem die Einrichtung steuerlich geführt wird, und für die Bescheinigung nach § 13 das Wohnsitzfinanzamt des Antragstellers zuständig.

§ 6
Definition der Zinszahlung

(1) Als „Zinszahlung" im Sinne dieser Verordnung gelten:
1. gezahlte oder einem Konto gutgeschriebene Zinsen, die mit Forderungen jeglicher Art zusammenhängen, unabhängig davon, ob diese grundpfandrechtlich gesichert sind oder nicht und ob sie ein Recht auf Beteiligung am Gewinn des Schuldners beinhalten oder nicht, insbesondere Erträge aus Staatspapieren, Anleihen und Schuldverschreibungen einschließlich der mit diesen Titeln verbundenen Prämien und Gewinne; Zuschläge für verspätete Zahlungen gelten nicht als Zinszahlung;
2. bei Abtretung, Rückzahlung oder Einlösung von Forderungen im Sinne von Nummer 1 aufgelaufene oder kapitalisierte Zinsen;
3. direkte oder über eine Einrichtung im Sinne von § 4 Abs. 2 laufende Zinserträge, die ausgeschüttet werden von

a) nach der Richtlinie 85/611/EWG zugelassenen OGAW,
b) Einrichtungen, die von der Wahlmöglichkeit des § 4 Abs. 3 Gebrauch gemacht haben,
c) außerhalb des Gebiets im Sinne von § 7 niedergelassenen Organismen für gemeinsame Anlagen;
4. Erträge, die bei Abtretung, Rückzahlung oder Einlösung von Anteilen an den nachstehend aufgeführten Organismen und Einrichtungen realisiert werden, wenn diese direkt oder indirekt über nachstehend aufgeführte andere Organismen für gemeinsame Anlagen oder Einrichtungen mehr als 40 Prozent ihres Vermögens in den unter Nummer 1 genannten Forderungen angelegt haben:
   a) nach der Richtlinie 85/611/EWG zugelassene OGAW,
   b) Einrichtungen, die von der Wahlmöglichkeit des § 4 Abs. 3 Gebrauch gemacht haben,
   c) außerhalb des Gebiets im Sinne von § 7 niedergelassene Organismen für gemeinsame Anlagen.

Die in Satz 1 Nr. 4 genannten Erträge sind nur insoweit in die Definition der Zinsen einzubeziehen, wie sie Erträgen entsprechen, die mittelbar oder unmittelbar aus Zinszahlungen im Sinne des Satzes 1 Nr. 1 und 2 stammen.

(2) In Bezug auf Absatz 1 Satz 1 Nr. 3 und 4 gilt für den Fall, dass einer Zahlstelle keine Informationen über den Anteil der Zinszahlungen an den Erträgen vorliegen, der Gesamtbetrag der betreffenden Erträge als Zinszahlung.

(3) In Bezug auf Absatz 1 Satz 1 Nr. 4 gilt für den Fall, dass eine Zahlstelle keine Informationen über den Prozentanteil des in Forderungen oder in Anteilen gemäß der Definition unter jener Nummer angelegten Vermögens vorliegen, dieser Prozentanteil als über 40 Prozent liegend. Kann die Zahlstelle den vom wirtschaftlichen Eigentümer erzielten Ertrag nicht bestimmen, so gilt als Ertrag der Erlös aus der Abtretung, der Rückzahlung oder der Einlösung der Anteile.

(4) Werden Zinsen im Sinne von Absatz 1 an eine Einrichtung im Sinne von § 4 Abs. 2 gezahlt, der die Wahlmöglichkeit in § 4 Abs. 3 nicht eingeräumt wurde, oder einem Konto einer solchen Einrichtung gutgeschrieben, so gelten sie als Zinszahlung durch diese Einrichtung.

(5) Abweichend von Absatz 1 Satz 1 Nr. 3 und 4 sind von der Definition der Zinszahlung jegliche Erträge im Sinne der genannten Bestimmungen ausgeschlossen, die von im Inland niedergelassenen Unternehmen oder Einrichtungen stammen, sofern diese höchstens 15 Prozent ihres Vermögens in Forderungen im Sinne von Absatz 1 Satz 1 Nr. 1 angelegt haben. Ebenso sind abweichend von Absatz 4 von der Definition der Zinszahlung nach Absatz 1 die Zinsen ausgeschlossen, die einer im Inland niedergelassenen Einrichtung nach § 4 Abs. 2, der die Wahlmöglichkeit nach § 4 Abs. 3 nicht eingeräumt wurde, gezahlt oder einem Konto dieser Einrichtung gutgeschrieben worden sind, sofern die entsprechenden Einrichtungen höchstens 15 Prozent ihres Vermögens in Forderungen im Sinne von Absatz 1 Satz 1 Nr. 1 angelegt haben.

(6) Der in Absatz 1 Nr. 1 Nr. 4 und Absatz 3 genannte Prozentanteil beträgt ab dem 1. Januar 2011 25 Prozent.

(7) Maßgebend für die Prozentanteile gemäß Absatz 1 Satz 1 Nr. 4 und Absatz 5 ist die in den Vertragsbedingungen oder in der Satzung der betreffenden Organismen oder Einrichtungen dargelegte Anlagepolitik oder, in Ermangelung solcher Angaben, die tatsächliche Zusammensetzung des Vermögens der betreffenden Organismen oder Einrichtungen.

§ 7
Räumlicher Geltungsbereich

Diese Verordnung gilt für Zinszahlungen durch eine inländische Zahlstelle an wirtschaftliche Eigentümer, die ihren Wohnsitz in einem anderen Mitgliedstaat der Europäischen Gemeinschaft haben.

Abschnitt 2
Datenübermittlung

§ 8
Datenübermittlung durch die Zahlstelle

Wenn der wirtschaftliche Eigentümer der Zinsen in einem anderen Mitgliedstaat ansässig ist, hat die inländische Zahlstelle dem Bundeszentralamt für Steuern zum Zwecke der Weiterübermittlung nach § 9 folgende Daten zu übermitteln:

1. die nach § 3 zu ermittelnden Daten über den wirtschaftlichen Eigentümer,
2. den Namen und die Anschrift der Zahlstelle,
3. die Kontonummer des wirtschaftlichen Eigentümers oder, in Ermangelung einer solchen, das Kennzeichen der Forderung, aus der die Zinsen herrühren,

4. den Gesamtbetrag der Zinsen oder Erträge und den Gesamtbetrag des Erlöses aus der Abtretung, Rückzahlung oder Einlösung, die im Kalenderjahr zugeflossen sind.

Die Datenübermittlung hat bis zum 31. Mai des Jahres zu erfolgen, das auf das Jahr des Zuflusses folgt.

§ 9
Datenerhebung und Datenübermittlung durch das Bundeszentralamt für Steuern

(1) Das Bundeszentralamt für Steuern speichert die nach § 8 übermittelten Daten und übermittelt sie zum Zwecke der Besteuerung weiter an die zuständigen Behörden des Mitgliedstaats, in dem der wirtschaftliche Eigentümer ansässig ist. Die Daten über sämtliche während eines Kalenderjahres erfolgte Zinszahlungen werden einmal jährlich automatisiert weiter übermittelt, und zwar binnen sechs Monaten nach dem Ende des Kalenderjahres.

(2) Soweit nichts anderes bestimmt ist, gelten für die Datenübermittlung nach Absatz 1 die Bestimmungen des EG-Amtshilfe-Gesetzes mit Ausnahme von dessen § 3.

(3) Das Bundeszentralamt für Steuern nimmt Daten über Zinszahlungen an wirtschaftliche Eigentümer, die im Inland ansässig sind, von den zuständigen Behörden der anderen Mitgliedstaaten entgegen, speichert sie und übermittelt sie zum Zwecke der Besteuerung an die Landesfinanzverwaltungen weiter.

(4) Die nach den Absätzen 1 und 3 beim Bundeszentralamt für Steuern gespeicherten Daten werden drei Jahre nach Ablauf des Jahres, in dem die Weiterübermittlung erfolgt ist, gelöscht.

Abschnitt 3
Übergangsbestimmungen

§ 10
Übergangszeitraum

Deutschland übermittelt Belgien, Luxemburg und Österreich durch das Bundeszentralamt für Steuern Daten nach Abschnitt 2 dieser Verordnung, auch wenn diese Staaten während des in Artikel 10 der Richtlinie des Rates vom 3. Juni 2003 benannten Übergangszeitraums ab dem in § 17 Satz 1 und 2 genannten Zeitpunkt und vorbehaltlich des § 13 die Bestimmungen des Abschnitts 2 der Richtlinie nicht anwenden müssen.

§ 11
Besteuerung nach innerstaatlichen Rechtsvorschriften

Die Erhebung einer Quellensteuer durch Belgien, Luxemburg und Österreich als Zahlstellenstaat steht einer Besteuerung der Erträge durch Deutschland als Wohnsitzstaat des wirtschaftlichen Eigentümers gemäß seinen innerstaatlichen Rechtsvorschriften nicht entgegen.

§ 12
Einnahmen

Das Bundeszentralamt für Steuern nimmt den der Bundesrepublik Deutschland zustehenden Anteil aus der Erhebung von Quellensteuern durch die Staaten Belgien, Luxemburg und Österreich entgegen.

§ 13
Ausnahmen vom Quellensteuerverfahren

Zur Ermöglichung einer Abstandnahme von der Erhebung einer Quellensteuer in den Staaten Belgien, Luxemburg und Österreich stellt das nach § 5 Abs. 2 Satz 2 zuständige Finanzamt auf Antrag des wirtschaftlichen Eigentümers mit inländischem steuerlichen Wohnsitz eine Bescheinigung mit folgenden Angaben zur Vorlage bei seiner Zahlstelle aus:

1. Name, Anschrift und Steuer- oder sonstige Identifikationsnummer oder, in Ermangelung einer solchen, Geburtsdatum und -ort des wirtschaftlichen Eigentümers;
2. Name und Anschrift der Zahlstelle;
3. Kontonummer des wirtschaftlichen Eigentümers oder, in Ermangelung einer solchen, Kennzeichen des Wertpapiers.

Diese Bescheinigung gilt für die Dauer von höchstens drei Jahren. Sie wird jedem wirtschaftlichen Eigentümer auf Antrag binnen zwei Monaten ausgestellt.

§ 14
Vermeidung der Doppelbesteuerung

(1) Bei einem wirtschaftlichen Eigentümer mit inländischem steuerlichen Wohnsitz wird gemäß den Absätzen 2 und 3 jegliche Doppelbesteuerung, die sich aus der Erhebung von Quellensteuer durch Belgien, Luxemburg und Österreich nach § 11 ergeben könnte, ausgeschlossen.

(2) Wurden von einem wirtschaftlichen Eigentümer vereinnahmte Zinsen im Mitgliedstaat der Zahlstelle mit der Quellensteuer belastet, so wird dem wirtschaftlichen Eigentümer eine Steuergutschrift in Höhe der einbehaltenen Steuer gewährt. Zu diesem Zweck rechnet die Bundesrepublik Deutschland entsprechend § 36 des Einkommensteuergesetzes unter Ausschluss von Anrechnungsregeln in Abkommen zur Vermeidung der Doppelbesteuerung und des § 34c des Einkommensteuergesetzes die Quellensteuer auf die deutsche Einkommensteuer an. Die Quellensteuer wird auch bei der Festsetzung der Einkommensteuervorauszahlungen berücksichtigt.

(3) Wurden von einem wirtschaftlichen Eigentümer vereinnahmte Zinsen über die Quellensteuer nach § 11 hinaus noch mit anderen Arten von ausländischen Steuern belastet und wird ihm dafür nach einem von der Bundesrepublik Deutschland abgeschlossenen Abkommen zur Vermeidung der Doppelbesteuerung oder nach § 34c des Einkommensteuergesetzes eine Anrechnung dieser ausländischen Steuer auf die deutsche Einkommensteuer gewährt, so hat diese Anrechnung vor Anwendung von Absatz 2 zu erfolgen.

§ 15
Umlauffähige Schuldtitel

(1) Während des Übergangszeitraums nach Artikel 10 Abs. 2 der Richtlinie 2003/48/EG des Rates vom 3. Juni 2003 im Bereich der Besteuerung von Zinserträgen (ABl. EU Nr. L 157 S. 38), spätestens jedoch bis zum 31. Dezember 2010, gelten in- und ausländische Anleihen sowie andere umlauffähige Schuldtitel, die erstmals vor dem 1. März 2001 begeben wurden oder bei denen die zugehörigen Emissionsprospekte vor diesem Zeitpunkt durch die zuständigen Behörden im Sinne der Richtlinie 80/390/EWG des Rates vom 17. März 1980 zur Koordinierung der Bedingungen für die Erstellung, die Kontrolle und die Vorbereitung des Prospekts, der für die Zulassung von Wertpapieren zur amtlichen Notierung an einer Wertpapierbörse zu veröffentlichen ist (ABl. EG Nr. L 100 S. 1), aufgehoben durch die Richtlinie 2001/34/EG des Europäischen Parlaments und des Rates vom 28. Mai 2001 (ABl. EG Nr. L 184 S. 1, Nr. L 217 S. 18), oder durch die zuständigen Behörden von Drittländern genehmigt wurden, nicht als Forderungen im Sinne des § 6 Abs. 1 Satz 1 Nr. 1, wenn ab dem 1. März 2002 keine Folgeemissionen dieser umlauffähigen Schuldtitel mehr getätigt werden. Sofern der Übergangszeitraum nach § 10 über den 31. Dezember 2010 hinausgeht, finden die Bestimmungen dieser Vorschrift jedoch nur dann weiterhin Anwendung auf die betreffenden umlauffähigen Schuldtitel, wenn

1. diese Bruttozinsklauseln und Klauseln über die vorzeitige Ablösung enthalten,
2. die Zahlstelle des Emittenten in einem Mitgliedstaat niedergelassen ist, der die Quellensteuer nach § 11 erhebt, und die Zahlstelle die Zinsen unmittelbar an einen wirtschaftlichen Eigentümer mit Wohnsitz in einem anderen Mitgliedstaat zahlt.

Tätigt eine Regierung oder eine damit verbundene Einrichtung nach der Anlage, die als Behörde handelt oder deren Funktion durch einen internationalen Vertrag anerkannt ist, ab dem 1. März 2002 eine Folgeemission eines der vorstehend genannten umlauffähigen Schuldtitel, so gilt die gesamte Emission, das heißt die erste und alle Folgeemissionen, als Forderung im Sinne des § 6 Abs. 1 Satz 1 Nr. 1. Tätigt eine von Satz 3 nicht erfasste Einrichtung ab dem 1. März 2002 eine Folgeemission eines der vorstehend genannten umlauffähigen Schuldtitel, so gilt diese Folgeemission als Forderung im Sinne von § 6 Abs. 1 Satz 1 Nr. 1.

(2) Diese Vorschrift steht einer Besteuerung von Erträgen aus den in Absatz 1 genannten umlauffähigen Schuldtiteln nach inländischen Rechtsvorschriften nicht entgegen.

Abschnitt 4
Anwendungs- und Schlussbestimmungen

§ 16
Andere Quellensteuern

Diese Verordnung steht der Erhebung anderer Arten der Quellensteuer als die nach § 11 gemäß den innerstaatlichen Rechtsvorschriften nicht entgegen.

§ 16a
Erweiterung des Anwendungsbereichs

(1) Diese Verordnung ist vorbehaltlich der Absätze 2 bis 4 entsprechend anwendbar auf

1. Zinszahlungen durch eine inländische Zahlstelle an wirtschaftliche Eigentümer, die in den nachfolgenden Staaten oder abhängigen oder assoziierten Gebieten steuerlich ansässig sind:
    a) Schweizerische Eidgenossenschaft, Fürstentum Liechtenstein, Republik San Marino, Fürstentum Monaco, Fürstentum Andorra,
    b) Guernsey, Jersey, Insel Man, Anguilla, Britische Jungferninseln, Kaimaninseln, Montserrat, Turks- und Caicosinseln, Aruba, Niederländische Antillen,
2. die aus den in Nummer 1 genannten Staaten oder Gebieten übermittelten Daten über Zinszahlungen an wirtschaftliche Eigentümer, die im Inland ansässig sind
3. die in der Schweizerischen Eidgenossenschaft, im Fürstentum Liechtenstein, in der Republik San Marino, im Fürstentum Monaco und im Fürstentum Andorra sowie auf Guernsey, Jersey, der Insel Man, den Britischen Jungferninseln, den Turks- und Caicosinseln und den Niederländischen Antillen erhobene Quellensteuer auf Zinszahlungen, von der 75 Prozent der Einnahmen an den Mitgliedstaat der Europäischen Union weiterzuleiten sind, in dem der wirtschaftliche Eigentümer ansässig ist.

§ 14 Abs. 3 ist entsprechend anwendbar auf eine Belastung mit anderen Arten von ausländischen Steuern über die Quellensteuer im Sinne des Satzes 1 Nr. 3 hinaus.

(2) Die inländischen Zahlstellen und das Bundeszentralamt für Steuern erheben und übermitteln Daten nach Abschnitt 2 dieser Verordnung nur bei Zinszahlungen an wirtschaftliche Eigentümer, die auf den Britischen Jungferninseln, Guernsey, Jersey, der Insel Man, Montserrat, Aruba oder den Niederländischen Antillen steuerlich ansässig sind. Solange auf Anguilla sowie den Turks- und Caicosinseln keine direkten Steuern erhoben werden, sind keine Daten zu erheben und zu übermitteln bei Zinszahlungen an wirtschaftliche Eigentümer, die in diesen Gebieten ansässig sind.

(3) Das nach § 5 Abs. 2 Satz 2 zuständige Finanzamt stellt eine Bescheinigung nach § 13 nur zur Ermöglichung einer Abstandnahme von der Erhebung einer Quellensteuer im Sinne des Absatzes 1 Satz 1 Nr. 3 im Fürstentum Andorra sowie auf Guernsey, Jersey, der Insel Man, den Britischen Jungferninseln, den Turks- und Caicosinseln oder den Niederländischen Antillen aus.

(4) Zuständige Behörde im Sinne dieser Verordnung ist
1. in der Schweizerischen Eidgenossenschaft:
   le Directeur de l'Administration fédérale des contributions/der Direktor der Eidgenössischen Steuerverwaltung/il direttore dell'Amministrazione federale delle contribuzioni oder sein Vertreter oder Beauftragter,
2. im Fürstentum Liechtenstein:
   die Regierung des Fürstentums Liechtenstein oder ein Beauftragter,
3. in der Republik San Marino:
   il Segretario di Stato per le Finanze e il Bilancio oder ein Beauftragter,
4. im Fürstentum Monaco:
   le Conseiller de Gouvernement pour les Finances et l'Economie oder ein Beauftragter,
5. im Fürstentum Andorra:
   el Ministre encarregat de les Finances oder ein Beauftragter; für die Anwendung des Artikels 3 des Abkommens zwischen der Europäischen Gemeinschaft und dem Fürstentum Andorra über Regelungen, die denen der Richtlinie 2003/48/EG des Rates im Bereich der Besteuerung von Zinserträgen gleichwertig sind, ist die zuständige Behörde jedoch el Ministre encarregat de l'Interior oder ein Beauftragter,
6. auf Guernsey:
   the Administrator of Income Tax,
7. auf Jersey:
   the Comptroller of Income Tax,
8. auf der Insel Man:
   the Chief Financial Officer of the Treasury or his delegate,
9. auf Anguilla:
   der Leiter des Rechnungswesens der Finanzämter,
10. auf den Britischen Jungferninseln:
    der Finanzminister (Financial Secretary),

Anhang 3　　　　　　　　　　　　　　　　　　　　　　　　　　　　　　　　　　　ZIV

11. auf den Kaimaninseln:
    der Finanzminister (Financial Secretary),
12. auf Montserrat:
    das Dezernat für Steuereinnahmen (Inland Revenue Departement),
13. auf den Turks- und Caicosinseln:
    die Finanzdienstleistungskommission (Financial Services Commission),
14. auf Aruba:
    der Finanzminister oder sein Beauftragter,
15. auf den Niederländischen Antillen:
    der Finanzminister oder sein Beauftragter.

§ 17
Inkrafttreten [1]

Diese Verordnung tritt am 1. Januar 2005 in Kraft, sofern der Rat der Europäischen Union die Festlegung gemäß Artikel 17 Abs. 3 Satz 1 der Richtlinie 2003/48/EG trifft. Anderenfalls tritt die Verordnung zu dem Zeitpunkt in Kraft, ab dem die Vorschriften der Richtlinie 2003/48/EG von den Mitgliedstaaten auf Grund eines Beschlusses des Rates der Europäischen Union nach Artikel 17 Abs. 3 Satz 2 der Richtlinie anzuwenden sind. Das Bundesministerium der Finanzen gibt den Zeitpunkt des Inkrafttretens im Bundesgesetzblatt bekannt.

Anlage (zu § 15)
Liste der verbundenen Einrichtungen

Folgende Einrichtungen sind als „mit der Regierung verbundene Einrichtungen, die als Behörde handeln oder deren Funktion durch einen internationalen Vertrag anerkannt ist", im Sinne des § 15 zu betrachten:

– Einrichtungen innerhalb der Europäischen Union:

Belgien	Région flamande (Vlaams Gewest) (Flämische Region)
	Région wallonne (Wallonische Region)
	Région bruxelloise (Brussels Gewest) (Region Brüssel-Hauptstadt)
	Communauté francaise (Französische Gemeinschaft)
	Communauté flamande (Vlaamse Gemeenschap) (Flämische Gemeinschaft)
	Communauté germanophone (Deutschsprachige Gemeinschaft)
Bulgarien	Общините (Städte und Gemeinden)
	Социалноосигурителни Фондове (Sozialversicherungsfonds)
Spanien	Xunta de Calicia (Regierung der autonomen Gemeinschaft Galicien)
	Junta de Andalucía (Regierung der autonomen Gemeinschaft Andalusien)
	Junta de Extremadura (Regierung der autonomen Gemeinschaft Extremadura)
	Junta de Castilla-La Mancha (Regierung der autonomen Gemeinschaft Kastilien-La Mancha)
	Junta de Castilla-León (Regierung der autonomen Gemeinschaft Kastilien und León)
	Gobierno Foral de Navarra (Regierung der autonomen Gemeinschaft Navarra)
	Govern de les Illes Balears (Regierung der autonomen Gemeinschaft Balearen)
	Generalitat de Catalunya (Regierung der autonomen Gemeinschaft Katalonien)
	Generalitat de Valencia (Regierung der autonomen Gemeinschaft Valencia)
	Diputación General de Aragón (Regierung der autonomen Gemeinschaft Aragón)
	Gobierno de la Islas Canarias (Regierung der autonomen Gemeinschaft Kanarische Inseln)
	Gobierno de Murcia (Regierung der autonomen Gemeinschaft Murcia)
	Gobierno de Madrid (Regierung der autonomen Gemeinschaft Madrid)

---

1) Siehe hierzu Bekanntmachung des BMF vom 22.6.2005 (BGBl. I S. 1695):
„Nach § 17 Satz 2 der Zinsinformationsverordnung vom 26. Januar 2004 (BGBl. I S. 128), die durch Artikel 1 der Verordnung vom 22. Juni 2005 (BGBl. I S. 1692) geändert worden ist, wird hiermit bekannt gemacht, dass ab dem 1. Juli 2005 die Vorschriften der Richtlinie 2003/48/EG von den Mitgliedstaaten auf Grund des Beschlusses des Rates der Europäischen Union vom 19. Juli 2004 gemäß Artikel 17 Abs. 3 Satz 2 der Richtlinie anzuwenden sind. Die Zinsinformationsverordnung tritt damit am **1. Juli 2005 in Kraft.**"

	Gobierno de la Comunidad Autónoma del País Vasco/Euzkadi (Regierung der autonomen Gemeinschaft Baskenland)
	Diputación Foral de Cuipúzcoa (Provinzrat von Cuipúzcoa)
	Diputación Foral de Vizcaya/Biskaia (Provinzrat von Biskaya)
	Diputación Foral de Alava (Provinzrat von Alava)
	Ayuntamiento de Madrid (Stadt Madrid)
	Ayuntamiento de Barcelona (Stadt Barcelona)
	Cabildo Insular de Gran Canaria (Inselrat Gran Canaria)
	Cabildo Insular de Tenerife (Inselrat Teneriffa)
	Instituto de Crédito Oficial (Amtliches Kreditinstitut)
	Instituto Catalán de Finanzas (Katalanisches Finanzinstitut)
	Instituto Valenciano de Finanzas (Valencianisches Finanzinstitut)
Griechenland	Griechische Telekommunikationsanstalt
	Griechisches Eisenbahnnetz
	Staatliche Elektrizitätswerke
Frankreich	La Caisse d'amortissement de la dette social (CADES) (Schuldenfinanzierungskasse der Sozialversicherung)
	L'Agence française de développement (AFD) (Französische Agentur für Entwicklung)
	Réseau Ferré de France (RFF) (Eigentums- und Verwaltungsgesellschaft des französischen Eisenbahnnetzes)
	Caisse Nationale de Autoroutes (CNA) (Staatliche Finanzierungskasse der Autobahnen)
	Assistance publique Hôpitaux des Paris (APHP) Verbund der öffentlichen Krankenhäuser des Großraums Paris)
	Charbonnages des France (CDF) (Zentralverwaltung der staatlichen französischen Steinkohleförderunternehmen)
	Entreprise minière et chimique (EMC.) (Staatliche Bergbau- und Chemieholdinggesellschaft)
Italien	Regionen
	Provinzen
	Städte und Gemeinden
	Cassa Depositi e Prestiti (Spar- und Kreditkasse)
Lettland	Pašvaldîbas (Kommunalverwaltungen)
Polen	gminy (Gemeinden)
	powiaty (Bezirke)
	województwa (Woidwodschaften)
	zwiazki gmin (Gemeindeverbände)
	powiatów (Bezirksverbände)
	województw (Woidwodschaftsverbände)
	miastro stoleczne Warszawa (Hautstadt Warschau)
	Agencja Restrukturyzacji i Modernizacji Rolnictwa (Amt für die Umstrukturierung und Modernisierung der Landwirtschaft)
	Agencja Nieruchomości Rolnych (Amt für landwirtschaftliche Eigentumsfragen)
Portugal	Região autónoma da Madaira (Autonome Region Madeira)
	Região autónoma dos Açores (Autonome Region Azoren)
	Städte und Gemeinden
Rumänien	autoritățile administrației publice locale (lokale Behörden der öffentlichen Verwaltung)
Slowakei	mestá a obce (Gemeinden)
	železnice Slovenskey republiky (Slowakische Eisenbahngesellschaft)

Anhang 3 ZIV

    štátny fond cestného hospodárstva (Staatlicher Straßenfonds)
    Slovenské elektrárne (Slowakische Kraftwerke)
    Vodohospodárska vystavba (Wasserwirtschaftsgesellschaft).
- internationale Einrichtungen
  Europäische Bank für Wiederaufbau und Entwicklung
  Europäische Investitionsbank
  Asiatische Entwicklungsbank
  Afrikanische Entwicklungsbank
  Weltbank/IBRD/IWF
  Internationale Finanzkorporation
  Interamerikanische Entwicklungsbank
  Sozialentwicklungsfonds des Europarats
  EURATOM
  Europäische Gemeinschaft
  Corporación Andina de Fomento (CAF) (Anden-Entwicklungsgesellschaft)
  Eurofima
  Europäische Gemeinschaft für Kohle und Stahl
  Nordische Investitionsbank
  Karibische Entwicklungsbank
  Die Bestimmungen des § 15 gelten unbeschadet internationaler Verpflichtungen, die die Mitgliedstaaten in Bezug auf die oben aufgeführten internationalen Einrichtungen eingegangen sind.
- Einrichtungen in Drittländern:
  Einrichtungen, die folgende Kriterien erfüllen:
  1. Die Einrichtung gilt nach im Geltungsbereich der Verordnung anzuwendenden Kriterien eindeutig als öffentliche Körperschaft.
  2. Sie ist eine von der Regierung kontrollierte Einrichtung, die gemeinwirtschaftliche Aktivitäten verwaltet und finanziert, wozu in erster Linie die Bereitstellung von gemeinwirtschaftlichen (nicht marktbestimmten) Gütern und Dienstleistungen zum Nutzen der Allgemeinheit gehört.
  3. Sie legt regelmäßig in großem Umfang Anleihen auf.
  4. Der betreffende Staat kann gewährleisten, dass die betreffende Einrichtung im Falle von Bruttozinsklauseln keine vorzeitige Tilgung vornehmen wird.

Anwendungsschreiben zur Zinsinformationsverordnung – ZIV –

BdF-Schreiben vom 30.1.2008 – IV C 1 – S 2402-a/0, 2008/0043793 (BStBl. I S. 320) geändert durch BdF-Schreiben vom 20.9.2013 – IV C 1 – S 2402-a/0:021, 2013/0872002 – (BStBl. I S. 1182) –

Anlagen:
I   Ausländische Steueridentifikationsnummern (TIN)
II Datensatzbeschreibung
III Muster der Anträge und Bescheinigungen
IV Auswirkungen der Abkommen mit den Staaten und Gebieten aus Art. 17 ZinsRL
V   Prüfschema

Im Einvernehmen mit den obersten Finanzbehörden der Länder gilt zur Anwendung der Zinsinformationsverordnung Folgendes:

Übersicht	Randziffer (Rz.)
1. Grundzüge	1–5
2. Definition des wirtschaftlichen Eigentümers (§ 2 ZIV)	6-10
3. Ermittlung von Identität und Wohnsitz des wirtschaftlichen Eigentümers (§ 3 ZIV)	11-20
3.1 Identitätsermittlung	11-14
3.2 Wohnsitzermittlung	15-19
3.3 Gemeinsame Regelungen	20
4. Definition der Zahlstelle (§ 4 ZIV)	21-39
4.1 Grundbegriff des Wirtschaftsbeteiligten	22
4.2 Einzelheiten zu den relevanten Handlungen der Wirtschaftsbeteiligten	23-25
4.3 Sonstige Einrichtungen als Zahlstellen kraft Vereinnahmung (§ 4 Abs. 2 ZIV)	26-37
4.4 Wahlrecht zur Behandlung als OGAW (§ 4 Abs. 3 ZIV)	38
4.5 Wirtschaftsbeteiligter und Einrichtung im Sinne von § 4 Abs. 2 ZIV im Inland	39
5. Definition der Zinszahlung (§ 6 ZIV)	40-52
5.1 Definition der Zinsen	41-47
5.2 Zweifelsfallregelungen bezüglich des Anteils der Zinsen an den Erträgen und der Anlage- und Ertragsquote (§ 6 Abs. 2 und 3 ZIV)	48-49
5.3 Zinszahlungen an Konten mit mehreren Inhabern (Gemeinschaftskonten)	49a
5.4 Zinszahlungen an Einrichtungen nach § 4 Abs. 2 ZIV, die nicht zur Behandlung als OGAW optieren konnten (§ 6 Abs. 4 ZIV)	50
5.5 Geringfügigkeitsregel (§ 6 Abs. 5 ZIV)	51
5.6 Berechnungsanleitung (§ 6 Abs. 7 ZIV)	52
5.7 Schwellenwert und Geringfügigkeitsgrenze bei ausländischen Organismen für gemeinsame Anlagen (Home Country Rule)	52a
6. Ausnahme vom Zinsbegriff für bestimmte Anleihen (§ 15 ZIV)	53-59
7. Räumlicher Geltungsbereich (§ 7 ZIV)	60
8. Aufgabenbeschreibung der Zahlstelle und von dieser zu erteilende Auskünfte (§ 8 ZIV)	61-66
9. Das Meldeverfahren (§ 9 ZIV)	67-68
10. Die Quellensteuererhebung (§ 11 ff. ZIV)	69-73
11. Auswirkungen der Abkommen mit den Staaten und Gebieten aus Art. 17 ZinsRL	74
12. Anwendungsregelungen	75

1. Grundzüge

Aufgrund der Ermächtigung in § 45e EStG wurde am 26. Januar 2004 die Verordnung zur Umsetzung der Richtlinie 2003/48/EG des Rates vom 3. Juni 2003 (ABl. EU Nr. L 157 S. 38) im Bereich der Besteuerung von Zinserträgen (Zinsinformationsverordnung – ZIV) erlassen (BGBl. 2004 I S. 128, BStBl. I 2004, S. 297). Sie ist zum 1. Juli 2005 in Kraft getreten (§ 17 Satz 3 ZIV, Bekanntmachung vom 22. Juni 2005, BGBl. 2005 I S. 1695) und zuletzt durch Verordnung vom 5. November 2007 (BGBl. I S. 2562) geändert worden.   **1**

Die Zinsrichtlinie soll die effektive Besteuerung von Zinserträgen natürlicher Personen im Gebiet der EU sicherstellen. Die Regelung beschränkt sich aber auf grenzüberschreitende Zinszahlungen und lässt die innerstaatlichen Regelungen über die Besteuerung von Zinserträgen unberührt.   **2**

Das Ziel der effektiven Besteuerung natürlicher Personen (Art. 1 Abs. 1 ZinsRL) wird dadurch angestrebt, dass über Zinszahlungen an wirtschaftliche Eigentümer (vgl. Rz. 6 ff.) in anderen Mitgliedstaaten der EU eine Auskunft an den Ansässigkeitsstaat (vgl. Rz. 15 ff.) gegeben wird. Bei der Auskunftserteilung wird auf den Zahlungsvorgang als solchen und nicht auf die für die Besteuerung im Ansässig-   **3** keitsstaat maßgebende Bemessungsgrundlage abgestellt. In Deutschland müssen derartige Zinszahlungen dem Bundeszentralamt für Steuern (BZSt, vgl. Rz. 61 ff.) gemeldet werden. Im Rahmen einer automatischen Auskunftserteilung leitet das BZSt die Informationen an den Ansässigkeitsstaat weiter und erhält entsprechende Informationen aus dem Ausland. Für eine Übergangszeit kann statt der Informationserteilung in einigen Mitgliedstaaten ein Steuerabzug vorgenommen werden, der zu 75 % an das BZSt überwiesen wird. Der betroffene wirtschaftliche Eigentümer kann in diesen Mitgliedstaaten statt des Steuerabzugs auch die Erteilung von Mitteilungen verlangen. Ergänzend zu den Mitgliedstaaten der EU ist mit den in Art. 17 ZinsRL genannten Staaten und Gebieten vereinbart worden, dass auch dort ein Mitteilungsverfahren eingeführt oder ein Quellensteuerabzug vorgenommen wird und die einbehaltenen Beträge an die Ansässigkeitsstaaten weitergeleitet werden. Wegen der Einzelheiten wird auf Rz. 69 ff. und die dazu gehörende Anlage IV verwiesen.

Für die Pflicht zur Auskunftserteilung oder zum Steuerabzug ist es unerheblich, wo der eigentliche Schuldner der Zinsen niedergelassen ist. Hierfür wird vielmehr an die Zahlstelle angeknüpft (vgl. Rz. 21 ff.).

4, 5 (frei)

2. Definition des wirtschaftlichen Eigentümers (§ 2 ZIV)

6 Wirtschaftlicher Eigentümer im Sinne der Zinsinformationsverordnung kann nur eine natürliche Person sein. Bei Konten mit mehreren Inhabern (Gemeinschaftskonten) ist auf die jeweilige einzelne natürliche Person abzustellen (vgl. Rzn. 26 und 49a). Es ist dabei unerheblich, ob die Zinserträge gewerbliches Einkommen oder private Kapitalerträge der natürlichen Person darstellen, so dass auch Zinszahlungen an Einzelunternehmer erfasst werden. Kapitalgesellschaften und andere juristische Personen sind vom Anwendungsbereich der Zinsinformationsverordnung ausgenommen.

7 Das Ziel der Zinsrichtlinie, die effektive Besteuerung der natürlichen Person zu gewährleisten, macht es erforderlich, die Zahlungsvorgänge herauszustellen, bei denen die empfangende natürliche Person selbst von der Zahlung begünstigt ist und sie selbst vereinnahmt hat. Zur Vereinfachung für die Zahlstelle wird der Empfänger der Zinszahlung in der Regel als wirtschaftlicher Eigentümer angesehen. Dabei kann dahinstehen, ob der Empfänger die Zahlung vereinnahmt oder ob die Zinszahlung zu seinen Gunsten erfolgt.

8 Der Zahlungsempfänger wird nicht als wirtschaftlicher Eigentümer angesehen, wenn er nachweist, dass die Zahlung nicht für ihn selbst bestimmt ist. Das ist dann der Fall, wenn er als Zahlstelle im Sinne von § 4 Abs. 1 ZIV handelt, d. h. dem wirtschaftlichen Eigentümer Zinsen zahlt oder zu dessen unmittelbaren Gunsten einzieht, oder im Auftrag handelt.

9 Auftraggeber kann/können sein:

a) juristische Personen,

b) Einrichtungen, deren Gewinne den allgemeinen Vorschriften der Unternehmensbesteuerung unterliegen,

c) ein zugelassener Organismus für gemeinsame Anlagen in Wertpapieren (OGAW),

d) eine Einrichtung nach § 4 Abs. 2 ZIV, deren Name und Anschrift der Zahlstelle nach § 4 Abs. 1 ZIV mitgeteilt wird, damit diese die Angaben ihrerseits weiterleiten kann, oder

e) eine andere natürliche Person als wirtschaftlicher Eigentümer, deren Name und Anschrift in verlässlicher Weise festgestellt und der Zahlstelle mitgeteilt wird.

9a Ein Auftragsverhältnis im Sinne des § 2 Abs. 1 Nr. 2 ZIV liegt nicht vor, wenn der Zahlungsempfänger eine Zinszahlung im Rahmen seiner gewerblichen oder beruflichen Tätigkeit für einen Dritten vereinnahmt. Der Zahlungsempfänger ist in diesen Fällen als Zahlstelle zu betrachten, d. h. eine Zinszahlung an einen gewerblich oder beruflich handelnden Zahlungsempfänger löst zunächst keine Mitteilungsverpflichtung nach der Zinsinformationsverordnung aus. Erst bei der Weiterleitung bzw. Auskehrung der Zinszahlung vom Zahlungsempfänger an den wirtschaftlichen Eigentümer kann ein meldepflichtiger Vorgang vorliegen.

Beispiel:

Rechtsanwalt R verwaltet als Testamentsvollstrecker ein Vermögen für eine zum Teil im EU-Ausland ansässige Erbengemeinschaft. Zu diesem Zweck führt er in eigenem Namen ein Depot des Erblassers bei der A-Bank fort. Aus einer im Depot gehaltenen festverzinslichen Anleihe werden dem Depot 1 000 € Zinsen gutgeschrieben. Die A-Bank hat keine Meldeverpflichtung, da R im Rahmen seiner beruflichen Tätigkeit Zinsen vereinnahmt und infolgedessen nicht im Auftrag, sondern als Zahlstelle handelt. R hat erst bei Weiterleitung der Zinsen an die im EU-Ausland ansässigen Miterben eine Mitteilung nach der Zinsinformationsverordnung zu erstellen.

Liegen Zweifel vor, ob der Zahlungsempfänger als wirtschaftlicher Eigentümer der Zinszahlung anzusehen ist, und handelt es sich bei diesem weder um eine Zahlstelle i. S. d. § 4 Abs. 1 ZIV noch um einen Auftragnehmer im Sinne der vorstehenden Ausführungen, muss die Zahlstelle Ermittlungen anstellen. Verbleiben Zweifel, ist der Zahlungsempfänger als wirtschaftlicher Eigentümer zu behandeln. 10

3. Ermittlung von Identität und Wohnsitz des wirtschaftlichen Eigentümers (§ 3 ZIV)

3.1 Identitätsermittlung

Bei der Ermittlung der Identität eines wirtschaftlichen Eigentümers sind zwei Zeiträume zu unterscheiden:

a) Vor dem 1. Januar 2004 begründete Vertragsbeziehungen 11

Bei Vertragsbeziehungen, die vor dem 1. Januar 2004 eingegangen wurden, sind die erforderlichen Angaben aus den Informationen zu entnehmen, die aufgrund der geltenden Bestimmungen zur Verfügung stehen. Für Kredit- und Finanzdienstleistungsinstitute sind § 154 Abgabenordnung (AO) und § 1 Abs. 5 Geldwäschegesetz (GwG) einschlägig. Gemäß § 1 Abs. 5 GwG ist der Name aufgrund eines gültigen Personalausweises oder Reisepasses sowie das Geburtsdatum, der Geburtsort, die Staatsangehörigkeit und die Anschrift, soweit sie darin enthalten ist, festzuhalten. Die Art des amtlichen Ausweises sowie Registriernummer und ausstellende Behörde sind gleichfalls festzustellen.

Nach § 154 Abs. 2 AO und dem Anwendungserlass zur Abgabenordnung zu § 154 Nr. 4 muss sich der Kontoführer Gewissheit über die Person und Anschrift verschaffen.

b) Nach dem 1. Januar 2004 begründete Vertragsbeziehungen 12

Bei vertraglichen Beziehungen oder gesonderten Transaktionen, die ab dem 1. Januar 2004 eingegangen bzw. getätigt werden, ist zusätzlich zu den vorstehenden Angaben die vom Wohnsitzstaat erteilte Steuer-Identifikationsnummer festzuhalten, sofern der jeweilige Mitgliedstaat eine solche Steuer-Identifikationsnummer vergibt (vgl. Aufstellung der EU- Kommission im Rahmen des europäischen TIN-Portals unter dem Link http://ec.europa.eu/taxation_customs/tin/tinByCountry.html).

Hat der jeweilige Mitgliedstaat eine Steuer-Identifikationsnummer erteilt, soll diese anhand eines Passes, des vorgelegten amtlichen Personalausweises oder eines anderen beweiskräftigen Dokuments (z. B. lokaler Steuerbescheid, ID-Karte oder Nachweis der Steueridentifikationsnummer lt. Bescheinigungsmuster in der Anlage III/3) festgestellt werden.

Im Zweifel sind zur Präzisierung das Geburtsdatum und der Geburtsort festzuhalten.

Ist bei der Konto- oder Depotführung eine andere Person als der Konto- oder Depotinhaber wirtschaftlicher Eigentümer, ist dessen Identität festzustellen. Hier reicht die Vorlage einer Kopie des Passes oder amtlichen Personalausweises durch den Treuhänder aus; eine persönliche Identifizierung ist nicht erforderlich (vgl. §§ 8, 9 Abs. 1 S. 2 GwG). 13

Eine ab dem 1. Januar 2004 neu eingegangene vertragliche Beziehung liegt nur vor, wenn die Kundenbeziehung neu begründet wird. Eröffnet ein in der Vergangenheit bereits ausreichend legitimierter wirtschaftlicher Eigentümer nach dem 1. Januar 2004 ein weiteres Konto oder Depot, wird somit eine erneute Legitimations- oder Wohnsitzprüfung nicht erforderlich. 14

Sofern die Angaben zur Steuer-Identifikationsnummer oder Geburtsdatum und Geburtsort vorliegen und nach den Vorschriften des Geldwäschegesetzes auf eine erneute Identitätsfeststellung verzichtet wird oder auf die Ermittlung durch Dritte abgestellt werden kann, gilt dies für Zwecke der Zinsinformationsverordnung entsprechend. Die Verpflichtung, den Wohnsitz zu. ermitteln, bleibt davon unberührt. 14a

3.2 Wohnsitzermittlung

Da nach der Zielsetzung der Zinsrichtlinie der Staat informiert werden soll, dem das Besteuerungsrecht für die betroffenen Zinsen zusteht, ist es erforderlich, zusätzlich zur Identifizierung des wirtschaftlichen Eigentümers dessen Wohnsitz festzustellen (Art. 1 Abs. 1 und Art. 8 Abs. 1 ZinsRL). Unter Wohnsitz im Sinne der Zinsinformationsverordnung ist der Staat zu verstehen, in dem der wirtschaftliche Eigentümer ansässig ist. Grundsätzlich ergibt sich der Wohnsitz aus der festgestellten ständigen Anschrift; bei Personen mit einer Anschrift in einem Drittstaat sind Besonderheiten zu beachten (vgl. Rz. 19). 15

a) Vor dem 1. Januar 2004 begründete Vertragsbeziehungen 16

Bei vor dem 1. Januar 2004 begründeten Vertragsbeziehungen ist die Anschrift aus den aufgrund der Abgabenordnung und des Geldwäschegesetzes vorhandenen Daten zu ermitteln (vgl. Rz. 11). Dabei ist davon auszugehen, dass der Wohnsitz in dem Staat liegt, der der festgestellten ständigen Anschrift entspricht. Die Vorlage eines besonderen Nachweises über den steuerlichen Wohnsitz ist nicht erforderlich.

Anhang 3a   ZIV

17 **b) Nach dem 1. Januar 2004 begründete Vertragsbeziehungen**

Bei vertraglichen Beziehungen oder gesonderten Transaktionen, die ab dem 1. Januar 2004 eingegangen bzw. getätigt werden, ist ebenfalls davon auszugehen, dass der Wohnsitz in dem Staat liegt, der der festgestellten ständigen Anschrift entspricht. Ist die Anschrift nicht im Pass oder amtlichen Personalausweis eingetragen, sind hilfsweise andere beweiskräftige Dokumente heranzuziehen. Hierfür bieten sich als Möglichkeiten der Überprüfung beispielhaft an: Nachprüfung im Wählerverzeichnis, Nachfrage bei einer Kreditauskunftei, Bitte um Vorlage einer Strom-, Gas- oder Wasserrechnung, eines lokalen Steuerbescheids, eines Bank- oder Bausparkassen-Kontoauszuges oder auch Nachschlagen in einem örtlichen Telefonbuch. Als beweiskräftiges Dokument gilt auch eine vom wirtschaftlichen Eigentümer unterzeichnete Erklärung über seine ständige Anschrift.

18 Gibt eine Person an, in einem anderen Mitgliedstaat als demjenigen, welcher den Pass oder den amtlichen Personalausweis ausgestellt hat, ansässig zu sein, und kann dies die Zahlstelle anhand der Kontounterlagen und der Kundenkorrespondenz verifizieren, ist die Meldung an den Staat der angegebenen Anschrift weiterzuleiten. Bei bestehenden Zweifeln gilt der Wohnsitz als in dem Mitgliedstaat belegen, in dem der Pass oder der amtliche Personalausweis ausgestellt worden ist.

19 **c) Besonderheiten bei Wohnsitz in einem Drittstaat**

Gibt eine Person mit einem in der EU ausgestellten Pass oder amtlichen Personalausweis an, in einem Drittstaat (also außerhalb der EU) ansässig zu sein, muss dies durch einen Nachweis über den steuerlichen Wohnsitz belegt werden, der von der zuständigen Behörde dieses Drittstaates ausgestellt wurde. Wird dieser Nachweis nicht vorgelegt, gilt der Wohnsitz als in dem EU-Mitgliedstaat belegen, in dem der Pass oder ein anderer amtlicher Identitätsausweis ausgestellt wurde (§ 3 Abs. 2 Satz 6 ZIV, vgl. Beispiel in Rz. 19g).

19a **d) Sonderfälle: Deutsche Auslandsbeamte, Beschäftigte Internationaler Einrichtungen, Ausländische Diplomaten**

Bei Personen, die der erweiterten unbeschränkten Steuerpflicht nach § 1 Abs. 2 EStG unterliegen (dies sind insbesondere ins Ausland entsendete deutsche Beamte mit diplomatischem/konsularischen Status), ist für Zwecke der Zinsinformationsverordnung von einem Wohnsitz im Inland auszugehen, so dass hier eine Verpflichtung zur Datenübermittlung nach § 8 ZIV entfällt. Das Gleiche gilt für Zinszahlungen an deutsche Beschäftigte internationaler Einrichtungen (z. B. EU), wenn sie aufgrund zwischenstaatlicher Vereinbarungen wie unbeschränkt Steuerpflichtige behandelt werden (z. B. EG-Privilegien-Protokoll BGBl. II 1965, 1482 und 1967, 2156). Bei ausländischen Mitgliedern des diplomatischen oder konsularischen Personals wird zur Ermittlung des Wohnsitzes nicht auf den Staat der Akkreditierung oder des Aufenthalts, sondern auf den Entsendestaat abgestellt. Ist der Entsendestaat ein EU-Mitglied, ist trotz inländischer Anschrift eine Datenübermittlung nach § 8 ZIV an den Entsendestaat vorzunehmen.

> Beispiel:
>
> Ein wirtschaftlicher Eigentümer legt bei Kontoeröffnung einen spanischen Diplomatenausweis vor und gibt eine deutsche Anschrift an.
>
> In den Feldern zur Anschrift ist die deutsche Anschrift einzutragen. Als Wohnsitz ist Spanien anzugeben.

19b **e) Wechsel der Anschrift/des Wohnsitzes (Umzug)**

Wurden nach den o. a. Regelungen die Anschrift und der Wohnsitz des wirtschaftlichen Eigentümers bestimmt, hat die Zahlstelle keine Nachforschungspflicht hinsichtlich möglicher Änderungen. Teilt der wirtschaftliche Eigentümer einen Umzug mit, sind die Daten der neuen Anschrift wiederum anhand der im Pass oder im amtlichen Personalausweis angegebenen Anschrift oder eines anderen beweiskräftigen Dokuments festzustellen. Als Zeitpunkt des Wechsels der Anschrift und ggf. des Wohnsitzes gilt der Zeitpunkt, zu dem der wirtschaftliche Eigentümer die neue Anschrift anzeigt und durch eines der oben angeführten Dokumente belegt. Die Zahlstelle kann eine rückwirkende Änderung der Daten zur Anschrift akzeptieren, wenn der wirtschaftliche Eigentümer das Datum des Umzugs durch geeignete Nachweise (z. B. Abmelde- und Anmeldebescheinigung) belegt.

19c Für die Auskunftserteilung ist grundsätzlich auf die Daten zum Zeitpunkt des Zuflusses der Zinsen abzustellen (vgl. Rz. 61). Erfolgt im Laufe des Jahres eine Veränderung im selben Staat, können die Daten zum 31. Dezember verwendet werden. Bei einem unterjährigen Umzug in einen anderen Staat ist jeweils eine Mitteilung an den jeweiligen Wohnsitzstaat zum Zeitpunkt des Zuflusses zu erstellen. Erfolgt beispielsweise bei monatlichen Zinszahlungen ein Wechsel des Wohnsitzes ab dem vierten Quartal des Jahres von Mitgliedstaat A nach Mitgliedstaat B, sind zu Mitgliedstaat A die Zinsen der ersten drei Quartale sowie zu Mitgliedstaat B die Zinsen des letzten Quartals zu melden.

Gibt der wirtschaftliche Eigentümer an, in einen anderen Mitgliedstaat oder einen Drittstaat umgezogen zu sein, und liegen der Zahlstelle keinerlei beweiskräftige Dokumente vor, die dies belegen, sind die zuletzt ermittelten Daten zur Anschrift und zum Wohnsitz innerhalb des Anwendungsbereichs der Zinsinformationsverordnung anzugeben. 19d

Beispiel 1:

Ein wirtschaftlicher Eigentümer mit einem französischen Pass (ohne Eintrag der Anschrift) eröffnet ein Konto in Deutschland. Zum Nachweis seiner Anschrift in Frankreich legt er eine Stromrechnung vor.

Zu melden ist die französische Anschrift und als Wohnsitz ebenfalls Frankreich.

Beispiel 2:

Ein Jahr nach der Kontoeröffnung teilt der wirtschaftliche Eigentümer mit französischem Pass seine neue Anschrift in Italien mit.

Die neue Anschrift ist wiederum durch beweiskräftige Dokumente zu belegen. Ohne beweiskräftige Dokumente sind weiterhin die französische Anschrift und der französische Wohnsitz zu melden. Liegen beweiskräftige Dokumente vor, sind die italienische Anschrift und ein Wohnsitz in Italien zu melden.

Beispiel 3:

Bei einem wirtschaftlichen Eigentümer mit britischem Pass wurde bei Kontoeröffnung eine Anschrift im Vereinigten Königreich ermittelt. Er gibt später an, nach Australien umgezogen zu sein.

Eine Meldung nach der Zinsinformationsverordnung entfällt nur, wenn der wirtschaftliche Eigentümer einen von der zuständigen australischen Behörde ausgestellten Nachweis über den steuerlichen Wohnsitz vorlegt.

Wird dieser Nachweis nicht erbracht, steht aber ein beweiskräftiges Dokument (z. B. Telefonbucheintrag) zur Verfügung, aus dem sich die australische Anschrift ergibt, sind die australische Anschrift, aber als Wohnsitz Vereinigtes Königreich anzugeben.

Ohne ein beweiskräftiges Dokument sind weiterhin die bisherige Anschrift und der bisherige Wohnsitz im Vereinigten Königreich mitzuteilen.

3.3 Gemeinsame Regelungen

Eine persönliche Vorlage der zur Feststellung von Identität und Wohnsitz gemäß Rz. 11 ff. bzw. Rz. 15 ff. erforderlichen Dokumente ist nicht notwendig. Eine von der Zahlstelle vorgenommene Identitäts- und Wohnsitzermittlung macht eine erneute Legitimations- und Wohnsitzprüfung im Falle der Eröffnung weiterer Konten oder Depots desselben wirtschaftlichen Eigentümers – auch bei einer Niederlassung oder Schwesterfirma im Ausland – entbehrlich. 20

4. Definition der Zahlstelle (§ 4 ZIV)

Die inländische Zahlstelle ist handlungsverpflichtete Stelle nach § 1 ZIV. Zahlstelle ist ein Wirtschaftsbeteiligter (vgl. Rz. 22), der an den wirtschaftlichen Eigentümer (vgl. Rz. 6 ff.) Zinsen zahlt oder zu dessen unmittelbaren Gunsten einzieht. Neben dieser Grundform der Zahlstelle gibt es verschiedene Sonderfälle (vgl. Rz. 26 ff. und Rz. 38). 21

4.1 Grundbegriff des Wirtschaftsbeteiligten

Nach § 4 Abs. 1 Satz 2 ZIV ist ein Wirtschaftsbeteiligter jede natürliche oder juristische Person, die in Ausübung ihres Berufs oder ihres Gewerbes Zinszahlungen tätigt. Vertragsbeziehungen zwischen Verwandten oder sonstige Vertragsbeziehungen im privaten Bereich sind somit vom Anwendungsbereich der Zinsinformationsverordnung ausgeschlossen. Bei den Wirtschaftsbeteiligten handelt es sich in der Regel um Banken bzw. Kreditinstitute. Wirtschaftsbeteiligter können jedoch beispielsweise auch Personengesellschaften, Personenvereinigungen oder Betriebsstätten ausländischer Gesellschaften sein. Es ist nicht erforderlich, dass Bankgeschäfte zum Kernbereich des Geschäftsbetriebs gehören; für die Annahme der Eigenschaft als Zahlstelle genügt es, dass gelegentlich im Rahmen der Geschäftstätigkeit Zinszahlungen vorgenommen werden. Daher kann auch ein gewerblicher bzw. beruflicher Treuhänder oder Testamentsvollstrecker für eine Erbengemeinschaft oder ein Rechtsanwalt mit einem Anderkonto für eine Einzelperson oder einem Sammel-Anderkonto für eine Personengruppe Zahlstelle sein (vgl. Rzn. 9a und 9b). Rechtsanwälte, Patentanwälte, Notare, Steuerberater, Wirtschaftsprüfer, Steuerbevollmächtigte und vereidigte Buchprüfer können in den Fällen, in denen sie im Sinne der Zinsinformationsverordnung als Zahlstelle eine Zinszahlung erbringen, sich nicht auf ein Auskunftsverweigerungsrecht gegenüber der Finanzverwaltung berufen (vgl. § 102 Abs. 4 Satz 1 der Abgabenordnung in der Fassung des Gesetzes vom 14. August 2007 [BGBl. I S. 1912]). Erhält aber beispielsweise eine Ka- 22 pitalgesellschaft von einem Gesellschafter ein Darlehen, erfolgt die Zinszahlung durch die Gesellschaft nicht in Ausübung, sondern nur bei oder anlässlich der Ausübung des Gewerbes.

4.2 Einzelheiten zu den relevanten Handlungen der Wirtschaftsbeteiligten

23 Einziehen liegt vor, wenn die Zinsen im Auftrag des wirtschaftlichen Eigentümers von dem Schuldner eingefordert werden. Hier wird für die Tätigkeit des Wirtschaftsbeteiligten auch die Bezeichnung Inkassostelle verwendet. Zu beachten ist, dass im Falle von Zahlungsvorgängen, bei denen die Zinszahlung den wirtschaftlichen Eigentümer erst über eine weitere oder mehrere Zwischenstationen erreicht, der letzte Beteiligte, der die Zinsen direkt an den wirtschaftlichen Eigentümer zahlt oder sie zu dessen unmittelbaren Gunsten einzieht, als Zahlstelle gilt (vgl. aber Rz. 26 ff.).

24 Beispiele:
   (a) Gutschrift eines Zinsbetrages:
       Das kontoführende Kreditinstitut zahlt dem Kunden Zinsen auf eine Spar- oder Termineinlage, schreibt also als Schuldner die Zinsen gut.
   (b) Einziehen einer Zinszahlung:
       Das Kreditinstitut schreibt seinem Kunden die vom Emittenten gezahlten Zinsen auf eine im Depot verwahrte Schuldverschreibung gut.
   (c) Mehrstufige Verwahrung:
       Die Ortsbank verwahrt für ihren Kunden Wertpapiere im Depot. Sie gibt die Wertpapiere in ihrem Namen an eine Zentralbank zur Verwahrung weiter. Nach den Bestimmungen des Depotgesetzes werden die Wertpapiere von beiden Instituten verwahrt: Von der Zentralbank als Drittverwahrerin gemäß § 3 Depotgesetz und von der Ortsbank selbst als Erstverwahrerin für den Kunden. Wird eine Zinsgutschrift von der Zentralbank an die Ortsbank erteilt und von dieser an den Kunden weitergeleitet, so ist lediglich die Ortsbank Zahlstelle.

25 Auch eine depotführende Kapitalanlagegesellschaft kann relevante Handlungen durchführen, nicht jedoch ein Investment-Sondervermögen, da dieses keine direkten Zinszahlungen an den wirtschaftlichen Eigentümer vornimmt.

4.3 Sonstige Einrichtungen als Zahlstellen kraft Vereinnahmung (§ 4 Abs. 2 ZIV)

26 § 4 Abs. 2 ZIV erweitert die Definition der Zahlstelle i. S. d. § 4 Abs. 1 ZIV um eine in einem Mitgliedstaat niedergelassene Einrichtung, an die eine Zinszahlung zu Gunsten eines wirtschaftlichen Eigentümers geleistet wird oder die eine Zinszahlung zu dessen Gunsten einzieht. Eine derartige Einrichtung gilt bei der Vereinnahmung der Zinsen als Zahlstelle und nicht bei deren Auszahlung an den wirtschaftlichen Eigentümer. Zweck dieser Vorschrift ist es, alle sonstigen Einrichtungen dem Anwendungsbereich der Zinsinformationsverordnung zu unterwerfen, die nicht nach § 4 Abs. 3 ZIV optiert haben. Die Vereinnahmung einer Zinszahlung durch die sonstige Einrichtung gilt daher als eigene Zinszahlung der sonstigen Einrichtung an deren Beteiligte bzw. Anleger. Sofern es sich bei den Beteiligten bzw. Anlegern um in anderen Mitgliedstaaten ansässige wirtschaftliche Eigentümer handelt, bestehen Meldepflichten.

26a Als sonstige Einrichtungen kommen insbesondere nicht körperschaftsteuerpflichtige Personenzusammenschlüsse (Gesellschaften bürgerlichen Rechts oder sonstige Personenvereinigungen) und Organismen für gemeinsame Anlagen in Betracht, die nicht nach der Richtlinie 85/611/EWG vom 20. Dezember 1985 zur Koordinierung der Rechts- und Verwaltungsvorschriften betreffend bestimmte Organismen für gemeinsame Anlagen in Wertpapieren zugelassen sind (nichtrichtlinienkonforme OGA). Im Gegensatz zu § 4 Abs. 1 ZIV ist es im Rahmen des § 4 Abs. 2 ZIV nicht erforderlich, dass die Zinszahlung unmittelbar zugunsten des wirtschaftlichen Eigentümers erfolgt. Es genügt eine mittelbare Begünstigung, die sich bei nichtrichtlinienkonformen OGA aus etwaigen Ansprüchen auf Ausschüttung von Erträgen des Sondervermögens und/oder aus dem Wertzuwachs des Anteilsscheins, der durch Veräußerung oder Rückgabe realisiert werden kann, ergibt.

26b Bei einem Konto mit mehreren Kontoinhabern (Gemeinschaftskonto) ist nur dann von einer sonstigen Einrichtung auszugehen, wenn es sich um einen Personenzusammenschluss handelt, an dem weitere Personen als die Kontoinhaber beteiligt sind. Sofern hierfür keine Anhaltspunkte aus den Kontounterlagen ersichtlich sind, ist jeder Kontoinhaber gesondert als wirtschaftlicher Eigentümer zu betrachten (vgl. Rz. 49a). Eine gesonderte Betrachtung ist insbesondere bei gemeinsamen Konten von Ehegatten und nichtehelichen Lebensgemeinschaften vorzunehmen.

27 Grenzüberschreitende Zahlungen an derartige Einrichtungen unterliegen einer besonderen Mitteilungspflicht, abweichend von der Grundregel, dass nur unmittelbare Zahlungen an natürliche Personen als wirtschaftliche Eigentümer mitzuteilen sind. Diese Mitteilungspflicht für eine inländische Zahlstelle i. S. v. § 4 Abs. 1 ZIV greift allerdings nur dann, wenn die Einrichtung in einem anderen Mitgliedstaat der

EU niedergelassen ist. Das ist der Fall, wenn sie dort ihren Sitz, ihre Geschäftsleitung oder ihre Betriebsstätte hat.

Beispiel:
Eine Anlegergemeinschaft in den Niederlanden mit u. a. zwei Beteiligten aus Frankreich erhält Zinsen aus einer Festgeldanlage bei einer Bank in Deutschland.

Folge:
a) Meldepflicht der Bank (§ 4 Abs. 2 Satz 3 ZIV) an das BZSt.
b) Mitteilungspflicht der Anlegergemeinschaft (Art. 8 ZinsRL) an die zuständige Behörde in den Niederlanden (vgl. Rz. 50), welche die Informationen an die französische Finanzbehörde weiterleitet.

Bestehen Zweifel über den Ort der Niederlassung, können die Zahlstellen zur Feststellung der Ansässigkeit wie folgt vorgehen: 28

a) Besteht dem Grunde nach eine Verpflichtung der auszahlenden Stelle zum Einbehalt von Zinsabschlag (ab 2009: Kapitalertragsteuer), was stets der Fall ist, wenn an dem Personenzusammenschluss mindestens ein Steuerinländer beteiligt ist (vgl. BMF-Schreiben vom 5. November 2002, BStBl. I S. 1346 Rz. 47), muss keine Mitteilung erfolgen, da dann von einer Ansässigkeit im Inland auszugehen ist. 29

b) Besteht dem Grunde nach jedoch keine Verpflichtung der auszahlenden Stelle zum Einbehalt von Zinsabschlag (ab 2009: Kapitalertragsteuer), da sich der Personenzusammenschluss ausschließlich aus Steuerausländern zusammensetzt, greift die Mitteilungspflicht, sofern der Personenzusammenschluss in einem anderen Mitgliedstaat ansässig ist. Für die Frage, ob und an welchen Mitgliedstaat die Mitteilung weiterzuleiten ist, kann die Korrespondenzadresse des Personenzusammenschlusses als Entscheidungskriterium herangezogen werden (Zustelladresse der Kontoauszüge). 30

Allerdings kann die Einrichtung die Anwendung dieser Vorschrift durch den Nachweis mittels beweiskräftiger und offizieller Unterlagen vermeiden, dass 31

1. sie eine juristische Person mit genannten Ausnahmen in Finnland und Schweden ist oder
2. ihre Gewinne den allgemeinen Vorschriften für die Unternehmensbesteuerung unterliegen oder
3. sie ein zugelassener OGAW ist, d. h. ein richtlinienkonformer Investmentfonds.

In den Fällen der Nrn. 1 und 2 stehen die Zinsen der Einrichtung selbst zu und fließen in den Gewinn ein, so dass keine Weiterleitung an andere wirtschaftliche Eigentümer erfolgt. 32

Als Beispiele für die Nr. 1 kommen – nach deutschem Recht – neben AG und GmbH auch in Betracht rechtsfähige Stiftungen und Vereine; zu ausländischen Gesellschaften wird auf die Anlage 2 EStG (zu § 43b EStG) verwiesen. 33

Zu Nr. 2 ist erläuternd anzumerken, dass Gewinne auch dann den allgemeinen Vorschriften der Unternehmensbesteuerung unterliegen, d. h. weder die Einrichtung selbst noch die Einkünfte sind davon befreit, wenn in einem Jahr Verluste zu erfassen sind oder wegen Verlustvorträgen keine Steuer anfällt. Aus deutscher Sicht unterliegen einer Unternehmensbesteuerung auch OHG, KG und Partnergesellschaften sowie nichtrechtsfähige Vereine, Anstalten und Stiftungen. 34

Unter die Nr. 3 gehören aus deutscher Sicht nicht: Spezial-Sondervermögen, Altersvorsorge-Sondervermögen, Immobilien-Sondervermögen, Gemischte Sondervermögen und Sondervermögen mit zusätzlichen Risiken („Hedgefonds"). Derartigen inländischen Einrichtungen steht allerdings die Option nach § 4 Abs. 3 ZIV offen (zur Auswirkung der Option vgl. Rz. 38). 35

Der Nachweis durch beweiskräftige und offizielle Unterlagen kann u. a. durch Vorlage von Registerauszügen oder Dokumenten der Finanzverwaltung erbracht werden. Zum Nachweis der Unternehmensbesteuerung vgl. das Muster einer Bescheinigung (Anlage III/1). 36

Ist eine Mitteilung nach § 4 Abs. 2 Satz 3 ZIV zu erstellen, hat sie den Namen und die Anschrift der Einrichtung sowie den Gesamtbetrag der Zahlung oder des Einzugs zu enthalten. Diese Mitteilung ist vom inländischen Wirtschaftsbeteiligten an das BZSt zu richten, das die Informationen an den Ansässigkeitsstaat der Einrichtung weiterleitet (vgl. Anlage V, Prüfschema). 37

4.4 Wahlrecht zur Behandlung als OGAW (§ 4 Abs. 3 ZIV)

In § 4 Abs. 3 ZIV wird den inländischen Einrichtungen i. S. d. § 4 Abs. 2 Satz 1 ZIV das Wahlrecht eingeräumt, sich als OGAW behandeln zu lassen. Voraussetzung ist ihre steuerliche Erfassung beim Finanzamt. Der Einrichtung wird dann vom örtlich zuständigen Finanzamt ein entsprechender Nachweis darüber ausgestellt, den sie beim Zahlungsvorgang vorlegen muss (vgl. das Muster für eine solche Bestätigung in Anlage III/2). Eine Option kommt nur in Betracht bei Einrichtungen, die eine Ähnlichkeit zu 38 den OGAW und eine wirtschaftliche Betätigung aufweisen. Hierzu zählen nicht-richtlinienkonforme OGA (§§ 66 bis 95 und §§ 112 bis 120 Investmentgesetz).

Die im Ausland ausgeübte Option einer Einrichtung wird berücksichtigt, wenn sie durch Bestätigung der zuständigen ausländischen Finanzbehörde nachgewiesen wird. Angesichts der Unsicherheiten bei der Einordnung derartiger Einrichtungen gilt die Nachweispflicht auch für Einrichtungen aus Staaten, in denen durch gesetzliche Fiktion das Wahlrecht immer als ausgeübt gilt wie beispielsweise in Luxemburg.

38a Eine ausgeübte Option kann widerrufen werden. Der Widerruf erfolgt durch Willenserklärung gegenüber der nach § 5 ZIV zuständigen Behörde und Rückgabe der nach § 4 Abs. 3 ZIV ausgestellten Nachweise. Er entfaltet grundsätzlich erst Wirkung für das dem Widerruf nachfolgende Kalenderjahr.

4.5 Wirtschaftsbeteiligter und Einrichtung im Sinne von § 4 Abs. 2 ZIV im Inland

39 Wenn sowohl der Wirtschaftsbeteiligte im Sinne von § 4 Abs. 1 ZIV (aktiv handelnd zugunsten des wirtschaftlichen Eigentümers) und die Einrichtung im Sinne von § 4 Abs. 2 ZIV (vereinnahmend) im Inland ansässig sind, entfällt für den Wirtschaftsbeteiligten nach § 4 Abs. 1 ZIV die Mitteilungspflicht. Sind von der vereinnahmenden Einrichtung Zinsen wirtschaftlichen Eigentümern im Ausland zuzuordnen, muss sie unabhängig von einer tatsächlichen Auszahlung die entsprechenden Mitteilungen vornehmen (vgl. § 6 Abs. 4 ZIV).

5. Definition der Zinszahlung (§ 6 ZIV)

40 Der materielle Zinsbegriff der Zinsinformationsverordnung entspricht letztmalig für die Mitteilung von im Kalenderjahr 2008 zugeflossenen Zinszahlungen dem Begriff der Einkünfte aus Kapitalvermögen nach § 20 Abs. 1 Nr. 4, 5 und 7 sowie Abs. 2 mit Ausnahme von dessen Satz 1 Nr. 2 Buchstabe a EStG. Anschließend gelten ausschließlich die nachfolgend dargestellten Regelungen zum Umfang der meldepflichtigen Zinszahlungen. Da die Zinsrichtlinie die Fragen im Zusammenhang mit der Besteuerung von Renten und Versicherungsleistungen unberührt lässt, sind die Erträge aus Lebensversicherungen nach § 20 Abs. 1 Nr. 6 EStG nicht erfasst.

5.1 Definition der Zinsen

Im Einzelnen handelt es sich um folgende Zahlungen:

41 Nr. 1: gezahlte oder einem Konto gutgeschriebene Zinsen, die mit Forderungen jeglicher Art zusammenhängen. Die Art der Besicherung und ein Gewinnbeteiligungsrecht haben keine Bedeutung. Zuschläge für verspätete Zahlungen gehören nicht dazu.

Hierunter fallen insbesondere Zinsen mit Prämien und Gewinnen aus von der Privatwirtschaft oder der öffentlichen Hand begebenen Anleihen (z. B. in Deutschland von der Deutschen Telekom AG ausgegebene Anleihen oder vom Bund herausgegebene Bundesobligationen). Zinsen aus Tafelgeschäften fallen unter den Begriff der Zinszahlung.

42 Nr. 2: aufgelaufene oder kapitalisierte Zinsen im Falle der Abtretung, Rückzahlung oder Einlösung von Forderungen i. S. d. Nr. 1. Hierunter fallen insbesondere Stückzinsen, aber auch der Ertrag von un- oder niedrigverzinslichen Ab- oder Aufzinsungspapieren, der ganz oder teilweise in den während der Laufzeit der Anleihe rechnerisch angefallenen Zinsen und Zinseszinsen besteht (z. B. Nullkupon-Anleihen [Zero-Bonds], Agio-Anleihen, Disagio-Anleihen).

43 Nr. 3: direkte oder über eine Einrichtung im Sinne von § 4 Abs. 2 ZIV laufende Zinsen, die ausgeschüttet werden von:
   a) OGAW,
   b) Einrichtungen, die für die Behandlung als OGAW optiert haben (§ 4 Abs. 3 ZIV),
   c) außerhalb des Anwendungsbereichs der Zinsrichtlinie, d. h. der Mitgliedstaaten der EU ansässige Organismen für gemeinsame Anlagen. Dies sind alle Formen für gemeinsame Anlagen, unabhängig von der Rechtsform und der Zusammensetzung des Vermögens. Hierunter fallen Organismen, die, wären sie in einem Mitgliedstaat niedergelassen, als OGAW gelten würden, aber auch alle anderen Instrumente für gemeinsame Anlagen, z. B. Investmentclubs.

Ausschüttungsgleiche Erträge i. S. v. § 1 Abs. 3 Satz 3 InvStG sind nicht umfasst.

44 Nr. 4: in Erweiterung der vorstehenden Zinsdefinition werden auch Erträge erfasst, die bei Abtretung, Rückzahlung oder Einlösung von Anteilen an Organismen oder Einrichtungen realisiert werden, die unmittelbar oder mittelbar mehr als 40 % ihres Vermögens (vgl. Rz. 52) in Anlagen investiert haben, deren Erträge nach der Grundregel der Nr. 1 als Zinsen anzusehen sind (Schwellenwert).

Die Organismen oder Einrichtungen unterteilen sich nach den in Nr. 3 dargestellten Alternativen in zugelassene OGAW, aufgrund Option als OGAW zu behandelnde Einrichtungen und außerhalb der EU angesiedelte Organismen für gemeinsame Anlagen.

Bei der mittelbaren Beteiligung ist für die Quote maßgeblich, ob der Organismus oder die Einrichtung, an der die Beteiligung besteht, ihrerseits die Quote von 40 % überschreitet. In diesem Fall ist die gesamte Beteiligung als Forderung i.S.d. Nr. 1 anzusehen.

Es ist unerheblich, ob die maßgeblichen Zinserträge unmittelbar oder auf einer Unterbeteiligungsstufe aus dem Inland oder Ausland stammen. Die vorstehende Qualifizierung als Zins lässt die Meldepflicht entstehen. Sie bewirkt jedoch keine Umqualifizierung der Einnahmen bei der endgültigen Veranlagung.

Die Übergangsregelung (§ 15 ZIV) für einen Teil der zu berücksichtigenden Zinsen wird in Rz. 53 ff. dargestellt.

Nachfolgende Beispiele sollen der Verdeutlichung dienen.

Beispiel 1: 45

Zinsen, die aufgrund der Übergangsregelung unberücksichtigt bleiben

Ein Bankkunde, der in Neapel lebt, unterhält in München ein Festgeldkonto, auf dem Zinsen anfallen. Ferner hält er dort in einem Depot Anteile an einem Rentenfonds (zugelassener OGAW), der zu 50 % in Anleihen investiert hat, die unter die Bestandsschutzklausel nach § 15 ZIV fallen (vgl. Rz. 53 ff.) und zu 50 % in sonstige Anleihen. Der Rentenfonds erzielt aus beiden Anleihegruppen Zinserträge, die an die Anleger ausgeschüttet werden.

Lösung:

Die auf das Festgeld gezahlten Zinsen sind dem BZSt zu melden, ferner die aus den Anteilen erzielten Erträge, soweit sie auf die sonstigen Anleihen entfallen (§ 6 Abs. 1 Satz 1 Nr. 1 und 3 Buchstabe a ZIV).

Beispiel 2: 46

Fallvariante zum Beispiel 1

Der Rentenfonds thesauriert die laufenden Zinsen. Im Jahr 2007 veräußert der Kunde aus Neapel die Anteile und erzielt aus deren Abtretung Erträge.

Lösung:

Die Erträge stammen aus Anteilen an einem zugelassenen OGAW, dessen Vermögen zu mehr als 40 % in Forderungen nach § 6 Abs. 1 Satz 1 Nr. 1 ZIV angelegt ist (§ 6 Abs. 1 Satz 1 Nr. 4 ZIV). Sie sind dem BZSt zu melden.

Beispiel 3: 47

OGAW (Dachfonds), der seinerseits eine Beteiligung an einem OGAW (Zielfonds) hält

Ein französischer Anleger veräußert aus seinem Depot bei einer Bank in Frankfurt Anteile eines spanischen Sondervermögens, dessen Mittel zu

50 % in spanischen Aktien,

10 % als Geldanlage bei einer spanischen Bank und

40 % als Beteiligung an einem französischen Sondervermögen angelegt sind.

Dieses wiederum hat

30 % seiner Mittel in spanische Aktien

und 70 % in französische Industrieobligationen

investiert.

Lösung:

Die Gesamtquote der Zinspapiere beträgt 50 %, da die Beteiligung am französischen Sondervermögen insgesamt als Forderung im Sinne von § 6 Abs. 1 Satz 1 Nr. 1 ZIV gilt. Der Veräußerungsvorgang ist daher meldepflichtig. Es ist eine Mitteilung an das BZSt mit dem Ziel der Weiterleitung nach Frankreich zu fertigen.

5.2 Zweifelsfallregelungen bezüglich des Anteils der Zinsen an den Erträgen und der Anlage- und Ertragsquote (§ 6 Abs. 2 und 3 ZIV)

Liegen der Zahlstelle keine Informationen über den Anteil der Zinszahlungen an den gesamten Erträgen nach § 6 Abs. 1 Satz 1 Nr. 3 und 4 ZIV vor, gilt der Gesamtbetrag der betreffenden Erträge als Zinszahlung. 48

Fehlen Informationen zur Anlagequote bei Organismen und Einrichtungen nach § 6 Abs. 1 Satz 1 Nr. 4 ZIV, ist davon auszugehen, dass der Anteil über 40 % liegt. 49

5.3 Zinszahlungen an Konten mit mehreren Inhabern (Gemeinschaftskonten)

49a Bei Zinszahlungen an Konten mit mehreren Inhabern ist für jeden im EU-Ausland ansässigen Mitinhaber eine Meldung zu machen. Hinsichtlich der Höhe Zinszahlung ist entweder
- für jeden meldepflichtigen Kontoinhaber jeweils der vollen Betrag der Zinszahlung, oder
- aufgeteilt nach Köpfen, oder
- nach einem individuellen Verteilungsschlüssel

zu melden. Für die Anwendung eines individuellen Verteilungsschlüssels genügt die formlose Mitteilung des Verfügungsberechtigten über das Konto. Dies gilt nicht, wenn der Anteil eines meldepflichtigen Kontoinhabers mit weniger als 1 % angegeben wird.

5.4 Zinszahlungen an Einrichtungen nach § 4 Abs. 2 ZIV, die nicht zur Behandlung als OGAW optieren konnten (§ 6 Abs. 4 ZIV)

50 Das Optionsrecht nach § 4 Abs. 3 ZIV steht den Einrichtungen zu, die steuerlich geführt werden. § 6 Abs. 4 ZIV legt fest, dass bei den verbleibenden Einrichtungen die Vereinnahmung der Zinsen unmittelbar auch als Zahlung durch diese Einrichtungen zu gelten hat. Dies bedeutet das Entstehen der Meldepflicht bei Beteiligung eines wirtschaftlichen Eigentümers aus dem übrigen Geltungsgebiet der Richtlinie.

5.5 Geringfügigkeitsgrenze (§ 6 Abs. 5 ZIV)

51 Um Zahlungen von Unternehmen und Einrichtungen nicht erfassen zu müssen, die nur zu einem geringen Anteil Zinsen i. S. d. Grundregelung des § 6 Abs. 1 Satz 1 Nr. 1 ZIV erwirtschaften, besteht eine Geringfügigkeitsgrenze. Sofern diese Unternehmen und Einrichtungen höchstens 15 % ihres Vermögens (vgl. Rz. 52) in entsprechenden Forderungen investiert haben, werden aus Vereinfachungsgründen deren gesamte Zahlungen nicht als Zinszahlungen angesehen. Dies gilt auch für die Einrichtungen nach § 4 Abs. 2 ZIV, die nicht optieren konnten. Das nach Art. 6 Abs. 6 ZinsRL eingeräumte Wahlrecht der Einführung einer Geringfügigkeitsgrenze, wie mit § 6 Abs. 5 ZIV umgesetzt, steht nur den Mitgliedstaaten zu. In Staaten außerhalb der EU aufgelegten Investment-Sondervermögen steht diese Möglichkeit nicht offen, der Zinsanteil ist immer zu erfassen.

> Beispiel:
>
> Ein Depotkunde aus Dänemark einer inländischen Bank ist Inhaber von Anteilen an zwei OGAW (Dachfonds A und B), die jeweils Anteile an einem reinen Aktienfonds halten. Der Dachfonds A besitzt darüber hinaus Anteile am Zielfonds C. Es werden die laufenden Erträge ausgeschüttet.
>
> | Zusammensetzung der Anlagen des | | Dachfonds A: | Dachfonds B: |
> |---|---|---|---|
> | (a) reiner Aktienfonds | | 70 % | 84 % |
> | (b) Zielfonds C | | 20 % | |
> | Aktien | 70 % | | |
> | Renten | 30 % | | |
> | (c) Renten | | 10 % | 16 % |
>
> Lösung:
>
> Die Anlagequote in Rentenpapieren beträgt rechnerisch in beiden Fällen 16 %, im Dachfonds A allerdings unter Einbeziehung der mittelbaren Rentenanlage über Zielfonds C, bei Dachfonds B unmittelbar. In beiden Fällen hat eine Meldung zu erfolgen, da die Geringfügigkeitsgrenze überschritten ist.

5.6 Berechnungsanleitung (§ 6 Abs. 7 ZIV)

52 In § 6 Abs. 7 ZIV wird festgelegt, dass die Prozentanteile gemäß § 6 Abs. 1 Satz 1 Nr. 4 und Abs. 5 ZIV anhand der Anlagepolitik zu ermitteln sind. In den Vertragsbedingungen oder möglicherweise in der Satzung oder dem Gesellschaftsvertrag wird häufig angegeben, wie das Vermögen des Organismus oder der Einrichtung angelegt werden soll. Ergibt sich aus diesen Angaben, dass der Schwellenwert und die Geringfügigkeitsgrenze nicht überschritten werden, bedarf es grundsätzlich keiner Prüfung der tatsächlichen Zusammensetzung des Vermögens (Asset Test). Sollte es Hinweise geben, dass die tatsächliche Vermögensanlage von den vertraglichen Vorgaben oder der Satzung abweicht, ist auf die tatsächliche Mittelverteilung am Zinszahlungsstichtag abzustellen. Ebenso ist ein Asset Test vorzunehmen, wenn der Schwellenwert und die Geringfügigkeitsgrenze laut Anlagepolitik überschritten werden oder wenn die Vertragsbedingungen, Satzung oder der Gesellschaftsvertrag keine eindeutigen Angaben enthalten. In diesen Fällen wird auf die tatsächliche Zusammensetzung des Vermögens am Ende des vorangegangenen Geschäftsjahres abgestellt.

5.7 Schwellenwert und Geringfügigkeitsgrenze bei ausländischen Organismen für gemeinsame Anlagen (Home Country Rule)

Deutsche Zahlstellen und deutsche Organismen für gemeinsame Anlagen dürfen die gemäß den Bestimmungen des Ansässigkeitsstaates ermittelten Angaben ausländischer Organismen für gemeinsame Anlagen zur Klassifizierung des Organismus (Schwellenwert nach § 6 Abs. 1 Nr. 4 ZIV, Geringfügigkeitsgrenze nach § 6 Abs. 5 Satz 1 ZIV) und zur Zinsberechnung ungeprüft übernehmen. 52a

6. Ausnahme vom Zinsbegriff für bestimmte Anleihen (§ 15 ZIV)

Für den Übergangszeitraum, der den Staaten Belgien, Luxemburg und Österreich zugestanden wurde (vgl. Art. 1 ZinsRL), spätestens bis zum 31. Dezember 2010, gelten in- und ausländische Anleihen sowie andere umlauffähige Schuldtitel, die erstmals vor dem 1. März 2001 begeben oder deren Emissionsprospekte vor diesem Zeitpunkt von den zuständigen Behörden genehmigt wurden, nicht als Forderungen im Sinne von § 6 Abs. 1 Satz 1 Nr. 1 ZIV, wenn ab dem 1. März 2002 keine Folgeemissionen dieser umlauffähigen Schuldtitel mehr getätigt werden. Unter näher bestimmten Umständen geht diese Regelung über das Jahr 2010 hinaus (vgl. § 15 Abs. 1 Satz 2 ZIV). 53

Die Ausnahmeregelung des § 15 ZIV ist erforderlich, da die Emissionsbedingungen der meisten in- und ausländischen Anleihen und anderen umlauffähigen Schuldtitel so genannte Bruttozinsklauseln und Bestimmungen über die vorzeitige Einlösung enthalten. Eine Bruttozinsklausel verpflichtet den Emittenten, dem Anleger für jegliche vom Niederlassungsstaat des Emittenten einbehaltene Steuer einen Ausgleich zu gewähren. Eine Klausel über die vorzeitige Einlösung gestattet es dem Emittenten hingegen in der Regel, die ausgegebene Anleihe zum Nennwert zurückzukaufen. Ohne die Ausnahmeregelung hätte im Falle der Erhebung der Quellensteuer gemäß § 11 ZIV (vgl. Rz. 69 ff.) die Anwendung derartiger Klauseln ausgelöst werden können. 54

Die Ausnahmeregelung gilt unabhängig davon, ob die Zahlstellen in Mitgliedstaaten niedergelassen sind, die Quellensteuer erheben, oder in solchen, die Auskünfte erteilen. Betroffen sind sämtliche umlauffähigen Schuldtitel, unabhängig davon, ob die betreffenden Emissionsbedingungen Bruttozinsklauseln oder Klauseln über die vorzeitige Einlösung enthalten. Der Begriff „umlauffähige Schuldtitel" umfasst alle Arten von schuldrechtlichen Wertpapieren, die am Sekundärmarkt frei handelbar sind oder vom Inhaber ohne vorheriges Einverständnis des Emittenten übertragen werden können. 55

Hinsichtlich der Begebung von Folgeemissionen ist zu unterscheiden zwischen umlauffähigen Schuldtiteln, die von Regierungen oder damit verbundenen Einrichtungen und solchen, die von anderen Einrichtungen (d. h. Unternehmen) ausgegeben werden. 56

Tätigt eine Regierung oder eine damit verbundene Einrichtung ab dem 1. März 2002 eine Folgeemission eines der vorstehend genannten umlauffähigen Schuldtitel, so wird die gesamte Emission, d. h. die erste und alle Folgeemissionen nicht von der Ausnahmeregelung erfasst. 57

Sofern ein anderer Emittent (d. h. ein Unternehmen) ab dem 1. März 2002 eine Folgeemission eines der vorstehend genannten umlauffähigen Schuldtitel tätigt, wird diese Emission nicht von der Ausnahmeregelung erfasst, für die erste und alle anderen vor dem 1. März 2002 getätigten Emissionen gilt die Ausnahmeregelung hingegen weiterhin, so dass diese späteren Emissionen die früheren nicht „infizieren". 58

Da § 15 ZIV nur eine Ausnahme von der Anwendung der Zinsinformationsverordnung vorsieht, sind die Mitgliedstaaten weiterhin uneingeschränkt befugt, Erträge aus den entsprechenden Schuldtiteln nach ihren innerstaatlichen Rechtsvorschriften zu besteuern. 59

7. Räumlicher Geltungsbereich (§ 7 ZIV)

In § 7 ZIV wird der Geltungsbereich der Zinsinformationsverordnung auf inländische Zahlstellen sowie auf die Empfänger mit Wohnsitz in einem anderen Mitgliedstaat der EU festgelegt. Meldungen sind auch bei Zinszahlungen an wirtschaftliche Eigentümer in den Quellensteuerstaaten (vgl. Rz. 69 ff.) zu erstatten. Meldepflichten entstehen teilweise zusätzlich durch die Verträge mit den in Art. 17 ZinsRL genannten Staaten und Gebieten (vgl. Rz. 69 ff.). 60

8. Aufgabenbeschreibung der Zahlstelle und von dieser zu erteilende Auskünfte (§ 8 ZIV)

Nach § 8 ZIV hat die Zahlstelle bei Zahlung an einen in einem anderen Mitgliedstaat ansässigen wirtschaftlichen Eigentümer dem BZSt Auskünfte zu erteilen. Es ist grundsätzlich auf die Daten zum Zeitpunkt des Zuflusses abzustellen. Erfolgt im Laufe des Jahres eine Veränderung im selben Staat, können die Daten zum 31. Dezember verwendet werden. Die Mindestauskünfte zur Zinszahlung gemäß § 8 Nr. 4 ZIV, die die Zahlstelle zu erteilen hat, sind auf den Gesamtbetrag der Zinsen oder Erträge und den Gesamtbetrag des Erlöses aus der Abtretung, Rückzahlung oder Einlösung beschränkt worden. Im Unter- 61

Anhang 3a ZIV

schied zur Jahresbescheinigung nach § 24c EStG erfolgt die Meldung nach der Zinsinformationsverordnung grundsätzlich kontobezogen.

Hinsichtlich der pro Konto bzw. Depot zu meldenden Beträge ist auf Folgendes zu achten:

62 a) Gesamtbetrag der Zinsen oder Erträge

Zu erfassen sind laufende Zinserträge, Stückzinsen sowie Fondsausschüttungen. Gezahlte Stückzinsen werden nicht mindernd berücksichtigt. Es ist der Bruttobetrag der Zinsen zu melden. In Fällen, in denen im Ausland eine Quellensteuer einbehalten wurde, ist also nicht der nach Abzug der Quellensteuer gutgeschriebene Betrag zu melden.

63 b) Gesamtbetrag des Erlöses aus der Abtretung, Rückzahlung oder Einlösung

Hierzu gehören u. a. Erlöse aus der Veräußerung, Abtretung oder Einlösung von Finanzinnovationen i. S. d. § 20 Abs. 2 Satz 1 Nr. 4 EStG (z. B. Zerobonds oder Stufenzinsanleihen) sowie Erlöse aus der Rückgabe oder Veräußerung von Investmentanteilen.

64 Zulässig ist auch, den jeweiligen Gesamtbetrag für verschiedene Konten und Depots zusammenzufassen; dann genügt die Angabe einer der Konten- bzw. Depotverbindungen. Eine Zusammenfassung von Einzelkonten bzw. Depotverbindungen eines wirtschaftlichen Eigentümers mit dessen Anteilen an Gemeinschaftskonten ist jedoch nicht zulässig.

65 Erfolgen muss die Meldung bis zum 31. Mai des Folgejahres nach dem Zufluss der maßgeblichen Zinsen oder Erträge oder des Gesamtbetrags des Erlöses aus der Abtretung, Rückzahlung oder Einlösung (§ 9 Abs. 1 ZIV). Der Zuflusszeitpunkt ist nach deutschem Recht zu bestimmen. Geldbeträge fließen in der Regel dadurch zu, dass sie bar ausgezahlt, verrechnet oder dem Konto des Empfängers gutgeschrieben werden.

66 Eine Umrechnung auf Jahresbasis, wie sie Art. 6 Abs. 5 ZinsRL als Möglichkeit vorsieht, wird in Deutschland nicht gefordert. Derartig umgerechnete Zinsen können aber Inhalt der Mitteilung aus den anderen Mitgliedstaaten sein.

9. Das Meldeverfahren (§ 9 ZIV)

67 Nach § 45e Satz 2 EStG i. V. m. § 45d Abs. 1 Satz 2 bis 4 und Abs. 2 EStG wird das Übermittlungsverfahren auf elektronischem Weg vorgenommen. § 150 Abs. 6 AO sowie die Steuerdaten-Übermittlungsverordnung (AO-Handbuch 2007 Anhang 30) sind entsprechend anzuwenden. Dies gilt auch für Berichtigungen und Storni. Die Pflichtangaben ergeben sich aus §§ 8 und 4 Abs. 2 Satz 3 ZIV.

68 Eine Datensatzbeschreibung ist als Anlage II beigefügt.

10. Die Quellensteuererhebung (§§ 11 ff. ZIV)

69 In den Mitgliedstaaten Belgien, Luxemburg und Österreich und einigen Drittstaaten und Gebieten (vgl. Anlage IV) wird statt der Informationsübermittlung eine Quellensteuer erhoben, von der 75 % an den Mitgliedstaat zu überweisen sind, in dem der wirtschaftliche Eigentümer ansässig ist. Die Besteuerung nach den innerstaatlichen Vorschriften wird durch die Erhebung der Quellensteuer nicht ausgeschlossen (§ 11 ZIV).

Über die in den vorgenannten Staaten und Gebieten einbehaltene Quellensteuer wird eine Steuergutschrift erteilt. Das in Anlage III/5 enthaltene Muster für die Bescheinigung einer Quellensteuer nach der Zinsrichtlinie kann, muss aber nicht von einer ausländischen Zahlstelle verwendet werden. Anzuerkennen sind auch sonstige Bescheinigungen wie z. B. Ertragsaufstellungen, aus denen sich jeweils der Name und die Anschrift der Zahlstelle und des wirtschaftlichen Eigentümers, sowie die Höhe der Quellensteuer (einschließlich Währung), des Zahltages und der Kontonummer(n) oder einer Beschreibung der Forderung ergeben. Es muss sich weiterhin aus dem Dokument eindeutig entnehmen lassen, dass es sich um eine Quellensteuer aufgrund der Zinsrichtlinie oder entsprechender völkerrechtlicher Abkommen (EU-Quellensteuer) und nicht um eine nationale Quellensteuer (z. B. Schweizer Verrechnungssteuer) handelt. Ebenso können anstatt dem in Anlage III/6 aufgeführten Muster für die Anrechnung von Quellensteuer, die bei einer sonstigen Einrichtung erhoben wurde, auch zwei separate Bescheinigungen der Zahlstelle und der sonstigen Einrichtung anerkannt werden.

In Höhe der bescheinigten Quellensteuer erfolgt bei einem wirtschaftlichen Eigentümer mit inländischem steuerlichen Wohnsitz (§ 8 AO) die Anrechnung auf die deutsche Einkommensteuer (§ 14 ZIV). Die Anrechnung ist in voller Höhe des Abzugsbetrags vorzunehmen (vergleichbar mit inländischen Steuerabzugsbeträgen nach § 36 Abs. 2 Nr. 2 EStG) und nicht wie bei sonstigen ausländischen Quellensteuern eingeschränkt nach § 34c Abs. 1 EStG.

70 Hat der wirtschaftliche Eigentümer einen weiteren Wohnsitz in einem anderen Mitgliedstaat, kann eine Anrechnung nur erfolgen, wenn Deutschland Ansässigkeitsstaat im Sinne des Doppelbesteuerungsabkommens ist.

Insbesondere in den Fällen, in denen die Anrechnung zur vollen Erstattung der einbehaltenen Quellensteuer führt, ist der wirtschaftliche Eigentümer im Rahmen der Veranlagung zur Einkommensteuer für die Zukunft auf die nach Art. 13 ZinsRL möglichen Verfahren zur Abstandnahme von der Quellensteuererhebung hinzuweisen. So kann der wirtschaftliche Eigentümer entweder nach Art. 13 Abs. 1 Buchstabe a ZinsRL die ausländische Zahlstelle zur Erteilung der nach der Zinsrichtlinie geforderten Auskünfte ermächtigen oder nach Art. 13 Abs. 1 Buchstabe b ZinsRL sich vom nach § 5 Abs. 2 Satz 2 ZIV zuständigen Finanzamt auf Antrag eine Bescheinigung ausstellen lassen (§ 13 ZIV, vgl. Muster einer Bescheinigung in Anlage III/4) und diese bei der ausländischen Zahlstelle vorlegen. Ob im Staat der Quellensteuererhebung beide Verfahren oder ggf. nur eines der Verfahren angewandt wird, ist bei der ausländischen Zahlstelle zu erfragen. 71

Bei Doppelansässigkeit, das heißt Wohnsitz in mehr als einem Staat, kann die Bescheinigung nach Art. 13 Abs. 1 Buchstabe b ZinsRL nur von dem Mitgliedstaat ausgestellt werden, in dem der wirtschaftliche Eigentümer ansässig im Sinne des Doppelbesteuerungsabkommens ist, da nur diesem in der Regel das Besteuerungsrecht für die Zinsen zusteht. 72

Die vorgesehene Frist von zwei Monaten zur Ausstellung der Bescheinigung beginnt mit dem Eingang des vollständig ausgefüllten Antrags. Die Bescheinigung kann ab Jahresbeginn ausgestellt sein, wenn das Besteuerungsrecht diesen Zeitraum umfasst. 73

11. Auswirkungen der Abkommen mit den Staaten und Gebieten aus Art. 17 ZinsRL

Nach Art. 17 Abs. 2 ZinsRL ist Voraussetzung für die Anwendung der Zinsinformationsverordnung, dass mit der Schweizerischen Eidgenossenschaft, dem Fürstentum Liechtenstein, der Republik San Marino, dem Fürstentum Monaco und dem Fürstentum Andorra Abkommen mit dem Ziel gleichwertiger Maßnahmen in diesen Staaten geschlossen worden sind. Außerdem müssen alle Abkommen und sonstigen Regelungen bestehen, die gewährleisten, dass die relevanten abhängigen oder assoziierten Gebiete (Kanalinseln, Isle of Man und abhängige oder assoziierte Gebiete in der Karibik) die automatische Auskunftserteilung anwenden oder für eine Übergangszeit eine Quellensteuer erheben. Einzelheiten aus derzeitiger Sicht ergeben sich aus Anlage IV. 74

12. Anwendungsregelungen

Das BMF-Schreiben vom 6. Januar 2005 – IV C 1 – S 2000 – 363/04 – (BStBl. I 2005, 29), geändert durch BMF-Schreiben vom 13. Juni 2005 – IV C 1 – S 2402-a – 23/05 – (BStBl. I 2005, 716), vom 12. Oktober 2005 – IV C 1 – S 2402-a – 46/05 – und vom 27. Januar 2006 – IV C 1 – S 2402-a – 4/06 – (BStBl. I 2006, 439), wird aufgehoben. 75

Dieses Schreiben steht ab sofort für eine Übergangszeit auf den Internet-Seiten des Bundesministeriums der Finanzen (www.bundesfinanzministerium.de) unter der Rubrik Wirtschaft und Verwaltung – Steuern – Veröffentlichungen zu Steuerarten – Einkommensteuer – zum Abruf bereit.

Anlage I

Ausländische Steueridentifikationsnummer. Nicht mehr anzuwenden.[1]

Anlage II

Die Anlage II enthält die formellen Anforderungen (Datensatzbeschreibungen) an die Informationen, die nach der ZIV von inländischen Zahlstellen/Wirtschaftsbeteiligten an das Bundeszentralamt für Steuern zu übermitteln sind. Auf einen Abdruck wird hier verzichtet

Anlage III

Die folgenden Muster sind als Hilfestellung für die Praxis gedacht.
Es ist allerdings nicht gesichert, dass die Vordrucke in den anderen EU-Mitgliedstaaten oder in den in Artikel 17 ZinsRL genannten Staaten und Gebieten akzeptiert werden. Eine Abstimmung mit den anderen Staaten ist beabsichtigt.
Gleichwohl sind die Vordrucke bis auf Weiteres zu verwenden.
Ähnliche Vordrucke aus dem Ausland können ebenso akzeptiert werden.

---

[1] BMF-Schreiben vom 20.9.2013 (BStBl. I S. 1182).

ZIV Anhang 3a

Anlage III/1

Finanzamt

Ort, Datum

Steuernummer/Geschäftszeichen   { Bei Rückfragen bitte angeben

Straße

Auskunft erteilt	
Telefon	Zimmer

Nachweis der Unternehmensbesteuerung
- Artikel 2 Absatz 1 lit. b) Richtlinie 2003/48/EG / § 2 Absatz 1 Nr. 2 b) ZIV -
- Artikel 4 Absatz 2 lit. b) Richtlinie 2003/48/EG / § 4 Absatz 2 Satz 2 Nr. 2 ZIV -

Attestation des Autorités fiscales que les bénéfices sont imposés en vertu des dispoitions générales relatives à la fiscalité des entreprises
Bevestiging van de Belastingautoriteiten dat de winst wordt belast volgens de algemene belastingregels voor ondernemingen
Certification by the tax authorities that the profits are taxed under the general arrangements for business taxation

Der Unterzeichner bestätigt, dass die Gewinne der
le soussigné certifie que les bénéfices du / de ondergetenkende bevestigt dat de winst van / the undersigned certifies that the profis of

Firma oder Bezeichnung / Dénomination ou raison sociale / Benaming of Firma / company or corporate name

Anschrift oder Sitz / Adresse ou siège social / adres of maatschappelijke zetel / address or registered office

Straße und Hausnummer / rue et n° / straat en nr. / street and street number

Postleitzahl, Ort / Code postal, localité / Postcode, Gemeente / Postal code, City

Steuer[-Identifikations]nummer / numéro d'identification fiscal / fiscaal identificatienummer / tax identification number

den allgemeinen Vorschriften über die Unternehmensbesteuerung unterliegen.
sont imposés en application des dispositions générales relatives à la fiscalité des entreprises
wordt belast volgens de algemene belastingsregels voor oderneminengen
are taxed under the general arrangements for business taxation.

Datum / date / datum   Unterschrift / signature / handtekening

Dienststempel des Finanzamtes
cachet du service / stempel van de dienst / official stamp

Anhang 3a ZIV

Anlage III/2

Finanzamt

Ort, Datum

Steuernummer/Geschäftszeichen { Bei Rückfragen bitte angeben

Straße

Auskunft erteilt	
Telefon	Zimmer

Bescheinigung über die Option zur Behandlung als OGAW
- Artikel 4 Absatz 3 Satz 2 Richtlinie 2003/48/EG / § 4 Absatz 3 Satz 2 ZIV -

Attestation des Autorités fiscales de la option d'être traitée comme un OPCVM
Bevestiging van de Belastingautoriteiten voor de option van de bahandling als icbe
Certification by the tax authorities on the option of beeing treated as an UCITS

Der Unterzeichner bestätigt, dass
Le soussigné certifie que / de ondergetenkende bevestigt dat / the undersigned certifies that

die in Deutschland niedergelassene Einrichtung
le entité établie en Allemagne / in Duitsland gevestigde entiteit / the entity established in Germany

Firma oder Bezeichnung / Dénomination ou raison sociale / Benaming of Firma / company or corporate name

Anschrift oder Sitz / Adresse ou siège social / adres of maatschappelijke zetel / address or registered office

Straße und Hausnummer / rue et n° / straat en nr. / street and street number

Postleitzahl, Ort / Code postal, localité / Postcode, Gemeente / Postal code, City

Steuer*[-Identifikations]*nummer / numéro d'identification fiscal / fiscaal identificatienummer / tax identification number

für die Behandlung als OGAW optiert hat.
a choisi d'être traitée comme un OPCVM / heeft kiesen voor de behandling als icbe / has choosen to be treated as an UCITS.

Datum / date / datum

Unterschrift / signature / handtekening

Dienststempel des Finanzamtes
cachet du service / stempel van de dienst / official stamp

ZIV

Anhang 3a

Anlage III/3

Finanzamt	Ort, Datum
Steuernummer/Geschäftszeichen { Bei Rückfragen bitte angeben	Straße

Auskunft erteilt	
Telefon	Zimmer

Bescheinigung der Steuer[-Identifikations]nummer und des Wohnsitzes
- Artikel 3 Absatz 2 lit. b) Satz 4 und Absatz 3 lit. b) Richtlinie 2003/48/EG / § 3 ZIV -

Attestation des autorités fiscales de numéro d'identification fiscale et de residence du bénéficiaire effectif
Bevestiging van de Belastingautoriteiten voor de fiscaal identificatienummer en de woonplaats van de uitendelijke gerechtigde
Certification by the tax authorities for the tax identification number and the residence of the benificial owner

Der Unterzeichner bestätigt, dass / le sousigné certifie que / de ondergetekende bevestigt dat / the undersigned certifies that der wirtschaftliche Eigentümer / le bénéficiaire effectif / de uiteindelijke gerechtigde / the benificial owner

Name und Vornamen / nom et prénoms / naam en voornamen / family name and given name

Straße und Hausnummer / rue et n° / straat en nr. / street and street number

Postleitzahl, Wohnort / code postal, localité / Postcode, Gemeente / postal code, city

Steuer[-Identifikations]nummer / numéro d'identification fiscal / fiscaal identificatienummer / tax identification number

im Jahr _____ in Deutschland steuerlich ansässig ist und bei der Finanzverwaltung unter der obigen Steuer[-Identifikations]nummer geführt wird.
en ... a son domicile en Allemagne et a la numéro d'identification fiscal mentionné au-dessues
in ... heeft zijn woonplaats en Duitsland en is registreerd met deze fiscaal identificatienummer
has his domicile in Germany and is listed under the mentioned tax identification number in ....

Datum / date / datum	Unterschrift / signature / handtekening

Dienststempel des Finanzamtes
cachet du service / stempel van de dienst / official stamp

Anhang 3a ZIV

Anlage III/4

Finanzamt

Ort, Datum

Steuernummer/Geschäftszeichen { Bei Rückfragen bitte angeben

Straße

Auskunft erteilt	
Telefon	Zimmer

Bescheinigung zur Ermöglichung der Abstandnahme vom Quellensteuerabzug
- Artikel 13 Absatz 2 Richtlinie 2003/48/EG / § 13 ZIV
Attestation des autorités fiscales pour la non-application de la retenue à la source
Bevestiging van de Belastingautoriteiten voor de uitzondering op de procedure van bronbelasting
Certification by the tax authorities for the exception to the withholding tax procedure

Der Unterzeichner bestätigt, dass / Le soussigné certifie que / de ondergetekende bevestigt dat / the undersigned certifies that
der wirtschaftliche Eigentümer / le bénéficiaire effectif / de uiteindelijke gerechtigde / the benificial owner

Name und Vornamen / nom et prénoms / naam en voornamen / family name and given name

Straße und Hausnummer / rue et n° / straat en nr. / street and street number

Postleitzahl, Wohnort / code postal, localité / Postcode, Gemeente / postal code, city

Steuer*[-Identifikations]*nummer / numéro d'identification fiscal / fiscaal identificatienummer / tax identification number

oder Geburtsdatum und –ort / ou date et lieu de naissance / of geboortedatum en -plaats / or date and place of birth

angegeben hat, einen Zinsanspruch zu besitzen bei der Zahlstelle:
a déclaré être créancier d'intérêts dus par l'agent payeur indiqué ci-après
heeft angegeven, dat hij een aanspraak op rente heeft bij de uitbetalende instantie
has stated that he is entitled to receive interest payments from the paying agent:

ZIV   Anhang 3a

– 2 –

Firma oder Bezeichnung / Dénomination ou raison sociale / Benaming of Firma / company or corporate name
_____

Anschrift oder Sitz / Adresse ou siège social / adres of maatschappelijke zetel / address or registered office
_____

Straße und Hausnummer / Rue et n° / straat en nr. / street and street number
_____

Postleitzahl, Ort / Code postal, localité / Postcode, Gemeente / Postal code, City
_____

Kontonummer des wirtschaftlichen Eigentümers oder, in Ermangelung einer solchen, Kennzeichen des Wertpapiers:
numéro de compte du bénéficiaire effectif ou, à défaut, identification du titre de créance
rekeningnummer van de uiteindelijk gerechtigde of, bij ontstentenis daarvan, een eenduidige omschrijving van het schuldinstrument
the account number of the beneficial owner or, where there is none, the identification of the security:

1. _____   2. _____

3. _____   4. _____

5. _____   6. _____

Diese Bescheinigung ist höchstens drei Jahre gültig.
Ce certificat est valable pour une période n'excédant pas trois ans
Deze verklaring is geldig voor ten hoogste drie jaar
This certificate is valid for a period not exceeding three years.

_____   _____
    Datum / date / datum   Unterschrift / signature / handtekening

Dienststempel des Finanzamtes
cachet du service / stempel van de dienst / official stamp

Anhang 3a ZIV

Anlage III / 5

[Offizieller Briefkopf der Zahlstelle einschließlich vollem Namen und Anschrift]

[Official header of the economic operator paying or securing interest including full name and address]

Bescheinigung über die Höhe der einbehaltenen Quellensteuer zur Vermeidung der Doppelbesteuerung aufgrund der Anwendung der Richtlinie 2003/48/EG vom 3. Juni 2003 im Bereich der Besteuerung von Zinserträgen / Certificate of withholding tax enabling the elimination of the double taxation caused by the application of council directive 2003/48/ec of 3 june 2003 on taxation of savings income in the form of interest payments

Name, Vorname des wirtschaftlichen Eigentümers / Name, surname of the beneficial owner	
Straße, Hausnummer / Street, number	
Postleitzahl, Ort / Postal code, city	

Hiermit wird bestätigt, dass während des Jahres ____ für den o.a. wirtschaftlichen Eigentümer Quellensteuer in folgender Höhe einbehalten wurde: / I certify that during the year ____ withholding tax has been deducted from interest payments to the above mentioned beneficial owner in following amount:

Kontonummer(n) oder Beschreibung der Zinsforderung / Account number(s) or desription of the debt claim(s)	Zahltag / date of payment	Bruttoertrag / Interest payment before withholding tax	Quellensteuerbetrag / Withholding tax	Nettoertrag / Net interest payment	Währung / currency
Gesamtsumme /Total					

Datum, Unterschrift, Stempel / Date, sign, stamp[1]
Name, Funktion / Name, position

---

[1] maschinelle Unterschrift ohne Stempel ist ebenfalls anzuerkennen / electronic signature could replace manuscript and stamp

Anlage III / 6

[Offizieller Briefkopf der Zahlstelle einschließlich vollem Namen und Anschrift]

[Official header of the economic operator paying or securing interest including full name and address]

Bescheinigung über die Höhe der einbehaltenen Quellensteuer zur Vermeidung der Doppelbesteuerung aufgrund der Anwendung der Richtlinie 2003/48/EG vom 3. Juni 2003 im Bereich der Besteuerung von Zinserträgen / Certificate of withholding tax enabling the elimination of the double taxation caused by the application of council directive 2003/48/ec of 3 june 2003 on taxation of savings income in the form of interest payments

I. Von der Zahlstelle auszufüllende Daten / I. Section to be filled by the economic operator

(Firmen)Name, Bezeichnung der sonstigen Einrichtung / (Company)Name of the residual entity	
Name einer natürlichen Person, die für das Konto der sonstigen Einrichtung verfügungsberechtigt ist / Name of an individual person entitled for the account of the residual entity	
Straße, Hausnummer / Street, number	
Postleitzahl, Ort / Postal code, city	

Hiermit wird bestätigt, dass während des Jahres ____ für die o.a. sonstige Einrichtung Quellensteuer in folgender Höhe einbehalten wurde: / I certify that during the year ____ withholding tax has been deducted from interest payments to the above mentioned residual entity in following amount:

Kontonummer(n) oder Beschreibung der Zinsforderung / Account number(s) or desription of the debt claim(s)	Zahltag / date of payment	Bruttoertrag / Interest payment before withholding tax	Quellensteuerbetrag / Withholding tax	Nettoertrag / Net interest payment	Währung / currency
Gesamtsumme /Total					

Datum, Unterschrift, Stempel / Date, sign, stamp[2]
Name, Funktion / Name, position

---

[2] maschinelle Unterschrift ohne Stempel ist ebenfalls anzuerkennen / electronic signature could replace manuscript and stamp

Anhang 3a ZIV

II. Von der sonstigen Einrichtung auszufüllende Daten / II. Section to be filled by the residual entity

Hiermit bestätige ich als Bevollmächtigter der sonstigen Einrichtung, / I certify as authorised person of the residual entity:

Name, Vorname des Bevollmächtigten / Name, surname of the authorised person	
Straße, Hausnummer / Street, number	
Postleitzahl, Ort / Postal code, city	

dass der folgende wirtschaftliche Eigentümer: / that the following beneficial owner:

Name, Vorname des wirtschaftlichen Eigentümers / Name, surname of the beneficial owner	
Straße, Hausnummer / Street, number	
Postleitzahl, Ort / Postal code, city	

einen Anspruch in folgender Höhe: / is entitled in follwing amount:

Höhe des Anspruchs auf die Zinszahlung und die Steuergutschrift in Prozent / Entitlement to the interest payment and the tax credit in per cent

Summe des Anspruchs die Steuergutschrift, Währung / Amount of the entitlement to the tax credit, currency

auf die unter I. angeführte Gesamtsumme an Zinszahlungen und in gleicher Höhe auf die Steuergutschrift besitzt. / to the interest payment referred to in I. section and that therefore this beneficial owner is entitled to the benefit of the tax credit in corresponding share.

Datum, Unterschrift / Date, sign.

Anlage IV

zu 11. Auswirkungen der Verträge mit den Staaten und Gebiete aus Art. 17 ZinsRL

	Auskunftserteilung von Deutschland nach	Auskunftserteilung nach Deutschland von	Quellensteuerabzug	Abstandnahme vom Quellensteuerabzug wenn	
				Freiwilliger Informationsaustausch	Bescheinigung des Finanzamtes
Drittstaaten					
Schweiz	nein	nein	ja	ja	nein
Lichtenstein	nein	nein	ja	ja	nein
San Marino	nein	nein	ja	ja	nein
Monaco	nein	nein	ja	ja	nein
Andorra	nein	nein	ja	nein	ja
abhängige oder assoziierte Gebiete					
Guernsey	ja	nein	ja	Methodenwahlrecht	
Jersey	ja	nein	ja	Methodenwahlrecht	
Insel Man	ja	nein	ja	Methodenwahlrecht	
Anguilla	nein	ja	nein	entfällt, da keine QSt	
Britische Jungferninseln	ja	nein	ja	Methodenwahlrecht	
Kaimaninseln	nein	ja	nein	entfällt, da keine QSt	
Montserrat	ja	ja	nein	entfällt, da keine QSt	
Turks- und Caicosinseln	nein	nein	ja	Methodenwahlrecht	
Aruba	ja	ja	nein	entfällt, da keine QSt	
Niederländische Antillen	ja	nein	ja	Methodenwahlrecht	

Anhang 3a — ZIV

Anlage V

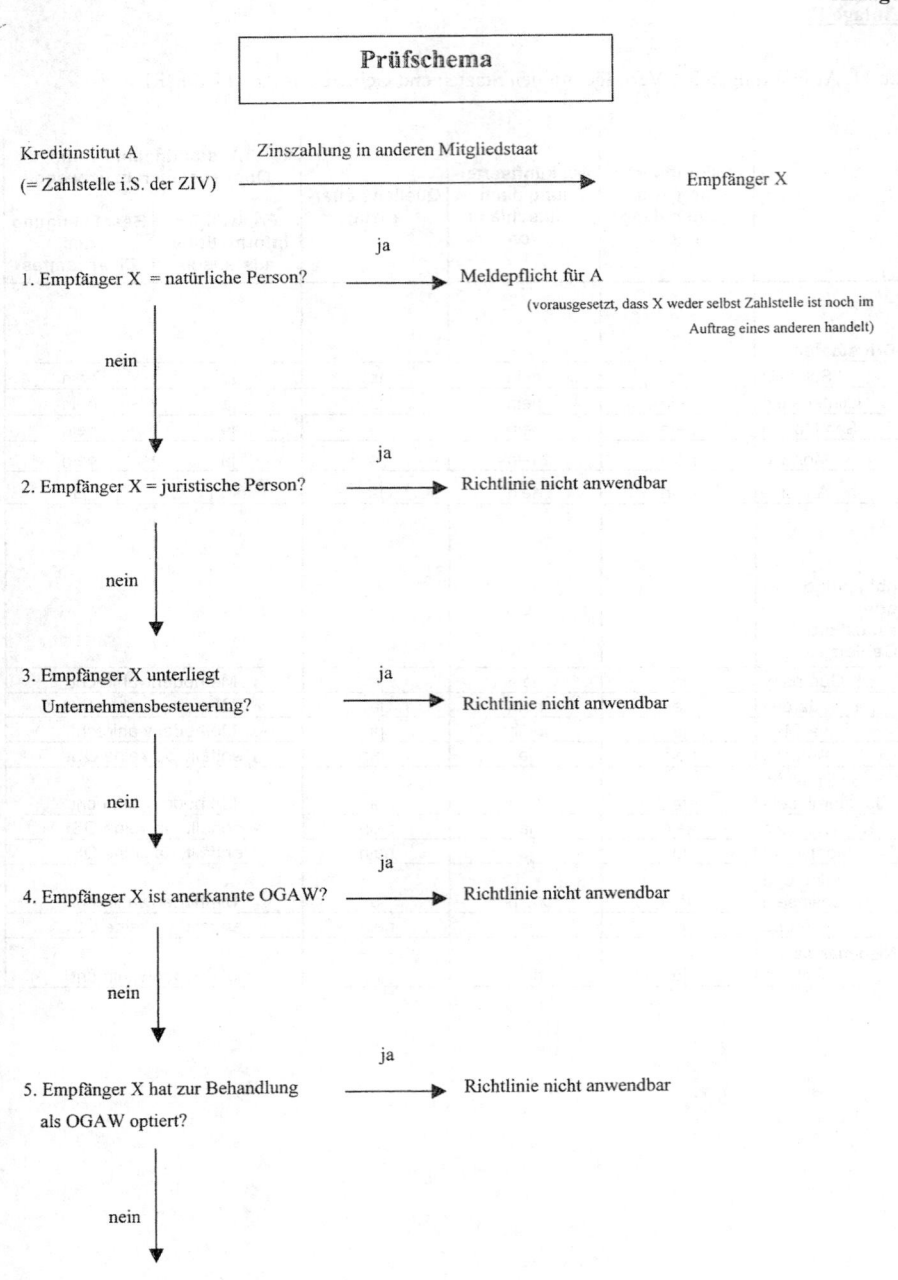

Prüfschema

Kreditinstitut A → Zinszahlung in anderen Mitgliedstaat → Empfänger X
(= Zahlstelle i.S. der ZIV)

1. Empfänger X = natürliche Person? — ja → Meldepflicht für A
(vorausgesetzt, dass X weder selbst Zahlstelle ist noch im Auftrag eines anderen handelt)

↓ nein

2. Empfänger X = juristische Person? — ja → Richtlinie nicht anwendbar

↓ nein

3. Empfänger X unterliegt Unternehmensbesteuerung? — ja → Richtlinie nicht anwendbar

↓ nein

4. Empfänger X ist anerkannte OGAW? — ja → Richtlinie nicht anwendbar

↓ nein

5. Empfänger X hat zur Behandlung als OGAW optiert? — ja → Richtlinie nicht anwendbar

↓ nein

Meldepflicht für A gem. § 4 Abs. 2 Satz 3 ZIV
fiktive Behandlung von X als Zahlstelle i.S. von § 4 Abs. 2 ZIV

Umwandlungssteuergesetz (UmwStG) [1)]

vom 7. Dezember 2006 (BGBl. I S. 2782)
zuletzt geändert durch Art. 6 des KroatienAnpG vom 25.7.2014
(BGBl. I S. 1266)

Inhaltsübersicht

Erster Teil
Allgemeine Vorschriften

Anwendungsbereich und Begriffsbestimmungen	§ 1
Steuerliche Rückwirkung	§ 2

Zweiter Teil
Vermögensübergang bei Verschmelzung auf eine Personengesellschaft oder auf eine natürliche Person und Formwechsel einer Kapitalgesellschaft in eine Personengesellschaft

Wertansätze in der steuerlichen Schlussbilanz der übertragenden Körperschaft	§ 3
Auswirkungen auf den Gewinn des übernehmenden Rechtsträgers	§ 4
Besteuerung der Anteilseigner der übertragenden Körperschaft	§ 5
Gewinnerhöhung durch Vereinigung von Forderungen und Verbindlichkeiten	§ 6
Besteuerung offener Rücklagen	§ 7
Vermögensübergang auf einen Rechtsträger ohne Betriebsvermögen	§ 8
Formwechsel in eine Personengesellschaft	§ 9
(weggefallen)	§ 10

Dritter Teil
Verschmelzung oder Vermögensübertragung (Vollübertragung) auf eine andere Körperschaft

Wertansätze in der steuerlichen Schlussbilanz der übertragenden Körperschaft	§ 11
Auswirkungen auf den Gewinn der übernehmenden Körperschaft	§ 12
Besteuerung der Anteilseigner der übertragenden Körperschaft	§ 13
(weggefallen)	§ 14

Vierter Teil
Aufspaltung, Abspaltung und Vermögensübertragung (Teilübertragung)

Aufspaltung, Abspaltung und Teilübertragung auf andere Körperschaften	§ 15
Aufspaltung oder Abspaltung auf eine Personengesellschaft	§ 16

Fünfter Teil
Gewerbesteuer

(weggefallen)	§ 17
Gewerbesteuer bei Vermögensübergang auf eine Personengesellschaft oder auf eine natürliche Person sowie bei Formwechsel in eine Personengesellschaft	§ 18
Gewerbesteuer bei Vermögensübergang auf eine andere Körperschaft	§ 19

Sechster Teil
Einbringung von Unternehmensteilen in eine Kapitalgesellschaft oder Genossenschaft und Anteilstausch

Einbringung von Unternehmensteilen in eine Kapitalgesellschaft oder Genossenschaft	§ 20
Bewertung der Anteile beim Anteilstausch	§ 21
Besteuerung des Anteilseigners	§ 22
Auswirkungen bei der übernehmenden Gesellschaft	§ 23

Siebter Teil
Einbringung eines Betriebs, Teilbetriebs oder Mitunternehmeranteils in eine Personengesellschaft

Einbringung von Betriebsvermögen in eine Personengesellschaft	§ 24

---

1) Hinweis auf § 27 (Anwendungsvorschriften).

Achter Teil
Formwechsel einer Personengesellschaft in eine Kapitalgesellschaft oder Genossenschaft

Entsprechende Anwendung des Sechsten Teils — § 25

Neunter Teil
Verhinderung von Missbräuchen

(weggefallen) — § 26

Zehnter Teil
Anwendungsvorschriften und Ermächtigung

Anwendungsvorschriften — § 27
Bekanntmachungserlaubnis — § 28

Erster Teil
Allgemeine Vorschriften

§ 1
Anwendungsbereich und Begriffsbestimmungen

(1) ¹Der Zweite bis Fünfte Teil gilt nur für
1. die Verschmelzung, Aufspaltung und Abspaltung im Sinne der §§ 2, 123 Abs. 1 und 2 des Umwandlungsgesetzes von Körperschaften oder vergleichbare ausländische Vorgänge sowie des Artikels 17 der Verordnung (EG) Nr. 2157/2001 und des Artikels 19 der Verordnung (EG) Nr. 1435/2003;
2. den Formwechsel einer Kapitalgesellschaft in eine Personengesellschaft im Sinne des § 190 Abs. 1 des Umwandlungsgesetzes oder vergleichbare ausländische Vorgänge;
3. die Umwandlung im Sinne des § 1 Abs. 2 des Umwandlungsgesetzes, soweit sie einer Umwandlung im Sinne des § 1 Abs. 1 des Umwandlungsgesetzes entspricht sowie
4. die Vermögensübertragung im Sinne des § 174 des Umwandlungsgesetzes vom 28. Oktober 1994 (BGBl. I S. 3210, 1995 I S. 428), das zuletzt durch Artikel 10 des Gesetzes vom 9. Dezember 2004 (BGBl. I S. 3214) geändert worden ist, in der jeweils geltenden Fassung.

²Diese Teile gelten nicht für die Ausgliederung im Sinne des § 123 Abs. 3 des Umwandlungsgesetzes.

(2) ¹Absatz 1 findet nur Anwendung, wenn
1. beim Formwechsel der umwandelnde Rechtsträger oder bei den anderen Umwandlungen die übertragenden und die übernehmenden Rechtsträger nach den Rechtsvorschriften eines Mitgliedstaats der Europäischen Union oder eines Staates, auf den das Abkommen über den Europäischen Wirtschaftsraum Anwendung findet, gegründete Gesellschaften im Sinne des Artikels 54 des Vertrags über die Arbeitsweise der Europäischen Union oder des Artikels 34 des Abkommens über den Europäischen Wirtschaftsraum sind, deren Sitz und Ort der Geschäftsleitung sich innerhalb des Hoheitsgebiets eines dieser Staaten befinden oder
2. übertragender Rechtsträger eine Gesellschaft im Sinne der Nummer 1 und übernehmender Rechtsträger eine natürliche Person ist, deren Wohnsitz oder gewöhnlicher Aufenthalt sich innerhalb des Hoheitsgebiets eines der Staaten im Sinne der Nummer 1 befindet und die nicht auf Grund eines Abkommens zur Vermeidung der Doppelbesteuerung mit einem dritten Staat als außerhalb des Hoheitsgebiets dieser Staaten ansässig angesehen wird.

²Eine Europäische Gesellschaft im Sinne der Verordnung (EG) Nr. 2157/2001 und eine Europäische Genossenschaft im Sinne der Verordnung (EG) Nr. 1435/2003 gelten für die Anwendung des Satzes 1 als eine nach den Rechtsvorschriften des Staates gegründete Gesellschaft, in dessen Hoheitsgebiet sich der Sitz der Gesellschaft befindet.

(3) Der Sechste bis Achte Teil gilt nur für
1. die Verschmelzung, Aufspaltung und Abspaltung im Sinne der §§ 2 und 123 Abs. 1 und 2 des Umwandlungsgesetzes von Personenhandelsgesellschaften und Partnerschaftsgesellschaften oder vergleichbare ausländische Vorgänge;
2. die Ausgliederung von Vermögensteilen im Sinne des § 123 Abs. 3 des Umwandlungsgesetzes oder vergleichbare ausländische Vorgänge;
3. den Formwechsel einer Personengesellschaft in eine Kapitalgesellschaft oder Genossenschaft im Sinne des § 190 Abs. 1 des Umwandlungsgesetzes oder vergleichbare ausländische Vorgänge;

4. die Einbringung von Betriebsvermögen durch Einzelrechtsnachfolge in eine Kapitalgesellschaft, eine Genossenschaft oder Personengesellschaft sowie
5. den Austausch von Anteilen.

(4) ¹Absatz 3 gilt nur, wenn
1. der übernehmende Rechtsträger eine Gesellschaft im Sinne von Absatz 2 Satz 1 Nr. 1 ist und
2. in den Fällen des Absatzes 3 Nr. 1 bis 4
   a) beim Formwechsel der umwandelnde Rechtsträger, bei der Einbringung durch Einzelrechtsnachfolge der einbringende Rechtsträger oder bei den anderen Umwandlungen der übertragende Rechtsträger
      aa) eine Gesellschaft im Sinne von Absatz 2 Satz 1 Nr. 1 ist und, wenn es sich um eine Personengesellschaft handelt, soweit an dieser Körperschaften, Personenvereinigungen, Vermögensmassen oder natürliche Personen unmittelbar oder mittelbar über eine oder mehrere Personengesellschaften beteiligt sind, die die Voraussetzungen im Sinne von Absatz 2 Satz 1 Nr. 1 und 2 erfüllen, oder
      bb) eine natürliche Person im Sinne von Absatz 2 Satz 1 Nr. 2 ist
      oder
   b) das Recht der Bundesrepublik Deutschland hinsichtlich der Besteuerung des Gewinns aus der Veräußerung der erhaltenen Anteile nicht ausgeschlossen oder beschränkt ist.

²Satz 1 ist in den Fällen der Einbringung eines Betriebs, Teilbetriebs oder Mitunternehmeranteils in eine Personengesellschaft nach § 24 nicht anzuwenden.

(5) Soweit dieses Gesetz nichts anderes bestimmt, ist
1. Richtlinie 2009/133/EG

   die Richtlinie 2009/133/EG des Rates vom 19. Oktober 2009 über das gemeinsame Steuersystem für Fusionen, Spaltungen, Abspaltungen, die Einbringung von Unternehmensteilen und den Austausch von Anteilen, die Gesellschaften verschiedener Mitgliedstaaten betreffen, sowie für die Verlegung des Sitzes einer Europäischen Gesellschaft oder einer Europäischen Genossenschaft von einem Mitgliedstaat in einen anderen Mitgliedstaat (ABl. L 310 vom 25.11.2009, S. 34), die zuletzt durch die Richtlinie 2013/13/EU (ABl. L 141 vom 28.5.2013, S. 30) geändert worden ist, in der zum Zeitpunkt des steuerlichen Übertragungsstichtags jeweils geltenden Fassung;

2. Verordnung (EG) Nr. 2157/2001

   die Verordnung (EG) Nr. 2157/2001 des Rates vom 8. Oktober 2001 über das Statut der Europäischen Gesellschaft (SE) (ABl. EG Nr. L 294 S. 1), zuletzt geändert durch die Verordnung (EG) Nr. 885/2004 des Rates vom 26. April 2004 (ABl. EU Nr. L 168 S. 1), in der zum Zeitpunkt des steuerlichen Übertragungsstichtags jeweils geltenden Fassung;

3. Verordnung (EG) Nr. 1435/2003

   die Verordnung (EG) Nr. 1435/2003 des Rates vom 22. Juli 2003 über das Statut der Europäischen Genossenschaften (SCE) (ABl. EU Nr. L 207 S. 1) in der zum Zeitpunkt des steuerlichen Übertragungsstichtags jeweils geltenden Fassung;

4. Buchwert

   der Wert, der sich nach den steuerrechtlichen Vorschriften über die Gewinnermittlung in einer für den steuerlichen Übertragungsstichtag aufzustellenden Steuerbilanz ergibt oder ergäbe.

§ 2
Steuerliche Rückwirkung

(1) ¹Das Einkommen und das Vermögen der übertragenden Körperschaft sowie des übernehmenden Rechtsträgers sind so zu ermitteln, als ob das Vermögen der Körperschaft mit Ablauf des Stichtags der Bilanz, die dem Vermögensübergang zu Grunde liegt (steuerlicher Übertragungsstichtag), ganz oder teilweise auf den übernehmenden Rechtsträger übergegangen wäre. ²Das Gleiche gilt für die Ermittlung der Bemessungsgrundlagen bei der Gewerbesteuer.

(2) Ist die Übernehmerin eine Personengesellschaft, gilt Absatz 1 Satz 1 für das Einkommen und das Vermögen der Gesellschafter.

(3) Die Absätze 1 und 2 sind nicht anzuwenden, soweit Einkünfte auf Grund abweichender Regelungen zur Rückbeziehung eines in § 1 Abs. 1 bezeichneten Vorgangs in einem anderen Staat der Besteuerung entzogen werden.

(4) ¹Der Ausgleich oder die Verrechnung eines Übertragungsgewinns mit verrechenbaren Verlusten, verbleibenden Verlustvorträgen, nicht ausgeglichenen negativen Einkünften, einem Zinsvortrag nach § 4h Absatz 1 Satz 5 des Einkommensteuergesetzes und einem EBITDA-Vortrag nach § 4h Absatz 1 Satz 3 des Einkommensteuergesetzes (Verlustnutzung) des übertragenden Rechtsträgers ist nur zulässig, wenn dem übertragenden Rechtsträger die Verlustnutzung auch ohne Anwendung der Absätze 1 und 2 möglich gewesen wäre. ²Satz 1 gilt für negative Einkünfte des übertragenden Rechtsträgers im Rückwirkungszeitraum entsprechend. ³Der Ausgleich oder die Verrechnung von positiven Einkünften des übertragenden Rechtsträgers im Rückwirkungszeitraum mit verrechenbaren Verlusten, verbleibenden Verlustvorträgen, nicht ausgeglichenen negativen Einkünften und einem Zinsvortrag nach § 4h Absatz 1 Satz 5 des Einkommensteuergesetzes des übernehmenden Rechtsträgers ist nicht zulässig. ⁴Ist übernehmender Rechtsträger eine Organgesellschaft, gilt Satz 3 auch für einen Ausgleich oder eine Verrechnung beim Organträger entsprechend. ⁵Ist übernehmender Rechtsträger eine Personengesellschaft, gilt Satz 3 auch für einen Ausgleich oder eine Verrechnung bei den Gesellschaftern entsprechend. ⁶Die Sätze 3 bis 5 gelten nicht, wenn übertragender Rechtsträger und übernehmender Rechtsträger vor Ablauf des steuerlichen Übertragungsstichtags verbundene Unternehmen im Sinne des § 271 Absatz 2 des Handelsgesetzbuches sind.

Zweiter Teil

Vermögensübergang bei Verschmelzung auf eine Personengesellschaft oder auf eine natürliche Person und Formwechsel einer Kapitalgesellschaft in eine Personengesellschaft

§ 3

Wertansätze in der steuerlichen Schlussbilanz der übertragenden Körperschaft

(1) ¹Bei einer Verschmelzung auf eine Personengesellschaft oder natürliche Person sind die übergehenden Wirtschaftsgüter, einschließlich nicht entgeltlich erworbener und selbst geschaffener immaterieller Wirtschaftsgüter, in der steuerlichen Schlussbilanz der übertragenden Körperschaft mit dem gemeinen Wert anzusetzen. ²Für die Bewertung von Pensionsrückstellungen gilt § 6a des Einkommensteuergesetzes.

(2) ¹Auf Antrag können die übergehenden Wirtschaftsgüter abweichend von Absatz 1 einheitlich mit dem Buchwert oder einem höheren Wert, höchstens jedoch mit dem Wert nach Absatz 1, angesetzt werden, soweit

1. sie Betriebsvermögen der übernehmenden Personengesellschaft oder natürlichen Person werden und sichergestellt ist, dass sie später der Besteuerung mit Einkommensteuer oder Körperschaftsteuer unterliegen, und
2. das Recht der Bundesrepublik Deutschland hinsichtlich der Besteuerung des Gewinns aus der Veräußerung der übertragenen Wirtschaftsgüter bei den Gesellschaftern der übernehmenden Personengesellschaft oder bei der natürlichen Person nicht ausgeschlossen oder beschränkt wird und
3. eine Gegenleistung nicht gewährt wird oder in Gesellschaftsrechten besteht.

²Der Antrag ist spätestens bis zur erstmaligen Abgabe der steuerlichen Schlussbilanz bei dem für die Besteuerung der übertragenden Körperschaft zuständigen Finanzamt zu stellen.

(3) ¹Haben die Mitgliedstaaten der Europäischen Union bei Verschmelzung einer unbeschränkt steuerpflichtigen Körperschaft Artikel 10 der Richtlinie 2009/133/EG anzuwenden, ist die Körperschaftsteuer auf den Übertragungsgewinn gemäß § 26 des Körperschaftsteuergesetzes um den Betrag ausländischer Steuer zu ermäßigen, der nach den Rechtsvorschriften eines anderen Mitgliedstaats der Europäischen Union erhoben worden wäre, wenn die übertragenen Wirtschaftsgüter zum gemeinen Wert veräußert worden wären. ²Satz 1 gilt nur, soweit die übertragenen Wirtschaftsgüter einer Betriebsstätte der übertragenden Körperschaft in einem anderen Mitgliedstaat der Europäischen Union zuzurechnen sind und die Bundesrepublik Deutschland die Doppelbesteuerung bei der übertragenden Körperschaft nicht durch Freistellung vermeidet.

§ 4

Auswirkungen auf den Gewinn des übernehmenden Rechtsträgers

(1) ¹Der übernehmende Rechtsträger hat die auf ihn übergegangenen Wirtschaftsgüter mit dem in der steuerlichen Schlussbilanz der übertragenden Körperschaft enthaltenen Wert im Sinne des § 3 zu übernehmen. ²Die Anteile an der übertragenden Körperschaft sind bei dem übernehmenden Rechtsträger zum steuerlichen Übertragungsstichtag mit dem Buchwert, erhöht um Abschreibungen, die in früheren Jahren steuerwirksam vorgenommen worden sind, sowie um Abzüge nach § 6b des Einkommensteuergesetzes und ähnliche Abzüge, höchstens mit dem gemeinen Wert, anzusetzen. ³Auf einen sich

daraus ergebenden Gewinn finden § 8b Abs. 2 Satz 4 und 5 des Körperschaftsteuergesetzes sowie § 3 Nr. 40 Satz 1 Buchstabe a Satz 2 und 3 des Einkommensteuergesetzes Anwendung.

(2) ¹Der übernehmende Rechtsträger tritt in die steuerliche Rechtsstellung der übertragenden Körperschaft ein, insbesondere bezüglich der Bewertung der übernommenen Wirtschaftsgüter, der Absetzungen für Abnutzung und der den steuerlichen Gewinn mindernden Rücklagen. ²Verrechenbare Verluste, verbleibende Verlustvorträge, vom übertragenden Rechtsträger nicht ausgeglichene negative Einkünfte, ein Zinsvortrag nach § 4h Abs. 1 Satz 5 des Einkommensteuergesetzes und ein EBITDA-Vortrag nach § 4h Absatz 1 Satz 3 des Einkommensteuergesetzes gehen nicht über. ³Ist die Dauer der Zugehörigkeit eines Wirtschaftsguts zum Betriebsvermögen für die Besteuerung bedeutsam, so ist der Zeitraum seiner Zugehörigkeit zum Betriebsvermögen der übertragenden Körperschaft dem übernehmenden Rechtsträger anzurechnen. ⁴Ist die übertragende Körperschaft eine Unterstützungskasse, erhöht sich der laufende Gewinn des übernehmenden Rechtsträgers in dem Wirtschaftsjahr, in das der Umwandlungsstichtag fällt, um die von ihm, seinen Gesellschaftern oder seinen Rechtsvorgängern an die Unterstützungskasse geleisteten Zuwendungen nach § 4d des Einkommensteuergesetzes; § 15 Abs. 1 Satz 1 Nr. 2 Satz 2 des Einkommensteuergesetzes gilt sinngemäß. ⁵In Höhe der nach Satz 4 hinzugerechneten Zuwendungen erhöht sich der Buchwert der Anteile an der Unterstützungskasse.

(3) Sind die übergegangenen Wirtschaftsgüter in der steuerlichen Schlussbilanz der übertragenden Körperschaft mit einem über dem Buchwert liegenden Wert angesetzt, sind die Absetzungen für Abnutzung bei dem übernehmenden Rechtsträger in den Fällen des § 7 Abs. 4 Satz 1 und Abs. 5 des Einkommensteuergesetzes nach der bisherigen Bemessungsgrundlage, in allen anderen Fällen nach dem Buchwert, jeweils vermehrt um den Unterschiedsbetrag zwischen dem Buchwert der einzelnen Wirtschaftsgüter und dem Wert, mit dem die Körperschaft die Wirtschaftsgüter in der steuerlichen Schlussbilanz angesetzt hat, zu bemessen.

(4) ¹Infolge des Vermögensübergangs ergibt sich ein Übernahmegewinn oder Übernahmeverlust in Höhe des Unterschiedsbetrags zwischen dem Wert, mit dem die übergegangenen Wirtschaftsgüter zu übernehmen sind, abzüglich der Kosten für den Vermögensübergang und dem Wert der Anteile an der übertragenden Körperschaft (Absätze 1 und 2, § 5 Abs. 2 und 3). ²Für die Ermittlung des Übernahmegewinns oder Übernahmeverlusts sind abweichend von Satz 1 die übergegangenen Wirtschaftsgüter der übertragenden Körperschaft mit dem Wert nach § 3 Abs. 1 anzusetzen, soweit an ihnen kein Recht der Bundesrepublik Deutschland zur Besteuerung des Gewinns aus einer Veräußerung bestand. ³Bei der Ermittlung des Übernahmegewinns oder des Übernahmeverlusts bleibt der Wert der übergegangenen Wirtschaftsgüter außer Ansatz, soweit er auf Anteile an der übertragenden Körperschaft entfällt, die am steuerlichen Übertragungsstichtag nicht zum Betriebsvermögen des übernehmenden Rechtsträgers gehören.

(5) ¹Ein Übernahmegewinn erhöht sich und ein Übernahmeverlust verringert sich um einen Sperrbetrag im Sinne des § 50c des Einkommensteuergesetzes, soweit die Anteile an der übertragenden Körperschaft am steuerlichen Übertragungsstichtag zum Betriebsvermögen des übernehmenden Rechtsträgers gehören. ²Ein Übernahmegewinn vermindert sich oder ein Übernahmeverlust erhöht sich um die Bezüge, die nach § 7 zu den Einkünften aus Kapitalvermögen im Sinne des § 20 Abs. 1 Nr. 1 des Einkommensteuergesetzes gehören.

(6) ¹Ein Übernahmeverlust bleibt außer Ansatz, soweit er auf eine Körperschaft, Personenvereinigung oder Vermögensmasse als Mitunternehmerin der Personengesellschaft entfällt. ²Satz 1 gilt nicht für Anteile an der übertragenden Gesellschaft, die die Voraussetzungen des § 8b Abs. 7 oder des Abs. 8 Satz 1 des Körperschaftsteuergesetzes erfüllen. ³In den Fällen des Satzes 2 ist der Übernahmeverlust bis zur Höhe der Bezüge im Sinne des § 7 zu berücksichtigen. ⁴In den übrigen Fällen ist er in Höhe von 60 Prozent, höchstens jedoch in Höhe von 60 Prozent der Bezüge im Sinne des § 7 zu berücksichtigen; ein danach verbleibender Übernahmeverlust bleibt außer Ansatz. ⁵Satz 4 gilt nicht für Anteile an der übertragenden Gesellschaft, die die Voraussetzungen des § 3 Nr. 40 Satz 3 und 4 des Einkommensteuergesetzes erfüllen; in diesen Fällen gilt Satz 3 entsprechend. ⁶Ein Übernahmeverlust bleibt abweichend von den Sätzen 2 bis 5 außer Ansatz, soweit bei Veräußerung der Anteile an der übertragenden Körperschaft ein Veräußerungsverlust nach § 17 Abs. 2 Satz 6 des Einkommensteuergesetzes nicht zu berücksichtigen wäre oder soweit die Anteile an der übertragenden Körperschaft innerhalb der letzten fünf Jahre vor dem steuerlichen Übertragungsstichtag entgeltlich erworben wurden.

(7) ¹Soweit der Übernahmegewinn auf eine Körperschaft, Personenvereinigung oder Vermögensmasse als Mitunternehmerin der Personengesellschaft entfällt, ist § 8b des Körperschaftsteuergesetzes anzuwenden. ²In den übrigen Fällen ist § 3 Nr. 40 sowie § 3c des Einkommensteuergesetzes anzuwenden.

§ 5
Besteuerung der Anteilseigner der übertragenden Körperschaft

(1) Hat der übernehmende Rechtsträger Anteile an der übertragenden Körperschaft nach dem steuerlichen Übertragungsstichtag angeschafft oder findet er einen Anteilseigner ab, so ist sein Gewinn so zu ermitteln, als hätte er die Anteile an diesem Stichtag angeschafft.

(2) Anteile an der übertragenden Körperschaft im Sinne des § 17 des Einkommensteuergesetzes, die an dem steuerlichen Übertragungsstichtag nicht zu einem Betriebsvermögen eines Gesellschafters der übernehmenden Personengesellschaft oder einer natürlichen Person gehören, gelten für die Ermittlung des Gewinns als an diesem Stichtag in das Betriebsvermögen des übernehmenden Rechtsträgers mit den Anschaffungskosten eingelegt.

(3) ¹Gehören an dem steuerlichen Übertragungsstichtag Anteile an der übertragenden Körperschaft zum Betriebsvermögen eines Anteilseigners, ist der Gewinn so zu ermitteln, als seien die Anteile an diesem Stichtag zum Buchwert, erhöht um Abschreibungen sowie um Abzüge nach § 6b des Einkommensteuergesetzes und ähnliche Abzüge, die in früheren Jahren steuerwirksam vorgenommen worden sind, höchstens mit dem gemeinen Wert, in das Betriebsvermögen des übernehmenden Rechtsträgers überführt worden. ²§ 4 Abs. 1 Satz 3 gilt entsprechend.

§ 6
Gewinnerhöhung durch Vereinigung von Forderungen und Verbindlichkeiten

(1) ¹Erhöht sich der Gewinn des übernehmenden Rechtsträgers dadurch, dass der Vermögensübergang zum Erlöschen von Forderungen und Verbindlichkeiten zwischen der übertragenden Körperschaft und dem übernehmenden Rechtsträger oder zur Auflösung von Rückstellungen führt, so darf der übernehmende Rechtsträger insoweit eine den steuerlichen Gewinn mindernde Rücklage bilden. ²Die Rücklage ist in den auf ihre Bildung folgenden drei Wirtschaftsjahren mit mindestens je einem Drittel gewinnerhöhend aufzulösen.

(2) ¹Absatz 1 gilt entsprechend, wenn sich der Gewinn eines Gesellschafters des übernehmenden Rechtsträgers dadurch erhöht, dass eine Forderung oder Verbindlichkeit der übertragenden Körperschaft auf den übernehmenden Rechtsträger übergeht oder dass infolge des Vermögensübergangs eine Rückstellung aufzulösen ist. ²Satz 1 gilt nur für Gesellschafter, die im Zeitpunkt der Eintragung des Umwandlungsbeschlusses in das öffentliche Register an dem übernehmenden Rechtsträger beteiligt sind.

(3) ¹Die Anwendung der Absätze 1 und 2 entfällt rückwirkend, wenn der übernehmende Rechtsträger den auf ihn übergegangenen Betrieb innerhalb von fünf Jahren nach dem steuerlichen Übertragungsstichtag in eine Kapitalgesellschaft einbringt oder ohne triftigen Grund veräußert oder aufgibt. ²Bereits erteilte Steuerbescheide, Steuermessbescheide, Freistellungsbescheide oder Feststellungsbescheide sind zu ändern, soweit sie auf der Anwendung der Absätze 1 und 2 beruhen.

§ 7
Besteuerung offener Rücklagen

¹Dem Anteilseigner ist der Teil des in der Steuerbilanz ausgewiesenen Eigenkapitals abzüglich des Bestands des steuerlichen Einlagekontos im Sinne des § 27 des Körperschaftsteuergesetzes, der sich nach Anwendung des § 29 Abs. 1 des Körperschaftsteuergesetzes ergibt, in dem Verhältnis der Anteile zum Nennkapital der übertragenden Körperschaft als Einnahmen aus Kapitalvermögen im.Sinne des § 20 Abs. 1 Nr. 1 des Einkommensteuergesetzes zuzurechnen. ²Dies gilt unabhängig davon, ob für den Anteilseigner ein Übernahmegewinn oder Übernahmeverlust nach § 4 oder § 5 ermittelt wird.

§ 8
Vermögensübergang auf einen Rechtsträger ohne Betriebsvermögen

(1) ¹Wird das übertragene Vermögen nicht Betriebsvermögen des übernehmenden Rechtsträgers, sind die infolge des Vermögensübergangs entstehenden Einkünfte bei diesem oder den Gesellschaftern des übernehmenden Rechtsträgers zu ermitteln. ²Die §§ 4, 5 und 7 gelten entsprechend.

(2) In den Fällen des Absatzes 1 sind § 17 Abs. 3 und § 22 Nr. 2 des Einkommensteuergesetzes nicht anzuwenden.

§ 9
Formwechsel in eine Personengesellschaft

¹Im Falle des Formwechsels einer Kapitalgesellschaft in eine Personengesellschaft sind die §§ 3 bis 8 und 10 entsprechend anzuwenden. ²Die Kapitalgesellschaft hat für steuerliche Zwecke auf den Zeitpunkt, in dem der Formwechsel wirksam wird, eine Übertragungsbilanz, die Personengesellschaft eine

Eröffnungsbilanz aufzustellen. ³Die Bilanzen nach Satz 2 können auch für einen Stichtag aufgestellt werden, der höchstens acht Monate vor der Anmeldung des Formwechsels zur Eintragung in ein öffentliches Register liegt (Übertragungsstichtag); § 2 Abs. 3 und 4 gilt entsprechend.

§ 10
(weggefallen)

Dritter Teil
Verschmelzung oder Vermögensübertragung (Vollübertragung) auf eine andere Körperschaft

§ 11
Wertansätze in der steuerlichen Schlussbilanz der übertragenden Körperschaft

(1) ¹Bei einer Verschmelzung oder Vermögensübertragung (Vollübertragung) auf eine andere Körperschaft sind die übergehenden Wirtschaftsgüter, einschließlich nicht entgeltlich erworbener oder selbst geschaffener immaterieller Wirtschaftsgüter, in der steuerlichen Schlussbilanz der übertragenden Körperschaft mit dem gemeinen Wert anzusetzen. ²Für die Bewertung von Pensionsrückstellungen gilt § 6a des Einkommensteuergesetzes.

(2) ¹Auf Antrag können die übergehenden Wirtschaftsgüter abweichend von Absatz 1 einheitlich mit dem Buchwert oder einem höheren Wert, höchstens jedoch mit dem Wert nach Absatz 1, angesetzt werden, soweit

1. sichergestellt ist, dass sie später bei der übernehmenden Körperschaft der Besteuerung mit Körperschaftsteuer unterliegen und
2. das Recht der Bundesrepublik Deutschland hinsichtlich der Besteuerung des Gewinns aus der Veräußerung der übertragenen Wirtschaftsgüter bei der übernehmenden Körperschaft nicht ausgeschlossen oder beschränkt wird und
3. eine Gegenleistung nicht gewährt wird oder in Gesellschaftsrechten besteht.

²Anteile an der übernehmenden Körperschaft sind mindestens mit dem Buchwert, erhöht um Abschreibungen sowie um Abzüge nach § 6b des Einkommensteuergesetzes und ähnliche Abzüge, die in früheren Jahren steuerwirksam vorgenommen worden sind, höchstens mit dem gemeinen Wert, anzusetzen. ³Auf einen sich daraus ergebenden Gewinn findet § 8b Abs. 2 Satz 4 und 5 des Körperschaftsteuergesetzes Anwendung.

(3) § 3 Abs. 2 Satz 2 und Abs. 3 gilt entsprechend.

§ 12
Auswirkungen auf den Gewinn der übernehmenden Körperschaft

(1) ¹Die übernehmende Körperschaft hat die auf sie übergegangenen Wirtschaftsgüter mit dem in der steuerlichen Schlussbilanz der übertragenden Körperschaft enthaltenen Wert im Sinne des § 11 zu übernehmen. ²§ 4 Abs. 1 Satz 2 und 3 gilt entsprechend.

(2) ¹Bei der übernehmenden Körperschaft bleibt ein Gewinn oder ein Verlust in Höhe des Unterschieds zwischen dem Buchwert der Anteile an der übertragenden Körperschaft und dem Wert, mit dem die übergegangenen Wirtschaftsgüter zu übernehmen sind, abzüglich der Kosten für den Vermögensübergang, außer Ansatz. ²§ 8b des Körperschaftsteuergesetzes ist anzuwenden, soweit der Gewinn im Sinne des Satzes 1 abzüglich der anteilig darauf entfallenden Kosten für den Vermögensübergang, dem Anteil der übernehmenden Körperschaft an der übertragenden Körperschaft entspricht. ³§ 5 Abs. 1 gilt entsprechend.

(3) Die übernehmende Körperschaft tritt in die steuerliche Rechtsstellung der übertragenden Körperschaft ein; § 4 Abs. 2 und 3 gilt entsprechend.

(4) § 6 gilt sinngemäß für den Teil des Gewinns aus der Vereinigung von Forderungen und Verbindlichkeiten, der der Beteiligung der übernehmenden Körperschaft am Grund- oder Stammkapital der übertragenden Körperschaft entspricht.

(5) Im Falle des Vermögensübergangs in den nicht steuerpflichtigen oder steuerbefreiten Bereich der übernehmenden Körperschaft gilt das in der Steuerbilanz ausgewiesene Eigenkapital abzüglich des Bestands des steuerlichen Einlagekontos im Sinne des § 27 des Körperschaftsteuergesetzes, der sich nach Anwendung des § 29 Abs. 1 des Körperschaftsteuergesetzes ergibt, als Einnahme im Sinne des § 20 Abs. 1 Nr. 1 des Einkommensteuergesetzes.

§ 13
Besteuerung der Anteilseigner der übertragenden Körperschaft

(1) Die Anteile an der übertragenden Körperschaft gelten als zum gemeinen Wert veräußert und die an ihre Stelle tretenden Anteile an der übernehmenden Körperschaft gelten als mit diesem Wert angeschafft.

(2) ¹Abweichend von Absatz 1 sind auf Antrag die Anteile an der übernehmenden Körperschaft mit dem Buchwert der Anteile an der übertragenden Körperschaft anzusetzen, wenn

1. das Recht der Bundesrepublik Deutschland hinsichtlich der Besteuerung des Gewinns aus der Veräußerung der Anteile an der übernehmenden Körperschaft nicht ausgeschlossen oder beschränkt wird oder
2. die Mitgliedstaaten der Europäischen Union bei einer Verschmelzung Artikel 8 der Richtlinie 2009/133/EG anzuwenden haben; in diesem Fall ist der Gewinn aus einer späteren Veräußerung der erworbenen Anteile ungeachtet der Bestimmungen eines Abkommens zur Vermeidung der Doppelbesteuerung in der gleichen Art und Weise zu besteuern, wie die Veräußerung der Anteile an der übertragenden Körperschaft zu besteuern wäre. § 15 Abs. 1a Satz 2 des Einkommensteuergesetzes ist entsprechend anzuwenden.

²Die Anteile an der übernehmenden Körperschaft treten steuerlich an die Stelle der Anteile an der übertragenden Körperschaft. ³Gehören die Anteile an der übertragenden Körperschaft nicht zu einem Betriebsvermögen, treten an die Stelle des Buchwerts die Anschaffungskosten.

§ 14
(weggefallen)

Vierter Teil
Aufspaltung, Abspaltung und Vermögensübertragung (Teilübertragung)

§ 15
Aufspaltung, Abspaltung und Teilübertragung auf andere Körperschaften

(1) ¹Geht Vermögen einer Körperschaft durch Aufspaltung oder Abspaltung oder durch Teilübertragung auf andere Körperschaften über, gelten die §§ 11 bis 13 vorbehaltlich des Satzes 2 und des § 16 entsprechend. ²§ 11 Abs. 2 und § 13 Abs. 2 sind nur anzuwenden, wenn auf die Übernehmerinnen ein Teilbetrieb übertragen wird und im Falle der Abspaltung oder Teilübertragung bei der übertragenden Körperschaft ein Teilbetrieb verbleibt. ³Als Teilbetrieb gilt auch ein Mitunternehmeranteil oder die Beteiligung an einer Kapitalgesellschaft, die das gesamte Nennkapital der Gesellschaft umfasst.

(2) ¹§ 11 Abs. 2 ist auf Mitunternehmeranteile und Beteiligungen im Sinne des Absatzes 1 nicht anzuwenden, wenn sie innerhalb eines Zeitraums von drei Jahren vor dem steuerlichen Übertragungsstichtag durch Übertragung von Wirtschaftsgütern, die kein Teilbetrieb sind, erworben oder aufgestockt worden sind. ²§ 11 Abs. 2 ist ebenfalls nicht anzuwenden, wenn durch die Spaltung die Veräußerung an außenstehende Personen vollzogen wird. ³Das Gleiche gilt, wenn durch die Spaltung die Voraussetzungen für eine Veräußerung geschaffen werden. ⁴Davon ist auszugehen, wenn innerhalb von fünf Jahren nach dem steuerlichen Übertragungsstichtag Anteile an einer an der Spaltung beteiligten Körperschaft, die mehr als 20 Prozent der vor Wirksamwerden der Spaltung an der Körperschaft bestehenden Anteile ausmachen, veräußert werden. ⁵Bei der Trennung von Gesellschafterstämmen setzt die Anwendung des § 11 Abs. 2 außerdem voraus, dass die Beteiligungen an der übertragenden Körperschaft mindestens fünf Jahre vor dem steuerlichen Übertragungsstichtag bestanden haben.

(3) Bei einer Abspaltung mindern sich verrechenbare Verluste, verbleibende Verlustvorträge, nicht ausgeglichene negative Einkünfte, ein Zinsvortrag nach § 4h Absatz 1 Satz 5 des Einkommensteuergesetzes und ein EBITDA-Vortrag nach § 4h Absatz 1 Satz 3 des Einkommensteuergesetzes der übertragenden Körperschaft in dem Verhältnis, in dem bei Zugrundelegung des gemeinen Werts das Vermögen auf eine andere Körperschaft übergeht.

§ 16
Aufspaltung oder Abspaltung auf eine Personengesellschaft

¹Soweit Vermögen einer Körperschaft durch Aufspaltung oder Abspaltung auf eine Personengesellschaft übergeht, gelten die §§ 3 bis 8, 10 und 15 entsprechend. ²§ 10 ist für den in § 40 Abs. 2 Satz 3 des Körperschaftsteuergesetzes bezeichneten Teil des Betrags im Sinne des § 38 des Körperschaftsteuergesetzes anzuwenden.

Fünfter Teil
Gewerbesteuer

§ 17
(weggefallen)

§ 18
Gewerbesteuer bei Vermögensübergang auf eine Personengesellschaft oder auf eine natürliche Person sowie bei Formwechsel in eine Personengesellschaft

(1) ¹Die §§ 3 bis 9 und 16 gelten bei Vermögensübergang auf eine Personengesellschaft oder auf eine natürliche Person sowie bei Formwechsel in eine Personengesellschaft auch für die Ermittlung des Gewerbeertrags. ²Der maßgebende Gewerbeertrag der übernehmenden Personengesellschaft oder natürlichen Person kann nicht um Fehlbeträge des laufenden Erhebungszeitraums und die vortragsfähigen Fehlbeträge der übertragenden Körperschaft im Sinne des § 10a des Gewerbesteuergesetzes gekürzt werden.

(2) ¹Ein Übernahmegewinn oder Übernahmeverlust ist nicht zu erfassen. ²In Fällen des § 5 Abs. 2 ist ein Gewinn nach § 7 nicht zu erfassen.

(3) ¹Wird der Betrieb der Personengesellschaft oder der natürlichen Person innerhalb von fünf Jahren nach der Umwandlung aufgegeben oder veräußert, unterliegt ein Aufgabe- oder Veräußerungsgewinn der Gewerbesteuer, auch soweit er auf das Betriebsvermögen entfällt, das bereits vor der Umwandlung im Betrieb der übernehmenden Personengesellschaft oder der natürlichen Person vorhanden war. ²Satz 1 gilt entsprechend, soweit ein Teilbetrieb oder ein Anteil an der Personengesellschaft aufgegeben oder veräußert wird. ³Der auf den Aufgabe- oder Veräußerungsgewinnen im Sinne der Sätze 1 und 2 beruhende Teil des Gewerbesteuer-Messbetrags ist bei der Ermäßigung der Einkommensteuer nach § 35 des Einkommensteuergesetzes nicht zu berücksichtigen.

§ 19
Gewerbesteuer bei Vermögensübergang auf eine andere Körperschaft

(1) Geht das Vermögen der übertragenden Körperschaft auf eine andere Körperschaft über, gelten die §§ 11 bis 15 auch für die Ermittlung des Gewerbeertrags.

(2) Für die vortragsfähigen Fehlbeträge der übertragenden Körperschaft im Sinne des § 10a des Gewerbesteuergesetzes gelten § 12 Abs. 3 und § 15 Abs. 3 entsprechend.

Sechster Teil
Einbringung von Unternehmensteilen in eine Kapitalgesellschaft oder Genossenschaft und Anteilstausch

§ 20
Einbringung von Unternehmensteilen in eine Kapitalgesellschaft oder Genossenschaft

(1) Wird ein Betrieb oder Teilbetrieb oder ein Mitunternehmeranteil in eine Kapitalgesellschaft oder eine Genossenschaft (übernehmende Gesellschaft) eingebracht und erhält der Einbringende dafür neue Anteile an der Gesellschaft (Sacheinlage), gelten für die Bewertung des eingebrachten Betriebsvermögens und der neuen Gesellschaftsanteile die nachfolgenden Absätze.

(2) ¹Die übernehmende Gesellschaft hat das eingebrachte Betriebsvermögen mit dem gemeinen Wert anzusetzen; für die Bewertung von Pensionsrückstellungen gilt § 6a des Einkommensteuergesetzes. ²Abweichend von Satz 1 kann das übernommene Betriebsvermögen auf Antrag einheitlich mit dem Buchwert oder einem höheren Wert, höchstens jedoch mit dem Wert im Sinne des Satzes 1, angesetzt werden, soweit

1. sichergestellt ist, dass es später bei der übernehmenden Körperschaft der Besteuerung mit Körperschaftsteuer unterliegt,
2. die Passivposten des eingebrachten Betriebsvermögens die Aktivposten nicht übersteigen; dabei ist das Eigenkapital nicht zu berücksichtigen,
3. das Recht der Bundesrepublik Deutschland hinsichtlich der Besteuerung des Gewinns aus der Veräußerung des eingebrachten Betriebsvermögens bei der übernehmenden Gesellschaft nicht ausgeschlossen oder beschränkt wird.

³Der Antrag ist spätestens bis zur erstmaligen Abgabe der steuerlichen Schlussbilanz bei dem für die Besteuerung der übernehmenden Gesellschaft zuständigen Finanzamt zu stellen. ⁴Erhält der Einbringende neben den Gesellschaftsanteilen auch andere Wirtschaftsgüter, deren gemeiner Wert den

Buchwert des eingebrachten Betriebsvermögens übersteigt, hat die übernehmende Gesellschaft das eingebrachte Betriebsvermögen mindestens mit dem gemeinen Wert der anderen Wirtschaftsgüter anzusetzen.

(3) ¹Der Wert, mit dem die übernehmende Gesellschaft das eingebrachte Betriebsvermögen ansetzt, gilt für den Einbringenden als Veräußerungspreis und als Anschaffungskosten der Gesellschaftsanteile. ²Ist das Recht der Bundesrepublik Deutschland hinsichtlich der Besteuerung des Gewinns aus der Veräußerung des eingebrachten Betriebsvermögens im Zeitpunkt der Einbringung ausgeschlossen und wird dieses auch nicht durch die Einbringung begründet, gilt für den Einbringenden insoweit der gemeine Wert des Betriebsvermögens im Zeitpunkt der Einbringung als Anschaffungskosten der Anteile. ³Soweit neben den Gesellschaftsanteilen auch andere Wirtschaftsgüter gewährt werden, ist deren gemeiner Wert bei der Bemessung der Anschaffungskosten der Gesellschaftsanteile von dem sich nach den Sätzen 1 und 2 ergebenden Wert abzuziehen. ⁴Umfasst das eingebrachte Betriebsvermögen auch einbringungsgeborene Anteile im Sinne von § 21 Abs. 1 in der Fassung der Bekanntmachung vom 15. Oktober 2002 (BGBl. I S. 4133, 2003 I S. 738), geändert durch Artikel 3 des Gesetzes vom 16. Mai 2003 (BGBl. I S. 660), gelten die erhaltenen Anteile insoweit auch als einbringungsgeboren im Sinne von § 21 Abs. 1 in der Fassung der Bekanntmachung vom 15. Oktober 2002 (BGBl. I S. 4133, 2003 I S. 738), geändert durch Artikel 3 des Gesetzes vom 16. Mai 2003 (BGBl. I S. 660).

(4) ¹Auf einen bei der Sacheinlage entstehenden Veräußerungsgewinn ist § 16 Abs. 4 des Einkommensteuergesetzes nur anzuwenden, wenn der Einbringende eine natürliche Person ist, es sich nicht um die Einbringung von Teilen eines Mitunternehmeranteils handelt und die übernehmende Gesellschaft das eingebrachte Betriebsvermögen mit dem gemeinen Wert ansetzt. ²In diesen Fällen ist § 34 Abs. 1 und 3 des Einkommensteuergesetzes nur anzuwenden, soweit der Veräußerungsgewinn nicht nach § 3 Nr. 40 Satz 1 in Verbindung mit § 3c Abs. 2 des Einkommensteuergesetzes teilweise steuerbefreit ist.

(5) ¹Das Einkommen und das Vermögen des Einbringenden und der übernehmenden Gesellschaft sind auf Antrag so zu ermitteln, als ob das eingebrachte Betriebsvermögen mit dem steuerlichen Übertragungsstichtag (Absatz 6) auf die Übernehmerin übergegangen wäre. ²Dies gilt hinsichtlich des Einkommens und des Gewerbeertrags nicht für Entnahmen und Einlagen, die nach dem steuerlichen Übertragungsstichtag erfolgen. ³Die Anschaffungskosten der Anteile (Absatz 3) sind um den Buchwert der Entnahmen zu vermindern und um den sich nach § 6 Abs. 1 Nr. 5 des Einkommensteuergesetzes ergebenden Wert der Einlagen zu erhöhen.

(6) ¹Als steuerlicher Übertragungsstichtag (Einbringungszeitpunkt) darf in den Fällen der Sacheinlage durch Verschmelzung im Sinne des § 2 des Umwandlungsgesetzes der Stichtag angesehen werden, für den die Schlussbilanz jedes der übertragenden Unternehmen im Sinne des § 17 Abs. 2 des Umwandlungsgesetzes aufgestellt ist; dieser Stichtag darf höchstens acht Monate vor der Anmeldung der Verschmelzung zur Eintragung in das Handelsregister liegen. ²Entsprechendes gilt, wenn Vermögen im Wege der Sacheinlage durch Aufspaltung, Abspaltung oder Ausgliederung nach § 123 des Umwandlungsgesetzes auf die übernehmende Gesellschaft übergeht. ³In anderen Fällen der Sacheinlage darf die Einbringung auf einen Tag zurückbezogen werden, der höchstens acht Monate vor dem Tag des Abschlusses des Einbringungsvertrags liegt und höchstens acht Monate vor dem Zeitpunkt liegt, an dem das eingebrachte Betriebsvermögen auf die übernehmende Gesellschaft übergeht. ⁴§ 2 Abs. 3 und 4 gilt entsprechend.

(7) § 3 Abs. 3 ist entsprechend anzuwenden.

(8) Ist eine gebietsfremde einbringende oder erworbene Gesellschaft im Sinne von Artikel 3 der Richtlinie 2009/133/EG als steuerlich transparent anzusehen, ist auf Grund Artikel 11 der Richtlinie 2009/133/EG die ausländische Steuer, die nach den Rechtsvorschriften des anderen Mitgliedstaats der Europäischen Union erhoben worden wäre, wenn die einer in einem anderen Mitgliedstaat belegenen Betriebsstätte zuzurechnenden eingebrachten Wirtschaftsgüter zum gemeinen Wert veräußert worden wären, auf die auf den Einbringungsgewinn entfallende Körperschaftsteuer oder Einkommensteuer unter entsprechender Anwendung von § 26 des Körperschaftsteuergesetzes und von §§ 34c und 50 Abs. 3 des Einkommensteuergesetzes anzurechnen.

(9) Ein Zinsvortrag nach § 4h Absatz 1 Satz 5 des Einkommensteuergesetzes und ein EBITDA-Vortrag nach § 4h Absatz 1 Satz 3 des Einkommensteuergesetzes des eingebrachten Betriebs gehen nicht auf die übernehmende Gesellschaft über.

§ 21

Bewertung der Anteile beim Anteilstausch

(1) ¹Werden Anteile an einer Kapitalgesellschaft oder einer Genossenschaft (erworbene Gesellschaft) in eine Kapitalgesellschaft oder Genossenschaft (übernehmende Gesellschaft) gegen Gewährung neuer

Anteile an der übernehmenden Gesellschaft eingebracht (Anteilstausch), hat die übernehmende Gesellschaft die eingebrachten Anteile mit dem gemeinen Wert anzusetzen. ²Abweichend von Satz 1 können die eingebrachten Anteile auf Antrag mit dem Buchwert oder einem höheren Wert, höchstens jedoch mit dem gemeinen Wert, angesetzt werden, wenn die übernehmende Gesellschaft nach der Einbringung auf Grund ihrer Beteiligung einschließlich der eingebrachten Anteile nachweisbar unmittelbar die Mehrheit der Stimmrechte an der erworbenen Gesellschaft hat (qualifizierter Anteilstausch); § 20 Abs. 2 Satz 3 gilt entsprechend. ³Erhält der Einbringende neben den Gesellschaftsanteilen auch andere Wirtschaftsgüter, deren gemeiner Wert den Buchwert der eingebrachten Anteile übersteigt, hat die übernehmende Gesellschaft die eingebrachten Anteile mindestens mit dem gemeinen Wert der anderen Wirtschaftsgüter anzusetzen.

(2) ¹Der Wert, mit dem die übernehmende Gesellschaft die eingebrachten Anteile ansetzt, gilt für den Einbringenden als Veräußerungspreis der eingebrachten Anteile und als Anschaffungskosten der erhaltenen Anteile. ²Abweichend von Satz 1 gilt für den Einbringenden der gemeine Wert der eingebrachten Anteile als Veräußerungspreis und als Anschaffungskosten der erhaltenen Anteile, wenn für die eingebrachten Anteile nach der Einbringung das Recht der Bundesrepublik Deutschland hinsichtlich der Besteuerung des Gewinns aus der Veräußerung dieser Anteile ausgeschlossen oder beschränkt ist; dies gilt auch, wenn das Recht der Bundesrepublik Deutschland hinsichtlich der Besteuerung des Gewinns aus der Veräußerung der erhaltenen Anteile ausgeschlossen oder beschränkt ist. ³Auf Antrag gilt in den Fällen des Satzes 2 unter den Voraussetzungen des Absatzes 1 Satz 2 der Buchwert oder ein höherer Wert, höchstens der gemeine Wert, als Veräußerungspreis der eingebrachten Anteile und als Anschaffungskosten der erhaltenen Anteile, wenn

1. das Recht der Bundesrepublik Deutschland hinsichtlich der Besteuerung des Gewinns aus der Veräußerung der erhaltenen Anteile nicht ausgeschlossen oder beschränkt ist oder

2. der Gewinn aus dem Anteilstausch auf Grund Artikel 8 der Richtlinie 2009/133/EG nicht besteuert werden darf; in diesem Fall ist der Gewinn aus einer späteren Veräußerung der erhaltenen Anteile ungeachtet der Bestimmungen eines Abkommens zur Vermeidung der Doppelbesteuerung in der gleichen Art und Weise zu besteuern, wie die Veräußerung der Anteile an der erworbenen Gesellschaft zu besteuern gewesen wäre; § 15 Abs. 1a Satz 2 des Einkommensteuergesetzes ist entsprechend anzuwenden.

⁴Der Antrag ist spätestens bis zur erstmaligen Abgabe der Steuererklärung bei dem für die Besteuerung des Einbringenden zuständigen Finanzamt zu stellen. ⁵Haben die eingebrachten Anteile beim Einbringenden nicht zu einem Betriebsvermögen gehört, treten an die Stelle des Buchwerts die Anschaffungskosten. ⁶§ 20 Abs. 3 Satz 3 und 4 gilt entsprechend.

(3) ¹Auf den beim Anteilstausch entstehenden Veräußerungsgewinn ist § 17 Abs. 3 des Einkommensteuergesetzes nur anzuwenden, wenn der Einbringende eine natürliche Person ist und die übernehmende Gesellschaft die eingebrachten Anteile nach Absatz 1 Satz 1 oder in den Fällen des Absatzes 2 Satz 2 der Einbringende mit dem gemeinen Wert ansetzt; dies gilt für die Anwendung von § 16 Abs. 4 des Einkommensteuergesetzes unter der Voraussetzung, dass eine im Betriebsvermögen gehaltene Beteiligung an einer Kapitalgesellschaft eingebracht wird, die das gesamte Nennkapital der Kapitalgesellschaft umfasst. ²§ 34 Abs. 1 des Einkommensteuergesetzes findet keine Anwendung.

§ 22
Besteuerung des Anteilseigners

(1) ¹Soweit in den Fällen einer Sacheinlage unter dem gemeinen Wert (§ 20 Abs. 2 Satz 2) der Einbringende die erhaltenen Anteile innerhalb eines Zeitraums von sieben Jahren nach dem Einbringungszeitpunkt veräußert, ist der Gewinn aus der Einbringung rückwirkend im Wirtschaftsjahr der Einbringung als Gewinn des Einbringenden im Sinne von § 16 des Einkommensteuergesetzes zu versteuern (Einbringungsgewinn I); § 16 Abs. 4 und § 34 des Einkommensteuergesetzes sind nicht anzuwenden. ²Die Veräußerung der erhaltenen Anteile gilt insoweit als rückwirkendes Ereignis im Sinne von § 175 Abs. 1 Satz 1 Nr. 2 der Abgabenordnung. ³Einbringungsgewinn I ist der Betrag, um den der gemeine Wert des eingebrachten Betriebsvermögens im Einbringungszeitpunkt nach Abzug der Kosten für den Vermögensübergang den Wert, mit dem die übernehmende Gesellschaft dieses eingebrachte Betriebsvermögen angesetzt hat, übersteigt, vermindert um jeweils ein Siebtel für jedes seit dem Einbringungszeitpunkt abgelaufene Zeitjahr. ⁴Der Einbringungsgewinn I gilt als nachträgliche Anschaffungskosten der erhaltenen Anteile. ⁵Umfasst das eingebrachte Betriebsvermögen auch Anteile an Kapitalgesellschaften oder Genossenschaften, ist insoweit § 22 Abs. 2 anzuwenden; ist in diesen Fällen das Recht der Bundesrepublik Deutschland hinsichtlich der Besteuerung des Gewinns aus der Veräußerung der erhaltenen Anteile ausgeschlossen oder beschränkt, sind daneben auch die Sätze 1 bis 4 anzuwenden. ⁶Die Sätze 1 bis 5 gelten entsprechend, wenn

Anhang 4 — UmwStG

1. der Einbringende die erhaltenen Anteile unmittelbar oder mittelbar unentgeltlich auf eine Kapitalgesellschaft oder eine Genossenschaft überträgt,
2. der Einbringende die erhaltenen Anteile entgeltlich überträgt, es sei denn er weist nach, dass die Übertragung durch einen Vorgang im Sinne des § 20 Abs. 1 oder § 21 Abs. 1 oder auf Grund vergleichbarer ausländischer Vorgänge zu Buchwerten erfolgte,
3. die Kapitalgesellschaft, an der die Anteile bestehen, aufgelöst und abgewickelt wird oder das Kapital dieser Gesellschaft herabgesetzt und an die Anteilseigner zurückgezahlt wird oder Beträge aus dem steuerlichen Einlagekonto im Sinne des § 27 des Körperschaftsteuergesetzes ausgeschüttet oder zurückgezahlt werden,
4. der Einbringende die erhaltenen Anteile durch einen Vorgang im Sinne des § 21 Abs. 1 oder einen Vorgang im Sinne des § 20 Abs. 1 oder auf Grund vergleichbarer ausländischer Vorgänge zum Buchwert in eine Kapitalgesellschaft oder eine Genossenschaft eingebracht hat und diese Anteile anschließend unmittelbar oder mittelbar veräußert oder durch einen Vorgang im Sinne der Nummer 1 oder 2 unmittelbar oder mittelbar übertragen werden, es sei denn, er weist nach, dass diese Anteile zu Buchwerten übertragen wurden (Ketteneinbringung),
5. der Einbringende die erhaltenen Anteile in eine Kapitalgesellschaft oder eine Genossenschaft durch einen Vorgang im Sinne des § 20 Abs. 1 oder einen Vorgang im Sinne des § 21 Abs. 1 oder auf Grund vergleichbarer ausländischer Vorgänge zu Buchwerten einbringt und die aus dieser Einbringung erhaltenen Anteile anschließend unmittelbar oder mittelbar veräußert oder durch einen Vorgang im Sinne der Nummer 1 oder 2 unmittelbar oder mittelbar übertragen werden, es sei denn er weist nach, dass die Einbringung zu Buchwerten erfolgte, oder
6. für den Einbringenden oder die übernehmende Gesellschaft im Sinne der Nummer 4 die Voraussetzungen im Sinne von § 1 Abs. 4 nicht mehr erfüllt sind.

⁷Satz 4 gilt in den Fällen des Satzes 6 Nr. 4 und 5 auch hinsichtlich der Anschaffungskosten der auf einer Weitereinbringung dieser Anteile (§ 20 Abs. 1 und § 21 Abs. 1 Satz 2) zum Buchwert beruhenden Anteile.

(2) ¹Soweit im Rahmen einer Sacheinlage (§ 20 Abs. 1) oder eines Anteilstauschs (§ 21 Abs. 1) unter dem gemeinen Wert eingebrachte Anteile innerhalb eines Zeitraums von sieben Jahren nach dem Einbringungszeitpunkt durch die übernehmende Gesellschaft unmittelbar oder mittelbar veräußert werden und soweit beim Einbringenden der Gewinn aus der Veräußerung dieser Anteile im Einbringungszeitpunkt nicht nach § 8b Abs. 2 des Körperschaftsteuergesetzes steuerfrei gewesen wäre, ist der Gewinn aus der Einbringung im Wirtschaftsjahr der Einbringung rückwirkend als Gewinn des Einbringenden aus der Veräußerung von Anteilen zu versteuern (Einbringungsgewinn II); § 16 Abs. 4 und § 34 des Einkommensteuergesetzes sind nicht anzuwenden. ²Absatz 1 Satz 2 gilt entsprechend. ³Einbringungsgewinn II ist der Betrag, um den der gemeine Wert der eingebrachten Anteile im Einbringungszeitpunkt nach Abzug der Kosten für den Vermögensübergang den Wert, mit dem der Einbringende die erhaltenen Anteile angesetzt hat, übersteigt, vermindert um jeweils ein Siebtel für jedes seit dem Einbringungszeitpunkt abgelaufene Zeitjahr. ⁴Der Einbringungsgewinn II gilt als nachträgliche Anschaffungskosten der erhaltenen Anteile. ⁵Sätze 1 bis 4 sind nicht anzuwenden, soweit der Einbringende die erhaltenen Anteile veräußert hat; dies gilt auch in den Fällen von § 6 des Außensteuergesetzes vom 8. September 1972 (BGBl. I S. 1713), das zuletzt durch Artikel 7 des Gesetzes vom 7. Dezember 2006 (BGBl. I S. 2782) geändert worden ist, in der jeweils geltenden Fassung, wenn und soweit die Steuer nicht gestundet wird. ⁶Sätze 1 bis 5 gelten entsprechend, wenn die übernehmende Gesellschaft die eingebrachten Anteile ihrerseits durch einen Vorgang nach Absatz 1 Satz 6 Nr. 1 bis 5 weiter überträgt oder für diese die Voraussetzungen nach § 1 Abs. 4 nicht mehr erfüllt sind. ⁷Absatz 1 Satz 7 ist entsprechend anzuwenden.

(3) ¹Der Einbringende hat in den dem Einbringungszeitpunkt folgenden sieben Jahren jährlich spätestens bis zum 31. Mai den Nachweis darüber zu erbringen, wem mit Ablauf des Tages, der dem maßgebenden Einbringungszeitpunkt entspricht,

1. in den Fällen des Absatzes 1 die erhaltenen Anteile und die auf diesen Anteilen beruhenden Anteile und
2. in den Fällen des Absatzes 2 die eingebrachten Anteile und die auf diesen Anteilen beruhenden Anteile

zuzurechnen sind. ²Erbringt er den Nachweis nicht, gelten die Anteile im Sinne des Absatzes 1 oder des Absatzes 2 an dem Tag, der dem Einbringungszeitpunkt folgt oder der in den Folgejahren diesem Kalendertag entspricht, als veräußert.

(4) Ist der Veräußerer von Anteilen nach Absatz 1

1. eine juristische Person des öffentlichen Rechts, gilt in den Fällen des Absatzes 1 der Gewinn aus der Veräußerung der erhaltenen Anteile als in einem Betrieb gewerblicher Art dieser Körperschaft entstanden,
2. von der Körperschaftsteuer befreit, gilt in den Fällen des Absatzes 1 der Gewinn aus der Veräußerung der erhaltenen Anteile als in einem wirtschaftlichen Geschäftsbetrieb dieser Körperschaft entstanden.

(5) Das für den Einbringenden zuständige Finanzamt bescheinigt der übernehmenden Gesellschaft auf deren Antrag die Höhe des zu versteuernden Einbringungsgewinns, die darauf entfallende festgesetzte Steuer und den darauf entrichteten Betrag; nachträgliche Minderungen des versteuerten Einbringungsgewinns sowie die darauf entfallende festgesetzte Steuer und der darauf entrichtete Betrag sind dem für die übernehmende Gesellschaft zuständigen Finanzamt von Amts wegen mitzuteilen.

(6) In den Fällen der unentgeltlichen Rechtsnachfolge gilt der Rechtsnachfolger des Einbringenden als Einbringender im Sinne der Absätze 1 bis 5 und der Rechtsnachfolger der übernehmenden Gesellschaft als übernehmende Gesellschaft im Sinne des Absatzes 2.

(7) Werden in den Fällen einer Sacheinlage (§ 20 Abs. 1) oder eines Anteilstauschs (§ 21 Abs. 1) unter dem gemeinen Wert stille Reserven auf Grund einer Gesellschaftsgründung oder Kapitalerhöhung von den erhaltenen oder eingebrachten Anteilen oder von auf diesen Anteilen beruhenden Anteilen auf andere Anteile verlagert, gelten diese Anteile insoweit auch als erhaltene oder eingebrachte Anteile oder als auf diesen Anteilen beruhende Anteile im Sinne des Absatzes 1 oder 2 (Mitverstrickung von Anteilen).

§ 23
Auswirkungen bei der übernehmenden Gesellschaft

(1) Setzt die übernehmende Gesellschaft das eingebrachte Betriebsvermögen mit einem unter dem gemeinen Wert liegenden Wert (§ 20 Abs. 2 Satz 2, § 21 Abs. 1 Satz 2) an, gelten § 4 Abs. 2 Satz 3 und § 12 Abs. 3 erster Halbsatz entsprechend.

(2) ¹In den Fällen des § 22 Abs. 1 kann die übernehmende Gesellschaft auf Antrag den versteuerten Einbringungsgewinn im Wirtschaftsjahr der Veräußerung der Anteile oder eines gleichgestellten Ereignisses (§ 22 Abs. 1 Satz 1 und Satz 6 Nr. 1 bis 6) als Erhöhungsbetrag ansetzen, soweit der Einbringende die auf den Einbringungsgewinn entfallende Steuer entrichtet hat und dies durch Vorlage einer Bescheinigung des zuständigen Finanzamts im Sinne von § 22 Abs. 5 nachgewiesen wurde; der Ansatz des Erhöhungsbetrags bleibt ohne Auswirkung auf den Gewinn. ²Satz 1 ist nur anzuwenden, soweit das eingebrachte Betriebsvermögen in den Fällen des § 22 Abs. 1 noch zum Betriebsvermögen der übernehmenden Gesellschaft gehört, es sei denn, dieses wurde zum gemeinen Wert übertragen. ³Wurden die veräußerten Anteile auf Grund einer Einbringung von Anteilen nach § 20 Abs. 1 oder § 21 Abs. 1 (§ 22 Abs. 2) erworben, erhöhen sich die Anschaffungskosten der eingebrachten Anteile in Höhe des versteuerten Einbringungsgewinns, soweit der Einbringende die auf den Einbringungsgewinn entfallende Steuer entrichtet hat; Satz 1 und § 22 Abs. 1 Satz 7 gelten entsprechende.

(3) ¹Setzt die übernehmende Gesellschaft das eingebrachte Betriebsvermögen mit einem über dem Buchwert, aber unter dem gemeinen Wert liegenden Wert an, gilt § 12 Abs. 3 erster Halbsatz entsprechend mit der folgenden Maßgabe:
1. Die Absetzungen für Abnutzung oder Substanzverringerung nach § 7 Abs. 1,4,5 und 6 des Einkommensteuergesetzes sind vom Zeitpunkt der Einbringung an nach den Anschaffungs- oder Herstellungskosten des Einbringenden, vermehrt um den Unterschiedsbetrag zwischen dem Buchwert der einzelnen Wirtschaftsgüter und dem Wert, mit dem die Kapitalgesellschaft die Wirtschaftsgüter ansetzt, zu bemessen.
2. Bei den Absetzungen für Abnutzung nach § 7 Abs. 2 des Einkommensteuergesetzes tritt im Zeitpunkt der Einbringung an die Stelle des Buchwerts der einzelnen Wirtschaftsgüter der Wert, mit dem die Kapitalgesellschaft die Wirtschaftsgüter ansetzt.

²Bei einer Erhöhung der Anschaffungskosten oder Herstellungskosten auf Grund rückwirkender Besteuerung des Einbringungsgewinns (Absatz 2) gilt dies mit der Maßgabe, dass an die Stelle des Zeitpunkts der Einbringung der Beginn des Wirtschaftsjahrs tritt, in welches das die Besteuerung des Einbringungsgewinns auslösende Ereignis fällt.

(4) Setzt die übernehmende Gesellschaft das eingebrachte Betriebsvermögen mit dem gemeinen Wert an, gelten die eingebrachten Wirtschaftsgüter als im Zeitpunkt der Einbringung von der Kapitalgesellschaft angeschafft, wenn die Einbringung des Betriebsvermögens im Wege der Einzelrechtsnachfolge erfolgt; erfolgt die Einbringung des Betriebsvermögens im Wege der Gesamtrechtsnachfolge nach den Vorschriften des Umwandlungsgesetzes, gilt Absatz 3 entsprechend.

(5) Der maßgebende Gewerbeertrag der übernehmenden Gesellschaft kann nicht um die vortragsfähigen Fehlbeträge des Einbringenden im Sinne des § 10a des Gewerbesteuergesetzes gekürzt werden.

(6) § 6 Abs. 1 und 3 gilt entsprechend.

Siebter Teil

Einbringung eines Betriebs, Teilbetriebs oder Mitunternehmeranteils in eine Personengesellschaft

§ 24
Einbringung von Betriebsvermögen in eine Personengesellschaft

(1) Wird ein Betrieb oder Teilbetrieb oder ein Mitunternehmeranteil in eine Personengesellschaft eingebracht und wird der Einbringende Mitunternehmer der Gesellschaft, gelten für die Bewertung des eingebrachten Betriebsvermögens die Absätze 2 bis 4.

(2) [1]Die Personengesellschaft hat das eingebrachte Betriebsvermögen in ihrer Bilanz einschließlich der Ergänzungsbilanzen für ihre Gesellschafter mit dem gemeinen Wert anzusetzen; für die Bewertung von Pensionsrückstellungen gilt § 6a des Einkommensteuergesetzes. [2]Abweichend von Satz 1 kann das übernommene Betriebsvermögen auf Antrag mit dem Buchwert oder einem höheren Wert, höchstens jedoch mit dem Wert im Sinne des Satzes 1, angesetzt werden, soweit das Recht der Bundesrepublik Deutschland hinsichtlich der Besteuerung des eingebrachten Betriebsvermögens nicht ausgeschlossen oder beschränkt wird. [3]§ 20 Abs. 2 Satz 3 gilt entsprechend.

(3) [1]Der Wert, mit dem das eingebrachte Betriebsvermögen in der Bilanz der Personengesellschaft einschließlich der Ergänzungsbilanzen für ihre Gesellschafter angesetzt wird, gilt für den Einbringenden als Veräußerungspreis. [2]§ 16 Abs. 4 des Einkommensteuergesetzes ist nur anzuwenden, wenn das eingebrachte Betriebsvermögen mit dem gemeinen Wert angesetzt wird und es sich nicht um die Einbringung von Teilen eines Mitunternehmeranteils handelt; in diesen Fällen ist § 34 Abs. 1 und 3 des Einkommensteuergesetzes anzuwenden, soweit der Veräußerungsgewinn nicht nach § 3 Nr. 40 Satz 1 Buchstabe b in Verbindung mit § 3c Abs. 2 des Einkommensteuergesetzes teilweise steuerbefreit ist. [3]In den Fällen des Satzes 2 gilt § 16 Abs. 2 Satz 3 des Einkommensteuergesetzes entsprechend.

(4) § 23 Abs. 1, 3, 4 und 6 gilt entsprechend; in den Fällen der Einbringung in eine Personengesellschaft im Wege der Gesamtrechtsnachfolge gilt auch § 20 Abs. 5 und 6 entsprechend.

(5) Soweit im Rahmen einer Einbringung nach Absatz 1 unter dem gemeinen Wert eingebrachte Anteile an einer Körperschaft, Personenvereinigung oder Vermögensmasse innerhalb eines Zeitraums von sieben Jahren nach dem Einbringungszeitpunkt durch die übernehmende Personengesellschaft veräußert oder durch einen Vorgang nach § 22 Absatz 1 Satz 6 Nummer 1 bis 5 weiter übertragen werden und soweit beim Einbringenden der Gewinn aus der Veräußerung dieser Anteile im Einbringungszeitpunkt nicht nach § 8b Absatz 2 des Körperschaftsteuergesetzessteuerfrei gewesen wäre, ist § 22 Absatz 2, 3 und 5 bis 7 insoweit entsprechend anzuwenden, als der Gewinn aus der Veräußerung der eingebrachten Anteile auf einen Mitunternehmer entfällt, für den insoweit § 8b Absatz 2 des Körperschaftsteuergesetzes Anwendung findet.

(6) § 20 Abs. 9 gilt entsprechend.

Achter Teil

Formwechsel einer Personengesellschaft in eine Kapitalgesellschaft oder Genossenschaft

§ 25
Entsprechende Anwendung des Sechsten Teils

[1]In den Fällen des Formwechsels einer Personengesellschaft in eine Kapitalgesellschaft oder Genossenschaft im Sinne des § 190 des Umwandlungsgesetzes vom 28. Oktober 1994 (BGBl. I S. 3210, 1995 I S. 428), das zuletzt durch Artikel 10 des Gesetzes vom 9. Dezember 2004 (BGBl. I S. 3214) geändert worden ist, in der jeweils geltenden Fassung oder auf Grund vergleichbarer ausländischer Vorgänge gelten §§ 20 bis 23 entsprechend. [2]§ 9 Satz 2 und 3 ist entsprechend anzuwenden.

Neunter Teil

Verhinderung von Missbräuchen

§ 26

(weggefallen)

Zehnter Teil
Anwendungsvorschriften und Ermächtigung

§ 27
Anwendungsvorschriften

(1) ¹Diese Fassung des Gesetzes ist erstmals auf Umwandlungen und Einbringungen anzuwenden, bei denen die Anmeldung zur Eintragung in das für die Wirksamkeit des jeweiligen Vorgangs maßgebende öffentliche Register nach dem 12. Dezember 2006 erfolgt ist. ²Für Einbringungen, deren Wirksamkeit keine Eintragung in ein öffentliches Register voraussetzt, ist diese Fassung des Gesetzes erstmals anzuwenden, wenn das wirtschaftliche Eigentum an den eingebrachten Wirtschaftsgütern nach dem 12. Dezember 2006 übergegangen ist.

(2) ¹Das Umwandlungssteuergesetz in der Fassung der Bekanntmachung vom 15. Oktober 2002 (BGBl. I S. 4133, 2003 I S. 738), geändert durch Artikel 3 des Gesetzes vom 16. Mai 2003 (BGBl. I S. 660), ist letztmals auf Umwandlungen und Einbringungen anzuwenden, bei denen die Anmeldung zur Eintragung in das für die Wirksamkeit des jeweiligen Vorgangs maßgebende öffentliche Register bis zum 12. Dezember 2006 erfolgt ist. ²Für Einbringungen, deren Wirksamkeit keine Eintragung in ein öffentliches Register voraussetzt, ist diese Fassung letztmals anzuwenden, wenn das wirtschaftliche Eigentum an den eingebrachten Wirtschaftsgütern bis zum 12. Dezember 2006 übergegangen ist.

(3) Abweichend von Absatz 2 ist

1. § 5 Abs. 4 für einbringungsgeborene Anteile im Sinne von § 21 Abs. 1 mit der Maßgabe weiterhin anzuwenden, dass die Anteile zu dem Wert im Sinne von § 5 Abs. 2 oder Abs. 3 in der Fassung des Absatzes 1 als zum steuerlichen Übertragungsstichtag in das Betriebsvermögen des übernehmenden Rechtsträgers überführt gelten;
2. § 20 Abs. 6 in der am 21. Mai 2003 geltenden Fassung für die Fälle des Ausschlusses des Besteuerungsrechts (§ 20 Abs. 3) weiterhin anwendbar, wenn auf die Einbringung Absatz 2 anzuwenden war;
3. § 21 in der am 21. Mai 2003 geltenden Fassung ist für einbringungsgeborene Anteile im Sinne von § 21 Abs. 1, die auf einem Einbringungsvorgang beruhen, auf den Absatz 2 anwendbar war, weiterhin anzuwenden. Für § 21 Abs. 2 Satz 1 Nr. 2 in der am 21. Mai 2003 geltenden Fassung gilt dies mit der Maßgabe, dass eine Stundung der Steuer gemäß § 6 Abs. 5 des Außensteuergesetzes in der Fassung des Gesetzes vom 7. Dezember 2006 (BGBl. I S. 2782) unter den dort genannten Voraussetzungen erfolgt, wenn die Einkommensteuer noch nicht bestandskräftig festgesetzt ist; § 6 Abs. 6 und 7 des Außensteuergesetzes ist entsprechend anzuwenden.

(4) Abweichend von Absatz 1 sind §§ 22, 23 und 24 Abs. 5 nicht anzuwenden, soweit hinsichtlich des Gewinns aus der Veräußerung der Anteile oder einem gleichgestellten Ereignis im Sinne von § 22 Abs. 1 die Steuerfreistellung nach § 8b Abs. 4 des Körperschaftsteuergesetzes in der am 12. Dezember 2006 geltenden Fassung oder nach § 3 Nr. 40 Satz 3 und 4 des Einkommensteuergesetzes in der am 12. Dezember 2006 geltenden Fassung ausgeschlossen ist.

(5) § 4 Abs. 2 Satz 2, § 15 Abs. 3, § 20 Abs. 9 und § 24 Abs. 6 in der Fassung des Artikels 5 des Gesetzes vom 14. August 2007 (BGBl. I S. 1912) sind erstmals auf Umwandlungen und Einbringungen anzuwenden, bei denen die Anmeldung zur Eintragung in das für die Wirksamkeit des jeweiligen Vorgangs maßgebende öffentliche Register nach dem 31. Dezember 2007 erfolgt ist. Für Einbringungen, deren Wirksamkeit keine Eintragung in ein öffentliches Register voraussetzt, ist diese Fassung erstmals anzuwenden, wenn das wirtschaftliche Eigentum an den eingebrachten Wirtschaftsgütern nach dem 31. Dezember 2007 übergegangen ist.

(6) § 10 ist letztmals auf Umwandlungen anzuwenden, bei denen der steuerliche Übertragungsstichtag vor dem 1. Januar 2007 liegt. § 10 ist abweichend von Satz 1 weiter anzuwenden in den Fällen, in denen ein Antrag nach § 34 Abs. 16 des Körperschaftsteuergesetzes in der Fassung des Artikels 3 des Gesetzes vom 20. Dezember 2007 (BGBl. I S. 3150) gestellt wurde.

(7) § 18 Abs. 3 Satz 1 in der Fassung des Artikels 4 des Gesetzes vom 20. Dezember 2007 (BGBl. I S. 3150) ist erstmals auf Umwandlungen anzuwenden, bei denen die Anmeldung zur Eintragung in das für die Wirksamkeit der Umwandlung maßgebende öffentliche Register nach dem 31. Dezember 2007 erfolgt ist.

(8) § 4 Abs. 6 Satz 4 bis 6 sowie § 4 Abs. 7 Satz 2 in der Fassung des Artikels 6 des Gesetzes vom 19. Dezember 2008 (BGBl. I S. 2794) sind erstmals auf Umwandlungen anzuwenden, bei denen § 3 Nr. 40 des Einkommensteuergesetzes in der durch Artikel 1 Nr. 3 des Gesetzes vom 14. August 2007 (BGBl. I S. 1912) geänderten Fassung für die Bezüge im Sinne des § 7 anzuwenden ist.

(9) § 2 Abs. 4 und § 20 Abs. 6 Satz 4 in der Fassung des Artikels 6 des Gesetzes vom 19. Dezember 2008 (BGBl. I S. 2794) sind erstmals auf Umwandlungen und Einbringungen anzuwenden, bei denen der

schädliche Beteiligungserwerb oder ein anderes die Verlustnutzung ausschließendes Ereignis nach dem 28. November 2008 eintritt. § 2 Abs. 4 und § 20 Abs. 6 Satz 4 in der Fassung des Artikels 6 des Gesetzes vom 19. Dezember 2008 (BGBl. I S. 2794) gelten nicht, wenn sich der Veräußerer und der Erwerber am 28. November 2008 über den später vollzogenen schädlichen Beteiligungserwerb oder ein anderes die Verlustnutzung ausschließendes Ereignis einig sind, der übernehmende Rechtsträger dies anhand schriftlicher Unterlagen nachweist und die Anmeldung zur Eintragung in das für die Wirksamkeit des Vorgangs maßgebende öffentliche Register bzw. bei Einbringungen der Übergang des wirtschaftlichen Eigentums bis zum 31. Dezember 2009 erfolgt.

(10) § 2 Absatz 4 Satz 1, § 4 Absatz 2 Satz 2, § 9 Satz 3, § 15 Absatz 3 und § 20 Absatz 9 in der Fassung des Artikels 4 des Gesetzes vom 22. Dezember 2009 (BGBl. I S. 3950) sind erstmals auf Umwandlungen und Einbringungen anzuwenden, deren steuerlicher Übertragungsstichtag in einem Wirtschaftsjahr liegt, für das § 4h Absatz 1, 4 Satz 1 und Absatz 5 Satz 1 und 2 des Einkommensteuergesetzes in der Fassung des Artikels 1 des Gesetzes vom 22. Dezember 2009 (BGBl. I S. 3950) erstmals anzuwenden ist.

(11) Für Bezüge im Sinne des § 8b Absatz 1 des Körperschaftsteuergesetzes aufgrund einer Umwandlung ist § 8b Absatz 4 des Körperschaftsteuergesetzes in der Fassung des Artikels 1 des Gesetzes vom 21. März 2013 (BGBl. I S. 561) abweichend von § 34 Absatz 7a Satz 2 des Körperschaftsteuergesetzes bereits erstmals vor dem 1. März 2013 anzuwenden, wenn die Anmeldung zur Eintragung in das für die Wirksamkeit des jeweiligen Vorgangs maßgebende öffentliche Register nach dem 28. Februar 2013 erfolgt.

(12) ¹§ 2 Absatz 4 Satz 3 bis 6 in der Fassung des Artikels 9 des Gesetzes vom 26. Juni 2013 (BGBl. I S. 1809) ist erstmals auf Umwandlungen und Einbringungen anzuwenden, bei denen die Anmeldung zur Eintragung in das für die Wirksamkeit des jeweiligen Vorgangs maßgebende öffentliche Register nach dem 6. Juni 2013 erfolgt. ²Für Einbringung, deren Wirksamkeit keine Eintragung in ein öffentliches Register voraussetzt, ist § 2 in der Fassung des Artikels 9 des Gesetzes vom 26. Juni 2013 (BGBl. I S. 1809) erstmals anzuwenden, wenn das wirtschaftliche Eigentum an den eingebrachten Wirtschaftsgütern nach dem 6. Juni 2013 übergegangen ist.

(13) § 20 Absatz 8 in der am 31. Juli 2014 geltenden Fassung ist erstmals bei steuerlichen Übertragungsstichtagen nach dem 31. Dezember 2013 anzuwenden.

§ 28
Bekanntmachungserlaubnis

Das Bundesministerium der Finanzen wird ermächtigt, den Wortlaut dieses Gesetzes und der zu diesem Gesetz erlassenen Rechtsverordnungen in der jeweils geltenden Fassung satzweise nummeriert mit neuem Datum und in neuer Paragraphenfolge bekannt zu machen und dabei Unstimmigkeiten im Wortlaut zu beseitigen.

Anwendungserlass zum Umwandlungssteuergesetz

– BdF-Schreiben vom 11.11.2011 – IV C 2 – S 1978 – b/08/10001, 2011/0903665 –

Unter Bezugnahme auf das Ergebnis der Erörterungen mit den obersten Finanzbehörden der Länder gilt zur Anwendung des Umwandlungssteuergesetzes i. d. F. des Gesetzes über steuerliche Begleitmaßnahmen zur Einführung der Europäischen Gesellschaft und zur Änderung weiterer steuerrechtlicher Vorschriften vom 7. 12. 2006 (BGBl. I S. 2782, ber. BGBl. 2007 I S. 68), zuletzt geändert durch das Gesetz zur Beschleunigung des Wirtschaftswachstums vom 22. 12. 2009 (BGBl. I S. 3950) Folgendes:

Inhaltsverzeichnis

	Randnr.
Erstes Kapitel: Anwendungsbereich des UmwStG 2006	
A. Verhältnis des UmwStG 2006 zum UmwStG 1995	00.01
B. Ertragsteuerliche Beurteilung von Umwandlungen und Einbringungen	00.02 – 00.04
Zweites Kapitel: Steuerliche Folgen von Umwandlungen und Einbringungen nach dem UmwStG	
Erster Teil. Allgemeine Vorschriften	
A. Anwendungsbereich und Begriffsbestimmungen (§ 1 UmwStG)	01.01 – 01.02
I. Sachlicher Anwendungsbereich	
1. Zweiter bis Fünfter Teil (§ 1 Absatz 1 UmwStG)	
a) Umwandlungen nach dem UmwG (inländische Umwandlungen)	01.03 – 01.07
aa) Verschmelzung	01.08 – 01.10
bb) Formwechsel	01.11 – 01.12
cc) Spaltung	01.13 – 01.17
dd) Vermögensübertragung	01.18 – 01.19
b) Vergleichbare ausländische Vorgänge	01.20 – 01.22
aa) Zivilrechtliche Wirksamkeit nach ausländischem Recht	01.23
bb) Prüfung der Vergleichbarkeit	01.24 – 01.25
cc) Umwandlungsfähigkeit der beteiligten Rechtsträger	01.26 – 01.28
dd) Strukturmerkmale des Umwandlungsvorgangs	01.29
(1) Verschmelzung	01.30 – 01.32
(2) Aufspaltung	01.33 – 01.35
(3) Abspaltung	01.36 – 01.38
(4) Formwechsel	01.39
ee) Sonstige Vergleichskriterien	01.40 – 01.41
c) Umwandlungen nach der SE-VO bzw. der SCE-VO	01.42
2. Sechster bis Achter Teil (§ 1 Absatz 3 UmwStG)	01.43
a) Einbringung in eine Kapitalgesellschaft oder Genossenschaft gegen Gewährung von Gesellschaftsrechten (§ 20 UmwStG)	01.44 – 01.45
b) Austausch von Anteilen (§ 21 UmwStG)	01.46
c) Einbringung in eine Personengesellschaft (§ 24 UmwStG)	01.47 – 01.48
II. Persönlicher Anwendungsbereich	
1. Zweiter bis Fünfter Teil (§ 1 Absatz 2 UmwStG)	01.49 – 01.52
2. Sechster bis Achter Teil (§ 1 Absatz 4 UmwStG)	01.53 – 01.55
III. Begriffsbestimmungen	
1. Richtlinien und Verordnungen (§ 1 Absatz 5 Nummer 1 bis 3 UmwStG)	01.56
2. Buchwert (§ 1 Absatz 5 Nummer 4 UmwStG)	01.57
B. Steuerliche Rückwirkung (§ 2 UmwStG)	
I. Steuerlicher Übertragungsstichtag	02.01
1. Inländische Umwandlungen	
a) Verschmelzung, Aufspaltung, Abspaltung und Vermögensübertragung	02.02 – 02.04
b) Formwechsel	02.05 – 02.06
2. Vergleichbare ausländische Vorgänge	02.07 – 02.08
II. Steuerliche Rückwirkung	
1. Rückwirkungsfiktion	
a) Grundsatz	02.09 – 02.16
b) Keine Rückwirkungsfiktion für ausscheidende und abgefundene Anteilseigner	02.17 – 02.19

Anhang 4a UmwStG

2.	Steuerliche Behandlung von im Rückwirkungszeitraum ausscheidenden und neu eintretenden Anteilseignern	
	a) Vermögensübergang auf eine Personengesellschaft oder natürliche Person	02.20 – 02.22
	b) Vermögensübergang auf eine Körperschaft	02.23 – 02.24
3.	Steuerliche Behandlung von Gewinnausschüttungen im Rückwirkungszeitraum	
	a) Vermögensübergang auf eine Personengesellschaft oder natürliche Person	
	aa) Ausschüttungen, die vor dem steuerlichen Übertragungsstichtag abgeflossen sind	02.25 – 02.26
	bb) Ausschüttungen, die nach dem steuerlichen Übertragungsstichtag abgeflossen sind	
	(1) Vor dem steuerlichen Übertragungsstichtag begründete Ausschüttungsverbindlichkeiten	02.27 – 02.30
	(2) Nach dem steuerlichen Übertragungsstichtag beschlossene Gewinnausschüttungen sowie verdeckte Gewinnausschüttungen und andere Ausschüttungen im Rückwirkungszeitraum sowie offene Rücklagen i. S. d. § 7 UmwStG	02.31 – 02.33
	b) Vermögensübergang auf eine Körperschaft	02.34 – 02.35
4.	Sondervergütungen bei Umwandlung in eine Personengesellschaft	02.36
5.	Aufsichtsratsvergütungen und sonstige Fälle des Steuerabzugs nach § 50a EStG	02.37
6.	Vermeidung der Nichtbesteuerung (§ 2 Absatz 3 UmwStG)	02.38
7.	Beschränkung der Verlustnutzung (§ 2 Absatz 4 UmwStG)	02.39 – 02.40

Zweiter Teil. Vermögensübergang bei Verschmelzung auf eine Personengesellschaft oder auf eine natürliche Person und Formwechsel einer Kapitalgesellschaft in eine Personengesellschaft

A.	Wertansätze in der steuerlichen Schlussbilanz der übertragenden Körperschaft (§ 3 UmwStG)	
I.	Pflicht zur Abgabe einer steuerlichen Schlussbilanz	03.01 – 03.03
II.	Ansatz und Bewertung der übergehenden Wirtschaftsgüter	
	1. Ansatz der übergehenden Wirtschaftsgüter dem Grunde nach	03.04 – 03.06
	2. Ansatz der übergehenden Wirtschaftsgüter der Höhe nach	
	a) Ansatz der übergehenden Wirtschaftsgüter mit dem gemeinen Wert bzw. dem Teilwert nach § 6a EStG	03.07 – 03.09
	b) Ansatz der übergehenden Wirtschaftsgüter mit dem Buchwert	03.10 – 03.13
	aa) Übergang in Betriebsvermögen und Sicherstellung der Besteuerung mit Einkommensteuer oder Körperschaftsteuer (§ 3 Absatz 2 Satz 1 Nummer 1 UmwStG)	03.14 – 03.17
	bb) Kein Ausschluss oder Beschränkung des deutschen Besteuerungsrechts (§ 3 Absatz 2 Satz 1 Nummer 2 UmwStG)	03.18 – 03.20
	cc) Keine Gegenleistung oder Gegenleistung in Form von Gesellschaftsrechten (§ 3 Absatz 2 Satz 1 Nummer 3 UmwStG)	03.21 – 03.24
	c) Ansatz der übergehenden Wirtschaftsgüter mit einem Zwischenwert	03.25 – 03.26
	d) Ausübung des Wahlrechts auf Ansatz zum Buch- oder Zwischenwert	03.27 – 03.30
	3. Fiktive Körperschaftsteueranrechnung nach § 3 Absatz 3 UmwStG	03.31 – 03.32
B.	Auswirkungen auf den Gewinn des übernehmenden Rechtsträgers (§ 4 UmwStG)	
I.	Wertverknüpfung	04.01 – 04.04
II.	Erweiterte Wertaufholung – Beteiligungskorrekturgewinn	04.05 – 04.08
III.	Eintritt in die steuerliche Rechtsstellung (§ 4 Absatz 2 UmwStG)	
	1. Abschreibung	04.09 – 04.11
	2. Verlustabzug bei Auslandsbetriebsstätten	04.12
	3. Besonderheiten bei Unterstützungskassen (§ 4 Absatz 2 Satz 4 UmwStG)	04.13
	4. Sonstige Folgen der Rechtsnachfolge	04.14 – 04.17
IV.	Übernahmeergebnis	
	1. Zuordnung der Anteile zum Betriebsvermögen des übernehmenden Rechtsträgers	04.18
	2. Personen- sowie ggf. anteilsbezogene Ermittlung	04.19 – 04.22
	3. Ausländische Anteilseigner	04.23 – 04.24

4.	Anteile, die nicht dem Betriebsvermögen des übernehmenden Rechtsträgers zuzurechnen sind	04.25
5.	Entstehungszeitpunkt	04.26
6.	Ermittlung des Übernahmeergebnisses	04.27
7.	Wert, mit dem die übergegangenen Wirtschaftsgüter zu übernehmen sind	04.28
8.	Zuschlag für neutrales Vermögen (Auslandsvermögen)	04.29
9.	Anteile an der übertragenden Körperschaft	
	a) Zuordnung der Anteile	04.30
	b) Folgen bei ausstehenden Einlagen	04.31
	c) Steuerliche Behandlung eigener Anteile	04.32 – 04.33
10.	Kosten des Vermögensübergangs	04.34 – 04.35
V.	Fremdfinanzierte Anteile an der übertragenden Körperschaft	04.36
VI.	Weitere Korrekturen gem. § 4 Absatz 5 UmwStG	
	1. Sperrbetrag i. S. d. § 50c EStG	04.37
	2. Übernahmeergebnis und Dividendenanteil	04.38
VII.	Ermittlung des Übernahmeergebnisses bei negativem Buchwert des Vermögens der übertragenden Körperschaft (überschuldete Gesellschaft)	04.39
VIII.	Berücksichtigung eines Übernahmeverlustes (§ 4 Absatz 6 UmwStG)	04.40 – 04.43
IX.	Besteuerung eines Übernahmegewinns (§ 4 Absatz 7 UmwStG)	04.44 – 04.45
C. Besteuerung der Anteilseigner der übertragenden Körperschaft (§ 5 UmwStG)		
I.	Anschaffung und Barabfindung nach dem steuerlichen Übertragungsstichtag (§ 5 Absatz 1 UmwStG)	05.01 – 05.02
II.	Anteilseignerwechsel im Rückwirkungszeitraum	05.03 – 05.04
III.	Einlage- und Überführungsfiktion (§ 5 Absatz 2 und 3 UmwStG)	
	1. Einlagefiktion nach § 5 Absatz 2 UmwStG	05.05 – 05.07
	2. Überführungsfiktion nach § 5 Absatz 3 UmwStG	05.08 – 05.11
IV.	Übergangsregelung für einbringungsgeborene Anteile nach § 27 Absatz 3 Nummer 1 UmwStG	05.12
D. Gewinnerhöhung durch Vereinigung von Forderungen und Verbindlichkeiten (§ 6 UmwStG)		
I.	Entstehung des Übernahmefolgegewinns oder -verlust aus dem Vermögensübergang	06.01
II.	Besteuerung des Übernahmefolgegewinns/-verlusts	06.02
III.	Umgekehrte Maßgeblichkeit	06.03
IV.	Pensionsrückstellungen zugunsten eines Gesellschafters der übertragenden Kapitalgesellschaft	06.04 – 06.08
V.	Missbrauchsklausel	06.09 – 06.12
E. Besteuerung offener Rücklagen (§ 7 UmwStG)		
I.	Sachlicher und persönlicher Anwendungsbereich	07.01 – 07.02
II.	Anteiliges Eigenkapital	07.03 – 07.04
III.	Zurechnung der Einkünfte	07.05 – 07.06
IV.	Besteuerung und Zufluss der Einkünfte	07.07
V.	Kapitalertragsteuerabzug	07.08 – 07.09
F. Vermögensübergang auf einen Rechtsträger ohne Betriebsvermögen (§ 8 UmwStG)		08.01 – 08.04
G. Formwechsel in eine Personengesellschaft (§ 9 UmwStG)		09.01 – 09.02
H. Körperschaftsteuererhöhung (§ 10 UmwStG)		10.01 – 10.02

Dritter Teil. Verschmelzung oder Vermögensübertragung (Vollübertragung) auf eine andere Körperschaft

A. Wertansätze in der steuerlichen Schlussbilanz der übertragenden Körperschaft (§ 11 UmwStG)		
I.	Sachlicher Anwendungsbereich	11.01
II.	Pflicht zur Abgabe einer steuerlichen Schlussbilanz	11.02
III.	Ansatz und Bewertung der übergehenden Wirtschaftsgüter	
	1. Ansatz der übergehenden Wirtschaftsgüter dem Grunde nach	11.03
	2. Ansatz der übergehenden Wirtschaftsgüter der Höhe nach	
	a) Ansatz der übergehenden Wirtschaftsgüter mit dem gemeinen Wert bzw. dem Teilwert nach § 6a EStG	11.04
	b) Ansatz der übergehenden Wirtschaftsgüter mit dem Buchwert	11.05 – 11.06
	aa) Sicherstellung der Besteuerung mit Körperschaftsteuer (§ 11 Absatz 2 Satz 1 Nummer 1 UmwStG)	11.07 – 11.08

		bb) Kein Ausschluss und keine Einschränkung des deutschen Besteuerungsrechts (§ 11 Absatz 2 Satz 1 Nummer 2 UmwStG)	11.09
		cc) Keine Gegenleistung oder Gegenleistung in Form von Gesellschaftsrechten (§ 11 Absatz 2 Satz 1 Nummer 3 UmwStG)	11.10
	c)	Ansatz der übergehenden Wirtschaftsgüter mit dem Zwischenwert	11.11
	d)	Ausübung des Wahlrechts auf Ansatz zum Buch- oder Zwischenwert	11.12
	3.	Fiktive Körperschaftsteueranrechnung nach § 11 Absatz 3 i. V. m. § 3 Absatz 3 UmwStG	11.13
IV.		Vermögensübertragung nach § 174 ff. UmwG gegen Gewährung einer Gegenleistung an die Anteilsinhaber des übertragenden Rechtsträgers	11.14 – 11.15
V.		Landesrechtliche Vorschriften zur Vereinigung öffentlich-rechtlicher Kreditinstitute oder öffentlich-rechtlicher Versicherungsunternehmen	11.16
VI.		Beteiligung der übertragenden Kapitalgesellschaft an der übernehmenden Kapitalgesellschaft (Abwärtsverschmelzung)	11.17 – 11.19

B. Auswirkungen auf den Gewinn der übernehmenden Körperschaft (§ 12 UmwStG)
    I.   Wertverknüpfung   12.01 – 12.02
    II.   Erweiterte Wertaufholung – Beteiligungskorrekturgewinn   12.03
    III.   Eintritt in die steuerliche Rechtsstellung (§ 12 Absatz 3 UmwStG)   12.04
    IV.   Übernahmeergebnis   12.05 – 12.07

C. Besteuerung der Anteilseigner der übertragenden Körperschaft (§ 13 UmwStG)
    I.   Anwendungsbereich   13.01 – 13.04
    II.   Veräußerung- und Anschaffungsfiktion zum gemeinen Wert   13.05 – 13.06
    III.   Ansatz der Anteile mit dem Buchwert oder den Anschaffungskosten   13.07 – 13.11
    IV.   Gewährung von Mitgliedschaftsrechten   13.12

Vierter Teil. Aufspaltung, Abspaltung und Vermögensübertragung (Teilübertragung)

A. Aufspaltung, Abspaltung und Teilübertragung auf andere Körperschaften (§ 15 UmwStG)

I.		Teilbetriebsvoraussetzung des § 15 Absatz 1 UmwStG	15.01
	1.	Begriff des Teilbetriebs	15.02 – 15.03
	2.	Mitunternehmeranteil	15.04
	3.	100 % – Beteiligung an einer Kapitalgesellschaft	15.05 – 15.06
	4.	Übertragung eines Teilbetriebs	15.07 – 15.11
	5.	Fehlen der Teilbetriebsvoraussetzung	15.12 – 15.13
II.		Steuerliche Schlussbilanz und Bewertungswahlrecht	15.14
III.		Zur Anwendung des § 15 Absatz 2 UmwStG	15.15
	1.	Erwerb und Aufstockung i. S. d. § 15 Absatz 2 Satz 1 UmwStG	15.16 – 15.21
	2.	Veräußerung und Vorbereitung der Veräußerung (§ 15 Absatz 2 Satz 2 bis 4 UmwStG)	
		a) Veräußerung i. S. d. § 15 Absatz 2 Satz 2 bis 4 UmwStG	15.22 – 15.26
		b) Veräußerungssperre des § 15 Absatz 2 Satz 4 UmwStG	15.27 – 15.32
		c) Rechtsfolgen einer steuerschädlichen Anteilsveräußerung	15.33 – 15.35
	3.	Trennung von Gesellschafterstämmen (§ 15 Absatz 2 Satz 5 UmwStG)	
		a) Begriff der Trennung von Gesellschafterstämmen	15.36 – 15.37
		b) Vorbesitzzeit	15.38 – 15.40
IV.		Kürzung verrechenbarer Verluste, verbleibender Verlustvorträge, nicht ausgeglichener negativer Einkünfte, eines Zinsvortrags und eines EBITDA-Vortrags (§ 15 Absatz 3 UmwStG)	15.41
V.		Aufteilung der Buchwerte der Anteile gem. § 13 UmwStG in den Fällen der Spaltung	15.42 – 15.43
VI.		Umwandlungen mit Wertverschiebungen zwischen den Anteilseignern	15.44

B. Aufspaltung oder Abspaltung auf eine Personengesellschaft (§ 16 UmwStG)
    I.   Entsprechende Anwendung des § 15 UmwStG   16.01
    II.   Anwendbarkeit des § 3 Absatz 2 UmwStG   16.02
    III.   Verrechenbare Verluste, verbleibende Verlustvorträge, nicht ausgleichene negative Einkünfte, Zinsvorträge und EBITDA-Vorträge   16.03
    IV.   Investitionsabzugbetrag nach § 7g EStG   16.04

Fünfter Teil. Gewerbesteuer
A. Gewerbesteuer bei Vermögensübergang auf eine Personengesellschaft oder auf eine natürliche Person sowie bei Formwechsel in eine Personengesellschaft (§ 18 UmwStG)
   I. Geltung der §§ 3 bis 9 und 16 UmwStG für die Ermittlung des Gewerbeertrags (§ 18 Absatz 1 UmwStG)   18.01 – 18.02
   II. Übernahmegewinn, Übernahmeverlust sowie Bezüge i. S. d. § 7 UmwStG (§ 18 Absatz 2 UmwStG)   18.03 – 18.04
   III. Missbrauchstatbestand des § 18 Absatz 3 UmwStG   18.05
      1. Begriff der Veräußerung und Aufgabe   18.06 – 18.08
      2. Aufgabegewinn oder Veräußerungsgewinn   18.09 – 18.10
      3. Übergang auf Rechtsträger, der nicht gewerbesteuerpflichtig ist   18.11
B. Gewerbesteuer bei Vermögensübergang auf eine andere Körperschaft (§ 19 UmwStG)   19.01

Sechster Teil. Einbringung von Unternehmensteilen in eine Kapitalgesellschaft oder Genossenschaft und Anteilstausch
A. Grundkonzeption der Einbringung nach §§ 20 ff. UmwStG
   I. Allgemeines   E 20.01
   II. Grundkonzept   E 20.02
      1. Sacheinlage   E 20.03 – E 20.05
      2. Anteilstausch   E 20.06 – E 20.08
   III. Gewährung neuer Anteile, Gewährung anderer Wirtschaftsgüter   E 20.09 – E 20.11
B. Einbringung von Unternehmensteilen in eine Kapitalgesellschaft oder Genossenschaft (§ 20 UmwStG)
   I. Anwendungsbereich (§ 20 Absatz 1, 5, 6 UmwStG)   20.01
      1. Beteiligte der Einbringung a) Einbringender   20.02 – 20.03
          b) Übernehmende Gesellschaft   20.04
      2. Gegenstand der Einbringung   20.05
         a) Übertragung eines Betriebs oder Teilbetriebs   20.06 – 20.09
         b) Mitunternehmeranteil   20.10 – 20.12
      3. Zeitpunkt der Einbringung (§ 20 Absatz 5, 6 UmwStG)   20.13 – 20.16
   II. Bewertung durch die übernehmende Gesellschaft (§ 20 Absatz 2 UmwStG)
      1. Inhalt und Einschränkungen des Bewertungswahlrechts   20.17 – 20.19
      2. Verhältnis zum Handelsrecht (§ 20 Absatz 2 UmwStG, § 5 Absatz 1 EStG)   20.20
      3. Ausübung des Wahlrechts, Bindung, Bilanzberichtigung   20.21 – 20.24
   III. Besteuerung des Einbringungsgewinns (§ 20 Absatz 3 bis 5 UmwStG)   20.25 – 20.27
   IV. Besonderheiten bei Pensionszusagen zugunsten von einbringenden Mitunternehmern
      1. Behandlung bei der übertragenden Personengesellschaft   20.28
      2. Behandlung bei der übernehmenden Kapitalgesellschaft   20.29 – 20.31
      3. Behandlung beim begünstigten Gesellschafter bzw. den ehemaligen Mitunternehmern   20.32 – 20.33
   V. Besonderheiten bei grenzüberschreitenden Einbringungen
      1. Anschaffungskosten der erhaltenen Anteile   20.34
      2. Anrechnung ausländischer Steuern   20.35
         a) Sonderfall der Einbringung einer Betriebsstätte (§ 20 Absatz 7, § 3 Absatz 3 UmwStG)   20.36
         b) Sonderfall steuerlich transparenter Gesellschaften (§ 20 Absatz 8 UmwStG)   20.37
   VI. Besonderheiten bei der Einbringung einbringungsgeborener Anteile i. S. v. § 21 Absatz 1 UmwStG 1995   20.38 – 20.41
C. Bewertung der Anteile beim Anteilstausch (§ 21 UmwStG)
   I. Allgemeines   21.01 – 21.02
   II. Persönlicher Anwendungsbereich
      1. Einbringender   21.03
      2. Übernehmende Gesellschaft (§ 21 Absatz 1 Satz 1 UmwStG)   21.04
      3. Erworbene Gesellschaft (§ 21 Absatz 1 Satz 1 UmwStG)   21.05 – 21.06
   III. Bewertung der eingebrachten Anteile bei der übernehmenden Gesellschaft
      1. Ansatz des gemeinen Werts   21.07 – 21.08

	2.	Bewertungswahlrecht beim qualifizierten Anteilstausch (§ 21 Absatz 1 Satz 2 UmwStG)	
		a) Begriff des qualifizierten Anteilstauschs	21.09
		b) Einschränkungen des Bewertungswahlrechts	21.10
		c) Verhältnis zum Handelsrecht	21.11
		d) Ausübung des Wahlrechts, Bindung, Bilanzberichtigung	21.12
	IV.	Ermittlung des Veräußerungspreises der eingebrachten Anteile und des Wertansatzes der erhaltenen Anteile beim Einbringenden	21.13 – 21.15
	V.	Besteuerung des aus dem Anteilstausch resultierenden Gewinns beim Einbringenden	21.16
	VI.	Steuerlicher Übertragungsstichtag (Einbringungszeitpunkt)	21.17
D. Besteuerung des Anteilseigners (§ 22 UmwStG)			
	I.	Allgemeines	22.01 – 22.06
	II.	Rückwirkende Besteuerung des Einbringungsgewinns (§ 22 Absatz 1 und 2 UmwStG)	
		1. Sacheinlage (§ 22 Absatz 1 UmwStG)	22.07 – 22.11
		2. Anteilstausch und Miteinbringung von Anteilen an Kapitalgesellschaften oder Genossenschaften bei Sacheinlage (§ 22 Absatz 2 UmwStG)	22.12 – 22.17
	III.	Die die rückwirkende Einbringungsgewinnbesteuerung auslösenden Ereignisse i. S. d. § 22 Absatz 1 Satz 6 i. V. m. Absatz 2 Satz 6 UmwStG)	
		1. Allgemeines	22.18 – 22.19
		2. Unentgeltliche Übertragungen	22.20
		3. Entgeltliche Übertragungen	22.21 – 22.26
		4. Wegfall der Voraussetzungen i. S. v. § 1 Absatz 4 UmwStG	22.27
	IV.	Nachweispflichten (§ 22 Absatz 3 UmwStG)	22.28 – 22.33
	V.	Juristische Personen des öffentlichen Rechts und von der Körperschaftsteuer befreite Körperschaften als Einbringende (§ 22 Absatz 4 UmwStG)	22.34 – 22.37
	VI.	Bescheinigung des Einbringungsgewinns und der darauf entfallenden Steuer (§ 22 Absatz 5 UmwStG)	22.38 – 22.40
	VII.	Unentgeltliche Rechtsnachfolge (§ 22 Absatz 6 UmwStG)	22.41 – 22.42
	VIII.	Verlagerung stiller Reserven auf andere Gesellschaftsanteile (§ 22 Absatz 7 UmwStG, Mitverstrickung von Anteilen)	22.43 – 22.46
E. Auswirkungen bei der übernehmenden Gesellschaft (§ 23 UmwStG)			
	I.	Allgemeines	23.01 – 23.04
	II.	Buchwert- oder Zwischenwertansatz (§ 23 Absatz 1 UmwStG)	23.05 – 23.06
	III.	Besonderheiten in den Fällen der rückwirkenden Besteuerung des Einbringungsgewinns (§ 23 Absatz 2 UmwStG)	
		1. Sacheinlage ohne miteingebrachte Anteile	23.07 – 23.10
		2. Anteilstausch und Miteinbringung von Anteilen im Rahmen einer Sacheinlage	23.11
		3. Entrichtung der Steuer	23.12 – 23.13
	IV.	Besonderheiten beim Zwischenwertansatz (§ 23 Absatz 3 UmwStG)	23.14 – 23.16
	V.	Ansatz des gemeinen Werts (§ 23 Absatz 4 UmwStG)	23.17 – 23.21
	VI.	Verlustabzug bei Auslandsbetriebsstätten	23.22
Siebter Teil. Einbringung eines Betriebs, Teilbetriebs oder Mitunternehmeranteils in eine Personengesellschaft (§ 24 UmwStG)			
A. Allgemeines			
	I.	Persönlicher und sachlicher Anwendungsbereich	24.01 – 24.02
	II.	Entsprechende Anwendung der Regelungen zu §§ 20, 22, 23 UmwStG	24.03 – 24.05
	III.	Rückbeziehung nach § 24 Absatz 4 UmwStG	24.06
B. Einbringung gegen Gewährung von Gesellschaftsrechten			
	I.	Allgemeines	24.07
	II.	Einbringung mit Zuzahlung zu Buchwerten	24.08 – 24.11
	III.	Einbringung mit Zuzahlung zu gemeinen Werten	24.12
C. Ergänzungsbilanzen			24.13 – 24.14
D. Anwendung der §§ 16, 34 EStG bei Einbringung zum gemeinen Wert			24.15 – 24.17
E. Besonderheiten bei der Einbringung von Anteilen an Körperschaften, Personenvereinigungen und Vermögensmassen (§ 24 Absatz 5 UmwStG)			
	I.	Allgemeines	24.18 – 24.22
	II.	Anteile an Körperschaften, Personenvereinigungen und Vermögensmassen	24.23

III.	Einbringung durch nicht nach § 8b Absatz 2 KStG begünstigte Personen	24.24
IV.	Veräußerung und gleichgestellte Ereignisse der Weiterübertragung	24.25 – 24.27
V.	Ermittlung und ertragsteuerliche Behandlung des Einbringungsgewinns	24.28
VI.	Nachweispflichten	24.29
VII.	Bescheinigungsverfahren	24.30
VIII.	Unentgeltliche Rechtsnachfolge	24.31
IX.	Mitverstrickung von Anteilen	24.32
X.	Auswirkungen bei der übernehmenden Gesellschaft	24.33

Achter Teil. Formwechsel einer Personengesellschaft in eine Kapitalgesellschaft oder Genossenschaft (§ 25 UmwStG) 25.01

Neunter Teil. Verhinderung von Missbräuchen (§ 26 UmwStG) 26.01

Zehnter Teil. Anwendungsvorschriften und Ermächtigung

A.	Allgemeines	27.01 – 27.02
B.	Veräußerung der auf einer Sacheinlage beruhenden Anteile	
	I. Grundfall	27.03
	II. Weitereinbringungsfall	27.04 – 27.07
C.	Veräußerung der auf einem Anteilstausch beruhenden Anteile	
	I. Grundfall	27.08 – 27.09
	II. Weitereinbringungsfälle beim Anteilstausch	
	1. Weitereinbringung durch die natürliche Person	27.10
	2. Weitereinbringung durch die aufnehmende (erste) Kapitalgesellschaft	27.11
D.	Wechselwirkung zwischen altem und neuem Recht	27.12
E.	Spezialregelung für die Veräußerung einbringungsgeborener Anteile gem. § 21 Absatz 2 Satz 1 Nummer 2 UmwStG 1995	27.13
F.	Sonstige Anwendungsbestimmungen	S.01 – S.08

Besonderer Teil zum UmwStG

A.	Auswirkungen der Umwandlung auf eine Organschaft	
	I. Organträger als übertragender bzw. umzuwandelnder Rechtsträger	
	1. Verschmelzung des Organträgers	Org.01
	a) Fortsetzung einer bestehenden Organschaft im Verhältnis zum übernehmenden Rechtsträger	Org.02
	b) Erstmalige Begründung einer Organschaft zum übernehmenden Rechtsträger	Org.03
	c) Beendigung der Organschaft bei Abwärtsverschmelzung	Org.04
	d) Organschaftliche Ausgleichsposten	Org.05
	2. Auf- und Abspaltung, Ausgliederung	Org.06 – Org.09
	3. Formwechsel des Organträgers	Org.10
	4. Mindestlaufzeit und vorzeitige Beendigung des Gewinnabführungsvertrags	Org.11 – Org.12
	5. Begründung einer Organschaft nach Einbringung i. S. d. § 20 UmwStG	Org.13 – Org.14
	6. Begründung einer Organschaft nach Anteilstausch i. S. d. § 21 UmwStG	Org.15 – Org.17
	7. Anwachsung bei einer Organträger-Personengesellschaft	Org.18
	8. Zurechnung des Organeinkommens bei Umwandlung des Organträgers	Org.19
	II. Organträger als übernehmender Rechtsträger	Org.20
	III. Organgesellschaft als übertragender bzw. umzuwandelnder Rechtsträger	
	1. Verschmelzung auf eine andere Gesellschaft	Org.21
	2. Auf- und Abspaltung, Ausgliederung	Org.22 – Org.23
	3. Formwechsel	Org.24 – Org.25
	4. Vorzeitige Beendigung des Gewinnabführungsvertrags	Org.26
	5. Übertragungsgewinn bzw. -verlust und Gewinnabführungsvertrag	Org.27
	6. Mehr- und Minderabführungen	Org.28
	IV. Organgesellschaft als übernehmender Rechtsträger	
	1. Fortgeltung der Organschaft	Org.29
	2. Übernahmegewinn bzw. -verlust und Gewinnabführungsvertrag	Org.30 – Org.32
	3. Mehr- und Minderabführungen	Org.33 – Org.34
B.	Auswirkungen auf das steuerliche Einlagekonto und den Sonderausweis	
	I. Übersicht	K.01
	II. Anwendung des § 29 KStG	
	1. Sachlicher Anwendungsbereich	K.02
	2. Behandlung bei der übertragenden Körperschaft	

	a) Fiktive Herabsetzung des Nennkapitals	K.03
	b) Verringerung der Bestände beim steuerlichen Einlagekonto	K.04 – K.06
	c) Anpassung des Nennkapitals bei Abspaltung	K.07
	d) Zusammenfassendes Beispiel	K.08
3.	Behandlung bei der übernehmenden Körperschaft a) Hinzurechnung des Bestands des steuerlichen Einlagekontos bei der übernehmenden Körperschaft	K.09
	b) Beteiligung der übernehmenden Körperschaft an der übertragenden Körperschaft (Aufwärtsverschmelzung)	K.10 – K.11
	c) Beteiligung der übertragenden Körperschaft an der übernehmenden Körperschaft (Abwärtsverschmelzung)	K.12 – K.14
	d) Erhöhung des Nennkapitals	K.15
	e) Zusammenfassendes Beispiel	K.16
4.	Aufteilungsschlüssel bei Auf- und Abspaltung	K.17
5.	§ 29 Absatz 5 und 6 KStG	K.18 – K.19

Erstes Kapitel: Anwendungsbereich des UmwStG 2006

A. Verhältnis des UmwStG 2006 zum UmwStG 1995

Das UmwStG 1995 i. d. F. der Bekanntmachung vom 15. 10. 2002 (BGBl. I S. 4133, ber. BGBl. 2003 I S. 738) ist durch das Gesetz über steuerliche Begleitmaßnahmen zur Einführung der Europäischen Gesellschaft und zur Änderung weiterer steuerrechtlicher Vorschriften (SEStEG) vom 7. 12. 2006 (BGBl. I S. 2782, ber. BGBl. 2007 I S. 68) nicht aufgehoben worden, sondern gilt fort. Hiervon sind insbesondere die Regelungen zu den einbringungsgeborenen Anteilen (§ 21 UmwStG 1995) und zum rückwirkenden Wegfall von Steuererleichterungen (§ 26 UmwStG 1995) betroffen. Insoweit finden auch das BMF-Schreiben vom 25. 3. 1998 (BStBl. I S. 268), geändert durch das BMF-Schreiben vom 21. 8. 2001 (BStBl. I S. 543) und das BMF-Schreiben vom 16. 12. 2003 (BStBl. I S. 786), weiterhin Anwendung. 00.01

B. Ertragsteuerliche Beurteilung von Umwandlungen und Einbringungen

Umwandlungen und Einbringungen stellen auf der Ebene des übertragenden Rechtsträgers sowie des übernehmenden Rechtsträgers Veräußerungs-und Anschaffungsvorgänge hinsichtlich des übertragenen Vermögens dar (BFH vom 15. 10. 1997, I R 22/96, BStBl. 1998 II S. 168, BFH vom 16. 5. 2002, III R 45/98, BStBl. 2003 II S. 10, und BFH vom 17. 9. 2003, I R 97/02, BStBl. 2004 II S. 686). Abweichend von den zivilrechtlichen Wertungen im UmwG gilt dies für ertragsteuerliche Zwecke auch für den Formwechsel einer Kapitalgesellschaft in eine Personengesellschaft und umgekehrt (BFH vom 19. 10. 2005, I R 38/04, BStBl. 2006 II S. 568). 00.02

Auf der Ebene der Anteilseigner einer übertragenden Körperschaft ist die Umwandlung zwischen Körperschaften ebenfalls als Veräußerungs- und Anschaffungsvorgang der Anteile zum gemeinen Wert zu beurteilen (BFH vom 19. 8. 2008, IX R 71/07, BStBl. 2009 II S. 13). Dies gilt z. B. auch für die Aufwärtsverschmelzung. 00.03

Die Umwandlung einer Körperschaft in bzw. auf eine Personengesellschaft führt bei Anteilen im Privatvermögen i. S. d. § 17 EStG zu Einkünften i. S. d. § 17 Absatz 4 EStG (BFH vom 22. 2. 1989, I R 11/85, BStBl. II S. 794). 00.04

Zweites Kapitel: Steuerliche Folgen von Umwandlungen und Einbringungen nach dem UmwStG

Erster Teil. Allgemeine Vorschriften

A. Anwendungsbereich und Begriffsbestimmungen (§ 1 UmwStG)

Die Vorschriften des UmwStG regeln ausschließlich die steuerlichen Folgen von Umwandlungen (§§ 3 bis 19 UmwStG) und Einbringungen (§§ 20 bis 25 UmwStG) für die Körperschaft-, Einkommen- und Gewerbesteuer. Steuerliche Folgen für andere Steuerarten (z. B. die Umsatz-, die Grunderwerb- oder die Erbschaftsteuer) regelt das UmwStG nicht. 01.01

Voraussetzung für die Anwendung des UmwStG ist zunächst, dass der sachliche Anwendungsbereich (§ 1 Absatz 1, Absatz 3 UmwStG) und der persönliche Anwendungsbereich (§ 1 Absatz 2, Absatz 4 UmwStG) erfüllt sind. Der sachliche und der persönliche Anwendungsbereich des UmwStG werden durch die in den jeweiligen Einzelsteuergesetzen geregelten Steuerpflichten (§ 1 EStG, §§ 1 bis 4 KStG sowie § 2 GewStG) begrenzt. Umwandlungen und Einbringungen nach den Vorschriften des UmwG müssen zudem zivilrechtlich zulässig und wirksam sein (sog. Maßgeblichkeit des Gesellschaftsrechts). 01.02

I. Sachlicher Anwendungsbereich

1. Zweiter bis Fünfter Teil (§ 1 Absatz 1 UmwStG)

a) Umwandlungen nach dem UmwG (inländische Umwandlungen)

Eine inländische Umwandlung liegt vor, wenn auf den oder die übertragenden Rechtsträger und auf den oder die übernehmenden Rechtsträger bzw. beim Formwechsel auf den sich umwandelnden Rechtsträger das UmwG anzuwenden ist. Dies ist der Fall, wenn der oder die übertragende(n) Rechtsträger und der oder die übernehmende(n) Rechtsträger den statutarischen Sitz im Inland hat oder haben. Bei einer Personengesellschaft als übernehmender Rechtsträger ist deren Sitz der Hauptverwaltung und bei einer natürlichen Person als übernehmender Rechtsträger ist deren Wohnsitz (§ 7 BGB) maßgebend. 01.03

Der sachliche Anwendungsbereich des UmwStG bestimmt sich bei Umwandlungen von inländischen Rechtsträgern nach den Umwandlungsmöglichkeiten des UmwG vom 28. 10. 1994 (BGBl. I S. 3210, ber. BGBl. 1995 I S. 428), zuletzt geändert durch das Dritte Gesetz zur Änderung des 01.04

Umwandlungsgesetzes vom 11. Juli 2011 (BGBl. I S. 1338), in der jeweils geltenden Fassung. Für Rechtsträger mit Sitz im Inland sind in § 1 Absatz 1 UmwG die folgenden Umwandlungsarten vorgesehen:
- die Verschmelzung,
- die Spaltung (Aufspaltung, Abspaltung, Ausgliederung),
- die Vermögensübertragung und
- der Formwechsel.

Diese Aufzählung ist abschließend. Eine Umwandlung außer in den im UmwG genannten Fällen ist nur möglich, wenn sie durch ein anderes Bundesgesetz oder ein Landesgesetz ausdrücklich vorgesehen ist (§ 1 Absatz 2 UmwG; vgl. Randnr. 01.07).

01.05 Die Möglichkeit zur Umwandlung nach dem UmwG ist auf die jeweils im UmwG abschließend bezeichneten Rechtsträger begrenzt. Die Umwandlungsfähigkeit supranationaler Rechtsformen des europäischen Rechts bestimmt sich nach den Vorgaben des sekundären Unionsrechts ggf. i. V. m. den nationalen Ausführungsgesetzen. Die Umwandlungsfähigkeit einer
- Europäischen Gesellschaft (SE) entspricht nach Artikel 9 der Verordnung (EG) Nr. 2157/2001 (SE-VO, ABl. EG Nr. L 294 S. 1) der einer AG,
- Europäischen Genossenschaft (SCE) entspricht nach Artikel 8 der Verordnung (EG) Nr. 1435/2003 (SCE-VO, ABl. EG Nr. L 207 S. 1) der einer eG und
- Europäischen wirtschaftlichen Interessenvereinigung (EWIV) entspricht nach Artikel 2 der Verordnung (EWG) Nr. 2137/85 (EWIV-VO, ABl. EG Nr. L 199 S. 1) i. V. m. § 1 EWIV-Ausführungsgesetz (BGBl. 1988 I S. 514) der einer OHG.

01.06 Der sachliche Anwendungsbereich des Zweiten bis Fünften Teils gilt für
- die Verschmelzung (§ 2 UmwG) von Körperschaften auf Körperschaften, Personengesellschaften oder eine natürliche Person,
- die Aufspaltung und Abspaltung (§ 123 Absatz 1 und 2 UmwG) von Körperschaften auf Körperschaften oder Personengesellschaften,
- den Formwechsel (§ 190 Absatz 1 UmwG) einer Kapitalgesellschaft in eine Personengesellschaft sowie
- die Vermögensübertragung (§ 174 UmwG) von Körperschaften auf Körperschaften.

Bei der Frage, ob eine zivilrechtlich wirksame Umwandlung i. S. dieser Bestimmungen vorliegt, ist regelmäßig von der registerrechtlichen Entscheidung auszugehen. Dies gilt jedoch nicht, wenn die registerrechtliche Entscheidung trotz rechtlich gravierender Mängel erfolgte.

01.07 Für Umwandlungen i. S. d. § 1 Absatz 2 UmwG setzt die Anwendung des Zweiten bis Fünften Teils eine durch eine bundes- oder landesgesetzliche Regelung ausdrücklich zugelassene Umwandlungsmöglichkeit (z. B. § 38a LwAnpG, § 6b VermG sowie einzelne Sparkassengesetze der Länder) voraus, die einer Umwandlung i. S. d. § 1 Absatz 1 UmwG entspricht. Die aktive und passive Umwandlungsfähigkeit (vgl. zum Begriff auch Randnr. 01.26) ergibt sich aus dem jeweiligen Bundes- oder Landesgesetz.

Eine Umwandlung aufgrund ausdrücklicher bundes- oder landesgesetzlicher Regelung entspricht einer Umwandlung i. S. d. § 1 Absatz 1 UmwG, wenn sie mit einer der in § 1 Absatz 1 UmwG abschließend aufgezählten Umwandlungsarten vergleichbar ist; zur Prüfung der Vergleichbarkeit vgl. Randnr. 01.24 ff. Insoweit sind die für die jeweils vergleichbare Umwandlungsart einschlägigen Bestimmungen des UmwStG anzuwenden (z. B. § 9 UmwStG für den Formwechsel in eine Personengesellschaft nach § 38a LwAnpG).

aa) Verschmelzung

01.08 Bei der Verschmelzung handelt es sich um die Übertragung des gesamten Vermögens eines Rechtsträgers auf einen anderen, schon bestehenden Rechtsträger (Verschmelzung durch Aufnahme) oder zweier oder mehrerer Rechtsträger auf einen neu gegründeten Rechtsträger (Verschmelzung durch Neugründung) im Wege der Gesamtrechtsnachfolge unter Auflösung ohne Abwicklung. Den Anteilsinhabern des übertragenden Rechtsträgers wird dabei im Wege des Anteilstauschs eine Beteiligung am übernehmenden Rechtsträger gewährt.

01.09 In bestimmten Fällen darf bzw. muss das gezeichnete Kapital des übernehmenden Rechtsträgers nicht erhöht werden (z. B. § 54 Absatz 1 Satz 1 und 2 UmwG). Bei notariell beurkundetem Verzicht aller Anteilsinhaber kann auf die Verpflichtung zur Gewährung von Anteilen gänzlich verzichtet werden (z. B. § 54 Absatz 1 Satz 3 UmwG).

Anhang 4a

Das UmwG sieht folgende Möglichkeiten der Verschmelzung vor: 01.10

von \ auf	PershG/ PartG	GmbH	AG	KGaA	eG	eV/ wirtsch. Verein	gen. Prüfungsverband	VVaG	nat. Person
PershG/ PartG	§§ 2 – 38 §§ 39 – 45 §§ 46 – 59	§§ 2 – 38 §§ 39 – 45 §§ 60 – 77	§§ 2 – 38 §§ 39 – 45 § 78	§§ 2 – 38 §§ 39 – 45 § 78	§§ 2 – 38 §§ 39 – 45 §§ 79 – 98	– (§ 99 Absatz 2)	– (§ 105)	– (§ 109)	– (§ 3 Absatz 2 Nummer 1)
GmbH inkl. UG	§§ 2 – 38 §§ 39 – 45 §§ 46 – 59	§§ 2 – 38 §§ 46 – 59	§§ 2 – 38 §§ 46 – 59 §§ 60 – 77	§§ 2 – 38 §§ 46 – 59 § 78	§§ 2 – 38 §§ 46 – 59 §§ 79 – 98	– (§ 99 Absatz 2)	– (§ 105)	– (§ 109)	1)§§ 2 – 38 §§ 46 – 59 §§ 120 – 122
AG	§§ 2 – 38 §§ 39 – 45 §§ 60 – 77	§§ 2 – 38 §§ 46 – 59 §§ 60 – 77	2)§§ 2 – 38 §§ 60 – 77	§§ 2 – 38 §§ 60 – 77 § 78	§§ 2 – 38 §§ 60 – 77 §§ 79 – 98	– (§ 99 Absatz 2)	– (§ 105)	– (§ 109)	3)§§ 2 – 38 §§ 60 – 77 §§ 120 – 122
KGaA	§§ 2 – 38 §§ 39 – 45 § 78	§§ 2 – 38 §§ 46 – 59 § 78	§§ 2 – 38 §§ 60 – 77 § 78	§§ 2 – 38 § 78	§§ 2 – 38 § 78 §§ 79 – 98	– (§ 99 Absatz 2)	– (§ 105)	– (§ 109)	4)§§ 2 – 38 § 78 §§ 120 – 122
eG	§§ 2 – 38 §§ 39 – 45 §§ 79 – 98	§§ 2 – 38 §§ 46 – 59 §§ 79 – 98	§§ 2 – 38 §§ 60 – 77 §§ 79 – 98	§§ 2 – 38 § 78 §§ 79 – 98	§§ 2 – 38 §§ 79 – 98	– (§ 99 Absatz 2)	– (§ 105)	– (§ 109)	– (§ 3 Absatz 2 Nummer 1)
eV/ wirtsch. Verein	§§ 2 – 38 §§ 39 – 45 §§ 99 – 104a	§§ 2 – 38 §§ 46 – 59 §§ 99 – 104a	§§ 2 – 38 §§ 60 – 77 §§ 99 – 104a	§§ 2 – 38 § 78 §§ 99 – 104a	§§ 2 – 38 §§ 79 – 98 §§ 99 – 104a	§§ 2 – 38 §§ 99 – 104a	5)§§ 2 – 38 §§ 99 – 104a §§ 105 – 108	– (§ 109)	– (§ 3 Absatz 2 Nummer 1)
gen. Prüfungsverband	– (§ 105)	– (§ 105)	– (§ 105)	– (§ 105)	– (§ 105)	– (§ 105)	6)§§ 2 – 38 §§ 105 – 108	– (§ 105)	– (§ 3 Absatz 2 Nummer 1)
VVaG	– (§ 109)	– (§ 109)	7)§§ 2 – 38 §§ 60 – 77 §§ 109 – 113	– (§ 109)	– (§ 109)	– (§ 109)	– (§ 109)	§§ 2 – 38 §§ 109 – 119	– (§ 3 Absatz 2 Nummer 1)
nat. Person	–	–	–	–	–	–	–	–	–

bb) Formwechsel

Der Formwechsel beschränkt sich auf die Änderung der Rechtsform eines Rechtsträgers unter 01.11
Wahrung seiner rechtlichen Identität, und zwar grundsätzlich auch unter Beibehaltung des Kreises
der Anteilsinhaber (zur Aufnahme weiterer Gesellschafter im Rahmen eines Formwechsels vgl.
aber BGH vom 9. 5. 2005, II ZR 29/03, DStR 2005 S. 1539). Zivilrechtlich findet beim Formwechsel keine Vermögensübertragung statt.

---

1) Natürliche Person muss Alleingesellschafter des übertragenden Rechtsträgers sein.
2) Verschmelzung zur Gründung einer SE nach Artikel 2 Absatz 1, Artikel 17 bis 31 SE-VO.
3) Natürliche Person muss Alleingesellschafter des übertragenden Rechtsträgers sein.
4) Natürliche Person muss Alleingesellschafter des übertragenden Rechtsträgers sein.
5) Vorgang ist nur unter den Voraussetzungen des § 105 Satz 2 UmwG möglich.
6) Vorgang ist nur zur Aufnahme durch einen übernehmenden Rechtsträger möglich.
7) Vorgang ist nur möglich, wenn der aufnehmende Rechtsträger eine Versicherungs-AG ist.

01.12 Handelsrechtlich ist der Formwechsel für folgende Rechtsformen zulässig; der Formwechsel innerhalb der Gesamthand richtet sich dabei nach § 190 Absatz 2, § 1 Absatz 2 UmwG i. V. m. §§ 705 ff. BGB, § 105 HGB oder § 2 Absatz 2 PartGG:

von \ auf	GbR	PershG	PartG	GmbH	AG	KGaA	eG
PershG/ PartG	§ 190 Absatz 2, § 191 Absatz 2 Nummer 1 i. V. m. § 1 Absatz 2	§ 190 Absatz 2 i. V. m. § 1 Absatz 2	§ 190 Absatz 2 i. V. m. § 1 Absatz 2	§§ 190 – 213 §§ 214 – 225	§§ 190 – 213 §§ 214 – 225	§§ 190 – 213 §§ 214 – 225	§§ 190 – 213 §§ 214 – 225
GmbH inkl. UG	§§ 190 – 213 § 226 §§ 228 – 237	§§ 190 – 213 § 226 §§ 228 – 237	§§ 190 – 213 § 226 §§ 228 – 237	1)–	§§ 190 – 213 § 226 §§ 238 – 250	§§ 190 – 213 § 226 §§ 238 – 250	§§ 190 – 213 § 226 §§ 251 – 257
AG	§§ 190 – 213 § 226 §§ 228 – 237	§§ 190 – 213 § 226 §§ 228 – 237	§§ 190 – 213 § 226 §§ 228 – 237	§§ 190 – 213 § 226 §§ 238 – 250	2)–	§§ 190 – 213 § 226 §§ 238 – 250	§§ 190 – 213 § 226 §§ 251 – 257
KGaA	§§ 190 – 213 §§ 226 – 237	§§ 190 – 213 §§ 226 – 237	§§ 190 – 213 §§ 226 – 237	§§ 190 – 213 §§ 226 – 227 §§ 238 – 250	§§ 190 – 213 §§ 226 – 227 §§ 238 – 250	–	§§ 190 – 213 §§ 226 – 227 §§ 251 – 257
eG	–	–	–	§§ 190 – 213 §§ 258 – 271	§§ 190 – 213 §§ 258 – 271	§§ 190 – 213 §§ 258 – 271	–
eV/wirtsch. Verein	–	–	–	§§ 190 – 213 §§ 272 – 282	§§ 190 – 213 §§ 272 – 282	§§ 190 – 213 §§ 272 – 282	§§ 190 – 213 § 272 §§ 283 – 290
VVaG	–	–	–	–	3)§§ 190 – 213 §§ 291 – 300	–	–
Körpersch./ Anstalt des öff. Rechts	–	–	–	§§ 190 – 213 §§ 301 – 303	§§ 190 – 213 §§ 301 – 303	§§ 190 – 213 §§ 301 – 303	–

cc) Spaltung

01.13 Das UmwG sieht drei Formen der Spaltung vor:
- die Aufspaltung,
- die Abspaltung und
- die Ausgliederung.

01.14 Bei der Aufspaltung teilt ein Rechtsträger sein Vermögen unter Auflösung ohne Abwicklung auf und überträgt die Teile jeweils als Gesamtheit im Wege der Sonderrechtsnachfolge auf mindestens zwei andere schon bestehende (Aufspaltung zur Aufnahme) oder neugegründete Rechtsträger (Aufspaltung zur Neugründung). Die Anteilsinhaber des sich aufspaltenden Rechtsträgers erhalten Anteile an den übernehmenden Rechtsträgern.

01.15 Bei der Abspaltung bleibt der übertragende Rechtsträger bestehen. Er überträgt ebenfalls im Wege der Sonderrechtsnachfolge einen Teil oder mehrere Teile seines Vermögens jeweils als Gesamtheit auf einen oder mehrere andere, bereits bestehende oder neu gegründete Rechtsträger. Die Anteilsinhaber des abspaltenden Rechtsträgers erhalten Anteile am übernehmenden Rechtsträger.

01.16 Die Ausgliederung entspricht im Wesentlichen der Abspaltung. Die Anteile an den übernehmenden Rechtsträgern fallen jedoch in das Vermögen des ausgliedernden Rechtsträgers.

---

1) Die „Umwandlung" einer UG in eine GmbH ist ein Firmen- und kein Formwechsel (§ 5a Absatz 5 GmbHG).
2) Formwechsel einer AG in eine SE nach Artikel 2 Absatz 4, 37 SE-VO.
3) Nur große VVaG; zum Vorliegen eines kleinen VVaG siehe § 53 VAG.

Das UmwG sieht folgende Spaltungsmöglichkeiten vor:

von \ auf	PershG/ PartG	GmbH	AG/KGaA	eG	eV	gen. Prüfungs- verband	VVaG
PershG/ PartG	§§ 123 - 137	§§ 123 – 137 §§ 138 – 140	§§ 123 – 137 §§ 141 – 146	§§ 123 – 137 §§ 147 – 148	– *(§ 149 Absatz 2)*	§§ 123 - 137	– *(§ 151)*
GmbH inkl. UG	§§ 123 – 137 §§ 138 – 140	§§ 123 – 137 §§ 138 – 140	§§ 123 – 137 §§ 138 – 140 §§ 141 – 146	§§ 123 – 137 §§ 138 – 140 §§ 147 – 148	– *(§ 149 Absatz 2)*	§§ 123 – 137 §§ 138 – 140	– *(§ 151)*
AG/ KGaA	§§ 123 – 137 §§ 141 – 146	§§ 123 – 137 §§ 138 – 140 §§ 141 – 146	§§ 123 – 137 §§ 141 – 146	§§ 123 – 137 §§ 141 – 146 §§ 147 – 148	– *(§ 149 Absatz 2)*	§§ 123 – 137	– *(§ 151)*
eG	§§ 123 – 137 §§ 147 – 148	§§ 123 – 137 §§ 138 – 140 §§ 147 – 148	§§ 123 – 137 §§ 141 – 146 §§ 147 – 148	§§ 123 – 137 §§ 147 – 148	– *(§ 149 Absatz 2)*	§§ 123 – 137	– *(§ 151)*
eV/ wirtsch. Verein	§§ 123 – 137 § 149	§§ 123 – 137 §§ 138 – 140 § 149 Absatz 1	§§ 123 – 137 §§ 141 – 146 § 149 Absatz 1	§§ 123 – 137 §§ 147 – 149	[1)]§§ 123 – 137 § 149 Absatz 2	§§ 123 – 137 §§ 138 – 140 § 149 Absatz 1	– *(§ 151)*
gen. Prüfungs- verband	– *(§ 150)*	nur Ausglie- derung §§ 123 – 137 §§ 138 – 140 § 150	nur Ausglie- derung §§ 123 – 137 §§ 141 – 146 § 150	– *(§ 150)*	– *(§ 150)*	[2)]§§ 123 – 137 § 150	– *(§ 150)*
VVaG	– *(§ 151)*	nur Ausglie- derung, wenn keine Über- tragung von Vers.-Ver- trägen §§ 123 – 137 §§ 138 – 140 § 151	Auf-/Ab- spaltung nur auf Vers.-AG; Ausgliede- rung nur, wenn keine Übertragung von Vers.- Verträgen §§ 123 – 135 §§ 141 – 146 § 151	– *(§ 151)*	– *(§ 151)*	– *(§ 151)*	nur Auf-/Ab- spaltung §§ 123 – 135 §§ 141 – 146 § 151
Einzel- kaufmann	nur Ausglie- derung auf PershG [3)]§§ 123 – 137 §§ 152 – 160	nur Ausglie- derung §§ 123 – 137 §§ 138 – 140 §§ 152 – 160	nur Ausglie- derung §§ 123 – 137 §§ 141 – 146 §§ 152 – 160	nur Ausglie- derung §§ 123 – 137 §§ 147 – 148 §§ 152 – 160	[4)]§§ 123 – 137 §§ 152 – 160	– *(§ 152)*	– *(§ 152)*	– *(§ 152)*
Stiftungen	nur Ausglie- derung auf PershG [5)]§§ 123 – 137 §§ 161 – 167	nur Ausglie- derung §§ 123 – 137 §§ 138 – 140 §§ 161 – 167	nur Ausglie- derung §§ 123 – 137 §§ 141 – 146 §§ 161 – 167	nur Ausglie- derung §§ 123 – 137 §§ 161 – 167	– *(§ 161)*	– *(§ 161)*	– *(§ 161)*	– *(§ 161)*
Gebiets- Körpersch.	nur Ausglie- derung auf PershG [6)]§§ 123 – 137 §§ 168 – 173	nur Ausglie- derung §§ 123 – 137 §§ 138 – 140 §§ 168 – 173	nur Ausglie- derung §§ 123 – 137 §§ 141 – 146 §§ 168 – 173	nur Ausglie- derung §§ 123 – 137 §§ 147 – 148 §§ 168 – 173	– *(§ 168)*	– *(§ 168)*	– *(§ 168)*

dd) Vermögensübertragung

Die Vermögensübertragung ist als Vollübertragung und als Teilübertragung zugelassen. Ihre Ausgestaltung entspricht bei der Vollübertragung der Verschmelzung, bei der Teilübertragung der Spaltung. Der Unterschied zu diesen Umwandlungsarten besteht darin, dass die Gegenleistung für

---

1) Nur e.V. als übertragender Rechtsträger.
2) Vorgang ist nur zur Aufnahme durch einen übernehmenden Rechtsträger möglich.
3) Vorgang ist nur zur Aufnahme durch einen übernehmenden Rechtsträger möglich.
4) Vorgang ist nur zur Aufnahme durch einen übernehmenden Rechtsträger möglich.
5) Vorgang ist nur zur Aufnahme durch einen übernehmenden Rechtsträger möglich.
6) Vorgang ist nur zur Aufnahme durch einen übernehmenden Rechtsträger möglich.

das übertragene Vermögen nicht in Anteilen an den übernehmenden oder neuen Rechtsträgern besteht, sondern in einer Gegenleistung anderer Art, insbesondere in einer Barleistung.

01.19 Die Vermögensübertragung ist nach dem UmwG auf folgende Fälle beschränkt:

von \ auf	Öffentliche Hand	VVaG	öffentl.-rechtl. Vers.-Unternehmen	Vers.-AG
GmbH				
Vollübertragung	§ 175 Nummer 1, § 176	–	–	–
Teilübertragung	§ 175 Nummer 1, § 177	–	–	–
AG/KGaA				
Vollübertragung	§ 175 Nummer 1, § 176	–	–	–
Teilübertragung	§ 175 Nummer 1, §177	–	–	–
Vers.-AG				
Vollübertragung	–	§ 175 Nummer 2 Buchstabe a, § 178	§ 175 Nummer 2 Buchstabe a, § 178	–
Teilübertragung	–	§ 175 Nummer 2 Buchstabe a, § 179	§ 175 Nummer 2 Buchstabe a, § 179	–
VVaG				
Vollübertragung	–	–	§ 175 Nummer 2 Buchstabe b, §§ 180–183, §§ 185–187	§ 175 Nummer 2 Buchstabe b, §§ 180–183, §§ 185–187
Teilübertragung	–	–	§ 175 Nummer 2 Buchstabe b, §§ 184–187	§ 175 Nummer 2 Buchstabe b, §§ 184–187
öffentl.-rechtl. Vers.-Unternehmen				
	–	§ 175 Nummer 2	–	§ 175 Nummer 2
Vollübertragung	–	Buchstabe c, § 188	–	Buchstabe c, § 188
Teilübertragung	–	§§ 175 Nummer 2 Buchstabe c, § 189	–	§ 175 Nummer 2 Buchstabe c, § 189

b) Vergleichbare ausländische Vorgänge

01.20 Der sachliche Anwendungsbereich des Zweiten bis Fünften Teils gilt auch für mit

- einer Verschmelzung,
- einer Aufspaltung oder Abspaltung sowie
- einem Formwechsel

vergleichbare ausländische Vorgänge. Auf die Anzeigepflichten, z. B. nach § 137 oder § 138 Absatz 2 AO, wird hingewiesen.

Ausländische Vorgänge i. S. d. § 1 Absatz 1 Satz 1 Nummer 1 und 2 UmwStG sind Umwandlungen, bei denen auf den übertragenden Rechtsträger oder auf den übernehmenden Rechtsträger bzw. beim Formwechsel auf den umwandelnden Rechtsträger das UmwG nach den allgemeinen Grundsätzen kollisionsrechtlich keine Anwendung findet. Das für die Umwandlung maßgebende Recht bestimmt sich regelmäßig nach dem Gesellschaftsstatut des Staats, in dem der jeweilige Rechtsträger in ein öffentliches Register eingetragen ist. Ist er nicht oder noch nicht in ein öffentliches Register eingetragen, ist das Gesellschaftsstatut des Staats maßgebend, nach dem er organisiert ist.

01.21 Ausländische Vorgänge i. S. d. § 1 Absatz 1 UmwStG sind auch grenzüberschreitende Umwandlungsvorgänge unter Beteiligung von Rechtsträgern, die dem deutschen Gesellschaftsstatut unterliegen. Die grenzüberschreitende Verschmelzung i. S. d. § 122a UmwG ist dabei grundsätzlich ein mit einer Verschmelzung i. S. d. § 2 UmwG vergleichbarer ausländischer Vorgang.

01.22 Ein ausländischer Vorgang kann auch dann gegeben sein, wenn sämtliche beteiligten Rechtsträger im Inland unbeschränkt steuerpflichtig sind.

Beispiel

Zwei Gesellschaften englischen Rechts (statutarischer Sitz in Großbritannien und effektiver Verwaltungssitz im Inland) sollen zu einer Gesellschaft englischen Rechts mit effektivem Verwaltungssitz im Inland verschmolzen werden. Die Gesellschaften englischen Rechts sind sämtlich im Inland nach § 1 Absatz 1 Nummer 1 KStG unbeschränkt steuerpflichtig.

Lösung

Es handelt sich um einen ausländischen Vorgang, da für die Umwandlung ausschließlich das englische Gesellschaftsstatut maßgebend ist.

aa) Zivilrechtliche Wirksamkeit nach ausländischem Recht

Für ausländische Vorgänge gilt wie bei den inländischen Umwandlungen der Grundsatz der Maßgeblichkeit des Gesellschaftsrechts. Der ausländische Vorgang muss nach dem jeweiligen Gesellschaftsstatut der beteiligten Rechtsträger gesellschaftsrechtlich zulässig und wirksam sein. Für die gesellschaftsrechtliche Zulässigkeit und Wirksamkeit einer ausländischen Umwandlung ist regelmäßig von der Entscheidung der ausländischen Registerbehörden auszugehen. Das gilt nicht bei gravierenden Mängeln der Umwandlung. 01.23

bb) Prüfung der Vergleichbarkeit

Die Prüfung, ob ein ausländischer Vorgang mit einer inländischen Umwandlung i. S. d. § 1 Absatz 1 Satz 1 Nummer 1 und 2 UmwStG vergleichbar ist, erfolgt durch die im jeweiligen Einzelfall zuständige inländische Finanzbehörde. Ein ausländischer Umwandlungsvorgang ist vergleichbar, wenn er seinem Wesen nach einer Verschmelzung, Aufspaltung, Abspaltung oder einem Formwechsel i. S. d. UmwG entspricht. Für die Beurteilung des ausländischen Vorgangs sind 01.24

– die beteiligten Rechtsträger,
– die Rechtsnatur bzw. Rechtsfolgen des Umwandlungsvorgangs (Strukturmerkmale) und
– sonstige Vergleichskriterien

zu prüfen.

Der Vergleichbarkeitsprüfung unterliegt grundsätzlich der jeweilige ausländische Umwandlungsvorgang in seiner konkreten rechtlichen Ausgestaltung und nicht das ausländische Umwandlungsrecht als solches. Maßgebend ist, dass der nach ausländischem Umwandlungsrecht abgewickelte konkrete Vorgang ungeachtet des Sitzerfordernisses in § 1 Absatz 1 UmwG auch nach den Regelungen des UmwG wirksam abgewickelt werden könnte. 01.25

Beispiel

Zwei Gesellschaften ausländischer Rechtsform sollen verschmolzen werden. Das ausländische Umwandlungsrecht sieht keine mit § 54 Absatz 4 UmwG vergleichbare Beschränkung barer Zuzahlungen vor. Im Verschmelzungsvertrag wird eine bare Zuzahlung i. H. v. 50 % des Gesamtnennbetrags der gewährten Anteile vereinbart.

Lösung

Aufgrund der vertraglich vereinbarten baren Zuzahlung von mehr als 10 % des Gesamtnennbetrags der gewährten Anteile ist kein mit einer inländischen Umwandlung vergleichbarer Vorgang gegeben, da der Umwandlungsvorgang ungeachtet des Sitzerfordernisses in § 1 Absatz 1 UmwG nicht nach den Vorschriften des UmwG hätte abgewickelt werden können.

Wäre in dem Verschmelzungsvertrag eine bare Zuzahlung i. H. v. max. 10 % des Gesamtnennbetrags der gewährten Anteile vereinbart worden, stünde einer Vergleichbarkeit des ausländischen Umwandlungsvorgangs die fehlende gesetzliche Beschränkung barer Zuzahlungen im ausländischen Umwandlungsrecht nicht entgegen.

cc) Umwandlungsfähigkeit der beteiligten Rechtsträger

Die Prüfung der Umwandlungsfähigkeit der beteiligten Rechtsträger hat bezogen auf die zu beurteilende Umwandlungsart und bezogen auf das jeweilige Gesellschaftsstatut der an dieser Umwandlung beteiligten Rechtsträger zu erfolgen. 01.26

Die Voraussetzungen der Umwandlungsfähigkeit müssen – infolge des auch für ausländische Umwandlungen geltenden Grundsatzes der Maßgeblichkeit des Gesellschaftsrechts (vgl. Randnr. 01.23) – für sämtliche betroffenen Gesellschaftsstatute der beteiligten Rechtsträger geprüft und mit der Umwandlungsfähigkeit nach dem UmwG verglichen werden; dabei ist der Umwandlungsvorgang nach dem jeweiligen Gesellschaftsstatut als Ganzes und nicht nur hinsichtlich eines bestimmten Teilbereichs (z. B. hinsichtlich des übertragenden oder übernehmenden Rechtsträgers) zu prüfen.

Der ausländische Rechtsträger muss im Rahmen eines Rechtstypenvergleichs einem vergleichbaren umwandlungsfähigen Rechtsträger inländischen Rechts entsprechen. Allein die steuerliche Einordnung des ausländischen Rechtsträgers als Körperschaft oder Personengesellschaft ist für die Beurteilung der Umwandlungsfähigkeit nicht ausreichend. Der Rechtstypenvergleich hat grundsätzlich anhand des gesetzlichen Leitbilds der ausländischen Gesellschaft zu erfolgen. Zum Rechtstypenvergleich ausgewählter ausländischer Rechtsformen vgl. Tabellen 1 und 2 des BMF-Schreibens vom 24. 12. 1999 (BStBl. I S. 1076). Ist es aufgrund umfassender Dispositionsmöglichkeiten im ausländischen Recht nicht möglich, den jeweils beteiligten Rechtsträger anhand des gesetzlich vorgegebenen Leitbilds abzuleiten, hat der Rechtstypenvergleich anhand der rechtlichen Gege- 01.27

benheiten des Einzelfalls zu erfolgen. Zu maßgebenden Kriterien für den Rechtstypenvergleich vgl. BMF-Schreiben vom 19. 3. 2004 (BStBl. I S. 411).

01.28 Aufgelöste Rechtsträger können sich an ausländischen Umwandlungsvorgängen entsprechend den in § 3 Absatz 3, § 124 Absatz 2 UmwG genannten Voraussetzungen beteiligen.

dd) Strukturmerkmale des Umwandlungsvorgangs

01.29 Neben der Umwandlungsfähigkeit der beteiligten Rechtsträger müssen die Strukturmerkmale einer Verschmelzung, einer Aufspaltung oder Abspaltung oder eines Formwechsels vorliegen.

(1) Verschmelzung

01.30 Strukturmerkmale einer Verschmelzung i. S. d. § 2 UmwG sind:
– die Übertragung des gesamten Aktiv- und Passivvermögens eines übertragenden Rechtsträgers oder mehrerer übertragender Rechtsträger auf einen übernehmenden Rechtsträger,
– aufgrund eines Rechtsgeschäfts,
– kraft Gesetzes,
– gegen Gewährung von Anteilen am übernehmenden Rechtsträger an die Anteilsinhaber des übertragenden Rechtsträgers,
– bei Auflösung ohne Abwicklung des übertragenden Rechtsträgers oder der übertragenden Rechtsträger.

01.31 Rechtsgeschäft i. S. d. Randnr. 01.30 ist der Abschluss eines Verschmelzungsvertrags bzw. die Erstellung eines Verschmelzungsplans. Der notwendige Inhalt des Verschmelzungsvertrags bzw. des Verschmelzungsplans muss bei ausländischen Vorgängen mindestens den Vorgaben der Richtlinie 78/855/EWG (ABl. EG Nr. L 295 S. 36) entsprechen.

Dies gilt auch für die Rechtswirkungen der Verschmelzung. Diese ergeben sich aus Artikel 19 der Richtlinie 78/855/EWG (ABl. EG Nr. L 295 S. 36). Der Übergang des gesamten Vermögens, die Auflösung ohne Abwicklung des übertragenden Rechtsträgers sowie die Beteiligung der Anteilsinhaber des übertragenden Rechtsträgers an dem übernehmenden Rechtsträger müssen nach den ausländischen umwandlungsrechtlichen Bestimmungen kraft Gesetzes und nicht durch Einzelübertragungen erfolgen.

01.32 Bei der Prüfung des Erfordernisses zur Gewährung von Anteilen sind Kapitalerhöhungsverbote und Kapitalerhöhungswahlrechte entsprechend den im UmwG (z. B. § 54 UmwG) enthaltenen vergleichbaren Regelungen zu berücksichtigen, vgl. Randnr. 01.09.

Beispiel

Eine ausländische Mutter-Kapitalgesellschaft ist alleinige Anteilseignerin zweier ausländischer Tochter-Kapitalgesellschaften. Die eine Tochter-Kapitalgesellschaft wird zur Aufnahme auf die andere Tochter-Kapitalgesellschaft verschmolzen. Auf eine Kapitalerhöhung wird auf Grundlage einer mit § 54 Absatz 1 Satz 3 UmwG vergleichbaren ausländischen Regelung verzichtet.

Lösung

Bei der Prüfung der Strukturmerkmale des ausländischen Umwandlungsvorgangs ist die Möglichkeit zum Verzicht auf eine Kapitalerhöhung analog § 54 Absatz 1 Satz 3 UmwG zu berücksichtigen.

(2) Aufspaltung

01.33 Strukturmerkmale einer Aufspaltung i. S. d. § 123 Absatz 1 UmwG sind:
– die Übertragung des gesamten Aktiv- und Passivvermögens eines Rechtsträgers auf mindestens zwei übernehmende Rechtsträger,
– aufgrund eines Rechtsgeschäfts,
– kraft Gesetzes,
– gegen Gewährung von Anteilen an den übernehmenden Rechtsträgern an die Anteilsinhaber des übertragenden Rechtsträgers,
– bei Auflösung ohne Abwicklung des übertragenden Rechtsträgers.

01.34 Rechtsgeschäft i. S. d. Randnr. 01.33 ist der Abschluss eines Spaltungs- und Übernahmevertrags bzw. die Erstellung eines Spaltungsplans. Der notwendige Inhalt des Spaltungs- und Übernahmevertrags bzw. des Spaltungsplans muss bei ausländischen Umwandlungsvorgängen den Vorgaben der Richtlinie 82/891/EWG (ABl. EG Nr. L 378 S. 47) entsprechen.

Dies gilt auch für die Rechtswirkungen der Aufspaltung. Diese ergeben sich aus Artikel 17 der Richtlinie 82/891/EWG (ABl. EG Nr. L 378 S. 47). Der Übergang des gesamten Vermögens, die Auflösung ohne Abwicklung des übertragenden Rechtsträgers sowie die Beteiligung der Anteilsinhaber des übertragenden Rechtsträgers an den übernehmenden Rechtsträgern müssen nach den ausländischen umwandlungsrechtlichen Bestimmungen kraft Gesetzes und nicht durch Einzelübertragungen erfolgen.

Bei der Prüfung des Erfordernisses zur Gewährung von Anteilen sind Kapitalerhöhungsverbote und Kapitalerhöhungswahlrechte entsprechend den im UmwG enthaltenen vergleichbaren Regelungen zu beachten, vgl. Randnr. 01.32. 01.35

(3) Abspaltung

Strukturmerkmale einer Abspaltung i. S. d. § 123 Absatz 2 UmwG sind: 01.36
- die Übertragung eines Teils oder mehrerer Teile eines Rechtsträgers auf einen oder mehrere übernehmende Rechtsträger,
- aufgrund eines Rechtsgeschäfts,
- kraft Gesetzes,
- gegen Gewährung von Anteilen am übernehmenden Rechtsträger oder an den übernehmenden Rechtsträgern an die Anteilsinhaber des übertragenden Rechtsträgers,
- ohne Auflösung des übertragenden Rechtsträgers.

Gesellschaftsrechtliche Bestimmungen des sekundären Unionsrechts über die Abspaltung bestehen derzeit nicht. Der notwendige Inhalt des Spaltungs- und Übernahmevertrags bzw. des Spaltungsplans sowie die Rechtswirkungen der Abspaltung müssen daher den Bestimmungen des UmwG entsprechen. 01.37

Die Möglichkeit des übertragenden Rechtsträgers, die aufgrund einer Vermögensübertragung erhaltenen Anteile an die Anteilseigner des übertragenden Rechtsträgers unentgeltlich zeitnah weiter übertragen zu können, führt nicht dazu, dass ein ausländischer Umwandlungsvorgang mit einer Abspaltung i. S. d. § 123 Absatz 2 UmwG vergleichbar ist; z. B. Teileinbringung nach dem französischen Recht (Apport partiel dÒactif). Es kann sich jedoch insoweit um einen mit einer Ausgliederung i. S. d. § 123 Absatz 3 UmwG vergleichbaren ausländischen Vorgang handeln. 01.38

(4) Formwechsel

Es bestehen derzeit keine sekundärrechtlichen Bestimmungen des Unionsrechts zum Formwechsel. Für die Abgrenzung zwischen einer Verschmelzung und einem Formwechsel ist auf das ausländische Umwandlungsrecht abzustellen (BFH vom 22. 2. 1989, I R 11/85, BStBl. II S. 794). Nach §§ 190 ff UmwG ist der Formwechsel auf die Änderung der rechtlichen Organisation des Rechtsträgers beschränkt. Sieht das ausländische Recht keine rechtliche Kontinuität, sondern eine Auflösung ohne Abwicklung vor, ist daher dieser Vorgang nicht mehr mit einem Formwechsel vergleichbar. Es kann insoweit jedoch ein mit einer Verschmelzung i. S. d. § 2 UmwG vergleichbarer ausländischer Vorgang gegeben sein. Der Umstand, dass eine Verschmelzung zur Neugründung insoweit mindestens zwei übertragende Rechtsträger erfordert, stellt kein Strukturmerkmal (vgl. Randnr. 01.30) dar. 01.39

Beispiel

Eine österreichische GesmbH mit inländischen Anteilseignern wird im Wege einer errichtenden Umwandlung in eine österreichische KG umgewandelt.

Lösung

Eine errichtende Umwandlung ist die ohne Abwicklung erfolgende Übertragung des Vermögens der GesmbH auf die gleichzeitig neu entstehende KG. Die GesmbH erlischt infolge der Umwandlung. Auch wenn es für eine Verschmelzung zur Neugründung i. S. d. § 2 Nummer 2 UmwG an dem Erfordenis mindestens zweier übertragender Rechtsträger fehlt, ist dennoch ein mit einer Verschmelzung i. S. d. § 1 Absatz 1 Satz 1 Nummer 1 UmwStG vergleichbarer ausländischer Vorgang gegeben, da die Strukturmerkmale einer Verschmelzung erfüllt sind. Infolge der Auflösung und der Vermögensübertragung liegt kein mit einem Formwechsel i. S. d. § 1 Absatz 1 Satz 1 Nummer 2 UmwStG vergleichbarer ausländischer Vorgang vor.

ee) Sonstige Vergleichskriterien

Ein wesentliches sonstiges Vergleichskriterium ist insbesondere die Höhe der vertraglich vereinbarten Zuzahlungen. Diese müssen grundsätzlich mit den Vorgaben des UmwG (z. B. höchstens 01.40

10 % nach § 54 Absatz 4 UmwG) vergleichbar sein. Werden Zuzahlungen vereinbart, die diesen Rahmen deutlich überschreiten, ist dieses als Indiz für eine fehlende Vergleichbarkeit zu werten.

01.41 Die Dauer einer gesellschaftsrechtlichen Rückbeziehungsmöglichkeit des Umwandlungsvorgangs stellt kein für die Vergleichbarkeit entscheidendes Merkmal dar.

c) Umwandlungen nach der SE-VO bzw. der SCE-VO

01.42 Verschmelzungen i. S. d. Artikels 17 der Verordnung (EG) Nr. 2157/2001 zur Gründung einer Europäischen Gesellschaft und i. S. d. Artikels 19 der Verordnung (EG) Nr. 1435/2003 zur Gründung einer Europäischen Genossenschaft unterfallen dem sachlichen Anwendungsbereich des § 1 Absatz 1 Satz 1 Nummer 1 UmwStG. Diese Verordnungen gelten nicht nur in Bezug zu EU-Mitgliedstaaten, sondern auch in Bezug zu EWR-Staaten.

2. Sechster bis Achter Teil (§ 1 Absatz 3 UmwStG)

01.43 Der Anwendungsbereich des Sechsten bis Achten Teils gilt grundsätzlich nur für die in § 1 Absatz 3 Nummer 1 bis 5 UmwStG abschließend aufgezählten Vorgänge; darüber hinaus wird der Anwendungsbereich des § 1 Absatz 3 UmwStG durch die in den § 20 Absatz 1, § 21 Absatz 1 und § 24 Absatz 1 UmwStG enthaltenen Voraussetzungen bezüglich der Rechtsform des übernehmenden Rechtsträgers wie folgt begrenzt:
– die Verschmelzung i. S. d. § 2 UmwG, die Aufspaltung und die Abspaltung i. S. d. § 123 Absatz 1 und 2 UmwG von Personenhandelsgesellschaften und Partnerschaftsgesellschaften auf eine Kapitalgesellschaft oder Genossenschaft (§ 20 UmwStG) oder auf eine Personengesellschaft (§ 24 UmwStG) oder vergleichbare ausländische Vorgänge,
– die Ausgliederung von Vermögensteilen i. S. d. § 123 Absatz 3 UmwG auf eine Kapitalgesellschaft oder Genossenschaft (§ 20 UmwStG) oder auf eine Personengesellschaft (§ 24 UmwStG) oder vergleichbare ausländische Vorgänge,
– der Formwechsel einer Personengesellschaft in eine Kapitalgesellschaft oder Genossenschaft i. S. d. § 190 Absatz 1 UmwG (§ 25 UmwStG) oder vergleichbare ausländische Vorgänge,
– die Einbringung von Betriebsvermögen durch Einzelrechtsnachfolge in eine Kapitalgesellschaft oder Genossenschaft (§ 20 UmwStG) oder in eine Personengesellschaft (§ 24 UmwStG),
– die Einbringung einer die Mehrheit der Stimmrechte an einer Kapitalgesellschaft oder Genossenschaft vermittelnden Beteiligung in eine Kapitalgesellschaft oder Genossenschaft nach § 21 UmwStG (Anteilstausch).

Die Übertragung des wirtschaftlichen Eigentums wird der Einzelrechtsnachfolge i. S. d. § 1 Absatz 3 Nummer 4 UmwStG gleichgestellt.

a) Einbringung in eine Kapitalgesellschaft oder Genossenschaft gegen Gewährung von Gesellschaftsrechten (§ 20 UmwStG)

01.44 Die Vorschriften über die Einbringung von Betriebsvermögen in eine Kapitalgesellschaft oder Genossenschaft gegen Gewährung von Gesellschaftsrechten gelten insbesondere bei Übertragung:
aa) im Wege der Gesamtrechtsnachfolge,
  – durch Verschmelzung von Personenhandelsgesellschaften auf eine bereits bestehende oder neu gegründete Kapitalgesellschaft (vgl. §§ 2 und 3 Absatz 1 Satz 1 UmwG),
  – durch Aufspaltung und Abspaltung von Vermögensteilen einer Personenhandelsgesellschaft auf eine bereits bestehende oder neu gegründete Kapitalgesellschaft (vgl. § 123 Absatz 1 und 2 UmwG),
  – durch Ausgliederung von Vermögensteilen eines Einzelkaufmanns, einer Personenhandelsgesellschaft, einer Kapitalgesellschaft oder eines sonstigen sowohl in § 1 Absatz 1 KStG als auch in § 124 Absatz 1 zweite Alternative i. V. m. § 3 Absatz 1 UmwG genannten Rechtsträgers auf eine bereits bestehende oder neu gegründete Kapitalgesellschaft;
bb) im Wege des Formwechsels einer Personenhandelsgesellschaft in eine Kapitalgesellschaft nach § 190 UmwG. Der Formwechsel wird ertragsteuerlich wie ein Rechtsträgerwechsel behandelt (vgl. § 25 UmwStG);
cc) im Wege der Einzelrechtsnachfolge
  – durch Sacheinlage i. S. v. § 5 Absatz 4 GmbHG bzw. § 27 AktG bei der Gründung einer Kapitalgesellschaft oder
  – durch Sachkapitalerhöhung aus Gesellschaftermitteln (vgl. § 56 GmbHG, §§ 183, 193 205 AktG) bei einer bestehenden Kapitalgesellschaft.

Folge einer Einbringung eines Mitunternehmeranteils, u. a. im Wege der Einzelrechtsnachfolge kann auch eine Anwachsung (vgl. § 738 BGB, § 142 HGB) sein. Bei einer Bargründung oder Barkapitalerhöhung kann auch dann eine Sacheinlage vorliegen, wenn der Gesellschafter zusätzlich zu der Bareinlage gleichzeitig eine Verpflichtung übernimmt, als Aufgeld einen Betrieb, Teilbetrieb oder Mitunternehmeranteil in die Kapitalgesellschaft einzubringen (BFH vom 7. 4. 2010, I R 55/09, BStBl. II S. 1094).

Eine Einbringung i. S. d. § 20 UmwStG liegt auch bei vergleichbaren ausländischen Vorgängen vor (vgl. Randnr. 01.20 ff.). **01.45**

b) Austausch von Anteilen (§ 21 UmwStG)

Die Vorschriften über den Austausch von Anteilen an Kapitalgesellschaften oder Genossenschaften gegen Gewährung von Gesellschaftsrechten gelten insbesondere bei Übertragung: **01.46**

aa) im Wege der Gesamtrechtsnachfolge,

– durch Ausgliederung von Vermögensteilen eines Einzelkaufmanns, einer Personenhandelsgesellschaft, einer Kapitalgesellschaft oder eines sonstigen sowohl in § 1 Absatz 1 KStG als auch in § 124 Absatz 1 zweite Alternative i. V. m. § 3 Absatz 1 UmwG genannten Rechtsträgers auf eine bereits bestehende oder neu gegründete Kapitalgesellschaft;

bb) im Wege der Einzelrechtsnachfolge

– durch Sacheinlage i. S. v. § 5 Absatz 4 GmbHG bzw. § 27 AktG bei der Gründung einer Kapitalgesellschaft oder

– durch Sachkapitalerhöhung aus Gesellschaftermitteln (vgl. § 56 GmbHG, §§ 183, 193 205 AktG) bei einer bestehenden Kapitalgesellschaft.

Die Ausführungen zur Bargründung oder Barkapitalerhöhung bei Einzelrechtsnachfolge gelten entsprechend (vgl. Randnr. 01.44).

c) Einbringung in eine Personengesellschaft (§ 24 UmwStG)

Die Einbringung eines Betriebs, Teilbetriebs oder Mitunternehmeranteils in eine Personengesellschaft nach § 24 UmwStG ist insbesondere möglich bei Übertragung: **01.47**

aa) im Wege der Einzelrechtsnachfolge

– durch Aufnahme eines Gesellschafters in ein Einzelunternehmen gegen Geldeinlage oder Einlage anderer Wirtschaftsgüter. Aus Sicht des § 24 UmwStG bringt dabei der Einzelunternehmer seinen Betrieb in die neu entstehende Personengesellschaft ein;

– durch Einbringung eines Einzelunternehmens in eine bereits bestehende Personengesellschaft oder durch Zusammenschluss von mehreren Einzelunternehmen zu einer Personengesellschaft;

– durch Eintritt eines weiteren Gesellschafters in eine bestehende Personengesellschaft gegen Geldeinlage oder Einlage anderer Wirtschaftsgüter. Die bisherigen Gesellschafter der Personengesellschaft bringen in diesem Fall ihre Mitunternehmeranteile an der bisherigen Personengesellschaft in eine neue, durch den neu hinzutretenden Gesellschafter vergrößerte Personengesellschaft ein. Der bloße Gesellschafterwechsel bei einer bestehenden Personengesellschaft – ein Gesellschafter scheidet aus, ein anderer erwirbt seine Anteile und tritt an seine Stelle – fällt nicht unter § 24 UmwStG;

– infolge Aufstockung eines bereits bestehenden Mitunternehmeranteils (Kapitalerhöhung) durch Geldeinlage oder Einlage anderer Wirtschaftsgüter. Die nicht an der Kapitalerhöhung teilnehmenden Gesellschafter der Personengesellschaft bringen in diesem Fall ihre Mitunternehmeranteile an der bisherigen Personengesellschaft in eine neue, durch die Kapitalerhöhung in den Beteiligungsverhältnissen veränderte Personengesellschaft ein (BFH vom 25. 4. 2006, VIII R 52/04, BStBl. II S. 847);

– indem die Gesellschafter einer Personengesellschaft I ihre Gesellschaftsanteile (Mitunternehmeranteile) in die übernehmende Personengesellschaft II gegen Gewährung von Gesellschaftsanteilen an dieser Gesellschaft einbringen und das Gesellschaftsvermögen der Personengesellschaft I der übernehmenden Personengesellschaft II anwächst (§ 738 BGB);

bb) im Wege der Gesamtrechtsnachfolge,

– durch Verschmelzung von Personenhandels- oder Partnerschaftsgesellschaften nach §§ 2, 39 ff UmwG auf Personenhandels- oder Partnerschaftsgesellschaften;

- durch Aufspaltung oder Abspaltung von Personenhandels-oder Partnerschaftsgesellschaften nach § 123 Absatz 1 und 2 UmwG auf Personenhandels- oder Partnerschaftsgesellschaften;
- durch Ausgliederung aus Körperschaften, Personenhandelsgesellschaften, Partnerschaftsgesellschaften oder Einzelunternehmen auf Personenhandels- oder Partnerschaftsgesellschaften nach § 123 Absatz 3 UmwG.

§ 24 UmwStG ist nicht anzuwenden auf die formwechselnde Umwandlung einer Personenhandelsgesellschaft in eine Personengesellschaft sowie auf den Eintritt einer GmbH in eine bestehende Personengesellschaft ohne vermögensmäßige Beteiligung. In derartigen Fällen fehlt es an einem Übertragungsvorgang, so dass ein Gewinn i. S. d. § 16 EStG nicht entsteht und eine Wertaufstockung nicht möglich ist (BFH vom 21. 6. 1994, VIII R 5/92, BStBl. II S. 856 und vom 20. 9. 2007, IV R 70/05, BStBl. 2008 II S. 265).

In den Fällen der unentgeltlichen Aufnahme einer natürlichen Person in ein Einzelunternehmen ist § 24 UmwStG für beide Mitunternehmer nicht anzuwenden (§ 6 Absatz 3 Satz 1 zweiter Halbsatz EStG).

01.48 Eine Einbringung i. S. d. § 24 UmwStG liegt auch bei vergleichbaren ausländischen Vorgängen vor (vgl. Randnr. 01.20 ff.).

II. Persönlicher Anwendungsbereich

1. Zweiter bis Fünfter Teil (§ 1 Absatz 2 UmwStG)

01.49 Für die Anwendung der §§ 3 bis 19 UmwStG müssen der übertragende Rechtsträger und der übernehmende Rechtsträger nach dem Recht eines EU-Mitgliedstaats oder eines EWR-Staats gegründet sein und ihren Sitz (§ 11 AO) sowie ihren Ort der Geschäftsleitung (§ 10 AO) in einem dieser Staaten haben (§ 1 Absatz 2 Satz 1 Nummer 1 UmwStG). Es ist nicht erforderlich, dass sich der Sitz (§ 11 AO) und der Ort der Geschäftsleitung (§ 10 AO) in ein und demselben EU-Mitgliedstaat oder EWR-Staat befinden. Beim Formwechsel i. S. d. § 1 Absatz 1 Satz 1 Nummer 2 UmwStG müssen die vorgenannten Voraussetzungen vom umwandelnden Rechtsträger erfüllt werden.

01.50 Der Begriff der Gesellschaft i. S. d. Artikels 54 AEUV (zuvor Artikel 48 EG) bzw. des Artikels 34 des EWR-Abkommens ist ein Begriff des Unionsrechts; es kommt insoweit nicht auf das nationale Recht an. Gesellschaften i. S. d. Artikels 54 AEUV (zuvor Artikel 48 EG) bzw. des Artikels 34 des EWR-Abkommens sind juristische Personen des privaten Rechts (z. B. AG und GmbH) und Personenvereinigungen (z. B. KG und OHG), ausgenommen diejenigen Gesellschaften, die keinen Erwerbszweck verfolgen (Artikel 54 Absatz 2 AEUV (zuvor Artikel 48 Absatz 2 EG), Artikel 34 Absatz 2 EWR-Abkommen). Einen Erwerbszweck in dem vorgenannten Sinne erfüllen regelmäßig die juristischen Personen des öffentlichen Rechts mit ihren Betrieben gewerblicher Art; der jeweilige Betrieb gewerblicher Art ist insofern als Gesellschaft i. S. d. Artikels 54 AEUV (zuvor Artikel 48 EG) bzw. des Artikels 34 des EWR-Abkommens anzusehen.

01.51 Ist übernehmender Rechtsträger eine natürliche Person, muss sich deren Wohnsitz (§ 8 AO) oder deren gewöhnlicher Aufenthalt (§ 9 AO) in einem EU-Mitgliedstaat oder EWR-Staat befinden und sie darf nicht aufgrund eines DBA mit einem dritten Staat als außerhalb des Hoheitsgebiets eines EU-Mitgliedstaats oder EWR-Staats ansässig gelten.

01.52 Die persönlichen Anwendungsvoraussetzungen müssen spätestens am steuerlichen Übertragungsstichtag vorliegen. Wurde ein an der Umwandlung beteiligter Rechtsträger im steuerlichen Rückwirkungszeitraum neu gegründet, ist für diesen Rechtsträger auf den Zeitpunkt der zivilrechtlichen Wirksamkeit der Gründung abzustellen. Bei einer Umwandlung zur Neugründung ist der Zeitpunkt der zivilrechtlichen Wirksamkeit der Umwandlung maßgebend. Zum Beginn der Steuerpflicht in diesen Fällen vgl. Randnr. 02.11.

2. Sechster bis Achter Teil (§ 1 Absatz 4 UmwStG)

01.53 Einbringender Rechtsträger bzw. übertragender Rechtsträger i. S. d. § 1 Absatz 4 UmwStG kann jede natürliche Person sein, die im Hoheitsgebiet eines EU-Mitgliedstaats oder EWR-Staats unbeschränkt steuerpflichtig ist und auch nach den mit Drittstaaten bestehenden DBA als innerhalb dieses Gebiets ansässig anzusehen ist. Darüber hinaus kann jede nach den Rechtsvorschriften eines EU-Mitgliedstaats oder EWR-Staats gegründete in-und ausländische Gesellschaft i. S. d. Artikels 54 AEUV (zuvor Artikel 48 EG) oder des Artikels 34 des EWR-Abkommens einbringender Rechtsträger, übertragender Rechtsträger oder umwandelnder Rechtsträger sein, wenn sich deren Sitz und Ort der Geschäftsleitung innerhalb des Hoheitsgebiets eines dieser Staaten befinden (§ 1 Absatz 4 Satz 1 Nummer 2, Absatz 2 Satz 1 Nummer 1 und 2 UmwStG).

Ist einbringender oder umwandelnder Rechtsträger eine Personengesellschaft, müssen die unmittelbaren bzw. mittelbaren Mitunternehmer die Voraussetzungen des § 1 Absatz 2 UmwStG erfüllen (§ 1 Absatz 4 Satz 1 Nummer 2 Buchstabe a Doppelbuchstabe aa UmwStG).

Ungeachtet dessen kann auch jede andere natürliche Person oder Gesellschaft einbringender Rechtsträger, übertragender Rechtsträger oder (bei Gesellschaften auch) umwandelnder Rechtsträger sein, wenn das deutsche Besteuerungsrecht an den erhaltenen Anteilen nicht ausgeschlossen oder beschränkt ist (§ 1 Absatz 4 Satz 1 Nummer 2 Buchstabe b UmwStG).

Beispiel

Der im Drittstaat ansässige X unterhält eine inländische Betriebsstätte und bringt einen Teilbetrieb davon in die inländische D-GmbH gegen Gewährung von Anteilen ein. Die Anteile an der D-GmbH sind Betriebsvermögen der verbleibenden inländischen Betriebsstätte und dieser auch funktional zuzuordnen.

Lösung

Der Einbringende X ist zwar nicht im EU-/EWR-Raum ansässig und erfüllt damit nicht die Voraussetzungen des § 1 Absatz 4 Satz 1 Nummer 2 Buchstabe a Doppelbuchstabe bb UmwStG. Da die erhaltenen Anteile aber einem inländischen Betriebsvermögen zugeordnet werden, sind sie im Inland steuerverstrickt. Damit ist der Anwendungsbereich des § 20 UmwStG eröffnet (§ 1 Absatz 4 Satz 1 Nummer 2 Buchstabe b UmwStG).

Bei der Einbringung eines Betriebs gewerblicher Art ist die juristische Person des öffentlichen Rechts Einbringender.

Übernehmender Rechtsträger i. S. v. §§ 20, 21 UmwStG kann jede Kapitalgesellschaft oder Genossenschaft i. S. d. § 1 Absatz 1 Nummer 1 und 2 KStG sein. Dies gilt unabhängig davon, ob der übernehmende Rechtsträger unbeschränkt körperschaftsteuerpflichtig i. S. v. § 1 KStG ist. Voraussetzung für die Anwendbarkeit der §§ 20, 21 UmwStG ist jedoch nach § 1 Absatz 4 Satz 1 Nummer 1 und Absatz 2 Satz 1 Nummer 1 UmwStG, dass es sich um eine nach den Rechtsvorschriften eines EU-Mitgliedstaats oder eines EWR-Staats gegründete Gesellschaft i. S. d. Artikels 54 AEUV (zuvor Artikel 48 EG) oder des Artikels 34 des EWR-Abkommens handelt, deren Sitz und Ort der Geschäftsleitung sich innerhalb des Hoheitsgebiets eines dieser Staaten befinden. Dies gilt nicht in den Fällen des § 24 UmwStG (§ 1 Absatz 4 Satz 2 UmwStG). 01.54

Die persönlichen Anwendungsvoraussetzungen müssen spätestens am steuerlichen Übertragungsstichtag vorliegen. Randnr. 01.52 gilt entsprechend. Zum Wegfall der persönlichen Anwendungsvoraussetzungen i. S. v. § 1 Absatz 4 UmwStG vgl. Randnr. 22.27. 01.55

III. Begriffsbestimmungen

1. Richtlinien und Verordnungen (§ 1 Absatz 5 Nummer 1 bis 3 UmwStG)

Für die in § 1 Absatz 5 Nummer 1 bis 3 UmwStG genannten Vorschriften des sekundären Unionsrechts sind die jeweils zum Zeitpunkt des steuerlichen Übertragungsstichtags geltenden Fassungen maßgebend. 01.56

2. Buchwert (§ 1 Absatz 5 Nummer 4 UmwStG)

Der Buchwert ermittelt sich nach den am steuerlichen Übertragungsstichtag anwendbaren steuerrechtlichen Regelungen. Unmaßgeblich ist, ob der übernehmende oder übertragende Rechtsträger zu diesem Zeitpunkt eine Bilanz zu erstellen haben. Steuerliche Wahlrechte werden regelmäßig durch die umwandlungssteuergesetzlich vorgegebene Bewertungsobergrenze (gemeiner Wert) eingeschränkt. Der gemeine Wert kann unter dem Buchwert liegen. 01.57

B. Steuerliche Rückwirkung (§ 2 UmwStG)

I. Steuerlicher Übertragungsstichtag

Der steuerliche Übertragungsstichtag i. S. d. § 2 Absatz 1 UmwStG und der handelsrechtliche Umwandlungsstichtag sind nicht identisch. 02.01

1. Inländische Umwandlungen

a) Verschmelzung, Aufspaltung, Abspaltung und Vermögensübertragung

Der handelsrechtliche Umwandlungsstichtag ist der Zeitpunkt, von dem an die Handlungen des übertragenden Rechtsträgers als für Rechnung des übernehmenden Rechtsträgers vorgenommen gelten (vgl. z. B. bei Verschmelzung § 5 Absatz 1 Nummer 6 UmwG oder bei Auf- oder Abspaltung § 126 Absatz 1 Nummer 6 UmwG). Der übertragende Rechtsträger hat auf den Schluss des Tages, der dem Umwandlungsstichtag vorangeht, eine Schlussbilanz aufzustellen (§ 17 Absatz 2 UmwG). 02.02

Steuerlicher Übertragungsstichtag ist der Tag, auf den der übertragende Rechtsträger die handelsrechtliche Schlussbilanz aufzustellen hat.

Beispiel:
Stichtag der handelsrechtlichen Schlussbilanz   31. 12. 01
handelsrechtlicher Umwandlungsstichtag   1. 1. 02
steuerlicher Übertragungsstichtag   31. 12. 01

02.03 Nach § 17 Absatz 2 UmwG darf das Registergericht die Verschmelzung nur eintragen, wenn die Bilanz auf einen höchstens acht Monate vor der Anmeldung liegenden Stichtag aufgestellt worden ist. Die Vorschrift gilt für die Aufspaltung und Abspaltung (§ 125 UmwG) sowie die Vermögensübertragung (§§ 176, 177 UmwG) entsprechend.

Steuerlich sind das Einkommen und das Vermögen der übertragenden Körperschaft sowie des übernehmenden Rechtsträgers so zu ermitteln, als ob das Vermögen der übertragenden Körperschaft mit Ablauf des steuerlichen Übertragungsstichtags ganz oder teilweise auf den übernehmenden Rechtsträger übergegangen wäre (§ 2 Absatz 1 UmwStG). Weitergehende Wirkungen entfaltet die steuerliche Rückwirkungsfiktion nicht. Sie gilt insbesondere nicht für den Anteilseigner der übertragenden Körperschaft, sofern dieser nicht gleichzeitig übernehmender Rechtsträger ist (BFH vom 7. 4. 2010, I R 96/08, BStBl. 2011 II S. 467). Sie gilt auch nicht für die Rechtsbeziehungen gegenüber Rechtsträgern, an denen die übertragende Körperschaft beteiligt ist, oder gegenüber sonstigen Dritten.

Anders als für den Rückbezug nach § 20 Absatz 6 UmwStG besteht für die Anwendung des § 2 UmwStG kein Wahlrecht (BFH vom 22. 9. 1999, II R 33/97, BStBl. 2000 II S. 2).

Ist übernehmender Rechtsträger eine Personengesellschaft, gilt die steuerliche Rückwirkungsfiktion auch für das Einkommen und das Vermögen der Gesellschafter (§ 2 Absatz 2 UmwStG).

02.04 Der Übertragungsgewinn oder -verlust entsteht stets mit Ablauf des steuerlichen Übertragungsstichtags. Dies gilt nach § 2 Absatz 1 i. V. m. § 4 Absatz 1, § 5 Absatz 1 bis 3 UmwStG auch für das Übernahmeergebnis i. S. d. § 4 Absatz 4 bis 6 UmwStG sowie nach § 2 Absatz 2 UmwStG für die Einnahmen i. S. d. § 7 UmwStG i. V. m. § 20 Absatz 1 Nummer 1 EStG. Die Besteuerung des Übertragungsgewinns oder -verlusts, des Übernahmeergebnisses i. S. d. § 4 Absatz 4 bis 6 UmwStG sowie der Einnahmen i. S. d. § 20 Absatz 1 Nummer 1 EStG erfolgt in dem Veranlagungszeitraum, in dem das Wirtschaftsjahr endet, in das der steuerliche Übertragungsstichtag fällt.

Beispiel
Die X-GmbH und die Y-GmbH werden handelsrechtlich zum 1. 10. 01 auf die bereits bestehende XY-OHG verschmolzen. Alle Gesellschaften haben ein vom Kalenderjahr abweichendes Wirtschaftsjahr (1. 7.-30. 6.). Anteilseigner der beiden Gesellschaften sind die jeweils i. S. d. § 17 EStG wesentlich beteiligten Gesellschafter-Geschäftsführer X und Y, die auch Mitunternehmer der XY-OHG sind. Während des gesamten Zeitraums erhalten X und Y Geschäftsführervergütungen von der X-GmbH bzw. Y-GmbH.

Lösung
X-GmbH und Y-GmbH:
Die X-GmbH und die Y-GmbH haben zum 30. 9. 01 jeweils eine steuerliche Schlussbilanz zu erstellen. Da der steuerliche Übertragungsstichtag nicht auf das Ende des Wirtschaftsjahrs fällt, entsteht jeweils ein zum 30. 9. 01 endendes Rumpfwirtschaftsjahr (vgl. Randnr. 03.01). Das Vermögen gilt nach § 2 Absatz 1 UmwStG steuerlich als mit Ablauf des 30. 9. 01 übergegangen.

Der Übertragungsgewinn/-verlust ist nach § 2 Absatz 1 UmwStG i. V. m. § 4a Absatz 2 Nummer 2 EStG dem Veranlagungszeitraum 01 zuzurechnen.

XY-OHG:
Die Ermittlung des Übernahmeergebnisses erfolgt nach § 5 Absatz 2 i. V. m. § 4 UmwStG auf der Ebene des übernehmenden Rechtsträgers und führt damit zu Einkünften i. S. d. § 15 Absatz 1 Satz 1 Nummer 2 EStG. Infolge der Einlagefiktion werden Einnahmen i. S. d. § 7 UmwStG i. V. m. § 20 Absatz 1 Nummer 1 EStG im Rahmen der gesonderten und einheitlichen Feststellung der XY-OHG erfasst.

Da der steuerliche Übertragungsstichtag im Wirtschaftsjahr 1. 7. 01 bis 30. 6. 02 des übernehmenden Rechtsträgers liegt, sind das Übernahmeergebnis i. S. d. § 4 UmwStG sowie die Einnahmen i. S. d. § 7 UmwStG nach § 2 Absatz 1 UmwStG i. V. m. § 4a Absatz 2 Nummer 2 EStG dem Veranlagungszeitraum 02 zuzurechnen.

Nach § 2 Absatz 1 UmwStG erhöhen die für den Zeitraum nach dem 30. 9. 01 geleisteten Geschäftsführervergütungen den Gewinn der XY-OHG nach § 15 Absatz 1 Satz 1 Nummer 2 EStG des Veranlagungszeitraums 02.

X und Y:

Infolge des § 2 Absatz 2 UmwStG wirkt die Rückwirkungsfiktion auch für die bisher im Veranlagungszeitraum 01 von X und Y nach § 19 EStG für den Zeitraum 1. 10. 01 bis 31. 12. 01 erfassten Geschäftsführervergütungen. Diese sind als Einkünfte nach § 15 Absatz 1 Satz 1 Nummer 2 EStG im Veranlagungszeitraum 02 zu erfassen. Die infolge der Einlagefiktion im Rahmen der gesonderten und einheitlichen Feststellung der XY-OHG erfassten Einnahmen i. S. d. § 7 UmwStG i. V. m. § 20 Absatz 1 Nummer 1 EStG werden ebenfalls im Veranlagungszeitraum 02 erfasst.

b) Formwechsel

Mangels eines handelsrechtlichen Übertragungsvorgangs enthält § 9 UmwStG für den Formwechsel eine eigenständige steuerliche Rückwirkungsregelung. **02.05**

Nach § 9 Satz 3 UmwStG können die steuerliche Schlussbilanz sowie die steuerliche Eröffnungsbilanz für einen Stichtag aufgestellt werden, der höchstens acht Monate vor der Anmeldung des Formwechsels zur Eintragung in das zuständige Register liegt. Das Einkommen und das Vermögen der Kapitalgesellschaft bzw. der Personengesellschaft sowie der Gesellschafter der Personengesellschaft sind so zu ermitteln, als ob das Vermögen der Kapitalgesellschaft mit Ablauf dieses Stichtags auf die Personengesellschaft übergegangen wäre. Randnr. 02.03 und 02.04 gelten entsprechende. **02.06**

2. Vergleichbare ausländische Vorgänge

Bei ausländischen Umwandlungsvorgängen (vgl. Randnr. 01.20 ff.) gelten Randnr. 02.01 – 02.06 entsprechend. Der handelsrechtliche Umwandlungsstichtag kann z. B. bei einer Verschmelzung regelmäßig dem Verschmelzungsvertrag oder -plan (vgl. Randnr. 01.31) entnommen werden. **02.07**

Für den Formwechsel einer ausländischen Kapitalgesellschaft in eine ausländische Personengesellschaft gilt ebenfalls die steuerliche Rückwirkungsregelung des § 9 UmwStG. Der maßgebende Rückbeziehungszeitraum ergibt sich aus § 9 Satz 3 UmwStG (vgl. Randnr. 09.02). **02.08**

II. Steuerliche Rückwirkung

1. Rückwirkungsfiktion

a) Grundsatz

§ 2 UmwStG enthält eine Ausnahme von dem allgemeinen Grundsatz, dass Rechtsvorgänge mit steuerlicher Wirkung nicht rückbezogen werden können. **02.09**

Der übertragende Rechtsträger besteht zivilrechtlich in der Zeit zwischen dem steuerlichen Übertragungsstichtag und der Eintragung der Umwandlung in das Handelsregister oder das jeweils im Ausland zuständige öffentliche Register (Rückwirkungszeitraum) fort. Steuerlich werden dem übertragenden Rechtsträger jedoch – soweit die Rückwirkungsfiktion vorbehaltlich des § 2 Absatz 3 UmwStG greift – kein Einkommen und kein Vermögen mehr zugerechnet. Zur Behandlung von Gewinnausschüttungen im Rückwirkungszeitraum an Anteilseigner, für die die Rückwirkungsfiktion nicht gilt, vgl. z. B. Randnr. 02.34. **02.10**

Die steuerlichen Rückwirkungsfiktionen in § 2 Absatz 1 und § 9 Satz 3 UmwStG setzen nicht voraus, dass der übernehmende Rechtsträger zum steuerlichen Übertragungsstichtag bereits zivilrechtlich besteht. So ist z. B. eine rückwirkende Verschmelzung durch Aufnahme (§§ 4 ff., 39 ff. UmwG) möglich, auch wenn die aufnehmende Gesellschaft am steuerlichen Übertragungsstichtag zivilrechtlich noch nicht besteht. Die Steuerpflicht eines neu gegründeten übernehmenden Rechtsträgers beginnt unabhängig von der zivilrechtlichen Entstehung mit Ablauf des steuerlichen Übertragungsstichtags. **02.11**

Bei Übertragung des Vermögens auf eine Personengesellschaft gelten die Rückwirkungsfiktionen in § 2 Absatz 1 und § 9 Satz 3 UmwStG auch für deren Gesellschafter (§ 2 Absatz 2 UmwStG). **02.12**

Beispiel

An der XY-GmbH sind die im Ausland ansässigen Gesellschafter-Geschäftsführer A und B zu je 50 % beteiligt. Die XY-GmbH wird in die XY-OHG formwechselnd umgewandelt. Die XY-GmbH erstellt zum 31. 12. 01 eine Schlussbilanz und die XY-OHG eine Eröffnungsbilanz.

Lösung

Der XY-GmbH werden mit Ablauf des 31. 12. 01 kein Einkommen und kein Vermögen mehr zugerechnet. Zum selben Zeitpunkt werden nach § 2 Absatz 1 UmwStG die Gewerbesteuerpflicht der XY-OHG sowie nach § 2 Absatz 2 UmwStG die beschränkte Einkommensteuerpflicht von A und B als Mitunternehmer der XY-OHG begründet.

Ist der Gesellschafter wiederum eine Personengesellschaft ist insoweit auf die dahinter stehenden Gesellschafter abzustellen.

02.13 Ab dem handelsrechtlichen Umwandlungsstichtag (vgl. Randnr. 02.02) gelten die Handlungen des übertragenden Rechtsträgers als für Rechnung des übernehmenden Rechtsträgers vorgenommen. Die Geschäftsvorfälle im Rückwirkungszeitraum und das Einkommen werden steuerlich dem übernehmenden Rechtsträger zugerechnet. Die Rückwirkungsfiktion betrifft lediglich die Zuordnung des Einkommens und des Vermögens des übertragenden Rechtsträgers.

In den Fällen der Verschmelzung werden Liefer- und Leistungsbeziehungen zwischen dem übertragenden und dem übernehmenden Rechtsträger im Rückwirkungszeitraum für ertragsteuerliche Zwecke nicht berücksichtigt. Soweit nicht ausdrücklich in § 2 Absatz 2 UmwStG etwas anderes bestimmt ist, bleibt die steuerrechtliche Behandlung Dritter, z. B. der Anteilseigner, mit ihren von der übertragenden Körperschaft bezogenen Einkünften von der Rückwirkungsfiktion unberührt (vgl. Randnr. 02.03).

In den Fällen der Aufspaltung, Abspaltung und Ausgliederung hat die Zuordnung von Aufwendungen und Erträgen im Rückwirkungszeitraum zwischen dem übertragenden Rechtsträger und dem übernehmenden Rechtsträger oder den übernehmenden Rechtsträgern nach wirtschaftlichen Zusammenhängen zu erfolgen. Die Rückwirkungsfiktion führt hierbei jedoch nicht dazu, dass im Verhältnis zwischen dem übertragenden und dem übernehmenden Rechtsträger oder zwischen den übernehmenden Rechtsträgern Liefer-und Leistungsbeziehungen fingiert werden.

02.14 Für das Vorliegen eines Teilbetriebs kommt es auf die Verhältnisse zum steuerlichen Übertragungsstichtag an. Zu den Teilbetriebsvoraussetzungen im Einzelnen vgl. Randnr. 15.02 f.

02.15 Das Vorliegen eines Besteuerungsrechts kann nicht rückwirkend fingiert werden. Für die Prüfung des Ausschlusses oder der Beschränkung des deutschen Besteuerungsrechts ist auf die tatsächlichen Verhältnisse zum Zeitpunkt des steuerlichen Übertragungsstichtags abzustellen.

02.16 Der Eintritt der Wirksamkeit einer Umwandlung, deren steuerliche Wirkungen nach § 2 UmwStG zurückbezogen werden, stellt ein rückwirkendes Ereignis i. S. d. § 175 Absatz 1 Satz 1 Nummer 2 AO dar. Steuerbescheide und Feststellungsbescheide der übertragenden Körperschaft sowie Feststellungsbescheide von Mitunternehmerschaften, an denen die übertragende Körperschaft unmittelbar oder mittelbar beteiligt ist, sind ggf. dementsprechend zu ändern.

b) Keine Rückwirkungsfiktion für ausscheidende und abgefundene Anteilseigner

02.17 Die Rückwirkungsfiktion des § 2 Absatz 1 UmwStG betrifft grundsätzlich nur den übertragenden sowie den übernehmenden Rechtsträger und z. B. nicht den Anteilseigner der übertragenden Körperschaft, sofern er nicht auch der übernehmende Rechtsträger ist (vgl. Randnr. 02.03). Bei einer Personengesellschaft als übernehmender Rechtsträger gilt darüber hinaus nach § 2 Absatz 2 UmwStG die Rückwirkungsfiktion auch für die Gesellschafter der übernehmenden Personengesellschaft. Maßgebend ist dabei der Umfang der Beteiligung des Anteilseigners zum Zeitpunkt der Wirksamkeit der Umwandlung (vgl. im Folgenden Randnr. 02.21). Diese Grundsätze gelten für die Rückwirkungsfiktion nach § 9 Satz 3 UmwStG entsprechend (vgl. Randnr. 02.06).

02.18 Von der Rückwirkung nach § 2 Absatz 2 UmwStG sind die Anteilseigner der übertragenden Körperschaft ausgenommen, sofern sie oder im Erbfall deren Gesamtrechtsnachfolger nicht Gesellschafter der übernehmenden Personengesellschaft werden.

Beispiel

Die XY-GmbH soll zum 1. 1. 02 auf die XY-KG verschmolzen werden. Anteilseigner und Mitunternehmer sind jeweils A und B zu je 50 %. Der Umwandlungsbeschluss erfolgte im April 02. Die Anmeldung der Umwandlung zum Handelsregister erfolgte im Mai 02 und die Eintragung im Juli 02.

A verstirbt am 30. 6. 02. Alleinerbin ist seine Ehefrau.

Lösung

Das Vermögen des Erblassers geht auf die Ehefrau im Wege der Gesamtrechtsnachfolge über. Für ertragsteuerliche Zwecke gilt insoweit auch für die Ehefrau die Rückwirkungsfiktion nach

§ 2 Absatz 2 UmwStG, da die Ehefrau Gesellschafterin des übernehmenden Rechtsträgers, der XY-KG, wird.

Für erbschaftsteuerliche Zwecke gilt die Rückwirkungsfiktion jedoch nicht (vgl. Randnr. 01.01).

Die Rückwirkungsfiktion des § 2 Absatz 2 UmwStG gilt nicht für diejenigen Anteilseigner, die in der Zeit zwischen dem steuerlichen Übertragungsstichtag und der Eintragung der Umwandlung in das zuständige Register (Rückwirkungszeitraum) ganz oder teilweise aus der übertragenden Körperschaft (z. B. durch entgeltliche oder unentgeltliche Übertragung) ausscheiden. Soweit sie ausscheiden, sind sie im Rückwirkungszeitraum für steuerliche Zwecke als Anteilseigner der übertragenden Körperschaft zu behandeln.

Die vorstehenden Ausführungen gelten auch für Anteilseigner, die aus dem umgewandelten Rechtsträger gegen Barabfindung gem. §§ 29, 125 und 207 UmwG ausscheiden. Bei Verschmelzung, Aufspaltung, Abspaltung oder Formwechsel eines Rechtsträgers hat der übernehmende Rechtsträger bzw. umgewandelte Rechtsträger jedem Anteilseigner, der gegen den Umwandlungsbeschluss des übertragenden oder umgewandelten Rechtsträgers Widerspruch eingelegt hat, den Erwerb seiner Anteile gegen eine angemessene Barabfindung anzubieten (§§ 29, 125 und 207 UmwG). Der abgefundene Anteilseigner scheidet handelsrechtlich erst nach der Eintragung in das jeweils zuständige Register und damit aus dem zivilrechtlich bereits bestehenden übernehmenden bzw. umgewandelten Rechtsträger aus. Steuerlich ist er jedoch so zu behandeln, als ob er nicht Gesellschafter des übernehmenden bzw. umgewandelten Rechtsträgers geworden und damit aus dem übertragenden Rechtsträger ausgeschieden ist. 02.19

2. Steuerliche Behandlung von im Rückwirkungszeitraum ausscheidenden und neu eintretenden Anteilseignern

a) Vermögensübergang auf eine Personengesellschaft oder natürliche Person

Veräußert ein Anteilseigner einen Teil seiner Beteiligung an der übertragenden Körperschaft, für den bei ihm die Rückwirkungsfiktion des § 2 Absatz 2 UmwStG insoweit nicht gilt (vgl. Randnr. 02.17), überträgt er Anteile an einer Körperschaft und keinen Mitunternehmeranteil. Der Veräußerungsgewinn ist beim Anteilseigner nach den für die Veräußerung von Anteilen an Körperschaften geltenden steuerlichen Vorschriften (z. B. § 17 Absatz 1 oder § 20 Absatz 2 Satz 1 Nummer 1 EStG) zu beurteilen. Für die Zurechnung der Bezüge i. S. d. § 7 UmwStG kommt es ebenfalls auf den Zeitpunkt der Wirksamkeit der Umwandlung an, so dass bezogen auf diese Anteile, dem Veräußerer insoweit keine Bezüge i. S. d. § 7 UmwStG zuzurechnen sind (vgl. Randnr. 07.02). 02.20

Der Erwerber der Anteile wird mit Eintragung der Umwandlung Gesellschafter der übernehmenden Personengesellschaft, so dass für ihn die Rückwirkungsfiktion des § 2 Absatz 2 UmwStG insoweit zur Anwendung kommt. Für ihn ist das Übernahmeergebnis nach § 4 Absatz 4 bis 6 i. V. m. § 5 Absatz 2 und 3 UmwStG zu ermitteln und ihm sind auch insoweit die Bezüge i. S. d. § 7 UmwStG zuzurechnen. 02.21

Beispiel

A ist Alleingesellschafter der X-GmbH und hält seine Anteile im Privatvermögen. Die X-GmbH wird steuerlich rückwirkend zum 31. 12. 00 auf die bereits bestehende Y-OHG verschmolzen. Die Eintragung im Handelsregister erfolgt am 15. 6. 01. A veräußert am 1. 3. 01 die Hälfte seiner Beteiligung an der X-GmbH an B. Beim Erwerber gehört die Beteiligung zum Betriebsvermögen.

A und B sind Geschäftsführer der X-GmbH und erzielen im Rückwirkungszeitraum hierfür bisher Einkünfte i. S. d. § 19 Absatz 1 Satz 1 Nummer 1 EStG.

Lösung

Soweit A seinen Anteil an der X-GmbH veräußert, findet § 2 Absatz 2 UmwStG keine Anwendung. A veräußert insoweit eine Beteiligung an einer Kapitalgesellschaft.

B erwirbt ungeachtet der Rückwirkungsfiktion einen Anteil an einer Kapitalgesellschaft. Gem. § 5 Absatz 3 UmwStG gilt dieser Anteil als mit den Anschaffungskosten am steuerlichen Übertragungsstichtag (hier: 31. 12. 00) in das Betriebsvermögen der Personengesellschaft überführt. Das Übernahmeergebnis sowie die Bezüge i. S. d. § 7 UmwStG sind insoweit dem Erwerber anteilig zum steuerlichen Übertragungsstichtag zuzurechnen.

Hinsichtlich ihrer Beteiligungen gilt für A und B die Rückwirkungsfiktion nach § 2 Absatz 2 UmwStG mit der Folge, dass die im Rückwirkungszeitraum erzielten Geschäftsführergehälter als Einkünfte i. S. d. § 15 Absatz 1 Satz 1 Nummer 2 zweiter Halbsatz EStG zu erfassen sind.

Anhang 4a UmwStG

02.22 Werden die Anteile von der übernehmenden Personengesellschaft oder natürlichen Person erworben, ist das Übernahmeergebnis nach § 4 Absatz 4 bis 6 UmwStG so zu ermitteln, als hätte die übernehmende Personengesellschaft bzw. die natürliche Person die Anteile bereits am steuerlichen Übertragungsstichtag angeschafft (vgl. § 5 Absatz 1 UmwStG). Diese Anteile gelten damit als innerhalb von fünf Jahren vor dem steuerlichen Übertragungsstichtag i. S. d. § 4 Absatz 6 Satz 6 zweiter Halbsatz UmwStG erworben.

b) Vermögensübergang auf eine Körperschaft

02.23 Veräußert ein Anteilseigner, für den die Rückwirkungsfiktion des § 2 Absatz 1 UmwStG nicht gilt (vgl. Randnr. 02.03), seine Beteiligung an der übertragenden Körperschaft, ist die Veräußerung steuerlich nach den allgemeinen Grundsätzen zu beurteilen (z. B. § 17 Absatz 1 oder § 20 Absatz 2 Satz 1 Nummer 1 EStG). Die Besteuerungsfolgen beim Veräußerer treten zum Zeitpunkt des Übergangs des wirtschaftlichen Eigentums i. S. d. § 39 AO ein. Für die Besteuerung des Erwerbers gilt grundsätzlich § 13 UmwStG, soweit es sich bei dem Erwerber nicht um den übernehmenden Rechtsträger handelt (vgl. Randnr. 02.24).

02.24 Erwirbt die übernehmende Körperschaft im Rückwirkungszeitraum Anteile an der übertragenden Körperschaft, gelten diese von der übernehmenden Körperschaft als am steuerlichen Übertragungsstichtag erworben (§ 12 Absatz 2 Satz 3 i. V. m. § 5 Absatz 1 UmwStG). Die Besteuerungsfolgen beim Veräußerer treten, da für ihn die steuerliche Rückwirkungsfiktion in § 12 Absatz 2 Satz 3 i. V. m. § 5 Absatz 1 UmwStG insoweit nicht gilt, dennoch zum Zeitpunkt des Übergangs des wirtschaftlichen Eigentums i. S. d. § 39 AO ein. Die Ermittlung und Besteuerung des Übernahmeergebnisses ergibt sich gem. § 12 Absatz 2 Satz 1 und 2 UmwStG mit Wirkung zum steuerlichen Übertragungsstichtag.

3. Steuerliche Behandlung von Gewinnausschüttungen

a) Vermögensübergang auf eine Personengesellschaft oder natürliche Person

aa) Ausschüttungen, die vor dem steuerlichen Übertragungsstichtag abgeflossen sind

- Übertragende Körperschaft

02.25 Die im letzten Wirtschaftsjahr der übertragenden Körperschaft (= Wirtschaftsjahr der Umwandlung) vorgenommenen Ausschüttungen (u. a. abgeflossene Vorabausschüttungen, abgeflossene verdeckte Gewinnausschüttungen) haben das Betriebsvermögen der übertragenden Körperschaft zum steuerlichen Übertragungsstichtag und damit auch das übergehende Vermögen bereits verringert.

- Zuflusszeitpunkt und Besteuerung beim Anteilseigner

02.26 Die Ausschüttungen sind beim Anteilseigner als Einnahmen i. S. d. § 20 Absatz 1 Nummer 1 EStG zu erfassen und unterliegen der Besteuerung nach den allgemeinen Grundsätzen (z. B. § 3 Nummer 40 oder § 32d EStG, § 8b KStG). Für den Zufluss beim Anteilseigner gelten die allgemeinen Grundsätze.

bb) Ausschüttungen, die nach dem steuerlichen Übertragungsstichtag abgeflossen sind

(1) Vor dem steuerlichen Übertragungsstichtag begründete Ausschüttungsverbindlichkeiten

- Übertragende Körperschaft

02.27 Am steuerlichen Übertragungsstichtag bereits beschlossene, aber noch nicht vollzogene offene Gewinnausschüttungen sowie noch nicht abgeflossene verdeckte Gewinnausschüttungen sind in der steuerlichen Schlussbilanz als Schuldposten (z. B. als Ausschüttungsverbindlichkeit oder als passivierte Tantieme) zu berücksichtigen. Das gilt sowohl für offene Gewinnausschüttungen als auch für beschlossene Vorabausschüttungen für das letzte oder frühere Wirtschaftsjahre der übertragenden Körperschaft und auch für verdeckte Gewinnausschüttungen, die erst im Rückwirkungszeitraum oder später abfließen.

Ausschüttungen, für die ein Schuldposten gebildet worden ist, gelten unabhängig vom Zuflusszeitpunkt beim Anteilseigner (vgl. Randnr. 02.28 f.) für Zwecke der Anwendung des § 27 KStG als am steuerlichen Übertragungsstichtag abgeflossen.

Die Steuerbescheinigung i. S. d. § 27 Absatz 3 KStG ist von der übertragenden Körperschaft oder dem übernehmenden Rechtsträger als dessen steuerlicher Rechtsnachfolger (§ 4 Absatz 2 Satz 1 UmwStG) auszustellen.

UmwStG   Anhang 4a

- **Zuflusszeitpunkt und Besteuerung beim Anteilseigner**

Für die Besteuerung der Ausschüttungen beim Anteilseigner ist für den Besteuerungszeitpunkt der 02.28
in der steuerlichen Schlussbilanz als Schuldposten passivierten Ausschüttungsverbindlichkeiten
(vgl. Randnr. 02.27) grundsätzlich zu unterscheiden, ob sie Anteilseigner betreffen, für die die
Rückwirkungsfiktion gilt oder nicht gilt:

– Anteilseigner, die unter die Rückwirkungsfiktion fallen:

  Bei Ausschüttungsverbindlichkeiten gegenüber Anteilseignern, für die die Rückwirkungsfiktion Anwendung findet (vgl. Randnr. 02.03 und 02.17), gelten diese Ausschüttungen dem Anteilseigner nach § 2 Absatz 2 UmwStG bereits als am steuerlichen Übertragungsstichtag zugeflossen; der Ausweis einer Ausschüttungsverbindlichkeit in der steuerlichen Schlussbilanz bleibt hiervon unberührt. Für eine natürliche Person als übernehmender Rechtsträger gilt dies nach § 2 Absatz 1 UmwStG.

  Für Anteilseigner, für die ein Übernahmeergebnis nach § 4 UmwStG ermittelt wird (vgl. § 4 Absatz 4 Satz 1 UmwStG), sind die Ausschüttungen als Einkünfte nach § 15 Absatz 1 Satz 1 Nummer 2 EStG i. V. m § 20 Absatz 1 Nummer 1, Absatz 8 EStG zu erfassen und nach den allgemeinen Grundsätzen zu besteuern (z. B. § 3 Nummer 40 EStG oder § 8b KStG). Für Anteilseigner, für die kein Übernahmeergebnis zu ermitteln ist, sind die Ausschüttungen als Einkünfte nach § 20 Absatz 1 Nummer 1 EStG zu erfassen und nach den allgemeinen Grundsätzen zu versteuern (§ 3 Nummer 40 EStG bzw. bei Zufluss nach dem 31. 12. 2008 § 32d, § 43 Absatz 5 EStG).

– Anteilseigner, die nicht unter die Rückwirkungsfiktion fallen:

  Bei Ausschüttungsverbindlichkeiten gegenüber Anteilseignern, für die die Rückwirkungsfiktion nach § 2 Absatz 2 UmwStG nicht gilt (vgl. Randnr. 02.03 und 02.18), sind die Ausschüttungen nach den allgemeinen Grundsätzen als Einnahmen i. S. d. § 20 Absatz 1 Nummer 1 EStG zu erfassen und zu besteuern (§ 3 Nummer 40 EStG oder § 8b KStG bzw. bei Zufluss nach dem 31. 12. 2008 auch § 32d, § 43 Absatz 5 EStG).

Veräußert ein Anteilseigner nur einen Teil seiner Anteile, sind Gewinnausschüttungen bezogen auf 02.29
die verbliebenen und veräußerten Anteile entsprechend dem gesamten Beteiligungsverhältnis dieses Anteilseigners aufzuteilen und entsprechend den vorstehenden Grundsätzen zu beurteilen.

- **Behandlung beim übernehmenden Rechtsträger**

Beim übernehmenden Rechtsträger stellt der Abfluss der Gewinnausschüttung im Rückwirkungs- 02.30
zeitraum grundsätzlich eine erfolgsneutrale Erfüllung einer Ausschüttungsverbindlichkeit dar. Die
übernehmende Personengesellschaft oder natürliche Person ist nach § 4 Absatz 2 Satz 1 UmwStG
zur Einbehaltung und Abführung der Kapitalertragsteuer nach den allgemeinen Grundsätzen verpflichtet (vgl. §§ 43 ff. EStG):

– Anteilseigner, die unter die Rückwirkungsfiktion fallen:

  Bei Ausschüttungsverbindlichkeiten an Anteilseigner, die unter die steuerliche Rückwirkungsfiktion fallen (vgl. Randnr. 02.03 und 02.17), gelten diese Ausschüttungen infolge der Wirksamkeit der Umwandlung als am steuerlichen Übertragungsstichtag zugeflossen. Für die Anwendung des § 44 Absatz 1 Satz 2 EStG gelten sie spätestens mit Eintritt der Wirksamkeit der Umwandlung als zugeflossen.

– Anteilseigner, die nicht unter die Rückwirkungsfiktion fallen:

  Bei in der steuerlichen Schlussbilanz ausgewiesenen Ausschüttungsverbindlichkeiten für nicht an der Rückwirkungsfiktion teilnehmende Anteilseigner (vgl. Randnr. 02.03 und 02.18), ist die Kapitalertragsteuer in dem Zeitpunkt, zu dem die Einnahmen i. S. d. § 20 Absatz 1 Nummer 1 EStG dem Gläubiger i. S. d. § 44 Absatz 1 Satz 2 EStG zufließen, von dem übernehmenden Rechtsträger als steuerlicher Rechtsnachfolger des übertragenden Rechtsträgers (§ 4 Absatz 2 Satz 1 UmwStG) einzubehalten und abzuführen, soweit dieser die Kapitalertragsteuer nicht bereits nach allgemeinen Grundsätzen einbehalten und abgeführt hat.

(2) Nach dem steuerlichen Übertragungsstichtag beschlossene Gewinnausschüttungen sowie verdeckte Gewinnausschüttungen und andere Ausschüttungen im Rückwirkungszeitraum sowie offene Rücklagen i. S. d. § 7 UmwStG

Offene oder verdeckte Gewinnausschüttungen der zivilrechtlich noch bestehenden übertragenden 02.31
Körperschaft im Rückwirkungszeitraum sind steuerlich – trotz der Rückwirkungsfiktion des § 2
Absatz 1 UmwStG – im Grundsatz weiterhin Ausschüttungen des übertragenden Rechtsträgers, da
die Rückwirkungsfiktion des § 2 Absatz 1 UmwStG nicht den Anteilseigner und seine von der

übertragenden Körperschaft bezogenen Ausschüttungen betrifft (vgl. Randnr. 02.03). Insoweit ist für diese Ausschüttungen ein passiver Korrekturposten in die steuerliche Schlussbilanz einzustellen, der wie eine Ausschüttungsverbindlichkeit (vgl. Randnr. 02.27) wirkt. Der steuerliche Gewinn der übertragenden Körperschaft mindert sich hierdurch nicht. Er ist ggf. außerhalb der steuerlichen Schlussbilanz entsprechend zu korrigieren. Das nach Vornahme dieser Korrektur in der steuerlichen Schlussbilanz verbliebene Eigenkapital stellt die Ausgangsgröße für die Ermittlung der offenen Rücklagen i. S. d. § 7 UmwStG dar (vgl. Randnr. 07.04). Bei der Zurechnung der offenen Rücklagen i. S. d. § 7 UmwStG gegenüber einem im Rückwirkungszeitraum neu eintretenden Gesellschafter sind die Ausschüttungen an Anteilseigner, für die die Rückwirkungsfiktion gilt, vorweg zu berücksichtigen (rückbezogene Ausschüttungen; vgl. Randnr. 02.33 und 07.06).

02.32 Die Bildung eines passiven Korrekturpostens i. S. d. Randnr. 02.31 kommt insoweit nicht für Ausschüttungen an Anteilseigner in Betracht, soweit für sie die Rückwirkungsfiktion gilt. Dies ist der Fall, wenn
– der Anteilseigner i. S. d. des § 20 Absatz 5 EStG der übertragenden Körperschaft auch der übernehmende Rechtsträger ist (bei Verschmelzung auf eine natürliche Person) oder
– der Anteilseigner Gesellschafter der übernehmenden Personengesellschaft wird.

Im ersten Fall gilt die steuerliche Rückwirkungsfiktion nach § 2 Absatz 1 UmwStG und im zweiten Fall nach § 2 Absatz 2 UmwStG auch für den Anteilseigner der übertragenden Körperschaft, so dass es sich insoweit steuerlich nicht um Einnahmen i. S. d. § 20 Absatz 1 Nummer 1 EStG, sondern um Entnahmen i. S. d. § 4 Absatz 1 Satz 2 EStG der übernehmenden natürlichen Person oder des jeweiligen Gesellschafters handelt. Davon unberührt bleibt eine Zurechnung von Bezügen i. S. d. § 7 UmwStG i. V. m. § 20 Absatz 1 Nummer 1 EStG.

02.33 Ausschüttungen an Anteilseigner für die die Rückwirkungsfiktion nicht gilt (vgl. Randnr. 02.03 und 02.18), sind als Einnahmen nach § 20 Absatz 1 Nummer 1 EStG zu behandeln und nach den allgemeinen Grundsätzen zu besteuern (§ 3 Nummer 40 EStG oder § 8b KStG bzw. bei Zufluss nach dem 31. 12. 2008 auch § 32d, § 43 Absatz 5 EStG). Zum Abfluss für Zwecke der Anwendung des § 27 KStG vgl. Randnr. 02.27, zum Einbehalt und zur Abführung der Kapitalertragsteuer vgl. Randnr. 02.30 und zum Zeitpunkt der Besteuerung vgl. Randnr. 02.28.

Beispiel

An der X-GmbH sind die Gesellschafter A (10 %), B (40 %) und C (50 %) beteiligt. Die X-GmbH wird zum 1. 1. 01 (steuerlicher Übertragungsstichtag 31. 12. 00) zusammen mit der Y-GmbH durch Neugründung auf die XY-OHG verschmolzen. Die Gesellschafterversammlung der X-GmbH beschließt am 30. 4. 01 eine Gewinnausschüttung für 01 i. H. v. 70.000 €. Die Ausschüttung wird am 31. 5. 01 ausgezahlt. Das steuerliche Eigenkapital i. S. d. § 7 UmwStG beträgt – vor Berücksichtigung eines Korrekturpostens – 100.000 €.

A verkauft seine im Privatvermögen gehaltene Beteiligung an der X-GmbH zum 1. 7. 01 an D. Die Eintragung der Verschmelzung im Handelsregister erfolgt am 31. 8. 01.

Lösung

Für die steuerliche Beurteilung der nach dem steuerlichen Übertragungsstichtag beschlossenen Gewinnausschüttung sowie der Bezüge i. S. d. § 7 UmwStG der Gesellschafter A, B, C und D ist danach zu unterscheiden, welcher Anteilseigner an der Rückwirkungsfiktion nach § 2 Absatz 2 UmwStG teilnimmt:

Anteilseigner A

Da A infolge der Anteilsveräußerung nicht Gesellschafter der übernehmenden Personengesellschaft wird, gilt für ihn zum einen nicht die Rückwirkungsfiktion nach § 2 Absatz 2 UmwStG und zum anderen sind ihm keine Bezüge i. S. d. § 7 UmwStG zuzurechnen (vgl. Randnr. 02.20 und 07.02). In Höhe der dem A zuzurechnenden Gewinnausschüttung ist in der steuerlichen Schlussbilanz ein passiver Korrekturposten i. H. v. 7.000 € steuerneutral zu bilden.

Dem ausgeschiedenen Anteilseigner A fließt die Gewinnausschüttung der übertragenden Körperschaft am 31. 5. 01 zu. Er hat diese Ausschüttung im Veranlagungszeitraum 01 als Einkünfte aus Kapitalvermögen zu versteuern (§ 20 Absatz 1 Nummer 1 EStG, bei Zufluss nach dem 31. 12. 2008 § 32d, § 43 Absatz 5 EStG).

Anteilseigner B, C und D

Da die Anteilseigner B, C und D der übertragenden X-GmbH Gesellschafter der übernehmenden XY-OHG werden, findet zum einen die Rückwirkungsfiktion nach § 2 Absatz 2 UmwStG Anwendung und zum anderen sind ihnen die Bezüge i. S. d. § 7 UmwStG zuzurechnen. Die Bildung eines passiven Korrekturpostens kommt insoweit nicht in Betracht.

UmwStG **Anhang 4a**

Hinsichtlich der am 31. 5. 01 erfolgten Gewinnausschüttungen handelt es sich um Entnahmen von B und C nach § 4 Absatz 1 Satz 2 EStG.

Für die Zurechnung der Bezüge i. S. d. § 7 UmwStG ergibt sich Folgendes:

Eigenkapital i. S. d. § 7 UmwStG (ohne Korrekturposten)	100.000 €
Passiver Korrekturposten (Ausschüttung an A)	– 7.000 €
Ausgangsgröße für die Bezüge i. S. d. § 7 UmwStG	93.000 €

Die Bezüge i. S. d. des § 7 UmwStG verteilen sich wie folgt:

	Vorspalte	B	C	D
Bezüge i. S. d. § 7 UmwStG	93.000 €			
Rückbezogene Ausschüttungen an B, C	– 63.000 €	+ 28.000 €	+ 35.000 €	
Zwischensumme	30.000 €			
Verteilung nach Beteiligung am Nennkapital	– 30.000 €	+ 12.000 €	+ 15.000 €	+ 3.000 €
Zu versteuernde Bezüge i. S. d. § 7 UmwStG		40.000 €	50.000 €	3.000 €

b) Vermögensübergang auf eine Körperschaft

Bei Umwandlung auf eine Körperschaft gilt für den Anteilseigner die steuerliche Rückwirkungsfiktion nach § 2 Absatz 1 UmwStG nicht, sofern dieser nicht der übernehmende Rechtsträger ist (vgl. Randnr. 02.03). Ausschüttungen an Anteilseigner, für die die Rückwirkungsfiktion nicht gilt, sind als Ausschüttungen der übertragenden Körperschaft und als Einnahmen nach § 20 Absatz 1 Nummer 1 EStG zu behandeln sowie nach den allgemeinen Grundsätzen zu besteuern (z. B. § 3 Nummer 40 EStG oder § 8b KStG bzw. bei Zufluss nach dem 31. 12. 2008 auch § 32d, § 43 Absatz 5 EStG). Zum Einbehalt und zur Abführung der Kapitalertragsteuer vgl. Randnr. 02.30 und zum Zeitpunkt der Besteuerung vgl. Randnr. 02.28. 02.34

Ausschüttungen der übertragenden Körperschaft, für die entsprechend Randnr. 02.27 ein Schuldposten oder entsprechend Randnr. 02.31 ein passiver Korrekturposten zu bilden ist, gelten für Zwecke der Anwendung des § 27 KStG spätestens im Zeitpunkt der zivilrechtlichen Wirksamkeit der Umwandlung als abgeflossen. Diese Ausschüttungen sind in der gesonderten Feststellung des steuerlichen Einlagekontos zum steuerlichen Übertragungsstichtag zu berücksichtigen.

Aus Vereinfachungsgründen bestehen für im Rückwirkungszeitraum erfolgte Gewinnausschüttungen keine Bedenken, diese so zu behandeln, als hätte der übernehmende Rechtsträger sie vorgenommen, wenn die Verpflichtung zum Einbehalt und zur Abführung der Kapitalertragsteuer nach §§ 43 ff. EStG hierdurch nicht beeinträchtigt wird.

Bei Verschmelzung einer Tochtergesellschaft auf ihre Muttergesellschaft gilt für Gewinnausschüttungen der Tochtergesellschaft an die Muttergesellschaft im Rückwirkungszeitraum die Rückwirkungsfiktion nach § 2 Absatz 1 UmwStG mit der Folge, dass eine steuerlich unbeachtliche Vorwegübertragung von Vermögen an die Muttergesellschaft vorliegt. Die Kapitalertragsteueranmeldung kann insoweit berichtigt werden. 02.35

4. Sondervergütungen bei Umwandlung in eine Personengesellschaft

Im Rückwirkungszeitraum gezahlte Vergütungen für die Tätigkeit im Dienst der Gesellschaft, für die Hingabe von Darlehen oder für die Überlassung von Wirtschaftsgütern an Anteilseigner, die Mitunternehmer der übernehmenden Personengesellschaft werden, sind dem Gewinnanteil der jeweiligen Mitunternehmer der übernehmenden Personengesellschaft in voller Höhe hinzuzurechnen (§ 15 Absatz 1 Satz 1 Nummer 2 zweiter Halbsatz EStG). Eine Aufteilung der Vergütung entsprechend Randnr. 02.29 findet nicht statt (vgl. Beispiel in Randnr. 02.21). 02.36

5. Aufsichtsratsvergütungen und sonstige Fälle des Steuerabzugs nach § 50a EStG

Aufsichtsratsvergütungen der übertragenden Körperschaft für den Rückwirkungszeitraum werden steuerlich weiterhin vom übertragenden Rechtsträger geleistet. An Dritte gezahlte Vergütungen stellen im Grundsatz Betriebsausgaben des übertragenden Rechtsträgers dar, die nach § 2 Absatz 1 UmwStG dem übernehmenden Rechtsträger rückwirkend zugerechnet werden. Eine Steuerabzugsverpflichtung nach § 50a EStG geht z. B. nach § 4 Absatz 2 Satz 1 UmwStG auf den über- 02.37

nehmenden Rechtsträger über. § 10 Nummer 4 KStG ist bei Umwandlung in eine Personengesellschaft nicht anzuwenden.

Der Vergütungsgläubiger hat die Einnahmen als Einkünfte i. S. d. § 18 Absatz 1 Nummer 3 EStG zu versteuern. Dies gilt jedoch nicht bei Umwandlung in eine Personengesellschaft, wenn der Vergütungsgläubiger Anteilseigner der übertragenden Körperschaft ist und Gesellschafter der übernehmenden Personengesellschaft wird, insoweit gilt Randnr. 02.36.

Vorstehende Grundsätze gelten für andere steuerabzugspflichtige Vergütungen i. S. d. § 50a EStG entsprechend.

6. Vermeidung der Nichtbesteuerung (§ 2 Absatz 3 UmwStG)

02.38 § 2 Absatz 3 UmwStG schließt die steuerliche Rückwirkung aus, soweit bei ausländischen Umwandlungen (vgl. Randnr. 01.20) aufgrund abweichender Regelungen zur steuerlichen Rückbeziehung eines in § 1 Absatz 1 UmwStG bezeichneten Vorgangs Einkünfte der Besteuerung in einem anderen Staat entzogen werden. Die Vorschrift soll die Nichtbesteuerung von Einkünften aufgrund abweichender Rückwirkungsregelungen vermeiden. Abweichende Rückwirkungsregelungen liegen insbesondere bei unterschiedlichen Rückwirkungszeiträumen oder unterschiedlicher Ausgestaltung der Rückwirkungsregelungen vor.

7. Beschränkung der Verlustnutzung (§ 2 Absatz 4 UmwStG)

02.39 § 2 Absatz 4 UmwStG enthält eine Verlustnutzungsbeschränkung. Mit dieser Regelung soll verhindert werden, dass aufgrund der steuerlichen Rückwirkungsfiktion in § 2 Absatz 1 und 2 UmwStG gestalterisch eine Verlustnutzung (einschließlich des Erhalts eines Zinsvortrags oder eines EBITDA-Vortrags) erreicht werden kann. Voraussetzung für die Verlustnutzung ist, dass diese auch ohne die steuerliche Rückwirkung nach § 2 Absatz 1 oder 2 UmwStG möglich gewesen wäre. Dabei kommt es nicht darauf an, ob z. B. im Fall des § 8c KStG ein schädlicher Beteiligungserwerb vor dem Umwandlungsbeschluss oder in dem Zeitraum nach dem Umwandlungsbeschluss bis zur Eintragung der Umwandlung erfolgt.

02.40 Nach § 2 Absatz 4 Satz 2 UmwStG gilt die Rechtsfolge in § 2 Absatz 4 Satz 1 UmwStG für Verluste des übertragenden Rechtsträgers im Rückwirkungszeitraum entsprechend. Danach kann z. B. auch ein laufender Verlust des übertragenden Rechtsträgers im Rückwirkungszeitraum insoweit nicht mit den positiven Einkünften des übernehmenden Rechtsträgers ausgeglichen werden.

Zweiter Teil. Vermögensübergang bei Verschmelzung auf eine Personengesellschaft oder auf eine natürliche Person und Formwechsel einer Kapitalgesellschaft in eine Personengesellschaft

A. Wertansätze in der steuerlichen Schlussbilanz der übertragenden Körperschaft (§ 3 UmwStG)

I. Pflicht zur Abgabe einer steuerlichen Schlussbilanz

03.01 Jede übertragende Körperschaft ist nach § 3 Absatz 1 Satz 1 UmwStG zur Erstellung und Abgabe einer steuerlichen Schlussbilanz auf den steuerlichen Übertragungsstichtag verpflichtet. Dies gilt unabhängig davon, ob die übertragende Körperschaft im Inland einer Steuerpflicht unterliegt (§§ 1, 2 KStG), im Inland zur Führung von Büchern verpflichtet ist (§ 5 Absatz 1 EStG, §§ 141 ff. AO) oder überhaupt inländisches Betriebsvermögen besitzt. Für den Formwechsel ergibt sich eine entsprechende Verpflichtung aus § 9 Satz 2 UmwStG. Die steuerliche Schlussbilanz i. S. d. § 3 Absatz 1 Satz 1 UmwStG ist eine eigenständige Bilanz und von der Gewinnermittlung i. S. d. § 4 Absatz 1, § 5 Absatz 1 EStG zu unterscheiden.

Als Abgabe der steuerlichen Schlussbilanz gilt auch die ausdrückliche Erklärung, dass die Steuerbilanz i. S. d. § 4 Absatz 1, § 5 Absatz 1 EStG gleichzeitig die steuerliche Schlussbilanz sein soll, wenn diese Bilanz der steuerlichen Schlussbilanz entspricht; diese Erklärung ist unwiderruflich. In dieser Erklärung ist zugleich ein konkludent gestellter Antrag auf Ansatz des Buchwerts zu sehen (vgl. Randnr. 03.29).

Fällt der steuerliche Übertragungsstichtag nicht auf das Ende des Wirtschaftsjahrs, entsteht insoweit ein Rumpfwirtschaftsjahr (§ 8b Satz 2 Nummer 1 EStDV).

03.02 Die Vorlage einer steuerlichen Schlussbilanz ist nur dann nicht erforderlich, wenn sie nicht für inländische Besteuerungszwecke benötigt wird. Bei Übergang des Vermögens auf eine Personengesellschaft oder natürliche Person ist die Erstellung einer steuerlichen Schlussbilanz für inländische Besteuerungszwecke insbesondere immer dann von Bedeutung, wenn die übertragende

UmwStG **Anhang 4a**

Körperschaft, ein Mitunternehmer der übernehmenden Personengesellschaft oder die übernehmende natürliche Person im Inland steuerpflichtig ist.

Der Eintritt der Wirksamkeit einer Umwandlung, deren steuerliche Wirkungen nach § 2 UmwStG zurückbezogen werden, stellt ein rückwirkendes Ereignis i. S. d. § 175 Absatz 1 Satz 1 Nummer 2 AO dar (vgl. Randnr. 02.16).   **03.03**

II. Ansatz und Bewertung der übergehenden Wirtschaftsgüter

1. Ansatz der übergehenden Wirtschaftsgüter dem Grunde nach

§ 3 UmwStG ist eine eigenständige steuerliche Ansatz- und Bewertungsvorschrift. In der steuerlichen Schlussbilanz sind sämtliche übergehenden aktiven und passiven Wirtschaftsgüter, einschließlich nicht entgeltlich erworbener und selbst geschaffener immaterieller Wirtschaftsgüter, anzusetzen. Steuerfreie Rücklagen (z. B. § 6b EStG oder § 7g EStG a. F.) bzw. ein steuerlicher Ausgleichsposten nach § 4g EStG sind nach § 4 Absatz 2 Satz 1 UmwStG dem Grunde nach anzusetzen, soweit die Buchwerte fortgeführt bzw. die Zwischenwerte angesetzt werden. § 5b EStG gilt für die steuerliche Schlussbilanz entsprechend.   **03.04**

Zu einzelnen Positionen der steuerlichen Schlussbilanz: **03.05**

- **Ausstehende Einlagen**

Das gezeichnete Kapital ist um eingeforderte sowie um nicht eingeforderte ausstehende Einlagen zu kürzen, soweit diese nicht vom gezeichneten Kapital entsprechend § 272 Absatz 1 Satz 3 HGB[1]) abgesetzt wurden. Zu den Folgen bei der Ermittlung des Übernahmegewinns siehe Randnr. 04.31.

- **Eigene Anteile**

Eigene Anteile der übertragenden Körperschaft sind nicht in der steuerlichen Schlussbilanz anzusetzen, da sie nicht auf den übernehmenden Rechtsträger übergehen, sondern mit der Wirksamkeit der Umwandlung untergehen. Dieser Vorgang ist gewinnneutral.

- **Geschäfts- oder Firmenwert**

Nach § 3 Absatz 1 Satz 1 UmwStG ist auch ein originärer Geschäfts- oder Firmenwert der übertragenden Körperschaft anzusetzen.

- **Forderungen und Verbindlichkeiten**

Forderungen und Verbindlichkeiten gegen den übernehmenden Rechtsträger sind in der steuerlichen Schlussbilanz auch anzusetzen, wenn sie durch die Verschmelzung erlöschen. Zum Entstehen eines Übernahmefolgegewinns oder -verlusts bei Bewertungsunterschieden und dessen steuerlicher Behandlung siehe Randnr. 06.01 ff.

- **Rückstellung für Grunderwerbsteuer**

Für aufgrund einer Verschmelzung der übertragenden Körperschaft anfallende Grunderwerbsteuer kann keine Rückstellung gebildet werden, soweit sie vom übertragenden Rechtsträger zu tragen ist (BFH vom 15. 10. 1997, I R 22/96, BStBl. 1998 II S. 168, und BMF-Schreiben vom 18. 1. 2010, BStBl. I S. 70).

Die steuerlichen Ansatzverbote des § 5 EStG gelten nicht für die steuerliche Schlussbilanz (vgl. Randnr. 03.04), es sei denn, die Buchwerte werden fortgeführt. Beim übernehmenden Rechtsträger gelten zu den folgenden Bilanzstichtagen die allgemeinen Grundsätze (vgl. Randnr 04.16).   **03.06**

2. Ansatz der übergehenden Wirtschaftsgüter der Höhe nach

a) Ansatz der übergehenden Wirtschaftsgüter mit dem gemeinen Wert bzw. dem Teilwert nach § 6a EStG

Die übergehenden aktiven und passiven Wirtschaftsgüter sind in steuerlichen Schlussbilanz auf den steuerlichen Übertragungsstichtag mit dem gemeinen Wert bzw. bei Pensionsrückstellungen mit dem Teilwert nach § 6a EStG anzusetzen. Die Bewertung nach § 3 Absatz 1 Satz 1 UmwStG zum gemeinen Wert hat dabei nicht bezogen auf jedes einzelne übergehende Wirtschaftsgut, sondern bezogen auf die Gesamtheit der übergehenden aktiven und passiven Wirtschaftsgüter zu erfolgen (Bewertung als Sachgesamtheit).   **03.07**

Die Ermittlung des gemeinen Werts der Sachgesamtheit kann, sofern der gemeine Wert des übertragenden Rechtsträgers nicht aus Verkäufen abgeleitet werden kann, anhand eines allgemein anerkannten ertragswert- oder zahlungsstromorientierten Verfahrens erfolgen, welches ein gedachter Erwerber des Betriebs der übertragenden Körperschaft bei der Bemessung des Kaufpreises

---

1) I. d. F. des Gesetzes zur Modernisierung des Bilanzrechts (Bilanzrechtsmodernisierungsgesetz – BilMoG) vom 25. 5. 2009 (BGBl. I S. 1102).

zu Grunde legen würde (vgl. § 109 Absatz 1 Satz 2 i. V. m. § 11 Absatz 2 BewG); der Bewertungsvorbehalt für Pensionsrückstellungen nach § 3 Absatz 1 Satz 2 UmwStG ist zu beachten. Zur Bewertung nach § 11 Absatz 2 BewG gelten die gleich lautenden Erlasse der obersten Finanzbehörden der Länder zur Anwendung der §§ 11, 95 bis 109 und 199 ff. BewG in der Fassung des ErbStRG vom 17. 5. 2011 (BStBl. I S. 606) für ertragsteuerliche Zwecke entsprechend (vgl. BMF-Schreiben vom 22. 9. 2011, BStBl. I S. 859).

03.08 Aufgrund der Bewertung von Pensionsrückstellungen mit dem Teilwert i. S. d. § 6a EStG nach § 3 Absatz 1 Satz 2 UmwStG mindert ein tatsächlich höherer gemeiner Wert der Versorgungsverpflichtung steuerlich nicht den gemeinen Wert des Unternehmens i. S. d. § 3 Absatz 1 UmwStG.

Beispiel

Die XY-GmbH soll zum 31. 12. 00 auf die XY-KG verschmolzen werden. Die Steuerbilanz i. S. d. § 5 Absatz 1 EStG sowie die Werte i. S. d. § 3 Absatz 1 UmwStG stellen sich vereinfacht wie folgt dar:

	gemeiner Wert	Buchwert		*gemeiner Wert*	Buchwert
Aktiva diverse	*2.000.000 €*	2.000.000 €	Eigenkapital		1.000.000 €
Firmenwert	*2.000.000 €*		Pensionsrückstellungen	*2.000.000 €*	1.000.000 €
	(4.000.000 €)	2.000.000 €		*(2.000.000 €)*	2.000.000 €

Lösung

Die steuerliche Schlussbilanz der XY-GmbH zum 31. 12. 00 ergibt sich danach wie folgt:

Aktiva diverse	2.000.000 €	Eigenkapital	3.000.000 €
Firmenwert	2.000.000 €	Pensionsrückstellungen	1.000.000 €
	4.000.000 €		4.000.000 €

Obwohl der gemeine Wert der Sachgesamtheit nur 2.000.000 € beträgt, ist eine Berücksichtigung der Differenz zwischen dem Wert der Pensionsrückstellung i. S. d. § 6a EStG und dem gemeinen Wert dieser Verpflichtung nicht zulässig; vgl. § 3 Absatz 1 Satz 2 UmwStG.

03.09 Die Bewertung mit dem gemeinen Wert bzw. mit dem Teilwert i. S. d. § 6a EStG hat nach den Verhältnissen zum steuerlichen Übertragungsstichtag zu erfolgen. Der gemeine Wert der Sachgesamtheit ist analog § 6 Absatz 1 Nummer 7 EStG im Verhältnis der Teilwerte der übergehenden Wirtschaftsgüter auf die einzelnen Wirtschaftsgüter zu verteilen.

b) Ansatz der übergehenden Wirtschaftsgüter mit dem Buchwert

03.10 Auf Antrag können die übergehenden Wirtschaftsgüter einheitlich mit dem Buchwert angesetzt werden, soweit

– sie Betriebsvermögen der übernehmenden Personengesellschaft oder natürlichen Person werden und sichergestellt ist, dass sie später der Besteuerung mit Einkommensteuer oder Körperschaftsteuer unterliegen (§ 3 Absatz 2 Satz 1 Nummer 1 UmwStG),

– das Recht der Bundesrepublik Deutschland hinsichtlich der Besteuerung des Gewinns aus der Veräußerung der übertragenen Wirtschaftsgüter bei den Gesellschaftern der übernehmenden Personengesellschaft oder bei der übernehmenden natürlichen Person nicht ausgeschlossen oder beschränkt wird (§ 3 Absatz 2 Satz 1 Nummer 2 UmwStG) und

– eine Gegenleistung nicht gewährt wird oder in Gesellschaftsrechten besteht (§ 3 Absatz 2 Satz 1 Nummer 3 UmwStG).

Für den Ansatz des Buchwerts sind die Ansätze in der Handelsbilanz nicht maßgeblich. Wegen des Begriffs Buchwert vgl. Randnr. 01.57.

Gehört zum übergehenden Vermögen der übertragenden Körperschaft ein Mitunternehmeranteil an der übernehmenden oder einer anderen Personengesellschaft, entspricht der Buchwertansatz dem auf die übertragende Körperschaft entfallenden anteiligen Kapitalkonto – unter Berücksichtigung etwaiger Ergänzungs- und Sonderbilanzen – bei der Mitunternehmerschaft.

03.11 Die Prüfung der in Randnr. 03.10 genannten Voraussetzungen erfolgt bezogen auf jeden einzelnen an der steuerlichen Rückwirkungsfiktion beteiligten Anteilseigner der übertragenden Körperschaft

– soweit nicht für die Betriebsvermögenseigenschaft i. S. d. § 3 Absatz 2 Satz 1 Nummer 1 UmwStG auf den übernehmenden Rechtsträger abgestellt wird – und bezogen auf die Verhältnisse zum steuerlichen Übertragungsstichtag (vgl. Randnr. 02.15).

Ist der gemeine Wert der Sachgesamtheit geringer als die Summe der Buchwerte der übergehenden Wirtschaftsgüter, ist ein Ansatz zum Buchwert ausgeschlossen. 03.12

Der Antrag auf Fortführung der Buchwerte der übergehenden Wirtschaftsgüter kann nur einheitlich gestellt werden. Einem solchen Antrag steht nicht entgegen, dass zum Teil Wirtschaftsgüter mit dem gemeinen Wert in der steuerlichen Schlussbilanz anzusetzen sind, weil insoweit die Voraussetzungen des § 3 Absatz 2 Satz 1 Nummer 1 oder 2 UmwStG nicht gegeben sind. Bei Gewährung einer Gegenleistung i. S. d. § 3 Absatz 2 Satz 1 Nummer 3 UmwStG ist eine Fortführung der Buchwerte ausgeschlossen (vgl. Randnr. 03.21 ff). 03.13

aa) Übergang in Betriebsvermögen und Sicherstellung der Besteuerung mit Einkommensteuer oder Körperschaftsteuer (§ 3 Absatz 2 Satz 1 Nummer 1 UmwStG)

Wird das Vermögen der übertragenden Körperschaft nicht Betriebsvermögen der übernehmenden Personengesellschaft oder natürlichen Person, sind die aktiven und passiven Wirtschaftsgüter in der steuerlichen Schlussbilanz mit dem gemeinen Wert bzw. bei Pensionsrückstellungen mit dem Teilwert i. S. d. § 6a EStG anzusetzen (vgl. Randnr. 03.07). Der Ansatz eines Geschäfts- oder Firmenwerts erfolgt in diesen Fällen nach § 3 Absatz 1 Satz 1 UmwStG auch dann, wenn der Betrieb der übertragenden Körperschaft nicht fortgeführt wird. 03.14

Für die Zugehörigkeit der übergehenden Wirtschaftsgüter zu einem Betriebsvermögen des übernehmenden Rechtsträgers ist es unbeachtlich, ob das Betriebsvermögen im In- oder im Ausland belegen ist. Die Beurteilung, ob es sich beim übernehmenden Rechtsträger um Betriebsvermögen handelt, ergibt sich nach den allgemeinen steuerlichen Grundsätzen (§§ 13, 15 oder 18 EStG). Bei Vermögensübergang auf eine gewerblich geprägte Personengesellschaft i. S. d. § 15 Absatz 3 Nummer 2 EStG mit Sitz im In- oder Ausland werden die übertragenen Wirtschaftsgüter in der Regel Betriebsvermögen des übernehmenden Rechtsträgers; ausgenommen z. B. bei privater Nutzung. 03.15

Die übertragenen Wirtschaftsgüter müssen Betriebsvermögen der übernehmenden Personengesellschaft oder der natürlichen Person werden. Diese Voraussetzung liegt auch dann nicht vor, wenn die übernehmende Personengesellschaft keine Einkünfte i. S. d. § 15 EStG erzielt und die Beteiligung an dieser Personengesellschaft zu einem in- oder ausländischen Betriebsvermögen gehört (sog. Zebragesellschaft); vgl. auch Randnr. 08.03. 03.16

Die Besteuerung des übertragenen Vermögens mit Einkommensteuer oder Körperschaftsteuer ist sichergestellt, wenn das übertragene Vermögen hinsichtlich der Wertsteigerungen bei den Mitunternehmern der übernehmenden Personengesellschaft oder der übernehmenden natürlichen Person weiterhin einer Besteuerung mit Einkommensteuer oder Körperschaftsteuer unterliegt. Eine Besteuerung mit Gewerbesteuer ist hingegen nicht erforderlich. 03.17

Die Besteuerung ist z. B. nicht sichergestellt, soweit Mitunternehmer der übernehmenden Personengesellschaft eine steuerbefreite Körperschaft (z. B. § 16 Absatz 1 Satz 1 REITG) oder auch ein steuerbefreites Zweckvermögen (z. B. § 11 Absatz 1 InvStG) ist.

Eine Besteuerung i. S. d. § 3 Absatz 2 Satz 1 Nummer 1 UmwStG ist auch eine mit der inländischen Einkommensteuer oder Körperschaftsteuer vergleichbare ausländische Steuer.

bb) Kein Ausschluss oder Beschränkung des deutschen Besteuerungsrechts (§ 3 Absatz 2 Satz 1 Nummer 2 UmwStG)

Ein Ansatz der übergehenden Wirtschaftsgüter in der steuerlichen Schlussbilanz mit dem Buchwert ist nicht zulässig, soweit das Recht der Bundesrepublik Deutschland hinsichtlich der Besteuerung des Gewinns aus der Veräußerung der übertragenen Wirtschaftsgüter bei den Gesellschaftern der übernehmenden Personengesellschaft oder bei der übernehmenden natürlichen Person ausgeschlossen oder beschränkt wird (sog. Entstrickung). Die Voraussetzungen des § 3 Absatz 2 Satz 1 Nummer 2 UmwStG sind bei den Gesellschaftern der übernehmenden Personengesellschaft bzw. bei der übernehmenden natürlichen Person subjekt- und objektbezogen zu prüfen und entsprechen insoweit den gleichlautenden Entstrickungstatbeständen in § 4 Absatz 1 Satz 3 EStG und § 12 Absatz 1 KStG. Danach liegt ein Ausschluss oder eine Beschränkung des Besteuerungsrechts hinsichtlich des Gewinns aus der Veräußerung eines Wirtschaftsguts insbesondere vor, wenn ein bisher einer inländischen Betriebsstätte des Steuerpflichtigen zuzuordnendes Wirtschaftsgut einer ausländischen Betriebsstätte zuzuordnen ist (vgl. § 4 Absatz 1 Satz 4 EStG und § 12 Absatz 1 Satz 2 KStG). 03.18

Anhang 4a UmwStG

Allein der Ausschluss oder die Beschränkung des deutschen Besteuerungsrechts für Zwecke der Gewerbesteuer stellt keine Beschränkung i. S. d. § 3 Absatz 2 Satz 1 Nummer 2 UmwStG dar.

03.19 Ein Ausschluss des deutschen Besteuerungsrechts hinsichtlich des Gewinns aus der Veräußerung eines Wirtschaftsguts setzt voraus, dass ein – ggf. auch eingeschränktes – deutsches Besteuerungsrecht hinsichtlich des Gewinns aus der Veräußerung des übertragenen Wirtschaftsguts bestanden hat und dies in vollem Umfang entfällt.

Beispiel

Die XY-GmbH soll in die XY-KG durch Formwechsel umgewandelt werden. Anteilseigner und Mitunternehmer sind jeweils A und B zu je 50 %. Die XY-GmbH hat u. a. eine Betriebsstätte in einem ausländischen Staat, mit dem kein DBA besteht. A und B haben ihren Wohnsitz und gewöhnlichen Aufenthalt im Ausland.

Lösung

Aufgrund des Formwechsels der XY-GmbH in die XY-KG wird das deutsche Besteuerungsrecht hinsichtlich des Gewinns aus der Veräußerung der ausländischen Betriebsstätte zuzurechnenden Wirtschaftsgüter zum steuerlichen Übertragungsstichtag ausgeschlossen, da die beiden Mitunternehmer mit den ausländischen Betriebsstätteneinkünften nicht der beschränkten Einkommensteuer-oder Körperschaftsteuerpflicht i. S. d. § 49 EStG unterliegen.

Zur Aufstellung einer Ergänzungsbilanz bei der übernehmenden Personengesellschaft vgl. Randnr. 04.24.

Sofern jedoch vor der Umwandlung z. B. ein uneingeschränktes Besteuerungsrecht bestand und nach der Umwandlung ein der Höhe oder dem Umfang nach begrenztes deutsches Besteuerungsrecht fortbesteht, ist eine Beschränkung des deutschen Besteuerungsrechts gegeben.

03.20 Eine grenzüberschreitende Umwandlung für sich ändert grundsätzlich nicht die abkommensrechtliche Zuordnung von Wirtschaftsgütern zu einer in- oder ausländischen Betriebsstätte (vgl. auch die Entstrickungsregelungen in § 4 Absatz 1 Satz 4 EStG, § 12 Absatz 1 Satz 2 KStG). Für die Beurteilung der Frage, ob eine Änderung der Zuordnung vorliegt, sind die Grundsätze des BMF-Schreibens vom 24. 12. 1999 (BStBl. I S. 1076), zuletzt geändert durch BMF-Schreiben vom 25. 8. 2009 (BStBl. I S. 888), maßgebend. Darüber hinaus kommt eine Entstrickung infolge der Umwandlung, die sich auf das steuerliche Übertragungsergebnis auswirkt, insbesondere im Zusammenhang mit dem Wechsel der Steuerpflicht in Betracht; vgl. das Beispiel in Randnr. 03.19.

cc) Keine Gegenleistung oder Gegenleistung in Form von Gesellschaftsrechten (§ 3 Absatz 2 Satz 1 Nummer 3 UmwStG)

03.21 Ein Ansatz der übergehenden Wirtschaftsgüter in der steuerlichen Schlussbilanz mit dem Buchwert ist nicht zulässig, soweit den verbleibenden Anteilseignern der übertragenden Körperschaft oder diesen nahe stehenden Personen eine Gegenleistung gewährt wird, die nicht in Gesellschaftsrechten besteht. Eine solche Gegenleistung ist insbesondere bei Leistung barer Zuzahlungen (z. B. Spitzenausgleich nach § 54 Absatz 4 oder § 68 Absatz 3 UmwG) oder Gewährung anderer Vermögenswerte (z. B. Darlehensforderungen) durch den übernehmenden Rechtsträger oder diesem nahe stehender Personen gegeben. Der Untergang der Beteiligung an der übertragenden Körperschaft (z. B. bei einer Aufwärtsverschmelzung) und die Berücksichtigung der auf die Einnahmen i. S. d. § 7 UmwStG anfallenden Kapitalertragsteuer, die der übernehmende Rechtsträger als Rechtsnachfolger i. S. d. § 45 AO zu entrichten hat, als Entnahmen stellen keine Gegenleistung i. S. d. § 3 Absatz 2 Satz 1 Nummer 3 UmwStG dar.

Für die Beurteilung als Gegenleistung i. S. d. § 3 Absatz 2 Satz 1 Nummer 3 UmwStG ist es jedoch nicht erforderlich, dass die Leistung aufgrund umwandlungsgesetzlicher Regelungen (z. B. § 15, § 126 Absatz 1 Nummer 3 UmwG) erfolgt. Im Übrigen gilt Randnr. 24.11 entsprechend.

Nicht in Gesellschaftsrechten bestehende Gegenleistungen stellen beim Anteilseigner einen Veräußerungserlös für seine Anteile dar. Bei einer nur anteiligen Veräußerung (z. B. Spitzenausgleich) sind zur Ermittlung des Veräußerungsgewinns dem Veräußerungserlös nur die anteiligen Anschaffungskosten dieser Anteile an dem übertragenden Rechtsträger gegenüberzustellen (vgl. auch Randnr. 13.02).

03.22 Zahlungen an ausscheidende Anteilseigner aufgrund Barabfindung nach §§ 29, 125 oder 207 UmwG stellen keine Gegenleistungen i. S. d. § 3 Absatz 2 Satz 1 Nummer 3 UmwStG dar. Beim Übergang des Vermögens des übertragenden Rechtsträgers i. S. d. § 20 Absatz 1 Nummer 1 UmwG auf einen Anteilseigner der übertragenden Körperschaft handelt es sich – hinsichtlich des übernommenen Vermögens – ebenfalls um keine Gegenleistung i. S. d. § 3 Absatz 2 Satz 1 Nummer 3 UmwStG.

UmwStG Anhang 4a

Bei Gewährung einer Gegenleistung, die nicht in Gesellschaftsrechten besteht, sind die überge- **03.23**
henden Wirtschaftsgüter in der steuerlichen Schlussbilanz der übertragenden Körperschaft insoweit
mindestens mit dem Wert der Gegenleistung anzusetzen.

In Höhe der Differenz zwischen dem Wert der Gegenleistung und den auf die Gegenleistung entfallenden (anteiligen) Buchwerte der übergehenden Wirtschaftsgüter ergibt sich ein Übertragungsgewinn. Der Berechnung des anteiligen Buchwerts ist dabei das Verhältnis des Gesamtwerts der Gegenleistung zum Wert der Sachgesamtheit i. S. d. § 3 Absatz 1 UmwStG zu Grunde zu legen.

In Höhe des Übertragungsgewinns sind die Wirtschaftsgüter in der steuerlichen Schlussbilanz aufzustocken. Der jeweilige Aufstockungsbetrag ermittelt sich aus dem Verhältnis des Übertragungsgewinns zu den gesamten stillen Reserven und stillen Lasten, mit Ausnahme der stillen Lasten in den Pensionsrückstellungen. In Höhe dieses Prozentsatzes sind die in den jeweiligen Wirtschaftsgütern enthaltenen stillen Reserven aufzudecken.

Beispiel

Die XY-GmbH soll auf die XY-KG verschmolzen werden. Die Steuerbilanz i. S. d. § 5 Absatz 1 EStG sowie die Werte i. S. d. § 3 Absatz 1 UmwStG stellen sich vereinfacht wie folgt dar:

	gemeiner Wert	Buchwert		gemeiner Wert	Buchwert
Anlagevermögen	300.000 €	200.000 €	Eigenkapital		300.000 €
Umlaufvermögen	150.000 €	100.000 €	Drohverlustrückstellung	20.000 €	
Know-how	70.000 €				
Firmenwert	100.000 €				
	(620.000 €)	300.000 €			300.000 €

Die Gesellschafter der XY-GmbH erhalten bare Zuzahlungen i. H. v. insgesamt 60.000 €.

Lösung

Die bare Zuzahlung stellt eine nicht in Gesellschaftsrechten bestehende Gegenleistung dar. Die Voraussetzungen des § 3 Absatz 2 Satz 1 Nummer 3 UmwStG sind insofern nicht erfüllt. Der Wert i. S. d. § 3 Absatz 1 UmwStG beträgt 600.000 € (= 620.000 € abzgl. 20.000 €) und der Wert der Gegenleistung beträgt insgesamt 60.000 €. Die Gegenleistung beträgt somit 10 % des Werts i. S. d. § 3 Absatz 1 UmwStG. Der Übertragungsgewinn beträgt 60.000 € abzgl. 30.000 € (= 10 % der Buchwerte) = 30.000 €. In dieser Höhe entsteht ein Aufstockungsbetrag.

Dieser Aufstockungsbetrag i. H. v. 30.000 € ist entsprechend dem Verhältnis des Übertragungsgewinns zu den gesamten stillen Reserven und stillen Lasten zu verteilen:

	Wert i. S. d. § 3 Absatz 1 UmwStG	Buchwert	stille Reserven und stille Lasten
Anlagevermögen	300.000 €	200.000 €	100.000 €
Umlaufvermögen	150.000 €	100.000 €	50.000 €
Know-how (originär)	70.000 €	0 €	70.000 €
Firmenwert (originär)	100.000 €	0 €	100.000 €
Drohverlustrückstellung	– 20.000 €	0 €	– 20.000 €
Σ	600.000 €	300.000 €	300.000 €

Anhang 4a   UmwStG

Der Aufstockungsbetrag i. H. v. 30.000 € entspricht bezogen auf die gesamten stillen Reserven und stillen Lasten 10 % (Verhältnis 30.000 € / 300.000 €). Die Aufstockungsbeträge ermitteln sich damit wie folgt:

	Buchwert	stille Reserven	Aufstockung (10 %)	Ansatz in der steuerlichen Schlussbilanz
Anlagevermögen	200.000 €	100.000 €	10.000 €	210.000 €
Umlaufvermögen	100.000 €	50.000 €	5.000 €	105.000 €
Know-how (originär)	0 €	70.000 €	7.000 €	7.000 €
Firmenwert (originär)	0 €	100.000 €	10.000 €	10.000 €
Drohverlustrückstellung	0 €	– 20.000 €	– 2.000 €	– 2.000 €
Σ		300.000 €	30.000 €	330.000 €

03.24 Aufgrund der Bewertung von Pensionsrückstellungen mit dem Teilwert i. S. d. § 6a EStG nach § 3 Absatz 1 Satz 2 UmwStG mindert ein tatsächlich höherer gemeiner Wert der Versorgungsverpflichtung steuerlich nicht den gemeinen Wert des Unternehmens i. S. d. § 3 Absatz 1 Satz 1 UmwStG (vgl. Randnr. 03.08). Dies hat auch auf die Wertansätze in der steuerlichen Schlussbilanz bei Gewährung einer nicht in Gesellschaftsrechten bestehenden Gegenleistung Einfluss. Maßgebend für die Wertverhältnisse zur Ermittlung des Aufstockungsbetrags (vgl. Randnr. 03.23) ist insoweit der Wert i. S. d. § 3 Absatz 1 UmwStG.

Beispiel

Die XY-GmbH soll auf die XY-KG zur Aufnahme verschmolzen werden. Die Steuerbilanz i. S. d. § 5 Absatz 1 EStG sowie die Werte i. S. d. § 3 Absatz 1 UmwStG stellen sich vereinfacht wie folgt dar:

	gemeiner Wert	Buchwert		*gemeiner Wert*	Buchwert
Anlagevermögen	*500.000 €*	400.000 €	Eigenkapital		300.000 €
Firmenwert	*160.000 €*		Pensionsrückstellungen	*160.000 €*	100.000 €
	(600.000 €)	400.000 €			300.000 €

Die Gesellschafter der XY-GmbH erhalten bare Zuzahlungen von der XY-KG i. H. v. insgesamt 28.000 €.

Lösung

Die bare Zuzahlung stellt eine nicht in Gesellschaftsrechten bestehende Gegenleistung dar. Die Voraussetzungen des § 3 Absatz 2 Satz 1 Nummer 3 UmwStG sind insoweit nicht erfüllt. Der Unternehmenswert beträgt 500.000 € und der Wert der Sachgesamtheit i. S. d. § 3 Absatz 1 UmwStG beträgt 560.000 €. Für die Berechnung des Aufstockungsbetrags ist der Wert i. S. d. § 3 Absatz 1 UmwStG maßgebend. Die Gegenleistung beträgt somit 5 % des Werts i. S. d. § 3 Absatz 1 UmwStG. Der Übertragungsgewinn beträgt folglich 28.000 € abzgl. 15.000 € (5 % der Buchwerte) = 13.000 €. In dieser Höhe entsteht ein Aufstockungsbetrag.

Dieser Aufstockungsbetrag i. H. v. 13.000 € ist entsprechend dem Verhältnis des Übertragungsgewinns zu den gesamten stillen Reserven und stillen Lasten (ohne Berücksichtigung der stillen Lasten bei der Pensionsrückstellung) zu verteilen:

	Wert i. S. d. § 3 Absatz 1 UmwStG	Buchwert	stille Reserven und stille Lasten
Anlagevermögen	500.000 €	400.000 €	100.000 €
Firmenwert (originär)	160.000 €	0 €	160.000 €
Pensionsrückstellung	– 100.000 €	– 100.000 €	0 €
Σ	560.000 €	300.000 €	260.000 €

Der Aufstockungsbetrag i. H. v. 13.000 € entspricht bezogen auf die gesamten stillen Reserven und stillen Lasten 5 % (Verhältnis 13.000 € / 260.000 €). Die Aufstockungsbeträge ermitteln sich damit wie folgt:

	Buchwert	stille Reserven und stille Lasten	Aufstockung (5 %)	Ansatz in der steuerlichen Schlussbilanz
Anlagevermögen	400.000 €	100.000 €	5.000 €	405.000 €
Firmenwert (originär)	0 €	160.000 €	8.000 €	8.000 €
Pensionsrückstellung	– 100.000 €	0 €	0 €	– 100.000 €
∑	300.000 €	260.000 €	13.000 €	313.000 €

c) Ansatz der übergehenden Wirtschaftsgüter mit einem Zwischenwert

03.25 Unter den in Randnr. 03.10 genannten Voraussetzungen können die übergehenden aktiven und passiven Wirtschaftsgüter, einschließlich nicht entgeltlich erworbener und selbst geschaffener immaterieller Wirtschaftsgüter, auf Antrag einheitlich mit einem über dem Buchwert und unter dem gemeinen Wert liegenden Wert angesetzt werden (Zwischenwert). Die in den einzelnen Wirtschaftsgütern ruhenden stillen Reserven und Lasten sind um einen einheitlichen Prozentsatz aufzulösen; zur Bewertung bei Pensionsrückstellungen, vgl. § 3 Absatz 1 Satz 2 UmwStG). Für den Ansatz eines Zwischenwerts sind die Ansätze in der Handelsbilanz nicht maßgeblich.

03.26 Randnr. 03.11 – 03.24 gelten entsprechend. Zu der für den Ansatz des Zwischenwerts notwendigen Ermittlung des gemeinen Werts der Sachgesamtheit vgl. Randnr. 03.07 – 03.09.

d) Ausübung des Wahlrechts auf Ansatz zum Buch- oder Zwischenwert

03.27 Der Antrag auf Ansatz der übergehenden Wirtschaftsgüter mit dem Buch- oder Zwischenwert ist nach § 3 Absatz 2 Satz 2 UmwStG bei dem für die Besteuerung nach §§ 20, 26 AO zuständigen Finanzamt der übertragenden Körperschaft zu stellen. Dies gilt auch, wenn zum übergehenden Vermögen der übertragenden Körperschaft Beteiligungen an in- oder ausländischen Mitunternehmerschaften gehören; zur verfahrensrechtlichen Änderungsmöglichkeit des Feststellungsbescheids der Mitunternehmerschaft vgl. Randnr. 03.03.

Ist bei einer ausländischen Umwandlung (Randnr. 01.20) kein Finanzamt i. S. d. §§ 20, 26 AO für die Besteuerung der übertragenden Körperschaft zuständig, ist – vorbehaltlich einer anderweitigen Zuständigkeitsvereinbarung nach § 27 AO – bei einer Personengesellschaft als übernehmender Rechtsträger das für die gesonderte und einheitliche Feststellung der Einkünfte der übernehmenden Personengesellschaft zuständige Finanzamt maßgebend; zur örtlichen Zuständigkeit bei ausländischen Personengesellschaften mit inländischen Gesellschaftern siehe BMF-Schreiben vom 11. 12. 1989 (BStBl. I S. 470) und BMF-Schreiben vom 2. 1. 2001 (BStBl. I S. 40). Sonderzuständigkeiten der jeweiligen Landesfinanzbehörden für Beteiligungen an ausländischen Personengesellschaften sind zu beachten. § 25 AO gilt entsprechend.

Unterbleibt eine Feststellung der Einkünfte der übernehmenden Personengesellschaft, weil nur ein Gesellschafter im Inland ansässig ist, oder in den Fällen der Verschmelzung auf eine natürliche Person ist das Finanzamt i. S. d. § 3 Absatz 2 Satz 2 UmwStG zuständig, das nach §§ 19 oder 20 AO für die Besteuerung dieses Gesellschafters oder dieser natürlichen Person zuständig ist.

03.28 Der Antrag auf Ansatz eines Buch- oder Zwischenwerts ist von der übertragenden Körperschaft bzw. von deren Gesamtrechtsnachfolger i. S. d. § 45 AO spätestens bis zur erstmaligen Abgabe der steuerlichen Schlussbilanz (vgl. Randnr. 03.01) zu stellen. Das Wahlrecht kann von der übertragenden Körperschaft bzw. von deren Gesamtrechtsnachfolger für alle übergehenden Wirtschaftsgüter nur einheitlich ausgeübt werden (vgl. Randnr. 03.13).

03.29 Der Antrag bedarf keiner besonderen Form, ist bedingungsfeindlich und unwiderruflich. Aus dem Antrag muss sich ergeben, ob das übergehende Vermögen mit dem Buchwert oder einem Zwischenwert anzusetzen ist. Für die Auslegung des Antrags gelten die allgemeinen zivilrechtlichen Auslegungsgrundsätze entsprechend (§§ 133, 157 BGB). Bei Zwischenwertansatz muss jedoch ausdrücklich angegeben werden, in welcher Höhe oder zu welchem Prozentsatz die stillen Reserven aufzudecken sind. Wenn die ausdrückliche Erklärung abgegeben wird, dass die Steuerbilanz i. S. d. § 4 Absatz 1, § 5 Absatz 1 EStG gleichzeitig die steuerliche Schlussbilanz sein soll (vgl. Randnr. 03.01), ist in dieser Erklärung gleichzeitig ein konkludenter Antrag auf Ansatz der Buchwerte zu sehen, sofern kein ausdrücklicher oder anderweitiger Antrag gestellt wurde.

Anhang 4a UmwStG

03.30 Setzt die übertragende Körperschaft die übergehenden Wirtschaftsgüter in der steuerlichen Schlussbilanz mit dem gemeinen Wert oder dem Buchwert an und ergibt sich z. B. aufgrund einer späteren Betriebsprüfung, dass die gemeinen Werte oder die Buchwerte höher bzw. niedriger als die von der übertragenden Körperschaft angesetzten Werte sind, ist der Wertansatz in der steuerlichen Schlussbilanz dementsprechend zu berichtigen. Der Bilanzberichtigung steht die Unwiderruflichkeit des Antrags nach § 3 Absatz 2 UmwStG nicht entgegen. Liegt der gemeine Wert unter dem Buchwert, ist Randnr. 03.12 zu beachten.

Setzt die übertragende Körperschaft hingegen die übergehenden Wirtschaftsgüter in der steuerlichen Schlussbilanz einheitlich zum Zwischenwert an, bleiben vorrangig diese Wertansätze maßgebend, sofern dieser Wert oberhalb des Buchwerts und unterhalb des gemeinen Werts liegt.

3. Fiktive Körperschaftsteueranrechnung nach § 3 Absatz 3 UmwStG

03.31 § 3 Absatz 3 UmwStG gilt insbesondere bei Verschmelzung einer Körperschaft mit Ort der Geschäftsleitung im Inland auf eine Personengesellschaft ausländischer Rechtsform, die die Voraussetzungen des Artikels 3 Fusions-RL erfüllt, soweit
- die übertragenen Wirtschaftsgüter einer Betriebsstätte der übertragenden Körperschaft in einem anderen EU-Mitgliedstaat zuzurechnen sind,
- die Bundesrepublik Deutschland die Doppelbesteuerung bei der übertragenden Körperschaft nicht durch Freistellung vermeidet (§ 3 Absatz 3 Satz 2 UmwStG) und
- das Recht der Bundesrepublik Deutschland hinsichtlich der Besteuerung des Gewinns aus der Veräußerung der übertragenen Wirtschaftsgüter bei den Gesellschaftern der übernehmenden Personengesellschaft ausgeschlossen oder beschränkt wird (§ 3 Absatz 2 Satz 1 Nummer 2 UmwStG).

03.32 Zur Ermittlung des Betrags der nach § 3 Absatz 3 UmwStG anrechenbaren ausländischen Körperschaftsteuer ist regelmäßig ein Auskunftsersuchen nach § 117 AO an den ausländischen Betriebsstättenstaat erforderlich.

B. Auswirkungen auf den Gewinn des übernehmenden Rechtsträgers (§ 4 UmwStG)

I. Wertverknüpfung

04.01 Der übernehmende Rechtsträger hat die auf ihn übergehenden Wirtschaftsgüter mit Wirkung zum steuerlichen Übertragungsstichtag (§ 2 UmwStG) mit den Wertansätzen zu übernehmen, die die übertragende Körperschaft in deren steuerlicher Schlussbilanz (§ 3 UmwStG) angesetzt hat. Das gilt auch, wenn übertragender Rechtsträger eine steuerbefreite oder eine ausländische Körperschaft ist. Auch für diejenigen Bilanzansätze, bei denen es an der Wirtschaftsguteigenschaft fehlt (z. B. Rechnungsabgrenzungsposten, Sammelposten nach § 6 Absatz 2a EStG), sind nach § 4 Absatz 2 Satz 1 UmwStG die Wertansätze aus der steuerlichen Schlussbilanz der übertragenden Körperschaft zu übernehmen (vgl. Randnr. 03.04).

04.02 Ist die übertragende Körperschaft an der übernehmenden Personengesellschaft beteiligt, gehören zum übergehenden Vermögen auch die der übertragenden Körperschaft anteilig zuzurechnenden Wirtschaftsgüter der übernehmenden Personengesellschaft. Auf Randnr. 03.10 wird hingewiesen.

04.03 Bei der Verschmelzung durch Aufnahme auf eine bereits bestehende Personengesellschaft stellt die Übernahme des Betriebsvermögens einen laufenden Geschäftsvorfall dar. Bei der Verschmelzung durch Neugründung ist auf den steuerlichen Übertragungsstichtag eine steuerliche Eröffnungsbilanz (Übernahmebilanz) zu erstellen.

04.04 Gilt für einen übernommenen Wertansatz i. S. d. Randnr. 04.01 zu den auf den steuerlichen Übertragungsstichtag folgenden Bilanzstichtagen ein steuerliches Wahlrecht (z. B. Rücklage nach § 6b EStG), kann dieses Wahlrecht auch an den nachfolgenden Bilanzstichtagen unabhängig von der handelsrechtlichen Jahresbilanz ausgeübt werden.

II. Erweiterte Wertaufholung – Beteiligungskorrekturgewinn

04.05 Nach § 4 Absatz 1 Satz 2 UmwStG sind die Anteile des übernehmenden Rechtsträgers an der übertragenden Körperschaft zum steuerlichen Übertragungsstichtag mit dem Buchwert anzusetzen, allerdings erhöht um steuerwirksame Abschreibungen, die in früheren Jahren vorgenommen worden sind, sowie um Abzüge nach § 6b EStG und ähnliche Abzüge, höchstens jedoch bis zum gemeinen Wert.

04.06 Die Hinzurechnung gem. § 4 Absatz 1 Satz 2 UmwStG betrifft ausschließlich die am steuerlichen Übertragungsstichtag im Betriebsvermögen des übernehmenden Rechtsträgers gehaltenen Anteile, bei denen der Buchwert um entsprechende Abzüge steuerwirksam gemindert wurde und am steuerlichen Übertragungsstichtag unter dem gemeinen Wert liegt. Für Anteile, die am steuerlichen Übertragungsstichtag vor Anwendung des § 5 UmwStG zum Betriebsvermögen eines Anteilseigners gehören, enthält § 5 Absatz 3 UmwStG eine entsprechende Regelung (vgl. Randnr. 05.10).

Abweichend vom allgemeinen Wertaufholungsgebot gem. § 6 Absatz 1 Nummer 1 Satz 4 und Nummer 2 Satz 3 EStG sind nach § 4 Absatz 1 Satz 2 UmwStG bzw. nach § 5 Absatz 3 UmwStG ausschließlich die dort aufgeführten Wertminderungen vor Ermittlung des Übernahmeergebnisses bis zum gemeinen Wert wieder hinzuzurechnen. Eine Wertaufholung ist jedoch nicht vorzunehmen, soweit bis zum Ablauf des steuerlichen Übertragungsstichtags eine steuerwirksame Wertaufholung (§ 6 Absatz 1 Nummer 2 Satz 3 i. V. m § 6 Absatz 1 Nummer 1 Satz 4 EStG) stattgefunden hat oder die Rücklage nach § 6b Absatz 3 EStG gewinnerhöhend aufgelöst worden ist. Steuerwirksame Teilwertabschreibungen sind vor nicht voll steuerwirksamen Teilwertabschreibungen hinzuzurechnen. 04.07

Der Beteiligungskorrekturgewinn gehört nicht zum Übernahmegewinn und ist nach den allgemeinen Grundsätzen zu besteuern. Dies gilt nach § 4 Absatz 1 Satz 2 und 3 UmwStG auch insoweit, als die Anteile in früheren Jahren nur zum Teil steuerwirksam (z. B. anteilig nach § 3c Absatz 2 EStG) abgeschrieben worden sind. Durch die Erhöhung des Buchwerts mindert sich das Übernahmeergebnis (vgl. Randnr. 04.27). 04.08

III. Eintritt in die steuerliche Rechtsstellung (§ 4 Absatz 2 und 3 UmwStG)

1. Abschreibung

Der übernehmende Rechtsträger tritt in die steuerliche Rechtsstellung der übertragenden Körperschaft auch hinsichtlich ihrer historischen Anschaffungs- oder Herstellungskosten ein. 04.09

Der Eintritt in die steuerliche Rechtsstellung der übertragenden Körperschaft erfolgt nach § 4 Absatz 3 UmwStG auch dann, wenn die übergegangenen Wirtschaftsgüter in der steuerlichen Schlussbilanz der übertragenden Körperschaft mit dem Zwischenwert oder mit dem gemeinen Wert angesetzt worden sind. Die Absetzungen für Abnutzung bemessen sich dann bei dem übernehmenden Rechtsträger: 04.10

– in den Fällen des § 7 Absatz 4 Satz 1 und Absatz 5 EStG nach der bisherigen Bemessungsgrundlage, vermehrt um den Aufstockungsbetrag (= Differenz zwischen dem Buchwert der Gebäude unmittelbar vor Aufstellung der steuerlichen Schlussbilanz und dem Wert, mit dem die Körperschaft die Gebäude in der steuerlichen Schlussbilanz angesetzt hat). Auf diese Bemessungsgrundlage ist der bisherige Prozentsatz weiterhin anzuwenden. Wird in den Fällen des § 7 Absatz 4 Satz 1 EStG die volle Absetzung innerhalb der tatsächlichen Nutzungsdauer nicht erreicht, kann die Absetzung für Abnutzung nach der Restnutzungsdauer des Gebäudes bemessen werden;

– in allen anderen Fällen nach dem Wert, mit dem die Körperschaft die Wirtschaftsgüter in der steuerlichen Schlussbilanz angesetzt hat, und der Restnutzungsdauer dieser Wirtschaftsgüter. Das gilt auch für übergehende entgeltlich erworbene immaterielle Wirtschaftsgüter mit Ausnahme eines Geschäfts-oder Firmenwerts. Die Restnutzungsdauer ist nach den Verhältnissen am steuerlichen Übertragungsstichtag neu zu schätzen (BFH vom 29. 11. 2007, IV R 73/02, BStBl. 2008 II S. 407);

– für die Absetzung für Abnutzung eines Geschäfts- oder Firmenwerts gilt § 7 Absatz 1 Satz 3 EStG. Auch wenn zum steuerlichen Übertragungsstichtag bereits ein (derivativer) Geschäfts- oder Firmenwert vorhanden ist, bemessen sich die AfA wegen § 7 Absatz 1 Satz 3 EStG nicht nach der Restnutzungsdauer. In diesen Fällen ist der Geschäfts- oder Firmenwert nach der bisherigen Bemessungsgrundlage ggf. vermehrt um einen Aufstockungsbetrag einheitlich mit 1/15 abzuschreiben.

Zu späteren Bilanzstichtagen bilden die fortgeführten ursprünglichen Anschaffungs- oder Herstellungskosten (ggf. gemindert um Abschreibungen für Abnutzung, Abzüge nach § 6b EStG usw., und erhöht um nachträgliche Anschaffungs- oder Herstellungskosten) oder bei einem am steuerlichen Übertragungsstichtag angesetzten höheren gemeinen Wert oder Zwischenwert dieser fortgeführte Wert die Bewertungsobergrenze i. S. d. § 6 Absatz 1 EStG sowie einer Wertaufholungspflicht i. S. d. § 6 Absatz 1 Nummer 1 Satz 4 oder Nummer 2 Satz 3 EStG. 04.11

2. Verlustabzug bei Auslandsbetriebsstätten

Die entgeltliche oder unentgeltliche Übertragung einer in einem ausländischen Staat belegenen Betriebsstätte führt zur Nachversteuerung von zuvor nach § 2a Absatz 3 EStG a. F. bzw. § 2 Absatz 1 AuslInvG abgezogenen Verlusten (vgl. § 2 Absatz 4 EStG a. F. i. V. m. § 52 Absatz 3 EStG bzw. § 2 Absatz 2 AuslInvG i. V. m. § 8 Absatz 5 Satz 2 AuslInvG) noch bei der übertragenden 04.12

Körperschaft. Gleiches gilt nach den genannten Vorschriften im Fall der Umwandlung einer im ausländischen Staat belegenen Betriebsstätte in eine Kapitalgesellschaft.

3. Besonderheiten bei Unterstützungskassen (§ 4 Absatz 2 Satz 4 UmwStG)

04.13 Ist die übertragende Körperschaft eine Unterstützungskasse, erhöht sich der laufende Gewinn des übernehmenden Rechtsträgers in dem Wirtschaftsjahr, in das der Umwandlungsstichtag fällt, um die von ihm, seinen Gesellschaftern oder seinen Rechtsvorgängern an die Unterstützungskasse geleisteten Zuwendungen nach § 4d EStG; § 15 Absatz 1 Satz 1 Nummer 2 Satz 2 EStG gilt sinngemäß. Damit wird der Betriebsausgabenabzug der Zuwendungen an die Unterstützungskasse in der Rechtsform einer Körperschaft wieder rückgängig gemacht, soweit diese von der übernehmenden Personengesellschaft oder einem Mitunternehmer dieser Personengesellschaft getätigt wurden.

4. Sonstige Folgen der Rechtsnachfolge

04.14 Die Vermögensübernahme stellt für Zwecke des § 6b EStG und des § 7g EStG keine begünstigte Anschaffung dar.

04.15 Beim übernehmenden Rechtsträger werden Vorbesitzzeiten (z. B. § 6b EStG, § 9 Nummer 2a und 7 GewStG) angerechnet. Behaltefristen (§ 7g EStG bzw. InvZulG) werden durch den Übergang des Vermögens nicht unterbrochen.

04.16 Ein in der steuerlichen Schlussbilanz des übertragenden Rechtsträgers entgegen § 5 EStG angesetztes Wirtschaftsgut (vgl. Randnr. 03.06) ist in der Steuerbilanz des übernehmenden Rechtsträgers auszuweisen und in der Folgezeit unter Anwendung des § 5 EStG ertragswirksam aufzulösen. Ein in der steuerlichen Schlussbilanz nach § 3 Absatz 1 Satz 1 UmwStG anzusetzender originärer Geschäfts- oder Firmenwert der übertragenden Körperschaft wird vom übernehmenden Rechtsträger aufgrund der Umwandlung angeschafft (vgl. Randnr. 00.02). Zu Ansatz- und Bewertungsvorbehalten bei der Übernahme von schuldrechtlichen Verpflichtungen vgl. BMF-Schreiben vom 24. 6. 2011 (BStBl. I S. 627).

04.17 Ist die übertragende Körperschaft an einer Mitunternehmerschaft beteiligt und wurden in der steuerlichen Schlussbilanz Wirtschaftsgüter mit einem über dem Buchwert liegenden Wert ausgewiesen, ist der Aufstockungsbetrag in einer Ergänzungsbilanz bei dieser Mitunternehmerschaft für den übernehmenden Rechtsträger auszuweisen.

IV. Übernahmeergebnis

1. Zuordnung der Anteile zum Betriebsvermögen des übernehmenden Rechtsträgers

04.18 Ein Übernahmeergebnis ist nur für die Anteile zu ermitteln, die am steuerlichen Übertragungsstichtag zum Betriebsvermögen (einschließlich Sonderbetriebsvermögen) des übernehmenden Rechtsträgers gehören. Hierzu gehören auch die Anteile, die nach § 5 UmwStG dem Betriebsvermögen des übernehmenden Rechtsträgers zuzuordnen sind (vgl. Randnr. 05.01 ff.).

2. Personen- sowie ggf. anteilsbezogene Ermittlung

04.19 Geht das Vermögen der Körperschaft auf eine Personengesellschaft über, ist das Übernahmeergebnis grundsätzlich unter Berücksichtigung der individuellen Anschaffungskosten bzw. Buchwerte der Beteiligungen und der jeweiligen Höhe eines möglichen Sperrbetrags nach § 50c EStG personenbezogen zu ermitteln. Dadurch kann z. B. bei einem Gesellschafter ein Übernahmegewinn und bei einem anderen Gesellschafter ein Übernahmeverlust entstehen.

04.20 Bei der Ermittlung des Übernahmeergebnisses ist Folgendes zu beachten:
- Für Anteile, die bereits vor dem steuerlichen Übertragungsstichtag zum Gesamthandsvermögen der übernehmenden Personengesellschaft gehört haben oder nach § 5 Absatz 1 UmwStG als zum steuerlichen Übertragungsstichtag dem Gesamthandsvermögen der Personengesellschaft zugeordnet gelten, ist das (anteilige) Übernahmeergebnis zu ermitteln und auf die bisherigen Mitunternehmer im Rahmen der gesonderten und einheitlichen Feststellung der Einkünfte entsprechend ihrer Beteiligung zu verteilen.
- Für Anteile, die bereits vor dem steuerlichen Übertragungsstichtag zu Sonderbetriebsvermögen des übernehmenden Rechtsträgers gehören oder nach § 5 Absatz 2 und 3 UmwStG dem Betriebsvermögen der Personengesellschaft zugeordnet werden, ist für jeden dieser Anteilseigner der übertragenden Körperschaft das Übernahmeergebnis gesondert zu ermitteln.

04.21 Für die Ermittlung des Übernahmeergebnisses ist grundsätzlich von einer einzigen Beteiligung auszugehen. Ausnahmsweise kann eine anteilsbezogene Betrachtung erforderlich sein, wenn die Anteile unterschiedlichen steuerlichen Bedingungen unterliegen (z. B. einbringungsgeborene Anteile oder Anteile i. S. d. § 4 Absatz 6 Satz 6 UmwStG).

Über den Beteiligungskorrekturgewinn (vgl. Randnr. 04.05 ff.), die auf die Mitunternehmer der **04.22** übernehmenden Personengesellschaft entfallenden Anteile am Übernahmegewinn oder Übernahmeverlust, die anteiligen Erhöhungs- und Minderungsbeträge i. S. d. § 4 Absatz 5 UmwStG sowie die Anwendung des § 4 Absatz 6 und 7 UmwStG entscheidet das für die einheitliche und gesonderte Feststellung der Einkünfte der übernehmenden Personengesellschaft zuständige Finanzamt.

3. Ausländische Anteilseigner

Ausländische Anteilseigner von Körperschaften, die aufgrund der Umwandlung Mitunternehmer **04.23** der Personengesellschaft werden, sind in die gesonderte und einheitliche Feststellung nach §§ 180 ff. AO nur insoweit einzubeziehen, als für die Bundesrepublik Deutschland zum steuerlichen Übertragungsstichtag ein Besteuerungsrecht hinsichtlich des Gewinns aus der Veräußerung der Anteile an der Körperschaft oder der Einkünfte i. S. d. § 7 UmwStG bestanden hat (anders bei der Einlagefiktion nach § 5 Absatz 2 und 3 UmwStG: vgl. Randnr. 05.07 und 05.09). Für Anteile i. S. d. § 5 Absatz 2 UmwStG ergibt sich z. B. das abkommensrechtliche Besteuerungsrecht für das Übernahmeergebnis in der Regel aus einer dem Artikel 13 Absatz 5 OECD-MA vergleichbaren Vorschrift in einem DBA. Für die Bezüge i. S. d. § 7 UmwStG ergibt sich das deutsche Besteuerungsrecht regelmäßig aus einer dem Artikel 10 OECD-MA vergleichbaren Vorschrift in einem DBA.

Ist an der übertragenden Körperschaft oder an der übernehmenden Personengesellschaft auch ein **04.24** ausländischer Anteilseigner bzw. Mitunternehmer beteiligt und verfügt die übertragende Körperschaft über Betriebsvermögen in einem ausländischen Staat, mit dem z. B. kein DBA besteht, geht das Besteuerungsrecht der Bundesrepublik Deutschland an diesem Betriebsvermögen in dem Verhältnis verloren, wie der ausländische Anteilseigner bzw. Mitunternehmer am übernehmenden Rechtsträger beteiligt wird oder ist.

In dem Umfang, in dem stille Reserven im Betriebsvermögen der Betriebsstätte in einem ausländischen Staat, mit dem z. B. kein DBA besteht, aufzudecken sind (vgl. Randnr. 03.19), ist für die inländischen Beteiligten der Aufstockungsbetrag anteilig –entsprechend ihrer Beteiligung am übernehmenden Rechtsträger – in einer negativen Ergänzungsbilanz auszuweisen. Für die ausländischen Beteiligten ergibt sich korrespondierend ein anteiliger Ausweis des Aufstockungsbetrags in einer positiven Ergänzungsbilanz.

Beispiel

Die X-GmbH soll auf die bestehende Y-OHG (bisherige Mitunternehmer sind C und D zu je 50 %) verschmolzen werden. A und B sind jeweils zu 50 % Anteilseigner der X-GmbH und werden nach der Verschmelzung zu jeweils 30 % Mitunternehmer der Y-OHG. Die X-GmbH hat auch eine Betriebsstätte in einem ausländischen Staat mit dem kein DBA besteht. Der Buchwert der Wirtschaftsgüter der ausländischen Betriebsstätte beträgt 200.000 € und der gemeine Wert beträgt 700.000 €. A, C und D haben ihren Wohnsitz im Inland und B hat seinen Wohnsitz und gewöhnlichen Aufenthalt im Ausland. Die X-GmbH beantragt den Ansatz der Buchwerte nach § 3 Absatz 2 UmwStG.

Lösung

Die Voraussetzungen für die Buchwertfortführung gem. § 3 Absatz 2 UmwStG liegen in Bezug auf die (künftigen) Betriebsstätteneinkünfte nur für die auf die Inländer A, C und D entfallenden Anteile (zusammen 70 %) vor. Denn insoweit wird das deutsche Besteuerungsrecht nicht ausgeschlossen oder beschränkt. Soweit die ausländischen Wirtschaftsgüter künftig dem B zuzurechnen sind (30 %), wird das deutsche Besteuerungsrecht hinsichtlich des Gewinns aus deren Veräußerung ausgeschlossen und eine Buchwertfortführung ist nach § 3 Absatz 2 Satz 1 Nummer 2 UmwStG nicht zulässig. In der steuerlichen Schlussbilanz der X-GmbH sind die der ausländischen Betriebsstätte zuzuordnenden Wirtschaftsgüter mit 350.000 € (= 200.000 € + 30 % von 500.000 €) anzusetzen. Dieser Aufstockungsbetrag ist anteilig – entsprechend der Beteiligung von A, C und D am übernehmenden Rechtsträger (z. B. A = 30 % von 150.000 € = 45.000 €; insgesamt für A, C und D also 105.000 €) – in negativen Ergänzungsbilanzen bei der übernehmenden Personengesellschaft auszuweisen. Für B ergibt sich ein korrespondierender Ansatz in einer positiven Ergänzungsbilanz i. H. v. 105.000 €.

Wenn in dem Beispiel nicht B, sondern C im Ausland ansässig ist, gilt Entsprechendes.

4. Anteile, die nicht dem Betriebsvermögen des übernehmenden Rechtsträgers zuzurechnen sind

Für Anteilseigner, deren Anteile an der übertragenden Körperschaft zum steuerlichen Übertra- **04.25** gungsstichtag nicht zum Betriebsvermögen des übernehmenden Rechtsträgers gehören und diesem

Anhang 4a — UmwStG

Betriebsvermögen auch nicht nach § 5 UmwStG oder nach § 27 Absatz 3 Nummer 1 UmwStG fiktiv zugerechnet werden, wird ein Übernahmeergebnis nicht ermittelt (vgl. Randnr. 04.18). Die Besteuerung der anteiligen offenen Rücklagen gem. § 7 UmwStG bleibt davon unberührt.

5. Entstehungszeitpunkt

04.26 Das Übernahmeergebnis entsteht mit Ablauf des steuerlichen Übertragungsstichtags (vgl. Randnr. 02.04). Das gilt auch für einen Übernahmefolgegewinn i. S. d. § 6 UmwStG (vgl. Randnr. 06.01 ff.).

6. Ermittlung des Übernahmeergebnisses

04.27 Das Übernahmeergebnis ist nach § 4 Absatz 4 und 5 UmwStG wie folgt zu ermitteln:

(Anteiliger) Wert, mit dem die übergegangenen Wirtschaftsgüter i. S. d. § 4 Absatz 1 Satz 1 UmwStG zu übernehmen sind (vgl. Randnr. 04.28)

+ Zuschlag für neutrales Vermögen (§ 4 Absatz 4 Satz 2 UmwStG; vgl. Randnr. 04.29)

− Wert der Anteile an der übertragenden Körperschaft (ggf. nach Korrektur gem. § 4 Absatz 1 Satz 2 und Absatz 2 Satz 5 UmwStG; vgl. Randnr. 04.30 und 04.05 ff.)

− Kosten des Vermögensübergangs (vgl. Randnr. 04.34 f.)

= Übernahmeergebnis 1. Stufe (§ 4 Absatz 4 Satz 1 und 2 UmwStG)

+ Sperrbetrag nach § 50c EStG (§ 4 Absatz 5 Satz 1 UmwStG; vgl. Randnr. 04.37)

− Bezüge, die nach § 7 UmwStG zu den Einkünften aus Kapitalvermögen i. S. d. § 20 Absatz 1 Nummer 1 EStG gehören (§ 4 Absatz 5 Satz 2 UmwStG)

= Übernahmeergebnis 2. Stufe (§ 4 Absatz 4 und 5 UmwStG)

(Dieser Wert ist Gegenstand der gesonderten und einheitlichen Feststellung)

Beispiel 1

An einer GmbH sind die natürlichen Personen A mit 50 %, B mit 30 % und C mit 20 % beteiligt. A und B sind im Inland unbeschränkt einkommensteuerpflichtig und abkommensrechtlich ansässig; A hält seinen Anteil (Anschaffungskosten = 400.000 €) an der GmbH im Privatvermögen, der Anteil des B (Buchwert = 100.000 €) wird in dessen Betriebsvermögen gehalten. C ist im EU-Ausland ansässig und hält seinen Anteil (Anschaffungskosten = 100.000 €) im Privatvermögen. Nach dem mit dem Wohnsitzstaat des C abgeschlossenen DBA steht das Besteuerungsrecht für Gewinne aus der Veräußerung von Anteilen an Kapitalgesellschaften nur dem Wohnsitzstaat zu. Für Dividenden sieht das DBA ein Quellensteuerrecht entsprechend dem Artikel 10 OECD-MA vor.

Die GmbH wird durch Formwechsel in eine KG umgewandelt. In der steuerlichen Schlussbilanz des übertragenden Rechtsträgers (GmbH) werden die übergehenden Wirtschaftsgüter auf Antrag zulässigerweise (einheitlich) mit dem Buchwert (Buchwert = 2.000.000 € [Nennkapital = 1.400.000 €; offene Rücklagen = 600.000 €]) angesetzt und von der Übernehmerin (KG) entsprechend übernommen. Von den Umwandlungskosten entfallen 20.000 € auf die Übernehmerin. Der gemeine Wert des übertragenen Vermögens beträgt 4.000.000 €.

Steuerlicher Übertragungsstichtag ist der 31. 12. 01. Das Wirtschaftsjahr der an der Umwandlung beteiligten Rechtsträger entspricht dem Kalenderjahr.

Lösung

Die KG hat die steuerlichen Buchwerte zu übernehmen (§ 4 Absatz 1 Satz 1 UmwStG). Die bisherigen Anteile von A und C an der GmbH gelten nach § 5 Absatz 2 UmwStG als mit den Anschaffungskosten in das Betriebsvermögen der KG eingelegt, der bisherige Anteil des B gilt nach § 5 Absatz 3 UmwStG als mit dem Buchwert in das Betriebsvermögen der Übernehmerin überführt.

Für die Gesellschafter A, B und C erfolgt eine Ermittlung des Übernahmeergebnisses. Der auf den Gesellschafter C entfallende Anteil an einem Übernahmegewinn bleibt allerdings im Rahmen der gesonderten und einheitlichen Feststellung außer Ansatz, weil nur steuerpflichtige Einkünfte festzustellen sind. Für die Bundesrepublik Deutschland hat ein Besteuerungsrecht hinsichtlich des Gewinns im Fall einer Veräußerung dieses Anteils an der Kapitalgesellschaft nach dem DBA mit dem Wohnsitzstaat des C insoweit nicht bestanden. Dies würde auch für einen Übernahmeverlust gelten. § 7 UmwStG bleibt davon unberührt (vgl. Randnr. 07.02).

Anhang 4a

Die auf die Gesellschafter entfallenden Anteile am Übernahmeergebnis i. S. d. § 4 UmwStG und den Bezügen i. S. d. § 7 UmwStG sind für den Veranlagungszeitraum 01 wie folgt zu ermitteln:

a) Übernahmeergebnis

	A	B	C	Summe
Wert des übernommenen Vermögens	1.000.000 €	600.000 €	400.000 €	2.000.000 €
+ Zuschlag für neutrales Vermögen	0 €	0 €	0 €	0 €
– Wert der Anteile an der GmbH	400.000 €	100.000 €	100.000 €	600.000 €
– Kosten des Vermögensübergangs	10.000 €	6.000 €	4.000 €	20.000 €
= Übernahmeergebnis 1. Stufe	590.000 €	494.000 €	296.000 €	1.380.000 €
– Bezüge nach § 7 UmwStG	300.000 €	180.000 €	120.000 €	600.000 €
= Übernahmeergebnis 2. Stufe	290.000 €	314.000 €	176.000 €	780.000 €
davon stpfl. Übernahmeergebnis (= Gegenstand der gesonderten und einheitlichen Feststellung)	290.000 €	314.000 €	0 €	604.000 €
b) Bezüge nach § 7 UmwStG	300.000 €	180.000 €	120.000 €	600.000 €
davon einzubeziehen in das Feststellungsverfahren (vor Anwendung von § 3 Nummer 40 EStG)	300.000 €	180.000 €	0 €	480.000 €
anzurechnende Kapitalertragsteuer (25 %)	75.000 €	45.000 €	30.000 €[1]	
Gesonderte und einheitliche Feststellung:				
a) Übernahmeergebnis gem. § 4 UmwStG	290.000 €	314.000 €	0 €	604.000 €
b) Bezüge gem. § 7 UmwStG	300.000 €	180.000 €	120.000 €	600.000 €
= Einkünfte aus Gewerbebetrieb	590.000 €	494.000 €	120.000 €	1.204.000 €

[1] DBA-Quellensteuerrecht

Beispiel 2

Die im EU-Ausland ansässige EU-Kapitalgesellschaft (ohne inländische Betriebsstätte) wird auf eine gewerbliche EU-Personengesellschaft mit Sitz und Geschäftsleitung im EU-Ausland umgewandelt. Gesellschafter der EU-Kapitalgesellschaft sind die natürlichen Personen A mit 50 %, B mit 30 %) und C mit 20 %. A und B sind im Inland unbeschränkt einkommensteuerpflichtig und abkommensrechtlich ansässig. A hält seinen Anteil (Anschaffungskosten = 400.000 €) an der EU-Kapitalgesellschaft im Privatvermögen, der Anteil des B (Buchwert = 100.000 €) wird in dessen Betriebsvermögen gehalten. C ist im EU-Ausland ansässig und hält seinen Anteil (Anschaffungskosten = 100.000 €) im Privatvermögen.

Nach dem mit dem Sitzstaat der EU-Kapitalgesellschaft abgeschlossenen DBA steht das Besteuerungsrecht für Gewinne aus der Veräußerung von Anteilen an Kapitalgesellschaften nur dem Wohnsitzstaat zu. Für Dividenden steht das Besteuerungsrecht dem Wohnsitzstaat des Gesellschafters zu (vgl. Artikel 10 Absatz 1 OECD-MA). Der Sitzstaat der EU-Kapitalgesellschaft hat ein Quellenbesteuerungsrecht (vgl. Artikel 10 Absatz 2 OECD-MA).

In der steuerlichen Schlussbilanz der übertragenden EU-Kapitalgesellschaft werden die übergehenden Wirtschaftsgüter zulässigerweise einheitlich mit dem Buchwert (Buchwert = 2.000.000 € [Nennkapital = 1.400.000 €; offene Rücklagen = 600.000 €]) angesetzt und von der übernehmenden EU-Personengesellschaft entsprechend übernommen. Von den Umwandlungskosten entfallen 20.000 € auf die EU-Personengesellschaft. Der gemeine Wert des übertragenen Vermögens beträgt 4.000.000 €.

Kapitalertragsteuer wurde im Ausland weder angemeldet noch abgeführt. Steuerlicher Übertragungsstichtag ist der 31. 12. 01. Das Wirtschaftsjahr der an der Umwandlung beteiligten Rechtsträger entspricht dem Kalenderjahr.

Lösung

Die übernehmende EU-Personengesellschaft hat die steuerlichen Schlussbilanzwerte der EU-Kapitalgesellschaft zu übernehmen (§ 4 Absatz 1 Satz 1 UmwStG). Die bisherigen Anteile von

A und C an der EU-Kapitalgesellschaft gelten nach § 5 Absatz 2 UmwStG als mit den Anschaffungskosten in das Betriebsvermögen der EU-Personengesellschaft eingelegt, der bisherige Anteil des B gilt nach § 5 Absatz 3 UmwStG als mit dem Buchwert in das Betriebsvermögen der EU-Personengesellschaft überführt.

Für die Gesellschafter A, B und C erfolgt eine Ermittlung des Übernahmeergebnisses. Der auf den Gesellschafter C entfallende Anteil an einem Übernahmegewinn bleibt im Rahmen der gesonderten und einheitlichen Feststellung außer Ansatz, weil für C im Inland keine (beschränkte) Steuerpflicht besteht. Dies würde auch für einen Übernahmeverlust gelten. Für die Bezüge i. S. d. § 7 UmwStG ist Artikel 10 OECD-MA maßgeblich.

Die auf die Gesellschafter entfallenden Anteile am Übernahmeergebnis i. S. d. § 4 UmwStG und den Bezügen i. S. d. § 7 UmwStG sind für den Veranlagungszeitraum 01 wie folgt zu ermitteln:

	A	B	C	Summe
a) Übernahmeergebnis				
Wert des übernommenen Vermögens (Buchwert)	1.000.000 €	600.000 €	400.000 €	2.000.000 €
+ Zuschlag für neutrales (Auslands-) Vermögen	1.000.000 €	600.000 €	400.000 €	2.000.000 €
− Wert der Anteile an der übertragenden GmbH	400.000 €	100.000 €	100.000 €	600.000 €
− Kosten des Vermögensübergangs	10.000 €	6.000 €	4.000 €	20.000 €
= **Übernahmeergebnis 1. Stufe**	1.590.000 €	1.094.000 €	696.000 €	3.380.000 €
− Bezüge nach § 7 UmwStG	300.000 €	180.000 €	120.000 €	600.000 €
= **Übernahmeergebnis 2. Stufe**	1.290.000 €	914.000 €	576.000 €	2.780.000 €
davon stpfl. Übernahmeergebnis (= Gegenstand der gesonderten und einheitlichen Feststellung)	1.290.000 €	914.000 €	0 €	2.204.000 €
b) Bezüge nach § 7 UmwStG	300.000 €	180.000 €	120.000 €	600.000 €
davon einzubeziehen in das Feststellungsverfahren (vor Anwendung von § 3 Nummer 40 EStG)	300.000 €	180.000 €	0 €	480.000 €
Gesonderte und einheitliche Feststellung:				
a) Übernahmeergebnis gem. § 4 UmwStG	1.290.000 €	914.000 €	0 €	2.204.000 €
b) Bezüge gem. § 7 UmwStG	300.000 €	180.000 €	0 €	480.000 €
= **Einkünfte aus Gewerbebetrieb**	1.590.000 €	1.094.000 €	0 €	2.684.000 €

7. Wert, mit dem die übergegangenen Wirtschaftsgüter zu übernehmen sind

04.28 Die übergegangenen Wirtschaftsgüter sind mit dem Wertansatz in der steuerlichen Schlussbilanz der übertragenden Körperschaft anzusetzen (vgl. Randnr. 04.01 ff.).

8. Zuschlag für neutrales Vermögen (Auslandsvermögen)

04.29 Gehört zum übernommenen Vermögen auch Betriebsvermögen, für das die Bundesrepublik Deutschland am steuerlichen Übertragungsstichtag kein Besteuerungsrecht hat (z. B. aufgrund eines DBA durch Anwendung der Freistellungsmethode oder weil die übertragende Körperschaft in Deutschland nur beschränkt oder gar nicht steuerpflichtig ist), ist insoweit ausschließlich für Zwecke der Ermittlung des Übernahmeergebnisses der gemeine Wert dieses Vermögens anzusetzen (§ 4 Absatz 4 Satz 2 UmwStG). Der Zuschlag für neutrales Vermögen ist in Höhe der Differenz zwischen dem gemeinen Wert des Auslandsvermögens und dessen Wert in der steuerlichen Schlussbilanz des übertragenden Rechtsträgers vorzunehmen.

Beispiel 1

An der GmbH sind die natürlichen Personen A mit 50 %, B mit 30 % und C mit 20 %. A und B sind im Inland unbeschränkt einkommensteuerpflichtig und abkommensrechtlich ansässig. A hält seinen Anteil (Anschaffungskosten = 400.000 €) an der GmbH im Privatvermögen, der Anteil des B (Buchwert = 100.000 €) wird in dessen Betriebsvermögen gehalten. C ist im EU-

Ausland ansässig und hält seinen Anteil (Anschaffungskosten = 100.000 €) im Privatvermögen. Nach dem mit dem Wohnsitzstaat des C abgeschlossenen DBA steht das Besteuerungsrecht für Gewinne aus der Veräußerung von Anteilen an Kapitalgesellschaften nur dem Wohnsitzstaat zu. Die GmbH unterhält eine DBA-Freistellungs-Betriebsstätte im Ausland. Für Dividenden sieht das DBA ein Quellensteuerrecht entsprechend dem Artikel 10 OECD-MA vor.

Die GmbH wird formwechselnd in eine KG umgewandelt. In der steuerlichen Schlussbilanz der GmbH werden die übergehenden Wirtschaftsgüter zulässigerweise einheitlich mit dem Buchwert (= 2.000.000 € [Nennkapital = 1.400.000 €; offene Rücklagen = 600.000 €]) angesetzt und von der KG entsprechend übernommen. Von den Umwandlungskosten entfallen 20.000 € auf die KG. Die Buchwerte des inländischen Vermögens betragen 1.500.000 € (gemeiner Wert = 2.800.000 €) und des ausländischen Vermögens 500.000 € (gemeiner Wert = 1.200.000 €).

Steuerlicher Übertragungsstichtag ist der 31. 12. 01. Das Wirtschaftsjahr der an der Umwandlung beteiligten Rechtsträger entspricht dem Kalenderjahr.

Lösung

Die KG hat die steuerlichen Buchwerte zu übernehmen (§ 4 Absatz 1 Satz 1 UmwStG). Die bisherigen Anteile von A und C an der GmbH gelten nach § 5 Absatz 2 UmwStG als mit den Anschaffungskosten in das Betriebsvermögen der KG eingelegt, der bisherige Anteil des B gilt nach § 5 Absatz 3 UmwStG als mit dem Buchwert in das Betriebsvermögen der KG überführt.

Für die Gesellschafter A, B und C erfolgt eine Ermittlung des Übernahmeergebnisses. Der auf den Gesellschafter C entfallende Anteil an einem Übernahmegewinn bleibt allerdings im Rahmen der gesonderten und einheitlichen Feststellung außer Ansatz, weil nur steuerpflichtige Einkünfte festzustellen sind. Für die Bundesrepublik Deutschland hat ein Besteuerungsrecht hinsichtlich des Gewinns im Fall einer Veräußerung dieses Anteils an der Kapitalgesellschaft nach dem DBA mit dem Wohnsitzstaat des C insoweit nicht bestanden. Dies würde auch für einen Übernahmeverlust gelten. Aufgrund des abkommensrechtlichen Quellensteuerrechts sind die Bezüge i. S. d. § 7 UmwStG jedoch in die Feststellung mit einzubeziehen (vgl. Randnr. 07.02).

Nach § 4 Absatz 4 Satz 2 UmwStG ist im Rahmen der Ermittlung des Übernahmeergebnisses für die Gesellschafter A, B und C ein Zuschlag für neutrales Vermögen (Auslandsvermögen) anzusetzen (1.200.000 € (= gemeiner Wert) - 500.000 € (= Buchwert) = 700.000 €; davon Anteil des A = 350.000 €, Anteil des B = 210.000 € und Anteil des C = 140.000 €).

Die auf die Gesellschafter entfallenden Anteile am Übernahmeergebnis i. S. d. § 4 UmwStG und den Bezügen i. S. d. § 7 UmwStG sind für den Veranlagungszeitraum 01 wie folgt zu ermitteln:

	A	B	C	Summe
a) Übernahmeergebnis				
Wert des übernommenen Vermögens (Buchwert)	1.000.000 €	600.000 €	400.000 €	2.000.000 €
+ Zuschlag für neutrales (Auslands-) Vermögen	350.000 €	210.000 €	140.000 €	700.000 €
– Wert der Anteile an der übertragenden GmbH	400.000 €	100.000 €	100.000 €	600.000 €
– Kosten des Vermögensübergangs	10.000 €	6.000 €	4.000 €	20.000 €
= Übernahmeergebnis 1. Stufe	940.000 €	704.000 €	436.000 €	2.080.000 €
– Bezüge nach § 7 UmwStG	300.000 €	180.000 €	120.000 €	600.000 €
= Übernahmeergebnis 2. Stufe	640.000 €	524.000 €	316.000 €	1.480.000 €
davon stpfl. Übernahmeergebnis (= Gegenstand der gesonderten und einheitlichen Feststellung)	**640.000 €**	**524.000 €**	**0 €**	**1.060.000 €**
b) Bezüge nach § 7 UmwStG davon einzubeziehen in das Feststellungsverfahren (vor Anwendung von § 3 Nummer 40 EStG)	300.000 € 300.000 €	180.000 € 180.000 €	120.000 € 120.000 €	600.000 € 600.000 €
anzurechnende Kapitalertragsteuer (25 %)	75.000 €	45.000 €	30.000 €	

Anhang 4a UmwStG

Gesonderte und einheitliche Feststellung:

a) Übernahmeergebnis gem. § 4 UmwStG	640.000 €	524.000 €	0 €	1.164.000 €
b) Bezüge gem. § 7 UmwStG	300.000 €	180.000 €	120.000 €	600.000 €
= Einkünfte aus Gewerbebetrieb	**940.000 €**	**704.000 €**	**120.000 €**	**1.764.000 €**

Beispiel 2

Die im EU-Ausland ansässige EU-Kapitalgesellschaft mit einer im Inland befindlichen gewerblichen Betriebsstätte wird auf eine gewerbliche EU-Personengesellschaft mit Sitz und Geschäftsleitung im EU-Ausland umgewandelt. Gesellschafter der EU-Kapitalgesellschaft sind die natürlichen Personen A mit 50 %, B mit 30 % und C mit 20 %. A und B sind im Inland unbeschränkt einkommensteuerpflichtig und abkommensrechtlich ansässig. A hält seinen Anteil (Anschaffungskosten = 400.000 €) an der EU-Kapitalgesellschaft im Privatvermögen, der Anteil des B (Buchwert = 100.000 €) wird in dessen Betriebsvermögen gehalten. C ist im EU-Ausland ansässig und hält seinen Anteil (Anschaffungskosten = 100.000 €) im Privatvermögen. Nach dem mit dem Wohnsitzstaat des C abgeschlossenen DBA steht das Besteuerungsrecht für Gewinne aus der Veräußerung von Anteilen an Kapitalgesellschaften nur dem Wohnsitzstaat zu (vgl. Artikel 10 Absatz 1 OECD-MA).

In der steuerlichen Schlussbilanz der EU-Kapitalgesellschaft werden die übergehenden Wirtschaftsgüter auf Antrag zulässigerweise einheitlich mit dem Buchwert angesetzt und von der EU-Personengesellschaft entsprechend übernommen.

Kapitalertragsteuer wurde im Ausland weder angemeldet noch abgeführt. Von den Umwandlungskosten entfallen 20.000 € auf die EU-Personengesellschaft. Die Buchwerte des inländischen Vermögens betragen 500.000 € (gemeiner Wert = 1.200.000 €) und des ausländischen Vermögens 1.500.000 € (gemeiner Wert = 2.800.000 €).

Steuerlicher Übertragungsstichtag ist der 31. 12. 01. Das Wirtschaftsjahr der an der Umwandlung beteiligten Rechtsträger entspricht dem Kalenderjahr.

Lösung

Die übernehmende EU-Personengesellschaft hat die steuerlichen Schlussbilanzwerte der EU-Kapitalgesellschaft zu übernehmen (§ 4 Absatz 1 Satz 1 UmwStG). Die bisherigen Anteile von A und C an der EU-Kapitalgesellschaft gelten nach § 5 Absatz 2 UmwStG als mit den Anschaffungskosten in das Betriebsvermögen der Übernehmerin eingelegt, der bisherige Anteil des B gilt nach § 5 Absatz 3 UmwStG als mit dem Buchwert in das Betriebsvermögen der EU-Personengesellschaft überführt.

Für die Gesellschafter A, B und C erfolgt eine Ermittlung des Übernahmeergebnisses. Nach § 4 Absatz 4 Satz 2 UmwStG ist im Rahmen der Ermittlung des Übernahmeergebnisses ein Zuschlag für neutrales Vermögen (Auslandsvermögen) anzusetzen (2.800.000 € (= gemeiner Wert) - 1.500.000 € (= Buchwert) = 1.300.000 €; davon Anteil des A = 650.000 €, Anteil des B = 390.000 € und Anteil des C = 260.000 €).

Für den auf C entfallenden Anteil an dem ermittelten Übernahmeergebnis i. S. d. § 4 UmwStG und den Bezügen i. S. d. § 7 UmwStG besteht in der Bundesrepublik Deutschland kein Besteuerungsrecht. Der auf den Gesellschafter C entfallende Anteil an dem Übernahmeergebnis bleibt deshalb im Rahmen der gesonderten und einheitlichen Feststellung außer Ansatz.

Die auf die Gesellschafter entfallenden Anteile am Übernahmeergebnis i. S. d. § 4 UmwStG und den Bezügen i. S. d. § 7 UmwStG sind für den Veranlagungszeitraum 01 wie folgt zu ermitteln:

	A	B	C	Summe
a) Übernahmeergebnis				
Wert des übernommenen Vermögens (Buchwert)	1.000.000 €	600.000 €	400.000 €	2.000.000 €
+ Zuschlag für neutrales (Auslands-)Vermögen	650.000 €	390.000 €	260.000 €	1.300.000 €
– Wert der Anteile an der übertragenden GmbH	400.000 €	100.000 €	100.000 €	600.000 €
– Kosten des Vermögensübergangs	10.000 €	6.000 €	4.000 €	20.000 €
= Übernahmeergebnis 1. Stufe	**1.240.000 €**	**884.000 €**	**556.000 €**	**2.680.000 €**

– Bezüge nach § 7 UmwStG	300.000 €	180.000 €	120.000 €	600.000 €
= **Übernahmeergebnis 2. Stufe**	940.000 €	704.000 €	436.000 €	2.080.000 €
davon stpfl. Übernahmeergebnis (= Gegenstand der gesonderten und einheitlichen Feststellung)	940.000 €	704.000 €	0 €	1.644.000 €
b) **Bezüge nach § 7 UmwStG** davon einzubeziehen in das Feststellungsverfahren (vor Anwendung von § 3 Nummer 40 EStG)	300.000 € 300.000 €	180.000 € 180.000 €	120.000 € 0 €	600.000 € 480.000 €
Gesonderte und einheitliche Feststellung:				
a) Übernahmeergebnis gem. § 4 UmwStG	940.000 €	704.000 €	0 €	1.644.000 €
b) Bezüge gem. § 7 UmwStG	300.000 €	180.000 €	0 €	480.000 €
= **Einkünfte aus Gewerbebetrieb**	**1.240.000 €**	**884.000 €**	**0 €**	**2.124.000 €**

9. Anteile an der übertragenden Körperschaft

a) Zuordnung der Anteile

Gehören am steuerlichen Übertragungsstichtag unter Berücksichtigung des § 5 UmwStG nicht alle Anteile an der übertragenden Körperschaft zum Betriebsvermögen des übernehmenden Rechtsträgers, bleibt der auf diese Anteile entfallende Wert der übergegangenen Wirtschaftsgüter bei der Ermittlung des Übernahmeergebnisses insoweit außer Ansatz (§ 4 Absatz 4 Satz 3 UmwStG). 04.30

Beispiel

80 % der Anteile an der übertragenden Kapitalgesellschaft gehören am steuerlichen Übertragungsstichtag – unter Berücksichtigung des § 5 UmwStG – zum Betriebsvermögen der übernehmenden Personengesellschaft. 20 % der Anteile gehören zum Privatvermögen von Anteilseignern, die jeweils zu weniger als 1 % an der übertragenden Kapitalgesellschaft beteiligt sind.

Lösung

In Höhe von 20 % bleibt der Wert der übergegangenen Wirtschaftsgüter bei der Ermittlung des Übernahmegewinns oder Übernahmeverlustes außer Ansatz. Für die 20 % der Anteile entfällt die Ermittlung eines Übernahmegewinns oder Übernahmeverlustes.

b) Folgen bei ausstehenden Einlagen

Ausstehende Einlagen haben die Anschaffungskosten der Beteiligung unabhängig davon, ob sie eingefordert oder nicht eingefordert sind, bereits erhöht. Die Anschaffungskosten sind daher für Zwecke der Ermittlung des Übernahmeergebnisses um diese Beträge zu mindern (vgl. auch Randnr. 03.05). 04.31

c) Steuerliche Behandlung eigener Anteile

Bis zur Geltung des Gesetzes zur Modernisierung des Bilanzrechts (Bilanzrechtsmodernisierungsgesetz – BilMoG) vom 25. 5. 2009 (BGBl. I S. 1102) gilt für die Behandlung eigener Anteile bei Umwandlungen Folgendes: 04.32

Bei der übertragenden Körperschaft gehen die eigenen Anteile durch die Umwandlung unter und sind in der steuerlichen Schlussbilanz nicht mehr zu erfassen. Diese sind daher entweder gewinnneutral auszubuchen oder der hierdurch entstehende Buchverlust ist außerhalb der Bilanz bei der Einkommensermittlung hinzuzurechnen (vgl. Randnr. 03.05).

Der Übernahmegewinn ergibt sich in diesem Fall aus dem Unterschiedsbetrag zwischen dem Wert, mit dem die übergegangenen Wirtschaftsgüter nach § 4 Absatz 1 Satz 1 UmwStG zu übernehmen sind, und dem Buchwert der restlichen Anteile an der übertragenden Körperschaft, wenn sie am steuerlichen Übertragungsstichtag zum Betriebsvermögen des übernehmenden Rechtsträgers gehören (§ 4 Absatz 4 Satz 3 UmwStG). Für den Fall, dass auch nach Berücksichtigung des § 5 UmwStG nicht alle übrigen Anteile zum Betriebsvermögen des übernehmenden Rechtsträgers gehören, wird auf Randnr. 04.30 verwiesen. 04.33

Anhang 4a

UmwStG

Beispiel (Rechtslage bis zur Geltung des BilMoG)

A-GmbH
Gesellschafter B	= 30 %	(Anschaffungskosten	= 30.000 €)
Gesellschafter C	= 30 %	(Anschaffungskosten	= 90.000 €)
Gesellschafter D	= 30 %	(Anschaffungskosten	= 100.000 €)
eigene Anteile A-GmbH	= 10 %	(Anschaffungskosten	= 50.000 €)

Lösung

Die steuerliche Schlussbilanz der A-GmbH stellt sich wie folgt dar:

	Buchwert		Buchwert
Eigene Anteile	0 €	Stammkapital	100.000 €
Sonstige Aktiva	1.250.000 €	Rücklagen	200.000 €
		Verbindlichkeiten	950.000 €
	1.250.000 €		1.250.000 €

Die Anteile der Gesellschafter B, C und D sind dem Betriebsvermögen der übernehmenden Personengesellschaft gem. § 5 UmwStG zuzuordnen. Danach ergibt sich folgender Übernahmegewinn:

	Gesamt	A	B	C
a) Übernahmeergebnis				
Buchwert des übergehenden Vermögens	300.000 €	100.000 €	100.000 €	100.000 €
Buchwert der Anteile (Anschaffungskosten)	220.000 €	30.000 €	90.000 €	100.000 €
= Übernahmeergebnis 1. Stufe	80.000 €	70.000 €	10.000 €	0 €

Der Buchwert der eigenen Anteile i. H. v. 50.000 € (Anschaffungskosten) ist bei der A-GmbH bei der steuerlichen Gewinnermittlung außerhalb der Bilanz hinzuzurechnen, wenn die Anteile gewinnmindernd ausgebucht worden sind.

10. Kosten des Vermögensübergangs

04.34 Als Kosten des Vermögensübergangs i. S. d. § 4 Absatz 4 Satz 1 UmwStG sind nur die nicht objektbezogenen Kosten des übernehmenden Rechtsträgers – unabhängig vom Zeitpunkt der Entstehung – sowie auch die nicht objektbezogenen Kosten, die dem übertragenden Rechtsträger zuzuordnen und nach dem steuerlichen Übertragungsstichtag entstanden sind, zu berücksichtigen. Sie bewirken eine Minderung des Übernahmegewinns bzw. eine Erhöhung des Übernahmeverlustes. Sofern sie als laufender Aufwand beim übernehmenden Rechtsträger berücksichtigt worden sind, hat eine entsprechende außerbilanzielle Korrektur zu erfolgen. Zur ertragsteuerlichen Behandlung der durch einen Umwandlungsvorgang entstandenen objektbezogenen Kosten des Vermögensübergangs vgl. BMF-Schreiben vom 18. 1. 2010 (BStBl. I S. 70). Zur Behandlung von Grunderwerbsteuer bei Anteilsvereinigung (§ 1 Absatz 3 GrEStG) beachte aber auch BFH vom 20. 4. 2011, I R 2/10, BStBl. II S. 761.

04.35 Eine verhältnismäßige Zuordnung zum Übernahmeergebnis und zum Dividendenanteil gem. § 7 UmwStG ist nicht vorzunehmen. Ein Gesellschafter, der nicht der Übernahmegewinnbesteuerung, sondern nur der Besteuerung des Dividendenanteils gem. § 7 UmwStG unterliegt, kann seine Übernahmekosten steuerlich nicht geltend machen.

V. Fremdfinanzierte Anteile an der übertragenden Körperschaft

04.36 Wird ein Anteilseigner, der seine Anteile an der übertragenden Körperschaft fremdfinanziert hat, Mitunternehmer der Personengesellschaft, führen Darlehenszinsen künftig zu Sonderbetriebsausgaben dieses Mitunternehmers bei der Personengesellschaft, die im Rahmen der gesonderten und einheitlichen Feststellung der Einkünfte (§ 180 AO) nach allgemeinen Grundsätzen zu berücksichtigen sind. Die Verbindlichkeiten haben keinen Einfluss auf das Übernahmeergebnis.

VI. Weitere Korrekturen gem. § 4 Absatz 5 UmwStG

1. Sperrbetrag i. S. d. § 50c EStG

Der Sperrbetrag i. S. d. § 50c Absatz 4 EStG (vgl. § 52 Absatz 59 EStG) ist nach § 4 Absatz 5 Satz 1 UmwStG dem Übernahmeergebnis außerhalb der Steuerbilanz hinzuzurechnen, soweit die Anteile an der übertragenden Körperschaft am steuerlichen Übertragungsstichtag zum Betriebsvermögen des übernehmenden Rechtsträgers gehören. 04.37

2. Abzug der Bezüge i. S. d. § 7 UmwStG vom Übernahmeergebnis 1. Stufe

Das Übernahmeergebnis 1. Stufe (vgl. Randnr. 04.27) vermindert sich um die Bezüge, die nach § 7 UmwStG zu den Einkünften aus Kapitalvermögen i. S. d. § 20 Absatz 1 Nummer 1 EStG gehören. Der Abzug erfolgt wegen der personenbezogenen Ermittlung (vgl. Randnr. 04.19 ff.) für jeden Anteilseigner gesondert. 04.38

VII. Ermittlung des Übernahmeergebnisses bei negativem Buchwert des Vermögens der übertragenden Körperschaft (überschuldete Gesellschaft)

Bei der Ermittlung des Übernahmeergebnisses ist keine Begrenzung des übergehenden Vermögens auf 0 € vorgesehen. Ein Negativvermögen führt daher zu einem entsprechend höheren Übernahmeverlust. 04.39

VIII. Berücksichtigung eines Übernahmeverlustes (§ 4 Absatz 6 UmwStG)

Entfällt der Übernahmeverlust auf eine Körperschaft, Personenvereinigung oder Vermögensmasse, bleibt der Übernahmeverlust außer Ansatz. 04.40

Das gilt nicht, soweit der Übernahmeverlust auf eine Körperschaft i. S. d. § 8b Absatz 7 oder Absatz 8 Satz 1 KStG entfällt. Dann ist der Übernahmeverlust bis zur Höhe der Bezüge i. S. d. § 20 Absatz 1 Nummer 1 EStG i. V. m. § 7 UmwStG zu berücksichtigen. Ein danach verbleibender Übernahmeverlust bleibt außer Ansatz. 04.41

Entfällt der Übernahmeverlust auf eine natürliche Person, ist er zu 60 % (bis 2008: zur Hälfte), höchstens i. H. v. 60 % (bis 2008: der Hälfte) der nach § 7 UmwStG anzusetzenden Bezüge i. S. d. § 20 Absatz 1 Nummer 1 EStG zu berücksichtigen. Ein darüber hinausgehender Übernahmeverlust bleibt außer Ansatz. 04.42

Ein Übernahmeverlust bleibt stets außer Ansatz, soweit bei Veräußerung der Anteile an der übertragenden Körperschaft ein Veräußerungsverlust nach § 17 Absatz 2 Satz 6 EStG nicht zu berücksichtigen wäre oder soweit die Anteile an der übertragenden Körperschaft innerhalb der letzten fünf Jahre vor dem steuerlichen Übertragungsstichtag entgeltlich erworben wurden. 04.43

Werden Anteile an dem übertragenden Rechtsträger erst nach dem steuerlichen Übertragungsstichtag entgeltlich erworben, bleibt ein Übernahmeverlust nach § 4 Absatz 6 Satz 6 zweiter Halbsatz UmwStG auch insoweit außer Ansatz.

IX. Besteuerung eines Übernahmegewinns (§ 4 Absatz 7 UmwStG)

Entfällt der Übernahmegewinn auf eine Körperschaft, ist darauf § 8b KStG in der jeweils am steuerlichen Übertragungsstichtag geltenden Fassung anzuwenden, also ggf. auch § 8b Absatz 7 und 8 KStG (bzw. § 8b Absatz 4 KStG a. F.). 04.44

Entfällt der Übernahmegewinn auf eine natürliche Person, sind für Veranlagungszeiträume ab 2009 darauf § 3 Nummer 40 sowie § 3c EStG in der jeweils am steuerlichen Übertragungsstichtag geltenden Fassung anzuwenden (§ 27 Absatz 8 UmwStG i. V. m. § 52a Absatz 3 Satz 1 EStG). Für Veranlagungszeiträume bis 2008 sind auf einen Übernahmegewinn § 3 Nummer 40 Satz 1 und 2 EStG sowie § 3c EStG in der jeweils am steuerlichen Übertragungsstichtag geltenden Fassung anzuwenden. 04.45

C. Besteuerung der Anteilseigner der übertragenden Körperschaft (§ 5 UmwStG)

I. Anschaffung und Barabfindung nach dem steuerlichen Übertragungsstichtag (§ 5 Absatz 1 UmwStG)

Schafft der übernehmende Rechtsträger Anteile an der übertragenden Körperschaft nach dem steuerlichen Übertragungsstichtag an oder findet er einen Anteilseigner ab, ist der Übernahmegewinn so zu ermitteln, als hätte er die Anteile an dem Übertragungsstichtag angeschafft. Der unentgeltliche Erwerb wird für Zwecke des § 5 Absatz 1 UmwStG der Anschaffung gleichgestellt. 05.01

§ 5 Absatz 1 UmwStG gilt für Anteile, die Betriebsvermögen des übernehmenden Rechtsträgers (einschließlich Sonderbetriebsvermögens) werden. 05.02

II. Anteilseignerwechsel im Rückwirkungszeitraum

05.03 Die Rückwirkungsfiktion des § 2 UmwStG gilt nicht bzw. insoweit nicht für Anteilseigner, wenn diese Anteile im Rückwirkungszeitraum ganz bzw. teilweise veräußert haben (vgl. Randnr. 02.17).

05.04 Veräußert der Anteilseigner Anteile an einen Dritten, erwirbt der Dritte zivilrechtlich Anteile an der übertragenden Körperschaft. Für die Anwendung der §§ 4 bis 10 und 18 UmwStG ist jedoch davon auszugehen, dass er die Anteile am steuerlichen Übertragungsstichtag angeschafft hat. Zur Anwendung des § 10 UmwStG vgl. § 27 Absatz 6 UmwStG i. d. F. des Gesetzes vom 22. 12. 2009 (BGBl. I S. 3950) und Randnr. 10.01 f. Die Anteile gelten unter den Voraussetzungen der Einlage- und Übertragungsfiktionen des § 5 Absatz 2 und 3 UmwStG als in das Betriebsvermögen der übernehmenden Personengesellschaft bzw. der übernehmenden natürlichen Person eingelegt oder überführt. Hat der übernehmende Rechtsträger die Anteile erworben, gilt § 5 Absatz 1 UmwStG.

III. Einlage- und Überführungsfiktion (§ 5 Absatz 2 und 3 UmwStG)

1. Einlagefiktion nach § 5 Absatz 2 UmwStG

05.05 Nach § 5 Absatz 2 UmwStG gelten die Anteile an der übertragenden Körperschaft i. S. d. § 17 EStG für die Ermittlung des Übernahmeergebnisses als zum steuerlichen Übertragungsstichtag mit den Anschaffungskosten in das Betriebsvermögen des übernehmenden Rechtsträgers eingelegt. Im Privatvermögen gehaltene Anteile, die nicht unter § 17 EStG fallen, werden von der Einlagefiktion des § 5 Absatz 2 UmwStG nicht erfasst. Die Einlagefiktion des § 5 Absatz 2 UmwStG erfasst auch Anteile an der übertragenden Körperschaft für die ein Veräußerungsverlust nach § 17 Absatz 2 Satz 6 EStG nicht zu berücksichtigen ist. In diesen Fällen bleibt ein Übernahmeverlust außer Ansatz, siehe § 4 Absatz 6 Satz 6 UmwStG. Im Fall einer vorangegangenen Umwandlung (Verschmelzung, Auf- und Abspaltung sowie Vermögensübertragung) auf die übertragende Körperschaft (§§ 11 bis 13, 15 UmwStG) ist für die Anteile an der übertragenden Körperschaft § 13 Absatz 2 Satz 2 UmwStG zu beachten.

§ 5 Absatz 2 erfasst auch solche Anteile i. S. d. § 17 EStG, die erst nach dem steuerlichen Übertragungsstichtag entgeltlich oder unentgeltlich erworben werden.

05.06 Werden von der Körperschaft eigene Anteile gehalten, ist bei der Ermittlung der Beteiligungsquote auf das Verhältnis zu dem um die eigenen Anteile der Kapitalgesellschaft verminderten Nennkapital abzustellen (BFH vom 24. 9. 1970, IV R 138/69, BStBl. 1971 II S. 89).

Beispiel

Die übertragende Körperschaft hält am steuerlichen Übertragungsstichtag eigene Anteile i. H. v. 20 %. A hält 40 % in seinem inländischen Betriebsvermögen, B hält 20 % in seinem Privatvermögen und vierzig weitere Anteilseigner halten jeweils 0,5 % in ihrem Privatvermögen. Der Wert der auf die übernehmende Personengesellschaft übergegangenen Wirtschaftsgüter (ohne die eigenen Anteile) beträgt 800.000 €.

Lösung

Bei Ermittlung des personenbezogenen Übernahmeergebnisses sind für A und B folgende Werte zugrunde zu legen:

A: 40/80 von 800.000 € = 400.000 €,
B: 20/80 von 800.000 € = 200.000 €.

Für die vierzig weiteren Anteilseigner ist gem. § 4 Absatz 4 Satz 3 UmwStG kein Übernahmeergebnis zu ermitteln.

05.07 Die Einlagefiktion gilt unabhängig davon, ob eine Veräußerung dieser Anteile bei dem Anteilseigner im Rahmen der unbeschränkten oder beschränkten Steuerpflicht zu erfassen bzw. ob ein Besteuerungsrecht der Bundesrepublik Deutschland aufgrund eines DBA ausgeschlossen ist. Die Zuordnung einer Beteiligung zum Betriebs- oder Privatvermögen bestimmt sich nach deutschem Steuerrecht. Die Feststellung, ob und in welchem Umfang sich für den Anteilseigner Auswirkungen auf den in der Bundesrepublik Deutschland zu versteuernden Übernahmegewinn oder den zu berücksichtigenden Übernahmeverlust und die Besteuerung offener Rücklagen ergeben, ist erst im Rahmen der Ermittlung der Besteuerungsgrundlagen nach den §§ 4 und 7 UmwStG zu treffen.

2. Überführungsfiktion nach § 5 Absatz 3 UmwStG

05.08 Nach § 5 Absatz 3 UmwStG gelten die Anteile, die an dem steuerlichen Übertragungsstichtag zum Betriebsvermögen eines Anteilseigners gehören, für die Ermittlung des Übernahmeergebnisses als an diesem Stichtag in das Betriebsvermögen des übernehmenden Rechtsträgers überführt. Die Überführungsfiktion nach § 5 Absatz 3 UmwStG gilt auch, wenn die Anteile bei dem Anteilseigner an dem steuerlichen Übertragungsstichtag zu einem Betriebsvermögen gehören, das den Einkünften nach § 13 oder § 18 EStG zuzurechnen ist oder in den Fällen, in denen der Anteilseigner der übertragenden Körperschaft, der seine Beteiligung zum steuerlichen Übertragungsstichtag in einem Betriebsvermögen hält, erst im Zuge der Umwandlung, also nach dem steuerlichen Übertragungsstichtag Gesellschafter der übernehmenden Personengesellschaft wird.

Für die Überführungsfiktion gilt Randnr. 05.07 entsprechend. 05.09

Das Übernahmeergebnis ist so zu ermitteln, als seien die Anteile an dem steuerlichen Übertragungsstichtag zum Buchwert, erhöht um Abschreibungen sowie um Abzüge nach § 6b EStG und ähnliche Abzüge, die in früheren Jahren steuerwirksam vorgenommen worden sind, höchstens mit dem gemeinen Wert, in das Betriebsvermögen des übernehmenden Rechtsträgers überführt worden. 05.10

Die Rechtsfolgen einer steuerwirksamen erweiterten Wertaufholung entsprechend der Regelung in § 4 Absatz 1 Satz 3 UmwStG (vgl. Randnr. 04.05 ff.) ergeben sich am steuerlichen Übertragungsstichtag noch im Betriebsvermögen des Anteilseigners, zu dem die Anteile an der übertragenden Körperschaft gehören. 05.11

IV. Übergangsregelung für einbringungsgeborene Anteile nach § 27 Absatz 3 Nummer 1 UmwStG

Nach § 27 Absatz 3 Nummer 1 UmwStG ist § 5 Absatz 4 UmwStG 1995 für einbringungsgeborene Anteile i. S. d. § 21 Absatz 1 UmwStG 1995 mit der Maßgabe weiterhin anzuwenden, dass die Anteile zu dem Wert i. S. d. § 5 Absatz 2 oder 3 UmwStG als zum steuerlichen Übertragungsstichtag in das Betriebsvermögen des übernehmenden Rechtsträgers überführt gelten. 05.12

D. Gewinnerhöhung durch Vereinigung von Forderungen und Verbindlichkeiten (§ 6 UmwStG)

I. Entstehung des Übernahmefolgegewinns oder -verlust aus dem Vermögensübergang

Der Übernahmefolgegewinn oder -verlust aus dem Vermögensübergang entsteht bei dem übernehmenden Rechtsträger mit Ablauf des steuerlichen Übertragungsstichtags. Ein solcher entsteht auch, wenn infolge der Umwandlung Gesellschafter des übernehmenden Rechtsträgers einen Anspruch oder eine Verbindlichkeit gegenüber dem übernehmenden Rechtsträger haben (§ 6 Absatz 2 UmwStG). Ist ein in der steuerlichen Schlussbilanz ausgewiesener Schuldposten beim übernehmenden Rechtsträger infolge Konfusion gewinnerhöhend aufzulösen und ist die dem Schuldposten zugrunde liegende Vermögensminderung beim übertragenden Rechtsträger nach § 8 Absatz 3 Satz 2 KStG korrigiert worden, gelten die Grundsätze des BMF-Schreibens vom 28. 5. 2002 (BStBl. I S. 603) entsprechend. Insoweit kommt es ggf. zu keinem Übernahmefolgegewinn, wenn eine Hinzurechnung der verdeckten Gewinnausschüttung nach § 8 Absatz 3 Satz 2 KStG erfolgt ist. 06.01

§ 6 UmwStG findet keine Anwendung bei Vermögensübergang auf einen Rechtsträger ohne Betriebsvermögen (Fälle des § 8 UmwStG).

II. Besteuerung des Übernahmefolgegewinns/-verlusts

Der Übernahmefolgegewinn oder -verlust ist ein laufender Gewinn oder Verlust des übernehmenden Rechtsträgers, der auch bei der Gewerbesteuer zu berücksichtigen ist (§ 18 Absatz 2 UmwStG). Er ist nicht Teil des Übernahmeergebnisses i. S. d. § 4 Absatz 4 bis 6 UmwStG. Er ist auch dann in voller Höhe anzusetzen, wenn am steuerlichen Übertragungsstichtag nicht alle Anteile an der übertragenden Körperschaft zum Betriebsvermögen des übernehmenden Rechtsträgers gehören. § 4 Absatz 4 Satz 3 UmwStG gilt für den Übernahmefolgegewinn oder -verlust nicht. Auf den Übernahmefolgegewinn ist § 32c EStG (nur Veranlagungszeitraum 2007) und § 35 EStG anzuwenden. Entsteht der Übernahmefolgegewinn durch eine Vereinigung von Forderungen und Verbindlichkeiten, ist er auch dann in voller Höhe steuerpflichtig, wenn sich die Forderungsabschreibung ganz oder zum Teil (z. B. wegen § 3c Absatz 2 EStG oder § 8b Absatz 3 Satz 4 ff. KStG) nicht ausgewirkt hat. 06.02

III. Umgekehrte Maßgeblichkeit

Die steuerlichen Wahlrechte der Bildung und Auflösung einer Rücklage für den Übernahmefolgegewinn sind nach der Rechtslage bis zum Inkrafttreten des BilMoG jeweils in Übereinstimmung mit der handelsrechtlichen Jahresbilanz auszuüben (vgl. § 5 Absatz 1 Satz 2 EStG a. F. und BMF-Schreiben vom 12. 3. 2010, BStBl. I S. 239, Randnr. 24). 06.03

IV. Pensionsrückstellungen zugunsten eines Gesellschafters der übertragenden Kapitalgesellschaft

06.04 Geht das Vermögen einer Kapitalgesellschaft durch Gesamtrechtsnachfolge auf eine Personengesellschaft über, so ist die zugunsten des Gesellschafters durch die Kapitalgesellschaft zulässigerweise gebildete Pensionsrückstellung von der Personengesellschaft nicht aufzulösen (BFH vom 22. 6. 1977, I R 8/75, BStBl. II S. 798; Ausnahme: Anwartschaftsverzicht bis zum steuerlichen Übertragungsstichtag).

06.05 Die Personengesellschaft führt die zulässigerweise von der Kapitalgesellschaft gebildete Pensionsrückstellung in ihrer Gesamthandsbilanz fort und hat diese bei fortbestehendem Dienstverhältnis mit dem Teilwert nach § 6a Absatz 3 Satz 2 Nummer 1 EStG zu bewerten.

06.06 Zuführungen nach dem steuerlichen Übertragungsstichtag, soweit sie ihren Grund in einem fortbestehenden Dienstverhältnis haben, sind Sondervergütungen i. S. d. § 15 Absatz 1 Satz 1 Nummer 2 EStG. Sie mindern den steuerlichen Gewinn der Personengesellschaft nicht. Wegen der bilanzsteuerlichen Behandlung einer Pensionszusage einer Personengesellschaft an einen Gesellschafter, vgl. im Übrigen das BMF-Schreiben vom 29. 1. 2008 (BStBl. I S. 317). Die Pensionszusage ist daher beim begünstigten Mitunternehmer in einen Teil vor und in einen Teil nach der Umwandlung aufzuteilen. Im Versorgungsfall folgt hieraus eine Aufteilung in Einkünfte nach § 19 EStG und § 15 EStG jeweils i. V. m. § 24 Nummer 2 EStG.

06.07 Im Fall des Vermögensübergangs auf eine natürliche Person ist die Pensionsrückstellung von dieser ertragswirksam aufzulösen. Auf einen sich insgesamt ergebenden Auflösungsgewinn ist § 6 Absatz 1 UmwStG anzuwenden.

06.08 Wird im Fall einer Rückdeckungsversicherung die Versicherung von der übernehmenden natürlichen Person fortgeführt, geht der Versicherungsanspruch (Rückdeckungsanspruch) auf diese über und wird dadurch Privatvermögen. Die Entnahme ist mit dem Teilwert zu bewerten. Wird die Rückdeckungsversicherung von der übertragenden Kapitalgesellschaft gekündigt, ist der Rückkaufswert mit dem Rückdeckungsanspruch zu verrechnen. Ein eventueller Restbetrag ist ergebniswirksam aufzulösen. Auf das Urteil des BFH vom 25. 2.2004, I R 54/02, BStBl. II S. 654 wird hingewiesen.

V. Missbrauchsklausel

06.09 Betrieb i. S. d. § 6 Absatz 3 UmwStG sind die am steuerlichen Übertragungsstichtag vorhandenen funktional und quantitativ wesentlichen Betriebsgrundlagen des übergegangenen Betriebs. Die Veräußerung, Verschmelzung, Einbringung oder Aufgabe sämtlicher Anteile des übernehmenden Rechtsträgers führt ebenfalls zur Anwendung des § 6 Absatz 3 UmwStG.

Unschädlich ist dagegen die Einbringung, Veräußerung oder Aufgabe nur eines Teilbetriebs des übergegangenen Betriebs. Dasselbe gilt für einen übergegangenen Mitunternehmeranteil, wenn daneben noch (weitere) wesentliche Betriebsgrundlagen zum übergegangenen Betrieb gehören, sowie für die Veräußerung einzelner Anteile des übernehmenden Rechtsträgers.

06.10 Die Fünfjahresfrist beginnt mit Ablauf des steuerlichen Übertragungsstichtags. Für die Fristberechnung ist im Fall der Veräußerung der Übergang des wirtschaftlichen Eigentums und in Einbringungsfällen der steuerliche Übertragungsstichtag i. S. d. § 20 Absatz 5 und 6 UmwStG als Veräußerungs-bzw. Einbringungszeitpunkt maßgebend. Bei einer Betriebsaufgabe ist der Zeitpunkt der ersten Handlung maßgebend, die nach dem Aufgabeentschluss objektiv auf die Auflösung des Betriebs gerichtet ist.

06.11 Die Einbringung in eine Kapitalgesellschaft innerhalb von fünf Jahren nach dem steuerlichen Übertragungsstichtag ist stets unabhängig vom Vorliegen triftiger Gründe sowie unabhängig vom dort gewählten Wertansatz (gemeiner Wert, Zwischenwert, Buchwert) schädlich.

Eine Einbringung in eine andere Körperschaft (z. B. Genossenschaft) oder in eine Mitunternehmerschaft nach § 24 UmwStG ist eine Veräußerung i. S. d. § 6 Absatz 3 UmwStG.

Die Aufgabe oder Veräußerung des übergegangenen Betriebs ist unschädlich, wenn triftige Gründe vorliegen. Dies hängt von den Umständen des Einzelfalls ab. Es muss vom Steuerpflichtigen nachgewiesen werden, dass die nachfolgende Veräußerung oder Aufgabe nicht durch Steuerumgehung (Steuerersparnis, Steuerstundung), sondern durch vernünftige wirtschaftliche Gründe – insbesondere der Umstrukturierung oder der Rationalisierung der beteiligten Gesellschaften – als hauptsächlichen Beweggrund motiviert war.

06.12 § 6 Absatz 3 Satz 2 UmwStG enthält eine eigenständige Änderungsvorschrift. Eine Änderung der entsprechenden Steuerbescheide, Steuermessbescheide, Freistellungs-und Feststellungsbescheide ist auch bei bereits eingetretener Festsetzungs-oder Feststellungsverjährung möglich (§ 175 Absatz 1 Satz 2 AO).

E. Besteuerung offener Rücklagen (§ 7 UmwStG)

I. Sachlicher und persönlicher Anwendungsbereich

Der Anwendungsbereich des § 7 UmwStG erstreckt sich sachlich auf Umwandlungen und vergleichbare ausländische Vorgänge i. S. d. § 1 Absatz 1 UmwStG.   **07.01**

Persönlich werden von § 7 UmwStG alle Anteilseigner der übertragenden Körperschaft erfasst, die Gesellschafter der übernehmenden Personengesellschaft werden und zwar unabhängig davon, ob für diese ein Übernahmeergebnis zu ermitteln ist oder nicht. Auf Bezüge i. S. d. § 7 UmwStG findet in grenzüberschreitenden Sachverhalten in der Regel eine dem Artikel 10 OECD-MA entsprechende Vorschrift in einem DBA Anwendung.   **07.02**

II. Anteiliges Eigenkapital

Nach § 7 Satz 1 UmwStG ist dem Anteilseigner der Teil des in der Steuerbilanz ausgewiesenen Eigenkapitals abzüglich des Bestands des steuerlichen Einlagekontos, der sich nach Anwendung des § 29 Absatz 1 KStG ergibt, als Einkünfte aus Kapitalvermögen (§ 20 Absatz 1 Nummer 1 EStG) zuzurechnen, der seiner Beteiligung am Nennkapital entspricht.   **07.03**

Maßgeblich ist das in der steuerlichen Schlussbilanz ausgewiesene um Ausschüttungsverbindlichkeiten und passive Korrekturposten (vgl. Randnr. 02.25 ff.) geminderte Eigenkapital. Ausstehende Einlagen auf das Nennkapital gehören, unabhängig davon, ob sie eingefordert sind oder nicht, ebenso wie Passivposten, die aufgrund steuerrechtlicher Vorschriften erst bei ihrer Auflösung zu versteuern sind (Sonderposten mit Rücklageanteil i. S. d. § 247 Absatz 3 HGB vor Inkrafttreten des BilMoG) nicht zum Eigenkapital. Rückstellungen und Verbindlichkeiten, hinsichtlich derer nach § 8 Absatz 3 Satz 2 KStG eine außerbilanzielle Einkommenskorrektur erfolgte, bleiben Fremdkapital.   **07.04**

Bei einer ausländischen Körperschaft i. S. d. § 27 Absatz 8 Satz 1 KStG ist der Bestand des steuerlichen Einlagekontos unter sinngemäßer Anwendung der Grundsätze des § 27 Absatz 8 KStG zu ermitteln.

Von dem maßgebenden Eigenkapital laut steuerlicher Schlussbilanz ist der Bestand des steuerlichen Einlagekontos, der sich nach Anwendung des § 29 Absatz 1 und Absatz 6 KStG ergibt, abzuziehen.

III. Zurechnung der Einkünfte

Ein verbleibender positiver Saldo des maßgebenden Eigenkapitals ist den Anteilseignern nach dem Verhältnis ihrer Anteile zum Nennkapital als Einkünfte i. S. d. § 20 Absatz 1 Nummer 1 EStG zuzurechnen. Hierbei ist auf die Höhe der Beteiligungen im Zeitpunkt des Wirksamwerdens der Umwandlung abzustellen. Eigene Anteile der übertragenden Körperschaft bleiben bei der Ermittlung der Beteiligungsverhältnisse unberücksichtigt.   **07.05**

Erfolgen im Rückwirkungszeitraum Ausschüttungen an Anteilseigner, für die die Rückwirkungsfiktion nicht gilt, und an Anteilseigner, für die die Rückwirkungsfiktion gilt, sind bei der Zurechnung der Einkünfte gegenüber neu eintretenden Gesellschaftern die Ausschüttungen an Anteilseigner, für die die Rückwirkungsfiktion gilt, diesen vorab zuzurechnen (vgl. Randnr. 02.31 sowie das Beispiel in Randnr. 02.33).   **07.06**

IV. Besteuerung und Zufluss der Einkünfte

Die Bezüge i. S. d. § 7 UmwStG i. V. m. § 20 Absatz 1 Nummer 1 EStG gelten bereits mit Ablauf des steuerlichen Übertragungsstichtags als zugeflossen (§ 2 Absatz 2 UmwStG). Sie sind in dem Veranlagungszeitraum, in dem das Wirtschaftsjahr endet, in das der steuerliche Übertragungsstichtag fällt, zu besteuern (vgl. Randnr. 02.04). Ist übernehmender Rechtsträger eine Personengesellschaft, sind die Bezüge im Rahmen der gesonderten und einheitlichen Feststellung der Einkünfte zu erfassen, wenn für den betreffenden Anteilseigner ein Übernahmeergebnis zu ermitteln ist.   **07.07**

Die Einnahmen nach § 7 Satz 1 UmwStG unterliegen ab dem 1. 1. 2009 bei natürlichen Personen als Anteilseigner bei Anteilen im Privatvermögen grundsätzlich der Abgeltungsteuer (§ 32d, § 43 Absatz 5 EStG) und bei Anteilen im Betriebsvermögen (einschließlich der Anteile, die nach § 5 Absatz 2 oder § 27 Absatz 3 Nummer 1 UmwStG als in das Betriebsvermögen eingelegt gelten) dem Teileinkünfteverfahren (§ 3 Nummer 40 Satz 1 Buchstabe d, § 3 Nummer 40 Satz 2, § 20 Absatz 8 EStG). Handelt es sich bei dem Anteilseigner um eine Körperschaft, gilt § 8b KStG. Handelt es sich bei dem Anteilseigner um eine Personengesellschaft ist für die Frage, ob § 3 Nummer 40 Satz 1

Anhang 4a UmwStG

Buchstabe d EStG oder § 8b KStG anzuwenden ist, auf die Gesellschafter dieser Personengesellschaft abzustellen.

Zur gewerbesteuerlichen Behandlung der Ausschüttung nach § 7 UmwStG vgl. Randnr. 18.04.

V. Kapitalertragsteuerabzug

07.08 Die Bezüge i. S. d. § 7 UmwStG unterliegen nach § 43 Absatz 1 Satz 1 Nummer 1 und Nummer 6 EStG dem Kapitalertragsteuerabzug. Die Kapitalertragsteuer hierauf entsteht erst im Zeitpunkt der zivilrechtlichen Wirksamkeit der Umwandlung und ist von dem übernehmenden Rechtsträger bzw. der die Kapitalerträge auszahlenden Stelle bei dem jeweils zuständigen Finanzamt anzumelden und vom übernehmenden Rechtsräger als Gesamtrechtsnachfolger abzuführen.

07.09 Ein Absehen von der Erhebung der Kapitalertragsteuer nach § 43b EStG kommt nicht in Betracht (§ 43b Absatz 1 Satz 4 EStG).

F. Vermögensübergang auf einen Rechtsträger ohne Betriebsvermögen (§ 8 UmwStG)

08.01 Nach § 8 UmwStG sind Wirtschaftsgüter, die nicht Betriebsvermögen des übernehmenden Rechtsträgers werden, in der steuerlichen Schlussbilanz der übertragenden Körperschaft mit dem gemeinen Wert anzusetzen.

08.02 Ob das übertragene Vermögen Betriebsvermögen wird, beurteilt sich nach den Verhältnissen am steuerlichen Übertragungsstichtag. Die bloße Absicht des übernehmenden Rechtsträgers, sich in diesem Zeitpunkt gewerblich zu betätigen, ist nicht ausreichend.

08.03 Bei Vermögensübergang auf eine Zebragesellschaft sind die übergegangenen Wirtschaftsgüter in der steuerlichen Schlussbilanz des übertragenden Rechtsträgers mit dem gemeinen Wert anzusetzen (vgl. Randnr. 03.16).

Im Rahmen der gesonderten und einheitlichen Feststellung der Einkünfte werden Veräußerungsgewinne nach § 17 EStG und Bezüge i. S. d. § 7 UmwStG i. V. m. § 20 Absatz 1 Nummer 1 EStG festgestellt, dies jedoch ohne Bindungswirkung für die beteiligten Gesellschafter (vgl. GrS des BFH vom 11. 4. 2005, GrS 2/02, BStBl. II S. 679).

08.04 Ein Abzug nach § 7g Absatz 1 EStG ist beim übertragenden Rechtsträger rückgängig zu machen, wenn das übertragene Vermögen nicht Betriebsvermögen des übernehmenden Rechtsträgers wird.

G. Formwechsel in eine Personengesellschaft (§ 9 UmwStG)

09.01 Mangels einer handelsrechtlichen Rückbeziehungsmöglichkeit enthält § 9 UmwStG eine eigenständige steuerliche Rückwirkungsregelung (vgl. Randnr. 02.05); im Übrigen vgl. Randnr. 02.09 ff. Die Übertragungs- bzw. die Eröffnungsbilanz i. S. d. § 9 Satz 2 UmwStG ist grundsätzlich auf den Zeitpunkt der Registereintragung des Formwechsels (§ 202 Absatz 1 Nummer 1 UmwG) aufzustellen.

09.02 Die Achtmonatsfrist nach § 9 Satz 3 UmwStG ist auch dann maßgebend, wenn nach ausländischem Recht eine davon abweichende Regelung besteht. Insoweit ist ggf. § 2 Absatz 3 UmwStG zu beachten. Im Übrigen vgl. auch Randnr. 02.06.

H. Körperschaftsteuererhöhung (§ 10 UmwStG)

10.01 § 10 UmwStG ist grundsätzlich letztmals auf Umwandlungen anzuwenden, deren steuerlicher Übertragungsstichtag vor dem 1. 1. 2007 liegt (§ 27 Absatz 6 Satz 1 UmwStG).

10.02 § 10 UmwStG ist weiter anzuwenden, wenn von der übertragenden Körperschaft ein Antrag nach § 34 Absatz 16 KStG i. d. F. des Artikels 3 des Gesetzes vom 20. 12. 2007 (BGBl. I S. 3150) gestellt wurde, vgl. § 27 Absatz 6 Satz 2 UmwStG. Auf die Ausführungen im BMF-Schreiben vom 16. 12. 2003 (BStBl. I S. 786, Randnr. 11 ff.) wird verwiesen.

Dritter Teil. Verschmelzung oder Vermögensübertragung (Vollübertragung) auf eine andere Körperschaft

A. Wertansätze in der steuerlichen Schlussbilanz der übertragenden Körperschaft (§ 11 UmwStG)

I. Sachlicher Anwendungsbereich

11.01 Die §§ 11 bis 13 UmwStG sind sowohl auf Aufwärtsverschmelzungen, auf Abwärtsverschmelzungen als auch auf Seitwärtsverschmelzungen anzuwenden.

II. Pflicht zur Abgabe einer steuerlichen Schlussbilanz

11.02 Jede übertragende Körperschaft ist nach § 11 Absatz 1 Satz 1 UmwStG zur Erstellung und Abgabe einer steuerlichen Schlussbilanz auf den steuerlichen Übertragungsstichtag verpflichtet. Randnr.

UmwStG **Anhang 4a**

03.01 – 03.03 gelten entsprechend. Insbesondere bei einer grenzüberschreitenden Hereinverschmelzung muss eine ausländische übertragende Körperschaft eine unter Zugrundelegung des deutschen Steuerrechts aufgestellte steuerliche Schlussbilanz i. S. d. § 11 UmwStG auf den steuerlichen Übertragungsstichtag einreichen.

III. Ansatz und Bewertung der übergehenden Wirtschaftsgüter

1. Ansatz der übergehenden Wirtschaftsgüter dem Grunde nach

Randnr. 03.04 – 03.06 gelten entsprechend. Der Ansatz eines Geschäfts- oder Firmenwerts erfolgt nach § 11 Absatz 1 UmwStG auch dann, wenn der Betrieb der übertragenden Körperschaft nicht fortgeführt wird. **11.03**

2. Ansatz der übergehenden Wirtschaftsgüter der Höhe nach

a) Ansatz der übergehenden Wirtschaftsgüter mit dem gemeinen Wert bzw. dem Teilwert nach § 6a EStG

Randnr. 03.07 – 03.09 gelten entsprechend. **11.04**

b) Ansatz der übergehenden Wirtschaftsgüter mit dem Buchwert

Auf Antrag können die übergehenden Wirtschaftsgüter einheitlich mit dem Buchwert angesetzt werden, soweit **11.05**

– sichergestellt ist, dass sie später der Besteuerung mit Körperschaftsteuer unterliegen (§ 11 Absatz 2 Satz 1 Nummer 1 UmwStG),
– das Recht der Bundesrepublik Deutschland hinsichtlich der Besteuerung des Gewinns aus der Veräußerung der übertragenen Wirtschaftsgüter bei der übernehmenden Körperschaft nicht ausgeschlossen oder beschränkt wird (§ 11 Absatz 2 Satz 1 Nummer 2 UmwStG) und
– eine Gegenleistung nicht gewährt wird oder in Gesellschaftsrechten besteht (§ 11 Absatz 2 Satz 1 Nummer 3 UmwStG).

Für den Ansatz des Buchwerts sind die Ansätze in der Handelsbilanz nicht maßgeblich. Wegen des Begriffs Buchwert vgl. Randnr. 01.57. Die Prüfung der Voraussetzungen des § 11 Absatz 2 Satz 1 UmwStG erfolgt bezogen auf die Verhältnisse zum steuerlichen Übertragungsstichtag.

Gehört zum übergehenden Vermögen der übertragenden Körperschaft ein Mitunternehmeranteil, entspricht der Buchwertansatz dem auf die übertragende Körperschaft entfallenden anteiligen Kapitalkonto – unter Berücksichtigung etwaiger Ergänzungs- und Sonderbilanzen – bei der Mitunternehmerschaft.

Randnr. 03.12 und 03.13 gelten entsprechend. **11.06**

aa) Sicherstellung der Besteuerung mit Körperschaftsteuer (§ 11 Absatz 2 Satz 1 Nummer 1 UmwStG)

Bei Verschmelzung auf eine unbeschränkt steuerpflichtige Körperschaft i. S. d. § 1 Absatz 1 KStG ist die Besteuerung mit Körperschaftsteuer grundsätzlich sichergestellt. Die Besteuerung mit Körperschaftsteuer ist z. B. nicht sichergestellt, wenn die übernehmende Körperschaft von der Körperschaftsteuer befreit ist (z. B. nach § 5 KStG) oder wenn das Vermögen in den nicht steuerpflichtigen Bereich einer juristischen Person des öffentlichen Rechts übergeht. Eine Sicherstellung der Besteuerung mit Körperschaftsteuer ist jedoch insoweit gegeben, als das übergehende Vermögen bei der übernehmenden Körperschaft einen steuerpflichtigen wirtschaftlichen Geschäftsbetrieb bildet oder zu einem bereits vorher bestehenden steuerpflichtigen wirtschaftlichen Geschäftsbetrieb gehört. Vgl. im Übrigen auch Randnr. 03.17. **11.07**

Wird eine Körperschaft auf eine Organgesellschaft i. S. d. §§ 14, 17 KStG verschmolzen, ist infolge der Zurechnung des Einkommens an den Organträger insoweit die Besteuerung mit Körperschaftsteuer bei der übernehmenden Körperschaft nur sichergestellt, soweit das so zugerechnete Einkommen der Besteuerung mit Körperschaftsteuer unterliegt. Entsprechendes gilt, wenn der Organträger selbst wiederum Organgesellschaft ist. Soweit das so zugerechnete Einkommen der Besteuerung mit Einkommensteuer unterliegt, können aus Billigkeitsgründen die übergehenden Wirtschaftsgüter dennoch einheitlich mit dem Buchwert angesetzt werden, wenn sich alle an der Verschmelzung Beteiligten (übertragender Rechtsträger, übernehmender Rechtsträger und Anteilseigner des übertragenden und übernehmenden Rechtsträgers) übereinstimmend schriftlich damit einverstanden erklären, dass auf die aus der Verschmelzung resultierenden Mehrabführungen § 14 Absatz 3 Satz 1 KStG anzuwenden ist; die Grundsätze der Randnr. Org.33 und Randnr. Org.34 gelten entsprechend. **11.08**

bb) Kein Ausschluss und keine Einschränkung des deutschen Besteuerungsrechts (§ 11 Absatz 2 Satz 1 Nummer 2 UmwStG)

11.09 Die übergehenden Wirtschaftsgüter dürfen gem. § 11 Absatz 2 Satz 1 Nummer 2 UmwStG nur insoweit mit dem Buchwert angesetzt werden, als das Recht der Bundesrepublik Deutschland hinsichtlich der Besteuerung des Gewinns aus der Veräußerung der übertragenen Wirtschaftsgüter bei der übernehmenden Körperschaft nicht ausgeschlossen oder beschränkt wird. Randnr. 03.18 – 03.20 gelten entsprechend.

cc) Keine Gegenleistung oder Gegenleistung in Form von Gesellschaftsrechten (§ 11 Absatz 2 Satz 1 Nummer 3 UmwStG)

11.10 Randnr. 03.21 – 03.24 gelten entsprechend. Zur steuerlichen Behandlung der Gegenleistung bei den Anteilseignern vgl. Randnr. 13.02.

c) Ansatz der übergehenden Wirtschaftsgüter mit dem Zwischenwert

11.11 Randnr. 03.25 sowie Randnr. 11.05 – 11.10 gelten entsprechend.

d) Ausübung des Wahlrechts auf Ansatz zum Buch- oder Zwischenwert

11.12 Der Antrag auf Ansatz der übergehenden Wirtschaftsgüter mit dem Buch- oder Zwischenwert ist nach § 11 Absatz 3 i. V. m. § 3 Absatz 2 Satz 2 UmwStG bei dem für die Besteuerung nach §§ 20, 26 AO zuständigen Finanzamt der übertragenden Körperschaft spätestens bis zur erstmaligen Abgabe der steuerlichen Schlussbilanz zu stellen. Randnr. 03.27 – 03.30 gelten entsprechend.

3. Fiktive Körperschaftsteueranrechnung nach § 11 Absatz 3 i. V. m. § 3 Absatz 3 UmwStG

11.13 Randnr. 03.31 sowie 03.32 gelten entsprechend.

IV. Vermögensübertragung nach § 174 ff. UmwG gegen Gewährung einer Gegenleistung an die Anteilsinhaber des übertragenden Rechtsträgers

11.14 Nach § 174 UmwG kann ein Rechtsträger unter Auflösung ohne Abwicklung sein Vermögen ganz oder teilweise auf einen anderen bestehenden Rechtsträger (übernehmender Rechtsträger) gegen Gewährung einer Gegenleistung an die Anteilsinhaber des übertragenden Rechtsträgers, die nicht in Anteilen oder Mitgliedschaften besteht, übertragen. Wegen der Gewährung der Gegenleistung ist in folgenden Fällen daher ein Vermögensübergang unter Ansatz der Buch- oder Zwischenwerte i. S. d. § 11 Absatz 2 UmwStG grundsätzlich nicht möglich bei:

– Vermögensübertragung einer Kapitalgesellschaft auf eine Gebietskörperschaft oder einen Zusammenschluss von Gebietskörperschaften (§ 175 Nummer 1, §§ 176, 177 UmwG),

– Vermögensübertragung einer Versicherungs-AG auf einen VVaG (§ 175 Nummer 2 Buchstabe a, §§ 178, 179 UmwG),

– Vermögensübertragung eines VVaG auf eine Versicherungs-AG oder auf ein öffentlichrechtliches Versicherungsunternehmen,

– Vermögensübertragung eines öffentlich-rechtlichen Versicherungsunternehmens auf eine Versicherungs-AG oder auf einen VVaG.

Nach § 176 Absatz 2 UmwG tritt in diesen Fällen an die Stelle des Umtauschverhältnisses der Anteile die Art und Höhe der Gegenleistung. Die übergegangenen Wirtschaftsgüter sind daher nach § 11 Absatz 1 UmwStG mit dem gemeinen Wert anzusetzen.

11.15 Ein steuerneutraler Vermögensübergang ist daher allenfalls möglich, wenn das Vermögen auf den alleinigen Anteilseigner übertragen wird (z. B. von einer Kapitalgesellschaft auf eine Gemeinde, die zu 100 % an der übertragenden Kapitalgesellschaft beteiligt ist) und die übrigen Voraussetzungen des § 11 Absatz 2 UmwStG erfüllt sind, da der Untergang der Beteiligung an der übertragenden Kapitalgesellschaft keine Gegenleistung i. S. d. § 11 Absatz 2 Satz 1 Nummer 3 UmwStG darstellt (vgl. Randnr. 11.10 i. V. m. Randnr. 03.21).

V. Landesrechtliche Vorschriften zur Vereinigung öffentlich-rechtlicher Kreditinstitute oder öffentlich-rechtlicher Versicherungsunternehmen

11.16 Sehen landesrechtliche Vorschriften z. B. die Vereinigung öffentlich-rechtlicher Kreditinstitute oder öffentlich-rechtlicher Versicherungsunternehmen im Wege der Gesamtrechtsnachfolge vor, sind die §§ 11 bis 13 UmwStG bei dieser Vereinigung entsprechend anzuwenden, wenn diese Vereinigung mit einer Verschmelzung i. S. d. § 2 UmwG vergleichbar ist (vgl. Randnr. 01.07).

VI. Beteiligung der übertragenden Kapitalgesellschaft an der übernehmenden Kapitalgesellschaft (Abwärtsverschmelzung)

Im Fall der Abwärtsverschmelzung einer Mutter- auf ihre Tochtergesellschaft sind gem. § 11 Absatz 2 Satz 2 UmwStG in der steuerlichen Schlussbilanz der übertragenden Muttergesellschaft die Anteile an der übernehmenden Tochtergesellschaft mindestens mit dem Buchwert, erhöht um in früheren Jahren steuerwirksam vorgenommene Abschreibungen auf die Beteiligung sowie erhöht um steuerwirksame Abzüge nach § 6b EStG und ähnliche Abzüge, höchstens jedoch mit dem gemeinen Wert, anzusetzen. Insoweit erhöht sich der laufende Gewinn der Muttergesellschaft. Steuerwirksame Teilwertabschreibungen sind vor nicht voll steuerwirksamen Teilwertabschreibungen hinzuzurechnen. Eine Wertaufholung ist nach § 11 Absatz 2 Satz 2 UmwStG jedoch nicht vorzunehmen, soweit bis zum Ablauf des steuerlichen Übertragungsstichtags eine steuerwirksame Wertaufholung (§ 6 Absatz 1 Nummer 2 Satz 3 i. V. m § 6 Absatz 1 Nummer 1 Satz 4 EStG) stattgefunden hat oder die Rücklage nach § 6b Absatz 3 EStG gewinnerhöhend aufgelöst worden ist. 11.17

Wegen der in § 12 Absatz 1 Satz 2 i. V. m. § 4 Absatz 1 Satz 2 und 3 UmwStG enthaltenen vergleichbaren Regelung für den Fall der Aufwärtsverschmelzung einer Tochter- auf ihre Muttergesellschaft vgl. Randnr. 12.03.

Wird eine Mutter- auf ihre Tochtergesellschaft verschmolzen, führt dies auf der Ebene der Tochtergesellschaft nicht zu einem Durchgangserwerb eigener Anteile (BFH vom 28. 10. 2009, I R 4/09, BStBl. 2011 II S. 315). 11.18

Die Anteile an der Tochtergesellschaft können nach § 11 Absatz 2 Satz 2 UmwStG in der steuerlichen Schlussbilanz der Muttergesellschaft nur dann mit einem Wert unterhalb des gemeinen Werts angesetzt werden, wenn die übrigen Voraussetzungen des § 11 Absatz 2 Satz 1 Nummer 2 und 3 UmwStG vorliegen (vgl. Randnr. 11.09 – 11.10). Statt auf die übernehmende Körperschaft ist hierbei jedoch auf den die Anteile an der Tochtergesellschaft übernehmenden Anteilseigner der Muttergesellschaft abzustellen. 11.19

Auf Ebene des Anteilseigners der Muttergesellschaft findet § 13 UmwStG Anwendung. Eine Verknüpfung mit dem Wert in der steuerlichen Schlussbilanz nach § 12 Absatz 1 UmwStG besteht hingegen nicht.

B. Auswirkungen auf den Gewinn der übernehmenden Körperschaft (§ 12 UmwStG)

I. Wertverknüpfung

Die übernehmende Körperschaft hat das auf sie übergegangene Vermögen in entsprechender Anwendung des § 4 Absatz 1 Satz 1 UmwStG mit dem in der steuerlichen Schlussbilanz der übertragenden Körperschaft enthaltenen Wert zu übernehmen (§ 12 Absatz 1 Satz 1 UmwStG). 12.01

Randnr. 04.01, 04.03 und 04.04 gelten entsprechend. 12.02

II. Erweiterte Wertaufholung – Beteiligungskorrekturgewinn

Im Fall der Aufwärtsverschmelzung einer Tochter- auf ihre Muttergesellschaft sind gem. § 12 Absatz 1 Satz 2 i. V. m. § 4 Absatz 1 Satz 2 UmwStG in der Bilanz der übernehmenden Muttergesellschaft zum steuerlichen Übertragungsstichtag die Anteile an der übertragenden Tochtergesellschaft mindestens mit dem Buchwert, erhöht um in früheren Jahren steuerwirksam vorgenommene Abschreibungen auf die Beteiligung sowie erhöht um steuerwirksame Abzüge nach § 6b EStG und ähnliche Abzüge, höchstens jedoch mit dem gemeinen Wert, anzusetzen. Insoweit erhöht sich der laufende Gewinn der Muttergesellschaft. Das gilt nicht, soweit bereits nach den allgemeinen Regeln bis zum Ablauf des steuerlichen Übertragungsstichtags eine Wertaufholung (§ 6 Absatz 1 Nummer 2 Satz 3 i. V. m. § 6 Absatz 1 Nummer 1 Satz 4 EStG) stattgefunden hat oder die Rücklage nach § 6b Absatz 3 EStG gewinnerhöhend aufgelöst worden ist. Randnr. 04.06 – 04.08 gelten entsprechend. 12.03

III. Eintritt in die steuerliche Rechtsstellung (§ 12 Absatz 3 UmwStG)

Hinsichtlich des Eintritts der übernehmenden Körperschaft in die Rechtsstellung der übertragenden Körperschaft gelten die Randnr. 04.09 – 04.17 entsprechend. 12.04

IV. Übernahmeergebnis

Nach § 12 Absatz 2 Satz 1 UmwStG bleibt bei der übernehmenden Körperschaft ein Gewinn oder Verlust in Höhe des Unterschieds zwischen dem Buchwert der Anteile an der übertragenden Körperschaft und dem Wert, mit dem die übergegangenen Wirtschaftsgüter zu übernehmen sind, abzüglich der Kosten für den Vermögensübergang (vgl. hierzu Randnr. 04.34), außer Ansatz. Der Gewinn ist außerhalb der Steuerbilanz entsprechend zu korrigieren. 12.05

Ein Übernahmeergebnis i. S. d. § 12 Absatz 2 Satz 1 UmwStG ist in allen Fällen der Aufwärts-, Abwärts- und Seitwärtsverschmelzung – ungeachtet einer Beteiligung an der übertragenden Körperschaft – zu ermitteln. Das Übernahmeergebnis entsteht mit Ablauf des steuerlichen Übertragungsstichtags.

12.06 Gem. § 12 Absatz 2 Satz UmwStG ist bei einer Aufwärtsverschmelzung auf einen Übernahmegewinn i. S. d. § 12 Absatz 2 Satz 1 UmwStG in dem Umfang, in dem die übernehmende Muttergesellschaft unmittelbar an der übertragenden Tochtergesellschaft beteiligt ist, § 8b KStG anzuwenden. § 12 Absatz 2 Satz 2 UmwStG findet auf einen Übernahmeverlust keine Anwendung. Bei einer Aufwärtsverschmelzung entsprechen die anteiligen Kosten des Vermögensübergangs i. S. d. § 12 Absatz 2 Satz 2 UmwStG den von der übernehmenden Körperschaft getragenen Aufwendungen.

Beispiel

Die übernehmende M-GmbH ist an der übertragenden T-GmbH zu 40 % beteiligt. Der Buchwert der Anteile beträgt 200.000 € und der Buchwert des übertragenen Vermögens beträgt 800.000 €. Die Kosten des Vermögensübergangs betragen 20.000 €.

Lösung

Der Übernahmegewinn i. S. d. § 12 Absatz 2 Satz 1 UmwStG der M-GmbH beträgt (800.000 € - 200.000 € - 20.000 € =) 580.000 €.
Der Gewinn i. S. d. § 12 Absatz 2 Satz 2 UmwStG beträgt (40 % von 580.000 € =) 232.000 €. Auf diesen Betrag ist § 8b KStG anzuwenden. Danach sind die 232.000 € nach § 8b Absatz 2 Satz 1 KStG steuerfrei, es gelten nach § 8b Absatz 3 Satz 1 KStG 5 % von 232.000 € (= 11.600 €) als nicht abziehbare Betriebsausgaben.

12.07 Bei der Anwendung des § 12 Absatz 2 Satz 2 UmwStG ist bei einer Aufwärtsverschmelzung auf eine Organgesellschaft § 15 Satz 1 Nummer 2 KStG zu beachten. Ist Organträger eine Personengesellschaft, an der natürliche Personen beteiligt sind, sind insoweit gem. § 15 Satz 1 Nummer 2 Satz 2 KStG die § 3 Nummer 40, § 3c Absatz 2 EStG an Stelle des § 8b KStG anzuwenden.

C. Besteuerung der Anteilseigner der übertragenden Körperschaft (§ 13 UmwStG)

I. Anwendungsbereich

13.01 § 13 UmwStG ist nur auf Anteile im Betriebsvermögen, Anteile i. S. d. § 17 EStG und einbringungsgeborene Anteile i. S. d. § 21 Absatz 1 UmwStG 1995 anzuwenden. Für alle übrigen Anteile findet bei Verschmelzung einer Körperschaft § 20 Absatz 4a Satz 1 und 2 EStG Anwendung. In den Fällen der Aufwärtsverschmelzung ist § 13 UmwStG nicht anwendbar, soweit die übernehmende Körperschaft an der übertragenden Körperschaft beteiligt ist; zur Anwendung des § 13 UmwStG bei der Abwärtsverschmelzung vgl. Randnr. 11.19.

13.02 Darüber hinaus findet § 13 UmwStG nur insoweit Anwendung, als dem Anteilseigner der übertragenden Körperschaft keine Gegenleistung oder eine in Gesellschaftsrechten bestehende Gegenleistung gewährt wird. Nicht in Gesellschaftsrechten bestehende Gegenleistungen (vgl. Randnr. 11.10) stellen bei dem Anteilseigner einen Veräußerungserlös für seine Anteile dar. Bei einer nur anteiligen Veräußerung (z. B. Spitzenausgleich) sind dem Veräußerungserlös nur die anteiligen Anschaffungskosten dieser Anteile an dem übertragenden Rechtsträger gegenüberzustellen. In diesen Fällen gilt § 13 UmwStG nur für den übrigen Teil der Anteile.

13.03 § 13 UmwStG gilt auch nicht, soweit es aufgrund der Umwandlung zu einer Wertverschiebung zwischen den Anteilen der beteiligten Anteilseigner kommt. Insoweit handelt es sich um eine Vorteilszuwendung zwischen den Anteilseignern, für deren steuerliche Beurteilung die allgemeinen Grundsätze gelten. Erhält dabei eine an dem übertragenden Rechtsträger beteiligte Kapitalgesellschaft zugunsten eines ihrer Anteilseigner oder einer diesem nahe stehenden Person eine geringerwertige Beteiligung an dem übernehmenden Rechtsträger, kann die Vorteilsgewährung an den Anteilseigner als verdeckte Gewinnausschüttung zu beurteilen sein; im Umkehrfall kann eine verdeckte Einlage durch den Anteilseigner in die Kapitalgesellschaft anzunehmen sein (BFH vom 9. 11. 2010, IX R 24/09, BStBl. 2011 II S. 799). Bei einer nichtverhältniswahrenden Umwandlung ist zu prüfen, ob die Wertverschiebung zwischen den Anteilseignern eine freigebige Zuwendung darstellt (vgl. auch koordinierter Ländererlass vom 20. 10. 2010, BStBl. I S. 1208) und Randnr. 15.44.

13.04 Wird das Vermögen einer beschränkt steuerpflichtigen Körperschaft, Personenvereinigung oder Vermögensmasse als Ganzes durch einen Verschmelzungsvorgang i. S. d. § 12 Absatz 2 Satz 1 KStG nach ausländischem Recht auf eine andere Körperschaft übertragen, gilt nach § 12 Absatz 2

Satz 2 KStG für die Besteuerung der Anteilseigner der übertragenden Körperschaft § 13 UmwStG entsprechend.

II. Veräußerung- und Anschaffungsfiktion zum gemeinen Wert

§ 13 Absatz 1 UmwStG enthält eine Veräußerungs- und Anschaffungsfiktion zum gemeinen Wert, die unabhängig davon gilt, ob i. R. d. Umwandlung neue Anteile an der übernehmenden Körperschaft ausgegeben werden. Bei Anteilen an Genossenschaften richtet sich der gemeine Wert nach dem Entgelt, das bei der Übertragung des Geschäftsguthabens erzielt wird. 13.05

Ein Veräußerungsgewinn oder -verlust entsteht im Zeitpunkt der zivilrechtlichen Wirksamkeit der Umwandlung. § 2 Absatz 1 UmwStG gilt grundsätzlich nicht für den Anteilseigner der übertragenden Körperschaft (vgl. Randnr. 02.03) 13.06

III. Ansatz der Anteile mit dem Buchwert oder den Anschaffungskosten

Abweichend von § 13 Absatz 1 UmwStG können auf Antrag die Anteile an der übertragenden Körperschaft mit dem Buchwert oder den Anschaffungskosten angesetzt werden (§ 13 Absatz 2 UmwStG), wenn 13.07

– das Recht der Bundesrepublik Deutschland hinsichtlich der Besteuerung des Gewinns aus der Veräußerung der Anteile an der übernehmenden Körperschaft nicht ausgeschlossen oder beschränkt wird oder

– die EU-Mitgliedstaaten Artikel 8 Richtlinie 2009/133/EG anzuwenden haben.

§ 13 UmwStG ist unabhängig von der Ausübung des Bewertungswahlrechts bei der übertragenden Körperschaft in § 11 UmwStG anzuwenden. Unerheblich ist weiter, ob die Übertragerin im Inland der Besteuerung unterlegen hat. 13.08

Wird z. B. nach § 54 Absatz 1 Satz 3 UmwG i. R. d. Umwandlung auf die Gewährung neuer Anteile verzichtet, weil der Anteilseigner bereits an der übernehmenden Körperschaft beteiligt ist, sind dem Buchwert bzw. den Anschaffungskosten der Anteile an der übernehmenden Körperschaft der Buchwert bzw. die Anschaffungskosten der Anteile an der übertragenden Körperschaft hinzuzurechnen. Führt die Verschmelzung zu Wertverschiebungen zwischen den Anteilen der beteiligten Anteilseigner, findet § 13 UmwStG insoweit keine Anwendung (vgl. Randnr. 13.03). 13.09

Bei Vorliegen der in § 13 Absatz 2 UmwStG genannten Voraussetzungen ist nur ein Ansatz mit dem Buchwert oder den Anschaffungskosten, nicht jedoch der Ansatz eines Zwischenwerts zulässig. Der Antrag auf Fortführung des Buchwerts oder der Anschaffungskosten bedarf keiner besonderen Form, ist bedingungsfeindlich und unwiderruflich. 13.10

Werden nach § 13 Absatz 2 Satz 1 UmwStG die Anteile an der übernehmenden Körperschaft mit dem Buchwert oder den Anschaffungskosten der Anteile an der übertragenden Körperschaft angesetzt, treten gem. § 13 Absatz 2 Satz 2 UmwStG die Anteile an der übernehmenden Körperschaft steuerlich an die Stelle der Anteile an der übertragenden Körperschaft. Daraus ergeben sich insbesondere folgende Rechtsfolgen: 13.11

– Übergang einer Wertaufholungsverpflichtung nach § 6 Absatz 1 Nummer 2 Satz 3 EStG bei im Betriebsvermögen gehaltenen Anteilen.

– Übergang der Einschränkung nach § 8b Absatz 2 Satz 4 und 5 KStG bzw. § 3 Nummer 40 Satz 1 Buchstabe a Satz 2 und 3 sowie Buchstabe b Satz 3 EStG.

– Wenn die Anteile an der übertragenden Körperschaft solche i. S. d. § 17 EStG waren, gelten auch die Anteile an der übernehmenden Körperschaft als Anteile i. S. d. § 17 EStG, selbst wenn die Beteiligungsgrenze nicht erreicht wird (für die Anwendung der 1 %-Grenze ist auf die Beteiligungsquote vor der Verschmelzung abzustellen).

– Die Steuerverhaftung nach § 21 UmwStG 1995 verlagert sich auf die Anteile an der übernehmenden Körperschaft.

– Ein Sperrbetrag i. S. d. § 50c EStG a. F. verlagert sich auf die Anteile an der übernehmenden Körperschaft.

– Die Eigenschaft „verschmelzungsgeborener Anteil" i. S. d. § 13 Absatz 2 Satz 2 UmwStG 1995 verlagert sich auf die Anteile an der übernehmenden Körperschaft.

– Anrechnung der Besitzzeit an den Anteilen an der übertragenden Körperschaft bei den Anteilen an der übernehmenden Körperschaft (insbesondere bei der Prüfung der gewerbesteuerlichen Kürzung nach § 9 Nummer 2a und 7 GewStG und hinsichtlich einer Rücklage nach § 6b Absatz 10 EStG).

IV. Gewährung von Mitgliedschaftsrechten

13.12 § 13 UmwStG ist entsprechend anzuwenden, wenn im Rahmen der Umwandlung an die Stelle der Anteile an der übertragenden Körperschaft Mitgliedschaftsrechte an der übernehmenden Körperschaft treten oder umgekehrt (z. B. Vermögensübertragung von einer Versicherungs-AG auf einen VVaG oder umgekehrt). Treten an die Stelle von Mitgliedschaftsrechten Anteile, betragen die Anschaffungskosten der Anteile 0 €.

Vierter Teil. Aufspaltung, Abspaltung und Vermögensübertragung (Teilübertragung)

A. Aufspaltung, Abspaltung und Teilübertragung auf andere Körperschaften (§ 15 UmwStG)

I. Teilbetriebsvoraussetzung des § 15 Absatz 1 UmwStG

15.01 § 11 Absatz 2 und § 13 Absatz 2 UmwStG sind auf die Auf- und Abspaltung sowie die Teilübertragung nur entsprechend anzuwenden, wenn auf die Übernehmerinnen bzw. die Übernehmerin ein Teilbetrieb übertragen wird und im Fall der Abspaltung oder der Teilübertragung bei der übertragenden Körperschaft das zurückbleibende Vermögen ebenfalls zu einem Teilbetrieb gehört. Für eine Auf- oder Abspaltung auf eine Personengesellschaft als übernehmender Rechtsträger ist § 16 UmwStG anwendbar.

1. Begriff des Teilbetriebs

15.02 Teilbetrieb i. S. d. § 15 UmwStG ist die Gesamtheit der in einem Unternehmensteil einer Gesellschaft vorhandenen aktiven und passiven Wirtschaftsgüter, die in organisatorischer Hinsicht einen selbstständigen Betrieb, d. h. eine aus eigenen Mitteln funktionsfähige Einheit, darstellen, vgl. Artikel 2 Buchstabe j RL 2009/133/EG (ABl. EG Nr. L 10, S. 34). Zu einem Teilbetrieb gehören alle funktional wesentlichen Betriebsgrundlagen sowie diesem Teilbetrieb nach wirtschaftlichen Zusammenhängen zuordenbaren Wirtschaftsgüter. Die Voraussetzungen eines Teilbetriebs sind nach Maßgabe der einschlägigen Rechtsprechung unter Zugrundelegung der funktionalen Betrachtungsweise aus der Perspektive des übertragenden Rechtsträgers zu beurteilen (EuGH vom 15. 1. 2002, C-43/00, EuGHE I S. 379; BFH vom 7. 4. 2010, I R 96/08, BStBl. 2011 II S. 467). Zu den funktional wesentlichen Betriebsgrundlagen sowie den nach wirtschaftlichen Zusammenhängen zuordenbaren Wirtschaftsgütern können auch Anteile an Kapitalgesellschaften gehören (vgl. auch Randnr. 15.06). Darüber hinaus gilt für Zwecke des § 15 UmwStG als Teilbetrieb ein Mitunternehmeranteil (vgl. Randnr. 15.04) sowie eine 100 % - Beteiligung an einer Kapitalgesellschaft (vgl. Randnr. 15.05).

Beispiel

Aus einem Produktionsbetrieb soll ein wertvolles, aber nicht zu den funktional wesentlichen Betriebsgrundlagen gehörendes Betriebsgrundstück „abgesondert" werden. Um dies zu erreichen, wird der Produktionsbetrieb auf eine neue Gesellschaft abgespalten. In der Ursprungsgesellschaft bleiben das Grundstück und eine 100 %-Beteiligung an einer GmbH oder ein geringfügiger Mitunternehmeranteil zurück.

Lösung

Das zurückbleibende Vermögen erfüllt nicht die Voraussetzungen des § 15 Absatz 1 Satz 2 UmwStG, da das Grundstück weder der 100 %-Beteiligung an der GmbH noch dem Mitunternehmeranteil zugerechnet werden kann (vgl. auch Randnr. 15.11). Eine steuerneutrale Abspaltung ist damit ausgeschlossen.

15.03 Die Teilbetriebsvoraussetzungen müssen zum steuerlichen Übertragungsstichtag vorliegen (vgl. Randnr. 02.14). Ein sog. Teilbetrieb im Aufbau stellt keinen Teilbetrieb i. S. d. § 15 UmwStG dar (vgl. Artikel 2 Buchstabe j Richtlinie 2009/133/EG).

2. Mitunternehmeranteil

15.04 Als Teilbetrieb gelten auch ein Mitunternehmeranteil (§ 15 Absatz 1 Satz 3 UmwStG) sowie der Teil eines Mitunternehmeranteils. Bei der Übertragung eines Teils eines Mitunternehmeranteils muss auch das zu diesem Teilbetrieb gehörende Sonderbetriebsvermögen anteilig mit übertragen werden. Der Mitunternehmeranteil muss zum steuerlichen Übertragungsstichtag vorgelegen haben.

3. 100 % - Beteiligung an einer Kapitalgesellschaft

15.05 Als Teilbetrieb gilt nach § 15 Absatz 1 Satz 3 UmwStG auch die Beteiligung an einer Kapitalgesellschaft, die das gesamte Nennkapital umfasst (100 % - Beteiligung). Die 100 %-Beteiligung an der Kapitalgesellschaft muss zum steuerlichen Übertragungsstichtag vorgelegen haben.

UmwStG **Anhang 4a**

Eine 100 % - Beteiligung stellt keinen eigenständigen Teilbetrieb i. S. d. § 15 Absatz 1 Satz 3 UmwStG dar, wenn sie einem Teilbetrieb als funktional wesentliche Betriebsgrundlage zuzurechnen ist. Wird in diesem Fall die 100 % - Beteiligung übertragen, stellt das zurückbleibende Vermögen keinen Teilbetrieb mehr dar. 15.06

4. Übertragung eines Teilbetriebs

Sämtliche funktional wesentlichen Betriebsgrundlagen sowie die nach wirtschaftlichen Zusammenhängen zuordenbaren Wirtschaftsgüter (vgl. Randnr. 15.02) müssen im Rahmen der Auf- oder Abspaltung gem. § 131 Nummer 1 UmwG übertragen werden. Ergänzend hierzu ist auch die Begründung des wirtschaftlichen Eigentums ausreichend. Die bloße Nutzungsüberlassung ist nicht ausreichend (BFH vom 7. 4. 2010, I R 96/08, BStBl. 2011 II S. 467). 15.07

Wird eine funktional wesentliche Betriebsgrundlage von mehreren Teilbetrieben eines Unternehmens genutzt, liegen die Voraussetzungen für die Steuerneutralität der Spaltung nicht vor (sog. Spaltungshindernis). Grundstücke müssen zivilrechtlich real bis zum Zeitpunkt des Spaltungsbeschlusses aufgeteilt werden. Ist eine reale Teilung des Grundstücks der übertragenden Körperschaft nicht zumutbar, bestehen aus Billigkeitsgründen im Einzelfall keine Bedenken, eine ideelle Teilung (Bruchteilseigentum) im Verhältnis der tatsächlichen Nutzung unmittelbar nach der Spaltung ausreichen zu lassen. 15.08

Betriebsvermögen der übertragenden Körperschaft, das weder zu den funktional wesentlichen Betriebsgrundlagen noch zu den nach wirtschaftlichen Zusammenhängen zuordenbaren Wirtschaftsgütern gehört, kann jedem der Teilbetriebe zugeordnet werden. Die Zuordnung dieser Wirtschaftsgüter kann bis zum Zeitpunkt des Spaltungsbeschlusses erfolgen. Ändert sich nach dem steuerlichen Übertragungsstichtag bei einem nach wirtschaftlichen Zusammenhängen zuordenbaren Wirtschaftsgut aufgrund dauerhafter Änderung des Nutzungszusammenhangs die Zuordnung zu einem der Teilbetriebe, wird es nicht beanstandet, wenn für die wirtschaftliche Zuordnung dieses Wirtschaftsguts zu einem Teilbetrieb auf die Verhältnisse zum Zeitpunkt des Spaltungsbeschlusses abgestellt wird. 15.09

Pensionsrückstellungen sind dem Teilbetrieb zuzuordnen, mit dem sie wirtschaftlich zusammenhängen. Bei noch bestehenden Arbeitsverhältnissen hat gem. § 249 Absatz 1 Satz 1 HGB i. V. m. § 131 Absatz 1 Nummer 1 Satz 1 UmwG derjenige Rechtsträger die Rückstellung zu bilden, der gem. § 613a Absatz 1 Satz 1 BGB in die Rechte und Pflichten aus den am Spaltungsstichtag bestehenden Arbeitsverhältnissen eintritt. In den übrigen Fällen hat gem. § 249 Absatz 1 Satz 1 HGB i. V. m. § 131 Absatz 1 Nummer 1 Satz 1 UmwG der Rechtsträger die Rückstellung zu bilden, der die aus den Pensionszusagen sich ergebenden Verpflichtungen übernimmt. 15.10

Einer 100 % - Beteiligung oder einem Mitunternehmeranteil können nur die Wirtschaftsgüter einschließlich der Schulden zugeordnet werden, die in unmittelbarem wirtschaftlichen Zusammenhang mit der Beteiligung oder dem Mitunternehmeranteil stehen. Dazu gehören bei einer 100 % - Beteiligung alle Wirtschaftsgüter, die für die Verwaltung der Beteiligung erforderlich sind (z. B. Ertragskonten, Einrichtung). 15.11

5. Fehlen der Teilbetriebsvoraussetzung

Liegen die Voraussetzungen des § 15 Absatz 1 Satz 2 UmwStG nicht vor, sind die stillen Reserven des übergehenden Vermögens nach § 11 Absatz 1 UmwStG aufzudecken. Auf der Ebene des Anteilseigners gilt in diesen Fällen bei einer Aufspaltung gem. § 13 Absatz 1 UmwStG der gesamte Anteil an der übertragenden Körperschaft als zum gemeinen Wert veräußert. Bei einer Abspaltung gilt gem. § 13 Absatz 1 UmwStG die Beteiligung zu dem Teil als zum gemeinen Wert veräußert, der bei Zugrundelegung des gemeinen Werts dem übertragenen Teil des Betriebsvermögens entspricht. Etwas anderes gilt für den nicht i. S. d. § 17 EStG beteiligten Anteilseigner mit Anteilen i. S. d. § 20 Absatz 2 Satz 1 Nummer 1 EStG; hier ergeben sich die steuerlichen Rechtsfolgen bei einer Aufspaltung aus § 20 Absatz 4a Satz 1 EStG und bei einer Abspaltung aus § 20 Absatz 4a Satz 5 EStG. Zum Anwendungsbereich des § 13 UmwStG vgl. auch Randnr. 13.01. 15.12

Die anderen Vorschriften des UmwStG (insbesondere §§ 2 und 12 UmwStG) bleiben hiervon unberührt. 15.13

II. Steuerliche Schlussbilanz und Bewertungswahlrecht

Die Verpflichtung der übertragenden Körperschaft zur Erstellung und Abgabe einer steuerlichen Schlussbilanz bezieht sich auf das übertragene Vermögen; d. h. bei Abspaltung eines Teilbetriebs ist eine steuerliche Schlussbilanz auf den steuerlichen Übertragungsstichtag isoliert nur für den abgespaltenen Teilbetrieb zu erstellen. Randnr. 11.02 – 11.04 gelten entsprechend. 15.14

Für das Wahlrecht auf Ansatz der Buch- oder Zwischenwerte gelten Randnr. 11.05 – 11.12 entsprechend.

III. Zur Anwendung des § 15 Absatz 2 UmwStG

15.15 Zur Verhinderung von Missbräuchen enthalten die steuerlichen Spaltungsregelungen über die handelsrechtlichen Regelungen des UmwG hinaus weitere Voraussetzungen.

1. Erwerb und Aufstockung i. S. d. § 15 Absatz 2 Satz 1 UmwStG

15.16 Eine steuerneutrale Spaltung ist nach § 15 Absatz 2 Satz 1 UmwStG ausgeschlossen, wenn der als Teilbetrieb geltende Mitunternehmeranteil oder die 100 % - Beteiligung an einer Kapitalgesellschaft innerhalb von drei Jahren vor dem steuerlichen Übertragungsstichtag durch Übertragung von Wirtschaftsgütern, die kein Teilbetrieb sind, erworben oder aufgestockt worden sind. Hierdurch wird die Umgehung der Teilbetriebsvoraussetzung des § 15 Absatz 1 Satz 2 UmwStG verhindert. Eine Aufstockung in diesem Sinne liegt bei Wirtschaftsgütern, die stille Reserven enthalten, regelmäßig nur vor, wenn die in den übergegangenen Wirtschaftsgütern ruhenden stillen Reserven nicht oder nicht in vollem Umfang aufgedeckt wurden.

15.17 § 15 Absatz 2 Satz 1 UmwStG gilt im Fall der Abspaltung sowohl für das abgespaltene Vermögen als auch für den zurückbleibenden Teil des Vermögens. Das bedeutet, dass § 11 Absatz 2 UmwStG auch nicht anzuwenden ist, wenn ein bei der übertragenden Körperschaft zurückbleibender Mitunternehmeranteil oder eine zurückbleibende 100 % - Beteiligung i. S. d. § 15 Absatz 2 Satz 1 UmwStG innerhalb eines Zeitraums von drei Jahren vor dem steuerlichen Übertragungsstichtag durch Übertragung von Wirtschaftsgütern, die kein Teilbetrieb sind, erworben oder aufgestockt worden ist.

15.18 Bei Mitunternehmeranteilen ist im Ergebnis jede Einlage und Überführung von Wirtschaftsgütern, die stille Reserven enthalten, in das Gesamthandsvermögen oder Sonderbetriebsvermögen innerhalb von drei Jahren vor dem steuerlichen Übertragungsstichtag schädlich, da sie zu einer Aufstockung der Beteiligung führt.

15.19 § 15 Absatz 2 Satz 1 UmwStG ist nicht anzuwenden, wenn die Aufstockung der Beteiligung nicht durch die übertragende Kapitalgesellschaft erfolgt.

Beispiel

Eine GmbH 1 ist zu 60 % an der GmbH 2 beteiligt. Weitere 40 % der Anteile an der GmbH 2 werden von einem Anteilseigner der GmbH 1 nach § 21 UmwStG zum Buchwert in die GmbH 1 eingebracht. Danach ist die GmbH 1 zu 100 % an der GmbH 2 beteiligt. Die 100 % - Beteiligung stellt einen Teilbetrieb i. S. d. § 15 Absatz 1 Satz 2 UmwStG dar.

Lösung

Der Vorgang ist nicht schädlich i. S. d. § 15 Absatz 2 Satz 1 UmwStG, da die Aufstockung nicht auf einer Zuführung eines Wirtschaftsguts durch die GmbH 1 an die GmbH 2, sondern auf der Zuführung durch einen Dritten (dem Anteilseigner der GmbH 1) beruht.

15.20 Bei Mitunternehmeranteilen und bei Anteilen an Kapitalgesellschaften sind der unentgeltliche Erwerb (z. B. Erbfall) und der gewinnrealisierende entgeltliche Erwerb unschädlich. Gleiches gilt für den unentgeltlichen und den gewinnrealisierenden entgeltlichen Hinzuerwerb.

Beispiel

Die GmbH 1 ist zu 90 % an der GmbH 2 beteiligt. Sie kauft von einem Dritten weitere 10 % der Anteile und ist damit zu 100 % an der GmbH 2 beteiligt.

Lösung

Der Zukauf ist unschädlich.

15.21 § 15 Absatz 2 UmwStG schließt bei Vorliegen der dort genannten Voraussetzungen eine steuerneutrale Spaltung nach § 11 Absatz 2 UmwStG aus. Diese Rechtsfolge trifft im Falle der Abspaltung nur den abgespaltenen Teil des Betriebsvermögens. Die stillen Reserven in dem bei der Überträgerin verbleibenden Betriebsvermögen werden nicht aufgedeckt. Die Anwendung der übrigen Vorschriften des UmwStG (insbesondere der §§ 2, 12 und 13 UmwStG) bleibt hiervon unberührt.

2. Veräußerung und Vorbereitung der Veräußerung (§ 15 Absatz 2 Satz 2 bis 4 UmwStG)

a) Veräußerung i. S. d. § 15 Absatz 2 Satz 2 bis 4 UmwStG

15.22 Die Spaltung eines Rechtsträgers soll die Fortsetzung des bisherigen unternehmerischen Engagements in anderer Rechtsform ermöglichen. Die Steuerneutralität wird nicht gewährt, wenn durch die Spaltung die Veräußerung an außenstehende Personen vollzogen wird oder wenn die Voraussetzungen für eine Veräußerung geschaffen werden (§ 15 Absatz 2 Satz 2 bis 4 UmwStG).

Eine unentgeltliche Anteilsübertragung (Erbfolge, Erbauseinandersetzung) ist keine schädliche Veräußerung i. S. d. § 15 Absatz 2 Satz 2 bis 4 UmwStG. Dies gilt nicht für Erbauseinandersetzungen mit Ausgleichszahlungen. 15.23

Eine schädliche Veräußerung i. S. d. § 15 Absatz 2 Satz 3 und 4 UmwStG ist jede Übertragung gegen Entgelt. Hierzu gehören insbesondere auch Umwandlungen und Einbringungen, z. B. Verschmelzung, Auf-oder Abspaltung, Formwechsel (vgl. Randnr. 00.02) 15.24

Eine Kapitalerhöhung innerhalb von fünf Jahren nach der Spaltung ist schädlich, wenn der Vorgang wirtschaftlich als Veräußerung von Anteilen durch die Gesellschafter zu werten ist. Die Aufnahme neuer Gesellschafter gegen angemessenes Aufgeld ist wirtschaftlich nicht als Veräußerung von Anteilen durch die Anteilseigner anzusehen, wenn der der Kapitalgesellschaft zugeführten Mittel nicht innerhalb der Fünfjahresfrist an die bisherigen Anteilseigner ausgekehrt werden. 15.25

Die Umstrukturierung innerhalb verbundener Unternehmen i. S. d. § 271 Absatz 2 HGB und juristischer Personen des öffentlichen Rechts einschließlich ihrer Betriebe gewerblicher Art stellt ebenso wie eine Anteilsveräußerung innerhalb des bisherigen Gesellschafterkreises nur dann keine schädliche Veräußerung i. S. d. § 15 Absatz 2 Satz 3 und 4 UmwStG dar, wenn im Anschluss an diesen Vorgang keine unmittelbare oder mittelbare Veräußerung an eine außenstehende Person stattfindet. 15.26

Für die Beantwortung der Frage, ob eine Anteilsveräußerung an außenstehende Personen vollzogen wird, ist auf den Gesellschafterbestand zum steuerlichen Übertragungsstichtag abzustellen; dabei sind Veränderungen des Gesellschafterbestands während der sog. Interimszeit nicht zurückzubeziehen.

b) Veräußerungssperre des § 15 Absatz 2 Satz 4 UmwStG

§ 11 Absatz 2 UmwStG ist nach § 15 Absatz 2 Satz 4 UmwStG nicht anzuwenden, wenn innerhalb von fünf Jahren nach dem steuerlichen Übertragungsstichtag Anteile an einer an der Spaltung beteiligten Körperschaft, die mehr als 20 % der vor Wirksamwerden der Spaltung an der Körperschaft bestehenden Anteile ausmachen, veräußert werden (unwiderlegliche gesetzliche Vermutung). § 15 Absatz 2 Satz 4 UmwStG erfasst im Fall der Abspaltung sowohl die Veräußerung der Anteile an der übertragenden als auch die an der übernehmenden Körperschaft (BFH vom 3. 8. 2005, I R 62/04, BStBl. 2006 II S. 391). 15.27

Die Rechtsfolgen des § 15 Absatz 2 Satz 2 bis 4 UmwStG knüpfen an die Veräußerung der Anteile durch die Gesellschafter und nicht an die Veräußerung von Betriebsvermögen durch eine der an der Spaltung beteiligten Körperschaften an. 15.28

Die Quote von 20 % bezieht sich auf die Anteile an der übertragenden Körperschaft vor der Spaltung. Die Quote ist entsprechend dem Verhältnis der übergehenden Vermögensteile zu dem bei der übertragenden Körperschaft vor der Spaltung vorhandenen Vermögen aufzuteilen, wie es in der Regel im Umtauschverhältnis der Anteile im Spaltungs- und Übernahmevertrag oder im Spaltungsplan (§ 126 Absatz 1 Nummer 3, § 136 UmwG) zum Ausdruck kommt. Auf die absolute Höhe des Nennkapitals der an der Spaltung beteiligten alten und neuen Gesellschafter sowie auf die Wertentwicklung der Beteiligungen kommt es nicht an. 15.29

Die nachfolgende Tabelle zeigt für ausgewählte Aufteilungsverhältnisse bei Spaltungen zur Neugründung die Quote der Anteile an den aus der Spaltung hervorgegangenen GmbH A und GmbH B, die – alternativ – höchstens veräußert werden dürfen, ohne die Buchwertfortführung bzw. den Zwischenwertansatz bei der Spaltung zu gefährden: 15.30

GmbH A					
Anteil des übergegangenen Vermögens in %	1	10	20	30	40	50
zulässige Quote in %	100	100	100	66,6	50	40
GmbH B					
Anteil des übergegangenen Vermögens in %	99	90	80	70	60	50
zulässige Quote in %	20,2	22,2	25	28,6	33,3	40
Bei Veräußerung von Anteilen an der Gesellschaft A in Höhe der zulässigen Quote verbleiben für die Gesellschafter der Gesellschaft B	19,2	11,1	0	0	0	0

Soweit durch einen oder mehrere Gesellschafter zusammen die 20 %-Quote ausgeschöpft wurde, sind weitere Anteilsveräußerungen durch andere Gesellschafter steuerschädlich. Die Rechtsfolgen 15.31

einer schädlichen Veräußerung treffen steuerrechtlich immer die übertragende Körperschaft und damit mittelbar auch die übrigen Gesellschafter.

15.32 Nach Ablauf der fünfjährigen Veräußerungssperre können die Anteile an den an der Spaltung beteiligten Körperschaften veräußert werden, ohne die Steuerneutralität der vorangegangenen Spaltung zu gefährden.

c) Rechtsfolgen einer steuerschädlichen Anteilsveräußerung

15.33 Werden innerhalb von fünf Jahren nach dem steuerlichen Übertragungsstichtag Anteile an einer an der Spaltung beteiligten Körperschaft in steuerschädlichem Umfang veräußert, führt dies dazu, dass das gesamte auf den bzw. die übernehmenden Rechtsträger übergegangene Vermögen mit dem gemeinen Wert anzusetzen ist. Die Anwendung der übrigen Vorschriften des UmwStG (insbesondere der §§ 2, 12 und 13 UmwStG) bleibt hiervon unberührt.

15.34 Entfallen infolge der Anteilsveräußerung innerhalb von fünf Jahren nach dem steuerlichen Übertragungsstichtag die Voraussetzungen des § 15 UmwStG, sind die Körperschaftsteuerbescheide des Veranlagungszeitraums gem. § 175 Absatz 1 Satz 1 Nummer 2 AO zu ändern, in dem der Spaltungsvorgang steuerlich erfasst wurde (rückwirkendes Ereignis).

15.35 Die Festsetzungsverjährungsfrist beginnt gem. § 175 Absatz 1 Satz 2 AO mit dem Ablauf des Kalenderjahrs, in dem die schädliche Veräußerung erfolgt. Wird der Tatbestand des § 15 Absatz 2 Satz 4 UmwStG durch mehrere zeitlich hintereinander liegende Veräußerungen verwirklicht, beginnt die Verjährung mit dem Ende des Kalenderjahrs, in dem die Veräußerung erfolgt, die letztlich die Rechtsfolge des § 15 Absatz 2 Satz 4 UmwStG auslöst.

3. Trennung von Gesellschafterstämmen (§ 15 Absatz 2 Satz 5 UmwStG)

a) Begriff der Trennung von Gesellschafterstämmen

15.36 Bei der Trennung von Gesellschafterstämmen setzt die Anwendung des § 11 Absatz 2 UmwStG voraus, dass die Beteiligungen an der übertragenden Körperschaft mindestens fünf Jahre bestanden haben (§ 15 Absatz 2 Satz 5 UmwStG). Änderungen in der Beteiligungshöhe innerhalb der Fünfjahresfrist bei Fortdauer der Beteiligung dem Grunde nach sind unschädlich.

15.37 Eine Trennung von Gesellschafterstämmen liegt vor, wenn im Fall der Aufspaltung an den übernehmenden Körperschaften und im Fall der Abspaltung an der übernehmenden und an der übertragenden Körperschaft nicht mehr alle Anteilsinhaber der übertragenden Körperschaft beteiligt sind.

b) Vorbesitzzeit

15.38 Hat die übertragende Körperschaft noch keine fünf Jahre bestanden, ist grundsätzlich eine steuerneutrale Trennung von Gesellschafterstämmen im Wege der Spaltung nicht möglich.

15.39 Auch innerhalb verbundener Unternehmen i. S. d. § 271 Absatz 2 HGB und juristischer Personen des öffentlichen Rechts einschließlich ihrer Betriebe gewerblicher Art findet eine Anrechnung eines Vorbesitzes eines anderen verbundenen Unternehmens auf die fünfjährige Vorbesitzzeit i. S. d. § 15 Absatz 2 Satz 5 UmwStG nicht statt.

15.40 Zeiten, in der eine aus einer Umwandlung hervorgegangene Kapitalgesellschaft als Personengesellschaft mit den gleichen Gesellschafterstämmen bestanden hat, werden auf die Vorbesitzzeit i. S. d. § 15 Absatz 2 Satz 5 UmwStG angerechnet.

IV. Kürzung verrechenbarer Verluste, verbleibender Verlustvorträge, nicht ausgeglichener negativer Einkünfte, eines Zinsvortrags und eines EBITDA-Vortrags (§ 15 Absatz 3 UmwStG)

15.41 In Abspaltungsfällen verringern sich bei der übertragenden Körperschaft verrechenbare Verluste, ein verbleibender Verlustvortrag, nicht ausgeglichene negative Einkünfte, ein Zinsvortrag sowie ein EBITDA-Vortrag. Nach § 15 Absatz 3 UmwStG erfolgt die Kürzung in dem Verhältnis, in dem bei Zugrundelegung des gemeinen Werts das Vermögen auf eine andere Körperschaft übergeht. I. d. R. entspricht das Verhältnis der gemeinen Werte dem Spaltungsschlüssel.

Erfolgt die Abspaltung auf einen unterjährigen steuerlichen Übertragungsstichtag, umfasst die Verringerung nach § 15 Absatz 3 Satz 1 UmwStG auch einen auf die Zeit bis zum steuerlichen Übertragungsstichtag entfallenden laufenden Verlust; für die Ermittlung gelten die Grundsätze in dem BMF-Schreiben vom 4. 7. 2008, BStBl. I S. 736, Randnr. 32, entsprechend.

V. Aufteilung der Buchwerte der Anteile gem. § 13 UmwStG in den Fällen der Spaltung

Im Fall der Aufspaltung einer Körperschaft können die Anteilseigner der übertragenden Körperschaft Anteile an mehreren übernehmenden Körperschaften, im Fall der Abspaltung neben Anteilen an der übertragenden auch Anteile an der übernehmenden Körperschaft erhalten. 15.42

Die Anwendung des § 15 Absatz 1 i. V. m. § 13 Absatz 1 und 2 UmwStG erfordert eine Aufteilung der Anschaffungskosten bzw. des Buchwerts der Anteile an der übertragenden Körperschaft. Der Aufteilung kann grundsätzlich das Umtauschverhältnis der Anteile im Spaltungs- oder Übernahmevertrag oder im Spaltungsplan zugrunde gelegt werden. Ist dies nicht möglich, ist die Aufteilung nach dem Verhältnis der gemeinen Werte der übergehenden Vermögensteile zu dem vor der Spaltung vorhandenen Vermögen vorzunehmen. Auch nach der Abspaltung eines Teilbetriebs auf die Muttergesellschaft ist der bisherige Buchwert der Beteiligung an der Tochtergesellschaft im Verhältnis des gemeinen Werts des übergegangenen Vermögens zum gesamten Vermögen der Tochtergesellschaft aufzuteilen. 15.43

Beispiel:

Die AB-GmbH, an der A und B seit mehr als fünf Jahren als Gründungsgesellschafter zu je 50 % beteiligt sind (Anschaffungskosten der Beteiligung = jeweils 300.000 €), verfügt über zwei Teilbetriebe, wobei der gemeine Wert des Teilbetriebs I = 2.000.000 € und der gemeine Wert des Teilbetriebs II = 1.000.000 € beträgt. Es erfolgt eine Abspaltung in der Weise, dass der Teilbetrieb I bei der AB-GmbH zurückbleibt und der Teilbetrieb II auf die neu gegründete B-GmbH übergeht. B wird Alleingesellschafter der B-GmbH. An der AB-GmbH wird A mit 75 % und B mit 25 % beteiligt.

Lösung

A hält nach der Spaltung unverändert AB-Anteile mit Anschaffungskosten von 300.000 €. Bei B teilen sich die bisherigen Anschaffungskosten im Verhältnis der auf seine Beteiligung entfallenden gemeinen Werte mit 100.000 € auf die AB-Anteile und mit 200.000 € auf die B-Anteile auf.

VI. Umwandlungen mit Wertverschiebungen zwischen den Anteilseignern

Werden bei einer Auf- oder Abspaltung den Anteilseignern des übertragenden Rechtsträgers oder diesen nahe stehenden Personen Anteile an dem übernehmenden Rechtsträger nicht in dem Verhältnis und / oder nicht mit dem ihrer Beteiligung an dem übertragenden Rechtsträger entsprechenden Wert zugeteilt (vgl. § 128 UmwG), handelt es sich dabei grundsätzlich um eine Vorteilszuwendung zwischen den Anteilseignern. In dem einem Anteilseigner gewährten Mehrwert der Anteile ist keine Gegenleistung i. S. d. § 11 Absatz 2 Satz 1 Nummer 3 UmwStG zu sehen. Auch führt eine solche Quoten- und / oder Wertverschiebung nicht zur Anwendung des § 15 Absatz 2 Satz 2 bis 4 UmwStG, es sei denn, die Beteiligungsquoten verschieben sich zugunsten außenstehender Personen. Zu den steuerlichen Folgen einer nichtverhältniswahrenden Auf- oder Abspaltung vgl. auch Randnr. 13.03. 15.44

B. Aufspaltung oder Abspaltung auf eine Personengesellschaft (§ 16 UmwStG)

I. Entsprechende Anwendung des § 15 UmwStG

Für die Auf- und Abspaltung von Vermögen auf eine Personengesellschaft gilt § 15 UmwStG entsprechend. Die §§ 11 bis 13 UmwStG sind jedoch wegen des Vorrangs des Verweises auf die §§ 3 bis 8 und 10 UmwStG in § 16 Satz 1 UmwStG in diesen Fällen grundsätzlich nicht anzuwenden. 16.01

II. Anwendbarkeit des § 3 Absatz 2 UmwStG

§ 3 Absatz 2 UmwStG ist bei der Übertragung auf eine Personengesellschaft entsprechend anzuwenden, 16.02

– wenn jeweils ein Teilbetrieb übergeht,

– wenn im Falle der Abspaltung das der übertragenden Körperschaft verbleibende Vermögen ebenfalls zu einem Teilbetrieb gehört, § 15 Absatz 1 Satz 2 UmwStG und

– soweit die Missbrauchsregeln des § 15 Absatz 2 UmwStG beachtet werden; dabei ist § 15 Absatz 2 Satz 2 bis 4 UmwStG auch auf die nach der Auf- bzw. Abspaltung entstehenden Anteile an der Personengesellschaft anzuwenden.

Zum Begriff des Teilbetriebs vgl. Randnr. 15.02 ff.

III. Verrechenbare Verluste, verbleibende Verlustvorträge, nicht ausgeglichene negative Einkünfte, Zinsvorträge und EBITDA-Vorträge

16.03 Im Falle der Abspaltung vermindern sich die in § 15 Absatz 3 UmwStG genannten Beträge bei der übertragenden Körperschaft. Bei einer Aufspaltung gehen diese Beträge unter.

IV. Investitionsabzugbetrag nach § 7g EStG

16.04 Im Fall der Auf- bzw. Abspaltung wird ein Investitionsabzugsbetrag von dem übernehmenden Rechtsträger fortgeführt, soweit auf diesen ein Teilbetrieb übergeht und der Investitionsabzugsbetrag für Wirtschaftsgüter gebildet wurde, die im Falle ihrer späteren Anschaffung oder Herstellung dem übergehenden Teilbetrieb zuzurechnen wären. Im Falle des § 7g Absatz 3 EStG ist hinsichtlich der übernommenen Investitionsabzugsbeträge der Abzug beim übertragenden Rechtsträger rückgängig zu machen (vgl. BMF-Schreiben vom 8. 5. 2009, BStBl. I S. 633, Randnr. 59).

Fünfter Teil. Gewerbesteuer

A. Gewerbesteuer bei Vermögensübergang auf eine Personengesellschaft oder auf eine natürliche Person sowie bei Formwechsel in eine Personengesellschaft (§ 18 UmwStG)

I. Geltung der §§ 3 bis 9 und 16 UmwStG für die Ermittlung des Gewerbeertrags (§ 18 Absatz 1 UmwStG)

18.01 Die §§ 3 bis 9 und 16 UmwStG gelten auch für die Ermittlung des Gewerbeertrags und betreffen sowohl die Ermittlung des Gewerbeertrags des übertragenden als auch des übernehmenden Rechtsträgers. Die gewerbesteuerliche Erfassung der stillen Reserven (z. B. bei Vermögensübergang von einer GmbH in das Betriebsvermögen eines Freiberuflers i. S. d. § 18 EStG) ist für die Ausübung der Wahlrechte unbeachtlich (vgl. Randnr. 03.17).

18.02 Der Übergang von Fehlbeträgen des laufenden Erhebungszeitraums sowie von vortragsfähigen Fehlbeträgen i. S. d. § 10a GewStG der übertragenden Körperschaft auf den übernehmenden Rechtsträger ist ausgeschlossen (§ 4 Absatz 2 Satz 1, § 18 Absatz 1 Satz 2 UmwStG). Die Beschränkung der Verlustnutzung nach § 2 Absatz 4 UmwStG ist zu beachten.

II. Übernahmegewinn, Übernahmeverlust sowie Bezüge i. S. d. § 7 UmwStG (§ 18 Absatz 2 UmwStG)

18.03 Ein Übernahmeverlust oder ein Übernahmegewinn ist bei der Gewerbesteuer nicht zu berücksichtigen (§ 18 Absatz 2 Satz 1 UmwStG). Dies gilt nicht für einen Beteiligungskorrekturgewinn sowie einen Übernahmefolgegewinn oder Übernahmefolgeverlust.

18.04 Bezüge i. S. d. § 7 UmwStG aus Anteilen i. S. d. § 5 Absatz 2 UmwStG sind bei der Gewerbesteuer nicht zu erfassen (§ 18 Absatz 2 Satz 2 UmwStG). Für die Prüfung der Voraussetzungen des § 9 Nummer 2a oder 7 GewStG sind die Verhältnisse zu Beginn des Erhebungszeitraums beim übernehmenden Rechtsträger maßgebend. Das gilt auch dann, wenn die Voraussetzungen beim Anteilseigner des übertragenden Rechtsträgers erfüllt worden sind.

III. Missbrauchstatbestand des § 18 Absatz 3 UmwStG

18.05 Nach § 18 Absatz 3 UmwStG unterliegt ein Gewinn aus der Auflösung oder Veräußerung des Betriebs der Personengesellschaft der Gewerbesteuer, wenn innerhalb von fünf Jahren nach der Umwandlung eine Betriebsaufgabe oder Veräußerung erfolgt. Das gilt entsprechend, soweit ein Teilbetrieb (vgl. hierzu Randnr. 15.02 f.) oder ein Anteil an der Personengesellschaft aufgegeben oder veräußert wird (§ 18 Absatz 3 Satz 2 UmwStG). § 18 Absatz 3 UmwStG gilt nicht für den Übergang des Betriebsvermögens auf einen Rechtsträger ohne Betriebsvermögen (vgl. § 8 UmwStG sowie Randnr. 03.16). Für die Fristberechnung gilt Randnr. 06.10 entsprechend.

1. Begriff der Veräußerung und Aufgabe

18.06 Das Vorliegen einer Aufgabe oder Veräußerung des Betriebs, Teilbetriebs oder Mitunternehmeranteils ist nach allgemeinen Grundsätzen zu beurteilen. Daher erfasst § 18 Absatz 3 UmwStG auch die Veräußerung gegen wiederkehrende Bezüge. Das Wahlrecht nach R 16 Absatz 11 EStR 2010 besteht für Zwecke des § 18 UmwStG nicht. § 18 Absatz 3 Satz 2 UmwStG erfasst auch die Veräußerung des Teils eines Mitunternehmeranteils.

18.07 Eine Veräußerung des auf den übernehmenden Rechtsträger übergegangenen Betriebs, Teilbetriebs oder Mitunternehmeranteils liegt z. B. auch dann vor, wenn der übergegangene Betrieb in eine Kapitalgesellschaft oder Personengesellschaft gegen Gewährung von Gesellschaftsrechten eingebracht wird (vgl. Randnr. 00.02).

Wird der Betrieb, Teilbetrieb oder Mitunternehmeranteil nach §§ 20, 24 UmwStG zum Buch- oder Zwischenwert eingebracht, tritt die übernehmende Gesellschaft in die Rechtsstellung des übertragenden Rechtsträgers ein und ist daher für den Rest der Fünfjahresfrist der Vorschrift des § 18 Absatz 3 UmwStG unterworfen (vgl. § 23 Absatz 1, § 24 Absatz 4 UmwStG). Kommt es bei Einbringung zum Zwischenwert zu einem Übertragungsgewinn, unterliegt dieser Gewinn ungeachtet des Eintritts in die Rechtsstellung insoweit der Anwendung des § 18 Absatz 3 UmwStG.

Wird der Betrieb, Teilbetrieb oder Mitunternehmeranteil nach §§ 20, 24 UmwStG zum gemeinen Wert eingebracht, findet § 18 Absatz 3 UmwStG auf einen Übertragungsgewinn Anwendung. Anders als in den Fällen der Einbringung im Wege der Einzelrechtsnachfolge (vgl. § 23 Absatz 4 erster Halbsatz UmwStG) wird die Fünfjahresfrist in den Fällen der Gesamtrechtsnachfolge auch bei Einbringung zum gemeinen Wert vom übernehmenden Rechtsträger fortgeführt (§ 23 Absatz 4 zweiter Halbsatz UmwStG).

Soweit der im Wege der Umwandlung übergegangene Betrieb, Teilbetrieb oder Mitunternehmeranteil innerhalb der Fünfjahresfrist unentgeltlich übertragen wird, ist der Rechtsnachfolger für den Rest der Fünfjahresfrist der Vorschrift des § 18 Absatz 3 UmwStG unterworfen; werden die stillen Reserven ganz oder teilweise aufgedeckt, ist § 18 Absatz 3 UmwStG anzuwenden. Findet auf die unentgeltliche Übertragung § 6 Absatz 3 EStG keine Anwendung (z. B. bei verdeckter Einlage in eine Kapitalgesellschaft), liegt eine Betriebsaufgabe vor. 18.08

2. Aufgabegewinn oder Veräußerungsgewinn

§ 18 Absatz 3 UmwStG erfasst sämtliche stillen Reserven des im Zeitpunkt der Aufgabe oder Veräußerung vorhandenen Betriebsvermögens. Der „Nachversteuerung" unterliegen danach auch neu gebildete stille Reserven. Stille Reserven, die bereits vor der Umwandlung in dem Betrieb des aufnehmenden Rechtsträgers vorhanden waren, unterliegen der Gewerbesteuer, wenn die Anmeldung zur Eintragung in das für die Wirksamkeit der Umwandlung maßgebende öffentliche Register nach dem 31. 12. 2007 erfolgt ist. Für Umwandlungen vor diesem Stichtag vgl. BFH vom 20. 11. 2006, VIII R 47/05, BStBl. 2008 II S. 69. Unterliegt ein Gewinn sowohl nach § 7 Satz 1 oder 2 GewStG als auch nach § 18 Absatz 3 UmwStG der Gewerbesteuer, ist § 18 Absatz 3 UmwStG vorrangig anzuwenden. 18.09

Ein Aufgabeverlust oder Veräußerungsverlust ist gewerbesteuerlich nicht zu berücksichtigen. 18.10

3. Übergang auf Rechtsträger, der nicht gewerbesteuerpflichtig ist

§ 18 Absatz 3 UmwStG gilt bei der Umwandlung einer Körperschaft für die übernehmende Personengesellschaft oder die übernehmende natürliche Person. Die Gewerbesteuer ist auch festzusetzen, wenn der übernehmende Rechtsträger nicht gewerbesteuerpflichtig ist. § 18 Absatz 3 UmwStG ist ein Sondertatbestand der Gewerbesteuerpflicht. 18.11

B. Gewerbesteuer bei Vermögensübergang auf eine andere Körperschaft (§ 19 UmwStG)

Die §§ 11 bis 15 UmwStG gelten auch für die Ermittlung des Gewerbeertrags und betreffen sowohl die Ermittlung des Gewerbeertrags des übertragenden als auch des übernehmenden Rechtsträgers sowie der Anteilseigner des übertragenden Rechtsträgers. Die gewerbesteuerliche Erfassung der stillen Reserven (z. B. bei Vermögensübergang von einer unbeschränkt steuerpflichtigen Körperschaft in ein Betriebsvermögen einer beschränkt steuerpflichtigen Kapitalgesellschaft i. S. d. § 49 Absatz 1 Nummer 2 Buchstabe f Satz EStG) ist für die Ausübung der Wahlrechte unbeachtlich (vgl. Randnr. 03.17). 19.01

Sechster Teil. Einbringung von Unternehmensteilen in eine Kapitalgesellschaft oder Genossenschaft und Anteilstausch

A. Grundkonzeption der Einbringung nach §§ 20 ff. UmwStG

I. Allgemeines

Die bisherige Methode der Sonderregelungen für die Besteuerung einbringungsgeborener Anteile (§ 21 UmwStG 1995, § 8b Absatz 4 KStG a. F., § 3 Nummer 40 Satz 3 und 4 EStG a. F.) und die bisherige Missbrauchsklausel (§ 26 Absatz 2 Satz 1 und 2 UmwStG 1995) wurden durch das SEStEG abgelöst und durch eine rückwirkende Besteuerung des zugrunde liegenden Einbringungsvorgangs ersetzt. Die bisher geltenden Regelungen des UmwStG 1995 sind für einbringungsgeborene Anteile i. S. d. § 21 UmwStG 1995 nach § 27 Absatz 3 UmwStG weiterhin anzuwenden. E 20.01

II. Grundkonzept

E 20.02 Die Regelungen für die Sacheinlage (§§ 20 und 22 Absatz 1 UmwStG) und den Anteilstausch (§§ 21 und 22 Absatz 2 UmwStG) werden systematisch getrennt. Für im Rahmen einer Sacheinlage (§ 20 UmwStG) mit eingebrachte Anteile gelten die Rechtsfolgen des Anteilstauschs (§ 22 Absatz 2 UmwStG).

1. Sacheinlage

E 20.03 Veräußert der Einbringende in den Fällen einer Sacheinlage unter dem gemeinen Wert die erhaltenen Anteile innerhalb eines Zeitraums von sieben Jahren nach der Einbringung oder wird in der Veräußerung gleichgestellter Ersatzrealisationstatbestand verwirklicht, wird der Einbringungsgewinn rückwirkend auf den Zeitpunkt der Einbringung besteuert (§ 22 Absatz 1 UmwStG). Zu diesem Zweck ist der gemeine Wert des eingebrachten Betriebsvermögens auf den steuerlichen Übertragungsstichtag (Einbringungszeitpunkt) zu ermitteln. Der zu versteuernde Einbringungsgewinn verringert sich innerhalb des Siebenjahreszeitraums jährlich um 1/7 (§ 22 Absatz 1 Satz 3 UmwStG).

E 20.04 Die schädliche Anteilsveräußerung oder die einer Veräußerung gleichgestellten Ersatzrealisationstatbestände (§ 22 Absatz 1 Satz 6 UmwStG) stellen in Bezug auf die Steuerfestsetzung beim Einbringenden im Einbringungsjahr ein rückwirkendes Ereignis i. S. v. § 175 Absatz 1 Satz 1 Nummer 2 AO dar.

E 20.05 Der zu versteuernde Einbringungsgewinn erhöht die Anschaffungskosten der erhaltenen Anteile (§ 22 Absatz 1 Satz 4 UmwStG). Dadurch wird erreicht, dass die bis zum Einbringungszeitpunkt entstandenen stillen Reserven der vollen Besteuerung nach § 16 EStG und die nach der Einbringung entstandenen stillen Reserven der Veräußerungsgewinnbesteuerung von Anteilen und damit der vollen bzw. teilweisen Steuerfreistellung nach § 8b KStG oder § 3 Nummer 40 EStG unterliegen. Auf der Ebene der übernehmenden Gesellschaft kommt es auf Antrag zu einer Buchwertaufstockung i. H. d. versteuerten Einbringungsgewinns (§ 23 Absatz 2 UmwStG).

Beispiel:
Die natürliche Person A bringt zum steuerlichen Übertragungsstichtag 31. 12. 01 ihr bisheriges Einzelunternehmen auf Antrag zu Buchwerten in die B-GmbH ausschließlich gegen Gewährung neuer Anteile an der B-GmbH ein. Der Buchwert des übertragenen Betriebsvermögens beträgt 2.000.000 €, der gemeine Wert 9.000.000 €. A hat entsprechende Anschaffungskosten für den Geschäftsanteil an der B-GmbH i. H. v. 2.000.000 €. Der Anteil an der B-GmbH ist als sperrfristbehaftet i. S. d. § 22 Absatz 1 UmwStG anzusehen. Nunmehr veräußert A den erhaltenen GmbH-Anteil am 30. 6. 07 zum Kaufpreis von 10.000.000 €.

Lösung
In einem **ersten Schritt** ist der zu versteuernde Einbringungsgewinn I zu ermitteln. Der Einbringungsgewinn I ergibt sich aus der Differenz zwischen dem gemeinen Wert des eingebrachten Betriebsvermögens zum Zeitpunkt der Einbringung (hier 9.000.000 €) und dem bilanzierten Wert des übertragenen Betriebsvermögens bei der B-GmbH (hier 2.000.000 €) und beträgt somit 7.000.000 €. Die schädliche Anteilsveräußerung stellt nach § 22 Absatz 1 Satz 2 UmwStG in Bezug auf die Steuerfestsetzung beim Einbringenden im Einbringungsjahr ein rückwirkendes Ereignis i. S. d. § 175 Absatz 1 Satz 1 Nummer 2 AO dar. Als Bewertungszeitpunkt ist der Einbringungszeitpunkt maßgebend. Dies gilt sowohl für die Bewertung des übertragenen Betriebsvermögens als auch für den Ansatz der Beteiligung an der B-GmbH. Der Betrag von 7.000.000 € ist für jedes seit dem Einbringungszeitpunkt abgelaufene Zeitjahr um 1/7 zu mindern. Vorliegend sind seit dem 31. 12. 01 bis 30. 6. 07 fünf volle Jahre abgelaufen (Jahre 31. 12. 01 bis 31. 12. 06). Daraus ergibt sich ein zu versteuernder Einbringungsgewinn I von 7.000.000 € ./. 5.000.000 € = 2.000.000 €. Der Einbringungsgewinn I gilt als Gewinn des Einbringenden i. S. d. § 16 EStG und unterliegt bei A unabhängig von der späteren Wertentwicklung der Beteiligung an der B-GmbH der Einkommensteuer; § 16 Absatz 4 und § 34 EStG sind nicht anzuwenden (§ 22 Absatz 1 Satz 1 letzter Halbsatz UmwStG). Der Einbringungsgewinn I unterliegt bei A jedoch nicht der Gewerbesteuer.

In einem **zweiten Schritt** erhöhen sich die Anschaffungskosten der Beteiligung an der B-GmbH um den steuerpflichtigen Einbringungsgewinn I. Es ergeben sich für A also Anschaffungskosten i. H. v. 2.000.000 € aus der ursprünglichen Buchwerteinbringung + nachträgliche Anschaffungskosten aus dem zu versteuernden Einbringungsgewinn I von 2.000.000 € = 4.000.000 €. Für die Ermittlung des verbleibenden Veräußerungsgewinns des A nach § 17 Absatz 2 EStG ergibt sich hieraus ein Veräußerungsgewinn von 6.000.000 € (Veräußerungspreis in

07: 10.000.000 € ./. erhöhte Anschaffungskosten 4.000.000 €). Dieser Veräußerungsgewinn von 6.000.000 € wird in 07 im Teileinkünfteverfahren gem. § 3 Nummer 40 EStG besteuert. Nach § 23 Absatz 2 UmwStG kann außerdem eine Buchwertaufstockung der Wirtschaftsgüter bei der B-GmbH um 2.000.000 € in 07 erfolgen, soweit der Einbringende die auf den Einbringungsgewinn I entfallende Steuer entrichtet hat und dies durch eine Bescheinigung des für A zuständigen Finanzamts nachgewiesen wird.

2. Anteilstausch

Veräußert die übernehmende Gesellschaft in den Fällen eines Anteilstauschs, bei dem nach § 21 Absatz 1 Satz 2 UmwStG der Buchwert oder ein Zwischenwert angesetzt worden ist, die eingebrachten Anteile innerhalb eines Zeitraums von sieben Jahren nach der Einbringung und wäre die unmittelbare Veräußerung der Anteile durch den Einbringenden nicht nach § 8b Absatz 2 KStG begünstigt gewesen, wird der Einbringungsgewinn II rückwirkend auf den Zeitpunkt der Einbringung versteuert (§ 22 Absatz 2 UmwStG). Zu diesem Zweck ist der gemeine Wert der eingebrachten Anteile auf den Einbringungszeitpunkt zu ermitteln. Der zu versteuernde Einbringungsgewinn verringert sich innerhalb des Siebenjahreszeitraums jährlich um 1/7 (§ 22 Absatz 2 Satz 3 UmwStG). E 20.06

Die schädliche Anteilsveräußerung oder die einer Veräußerung gleichgestellten Ersatzrealisationstatbestände (§ 22 Absatz 2 Satz 6 i. V. m. Absatz 1 Satz 6 Nummer 1 bis 5 UmwStG) stellen in Bezug auf die Steuerfestsetzung beim Einbringenden im Einbringungsjahr ein rückwirkendes Ereignis i. S. v. § 175 Absatz 1 Satz 1 Nummer 2 AO dar. E 20.07

Der zu versteuernde Einbringungsgewinn erhöht die Anschaffungskosten der erhaltenen Anteile (§ 22 Absatz 2 Satz 4 UmwStG). Gleichzeitig kommt es auf Ebene der übernehmenden Gesellschaft auf Antrag zu einer Buchwertaufstockung in Höhe des versteuerten Einbringungsgewinns (§ 23 Absatz 2 Satz 2 UmwStG). Dadurch wird erreicht, dass die bis zum Einbringungszeitpunkt entstandenen stillen Reserven beim Einbringenden im Teileinkünfteverfahren oder in voller Höhe versteuert werden und die nach der Einbringung entstandenen stillen Reserven bei der übernehmenden Gesellschaft nach § 8b Absatz 2 KStG begünstigt sind. E 20.08

Beispiel

Die natürliche Person A hält 80 % der Anteile an der B-GmbH und bringt diese ausschließlich gegen Gewährung eines neuen Anteils an der C-GmbH zum Buchwert (3.000.000 €) in die C-GmbH ein. Die von A eingebrachten Anteile hatten zum Einbringungszeitpunkt einen gemeinen Wert von 10.000.000 €. Im sechsten Jahr nach der Einbringung veräußert die C-GmbH die von A eingebrachten Anteile an der B-GmbH.

Lösung

Die Einbringung des Anteils an der B-GmbH zum Buchwert ist zulässig, da es sich um eine mehrheitsvermittelnde Beteiligung i. S. v. § 21 Absatz 1 Satz 2 UmwStG handelt (qualifizierter Anteilstausch). Die von A eingebrachten Anteile an der B-GmbH sind steuerverhaftet und unterliegen der siebenjährigen Sperrfrist, da die unmittelbare Veräußerung der Anteile durch A nicht von § 8b Absatz 2 KStG begünstigt gewesen wäre.

Die Veräußerung der Anteile an der B-GmbH durch die C-GmbH innerhalb der siebenjährigen Sperrfrist führt somit zu einer nachträglichen Besteuerung des Einbringungsgewinns II bei A nach § 22 Absatz 2 UmwStG im Einbringungszeitpunkt (= Übergang des wirtschaftlichen Eigentums). Die schädliche Anteilsveräußerung durch die C-GmbH stellt nach § 22 Absatz 2 Satz 2 UmwStG in Bezug auf die Steuerfestsetzung beim Einbringenden im Einbringungsjahr ein rückwirkendes Ereignis i. S. d. § 175 Absatz 1 Satz 1 Nummer 2 AO dar.

Der von A zu versteuernde Einbringungsgewinn II errechnet sich aus dem gemeinen Wert der von A eingebrachten Anteile an der B-GmbH im Zeitpunkt der Einbringung von 10.000.000 € ./. dem Wert, mit dem der A die von der C-GmbH erhaltenen Anteile angesetzt hat (3.000.000 €) ./. der Minderung des Einbringungsgewinns II für fünf inzwischen abgelaufene Zeitjahre (5.000.000 €) und beträgt somit im Ergebnis 2.000.000 €. Der Einbringungsgewinn II gilt als Gewinn des Einbringenden aus der Veräußerung von Anteilen. Bei der Versteuerung des Einbringungsgewinns II kommt das Teileinkünfteverfahren nach § 3 Nummer 40 EStG zur Anwendung. In Höhe des zu versteuernden Einbringungsgewinns II entstehen nachträgliche Anschaffungskosten des A auf die Beteiligung an der C-GmbH (§ 22 Absatz 2 Satz 4 UmwStG). Gleichzeitig kann auf Antrag der übernehmenden Gesellschaft der Buchwert der Anteile an der B-GmbH bei der C-GmbH um den versteuerten Einbringungsgewinn II aufgestockt werden (§ 23 Absatz 2 Satz 3 UmwStG).

III. Gewährung neuer Anteile, Gewährung anderer Wirtschaftsgüter

E 20.09 Voraussetzung für die Anwendung der §§ 20 bis 23, 25 UmwStG ist, dass die Gegenleistung der übernehmenden Gesellschaft für das eingebrachte Vermögen zumindest zum Teil in neuen Gesellschaftsanteilen besteht, wobei es ausreichend ist, dass die Sacheinlage als Aufgeld erbracht wird (vgl. Randnr. 01.44).

E 20.10 Neue Anteile entstehen nur im Fall der Gesellschaftsgründung oder einer Kapitalerhöhung. Insbesondere folgende Vorgänge fallen mangels Gewährung neuer Anteile nicht in den Anwendungsbereich von § 20 UmwStG:

– die verdeckte Einlage,

– die verschleierte Sachgründung oder verschleierte Sachkapitalerhöhung (vgl. BFH vom 1. 7. 1992, I R 5/92, BStBl. 1993 II S. 131),

– das Ausscheiden der Kommanditisten aus einer Kapitalgesellschaft & Co. KG unter Anwachsung ihrer Anteile gem. § 738 BGB, § 142 HGB, ohne dass die Kommanditisten einen Ausgleich in Form neuer Gesellschaftsrechte an der Kapitalgesellschaft erhalten,

– die Fälle des § 54 Absatz 1 und § 68 Absatz 1 und 2 UmwG.

E 20.11 Neben den Gesellschaftsanteilen können in begrenztem Umfang auch andere Wirtschaftsgüter gewährt werden (vgl. § 20 Absatz 2 Satz 4, Absatz 3 Satz 3, § 21 Absatz 1 Satz 3, Absatz 2 Satz 6 UmwStG). Die Möglichkeit, das eingebrachte Betriebsvermögen teilweise statt durch Ausgabe neuer Anteile durch Zuführung zu den offenen Rücklagen zu belegen, bleibt hiervon unberührt (vgl. § 272 Absatz 2 Nummer 4 HGB, § 27 Absatz 1 KStG).

Beispiel

Die GmbH bilanziert die Sacheinlage mit 20.000 €. Als Gegenleistung gewährt sie neue Gesellschaftsrechte im Nennwert von 15.000 € (vgl. § 5 Absatz 1 zweiter Halbsatz, § 56 GmbHG) und einen Spitzenausgleich in bar von 4.000 €. Der Restbetrag von 1.000 € wird den Kapitalrücklagen zugewiesen.

B. Einbringung von Unternehmensteilen in eine Kapitalgesellschaft oder Genossenschaft (§ 20 UmwStG)

I. Anwendungsbereich (§ 20 Absatz 1, 5, 6 UmwStG)

20.01 Die Einbringung von Betriebsvermögen in eine Kapitalgesellschaft oder Genossenschaft ist aus ertragsteuerlicher Sicht ein Veräußerungsvorgang, bei dem die übernehmende Gesellschaft als Gegenleistung für das eingebrachte Betriebsvermögen neue Gesellschaftsanteile gewährt (vgl. Randnr. 00.02).

1. Beteiligte der Einbringung

a) Einbringender

20.02 Einbringender Rechtsträger ist der Rechtsträger, dem die Gegenleistung zusteht. Zu den persönlichen Anwendungsvoraussetzungen beim einbringenden Rechtsträger vgl. Randnr. 01.53 ff.

20.03 Wird Betriebsvermögen einer Personengesellschaft eingebracht, ist die Frage, wer Einbringender i. S. d. § 20 UmwStG ist, grundsätzlich danach zu entscheiden, ob die einbringende Personengesellschaft infolge der Einbringung fortbesteht. Wird die Personengesellschaft, deren Betriebsvermögen übertragen wird, infolge der Einbringung aufgelöst und stehen die Anteile am übernehmenden Rechtsträger daher zivilrechtlich den Mitunternehmern zu (z. B. bei einer Verschmelzung i. S. d. § 2 UmwG), sind diese als Einbringende anzusehen (vgl. auch BFH vom 16. 2. 1996, I R 183/94, BStBl. II S. 342).

Handelt es sich in diesem Fall bei der Personengesellschaft, deren Betriebsvermögen übertragen wird, um die Untergesellschaft einer doppelstöckigen Personengesellschaft, sind deren unmittelbare Gesellschafter und nicht die nur mittelbar über die Obergesellschaft beteiligten natürlichen oder juristischen Personen Einbringende i. S. d. § 20 UmwStG. Dies gilt für mehrstöckige Personengesellschaften entsprechend. Besteht die übertragende Personengesellschaft auch nach der Einbringung als Mitunternehmerschaft fort und werden ihr die Anteile am übernehmenden Rechtsträger gewährt (z. B. bei einer Ausgliederung i. S. d. § 123 Absatz 3 UmwG), ist die übertragende Personengesellschaft selbst als Einbringende anzusehen. Demgegenüber stehen bei einer Abspaltung i. S. d. § 123 Absatz 2 UmwG die Anteile an der übernehmenden Gesellschaft zivilrechtlich den Mitunternehmern der bisherigen Gesellschaft zu, so dass diese selbst als Einbringende anzusehen sind.

Der Einbringungsgegenstand bestimmt sich nach dem zugrunde liegenden Rechtsgeschäft (vgl. Randnr. 20.05).

b) Übernehmende Gesellschaft

Zu den persönlichen Anwendungsvoraussetzungen beim übernehmenden Rechtsträger vgl. Randnr. 01.54 f. 20.04

2. Gegenstand der Einbringung

Der Gegenstand der Einbringung richtet sich nach dem zugrunde liegenden Rechtsgeschäft. Z. B. ist bei Verschmelzung einer Personengesellschaft Einbringungsgegenstand der Betrieb. 20.05

a) Übertragung eines Betriebs oder Teilbetriebs

Zum Begriff des Teilbetriebs gelten die Randnr. 15.02 f. und zur Übertragung dieses Teilbetriebs gelten die Randnr. 15.07 – 15.10 entsprechend. Eine Einbringung eines Betriebs i. S. v. § 20 UmwStG liegt nur vor, wenn sämtliche Wirtschaftsgüter, die zu den funktional wesentlichen Betriebsgrundlagen des Betriebs gehören, auf die übernehmende Gesellschaft übertragen werden[1]; zum Zeitpunkt des Vorliegens eines Betriebs gilt Randnr. 15.03[2] und zur Übertragung des Betriebs gilt Randnr. 15.07 entsprechend. Es genügt nicht, der Kapitalgesellschaft diese Wirtschaftsgüter nur zur Nutzung zu überlassen. Dies gilt auch für solche dem Betrieb oder Teilbetrieb dienenden Wirtschaftsgüter, die zum Sonderbetriebsvermögen eines Gesellschafters gehören. Bei der Einbringung eines Betriebs oder Teilbetriebs sind auch die dazugehörenden Anteile an Kapitalgesellschaften miteinzubringen, sofern diese funktional wesentliche Betriebsgrundlagen des Betriebs oder Teilbetriebs sind, oder im Fall der Einbringung eines Teilbetriebs zu den nach wirtschaftlichen Zusammenhängen zuordenbaren Wirtschaftsgütern gehören. 20.06

Liegen die Voraussetzung einer Betriebs- oder Teilbetriebsübertragung nicht vor, sind die im eingebrachten Vermögen ruhenden stillen Reserven aufzudecken und zu versteuern. Werden z. B. funktional wesentliche Betriebsgrundlagen oder nach wirtschaftlichen Zusammenhängen zuordenbare Wirtschaftsgüter im zeitlichen und wirtschaftlichen Zusammenhang mit der Einbringung eines Teilbetriebs in ein anderes Betriebsvermögen überführt oder übertragen, ist die Anwendung der Gesamtplanrechtsprechung zu prüfen (BFH vom 11. 12. 2001, VIII R 23/01, BStBl. 2004 II S. 474, und vom 25. 2. 2010, IV R 49/08, BStBl. II S. 726). 20.07

Bei der Einbringung zurückbehaltener Wirtschaftsgüter sind grundsätzlich als entnommen zu behandeln mit der Folge der Versteuerung der in ihnen enthaltenen stillen Reserven, es sei denn, dass die Wirtschaftsgüter weiterhin Betriebsvermögen sind. Dies gilt z. B. auch für Wirtschaftsgüter, die keine funktional wesentlichen Betriebsgrundlagen des eingebrachten Betriebs oder Teilbetriebs bilden, und für Wirtschaftsgüter, die dem Sonderbetriebsvermögen eines Gesellschafters zuzurechnen sind. Der Entnahmezeitpunkt ist in diesen Fällen der steuerliche Übertragungsstichtag (BFH vom 28. 4. 1988, IV R 52/87, BStBl. II S. 829). 20.08

Gehören zum Betriebsvermögen des eingebrachten Betriebs oder Teilbetriebs Anteile an der übernehmenden Gesellschaft, so werden diese Anteile, wenn sie in die Kapitalgesellschaft eingebracht werden, zu sog. eigenen Anteilen der Kapitalgesellschaft. Der Erwerb eigener Anteile durch eine Kapitalgesellschaft unterliegt handelsrechtlichen Beschränkungen. Soweit die Anteile an der Kapitalgesellschaft mit eingebracht werden, würde der Einbringende dafür als Gegenleistung neue Anteile an der Kapitalgesellschaft erhalten. 20.09

Bei dieser Situation ist es nicht zu beanstanden, wenn die Anteile an der Kapitalgesellschaft auf unwiderruflichen Antrag des Einbringenden nicht mit eingebracht werden. Der Einbringende muss sich in dem Antrag damit einverstanden erklären, dass die zurückbehaltenen Anteile an der übernehmenden Gesellschaft künftig in vollem Umfang als Anteile zu behandeln sind, die durch eine Sacheinlage erworben worden sind (erhaltene Anteile). Es ist dementsprechend auch für diese Anteile § 22 Absatz 1 UmwStG anzuwenden. Besteht in diesen Fällen hinsichtlich des Gewinns aus der Veräußerung der zurückbehaltenen Anteile durch den Einbringenden kein deutsches Besteuerungsrecht, ist § 22 Absatz 1 Satz 5 zweiter Halbsatz UmwStG anzuwenden. Der Antrag ist bei

---

1) Siehe dazu auch das BFH-Urteil vom 9.11.2011 (BStBl. 2012 II S. 638):
   Der Anwendbarkeit des § 24 Abs. 1 UmwStG steht weder § 42 AO noch die Rechtsfigur des Gesamtplans entgegen, wenn vor der Einbringung eine wesentliche Betriebsgrundlage des einzubringenden Betriebs unter Aufdeckung der stillen Reserven veräußert wird und die Veräußerung auf Dauer angelegt ist.

2) Siehe dazu auch das BFH-Urteil vom 9.11.2011 (BStBl. 2012 II S. 638):
   Maßgeblicher Zeitpunkt für die Beurteilung, ob ein Wirtschaftsgut eine wesentliche Betriebsgrundlage des einzubringenden Betriebs im Rahmen des § 24 Abs. 1 UmwStG darstellt, ist in Fällen der Einbringung durch Einzelrechtsnachfolge der Zeitpunkt der tatsächlichen Einbringung.

Anhang 4a UmwStG

dem Finanzamt zu stellen, bei dem der Antrag nach § 20 Absatz 2 Satz 2 UmwStG zu stellen ist. Als Anschaffungskosten der erhaltenen Anteile (Neu- und Altanteile) gilt der Wertansatz des eingebrachten Vermögens zuzüglich des Buchwerts der zurückbehaltenen Anteile. § 20 Absatz 2 Satz 2 Nummer 2 UmwStG ist im Hinblick auf das eingebrachte (Rest-)Vermögen zu beachten.

Beispiel

A ist zu 80 % an der X-GmbH (Stammkapital 25.000 €, Buchwert 50.000 €, gemeiner Wert 85.000 €) beteiligt und hält die Beteiligung im Betriebsvermögen seines Einzelunternehmens. Zum 1. 1. 08 bringt er das Einzelunternehmen zu Buchwerten (Buchwert 170.000 €, gemeiner Wert 345.000 €; jeweils einschließlich der Beteiligung) nach § 20 UmwStG in die X-GmbH gegen Gewährung von Anteilen (Kapitalerhöhung 20.000 €) ein. Die Beteiligung an der X-GmbH soll zurückbehalten werden, um das Entstehen eigener Anteile auf Ebene der X-GmbH zu vermeiden. Zum 1. 3. 10 werden sämtliche Anteile des A zum Preis von 400.000 € veräußert.

Lösung

Stellt die Beteiligung eine funktional wesentliche Betriebsgrundlage des Einzelunternehmens dar, würde der Zurückbehalt der Beteiligung grundsätzlich die Anwendung von § 20 UmwStG ausschließen. Andernfalls kann sie zwar zurückbehalten werden, aber die Beteiligung würde als entnommen gelten. Auf unwiderruflichen Antrag des Einbringenden können diese Anteile zurückbehalten werden und stehen damit einer Einbringung zum Buchwert nicht entgegen, mit der Folge, dass diese als Anteile i. S. d. § 22 Absatz 1 UmwStG zu behandeln sind. Die Veräußerung der Anteile im Jahr 10 löst damit die rückwirkende Besteuerung des Einbringungsgewinns I zum 1. 1. 08 aus:

gemeiner Wert des eingebrachten Betriebsvermögens (ohne Beteiligung)	260.000 €
./. Buchwert des eingebrachten Betriebsvermögens (ohne Beteiligung)	120.000 €
stille Reserven im Einbringungszeitpunkt	140.000 €
./. 2/7 Abschmelzungsbetrag	40.000 €
zu versteuernder Einbringungsgewinn I	100.000 €

Darüber hinaus erzielt A zum 1. 3. 10 einen Veräußerungsgewinn nach § 17 EStG:

Veräußerungspreis der Anteile	400.000 €
./. Anschaffungskosten der Anteile (Buchwert eingebrachtes Betriebsvermögen zzgl. Buchwert der zurückbehaltenen Anteile)	170.000 €
./. Einbringungsgewinn I	100.000 €
Veräußerungsgewinn nach § 17 EStG	130.000 €

Alternative

Wäre der Einbringende A in Frankreich ansässig und damit beschränkt steuerpflichtig, ist der Einbringungsgewinn I unter Anwendung von § 22 Absatz 1 Satz 5 zweiter Halbsatz UmwStG wie folgt zu berechnen:

gemeiner Wert des eingebrachten BV (mit Beteiligung)	345.000 €
./. Buchwert des eingebrachten BV (mit Beteiligung)	170.000 €
stille Reserven im Einbringungszeitpunkt gesamt	175.000 €
./. 2/7 Abschmelzungsbetrag	50.000 €
zu versteuernder Einbringungsgewinn I	125.000 €

Ein Veräußerungsgewinn nach § 17 EStG kann nach dem DBA mit Frankreich nicht besteuert werden, da Deutschland insoweit kein Besteuerungsrecht hat. Soweit der Einbringungsgewinn I auf die Beteiligung entfällt (35.000 € abzgl. 2/7 Abschmelzungsbetrag = 25.000 €) findet § 3 Nummer 40 EStG Anwendung (vgl. Randnr. 22.11).

b) Mitunternehmeranteil

20.10 Die Grundsätze der vorstehenden Randnr. 20.05 – 20.09 gelten sinngemäß auch für die Einbringung von Mitunternehmeranteilen.

Die Einbringung eines Mitunternehmeranteils i. S. v. § 20 Absatz 1 UmwStG ist auch dann an- 20.11
zunehmen, wenn ein Mitunternehmer einer Personengesellschaft nicht seinen gesamten Mitunternehmeranteil an der Personengesellschaft, sondern nur einen Teil dieses Anteils überträgt.

§ 20 UmwStG gilt auch für die Einbringung von Mitunternehmeranteilen, die zum Betriebs- 20.12
vermögen eines Betriebs gehören. Werden mehrere zu einem Betriebsvermögen gehörende Mitunternehmeranteile eingebracht, so liegt hinsichtlich eines jeden Mitunternehmeranteils ein gesonderter Einbringungsvorgang vor. Wird auch der Betrieb eingebracht, zu dessen Betriebsvermögen der oder die Mitunternehmeranteile gehören, sind die Einbringung des Betriebs und die Einbringung des bzw. der Mitunternehmeranteile jeweils als gesonderte Einbringungsvorgänge zu behandeln; Entsprechendes gilt bei Einbringung eines Teilbetriebs. Wird dagegen ein Anteil an einer Mitunternehmerschaft eingebracht, zu deren Betriebsvermögen die Beteiligung an einer anderen Mitunternehmerschaft gehört (mehrstöckige Personengesellschaft), liegt ein einheitlich zu beurteilender Einbringungsvorgang vor. Die nur mittelbare Übertragung des Anteils an der Untergesellschaft stellt in diesem Fall keinen gesonderten Einbringungsvorgang i. S. d. § 20 UmwStG dar.

3. Zeitpunkt der Einbringung (§ 20 Absatz 5, 6 UmwStG)

Die Einbringung i. S. v. § 20 UmwStG erfolgt steuerlich grundsätzlich zu dem Zeitpunkt, zu dem 20.13
das wirtschaftliche Eigentum an dem eingebrachten Vermögen auf die übernehmende Gesellschaft übergeht (steuerlicher Übertragungsstichtag bzw. Einbringungszeitpunkt). Die Übertragung des wirtschaftlichen Eigentums erfolgt in den Fällen der Einzelrechtsnachfolge regelmäßig zu dem im Einbringungsvertrag vorgesehenen Zeitpunkt des Übergangs von Nutzungen und Lasten. In Fällen der Gesamtrechtsnachfolge geht das wirtschaftliche Eigentum spätestens im Zeitpunkt der Eintragung in das Register über.

Abweichend von den vorstehenden Grundsätzen darf der steuerliche Übertragungsstichtag gem. 20.14
§ 20 Absatz 5 und 6 UmwStG auf Antrag der übernehmenden Gesellschaft um bis zu acht Monate zurückbezogen werden. Der Zeitpunkt des Übergangs des eingebrachten Betriebsvermögens i. S. v. § 20 Absatz 6 Satz 3 UmwStG ist der Zeitpunkt, zu dem das wirtschaftliche Eigentum übergeht (vgl. Randnr. 20.13). Aus der Bilanz oder der Steuererklärung muss sich eindeutig ergeben, welchen Einbringungszeitpunkt die übernehmende Gesellschaft wählt.

Die Betriebs- und Teilbetriebsvoraussetzungen müssen bereits am steuerlichen Übertragungsstichtag vorgelegen haben; Randnr. 15.03 gilt entsprechend. Ein Mitunternehmeranteil muss ebenfalls bereits zum steuerlichen Übertragungsstichtag vorgelegen haben; Randnr. 15.04 gilt entsprechend. Die Rückbeziehung nach § 20 Absatz 5 und 6 UmwStG hat zur Folge, dass auch die als Gegenleistung für das eingebrachte Vermögen gewährten Gesellschaftsanteile mit Ablauf des steuerlichen Übertragungsstichtags dem Einbringenden zuzurechnen sind.

Zum steuerlichen Übertragungsstichtag geht die Besteuerung des eingebrachten Betriebs usw. von 20.15
dem Einbringenden auf die übernehmende Gesellschaft über. Randnr. 02.11 gilt entsprechend.

Die Rückbeziehung hat jedoch nicht zur Folge, dass auch Verträge, die z. B. die übernehmende 20.16
Gesellschaft mit einem Gesellschafter abschließt, insbesondere Dienstverträge, Miet- und Pachtverträge und Darlehensverträge, als bereits im Zeitpunkt der Einbringung abgeschlossen gelten. Ab wann derartige Verträge der Besteuerung zugrunde gelegt werden können, ist nach den allgemeinen Grundsätzen zu entscheiden. Werden die Anteile an einer Personengesellschaft eingebracht und sind Vergütungen der Gesellschaft an einen Mitunternehmer bislang gemäß § 15 Absatz 1 Satz 1 Nummer 2 EStG dem Gewinnanteil des Gesellschafters hinzugerechnet worden, führt die steuerliche Rückbeziehung der Einbringung dazu, dass § 15 Absatz 1 Satz 1 Nummer 2 EStG bereits im Rückwirkungszeitraum auf die Vergütungen der Gesellschaft nicht mehr anwendbar ist. Die Vergütungen sind Betriebsausgaben der übernehmenden Gesellschaft, soweit sie als angemessenes Entgelt für die Leistungen des Gesellschafters anzusehen sind; Leistungen der Gesellschaft, die über ein angemessenes Entgelt hinausgehen, sind Entnahmen, für die § 20 Absatz 5 Satz 3 UmwStG gilt.

Die steuerliche Rückwirkungsfiktion gilt nicht für einen Mitunternehmer, der im Rückwirkungszeitraum aus einer Personengesellschaft ausscheidet, da ihm keine Gegenleistung in Form von Anteilen an der übernehmenden Gesellschaft aufgrund der Einbringung zusteht und er somit nicht als Einbringender i. S. d. § 20 UmwStG anzusehen ist (vgl. Randnr. 20.03).

II. Bewertung durch die übernehmende Gesellschaft (§ 20 Absatz 2 UmwStG)

1. Inhalt und Einschränkungen des Bewertungswahlrechts

20.17 Gem. § 20 Absatz 2 Satz 1 UmwStG hat die übernehmende Gesellschaft das eingebrachte Betriebsvermögen mit dem gemeinen Wert anzusetzen. Für die Bewertung von Pensionsrückstellungen gilt § 6a EStG. Randnr. 03.07 – 03.09 gelten entsprechend.

20.18 Auf Antrag kann die übernehmende Gesellschaft das eingebrachte Vermögen einheitlich mit dem Buchwert (vgl. Randnr. 01.57) ansetzen. Randnr. 03.12 – 03.13 gelten entsprechend. Zum Buchwertansatz bei Einbringung eines Mitunternehmeranteils gilt Randnr. 03.10 entsprechend. Auf Antrag kann die übernehmende Gesellschaft das eingebrachte Vermögen auch einheitlich mit einem Zwischenwert ansetzen; Randnr. 03.25 f. gelten entsprechend. Der Ansatz der Pensionsrückstellungen ist auf den Wert nach § 6a EStG begrenzt.

20.19 Der Buch- oder Zwischenwertansatz setzt voraus, dass bei der übernehmenden Gesellschaft das Recht der Bundesrepublik Deutschland hinsichtlich der Besteuerung des Gewinns aus der Veräußerung des eingebrachten Betriebsvermögens weder ausgeschlossen noch eingeschränkt wird (§ 20 Absatz 2 Satz 2 Nummer 3 UmwStG) und sichergestellt ist, dass es später bei der übernehmenden Körperschaft der Besteuerung mit Körperschaftsteuer unterliegt (§ 20 Absatz 2 Satz 2 Nummer 1 UmwStG). Randnr. 03.18 – 03.20 gelten entsprechend.

Hinsichtlich der Sicherstellung der Besteuerung mit Körperschaftsteuer bei der übernehmenden Gesellschaft gilt Randnr. 03.17 entsprechend. Handelt es sich bei der übernehmenden Gesellschaft um eine Organgesellschaft i. S. d. §§ 14, 17 KStG, ist eine Besteuerung mit Körperschaftsteuer nur sichergestellt, soweit das dem Organträger zugerechnete Einkommen der Besteuerung mit Körperschaftsteuer unterliegt. Entsprechendes gilt, wenn der Organträger selbst wiederum Organgesellschaft ist. Soweit das so zugerechnete Einkommen der Besteuerung mit Einkommensteuer unterliegt, können aus Billigkeitsgründen die übergehenden Wirtschaftsgüter dennoch einheitlich mit dem Buch- oder einem Zwischenwert angesetzt werden, wenn sich alle an der Einbringung Beteiligten übereinstimmend schriftlich damit einverstanden erklären, dass auf die aus der Einbringung resultierenden Mehrabführungen § 14 Absatz 3 Satz 1 KStG anzuwenden ist; die Grundsätze der Randnr. Org.33 und Randnr. Org.34 gelten entsprechend (vgl. auch Randnr. 11.08).

Ein Zwang zum Ansatz von Zwischenwerten kann sich nach § 20 Absatz 2 Satz 2 Nummer 2 oder Satz 4 UmwStG ergeben. Das eingebrachte Betriebsvermögen darf auch durch Entnahmen während des Rückbeziehungszeitraums nicht negativ werden; deshalb ist eine Wertaufstockung nach § 20 Absatz 2 i. V. m. Absatz 2 Satz 2 Nummer 2 UmwStG ggf. auch vorzunehmen, soweit das eingebrachte Betriebsvermögen ohne Aufstockung während des Rückwirkungszeitraums negativ würde.

2. Verhältnis zum Handelsrecht (§ 20 Absatz 2 UmwStG, § 5 Absatz 1 EStG)

20.20 Das steuerliche Bewertungswahlrecht des § 20 Absatz 2 Satz 2 UmwStG kann unabhängig vom Wertansatz in der Handelsbilanz ausgeübt werden. Die steuerlichen Ansatzverbote des § 5 EStG gelten nicht für die übergehenden Wirtschaftsgüter im Einbringungszeitpunkt, es sei denn, die Buchwerte werden fortgeführt; Randnr. 03.04 gilt entsprechend. Für den Ansatz dieser Wirtschaftsgüter in einer steuerlichen Schlussbilanz i. S. d. § 4 Absatz 1, § 5 Absatz 1 EStG zu den dem Einbringungszeitpunkt folgenden Bilanzstichtagen gilt Randnr. 04.16 entsprechend.

Beispiel

A möchte sein Einzelunternehmen (Buchwert 20.000 €, gemeiner Wert 600.000 €) in der Rechtsform einer GmbH fortführen.

Lösung

Gem. § 5 Absatz 1 GmbHG muss die GmbH bei der Gründung ein Mindeststammkapital von 25.000 € ausweisen, was dazu führt, dass handelsrechtlich mindestens 5.000 € stille Reserven der Sacheinlage aufgedeckt werden müssen. Ungeachtet des handelsrechtlichen Wertansatzes können hier gem. § 20 Absatz 2 Satz 2 UmwStG steuerlich die Buchwerte i. H. v. 20.000 € fortgeführt werden. I. H. v. 5.000 € ist in diesem Fall in der Steuerbilanz der GmbH ein Ausgleichsposten auszuweisen.

Die Aktivierung eines Ausgleichspostens ist nur dann erforderlich, wenn der Buchwert des eingebrachten Betriebs, Teilbetriebs oder Mitunternehmeranteils niedriger ist als das in der Handelsbilanz ausgewiesene gezeichnete Kapital. Der Ausgleichsposten, der in den vorgenannten Fällen ausgewiesen werden muss, um den Ausgleich zu dem in der Handelsbilanz ausgewiesenen Eigenkapital herbeizuführen, ist kein Bestandteil des Betriebsvermögens i. S. v. § 4 Absatz 1 Satz 1 EStG; er nimmt am Betriebsvermögensvergleich nicht teil. Er hat infolgedessen auch auf die spätere

Auflösung und Versteuerung der im eingebrachten Betriebsvermögen enthaltenen stillen Reserven keinen Einfluss und ist auch später nicht aufzulösen oder abzuschreiben. Mindert sich die durch den Ausgleichsposten gedeckte Differenz zwischen der Aktiv- und der Passivseite der Bilanz, insbesondere durch Aufdeckung stiller Reserven, so fällt der Ausgleichsposten in entsprechender Höhe erfolgsneutral weg. Bei der Anwendung des § 20 Absatz 3 Satz 1 UmwStG sind Veräußerungspreis für den Einbringenden und Anschaffungskosten für die Kapitalgesellschaft der Betrag, mit dem das eingebrachte Betriebsvermögen in der Steuerbilanz angesetzt worden ist.

3. Ausübung des Wahlrechts, Bindung, Bilanzberichtigung

Der Antrag auf Buch- oder Zwischenwertansatz ist von der übernehmenden Gesellschaft spätestens bis zur erstmaligen Abgabe ihrer steuerlichen Schlussbilanz, in der das übernommene Betriebsvermögen erstmals anzusetzen ist, bei dem für sie für die Besteuerung örtlich zuständigen Finanzamt zu stellen (§ 20 Absatz 2 Satz 3 UmwStG). Das Betriebsvermögen ist bei der übernehmenden Gesellschaft erstmals zum steuerlichen Übertragungsstichtag anzusetzen. Nach diesem Zeitpunkt gestellte Anträge sind unbeachtlich. Randnr. 03.29 f. gelten entsprechend. 20.21

Auch bei der Einbringung von Mitunternehmeranteilen ist der Antrag durch die übernehmende Gesellschaft bei dem für sie zuständigen Finanzamt zu stellen. Die Mitunternehmerschaft, deren Anteile eingebracht werden, hat bei einem Wertansatz zum gemeinen Wert oder zum Zwischenwert durch die übernehmende Gesellschaft diese Werte im Rahmen einer entsprechenden Ergänzungsbilanz für die übernehmende Gesellschaft zu berücksichtigen. 20.22

Für die Besteuerung der übernehmenden Gesellschaft und des Einbringenden ist ausschließlich der sich aus § 20 Absatz 2 UmwStG ergebende Wertansatz bei der übernehmenden Gesellschaft maßgebend. Bereits durchgeführte Veranlagungen des Einbringenden sind ggf. gem. § 175 Absatz 1 Satz 1 Nummer 2 AO zu ändern. 20.23

Eine Änderung oder der Widerruf eines einmal gestellten Antrags ist nicht möglich (vgl. auch Randnr. 03.29 f.). 20.24

Setzt die übernehmende Gesellschaft das eingebrachte Betriebsvermögen mit dem gemeinen Wert an und ergibt sich später, z. B. aufgrund einer Betriebsprüfung, dass die gemeinen Werte der eingebrachten Wirtschaftsgüter des Betriebsvermögens höher bzw. niedriger als die von der übernehmenden Gesellschaft angesetzten Werte sind, so sind die Bilanzwerte der übernehmenden Gesellschaft dementsprechend nach den allgemeinen Vorschriften zu berichtigen. Der Bilanzberichtigung (vgl. § 4 Absatz 2 Satz 1 EStG) steht das Verbot der anderweitigen Wahlrechtsausübung im Wege der Bilanzänderung nicht entgegen. Denn das Wahlrecht bezieht sich nur auf die Möglichkeit, für alle Wirtschaftsgüter entweder den gemeinen Wert oder den Buchwert oder einen Zwischenwert anzusetzen. Hat die übernehmende Gesellschaft sich für den Ansatz der gemeinen Werte entschieden, diese jedoch nicht richtig ermittelt, so können infolgedessen die gemeinen Werte im Rahmen der allgemeinen Vorschriften berichtigt werden. Veranlagungen des Einbringenden sind ggf. gem. § 175 Absatz 1 Satz 1 Nummer 2 AO zu korrigieren.

Setzt die übernehmende Gesellschaft auf wirksamen Antrag die übergehenden Wirtschaftsgüter in der steuerlichen Schlussbilanz einheitlich zum Zwischenwert an, bleiben vorrangig die Wertansätze maßgebend, sofern diese oberhalb des Buchwerts und unterhalb des gemeinen Werts liegen.

III. Besteuerung des Einbringungsgewinns (§ 20 Absatz 3 bis 5 UmwStG)

Setzt die übernehmende Gesellschaft die gemeinen Werte oder Zwischenwerte an, ist der beim Einbringenden entstehende Gewinn nach § 20 Absatz 3 bis 5 UmwStG i. V. m. den für die Veräußerung des Einbringungsgegenstandes geltenden allgemeinen Vorschriften (insbesondere §§ 15, 16 Absatz 1 EStG) zu versteuern. Werden im Rahmen einer Sacheinlage auch Beteiligungen an Kapitalgesellschaften und Genossenschaften mit eingebracht, kommt insoweit § 8b KStG oder § 3 Nummer 40 EStG zur Anwendung. 20.25

Auf einen sich hieraus ergebenden Einbringungsgewinn ist auch die Vorschrift des § 6b EStG anzuwenden, soweit der Gewinn auf begünstigte Wirtschaftsgüter i. S. dieser Vorschrift entfällt. Auf § 34 Absatz 1 Satz 4 EStG wird hingewiesen. 20.26

§ 34 EStG ist nur in den Fällen des § 20 Absatz 4 Satz 1 UmwStG anzuwenden. Auf einen Einbringungsgewinn sowie ggf. einen Gewinn aus der Entnahme z. B. funktional unwesentlicher Wirtschaftsgüter ist § 34 EStG somit grundsätzlich nicht anwendbar, wenn die Einbringung nicht einheitlich zum gemeinen Wert durch eine natürliche Person erfolgt. Zum nach § 34 EStG begünstigten Veräußerungsgewinn können auch Gewinne gehören, die sich bei der Veräußerung eines Betriebs aus der Auflösung von steuerfreien Rücklagen ergeben (BFH vom 17. 10. 1991, IV R 97/89, BStBl. 1992 II S. 392). 20.27

IV. Besonderheiten bei Pensionszusagen zugunsten von einbringenden Mitunternehmern

1. Behandlung bei der übertragenden Personengesellschaft

20.28 Die Behandlung der Pensionszusage an den Mitunternehmer der übertragenden Mitunternehmerschaft richtet sich nach den Grundsätzen des BMF-Schreibens vom 29. 1. 2008 (BStBl. I S. 317). Wird von der Übergangsregelung i. S. d. Randnr. 20 des BMF-Schreibens vom 29. 1. 2008 (BStBl. I S. 317) kein Gebrauch gemacht oder wird die Übergangsregelung angewendet und eine Aktivierung der Ansprüche in den Sonderbilanzen aller Gesellschafter vorgenommen, steht der in der steuerlichen Schlussbilanz der übertragenden Mitunternehmerschaft nach § 6a EStG gebildeten Pensionsrückstellung eine Forderung in der Sonderbilanz des übertragenden Mitunternehmers bzw. der übertragenden Mitunternehmer gegenüber. Im Zuge der Umwandlung der Personengesellschaft auf eine Kapitalgesellschaft gilt diese Forderung auf Antrag als nicht entnommen, sondern bleibt Restbetriebsvermögen des ehemaligen Mitunternehmers bzw. der ehemaligen Mitunternehmer i. S. v. § 15 EStG (BFH vom 10. 2. 1994, IV R 37/92, BStBl. II S. 564).

2. Behandlung bei der übernehmenden Kapitalgesellschaft

20.29 Die Übernahme der in der Gesamthandsbilanz der Mitunternehmerschaft ausgewiesenen Pensionsverpflichtung durch die übernehmende Kapitalgesellschaft stellt keine zusätzliche Gegenleistung i. S. d. § 20 Absatz 2 Satz 4 UmwStG dar.

Nach dem BMF-Schreiben vom 29. 1. 2008 (BStBl. I S. 317) ist die Pensionszusage der Personengesellschaft zugunsten des Mitunternehmers nicht als Gewinnverteilungsabrede anzusehen.

Die Pensionsverpflichtung geht dementsprechend als eine nur unselbstständige Bilanzposition des eingebrachten Betriebs mit auf die übernehmende Kapitalgesellschaft über. Die übernehmende Körperschaft vollzieht mit der Übernahme der Verpflichtung also keine Gewinnverteilungsentscheidung, sondern übernimmt im Zuge der Einbringung eine dem Betrieb der übertragenden Personengesellschaft zuzurechnende betriebliche Verbindlichkeit (sog. Einheitstheorie).

Wenn die übertragende Personengesellschaft unter Berufung auf die Randnr. 20 des BMF-Schreibens vom 29. 1. 2008 (BStBl. I S. 317) die Weiteranwendung der alten Rechtsgrundsätze (Übergangsregelung) beantragt und die Pensionszusage als steuerlich unbeachtliche Gewinnverteilungsabrede behandelt hat, gelten die Randnr. 20.41 – 20.47 des BMF-Schreibens vom 25. 3. 1998 (BStBl. I S. 268) weiter fort (Annahme einer sonstigen Gegenleistung).

20.30 Die übernommene Pensionsverpflichtung ist in den Fällen des Formwechsels oder der Verschmelzung bei der Übernehmerin gem. § 6a Absatz 3 Satz 1 Nummer 1 EStG so zu bewerten, als wenn das Dienstverhältnis unverändert fortgeführt worden wäre (§ 20 Absatz 2 Satz 1 zweiter Halbsatz UmwStG). Dies gilt auch für die der Umwandlung nachfolgenden Bilanzstichtage.

20.31 Wird von der Übergangsregelung i. S. d. Randnr. 20 des BMF-Schreibens vom 29. 1. 2008 (BStBl. I S. 317) kein Gebrauch gemacht oder wird die Übergangsregelung angewendet und eine Aktivierung der Ansprüche in den Sonderbilanzen aller Gesellschafter vorgenommen, ist bei der übernehmenden Kapitalgesellschaft nicht von einer Neuzusage im Zeitpunkt der Einbringung auszugehen. Für Zwecke der Erdienensdauer können in diesem Fall die Dienstzeiten in der Mitunternehmerschaft mit berücksichtigt werden. Wird die Übergangsregelung beantragt und die Pensionszusage als steuerlich unbeachtliche Gewinnverteilungsabrede behandelt, gelten die Randnr. 20.41 – 20.47 des BMF-Schreibens vom 25. 3. 1998 (BStBl. I S. 268) weiter fort. In diesem Fall beginnt der Erdienenszeitraum am steuerlichen Übertragungsstichtag neu zu laufen.

3. Behandlung beim begünstigten Gesellschafter bzw. den ehemaligen Mitunternehmern

20.32 Unter der Voraussetzung, dass bei der übertragenden Mitunternehmerschaft die Anwendung der Übergangsregelung gem. Randnr. 20 des BMF-Schreibens vom 29. 1. 2008 (BStBl. I S. 317) nicht beantragt oder die Übergangsregelung anwendet und eine Aktivierung der Ansprüche in den Sonderbilanzen aller Gesellschafter vornimmt, und ein Antrag i. S. d. Randnr. 20.28 gestellt wird, gilt Folgendes:

Wenn der frühere Mitunternehmer Arbeitnehmer der Kapitalgesellschaft wird und er die Pensionsanwartschaft nach der Umwandlung in die Kapitalgesellschaft weiter erdient, muss jede nach Eintritt des Versorgungsfalls an den Gesellschafter-Geschäftsführer geleistete laufende Ruhegehaltzahlung für steuerliche Zwecke aufgeteilt werden.

Soweit die spätere Pensionsleistung rechnerisch auf in der Zeit nach der Umwandlung (Kapitalgesellschaft) erdiente Anwartschaftsteile entfällt, erzielt der pensionierte Gesellschafter-Geschäftsführer steuerpflichtige Versorgungsleistungen i. S. d. §§ 19, 24 Nummer 2 EStG.

UmwStG   Anhang 4a

Soweit die Pensionsleistung rechnerisch auf in der Zeit vor der Umwandlung (Mitunternehmerschaft) erdiente Anwartschaftsteile entfällt, erzielt der pensionierte Gesellschafter-Geschäftsführer Einkünfte i. S. d. § 15 Absatz 1 Satz 2 i. V. m. Satz 1 Nummer 2 i. V. m. § 24 Nummer 2 EStG. Diese steuerlichen Auswirkungen treten allerdings erst ein, sobald die auf die Zeit vor der Umwandlung entfallenden Pensionszahlungen die als Restbetriebsvermögen zurückbehaltene Pensionsforderung (vgl. Randnr. 20.28) des Gesellschafters übersteigen.

Die Aufteilung der laufenden Pensionszahlungen in nachträgliche Einnahmen aus der ehemaligen Mitunternehmerstellung einerseits und Einnahmen i. S. d. §§ 19, 24 EStG andererseits hat grundsätzlich nach versicherungsmathematischen Grundsätzen zu erfolgen.

Soweit die Pensionsanwartschaft nach der Umwandlung unverändert bleibt, ist es nicht zu beanstanden, wenn die Pensionsleistung nach dem Verhältnis der Erdienenszeiträume vor und nach der Umwandlung („pro-rata-temporis") aufgeteilt wird.

Beispiel

Die Personengesellschaft erteilt einem Mitunternehmer im Jahr 03 im Alter von 35 Jahren eine Pensionszusage (Diensteintritt im Alter von 30 Jahren), wonach ein Altersruhegeld von monatlich 10.000 € ab Vollendung des 65. Lebensjahres zu zahlen ist (Gesamtdienstzeit 35 Jahre). Die Personengesellschaft wird zum 31. 12. 08 in eine GmbH formwechselnd umgewandelt. Der Mitunternehmer ist zu diesem Zeitpunkt 40 Jahre alt (Restdienstzeit 25 Jahre). Die Personengesellschaft passiviert die Pensionsrückstellung in ihrer Steuerbilanz zum 31. 12. 08 mit 150.000 €. Der Mitunternehmer aktiviert einen entsprechenden Anspruch in seiner Sonderbilanz.

Lösung

Die übernehmende GmbH passiviert die Pensionsrückstellung mit dem bei der Personengesellschaft zuletzt passivierten Betrag. Der Aktivposten in der Sonderbilanz wird entsprechend dem Antrag nicht entnommen, sondern mit dem Wert von 150.000 € „eingefroren" und als Restbetriebsvermögen des ehemaligen Mitunternehmers behandelt. Die späteren Pensionszahlungen an den Gesellschafter-Geschäftsführer sind aufzuteilen. Aus Vereinfachungsgründen ist davon auszugehen, dass von der jeweiligen Jahrespensionsleistung i. H. v. 120.000 € 10/35 (also 34.285 € p. a.) auf die Zeit der Mitunternehmerschaft und 25/35 (also 85.715 € p. a.) auf die Zeit der GmbH entfallen.

Da die als Restbetriebsvermögen zurückbehaltene Forderung des ehemaligen Mitunternehmers von 150.000 € nur den in der Personengesellschaft erdienten Anwartschaftsteil betrifft, muss sie mit den jährlich darauf entfallenden Leistungen i. H. v. 34.285 € verrechnet werden und ist damit erst im fünften Jahr „verbraucht". Im ersten bis vierten Jahr nach der Pensionierung versteuert der ehemalige Mitunternehmer / Gesellschafter-Geschäftsführer also ausschließlich je 85.715 € nach §§ 19, 24 Nummer 4 EStG. Im fünften Pensionsjahr (nach Verbrauch der Forderung) erzielt er neben den Einkünften i. S. d. §§ 19, 24 EStG noch nachträgliche Einkünfte i. S. d. § 15 Absatz 1 Satz 2 i. V. m. Satz 1 Nummer 2 i. V. m. § 24 Nummer 2 EStG i. H. v. 34.285 € x 5 ./. 150.000 € = 21.425 €. Hierbei handelt es sich um den die nunmehr verbrauchte Forderung übersteigenden Betrag. Ab dem sechsten Jahr entstehen folglich nachträgliche Einkünfte i. S. d § 15 EStG i. H. v. je 34.285 €.

Falls bei der übertragenden Mitunternehmerschaft die Anwendung der Übergangsregelung gem. Randnr. 20 des BMF-Schreibens vom 29. 1. 2008 (BStBl. I S. 317) beantragt und die Pensionszusage als steuerlich unbeachtliche Gewinnverteilungsabrede behandelt wird, gelten dagegen die Randnr. 20.46 – 20.47 des BMF-Schreibens vom 25. 3. 1998 (BStBl. I S. 268) weiter fort.

Falls bei der übertragenden Mitunternehmerschaft die Anwendung der Übergangsregelung gem. Randnr. 20 des BMF-Schreibens vom 29. 1. 2008 (BStBl. I S. 317) beantragt und eine Aktivierung der Ansprüche in den Sonderbilanzen aller Gesellschafter vorgenommen wird, gilt die obige Lösung mit der Maßgabe, dass eine anteilige Verrechnung mit den als Restbetriebsvermögen zurückbehaltenen Forderungen des ehemaligen Mitunternehmers vorzunehmen ist. Der begünstigte Gesellschafter erzielt dabei nachträgliche Einkünfte i. S. d § 15 Absatz 1 Satz 2 i. V. m. Satz 1 Nummer 2 i. V. m. § 24 Nummer 2 EStG, soweit der auf die Zeit der Mitunternehmerschaft entfallende Teil der jährlichen Pensionszahlung die anteilige Auflösung seiner Restforderung übersteigt. Die übrigen ehemaligen Mitunternehmer erzielen in Höhe des jeweiligen anteiligen Auflösungsbetrages ihrer Restforderung bis zu deren vollständigen Auflösung nachträgliche Betriebsausgaben.

20.33 Wird kein Antrag i. S. d. Randnr. 20.28 gestellt, ist die Pensionszahlung entsprechend Randnr. 20.32 aufzuteilen und, soweit sie auf die Zeit der Mitunternehmerschaft entfällt, den Einkünften i. S. v. § 22 Satz 1 Nummer 1 EStG des begünstigten Gesellschafters zuzurechnen.

Wird die Übergangsregelung i. S. d. Randnr. 20 des BMF-Schreibens vom 29. 1. 2008 (BStBl. I S. 317) angewendet und eine Aktivierung der Ansprüche in den Sonderbilanzen aller Gesellschafter vorgenommen, entsteht im Umwandlungszeitpunkt beim begünstigten Gesellschafter durch die Entnahme seines anteilig aktivierten Anspruchs ein Gewinn in Höhe der Summe des bei den übrigen Gesellschaftern aktivierten Anspruchs, da nur ihm die Pensionsleistung im Versorgungsfall zufließt und somit zuzurechnen ist. Entsprechend entsteht bei den übrigen Gesellschaftern ein Verlust, da ihnen die Pensionsleistung nicht zuzurechnen ist. Aus Billigkeitsgründen wird es nicht beanstandet, wenn der begünstigte Gesellschafter entsprechend Randnr. 5 des BMF-Schreibens vom 29. 1. 2008 (BStBl. I S. 317) seinen Entnahmegewinn auf fünfzehn Wirtschaftsjahre verteilt.

V. Besonderheiten bei grenzüberschreitenden Einbringungen

1. Anschaffungskosten der erhaltenen Anteile

20.34 Ist das Besteuerungsrecht der Bundesrepublik Deutschland hinsichtlich des Gewinns aus der Veräußerung des eingebrachten Betriebsvermögens sowohl vor als auch nach der Einbringung ausgeschlossen, gelten gem. § 20 Absatz 3 Satz 2 UmwStG die erhaltenen Anteile insoweit als mit dem gemeinen Wert des Betriebsvermögens im Einbringungszeitpunkt angeschafft (Verstrickung mit dem gemeinen Wert). Die Regelung hat nur in den Fällen Bedeutung, in denen die aufnehmende Gesellschaft auf Antrag Buch- oder Zwischenwerte angesetzt hat.

2. Anrechnung ausländischer Steuern

20.35 Der Begriff der Betriebsstätte ist im abkommensrechtlichen Sinne zu verstehen. Auf die Mitteilungspflichten des Steuerpflichtigen nach § 138 Absatz 2 AO wird hingewiesen.

a) Sonderfall der Einbringung einer Betriebsstätte (§ 20 Absatz 7, § 3 Absatz 3 UmwStG)

20.36 Wird im Rahmen einer grenzüberschreitenden Einbringung eine in einem anderen EU-Mitgliedstaat liegende Betriebsstätte eingebracht, verzichtet der Mitgliedstaat der einbringenden Gesellschaft endgültig auf seine Besteuerungsrechte aus dieser Betriebsstätte (Artikel 10 Absatz 1 Satz 1 Richtlinie 2009/133/EG). Wendet er ein System der Welteinkommensbesteuerung an, darf er den auf die Betriebsstätte entfallenden Veräußerungsgewinn besteuern, wenn er die fiktiv im Betriebsstättenstaat auf den Einbringungsgewinn entfallende Steuer anrechnet (Artikel 10 Absatz 2 Richtlinie 2009/133/EG). Wird einer Betriebsstätte in einem anderen EU-Mitgliedstaat zuzurechnendes Betriebsvermögen, für die die Bundesrepublik Deutschland die Doppelbesteuerung beim Einbringenden durch Anwendung der Anrechnungsmethode vermeidet, in eine in einem anderen EU-Mitgliedstaat ansässige Gesellschaft eingebracht, wird das Besteuerungsrecht der Bundesrepublik Deutschland im Hinblick auf diese Betriebsstätte ausgeschlossen. Das der ausländischen Betriebsstätte zuzurechnende Betriebsvermögen ist deshalb zwingend mit dem gemeinen Wert anzusetzen (§ 20 Absatz 2 Satz 2 Nummer 3 UmwStG). Es kommt folglich insoweit zu einer Besteuerung des Einbringungsgewinns. Darüber hinaus ist die Steuer, die im Betriebsstättenstaat im Veräußerungsfall anfallen würde, fiktiv auf die auf den Einbringungsgewinn entfallende Steuer anzurechnen (§ 20 Absatz 7, § 3 Absatz 3 UmwStG).

> **Beispiel**
>
> Eine in Deutschland ansässige GmbH mit portugiesischer Betriebsstätte (keine aktiven Einkünfte) bringt diese in eine spanische SA gegen Gewährung von Anteilen ein.
>
> **Lösung**
>
> Im Hinblick auf die portugiesische Betriebsstätte steht Deutschland nach dem DBA Portugal ein Besteuerungsrecht mit Anrechnungsverpflichtung (Aktivitätsklausel) zu. Durch die Einbringung der Betriebsstätte in die spanische SA wird das deutsche Besteuerungsrecht an der Betriebsstätte in Portugal ausgeschlossen. Der deutschen GmbH sind nunmehr stattdessen anteilig die im Rahmen der Einbringung gewährten Anteile an der spanischen SA zuzurechnen. Da das deutsche Besteuerungsrecht an der Betriebsstätte durch die Einbringung ausgeschlossen wird, kommt es insoweit zu einer Besteuerung des Einbringungsgewinns (§ 20 Absatz 2 Satz 2 Nummer 3 UmwStG). Dies ist nach Artikel 10 Absatz 2 Richtlinie 2009/133/EG auch zulässig, da Deutschland ein System der Welteinkommensbesteuerung hat. Allerdings ist die fiktive Steuer, die im Falle der Veräußerung der Wirtschaftsgüter der Betriebsstätte in Portugal anfallen würde, auf die deutsche Steuer anzurechnen (§ 20 Absatz 7, § 3 Absatz 3 UmwStG).

b) Sonderfall steuerlich transparenter Gesellschaften (§ 20 Absatz 8 UmwStG)

Wird in den Fällen einer grenzüberschreitenden Einbringung eine gebietsfremde einbringende Gesellschaft im Inland als steuerlich transparent angesehen, muss die FusionsRL auf die Veräußerungsgewinne der Gesellschafter dieser Gesellschaft nicht angewendet werden (Artikel 11 Absatz 1 Richtlinie 2009/133/EG, zuvor Artikel 10a Absatz 1 FusionsRL). Allerdings ist die Steuer, die auf die Veräußerungsgewinne der steuerlich transparenten Gesellschaft ohne Anwendung der FusionsRL erhoben worden wäre, fiktiv auf die auf den Einbringungsgewinn der Gesellschafter entfallende Steuer anzurechnen (Artikel 11 Absatz 2 Richtlinie 2009/133/EG, zuvor Artikel 10a Absatz 2 FusionsRL). Der Vorgang ist nach deutschem Recht als Sacheinlage i. S. v. § 20 Absatz 1 UmwStG zu behandeln. Wird einer Betriebsstätte in einem anderen EU-Mitgliedstaat zuzurechnendes Betriebsvermögen, für die die Bundesrepublik Deutschland die Doppelbesteuerung beim Einbringenden durch Anwendung der Anrechnungsmethode vermeidet, in eine in einem anderen EU-Mitgliedstaat ansässige Gesellschaft eingebracht, wird das Besteuerungsrecht der Bundesrepublik Deutschland für im Inland ansässige Gesellschafter der transparenten Gesellschaft im Hinblick auf diese Betriebsstätte ausgeschlossen. Das der ausländischen Betriebsstätte zuzurechnende Betriebsvermögen ist deshalb zwingend mit dem gemeinen Wert anzusetzen (§ 20 Absatz 2 Satz 2 Nummer 3 UmwStG). Es kommt folglich insoweit zu einer Besteuerung des Einbringungsgewinns. Darüber hinaus ist die Steuer, die im Betriebsstättenstaat im Veräußerungsfall anfallen würde, beim Einbringenden fiktiv auf die auf den Einbringungsgewinn entfallende Steuer anzurechnen (§ 20 Absatz 8 UmwStG). Bei der anzurechnenden Steuer kann es sich sowohl um Einkommensteuer als auch um Körperschaftsteuer handeln. 20.37

Beispiel

Eine in Deutschland ansässige natürliche Person X ist an einer in Frankreich ansässigen SC mit portugiesischer Betriebsstätte (keine aktiven Einkünfte) beteiligt. Die französische SC wird auf eine spanische SA verschmolzen.

Lösung

Die französische SC ist eine von der FusionsRL geschützte Gesellschaft (vgl. Anlage zur FusionsRL), die in Frankreich als Kapitalgesellschaft behandelt wird. Nach deutschem Recht ist sie jedoch als transparent anzusehen. X gilt deshalb für deutsche Besteuerungszwecke als Mitunternehmer der französischen SC und damit auch der portugiesischen Betriebsstätte. Im Hinblick auf die Betriebsstätte kommt deshalb das DBA Portugal zur Anwendung, wonach Deutschland ein Besteuerungsrecht mit Anrechnungsverpflichtung (Aktivitätsklausel) zusteht.

Durch die Verschmelzung der SC auf die spanische SA endet die Mitunternehmerstellung des X im Hinblick auf die Betriebsstätte in Portugal. Ihm sind nunmehr stattdessen anteilig die im Rahmen der Einbringung gewährten Anteile an der spanischen SA zuzurechnen. Da das deutsche Besteuerungsrecht an der Betriebsstätte in Portugal durch die Einbringung ausgeschlossen wird, kommt es insoweit zu einer Besteuerung des Einbringungsgewinns (§ 20 Absatz 2 Satz 2 Nummer 3 UmwStG). Dies ist nach Artikel 11a Absatz 1 Richtlinie 2009/133/EG (zuvor Artikel 10a Absatz 1 FusionsRL) auch zulässig. Allerdings ist die fiktive Steuer, die im Falle der Veräußerung der Wirtschaftsgüter der portugiesischen Betriebsstätte anfallen würde, auf die deutsche Steuer anzurechnen (§ 20 Absatz 8 UmwStG).

VI. Besonderheiten bei der Einbringung einbringungsgeborener Anteile i. S. v. § 21 Absatz 1 UmwStG 1995

Nach § 27 Absatz 3 Nummer 3 UmwStG ist § 21 UmwStG 1995 auf einbringungsgeborene Anteile alten Rechts weiterhin anzuwenden. Werden im Rahmen einer Sacheinlage zum gemeinen Wert oder Zwischenwert einbringungsgeborene Anteile alten Rechts mit eingebracht, sind bei der Ermittlung des Einbringungsgewinns § 8b Absatz 4 KStG a. F. oder § 3 Nummer 40 Satz 3 und 4 EStG a. F. anzuwenden. Darüber hinaus sind auch nach Ablauf der Siebenjahresfrist (zeitlich unbegrenzt) die Regelungen des § 21 UmwStG 1995 weiter anzuwenden; vgl. Randnr. 27.01 ff. 20.38

Werden einbringungsgeborene Anteile i. S. d. § 21 UmwStG 1995 im Rahmen einer Sacheinlage mit eingebracht, gelten die erhaltenen Anteile insoweit ebenfalls als einbringungsgeborene Anteile i. S. d. § 21 UmwStG 1995 (§ 20 Absatz 3 Satz 4 UmwStG). Dies bedeutet, dass bei einer Veräußerung der (infizierten) Anteile innerhalb der Siebenjahresfrist die Steuerfreistellung nach § 8b Absatz 4 KStG a. F. oder § 3 Nummer 40 Satz 3 und 4 EStG a. F. insoweit ausgeschlossen ist. Die Weitereinbringung der einbringungsgeborenen Anteile i. S. d. § 21 UmwStG 1995 im zeitlichen Anwendungsbereich des UmwStG 2006 löst allerdings keine neue Siebenjahresfrist i. S. v. § 8b Absatz 4 KStG a. F. oder § 3 Nummer 40 Satz 3 und 4 EStG a. F. aus. 20.39

20.40 Im Falle der Veräußerung der mit der Einbringungsgeborenheit infizierten erhaltenen Anteile kommt das neue Recht (rückwirkende Einbringungsgewinnbesteuerung) nicht zur Anwendung, soweit die Steuerfreistellung nach § 8b Absatz 4 KStG a. F. oder § 3 Nummer 40 Satz 3 und 4 EStG a. F. ausgeschlossen ist (§ 27 Absatz 4 UmwStG). Die Anwendung alten Rechts geht somit innerhalb des für den ursprünglichen Einbringungsvorgang (nach altem Recht) geltenden Siebenjahreszeitraums vor. Erfolgt die Veräußerung der Anteile hingegen nach Ablauf der Sperrfrist für die einbringungsgeborenen Anteile i. S. d. § 21 UmwStG 1995, aber noch innerhalb des für die erhaltenen Anteile geltenden Siebenjahreszeitraums, kommt es in vollem Umfang zur rückwirkenden Einbringungsgewinnbesteuerung. Für die Ermittlung des Veräußerungsgewinns aus den erhaltenen Anteilen ist aber insoweit weiterhin § 21 UmwStG 1995 anzuwenden mit der Folge, dass der Veräußerungsgewinn teilweise nach § 16 EStG und teilweise nach § 17 EStG zu ermitteln ist.

20.41 Soweit die Vorschriften des Umwandlungssteuergesetzes in der Fassung der Bekanntmachung vom 15. 10. 2002, BGBl. I S. 2002, zuletzt geändert durch Artikel 3 des Gesetzes vom 16. 5. 2003, BGBl. I S. 660, weiterhin anzuwenden sind (§ 27 Absatz 3 UmwStG), ist auch das BMF-Schreiben vom 25. 3. 1998, BStBl. I S. 268, weiterhin anzuwenden (vgl. Randnr. 00.01).

Beispiel

A ist Inhaber eines Einzelunternehmens, das aus zwei Teilbetrieben (Teilbetrieb 1 und Teilbetrieb 2) besteht. In 02 bringt A den Teilbetrieb 1 in eine neu gegründete GmbH 1 ein (Buchwert 100.000 €, gemeiner Wert 800.000 €). Die GmbH 1 setzt das übernommene Vermögen mit dem Buchwert an. Die neuen Anteile an der GmbH 1 (einbringungsgeborene Anteile i. S. d. § 21 Absatz 1 UmwStG 1995) befinden sich im Betriebsvermögen des Einzelunternehmens des A. Im Januar 07 bringt A sein verbliebenes Einzelunternehmen (einschließlich der einbringungsgeborenen Anteile an der GmbH 1) in die GmbH 2 gegen Gewährung von neuen Anteilen ein. Die übernehmende GmbH 2 setzt das übernommene Betriebsvermögen mit den Buchwerten (Buchwert 300.000 €, gemeiner Wert 2.400.000 €; davon GmbH 1 Buchwert 100.000 €, gemeiner Wert 800.000 €) an. Im Juni 10 veräußert A die Anteile an der GmbH 2 für 3.000.000 €.

Lösung

Die Anteile an der GmbH 2 gelten insoweit auch als einbringungsgeborene Anteile nach § 20 Absatz 3 Satz 3 UmwStG, als zu dem eingebrachten Betriebsvermögen einbringungsgeborene Anteile gehört haben (1/3). Insoweit entsteht zwar grundsätzlich ein Gewinn nach § 21 UmwStG 1995 i. V. m. § 16 EStG. Auf diesen ist jedoch das Teileinkünfteverfahren anzuwenden, weil die Veräußerung in 10 außerhalb der Sperrfrist des § 3 Nummer 40 Satz 3 ff. EStG a. F. (abgelaufen in 09) erfolgt. Die Veräußerung erfolgt aber innerhalb der Sperrfrist des § 22 Absatz 1 UmwStG, so dass insoweit rückwirkend die gemeinen Werte zum Zeitpunkt der Einbringung – gekürzt um je 1/7 für die inzwischen verstrichenen Zeitjahre – anzusetzen sind. Nach § 22 Absatz 1 Satz 5 erster Halbsatz UmwStG gilt für im Rahmen einer Sacheinlage mit eingebrachte Anteile an einer Kapitalgesellschaft oder Genossenschaft § 22 Absatz 2 UmwStG. Ein Einbringungsgewinn I entsteht daher insoweit nicht. Auch ein Einbringungsgewinn II entsteht insoweit nicht, da nach dem Sachverhalt die übernehmende GmbH 2 die eingebrachten Anteile an der GmbH 1 (noch) nicht veräußert hat. In dem dargestellten Beispiel entsteht also nur ein zu versteuernder Einbringungsgewinn I i. H. v. 800.000 €, der wie folgt zu ermitteln ist:

gemeiner Wert im Zeitpunkt der Einbringung	2.400.000 €
./. abzgl. gemeiner Wert der Anteile an der GmbH 1	– 800.000 €
Zwischensumme	1.600.000 €
./. Buchwert im Zeitpunkt der Einbringung (bereits gekürzt um 100.000 € Buchwert Anteile an der GmbH 1)	– 200.000 €
Einbringungsgewinn I	1.400.000 €
./. Minderung um 3/7 wegen Ablaufs von drei Zeitjahren	– 600.000 €
zu versteuernder Einbringungsgewinn I	800.000 €

A muss zunächst rückwirkend für 07 einen Einbringungsgewinn I i. H. v. 800.000 € versteuern. Durch die Veräußerung der erhaltenen Anteile an der GmbH 2 entsteht in 10 außerdem ein Veräußerungsgewinn nach §§ 16 und 17 EStG i. H. v. insgesamt 1.900.000 € (Verkaufspreis 3.000.000 € ./. 300.000 € Anschaffungskosten aus Einbringung ./. 800.000 € Einbringungsgewinn I), der nach § 3 Nummer 40 Satz 1 Buchstabe c EStG zu 40 % steuerfrei ist.

Die Veräußerung der erhaltenen Anteile an der GmbH 2 löst also nicht nur die rückwirkende Einbringungsgewinnbesteuerung, sondern gleichzeitig auch die Besteuerung des Gewinns nach § 17 Absatz 2 EStG (2/3 des Verkaufspreis = 2.000.000 € ./. Anschaffungskosten 200.000 € ./. Einbringungsgewinn I 800.000 € = 1.000.000 €) und nach § 21 UmwStG 1995 i. V. m. § 16 EStG (1/3 des Verkaufspreis = 1.000.000 € ./. Anschaffungskosten 100.000 € = 900.000 €) aus.

C. Bewertung der Anteile beim Anteilstausch (§ 21 UmwStG)

I. Allgemeines

§ 21 UmwStG umfasst Regelungen zum isolierten Tausch von Anteilen an einer inländischen oder ausländischen Kapitalgesellschaft oder Genossenschaft (erworbene Gesellschaft) gegen Gewährung von neuen Anteilen der erwerbenden inländischen oder ausländischen Kapitalgesellschaft oder Genossenschaft (übernehmende Gesellschaft). Werden Anteile an einer Kapitalgesellschaft oder Genossenschaft, die zum Betriebsvermögen eines Betriebs, Teilbetriebs oder Mitunternehmeranteils gehören, mit den Wirtschaftsgütern dieses Unternehmensteils in eine Kapitalgesellschaft oder Genossenschaft eingebracht, geht die Regelung des § 20 UmwStG der des § 21 UmwStG vor. Zur Frage der rückwirkenden Einbringungsgewinnbesteuerung bei mit eingebrachten Anteilen vgl. Randnr. 22.02.   **21.01**

§ 21 UmwStG ist nur auf Anteile im Betriebsvermögen, Anteile im Privatvermögen i. S. d. § 17 EStG und einbringungsgeborene Anteile i. S. d. § 21 Absatz 1 UmwStG 1995 anzuwenden. Für alle übrigen Anteile gilt § 20 Absatz 4a Satz 1 und 2 EStG.   **21.02**

II. Persönlicher Anwendungsbereich

1. Einbringender

Hinsichtlich der Person des Einbringenden bestehen keine Beschränkungen (Umkehrschluss aus § 1 Absatz 4 Satz 1 Nummer 2 UmwStG).   **21.03**

2. Übernehmende Gesellschaft (§ 21 Absatz 1 Satz 1 UmwStG)

Randnr. 20.04 gilt entsprechend.   **21.04**

3. Erworbene Gesellschaft (§ 21 Absatz 1 Satz 1 UmwStG)

Erworbene Gesellschaft ist diejenige Kapitalgesellschaft oder Genossenschaft, deren Anteile i. R. d. Anteilstauschs in die übernehmende Gesellschaft eingebracht werden. Gesellschaft kann eine in § 1 Absatz 1 Nummer 1 und 2 KStG aufgezählte Kapitalgesellschaft oder Genossenschaft einschließlich der ausländischen Gesellschaften (EU-/EWR-/Drittstaat) sein, soweit diese nach den Wertungen des deutschen Steuerrechts als Kapitalgesellschaften oder Genossenschaften anzusehen sind (vgl. Randnr. 01.27).   **21.05**

Die Anteile müssen dem Einbringenden vor Durchführung des Anteilstauschs steuerlich zuzurechnen sein. Maßgebend hierfür ist das wirtschaftliches Eigentum an den Anteilen (§ 39 Absatz 2 Nummer 1 AO).   **21.06**

III. Bewertung der eingebrachten Anteile bei der übernehmenden Gesellschaft

1. Ansatz des gemeinen Werts

Die eingebrachten Anteile werden durch die übernehmende Gesellschaft im Rahmen eines Veräußerungs- und Anschaffungsvorgangs erworben. Daher hat – soweit kein Fall des sog. qualifizierten Anteilstauschs vorliegt (vgl. hierzu Randnr. 21.09) - die übernehmende Gesellschaft nach § 21 Absatz 1 Satz 1 UmwStG die eingebrachten Anteile zwingend mit dem gemeinen Wert anzusetzen. Dabei ist der in der Handelsbilanz ausgewiesene Wert für die Steuerbilanz unbeachtlich.   **21.07**

Der gemeine Wert ist auf den Einbringungszeitpunkt zu ermitteln. Für die Ermittlung des gemeinen Werts gilt § 11 BewG. Zur Bewertung nach § 11 Absatz 2 BewG gelten die gleich lautenden Erlasse der obersten Finanzbehörden der Länder zur Anwendung der §§ 11, 95 bis 109 und 199 ff. BewG in der Fassung des ErbStRG vom 17. Mai 2011 (BStBl. I S. 606) auch für ertragsteuerliche Zwecke entsprechend (vgl. BMF-Schreiben vom 22. 9. 2011, BStBl. I S. 859).   **21.08**

2. Bewertungswahlrecht beim qualifizierten Anteilstausch (§ 21 Absatz 1 Satz 2 UmwStG)

a) Begriff des qualifizierten Anteilstauschs

Ein qualifizierter Anteilstausch liegt vor, wenn die übernehmende Gesellschaft nach der Einbringung nachweisbar unmittelbar die Mehrheit der Stimmrechte an der erworbenen Gesellschaft hält (mehrheitsvermittelnde Beteiligung). In diesem Fall kann die übernehmende Gesellschaft an-   **21.09**

Anhang 4a UmwStG

statt des gemeinen Werts auf Antrag die eingebrachten Anteile mit dem Buch-oder Zwischenwert ansetzen. Liegt der gemeine Wert unterhalb des Buchwerts der eingebrachten Anteile, ist der gemeine Wert anzusetzen. Gehören die Anteile zum Privatvermögen des Einbringenden, treten an die Stelle des Buchwerts die Anschaffungskosten (§ 21 Absatz 2 Satz 5 UmwStG).

Begünstigt ist sowohl der Fall, dass eine mehrheitsvermittelnde Beteiligung erst durch den Einbringungsvorgang entsteht, als auch der Fall, dass eine zum Übertragungsstichtag bereits bestehende mehrheitsvermittelnde Beteiligung weiter aufgestockt wird. Es genügt, wenn mehrere Personen Anteile einbringen, die nicht einzeln, sondern nur insgesamt die Voraussetzungen des § 21 Absatz 1 Satz 2 UmwStG erfüllen, sofern die Einbringungen auf einem einheitlichen Vorgang beruhen.

Beispiel

a) die Y-AG erwirbt von A 51 % der Anteile an der X-GmbH, an der die Y-AG bislang noch nicht beteiligt war;

b) die Y-AG erwirbt von B 10 % der Anteile an der X-GmbH, an der die Y-AG bereits 51 % hält;

c) die Y-AG hält bereits 40 % der Anteile an der X-GmbH. Im Rahmen eines einheitlichen Kapitalerhöhungsvorgangs bringen C und D jeweils weitere 6 % der Anteile an der X-GmbH ein.

b) Einschränkungen des Bewertungswahlrechts

21.10 Eine Einschränkung des Bewertungswahlrechtes sieht § 21 Absatz 1 Satz 3 UmwStG für den Fall vor, dass neben den neuen Anteilen auch andere Wirtschaftsgüter, deren gemeiner Wert den Buchwert der eingebrachten Anteile übersteigt, für die eingebrachten Anteile gewährt werden. Insoweit ist bei der übernehmenden Gesellschaft mindestens der gemeine Wert der anderen Wirtschaftsgüter anzusetzen.

c) Verhältnis zum Handelsrecht

21.11 Der Ansatz eines Buch- oder Zwischenwerts in der Steuerbilanz der übernehmenden Gesellschaft ist nicht davon abhängig, dass in der Handelsbilanz der übernehmenden Gesellschaft ein übereinstimmender Wertansatz ausgewiesen wird (kein Maßgeblichkeitsgrundsatz; Randnr. 21.07 und 20.20 gelten entsprechend)..

d) Ausübung des Wahlrechts, Bindung, Bilanzberichtigung

21.12 Randnr. 20.21, 20.23 und 20.24 gelten entsprechend.

IV. Ermittlung des Veräußerungspreises der eingebrachten Anteile und des Wertansatzes der erhaltenen Anteile beim Einbringenden

21.13 Gem. § 21 Absatz 2 Satz 1 UmwStG gilt der Wert, mit dem die übernehmende Gesellschaft die Anteile ansetzt, beim Einbringenden als Veräußerungspreis der eingebrachten Anteile und gleichzeitig als Anschaffungskosten der im Gegenzug erhaltenen Anteile. Randnr. 20.23 gilt entsprechend.

21.14 Ist hingegen das Besteuerungsrecht der Bundesrepublik Deutschland hinsichtlich der Veräußerung der eingebrachten Anteile ausgeschlossen oder beschränkt, erfolgt die Bewertung der eingebrachten Anteile beim Einbringenden nach § 21 Absatz 2 Satz 2 erster Halbsatz UmwStG mit dem gemeinen Wert. Die gleiche Rechtsfolge tritt im Fall des § 21 Absatz 2 Satz 2 zweiter Halbsatz UmwStG ein, wenn das Besteuerungsrecht der Bundesrepublik Deutschland hinsichtlich des Gewinns aus der Veräußerung der erhaltenen Anteile ausgeschlossen oder beschränkt ist.

21.15 Unter den Voraussetzungen des § 21 Absatz 2 Satz 3 UmwStG ist hingegen eine Rückausnahme von § 21 Absatz 2 Satz 2 UmwStG vorgesehen: Dem Einbringenden wird ein Wahlrecht eingeräumt, als Veräußerungspreis für die eingebrachten Anteile und als Anschaffungskosten der erhaltenen Anteile den Buch- oder Zwischenwert anzusetzen. Voraussetzung hierfür ist ein Antrag des Einbringenden nach § 21 Absatz 2 Satz 4 UmwStG. Zudem

– darf das Besteuerungsrecht der Bundesrepublik Deutschland hinsichtlich des Gewinns aus der Veräußerung der erhaltenen Anteile nicht ausgeschlossen oder beschränkt sein (vgl. Beispiel 1)

oder

– ein Einbringungsgewinn wird aufgrund Artikel 8 Richtlinie 2009/133/EG nicht besteuert (vgl. Beispiel 2).

Auf den Wertansatz bei der übernehmenden Gesellschaft kommt es in diesen Fällen nicht an (keine doppelte Buchwertverknüpfung).

Beispiel 1
Kein Ausschluss oder keine Beschränkung des Besteuerungsrechts

Der in Deutschland ansässige Gesellschafter A (natürliche Person) ist alleiniger Gesellschafter der inländischen A-GmbH. Er bringt seine Anteile an der A-GmbH in die in Großbritannien ansässige X-Ltd. ausschließlich gegen Gewährung neuer Gesellschaftsrechte ein.

Lösung

Die Einbringung fällt nach § 1 Absatz 4 Nummer 1 UmwStG in den Anwendungsbereich des UmwStG, weil die aufnehmende X-Ltd. eine Gesellschaft i. S. v. § 1 Absatz 2 UmwStG ist. Auf die Ansässigkeit des Einbringenden und die Ansässigkeit der Gesellschaft, deren Anteile eingebracht werden, kommt es nicht an.

Nach § 21 Absatz 1 Satz 1 UmwStG sind die im Rahmen eines Anteilstauschs eingebrachten Anteile bei der übernehmenden Gesellschaft grundsätzlich mit dem gemeinen Wert anzusetzen. Dies gilt nach § 21 Absatz 1 Satz 2 UmwStG allerdings dann nicht, wenn eine mehrheitsvermittelnde Beteiligung eingebracht wird. In diesem Fall können die eingebrachten Anteile auch mit dem Buchwert oder einem Zwischenwert angesetzt werden. Nach § 21 Absatz 2 Satz 1 UmwStG gilt grundsätzlich der Wert, mit dem die aufnehmende Gesellschaft die eingebrachten Anteile ansetzt, beim Einbringenden als Veräußerungspreis und als Anschaffungskosten der neuen Anteile.

In Abweichung hiervon sieht § 21 Absatz 2 Satz 2 erster Halbsatz UmwStG zwingend den Ansatz der eingebrachten Anteile mit dem gemeinen Wert vor, wenn das deutsche Besteuerungsrecht hinsichtlich des Gewinns aus der Veräußerung der eingebrachten Anteile nach der Einbringung ausgeschlossen oder beschränkt ist. In Rückausnahme zu § 21 Absatz 2 Satz 2 UmwStG können allerdings nach § 21 Absatz 2 Satz 3 Nummer 1 UmwStG auf Antrag des Einbringenden die erhaltenen Anteile mit dem Buchwert oder einem Zwischenwert bewertet werden, wenn das Recht Deutschlands hinsichtlich des Gewinns aus der Veräußerung der erhaltenen Anteile nicht ausgeschlossen oder beschränkt ist.

Im Beispielsfall steht Deutschland nach dem DBA Großbritannien das alleinige Besteuerungsrecht für Gewinne aus der Veräußerung der erhaltenen (neuen) Anteile an der britischen X-Ltd., welche auch eine EU-Kapitalgesellschaft ist, zu. Überdies hält die X-Ltd. nach der Einbringung alle Anteile an der inländischen A-GmbH und hat hierfür als Gegenleistung dem A nur neue Anteile gewährt. Der Einbringende A kann somit nach § 21 Absatz 2 Satz 3 Nummer 1 UmwStG die Buchwertfortführung oder den Zwischenwertansatz auch dann wählen, wenn bei der aufnehmenden Gesellschaft (hier Großbritannien) nicht der Buchwert oder der Zwischenwert angesetzt wird. Der Buchwert oder der Zwischenwert gilt dann als Anschaffungskosten der neuen Anteile.

Beispiel 2
Ausschluss oder Beschränkung des Besteuerungsrechts

Fall wie oben mit Einbringung der Beteiligung an der inländischen A-GmbH durch die in Deutschland ansässige B-GmbH in die tschechische X s.r.o.

Lösung

In diesem Fall wird zwar das Besteuerungsrecht an den eingebrachten Anteilen weder ausgeschlossen noch beschränkt, da nach dem DBA Tschechien[1] weiterhin dem Sitzstaat der A-GmbH - das ist Deutschland -das Besteuerungsrecht hinsichtlich des Gewinns aus der Veräußerung der eingebrachten Anteile zusteht. Aber eine Beschränkung ergibt sich aus dem DBA Tschechien hinsichtlich des Gewinns aus der Veräußerung der erhaltenen Anteile, da das Besteuerungsrecht auch dem Sitzstaat der X s.r.o. - das ist Tschechien – zusteht. Der Buchwertansatz ist somit grundsätzlich nach § 21 Absatz 2 Satz 2 zweiter Halbsatz UmwStG ausgeschlossen.

In Rückausnahme zu § 21 Absatz 2 Satz 2 zweiter Halbsatz UmwStG können allerdings nach § 21 Absatz 2 Satz 3 Nummer 2 UmwStG auf Antrag des Einbringenden die erhaltenen Anteile mit dem Buchwert oder einem Zwischenwert bewertet werden, wenn der Gewinn aufgrund Artikel 8 der Richtlinie 2009/133/EG nicht besteuert werden darf. Dies ist dann der Fall, wenn neben der übernehmenden Gesellschaft auch die eingebrachte Gesellschaft in einem Mitgliedstaat der EU/EWR ansässig ist und die Zuzahlung 10 % des Nennwerts der ausgegebenen An-

---

1) Die DBA Tschechoslowakei (gilt für Tschechien und die Slowakei), Bulgarien und Zypern sehen entsprechende Regelungen vor.

Anhang 4a — UmwStG

teile nicht überschreitet. Die Einbringung der Anteile an der A-GmbH durch die B-GmbH in die tschechische X s.r.o. im Wege des qualifizierten Anteilstauschs fällt in den Anwendungsbereich der Fusionsrichtlinie. Die einbringende B-GmbH kann folglich nach § 21 Absatz 2 Satz 3 Nummer 2 UmwStG den Buchwert- oder Zwischenwertansatz wählen.

V. Besteuerung des aus dem Anteilstausch resultierenden Gewinns beim Einbringenden

21.16 Die steuerliche Behandlung des aus dem Anteilstausch resultierenden Gewinns beim Einbringenden erfolgt nach den allgemeinen Vorschriften über die Veräußerung von Kapitalanteilen (z. B. §§ 13, 15, 16, 17 und 18 i. V. m. § 3 Nummer 40 und §§ 20, 32d Absatz 1 EStG, § 8b KStG).

VI. Steuerlicher Übertragungsstichtag (Einbringungszeitpunkt)

21.17 Für die Bestimmung des Zeitpunkts des Anteilstauschs ist auf den Zeitpunkt der Übertragung des wirtschaftlichen Eigentums der eingebrachten Anteile auf die übernehmende Gesellschaft abzustellen. §§ 2 und 20 Absatz 5 und 6 UmwStG sind nicht anzuwenden.

D. Besteuerung des Anteilseigners (§ 22 UmwStG)

I. Allgemeines

22.01 Erfolgt die Sacheinlage oder der Anteilstausch zu einem Wert unter dem gemeinen Wert, ist in den Fällen der Veräußerung der erhaltenen Anteile oder der eingebrachten Anteile innerhalb eines Zeitraums von sieben Jahren nach dem Einbringungszeitpunkt § 22 UmwStG anzuwenden.

22.02 Dabei führt in den Fällen der Sacheinlage die Veräußerung der erhaltenen Anteile zur Anwendung von § 22 Absatz 1 UmwStG (Besteuerung des Einbringungsgewinns I), soweit diese nicht auf mit eingebrachte Anteile an Kapitalgesellschaften oder Genossenschaften entfallen (§ 22 Absatz 1 Satz 5 erster Halbsatz UmwStG).

Ist Einbringender eine Personengesellschaft (vgl. Randnr. 20.03), ist wegen des Transparenzprinzips sowohl eine Veräußerung der sperrfristbehafteten Anteile durch die Personengesellschaft selbst als auch die Veräußerung eines Mitunternehmeranteils, zu dessen Betriebsvermögen die sperrfristbehafteten Anteile gehören, durch den Mitunternehmer ein Veräußerungsvorgang i. S. v. § 22 Absatz 1 Satz 1 UmwStG. Dies gilt infolge des Transparenzprinzips auch, wenn bei doppel- oder mehrstöckigen Personengesellschaften eine mittelbare Veräußerung eines Mitunternehmeranteils erfolgt. Die Voraussetzungen des § 1 Absatz 4 und des § 22 UmwStG sind gesellschafterbezogen zu prüfen.

In den Fällen des Anteilstauschs sowie in den Fällen der Sacheinlage unter Miteinbringung von Anteilen an Kapitalgesellschaften oder Genossenschaften führt die Veräußerung der eingebrachten Anteile durch die übernehmende Gesellschaft zur Anwendung von § 22 Absatz 2 UmwStG (Besteuerung des Einbringungsgewinns II), soweit die eingebrachten Anteile im Zeitpunkt der Einbringung nicht nach § 8b Absatz 2 KStG hätten steuerfrei veräußert werden können.

In den Fällen der Sacheinlage gelten die erhaltenen Anteile als Anteile i. S. d. § 22 Absatz 1 UmwStG und in den Fällen des Anteilstauschs die eingebrachten Anteile als Anteile i. S. d. § 22 Absatz 2 UmwStG (sog. sperrfristbehaftete Anteile).

22.03 Die Veräußerung der sperrfristbehafteten Anteile sowie die nach § 22 Absatz 1 Satz 6 und Absatz 2 Satz 6 UmwStG der Veräußerung gleichgestellten Ersatzrealisationstatbestände lösen die rückwirkende Besteuerung des Einbringungsgewinns I oder II beim Einbringenden im Einbringungszeitpunkt aus (siehe Randnr. 22.18 ff.). Dies gilt auch in den Fällen der unentgeltlichen Rechtsnachfolge (§ 22 Absatz 6 UmwStG; vgl. Randnr. 22.41 f.) und in den Fällen der Mitverstrickung von Anteilen (§ 22 Absatz 7 UmwStG; vgl. Randnr. 22.43 – 22.46). Die Veräußerung der Anteile und die gleichgestellten Tatbestände gelten dabei im Hinblick auf die Steuerbescheide des Einbringenden im Einbringungsjahr als rückwirkendes Ereignis i. S. v. § 175 Absatz 1 Satz 1 Nummer 2 AO.

22.04 Wird nur ein Teil der sperrfristbehafteten Anteile veräußert oder ist nur hinsichtlich eines Teils der sperrfristbehafteten Anteile ein der Veräußerung der Anteile gleichgestellter Tatbestand i. S. v. § 22 Absatz 1 Satz 6 und Absatz 2 Satz 6 UmwStG erfüllt, erfolgt auch die rückwirkende Einbringungsgewinnbesteuerung nur anteilig (§ 22 Absatz 1 Satz 1 und Absatz 2 Satz 1 UmwStG).

Beispiel

X bringt sein Einzelunternehmen (gemeiner Wert 170.000 €) am 1. 1. 08 gegen Gewährung von Anteilen zum Buchwert 100.000 € in die neu gegründete A-GmbH (Stammkapital 50.000 €) ein. Am 1. 7. 09 veräußert X 10 % der Anteile an der A-GmbH für 20.000 €.

Lösung

Die Veräußerung der sperrfristbehafteten Anteile in 09 führt anteilig (10 %) zu einer rückwirkenden Einbringungsgewinnbesteuerung zum 1. 1. 08 (§ 22 Absatz 1 Satz 1 UmwStG):

anteiliges eingebrachtes Betriebsvermögen: 10 % von 170.000 € =	17.000 €
./. anteiliger Buchwert der Anteile: 10 % von 100.000 € =	– 10.000 €
anteiliger Einbringungsgewinn I vor Siebtelregelung	7.000 €
./. 1/7 (§ 22 Absatz 1 Satz 3 UmwStG)	– 1.000 €
zu versteuernder Einbringungsgewinn I	6.000 €
Ermittlung des Veräußerungsgewinns aus den Anteilen an der A-GmbH zum 1. 7. 09:	
Veräußerungspreis	20.000 €
./. ursprüngliche Anschaffungskosten	– 10.000 €
./. nachträgliche Anschaffungskosten aus Einbringungsgewinn I	– 6.000 €
Veräußerungsgewinn nach § 17 EStG	4.000 €
davon steuerpflichtig (Teileinkünfteverfahren) 60 %	2.400 €

Die steuerliche Behandlung der Veräußerung der sperrfristbehafteten Anteile erfolgt nach den allgemeinen Vorschriften über die Veräußerung von Kapitalanteilen (z. B. §§ 13, 15, 16, 17 und 18 i. V. m. § 3 Nummer 40 sowie § 20, § 32d Absatz 1 EStG, § 8b KStG). **22.05**

Hält der Einbringende oder der unentgeltliche Rechtsnachfolger im Rahmen einer Sacheinlage oder eines Anteilstauschs unter dem gemeinen Wert erhaltene Anteile im Privatvermögen, erzielt er aus der Veräußerung der Anteile auch dann Einkünfte aus Gewerbebetrieb i. S. v. § 17 Absatz 1 EStG, wenn er innerhalb der letzten fünf Jahre am Kapital der Gesellschaft nicht unmittelbar oder mittelbar zu mindestens 1 % beteiligt war (§ 17 Absatz 6 EStG). In den Fällen des Anteilstauschs gilt dies nur, wenn der Einbringende zum Einbringungszeitpunkt innerhalb der letzten fünf Jahre am Kapital der eingebrachten Gesellschaft unmittelbar oder mittelbar zu mindestens 1 % beteiligt war (§ 17 Absatz 6 Nummer 2 erste Alternative EStG). § 17 Absatz 6 EStG ist unabhängig vom Ablauf des in § 22 Absatz 1 und 2 UmwStG geregelten Siebenjahreszeitraums anzuwenden. **22.06**

II. Rückwirkende Besteuerung des Einbringungsgewinns (§ 22 Absatz 1 und 2 UmwStG)

1. Sacheinlage (§ 22 Absatz 1 UmwStG)

Im Falle der Veräußerung erhaltener Anteile durch den Einbringenden oder der Verwirklichung eines nach § 22 Absatz 1 Satz 6 UmwStG der Veräußerung gleichgestellten Ersatzrealisationstatbestands innerhalb des Siebenjahreszeitraums, ist rückwirkend auf den Einbringungszeitpunkt der Einbringungsgewinn I als Gewinn des Einbringenden i. S. v. § 16 EStG zu versteuern. Dabei sind § 16 Absatz 4 und § 34 EStG nicht anzuwenden. Dies gilt auch beim Eintritt eines schädlichen Ereignisses innerhalb des ersten Zeitjahres nach der Einbringung. Hinsichtlich der Zugehörigkeit des Einbringungsgewinns I zum Gewerbeertrag gelten die allgemeinen Grundsätze (vgl. § 7 Satz 2 GewStG). Werden nicht sämtliche erhaltenen Anteile in einem Vorgang veräußert, ist für Zwecke des § 7 Satz 2 GewStG nicht mehr von der Veräußerung eines Betriebs, Teilbetriebs etc. auszugehen. § 6b EStG findet auf den Einbringungsgewinn I keine Anwendung. Die sukzessive Veräußerung der erhaltenen Anteile führt deshalb dazu, dass der dadurch jeweils ausgelöste Einbringungsgewinn I zum Gewerbeertrag gehört. **22.07**

Veräußerung ist jede Übertragung gegen Entgelt. Hierzu gehören insbesondere auch Umwandlungen und Einbringungen, z. B. Verschmelzung, Auf-oder Abspaltung, Formwechsel (vgl. Randnr. 00.02).

Zum Zwecke der Berechnung des Einbringungsgewinns I ist (ggf. nachträglich) der gemeine Wert des eingebrachten Betriebsvermögens (ohne mit eingebrachte Anteile an Kapitalgesellschaften und Genossenschaften) auf den Einbringungszeitpunkt zu ermitteln. Der Einbringungsgewinn I vermindert sich für jedes seit dem Einbringungszeitpunkt abgelaufene Zeitjahr um 1/7. **22.08**

Der Einbringungsgewinn I berechnet sich demnach wie folgt (§ 22 Absatz 1 Satz 3 UmwStG):

	Gemeiner Wert des eingebrachten Betriebsvermögens (ohne mit eingebrachte Anteile an Kapitalgesellschaften und Genossenschaften)
./.	Kosten des Vermögensübergangs (vgl. Randnr. 22.09)
./.	Wertansatz bei der übernehmenden Gesellschaft
=	Einbringungsgewinn I vor Siebtelregelung
./.	Verringerung um je 1/7 pro abgelaufenes Zeitjahr seit Einbringung
=	zu versteuernder Einbringungsgewinn I

22.09 Im Jahr der Einbringung ist der laufende Gewinn um die bei der Ermittlung des rückwirkend zu versteuernden Einbringungsgewinns abgezogenen Kosten des Vermögensübergangs zu erhöhen, soweit diese (zutreffend) den laufenden Gewinn oder den Einbringungsgewinn (wenn die Einbringung z. B. zu Zwischenwerten erfolgte) gemindert haben.

22.10 Der Einbringungsgewinn I gilt nach § 22 Absatz 1 Satz 4 UmwStG als nachträgliche Anschaffungskosten der erhaltenen Anteile im Einbringungszeitpunkt. Wurden die erhaltenen Anteile durch einen Vorgang i. S.v. § 22 Absatz 1 Satz 6 UmwStG zum Buchwert weiter eingebracht, erhöhen sich auch die Anschaffungskosten der auf den erhaltenen Anteilen beruhenden Anteile entsprechend (§ 22 Absatz 1 Satz 7 UmwStG). Damit vermindert sich der Gewinn aus der Veräußerung der erhaltenen Anteile ebenso wie der Gewinn aus der Veräußerung der auf den erhaltenen Anteilen beruhenden Anteile nach z. B. §§ 13, 15, 16, 17 und 18 EStG entsprechend.

22.11 Ist das Besteuerungsrecht der Bundesrepublik Deutschland hinsichtlich des Gewinns aus der Veräußerung der erhaltenen Anteile ausgeschlossen oder beschränkt, umfasst der Einbringungsgewinn I auch die stillen Reserven der im Rahmen der Sacheinlage mit eingebrachten Anteile (§ 22 Absatz 1 Satz 5 zweiter Halbsatz UmwStG).

Beispiel

Der in Frankreich ansässige X bringt seine inländische Betriebsstätte, zu der Anteile an der inländischen Y-GmbH gehören, in 01 in die Z-GmbH ein. In 02 veräußert er die im Privatvermögen gehaltenen Anteile an der Z-GmbH.

Lösung

Durch die Anteilsveräußerung in 02 entsteht gem § 22 Absatz 1 Satz 3 UmwStG ein Einbringungsgewinn I i. H. d. stillen Reserven des Betriebsvermögens der inländischen Betriebsstätte. Dabei ist gem. § 22 Absatz 1 erster Halbsatz UmwStG die Beteiligung an der Y-GmbH grundsätzlich auszunehmen. Da durch das DBA Frankreich jedoch das deutsche Besteuerungsrecht hinsichtlich des Gewinns aus der Veräußerung der erhaltenen Anteile ausgeschlossen ist, sind nach § 22 Absatz 1 Satz 5 zweiter Halbsatz UmwStG auch die auf die Anteile an der Y-GmbH entfallenden stillen Reserven in die Besteuerung des Einbringungsgewinns I einzubeziehen; insoweit ist § 3 Nummer 40 EStG anzuwenden.

2. Anteilstausch und Miteinbringung von Anteilen an Kapitalgesellschaften oder Genossenschaften bei Sacheinlage (§ 22 Absatz 2 UmwStG)

22.12 Im Fall der Veräußerung eingebrachter Anteile durch die übernehmende Gesellschaft oder der Verwirklichung eines nach § 22 Absatz 2 Satz 6 i. V. m. Absatz 1 Satz 6 UmwStG der Veräußerung gleichgestellten Ersatzrealisationstatbestands innerhalb des Siebenjahreszeitraums, ist beim Einbringenden rückwirkend auf den Einbringungszeitpunkt der Einbringungsgewinn II als Gewinn des Einbringenden aus der Veräußerung von Anteilen (z. B. nach §§ 13, 15, 16, 17 und 18 i. V. m. § 3 Nummer 40 sowie §§ 20, 32d Absatz 1 EStG, § 8b KStG) zu versteuern. Dies gilt nur insoweit, als beim Einbringenden der Gewinn aus der Veräußerung dieser Anteile im Einbringungszeitpunkt nicht nach § 8b Absatz 2 KStG steuerfrei gewesen wäre. Dies ist insbesondere dann der Fall, wenn der Einbringende eine natürliche Person oder ein Kreditinstitut oder ein Lebens-oder Krankenversicherungsunternehmen in der Rechtsform einer Körperschaft ist, bei der die Steuerbefreiung hinsichtlich der eingebrachten Anteile nach § 8b Absatz 7 oder 8 KStG ausgeschlossen ist, sowie bei Anteilen i. S. v. § 8b Absatz 4 KStG a. F. (§ 22 Absatz 2 Satz 1 UmwStG, vgl. Randnr. 27.02).

22.13 Bei der rückwirkenden Einbringungsgewinnbesteuerung kommt der Freibetrag nach § 16 Absatz 4 EStG nicht zur Anwendung. Dies gilt auch beim Eintritt eines schädlichen Ereignisses innerhalb des ersten Zeitjahres nach der Einbringung. Der Einbringungsgewinn II gehört bei Anteilen im Betriebsvermögen zum Gewerbeertrag. § 6b EStG findet auf den Einbringungsgewinn II keine Anwendung.

Zum Zwecke der Berechnung des Einbringungsgewinns II ist (ggf. nachträglich) der gemeine Wert 22.14
der eingebrachten Anteile auf den Einbringungszeitpunkt zu ermitteln. Der Einbringungsgewinn II
vermindert sich für jedes seit dem Einbringungszeitpunkt abgelaufene Zeitjahr um 1/7.

Der Einbringungsgewinn II berechnet sich demnach wie folgt (§ 22 Absatz 2 Satz 3 UmwStG):

	Gemeiner Wert der eingebrachten Anteile
./.	Kosten des Vermögensübergangs (vgl. Randnr. 22.09)
./.	Wertansatz der erhaltenen Anteile beim Einbringenden
=	Einbringungsgewinn II vor Siebtelregelung
./.	Verringerung um je 1/7 pro abgelaufenes Zeitjahr seit Einbringung
=	zu versteuernder Einbringungsgewinn II

Bei der Berechnung des Einbringungsgewinns II ist der Wertansatz der erhaltenen Anteile um den 22.15
gemeinen Wert der sonstigen Gegenleistung (§ 20 Absatz 3 Satz 3 i. V. m § 21 Absatz 2 Satz 6
UmwStG) zu erhöhen.

Der Einbringungsgewinn II gilt nach § 22 Absatz 2 Satz 4 UmwStG als nachträgliche Anschaf- 22.16
fungskosten der erhaltenen Anteile. Wurden die erhaltenen Anteile durch einen Vorgang i. S. v. § 22
Absatz 1 Satz 6 Nummer 2 UmwStG zum Buchwert weiter eingebracht, erhöhen sich auch die
Anschaffungskosten der auf den erhaltenen Anteilen beruhenden Anteile beim Einbringenden und
der übernehmenden Gesellschaft entsprechend (§ 22 Absatz 2 Satz 7 i. V. m. Absatz 1 Satz 7
UmwStG). Damit vermindert sich der Gewinn aus einer nachfolgenden Veräußerung der erhaltenen
Anteile und der auf diesen Anteilen beruhenden Anteile entsprechend.

Hat der Einbringende die erhaltenen Anteile bereits ganz oder teilweise veräußert, kommt es inso- 22.17
weit nicht zur rückwirkenden Einbringungsgewinnbesteuerung (§ 22 Absatz 2 Satz 5 UmwStG).
Dies gilt auch, soweit aufgrund eines Vorgangs i. S. v. § 6 AStG die erhaltenen Anteile der Weg-
zugsbesteuerung zu unterwerfen sind, wenn und soweit die Steuer nicht gestundet wird (§ 22 Absatz 2 Satz 5 zweiter Halbsatz UmwStG).

III. Die die rückwirkende Einbringungsgewinnbesteuerung auslösenden Ereignisse i. S. d. § 22 Absatz 1 Satz 6 i. V. m. Absatz 2 Satz 6 UmwStG)

1. Allgemeines

Zu einer rückwirkenden Besteuerung des Einbringungsgewinns I kommt es auch, wenn durch den 22.18
Einbringenden oder dessen Rechtsnachfolger innerhalb des Siebenjahreszeitraums ein Vorgang
i. S. v. § 22 Absatz 1 Satz 6 Nummer 1 bis 5 UmwStG verwirklicht wird. Dies gilt auch, wenn beim
Einbringenden, bei der übernehmenden Gesellschaft oder bei deren unentgeltlichen Rechtsnach-
folgern die Voraussetzungen des § 1 Absatz 4 UmwStG nicht mehr erfüllt sind (§ 22 Absatz 1 Satz 6
Nummer 6 UmwStG).

In den Fällen des Anteilstauschs löst die Verwirklichung eines Vorgangs i. S. v. § 22 Absatz 1 Satz 6 22.19
Nummer 1 bis 5 UmwStG innerhalb des Siebenjahreszeitraums durch die übernehmende Gesellschaft oder deren unentgeltlichen Rechtsnachfolger die rückwirkende Besteuerung des Einbringungsgewinns II aus (§ 22 Absatz 2 Satz 6 UmwStG). Dies gilt auch, wenn bei der übernehe-
menden Gesellschaft oder bei deren unentgeltlichem Rechtsnachfolger die Voraussetzungen des § 1
Absatz 4 UmwStG nicht mehr erfüllt sind (§ 22 Absatz 2 Satz 6 zweiter Halbsatz UmwStG).

2. Unentgeltliche Übertragungen

Die unmittelbare oder mittelbare unentgeltliche Übertragung der sperrfristbehafteten Anteile (z. B. 22.20
im Wege der verdeckten Einlage, der verdeckten Gewinnausschüttung, der Realteilung oder die
unentgeltliche Übertragung nach § 6 Absatz 3 und 5 EStG) auf eine Kapitalgesellschaft oder Genossenschaft stellt ein die rückwirkende Einbringungsgewinnbesteuerung auslösendes Ereignis dar
(§ 22 Absatz 1 Satz 6 Nummer 1 UmwStG).

3. Entgeltliche Übertragungen

Die entgeltliche Übertragung der sperrfristbehafteten Anteile führt grundsätzlich zur rück- 22.21
wirkenden Einbringungsgewinnbesteuerung nach § 22 Absatz 1 Satz 1 oder Absatz 2 Satz 1
UmwStG beim Einbringenden.

Umwandlungen und Einbringungen stellen grundsätzlich Veräußerungen i. S. v. § 22 Absatz 1 22.22
Satz 1 UmwStG dar (vgl. Randnr. 22.07 und Randnr. 00.02), die die rückwirkende Einbringungs-

gewinnbesteuerung auslösen. Dies gilt jedoch dann nicht, wenn der Einbringende oder dessen unentgeltlicher Rechtsnachfolger nachweist, dass die sperrfristbehafteten Anteile im Wege der Sacheinlage (§ 20 Absatz 1 UmwStG) oder des Anteilstauschs (§ 21 Absatz 1 UmwStG) bzw. aufgrund mit diesen Vorgängen vergleichbaren ausländischen Vorgängen zum Buchwert übertragen wurden (§ 22 Absatz 1 Satz 6 Nummer 2 UmwStG). Eine Übertragung zum Buchwert liegt vor, wenn beim Einbringenden stille Reserven nicht aufzudecken sind.

Beispiel

Der in Deutschland ansässige X bringt sein inländisches Einzelunternehmen in 01 zum Buchwert in die österreichische A-GmbH gegen Gewährung von Anteilen ein. In 03 bringt er die sperrfristbehafteten Anteile an der A-GmbH im Wege des Anteilstauschs gegen Gewährung von Anteilen auf Antrag zum Buchwert in die französische F-SA ein.

Lösung

Die Einbringung des Einzelunternehmens zum Buchwert in die österreichische A-GmbH ist nach § 20 Absatz 2 Satz 2 UmwStG möglich, wenn das Besteuerungsrecht der Bundesrepublik Deutschland hinsichtlich des Gewinns aus der Veräußerung des eingebrachten Betriebsvermögens nicht ausgeschlossen oder beschränkt wird. Die Weitereinbringung der sperrfristbehafteten Anteile an der A-GmbH in 03 im Wege des Anteilstauschs (§ 21 Absatz 1 UmwStG) in die F-SA stellt grundsätzlich einen die rückwirkende Einbringungsgewinnbesteuerung auslösenden Veräußerungsvorgang dar (§ 22 Absatz 1 Satz 1 UmwStG). Da die Weitereinbringung auf Antrag nach § 21 Absatz 2 Satz 3 Nummer 1 UmwStG zum Buchwert erfolgt, ist diese jedoch nach § 22 Absatz 1 Satz 6 Nummer 2 unschädlich. Eine rückwirkende Einbringungsgewinnbesteuerung der Sacheinlage 01 wird somit durch die grenzüberschreitende Weitereinbringung der sperrfristbehafteten Anteile nicht ausgelöst.

22.23 Grundsätzlich führt jede der Einbringung in eine Kapitalgesellschaft nachfolgende Umwandlung oder Einbringung sowohl des Einbringenden als auch der übernehmenden Kapitalgesellschaft sowie die umwandlungsbedingte Übertragung der sperrfristbehafteten Anteile zu einer Veräußerung i. S. d. § 22 Absatz 1 Satz 1 oder Absatz 2 Satz 1 UmwStG (vgl. Randnr. 22.07 und Randnr. 00.02), die die Einbringungsgewinnbesteuerung nach § 22 Absatz 1 bzw. Absatz 2 UmwStG auslöst. Nach § 22 Absatz 1 Satz 6 Nummer 2, 4 und 5 jeweils zweiter Halbsatz UmwStG kann jedoch eine Ausnahme von diesem allgemeinen ertragsteuerlichen Grundsatz nur erfolgen, wenn eine nachfolgende Einbringung der sperrfristbehafteten Anteile nach § 20 Absatz 1, § 21 Absatz 1 UmwStG bzw. aufgrund eines mit diesen Vorgängen vergleichbaren ausländischen Vorgangs zum Buchwert erfolgt.

Aus Billigkeitsgründen kann im Einzelfall auch bei Umwandlungen zu Buchwerten auf übereinstimmenden Antrag aller Personen, bei denen ansonsten infolge des Umwandlungsvorgangs ein Einbringungsgewinn rückwirkend zu versteuern wäre, von einer rückwirkenden Einbringungsgewinnbesteuerung abgesehen werden. Dies setzt zumindest voraus, dass

– keine steuerliche Statusverbesserung eintritt (d. h. die Besteuerung eines Einbringungsgewinns I bzw. II nicht verhindert wird),

– sich keine stillen Reserven von den sperrfristbehafteten Anteilen auf Anteile eines Dritten verlagern,

– deutsche Besteuerungsrechte nicht ausgeschlossen oder eingeschränkt werden und

– die Antragsteller sich damit einverstanden erklären, dass auf alle unmittelbaren oder mittelbaren Anteile einer an der Umwandlung beteiligten Gesellschaft § 22 Absatz 1 und 2 UmwStG entsprechend anzuwenden ist, wobei Anteile am Einbringenden regelmäßig nicht einzubeziehen sind (vgl. zu einer vergleichbaren Problematik die Randnr. 22 des BMF-Schreibens vom 16. 12. 2003, BStBl. I S. 786).

Bei der Prüfung eines solchen Antrags ist die gesetzgeberische Grundentscheidung zu berücksichtigen, dass § 22 UmwStG keine Generalklausel enthält, wonach unter bestimmten allgemeinen Voraussetzungen bei nachfolgenden Umwandlungen von der Einbringungsgewinnbesteuerung abgesehen werden kann. § 22 Absatz 1 und 2 UmwStG lassen lediglich punktuelle Ausnahmen zu (vgl. § 22 Absatz 1 Satz 6 Nummer 2, 4 und 5 UmwStG). Von der Einbringungsgewinnbesteuerung kann deswegen nur dann aus Billigkeitsgründen abgesehen werden, wenn der konkrete Einzelfall in jeder Hinsicht mit den in § 22 Absatz 1 Satz 6 Nummer 2, 4 und 5 UmwStG enthaltenen Ausnahmetatbeständen vergleichbar ist. Dabei ist auch die gesetzgeberische Grundentscheidung zu berücksichtigen, dass § 22 UmwStG anders als für Einbringungen i. S. d. §§ 20, 21 UmwStG keine Rückausnahme für Einbringungen i. S. d. § 24 UmwStG vorgesehen hat. Nicht vergleichbar sind

Umwandlungen z. B. dann, wenn sie ohne Gewährung von Anteilen oder Mitgliedschaften an Kapitalgesellschaften oder Genossenschaften erfolgen (z. B. in den Fällen des § 54 Absatz 1 Satz 3 UmwG).

Die Billigkeitsregelung kann nicht in Anspruch genommen werden, wenn in einer Gesamtschau die Umwandlung der Veräußerung des eingebrachten Vermögens dient. Hiervon ist auszugehen, wenn der Einbringende nach der Umwandlung an dem ursprünglich eingebrachten Betriebsvermögen nicht mehr unmittelbar oder mittelbar beteiligt ist (z. B. bei der Trennung von Gesellschafterstämmen, auch wenn diese nach § 15 UmwStG steuerneutral erfolgen kann).

Beispiel 1 (Seitwärtsverschmelzung des Einbringenden)

Die GmbH 1 bringt ihren Betrieb zu Buchwerten in die GmbH 2 ein. Anschließend wird die GmbH 1 auf die GmbH 3 innerhalb der Siebenjahresfrist zu Buchwerten verschmolzen.

Lösung

Die Anteile an der GmbH 2 sind sperrfristbehaftet. Die Übertragung der Anteile an der GmbH 2 im Rahmen der Verschmelzung der GmbH 1 stellt einen Veräußerungsvorgang i. S. d. § 22 Absatz 1 Satz 1 UmwStG dar.

Werden im Rahmen der Verschmelzung nach § 11 Absatz 2 UmwStG die Buchwerte angesetzt, kann im Rahmen der Billigkeitsregelung je nach Lage des Einzelfalls und bei Vorliegen der obigen Voraussetzungen von der Anwendung des § 22 Absatz 1 Satz 1 UmwStG bei der GmbH 1 abgesehen werden.

Alternative

Sachverhalt wie Beispiel 1. Es erfolgt jedoch eine Verschmelzung der GmbH 1 auf eine Personengesellschaft.

Lösung Alternative

Bei einer Seitwärtsverschmelzung der GmbH 1 nach §§ 3 ff. UmwStG ist die gesetzgeberische Grundentscheidung zu berücksichtigen, dass eine Weitereinbringung sperrfristbehafteter Anteile nach § 24 UmwStG nicht von den Ausnahmetatbeständen des § 22 Absatz 1 Satz 6 Nummer 2, 4 und 5 UmwStG erfasst wird. Für die Umwandlung des Einbringenden nach §§ 3 ff. UmwStG kommt ein Absehen von der Anwendung des § 22 Absatz 1 Satz 1 UmwStG im Rahmen der Billigkeitsregelung deshalb nicht in Betracht.

Beispiel 2 (Seitwärtsverschmelzung der übernehmenden Gesellschaft)

Die GmbH 1 bringt ihren Betrieb zu Buchwerten in die GmbH 2 ein. Anschließend wird die GmbH 2 zu Buchwerten auf die GmbH 3 innerhalb der Siebenjahresfrist gegen Gewährung von Gesellschaftrechten verschmolzen.

Lösung

Die Anteile an der GmbH 2 sind sperrfristbehaftet. Die Verschmelzung der GmbH 2 stellt einen Veräußerungsvorgang i. S. d. § 22 Absatz 1 Satz 1 UmwStG dar. Wenn die aufgrund der Verschmelzung erhaltenen Anteile an der übernehmenden GmbH 3 nach § 13 Absatz 2 Satz 2 UmwStG mit dem Buchwert angesetzt werden, kann im Rahmen der Billigkeitsregelung je nach Lage des Einzelfalls und bei Vorliegen der obigen Voraussetzungen von der Anwendung des § 22 Absatz 1 Satz 1 UmwStG bei der GmbH 1 abgesehen werden.

Werden von der übernehmenden Gesellschaft im zeitlichen Zusammenhang mit der Umwandlung Gewinnausschüttungen getätigt, kann es jedoch z. B. zu einer Statusverbesserung kommen, wenn infolge der Umwandlung (z. B. aufgrund einer unterjährigen Zuführung eines Bestands des steuerlichen Einlagekontos beim übernehmenden Rechtsträger) das Auslösen eines Ersatzrealisationstatbestands nach § 22 Absatz 1 Satz 6 Nummer 3 UmwStG verhindert werden soll.

Alternative

Sachverhalt wie Beispiel 2. Es erfolgt jedoch eine Verschmelzung der GmbH 2 auf eine Personengesellschaft.

Lösung Alternative

Bei einer Seitwärtsverschmelzung der GmbH 2 nach §§ 3 ff. UmwStG liegt infolge des Untergangs der sperrfristbehafteten Anteile insoweit bereits kein mit einer Weitereinbringung i. S. d. § 22 Absatz 1 Satz 6 Nummer 2, 4 und 5 UmwStG vergleichbarer Vorgang vor. Ein Absehen von der Anwendung des § 22 Absatz 1 Satz 1 UmwStG im Rahmen der Billigkeitsregelung kommt deshalb nicht in Betracht.

Beispiel 3 („Rückumwandlung")
Die GmbH 1 bringt ihren Betrieb zu Buchwerten in die GmbH 2 ein. Anschließend wird die GmbH 2 auf die GmbH 1 innerhalb der Siebenjahresfrist zu Buchwerten verschmolzen, wodurch die sperrfristbehafteten Anteile untergehen.

Lösung
Die Aufwärtsverschmelzung stellt einen Veräußerungsvorgang i. S. d. § 22 Absatz 1 Satz 1 UmwStG dar und löst damit die rückwirkende Einbringungsgewinnbesteuerung i. S. d. § 22 Absatz 1 Satz 1 UmwStG aus.

Aufgrund des Untergangs der sperrfristbehafteten Anteile liegt kein mit einer Weitereinbringung vergleichbarer Vorgang vor. Im Übrigen widerspricht dies der Wertungsentscheidung des Gesetzgebers in § 22 Absatz 1 Satz 6 Nummer 3 UmwStG betreffend die Auflösung und Abwicklung der übernehmenden Gesellschaft. Ein Absehen von der Anwendung des § 22 Absatz 1 Satz 1 UmwStG im Rahmen der Billigkeitsregelung kommt deshalb nicht in Betracht.

22.24 Die Auflösung und Abwicklung einer Kapitalgesellschaft, an der die sperrfristbehafteten Anteile bestehen, löst in vollem Umfang die rückwirkende Einbringungsbesteuerung (§ 22 Absatz 1 Satz 6 Nummer 3 und Absatz 2 Satz 6 UmwStG) auf den Zeitpunkt der Schlussverteilung des Vermögens aus. Dies gilt unabhängig davon, wer in diesem Zeitpunkt Gesellschafter der Kapitalgesellschaft ist. Das Insolvenzverfahren löst mangels Abwicklung (§ 11 Absatz 7 KStG) den Ersatztatbestand nicht aus.

In den Fällen der Kapitalherabsetzung und der Einlagenrückgewähr (§ 27 KStG), kommt es nur insoweit zu einer rückwirkenden Einbringungsgewinnbesteuerung, als der tatsächlich aus dem steuerlichen Einlagekonto i. S. v. § 27 KStG ausgekehrte Betrag den Buchwert bzw. die Anschaffungskosten der sperrfristbehafteten Anteile im Zeitpunkt der Einlagenrückgewähr übersteigt. Der übersteigende Betrag gilt dabei unter Anwendung der Siebtelregelung als Einbringungsgewinn, wenn dieser den tatsächlichen Einbringungsgewinn (§ 22 Absatz 1 Satz 3 und Absatz 2 Satz 3 UmwStG) nicht übersteigt. Dies gilt auch in den Fällen von Mehrabführungen i. S. d. § 14 Absatz 3 oder 4 KStG, soweit dafür das steuerliche Einlagekonto i. S. v. § 27 KStG als verwendet gilt. In den Fällen organschaftlicher Mehrabführungen ist dabei der Buchwert der sperrfristbehafteten Anteile im Zeitpunkt der Mehrabführung um aktive und passive Ausgleichsposten i. S. v. § 14 Absatz 4 KStG zu korrigieren.

Die vorstehenden Grundsätze gelten auch in den Fällen der Ketteneinbringung.

Beispiel
A ist seit der Gründung zu 100 % an der A-GmbH beteiligt (Nennkapital 50.000 €, Anschaffungskosten inkl. nachträglicher Anschaffungskosten 500.000 €, gemeiner Wert des Betriebsvermögens 240.000 €). Zum 31. 12. 07 bringt er sein Einzelunternehmen (Buchwert 100.000 €, gemeiner Wert 240.000 €) gegen Gewährung von Gesellschaftsrechten zum Nennwert von 50.000 € in die A-GmbH ein; der übersteigende Betrag wurde der Kapitalrücklage zugeführt. Die A-GmbH führt die Buchwerte fort. Im Juni 09 erhält A eine Ausschüttung der A-GmbH in Höhe 700.000 €, für die i. H. v. 550.000 € das steuerliche Einlagekonto als verwendet gilt.

Lösung
Nach § 22 Absatz 1 Satz 6 Nummer 3 UmwStG kommt es im Falle der Einlagenrückgewähr grundsätzlich zu einer rückwirkenden Besteuerung des Einbringungsgewinns I. Dabei entfällt die Ausschüttung aus dem steuerlichen Einlagekonto anteilig (zu 50 %) auf die sperrfristbehafteten Anteile. Zunächst mindern sich aufgrund der (anteiligen) Verwendung des steuerlichen Einlagekontos für die Ausschüttung an A (steuerneutral) die Anschaffungskosten der sperrfristbehafteten Anteile des A i. H. v. 100.000 € bis auf 0 €. Soweit die Hälfte der aus dem steuerlichen Einlagekonto an A ausgekehrten Beträge die Anschaffungskosten des A für die sperrfristbehafteten Anteile übersteigt, entsteht ein Einbringungsgewinn I, der rückwirkend in 07 als Gewinn nach § 16 EStG zu versteuern ist:

Auf die sperrfristbehafteten Anteile entfallende Auskehrung aus dem steuerlichen Einlagekonto (50 % von 550.000 €)	275.000 €
./. Buchwert der sperrfristbehafteten Anteile	100.000 €
= Einbringungsgewinn I vor Siebtelung	175.000 €
davon 6/7	150.000 €

Der zu versteuernde Betrag darf aber den Einbringungsgewinn I i. S. v. § 22 Absatz 1 Satz 3 UmwStG nicht übersteigen (Deckelung):

gemeiner Wert des eingebrachten Betriebsvermögens im Zeitpunkt der Einbringung (31. 12. 07)	240.000 €
./. Buchwert der sperrfristbehafteten Anteile	100.000 €
= Einbringungsgewinn I vor Siebtelung	140.000 €
davon 6/7 = höchstens zu versteuernder Einbringungsgewinn I	120.000 €

Somit kommt es in 07 zu einer rückwirkenden Einbringungsgewinnbesteuerung i. H. v. 120.000 €. In derselben Höhe (120.000 €) entstehen nachträgliche Anschaffungskosten auf die sperrfristbehafteten Anteile des A. Damit ergibt sich in 09 im Hinblick auf die sperrfristbehafteten Anteile i.H. v. 55.000 € (Ausschüttung aus dem steuerlichen Einlagekonto 275.000 € ./. ursprüngliche Anschaffungskosten 100.000 € ./. nachträgliche Anschaffungskosten 120.000 €) ein Gewinn nach § 17 Absatz 4 EStG, auf den § 3 Nummer 40 EStG Anwendung findet.

Werden die sperrfristbehafteten Anteile mittels Sacheinlage oder Anteilstausch zum Buchwert nach **22.25** § 22 Absatz 1 Satz 6 Nummer 2 UmwStG steuerunschädlich weiter übertragen (Ketteneinbringung), löst auch die unmittelbare oder mittelbare Veräußerung der sperrfristbehafteten Anteile durch die übernehmende Gesellschaft die rückwirkende Einbringungsgewinnbesteuerung beim Einbringenden aus (§ 22 Absatz 1 Satz 6 Nummer 4 und Absatz 2 Satz 6 und § 23 Absatz 1 UmwStG). Dies gilt nicht, wenn der Einbringende oder dessen unentgeltlicher Rechtsnachfolger nachweist, dass die sperrfristbehafteten Anteile im Wege der Sacheinlage (§ 20 Absatz 1 UmwStG) oder des Anteilstauschs (§ 21 Absatz 1 UmwStG) zum Buchwert oder durch einen vergleichbaren ausländischen Vorgang zum Buchwert übertragen wurden (§ 22 Absatz 1 Satz 6 Nummer 4 UmwStG). Randnr 22.22 Satz 3 gilt entsprechend.

Beispiel

X bringt sein Einzelunternehmen (gemeiner Wert 170.000 €) am 1. 1. 08 gegen Gewährung von Anteilen zum Buchwert 100.000 € in die neu gegründete A-GmbH (Stammkapital 50.000 €) ein. Am 1. 3. 09 überträgt er die sperrfristbehafteten Anteile an der A-GmbH (gemeiner Wert 220.000 €) im Rahmen eines qualifizierten Anteilstauschs (§ 21 Absatz 1 UmwStG) gegen Gewährung neuer Anteile zum Buchwert und damit steuerunschädlich (§ 22 Absatz 1 Satz 6 Nummer 2 UmwStG) auf die B-GmbH. Die B-GmbH überträgt ihrerseits zum 1. 10. 09 die sperrfristbehafteten Anteile an der A-GmbH (gemeiner Wert 275.000 €) im Rahmen eines qualifizierten Anteilstauschs (§ 21 Absatz 1 UmwStG) gegen Gewährung neuer Anteile zum Buchwert und damit steuerunschädlich (§ 22 Absatz 1 Satz 6 Nummer 4 UmwStG) auf die C-GmbH. Die C-GmbH veräußert die sperrfristbehafteten Anteile an der A-GmbH am 1. 7. 10 zum Preis von 300.000 €.

Lösung

Die Veräußerung der sperrfristbehafteten Anteile an der A-GmbH durch die übernehmende C-GmbH am 1. 7. 10 löst nach § 22 Absatz 1 Satz 1 i. V. m. Satz 6 Nummer 4 UmwStG zum einen die rückwirkende Besteuerung des Einbringungsgewinns I bei X zum 1. 1. 08 aus. Dabei wird der Einbringungsgewinn I i. H v. 5/7 versteuert. Dieser gilt sowohl als nachträgliche Anschaffungskosten des X für die Anteile an der A-GmbH (§ 22 Absatz 1 Satz 4 UmwStG) als auch für die Anteile an der B-GmbH (§ 22 Absatz 1 Satz 7 i. V. m. Satz 4 UmwStG). Bei der B-GmbH und der C-GmbH liegen insoweit ebenfalls nachträgliche Anschaffungskosten auf die Anteile an der A-GmbH sowie bei der B-GmbH auf die Anteile an der C-GmbH vor. Die A-GmbH kann darüber hinaus nach § 23 Absatz 2 Satz 1 UmwStG auf Antrag beim übernommenen Betriebsvermögen einen Erhöhungsbetrag in Höhe des versteuerten Einbringungsgewinns I ansetzen.

gemeiner Wert des eingebrachten Betriebsvermögens im Zeitpunkt der Einbringung (1. 1. 08)	170.000 €
./. Buchwert der sperrfristbehafteten Anteile	– 100.000 €
= Einbringungsgewinn I vor Siebtelung	70.000 €
davon 5/7 = von X zu versteuernder Einbringungsgewinn I	50.000 €

Zum anderen löst die Veräußerung der sperrfristbehafteten Anteile an der A-GmbH durch die C-GmbH im Hinblick auf den Anteilstausch des X i. H. v. 6/7 auch die Besteuerung des Einbringungsgewinns II (§ 22 Absatz 2 Satz 1 UmwStG) zum 1. 3. 09 aus. Die nachträglichen Anschaffungskosten aus der Besteuerung des Einbringungsgewinns I vermindern dabei den Einbringungsgewinn II. Dieser gilt sowohl als nachträgliche Anschaffungskosten des X für die Anteile an der B-GmbH (§ 22 Absatz 2 Satz 4 UmwStG) als auch als nachträgliche Anschaffungskosten der B-GmbH und der C-GmbH für die Anteile an der A-GmbH (§ 23 Absatz 2 Satz 3 UmwStG) sowie der Anschaffungskosten der B-GmbH für die Anteile an der C-GmbH (§ 23 Absatz 2 Satz 3 i. V. m. § 22 Absatz 1 Satz 7 UmwStG).

gemeiner Wert der eingebrachten Anteile an der A-GmbH im Zeitpunkt des Anteilstauschs (1. 3. 09)	220.000 €
./. ursprünglicher Buchwert der sperrfristbehafteten Anteile	– 100.000 €
./. nachträgliche Anschaffungskosten aus versteuertem Einbringungsgewinn I	– 50.000 €
= Einbringungsgewinn II vor Siebtelung	70.000 €
davon 6/7 = von X zu versteuernder Einbringungsgewinn II	60.000 €

Die rückwirkende Einbringungsbesteuerung bei X löst auf der Ebene der B-GmbH im Hinblick auf die steuerliche Behandlung der Einbringung der Anteile an der A-GmbH in die C-GmbH zum Buchwert keine Änderung aus, da sich sowohl die Anschaffungskosten der Anteile an der A-GmbH als auch der Veräußerungspreis der Anteile (§ 21 Absatz 2 Satz 1 UmwStG) um den von X zu versteuernden Einbringungsgewinn I und II erhöhen.

Auf der Ebene der C-GmbH verringern die nachträglichen Anschaffungskosten den zu versteuernden

Veräußerungsgewinn aus den Anteilen an der A-GmbH:	300.000 €
./. ursprünglicher Buchwert der sperrfristbehafteten Anteile	– 100.000 €
./. nachträgliche Anschaffungskosten aus versteuertem Einbringungsgewinn I und II	– 110.000 €
= Veräußerungsgewinn aus Beteiligung A-GmbH	90.000 €
steuerfrei gem. § 8b Absatz 2 KStG	90.000 €
nichtabziehbare Betriebsausgaben (§ 8b Absatz 3 Satz 3 KStG)	4.500 €

22.26 Werden die sperrfristbehafteten Anteile mittels Sacheinlage oder Anteilstausch zum Buchwert nach § 22 Absatz 1 Satz 6 Nummer 2 UmwStG steuerneutral weiter übertragen, löst auch die unmittelbare oder mittelbare Veräußerung der auf der Einbringung der sperrfristbehafteten Anteile beruhenden Anteile die rückwirkende Einbringungsgewinnbesteuerung beim Einbringenden aus (§ 22 Absatz 1 Satz 6 Nummer 5 und Absatz 2 Satz 6 UmwStG). Dies gilt bei einem Ereignis i. S. d. § 22 Absatz 1 Satz 6 Nummer 3 UmwStG entsprechend.

Beispiel

X bringt sein Einzelunternehmen (gemeiner Wert 170.000 €) am 1. 1. 08 gegen Gewährung von Anteilen zum Buchwert 100.000 € in die neu gegründete A-GmbH (Stammkapital 50.000 €) ein. Am 1. 3. 09 überträgt er die sperrfristbehafteten Anteile an der A-GmbH im Rahmen eines qualifizierten Anteilstauschs gegen Gewährung neuer Anteile zum Buchwert auf die B-GmbH. X veräußert die sperrfristbehafteten Anteile an der B-GmbH am 1. 7. 10.

Lösung

Die Einbringung der sperrfristbehafteten Anteile an der A-GmbH in die B-GmbH zum Buchwert nach § 21 Absatz 1 Satz 2 UmwStG löst nicht die rückwirkende Besteuerung des Einbringungsgewinns I aus (§ 22 Absatz 1 Satz 6 Nummer 2 UmwStG). Damit gelten auch die Anteile an der B-GmbH als sperrfristbehaftet.

Die Veräußerung der sperrfristbehafteten Anteile an der B-GmbH durch X am 1. 7. 10 löst nach § 22 Absatz 1 Satz 6 Nummer 5 UmwStG die rückwirkende Einbringungsgewinnbesteuerung bei X zum 1. 1. 08 aus. Dabei wird der Einbringungsgewinn I i. H. v. 5/7 versteuert.

Der zu versteuernde Einbringungsgewinn I gilt sowohl als nachträgliche Anschaffungskosten der B-GmbH für die Anteile an der A-GmbH (§ 22 Absatz 1 Satz 4 UmwStG) als auch als nachträgliche Anschaffungskosten des X für die Anteile an der B-GmbH (§ 22 Absatz 1 Satz 7 i. V. m. Satz 4 UmwStG). Die nachträglichen Anschaffungskosten aus der Besteuerung des Einbringungsgewinns I vermindern somit den Gewinn aus der Veräußerung der Anteile an der B-GmbH i. S. v. § 17 EStG zum 1. 7. 10 entsprechend. Die A-GmbH kann darüber hinaus nach § 23 Absatz 2 Satz 1 UmwStG auf Antrag beim übernommenen Betriebsvermögen einen Erhöhungsbetrag in Höhe des versteuerten Einbringungsgewinns I ansetzen.

4. Wegfall der Voraussetzungen i. S. v. § 1 Absatz 4 UmwStG

Erfüllt der Einbringende oder in den Fällen der Ketteneinbringung auch die übernehmende Gesellschaft oder der jeweilige unentgeltliche Rechtsnachfolger in den Fällen der Sacheinlage aufgrund Wegzugs, Sitzverlegung oder Änderung eines DBA die Voraussetzungen von § 1 Absatz 4 UmwStG innerhalb des Siebenjahreszeitraums nicht mehr, führt dies zur rückwirkenden Besteuerung des Einbringungsgewinns I (§ 22 Absatz 1 Satz 6 Nummer 6 UmwStG). Satz 1 gilt in den Fällen des Anteilstauschs im Hinblick auf die übernehmende Gesellschaft entsprechend (§ 22 Absatz 2 Satz 6 zweiter Halbsatz UmwStG). 22.27

IV. Nachweispflichten (§ 22 Absatz 3 UmwStG)

Um die Besteuerung des Einbringungsgewinns in den Fällen eines schädlichen Ereignisses sicherzustellen, ist der Einbringende (vgl. Randnr. 20.02 f. und 22.02) nach § 22 Absatz 3 Satz 1 UmwStG verpflichtet, jährlich bis zum 31. Mai nachzuweisen, wem die sperrfristbehafteten Anteile und im Fall der Einbringung durch eine Personengesellschaft als Einbringende auch ihre Mitunternehmeranteile (vgl. Randnr. 22.02) an dem Tag, der dem maßgebenden Einbringungszeitpunkt entspricht, zuzurechnen sind. Dies gilt auch für die auf einer Weitereinbringung der erhaltenen oder eingebrachten Anteile beruhenden Anteile. Im Falle der unentgeltlichen Rechtsnachfolge (§ 22 Absatz 6 UmwStG) ist der Nachweis vom Rechtsnachfolger und im Falle der Mitverstrickung von Anteilen (§ 22 Absatz 7 UmwStG) neben dem Einbringenden auch vom Anteilseigner der mitverstrickten Anteile zu erbringen. Wird der Nachweis nicht erbracht, gelten die Anteile als zu Beginn des jeweiligen jährlichen Überwachungszeitraums innerhalb der siebenjährigen Sperrfrist veräußert. 22.28

Beispiel

A hat seinen Betrieb zum 1. 3. 07 (Einbringungszeitpunkt) zu Buchwerten gegen Gewährung von Anteilen in die X-GmbH eingebracht (§ 20 Absatz 2 UmwStG). Den Nachweis, wem die Anteile an der X-GmbH zum 1. 3. 08 zuzurechnen sind, hat er zum 31. 5. 08 erbracht. Ein Nachweis, wem die Anteile an der X-GmbH zum 1. 3. 09 zuzurechnen sind, wurde bis zum 31. 5. 09 nicht vorgelegt.

Lösung

Nach § 22 Absatz 3 Satz 1 UmwStG hat A erstmals bis zum 31. 5. 08 nachzuweisen, wem die Anteile an der X-GmbH zum 1. 3. 08 zuzurechnen sind. Dieser Nachweis wurde erbracht (Überwachungszeitraum vom 2. 3. 07 bis zum 1. 3. 08). Da A jedoch den bis zum 31. 5. 09 vorzulegenden Nachweis, wem die Anteile an der X-GmbH zum 1. 3. 09 zuzurechnen sind (Überwachungszeitraum vom 2. 3. 08 bis 1. 3. 09), nicht erbracht hat, gelten die Anteile nach § 22 Absatz 3 Satz 2 UmwStG als am 2. 3. 08 veräußert. Als Folge hiervon ist zum einen eine rückwirkende Besteuerung des Einbringungsgewinns zum 1. 3. 07 (Einbringungszeitpunkt) und zum anderen eine Besteuerung des Gewinns aus der – fiktiven – Veräußerung der Anteile zum 2. 3. 08 durchzuführen.

Im Fall eines schädlichen Ereignisses treten die Besteuerungsfolgen (rückwirkende Einbringungsgewinnbesteuerung nach § 22 Absatz 1 oder 2 UmwStG) sowohl in den Fällen der Sacheinlage als auch in den Fällen des Anteilstauschs beim Einbringenden ein. Der Einbringende hat deshalb in beiden Fällen den Nachweis (§ 22 Absatz 3 Satz 1 UmwStG) bei dem für ihn zuständigen Finanzamt zu erbringen. Scheidet der Einbringende nach der Einbringung aus der unbeschränkten Steuerpflicht aus, ist der Nachweis bei dem Finanzamt i. S. v. § 6 Absatz 7 Satz 1 AStG zu erbringen. War der Einbringende vor der Einbringung im Inland beschränkt steuerpflichtig, hat er den Nachweis bei dem für den Veranlagungszeitraum der Einbringung zuständigen Finanzamt zu erbringen. 22.29

In den Fällen der Sacheinlage hat der Einbringende eine schriftliche Erklärung darüber abzugeben, wem seit der Einbringung die erhaltenen Anteile als wirtschaftlichem Eigentümer zuzurechnen sind. Sind die Anteile zum maßgebenden Zeitpunkt dem Einbringenden zuzurechnen, hat er darüber hinaus eine Bestätigung der übernehmenden Gesellschaft über seine Gesellschafterstellung vorzulegen. In allen anderen Fällen hat er nachzuweisen, an wen und auf welche Weise die Anteile übertragen worden sind. 22.30

In den Fällen des Anteilstauschs ist eine entsprechende Bestätigung der übernehmenden Gesellschaft über das wirtschaftliche Eigentum an den eingebrachten Anteilen und zur Gesellschafterstellung ausreichend; die Gesellschafterstellung kann auch durch Vorlage der Steuerbilanz der übernehmenden Gesellschaft nachgewiesen werden.

Der Nachweis der Gesellschafterstellung kann auch anderweitig, z. B. durch Vorlage eines Auszugs aus dem Aktienregister (§ 67 AktG), einer Gesellschafterliste (§ 40 GmbHG) oder einer Mitgliederliste (§ 30 GenG), zum jeweiligen Stichtag erbracht werden.

22.31 Der Nachweis ist jährlich bis zum 31. Mai zu erbringen. Er ist erstmals zu erbringen, wenn das erste auf den Einbringungszeitpunkt folgende Zeitjahr bereits vor dem 31. Mai abgelaufen ist.

22.32 Erbringt der Einbringende den Nachweis nicht, gelten die sperrfristbehafteten Anteile als veräußert mit der Folge, dass beim Einbringenden auf den Einbringungszeitpunkt eine rückwirkende Einbringungsgewinnbesteuerung durchzuführen ist. Darüber hinaus ist auf den Zeitpunkt i. S. v. § 22 Absatz 3 Satz 2 UmwStG eine Besteuerung des Veräußerungsgewinns für die Anteile durchzuführen. Im Falle der Fristversäumnis ist deshalb der Einbringende aufzufordern, Angaben zum gemeinen Wert des eingebrachten Betriebsvermögens oder der eingebrachten Anteile zum Einbringungszeitpunkt und den Einbringungskosten zu machen. Dasselbe gilt für die als veräußert geltenden Anteile zum Zeitpunkt der Veräußerungsfiktion und die entsprechenden Veräußerungskosten. Macht er keine verwertbaren Angaben, sind der gemeine Wert des eingebrachten Betriebsvermögens oder der eingebrachten Anteile und der als veräußert geltenden Anteile sowie die jeweiligen Kosten zu schätzen (§ 162 AO).

22.33 Die Nachweisfrist kann nicht verlängert werden. Erbringt der Einbringende den Nachweis erst nach Ablauf der Frist, können allerdings die Angaben noch berücksichtigt werden, wenn eine Änderung der betroffenen Bescheide verfahrensrechtlich möglich ist. Dies bedeutet, dass im Falle eines Rechtsbehelfsverfahrens der Nachweis längstens noch bis zum Abschluss des Klageverfahrens erbracht werden kann.

V. Juristische Personen des öffentlichen Rechts und von der Körperschaftsteuer befreite Körperschaften als Einbringende (§ 22 Absatz 4 UmwStG)

22.34 Ist der Einbringende eine juristische Person des öffentlichen Rechts, lösen die Veräußerung der erhaltenen Anteile oder die nach § 22 Absatz 1 Satz 6 UmwStG gleichgestellten Tatbestände die rückwirkende Besteuerung des Einbringungsgewinns I nach § 22 Absatz 1 UmwStG aus. Der Einbringungsgewinn I ist als Gewinn i. S. v. § 16 EStG beim einbringenden Betrieb gewerblicher Art nach den Grundsätzen des § 22 Absatz 1 UmwStG zu versteuern.

22.35 Daneben gilt nach § 22 Absatz 4 Nummer 1 UmwStG innerhalb des Siebenjahreszeitraums auch der Gewinn aus der Veräußerung der erhaltenen Anteile als in einem Betrieb gewerblicher Art der juristischen Person des öffentlichen Rechts entstanden. Dieser ist nach § 8b Absatz 2 und 3 KStG von der Körperschaftsteuer freigestellt, unterliegt jedoch unter den Voraussetzungen des § 20 Absatz 1 Nummer 10 Buchstabe b EStG dem Kapitalertragsteuerabzug.

22.36 Ist der Einbringende eine von der Körperschaftsteuer befreite Körperschaft, ist Randnr. 22.34 hinsichtlich des wirtschaftlichen Geschäftsbetriebs entsprechend anzuwenden.

22.37 Daneben gilt nach § 22 Absatz 4 Nummer 2 UmwStG auch der Gewinn aus der Veräußerung der erhaltenen Anteile innerhalb des Siebenjahreszeitraums als in einem wirtschaftlichen Geschäftsbetrieb entstanden. Dieser ist nach § 8b Absatz 2 und 3 KStG von der Körperschaftsteuer freigestellt, unterliegt jedoch unter den Voraussetzungen des § 20 Absatz 1 Nummer 10 Buchstabe b EStG dem Kapitalertragsteuerabzug (§ 20 Absatz 1 Nummer 10 Buchstabe b Satz 4 EStG).

VI. Bescheinigung des Einbringungsgewinns und der darauf entfallenden Steuer (§ 22 Absatz 5 UmwStG)

22.38 Die übernehmende Gesellschaft kann in den Fällen der Sacheinlage nach § 23 Absatz 2 Satz 1 UmwStG auf Antrag den auf das eingebrachte Betriebsvermögen (ohne Anteile an Kapitalgesellschaften und Genossenschaften) entfallenden Einbringungsgewinn I als Erhöhungsbetrag ansetzen, wenn durch Vorlage einer Bescheinigung des für den Einbringenden zuständigen Finanzamts nachgewiesen ist, dass der Einbringende die auf den Einbringungsgewinn I entfallende Einkommen- oder Körperschaftsteuer auch entrichtet hat (vgl. Randnr. 23.08 – 23.10). In den Fällen der Einbringung von Anteilen erhöhen sich nach § 23 Absatz 2 Satz 3 UmwStG bei der übernehmenden Gesellschaft auf Antrag die Anschaffungskosten der eingebrachten Anteile, wenn eine entsprechende Bescheinigung hinsichtlich der Versteuerung des Einbringungsgewinns II vorliegt (vgl. Randnr. 23.11).

UmwStG **Anhang 4a**

Das für den Einbringenden zuständige Finanzamt hat nach § 22 Absatz 5 erster Halbsatz UmwStG 22.39
auf Antrag der übernehmenden Gesellschaft den zu versteuernden Einbringungsgewinn, die darauf
entfallende festgesetzte Steuer und den darauf entrichteten Steuerbetrag zu bescheinigen. Zur Entrichtung der Steuer vgl. Randnr. 23.12 f.
Die Antragstellung kann aus Vereinfachungsgründen auch durch den Einbringenden erfolgen.
Mindern sich die bescheinigten Beträge – beispielsweise aufgrund eines Rechtsbehelfsverfahrens – 22.40
nachträglich, hat das die Bescheinigung ausstellende Finanzamt dem für die übernehmende Gesellschaft zuständigen Finanzamt von Amts wegen die Minderungsbeträge mitzuteilen (§ 22 Absatz 5 zweiter Halbsatz UmwStG).

VII. Unentgeltliche Rechtsnachfolge (§ 22 Absatz 6 UmwStG)

Werden sperrfristbehaftete Anteile beispielsweise durch Schenkung, Erbfall, unentgeltliche vor- 22.41
weggenommene Erbfolge, verdeckte Gewinnausschüttung, unentgeltliche Übertragung oder
Überführung nach § 6 Absatz 3 oder § 6 Absatz 5 EStG oder Realteilung unmittelbar oder mittelbar
unentgeltlich übertragen, gilt der Erwerber insoweit als unentgeltlicher Rechtsnachfolger i. S. v.
§ 22 Absatz 6 UmwStG. Dies gilt nicht in den Fällen der unentgeltlichen Übertragung auf eine
Kapitalgesellschaft oder Genossenschaft nach § 22 Absatz 1 Satz 6 Nummer 1 UmwStG (vgl. auch
Randnr. 22.20).

Beispiel

A ist zu 100 % an der M-GmbH beteiligt. Die M-GmbH bringt am 1. 1. 07 einen Teilbetrieb
nach § 20 Absatz 2 Satz 2 UmwStG zu Buchwerten (Buchwert 100.000 €, gemeiner Wert
450.000 €) in die T-GmbH ein. In 08 überträgt die M-GmbH die Anteile an der T-GmbH (gemeiner Wert 520.000 €) unentgeltlich auf den Alleingesellschafter A. Dieser veräußert am
1. 7. 09 die sperrfristbehafteten Anteile an der T-GmbH für 550.000 €.

Lösung

Die unentgeltliche Übertragung der sperrfristbehafteten Anteile an der T-GmbH auf den Alleingesellschafter A stellt eine verdeckte Gewinnausschüttung i. S. v. § 8 Absatz 3 Satz 2 KStG
dar. Die Einkommenshinzurechnung aus der verdeckten Gewinnausschüttung (gemeiner Wert
520.000 € ./. Buchwert 100.000 € = 420.000 €) ist nach § 8b Absatz 2 KStG steuerfrei. Gleichzeitig sind nach § 8b Absatz 3 Satz 1 KStG 5 % des Veräußerungsgewinns als nichtabziehbare
Betriebsausgabe außerhalb der Bilanz hinzuzurechnen. Die rückwirkende Besteuerung des
Einbringungsgewinns I bei der M-GmbH wird durch die unentgeltliche Übertragung der Anteile auf die natürliche Person A nicht ausgelöst (§ 22 Absatz 1 Satz 6 Nummer 1 UmwStG). A
gilt jedoch im Hinblick auf die sperrfristbehafteten Anteile an der T-GmbH als unentgeltlicher
Rechtsnachfolger i. S. v. § 22 Absatz 6 UmwStG.

Die Veräußerung der sperrfristbehafteten Anteile an der T-GmbH durch A in 09 löst die rückwirkende Besteuerung des Einbringungsgewinns I bei der M-GmbH in 07 aus (§ 22 Absatz 1
i. V. m. Absatz 6 UmwStG).

gemeiner Wert des eingebrachten Betriebsvermögens im Zeitpunkt der Einbringung (1. 1. 07)	450.000 €
./. Buchwert der sperrfristbehafteten Anteile	– 100.000 €
= Einbringungsgewinn I vor Siebtelung	350.000 €
davon 5/7 = von der M-GmbH zu versteuernder Einbringungsgewinn I	250.000 €

Der Einbringungsgewinn I gilt als nachträgliche Anschaffungskosten der sperrfristbehafteten
Anteile an der T-GmbH (§ 22 Absatz 1 Satz 4 UmwStG). Die in 08 durch die unentgeltliche
Übertragung der sperrfristbehafteten Anteile auf A (vGA) bei der M-GmbH entstandene (steuerfreie) Einkommenszurechnung vermindert sich entsprechend von 420.000 € auf 170.000 €.
Die nichtabziehbaren Betriebsausgaben nach § 8b Absatz 3 Satz 1 KStG vermindern sich auf
5 % von 170.000 €. Die Höhe der Bezüge i. S. v. § 20 Absatz 1 Nummer 1 Satz 2 EStG aus der
verdeckten Gewinnausschüttung bei A ändert sich hierdurch nicht.

Der Einbringungsgewinn I gilt grundsätzlich auch beim unentgeltlichen Rechtsnachfolger A als
nachträgliche Anschaffungskosten der sperrfristbehafteten Anteile (§ 22 Absatz 6 i. V. m. Absatz 1 Satz 4 UmwStG). Diese wirken sich jedoch bei A nicht mehr aus, da wegen der Besteuerung der verdeckten Gewinnausschüttung als Beteiligungsertrag bei A die Anteile an der
T-GmbH mit dem gemeinen Wert im Zeitpunkt der vGA (520.000 €) zum Ansatz kommen. Der

Anhang 4a   UmwStG

Veräußerungsgewinn aus den Anteilen an der T-GmbH in 09 ermittelt sich bei A demnach wie folgt:

Veräußerungspreis der sperrfristbehafteten Anteile am 1. 7. 09	550.000 €
./. Anschaffungskosten der sperrfristbehafteten Anteile	520.000 €
= Veräußerungsgewinn nach § 17 Absatz 2 EStG	30.000 €

dieser ist anteilig steuerfrei (§ 3 Nummer 40 Satz 1 Buchstabe c i. V. m. § 3c Absatz 2 EStG).

22.42 Sind beim unentgeltlichen Rechtsnachfolger die Voraussetzungen des § 1 Absatz 4 UmwStG nicht erfüllt, löst die unentgeltliche Übertragung die Besteuerung des Einbringungsgewinns nach § 22 Absatz 1 Satz 6 Nummer 6 UmwStG aus (vgl. Randnr. 22.27).

VIII. Verlagerung stiller Reserven auf andere Gesellschaftsanteile (§ 22 Absatz 7 UmwStG, Mitverstrickung von Anteilen)

22.43 Gehen im Rahmen der Gesellschaftsgründung oder einer Kapitalerhöhung aus Gesellschaftermitteln stille Reserven aus einer Sacheinlage (§ 20 Absatz 1 UmwStG) oder einem Anteilstausch auf andere Anteile desselben Gesellschafters oder unentgeltlich auf Anteile Dritter über, so tritt insoweit zwar weder eine Einbringungsgewinnbesteuerung noch eine Gewinnverwirklichung ein; diese Anteile werden aber nach § 22 Absatz 7 UmwStG ebenfalls von der Steuerverstrickung nach § 22 Absatz 1 und 2 UmwStG erfasst.

Beispiel

Das Stammkapital der X-GmbH soll in 09 von 50.000 € auf 100.000 € erhöht werden. Der gemeine Wert der GmbH vor Kapitalerhöhung beläuft sich auf 400.000 €. Den neu gebildeten Geschäftsanteil von nominell 50.000 € übernimmt S gegen Bareinlage von 100.000 €. Die Altanteile von ebenfalls nominell 50.000 € werden von V, dem Vater des S, gehalten, der sie in 08 gegen Sacheinlage seines Einzelunternehmens (gemeiner Wert 400.000 €) zum Buchwert erworben hatte. Die Anschaffungskosten des V nach § 20 Absatz 3 UmwStG betragen 40.000 €.

Lösung

Durch die Einlage steigt der gemeine Wert der GmbH auf 500.000 €. Davon entfallen 50 % = 250.000 € auf den jungen Geschäftsanteil des S, der jedoch nur 100.000 € für seinen Anteil aufgewendet hat. Die Wertverschiebung ist darauf zurückzuführen, dass von den Anteilen des V 150.000 € stille Reserven unentgeltlich auf den Geschäftsanteil des S übergegangen sind. Dementsprechend ist der Anteil des S zu 60 % (150.000 €/250.000 €) gem. § 22 Absatz 1 UmwStG steuerverstrickt. Da ein (teilweise) unentgeltlicher Vorgang vorliegt, sind S anteilig die Anschaffungskosten seines Rechtsvorgängers V zuzurechnen i. H. v. 15.000 € (40.000 € x 150.000 €/400.000 €), so dass sich die bei V zu berücksichtigenden Anschaffungskosten entsprechend auf 25.000 € mindern.

Veräußern V und S ihre Anteile für jeweils 250.000 €, löst dies bei V in 08 eine rückwirkende Einbringungsgewinnbesteuerung nach § 22 Absatz 1 UmwStG i. H. v. 400.000 € ./. 40.000 € = 360.000 € aus. In Höhe des versteuerten Einbringungsgewinns erhöhen sich nachträglich die Anschaffungskosten der Anteile von S und V:

Bei V von 25.000 € um 360.000 € x 250.000 €/400.000 € = 225.000 € auf 250.000 €. Bei S von 115.000 € um 360.000 € x 150.000 €/400.000 € = 135.000 € auf 250.000 €. Damit ergibt sich bei S und V in 09 ein Veräußerungsgewinn aus den Anteilen nach § 17 EStG von jeweils 0 €.

22.44 Randnr. 22.42 gilt entsprechend.

22.45 Die entgeltliche Veräußerung von Bezugsrechten führt zu einer Anwendung von § 22 Absatz 1 Satz 1 und Absatz 2 Satz 1 UmwStG (BFH vom 8. 4. 1992, I R 128/88, BStBl. II S. 761, und vom 13. 10. 1992, VIII R 3/89, BStBl. 1993 II S. 477).

22.46 Wird eine Kapitalerhöhung aus Gesellschaftsmitteln vorgenommen, gelten die jungen Anteile als sperrfristbehaftete Anteile, soweit sie ihrerseits auf sperrfristbehaftete Altanteile entfallen.

E. Auswirkungen bei der übernehmenden Gesellschaft (§ 23 UmwStG)

I. Allgemeines

23.01 Objektbezogene Kosten – hierzu gehört grundsätzlich auch eine bei der Einbringung anfallende Grunderwerbsteuer – können auch nicht aus Vereinfachungsgründen sofort als Betriebsausgaben abgezogen werden, sondern sind als zusätzliche Anschaffungskosten der Wirtschaftsgüter zu aktivieren, bei deren Erwerb (Einbringung) sie angefallen sind. Zur Behandlung von Grunderwerbsteuer bei Anteilsvereinigung (§ 1 Absatz 3 GrEStG) beachte aber auch BFH vom 20. 4. 2011, I R 2/10, BStBl. II S. 761.

Bei Einbringungsvorgängen geht ein verbleibender Verlustabzug i. S. d. § 10d Absatz 4 Satz 2 EStG nicht auf die übernehmende Gesellschaft über, sondern verbleibt beim Einbringenden. Denn der Verlustabzug bezieht sich auf den Einbringenden persönlich und kann deshalb nicht Bestandteil des Einbringungsgegenstandes sein. **23.02**

Gem. § 23 Absatz 5 UmwStG geht ein vortragsfähiger Gewerbeverlust (Fehlbetrag nach § 10a GewStG) nicht auf die übernehmende Gesellschaft über. Dies gilt entsprechend für den Zinsvortrag und einen EBITDA-Vortrag des eingebrachten Betriebs (§ 20 Absatz 9 UmwStG).

Wegen der Anwendung von § 8c KStG auf nicht genutzte Verluste und den Zinsvortrag der übernehmenden Gesellschaft vgl. BMF-Schreiben vom 4. 7. 2008 (BStBl. I S. 718) und vom 4. 7. 2008 (BStBl. I S. 736). **23.03**

Bei Begünstigung des Einbringungsfolgegewinns gem. § 23 Absatz 6 i. V. m. § 6 Absatz 1 UmwStG ist die fünfjährige Sperrfrist des § 6 Absatz 3 UmwStG zu beachten. **23.04**

II. Buchwert- oder Zwischenwertansatz (§ 23 Absatz 1 UmwStG)

Zum Buchwert vgl. Randnr. 01.57. Bei der Einbringung von Anteilen an einer Kapitalgesellschaft oder einer Genossenschaft (Anteilstausch) aus einem Privatvermögen treten an die Stelle des Buchwerts die Anschaffungskosten der Anteile. **23.05**

In den Fällen der Sacheinlage und des Anteilstauschs zu Buch- oder Zwischenwerten tritt die übernehmende Gesellschaft in die Rechtsstellung des Einbringenden ein. In den Fällen der Gesamtrechtsnachfolge nach den Vorschriften des UmwG gilt dies auch bei Ansatz des gemeinen Werts (vgl. § 23 Absatz 4 zweiter Halbsatz UmwStG). In den Fällen der Sacheinlage ist die übernehmende Gesellschaft beispielsweise an die bisherige Abschreibungsbemessungsgrundlage der übertragenen Wirtschaftsgüter, die bisherige Abschreibungs-Methode und die vom Einbringenden angenommene Nutzungsdauer gebunden. Steuerfreie Rücklagen können bei Buchwertansatz von der übernehmenden Gesellschaft fortgeführt werden. Die Regelung des § 12 Absatz 3 erster Halbsatz UmwStG gilt auch für das Nachholverbot des § 6a Absatz 4 EStG. **23.06**

Zur Besitzzeitanrechnung nach § 23 Absatz 1 i. V. m. § 4 Absatz 2 Satz 3 UmwStG vgl. Randnr. 04.15.

III. Besonderheiten in den Fällen der rückwirkenden Besteuerung des Einbringungsgewinns (§ 23 Absatz 2 UmwStG)

1. Sacheinlage ohne miteingebrachte Anteile

Kommt es in den Fällen der Sacheinlage zu einer rückwirkenden Besteuerung des Einbringungsgewinns I (§ 22 Absatz 1 UmwStG), kann die übernehmende Gesellschaft auf Antrag in der Steuerbilanz des Wirtschaftsjahres, in das das schädliche Ereignis i. S. v. § 22 Absatz 1 UmwStG fällt, eine Buchwertaufstockung in Höhe des versteuerten Einbringungsgewinns vornehmen. Aus dem Antrag müssen die Höhe und die Zuordnung des Aufstockungsbetrages eindeutig erkennbar sein. Die Buchwertaufstockung ist zunächst mit dem Ausgleichsposten i. S. d. Randnr. 20.20 zu verrechnen. Ein übersteigender Betrag führt zu einer Erhöhung des Steuerbilanzgewinns, der durch eine Kürzung außerhalb der Bilanz zu neutralisieren ist. Gleichzeitig ergibt sich ein Zugang beim steuerlichen Einlagekonto nach § 27 Absatz 1 KStG in Höhe des Aufstockungsbetrages, soweit dieser nicht Korrekturbetrag zum Stammkapital ist. **23.07**

Beispiel

Sacheinlage in 01 zum Buchwert von 15.000 €. Stammkapitalerhöhung um 22.000 €. In Höhe der Differenz (7.000 €) ist in der Steuerbilanz 01 ein aktiver Ausgleichsposten anzusetzen. In 03 wird eine rückwirkende Einbringungsgewinnbesteuerung in 01 i. H. v. 10.000 € ausgelöst.

Lösung

Unter den Voraussetzungen des § 23 Absatz 2 UmwStG kann die übernehmende GmbH eine Aufstockung i. H. v insgesamt 10.000 € vornehmen. I. H. v. 7.000 € erfolgt eine Verrechnung mit dem steuerlichen Ausgleichsposten. Darüber hinaus kommt es zu einer Erhöhung des Steuerbilanzgewinns i. H. v. 3.000 €, der durch eine Kürzung außerhalb der Bilanz zu neutralisieren ist. Das steuerliche Einlagekonto i. S. v. § 27 KStG erhöht sich um 3.000 €.

Eine Buchwertaufstockung ist nur zulässig, soweit der Einbringende die auf den Einbringungsgewinn entfallende Steuer entrichtet hat und dies durch Vorlage einer Bescheinigung des zu- **23.08** ständigen Finanzamts i S. v. § 22 Absatz 5 UmwStG (vgl. Randnr. 22.39) nachgewiesen wurde (§ 23 Absatz 2 Satz 1 UmwStG). Die Buchwertaufstockung ist einheitlich nach dem Verhältnis der stillen Reserven und stillen Lasten im Einbringungszeitpunkt bei den einzelnen Wirtschaftsgütern vorzunehmen.

23.09 Eine Buchwertaufstockung kommt nur in Betracht, wenn das jeweilige Wirtschaftsgut im Zeitpunkt des schädlichen Ereignisses noch zum Betriebsvermögen der übernehmenden Gesellschaft gehört. Etwas anderes gilt nur, wenn dieses zwischenzeitlich zum gemeinen Wert übertragen wurde (§ 23 Absatz 2 Satz 2 UmwStG) oder untergegangen ist. In diesen Fällen stellt der auf das zum gemeinen Wert übertragene Wirtschaftsgut entfallende Aufstockungsbetrag im Zeitpunkt des schädlichen Ereignisses eine sofort abziehbare Betriebsausgabe dar. Wurde das jeweilige Wirtschaftsgut zu einem Wert unter dem gemeinen Wert übertragen, ist auch ein Abzug des Aufstockungsbetrages als sofort abziehbarer Aufwand ausgeschlossen. Im Falle einer unentgeltlichen Übertragung (z. B. im Wege einer verdeckten Gewinnausschüttung oder einer verdeckten Einlage) ist eine Aufstockung möglich, wenn für steuerliche Zwecke der gemeine Wert bzw. der Teilwert angesetzt wurde. Im Falle der Weitereinbringung der Wirtschaftsgüter zu einem Wert unter dem gemeinen Wert scheidet eine Buchwertaufstockung aus.

23.10 Die Bescheinigung nach § 22 Absatz 5 UmwStG stellt einen Grundlagenbescheid i. S. d. § 175 Absatz 1 Satz 1 Nummer 1 AO dar.

2. Anteilstausch und Miteinbringung von Anteilen im Rahmen einer Sacheinlage

23.11 Kommt es in den Fällen einer (Mit-)Einbringung von Anteilen (§ 20 Absatz 1 oder § 21 Absatz 1 UmwStG) zu einer rückwirkenden Besteuerung des Einbringungsgewinns II (§ 22 Absatz 2 UmwStG), erhöhen sich auf Antrag der übernehmenden Gesellschaft bei dieser die Anschaffungskosten der eingebrachten Anteile (§ 23 Absatz 2 Satz 3 UmwStG). Dadurch verringert sich bei der übernehmenden Gesellschaft der Gewinn aus der Veräußerung der eingebrachten Anteile entsprechend. Dies gilt in den Fällen der Weitereinbringung der eingebrachten Anteile zum Buchwert auch im Hinblick auf die auf der Weitereinbringung beruhenden Anteile (§ 23 Absatz 2 Satz 3, § 22 Absatz 1 Satz 7 UmwStG). Die Ausführungen zu Randnr. 23.07 – 23.10 gelten entsprechend.

Beispiel
X bringt am 1. 1. 01 Anteile an der A-GmbH (Anschaffungskosten 55.000 €, gemeiner Wert 90.000 €) nach § 21 Absatz 1 Satz 2 UmwStG zum Buchwert gegen Gewährung von Anteilen in die B-GmbH ein. Diese wiederum bringt in 03 die sperrfristbehafteten Anteile an der A-GmbH nach § 21 Absatz 1 Satz 2 UmwStG zum Buchwert gegen Gewährung von Anteilen in die C-GmbH ein. Die C-GmbH veräußert die Anteile an der A-GmbH am 1. 7. 04 für 100.000 €.

Lösung
Die Weitereinbringung der sperrfristbehafteten Anteile an der A-GmbH in 03 durch die B-GmbH zum Buchwert löst keine rückwirkende Einbringungsgewinnbesteuerung bei A in 01 aus, da sie zum Buchwert erfolgt ist (§ 22 Absatz 2 Satz 6 i. V. m. Absatz 1 Satz 6 Nummer 2 UmwStG). Die Veräußerung der sperrfristbehafteten Anteile an der A-GmbH in 04 führt nach § 22 Absatz 2 Satz 1 UmwStG zu einer rückwirkenden Besteuerung des Einbringungsgewinns II i. H. v. 20.000 € (gemeiner Wert 90.000 € ./. Anschaffungskosten 55.000 € = 35.000 € * 4/7) zum 1. 1. 01. Der Einbringungsgewinn II gilt bei X nach § 22 Absatz 2 Satz 4 UmwStG als nachträgliche Anschaffungskosten der Anteile an der B-GmbH.

Darüber hinaus erhöhen sich auf Antrag sowohl die Anschaffungskosten der C-GmbH für die Anteile an der A-GmbH (§ 23 Absatz 2 Satz 3 UmwStG) sowie die Anschaffungskosten der B-GmbH für die Anteile an der C-GmbH (§ 23 Absatz 2 Satz 3 i. V. m. § 22 Absatz 1 Satz 7 UmwStG). Bei der C-GmbH vermindert sich damit der nach § 8b Absatz 2 KStG begünstigte Veräußerungsgewinn aus den Anteilen an der A-GmbH entsprechend. Gleichzeitig sind nur noch 5 % des verminderten Veräußerungsgewinns nach § 8b Absatz 3 Satz 1 KStG als nichtabziehbare Betriebsausgabe außerhalb der Bilanz hinzuzurechnen. Bei der B-GmbH vermindert sich ein künftiger nach § 8b Absatz 2 KStG begünstigter Veräußerungsgewinn aus den Anteilen an der C-GmbH entsprechend.

3. Entrichtung der Steuer

23.12 Eine Buchwertaufstockung ist nur zulässig, soweit der Einbringende die auf den Einbringungsgewinn entfallende Steuer entrichtet hat. Ergibt sich im Wirtschaftsjahr der Einbringung für den Einbringenden auch nach Einbeziehung des Einbringungsgewinns I oder II ein Verlust, gilt die Steuer grundsätzlich mit Bekanntgabe des (geänderten) Verlustfeststellungsbescheids als entrichtet. Ist das Einkommen in dem für die Einbringung maßgeblichen Veranlagungszeitraum zwar positiv, ergibt sich jedoch aufgrund eines Verlustvor- oder -rücktrags keine festzusetzende Steuer, gilt die Steuer ebenfalls mit Bekanntgabe des (geänderten) Verlustfeststellungsbescheids als entrichtet. Auf die Entrichtung der sich aufgrund der Verringerung des rück- oder vortragsfähigen Verlustes im Verlustrück- oder -vortragsjahr beim Einbringenden ergebenden Steuer kommt es nicht an. Entsprechendes gilt auch bei der Verrechnung des Einbringungsgewinns mit Verlusten aus anderen Einkunftsarten, soweit nicht ein Verlustverrechnungsverbot besteht.

Ist oder wird die Steuer aus der Steuerfestsetzung, die den Einbringungsgewinn beinhaltet, nur teilweise getilgt, entfällt die Tilgung anteilig auch auf den Einbringungsgewinn.

Ist der Einbringende eine Organgesellschaft, ist Voraussetzung für die Buchwertaufstockung die Entrichtung der Steuer durch den Organträger; in Verlustfällen kommt es auf die Berücksichtigung des Einbringungsgewinns im jeweiligen Verlustfeststellungsbescheid des Organträgers an. 23.13

IV. Besonderheiten beim Zwischenwertansatz (§ 23 Absatz 3 UmwStG)

Bei Ansatz von Zwischenwerten sind die in den Wirtschaftsgütern, Schulden und steuerfreien Rücklagen ruhenden stillen Reserven um einen einheitlichen Prozentsatz aufzulösen; vgl. Randnr. 03.25 f. 23.14

Für die AfA der zu einem Zwischenwert eingebrachten Wirtschaftsgüter gilt Folgendes: 23.15

a) In den Fällen des § 23 Absatz 3 Satz 1 Nummer 1 UmwStG erhöht sich die bisherige AfA-Bemessungsgrundlage um den Aufstockungsbetrag. Der bisher geltende Abschreibungssatz ist weiter anzuwenden. AfA kann nur bis zur Höhe des Zwischenwerts abgezogen werden.

Beispiel

Für eine Maschine mit Anschaffungskosten von 100.000 € und einer Nutzungsdauer von 10 Jahren wird AfA nach § 7 Absatz 1 EStG von jährlich 10.000 € vorgenommen. Bei Einbringung nach drei Jahren beträgt der Restbuchwert 70.000 €, die Restnutzungsdauer sieben Jahre. Die übernehmende Gesellschaft setzt die Maschine mit 90.000 € an.

Lösung

Ab dem Zeitpunkt der Einbringung ist für die Maschine jährlich AfA von 10 %. von (100.000 € + 20.000 € =) 120.000 € = 12.000 € vorzunehmen (7 x 12.000 € = 84.000 €). Im letzten Jahr der Nutzungsdauer ist zusätzlich zu der linearen AfA i. H. v. 12.000 € auch der Restwert i. H. v. 6.000 € (= 90.000 € ./. 84.000 €) abzuziehen.

In den Fällen, in denen das AfA-Volumen vor dem Ablauf der Nutzungsdauer verbraucht ist, kann in dem verbleibenden Nutzungszeitraum keine AfA mehr abgezogen werden.

Wird in den Fällen des § 7 Absatz 4 Satz 1 EStG auf diese Weise die volle Absetzung innerhalb der tatsächlichen Nutzungsdauer nicht erreicht, kann die AfA nach der Restnutzungsdauer des Gebäudes bemessen werden (BFH vom 7. 6. 1977, VIII R 105/73, BStBl. II S. 606).

b) In den Fällen des § 23 Absatz 3 Satz 1 Nummer 2 UmwStG ist der Zwischenwert die Bemessungsgrundlage der weiteren AfA. Der Abschreibungssatz richtet sich nach der neu zu schätzenden Restnutzungsdauer im Zeitpunkt der Einbringung.

Beispiel

Für eine Maschine mit einer Nutzungsdauer von 12 Jahren wird AfA nach § 7 Absatz 2 EStG von jährlich 20,83 % vorgenommen. Der Restbuchwert bei Einbringung beträgt 70.000 €. Die übernehmende Gesellschaft setzt die Maschine mit 90.000 € an und schätzt die Restnutzungsdauer auf acht Jahre.

Lösung

Ab dem Zeitpunkt der Einbringung ist für die Maschine jährlich AfA von 25 % vom jeweiligen Buchwert vorzunehmen.

Bei Erhöhung der Anschaffungs- oder Herstellungskosten aufgrund rückwirkender Besteuerung des Einbringungsgewinns (§ 23 Absatz 2 UmwStG) ist § 23 Absatz 3 Satz 1 UmwStG entsprechend anzuwenden. Die Buchwertaufstockung erfolgt in diesen Fällen zu Beginn des Wirtschaftsjahres, in welches das die Besteuerung des Einbringungsgewinns auslösende, schädliche Ereignis fällt (§ 23 Absatz 3 Satz 2 UmwStG). 23.16

V. Ansatz des gemeinen Werts (§ 23 Absatz 4 UmwStG)

Gemeiner Wert des Betriebsvermögens ist der Saldo der gemeinen Werte der aktiven und passiven Wirtschaftsgüter. Beim Ansatz des gemeinen Werts sind alle stillen Reserven aufzudecken, insbesondere auch steuerfreie Rücklagen aufzulösen und selbst geschaffene immaterielle Wirtschaftsgüter, einschließlich des Geschäftswerts, anzusetzen. Dies gilt auch für die Fälle der Ein- 23.17

bringung im Wege der Gesamtrechtsnachfolge; § 23 Absatz 4 zweite Alternative UmwStG begründet insoweit keine Besonderheiten, sondern setzt den durch § 20 Absatz 2 Satz 1 UmwStG vorgegebenen Begriff des gemeinen Werts voraus. Vgl. hierzu Randnr. 20.17 sowie Randnr. 03.07 f.

23.18 Als Wert einer Pensionsverpflichtung ist anzusetzen (in den Fällen der Einzelrechtsnachfolge und der Gesamtrechtsnachfolge)
– bei Pensionsanwartschaften vor Beendigung des Dienstverhältnisses des Pensionsberechtigten der nach § 6a Absatz 3 Satz 2 Nummer 1 EStG zu berechnende Wert; dabei ist als Beginn des Dienstverhältnisses des Pensionsberechtigten der Eintritt in den Betrieb des Einbringenden maßgebend,
– bei aufrechterhaltenen Pensionsanwartschaften nach Beendigung des Dienstverhältnisses des Pensionsberechtigten oder bei bereits laufenden Pensionszahlungen der Barwert der künftigen Pensionsleistungen (§ 6a Absatz 3 Satz 2 Nummer 2 EStG).

23.19 Die Rechtsfolgen des Ansatzes des gemeinen Werts unterscheiden sich für die übernehmende Gesellschaft danach, ob die Einbringung im Wege der Einzelrechtsnachfolge (§ 23 Absatz 4 erste Alternative UmwStG) oder der Gesamtrechtsnachfolge (§ 23 Absatz 4 zweite Alternative UmwStG) erfolgt. Bei Gesamtrechtsnachfolge gilt § 23 Absatz 3 UmwStG entsprechend.

23.20 Erfolgt eine Einbringung sowohl im Wege der Gesamtrechtsnachfolge als auch im Wege der Einzelrechtsnachfolge, beispielsweise bei einer Verschmelzung einer KG auf eine GmbH mit gleichzeitigem Übergang des Sonderbetriebsvermögens im Wege der Einzelrechtsnachfolge, so ist der Vorgang für Zwecke des § 23 Absatz 4 UmwStG einheitlich als Gesamtrechtsnachfolge zu beurteilen.

23.21 Im Fall der Einzelrechtsnachfolge wird der Einbringungsvorgang für die übernehmende Gesellschaft als Anschaffung behandelt. Dies hat u. a. zur Folge, dass für die AfA der eingebrachten Wirtschaftsgüter ausschließlich die Verhältnisse der übernehmenden Gesellschaft maßgebend sind. Zu den Auswirkungen auf die Investitionszulage vgl. Randnr. 10 des BMF-Schreibens vom 8. 5. 2008 (BStBl. I S. 590).

VI. Verlustabzug bei Auslandsbetriebsstätten

23.22 Für die Nachversteuerung von Verlusten gem. § 2a Absatz 4 EStG a. F. bzw. § 2 Absatz 2 AuslInvG gilt Randnr. 04.12 entsprechend.

Siebter Teil. Einbringung eines Betriebs, Teilbetriebs oder Mitunternehmeranteils in eine Personengesellschaft (§ 24 UmwStG)

A. Allgemeines

I. Persönlicher und sachlicher Anwendungsbereich

24.01 Zu den zivilrechtlichen Formen der Einbringung eines Betriebs, Teilbetriebs oder Mitunternehmeranteils in eine Personengesellschaft siehe Randnr. 01.47 f.

24.02 Für Zwecke des § 24 UmwStG gilt auch eine zu einem Betriebsvermögen gehörende, das gesamte Nennkapital umfassende Beteiligung an einer Kapitalgesellschaft als Teilbetrieb. Randnr. 15.05 f. gelten entsprechend.

II. Entsprechende Anwendung der Regelungen zu §§ 20, 22, 23 UmwStG

24.03 Die vorstehenden Ausführungen zu §§ 20, 22, 23 UmwStG gelten für Einbringungen in eine Personengesellschaft nach § 24 UmwStG, soweit im Folgenden nichts anderes bestimmt ist, entsprechend. Insbesondere gelten folgende Randnr. entsprechend:
– Randnr. 20.03 betreffend die Person des Einbringenden,
– Randnr. 20.05 – 20.08 und Randnr. 20.10 ff. betreffend die Einbringung von Betrieben, Teilbetrieben und Mitunternehmeranteilen,
– Randnr. 20.17 ff. betreffend die Bewertung des eingebrachten Betriebsvermögens,
– Randnr. 20.25 ff. betreffend die Besteuerung des Einbringungsgewinns,
– Randnr. 23.01 ff., 23.05 f., 23.14 f., 23.17 ff. betreffend die Auswirkungen bei der übernehmenden Gesellschaft und
– Randnr. 23.22 betreffend die Nachversteuerung von Verlusten.

Hat die übernehmende Personengesellschaft für das Wirtschaftsjahr, in dem die Einbringung erfolgt ist, keine steuerliche Schlussbilanz zu erstellen, weil sie nach der Einbringung zulässigerweise zur

Gewinnermittlung nach § 4 Absatz 3 EStG zurückkehrt, muss der Antrag i. S. d. § 24 Absatz 2 Satz 2 UmwStG in entsprechender Anwendung des § 20 Absatz 2 Satz 3 UmwStG spätestens bis zur erstmaligen Abgabe der entsprechend R 4.5 (6) EStR zu erstellenden Bilanz i. S. d. § 24 Absatz 2 UmwStG bei dem für die Besteuerung der übernehmenden Personengesellschaft zuständigen Finanzamt gestellt werden.

24.04 Die Einbringung in eine Personengesellschaft nach § 24 UmwStG ist – im Gegensatz zur Einbringung in eine Kapitalgesellschaft nach § 20 UmwStG – auch dann zum Buchwert möglich, wenn das eingebrachte Betriebsvermögen negativ ist. Denn in § 24 UmwStG fehlt eine § 20 Absatz 2 Satz 2 Nummer 2 UmwStG entsprechende Regelung.

24.05 Im Rahmen des § 24 UmwStG ist es ausreichend, wenn das eingebrachte Betriebsvermögen teilweise Sonderbetriebsvermögen des Einbringenden bei der übernehmenden Mitunternehmerschaft wird.

III. Rückbeziehung nach § 24 Absatz 4 UmwStG

24.06 § 24 Absatz 4 zweiter Halbsatz UmwStG eröffnet die Möglichkeit einer Rückbeziehung der Einbringung für den Fall der Gesamtrechtsnachfolge nach den Vorschriften des UmwG oder vergleichbarer ausländischer Vorgänge, also nicht für den Fall der Anwachsung. Stellt sich die Einbringung als Kombination von Gesamtrechtsnachfolge und Einzelrechtsnachfolge dar, so nimmt auch die Einzelrechtsnachfolge an der Rückbeziehung teil. Bei Vorgängen im Wege der Einzelrechtsnachfolge ist eine Rückbeziehung nicht möglich. Randnr. 20.13 – 20.16 gelten entsprechend.

B. Einbringung gegen Gewährung von Gesellschaftsrechten

I. Allgemeines

24.07 § 24 UmwStG ist nur anwendbar, soweit der Einbringende als Gegenleistung für die Einbringung Gesellschaftsrechte erwirbt, d. h. soweit er durch die Einbringung die Rechtsstellung eines Mitunternehmers erlangt oder seine bisherige Mitunternehmerstellung erweitert (BFH vom 16. 12. 2004, III R 38/00, BStBl. 2005 II S. 554 und vom 25. 4. 2006, VIII R 52/04, BStBl. II S. 847). Das erfordert als Gegenleistung eine Erhöhung des die Beteiligung widerspiegelnden Kapitalkontos oder die Einräumung weiterer Gesellschaftsrechte (BFH vom 25. 4. 2006, VIII R 52/04, BStBl. II S. 847 und vom 15. 6. 1976, I R 17/74, BStBl. II S. 748). Ist ein Mitunternehmer bereits zu 100 % an einer Personengesellschaft beteiligt (Ein-Personen-GmbH & Co. KG), so muss sein Kapitalkonto bei einer weiteren Einbringung eines Betriebs, Teilbetriebs oder Mitunternehmeranteils erhöht werden. Die teilweise Buchung auf einem Kapitalkonto und auf einem gesamthänderisch gebundenen Rücklagenkonto ist für die Anwendung des § 24 UmwStG ebenso unschädlich wie die ausschließliche Buchung auf einem variablen Kapitalkonto (z. B. Kapitalkonto II). Die Buchung auf einem bloßen Darlehenskonto reicht dagegen nicht aus (vgl. hierzu im Einzelnen BMF-Schreiben vom 11. 7. 2011, BStBl. I S. 713). Zur Abgrenzung zwischen Darlehenskonto und Kapitalkonto vgl. das BMF-Schreiben vom 30. 5. 1997 (BStBl. I S. 627).

Erfolgt die Einbringung gegen ein Mischentgelt, d. h. gegen Gewährung von Gesellschaftsrechten und sonstige Ausgleichsleistungen, kann die Einbringung auf Antrag (§ 24 Absatz 2 Satz 2 UmwStG) entsprechend dem Verhältnis der jeweiligen Teilleistungen (Wert der erlangten Gesellschaftsrechte einerseits und Wert der sonstigen Gegenleistungen andererseits) zum gemeinen Wert des eingebrachten Betriebsvermögens teilweise zu Buchwerten und teilweise zum gemeinen Wert vollzogen werden (BFH vom 11. 12. 2001, VIII R 58/98, BStBl. 2002 II S. 420).

Stellt sich der Einbringungsvorgang bei wirtschaftlicher Betrachtung als Veräußerung gegen ein nicht in Gesellschaftsrechten bestehendes Entgelt dar, ist § 24 UmwStG nicht anzuwenden.

Beispiel

A betreibt (u. a.) den Teilbetrieb I, dessen Wirtschaftsgüter erhebliche stille Reserven aufweisen. Der Teilbetrieb soll an B veräußert werden. Um die dabei eintretende Gewinnverwirklichung zu vermeiden, bringt A seinen gesamten Betrieb nach § 24 UmwStG zu Buchwerten in eine KG mit B ein, der eine Geldeinlage leistet. Kurze Zeit später kommt es zur Realteilung, bei der B den Teilbetrieb erhält, um ihn auf eigene Rechnung fortzuführen.

Lösung

Der Vorgang darf nicht – mit Hilfe der sog. Kapitalkontenanpassungsmethode – steuerneutral abgewickelt werden. Es handelt sich um die verdeckte Veräußerung eines Teilbetriebs nach § 16 Absatz 1 Satz 1 Nummer 1 i. V. m. § 34 EStG (vgl. auch BFH vom 11. 12. 2001, VIII R 23/01, BStBl. 2004 II S. 474).

II. Einbringung mit Zuzahlung zu Buchwerten

24.08 Erhält der Einbringende neben dem Mitunternehmeranteil an der Personengesellschaft eine Zuzahlung, die nicht Betriebsvermögen der Personengesellschaft wird, so ist davon auszugehen, dass
- der Einbringende Eigentumsanteile an den Wirtschaftsgütern des Betriebs veräußert und
- die ihm verbliebenen Eigentumsanteile für eigene Rechnung, sowie die veräußerten Eigentumsanteile für Rechnung des zuzahlenden Gesellschafters in das Betriebsvermögen der Personengesellschaft einlegt (vgl. BFH vom 18. 10. 1999, GrS 2/98, BStBl. 2000 II S. 123).

24.09 Der Gewinn, der durch eine Zuzahlung in das Privatvermögen des Einbringenden entsteht, kann nicht durch Erstellung einer negativen Ergänzungsbilanz vermieden werden (BFH vom 8. 12. 1994, IV R 82/92, BStBl. 1995 II S. 599 und vom 16. 12. 2004, III R 38/00, BStBl. 2005 II S. 554). Eine Zuzahlung liegt auch vor, wenn mit ihr eine zugunsten des Einbringenden begründete Verbindlichkeit der Gesellschaft getilgt wird (BFH vom 8. 12. 1994, IV R 82/92, BStBl. 1995 II S. 599) oder durch die Einbringung private Verbindlichkeiten (z. B. Pflichtteilsansprüche) abgegolten werden (BFH vom 16. 12. 2004, III R 38/00, BStBl. 2005 II S. 554).

24.10 Die Veräußerung der Anteile an den Wirtschaftsgütern ist ein Geschäftsvorfall des einzubringenden Betriebs. Der hierbei erzielte Veräußerungserlös wird vor der Einbringung aus dem Betriebsvermögen entnommen. Anschließend wird der Betrieb so eingebracht, wie er sich nach der Entnahme des Veräußerungserlöses darstellt.

Beispiel

A und B gründen eine OHG, die das Einzelunternehmen des A zu Buchwerten fortführen soll. Das Einzelunternehmen hat einen Buchwert von 100.000 € und einen gemeinen Wert von 300.000 €. A und B sollen an der OHG zu je 50 % beteiligt sein. A erhält von B eine Zuzahlung i. H. v. 150.000 €, die nicht Betriebsvermögen der OHG werden soll.

Lösung

Die Zahlung der 150.000 € durch B an A ist die Gegenleistung für den Verkauf von je 1/2 Miteigentumsanteilen an den Wirtschaftsgütern des Einzelunternehmens. Infolge dieser Vereinbarungen bringt A sein Einzelunternehmen sowohl für eigene Rechnung als auch für Rechnung des B in die OHG ein.

Der bei der Veräußerung der Anteile an den Wirtschaftsgütern erzielte Gewinn ist als laufender, nicht nach §§ 16, 34 EStG begünstigter Gewinn zu versteuern. Die Veräußerung eines Betriebs (§ 16 Absatz 1 Satz 1 Nummer 1 EStG) liegt nicht vor, weil nur Miteigentumsanteile an den Wirtschaftsgütern des Betriebs veräußert werden; die Veräußerung eines Mitunternehmeranteils (§ 16 Absatz 1 Satz 1 Nummer 2 EStG) liegt nicht vor, weil eine Mitunternehmerschaft im Zeitpunkt der Veräußerung der Miteigentumsanteile noch nicht bestand, sondern durch den Vorgang erst begründet wurde (BFH vom 18. 10. 1999, GrS 2/98, BStBl. 2000 II S. 123).

24.11 Unter Berücksichtigung der Umstände des Einzelfalls kann es geboten sein, nach den vorstehenden Grundsätzen auch dann zu verfahren, wenn die Zuzahlung zunächst Betriebsvermögen der Personengesellschaft wird und erst später entnommen wird. Bei wirtschaftlicher Betrachtungsweise kann die Zuführung der Zuzahlung zum Betriebsvermögen der Personengesellschaft und die Entnahme der Zuzahlung durch den Einbringenden nach den Vereinbarungen der Parteien den gleichen wirtschaftlichen Gehalt haben, wie eine Zuzahlung, die unmittelbar an den Einbringenden erfolgt (so auch BFH vom 8. 12. 1994, IV R 82/92, BStBl. 1995 II S. 599). Insbesondere wenn der Einbringende im Anschluss an die Einbringung größere Entnahmen tätigen darf und bei der Bemessung seines Gewinnanteils auf seinen ihm dann noch verbleibenden Kapitalanteil abgestellt wird, kann es erforderlich sein, den Zuzahlungsbetrag als unmittelbar in das Privatvermögen des Einbringenden geflossen anzusehen.

III. Einbringung mit Zuzahlung zu gemeinen Werten

24.12 Für den Fall der Aufnahme eines Gesellschafters in ein bestehendes Einzelunternehmen sind bei einer Einbringung zu gemeinen Werten – vorbehaltlich der Regelung des § 24 Absatz 3 Satz 3 UmwStG – die Begünstigungen des § 24 Absatz 3 Satz 2 UmwStG i. V. m. § 16 Absatz 4, § 34 EStG auch insoweit anzuwenden, als eine Zuzahlung in das Privatvermögen des Einbringenden erfolgt (BFH vom 21. 9. 2000, IV R 54/99, BStBl. 2001 II S. 178).

Entsprechendes gilt im Falle der Aufnahme eines weiteren Gesellschafters in eine bestehende Personengesellschaft.

C. Ergänzungsbilanzen

Nach § 24 Absatz 2 Satz 2 UmwStG kann die Personengesellschaft das eingebrachte Betriebsvermögen in ihrer Bilanz einschließlich der Ergänzungsbilanzen für ihre Gesellschafter abweichend vom Grundsatz des § 24 Absatz 2 Satz 1 UmwStG auf Antrag mit seinem Buch- oder Zwischenwert ansetzen. Werden die Buchwerte des eingebrachten Betriebsvermögens aufgestockt, gilt Randnr. 03.25 f. entsprechend. Der Wert, mit dem das eingebrachte Betriebsvermögen in der Bilanz der Personengesellschaft einschließlich der Ergänzungsbilanzen für ihre Gesellschafter angesetzt wird, gilt nach § 24 Absatz 3 Satz 1 UmwStG für den Einbringenden als Veräußerungspreis. 24.13

Bei der Einbringung eines Betriebs, Teilbetriebs oder Mitunternehmeranteils in eine Personengesellschaft werden vielfach die Buchwerte des eingebrachten Betriebsvermögens in der Bilanz der Personengesellschaft aufgestockt, um die Kapitalkonten der Gesellschafter im richtigen Verhältnis zueinander auszuweisen (Bruttomethode). Es kommt auch vor, dass ein Gesellschafter als Gesellschaftseinlage einen höheren Beitrag leisten muss, als ihm in der Bilanz der Personengesellschaft als Kapitalkonto gutgeschrieben wird (Nettomethode). In diesen Fällen haben die Gesellschafter der Personengesellschaft Ergänzungsbilanzen zu bilden, soweit ein Antrag nach § 24 Absatz 2 Satz 2 UmwStG gestellt wird und dadurch die sofortige Versteuerung eines Veräußerungsgewinns für den Einbringenden vermieden werden soll. 24.14

Beispiel

A unterhält ein Einzelunternehmen mit einem buchmäßigen Eigenkapital von 100.000 €. In den Wirtschaftsgütern des Einzelunternehmens sind stille Reserven von 200.000 € enthalten. Der gemeine Wert des Unternehmens beträgt 300.000 €. Die Schlussbilanz des A im Zeitpunkt der Einbringung sieht wie folgt aus:

	gemeiner Wert	Buchwert		gemeiner Wert	Buchwert
Aktiva diverse	300.000 €	100.000 €	Kapital		100.000 €
	(300.000 €)	100.000 €			100.000 €

In das Einzelunternehmen des A tritt B als Gesellschafter ein; A bringt also sein Einzelunternehmen in die neue von ihm und B gebildete Personengesellschaft ein. A und B sollen an der neuen Personengesellschaft zu je 50 % beteiligt sein. B leistet deshalb eine Bareinlage von 300.000 €. Die Kapitalkonten von A und B sollen in der Bilanz der Personengesellschaft gleich hoch sein. Die Personengesellschaft stellt den Antrag auf Ansatz der Buchwerte nach § 24 Absatz 2 Satz 2 UmwStG.

Die Eröffnungsbilanz der Personengesellschaft lautet wie folgt:

	Buchwert		Buchwert
Aktiva diverse (A)	100.000 €	Kapital A	200.000 €
Bank (Bareinlage B)	300.000 €	Kapital B	200.000 €
	400.000 €		400.000 €

Lösung

Da B eine Einlage von 300.000 € geleistet hat, hat er 100.000 € mehr gezahlt, als sein buchmäßiges Kapital in der Bilanz der neuen Personengesellschaft beträgt (B hat mit diesen 100.000 € praktisch dem A die Hälfte der stillen Reserven „abgekauft"). Er muss in diesem Fall sein in der Bilanz der Personengesellschaft nicht ausgewiesenes Mehrkapital von 100.000 € in einer Ergänzungsbilanz ausweisen. Auf diese Weise wird sichergestellt, dass die aktivierungspflichtigen Anschaffungskosten des B (300.000 € x – = 150.000 €) für die erlangten Anteile an den Wirtschaftsgütern des bisherigen Einzelunternehmens im Rahmen der Gewinnverteilung berücksichtigt werden (BFH vom 25. 4. 2006, VIII R 52/04, BStBl. II S. 847).

Die positive Ergänzungsbilanz des B hat den folgenden Inhalt:

	Buchwert		Buchwert
Aktiva diverse	100.000 €	Mehrkapital B	100.000 €
	100.000 €		100.000 €

Das von A in die Personengesellschaft eingebrachte Betriebsvermögen ist danach in der Bilanz der Personengesellschaft einschließlich der Ergänzungsbilanz des Gesellschafters B mit insgesamt 200.000 € ausgewiesen (mit 100.000 € in der Gesamthandsbilanz der Personengesellschaft und mit 100.000 € in der Ergänzungsbilanz des B). Es war bisher bei A nur mit 100.000 € angesetzt. Es würde sich danach für A ein Veräußerungsgewinn von 100.000 € ergeben.

A muss diesen Veräußerungsgewinn dadurch neutralisieren, dass er seinerseits eine Ergänzungsbilanz aufstellt und in dieser dem in der Ergänzungsbilanz des B ausgewiesenen Mehrwert für die Aktiva von 100.000 € einen entsprechenden Minderwert gegenüberstellt, sog. negative Ergänzungsbilanz.

Diese negative Ergänzungsbilanz des A sieht wie folgt aus:

	Buchwert		Buchwert
Minderkapital A	100.000 €	Aktiva diverse	100.000 €
	100.000 €		100.000 €

Das eingebrachte Betriebsvermögen ist nunmehr in der Bilanz der Personengesellschaft und den Ergänzungsbilanzen ihrer Gesellschafter insgesamt wie folgt ausgewiesen: mit 100.000 € in der Bilanz der Personengesellschaft zuzüglich 100.000 € in der Ergänzungsbilanz des B abzüglich 100.000 € in der Ergänzungsbilanz des A, insgesamt also mit 100.000 €. Dieser Wert ist nach § 24 Absatz 3 UmwStG für die Ermittlung des Veräußerungsgewinns des A bei der Einbringung maßgebend.

Da der Buchwert des eingebrachten Betriebsvermögens in der Schlussbilanz des A ebenfalls 100.000 € betragen hat, entsteht für A kein Veräußerungsgewinn.

Die Ergänzungsbilanzen für A und B sind auch bei der künftigen Gewinnermittlung zu berücksichtigen und korrespondierend weiterzuentwickeln. Dabei ergibt sich z. B. gegenüber der Bilanz der Personengesellschaft für den Gesellschafter B aus seiner (positiven) Ergänzungsbilanz ein zusätzliches AfA-Volumen und für den Gesellschafter A aus seiner (negativen) Ergänzungsbilanz eine Minderung seines AfA-Volumens (vgl. hierzu auch BFH vom 28. 9. 1995, IV R 57/94, BStBl. 1996 II S. 68). Die aus der korrespondierend zur positiven Ergänzungsbilanz des einbringenden Mitunternehmers spiegelbildlich fortlaufend jährlich vorzunehmende Auflösung der negativen Ergänzungsbilanz ist als laufender Gewinn zu erfassen (BFH vom 25. 4. 2006, VIII R 52/04, BStBl. II S. 847).

Würde das von A eingebrachte Betriebsvermögen in der Eröffnungsbilanz der Personengesellschaft nicht mit seinem Buchwert von 100.000 €, sondern mit seinem wahren Wert von 300.000 € angesetzt werden und würden demgemäß die Kapitalkonten von A und B mit je 300.000 € ausgewiesen werden (Bruttomethode), so müsste A bei Beantragung der Buchwertfortführung durch die übernehmende Personengesellschaft eine negative Ergänzungsbilanz mit einem Minderkapital von 200.000 € aufstellen; für B entfiele in diesem Fall eine Ergänzungsbilanz.

D. Anwendung der §§ 16, 34 EStG bei Einbringung zum gemeinen Wert

24.15 Auf einen bei der Einbringung eines Betriebs, Teilbetriebs oder gesamten Mitunternehmeranteils in eine Personengesellschaft entstehenden Veräußerungsgewinn sind § 16 Absatz 4 und § 34 EStG nur anzuwenden, wenn das eingebrachte Betriebsvermögen in der Bilanz der Personengesellschaft einschließlich der Sonder- und Ergänzungsbilanzen der Gesellschafter mit dem gemeinen Wert angesetzt wird; dabei ist auch ein vorhandener Geschäftswert mit auszuweisen (vgl. Randnr. 23.17).

24.16 Durch die Verweisung auf § 16 Absatz 2 Satz 3 EStG in § 24 Absatz 3 Satz 3 UmwStG ist klargestellt, dass der Einbringungsgewinn stets als laufender, nicht nach §§ 16, 34 EStG begünstigter Gewinn anzusehen ist, soweit der Einbringende wirtschaftlich gesehen „an sich selbst" veräußert.

§ 24 Absatz 3 Satz 3 UmwStG stellt bei der Betrachtung, ob eine Veräußerung an sich selbst vorliegt, nicht auf den einzelnen Gesellschafter, sondern auf die einbringenden Gesellschafter in ihrer gesamthänderischen Verbundenheit ab.

Beispiel

An einer OHG sind vier Gesellschafter zu je 1/4 beteiligt. Es soll gegen Bareinlage in das Betriebsvermögen ein fünfter Gesellschafter so aufgenommen werden, dass alle Gesellschafter anschließend zu je 1/5 beteiligt sind.

Lösung

Wirtschaftlich gesehen gibt jeder der Altgesellschafter 1/5 an den Neuen ab; er veräußert also zu 4/5 „an sich selbst". Ein bei Ansatz der gemeinen Werte entstehender Gewinn ist nach der Regelung in § 24 Absatz 3 Satz 3 UmwStG i. V. m. § 16 Absatz 2 Satz 3 EStG daher zu 4/5 nicht begünstigt.

Gewinne, die im Rahmen einer Betriebsveräußerung oder Betriebseinbringung nach § 16 Absatz 2 Satz 3 EStG bzw. § 24 Absatz 3 Satz 3 UmwStG kraft gesetzlicher Anordnung als laufende Gewinne behandelt werden, sind gewerbesteuerpflichtig. Die gesetzliche Fiktion der Behandlung als laufender Gewinn erstreckt sich in diesen Fällen auch auf die Gewerbesteuer (BFH vom 15. 6. 2004, VIII R 7/01, BStBl. II S. 754). 24.17

E. Besonderheiten bei der Einbringung von Anteilen an Körperschaften, Personenvereinigungen und Vermögensmassen (§ 24 Absatz 5 UmwStG)

I. Allgemeines

Werden Anteile an Körperschaften, Personenvereinigungen oder Vermögensmassen von einem Einbringenden, bei dem der Gewinn aus der Veräußerung der Anteile im Einbringungszeitpunkt nicht nach § 8b Absatz 2 KStG steuerfrei gewesen wäre, gem. § 24 Absatz 1 UmwStG unter dem gemeinen Wert in eine Personengesellschaft eingebracht und werden die eingebrachten Anteile innerhalb eines Zeitraums von sieben Jahren nach dem Einbringungszeitpunkt veräußert, ist § 24 Absatz 5 UmwStG anzuwenden. Die eingebrachten Anteile gelten insoweit als sperrfristbehaftete Anteile. Der Veräußerung der sperrfristbehafteten Anteile ist deren Weiterübertragung durch die in § 22 Absatz 1 Satz 6 Nummer 1 bis 5 UmwStG genannten Vorgänge gleichgestellt. 24.18

Die Veräußerung der sperrfristbehafteten Anteile oder deren Weiterübertragung durch einen Vorgang i. S. d. § 22 Absatz 1 Satz 6 Nummer 1 bis 5 UmwStG lösen grundsätzlich die rückwirkende Besteuerung eines Einbringungsgewinns beim Einbringenden im Einbringungszeitpunkt durch Ansatz der eingebrachten Anteile mit dem gemeinen Wert aus. Die Veräußerung der Anteile und die gleichgestellten Vorgänge gelten dabei im Hinblick auf die Steuerfestsetzung des Einbringenden im Einbringungsjahr als rückwirkendes Ereignis i. S. d. § 175 Absatz 1 Satz 1 Nummer 2 AO. 24.19

Wird nur ein Teil der sperrfristbehafteten Anteile veräußert oder durch einen der Veräußerung gleichgestellten Vorgang weiter übertragen, erfolgt auch die rückwirkende Einbringungsgewinnbesteuerung nur anteilig. 24.20

Ein rückwirkender Einbringungsgewinn ist nur zu ermitteln, soweit beim Einbringenden der Gewinn aus der Veräußerung der sperrfristbehafteten Anteile im Einbringungszeitpunkt nicht nach § 8b Absatz 2 KStG steuerfrei gewesen wäre und die bis zum Einbringungszeitpunkt entstandenen stillen Reserven infolge der Veräußerung der Anteile oder der Weiterübertragung der Anteile durch einen gleichgestellten Vorgang i. S. d. § 22 Absatz 1 Satz 6 Nummer 1 bis 5 UmwStG der Steuerbefreiung nach § 8b Absatz 2 KStG unterliegen (= Statusverbesserung). Wird Betriebsvermögen einer Personengesellschaft eingebracht oder ist Mitunternehmer der aufnehmenden Personengesellschaft eine Personengesellschaft, ist für die Anwendung des § 8b Absatz 2 KStG auf Ebene der Personengesellschaft und die Zurechnung der stillen Reserven auf die dahinter stehenden Steuersubjekte abzustellen (Transparenzprinzip). 24.21

Die steuerliche Behandlung der Veräußerung oder Weiterübertragung der sperrfristbehafteten Anteile bei der Personengesellschaft erfolgt nach den allgemeinen ertragsteuerlichen Vorschriften (insbesondere §§ 13, 15, 16, 18 i. V. m. § 3 Nummer 40 EStG oder § 8b Absatz 2 und 3 KStG). 24.22

II. Anteile an Körperschaften, Personenvereinigungen und Vermögensmassen

Der Anwendungsbereich des § 24 Absatz 5 UmwStG umfasst Anteile an Körperschaften, Personenvereinigungen oder Vermögensmassen, deren Leistungen beim Empfänger zu Einnahmen i. S. d. § 20 Absatz 1 Nummer 1, 2, 9 oder 10 Buchstabe a EStG führen. 24.23

§ 24 Absatz 5 UmwStG ist bei einbringungsgeborenen Anteilen i. S. d. § 21 Absatz 1 UmwStG 1995 nicht anzuwenden, wenn der Gewinn aus der Veräußerung oder einem gleichgestellten Ereignis i. S. d. § 22 Absatz 1 Satz 6 Nummer 1 bis 5 UmwStG nicht der Steuerbefreiung nach § 3 Nummer 40 Satz 1 Buchstabe a oder b EStG oder § 8b Absatz 2 KStG unterliegt, weil § 3 Nummer 40 Satz 3 und 4 EStG a. F. bzw. § 8b Absatz 4 KStG a. F. weiter anzuwenden sind (§ 27 Absatz 4 UmwStG i. V. m. § 52 Absatz 4b Satz 2 EStG bzw. § 34 Absatz 7a KStG).

Sind die Fristen der § 3 Nummer 40 Satz 4 EStG a. F. bzw. § 8b Absatz 4 Satz 2 KStG a. F. im Zeitpunkt der Veräußerung bzw. des gleichgestellten Ereignisses abgelaufen, findet § 24 Absatz 5

UmwStG Anwendung. Ist im Zeitpunkt der Einbringung nach § 24 UmwStG die ursprüngliche Siebenjahresfrist noch nicht abgelaufen, gilt Randnr. 20.39 entsprechend.

III. Einbringung durch nicht nach § 8b Absatz 2 KStG begünstigte Personen

24.24 Die rückwirkende Besteuerung eines Einbringungsgewinns setzt voraus, dass der Einbringende keine durch § 8b Absatz 2 KStG begünstigte Person ist (vgl. Randnr. 22.12).

Zum Umfang der Anwendung des § 8b Absatz 2 KStG bei der Miteinbringung von Anteilen durch eine Personengesellschaft vgl. Randnr. 24.21.

IV. Veräußerung und gleichgestellte Ereignisse der Weiterübertragung

24.25 Die übernehmende Personengesellschaft oder deren Rechtsnachfolger bzw. die Personen, bei denen sich die Zurechnung der stillen Reserven mittelbar auf den Gewinn auswirkt, können durch Veräußerung oder Weiterübertragung der eingebrachten Anteile innerhalb des Siebenjahreszeitraums die rückwirkende Besteuerung eines Einbringungsgewinns auslösen. Als Veräußerung gilt auch die Aufgabe des Betriebs der Personengesellschaft (§ 16 Absatz 3 Satz 1 EStG).

24.26 Im Hinblick auf die Frage der Auslösung der rückwirkenden Einbringungsgewinnbesteuerung durch der Veräußerung gleichgestellte Ersatzrealisationstatbestände gelten die vorstehenden Ausführungen zu § 22 UmwStG (vgl. insbesondere Randnr. 22.20, 22.21 ff., 22.28 ff., 22.38 ff., 22.41 f. und 22.43 ff.) entsprechend.

24.27 Werden die im Zuge der (Mit-)Einbringung von Anteilen erhaltenen Mitunternehmeranteile nach § 24 Absatz 1 UmwStG mit einem Wert unterhalb des gemeinen Werts in eine Personengesellschaft eingebracht und wird die übernehmende Personengesellschaft dadurch Mitunternehmerin der Personengesellschaft, deren Anteile eingebracht worden sind, liegt eine Einbringung i. S. d. § 24 Absatz 5 UmwStG vor, die einen neuen Siebenjahreszeitraum auslöst. Auch die (mittelbare) Veräußerung oder Weiterüberragung der (mit-)eingebrachten Anteile durch eine Untergesellschaft löst innerhalb dieses Siebenjahreszeitraums die rückwirkende Einbringungsgewinnbesteuerung aus.

V. Ermittlung und ertragsteuerliche Behandlung des Einbringungsgewinns

24.28 In entsprechender Anwendung des § 22 Absatz 2 Satz 3 UmwStG ist durch (anteiligen) Ansatz des gemeinen Werts abweichend von § 24 Absatz 2 Satz 2 UmwStG für die sperrfristbehafteten Anteile rückwirkend ein Einbringungsgewinn zu ermitteln, der vermindert um jeweils ein Siebtel für jedes seit dem Einbringungszeitpunkt abgelaufene Zeitjahr, im Wirtschaftsjahr der Einbringung beim Einbringenden der Besteuerung zu Grunde zu legen ist. Die Steuerfestsetzung bzw. Feststellung des Gewinns ist insoweit gem. § 175 Absatz 1 Satz 1 Nummer 2 AO zu ändern (§ 22 Absatz 2 Satz 2 UmwStG). Der Einbringungsgewinn ermittelt sich nach § 24 Absatz 5 i. V. m. § 22 Absatz 2 Satz 3 UmwStG wie folgt:

	Anteiliger gemeiner Wert der Anteile
./.	anteilige Kosten für Vermögensübergang
./.	anteiliger Einbringungswert (§ 24 Absatz 2 Satz 2 UmwStG)
=	Einbringungsgewinn vor Siebtelregelung
./.	je 1/7 für seit dem Einbringungszeitpunkt abgelaufene Zeitjahre
=	Einbringungsgewinn

Soweit der Einbringungsgewinn einer natürlichen Person zuzurechnen ist, führt er zu einem laufenden Gewinn i. S. d. § 3 Nummer 40 Satz 1 Buchstabe b EStG. § 16 Absatz 4 EStG und § 34 EStG sind nicht anzuwenden (§ 22 Absatz 2 Satz 1 zweiter Halbsatz UmwStG). Hinsichtlich der Zugehörigkeit des Einbringungsgewinns zum Gewerbeertrag gelten die allgemeinen Grundsätze (vgl. § 7 Satz 2 GewStG; R 7 Absatz 3 GewStR). D. h., soweit er auf eine natürliche Person als Einzelunternehmer oder als unmittelbar beteiligter Mitunternehmer entfällt, gehört er nur anteilig zum Gewerbeertrag (§ 24 Absatz 3 Satz 3 UmwStG). Der Einbringungsgewinn erhöht unter den Voraussetzungen des § 23 Absatz 2 UmwStG die Anschaffungskosten der von § 8b Absatz 2 KStG begünstigten Person. Der Einbringungsgewinn erhöht das Kapitalkonto des Einbringenden i. S. d. § 16 EStG (§ 22 Absatz 2 Satz 4 UmwStG).

Die Randnr. 22.09 f. und 22.13 gelten entsprechend.

VI. Nachweispflichten

In entsprechender Anwendung des § 22 Absatz 3 Satz 1 Nummer 2 UmwStG hat der Einbringende in den dem Einbringungszeitpunkt folgenden sieben Jahren jährlich spätestens bis zum 31. Mai den Nachweis darüber zu erbringen, wem mit Ablauf des Tages, der dem maßgebenden Einbringungszeitpunkt entspricht, die eingebrachten Anteile und die auf diesen Anteilen beruhenden Anteile zuzurechnen sind. 24.29

In den Fällen des Eintritts eines weiteren Gesellschafters in eine bestehende Personengesellschaft gegen Einlage in das Gesamthandsvermögen sowie der Kapitalerhöhung kann auch die Personengesellschaft den Nachweis gegenüber dem für sie zuständigen Finanzamt mit befreiender Wirkung für die Einbringenden erbringen. Im Übrigen gelten die Randnr. 22.28 ff. entsprechend.

VII. Bescheinigungsverfahren

Randnr. 22.38 ff. gelten entsprechend. 24.30

VIII. Unentgeltliche Rechtsnachfolge

Randnr. 22.41 gilt entsprechend. 24.31

IX. Mitverstrickung von Anteilen

Gehen im Rahmen einer Kapitalerhöhung aus Gesellschaftermitteln bei der Gesellschaft, deren Anteile eingebracht worden sind, stille Reserven auf andere (neue) Anteile der übernehmenden Personengesellschaft über, gelten insoweit auch diese anderen Anteile als sperrfristbehaftet (§ 22 Absatz 7 UmwStG). Randnr. 22.46 gilt entsprechend. 24.32

X. Auswirkungen bei der übernehmenden Gesellschaft

Randnr. 23.12 f. gelten entsprechend. 24.33

Achter Teil. Formwechsel einer Personengesellschaft in eine Kapitalgesellschaft oder Genossenschaft (§ 25 UmwStG)

Im UmwStG wird der Formwechsel gem. § 25 UmwStG durch den Verweis auf die entsprechende Anwendung der §§ 20 bis 23 UmwStG wie eine übertragende Umwandlung behandelt. Die Ausführungen zu den Randnr. 20.01 – 23.21 sind daher in den Fällen des Formwechsels gem. § 25 UmwStG entsprechend anzuwenden. 25.01

Neunter Teil. Verhinderung von Missbräuchen (§ 26 UmwStG)

[unbesetzt] 26.01

Zehnter Teil. Anwendungsvorschriften und Ermächtigung

A. Allgemeines

Zu Besonderheiten bei der Behandlung einbringungsgeborener Anteile i. S. d. § 21 UmwStG 1995 siehe auch die Randnr. 20.38 ff. 27.01

Nach § 27 Absatz 3 UmwStG ist auf die einbringungsgeborenen Anteile i. S. d. § 21 UmwStG 1995 weiterhin das alte Recht anzuwenden. Dies gilt sowohl in den Fällen der Sacheinlage als auch in den Fällen des Anteilstauschs. Bei einer Veräußerung von sperrfristbehafteten Anteilen ist deshalb auch zu prüfen, ob einbringungsgeborene Anteile i. S. d. § 21 UmwStG 1995 vorliegen. Ist dies der Fall, kommt es zu einem Nebeneinander der alten und der neuen Steuerverhaftungsvorschriften. Beruhen die veräußerten Anteile auf einer Sacheinlage oder einem Anteilstausch vor dem Stichtag 13. 12. 2006 und liegen deshalb einbringungsgeborene Anteile i. S. d. § 21 UmwStG 1995 vor, sind zusätzlich die alten Steuerverhaftungsregelungen zu beachten. Diese sehen – genauso wie das neue Recht – eine siebenjährige Sperrfrist vor. Nach § 52 Absatz 4d Satz 2 EStG und § 34 Absatz 7a KStG gelten § 3 Nummer 40 Satz 3 und 4 EStG a. F. und § 8b Absatz 4 KStG a. F. auch weiterhin für einbringungsgeborene Anteile i. S. d. § 21 UmwStG 1995. Werden also einbringungsgeborene Anteile innerhalb der siebenjährigen Sperrfrist veräußert, ist z. B. bei natürlichen Personen das Halb- bzw. Teileinkünfteverfahren nicht anwendbar. 27.02

B. Veräußerung der auf einer Sacheinlage beruhenden Anteile

I. Grundfall

Veräußert eine natürliche Person einbringungsgeborene Anteile i. S. d. § 21 UmwStG 1995, die sie für die Einbringung eines Betriebs, Teilbetriebs oder Mitunternehmeranteils erhalten hat, dann richten sich die steuerlichen Folgen gem. § 3 Nummer 40 Satz 3 und 4 EStG a. F. i. V. m. § 52 Absatz 4d Satz 2 EStG weiterhin nach dem alten Recht. Sofern die siebenjährige Sperrfrist des alten 27.03

Anhang 4a   UmwStG

Rechts im Veräußerungszeitpunkt noch nicht abgelaufen ist, ist der Veräußerungsgewinn in voller Höhe zu versteuern. Nach Ablauf der siebenjährigen Sperrfrist alten Rechts sind gem. § 3 Nummer 40 Satz 1 Buchstabe b EStG i. V. m. § 3 Nummer 40 Satz 3 und 4 Buchstabe a EStG 50 % bzw. 60 % des Veräußerungsgewinns zu versteuern. Bei der Berechnung der Sperrfrist ist auf den steuerlichen Übertragungsstichtag (§ 20 Absatz 7 und 8 UmwStG 1995) abzustellen. Es kommt nicht zusätzlich zu einer Einbringungsgewinnbesteuerung, auch wenn der Veräußerungsgewinn i. S. d. § 3 Nummer 40 Satz 3 und 4 EStG a. F. bzw. § 8b Absatz 4 KStG a. F. niedriger als ein Einbringungsgewinn ist (vgl. Randnr. 27.07).

II. Weitereinbringungsfall

27.04 Die siebenjährige Sperrfrist alten Rechts ist auch dann anwendbar, wenn einbringungsgeborene Anteile i. S. d. § 21 UmwStG 1995 nach dem 12. 12. 2006 – also im zeitlichen Anwendungsbereich des neuen Rechts – in eine Kapitalgesellschaft eingebracht werden und anschließend die auf dieser Weitereinbringung beruhenden Anteile veräußert werden. Zwar ist die Weitereinbringung in diesem Fall grundsätzlich nach neuem Recht zu beurteilen. Nach § 21 Absatz 2 Satz 6 i. V. m. § 20 Absatz 3 Satz 4 UmwStG gelten allerdings die als Gegenleistung für die Einbringung von einbringungsgeborenen Anteilen erhaltenen Anteile ebenfalls als einbringungsgeborene Anteile i. S. d. § 21 UmwStG 1995. Infolgedessen sind sowohl die für die Weitereinbringung erhaltenen Anteile als auch die zuvor eingebrachten Anteile einbringungsgeborene Anteile i. S. d. § 21 UmwStG 1995, auf welche jeweils die Sperrfristregelungen des alten Rechts anzuwenden sind.

27.05 Der Gewinn aus der Veräußerung der erhaltenen und ebenfalls als einbringungsgeboren geltenden Anteile innerhalb der siebenjährigen Sperrfrist des alten Rechts ist deshalb sowohl bei einer natürlichen Person als Einbringendem (§ 3 Nummer 40 Satz 3 und 4 a. F. i. V. m. § 52 Absatz 4d Satz 2 EStG) als auch bei einer Körperschaft als Einbringendem (§ 8b Absatz 4 Satz 1 Nummer 1, Satz 2 Nummer 1 KStG a. F. i. V. m. § 34 Absatz 7a KStG) in voller Höhe zu versteuern. Dabei beginnt für die aufgrund der Weitereinbringung erhaltenen und aufgrund der Gesetzesfiktion ebenfalls als einbringungsgeboren geltenden Anteile keine neue siebenjährige Sperrfrist nach altem Recht zu laufen, sondern diese Anteile treten in die bereits laufende Sperrfrist der zuvor eingebrachten Anteile ein (vgl. Randnr. 20.39). Erst nach Ablauf der siebenjährigen Sperrfrist bezüglich der eingebrachten Anteile kommt für den Gewinn aus der Veräußerung der durch die Weitereinbringung erhaltenen Anteile bei natürlichen Personen die hälftige bzw. 40 %ige und bei Kapitalgesellschaften die volle Steuerbefreiung (§ 3 Nummer 40 Satz 1 EStG, § 8b Absatz 2 KStG) zur Anwendung. Die grundsätzliche Steuerverhaftung der als einbringungsgeboren geltenden Anteile bleibt unabhängig von der Höhe der Beteiligung zeitlich unbegrenzt bestehen (vgl. Randnr. 20.38).

27.06 Die Kapitalgesellschaft, in die die einbringungsgeborenen Anteile eingebracht wurden, tritt insoweit in die Rechtsstellung der einbringenden natürlichen Person ein und muss nach § 8b Absatz 4 Satz 1 Nummer 1, Satz 2 Nummer 1 KStG a. F. i. V. m. § 34 Absatz 7a KStG den Gewinn aus der Veräußerung dieser Anteile innerhalb der siebenjährigen Sperrfrist alten Rechts ebenfalls in voller Höhe versteuern. Erst nach Ablauf der siebenjährigen Sperrfrist ist der Gewinn aus der Veräußerung der eingebrachten Anteile nach § 8b Absatz 2, Absatz 3 Satz 1 KStG bei der Kapitalgesellschaft steuerfrei.

27.07 Die Weitereinbringung der einbringungsgeborenen Anteile beinhaltet zwar gleichzeitig auch einen dem neuen Recht unterliegenden Anteilstausch gem. § 21 UmwStG. Nach § 27 Absatz 4 UmwStG kommt aber die für den Anteilstausch geltende Sperrfristregelung des neuen Rechts gem. § 22 Absatz 2 UmwStG gleichwohl nicht zur Anwendung, weil für diesen Fall in § 27 Absatz 4 UmwStG ausdrücklich ein Vorrang der Sperrfristregelungen nach altem Recht festgelegt wurde. Die innerhalb der siebenjährigen Frist des alten Rechts in voller Höhe steuerpflichtige Veräußerung der eingebrachten Anteile durch die aufnehmende Kapitalgesellschaft oder Genossenschaft führt daher nicht zur zusätzlichen Entstehung eines Einbringungsgewinns II i. S. d. § 22 Absatz 2 UmwStG.

C. Veräußerung der auf einem Anteilstausch beruhenden Anteile

I. Grundfall

27.08 Veräußert eine natürliche Person oder eine Körperschaft Anteile, die sie im Rahmen eines Anteilstauschs (§ 21 UmwStG 1995) erhalten hat und die ebenfalls als einbringungsgeboren i. S. d. § 21 UmwStG 1995 gelten (siehe § 21 Absatz 2 Satz 6 i. V. m. § 20 Absatz 3 Satz 4 UmwStG), so richtet sich die Behandlung dieses Vorgangs auch hier weiterhin nach altem Recht. Wenn die i. R. d. Anteilstauschs hingegebenen Anteile nicht mittelbar auf eine Sacheinlage innerhalb der siebenjährigen Sperrfrist zurückzuführen sind, sind die Beschränkungen der § 3 Nummer 40 Satz 3 und 4 EStG a. F. und § 8b Absatz 4 KStG a. F. nicht anwendbar.

Bei der Veräußerung der durch den Anteilstausch in die Kapitalgesellschaft eingebrachten Anteile 27.09
muss die Kapitalgesellschaft den Gewinn aus der Veräußerung der eingebrachten Anteile innerhalb
der siebenjährigen Sperrfrist des alten Rechts in voller Höhe versteuern, wenn die Anteile von einer
natürlichen Person eingebracht wurden. Denn es handelt sich um eingebrachte Anteile i. S. d. § 8b
Absatz 4 Satz 1 Nummer 2 KStG a. F., die gem. § 8b Absatz 4 Satz 1 Nummer 2, Satz 2 Nummer 1
KStG a. F. i. V. m. § 34 Absatz 7a KStG auf einer Übertragung bis zum 12. 12. 2006 beruhen.

II. Weitereinbringungsfälle beim Anteilstausch

1. Weitereinbringung durch die natürliche Person

Werden die nach altem Recht von einer natürlichen Person im Wege des Anteilstauschs erhaltenen 27.10
einbringungsgeborenen Anteile i. S. d. § 21 UmwStG 1995 von der natürlichen Person nach dem
12. 12. 2006 – also im zeitlichen Anwendungsbereich des neuen Rechts – in eine zweite Kapitalgesellschaft eingebracht, unterliegt die Veräußerung der aus dieser Weitereinbringung erhaltenen sperrfristbehafteten Anteile durch die natürliche Person innerhalb der siebenjährigen Sperrfrist des alten Rechts dem Halb- bzw. Teileinkünfteverfahren.

Beispiel

Die natürliche Person A hält 100 % der Anteile an der A-GmbH, die sie durch eine Bargründung erworben hat. Zum 31. 12. 2005 hat A die Anteile an der A-GmbH steuerneutral in die B-GmbH eingebracht und als Gegenleistung hierfür neue Anteile an der B-GmbH erhalten (Anteilstausch in Inland). Zum 31. 12. 2007 bringt A die Anteile an der B-GmbH steuerneutral gem. § 21 UmwStG in die C-GmbH ein. Am 30. 9. 2008 veräußert A die Anteile an der C-GmbH.

Lösung

A veräußert im Jahre 2008 einbringungsgeborene Anteile, da die Anteile an der C-GmbH gem. § 21 Absatz 2 Satz 6 i. V. m. § 20 Absatz 3 Satz 4 UmwStG n. F. zu 100 % als einbringungsgeborene Anteile i. S. d. § 21 UmwStG 1995 gelten. Nach § 3 Nummer 40 Satz 3 EStG a. F., der noch anzuwenden ist, wäre der Veräußerungsgewinn im Jahre 2008 in voller Höhe steuerpflichtig, da die siebenjährige Sperrfrist des § 3 Nummer 40 Satz 4 Buchstabe a erster Halbsatz EStG a. F. im Zeitpunkt der Veräußerung noch nicht abgelaufen ist. Fraglich ist, ob die Rückausnahme des § 3 Nummer 40 Satz 4 Buchstabe b erster Halbsatz EStG a. F. eingreift, denn die Anteile wurden nicht aufgrund eines Anteilstauschs nach § 20 Absatz 1 Satz 2 UmwStG 1995, sondern aufgrund eines Anteilstauschs nach § 21 UmwStG n. F. erworben. § 21 UmwStG n. F. nennt § 3 Nummer 40 Satz 4 Buchstabe b erster Halbsatz EStG a. F. aber nicht, so dass nach dem Wortlaut der Vorschrift der Veräußerungsgewinn innerhalb der siebenjährigen Sperrfrist in voller Höhe steuerpflichtig wäre. Aus Billigkeitsgründen kommt aber in diesem Fall die 40 %ige Steuerbefreiung gem. dem Teileinkünfteverfahren zur Anwendung.

2. Weitereinbringung durch die aufnehmende (erste) Kapitalgesellschaft

Werden die nach altem Recht von einer natürlichen Person im Wege des Anteilstauschs in eine 27.11
Kapitalgesellschaft eingebrachten Anteile anschließend von dieser Kapitalgesellschaft nach dem
12. 12. 2006 – also im zeitlichen Anwendungsbereich des neuen Rechts – in eine zweite Kapitalgesellschaft weiter eingebracht und anschließend von der zweiten Kapitalgesellschaft veräußert, so ist die alte Sperrfrist des § 8b Absatz 4 Satz 1 Nummer 2 KStG a. F. für Anteile, die auf einer Einbringung durch eine natürliche Person innerhalb der letzten sieben Jahre beruhen, gem. § 34 Absatz 7a KStG auch weiterhin anzuwenden, weil es sich um eingebrachte Anteile i. S. v. § 8b Absatz 4 Satz 1 Nummer 2 KStG a. F. handelt, die auf einer Übertragung bis zum 12. 12. 2006 beruhen. Dabei ist nicht auf die Übertragung im Rahmen der Weitereinbringung, sondern auf die Übertragung i. R. d. (ursprünglichen) Anteilstauschs abzustellen.

D. Wechselwirkung zwischen altem und neuem Recht

Ein Einbringungsgewinn II, der auf die Einbringung von einbringungeborenen Anteilen i. S. d. § 21 27.12
UmwStG 1995 entfällt, die erst nach Ablauf der siebenjährigen Sperrfrist des alten Rechts veräußert werden, ist voll steuerpflichtig und nicht nach den Regelungen des Halb-bzw. Teileinkünfteverfahrens voll oder teilweise steuerfrei, wenn der Einbringungszeitpunkt innerhalb der für die einbringungsgeborenen Anteile alten Rechts geltenden siebenjährigen Sperrfrist liegt.

Beispiel

A ist Inhaber eines Einzelunternehmens, das er in 2002 in eine neu gegründete GmbH 1 (Buchwert 100.000 €, gemeiner Wert 800.000 €) einbringt. Die GmbH 1 setzt das übernommene Vermögen mit dem Buchwert an. Die neuen Anteile an der GmbH 1 sind einbringungsgeborene Anteile i. S. d. § 21 Absatz 1 UmwStG 1995. Im Januar 2007 bringt A die Anteile an der GmbH 1 in die GmbH 2 gegen Gewährung von neuen Anteilen ein. Die übernehmende GmbH 2 setzt die eingebrachten Anteile an der GmbH 1 mit dem bisherigen Buchwert an (Buchwert 100.000 €, gemeiner Wert 900.000 €). Im Juni 2010 veräußert die GmbH 2 die eingebrachten einbringungsgeborenen Anteile an der GmbH 1 für 1.100.000 €.

Lösung

Die von der GmbH 2 veräußerten Anteile an der GmbH 1 sind zwar gem. § 23 Absatz 1 UmwStG Anteile i. S. v. § 21 UmwStG 1995 Der erzielte Veräußerungsgewinn ist jedoch nach § 8b Absatz 2 KStG steuerfrei, da die siebenjährige Sperrfrist nach § 8b Absatz 4 KStG a. F. zum Zeitpunkt der Veräußerung in 2010 abgelaufen ist. Da somit kein Anwendungsfall von § 8b Absatz 4 KStG a. F. vorliegt, kommen nach § 27 Absatz 4 UmwStG die §§ 22 und 23 UmwStG zur Anwendung. Im Beispielsfall muss A gem. § 22 Absatz 2 UmwStG im Veranlagungszeitraum 2007 rückwirkend einen Einbringungsgewinn II nach § 16 EStG i. V. m. § 21 UmwStG a. F. versteuern. Dieser Gewinn unterliegt nicht der teilweisen Steuerbefreiung nach § 3 Nummer 40 EStG, da die Weitereinbringung der einbringungsgeborenen Anteile innerhalb der siebenjährigen Sperrfrist alten Rechts erfolgt ist.

Die Einbringung im Januar 2007 ist ein entgeltlicher Vorgang, der aufgrund der Buchwertfortführung zunächst nicht zum Entstehen eines Einbringungsgewinns führt. Aufgrund der Veräußerung der eingebrachten Anteile durch die GmbH 2 in 2010 entsteht rückwirkend im Jahr 2007, d. h. innerhalb von sieben Jahren nach der ersten Einbringung, ein Einbringungsgewinn II aufgrund der nunmehr rückwirkend vorzunehmenden höheren Bewertung. Damit ergibt sich hinsichtlich der vollen Steuerpflicht des Einbringungsgewinns das gleiche Ergebnis, wie wenn die Einbringung in 2007 von vornherein zum gemeinen Wert/Zwischenwert erfolgt wäre. Die nachträgliche Besteuerung der im Zeitpunkt der Einbringung vorhandenen stillen Reserven soll durch die Systemumstellung des Einbringungsteils nicht verloren gehen. Die nachträgliche Besteuerung umfasst daher auch die Nichtgewährung der 40 %igen Steuerbefreiung nach § 3 Nummer 40 Satz 3 und 4 EStG a. F.

E. Spezialregelung für die Veräußerung einbringungsgeborener Anteile gem. § 21 Absatz 2 Satz 1 Nummer 2 UmwStG 1995

27.13 Nach § 27 Absatz 3 Nummer 3 UmwStG erfolgt bei Ausschluss des deutschen Besteuerungsrechts gem. § 21 Absatz 2 Satz 1 Nummer 2 UmwStG a. F von Amts wegen eine zinslose Stundung der festgesetzten Steuer ohne Sicherheitsleistung gem. § 6 Absatz 5 AStG i. d. F. des Gesetzes vom 7. 12. 2006 (BGBl. I S. 2782), wenn die Einkommensteuer insoweit noch nicht bestandskräftig festgesetzt ist. Eine Stundung der Steuer ist danach in allen noch offenen Fällen und unabhängig von dem konkreten Veräußerungszeitpunkt von Amts wegen auszusprechen.

Beispiel

Die natürliche Person A ist Inhaber einbringungsgeborener Anteile i. S. d. § 21 UmwStG 1995, die sie im Jahre 2005 durch eine Sacheinlage in eine inländische Kapitalgesellschaft erworben hatte. Am 30. 9. 2009 verlegt A seinen Wohnsitz nach Frankreich, ohne dass es bis zu diesem Zeitpunkt zu einer Veräußerung der einbringungsgeborenen Anteile gekommen ist.

Lösung

Zwar richtet sich grundsätzlich die Veräußerung einbringungsgeborener Anteile i. S. d. § 21 UmwStG 1995 weiterhin nach dem alten Recht. Der Wegzug nach Frankreich führt aber gleichwohl – entgegen dem Wortlaut des § 21 Absatz 2 Satz 1 Nummer 2 UmwStG 1995 – nicht zu einer Besteuerung eines Gewinns aus einer fiktiven Veräußerung der einbringungeborenen Anteile. Vielmehr wird die auf den fiktiven Veräußerungsgewinn gem. § 21 Absatz 2 Satz 1 Nummer 2 UmwStG 1995 entfallende Einkommensteuer von dem zuständigen Finanzamt lediglich festgesetzt und zunächst von Amts wegen zinslos und ohne Sicherheitsleistung gestundet. Zu einer tatsächlichen Erhebung der entsprechenden Einkommensteuer kommt es erst dann, wenn A die Anteile zu einem späteren Zeitpunkt tatsächlich veräußert bzw. ein Veräußerungsersatztatbestand vorliegt.

F. Sonstige Anwendungsbestimmungen

S.01 Die Grundsätze dieses Schreibens gelten für alle noch nicht bestandskräftigen Fälle, auf die das Umwandlungssteuergesetz i. d. F. des Gesetzes über steuerliche Begleitmaßnahmen zur Einführung der Europäischen Gesellschaft und zur Änderung weiterer steuerlicher Vorschriften (SEStEG) vom 7. 12. 2006 (BGBl. I S. 2782) mit seinen weiteren Änderungen anzuwenden ist.

UmwStG

Anhang 4a

Die Randnr. 21.01 bis 21.16 des BMF-Schreibens vom 25. 3. 1998 (BStBl. I S. 268)[1)] sind für einbringungsgeborene Anteile i. S. v. § 21 Absatz 1 UmwStG 1995 und für Anteile, die aufgrund eines Einbringungsvorgangs nach dem 12. 12. 2006 nach § 20 Absatz 3 Satz 4, § 21 Absatz 2 Satz 6 UmwStG als einbringungsgeborene Anteile i. S. v. § 21 Absatz 1 UmwStG 1995 gelten, weiterhin anzuwenden.

Ergibt sich aus den Gesamtumständen des Einzelfalls, dass bis zum 31. 12. 2011 ein unwiderruflicher Antrag zum Ansatz der Buchwerte gemäß § 3 Absatz 2, § 9 Satz 1 i. V. m. § 3 Absatz 2, § 11 Absatz 2, § 15 Absatz 1 i. V. m. § 11 Absatz 2, § 16 Satz 1 i. V. m. § 3 Absatz 2 UmwStG (vgl. z. B. Randnr. 03.27 ff.) gestellt worden ist, kann auf die gesonderte Abgabe einer steuerlichen Schlussbilanz (vgl. z. B. § 3 Absatz 1 UmwStG, Randnr. 03.01) verzichtet werden, wenn eine Bilanz i. S. d. § 4 Absatz 1, § 5 Absatz 1 EStG auf den steuerlichen Übertragungsstichtag bis zum 31. 12. 2011 eingereicht worden ist und diese der steuerlichen Schlussbilanz entspricht. **S.02**

Bei Umwandlungen und Einbringungen, die nicht zum gemeinen Wert erfolgen, kann eine Aufstockung (vgl. z. B. Randnr. 03.23) abweichend von den gesetzlichen Regelungen des UmwStG in einer ersten Stufe bei bereits bilanzierten Wirtschaftsgütern erfolgen und erst in einer zweiten Stufe auch bei bisher in der Steuerbilanz nicht anzusetzenden selbst geschaffenen immateriellen Wirtschaftsgütern, wenn das gesamte übertragene bzw. eingebrachte Vermögen im Inland belegen ist. Dies gilt nur, wenn in den Fällen der Gesamtrechtsnachfolge der Umwandlungsbeschluss bis zum 31. 12. 2011 erfolgt ist oder in den anderen Fällen der Einbringungsvertrag bis zum 31. 12. 2011 geschlossen worden ist. **S.03**

Bei Umwandlungen und Einbringungen ist es, abweichend von z. B. Randnr. 02.14, ausreichend, wenn die Teilbetriebsvoraussetzungen spätestens bis zum Zeitpunkt des Umwandlungsbeschlusses oder des Abschlusses des Einbringungsvertrags vorliegen. Dies gilt nur, wenn in den Fällen der Gesamtrechtsnachfolge der Umwandlungsbeschluss bis zum 31. 12. 2011 erfolgt ist oder in den anderen Fällen der Einbringungsvertrag bis zum 31. 12. 2011 geschlossen worden ist. **S.04**

Bei Umwandlungen und Einbringungen ist es hinsichtlich des Vorliegens der Teilbetriebsvoraussetzungen, abweichend von Randnr. 15.02 f., ausreichend, wenn die Anforderungen an den Begriff des Teilbetriebs i. S. d. BMF-Schreibens vom 16. 8. 2000 (BStBl. I S. 1253) sowie der Randnr. 15.10 einschließlich der Randnr. 15.07 – 15.09 des BMF-Schreibens vom 25. 3. 1998 (BStBl. I S. 268) erfüllt werden. Dies gilt nur, wenn in den Fällen der Gesamtrechtsnachfolge der Umwandlungsbeschluss bis zum 31. 12. 2011 erfolgt ist oder in den anderen Fällen der Einbringungsvertrag bis zum 31. 12. 2011 geschlossen worden ist. Vorstehende Sätze gelten nicht für die Anwendung von §§ 15, 16 i. V. m. § 3 Absatz 3, § 15 i. V. m. § 13 Absatz 2 Satz 1 Nummer 2 und § 20 Absatz 8 UmwStG. **S.05**

Abweichend von Randnr. 11.08 und 20.19 gilt die Besteuerung mit Körperschaftsteuer bei Umwandlung auf bzw. Einbringung in eine unbeschränkt körperschaftsteuerpflichtige, nicht nach § 5 KStG steuerbefreite Organgesellschaft i. S. d. § 1 Absatz 1, §§ 14, 17 KStG als sichergestellt. Dies gilt nur, wenn in den Fällen der Gesamtrechtsnachfolge der Umwandlungsbeschluss bis zum 31. 12. 2011 erfolgt ist oder in den anderen Fällen der Einbringungsvertrag bis zum 31. 12. 2011 geschlossen worden ist. **S.06**

Abweichend von Randnr. 15.26 ist Randnr. 15.26 des BMF-Schreibens vom 25. 3. 1998 (BStBl. I S. 268) anzuwenden, wenn die unmittelbare oder mittelbare Veräußerung der Anteile einer an der Spaltung beteiligten Körperschaften bis zum 31. 12. 2011 erfolgt ist. **S.07**

Die BMF-Schreiben vom 4. 9. 2007 (BStBl. I S. 698) und vom 20. 5. 2009 (BStBl. I S. 671) werden mit Wirkung der Veröffentlichung dieses Schreibens aufgehoben. **S.08**

Besonderer Teil zum UmwStG

A. Auswirkungen der Umwandlung auf eine Organschaft

I. Organträger als übertragender bzw. umzuwandelnder Rechtsträger

1. Verschmelzung des Organträgers

Geht das Vermögen des Organträgers und damit auch die Beteiligung an der Organgesellschaft durch Verschmelzung auf ein anderes gewerbliches Unternehmen i. S. d. § 14 Absatz 1 Satz 1 **Org.01**

---

1) Siehe dazu aber auch das BFH-Urteil vom 12.10.2011 (BStBl. 2012 II S. 445):
   Der Inhaber im Betriebsvermögen gehaltener einbringungsgeborener Anteile muss keinen Entnahmegewinn versteuern, wenn er die Anteile verschenkt (entgegen BMF-Schreiben vom 25. März 1998, BStBl. I 1998, 268, Tz. 21.12).

Anhang 4a UmwStG

Nummer 2 KStG über, tritt der übernehmende Rechtsträger grundsätzlich in den Gewinnabführungsvertrag ein.

a) Fortsetzung einer bestehenden Organschaft im Verhältnis zum übernehmenden Rechtsträger

Org.02 Infolge des in § 12 Absatz 3 Satz 1 UmwStG angeordneten Eintritts des übernehmenden Rechtsträgers in die steuerliche Rechtsstellung des übertragenden Rechtsträgers ist dem übernehmenden Rechtsträger mit Wirkung ab dem steuerlichen Übertragungsstichtag eine im Verhältnis zwischen dem übertragenden Rechtsträger und der Organgesellschaft bestehende finanzielle Eingliederung zuzurechnen (BFH vom 28. 7. 2010, I R 89/09, BStBl. 2011 II S. 528). Die Voraussetzungen einer Organschaft sind danach vom Beginn des Wirtschaftsjahres der Organgesellschaft an erfüllt, wenn dem übernehmenden Rechtsträger z. B. nach §§ 2, 20 Absatz 5 und 6 oder § 24 Absatz 4 UmwStG auch die Beteiligung an der Organgesellschaft steuerlich rückwirkend zum Beginn des Wirtschaftsjahrs der Organgesellschaft zuzurechnen ist (vgl. z. B. Randnr 02.03).

b) Erstmalige Begründung einer Organschaft zum übernehmenden Rechtsträger

Org.03 Eine noch gegenüber dem übertragenden Rechtsträger bestehende finanzielle Eingliederung zum steuerlichen Übertragungsstichtag ist dem übernehmenden Rechtsträger infolge des in § 12 Absatz 3 Satz 1 UmwStG angeordneten Eintritts in die steuerliche Rechtsstellung mit Wirkung ab dem steuerlichen Übertragungsstichtag zuzurechnen (vgl. Randnr. Org.02). Eine Organschaft kann durch den übernehmenden Rechtsträger mit steuerlicher Rückwirkung nur begründet werden, wenn diesem auch die Anteile an der künftigen Organgesellschaft steuerlich rückwirkend (z. B. nach §§ 2, 20 Absatz 5 und 6 oder § 24 Absatz 4 UmwStG) zum Beginn des Wirtschaftsjahrs der Organgesellschaft zuzurechnen sind. Werden die Voraussetzungen der finanziellen Eingliederung erst infolge der Umwandlung geschaffen (z. B. übertragender Rechtsträger und übernehmender Rechtsträger besitzen vor der Umwandlung eine Beteiligung von jeweils unter 50 %), ist die rückwirkende erstmalige Begründung einer Organschaft mangels Eintritt in die steuerliche Rechtsstellung hinsichtlich einer beim übertragenden Rechtsträger zum steuerlichen Übertragungsstichtag bestehenden finanziellen Eingliederung somit nicht möglich.

c) Beendigung der Organschaft bei Abwärtsverschmelzung

Org.04 Wird der Organträger auf die Organgesellschaft verschmolzen, endet die Organschaft mit Wirkung zum steuerlichen Übertragungsstichtag. Bei Beendigung des Gewinnabführungsvertrags vor Ablauf von fünf Jahren ist in diesen Fällen ein wichtiger Grund i. S. d. § 14 Absatz 1 Satz 1 Nummer 3 Satz 2 KStG anzunehmen.

d) Organschaftliche Ausgleichsposten

Org.05 Die Verschmelzung des Organträgers stellt einen Veräußerungsvorgang i. S. d. § 14 Absatz 4 KStG hinsichtlich der Beteiligung an der Organgesellschaft dar (vgl. Randnr. 00.02). Auf dieses Organschaftsverhältnis entfallende organschaftliche Ausgleichsposten sind nach § 14 Absatz 4 Satz 2 KStG zum steuerlichen Übertragungsstichtag aufzulösen.

Wird die Organschaft vom übernehmenden Rechtsträger zulässigerweise fortgeführt, sind die organschaftlichen Ausgleichsposten abweichend davon nicht aufzulösen, wenn die Verschmelzung zum Buchwert erfolgt. Der übernehmende Rechtsträger hat die organschaftlichen Ausgleichsposten fortzuführen. Erfolgt die Verschmelzung zum gemeinen Wert sind die organschaftlichen Ausgleichsposten in voller Höhe, bei Verschmelzung zum Zwischenwert anteilig aufzulösen.

In den Fällen der Abwärtsverschmelzung sind die organschaftlichen Ausgleichsposten stets in voller Höhe aufzulösen, da eine Fortführung der Organschaft ausscheidet (vgl. Randnr. Org.04).

2. Auf- und Abspaltung, Ausgliederung

Org.06 Geht das Vermögen des Organträgers durch Aufspaltung auf ein anderes gewerbliches Unternehmen i. S. d. § 14 Absatz 1 Satz 1 Nummer 2 KStG über, tritt der übernehmende Rechtsträger nach Maßgabe des Spaltungsvertrags oder -plans (§ 131 Absatz 1 Nummer 1 UmwG) in den bestehenden Gewinnabführungsvertrag ein. Dem die Beteiligung an der Organgesellschaft übernehmenden Rechtsträger ist eine gegenüber dem übertragenden Rechtsträger zum steuerlichen Übertragungsstichtag bestehende finanzielle Eingliederung zuzurechnen; Randnr. Org.02 f. gelten entsprechend.

Organschaftliche Ausgleichsposten sind nach § 14 Absatz 4 Satz 2 KStG aufzulösen. Randnr. Org.05 gilt entsprechend. Bleiben die organschaftlichen Ausgleichsposten danach ganz oder teilweise bestehen, sind sie vom übernehmenden Rechtsträger fortzuführen, auf den die Organbeteiligung übergeht.

Geht die Beteiligung an der Organgesellschaft im Wege der Abspaltung auf ein anderes gewerbliches Unternehmen i. S. d. § 14 Absatz 1 Satz 1 Nummer 2 KStG über, wird dem übernehmenden Rechtsträger eine gegenüber dem übertragenden Rechtsträger zum steuerlichen Übertragungsstichtag bestehende finanzielle Eingliederung zugerechnet. Randnr. Org.02 f. gelten entsprechend. Org.07

Auf dieses Organschaftsverhältnis entfallende organschaftliche Ausgleichsposten sind nach § 14 Absatz 4 Satz 2 KStG aufzulösen. Randnr. Org.05 gilt entsprechend. Bleiben die organschaftlichen Ausgleichsposten danach ganz oder teilweise bestehen, sind sie vom übernehmenden Rechtsträger fortzuführen, auf den die Organbeteiligung übergeht.

Geht die Beteiligung an der Organgesellschaft im Wege der Ausgliederung auf ein anderes gewerbliches Unternehmen i. S. d. § 14 Absatz 1 Satz 1 Nummer 2 KStG über, wird dem übernehmenden Rechtsträger eine gegenüber dem übertragenden Rechtsträger bestehende finanzielle Eingliederung mit Wirkung ab dem steuerlichen Übertragungsstichtag zugerechnet. Steuerlicher Übertragungsstichtag ist in den Fällen des Anteilstauschs i. S. d. § 21 UmwStG der Zeitpunkt, zu dem das wirtschaftliche Eigentum an den Anteilen an der Organgesellschaft übergeht (vgl. Randnr. 21.17). In den Fällen der Einbringung von Anteilen i. S. d. § 21 UmwStG an der Organgesellschaft ist eine Fortsetzung der Organschaft deshalb nur möglich, wenn das betreffende Wirtschaftsjahr der Organgesellschaft nach dem steuerlichen Übertragungsstichtag beginnt. Org.08

Auf dieses Organschaftsverhältnis entfallende organschaftliche Ausgleichsposten sind nach § 14 Absatz 4 Satz 2 KStG aufzulösen. Randnr. Org.05 gilt entsprechend. Bleiben die organschaftlichen Ausgleichsposten danach ganz oder teilweise bestehen, sind sie vom übernehmenden Rechtsträger fortzuführen, auf den die Organbeteiligung übergeht.

Verbleibt bei einer Abspaltung oder Ausgliederung eine die Mehrheit der Stimmrechte vermittelnde Beteiligung an der Organgesellschaft beim bisherigen Organträger, wird das bestehende Organschaftsverhältnis durch die Umwandlung nicht berührt. Org.09

3. Formwechsel des Organträgers

Der Formwechsel des Organträgers hat auf den Fortbestand eines Gewinnabführungsvertrags keinen Einfluss und berührt daher das Organschaftsverhältnis nicht, wenn beim Organträger neuer Rechtsform die Voraussetzungen des § 14 Absatz 1 Satz 1 Nummer 2 KStG vorliegen. Beim Formwechsel i. S. d. § 1 Absatz 1 Satz 1 Nummer 2 und Absatz 3 Nummer 3 UmwStG gelten Randnr. Org.02 und Org.05 entsprechend. Im Fall der erstmaligen Begründung der Organschaft im Anschluss an einen Formwechsel i. S. d. § 1 Absatz 1 Satz 1 Nummer 2 und Absatz 3 Nummer 3 UmwStG gilt Randnr. Org.03 entsprechend. Org.10

4. Mindestlaufzeit und vorzeitige Beendigung des Gewinnabführungsvertrags

Für die Prüfung der Mindestlaufzeit des Gewinnabführungsvertrags nach § 14 Absatz 1 Satz 1 Nummer 3 KStG ist die Laufzeit bei dem bisherigen und dem künftigen Organträger (übernehmender Rechtsträger bzw. Organträger neuer Rechtsform) zusammenzurechnen, wenn der übernehmende Rechtsträger aufgrund der Umwandlung in den bestehenden Gewinnabführungsvertrag eintritt. Org.11

Die Umwandlung des Unternehmens des Organträgers ist ein wichtiger Grund, einen noch nicht fünf aufeinander folgenden Jahre durchgeführten Gewinnabführungsvertrag zu kündigen oder im gegenseitigen Einvernehmen zu beenden. Das gilt nicht für den Formwechsel i. S. d. § 190 UmwG (vgl. R 60 Absatz 6 Satz 2 KStR 2004). Org.12

5. Begründung einer Organschaft nach Einbringung i. S. d. § 20 UmwStG

Die im Zuge einer Einbringung i. S. d. § 20 UmwStG erhaltenen Anteile an einer Kapitalgesellschaft (übernehmender Rechtsträger) sind dem Einbringenden (übertragender Rechtsträger) steuerlich mit Ablauf des steuerlichen Übertragungsstichtags zuzurechnen (vgl. Randnr. 20.14). Eine Organschaft zwischen dem übertragenden Rechtsträger und dem übernehmenden Rechtsträger kann daher grundsätzlich bereits ab diesem Zeitpunkt begründet werden. Weitere Voraussetzung hierfür ist jedoch, dass das eingebrachte Vermögen dem übertragenden Rechtsträger zum Einbringungszeitpunkt auch steuerlich zuzurechnen war (vgl. Randnr. 20.14 sowie BFH vom 28. 7. 2010, I R 89/09, BStBl. 2011 II S. 528). Die steuerliche Anerkennung der Organschaft erfordert zudem, dass der Gewinnabführungsvertrag bis zum Ende des betreffenden Wirtschaftsjahrs der Organgesellschaft wirksam wird. Fällt der steuerliche Übertragungsstichtag zugleich auf das Ende des Wirtschaftsjahrs des übernehmenden Rechtsträgers kann die Organschaft daher frühestens für das Wirtschaftsjahr des übernehmenden Rechtsträgers begründet werden, das nach dem steuerlichen Übertragungsstichtag beginnt. Org.13

Org.14 Wird mit steuerlicher Rückwirkung z. B. ein Teilbetrieb, zu dessen funktional wesentlichen Betriebsgrundlagen eine Mehrheitsbeteiligung gehört, in eine Kapitalgesellschaft (übernehmender Rechtsträger) eingebracht, ist wegen des in § 23 Absatz 1 i. V. m. § 12 Absatz 3 erster Halbsatz UmwStG geregelten Eintritts in die steuerliche Rechtsstellung, eine zum steuerlichen Übertragungsstichtag noch gegenüber dem übertragenden Rechtsträger bestehende finanzielle Eingliederung mit Wirkung ab dem steuerlichen Übertragungsstichtag dem übernehmenden Rechtsträger zuzurechnen.

6. Begründung einer Organschaft nach Anteilstausch i. S. d. § 21 UmwStG

Org.15 Wird eine die Mehrheit der Stimmrechte vermittelnde Beteiligung an einer Kapitalgesellschaft (erworbene Gesellschaft) in eine andere Kapitalgesellschaft (übernehmende Gesellschaft) nach § 21 UmwStG eingebracht, kann die Einbringung steuerlich nicht rückwirkend erfolgen (vgl. Randnr. 21.17). Eine Organschaft zwischen der übernehmenden Gesellschaft und der erworbenen Gesellschaft kann daher frühestens ab dem Beginn des auf die Einbringung folgenden Wirtschaftsjahrs der erworbenen Gesellschaft begründet werden.

Org.16 Bestand bei einem Anteilstausch i. S. d. § 21 UmwStG bisher zwischen dem Einbringenden und der erworbenen Gesellschaft eine Organschaft, kann bei Vorliegen der in § 14 Absatz 1 Satz 1 Nummer 1 Satz 2 KStG genannten Voraussetzungen das bestehende Organschaftsverhältnis in Form einer mittelbaren Organschaft fortgeführt werden.

Die auf das bisherige unmittelbare Organschaftsverhältnis entfallenden organschaftlichen Ausgleichsposten sind nach § 14 Absatz 4 Satz 2 KStG aufzulösen. Randnr. Org.05 gilt entsprechend. Bleiben die organschaftlichen Ausgleichsposten danach ganz oder teilweise bestehen, sind sie vom Organträger fortzuführen.

Org.17 Bringt bei einer zweistufigen Organschaft, bei der die Tochter-Kapitalgesellschaft Organträgerin im Verhältnis zur Enkel-Kapitalgesellschaft und Organgesellschaft im Verhältnis zur Muttergesellschaft ist, die Tochter-Kapitalgesellschaft ihre Beteiligung an der Enkel-Kapitalgesellschaft in die Muttergesellschaft ein, ist eine sich unmittelbar anschließende Begründung der Organschaft zwischen der Enkel-Kapitalgesellschaft und der Muttergesellschaft möglich, denn die Enkel-Kapitalgesellschaft war durchgängig in die Muttergesellschaft eingegliedert (zunächst mittelbar und anschließend unmittelbar).

Die auf das bisherige Organschaftsverhältnis entfallenden organschaftlichen Ausgleichsposten in der Steuerbilanz der Tochter-Kapitalgesellschaft sind nach § 14 Absatz 4 Satz 2 KStG stets in voller Höhe aufzulösen.

7. Anwachsung bei einer Organträger-Personengesellschaft

Org.18 Erfolgt bei einer Organträger-Personengesellschaft wegen des Ausscheidens des vorletzten Gesellschafters eine Anwachsung des Vermögens auf den verbleibenden Gesellschafter, ist für die Beurteilung des Vorliegens der finanziellen Eingliederung – sofern die Organgesellschaft beim verbleibenden Gesellschafter nicht bereits mittelbar finanziell eingegliedert war – wie folgt zu unterscheiden:

- Ist die Anwachsung Folge einer übertragenden Umwandlung mit steuerlicher Rückwirkung, ist dem verbleibenden Gesellschafter die Beteiligung an der Organgesellschaft auch mit steuerlicher Rückwirkung zuzurechnen.

- Ist die Anwachsung Folge einer Übertragung, für die die steuerliche Rückwirkung nach dem UmwStG nicht gilt (z. B. Veräußerung der Mitunternehmerbeteiligung), ist die Beteiligung an der Organgesellschaft dem verbleibenden Gesellschafter erst mit Übergang des wirtschaftlichen Eigentums zuzurechnen.

Die organschaftlichen Ausgleichsposten sind von dem verbleibenden Gesellschafter in unveränderter Höhe fortzuführen.

8. Zurechnung des Organeinkommens bei Umwandlung des Organträgers

Org.19 Das Einkommen der Organgesellschaft ist dem Organträger für das Kalenderjahr (Veranlagungszeitraum) zuzurechnen, in dem die Organgesellschaft das Einkommen bezogen hat (BFH vom 29. 10. 1974, I R 240/72, BStBl. 1975 II S. 126). Bei Fortsetzung einer bestehenden Organschaft (vgl. z. B. Randnr. Org.02) ist das Organeinkommen demjenigen Rechtsträger zuzurechnen, der zum Schluss des Wirtschaftsjahrs der Organgesellschaft als Organträger anzusehen ist.

II. Organträger als übernehmender Rechtsträger

Eine Umwandlung auf den Organträger als übernehmender Rechtsträger hat auf den Fortbestand eines Gewinnabführungsvertrags keinen Einfluss und berührt daher das Organschaftsverhältnis nicht. **Org.20**

III. Organgesellschaft als übertragender bzw. umzuwandelnder Rechtsträger

1. Verschmelzung auf eine andere Gesellschaft

Wird die Organgesellschaft auf einen anderen Rechtsträger verschmolzen, wird ein bestehender Gewinnabführungsvertrag beendet. Die Verschmelzung stellt auf der Ebene des Organträgers eine Veräußerung der Beteiligung an der Organgesellschaft (vgl. Randnr. 00.03 f.) im Zeitpunkt der Wirksamkeit der Verschmelzung bzw. bei Aufwärtsverschmelzung mit Ablauf des steuerlichen Übertragungsstichtags dar. Eine finanzielle Eingliederung zwischen dem bisherigen Organträger und dem übernehmenden Rechtsträger kann frühestens ab dem Zeitpunkt der Wirksamkeit der Verschmelzung bestehen (vgl. Randnr. 13.06). **Org.21**

Auf dieses Organschaftsverhältnis entfallende organschaftliche Ausgleichsposten sind nach § 14 Absatz 4 Satz 2 KStG stets in voller Höhe aufzulösen.

2. Auf- und Abspaltung, Ausgliederung

Die Organgesellschaft bleibt bei der Abspaltung und bei der Ausgliederung bestehen und die Organschaft kann unverändert fortgeführt werden. Der Gewinnabführungsvertrag wird dadurch nicht berührt. **Org.22**

Die Abspaltung stellt auf der Ebene des Organträgers eine anteilige Veräußerung der Beteiligung an der Organgesellschaft (vgl. § 15 i. V. m. § 13 UmwStG) im Zeitpunkt der Wirksamkeit der Abspaltung dar. Auf dieses Organschaftsverhältnis entfallende organschaftliche Ausgleichsposten sind nach § 14 Absatz 4 Satz 2 KStG nach Maßgabe des Wertverhältnisses in § 15 Absatz 3 UmwStG anteilig aufzulösen. Randnr. Org.05 gilt entsprechend. Bleiben die organschaftlichen Ausgleichsposten danach ganz oder teilweise bestehen, sind sie vom Organträger fortzuführen.

Wird die Organgesellschaft aufgespaltet, endet der Gewinnabführungsvertrag. Randnr. Org.21 gilt entsprechend. **Org.23**

3. Formwechsel

Der Formwechsel einer Organgesellschaft in eine Kapitalgesellschaft anderer Rechtsform berührt die steuerliche Anerkennung der Organschaft nicht. **Org.24**

Beim Formwechsel in eine Personengesellschaft endet das Organschaftsverhältnis. Auf dieses Organschaftsverhältnis entfallende organschaftliche Ausgleichsposten sind nach § 14 Absatz 4 Satz 5 KStG stets in voller Höhe aufzulösen.

Wird eine Tochter-Personengesellschaft mit steuerlicher Rückwirkung formwechselnd in eine Tochter-Kapitalgesellschaft umgewandelt, ist dem Einbringenden die Beteiligung an der Tochter-Kapitalgesellschaft mit Ablauf des steuerlichen Übertragungsstichtag zuzurechnen; Randnr. Org.13 gilt entsprechend. Zum rückwirkenden Formwechsel vgl. auch BFH vom 17. 9. 2003, I R 55/02, BStBl. 2004 II S. 534. **Org.25**

4. Vorzeitige Beendigung des Gewinnabführungsvertrags

Die Beendigung eines Gewinnabführungsvertrags infolge der Umwandlung der Organgesellschaft ist ein wichtiger Grund i. S. d. § 14 Absatz 1 Satz 1 Nummer 3 Satz 2 KStG, es sei denn, es handelt sich um einen Formwechsel einer Kapitalgesellschaft in eine Kapitalgesellschaft anderer Rechtsform (vgl. R 60 Absatz 6 Satz 2 KStR 2004). **Org.26**

5. Übertragungsgewinn bzw. -verlust

Bei Verschmelzung oder Aufspaltung ist ein steuerlicher Übertragungsgewinn von der Organgesellschaft selbst zu versteuern. Bei Abspaltung oder Ausgliederung ist ein steuerlicher Übertragungsgewinn bei weiter bestehender Organgesellschaft dem Organträger zuzurechnen. **Org.27**

6. Mehr- und Minderabführungen

Wenn bei einer Sach- oder Anteilseinbringung durch die Organgesellschaft in eine andere Kapitalgesellschaft oder Genossenschaft das eingebrachte Vermögen steuerlich mit dem Buchwert, in der Handelsbilanz jedoch mit dem Verkehrswert angesetzt wird, ist auf die sich daraus ergebende Mehrabführung § 14 Absatz 4 KStG anzuwenden. **Org.28**

IV. Organgesellschaft als übernehmender Rechtsträger

1. Fortgeltung der Organschaft

Org.29 Ein bestehendes Organschaftsverhältnis wird durch die Umwandlung einer anderen Gesellschaft auf die Organgesellschaft nicht berührt, wenn die finanzielle Eingliederung auch nach der Umwandlung fortbesteht.

2. Übernahmegewinn bzw. -verlust und Gewinnabführungsvertrag

Org.30 Entsteht bei der Organgesellschaft im Rahmen der Umwandlung ein handelsrechtlicher Übernahmegewinn, ist hinsichtlich der handelsrechtlichen Abführungsverpflichtung wie folgt zu unterscheiden:
1. Bei der Aufwärtsverschmelzung einer der Organgesellschaft nachgeordneten Gesellschaft auf die Organgesellschaft erstreckt sich die Gewinnabführungsverpflichtung der Organgesellschaft auch auf einen handelsrechtlichen Übernahmegewinn.
2. Bei der Seitwärtsverschmelzung einer Schwestergesellschaft auf die Organgesellschaft unterliegt ein handelsrechtlicher Übernahmegewinn insoweit nicht der Pflicht zur Gewinnabführung, als er zur Aufstockung des Nennkapitals verwendet oder in die Kapitalrücklage eingestellt wird.

Org.31 Gewährt die übernehmende Organgesellschaft als Gegenleistung nach der Rechtslage in § 272 HGB i. d. F. vor Inkrafttreten des BilMoG bilanzierte eigene Anteile, ist der handelsrechtliche Übernahmegewinn in dem Betrag, der nach § 301 AktG an den Organträger abzuführen ist, enthalten.

Org.32 Entsteht bei der Organgesellschaft ein handelsrechtlicher Übernahmeverlust, unterliegt dieser der Verlustübernahme nach § 302 AktG bzw. mindert den Betrag, der nach § 301 AktG an den Organträger abzuführen ist.

3. Mehr- und Minderabführungen

Org.33 Geht das Vermögen einer anderen Gesellschaft durch Umwandlung oder Einbringung auf eine Organgesellschaft über und setzt die übernehmende Organgesellschaft das auf sie übergehende Vermögen in der Steuerbilanz mit den Buchwerten, handelsrechtlich jedoch mit den Verkehrswerten an, ist auf die sich daraus ergebende Mehrabführung § 14 Absatz 3 Satz 1 KStG anzuwenden.

Org.34 Bestanden bereits bei dem übertragenden Rechtsträger Bewertungsunterschiede zwischen Handels- und Steuerbilanz, führen sowohl der Unterschiedsbetrag zwischen dem handelsrechtlichen und dem steuerlichen Übernahmegewinn als auch die spätere Auflösung der Bewertungsunterschiede bei der Organgesellschaft zu Mehr- bzw. Minderabführungen i. S. d. § 14 Absatz 3 KStG.

B. Auswirkungen auf das steuerliche Einlagekonto und den Sonderausweis

I. Übersicht

K.01 Eine Verschmelzung sowie eine Auf-und Abspaltung führt zu folgenden Kapitalveränderungen bei der übertragenden und bei der übernehmenden Körperschaft; dies gilt für die übertragende Körperschaft auch bei Umwandlung auf ein Personenunternehmen:

	Übertragende Körperschaft	Übernehmende Körperschaft
Verschmelzung und Aufspaltung	Fiktive Herabsetzung des Nennkapitals und damit Auflösung eines eventuell bestehenden Sonderausweises i. S. d. § 28 Absatz 1 Satz 3 KStG (§ 29 Absatz 1, § 28 Absatz 2 KStG). Erhöhung des steuerlichen Einlagekontos um den Betrag des Nennkapitals abzüglich des Sonderausweises.	Bei einer Abwärtsverschmelzung bzw. -spaltung gilt Nebenstehendes gem. § 29 Absatz 1 i. V. m. Absatz 2 Satz 3 bzw. Absatz 3 Satz 3 KStG auch für die übernehmende Körperschaft
		Zurechnung der – in den Fällen der Aufwärtsverschmelzung/-spaltung nach § 29 Absatz 2 Satz 2 ggf. i. V. m. Absatz 3 Satz 3 KStG anteilig gekürzten – Bestände des steuerlichen Einlagekontos (§ 29 Absatz 2 bzw. 3 KStG).

Übertragende Körperschaft		Übernehmende Körperschaft
		Anpassung des Nennkapitals und ggf. Neubildung oder Anpassung eines Sonderausweises (§ 29 Absatz 4, § 28 Absatz 1 und 3 KStG). Bei Abwärtsverschmelzung bzw. -spaltung: Erhöhung des fiktiv auf Null herabgesetzten Nennkapitals und ggf. Neubildung eines Sonderausweises (§ 29 Absatz 4, § 28 Absatz 1 KStG).
Abspaltung	Fiktive Herabsetzung des Nennkapitals und Auflösung eines eventuell bestehenden Sonderausweises i. S. d. § 28 Absatz 1 Satz 3 KStG (§ 29 Absatz 1, § 28 Absatz 2 KStG). Erhöhung des steuerlichen Einlagekontos um den Betrag des Nennkapitals abzüglich des Sonderausweises.	Bei einer Abwärtsabspaltung gilt Nebenstehendes gemäß § 29 Absatz 1 i. V. m. Absatz 2 Satz 3 i. V. m. Absatz 3 Satz 3 KStG auch für die übernehmende Körperschaft
	Anteilige Verringerung des steuerlichen Einlagekontos (§ 29 Absatz 3 KStG).	Anteilige Hinzurechnung des - in den Fällen der Aufwärtsabspaltung nach § 29 Absatz 1 i. V. m. Absatz 2 Satz 2 i. V. m. Absatz 3 Satz 3 KStG anteilig gekürzten - steuerlichen Einlagekontos (§ 29 Absatz 3 KStG).
	Erhöhung des fiktiv auf Null herabgesetzten Nennkapitals und ggf. Neubildung eines Sonderausweises (§ 29 Absatz 4, § 28 Absatz 1 KStG)	Anpassung des Nennkapitals und ggf. Neubildung bzw. Anpassung eines Sonderausweises (§ 29 Absatz 4, § 28 Absatz 1 und 3 KStG). Bei Abwärtsabspaltung: Erhöhung des fiktiv auf Null herabgesetzten Nennkapitals und ggf. Neubildung eines Sonderausweises (§ 29 Absatz 4, § 28 Absatz 1 KStG).

II. Anwendung des § 29 KStG

1. Sachlicher Anwendungsbereich

§ 29 KStG gilt für Umwandlungen i. S. d. § 1 UmwG. Wegen fehlender betragsmäßiger Auswirkung kommt § 29 KStG für Fälle der Ausgliederung i. S. d. § 123 Absatz 3 UmwG nicht zur Anwendung.   K.02

2. Behandlung bei der übertragenden Körperschaft

a) Fiktive Herabsetzung des Nennkapitals

Bei der übertragenden Körperschaft gilt im ersten Schritt das Nennkapital zum steuerlichen Übertragungsstichtag als im vollen Umfang herabgesetzt. Auf die fiktive Kapitalherabsetzung ist § 28 Absatz 2 Satz 1 KStG entsprechend anzuwenden. Danach verringert sich zunächst ein bestehender Sonderausweis auf Null. Der den Sonderausweis übersteigende Betrag erhöht den Bestand des steuerlichen Einlagekontos. Maßgebend ist der Bestand des Sonderausweises, der sich am steuerlichen Übertragungsstichtag ergibt. Die fiktive Herabsetzung des Nennkapitals gilt auch für den Fall der Abspaltung i. S. d. § 123 Absatz 1 und 2 UmwG.   K.03

b) Verringerung der Bestände beim steuerlichen Einlagekonto

Bei einer Verschmelzung nach § 2 UmwG sowie bei einer Aufspaltung nach § 123 Absatz 1 UmwG verringert sich das steuerliche Einlagekonto der übertragenden Körperschaft im vollen Umfang (§ 29 Absatz 2 Satz 1, Absatz 3 Satz 1 und 2 KStG). In der letzten gesonderten Feststellung auf den steuerlichen Übertragungsstichtag ist der Bestand nach Berücksichtigung von Zu- und Abgängen (z. B. bei Gewinnausschüttungen im Rückwirkungszeitraum, vgl. z. B. Randnr. 02.34) und vor dem Vermögensübergang anzusetzen.   K.04

K.05 Bei einer Abspaltung nach § 123 Absatz 2 UmwG verringert sich der Bestand des steuerlichen Einlagekontos anteilig in dem in § 29 Absatz 3 Satz 1, 2 und 4 KStG genannten Umfang. Maßgebend für die Verringerung ist der nach Berücksichtigung von Zu- und Abgängen ermittelte (ggf. fiktive) Bestand des steuerlichen Einlagekontos zum steuerlichen Übertragungsstichtag; dies gilt auch dann, wenn der steuerliche Übertragungsstichtag nicht auf den Schluss des Wirtschaftsjahrs des übertragenden Rechtsträgers fällt. Für nach dem steuerlichen Übertragungsstichtag erfolgende Leistungen ist der um den Verringerungsbetrag geminderte (ggf. fiktive) Bestand des steuerlichen Einlagekontos zum steuerlichen Übertragungsstichtag maßgebend.

K.06 Die Verringerung des Bestands erfolgt unabhängig von der Rechtsform des übernehmenden Rechtsträgers. Sie ist auch vorzunehmen, soweit eine Hinzurechnung des steuerlichen Einlagekontos bei der übernehmenden Körperschaft nach § 29 Absatz 2 Satz 2 KStG unterbleibt.

c) Anpassung des Nennkapitals bei Abspaltung

K.07 Bei einer Abspaltung gilt das nach § 29 Absatz 1 KStG als auf Null herabgesetzt geltende Nennkapital des übertragenden Rechtsträgers (vgl. Randnr. K.03) als auf den Stand unmittelbar nach der Übertragung erhöht. Für die fiktive Kapitalerhöhung gilt § 28 Absatz 1 KStG entsprechend. Das Nennkapital verringert damit vorrangig das steuerliche Einlagekonto bis zu dessen Verbrauch, ein übersteigender Betrag ist als Sonderausweis zu erfassen. Maßgeblich ist dabei der Bestand des steuerlichen Einlagekontos, der sich nach Anwendung des § 29 Absatz 1 bis 3 KStG ergeben hat.

d) Zusammenfassendes Beispiel

K.08 Beispiel
Die X-GmbH (voll eingezahltes Nennkapital 300.000 €, davon Sonderausweis 100.000 €) wird hälftig abgespalten. Das Nennkapital nach Abspaltung soll 50.000 € betragen. Das steuerliche Einlagekonto beträgt 0 €.
Lösung

	Vorspalte	Einlage-konto	Sonder-ausweis
Anfangsbestand		0 €	100.000 €
Betrag der fiktiven Kapitalherabsetzung	300.000 €		
– Verringerung des Sonderausweises	– 100.000 €		– 100.000 €
Rest, Zugang beim steuerlichen Einlagekonto	200.000 €	+ 200.000 €	
Zwischenergebnis		200.000 €	0 €
– Abgang vom steuerlichen Einlagekonto (= 50 %)		– 100.000 €	
Zwischenergebnis		100.000 €	0 €
Betrag der fiktiven Kapitalerhöhung	50.000 €		
Verringerung des steuerlichen Einlagekontos	– 50.000 €	– 50.000 €	
Schlussbestände		50.000 €	0 €

3. Behandlung bei der übernehmenden Körperschaft

a) Hinzurechnung des Bestands des steuerlichen Einlagekontos bei der übernehmenden Körperschaft

K.09 Soweit das Vermögen einer Körperschaft auf eine andere unbeschränkt steuerpflichtige Körperschaft übergeht, erhöht sich der Bestand des steuerlichen Einlagekontos der übernehmenden Körperschaft nach Maßgabe des § 29 Absatz 2 bzw. 3 KStG zum Schluss des Wirtschaftsjahrs, in das der steuerliche Übertragungsstichtag fällt. Bei Verschmelzungen sowie bei Auf- und Abspaltungen kann sich das steuerliche Einlagekonto der übernehmenden Körperschaft nur in dem in § 29 Absatz 2 und 3 KStG geregelten Umfang erhöhen. § 29 KStG ist insoweit gegenüber § 27 KStG die speziellere Vorschrift.

b) Beteiligung der übernehmenden Körperschaft an der übertragenden Körperschaft (Aufwärtsverschmelzung)

K.10 Ist die übernehmende Körperschaft (Muttergesellschaft) an der übertragenden Körperschaft (Tochtergesellschaft) beteiligt, unterbleibt bei der übernehmenden Muttergesellschaft eine Hin-

UmwStG **Anhang 4a**

zurechnung des Bestands des steuerlichen Einlagekontos der übertragenden Tochtergesellschaft in dem Verhältnis der Beteiligung der Muttergesellschaft an der Tochtergesellschaft (§ 29 Absatz 2 Satz 2 und Absatz 3 Satz 3 KStG).

Beispiel

Die Muttergesellschaft hält 80 % der Anteile an einer Tochtergesellschaft. Das steuerliche Einlagekonto der Tochtergesellschaft beträgt nach Anwendung des § 29 Absatz 1 KStG 100.000 €.
Die Tochtergesellschaft wird auf die Muttergesellschaft verschmolzen.

Lösung

Nach § 29 Absatz 2 Satz 2 KStG erhöht sich das steuerliche Einlagekonto der Muttergesellschaft nur um 20.000 € (= 20 % von 100.000 €).

Alternative

Die Tochtergesellschaft wird hälftig auf die Muttergesellschaft abgespalten.

Lösung

Nach § 29 Absatz 3 Satz 3 i. V. m. Absatz 2 Satz 2 KStG erhöht sich das steuerliche Einlagekonto der Muttergesellschaft um 10.000 € (= 50 % von 20 % von 100.000 €).

Die Regelung gilt entsprechend, wenn die übernehmende Körperschaft (Muttergesellschaft) mittelbar, z. B. über eine andere Körperschaft (Tochtergesellschaft), an der übertragenden Körperschaft (Enkelgesellschaft) beteiligt ist. **K.11**

c) Beteiligung der übertragenden Körperschaft an der übernehmenden Körperschaft (Abwärtsverschmelzung)

Bei Beteiligung der übertragenden Körperschaft (Muttergesellschaft) an der übernehmenden Körperschaft (Tochtergesellschaft) verringert sich nach § 29 Absatz 2 Satz 3 bzw. Absatz 3 Satz 3 KStG das steuerliche Einlagekonto der Tochtergesellschaft in dem Verhältnis der Beteiligung der übertragenden Muttergesellschaft an der übernehmenden Tochtergesellschaft. **K.12**

Bei einer Abwärtsverschmelzung finden die Regelungen des § 29 Absatz 1 und Absatz 2 Satz 1 KStG Anwendung. Bei der Ermittlung des steuerlichen Einlagekontos der übernehmenden Tochtergesellschaft auf den Schluss des Umwandlungsjahrs ist daher wie folgt vorzugehen: **K.13**

1. fiktive Herabsetzung des Nennkapitals der Tochtergesellschaft auf 0 € (§ 29 Absatz 1 KStG),
2. Verringerung des nach 1. erhöhten steuerlichen Einlagekontos im Verhältnis der Beteiligung der Muttergesellschaft an der Tochtergesellschaft (§ 29 Absatz 2 Satz 3 KStG),
3. fiktive Herabsetzung des Nennkapitals der Muttergesellschaft auf 0 € (§ 29 Absatz 1 KStG),
4. Hinzurechnung des nach 3. erhöhten steuerlichen Einlagekontos der Muttergesellschaft (§ 29 Absatz 2 Satz 1 KStG) sowie
5. fiktive Erhöhung des nach 1. auf 0 € herabgesetzten Nennkapitals der Tochtergesellschaft auf den Stand unmittelbar nach der Übertragung (§ 29 Absatz 4 KStG; Randnr. K.15 ff.).

Beispiel

Die Muttergesellschaft M (Nennkapital 120.000 €, steuerliches Einlagekonto 80.000 € und Sonderausweis 0 €) wird auf ihre 100%ige Tochtergesellschaft T (Nennkapital 120.000 €, steuerliches Einlagekonto 0 € und Sonderausweis 50.000 €) verschmolzen. Das Nennkapital der T nach Verschmelzung beträgt 240.000 €.

Lösung

Für das steuerliche Einlagekonto und den Sonderausweis der T ergibt sich danach folgende Entwicklung:

	Vorspalte	Einlagekonto	Sonderausweis
Bestand vor der Verschmelzung		0 €	50.000 €
Fiktive Kapitalherabsetzung auf Null	120.000 €		
– Verringerung des Sonderausweises	– 50.000 €		– 50.000 €
Rest, Zugang beim steuerlichen Einlagekonto	70.000 €	+ 70.000 €	
Zwischenergebnis		70.000 €	0 €

Anhang 4a   UmwStG

– Verringerung i. H. des prozentualen Umfangs der Beteiligung M an T		– 70.000 €	
Zwischenergebnis		0 €	0 €
+ Zugang des steuerlichen Einlagekontos der M (nach Anwendung des § 29 Absatz 1 KStG)		+ 200.000 €	
Zwischenergebnis		200.000 €	0 €
Betrag der fiktiven Kapitalerhöhung	240.000 €		
Verringerung des steuerlichen Einlagekontos	– 200.000 €	– 200.000 €	
Rest, Zugang beim Sonderausweis	40.000 €	0 €	40.000 €
Bestände nach der Verschmelzun		0 €	40.000 €

K.14 Die Regelung gilt entsprechend, wenn die übertragende Körperschaft (Muttergesellschaft) mittelbar, z. B. über eine andere Körperschaft (Tochtergesellschaft), an der übernehmenden Körperschaft (Enkelgesellschaft) beteiligt ist.

d) Erhöhung des Nennkapitals

K.15 Erhöht die übernehmende Körperschaft im Rahmen der Umwandlung ihr Nennkapital, finden darauf die Regelungen des § 28 Absatz 1 KStG entsprechende Anwendung (§ 29 Absatz 4 KStG). Das gilt allerdings nicht, soweit die Kapitalerhöhung auf baren Zuzahlungen bzw. Sacheinlagen beruht.

e) Zusammenfassendes Beispiel

K.16 Beispiel
Auf die M-GmbH wird die T-GmbH, an der sie zu 50 % beteiligt ist, verschmolzen. Das nach § 29 Absatz 2 Satz 1 KStG zuzurechnende steuerliche Einlagekonto der T-GmbH beträgt 400.000 €. Der Sonderausweis der M-GmbH beträgt 100.000 €, der Bestand des steuerlichen Einlagekontos 0 €. Im Rahmen der Umwandlung wird das Nennkapital um 120.000 € erhöht, wovon 70.000 € auf bare Zuzahlungen entfallen. Nach der Verschmelzung wird das Nennkapital der M-GmbH durch Umwandlung von Rücklagen um weitere 100.000 € erhöht.

	Vorspalte	Einlagekonto	Sonderausweis
Bestand vor Umwandlung		0 €	100.000 €
Zugang steuerliches Einlagekonto der T-GmbH	400.000 €		
– Kürzung nach § 29 Absatz 2 Satz 2 KStG (= 50 %)	– 200.000 €		
Rest, Zugang beim steuerlichen Einlagekonto	200.000 €	+ 200.000 €	
Zwischenergebnis		200.000 €	100.000 €
Anpassung des Nennkapitals (Erhöhung um insgesamt 220.000 € abzgl. bare Zuzahlungen i. H. v. 70.000 €)	150.000 €		
Vorrangige Verwendung des steuerlichen Einlagekontos	– 150.000 €	– 150.000 €	
Zwischenergebnis		50.000 €	100.000 €
Verrechnung des Sonderausweises mit dem positiven steuerlichen Einlagekonto zum Schluss des Wirtschaftsjahrs (§ 28 Absatz 3 KStG)	– 50.000 €	– 50.000 €	– 50.000 €
Schlussbestände		0 €	50.000 €

4. Aufteilungsschlüssel bei Auf- und Abspaltung

K.17 Das steuerliche Einlagekonto, das sich nach der Anwendung des § 29 Absatz 1 KStG ergibt, ist in dem Verhältnis der gemeinen Werte der übergehenden Vermögensteile zu dem vor der Auf- oder Abspaltung bestehenden Vermögen auf die übernehmenden Körperschaften, im Fall der Abspaltung auch auf die übertragende Körperschaft aufzuteilen. Dieses Verhältnis (Aufteilungsschlüssel) ergibt sich in der Regel aus den Angaben zum Umtauschverhältnis der Anteile im Spaltungs- und Übernahmevertrag oder im Spaltungsplan. Die Ermittlung der gemeinen Werte ist deshalb nur erforderlich, wenn der Spaltungs- und Übernahmevertrag oder der Spaltungsplan keine Angaben zum Umtauschverhältnis der Anteile enthält oder dieses nicht dem Verhältnis der übergehenden Vermögensteile zu dem vor der Spaltung bestehenden Vermögen entspricht.

5. § 29 Absatz 5 und 6 KStG

Die Randnr. K.01 bis K.17 gelten in den Fällen des § 29 Absatz 5 und 6 KStG entsprechend. **K.18**

In den Fällen des § 29 Absatz 6 KStG ist das Finanzamt der Übernehmerin örtlich zuständig. Die Ermittlung der nicht in das Nennkapital geleisteten Einlagen hat in Abstimmung mit dem Bundeszentralamt für Steuern zu erfolgen. **K.19**

Dieses Schreiben wird im Bundessteuerblatt Teil I veröffentlicht.

Einbringungen nach § 20 UmwStG;
Bindung an die Wertansätze bei der übernehmenden Gesellschaft;
Anfechtungsrecht des Einbringenden als Drittbetroffener

– Erlass FM Mecklenburg-Vorpommern vom 1.11.2012 – IV 301 – S 1978c – 0/2010/002 –

I. Bindung des Einbringenden an die Wertansätze der übernehmenden Gesellschaft

Bei der Einbringung eines Betriebs, Teilbetriebs oder Mitunternehmeranteils in eine Kapitalgesellschaft gegen Gewährung neuer Anteile ist das eingebrachte Betriebsvermögen grundsätzlich mit dem gemeinen Wert anzusetzen. Auf Antrag kann unter weiteren Voraussetzungen der Buchwert oder ein Zwischenwert angesetzt werden.

Der Wert, mit dem die übernehmende Gesellschaft das eingebrachte Betriebsvermögen ansetzt, gilt für den Einbringenden als Veräußerungspreis und als Anschaffungskosten der Gesellschaftsanteile (§ 20 Abs. 3 Satz 1 UmwStG). Der Einbringende ist somit an die bei der übernehmenden Gesellschaft angesetzten Werte gebunden und zwar sowohl hinsichtlich des gewählten Wertansatzes dem Grunde nach als auch hinsichtlich der ermittelten Werte. Für den Einbringenden bereits durchgeführte Veranlagungen können ggf. nach § 175 Abs. 1 Satz 1 Nr. 2 AO geändert werden (Randnrn. 20.23 und 20.24 des BMF-Schreibens vom 11.11.2011 [„UmwSt-Erlass 2011"]).[1)]

Die Veranlagung des Einbringenden ist daher in Abstimmung mit der für die übernehmende Gesellschaft zuständigen Stelle bzw. anhand des von dieser Stelle übersandten Vordrucks KSt GU/MKSt durchzuführen.

Da die Wertansätze der übernehmenden Gesellschaft im Besteuerungsverfahren des Einbringenden zu übernehmen sind und grundsätzlich nicht auf ihre Richtigkeit hin überprüft werden können (BFH-Urteil vom 19.12.2007, I R 111/05, BStBl. II 2008 S. 536), kann der Einbringende Einwendungen gegen die angesetzten Werte nicht im Einspruchsverfahren gegen seinen eigenen Steuerbescheid vorbringen.

II. Anfechtungsrecht des Drittbetroffenen

Mit dem im Betreff genannten Urteil vom 08.06.2011 hat der BFH entschieden, dass Einwendungen gegen die angesetzten Werte nur durch eine Anfechtung des gegenüber der übernehmenden Gesellschaft ergangenen Körperschaftsteuerbescheides durch den Einbringenden als Drittbetroffenen erhoben werden können. Die übernehmende Gesellschaft selbst ist durch (vermeintlich) zu hohe Werte nicht beschwert.

III. Anwendung des BFH-Urteils vom 08.06.2011

Das BFH-Urteil vom 08.06.2011 ist allgemein anzuwenden. Hierbei ist Folgendes zu beachten:

III.1 Veranlagung des Einbringenden

III.1.1 Der Körperschaftsteuerbescheid gegenüber der übernehmenden Gesellschaft ist noch nicht ergangen

a) Die Bilanz der übernehmenden Gesellschaft wurde bereits beim zuständigen Finanzamt eingereicht

Die Veranlagung des Einbringenden kann in Abstimmung mit der für die übernehmende Gesellschaft zuständigen Stelle durchgeführt werden.

Sollten im Besteuerungsverfahren der übernehmenden Gesellschaft für das eingebrachte Betriebsvermögen von der eingereichten Bilanz abweichende Werte zu berücksichtigen sein, ist die Festsetzung/Feststellung gegenüber dem Einbringenden gemäß § 175 Abs. 1 Satz 1 Nr. 2 AO zu ändern. Einwendungen gegen die angesetzten Werte können nur durch Anfechtung des Körperschaftsteuerbescheides für die übernehmende Gesellschaft erhoben werden.

b) Die Bilanz der übernehmenden Gesellschaft wurde noch nicht beim zuständigen Finanzamt eingereicht

Die Veranlagung des Einbringenden kann trotzdem durchgeführt werden, da die spätere Erstellung und Einreichung der Bilanz ein Ereignis mit steuerlicher Wirkung für die Vergangenheit i. S. d. § 175 Abs. 1 Satz 1 Nr. 2 AO ist (BFH-Urteil vom 12.10.2011, VIII R 12/08, BStBl. II 2012 S. 381 zur entsprechenden Rechtslage in Fällen des § 24 UmwStG).

---
1) Siehe Anhang 4a.

III.1.2 Der Körperschaftsteuerbescheid gegenüber der übernehmenden Gesellschaft ist bereits ergangen

Im Bescheid des Einbringenden sind die Wertansätze des eingebrachten Vermögens so zu berücksichtigen, wie sie der Festsetzung gegenüber der übernehmenden Gesellschaft zugrundeliegen.

Wurden im Besteuerungsverfahren der übernehmenden Gesellschaft andere als die erklärten Wertansätze zugrunde gelegt, ist

– in den Einkommensteuerbescheid/Feststellungsbescheid folgende Erläuterung aufzunehmen:

„Hinsichtlich der im Veranlagungszeitraum erfolgten Einbringung liegen dieser Festsetzung/Feststellung die Bilanz der *[Name der übernehmenden Gesellschaft]* auf den *[Datum]* und der Körperschaftsteuerbescheid *[Jahr]* vom *[Datum]* zugrunde. Folgende Änderungen wurden dabei berücksichtigt: *[Erläuterung, welche geänderten Wertansätze berücksichtigt wurden]*. Einwendungen gegen die angesetzten Werte können nur durch Anfechtung des genannten Körperschaftsteuerbescheides erhoben werden. Die Einspruchsfrist beginnt mit der Bekanntgabe des genannten Körperschaftsteuerbescheides an Sie als Drittbetroffenen (§ 355 Abs. 1 Satz 1 AO)."

– der Körperschaftsteuerbescheid auch dem Einbringenden bekanntzugeben, um Rechtsunsicherheiten hinsichtlich des Beginns der für ihn geltenden Einspruchsfrist zu vermeiden. Dies gilt auch, wenn anzunehmen ist, dass dem Einbringenden der Bescheid (z. B. als Geschäftsführer der übernehmenden Gesellschaft) bereits bekannt ist. Die Einspruchsfrist beginnt bei dem anfechtungsberechtigten Drittbetroffenen mit der Bekanntgabe dieses Bescheides (§ 355 Abs. 1 Satz 1 AO).

Die Bekanntgabe erfolgt durch die zuständige Körperschaftsteuerstelle und ist wie folgt zu erläutern: „Dieser Bescheid wird Ihnen im Hinblick auf die Anfechtungsbefugnis nach dem BFH-Urteil vom 08.06.2011, I R 79/10, Bundessteuerblatt Teil II 2012 Seite 421, bekanntgegeben."

Das Steuergeheimnis steht dieser Verfahrensweise nicht entgegen (§ 30 Abs. 4 Nr. 1 AO).

III1.2 Änderungen der angesetzten Werte/des Körperschaftsteuerbescheides bei der übernehmenden Gesellschaft

Bei einer späteren Berichtigung der anzusetzenden Werte bei der übernehmenden Gesellschaft ist der für den Einbringenden zuständige Veranlagungsbezirk zu informieren.

Die Veranlagung des Einbringenden ist nach § 175 Abs. 1 Satz 1 Nr. 2 AO zu ändern (Randnr. 20.24 UmwSt-Erlass 2011).

Der Änderungsbescheid ist wie folgt zu erläutern: „Hinsichtlich der im Veranlagungszeitraum erfolgten Einbringung liegt dieser Festsetzung/Feststellung die durch den Bescheid vom *[Datum]* geänderte Körperschaftsteuerfestsetzung *[Jahr]* für die *[übernehmende Gesellschaft]* zugrunde. Folgende Änderungen wurden dabei berücksichtigt: *[Erläuterung, welche geänderten Wertansätze berücksichtigt wurden]*. Einwendungen gegen die bei der übernehmenden Gesellschaft für das eingebrachte Betriebsvermögen abweichend angesetzten Werte können nur durch Anfechtung des genannten Körperschaftsteuerbescheides erhoben werden. Die Einspruchsfrist beginnt mit der Bekanntgabe des genannten Körperschaftsteuerbescheides an Sie als Drittbetroffenen (§ 355 Abs. 1 Satz 1 AO)."

Der geänderte Körperschaftsteuerbescheid der übernehmenden Gesellschaft ist gleichzeitig auch dem Einbringenden bekanntzugeben, um Rechtsunsicherheiten hinsichtlich des Beginns der für ihn geltenden Einspruchsfrist zu vermeiden. Dies gilt auch dann, wenn anzunehmen ist, dass dem Einbringenden der Bescheid (z. B. als Geschäftsführer der übernehmenden Gesellschaft) bereits bekannt ist. Die Einspruchsfrist beginnt bei dem anfechtungsberechtigten Drittbetroffenen mit der Bekanntgabe dieses Bescheides (§ 355 Abs. 1 Satz 1 AO).

Die Bekanntgabe erfolgt durch die zuständige Körperschaftsteuerstelle und ist wie folgt zu erläutern: „Dieser Bescheid wird Ihnen im Hinblick auf die Anfechtungsbefugnis nach dem BFH-Urteil vom 08.06.2011, I R 79/10, Bundessteuerblatt Teil II 2012 Seite 421, bekanntgegeben."

Das Steuergeheimnis steht dieser Verfahrensweise nicht entgegen (§ 30 Abs. 4 Nr. 1 AO).

III.3 Hinweise zum Einspruchsverfahren

Der Einspruch ist bei dem für die übernehmende Gesellschaft zuständigen Finanzamt einzulegen.

Legt der Einbringende gegen den Körperschaftsteuerbescheid der übernehmenden Gesellschaft Einspruch ein, liegt auf Grund der Bindung des Einbringenden an die Bilanzwerte der übernehmenden Gesellschaft bei diesem eine Beschwer (§ 350 AO) vor, auch wenn keine niedrigere Körperschaftsteuerfestsetzung begehrt wird.

Die übernehmende Gesellschaft ist zu dem Einspruchsverfahren hinzuzuziehen (§ 360 Abs. 3 AO).

Anhang 4b   **UmwStG**

Sind die Einwendungen des Einbringenden zutreffend, ist die Änderung seines Einkommensteuerbescheides/Feststellungsbescheides auf § 175 Abs. 1 Satz 1 Nr. 2 AO zu stützen. Die Änderung erfolgt unabhängig davon, ob eine Änderung des Körperschaftsteuerbescheides erfolgt oder mangels steuerlicher Auswirkung unterblieben ist.

IV. Entsprechende Anwendung

Das BFH-Urteil vom 08.06.2011 ist zu § 20 UmwStG a. F. ergangen. Die Urteilsgrundsätze und die vorstehenden Ausführungen gelten jedoch gleichermaßen im Rahmen des § 20 UmwStG i.d.F. des SEStEG.

Auch bei einer Einbringung in eine Personengesellschaft nach § 24 UmwStG (sowohl a. F. als auch i.d.F. des SEStEG) ist entsprechend zu verfahren.

Bundeskindergeldgesetz (BKGG)

in der Fassung der Bekanntmachung vom 28. Januar 2009 (BGBl. I S. 142, 3177), zuletzt geändert durch Artikel 14 des Gesetzes vom 22.12.2014 (BGBl. I S. 2417)

Erster Abschnitt
Leistungen

§ 1
Anspruchsberechtigte

(1) Kindergeld nach diesem Gesetz für seine Kinder erhält, wer nach § 1 Absatz 1 und 2 des Einkommensteuergesetzes nicht unbeschränkt steuerpflichtig ist und auch nicht nach § 1 Absatz 3 des Einkommensteuergesetzes als unbeschränkt steuerpflichtig behandelt wird und

1. in einem Versicherungspflichtverhältnis zur Bundesagentur für Arbeit nach dem Dritten Buch Sozialgesetzbuch steht oder versicherungsfrei nach § 28 Absatz 1 Nummer 1 des Dritten Buches Sozialgesetzbuch ist oder
2. als Entwicklungshelfer Unterhaltsleistungen im Sinne des § 4 Absatz 1 Nummer 1 des Entwicklungshelfer-Gesetzes erhält oder als Missionar der Missionswerke und -gesellschaften, die Mitglieder oder Vereinbarungspartner des Evangelischen Missionswerkes Hamburg, der Arbeitsgemeinschaft Evangelikaler Missionen e. V., des Deutschen katholischen Missionsrates oder der Arbeitsgemeinschaft pfingstlich- charismatischer Missionen sind, tätig ist oder
3. eine nach § 123a des Beamtenrechtsrahmengesetzes oder § 29 des Bundesbeamtengesetzes oder § 20 des Beamtenstatusgesetzes bei einer Einrichtung außerhalb Deutschlands zugewiesene Tätigkeit ausübt oder
4. als Ehegatte oder Lebenspartner eines Mitglieds der Truppe oder des zivilen Gefolges eines NATO-Mitgliedstaates die Staatsangehörigkeit eines EU/EWR-Mitgliedstaates besitzt und in Deutschland seinen Wohnsitz oder gewöhnlichen Aufenthalt hat.

(2) Kindergeld für sich selbst erhält, wer

1. in Deutschland einen Wohnsitz oder seinen gewöhnlichen Aufenthalt hat,
2. Vollwaise ist oder den Aufenthalt seiner Eltern nicht kennt und
3. nicht bei einer anderen Person als Kind zu berücksichtigen ist.

§ 2 Absatz 2 und 3 sowie die §§ 4 und 5 sind entsprechend anzuwenden. Im Fall des § 2 Absatz 2 Satz 1 Nr. 3 wird Kindergeld längstens bis zur Vollendung des 25. Lebensjahres gewährt.

(3) Ein nicht freizügigkeitsberechtigter Ausländer erhält Kindergeld nur, wenn er

1. eine Niederlassungserlaubnis besitzt,
2. eine Aufenthaltserlaubnis besitzt, die zur Ausübung einer Erwerbstätigkeit berechtigt oder berechtigt hat, es sei denn, die Aufenthaltserlaubnis wurde
    a) nach § 16 oder § 17 des Aufenthaltsgesetzes erteilt,
    b) nach § 18 Absatz 2 des Aufenthaltsgesetzes erteilt und die Zustimmung der Bundesagentur für Arbeit darf nach der Beschäftigungsverordnung nur für einen bestimmten Höchstzeitraum erteilt werden,
    c) nach § 23 Absatz 1 des Aufenthaltsgesetzes wegen eines Krieges in seinem Heimatland oder nach den §§ 23a, 24, 25 Absatz 3 bis 5 des Aufenthaltsgesetzes erteilt
    oder
3. eine in Nummer 2 Buchstabe c genannte Aufenthaltserlaubnis besitzt und
    a) sich seit mindestens drei Jahren rechtmäßig, gestattet oder geduldet im Bundesgebiet aufhält und
    b) im Bundesgebiet berechtigt erwerbstätig ist, laufende Geldleistungen nach dem Dritten Buch Sozialgesetzbuch bezieht oder Elternzeit in Anspruch nimmt.

§ 2
Kinder

(1) Als Kinder werden auch berücksichtigt

1. vom Berechtigten in seinen Haushalt aufgenommene Kinder seines Ehegatten oder Lebenspartners,
2. Pflegekinder (Personen, mit denen der Berechtigte durch ein familienähnliches, auf Dauer berechnetes Band verbunden ist, sofern er sie nicht zu Erwerbszwecken in seinen Haushalt aufgenommen hat und das Obhuts- und Pflegeverhältnis zu den Eltern nicht mehr besteht),

3. vom Berechtigten in seinen Haushalt aufgenommene Enkel.

(2) Ein Kind, das das 18. Lebensjahr vollendet hat, wird berücksichtigt, wenn es
1. noch nicht das 21. Lebensjahr vollendet hat, nicht in einem Beschäftigungsverhältnis steht und bei einer Agentur für Arbeit im Inland als Arbeitssuchender gemeldet ist oder
2. noch nicht das 25. Lebensjahr vollendet hat und
   a) für einen Beruf ausgebildet wird oder
   b) sich in einer Übergangszeit von höchstens vier Monaten befindet, die zwischen zwei Ausbildungsabschnitten oder zwischen einem Ausbildungsabschnitt und der Ableistung des gesetzlichen Wehr- oder Zivildienstes, einer vom Wehr- oder Zivildienst befreienden Tätigkeit als Entwicklungshelfer oder als Dienstleistender im Ausland nach § 14b des Zivildienstgesetzes oder der Ableistung des freiwilligen Wehrdienstes nach § 58b des Soldatengesetzes oder der Ableistung eines freiwilligen Dienstes im Sinne des Buchstaben d liegt, oder
   c) eine Berufsausbildung mangels Ausbildungsplatzes nicht beginnen oder fortsetzen kann oder
   d) ein freiwilliges soziales Jahr oder ein freiwilliges ökologisches Jahr im Sinne des Jugendfreiwilligendienstegesetzes oder einen Freiwilligendienst im Sinne der Verordnung (EU) Nr. 1288/2013 des Europäischen Parlaments und des Rates vom 11. Dezember 2013 zur Einrichtung von „Erasmus+", dem Programm der Union für allgemeine und berufliche Bildung, Jugend und Sport, und zur Aufhebung der Beschlüsse Nr. 1719/2006/EG, Nr. 1720/2006/EG und Nr. 1298/2008/EG (ABl. L 347 vom 20.12.2013, S. 50) oder einen anderen Dienst im Ausland im Sinne von § 5 des Bundesfreiwilligendienstgesetzes oder einen entwicklungspolitischen Freiwilligendienst „weltwärts" im Sinne der Richtlinie des Bundesministeriums für wirtschaftliche Zusammenarbeit und Entwicklung vom 1. August 2007 (BAnz. 2008 S. 1297) oder einen Freiwilligendienst aller Generationen im Sinne von § 2 Absatz 1a des Siebten Buches Sozialgesetzbuch oder einen Internationalen Jugendfreiwilligendienst im Sinne der Richtlinie des Bundesministeriums für Familie, Senioren, Frauen und Jugend vom 20. Dezember 2010 (GMBl S. 1778) oder einen Bundesfreiwilligendienst im Sinne des Bundesfreiwilligendienstgesetzes leistet oder
3. wegen körperlicher, geistiger oder seelischer Behinderung außerstande ist, sich selbst zu unterhalten; Voraussetzung ist, dass die Behinderung vor Vollendung des 25. Lebensjahres eingetreten ist.

Nach Abschluss einer erstmaligen Berufsausbildung oder eines Erststudiums wird ein Kind in den Fällen des Satzes 1 Nummer 2 nur berücksichtigt, wenn das Kind keiner Erwerbstätigkeit nachgeht. Eine Erwerbstätigkeit mit bis zu 20 Stunden regelmäßiger wöchentlicher Arbeitszeit, ein Ausbildungsdienstverhältnis oder ein geringfügiges Beschäftigungsverhältnis im Sinne der §§ 8 und 8a des Vierten Buches Sozialgesetzbuch sind unschädlich.

(3) In den Fällen des Absatzes 2 Satz 1 Nummer 1 oder Nummer 2 Buchstabe a und b wird ein Kind, das
1. den gesetzlichen Grundwehrdienst oder Zivildienst geleistet hat oder
2. sich an Stelle des gesetzlichen Grundwehrdienstes freiwillig für die Dauer von nicht mehr als drei Jahren zum Wehrdienst verpflichtet hat oder
3. eine vom gesetzlichen Grundwehrdienst oder Zivildienst befreiende Tätigkeit als Entwicklungshelfer im Sinne des § 1 Absatz 1 des Entwicklungshelfer-Gesetzes ausgeübt hat,

für einen der Dauer dieser Dienste oder der Tätigkeit entsprechenden Zeitraum, höchstens für die Dauer des inländischen gesetzlichen Grundwehrdienstes, bei anerkannten Kriegsdienstverweigerern für die Dauer des inländischen gesetzlichen Zivildienstes über das 21. oder 25. Lebensjahr hinaus berücksichtigt. Wird der gesetzliche Grundwehrdienst oder Zivildienst in einem Mitgliedstaat der Europäischen Union oder einem Staat, auf den das Abkommen über den Europäischen Wirtschaftsraum Anwendung findet, geleistet, so ist die Dauer dieses Dienstes maßgebend. Absatz 2 Satz 2 und 3 gilt entsprechend.

(4) Kinder, für die einer anderen Person nach dem Einkommensteuergesetz Kindergeld oder ein Kinderfreibetrag zusteht, werden nicht berücksichtigt. Dies gilt nicht für Kinder, die in den Haushalt des Anspruchsberechtigten nach § 1 aufgenommen worden sind oder für die dieser die höhere Unterhaltsrente zahlt, wenn sie weder in seinen Haushalt noch in den Haushalt eines nach § 62 des Einkommensteuergesetzes Anspruchsberechtigten aufgenommen sind.

(5) Kinder, die weder einen Wohnsitz noch ihren gewöhnlichen Aufenthalt in Deutschland haben, werden nicht berücksichtigt. Dies gilt nicht gegenüber Berechtigten nach § 1 Absatz 1 Nummer 2 und 3, wenn sie die Kinder in ihren Haushalt aufgenommen haben.

(6) Die Bundesregierung wird ermächtigt, durch Rechtsverordnung, die nicht der Zustimmung des Bundesrates bedarf, zu bestimmen, dass einem Berechtigten, der in Deutschland erwerbstätig ist oder sonst seine hauptsächlichen Einkünfte erzielt, für seine in Absatz 5 Satz 1 bezeichneten Kinder Kinder-

geld ganz oder teilweise zu leisten ist, soweit dies mit Rücksicht auf die durchschnittlichen Lebenshaltungskosten für Kinder in deren Wohnland und auf die dort gewährten dem Kindergeld vergleichbaren Leistungen geboten ist.

§ 3
Zusammentreffen mehrerer Ansprüche

(1) Für jedes Kind werden nur einer Person Kindergeld, Kinderzuschlag und Leistungen für Bildung und Teilhabe gewährt.

(2) Erfüllen für ein Kind mehrere Personen die Anspruchsvoraussetzungen, so werden das Kindergeld, der Kinderzuschlag und die Leistungen für Bildung und Teilhabe derjenigen Person gewährt, die das Kind in ihren Haushalt aufgenommen hat. Ist ein Kind in den gemeinsamen Haushalt von Eltern, von einem Elternteil und dessen Ehegatten oder Lebenspartner, von Pflegeeltern oder Großeltern aufgenommen worden, bestimmen diese untereinander den Berechtigten. Wird eine Bestimmung nicht getroffen, bestimmt das Familiengericht auf Antrag den Berechtigten. Antragsberechtigt ist, wer ein berechtigtes Interesse an der Leistung des Kindergeldes hat. Lebt ein Kind im gemeinsamen Haushalt von Eltern und Großeltern, werden das Kindergeld, der Kinderzuschlag und die Leistungen für Bildung und Teilhabe vorrangig einem Elternteil gewährt; sie werden an einen Großelternteil gewährt, wenn der Elternteil gegenüber der zuständigen Stelle auf seinen Vorrang schriftlich verzichtet hat.

(3) Ist das Kind nicht in den Haushalt einer der Personen aufgenommen, die die Anspruchsvoraussetzungen erfüllen, wird das Kindergeld derjenigen Person gewährt, die dem Kind eine Unterhaltsrente zahlt. Zahlen mehrere anspruchsberechtigte Personen dem Kind Unterhaltsrenten, wird das Kindergeld derjenigen Person gewährt, die dem Kind laufend die höchste Unterhaltsrente zahlt. Werden gleich hohe Unterhaltsrenten gezahlt oder zahlt keiner der Berechtigten dem Kind Unterhalt, so bestimmen die Berechtigten untereinander, wer das Kindergeld erhalten soll. Wird eine Bestimmung nicht getroffen, so gilt Absatz 2 Satz 3 und 4 entsprechend.

§ 4
Andere Leistungen für Kinder

(1) Kindergeld wird nicht für ein Kind gewährt, für das eine der folgenden Leistungen zu zahlen ist oder bei entsprechender Antragstellung zu zahlen wäre:

1. Kinderzulagen aus der gesetzlichen Unfallversicherung oder Kinderzuschüsse aus den gesetzlichen Rentenversicherungen,
2. Leistungen für Kinder, die außerhalb Deutschlands gewährt werden und dem Kindergeld oder einer der unter Nummer 1 genannten Leistungen vergleichbar sind,
3. Leistungen für Kinder, die von einer zwischen- oder überstaatlichen Einrichtung gewährt werden und dem Kindergeld vergleichbar sind.

Steht ein Berechtigter in einem Versicherungspflichtverhältnis zur Bundesagentur für Arbeit nach dem Dritten Buch Sozialgesetzbuch oder ist er versicherungsfrei nach § 28 Absatz 1 Nummer 1 des Dritten Buches Sozialgesetzbuch oder steht er in Deutschland in einem öffentlich-rechtlichen Dienst- oder Amtsverhältnis, so wird sein Anspruch auf Kindergeld für ein Kind nicht nach Satz 1 Nummer 3 mit Rücksicht darauf ausgeschlossen, dass sein Ehegatte oder Lebenspartner als Beamter, Ruhestandsbeamter oder sonstiger Bediensteter der Europäischen Gemeinschaften für das Kind Anspruch auf Kinderzulage hat.

(2) Ist in den Fällen des Absatzes 1 Satz 1 Nummer 1 der Bruttobetrag der anderen Leistung niedriger als das Kindergeld nach § 6, wird Kindergeld in Höhe des Unterschiedsbetrages gezahlt. Ein Unterschiedsbetrag unter 5 Euro wird nicht geleistet.

§ 5
Beginn und Ende des Anspruchs

(1) Das Kindergeld, der Kinderzuschlag und die Leistungen für Bildung und Teilhabe werden vom Beginn des Monats an gewährt, in dem die Anspruchsvoraussetzungen erfüllt sind; sie werden bis zum Ende des Monats gewährt, in dem die Anspruchsvoraussetzungen wegfallen.

(2) Abweichend von Absatz 1 wird in den Fällen des § 6a Absatz 1 Nummer 4 Satz 3 Kinderzuschlag erst ab dem Monat, der auf den Monat der Antragstellung folgt, gewährt, wenn Leistungen nach dem Zweiten Buch Sozialgesetzbuch für den Monat, in dem der Antrag auf Kinderzuschlag gestellt worden ist, bereits erbracht worden sind.

§ 6
Höhe des Kindergeldes

(1) Das Kindergeld beträgt monatlich für erste und zweite Kinder jeweils 184 Euro, für dritte Kinder 190 Euro und für das vierte und jedes weitere Kind jeweils 215 Euro.

(2) In den Fällen des § 1 Absatz 2 beträgt das Kindergeld 184 Euro monatlich.

(3) Für jedes Kind, für das im Kalenderjahr 2009 mindestens für einen Kalendermonat ein Anspruch auf Kindergeld besteht, wird für das Kalenderjahr 2009 ein Einmalbetrag in Höhe von 100 Euro gezahlt.

§ 6a
Kinderzuschlag

(1) Personen erhalten nach diesem Gesetz für in ihrem Haushalt lebende unverheiratete oder nicht verpartnerte Kinder, die noch nicht das 25. Lebensjahr vollendet haben, einen Kinderzuschlag, wenn

1. sie für diese Kinder nach diesem Gesetz oder nach dem X. Abschnitt des Einkommensteuergesetzes Anspruch auf Kindergeld oder Anspruch auf andere Leistungen im Sinne von § 4 haben,
2. sie mit Ausnahme des Wohngeldes und des Kindergeldes über Einkommen im Sinne des § 11 Absatz 1 Satz 1 des Zweiten Buches Sozialgesetzbuch in Höhe von 900 Euro oder, wenn sie alleinerziehend sind, in Höhe von 600 Euro verfügen, wobei Beträge nach § 11b des Zweiten Buches Sozialgesetzbuch nicht abzusetzen sind,
3. sie mit Ausnahme des Wohngeldes über Einkommen oder Vermögen im Sinne der §§ 11 bis 12 des Zweiten Buches Sozialgesetzbuch verfügen, das höchstens dem nach Absatz 4 Satz 1 für sie maßgebenden Betrag zuzüglich dem Gesamtkinderzuschlag nach Absatz 2 entspricht, und
4. durch den Kinderzuschlag Hilfebedürftigkeit nach § 9 des Zweiten Buches Sozialgesetzbuch vermieden wird. Bei der Prüfung, ob Hilfebedürftigkeit vermieden wird, bleiben die Bedarfe nach § 28 des Zweiten Buches Sozialgesetzbuch außer Betracht. Das Gleiche gilt für Mehrbedarfe nach den §§ 21 und 23 Nummer 2 bis 4 des Zweiten Buches Sozialgesetzbuch, wenn kein Mitglied der Bedarfsgemeinschaft Leistungen nach dem Zweiten oder Zwölften Buch Sozialgesetzbuch beantragt hat oder erhält oder alle Mitglieder der Bedarfsgemeinschaft für den Zeitraum, für den Kinderzuschlag beantragt wird, auf die Inanspruchnahme von Leistungen nach dem Zweiten oder Zwölften Buch Sozialgesetzbuch verzichten. In diesem Fall ist § 46 Absatz 2 des Ersten Buches Sozialgesetzbuch nicht anzuwenden. Der Verzicht kann auch gegenüber der Familienkasse erklärt werden; diese unterrichtet den für den Wohnort des Berechtigten zuständigen Träger der Grundsicherung für Arbeitssuchende über den Verzicht.

(2) Der Kinderzuschlag beträgt für jedes zu berücksichtigende Kind jeweils bis zu 140 Euro monatlich. Die Summe der Kinderzuschläge bildet den Gesamtkinderzuschlag. Er soll jeweils für sechs Monate bewilligt werden. Kinderzuschlag wird nicht für Zeiten vor der Antragstellung erbracht. § 28 des Zehnten Buches Sozialgesetzbuch gilt mit der Maßgabe, dass der Antrag unverzüglich nach Ablauf des Monats, in dem die Ablehnung oder Erstattung der anderen Leistungen bindend geworden ist, nachzuholen ist.

(3) Der Kinderzuschlag mindert sich um das nach den §§ 11 bis 12 des Zweiten Buches Sozialgesetzbuch mit Ausnahme des Wohngeldes zu berücksichtigende Einkommen und Vermögen des Kindes. Hierbei bleibt das Kindergeld außer Betracht. Ein Anspruch auf Zahlung des Kinderzuschlags für ein Kind besteht nicht für Zeiträume, in denen zumutbare Anstrengungen unterlassen wurden, Einkommen des Kindes zu erzielen.

(4) Der Kinderzuschlag wird, soweit die Voraussetzungen des Absatzes 3 nicht vorliegen, in voller Höhe gewährt, wenn das nach den §§ 11 bis 12 des Zweiten Buches Sozialgesetzbuch mit Ausnahme des Wohngeldes zu berücksichtigende elterliche Einkommen oder Vermögen einen Betrag in Höhe der bei der Berechnung des Arbeitslosengeldes II oder des Sozialgeldes zu berücksichtigenden elterlichen Bedarfe nicht übersteigt. Dazu sind die Bedarfe für Unterkunft und Heizung in dem Verhältnis aufzuteilen, das sich aus den im jeweils letzten Bericht der Bundesregierung über die Höhe des Existenzminimums von Erwachsenen und Kindern festgestellten entsprechenden Bedarfen für Alleinstehende, Ehepaare, Lebenspartner und Kinder ergibt. Der Kinderzuschlag wird außer in den in Absatz 3 genannten Fällen auch dann stufenweise gemindert, wenn das nach den §§ 11 bis 12 des Zweiten Buches Sozialgesetzbuch mit Ausnahme des Wohngeldes zu berücksichtigende elterliche Einkommen oder Vermögen den in Satz 1 genannten jeweils maßgebenden Betrag übersteigt. Als elterliches Einkommen oder Vermögen gilt dabei dasjenige der Mitglieder der Bedarfsgemeinschaft mit Ausnahme des Einkommens und Vermögens der in dem Haushalt lebenden Kinder. Soweit das zu berücksichtigende elterliche Einkommen nicht nur aus Erwerbseinkünften besteht, ist davon auszugehen, dass die Überschreitung des in Satz 1

genannten jeweils maßgebenden Betrages durch die Erwerbseinkünfte verursacht wird, wenn nicht die Summe der anderen Einkommensteile oder des Vermögens für sich genommen diesen maßgebenden Betrag übersteigt. Für je 10 Euro, um die die monatlichen Erwerbseinkünfte den maßgebenden Betrag übersteigen, wird der Kinderzuschlag um 5 Euro monatlich gemindert. Anderes Einkommen sowie Vermögen mindern den Kinderzuschlag in voller Höhe. Kommt die Minderung des für mehrere Kinder zu zahlenden Kinderzuschlags in Betracht, wird sie beim Gesamtkinderzuschlag vorgenommen.

(4a) (weggefallen)

(5) Ein Anspruch auf Kinderzuschlag entfällt, wenn der Berechtigte erklärt, ihn für einen bestimmten Zeitraum wegen eines damit verbundenen Verlustes von anderen höheren Ansprüchen nicht geltend machen zu wollen. In diesen Fällen unterrichtet die Familienkasse den für den Wohnort des Berechtigten zuständigen Träger der Grundsicherung für Arbeitsuchende über die Erklärung. Die Erklärung nach Satz 1 kann mit Wirkung für die Zukunft widerrufen werden.

§ 6b

Leistungen für Bildung und Teilhabe

(1) Personen erhalten Leistungen für Bildung und Teilhabe für ein Kind, wenn sie für dieses Kind nach diesem Gesetz oder nach dem X. Abschnitt des Einkommensteuergesetzes Anspruch auf Kindergeld oder Anspruch auf andere Leistungen im Sinne von § 4 haben und wenn

1. das Kind mit ihnen in einem Haushalt lebt und sie für ein Kind Kinderzuschlag nach § 6a beziehen oder

2. im Falle der Bewilligung von Wohngeld sie und das Kind, für das sie Kindergeld beziehen, zu berücksichtigende Haushaltsmitglieder sind.

Satz 1 gilt entsprechend, wenn das Kind, nicht jedoch die berechtigte Person zu berücksichtigendes Haushaltsmitglied im Sinne von Satz 1 Nummer 2 ist und die berechtigte Person Leistungen nach dem Zweiten oder Zwölften Buch Sozialgesetzbuch bezieht. Wird das Kindergeld nach § 74 Absatz 1 des Einkommensteuergesetzes oder nach § 48 Absatz 1 des Ersten Buches Sozialgesetzbuch ausgezahlt, stehen die Leistungen für Bildung und Teilhabe dem Kind oder der Person zu, die dem Kind Unterhalt gewährt.

(2) Die Leistungen für Bildung und Teilhabe entsprechen den Leistungen zur Deckung der Bedarfe nach § 28 Absatz 2 bis 7 des Zweiten Buches Sozialgesetzbuch. § 28 Absatz 1 Satz 2 des Zweiten Buches Sozialgesetzbuch gilt entsprechend. Für die Bemessung der Leistungen für die Schülerbeförderung nach § 28 Absatz 4 des Zweiten Buches Sozialgesetzbuch ist ein Betrag in Höhe der regelbedarfsrelevanten Verbrauchsausgaben nach § 6 des Regelbedarfsermittlungsgesetzes entsprechend zu berücksichtigen. Für die Bemessung der Leistungen für die Schülerbeförderung nach § 28 Absatz 4 des Zweiten Buches Sozialgesetzbuch sind die erforderlichen tatsächlichen Aufwendungen zu berücksichtigen, soweit sie nicht von Dritten übernommen werden und den Leistungsberechtigten nicht zugemutet werden kann, die Aufwendungen aus eigenen Mitteln zu bestreiten. Als zumutbare Eigenleistung gilt in der Regel ein Betrag in Höhe von 5 Euro monatlich. Die Leistungen nach Satz 1 gelten nicht als Einkommen oder Vermögen im Sinne dieses Gesetzes. § 19 Absatz 3 des Zweiten Buches Sozialgesetzbuch findet keine Anwendung.

(2a) Ansprüche auf Leistungen für Bildung und Teilhabe verjähren in zwölf Monaten nach Ablauf des Kalendermonats, in dem sie entstanden sind.

(3) Für die Erbringung der Leistungen für Bildung und Teilhabe gelten die §§ 29, 30 und 40 Absatz 3 des Zweiten Buches Sozialgesetzbuch entsprechend.

Zweiter Abschnitt

Organisation und Verfahren

§ 7

Zuständigkeit

(1) Die Bundesagentur für Arbeit (Bundesagentur) führt dieses Gesetz nach fachlichen Weisungen des Bundesministeriums für Familie, Senioren, Frauen und Jugend durch.

(2) Die Bundesagentur führt bei der Durchführung dieses Gesetzes die Bezeichnung „Familienkasse".

(3) Abweichend von Absatz 1 führen die Länder § 6b als eigene Angelegenheit aus.

§ 7a
Datenübermittlung
Die Träger der Leistungen nach § 6b und die Träger der Grundsicherung für Arbeitsuchende teilen sich alle Tatsachen mit, die für die Erbringung und Abrechnung der Leistungen nach § 6b dieses Gesetzes und § 28 des Zweiten Buches Sozialgesetzbuch erforderlich sind.

§ 8
Aufbringung der Mittel
(1) Die Aufwendungen der Bundesagentur für die Durchführung dieses Gesetzes trägt der Bund.
(2) Der Bund stellt der Bundesagentur nach Bedarf die Mittel bereit, die sie für die Zahlung des Kindergeldes benötigt.
(3) Der Bund erstattet die Verwaltungskosten, die der Bundesagentur aus der Durchführung dieses Gesetzes entstehen, in einem Pauschbetrag, der zwischen der Bundesregierung und der Bundesagentur vereinbart wird.
(4) Abweichend von den Absätzen 1 bis 3 tragen die Länder die Ausgaben für die Leistungen nach § 6b und ihre Durchführung.

§ 9
Antrag
(1) Das Kindergeld und der Kinderzuschlag sind schriftlich zu beantragen. Der Antrag soll bei der nach § 13 zuständigen Familienkasse gestellt werden. Den Antrag kann außer dem Berechtigten auch stellen, wer ein berechtigtes Interesse an der Leistung des Kindergeldes hat.
(2) Vollendet ein Kind das 18. Lebensjahr, so wird es für den Anspruch auf Kindergeld nur dann weiterhin berücksichtigt, wenn der oder die Berechtigte anzeigt, dass die Voraussetzungen des § 2 Absatz 2 vorliegen. Absatz 1 gilt entsprechend.
(3) Die Leistungen für Bildung und Teilhabe sind bei der zuständigen Stelle schriftlich zu beantragen. Absatz 1 Satz 3 gilt entsprechend.

§ 10
Auskunftspflicht
(1) § 60 Absatz 1 des Ersten Buches Sozialgesetzbuch gilt auch für die bei dem Antragsteller oder Berechtigten berücksichtigten Kinder, für den nicht dauernd getrennt lebenden Ehegatten des Antragstellers oder Berechtigten und für die sonstigen Personen, bei denen die bezeichneten Kinder berücksichtigt werden. § 60 Absatz 4 des Zweiten Buches Sozialgesetzbuch gilt entsprechend.
(2) Soweit es zur Durchführung der §§ 2 und 6a erforderlich ist, hat der jeweilige Arbeitgeber der in diesen Vorschriften bezeichneten Personen auf Verlangen der zuständigen Stelle eine Bescheinigung über den Arbeitslohn, die einbehaltenen Steuern und Sozialabgaben auszustellen.
(3) Die Familienkassen können den nach Absatz 2 Verpflichteten eine angemessene Frist zur Erfüllung der Pflicht setzen.

§ 11
Gewährung des Kindergeldes und des Kinderzuschlags
(1) Das Kindergeld und der Kinderzuschlag werden monatlich gewährt.
(2) Auszuzahlende Beträge sind auf Euro abzurunden, und zwar unter 50 Cent nach unten, sonst nach oben.
(3) § 45 Absatz 3 des Zehnten Buches Sozialgesetzbuch findet keine Anwendung.
(4) Ein rechtswidriger nicht begünstigender Verwaltungsakt ist abweichend von § 44 Absatz 1 des Zehnten Buches Sozialgesetzbuch für die Zukunft zurückzunehmen; er kann ganz oder teilweise auch für die Vergangenheit zurückgenommen werden.

§ 12
Aufrechnung
§ 51 des Ersten Buches Sozialgesetzbuch gilt für die Aufrechnung eines Anspruchs auf Erstattung von Kindergeld und Kinderzuschlag gegen einen späteren Anspruch auf Kindergeld und Kinderzuschlag eines oder einer mit dem Erstattungspflichtigen in Haushaltsgemeinschaft lebenden Berechtigten entsprechend, soweit es sich um laufendes Kindergeld oder laufenden Kinderzuschlag für ein Kind handelt, das bei beiden berücksichtigt werden konnte.

§ 13
Zuständige Stelle

(1) Für die Entgegennahme des Antrages und die Entscheidungen über den Anspruch ist die Familienkasse (§ 7 Absatz 2) zuständig, in deren Bezirk der Berechtigte seinen Wohnsitz hat. Hat der Berechtigte keinen Wohnsitz im Geltungsbereich dieses Gesetzes, ist die Familienkasse zuständig, in deren Bezirk er seinen gewöhnlichen Aufenthalt hat. Hat der Berechtigte im Geltungsbereich dieses Gesetzes weder einen Wohnsitz noch einen gewöhnlichen Aufenthalt, ist die Familienkasse zuständig, in deren Bezirk er erwerbstätig ist. In den übrigen Fällen ist die Familienkasse Nürnberg zuständig.

(2) Die Entscheidungen über den Anspruch trifft die Leitung der Familienkasse.

(3) Der Vorstand der Bundesagentur kann für bestimmte Bezirke oder Gruppen von Berechtigten die Entscheidungen über den Anspruch auf Kindergeld einer anderen Familienkasse übertragen.

(4) Für die Leistungen nach § 6b bestimmen abweichend von den Absätzen 1 und 2 die Landesregierungen oder die von ihnen beauftragten Stellen die für die Durchführung zuständigen Behörden.

§ 14
Bescheid

Wird der Antrag auf Kindergeld, Kinderzuschlag oder Leistungen für Bildung und Teilhabe abgelehnt, ist ein schriftlicher Bescheid zu erteilen. Das Gleiche gilt, wenn das Kindergeld, Kinderzuschlag oder Leistungen für Bildung und Teilhabe entzogen werden.

§ 15
Rechtsweg

Für Streitigkeiten nach diesem Gesetz sind die Gerichte der Sozialgerichtsbarkeit zuständig.

Dritter Abschnitt
Bußgeldvorschriften

§ 16
Ordnungswidrigkeiten

(1) Ordnungswidrig handelt, wer vorsätzlich oder leichtfertig

1. entgegen § 60 Absatz 1 Satz 1 Nummer 1 oder Nummer 3 des Ersten Buches Sozialgesetzbuch in Verbindung mit § 10 Absatz 1 auf Verlangen nicht die leistungserheblichen Tatsachen angibt oder Beweisurkunden vorlegt,
2. entgegen § 60 Absatz 1 Satz 1 Nummer 2 des Ersten Buches Sozialgesetzbuch eine Änderung in den Verhältnissen, die für einen Anspruch auf Kindergeld, Kinderzuschlag oder Leistungen für Bildung und Teilhabe erheblich ist, nicht, nicht richtig, nicht vollständig oder nicht rechtzeitig mitteilt oder
3. entgegen § 10 Absatz 2 oder Absatz 3 auf Verlangen eine Bescheinigung nicht, nicht richtig, nicht vollständig oder nicht rechtzeitig ausstellt.

(2) Die Ordnungswidrigkeit kann mit einer Geldbuße geahndet werden.

(3) § 66 des Zehnten Buches Sozialgesetzbuch gilt entsprechend.

(4) Verwaltungsbehörden im Sinne des § 36 Absatz 1 Nummer 1 des Gesetzes über Ordnungswidrigkeiten sind die nach § 409 der Abgabenordnung bei Steuerordnungswidrigkeiten wegen des Kindergeldes nach dem X. Abschnitt des Einkommensteuergesetzes zuständigen Verwaltungsbehörden.

Vierter Abschnitt
Übergangs- und Schlussvorschriften

§ 17
Recht der Europäischen Gemeinschaft

Soweit in diesem Gesetz Ansprüche Deutschen vorbehalten sind, haben Angehörige der anderen Mitgliedstaaten der Europäischen Union, Flüchtlinge und Staatenlose nach Maßgabe des Vertrages zur Gründung der Europäischen Gemeinschaft und der auf seiner Grundlage erlassenen Verordnungen die gleichen Rechte. Auch im Übrigen bleiben die Bestimmungen der genannten Verordnungen unberührt.

§ 18
Anwendung des Sozialgesetzbuches

Soweit dieses Gesetz keine ausdrückliche Regelung trifft, ist bei der Ausführung das Sozialgesetzbuch anzuwenden.

§ 19
Übergangsvorschriften

(1) Ist für die Nachzahlung und Rückforderung von Kindergeld und Zuschlag zum Kindergeld für Berechtigte mit geringem Einkommen der Anspruch eines Jahres vor 1996 maßgeblich, finden die §§ 10, 11 und 11a in der bis zum 31. Dezember 1995 geltenden Fassung Anwendung.

(2) Verfahren, die am 1. Januar 1996 anhängig sind, werden nach den Vorschriften des Sozialgesetzbuches und des Bundeskindergeldgesetzes in der bis zum 31. Dezember 1995 geltenden Fassung zu Ende geführt, soweit in § 78 des Einkommensteuergesetzes nichts anderes bestimmt ist.

§ 20
Anwendungsvorschrift

(1) § 1 Absatz 3 in der am 19. Dezember 2006 geltenden Fassung ist in Fällen, in denen eine Entscheidung über den Anspruch auf Kindergeld für Monate in dem Zeitraum zwischen dem 1. Januar 1994 und dem 18. Dezember 2006 noch nicht bestandskräftig geworden ist, anzuwenden, wenn dies für den Antragsteller günstiger ist. In diesem Fall werden die Aufenthaltsgenehmigungen nach dem Ausländergesetz den Aufenthaltstiteln nach dem Aufenthaltsgesetz entsprechend den Fortgeltungsregelungen in § 101 des Aufenthaltsgesetzes gleichgestellt.

(2) § 5 Absatz 2 des Bundeskindergeldgesetzes in der Fassung der Bekanntmachung vom 23. Januar 1997 (BGBl. I S. 46) ist letztmals für das Kalenderjahr 1997 anzuwenden, so dass Kindergeld auf einen nach dem 31. Dezember 1997 gestellten Antrag rückwirkend längstens bis einschließlich Juli 1997 gezahlt werden kann.

(3) In Fällen, in denen die Entscheidung über die Höhe des Kindergeldanspruchs für Monate in dem Zeitraum zwischen dem 1. Januar 1994 und dem 31. Dezember 1995 noch nicht bestandskräftig geworden ist, ist statt des § 3 Absatz 3 Satz 1 dieses Gesetzes in der Fassung des Ersten Gesetzes zur Umsetzung des Spar-, Konsolidierungs- und Wachstumsprogramms vom 21. Dezember 1993 (BGBl. I S. 2353) § 3 Absatz 2 Satz 1 und 2 dieses Gesetzes in der am 23. Dezember 2020 geltenden Fassung anzuwenden.

(4) § 1 Absatz 2 Satz 3 und § 2 Absatz 2 und 3 in der Fassung des Artikels 3 des Gesetzes vom 19. Juli 2006 (BGBl. I S. 1652) ist für Kinder, die im Kalenderjahr 2006 das 24. Lebensjahr vollendeten, mit der Maßgabe anzuwenden, dass jeweils an die Stelle der Angabe "25. Lebensjahres" die Angabe „26. Lebensjahres" und an die Stelle der Angabe „25. Lebensjahr" die Angabe „26. Lebensjahr" tritt; für Kinder, die im Kalenderjahr 2006 das 25. oder 26. Lebensjahr vollendeten, sind § 1 Absatz 2 Satz 3 und § 2 Absatz 2 und 3 weiterhin in der bis zum 31. Dezember 2006 geltenden Fassung anzuwenden. § 1 Absatz 2 Satz 3 und § 2 Absatz 2 und 3 in der Fassung des Artikels 3 des Gesetzes vom 19. Juli 2006 (BGBl. I S. 1652) sind erstmals für Kinder anzuwenden, die im Kalenderjahr 2007 wegen einer vor Vollendung des 25. Lebensjahres eingetretenen körperlichen, geistigen oder seelischen Behinderung außerstande sind, sich selbst zu unterhalten; für Kinder, die wegen einer vor dem 1. Januar 2007 in der Zeit ab der Vollendung des 25. Lebensjahres und vor Vollendung des 27. Lebensjahres eingetretenen körperlichen, geistigen oder seelischen Behinderung außerstande sind, sich selbst zu unterhalten, ist § 2 Absatz 2 Satz 1 Nummer 3 weiterhin in der bis zum 31. Dezember 2006 geltenden Fassung anzuwenden. § 2 Absatz 3 Satz 1 in der Fassung des Artikels 3 des Gesetzes vom 19. Juli 2006 (BGBl. I S. 1652) ist für Kinder, die im Kalenderjahr 2006 das 24. Lebensjahr vollendeten, mit der Maßgabe anzuwenden, dass an die Stelle der Angabe „über das 21. oder 25. Lebensjahr hinaus" die Angabe „über das 21. oder 26. Lebensjahr hinaus" tritt; für Kinder, die im Kalenderjahr 2006 das 25., 26. oder 27. Lebensjahr vollendeten, ist § 2 Absatz 3 Satz 1 weiterhin in der bis zum 31. Dezember 2006 geltenden Fassung anzuwenden.

(5) § 2 Absatz 2 Satz 1 Nummer 2 Buchstabe d in der Fassung des Artikels 2 Absatz 8 Buchstabe a Doppelbuchstabe aa des Gesetzes vom 16. Mai 2008 (BGBl. I S. 842) ist auf Freiwilligendienste im Sinne des Beschlusses Nummer 1719/2006/EG des Europäischen Parlaments und des Rates vom 15. November 2006 zur Einführung des Programms „Jugend in Aktion" (ABl. EU Nr. L 327 S. 30), die vor dem 1. Januar 2014 begonnen wurden, in der Zeit vom 1. Januar 2007 bis zum 31. Dezember 2013 und auf Freiwilligendienste „weltwärts" im Sinne der Richtlinie des Bundesministeriums für wirtschaftliche Zusammenarbeit und Entwicklung vom 1. August 2007 (BAnz. 2008 S. 1297) ab dem 1. Januar 2008 anzuwenden. Die Regelungen des § 2 Absatz 2 Satz 1 Nummer 2 Buchstabe d in der bis

zum 31. Mai 2008 geltenden Fassung sind bezogen auf die Ableistung eines freiwilligen sozialen Jahres im Sinne des Gesetzes zur Förderung eines freiwilligen sozialen Jahres oder eines freiwilligen ökologischen Jahres im Sinne des Gesetzes zur Förderung eines freiwilligen ökologischen Jahres auch über den 31. Mai 2008 hinaus anzuwenden, soweit die vorstehend genannten freiwilligen Jahre vor dem 1. Juni 2008 vereinbart oder begonnen wurden und über den 31. Mai 2008 hinausgehen und die Beteiligten nicht die Anwendung der Vorschriften des Jugendfreiwilligendienstegesetzes vereinbaren. § 2 Absatz 2 Satz 1 Nummer 2 Buchstabe d in der Fassung des Artikels 13 des Gesetzes vom 16. Juli 2009 (BGBl. I S. 1959) ist auf einen Freiwilligendienst aller Generationen im Sinne von § 2 Absatz 1a des Siebten Buches Sozialgesetzbuch ab dem 1. Januar 2009 anzuwenden. § 2 Absatz 2 Satz 1 Nummer 2 Buchstabe d in der Fassung des Artikels 9 des Gesetzes vom 7. Dezember 2011 (BGBl. I S. 2592) ist auf einen Internationalen Jugendfreiwilligendienst ab dem 1. Januar 2011 und auf einen Bundesfreiwilligendienst ab dem 3. Mai 2011 anzuwenden. § 2 Absatz 2 Satz 1 Nummer 2 Buchstabe d in der am 31. Juli 2014 geltenden Fassung ist auf Freiwilligendienste im Sinne der Verordnung (EU) Nr. 1288/2013 des Europäischen Parlaments und des Rates vom 11. Dezember 2013 zur Einrichtung von „Erasmus+", dem Programm der Union für allgemeine und berufliche Bildung, Jugend und Sport, und zur Aufhebung der Beschlüsse Nr. 1719/2006/EG, Nr. 1720/2006/EG und Nr. 1298/2008/EG (ABl. L 347 vom 20.12.2013, S. 50), die ab dem 1. Januar 2014 begonnen wurden, ab dem 1. Januar 2014 anzuwenden.

(5a) § 2 Absatz 2 Satz 2 in der Fassung des Artikels 13 des Gesetzes vom 16. Juli 2009 (BGBl. I S. 1959) ist ab dem 1. Januar 2010 anzuwenden.

(6) § 2 Absatz 2 Satz 4 in der Fassung des Artikels 2 Absatz 8 des Gesetzes vom 16. Mai 2008 (BGBl. I S. 842) ist erstmals ab dem 1. Januar 2009 anzuwenden.

(7) § 6a Absatz 1 Nummer 2 in der am 30. September 2008 geltenden Fassung ist in Fällen, in denen zu diesem Zeitpunkt Kinderzuschlag bezogen wurde, so lange weiter anzuwenden, wie dies für die Antragsteller günstiger ist und der Bezug des Kinderzuschlags nicht unterbrochen wurde.

(8) Abweichend von § 9 Absatz 3 können die Leistungen nach § 6b vom 1. Januar bis 31. Mai 2011 bei der nach § 13 Absatz 1 zuständigen Familienkasse beantragt werden. Die Familienkasse, bei der die leistungsberechtigte Person den Antrag stellt, leitet den Antrag an die nach § 13 Absatz 4 bestimmte Stelle weiter. § 77 Absatz 7 und 11 Satz 4 des Zweiten Buches Sozialgesetzbuch gilt entsprechend. § 77 Absatz 9 und 11 Satz 1 bis 3 des Zweiten Buches Sozialgesetzbuch gilt mit der Maßgabe, dass die abweichende Leistungserbringung bis zum 31. Mai 2011 erfolgt; dabei bleibt § 77 Absatz 8 des Zweiten Buches Sozialgesetzbuch außer Betracht. Leistungen für mehrtägige Klassenfahrten nach § 6b Absatz 2 Satz 1 in Verbindung mit § 28 Absatz 2 Satz 1 Nummer 2 des Zweiten Buches Sozialgesetzbuch werden für den Zeitraum vom 1. Januar bis zum 31. Mai 2011 durch Geldleistung erbracht.

(9) § 2 Absatz 3 ist letztmals bis zum 31. Dezember 2018 anzuwenden; Voraussetzung ist in diesen Fällen, dass das Kind den Dienst oder die Tätigkeit vor dem 1. Juli 2011 angetreten hat.

§ 21
Sondervorschrift zur Steuerfreistellung des Existenzminimums eines Kindes in den Veranlagungszeiträumen 1983 bis 1995 durch Kindergeld

In Fällen, in denen die Entscheidung über die Höhe des Kindergeldanspruchs für Monate in dem Zeitraum zwischen dem 1. Januar 1983 und dem 31. Dezember 1995 noch nicht bestandskräftig geworden ist, kommt eine von den §§ 10 und 11 in der jeweils geltenden Fassung abweichende Bewilligung von Kindergeld nur in Betracht, wenn die Einkommensteuer formell bestandskräftig und hinsichtlich der Höhe der Kinderfreibeträge nicht vorläufig festgesetzt sowie das Existenzminimum des Kindes nicht unter der Maßgabe des § 53 Einkommensteuergesetzes steuerfrei belassen worden ist. Dies ist vom Kindergeldberechtigten durch eine Bescheinigung des zuständigen Finanzamtes nachzuweisen. Nach Vorlage dieser Bescheinigung hat die Familienkasse den vom Finanzamt ermittelten Unterschiedsbetrag zwischen der festgesetzten Einkommensteuer und der Einkommensteuer, die nach § 53 Satz 6 des Einkommensteuergesetzes festzusetzen gewesen wäre, wenn die Voraussetzungen nach § 53 Satz 1 und 2 des Einkommensteuergesetzes vorgelegen hätten, als zusätzliches Kindergeld zu zahlen.

§ 22
Bericht der Bundesregierung

Die Bundesregierung legt dem Deutschen Bundestag bis zum 31. Dezember 2006 einen Bericht über die Auswirkungen des § 6a (Kinderzuschlag) sowie über die gegebenenfalls notwendige Weiterentwicklung dieser Vorschrift vor.

Solidaritätszuschlaggesetz 1995 [1]

in der Fassung der Bekanntmachung der Neufassung vom 15. Oktober 2002
(BGBl. I S. 4130, BStBl. I S. 1154) [2]

§ 1
Erhebung eines Solidaritätszuschlags

(1) Zur Einkommensteuer und zur Körperschaftsteuer wird ein Solidaritätszuschlag als Ergänzungsabgabe erhoben.

(2) Auf die Festsetzung und Erhebung des Solidaritätszuschlags sind die Vorschriften des Einkommensteuergesetzes und des Körperschaftsteuergesetzes entsprechend anzuwenden.

(3) Ist die Einkommen- oder Körperschaftsteuer für Einkünfte, die dem Steuerabzug unterliegen, durch den Steuerabzug abgegolten oder werden solche Einkünfte bei der Veranlagung zur Einkommen- oder Körperschaftsteuer oder beim Lohnsteuer-Jahresausgleich nicht erfasst, gilt dies für den Solidaritätszuschlag entsprechend.

(4) Die Vorauszahlungen auf den Solidaritätszuschlag sind gleichzeitig mit den festgesetzten Vorauszahlungen auf die Einkommensteuer oder Körperschaftsteuer zu entrichten; § 37 Abs. 5 des Einkommensteuergesetzes ist nicht anzuwenden. Solange ein Bescheid über die Vorauszahlungen auf den Solidaritätszuschlag nicht erteilt worden ist, sind die Vorauszahlungen ohne besondere Aufforderung nach Maßgabe der für den Solidaritätszuschlag geltenden Vorschriften zu entrichten. § 240 Abs. 1 Satz 3 der Abgabenordnung ist insoweit nicht anzuwenden; § 254 Abs. 2 der Abgabenordnung gilt insoweit sinngemäß.

(5) Mit einem Rechtsbehelf gegen den Solidaritätszuschlag kann weder die Bemessungsgrundlage noch die Höhe des zu versteuernden Einkommens angegriffen werden. Wird die Bemessungsgrundlage geändert, ändert sich der Solidaritätszuschlag entsprechend.

§ 2
Abgabepflicht

Abgabepflichtig sind

1. natürliche Personen, die nach § 1 des Einkommensteuergesetzes einkommensteuerpflichtig sind,
2. natürliche Personen, die nach § 2 des Außensteuergesetzes [3] erweitert beschränkt steuerpflichtig sind,
3. Körperschaften, Personenvereinigungen und Vermögensmassen, die nach § 1 oder § 2 des Körperschaftsteuergesetzes körperschaftsteuerpflichtig sind.

§ 3
Bemessungsgrundlage und zeitliche Anwendung

(1) Der Solidaritätszuschlag bemisst sich vorbehaltlich der Absätze 2 bis 5,

1. soweit eine Veranlagung zur Einkommensteuer oder Körperschaftsteuer vorzunehmen ist:

    nach der nach Absatz 2 berechneten Einkommensteuer oder der festgesetzten Körperschaftsteuer für Veranlagungszeiträume ab 1998, vermindert um die anzurechnende oder vergütete Körperschaftsteuer, wenn ein positiver Betrag verbleibt;

2. soweit Vorauszahlungen zur Einkommensteuer oder Körperschaftsteuer zu leisten sind:

    nach den Vorauszahlungen auf die Steuer für Veranlagungszeiträume ab 2002;

3. soweit Lohnsteuer zu erheben ist:

    nach der nach Abs. 2a berechneten Lohnsteuer für

---

1) Vgl. auch das BdF-Schreiben vom 14.5.2008 (BStBl. I S. 587):
Die 3. Kammer des Zweiten Senats des Bundesverfassungsgerichts hat mit Beschluss vom 11. Februar 2008 – 2 BvR 1708/06 – die gegen den BFH-Beschluss vom 28. Juni 2006 – VII B 324/05 – (BStBl. II S. 692) gerichtete Verfassungsbeschwerde nicht zur Entscheidung angenommen. Der BFH hatte es in der mit der Verfassungsbeschwerde angegriffenen Entscheidung abgelehnt, die Revision wegen der Frage zuzulassen, ob im Veranlagungszeitraum 2002 die Erhebung des Solidaritätszuschlags verfassungsgemäß war.
Die Anweisung, Festsetzungen des Solidaritätszuschlags vorläufig vorzunehmen, wird mit sofortiger Wirkung aufgehoben. Wegen der Frage der Verfassungsmäßigkeit des Solidaritätszuschlaggesetzes 1995 kommt ein Ruhenlassen außergerichtlicher Rechtsbehelfsverfahren nicht mehr in Betracht.

2) Zuletzt geändert durch Art. 6 des Beitreibungsrichtlinie – Umsetzungsgesetzes vom 7.12.2011 (BGBl. I S. 2592).

3) Siehe Anhang 2.

SolidaritätszuschlagG   Anhang 9

  a) laufenden Arbeitslohn, der für einen nach dem 31. Dezember 1997 endenden Lohnzahlungszeitraum gezahlt wird,
  b) sonstige Bezüge, die nach dem 31. Dezember 1997 zufließen;
4. soweit ein Lohnsteuer-Jahresausgleich durchzuführen ist, nach der nach Abs. 2a sich ergebenden Jahreslohnsteuer für Ausgleichsjahre ab 1998;
5. soweit Kapitalertragsteuer oder Zinsabschlag zu erheben ist außer in den Fällen des § 43b des Einkommensteuergesetzes:
   nach der ab 1. Januar 1998 zu erhebenden Kapitalertragsteuer oder dem ab diesem Zeitpunkt zu erhebenden Zinsabschlag;
6. soweit bei beschränkt Steuerpflichtigen ein Steuerabzugsbetrag nach § 50a des Einkommensteuergesetzes zu erheben ist:
   nach dem ab 1. Januar 1998 zu erhebenden Steuerabzugsbetrag.

(2) Bei der Veranlagung zur Einkommensteuer ist Bemessungsgrundlage für den Solidaritätszuschlag die Einkommensteuer, die abweichend von § 2 Abs. 6 des Einkommensteuergesetzes unter Berücksichtigung von Freibeträgen nach § 32 Abs. 6 des Einkommensteuergesetzes in allen Fällen des § 32 des Einkommensteuergesetzes festzusetzen wäre.

(2a) Beim Steuerabzug vom Arbeitslohn ist Bemessungsgrundlage die Lohnsteuer; beim Steuerabzug vom laufenden Arbeitslohn und beim Jahresausgleich ist die Lohnsteuer maßgebend, die sich ergibt, wenn der nach § 39b Abs. 2 Satz 5[1)] des Einkommensteuergesetzes zu versteuernde Jahresbetrag für die Steuerklassen I, II und III im Sinne des § 38b des Einkommensteuergesetzes um den Kinderfreibetrag von 4 368[2)] Euro sowie den Freibetrag für den Betreuungs- und Erziehungs- oder Ausbildungsbedarf von 2 640[3)] Euro und für die Steuerklasse IV im Sinne des § 38b des Einkommensteuergesetzes um den Kinderfreibetrag von 2 184[4)] Euro sowie den Freibetrag für den Betreuungs- und Erziehungs- oder Ausbildungsbedarf von 1 320[5)] Euro für jedes Kind vermindert wird, für das eine Kürzung der Freibeträge für Kinder nach § 32 Abs. 6 Satz 4 des Einkommensteuergesetzes nicht in Betracht kommt. Bei der Anwendung des § 39b des Einkommensteuergesetzes für die Ermittlung des Solidaritätszuschlags ist die als Lohnsteuerabzugsmerkmal gebildete Zahl der Kinderfreibeträge maßgebend.[6)] Bei Anwendung des § 39f des Einkommensteuergesetzes ist beim Steuerabzug vom laufenden Arbeitslohn die Lohnsteuer maßgebend, die sich bei Anwendung des nach § 39f Abs. 1 des Einkommensteuergesetzes ermittelten Faktors auf den nach den Sätzen 1 und 2 ermittelten Betrag ergibt.

(3) Der Solidaritätszuschlag ist von einkommensteuerpflichtigen Personen nur zu erheben, wenn die Bemessungsgrundlage nach Absatz 1 Nummer 1 und 2, vermindert um die Einkommensteuer nach § 32d Absatz 3 und 4 des Einkommensteuergesetzes,
1. in den Fällen des § 32a Absatz 5 und 6 des Einkommensteuergesetzes 1 944 Euro,
2. in anderen Fällen 972 Euro

übersteigt. Auf die Einkommensteuer nach § 32d Absatz 3 und 4 des Einkommensteuergesetzes ist der Solidaritätszuschlag ungeachtet des Satzes 1 zu erheben.

(4) Beim Abzug vom laufenden Arbeitslohn ist der Solidaritätszuschlag nur zu erheben, wenn die Bemessungsgrundlage im jeweiligen Lohnzahlungszeitraum
1. bei monatlicher Lohnzahlung
   a) in der Steuerklasse III mehr als 162 Euro und
   b) in den Steuerklassen I, II, IV bis VI mehr als 81 Euro,
2. bei wöchentlicher Lohnzahlung
   a) in der Steuerklasse III mehr als 37,80 Euro und
   b) in den Steuerklassen I, II, IV bis VI mehr als 18,90 Euro,
3. bei täglicher Lohnzahlung
   a) in der Steuerklasse III mehr als 5,40 Euro und
   b) in den Steuerklassen I, II, IV bis VI mehr als 2,70 Euro

---

1) Hinweis auf § 6 Abs. 9.
2) VZ 2009: 3 864 €.
3) VZ 2009: 2 160 €.
4) VZ 2009: 1 932 €.
5) VZ 2009: 1 080 €.
6) Hinweis auf § 6 Absatz 13.

beträgt.

§ 39b Abs. 4 des Einkommensteuergesetzes ist sinngemäß anzuwenden.

(5) Beim Lohnsteuer-Jahresausgleich ist der Solidaritätszuschlag nur zu ermitteln, wenn die Bemessungsgrundlage in Steuerklasse III mehr als 1 944 Euro und in den Steuerklassen I, II oder IV mehr als 972 Euro beträgt.

§ 4
Zuschlagsatz

Der Solidaritätszuschlag beträgt 5,5 Prozent der Bemessungsgrundlage. Er beträgt nicht mehr als 20 Prozent des Unterschiedsbetrages zwischen der Bemessungsgrundlage, vermindert um die Einkommensteuer nach § 32d Absatz 3 und 4 des Einkommensteuergesetzes, und der nach § 3 Absatz 3 bis 5 jeweils maßgebenden Freigrenze. Bruchteile eines Cents bleiben außer Ansatz. Der Solidaritätszuschlag auf die Einkommensteuer nach § 32d Absatz 3 und 4 des Einkommensteuergesetzes beträgt ungeachtet des Satzes 2 5,5 Prozent.

§ 5
Doppelbesteuerungsabkommen

Werden auf Grund eines Abkommens zur Vermeidung der Doppelbesteuerung im Geltungsbereich dieses Gesetzes erhobene Steuern vom Einkommen ermäßigt, so ist diese Ermäßigung zuerst auf den Solidaritätszuschlag zu beziehen.

§ 6
Anwendungsvorschrift

(1) § 2 in der Fassung des Gesetzes vom 18. Dezember 1995 (BGBl. I S. 1959) ist ab dem Veranlagungszeitraum 1995 anzuwenden.

(2) Das Gesetz in der Fassung des Gesetzes vom 11. Oktober 1995 (BGBl. I S. 1250) ist erstmals für den Veranlagungszeitraum 1996 anzuwenden.

(3) Das Gesetz in der Fassung des Gesetzes vom 21. November 1997 (BGBl. I S. 2743) ist erstmals für den Veranlagungszeitraum 1998 anzuwenden.

(4) Das Gesetz in der Fassung des Gesetzes vom 23. Oktober 2000 (BGBl. I S. 1433) ist erstmals für den Veranlagungszeitraum 2001 anzuwenden.

(5) Das Gesetz in der Fassung des Gesetzes vom 21. Dezember 2000 (BGBl. I S. 1978) ist erstmals für den Veranlagungszeitraum 2001 anzuwenden.

(6) Das Solidaritätszuschlaggesetz 1995 in der Fassung des Artikels 6 des Gesetzes vom 19. Dezember 2000 (BGBl. I S. 1790) ist erstmals für den Veranlagungszeitraum 2002 anzuwenden.

(7) § 1 Abs. 2a in der Fassung des Gesetzes zur Regelung der Bemessungsgrundlage für Zuschlagsteuern vom 21. Dezember 2000 (BGBl. I S. 1978, 1979) ist letztmals für den Veranlagungszeitraum 2001 anzuwenden.

(8) § 3 Abs. 2a in der Fassung des Gesetzes zur Regelung der Bemessungsgrundlage für Zuschlagsteuern vom 21. Dezember 2000 (BGBl. I S. 1978, 1979) ist erstmals für den Veranlagungszeitraum 2002 anzuwenden.

(9) § 3 in der Fassung des Artikels 7 des Gesetzes vom 20. Dezember 2007 (BGBl. I S. 3150) ist erstmals für den Veranlagungszeitraum 2008 anzuwenden.

(10) § 3 in der Fassung des Artikels 5 des Gesetzes vom 22. Dezember 2008 (BGBl. I S. 2955) ist erstmals für den Veranlagungszeitraum 2009 anzuwenden.

(11) § 3 in der Fassung des Artikels 9 des Gesetzes vom 22. Dezember 2009 (BGBl. I S. 3950) ist erstmals für den Veranlagungszeitraum 2010 anzuwenden.

(12) § 3 Absatz 3 und § 4 in der Fassung des Artikels 31 des Gesetzes vom 8. Dezember 2010 (BGBl. I S. 1768) sind erstmals für den Veranlagungszeitraum 2011 anzuwenden. Abweichend von Satz 1 sind § 3 Absatz 3 und § 4 in der Fassung des Artikels 31 des Gesetzes vom 8. Dezember 2010 (BGBl. I S. 1768) auch für die Veranlagungszeiträume 2009 und 2010 anzuwenden, soweit sich dies zu Gunsten des Steuerpflichtigen auswirkt.

(13) § 3 Absatz 2a Satz 2 in der Fassung des Artikels 6 des Gesetzes vom 7. Dezember 2011 (BGBl. I S. 2592) ist erstmals für den Veranlagungszeitraum 2012 anzuwenden.

Investitionszulagengesetz 2010 (InvZulG 2010)[1)]

Inhaltsübersicht

§ 1 Anspruchsberechtigter, Fördergebiet
§ 2 Begünstigte Investitionen
§ 3 Begünstigte Betriebe
§ 4 Investitionszeitraum
§ 5 Bemessungsgrundlage
§ 6 Höhe der Investitionszulage
§ 7 Antrag auf Investitionszulage
§ 8 Gesonderte Feststellung
§ 9 Einzelnotifizierungspflichten, Genehmigungsvorbehalte sowie anzuwendende Rechtsvorschriften der Kommission der Europäischen Gemeinschaften
§ 10 Festsetzung und Auszahlung
§ 11 Zusammentreffen mit anderen Regionalbeihilfen
§ 12 Verzinsung des Rückforderungsanspruchs
§ 13 Ertragsteuerrechtliche Behandlung der Investitionszulage
§ 14 Anwendung der Abgabenordnung
 15 Verfolgung von Straftaten
§ 16 Ermächtigungen
§ 17 Bekanntmachungserlaubnis
Anlage 1 (zu § 1 Abs. 2)
Anlage 2 (zu § 3 Abs. 2 Satz 2)

§ 1
Anspruchsberechtigter, Fördergebiet

(1) Steuerpflichtige im Sinne des Einkommensteuergesetzes und des Körperschaftsteuergesetzes, die im Fördergebiet begünstigte Investitionen im Sinne des § 2 vornehmen, haben Anspruch auf eine Investitionszulage. Steuerpflichtige im Sinne des Körperschaftsteuergesetzes haben keinen Anspruch, soweit sie nach § 5 des Körperschaftsteuergesetzes von der Körperschaftsteuer befreit sind. Bei Personengesellschaften und Gemeinschaften tritt an die Stelle des Steuerpflichtigen die Gesellschaft oder die Gemeinschaft als Anspruchsberechtigte.

(2) Fördergebiet sind die Länder Berlin, Brandenburg, Mecklenburg-Vorpommern, Sachsen, Sachsen-Anhalt und Thüringen.

§ 2
Begünstigte Investitionen

(1) Begünstigte Investitionen sind die Anschaffung und die Herstellung von neuen abnutzbaren beweglichen Wirtschaftsgütern des Anlagevermögens,

1. die zu einem Erstinvestitionsvorhaben im Sinne des Absatzes 3 gehören und
2. die mindestens fünf Jahre nach Beendigung des Erstinvestitionsvorhabens (Bindungszeitraum)
    a) zum Anlagevermögen eines Betriebs oder einer Betriebsstätte eines begünstigten Betriebs im Sinne des § 3 Abs. 1 des Anspruchsberechtigten im Fördergebiet gehören,
    b) in einer Betriebsstätte eines begünstigten Betriebs im Sinne des § 3 Abs. 1 des Anspruchsberechtigten im Fördergebiet verbleiben,
    c) in jedem Jahr zu nicht mehr als 10 Prozent privat genutzt werden.

Nicht begünstigt sind Luftfahrzeuge, Personenkraftwagen und geringwertige Wirtschaftsgüter im Sinne des § 6 Abs. 2 Satz 1 des Einkommensteuergesetzes. Der Bindungszeitraum verringert sich auf drei Jahre, wenn die beweglichen Wirtschaftsgüter in einem begünstigten Betrieb verbleiben, der zusätzlich die Begriffsdefinition für kleine und mittlere Unternehmen im Sinne der Empfehlung der Kommission vom 6. Mai 2003 betreffend die Definition der Kleinstunternehmen sowie der kleinen und mittleren Unternehmen (ABl. EU Nr. L 124 S. 36) im Zeitpunkt des Beginns des Erstinvestitionsvorhabens erfüllt. Für den Anspruch auf Investitionszulage ist es unschädlich, wenn das begünstigte Wirtschaftsgut

---

1) In der Fassung vom 22.12.2009 (BGBl. I S. 3950, 3955).

Anhang 10   InvZulG 2010

1. innerhalb des Bindungszeitraums
   a) in das Anlagevermögen eines begünstigten Betriebs im Sinne des § 3 Abs. 1 eines mit dem Anspruchsberechtigten verbundenen Unternehmens im Fördergebiet übergeht oder
   b) in einem begünstigten Betrieb im Sinne des § 3 Abs. 1 eines mit dem Anspruchsberechtigten verbundenen Unternehmens im Fördergebiet verbleibt und
2. innerhalb des Bindungszeitraums dem geförderten Erstinvestitionsvorhaben eindeutig zugeordnet bleibt.

Ersetzt der Anspruchsberechtigte ein begünstigtes bewegliches Wirtschaftsgut wegen rascher technischer Veränderungen vor Ablauf des jeweils maßgebenden Bindungszeitraums durch ein neues abnutzbares bewegliches Wirtschaftsgut, ist Satz 1 Nr. 2 mit der Maßgabe anzuwenden, dass für die verbleibende Zeit des jeweils maßgebenden Bindungszeitraums das Ersatzwirtschaftsgut an die Stelle des begünstigten beweglichen Wirtschaftsguts tritt. Für die Einhaltung der Bindungsvoraussetzungen im Sinne des Satzes 1 Nr. 2 ist es unschädlich, wenn ein begünstigtes Wirtschaftsgut nach Ablauf seiner betriebsgewöhnlichen Nutzungsdauer und vor Ablauf des Bindungszeitraums aus dem Anlagevermögen ausscheidet. Als Privatnutzung im Sinne des Satzes 1 Nr. 2 Buchstabe c gilt auch die Verwendung von Wirtschaftsgütern, die zu einer verdeckten Gewinnausschüttung nach § 8 Abs. 3 des Körperschaftsteuergesetzes führt.

(2) Begünstigte Investitionen sind auch die Anschaffung neuer Gebäude, Eigentumswohnungen, im Teileigentum stehender Räume und anderer Gebäudeteile, die selbständige unbewegliche Wirtschaftsgüter sind (Gebäude), bis zum Ende des Jahres der Fertigstellung sowie die Herstellung neuer Gebäude, soweit die Gebäude zu einem Erstinvestitionsvorhaben im Sinne des Absatzes 3 gehören und mindestens fünf Jahre nach dem Abschluss des Investitionsvorhabens in einem begünstigten Betrieb im Sinne des § 3 Abs. 1 verwendet werden. Im Fall der Anschaffung kann Satz 1 nur angewendet werden, wenn kein anderer Anspruchsberechtigter für das Gebäude Investitionszulage in Anspruch nimmt. Absatz 1 Satz 3 und 4 gilt entsprechend.

(3) Erstinvestitionsvorhaben sind die
1. Errichtung einer neuen Betriebsstätte,
2. Erweiterung einer bestehenden Betriebsstätte,
3. Diversifizierung der Produktion einer Betriebsstätte in neue, zusätzliche Produkte,
4. grundlegende Änderung des Gesamtproduktionsverfahrens einer bestehenden Betriebsstätte oder
5. Übernahme eines Betriebs, der geschlossen worden ist oder geschlossen worden wäre, wenn der Betrieb nicht übernommen worden wäre und wenn die Übernahme durch einen unabhängigen Investor erfolgt.

§ 3
Begünstigte Betriebe

(1) Begünstigte Betriebe sind:
1. Betriebe des verarbeitenden Gewerbes;
2. Betriebe der folgenden produktionsnahen Dienstleistungen:
   a) Rückgewinnung,
   b) Bautischlerei und Bauschlosserei,
   c) Verlegen von Büchern und Zeitschriften; sonstiges Verlagswesen (ohne Software),
   d) Erbringung von Dienstleistungen der Informationstechnologie,
   e) Datenverarbeitung, Hosting und damit verbundene Tätigkeiten; Webportale,
   f) Ingenieurbüros für bautechnische Gesamtplanung,
   g) Ingenieurbüros für technische Fachplanung und Ingenieurdesign,
   h) technische, physikalische und chemische Untersuchung,
   i) Forschung und Entwicklung,
   j) Werbung und Marktforschung,
   k) Fotografie,
   l) Reparatur von Telekommunikationsgeräten;
3. folgende Betriebe des Beherbergungsgewerbes:
   a) Hotels, Gasthöfe und Pensionen,
   b) Erholungs- und Ferienheime,

c) Jugendherbergen und Hütten,

d) Campingplätze.

Die Zuordnung eines Betriebs zu dem verarbeitenden Gewerbe, den produktionsnahen Dienstleistungen und dem Beherbergungsgewerbe ist nach der vom Statistischen Bundesamt in 65189 Wiesbaden, Gustav-Stresemann-Ring 11, herausgegebenen Klassifikation der Wirtschaftszweige, Ausgabe 2008 (WZ 2008), vorzunehmen. Hat ein Betrieb Betriebsstätten innerhalb und außerhalb des Fördergebiets, gelten für die Einordnung des Betriebs in das verarbeitende Gewerbe, die produktionsnahen Dienstleistungen oder das Beherbergungsgewerbe alle Betriebsstätten im Fördergebiet als ein Betrieb.

(2) § 2 Abs. 1 und 2 gilt für Erstinvestitionsvorhaben in Betriebsstätten in den in der Anlage 1 zu diesem Gesetz aufgeführten Teilen des Landes Berlin nur, wenn der anspruchsberechtigte begünstigte Betrieb im Sinne des Absatzes 1 im Zeitpunkt des Beginns des Erstinvestitionsvorhabens die Begriffsdefinition für kleine und mittlere Unternehmen im Sinne der Empfehlung der Kommission vom 6. Mai 2003 erfüllt. § 2 Abs. 1 und 2 gilt nur, soweit die Förderfähigkeit in den sensiblen Sektoren, die in der Anlage 2 zu diesem Gesetz aufgeführt sind, nicht eingeschränkt oder von vornherein ausgeschlossen ist.

§ 4

Investitionszeitraum

(1) Investitionen sind begünstigt, wenn sie zu einem Erstinvestitionsvorhaben im Sinne des § 2 Abs. 3 gehören, mit dem der Anspruchsberechtigte entweder

1. vor dem 1. Januar 2010,

2. nach dem 31. Dezember 2009 und vor dem 1. Januar 2011,

3. nach dem 31. Dezember 2010 und vor dem 1. Januar 2012,

4. nach dem 31. Dezember 2011 und vor dem 1. Januar 2013 oder

5. nach dem 31. Dezember 2012 und vor dem 1. Januar 2014

begonnen hat und die einzelne begünstigte Investition nach dem 31. Dezember 2009 und vor dem 1. Januar 2014 abgeschlossen wird oder nach dem 31. Dezember 2013 abgeschlossen wird, soweit vor dem 1. Januar 2014 Teilherstellungskosten entstanden oder im Fall der Anschaffung Teillieferungen erfolgt sind.

(2) Ein Erstinvestitionsvorhaben ist begonnen, wenn mit der ersten hierzu gehörenden Einzelinvestition begonnen worden ist. Außer in den Fällen des § 2 Abs. 3 Nr. 5 ist der Grundstückserwerb nicht als Investitionsbeginn anzusehen. Die Investition ist in dem Zeitpunkt begonnen, in dem das Wirtschaftsgut bestellt oder mit seiner Herstellung begonnen worden ist. Gebäude gelten in dem Zeitpunkt als bestellt, in dem über ihre Anschaffung ein rechtswirksam abgeschlossener obligatorischer Vertrag oder ein gleichstehender Rechtsakt vorliegt. Als Beginn der Herstellung gilt bei Gebäuden der Abschluss eines der Ausführung zuzurechnenden Lieferungs- oder Leistungsvertrages oder die Aufnahme von Bauarbeiten. Investitionen sind in dem Zeitpunkt abgeschlossen, in dem die Wirtschaftsgüter angeschafft oder hergestellt sind.

§ 5

Bemessungsgrundlage

Bemessungsgrundlage der Investitionszulage ist die Summe der Anschaffungs- und Herstellungskosten der im Wirtschaftsjahr oder Kalenderjahr abgeschlossenen begünstigten Investitionen, soweit sie die vor dem 1. Januar 2010 entstandenen Teilherstellungskosten oder den Teil der Anschaffungskosten, der auf die vor dem 1. Januar 2010 erfolgten Teillieferungen entfällt, übersteigen. In die Bemessungsgrundlage können die im Wirtschaftsjahr oder Kalenderjahr geleisteten Anzahlungen auf Anschaffungskosten und die entstandenen Teilherstellungskosten einbezogen werden. Das gilt für vor dem 1. Januar 2010 geleistete Anzahlungen auf Anschaffungskosten nur insoweit, als sie den Teil der Anschaffungskosten, der auf die vor dem 1. Januar 2010 erfolgten Teillieferungen entfällt, übersteigen. In den Fällen der Sätze 2 und 3 dürfen im Wirtschaftsjahr oder Kalenderjahr der Anschaffung oder Herstellung der Wirtschaftsgüter die Anschaffungs- oder Herstellungskosten bei der Bemessung der Investitionszulage nur berücksichtigt werden, soweit sie die Anzahlungen, Teilherstellungskosten oder die Anschaffungskosten für Teillieferungen übersteigen. § 7a Abs. 2 Satz 3 bis 5 des Einkommensteuergesetzes gilt entsprechend. Die Beschränkungen der Bemessungsgrundlage nach den Sätzen 1 und 3 gelten nur, soweit ein Anspruch auf Investitionszulage nach dem Investitionszulagengesetz 2007 besteht.

§ 6
Höhe der Investitionszulage

(1) Die Investitionszulage beträgt vorbehaltlich der Absätze 4 und 5 für begünstigte Investitionen eines Erstinvestitionsvorhabens

1. im Sinne des § 4 Abs. 1 Satz 1 Nr. 1   12,5 Prozent,
2. im Sinne des § 4 Abs. 1 Satz 1 Nr. 1, wenn es sich um Investitionen in Betriebsstätten in den in der Anlage 1 zu diesem Gesetz aufgeführten Teilen des Landes Berlin handelt und der anspruchsberechtigte begünstigte Betrieb im Zeitpunkt des Beginns des Erstinvestitionsvorhabens die Begriffsdefinition für mittlere Unternehmen im Sinne der Empfehlung der Kommission vom 6. Mai 2003 erfüllt,   10 Prozent,
3. im Sinne des § 4 Abs. 1 Satz 1 Nr. 2   10 Prozent,
4. im Sinne des § 4 Abs. 1 Satz 1 Nr. 3   7,5 Prozent,
5. im Sinne des § 4 Abs. 1 Satz 1 Nr. 4   5 Prozent,
6. im Sinne des § 4 Abs. 1 Satz 1 Nr. 5   2,5 Prozent

der Bemessungsgrundlage.

(2) Erfüllt der anspruchsberechtigte begünstigte Betrieb im Zeitpunkt des Beginns des Erstinvestitionsvorhabens die Begriffsdefinition für kleine und mittlere Unternehmen im Sinne der Empfehlung der Kommission vom 6. Mai 2003, erhöht sich die Investitionszulage vorbehaltlich der Absätze 3 bis 5 für den Teil der Bemessungsgrundlage, der auf Investitionen im Sinne des § 2 Abs. 1 entfällt, bei Erstinvestitionsvorhaben

1. im Sinne des § 4 Abs. 1 Satz 1 Nr. 1   auf 25 Prozent,
2. im Sinne des § 4 Abs. 1 Satz 1 Nr. 2   auf 20 Prozent,
3. im Sinne des § 4 Abs. 1 Satz 1 Nr. 1 und 2 im Rahmen eines großen Investitionsvorhabens im Sinne der Leitlinien für staatliche Beihilfen mit regionaler Zielsetzung 2007-2013 (ABl. EU 2006 Nr. C 54 S. 13) in Betriebsstätten in den nicht in der Anlage 1 zu diesem Gesetz aufgeführten Teilen des Landes Berlin auf   auf 15 Prozent,
4. im Sinne des § 4 Abs. 1 Satz 1 Nr. 3   auf 15 Prozent,
5. im Sinne des § 4 Abs. 1 Satz 1 Nr. 4   auf 10 Prozent,
6. im Sinne des § 4 Abs. 1 Satz 1 Nr. 5   auf 5 Prozent

der Bemessungsgrundlage.

(3) Abweichend von Absatz 2 erhöht sich die Investitionszulage in den in der Anlage 1 zu diesem Gesetz aufgeführten Teilen des Landes Berlin vorbehaltlich des Absatzes 5 für den Teil der Bemessungsgrundlage, der auf Investitionen im Sinne des § 2 Abs. 1 entfällt, bei Erstinvestitionsvorhaben

1. im Sinne des § 4 Abs. 1 Satz 1 Nr. 1 bis 3 auf 10 Prozent

der Bemessungsgrundlage, wenn der anspruchsberechtigte begünstigte Betrieb im Zeitpunkt des Beginns des Erstinvestitionsvorhabens die Begriffsdefinition für mittlere Unternehmen im Sinne der Empfehlung der Kommission vom 6. Mai 2003 erfüllt,

2. im Sinne des § 4 Abs. 1 Satz 1 Nr. 1 auf 20 Prozent

der Bemessungsgrundlage, wenn der anspruchsberechtigte begünstigte Betrieb im Zeitpunkt des Beginns des Erstinvestitionsvorhabens die Begriffsdefinition für kleine Unternehmen im Sinne der Empfehlung der Kommission vom 6. Mai 2003 erfüllt.

(4) Bei Investitionen, die zu einem großen Investitionsvorhaben gehören, auf das der multisektorale Regionalbeihilferahmen für große Investitionsvorhaben vom 19. März 2002 (ABl. EG Nr. C 70 S. 8), zuletzt geändert durch die Mitteilung der Kommission vom 1. November 2003 (ABl. EU Nr. C 263 S. 3), oder die Leitlinien für staatliche Beihilfen mit regionaler Zielsetzung 2007-2013 anzuwenden sind, sind die Absätze 1 und 2 nur insoweit anzuwenden, als der jeweils beihilferechtlich geltende Regionalförderhöchstsatz durch die Gewährung von Investitionszulagen nicht überschritten wird.

(5) Für Investitionen eines Erstinvestitionsvorhabens in Betriebsstätten in den in der Anlage 1 zu diesem Gesetz aufgeführten Teilen des Landes Berlin gelten die Absätze 1 bis 3 nur, soweit die Investitionszulage für ein Erstinvestitionsvorhaben den Betrag von 7,5 Millionen Euro nicht überschreitet. Eine höhere Investitionszulage kann nur dann festgesetzt werden, wenn eine Genehmigungsentscheidung der

Kommission vor Festsetzung der Investitionszulage erteilt worden ist, in der eine höhere Beihilfeintensität festgelegt worden ist.

§ 7
Antrag auf Investitionszulage

(1) Der Antrag ist bei dem für die Besteuerung des Anspruchsberechtigten nach dem Einkommen zuständigen Finanzamt zu stellen. Ist eine Personengesellschaft oder Gemeinschaft Anspruchsberechtigter, so ist der Antrag bei dem Finanzamt zu stellen, das für die einheitliche und gesonderte Feststellung der Einkünfte zuständig ist.

(2) Der Antrag ist nach amtlich vorgeschriebenem Vordruck zu stellen und vom Anspruchsberechtigten eigenhändig zu unterschreiben. In dem Antrag sind die Investitionen, für die eine Investitionszulage beansprucht wird, so genau zu bezeichnen, dass ihre Feststellung bei einer Nachprüfung möglich ist.

§ 8
Gesonderte Feststellung

(1) Werden die in einem Betrieb im Sinne des § 2 des Einkommensteuergesetzes erzielten Einkünfte nach § 180 Abs. 1 Nr. 2 Buchstabe b der Abgabenordnung gesondert festgestellt, sind die Bemessungsgrundlage und der Prozentsatz der Investitionszulage für Wirtschaftsgüter, die zum Anlagevermögen dieses Betriebs gehören, von dem für die gesonderte Feststellung zuständigen Finanzamt gesondert festzustellen. Die für die Feststellung erforderlichen Angaben sind in den Antrag nach § 7 Abs. 2 aufzunehmen.

(2) Befindet sich das für die Besteuerung des Anspruchsberechtigten nach dem Einkommen zuständige Finanzamt außerhalb des Fördergebiets, sind die Bemessungsgrundlage und der Prozentsatz der Investitionszulage von dem Finanzamt im Fördergebiet gesondert festzustellen, in dessen Bezirk sich das Vermögen des Anspruchsberechtigten und, wenn dies für mehrere Finanzämter zutrifft, von dem Finanzamt im Fördergebiet, in dessen Bezirk sich der wertvollste Teil des Vermögens befindet. Die für die Feststellung erforderlichen Angaben sind in den Antrag nach § 7 Abs. 2 aufzunehmen.

§ 9
Einzelnotifizierungspflichten, Genehmigungsvorbehalte sowie anzuwendende Rechtsvorschriften der Kommission der Europäischen Gemeinschaften

(1) Auf dieses Gesetz findet die Verordnung (EG) Nr. 800/2008 der Kommission vom 6. August 2008 zur Erklärung der Vereinbarkeit bestimmter Gruppen von Beihilfen mit dem Gemeinsamen Markt in Anwendung der Artikel 87 und 88 EG-Vertrag (allgemeine Gruppenfreistellungsverordnung) (ABl. EU Nr. L 214 S. 3) Anwendung.

(2) Die Investitionszulage für Investitionen, die zu einem großen Investitionsvorhaben gehören, das die Anmeldungsvoraussetzungen des multisektoralen Regionalbeihilferahmens für große Investitionsvorhaben vom 16. Dezember 1997 (ABl. EG 1998 Nr. C 107 S. 7), zuletzt geändert durch die Mitteilung der Kommission vom 11. August 2001 (ABl. EG Nr. C 226 S. 1), oder des multisektoralen Regionalbeihilferahmens für große Investitionsvorhaben vom 19. März 2002 erfüllt, ist erst festzusetzen, wenn die Kommission die höchstzulässige Beihilfeintensität festgelegt hat.

(3) Die Investitionszulage zugunsten großer Investitionsvorhaben im Sinne der Leitlinien für staatliche Beihilfen mit regionaler Zielsetzung 2007-2013 ist bei der Kommission anzumelden, wenn der Gesamtförderbetrag aus sämtlichen Quellen folgende Beträge überschreitet:

1. 22,5 Millionen Euro bei Erstinvestitionsvorhaben in Fördergebieten nach Artikel 87 Abs. 3 Buchstabe a des Vertrags zur Gründung der Europäischen Gemeinschaft mit 30 Prozent Beihilfehöchstintensität,
2. 11,25 Millionen Euro bei Erstinvestitionsvorhaben in Fördergebieten nach Artikel 87 Abs. 3 Buchstabe c des Vertrags zur Gründung der Europäischen Gemeinschaft mit 15 Prozent Beihilfehöchstintensität,
3. 15 Millionen Euro bei Erstinvestitionsvorhaben in Fördergebieten nach Artikel 87 Abs. 3 Buchstabe c des Vertrags zur Gründung der Europäischen Gemeinschaft mit 20 Prozent Beihilfehöchstintensität.

Die Investitionszulage ist in diesen Fällen erst festzusetzen, wenn die Kommission die höchstzulässige Beihilfeintensität festgelegt hat.

(4) Die Investitionszulage für Investitionen in den in der Anlage 2 Nr. 2 und 5 aufgeführten sensiblen Sektoren Fischerei- und Aquakultur sowie Schiffbau ist bei der Kommission einzeln anzumelden und erst nach Genehmigung durch die Kommission festzusetzen. Die Investitionszulage für Investitionen in

den in der Anlage 2 Nr. 1 und 4 aufgeführten sensiblen Sektoren Stahl- und Kunstfaserindustrie ist hingegen ausgeschlossen.

(5) Bei einem Unternehmen, das einer Rückforderungsanordnung auf Grund einer Entscheidung der Kommission über die Rückzahlung einer Beihilfe nicht Folge leistet, ist die Investitionszulage erst festzusetzen, wenn der Rückforderungsbetrag zurückgezahlt worden ist.

(6) Die Investitionszulage ist der Kommission zur Genehmigung vorzulegen und erst nach deren Genehmigung festzusetzen, wenn sie für ein Unternehmen in Schwierigkeiten bestimmt ist.

§ 10
Festsetzung und Auszahlung

Die Investitionszulage ist nach Ablauf des Wirtschaftsjahres oder Kalenderjahres festzusetzen und innerhalb eines Monats nach Bekanntgabe des Bescheids aus den Einnahmen an Einkommensteuer oder Körperschaftsteuer auszuzahlen.

§ 11
Zusammentreffen mit anderen Regionalbeihilfen

(1) Trifft bei einem Erstinvestitionsvorhaben die Investitionszulage mit anderen Regionalbeihilfen oder „De-minimis"-Beihilfen im Sinne des Artikels 2 der Verordnung (EG) Nr. 1998/2006 der Kommission vom 15. Dezember 2006 über die Anwendung der Artikel 87 und 88 EG-Vertrag auf De-minimis-Beihilfen (ABl. EU Nr. L 379 S. 5) zusammen, sind die in der Kommissionsentscheidung zur jeweils geltenden regionalen Fördergebietskarte genehmigten Förderhöchstintensitäten maßgeblich. Der Anspruch auf Investitionszulage bleibt hiervon unberührt. Die Einhaltung des Beihilfehöchstsatzes hat der jeweils andere Beihilfegeber sicherzustellen; sie ist Voraussetzung dafür, dass die Investitionszulage mit anderen Regionalbeihilfen zusammentreffen darf.

(2) Trifft bei einem Erstinvestitionsvorhaben die Investitionszulage mit anderen Regionalbeihilfen zusammen, hat der Antragsteller entsprechend den Leitlinien für staatliche Beihilfen mit regionaler Zielsetzung oder den Leitlinien für staatliche Beihilfen mit regionaler Zielsetzung 2007-2013 einen beihilfefreien Eigenanteil in Höhe von mindestens 25 Prozent der Kosten des Erstinvestitionsvorhabens zu erbringen. Die Überwachung der Einhaltung dieser Auflage obliegt dem jeweils anderen Beihilfegeber; sie ist Voraussetzung dafür, dass die Investitionszulage mit anderen Regionalbeihilfen zusammentreffen darf.

(3) Trifft bei einem Erstinvestitionsvorhaben in den in der Anlage 1 zu diesem Gesetz aufgeführten Teilen des Landes Berlin die Investitionszulage mit anderen Regionalbeihilfen zusammen, darf der Gesamtbetrag der Beihilfe aus allen Quellen 7,5 Millionen Euro oder den in einer Genehmigungsentscheidung der Kommission festgelegten Betrag nicht übersteigen. Die Überwachung der Einhaltung dieser Auflage obliegt dem jeweils anderen Beihilfegeber.

(4) In den Antrag nach § 7 Abs. 2 sind die Angaben aufzunehmen, die für die Feststellung der Voraussetzungen nach Absatz 1 bis 3 erforderlich sind.

§ 12
Verzinsung des Rückforderungsanspruchs

Ist der Bescheid über die Investitionszulage aufgehoben oder zu ungunsten des Anspruchsberechtigten geändert worden, ist der Rückzahlungsanspruch nach § 238 der Abgabenordnung vom Tag der Auszahlung der Investitionszulage, in den Fällen des § 175 Abs. 1 Satz 1 Nr. 2 der Abgabenordnung vom Tag des Eintritts des rückwirkenden Ereignisses an, zu verzinsen. Die Festsetzungsfrist beginnt mit Ablauf des Kalenderjahres, in dem der Bescheid aufgehoben oder geändert worden ist.

§ 13
Ertragsteuerrechtliche Behandlung der Investitionszulage

Die Investitionszulage gehört nicht zu den Einkünften im Sinne des Einkommensteuergesetzes. Sie mindert nicht die steuerlichen Anschaffungs- und Herstellungskosten.

§ 14
Anwendung der Abgabenordnung

Die für Steuervergütungen geltenden Vorschriften der Abgabenordnung sind mit Ausnahme des § 163 entsprechend anzuwenden. In öffentlich-rechtlichen Streitigkeiten über die auf Grund dieses Gesetzes ergehenden Verwaltungsakte der Finanzbehörden ist der Finanzrechtsweg gegeben.

§ 15
Verfolgung von Straftaten

Für die Verfolgung einer Straftat nach den §§ 263 und 264 des Strafgesetzbuches, die sich auf die Investitionszulage bezieht, sowie der Begünstigung einer Person, die eine solche Straftat begangen hat, gelten die Vorschriften der Abgabenordnung über die Verfolgung von Steuerstraftaten entsprechend.

§ 16
Ermächtigungen

(1) Das Bundesministerium der Finanzen wird ermächtigt, durch Rechtsverordnung mit Zustimmung des Bundesrates weitere Bestimmungen zu § 9 zu erlassen und dabei insbesondere Einzelnotifizierungspflichten zu regeln, die sich aus den von den Organen der Europäischen Gemeinschaften erlassenen Rechtsvorschriften ergeben.

(2) Das Bundesministerium der Finanzen wird ermächtigt, zur Durchführung der von den Organen der Europäischen Gemeinschaften erlassenen Rechtsvorschriften die Liste der sensiblen Sektoren, in denen die Kommission die Förderfähigkeit ganz oder teilweise ausgeschlossen hat (Anlage 2), durch Rechtsverordnung mit Zustimmung des Bundesrates anzupassen.

§ 17
Bekanntmachungserlaubnis

Das Bundesministerium der Finanzen wird ermächtigt, den Wortlaut dieses Gesetzes in der jeweils geltenden Fassung mit neuem Datum bekannt zu machen.

Anlage 1
(zu § 1 Abs. 2)

Teile des Landes Berlin, die nach der Fördergebietskarte 2007-2013 (ABl. EU 2006 Nr. C 295 S. 6) zum D-Fördergebiet Deutschlands gehören:

Verkehrszellen:

Bezirk Mitte (01)	007 1; 011 1; 011 2
Bezirk Friedrichshain-Kreuzberg (02)	114 1
Bezirk Pankow (03)	106 2; 107 2; 108 1; 157 1; 160 1; 161 3; 164 1
Bezirk Charlottenburg-Wilmersdorf (04)	018 1; 025 3; 026 1; 041 1; 043 2; 048 1
Bezirk Spandau (05)	027 2; 027 3; 027 4; 032 1; 032 2; 032 3; 032 4; 037 2; 038 1; 038 2; 039 1
Bezirk Steglitz-Zehlendorf (06)	049 2; 050 2; 050 3; 052 2; 052 3; 062 1; 063 4; 064 3
Bezirk Tempelhof-Schöneberg (07)	060 1; 070 2; 070 3; 070 4; 074 2
Bezirk Neukölln (08)	079 2; 080 4; 080 6; 082 1; 082 2; 083 3
Bezirk Treptow-Köpenick (09)	120 2; 124 1; 132 1; 138 1
Bezirk Marzahn-Hellersdorf (10)	181 2; 182 1; 184 1; 184 2; 184 3; 188 1; 193 1; 194 1; 194 2
Bezirk Lichtenberg (11)	147 1; 147 2; 149 1; 149 2; 152 1; 175 1
Bezirk Reinickendorf (12)	089 3; 089 4; 089 5; 090 1; 091 2; 092 1; 092 2; 093 1; 093 2; 095 1

Anlage 2
(zu § 3 Abs. 2 Satz 2)

Sensible Sektoren sind:

1. Stahlindustrie (Multisektoraler Regionalbeihilferahmen für große Investitionsvorhaben vom 19. März 2002 in Verbindung mit Anhang B sowie Leitlinien für staatliche Beihilfen mit regionaler Zielsetzung 2007-2013 in Verbindung mit Anhang I),
2. Schiffbau (Rahmenbestimmungen für Beihilfen an den Schiffbau (ABl. EU 2003 Nr. C 317 S. 11, 2004 Nr. C 104 S. 71, 2006 Nr. C 260 S. 7)),
3. Kunstfaserindustrie (Multisektoraler Regionalbeihilferahmen für große Investitionsvorhaben vom 19. März 2002 in Verbindung mit Anhang D sowie Leitlinien für staatliche Beihilfen mit regionaler Zielsetzung 2007-2013 in Verbindung mit Anhang II),

4. Landwirtschaftssektor (Gemeinschaftsrahmen für staatliche Beihilfen im Agrarsektor (ABl. EG 2000 Nr. C 28 S. 2, Nr. C 232 S. 17) sowie Rahmenregelung der Gemeinschaft für staatliche Beihilfen im Agrar- und Forstsektor 2007-2013 (ABl. EU 2006 Nr. C 319 S. 1)),
5. Fischerei- und Aquakultursektor (Verordnung (EG) Nr. 104/2000 des Rates vom 17. Dezember 1999 über die gemeinsame Marktorganisation für Erzeugnisse der Fischerei und der Aquakultur (ABl. EG 2000 Nr. L17 S. 22, Nr. L 83 S. 35, 2002 Nr. L 6 S. 70), zuletzt geändert durch Verordnung (EG) Nr. 1759/2006 des Rates vom 28. November 2006 (ABl. EU Nr. L 335 S. 3), sowie Leitlinien für die Prüfung Staatlicher Beihilfen im Fischerei- und Aquakultursektor (ABl. EU 2004 Nr. C 229 S. 5)) und
6. Verkehrssektor (Verordnung (EWG) Nr. 1107/70 des Rates vom 4. Juni 1970 über Beihilfen im Eisenbahn-, Straßen- und Binnenschiffsverkehr (ABl. EG Nr. L 130 S. 1) in der am 1. Januar 2006 geltenden Fassung sowie Mitteilung der Kommission „Leitlinien der Gemeinschaft für staatliche Beihilfen im Seeverkehr" (ABl. EU 2004 Nr. C 13 S. 3) und Anwendung der Artikel 92 und 93 des EG-Vertrages sowie des Artikels 61 des EWR-Abkommens auf staatliche Beihilfen im Luftverkehr (ABl. EG Nr. C 350 S. 5) vom 10. Dezember 1994).

Investmentsteuergesetz (InvStG)

vom 15. Dezember 2003 (BGBl. I S. 2676, 2724), zuletzt geändert durch Artikel 13 des KroatienAnpG vom 25.7.2014 (BGBl. I S. 1266))

Inhaltsübersicht

Abschnitt 1
Gemeinsame Regelungen für inländische und ausländische Investmentfonds

- § 1 Anwendungsbereich und Begriffsbestimmungen
- § 2 Erträge aus Investmentanteilen
- § 3 Ermittlung der Erträge
- § 3a Ausschüttungsreihenfolge
- § 4 Ausländische Einkünfte
- § 5 Besteuerungsgrundlagen
- § 6 Besteuerung bei fehlender Bekanntmachung
- § 7 Kapitalertragsteuer
- § 8 Veräußerung von Investmentanteilen; Vermögensminderung
- § 9 Ertragsausgleich
- § 10 Dach-Investmentfonds

Abschnitt 2
Regelungen nur für inländische Investmentfonds

- § 11 Steuerbefreiung und Außenprüfung
- § 12 Ausschüttungsbeschluss
- § 13 Gesonderte Feststellung der Besteuerungsgrundlagen
- § 14 Verschmelzung von Investmentfonds und Teilen von Investmentfonds
- § 15 Inländische Spezial-Investmentfonds
- § 15a Offene Investmentkommanditgesellschaft

Abschnitt 3
Regelungen nur für ausländische Investmentfonds

- § 16 Ausländische Spezial-Investmentfonds
- § 17 Repräsentant
- § 17a Auswirkungen der Verschmelzung von ausländischen Investmentfonds und Teilen eines solchen Investmentfonds auf einen anderen ausländischen Investmentfonds oder Teile eines solchen Investmentfonds

Abschnitt 4
Gemeinsame Regelungen für inländische und ausländische Investitionsgesellschaften

- § 18 Personen-Investitionsgesellschaften
- § 19 Kapital-Investitionsgesellschaften
- § 20 Umwandlung einer Investitionsgesellschaft in einen Investmentfonds

Abschnitt 5
Anwendungs- und Übergangsvorschriften

- § 21 Anwendungsvorschriften vor Inkrafttreten des AIFM-Steuer-Anpassungsgesetzes
- § 22 Anwendungsvorschriften zum AIFM-Steuer-Anpassungsgesetz
- § 23 Übergangsvorschriften

Abschnitt 1
Gemeinsame Regelungen für inländische und ausländische Investmentanteile

§ 1
Anwendungsbereich und Begriffsbestimmungen

(1) [1]Dieses Gesetz ist anzuwenden auf Organismen für gemeinsame Anlagen in Wertpapieren (OGAW) im Sinne des § 1 Absatz 2 des Kapitalanlagegesetzbuchs und Alternative Investmentfonds (AIF) im Sinne des § 1 Absatz 3 des Kapitalanlagegesetzbuchs sowie auf Anteile an OGAW oder AIF. [2]Teil-

sondervermögen im Sinne des § 96 Absatz 2 Satz 1 des Kapitalanlagegesetzbuchs, Teilgesellschaftsvermögen im Sinne des § 117 oder des § 132 des Kapitalanlagegesetzbuchs oder vergleichbare rechtlich getrennte Einheiten eines ausländischen OGAW oder AIF (Teilfonds) gelten für die Zwecke dieses Gesetzes selbst als OGAW oder AIF.

(1a) Dieses Gesetz ist nicht anzuwenden auf
1. Gesellschaften, Einrichtungen oder Organisationen, für die nach § 2 Absatz 1 und 2 des Kapitalanlagegesetzbuchs das Kapitalanlagegesetzbuch nicht anwendbar ist,
2. Unternehmensbeteiligungsgesellschaften im Sinne des § 1a Absatz 1 des Gesetzes über Unternehmensbeteiligungsgesellschaften und
3. Kapitalbeteiligungsgesellschaften, die im öffentlichen Interesse mit Eigenmitteln oder mit staatlicher Hilfe Beteiligungen erwerben.

(1b) ¹Die Abschnitte 1 bis 3 und 5 sind auf Investmentfonds und Anteile an Investmentfonds anzuwenden. ²Ein Investmentfonds ist ein OGAW oder ein AIF, der die folgenden Anlagebestimmungen erfüllt:
1. ¹Der OGAW, der AIF oder der Verwalter des AIF ist in seinem Sitzstaat einer Aufsicht über Vermögen zur gemeinschaftlichen Kapitalanlage unterstellt. ²Diese Bestimmung gilt in den Fällen des § 2 Absatz 3 des Kapitalanlagegesetzbuchs als erfüllt.
2. ¹Die Anleger können mindestens einmal pro Jahr das Recht zur Rückgabe oder Kündigung ihrer Anteile, Aktien oder Beteiligung ausüben. ²Dies gilt als erfüllt, wenn der OGAW oder der AIF an einer Börse im Sinne des § 2 Absatz 1 des Börsengesetzes oder einer vergleichbaren ausländischen Börse gehandelt wird.
3. ¹Der objektive Geschäftszweck ist auf die Anlage und Verwaltung seiner Mittel für gemeinschaftliche Rechnung der Anteils- oder Aktieninhaber beschränkt und eine aktive unternehmerische Bewirtschaftung der Vermögensgegenstände ist ausgeschlossen. ²Eine aktive unternehmerische Bewirtschaftung ist bei Beteiligungen an Immobilien-Gesellschaften im Sinne des § 1 Absatz 19 Nummer 22 des Kapitalanlagegesetzbuchs nicht schädlich.
4. ¹Das Vermögen wird nach dem Grundsatz der Risikomischung angelegt. ²Eine Risikomischung liegt regelmäßig vor, wenn das Vermögen in mehr als drei Vermögensgegenstände mit unterschiedlichen Anlagerisiken angelegt ist. ³Der Grundsatz der Risikomischung gilt als gewahrt, wenn der OGAW oder der AIF in nicht nur unerheblichem Umfang Anteile an einem oder mehreren anderen Vermögen hält und diese anderen Vermögen unmittelbar oder mittelbar nach dem Grundsatz der Risikomischung angelegt sind.
5. Die Vermögensanlage erfolgt zu mindestens 90 Prozent des Wertes des OGAW oder des AIF in die folgenden Vermögensgegenstände:

    a) Wertpapiere,

    b) Geldmarktinstrumente,

    c) Derivate,

    d) Bankguthaben,

    e) Grundstücke, grundstücksgleiche Rechte und vergleichbare Rechte nach dem Recht anderer Staaten,

    f) Beteiligungen an Immobilien-Gesellschaften im Sinne des § 1 Absatz 19 Nummer 22 des Kapitalanlagegesetzbuchs,

    g) Betriebsvorrichtungen und andere Bewirtschaftungsgegenstände im Sinne des § 231 Absatz 3 des Kapitalanlagegesetzbuchs,

    h) Anteile oder Aktien an inländischen und ausländischen Investmentfonds,

    i) Beteiligungen an ÖPP-Projektgesellschaften im Sinne des § 1 Absatz 19 Nummer 28 des Kapitalanlagegesetzbuchs, wenn der Verkehrswert dieser Beteiligungen ermittelt werden kann und

    j) Edelmetalle, unverbriefte Darlehensforderungen und Beteiligungen an Kapitalgesellschaften, wenn der Verkehrswert dieser Beteiligungen ermittelt werden kann.

6. ¹Höchstens 20 Prozent seines Wertes werden in Beteiligungen an Kapitalgesellschaften investiert, die weder zum Handel an einer Börse zugelassen noch in einem anderen organisierten Markt zugelassen oder in diesen einbezogen sind. ²OGAW oder AIF, die nach ihren Anlagebedingungen das bei ihnen eingelegte Geld in Immobilien anlegen, dürfen bis zu 100 Prozent ihres Wertes in Immobilien-Gesellschaften investieren. ³Innerhalb der Grenzen des Satzes 1 dürfen auch Unternehmensbeteiligungen gehalten werden, die vor dem 28. November 2013 erworben wurden.

7. ¹Die Höhe der Beteiligung an einer Kapitalgesellschaft liegt unter 10 Prozent des Kapitals der Kapitalgesellschaft. ²Dies gilt nicht für Beteiligungen eines OGAW oder eines AIF an
    a) Immobilien-Gesellschaften,
    b) ÖPP-Projektgesellschaften und
    c) Gesellschaften, deren Unternehmensgegenstand auf die Erzeugung erneuerbarer Energien im Sinne des § 3 Nummer 3 des Gesetzes über den Vorrang erneuerbarer Energien gerichtet ist.
8. ¹Ein Kredit darf nur kurzfristig und nur bis zur Höhe von 30 Prozent des Wertes des OGAW oder des AIF aufgenommen werden. ²AIF, die nach den Anlagebedingungen das bei ihnen eingelegte Geld in Immobilien anlegen, dürfen kurzfristige Kredite bis zu einer Höhe von 30 Prozent des Wertes des Investmentfonds und im Übrigen Kredite bis zu einer Höhe von 50 Prozent des Verkehrswertes der im AIF unmittelbar oder mittelbar gehaltenen Immobilien aufnehmen.
9. Die vorstehenden Anlagebestimmungen oder die für OGAW geltenden Anlagebestimmungen des Kapitalanlagegesetzbuchs gehen aus seinen Anlagebedingungen hervor.

(1c) ¹OGAW und AIF, die nicht die Voraussetzungen der Absätze 1b und 1f erfüllen, sind Investitionsgesellschaften. ²Auf Investitionsgesellschaften sind die Absätze 1, 1a und 2 sowie die Abschnitte 4 und 5 anzuwenden.

(1d) ¹Ändert ein Investmentfonds seine Anlagebedingungen in der Weise ab, dass die Anlagebestimmungen des Absatzes 1b nicht mehr erfüllt sind, oder liegt in der Anlagepraxis ein wesentlicher Verstoß gegen die Anlagebestimmungen des Absatzes 1b vor, so hat bei inländischen Investmentfonds das nach § 13 Absatz 5 zuständige Finanzamt und bei ausländischen Investmentfonds das Bundeszentralamt für Steuern das Fehlen der Anlagebestimmungen festzustellen. ²Die §§ 164, 165 und 172 bis 175a der Abgabenordnung sind auf die Feststellung nicht anzuwenden. ³Nach Ablauf des Geschäftsjahres des Investmentfonds, in dem der Feststellungsbescheid unanfechtbar geworden ist, gilt der Investmentfonds für einen Zeitraum von mindestens drei Jahren als Investitionsgesellschaft. ⁴Unanfechtbare Feststellungsbescheide sind vom zuständigen Finanzamt dem Bundeszentralamt für Steuern mitzuteilen. ⁵Das Bundeszentralamt für Steuern hat die Bezeichnung des Investmentfonds, die Wertpapieridentifikationsnummer ISIN, soweit sie erteilt wurde, und den Zeitpunkt, ab dem der Investmentfonds als Investitionsgesellschaft gilt, im Bundesanzeiger zu veröffentlichen.

(1e) Bei einer Überschreitung der zulässigen Beteiligungshöhe an Kapitalgesellschaften nach Absatz 1b Nummer 7 sind für den Investmentfonds oder für dessen Anleger keine Besteuerungsregelungen anzuwenden, die eine über dieser Grenze liegende Beteiligungshöhe voraussetzen.

(1f) Inländische Investmentfonds können gebildet werden
1. in Form eines Sondervermögens im Sinne des § 1 Absatz 10 des Kapitalanlagegesetzbuchs, das von einer
    a) externen Kapitalverwaltungsgesellschaft im Sinne des § 17 Absatz 2 Nummer 1 des Kapitalanlagegesetzbuchs verwaltet wird,
    b) inländischen Zweigniederlassung einer EU-Verwaltungsgesellschaft im Sinne des § 1 Absatz 17 des Kapitalanlagegesetzbuchs verwaltet wird oder
    c) EU-Verwaltungsgesellschaft im Sinne des § 1 Absatz 17 Nummer 1 des Kapitalanlagegesetzbuchs mittels der grenzüberschreitenden Dienstleistung verwaltet wird,
2. in Form einer Investmentaktiengesellschaft mit veränderlichem Kapital im Sinne des Kapitels 1 Abschnitt 4 Unterabschnitt 3 des Kapitalanlagegesetzbuchs oder
3. in Form einer offenen Investmentkommanditgesellschaft im Sinne des Kapitels 1 Abschnitt 4 Unterabschnitt 4 des Kapitalanlagegesetzbuchs, die nach ihrem Gesellschaftsvertrag nicht mehr als 100 Anleger hat, die nicht natürliche Personen sind und deren Gesellschaftszweck unmittelbar und ausschließlich der Abdeckung von betrieblichen Altersvorsorgeverpflichtungen dient. ²Die Voraussetzungen des Satzes 1 gelten nicht als erfüllt, wenn der Wert der Anteile, die ein Anleger erwirbt, den Wert der betrieblichen Altersvorsorgeverpflichtung übersteigt. ³Die Anleger haben schriftlich nach amtlichem Muster gegenüber der offenen Investmentkommanditgesellschaft zu bestätigen, dass sie ihren Anteil unmittelbar und ausschließlich zur Abdeckung von betrieblichen Altersvorsorgeverpflichtungen halten.

(1g) ¹Für die Anwendung der Abschnitte 1 bis 3 und 5 zählt ein EU-Investmentfonds der Vertragsform, der von einer externen Kapitalverwaltungsgesellschaft im Sinne des § 17 Absatz 2 Nummer 1 des Kapitalanlagegesetzbuchs oder einer inländischen Zweigniederlassung einer EU-Verwaltungsgesellschaft im Sinne des § 1 Absatz 17 des Kapitalanlagegesetzbuchs verwaltet wird, zu den ausländischen Investmentfonds. ²Ist nach dem Recht des Herkunftsstaates eines Investmentfonds nach Satz 1 auf Grund des Sitzes der Kapitalverwaltungsgesellschaft im Inland oder der inländischen Zweigniederlassung der EU-Verwaltungsgesellschaft die Bundesrepublik Deutschland dazu berufen, die Besteuerung des Investmentfonds umfassend zu regeln, so gilt dieser Investmentfonds für die Anwendung dieses Gesetzes abweichend von Satz 1 als inländischer Investmentfonds. ³Anteile an einem Investmentfonds nach Satz 2 gelten als Anteile an einem inländischen Investmentfonds. ⁴Anteile an einem Investmentfonds nach Satz 1 zählen zu den ausländischen Anteilen.

(2) ¹Die Begriffsbestimmungen des Kapitalanlagegesetzbuchs gelten entsprechend, soweit sich keine abweichende Begriffsbestimmung aus diesem Gesetz ergibt. ²Anleger sind die Inhaber von Anteilen an Investmentfonds und Investitionsgesellschaften, unabhängig von deren rechtlicher Ausgestaltung. ³Inländische Investmentfonds oder inländische Investitionsgesellschaften sind OGAW oder AIF, die dem inländischen Aufsichtsrecht unterliegen. ⁴EU-Investmentfonds und EU-Investitionsgesellschaften sind OGAW oder AIF, die dem Aufsichtsrecht eines anderen Mitgliedstaates der Europäischen Union oder eines anderen Vertragsstaates des Abkommens über den Europäischen Wirtschaftsraum unterliegen. ⁵Ausländische Investmentfonds und ausländische Investitionsgesellschaften sind EU-Investmentfonds oder EU-Investitionsgesellschaften oder AIF, die dem Recht eines Drittstaates unterliegen. ⁶Als Anlagebedingungen im Sinne dieses Gesetzes gelten auch die Satzung, der Gesellschaftsvertrag oder vergleichbare konstituierende Dokumente eines OGAW oder eines AIF.

(2a) ¹Inländische Investmentfonds sind zugleich inländische Investmentgesellschaften im Sinne dieses Gesetzes. ²Ausländische Investmentfonds sind zugleich ausländische Investmentgesellschaften im Sinne dieses Gesetzes. ³Inländische Investmentfonds werden bei der Geltendmachung von Rechten und der Erfüllung von Pflichten wie folgt vertreten:

1. bei Sondervermögen nach Absatz 1f Nummer 1
   a) Buchstabe a durch die Kapitalverwaltungsgesellschaft,
   b) Buchstabe b durch die inländische Zweigniederlassung der EU-Verwaltungsgesellschaft,
   c) Buchstabe c durch die inländische Verwahrstelle im Sinne des § 68 Absatz 3 des Kapitalanlagegesetzbuchs, wenn es sich um inländische OGAW handelt, oder durch die inländische Verwahrstelle im Sinne des § 80 Absatz 6 des Kapitalanlagegesetzbuchs, wenn es sich um inländische AIF handelt, und
2. bei Gesellschaften nach Absatz 1g durch die Kapitalverwaltungsgesellschaft.

⁴Während der Abwicklung eines inländischen Investmentfonds tritt die inländische Verwahrstelle für die Anwendung des Satzes 2 an die Stelle der Kapitalverwaltungsgesellschaft.

(3) ¹Ausschüttungen sind die dem Anleger tatsächlich gezahlten oder gutgeschriebenen Beträge einschließlich der einbehaltenen Kapitalertragsteuer. ²Ausgeschüttete Erträge sind die von einem Investmentfonds zur Ausschüttung verwendeten Kapitalerträge, Erträge aus der Vermietung und Verpachtung von Grundstücken und grundstücksgleichen Rechten, sonstige Erträge und Gewinne aus Veräußerungsgeschäften. ³Ausschüttungsgleiche Erträge sind die von einem Investmentfonds nach Abzug der abziehbaren Werbungskosten nicht zur Ausschüttung verwendeten

1. Kapitalerträge mit Ausnahme der Erträge aus Stillhalterprämien im Sinne des § 20 Abs. 1 Nr. 11 des Einkommensteuergesetzes, der Gewinne im Sinne des § 20 Abs. 2 Satz 1 Nr. 1 des Einkommensteuergesetzes, der Gewinne im Sinne des § 20 Abs. 2 Satz 1 Nr. 3 des Einkommensteuergesetzes und der Gewinne im Sinne des § 20 Abs. 2 Satz 1 Nr. 7 des Einkommensteuergesetzes, soweit sie nicht auf vereinnahmte Stückzinsen entfallen und wenn es sich um sonstige Kapitalforderungen handelt,
   a) die eine Emissionsrendite haben,
   b) bei denen das ¹Entgelt für die Kapitalüberlassung ausschließlich nach einem festen oder variablen Bruchteil des Kapitals bemessen und die Rückzahlung des Kapitals in derselben Höhe zugesagt oder gewährt wird, in der es überlassen wurde. ²Ein Emissionsdisagio oder Emissionsdiskont zur Feinabstimmung des Zinses bleibt dabei unberücksichtigt,
   c) bei denen weder eine auch nur teilweise Rückzahlung des Kapitalvermögens noch ein gesondertes Entgelt für die Überlassung des Kapitalvermögens zur Nutzung zugesagt oder gewährt wird und die Rückzahlung des Kapitals sich nach der Wertentwicklung einer einzelnen Aktie oder eines veröffentlichten Index für eine Mehrzahl von Aktien richtet und diese Wertentwicklung in gleichem Umfang nachgebildet wird,
   d) die solche im Sinne des Buchstaben b sind, bei denen der Inhaber neben der festen Verzinsung ein Recht auf Umtausch in Gesellschaftsanteile hat, oder bei denen der Inhaber zusätzlich bei Endfälligkeit das Wahlrecht besitzt, vom Emittenten entweder die Kapitalrückzahlung oder die Lieferung einer vorher festgelegten Anzahl von Aktien eines Unternehmens zu verlangen, oder bei

denen der Emittent zusätzlich das Recht besitzt, bei Fälligkeit dem Inhaber an Stelle der Rückzahlung des Nominalbetrags eine vorher festgelegte Anzahl von Aktien anzudienen,

e) die Gewinnobligationen oder Genussrechte im Sinne des § 43 Abs. 1 Satz 1 Nr. 2 des Einkommensteuergesetzes sind,

f) bei denen die Anschaffungskosten teilweise auf abtrennbare Optionsscheine und eine separat handelbare Anleihe entfallen,

2. Erträge aus der Vermietung und Verpachtung von Grundstücken und grundstücksgleichen Rechten, sonstige Erträge und Gewinne aus privaten Veräußerungsgeschäften im Sinne des § 23 Abs. 1 Satz 1 Nr. 1, Abs. 2 und 3 des Einkommensteuergesetzes.

⁴Zu den ausgeschütteten und ausschüttungsgleichen Erträgen im Sinne der Sätze 2 und 3 gehören auch nach § 3 Abs. 2 Satz 1 Nr. 2 abgegrenzte Erträge. ⁵Fasst die Investmentgesellschaft nicht spätestens vier Monate nach Ablauf des Geschäftsjahres einen Beschluss über die Verwendung der Erträge des abgelaufenen Geschäftsjahres, gelten diese als nicht zur Ausschüttung verwendet.

(4) Zwischengewinn ist das Entgelt für die dem Anleger noch nicht zugeflossenen oder als zugeflossen geltenden

1. Einnahmen des Investmentfonds im Sinne des § 20 Abs. 1 Nr. 7 und des Abs. 2 Satz 1 Nr. 2 Buchstabe b sowie des § 20 Abs. 2 Satz 1 Nr. 7 des Einkommensteuergesetzes, soweit sie zu den ausschüttungsgleichen Erträgen im Sinne des Absatzes 3 Satz 3 gehören, sowie für die angewachsenen Ansprüche des Investmentfonds auf derartige Einnahmen; die Ansprüche sind auf der Grundlage des § 20 Abs. 2 des Einkommensteuergesetzes zu bewerten;

2. Einnahmen aus Anteilen an anderen Investmentfonds, soweit darin Erträge des anderen Investmentfonds im Sinne des § 20 Abs. 1 Nr. 7 und des Abs. 2 Satz 1 Nr. 2 Buchstabe b sowie des § 20 Abs. 2 Satz 1 Nr. 7 des Einkommensteuergesetzes, soweit sie zu den ausschüttungsgleichen Erträgen im Sinne des Absatzes 3 Satz 3 gehören, enthalten sind;

3. Zwischengewinne des Investmentfonds;

4. zum Zeitpunkt der Rückgabe oder Veräußerung des Investmentanteils veröffentlichte Zwischengewinne oder stattdessen anzusetzende Werte für Anteile an anderen Investmentfonds, die der Investmentfonds hält.

§ 2
Erträge aus Investmentanteilen

(1) ¹Die auf Investmentanteile ausgeschütteten sowie die ausschüttungsgleichen Erträge und der Zwischengewinn gehören zu den Einkünften aus Kapitalvermögen im Sinne des § 20 Abs. 1 Nr. 1 des Einkommensteuergesetzes, wenn sie nicht Betriebseinnahmen des Anlegers, Leistungen nach § 22 Nr. 1 Satz 3 Buchstabe a Doppelbuchstabe aa des Einkommensteuergesetzes in Verbindung mit § 10 Abs. 1 Nr. 2 Buchstabe b des Einkommensteuergesetzes oder Leistungen im Sinne des § 22 Nr. 5 des Einkommensteuergesetzes sind; § 3 Nr. 40 des Einkommensteuergesetzes und § 8b Abs. 1 des Körperschaftsteuergesetzes sind außer in den Fällen des Absatzes 2 nicht anzuwenden. ²Die ausschüttungsgleichen Erträge gelten außer in den Fällen des § 22 Nr. 1 Satz 3 Buchstabe a Doppelbuchstabe aa des Einkommensteuergesetzes in Verbindung mit § 10 Abs. 1 Nr. 2 Buchstabe b des Einkommensteuergesetzes oder des § 22 Nr. 5 des Einkommensteuergesetzes mit dem Ablauf des Geschäftsjahres, in dem sie vereinnahmt worden sind, als zugeflossen. ³Bei Teilausschüttung der in § 1 Abs. 3 genannten Erträge sind die ausschüttungsgleichen Erträge dem Anleger im Zeitpunkt der Teilausschüttung zuzurechnen. ⁴Reicht im Falle der Teilausschüttung die Ausschüttung nicht aus, um die Kapitalertragsteuer gemäß § 7 Absatz 1 bis 3 einschließlich der bundes- oder landesgesetzlich geregelten Zuschlagsteuern zur Kapitalertragsteuer (Steuerabzugsbeträge) einzubehalten, gilt auch die Teilausschüttung dem Anleger mit dem Ablauf des Geschäftsjahres, in dem die Erträge gemäß § 3 Absatz 1 vom Investmentfonds erzielt worden sind, als zugeflossen und für den Steuerabzug als ausschüttungsgleicher Ertrag. ⁵Der Zwischengewinn gilt als in den Einnahmen aus der Rückgabe oder Veräußerung des Investmentanteils enthalten.

(1a) ¹Erwirbt ein Anleger einen Anteil an einem ausschüttenden Investmentfonds unter Einschluss des Rechts zum Bezug der Ausschüttung, erhält er ein aber ohne dieses Recht, so gelten die Einnahmen anstelle der Ausschüttung als vom Investmentfonds an den Anleger ausgeschüttet. ²Hat der Investmentfonds auf den erworbenen Anteil eine Teilausschüttung im Sinne des Absatzes 1 Satz 3 geleistet, sind dem Anleger neben den Einnahmen anstelle der Ausschüttung auch Beträge in Höhe der ausschüttungsgleichen Erträge zuzurechnen. ³Die Bekanntmachungen nach § 5 gelten auch für diese Einnahmen und Beträge. ⁴Für die Anwendung dieses Gesetzes stehen die Einnahmen anstelle der Ausschüttung auf den Investmentanteil und die Beträge nach Satz 2 den ausschüttungsgleichen Erträgen gleich. ⁵Die auszahlende Stelle nach § 7 Absatz 1 oder der Entrichtungspflichtige nach § 7 Absatz 3a und 3c hat die Einnahmen nach Satz 1 vom Veräußerer des Anteils einzuziehen.

(1b) ¹Erwirbt ein Anleger einen Anteil an einem inländischen thesaurierenden Investmentfonds im Laufe des Geschäftsjahres, erhält er ihn aber nach Ablauf des Geschäftsjahres, so gilt dem Anleger ein Betrag zum Ende des Geschäftsjahres als zugeflossen, der in Höhe und Zusammensetzung den ausschüttungsgleichen Erträgen entspricht. ²Leistet der Investmentfonds auf den erworbenen Anteil eine Teilausschüttung im Sinne des Absatzes 1 Satz 4, ist der Betrag nach Satz 1 um diese Teilausschüttung zu erhöhen. ³Die Bekanntmachungen nach § 5 gelten auch für den Betrag nach Satz 1 und Teilausschüttungen. ⁴Für die Anwendung dieses Gesetzes stehen die Beträge nach Satz 1 den ausschüttungsgleichen Erträgen und etwaige Einnahmen anstelle der Teilausschüttung nach Satz 2 der Ausschüttung auf den Investmentanteil gleich. ⁵Der Entrichtungspflichtige nach § 7 Absatz 3b, 3d und 4 hat die Steuerabzugsbeträge und eine etwaige Erhöhung nach Satz 2 vom Veräußerer des Anteils einzuziehen.

(1c) Die Investmentgesellschaft hat in Abstimmung mit der Verwahrstelle dafür Sorge zu tragen, dass durch Anteilsrückgaben, die vor dem Tag verlangt oder vereinbart werden, an dem der Nettoinventarwert des Investmentfonds um die von der auszahlenden Stelle oder dem Entrichtungspflichtigen zu erhebenden Steuerabzugsbeträge vermindert wird, und die nach diesem Tag erfüllt werden, nicht von einem zu niedrigen Umfang des Investmentfonds ausgegangen wird und Ausschüttungen an die Anleger oder als Steuerabzugsbeträge zur Verfügung zu stellende Beträge nur in dem Umfang den Investmentfonds belasten, der den Berechnungen der Investmentgesellschaft entspricht.

(2) ¹Soweit ausgeschüttete und ausschüttungsgleiche inländische und ausländische Erträge solche im Sinne des § 43 Absatz 1 Satz 1 Nummer 1, 1a und 6 sowie Satz 2 des Einkommensteuergesetzes enthalten, sind § 3 Nummer 40 des Einkommensteuergesetzes sowie § 19 des REIT-Gesetzes vom 28. Mai 2007 (BGBl. I S. 914) anzuwenden. ²Soweit ausgeschüttete inländische und ausländische Erträge solche im Sinne des § 43 Absatz 1 Satz 1 Nummer 9 sowie Satz 2 des Einkommensteuergesetzes enthalten, sind § 3 Nummer 40 des Einkommensteuergesetzes, § 8b des Körperschaftsteuergesetzes sowie § 19 des REIT-Gesetzes anzuwenden. ³§ 15 Absatz 1a und § 16 Satz 3 bleiben unberührt.

(2a) Ausgeschüttete oder ausschüttungsgleiche Erträge des Investmentfonds, die aus Zinserträgen im Sinne des § 4h Abs. 3 Satz 3 des Einkommensteuergesetzes stammen, sind beim Anleger im Rahmen des § 4h Abs. 1 des Einkommensteuergesetzes als Zinserträge zu berücksichtigen.

(3) Die ausgeschütteten Erträge auf Investmentanteile sind insoweit steuerfrei, als sie Gewinne aus der Veräußerung von Grundstücken und grundstücksgleichen Rechten enthalten, es sei denn, dass es sich um Gewinne aus privaten Veräußerungsgeschäften im Sinne des § 23 Abs. 1 Satz 1 Nr. 1, Abs. 2 und 3 des Einkommensteuergesetzes handelt oder dass die Ausschüttungen Betriebseinnahmen des Steuerpflichtigen sind.

(4) § 3 Nr. 41 Buchstabe a des Einkommensteuergesetzes ist sinngemäß anzuwenden.

(5) Negative Kapitalerträge aus Zwischengewinnen auf Grund des Erwerbs von während des laufenden Geschäftsjahres des Investmentfonds ausgegebenen Anteilen werden nur berücksichtigt, wenn der Investmentfonds einen Ertragsausgleich nach § 9 durchführt.

§ 3
Ermittlung der Erträge

(1) Bei der Ermittlung der Erträge des Investmentfonds ist § 2 Absatz 2 Satz 1 Nummer 2 des Einkommensteuergesetzes sinngemäß anzuwenden.

(1a) ¹Wird ein Zinsschein oder eine Zinsforderung vom Stammrecht abgetrennt, gilt dies als Veräußerung der Schuldverschreibung und als Anschaffung der durch die Trennung entstandenen Wirtschaftsgüter. ²Eine Trennung gilt als vollzogen, wenn dem Inhaber der Schuldverschreibung die Wertpapierkennnummern für die durch die Trennung entstandenen Wirtschaftsgüter zugehen. ³Als Veräußerungserlös der Schuldverschreibung gilt deren gemeiner Wert zum Zeitpunkt der Trennung. ⁴Für die Ermittlung der Anschaffungskosten der neuen Wirtschaftsgüter ist der Wert nach Satz 3 entsprechend dem gemeinen Wert der neuen Wirtschaftsgüter aufzuteilen. ⁵Die Erträge des Stammrechts sind in sinngemäßer Anwendung des Absatzes 2 Satz 1 Nummer 2 periodengerecht abzugrenzen.

(2) § 11 des Einkommensteuergesetzes ist mit folgenden Maßgaben anzuwenden:

1. Dividenden gelten bereits am Tag des Dividendenabschlags als zugeflossen;
2. ¹Zinsen, angewachsene Ansprüche aus einem Emissions-Agio oder -Disagio mit Ausnahme des Feinabstimmungsabschlags nach § 1 Abs. 3 Satz 3 Nr. 1 Buchstabe b Satz 2 einer sonstigen Kapitalforderung im Sinne des § 20 Abs. 1 Nr. 7 des Einkommensteuergesetzes, die eine Emissionsrendite hat, und Mieten sind periodengerecht abzugrenzen; die angewachsenen Ansprüche sind mit

der Emissionsrendite anzusetzen, sofern diese leicht und eindeutig ermittelbar ist; anderenfalls ist der Unterschiedsbetrag zwischen dem Marktwert zum Ende des Geschäftsjahres und dem Marktwert zu Beginn des Geschäftsjahres oder im Falle des Erwerbs innerhalb des Geschäftsjahres der Unterschiedsbetrag zwischen dem Marktwert zum Ende des Geschäftsjahres und den Anschaffungskosten als Zins (Marktrendite) anzusetzen; die abgegrenzten Zinsen und Mieten gelten als zugeflossen. ²Bei sonstigen Kapitalforderungen im Sinne des § 1 Absatz 3 Satz 3 Nummer 1 Buchstabe f ist Satz 1 nur auf die Zinsen und nicht auch auf angewachsene Ansprüche anzuwenden;

3. periodengerecht abgegrenzte Werbungskosten gelten als abgeflossen, soweit der tatsächliche Abfluss im folgenden Geschäftsjahr erfolgt.

⁶Soweit die Einnahmen schon vor dem Zufluss erfasst werden, ist ein Abzug der ausländischen Steuern gemäß § 4 Abs. 4 bereits in dem Geschäftsjahr zulässig, in dem die Einnahmen zugerechnet werden.

(3) ¹Werbungskosten des Investmentfonds, die in einem unmittelbaren wirtschaftlichen Zusammenhang mit Einnahmen stehen, sind bei den jeweiligen Einnahmen abzuziehen. ²Zu den unmittelbaren Werbungskosten gehören auch Absetzungen für Abnutzung oder Substanzverringerung, soweit diese die nach § 7 des Einkommensteuergesetzes zulässigen Beträge nicht übersteigen. ³Die nach Satz 1 verbleibenden, in einem mittelbaren wirtschaftlichen Zusammenhang mit Einnahmen der in § 1 Absatz 3 Satz 3 Nummer 1 und 2 genannten Art (laufende Einnahmen) sowie mit sonstigen Gewinnen und Verlusten aus Veräußerungsgeschäften stehenden Werbungskosten sind ausschließlich nach den nachfolgenden Maßgaben abziehbar:

1. ¹Den ausländischen laufenden Einnahmen oder sonstigen ausländischen Gewinnen und Verlusten aus Veräußerungsgeschäften, für die der Bundesrepublik Deutschland auf Grund eines Abkommens zur Vermeidung der Doppelbesteuerung kein Besteuerungsrecht zusteht, sind Werbungskosten im Verhältnis des durchschnittlichen Vermögens des vorangegangenen Geschäftsjahres, das Quelle dieser laufenden Einnahmen und dieser sonstigen Gewinne und Verluste aus Veräußerungsgeschäften ist, zu dem durchschnittlichen Gesamtvermögen des vorangegangenen Geschäftsjahres zuzuordnen. ²Zur Berechnung des durchschnittlichen Vermögens sind die monatlichen Endwerte des vorangegangenen Geschäftsjahres zugrunde zu legen.
2. Bei der Ermittlung der Erträge, auf die beim Anleger
    a) ¹§ 3 Nummer 40 des Einkommensteuergesetzes anwendbar ist, sind die nach Anwendung der Nummer 1 verbleibenden abziehbaren Werbungskosten den laufenden Einnahmen, die auch § 3 Nummer 40 des Einkommensteuergesetzes unterfallen, sowie den sonstigen Gewinnen im Sinne des § 3 Nummer 40 des Einkommensteuergesetzes und den sonstigen Gewinnminderungen im Sinne des § 3c Absatz 2 des Einkommensteuergesetzes des laufenden Geschäftsjahres im Verhältnis des durchschnittlichen Vermögens des vorangegangenen Geschäftsjahres, das Quelle dieser Einnahmen ist, zu dem durchschnittlichen Gesamtvermögen des vorangegangenen Geschäftsjahres zuzuordnen, das um das Vermögen im Sinne der Nummer 1 vermindert ist. ²Nummer 1 Satz 2 gilt entsprechend;
    b) ¹§ 8b Absatz 1 des Körperschaftsteuergesetzes anwendbar ist oder, ungeachtet des § 8b Absatz 4 des Körperschaftsteuergesetzes in Verbindung mit § 15 Absatz 1a dieses Gesetzes, anwendbar wäre, sind die nach Anwendung der Nummer 1 verbleibenden abziehbaren Werbungskosten den laufenden Einnahmen im Sinne des § 15 Absatz 1a dieses Gesetzes in Verbindung mit § 8b Absatz 1 des Körperschaftsteuergesetzes, den laufenden Einnahmen im Sinne des § 2 Absatz 2 Satz 1 dieses Gesetzes sowie den sonstigen Gewinnen und Verlusten aus Veräußerungsgeschäften im Sinne des § 8b Absatz 2 und 3 des Körperschaftsteuergesetzes des laufenden Geschäftsjahres im Verhältnis des vorangegangenen Geschäftsjahres, das Quelle dieser Einnahmen ist, zu dem durchschnittlichen Gesamtvermögen des vorangegangenen Geschäftsjahres zuzuordnen, das um das Vermögen im Sinne der Nummer 1 vermindert ist. ²Nummer 1 Satz 2 gilt entsprechend.
3. Die abziehbaren Werbungskosten, die nach Anwendung der Sätze 1 und 3 Nummer 1 und 2 noch nicht zugeordnet wurden, sind von den verbleibenden laufenden Einnahmen sowie den verbleibenden sonstigen Gewinnen und Verlusten aus Veräußerungsgeschäften des laufenden Geschäftsjahres abzuziehen.

⁴Die nach Satz 3 zuzuordnenden Werbungskosten sind innerhalb der jeweiligen Nummern 1 bis 3 den jeweiligen laufenden Einnahmen oder den sonstigen Gewinnen und Verlusten aus Veräußerungsgeschäften nach dem Verhältnis der positiven Salden der laufenden Einnahmen des vorangegangenen Geschäftsjahres einerseits und der positiven Salden der sonstigen Gewinne und Verluste aus Veräußerungsgeschäften des vorangegangenen Geschäftsjahres andererseits zuzuordnen. ⁵Hierbei bleiben Gewinn- und Verlustvorträge unberücksichtigt. ⁶Nach Zuordnung der Werbungskosten nach den Sätzen 1

bis 5 erfolgt eine weitere Zuordnung der Werbungskosten in dem Verhältnis der positiven laufenden Einnahmen des vorangegangenen Geschäftsjahres zueinander auf die jeweiligen laufenden Einnahmen. ⁷Den laufenden Einnahmen nach Satz 3 Nummer 2 Buchstabe b sind die Werbungskosten nach dem Verhältnis des positiven Saldos der laufenden Einnahmen im Sinne des § 15 Absatz 1a dieses Gesetzes in Verbindung mit § 8b Absatz 1 des Körperschaftsteuergesetzes des vorangegangenen Geschäftsjahres einerseits und des positiven Saldos der laufenden Einnahmen im Sinne des § 2 Absatz 2 Satz 1 dieses Gesetzes des vorangegangenen Geschäftsjahres andererseits zuzuordnen; Satz 6 gilt entsprechend. ⁸Satz 6 ist auf die sonstigen Gewinne und Verluste aus Veräußerungsgeschäften entsprechend anzuwenden. ⁹Bei Fehlen positiver Salden auf beiden Seiten erfolgt die Zuordnung der Werbungskosten jeweils hälftig zu den laufenden Einnahmen sowie zu den sonstigen Gewinnen und Verlusten aus Veräußerungsgeschäften.

(4) ¹Negative Erträge des Investmentfonds sind bis zur Höhe der positiven Erträge gleicher Art mit diesen zu verrechnen. ²Nicht ausgeglichene negative Erträge sind in den folgenden Geschäftsjahren auszugleichen.

(5) Erträge aus Gewinnanteilen des Investmentfonds an einer Personengesellschaft gehören zu den Erträgen des Geschäftsjahres, in dem das Wirtschaftsjahr der Personengesellschaft endet.

§ 3a
Ausschüttungsreihenfolge

Für eine Ausschüttung gelten die Substanzbeträge erst nach Ausschüttung sämtlicher Erträge des laufenden und aller vorherigen Geschäftsjahre als verwendet.

§ 4
Ausländische Einkünfte

(1) ¹Die auf Investmentanteile ausgeschütteten sowie die ausschüttungsgleichen Erträge sind bei der Veranlagung der Einkommensteuer oder Körperschaftsteuer insoweit außer Betracht zu lassen, als sie aus einem ausländischen Staat stammende Einkünfte enthalten, für die die Bundesrepublik Deutschland auf Grund eines Abkommens zur Vermeidung der Doppelbesteuerung auf die Ausübung des Besteuerungsrechts verzichtet hat. ²Gehören die ausgeschütteten oder ausschüttungsgleichen Erträge aus einem Investmentanteil nicht zu den Einkünften aus Kapitalvermögen, so ist bei den nach Satz 1 befreiten Einkünften der Steuersatz anzuwenden, der sich ergibt, wenn bei der Berechnung der Einkommensteuer das nach § 32a des Einkommensteuergesetzes zu versteuernde Einkommen um die in Satz 1 genannten Einkünfte vermehrt oder vermindert wird, wobei die darin enthaltenen außerordentlichen Einkünfte mit einem Fünftel zu berücksichtigen sind. ³§ 32b Absatz 1 Satz 2 des Einkommensteuergesetzes gilt entsprechend. ⁴§ 32b Abs. 1a des Einkommensteuergesetzes ist anzuwenden.

(2) ¹Sind in den auf Investmentanteile ausgeschütteten sowie den ausschüttungsgleichen Erträgen aus einem ausländischen Staat stammende Einkünfte enthalten, die in diesem Staat zu einer nach § 34c Abs. 1 des Einkommensteuergesetzes oder § 26 Abs. 1 des Körperschaftsteuergesetzes oder nach einem Abkommen zur Vermeidung der Doppelbesteuerung auf die Einkommensteuer oder Körperschaftsteuer anrechenbaren Steuer herangezogen werden, so ist bei unbeschränkt steuerpflichtigen Anlegern die festgesetzte und gezahlte und keinem Ermäßigungsanspruch unterliegende ausländische Steuer auf den Teil der Einkommensteuer oder Körperschaftsteuer anzurechnen, der auf diese ausländischen um die anteilige ausländische Steuer erhöhten Einkünfte entfällt. ²Dieser Teil ist in der Weise zu ermitteln, dass die sich bei der Veranlagung des zu versteuernden Einkommens – einschließlich der ausländischen Einkünfte - nach den §§ 32a, 32b, 34 und 34b des Einkommensteuergesetzes ergebende Einkommensteuer oder nach § 23 des Körperschaftsteuergesetzes ergebende Körperschaftsteuer im Verhältnis dieser ausländischen Einkünfte zur Summe der Einkünfte aufgeteilt wird. ³Der Höchstbetrag der anrechenbaren ausländischen Steuern ist für die ausgeschütteten sowie ausschüttungsgleichen Erträge aus jedem einzelnen Investmentfonds zusammengefasst zu berechnen. ⁴§ 34c Abs. 1 Satz 3 und 4, Abs. 2, 3, 6 und 7 des Einkommensteuergesetzes ist sinngemäß anzuwenden. ⁵Wird von auf ausländische Investmentanteile ausgeschütteten Erträgen in dem Staat, in dem der ausschüttende ausländische Investmentfonds ansässig ist, eine Abzugsteuer erhoben, gelten die Sätze 1 bis 4 mit der Maßgabe, dass für die Ermittlung des Höchstbetrags der anrechenbaren ausländischen Steuern Satz 3 entsprechend gilt. ⁶Der Anrechnung der ausländischen Steuer nach § 34c Abs. 1 des Einkommensteuergesetzes steht bei ausländischen Investmentanteilen § 34c Abs. 6 Satz 1 des Einkommensteuergesetzes nicht entgegen. ⁷Sind in den auf ausländische Investmentanteile ausgeschütteten sowie den ausschüttungsgleichen Erträgen Einkünfte enthalten, die mit deutscher Ertragsteuer belastet sind, so gelten diese Einkünfte und die darauf entfallende deutsche Steuer für Zwecke der Anrechnung und bei der Anwendung des § 7 Abs. 1 als ausländische Einkünfte und ausländische Steuer im Sinne des Satzes 1. Abweichend von den Sätzen 1 bis 6

sind bei Erträgen, die Einkünfte im Sinne des § 20 Abs. 1 Satz 1 Nr. 1 des Einkommensteuergesetzes sind, § 32d Abs. 5 und § 43a Abs. 3 Satz 1 des Einkommensteuergesetzes sinngemäß anzuwenden.

(3) Ausländische Steuern, die auf ausgeschüttete sowie ausschüttungsgleiche Erträge entfallen, die nach Absatz 1 oder § 2 Abs. 2 und 3 steuerfrei sind, sind bei der Anrechnung oder dem Abzug nach Absatz 2 oder beim Abzug nach Absatz 4 nicht zu berücksichtigen.

(4) ¹Der Investmentfonds kann die nach Absatz 2 beim Anleger anrechenbaren oder abziehbaren ausländischen Steuern bei der Ermittlung der Erträge (§ 3) als Werbungskosten abziehen. ²In diesem Fall hat der Anleger keinen Anspruch auf Anrechnung oder Abzug dieser Steuern nach Absatz 2.

§ 5
Besteuerungsgrundlagen

(1) ¹Die §§ 2 und 4 sind nur anzuwenden, wenn
1. die Investmentgesellschaft den Anlegern bei jeder Ausschüttung bezogen auf einen Investmentanteil unter Angabe der Wertpapieridentifikationsnummer ISIN des Investmentfonds und des Zeitraums, auf den sich die Angaben beziehen, folgende Besteuerungsgrundlagen in deutscher Sprache bekannt macht:
    - a) den Betrag der Ausschüttung (mit mindestens vier Nachkommastellen) sowie
        - aa) in der Ausschüttung enthaltene ausschüttungsgleiche Erträge der Vorjahre,
        - bb) in der Ausschüttung enthaltene Substanzbeträge,
    - b) den Betrag der ausgeschütteten Erträge (mit mindestens vier Nachkommastellen),
    - c) die in den ausgeschütteten Erträgen enthaltenen
        - aa) Erträge im Sinne des § 2 Absatz 2 Satz 1 dieses Gesetzes in Verbindung mit § 3 Nummer 40 des Einkommensteuergesetzes oder im Fall des § 16 dieses Gesetzes in Verbindung mit § 8b Absatz 1 des Körperschaftsteuergesetzes,
        - bb) Veräußerungsgewinne im Sinne des § 2 Absatz 2 Satz 2 dieses Gesetzes in Verbindung mit § 8b Absatz 2 des Körperschaftsteuergesetzes oder § 3 Nummer 40 des Einkommensteuergesetzes,
        - cc) Erträge im Sinne des § 2 Absatz 2a,
        - dd) steuerfreie Veräußerungsgewinne im Sinne des § 2 Absatz 3 Nummer 1 Satz 1 in der am 31. Dezember 2008 anzuwendenden Fassung,
        - ee) Erträge im Sinne des § 2 Absatz 3 Nummer 1 Satz 2 in der am 31. Dezember 2008 anzuwendenden Fassung, soweit die Erträge nicht Kapitalerträge im Sinne des § 20 des Einkommensteuergesetzes sind,
        - ff) steuerfreie Veräußerungsgewinne im Sinne des § 2 Absatz 3 in der ab 1. Januar 2009 anzuwendenden Fassung,
        - gg) Einkünfte im Sinne des § 4 Absatz 1,
        - hh) in Doppelbuchstabe gg enthaltene Einkünfte, die nicht dem Progressionsvorbehalt unterliegen,
        - ii) Einkünfte im Sinne des § 4 Absatz 2, für die kein Abzug nach Absatz 4 vorgenommen wurde,
        - jj) in Doppelbuchstabe ii enthaltene Einkünfte, auf die § 2 Absatz 2 dieses Gesetzes in Verbindung mit § 8b Absatz 2 des Körperschaftsteuergesetzes oder § 3 Nummer 40 des Einkommensteuergesetzes oder im Fall des § 16 dieses Gesetzes in Verbindung mit § 8b Absatz 1 des Körperschaftsteuergesetzes anzuwenden ist,
        - kk) in Doppelbuchstabe ii enthaltene Einkünfte im Sinne des § 4 Absatz 2, die nach einem Abkommen zur Vermeidung der Doppelbesteuerung zur Anrechnung einer als gezahlt geltenden Steuer auf die Einkommensteuer oder Körperschaftsteuer berechtigen,
        - ll) in Doppelbuchstabe kk enthaltene Einkünfte, auf die § 2 Absatz 2 dieses Gesetzes in Verbindung mit § 8b Absatz 2 des Körperschaftsteuergesetzes oder § 3 Nummer 40 des Einkommensteuergesetzes oder im Fall des § 16 dieses Gesetzes in Verbindung mit § 8b Absatz 1 des Körperschaftsteuergesetzes anzuwenden ist,
    - d) den zur Anrechnung von Kapitalertragsteuer berechtigenden Teil der Ausschüttung
        - aa) im Sinne des § 7 Absatz 1 und 2,
        - bb) im Sinne des § 7 Absatz 3,
        - cc) im Sinne des § 7 Absatz 1 Satz 4, soweit in Doppelbuchstabe aa enthalten,

e) (weggefallen)
f) den Betrag der ausländischen Steuer, der auf die in den ausgeschütteten Erträgen enthaltenen Einkünfte im Sinne des § 4 Absatz 2 entfällt und
   aa) der nach § 4 Absatz 2 dieses Gesetzes in Verbindung mit § 32d Absatz 5 oder § 34c Absatz 1 des Einkommensteuergesetzes oder einem Abkommen zur Vermeidung der Doppelbesteuerung anrechenbar ist, wenn kein Abzug nach § 4 Absatz 4 vorgenommen wurde,
   bb) in Doppelbuchstabe aa enthalten ist und auf Einkünfte entfällt, auf die § 2 Absatz 2 dieses Gesetzes in Verbindung mit § 8b Absatz 2 des Körperschaftsteuergesetzes oder § 3 Nummer 40 des Einkommensteuergesetzes oder im Fall des § 16 dieses Gesetzes in Verbindung mit § 8b Absatz 1 des Körperschaftsteuergesetzes anzuwenden ist,
   cc) der nach § 4 Absatz 2 dieses Gesetzes in Verbindung mit § 34c Absatz 3 des Einkommensteuergesetzes abziehbar ist, wenn kein Abzug nach § 4 Absatz 4 dieses Gesetzes vorgenommen wurde,
   dd) in Doppelbuchstabe cc enthalten ist und auf Einkünfte entfällt, auf die § 2 Absatz 2 dieses Gesetzes in Verbindung mit § 8b Absatz 2 des Körperschaftsteuergesetzes oder § 3 Nummer 40 des Einkommensteuergesetzes oder im Fall des § 16 dieses Gesetzes in Verbindung mit § 8b Absatz 1 des Körperschaftsteuergesetzes anzuwenden ist,
   ee) der nach einem Abkommen zur Vermeidung der Doppelbesteuerung als gezahlt gilt und nach § 4 Absatz 2 in Verbindung mit diesem Abkommen anrechenbar ist,
   ff) in Doppelbuchstabe ee enthalten ist und auf Einkünfte entfällt, auf die § 2 Absatz 2 dieses Gesetzes in Verbindung mit § 8b Absatz 2 des Körperschaftsteuergesetzes oder § 3 Nummer 40 des Einkommensteuergesetzes oder im Fall des § 16 dieses Gesetzes in Verbindung mit § 8b Absatz 1 des Körperschaftsteuergesetzes anzuwenden ist,
g) den Betrag der Absetzungen für Abnutzung oder Substanzverringerung,
h) die im Geschäftsjahr gezahlte Quellensteuer, vermindert um die erstattete Quellensteuer des Geschäftsjahres oder früherer Geschäftsjahre;

2. die Investmentgesellschaft den Anlegern bei ausschüttungsgleichen Erträgen spätestens vier Monate nach Ablauf des Geschäftsjahres, in dem sie als zugeflossen gelten, die Angaben entsprechend der Nummer 1 mit Ausnahme des Buchstaben a bezogen auf einen Investmentanteil in deutscher Sprache bekannt macht;

3. die Investmentgesellschaft die in den Nummern 1 und 2 genannten Angaben in Verbindung mit dem Jahresbericht im Sinne der §§ 101, 120, 135, 298 Absatz 1 Satz 1 Nummer 1 sowie § 299 Absatz 1 Nummer 3 des Kapitalanlagegesetzbuchs spätestens vier Monate nach Ablauf des Geschäftsjahres im Bundesanzeiger bekannt macht; die Angaben sind mit der Bescheinigung eines zur geschäftsmäßigen Hilfeleistung befugten Berufsträgers im Sinne des § 3 des Steuerberatungsgesetzes, einer behördlich anerkannten Wirtschaftsprüfungsstelle oder einer vergleichbaren Stelle zu versehen, dass die Angaben nach den Regeln des deutschen Steuerrechts ermittelt wurden; die Bescheinigung muss eine Aussage enthalten, ob in die Ermittlung der Angaben Werte aus einem Ertragsausgleich eingegangen sind; § 323 des Handelsgesetzbuchs ist sinngemäß anzuwenden. ²Wird innerhalb von vier Monaten nach Ablauf des Geschäftsjahres ein Ausschüttungsbeschluss für dieses abgelaufene Geschäftsjahr gefasst, sind abweichend von Satz 1 die in den Nummern 1 und 2 genannten Angaben spätestens vier Monate nach dem Tag des Beschlusses bekannt zu machen. ³Wird der Jahresbericht nach den Bestimmungen des Kapitalanlagegesetzbuchs nicht im Bundesanzeiger veröffentlicht, ist auch die Fundstelle bekannt zu machen, in der in der Rechenschaftsbericht in deutscher Sprache bekannt gemacht ist;

4. die ausländische Investmentgesellschaft oder die ein EU-Investmentfonds der Vertragsform verwaltende Kapitalverwaltungsgesellschaft die Summe der nach dem 31. Dezember 1993 dem Inhaber der ausländischen Investmentanteile als zugeflossen geltenden, noch nicht dem Steuerabzug unterworfenen Erträge ermittelt und mit dem Rücknahmepreis bekannt macht;

5. die ausländische Investmentgesellschaft oder die einen EU-Investmentfonds der Vertragsform verwaltende Kapitalverwaltungsgesellschaft auf Anforderung gegenüber dem Bundeszentralamt für Steuern innerhalb von drei Monaten die Richtigkeit der in den Nummern 1, 2 und 4 genannten Angaben vollständig nachweist. ²Sind die Urkunden in einer fremden Sprache abgefasst, so kann eine beglaubigte Übersetzung in die deutsche Sprache verlangt werden. ³Hat die ausländische Investmentgesellschaft oder die einen EU-Investmentfonds der Vertragsform verwaltende Kapitalverwaltungsgesellschaft Angaben in unzutreffender Höhe bekannt gemacht, so hat sie die Unter-

InvStG **Anhang 11**

schiedsbeträge eigenverantwortlich oder auf Verlangen des Bundeszentralamtes für Steuern in der Bekanntmachung für das laufende Geschäftsjahr zu berücksichtigen. ²Liegen die in Satz 1 Nummer 1 Buchstabe c oder f genannten Angaben nicht vor, werden die Erträge insoweit nach § 2 Abs. 1 Satz 1 besteuert und § 4 findet insoweit keine Anwendung. ³Eine Bekanntmachung zu Satz 1 Nummer 1 Buchstabe c Doppelbuchstabe aa und gg ist nur zulässig, wenn die Veröffentlichung nach § 5 Absatz 2 Satz 4 erfolgt ist.

(2) ¹§ 8 Absatz 1 bis 4 ist nur anzuwenden, wenn die Investmentgesellschaft bewertungstäglich den positiven oder negativen Prozentsatz des Wertes des Investmentanteils, getrennt für natürliche Personen und für Körperschaften, Personenvereinigungen oder Vermögensmassen, ermittelt, der auf die in den Einnahmen aus der Veräußerung enthaltenen Bestandteile im Sinne des § 8 entfällt (Aktiengewinn) und mit dem Rücknahmepreis veröffentlicht. ²Der Aktiengewinn pro Investmentanteil darf sich durch den An- und Verkauf von Investmentanteilen nicht ändern. ³Die Investmentgesellschaft ist an ihre bei der erstmaligen Ausgabe der Anteile getroffene Entscheidung, ob sie den Aktiengewinn ermittelt oder davon absieht, gebunden. ⁴§ 2 Absatz 2 und § 4 Absatz 1 sind jeweils nur anzuwenden, wenn die Investmentgesellschaft die entsprechenden Teile des Aktiengewinns bewertungstäglich veröffentlicht. ⁵Absatz 1 Satz 1 Nr. 5 gilt entsprechend.

(3) ¹Die Investmentgesellschaft hat bewertungstäglich den Zwischengewinn zu ermitteln und mit dem Rücknahmepreis zu veröffentlichen; dabei ist anzugeben, ob bei der Ermittlung des Zwischengewinns nach § 9 Satz 2 verfahren wurde. ²Sind die Voraussetzungen des Satzes 1 nicht erfüllt, sind 6 Prozent des Entgelts für die Rückgabe oder Veräußerung des Investmentanteils anzusetzen; negative Kapitalerträge aus Zwischengewinnen auf Grund des Erwerbs von während des laufenden Geschäftsjahres des Investmentfonds ausgegebenen Anteilen werden nicht berücksichtigt. ³Absatz 1 Satz 1 Nr. 5 gilt entsprechend. ⁴Die Sätze 1 und 2 finden bei inländischen Investmentfonds im Sinne des § 225 des Kapitalanlagegesetzbuchs und bei ausländischen Investmentfonds, die hinsichtlich ihrer Anlagepolitik vergleichbaren Anforderungen unterliegen, keine Anwendung.

§ 6
Besteuerung bei fehlender Bekanntmachung

¹Sind die Voraussetzungen des § 5 Abs. 1 nicht erfüllt, sind beim Anleger die Ausschüttungen auf Investmentanteile, der Zwischengewinn sowie 70 Prozent des Mehrbetrags anzusetzen, der sich zwischen dem ersten im Kalenderjahr festgesetzten Rücknahmepreis und dem letzten im Kalenderjahr festgesetzten Rücknahmepreis eines Investmentanteils ergibt; mindestens sind 6 Prozent des letzten im Kalenderjahr festgesetzten Rücknahmepreises anzusetzen. ²Wird ein Rücknahmepreis nicht festgesetzt, so tritt an seine Stelle der Börsen- oder Marktpreis. ³Der nach Satz 1 anzusetzende Teil des Mehrbetrags gilt mit Ablauf des jeweiligen Kalenderjahres als ausgeschüttet und zugeflossen.

§ 7
Kapitalertragsteuer

(1) ¹Ein Steuerabzug vom Kapitalertrag wird erhoben von
1. ausgeschütteten Erträgen im Sinne des § 2 Abs. 1, soweit sie nicht enthalten:
    a) inländische Kapitalerträge im Sinne des § 43 Absatz 1 Satz 1 Nummer 1 und 1a sowie Satz 2 des Einkommensteuergesetzes und von inländischen Investmentgesellschaften ausgeschüttete Erträge aus der Vermietung und Verpachtung von im Inland belegenen Grundstücken und grundstücksgleichen Rechten sowie ausgeschüttete Gewinne aus privaten Veräußerungsgeschäften mit im Inland belegenen Grundstücken und grundstücksgleichen Rechten; Absatz 3 bleibt unberührt;
    b) Gewinne aus der Veräußerung von Wertpapieren und Bezugsrechten auf Anteile an Kapitalgesellschaften, aus Termingeschäften im Sinne des § 21 Absatz 1 Satz 2 sowie aus der Veräußerung von Grundstücken und grundstücksgleichen Rechten im Sinne des § 2 Abs. 3 sowie Erträge im Sinne des § 4 Abs. 1,
2. Ausschüttungen im Sinne des § 6,
3. den nach dem 31. Dezember 1993 einem Anleger in ausländische Investmentanteile als zugeflossen geltenden, noch nicht dem Steuerabzug unterworfenen Erträgen einschließlich der ausländischen Erträge im Sinne des § 43 Abs. 1 Satz 1 Nr. 1 des Einkommensteuergesetzes. ²Hat die die Kapitalerträge auszahlende Stelle den Investmentanteil erworben oder veräußert und seitdem verwahrt oder sind der auszahlenden Stelle im Rahmen eines Depotübertrags die Anschaffungsdaten gemäß § 43a Abs. 2 Satz 2 bis 5 des Einkommensteuergesetzes nachgewiesen worden, hat sie den Steuerabzug nur von den in dem Zeitraum der Verwahrung als zugeflossen geltenden, noch nicht dem Steuerabzug unterworfenen Erträgen vorzunehmen,

4. dem Zwischengewinn.

²Die für den Steuerabzug von Kapitalerträgen im Sinne des § 43 Abs. 1 Satz 1 Nr. 7 sowie Satz 2 des Einkommensteuergesetzes geltenden Vorschriften des Einkommensteuergesetzes sind entsprechend anzuwenden. ³Die Anrechnung ausländischer Steuern richtet sich nach § 4 Abs. 2 Satz 8. Soweit die ausgeschütteten Erträge Kapitalerträge im Sinne des § 43 Absatz 1 Satz 1 Nummer 6 und 8 bis 12 des Einkommensteuergesetzes enthalten, hat die inländische auszahlende Stelle § 43 Absatz 2 Satz 3 bis 8 des Einkommensteuergesetzes anzuwenden.

(2) ¹Im Falle einer Teilausschüttung nach § 2 Absatz 1 Satz 3 sind auf die ausgeschütteten und ausschüttungsgleichen Erträge die Absätze 1, 3, 3a und 3c anzuwenden; die zu erhebende Kapitalertragsteuer ist von dem ausgeschütteten Betrag einzubehalten. ²Im Falle einer Teilausschüttung nach § 2 Absatz 1 Satz 4 sind auf die ausgeschütteten und ausschüttungsgleichen Erträge die Absätze 3, 3b, 3d und 4 anzuwenden.

(3) ¹Eine Kapitalertragsteuer wird von den Erträgen aus einem Anteil an einem inländischen Investmentfonds erhoben,

1. soweit in den Erträgen aus dem Investmentanteil inländische Erträge im Sinne des § 43 Absatz 1 Satz 1 Nummer 1 und 1a sowie Satz 2 des Einkommensteuergesetzes enthalten sind,

    a) von den ausgeschütteten Erträgen nach Maßgabe des Absatzes 3a und

    b) von den ausschüttungsgleichen Erträgen nach Maßgabe des Absatzes 3b,

2. soweit in den Erträgen aus dem Investmentanteil Erträge aus der Vermietung und Verpachtung von und Gewinne aus Veräußerungsgeschäften mit im Inland belegenen Grundstücken und grundstücksgleichen Rechten enthalten sind,

    a) von den ausgeschütteten Erträgen nach Maßgabe des Absatzes 3c und

    b) von den ausschüttungsgleichen Erträgen nach Maßgabe des Absatzes 3d.

²Der Steuerabzug obliegt dem Entrichtungspflichtigen. ³Dieser hat die auszuschüttenden Beträge einschließlich der Steuerabzugsbeträge bei der Verwahrstelle einzuziehen, soweit er sie nicht nach § 2 Absatz 1a und 1b vom Veräußerer des Anteils einzuziehen hat. ⁴Der Investmentfonds hat der Verwahrstelle die Beträge für die Ausschüttungen und den Steuerabzug zur Verfügung zu stellen, die sich nach seinen Berechnungen unter Verwendung der von der Depotbank ermittelten Zahl der Investmentanteile ergeben.

(3a) ¹Entrichtungspflichtiger ist bei ausgeschütteten Erträgen im Sinne von Absatz 3 Satz 1 Nummer 1 Buchstabe a als auszahlende Stelle

1. das inländische Kredit- oder Finanzdienstleistungsinstitut im Sinne des § 43 Absatz 1 Satz 1 Nummer 7 Buchstabe b des Einkommensteuergesetzes oder das inländische Wertpapierhandelsunternehmen, welches, oder die inländische Wertpapierhandelsbank, welche

    a) die Anteile an dem Investmentfonds verwahrt oder verwaltet und

        aa) die Erträge im Sinne des Satzes 1 auszahlt oder gutschreibt oder

        bb) die Erträge im Sinne des Satzes 1 an eine ausländische Stelle auszahlt oder

    b) die Anteile an dem Investmentfonds nicht verwahrt oder verwaltet und

        aa) die Erträge im Sinne des Satzes 1 auszahlt oder gutschreibt oder

        bb) die Erträge im Sinne des Satzes 1 an eine ausländische Stelle auszahlt, oder

2. die Wertpapiersammelbank, der die Anteile an dem Investmentfonds zur Sammelverwahrung anvertraut wurden, wenn sie die Erträge im Sinne des Satzes 1 an eine ausländische Stelle auszahlt.

²Ergänzend sind die für den Steuerabzug von Kapitalerträgen im Sinne des § 43 Absatz 1 Satz 1 Nummer 1a des Einkommensteuergesetzes geltenden Vorschriften des Einkommensteuergesetzes entsprechend anzuwenden.

(3b) ¹Entrichtungspflichtiger ist bei ausschüttungsgleichen Erträgen im Sinne des Absatzes 3 Satz 1 Nummer 1 Buchstabe b die inländische Stelle, die im Falle einer Ausschüttung auszahlende Stelle nach Absatz 3a Satz 1 wäre. ²Die Verwahrstelle hat die Steuerabzugsbeträge den inländischen Stellen nach Satz 1 auf deren Anforderung zur Verfügung zu stellen, soweit nicht die inländische Stelle nach § 2 Absatz 1b einzuziehen hat; nicht angeforderte Steuerabzugsbeträge hat die Verwahrstelle nach Ablauf des zweiten Monats seit dem Ende des Geschäftsjahres des Investmentfonds zum 10. des Folgemonats anzumelden und abzuführen. ³Der Investmentfonds, die Verwahrstelle und die sonstigen inländischen Stellen haben das zur Verfügungstellen und etwaige Rückforderungen der Steuerabzugsbeträge nach denselben Regeln abzuwickeln, die für ausgeschüttete Beträge nach Absatz 3 Satz 1 Nummer 1 Buchstabe a gelten würden. ⁴Die inländische Stelle hat die Kapitalertragsteuer spätestens mit

Ablauf des ersten Monats seit dem Ende des Geschäftsjahres des Investmentfonds einzubehalten und zum 10. des Folgemonats anzumelden und abzuführen. ⁵Ergänzend sind die für den Steuerabzug von Kapitalerträgen im Sinne des § 43 Absatz 1 Satz 1 Nummer 1a des Einkommensteuergesetzes geltenden Vorschriften des Einkommensteuergesetzes entsprechend anzuwenden.

(3c) ¹Den Steuerabzug hat bei ausgeschütteten Erträgen im Sinne des Absatzes 3 Satz 1 Nummer 2 Buchstabe a als Entrichtungspflichtiger die auszahlende Stelle im Sinne des Absatzes 3a Satz 1 vorzunehmen. ²Ergänzend sind die für den Steuerabzug von Kapitalerträgen im Sinne des § 43 Absatz 1 Satz 1 Nummer 7 sowie Satz 2 des Einkommensteuergesetzes geltenden Vorschriften des Einkommensteuergesetzes und § 44a Absatz 10 Satz 4 bis 7 des Einkommensteuergesetzes entsprechend anzuwenden.

(3d) ¹Den Steuerabzug nimmt bei ausschüttungsgleichen Erträgen im Sinne des Absatzes 3 Satz 1 Nummer 2 Buchstabe b als Entrichtungspflichtiger die inländische Stelle vor, die im Falle einer Ausschüttung auszahlende Stelle nach Absatz 3c Satz 1 in Verbindung mit Absatz 3a Satz 1 wäre. ²Absatz 3b Satz 2 bis 4 ist entsprechend anzuwenden. ³Ergänzend sind die für den Steuerabzug von Kapitalerträgen im Sinne des § 43 Absatz 1 Satz 1 Nummer 7 sowie Satz 2 des Einkommensteuergesetzes geltenden Vorschriften des Einkommensteuergesetzes und § 44a Absatz 10 Satz 4 bis 7 des Einkommensteuergesetzes entsprechend anzuwenden.

(4) ¹Von den ausschüttungsgleichen Erträgen eines inländischen Investmentfonds mit Ausnahme der in Absatz 3 Satz 1 Nummer 1 Buchstabe b und Nummer 2 Buchstabe b genannten hat als Entrichtungspflichtiger die inländische Stelle einen Steuerabzug vorzunehmen, die bei Erträgen im Sinne des Absatzes 3 Satz 1 Nummer 2 Buchstabe b nach Absatz 3d Satz 1 als auszahlende Stelle hierzu verpflichtet wäre. ²Im Übrigen gilt Absatz 1 entsprechend. ³Absatz 3b Satz 2 bis 4 und § 44a Absatz 10 Satz 4 bis 7 des Einkommensteuergesetzes sind entsprechend anzuwenden.

(5) ¹Wird bei ausschüttungsgleichen Erträgen nach Absatz 3 Satz 1 Nummer 1 Buchstabe b und Nummer 2 Buchstabe b sowie nach Absatz 4 von der inländischen Stelle weder vom Steuerabzug abgesehen noch ganz oder teilweise Abstand genommen, wird auf Antrag die einbehaltene Kapitalertragsteuer unter den Voraussetzungen des § 44a Absatz 4 und 10 Satz 1 des Einkommensteuergesetzes in dem dort vorgesehenen Umfang von der inländischen Investmentgesellschaft erstattet. ²Der Anleger hat der Investmentgesellschaft eine Bescheinigung der inländischen Stelle im Sinne der Absätze 3b, 3d und 4 vorzulegen, aus der hervorgeht, dass diese die Erstattung nicht vorgenommen hat und auch nicht vornehmen wird. ³Im Übrigen sind die für die Anrechnung und Erstattung der Kapitalertragsteuer geltenden Vorschriften des Einkommensteuergesetzes entsprechend anzuwenden. ⁴Die erstattende inländische Investmentgesellschaft haftet in sinngemäßer Anwendung des § 44 Absatz 5 des Einkommensteuergesetzes für zu Unrecht vorgenommene Erstattungen; für die Zahlungsaufforderung gilt § 219 der Abgabenordnung entsprechend. ⁵Für die Überprüfung der Erstattungen sowie für die Geltendmachung der Rückforderung von Erstattungen oder der Haftung ist das Finanzamt zuständig, das für die Besteuerung der inländischen Investmentgesellschaft nach dem Einkommen zuständig ist.

(6) ¹Wird bei einem Gläubiger ausschüttungsgleicher Erträge im Sinne des Absatzes 4, der als Körperschaft weder Sitz noch Geschäftsleitung oder als natürliche Person weder Wohnsitz noch gewöhnlichen Aufenthalt im Inland hat, von der inländischen Stelle nicht vom Steuerabzug abgesehen, hat die inländische Investmentgesellschaft auf Antrag die einbehaltene Kapitalertragsteuer zu erstatten. ²Die inländische Investmentgesellschaft hat sich von dem ausländischen Kreditinstitut oder Finanzdienstleistungsinstitut versichern zu lassen, dass der Gläubiger der Kapitalerträge nach den Depotunterlagen als Körperschaft weder Sitz noch Geschäftsleitung oder als natürliche Person weder Wohnsitz noch gewöhnlichen Aufenthalt im Inland hat. ³Das Verfahren nach den Sätzen 1 und 2 ist auf den Steuerabzug von Erträgen im Sinne des Absatzes 3 Satz 1 Nummer 2 entsprechend anzuwenden, soweit die Erträge einem Anleger zufließen oder als zugeflossen gelten, der eine nach den Rechtsvorschriften eines Mitgliedstaates der Europäischen Union oder des Europäischen Wirtschaftsraums gegründete Gesellschaft im Sinne des Artikels 54 des Vertrags über die Arbeitsweise der Europäischen Union oder des Artikels 34 des Abkommens über den Europäischen Wirtschaftsraum mit Sitz und Ort der Geschäftsleitung innerhalb des Hoheitsgebietes eines dieser Staaten ist, und der einer Körperschaft im Sinne des § 5 Absatz 1 Nummer 3 des Körperschaftsteuergesetzes vergleichbar ist; soweit es sich um eine nach den Rechtsvorschriften eines Mitgliedstaates des Europäischen Wirtschaftsraums gegründete Gesellschaft oder eine Gesellschaft mit Ort und Geschäftsleitung in diesem Staat handelt, ist zusätzlich Voraussetzung, dass mit diesem Staat ein Amtshilfeabkommen besteht. ⁴Absatz 5 Satz 4 und 5 ist entsprechend anzuwenden.

(7) Für die Anrechnung der einbehaltenen und abgeführten Kapitalertragsteuer nach § 36 Abs. 2 des Einkommensteuergesetzes oder deren Erstattung nach § 50d des Einkommensteuergesetzes gelten die Vorschriften des Einkommensteuergesetzes entsprechend.

(8) ¹Für die ergänzende Anwendung der Vorschriften des Einkommensteuergesetzes zum Kapitalertragsteuerabzug in den Absätzen 3 bis 6 steht die inländische Investmentgesellschaft einem inländischen Kreditinstitut gleich. ²Ferner steht die inländische Kapitalanlagegesellschaft hinsichtlich der ihr erlaubten Verwahrung und Verwaltung von Investmentanteilen für die Anwendung der Vorschriften des Einkommensteuergesetzes zum Kapitalertragsteuerabzug einem inländischen Kreditinstitut gleich.

§ 8
Veräußerung von Investmentanteilen; Vermögensminderung

(1) ¹Auf die Einnahmen aus der Rückgabe, Veräußerung oder Entnahme von Investmentanteilen sind § 3 Nummer 40 des Einkommensteuergesetzes, § 4 Absatz 1 dieses Gesetzes sowie § 19 des REIT-Gesetzes anzuwenden, soweit sie dort genannte, dem Anleger noch nicht zugeflossene oder als zugeflossen geltende Einnahmen enthalten oder auf bereits realisierte oder noch nicht realisierte Gewinne aus der Beteiligung des Investmentfonds an Körperschaften, Personenvereinigungen oder Vermögensmassen entfallen, deren Leistungen beim Empfänger zu den Einnahmen im Sinne des § 20 Absatz 1 Nummer 1 des Einkommensteuergesetzes gehören (positiver Aktiengewinn). ²Auf die Einnahmen aus der Rückgabe, Veräußerung oder Entnahme von Investmentanteilen im Betriebsvermögen sind § 8b des Körperschaftsteuergesetzes sowie § 19 des REIT-Gesetzes anzuwenden, soweit sie auf bereits realisierte oder noch nicht realisierte Gewinne aus der Beteiligung des Investmentfonds an Körperschaften, Personenvereinigungen oder Vermögensmassen entfallen, deren Leistungen beim Empfänger zu den Einnahmen im Sinne des § 20 Absatz 1 Nummer 1 des Einkommensteuergesetzes gehören. ³§ 15 Absatz 1a und § 16 Absatz 3 bleiben unberührt. ⁴Bei Beteiligungen des Investmentfonds sind die Sätze 1 bis 3 entsprechend anzuwenden. ⁵Bei dem Ansatz des in § 6 Absatz 1 Nummer 2 Satz 3 des Einkommensteuergesetzes bezeichneten Wertes sind die Sätze 1 bis 4 entsprechend anzuwenden.

(2) ¹Auf Vermögensminderungen innerhalb des Investmentfonds sind beim Anleger § 3c Abs. 2 des Einkommensteuergesetzes und § 8b des Körperschaftsteuergesetzes anzuwenden, soweit die Vermögensminderungen auf Beteiligungen des Investmentfonds an Körperschaften, Personenvereinigungen oder Vermögensmassen entfallen, deren Leistungen beim Empfänger zu den Einnahmen im Sinne des § 20 Abs. 1 Nr. 1 des Einkommensteuergesetzes gehören; Vermögensminderungen, die aus Wirtschaftsgütern herrühren, auf deren Erträge § 4 Abs. 1 anzuwenden ist, dürfen das Einkommen nicht mindern (negativer Aktiengewinn). ²Bei Beteiligungen des Investmentfonds an anderen Investmentfonds ist Satz 1 entsprechend anzuwenden. ³Die Sätze 1 und 2 gelten nicht für Beteiligungen des Investmentfonds an inländischen REIT-Aktiengesellschaften oder anderen REIT-Körperschaften, -Personenvereinigungen oder -Vermögensmassen im Sinne des REIT-Gesetzes.

(3) ¹Der nach den Absätzen 1 und 2 zu berücksichtigende Teil der Einnahmen ist, vorbehaltlich einer Berichtigung nach Satz 4, der Unterschied zwischen dem Aktiengewinn auf den Rücknahmepreis zum Zeitpunkt der Veräußerung einerseits und dem Aktiengewinn auf den Rücknahmepreis zum Zeitpunkt der Anschaffung andererseits. ²Bei Ansatz eines niedrigeren Teilwerts ist der zu berücksichtigende Teil nach § 3c Abs. 2 des Einkommensteuergesetzes oder § 8b des Körperschaftsteuergesetzes, vorbehaltlich einer Berichtigung nach Satz 4, der Unterschied zwischen dem Aktiengewinn auf den maßgebenden Rücknahmepreis zum Zeitpunkt der Bewertung einerseits und dem Aktiengewinn auf den Rücknahmepreis zum Zeitpunkt der Anschaffung andererseits, soweit dieser Unterschiedsbetrag sich auf den Bilanzansatz ausgewirkt hat. ³Entsprechendes gilt bei Gewinnen aus dem Ansatz des in § 6 Abs. 1 Nr. 2 Satz 3 des Einkommensteuergesetzes bezeichneten Wertes für die Ermittlung des zu berücksichtigenden Teils nach § 3 Nr. 40 des Einkommensteuergesetzes oder § 8b des Körperschaftsteuergesetzes. ⁴Die nach den Sätzen 1, 2 und 3 zu berücksichtigenden Teile sind um einen nach den Sätzen 2 bzw. 3 ermittelten Aktiengewinn auf den maßgebenden Rücknahmepreis zum Schluss des vorangegangenen Wirtschaftsjahres zu berichtigen, soweit er sich auf den Bilanzansatz ausgewirkt hat.

(4) ¹Kommt eine Investmentgesellschaft ihrer Ermittlungs- und Veröffentlichungspflicht nach § 5 Abs. 2 nicht nach, gilt der Investmentanteil bei betrieblichen Anlegern als zum zeitgleich mit dem letzten Aktiengewinn veröffentlichten Rücknahmepreis zurückgegeben und wieder angeschafft. ²Die auf den Veräußerungsgewinn entfallende Einkommen- oder Körperschaftsteuer gilt als zinslos gestundet. ³Bei einer nachfolgenden Rückgabe oder Veräußerung des Investmentanteils endet die Stundung mit der Rückgabe oder Veräußerung. ⁴Auf die als angeschafft geltenden Investmentanteile sind § 3 Nr. 40 des Einkommensteuergesetzes und § 8b des Körperschaftsteuergesetzes nicht anzuwenden.

(5) ¹Gewinne aus der Rückgabe oder Veräußerung von Investmentanteilen, die weder zu einem Betriebsvermögen gehören noch zu den Einkünften nach § 22 Nr. 1 oder Nr. 5 des Einkommensteuergesetzes gehören, gehören zu den Einkünften aus Kapitalvermögen im Sinne des § 20 Abs. 2 Satz 1 Nr. 1 des Einkommensteuergesetzes; § 3 Nr. 40 und § 17 des Einkommensteuergesetzes und § 8b des Körperschaftsteuergesetzes sind nicht anzuwenden. ²Negative Einnahmen gemäß § 2 Abs. 1 Satz 1 sind von

den Anschaffungskosten des Investmentanteils, erhaltener Zwischengewinn ist vom Veräußerungserlös des Investmentanteils abzusetzen. ³Der Veräußerungserlös ist ferner um die während der Besitzzeit als zugeflossen geltenden ausschüttungsgleichen Erträge zu mindern sowie um die hierauf entfallende, seitens der Investmentgesellschaft gezahlte und um einen entstandenen Ermäßigungsanspruch gekürzte Steuer im Sinne des § 4 Abs. 2, § 7 Abs. 3 und 4 zu erhöhen. ⁴Sind ausschüttungsgleiche Erträge in einem späteren Geschäftsjahr innerhalb der Besitzzeit ausgeschüttet worden, sind diese dem Veräußerungserlös hinzuzurechnen. ⁵Der Gewinn aus der Veräußerung oder Rückgabe ist um die während der Besitzzeit des Anlegers ausgeschütteten Beträge zu erhöhen, die nach § 21 Absatz 1 Satz 2 in Verbindung mit § 2 Abs. 3 Nr. 1 in der am 31. Dezember 2008 anzuwendenden Fassung des Gesetzes steuerfrei sind. ⁶Des Weiteren ist der Veräußerungsgewinn um die während der Besitzzeit des Anlegers zugeflossene Substanzauskehrung sowie um die Beträge zu erhöhen, die während der Besitzzeit auf Grund der Absetzung für Abnutzung oder Substanzverringerung im Sinne des § 3 Absatz 3 Satz 2 steuerfrei ausgeschüttet wurden. ⁷Ferner bleiben bei der Ermittlung des Gewinns die Anschaffungskosten und der Veräußerungserlös mit dem Prozentsatz unberücksichtigt, den die Investmentgesellschaft für den jeweiligen Stichtag nach § 5 Abs. 2 für die Anwendung des Absatzes 1 in Verbindung mit § 4 Abs. 1 veröffentlicht hat.

(6) ¹Von den Einnahmen aus der Rückgabe oder Veräußerung von Investmentanteilen ist ein Steuerabzug vorzunehmen. ²Bemessungsgrundlage für den Kapitalertragsteuerabzug ist auch bei Investmentanteilen, die zu einem Betriebsvermögen gehören, der Gewinn nach Absatz 5. Die für den Steuerabzug von Kapitalerträgen nach § 43 Abs. 1 Satz 1 Nr. 9 sowie Satz 2 des Einkommensteuergesetzes geltenden Vorschriften des Einkommensteuergesetzes sind einschließlich des § 43 Abs. 2 Satz 3 bis 9 und des § 44a Abs. 4 und 5 entsprechend anzuwenden. ³Bei der unmittelbaren Rückgabe von Investmentanteilen an eine inländische Kapitalanlagegesellschaft oder Investmentaktiengesellschaft hat die Investmentgesellschaft den Kapitalertragsteuerabzug nach den Sätzen 1 bis 3 vorzunehmen; dieser Steuerabzug tritt an die Stelle des Steuerabzugs durch die auszahlende Stelle.

(7) § 15b des Einkommensteuergesetzes ist auf Verluste aus der Rückgabe, Veräußerung oder Entnahme von Investmentanteilen sowie auf Verluste durch Ansatz des niedrigeren Teilwerts bei Investmentanteilen sinngemäß anzuwenden.

(8) ¹Ein Investmentanteil gilt mit Ablauf des Geschäftsjahres, in dem ein Feststellungsbescheid nach § 1 Absatz 1d Satz 1 unanfechtbar geworden ist, als veräußert. ²Ein Anteil an einer Investitionsgesellschaft gilt zum selben Zeitpunkt als angeschafft. ³Als Veräußerungserlös des Investmentanteils und als Anschaffungskosten des Investitionsgesellschaftsanteils ist der Rücknahmepreis am Ende des Geschäftsjahres anzusetzen, in dem der Feststellungsbescheid unanfechtbar geworden ist. ⁴Wird kein Rücknahmepreis festgesetzt, tritt an seine Stelle der Börsen- oder Marktpreis. ⁵Kapitalertragsteuer ist nicht einzubehalten und abzuführen. ⁶Im Übrigen sind die vorstehenden Absätze anzuwenden. ⁷Die festgesetzte Steuer gilt bis zur tatsächlichen Veräußerung des Anteils als zinslos gestundet.

§ 9

Ertragsausgleich

¹Den in den ausgeschütteten und ausschüttungsgleichen Erträgen enthaltenen einzelnen Beträgen im Sinne der §§ 2 und 4 sowie der anrechenbaren oder abziehbaren ausländischen Quellensteuer stehen die hierauf entfallenden Teile des Ausgabepreises für ausgegebene Anteile gleich. ²Die Einnahmen und Zwischengewinne im Sinne des § 1 Absatz 4 sind bei Anwendung eines Ertragsausgleichsverfahrens um die hierauf entfallenden Teile des Ausgabepreises für ausgegebene Anteile zu erhöhen.

§ 10

Dach-Investmentfonds

¹Bei Erträgen eines Anlegers aus Investmentanteilen, die aus Erträgen des Investmentfonds aus Anteilen an anderen Investmentfonds stammen, findet § 6 entsprechende Anwendung, soweit die Besteuerungsgrundlagen des Dach-Investmentfonds im Sinne des § 5 Abs. 1 nicht nachgewiesen werden. ²Soweit Ziel-Investmentfonds die Voraussetzungen des § 5 Absatz 1 nicht erfüllen, sind die nach § 6 zu ermittelnden Besteuerungsgrundlagen des Ziel-Investmentfonds den steuerpflichtigen Erträgen des Dach-Investmentfonds zuzurechnen. ³Die vorstehenden Sätze sind auch auf Master-Feeder-Strukturen im Sinne der §§ 171 bis 180 des Kapitalanlagegesetzbuchs anzuwenden.

Abschnitt 2
Regelungen nur für inländische Investmentfonds

§ 11
Steuerbefreiung und Außenprüfung

(1) ¹Das inländische Sondervermögen gilt als Zweckvermögen im Sinne des § 1 Absatz 1 Nummer 5 des Körperschaftsteuergesetzes und als sonstige juristische Person des privaten Rechts im Sinne des § 2 Absatz 3 des Gewerbesteuergesetzes. ²Ein inländischer Investmentfonds in der Rechtsform eines Sondervermögens oder einer Investmentaktiengesellschaft mit veränderlichem Kapital ist von der Körperschaftsteuer und der Gewerbesteuer befreit. ³Ein inländischer Investmentfonds in der Rechtsform einer offenen Investmentkommanditgesellschaft ist von der Gewerbesteuer befreit. ⁴Satz 2 gilt nicht für

1. Einkünfte, die die Investmentaktiengesellschaft mit veränderlichem Kapital oder deren Teilgesellschaftsvermögen aus der Verwaltung des Vermögens erzielt, oder
2. Einkünfte der Investmentaktiengesellschaft mit veränderlichem Kapital oder deren Teilgesellschaftsvermögen, die auf Unternehmensaktien entfallen, es sei denn, es wurde nach § 109 Absatz 1 Satz 1 des Kapitalanlagegesetzbuchs auf die Begebung von Anlageaktien verzichtet.

⁵Die Sätze 1 und 2 gelten auch für Investmentfonds im Sinne des § 1 Absatz 1g Satz 2.

(2) ¹Die von den Kapitalerträgen des inländischen Investmentfonds einbehaltene und abgeführte Kapitalertragsteuer wird dem Investmentfonds unter Einschaltung der Verwahrstelle erstattet, soweit nicht nach § 44a des Einkommensteuergesetzes vom Steuerabzug Abstand zu nehmen ist; dies gilt auch für den als Zuschlag zur Kapitalertragsteuer einbehaltenen und abgeführten Solidaritätszuschlag. ²Bei Kapitalerträgen im Sinne des § 43 Absatz 1 Satz 1 Nummer 1 und 2 des Einkommensteuergesetzes wendet die Verwahrstelle § 44b Absatz 6 des Einkommensteuergesetzes entsprechend an; bei den übrigen Kapitalerträgen außer Kapitalerträgen im Sinne des § 43 Absatz 1 Satz 1 Nummer 1a des Einkommensteuergesetzes erstattet das Finanzamt, an das die Kapitalertragsteuer abgeführt worden ist, die Kapitalertragsteuer und den Solidaritätszuschlag auf Antrag an die Depotbank. ³Im Übrigen sind die Vorschriften des Einkommensteuergesetzes über die Abstandnahme vom Steuerabzug und über die Erstattung von Kapitalertragsteuer bei unbeschränkt einkommensteuerpflichtigen Gläubigern sinngemäß anzuwenden. ⁴An die Stelle der nach dem Einkommensteuergesetz erforderlichen Nichtveranlagungs-Bescheinigung tritt eine Bescheinigung des für den Investmentfonds zuständigen Finanzamts, in der bestätigt wird, dass ein Zweckvermögen oder eine Investmentaktiengesellschaft im Sinne des Absatzes 1 vorliegt.

(3) Beim inländischen Investmentfonds ist eine Außenprüfung im Sinne der §§ 194ff. der Abgabenordnung zulässig zur Ermittlung der steuerlichen Verhältnisse des Investmentfonds, zum Zwecke der Prüfung der Berichte nach den §§ 101, 120 und 135 des Kapitalanlagegesetzbuchs und der Besteuerungsgrundlagen nach § 5.

§ 12
Ausschüttungsbeschluss

¹Die inländische Investmentgesellschaft hat über die Verwendung der zur Ausschüttung zur Verfügung stehenden Beträge zu beschließen und den Beschluss schriftlich zu dokumentieren. ²Der Beschluss hat Angaben zur Zusammensetzung der Ausschüttung zu enthalten. ³Er hat außerdem Angaben zu den noch nicht ausgeschütteten Beträgen, die nicht unter § 23 Absatz 1 fallen, zu enthalten.

§ 13
Gesonderte Feststellung der Besteuerungsgrundlagen

(1) Die Besteuerungsgrundlagen im Sinne des § 5 Abs. 1 sind gegenüber der Investmentgesellschaft gesondert festzustellen.

(2) ¹Die Investmentgesellschaft hat spätestens vier Monate nach Ablauf des Geschäftsjahres eine Erklärung zur gesonderten Feststellung der Besteuerungsgrundlagen abzugeben. ²Wird innerhalb von vier Monaten nach Ablauf des Geschäftsjahres ein Beschluss über eine Ausschüttung gefasst, ist die Erklärung nach Satz 1 spätestens vier Monate nach dem Tag des Beschlusses abzugeben. ³Der Feststellungserklärung sind der Jahresbericht, die Bescheinigung nach § 5 Absatz 1 Satz 1 Nummer 3, der Ausschüttungsbeschluss gemäß § 12 und eine Überleitungsrechnung, aus der hervorgeht, wie aus der investmentrechtlichen Rechnungslegung die Besteuerungsgrundlagen ermittelt wurden, beizufügen.

(3) ¹Die Feststellungserklärung steht einer gesonderten Feststellung gleich. ²Die Investmentgesellschaft hat die erklärten Besteuerungsgrundlagen zugleich im Bundesanzeiger bekannt zu machen.

(4) ¹Stellt das Finanzamt materielle Fehler der gesonderten Feststellung nach Absatz 3 Satz 1 fest, sind die Unterschiedsbeträge zwischen den erklärten Besteuerungsgrundlagen und den zutreffenden Besteuerungsgrundlagen gesondert festzustellen. ²Weichen die nach Absatz 3 Satz 2 bekannt gemachten Besteuerungsgrundlagen von der Feststellungserklärung ab, sind die Unterschiedsbeträge zwischen den nach Absatz 3 Satz 2 bekannt gemachten Besteuerungsgrundlagen und den erklärten Besteuerungsgrundlagen gesondert festzustellen. ³Die Investmentgesellschaft hat die Unterschiedsbeträge in der Feststellungserklärung für das Geschäftsjahr zu berücksichtigen, in dem die Feststellung nach den Sätzen 1 und 2 unanfechtbar geworden ist. ⁴Die §§ 129, 164, 165, 172 bis 175a der Abgabenordnung sind auf die gesonderte Feststellung nach Absatz 3 Satz 1 sowie Absatz 4 Satz 1 und 2 nicht anzuwenden. ⁵Eine gesonderte Feststellung nach den Sätzen 1 und 2 ist bis zum Ablauf der für die Feststellung nach Absatz 3 Satz 1 geltenden Feststellungsfrist zulässig.

(5) Örtlich zuständig ist das Finanzamt, in dessen Bezirk sich die Geschäftsleitung der Kapitalverwaltungsgesellschaft des Investmentfonds befindet, oder in den Fällen des § 1 Absatz 2a Satz 3 Nummer 1 Buchstabe b, in dessen Bezirk die Zweigniederlassung besteht, oder in den Fällen des § 1 Absatz 2a Satz 3 Nummer 1 Buchstabe c, in dessen Bezirk sich die Geschäftsleitung der inländischen Verwahrstelle befindet.

§ 14
Verschmelzung von Investmentfonds und Teilen von Investmentfonds

(1) Die folgenden Absätze 2 bis 6 gelten nur für die Verschmelzung im Sinne des § 189 des Kapitalanlagegesetzbuchs unter alleiniger Beteiligung inländischer Sondervermögen.

(2) ¹Das übertragende Sondervermögen hat die zu übertragenden Vermögensgegenstände und Verbindlichkeiten, die Teil des Nettoinventars sind, mit den Anschaffungskosten abzüglich Absetzungen für Abnutzungen oder Substanzverringerung (fortgeführte Anschaffungskosten) zu seinem Geschäftsjahresende (Übertragungsstichtag) anzusetzen. ²Ein nach § 189 Absatz 2 Satz 1 des Kapitalanlagegesetzbuchs bestimmter Übertragungsstichtag gilt als Geschäftsjahresende des übertragenden Sondervermögens.

(3) ¹Das übernehmende Sondervermögen hat zu Beginn des dem Übertragungsstichtag folgenden Tages die übernommenen Vermögensgegenstände und Verbindlichkeiten mit den fortgeführten Anschaffungskosten anzusetzen. ²Das übernehmende Sondervermögen tritt in die steuerliche Rechtsstellung des übertragenden Sondervermögens ein.

(4) ¹Die Ausgabe der Anteile am übernehmenden Sondervermögen an die Anleger des übertragenden Sondervermögens gilt nicht als Tausch. ²Die erworbenen Anteile an dem übernehmenden Sondervermögen treten an die Stelle der Anteile an dem übertragenden Sondervermögen. ³Erhalten die Anleger des übertragenden Sondervermögens eine Barzahlung im Sinne des § 190 des Kapitalanlagegesetzbuchs, gilt diese als Ertrag im Sinne des § 20 Absatz 1 Nummer 1 des Einkommensteuergesetzes, wenn sie nicht Betriebseinnahme des Anlegers, eine Leistung nach § 22 Nummer 1 Satz 3 Buchstabe a Doppelbuchstabe aa des Einkommensteuergesetzes oder eine Leistung nach § 22 Nummer 5 des Einkommensteuergesetzes ist; § 3 Nummer 40 des Einkommensteuergesetzes und § 8b Absatz 1 des Körperschaftsteuergesetzes und § 5 sind nicht anzuwenden. ⁴Die Barzahlung ist als Ausschüttung eines sonstigen Ertrags oder als Teil der Ausschüttung nach § 6 zu behandeln.

(5) ¹Die nicht bereits ausgeschütteten ausschüttungsgleichen Erträge des letzten Geschäftsjahres des übertragenden Sondervermögens gelten den Anlegern dieses Sondervermögens mit Ablauf des Übertragungsstichtags als zugeflossen. ²Dies gilt nicht, wenn die Erträge gemäß § 2 Abs. 1 Satz 1 zu den Einkünften nach § 22 Nr. 1 oder 5 des Einkommensteuergesetzes zählen. ³Als ausschüttungsgleiche Erträge sind auch die nicht bereits zu versteuernden angewachsenen Erträge des übertragenden Sondervermögens zu behandeln.

(6) ¹Ermitteln beide Sondervermögen den Aktiengewinn nach § 5 Abs. 2, so darf sich der Aktiengewinn je Investmentanteil durch die Übertragung nicht verändern. ²Ermittelt nur eines der beiden Sondervermögen den Aktiengewinn, ist auf die Investmentanteile des Sondervermögens, das bisher einen Aktiengewinn ermittelt und veröffentlicht hat, § 8 Abs. 4 anzuwenden.

(7) Die Absätze 2 bis 6 sind entsprechend anzuwenden, wenn bei einer nach dem Kapitalanlagegesetzbuch zulässigen Übertragung von allen Vermögensgegenständen im Wege der Sacheinlage sämtliche Vermögensgegenstände

1. eines Sondervermögens auf eine Investmentaktiengesellschaft mit veränderlichem Kapital oder auf ein Teilgesellschaftsvermögen einer Investmentaktiengesellschaft mit veränderlichem Kapital,

Anhang 11 — InvStG

2. eines Teilgesellschaftsvermögens einer Investmentaktiengesellschaft mit veränderlichem Kapital auf ein anderes Teilgesellschaftsvermögen derselben Investmentaktiengesellschaft mit veränderlichem Kapital,
3. eines Teilgesellschaftsvermögens einer Investmentaktiengesellschaft mit veränderlichem Kapital auf ein Teilgesellschaftsvermögen einer anderen Investmentaktiengesellschaft mit veränderlichem Kapital,
4. einer Investmentaktiengesellschaft mit veränderlichem Kapital oder eines Teilgesellschaftsvermögens einer Investmentaktiengesellschaft mit veränderlichem Kapital auf ein Sondervermögen oder
5. einer Investmentaktiengesellschaft mit veränderlichem Kapital auf eine andere Investmentaktiengesellschaft mit veränderlichem Kapital oder ein Teilgesellschaftsvermögen einer anderen Investmentaktiengesellschaft mit veränderlichem Kapital

übertragen werden. Satz 1 ist nicht anzuwenden, wenn ein Spezial-Sondervermögen nach § 1 Absatz 6 und 10 des Kapitalanlagegesetzbuchs oder ein Teilinvestmentvermögen eines solchen Sondervermögens oder eine Spezial-Investmentaktiengesellschaft mit veränderlichem Kapital nach § 1 Absatz 6 in Verbindung mit Kapitel 1 Abschnitt 4 Unterabschnitt 3 des Kapitalanlagegesetzbuchs oder ein Teilgesellschaftsvermögen einer solchen Investmentaktiengesellschaft als übertragender oder aufnehmender Investmentfonds beteiligt ist.

(8) Die gleichzeitige Übertragung aller Vermögensgegenstände mehrerer Sondervermögen, Teilgesellschaftsvermögen oder Investmentaktiengesellschaften auf dasselbe Sondervermögen oder Teilgesellschaftsvermögen oder dieselbe Investmentaktiengesellschaft mit veränderlichem Kapital ist zulässig.

§ 15
Inländische Spezial-Investmentfonds

(1) ¹Bei inländischen Sondervermögen oder Investmentaktiengesellschaften mit veränderlichem Kapital, die auf Grund einer schriftlichen Vereinbarung mit der Kapitalverwaltungsgesellschaft oder auf Grund ihrer Satzung nicht mehr als 100 Anleger oder Aktionäre haben, die nicht natürlichen Personen sind (Spezial-Investmentfonds), sind § 1 Absatz 1d, § 4 Absatz 4, § 5 Absatz 1 sowie die §§ 6 und 8 Absatz 4 und 8 nicht anzuwenden. ²§ 5 Abs. 2 Satz 1 ist mit der Maßgabe anzuwenden, dass die Investmentgesellschaft verpflichtet ist, den Aktiengewinn für Körperschaften, Personenvereinigungen oder Vermögensmassen bei jeder Bewertung des Investmentfonds zu ermitteln; die Veröffentlichung des Aktiengewinns entfällt. ³Für die Feststellung der Besteuerungsgrundlagen gilt § 180 Abs. 1 Nr. 2 Buchstabe a der Abgabenordnung entsprechend; die Feststellungserklärung steht einer gesonderten und einheitlichen Feststellung unter dem Vorbehalt der Nachprüfung gleich, eine berichtigte Feststellungserklärung gilt als Antrag auf Änderung. ⁴§ 13 Abs. 1, 3 und 4 ist nicht anzuwenden. ⁵Nicht ausgeglichene negative Erträge im Sinne des § 3 Abs. 4 Satz 2 entfallen, soweit ein Anleger seine Investmentanteile veräußert oder zurückgibt. ⁶In den Fällen des § 14 gilt dies auch, soweit sich jeweils die Beteiligungsquote des Anlegers an den beteiligten Sondervermögen reduziert. ⁷§ 32 Abs. 3 des Körperschaftsteuergesetzes gilt entsprechend; die Investmentgesellschaft hat den Kapitalertragsteuerabzug vorzunehmen. ⁸Die Kapitalertragsteuer nach Satz 7 und nach § 7 ist durch die Investmentgesellschaft innerhalb eines Monats nach der Entstehung zu entrichten. ⁹Die Investmentgesellschaft hat bis zu diesem Zeitpunkt eine Steueranmeldung nach amtlich vorgeschriebenem Datensatz auf elektronischem Weg nach Maßgabe der Steuerdaten-Übermittlungsverordnung vom 28. Januar 2003 (BGBl. I S. 139), die zuletzt durch Artikel 8 der Verordnung vom 17. November 2010 (BGBl. I S. 1544) geändert worden ist, in der jeweils geltenden Fassung zu übermitteln. ¹⁰Im Rahmen der ergänzenden Anwendung der Vorschriften des Einkommensteuergesetzes über den Steuerabzug sind § 44a Absatz 6 und § 45a Absatz 3 des Einkommensteuergesetzes nicht anzuwenden.

(1a) ¹Bei Investmentfonds im Sinne des Absatzes 1 Satz 1 ist abweichend von § 2 Absatz 2 Satz 1 und § 8 Absatz 1 Satz 1 § 8b des Körperschaftsteuergesetzes anzuwenden. ²Voraussetzung für die Anwendung des Satzes 1 auf Erträge des Investmentanteils ist, dass die Beteiligung des Investmentfonds mindestens 10 Prozent des Grund- oder Stammkapitals, des Vermögens oder der Summe der Geschäftsguthaben beträgt und der dem einzelnen Anleger zuzurechnende Anteil an dem Investmentfonds so hoch ist, dass die auf den einzelnen Anleger anteilig entfallende Beteiligung an der Körperschaft, Personenvereinigung oder Vermögensmasse mindestens 10 Prozent des Grund- oder Stammkapitals, des Vermögens oder der Summe der Geschäftsguthaben beträgt. ³Für die Berechnung der Beteiligungsgrenze ist für die Beteiligung des Investmentfonds auf die Höhe der Beteiligung an der Körperschaft, Personenvereinigung oder Vermögensmasse zu dem Zeitpunkt abzustellen, zu dem die auf die Beteiligung entfallenden Erträge dem Investmentfonds zugerechnet werden; für den Anteil des Anlegers an dem Investmentfonds ist auf den Schluss des Geschäftsjahres abzustellen. ⁴Über eine Mitunternehmerschaft gehaltene Investmentanteile sind dem Mitunternehmer anteilig nach dem allgemeinen Gewinnmaßstab zuzurechnen.

⁵Eine einem Anleger über einen direkt gehaltenen Anteil an einem Investmentfonds und über einen von einer Mitunternehmerschaft gehaltenen Anteil an demselben Investmentfonds zuzurechnende Beteiligung an derselben Körperschaft, Personenvereinigung oder Vermögensmasse sind zusammenzurechnen. ⁶Eine Zusammenrechnung von Beteiligungen an Körperschaften, Personenvereinigungen oder Vermögensmassen, die dem Anleger über andere Investmentfonds oder ohne Einschaltung eines Investmentfonds zuzurechnen sind, findet bei dem jeweiligen Investmentfonds nicht statt. ⁷Ist der Anleger bereits unmittelbar zu mindestens 10 Prozent an dem Grund- oder Stammkapital einer Körperschaft, Personenvereinigung oder Vermögensmasse beteiligt, gilt die Beteiligungsgrenze auch als überschritten, soweit der Anleger an dieser Körperschaft, Personenvereinigung oder Vermögensmasse auch über einen Investmentfonds beteiligt ist, wenn der Anleger die Höhe der unmittelbaren Beteiligung gegenüber der Investmentgesellschaft nachgewiesen hat; eine mittelbar über eine Mitunternehmerschaft gehaltene Beteiligung gilt hierbei als unmittelbare Beteiligung. ⁸Vom Investmentfonds entliehene Wertpapiere und Investmentanteile sowie vom Anleger entliehene Investmentanteile werden für die Berechnung einer Beteiligung dem Verleiher zugerechnet. ⁹Teilfonds oder Teilgesellschaftsvermögen stehen für die Anwendung der vorstehenden Sätze einem Investmentfonds gleich.

(2) ¹Erträge aus Vermietung und Verpachtung von inländischen Grundstücken und grundstücksgleichen Rechten und Gewinne aus privaten Veräußerungsgeschäften mit inländischen Grundstücken und grundstücksgleichen Rechten sind gesondert auszuweisen. ²Diese Erträge gelten beim beschränkt steuerpflichtigen Anleger als unmittelbar bezogene Einkünfte gemäß § 49 Abs. 1 Nr. 2 Buchstabe f, Nr. 6 oder Nr. 8 des Einkommensteuergesetzes. ³Dies gilt auch für die Anwendung der Regelungen in Doppelbesteuerungsabkommen. ⁴Von den Erträgen ist Kapitalertragsteuer in Höhe von 25 Prozent durch die Investmentgesellschaft einzubehalten; Absatz 1 Satz 8 bis 10 gilt entsprechend. ⁵§ 50 Absatz 2 Satz 1 des Einkommensteuergesetzes findet keine Anwendung.

(3) ¹Ein Investmentanteil an einem Spezial-Investmentfonds gilt mit Ablauf des vorangegangenen Geschäftsjahres des Spezial-Investmentfonds als veräußert, in dem der Spezial-Investmentfonds seine Anlagebedingungen in der Weise abgeändert hat, dass die Voraussetzungen des § 1 Absatz 1b nicht mehr erfüllt sind oder in dem ein wesentlicher Verstoß gegen die Anlagebestimmungen des § 1 Absatz 1b vorliegt. ²Als Veräußerungserlös des Investmentanteils und als Anschaffungskosten des Anteils an der Investitionsgesellschaft ist der Rücknahmepreis anzusetzen. ³Wird kein Rücknahmepreis festgesetzt, tritt an seine Stelle der Börsen- oder Marktpreis. ⁴Kapitalertragsteuer ist nicht einzubehalten und abzuführen. ⁵Der Spezial-Investmentfonds gilt mindestens für einen Zeitraum von drei Jahren als Investitionsgesellschaft.

§ 15a
Offene Investmentkommanditgesellschaft

(1) ¹§ 15 gilt für offene Investmentkommanditgesellschaften im Sinne des § 1 Absatz 1f Nummer 3 entsprechend. ²§ 15 Absatz 3 ist entsprechend anzuwenden, wenn die Voraussetzungen des § 1 Absatz 1f Nummer 3 nicht mehr erfüllt sind.

(2) ¹Die für die Ermittlung von Einkünften eines Anlegers eines Spezial-Investmentfonds geltenden Regelungen sind für die Anleger von offenen Investmentkommanditgesellschaften entsprechend anzuwenden. ²Für die Bewertung eines Anteils an einer offenen Investmentkommanditgesellschaft im Sinne des Absatzes 1 gilt § 6 Absatz 1 Nummer 2 des Einkommensteuergesetzes entsprechend.

(3) ¹Die Beteiligung an einer offenen Investmentkommanditgesellschaft im Sinne des Absatzes 1 führt nicht zur Begründung oder anteiligen Zurechnung einer Betriebsstätte des Anteilseigners. ²Die Einkünfte der offenen Investmentkommanditgesellschaft im Sinne des Absatzes 1 gelten als nicht gewerblich. ³§ 9 Nummer 2 des Gewerbesteuergesetzes ist auf Anteile am Gewinn an einer offenen Investmentkommanditgesellschaft im Sinne des Absatzes 1 nicht anzuwenden.

(4) Wird ein Wirtschaftsgut aus einem Betriebsvermögen des Anlegers in das Gesellschaftsvermögen einer offenen Investmentkommanditgesellschaft übertragen, ist bei der Übertragung der Teilwert anzusetzen.

Abschnitt 3
Regelungen nur für ausländische Investmentfonds

§ 16
Ausländische Spezial-Investmentfonds

¹Bei ausländischen AIF, deren Anteile satzungsgemäß von nicht mehr als 100 Anlegern, die nicht natürliche Personen sind, gehalten werden (ausländische Spezial-Investmentfonds), sind § 1 Absatz 1d, § 4 Absatz 4, § 5 Absatz 1 Satz 1 Nummer 5 Satz 3 sowie die §§ 6 und 8 Absatz 4 und 8 nicht anzuwenden. ²§ 5 Abs. 1 Satz 1 Nr. 3 ist mit der Maßgabe anzuwenden, dass die Investmentgesellschaft von der Be-

kanntmachung im Bundesanzeiger absehen kann, wenn sie den Anlegern die Daten mitteilt. ³§ 15 Absatz 1 Satz 2 und Absatz 1a gilt entsprechend. ⁴§ 15 Absatz 1 Satz 5 ist entsprechend anzuwenden. ⁵§ 15 Absatz 1 Satz 6 ist in Fällen des § 17a entsprechend anzuwenden. ⁶Für ausländische Spezial-Investmentfonds mit mindestens einem inländischen Anleger hat die ausländische Investmentgesellschaft dem Bundeszentralamt für Steuern innerhalb von vier Monaten nach Ende des Geschäftsjahres eine Bescheinigung eines zur geschäftsmäßigen Hilfeleistung befugten Berufsträgers im Sinne des § 3 des Steuerberatungsgesetzes, einer behördlich anerkannten Wirtschaftsprüfungsstelle oder einer vergleichbaren Stelle vorzulegen, aus der hervorgeht, dass die Angaben nach den Regeln des deutschen Steuerrechts ermittelt wurden. ⁷Fasst der ausländische Spezial-Investmentfonds innerhalb von vier Monaten nach Ende des Geschäftsjahres einen Ausschüttungsbeschluss, beginnt die Frist nach Satz 6 erst mit dem Tage des Ausschüttungsbeschlusses. ⁸§ 15 Absatz 3 gilt entsprechend.

§ 17
Repräsentant

Der Repräsentant einer ausländischen Investmentgesellschaft im Sinne des § 317 Absatz 1 Nummer 4 und § 319 des Kapitalanlagegesetzbuchs gilt nicht als ständiger Vertreter im Sinne des § 49 Abs. 1 Nr. 2 Buchstabe a des Einkommensteuergesetzes und des § 13 der Abgabenordnung, soweit er die ausländische Investmentgesellschaft gerichtlich oder außergerichtlich vertritt und er hierbei weder über die Anlage des eingelegten Geldes bestimmt noch bei dem Vertrieb der ausländischen Investmentanteile tätig wird.

§ 17a
Auswirkungen der Verschmelzung von ausländischen Investmentfonds und Teilen eines solchen Investmentfonds auf einen anderen ausländischen Investmentfonds oder Teile eines solchen Investmentfonds

¹Für den Anleger eines Investmentanteils an einem Investmentfonds, das dem Recht eines anderen Mitgliedstaates der Europäischen Union untersteht, ist für Verschmelzungen von Investmentfonds, die demselben Aufsichtsrecht unterliegen, § 14 Absatz 4 bis 6 und 8 entsprechend anzuwenden, wenn

1. die dem § 189 des Kapitalanlagegesetzbuchs entsprechenden Vorschriften des Sitzstaates der Investmentfonds erfüllt sind und dies durch eine Bestätigung der für die Investmentaufsicht zuständigen Stelle nachgewiesen wird und
2. der übernehmende Investmentfonds die fortgeführten Anschaffungskosten des übertragenden Investmentfonds für die Ermittlung der Investmenterträge fortführt und hierzu eine Bescheinigung eines zur geschäftsmäßigen Hilfeleistung befugten Berufsträgers im Sinne des § 3 des Steuerberatungsgesetzes, einer behördlich anerkannten Wirtschaftsprüfungsgesellschaft oder einer vergleichbaren Stelle vorlegt.

²Den Mitgliedstaaten der Europäischen Union stehen die Staaten gleich, auf die das Abkommen über den Europäischen Wirtschaftsraum anwendbar ist, sofern zwischen der Bundesrepublik Deutschland und dem anderen Staat auf Grund der Amtshilferichtlinie gemäß § 2 Absatz 2 des EU-Amtshilfegesetzes oder einer vergleichbaren zwei- oder mehrseitigen Vereinbarung Auskünfte erteilt werden, die erforderlich sind, um die Besteuerung durchzuführen. ³Die Bescheinigungen nach Satz 1 sind dem Bundeszentralamt für Steuern vorzulegen. ⁴§ 5 Abs. 1 Satz 1 Nr. 5 gilt entsprechend. ⁵Die Sätze 1 bis 4 sind entsprechend anzuwenden, wenn alle Vermögensgegenstände eines nach dem Investmentrecht des Sitzstaates abgegrenzten Teils eines Investmentfonds übertragen werden oder ein solcher Teil eines Investmentfonds alle Vermögensgegenstände eines anderen Investmentfonds oder eines nach dem Investmentrecht des Sitzstaates abgegrenzten Teils eines Investmentfonds übernimmt. ⁶§ 14 Absatz 7 Satz 2 und Absatz 8 gilt entsprechend; dies gilt bei § 14 Absatz 7 Satz 2 nicht für die Übertragung aller Vermögensgegenstände eines Sondervermögens auf ein anderes Sondervermögen.

Abschnitt 4
Gemeinsame Vorschriften für inländische und ausländische Investitionsgesellschaften

§ 18
Personen-Investitionsgesellschaften

¹Personen-Investitionsgesellschaften sind Investitionsgesellschaften in der Rechtsform einer Investmentkommanditgesellschaft oder einer vergleichbaren ausländischen Rechtsform. ²Für diese sind die Einkünfte nach § 180 Absatz 1 Nummer 2 der Abgabenordnung gesondert und einheitlich festzustellen. ³Die Einkünfte sind von den Anlegern nach den allgemeinen steuerrechtlichen Regelungen zu versteuern.

§ 19

Kapital-Investitionsgesellschaften

(1) ¹Kapital-Investitionsgesellschaften sind alle Investitionsgesellschaften, die keine Personen-Investitionsgesellschaften sind. ²Kapital-Investitionsgesellschaften in der Rechtsform eines Sondervermögens gelten als Zweckvermögen im Sinne des § 1 Absatz 1 Nummer 5 des Körperschaftsteuergesetzes und als sonstige juristische Personen des privaten Rechts im Sinne des § 2 Absatz 3 des Gewerbesteuergesetzes. ³Ausländische Kapital-Investitionsgesellschaften, die keine Kapitalgesellschaften sind, gelten als Vermögensmassen im Sinne des § 2 Nummer 1 des Körperschaftsteuergesetzes und als sonstige juristische Person des privaten Rechts im Sinne des § 2 Absatz 3 des Gewerbesteuergesetzes.

(2) ¹Bei Anlegern, die ihren Investitionsgesellschaftsanteil im Privatvermögen halten, gelten die Ausschüttungen als Einkünfte im Sinne des § 20 Absatz 1 Nummer 1 des Einkommensteuergesetzes. ²§ 8b des Körperschaftsteuergesetzes und § 3 Nummer 40 des Einkommensteuergesetzes sind anzuwenden, wenn der Anleger nachweist, dass die Kapital-Investitionsgesellschaft

1. in einem Mitgliedstaat der Europäischen Union oder in einem anderen Vertragsstaat des Abkommens über den Europäischen Wirtschaftsraum ansässig ist und dort der Ertragsbesteuerung für Kapitalgesellschaften unterliegt und nicht von ihr befreit ist, oder

2. in einem Drittstaat ansässig ist und dort einer Ertragsbesteuerung für Kapitalgesellschaften in Höhe von mindestens 15 Prozent unterliegt, und nicht von ihr befreit ist.

³Die inländische auszahlende Stelle hat von den Ausschüttungen einer Kapital-Investitionsgesellschaft Kapitalertragsteuer einzubehalten und abzuführen. ⁴Die für den Steuerabzug von Kapitalerträgen im Sinne des § 43 Absatz 1 Satz 1 Nummer 1 oder Nummer 1a sowie Satz 2 des Einkommensteuergesetzes geltenden Vorschriften des Einkommensteuergesetzes sind entsprechend anzuwenden. ⁵Bei Ausschüttungen von ausländischen Kapital-Investitionsgesellschaften sind die für den Steuerabzug von Kapitalerträgen im Sinne des § 43 Absatz 1 Satz 1 Nummer 6 des Einkommensteuergesetzes geltenden Vorschriften entsprechend anzuwenden.

(3) ¹Gewinne oder Verluste aus der Rückgabe oder Veräußerung von Kapital-Investitionsgesellschaftsanteilen, die nicht zu einem Betriebsvermögen gehören, sind Einkünfte im Sinne des § 20 Absatz 2 Satz 1 Nummer 1 des Einkommensteuergesetzes. ²Als Veräußerung gilt auch die vollständige oder teilweise Liquidation der Kapital-Investitionsgesellschaft. ³§ 8b des Körperschaftsteuergesetzes und § 3 Nummer 40 des Einkommensteuergesetzes sind unter den Voraussetzungen des Absatzes 2 Satz 2 anzuwenden. ⁴Die Regelungen zum Abzug der Kapitalertragsteuer nach § 8 Absatz 6 sind entsprechend anzuwenden.

(4) ¹Abweichend von § 7 Absatz 7 des Außensteuergesetzes bleiben die §§ 7 bis 14 des Außensteuergesetzes anwendbar. ²Soweit Hinzurechnungsbeträge nach § 10 Absatz 1 Satz 1 des Außensteuergesetzes angesetzt worden sind, ist auf Ausschüttungen und Veräußerungsgewinne § 3 Nummer 41 des Einkommensteuergesetzes anzuwenden. ³Im Übrigen unterliegen die Ausschüttungen und Veräußerungsgewinne der Besteuerung nach den vorstehenden Absätzen.

§ 20

Umwandlung einer Investitionsgesellschaft in einen Investmentfonds

¹Ändert eine Investitionsgesellschaft ihre Anlagebedingungen und das tatsächliche Anlageverhalten dergestalt ab, dass die Voraussetzungen des § 1 Absatz 1b erfüllt sind, hat auf Antrag der Investitionsgesellschaft das für ihre Besteuerung nach dem Einkommen zuständige Finanzamt oder im Übrigen das Bundeszentralamt für Steuern das Vorliegen der Voraussetzungen festzustellen. ²Dabei ist der Mindestzeitraum von drei Jahren nach § 1 Absatz 1d Satz 3 zu beachten. ³§ 1 Absatz 1d Satz 4 und 5 ist entsprechend anzuwenden. ⁴Mit Ablauf des Geschäftsjahres, in dem der Feststellungsbescheid unanfechtbar geworden ist, gilt der Anteil an der Investitionsgesellschaft als veräußert und der Anteil an einem Investmentfonds als angeschafft. ⁵Kapitalertragsteuer ist nicht einzubehalten und abzuführen. ⁶Als Veräußerungserlös des Investitionsgesellschaftsanteils und als Anschaffungskosten des Investmentanteils ist der Rücknahmepreis am Ende des Geschäftsjahres anzusetzen, in dem der Feststellungsbescheid unanfechtbar geworden ist. ⁷Wird kein Rücknahmepreis festgesetzt, tritt an seine Stelle der Börsen- oder Marktpreis. ⁸Die festgesetzte Steuer gilt bis zur tatsächlichen Veräußerung des Anteils als zinslos gestundet.

Abschnitt 5
Anwendungs- und Übergangsvorschriften

§ 21
Anwendungsvorschriften vor Inkrafttreten des AIFM-Steuer-Anpassungsgesetzes

(1) ¹Diese Fassung des Gesetzes ist vorbehaltlich des Satzes 2 und der nachfolgenden Absätze erstmals auf die Erträge eines Investmentvermögens anzuwenden, die dem Investmentvermögen nach dem 31. Dezember 2008 zufließen. ²Auf ausgeschüttete Gewinne aus der Veräußerung von Wertpapieren, Termingeschäften und Bezugsrechten auf Anteile an Kapitalgesellschaften, bei denen das Investmentvermögen die Wertpapiere oder Bezugsrechte vor dem 1. Januar 2009 angeschafft hat oder das Investmentvermögen das Termingeschäft vor dem 1. Januar 2009 abgeschlossen hat, ist § 2 Abs. 3 Nr. 1 in der am 31. Dezember 2008 anzuwendenden Fassung weiter anzuwenden. ³Die in § 21 verwendeten Begriffe Investmentvermögen, Publikums-Investmentvermögen, Ziel-Investmentvermögen und Dach-Investmentvermögen bestimmen sich weiterhin nach diesem Gesetz und dem Investmentgesetz in der am 21. Juli 2013 geltenden Fassung.

(2) ¹§ 7 Abs. 1, 3 und 4 in der Fassung des Artikels 8 des Gesetzes vom 14. August 2007 (BGBl. I S. 1912) ist erstmals auf Kapitalerträge anzuwenden, die dem Anleger nach dem 31. Dezember 2008 zufließen oder als zugeflossen gelten. ²§ 8 Abs. 5 und 6 in der Fassung des Artikels 14 des Gesetzes vom 19. Dezember 2008 (BGBl. I S. 2794) ist vorbehaltlich der Absätze 2a und 2b erstmals auf die Rückgabe oder Veräußerung von Investmentanteilen anzuwenden, die nach dem 31. Dezember 2008 erworben werden. ³§ 15 Abs. 2 in der Fassung des Artikels 8 des Gesetzes vom 14. August 2007 (BGBl. I S. 1912) ist erstmals auf Erträge anzuwenden, die dem Anleger nach dem 31. Dezember 2008 zufließen oder als zugeflossen gelten.

(2a) ¹Auf die Veräußerung oder Rückgabe von Anteilen an inländischen Spezial-Sondervermögen, inländischen Spezial-Investment-Aktiengesellschaften oder ausländischen Spezial-Investmentvermögen, die nach dem 9. November 2007 und vor dem 1. Januar 2009 erworben werden, ist bereits § 8 Abs. 5 in der in Absatz 2 Satz 2 genannten Fassung mit Ausnahme des Satzes 5 anzuwenden. ²Satz 1 gilt entsprechend für die Rückgabe oder Veräußerung von Anteilen an anderen Investmentvermögen, bei denen durch Gesetz, Satzung, Gesellschaftsvertrag oder Anlagebedingungen die Beteiligung natürlicher Personen von der Sachkunde des Anlegers abhängig oder für die Beteiligung eine Mindestanlagesumme von 100 000 Euro oder mehr vorgeschrieben ist. ³Wann von dieser Sachkunde auszugehen ist, richtet sich nach dem Gesetz, der Satzung, dem Gesellschaftsvertrag oder den Anlagebedingungen. ⁴Als Veräußerungsgewinn wird aber höchstens die Summe der vom Investmentvermögen thesaurierten Veräußerungsgewinne angesetzt, auf die bei Ausschüttung Absatz 1 Satz 2 nicht anzuwenden wäre; der Anleger hat diesen niedrigeren Wert nachzuweisen. ⁵Auf Veräußerungsgewinne im Sinne dieses Absatzes ist § 8 Abs. 6 nicht anzuwenden; § 32d des Einkommensteuergesetzes in der nach dem 31. Dezember 2008 anzuwendenden Fassung gilt entsprechend.

(2b) ¹Auf die Rückgabe oder Veräußerung von Anteilen an Publikums-Investmentvermögen, deren Anlagepolitik auf die Erzielung einer Geldmarktrendite ausgerichtet ist und deren Termingeschäfts- und Wertpapierveräußerungsgewinne nach Verrechnung mit entsprechenden Verlusten vor Aufwandsverrechnung ohne Ertragsausgleich gemäß dem Jahresbericht des letzten vor dem 19. September 2008 endenden Geschäftsjahres die ordentlichen Erträge vor Aufwandsverrechnung ohne Ertragsausgleich übersteigen, ist § 8 Abs. 5 Satz 1 bis 4 und 6 sowie Abs. 6 in der in Absatz 2 Satz 2 genannten Fassung auch für vor dem 1. Januar 2009 angeschaffte Anteile anzuwenden, es sei denn, die Anteile wurden vor dem 19. September 2008 angeschafft; für neu aufgelegte Publikums-Investmentvermögen ist auf das erste nach dem 19. September 2008 endende Geschäftsjahr abzustellen. ²Auf die Veräußerung oder Rückgabe von Anteilen im Sinne des Satzes 1, die vor dem 19. September 2008 angeschafft wurden, ist bei Rückgaben oder Veräußerungen nach dem 10. Januar 2011 die in Absatz 2 Satz 2 genannte Fassung mit der Maßgabe anzuwenden, dass eine Anschaffung des Investmentanteils zum 10. Januar 2011 unterstellt wird.

(3) § 15 Absatz 1 Satz 7 und 8 in der Fassung des Artikels 8 des Gesetzes vom 14. August 2007 (BGBl. I S. 1912) ist erstmals auf ausgeschüttete oder ausschüttungsgleiche Erträge anzuwenden, soweit sie Entgelte enthalten, die dem Investmentvermögen nach dem 17. August 2007 zufließen.

(4) ¹§ 7 Abs. 1 Satz 1 Nr. 3 Satz 2 in der Fassung des Artikels 13 des Gesetzes vom 13. Dezember 2006 (BGBl. I S. 2878) ist anzuwenden auf die Rückgabe oder Veräußerung von Investmentanteilen, die nach dem 31. Dezember 2006 innerhalb des gleichen Instituts auf das Depot des Anlegers übertragen worden sind. ²Die Neufassung kann auch auf die Rückgabe oder Veräußerung von Investmentanteilen angewandt werden, die vor dem 1. Januar 2007 innerhalb des gleichen Instituts auf das Depot des Anlegers

übertragen worden sind, wenn die Anschaffungskosten der Investmentanteile sich aus den Unterlagen des Instituts ergeben.

(5) ¹§ 2 in der Fassung des Gesetzes vom 28. Mai 2007 (BGBl. I S. 914) ist erstmals auf Dividenden und Veräußerungserlöse anzuwenden, die dem Investmentvermögen nach dem 31. Dezember 2007 zufließen oder als zugeflossen gelten. ²§ 8 in der Fassung des Gesetzes vom 28. Mai 2007 (BGBl. I S. 914) ist erstmals bei der Rückgabe oder Veräußerung oder der Bewertung eines Investmentanteils nach dem 31. Dezember 2007 anzuwenden. ³Die Investmentgesellschaft hat für Bewertungstage nach dem 31. Dezember 2007 bei der Ermittlung des Prozentsatzes nach § 5 Abs. 2 die Neufassung des § 8 zu berücksichtigen.

(6) § 2 Abs. 2a und § 5 Abs. 1 Satz 1 Buchstabe c Doppelbuchstabe ll in der Fassung des Artikels 23 des Gesetzes vom 20. Dezember 2007 (BGBl. I S. 3150) sind erstmals auf Investmenterträge anzuwenden, die einem Anleger nach dem 25. Mai 2007 zufließen oder als zugeflossen gelten.

(7) § 7 Abs. 8 in der Fassung des Artikels 23 des Gesetzes vom 20. Dezember 2007 (BGBl. I S. 3150) ist auf den nach dem 31. Dezember 2007 vorzunehmenden Steuerabzug anzuwenden.

(8) § 13 Abs. 4 in der Fassung des Artikels 23 des Gesetzes vom 20. Dezember 2007 (BGBl. I S. 3150) ist für alle Feststellungszeiträume anzuwenden, für die die Feststellungsfrist noch nicht abgelaufen ist.

(9) § 15 Abs. 1 Satz 3 in der Fassung des Artikels 23 des Gesetzes vom 20. Dezember 2007 (BGBl. I S. 3150) ist für alle Feststellungszeiträume anzuwenden, für die die Feststellungsfrist noch nicht abgelaufen ist.

(10) § 15 Abs. 1 Satz 1 und § 16 Satz 1 in der Fassung dieses Gesetzes sind erstmals auf das erste nach dem Inkrafttreten des Investmentänderungsgesetzes vom 21. Dezember 2007 (BGBl. I S. 3089) endende Geschäftsjahr anzuwenden.

(11) ¹Sind Anteile an ausländischen Vermögen zwar ausländische Investmentanteile gemäß § 2 Abs. 9 des Investmentgesetzes in der bis zum, nicht aber in der seit dem Inkrafttreten des Investmentänderungsgesetzes vom 21. Dezember 2007 (BGBl. I S. 3089) geltenden Fassung, so gelten sie für die Anwendung dieses Gesetzes bis zum Ende des letzten Geschäftsjahres, das vor dem 28. Dezember 2007 begonnen hat, weiterhin als ausländische Investmentanteile. ²In den Fällen des § 6 gelten solche Anteile bis zum 31. Dezember 2007 als ausländische Investmentanteile.

(12) ¹§ 1 Abs. 3 Satz 3 und 4 sowie Abs. 4 Nr. 1 und 2 in der Fassung des Artikels 14 des Gesetzes vom 19. Dezember 2008 (BGBl. I S. 2794) ist erstmals auf Erträge anzuwenden, die dem Investmentvermögen nach dem 31. Dezember 2008 zufließen oder als zugeflossen gelten. ²Satz 2 gilt nicht für Erträge aus vom Investmentvermögen vor dem 1. Januar 2009 angeschafften sonstigen Kapitalforderungen im Sinne der nach dem 31. Dezember 2008 anzuwendenden Fassung des § 20 Absatz 1 Nummer 7 des Einkommensteuergesetzes, die nicht sonstige Kapitalforderungen im Sinne der vor dem 1. Januar 2009 anzuwendenden Fassung des § 20 Absatz 1 Nummer 7 des Einkommensteuergesetzes sind. ³§ 3 Abs. 2 Satz 1 Nr. 2 in der Fassung des Artikels 14 des Gesetzes vom 19. Dezember 2008 (BGBl. I S. 2794) ist erstmals auf Erträge anzuwenden, die dem Investmentvermögen nach dem 31. Dezember 2008 als zugeflossen gelten; für die Anwendung des § 3 Abs. 2 Satz 1 Nr. 2 gelten die sonstigen Kapitalforderungen, die vor dem 1. Januar 2009 angeschafft wurden und bei denen nach § 3 Abs. 2 Satz 1 Nr. 2 in der bis zum 31. Dezember 2008 geltenden Fassung keine Zinsabgrenzung vorzunehmen war, als zum 1. Januar 2009 angeschafft.

(13) § 4 Abs. 2 Satz 8 und § 7 Abs. 1 Satz 1 Nr. 3 und Satz 3 in der Fassung des Artikels 14 des Gesetzes vom 19. Dezember 2008 (BGBl. I S. 2794) sind erstmals beim Steuerabzug nach dem 31. Dezember 2008 anzuwenden.

(14) § 1 Abs. 3 Satz 5, § 5 Abs. 1 und § 13 Abs. 2 in der Fassung des Artikels 14 des Gesetzes vom 19. Dezember 2008 (BGBl. I S. 2794) sind erstmals für Geschäftsjahre anzuwenden, die nach dem Inkrafttreten dieses Gesetzes enden.

(15) § 7 Abs. 4 Satz 5 in der Fassung des Artikels 14 des Gesetzes vom 19. Dezember 2008 (BGBl. I S. 2794) ist auf alle Steueranmeldungen anzuwenden, die nach dem 31. Dezember 2009 abzugeben sind.

(16) § 17a in der Fassung des Artikels 14 des Gesetzes vom 19. Dezember 2008 (BGBl. I S. 2794) ist erstmals auf Übertragungen anzuwenden, bei denen der Vermögensübergang nach dem Inkrafttreten dieses Gesetzes wirksam wird.

(17) ¹§ 7 Absatz 5 in der Fassung des Artikels 9 des Gesetzes vom 16. Juli 2009 (BGBl. I S. 1959) ist erstmals auf Kapitalerträge anzuwenden, die dem Anleger nach dem 31. Dezember 2009 als zugeflossen gelten. ²§ 11 Absatz 2 Satz 1 und 2 in der Fassung des Artikels 9 des Gesetzes vom 16. Juli 2009 (BGBl. I S. 1959) ist erstmals auf Kapitalerträge anzuwenden, die dem Investmentvermögen nach dem 31. Dezember 2009 zufließen oder als zugeflossen gelten.

(18) Die §§ 14 und 17a in der Fassung des Artikels 9 des Gesetzes vom 16. Juli 2009 (BGBl. I S. 1959) sind erstmals auf Übertragungen anzuwenden, die nach dem 22. Juli 2009 wirksam werden.

(19) [1]§ 4 Absatz 1 und § 16 in der Fassung des Artikels 6 des Gesetzes vom 8. Dezember 2010 (BGBl. I S. 1768) sind erstmals für Geschäftsjahre anzuwenden, die nach dem 14. Dezember 2010 enden. [2]§ 5 Absatz 1 mit Ausnahme des Satzes 1 Nummer 3 Satz 1 und Absatz 3 in der Fassung des Artikels 6 des Gesetzes vom 8. Dezember 2010 (BGBl. I S. 1768) ist erstmals für Geschäftsjahre anzuwenden, die nach dem 31. Dezember 2010 beginnen. [3]§ 5 Absatz 2 ist erstmals für Erträge anzuwenden, die dem Anleger nach dem 19. Mai 2010 zufließen oder als zugeflossen gelten. [4]Investmentgesellschaften, die bei der erstmaligen Ausgabe von Anteilen entschieden haben, von einer Ermittlung und Veröffentlichung des Aktiengewinns abzusehen, können abweichend von § 5 Absatz 2 Satz 3 hierüber erneut entscheiden. [5]Diese Entscheidung wird für die erstmalige Anwendung des § 5 Absatz 2 Satz 4 in der Fassung des Artikels 6 des Gesetzes vom 8. Dezember 2010 (BGBl. I S. 1768) nur berücksichtigt, wenn die erstmalige Veröffentlichung des Aktiengewinns bis spätestens zum 19. Juli 2010 erfolgt. [6]Bei der erstmaligen Veröffentlichung ist von einem Aktiengewinn von Null auszugehen. [7]§ 7 Absatz 1 und 4 bis 6 in der Fassung des Artikels 6 des Gesetzes vom 8. Dezember 2010 (BGBl. I S. 1768) ist vorbehaltlich der Sätze 8 und 9 erstmals auf Kapitalerträge anzuwenden, die dem Anleger nach dem 14. Dezember 2010 zufließen oder als zugeflossen gelten. [8]§ 7 Absatz 3 in der Fassung des Artikels 6 des Gesetzes vom 8. Dezember 2010 (BGBl. I S. 1768) ist erstmals für Geschäftsjahre des Investmentvermögens anzuwenden, die nach dem 31. Dezember 2010 beginnen. [9]Dies gilt für § 7 Absatz 1 Satz 1 Nummer 1 Buchstabe a entsprechend, soweit dieser inländische Immobilienerträge aus seinem Anwendungsbereich ausnimmt.

(20) [1]§ 1 Absatz 1, 1a und 2, die §§ 5, 10, 11 Absatz 1, § 13 Absatz 5, die §§ 14, 15 Absatz 1 Satz 2 und § 17a in der Fassung des Artikels 9 des Gesetzes vom 22. Juni 2011 (BGBl. I S. 1126) sind erstmals auf Geschäftsjahre anzuwenden, die nach dem 30. Juni 2011 beginnen. [2]Die §§ 2, 11 Absatz 2 und § 15 Absatz 1 Satz 1 und 8 bis 10 und Absatz 2 in der Fassung des Artikels 9 des Gesetzes vom 22. Juni 2011 (BGBl. I S. 1126) und § 7 in der Fassung des Artikels 22 des Gesetzes vom 7. Dezember 2011 (BGBl. I S. 2592) sind erstmals auf Kapitalerträge anzuwenden, die dem Anleger oder in den Fällen des § 11 Absatz 2 dem Investmentvermögen nach dem 31. Dezember 2011 zufließen oder ihm als zugeflossen gelten. [3]Für vor dem 1. Januar 2013 als zugeflossen geltende Erträge hat die inländische Stelle abweichend von § 7 Absatz 3b Satz 4 und Absatz 4 die Kapitalertragsteuer spätestens mit Ablauf des zweiten Monats seit dem Ende des Geschäftsjahres des Investmentvermögens einzubehalten und zum 10. des Folgemonats anzumelden und abzuführen. [4]Steuerabzugsbeträge, die für vor dem 1. Januar 2013 als zugeflossen geltende Erträge von Entrichtungspflichtigen bei der Verwahrstelle nicht eingezogen wurden, hat die Verwahrstelle abweichend von § 7 Absatz 3b Satz 2 Halbsatz 2 spätestens mit Ablauf des dritten Monats seit dem Ende des Geschäftsjahres des Investmentvermögens einzubehalten und zum 10. des Folgemonats anzumelden und abzuführen.

(21) [1]§ 11 Absatz 2 Satz 2 in der Fassung des Artikels 9 des Gesetzes vom 16. Juli 2009 (BGBl. I S. 1959) ist für Kapitalerträge, die dem Investmentvermögen nach dem 31. Dezember 2010 und vor dem 1. Januar 2012 zufließen, in der Maßgabe anzuwenden, dass bei Kapitalerträgen im Sinne des § 43 Absatz 1 Satz 1 Nummer 1 des Einkommensteuergesetzes eine Erstattung von Kapitalertragsteuer nach § 44b Absatz 6 des Einkommensteuergesetzes nur zulässig ist, wenn die betreffenden Anteile, aus denen die Kapitalerträge stammen, im Zeitpunkt des Gewinnverteilungsbeschlusses neben dem wirtschaftlichen Eigentum auch

1. im zivilrechtlichen Eigentum der Investmentaktiengesellschaft oder
2. bei Sondervermögen im zivilrechtlichen Eigentum der Kapitalanlagegesellschaft oder im zivilrechtlichen Miteigentum der Anleger

stehen. [2]Satz 1 gilt nicht bei Kapitalerträgen aus Anteilen, wenn es sich um den Erwerb von Anteilen an einem Ziel-Investmentvermögen handelt und die Anteile an das Dach-Investmentvermögen ausgegeben werden. [3]§ 11 Absatz 2 Satz 4 in der Fassung des Artikels 8 des Gesetzes vom 26. Juni 2013 (BGBl. I S. 1809) ist erstmals anzuwenden auf Erträge aus Investmentanteilen, die dem Anleger nach dem 31. Dezember 2012 zufließen oder als ihm zugeflossen gelten.

(22) [1]§ 2 Absatz 2, § 8 Absatz 1, § 15 Absatz 1 Satz 2 und Absatz 1a und § 16 Satz 3 in der Fassung des Artikels 2 des Gesetzes vom 21. März 2013 (BGBl. I S. 561) sind ab dem 1. März 2013 anzuwenden. [2]§ 5 Absatz 1 in der Fassung des Artikels 2 des Gesetzes vom 21. März 2013 (BGBl. I S. 561) ist erstmals auf Geschäftsjahre anzuwenden, die nach dem 28. Februar 2013 enden. [3]§ 5 Absatz 2 in der Fassung des Artikels 2 des Gesetzes vom 21. März 2013 (BGBl. I S. 561) ist erstmals auf Veröffentlichungen anzuwenden, die nach dem 28. Februar 2013 erfolgen. [4]Soweit ausgeschüttete und ausschüttungsgleiche inländische und ausländische Erträge, die dem Anleger nach dem 28. Februar 2013 zufließen oder als

zugeflossen gelten, solche im Sinne des § 43 Absatz 1 Satz 1 Nummer 1, 1a und 6 sowie Satz 2 des Einkommensteuergesetzes enthalten, die dem Investmentfonds vor dem 1. März 2013 zugeflossen sind, sind § 8b des Körperschaftsteuergesetzes mit Ausnahme des Absatzes 4 sowie § 19 des REIT-Gesetzes anzuwenden. ⁵Auf die Einnahmen im Sinne des § 8 Absatz 1 aus einer Rückgabe, Veräußerung oder Entnahme von Investmentanteilen, die nach dem 28. Februar 2013 erfolgt, ist § 8b des Körperschaftsteuergesetzes mit Ausnahme des Absatzes 4 anzuwenden, soweit sie dort genannte, dem Anleger noch nicht zugeflossene oder als zugeflossen geltende Einnahmen enthalten, die dem Investmentfonds vor dem 1. März 2013 zugeflossen sind oder als zugeflossen gelten.

(23) § 17a Satz 2 in der Fassung des Artikels 8 des Gesetzes vom 26. Juni 2013 (BGBl. I S. 1809) ist ab dem 1. Januar 2013 anzuwenden.

(24) Sind in den Erträgen eines Investmentvermögens solche im Sinne des § 21 Absatz 22 Satz 4 enthalten und endet das Geschäftsjahr eines Investmentvermögens nach dem 28. November 2013, ist § 5 Absatz 1 Satz 1 Nummer 1 in folgender Fassung anzuwenden:

1. die Investmentgesellschaft den Anlegern bei jeder Ausschüttung bezogen auf einen Investmentanteil unter Angabe der Wertpapieridentifikationsnummer ISIN des Investmentfonds und des Zeitraums, auf den sich die Angaben beziehen, folgende Besteuerungsgrundlagen in deutscher Sprache bekannt macht:

   a) den Betrag der Ausschüttung (mit mindestens vier Nachkommastellen) sowie

      aa) in der Ausschüttung enthaltene ausschüttungsgleiche Erträge der Vorjahre,

      bb) in der Ausschüttung enthaltene Substanzbeträge,

   b) den Betrag der ausgeschütteten Erträge (mit mindestens vier Nachkommastellen),

   c) die in den ausgeschütteten Erträgen enthaltenen

      aa) Erträge im Sinne des § 2 Absatz 2 Satz 1 dieses Gesetzes in Verbindung mit § 3 Nummer 40 des Einkommensteuergesetzes oder im Fall des § 16 dieses Gesetzes in Verbindung mit § 8b Absatz 1 des Körperschaftsteuergesetzes,

      bb) Veräußerungsgewinne im Sinne des § 2 Absatz 2 Satz 2 dieses Gesetzes in Verbindung mit § 8b Absatz 2 des Körperschaftsteuergesetzes oder § 3 Nummer 40 des Einkommensteuergesetzes,

      cc) Erträge im Sinne des § 2 Absatz 2a,

      dd) steuerfreie Veräußerungsgewinne im Sinne des § 2 Absatz 3 Nummer 1 Satz 1 in der am 31. Dezember 2008 anzuwendenden Fassung,

      ee) Erträge im Sinne des § 2 Absatz 3 Nummer 1 Satz 2 in der am 31. Dezember 2008 anzuwendenden Fassung, soweit die Erträge nicht Kapitalerträge im Sinne des § 20 des Einkommensteuergesetzes sind,

      ff) steuerfreie Veräußerungsgewinne im Sinne des § 2 Absatz 3 in der ab 1. Januar 2009 anzuwendenden Fassung,

      gg) Einkünfte im Sinne des § 4 Absatz 1,

      hh) in Doppelbuchstabe gg enthaltene Einkünfte, die nicht dem Progressionsvorbehalt unterliegen,

      ii) Einkünfte im Sinne des § 4 Absatz 2, für die kein Abzug nach Absatz 4 vorgenommen wurde,

      jj) in Doppelbuchstabe ii enthaltene Einkünfte, auf die § 2 Absatz 2 dieses Gesetzes in Verbindung mit § 8b Absatz 2 des Körperschaftsteuergesetzes oder § 3 Nummer 40 des Einkommensteuergesetzes oder im Fall des § 16 dieses Gesetzes in Verbindung mit § 8b Absatz 1 des Körperschaftsteuergesetzes anzuwenden ist,

      kk) in Doppelbuchstabe ii enthaltene Einkünfte im Sinne des § 4 Absatz 2, die nach einem Abkommen zur Vermeidung der Doppelbesteuerung zur Anrechnung einer als gezahlt geltenden Steuer auf die Einkommensteuer oder Körperschaftsteuer berechtigen,

      ll) in Doppelbuchstabe kk enthaltene Einkünfte, auf die § 2 Absatz 2 dieses Gesetzes in Verbindung mit § 8b Absatz 2 des Körperschaftsteuergesetzes oder § 3 Nummer 40 des Einkommensteuergesetzes oder im Fall des § 16 dieses Gesetzes in Verbindung mit § 8b Absatz 1 des Körperschaftsteuergesetzes anzuwenden ist,

      mm) Erträge im Sinne des § 21 Absatz 22 Satz 4 dieses Gesetzes in Verbindung mit § 8b Absatz 1 des Körperschaftsteuergesetzes, nn) in Doppelbuchstabe ii enthaltene Einkünfte im Sinne des § 21 Absatz 22 Satz 4 dieses Gesetzes, auf die § 2 Absatz 2 dieses Gesetzes in der am 20. März 2013 geltenden Fassung in Verbindung mit § 8b Absatz 1 des Körperschaftsteuergesetzes anzuwenden ist,

oo) in Doppelbuchstabe kk enthaltene Einkünfte im Sinne des § 21 Absatz 22 Satz 4 dieses Gesetzes, auf die § 2 Absatz 2 dieses Gesetzes in der am 20. März 2013 geltenden Fassung in Verbindung mit § 8b Absatz 1 des Körperschaftsteuergesetzes anzuwenden ist,

d) den zur Anrechnung von Kapitalertragsteuer berechtigenden Teil der Ausschüttung

aa) im Sinne des § 7 Absatz 1 und 2,

bb) im Sinne des § 7 Absatz 3,

cc) im Sinne des § 7 Absatz 1 Satz 4, soweit in Doppelbuchstabe aa enthalten,

e) (weggefallen)

f) den Betrag der ausländischen Steuer, der auf die in den ausgeschütteten Erträgen enthaltenen Einkünfte im Sinne des § 4 Absatz 2 entfällt und

aa) der nach § 4 Absatz 2 dieses Gesetzes in Verbindung mit § 32d Absatz 5 oder § 34c Absatz 1 des Einkommensteuergesetzes oder einem Abkommen zur Vermeidung der Doppelbesteuerung anrechenbar ist, wenn kein Abzug nach § 4 Absatz 4 vorgenommen wurde,

bb) in Doppelbuchstabe aa enthalten ist und auf Einkünfte entfällt, auf die § 2 Absatz 2 dieses Gesetzes in Verbindung mit § 8b Absatz 2 des Körperschaftsteuergesetzes oder § 3 Nummer 40 des Einkommensteuergesetzes oder im Fall des § 16 dieses Gesetzes in Verbindung mit § 8b Absatz 1 des Körperschaftsteuergesetzes anzuwenden ist,

cc) der nach § 4 Absatz 2 dieses Gesetzes in Verbindung mit § 34c Absatz 3 des Einkommensteuergesetzes abziehbar ist, wenn kein Abzug nach § 4 Absatz 4 dieses Gesetzes vorgenommen wurde,

dd) in Doppelbuchstabe cc enthalten ist und auf Einkünfte entfällt, auf die § 2 Absatz 2 dieses Gesetzes in Verbindung mit § 8b Absatz 2 des Körperschaftsteuergesetzes oder § 3 Nummer 40 des Einkommensteuergesetzes oder im Fall des § 16 dieses Gesetzes in Verbindung mit § 8b Absatz 1 des Körperschaftsteuergesetzes anzuwenden ist,

ee) der nach einem Abkommen zur Vermeidung der Doppelbesteuerung als gezahlt gilt und nach § 4 Absatz 2 in Verbindung mit diesem Abkommen anrechenbar ist,

ff) in Doppelbuchstabe ee enthalten ist und auf Einkünfte entfällt, auf die § 2 Absatz 2 dieses Gesetzes in Verbindung mit § 8b Absatz 2 des Körperschaftsteuergesetzes oder § 3 Nummer 40 des Einkommensteuergesetzes oder im Fall des § 16 dieses Gesetzes in Verbindung mit § 8b Absatz 1 des Körperschaftsteuergesetzes anzuwenden ist,

gg) in Doppelbuchstabe aa enthalten ist und auf Einkünfte im Sinne des § 21 Absatz 22 Satz 4 dieses Gesetzes entfällt, auf die § 2 Absatz 2 dieses Gesetzes in der am 20. März 2013 geltenden Fassung in Verbindung mit § 8b Absatz 1 des Körperschaftsteuergesetzes anzuwenden ist,

hh) in Doppelbuchstabe cc enthalten ist und auf Einkünfte im Sinne des § 21 Absatz 22 Satz 4 dieses Gesetzes entfällt, auf die § 2 Absatz 2 dieses Gesetzes in der am 20. März 2013 geltenden Fassung in Verbindung mit § 8b Absatz 1 des Körperschaftsteuergesetzes anzuwenden ist,

ii) in Doppelbuchstabe ee enthalten ist und auf Einkünfte im Sinne des § 21 Absatz 22 Satz 4 dieses Gesetzes entfällt, auf die § 2 Absatz 2 dieses Gesetzes in der am 20. März 2013 geltenden Fassung in Verbindung mit § 8b Absatz 1 des Körperschaftsteuergesetzes anzuwenden ist,

g) den Betrag der Absetzungen für Abnutzung oder Substanzverringerung,

h) die im Geschäftsjahr gezahlte Quellensteuer, vermindert um die erstattete Quellensteuer des Geschäftsjahres oder früherer Geschäftsjahre.

§ 22
Anwendungsvorschriften zum AIFM-Steuer-Anpassungsgesetz

(1) ¹Die Vorschriften dieses Gesetzes in der Fassung des Artikels 1 des Gesetzes vom 18. Dezember 2013 (BGBl. I S. 4318) sind ab dem 24. Dezember 2013 anzuwenden, soweit im Folgenden keine abweichenden Bestimmungen getroffen werden. ²Die Vorschriften dieses Gesetzes in der am 21. Juli 2013 geltenden Fassung sind in der Zeit vom 22. Juli 2013 bis zum 23. Dezember 2013 weiterhin anzuwenden.

(2) ¹Investmentvermögen im Sinne dieses Gesetzes in der am 21. Juli 2013 geltenden Fassung gelten bis zum Ende des Geschäftsjahres, das nach dem 22. Juli 2016 endet, als Investmentfonds im Sinne des § 1 Absatz 1b Satz 2. Voraussetzung für die Anwendung des Satzes 1 ist, dass die Investmentvermögen weiterhin die Voraussetzungen des § 1 Absatz 1 und 1a in der am 21. Juli 2013 geltenden Fassung sowie die Anlagebestimmungen und Kreditaufnahmegrenzen nach dem Investmentgesetz in der am 21. Juli 2013 geltenden Fassung erfüllen. ²Anteile an Investmentvermögen im Sinne der Sätze 1 und 2 gelten als Anteile an Investmentfonds im Sinne des § 1 Absatz 1b Satz 2. § 1 Absatz 1d, § 15 Absatz 3 und § 16 Satz 8 in der am 24. Dezember 2013 geltenden Fassung sind bei Investmentvermögen im Sinne des Satzes 1 sinngemäß anzuwenden, sobald das Investmentvermögen gegen die in Satz 2 genannten Voraussetzungen wesentlich verstößt. ³Es gilt als wesentlicher Verstoß, wenn ein Investmentvermögen seine Anlagebedingungen nach dem 23. Dezember 2013 in der Weise ändert, dass die für Hedgefonds geltenden Vorschriften nach § 283 des Kapitalanlagegesetzbuchs oder nach § 112 des Investmentgesetzes in der am 21. Juli 2013 geltenden Fassung erstmals anzuwenden sind.

(3) ¹§ 3 Absatz 1a ist erstmals auf Abtrennungen von Zinsscheinen bzw. ²Zinsforderungen von dem dazugehörigen Stammrecht anzuwenden, die nach dem 28. November 2013 erfolgen. ³§ 3 Absatz 3 in der Fassung des Artikels 1 des Gesetzes vom 18. Dezember 2013 (BGBl. I S. 4318) ist erstmals auf Geschäftsjahre anzuwenden, die nach dem 31. Dezember 2013 beginnen.

(4) § 3a ist erstmals bei Ausschüttungen anzuwenden, die nach dem 23. August 2014 abfließen.

(5) § 5 Absatz 3 Satz 4 in der am 21. Juli 2013 geltenden Fassung ist weiterhin anzuwenden bei Investmentvermögen im Sinne des Absatzes 2 Satz 1.

§ 23
Übergangsvorschriften

(1) ¹§ 2 Abs. 3 Nr. 1 zweiter Halbsatz in der am 1. Januar 2004 geltenden Fassung und § 2 Abs. 2 Satz 2 in der Fassung des Artikels 8 des Gesetzes vom 14. August 2007 (BGBl. I S. 1912) sind bei inländischen Investmentfonds auf Veräußerungen von Anteilen an unbeschränkt körperschaftsteuerpflichtigen Kapitalgesellschaften und von Bezugsrechten auf derartige Anteile anzuwenden, die nach Ablauf des ersten Wirtschaftsjahres der Gesellschaft erfolgen, deren Anteile veräußert werden, für die das Körperschaftsteuergesetz in der Fassung des Artikels 3 des Gesetzes vom 23. Oktober 2000 (BGBl. I S. 1433) erstmals anzuwenden ist, und auf sonstige Veräußerungen, die nach dem 31. Dezember 2000 erfolgen. ²§ 8 Abs. 1 ist hinsichtlich der in § 3 Nr. 40 des Einkommensteuergesetzes und in § 8b Abs. 2 des Körperschaftsteuergesetzes genannten Einnahmen nur anzuwenden, soweit diese auch im Falle der Ausschüttung nach § 2 Abs. 2 oder Abs. 3 Nr. 1 in der am 1. Januar 2004 geltenden Fassung und § 2 Abs. 2 in der Fassung des Artikels 8 des Gesetzes vom 14. August 2007 (BGBl. I S. 1912) begünstigt wären.

(2) ¹Die §§ 37n bis 50d des Gesetzes über Kapitalanlagegesellschaften in der Fassung der Bekanntmachung vom 9. September 1998 (BGBl. I S. 2726), das zuletzt durch Artikel 3 des Gesetzes vom 21. Juni 2002 (BGBl. I S. 2010) geändert worden ist, sind letztmals auf das Geschäftsjahr des inländischen Investmentfonds anzuwenden, welches vor dem 1. Januar 2004 beginnt, sowie auf Erträge, die in diesem Geschäftsjahr zufließen. ²§ 40a des in Satz 1 genannten Gesetzes ist letztmals auf Einnahmen anzuwenden, die vor dem 1. Januar 2004 zufließen, sowie auf Gewinnminderungen, die vor dem 1. Januar 2004 entstehen. ³Die in dem in Satz 1 genannten Gesetz enthaltenen Bestimmungen zum Zwischengewinn sind letztmals auf Veräußerungen, Erwerbe oder Abtretungen anzuwenden, die vor dem 1. Januar 2004 stattfinden.

(3) ¹Die §§ 17 bis 20 des Auslandinvestment-Gesetzes in der Fassung der Bekanntmachung vom 9. September 1998 (BGBl. I S. 2810), das zuletzt durch Artikel 32 des Gesetzes vom 21. August 2002 (BGBl. I S. 3322) geändert worden ist, sind letztmals auf das Geschäftsjahr des ausländischen Investmentfonds anzuwenden, welches vor dem 1. Januar 2004 beginnt, sowie auf Erträge, die in diesem Geschäftsjahr zufließen. ²§ 17 Abs. 2b des in Satz 1 genannten Gesetzes ist letztmals auf Einnahmen anzuwenden, die vor dem 1. Januar 2004 zufließen. ³Die in dem in Satz 1 genannten Gesetz enthaltenen Bestimmungen zum Zwischengewinn sind letztmals auf Veräußerungen, Erwerbe oder Abtretungen anzuwenden, die vor dem 1. Januar 2004 stattfinden.

Gesetz zum Ausgleich von Auswirkungen besonderer Schadensereignisse in der Forstwirtschaft (Forstschäden-Ausgleichsgesetz)[1)2)]

vom 26. August 1985 (BGBl. I S. 1756, BStBl. I S. 591)

§ 1
Beschränkung des ordentlichen Holzeinschlags

(1) Das Bundesministerium für Ernährung, Landwirtschaft und Verbraucherschutz wird ermächtigt, im Einvernehmen mit dem Bundesministerium für Wirtschaft und Technologie durch Rechtsverordnung mit Zustimmung des Bundesrates den ordentlichen Holzeinschlag der Forstwirtschaft für einzelne Holzartengruppen (Fichte, Kiefer, Buche, Eiche) oder Holzsorten zu beschränken, wenn und soweit dies erforderlich ist, um erhebliche und überregionale Störungen des Rohholzmarktes durch außerordentliche Holznutzungen zu vermeiden, die infolge eines oder mehrerer besonderer Schadensereignisse, insbesondere Windwurf und Windbruch, Schnee- und Eisbruch, Pilzbefall, Insektenfraß oder sonstige Schädigungen auch unbekannter Ursache (Kalamitätsnutzungen), erforderlich werden.

(2) Eine erhebliche und überregionale Marktstörung durch Kalamitätsnutzungen im Sinne des Absatzes 1 ist in der Regel zu erwarten, wenn die Höhe der Kalamitätsnutzung

1. im Bundesgebiet bei allen Holzartengruppen voraussichtlich mindestens 25 vom Hundert oder bei einer Holzartengruppe voraussichtlich mindestens 40 vom Hundert des ungekürzten Einschlagsprogramms des Bundesgebietes oder

2. a) in einem Land bei allen Holzartengruppen voraussichtlich mindestens 45 vom Hundert oder bei einer Holzartengruppe voraussichtlich mindestens 75 vom Hundert des ungekürzten Einschlagsprogramms dieses Landes und

   b) im Bundesgebiet bei allen Holzartengruppen voraussichtlich mindestens 20 vom Hundert oder bei der betreffenden Holzartengruppe voraussichtlich mindestens 30 vom Hundert des ungekürzten Einschlagsprogramms des Bundesgebietes erreicht.

(3) Die Einschlagsbeschränkung kann für das Forstwirtschaftsjahr (1. Oktober bis 30. September), in dem die Kalamitätsnutzungen erforderlich werden, sowie für das darauf folgende Forstwirtschaftsjahr angeordnet werden. Eine Verlängerung um ein weiteres Forstwirtschaftsjahr ist zulässig, falls die Voraussetzungen der Absätze 1 und 2 weiterhin vorliegen.

(4) Der Gesamteinschlag eines Forstbetriebes darf durch eine Einschlagsbeschränkung nach Absatz 1 höchstens auf 70 vom Hundert des Nutzungssatzes im Sinne des § 68 Abs. 1 der Einkommensteuer-Durchführungsverordnung beschränkt werden.

(5) Forstwirte, die nicht zur Buchführung verpflichtet sind, können in der Rechtsverordnung von der Einschlagsbeschränkung ausgenommen werden, wenn das Holzaufkommen dieser Betriebe die Marktstörung nur unerheblich beeinflußt. Die zuständige Landesbehörde kann auf Antrag einzelne Forstbetriebe von der Einschlagsbeschränkung befreien, wenn diese zu einer wirtschaftlich unbilligen Härte führen würde.

§ 2
Beschränkung der Holzeinfuhr

Die Einfuhr von Holz und Holzerzeugnissen der ersten Bearbeitungsstufe kann, soweit es mit dem Recht der Europäischen Wirtschaftsgemeinschaft vereinbar ist, auf Grund des Außenwirtschaftsgesetzes auch zur Wahrnehmung der durch § 1 Abs. 1 geschützten Belange beschränkt werden, wenn der Erfolg einer Einschlagsbeschränkung ohne die Einfuhrbeschränkung erheblich gefährdet würde und eine solche Gefährdung im Interesse der Allgemeinheit abgewendet werden muß oder wenn nach einem bundesweiten Großschaden eine Einschlagsbeschränkung angesichts der Schwere der Störung auf dem Rohholzmarkt wirkungslos wäre.

§ 3
Steuerfreie Rücklage für die Bildung eines betrieblichen Ausgleichsfonds

(1) Steuerpflichtige, die Einkünfte aus dem Betrieb von Forstwirtschaft im Sinne des § 13 des Einkommensteuergesetzes beziehen und bei denen der nach § 4 Abs. 1 des Einkommensteuergesetzes ermittelte Gewinn der Besteuerung zugrunde gelegt wird, können unter den Voraussetzungen des Absatzes 2 eine den steuerlichen Gewinn mindernde Rücklage bilden. Satz 1 gilt entsprechend für natürliche Personen,

---

1) Zuletzt geändert durch Art. 10 des Steuervereinfachungsgesetz 2011 vom 1.11.2011 (BGBl. I S. 2131).
2) Siehe auch Vfg OFD Münster vom 21.9.1988 (DB 1988 S. 2177) zu Zweifelsfragen zum Forstschäden-Ausgleichsgesetz.

Körperschaften, Personenvereinigungen und Vermögensmassen, bei denen Einkünfte aus dem Betrieb von Forstwirtschaft steuerlich als Einkünfte aus Gewerbebetrieb zu behandeln sind. Die Rücklage darf 100 vom Hundert, die jährliche Zuführung zur Rücklage 25 vom Hundert der im Durchschnitt der vorangegangenen drei Wirtschaftsjahre erzielten nutzungssatzmäßigen Einnahmen nicht übersteigen. Sinkt in den Folgejahren die nutzungssatzmäßige Einnahme ab, so bleibt dies ohne Wirkung auf die zulässige Höhe einer bereits gebildeten Rücklage.

(2) Eine Rücklage nach Absatz 1 ist nur zulässig, wenn mindestens in gleicher Höhe ein betrieblicher Ausgleichsfonds gebildet wird. Die Gelder für den Fonds müssen auf ein besonderes Konto bei einem Kreditinstitut eingezahlt worden sein. Sie können auch für den Erwerb von festverzinslichen Schuldverschreibungen und Rentenschuldverschreibungen, die vom Bund, von den Ländern und Gemeinden oder von anderen Körperschaften des öffentlichen Rechts oder von Kreditinstituten mit Sitz und Geschäftsleitung im Geltungsbereich dieses Gesetzes ausgegeben oder die mit staatlicher Genehmigung in Verkehr gebracht werden, verwendet werden, wenn diese Wertpapiere in das Depot eines Kreditinstituts gegeben werden.

(3) Der Ausgleichsfonds darf nur in Anspruch genommen werden
1. zur Ergänzung der durch eine Einschlagsbeschränkung geminderten Erlöse;
2. für vorbeugende oder akute Forstschutzmaßnahmen;
3. für Maßnahmen zur Konservierung oder Lagerung von Holz;
4. für die Wiederaufforstung oder Nachbesserung von Schadensflächen und die nachfolgende Waldpflege;
5. für die Beseitigung der unmittelbar oder mittelbar durch höhere Gewalt verursachten Schäden an Wegen und sonstigen Betriebsvorrichtungen.

(4) Die Rücklage ist in Höhe der in Anspruch genommenen Fondsmittel zum Ende des Wirtschaftsjahres der Inanspruchnahme gewinnerhöhend aufzulösen. Wird der Fonds ganz oder zum Teil zu anderen als den in Absatz 3 bezeichneten Zwecken in Anspruch genommen, so wird außerdem ein Zuschlag zur Einkommensteuer oder Körperschaftsteuer in Höhe von 10 vom Hundert des Teils der aufgelösten Rücklage erhoben, der nicht auf die in Absatz 3 bezeichneten Zwecke entfällt.

(5) Die Rücklage nach Absatz 1 ist bei der Berechnung der in § 141 Abs. 1 Nr. 5 der Abgabenordnung bezeichneten Grenze nicht zu berücksichtigen.

§ 4

Pauschsatz für Betriebsausgaben

(1) Steuerpflichtige, die für ihren Betrieb nicht zur Buchführung verpflichtet sind und ihren Gewinn nicht nach § 4 Absatz 1, § 5 des Einkommensteuergesetzes ermitteln, können im Wirtschaftsjahr einer Einschlagsbeschränkung nach § 1 zur Abgeltung der Betriebsausgaben pauschal 90 Prozent der Einnahmen aus der Verwertung des eingeschlagenen Holzes abziehen. Soweit Holz auf dem Stamm verkauft wird, betragen die pauschalen Betriebsausgaben 65 Prozent der Einnahmen aus der Verwertung des stehenden Holzes.

(2) Absatz 1 gilt auch, wenn diese Forstwirte nach § 1 Abs. 5 von der Einschlagsbeschränkung ausgenommen sind, jedoch freiwillig die Einschlagsbeschränkung befolgen.

§ 4a

Bewertung von Holzvorräten aus Kalamitätsnutzungen bei der Forstwirtschaft

Steuerpflichtige mit Einkünften aus Forstwirtschaft, bei denen der nach § 4 Absatz 1, § 5 des Einkommensteuergesetzes ermittelte Gewinn der Besteuerung zugrunde gelegt wird, können im Falle einer Einschlagsbeschränkung nach § 1 von einer Aktivierung des eingeschlagenen und unverkauften Kalamitätsholzes ganz oder teilweise absehen.

§ 5

Sonstige steuerliche Maßnahmen

(1) Im Wirtschaftsjahr einer Einschlagsbeschränkung nach § 1 gilt für jegliche Kalamitätsnutzung einheitlich der Steuersatz nach § 34b Abs. 3 Nummer 2 des Einkommensteuergesetzes.

(2) Kalamitätsnutzungen, die in Folgejahren gezogen werden und im ursächlichen Zusammenhang mit einer Kalamitätsnutzung stehen, welche in der Zeit einer Einschlagsbeschränkung angefallen ist, können einkommensteuerlich so behandelt werden, als wären sie im Jahr der Einschlagsbeschränkung mit der ersten Mitteilung des Schadensfalles angefallen.

§ 6
(weggefallen)

§ 7
Übervorräte bei der Holzwirtschaft

(1) Steuerpflichtige, die den Gewinn nach § 5 des Einkommensteuergesetzes ermitteln, können den Mehrbestand an

1. Holz im Sinne der Nr. 44.01 und 44.03 des Zolltarifs,
2. Holzhalbwaren im Sinne der Nr. 44.05, 44.07, 44.11, 44.13, 44.15 und 44.18 des Zolltarifs und
3. Halbstoffen aus Holz im Sinne der Nr. 47.01 des Zolltarifs

an Bilanzstichtagen, die in einen Zeitraum fallen, für den eine Einschlagsbeschränkung im Sinne des § 1 angeordnet ist, statt mit dem sich nach § 6 Abs. 1 Nr. 2 des Einkommensteuergesetzes ergebenden Wert mit einem um 50 vom Hundert niedrigeren Wert ansetzen. Anstelle eines Bilanzstichtages innerhalb des Zeitraums einer Einschlagsbeschränkung kann Satz 1 auch auf den ersten Bilanzstichtag nach Ablauf der Einschlagsbeschränkung angewendet werden. Der niedrigere Wertansatz ist nur zulässig für Wirtschaftsgüter, die aus im Inland erzeugtem Holz bestehen.

(2) Mehrbestand ist die mengenmäßige Erhöhung der Bestände an Holz oder Holzwaren im Sinne des Absatzes 1 gegenüber den durchschnittlichen Beständen an diesen Waren an den letzten drei vorangegangenen Bilanzstichtagen, die nach Abzug etwaiger bei diesen Wirtschaftsgütern eingetretener mengenmäßiger Bestandsminderungen verbleibt. Die mengenmäßigen Bestandsänderungen an Bilanzstichtagen gegenüber den durchschnittlichen Beständen an den letzten drei vorangegangenen Bilanzstichtagen sind dabei für die in Absatz 1 Satz Nr. 1, 2 und 3 genannten Wirtschaftsgüter getrennt zu ermitteln. Der Abzug der Bestandsminderungen ist in der Weise durchzuführen, daß bei den Bestandserhöhungen die Mengen abzusetzen sind, die dem Wert der Bestandsminderungen entsprechen; dabei sind die Wirtschaftsgüter mit dem Wiederbeschaffungspreis am Bilanzstichtag zu bewerten.

§ 8
(weggefallen)

§ 9
Durchführungsvorschriften

(1) Die zuständigen Behörden haben die Durchführung dieses Gesetzes und der auf Grund dieses Gesetzes erlassenen Rechtsverordnungen zu überwachen.

(2) Die zuständigen Behörden können zur Durchführung der ihnen durch dieses Gesetz oder auf Grund dieses Gesetzes übertragenen Aufgaben von natürlichen und juristischen Personen und nicht rechtsfähigen Personenvereinigungen die erforderlichen Auskünfte verlangen.

(3) Die von den zuständigen Behörden mit der Einholung von Auskünften beauftragten Personen sind im Rahmen des Absatzes 2 befugt, Grundstücke und Geschäftsräume des Auskunftspflichtigen während der Geschäfts- und Betriebszeiten zu betreten und die geschäftlichen Unterlagen einzusehen. Der Auskunftspflichtige hat die Maßnahmen nach Satz 1 zu dulden.

(4) Der zur Auskunft Verpflichtete kann die Auskunft auf solche Fragen verweigern, deren Beantwortung ihn selbst oder einen der in § 383 Abs. 1 Nr. 1 bis 3 der Zivilprozeßordnung bezeichneten Angehörigen der Gefahr strafgerichtlicher Verfolgung oder eines Verfahrens nach dem Gesetz über Ordnungswidrigkeiten aussetzen würde.

§ 10
(weggefallen)

§ 11
Bußgeldvorschriften

(1) Ordnungswidrig handelt, wer vorsätzlich oder fahrlässig

1. einer Rechtsverordnung nach § 1 Abs. 1 Satz 1 zuwiderhandelt, soweit sie für einen bestimmten Tatbestand auf diese Bußgeldvorschrift verweist,
2. entgegen § 9 Abs. 2 eine Auskunft nicht, nicht richtig oder nicht vollständig erteilt oder entgegen § 9 Abs. 3 den Zutritt zu Grundstücken oder Geschäftsräumen oder die Einsichtnahme in geschäftliche Unterlagen nicht zuläßt.

(2) Die Ordnungswidrigkeit kann im Falle des Absatzes 1 Nr. 1 mit einer Geldbuße bis zu fünfundzwanzigtausend Euro, im Falle des Absatzes 1 Nr. 2 mit einer Geldbuße bis zu zweitausendfünfhundert Euro geahndet werden.

§ 11a
Übergangsvorschrift

Die §§ 3 bis 7 sind in ihrer vom 1. September 1985 an geltenden Fassung erstmals für Wirtschaftsjahre anzuwenden, die nach dem 31. Dezember 1984 enden.

§ 12
(weggefallen)

§ 13
(Inkrafttreten)

Handelsgesetzbuch [1]

– auszugsweise –

§ 238
Buchführungspflicht

(1) Jeder Kaufmann ist verpflichtet, Bücher zu führen und in diesen seine Handelsgeschäfte und die Lage seines Vermögens nach den Grundsätzen ordnungsmäßiger Buchführung ersichtlich zu machen. Die Buchführung muß so beschaffen sein, daß sie einem sachverständigen Dritten innerhalb angemessener Zeit einen Überblick über die Geschäftsvorfälle und über die Lage des Unternehmens vermitteln kann. Die Geschäftsvorfälle müssen sich in ihrer Entstehung und Abwicklung verfolgen lassen.

(2) Der Kaufmann ist verpflichtet, eine mit der Urschrift übereinstimmende Wiedergabe der abgesandten Handelsbriefe (Kopie, Abdruck, Abschrift oder sonstige Wiedergabe des Wortlauts auf einem Schrift-, Bild- oder anderen Datenträger) zurückzubehalten.

§ 239
Führung der Handelsbücher

(1) Bei der Führung der Handelsbücher und bei den sonst erforderlichen Aufzeichnungen hat sich der Kaufmann einer lebenden Sprache zu bedienen. Werden Abkürzungen, Ziffern, Buchstaben oder Symbole verwendet, muß im Einzelfall deren Bedeutung eindeutig festliegen.

(2) Die Eintragungen in Büchern und die sonst erforderlichen Aufzeichnungen müssen vollständig, richtig, zeitgerecht und geordnet vorgenommen werden.

(3) Eine Eintragung oder eine Aufzeichnung darf nicht in einer Weise verändert werden, daß der ursprüngliche Inhalt nicht mehr feststellbar ist. Auch solche Veränderungen dürfen nicht vorgenommen werden, deren Beschaffenheit es ungewiß läßt, ob sie ursprünglich oder erst später gemacht worden sind.

(4) Die Handelsbücher und die sonst erforderlichen Aufzeichnungen können auch in der geordneten Ablage von Belegen bestehen oder auf Datenträgern geführt werden, soweit diese Formen der Buchführung einschließlich des dabei angewandten Verfahrens den Grundsätzen ordnungsmäßiger Buchführung entsprechen. Bei der Führung der Handelsbücher und der sonst erforderlichen Aufzeichnungen auf Datenträger muß insbesondere sichergestellt sein, daß die Daten während der Dauer der Aufbewahrungsfrist verfügbar sind und jederzeit innerhalb angemessener Frist lesbar gemacht werden können. Absätze 1 bis 3 gelten sinngemäß.

§ 240
Inventar

(1) Jeder Kaufmann hat zu Beginn seines Handelsgewerbes seine Grundstücke, seine Forderungen und Schulden, den Betrag seines baren Geldes sowie seine sonstigen Vermögensgegenstände genau zu verzeichnen und dabei den Wert der einzelnen Vermögensgegenstände und Schulden anzugeben.

(2) Er hat demnächst für den Schluß eines jeden Geschäftsjahres ein solches Inventar aufzustellen. Die Dauer des Geschäftsjahres darf zwölf Monate nicht überschreiten. Die Aufstellung des Inventars ist innerhalb der einem ordnungsmäßigen Geschäftsgang entsprechenden Zeit zu bewirken.

(3) Vermögensgegenstände des Sachanlagevermögens sowie Roh-, Hilfs- und Betriebsstoffe können, wenn sie regelmäßig ersetzt werden und ihr Gesamtwert für das Unternehmen von nachrangiger Bedeutung ist, mit einer gleichbleibenden Menge und einem gleichbleibenden Wert angesetzt werden, sofern ihr Bestand in seiner Größe, seinem Wert und seiner Zusammensetzung nur geringen Veränderungen unterliegt. Jedoch ist in der Regel alle drei Jahre eine körperliche Bestandsaufnahme durchzuführen.

(4) Gleichartige Vermögensgegenstände des Vorratsvermögens sowie andere gleichartige oder annähernd gleichwertige bewegliche Vermögensgegenstände und Schulden können jeweils zu einer Gruppe zusammengefaßt und mit dem gewogenen Durchschnittswert angesetzt werden.

§ 241
Inventurvereinfachungsverfahren

(1) Bei der Aufstellung des Inventars darf der Bestand der Vermögensgegenstände nach Art, Menge und Wert auch mit Hilfe anerkannter mathematisch-statistischer Methoden auf Grund von Stichproben ermittelt werden. Das Verfahren muß den Grundsätzen ordnungsmäßiger Buchführung entsprechen. Der

---

[1] Zuletzt geändert durch Art. 1 des Gesetzes vom 22.12.2014 (BGBl. I S. 2409).

Handelsgesetzbuch **Anhang 15**

Aussagewert des auf diese Weise aufgestellten Inventars muß dem Aussagewert eines auf Grund einer körperlichen Bestandsaufnahme aufgestellten Inventars gleichkommen.

(2) Bei der Aufstellung des Inventars für den Schluß eines Geschäftsjahrs bedarf es einer körperlichen Bestandsaufnahme der Vermögensgegenstände für diesen Zeitpunkt nicht, soweit durch Anwendung eines den Grundsätzen ordnungsmäßiger Buchführung entsprechenden anderen Verfahrens gesichert ist, daß der Bestand der Vermögensgegenstände nach Art, Menge und Wert auch ohne die körperliche Bestandsaufnahme für diesen Zeitpunkt festgestellt werden kann.

(3) In dem Inventar für den Schluß eines Geschäftsjahrs brauchen Vermögensgegenstände nicht verzeichnet zu werden, wenn

1. der Kaufmann ihren Bestand auf Grund einer körperlichen Bestandsaufnahme oder auf Grund eines nach Absatz 2 zulässigen anderen Verfahrens nach Art, Menge und Wert in einem besonderen Inventar verzeichnet hat, das für einen Tag innerhalb der letzten drei Monate vor oder der ersten beiden Monate nach dem Schluß des Geschäftsjahrs aufgestellt ist, und

2. auf Grund des besonderen Inventars durch Anwendung eines den Grundsätzen ordnungsmäßiger Buchführung entsprechenden Fortschreibungs- oder Rückrechnungsverfahrens gesichert ist, daß der am Schluß des Geschäftsjahres vorhandene Bestand der Vermögensgegenstände für diesen Zeitpunkt ordnungsgemäß bewertet werden kann.

§ 241a
Befreiung von der Pflicht zur Buchführung und Erstellung eines Inventars

Einzelkaufleute, die an den Abschlussstichtagen von zwei aufeinander folgenden Geschäftsjahren nicht mehr als 500 000 Euro Umsatzerlöse und 50 000 Euro Jahresüberschuss aufweisen, brauchen die §§ 238 bis 241 nicht anzuwenden. Im Fall der Neugründung treten die Rechtsfolgen schon ein, wenn die Werte des Satzes 1 am ersten Abschlussstichtag nach der Neugründung nicht überschritten werden.

§ 242
Pflicht zur Aufstellung

(1) Der Kaufmann hat zu Beginn seines Handelsgewerbes und für den Schluß eines jeden Geschäftsjahrs einen das Verhältnis seines Vermögens und seiner Schulden darstellenden Abschluß (Eröffnungsbilanz, Bilanz) aufzustellen. Auf die Eröffnungsbilanz sind die für den Jahresabschluß geltenden Vorschriften entsprechend anzuwenden, soweit sie sich auf die Bilanz beziehen.

(2) Er hat für den Schluß eines jeden Geschäftsjahrs eine Gegenüberstellung der Aufwendungen und Erträge des Geschäftsjahrs (Gewinn- und Verlustrechnung) aufzustellen.

(3) Die Bilanz und die Gewinn- und Verlustrechnung bilden den Jahresabschluß.

(4) Die Absätze 1 bis 3 sind auf Einzelkaufleute im Sinn des § 241a nicht anzuwenden. Im Fall der Neugründung treten die Rechtsfolgen nach Satz 1 schon ein, wenn die Werte des § 241a Satz 1 am ersten Abschlussstichtag nach der Neugründung nicht überschritten werden.

§ 243
Aufstellungsgrundsatz

(1) Der Jahresabschluß ist nach den Grundsätzen ordnungsmäßiger Buchführung aufzustellen.

(2) Er muß klar und übersichtlich sein.

(3) Der Jahresabschluß ist innerhalb der einem ordnungsmäßigen Geschäftsgang entsprechenden Zeit aufzustellen.

§ 244
Sprache. Währungseinheit

Der Jahresabschluß ist in deutscher Sprache und in Euro aufzustellen.

§ 245
Unterzeichnung

Der Jahresabschluß ist vom Kaufmann unter Angabe des Datums zu unterzeichnen. Sind mehrere persönlich haftende Gesellschafter vorhanden, so haben sie alle zu unterzeichnen.

Zweiter Titel Ansatzvorschriften

§ 246
Vollständigkeit. Verrechnungsverbot

(1) Der Jahresabschluss hat sämtliche Vermögensgegenstände, Schulden, Rechnungsabgrenzungsposten sowie Aufwendungen und Erträge zu enthalten, soweit gesetzlich nichts anderes bestimmt ist. Vermögensgegenstände sind in der Bilanz des Eigentümers aufzunehmen; ist ein Vermögensgegenstand nicht dem Eigentümer, sondern einem anderen wirtschaftlich zuzurechnen, hat dieser ihn in seiner Bilanz auszuweisen. Schulden sind in die Bilanz des Schuldners aufzunehmen. Der Unterschiedsbetrag, um den die für die Übernahme eines Unternehmens bewirkte Gegenleistung den Wert der einzelnen Vermögensgegenstände des Unternehmens abzüglich der Schulden im Zeitpunkt der Übernahme übersteigt (entgeltlich erworbener Geschäfts- oder Firmenwert), gilt als zeitlich begrenzt nutzbarer Vermögensgegenstand.

(2) Posten der Aktivseite dürfen nicht mit Posten der Passivseite, Aufwendungen nicht mit Erträgen, Grundstücksrechte nicht mit Grundstückslasten verrechnet werden. Vermögensgegenstände, die dem Zugriff aller übrigen Gläubiger entzogen sind und ausschließlich der Erfüllung von Schulden aus Altersversorgungsverpflichtungen oder vergleichbaren langfristig fälligen Verpflichtungen dienen, sind mit diesen Schulden zu verrechnen; entsprechend ist mit den zugehörigen Aufwendungen und Erträgen aus der Abzinsung und aus dem zu verrechnenden Vermögen zu verfahren. Übersteigt der beizulegende Zeitwert der Vermögensgegenstände den Betrag der Schulden, ist der übersteigende Betrag unter einem gesonderten Posten zu aktivieren.

(3) Die auf den vorhergehenden Jahresabschluss angewandten Ansatzmethoden sind beizubehalten. § 252 Abs. 2 ist entsprechend anzuwenden.

§ 247
Inhalt der Bilanz

(1) In der Bilanz sind das Anlage- und das Umlaufvermögen, das Eigenkapital, die Schulden sowie die Rechnungsabgrenzungsposten gesondert auszuweisen und hinreichend aufzugliedern.

(2) Beim Anlagevermögen sind nur die Gegenstände auszuweisen, die bestimmt sind, dauernd dem Geschäftsbetrieb zu dienen.

(3) (weggefallen)

§ 248
Bilanzierungsverbote und -wahlrechte

(1) In die Bilanz dürfen nicht als Aktivposten aufgenommen werden:
1. Aufwendungen für die Gründung eines Unternehmens,
2. Aufwendungen für die Beschaffung des Eigenkapitals und
3. Aufwendungen für den Abschluss von Versicherungsverträgen.

(2) Selbst geschaffene immaterielle Vermögensgegenstände des Anlagevermögens können als Aktivposten in die Bilanz aufgenommen werden. Nicht aufgenommen werden dürfen selbst geschaffene Marken, Drucktitel, Verlagsrechte, Kundenlisten oder vergleichbare immaterielle Vermögensgegenstände des Anlagevermögens.

§ 249
Rückstellungen

(1) Rückstellungen sind für ungewisse Verbindlichkeiten und für drohende Verluste aus schwebenden Geschäften zu bilden. Ferner sind Rückstellungen zu bilden für
1. im Geschäftsjahr unterlassene Aufwendungen für Instandhaltung, die im folgenden Geschäftsjahr innerhalb von drei Monaten, oder für Abraumbeseitigung, die im folgenden Geschäftsjahr nachgeholt werden,
2. Gewährleistungen, die ohne rechtliche Verpflichtungen erbracht werden.

(2) Für andere als die in Absatz 1 bezeichneten Zwecke dürfen Rückstellungen nicht gebildet werden. Rückstellungen dürfen nur aufgelöst werden, soweit der Grund hierfür entfallen ist.

§ 250
Rechnungsabgrenzungsposten

(1) Als Rechnungsabgrenzungsposten sind auf der Aktivseite Ausgaben vor dem Abschlußstichtag auszuweisen, soweit sie Aufwand für eine bestimmte Zeit nach diesem Tag darstellen.

Handelsgesetzbuch   **Anhang 15**

(2) Auf der Passivseite sind als Rechnungsabgrenzungsposten Einnahmen vor dem Abschlußstichtag auszuweisen, soweit sie Ertrag für eine bestimmte Zeit nach diesem Tag darstellen.

(3) Ist der Erfüllungsbetrag einer Verbindlichkeit höher als der Ausgabebetrag, so darf der Unterschiedsbetrag in den Rechnungsabgrenzungsposten auf der Aktivseite aufgenommen werden. Der Unterschiedsbetrag ist durch planmäßige jährliche Abschreibungen zu tilgen, die auf die gesamte Laufzeit der Verbindlichkeit verteilt werden können.

§ 251
Haftungsverhältnisse

Unter der Bilanz sind, sofern sie nicht auf der Passivseite auszuweisen sind, Verbindlichkeiten aus der Begebung und Übertragung von Wechseln, aus Bürgschaften, Wechsel- und Scheckbürgschaften und aus Gewährleistungsverträgen sowie Haftungsverhältnisse aus der Bestellung von Sicherheiten für fremde Verbindlichkeiten zu vermerken; sie dürfen in einem Betrag angegeben werden. Haftungsverhältnisse sind auch anzugeben, wenn ihnen gleichwertige Rückgriffsforderungen gegenüberstehen.

§ 252
Allgemeine Bewertungsgrundsätze

(1) Bei der Bewertung der im Jahresabschluß ausgewiesenen Vermögensgegenstände und Schulden gilt insbesondere folgendes:
1. Die Wertansätze in der Eröffnungsbilanz des Geschäftsjahrs müssen mit denen der Schlußbilanz des vorhergehenden Geschäftsjahrs übereinstimmen.
2. Bei der Bewertung ist von der Fortführung der Unternehmenstätigkeit auszugehen, sofern dem nicht tatsächliche oder rechtliche Gegebenheiten entgegenstehen.
3. Die Vermögensgegenstände und Schulden sind zum Abschlußstichtag einzeln zu bewerten.
4. Es ist vorsichtig zu bewerten, namentlich sind alle vorhersehbaren Risiken und Verluste, die bis zum Abschlußstichtag entstanden sind, zu berücksichtigen, selbst wenn diese erst zwischen dem Abschlußstichtag und dem Tag der Aufstellung des Jahresabschlusses bekanntgeworden sind; Gewinne sind nur zu berücksichtigen, wenn sie am Abschlußstichtag realisiert sind.
5. Aufwendungen und Erträge des Geschäftsjahrs sind unabhängig von den Zeitpunkten der entsprechenden Zahlungen im Jahresabschluß zu berücksichtigen.
6. Die auf den vorhergehenden Jahresabschluß angewandten Bewertungsmethoden sind beizubehalten.

(2) Von den Grundsätzen des Absatzes 1 darf nur in begründeten Ausnahmefällen abgewichen werden.

§ 253
Zugangs- und Folgebewertung

(1) Vermögensgegenstände sind höchstens mit den Anschaffungs- oder Herstellungskosten, vermindert um die Abschreibungen nach den Absätzen 3 bis 5, anzusetzen. Verbindlichkeiten sind zu ihrem Erfüllungsbetrag und Rückstellungen in Höhe des nach vernünftiger kaufmännischer Beurteilung notwendigen Erfüllungsbetrages anzusetzen. Soweit sich die Höhe von Altersversorgungsverpflichtungen ausschließlich nach dem beizulegenden Zeitwert von Wertpapieren im Sinn des § 266 Abs. 2 A. III. 5 bestimmt, sind Rückstellungen hierfür zum beizulegenden Zeitwert dieser Wertpapiere anzusetzen, soweit er einen garantierten Mindestbetrag übersteigt. Nach § 246 Abs. 2 Satz 2 zu verrechnende Vermögensgegenstände sind mit ihrem beizulegenden Zeitwert zu bewerten. Kleinstkapitalgesellschaften (§ 267a) dürfen eine Bewertung zum beizulegenden Zeitwert nur vornehmen, wenn sie von keinem der in § 264 Absatz 1 Satz 5, § 266 Absatz 1 Satz 4, § 275 Absatz 5 und § 326 Absatz 2 vorgesehenen Erleichterungen Gebrauch machen. In diesem Fall erfolgt die Bewertung der Vermögensgegenstände nach Satz 1, auch soweit eine Verrechnung nach § 246 Absatz 2 Satz 2 vorgesehen ist.

(2) Rückstellungen mit einer Restlaufzeit von mehr als einem Jahr sind mit dem ihrer Restlaufzeit entsprechenden durchschnittlichen Marktzinssatz der vergangenen sieben Geschäftsjahre abzuzinsen. Abweichend von Satz 1 dürfen Rückstellungen für Altersversorgungsverpflichtungen oder vergleichbare langfristig fällige Verpflichtungen pauschal mit dem durchschnittlichen Marktzinssatz abgezinst werden, der sich bei einer angenommenen Restlaufzeit von 15 Jahren ergibt. Die Sätze 1 und 2 gelten entsprechend für auf Rentenverpflichtungen beruhende Verbindlichkeiten, für die eine Gegenleistung nicht mehr zu erwarten ist. Der nach den Sätzen 1 und 2 anzuwendende Abzinsungszinssatz wird von der Deutschen Bundesbank nach Maßgabe einer Rechtsverordnung ermittelt und monatlich bekannt gegeben. In der Rechtsverordnung nach Satz 4, die nicht der Zustimmung des Bundesrates bedarf, bestimmt das Bundesministerium der Justiz im Benehmen mit der Deutschen Bundesbank das Nähere zur Ermitt-

lung der Abzinsungszinssätze, insbesondere die Ermittlungsmethodik und deren Grundlagen, sowie die Form der Bekanntgabe.

(3) Bei Vermögensgegenständen des Anlagevermögens, deren Nutzung zeitlich begrenzt ist, sind die Anschaffungs- oder die Herstellungskosten um planmäßige Abschreibungen zu vermindern. Der Plan muss die Anschaffungs- oder Herstellungskosten auf die Geschäftsjahre verteilen, in denen der Vermögensgegenstand voraussichtlich genutzt werden kann. Ohne Rücksicht darauf, ob ihre Nutzung zeitlich begrenzt ist, sind bei Vermögensgegenständen des Anlagevermögens bei voraussichtlich dauernder Wertminderung außerplanmäßige Abschreibungen vorzunehmen, um diese mit dem niedrigeren Wert anzusetzen, der ihnen am Abschlussstichtag beizulegen ist. Bei Finanzanlagen können außerplanmäßige Abschreibungen auch bei voraussichtlich nicht dauernder Wertminderung vorgenommen werden.

(4) Bei Vermögensgegenständen des Umlaufvermögens sind Abschreibungen vorzunehmen, um diese mit einem niedrigeren Wert anzusetzen, der sich aus einem Börsen- oder Marktpreis am Abschlussstichtag ergibt. Ist ein Börsen- oder Marktpreis nicht festzustellen und übersteigen die Anschaffungs- oder Herstellungskosten den Wert, der den Vermögensgegenständen am Abschlussstichtag beizulegen ist, so ist auf diesen Wert abzuschreiben.

(5) Ein niedrigerer Wertansatz nach Absatz 3 Satz 3 oder 4 und Absatz 4 darf nicht beibehalten werden, wenn die Gründe dafür nicht mehr bestehen. Ein niedrigerer Wertansatz eines entgeltlich erworbenen Geschäfts- oder Firmenwertes ist beizubehalten.

§ 254
Bildung von Bewertungseinheiten

Werden Vermögensgegenstände, Schulden, schwebende Geschäfte oder mit hoher Wahrscheinlichkeit erwartete Transaktionen zum Ausgleich gegenläufiger Wertänderungen oder Zahlungsströme aus dem Eintritt vergleichbarer Risiken mit Finanzinstrumenten zusammengefasst (Bewertungseinheit), sind § 249 Abs. 1, § 252 Abs. 1 Nr. 3 und 4, § 253 Abs. 1 Satz 1 und § 256a in dem Umfang und für den Zeitraum nicht anzuwenden, in dem die gegenläufigen Wertänderungen oder Zahlungsströme sich ausgleichen. Als Finanzinstrumente im Sinn des Satzes 1 gelten auch Termingeschäfte über den Erwerb oder die Veräußerung von Waren.

§ 255
Bewertungsmaßstäbe

(1) Anschaffungskosten sind die Aufwendungen, die geleistet werden, um einen Vermögensgegenstand zu erwerben und ihn in einen betriebsbereiten Zustand zu versetzen, soweit sie dem Vermögensgegenstand einzeln zugeordnet werden können. Zu den Anschaffungskosten gehören auch die Nebenkosten sowie die nachträglichen Anschaffungskosten. Anschaffungspreisminderungen sind abzusetzen.

(2) Herstellungskosten sind die Aufwendungen, die durch den Verbrauch von Gütern und die Inanspruchnahme von Diensten für die Herstellung eines Vermögensgegenstands, seine Erweiterung oder für eine über seinen ursprünglichen Zustand hinausgehende wesentliche Verbesserung entstehen. Dazu gehören die Materialkosten, die Fertigungskosten und die Sonderkosten der Fertigung sowie angemessene Teile der Materialgemeinkosten, der Fertigungsgemeinkosten und des Werteverzehrs des Anlagevermögens, soweit dieser durch die Fertigung veranlasst ist. Bei der Berechnung der Herstellungskosten dürfen angemessene Teile der Kosten der allgemeinen Verwaltung sowie angemessene Aufwendungen für soziale Einrichtungen des Betriebs, für freiwillige soziale Leistungen und für die betriebliche Altersversorgung einbezogen werden, soweit diese auf den Zeitraum der Herstellung entfallen. Forschungs- und Vertriebskosten dürfen nicht einbezogen werden.

(2a) Herstellungskosten eines selbst geschaffenen immateriellen Vermögensgegenstands des Anlagevermögens sind die bei dessen Entwicklung anfallenden Aufwendungen nach Absatz 2. Entwicklung ist die Anwendung von Forschungsergebnissen oder von anderem Wissen für die Neuentwicklung von Gütern oder Verfahren oder die Weiterentwicklung von Gütern oder Verfahren mittels wesentlicher Änderungen. Forschung ist die eigenständige und planmäßige Suche nach neuen wissenschaftlichen oder technischen Erkenntnissen oder Erfahrungen allgemeiner Art, über deren technische Verwertbarkeit und wirtschaftliche Erfolgsaussichten grundsätzlich keine Aussagen gemacht werden können. Können Forschung und Entwicklung nicht verlässlich voneinander unterschieden werden, ist eine Aktivierung ausgeschlossen.

(3) Zinsen für Fremdkapital gehören nicht zu den Herstellungskosten. Zinsen für Fremdkapital, das zur Finanzierung der Herstellung eines Vermögensgegenstands verwendet wird, dürfen angesetzt werden, soweit sie auf den Zeitraum der Herstellung entfallen; in diesem Falle gelten sie als Herstellungskosten des Vermögensgegenstands.

(4) Der beizulegende Zeitwert entspricht dem Marktpreis. Soweit kein aktiver Markt besteht, anhand dessen sich der Marktpreis ermitteln lässt, ist der beizulegende Zeitwert mit Hilfe allgemein anerkannter Bewertungsmethoden zu bestimmen. Lässt sich der beizulegende Zeitwert weder nach Satz 1 noch nach Satz 2 ermitteln, sind die Anschaffungs- oder Herstellungskosten gemäß § 253 Abs. 4 fortzuführen. Der zuletzt nach Satz 1 oder 2 ermittelte beizulegende Zeitwert gilt als Anschaffungs- oder Herstellungskosten im Sinn des Satzes 3.

§ 256

Bewertungsvereinfachungsverfahren

Soweit es den Grundsätzen ordnungsmäßiger Buchführung entspricht, kann für den Wertansatz gleichartiger Vermögensgegenstände des Vorratsvermögens unterstellt werden, daß die zuerst oder daß die zuletzt angeschafften oder hergestellten Vermögensgegenstände zuerst verbraucht oder veräußert worden sind. § 240 Abs. 3 und 4 ist auch auf den Jahresabschluß anwendbar.

§ 256a

Währungsumrechnung

Auf fremde Währung lautende Vermögensgegenstände und Verbindlichkeiten sind zum Devisenkassamittelkurs am Abschlussstichtag umzurechnen. Bei einer Restlaufzeit von einem Jahr oder weniger sind § 253 Abs. 1 Satz 1 und § 252 Abs. 1 Nr. 4 Halbsatz 2 nicht anzuwenden.

§ 257

Aufbewahrung von Unterlagen. Aufbewahrungsfristen

(1) Jeder Kaufmann ist verpflichtet, die folgenden Unterlagen geordnet aufzubewahren:

1. Handelsbücher, Inventare, Eröffnungsbilanzen, Jahresabschlüsse, Lageberichte, Konzernabschlüsse, Konzernlageberichte sowie die zu ihrem Verständnis erforderlichen Arbeitsanweisungen und sonstigen Organisationsunterlagen,
2. die empfangenen Handelsbriefe,
3. Wiedergabe der abgesandten Handelsbriefe,
4. Belege für Buchungen in den von ihm nach § 238 Abs. 1 zu führenden Büchern (Buchungsbelege).

(2) Handelsbriefe sind nur Schriftstücke, die ein Handelsgeschäft betreffen.

(3) Mit Ausnahme der Eröffnungsbilanzen, Jahresabschlüsse und der Konzernabschlüsse können die in Absatz 1 aufgeführten Unterlagen auch als Wiedergabe auf einem Bildträger oder auf anderen Datenträgern aufbewahrt werden, wenn dies den Grundsätzen ordnungsmäßiger Buchführung entspricht und sichergestellt ist, daß die Wiedergabe oder die Daten

1. mit den empfangenen Handelsbriefen und den Buchungsbelegen bildlich und mit den anderen Unterlagen inhaltlich übereinstimmen, wenn sie lesbar gemacht werden,
2. während der Dauer der Aufbewahrungsfrist verfügbar sind und jederzeit innerhalb angemessener Frist lesbar gemacht werden können.

Sind Unterlagen auf Grund des § 239 Abs. 4 Satz 1 auf Datenträgern hergestellt worden, können statt des Datenträgers die Daten auch ausgedruckt aufbewahrt werden; die ausgedruckten Unterlagen können auch nach Satz 1 aufbewahrt werden.

(4) Die in Absatz 1 Nr. 1 und 4 aufgeführten Unterlagen sind zehn Jahre und die sonstigen in Absatz 1 aufgeführten Unterlagen sechs Jahre aufzubewahren.

(5) Die Aufbewahrungsfrist beginnt mit dem Schluß des Kalenderjahrs, in dem die letzte Eintragung in das Handelsbuch gemacht, das Inventar aufgestellt, die Eröffnungsbilanz oder der Jahresabschluß festgestellt, der Konzernabschluß aufgestellt, der Handelsbrief empfangen oder abgesandt worden oder der Buchungsbeleg entstanden ist.

§ 258

Vorlegung im Rechtsstreit

(1) Im Laufe eines Rechtsstreits kann das Gericht auf Antrag oder von Amts wegen die Vorlegung der Handelsbücher einer Partei anordnen.

(2) Die Vorschriften der Zivilprozeßordnung über die Verpflichtung des Prozeßgegners zur Vorlegung von Urkunden bleiben unberührt.

§ 259
Auszug bei Vorlegung im Rechtsstreit

Werden in einem Rechtsstreit Handelsbücher vorgelegt, so ist von ihrem Inhalt, soweit er den Streitpunkt betrifft, unter Zuziehung der Parteien Einsicht zu nehmen und geeignetenfalls ein Auszug zu fertigen. Der übrige Inhalt der Bücher ist dem Gericht insoweit offenzulegen, als es zur Prüfung ihrer ordnungsmäßigen Führung notwendig ist.

§ 260
Vorlegung bei Auseinandersetzungen

Bei Vermögensauseinandersetzungen, insbesondere in Erbschafts-, Gütergemeinschafts- und Gesellschaftsteilungssachen, kann das Gericht die Vorlegung der Handelsbücher zur Kenntnisnahme von ihrem ganzen Inhalt anordnen.

§ 261
Vorlegung von Unterlagen auf Bild- oder Datenträgern

Wer aufzubewahrende Unterlagen nur in der Form einer Wiedergabe auf einem Bildträger oder auf anderen Datenträger vorlegen kann, ist verpflichtet, auf seine Kosten diejenigen Hilfsmittel zur Verfügung zu stellen, die erforderlich sind, um die Unterlagen lesbar zu machen; soweit erforderlich, hat er die Unterlage auf seine Kosten auszudrucken oder ohne Hilfsmittel lesbare Reproduktionen beizubringen.

§ 262
Anwendung auf Sollkaufleute

Für Unternehmer, die nach § 2 verpflichtet sind, die Eintragungen ihres Unternehmens in das Handelsregister herbeizuführen, gelten die Vorschriften dieses Abschnitts schon von dem Zeitpunkt an, in dem diese Verpflichtung entstanden ist.

§ 263
Vorbehalt landesrechtlicher Vorschriften

Unberührt bleiben bei Unternehmen ohne eigene Rechtspersönlichkeit einer Gemeinde, eines Gemeindeverbands oder eines Zweckverbands landesrechtliche Vorschriften, die von den Vorschriften dieses Abschnitts abweichen.

Zweiter Abschnitt
Ergänzende Vorschriften für Kapitalgesellschaften (Aktiengesellschaften, Kommanditgesellschaften auf Aktien und Gesellschaften mit beschränkter Haftung) sowie bestimmte Personenhandelsgesellschaften

Erster Unterabschnitt
Jahresabschluß der Kapitalgesellschaft und Lagebericht

Erster Titel Allgemeine Vorschriften

...

Zweiter Titel Bilanz

§ 266
Gliederung der Bilanz

(1) ^{1}Die Bilanz ist in Kontoform aufzustellen. ^{2}Dabei haben große und mittelgroße Kapitalgesellschaften (§ 267 Abs. 3, 2) auf der Aktivseite die in Absatz 2 und auf der Passivseite die in Absatz 3 bezeichneten Posten gesondert und in der vorgeschriebenen Reihenfolge auszuweisen. ^{3}Kleine Kapitalgesellschaften (§ 267 Abs. 1) brauchen nur eine verkürzte Bilanz aufzustellen, in die nur die in den Absätzen 2 und 3 mit Buchstaben und römischen Zahlen bezeichneten Posten gesondert und in der vorgeschriebenen Reihenfolge aufgenommen werden. ^{4}Kleinstkapitalgesellschaften (§ 267a) brauchen nur eine verkürzte Bilanz aufzustellen, in die nur die in den Absätzen 2 und 3 mit Buchstaben bezeichneten Posten gesondert und in der vorgeschriebenen Reihenfolge aufgenommen werden.

(2) Aktivseite

A. Anlagevermögen:
    I. Immaterielle Vermögensgegenstände:
        1. Selbst geschaffene gewerbliche Schutzrechte und ähnliche Rechte und Werte;
        2. entgeltlich erworbene Konzessionen, gewerbliche Schutzrechte und ähnliche Rechte und Werte sowie Lizenzen an solchen Rechten und Werten;

3. Geschäfts- oder Firmenwert;
4. geleistete Anzahlungen;
II. Sachanlagen:
1. Grundstücke, grundstücksgleiche Rechte und Bauten einschließlich der Bauten auf fremden Grundstücken;
2. technische Anlagen und Maschinen;
3. andere Anlagen, Betriebs- und Geschäftsausstattung;
4. geleistete Anzahlungen und Anlagen im Bau;
III. Finanzanlagen:
1. Anteile an verbundenen Unternehmen;
2. Ausleihungen an verbundene Unternehmen;
3. Beteiligungen;
4. Ausleihungen an Unternehmen, mit denen ein Beteiligungsverhältnis besteht;
5. Wertpapiere des Anlagevermögens;
6. sonstige Ausleihungen.
B. Umlaufvermögen:
I. Vorräte:
1. Roh-, Hilfs- und Betriebsstoffe;
2. unfertige Erzeugnisse, unfertige Leistungen;
3. fertige Erzeugnisse und Waren;
4. geleistete Anzahlungen;
II. Forderungen und sonstige Vermögensgegenstände:
1. Forderungen aus Lieferungen und Leistungen;
2. Forderungen gegen verbundene Unternehmen;
3. Forderungen gegen Unternehmen, mit denen ein Beteiligungsverhältnis besteht;
4. sonstige Vermögensgegenstände;
III. Wertpapiere:
1. Anteile an verbundenen Unternehmen;
2. sonstige Wertpapiere;
IV. Kassenbestand, Bundesbankguthaben, Guthaben bei Kreditinstituten und Schecks.
C. Rechnungsabgrenzungsposten.
D. Aktive latente Steuern.
E. Aktiver Unterschiedsbetrag aus der Vermögensverrechnung.
(3) Passivseite
A. Eigenkapital:
I. Gezeichnetes Kapital;
II. Kapitalrücklage;
III. Gewinnrücklagen:
1. gesetzliche Rücklage;
2. Rücklage für Anteile an einem herrschenden oder mehrheitlich beteiligten Unternehmen;
3. satzungsmäßige Rücklagen;
4. andere Gewinnrücklagen;
IV. Gewinnvortrag/Verlustvortrag;
V. Jahresüberschuß/Jahresfehlbetrag.
B. Rückstellungen:
1. Rückstellungen für Pensionen und ähnliche Verpflichtungen;
2. Steuerrückstellungen;
3. sonstige Rückstellungen.

Anhang 15   Handelsgesetzbuch

C. Verbindlichkeiten:
1. Anleihen,
davon konvertibel;
2. Verbindlichkeiten gegenüber Kreditinstituten;
3. erhaltene Anzahlungen auf Bestellungen;
4. Verbindlichkeiten aus Lieferungen und Leistungen;
5. Verbindlichkeiten aus der Annahme gezogener Wechsel und der Ausstellung eigener Wechsel;
6. Verbindlichkeiten gegenüber verbundenen Unternehmen;
7. Verbindlichkeiten gegenüber Unternehmen, mit denen ein Beteiligungsverhältnis besteht;
8. sonstige Verbindlichkeiten,
davon aus Steuern,
davon im Rahmen der sozialen Sicherheit.

D. Rechnungsabgrenzungsposten.

E. Passive latente Steuern.

§ 267
Umschreibung der Größenklassen

(1) Kleine Kapitalgesellschaften sind solche, die mindestens zwei der drei nachstehenden Merkmale nicht überschreiten:
1. 4 840 000 Euro Bilanzsumme nach Abzug eines auf der Aktivseite ausgewiesenen Fehlbetrags (§ 268 Abs. 3).
2. 9 680 000 Euro Umsatzerlöse in den zwölf Monaten vor dem Abschlußstichtag.
3. Im Jahresdurchschnitt fünfzig Arbeitnehmer.

(2) Mittelgroße Kapitalgesellschaften sind solche, die mindestens zwei der drei in Absatz 1 bezeichneten Merkmale überschreiten und jeweils mindestens zwei der drei nachstehenden Merkmale nicht überschreiten:
1. 19 250 000 Euro Bilanzsumme nach Abzug eines auf der Aktivseite ausgewiesenen Fehlbetrags (§ 268 Abs. 3).
2. 38 500 000 Euro Umsatzerlöse in den zwölf Monaten vor dem Abschlußstichtag.
3. Im Jahresdurchschnitt zweihundertfünfzig Arbeitnehmer.

(3) ¹Große Kapitalgesellschaften sind solche, die mindestens zwei der drei in Absatz 2 bezeichneten Merkmale überschreiten. ²Eine Kapitalgesellschaft im Sinn des § 264d gilt stets als große.

(4) ¹Die Rechtsfolgen der Merkmale nach den Absätzen 1 bis 3 Satz 1 treten nur ein, wenn sie an den Abschlußstichtagen von zwei aufeinanderfolgenden Geschäftsjahren über- oder unterschritten werden. ²Im Falle der Umwandlung oder Neugründung treten die Rechtsfolgen schon ein, wenn die Voraussetzungen des Absatzes 1, 2 oder 3 am ersten Abschlußstichtag nach der Umwandlung oder Neugründung vorliegen.

(5) Als durchschnittliche Zahl der Arbeitnehmer gilt der vierte Teil der Summe aus den Zahlen der jeweils am 31. März, 30. Juni, 30. September und 31. Dezember beschäftigten Arbeitnehmer einschließlich der im Ausland beschäftigten Arbeitnehmer, jedoch ohne die zu ihrer Berufsausbildung Beschäftigten.

(6) Informations- und Auskunftsrechte der Arbeitnehmervertretungen nach anderen Gesetzen bleiben unberührt.

§ 267a
Kleinstkapitalgesellschaften

(1) ¹Kleinstkapitalgesellschaften sind kleine Kapitalgesellschaften, die mindestens zwei der drei nachstehenden Merkmale nicht überschreiten:
1. 350 000 Euro Bilanzsumme nach Abzug eines auf der Aktivseite ausgewiesenen Fehlbetrags (§ 268 Absatz 3);
2. 700 000 Euro Umsatzerlöse in den zwölf Monaten vor dem Abschlussstichtag;
3. im Jahresdurchschnitt zehn Arbeitnehmer.

²Die Bilanzsumme setzt sich aus den Posten zusammen, die in den Buchstaben A bis E des § 266 Absatz 2 aufgeführt sind, wobei bei Ausübung des in § 274a Nummer 5 geregelten Wahlrechts der betreffende Buchstabe nicht berücksichtigt wird. ³§ 267 Absatz 4 bis 6 gilt entsprechend.

(2) Die in diesem Gesetz für kleine Kapitalgesellschaften (§ 267 Absatz 1) vorgesehenen besonderen Regelungen gelten für Kleinstkapitalgesellschaften entsprechend, soweit nichts anderes geregelt ist.

§ 268

Vorschriften zu einzelnen Posten der Bilanz. Bilanzvermerke

(1) ¹Die Bilanz darf auch unter Berücksichtigung der vollständigen oder teilweisen Verwendung des Jahresergebnisses aufgestellt werden. ²Wird die Bilanz unter Berücksichtigung der teilweisen Verwendung des Jahresergebnisses aufgestellt, so tritt an die Stelle der Posten „Jahresüberschuß/Jahresfehlbetrag" und „Gewinnvortrag/Verlustvortrag" der Posten „Bilanzgewinn/Bilanzverlust"; ein vorhandener Gewinn- oder Verlustvortrag ist in den Posten „Bilanzgewinn/Bilanzverlust" einzubeziehen und in der Bilanz oder im Anhang gesondert anzugeben.

(2) ¹In der Bilanz oder im Anhang ist die Entwicklung der einzelnen Posten des Anlagevermögens darzustellen. ²Dabei sind, ausgehend von den gesamten Anschaffungs- und Herstellungskosten, die Zugänge, Abgänge, Umbuchungen und Zuschreibungen des Geschäftsjahrs sowie die Abschreibungen in ihrer gesamten Höhe gesondert aufzuführen. ³Die Abschreibungen des Geschäftsjahrs sind entweder in der Bilanz bei dem betreffenden Posten zu vermerken oder im Anhang in einer der Gliederung des Anlagevermögens entsprechenden Aufgliederung anzugeben.

(3) Ist das Eigenkapital durch Verluste aufgebraucht und ergibt sich ein Überschuß der Passivposten über die Aktivposten, so ist dieser Betrag am Schluß der Bilanz auf der Aktivseite gesondert unter der Bezeichnung „Nicht durch Eigenkapital gedeckter Fehlbetrag" auszuweisen.

(4) ¹Der Betrag der Forderungen mit einer Restlaufzeit von mehr als einem Jahr ist bei jedem gesondert ausgewiesenen Posten zu vermerken. ²Werden unter dem Posten „sonstige Vermögensgegenstände" Beträge für Vermögensgegenstände ausgewiesen, die erst nach dem Abschlußstichtag rechtlich entstehen, so müssen Beträge, die einen größeren Umfang haben, im Anhang erläutert werden.

(5) ¹Der Betrag der Verbindlichkeiten mit einer Restlaufzeit bis zu einem Jahr ist bei jedem gesondert ausgewiesenen Posten zu vermerken. ²Erhaltene Anzahlungen auf Bestellungen sind, soweit Anzahlungen auf Vorräte nicht von dem Posten „Vorräte" offen abgesetzt werden, unter den Verbindlichkeiten gesondert auszuweisen. ³Sind unter dem Posten „Verbindlichkeiten" Beträge für Verbindlichkeiten ausgewiesen, die erst nach dem Abschlußstichtag rechtlich entstehen, so müssen Beträge, die einen größeren Umfang haben, im Anhang erläutert werden.

(6) Ein nach § 250 Abs. 3 in den Rechnungsabgrenzungsposten auf der Aktivseite aufgenommener Unterschiedsbetrag ist in der Bilanz gesondert auszuweisen oder im Anhang anzugeben.

(7) Die in § 251 bezeichneten Haftungsverhältnisse sind jeweils gesondert unter der Bilanz oder im Anhang unter Angabe der gewährten Pfandrechte und sonstigen Sicherheiten anzugeben; bestehen solche Verpflichtungen gegenüber verbundenen Unternehmen, so sind sie gesondert anzugeben.

(8) ¹Werden selbst geschaffene immaterielle Vermögensgegenstände des Anlagevermögens in der Bilanz ausgewiesen, so dürfen Gewinne nur ausgeschüttet werden, wenn die nach der Ausschüttung verbleibenden frei verfügbaren Rücklagen zuzüglich eines Gewinnvortrags und abzüglich eines Verlustvortrags mindestens den insgesamt angesetzten Beträgen abzüglich der hierfür gebildeten passiven latenten Steuern entsprechen. ²Werden aktive latente Steuern in der Bilanz ausgewiesen, ist Satz 1 auf den Betrag anzuwenden, um den die aktiven latenten Steuern die passiven latenten Steuern übersteigen. ³Bei Vermögensgegenständen im Sinn des § 246 Abs. 2 Satz 2 ist Satz 1 auf den Betrag abzüglich der hierfür gebildeten passiven latenten Steuern anzuwenden, der die Anschaffungskosten übersteigt.

§ 269

(weggefallen)

§ 270

Bildung bestimmter Posten

(1) Einstellungen in die Kapitalrücklage und deren Auflösung sind bereits bei der Aufstellung der Bilanz vorzunehmen.

(2) Wird die Bilanz unter Berücksichtigung der vollständigen oder teilweisen Verwendung des Jahresergebnisses aufgestellt, so sind Entnahmen aus Gewinnrücklagen sowie Einstellungen in Gewinnrücklagen, die nach Gesetz, Gesellschaftsvertrag oder Satzung vorzunehmen sind oder aufgrund solcher Vorschriften beschlossen worden sind, bereits bei der Aufstellung der Bilanz zu berücksichtigen.

§ 271
Beteiligungen. Verbundene Unternehmen

(1) ¹Beteiligungen sind Anteile an anderen Unternehmen, die bestimmt sind, dem eigenen Geschäftsbetrieb durch Herstellung einer dauernden Verbindung zu jenen Unternehmen zu dienen. ²Dabei ist es unerheblich, ob die Anteile in Wertpapieren verbrieft sind oder nicht. ³Als Beteiligung gelten im Zweifel Anteile an einer Kapitalgesellschaft, die insgesamt den fünften Teil des Nennkapitals dieser Gesellschaft überschreiten. ⁴Auf die Berechnung ist § 16 Abs. 2 und 4 des Aktiengesetzes entsprechend anzuwenden. ⁵Die Mitgliedschaft in einer eingetragenen Genossenschaft gilt nicht als Beteiligung im Sinne dieses Buches.

(2) Verbundene Unternehmen im Sinne dieses Buches sind solche Unternehmen, die als Mutter- oder Tochterunternehmen (§ 290) in den Konzernabschluß eines Mutterunternehmens nach den Vorschriften über die Vollkonsolidierung einzubeziehen sind, das als oberstes Mutterunternehmen den am weitestgehenden Konzernabschluß nach dem Zweiten Unterabschnitt aufzustellen hat, auch wenn die Aufstellung unterbleibt, oder das einen befreienden Konzernabschluß nach § 291 oder nach einer nach § 292 erlassenen Rechtsverordnung aufstellt oder aufstellen könnte; Tochterunternehmen, die nach § 296 nicht einbezogen werden, sind ebenfalls verbundene Unternehmen.

§ 272
Eigenkapital

(1) ¹Gezeichnetes Kapital ist das Kapital, auf das die Haftung der Gesellschafter für die Verbindlichkeiten der Kapitalgesellschaft gegenüber den Gläubigern beschränkt ist. ²Es ist mit dem Nennbetrag anzusetzen. ³Die nicht eingeforderten ausstehenden Einlagen auf das gezeichnete Kapital sind von dem Posten „Gezeichnetes Kapital" offen abzusetzen; der verbleibende Betrag ist als Posten „Eingefordertes Kapital" in der Hauptspalte der Passivseite auszuweisen; der eingeforderte, aber noch nicht eingezahlte Betrag ist unter den Forderungen gesondert auszuweisen und entsprechend zu bezeichnen.

(1a) ¹Der Nennbetrag oder, falls ein solcher nicht vorhanden ist, der rechnerische Wert von erworbenen eigenen Anteilen ist in der Vorspalte offen von dem Posten „Gezeichnetes Kapital" abzusetzen. ²Der Unterschiedsbetrag zwischen dem Nennbetrag oder dem rechnerischen Wert und den Anschaffungskosten der eigenen Anteile ist mit den frei verfügbaren Rücklagen zu verrechnen. ³Aufwendungen, die Anschaffungsnebenkosten sind, sind Aufwand des Geschäftsjahrs.

(1b) ¹Nach der Veräußerung der eigenen Anteile entfällt der Ausweis nach Absatz 1a Satz 1. ²Ein den Nennbetrag oder den rechnerischen Wert übersteigender Differenzbetrag aus dem Veräußerungserlös ist bis zur Höhe des mit den frei verfügbaren Rücklagen verrechneten Betrages in die jeweiligen Rücklagen einzustellen. ³Ein darüber hinausgehender Differenzbetrag ist in die Kapitalrücklage gemäß Absatz 2 Nr. 1 einzustellen. ⁴Die Nebenkosten der Veräußerung sind Aufwand des Geschäftsjahrs.

(2) Als Kapitalrücklage sind auszuweisen

1. der Betrag, der bei der Ausgabe von Anteilen einschließlich von Bezugsanteilen über den Nennbetrag oder, falls ein Nennbetrag nicht vorhanden ist, über den rechnerischen Wert hinaus erzielt wird;
2. der Betrag, der bei der Ausgabe von Schuldverschreibungen für Wandlungsrechte und Optionsrechte zum Erwerb von Anteilen erzielt wird;
3. der Betrag von Zuzahlungen, die Gesellschafter gegen Gewährung eines Vorzugs für ihre Anteile leisten;
4. der Betrag von anderen Zuzahlungen, die Gesellschafter in das Eigenkapital leisten.

(3) ¹Als Gewinnrücklagen dürfen nur Beträge ausgewiesen werden, die im Geschäftsjahr oder in einem früheren Geschäftsjahr aus dem Ergebnis gebildet worden sind. ²Dazu gehören aus dem Ergebnis zu bildende gesetzliche oder auf Gesellschaftsvertrag oder Satzung beruhende Rücklagen und andere Gewinnrücklagen.

(4) ¹Für Anteile an einem herrschenden oder mit Mehrheit beteiligten Unternehmen ist eine Rücklage zu bilden. ²In die Rücklage ist ein Betrag einzustellen, der dem auf der Aktivseite der Bilanz für die Anteile an dem herrschenden oder mit Mehrheit beteiligten Unternehmen angesetzten Betrag entspricht. ³Die Rücklage, die bereits bei der Aufstellung der Bilanz zu bilden ist, darf aus vorhandenen frei verfügbaren Rücklagen gebildet werden. ⁴Die Rücklage ist aufzulösen, soweit die Anteile an dem herrschenden oder mit Mehrheit beteiligten Unternehmen veräußert, ausgegeben oder eingezogen werden oder auf der Aktivseite ein niedrigerer Betrag angesetzt wird.

§ 273
(aufgehoben)

§ 274
Latente Steuern

(1) ¹Bestehen zwischen den handelsrechtlichen Wertansätzen von Vermögensgegenständen, Schulden und Rechnungsabgrenzungsposten und ihren steuerlichen Wertansätzen Differenzen, die sich in späteren Geschäftsjahren voraussichtlich abbauen, so ist eine sich daraus insgesamt ergebende Steuerbelastung als passive latente Steuern (§ 266 Abs. 3 E.) in der Bilanz anzusetzen. ²Eine sich daraus insgesamt ergebende Steuerentlastung kann als aktive latente Steuern (§ 266 Abs. 2 D.) in der Bilanz angesetzt werden. ³Die sich ergebende Steuerbe- und die sich ergebende Steuerentlastung können auch unverrechnet angesetzt werden. ⁴Steuerliche Verlustvorträge sind bei der Berechnung aktiver latenter Steuern in Höhe der innerhalb der nächsten fünf Jahre zu erwartenden Verlustverrechnung zu berücksichtigen.

(2) ¹Die Beträge der sich ergebenden Steuerbe- und -entlastung sind mit den unternehmensindividuellen Steuersätzen im Zeitpunkt des Abbaus der Differenzen zu bewerten und nicht abzuzinsen. ²Die ausgewiesenen Posten sind aufzulösen, sobald die Steuerbe- oder -entlastung eintritt oder mit ihr nicht mehr zu rechnen ist. ³Der Aufwand oder Ertrag aus der Veränderung bilanzierter latenter Steuern ist in der Gewinn- und Verlustrechnung gesondert unter dem Posten „Steuern vom Einkommen und vom Ertrag" auszuweisen.

§ 274a
Größenabhängige Erleichterungen

Kleine Kapitalgesellschaften sind von der Anwendung der folgenden Vorschriften befreit:
1. § 268 Abs. 2 über die Aufstellung eines Anlagengitters,
2. § 268 Abs. 4 Satz 2 über die Pflicht zur Erläuterung bestimmter Forderungen im Anhang,
3. § 268 Abs. 5 Satz 3 über die Erläuterung bestimmter Verbindlichkeiten im Anhang,
4. § 268 Abs. 6 über den Rechnungsabgrenzungsposten nach § 250 Abs. 3,
5. § 274 über die Abgrenzung latenter Steuern.

Dritter Titel Gewinn- und Verlustrechnung

§ 275
Gliederung

(1) ¹Die Gewinn- und Verlustrechnung ist in Staffelform nach dem Gesamtkostenverfahren oder dem Umsatzkostenverfahren aufzustellen. ²Dabei sind die in Absatz 2 oder 3 bezeichneten Posten in der angegebenen Reihenfolge gesondert auszuweisen.

(2) Bei Anwendung des Gesamtkostenverfahrens sind auszuweisen:
1. Umsatzerlöse
2. Erhöhung oder Verminderung des Bestands an fertigen und unfertigen Erzeugnissen
3. andere aktivierte Eigenleistungen
4. sonstige betriebliche Erträge
5. Materialaufwand:
   a) Aufwendungen für Roh-, Hilfs- und Betriebsstoffe und für bezogene Waren
   b) Aufwendungen für bezogene Leistungen
6. Personalaufwand:
   a) Löhne und Gehälter
   b) soziale Abgaben und Aufwendungen für Altersversorgung und für Unterstützung, davon für Altersversorgung
7. Abschreibungen:
   a) auf immaterielle Vermögensgegenstände des Anlagevermögens und Sachanlagen
   b) auf Vermögensgegenstände des Umlaufvermögens, soweit diese die in der Kapitalgesellschaft üblichen Abschreibungen überschreiten
8. sonstige betriebliche Aufwendungen
9. Erträge aus Beteiligungen,
   davon aus verbundenen Unternehmen
10. Erträge aus anderen Wertpapieren und Ausleihungen des Finanzanlagevermögens, davon aus verbundenen Unternehmen

Anhang 15 — Handelsgesetzbuch

11. sonstige Zinsen und ähnliche Erträge,
    davon aus verbundenen Unternehmen
12. Abschreibungen auf Finanzanlagen und auf Wertpapiere des Umlaufvermögens
13. Zinsen und ähnliche Aufwendungen,
    davon an verbundene Unternehmen
14. Ergebnis der gewöhnlichen Geschäftstätigkeit
15. außerordentliche Erträge
16. außerordentliche Aufwendungen
17. außerordentliches Ergebnis
18. Steuern vom Einkommen und vom Ertrag
19. sonstige Steuern
20. Jahresüberschuß/Jahresfehlbetrag.

(3) Bei Anwendung des Umsatzkostenverfahrens sind auszuweisen:

1. Umsatzerlöse
2. Herstellungskosten der zur Erzielung der Umsatzerlöse erbrachten Leistungen
3. Bruttoergebnis vom Umsatz
4. Vertriebskosten
5. allgemeine Verwaltungskosten
6. sonstige betriebliche Erträge
7. sonstige betriebliche Aufwendungen
8. Erträge aus Beteiligungen,
   davon aus verbundenen Unternehmen
9. Erträge aus anderen Wertpapieren und Ausleihungen des Finanzanlagevermögens, davon aus verbundenen Unternehmen
10. sonstige Zinsen und ähnliche Erträge,
    davon aus verbundenen Unternehmen
11. Abschreibungen auf Finanzanlagen und auf Wertpapiere des Umlaufvermögens
12. Zinsen und ähnliche Aufwendungen,
    davon an verbundene Unternehmen
13. Ergebnis der gewöhnlichen Geschäftstätigkeit
14. außerordentliche Erträge
15. außerordentliche Aufwendungen
16. außerordentliches Ergebnis
17. Steuern vom Einkommen und vom Ertrag
18. sonstige Steuern
19. Jahresüberschuß/Jahresfehlbetrag.

(4) Veränderungen der Kapital- und Gewinnrücklagen dürfen in der Gewinn- und Verlustrechnung erst nach dem Posten „Jahresüberschuß/Jahresfehlbetrag" ausgewiesen werden.

(5) Kleinstkapitalgesellschaften (§ 267a) können anstelle der Staffelungen nach den Absätzen 2 und 3 die Gewinn- und Verlustrechnung wie folgt darstellen:

1. Umsatzerlöse,
2. sonstige Erträge,
3. Materialaufwand,
4. Personalaufwand,
5. Abschreibungen,
6. sonstige Aufwendungen,
7. Steuern,
8. Jahresüberschuss/Jahresfehlbetrag.

§ 276
Größenabhängige Erleichterungen

¹Kleine und mittelgroße Kapitalgesellschaften (§ 267 Abs. 1, 2) dürfen die Posten § 275 Abs. 2 Nr. 1 bis 5 oder Abs. 3 Nr. 1 bis 3 und 6 zu einem Posten unter der Bezeichnung „Rohergebnis" zusammenfassen. ²Kleine Kapitalgesellschaften brauchen außerdem die in § 277 Abs. 4 Satz 2 und 3 verlangten Erläuterungen zu den Posten „außerordentliche Erträge" und „außerordentliche Aufwendungen" nicht zu machen. ³Die Erleichterungen nach Satz 1 oder 2 gelten nicht für Kleinstkapitalgesellschaften (§ 267a), die von der Regelung des § 275 Absatz 5 Gebrauch machen.

§ 277
Vorschriften zu einzelnen Posten der Gewinn- und Verlustrechnung

(1) Als Umsatzerlöse sind die Erlöse aus dem Verkauf und der Vermietung oder Verpachtung von für die gewöhnliche Geschäftstätigkeit der Kapitalgesellschaft typischen Erzeugnissen und Waren sowie aus von für die gewöhnliche Geschäftstätigkeit der Kapitalgesellschaft typischen Dienstleistungen nach Abzug von Erlösschmälerungen und der Umsatzsteuer auszuweisen.

(2) Als Bestandsveränderungen sind sowohl Änderungen der Menge als auch solche des Wertes zu berücksichtigen; Abschreibungen jedoch nur, soweit diese die in der Kapitalgesellschaft sonst üblichen Abschreibungen nicht überschreiten.

(3) ¹Außerplanmäßige Abschreibungen nach § 253 Abs. 3 Satz 3 und 4 sind jeweils gesondert auszuweisen oder im Anhang anzugeben. ²Erträge und Aufwendungen aus Verlustübernahme und auf Grund einer Gewinngemeinschaft, eines Gewinnabführungs- oder eines Teilgewinnabführungsvertrags erhaltene oder abgeführte Gewinne sind jeweils gesondert unter entsprechender Bezeichnung auszuweisen.

(4) ¹Unter den Posten „außerordentliche Erträge" und „außerordentliche Aufwendungen" sind Erträge und Aufwendungen auszuweisen, die außerhalb der gewöhnlichen Geschäftstätigkeit der Kapitalgesellschaft anfallen. ²Die Posten sind hinsichtlich ihres Betrags und ihrer Art im Anhang zu erläutern, soweit die ausgewiesenen Beträge für die Beurteilung der Ertragslage nicht von untergeordneter Bedeutung sind. ³Satz 2 gilt entsprechend für alle Aufwendungen und Erträge, die einem anderen Geschäftsjahr zuzurechnen sind.

(5) ¹Erträge aus der Abzinsung sind in der Gewinn- und Verlustrechnung gesondert unter dem Posten „Sonstige Zinsen und ähnliche Erträge" und Aufwendungen gesondert unter dem Posten „Zinsen und ähnliche Aufwendungen" auszuweisen. ²Erträge aus der Währungsumrechnung sind in der Gewinn- und Verlustrechnung gesondert unter dem Posten „Sonstige betriebliche Erträge" und Aufwendungen aus der Währungsumrechnung gesondert unter dem Posten „Sonstige betriebliche Aufwendungen" auszuweisen.

§ 278
Steuern

¹Die Steuern vom Einkommen und vom Ertrag sind auf der Grundlage des Beschlusses über die Verwendung des Ergebnisses zu berechnen; liegt ein solcher Beschluß im Zeitpunkt der Feststellung des Jahresabschlusses nicht vor, so ist vom Vorschlag über die Verwendung des Ergebnisses auszugehen. ²Weicht der Beschluß über die Verwendung des Ergebnisses vom Vorschlag ab, so braucht der Jahresabschluß nicht geändert zu werden.

Vierter Titel (weggefallen)

Einführungsgesetz zum Handelsgesetzbuch [1]

– auszugsweise –

Art. 66

(1) Die §§ 241a, 242 Abs. 4, § 267 Abs. 1 und 2 sowie § 293 Abs. 1 des Handelsgesetzbuchs in der Fassung des Bilanzrechtsmodernisierungsgesetzes vom 25. Mai 2009 (BGBl. I S. 1102) sind erstmals auf Jahres- und Konzernabschlüsse für das nach dem 31. Dezember 2007 beginnende Geschäftsjahr anzuwenden.

(2) [1]§ 285 Nr. 3, 3a, 16, 17 und 21, § 288 soweit auf § 285 Nr. 3, 3a, 17 und 21 Bezug genommen wird, § 289 Abs. 4 und 5, die §§ 289a, 292 Abs. 2, § 314 Abs. 1 Nr. 2, 2a, 8, 9 und 13, § 315 Abs. 2 und 4, § 317 Abs. 2 Satz 2, Abs. 3 Satz 2, Abs. 5 und 6, § 318 Abs. 3 und 8, § 319a Abs. 1 Satz 1 Nr. 4, Satz 4 und 5, Abs. 2 Satz 2, die §§ 319b, 320 Abs. 4, § 321 Abs. 4a, § 340k Abs. 2a, § 3401 Abs. 2 Satz 2 bis 4, § 341a Abs. 2 Satz 5 und § 341j Abs. 1 Satz 3 des Handelsgesetzbuchs in der Fassung des Bilanzrechtsmodernisierungsgesetzes vom 25. Mai 2009 (BGBl. I S. 1102) sind erstmals auf Jahres- und Konzernabschlüsse für das nach dem 31. Dezember 2008 beginnende Geschäftsjahr anzuwenden. [2]§ 285 Satz 1 Nr. 3, 16 und 17, § 288 soweit auf § 285 Nr. 3 und 17 Bezug genommen wird, § 289 Abs. 4, § 292 Abs. 2, § 314 Abs. 1 Nr. 2, 8 und 9, § 315 Abs. 4, § 317 Abs. 3 Satz 2 und 3, § 318 Abs. 3, § 319a Abs. 1 Satz 1 Nr. 4, Satz 4, § 341a Abs. 2 Satz 5 sowie § 341j Abs. 1 Satz 3 des Handelsgesetzbuchs in der bis zum 28. Mai 2009 geltenden Fassung sind letztmals auf Jahres- und Konzernabschlüsse für vor dem 1. Januar 2009 beginnende Geschäftsjahre anzuwenden.

(3) [1]§ 172 Abs. 4 Satz 3, die §§ 246, 248 bis 250, § 252 Abs. 1 Nr. 6, die §§ 253 bis 255 Abs. 2a und 4, § 256 Satz 1, die §§ 256a, 264 Abs. 1 Satz 2, die §§ 264d, 266, 267 Abs. 3 Satz 2, § 268 Abs. 2 und 8, § 272 Abs. 1, 1a, 1b und 4, die §§ 274, 274a Nr. 5, § 277 Abs. 3 Satz 1, Abs. 4 Satz 3, Abs. 5, § 285 Nr. 13, 18 bis 20, 22 bis 29, § 286 Abs. 3 Satz 3, § 288 soweit auf § 285 Nr. 19, 22 und 29 Bezug genommen wird, die §§ 290, 291 Abs. 3, § 293 Abs. 4 Satz 2, Abs. 5, § 297 Abs. 3 Satz 2, § 298 Abs. 1, § 300 Abs. 1 Satz 2, § 301 Abs. 3 Satz 1, Abs. 4, die §§ 306, 308a, 310 Abs. 2, § 313 Abs. 3 Satz 3, § 314 Abs. 1 Nr. 10 bis 12, 14 bis 21, § 315a Abs. 1, § 319a Abs. 1 Halbsatz 1, § 325 Abs. 4, § 325a Abs. 1 Satz 1, § 327 Nr. 1 Satz 2, die §§ 334, 336 Abs. 2, die §§ 340a, 340c, 340e, 340f, 340h, 340n, 341a Abs. 1 Satz 1, Abs. 2 Satz 1 und 2, die §§ 341b, 341e, 3411 und 341n des Handelsgesetzbuchs in der Fassung des Bilanzrechtsmodernisierungsgesetzes vom 25. Mai 2009 (BGBl. I S. 1102) sind erstmals auf Jahres- und Konzernabschlüsse für das nach dem 31. Dezember 2009 beginnende Geschäftsjahr anzuwenden. [2]§ 253 des Handelsgesetzbuchs in der Fassung des Bilanzrechtsmodernisierungsgesetzes findet erstmals auf Geschäfts- oder Firmenwerte im Sinn des § 246 Abs. 1 Satz 4 des Handelsgesetzbuchs in der Fassung des Bilanzrechtsmodernisierungsgesetzes Anwendung, die aus Erwerbsvorgängen herrühren, die in Geschäftsjahren erfolgt sind, die nach dem 31. Dezember 2009 begonnen haben. [3]§ 255 Abs. 2 des Handelsgesetzbuchs in der Fassung des Bilanzrechtsmodernisierungsgesetzes findet erstmals auf Herstellungsvorgänge Anwendung, die in dem in Satz 1 bezeichneten Geschäftsjahr begonnen wurden. [4]§ 294 Abs. 2, § 301 Abs. 1 Satz 2 und 3, Abs. 2, § 309 Abs. 1 und § 312 in der Fassung des Bilanzrechtsmodernisierungsgesetzes finden erstmals auf Erwerbsvorgänge Anwendung, die in Geschäftsjahren erfolgt sind, die nach dem 31. Dezember 2009 begonnen haben. [5]Für nach § 290 Abs. 1 und 2 des Handelsgesetzbuchs in der Fassung des Bilanzrechtsmodernisierungsgesetzes erstmals zu konsolidierende Tochterunternehmen oder bei erstmaliger Aufstellung eines Konzernabschlusses für nach dem 31. Dezember 2009 beginnende Geschäftsjahre finden § 301 Abs. 1 Satz 2 und 3, Abs. 2 und § 309 Abs. 1 des Handelsgesetzbuchs in der Fassung des Bilanzrechtsmodernisierungsgesetzes auf Konzernabschlüsse für nach dem 31. Dezember 2009 beginnende Geschäftsjahre Anwendung. [6]Die neuen Vorschriften können bereits auf nach dem 31. Dezember 2008 beginnende Geschäftsjahre angewandt werden, dies jedoch nur insgesamt; dies ist im Anhang und Konzernanhang anzugeben.

(4) Die §§ 324, 340k Abs. 5 sowie § 341k Abs. 4 des Handelsgesetzbuchs in der Fassung des Bilanzrechtsmodernisierungsgesetzes vom 25. Mai 2009 (BGBl. I S. 1102) sind erstmals ab dem 1. Januar 2010 anzuwenden; § 12 Abs. 4 des Einführungsgesetzes zum Aktiengesetz ist entsprechend anzuwenden.

(5) § 246 Abs. 1 und 2, § 247 Abs. 3, die §§ 248 bis 250, § 252 Abs. 1 Nr. 6, die §§ 253, 254, 255 Abs. 2 und 4, § 256 Satz 1, § 264c Abs. 4 Satz 3, § 265 Abs. 3 Satz 2, die §§ 266, 267 Abs. 3 Satz 2, § 268 Abs. 2, die §§ 269, 270 Abs. 1 Satz 2, § 272 Abs. 1 und 4, die §§ 273, 274, 274a Nr. 5, § 275 Abs. 2 Nr. 7 Buchstabe a, § 277 Abs. 3 Satz 1, Abs. 4 Satz 3, die §§ 279 bis 283, 285 Satz 1 Nr. 2, 5, 13, 18 und 19, Sätze 2 bis 6, § 286 Abs. 3 Satz 3, die §§ 287, 288 soweit auf § 285 Satz 1 Nr. 2, 5 und 18 Bezug genommen wird, die §§ 290, 291 Abs. 3 Nr. 1 und 2 Satz 2, § 293 Abs. 4 Satz 2, Abs. 5, § 294 Abs. 2 Satz 2, § 297 Abs. 3 Satz 2, § 298 Abs. 1, § 300 Abs. 1 Satz 2, § 301 Abs. 1 Satz 2 bis 4, Abs. 2, 3 Satz 1 und 3,

---

[1] Zuletzt geändert durch Art. 4 des FMAnpG vom 15.7.2014 (BStBl. I S. 934)

Einführungsgesetz zum Handelsgesetzbuch — Anhang 15a

Abs. 4, die §§ 302, 306, 307 Abs. 1 Satz 2, § 309 Abs. 1, § 310 Abs. 2, § 312 Abs. 1 bis 3, § 313 Abs. 3 Satz 3, Abs. 4, § 314 Abs. 1 Nr. 10 und 11, § 315a Abs. 1, § 319a Abs. 1 Satz 1 Halbsatz 1, § 325 Abs. 4, § 325a Abs. 1 Satz 1, § 327 Nr. 1 Satz 2, die §§ 334, 336 Abs. 2, § 340a Abs. 2 Satz 1, die §§ 340c, 340e, 340f, 340h, 340n, 341 a Abs. 1 und 2 Satz 1 und 2, § 341 b Abs. 1 und 2, § 341e Abs. 1, § 341l Abs. 1 und 3 und § 341n des Handelsgesetzbuchs in der bis zum 28. Mai 2009 geltenden Fassung sind letztmals auf Jahres- und Konzernabschlüsse für das vor dem 1. Januar 2010 beginnende Geschäftsjahr anzuwenden.

(6) § 248 Abs. 2 und § 255 Abs. 2a des Handelsgesetzbuchs in der Fassung des Bilanzrechtsmodernisierungsgesetzes vom 25. Mai 2009 (BGBl. I S. 11 02) finden nur auf die selbst geschaffenen immateriellen Vermögensgegenstände des Anlagevermögens Anwendung, mit deren Entwicklung in Geschäftsjahren begonnen wird, die nach dem 31. Dezember 2009 beginnen.

Betriebsrentengesetz

vom 19. Dezember 1974 (BGBl. I S. 3610, BStBl. 1975 I S. 22) zuletzt geändert durch Artikel 3 des RVLVG vom 23.6.2014 (BGBl. I S. 787)

– Auszug –

Erster Teil
Arbeitsrechtliche Vorschriften

Erster Abschnitt
Durchführung der betrieblichen Altersversorgung

§ 1
Zusage des Arbeitgebers auf betriebliche Altersversorgung

(1) Werden einem Arbeitnehmer Leistungen der Alters-, Invaliditäts- oder Hinterbliebenenversorgung aus Anlass seines Arbeitsverhältnisses vom Arbeitgeber zugesagt (betriebliche Altersversorgung), gelten die Vorschriften dieses Gesetzes. Die Durchführung der betrieblichen Altersversorgung kann unmittelbar über den Arbeitgeber oder über einen der in § 1b Abs. 2 bis 4 genannten Versorgungsträger erfolgen. Der Arbeitgeber steht für die Erfüllung der von ihm zugesagten Leistungen auch dann ein, wenn die Durchführung nicht unmittelbar über ihn erfolgt.

(2) Betriebliche Altersversorgung liegt auch vor, wenn

1. der Arbeitgeber sich verpflichtet, bestimmte Beiträge in eine Anwartschaft auf Alters-, Invaliditäts- oder Hinterbliebenenversorgung umzuwandeln (beitragsorientierte Leistungszusage),
2. der Arbeitgeber sich verpflichtet, Beiträge zur Finanzierung von Leistungen der betrieblichen Altersversorgung an einen Pensionsfonds, eine Pensionskasse oder eine Direktversicherung zu zahlen und für Leistungen zur Altersversorgung das planmäßig zuzurechnende Versorgungskapital auf der Grundlage der gezahlten Beiträge (Beiträge und die daraus erzielten Erträge), mindestens die Summe der zugesagten Beiträge, soweit sie nicht rechnungsmäßig für einen biometrischen Risikoausgleich verbraucht wurden, hierfür zur Verfügung zu stellen (Beitragszusage mit Mindestleistung),
3. künftige Entgeltansprüche in eine wertgleiche Anwartschaft auf Versorgungsleistungen umgewandelt werden (Entgeltumwandlung) oder
4. der Arbeitnehmer Beiträge aus seinem Arbeitsentgelt zur Finanzierung von Leistungen der betrieblichen Altersversorgung an einen Pensionsfonds, eine Pensionskasse oder eine Direktversicherung leistet und die Zusage des Arbeitgebers auch die Leistungen aus diesen Beiträgen umfasst; die Regelungen für Entgeltumwandlung sind hierbei entsprechend anzuwenden, soweit die zugesagten Leistungen aus diesen Beiträge im Wege der Kapitaldeckung finanziert werden.

§ 1a
Anspruch auf betriebliche Altersversorgung durch Entgeltumwandlung

(1) Der Arbeitnehmer kann vom Arbeitgeber verlangen, dass von seinen künftigen Entgeltansprüchen bis zu 4 vom Hundert der jeweiligen Beitragsbemessungsgrenze in der allgemeinen Rentenversicherung durch Entgeltumwandlung für seine betriebliche Altersversorgung verwendet werden. Die Durchführung des Anspruchs des Arbeitnehmers wird durch Vereinbarung geregelt. Ist der Arbeitgeber zu einer Durchführung über einen Pensionsfonds oder eine Pensionskasse (§ 1b Abs. 3) bereit, ist die betriebliche Altersversorgung dort durchzuführen; andernfalls kann der Arbeitnehmer verlangen, dass der Arbeitgeber für ihn eine Direktversicherung (§ 1b Abs. 2) abschließt. Soweit der Anspruch geltend gemacht wird, muss der Arbeitnehmer jährlich einen Betrag in Höhe von mindestens einem Hundertsechzigstel der Bezugsgröße nach § 18 Abs. 1 des Vierten Buches Sozialgesetzbuch für seine betriebliche Altersversorgung verwenden. Soweit der Arbeitnehmer Teile seines regelmäßigen Entgelts für betriebliche Altersversorgung verwendet, kann der Arbeitgeber verlangen, dass während eines laufenden Kalenderjahres gleich bleibende monatliche Beträge verwendet werden.

(2) Soweit eine durch Entgeltumwandlung finanzierte betriebliche Altersversorgung besteht, ist der Anspruch des Arbeitnehmers auf Entgeltumwandlung ausgeschlossen.

(3) Soweit der Arbeitnehmer einen Anspruch auf Entgeltumwandlung für betriebliche Altersversorgung nach Absatz 1 hat, kann er verlangen, dass die Voraussetzungen für eine Förderung nach den §§ 10a, 82 Abs. 2 des Einkommensteuergesetzes erfüllt werden, wenn die betriebliche Altersversorgung über einen Pensionsfonds, eine Pensionskasse oder eine Direktversicherung durchgeführt wird.

(4) Falls der Arbeitnehmer bei fortbestehendem Arbeitsverhältnis kein Entgelt erhält, hat er das Recht, die Versicherung oder Versorgung mit eigenen Beiträgen fortzusetzen. Der Arbeitgeber steht auch für die Leistungen aus diesen Beiträgen ein. Die Regelungen über Entgeltumwandlung gelten entsprechend.

§ 1b
Unverfallbarkeit und Durchführung der betrieblichen Altersversorgung

(1) Einem Arbeitnehmer, dem Leistungen aus der betrieblichen Altersversorgung zugesagt worden sind, bleibt die Anwartschaft erhalten, wenn das Arbeitsverhältnis vor Eintritt des Versorgungsfalls, jedoch nach Vollendung des 25. Lebensjahres endet und die Versorgungszusage zu diesem Zeitpunkt mindestens fünf Jahre bestanden hat (unverfallbare Anwartschaft). Ein Arbeitnehmer behält seine Anwartschaft auch dann, wenn er aufgrund eine Vorruhestandsregelung ausscheidet und ohne das vorherige Ausscheiden die Wartezeit und die sonstigen Voraussetzungen für den Bezug von Leistungen der betrieblichen Altersversorgung hätte erfüllen können. Eine Änderung der Versorgungszusage oder ihre Übernahme durch eine andere Person unterbricht nicht den Ablauf der Fristen nach Satz 1. Der Verpflichtung aus einer Versorgungszusage stehen Versorgungsverpflichtungen gleich, die auf betrieblicher Übung oder dem Grundsatz der Gleichbehandlung beruhen. Der Ablauf einer vorgesehenen Wartezeit wird durch die Beendigung des Arbeitsverhältnisses nach Erfüllung der Voraussetzungen der Sätze 1 und 2 nicht berührt. Wechselt ein Arbeitnehmer vom Geltungsbereich dieses Gesetzes in einen anderen Mitgliedstaat der Europäischen Union, bleibt die Anwartschaft in gleichem Umfange wie für Personen erhalten, die auch nach Beendigung eines Arbeitsverhältnisses innerhalb des Geltungsbereichs dieses Gesetzes verbleiben.

(2) Wird für die betriebliche Altersversorgung eine Lebensversicherung auf das Leben des Arbeitnehmers durch den Arbeitgeber abgeschlossen und sind der Arbeitnehmer oder seine Hinterbliebenen hinsichtlich der Leistungen des Versicherers ganz oder teilweise bezugsberechtigt (Direktversicherung), so ist der Arbeitgeber verpflichtet, wegen Beendigung des Arbeitsverhältnisses nach Erfüllung der in Absatz 1 Satz 1 und 2 genannten Voraussetzungen das Bezugsrecht nicht mehr zu widerrufen. Eine Vereinbarung, nach der das Bezugsrecht durch die Beendigung des Arbeitsverhältnisses nach Erfüllung der in den Absatz 1 Satz 1 und 2 genannten Voraussetzungen auflösend bedingt ist, ist unwirksam. Hat der Arbeitgeber die Ansprüche aus dem Versicherungsvertrag abgetreten oder beliehen, so ist er verpflichtet, den Arbeitnehmer, dessen Arbeitsverhältnis nach Erfüllung der in Absatz 1 Satz 1 und 2 genannten Voraussetzungen geendet hat, bei Eintritt des Versicherungsfalles so zu stellen, als ob die Abtretung oder Beleihung nicht erfolgt wäre. Als Zeitpunkt der Erteilung der Versorgungszusage im Sinne des Absatzes 1 gilt der Versicherungsbeginn, frühestens jedoch der Beginn der Betriebszugehörigkeit.

(3) Wird die betriebliche Altersversorgung von einer rechtsfähigen Versorgungseinrichtung durchgeführt, die dem Arbeitnehmer oder seinen Hinterbliebenen auf ihre Leistungen einen Rechtsanspruch gewährt (Pensionskasse und Pensionsfonds), so gilt Absatz 1 entsprechend. Als Zeitpunkt der Erteilung der Versorgungszusage im Sinne des Absatzes 1 gilt der Versicherungsbeginn, frühestens jedoch der Beginn der Betriebszugehörigkeit.

(4) Wird die betriebliche Altersversorgung von einer rechtsfähigen Versorgungseinrichtung durchgeführt, die auf ihre Leistungen keinen Rechtsanspruch gewährt (Unterstützungskasse), so sind die nach Erfüllung der in Absatz 1 Satz 1 und 2 genannten Voraussetzungen und vor Eintritt des Versorgungsfalles aus dem Unternehmen ausgeschiedenen Arbeitnehmer und ihre Hinterbliebenen den bei Eintritt des Versorgungsfalles dem Unternehmen angehörenden Arbeitnehmern und deren Hinterbliebenen gleichgestellt. Die Versorgungszusage gilt in dem Zeitpunkt als erteilt im Sinne des Absatzes 1, von dem an der Arbeitnehmer zum Kreis der Begünstigten der Unterstützungskasse gehört.

(5) Soweit betriebliche Altersversorgung durch Entgeltumwandlung erfolgt, behält der Arbeitnehmer seine Anwartschaft, wenn sein Arbeitsverhältnis vor Eintritt des Versorgungsfalles endet; in den Fällen der Absätze 2 und 3

1. dürfen die Überschussanteile nur zur Verbesserung der Leistung verwendet,
2. muss dem ausgeschiedenen Arbeitnehmer das Recht zur Fortsetzung der Versicherung oder Versorgung mit eigenen Beiträgen eingeräumt und
3. muss das Recht zur Verpfändung, Abtretung oder Beleihung durch den Arbeitgeber ausgeschlossen werden.

Im Fall einer Direktversicherung ist dem Arbeitnehmer darüber hinaus mit Beginn der Entgeltumwandlung ein unwiderrufliches Bezugsrecht einzuräumen.

§ 2
Höhe der unverfallbaren Anwartschaft

(1) Bei Eintritt des Versorgungsfalles wegen Erreichens der Altersgrenze, wegen Invalidität oder Tod haben ein vorher ausgeschiedener Arbeitnehmer, dessen Anwartschaft nach § 1b fortbesteht, und seine Hinterbliebenen einen Anspruch mindestens in Höhe des Teiles der ohne das vorherige Ausscheiden zustehenden Leistung, der dem Verhältnis der Dauer der Betriebszugehörigkeit zu der Zeit vom Beginn der Betriebszugehörigkeit bis zum Erreichen der Regelaltersgrenze in der gesetzlichen Rentenversicherung entspricht; an die Stelle des Erreichens der Regelaltersgrenze tritt ein früherer Zeitpunkt, wenn dieser in der Versorgungsregelung als feste Altersgrenze vorgesehen ist, spätestens der Zeitpunkt der Vollendung des 65. Lebensjahres, falls der Arbeitnehmer ausscheidet und gleichzeitig eine Altersrente aus der gesetzlichen Rentenversicherung für besonders langjährig Versicherte in Anspruch nimmt. Der Mindestanspruch auf Leistungen wegen Invalidität oder Tod vor Erreichen der Altersgrenze ist jedoch nicht höher als der Betrag, den der Arbeitnehmer oder seine Hinterbliebenen erhalten hätten, wenn im Zeitpunkt des Ausscheidens der Versorgungsfall eingetreten wäre und die sonstigen Leistungsvoraussetzungen erfüllt gewesen wären.

(2) Ist bei einer Direktversicherung der Arbeitnehmer nach Erfüllung der Voraussetzungen des § 1b Abs. 1 bis 5 vor Eintritt des Versorgungsfalles ausgeschieden, so gilt Absatz 1 mit der Maßgabe, daß sich der vom Arbeitgeber zu finanzierende Teilanspruch nach Absatz 1, soweit er über die von dem Versicherer nach dem Versicherungsvertrag auf Grund der Beiträge des Arbeitgebers zu erbringende Versicherungsleistung hinausgeht, gegen den Arbeitgeber richtet. An die Stelle der Ansprüche nach Satz 1 tritt auf Verlangen des Arbeitgebers die von dem Versicherer auf Grund des Versicherungsvertrages zu erbringende Versicherungsleistung, wenn

1. spätestens nach 3 Monaten seit dem Ausscheiden des Arbeitnehmers das Bezugsrecht unwiderruflich ist und eine Abtretung oder Beleihung des Rechts aus dem Versicherungsvertrag durch den Arbeitgeber und Beitragsrückstände nicht vorhanden sind,
2. vom Beginn der Versicherung, frühestens jedoch vom Beginn der Betriebszugehörigkeit an, nach dem Versicherungsvertrag die Überschußanteile nur zur Verbesserung der Versicherungsleistung zu verwenden sind und
3. der ausgeschiedene Arbeitnehmer nach dem Versicherungsvertrag das Recht zur Fortsetzung der Versicherung mit eigenen Beiträgen hat.

Der Arbeitgeber kann sein Verlangen nach Satz 2 nur innerhalb von 3 Monaten seit dem Ausscheiden des Arbeitnehmers diesem und dem Versicherer mitteilen. Der ausgeschiedene Arbeitnehmer darf die Ansprüche aus dem Versicherungsvertrag in Höhe des durch Beitragszahlungen des Arbeitgebers gebildeten geschäftsplanmäßigen Deckungskapitals oder, soweit die Berechnung des Deckungskapitals nicht zum Geschäftsplan gehört, das nach § 169 Abs. 3 und 4 des Versicherungsvertragsgesetzes berechneten Wertes weder abtreten noch beleihen. In dieser Höhe darf der Rückkaufswert auf Grund einer Kündigung des Versicherungsvertrages nicht in Anspruch genommen werden; im Falle einer Kündigung wird die Versicherung in eine prämienfreie Versicherung umgewandelt. § 169 Abs. 1 des Versicherungsvertragsgesetzes findet insoweit keine Anwendung. Eine Abfindung des Anspruchs nach § 3 ist weiterhin möglich.

(3) Für Pensionskassen gilt Absatz 1 mit der Maßgabe, daß sich der vom Arbeitgeber zu finanzierende Teilanspruch nach Absatz 1, soweit er über die von der Pensionskasse nach dem aufsichtsbehördlich genehmigten Geschäftsplan oder, soweit eine aufsichtsbehördliche Genehmigung nicht vorgeschrieben ist, nach den allgemeinen Versicherungsbedingungen und den fachlichen Geschäftsunterlagen im Sinne des § 5 Abs. 3 Nr. 2 Halbsatz 2 des Versicherungsaufsichtsgesetzes (Geschäftsunterlagen) auf Grund der Beiträge des Arbeitgebers zu erbringende Leistung hinausgeht, gegen den Arbeitgeber richtet. An die Stelle der Ansprüche nach Satz 1 tritt auf Verlangen des Arbeitgebers die von der Pensionskasse auf Grund des Geschäftsplanes oder der Geschäftsunterlagen zu erbringende Leistung, wenn nach dem aufsichtsbehördlich genehmigten Geschäftsplan oder den Geschäftsunterlagen

1. vom Beginn der Versicherung, frühestens jedoch vom Beginn der Betriebszugehörigkeit an, Überschußanteile, die auf Grund des Finanzierungsverfahrens regelmäßig entstehen, nur zur Verbesserung der Versicherungsleistung zu verwenden sind oder die Steigerung der Versorgungsanwartschaften des Arbeitnehmers der Entwicklung seines Arbeitsentgeltes, soweit es unter den jeweiligen Beitragsbemessungsgrenzen der gesetzlichen Rentenversicherung liegt, entspricht und
2. der ausgeschiedene Arbeitnehmer das Recht zur Fortsetzung der Versicherung mit eigenen Beiträgen hat.

Absatz 2 Satz 3 bis 7 gilt entsprechend.

(3a) Für Pensionsfonds gilt Absatz 1 mit der Maßgabe, dass sich der vom Arbeitgeber zu finanzierende Teilanspruch, soweit er über die vom Pensionsfonds auf der Grundlage der nach dem geltenden Pensionsplan im Sinne des § 112 Abs. 1 Satz 2 in Verbindung mit § 113 Abs. 2 Nr. 5 des Versicherungsaufsichtsgesetzes berechnete Deckungsrückstellung hinausgeht, gegen den Arbeitgeber richtet.

(4) Eine Unterstützungskasse hat bei Eintritt des Versorgungsfalles einem vorzeitig ausgeschiedenen Arbeitnehmer, der nach § 1b Abs. 4 gleichgestellt ist, und seinen Hinterbliebenen mindestens den nach Absatz 1 berechneten Teil der Versorgung zu gewähren.

(5) Bei der Berechnung des Teilanspruchs nach Absatz 1 bleiben Veränderungen der Versorgungsregelung und der Bemessungsgrundlagen für die Leistung der betrieblichen Altersversorgung, soweit sie nach dem Ausscheiden des Arbeitnehmers eintreten, außer Betracht; dies gilt auch für die Bemessungsgrundlagen anderer Versorgungsbezüge, die bei der Berechnung der Leistung der betrieblichen Altersversorgung zu berücksichtigen sind. Ist eine Rente der gesetzlichen Rentenversicherung zu berücksichtigen, so kann das bei der Berechnung von Pensionsrückstellungen allgemein zulässige Verfahren zugrunde gelegt werden, wenn nicht der ausgeschiedene Arbeitnehmer die Anzahl der im Zeitpunkt des Ausscheidens erreichten Entgeltpunkte nachweist; bei Pensionskassen sind der aufsichtsbehördliche Geschäftsplan oder die Geschäftsunterlagen maßgebend. Versorgungsanwartschaften, die der Arbeitnehmer nach seinem Ausscheiden erwirbt, dürfen zu keiner Kürzung des Teilanspruchs nach Absatz 1 führen. Bei Pensionsfonds sind der Pensionsplan und die sonstigen Geschäftsunterlagen maßgebend.

(5a) Bei einer unverfallbaren Anwartschaft aus Entgeltumwandlung tritt an die Stelle der Ansprüche nach Absatz 1, 3a oder 4 die vom Zeitpunkt der Zusage auf betriebliche Altersversorgung bis zum Ausscheiden des Arbeitnehmers erreichte Anwartschaft auf Leistungen aus den bis dahin umgewandelten Entgeltbestandteilen; dies gilt entsprechend für eine unverfallbare Anwartschaft aus Beiträgen im Rahmen einer beitragsorientierten Leistungszusage.

(5b) An die Stelle der Ansprüche nach den Absätzen 2, 3, 3a und 5a tritt bei einer Beitragszusage mit Mindestleistung das dem Arbeitnehmer planmäßig zuzurechnende Versorgungskapital auf der Grundlage der bis zu seinem Ausscheiden geleisteten Beiträge (Beiträge und die bis zum Eintritt des Versorgungsfalls erzielten Erträge), mindestens die Summe der bis dahin zugesagten Beiträge, soweit sie nicht rechnungsmäßig für einen biometrischen Risikoausgleich verbraucht wurden.

§ 3
Abfindung

(1) Unverfallbare Anwartschaften im Falle der Beendigung des Arbeitsverhältnisses und laufende Leistungen dürfen nur unter den Voraussetzungen der folgenden Absätze abgefunden werden.

(2) Der Arbeitgeber kann eine Anwartschaft ohne Zustimmung des Arbeitnehmers abfinden, wenn der Monatsbetrag der aus der Anwartschaft resultierenden laufenden Leistung bei Erreichen der vorgesehenen Altersgrenze 1 vom Hundert, bei Kapitalleistungen zwölf Zehntel der monatlichen Bezugsgröße nach § 18 des Vierten Buches Sozialgesetzbuch nicht übersteigen würden. Dies gilt entsprechend für die Abfindung einer laufenden Leistung. Die Abfindung ist unzulässig, wenn der Arbeitnehmer von seinem Recht auf Übertragung der Anwartschaft Gebrauch macht.

(3) Die Anwartschaft ist auf Verlangen des Arbeitnehmers abzufinden, wenn die Beiträge zur gesetzlichen Rentenversicherung erstattet worden sind.

(4) Der Teil der Anwartschaft, der während eines Insolvenzverfahrens erdient worden ist, kann ohne Zustimmung des Arbeitnehmers abgefunden werden, wenn die Betriebstätigkeit vollständig eingestellt und das Unternehmen liquidiert wird.

(5) Für die Berechnung des Abfindungsbetrages gilt § 4 Abs. 5 entsprechend.

(6) Die Abfindung ist gesondert auszuweisen und einmalig zu zahlen.

§ 4
Übertragung

(1) Unverfallbare Anwartschaften und laufende Leistungen dürfen nur unter den Voraussetzungen der folgenden Absätze übertragen werden.

(2) Nach Beendigung des Arbeitsverhältnisses kann im Einvernehmen des ehemaligen mit dem neuen Arbeitgeber sowie dem Arbeitnehmer
1. die Zusage vom neuen Arbeitgeber übernommen werden oder
2. der Wert der vom Arbeitnehmer erworbenen unverfallbaren Anwartschaft auf betriebliche Altersversorgung (Übertragungswert) auf den neuen Arbeitgeber übertragen werden, wenn dieser eine

wertgleiche Zusage erteilt; für die neue Anwartschaft gelten die Regelungen über Entgeltumwandlung entsprechend.

(3) Der Arbeitnehmer kann innerhalb eines Jahres nach Beendigung des Arbeitsverhältnisses von seinem ehemaligen Arbeitgeber verlangen, dass der Übertragungswert auf den neuen Arbeitgebers übertragen wird, wenn
1. die betriebliche Altersversorgung über einen Pensionsfonds, eine Pensionskasse oder eine Direktversicherung durchgeführt worden ist und
2. der Übertragungswert die Beitragsbemessungsgrenze in der allgemeinen Rentenversicherung nicht übersteigt.

Der Anspruch richtet sich gegen den Versorgungsträger, wenn der ehemalige Arbeitgeber die Versicherungsförmige Lösung nach § 2 Abs. 2 oder 3 gewählt hat oder soweit der Arbeitnehmer die Versicherung oder Versorgung mit eigenen Beiträgen fortgeführt hat. Der neue Arbeitgeber ist verpflichtet, eine dem Übertragungswert wertgleiche Zusage zu erteilen und über einen Pensionsfonds, eine Pensionskasse oder eine Direktversicherung durchzuführen. Für die neue Anwartschaft gelten die Regelungen über Entgeltumwandlung entsprechend.

(4) Wird die Betriebstätigkeit eingestellt und das Unternehmen liquidiert, kann eine Zusage von einer Pensionskasse oder einem Unternehmen der Lebensversicherung unter Zustimmung des Arbeitnehmers oder Versorgungsempfängers übernommen werden, wenn sichergestellt ist, dass die Überschussanteile ab Rentenbeginn entsprechend § 16 Abs. 3 Nr. 2 verwendet werden. § 2 Abs. 2 Satz 4 bis 6 gilt entsprechend.

(5) Der Übertragungswert entspricht bei einer unmittelbar über den Arbeitgeber oder über eine Unterstützungskasse durchgeführten betrieblichen Altersversorgung dem Barwert der nach § 2 bemessenen künftigen Versorgungsleistung im Zeitpunkt der Übertragung; bei der Berechnung des Barwerts sind die Rechnungsgrundlagen sowie die anerkannten Regeln der Versicherungsmathematik maßgebend. Soweit die betriebliche Altersversorgung über einen Pensionsfonds, eine Pensionskasse oder eine Direktversicherung durchgeführt worden ist, entspricht der Übertragungswert dem gebildeten Kapital im Zeitpunkt der Übertragung.

(6) Mit der vollständigen Übertragung des Übertragungswerts erlischt die Zusage des ehemaligen Arbeitgebers.

§ 4a

Auskunftsanspruch

(1) Der Arbeitgeber oder der Versorgungsträger hat dem Arbeitnehmer bei einem berechtigten Interesse auf dessen Verlangen schriftlich mitzuteilen,
1. in welcher Höhe aus der bisher erworbenen unverfallbaren Anwartschaft bei Erreichen der in der Versorgungsregelung vorgesehenen Altersgrenze ein Anspruch auf Altersversorgung besteht und
2. wie hoch bei einer Übertragung der Anwartschaft nach § 4 Abs. 3 der Übertragungswert ist.

(2) Der neue Arbeitgeber oder der Versorgungsträger hat dem Arbeitnehmer auf dessen Verlangen schriftlich mitzuteilen, in welcher Höhe aus dem Übertragungswert ein Anspruch auf Altersversorgung und ob eine Invaliditäts- oder Hinterbliebenenversorgung bestehen würde.

Zweiter Abschnitt

Auszehrungsverbot

§ 5

Auszehrung und Anrechnung

(1) Die bei Eintritt des Versorgungsfalles festgesetzten Leistungen der betrieblichen Altersversorgung dürfen nicht mehr dadurch gemindert oder entzogen werden, daß Beträge, um die sich andere Versorgungsbezüge nach diesem Zeitpunkt durch Anpassung an die wirtschaftliche Entwicklung erhöhen, angerechnet oder bei der Begrenzung der Gesamtversorgung auf einen Höchstbetrag berücksichtigt werden.

(2) Leistungen der betrieblichen Altersversorgung dürfen durch Anrechnung oder Berücksichtigung anderer Versorgungsbezüge, soweit sie auf eigenen Beiträgen des Versorgungsempfängers beruhen, nicht gekürzt werden. Dies gilt nicht für Renten aus den gesetzlichen Rentenversicherungen, soweit sie auf Pflichtbeiträgen beruhen, sowie für sonstige Versorgungsbezüge, die mindestens zur Hälfte auf Beiträgen oder Zuschüssen des Arbeitgebers beruhen.

Dritter Abschnitt
§ 6
Vorzeitige Altersgrenze

§ 6 Einem Arbeitnehmer, der die Altersrente aus der gesetzlichen Rentenversicherung als Vollrente in Anspruch nimmt, sind auf sein Verlangen nach Erfüllung der Wartezeit und sonstiger Leistungsvoraussetzungen Leistungen der betrieblichen Altersversorgung zu gewähren. Fällt die Altersrente aus der gesetzlichen Rentenversicherung wieder weg oder wird sie auf einen Teilbetrag beschränkt, so können auch die Leistungen der betrieblichen Altersversorgung eingestellt werden. Der ausgeschiedene Arbeitnehmer ist verpflichtet, die Aufnahme oder Ausübung einer Beschäftigung oder Erwerbstätigkeit, die zu einem Wegfall oder zu einer Beschränkung der Altersrente aus der gesetzlichen Rentenversicherung führt, dem Arbeitgeber oder sonstigen Versorgungsträger unverzüglich anzuzeigen.

Vierter Abschnitt
Insolvenzsicherung
§ 7
Umfang des Versicherungsschutzes

(1) Versorgungsempfänger, deren Ansprüche aus einer unmittelbaren Versorgungszusage des Arbeitgebers nicht erfüllt werden, weil über das Vermögen des Arbeitgebers oder über seinen Nachlaß das Insolvenzverfahren eröffnet worden ist, und ihre Hinterbliebenen haben gegen den Träger der Insolvenzsicherung einen Anspruch in Höhe der Leistung, die der Arbeitgeber aufgrund der Versorgungszusage zu erbringen hätte, wenn das Insolvenzverfahren nicht eröffnet worden wäre. Satz 1 gilt entsprechend,

1. wenn Leistungen aus einer Direktversicherung aufgrund der in § 1b Abs. 2 Satz 3 genannten Tatbestände nicht gezahlt werden und der Arbeitgeber seiner Verpflichtung nach § 1b Abs. 2 Satz 3 wegen der Eröffnung des Insolvenzverfahrens nicht nachkommt,
2. wenn eine Unterstützungskasse oder ein Pensionsfonds die nach ihrer Versorgungsregelung vorgesehene Versorgung nicht erbringt, weil über das Vermögen oder den Nachlass eines Arbeitgebers, der der Unterstützungskasse oder dem Pensionsfonds Zuwendungen leistet (Trägerunternehmen), das Insolvenzverfahren eröffnet worden ist.

§ 14 des Versicherungsvertragsgesetzes findet entsprechende Anwendung. Der Eröffnung des Insolvenzverfahrens stehen bei der Anwendung der Sätze 1 bis 3 gleich

1. die Abweisung des Antrags auf Eröffnung des Insolvenzverfahrens mangels Masse,
2. der außergerichtliche Vergleich (Stundungs-, Quoten- oder Liquidationsvergleich) des Arbeitgebers mit seinen Gläubigern zur Abwendung eines Insolvenzverfahrens, wenn ihm der Träger der Insolvenzsicherung zustimmt,
3. die vollständige Beendigung der Betriebstätigkeit im Geltungsbereich dieses Gesetzes, wenn ein Antrag auf Eröffnung des Insolvenzverfahrens nicht gestellt worden ist und ein Insolvenzverfahren offensichtlich mangels Masse nicht in Betracht kommt.

(1a) Der Anspruch gegen den Träger der Insolvenzsicherung entsteht mit dem Beginn des Kalendermonats, der auf den Eintritt des Sicherungsfalls folgt. Der Anspruch endet mit Ablauf des Sterbemonats des Begünstigten, soweit in der Versorgungszusage des Arbeitgebers nicht etwas anderes bestimmt ist. In den Fällen des Satzes 1 Satz 1 und 4 Nr. 1 und 3 umfaßt der Anspruch auch rückständige Versorgungsleistungen, soweit diese bis zu zwölf Monaten vor Entstehen der Leistungspflicht des Trägers der Insolvenzsicherung entstanden sind.

(2) Personen, die bei Eröffnung des Insolvenzverfahrens oder bei Eintritt der nach Absatz 1 Satz 4 gleichstehenden Voraussetzungen (Sicherungsfall) eine nach § 1b unverfallbare Versorgungsanwartschaft haben, und ihre Hinterbliebenen haben bei Eintritt des Versorgungsfalls einen Anspruch gegen den Träger der Insolvenzsicherung, wenn die Anwartschaft beruht

1. auf einer unmittelbaren Versorgungszusage des Arbeitgebers oder
2. auf einer Direktversicherung und der Arbeitnehmer hinsichtlich der Leistungen des Versicherers widerruflich bezugsberechtigt ist oder die Leistungen aufgrund der in § 1b Abs. 2 Satz 3 genannten Tatbestände nicht gezahlt werden und der Arbeitgeber seiner Verpflichtung auf § 1b Abs. 2 Satz 3 wegen der Eröffnung des Insolvenzverfahrens nicht nachkommt.

Satz 1 gilt entsprechend für Personen, die zum Kreis der Begünstigten einer Unterstützungskasse oder eines Pensionsfonds gehören, wenn der Sicherungsfall bei einem Trägerunternehmen eingetreten ist. Die Höhe des Anspruchs richtet sich nach der Höhe der Leistungen gemäß § 2 Abs. 1, 2 Satz 2 und Abs. 5, bei Unterstützungskassen nach dem Teil der nach der Versorgungsregelung vorgesehenen Versorgung, der dem Verhältnis der Dauer der Betriebszugehörigkeit zu der Zeit vom Beginn der Betriebszugehörigkeit bis zum Erreichen der in der Versorgungsregelung vorgesehenen festen Altersgrenze entspricht, es sei denn, § 2 Abs. 5a ist anwendbar. Für die Berechnung der Höhe des Anspruchs nach Satz 3 wird die Betriebszugehörigkeit bis zum Eintritt des Sicherungsfalles berücksichtigt. Bei Pensionsfonds mit Leistungszusagen gelten für die Höhe des Anspruchs die Bestimmungen für unmittelbare Versorgungszusagen entsprechend, bei Beitragszusagen mit Mindestleistung gilt für die Höhe des Anspruchs § 2 Abs. 5b.

(3) Ein Anspruch auf laufenden Leistungen gegen den Träger der Insolvenzversicherung beträgt im Monat höchstens das Dreifache der im Zeitpunkt der ersten Fälligkeit maßgebenden monatlichen Bezugsgröße gemäß § 18 des Vierten Buches Sozialgesetzbuch. Satz 1 gilt entsprechend bei einem Anspruch auf Kapitalleistungen mit der Maßgabe, daß zehn vom Hundert der Leistung als Jahresbetrag einer laufenden Leistung anzusetzen sind.

(4) Ein Anspruch auf Leistungen gegen den Träger der Insolvenzsicherung vermindert sich in dem Umfang, in dem der Arbeitgeber oder sonstige Träger der Versorgung die Leistungen der betrieblichen Altersversorgung erbringt. Wird in Insolvenzverfahren ein Insolvenzplan bestätigt, vermindert sich der Anspruch auf Leistungen gegen den Träger der Insolvenzsicherung insoweit, als nach dem Insolvenzplan der Arbeitgeber oder sonstige Träger der Versorgung einen Teil der Leistungen selbst zu erbringen hat. Sieht der Insolvenzplan vor, daß der Arbeitgeber oder sonstige Träger der Versorgung die Leistungen der betrieblichen Altersversorgung von einem bestimmten Zeitpunkt an selbst zu erbringen hat, entfällt der Anspruch auf Leistungen gegen den Träger der Insolvenzsicherung von diesem Zeitpunkt an. Die Sätze 2 und 3 sind für den außergerichtlichen Vergleich nach Absatz 1 Satz 4 Nr. 2 entsprechend anzuwenden. Im Insolvenzplan soll vorgesehen werden, daß bei einer nachhaltigen Besserung der wirtschaftlichen Lage des Arbeitgebers die vom Träger der Insolvenzsicherung zu erbringenden Leistungen ganz oder zum Teil vom Arbeitgeber oder sonstigen Träger der Versorgung wieder übernommen werden.

(5) Ein Anspruch gegen den Träger der Insolvenzsicherung besteht nicht, soweit nach den Umständen des Falles die Annahme gerechtfertigt ist, daß es der alleinige oder überwiegende Zweck der Versorgungszusage oder ihre Verbesserung oder der für die Direktversicherung in § 1 Abs. 2 Satz 3 genannten Tatbestände gewesen ist, den Träger der Insolvenzsicherung in Anspruch zu nehmen. Diese Annahme ist insbesondere dann gerechtfertigt, wenn bei Erteilung oder Verbesserung der Versorgungszusage wegen der wirtschaftlichen Lage des Arbeitgebers zu erwarten war, daß die Zusage nicht erfüllt werde. Ein Anspruch auf Leistungen gegen den Träger der Insolvenzsicherung besteht bei Zusagen und Verbesserungen von Zusagen, die in den beiden letzten Jahren vor dem Eintritt des Sicherungsfalls erfolgt sind, nur

1. für ab dem 1. Januar 2002 gegebene Zusagen, soweit bei Entgeltumwandlung Beträge von bis zu 4 vom Hundert der Beitragsbemessungsgrenze in der allgemeinen Rentenversicherung für eine betriebliche Altersversorgung verwendet werden oder
2. für im Rahmen von Übertragungen gegebene Zusagen, soweit der Übertragungswert die Beitragsbemessungsgrenze in der allgemeinen Rentenversicherung nicht übersteigt.

(6) Ist der Sicherungsfall durch kriegerische Ereignisse, innere Unruhen, Naturkatastrophen oder Kernenergie verursacht worden, kann der Träger der Insolvenzsicherung mit Zustimmung der Bundesanstalt für Finanzdienstleistungsaufsicht die Leistungen nach billigem Ermessen abweichend von den Absätzen 1 bis 5 festsetzen.

§ 8
Übertragung der Leistungspflicht und Abfindung

(1) Ein Anspruch gegen den Träger der Insolvenzsicherung auf Leistungen nach § 7 besteht nicht, wenn eine Pensionskasse oder ein Unternehmen der Lebensversicherung sich dem Träger der Insolvenzsicherung gegenüber verpflichtet, diese Leistungen zu erbringen, und die nach § 7 Berechtigten ein unmittelbares Recht erwerben, die Leistungen zu fordern.

(1a) Der Träger der Insolvenzsicherung hat die gegen ihn gerichteten Ansprüche auf den Pensionsfonds, dessen Trägerunternehmen die Eintrittspflicht nach § 7 ausgelöst hat, im Sinne von Absatz 1 zu übertragen, wenn die die Bundesanstalt für Finanzdienstleistungsaufsicht hierzu die Genehmigung erteilt. Die Genehmigung kann nur erteilt werden, wenn durch Auflagen der Bundesanstalt für Finanzdienstleistungsaufsicht die dauernde Erfüllbarkeit der Leistungen aus dem Pensionsplan sichergestellt werden kann. Die Genehmigung der Bundesanstalt für Finanzdienstleistungsaufsicht kann der Pensionsfonds nur innerhalb von drei Monaten nach Eintritt des Sicherungsfalles beantragen.

(2) Der Träger der Insolvenzversicherung kann eine Anwartschaft ohne Zustimmung des Arbeitnehmers abfinden, wenn der Monatsbetrag der aus der Anwartschaft resultierenden laufenden Leistung bei Erreichen der vorgesehenen Altersgrenze 1 vom Hundert, bei Kapitalleistungen zwölf Zehntel der monatlichen Bezugsgröße nach § 18 des Vierten Buches Sozialgesetzbuch nicht übersteigen würde oder wenn dem Arbeitnehmer die Beiträge zur gesetzlichen Rentenversicherung erstattet worden sind. Dies gilt entsprechend für die Abfindung einer laufenden Leistung. Die Abfindung ist darüber hinaus möglich, wenn sie an ein Unternehmen der Lebensversicherung gezahlt wird, bei dem der Versorgungsberechtigte im Rahmen einer Direktversicherung versichert ist. § 2 Abs. 2 Satz 4 bis 6 und § 3 Abs. 5 gelten entsprechend.

§ 9
Mitteilungspflicht; Forderungs- und Vermögensübergang

(1) Der Träger der Insolvenzsicherung teilt dem Berechtigten die ihm nach § 7 oder § 8 zustehenden Ansprüche oder Anwartschaften schriftlich mit. Unterbleibt die Mitteilung, so ist der Anspruch oder die Anwartschaft spätestens ein Jahr nach dem Sicherungsfall bei dem Träger der Insolvenzsicherung anzumelden; erfolgt die Anmeldung später, so beginnen die Leistungen frühestens mit dem Ersten des Monats der Anmeldung, es sei denn, daß der Berechtigte an der rechtzeitigen Anmeldung ohne sein Verschulden verhindert war.

(2) Ansprüche oder Anwartschaften des Berechtigten gegen den Arbeitgeber auf Leistungen der betrieblichen Altersversorgung, die den Anspruch gegen den Träger der Insolvenzsicherung begründen, gehen im Falle eines Insolvenzverfahrens mit dessen Eröffnung, in den übrigen Sicherungsfällen dann auf den Träger der Insolvenzsicherung über, wenn dieser nach Absatz 1 Satz 1 dem Berechtigten die ihm zustehenden Ansprüche oder Anwartschaften mitteilt. Der Übergang kann nicht zum Nachteil des Berechtigten geltend gemacht werden. Die mit der Eröffnung des Insolvenzverfahrens übergegangenen Anwartschaften werden im Insolvenzverfahren als unbedingte Forderungen nach § 45 der Insolvenzordnung geltend gemacht.

(3) Ist der Träger der Insolvenzsicherung zu Leistungen verpflichtet, die ohne den Eintritt des Sicherungsfalles eine Unterstützungskasse erbringen würde, geht deren Vermögen einschließlich der Verbindlichkeiten auf ihn über; die Haftung für die Verbindlichkeiten beschränkt sich auf das übergegangene Vermögen. Wenn die übergegangenen Vermögenswerte den Barwert der Ansprüche und Anwartschaften gegen den Träger der Insolvenzsicherung übersteigen, hat dieser den übersteigenden Teil entsprechend der Satzung der Unterstützungskasse zu verwenden. Bei einer Unterstützungskasse mit mehreren Trägerunternehmen hat der Träger der Insolvenzsicherung einen Anspruch gegen die Unterstützungskasse auf einen Betrag, der dem Teil des Vermögens der Kasse entspricht, der auf das Unternehmen entfällt, bei dem der Sicherungsfall eingetreten ist. Die Sätze 1 bis 3 gelten nicht, wenn der Sicherungsfall auf den in § 7 Abs. 1 Satz 4 Nr. 2 genannten Gründen beruht, es sei denn, daß das Trägerunternehmen seine Betriebstätigkeit nach Eintritt des Sicherungsfalls nicht fortsetzt und aufgelöst wird (Liquidationsvergleich).

(3a) Absatz 3 findet entsprechende Anwendung auf einen Pensionsfonds, wenn die Bundesanstalt für Finanzdienstleistungsaufsicht die Genehmigung für die Übertragung der Leistungspflicht durch den Träger der Insolvenzsicherung nach § 8 Abs. 1a nicht erteilt.

(4) In einem Insolvenzplan, der die Fortführung des Unternehmens oder eines Betriebes vorsieht, kann für den Träger der Insolvenzsicherung eine besondere Gruppe gebildet werden. Sofern im Insolvenzplan nichts anderes vorgesehen ist, kann der Träger der Insolvenzsicherung, wenn innerhalb von drei Jahren nach der Aufhebung des Insolvenzverfahrens ein Antrag auf Erhöhung eines neuen Insolvenzverfahrens über das Vermögen des Arbeitgebers gestellt wird, in diesem Verfahren als Insolvenzgläubiger Erstattung der von ihm erbrachten Leistungen verlangen.

(5) Dem Träger der Insolvenzsicherung steht gegen den Beschluß, durch den das Insolvenzverfahren eröffnet wird, die sofortige Beschwerde zu.

§ 10
Beitragspflicht und Beitragsbemessung

(1) Die Mittel für die Durchführung der Insolvenzsicherung werden auf Grund öffentlich-rechtlicher Verpflichtung durch Beiträge aller Arbeitgeber aufgebracht, die Leistungen der betrieblichen Altersversorgung unmittelbar zugesagt haben oder eine betriebliche Altersversorgung über eine Unterstützungskasse oder eine Direktversicherung der in § 7 Abs. 1 Satz 2 und Absatz 2 Satz 1 Nr. 2 bezeichneten Art oder einen Pensionsfonds durchführen.

(2) Die Beiträge müssen den Barwert der im laufenden Kalenderjahr entstehenden Ansprüche auf Leistungen der Insolvenzsicherung decken zuzüglich eines Betrages für die aufgrund eingetretener Insolvenzen zu sichernden Anwartschaften, der sich aus dem Unterschied der Barwerte dieser Anwartschaften am Ende des Kalenderjahres und am Ende des Vorjahres bemisst. Der Rechnungszinsfuß bei der Berechnung des Barwerts der Ansprüche auf Leistungen der Insolvenzsicherung bestimmt sich nach § 65 des Versicherungsaufsichtsgesetzes; soweit keine Übertragung nach § 8 Abs. 1 stattfindet, ist der Rechnungszinsfuß bei der Berechnung des Barwerts der Anwartschaften um ein Drittel höher. Darüber hinaus müssen die Beiträge die im gleichen Zeitraum entstehenden Verwaltungskosten und sonstigen Kosten, die mit der Gewährung der Leistungen zusammenhängen, und die Zuführung zu einem von der Bundesanstalt für Finanzdienstleistungsaufsicht festgesetzten Ausgleichsfonds decken; § 37 des Versicherungsaufsichtsgesetzes bleibt unberührt. Auf die am Ende des Kalenderjahres fälligen Beiträge können Vorschüsse erhoben werden. Sind die nach den Sätzen 1 bis 3 erforderlichen Beiträge höher als im vorangegangenen Kalenderjahr, so kann der Unterschiedsbetrag auf das laufende und die folgenden vier Kalenderjahre verteilt werden. In Jahren, in denen sich außergewöhnlich hohe Beiträge ergeben würden, kann zu deren Ermäßigung der Ausgleichsfonds in einem von der Bundesanstalt für Finanzdienstleistungsaufsicht zu genehmigenden Umfang herangezogen werden.

(3) Die nach Absatz 2 erforderlichen Beiträge werden auf die Arbeitgeber nach Maßgabe der nachfolgenden Beträge umgelegt, soweit sie sich auf die laufenden Versorgungsleistungen und die nach § 1b unverfallbaren Versorgungsanwartschaften beziehen (Beitragsbemessungsgrundlage); diese Beiträge sind festzustellen auf den Schluß des Wirtschaftsjahres des Arbeitgebers, das im abgelaufenen Kalenderjahr geendet hat:

1. Bei Arbeitgebern, die Leistungen der betrieblichen Altersversorgung unmittelbar zugesagt haben, ist Beitragsbemessungsgrundlage der Teilwert der Pensionsverpflichtung (§ 6a Abs. 3 des Einkommensteuergesetzes).
2. Bei Arbeitgebern, die eine betriebliche Altersversorgung über eine Direktversicherung mit widerruflichem Bezugsrecht durchführen, ist Beitragsbemessungsgrundlage das geschäftsplanmäßige Deckungskapital oder, soweit die Berechnung des Deckungskapitals nicht zum Geschäftsplan gehört, die Deckungsrückstellung. Für Versicherungen, bei denen der Versicherungsfall bereits eingetreten ist, und für Versicherungsanwartschaften, für die ein unwiderrufliches Bezugsrecht eingeräumt ist, ist das Deckungskapital oder die Deckungsrückstellung nur insofern zu berücksichtigen, als die Versicherungen abgetreten oder beliehen sind.
3. Bei Arbeitgebern, die eine betriebliche Altersversorgung über eine Unterstützungskasse durchführen, ist Beitragsbemessungsgrundlage das Deckungskapital für die laufenden Leistungen (§ 4d Abs. 1 Nr. 1 Buchstabe a des Einkommensteuergesetzes) zuzüglich des Zwanzigfachen der nach § 4d Abs. 1 Nr. 1 Buchstabe b Satz 1 des Einkommensteuergesetzes errechneten jährlichen Zuwendungen für Leistungsanwärter im Sinne von § 4d Abs. 1 Nr. 1 Buchstabe b Satz 2 des Einkommensteuergesetzes.
4. Bei Arbeitgebern, soweit sie betriebliche Altersversorgung über einen Pensionsfonds durchführen, ist Beitragsbemessungsgrundlage 20 vom Hundert des entsprechend Nummer 1 ermittelten Betrages.

(4) Aus den Beitragsbescheiden des Trägers der Insolvenzsicherung findet die Zwangsvollstreckung in entsprechender Anwendung der Vorschriften der Zivilprozeßordnung statt. Die vollstreckbare Ausfertigung erteilt der Träger der Insolvenzsicherung.

§ 10a
Säumniszuschläge; Zinsen; Verjährung

(1) Für Beiträge, die wegen Verstoßes des Arbeitgebers gegen die Meldepflicht erst nach Fälligkeit erhoben werden, kann der Träger der Insolvenzsicherung für jeden angefangenen Monat vom Zeitpunkt der Fälligkeit an einen Säumniszuschlag in Höhe von bis zu eins vom Hundert der nacherhobenen Beiträge erheben.

(2) Für festgesetzte Beiträge und Vorschüsse, die der Arbeitgeber nach Fälligkeit zahlt, erhebt der Träger der Insolvenzsicherung für jeden Monat Verzugszinsen in Höhe von 0,5 vom Hundert der rückständigen Beiträge. Angefangene Monate bleiben außer Ansatz.

(3) Vom Träger der Insolvenzsicherung zu erstattende Beiträge werden vom Tage der Fälligkeit oder bei Feststellung des Erstattungsanspruchs durch gerichtliche Entscheidung vom Tage der Rechtshändigkeit an für jeden Monat mit 0,5 vom Hundert verzinst. Angefangene Monate bleiben außer Ansatz.

(4) Ansprüche auf Zahlung der Beiträge zur Insolvenzsicherung gemäß § 10 sowie Erstattungsansprüche nach Zahlung nicht geschuldeter Beiträge zur Insolvenzsicherung verjähren in sechs Jahren. Die Ver-

jährungsfrist beginnt mit Ablauf des Kalenderjahres, in dem die Beitragspflicht entstanden oder der Erstattungsanspruch fällig geworden ist. Auf die Verjährung sind die Vorschriften des Bürgerlichen Gesetzbuchs anzuwenden.

§ 11
Melde, Auskunfts- und Mitteilungspflichten

(1) Der Arbeitgeber hat dem Träger der Insolvenzsicherung eine betriebliche Altersversorgung nach § 1b Abs. 1 bis 4 für seine Arbeitnehmer innerhalb von 3 Monaten nach Erteilung der unmittelbaren Versorgungszusage, dem Abschluß einer Direktversicherung oder der Errichtung einer Unterstützungskasse oder eines Pensionsfonds mitzuteilen. Der Arbeitgeber, der sonstige Träger der Versorgung, der Insolvenzverwalter und die nach § 7 Berechtigten sind verpflichtet, dem Träger der Insolvenzsicherung alle Auskünfte zu erteilen, die zur Durchführung der Vorschriften dieses Abschnittes erforderlich sind, sowie Unterlagen vorzulegen, aus denen die erforderlichen Angaben ersichtlich sind.

(2) Ein beitragspflichtiger Arbeitgeber hat dem Träger der Insolvenzsicherung spätestens bis zum 30. September eines jeden Kalenderjahres die Höhe des nach § 10 Abs. 3 für die Bemessung des Beitrages maßgebenden Betrages bei unmittelbaren Versorgungszusagen und Pensionsfonds auf Grund eines versicherungsmathematischen Gutachtens, bei Direktversicherungen auf Grund einer Bescheinigung des Versicherers und bei Unterstützungskassen auf Grund einer nachprüfbaren Berechnung mitzuteilen. Der Arbeitgeber hat die in Satz 1 bezeichneten Unterlagen mindestens 6 Jahre aufzubewahren.

(3) Der Insolvenzverwalter hat dem Träger der Insolvenzsicherung die Eröffnung des Insolvenzverfahrens, Namen und Anschriften der Versorgungsempfänger und die Höhe ihrer Versorgung nach § 7 unverzüglich mitzuteilen. Er hat zugleich Namen und Anschriften der Personen, die bei Eröffnung des Insolvenzverfahrens eine nach § 1 unverfallbare Versorgungsanwartschaft haben, sowie die Höhe ihrer Anwartschaft nach § 7 mitzuteilen.

(4) Der Arbeitgeber, der sonstige Träger der Versorgung und die nach § 7 Berechtigten sind verpflichtet, dem Insolvenzverwalter Auskünfte über alle Tatsachen zu erteilen, auf die sich die Mitteilungspflicht nach Absatz 3 bezieht.

(5) In den Fällen, in denen ein Insolvenzverfahren nicht eröffnet wird (§ 7 Abs. 1 Satz 4) oder nach § 207 der Insolvenzordnung eingestellt worden ist, sind die Pflichten des Insolvenzverwalters nach Absatz 3 vom Arbeitgeber oder dem sonstigen Träger der Versorgung zu erfüllen.

(6) Kammern und andere Zusammenschlüsse von Unternehmern oder anderen selbständigen Berufstätigen, die als Körperschaften des öffentlichen Rechts errichtet sind, ferner Verbände und andere Zusammenschlüsse, denen Unternehmer oder andere selbständige Berufstätige kraft Gesetzes angehören und anzugehören haben, haben den Träger der Insolvenzsicherung bei der Ermittlung der nach § 10 beitragspflichtigen Arbeitgeber zu unterstützen.

(7) Die nach den Absätzen 1 bis 3 und 5 zu Mitteilungen und Auskünften und die nach Absatz 6 zur Unterstützung Verpflichteten haben die vom Träger der Insolvenzsicherung vorgesehenen Vordrucke zu verwenden.

(8) Zur Sicherung der vollständigen Erfassung der nach § 10 beitragspflichtigen Arbeitgeber können die Finanzämter dem Träger der Insolvenzsicherung mitteilen, welche Arbeitgeber für die Beitragspflicht in Betracht kommen. Die Bundesregierung wird ermächtigt, durch Rechtsverordnung mit Zustimmung des Bundesrates das Nähere zu bestimmen und Einzelheiten des Verfahrens zu regeln.

§ 12
Ordnungswidrigkeiten

(1) Ordnungswidrig handelt, wer vorsätzlich oder fahrlässig
1. entgegen § 11 Abs. 1 Satz 1, Abs. 2, Satz 1, Abs. 3 oder Abs. 5 eine Mitteilung nicht, nicht richtig, nicht vollständig oder nicht rechtzeitig vornimmt,
2. entgegen § 11 Abs. 1 Satz 2 oder Abs. 4 eine Auskunft nicht, nicht richtig, nicht vollständig oder nicht rechtzeitig erteilt oder
3. entgegen § 11 Abs. 1 Satz 2 Unterlagen nicht, nicht richtig, nicht vollständig oder nicht rechtzeitig vorlegt oder entgegen § 11 Abs. 2 Satz 2 Unterlagen nicht aufbewahrt.

(2) Die Ordnungswidrigkeit kann mit einer Geldbuße bis zu 2 500 € geahndet werden.

(3) Verwaltungsbehörde im Sinne des § 36 Abs. 1 Nr. 1 des Gesetzes über Ordnungswidrigkeiten ist die Bundesanstalt für Finanzdienstleistungsaufsicht.

§ 13

(aufgehoben)

§ 14
Träger der Insolvenzversicherung

(1) Träger der Insolvenzsicherung ist der Pensions-Sicherungs-Verein Versicherungsverein auf Gegenseitigkeit. Er ist zugleich Träger der Insolvenzsicherung von Versorgungszusagen Luxemburger Unternehmen nach Maßgabe des Abkommens vom 22. September 2000 zwischen der Bundesrepublik Deutschland und dem Großherzogtum Luxemburg über Zusammenarbeit im Bereich der Insolvenzsicherung betrieblicher Altersversorgung. Er unterliegt der Aufsicht durch die Bundesanstalt für Finanzdienstleistungsaufsicht. Die Vorschriften des Versicherungsaufsichtsgesetzes gelten, soweit dieses Gesetz nichts anderes bestimmt.

(2) Der Bundesminister für Arbeit und Sozialordnung weist durch Rechtsverordnung mit Zustimmung des Bundesrates die Stellung des Trägers der Insolvenzsicherung der Kreditanstalt für Wiederaufbau zu, bei der ein Fonds zur Insolvenzsicherung der betrieblichen Altersversorgung gebildet wird, wenn

1. bis zum 31. Dezember 1974 nicht nachgewiesen worden ist, daß der in Absatz 1 genannte Träger die Erlaubnis der Aufsichtsbehörde zum Geschäftsbetrieb erhalten hat,
2. der in Absatz 1 genannte Träger aufgelöst worden ist oder
3. die Aufsichtsbehörde den Geschäftsbetrieb des in Absatz 1 genannten Trägers untersagt oder die Erlaubnis zum Geschäftsbetrieb widerruft.

In den Fällen der Nummern 2 und 3 geht das Vermögen des in Absatz 1 genannten Trägers einschließlich der Verbindlichkeiten auf die Kreditanstalt für Wiederaufbau über, die es dem Fonds zur Insolvenzsicherung der betrieblichen Altersversorgung zuweist.

(3) Wird die Insolvenzsicherung von der Kreditanstalt für Wiederaufbau durchgeführt, gelten die Vorschriften dieses Abschnittes mit folgenden Abweichungen:

1. In § 7 Abs. 6 entfällt die Zustimmung der Bundesanstalt für Finanzdienstleistungsaufsicht.
2. § 10 Abs. 2 findet keine Anwendung. Die von der Kreditanstalt für Wiederaufbau zu erhebenden Beiträge müssen den Bedarf für die laufenden Leistungen der Insolvenzsicherung im laufenden Kalenderjahr und die im gleichen Zeitraum entstehenden Verwaltungskosten und sonstigen Kosten, die mit der Gewährung der Leistungen zusammenhängen, decken. Bei einer Zuweisung nach Absatz 2 Nr. 1 beträgt der Beitrag für die ersten 3 Jahre mindestens 0,1 vom Hundert der Beitragsbemessungsgrundlage gemäß § 10 Abs. 3; der nicht benötigte Teil dieses Beitragsaufkommens wird einer Betriebsmittelreserve zugeführt. Bei einer Zuweisung nach Absatz 2 Nr. 2 oder 3 wird in den ersten Jahren zu dem Beitrag nach Nummer 2 Satz 2 ein Zuschlag von 0,08 vom Hundert der Beitragsbemessungsgrundlage gemäß § 10 Abs. 3 zur Bildung einer Betriebsmittelreserve erhoben. Auf die Beiträge können Vorschüsse erhoben werden.
3. In § 12 Abs. 3 tritt an die Stelle der Bundesanstalt für Finanzdienstleistungsaufsicht die Kreditanstalt für Wiederaufbau.

Die Kreditanstalt für Wiederaufbau verwaltet den Fonds im eigenen Namen. Für Verbindlichkeiten des Fonds haftet sie nur mit dem Vermögen des Fonds. Dieser haftet nicht für die sonstigen Verbindlichkeiten der Bank. § 11 Abs. 1 Satz 1 des Gesetzes über die Kreditanstalt für Wiederaufbau in der Fassung der Bekanntmachung vom 23. Juni 1969 (BGBl. I S. 573), das zuletzt durch Artikel 14 des Gesetzes vom 21. Juni 2002 (BGBl. I S. 2010) geändert worden ist, ist in der jeweils geltenden Fassung auch für den Fonds anzuwenden.

§ 15
Verschwiegenheitspflicht

Personen, die bei dem Träger der Insolvenzsicherung beschäftigt oder für ihn tätig sind, dürfen fremde Geheimnisse, insbesondere Betriebs- oder Geschäftsgeheimnisse, nicht unbefugt offenbaren oder verwerten. Sie sind nach dem Gesetz über die förmliche Verpflichtung nichtbeamteter Personen vom 2. März 1974 (Bundesgesetzbl. I S. 469, 547) von der Bundesanstalt für Finanzdienstleistungsaufsicht auf die gewissenhafte Erfüllung ihrer Obliegenheiten zu verpflichten.

Fünfter Abschnitt
Anpassung

§ 16
Anpassungsprüfungspflicht

(1) Der Arbeitgeber hat alle drei Jahre eine Anpassung der laufenden Leistungen der betrieblichen Altersversorgung zu prüfen und hierüber nach billigem Ermessen zu entscheiden; dabei sind insbesondere die Belange des Versorgungsempfängers und die wirtschaftliche Lage des Arbeitgebers zu berücksichtigen.

(2) Die Verpflichtung nach Absatz 1 gilt als erfüllt, wenn die Anpassung nicht geringer ist als der Anstieg

1. des Verbraucherpreisindexes für Deutschland oder
2. der Nettolöhne vergleichbarer Arbeitnehmergruppen des Unternehmens

im Prüfungszeitraum.

(3) Die Verpflichtung nach Absatz 1 entfällt, wenn

1. der Arbeitgeber sich verpflichtet, die laufenden Leistungen jährlich um wenigstens eins vom Hundert anzupassen,
2. die betriebliche Altersversorgung über eine Direktversicherung im Sinne des § 1b Abs. 2 oder über eine Pensionskasse im Sinne des § 1b Abs. 3 durchgeführt wird, ab Rentenbeginn sämtliche auf den Rentenbestand entfallende Überschußanteile zur Erhöhung der laufenden Leistungen verwendet werden und zur Berechnung der garantierten Leistung der nach § 65 Abs. 1 Nr. 1 Buchstabe a des Versicherungsaufsichtsgesetzes festgesetzte Höchstzinssatz zur Berechnung der Deckungsrückstellung nicht überschritten wird oder
3. eine Beitragszusage mit Mindestleistung erteilt wurde; Absatz 5 findet insoweit keine Anwendung.

(4) Sind laufende Leistungen nach Absatz 1 nicht oder nicht in vollem Umfang anzupassen (zu Recht unterbliebene Anpassung), ist der Arbeitgeber nicht verpflichtet, die Anpassung zu einem späteren Zeitpunkt nachzuholen. Eine Anpassung gilt als zu Recht unterblieben, wenn der Arbeitgeber dem Versorgungsempfänger die wirtschaftliche Lage des Unternehmens schriftlich dargelegt, der Versorgungsempfänger nicht binnen drei Kalendermonaten nach Zugang der Mitteilung schriftlich widersprochen hat und er auf die Rechtsfolgen eines nicht fristgemäßen Widerspruchs hingewiesen wurde.

(5) Soweit betriebliche Altersversorgung durch Entgeltumwandlung finanziert wird, ist der Arbeitgeber verpflichtet, die Leistungen mindestens entsprechend Absatz 3 Nr. 1 anzupassen oder im Falle der Durchführung über eine Direktversicherung oder eine Pensionskasse sämtliche Überschussanteile entsprechend Absatz 3 Nr. 2 zu verwenden.

(6) Eine Verpflichtung zur Anpassung besteht nicht für monatliche Raten im Rahmen eines Auszahlungsplans sowie für Renten ab Vollendung des 85. Lebensjahres im Anschluss an einen Auszahlungsplan.

Sechster Abschnitt
Geltungsbereich

§ 17
Persönlicher Geltungsbereich und Tariföffnungsklausel

(1) Arbeitnehmer im Sinne des §§ 1 bis 16 sind Arbeiter und Angestellte einschließlich der zu ihrer Berufsausbildung Beschäftigten; ein Berufsausbildungsverhältnis steht einem Arbeitsverhältnis gleich. Die §§ 1 bis 16 gelten entsprechend für Personen, die nicht Arbeitnehmer sind, wenn ihnen Leistungen der Alters-, Invaliditäts- oder Hinterbliebenenversorgung aus Anlaß ihrer Tätigkeit für ein Unternehmen zugesagt worden sind. Arbeitnehmer im Sinne von § 1a Abs. 1 sind nur Personen nach den Sätzen 1 und 2, soweit sie aufgrund der Beschäftigung oder Tätigkeit bei dem Arbeitgeber, gegen den sich der Anspruch nach § 1a richten würde, in der gesetzlichen Rentenversicherung pflichtversichert sind.

(2) Die §§ 7 bis 15 gelten nicht für den Bund, die Länder, die Gemeinden sowie die Körperschaften, Stiftungen und Anstalten des öffentlichen Rechts, bei denen der Konkurs nicht zulässig ist, und solche juristischen Personen des öffentlichen Rechts, bei denen der Bund, ein Land oder eine Gemeinde kraft Gesetzes die Zahlungsfähigkeit sichert.

(3) Von den §§ 1a, 2 bis 5, 16, 18a Satz 1, §§ 27 und 28 kann in Tarifverträgen abgewichen werden. Die abweichenden Bestimmungen haben zwischen nichttarifgebundenen Arbeitgebern und Arbeitnehmern Geltung, wenn zwischen diesen in Anwendung der einschlägigen tariflichen Regelungen vereinbart ist.

Anhang 16 — BetrAVG

Im übrigen kann von den Bestimmungen dieses Gesetzes nicht zuungunsten des Arbeitnehmers abgewichen werden.

(4) Gesetzliche Regelungen über Leistungen der betrieblichen Altersversorgung werden unbeschadet des § 18 durch die §§ 1 bis 16 und 26 bis 30 nicht berührt.

(5) Soweit Entgeltansprüche auf einem Tarifvertrag beruhen, kann für diese eine Entgeltumwandlung nur vorgenommen werden, soweit dies durch Tarifvertrag vorgesehen oder durch Tarifvertrag zugelassen ist.

§ 18
Sonderregelungen für den öffentlichen Dienst

(1) Für Personen, die

1. bei der Versorgungsanstalt des Bundes und der Länder (VBL) oder einer kommunalen oder kirchlichen Zusatzversorgungseinrichtung pflichtversichert sind, oder
2. bei einer anderen Zusatzversorgungseinrichtung pflichtversichert sind, die mit einer der Zusatzversorgungseinrichtungen nach Nummer 1 ein Überleitungsabkommen abgeschlossen hat oder aufgrund satzungsrechtlicher Vorschriften der Zusatzversorgungseinrichtungen nach Nummer 1 ein solches Abkommen abschließen kann, oder
3. unter das Gesetz über die zusätzliche Alters- und Hinterbliebenenversorgung für Angestellte und Arbeiter der Freien und Hansestadt Hamburg (Erstes Ruhegeldgesetz – 1. RGG), das Gesetz zur Neuregelung der zusätzlichen Alters- und Hinterbliebenenversorgung für Angestellte und Arbeiter der Freien und Hansestadt Hamburg (Zweites Ruhegeldgesetz – 2. RGG) oder unter das Bremische Ruhelohngesetz in ihren jeweiligen Fassungen fallen oder auf die diese Gesetze sonst Anwendung finden,

gelten die §§ 2, 5 16, 27 und 28 nicht, soweit sich aus den nachfolgenden Regelungen nichts Abweichendes ergibt; § 4 gilt nicht, wenn die Anwartschaft oder die laufende Leistung ganz oder teilweise umlage- oder haushaltsfinanziert ist.

(2) Bei Eintritt des Versorgungsfalles erhalten die in Absatz 1 Nr. 1 und 2 bezeichneten Personen, deren Anwartschaft nach § 1b fortbesteht und deren Arbeitsverhältnis vor Eintritt des Versorgungsfalles geendet hat, von der Zusatzversorgungseinrichtung eine Zusatzrente nach folgenden Maßgaben:

1. Der monatliche Betrag der Zusatzrente beträgt für jedes Jahr der aufgrund des Arbeitsverhältnisses bestehenden Pflichtversicherung bei einer Zusatzversorgungseinrichtung 2,25 vom Hundert, höchstens jedoch 100 vom Hundert der Leistung, die bei dem höchstmöglichen Versorgungssatz zugestanden hätte (Voll-Leistung). Für die Berechnung der Voll-Leistung
    a) ist der Versicherungsfall der Regelaltersrente maßgebend,
    b) ist das Arbeitsentgelt maßgebend, das nach der Versorgungsregelung für die Leistungsbemessung maßgebend wäre, wenn im Zeitpunkt des Ausscheidens der Versicherungsfall im Sinne der Versorgungsregelung eingetreten wäre,
    c) finden § 2 Abs. 5 Satz 1 und § 2 Abs. 6 entsprechend Anwendung,
    d) ist im Rahmen einer Gesamtversorgung der im Falle einer Teilzeitbeschäftigung oder Beurlaubung nach der Versorgungsregelung für die gesamte Dauer des Arbeitsverhältnisses maßgebliche Beschäftigungsquotient nach der Versorgungsregelung als Beschäftigungsquotient auch für die übrige Zeit maßgebend,
    e) finden die Vorschriften der Versorgungsregelung über eine Mindestleistung keine Anwendung und
    f) ist eine anzurechnende Grundversorgung nach dem bei der Berechnung von Pensionsrückstellungen für die Berücksichtigung von Renten aus der gesetzlichen Rentenversicherung allgemein zulässigen Verfahren zu ermitteln. Hierbei ist das Arbeitsentgelt nach Buchstabe b) zugrunde zu legen und – soweit während der Pflichtversicherung Teilzeitbeschäftigung bestand – diese nach Maßgabe der Versorgungsregelung zu berücksichtigen.
2. Die Zusatzrente vermindert sich um 0,3 vom Hundert für jeden vollen Kalendermonat, den der Versorgungsfall vor Vollendung des 65. Lebensjahres eintritt, höchstens jedoch um den in der Versorgungsregelung für die Voll-Leistung vorgesehenen Vomhundertsatz.
3. Übersteigt die Summe der Vomhundertsätze nach Nummer 1 aus unterschiedlichen Arbeitsverhältnissen 100, sind die einzelnen Leistungen im gleichen Verhältnis zu kürzen.
4. Die Zusatzrente muss monatlich mindestens den Betrag erreichen, der sich aufgrund des Arbeitsverhältnisses nach der Versorgungsregelung als Versicherungsrente aus den jeweils maßgeblichen

Vomhundertsätzen der zusatzversorgungspflichtigen Entgelte oder der gezahlten Beiträge und Erhöhungsbeträge ergibt.

5. Die Vorschriften der Versorgungsregelung über das Erlöschen, das Ruhen und die Nichtleistung der Versorgungsrente gelten entsprechend. Soweit die Versorgungsregelung eine Mindestleistung in Ruhensfällen vorsieht, gilt dies nur, wenn die Mindestleistung der Leistung im Sinne der Nummer 4 entspricht.

6. Verstirbt die in Absatz 1 genannte Person, erhält eine Witwe oder ein Witwer 60 vom Hundert, eine Witwe oder ein Witwer im Sinne des § 46 Abs. 1 des Sechsten Buches Sozialgesetzbuch 42 vom Hundert, eine Halbwaise 12 vom Hundert und eine Vollwaise 20 vom Hundert der unter Berücksichtigung der in diesem Absatz genannten Maßgaben zu berechnenden Zusatzrente; die §§ 46, 48, 103 bis 105 des Sechsten Buches Sozialgesetzbuch sind entsprechend anzuwenden. Die Leistungen an mehrere Hinterbliebene dürfen den Betrag der Zusatzrente nicht übersteigen; gegebenenfalls sind die Leistungen im gleichen Verhältnis zu kürzen.

7. Versorgungsfall ist der Versicherungsfall im Sinne der Versorgungsregelung.

(3) Personen, auf die bis zur Beendigung ihres Arbeitsverhältnisses die Regelungen des Ersten Ruhegeldgesetzes, des Zweiten Ruhegeldgesetzes oder des Bremischen Ruhelohngesetzes in ihren jeweiligen Fassungen Anwendung gefunden haben, haben Anspruch gegenüber ihrem ehemaligen Arbeitgeber auf Leistungen in sinngemäßer Anwendung des Absatzes 2 mit Ausnahme von Absatz 2 Nr. 3 und 4 sowie Nr. 5 Satz 2; bei Anwendung des Zweiten Ruhegeldgesetzes bestimmt sich der monatliche Betrag der Zusatzrente abweichend von Absatz 2 nach der nach dem Zweiten Ruhegeldgesetz maßgebenden Berechnungsweise.

(4) Die Leistungen nach den Absätzen 2 und 3 werden, mit Ausnahme der Leistungen nach Absatz 2 Nr. 4, jährlich zum 1. Juli um 1 vom Hundert erhöht, soweit in diesem Jahr eine allgemeine Erhöhung der Versorgungsrente erfolgt.

(5) Besteht bei Eintritt des Versorgungsfalles neben dem Anspruch auf Zusatzrente oder auf die in Absatz 3 oder Absatz 7 bezeichneten Leistungen auch Anspruch auf eine Versorgungsrente oder Versicherungsrente der in Absatz 1 Satz 1 Nr. 1 und 2 bezeichneten Zusatzversorgungseinrichtungen oder Anspruch auf entsprechende Versorgungsleistungen der Versorgungsanstalt der deutschen Kulturorchester oder der Versorgungsanstalt der deutschen Bühnen oder nach den Regelungen des Ersten Ruhegeldgesetzes, des Zweiten Ruhegeldgesetzes oder des Bremischen Ruhelohngesetzes, in deren Berechnung auch die der Zusatzrente zugrunde liegenden Zeiten berücksichtigt sind, ist nur die im Zahlbetrag höhere Rente zu leisten.

(6) Eine Anwartschaft auf Zusatzrente nach Absatz 2 oder auf Leistungen nach Absatz 3 kann bei Übertritt der anwartschaftsberechtigten Person in ein Versorgungssystem einer überstaatlichen Einrichtung in das Versorgungssystem dieser Einrichtung übertragen werden, wenn ein entsprechendes Abkommen zwischen der Zusatzversorgungseinrichtung oder der Freien und Hansestadt Hamburg oder der Freien Hansestadt Bremen und der überstaatlichen Einrichtung besteht.

(7) Für Personen, die bei der Versorgungsanstalt der deutschen Kulturorchester oder der Versorgungsanstalt der deutschen Bühnen pflichtversichert sind, gelten die §§ 2 bis 5, 16, 27 und 28 nicht. Bei Eintritt des Versorgungsfalles treten an die Stelle der Zusatzrente und der Leistungen an Hinterbliebene nach Absatz 2 und an die Stelle der Regelung in Absatz 4 die satzungsgemäß vorgesehenen Leistungen; Absatz 2 Nr. 5 findet entsprechend Anwendung. Die Höhe der Leistungen kann nach dem Ausscheiden aus dem Beschäftigungsverhältnis nicht mehr geändert werden. Als pflichtversichert gelten auch die freiwillig Versicherten der Versorgungsanstalt der deutschen Kulturorchester und der Versorgungsanstalt der deutschen Bühnen.

(8) Gegen Entscheidungen der Zusatzversorgungseinrichtungen über Ansprüche nach diesem Gesetz ist der Rechtsweg gegeben, der für Versicherte der Einrichtung gilt.

(9) Bei Personen, die aus einem Arbeitsverhältnis ausscheiden, in dem sie nach § 5 Abs. 1 Satz 1 Nr. 2 des Sechsten Buches Sozialgesetzbuch versicherungsfrei waren, dürfen die Ansprüche nach § 2 Abs. 1 Satz 1 und 2 nicht hinter dem Rentenanspruch zurückbleiben, der sich ergeben hätte, wenn der Arbeitnehmer für die Zeit der versicherungsfreien Beschäftigung in der gesetzlichen Rentenversicherung nachversichert worden wäre; die Vergleichsberechnung ist im Versorgungsfall aufgrund einer Auskunft des Deutschen Rentenversicherung Bund vorzunehmen.

§ 18a
Verjährung

Der Anspruch auf Leistungen aus der betrieblichen Altersversorgung verjährt in 30 Jahren. Ansprüche auf regelmäßig wiederkehrende Leistungen unterliegen der regelmäßigen Verjährungsfrist nach den Vorschriften des Bürgerlichen Gesetzbuchs.

Zweiter Teil
Steuerrechtliche Vorschriften

(sind in den Einzelsteuergesetzen berücksichtigt)

Dritter Teil
Übergangs- und Schlußvorschriften

§ 26

Die §§ 1 bis 4 und 18 gelten nicht, wenn das Arbeitsverhältnis oder Dienstverhältnis vor dem Inkrafttreten des Gesetzes beendet worden ist.

§ 27

§ 2 Abs. 2 Satz 2 Nr. 2 und 3 und Abs. 3 Satz 2 Nr. 1 und 2 gelten in Fällen, in denen vor dem Inkrafttreten des Gesetzes die Direktversicherung abgeschlossen worden ist oder die Versicherung des Arbeitnehmers bei einer Pensionskasse begonnen hat, mit der Maßgabe, daß die in diesen Vorschriften genannten Voraussetzungen spätestens für die Zeit nach Ablauf eines Jahres seit dem Inkrafttreten des Gesetzes erfüllt sein müssen.

§ 28

§ 5 gilt für Fälle, in denen der Versorgungsfall vor dem Inkrafttreten des Gesetzes eingetreten ist, mit der Maßgabe, daß diese Vorschrift bei der Berechnung der nach dem Inkrafttreten des Gesetzes fällig werdenden Versorgungsleistungen anzuwenden ist.

§ 29

§ 6 gilt für Fälle, in denen das Altersruhegeld der gesetzlichen Rentenversicherung bereits vor dem Inkrafttreten des Gesetzes in Anspruch genommen worden ist, mit der Maßgabe, daß die Leistungen der betrieblichen Altersversorgung vom Inkrafttreten des Gesetzes an zu gewähren sind.

§ 30

Ein Anspruch gegen den Träger der Insolvenzsicherung nach § 7 besteht nur, wenn der Sicherungsfall nach dem Inkrafttreten der §§ 7 bis 15 eingetreten ist; er kann erstmals nach dem Ablauf von sechs Monaten nach diesem Zeitpunkt geltend gemacht werden. Die Beitragspflicht des Arbeitgebers beginnt mit dem Inkrafttreten der §§ 7 bis 15.

§ 30a

(1) Männlichen Arbeitnehmern,
1. die vor dem 1. Januar 1952 geboren sind,
2. die das 60. Lebensjahr vollendet haben,
3. die nach Vollendung des 40. Lebensjahres mehr als 10 Jahre Pflichtbeiträge für eine in der gesetzlichen Rentenversicherung versicherte Beschäftigung oder Tätigkeit nach den Vorschriften des Sechsten Buches Sozialgesetzbuch haben,
4. die die Wartezeit von 15 Jahren in der gesetzlichen Rentenversicherung erfüllt haben und
5. deren Arbeitsentgelt oder Arbeitseinkommen die Hinzuverdienstgrenze nach § 34 Abs. 3 Nr. 1 des Sechsten Buches Sozialgesetzbuch nicht überschreitet,

sind auf deren Verlangen nach Erfüllung der Wartezeit und sonstiger Leistungsvoraussetzungen der Versorgungsregelung für nach dem 17. Mai 1990 zurückgelegte Beschäftigungszeiten Leistungen der betrieblichen Altersversorgung zu gewähren. § 6 Satz 3 gilt entsprechend.

(2) Haben der Arbeitnehmer oder seine anspruchsberechtigten Angehörigen vor dem 17. Mai 1990 gegen die Versagung der Leistungen der betrieblichen Altersversorgung Rechtsmittel eingelegt, ist Absatz 1 für Beschäftigungszeiten nach dem 8. April 1976 anzuwenden.

(3) Die Vorschriften des Bürgerlichen Gesetzbuchs über die Verjährung von Ansprüchen aus dem Arbeitsverhältnis bleiben unberührt.

§ 30b
§ 4 Abs. 3 gilt nur für Zusagen, die nach dem 31. Dezember 2004 erteilt wurden.

§ 30c
(1) § 16 Abs. 3 Nr. 1 gilt nur für laufende Leistungen, die auf Zusagen beruhen, die nach dem 31. Dezember 1998 erteilt werden.

(2) § 16 Abs. 4 gilt nicht für vor dem 1. Januar 1999 zu Recht unterbliebene Anpassungen.

(3) § 16 Abs. 5 gilt nur für laufende Leistungen, die auf Zusagen beruhen, die nach dem 31. Dezember 2000 erteilt werden.

(4) Für die Erfüllung der Anpassungsprüfungspflicht für Zeiträume vor dem 1. Januar 2003 gilt § 16 Abs. 2 Nr. 1 mit der Maßgabe, dass an die Stelle des Verbraucherpreisindexes für Deutschland der Preisindex für die Lebenshaltung von 4-Personen-Haushalten von Arbeitern und Angestellten mit mittlerem Einkommen tritt.

§ 30d
Übergangsregelung zu § 18

(1) Ist der Versorgungsfall vor dem 1. Januar 2001 eingetreten oder ist der Arbeitnehmer vor dem 1. Januar 2001 aus dem Beschäftigungsverhältnis bei einem öffentlichen Arbeitgeber ausgeschieden und der Versorgungsfall nach dem 31. Dezember 2000 eingetreten, sind für die Berechnung der Voll-Leistung die Regelungen der Zusatzversorgungseinrichtungen nach § 18 Abs. 1 Satz 1 Nr. 1 und 2 oder die Gesetze im Sinne des § 18 Abs. 1 Nr. 3 sowie die weiteren Berechnungsfaktoren jeweils in der am 31. Dezember 2000 geltenden Fassung maßgebend; § 18 Abs. 2 Nr. 1 Buchstabe b bleibt unberührt. Die Steuerklasse III/0 ist zugrunde zu legen. Ist der Versorgungsfall vor dem 1. Januar 2001 eingetreten, besteht der Anspruch auf Zusatzrente mindestens in der Höhe, wie er sich aus § 18 in der Fassung vom 16. Dezember 1997 (BGBl. I S. 2998) ergibt.

(2) Die Anwendung des § 18 ist in den Fällen des Absatzes 1 ausgeschlossen, soweit eine Versorgungsrente der in § 18 Abs. 1 Satz 1 Nr. 1 und 2 bezeichneten Zusatzversorgungseinrichtungen oder eine entsprechende Leistung aufgrund der Regelungen des Ersten Ruhegeldgesetzes, des Zweiten Ruhegeldgesetzes oder des Bremischen Ruhelohngesetzes bezogen wird, oder eine Versicherungsrente abgefunden wurde.

(3) Für Arbeitnehmer im Sinne des § 18 Abs. 1 Satz 1 Nr. 4, 5 und 6 in der bis zum 31. Dezember 1998 geltenden Fassung, für die bis zum 31. Dezember 1998 ein Anspruch auf Nachversicherung nach § 18 Abs. 6 entstanden ist, gilt Absatz 1 Satz 1 für die aufgrund der Nachversicherung zu ermittelnde Voll-Leistung entsprechend mit der Maßgabe, dass sich der nach § 2 zu ermittelnde Anspruch gegen den ehemaligen Arbeitgeber richtet. Für den nach § 2 zu ermittelnden Anspruch gilt § 18 Abs. 2 Nr. 1 Buchstabe b entsprechend; für die übrigen Bemessungsfaktoren ist auf die Rechtslage am 31. Dezember 2000 abzustellen. Leistungen der gesetzlichen Rentenversicherung, die auf einer Nachversicherung wegen Ausscheidens aus einem Dienstordnungsverhältnis beruhen, und Leistungen, die die zuständige Versorgungseinrichtung aufgrund von Nachversicherungen im Sinne des § 18 Abs. 6 in der am 31. Dezember 1998 geltenden Fassung gewährt, werden auf den Anspruch nach § 2 angerechnet. Hat das Arbeitsverhältnis im Sinne des § 18 Abs. 9 bereits am 31. Dezember 1998 bestanden, ist in die Vergleichsberechnung nach § 18 Abs. 9 auch die Zusatzrente nach § 18 in der bis zum 31. Dezember 1998 geltenden Fassung einzubeziehen.

§ 30e
(1) § 1 Abs. 2 Nr. 4 zweiter Halbsatz gilt für Zusagen, die nach dem 31. Dezember 2002 erteilt werden.

(2) § 1 Abs. 2 Nr. 4 zweiter Halbsatz findet auf Pensionskassen, deren Leistungen der betrieblichen Altersversorgung durch Beiträge der Arbeitnehmer und Arbeitgeber gemeinsam finanziert und die als beitragsorientierte Leistungszusage oder als Leistungszusage durchgeführt werden, mit der Maßgabe Anwendung, dass dem ausgeschiedenen Arbeitnehmer das Recht zur Fortführung mit eigenen Beiträgen nicht eingeräumt werden und eine Überschussverwendung gemäß § 1b Abs. 5 Nr. 1 nicht erfolgen muss. Wird dem ausgeschiedenen Arbeitnehmer ein Recht zur Fortführung nicht eingeräumt, gilt für die Höhe der unverfallbaren Anwartschaft § 2 Abs. 5a entsprechend. Für die Anpassung laufender Leistungen gelten die Regelungen nach § 16 Abs. 1 bis 4. Die Regelung in Absatz 1 bleibt unberührt.

§ 30f
(1) Wenn Leistungen der betrieblichen Altersversorgung vor dem 1. Januar 2001 zugesagt worden sind, ist § 1b Abs. 1 mit der Maßgabe anzuwenden, dass die Anwartschaft erhalten bleibt, wenn das Arbeits-

verhältnis vor Eintritt des Versorgungsfalles, jedoch nach Vollendung des 35. Lebensjahres endet und die Versorgungszusage zu diesem Zeitpunkt
1. mindestens zehn Jahre oder
2. bei mindestens zwölfjähriger Betriebszugehörigkeit mindestens drei Jahre

bestanden; hat in diesen Fällen bleibt die Anwartschaft auch erhalten, wenn die Zusage ab dem 1. Januar 2001 fünf Jahre bestanden hat und bei Beendigung des Arbeitsverhältnisses das 30. Lebensjahr vollendet ist. § 1b Abs. 5 findet für Anwartschaften aus diesen Zusagen keine Anwendung.

(2) Wenn Leistungen der betrieblichen Altersversorgung vor dem 1. Januar 2009 und nach dem 31. Dezember 2000 zugesagt worden sind, ist § 1b Abs. 1 Satz 1 mit der Maßgabe anzuwenden, dass die Anwartschaft erhalten bleibt, wenn das Arbeitsverhältnis vor Eintritt des Versorgungsfalls, jedoch nach Vollendung des 30. Lebensjahres endet und die Versorgungszusage zu diesem Zeitpunkt fünf Jahre bestanden hat; in diesen Fällen bleibt die Anwartschaft auch erhalten, wenn die Zusage ab dem 1. Januar 2009 fünf Jahre bestanden hat und bei Beendigung des Arbeitsverhältnisses das 25. Lebensjahr vollendet ist.

§ 30g

(1) § 2 Abs. 5a gilt nur für Anwartschaften, die auf Zusagen beruhen, die nach dem 31. Dezember 2000 erteilt worden sind. Im Einvernehmen zwischen Arbeitgeber und Arbeitnehmer kann § 2 Abs. 5a auch auf Anwartschaften angewendet werden, die auf Zusagen beruhen, die vor dem 1. Januar 2001 erteilt worden sind.

(2) § 3 findet keine Anwendung auf laufende Leistungen, die vor dem 1. Januar 2005 erstmals gezahlt worden sind.

§ 30h

§ 17 Abs. 5 gilt für Entgeltumwandlungen, die auf Zusagen beruhen, die nach dem 29. Juni 2001 erteilt werden.

§ 30i

(1) Der Barwert der bis zum 31. Dezember 2005 aufgrund eingetretener Insolvenzen zu sichernden Anwartschaften wird einmalig auf die beitragspflichtigen Arbeitgeber entsprechend § 10 Abs. 3 umgelegt und vom Träger der Insolvenzsicherung nach Maßgabe der Beträge zum Schluss des Wirtschaftsjahres, das im Jahr 2004 geendet hat, erhoben. Der Rechnungszinsfuß bei der Berechnung des Barwerts beträgt 3,67 vom Hundert.

(2) Der Betrag ist in 15 gleichen Raten fällig. Die erste Rate wird am 31. März 2007 fällig, die weiteren zum 31. März der folgenden Kalenderjahre. Bei vorfälliger Zahlung erfolgt eine Diskontierung der einzelnen Jahresraten mit dem zum Zeitpunkt der Zahlung um ein Drittel erhöhten Rechnungszinsfuß nach § 65 des Versicherungsaufsichtsgesetzes, wobei nur volle Monate berücksichtigt werden.

(3) Der abgezinste Gesamtbetrag ist gemäß Absatz 2 am 31. März 2007 fällig, wenn die sich ergebende Jahresrate nicht höher als 50 Euro ist.

(4) Insolvenzbedingte Zahlungsausfälle von ausstehenden Raten werden im Jahr der Insolvenz in die erforderlichen jährlichen Beiträge gemäß § 10 Abs. 2 eingerechnet.

§ 31

Auf Sicherungsfälle, die vor dem 1. Januar 1999 eingetreten sind, ist dieses Gesetz in der bis zu diesem Zeitpunkt geltenden Fassung anzuwenden.

Zweites Wohnungsbaugesetz
(Wohnungsbau- und Familienheimgesetz – II. WoBauG)

in der Fassung der Bekanntmachung vom 19. August 1994 (BGBl. I S. 2137)[1]

– Auszug –

§ 7
Familienheime

(1) Familienheime sind Eigenheime, Kaufeigenheime und Kleinsiedlungen, die nach Größe und Grundriß ganz oder teilweise dazu bestimmt sind, dem Eigentümer und seiner Familie oder einem Angehörigen und dessen Familie als Heim zu dienen. Zu einem Familienheim in der Form des Eigenheims oder des Kaufeigenheims soll nach Möglichkeit ein Garten oder sonstiges nutzbares Land gehören.

(2) Das Familienheim verliert seine Eigenschaft, wenn es für die Dauer nicht seiner Bestimmung entsprechend genutzt wird. Das Familienheim verliert seine Eigenschaft nicht, wenn weniger als die Hälfte der Wohn- und Nutzfläche des Gebäudes anderen als Wohnzwecken, insbesondere gewerblichen oder beruflichen Zwecken, dient.

§ 8
Familie und Angehörige

(1) Zur Familie rechnen die Angehörigen, die zum Familienhaushalt gehören oder alsbald nach Fertigstellung des Bauvorhabens, insbesondere zur Zusammenführung der Familie, in den Familienhaushalt aufgenommen werden sollen.

(2) Als Angehörige im Sinne dieses Gesetzes gelten folgende Personen:
a) der Ehegatte,
b) Verwandte in gerader Linie sowie Verwandte zweiten und dritten Grades in der Seitenlinie
c) Verschwägerte in gerader Linie sowie Verschwägerte zweiten und dritten Grades in der Seitenlinie,
d) (weggefallen)
e) (weggefallen)
f) (weggefallen)
g) Pflegekinder ohne Rücksicht auf ihr Alter und Pflegeeltern.

(3) Als kinderreich gelten Familien mit drei oder mehr Kindern im Sinne des § 32 Abs. 1 und 3 bis 5 des Einkommensteuergesetzes.

§ 9
Eigenheime und Kaufeigenheime

(1) Ein Eigenheim ist ein im Eigentum einer natürlichen Person stehendes Grundstück mit einem Wohngebäude, das nicht mehr als zwei Wohnungen enthält, von denen eine Wohnung zum Bewohnen durch den Eigentümer oder seine Angehörigen bestimmt ist.

(2) Ein Kaufeigenheim ist ein Grundstück mit einem Wohngebäude, das nicht mehr als zwei Wohnungen enthält und von einem Bauherrn mit der Bestimmung geschaffen worden ist, es einem Bewerber als Eigenheim zu übertragen.

(3) Die in dem Wohngebäude enthaltene zweite Wohnung kann eine gleichwertige Wohnung oder eine Einliegerwohnung sein.

§ 10
Kleinsiedlungen

(1) Eine Kleinsiedlung ist eine Siedlerstelle, die aus einem Wohngebäude mit angemessener Landzulage besteht und die nach Größe, Bodenbeschaffenheit und Einrichtung dazu bestimmt und geeignet ist, dem Kleinsiedler durch Selbstversorgung aus vorwiegend gartenbaumäßiger Nutzung des Landes eine fühlbare Ergänzung seines sonstigen Einkommens zu bieten. Die Kleinsiedlung soll einen Wirtschaftsteil enthalten, der die Haltung von Kleintieren ermöglicht. Das Wohngebäude kann neben der für den Kleinsiedler bestimmten Wohnung eine Einliegerwohnung enthalten.

(2) Eine Eigensiedlung ist eine Kleinsiedlung, die von dem Kleinsiedler auf einem in seinem Eigentum stehenden Grundstück geschaffen worden ist.

---

1) Zuletzt geändert durch das Mietrechtsreformgesetz vom 19.6.2001 (BGBl. I S. 1149, 1169).

(3) Eine Trägerkleinsiedlung ist eine Kleinsiedlung, die von einem Bauherrn mit der Bestimmung geschaffen worden ist, sie einem Bewerber zu Eigentum zu übertragen. Nach der Übertragung des Eigentums steht die Kleinsiedlung einer Eigensiedlung gleich.

§ 11
Einliegerwohnungen

Eine Einliegerwohnung ist eine in einem Eigenheim, einem Kaufeigenheim oder einer Kleinsiedlung enthaltene abgeschlossene oder nicht abgeschlossene zweite Wohnung, die gegenüber der Hauptwohnung von untergeordneter Bedeutung ist.

§ 12
Eigentumswohnungen und Kaufeigentumswohnungen

(1) Eine Eigentumswohnung ist eine Wohnung, an der Wohnungseigentum nach den Vorschriften des Ersten Teils des Wohnungseigentumsgesetzes begründet ist. Eine Eigentumswohnung, die zum Bewohnen durch den Wohnungseigentümer oder seine Angehörigen bestimmt ist, ist eine eigengenutzte Eigentumswohnung im Sinne der vorliegenden Gesetzes.

(2) Eine Kaufeigentumswohnung ist eine Wohnung, die von einem Bauherrn mit der Bestimmung geschaffen worden ist, sie einem Bewerber als eigengenutzte Eigentumswohnung zu übertragen.

§ 13
Genossenschaftswohnungen

Eine Genossenschaftswohnung ist eine Wohnung, die von einem Wohnungsunternehmen in der Rechtsform der Genossenschaft geschaffen worden und dazu bestimmt ist, auf Grund eines Nutzungsvertrages einem Mitglied zum Bewohnen überlassen zu werden.

§ 17
Ausbau und Erweiterung

(1) Wohnungsbau durch Ausbau eines bestehenden Gebäudes ist das Schaffen von Wohnraum durch Ausbau des Dachgeschosses oder durch eine unter wesentlichem Bauaufwand durchgeführte Umwandlung von Räumen, die nach ihrer baulichen Anlage und Ausstattung bisher anderen als Wohnzwecken dienten. Als Wohnungsbau durch Ausbau eines bestehenden Gebäudes gilt auch der unter wesentlichem Bauaufwand durchgeführt Umbau von Wohnräumen, die infolge Änderung der Wohngewohnheiten nicht mehr für Wohnzwecke geeignet sind, zur Anpassung an die veränderten Wohngewohnheiten.

(2) Wohnungsbau durch Erweiterung eines bestehenden Gebäudes ist das Schaffen von Wohnraum durch Aufstockung des Gebäudes oder durch Anbau an das Gebäude.

§ 17a
Modernisierung

Als Wohnungsbau gilt auch die Modernisierung von bestehendem Wohnraum, für die Mittel mit der Auflage gewährt werden, daß der zuständigen Stelle für den modernisierten Wohnraum ein Belegungsrecht zusteht. Modernisierung sind bauliche Maßnahmen, die den Gebrauchswert des Wohnraums nachhaltig erhöhen, die allgemeinen Wohnverhältnisse auf Dauer verbessern oder nachhaltig Einsparungen von Heizenergie oder Wasser bewirken; Instandsetzungen, die durch Maßnahmen der Modernisierung verursacht werden, fallen unter die Modernisierung.

§ 100
Anwendung von Begriffsbestimmungen dieses Gesetzes

Soweit in Rechtsvorschriften außerhalb dieses Gesetzes die in den §§ 2, 5, 7 und 9 bis 17 bestimmten Begriffe verwendet werden, sind diese Begriffsbestimmungen zugrunde zu legen, sofern nicht in jenen Rechtsvorschriften ausdrücklich etwas anderes bestimmt ist.

Verordnung zur Berechnung der Wohnfläche
(Wohnflächenverordnung – WoFlV)

vom 25.11.2003 (BGBl. I S. 2346)

§ 1
Anwendungsbereich, Berechnung der Wohnfläche

(1) Wird nach dem Wohnraumförderungsgesetz die Wohnfläche berechnet, sind die Vorschriften dieser Verordnung anzuwenden.

(2) Zur Berechnung der Wohnfläche sind die nach § 2 zur Wohnfläche gehörenden Grundflächen nach § 3 zu ermitteln und nach § 4 auf die Wohnfläche anzurechnen.

§ 2
Zur Wohnfläche gehörende Grundflächen

(1) Die Wohnfläche einer Wohnung umfasst die Grundflächen der Räume, die ausschließlich zu dieser Wohnung gehören. Die Wohnfläche eines Wohnheims umfasst die Grundflächen der Räume, die zur alleinigen und gemeinschaftlichen Nutzung durch die Bewohner bestimmt sind.

(2) Zur Wohnfläche gehören auch die Grundflächen von

1. Wintergärten, Schwimmbädern und ähnlichen nach allen Seiten geschlossenen Räumen sowie
2. Balkonen, Loggien, Dachgärten und Terrassen,

wenn sie ausschließlich zu der Wohnung oder dem Wohnheim gehören.

(3) Zur Wohnfläche gehören nicht die Grundflächen folgender Räume:

1. Zubehörräume, insbesondere:
   a) Kellerräume,
   b) Abstellräume und Kellerersatzräume außerhalb der Wohnung,
   c) Waschküchen,
   d) Bodenräume,
   e) Trockenräume,
   f) Heizungsräume und
   g) Garagen,
2. Räume, die nicht den an ihre Nutzung zu stellenden Anforderungen des Bauordnungsrechts der Länder genügen, sowie
3. Geschäftsräume.

§ 3
Ermittlung der Grundfläche

(1) Die Grundfläche ist nach den lichten Maßen zwischen den Bauteilen zu ermitteln; dabei ist von der Vorderkante der Bekleidung der Bauteile auszugehen. Bei fehlenden begrenzenden Bauteilen ist der bauliche Abschluss zu Grunde zu legen.

(2) Bei der Ermittlung der Grundfläche sind namentlich einzubeziehen die Grundflächen von

1. Tür- und Fensterbekleidungen sowie Tür- und Fensterumrahmungen,
2. Fuß-, Sockel- und Schrammleisten,
3. fest eingebauten Gegenständen, wie z. B. Öfen, Heiz- und Klimageräten, Herden, Bade- oder Duschwannen,
4. freiliegenden Installationen,
5. Einbaumöbeln und
6. nicht ortsgebundenen, versetzbaren Raumteilern.

(3) Bei der Ermittlung der Grundflächen bleiben außer Betracht die Grundflächen von

1. Schornsteinen, Vormauerungen, Bekleidungen, freistehenden Pfeilern und Säulen, wenn sie eine Höhe von mehr als 1,50 Meter aufweisen und ihre Grundfläche mehr als 0,1 Quadratmeter beträgt,
2. Treppen mit über drei Steigungen und deren Treppenabsätze,
3. Türnischen und
4. Fenster- und offenen Wandnischen, die nicht bis zum Fußboden herunterreichen oder bis zum Fußboden herunterreichen und 0,13 Meter oder weniger tief sind.

(4) Die Grundfläche ist durch Ausmessung im fertig gestellten Wohnraum oder auf Grund einer Bauzeichnung zu ermitteln. Wird die Grundfläche auf Grund einer Bauzeichnung ermittelt, muss diese

1. für ein Genehmigungs-, Anzeige-, Genehmigungsfreistellungs- oder ähnliches Verfahren nach dem Bauordnungsrecht der Länder gefertigt oder, wenn ein bauordnungsrechtliches Verfahren nicht erforderlich ist, für ein solches geeignet sein und
2. die Ermittlung der lichten Maße zwischen den Bauteilen im Sinne des Absatzes 1 ermöglichen.

Ist die Grundfläche nach einer Bauzeichnung ermittelt worden und ist abweichend von dieser Bauzeichnung gebaut worden, ist die Grundfläche durch Ausmessung im fertig gestellten Wohnraum oder auf Grund einer berichtigten Bauzeichnung neu zu ermitteln.

§ 4
Anrechnung der Grundflächen

Die Grundflächen

1. von Räumen und Raumteilern mit einer lichten Höhe von mindestens zwei Metern sind vollständig.
2. von Räumen und Raumteilern mit einer lichten Höhe von mindestens einem Meter und weniger als zwei Metern sind zur Hälfte,
3. von unbeheizbaren Wintergärten, Schwimmbädern und ähnlichen nach allen Seiten geschlossenen Räumen sind zur Hälfte,
4. von Balkonen, Loggien, Dachgärten und Terrassen sind in der Regel zu einem Viertel, höchstens jedoch zur Hälfte

anzurechnen.

§ 5
Überleitungsvorschrift

Ist die Wohnfläche bis zum 31. Dezember 2003 nach der Zweiten Berechnungsverordnung in der Fassung der Bekanntmachung vom 12. Oktober 1990 (BGBl. I S. 2178), zuletzt geändert durch Artikel 3 der Verordnung vom 25. November 2003 (BGBl. I S. 2346), in der jeweils geltenden Fassung berechnet worden, bleibt es bei dieser Berechnung. Soweit in den in Satz 1 genannten Fällen nach dem 31. Dezember 2003 bauliche Änderungen an dem Wohnraum vorgenommen werden, die eine Neuberechnung der Wohnfläche erforderlich machen, sind die Vorschriften dieser Verordnung anzuwenden.

Verordnung über wohnungswirtschaftliche Berechnungen (Zweite Berechnungsverordnung – II.BV)

vom 12. Oktober 1990 (BGBl. I S. 2178, BStBl. I S. 735)[1)]

– Auszug –

Teil IV
Wohnflächenberechnung

§ 42
Wohnfläche

(1) Ist die Wohnfläche bis zum 31. Dezember 2003 nach dieser Verordnung berechnet worden, bleibt es bei dieser Berechnung. Soweit in den in Satz 1 genannten Fällen nach dem 31. Dezember 2003 bauliche Änderungen an dem Wohnraum vorgenommen werden, die eine Neuberechnung der Wohnfläche erforderlich machen, sind die Vorschriften der Wohnflächenverordnung vom 25. November 2003 (BGBl. I S. 2346) anzuwenden.

§ 43 und § 44 (weggefallen)

---

1) Zuletzt geändert durch das Gesetz vom 23.11.2007 (BGBl. I S. 2614).

Baugesetzbuch
BauGB

in der Fassung vom 23.9.2004 (BGBl. I S. 2414)[1)]

– Auszug –

§ 177
Modernisierungs- und Instandsetzungsgebot

(1) Weist eine bauliche Anlage nach ihrer inneren oder äußeren Beschaffenheit Mißstände oder Mängel auf, deren Beseitigung oder Behebung durch Modernisierung oder Instandsetzung möglich ist, kann die Gemeinde die Beseitigung der Mißstände durch ein Modernisierungsgebot und die Behebung der Mängel durch ein Instandsetzungsgebot anordnen. Zur Beseitigung der Mißstände und zur Behebung der Mängel ist der Eigentümer der baulichen Anlage verpflichtet. In dem Bescheid, durch den die Modernisierung oder Instandsetzung angeordnet wird, sind die zu beseitigenden Mißstände oder zu behebenden Mängel zu bezeichnen und eine angemessene Frist für die Durchführung der erforderlichen Maßnahmen zu bestimmen.

(2) Mißstände liegen insbesondere vor, wenn die bauliche Anlage nicht den allgemeinen Anforderungen an gesunde Wohn- und Arbeitsverhältnisse entspricht.

(3) Mängel liegen insbesondere vor, wenn durch Abnutzung, Alterung, Witterungseinflüsse oder Einwirkungen Dritter
1. die bestimmungsmäßige Nutzung der baulichen Anlage nicht nur unerheblich beeinträchtigt wird,
2. die bauliche Anlage nach ihrer äußeren Beschaffenheit das Straßen- oder Ortsbild nicht nur unerheblich beeinträchtigt oder
3. die bauliche Anlage erneuerungsbedürftig ist und wegen ihrer städtebaulichen, insbesondere geschichtlichen oder künstlerischen Bedeutung erhalten bleiben soll.

Kann die Behebung der Mängel einer baulichen Anlage nach landesrechtlichen Vorschriften auch aus Gründen des Schutzes und der Erhaltung von Baudenkmälern verlangt werden, darf das Instandsetzungsgebot nur mit Zustimmung der zuständigen Landesbehörde erlassen werden. In dem Bescheid über den Erlaß des Instandsetzungsgebots sind die auch aus Gründen des Denkmalschutzes gebotenen Instandsetzungsmaßnahmen besonders zu bezeichnen.

(4) Der Eigentümer hat die Kosten der von der Gemeinde angeordneten Maßnahmen insoweit zu tragen, als er sie durch eigene oder fremde Mittel decken und die sich daraus ergebenden Kapitalkosten sowie die zusätzlich entstehenden Bewirtschaftungskosten aus Erträgen der baulichen Anlage aufbringen kann. Sind dem Eigentümer Kosten entstanden, die er nicht zu tragen hat, hat die Gemeinde sie ihm zu erstatten, soweit nicht eine andere Stelle einen Zuschuß zu ihrer Deckung gewährt. Dies gilt nicht, wenn der Eigentümer aufgrund anderer Rechtsvorschriften verpflichtet ist, die Kosten selbst zu tragen, oder wenn er Instandsetzungen unterlassen hat und nicht nachweisen kann, daß ihre Vornahme wirtschaftlich unvertretbar oder ihm nicht zuzumuten war. Die Gemeinde kann mit dem Eigentümer den Kostenerstattungsbetrag unter Verzicht auf eine Berechnung im Einzelfall als Pauschale in Höhe eines bestimmten Vomhundertsatzes der Modernisierungs- oder Instandsetzungskosten vereinbaren.

(5) Der vom Eigentümer zu tragende Kostenanteil wird nach der Durchführung der Modernisierungs- oder Instandsetzungsmaßnahmen unter Berücksichtigung der Erträge ermittelt, die für die modernisierte oder instandgesetzte bauliche Anlage bei ordentlicher Bewirtschaftung nachhaltig erzielt werden können; dabei sind die mit einem Bebauungsplan, einem Sozialplan, einer städtebaulichen Sanierungsmaßnahme oder einer sonstigen städtebaulichen Maßnahme verfolgten Ziele und Zwecke zu berücksichtigen.

---

1) Zuletzt geändert durch das Gesetz vom 20.11.2014 (BGBl. I S. 1748).

Verordnung über die gesonderte Feststellung von Besteuerungsgrundlagen nach § 180 Abs. 2 der Abgabenordnung (V zu § 180 Abs. 2 AO)

Vom 19. Dezember 1986 (BStBl. 1987 I S. 2) [1) 2)]

Auf Grund des § 180 Abs. 2 der Abgabenordnung vom 16. März 1976 (BGBl. I S. 613), der durch Artikel 1 Nr. 31 des Steuerbereinigungsgesetzes 1986 vom 19. Dezember 1985 (BGBl. I S. 2436) neu gefaßt worden ist, wird mit Zustimmung des Bundesrates verordnet:

§ 1
Gegenstand, Umfang und Voraussetzungen der Feststellung

(1) [1]Besteuerungsgrundlagen, insbesondere einkommensteuerpflichtige oder körperschaftsteuerpflichtige Einkünfte, können ganz oder teilweise gesondert festgestellt werden, wenn der Einkunftserzielung dienende Wirtschaftsgüter, Anlagen oder Einrichtungen

1. von mehreren Personen betrieben, genutzt oder gehalten werden

   oder

2. mehreren Personen getrennt zuzurechnen sind, die bei der Planung, Herstellung, Erhaltung oder dem Erwerb dieser Wirtschaftsgüter, Anlagen oder Einrichtungen gleichartige Rechtsbeziehungen zu Dritten hergestellt oder unterhalten haben (Gesamtobjekt).

[2]Satz 1 Nr. 2 gilt entsprechend

a) bei Wohneigentum, das nicht der Einkunftserzielung dient,

b) bei der Anschaffung von Genossenschaftsanteilen im Sinne des § 17 des Eigenheimzulagengesetzes und

c) bei Mietwohngebäuden,

wenn die Feststellung für die Besteuerung, für die Festsetzung der Eigenheimzulage oder für die Festsetzung der Investitionszulage von Bedeutung ist.

(2) Absatz 1 gilt für die Umsatzsteuer nur, wenn mehrere Unternehmer im Rahmen eines Gesamtobjekts Umsätze ausführen oder empfangen.

(3) Die Feststellung ist gegenüber den in Absatz 1 genannten Personen einheitlich vorzunehmen. Sie kann auf bestimmte Personen beschränkt werden.

§ 2
Örtliche Zuständigkeit

(1) Für Feststellungen in den Fällen des § 1 Abs. 1 Satz 1 Nr. 1 richtet sich die örtliche Zuständigkeit nach § 18 Abs. 1 Nr. 2 der Abgabenordnung. Die Wirtschaftsgüter, Anlagen oder Einrichtungen gelten als gewerblicher Betrieb im Sinne dieser Vorschrift.

(2) Für Feststellungen in den Fällen des § 1 Abs. 1 Satz 1 Nr. 2 und Satz 2 ist das Finanzamt zuständig, das nach § 19 oder § 20 der Abgabenordnung für die Steuern vom Einkommen und Vermögen des Erklärungspflichtigen zuständig ist.

(3) Feststellungen nach § 1 Abs. 2 hat das für die Feststellungen nach § 1 Abs. 1 Satz 1 Nr. 2 zuständige Finanzamt zu treffen.

(4) § 18 Abs. 2 der Abgabenordnung gilt entsprechend.

§ 3
Erklärungspflicht

(1) Eine Erklärung zur gesonderten Feststellung der Besteuerungsgrundlagen haben nach Aufforderung durch die Finanzbehörde abzugeben:

1. in den Fällen des § 1 Abs. 1 Satz 1 Nr. 1 die Personen, die im Feststellungszeitraum die Wirtschaftsgüter, Anlagen oder Einrichtungen betrieben, genutzt oder gehalten haben,

2. in den Fällen des § 1 Abs. 1 Satz 1 Nr. 2 und Satz 2 die Personen, die bei der Planung, Herstellung, Erhaltung, dem Erwerb, der Betreuung, Geschäftsführung oder Verwaltung des Gesamtobjektes für die Feststellungsbeteiligten handeln oder im Feststellungszeitraum gehandelt haben; dies gilt in den Fällen des § 1 Abs. 2 entsprechend.

---

1) Zuletzt geändert durch Art. 4 des Steuerbürokratieabbaugesetzes vom 20.12.2008 (BGBl. I S. 2850).

2) Zur gesonderten Feststellung bei gleichen Sachverhalten vgl. auch BdF-Schreiben vom 2.5.2001 (BStBl. I S. 258).

§ 34 der Abgabenordnung bleibt unberührt.

(2) Die Erklärung ist nach amtlich vorgeschriebenem Vordruck abzugeben und von der zur Abgabe verpflichteten Person eigenhändig zu unterschreiben. Name und Anschrift der Feststellungsbeteiligten sind anzugeben. Der Erklärung ist eine Ermittlung der Besteuerungsgrundlagen beizufügen. Ist Besteuerungsgrundlage ein nach § 4 Abs. 1 oder § 5 des Einkommensteuergesetzes zu ermittelnder Gewinn, gilt § 5b des Einkommensteuergesetzes entsprechend; die Beifügung der in Satz 3 genannten Unterlagen kann in den Fällen des § 5b Abs 1 des Einkommensteuergesetzes unterbleiben.

(3) Die Finanzbehörde kann entsprechend der vorgesehenen Feststellung den Umfang der Erklärung und die zum Nachweis erforderlichen Unterlagen bestimmen.

(4) Hat ein Erklärungspflichtiger eine Erklärung zur gesonderten Feststellung der Besteuerungsgrundlagen abgegeben, sind andere Erklärungspflichtige insoweit von der Erklärungspflicht befreit.

§ 4
Einleitung des Feststellungsverfahrens

Die Finanzbehörde entscheidet nach pflichtgemäßem Ermessen, ob und in welchem Umfang sie ein Feststellungsverfahren durchführt. Hält sie eine gesonderte Feststellung nicht für erforderlich, insbesondere weil das Feststellungsverfahren nicht der einheitlichen Rechtsanwendung und auch nicht der Erleichterung des Besteuerungsverfahrens dient, kann sie dies durch Bescheid feststellen. Der Bescheid gilt als Steuerbescheid.

§ 5
Verfahrensbeteiligte

Als an dem Feststellungsverfahren Beteiligte gelten neben den Beteiligten nach § 78 der Abgabenordnung auch die in § 3 Abs. 1 Nr. 2 genannten Personen.

§ 6
Bekanntgabe

(1) Die am Gegenstand der Feststellung beteiligten Personen sollen einen gemeinsamen Empfangsbevollmächtigten bestellen, der ermächtigt ist, für sie alle Verwaltungsakte und Mitteilungen in Empfang zu nehmen, die mit dem Feststellungsverfahren und dem anschließenden Verfahren über einen außergerichtlichen Rechtsbehelf zusammenhängen. Ein Widerruf der Empfangsvollmacht wird der Finanzbehörde gegenüber erst wirksam, wenn er ihr zugeht. Ist ein Empfangsbevollmächtigter nicht bestellt, kann die Finanzbehörde die Beteiligten auffordern, innerhalb einer angemessenen Frist einen Empfangsbevollmächtigten zu benennen. Hierbei ist ein Beteiligter vorzuschlagen und darauf hinzuweisen, daß diesem die in Satz 1 genannten Verwaltungsakte und Mitteilungen mit Wirkung für und gegen alle Beteiligten bekanntgegeben werden, soweit nicht ein anderer Empfangsbevollmächtigter benannt wird. Bei der Bekanntgabe an den Empfangsbevollmächtigten ist darauf hinzuweisen, daß die Bekanntgabe mit Wirkung für und gegen alle Feststellungsbeteiligten erfolgt.

(2) Der Feststellungsbescheid ist auch den in § 3 Abs. 1 Nr. 2 genannten Personen bekanntzugeben, wenn sie die Erklärung abgegeben haben, aber nicht zum Empfangsbevollmächtigten bestellt sind.

(3) Absatz 1 Sätze 3 und 4 ist insoweit nicht anzuwenden, als der Finanzbehörde bekannt ist, daß zwischen den Feststellungsbeteiligten und dem Empfangsbevollmächtigten ernstliche Meinungsverschiedenheiten bestehen.

(4) Ist Einzelbekanntgabe erforderlich, sind dem Beteiligten nur die ihn betreffenden Besteuerungsgrundlagen bekanntzugeben.

§ 7
Außenprüfung

(1) Eine Außenprüfung zur Ermittlung der Besteuerungsgrundlagen ist bei jedem Verfahrensbeteiligten zulässig.

(2) Die Prüfungsanordnung ist dem Verfahrensbeteiligten bekanntzugeben, bei dem die Außenprüfung durchgeführt werden soll.

§ 8
Feststellungsgegenstand beim Übergang zur Liebhaberei

Dient ein Betrieb von einem bestimmten Zeitpunkt an nicht mehr der Erzielung von Einkünften im Sinne des § 2 Abs. 1 Nr. 1 bis 3 des Einkommensteuergesetzes und liegt deshalb ein Übergang zur Liebhaberei vor, so ist auf diesen Zeitpunkt unabhängig von der Gewinnermittlungsart für jedes Wirtschaftsgut des

Anlagevermögens der Unterschiedsbetrag zwischen dem gemeinen Wert und dem Wert, der nach § 4 Abs. 1 oder nach § 5 des Einkommensteuergesetzes anzusetzen wäre, gesondert und bei mehreren Beteiligten einheitlich festzustellen.

§ 9
Feststellungsgegenstand bei Einsatz von Versicherungen auf den Erlebens- oder Todesfall zu Finanzierungszwecken [1]

Sind für Beiträge zu Versicherungen auf den Erlebens- oder Todesfall die Voraussetzungen für den Sonderausgabenabzug nach § 10 Abs. 1 Nr. 3 Buchstabe b des Einkommensteuergesetzes nicht erfüllt, stellt das für die Einkommensbesteuerung des Versicherungsnehmers zuständige Finanzamt die Steuerpflicht der außerrechnungsmäßigen und rechnungsmäßigen Zinsen aus den in den Beiträgen enthaltenen Sparanteilen (§ 52 Abs. 36 letzter Satz des Einkommensteuergesetzes) gesondert fest.

§ 10
Feststellungsverfahren bei steuerverstrickten Anteilen an Kapitalgesellschaften [2]

(1) ¹Es kann gesondert und bei mehreren Beteiligten einheitlich festgestellt werden,
a) ob und in welchem Umfang im Rahmen der Gründung einer Kapitalgesellschaft oder einer Kapitalerhöhung stille Reserven in Gesellschaftsanteilen, die der Besteuerung nach § 21 des Umwandlungssteuergesetzes oder § 17 des Einkommensteuergesetzes unterliegen (steuerverstrickte Anteile), auf andere Gesellschaftsanteile übergehen (mitverstrickte Anteile),
b) in welchem Umfang die Anschaffungskosten der steuerverstrickten Anteile den mitverstrickten Anteilen zuzurechnen sind,
c) wie hoch die Anschaffungskosten der steuerverstrickten Anteile nach dem Übergang stiller Reserven sowie der mitverstrickten Anteile im Übrigen sind.
²Satz 1 gilt sinngemäß für die Feststellung, ob und inwieweit Anteile an Kapitalgesellschaften unentgeltlich auf andere Steuerpflichtige übertragen werden.
(2) ¹Feststellungen nach Absatz 1 erfolgen durch das Finanzamt, das für die Besteuerung der Kapitalgesellschaft nach § 20 der Abgabenordnung zuständig ist. ²Die Inhaber der von Feststellungen nach Absatz 1 betroffenen Anteile haben eine Erklärung zur gesonderten Feststellung der Besteuerungsgrundlagen abzugeben, wenn sie durch die Finanzbehörde dazu aufgefordert werden. ³§ 3 Abs. 2 bis 4, §§ 4, 6 Abs. 1, 3 und 4 und § 7 sind sinngemäß anzuwenden.

§ 11
Inkrafttreten, Anwendungsvorschriften

Diese Verordnung tritt am Tage nach der Verkündung in Kraft. Sie tritt mit Wirkung vom 25. Dezember 1985 in Kraft, soweit einheitliche und gesonderte Feststellungen nach § 180 Abs. 2 der Abgabenordnung in der bis zum 24. Dezember 1985 geltenden Fassung zulässig waren. § 10 ist für Anteile, bei denen hinsichtlich des Gewinns aus der Veräußerung der Anteile die Steuerfreistellung nach § 8b Abs. 4 des Körperschaftsteuergesetzes in der am 12. Dezember 2006 geltenden Fassung oder nach § 3 Nr. 40 Satz 3 und 4 des Einkommensteuergesetzes in der am 12. Dezember 2006 geltenden Fassung ausgeschlossen ist, weiterhin anzuwenden.

---

1) Siehe dazu auch das BdF-Schreiben vom 27.7.1995 (BStBl. I S. 371 und Anlage § 010-03).
2) § 10 wurde durch Art. 12 des Gesetzes vom 7.12.2006 (BGBl. I S. 2782) aufgehoben. Zur weiteren Anwendung in Altfällen siehe § 11 Satz 3.

Anhang 21 unbesetzt, Anhang 22

ESt-Tabelle 2014 mit SolZ für 2014

Vorbemerkung zur Einkommensteuer-Tabelle 2014

Die nachfolgend abgedruckte Tabelle wurde nach § 32a EStG in der für den Veranlagungszeitraum 2014 geltenden Fassung errechnet. Die Angaben erfolgen ohne Gewähr.

Die Steuerformel lautet:

bis 8 354 Euro (Grundfreibetrag): 0

8 355 Euro bis 13 469 Euro: $ESt = (974{,}58 \times Y + 1\,400) \times Y$
$Y = (zvE - 8\,354) / 10\,000$

13 470 Euro bis 52 881 Euro: $ESt = (228{,}74 \times Z + 2\,397) \times Z + 971$
$Z = (zvE - 13\,469) / 10\,000$

52 882 Euro bis 250 730 Euro: $ESt = 0{,}42 \times zvE - 8\,239$

ab 250 731 Euro: $ESt = 0{,}45 \times zvE - 15\,761$.

Zur Berechnung ist das zu versteuernden Einkommen (zvE) auf den nächsten vollen Euro-Ertrag abzurunden.

Zu versteuerndes Einkommen €	Grundtabelle Einkommensteuer	Grundtabelle Solidaritätszuschlag	Splittingtabelle Einkommensteuer	Splittingtabelle Solidaritätszuschlag	Zu versteuerndes Einkommen €	Grundtabelle Einkommensteuer	Grundtabelle Solidaritätszuschlag	Splittingtabelle Einkommensteuer	Splittingtabelle Solidaritätszuschlag
8 355	–	–	–	–	9 480	169	–	–	–
8 380	3	–	–	–	9 505	174	–	–	–
8 405	7	–	–	–	9 530	178	–	–	–
8 430	10	–	–	–	9 555	182	–	–	–
8 455	14	–	–	–	9 580	186	–	–	–
8 480	17	–	–	–	9 605	190	–	–	–
8 505	21	–	–	–	9 630	194	–	–	–
8 530	24	–	–	–	9 655	198	–	–	–
8 555	28	–	–	–	9 680	202	–	–	–
8 580	32	–	–	–	9 705	206	–	–	–
8 605	35	–	–	–	9 730	211	–	–	–
8 630	39	–	–	–	9 755	215	–	–	–
8 655	43	–	–	–	9 780	219	–	–	–
8 680	46	–	–	–	9 805	223	–	–	–
8 705	50	–	–	–	9 830	227	–	–	–
8 730	54	–	–	–	9 855	232	–	–	–
8 755	57	–	–	–	9 880	236	–	–	–
8 780	61	–	–	–	9 905	240	–	–	–
8 805	65	–	–	–	9 930	244	–	–	–
8 830	68	–	–	–	9 955	249	–	–	–
8 855	72	–	–	–	9 980	253	–	–	–
8 880	76	–	–	–	10 005	257	–	–	–
8 905	80	–	–	–	10 030	262	–	–	–
8 930	83	–	–	–	10 055	266	–	–	–
8 955	87	–	–	–	10 080	270	–	–	–
8 980	91	–	–	–	10 105	275	–	–	–
9 005	95	–	–	–	10 130	279	–	–	–
9 030	99	–	–	–	10 155	283	–	–	–
9 055	102	–	–	–	10 180	288	–	–	–
9 080	106	–	–	–	10 205	292	–	–	–
9 105	110	–	–	–	10 230	296	–	–	–
9 130	114	–	–	–	10 255	301	–	–	–
9 155	118	–	–	–	10 280	305	–	–	–
9 180	122	–	–	–	10 305	310	–	–	–
9 205	126	–	–	–	10 330	314	–	–	–
9 230	130	–	–	–	10 355	319	–	–	–
9 255	134	–	–	–	10 380	323	–	–	–
9 280	137	–	–	–	10 405	328	–	–	–
9 305	141	–	–	–	10 430	332	–	–	–
9 330	145	–	–	–	10 455	337	–	–	–
9 355	149	–	–	–	10 480	341	–	–	–
9 380	153	–	–	–	10 505	346	–	–	–
9 405	157	–	–	–	10 530	350	–	–	–
9 430	161	–	–	–	10 555	355	–	–	–
9 455	165	–	–	–	10 580	359	–	–	–

Bei 14 991 € (Grundtabelle) bzw. 29 982 € (Splittingtabelle) übersteigenden Einkommen beträgt der Solidaritätszuschlag stets 5,5 v. H. der Einkommensteuer. Bruchteile eines Cents bleiben außer Ansatz.

ESt-Tabelle 2014 mit SolZ für 2014 Anhang 22

Zu versteuerndes Einkommen €	Grundtabelle Einkommensteuer	Grundtabelle Solidaritätszuschlag	Splittingtabelle Einkommensteuer	Splittingtabelle Solidaritätszuschlag	Zu versteuerndes Einkommen €	Grundtabelle Einkommensteuer	Grundtabelle Solidaritätszuschlag	Splittingtabelle Einkommensteuer	Splittingtabelle Solidaritätszuschlag
10 605	364	–	–	–	16 100	1 617	88,93	–	–
10 630	369	–	–	–	16 200	1 642	90,31	–	–
10 655	373	–	–	–	16 300	1 667	91,68	–	–
10 680	378	–	–	–	16 400	1 693	93,11	–	–
10 000	256	–	–	–	16 500	1 718	94,49	–	–
10 100	274	–	–	–	16 600	1 743	95,86	–	–
10 200	291	–	–	–	16 700	1 769	97,29	–	–
10 300	309	–	–	–	16 800	1 794	98,67	12	–
10 400	327	–	–	–	16 900	1 820	100,10	26	–
10 500	345	–	–	–	17 000	1 845	101,47	40	–
10 600	363	–	–	–	17 100	1 871	102,90	54	–
10 700	382	–	–	–	17 200	1 897	104,33	70	–
10 800	400	–	–	–	17 300	1 922	105,71	84	–
10 900	419	–	–	–	17 400	1 948	107,14	98	–
11 000	438	–	–	–	17 500	1 974	108,57	112	–
11 100	457	–	–	–	17 600	2 000	110,00	128	–
11 200	477	–	–	–	17 700	2 026	111,43	142	–
11 300	497	–	–	–	17 800	2 052	112,86	158	–
11 400	516	–	–	–	17 900	2 078	114,29	172	–
11 500	536	–	–	–	18 000	2 104	115,72	188	–
11 600	557	–	–	–	18 100	2 130	117,15	204	–
11 700	577	–	–	–	18 200	2 156	118,58	218	–
11 800	598	–	–	–	18 300	2 182	120,01	234	–
11 900	618	–	–	–	18 400	2 208	121,44	250	–
12 000	639	–	–	–	18 500	2 234	122,87	266	–
12 100	661	–	–	–	18 600	2 261	124,35	282	–
12 200	682	–	–	–	18 700	2 287	125,78	298	–
12 300	704	–	–	–	18 800	2 313	127,21	314	–
12 400	725	–	–	–	18 900	2 340	128,70	330	–
12 500	747	–	–	–	19 000	2 366	130,13	346	–
12 600	770	–	–	–	19 100	2 393	131,61	362	–
12 700	792	–	–	–	19 200	2 419	133,04	378	–
12 800	815	–	–	–	19 300	2 446	134,53	394	–
12 900	837	–	–	–	19 400	2 473	136,01	412	–
13 000	860	–	–	–	19 500	2 499	137,44	428	–
13 100	883	–	–	–	19 600	2 526	138,93	444	–
13 200	907	–	–	–	19 700	2 553	140,41	462	–
13 300	930	–	–	–	19 800	2 580	141,90	478	–
13 400	954	–	–	–	19 900	2 607	143,38	496	–
13 500	978	1,20	–	–	20 000	2 634	144,87	512	–
13 600	1 002	6,00	–	–	20 100	2 661	146,35	530	–
13 700	1 026	10,80	–	–	20 200	2 688	147,84	548	–
13 800	1 050	15,60	–	–	20 300	2 715	149,32	564	–
13 900	1 074	20,40	–	–	20 400	2 742	150,81	582	–
14 000	1 098	25,20	–	–	20 500	2 769	152,29	600	–
14 100	1 123	30,20	–	–	20 600	2 796	153,78	618	–
14 200	1 147	35,00	–	–	20 700	2 823	155,26	636	–
14 300	1 171	39,80	–	–	20 800	2 851	156,80	654	–
14 400	1 196	44,80	–	–	20 900	2 878	158,29	672	–
14 500	1 220	49,60	–	–	21 000	2 905	159,77	690	–
14 600	1 245	54,60	–	–	21 100	2 933	161,31	708	–
14 700	1 269	59,40	–	–	21 200	2 960	162,80	726	–
14 800	1 294	64,40	–	–	21 300	2 988	164,34	744	–
14 900	1 318	69,20	–	–	21 400	3 015	165,82	764	–
15 000	1 343	73,86	–	–	21 500	3 043	167,36	782	–
15 100	1 368	75,24	–	–	21 600	3 071	168,90	800	–
15 200	1 392	76,56	–	–	21 700	3 098	170,39	820	–
15 300	1 417	77,93	–	–	21 800	3 126	171,93	838	–
15 400	1 442	79,31	–	–	21 900	3 154	173,47	858	–
15 500	1 467	80,68	–	–	22 000	3 182	175,01	876	–
15 600	1 492	82,06	–	–	22 100	3 210	176,55	896	–
15 700	1 517	83,43	–	–	22 200	3 238	178,09	914	–
15 800	1 542	84,81	–	–	22 300	3 266	179,63	934	–
15 900	1 567	86,18	–	–	22 400	3 294	181,17	954	–
16 000	1 592	87,56	–	–	22 500	3 322	182,71	974	–

Bei 14 991 € (Grundtabelle) bzw. 29 982 € (Splittingtabelle) übersteigenden Einkommen beträgt der Solidaritätszuschlag stets 5,5 v. H. der Einkommensteuer. Bruchteile eines Cents bleiben außer Ansatz.

Anhang 22

ESt-Tabelle 2014 mit SolZ für 2014

Zu versteuerndes Einkommen €	Grundtabelle Einkommensteuer	Grundtabelle Solidaritätszuschlag	Splittingtabelle Einkommensteuer	Splittingtabelle Solidaritätszuschlag	Zu versteuerndes Einkommen €	Grundtabelle Einkommensteuer	Grundtabelle Solidaritätszuschlag	Splittingtabelle Einkommensteuer	Splittingtabelle Solidaritätszuschlag
22 600	3 350	184,25	994	–	29 100	5 276	290,18	2 464	104,00
22 700	3 378	185,79	1 012	–	29 200	5 307	291,88	2 490	109,20
22 800	3 406	187,33	1 032	–	29 300	5 338	293,59	2 514	114,00
22 900	3 435	188,92	1 052	–	29 400	5 370	295,35	2 538	118,80
23 000	3 463	190,46	1 072	–	29 500	5 401	297,05	2 562	123,60
23 100	3 491	192,00	1 092	–	29 600	5 432	298,76	2 588	128,80
23 200	3 520	193,60	1 114	–	29 700	5 464	300,52	2 612	133,60
23 300	3 548	195,14	1 134	–	29 800	5 495	302,22	2 636	138,40
23 400	3 577	196,73	1 154	–	29 900	5 527	303,98	2 662	143,60
23 500	3 605	198,27	1 174	–	30 000	5 558	305,69	2 686	147,73
23 600	3 634	199,87	1 196	–	30 100	5 590	307,45	2 710	149,05
23 700	3 662	201,41	1 216	–	30 200	5 621	309,15	2 736	150,48
23 800	3 691	203,00	1 236	–	30 300	5 653	310,91	2 760	151,80
23 900	3 720	204,60	1 258	–	30 400	5 685	312,67	2 784	153,12
24 000	3 748	206,14	1 278	–	30 500	5 716	314,38	2 810	154,55
24 100	3 777	207,73	1 300	–	30 600	5 748	316,14	2 834	155,87
24 200	3 806	209,33	1 322	–	30 700	5 780	317,90	2 858	157,19
24 300	3 835	210,92	1 342	–	30 800	5 812	319,66	2 884	158,62
24 400	3 864	212,52	1 364	–	30 900	5 844	321,42	2 908	159,94
24 500	3 893	214,11	1 386	–	31 000	5 876	323,18	2 934	161,37
24 600	3 922	215,71	1 408	–	31 100	5 908	324,94	2 958	162,69
24 700	3 951	217,30	1 430	–	31 200	5 940	326,70	2 984	164,12
24 800	3 980	218,90	1 450	–	31 300	5 972	328,46	3 008	165,44
24 900	4 009	220,49	1 472	–	31 400	6 004	330,22	3 034	166,87
25 000	4 039	222,14	1 494	–	31 500	6 036	331,98	3 058	168,19
25 100	4 068	223,74	1 518	–	31 600	6 068	333,74	3 084	169,62
25 200	4 097	225,33	1 540	–	31 700	6 101	335,55	3 108	170,94
25 300	4 127	226,98	1 562	–	31 800	6 133	337,31	3 134	172,37
25 400	4 156	228,58	1 584	–	31 900	6 165	339,07	3 158	173,69
25 500	4 185	230,17	1 606	–	32 000	6 198	340,89	3 184	175,12
25 600	4 215	231,82	1 630	–	32 100	6 230	342,65	3 208	176,44
25 700	4 244	233,42	1 652	–	32 200	6 263	344,46	3 234	177,87
25 800	4 274	235,07	1 674	–	32 300	6 295	346,22	3 260	179,30
25 900	4 304	236,72	1 698	–	32 400	6 328	348,04	3 284	180,62
26 000	4 333	238,31	1 720	–	32 500	6 361	349,85	3 310	182,05
26 100	4 363	239,96	1 744	–	32 600	6 393	351,61	3 334	183,37
26 200	4 393	241,61	1 766	–	32 700	6 426	353,43	3 360	184,80
26 300	4 423	243,26	1 790	–	32 800	6 459	355,24	3 386	186,23
26 400	4 453	244,91	1 814	–	32 900	6 492	357,06	3 410	187,55
26 500	4 482	246,51	1 838	–	33 000	6 525	358,87	3 436	188,98
26 600	4 512	248,16	1 860	–	33 100	6 558	360,69	3 462	190,41
26 700	4 542	249,81	1 884	–	33 200	6 591	362,50	3 486	191,73
26 800	4 572	251,46	1 908	–	33 300	6 624	364,32	3 512	193,16
26 900	4 603	253,16	1 932	–	33 400	6 657	366,13	3 538	194,59
27 000	4 633	254,81	1 956	2,40	33 500	6 690	367,95	3 564	196,02
27 100	4 663	256,46	1 980	7,20	33 600	6 723	369,76	3 588	197,34
27 200	4 693	258,11	2 004	12,00	33 700	6 756	371,58	3 614	198,77
27 300	4 723	259,76	2 028	16,80	33 800	6 789	373,39	3 640	200,20
27 400	4 754	261,47	2 052	21,60	33 900	6 823	375,26	3 666	201,63
27 500	4 784	263,12	2 076	26,40	34 000	6 856	377,08	3 690	202,95
27 600	4 814	264,77	2 100	31,20	34 100	6 889	378,89	3 716	204,38
27 700	4 845	266,47	2 124	36,00	34 200	6 923	380,76	3 742	205,81
27 800	4 875	268,12	2 148	40,80	34 300	6 956	382,58	3 768	207,24
27 900	4 906	269,83	2 172	45,60	34 400	6 990	384,45	3 794	208,67
28 000	4 937	271,53	2 196	50,40	34 500	7 023	386,26	3 820	210,10
28 100	4 967	273,18	2 222	55,60	34 600	7 057	388,13	3 844	211,42
28 200	4 998	274,89	2 246	60,40	34 700	7 091	390,00	3 870	212,85
28 300	5 029	276,59	2 270	65,20	34 800	7 124	391,82	3 896	214,28
28 400	5 059	278,24	2 294	70,00	34 900	7 158	393,69	3 922	215,71
28 500	5 090	279,95	2 318	74,80	35 000	7 192	395,56	3 948	217,14
28 600	5 121	281,65	2 342	79,60	35 100	7 226	397,43	3 974	218,57
28 700	5 152	283,36	2 366	84,40	35 200	7 260	399,30	4 000	220,00
28 800	5 183	285,06	2 392	89,60	35 300	7 294	401,17	4 026	221,43
28 900	5 214	286,77	2 416	94,40	35 400	7 328	403,04	4 052	222,86
29 000	5 245	288,47	2 440	99,20	35 500	7 362	404,91	4 078	224,29

Bei 14 991 € (Grundtabelle) bzw. 29 982 € (Splittingtabelle) übersteigendem Einkommen beträgt der Solidaritätszuschlag stets 5,5 v. H. der Einkommensteuer. Bruchteile eines Cents bleiben außer Ansatz.

ESt-Tabelle 2014 mit SolZ für 2014 — Anhang 22

Zu versteuerndes Einkommen €	Grundtabelle Einkommensteuer	Splittingtabelle Einkommensteuer	Zu versteuerndes Einkommen €	Grundtabelle Einkommensteuer	Splittingtabelle Einkommensteuer	Zu versteuerndes Einkommen €	Grundtabelle Einkommensteuer	Splittingtabelle Einkommensteuer
35 600	7 396	4 104	42 100	9 708	5 838	48 600	12 214	7 670
35 700	7 430	4 130	42 200	9 746	5 866	48 700	12 255	7 698
35 800	7 464	4 156	42 300	9 783	5 894	48 800	12 295	7 728
35 900	7 498	4 182	42 400	9 820	5 920	48 900	12 335	7 756
36 000	7 532	4 208	42 500	9 857	5 948	49 000	12 375	7 786
36 100	7 567	4 234	42 600	9 894	5 976	49 100	12 415	7 814
36 200	7 601	4 260	42 700	9 932	6 004	49 200	12 456	7 844
36 300	7 635	4 286	42 800	9 969	6 030	49 300	12 496	7 874
36 400	7 670	4 312	42 900	10 006	6 058	49 400	12 536	7 902
36 500	7 704	4 338	43 000	10 044	6 086	49 500	12 577	7 932
36 600	7 739	4 364	43 100	10 081	6 114	49 600	12 617	7 960
36 700	7 773	4 390	43 200	10 119	6 142	49 700	12 658	7 990
36 800	7 808	4 416	43 300	10 157	6 170	49 800	12 698	8 018
36 900	7 843	4 442	43 400	10 194	6 196	49 900	12 739	8 048
37 000	7 877	4 468	43 500	10 232	6 224	50 000	12 780	8 078
37 100	7 912	4 494	43 600	10 270	6 252	50 100	12 820	8 106
37 200	7 947	4 522	43 700	10 307	6 280	50 200	12 861	8 136
37 300	7 982	4 548	43 800	10 345	6 308	50 300	12 902	8 166
37 400	8 017	4 574	43 900	10 383	6 336	50 400	12 943	8 194
37 500	8 052	4 600	44 000	10 421	6 364	50 500	12 984	8 224
37 600	8 087	4 626	44 100	10 459	6 392	50 600	13 024	8 254
37 700	8 122	4 654	44 200	10 497	6 420	50 700	13 065	8 282
37 800	8 157	4 680	44 300	10 535	6 448	50 800	13 106	8 312
37 900	8 192	4 706	44 400	10 573	6 476	50 900	13 148	8 342
38 000	8 227	4 732	44 500	10 611	6 504	51 000	13 189	8 370
38 100	8 262	4 760	44 600	10 649	6 532	51 100	13 230	8 400
38 200	8 298	4 786	44 700	10 688	6 560	51 200	13 271	8 430
38 300	8 333	4 812	44 800	10 726	6 588	51 300	13 312	8 460
38 400	8 368	4 838	44 900	10 764	6 616	51 400	13 354	8 488
38 500	8 404	4 866	45 000	10 803	6 644	51 500	13 395	8 518
38 600	8 439	4 892	45 100	10 841	6 672	51 600	13 436	8 548
38 700	8 475	4 918	45 200	10 880	6 700	51 700	13 478	8 578
38 800	8 510	4 946	45 300	10 918	6 728	51 800	13 519	8 608
38 900	8 546	4 972	45 400	10 957	6 756	51 900	13 561	8 638
39 000	8 581	4 998	45 500	10 995	6 784	52 000	13 602	8 666
39 100	8 617	5 026	45 600	11 034	6 812	52 100	13 644	8 696
39 200	8 653	5 052	45 700	11 073	6 840	52 200	13 686	8 726
39 300	8 688	5 078	45 800	11 111	6 870	52 300	13 727	8 756
39 400	8 724	5 106	45 900	11 150	6 898	52 400	13 769	8 786
39 500	8 760	5 132	46 000	11 189	6 926	52 500	13 811	8 816
39 600	8 796	5 160	46 100	11 228	6 954	52 600	13 853	8 846
39 700	8 832	5 186	46 200	11 267	6 982	52 700	13 895	8 876
39 800	8 868	5 214	46 300	11 306	7 010	52 800	13 937	8 906
39 900	8 904	5 240	46 400	11 345	7 040	52 900	13 979	8 934
40 000	8 940	5 268	46 500	11 384	7 068	53 000	14 021	8 964
40 100	8 976	5 294	46 600	11 423	7 096	53 100	14 063	8 994
40 200	9 012	5 322	46 700	11 462	7 124	53 200	14 105	9 024
40 300	9 049	5 348	46 800	11 501	7 154	53 300	14 147	9 054
40 400	9 085	5 376	46 900	11 540	7 182	53 400	14 189	9 084
40 500	9 121	5 402	47 000	11 580	7 210	53 500	14 231	9 114
40 600	9 158	5 430	47 100	11 619	7 238	53 600	14 273	9 144
40 700	9 194	5 456	47 200	11 658	7 268	53 700	14 315	9 174
40 800	9 230	5 484	47 300	11 698	7 296	53 800	14 357	9 206
40 900	9 267	5 510	47 400	11 737	7 324	53 900	14 399	9 236
41 000	9 303	5 538	47 500	11 777	7 354	54 000	14 441	9 266
41 100	9 340	5 566	47 600	11 816	7 382	54 100	14 483	9 296
41 200	9 377	5 592	47 700	11 856	7 410	54 200	14 525	9 326
41 300	9 413	5 620	47 800	11 896	7 440	54 300	14 567	9 356
41 400	9 450	5 646	47 900	11 935	7 468	54 400	14 609	9 386
41 500	9 487	5 674	48 000	11 975	7 496	54 500	14 651	9 416
41 600	9 524	5 702	48 100	12 015	7 526	54 600	14 693	9 446
41 700	9 561	5 728	48 200	12 055	7 554	54 700	14 735	9 478
41 800	9 597	5 756	48 300	12 095	7 584	54 800	14 777	9 508
41 900	9 634	5 784	48 400	12 134	7 612	54 900	14 819	9 538
42 000	9 671	5 810	48 500	12 174	7 642	55 000	14 861	9 568

Bei 14 991 € (Grundtabelle) bzw. 29 982 € (Splittingtabelle) übersteigenden Einkommen beträgt der Solidaritätszuschlag stets 5,5 v. H. der Einkommensteuer. Bruchteile eines Cents bleiben außer Ansatz.

Anhang 22

ESt-Tabelle 2014 mit SolZ für 2014

Zu versteuerndes Einkommen €	Gundtabelle Einkommensteuer	Splittingtabelle Einkommensteuer	Zu versteuerndes Einkommen €	Gundtabelle Einkommensteuer	Splittingtabelle Einkommensteuer	Zu versteuerndes Einkommen €	Gundtabelle Einkommensteuer	Splittingtabelle Einkommensteuer
55 100	14 903	9 598	61 600	17 633	11 624	68 100	20 363	13 746
55 200	14 945	9 628	61 700	17 675	11 656	68 200	20 405	13 778
55 300	14 987	9 660	61 800	17 717	11 688	68 300	20 447	13 812
55 400	15 029	9 690	61 900	17 759	11 720	68 400	20 489	13 846
55 500	15 071	9 720	62 000	17 801	11 752	68 500	20 531	13 880
55 600	15 113	9 750	62 100	17 843	11 784	68 600	20 573	13 912
55 700	15 155	9 782	62 200	17 885	11 816	68 700	20 615	13 946
55 800	15 197	9 812	62 300	17 927	11 848	68 800	20 657	13 980
55 900	15 239	9 842	62 400	17 969	11 880	68 900	20 699	14 014
56 000	15 281	9 874	62 500	18 011	11 912	69 000	20 741	14 046
56 100	15 323	9 904	62 600	18 053	11 944	69 100	20 783	14 080
56 200	15 365	9 934	62 700	18 095	11 976	69 200	20 825	14 114
56 300	15 407	9 966	62 800	18 137	12 008	69 300	20 867	14 148
56 400	15 449	9 996	62 900	18 179	12 040	69 400	20 909	14 182
56 500	15 491	10 026	63 000	18 221	12 072	69 500	20 951	14 214
56 600	15 533	10 058	63 100	18 263	12 104	69 600	20 993	14 248
56 700	15 575	10 088	63 200	18 305	12 136	69 700	21 035	14 282
56 800	15 617	10 118	63 300	18 347	12 170	69 800	21 077	14 316
56 900	15 659	10 150	63 400	18 389	12 202	69 900	21 119	14 350
57 000	15 701	10 180	63 500	18 431	12 234	70 000	21 161	14 384
57 100	15 743	10 212	63 600	18 473	12 266	70 100	21 203	14 418
57 200	15 785	10 242	63 700	18 515	12 298	70 200	21 245	14 452
57 300	15 827	10 274	63 800	18 557	12 330	70 300	21 287	14 486
57 400	15 869	10 304	63 900	18 599	12 364	70 400	21 329	14 520
57 500	15 911	10 334	64 000	18 641	12 396	70 500	21 371	14 554
57 600	15 953	10 366	64 100	18 683	12 428	70 600	21 413	14 588
57 700	15 995	10 396	64 200	18 725	12 460	70 700	21 455	14 622
57 800	16 037	10 428	64 300	18 767	12 494	70 800	21 497	14 656
57 900	16 079	10 458	64 400	18 809	12 526	70 900	21 539	14 690
58 000	16 121	10 490	64 500	18 851	12 558	71 000	21 581	14 724
58 100	16 163	10 522	64 600	18 893	12 590	71 100	21 623	14 758
58 200	16 205	10 552	64 700	18 935	12 624	71 200	21 665	14 792
58 300	16 247	10 584	64 800	18 977	12 656	71 300	21 707	14 826
58 400	16 289	10 614	64 900	19 019	12 688	71 400	21 749	14 860
58 500	16 331	10 646	65 000	19 061	12 722	71 500	21 791	14 894
58 600	16 373	10 676	65 100	19 103	12 754	71 600	21 833	14 928
58 700	16 415	10 708	65 200	19 145	12 786	71 700	21 875	14 962
58 800	16 457	10 740	65 300	19 187	12 820	71 800	21 917	14 996
58 900	16 499	10 770	65 400	19 229	12 852	71 900	21 959	15 030
59 000	16 541	10 802	65 500	19 271	12 886	72 000	22 001	15 064
59 100	16 583	10 834	65 600	19 313	12 918	72 100	22 043	15 100
59 200	16 625	10 864	65 700	19 355	12 950	72 200	22 085	15 134
59 300	16 667	10 896	65 800	19 397	12 984	72 300	22 127	15 168
59 400	16 709	10 928	65 900	19 439	13 016	72 400	22 169	15 202
59 500	16 751	10 958	66 000	19 481	13 050	72 500	22 211	15 236
59 600	16 793	10 990	66 100	19 523	13 082	72 600	22 253	15 270
59 700	16 835	11 022	66 200	19 565	13 116	72 700	22 295	15 306
59 800	16 877	11 054	66 300	19 607	13 148	72 800	22 337	15 340
59 900	16 919	11 084	66 400	19 649	13 182	72 900	22 379	15 374
60 000	16 961	11 116	66 500	19 691	13 214	73 000	22 421	15 408
60 100	17 003	11 148	66 600	19 733	13 248	73 100	22 463	15 444
60 200	17 045	11 180	66 700	19 775	13 280	73 200	22 505	15 478
60 300	17 087	11 210	66 800	19 817	13 314	73 300	22 547	15 512
60 400	17 129	11 242	66 900	19 859	13 346	73 400	22 589	15 546
60 500	17 171	11 274	67 000	19 901	13 380	73 500	22 631	15 582
60 600	17 213	11 306	67 100	19 943	13 412	73 600	22 673	15 616
60 700	17 255	11 338	67 200	19 985	13 446	73 700	22 715	15 650
60 800	17 297	11 370	67 300	20 027	13 478	73 800	22 757	15 686
60 900	17 339	11 400	67 400	20 069	13 512	73 900	22 799	15 720
61 000	17 381	11 432	67 500	20 111	13 546	74 000	22 841	15 754
61 100	17 423	11 464	67 600	20 153	13 578	74 100	22 883	15 790
61 200	17 465	11 496	67 700	20 195	13 612	74 200	22 925	15 824
61 300	17 507	11 528	67 800	20 237	13 646	74 300	22 967	15 860
61 400	17 549	11 560	67 900	20 279	13 678	74 400	23 009	15 894
61 500	17 591	11 592	68 000	20 321	13 712	74 500	23 051	15 928

Bei 14 991 € (Grundtabelle) bzw. 29 982 € (Splittingtabelle) übersteigenden Einkommen beträgt der Solidaritätszuschlag stets 5,5 v. H. der Einkommensteuer. Bruchteile eines Cents bleiben außer Ansatz.

ESt-Tabelle 2014 mit SolZ für 2014 — Anhang 22

Zu versteuerndes Einkommen €	Grundtabelle Einkommensteuer	Splittingtabelle Einkommensteuer
74 600	23 093	15 964
74 700	23 135	15 998
74 800	23 177	16 034
74 900	23 219	16 068
75 000	23 261	16 104
75 100	23 303	16 138
75 200	23 345	16 174
75 300	23 387	16 208
75 400	23 429	16 244
75 500	23 471	16 278
75 600	23 513	16 314
75 700	23 555	16 348
75 800	23 597	16 384
75 900	23 639	16 418
76 000	23 681	16 454
76 100	23 723	16 490
76 200	23 765	16 524
76 300	23 807	16 560
76 400	23 849	16 596
76 500	23 891	16 630
76 600	23 933	16 666
76 700	23 975	16 702
76 800	24 017	16 736
76 900	24 059	16 772
77 000	24 101	16 808
77 100	24 143	16 842
77 200	24 185	16 878
77 300	24 227	16 914
77 400	24 269	16 950
77 500	24 311	16 984
77 600	24 353	17 020
77 700	24 395	17 056
77 800	24 437	17 092
77 900	24 479	17 126
78 000	24 521	17 162
78 100	24 563	17 198
78 200	24 605	17 234
78 300	24 647	17 270
78 400	24 689	17 306
78 500	24 731	17 342
78 600	24 773	17 376
78 700	24 815	17 412
78 800	24 857	17 448
78 900	24 899	17 484
79 000	24 941	17 520
79 100	24 983	17 556
79 200	25 025	17 592
79 300	25 067	17 628
79 400	25 109	17 664
79 500	25 151	17 700
79 600	25 193	17 736
79 700	25 235	17 772
79 800	25 277	17 808
79 900	25 319	17 844
80 000	25 361	17 880
80 100	25 403	17 916
80 200	25 445	17 952
80 300	25 487	17 988
80 400	25 529	18 024
80 500	25 571	18 060
80 600	25 613	18 098
80 700	25 655	18 134
80 800	25 697	18 170
80 900	25 739	18 206
81 000	25 781	18 242
81 100	25 823	18 278
81 200	25 865	18 316
81 300	25 907	18 352
81 400	25 949	18 388
81 500	25 991	18 424
81 600	26 033	18 460
81 700	26 075	18 498
81 800	26 117	18 534
81 900	26 159	18 570
82 000	26 201	18 606
82 100	26 243	18 644
82 200	26 285	18 680
82 300	26 327	18 716
82 400	26 369	18 754
82 500	26 411	18 790
82 600	26 453	18 826
82 700	26 495	18 864
82 800	26 537	18 900
82 900	26 579	18 936
83 000	26 621	18 974
83 100	26 663	19 010
83 200	26 705	19 048
83 300	26 747	19 084
83 400	26 789	19 122
83 500	26 831	19 158
83 600	26 873	19 194
83 700	26 915	19 232
83 800	26 957	19 268
83 900	26 999	19 306
84 000	27 041	19 342
84 100	27 083	19 380
84 200	27 125	19 416
84 300	27 167	19 454
84 400	27 209	19 492
84 500	27 251	19 528
84 600	27 293	19 566
84 700	27 335	19 602
84 800	27 377	19 640
84 900	27 419	19 676
85 000	27 461	19 714
85 100	27 503	19 752
85 200	27 545	19 788
85 300	27 587	19 826
85 400	27 629	19 864
85 500	27 671	19 900
85 600	27 713	19 938
85 700	27 755	19 976
85 800	27 797	20 012
85 900	27 839	20 050
86 000	27 881	20 088
86 100	27 923	20 126
86 200	27 965	20 162
86 300	28 007	20 200
86 400	28 049	20 238
86 500	28 091	20 276
86 600	28 133	20 314
86 700	28 175	20 350
86 800	28 217	20 388
86 900	28 259	20 426
87 000	28 301	20 464
87 100	28 343	20 502
87 200	28 385	20 540
87 300	28 427	20 576
87 400	28 469	20 614
87 500	28 511	20 652
87 600	28 553	20 690
87 700	28 595	20 728
87 800	28 637	20 766
87 900	28 679	20 804
88 000	28 721	20 842
88 100	28 763	20 880
88 200	28 805	20 918
88 300	28 847	20 956
88 400	28 889	20 994
88 500	28 931	21 032
88 600	28 973	21 070
88 700	29 015	21 108
88 800	29 057	21 146
88 900	29 099	21 184
89 000	29 141	21 222
89 100	29 183	21 260
89 200	29 225	21 298
89 300	29 267	21 338
89 400	29 309	21 376
89 500	29 351	21 414
89 600	29 393	21 452
89 700	29 435	21 490
89 800	29 477	21 528
89 900	29 519	21 566
90 000	29 561	21 606
90 100	29 603	21 644
90 200	29 645	21 682
90 300	29 687	21 720
90 400	29 729	21 760
90 500	29 771	21 798
90 600	29 813	21 836
90 700	29 855	21 874
90 800	29 897	21 914
90 900	29 939	21 952
91 000	29 981	21 990
91 100	30 023	22 028
91 200	30 065	22 068
91 300	30 107	22 106
91 400	30 149	22 146
91 500	30 191	22 184
91 600	30 233	22 222
91 700	30 275	22 262
91 800	30 317	22 300
91 900	30 359	22 338
92 000	30 401	22 378
92 100	30 443	22 416
92 200	30 485	22 456
92 300	30 527	22 494
92 400	30 569	22 534
92 500	30 611	22 572
92 600	30 653	22 612
92 700	30 695	22 650
92 800	30 737	22 690
92 900	30 779	22 728
93 000	30 821	22 768
93 100	30 863	22 806
93 200	30 905	22 846
93 300	30 947	22 884
93 400	30 989	22 924
93 500	31 031	22 964
93 600	31 073	23 002
93 700	31 115	23 042
93 800	31 157	23 080
93 900	31 199	23 120
94 000	31 241	23 160

Bei 14 991 € (Grundtabelle) bzw. 29 982 € (Splittingtabelle) übersteigenden Einkommen beträgt der Solidaritätszuschlag stets 5,5 v. H. der Einkommensteuer. Bruchteile eines Cents bleiben außer Ansatz.

Anhang 22

ESt-Tabelle 2014 mit SolZ für 2014

Zu versteuerndes Einkommen €	Gundtabelle Einkommensteuer	Splittingtabelle Einkommensteuer	Zu versteuerndes Einkommen €	Gundtabelle Einkommensteuer	Splittingtabelle Einkommensteuer	Zu versteuerndes Einkommen €	Gundtabelle Einkommensteuer	Splittingtabelle Einkommensteuer
94 100	31 283	23 198	100 600	34 013	25 804	107 100	36 743	28 504
94 200	31 325	23 238	100 700	34 055	25 844	107 200	36 785	28 546
94 300	31 367	23 278	100 800	34 097	25 886	107 300	36 827	28 588
94 400	31 409	23 316	100 900	34 139	25 926	107 400	36 869	28 630
94 500	31 451	23 356	101 000	34 181	25 968	107 500	36 911	28 672
94 600	31 493	23 396	101 100	34 223	26 008	107 600	36 953	28 714
94 700	31 535	23 436	101 200	34 265	26 048	107 700	36 995	28 756
94 800	31 577	23 474	101 300	34 307	26 090	107 800	37 037	28 798
94 900	31 619	23 514	101 400	34 349	26 130	107 900	37 079	28 840
95 000	31 661	23 554	101 500	34 391	26 172	108 000	37 121	28 882
95 100	31 703	23 594	101 600	34 433	26 212	108 100	37 163	28 924
95 200	31 745	23 632	101 700	34 475	26 254	108 200	37 205	28 966
95 300	31 787	23 672	101 800	34 517	26 296	108 300	37 247	29 008
95 400	31 829	23 712	101 900	34 559	26 336	108 400	37 289	29 050
95 500	31 871	23 752	102 000	34 601	26 378	108 500	37 331	29 092
95 600	31 913	23 792	102 100	34 643	26 418	108 600	37 373	29 134
95 700	31 955	23 830	102 200	34 685	26 460	108 700	37 415	29 176
95 800	31 997	23 870	102 300	34 727	26 500	108 800	37 457	29 218
95 900	32 039	23 910	102 400	34 769	26 542	108 900	37 499	29 260
96 000	32 081	23 950	102 500	34 811	26 584	109 000	37 541	29 302
96 100	32 123	23 990	102 600	34 853	26 624	109 100	37 583	29 344
96 200	32 165	24 030	102 700	34 895	26 666	109 200	37 625	29 386
96 300	32 207	24 070	102 800	34 937	26 708	109 300	37 667	29 428
96 400	32 249	24 110	102 900	34 979	26 748	109 400	37 709	29 470
96 500	32 291	24 150	103 000	35 021	26 790	109 500	37 751	29 512
96 600	32 333	24 190	103 100	35 063	26 832	109 600	37 793	29 554
96 700	32 375	24 230	103 200	35 105	26 872	109 700	37 835	29 596
96 800	32 417	24 268	103 300	35 147	26 914	109 800	37 877	29 638
96 900	32 459	24 308	103 400	35 189	26 956	109 900	37 919	29 680
97 000	32 501	24 348	103 500	35 231	26 996	110 000	37 961	29 722
97 100	32 543	24 388	103 600	35 273	27 038	110 100	38 003	29 764
97 200	32 585	24 428	103 700	35 315	27 080	110 200	38 045	29 806
97 300	32 627	24 470	103 800	35 357	27 122	110 300	38 087	29 848
97 400	32 669	24 510	103 900	35 399	27 164	110 400	38 129	29 890
97 500	32 711	24 550	104 000	35 441	27 204	110 500	38 171	29 932
97 600	32 753	24 590	104 100	35 483	27 246	110 600	38 213	29 974
97 700	32 795	24 630	104 200	35 525	27 288	110 700	38 255	30 016
97 800	32 837	24 670	104 300	35 567	27 330	110 800	38 297	30 058
97 900	32 879	24 710	104 400	35 609	27 372	110 900	38 339	30 100
98 000	32 921	24 750	104 500	35 651	27 412	111 000	38 381	30 142
98 100	32 963	24 790	104 600	35 693	27 454	111 100	38 423	30 184
98 200	33 005	24 830	104 700	35 735	27 496	111 200	38 465	30 226
98 300	33 047	24 870	104 800	35 777	27 538	111 300	38 507	30 268
98 400	33 089	24 912	104 900	35 819	27 580	111 400	38 549	30 310
98 500	33 131	24 952	105 000	35 861	27 622	111 500	38 591	30 352
98 600	33 173	24 992	105 100	35 903	27 664	111 600	38 633	30 394
98 700	33 215	25 032	105 200	35 945	27 706	111 700	38 675	30 436
98 800	33 257	25 072	105 300	35 987	27 748	111 800	38 717	30 478
98 900	33 299	25 112	105 400	36 029	27 790	111 900	38 759	30 520
99 000	33 341	25 154	105 500	36 071	27 832	112 000	38 801	30 562
99 100	33 383	25 194	105 600	36 113	27 874	112 100	38 843	30 604
99 200	33 425	25 234	105 700	36 155	27 916	112 200	38 885	30 646
99 300	33 467	25 274	105 800	36 197	27 958	112 300	38 927	30 688
99 400	33 509	25 316	105 900	36 239	28 000	112 400	38 969	30 730
99 500	33 551	25 356	106 000	36 281	28 042	112 500	39 011	30 772
99 600	33 593	25 396	106 100	36 323	28 084	112 600	39 053	30 814
99 700	33 635	25 438	106 200	36 365	28 126	112 700	39 095	30 856
99 800	33 677	25 478	106 300	36 407	28 168	112 800	39 137	30 898
99 900	33 719	25 518	106 400	36 449	28 210	112 900	39 179	30 940
100 000	33 761	25 560	106 500	36 491	28 252	113 000	39 221	30 982
100 100	33 803	25 600	106 600	36 533	28 294	113 100	39 263	31 024
100 200	33 845	25 640	106 700	36 575	28 336	113 200	39 305	31 066
100 300	33 887	25 682	106 800	36 617	28 378	113 300	39 347	31 108
100 400	33 929	25 722	106 900	36 659	28 420	113 400	39 389	31 150
100 500	33 971	25 762	107 000	36 701	28 462	113 500	39 431	31 192

Bei 14 991 € (Grundtabelle) bzw. 29 982 € (Splittingtabelle) übersteigenden Einkommen beträgt der Solidaritätszuschlag stets 5,5 v. H. der Einkommensteuer. Bruchteile eines Cents bleiben außer Ansatz.

ESt-Tabelle 2014 mit SolZ für 2014 — Anhang 22

Zu versteuerndes Einkommen €	Gundtabelle Einkommensteuer	Splittingtabelle Einkommensteuer	Zu versteuerndes Einkommen €	Gundtabelle Einkommensteuer	Splittingtabelle Einkommensteuer	Zu versteuerndes Einkommen €	Gundtabelle Einkommensteuer	Splittingtabelle Einkommensteuer
113 600	39 473	31 234	120 100	42 203	33 964	126 600	44 933	36 694
113 700	39 515	31 276	120 200	42 245	34 006	126 700	44 975	36 736
113 800	39 557	31 318	120 300	42 287	34 048	126 800	45 017	36 778
113 900	39 599	31 360	120 400	42 329	34 090	126 900	45 059	36 820
114 000	39 641	31 402	120 500	42 371	34 132	127 000	45 101	36 862
114 100	39 683	31 444	120 600	42 413	34 174	127 100	45 143	36 904
114 200	39 725	31 486	120 700	42 455	34 216	127 200	45 185	36 946
114 300	39 767	31 528	120 800	42 497	34 258	127 300	45 227	36 988
114 400	39 809	31 570	120 900	42 539	34 300	127 400	45 269	37 030
114 500	39 851	31 612	121 000	42 581	34 342	127 500	45 311	37 072
114 600	39 893	31 654	121 100	42 623	34 384	127 600	45 353	37 114
114 700	39 935	31 696	121 200	42 665	34 426	127 700	45 395	37 156
114 800	39 977	31 738	121 300	42 707	34 468	127 800	45 437	37 198
114 900	40 019	31 780	121 400	42 749	34 510	127 900	45 479	37 240
115 000	40 061	31 822	121 500	42 791	34 552	128 000	45 521	37 282
115 100	40 103	31 864	121 600	42 833	34 594	128 100	45 563	37 324
115 200	40 145	31 906	121 700	42 875	34 636	128 200	45 605	37 366
115 300	40 187	31 948	121 800	42 917	34 678	128 300	45 647	37 408
115 400	40 229	31 990	121 900	42 959	34 720	128 400	45 689	37 450
115 500	40 271	32 032	122 000	43 001	34 762	128 500	45 731	37 492
115 600	40 313	32 074	122 100	43 043	34 804	128 600	45 773	37 534
115 700	40 355	32 116	122 200	43 085	34 846	128 700	45 815	37 576
115 800	40 397	32 158	122 300	43 127	34 888	128 800	45 857	37 618
115 900	40 439	32 200	122 400	43 169	34 930	128 900	45 899	37 660
116 000	40 481	32 242	122 500	43 211	34 972	129 000	45 941	37 702
116 100	40 523	32 284	122 600	43 253	35 014	129 100	45 983	37 744
116 200	40 565	32 326	122 700	43 295	35 056	129 200	46 025	37 786
116 300	40 607	32 368	122 800	43 337	35 098	129 300	46 067	37 828
116 400	40 649	32 410	122 900	43 379	35 140	129 400	46 109	37 870
116 500	40 691	32 452	123 000	43 421	35 182	129 500	46 151	37 912
116 600	40 733	32 494	123 100	43 463	35 224	129 600	46 193	37 954
116 700	40 775	32 536	123 200	43 505	35 266	129 700	46 235	37 996
116 800	40 817	32 578	123 300	43 547	35 308	129 800	46 277	38 038
116 900	40 859	32 620	123 400	43 589	35 350	129 900	46 319	38 080
117 000	40 901	32 662	123 500	43 631	35 392	130 000	46 361	38 122
117 100	40 943	32 704	123 600	43 673	35 434	130 100	46 403	38 164
117 200	40 985	32 746	123 700	43 715	35 476	130 200	46 445	38 206
117 300	41 027	32 788	123 800	43 757	35 518	130 300	46 487	38 248
117 400	41 069	32 830	123 900	43 799	35 560	130 400	46 529	38 290
117 500	41 111	32 872	124 000	43 841	35 602	130 500	46 571	38 332
117 600	41 153	32 914	124 100	43 883	35 644	130 600	46 613	38 374
117 700	41 195	32 956	124 200	43 925	35 686	130 700	46 655	38 416
117 800	41 237	32 998	124 300	43 967	35 728	130 800	46 697	38 458
117 900	41 279	33 040	124 400	44 009	35 770	130 900	46 739	38 500
118 000	41 321	33 082	124 500	44 051	35 812	131 000	46 781	38 542
118 100	41 363	33 124	124 600	44 093	35 854	131 100	46 823	38 584
118 200	41 405	33 166	124 700	44 135	35 896	131 200	46 865	38 626
118 300	41 447	33 208	124 800	44 177	35 938	131 300	46 907	38 668
118 400	41 489	33 250	124 900	44 219	35 980	131 400	46 949	38 710
118 500	41 531	33 292	125 000	44 261	36 022	131 500	46 991	38 752
118 600	41 573	33 334	125 100	44 303	36 064	131 600	47 033	38 794
118 700	41 615	33 376	125 200	44 345	36 106	131 700	47 075	38 836
118 800	41 657	33 418	125 300	44 387	36 148	131 800	47 117	38 878
118 900	41 699	33 460	125 400	44 429	36 190	131 900	47 159	38 920
119 000	41 741	33 502	125 500	44 471	36 232	132 000	47 201	38 962
119 100	41 783	33 544	125 600	44 513	36 274	132 100	47 243	39 004
119 200	41 825	33 586	125 700	44 555	36 316	132 200	47 285	39 046
119 300	41 867	33 628	125 800	44 597	36 358	132 300	47 327	39 088
119 400	41 909	33 670	125 900	44 639	36 400	132 400	47 369	39 130
119 500	41 951	33 712	126 000	44 681	36 442	132 500	47 411	39 172
119 600	41 993	33 754	126 100	44 723	36 484	132 600	47 453	39 214
119 700	42 035	33 796	126 200	44 765	36 526	132 700	47 495	39 256
119 800	42 077	33 838	126 300	44 807	36 568	132 800	47 537	39 298
119 900	42 119	33 880	126 400	44 849	36 610	132 900	47 579	39 340
120 000	42 161	33 922	126 500	44 891	36 652	133 000	47 621	39 382

Bei 14 991 € (Grundtabelle) bzw. 29 982 € (Splittingtabelle) übersteigenden Einkommen beträgt der Solidaritätszuschlag stets 5,5 v. H. der Einkommensteuer. Bruchteile eines Cents bleiben außer Ansatz.

Anhang 22

ESt-Tabelle 2014 mit SolZ für 2014

Zu versteuerndes Einkommen €	Gundtabelle Einkommensteuer	Splittingtabelle Einkommensteuer	Zu versteuerndes Einkommen €	Gundtabelle Einkommensteuer	Splittingtabelle Einkommensteuer	Zu versteuerndes Einkommen €	Gundtabelle Einkommensteuer	Splittingtabelle Einkommensteuer
133 100	47 663	39 424	139 600	50 393	42 154	146 100	53 123	44 884
133 200	47 705	39 466	139 700	50 435	42 196	146 200	53 165	44 926
133 300	47 747	39 508	139 800	50 477	42 238	146 300	53 207	44 968
133 400	47 789	39 550	139 900	50 519	42 280	146 400	53 249	45 010
133 500	47 831	39 592	140 000	50 561	42 322	146 500	53 291	45 052
133 600	47 873	39 634	140 100	50 603	42 364	146 600	53 333	45 094
133 700	47 915	39 676	140 200	50 645	42 406	146 700	53 375	45 136
133 800	47 957	39 718	140 300	50 687	42 448	146 800	53 417	45 178
133 900	47 999	39 760	140 400	50 729	42 490	146 900	53 459	45 220
134 000	48 041	39 802	140 500	50 771	42 532	147 000	53 501	45 262
134 100	48 083	39 844	140 600	50 813	42 574	147 100	53 543	45 304
134 200	48 125	39 886	140 700	50 855	42 616	147 200	53 585	45 346
134 300	48 167	39 928	140 800	50 897	42 658	147 300	53 627	45 388
134 400	48 209	39 970	140 900	50 939	42 700	147 400	53 669	45 430
134 500	48 251	40 012	141 000	50 981	42 742	147 500	53 711	45 472
134 600	48 293	40 054	141 100	51 023	42 784	147 600	53 753	45 514
134 700	48 335	40 096	141 200	51 065	42 826	147 700	53 795	45 556
134 800	48 377	40 138	141 300	51 107	42 868	147 800	53 837	45 598
134 900	48 419	40 180	141 400	51 149	42 910	147 900	53 879	45 640
135 000	48 461	40 222	141 500	51 191	42 952	148 000	53 921	45 682
135 100	48 503	40 264	141 600	51 233	42 994	148 100	53 963	45 724
135 200	48 545	40 306	141 700	51 275	43 036	148 200	54 005	45 766
135 300	48 587	40 348	141 800	51 317	43 078	148 300	54 047	45 808
135 400	48 629	40 390	141 900	51 359	43 120	148 400	54 089	45 850
135 500	48 671	40 432	142 000	51 401	43 162	148 500	54 131	45 892
135 600	48 713	40 474	142 100	51 443	43 204	148 600	54 173	45 934
135 700	48 755	40 516	142 200	51 485	43 246	148 700	54 215	45 976
135 800	48 797	40 558	142 300	51 527	43 288	148 800	54 257	46 018
135 900	48 839	40 600	142 400	51 569	43 330	148 900	54 299	46 060
136 000	48 881	40 642	142 500	51 611	43 372	149 000	54 341	46 102
136 100	48 923	40 684	142 600	51 653	43 414	149 100	54 383	46 144
136 200	48 965	40 726	142 700	51 695	43 456	149 200	54 425	46 186
136 300	49 007	40 768	142 800	51 737	43 498	149 300	54 467	46 228
136 400	49 049	40 810	142 900	51 779	43 540	149 400	54 509	46 270
136 500	49 091	40 852	143 000	51 821	43 582	149 500	54 551	46 312
136 600	49 133	40 894	143 100	51 863	43 624	149 600	54 593	46 354
136 700	49 175	40 936	143 200	51 905	43 666	149 700	54 635	46 396
136 800	49 217	40 978	143 300	51 947	43 708	149 800	54 677	46 438
136 900	49 259	41 020	143 400	51 989	43 750	149 900	54 719	46 480
137 000	49 301	41 062	143 500	52 031	43 792	150 000	54 761	46 522
137 100	49 343	41 104	143 600	52 073	43 834	150 100	54 803	46 564
137 200	49 385	41 146	143 700	52 115	43 876	150 200	54 845	46 606
137 300	49 427	41 188	143 800	52 157	43 918	150 300	54 887	46 648
137 400	49 469	41 230	143 900	52 199	43 960	150 400	54 929	46 690
137 500	49 511	41 272	144 000	52 241	44 002	150 500	54 971	46 732
137 600	49 553	41 314	144 100	52 283	44 044	150 600	55 013	46 774
137 700	49 595	41 356	144 200	52 325	44 086	150 700	55 055	46 816
137 800	49 637	41 398	144 300	52 367	44 128	150 800	55 097	46 858
137 900	49 679	41 440	144 400	52 409	44 170	150 900	55 139	46 900
138 000	49 721	41 482	144 500	52 451	44 212	151 000	55 181	46 942
138 100	49 763	41 524	144 600	52 493	44 254	151 100	55 223	46 984
138 200	49 805	41 566	144 700	52 535	44 296	151 200	55 265	47 026
138 300	49 847	41 608	144 800	52 577	44 338	151 300	55 307	47 068
138 400	49 889	41 650	144 900	52 619	44 380	151 400	55 349	47 110
138 500	49 931	41 692	145 000	52 661	44 422	151 500	55 391	47 152
138 600	49 973	41 734	145 100	52 703	44 464	151 600	55 433	47 194
138 700	50 015	41 776	145 200	52 745	44 506	151 700	55 475	47 236
138 800	50 057	41 818	145 300	52 787	44 548	151 800	55 517	47 278
138 900	50 099	41 860	145 400	52 829	44 590	151 900	55 559	47 320
139 000	50 141	41 902	145 500	52 871	44 632	152 000	55 601	47 362
139 100	50 183	41 944	145 600	52 913	44 674	152 100	55 643	47 404
139 200	50 225	41 986	145 700	52 955	44 716	152 200	55 685	47 446
139 300	50 267	42 028	145 800	52 997	44 758	152 300	55 727	47 488
139 400	50 309	42 070	145 900	53 039	44 800	152 400	55 769	47 530
139 500	50 351	42 112	146 000	53 081	44 842	152 500	55 811	47 572

Bei 14 991 € (Grundtabelle) bzw. 29 982 € (Splittingtabelle) übersteigenden Einkommen beträgt der Solidaritätszuschlag stets 5,5 v. H. der Einkommensteuer. Bruchteile eines Cents bleiben außer Ansatz.

ESt-Tabelle 2014 mit SolZ für 2014 — Anhang 22

Zu versteuerndes Einkommen €	Gundtabelle Einkommensteuer	Splittingtabelle Einkommensteuer	Zu versteuerndes Einkommen €	Gundtabelle Einkommensteuer	Splittingtabelle Einkommensteuer	Zu versteuerndes Einkommen €	Gundtabelle Einkommensteuer	Splittingtabelle Einkommensteuer
152 600	55 853	47 614	159 100	58 583	50 344	165 600	61 313	53 074
152 700	55 895	47 656	159 200	58 625	50 386	165 700	61 355	53 116
152 800	55 937	47 698	159 300	58 667	50 428	165 800	61 397	53 158
152 900	55 979	47 740	159 400	58 709	50 470	165 900	61 439	53 200
153 000	56 021	47 782	159 500	58 751	50 512	166 000	61 481	53 242
153 100	56 063	47 824	159 600	58 793	50 554	166 100	61 523	53 284
153 200	56 105	47 866	159 700	58 835	50 596	166 200	61 565	53 326
153 300	56 147	47 908	159 800	58 877	50 638	166 300	61 607	53 368
153 400	56 189	47 950	159 900	58 919	50 680	166 400	61 649	53 410
153 500	56 231	47 992	160 000	58 961	50 722	166 500	61 691	53 452
153 600	56 273	48 034	160 100	59 003	50 764	166 600	61 733	53 494
153 700	56 315	48 076	160 200	59 045	50 806	166 700	61 775	53 536
153 800	56 357	48 118	160 300	59 087	50 848	166 800	61 817	53 578
153 900	56 399	48 160	160 400	59 129	50 890	166 900	61 859	53 620
154 000	56 441	48 202	160 500	59 171	50 932	167 000	61 901	53 662
154 100	56 483	48 244	160 600	59 213	50 974	167 100	61 943	53 704
154 200	56 525	48 286	160 700	59 255	51 016	167 200	61 985	53 746
154 300	56 567	48 328	160 800	59 297	51 058	167 300	62 027	53 788
154 400	56 609	48 370	160 900	59 339	51 100	167 400	62 069	53 830
154 500	56 651	48 412	161 000	59 381	51 142	167 500	62 111	53 872
154 600	56 693	48 454	161 100	59 423	51 184	167 600	62 153	53 914
154 700	56 735	48 496	161 200	59 465	51 226	167 700	62 195	53 956
154 800	56 777	48 538	161 300	59 507	51 268	167 800	62 237	53 998
154 900	56 819	48 580	161 400	59 549	51 310	167 900	62 279	54 040
155 000	56 861	48 622	161 500	59 591	51 352	168 000	62 321	54 082
155 100	56 903	48 664	161 600	59 633	51 394	168 100	62 363	54 124
155 200	56 945	48 706	161 700	59 675	51 436	168 200	62 405	54 166
155 300	56 987	48 748	161 800	59 717	51 478	168 300	62 447	54 208
155 400	57 029	48 790	161 900	59 759	51 520	168 400	62 489	54 250
155 500	57 071	48 832	162 000	59 801	51 562	168 500	62 531	54 292
155 600	57 113	48 874	162 100	59 843	51 604	168 600	62 573	54 334
155 700	57 155	48 916	162 200	59 885	51 646	168 700	62 615	54 376
155 800	57 197	48 958	162 300	59 927	51 688	168 800	62 657	54 418
155 900	57 239	49 000	162 400	59 969	51 730	168 900	62 699	54 460
156 000	57 281	49 042	162 500	60 011	51 772	169 000	62 741	54 502
156 100	57 323	49 084	162 600	60 053	51 814	169 100	62 783	54 544
156 200	57 365	49 126	162 700	60 095	51 856	169 200	62 825	54 586
156 300	57 407	49 168	162 800	60 137	51 898	169 300	62 867	54 628
156 400	57 449	49 210	162 900	60 179	51 940	169 400	62 909	54 670
156 500	57 491	49 252	163 000	60 221	51 982	169 500	62 951	54 712
156 600	57 533	49 294	163 100	60 263	52 024	169 600	62 993	54 754
156 700	57 575	49 336	163 200	60 305	52 066	169 700	63 035	54 796
156 800	57 617	49 378	163 300	60 347	52 108	169 800	63 077	54 838
156 900	57 659	49 420	163 400	60 389	52 150	169 900	63 119	54 880
157 000	57 701	49 462	163 500	60 431	52 192	170 000	63 161	54 922
157 100	57 743	49 504	163 600	60 473	52 234	170 100	63 203	54 964
157 200	57 785	49 546	163 700	60 515	52 276	170 200	63 245	55 006
157 300	57 827	49 588	163 800	60 557	52 318	170 300	63 287	55 048
157 400	57 869	49 630	163 900	60 599	52 360	170 400	63 329	55 090
157 500	57 911	49 672	164 000	60 641	52 402	170 500	63 371	55 132
157 600	57 953	49 714	164 100	60 683	52 444	170 600	63 413	55 174
157 700	57 995	49 756	164 200	60 725	52 486	170 700	63 455	55 216
157 800	58 037	49 798	164 300	60 767	52 528	170 800	63 497	55 258
157 900	58 079	49 840	164 400	60 809	52 570	170 900	63 539	55 300
158 000	58 121	49 882	164 500	60 851	52 612	171 000	63 581	55 342
158 100	58 163	49 924	164 600	60 893	52 654	171 100	63 623	55 384
158 200	58 205	49 966	164 700	60 935	52 696	171 200	63 665	55 426
158 300	58 247	50 008	164 800	60 977	52 738	171 300	63 707	55 468
158 400	58 289	50 050	164 900	61 019	52 780	171 400	63 749	55 510
158 500	58 331	50 092	165 000	61 061	52 822	171 500	63 791	55 552
158 600	58 373	50 134	165 100	61 103	52 864	171 600	63 833	55 594
158 700	58 415	50 176	165 200	61 145	52 906	171 700	63 875	55 636
158 800	58 457	50 218	165 300	61 187	52 948	171 800	63 917	55 678
158 900	58 499	50 260	165 400	61 229	52 990	171 900	63 959	55 720
159 000	58 541	50 302	165 500	61 271	53 032	172 000	64 001	55 762

Bei 14 991 € (Grundtabelle) bzw. 29 982 € (Splittingtabelle) übersteigenden Einkommen beträgt der Solidaritätszuschlag stets 5,5 v. H. der Einkommensteuer. Bruchteile eines Cents bleiben außer Ansatz.

Anhang 22

ESt-Tabelle 2014 mit SolZ für 2014

Zu versteuerndes Einkommen €	Grundtabelle Einkommensteuer	Splittingtabelle Einkommensteuer	Zu versteuerndes Einkommen €	Grundtabelle Einkommensteuer	Splittingtabelle Einkommensteuer	Zu versteuerndes Einkommen €	Grundtabelle Einkommensteuer	Splittingtabelle Einkommensteuer
172 100	64 043	55 804	178 600	66 773	58 534	185 100	69 503	61 264
172 200	64 085	55 846	178 700	66 815	58 576	185 200	69 545	61 306
172 300	64 127	55 888	178 800	66 857	58 618	185 300	69 587	61 348
172 400	64 169	55 930	178 900	66 899	58 660	185 400	69 629	61 390
172 500	64 211	55 972	179 000	66 941	58 702	185 500	69 671	61 432
172 600	64 253	56 014	179 100	66 983	58 744	185 600	69 713	61 474
172 700	64 295	56 056	179 200	67 025	58 786	185 700	69 755	61 516
172 800	64 337	56 098	179 300	67 067	58 828	185 800	69 797	61 558
172 900	64 379	56 140	179 400	67 109	58 870	185 900	69 839	61 600
173 000	64 421	56 182	179 500	67 151	58 912	186 000	69 881	61 642
173 100	64 463	56 224	179 600	67 193	58 954	186 100	69 923	61 684
173 200	64 505	56 266	179 700	67 235	58 996	186 200	69 965	61 726
173 300	64 547	56 308	179 800	67 277	59 038	186 300	70 007	61 768
173 400	64 589	56 350	179 900	67 319	59 080	186 400	70 049	61 810
173 500	64 631	56 392	180 000	67 361	59 122	186 500	70 091	61 852
173 600	64 673	56 434	180 100	67 403	59 164	186 600	70 133	61 894
173 700	64 715	56 476	180 200	67 445	59 206	186 700	70 175	61 936
173 800	64 757	56 518	180 300	67 487	59 248	186 800	70 217	61 978
173 900	64 799	56 560	180 400	67 529	59 290	186 900	70 259	62 020
174 000	64 841	56 602	180 500	67 571	59 332	187 000	70 301	62 062
174 100	64 883	56 644	180 600	67 613	59 374	187 100	70 343	62 104
174 200	64 925	56 686	180 700	67 655	59 416	187 200	70 385	62 146
174 300	64 967	56 728	180 800	67 697	59 458	187 300	70 427	62 188
174 400	65 009	56 770	180 900	67 739	59 500	187 400	70 469	62 230
174 500	65 051	56 812	181 000	67 781	59 542	187 500	70 511	62 272
174 600	65 093	56 854	181 100	67 823	59 584	187 600	70 553	62 314
174 700	65 135	56 896	181 200	67 865	59 626	187 700	70 595	62 356
174 800	65 177	56 938	181 300	67 907	59 668	187 800	70 637	62 398
174 900	65 219	56 980	181 400	67 949	59 710	187 900	70 679	62 440
175 000	65 261	57 022	181 500	67 991	59 752	188 000	70 721	62 482
175 100	65 303	57 064	181 600	68 033	59 794	188 100	70 763	62 524
175 200	65 345	57 106	181 700	68 075	59 836	188 200	70 805	62 566
175 300	65 387	57 148	181 800	68 117	59 878	188 300	70 847	62 608
175 400	65 429	57 190	181 900	68 159	59 920	188 400	70 889	62 650
175 500	65 471	57 232	182 000	68 201	59 962	188 500	70 931	62 692
175 600	65 513	57 274	182 100	68 243	60 004	188 600	70 973	62 734
175 700	65 555	57 316	182 200	68 285	60 046	188 700	71 015	62 776
175 800	65 597	57 358	182 300	68 327	60 088	188 800	71 057	62 818
175 900	65 639	57 400	182 400	68 369	60 130	188 900	71 099	62 860
176 000	65 681	57 442	182 500	68 411	60 172	189 000	71 141	62 902
176 100	65 723	57 484	182 600	68 453	60 214	189 100	71 183	62 944
176 200	65 765	57 526	182 700	68 495	60 256	189 200	71 225	62 986
176 300	65 807	57 568	182 800	68 537	60 298	189 300	71 267	63 028
176 400	65 849	57 610	182 900	68 579	60 340	189 400	71 309	63 070
176 500	65 891	57 652	183 000	68 621	60 382	189 500	71 351	63 112
176 600	65 933	57 694	183 100	68 663	60 424	189 600	71 393	63 154
176 700	65 975	57 736	183 200	68 705	60 466	189 700	71 435	63 196
176 800	66 017	57 778	183 300	68 747	60 508	189 800	71 477	63 238
176 900	66 059	57 820	183 400	68 789	60 550	189 900	71 519	63 280
177 000	66 101	57 862	183 500	68 831	60 592	190 000	71 561	63 322
177 100	66 143	57 904	183 600	68 873	60 634	190 100	71 603	63 364
177 200	66 185	57 946	183 700	68 915	60 676	190 200	71 645	63 406
177 300	66 227	57 988	183 800	68 957	60 718	190 300	71 687	63 448
177 400	66 269	58 030	183 900	68 999	60 760	190 400	71 729	63 490
177 500	66 311	58 072	184 000	69 041	60 802	190 500	71 771	63 532
177 600	66 353	58 114	184 100	69 083	60 844	190 600	71 813	63 574
177 700	66 395	58 156	184 200	69 125	60 886	190 700	71 855	63 616
177 800	66 437	58 198	184 300	69 167	60 928	190 800	71 897	63 658
177 900	66 479	58 240	184 400	69 209	60 970	190 900	71 939	63 700
178 000	66 521	58 282	184 500	69 251	61 012	191 000	71 981	63 742
178 100	66 563	58 324	184 600	69 293	61 054	191 100	72 023	63 784
178 200	66 605	58 366	184 700	69 335	61 096	191 200	72 065	63 826
178 300	66 647	58 408	184 800	69 377	61 138	191 300	72 107	63 868
178 400	66 689	58 450	184 900	69 419	61 180	191 400	72 149	63 910
178 500	66 731	58 492	185 000	69 461	61 222	191 500	72 191	63 952

Bei 14 991 € (Grundtabelle) bzw. 29 982 € (Splittingtabelle) übersteigenden Einkommen beträgt der Solidaritätszuschlag stets 5,5 v. H. der Einkommensteuer. Bruchteile eines Cents bleiben außer Ansatz.

ESt-Tabelle 2014 mit SolZ für 2014 — Anhang 22

Zu versteuerndes Einkommen €	Gundtabelle Einkommensteuer	Splittingtabelle Einkommensteuer	Zu versteuerndes Einkommen €	Gundtabelle Einkommensteuer	Splittingtabelle Einkommensteuer	Zu versteuerndes Einkommen €	Gundtabelle Einkommensteuer	Splittingtabelle Einkommensteuer
191 600	72 233	63 994	198 100	74 963	66 724	204 600	77 693	69 454
191 700	72 275	64 036	198 200	75 005	66 766	204 700	77 735	69 496
191 800	72 317	64 078	198 300	75 047	66 808	204 800	77 777	69 538
191 900	72 359	64 120	198 400	75 089	66 850	204 900	77 819	69 580
192 000	72 401	64 162	198 500	75 131	66 892	205 000	77 861	69 622
192 100	72 443	64 204	198 600	75 173	66 934	205 100	77 903	69 664
192 200	72 485	64 246	198 700	75 215	66 976	205 200	77 945	69 706
192 300	72 527	64 288	198 800	75 257	67 018	205 300	77 987	69 748
192 400	72 569	64 330	198 900	75 299	67 060	205 400	78 029	69 790
192 500	72 611	64 372	199 000	75 341	67 102	205 500	78 071	69 832
192 600	72 653	64 414	199 100	75 383	67 144	205 600	78 113	69 874
192 700	72 695	64 456	199 200	75 425	67 186	205 700	78 155	69 916
192 800	72 737	64 498	199 300	75 467	67 228	205 800	78 197	69 958
192 900	72 779	64 540	199 400	75 509	67 270	205 900	78 239	70 000
193 000	72 821	64 582	199 500	75 551	67 312	206 000	78 281	70 042
193 100	72 863	64 624	199 600	75 593	67 354	206 100	78 323	70 084
193 200	72 905	64 666	199 700	75 635	67 396	206 200	78 365	70 126
193 300	72 947	64 708	199 800	75 677	67 438	206 300	78 407	70 168
193 400	72 989	64 750	199 900	75 719	67 480	206 400	78 449	70 210
193 500	73 031	64 792	200 000	75 761	67 522	206 500	78 491	70 252
193 600	73 073	64 834	200 100	75 803	67 564	206 600	78 533	70 294
193 700	73 115	64 876	200 200	75 845	67 606	206 700	78 575	70 336
193 800	73 157	64 918	200 300	75 887	67 648	206 800	78 617	70 378
193 900	73 199	64 960	200 400	75 929	67 690	206 900	78 659	70 420
194 000	73 241	65 002	200 500	75 971	67 732	207 000	78 701	70 462
194 100	73 283	65 044	200 600	76 013	67 774	207 100	78 743	70 504
194 200	73 325	65 086	200 700	76 055	67 816	207 200	78 785	70 546
194 300	73 367	65 128	200 800	76 097	67 858	207 300	78 827	70 588
194 400	73 409	65 170	200 900	76 139	67 900	207 400	78 869	70 630
194 500	73 451	65 212	201 000	76 181	67 942	207 500	78 911	70 672
194 600	73 493	65 254	201 100	76 223	67 984	207 600	78 953	70 714
194 700	73 535	65 296	201 200	76 265	68 026	207 700	78 995	70 756
194 800	73 577	65 338	201 300	76 307	68 068	207 800	79 037	70 798
194 900	73 619	65 380	201 400	76 349	68 110	207 900	79 079	70 840
195 000	73 661	65 422	201 500	76 391	68 152	208 000	79 121	70 882
195 100	73 703	65 464	201 600	76 433	68 194	208 100	79 163	70 924
195 200	73 745	65 506	201 700	76 475	68 236	208 200	79 205	70 966
195 300	73 787	65 548	201 800	76 517	68 278	208 300	79 247	71 008
195 400	73 829	65 590	201 900	76 559	68 320	208 400	79 289	71 050
195 500	73 871	65 632	202 000	76 601	68 362	208 500	79 331	71 092
195 600	73 913	65 674	202 100	76 643	68 404	208 600	79 373	71 134
195 700	73 955	65 716	202 200	76 685	68 446	208 700	79 415	71 176
195 800	73 997	65 758	202 300	76 727	68 488	208 800	79 457	71 218
195 900	74 039	65 800	202 400	76 769	68 530	208 900	79 499	71 260
196 000	74 081	65 842	202 500	76 811	68 572	209 000	79 541	71 302
196 100	74 123	65 884	202 600	76 853	68 614	209 100	79 583	71 344
196 200	74 165	65 926	202 700	76 895	68 656	209 200	79 625	71 386
196 300	74 207	65 968	202 800	76 937	68 698	209 300	79 667	71 428
196 400	74 249	66 010	202 900	76 979	68 740	209 400	79 709	71 470
196 500	74 291	66 052	203 000	77 021	68 782	209 500	79 751	71 512
196 600	74 333	66 094	203 100	77 063	68 824	209 600	79 793	71 554
196 700	74 375	66 136	203 200	77 105	68 866	209 700	79 835	71 596
196 800	74 417	66 178	203 300	77 147	68 908	209 800	79 877	71 638
196 900	74 459	66 220	203 400	77 189	68 950	209 900	79 919	71 680
197 000	74 501	66 262	203 500	77 231	68 992	210 000	79 961	71 722
197 100	74 543	66 304	203 600	77 273	69 034	210 100	80 003	71 764
197 200	74 585	66 346	203 700	77 315	69 076	210 200	80 045	71 806
197 300	74 627	66 388	203 800	77 357	69 118	210 300	80 087	71 848
197 400	74 669	66 430	203 900	77 399	69 160	210 400	80 129	71 890
197 500	74 711	66 472	204 000	77 441	69 202	210 500	80 171	71 932
197 600	74 753	66 514	204 100	77 483	69 244	210 600	80 213	71 974
197 700	74 795	66 556	204 200	77 525	69 286	210 700	80 255	72 016
197 800	74 837	66 598	204 300	77 567	69 328	210 800	80 297	72 058
197 900	74 879	66 640	204 400	77 609	69 370	210 900	80 339	72 100
198 000	74 921	66 682	204 500	77 651	69 412	211 000	80 381	72 142

Bei 14 991 € (Grundtabelle) bzw. 29 982 € (Splittingtabelle) übersteigenden Einkommen beträgt der Solidaritätszuschlag stets 5,5 v. H. der Einkommensteuer. Bruchteile eines Cents bleiben außer Ansatz.

Anhang 22

ESt-Tabelle 2014 mit SolZ für 2014

Zu versteuerndes Einkommen €	Grundtabelle Einkommensteuer	Splittingtabelle Einkommensteuer	Zu versteuerndes Einkommen €	Grundtabelle Einkommensteuer	Splittingtabelle Einkommensteuer	Zu versteuerndes Einkommen €	Grundtabelle Einkommensteuer	Splittingtabelle Einkommensteuer
211 100	80 423	72 184	217 600	83 153	74 914	224 100	85 883	77 644
211 200	80 465	72 226	217 700	83 195	74 956	224 200	85 925	77 686
211 300	80 507	72 268	217 800	83 237	74 998	224 300	85 967	77 728
211 400	80 549	72 310	217 900	83 279	75 040	224 400	86 009	77 770
211 500	80 591	72 352	218 000	83 321	75 082	224 500	86 051	77 812
211 600	80 633	72 394	218 100	83 363	75 124	224 600	86 093	77 854
211 700	80 675	72 436	218 200	83 405	75 166	224 700	86 135	77 896
211 800	80 717	72 478	218 300	83 447	75 208	224 800	86 177	77 938
211 900	80 759	72 520	218 400	83 489	75 250	224 900	86 219	77 980
212 000	80 801	72 562	218 500	83 531	75 292	225 000	86 261	78 022
212 100	80 843	72 604	218 600	83 573	75 334	225 100	86 303	78 064
212 200	80 885	72 646	218 700	83 615	75 376	225 200	86 345	78 106
212 300	80 927	72 688	218 800	83 657	75 418	225 300	86 387	78 148
212 400	80 969	72 730	218 900	83 699	75 460	225 400	86 429	78 190
212 500	81 011	72 772	219 000	83 741	75 502	225 500	86 471	78 232
212 600	81 053	72 814	219 100	83 783	75 544	225 600	86 513	78 274
212 700	81 095	72 856	219 200	83 825	75 586	225 700	86 555	78 316
212 800	81 137	72 898	219 300	83 867	75 628	225 800	86 597	78 358
212 900	81 179	72 940	219 400	83 909	75 670	225 900	86 639	78 400
213 000	81 221	72 982	219 500	83 951	75 712	226 000	86 681	78 442
213 100	81 263	73 024	219 600	83 993	75 754	226 100	86 723	78 484
213 200	81 305	73 066	219 700	84 035	75 796	226 200	86 765	78 526
213 300	81 347	73 108	219 800	84 077	75 838	226 300	86 807	78 568
213 400	81 389	73 150	219 900	84 119	75 880	226 400	86 849	78 610
213 500	81 431	73 192	220 000	84 161	75 922	226 500	86 891	78 652
213 600	81 473	73 234	220 100	84 203	75 964	226 600	86 933	78 694
213 700	81 515	73 276	220 200	84 245	76 006	226 700	86 975	78 736
213 800	81 557	73 318	220 300	84 287	76 048	226 800	87 017	78 778
213 900	81 599	73 360	220 400	84 329	76 090	226 900	87 059	78 820
214 000	81 641	73 402	220 500	84 371	76 132	227 000	87 101	78 862
214 100	81 683	73 444	220 600	84 413	76 174	227 100	87 143	78 904
214 200	81 725	73 486	220 700	84 455	76 216	227 200	87 185	78 946
214 300	81 767	73 528	220 800	84 497	76 258	227 300	87 227	78 988
214 400	81 809	73 570	220 900	84 539	76 300	227 400	87 269	79 030
214 500	81 851	73 612	221 000	84 581	76 342	227 500	87 311	79 072
214 600	81 893	73 654	221 100	84 623	76 384	227 600	87 353	79 114
214 700	81 935	73 696	221 200	84 665	76 426	227 700	87 395	79 156
214 800	81 977	73 738	221 300	84 707	76 468	227 800	87 437	79 198
214 900	82 019	73 780	221 400	84 749	76 510	227 900	87 479	79 240
215 000	82 061	73 822	221 500	84 791	76 552	228 000	87 521	79 282
215 100	82 103	73 864	221 600	84 833	76 594	228 100	87 563	79 324
215 200	82 145	73 906	221 700	84 875	76 636	228 200	87 605	79 366
215 300	82 187	73 948	221 800	84 917	76 678	228 300	87 647	79 408
215 400	82 229	73 990	221 900	84 959	76 720	228 400	87 689	79 450
215 500	82 271	74 032	222 000	85 001	76 762	228 500	87 731	79 492
215 600	82 313	74 074	222 100	85 043	76 804	228 600	87 773	79 534
215 700	82 355	74 116	222 200	85 085	76 846	228 700	87 815	79 576
215 800	82 397	74 158	222 300	85 127	76 888	228 800	87 857	79 618
215 900	82 439	74 200	222 400	85 169	76 930	228 900	87 899	79 660
216 000	82 481	74 242	222 500	85 211	76 972	229 000	87 941	79 702
216 100	82 523	74 284	222 600	85 253	77 014	229 100	87 983	79 744
216 200	82 565	74 326	222 700	85 295	77 056	229 200	88 025	79 786
216 300	82 607	74 368	222 800	85 337	77 098	229 300	88 067	79 828
216 400	82 649	74 410	222 900	85 379	77 140	229 400	88 109	79 870
216 500	82 691	74 452	223 000	85 421	77 182	229 500	88 151	79 912
216 600	82 733	74 494	223 100	85 463	77 224	229 600	88 193	79 954
216 700	82 775	74 536	223 200	85 505	77 266	229 700	88 235	79 996
216 800	82 817	74 578	223 300	85 547	77 308	229 800	88 277	80 038
216 900	82 859	74 620	223 400	85 589	77 350	229 900	88 319	80 080
217 000	82 901	74 662	223 500	85 631	77 392	230 000	88 361	80 122
217 100	82 943	74 704	223 600	85 673	77 434	230 100	88 403	80 164
217 200	82 985	74 746	223 700	85 715	77 476	230 200	88 445	80 206
217 300	83 027	74 788	223 800	85 757	77 518	230 300	88 487	80 248
217 400	83 069	74 830	223 900	85 799	77 560	230 400	88 529	80 290
217 500	83 111	74 872	224 000	85 841	77 602	230 500	88 571	80 332

Bei 14 991 € (Grundtabelle) bzw. 29 982 € (Splittingtabelle) übersteigenden Einkommen beträgt der Solidaritätszuschlag stets 5,5 v. H. der Einkommensteuer. Bruchteile eines Cents bleiben außer Ansatz.

ESt-Tabelle 2014 mit SolZ für 2014 — Anhang 22

Zu versteuerndes Einkommen €	Grundtabelle Einkommensteuer	Splittingtabelle Einkommensteuer	Zu versteuerndes Einkommen €	Grundtabelle Einkommensteuer	Splittingtabelle Einkommensteuer	Zu versteuerndes Einkommen €	Grundtabelle Einkommensteuer	Splittingtabelle Einkommensteuer
230 600	88 613	80 374	237 100	91 343	83 104	243 600	94 073	85 834
230 700	88 655	80 416	237 200	91 385	83 146	243 700	94 115	85 876
230 800	88 697	80 458	237 300	91 427	83 188	243 800	94 157	85 918
230 900	88 739	80 500	237 400	91 469	83 230	243 900	94 199	85 960
231 000	88 781	80 542	237 500	91 511	83 272	244 000	94 241	86 002
231 100	88 823	80 584	237 600	91 553	83 314	244 100	94 283	86 044
231 200	88 865	80 626	237 700	91 595	83 356	244 200	94 325	86 086
231 300	88 907	80 668	237 800	91 637	83 398	244 300	94 367	86 128
231 400	88 949	80 710	237 900	91 679	83 440	244 400	94 409	86 170
231 500	88 991	80 752	238 000	91 721	83 482	244 500	94 451	86 212
231 600	89 033	80 794	238 100	91 763	83 524	244 600	94 493	86 254
231 700	89 075	80 836	238 200	91 805	83 566	244 700	94 535	86 296
231 800	89 117	80 878	238 300	91 847	83 608	244 800	94 577	86 338
231 900	89 159	80 920	238 400	91 889	83 650	244 900	94 619	86 380
232 000	89 201	80 962	238 500	91 931	83 692	245 000	94 661	86 422
232 100	89 243	81 004	238 600	91 973	83 734	245 100	94 703	86 464
232 200	89 285	81 046	238 700	92 015	83 776	245 200	94 745	86 506
232 300	89 327	81 088	238 800	92 057	83 818	245 300	94 787	86 548
232 400	89 369	81 130	238 900	92 099	83 860	245 400	94 829	86 590
232 500	89 411	81 172	239 000	92 141	83 902	245 500	94 871	86 632
232 600	89 453	81 214	239 100	92 183	83 944	245 600	94 913	86 674
232 700	89 495	81 256	239 200	92 225	83 986	245 700	94 955	86 716
232 800	89 537	81 298	239 300	92 267	84 028	245 800	94 997	86 758
232 900	89 579	81 340	239 400	92 309	84 070	245 900	95 039	86 800
233 000	89 621	81 382	239 500	92 351	84 112	246 000	95 081	86 842
233 100	89 663	81 424	239 600	92 393	84 154	246 100	95 123	86 884
233 200	89 705	81 466	239 700	92 435	84 196	246 200	95 165	86 926
233 300	89 747	81 508	239 800	92 477	84 238	246 300	95 207	86 968
233 400	89 789	81 550	239 900	92 519	84 280	246 400	95 249	87 010
233 500	89 831	81 592	240 000	92 561	84 322	246 500	95 291	87 052
233 600	89 873	81 634	240 100	92 603	84 364	246 600	95 333	87 094
233 700	89 915	81 676	240 200	92 645	84 406	246 700	95 375	87 136
233 800	89 957	81 718	240 300	92 687	84 448	246 800	95 417	87 178
233 900	89 999	81 760	240 400	92 729	84 490	246 900	95 459	87 220
234 000	90 041	81 802	240 500	92 771	84 532	247 000	95 501	87 262
234 100	90 083	81 844	240 600	92 813	84 574	247 100	95 543	87 304
234 200	90 125	81 886	240 700	92 855	84 616	247 200	95 585	87 346
234 300	90 167	81 928	240 800	92 897	84 658	247 300	95 627	87 388
234 400	90 209	81 970	240 900	92 939	84 700	247 400	95 669	87 430
234 500	90 251	82 012	241 000	92 981	84 742	247 500	95 711	87 472
234 600	90 293	82 054	241 100	93 023	84 784	247 600	95 753	87 514
234 700	90 335	82 096	241 200	93 065	84 826	247 700	95 795	87 556
234 800	90 377	82 138	241 300	93 107	84 868	247 800	95 837	87 598
234 900	90 419	82 180	241 400	93 149	84 910	247 900	95 879	87 640
235 000	90 461	82 222	241 500	93 191	84 952	248 000	95 921	87 682
235 100	90 503	82 264	241 600	93 233	84 994	248 100	95 963	87 724
235 200	90 545	82 306	241 700	93 275	85 036	248 200	96 005	87 766
235 300	90 587	82 348	241 800	93 317	85 078	248 300	96 047	87 808
235 400	90 629	82 390	241 900	93 359	85 120	248 400	96 089	87 850
235 500	90 671	82 432	242 000	93 401	85 162	248 500	96 131	87 892
235 600	90 713	82 474	242 100	93 443	85 204	248 600	96 173	87 934
235 700	90 755	82 516	242 200	93 485	85 246	248 700	96 215	87 976
235 800	90 797	82 558	242 300	93 527	85 288	248 800	96 257	88 018
235 900	90 839	82 600	242 400	93 569	85 330	248 900	96 299	88 060
236 000	90 881	82 642	242 500	93 611	85 372	249 000	96 341	88 102
236 100	90 923	82 684	242 600	93 653	85 414	249 100	96 383	88 144
236 200	90 965	82 726	242 700	93 695	85 456	249 200	96 425	88 186
236 300	91 007	82 768	242 800	93 737	85 498	249 300	96 467	88 228
236 400	91 049	82 810	242 900	93 779	85 540	249 400	96 509	88 270
236 500	91 091	82 852	243 000	93 821	85 582	249 500	96 551	88 312
236 600	91 133	82 894	243 100	93 863	85 624	249 600	96 593	88 354
236 700	91 175	82 936	243 200	93 905	85 666	249 700	96 635	88 396
236 800	91 217	82 978	243 300	93 947	85 708	249 800	96 677	88 438
236 900	91 259	83 020	243 400	93 989	85 750	249 900	96 719	88 480
237 000	91 301	83 062	243 500	94 031	85 792	250 000	96 761	88 522

Bei 14 991 € (Grundtabelle) bzw. 29 982 € (Splittingtabelle) übersteigenden Einkommen beträgt der Solidaritätszuschlag stets 5,5 v. H. der Einkommensteuer. Bruchteile eines Cents bleiben außer Ansatz.

Anhang 22

ESt-Tabelle 2014 mit SolZ für 2014

Zu versteuerndes Einkommen €	Gundtabelle Einkommensteuer	Splittingtabelle Einkommensteuer	Zu versteuerndes Einkommen €	Gundtabelle Einkommensteuer	Splittingtabelle Einkommensteuer	Zu versteuerndes Einkommen €	Gundtabelle Einkommensteuer	Splittingtabelle Einkommensteuer
250 500	96 971	88 732	268 000	104 839	96 082	285 500	112 714	103 432
251 000	97 189	88 942	268 500	105 064	96 292	286 000	112 939	103 642
251 500	97 414	89 152	269 000	105 289	96 502	286 500	113 164	103 852
252 000	97 639	89 362	269 500	105 514	96 712	287 000	113 389	104 062
252 500	97 864	89 572	270 000	105 739	96 922	287 500	113 614	104 272
253 000	98 089	89 782	270 500	105 964	97 132	288 000	113 839	104 482
253 500	98 314	89 992	271 000	106 189	97 342	288 500	114 064	104 692
254 000	98 539	90 202	271 500	106 414	97 552	289 000	114 289	104 902
254 500	98 764	90 412	272 000	106 639	97 762	289 500	114 514	105 112
255 000	98 989	90 622	272 500	106 864	97 972	290 000	114 739	105 322
255 500	99 214	90 832	273 000	107 089	98 182	290 500	114 964	105 532
256 000	99 439	91 042	273 500	107 314	98 392	291 000	115 189	105 742
256 500	99 664	91 252	274 000	107 539	98 602	291 500	115 414	105 952
257 000	99 889	91 462	274 500	107 764	98 812	292 000	115 639	106 162
257 500	100 114	91 672	275 000	107 989	99 022	292 500	115 864	106 372
258 000	100 339	91 882	275 500	108 214	99 232	293 000	116 089	106 582
258 500	100 564	92 092	276 000	108 439	99 442	293 500	116 314	106 792
259 000	100 789	92 302	276 500	108 664	99 652	294 000	116 539	107 002
259 500	101 014	92 512	277 000	108 889	99 862	294 500	116 764	107 212
260 000	101 239	92 722	277 500	109 114	100 072	295 000	116 989	107 422
260 500	101 464	92 932	278 000	109 339	100 282	295 500	117 214	107 632
261 000	101 689	93 142	278 500	109 564	100 492	296 000	117 439	107 842
261 500	101 914	93 352	279 000	109 789	100 702	296 500	117 664	108 052
262 000	102 139	93 562	279 500	110 014	100 912	297 000	117 889	108 262
262 500	102 364	93 772	280 000	110 239	101 122	297 500	118 114	108 472
263 000	102 589	93 982	280 500	110 464	101 332	298 000	118 339	108 682
263 500	102 814	94 192	281 000	110 689	101 542	298 500	118 564	108 892
264 000	103 039	94 402	281 500	110 914	101 752	299 000	118 789	109 102
264 500	103 264	94 612	282 000	111 139	101 962	299 500	119 014	109 312
265 000	103 489	94 822	282 500	111 364	102 172	300 000	119 239	109 522
265 500	103 714	95 032	283 000	111 589	102 382			
266 000	103 939	95 242	283 500	111 814	102 592			
266 500	104 164	95 452	284 000	112 039	102 802			
267 000	104 389	95 662	284 500	112 264	103 012			
267 500	104 614	95 872	285 000	112 489	103 222			

Bei 14 991 € (Grundtabelle) bzw. 29 982 € (Splittingtabelle) übersteigenden Einkommen beträgt der Solidaritätszuschlag stets 5,5 v. H. der Einkommensteuer. Bruchteile eines Cents bleiben außer Ansatz.

Stichwortverzeichnis

(AF §: Einkommensteuergesetz in der aktuellen Fassung – §: Einkommensteuergesetz in der für den Veranlagungszeitraum 2014 geltenden Fassung – DV: Einkommensteuer-Durchführungsverordnung – R: Einkommensteuer-Richtlinien – H: Amtliche Hinweise zu den Einkommensteuer-Richtlinien – Anl.: Anlage – Anh: Anhang)

A

Abbauland AF § 13a, AF § 55, § 13a, § 55
– Einkünfte aus Land- und Forstwirtschaft AF § 13a, R 13.2, § 13a
Abbruchabsicht
– Teilwert H 6.7
Abbruchkosten
– anläßlich einer Veräußerung H 6b.1
– eines Gebäudes H 6.4
Abbruchverpflichtung
– Rückstellung für - R 6.11
Abendkurse
– Berufsausbildung H 10.10
Abfälle
– erhöhte Absetzungen für Wirtschaftsgüter, die der Beseitigung von -n dienen AF § 7d, § 7d
Abfärberegelung H 15.8 (5)
– ärztliche Gemeinschaftspraxis Anl. § 015-16
– Besitzgesellschaft H 15.7 (4)
– Beteiligung an gewerblicher Personengesellschaft Anl. § 015-01
– Betriebsaufspaltung H 15.7 (4)
– Freiberufler H 15.6
– Gewerbesteuerbefreiung H 15.8 (5)
– Gewinnerzielungsabsicht H 15.8 (5)
Abfindung
– an den Pächter H 16 (12)
– eines Gesellschafters unter Buchwert H 16 (4)
– Steuerbefreiung von -en wegen Auflösung des Dienstverhältnisses H 24.1
– Tarifermäßigung Anl. § 034-01
– Versicherungsvertreter H 24.1
– weichender Erbe AF § 14a, § 14a, Anl. § 016-06
Abfindungsklauseln
– bei Pensionszusagen H 6a (3), H 6a (4), Anl. § 006a-18
Abfindungsschulden
– Schuldzinsenabzug bei - nach der HöfeO H 4.7
Abfluss
– von Ausgaben AF § 11, § 11
Abführung
– Aufsichtsratsteuer AF § 50a, § 50a, DV § 73e zu § 50a
– Kapitalertragsteuer AF § 44, § 44
– Lohnsteuer AF § 41a, § 41a

– von Mehrerlösen als Betriebsausgabe R 4.13
Abgabenordnung
– Anwendungserlass zur - Anl. § 005-03
Abgeltung
– der Steuer durch Steuerabzug AF § 46, AF § 50, § 46, § 50
Abgeltungsteuer AF § 32d, § 32d
– Einführungsschreiben Anl. § 020-08
– nahestehende Person R 32d
– Veranlagungsoption R 32d
– Verluste R 32d
Abgeordnete
– Leistungen nach den Abgeordnetengesetzen AF § 22, § 22, R 22.9
Abgrenzung
– der Betriebsausgaben (Werbungskosten) von den Kosten der Lebensführung AF § 12, R 4.10 (1), § 12
– der Betriebsvorrichtungen von den Betriebsgrundstücken H 7.1
– der Gebäude von den Betriebsvorrichtungen H 7.1
– der gewerblichen von der landwirtschaftlichen Tierzucht und Tierhaltung R 13.2
– des Beteiligungskontos zum Forderungskonto (Darlehenskonto) Anl. § 015a-08
– des Gewerbebetriebs gegenüber der Land- und Forstwirtschaft R 15.5
– des Gewerbebetriebs gegenüber der selbst. Arbeit H 15.6
– des Gewerbebetriebs gegenüber der Vermögensverwaltung R 15.7 (1)
Ablösezahlungen
– Anschaffungskosten H 6.4
– Profifußball H 6.2
Ablösung
– eines Wohnrechts durch Miterben H 6.2
Abnutzungsentschädigung
– Steuerbefreiung AF § 3 Nr. 4, § 3 Nr. 4
Abraumbeseitigung
– Rückstellung für unterlassene Aufwendungen für - R 5.7 (11)
Abraumvorrat
– Herstellungskosten H 6.3

2393

Abrechnungen
- beim Wechsel der Gewinnermittlungsart R 4.6, R 13.5, Anl. § 004-01

Abrechnungsverpflichtung
- Rückstellung H 5.7 (4)

Abschlagszahlungen
- als Betriebseinnahmen R 4.5 (2)
- HOAI H 4.2 (1)

Abschlussgebühr
- bei Darlehensschulden H 6.10
- Rechnungsabgrenzung H 5.6

Abschlusszahlung
- Entrichtung der - AF § 36, § 36

Abschöpfung
- von Mehrerlösen H 4.13

Abschreibungen (siehe AfA) Abschreibungsgesellschaft
- Verlustzuweisungen bei -en AF § 15a, § 15a, Anl. § 015a-01, Anl. § 021-06

Absetzungen für Substanzverringerungen AF § 7, § 7
- Bodenschätze R 7.5
- im Privatvermögen AF § 9, § 9
- unterlassene - R 7.5

Abstandnahme
- vom Steuerabzug AF § 44a, § 44a

Abstandszahlungen
- zur Ablösung von Nutzungsrechten H 24.1

Abtretung
- Kapitalvermögen AF § 20, § 20
- von Ansprüchen aus einem Versicherungsvertrag AF § 10, R 4b, § 10, DV § 30 zu § 10

Abwasseranlagen
- erhöhte Absetzungen für - AF § 7d, § 7d
- Herstellungskosten H 6.4

Abwehrkosten
- Anschaffungskosten H 7.3

Abweichung
- des Steuerbilanzgewinns vom Handelsbilanzgewinn H 15.8 (3)

Abzinsung
- Rückstellungen AF § 6, § 6, H 6.12, Anl. § 006-14
- Verbindlichkeiten H 6.10, Anl. § 006-04, Anl. § 006-14

Abzugsbetrag
- für Wohneigentum AF § 10e, § 10e
- selbstgenutzte Wohnungen in Sanierungsgebieten und städtebaulichen Entwicklungsbereichen AF § 10f, § 10f
- selbstgenutztes Baudenkmal AF § 10f, § 10f

Abzugssatz
- erhöhter H 10b.3

Abzugsteuer
- Entlastung von deutscher - H 50d

Abzugsverbot
- HOAI H 4.2 (1)
- Rückstellungen H 5.7 (1)
- Sanktionen R 4.13
- Umfang H 4.14

Abzugszeitraum
- Wohneigentumsförderung AF § 10e, § 10e

Adoptionskosten
- außergewöhnliche Belastung H 33.1 - H 33.4

Ähnliche Berufe
- als freiberufliche Tätigkeit H 15.6

Änderung
- Bilanzänderung AF § 4, § 4, R 4.4
- der Steueranmeldung AF § 44b

Ärzte
- Abfärberegelung Anl. § 015-16
- Apparate- und Laborgemeinschaften Anl. § 018-01
- Beiträge zu Versorgungseinrichtungen und zum Fürsorgefonds der Ärztekammern H 18.2
- freiberufliche Tätigkeit der - AF § 18, § 18
- Kassenärztliche Zulassung Anl. § 018-08
- neue Organisationsformen Anl. § 018-07
- Selbständigkeit R 18.1

Ärztefortbildung
- Kosten für - als Betriebsausgaben H 12.2

Ärztemuster
- Bewertung H 6.8

Ärztepropagandist
- als Gewerbetreibender H 15.6

AfA
- außergewöhnliche technische oder wirtschaftliche - AF § 7, § 7, DV § 11c zu § 7, R 7.4
- Beginn der - R 7.4
- Beginn der - und -Bemessungsgrundlage bei Fertigstellung von Gebäudeteilen zu verschiedenen Zeitpunkten Anl. § 007-03
- bei Anlagegütern, die im Laufe eines Wirtschaftsjahres angeschafft oder hergestellt werden R 7.4
- Bemessung der - AF § 7, § 7
- Bemessung der - nach Inanspruchnahme der erhöhten Absetzungen R 7a
- Berücksichtigung von steuerrechtlichen - in der Handelsbilanz Anh. 15
- Betriebsvorrichtung H 7.1
- bewegliche Wirtschaftsgüter H 7.1
- degressive AF § 7, § 7, R 7.4
- Eigenaufwand für fremdes Wirtschaftsgut H 4.7
- Eigentumswohnung AF § 7, § 7

- Einlage Anl. § 007-05
- Ende R 7.4
- Erbauseinandersetzung Anl. § 016-05
- Ermittlung der Herstellungskosten R 6.3
- Firmenwert AF § 7, § 7, Anl. § 005-12
- Gebäude AF § 7, § 7, DV § 11c zu § 7, R 7.4
- Gebäudeteil AF § 7, § 7, H 7.1, R 7.3
- Gemälde H 7.1
- Geschäftswert AF § 7, § 7, Anl. § 005-12
- Gewinnermittlung nach § 4 Abs. 3 AF § 4, § 4
- im Anschluss an erhöhte Absetzungen oder Sonderabschreibungen AF § 7a, § 7a, R 7a
- im Privatvermögen AF § 9, § 9
- immaterielle Wirtschaftsgüter R 7.1
- in fallenden Jahresbeträgen AF § 7, § 7, R 7.4
- Ladeneinbauten und -umbauten R 7.1
- Leistungs- AF § 7, § 7
- lineare AF § 7, § 7, R 7.4
- Mietereinbauten Anl. § 004-04
- Miteigentum R 7.4
- Möbel H 7.1
- nach Ablauf des Begünstigungszeitraums R 7a
- nach einer Einlage R 7.3
- nach einer Entnahme R 7.3, R 7.4
- nach einer Nutzungsänderung R 7.3, R 7.4
- nach Maßgabe der Leistung AF § 7, § 7, R 7.4
- nach Übergang zur Buchführung R 7.3, R 7.4
- Nachholung nicht ausgenutzter - R 7.4
- nachträgliche Anschaffungs- oder Herstellungskosten AF § 7a, R 7.3, R 7.4, § 7a
- Nutzungsdauer R 7.4
- Nutzungsrechte H 7.1
- Praxiswert Anl. § 005-12
- Sammlungsobjekt H 7.1
- Scheinbestandteil H 7.1
- Sonderabschreibungen AF § 7a, § 7a
- Übertragung einer stillen Rücklage R 7.3
- unbewegliche Wirtschaftsgüter R 7.1
- unentgeltlich erworbene Wirtschaftsgüter AF § 6, § 6, DV § 11d zu § 7, R 7.3
- unterlassene oder überhöhte - R 7.4, H 7.4
- Verkehrsgenehmigungen Anl. § 005-12
- Verlagswerte Anl. § 005-12
- Verlustklausel R 7a
- Volumen R 7.4
- vorweggenommene Erbfolge Anl. § 016-06
- Warenzeichen Anl. § 006-05
- Wechsel der AfA-Methode bei Gebäuden R 7.4, H 7.4
- Wirtschaftsüberlassungsvertrag H 7.1
- Zuschüsse H 6.4, R 7.3

AfA, erhöhte
- auf Anzahlungen und Teilherstellungskosten AF § 7a, § 7a
- Begünstigungszeitraum AF § 7a, § 7a
- bei dem Umweltschutz dienenden Wirtschaftsgütern AF § 7d, § 7d
- bei Gebäuden in Sanierungsgebieten und Entwicklungsbereichen AF § 7h
- bei mehreren Beteiligten AF § 7a, § 7a
- bei Minderung der Anschaffungs- oder Herstellungskosten H 7a
- bei Miteigentümern H 7a
- bei Zuschüssen H 7a
- für Wohngebäude DV § 15 zu § 7b
- für Wohnungen mit Sozialbindung AF § 7k, § 7k
- gemeinsame Vorschriften für - AF § 7a, § 7a
- Kumulationsverbot bei - AF § 7a, § 7a, R 7a
- Mietwohnungen AF § 7c, § 7c
- Nachholung nicht ausgenutzter - AF § 7d, § 7d
- Verlustklausel bei - R 7a
- von Herstellungskosten bei Baudenkmalen AF § 7i, § 7i
- von Herstellungskosten bei bestimmten Baumaßnahmen des Baugesetzbuches AF § 7h, § 7h

AfaA
- Grundsätze H 7.4

AfA-Volumen
- Ermittlung H 7.4

Agio
- bei Darlehensschulden H 6.10

AIDS-Erkrankte
- Steuerbefreiung der Leistungen an - AF § 3 Nr. 69, § 3 Nr. 69

AIG Anh. 1

Aktien
- als Veräußerungsentgelt H 17
- Aufteilung Veräußerungspreis H 17
- Überlassung an Arbeitnehmer § 19a

Aktienoption
- Aufsichtsratmitglied H 18.2

Aktivierung
- unentgeltlich erworbener immaterieller Wirtschaftsgüter R 5.5
- von Forderungen H 5.6

Aktivitätsklausel AF § 2a, § 2a
- negative ausländische Einkünfte R 2a
- Prüfung H 2a

Alleinerziehende
- Entlastungsbetrag AF § 24b, § 24b, Anl. § 024b-01

2395

Almen
- Einkünfte aus Land- und Forstwirtschaft R 13.2

Altenheim
- AfA H 7.2
- Aufwendungen für die Unterbringung in einem - als außergew. Belastung R 33.3, H 33a.1

Altenteilerwohnung
- Entnahme R 4.2 (4), H 4.3 (2-4)

Altenteilsleistungen
- als wiederkehrende Bezüge H 22.1
- Sonderausgabenabzug H 10.3

Alterseinkünftegesetz
- Einführungsschreiben Anl. § 010-11
- Lebensversicherungen Anl. § 020-07

Altersentlastungsbetrag AF § 2, AF § 24a, § 2, R 2, § 24a, R 24a
- Berechnung H 24a

Altershilfe
- Steuerbefreiung der - für Landwirte AF § 3 Nr. 1, § 3 Nr. 1

Altersrente
- als Teilrente R 22.4

Altersteilzeit
- Progressionsvorbehalt AF § 32b, § 32b
- Rückstellungen Anl. § 006a-06

Altersteilzeitverpflichtung
- Rückstellung H 5.7 (5), H 6.11

Altersübergangs-Ausgleichsbetrag
- Steuerbefreiung AF § 3 Nr. 2, § 3 Nr. 2

Altersübergangsgeld AF § 32b, § 32b

Altersversorgung
- Aufwendungen des Arbeitgebers für die betriebl. - des im Betrieb mitarbeitenden Ehegatten Anl. § 006a-08, Anl. § 006a-09
- Beiträge zu einer kapitalgedeckten - AF § 10, § 10
- betriebliche R 6a (1)
- Gesetz zur Verbesserung der betriebl. - Anh. 16

Altersvorsorge
- Beiträge zur - AF § 10a, § 10a

Altersvorsorgebeiträge AF § 10, § 10
- Förderung AF § 82
- Sonderausgaben AF § 10a, § 10a

Altersvorsorge-Eigenheimbetrag AF § 92a, § 92a

Altersvorsorgevermögen
- schädliche Verwendung AF § 93

Altersvorsorgeverträge
- Besteuerung der Leistungen AF § 22, § 22
- sonstige Einkünfte AF § 22, § 22

- Vermögensübertragung AF § 3 Nr. 55c - 55e, § 3 Nr. 55c - 55e

Altersvorsorgezulage
- Anbieter AF § 80, § 80
- Anmeldeverfahren AF § 90a, § 90a
- Anspruchsentstrickung AF § 88, § 88
- Antrag AF § 89, § 89
- Beiträge AF § 82, § 82
- Bescheinigung AF § 92, § 92
- Datenabgleich AF § 91, § 91
- Grundzulage AF § 84, § 84
- Hinzurechnung zum Gesamtbetrag der Einkünfte AF § 2, § 2
- Kinderzulage AF § 85, § 85
- Mindesteigenbeitrag AF § 86, § 86
- schädliche Verwendung AF § 93, AF § 94, § 93, § 93a
- selbstgenutzte Wohnung AF § 92a, § 92a
- unbeschränkte Steuerpflicht AF § 95, § 95
- Verfahren AF § 90, § 90
- Verfahren bei selbstgenutzter Wohnung AF § 92b, § 92b
- Verwendung für eigene Wohnzwecke AF § 92a, § 92a
- Zentrale Stelle AF § 81, § 81
- Zulageberechtigte AF § 79, § 79
- zuständige Stelle AF § 81a, § 81a

Altzusagen
- bei Pensionsverpflichtungen R 6a (1)

Amtszulagen
- aufgrund des AbgeordnetenG AF § 22, § 22

Anbauverzeichnis H 13.5

Anbieter
- Altersvorsorgezulage AF § 80, § 80

Anerkennung
- von Verträgen zwischen Ehegatten R 4.8

Angehörige
- abweichende Zurechnung bei Miteigentum H 21.6
- Aufwendungen für den Unterhalt und die Berufsausbildung von -n R 33a.1
- Aufwendungen für Unterhalt von -en im Ausland Anl. § 033a-01
- Ausbildungsaufwendungen für Kinder H 4.8
- Darlehensvereinbarungen zwischen - Anl. § 004-37
- Ehegatten-Arbeitsverträge R 4.8
- Gesellschaftsverträge H 4.8
- Miet- und Pachtverträge R 21.4, Anl. § 021-17, Anl. § 021-18
- Mietverträge H 21.4
- Rechtsverhältnisse zwischen -n R 4.8, H 13.4, Anl. § 004-32

- stille Gesellschaft H 15.9 (4)
- unentgeltliche Wohnungsüberlassung an - AF § 10h, § 10h
- verdeckte Gewinnausschüttungen Anl. § 020-09
- Wirtschaftsüberlassungsvertrag H 4.8
- Zukunftssicherung H 4.8

Angemessenheit
- von Bewirtungsaufwendungen H 4.10 (5-9)

AngestelltenversicherungsG § 32b

Anlageberater
- als Gewerbebetrieb H 15.6

Anlagekartei
- für das bewegliche Anlagevermögen R 5.4

Anlagen
- auf oder im Grund und Boden bei Veräußerung von Land- und forstw. Betrieben R 14

Anlagevermögen
- Abgrenzung von - und Umlaufvermögen bei Parzellierung von Grundstücken oder Aufteilung von Gebäuden in Eigentumswohnungen R 6.1
- allgemeines R 6.1
- Berücksichtigung von Zuschüssen bei der Bewertung des -s H 6.4
- bestandsmäßige Erfassung des beweglichen -s R 5.4
- Bewertung AF § 6, § 6
- Bewertung des zum - gehörenden Viehs H 13.3
- Bewertungsfreiheit für abnutzbare Wirtschaftsgüter des -s privater Krankenhäuser AF § 7f, § 7f
- Bewertungsfreiheit für geringwertige Wirtschaftsgüter des - AF § 6, § 6, R 6.13
- Dauer der Zugehörigkeit zum - R 6.1
- erhöhte Absetzungen für Wirtschaftsgüter des - s, die dem Umweltschutz dienen AF § 7d, § 7d
- fehlende Bestandsaufnahme H 5.4
- Festwert H 5.4
- Leergut in der Getränkeindustrie H 6.1
- Teilwert R 6.7
- Vorführ- und Dienstwagen H 6.1
- Wertverzehr des -s als Herstellungskosten R 6.3
- Zugehörigkeit zum - bei Anwendung des § 6b EStG AF § 6b, § 6b

Anlaufverluste
- Liebhaberei H 15.3

Anmeldung
- der Aufsichtsratsteuer AF § 50a, § 50a, DV § 73e zu § 50a
- der KapSt AF § 45a, § 45a
- der LSt AF § 41a, § 41a

Anpassung
- von Vorauszahlungen auf die ESt AF § 37, § 37
- von Vorauszahlungen auf die ESt bei Beteiligung an einer Abschreibungsgesellschaft oder Bauherrengemeinschaft Anl. § 021-06

Anrechnung
- Abzüge bei Bauleistungen AF § 48c
- ausländischer Steuern AF § 34c, § 34c
- Ausschluss der - von KSt in Sonderfällen AF § 36
- Gewerbesteuer AF § 35, § 35, Anl. § 035-01
- von Sozialversicherungsrenten bei der Berechnung von Pensionsrückstellungen Anl. § 006a-02
- von Steuerabzugsbeträgen AF § 36, § 36, H 36
- von Vorauszahlungen AF § 36, § 36

Anrufungsauskunft
- im LSt-Verfahren AF § 42e, § 42e

Ansammlung
- bei Rückstellungen R 6.11

Ansammlungsrückstellung
- Stichtagsprinzip H 6.11

Ansatzbeschränkungen AF § 4f, AF § 5, § 4f, § 5

Ansatzverbote AF § 4f, AF § 5, § 4f, § 5

Anschaffung
- Jahr der - R 7.4
- privates Veräußerungsgeschäft H 23
- Zeitpunkt der - R 7.4

Anschaffungskosten
- Abwehrkosten H 7.3
- AfA bei nachträglichen - für Wirtschaftsgüter AF § 7a, H 7.3, § 7a
- allgemeines AF § 6, § 6, R 6.2
- Anteile an einer Kapitalgesellschaft R 17
- Anzahlungen auf - AF § 7a, § 7a, R 7a, H 7a
- Aufteilung der - bei Gebäudeteilen R 4.2 (6)
- Begriff H 7.3
- bei Einlage von Wirtschaftsgütern in das Betriebsvermögen R 7.4
- bei Erwerb gegen Leibrente R 4.5 (4)
- Bemessungsgrundlage für die AfA H 7.3
- bestimmter Anteile an KapGes (§ 17 EStG) AF § 17, § 17
- Definition nach HGB Anh. 15
- dingliche Belastung H 6.4
- Erbbaurecht H 6.2
- erhöhte AfA bei Minderung der - R 7a
- erhöhte AfA bei nachträglichen - für Wirtschaftsgüter AF § 7a, § 7a
- Flächenbeiträge nach BBauG H 6.2
- Fremdwährungsdarlehen H 6.2

- für geringwertige Anlagegüter R 6.13
- Minderung der - R 7a
- Mitunternehmeranteil H 6.2
- nachträgliche - AF § 7a, R 7.4, § 7a
- Nebenkosten H 6.2
- Preisnachlass H 6.2
- Rabatte H 6.2
- Ratenkauf R 6.2
- Renovierungskosten H 6.2
- Rückgängigmachung des Anschaffungsvorgangs H 7.4
- Schuldübernahme H 6.2
- Skonto H 6.2
- Spekulationsgeschäft H 23
- Tausch H 6.2
- von Verbindlichkeiten H 6.10
- Wertsicherungsklausel H 6.2
- wohnrechtbelastetes Gebäude H 7.3
- Wohnrechtsablösung H 6.2
- Zuschüsse H 6.4, R 21.5
- Zwangsversteigerung H 6.2

Anschaffungsnaher Aufwand R 21.1, H 21.1
- gesetzliche Neuregelung Anl. § 006-13

Anschlusskosten
- Herstellungskosten H 6.4

Anteile
- Anschaffungskosten bestimmter - an Kapitalgesellschaften AF § 17, § 17
- Bewertung von -n an Kapitalgesellschaften Anl. § 006-07
- einbringungsgeborene H 17
- Veräußerung von -n an Kapitalgesellschaften AF § 17, § 17
- Veräußerung von -n an Kapitalgesellschaften als privates Veräußerungsgeschäft AF § 23
- Veräußerung von -n an Kapitalgesellschaften als Spekulationsgeschäft AF § 23
- Veräußerung von -n an Kapitalgesellschaften bei wesentlicher Beteiligung AF § 17, § 17

Anteilseigner AF § 20, § 20, § 36

Anteilstausch
- Veräußerungspreis H 17 (7)

Antizipative Posten
- Rechnungsabgrenzung R 5.6

Antragsveranlagung AF § 46, § 46, H 46.2

Anwachsung
- Personengesellschaft Anl. § 006-06

Anwartschaft
- Hinterbliebenenversorgung H 4.2 (1)

Anwendungserlass
- zur AO 1977 Anl. § 005-03

Anwendungsvorschriften
- Abgeltungssteuer AF § 52a, § 52a

Anwendungsvorschriften EStDV DV § 84 zu § 52

Anwendungsvorschriften EStG
- allgemeine AF § 52, § 52

Anzahlungen AF § 7d
- auf Anschaffungskosten R 7a
- bei Hingabe von Wechseln oder Schecks AF § 7a, § 7a
- bei Teilherstellungskosten R 7a
- Bemessungsgrundlage bei erhöhten Absetzungen AF § 7d, § 7d
- Sonderabschreibungen bei - AF § 7a, AF § 7f, § 7a, § 7f
- Umsatzsteuer auf - AF § 5, § 5
- willkürlich geleistete - R 7a, H 7a

Anzeigepflichten
- bei Versicherungsverträgen DV § 29 zu § 10

AO-Anwendungserlass
- Buchführungs- und Aufzeichnungspflichten H 5.1

Apparategemeinschaften
- bei Ärzten Anl. § 018-01

Arbeitgeber
- Abschluss des LSt-Abzugs AF § 41b, § 41b
- Anmeldung und Abführung der LSt AF § 41a, § 41a
- Anrufungsauskunft AF § 42e, § 42e
- Aufzeichnungspflichten beim LSt- Abzug AF § 41, § 41
- Bescheinigungen des -s auf der Lohnsteuerkarte AF § 41b, § 41b
- Durchführung des LSt-Abzugs für beschränkt stpfl. Arbeitnehmer § 39d
- Durchführung des LSt-Abzugs für unbeschränkt stpfl. Arbeitnehmer AF § 39b, § 39b
- Durchführung des LSt-Abzugs ohne LSt-Karte AF § 39c, § 39c
- Erhebung der LSt AF § 38, § 38
- Haftung des -s beim LSt-Abzug AF § 42d, § 42d
- Lohnsteuer-Jahresausgleich durch den - AF § 42b, § 42b
- Pauschalierung der LSt durch den - AF § 40, AF § 40a, § 40, § 40a

Arbeitgeberwechsel
- Pensionsrückstellungen R 6a (13)

Arbeitnehmer
- Nachweis der Nichtbeschäftigungszeit R 46.2
- Überlassung von Vermögensbeteiligungen an - § 19a
- Veranlagung von -n AF § 46, § 46
- Vorauszahlungen H 37

Arbeitnehmererfindungen R 18.1
Arbeitnehmer-Pauschbetrag AF § 9a, AF § 32b, § 32b
– Werbungskosten AF § 9a, § 9a
Arbeitnehmerüberlassung
– Haftung des Arbeitgebers AF § 42d, § 42d
Arbeitnehmerwohnungen
– erhöhte Absetzungen für Wohnungen mit Sozialbindung AF § 7k, § 7k
Arbeitsförderungsgesetz AF § 3 Nr. 2, § 3 Nr. 2
– Progressionsvorbehalt AF § 32b, § 32b
– Steuerbefreiung von Leistungen AF § 3 Nr. 2, § 3 Nr.2
Arbeitsfreistellung
– Pensionsrückstellungen H 6a (1), Anl. § 006a-11
Arbeitsgemeinschaft
– Gewinnrealisierung H 15.8 (1)
Arbeitskleidung
– Arbeitgeberersatz für - H 3.31
Arbeitsleistung
– Wert der körperlichen - in der Land- und Forstwirtschaft AF § 13a, § 13a
Arbeitslohn
– bei Mitarbeit von Kindern im Betrieb der Eltern H 4.8
– Einräumung eines Nutzungsrechts H 11
– Steuerfreiheit bestimmter Zuschläge zum - AF § 3b, § 3b
– Veranlagung von Arbeitnehmern mit - aus mehreren Dienstverhältnissen AF § 46, § 46
Arbeitslosenbeihilfe
– Progressionsvorbehalt AF § 32b, § 32b
– Steuerbefreiung AF § 3 Nr. 2a
Arbeitslosengeld
– Progressionsvorbehalt AF § 32b, § 3 Nr. 2, § 32b
– Steuerbefreiung AF § 3 Nr. 2
Arbeitslosenhilfe
– Progressionsvorbehalt AF § 32b, § 32b
– Soldatenversorgungsgesetz § 3 Nr. 2a
– Steuerbefreiung AF § 3 Nr. 2, § 3 Nr. 2, § 3 Nr. 2a
Arbeitslosigkeit
– von Kindern H 32.4, R 32.11
Arbeitsmittel
– Berufsausbildung H 10.9
– Werbungskosten AF § 9, § 9
Arbeitsort
– Wechsel des -s AF § 34f
ArbeitsplatzschutzG
– Steuerbefreiung von Leistungen nach dem - AF § 3 Nr. 47, § 3 Nr. 47

Arbeitsstätte
– Aufwendungen für Fahrten zwischen Wohnung und - AF § 9, H 4.12, § 9
Arbeitsverträge
– zwischen nahen Angehörigen H 4.8
Arbeitszimmer
– häusliches AF § 4, § 4, H 4.10 (1), H 7.2, Anl. § 004-43
– Vermietung an Arbeitgeber Anl. § 021-13
Architekt
– Abschlagszahlungen H 4.2 (1)
– freiberufliche Tätigkeit AF § 18, H 15.6, § 18
– Gewerbebetrieb H 15.6
– Ideenwettbewerb Anl. § 002-02
Archiv
– Steuerbegünstigung für -e als Kulturgut AF § 10g, § 10g
Artisten
– als Gewerbetreibende H 15.6
– Steuerabzug bei beschränkt steuerpfl. - R 50a.1
Arzneimittel
– Aufwendungen für - als außergew. Belastung R 33.4
Arzneimittelzulassungen
– Abnutzbarkeit H 5.5, H 7.1, Anl. § 006-05
Asbestbeseitigung
– außergewöhnliche Belastung H 33.1 - H 33.4
Asyl H 33.1 - H 33.4
Atypisch stille Gesellschaft H 15.8 (1), Anl. § 015-14
– Abfärberegelung H 15.8 (5)
– gewerbliche Prägung H 15.8 (6)
– Verluste Anl. § 015-07
Aufbewahrung
– von Büchern, Inventaren, Bilanzen, Rechnungen, Buchungsbelegen H 5.2, Anh. 15
– von digitalen Unterlagen Anl. § 005-08
Aufbewahrungsfristen Anh. 15
Aufenthalt
– gewöhnlicher - AF § 1, § 1
Auffüllen
– Rückstellung für das - abgebauter Hohlräume R 6.11
Aufgabe
– der selbst. Tätigkeit AF § 18, § 18, R 18.3
– eines Betriebs AF § 14, § 14a, AF § 16, DV § 6 zu § 4, § 14, § 14a, § 16
Aufgabebilanz
– Einnahmenüberschussrechnung H 4.5 (7)
– Verpflichtung zur Aufstellung H 4.5 (7)
Aufgabegewinn
– Abgrenzung zum laufenden Gewinn H 16 (9)

Aufgeld
– steuerfreies - für Darlehen an Ausgleichsfonds AF § 3 Nr. 18, § 3 Nr. 18
Aufhebung
– einer Ehe H 26
Auflagen
– Abzugsverbot R 4.13
– Spendenabzug H 10b.1
Auflagenbuchführung
– Einnahmenüberschussrechnung R 4.5 (1)
Auflagenschenkung
– Kapitalvermögen H 20.2
Auflösung
– einer Kapitalgesellschaft H 17
– einer Rücklage nach § 6b EStG AF § 6b, § 6b, R 6b.2, H 6b.2
– von Pensionsrückstellungen R 6a (22)
Auflösungsbetrag
– Altersvorsorgerücklage AF § 22, § 22
Aufrechnung
– Kindergeld AF § 75, H 75
Aufrundung
– anzurechnender Vorauszahlungen und Steuerabzugsbeträgen AF § 36
Aufsichtsratsmitglied
– Aktienoption H 18.2
Aufsichtsratsteuer AF § 50a, § 50a
Aufsichtsratsvergütungen AF § 50a, § 18, § 50a, DV § 73e zu § 50a
– freiberufliche Tätigkeit AF § 18, § 18
Aufstiegsbeamte
– Berufsausbildung H 32.5
Aufstiegsfortbildungsförderungsgesetz
– Steuerbefreiung AF § 3 Nr. 37
Aufstockungsbetrag § 3 Nr. 28
– Altersteilzeit AF § 3 Nr. 28, AF § 32b, § 32b
Aufteilung
– der Pauschbeträge für Werbungskosten R 9a
– des Gewinns des Wirtschaftsjahres auf Kalenderjahre AF § 4a, § 4a
– von Sonderausgaben und außergewöhnlichen Belastungen auf Ehegatten AF § 26a, § 26a
Aufwandsentschädigung
– nach BGB § 3 Nr. 26b
– Steuerbefreiung von -en aus öffentlichen Kassen AF § 3 Nr. 12, § 3 Nr. 12, H 3.12
– steuerfreie - für Übungsleiter, Ausbilder und Erzieher AF § 3 Nr. 26, § 3 Nr. 26
– steuerfreie nach § 1835a BGB H 3.26b
Aufwandsentschädigungen
– nach BGB AF § 3 Nr. 26b

Aufwandsersatz H 24.1
Aufwandsrückstellung
– Ansatzverbot H 5.7 (3)
Aufwandsspenden Anl. § 010b-01, Anl. § 010b-04
– Spendenabzug Anl. § 010b-04
Aufwendungen
– anschaffungsnahe - bei Erwerb von Gebäuden durch vorweggenommene Erbfolge Anl. § 016-06
– anschaffungsnahe - bei Gebäuden R 21.1
– Berufsausbildung oder Weiterbildung R 10.9
– für Berufsausbildung oder Weiterbildung AF § 10, § 10
– für doppelte Haushaltsführung R 4.12
– für Fahrten zwischen Wohnung und Betrieb AF § 4, § 4, R 4.12
– vor Bezug einer Wohnung AF § 10e, § 10e
Aufwendungszuschüsse R 21.5
Aufwuchs
– auf dem Grund und Boden (§ 6b EStG) AF § 6b, § 6b, H 6b.1
Aufzeichnungen
– bei Aufsichtsratsvergütungen AF § 50a, § 50a
– beim LSt-Abzug AF § 41, § 41
– besondere - für Aufwendungen für Geschenke, die Bewirtung von Geschäftsfreunden, Gästehäuser, Jagd, Mehraufwendungen für Verpflegung R 4.11
– der Angehörigen der freien Berufe AF § 18, § 18
– für Aufwendungen für Geschenke, die Bewirtung von Geschäftsfreunden, Gästehäuser, Jagd, Mehraufwendungen für Verpflegung AF § 4, § 4
– im Fall des Steuerabzugs bei beschränkt Stpfl. AF § 50a, § 50a
– Warenein- und Warenausgang Anl. § 005-03
Aufzeichnungspflicht H 4.1
– besondere - H 5.2
Ausbau
– von Gebäuden und Schiffen AF § 6b, § 6b
Ausbauten
– Abzugsbetrag nach § 10e EStG AF § 10e, § 10e
– Begriff Anh. 17
Ausbilder
– Steuerbefreiung von Einnahmen aus einer nebenberuflichen Tätigkeit als - AF § 3 Nr. 26, § 3 Nr. 26, H 3.26a
Ausbildungsbeihilfen AF § 33a, § 33a
– Steuerbefreiung der - AF § 3 Nr. 2, AF § 3 Nr. 11, § 3 Nr. 2, § 3 Nr. 11, H 3.11

Ausbildungsfreibetrag AF § 33a, § 33a, R 33a.2
Ausbildungskosten
- Abzug von - Anl. § 010-12
- für Kinder als Betriebsausgabe H 4.8
Ausbildungsplatz
- Berücksichtigung von Kindern, die keinen - haben AF § 32, § 32, R 32.7
Auseinandersetzung
- von Mitunternehmern AF § 16, § 16
Ausgaben
- Abfließen von - AF § 11, § 11
- die mit steuerfreien Einnahmen im Zusammenhang stehen AF § 3c, § 3c
- nachträgliche H 24.2
- nicht abzugsfähige - AF § 12, § 12
- regelmäßig wiederkehrende Einnahmen und - AF § 11, § 11
- USt als - AF § 9b, § 9b
Ausgangswert AF § 13a
- Einkünfte aus Land- und Forstwirtschaft AF § 13a, § 13a
Ausgleich
- von negativen ausländischen Einkünften AF § 2a, § 2a
- von negativen Einkünften AF § 10d, AF § 15a, § 10d, § 15a
Ausgleichsanspruch
- eines Handelsvertreters AF § 24, § 24
Ausgleichsbetrag
- in bestimmten Veranlagungsfällen DV § 70 zu § 46
Ausgleichsleistungen
- Steuerbefreiung der - nach dem LAG AF § 3 Nr. 7, § 3 Nr. 7
Ausgleichsleistungsgesetz
- Steuerbefreiung AF § 3 Nr. 7, § 3 Nr. 7
Ausgleichsposten
- Entnahmen AF § 4g, § 4g
Ausgleichszahlungen
- an Anteilseigner AF § 4, § 4
- an Handelsvertreter AF § 24, § 24
- bei Einbringungen H 18.3
- Sonderausgaben AF § 10, § 10
- Versorgungsausgleich AF § 1a, AF § 22, § 1a
Ausländer
- Ehegattenbesteuerung H 26
Ausländische
- Anrechnung und Abzug -r Steuern AF § 34c, § 34c
- Bewertung von Schulden in -r Währung H 6.10
- Übertragung stiller Reserven auf Anteile an -n KapGes Anh. 1

- Veräußerung von Anteilen an -n Kapitalgesellschaften H 17
- Verbindlichkeiten H 6.10
- Verluste bei DBA AF § 2a, R 2, § 2a
Ausländische Einkünfte AF § 34c, § 34c
- negative - AF § 2a, § 2a, R 2a, R 15a
- Progressionsvorbehalt H 32b
- Steuerermäßigung bei - AF § 34c, § 34c
- Steuerfreistellung H 50d
Ausländische Sozialversicherungsträger
- Beiträge an - Anl. § 010-09
Ausländische Steuern
- Steuerermäßigung R 50.2
Auslagenersatz
- Steuerbefreiung des -es an Arbeitnehmer AF § 3 Nr. 50, § 3 Nr. 50
Ausland
- Aufwendungen für Unterhalt von Angehörigen im - Anl. § 033a-01
- Bedeutung der Besteuerungsmerkmale im - bei beschr. Stpfl. R 49.3
- bei Wohnsitzwechsel ins - Anh. 2
- ins - entsandte deutsche Staatsangehörige AF § 1, § 1, R 1
- Kosten für Kuren im - als außergewöhnl. Belastung R 33.4
- negative ausl. Einkünfte AF § 2a, § 2a
- steuerfreie Rücklage bei Überführung von Wirtschaftsgütern in Gesellschaften, Betriebe oder Betriebsstätten im - Anh. 1
- steuerliche Behandlung von Unterhaltsleistungen an Angehörige im - H 33a.1
- Wohngrundstücke im - R 21.3
Auslandsbonds
- Steuerfreiheit von Zinsen AF § 3 Nr. 54, § 3 Nr. 54
Auslandsinvestitionsgesetz R 2, Anh. 1
Auslandskinder
- Ausbildungsfreibetrag R 33a.2
Auslandskorrespondenten H 1a, H 50a.2
Auslandslehrkräfte H 1a
Auslandsreisen
- Pauschbeträge Anl. § 004-20
Auslandsschulden
- Bewertung von - H 6.10
Auslandsschulen
- Besteuerung der Lehrer H 1a
Auslandssprachkurse
- Betriebsausgaben Anl. § 004-26
Ausscheiden
- eines Wirtschaftsgutes infolge höherer Gewalt R 6b.1, R 6b.3

2401

Ausschüttung
- auf Kommanditaktien H 15.8 (4)
- von Eigenkapital AF § 20, § 20

Außenanlagen
- AfA H 7.1

Außenprüfung
- Lohnsteuer- AF § 42f, § 42f

Außensteuergesetz Anh. 2

Außergewöhnliche Belastung
- Abkürzung des Zahlungswegs H 33.1 - H 33.4
- Abzug im Fall der getrennten Veranlagung von Ehegatten AF § 26a, § 26a
- allgemeiner Art AF § 33, § 33
- Aufwendungen für Arzneimittel und Stärkungsmittel R 33.4
- Aufwendungen für den Unterhalt und eine etwaige Berufsausbildung AF § 33a, § 33a, R 33a.1
- Aufwendungen für Diät (Abzugsverbot) AF § 33, § 33
- Aufwendungen für die auswärtige Unterbringung von Kindern AF § 33a, § 33a, R 33a.2
- Aufwendungen für ein körperbehindertes Kind R 33.4
- Aufwendungen für eine Badekur R 33.4
- Aufwendungen für eine Hausgehilfin oder Haushaltshilfe § 33a
- Aufwendungen für Verkehrsmittel R 33.4
- Ausbildungsfreibeträge AF § 33a, § 33a, R 33a.2
- Deutschkurs R 33.4
- getrennte Veranlagung H 26a
- Haushaltsersparnis bei Kuren R 33.4
- Heimunterbringung Anl. § 033-01
- Integrationskurs R 33.4
- Kfz-Aufwendungen Anl. § 033-02
- Kinderbetreuungskosten § 33c
- Mietzahlung H 33.1 - H 33.4
- Nachweis R 33.4
- Pflegeaufwendungen R 33.3
- PKW-Umrüstung Anl. § 033-04R 33.4
- Privatschulbesuch R 33.4
- Prozesskosten H 33.1 - H 33.4
- Studiengebühren H 33.1 - H 33.4, H 33a.2
- Umbaukosten R 33.4
- Unterhaltsaufwendungen Anl. § 033a-03
- Unterhaltsleistungen Anl. § 033-01
- Unterhaltsleistungen an Angehörige im Ausland H 33a.1
- Vorsorgekuren R 33.4
- zumutbare Belastung AF § 33, § 33

Außergewöhnliche Einkünfte
- Arbeitnehmerpauschbetrag H 34.1
- Berechnungsbeispiele H 34.1
- Umfang der R 34.1

Außergewöhnliche technische oder wirtschaftliche Abnutzung
- Gebäude AF § 7, § 7

Außergewöhnlichkeit
- von Aufwendungen H 33.1 - H 33.4

Außerordentliche Einkünfte
- Abfindung Anl. § 034-01
- Berechnung des ermäßigten Steuersatzes für - R 34.2
- Einkünfte, die die Entlohnung für eine mehrjährige Tätigkeit darstellen R 34.4
- Entschädigungen als - R 34.3
- Forstwirtschaft AF § 34b, § 34b
- Jubiläumszuwendungen H 34.4
- nachgezahlte Nutzungsvergütungen und Zinsen als - H 34.3
- Rentennachzahlung R 34.4
- Steuersätze bei -n AF § 34, § 34
- Umfang der - AF § 34, § 34
- Zusammenballung von Einkünften H 34.3, H 34.4

Außerordentliche Holznutzungen
- Begriff AF § 34b, § 34b

Außerrechnungsmäßige Zinsen
- aus Lebensversicherungen als Einkünfte aus Kapitalvermögen R 20.2, H 20.2, Anl. § 020-02

Aussetzungszinsen
- Grunderwerbsteuer H 21.2

Ausstattung
- behindertengerechte - als außergewöhnliche Belastung H 33.1 - H 33.4

Aussteuer
- als agB H 33.1 - H 33.4

Austausch
- vor Ablauf der Nutzungsdauer H 15.7 (3)

Auswärtige Unterbringung
- außergewöhnliche Belastung H 33.1 - H 33.4
- von Kindern zur Berufsausbildung AF § 33a, § 33a, H 33a.2

Autodidakt
- als Gewerbebetrieb H 15.6

B

Badekur
- Aufwendungen für eine - als außergew. Belastung R 33.4

Bandenwerbung
- beschränkte Steuerpflicht H 50a.1

Bankier
- Wertpapiergeschäfte als gewerbliche Tätigkeit H 15.7 (9)

Banküberweisung
- Wirksamwerden der Leistung H 4.3 (1)

Bargeschäft
- digitale Unterlagen Anl. § 005-08

Bargeschäfte
- Verbuchung im Einzelhandel H 5.2, Anl. § 005-07

Barwert
- einer Rentenverpflichtung R 4.5 (4), H 6.10, H 16 (11)
- von künftigen Pensionsleistungen AF § 6a, § 6a

Bauabzugsteuer AF § 48, § 48

Bauantrag AF § 7c, AF § 7k
- erhöhte Absetzungen AF § 7k, § 7k
- Maßgeblichkeit für AfA H 7.2
- Maßgeblichkeit für erhöhte Absetzungen AF § 7c, § 7c

Bau-Arbeitsgemeinschaft
- Gewinnrealisierung H 15.8 (1)

Baudenkmale
- Abzugsbetrag bei weder zur Einkunftserzielung oder zu eigenen Wohnzwecken genutzten - AF § 10g, § 10g
- Bescheinigungsrichtlinien Anl. § 007i-01
- Bindungswirkung der Bescheinigung Anl. § 007i-02
- erhöhte Absetzungen von Herstellungskosten bei -n AF § 7i, AF § 51, § 7i, § 51
- selbstgenutzte - AF § 10f, § 10f
- Sonderbehandlung von größerem Erhaltungsaufwand bei -n AF § 11b, § 11b
- Wegfall der Denkmaleigenschaft R 7i

Baugenehmigung
- Antrag auf - H 7.2

Baugesetzbuch AF § 6b, AF § 11a
- Auszug aus dem - Anh. 19
- erhöhte Absetzungen AF § 7h, § 7h
- Maßnahmen nach § 117 - AF § 11a, § 11a

Bauherr
- Abgrenzung zum Erwerber Anl. § 021-05
- Begriff DV § 15 zu § 7b

Bauherren-Erlass Anl. § 021-05

Bauherrengemeinschaft/Bauherrenmodell
- Abgrenzung H 21.2
- Anpassung der ESt-Vorauszahlungen bei Beteiligung an einer - Anl. § 021-06
- Begriff des Bauherrn DV § 15 zu § 7b

- negative Einkünfte aus Vermietung und Verpachtung im Rahmen von sog. Bauherren- und Erwerbermodellen Anl. § 021-05
- Rückkaufangebote oder Rückkaufgarantien Anl. § 021-15

Baukindergeld AF § 34f

Baukostenzuschüsse R 21.5

Bauleistungen
- Doppelbesteuerungsabkommen § 48d
- Freistellungsbescheinigung AF § 48b, § 48b
- Steuerabzug AF § 48, § 48, Anl. § 048-01
- Steueranrechnung AF § 48c, § 48c

Baumängelbeseitigung
- als Herstellungskosten H 6.4

Baumbestand
- als Wirtschaftsgut H 6.1, H 13.3

Baumschulen
- als landw. oder gewerbl. Betriebe AF § 55, H 15.5, § 55
- Buchführung R 13.6
- Wirtschaftsjahr bei - DV § 8c zu § 4a

Bausparvertrag
- Einlage eins -s H 6.12

Baustellencontainer
- Betriebsvorrichtung H 7.1

Bauzeitversicherung
- als Herstellungskosten H 6.4

Be- und Verarbeitungsbetriebe
- in der Land- und Forstwirtschaft R 15.5

Bearbeitungsgebühren
- Bewertung von Verbindlichkeiten H 6.10

Bedarfsbewertung
- Bedeutung für die Zurechnung zum Betriebsvermögen R 4.2 (13)

Bedarfsgegenstände
- außergewöhnliche Belastung H 33.1 - H 33.4

Beerdigungskosten H 33.1 - H 33.4
- Vermögensübernahme H 10.3

Beförderungsmittel
- vom Arbeitgeber gestellte - AF § 3 Nr. 32, § 3 Nr. 32

Begünstigungszeitraum AF § 7c
- AfA nach Ablauf eines -s R 7a
- für erhöhte Absetzungen AF § 7a, AF § 7c, § 7a, § 7c

Beherbergung
- von Geschäftsfreunden AF § 4, § 4, R 4.10 (10)

Beherrschungsidentität
- Betriebsaufspaltung H 15.7 (6)

Behinderte (siehe behinderte Menschen)

Behinderte Menschen
- Kinder AF § 32, § 32, R 32.9, Anl. § 032-02

2403

- Kraftfahrzeugkosten AF § 9, H 4.12, § 9
- Pauschbetrag für - AF § 33b, § 33b, R 33b
- Werbungskosten AF § 9, § 9

Behinderung
- Grad der - AF § 9, AF § 33b, § 9, § 33b
- Kinder AF § 32, § 32, R 32.9
- Nachweis DV § 65 zu § 33b, H 33b
- schwere - AF § 33a, § 33a

Behördlicher Eingriff
- Ausscheiden eines Wirtschaftsgutes infolge - s R 6.6 (2), R 14

Beihilfen
- Steuerbefreiung der - zur Förderung der Erziehung, Ausbildung, Kunst und Wissenschaft AF § 3 Nr. 11, § 3 Nr. 11
- zu Studienkosten H 10.3

Beiträge
- an Berufsverbände AF § 9, § 9
- an politische Parteien AF § 10b, AF § 34g, § 10b, H 10b.2, § 34g
- an religiöse Gemeinschaften R 10.8
- an Versicherungen AF § 10, § 10
- der Ärzte zu Versorgungseinrichtungen u. Fürsorgefonds H 18.2
- kommunale - bei Grundstücken H 6.4
- laufende - im Sinne des § 10 Abs. 1 EStG Anl. § 010-05

Beitragserstattung
- Steuerbefreiung AF § 3 Nr. 3b, § 3 Nr. 3b

Beitrittsgebiet
- Sondervorschriften/besondere Anwendungsregeln für Steuerpflichtige/Tatbestände im - AF § 56, § 56
- Vermögensrückgabe im - Anl. § 021-19
- weitere Anwendung von Rechtsvorschriften im - die vor Herstellung der Einheit Deutschlands gegolten haben AF § 58, § 58
- Wiederherstellungskosten H 7.3

Beitrittsspende
- als Zuwendung H 10b.1

Belastung
- zumutbare - AF § 33, § 33

Belegablage
- Anforderungen an eine geordnete und übersichtliche - H 5.2

Belegschaftsrabatte AF § 8
- Einnahmen AF § 8, § 8

Beleihung
- von Ansprüchen aus Versicherungsvertrag DV § 29 zu § 10

Belieferungsrechte
- aus Abonnentenverträgen H 5.5

Bemessungsgrundlage
- AfA H 7.3
- Einkünfte als - R 2
- tarifliche ESt AF § 2, § 2, R 2
- Zuschlagsteuern AF § 51a, § 51a

Berechnungs-VO
- VO über wohnwirtschaftliche Berechnungen Anh. 18

Bergbauunternehmen AF § 15
- Absetzung für Substanzverringerung AF § 7, § 7
- Einkünfte aus Gewerbebetrieb AF § 15, § 15

Berichtigung
- des Verlustabzugs AF § 10d, § 10d
- einer Bilanz AF § 4, § 4, R 4.4, H 4.4

Berufsausbildung
- Abbruch H 32.5
- Abzug der Aufwendungen AF § 9, § 9
- Aufwendungen für die - Dritter als außergewöhnl. Belastung R 33a.1
- Ausbildungsfreibeträge AF § 33a, § 33a
- Begriff H 32.5
- Berücksichtigung von Kindern in der - AF § 32, AF § 33a, § 32, H 32.5, § 33a
- Einweisungszeit H 32.5
- Ferienzeit H 32.5
- freiwillige Maßnahmen H 32.5
- freiwilliges soziales Jahr H 33a.1
- Habilitation H 10.9
- keine Betriebsausgabe AF § 4, § 4
- Kinder H 32.10
- Kosten H 10.9
- Praktikum H 32.5
- Promotion H 32.5
- Schulbesuch H 32.5
- Schule H 32.5
- Soldat auf Zeit H 32.5
- Sonderausgaben AF § 10, § 10, R 10.9
- Sprachaufenthalt im Ausland H 32.5
- Unterbrechung R 32.6
- Unterbrechungszeiten H 32.5
- Verlängerungstatbestände R 32.11
- Volontariat H 32.5

Berufsausbildungskosten Anl. § 010-12
Berufsbildungsgesetz H 32.5
Berufskleidung AF § 9
- Steuerbefreiung der vom Arbeitgeber überlassenen - AF § 3 Nr. 31, § 3 Nr. 31

Berufskonsuln
- Steuerbefreiung der Bezüge der - AF § 3 Nr. 29, § 3 Nr. 29

Berufskrankheit H 33b
Berufssportler AF § 50a, § 50a
- als Gewerbetreibende H 15.6
- beschränkte Steuerpflicht AF § 49
- Selbständigkeit H 15.1

Berufsständische Versorgungseinrichtungen
- Sonderausgaben Anl. § 010-13

Berufsunfähigkeit
- Aufgabe oder Veräußerung eines Betriebs wegen - AF § 16, § 16, H 16 (14)
- Begriff der dauernden - AF § 16, § 16, H 16 (14)
- Nachweis der dauernden - R 16 (14)
- Renten wegen - R 22.4
- Tod H 16 (14)

Berufsunfähigkeitsrente R 22.4

Beschädigung
- Rücklage für Ersatzbeschaffung R 6.6 (7)

Beschäftigungsverhältnis
- hauswirtschaftliches - AF § 10, § 10

Beschäftigungsverhältnisse
- haushaltsnahe AF § 35a, § 35a

Bescheinigung
- bei Umweltschutzinvestitionen AF § 7d, § 7d
- bei Wohnungen mit Sozialbindung nach § 7k EStG AF § 7k, § 7k
- Bindungswirkung bei Baudenkmalen Anl. § 007i-02
- der Denkmaleigenschaft AF § 7i, § 7i
- der Gemeinde AF § 7h, § 7h
- für die Anrechnung von KSt AF § 36
- nach § 7h EStG AF § 7h, § 7h
- nach § 7i EStG, § 82i EStDV AF § 7i, § 7i
- über Grad der Behinderung DV § 65 zu § 33b
- über Sozialleistungen AF § 32b, § 32b
- über unbeschränkte Steuerpflicht und Nichtveranlagung AF § 44a, § 44a
- über Wohnberechtigung AF § 7k, § 7k

Bescheinigungsrichtlinien H 7h

Bescheinigungsverfahren
- bei der KapSt AF § 45a, § 45a
- nach § 7d EStG AF § 7d, § 7d
- nach § 7h EStG R 7h

Beschränkte Haftung
- Verluste (§ 15a EStG) AF § 15a, § 15a, R 15a, Anl. § 015a-01

Beschränkte Steuerpflicht AF § 1, AF § 49, § 1, § 49
- bei Einkünften aus Gewerbebetrieb R 49.1
- bei Einkünften aus selbst. Arbeit R 49.2
- Besteuerungsmerkmale im Ausland R 49.3
- Sondervorschriften AF § 50, § 50
- Steuerabzug AF § 50a, § 50a

- Steuerermäßigung für ausländische Steuern AF § 50, § 50
- Verlustabzug R 50.1
- Werbungskosten-Pauschbetrag R 9a

Besitzpersonengesellschaft
- Abfärberegelung H 15.7 (4)

Besondere Veranlagung AF § 26c, § 26c

Besserungsoption
- Anteilsverkauf H 17 (7)

Bestätigung
- über empfangene Spenden R 10b.1

Bestandsaufnahme
- körperliche - des beweglichen Anlagevermögens R 5.4
- körperliche - des Vorratsvermögens H 5.3

Bestandsvergleich AF § 4, § 4, R 14
- Wechsel zur Einnahmenüberschussrechnung R 4.6

Bestandsverzeichnis
- bei Inanspruchnahme der Bewertungsfreiheit für geringwertige Wirtschaftsgüter R 6.13
- für das bewegliche Anlagevermögen R 5.4, R 6.13

Bestattungskosten H 33.1 - H 33.4

Bestechungsgelder Anl. § 004-17
- Betriebsausgaben AF § 4, § 4

Besteuerung
- Umfang AF § 2, § 2

Bestuhlung
- als GWG H 6.13

Beteiligung
- am allgem. wirtschaftlichen Verkehr AF § 15, § 15, H 15.4
- nachträgliche Anschaffungskosten Anl. § 017-04

Beteiligungen
- Abfärberegelung Anl. § 015-01
- als notwendiges Betriebsvermögen H 4.2 (1)
- an einer vermögensverwaltenden Personengesellschaft Anl. § 015-15
- an inländischen Körperschaften mit Auslandsbezug H 2a
- ausländische Kapitalgesellschaft H 17
- Bewertung AF § 6, § 6
- Teilwert R 6.7
- Veräußerung von - AF § 17, R 16 (2), § 17, Anl. § 016-07
- wesentliche - AF § 17, § 17

Beteiligungshandel
- Gewerbebetrieb H 15.7 (1)

Beteiligungssondervermögen § 19a

Betrachtungsweise
- isolierende - R 49.3

2405

Betreuer
- Aufwandsentschädigung Anl. § 003-04
- Steuerbefreiung AF § 3 Nr. 26, § 3 Nr. 26

Betreuervergütung
- außergewöhnliche Belastung H 33.1 - H 33.4

Betrieb
- Eröffnung, Erwerb, Aufgabe und Veräußerung eines -s AF § 16, DV § 6 zu § 4, § 16
- Kraftfahrzeugkosten für Fahrten zwischen Wohnung und - § 4, R 4.12
- unentgeltliche Übertragung eines -s, Teilbetriebs, Mitunternehmeranteils oder einzelner betrieblicher Wirtschaftsgüter AF § 6, § 6, R 16 (6)
- Veräußerung eines land- und forstw. -s AF § 14, AF § 14a, § 14, § 14a
- Verpachtung eines gewerbl. -s Anl. § 016-04
- Verpachtung eines land- und forstw. -s R 13.5, Anl. § 014-01

Betrieb gewerblicher Art
- Kapitalvermögen AF § 20, § 20
- verdeckte Gewinnausschüttung AF § 20, § 20

Betriebliche Altersversorgung
- Gesetz zur Verbesserung der - Anh. 16

Betriebsarzt
- Selbständigkeit R 18.1

Betriebsaufgabe
- Abfindung eines Pensionsanspruchs H 16 (9)
- Begriff R 16 (2)
- bei Gewinnermittlung nach § 4 Abs. 3 EStG R 4.5 (6)
- bei selbst. Tätigkeit R 18.3
- bei Verpachtung eines Land- und forstw. Betriebs R 14, Anl. § 014-01
- eines Gewerbebetriebs AF § 16, DV § 6 zu § 4, § 16
- eines Land- und forstw. Betriebs AF § 14, AF § 14a, § 14, § 14a, Anl. § 014-01
- finale Anl. § 004-38
- Freibetrag Anl. § 016-09
- Geschäftswert (derivativer) Anl. § 016-02
- gewerblich geprägte Personengesellschaft H 16 (1)
- Gewinn in mehreren VZ H 34.1
- Rücklage für Ersatzbeschaffung H 6.6 (4)
- Schulden nach - H 4.2 (15)
- Schuldzinsen Anl. § 004-39
- Tarifermäßigung Anl. § 016-09

Betriebsaufgabeerklärung
- Betriebsverpachtung H 16 (5)

Betriebsaufspaltung AF § 50i
- Abfärberegelung H 15.7 (4)
- abweichendes Wirtschaftsjahr H 4a
- Anwartschaft auf Hinterbliebenenversorgung H 4.2 (1)
- Begriff H 15.7 (4)
- Bürgschaft H 15.7 (4)
- Darlehen des Gesellschafters H 15.7 (4)
- Einstimmigkeitsabrede H 15.7 (6), Anl. § 015-18
- Erbbaurecht H 15.7 (5)
- faktische Beherrschung H 15.7 (6)
- Gesamtdarstellung Anl. § 015-14
- gewerblicher Grundstückshandel H 15.7 (1)
- Gütergemeinschaft H 15.7 (6)
- mitunternehmerische H 15.7 (4), Anl. § 015-05
- notwendiges Betriebsvermögen H 15.7 (4)
- personelle Verflechtung H 15.7 (6)
- sachliche Verflechtung H 15.7 (5)
- Sonderbetriebsvermögen H 4.2 (2), H 15.7 (4)
- Teilbetrieb H 16 (1), H 16 (3)
- Wegfall der Voraussetzungen als Betriebsaufgabe R 16 (2)
- wesentliche Betriebsgrundlagen H 15.7 (5)
- Wiesbadener Modell H 15.7 (7)
- Zusammenrechnung von Anteilen minder- jähriger Kinder R 15.7 (8)
- Zusammenrechnung von Ehegattenanteilen H 15.7 (7), Anl. § 015-10

Betriebsausgaben
- Abgrenzung der - von den Kosten der Lebensführung AF § 12, R 4.10 (1), § 12
- Begriff AF § 4, § 4
- bei beschränkter Steuerpflicht AF § 50, § 50
- bei gemischt genutzten Wirtschaftsgütern R 4.7
- bei Grundstücken R 4.7
- bei nießbrauchsbelasteten Grundstücken H 4.7
- Beiträge zu einer Teilhaberversicherung Anl. § 004-34
- Betriebsunterbrechungsversicherung Anl. § 004-35
- Eigenaufwand für fremdes Wirtschaftsgut H 4.7
- nachträgliche - H 24.2
- nicht abzugsfähige - AF § 4, § 4, R 4.10 (1)
- pauschale bei Nebentätigkeit H 18.2
- Pauschbetrag AF § 51, § 51
- Pauschsätze für - Anl. § 004-14
- Pauschsätze für - bei forstwirtschaftlichen Betrieben DV § 51 zu § 13
- Praxisgründungsversicherung Anl. § 004-35
- Sponsoring Anl. § 004-42
- Vorteilszuwendungen Anl. § 004-17
- vorweggenommene H 4.7

2406

– zeitliche Erfassung   R 4.5 (2)
Betriebsausgabenpauschale
– Journalisten   H 18.2
– Schriftsteller   H 18.2
Betriebseinbringung
– zu Buchwerten   H 16 (9)
Betriebseinnahmen
– Begriff   H 4.7
– bei gemischt genutzten Wirtschaftsgütern
 R 4.7
– bei Grundstücken   R 4.7
– Veruntreuung   H 4.7
– zeitliche Erfassung   R 4.5 (2)
Betriebseröffnung
– Bewertung von Wirtschaftsgütern bei -
 AF § 6, §6
– Gewinnermittlung bei -   DV § 6 zu § 4
– Teilwert bei -   H 6.12
Betriebsgewöhnliche Nutzungsdauer
– von Wirtschaftsgütern   AF § 7, H 6b.1, § 7,
 R 7.4
Betriebsgrundlage
– wesentliche   H 15.7 (5), H 16 (8), Anl. § 015-09
Betriebsgrundstücke
– Abgrenzung der - von den Betriebs-
 vorrichtungen   H 7.1
– Bestellung eines Nießbrauchs   Anl. § 004-16
– wesentliche Betriebsgrundlage   H 16 (5)
Betriebsgutachten
– in der Forstwirtschaft   AF § 34b, § 34b,
 DV § 68 zu § 34b, R 34b.6
Betriebskapitalgesellschaft
– Anteile als wesentliche Betriebsgrundlage
 H 6.14
Betriebsprüfung
– Rückstellungen   Anl. § 005-27
Betriebsrentengesetz   Anh. 16
Betriebsstätte
– Aufwendungen für Fahrten zwischen Wohnung
 und -   § 4, R 4.12
– ausländische   AF § 2a, AF § 34d, § 2a, § 34d
– für LSt-Abzug maßgebende -   AF § 41, § 41
– Überführung eines Wirtschaftsguts in eine aus-
 ländische -   H 4.3 (2-4)R 4.3 (2)
Betriebsstättenprinzip
– bei negativen ausländischen Einkünften   R 2a
Betriebsstättenverluste
– bei DBA   R 2a
Betriebsstoffe
– Bewertung der -   R 6.8
Betriebsteil
– Veräußerung eines land- und forstw. -s   R 14

Betriebsübergang
– Pensionsrückstellung   H 6a (10)
Betriebsüberlassungsvertrag   H 16 (5)
Betriebsübernahme
– Einkünfte aus Land- und Forstwirtschaft
 R 13.5, H 13a.1
Betriebsübertragung
– teilentgeltliche   H 16 (7)
– unentgeltliche   R 16 (6), H 16 (6)
Betriebsumstellung
– bei Anwendung des § 6b EStG   AF § 6b, § 6b
Betriebsunterbrechung   AF § 16, § 16, H 16 (2)
– Betriebsaufgabe   AF § 16
Betriebsunterbrechungsversicherung
– Beitrag zur - als Betriebsausgaben
 Anl. § 004-35
– Leistungen aus - keine Zuschüsse   H 6.4
Betriebsveräußerung   AF § 14, AF § 14a,
 AF § 16, § 14a, § 16, R 16 (1)
– bei Gewinnermittlung nach § 4 Abs. 3 EStG
 R 4.5 (6)
– eines Land- und forstw. Betriebs   AF § 14, § 14
– Einheitstheorie   H 16 (7)
– Freibetrag   Anl. § 016-09
– funktionsfähiger Betrieb   H 16 (1)
– Rücklage nach § 6b EStG bei -   R 6b.2
– Schuldzinsen   Anl. § 004-39
– Tarifermäßigung   Anl. § 016-09
Betriebsverlegung
– Betriebsaufgabe   H 16 (2)
Betriebsvermögen
– Allgemeines zum -   R 4.2 (1)
– Anteile an Kapitalgesellschaften   H 4.2 (2)
– bei Aufgabe, Erwerb, Veräußerung eines Be-
 triebs   DV § 6 zu § 4
– bei einer Personengesellschaft   R 4.2 (2)
– bei vorweggenommener Erbfolge
 Anl. § 016-06
– Bodenschätze   H 4.2 (1)
– Darlehensforderung eines Steuerberaters
 H 4.2 (1)
– Eigentumswohnungen   H 4.2 (7)
– Einfamilienhäuser   H 4.2 (7)
– Einlage bei gewillkürtem -   H 4.2 (1)
– Erbauseinandersetzung   Anl. § 016-05
– Ferienwohnung   H 4.2 (7)
– Freiberufler   H 18.2
– Genossenschaftsbeteiligung eines Landwirts
 H 4.2 (1)
– gewillkürtes -   H 4.2 (1)
– gewillkürtes - bei der Gewinnermittlung
 nach § 13a EStG oder Schätzung   R 4.2 (16)

2407

- gewillkürtes - bei Einnahmenüberschussrechnung Anl. § 004-19
- gewillkürtes - bei Wechsel der Gewinnermittlungsart oder Nutzungsänderung H 4.2 (16)
- GmbH-Anteile eines Steuerberaters H 4.2 (1)
- Grundstück als - gewillkürtes R 4.2 (9)
- Halbeinkünfteverfahren Anl. § 016-08
- Lebensversicherungsansprüche H 4.2 (1), Anl. § 004-33
- Mietwohngrundstücke H 4.2 (7)
- notwendiges - R 4.2 (1)
- notwendiges - bei Grundstücken R 4.2 (7)
- Nutzungsrechte H 4.2 (1)
- Zugehörigkeit von Verbindlichkeiten zum - R 4.2 (15)
- Zugehörigkeit von Wirtschaftsgütern zum - R 4.2 (1)
- Zweifamilienhäuser H 4.2 (7)

Betriebsvermögensvergleich AF § 4, § 4
- bei Freiberuflern H 4.1
- Grundsätze R 4.1
- Wechsel zur Einnahmenüberschussrechnung R 4.6

Betriebsverpachtung AF § 16, § 16
- Beginn H 15.7 (1)
- Betriebsaufgabe AF § 16, § 16
- Betriebsaufgabeerklärung H 16 (5)
- Einkünfte aus Land- und Forstwirtschaft R 13.5
- Verpächterwahlrecht Anl. § 016-04
- wesentliche Betriebsgrundlagen H 16 (5), H 16 (8)

Betriebsvorrichtungen
- AfA bei - R 7.1
- als selbständige Gebäudeteile H 4.2 (3)
- Begriff H 7.1
- Entfernungskosten H 6.4
- Mietereinbauten und Mieterumbauten als - Anl. § 004-04

Betriebswerk
- in der Forstwirtschaft AF § 34b, § 34b, DV § 68 zu § 34b, R 34b.6

Betrug
- außergewöhnliche Belastung H 33.1 - H 33.4

Bevollmächtigte
- Unterzeichnung der Steuererklärung H 25

Bewegliche Wirtschaftsgüter
- AfA R 7.1

Bewertung
- Anlagevermögen AF § 6, § 6
- Anschaffungs- und Herstellungskosten AF § 6, §6
- bei Betriebseröffnung AF § 6, § 6
- Berücksichtigung von Zuschüssen bei der - von Anlagegütern R 6.5
- Beteiligungen AF § 6, § 6
- Darlehensschulden AF § 6, § 6
- Durchschnitts- R 6.8
- Einlagen AF § 6, § 6, R 6.12
- Entnahmen AF § 6, § 6, R 6.12
- Euro Anl. § 005-18
- Grund und Boden AF § 6, § 6
- Gruppen- R 6.8
- HGB Anh. 15
- Richtwerte für Vieh Anl. § 013-01
- Rückstellungen AF § 6, § 6, R 6.11
- Tausch AF § 6, § 6
- Teilwert AF § 6, § 6
- Übergang zum Betriebsvermögensvergleich R 4.6
- Umlaufvermögen (Vorratsvermögen) AF § 6, § 6, R 6.8
- Verbindlichkeiten AF § 6, § 6, H 6.10
- Verbrauchsfolgen (Lifo) AF § 6, § 6, R 6.9
- Vereinfachungsverfahren nach dem HGB Anh. 15

Bewertungsabschlag
- für bestimmte Wirtschaftsgüter des Umlaufvermögens ausländischer Herkunft AF § 51, § 51

Bewertungseinheiten
- Steuerbilanz Anl. § 005-15

Bewertungsfreiheit (siehe auch erhöhte Absetzungen und Sonderabschreibungen)
- Forschung und Entwicklung AF § 51, § 51
- geringwertige Anlagegüter AF § 6, § 6, R 6.13
- private Krankenhäuser AF § 7f, § 7f
- Schiffe und Luftfahrzeuge AF § 51, § 51

Bewertungsvorbehalt AF § 4f, § 4f
Bewirtschaftungsvertrag H 15.5

Bewirtungskosten
- Aufteilung in betriebliche und private H 4.10 (5-9)
- Aufwendungen für die - von Personen aus geschäftlichem Anlass AF § 4, § 4, R 4.10 (6), H 12.1
- Begriff R 4.10 (5), H 12.1
- betrieblicher oder geschäftlicher Anlass R 4.10 (6)
- Nachweis R 4.10 (8), Anl. § 004-27
- Name des Bewirteten H 4.10 (5-9)
- Trauergäste H 33.1 - H 33.4

Bezirksschornsteinfeger
- Gewerbebetrieb H 15.6

Bezüge
- anzurechnende eigene - bei Kindern in Berufsausbildung R 33a.2, Anl. § 031-01
- sonstige AF § 22, § 22
- Steuerbefreiung der - aus öffentl. Mitteln wegen Hilfsbedürftigkeit oder zur Förderung der Erziehung, Ausbildung, Wissenschaft, Kunst AF § 3 Nr. 11, § 3 Nr. 11
- wiederkehrende AF § 22, § 22, R 22.1

Bezugsrechte
- wesentliche Beteiligung H 17

BGB-Innengesellschaft
- Verlustausgleich H 15a

Bibliotheken
- Steuerbegünstigung für - als Kulturgut AF § 10g, § 10g

Bilanz
- Aufbewahrungspflichten H 5.2
- Berichtigung AF § 4, § 4, R 4.4, H 4.4
- Bilanzänderung R 4.4, H 4.4
- Einreichung der - DV § 60 zu § 25
- elektronische Übermittlung AF § 5b, § 5b
- Erstellung nach dem HGB Anh. 15
- Unrichtigkeit der - R 4.4, H 4.4

Bilanzänderung AF § 4, Anl. § 004-21
- bei Mitunternehmerschaften H 4.4 (2)
- Mitunternehmerschaft R 4.4, Anl. § 004-18
- Zulässigkeit AF § 4, § 4
- Zustimmungsbedürftigkeit AF § 4, § 4

Bilanzberichtigung
- bei Mitunternehmerschaften H 4.4 (2)

Bilanzierungsverbote
- HGB Anh. 15

Bildberichterstatter AF § 50a, § 18, § 50a
- als Gewerbebetrieb H 15.6
- freiberufliche Tätigkeit AF § 18, § 18

Bindungswirkung
- von Bescheinigungen H 7h, H 7i

Biogas
- Land- und Forstwirtschaft Anl. § 013-03

Biogasanlagen
- Verordnungsermächtigung für erhöhte Absetzungen AF § 51, § 51

Blinde
- Pauschbetrag AF § 33b, § 33b

Blockheizkraftwerk
- Gewerbebetrieb Anl. § 015-20

Blockmodell
- Altersteilzeit Anl. § 006a-06

Blumenhandel § 55

Bodenbewirtschaftung AF § 15
- Einkünfte aus Gewerbebetrieb AF § 15, § 15

Bodendenkmäler
- Steuerbegünstigung AF § 10g, § 10g

Bodengewinnbesteuerung
- Neuregelung AF § 55, § 55
- Teilwertabschreibung H 55

BodenschätzungsG § 55

Bodenschatz AF § 2a, H 4.2 (1)
- Absetzungen für Substanzverringerung AF § 7, § 7, DV § 11d zu § 7, R 7.5
- ausländische AF § 2a, § 2a
- Einlage Anl. § 007-04
- ertragsteuerliche Behandlung R 7.5
- ertragsteuerliche Behandlung von im Eigentum des Grundeigentümers stehenden -n Anl. § 004-44
- materielles Wirtschaftsgut H 6.12
- Vermietung und Verpachtung R 21.7

Bodybuilding-Studio
- Gewerbebetrieb H 15.6

Börsenpreis
- bei Wirtschaftsgütern des Vorratsvermögens R 6.8

Bohrer
- als GWG H 6.13

Brand
- als höhere Gewalt R 6.6 (2), R 33.2

Brauerei
- Teilbetrieb H 16 (3)

Breitbandanlage
- Einbau als Erhaltungsaufwand R 21.1

Breitbandstraße
- bestandsmäßige Erfassung R 5.4

Brille
- Lebenshaltungskosten H 12.1

Bruchteilsgemeinschaft
- Grundstücke R 4.2 (12)

Brüterei
- als gewerbliche Tätigkeit H 15.10

Buchführung
- allgemeines H 5.2
- Angehörige der freien Berufe H 18.2, Anl. § 005-03
- Angehörigen der freien Berufe H 18.2
- Anwendungserlaß zur AO Anl. § 005-03
- Aufbewahrungspflichten H 5.2
- Aufzeichnung des Warenausgangs Anl. § 005-06
- Bargeschäfte H 5.2, Anl. § 005-07
- Beitrittsgebiet H 5.2
- Belegablage H 5.2
- besondere Verzeichnisse AF § 7a, § 7a
- Beteiligung an ausländischer Personengesellschaft R 4.1

- Beweiskraft Anl. § 005-03
- formelle und materielle Mängel R 5.2
- Gartenbaubetriebe, Saatzuchtbetriebe, Baumschulen R 13.6
- Gewinnermittlung für Sonderbetriebsvermögen H 5.1
- Gewinnermittlung nach § 4 Abs. 1 EStG R 4.1
- Grundsätze ordnungsmäßiger - H 5.2
- Inland AF § 50, § 50
- Land- und forstw. Betriebe R 4.1, R 13.6
- Lifo-Methode R 6.9
- Offene Posten-Buchhaltung R 5.2, Anl. § 005-01
- ordnungsmäßige - AF § 5, R 4.1, § 5, R 5.2
- Personengesellschaften R 4.1, H 5.1
- Sonderbetriebsvermögen H 4.1
- Verpflichtung zur - nach dem HGB Anh. 15
- Verwendung von Mikrofilmaufnahmen Anl. § 005-02, Anl. § 005-03 Buchführungspflicht

Buchführungspflicht
- ausländische R 4.1 Abs. 4 S. 2
- Gewerbetreibende R 4.1, H 5.1, Anl. § 005-03
- Land- und forstw. Betriebe R 4.1, Anl. § 005-03

Buchführungssysteme
- Grundsätze ordnungsmäßiger DV-gestützter - Anl. § 005-05

Buchmacher H 15.6

Buchwert
- Fortführung AF § 6, § 6
- i. S. des § 6b EStG AF § 6b, § 6b, R 6b.1

Buchwertübertragung
- Mitunternehmerschaft Anl. § 006-09

Bücher
- Aufbewahrungspflichten H 5.2
- Lebenshaltungskosten H 12.1

Bürgschaft
- Betriebsaufspaltung H 15.7 (4)
- Freiberufler H 18.2
- Verlustausgleich H 15a
- wesentliche Beteiligung H 17, Anl. § 017-03

Bürgschaftsprovisionen
- aus dem Ausland AF § 34d, § 34d

Bürogebäude
- sachliche Verflechtung H 15.7 (5)

Bundesamt für Finanzen (siehe Bundeszentralamt für Steuern)

Bundeserziehungsgeldgesetz
- Steuerbefreiung von Leistungen nach dem - AF § 3 Nr. 67, § 3 Nr. 67

Bundesgrenzschutz
- Berücksichtigung von Kindern R 32.11

Bundeskindergeldgesetz Anh. 7
- Steuerbefreiung von Leistungen nach dem - AF § 3 Nr. 24, § 3 Nr. 24

Bundespräsident
- steuerfreie Zuwendungen des -en AF § 3 Nr. 20, § 3 Nr. 20

Bundesseuchengesetz § 32b

Bundesversorgungsgesetz AF § 33b, § 32b, § 33b

Bundeszentralamt für Steuern
- Freistellungsverfahren AF § 50d, § 50d
- Kontrollmeldeverfahren AF § 50d, § 50d
- Mitteilungspflicht bei Freistellungsaufträgen AF § 45d, § 45d
- Sammelantrag R 45b
- Vergütung von KSt und Erstattung von KapSt durch das - AF § 44b, § 44b
- Zuständigkeit für Erstattung der KapSt AF § 44b, § 44b

Bußgeld
- Abzugsverbot R 4.13, H 12.3
- Identifikationsnummer AF § 50f, § 50f

Bußgeldvorschriften AF § 50e, AF § 50f, AF § 50g, § 50e
- geringfügig Beschäftigte AF § 50e, § 50e

C

Chefzimmer
- angemessene Ausstattung R 4.10 (12)

Chelat-Therapie R 33.4

Computerprogramm
- Bilanzierung R 5.5, H 5.5, Anl. § 005-11

Container
- Gebäude H 7.1

D

DAB
- Anwedung der - auf Personengesellschaften H 50i

Dachgeschossausbau
- Abschreibungen Anl. § 007-01

Damnum (siehe auch Disagio)
- Abfluß H 11
- Anwendungsbereich AF § 11, § 11
- bei Darlehensschulden H 6.10

Damtiere
- Einkünfte aus Land- und Forstwirtschaft R 13.2

Darlehen
- Abgrenzung zwischen Entnahme und - an den Gesellschafter Anl. § 015-03
- als Betriebsschuld H 4.2 (15)
- als Vermögensbeteiligung § 19a
- an Angehörige H 4.8, Anl. § 004-37

- außergewöhnliche Belastung H 33.1 - H 33.4
- bei Gewinnermittlung nach § 4 Abs. 3 EStG H 4.5 (2)
- der Personengesellschaft an Gesellschafter Anl. § 015-03
- eines Steuerberaters an seinen Mandanten H 4.2 (1)
- kapitalersetzende - H 15a
- partiarisches - AF § 2a, AF § 20, § 2a, § 20
- Vergütungen für die Hingabe von - bei PersGes AF § 15, § 15
- Verrechnung von Zuschüssen auf - R 6.5
- wesentliche Beteiligung H 17

Darlehensschulden
- Bewertung von - H 6.10
- Tilgung von - bei der Gewinnermittlung nach § 4 Abs. 3 EStG H 4.5 (2)

Darlehensverlust
- bei Einnahmenüberschussrechnung H 4.5 (2)
- nachträgliche Anschaffungskosten Anl. § 017-04

Datenabgleich
- Altersvorsorgezulage § 91

Datenfernübertragung
- Bilanz AF § 5b, § 5b
- Lohnsteuer AF § 41b, § 41b

Datenzugriff Anl. § 005-05

Dauernde Last
- Abzug als Betriebsausgaben AF § 13a, § 13a
- Abzug als Werbungskosten AF § 9, § 9
- Instandhaltungskosten Anl. § 010-08
- Werbungskosten AF § 9, § 9

Deckungskapital
- für Leistungen von Unterstützungskassen AF § 4d, R 4b, § 4d
- Tabelle AF § 4d, § 4d

Degressive Abschreibungen
- bewegliche Anlagegüter AF § 7, § 7
- Gebäude AF § 7, § 7, R 7.4
- nachträgliche Anschaffungs- oder Herstellungskosten R 7.4
- wesentliche Betriebsgrundlage Anl. § 007-01

Denkmaleigenschaft AF § 7i
- erhöhte Absetzungen AF § 7i, § 7i

Denkmalpflege AF § 7i

Denkmalschutz AF § 7i

Detektiv H 15.6

Deutsche Post AG
- Steuerbefreiung für bestimmte Leistungen an Arbeitnehmer AF § 3 Nr. 35, § 3 Nr. 35

Deutsche Postbank AG AF § 3 Nr. 35, § 3 Nr. 35

Deutsche Telekom AG AF § 3 Nr. 35, § 3 Nr. 35

Deutschkurs
- außergewöhnliche Belastung R 33.4
- Berufsausbildung H 10.9, H 12.1
- Kosten der Lebensführung H 12.1

Devisentermingeschäfte
- Gewerblichkeit H 15.7 (9)

Diätverpflegung § 33, H 33.1 - H 33.4
- Abzugsverbot AF § 33, § 33

Diebstahl
- als höhere Gewalt R 6.6 (2)
- Geldverlust als Betriebsausgabe H 4.5 (2)

Dienstbarkeit
- Verzicht auf H 22.8

Dienstgeld
- Steuerbefreiung nach dem Wehrsoldgesetz AF § 3 Nr. 5, § 3 Nr. 5

Dienstjubiläum
- Rückstellungen AF § 52, Anl. § 005-16

Dienstkleidung
- Steuerbefreiung AF § 3 Nr. 4, § 3 Nr. 4

Dienstleistungen
- Land- und Forstwirtschaft R 15.5
- Sachbezüge AF § 8, § 8

Dienstwagen
- als Anlagevermögen H 6.1

Digitale Unterlagen
- Aufbewahrung Anl. § 005-08

Dingliche Belastung
- Anschaffungskosten H 6.4

Diplomaten
- Steuerbefreiung der Bezüge ausländischer - AF § 3 Nr. 29, § 3 Nr. 29
- Steuerpflicht H 1a

Direktversicherung AF § 4b
- Aktivierung R 4b
- Aufwendungen für die - als Herstellungskosten R 6.3
- beherrschende Gesellschafter- Geschäftsführer H 4b
- bei Arbeitnehmerehegatten H 4b, Anl. § 006a-08
- Finanzierung durch Lebensversicherung AF § 10, § 10
- Gesetz zur Verbesserung der betriebl. Altersversorgung Anh. 16
- Grundsätze AF § 4b, § 4b, R 4b
- Laufzeit bei Kapitalversicherungen H 4b
- Mindesttodesfallschutz Anl. § 010-05

Disagio
- Anwendungsbereich AF § 11, § 11
- bei Darlehensschulden H 6.10

– vom Erwerber erstattetes - H 6.1
Diskont
– bei Wechseln AF § 20, § 20
Dividenden
– Einkünfte aus Kapitalvermögen AF § 20, § 20
– Zuflusszeitpunkt H 44
Dividendenansprüche
– phasengleiche Aktivierung H 4.2 (1)
Dividendenscheine
– Veräußerung von -n als Einnahmen aus Kapitalvermögen AF § 20, § 20
Dolmetscher
– freiberufliche Tätigkeit AF § 18, § 18
Domain-Name
– Abschreibung Anl. § 005-04
– Aufwendungen für - als Anschaffungskosten H 5.5, H 7.1
Doppelbesteuerungsabkommen AF § 2a, § 2a
– Abzugsfähigkeit von Renten und dauernden Lasten R 10.3
– Anwendung des Progressionsvorbehalts bei - AF § 32b, § 32b
– Berücksichtigung ausländischer Steuern bei - AF § 34c, § 34c
– Besonderheiten bei Einkünften mit Steuerabzug AF § 50d, § 50d
– Fundstelle H 1a
– Steuerabzug für Bauleistungen § 48d
Doppelstöckige Personengesellschaft
– Anwendung § 15a EStG Anl. § 015a-12
Doppelte Haushaltsführung
– Aufwendungen für - AF § 9, R 4.12, § 9
Dread-Disease-Versicherungen Anl. § 010-05
Drehbank
– als GWG H 6.13
Drei-Objekt-Grenze Anl. § 015-06
Drittaufwand
– abgekürzter Vertragsweg Anl. § 021-07
– steuerliche Behandlung H 4.7
– wesentliche Beteiligung H 17
Drittstaat
– Definition AF § 2a, § 2a
– Einschränkung des Verlustabzugs H 2a
– Kapitalgesellschaft AF § 2a, § 2a
– Körperschaft AF § 2a, § 2a
– negative Einkünfte AF § 2a, § 2a
Drohverlustrückstellung
– Auflösung H 6.11
– Verbot AF § 5, § 5
Druckbeihilfen
– Betriebseinnahme H 4.7

Düsseldorfer Tabelle R 32.13
Durchlaufende Gelder
– Steuerbefreiung AF § 3 Nr. 50, § 3 Nr. 50
Durchlaufende Posten H 4.2 (1)
– Definition AF § 4, § 4
Durchlaufspende
– steuerbegünstigte Zwecke R 10b.1, H 10b.1
Durchschnittsbestand
– bei Tieren R 13.2
Durchschnittsbewertung
– des Vorratsvermögens R 6.8
Durchschnittssätze
– Ermittlung des Gewinns nach -n AF § 13a, R 13.5, § 13a, R 14
– Rücklage für Ersatzbeschaffung bei Gewinnermittlungen nach -n R 6.6 (6)
Duschen
– als unselbständige Gebäudeteile H 4.2 (5)
E
E-Bilanz Anl. § 005b-01
– Taxonomie Anl. § 005b-02
EBITDA
– Ermittlung AF § 4h
– verrechenbares - § 4h
EDV-Anlagen
– steuerliche Behandlung von - Anl. § 005-11
EDV-Berater H 15.6
Ehegatten
– Abzug von Pauschbeträgen für Körperbehinderte R 33b
– Abzug von Pauschbeträgen für Werbungskosten R 9a
– AfA bei Gebäuden im Eigentum von - R 7.4
– Altersentlastungsbetrag bei Zusammenveranlagung von - AF § 24a, § 24a
– Anerkennung von Verträgen zwischen - R 4.8
– Ausgaben für die Zukunftsicherung bei Arbeitsverhältnissen zwischen - H 4.8, Anl. § 006a-08, Anl. § 006a-09
– Berechnung der Vorsorgepauschale R 10c
– besondere Veranlagung § 26c
– Besteuerung bei fortgesetzter Gütergemeinschaft AF § 28, § 28
– Direktversicherung bei Ehegattenarbeitsverhältnissen H 4b
– Einzelveranlagung R 25
– Pensionsrückstellungen für Pensionszusagen zwischen - Anl. § 006a-08, Anl. § 006a-09
– Sonderausgaben und agw. Bel. R 10.1, DV § 61 zu § 26a
– Sparer-Freibetrag AF § 20, § 20

- Steuererklärungspflicht im Fall der getrennten und der Zusammenveranlagung von - AF § 25, § 25
- Steuerermäßigung bei Einkünften aus Land- und forstw. AF § 34e, § 34e
- Unterhaltsleistungen an den geschiedenen oder dauernd getrennt lebenden - AF § 10, § 10, R 10.2, H 12.6
- Unterhaltszahlungen für Kinder bei dauernd getrennt lebenden -n AF § 33a, § 33a
- Veranlagung AF § 26, AF § 26a, § 26, § 26a
- Veranlagung von - (allgemeines) AF § 26, § 26
- Verlustabzug bei der Veranlagung von - R 10d, DV § 62d zu § 26a
- Versorgungsausgleich Anl. § 010-10
- von Staatsangehörigen eines Mitgliedstaates der EU AF § 1a, § 1a
- Widerruf der Veranlagungsart H 26
- Zurechnung von Einkünften R 26
- Zusammenrechnung von Ehegattenanteilen bei der Betriebsaufspaltung H 15.7 (7), Anl. § 015-10
- Zusammenveranlagung AF § 26b, § 26b

Ehrenamtliche Tätigkeit
- Steuerbefreiung H 3.26, Anl. § 003-03

Ehrensold
- Steuerfreiheit AF § 3 Nr. 43, § 3 Nr. 43

Eigenaufwand
- bei fremdem Wirtschaftsgut H 4.2 (7)
- Betriebsausgaben H 4.7
- für ein fremdes Wirtschaftsgut H 6b.2

Eigenbluttherapie R 33.4

Eigenheim
- Altersvorsorgezulage AF § 92a, § 92a
- Begriff Anh. 17

Eigenjagdrecht
- Land- und Forstwirtschaft Anl. § 005-19

Eigenkapital
- kalkulatorische Zinsen für - keine Herstellungskosten H 6.3

Eigenkapitalvermittlungsprovision
- geschlossene Immobilienfonds H 4.7

Eigenprovision
- sonstige Einkünfte H 22.8
- Versicherungsvertreter H 4.7

Eigentum
- wirtschaftliches H 6b.1

Eigentumsförderung
- Altersvorsorgeförderung AF § 92a, AF § 92b, § 92a, § 92b

Eigentumswohnungen
- AfA AF § 7, § 7
- erhöhte Absetzungen AF § 7c, § 7c

Eigenverbrauch
- USt AF § 12, § 12

Einbauten
- als selbständige Gebäudeteile R 4.2 (3)

Einbringung
- einer freiberuflichen Praxis in eine Personengesellschaft R 18.3
- eines Betriebs in eine Personengesellschaft bei Gewinnermittlung nach § 4 Abs. 3 EStG Anl. § 004-30
- von Privatwirtschaftsgütern in Personengesellschaft Anl. § 004-29

Einbringungsgewinn
- Ausgleichszahlungen H 18.3
- bei Gewinnermittlung nach § 4 Abs. 3 H 4.5 (7)

Einbürgerungskosten
- Lebenshaltungskosten H 12.1

Einfamilienhaus
- als Betriebsvermögen H 4.2 (7)
- Nutzungswert für ein selbstgenutztes - im Ausland R 21.3

Einfriedungen
- AfA H 7.1
- Herstellungskosten H 6.4, R 21.1

Eingliederungsgeld AF § 32b, § 32b

Eingriff
- behördlicher - R 6.6 (2), R 6b.1, R 6b.3, R 14

Einheitliche und gesonderte Feststellung
- Abzugsbeträge nach § 10e EStG AF § 10e, § 10e

Einheitsbewertung R 4.2 (13)
- Bedeutung für die

Einheitstheorie
- Betriebsveräußerung H 16 (7)

Einkleidungsbeihilfen
- Steuerbefreiung AF § 3 Nr. 4, § 3 Nr. 4

Einkommen
- Begriff AF § 2, § 2
- Ermittlung des zu versteuernden -s AF § 2, § 2, R2

Einkommensbesteuerung AF § 13a, AF § 55, § 13a, § 55

Einkommensteuer
- als Jahressteuer AF § 2, § 2
- Anrechnung von Steuerabzugsbeträgen AF § 36, § 36
- Anrechnung von Steuerabzugsbeträgen und von KSt AF § 36
- Bemessungsgrundlage AF § 2, § 2, R 2
- Entstehung und Tilgung AF § 36, § 36
- Ermäßigung bei Ausgaben zur Förderung von Parteien AF § 34g, § 34g

2413

- Ermittlung der festzusetzenden - AF § 2, § 2, R2
- Höhe der - bei beschränkt Stpfl. AF § 50, § 50
- keine Herstellungskosten R 6.3
- tarifliche AF § 2, AF § 32a, § 2, R 2, § 32a
- Vorauszahlungen AF § 37, § 37
- Wohnsitzwechsel in niedrig besteuernde Gebiete Anh. 2

Einkommensteuererklärung DV § 56 zu § 25
Einkommensteuertabellen Anh. 22
Einkommensteuertarif AF § 32a, § 32a
Einkünfte
- aus außerordentlichen Holznutzungen AF § 34b, § 34b
- aus Gewerbebetrieb AF § 15, § 15
- aus Kapitalvermögen AF § 20, § 20
- aus Land- und Forstwirtschaft AF § 13, AF § 34e, § 13, § 34e
- aus selbständiger Arbeit AF § 18, § 18
- aus Unterhaltsleistungen AF § 22, § 22
- aus Vermietung und Verpachtung AF § 2a, AF § 21, § 2a, § 21
- Ausgleich von - AF § 2a, § 2a
- beschränkt steuerpflichtige - AF § 49, § 49
- Ermittlung H 1a
- Gesamtbetrag der - AF § 2, § 2, R 2
- nachträgliche - aus einer ehemaligen Tätigkeit AF § 24, § 24
- nachträgliche - aus Gewerbebetrieb AF § 15, § 15
- negative - bei Vorauszahlungen AF § 37, § 37
- sonstige - AF § 22, AF § 23, § 22, § 23
- steuerbegünstigte außerordentliche - AF § 34, § 34
- Steuerermäßigung bei ausländischen - AF § 34c, AF § 34d, § 34c, § 34d
- Summe der - AF § 2, § 2

Einkunftsarten AF § 2, § 2
Einkunftsermittlung
- Zugehörigkeit einer Beteiligung an einer vermögensverwaltenden Personengesellschaft zum Betriebsvermögen Anl. § 015-15

Einkunftserzielungsabsicht
- bei Einkünften aus Vermietung H 21.2, Anl. § 021-03

Einlage
- AfA nach - R 7.3, Anl. § 007-05
- Begriff AF § 4, § 4, R 4.3 (1)
- Bewertung AF § 6, § 6, R 6.12
- Geschäfts- oder Firmenwert R 5.5, H 5.5
- Grund und Boden AF § 55, § 55
- immaterielle Wirtschaftsgüter H 4.3 (1)
- Minderung AF § 15a, § 15a
- nach vorangegangener Entnahme H 6.12

- Nutzungsrechte H 4.3 (1)
- Übertragung eines Kommanditanteils unter Buchwert H 6.12
- verdeckte - AF § 17, H 6.12, H 16 (1), § 17
- Verlustausgleich H 15a

Einlagekonto
- Ausschüttungen aus dem - Anl. § 017-08

Einlagenrückgewähr H 20.2
Einliegerwohnung
- Begriff Anh. 17

Einnahmen
- aus Kapitalvermögen R 20.2
- Begriff AF § 8, § 8
- Ersatz für entgangene oder entgehende - AF § 24, § 24
- nachträgliche - AF § 24, § 24, R 24.2
- regelmäßig wiederkehrende - und Ausgaben AF § 11, § 11
- steuerfreie - AF § 3, § 3, DV § 4 zu § 3
- Verbot des Abzugs von Vorsorgeaufwendungen beim Zusammenhang mit steuerfreien - AF § 10, § 10
- Zufluss von - AF § 11, § 11
- Zuschüsse als - R 21.5

Einnahmenüberschussrechnung
- AfA bei unentgeltlichem Erwerb AF § 6, § 6
- als GWG H 6.13
- Anwendungsbereich R 4.5 (1)
- Aufgabe- oder Veräußerungsbilanz H 4.5 (7)
- Betriebsveräußerung oder -Aufgabe R 4.5 (6)
- gewillkürtes Betriebsvermögen bei - R 4.2 (16), Anl. § 004-19
- Gewinnermittlung durch - AF § 4, § 4
- Investitionszuschuss H 6.4
- Leibrenten R 4.5 (4)
- Raten R 4.5 (5)
- Realisierung des Übergangsgewinns H 4.5 (6)
- Rücklage für Ersatzbeschaffung R 6.6 (5)
- Vordruck EÜR Anl. § 004-44
- Wechsel der Gewinnermittlungsart R 4.6
- wesentliche Betriebsgrundlage H 16 (8)
- Zulässigkeit von Änderungen H 4.5 (6)

Ein-Objekt-Gesellschaft
- Gewerbebetrieb Anl. § 015-13

Einstimmigkeitsabrede
- Betriebsaufspaltung H 15.7 (6), Anl. § 015-18

Eintrittsklausel
- Erbfolge bei Beteiligung an einer Personengesellschaft Anl. § 016-05

Einzelbewertung
- des Vorratsvermögens R 6.8

Einzelhandel
– Verbuchung von Bargeschäften H 5.2, Anl. § 005-07
– Verbuchung von Krediteinkäufen und -verkäufen R 5.2
– Verbuchung von Kreditgeschäften R 5.2

Einzelveranlagung
– Auflösung der Ehe H 32a
– Ehegatten R 25
– Wiederheirat eines Ehegatten H 32a

Einzelwirtschaftsgüter
– unentgeltliche Übertragung R 6.15

Eiserne Verpachtung Anl. § 004-02
– steuerliche Behandlung H 4.2 (1)

Elektrizitätswerke
– bestandsmäßige Erfassung der Überlandleitungen einschl. Masten R 5.4

Elektrofahrzeuge
– Einlagen und Entnahmen H 6.12
– Private Nutzung Anl. § 006-18

Elektromotor
– als GWG H 6.13

Elektronische Bilanzübermittlung Anl. § 005b-01
– Taxonomie Anl. § 005b-02

Elektronische Übermittlung
– Bilanz AF § 5b, § 5b

Elektronische Lohnsteuerabzugsmerkmale AF § 39e, § 39e
– Übergangsregelung AF § 52b, § 52b

ELStAM AF § 39e, AF § 52b, § 39e, § 52b

Elterngeld
– Steuerbefreiung AF § 3 Nr. 67, § 3 Nr. 67

Emissionsberechtigung
– ertragsteuerliche Behandlung H 5.5, Anl. § 006-17

Emissionsrendite
– Kapitalvermögen AF § 20, § 20

Energieerzeugung
– als Gewerbebetrieb R 15.5
– unbeschränkte Steuerpflicht AF § 1, § 1

Enteignung
– Steuerpflicht H 23

Entfernungspauschale AF § 9, Anl. § 009-01
– Abzug als Betriebsausgabe AF § 4, R 4.12, Anl. § 009-01
– Abzug als Werbungskosten AF § 9, R 4.12, § 9, Anl. § 009-01
– Werbungskosten AF § 9, § 9

Entgeltumwandlung
– Bewertung von Pensionsrückstellungen AF § 6a, § 6a, R 6a (12)

Entlassungsentschädigung
– außerordentliche Einkünfte Anl. § 034-01

Entlassungsgeld
– Steuerbefreiung nach dem Wehrsoldgesetz AF § 3 Nr. 5, § 3 Nr. 5

Entlastungsbetrag
– Alleinerziehende AF § 24b, § 24b, Anl. § 024b-01
– nach § 32c EStG R 2

Entlohnung
– für eine mehrjährige Tätigkeit AF § 34, § 34, R 34.4

Entlüftungsanlagen
– als unselbständige Gebäudeteile H 4.2 (5)

Entnahme
– AfA nach - H 7.3
– Altenteilerwohnung R 4.2 (4), H 4.3 (2-4)
– Begriff AF § 4, § 4, R 4.3 (3)
– bei Personengesellschaften H 4.3 (2-4)
– Bestellung eines Nießbrauchs oder Erbbaurechts an einem Betriebsgrundstück H 4.3 (2-4), Anl. § 004-16
– Bewertung AF § 6, § 6, R 6.12
– durch Nutzungsänderung R 4.3 (3)
– Erbauseinandersetzung H 4.3 (2-4)
– Errichtung eines Wochenendhauses H 4.2 (7)
– finale Anl. § 004-38
– Finanzierung durch Fremdmittel H 4.2 (15)
– Fremdvergleichspreis R 6.12
– Gegenstand R 4.3 (4)
– Grundstücke und Grundstücksteile H 4.3 (2-4)
– Handlung R 4.3 (3), H 4.3 (2-4)
– Nutzung durch ausländische Betriebsstätte H 4.3 (2)
– private Kfz-nutzung H 4.3 (2-4), Anl. § 006-03
– Sachspenden AF § 10b, § 10b
– steuerfreie - von eigengenutzten Wohnungen AF § 52, Anl. § 004-45
– Überentnahmen AF § 4, § 4
– Überführung eines Wirtschaftsguts in ausl. Betriebsstätte H 4.3 (2-4)
– Umsatzsteuer bei - AF § 12, § 12
– Unterentnahmen AF § 4, § 4
– von landwirtschaftlichem Grund und Boden AF § 13a, AF § 14a, § 13a, § 14a
– von Nutzungen H 6.12
– von Wirtschaftsgütern durch Wechsel der Gewinnermittlung AF § 4, § 4
– vorweggenommene Erbfolge H 4.3 (2-4)
– Wettbewerbsverbot bei Personengesellschaften H 4.3 (2-4)

Entnahmegewinn
- bei Nutzungsentnahmen H 4.3 (2-4)

Entschädigung- und Ausgleichgesetz
- Schuldverschreibungen H 20.2

Entschädigungen H 24.1
- als Ersatz für entgangene oder entgehende Einnahmen H 4.7, R 24.1, R 34.3
- aufgrund des Abgeordnetengesetzes AF § 22, § 22, R 22.9
- Begriff AF § 34, R 24.1, § 34, R 34.3
- ermäßigter Steuersatz für - AF § 34, § 34
- für Aufgabe eines Betriebs R 14
- für ausgeschiedene oder beschädigte Wirtschaftsgüter H 6.6 (1)
- für die Aufgabe oder Nichtausübung einer Tätigkeit AF § 24, § 24
- für Feldinventar und stehende Ernte bei Veräußerung von Land- und forstw. Betrieben R 14
- Steuerbefreiung der - für Werkzeugbenutzung AF § 3 Nr. 30, § 3 Nr. 30

Entschädigungsgesetz
- Steuerbefreiung von Leistungen nach dem - AF § 3 Nr. 7, § 3 Nr. 7

Entschädigungsrente
- Steuerbefreiung der - nach dem LAG AF § 3 Nr. 7, § 3 Nr. 7

Entstehung
- der ESt AF § 36, § 36

Entstrickung
- Grundsatz AF § 4, § 4, H 4.3 (2-4)

Enttrümmerungsmaterial
- als Herstellungskosten H 6.4

Entwicklungsbereich
- städtebaulicher - AF § 7h, § 7h

Entwicklungshelfer
- Berücksichtigung von Kindern, die als - tätig sind AF § 32, § 32, H 32.11

Entwicklungshelfergesetz AF § 32, § 32
- steuerfreie Leistungen nach dem - AF § 3 Nr. 61, § 3 Nr. 61

Entwicklungsmaßnahmen
- nach dem Baugesetzbuch AF § 7h, AF § 10f, AF § 11a, § 7h, § 10f, § 11a

ERA-Anpassungsfonds
- Behandlung H 5.7 (1)

Erbaurecht
- allgemeine Besteuerungsgrundsätze AF § 23
- Veräußerung § 23

Erbauseinandersetzung
- allgemeines Anl. § 016-05
- Rücklage nach § 6 b H 6b.3

Erbbaurecht
- als Anlagevermögen H 5.5
- an Betriebsgrundstücken Anl. § 004-16
- Anschaffungskosten H 6.2
- Betriebsaufspaltung H 15.7 (5)
- Vermietung und Verpachtung H 21.2
- Zahlung von Erschließungskosten im Betriebsvermögen Anl. § 004-31

Erbbauzinsen
- als dauernde Last H 10.3
- Sonderausgabenabzug H 10.3

Erbe
- Abfindung weichender -n AF § 14a, § 14a
- Körperschaft als - H 16 (2)
- Unternehmerstellung H 15.8 (1)

Erbengemeinschaft
- steuerliche Behandlung der - und ihrer Auseinandersetzung Anl. § 016-05

Erbersatzverbindlichkeiten
- Schuldzinsenabzug H 4.7

Erbfall
- negative ausländische Einkünfte R 2a
- Verlustabzug Anl. § 010d-01
- Zurechnung von Zinsen Anl. § 020-01

Erbfälle
- Verlustabzug H 2a

Erbschaft
- Betriebseinnahme H 4.7
- Miterben als Mitunternehmer H 15.8 (1)

Erbschaftsteuer
- Steuerermäßigung AF § 35b, § 35b
- versicherung H 10.5

Erbstreitigkeiten
- Lebenshaltungskosten H 12.1

Erbteil
- Veräußerung eines -s Anl. § 016-05

Erdarbeiten
- Herstellungskosten H 6.4

Erfinder
- Behandlung der freien - R 18.1
- Behandlung der Vergütungen für Arbeitnehmererfindungen R 18.1
- Liebhaberei H 15.3
- Nachhaltigkeit H 18.1
- selbständige Arbeit H 18.1

Erfindungen
- ungeschützte H 5.5

Erfüllungsrückstand
- Voraussetzung R 5.7 (8)

Erfüllungsübernahme AF § 4f, AF § 5, § 4f, § 5, Anl. § 004f-01

Ergänzungspfleger H 15.9 (2)
- außergewöhnliche Belastung H 33.1 - H 33.4

- Verträge zwischen Eltern und Kindern H 4.8

Ergänzungsrechnung
- Gewinnermittlung nach § 4 Abs. 3 EStG H 4.5 (1)

Ergänzungsschule
- Entgelte als Sonderausgaben AF § 10, § 10

Ergänzungsvertrag
- privates Veräußerungsgeschäft H 23

Erhaltungsaufwand
- Abgrenzung zwischen Herstellungs- und - bei Gebäuden R 21.1, Anl. § 021-01
- Behandlung größeren -s bei Wohngebäuden DV § 82b zu § 21
- bei Gebäuden in Sanierungsgebieten AF § 11a, § 11a
- Sonderbehandlung für bestimmten - bei Baudenkmälern AF § 11b, § 11b
- Sonderbehandlung für bestimmten - i. S. des Baugesetzbuchs AF § 11a, § 11a
- Vermietung und Verpachtung H 21.2
- Verteilung nach § 82b EStDV R 21.1
- Werbungskosten Anl. § 021-22
- Zuschüsse zur Finanzierung von - R 21.5

Erhöhte Absetzungen (siehe auch Bewertungsfreiheit)
- Abzug wie Sonderausgaben AF § 52, Anl. § 021-20
- auf Anzahlungen und Teilherstellungskosten AF § 7a, § 7a
- Begünstigungszeitraum AF § 7a, § 7a
- bei Baudenkmalen AF § 7i, § 7i
- bei Gebäuden in Sanierungsgebieten und städtebaulichen Entwicklungsbereichen AF § 7h, § 7h
- bei mehreren Beteiligten - AF § 7a, § 7a, DV § 15 zu § 7b
- bei Wirtschaftsgütern die unentgeltlich erworben worden sind DV § 11d zu § 7
- für Wirtschaftsgüter, die dem Umweltschutz dienen AF § 7d, § 7d
- für Wohnungen mit Sozialbindung AF § 7k, § 7k
- gemeinsame Vorschriften für die Inanspruchnahme von -n AF § 7a, § 7a
- innerhalb des Begünstigungszeitraums AF § 7a, § 7a
- Kumulationsverbot R 7a
- Maßgeblichkeit der Handelsbilanz AF § 5, § 5
- Verlustklausel R 7a
- von Herstellungskosten bei Baudenkmälern AF § 7i, § 7i
- von Herstellungskosten für bestimmte Baumaßnahmen i. S. des Baugesetzbuchs AF § 7h, § 7h
- zeitlicher Anwendungsbereich des § 7b EStG DV § 15 zu § 7b
- zur Schaffung neuer Mietwohnungen AF § 7c, § 7c

Erlass
- der auf ausländische Einkünfte entfallenden ESt AF § 34c, § 34c

Erlösbeteiligung
- selbständige Arbeit H 18.1

Ermächtigungen
- zum Erlass von Rechtsverordnungen AF § 51, § 51

Ermäßigungshöchstbetrag
- Einkünfte aus Gewerbebetrieb AF § 35, § 35, Anl. § 035-01

Erneuerbare Energie
- unbeschränkte Steuerpflicht AF § 1, § 1

Eröffnungsbilanz
- beim Übergang zum Bestandsvergleich in der Land- und Forstwirtschaft R 13.5
- Erstellung nach dem HGB Anh. 15

ERP
- bilanzsteuerrechtliche Behandlung Anl. § 006-15

Erpressungsgelder
- außergewöhnliche Belastung H 33.1 - H 33.4

Ersatz
- für entgangene oder entgehende Einnahmen AF § 24, § 24

Ersatzbeschaffung
- Rücklage für - R 6.6 (4)

Ersatzleistungen
- außergewöhnliche Belastung H 33.1 - H 33.4

Ersatzschule
- Entgelte als Sonderausgaben AF § 10, § 10

Ersatzteile
- als GWG H 6.13

Ersatzwirtschaftsgut
- Begriff R 6.6 (1), R 6.6 (2), H 6.6 (2)
- Berechnung der Sechsjahresfrist R 6b.3

Erschließungskosten
- Herstellungskosten H 6.4
- Zahlung von - bei Erbbaurecht im Betriebsvermögen Anl. § 004-31

Erschütterungen
- erhöhte Absetzungen für Anlagen zur Verhinderung, Beseitigung oder Verringerung von - AF § 7d, § 7d

Erstattung
- der KapSt AF § 44b, § 44b

Erstattungsüberhang
- Sonderausgabe AF § 10, § 10

Erstattungszinsen
- Einkünfte aus Kapitalvermögen H 20.2, Anl. § 020-05
- Einnahmen aus Kapitalvermögen AF § 20
- keine außerordentlichen Einkünfte H 34.4

Erstaufforstungskosten
- Behandlung bei der Gewinnermittlung nach § 4 Abs. 3 EStG R 4.5 (3)

Erstausbildung H 4.7, Anl. § 010-12

Erste Tätigkeitsstätte AF § 9

Erststudium H 4.7, Anl. § 010-12
- Abzugsverbot für Kosten AF § 12, § 12

Ertragsanteil
- Überschussbeteiligung Anl. § 022-04
- von Renten AF § 22, § 22

Ertragszuschüsse
- Rechnungsabgrenzung H 5.6

Erweiterte beschränkte Steuerpflicht H 1a
Erweiterte unbeschränkte Steuerpflicht H 1a

Erweiterungen
- Abzugsbetrag nach § 10e EStG AF § 10e, § 10e
- Begriff der - an Gebäuden Anh. 17

Erwerb
- entgeltlicher - von immateriellen Wg. des Anlagevermögens R 5.5
- unentgeltlicher - DV § 11d zu § 7, R 7.3

Erwerbsfähigkeit
- Minderung der - AF § 13a, § 13a

Erwerbstätigkeit
- Kinder H 32.10

Erwerbsunfähigkeitsrente R 22.4

Erzieher
- Steuerbefreiung AF § 3 Nr. 26, § 3 Nr. 26

Erziehungsbeihilfen H 3.11

Erziehungsgeld
- Steuerbefreiung AF § 3 Nr. 67, § 3 Nr. 67

EU-Bestechungsgesetz
- Abzugsverbot von Zuwendungen H 4.14

EU-Geldbußen H 4.13

EÜR
- Vordruck Anl. § 004-44

Euro
- Einführungsschreiben Anl. § 005-18
- Euroumrechnungsrücklage AF § 6d, § 6d

Europaabgeordnetengesetz AF § 22, § 22, R 22.9

Europäische Vereinswettbewerbe
- beschränkte Steuerpflicht H 50.7

Europäische wirtschaftliche Interessengemeinschaft (EWIV) H 15.8 (1)

Euroumrechnungsrücklage AF § 6d, § 6d

EU-Tagegeld
- Progressionsvorbehalt H 32b

Existenzgründungszuschuss
- keine Steuerbefreiung H 3.2
- Steuerbefreiung AF § 3 Nr. 2, § 3 Nr. 2

F

Fabrikationsgebäude
- sachliche Verflechtung H 15.7 (5)

Fabrikationsverfahren
- als immaterielles Wirtschaftsgut H 5.5

Fachschulen
- Besuch von - als Berufsausbildung H 32.5

Fachtagung
- Betriebseinnahme H 4.7

Fässer
- als GWG H 6.13

Fahrschule
- Gewerbebetrieb H 15.6
- Teilbetrieb H 16 (3)

Fahrstuhlanlagen
- als unselbständige Gebäudeteile H 4.2 (5)

Fahrten
- zwischen Wohnung und Arbeits-, Betriebs- und Tätigkeitsstätte AF § 9, § 4, R 4.12, § 9

Fahrtenbuch
- bei privater Kfz-nutzung AF § 6, AF § 8, § 6, § 8
- ordnungsgemäße Führung Anl. § 006-03

Fahrtkosten
- Aufwendungen für Wege zwischen Wohnung und Betrieb AF § 4, AF § 9, § 4, § 9
- außergewöhnliche Belastung H 33.1 - H 33.4
- Behinderte H 4.12, H 33b
- doppelte Haushaltführung R 4.12
- Kilometerpauschbeträge Anl. § 009-01
- Vermietung und Verpachtung R 21.2
- zwischen Wohnung und Betrieb R 4.12

Faktische Beherrschung
- Betriebsaufspaltung H 15.7 (6)

Faktorverfahren
- Lohnsteuer AF § 39f, § 39f
- Ordnungsmäßigkeit der Buchführung R 5.2
- Steuerklassen AF § 39f, § 39f Falschbuchungen

Familie
- i. S. des 2. WoBauG Anh. 17

Familienangehörige
- als Mitunternehmer H 15.9 (1)
- als stille Gesellschafter H 15.9 (4)

- Arbeitsleistung von - in der Landwirtschaft AF § 13a, § 13a
- Verträge zwischen - R 4.8

Familienfideikommiß AF § 22, § 22

Familiengesellschaften
- Rückfallklausel H 15.9 (2)
- steuerliche Anerkennung H 15.9 (1)

Familienheim
- Begriff Anh. 17

Familienheimfahrten
- außergewöhnliche Belastung H 33.1 - H 33.4
- Betriebsausgaben AF § 4, § 4
- Entfernungspauschale AF § 9, § 9
- Werbungskosten AF § 8, § 8

Familienleistungsausgleich AF § 31, § 31, R 31

Familienpersonengesellschaften
- Gewinnverteilung R 15.9 (3)

Fehlmaßnahme
- Teilwert H 6.7

Feiertagsarbeit § 3b
- Steuerfreiheit von Zuschlägen für - AF § 3b, § 3b

Feingold
- Betriebsvermögen H 4.2 (1)

Feldinventar R 14

Ferienhäuser/Ferienwohnungen
- Abgrenzung der Eigen- und Fremdvermietung Anl. § 021-03
- Abzugsbetrag nach § 10e EStG AF § 10e, § 10e
- als notwendiges Betriebsvermögen H 4.2 (7)
- Einkünfte aus Vermietung und Verpachtung H 21.1
- Einkunftserzielungsabsicht Anl. § 021-03
- Liebhaberei H 15.3
- Mehraufwendungen für Verpflegung- H 4.10 (1)
- sonstige Bezüge aus Kapitalvermögen H 20.2
- Überlassung an Arbeitnehmer H 4.10 (10-11)

Fernsehfonds Anl. § 005-20

Fernseh-Preisgelder
- sonstige Einkünfte H 2, H 22.8

Fernsehsendung
- Ausstrahlung im Inland AF § 50a, § 50a

Fertigstellung
- AfA bei - von Gebäudeteilen R 7.3
- Beginn der AfA R 7.4
- Jahr der - AF § 7, § 7, R 7.4
- Zeitpunkt R 7.4, H 7.4

Fertigungsbetrieb
- Teilbetrieb H 16 (3)

Fertigungsgemeinkosten/Fertigungskosten
- als Herstellungskosten R 6.3

Festlandsockel
- Zugehörigkeit zum Inland AF § 1, § 1

Feststellung
- der Einkünfte bei Verlustzuweisungsgesellschaften und ähnlichen Modellen Anl. § 021-06
- des verbleibenden Verlustvortrags AF § 10d, § 10d
- einheitliche - bei Zugehörigkeit einer Beteiligung an einer Personengesellschaft zum Betriebsvermögen Anl. § 015-15
- gesonderte - von Abzugsbeträgen nach § 10e EStG AF § 10e, § 10e
- gesonderte - von steuerpflichtigen Zinsen aus Lebensversicherungen Anl. § 010-03
- von Verlusten AF § 15a, § 15a

Feststellungsbescheid
- Verlustabzug H 10d

Feststellungsverjährung
- bei Verlustabzug H 10d
- bei Verlustfeststellung H 10d

Feststellungs-Verordnung Anh. 20

Festwert
- für Roh-, Hilfs- und Betriebsstoffe des Vorratsvermögens R 6.8
- für Wirtschaftsgüter des beweglichen Anlagevermögens R 5.4
- Voraussetzungen und Bemessung Anl. § 006-02

Festzusetzende Einkommensteuer
- Ermittlung der - AF § 2, § 2, R 2

Filialen
- Veräußerung von - H 16 (2)

Filme
- als immaterielle Wirtschaftsgüter H 6.1

Filmfonds Anl. § 005-20

Filmherstellungskosten
- Rechnungsabgrenzung H 5.6

Filmpreise Anl. § 002-02

Filmrechte
- immaterielle Wirtschaftsgüter H 5.5

Finale Entnahme Anl. § 004-38

Finanzierungskosten
- als Anschaffungs-/Herstellungskosten H 6.3
- Rentenversicherung H 22.4
- Vermietung und Verpachtung H 21.2

Finanzinnovation
- Einkünfte aus Kapitalvermögen AF § 20, § 20

Finanzinstrumente
- Bewertung AF § 6, § 6

Finanzplandarlehen
- Kapitalkonto § 15a EStG Anl. § 015a-02

Firmenwert
- Abschreibung AF § 7, § 7, Anl. § 005-12
- außerordentliche Einkünfte H 34.1
- Behandlung bei Berufsaufgabe H 16 (5)
- bei Entnahmen H 4.3 (2-4)
- Bilanzierung H 6.1
- derivativer - bei Aufgabe eines verpachteten Betriebs Anl. § 016-02
- Nutzungsdauer R 7.4
- verdeckte Einlage H 4.3 (1)

Fischerei
- Aufwendungen für AF § 4, § 4

Fitnessstudio
- Gewerbebetrieb H 15.6

Flächenbeiträge
- Anschaffungskosten H 6.2

Flächenstillegung
- Einkünfte aus Land- und Forstwirtschaft R 13.2

Flaschen
- als GWG H 6.13

Flüchtlingshilfegesetz
- Steuerbefreiung H 3.7

Flugzeug
- Aufwendungen für -e R 4.10 (12)

Fördergebietsgesetz
- Dachgeschossausbau Anl. § 007-01
- Ermäßigung der LSt nach dem - AF § 39a, § 39a

Förderung
- kleiner und mittlerer Betriebe AF § 7g, § 7g

Folgeobjekt
- Abzugsbetrag nach § 10e EStG bei einem - AF § 10e, § 10e

Fonds
- geschlossene Anl. § 021-05

Forderungen
- Aktivierungszeitpunkt H 4.2 (1)
- eines Mitunternehmers H 16 (4)

Forderungsausfall
- Veräußerungspreis H 16 (10)

Forderungsübergang
- Zufließen H 11

Forfaitierung
- von Leasing-Verträgen Anl. § 004-13

Formaldehydemission
- außergewöhnliche Belastung H 33.1 - H 33.4

Formelmethode
- Teilwert H 6.8

Formen
- als GWG H 6.13

Formplatten H 6.13

Forstschäden-Ausgleichgesetz
- Rücklage R 34b.8

Forstschädenausgleichsgesetz Anh. 14

Forstwirtschaft
- Besteuerungsgrundsätze Anl. § 013-02

Forstwirtschaft (siehe Land- und Forstwirtschaft)

Fortsetzungsklausel
- Erbfolge bei Beteiligung an einer Personengesellschaft Anl. § 016-05

Fotograf
- Gewerbebetrieb H 15.6

Fotomodell
- als Gewerbetreibende H 15.6
- beschränkte Steuerpflicht H 50a.2

Fotovoltaikanlage
- dachintegrierte H 4.2 (3)
- privater Verbrauch H 4.3 (4)
- Sachentnahme R 4.3 (4)

Fräser
- als GWG H 6.13

Franchisevertrag
- Aufwand H 4.2 (15)

Freiberufler (siehe freie Berufe)

Freibetrag
- Abfindung weichender Erben AF § 14a, § 14a
- Altersentlastungsbetrag AF § 24a, § 24a
- beim LSt-Abzug AF § 39a, § 39a
- für Land- und Forstwirte AF § 13, § 13
- für nebenberufliche Lehr- und Prüfungstätigkeit AF § 3 Nr. 26, § 3 Nr. 26
- für Schuldentilgung AF § 14a, § 14a
- für Veräußerungsgewinne nach § 14a EStG AF § 14a, § 14a
- für Veräußerungsgewinne nach § 16 EStG AF § 16, § 16, R 16 (13)
- für Veräußerungsgewinne nach § 17 EStG AF § 17, § 17
- für Veräußerungsgewinne nach § 18 Abs. 3 EStG AF § 18, § 18
- Haushalts- AF § 32, § 32
- Kinder- AF § 32, § 32
- Versorgungs- AF § 19, § 19

Freie Berufe
- Abgrenzung gegenüber dem Gewerbebetrieb H 15.6
- Abgrenzung gegenüber der nichtselbst. Arbeit H 18.1
- Abschreibung des Praxiswerts Anl. § 005-12
- Aufzeichnungs- und Buchführungspflicht H 4.1, H 18.2
- Betriebsveräußerung Anl. § 018-04

- Betriebsvermögen H 18.2
- Einkünfte aus freiberuflicher Tätigkeit AF § 18, § 18
- Erfindertätigkeit R 18.1
- Geldgeschäfte H 18.2
- gemischte Tätigkeit H 15.6
- Mitunternehmerschaft Anl. § 015-01
- nebenberufl. Lehr- und Prüfungstätigkeit H 18.1
- unterrichtende Tätigkeit H 15.6
- Veräußerungsgewinn bei Angehörigen der - AF § 18, § 18, R 18.3
- Verpachtung nach Erbfall H 15.6
- wissenschaftliche Tätigkeit H 15.6

Freigrenze
- bei der Besteuerung von privaten Veräußerungsgeschäften AF § 23, § 23
- sonstige Einkünfte H 23

Freistellung
- von deutschen Abzugssteuern H 1a

Freistellungsauftrag AF § 44a, § 44a, H 44a
- Mitteilungspflicht an das BZSt AF § 45d, § 45d

Freistellungsbescheinigung
- Steuerabzug für Bauleistungen AF § 48b, § 48b
  Freistellungsverfahren AF § 50d, § 50d

Freiwilligendienst
- Berücksichtigung von Kindern H 32.8

Freiwilliges soziales Jahr
- Berücksichtigung von Kindern, die ein - leisten AF § 32, § 32

Fremde Erzeugnisse
- Zukauf von -n in der Land- und forstw. R 15.5

Fremdenverkehr
- in ausländischer Betriebsstätte AF § 2a, § 2a

Fremdkapital
- Zinsen für - keine Herstellungskosten H 6.3

Fremdvergleich
- bei Pensionszusagen an Arbeitnehmer- Ehegatten Anl. § 006a-08
- bei Verträgen zwischen Angehörigen H 4.8
- Vermietung und Verpachtung H 21.4

Fremdvergleichspreis
- Entnahme R 6.12

Fremdwährung
- Anteilsverkauf H 17 (7)

Fremdwährungsdarlehen
- Anschaffungskosten H 6.2
- bei Einnahmenüberschussrechnung H 4.5 (2)
- Bewertung von - H 6.2

Fremdwährungsgeschäfte H 23

Frist
- für den Antrag auf Veranlagung AF § 46, § 46

- für die Auflösung einer Rücklage für Ersatzbeschaffung R 6.6 (4)
- für die Auflösung einer Rücklage nach § 6b EStG AF § 6b, § 6b
- für die Zugehörigkeit von Wirtschaftsgütern zum Anlagevermögen AF § 6b, § 6b, R 6b.3

Führerschein
- Kosten der Lebensführung H 12.1

Führerscheinkosten
- Behinderte H 33b

Fürsorgefonds
- Beiträge der Ärzte zum - der Ärztekammern H 18.2

Fulbright-Abkommen
- Steuerbefreiung von Zuwendungen AF § 3 Nr. 42, § 3 Nr. 42, H 3.42

Fußpfleger
- medizinischer - als Gewerbetreibender H 15.6

Futterbauanteil
- Wirtschaftsjahr bei Land- und Forstwirten DV § 8c zu § 4a

G

Gästehaus
- Aufwendungen für - AF § 4, § 4, R 4.10 (10)
- Liebhaberei H 15.3

GAP-Reform
- ertragsteuerliche Folgen H 10.3

Garagen
- AfA bei - R 7.2

Garantiegebühren
- Rechnungsabgrenzungsposten H 5.6

Garantierückstellung
- Grundsätze H 5.7 (5)
- Voraussetzungen H 5.7 (12)

Gartenanlagen
- Aufwendungen für - bei Wohngebäuden R 21.1
- bei Wohngebäuden R 21.1
- Herstellungskosten des Gebäudes H 6.4

Gartenbaubetriebe
- als landw. oder gewerbl. Betrieb AF § 13, § 13
- Buchführung R 13.6
- Wirtschaftsjahr bei -n DV § 8c zu § 4a

Gastfamilie
- Steuerbefreiung AF § 3 Nr. 10, § 3 Nr. 10

Gaststätte
- Aufwendungen für die Bewirtung in einer - AF § 4, § 4
- Nachweis von Bewirtungskosten Anl. § 004-27
- Teilbetrieb H 16 (3)
- Verpachtung H 16 (5)

2421

Gaststätteneinbauten
– als selbständige Gebäudeteile   R 4.2 (3)
GbR
– Mietverträge   H 21.6
Gebäude
– Abbruch eines -s   H 6.4
– Absetzungen für außergewöhnliche technische oder wirtschaftliche Abnutzung von -n   R 7.4
– Abzugsbetrag nach § 10e EStG AF § 10e, § 10e
– AfA bei –n   AF § 7, § 7, DV § 11c zu § 7, H 7.1
– anteilige Zugehörigkeit von -n zum Betriebsvermögen   H 4.2 (7)
– Aufwendungen für gärtnerische Anlagen   R 21.1
– Ausbau und Erweiterung   AF § 10e, § 10e, Anh. 17
– Begriff   H 7.1
– Behandlung größeren Erhaltungsaufwands bei -n   DV § 82b zu § 21
– Containerbauten   H 7.1
– Erhaltungs- und Herstellungsaufwand   H 6.4, R 21.1, Anl. § 021-01
– gewerblicher Grundstückshandel Anl. § 015-06
– Gewinn aus der Veräußerung von -n bei Anwendung des § 6b EStG   AF § 6b, § 6b
– Gewinn aus der Veräußerung von -n bei Anwendung des § 6c EStG   AF § 6c, § 6c
– Herstellungskosten   R 6.4, R 21.1, Anl. § 021-01
– nachträgliche Anschaffungs- oder Herstellungskosten für -   R 7.4
– Nutzfläche eines -s   Anh. 18
– Nutzungsdauer eines -s   DV § 11c zu § 7, R 7.4
– Parzellierung von Grundstücken oder Aufteilung von -n in Eigentumswohnungen   R 6.1
– selbständige –teile (Betriebsvorrichtungen)   R 4.2 (3)
– selbständige -teile (Einbauten)   R 4.2 (3)
– selbständige -teile (Scheinbestandteile)   R 4.2 (3)
– Verteilung größeren Erhaltungsaufwands DV § 82b zu § 21
– Vorliegen eines Neubaues   R 7.4
– Werbungskosten bei -n   R 21.2
– Wirtschaftsgebäude, AfA   AF § 7, § 7
– Zuschüsse zur Finanzierung von Baumaßnahmen an einem -   R 21.5
Gebäudeabriss
– Entnahme bei -   H 4.3 (2-4)
Gebäudesanierung
– außergewöhnliche Belastung   H 33.1 - H 33.4

Gebäudeteil
– AfA für -e   AF § 7, § 7, H 7.1
– selbständiges Wirtschaftsgut   R 4.2 (3)
– unselbständige -e   H 4.2 (5)
Geflügel
– Einkünfte aus Land- und Forstwirtschaft R 13.2
Gegenstände des täglichen Gebrauchs
– sonstige Einkünfte   H 23
Gegenwert
– außergewöhnliche Belastung   H 33.1 - H 33.4
Geil und Gare   R 14
Geld
– Steuerbefreiung von durchlaufenden - ern AF § 3 Nr. 50, § 3 Nr. 50
Geldbeschaffungskosten
– keine Herstellungskosten   H 6.3
Geldbußen
– EU   R 4.13 (2)
Geldbußen/Geldstrafen
– Abzug von -   AF § 4, AF § 12, § 4, R 4.13, § 12, R 12.3
Geldgeschäfte
– bei Freiberuflern   H 18.2
Geldspielautomat
– Auswirkungen der USt-Freiheit   H 5.1, H 9b
Gema   DV § 73f zu § 50a
Gemälde
– AfA   H 7.1
Gemeiner Wert
– bei verdeckten Einlagen   AF § 17, § 17
– beim Übergang zur Liebhaberei   H 16 (2), Anh. 20
– von als Spenden zugewendeten Wirtschaftsgütern   AF § 10b, § 10b
– von Vermögensbeteiligungen   § 19a
– von Wirtschaftsgütern bei Auseinandersetzung von Mitunternehmern   AF § 16, § 16
Gemeinkosten
– als Herstellungskosten   R 6.3
Gemeinnützige Zwecke
– Ausgaben zur Förderung von als besonders förderungswürdig anerkannten -n   § 10b
Gemeinschaftspraxis
– Abfärberegelung   Anl. § 015-16
Gemeinschaftssteuer
– Zahlungen an Abgeordnete des Europäischen Parlaments   AF § 22, § 22
Gemischte Aufwendungen
– Aufteilung   Anl. § 012-01
Gemischte Tätigkeit
– bei freien Berufen   H 15.6

Gemüsebau AF § 13, § 55
Generalagent
– als Arbeitnehmer oder Gewerbetreibender
  H 15.1
Generationenbetrieb
– Liebhaberei   H 15.3
Genossenschaften
– Kapitalertragsteuer   H 44a
Genossenschaftsanteile
– als Betriebsvermögen eines Landwirts
  H 4.2 (1)
– Behandlung bei der Gewinnermittlung nach
  § 4 Abs. 3 EStG   R 4.5 (3)
Genussrechte
– Beteiligungscharakter   H 17 (2)
Genussscheine AF § 20, § 20
Geprägegrundsätze
– atypisch stille Gesellschaft   H 15.8 (6)
– GbR   H 15.8 (6)
– gesetzliche Regelung der -   AF § 15, § 15
Geringbeschäftigung
– Nichtverfolgung von Steuerstraftaten
  AF § 50e, § 50e
Geringfügige Beschäftigung
– Aufwendungen für - als Sonderausgaben
  AF § 10, § 10
Geringstland AF § 13a
– Einkünfte aus Land- und Forstwirtschaft
  AF § 13a, R 13.2, § 13a
Geringwertige Anlagegüter
– ABC der -   H 6.13
– Abschreibung im Privatvermögen   AF § 9, § 9
– Aufnahme in das Bestandsverzeichnis   AF § 6,
  R 5.4, § 6, R 6.13
– Berücksichtigung der Vorsteuer bei der Ermittlung der Anschaffungs- oder Herstellungskosten   R 9b
– Bewertungsfreiheit   Anl. § 006-19
– Bewertungsfreiheit für -   AF § 6, § 6, R 6.13
– Sammelposten   AF § 6, § 6
Gerüst- und Schalungsteile
– als GWG   H 6.13
Gesamtanlage
– bei Baudenkmalen   AF § 11b, § 11b
– erhöhte Absetzungen für Baudenkmale
  AF § 7i, § 7i
Gesamtbetrag der Einkünfte   AF § 2, § 2
Gesamthand
– Vermietung und Verpachtung   R 21.6
Gesamthandsvermögen
– Grundstücke als -   R 4.2 (11)
– wesentliche Beteiligung   H 17

Gesamtobjekt
– Feststellung der Einkünfte   Anl. § 021-06,
  Anh. 20
– geschlossene Fonds   Anl. § 021-05
Gesamtrechtsnachfolge
– negative ausländische Einkünfte   R 2a
Geschäftlicher Anlass
– Bewirtungskosten aus -   R 4.10 (6)
Geschäftsfreunde
– Aufwendungen für die Bewirtung von - n
  AF § 4, § 4, R 4.10 (6)
Geschäftsunterlagen
– Rückstellungen für Aufbewahrung
  Anl. § 005-25
Geschäftswert (siehe Firmenwert)   Geschenke
– Abzug als Betriebsausgaben   AF § 4, § 4
Geschenke   R 4.10 (2)
– Abzug als Werbungskosten   AF § 9, § 9
– Begriff   R 4.10 (2)
– Berücksichtigung der Vorsteuer bei Ermittlung
  der Anschaffungs- oder Herstellungskosten
  AF § 9b, § 9b
– besondere Aufzeichnung   R 4.11
– Lebenshaltungskosten   H 12.1
– Werbungskosten   AF § 9, § 9
Geschiedene
– Kinderfreibetrag   AF § 32, § 32
– Unterhaltszahlungen an den -n oder dauernd
  getrennt lebenden Ehegatten   AF § 10,
  AF § 22, § 10, R 10.2, § 22
Gesellschaft
– unter Freiberuflern   H 15.6
– zwischen Angehörigen   H 15.9 (1)
Gesellschaft bürgerlichen Rechts
– Geprägegrundsätze   H 15.8 (6)
– Haftung von Gesellschaftern einer -
  AF § 15a, § 15a
– sinngemäße Anwendung des § 15a
  Anl. § 015a-10
– zwischen Familienangehörigen   H 15.9 (1)
Gesellschafterforderung
– Eigenkapital   H 4.2 (2)
Gesellschafter-Geschäftsführer
– Direktversicherung   H 4b
– Pensionsrückstellung   Anl. § 006a-10
– Vorwegabzug   H 10.11
Gesetzlich unterhaltsberechtigte Personen
– Zuwendungen an -   AF § 12, AF § 22,
  H 10.2, § 12, § 22, R 33a.1
Gesonderte Feststellung
– der Abzugsbeträge nach § 10e EStG
  AF § 10e, § 10e

2423

- der Einkünfte bei Verlustzuweisungsgesellschaften und Bauherrengemeinschaften Anl. § 021-06
- des verbleibenden Verlustvortrags AF § 10d, § 10d
- von Besteuerungsgrundlagen Anh. 20

Gestaltungsmißbrauch
- wechselnde Vermietung H 21.4

Gesundheitsbehörden
- Mitwirkung für steuerliche Zwecke DV § 64 zu § 33b

Gesundheitsförderung
- steuerfreie § 3 Nr. 34

Gesundheitsgefährdung
- außergewöhnliche Belastung H 33.1 - H 33.4

Getrennte Veranlagung AF § 26
- Antrag auf anderweitige Verteilung der Sonderausgaben und außergew. Belastungen DV § 61 zu § 26a
- bei Ehegatten ohne Einkünfte H 26
- Kinderbetreuungskosten H 26a
- Sonderausgaben-Pauschbeträge und - Pauschalen AF § 10c, § 10c
- Steuererklärungspflicht AF § 25, § 25
- Verlustabzug DV § 62d zu § 26a
- Widerruf der Wahl H 26
- zumutbare Belastung H 33.1 - H 33.4

Getrenntleben
- Ehegatten H 26

Gewerbebetrieb
- Abgrenzung gegenüber der Land- und Forstwirtschaft R 15.5
- Abgrenzung gegenüber der nichtselbständigen Arbeit R 15.1
- Abgrenzung gegenüber der selbständigen Arbeit H 15.6
- Abgrenzung gegenüber der Vermögensverwaltung R 15.7 (1)
- Aufgabe des -s AF § 16, § 16, R 16 (2)
- Beispiele H 15.6
- beschränkte Steuerpflicht bei Einkünften aus - AF § 49, § 49, R 49.1
- Beteiligung am allgem. wirtschaftl. Verkehr H 15.4
- Betriebsaufspaltung H 15.7 (4)
- Betriebsvermögensvergleich R 4.1
- Einkünfte aus - AF § 2, AF § 2a, AF § 15, § 2, § 2a, § 15
- Familiengesellschaften H 15.9 (1)
- Geprägegrundsätze AF § 15, § 15, R 15.8 (6)
- Gewinnerzielungsabsicht H 15.3
- Grundstückshandel H 15.7 (1)
- Mitunternehmer H 15.8 (1)

- Nachhaltigkeit H 15.2
- Selbständigkeit R 15.1
- unentgeltliche Übertragung eines -s R 16 (6)
- Veräußerung des -s AF § 16, § 16
- Veräußerung eines -s gegen Leibrente R 16 (11)
- Veräußerung von Anteilen an KapGes bei wesentlicher Beteiligung AF § 17, § 17
- Verluste aus gewerbl. Tierzucht und gewerbl. Tierhaltung R 15.10
- Verluste bei beschränkter Haftung (§ 15a EStG) AF § 15a, § 15a, Anl. § 015a-01
- wesentliche Grundlage eines -s H 16 (8)

Gewerbesteuer
- Abzugsverbot H 4.15
- Anrechnung AF § 35, § 35, Anl. § 035-01
- Berücksichtigung der - bei den Herstellungskosten R 6.3
- Betriebsausgabe § 4
- keine Betriebsausgabe AF § 4, § 4
- Rückstellungen Anl. § 004-25
- Veräußerungskosten H 16 (12)

Gewerbesteuerrückstellung R 5.7 (1)

Gewerblicher Grundstückshandel H 15.7 (1), Anl. § 015-06
- Land- und Forstwirtschaft Anl. § 015-06

Gewinn
- aus Aufgabe oder Veräußerung eines Betriebs AF § 14, AF § 14a, R 4.5 (6), § 14, § 14a
- aus der Veräußerung bestimmter betrieblicher Anlagegüter AF § 6c, § 6c
- aus Veräußerung (Aufgabe) des der selbständigen Arbeit dienenden Vermögens AF § 18, § 18, R 18.3
- Begriff AF § 4, § 4
- Begünstigung nicht entnommener -e AF § 34a, § 34a
- bei Entnahme eines Wirtschaftsguts H 4.3 (2-4)
- Einkünfte AF § 2, § 2
- Freibetrag für - aus Veräußerung AF § 14, AF § 14a, AF § 18, § 14, § 14a, § 18
- Zuordnung von - bei abweichendem Wirtschaftsjahr AF § 4a, § 4a

Gewinnaufteilung
- bei vom Kj. abweichendem Wj. AF § 4a, § 4a

Gewinnausschüttung
- Rückgängigmachung H 20.2
- Rückzahlung H 17
- Steuerfreiheit AF § 3 Nr. 41, § 3 Nr. 41
- Zuflusszeitpunkt H 20.2

Gewinneinkünfte
- Entlohnung für mehrjährige Tätigkeit H 34.4

- Tarifbegrenzung AF § 32c, § 32c
Gewinnermittlung
- auf Grund Antrags nach § 13 a R 13.5
- bei abweichendem Wirtschaftsjahr AF § 4a, § 4a
- bei forstwirtschaftlichen Betrieben DV § 51 zu § 13
- bei Vollkaufleuten und bestimmten anderen Gewerbetreibenden AF § 5, § 5
- bei Wahlrecht R 13.5
- durch Betriebsvermögensvergleich AF § 4, § 4, R 4.1
- durch Einnahmenüberschussrechnung AF § 4, § 4, R 4.5 (1)
- Maßgeblichkeit der GoB Anl. § 005-14
- nach Durchschnittssätzen R 13.5, R 13a.2
- Tonnagebesteuerung AF § 5a, § 5a
- Wechsel der Art der - R 4.6, R 13.5

Gewinnermittlungsart
- erneuter Wechsel H 4.6
- Wechsel in der - AF § 4, § 4, R 4.6, R 13.5, Anl. § 004-01
- Wechsel in der - bei Anwendung des § 6b EStG R 6b.2

Gewinnermittlungszeitraum AF § 4a
- Grundsätze AF § 4a, § 4a

Gewinnerzielungsabsicht AF § 15, H 15.3
- Einkünfte aus Gewerbebetrieb AF § 15, § 15

Gewinnkorrekturen
- unterbliebene H 4.6

Gewinnobligationen
- bei beschränkter Steuerpflicht AF § 49, § 49

Gewinnrealisierung
- bei Entnahmen H 4.3 (2-4)
- Verkauf oder Übertragung H 4.2 (1)

Gewinnschätzung H 4.1
- Einkünfte aus Land- und Forstwirtschaft R 13.5
- gewillkürtes Betriebsvermögen bei - R 4.2 (16)
- Rücklage für Ersatzbeschaffung Anl. § 006-07

Gewinnverteilung
- Familiengesellschaft R 15.9 (3)
- Mitunternehmerschaft H 15.8 (2)
- Personengesellschaft H 15.8 (3)

Gewinnverwendung
- zur Verlustdeckung einer Schwester KG als Entnahme H 4.3 (2-4)

Gewinnzuschlag
- bei Auflösung von Rücklagen nach § 6b EStG AF § 6b, § 6b, R 6b.2, H 6b.2
- bei Land- und Forstwirten R 13a.1

Gewöhnlicher Aufenthalt
- Schweiz H 1a

GmbH & Co. KG AF § 15, § 15, R 15.8 (6)
- GmbH-Anteil als wesentliche Betriebsgrundlage Anl. § 015-09
- Zurechnung der GmbH-Anteile zum Sonderbetriebsvermögen der - Anl. § 015-04

GoBD
- Anwendungsschreiben Anl. § 005-05

GmbH-Anteil
- wesentliche Betriebsgrundlage Anl. § 015-09

Goethe-Institut
- Besteuerung der Mitarbeiter H 1a

Gratifikationen
- Rückstellungen H 6.11

Gratisaktien
- wesentliche Beteiligung H 17

Griechenland-Anleihen
- Umtausch Anl. § 020-10

Großspendenregelung
- steuerbegünstigte Zwecke H 10b.3

Grünanlagen
- Aufwendungen für - R 21.1

Grünbracheprogramm
- Einkünfte aus Land- und Forstwirtschaft R 13.2

Grund und Boden
- Abzugsbetrag nach § 10e EStG AF § 10e, § 10e
- Aufwendungen für die Anschaffung von - bei Gewinnermittlung nach § 4 Abs. 3 EStG R 4.5 (3)
- Aufwuchs auf - H 6b.1
- Begriff des - H 6b.1
- bei Anwendung des § 6c EStG AF § 6c, § 6c
- Bewertung von - AF § 6, § 6
- Einlage von - AF § 55, § 55
- Entnahme eigengenutzte Wohnung Anl. § 004-45
- Erfassung von Gebäudeabbruchkosten beim - H 6.4
- Sondervorschriften für die Bodengewinnbesteuerung AF § 55, § 55
- Veräußerung von - des Betriebsvermögens AF § 13a, AF § 14a, § 13a, § 14a

Grundbücher
- Verbuchung der Geschäftsvorfälle in den -n R 5.2

Grunderwerbsteuer
- Aussetzungszinsen H 21.2

Grundfläche
- Berechnung der - der Wohnzwecken dienenden Räume Anh. 18

Grundfreibetrag
- Progressionsvorbehalt H 32b

2425

Grundsteuern
- Abzug als Werbungskosten AF § 9, § 9
- Werbungskosten AF § 9, § 9

Grundstück
- als gewillkürtes Betriebsvermögen R 4.2 (9)
- als notwendiges Betriebsvermögen H 4.2 (7)
- als Sonderbetriebsvermögen H 4.2 (12)
- anteilige Zugehörigkeit von -n zum Betriebsvermögen H 4.2 (7)
- bei Personengesellschaften R 4.2 (11)
- Betriebseinnahmen und -Ausgaben H 4.7
- eigenbetrieblich genutzte - R 4.2 (4)
- einheitliche Behandlung als Betriebsvermögen R 4.2 (10)
- Entnahme von -n H 4.3 (2-4)
- privates Veräußerungsgeschäft H 23
- Schadstoffbelastung Anl. § 006-16
- Spekulationsgeschäfte Anl. § 023-01
- Veräußerung von Land- und forstw. -n AF § 14a, § 14a, H 15.5
- von untergeordnetem Wert R 4.2 (8), H 4.2 (8)
- wesentliche Betriebsgrundlage H 16 (8)
- Zugehörigkeit von -n zum Betriebsvermögen R 6.1

Grundstücksflächen
- auf das stehende Holz entfallende Einnahmen aus der Veräußerung einzelner forstw. - R 14

Grundstücksgemeinschaft
- Abzugsbetrag nach § 10e EStG AF § 10e, § 10e

Grundstückshandel
- Betriebsaufgabe H 16 (2)
- gewerblicher H 15.7 (1), H 16 (9)
- Grundstücke als Umlaufvermögen bei gewerblichem - H 6.1
- Nachhaltigkeit H 15.2

Grundstücksteile (siehe Grundstück) Grundtabelle § 32a, Anh. 22

Grundwehrdienst AF § 32, § 32

Grundzulage
- Altersvorsorgezulage AF § 84, § 84
- Hinzurechnung § 2

Gruppenbewertung
- von Wirtschaftsgütern des Vorratsvermögens R 6.8

Gruppenbildung
- bei Lifo R 6.9

Günstigerprüfung
- Abstandnahme vom Steuerabzug AF § 32d, § 32d
- bei Sonderausgaben AF § 10a, § 10a
- Einkünfte aus Kapitalvermögen AF § 32d, § 32d

Güterfern- und -nahverkehr
- Teilbetrieb H 16 (3)

Güterfernverkehrskonzessionen
- als immaterielles Wirtschaftsgut H 5.5

Gütergemeinschaft
- Besteuerung bei fortgesetzter - AF § 28, § 28
- Betriebsaufspaltung H 15.7 (6)
- einkommensteuerliche Wirkungen H 26a
- Sonderbetriebsvermögen H 4.2 (1), H 4.2 (2)

Güterstand
- einkommensteuerliche Wirkungen H 26a

Gutachterkosten
- außergewöhnliche Belastung H 33.1 - H 33.4
- GmbH-Anteil H 20.1

Gutschrift
- Zufluss H 11

H

Habilitation
- als Berufsausbildung H 10.9

Häftlingshilfegesetz
- steuerfreie Leistungen nach dem - AF § 3 Nr. 23, § 3 Nr. 23

Härteausgleich
- Arbeitnehmerveranlagung H 46.3
- bei der Veranlagung von Arbeitnehmern DV § 70 zu § 46
- nach § 46 Abs. 3 EStG, § 70 EStDV R 2
- Veranlagung H 25

Häusliche Pflege
- Steuerbefreiung eines Entgelts für - AF § 3 Nr. 36, § 3 Nr. 36

Häusliches Arbeitszimmer
- Abzugsbeschränkungen H 4.10 (1), Anl. § 004-43

Haftpflichtversicherung AF § 10
- Kfz- R 10.5
- Sonderausgaben AF § 10, § 10

Haftung
- bei Arbeitnehmerüberlassung AF § 42d, § 42d
- beim Steuerabzug bei beschränkt Stpfl. DV § 73g zu § 50a
- des Arbeitgebers bei LSt-Abzug AF § 42d, § 42d
- für die Vornahme des KapSt-Abzugs AF § 44, AF § 45a, § 44, § 45a
- Spendenhaftung Anl. § 010b-05
- Verluste bei beschränkter -(§ 15a EStG) AF § 15a, § 15a, Anl. § 015a-01

Haftungsminderung AF § 15a, § 15a

Halbeinkünfteverfahren
- anteilige Abzüge AF § 3c
- Betriebsveräußerung H 16 (13)
- Betriebsvermögen Anl. § 016-08

- Steuerbefreiung AF § 3 Nr. 40, § 3 Nr. 40
- Veräußerungen Anl. § 003-01
- wesentliche Beteiligung H 17
- wiederkehrende Leistungen Anl. § 016-08
- Zuschreibungen Anl. § 003-01

Halbfertige Bauten
- auf fremden Grund und Boden H 6.7

Handelsbilanz
- Ausweis der Rücklage nach § 6b EStG in der - R 6b.2
- Maßgeblichkeit der - bei steuerrechtlichen Wahlrechten AF § 5, § 5
- Maßgeblichkeit der GoB Anl. § 005-14

Handelsbücher
- Aufbewahrungsfrist H 5.2
- Führung von -n nach dem HGB Anh. 15

Handelschemiker § 18
- freiberufliche Tätigkeit AF § 18, § 18

Handelsgeschäft
- Land- und Forstwirtschaft R 15.5

Handelsgesetzbuch
- Auszug aus dem - Anh. 15

Handelsregister
- Eintragung der Kommanditeinlage im - R 15a
- Eintragung im - als Indiz für Gewerbebetrieb H 5.1

Handelsschiffe
- Gewinnermittlung AF § 5a, § 5a
- internationaler Verkehr AF § 5a, § 5a
- Lohnsteuerabzug AF § 41a, § 41a

Handelsvertreter
- Ausgleichsanspruch H 5.7 (5)
- Ausgleichsanspruch eines - AF § 24, H 16 (9), § 24, H 24.1
- Geschenke an - als Betriebsausgaben R 4.10 (2)
- Pensionszusage an einen - R 6a (16)
- selbständig oder unselbständig H 15.1
- ständiger Vertreter eines ausländischen Unternehmens R 49.1
- Teilbetrieb H 16 (3)

Handwerk
- Verbuchung von Krediteinkäufen und -verkäufen R 5.2

Handwerkerleistungen
- Steuerermäßigung AF § 35a, § 35a

Handy-Vertrag Anl. § 005-24

Hausanschlusskosten
- Herstellungskosten H 6.4

Hausgehilfin AF § 33a

Hausgewerbetreibende
- Begriff H 15.1
- selbständig oder unselbständig H 15.1

Haushaltsersparnis
- Heimunterbringung R 33.4
- Kuren R 33.4

Haushaltsfreibetrag § 2, R 2, § 32

Haushaltsführung
- doppelte - AF § 9, R 4.12, § 9
- nicht abziehbare Aufwendungen für - AF § 12, § 12

Haushaltsgemeinschaft
- Unterhaltsleistungen H 33a.1

Haushaltsgeräte
- außergewöhnliche Belastung H 33.1 - H 33.4

Haushaltshilfe AF § 33a

Haushaltsnahe Beschäftigungsverhältnisse AF § 35a
- Anwendungsschreiben Anl. § 035a-01
- Steuerermäßigung AF § 35a, § 35a

Haushaltsnahe Dienstleistungen
- Anwendungsschreiben Anl. § 035a-01
- Steuerermäßigung AF § 35a, § 35a

Haushaltszugehörigkeit
- von Kindern AF § 32, § 32

Hausrat
- versicherung H 10.5

Hauswirtschaftliche Beschäftigungsverhältnisse
- Aufwendungen für - als Sonderausgaben AF § 10, § 10

Havariesachverständiger H 15.6

Hebamme H 15.6

Heileurythmie H 15.6
- außergewöhnliche Belastung H 33.1 - H 33.4

Heilberufe H 15.6
- Freiberufe Anl. § 018-03

Heilfürsorge
- Steuerbefreiung AF § 3 Nr. 4, § 3 Nr. 4

Heilhilfsberufe
- Freiberufe Anl. § 018-03

Heilmasseur H 15.6

Heilpraktiker § 18, R 33.4
- freiberufliche Tätigkeit AF § 18, § 18

Heimarbeiter
- Begriff R 15.1
- selbständig oder unselbständig R 15.1

Heimunterbringung
- außergewöhnliche Belastung H 33.1 - H 33.4, Anl. § 033-01
- Ehegatte H 33.1 - H 33.4

Heizungsanlage
- Aufwendungen für -n als Erhaltungsaufwand Anl. § 021-01
- Gebäudebestandteil H 6.4

Heizungsanlagen
- als unselbständige Gebäudeteile H 4.2 (5)

Hektarwert AF § 13a
- Einkünfte aus Land- und Forstwirtschaft AF § 13a, § 13a

Herstellungskosten Anl. § 006-21
- Abgrenzung zwischen - und Erhaltungs- aufwand bei Gebäuden R 21.1, Anl. § 021-01
- Ablösezahlungen H 6.4
- Abraumvorrat H 6.3
- AfA bei nachträglichen - für Wirtschaftsgüter AF § 7a, H 7.3, R 7.4, § 7a
- anschaffungsnahe - R 6.4, H 6.4
- Anschlusskosten H 6.4
- Aufteilung der - bei Gebäudeteilen R 4.2 (6)
- Baumängelbeseitigung H 6.4
- Baumaterial aus Enttrümmerung H 6.4
- Bauzeitversicherung H 6.4
- Begriff R 6.3
- Begriff der - bei Gebäuden R 6.4, Anl. § 021-01
- Behandlung bei der Gewinnermittlung nach § 4 Abs. 3 EStG R 4.5 (3)
- Bemessungsgrundlage für die AfA R 7.3
- Berücksichtigung von Zuschüssen R 6.5
- Definition nach HGB Anh. 15
- eines Gebäudes R 6.4
- Einfriedungen H 6.4
- Erdarbeiten H 6.4
- erhöhte AfA bei Minderung der - H 7a
- erhöhte AfA bei nachträglichen - für Wirtschaftsgüter AF § 7a, § 7a
- Film- H 5.6
- für geringwertige Anlagegüter R 6.13
- Gartenanlagen H 6.4
- nach Fertigstellung H 21.1
- nachträgliche - bei Gebäuden AF § 7a, R 7.4, § 7a, Anl. § 021-01
- Planungskosten R 6.4
- Vereinfachungsregelung für die Behandlung von - bei Gebäuden als Erhaltungsaufwand R 21.1
- Zuschüsse zu - R 7.3, R 21.5

Heubeck-Tafeln
- Pensionsrückstellungen Anl. § 006a-19

Hilfsgeschäft
- Tonnagebesteuerung H 5a

Hilflosigkeit
- ständige - AF § 33b, § 33b

Hilfsstoffe
- Bewertung der - R 6.8

Hinterbliebenenbezüge
- Art der Einkünfte AF § 19, § 19

Hinterbliebenen-Pauschbetrag
AF § 33b, § 33b, R 33b, H 33b

Hinterbliebenenversorgung
- Anwartschaft H 4.2 (1)
- Lebensgefährtin Anl. § 006a-15

Hinterziehungszinsen
- nicht abziehbar H 12.4

Hinzurechnungen
- bei Wechsel der Gewinnermittlungsart R 4.6

Hinzurechnungsbetrag
- Lohnsteuerabzug AF § 39a, § 39a
- nach § 2 Abs. 1 Auslandsinvestitionsgesetz R 2
- nach § 2a Abs. 3 und 4 EStG R 2

HIV-Infizierte
- Steuerbefreiung der Leistungen an - AF § 3 Nr. 69, § 3 Nr. 69

HOAI
- Abschlagszahlungen H 4.2 (1)

Hochbegabte
- Aufwendungen für Schulbesuch H 33.1 - H 33.4

Hochofen
- bestandsmäßige Erfassung R 5.4

Hochwasserschäden R 33.2

Hochzinsanleihen
- Kapitalvermögen H 20.2

Höchstbetrag
- Spenden R 10b.3
- Verlustabzug nach § 10d EStG AF § 10d, § 10d
- Vorsorgeaufwendungen AF § 10, § 10

Höchstmiete AF § 7k
- erhöhte Absetzungen AF § 7k, § 7k

Höhere Gewalt
- Ausscheiden eines Wirtschaftsgutes H 6.6 (2), R 6b.1, R 6b.3
- Holznutzungen AF § 34b, § 34b, R 34b.2

Hörapparat
- Lebenshaltungskosten H 12.1

Hof- und Platzbefestigungen
- AfA H 7.1
- Betriebsvorrichtung H 7.1

Hofübergabe
- Nachabfindungen H 14a

Holz
- stehendes - H 6b.1, R 14

Holznutzungen
- außerordentliche - AF § 34b, § 34b, R 34b.2
- Billigkeitsmaßnahmen R 34b.7
- Einkunftsermittlung R 34b.3
- Gewinnermittlung R 34b.1
- infolge höherer Gewalt (Kalamitätsnutzungen) AF § 34b, § 34b, R 34b.2

- nachgeholte - AF § 34b, § 34b, R 34b.2
- pauschale Gewinnermittlung DV § 51 zu § 13
- Steuersätze R 34b.4
- Tarifvergünstigung R 34b.5 - R 34b.6

Honorare
- Rechnungsabgrenzung H 5.6

Hopfenbau § 55

Hotel
- Teilbetrieb H 16 (3)

Hubschrauber
- Aufwendungen für die Unterhaltung eines - H 4.10 (12)

Humanitäre Soforthilfe
- Steuerbefreiung der Leistungen der - AF § 3 Nr. 69, § 3 Nr. 69

Hutungen
- Einkünfte aus Land- und Forstwirtschaft R 13.2

Hybridelektrofahrzeug
- Einlagen und Entnahmen H 6.13
- Private Nutzung Anl. § 006-18

Hypothekenzinsen
- Einnahmen aus Kapitalvermögen AF § 20, § 20

I

Identifikationsnummer
- Bußgeld AF § 50f, § 50f
- der Leistungsempfänger AF § 22a
- Lohnsteuerabzug AF § 39e, AF § 41b, § 41b

Immaterielle Wirtschaftsgüter
- Aktivierung AF § 5, § 5, R 5.5
- Begriff R 5.5
- Belieferungsrechte H 5.5
- Bilanzierungshilfe nach DMBilG H 5.5
- Bodenschätze H 5.5
- Computerprogramme R 5.5, H 5.5, Anl. § 005-11
- Domainname Anl. § 005-04
- Einlage H 5.5
- entgeltlicher/unentgeltlicher Erwerb H 5.5
- Erbbaurecht H 5.5
- Erfindungen H 5.5
- Fabrikationsverfahren H 5.5
- Geschäftswert H 5.5
- Güterfernverkehrskonzessionen H 5.5
- keine beweglichen G H 7.1
- Know-How H 5.5
- Konzessionen H 5.5
- Kundenstamm H 5.5
- Lizenzen H 5.5
- Mietereinbauten und Mieterumbauten Anl. § 004-04
- Nutzungsrechte H 5.5

- Optionsrechte H 5.5
- Praxiswert H 5.5
- Tonträger H 5.5
- Urheberrechte H 5.5
- Verlagsrechte H 5.5
- Vertreterrecht H 5.5
- wesentliche Betriebsgrundlagen H 16 (8)

Immissionsschäden
- an Waldbeständen R 34b.2

Immobilienfonds H 21.2
- Feststellung der Einkünfte Anl. § 021-06
- geschlossene - Anl. § 021-05
- Liebhaberei bei geschlossenen - Anl. § 021-03
- Treuhandverhältnisse Anl. § 021-04

Immobilien-Leasing Anl. § 004-06, Anl. § 004-07, Anl. § 004-08, Anl. § 004-09, Anl. § 004-12

Importwaren
- Bewertungsabschlag AF § 51, H 16 (9), § 51

Incentive-Reisen
- Besteuerungsgrundsätze Anl. § 004-15
- Betriebseinnahmen und -Ausgaben H 4.7
- Entnahme H 4.3 (2-4)

Industriedesigner H 15.6

Infektionsschutzgesetz AF § 32b
- Steuerbefreiung für Entschädigungen nach dem - AF § 3 Nr. 25
- Steuerbefreiung von Entschädigungen nach dem - AF § 3 Nr. 25, § 3 Nr. 25

Infektionstheorie H 15.8 (5)
- Freiberufler H 15.6

Ingenieur
- freiberufliche Tätigkeit AF § 18, § 18
- Gewerbebetrieb H 15.6

Inland
- Begriff AF § 1, § 1

Innengesellschaft H 15.8 (1)
- Verlustausgleich H 15a

Insolvenz
- Gewinnrealisierung Anl. § 004-51
- Kapitalertragsteuer H 44a
- Zinsabschlag H 43

Insolvenzgeld § 32b
- Programmiervorbehalt H 32 b
- Progressionsvorbehalt AF § 32b, § 32b

Insolvenzsicherung Anh. 16
- einer Pensionsverpflichtung R 6a (23)
- Steuerbefreiung der Beiträge AF § 3 Nr. 65, § 3 Nr. 65, H 3.65

Insolvenzverwalter H 15.6

Instandhaltung/Instandsetzung
- Aufwendungen für die laufende - von Gebäuden R 21.1

- Rücklage für - nach dem Wohneigentumsgesetz   H 21.2
Instandhaltungskosten
- dauernde Last   Anl. § 010-08
Instandhaltungsrücklage   H 21.2, Anl. § 021-21
Instandhaltungsrückstellungen   H 4.2 (1)
- Bilanzierung   H 4.2 (1)
Integrationskurs
- außergewöhnliche Belastung   R 33.4
Internationaler Verkehr
- Begriff   AF § 5a, § 5a
- Gewinnermittlung bei Handelsschiffen   AF § 5a, § 5a
Inventar
- Bestimmungen des HGB   Anh. 15 Inventur
- Erleichterung bei Pensionsverpflichtungen   R 6a (18)
- körperliche Bestandsaufnahme   R 5.3, H 5.3
- permanente   H 5.3
- Vereinfachungsverfahren nach dem HGB   Anh. 15
- zeitverschobene -   R 5.3
Investitionsabzugsbetrag
- Einführungsschreiben   Anl. § 007g-01
- KMU   AF § 7g, § 7g
- Verzinsung Steuernachforderung   Anl. § 007g-02
Investitionszulagengesetz 2010   Anh. 10
Investitionszuschuß
- Einnahmenüberschussrechnung   H 4.5 (2), H 6.5
- Rechnungsabgrenzung   H 5.6
Investmentsteuergesetz   Anh. 11
Isolierende Betrachtungsweise   R 49.3

J

Jacht
- Aufwendungen für eine -   AF § 4, § 4, H 4.10 (1)
Jagd   AF § 4, § 4
- Einkünfte aus -   AF § 13, § 13
Jahresabschluss
- Erstellung nach dem HGB   Anh. 15
- Euro   Anl. § 005-18
Jahreszusatzleistung
- Pensionsrückstellung   H 6a (1)
Journalistische Tätigkeit   AF § 50a, § 18, § 50a
- Bewirtungskosten   H 4.10 (5-9)
- freiberufliche Tätigkeit   AF § 18, § 18
- Pauschsätze für Betriebsausgaben   Anl. § 004-14
Jubiläumszuwendungen
- ermäßigter Steuersatz für -   H 34.4
- Rückstellungen   AF § 52, Anl. § 005-16

- Voraussetzung   H 5.7 (1)

K

Kalamitätsnutzungen
- Begriff   AF § 34b, § 34b, R 34b.2
Kanalanschlussgebühren
- Rechnungsabgrenzung   H 5.6
Kaninchen
- Einkünfte aus Land- und Forstwirtschaft   R 13.2
Kapitalabfindung   H 22.4
- Steuerbefreiung   AF § 3 Nr. 3d, § 3 Nr. 3d
- Unterhaltsansprüche   H 33.1 - H 33.4
Kapitalanleger
- geschlossene Fonds   Anl. § 021-05
Kapitalbeteiligungen
- von Arbeitnehmern   § 19a
Kapitalerhöhung   H 17
- wesentliche Beteiligung   H 17
Kapitalerträge
- bei beschränkter Steuerpflicht   AF § 49, § 49
- Steuerbefreiung   AF § 3 Nr. 40, § 3 Nr. 40
Kapitalertragsteuer
- Abführung   AF § 44, § 44
- Abstandnahme vom Steuerabzug   AF § 44a, § 44a
- Anmeldung   AF § 45a, § 45a
- Anrechnung   R 36, H 36
- anzurechnende - als Einnahme   R 20.2
- Ausschluss der Erstattung   AF § 45, § 45
- bei ausländischen Muttergesellschaften   AF § 43b, § 43b
- Bemessung   AF § 43a, AF § 43b, § 43a, § 43b
- Bemessung bei bestimmten Kapitalgesellschaften   AF § 43b, § 43b
- Bescheinigung   AF § 45a, § 45a
- Entrichtung   AF § 44, § 44
- Erstattung   AF § 44b, § 44b
- Erstattung bei Sammelanträgen   AF § 45b, § 45b
- Freistellungsauftrag   AF § 44a, § 44a
- Haftung   AF § 44, AF § 45a, § 44, § 45a
- Kapitalerträge mit Steuerabzug   AF § 43, § 43
- rechnungsmäßige und außerrechnungsmäßige Zinsen aus Lebensversicherungen   Anl. § 020-02
- Zeitpunkt des Abzugs   AF § 44, § 44
- Zinsabschlag   AF § 43a, § 43a
Kapitalforderungen   AF § 20, § 20
Kapitalgesellschaft
- Anteile als Sonderbetriebsvermögen   H 4.2 (2)
- Veräußerung von Anteilen   AF § 17, § 17, Anl. § 016-07

Kapitalherabsetzung AF § 20, H 6.2, H 17, § 20
Kapitalkontenverzinsung H 15.8 (3)
Kapitalkonto
– negatives - AF § 15a, H 15.3, § 15a,
  Anl. § 015a-11
– Umfang des - i. S. des § 15a Abs. 1 Satz 1 EStG
  Anl. § 015a-08
– Verlustausgleich H 15a
Kapitalrücklage
– Kapitalkonto § 15a EStG Anl. § 015a-04
– wesentliche Beteiligung H 17
Kapitalrückzahlung
– Einkünfte aus Kapitalvermögen H 20.2
Kapitalvermögen
– Abgeltungsteuer AF § 32d, § 32d
– Einkünfte AF § 2, AF § 20, § 2, § 20
– Einnahmen R 20.2
– Nießbrauch an - Anl. § 020-01
– Pauschbeträge für Werbungskosten
  AF § 9a, § 9a
– rechnungsmäßige und außerrechnungsmäßige Zinsen aus Lebensversicherungen
  Anl. § 020-02
Kapitalversicherungen
– Abzug von Beiträgen zu - als Sonderausgaben
  AF § 10, § 10
– Zinsen aus - als Einnahmen aus Kapitalvermögen R 20.2, Anl. § 020-02
Kapitalverwaltungsgesellschaft AF § 43, § 43
Karnevalsveranstaltungen
– Lebenshaltungskosten H 12.1
Kaskoversicherung
– keine Sonderausgaben H 10.5
Kassenärztliche Zulassung
– Erwerb Anl. § 018-08
Kassenstreifen
– Aufbewahrung H 5.2
Kassenzettel
– Aufbewahrungsfrist H 5.2
Kaufeigenheim Anh. 17
Kaufeigentumswohnung Anh. 17
Kaufleute
– Gewinn bei -n AF § 5, § 5
Kaufpreis
– symbolischer § 3 Rechtspr.
Kaufpreisaufteilung
– Grundstücke H 7.3
Kaufpreisherabsetzung
– Minderung des Veräußerungsgewinns
  H 16 (10)
Kaufpreisraten
– Veräußerung eines Betriebs oder von Wirtschaftsgütern gegen - R 4.5 (5), H 16 (11)

– Zinsanteil H 20.2
Kaufvertrag
– Rückstellungen Anl. § 005-22
– Zeitpunkt des Vertragsabschlusses R 7.2
Kellerräume
– Zurechnung zu den Wohnräumen R 7.2
Kernbrennstoffe
– Rückstellungen AF § 5, § 5
Kfz-Handel
– Bewertung von Ersatzteilen H 6.7
Kfz-Kosten
– Aufwendungen für Wege zwischen Wohnung und Arbeitsstätte AF § 9, § 9
– Aufwendungen für Wege zwischen Wohnung und Betrieb AF § 4, § 4
– Listenpreisregelung Anl. § 006-03
Kfz-Sachverständiger H 15.6
Kilometer-Pauschbetrag (siehe Entfernungspauschale)
Kinder
– Aufwendungen für die auswärtige Unterbringung von -n als außergewöhnl. Belastung
  AF § 33a, § 33a, R 33a.2
– Ausbildungsfreibeträge R 33a.2
– Auslandskinder R 33a.2
– Begriff AF § 32, § 32
– behinderte - Anl. § 032-02
– Berücksichtigung von -n § 32
– Berücksichtigung von -n, die ein freiwilliges soziales Jahr leisten AF § 32
– Berücksichtigung von -n, die für einen Beruf ausgebildet werden AF § 32
– Berücksichtigung von -n, die keinen Ausbildungsplatz haben R 32.7
– Berücksichtigung von -n, die wegen körperlicher, geistiger oder seelischer Behinderung außerstande sind, sich selbst zu unterhalten
  AF § 32, R 32.9
– Berücksichtigung von arbeitslosen - H 32.4, R 32.11
– Berufsausbildung H 32.10
– Berufsausbildung ab 2012 Anl. § 032-01
– Darlehensvertrag mit -n H 4.8
– Erwerbstätigkeit H 32.10
– Freiwilligendienst H 32.8
– Kinderfreibetrag AF § 32, § 32
– Mietverträge H 4.8, Anl. § 021-17
– Mitarbeit von -n im Betrieb der Eltern H 4.8
– Mitunternehmer R 15.9 (2), Anl. § 015-02
– Monatsprinzip R 32.3
– Pauschbetrag für körperbehinderte -
  AF § 33b, § 33b
– Pflegekindschaftsverhältnis R 32.2

- selbstgenutztes Wohneigentum AF § 34f
- Steuerbefreiung der Arbeitgeberleistungen für die Unterbringung von - AF § 3 Nr. 33, § 3 Nr. 33
- Übertragung des Behinderten Pauschbetrags H 33b
- Übertragung des Kinderfreibetrages R 32.13, Anl. § 032-03
- volljährige - ab 2012 Anl. § 032-01
- Voraussetzung für die Berücksichtigung von -n AF § 32

Kinderbetreuungskosten
- Abzug von - Alleinstehender § 33c
- Behandlung kommunaler Beihilfen H 3.11
- getrennte Veranlagung H 26a
- Lebenshaltungskosten H 12.1
- Sonderausgaben AF § 10, § 10, R 10.8, H 10.8Anl. § 010-07

Kindererholungsheim
- als freiberufliche Tätigkeit H 15.6

Kindererziehung
- Steuerbefreiung von Leistungen zur - AF § 3 Nr. 67, § 3 Nr. 67

Kindererziehungszuschlag
- Steuerbefreiung AF § 3 Nr. 67, § 3 Nr. 67

Kinderfreibetrag AF § 31, AF § 32, § 2, R 2, § 31, § 32, R 31
- Tod eines Elternteils R 32.12
- Übertragung des -es R 32.13, Anl. § 032-03
- Unterhaltspflicht H 32.13

Kindergarten
- Steuerbefreiung der Leistungen des Arbeitgebers zur Betreuung von nicht schulpflichtigen Kindern der Arbeitnehmer AF § 3 Nr. 33, § 3 Nr. 33, H 3.33

Kindergeld AF § 31, § 31, R 31
- andere Leistungen für Kinder AF § 65, § 65
- Anspruchsberechtigte AF § 62, § 62
- Antrag AF § 67, § 67
- Aufrechnung AF § 75, § 75
- Auszahlung AF § 70, § 70
- berücksichtigungsfähige Kinder AF § 63, § 63
- Bundeskindergeldgesetz Anh. 7
- Festsetzung AF § 70, § 70
- Hinzurechnung zur ESt AF § 2, § 2
- Höhe AF § 66, § 66
- Kostenerstattung AF § 70, § 70
- Meldedatenübermittlung AF § 69, § 69
- Mitwirkungspflichten AF § 68, § 68
- Öffentlicher Dienst AF § 72, § 72
- Pfändung AF § 76, § 76
- Übergangsregelungen AF § 78, § 78
- vergleichbare ausländische Leistungen H 31

- Zählkinder H 66
- Zahlung in Sonderfällen AF § 74, § 74
- Zahlungszeitraum AF § 66, § 66, § 71
- zivilrechtlicher Anspruch H 31
- Zurechnung H 31
- Zusammentreffen mehrerer Ansprüche AF § 64, § 64

Kinderhaus
- Pflegekinder H 32.2

Kinderkomponente
- selbstgenutztes Wohneigentum AF § 34f

Kindertagespflege H 18.1
- Einkünfte Anl. § 018-05

Kindertagesstätte
- Steuerbefreiung der Leistungen des Arbeitgebers zur Betreuung von nicht schulpflichtigen Kindern der Arbeitnehmer AF § 3 Nr. 33, § 3 Nr. 33

Kindervollzeitpflege
- Einkünfte Anl. § 018-06

Kinderzulage
- Altersvorsorgezulage AF § 85, § 85

Kinderzuschüsse
- aus der gesetzlichen Rentenversicherung AF § 3 Nr. 1, § 3 Nr. 1

Kindesannahme H 32.1

Kirchensteuern
- Abzug von - als Sonderausgaben AF § 10, § 10, H 10.1, R 10.
- Begriff R 10.8
- willkürliche Zahlungen H 10.8

Kirchliche Zwecke
- Ausgaben zur Förderung von - AF § 10b, § 10b

Kisten
- als GWG H 6.13

Klassenfahrt
- Werbungskosten H 10.9, H 12.2

Klavierstimmer H 15.6

Kleidung
- gebrauchte - als Spende H 10b.1
- Lebenshaltungskosten H 12.1

Kleinsiedlung
- Begriff Anh. 17

KMU
- Förderung AF § 7g, § 7g

Knappschaftsarzt
- Selbständigkeit R 18.1

Know-how
- beschränkte Stpfl. der Vergütungen für - R 49.1
- immaterielles Wirtschaftsgut H 5.5

Körperbehinderte (siehe behinderte Menschen)
Körperpflegemittel
– Lebenshaltungskosten H 12.1
Körperschaft
– ausländische AF § 2a, § 2a
Körperschaften des öffentlichen Rechts
– Spendenbescheinigung AF § 10b, § 10b
Körperschaftsteuer
– als Einnahme aus Kapitalvermögen AF § 20
– Prüfungsrecht der Finanzbehörde im Zusammenhang mit der Anrechnung oder Vergütung der - AF § 50b, § 50b
Kohlen- und Erzbergbau
– Bewertungsfreiheit für bestimmte Wirtschaftsgüter des Anlagevermögens im - AF § 51, § 51
Kommanditgesellschaft
– Kinder als Mitunternehmer H 15.9 (2), Anl. § 015-02
– Verlustbeschränkung bei einer - AF § 15a, § 15a
Kommanditgesellschaft auf Aktien
– persönlich haftender Gesellschafter H 15.8 (4)
Kommanditist
– Ausscheiden eines -en bei negativem Kapitalkonto R 15a
– Außenhaftung eines -en R 15a
– GmbH-Anteil eines -en bei einer GmbH Anl. § 015-04
– negatives Kapitalkonto Anl. § 015a-11
– schenkweise als - aufgenommenes Kind H 15.9 (2)
– Verluste bei beschränkter Haftung (§ 15a EStG) AF § 15a, § 15a, Anl. § 015a-01, Anl. § 015a-06
Kompasskompensierer H 15.6
Komplementär
– angestellter - als Mitunternehmer H 15.8 (1)
Komplementär-GmbH
– Unternehmerstellung H 15.8 (1)
Konkurs (siehe Insolvenz) **Konsularbeamte**
– Steuerbefreiung der Bezüge der - AF § 3 Nr. 29, § 3 Nr. 29
Kontoführungsgebühren
– Aufteilung H 12.1
Kontokorrentkonto
– Führung eines -s H 5.2
Kontrollmeldeverfahren AF § 50d, § 50d
Konzertflügel
– Arbeitsmittel H 12.1
Konzessionen
– immaterielles Wirtschaftsgut H 5.5
Korrektivposten
– Wechsel der Gewinnermittlungsart H 4.6

Kosmetika
– Lebenshaltungskosten H 12.1
Kostenpflege
– Pflegekinder H 32.2
Kostenüberdeckung H 5.7 (3)
Kraftfahrzeug
– Angemessenheit der Kosten H 4.10 (12)
– Kosten als Betriebsausgaben AF § 6, § 6
– Kosten eines - AF § 9, § 4, H 4.12, § 9
– Listenpreisregelung Anl. § 006-03
– Pauschsätze bei privater Nutzung AF § 8, § 8
– versicherung R 10.5
Krankengeld
– Progressionsvorbehalt AF § 32b, § 32b
Krankenhaus
– Begriff H 7f
– Bewertungsfreiheit für abnutzbare Wirtschaftsgüter des Anlagevermögens privater - AF § 7f, § 7f
Krankenhausfinanzierungsgesetz AF § 7f
Krankenhaustagegeldversicherung
– außergewöhnliche Belastung H 33.1 - H 33.4
Krankenpflege
– Steuerbefreiung AF § 3 Nr. 26, § 3 Nr. 26
Krankenpfleger
– Gewerbebetrieb H 15.6
Krankentagegeldversicherung
– außergewöhnliche Belastung H 33.1 - H 33.4
– Sonderausgaben H 10.5
Krankenversicherung
– außergewöhnliche Belastung H 33.1 - H 33.4
– Beiträge zur - AF § 10, § 10
– eines Kindes als Sonderausgabe Anl. § 010-04
– Steuerbefreiung von Leistungen AF § 3 Nr. 1, § 3 Nr. 1, H 3.1
– Zuschüsse zur - der Rentner AF § 3 Nr. 14, § 3 Nr. 14, H 3.14
Krankheitskosten
– außergewöhnliche Belastung R 33.4
– Nachweis DV § 64 zu § 33b
Kreditgeschäfte
– buchungsmäßige Erfassung der - R 5.2
Kriegsbeschädigte
– Steuerbefreiung von Bezügen AF § 3 Nr. 6, § 3 Nr. 6
Kriegshinterbliebene AF § 3 Nr. 6, § 3 Nr. 6
Kühlkanäle
– als GWG H 6.13
Kükensortierer H 15.6
Künstler
– Erlösbeteiligungen H 18.1
– Wiederholungshonorare H 18.1

Künstleragent H 15.6
Künstlerische Tätigkeit
– Abgrenzung H 15.6
– beschränkte Steuerpflicht AF § 49, § 49, R 50a.1
– Ehrensold AF § 3 Nr. 43, § 3 Nr. 43
– Pauschsätze für Betriebsausgaben Anl. § 004-14
– Selbständigkeit H 15.1
– Steuerbefreiung AF § 3 Nr. 26, AF § 3 Nr. 43, § 3 Nr. 26, § 3 Nr. 43
Künstlersozialkasse
– Steuerbefreiung von Bezügen der - AF § 3 Nr. 57, § 3 Nr. 57
Künstliche Befruchtung
– außergewöhnliche Belastung H 33.1 - H 33.4
Kulanzleistungen
– Rückstellungen für - R 5.7 (12)
Kulturelle Zwecke AF § 10b
– Mitgliedsbeiträge Anl. § 010b-10
– Spenden AF § 10b, § 10b
Kulturgüter
– Steuerbegünstigung für schutzwürdige - AF § 10g, § 10g
Kultur-Sponsoring Anl. § 004-42
Kulturvereinigungen
– ausländische - H 50.2, H 50a.2
Kumulationsverbot
– bei Sonderabschreibungen R 7a
Kundenadressen
– beschränkte Steuerpflicht H 50a.1
Kundenbindungsprogramme
– Pauschalierung der ESt AF § 37a, § 37a
Kundenstamm
– immaterielles Wirtschaftsgut H 5.5
Kunstgegenstände
– Steuerbegünstigung für - AF § 10g, § 10g
Kunsthandwerker H 15.6
Kunstsammlungen
– Steuerbegünstigung für - AF § 10g, § 10g
Kunstwerke
– Lebenshaltungskosten H 12.1
Kur
– außergewöhnl. Belastung R 33.4
– außergewöhnliche Belastung H 33.1 - H 33.4
– Behinderte H 33b
Kurheime
– AfA H 7.2
Kursmakler H 15.6
Kurzarbeitergeld
– Progressionsvorbehalt AF § 32b, § 32b
– Steuerbefreiung AF § 3 Nr. 2

L
Laboratoriumsmediziner
– Gewerbebetrieb H 15.6
Laborgemeinschaften
– bei Ärzten Anl. § 018-01
Ladeneinbauten
– Nutzungsdauer R 7.4
– und Ladenumbauten als selbständige Gebäudeteile R 4.2 (3)
Ladengeschäft
– Absatz von land- und forstw. Erzeugnissen über ein - R 15.5
Ländergruppeneinteilung R 33a.1, Anl. § 033a-02
Lärmschutz
– erhöhte Absetzungen für Anlagen zum - AF § 7d, § 7d
Lagerbücher
– permanente Inventur H 5.3
Lagerkartei H 5.3
Lampen
– als GWG H 6.13
Land- und Forstwirtschaft
– Abgrenzung der gewerblichen und landwirtschaftlichen Tierzucht und Tierhaltung R 13.2, R 15.10
– abweichendes Wirtschaftsjahr AF § 4a, § 4a
– Anbauverzeichnis H 13.5
– außerordentliche Einkünfte AF § 34b, § 34b
– außerordentliche Einkünfte aus - AF § 34b, § 34b
– Besteuerungsgrundsätze Anl. § 013-02
– Betriebsaufgabe AF § 14, AF § 14a, § 14, § 1
– Betriebsveräußerung AF § 14, AF § 14a, § 14, § 14a
– Bewertung von Vieh H 13.3, Anl. § 013-01
– Biogas Anl. § 013-03
– Bodengewinnbesteuerung AF § 55, § 55
– Buchführung bei Gartenbau- und Saatzuchtbetrieben sowie bei Baumschulen R 13.6
– Buchführungspflicht R 13.5
– Dienstleistungen R 15.5
– Einkünfte aus - AF § 2, AF § 2a, AF § 13, § 2, § 2a, § 13
– Entnahme bei Überführung von Wirtschaftsgüter in einen Gewerbebetrieb R 4.3 (2)
– Erbfolge im Bereich der - Anl. § 016-05
– Ermittlung der Einkünfte aus forstwirtschaftlichen Betrieben DV § 51 zu § 13, R 13.5
– Ermittlung des Gewinns aus - R 13.5
– Ermittlung des Gewinns aus - nach Durchschnittssätzen AF § 13a, R 13.5, § 13a
– Forstschäden-Ausgleichsgesetz Anh. 14

- Freibetrag R 13.1
- gemeinschaftliche Tierhaltung R 13.2
- Genossenschaftsanteile als Betriebsvermögen H 4.2 (1)
- gewerblicher Grundstückshandel Anl. § 015-06
- Handelsgeschäft R 15.5
- Nebenbetrieb H 15.5
- Reitpferde H 15.5
- Steuerermäßigung AF § 34e, § 34e
- Übergangsbilanz H 4.6
- Veräußerung von Betrieben, Teilbetrieben und Betriebsteilen AF § 14, AF § 14a, § 14, § 14a
- Veräußerungen durch behördlichen Zwang R 14
- Verluste aus gewerbl. Tierzucht oder Tierhaltung R 15.10
- Verpachtung eines Betriebs R 13.5, H 14, Anl. § 014-01
- vorweggenommene Erbfolge Anl. § 016-06
- Wechsel der Gewinnermittlung H 4.6
- Wegfall der Nutzungswertbesteuerung Anl. § 004-45
- Wirtschaftsjahr in der - AF § 4a, § 4a, DV § 8c zu § 4a

Landwirtschaftlich genutzte Fläche
- Begriff R 13.2

Last (siehe Dauernde Last) Lastenausgleichsgesetz
- Steuerbefreiung von Entschädigungen nach dem - AF § 3 Nr. 7, § 3 Nr. 7, H 3.7

Lastschriftverfahren
- Nachweis für Spendenabzug R 10b.1

Layer
- besondere Posten bei der Lifo- Bewertung R 6.9

Leasing-Verträge
- Aufteilung der Leasing-Raten in Zins und Kostenanteil sowie in Tilgungsanteil Anl. § 004-07
- bewegliche Wirtschaftsgüter Anl. § 004-05
- bilanzmäßige Behandlung von -n beim Leasing-Geber Anl. § 004-08
- Forfaitierung von -n Anl. § 004-13
- Sonderzahlung eines Arbeitnehmers H 11
- Teilamortisations-Leasing-Verträge über bewegliche Wirtschaftsgüter Anl. § 004-11
- Teilamortisations-Leasing-Verträge über unbewegliche Wirtschaftsgüter Anl. § 004-12
- unbewegliche Wirtschaftsgüter Anl. § 004-06
- unbewegliche Wirtschaftsgüter mit degressiven Leasing-Raten Anl. § 004-09
- Wirtschaftsgebäude Anl. § 004-10
- Zurechnungsgrundsätze H 4.2 (1)

Lebensführung
- Angemessenheit von Aufwendungen R 4.10 (12)
- Kosten der - AF § 4, AF § 12, § 4, § 12

Lebensgefährte/-in
- Direktversicherung H 4b
- Hinterbliebenenversorgung H 4c, Anl. § 006a-15

Lebensgemeinschaft
- Verträge zwischen Partnern einer nichtehelichen - H 4.8, R 21.4

Lebenspartnerschaft
- Ehegattenveranlagung H 26
- Unterhaltsleistung H 33a.1

Lebensversicherung
- Alterseinkünftegesetz Anl. § 020-07
- Beiträge zur - als Vorsorgeaufwendungen AF § 10, § 10
- Beiträge zur fondsgebundenen - AF § 10, § 10
- Bezugsrecht für Todesfall Anl. § 010-04
- Dread-Disease-Versicherungen Anl. § 010-05
- Einkünfte aus Kapitalvermögen H 20.2
- Finanzierung unter Einsatz von - AF § 10, § 10, Anl. § 010-02
- fondsgebundene AF § 10, § 10
- gesonderte Feststellung steuerpflichtiger Zinsen aus -n Anl. § 010-03
- Kapitalertrag H 20.2
- Laufzeit Anl. § 010-05
- Mindesttodesfallschutz Anl. § 010-05
- rechnungsmäßige und außerrechnungsmäßige Zinsen aus -en Anl. § 020-02
- Sonderausgaben H 10.5
- Vertragsänderung Anl. § 010-05
- Zuordnung zum Betriebs- oder Privatvermögen H 4.2 (1), Anl. § 004-33

Leergut
- als Anlagevermögen H 6.1
- als GWG H 6.13

Legasthenie R 33.4

Legehennen
- als GWG H 6.13

Lehr- und Prüfungstätigkeit
- freier Beruf H 18.1
- Pauschsätze für Betriebsausgaben Anl. § 004-14

Leibrenten (siehe Rente) Leiharbeiter
- Ermächtigung zur Sicherstellung der Besteuerung von - AF § 51, § 51

Leistungen
- Besteuerung von - AF § 2a, AF § 22, § 2a, § 22, R 22.8

2435

Leistungsanwärter
– bei Unterstützungskassen AF § 4d, § 4d
Leuchtstoffröhren
– als GWG H 6.13
Lichtbänder H 6.13
Liebhaberei H2
– Abgrenzung H 15.3
– Beispiele H 15.3
– Feststellungsverfahren beim Übergang zur - Anh. 20
– Land- und Forstwirtschaft H 13.5
– Steuerfestsetzung Anl. § 002-03
– Übergang zur - keine Betriebsaufgabe H 16 (2)
– Vermietung und Verpachtung Anl. § 021-03
Lieferung
– Zeitpunkt R 7.4, H 7.4
Lifo-Methode AF § 6, § 6
– Anwendungsvoraussetzungen R 6.9
– GoB H 6.9
Liquidation
– einer Kapitalgesellschaft AF § 17, § 17
Listenpreisregelung
– Kfz -nutzung Anl. § 006-03
Listenverfahren
– bei Spenden H 10b.1
Lithographien
– als GWG H 6.13
Lizenzen
– immaterielles Wirtschaftsgut H 5.5
Lizenzgebühren Kapitalertragsteuer
AF § 50g, § 50g
– Steuerabzug bei - in Fällen der beschränkten Stpfl. R 50a.1
– verbundener EU-Unternehmen AF § 50g, § 50g
Lohnersatzleistungen
– Progressionsvorbehalt AF § 32b, § 32b
Lohnfortzahlung
– Rückstellung H 5.7 (8)
Lohnmast
– Verlustabzugsbeschränkung H 15.10
Lohnsteuer
– Abschluss des LSt-Abzugs AF § 41b, § 41b
– Änderung des LSt-Abzugs AF § 41c, § 41c
– Anmeldung und Abführung der - AF § 41a, § 41a
– Anrufungsauskunft AF § 42e, § 42e
– Aufzeichnungspflichten beim LSt- Abzug AF § 41, § 41
– Durchführung des LSt-Abzugs für beschränkt stpfl. Arbeitnehmer § 39d
– Durchführung des LSt-Abzugs für unbeschränkt stpfl. Arbeitnehmer AF § 39b, § 39b

– Durchführung des LSt-Abzugs ohne LSt-Karte AF § 39c, § 39c
– Erhebung der - AF § 38, § 38
– Faktorverfahren AF § 39f, § 39f
– Freibetrag beim LSt-Abzug AF § 39a, § 39a
– Haftung des Arbeitgebers AF § 42d, § 42d
– Höhe der - AF § 38a, § 38a
– Lohnsteuerkarte AF § 39, § 39
– Lohnsteuerklassen AF § 38b, § 38b
– LSt-Außenprüfung AF § 42f, § 42f
– Pauschalierung der - bei bestimmten Zukunftssicherungsleistungen AF § 40b, § 40b
– Pauschalierung der - für geringfügig Beschäftigte AF § 40a, § 40a
– Pauschalierung der - für Teilzeitbeschäftigte AF § 40a, § 40a
– Pauschalierung der - in besonderen Fällen AF § 40, § 40
Lohnsteuerabzugsmerkmale
– Durchführung des LSt-Abzugs AF § 39
– elektronische AF § 39e, AF § 52b, § 39e
– Übergangsregelung AF § 52b, § 52b
Lohnsteuerbescheinigung
– elektronische AF § 41b, § 41b
Lohnsteuer-Jahresausgleich
– durch den Arbeitgeber AF § 42b, § 42b
Lohnsteuerkarte
– Ausstellung AF § 39, § 39
Loss-of-Lincence
– Sonderausgaben H 10.5
Losveranstaltungen
– Behandlung von Provisionen H 4.7
Lotsen § 18
– freiberufliche Tätigkeit AF § 18, § 18
Lottobezirksstellenleiter H 15.1
Luftfahrzeuge
– ausländische Einkünfte AF § 34d, § 34d
– Einkünfte eines beschränkt Stpfl. AF § 49, § 49
– Einkünfte, die ein beschränkt Stpfl. durch den Betrieb eigener oder gecharterter - bezieht AF § 49, § 49
Luftreinigungsanlagen
– erhöhte Absetzungen für - AF § 7d, § 7d

M

Makler- und Bauträgerverordnung
– Anzahlungen nach der - R 7a
Maklerprovision
– Rechnungsabgrenzung H 5.6
Marken
– Abnutzbarkeit Anl. § 006-05

Marktmiete R 21.3
Marktpreis
– bei Wirtschaftsgütern des Vorratsvermögens R 6.8
Maschinen
– wesentliche Betriebsgrundlage H 16 (8)
Maschinenwerkzeuge
– als GWG H 6.13
Masseur H 15.6
Maßgeblichkeit
– Handelsbilanz H 5.1
– handelsrechtliche GoB Anl. § 005-14
– umgekehrte - bei § 6b H 6b.2
– umgekehrte - der Handelsbilanz bei Sonderabschreibungen und anderen Steuervergünstigungen AF § 5, AF § 6, § 5, § 6
Mastlämmer
– Einkünfte aus Land- und Forstwirtschaft R 13.2
Materialkosten/Materialgemeinkosten
– als Herstellungskosten R 6.3
Medikamente
– Aufwendungen für - als außergewöhnl. Belastung R 33.4
Medizinische Fachliteratur
– außergewöhnliche Belastung H 33.1 - H 33.4
Meeresgrund
– unbeschränkte Steuerpflicht AF § 1, § 1
Mehraufwendungen
– für Verpflegung Anl. § 004-20
Mehrentschädigung
– Ersatzbeschaffung H 6.6 (3)
Mehrerlöse
– Abführung von -n als Betriebsausgaben R 4.13
– Abschöpfung H 4.13
Mehr-Konten-Modell AF § 4
– Abzugsfähigkeit von Zinsen AF § 4, § 4
Mehrsteuern
– Änderungen bis zur Bestandskraft der Veranlagungen H 4.9
Mehrstöckige Personengesellschaft H 15.8 (2)
– Unterbeteiligung H 15.8 (2)
Miete
– Ermittlung der ortsüblichen Anl. § 021-14
Mieterein- und -umbauten
– AfA R 7.1
– bilanzielle Behandlung H 4.2 (3)
– ertragsteuerrechtliche Behandlung von - R 4.2 (3), Anl. § 004-04
– materielles Wirtschaftsgut H 5.5
– selbständige Wirtschaftsgüter H 4.2 (3)

Mieterzuschüsse R 21.5
– Werbungskosten-Pauschbetrag R 21.5
Miethöhe AF § 7k
– erhöhte Absetzungen AF § 7k, § 7k
Mietvertrag
– Betriebsausgaben bei Auflösung eines -s H 4.7
– wechselseitige Vermietung H 21.4
– zwischen Angehörigen H 4.8, R 21.4, Anl. § 021-17, Anl. § 021-18
Mietvorauszahlungen R 21.5
Mietwert
– der Wohnung im Betriebsgrundstück AF § 13, § 13, Anl. § 004-45
– der Wohnung im eigenen Haus AF § 21, § 21
Mietwohngrundstück
– als gewillkürtes Sonderbetriebsvermögen eines Gesellschafters H 4.2 (12)
– Behandlung von - als Betriebsvermögen H 4.2 (7)
Mietwohnungen
– erhöhte Absetzungen AF § 7c, § 7c
Mietzahlung
– außergewöhnliche Belastung H 33.1 - H 33.4
Mikrofilmaufnahmen
– Buchführung Anl. § 005-02
– Verwendung von - zur Erfüllung der gesetzl. Aufbewahrungspflicht H 5.2
Mildtätige Zwecke
– Ausgaben zur Förderung von -n AF § 10b, § 10b
Mindestbesteuerung
– Verlustabzug Anl. § 010d-04
Mindesteigenbeitrag
– Altersvorsorgezulage AF § 86, § 86
Mindestrentenalter
– Vorsorgeverträge Anl. § 020-09
Mindeststeuersatz
– bei beschränkter Stpfl. AF § 50, § 50
Mindesttodesfallschutz
– Direktversicherung Anl. § 010-05
Mineralgewinnungsrecht AF § 21, AF § 23, § 21, § 23
Mischnachlass
– Erbauseinandersetzung Anl. § 016-05
Mitarbeit
– des Ehegatten im Betrieb des anderen Ehegatten R 4.8
– von Kindern im Betrieb der Eltern H 4.8
Miteigentum
– Abzugsbetrag nach § 10e EStG AF § 10e, § 10e
– erhöhte AfA AF § 7a, § 7a, H 7a

- Zurechnung der Einnahmen und Werbungskosten R 21.6

Mitgliedsbeiträge
- an Parteien § 34g
- kulturelle Zwecke Anl. § 010b-10
- Kunstförderung AF § 10b, § 10b
- Parteien AF § 34g
- Spenden R 10b.1, R 10b.2

Mitreeder AF § 15a, § 15a

Mittagsheimfahrt
- außergewöhnliche Belastung H 33.1 - H 33.4

Mitunternehmer
- Abfindung unter Buchwert H 16 (4)
- Begriff H 15.8 (1)
- Gesellschafterforderungen H 16 (4)
- schenkweise in eine KG aufgenommene Kinder Anl. § 015-02

Mitunternehmeranteil
- Anschaffungskosten H 6.2
- Aufgabe R 16 (4)
- Tausch H 16 (4)
- teilentgeltliche Veräußerung eines -s H 16 (7)
- unentgeltliche Übertragung AF § 6, § 6, Anl. § 006-11
- Veräußerung AF § 16, § 16, R 16 (4), H 16 (4)

Mitunternehmerinitiative H 15.8 (1)

Mitunternehmerische Betriebsaufspaltung H 15.7 (4)
- Sonderbetriebsvermögen Anl. § 015-05

Mitunternehmerrisiko H 15.8 (1)

Mitunternehmerschaft
- Anteilsveräußerung Anl. § 016-11
- Bilanzänderung R 4.4, Anl. § 004-18
- Buchwertübertragung Anl. § 006-09, Anl. § 006-20
- Ehegatten in der Land- und Forstwirtschaft H 13.4
- interprofessionelle - Anl. § 015-01
- Pensionszusage Anl. § 015-08
- Realteilung Anl. § 016-10
- Sachwertabfindung Anl. § 016-01
- verdeckte H 15.8 (1)

Mitunternehmerstellung H 15.8 (1)

Mobilfunkdienstleistungsvertrag
- Anl. § 005-24

Mobilfunkverträge
- Vergünstigungen als Betriebsausgaben H 4.7

Mobiliar
- Steuerbegünstigung für - als Kulturgut AF § 10g, § 10g

Modernisierungsaufwand
- Baugesetzbuch Anh. 19
- bei Gebäuden R 21.1, Anl. § 021-01

Modernisierungsmaßnamen AF § 11a
- Begünstigung AF § 11a, § 11a

Modeschöpfer H 15.6

Möbel
- AfA H 7.1
- als GWG H 6.13

Möblierte Zimmer
- Vermietung von -n R 21.2

Monatsprinzip
- Kinder R 32.3

Motorboot
- Liebhaberei H 15.3
- Wege zwischen Wohnung und Tätigkeitsstätte R 4.12

Motorjacht
- Aufwendungen für eine - H 4.10 (1)

Motorsport-Rennteam
- Werbeleistungen für ausländisches - H 50a.1

Müllbehälter
- als GWG R 6.13, H 6.13

Musterbücher H 6.13

Musterhäuser
- Abschreibungssatz H 7.4
- als Anlagevermögen H 6.1

Mutterschaftsgeld
- Progressionsvorbehalt AF § 32b, § 32b
- Steuerbefreiung AF § 3 Nr. 1, § 3 Nr. 1

Mutterschutzgesetz
- Steuerbefreiung von Zuwendungen nach dem - AF § 3 Nr. 1, § 3 Nr. 1

Mutterschutzverordnung
- Progressionsvorbehalt AF § 32b, § 32b

Mutter-Tochtergesellschaften
- EG-Richtlinie über gemeinsames Steuersystem für - AF § 43b, § 43b

N

Nachabfindungen
- Hofübergabe H 14a

Nachfolgeklausel
- Erbfolge bei Beteiligung an einer Personengesellschaft Anl. § 016-05
- Schuldzinsenabzug aus der Finanzierung von Abfindungsschulden H 4.7

Nachhaltigkeit
- Beispiele H 15.2
- Erfinder H 18.1

Nachholung
- von Abzugsbeträgen nach § 10e EStG AF § 10e, § 10e
- von erhöhten Absetzungen i. S. des § 7d EStG AF § 7d, § 7d

Nachholverbot
- Pensionsrückstellungen H 6a (20)

Nachlass
- Erbauseinandersetzung Anl. § 016-05

Nachschlagewerke
- Lebenshaltungskosten H 12.1

Nachsteuer
- Berechnung bei Versicherungsbeiträgen H 10.6
- nach den §§ 30, 31 EStDV R 2

Nachtarbeit
- Steuerfreiheit von Zuschlägen für - AF § 3b, § 3b

Nachträgliche Anschaffungs- oder Herstellungskosten
- AfA H 7.3
- Begriff H 7.3

Nachträgliche Einkünfte R 24.2

Nachversteuerung AF § 34a, § 34a
- bei negativen ausländischen Einkünften H 2a

Nachweis
- Bewirtungskosten R 4.10 (8)

Nachzahlung
- von Nutzungsvergütungen und Zinsen i. S. des § 24 Nr. 3 EStG H 34.3
- von Ruhegehaltsbezügen und Renten H 34.4

Näherungsverfahren
- Bewertung von Sozialversicherungsrenten Anl. § 006a-02
- Pensionsrückstellungen H 6a (14)
- Zuwendungen an Unterstützungskassen H 4d (4)

NATO-Bedienstete
- Ruhegehaltszahlungen H 22.4

Nebenbetriebe
- der Land- und Forstwirtschaft AF § 13, AF § 13a, AF § 15, § 13, § 13a, § 15

Nebenkosten
- Anschaffungskosten H 6.2

Nebenleistungen
- nicht abziehbar H 12.4

Nebenräume
- Betriebsausgaben für H 4.7

Nebentätigkeit
- als selbständige Arbeit H 18.1
- Pauschsätze für Betriebsausgaben H 18.2, Anl. § 004-14

Negative ausländische Einkünfte AF § 2a
- Aktivitätsklausel R 2a
- Betriebsstättenprinzip R 2a
- Betriebsstättenverluste bei DBA R 2a
- Gesamtrechtsnachfolge R 2a
- mit Bezug zu Drittstaaten § 2a
- Personengesellschaften H 2a
- Verluste bei beschränkter Haftung H 2a
- Zusammenveranlagung R 2a

Negatives Kapitalkonto
- Berücksichtigung von Sonderbetriebsvermögen Anl. § 015a-06
- Nachversteuerung H 15.8 (1)
- Verluste bei beschränkter Haftung (§ 15a EStG) AF § 15a, § 15a, Anl. § 015a-01

Nennwert
- Bewertung von Verbindlichkeiten mit - H 6.10

Neubau
- AfA bei Umbaumaßnahmen R 7.4
- Grundsätze H 7.4

Nicht entnommener Gewinn
- Tarifermäßigung AF § 34a, § 34a, Anl. § 034a-01

Nichteheliches Kind
- Unterhaltsanspruch der Mutter R 33a.1

Nichtselbständige Arbeit
- Abgrenzung gegenüber dem Gewerbebetrieb R 15.1
- Abgrenzung gegenüber der selbst. Arbeit H 18.1
- Allgemeines zu den Einkünften aus - R 19
- Arbeitnehmer-Pauschbetrag AF § 9a, § 9a
- Einkünfte aus - AF § 2, § 2
- Entlohnung für eine mehrjährige Tätigkeit R 34.4
- Veranlagung bei Bezug von Einkünften aus - AF § 46, § 46
- Versorgungs-Freibetrag AF § 19, § 19
- Verwertung von Erfindungen im Rahmen eines Arbeitsverhältnisses R 18.1

Niederstwertprinzip
- beim Vorratsvermögen R 6.8

Nießbrauch H 21.2
- Ablösung H 10.3
- an betrieblichen Wirtschaftsgütern als Entnahme H 4.3 (2-4)
- an Betriebsgrundstücken Anl. § 004-16
- bei den Einkünften bei Vermietung und Verpachtung Anl. § 021-08
- Bestellung gegen Grundstücksübertragung Anl. § 021-09
- Betriebsübertragung H 16 (6)
- Kapitalvermögen Anl. § 020-01
- Unternehmerstellung H 15.8 (1)

Notaranderkonto
- Anzahlungen auf Anschaffungskosten R 7a

Notare
- freiberufliche Tätigkeit AF § 18, § 18
- Pflicht zur Übersendung von Urkunden DV § 54 zu § 17

Novation
- Zu- und Abfluss H 11

NS-Verfolgtenentschädigungsgesetz
- Steuerbefreiung von Leistungen nach dem - AF § 3 Nr. 7, § 3 Nr. 7

Null-Kupon-Anleihen
- Bilanzierung Anl. § 004-36

Nur-Pensionszusage
- Pensionsrückstellung Anl. § 006a-21

Nutzung
- Entnahme von - H 6.12
- private - von Wirtschaftsgütern R 4.3 (2), R 4.7
- von Räumen zu beruflichen, gewerblichen und Wohnzwecken R 7.2

Nutzungsänderung H 4.3 (2-4)
- AfA nach einer - R 7.3, R 7.4
- bei Gebäudeteilen H 4.2 (4)
- Entnahme bei - R 4.3 (3)

Nutzungsdauer
- bei Wirtschaftsgebäuden Anl. § 004-10
- bei Wirtschaftsgütern H 7.4
- betriebsgewöhnliche - AF § 7, H 6b.1, § 7, R 7.4
- Firmenwert AF § 7, § 7
- Gebäude AF § 7, § 7, R 7.4
- Grünanlage R 21.1

Nutzungsentnahme R 4.3 (4)
- Entnahmegewinn H 4.3 (2-4)

Nutzungsnachweis R 34b.2

Nutzungsrecht
- AfA H 7.1
- als Betriebsvermögen H 4.2 (1)
- bei den Einkünften bei Vermietung und Verpachtung Anl. § 021-08
- Einräumung eines -s als Arbeitslohn H 11
- Einräumung von - bei vorweggenommener Erbfolge Anl. § 016-06
- Entnahme H 4.3 (2-4)
- immaterielles Wirtschaftsgut H 5.5

Nutzungssatz
- für einen Wald AF § 34b, § 34b

Nutzungsüberlassung
- Verteilung von Ausgaben für AF § 11, § 11
- Verteilung von Vorauszahlungen auf AF § 11, § 11

Nutzungsvergütung AF § 24, AF § 34, § 24, § 34, H 34.3

Nutzungsvorteil H 4.2 (1)

Nutzungswert
- der Wohnung eines Lands- oder Forstwirts AF § 13, § 13
- einer ganz oder teilweise unentgeltlich überlassenen Wohnung AF § 21, § 21
- Steuerpflicht des - der Wohnung im eigenen Haus AF § 21, § 21

NV-Bescheinigung
- bei Kapitalertragsteuer AF § 44a, § 44a
- im Insolvenzverfahren H 44a

O

Obhuts- und Pflegeverhältnis
- Pflegekinder R 32.2

Objektbeschränkung
- bei Inanspruchnahme des § 10e EStG AF § 10e, § 10e
- bei Inanspruchnahme des § 10f EStG AF § 10f, § 10f

Obstbau § 55
- Einkünfte aus Land- und Forstwirtschaft R 13.2

Öfen
- Aufwendungen für - als Herstellungskosten Anl. § 021-01

Öffentliche Kassen
- Aufwandsentschädigungen aus - H 3.12

Öffentliche Mittel
- Zuschüsse aus -n zur Finanzierung von Baumaßnahmen R 21.5

Öffentliche Stiftung H 3.11

Öffentlich-rechtliche Verpflichtungen
- Rückstellung H 5.7 (4)

Öffnungsklausel
- Rentenbesteuerung H 22.3

Öko-Sponsoring Anl. § 004-42

Ölfeuerung
- Umstellung/Ersatz einer - Anl. § 021-01

Ofenheizung
- Umstellung auf Zentralheizung Anl. § 021-01

Offene Handelsgesellschaft AF § 15
- Einkünfte aus Gewerbebetrieb AF § 15, § 15
- mit Familienangehörigen H 15.9 (1)

Offene-Posten-Buchhaltung Anl. § 005-01
- Belegablage H 5.2

Opfergrenze R 33a.1
- Unterhaltsleistungen H 33a.1

Optionsgeschäft H 4.2 (1)
- Gewerblichkeit H 15.7 (9)
- Zuordnung H 4.2 (1)

Optionsprämie
- Verpflichtung des Stillhalters als Verbindlichkeit H 4.2 (15)

Optionsrecht
- immaterielles Wirtschaftsgut H 5.5

Ordnungsgeld
- Abzug von -ern AF § 4, § 4, R 4.13, H 12.3

Ordnungsgemäße Buchführung
- Anwendungsschreiben Anl. 005-05

Ordnungsmäßigkeit
- der Buchführung R 4.1
Ortsübliche Miete
- Ermittlung Anl. § 021-14
- Vermietung und Verpachtung Anl. § 021-15

P

Pachtvertrag
- zwischen Angehörigen H 4.8, R 21.4
Pachtzins
- Berücksichtigung von -en bei der Ermittlung des Gewinns aus Land- und Forstwirtschaft nach Durchschnittssätzen AF § 13a, § 13a
Pächter
- Zurechnung eines Vergleichswerts AF § 13a, § 13a
Palette
- als GWG H 6.13
Partei
- Abzug von Beiträgen und Spenden an politische -en AF § 10b, § 10b
- eneigenschaft H 10b.2
- Steuerermäßigung für Beiträge und Spenden an -en AF § 34g, § 34g
Parteiengesetz AF § 10b, AF § 34g, § 34g
- steuerbegünstigte Zwecke H 10b.2
- Voraussetzung für Zuwendung AF § 10b, § 10b
Parteispende
- Steuerermäßigung für Zuwendungen an Parteien R 2
Partiarisches Darlehen
- zwischen Angehörigen Anl. § 004-37
Partnerschaftsgesellschaft H 15.8 (1)
Passage
- Einbau von -n R 4.2 (3)
Patent
- Rückstellung wegen - verletzung R 5.7 (10)
- Überlassung von - durch beschränkt stpfl. Erfinder am inländischen Betrieb R 50a.1
- Veräußerung gegen Leibrente H 18.1
Patentanwalt
- freiberufliche Tätigkeit AF § 18, § 18
Patentberichterstatter H 15.6
Patronatserklärung
- Rückstellung H 5.7 (6)
Pauschalierung
- der ESt AF § 37a, § 37a
- der ESt bei Kundenbindungsprogrammen AF § 37a, § 37a
- der LSt AF § 40, AF § 40a, § 40, § 40a
- der LSt bei Zukunftssicherungsleistungen AF § 40b, § 40b
- nach § 34c Abs. 5 EStG AF § 34c, § 34c, H 34c

- Sachzuwendung Anl. § 037b-01
- Sachzuwendungen AF § 37b, § 37b
Pauschbetrag
- Betriebsausgaben AF § 51, § 51
- für Aufwendungen für Fahrten zwischen Wohnung u. Betrieb u. für Familienheimfahrten AF § 4, AF § 9, R 4.12, § 9
- für Körperbehinderte und Hinterbliebene AF § 33b, § 33b
- für Reisekosten Anl. § 004-20
- für Sonderausgaben AF § 10c, § 10c
- für Verpflegungsmehraufwendungen Anl. § 004-20
- für Werbungskosten AF § 9a, AF § 32b, § 9a, § 32b
- Steuerfestsetzung in -en bei beschränkter Steuerpflicht AF § 50, § 50
- Steuerfestsetzung in -en für ausländische Einkünfte AF § 34c, § 34c
- Werbungskosten AF § 9a, § 9a
Pauschsätze
- für Betriebsausgaben Anl. § 004-14
- für Betriebsausgaben bei forstw. Betrieben DV § 51 zu § 13
Pelztierzucht
- als gewerbliche Tätigkeit H 15.10
Pension
- europäische Organisationen H 22.4
Pensionsabfindung H 24.1
Pensionsalter
- Bewertung von Pensionsrückstellungen Anl. § 006a-05
Pensionsanwartschaft AF § 6a
- Bewertung AF § 6a, § 6a
Pensionsfonds
- Beiträge als Betriebsausgabe AF § 4e, § 4e
- Steuerbefreiung der Arbeitgeberleistung AF § 3 Nr. 66
- Steuerbefreiung der Beiträge des Arbeitgebers AF § 3 Nr. 63, § 3 Nr. 63
- Übertragung von Pensionszusagen H 4e
Pensionskasse
- Pauschalierung der LSt bei Zuwendungen an -n AF § 40b, § 40b
- Steuerbefreiung von Beiträgen des Arbeitgebers AF § 3 Nr. 63, § 3 Nr. 63
- Steuerbefreiung von Zuwendungen an -n AF § 3 Nr. 65, § 3 Nr. 65
- Zuwendungen an -n AF § 4c, § 4c, R 4c
- Zuwendungen an -n als Herstellungskosten R 6.3
- Zuwendungen des Arbeitgeber-Ehegatten an -n H 6a (9), Anl. § 006a-08

Pensionsrückstellung AF § 6a
- Aktivierung des Anspruchs aus einer Rückdeckungsversicherung R 6a (23), Anl. § 006a-01
- Arbeitgeberwechsel R 6a (13)
- Auflösung R 6a (22)
- beherrschende Gesellschafter-Geschäftsführer von KapGes R 6a (8)
- Berücksichtigung von Sozialversicherungsrenten R 6a (14), Anl. § 006a-02
- betriebliche Teilrenten Anl. § 006a-04
- Betriebsübergang H 6a (10)
- Bewertung AF § 6a, § 6a
- Gesellschafter-Geschäftsführer Anl. § 006a-10
- gewinnabhängige Gehaltsbestandteile Anl. § 006a-06
- Herstellungskosten R 6.3
- Höhe R 6a (10)
- Inventurerleichterung R 6a (18)
- Nachholverbot H 6a (20)
- Näherungsverfahren H 6a (14)
- Nur-Pensionszusage H 6a (1), Anl. § 006a-21
- Pensionsalter Anl. § 006a-05
- Pensionszusagen zwischen Ehegatten H 6a (9), Anl. § 006a-08, Anl. § 006a-09
- Personengesellschaft H 6a (1)
- rechtsverbindliche Verpflichtung R 6a (2)
- Rentenablösungen H 6a (19)
- Richttafeln 1998 H 6a (21)
- Richttafeln 2005 G H 6a (21)
- Rückdeckungsversicherung Anl. § 006a-01
- schädlicher Vorbehalt R 6a (3)
- Schriftformerfordernis H 6a (7)
- Schuldbeitritt Anl. § 006a-20
- Sterbetafeln H 6a (21)
- Stichtagsprinzip R 6a (17)
- Teilrenten H 6a (11)
- Überversorgung Anl. § 006a-17
- Umlageverfahren Anl. § 006a-12
- Vordienstzeiten R 6a (10), Anl. § 006a-07
- vorgezogene Altersgrenze H 6a (8), H 6a (9)
- Widerrufsvorbehalt R 6a (3)
- Zuführungen R 6a (20)
- Zulässigkeit von -en R 6a (1)

Pensionsrückstellungen
- Gewinnabhängige Leistungen Anl. § 006a-24

Pensionstierhaltung
- Auswirkung auf Grundbetrag H 13a.2

Pensionsverpflichtung AF § 5, § 5
- Aktivierung des Anspruchs aus einer Rückdeckungsversicherung R 6a (23), Anl. § 006a-01

- Gesetz zur Verbesserung der betriebl. Altersversorgung Anh. 16
- Rückstellungen für -en AF § 6a, § 6a
- Rückstellungen für -en zwischen Ehegatten Anl. § 006a-08, Anl. § 006a-09

Pensionszusage AF § 6a
- Abfindungsklauseln H 6a (3), Anl. § 006a-18
- Betriebsrentengesetz H 5.5
- Ehegatten H 6a (9)
- gewinnabhängige Bezüge AF § 6a, § 6a
- Lebensgefährtin Anl. § 006a-15
- Mitunternehmerschaft Anl. § 015-08
- Schriftform R 6a (7), Anl. § 006a-14
- Wirksamkeit AF § 6a, § 6a

Permanente Inventur
- Grundsätze H 5.3

Personalcomputer
- Aufteilung der Kosten H 12.1
- Steuerfreiheit bei privater Nutzung AF § 3 Nr. 45, § 3 Nr. 45

Personengesellschaft
- Abfärberegelung H 15.8 (5), Anl. § 015-01
- Anteile an Kapitalgesellschaften als Betriebsvermögen H 4.2 (2)
- Anwachsung Anl. § 006-06
- Anwendung der DBA H 50i
- Begriff des Mitunternehmers H 15.8 (1)
- Besteuerung der Mitunternehmer von -en H 15.8 (1)
- beteiligungsidentische - H 6.15
- Betriebsvermögen H 4.2 (2)
- Beurteilung des Arbeitsverhältnisses eines Ehegatten mit dem Mitunternehmer- Ehegatten H 4.8
- Buchführungspflicht R 4.1, H 5.1
- Buchwertübertragung Anl. § 006-09
- Darlehen einer - an ihren Gesellschafter Anl. § 015-03
- doppelstöckige - AF § 15, § 15, R 15.10, H 4a, Anl. § 015a-12
- Einbringung von Privatwirtschaftsgütern Anl. § 004-29
- Entnahmen H 4.3 (2-4)
- Erbfolge bei Beteiligung an einer - Anl. § 016-05
- Familiengesellschaften H 15.9 (1)
- gewerblich geprägte - AF § 15, § 15, R 15.8 (6)
- Gewinnverteilung H 15.8 (3)
- Gewinnzurechnung H 15.8 (3)
- Grundstücke bei einer - R 4.2 (11)
- Kinder als Mitunternehmer R 15.9 (2)
- mehrstöckige H 15.8 (2)
- Mitunternehmeranteil Anl. § 006-11

- negative ausländische Einkünfte H 2a
- Nießbrauch an Gesellschaftsanteil H 4.2 (2)
- Pensionszusage Anl. § 015-08
- Realteilung AF § 16, § 16
- Reinvestitionsrücklage Anl. § 006b-01
- Schwestergesellschaft Anl. § 015-05
- Spendenabzug R 10b.3
- Tätigkeitsvergütung H 15.8 (3)
- Übertragung stiller Rücklagen bei einer - R 6b.2
- untervermietete Grundstücke als Betriebsvermögen H 4.2 (12)
- Veräußerung von Beteiligungen Anl. § 016-07
- Verluste bei beschränkter Haftung (§ 15a EStG) AF § 15a, § 15a, Anl. § 015a-01, Anl. § 015a-06
- Verpächterwahlrecht H 16 (5)
- Versorgungsleistungen an frühere Mitunternehmer oder deren Rechtsnachfolger AF § 15, § 15
- vorweggenommene Erbfolge Anl. § 016-06
- Wettbewerbsverbot H 4.3 (2-4)
- Wirkung der Eintragung im Handelsregister H 5.1
- Zugehörigkeit der Beteiligung an einer vermögensverwaltenden - zum Betriebsvermögen Anl. § 015-15

Personengruppentheorie
- Betriebsaufspaltung H 15.7 (6)

Personenkraftwagen
- AfA für - nach Maßgabe der Leistung R 7.4
- Angemessenheit der Kosten H 4.10 (12)
- Aufwendungen als außergew. Belastung Anl. § 033-02

Personenzusammenschluss Anl. § 021-05

Pfändung
- Kindergeld AF § 76, § 76

Pfandbrief
- an- und Verkauf von -en als gewerbl. Tätigkeit H 15.7 (9)

Pfandgeld
- Rückstellung H 5.7
- Rückstellungen H 5.7 (3)

Pfandgläubiger AF § 20, § 20

Pferdehaltung
- Einkünfte aus Land- und Forstwirtschaft H 13.2

Pflanzen
- bei Dauerkulturen als GWG H 6.13

Pflegeaufwendungen
- außergewöhnliche Belastung H 33.1 - H 33.4

Pflegebedürftigkeit
- Aufwendungen wegen - R 33.2

- außergew. Belastung R 33.3

Pflegegeld
- Steuerbefreiung § 3 Nr. 36
- Vollzeit- und Familienpflege H 3.11

Pflegekinder
- Kinderhaus H 32.2

Pflegekindschaftsverhältnis
- Begriff AF § 32, § 32, R 32.2

Pflegekraft
- ambulante - R 33.4

Pflegekrankenversicherung
- Sonderausgaben H 10.5

Pflege-Pauschbetrag AF § 33b, § 33b, R 33b, H 33b

Pflegeperson
- Pauschbetrag AF § 33b, § 33b

Pflegerentenversicherung
- Sonderausgaben H 10.5

Pflegeversicherung AF § 10, § 10
- Steuerbefreiung der Leistungen AF § 3 Nr. 1, § 3 Nr. 1
- Zuschüsse zur - der Rentner AF § 3 Nr. 14, § 3 Nr. 14

Pflegeversicherungsbeiträge
- eines Kindes als Sonderausgabe Anl. § 010-04

Pflegezusatzversicherung
- außergewöhnliche Belastung H 33.1 - H 33.4

Pflichtteilsansprüche
- Verzicht auf H 20.2

Pflichtteilsverbindlichkeit
- Schuldzinsenabzug keine Betriebsausgaben oder Werbungskosten H 4.7

Pflichtversicherte
- Vorwegabzug H 10.11

Photovoltaikanlagen H 4.7
- Gewerbebetrieb Anl. § 015-20

Pilot
- als Gewerbebetrieb H 15.6

Planinsolvenzverfahren
- Gewinnrealisierung Anl. § 004-51

Planungskosten
- als Herstellungskosten R 6.4

Planungsleistungen
- Abschlagszahlungen H 4.2 (1)

Podologe
- als Gewerbebetrieb H 15.6

Policendarlehen AF § 10, Anl. § 010-02
- Sonderausgaben AF § 10, § 10

Politische Partei
- Abzug von Beiträgen und Spenden an –en H 10b.2

Pool-Abkommen
- beschränkte Steuerpflicht   AF § 49, § 49, R 49.1

Post AG
- Steuerbefreiung für bestimmte Leistungen an Arbeitnehmer der -   AF § 3 Nr. 35, § 3 Nr. 35

Postbank AG   AF § 3 Nr. 35, § 3 Nr. 35

Praktikum
- Berufsausbildung   H 32.5

Praxisausfallversicherung
- Kosten der Lebensführung   H 4.7

Praxisgemeinschaft
- kein Mitunternehmer   H 15.8 (1)

Praxisgründungsversicherung   Anl. § 004-35

Praxisveräußerung   R 18.3

Praxiswert
- Abschreibung   Anl. § 005-12, Anl. § 005-13
- immaterielles Wirtschaftsgut   H 5.5

Preise
- anlässlich Preisausschreiben   R 4.10 (4)

Preisgeld   H2
- als Betriebseinnahmen   H 4.7
- Besteuerungsgrundsätze   Anl. § 002-02
- sonstige Einkünfte   H 22.8

Preisnachlass   H 6.2

Private Krankenhäuser   AF § 7f
- Bewertungsfreiheit   AF § 7f, § 7f

Private Nutzung
- von Wirtschaftsgütern des Anlagevermögens   H 6.12

Private Veräußerungsgeschäfte (siehe Veräußerungsgeschäft)

Private-Equity-Fonds   Anl. § 015-19

Privatschulbesuch
- außergewöhnliche Belastung   R 33.4, H 33.1 - H 33.4

Privatschule   H 10.10, H 33.1 - H 33.4
- Gewerbebetrieb   H 15.6

Privatvermögen
- Erbauseinandersetzung   Anl. § 016-05
- vorweggenommene Erbfolge   Anl. § 016-06

Produktionsaufgaberente   R 3.27
- Einkünfte aus Land- und Forstwirtschaft   AF § 13, § 13
- Steuerbefreiung der -   AF § 3 Nr. 27, § 3 Nr. 27

Produktionsunternehmen
- Betriebsverpachtung   H 16 (5)
- wesentliche Betriebsgrundlage   H 16 (8)

Programm
- Aktivierung von problem-orientierten -en   Anl. § 005-11
- Trivial-   R 5.5

Progressionsvorbehalt   AF § 32b, § 32b, R 32b
- Altersteilzeit   AF § 32b, § 32b
- ausländische Personengesellschaft   § 32b
- EU-Tagegeld   H 32b
- Grundfreibetrag   H 32b
- Veranlagung von Arbeitnehmern   AF § 46, § 46
- zeitweise unbeschränkte Steuerpflicht   H 32b

Promotionskosten
- Ausbildungskosten   H 12.1

Prorgessionsvorbehalt
- negativer   H 34.2

Provisionen
- Zufluss   H 11

Prozesskosten
- eines Erben   H 4.7
- Rückstellung   H 5.7 (5)

Prüfungs- und Lehrtätigkeit
- als freier Beruf   H 18.1
- Pauschsätze für Betriebsausgaben   Anl. § 004-14

Prüfungsrecht der Finanzbehörde
- bei Anrechnung, Vergütung, Erstattung von KSt und KapSt   AF § 50b, § 50b

Psychotherapeut
- freiberufliche Tätigkeit   H 15.6

Q

Quellensteuer
- Entlastung von -   AF § 50h, § 50h
- EU-Staaten   AF § 50h, § 50h

Quotentreuhand
- wirksame Treuhand   H 17

R

Rabatt   H 6.2

Räumungsverkauf   H 16 (9)

Rangrücktritt
- Ansatz als Verbindlichkeit   H 4.2 (15)

Rangrücktrittsvereinbarung
- Ausweis von Verbindlichkeiten   Anl. § 005-11

Rate
- Aufteilung der -en bei Leasingverträgen in Zins- und Kostenanteil sowie Tilgungsanteil   Anl. § 004-07
- Behandlung von -en bei Gewinnermittlung nach § 4 Abs. 3   R 4.5 (5)
- Veräußerung eines Betriebs oder von Wirtschaftsgütern gegen Kaufpreisraten   R 16 (11)

Ratenkauf
- Anschaffungskosten   R 6.2

Realgemeinde   AF § 13
- Einkünfte aus Land- und Forstwirtschaft   AF § 13, § 13

Realsplitting
- sonstige Einkünfte H 22.1
- Unterhaltsleistungen an den geschiedenen oder dauernd getrennt lebenden Ehegatten R 10.2

Realteilung AF § 16, § 16, H 16 (4)
- Anwendung der Verpachtungsgrundsätze H 16 (5)
- Fortführung einer § 6b-Rücklage bei –einer Personengesellschaft R 6b.2
- Mitunternehmerschaft AF § 16, § 16, Anl. § 016-10
- ohne Spitzenausgleich H 16 (2)
- von Personengesellschaften H 16 (2)

Rechnungsabgrenzungsposten
- allgemeines AF § 5, § 5, R 5.6
- Auflösung H 5.6
- bei Forfaitierung von Leasing-Verträgen Anl. § 004-13
- bestimmte Zeit Anl. § 005-09
- degressive Leasingraten H 5.6
- Ertragszuschüsse H 5.6
- Filmherstellungskosten H 5.6
- Garantiegebühren H 5.6
- gezahlte Kraftfahrzeugsteuer H 5.6
- HGB Anh. 15
- öffentliche Zuschüsse Anl. § 005-10

Rechnungswesen
- Euro Anl. § 005-18

Rechte
- Überlassung von -n im Ausland AF § 2a, § 2a

Rechteüberlassung
- beschränkte Steuerpflicht H 50a.1

Rechtliche Verpflichtung
- außergewöhnliche Belastung H 33.1 - H 33.4

Rechtsanwalt
- freiberufliche Tätigkeit der -e AF § 18, § 18
- Kosten bei Realsplitting H 10.8
- Liebhaberei H 15.3

Rechtsbeistand H 15.6
Rechtsberatende Berufe H 15.6
Rechtsformwechsel
- Verluste bei - R 15a

Rechtsnachfolger
- Bemessung der AfA beim - DV § 11d zu § 7, R 7.3
- nachträgliche Einnahmen H 24.2

Rechtsschutzversicherung
- keine Sonderausgaben H 10.5

Rechtsverhältnisse
- zwischen Angehörigen H 4.8, H 13.4

Reederei AF § 15a, § 15a
Regal
- als GWG H 6.13

Regattabegleitfahrt H 4.10 (1)
Regattabegleitung
- Aufwendungen für eine - H 4.10 (1)

Regelaltersgrenze
- Zuwendungen an Unterstützungskassen AF § 4d, § 4d

Registrierkasse
- Aufbewahrung von Kassenstreifen H 5.2

Rehabilitierungsgesetz
- Steuerbefreiung von Leistungen nach dem Strafrechtlichen - AF § 3 Nr. 23, § 3 Nr. 23

Reichsknappschaftsgesetz § 32b
Reichsversicherungsordnung
- Steuerbefreiung des Mutterschaftsgeldes nach der - AF § 3 Nr. 1, § 3 Nr. 1

Reinvestitionsrücklage AF § 6b
- Personengesellschaft Anl. § 006b-02
- Voraussetzungen AF § 6b, § 6b

Reise
- allgemeinbildende H 12.2
- Auslands- H 12.2
- Auslandsgruppen- H 12.2
- Auslandsreisen Anl. § 004-20
- Pauschbeträge für - bei Geschäftsreisen u. a. Anl. § 004-20
- Studien- H 12.2

Reisekosten
- Gewinnermittlung Anl. 004-22

Reisekostenvergütung
- Steuerbefreiung der -en aus öffentlichen Kassen AF § 3 Nr. 13, § 3 Nr. 13
- steuerfreie im privaten Dienst AF § 3 Nr. 16, § 3 Nr. 16
- Steuerfreiheit H 3.13

REIT-Aktiengesellschaft
- Steuerbefreiung AF § 3 Nr. 70, § 3 Nr. 70

Reitpferd
- als landw. Nebenbetrieb H 15.5

Rekultivierung
- Verpflichtung zur - R 6.11

Religiöser Zweck
- Ausgaben zur Förderung von -n AF § 10b, § 10b

Religionsgemeinschaft
- Abzug von Beiträgen der Mitglieder von -en als Sonderausgaben H 10.8

Remonstration
- der Finanzbehörden bei Bescheinigungen anderer Behörden R 7h

Rennstall
- Liebhaberei H 15.3

Renten
- Abfindungen AF § 3 Nr. 3a, § 3 Nr. 3a

- abgekürzte Leib- DV § 55 zu § 22, R 22.4, H 22.4
- Abzug von - als Sonderausgaben AF § 10, § 10, R 10.3
- als Sonderausgabe AF § 10, § 10, H 10.3
- als Werbungskosten AF § 9, § 9
- aus Billigkeitsgründen R 22.4
- Begriff der Leibrente H 22.3
- Behandlung von Leib- bei Gewinnermittlung nach § 4 Abs. 3 EStG R 4.5 (4)
- Berücksichtigung von Sozialversicherungs- bei der Berechnung der Pensionsrückstellungen Anl. § 006a-02
- Berufs- und Erwerbsunfähigkeitsrenten R 22.4
- Besteuerung von - AF § 22, § 22
- Besteuerung von Leib- AF § 22, § 22, R 22.4
- Besteuerungsgrundsätze Anl. § 010-11
- Erhöhung aufgrund Wertsicherungsklausel H 4.5 (4)
- Erhöhung und Herabsetzung R 22.4, H 22.4
- Ermittlung des Ertrags aus Leib- in besonderen Fällen DV § 55 zu § 22
- Ermittlung des Ertragsanteils H 22.4
- Erwerb von Wirtschaftsgütern gegen Leib- bei Gewinnermittlung nach § 4 Abs. 3 EStG R 4.5 (4)
- Kapitalabfindung H 22.4
- nach dem Umstellungsgesetz R 22.5
- nach dem vorletzten Ehegatten H 22.4
- Nachzahlung R 34.4
- Pauschbetrag für Werbungskosten AF § 9a, § 9a
- Sonderausgaben AF § 10, § 10
- Veräußerung einer freiberufl. Praxis gegen Leibrente R 18.3
- Veräußerung eines Betriebs gegen Leibrente R 16 (11)
- Waisenrente H 22.4
- Werbungskosten AF § 9, § 9
- Wertsicherungsklausel H 22.4
- Witwen und Witwerrente R 22.4
- Zinsanteil einer Leib- AF § 22, § 22
- Zinsanteil einer Leib- als Betriebsausgabe R 4.5 (4)

Rentenanspruch
- vorweggenommene Werbungskosten Anl. § 022-03

Rentenbezugsmitteilung AF § 22a, § 22a
- Verfahrensgrundsätze Anl. § 022a-01

Rentenverpflichtung
- Barwert einer - H 6.2
- Fortfall H 4.2 (15)

Rentenversicherung
- Beiträge zur - als Vorsorgeaufwendungen AF § 10, § 10
- Kinderzuschüsse aus der gesetzlichen - AF § 3 Nr. 1, § 3 Nr. 1
- Sachleistungen aus der gesetzlichen - AF § 3 Nr. 1, § 3 Nr. 1
- Überschussbeteiligung Anl. § 022-04
- Zinsen aus einer - als Einnahmen aus Kapitalvermögen R 20.2, Anl. § 020-02

Rentenversicherung gegen Einmalbetrag
- Überschussprognose H 22.4

Reparationsschädengesetz
- Steuerbefreiung von Entschädigungen nach dem - AF § 3 Nr. 7, § 3 Nr. 7, H 3.7

Repräsentationsaufwendungen AF § 12, § 12

Reserven
- Übertragung aufgedeckter stiller - AF § 6c, R 6.6 (1), § 6c

Restaurator
- als Gewerbetreibender H 15.6

Restitutionsberechtigter
- Einkünfte aus Vermietung und Verpachtung H 21.1

Restrukturierungsfonds
- Jahresbeiträge AF § 4, § 4

Restschuldbefreiung
- Gewinnrealisierung Anl. § 004-51

Restwert AF § 7c, AF § 7k, § 7c
- AfA vom - AF § 7, AF § 7a, § 7f, § 7, § 7a, § 7f
- erhöhte Absetzungen AF § 7k, § 7k

Retrograde Wertermittlung
- Methode H 6.8
- Teilwert H 6.7

Rezeptabrechner H 15.6

Richtsätze
- Schätzung des Gewinns nach - H 4.1, R 13.5

Richttafeln 1998
- bei Pensionsrückstellungen H 6a (21)

Richttafeln 2005 G H 6a (21)

Richtwerte
- Bewertung von Vieh Anl. § 013-01

Rindvieh
- Einkünfte aus Land- und Forstwirtschaft R 13.2

Risikolebensversicherung H 4.7

Risikoversicherung
- Beiträge zur - als Vorsorgeaufwendungen AF § 10, § 10

Rohstoff
- Bewertung der - R 6.8
- Umlaufvermögen H 6.1

Rolltreppe
- als unselbständige Gebäudeteile   H 4.2 (5)

Rotfäule
- Kalamitätsnutzung   H 34b.2

Rückabwicklung
- von Kaufverträgen   H 5.7 (1)

Rückdeckungsanspruch
- Vereinfachungsregelung   H 6a (23)

Rückdeckungsversicherung
- bei Unterstützungskassen   H 4d (10)
- Bilanzierung bei Pensionsrückstellungen   H 6a (23)
- Pensionsrückstellungen   Anl. § 006a-01
- Prämien für eine - einer Pensionszusage an den Arbeitnehmer-Ehegatten   H 6a (9)

Rückforderung
- eines Geschenks   H 10.3

Rückgriffsanspruch
- Rückstellung für -e   H 6.11

Rückkaufsrecht
- wesentliche Beteiligung   H 18.1

Rückkaufsverpflichtung
- als Verbindlichkeit   H 4.2 (15)

Rückkaufswert
- Pensionsrückstellungen   H 6a (23)

Rücklage
- Forstschäden-Ausgleichgesetz   R 34b.8

Rücklagen
- Behandlung bei Betriebsveräußerung   H 6.6 (4)
- bei Betriebsaufgabe   H 6.6 (4), H 16 (9)
- bei Betriebsveräußerung   R 6b.2, H 16 (9)
- bei gewährten Zuschüssen   R 6.5
- Erbauseinandersetzung   H 6b.3
- Euroumrechnungsrücklage   AF § 6d, § 6d, Anl. § 005-18
- für Ersatzbeschaffung   R 6.6 (4), R 6.6 (5), R 6.6 (6), H 16 (9), Anl. § 006-07
- gewinnerhöhende Auflösung von - AF § 6b, § 6b, R 6b.2
- gewinnerhöhende Auflösung von - für Ersatzbeschaffung   R 6.6 (4)
- gewinnmindernde - bei der Veräußerung bestimmter Anlagegüter   AF § 6b, AF § 6c, § 6b, § 6c
- steuerfreie - bei Überführung bestimmter Wirtschaftsgüter in Gesellschaften, Betriebe oder Betriebsstätten im Ausland   Anh. 1
- Übertragungsmöglichkeiten bei § 6 b   R 6b.2
- Verfolgung der Bildung und Auflösung in der Buchführung   AF § 6b, § 6b
- vorweggenommene Erbfolge   H 6b.3

Rückspenden   Anl. 010b-04

Rückstellungen
- Abrechnungsverpflichtung   H 5.7 (3)
- Abzinsung   AF § 6, § 6, Anl. § 006-14
- Abzugsverbot   H 5.7 (1)
- allgemeines   R 5.7 (1)
- Altersteilzeitverpflichtung   H 5.7 (5)
- Ansammlung bei Rückstellungen   R 6.11
- Arbeitsfreistellung   Anl. § 006a-11
- Aufbewahrung von Geschäftsunterlagen   Anl. § 005-25
- Auflösung von -   R 5.7 (13)
- Ausgleichsanspruch Handelsvertreter   H 5.7 (5)
- Betriebsprüfung   Anl. § 005-27
- Bewertung   AF § 6, § 6, R 6.11
- Deponien   H 6.11
- einseitige Verbindlichkeiten   H 5.7 (6)
- für Altersteilzeitverpflichtungen   H 6.11
- für drohende Verluste   AF § 5, § 5
- für Gewährleistungsverpflichtungen   H 6.11
- für Gratifikationen   H 6.11
- für Jubiläumszuwendungen   AF § 5, § 5, Anl. § 005-16
- für Kernbrennstoffe   AF § 5, § 5
- für künftige Steuernachforderungen   H 4.9
- für Pensionsverpflichtungen   R 6a (1)
- für Sachleistungsverpflichtungen   AF § 6, § 6
- für schwebende Geschäfte   AF § 5, § 5
- für Steuererklärungskosten   H 6.11
- für Stillegung von Kernkraftwerken   AF § 6, § 6
- für ungewisse Verbindlichkeiten   Anl. § 005-23
- für Urlaubsverpflichtungen   H 6.11
- für Verletzungen fremder Patent-, Urheber- oder ähnlicher Schutzrechte   AF § 5, § 5
- für Weihnachtsgeld   H 6.11
- für Zuwendungen an Pensionskassen   AF § 4c, § 4c
- Gegenrechnung von Vorteilen   R 6.11
- Gewerbesteuer   Anl. § 004-25
- HGB   Anh. 15
- hinterzogene Steuern   H 5.7 (6)
- Jubiläumszuwendung   H 5.7 (5)
- Kaufvertrag   Anl. § 005-22
- Leistungen auf Grund eines Sozialplans   R 5.7 (9)
- Lohnfortzahlung   H 5.7 (8)
- nichtabziehbare Betriebsausgaben   Anl. § 004-25
- öffentlich-rechtliche Verpflichtung   H 5.7 (4)
- Patronatserklärung   H 5.7 (6)
- Pfandrückstellungen   H 5.7 (3)

- Rückgriffsansprüche gegen Dritte H 6.11
- Sachleistungsverpflichtungen AF § 6, § 6
- Steuererklärungskosten H 5.7 (4)
- ungewisse Verbindlichkeiten R 5.7 (2)
- Verletzung fremder Patent-, Urheber- oder ähnlicher Schutzrechte H 5.7 (7), R 5.7 (10)
- Verpflichtung zur Entsorgung eigenen Abfalls H 5.7 (3)
- Verrechnungsverpflichtung Anl. § 005-26
- Wahrscheinlichkeit der Inanspruchnahme R 5.7 (6)

Rücktrittsrecht
- Gewinnrealisierung bei - H 4.2 (1)

Rückübertragungsverpflichtung
- kein Mitunternehmer H 15.9 (1)

Rückverkaufsoption
- Bilanzierung H 4.2 (15)

Rückzahlung
- von Versicherungsbeiträgen DV § 30 zu § 10

Rückzahlungsverpflichtung
- Rückstellung H 5.7

Ruhebank
- als GWG H 6.13

Ruhegehalt
- NATO-Bedienstete H 22.4

Ruhegeld AF § 19, § 19

Rumpfwirtschaftsjahr AF § 4a
- bei Umstellung des Wirtschaftsjahres DV § 8b zu § 4a
- bei Umstellung des Wirtschaftsjahrs H 4a

Rundfunkermittler H 15.6
- Selbständigkeit H 15.1

Rundfunksendung
- Ausstrahlung im Inland AF § 50a, § 50a

Rundfunksprecher H 15.6

S

Saatzuchtbetrieb
- Buchführung R 13.6
- Wirkung der Eintragung im Handelsregister H 5.1

Sachbezüge
- Ansatz von -n AF § 8, § 8

Sachentnahme
- Fotovoltaikanlage R 4.3 (4)

Sachgesamtheit
- bei Inanspruchnahme des § 6 Abs. 2 EStG R 6.13

Sachinbegriffe AF § 21, § 21
- negative ausländische Einkünfte aus der Vermietung von - AF § 2a, § 2a

Sachleistung
- steuerfreie -en aus der gesetzlichen Rentenversicherung AF § 3 Nr. 1, § 3 Nr. 1
- steuerfreie -en aus der Kranken- und Unfallversicherung AF § 3 Nr. 1, § 3 Nr. 1
- steuerfreie -en nach dem Gesetz über eine Altershilfe für Landwirte AF § 3 Nr. 1, § 3 Nr. 1

Sachleistungsverpflichtung
- Rückstellungen für - AF § 6, § 6

Sachprämien
- Steuerfreiheit AF § 3 Nr. 38, § 3 Nr. 38

Sachspende AF § 10b
- aus dem Betriebsvermögen R 10b.1
- Bewertung AF § 6, § 6
- Spendenabzug AF § 10b, § 10b
- steuerbegünstigte Zwecke H 10b.1

Sachwertabfindung
- Mitunternehmer Anl. § 016-01

Sachzuwendung
- Pauschalierung AF § 37b
- Steuerpauschalierung AF § 37b, § 37b, Anl. § 037b-01

Sägeblätter
- als GWG H 6.13

Säumniszuschläge
- nicht abziehbar H 12.4

Saldierung
- von Gewinnen und Verlusten aus Gesellschaftsvermögen mit Gewinnen und Verlusten aus Sonderbetriebsvermögen Anl. § 015a-09

Sammelanträge
- Kapitalertragsteuer AF § 45b, § 45b

Sammelbeförderung
- Aufwendungen als Werbungskosten AF § 9, § 9
- Steuerbefreiung der - AF § 3 Nr. 32, § 3 Nr. 32

Sammelposten
- abnutzbare bewegliche Wirtschaftsgüter AF § 6, § 6, Anl. § 006-19

Sammlung
- Steuerbegünstigung für wissenschaftliche –en AF § 10g, § 10g

Sammlungsobjekt
- AfA H 7.1

Sanatorium H 7.2

Sanierungsgebiet AF § 10f, AF § 11a
- Aufwendungen zur Erhaltung von Gebäuden in -en AF § 51, § 51
- Begünstigung AF § 11a, § 11a
- erhöhte Absetzungen bei Gebäuden in -en AF § 7h, § 7h
- Steuerbegünstigung AF § 10f, § 10f

Sanierungsgewinn
- Billigkeitsmaßnahme Anl. § 004-04
- Verlustausgleich H 15a

Sanierungsmaßnahme
– erhöhte Absetzungen AF § 7h, § 7h
– nach dem Baugesetzbuch AF § 6b, AF § 11a, § 6b, § 11a
Sanierungsverpflichtungen
– Rückstellung H 5.7 (4)
Sanktionen
– Abzug als Werbungskosten AF § 9, § 9
– Abzugsverbot R 4.13
– durch ausländische Gerichte H 4.13
– Erfüllung von Auflagen und Weisungen H 4.13
– Verfahrenskosten H 4.13
– Werbungskosten AF § 9, § 9
Sauerstofftherapie R 33.4
Schadensbeseitigung
– außergewöhnliche Belastung R 33.2
Schadensersatz
– Betriebseinnahme H 4.7
Schadensersatzforderung
– im Betriebsvermögen nach Betriebsaufgabe H 4.2 (1)
Schadensersatzleistung
– außergewöhnliche Belastung H 33.1 - H 33.4
Schadensersatzrente H 22.1
– Besteuerung Anl. § 022-02
Schadensregulierer H 15.6
Schadenswiedergutmachung
– Abzug als Betriebsausgaben (Werbungskosten) R 4.13
Schadstoffbelastung
– Grundstücke Anl. § 006-16
Schadstoff-Gutachten
– Werbungskosten H 21.2
Schätzungsbescheid
– Antragsveranlagung H 46.2
Schafe
– Einkünfte aus Land- und Forstwirtschaft R 13.2
Schallplatten
– als GWG H 6.13
Schalterhalle
– von Kreditinstituten als selbständige Gebäudeteile R 4.2 (3)
Schaufensteranlage
– selbständiger Gebäudeteil H 4.2 (3)
Scheck
– Entgegennahme eines -s als Zufluss von Einnahmen oder Abfluß von Ausgaben AF § 7a, § 7a
Scheinbestandteil
– AfA R 7.1
– Definition H 7.1

– eines Gebäudes als selbständige Wirtschaftsgüter R 4.2 (3)
Scheinrendite
– Schneeballsystem H 11
Scheinselbständigkeit
– steuerliche Selbständigkeit R 15.1
Schenkung
– AfA bei Wirtschaftsgütern, die durch - erworben worden sind R 7.3
– einer wesentlichen Beteiligung R 17
– von Gesellschaftsanteilen H 15.9 (2)
Schenkung unter Auflage
– Kapitalvermögen H 20.2
Schiedsrichter
– ehrenamtlich R. 3.26a.
Schiffe
– als bewegliche Wirtschaftsgüter R 7.1
– Bewertungsfreiheit für - AF § 51, § 51
– Einkünfte, die ein beschränkt Stpfl. durch den Betrieb eigener oder gecharterter - bezieht AF § 49, § 49
– entgeltliche Überlassung von -n AF § 2a, § 2a
– Gewinn aus der Veräußerung von -n AF § 6b, § 6b
– im internationalen Verkehr AF § 34c, AF § 34d, § 34c, § 34d
– Teilbetrieb H 16 (3)
– unter Bundesflagge H 1a
– Vermietung von -n AF § 21, § 21
Schiffseichaufnehmer H 15.6
Schlachtwert
– bei Vieh als GWG H 6.13
Schlechtwettergeld AF § 32b, § 32b
Schlossbesichtigung
– als Gewerbebetrieb H 15.5
Schlussvorschriften
– Sondervorschriften für die Gewinnermittlung nach § 4 oder nach Durchschnittssätzen bei vor dem 1. 7. 1970 angeschafftem Grund und Boden AF § 55, § 55
Schmerzensgeldrente H 22.1
– Besteuerung Anl. § 022-02
Schmiergeld
– Betriebsausgabe AF § 4, § 4, Anl. § 004-17
Schneeballsystem
– Einkünfte aus Kapitalvermögen H 20.2
– Zufluß von Scheinrenditen H 11
Schornsteinfeger H 15.6
Schreibtischkombinationsteile
– als GWG H 6.13
Schriftenminima H 6.13
Schriftformerfordernis
– Pensionsrückstellung H 6a (7)

Schriftstellerische Tätigkeit AF § 50a, H 15.6, § 50a, Anl. § 004-14
- Liebhaberei H 15.3

Schulbesuch
- Privatschule H 33.1 - H 33.4

Schuld
- Ablösung H 4.2 (15)

Schuldbeitritt AF § 4f, AF § 5, § 4f, § 5, Anl. 004f-01
- Pensionsverpflichtungen Anl. § 006a-20

Schuldbuchforderung AF § 20, § 20

Schulden
- Zugehörigkeit zum Betriebsvermögen R 4.2 (15)

Schuldfreistellung AF § 4f, § 4f

Schuldübernahme
- Anschaffungskosten H 6.2

Schuldverschreibung AF § 20, § 20
- Entschädigung- und Ausgleichsgesetz H 20.2

Schuldzinsen
- Vermietung und Verpachtung Anl. § 021-09

Schuldzinsen (siehe Zinsen) Schule
- Berufsausbildung H 32.5

Schulgeld R 22.2
- Abzug von - als Sonderausgaben AF § 10, § 10, R 10.10
- behinderte Kinder H 33b
- Sonderausgaben Anl. § 010-06

Schulskileiter-Lizenz
- Werbungskosten H 12.2

Schulungsveranstaltung
- Bewirtungskosten H 4.10 (5-9)

Schulvereine
- steuerbegünstigte Zwecke H 10b.1

Schutzrecht AF § 50a, § 50a

Schwarzarbeit
- Selbständigkeit H 15.1

Schwebende Geschäfte AF § 5
- Passivierung R 5.7 (7)
- Verbot der Rückstellung AF § 5, § 5

Schweine
- Einkünfte aus Land- und Forstwirtschaft R 13.2

Schwester-Personengesellschaft
- Sonderbetriebsvermögen H 15.8 (1), Anl. § 015-05

Sechsjahresfrist
- i. S. des § 6b EStG R 6b.3

Segeljacht
- Aufwendungen für eine - H 4.10 (1)

Sekundärfolgenrechtsprechung
- Schuldzinsenabzug Anl. § 004-23
- zu Schuldzinsen H 4.2 (15)

Selbständige Arbeit
- Abgrenzung gegenüber dem Gewerbebetrieb H 15.6
- Abgrenzung gegenüber der nichtselbst. Arbeit H 18.1
- Aufgabe einer selbständigen Tätigkeit R 18.3
- Aufzeichnungs- und Buchführungspflicht der Angehörigen der freien Berufe H 18.2
- Beispiele H 15.6
- beschränkte Stpfl. bei Einkünften aus - R 49.2
- Einkünfte AF § 2, AF § 18, § 2, § 18
- Entlohnung für eine mehrjährige Tätigkeit R 34.4
- Erfinder H 17, R 18.1
- Veräußerung des der - dienenden Vermögens R 18.3
- Veräußerungsfreibetrag R 18.3
- Vervielfältigungstheorie Anl. § 018-02

Selbständige Nutzungsfähigkeit
- von Wirtschaftsgütern R 6.13

Selbständigkeit
- Arzt R 18.1
- Beispiele H 15.1
- Scheinselbständigkeit R 15.1
- Voraussetzung für die Annahme eines Gewerbebetriebs R 15.1

Selbstgenutztes Wohneigentum
- Abzugsbetrag nach § 10e EStG AF § 10e, § 10e

Selbstkostendeckung
- Liebhaberei H 15.3

Sicherungseinbehalt
- beschränkt Steuerpflichtige H 50a.2

Sicherungsnießbrauch H 21.4

Sittliche Pflicht
- außergewöhnliche Belastung H 33.1 - H 33.4

Skonto
- Anschaffungskosten H 6.2

Softwaresystem
- bilanzsteuerrechtliche Behandlung H 5.5, Anl. § 006-15

Soldatenversorgungsgesetz AF § 32b, § 32b
- Arbeitslosenbeihilfe und Arbeitslosenhilfe nach dem - AF § 3 Nr. 2a

Solidaritätszuschlag
- Tabellen Anh. 22

Solidaritätszuschlaggesetz Anh. 9

Sonderabschreibungen (siehe auch Bewertungsfreiheit und erhöhte Absetzungen)
- AfA bei - AF § 7a, § 7a
- Anzahlungen AF § 7a, § 7a, R 7a
- Begünstigungszeitraum AF § 7a, § 7a
- bei mehreren Beteiligten AF § 7a, § 7a

- Dachgeschossausbau Anl. § 007-01
- Förderung kleiner und mittlerer Betriebe
  AF § 7g, § 7g
- gemeinsame Vorschriften für die Inanspruchnahme von - AF § 7a, § 7a
- Krankenhäuser AF § 7f, § 7f
- Kumulationsverbot AF § 7a, § 7a, R 7a
- Maßgeblichkeit der Handelsbilanz AF § 5, § 5
- nachträgliche Minderung der Anschaffungskosten AF § 7a, § 7a
- Teilherstellungskosten AF § 7a, § 7a, R 7a
- Verlustklausel R 7a
- zur Förderung kleiner und mittlerer Betriebe
  AF § 7g

Sonderausgaben AF § 10
- Abzug erhöhter Absetzungen wie - AF § 52
- Abzug im Fall der getrennten Veranlagung von Ehegatten AF § 26a, § 26a
- Abzug von Vorkosten AF § 10i, § 10i
- Abzugsberechtigter DV § 30 zu § 10
- Abzugshöhe H 10.1
- Abzugszeitpunkt H 10.1
- allgemeines zum Abzug von - AF § 10, § 10, H 10.2
- Anzeigepflichten bei Versicherungsverträgen DV § 29 zu § 10
- Aufwendungen eines Dritten H 10.1
- Aufwendungen für die Berufsausbildung R 10.9
- Aufwendungen für die Berufsausbildung oder die Weiterbildung in einem nicht ausgeübten Beruf AF § 10, § 10
- Beiträge zu Versicherungen AF § 10, § 10, H 10.5
- berufsständische Versorgungseinrichtungen Anl. § 010-13
- Höchstbeträge für Vorsorgeaufwendungen AF § 10, § 10
- Kinderbetreuungskosten Anl. § 010-07
- Kirchensteuern AF § 10, § 10, H 10.1, R 10.8
- Lebensversicherung Anl. § 010-05
- Nachversteuerung bei Versicherungsverträgen DV § 30 zu § 10, R 10.6
- Pflegeversicherung AF § 10, § 10
- Renten und dauernde Lasten AF § 10, § 10, R 10.3
- Spendenabzug AF § 10b, § 10b
- Steuerberatungskosten AF § 10
- Unterhaltsleistungen an den geschiedenen oder dauernd getrennt lebenden Ehegatten AF § 10, § 10, R 10.2
- Verlustabzug AF § 10d, § 10d
- Versorgungsleistungen AF § 19, § 19, Anl. § 010-01
- von Ehegatten AF § 10, AF § 26a, § 10, § 26a
- Vorsorgeaufwendungen AF § 10, § 10
- Vorsorgepauschale AF § 10c, § 10c
- Zukunftssicherungskosten H 10.1

Sonderbetriebsausgaben
- Begriff H 4.7

Sonderbetriebseinnahmen
- Begriff H 4.7

Sonderbetriebsvermögen
- Anteile an Kapitalgesellschaften H 4.2 (2)
- Begriff H 4.2 (2)
- Berücksichtigung des -s bei § 15a EStG Anl. § 015a-06
- Betriebsaufspaltung H 15.7 (4)
- der Personengesellschaften H 4.1
- eheliche Gütergemeinschaft H 4.2 (2)
- Gewinnermittlung H 5.1
- GmbH-Anteile bei einer GmbH Anl. § 015-04
- Grundstücke als - H 4.2 (12)
- KGaA H 15.8 (4)
- mitunternehmerische Betriebsaufspaltung Anl. § 015-05
- Schwesterpersonengesellschaften Anl. § 015-05
- Schwester-Personengesellschaften H 15.8 (1)
- Teilbetrieb H 16 (3)
- Übertragung von Rücklagen nach § 6b EStG R 6b.2
- Verlustausgleich R 15a
- Verluste i. S. des § 15a EStG Anl. § 015a-09
- Wertpapiere H 4.2 (2)

Sonderfreibetrag
- für beschränkt Stpfl. AF § 50, § 50

Sonderkulturen AF § 13a
- Einkünfte aus Land- und Forstwirtschaft AF § 13a, § 13a

Sonderunterstützung
- für im Familienhaushalt beschäftigte Frauen AF § 3 Nr. 1, § 3 Nr. 1

Sondervorschriften
- für beschränkt Stpfl. AF § 50, § 50
- für die Bodengewinnbesteuerung AF § 55, § 55

Sonntagsarbeit
- Steuerfreiheit von Zuschlägen für - AF § 3b, § 3b

Sonstige Einkünfte AF § 2, § 2
- Arten der - AF § 22, § 22
- Besteuerung von wiederkehrenden Bezügen AF § 22, § 22
- Bezüge i. S. des § 22 Nr. 4 EStG R 22.9

- Ermittlung des Ertrags aus Leibrenten in besonderen Fällen   DV § 55 zu § 22
- Leibrenten   AF § 22, § 22
- Leistungen i. S. des § 22 Nr. 3 EStG   R 22.8
- Pauschbetrag für Werbungskosten   AF § 9a, § 9a
- Renten nach dem Umstellungsgesetz   R 22.5
- Verlustfeststellungsbescheid   H 23

Sozialbindung
- erhöhte Absetzungen für Wohnungen mit - AF § 7k, § 7k

Soziales Jahr
- freiwilliges -   AF § 32, § 32

Sozialgesetzbuch   AF § 8

Sozialplan
- Rückstellung   R 5.7 (9)

Sozialversicherungsbeiträge
- Anrechnung eigener Einkünfte nach § 33a Abs. 1 EStG   H 33a.1

Sozialversicherungs-Rechengrößenverordnung
- Bedeutung für Stichtag   R 6a (17)

Sozialversicherungsrenten
- Berücksichtigung bei der Berechnung der Pensionsrückstellungen   R 6a (14), Anl. § 006a-02

Sparer-Pauschbetrag   AF § 20, § 20
- Kindereinkünfte   AF § 32, § 32

Spargelanlagen   § 55

Spargeschenkgutscheine
- als Geschenk   R 4.10 (4)

Spediteur
- Teilbetrieb   H 16 (3)

Speicherräume
- Wohnzwecke   R 7.2

Spekulationsfrist
- Verlängerung   Anl. § 023-02

Spekulationsgeschäft (siehe Veräußerungsgeschäft)

Spenden (siehe Zuwendungen) Spendenhaftung   H 10b.1

Sperrfrist
- für Vermögensbeteiligungen   § 19a

Sperrkonto
- Anzahlungen auf Anschaffungskosten   R 7a
- Zufluss   H 11

Spezialagent
- als selbständig oder unselbständig Tätiger   R 15.1

Spezialbeleuchtungsanlagen
- als GWG   H 6.13

Spezialwissen
- beschränkte Steuerpflicht   H 50a.1

Spielerberater
- als Gewerbetreibender   H 15.6

Spielerlaubnis
- immaterielles Wirtschaftsgut   H 5.5

Spinnkannen
- als GWG   H 6.13

Spitzensportler
- Selbständigkeit   H 15.1

Splittingtabelle   Anh. 22

Splitting-Verfahren   AF § 32a, § 32a
- verwitwete Personen   H 32a

Sponsoring
- Abzug von Aufwendungen für -   H 4.7
- Betriebsausgaben   H 4.7, Anl. § 004-42
- Zuwendungen   H 10b.1

Sportler
- beschränkte Steuerpflicht   AF § 50a, § 50a, R 50a.1

Sport-Sponsoring   Anl. § 004-42

Sportstadion
- VIP-Logen   Anl. § 004-47

Sprachkurse
- Betriebsausgaben   Anl. § 004-26
- Werbungskosten   H 12.2

Sprinkleranlagen
- als unselbständige Gebäudeteile   H 4.2 (5)

Squeeze-Out   H 6.6 (2)

Staatsangehörige
- deutsche - im Ausland   AF § 1, § 1

Staatspolitische Zwecke
- Ausgaben zur Förderung von -n   AF § 4, AF § 10b, § 4, § 10b

Städtebaulicher Entwicklungsbereich
- erhöhte Absetzungen bei Gebäuden in -en AF § 7h, § 7h

Stanzwerkzeuge
- als GWG   H 6.13

Stehende Ernte
- Entschädigungen für - bei Veräußerung eines Land- und forstw. Betriebs oder Teilbetriebs H 14

Stehendes Holz
- Behandlung von Verkaufserlösen, die auf - entfallen   H 14

Steinbrüche   AF § 7
- Absetzung für Substanzverringerung   AF § 7, § 7

Sterbefallkosten
- außergewöhnliche Belastung   H 33.1 - H 33.4

Sterbegelder
- aufgrund des Abgeordnetengesetzes AF § 22, § 22

Sterbegeldversicherung
– außergewöhnliche Belastung H 33.1 - H 33.4
Steuerabzug
– Bauleistungen AF § 48, § 48
– beschränkt Stpfl. AF § 50a, § 50a
Steuerabzugsbeträge
– Anrechnung von -n auf die ESt AF § 36, § 36, R 36, H 36
Steuerabzugspflichtige Einkünfte
– Veranlagung von Stpfl. mit -n AF § 46, § 46
Steuerbefreiung
– bestimmter Zuschläge zum Arbeitslohn AF § 3b, § 3b
– Einnahmen aus nebenberuflicher Tätigkeit AF § 3 Nr. 26a, § 3 Nr. 26a
– REIT-Aktiengesellschaft AF § 3 Nr. 70, § 3 Nr. 70
– von Einnahmen AF § 3, § 3
Steuerbegünstigte Zwecke
– Ausgaben für - AF § 10b, § 10b
Steuerberater § 18
– Darlehensforderung als Betriebsvermögen H 4.2 (1)
– freiberufliche Tätigkeit AF § 18, § 18
– GmbH-Anteile als Betriebsvermögen H 4.2 (1)
Steuerberatungskosten
– Betriebsausgaben, Werbungskosten Anl. § 004-50
– kein Abzug als Sonderausgaben R 10.8
Steuerbilanz DV § 60 zu § 25
Steuerdaten-ÜbermittlungsVO
– Lohnsteuerabzug AF § 41b, § 41b
Steuererklärung
– Euro Anl. § 005-18
– Form der - DV § 56 zu § 25
– Unterlagen zur - DV § 60 zu § 25
– Unterzeichnung durch Bevollmächtigte H 25
Steuererklärungspflicht
– der unbeschränkt und beschränkt Stpfl. DV § 56 zu § 25
– im Fall der getrennten Veranlagung von Ehegatten DV § 56 zu § 25
– im Fall der Zusammenveranlagung von Ehegatten DV § 56 zu § 25
Steuerermäßigung
– Ausgaben zur Förderung von Parteien AF § 34g, § 34g
– ausländischen Einkünfte AF § 34c, AF § 34d, § 34c, § 34d
– außerordentliche Einkünfte AF § 34, § 34
– Belastung mit Erbschaftsteuer AF § 35b
– Einkünfte aus Gewerbebetrieb AF § 35, § 35, Anl. § 035-01

– Gewerbesteuer AF § 35, § 35, Anl. § 035-01
– Handwerkerleistungen AF § 35a, § 35a
– haushaltsnahe Beschäftigungsverhältnisse AF § 35a, § 35a
– Land- und forstw. AF § 34e, § 34e
– Steuerpfl. mit Kindern bei Inanspruchnahme des § 7b, § 10e EStG AF § 34f
– Steuerpfl. mit Kindern bei Inanspruchnahme des § 7b, § 10e EStG (§ 34f EStG) R 2
– Veräußerungsgewinn AF § 34, § 34
Steuererstattungsanspruch H 4.2 (1)
– Bilanzierung H 4.2 (1)
Steuerfreie Einnahmen AF § 3, § 3
– Abzug von Ausgaben, die mit - in unmittelbarem wirtschaftlichen Zusammenhang stehen AF § 3c, § 3c
Steuerklasse
– Faktorverfahren AF § 39f, § 39f
Steuermäßigung
– bei gewerblichen Einkünften nach § 35 R 2
Steuern
– Abzug ausländischer - AF § 34c, § 34c
– abzugfähige - bei den Werbungskosten AF § 9, § 9
– Anrechnung ausländischer - AF § 34c, § 34c
– nicht abziehbare AF § 12, § 12, H 12.4
– Verzeichnis der ausländischen - Anl. § 034c-01
– Werbungskosten AF § 9, § 9
Steuerpauschalierung
– Sachzuwendungen AF § 37b, § 37b
Steuerpause
– bei Umstellung des Wirtschaftsjahrs H 4a
Steuerpflicht AF § 1, AF § 2, § 1, § 2
– Antrag auf unbeschränkte - AF § 1, § 1, H 1a
– beschränkte - AF § 1, AF § 49, AF § 50, § 1, § 49, § 50
– erweiterte beschränkte - H 1a
– erweiterte unbeschränkte H 1a
– EU-Bürger H 1a
– unbeschränkte - AF § 1, § 1
– von deutschen Staatsangehörigen, die Mitglied einer diplomatischen oder konsularischen Vertretung sind AF § 1, § 1, R 1
– von Staatsangehörigen eines Mitgliedstaates der EU AF § 1a, § 1a
– Wechsel von der unbeschränkten zur beschränkten - H 1a, H 50.2
Steuersatz
– bei beschränkter Steuerpflicht AF § 50, AF § 50a, § 50, § 50a
– ermäßigter - bei außerordentlichen Einkünften AF § 34, § 34

- ermäßigter - bei außerordentlichen Einkünften aus Forstwirtschaft AF § 34b, AF § 34e, § 34b, § 34e
Steuersatzbegrenzung H 2
Steuerschuldner AF § 36, § 36
Steuerstundungsmodell AF § 15b, § 15b
- Verlustabzugsbeschränkung AF § 15b, § 15b

Steuerstundungsmodelle
- Anwendungsschreiben Anl. § 015b-01
- Behandlung von Verlusten AF § 15b, § 15b

Steuertarif
- Einkünfte aus Kapitalvermögen AF § 32d, § 32d

Stichtagsprinzip
- Ansammlungsrückstellung H 6.11
- Pensionsrückstellungen R 6a (17)

Stiftung
- öffentliche - H 3.11
- Zuwendungen AF § 10b, § 10b, Anl. § 010b-02

Stiftungen
- Zuwendungen Anl. 010b-02

Stille Beteiligung
- Gewinnverteilung H 15.8 (3)

Stille Gesellschaft
- Anerkennung einer - zwischen Familienangehörigen Anl. § 004-37
- atypische - H 15.8 (5), Anl. § 015-14
- eines Arbeitnehmers § 19a
- Einkünfte AF § 15a, § 15a, H 20.2
- Einkünfte bei Schuldner im Ausland AF § 2a, § 2a
- Einnahmen aus Kapitalvermögen AF § 20, § 20
- Verluste Anl. § 015-07
- Verluste als Werbungskosten H 20.1
- von Familienangehörigen H 15.9 (4)
- Voraussetzungen H 15.8 (1)
- Zufluss der Gewinnanteile H 11

Stille Reserven
- Verlustausgleich H 15a

Stillegungsprämien
- Land- und Forstwirtschaft R 13a.2

Stillhalterprämie
- Einkünfte aus Kapitalvermögen AF § 20, § 20

Stilllegung
- eines Betriebs als Betriebsaufgabe R 16 (2)

Stimmrechtsausschluss
- Betriebsaufspaltung H 15.7 (6)

Stipendien
- Steuerbefreiung von - AF § 3 Nr. 44, § 3 Nr. 44, R 3.44
- zur Förderung der Forschung R 3.44
- zur Förderung der wissenschaftlichen oder künstlerischen Ausbildung oder Fortbildung R 3.44

Strafrechtliches Rehabilitierungsgesetz
- Steuerbefreiung von Leistungen nach dem - AF § 3 Nr. 23, § 3 Nr. 23

Strafverfahren
- Kosten H 12.3

Strafverteidigungskosten
- Abgrenzung H 12.3

Strafverteidigungsverfahren
- außergewöhnliche Belastung H 33.1 - H 33.4

Straßenanliegerbeitrag
- Herstellungskosten H 6.4

Straßenleuchten
- als GWG H 6.13

Straßenzufahrt
- AfA H 7.1

Strauße
- Einkünfte aus Land- und Forstwirtschaft R 13.2

Streikunterstützung H 24.1

Strom
- Sachentnahme R 4.3 (4)

Strukturänderung eines Betriebs H 16 (2)
- Entnahme bei - R 4.3 (2)

Strukturwandel
- Betriebsaufgabe H 16 (2)
- Land- und Forstwirtschaft R 15.5

Studienbeihilfen
- als wiederkehrende Bezüge R 22.4
- Steuerbefreiung von - R 3.44

Studiengebühren
- außergewöhnliche Belastung H 33.1 - H 33.4, H 33a.2
- nachlaufende R 10.9

Studiengelder
- bei ausländischen Studenten R 22.4

Studienkosten
- Beihilfe zu - H 10.3

Studienreisen
- Abzug von Aufwendungen für - H 12.2

Studienzuschüsse
- als wiederkehrende Bezüge R 22.4

Studium
- Abzugsverbot für Kosten AF § 12, § 12

Stückzinsen
- Kapitalvermögen H 20.2
- steuerliche Erfassung von - AF § 20, § 20

Stundungszinsen
- nicht abziehbar H 12.4

Substanzausbeuterechte
- Vermietung und Verpachtung R 21.7

Substanzerhaltungspflicht
– Pächter Anl. § 004-02
Substanzverringerung
– Absetzung für - AF § 7, § 7, DV § 11d zu § 7, R 7.5
– Absetzung für - als Werbungskosten AF § 9, § 9
Subtraktionsmethode
– Teilwert R 6.8
Summe der Einkünfte AF § 2, § 2, R 2
Synchronsprecher H 15.6

T
Tabellen
– ESt- Anh. 22
– Solidaritätszuschlag Anh. 22
Tätigkeit
– der Gesellschafter für die Gesellschaft AF § 15, § 15
– Einkünfte aus einer ehemaligen - AF § 24, § 24
– Entlohnung für eine mehrjährige - AF § 34, § 34, R 34.4
– erzieherische H 15.6
– nachhaltige AF § 15, § 15
– wissenschaftliche - AF § 10b, AF § 18, § 10b, H 15.6, § 18
Tätigkeitsstätte
– Aufwendungen für Fahrten zwischen Wohnung und regelmäßiger - AF § 9, § 4, R 4.12, § 9
– Erste AF § 9
Tätigkeitsvergütungen
– Personengesellschaft H 15.8 (3)
Tagegelder
– Abgeordnete R 22.9
Tagesmütter
– Einkünfte Anl. § 018-05
Tagespflege
– Kinder Anl. § 018-05
Tageszeitung
– Lebenshaltungskosten H 12.1
Tankstellen
– Teilbetrieb H 16 (3)
Tantiemen AF § 19, § 19
– außerordentliche Einkünfte H 34.4
Tanzorchester H 15.6
Tanzschule
– Gewerbebetrieb H 15.6
Tarifbegrenzung
– Gewinneinkünfte AF § 32c, § 32c
Tarifermäßigung
– nicht entnommener Gewinn AF § 34a, § 34a, Anl. § 034a-01
Tausch
– Anschaffungskosten H 6.2
– Bewertung AF § 6, § 6
– Gewinnrealisierung H 4.5 (2)
– von Mitunternehmeranteilen H 16 (4)
– von Wirtschaftsgütern AF § 6, § 6, H 6.2, R 6b.1
– wesentliche Beteiligung H 17
Tauschgutachten
– Nichtanwendung R 6.2
Taxonomie H 5b
Teilabzugsverbot
– Gewinnermittlung Anl. § 003c-01
Teilamortisations-Leasing-Verträge
– über bewegliche Wirtschaftsgüter Anl. § 004-11
– über unbewegliche Wirtschaftsgüter Anl. § 004-12
Teilbetrieb
– Aufgabe eines -es R 16 (2)
– Aufgabe, Veräußerung R 16 (3)
– Begriff R 16 (2)
– Betriebsaufspaltung H 16 (1), H 16 (3)
– unentgeltl. Übertragung eines -es AF § 6, § 6
– Veräußerung eines gewerbl. -es AF § 16, § 16, R 16 (2)
– Veräußerung eines Land- und forstw. -es H 14
Teilbetriebsveräußerung AF § 4f, § 4f
Teileigentum
– AfA bei - AF § 7, § 7
– selbständige Wirtschaftsgüter H 4.2 (4)
Teileinkünfteverfahren
– Gewinnermittlung Anl. § 003c-01
Teilhaberversicherung
– Beiträge zu einer - Anl. § 004-34
Teilherstellungskosten AF § 7a, AF § 7d
– Begriff R 7a, H 7a
– Bemessungsgrundlage bei erhöhten Absetzungen AF § 7d, § 7d
– erhöhte Absetzungen und Sonderabschreibungen H 7a
– Sonderabschreibungen AF § 7a, § 7a
Teilkindergeld H 65
Teilrente R 22.4
– Pensionsrückstellung für -n H 6a (11), Anl. § 006a-04
Teilungsanordnung
– Erbauseinandersetzung Anl. § 016-05
Teilwert
– Abbruchabsicht H 6.7
– Abschreibung H 6.7
– Ansatz des niedrigeren -s AF § 2a, § 2a
– Begriff AF § 6, § 6, R 6.7, H 6.7
– Beteiligungen R 6.8
– Betriebseröffnung H 6.12

2455

- Ermittlung des -s der Pensionsanwartschaft R 6a (13)
- Fehlmaßnahme H 6.7
- Grundstücksvorzugspreis einer Gemeinde R 6.8
- Herstellungskosten R 6.3
- Lifo-Methode R 6.9
- retrograde Wertermittlung H 6.7
- Verbindlichkeiten H 6.10
- Verlustprodukt H 6.7
- Vermutung H 6.7
- Vorratsvermögen R 6.8
- Wertlosigkeit H 6.8
- Zeitpunkt H 6.7

Teilwertabschreibung
- Anwendungsschreiben Anl. § 006-08
- Schadstoffbelastung Anl. § 006-16

Teilwertvermutungen
- Zulässigkeit der Widerlegung R 6.7

Teilzahlungen
- bei der Gewinnermittlung nach § 4 Abs. 3 EStG R 4.5 (5)

Teilzeitarbeit
- Pauschalierung der LSt AF § 40a, § 40a

Telekom AG
- Steuerbefreiung für bestimmte Leistungen an Arbeitnehmer der - AF § 3 Nr. 35, § 3 Nr. 35

Telekommunikationsgerät
- Steuerfreiheit bei privater Nutzung AF § 3 Nr. 45, § 3 Nr. 45

Termingeschäfte H 15.7 (9)
- Einkünfte aus Kapitalvermögen AF § 20, § 20
- Optionsprämie Anl. § 020-11
- private Veräußerungsgeschäfte AF § 23
- Steuerpflicht AF § 23
- Verluste AF § 15, § 15
- Zuordnung H 4.2 (1)

Testamentsvollstreckung
- Mitunternehmer H 15.8 (1)

Tierbestände
- Feststellung der - R 13.2

Tierzucht und Tierhaltung AF § 13
- Abgrenzung der gewerbl. und landw. - R 13.2
- Einkünfte aus Land- und Forstwirtschaft AF § 13, § 13
- gemeinschaftliche - R 13.2
- Verluste aus gewerbl. - AF § 15, § 15, R 15.10

Tilgung
- der ESt AF § 36, § 36
- von Darlehen bei der Gewinnermittlung nach § 4 Abs. 3 EStG H 4.5 (2)

Tilgungsstreckungsdarlehen
- Damnum H 11

Todesfallkosten
- außergewöhnliche Belastung H 33.1 - H 33.4

Tonbandkassetten
- als GWG R 6.13, H 6.13

Tonnagebesteuerung
- Feststellung eines Unterschiedsbetrags H 5a
- Handelsschiffe AF § 5a, § 5a
- Hilfsgeschäft H 5a
- Steuererklärung DV § 60 zu § 25

Tonträger
- immaterielles Wirtschaftsgut H 5.5

Totalgewinn H 15.3
- Einkunftserzielungsabsicht H 15.3
- Prognose H 15.3

Trägerunternehmen AF § 4c
- bei Pensionskassen AF § 4c, § 4c, R 4c

Transitorische Posten
- Rechnungsabgrenzung R 5.6

Transportkästen
- als GWG H 6.13

Trauerkleidung
- außergewöhnliche Belastung H 33.1 - H 33.4

Trennungsgelder H 3.13
- Steuerbefreiung der - aus öffentlichen Kassen AF § 3 Nr. 13, § 3 Nr. 13

Treugeber
- Mitunternehmer H 15.8 (1)

Treuhandkonto
- Anzahlungen auf Anschaffungskosten R 7a

Treuhandverhältnis
- bei Vermietung H 21.2
- Kapitalforderung H 20.2
- Zurechnung von Mieteinkünften Anl. § 021-04

Trinkgelder
- außergewöhnliche Belastung H 33.1 - H 33.4
- Steuerbefreiung von -n AF § 3 Nr. 51, § 3 Nr. 51

Trivialprogramme
- als abnutzbare bewegliche Wirtschaftsgüter R 5.5
- als GWG R 6.13, H 6.13

Trockenräume
- Wohnzwecke R 7.2

Trockenzellenbehandlung R 33.4

U

Überbrückungsgelder AF § 32b, § 32b

Überentnahmen
- bei Schuldzinsen AF § 4, § 4

Überführung
- AfA nach - von Gebäuden aus dem Betriebsvermögen in das Privatvermögen R 7.4
- eines Wirtschaftsguts AF § 6, § 6

- steuerfreie Rücklagen bei - von Wirtschaftsgüter in Gesellschaften, Betriebe oder Betriebsstätten im Ausland   Anh. 1
- von Wirtschaftsgütern aus Betriebsvermögen in Privatvermögen und umgekehrt   R 7.3
- von Wirtschaftsgütern von einem Betrieb in einen anderen Betrieb   R 6b.1

Übergang
- von der degressiven zur linearen AfA bei Gebäuden   R 7.4
- von der Gewinnermittlung nach § 4 Abs. 3 EStG zur Gewinnermittlung nach § 4 Abs. 1 oder § 5 EStG und umgekehrt   R 4.6, R 6b.2, R 13.5, Anl. § 004-01

Übergangsbeihilfen   AF § 22, § 22

Übergangsgeld   AF § 32b, § 32b
- aufgrund des Abgeordnetengesetzes AF § 22, § 22
- nach dem Sechsten Buch Sozialgesetzbuch AF § 3 Nr. 1, § 3 Nr. 1

Übergangsgewinn
- Tod eines Gesellschafters   H 15.8 (3)
- Zurechnung   H 4.5 (7)

Übergangsverlust
- keine Verteilung   H 4.6

Übergangszeit
- Berücksichtigung von Kindern   H 32.6

Überlandleitungen
- bestandsmäßige Erfassung   R 5.4

Überlassung
- von Vermögensbeteiligungen an Arbeitnehmer   § 19a

Überpreis
- Teilwert   H 6.7

Überschuss
- der Betriebseinnahmen über die Betriebsausgaben   R 4.1, R 4.5 (1), H 4.5 (1)
- der Einnahmen über die Werbungskosten AF § 8, § 8

Überschussanteile   H 10.5

Überschussbeteiligung
- private Rentenversicherung   Anl. § 022-04

Überschusseinkünfte
- Euro   Anl. § 005-18

Übersetzer   § 18
- freiberufliche Tätigkeit   AF § 18, § 18

Übersetzungsbüro
- Gewerbebetrieb   H 15.6

Übertragung
- aufgedeckter stiller Reserven und Rücklagenbildung nach § 6b EStG   AF § 6b, § 6b
- des einem Kind zustehenden Pauschbetrags für Körperbehinderte   AF § 33b, § 33b
- eines Wirtschaftsguts im Wege des Tauschs AF § 6, § 6
- stiller Rücklagen   R 6.6 (3)
- unentgeltliche - eines Betriebs, Teilbetriebs, Mitunternehmeranteils usw.   AF § 6, § 6, R 16 (6)

Übertragungswert
- nach Betriebsrentengesetz (Steuerfreiheit) AF § 3 Nr. 55, § 3 Nr. 55

Überversorgung
- bei Pensionszusagen   H 6a (17)
- bei Versorgungsanwartschaften   H 4d (1)
- betriebliche Altersvorsorge   Anl. § 006a-17

Überweisung
- Zufluss   H 11

Übungsleiterfreibetrag   AF § 3 Nr. 26, § 3 Nr. 26, Anl. § 003-04, Anl. § 003-05

Umbau
- von Gebäuden und Schiffen   AF § 6b, § 6b

Umbaukosten
- außergewöhnliche Belastung   R 33.4

Umlaufvermögen
- allgemeines -   R 6.1
- Erwerb von Wirtschaftsgütern des - gegen Leibrente bei Einnahmenüberschussrechnung R 4.5 (4)
- Grundstück als -   R 6.1
- Teilwert   R 6.8
- wesentliche Betriebsgrundlage   H 16 (8)

Umlegungsverfahren
- Behandlung von Grundstücken   H 4.2 (7)
- eingebrachte Grundstücke   § 4, H 4.2 (7)

Umsatzsteuer
- Aktivierung der als Aufwand berücksichtigten - auf am Abschlussstichtag auszuweisende Anzahlungen   AF § 5, § 5
- als Teil der Anschaffungs- und Herstellungskosten bei Geschenken   R 4.10 (3)
- als Veräußerungskosten   H 16 (12)
- Behandlung der Vorsteuer   AF § 9b, § 9b
- Betriebsausgaben/Werbungskosten   H 9b
- Betriebseinnahme   H 9b
- Erstattungsanspruch   H 4.2 (1)
- für Eigenverbrauch und Entnahmen AF § 12, § 12
- keine Herstellungskosten   R 6.3
- regelmäßig wiederkehrende Ausgabe   H 11
- zu Unrecht ausgewiesene   H 4.15

Umsatzsteuererstattungsanspruch
- Bilanzierung   H 4.2 (1)

Umsatzsteuervorauszahlungen
- wiederkehrende Leistungen   Anl. § 011-01

Umschuldung
- Bewertung von Verbindlichkeiten H 6.10
- Privatschuld in Betriebsschuld H 4.2 (15)

Umschulungskosten
- außergewöhnliche Belastung H 33.1 - H 33.4

Umstellung
- des Wirtschaftsjahres R 4a

Umstellungsgesetz
- Renten nach dem - R 22.5

Umtauschanleihen
- Kapitalvermögen Anl. § 020-10

Umwandlung
- Behandlung der Rücklage nach § 6b EStG bei - der Unternehmensform R 6b.2
- Grunderwerbsteuer Anh. 4b

Umwandlungssteuererlass Anh. 4a
Umwandlungssteuergesetz Anh. 4

Umweltschutz
- erhöhte Absetzungen für Wirtschaftsgüter, die dem - dienen AF § 7d, § 7d

Umzäunungen
- als Herstellungskosten R 21.1
- als unselbständige Gebäudeteile H 4.2 (5)

Umzugskosten
- außergewöhnliche Belastung H 33.1 - H 33.4

Umzugskostenvergütung H 3.13
- Steuerbefreiung AF § 3 Nr. 13, AF § 3 Nr. 16, § 3 Nr. 13, § 3 Nr. 16

Unabhängige Wählervereinigungen
AF § 34g, § 34g

Unbeschränkte Steuerpflicht
- auf Antrag § 1 Abs. 3H 1a
- Meeresgrund AF § 1, § 1
- Meeresuntergrund AF § 1, § 1
- Übergang von der - zur beschränkten Stpfl. und umgekehrt H 50.2

Unentgeltlich
- AfA bei -em Erwerb von Wirtschaftsgütern DV § 11d zu § 7, R 7.3
- e Übertragung von Einzelwirtschaftsgütern R 6.15
- e Übertragung von Mitunternehmeranteilen H 6.15
- er Erwerb eines immateriellen Wirtschaftsgutes H 5.2
- Steuerbegünstigung für - überlassene Wohnung AF § 10h, § 10h

Unfallversicherung
- Sonderausgaben AF § 10, § 10, H 10.5
- Steuerbefreiung von Bar- und Sachleistungen aus der gesetzlichen - AF § 3 Nr. 1, § 3 Nr. 1, H 3.1
- Werbungskosten H 10.5

Ungewisse Verbindlichkeiten
- Rückstellungen Anl. § 005-23

Unland § 55
- Einkünfte aus Land- und Forstwirtschaft R 13.2

Unrentabler Betrieb
- Teilwert H 6.7

Unterbeteiligung H 15.9 (2)
- mehrstöckige Personengesellschaft H 15.8 (2)
- Zinsabschlag H 43

Unterbringung
- außergewöhnliche Belastung bei auswärtiger - H 33.1 - H 33.4
- in einem Heim oder dauernd zur Pflege AF § 33a, R 33.4

Unterentnahmen
- bei Schuldzinsen AF § 4, § 4

Unterhalt
- eines geschiedenen oder dauernd getrennt lebenden Ehegatten AF § 10, § 10, R 10.2, H 12.6
- Haushaltsgemeinschaft H 33a.1
- mitarbeitender Kinder H 4.8
- von Angehörigen AF § 12, H 10.2, § 12, R 33a.1
- von Kindern R 32.13
- von Personen, die gesetzlich unterhaltsberechtigt sind AF § 33a, § 33a

Unterhaltaufwendungen
- eigene Einkünfte und Bezüge R 33a.1

Unterhaltsansprüche
- Abfindung H 33.1 - H 33.4

Unterhaltsaufwendungen
- als Sonderausgaben AF § 10, § 10, H 10.2
- außergewöhnliche Belastung Anl. § 033a-03
- für Angehörige im Ausland Anl. § 033a-01
- typischer Unterhalt und außergewöhnlicher Bedarf Anl. § 033-01

Unterhaltsberechtigte Personen
- außergewöhnliche Belastung AF § 33a, § 33a
- Mietverträge Anl. § 021-17
- Mietvertrag H 21.4
- Zuwendungen an gesetzlich - AF § 12, § 12

Unterhaltsberechtigung
- Unterhaltszahlung H 33a.1

Unterhaltsgeld
- Steuerbefreiung von - nach dem

Unterhaltsleistung
- Lebenspartnerschaft H 33a.1

Unterhaltsleistungen
- Abzug als Sonderausgaben R 10.2
- bei Staatsangehörigen eines Mitgliedstaates der EU AF § 1a, § 1a

- von geschiedenen H 12.6
Unterhaltspflicht
- gesetzliche AF § 12, AF § 33a, § 12, H 12.6, § 33a
- Kinder H 32.13

Unterhaltssicherungsgesetz
- steuerfreie Leistungen nach dem - AF § 3 Nr. 48, AF § 32b, § 3 Nr. 48, § 32b

Unterhaltsverträge H 22.4

Unternehmen
- Begriff des inländischen - AF § 50a, § 50a

Unternehmensbewertung Anl. § 006-07

Unternehmensform
- Rücklage bei Änderung der - R 6b.2

Unternehmensrückgabe
- nach dem Vermögensgesetz H 4.2 (1)

Unterrichtende Tätigkeit H 15.6

Unterstützungskasse
- Begriff H 4d (1)
- Berechnungsbeispiele für die Zuwendungen zum Deckungskapital H 4d (3)
- Kassenvermögen R 4d (13)
- Kassenvermögen (Beispiel) H 4d (13)
- Leistungsanwärter R 4d (5)
- Leistungsarten R 4d (2)
- Reservepolster R 4d (4)
- rückgedeckte R 4d (6)
- Sonderfälle R 4d (14)
- Übertragung Pensionsverpflichtung Anl. § 006a-13
- Zuwendungen an - AF § 4d, § 4d, Anl. § 004d-01
- Zuwendungen an- als Herstellungskosten R 6.3
- Zuwendungen an mehrere Kassen H 4d (1)
- Zuwendungen für nicht lebenslänglich laufende Leistungen R 4d (11)
- Zuwendungen zum Deckungskapital R 4d (3)
- Zweifelsfragen bei Zuwendungen an rückgedeckte Unterstützungskasse H 4d (10)

Untervermietung
- Grundstücke als Betriebsvermögen H 4.2 (12)

Unwetterschäden R 33.2

Urheberrechte
- Begriff AF § 50a, § 50a
- Einkünfte aus Überlassung AF § 21, § 21, R 50a.1
- immaterielles Wirtschaftsgut H 5.5
- Rückstellungen wegen Verletzung von -n AF § 5, § 5, R 5.7 (10)

Urlaubsreise
- außergewöhnliche Belastung H 33.1 - H 33.4

Urlaubsverpflichtungen
- Rückstellungen H 6.11

V

Venture-Capitals-Fonds Anl. § 015-19

Veräußerung
- Abgrenzung zwischen Vermögensverwaltung und Gewerbebetrieb bei der - von Wertpapieren H 15.7 (9)
- Begriff der - AF § 16, R 6b.1, § 16
- des Betriebs im Rahmen der Gewinnermittlung nach § 4 Abs. 3 EStG R 4.5 (6)
- des der selbständigen Arbeit dienenden Vermögens R 18.3
- durch behördlichen Zwang veranlasste -en Land- und forstw. Betriebe R 14
- im Rahmen der Spekulationsbesteuerung H 23
- Patentveräußerung gegen Leibrente H 18.1
- Rücklage nach § 6b EStG bei -des Betriebs R 6b.2
- Steuerabzug bei -en von Schutzrechten in Fällen der beschränkten Stpfl. R 50a.1
- Vergünstigungen bei der - bestimmter Land- und forstw. Betriebe AF § 14a, § 14a
- von Anteilen an KapGes AF § 17, § 17
- von Anteilen an KapGes bei wesentlicher Beteiligung AF § 17, § 17
- von gewerbl. Betrieben und Teilbetrieben AF § 16, § 16
- von land- und forstw. Betrieben, Teilbetrieben und Betriebsteilen H 14

Veräußerungsbilanz
- Einnahmenüberschussrechnung H 4.5 (7)

Veräußerungsfrist
- Spekulationsgeschäft H 23

Veräußerungsgeschäft
- Grundstücke Anl. § 023-01
- privates - AF § 22, AF § 23, § 22, § 23
- Spekulationsabsicht H 23
- Spekulationsfrist H 23

Veräußerungsgewinn
- Abgrenzung zum laufenden Gewinn H 16 (9)
- bei selbständiger Tätigkeit R 18.3
- bei vorweggenommener Erbfolge Anl. § 016-06
- Berechnung H 16 (1)
- nachträgliche Änderung Anl. § 017-02
- Steuerbefreiung AF § 3 Nr. 40, § 3 Nr. 40
- Steuerfreiheit bei Anteilsveräußerung AF § 3 Nr. 41, § 3 Nr. 41
- Tarifbegünstigung H 16 (1)
- Tarifermäßigung nach § 34 Abs. 3 EStG R 34.5
- Veräußerung von Beteiligungen R 17

- zeitliche Zuordnung H 6b.2

Veräußerungskosten
- fehlgeschlagene Veräußerung einer Beteiligung H 17
- Veräußerung von Anteilen an einer Kapitalgesellschaft AF § 17, § 17, R 17

Veräußerungspreis
- Begriff H 16 (10)
- Spekulationsgeschäft H 23

Veräußerungsrente
- Einnahmenüberschussrechnung R 4.5 (5)

Veräußerungsverlust H 17
- wesentliche Beteiligung AF § 17, § 17, H 17

Veranlagung
- Änderung von bestandskräftigen -en H 4.9
- besondere - AF § 25, § 25, § 26c
- von Arbeitnehmern AF § 46, § 46
- von Ehegatten AF § 25, AF § 26, AF § 26a, § 25, R 25, § 26, § 26a
- Wechsel der Steuerpflicht H 50.2

Veranlagungswahlrecht
- Widerruf H 26

Veranlagungszeitraum AF § 25, § 25

Veranlassungshaftung
- Spendenbestätigung AF § 10b

Veranstaltungen
- Lebenshaltungskosten H 12.1

Verausgabung AF § 11, § 11
- außergewöhnliche Belastung H 33.1 - H 33.4

Verbindlichkeiten
- Abzinsung H 6.10, Anl. § 006-04, Anl. § 006-14
- Bearbeitungsgebühren H 6.10
- Bewertung von - AF § 6, § 6, H 6.10
- Umschuldung H 6.10
- ungewisse - R 5.7 (2)
- Verjährung H 6.10
- Vermittlungsprovisionen H 6.10
- Zahlungsunfähigkeit H 6.10
- Zugehörigkeit zum Betriebsvermögen R 4.2 (15)

Verbraucherinsolvenz
- Gewinnrealisierung Anl. § 004-51

Verbrauchsteuern
- Aktivierung von - AF § 5, § 5

Vercharterung
- von Handelsschiffen AF § 34c, AF § 49, § 34c, § 49

Verdeckte Einlage AF § 17, § 17
- Einzelunternehmen H 16 (6)
- Geschäfts- oder Firmenwert H 4.3 (1)

Verdeckte Gewinnausschüttung
- Einkünfte aus Kapitalvermögen H 20.2

- Zurechnung Anl. § 020-09

Verdeckte Mitunternehmerschaft H 15.8 (1)

Verdienstausfallentschädigung AF § 32b, § 32b

Vereinbarungstreuhand
- wesentliche Beteiligung H 17

Vereinnahmung AF § 11, § 11

Verfahrenserlass Anl. § 021-06

Verfahrenskosten
- bei betrieblich veranlassten Sanktionen H 4.13

Verfassungswidrigkeit
- vorläufige Steuerfestsetzung wegen behaupteter - Anl. § 002-01

Verflechtung
- personelle - bei Betriebsaufspaltung H 15.7 (6)

Verfolgtenrente
- Steuerbefreiung AF § 3 Nr. 8a, § 3 Nr. 8a

Vergleichswert AF § 13a
- Einkünfte aus Land- und Forstwirtschaft AF § 13a, § 13a

Vergütung von KSt AF § 50b, § 50b
- Prüfungsrecht der Finanzbehörden im Zusammenhang mit der Anrechnung und - AF § 50b, § 50b

Verjährung
- Ausbuchung von Verbindlichkeiten H 6.10

Verkehr
- internationaler AF § 5a, § 5a

Verkehrsauffassung
- Angemessenheit von Bewirtungsaufwendungen R 4.10 (6)

Verkehrsgenehmigungen
- Abschreibung Anl. § 005-12

Verkehrsunfall
- als höhere Gewalt R 6.6 (2)

Verlagsrechte
- Entnahme R 4.3 (4)
- immaterielles Wirtschaftsgut H 5.5

Verlagswert
- Abschreibung Anl. § 005-12
- Entnahme H 4.3 (2-4)

Verletztengeld AF § 32b, § 32b

Verlust
- aus Entnahme oder Veräußerung von Grundstücken AF § 55, § 55
- aus gewerbl. Tierzucht und gewerbl. Tierhaltung AF § 15, § 15, R 15.10
- aus privaten Veräußerungsgeschäften AF § 23, § 23
- aus Steuerstundungsmodellen AF § 15b, § 15b
- bei beschränkter Haftung (§ 15a EStG, § 15a BerlinFG) AF § 15a, § 15a, Anl. § 015a-01, Anl. § 015a-06
- bei Einlage- und Haftungsminderung R 15a

- bei Veräußerung von Beteiligungen
  AF § 17, § 17
- bei Veräußerung wesentlicher Beteiligungen
  AF § 17, § 17
- im Ausland   AF § 2a, § 2a, R 15a
- Steuerstundungsmodell   Anl. § 015b-01
- Termingeschäfte   AF § 15, § 15
- Umwandlung ausländischer Betriebsstätten
  AF § 2a, § 2a
- verrechenbare - bei Veräußerung   R 15a
- von Hausrat und Kleidung   R 33.2

Verlustabzug   AF § 10d, § 10d
- bei Ehegatten   DV § 62d zu § 26a
- beschränkte Steuerpflicht   R 50.1
- besondere Verrechnungskreise   Anl. § 010d-02
- Erbfall   H 10d, Anl. § 010d-01,
  Anl. § 010d-03R 10d
- Feststellungsbescheid   H 10d
- in Erbfällen   H 2a
- Mindestbesteuerung   Anl. § 010d-04
- private Veräußerungsgeschäfte   Anl. § 010d-02
- sonstige Einkünfte   Anl. § 010d-02
- verbleibender   AF § 10d, § 10d

Verlustabzug in Erbfällen   H 15.10, H 15a,
H 15b, H 20.1, H 22.8, H 23

Verlustabzugsbeschränkung
- bei Steuerstundungsmodellen   AF § 15b, § 15b
- gewerbliche Tierzucht   R 15.10

Verlustausgleich
- bei ausländischen Einkünften   AF § 2a, § 2a
- horizontaler -   AF § 2, § 2
- sonstige Einkünfte   § 23
- vertikaler -   AF § 2, § 2

Verlustfeststellungsbescheid
- sonstige Einkünfte   H 23

Verlustklausel
- bei erhöhten Absetzungen und Sonderabschreibungen   R 7a

Verlustprodukte
- Teilwert   H 6.7

Verlustrücktrag   AF § 10d, § 10d

Verlustvortrag   AF § 10d, § 10d
- gesonderte Feststellung   AF § 10d, § 10d
- -Kapitalertragsteuer   H 44a
- verbleibender   AF § 10d, § 10d

Verlustzuweisungen
- Gesellschaften, die mit - arbeiten
  AF § 15a, § 15a, Anl. § 015a-01, Anl. § 021-06

Verlustzuweisungsgesellschaft   H 15.3
- Anwendung der AfA-Tabellen   H 7.4
- Beteiligung an -en   § 2b
- Feststellung der Einkünfte   Anl. § 021-06

Vermächtnis   Anl. § 016-05
Vermächtnisnießbrauch
- bei Einkünften aus Kapitalvermögen
  Anl. § 020-01
- bei Einkünften aus Vermietung und Verpachtung   Anl. § 021-08

Vermächtnisschulden
- Schuldzinsen keine Betriebsausgaben oder
  Werbungskosten   H 4.7

Vermessungsingenieure   § 18
- freiberufliche Tätigkeit   AF § 18, § 18

Vermietung
- beweglicher Gegenstände   R 15.7 (3)

Vermietung und Verpachtung
- anschaffungsnaher Aufwand   R 21.1
- Anwendung des § 15a EStG bei Einkünften
  aus -   AF § 21, § 21
- Aufwendungen zur Beseitigung versteckter
  Mängel an Gebäuden   R 21.1
- Behandlung größeren Erhaltungsaufwands bei
  Wohngebäuden   R 21.1
- Behandlung von Zuschüssen   R 21.5
- Einkünfte aus -   AF § 2, AF § 21, § 2, § 21
- Erhaltungs- und Herstellungsaufwand   R 21.1,
  Anl. § 021-01
- gelegentliche Vermietung von Zimmern an
  Fremde bei Einfamilienhäusern   R 21.2
- gesonderte Feststellung der Einkünfte bei Ver-
  lustzuweisungsgesellschaften und Bauherren-
  gemeinschaften   Anl. § 021-06
- Kosten für Gartenanlagen   R 21.1
- Liebhaberei   Anl. § 021-03
- negative Einkünfte aus - im Rahmen sog. Bau-
  herrenmodelle sowie geschlossener Immobi-
  lienfonds   Anl. § 021-05
- Nießbrauch   Anl. § 021-08
- Ortsübliche Miete   Anl. § 021-15
- sinngemäße Anwendung des § 15 a bei einer
  GbR   Anl. § 015a-10
- Umstellung einer Heizungsanlage
  Anl. § 021-01
- unentgeltliche oder verbilligte Überlassung
  einer Wohnung   R 21.3
- Vermögensrückgabe im Beitrittsgebiet
  Anl. § 021-19
- von Grundbesitz als Vermögensverwaltung
  oder gewerbl. Tätigkeit   R 15.7 (2)
- Werbungskosten bei vorübergehend leer-
  stehenden Gebäuden   R 21.2
- Zurechnung bei Treuhandverhältnissen
  Anl. § 021-04

Vermittlungen
- gelegentliche -   AF § 22, § 22

Vermittlungsprovisionen
– Bewertung von Verbindlichkeiten   H 6.10
– Personengesellschaft   H 4.7
Vermögensbeteiligungen
– Arbeitnehmer   § 19a
– steuerbefreite Überlassung   § 3 Nr. 39
– steuerfreie Überlassung   AF § 3 Nr. 39
Vermögensebene
– außergewöhnliche Belastung   H 33.1 - H 33.4
Vermögensgesetz
– Unternehmensrückgabe   H 4.2 (1)
Vermögensminderung
– nicht unwahrscheinliche - i. S. des § 15a EStG   Anl. § 015a-06
Vermögensrückgabe
– im Beitrittsgebiet   Anl. § 021-19
Vermögensteuer
– keine Herstellungskosten   R 6.3
Vermögensübertragung
– wiederkehrende Bezüge   H 22.1
– wiederkehrende Leistungen   R 12.6, Anl. § 010-01
Vermögensverwaltende Gesellschaft
– Art der Einkünfte   AF § 18, § 18
Vermögensverwaltung   AF § 10
– Abgrenzung gegenüber dem Gewerbebetrieb   R 15.7 (1)
Vermögenswirksame Leistungen
– an Arbeitnehmer-Ehegatten   H 4.8
– Sonderausgaben   AF § 10, § 10
Vermögenszuwachs   AF § 50, § 50
Verpachtung
– Betriebsaufgabe im Falle der - eines Betriebs   H 14, R 16 (5)
– einer freiberuflichen Praxis   H 15.6, H 18.3
– eiserne   H 14
– Ermittlung des Gewinns im Falle der - eines Land- und forstw. Betriebs   R 13.5, H 14, Anl. § 014-01
– Substanzerhaltungspflicht   Anl. § 004-02
Verpächterwahlrecht
– Betriebsverpachtung   Anl. § 016-04
– Personengesellschaft   H 16 (5)
Verpflegungsmehraufwand
– als Werbungskosten   AF § 9, § 9
– Höchstbeträge bei Geschäftsreisen   Anl. § 004-20
– im Zusammenhang mit einer Ferienwohnung   H 4.10 (1)
– Pauschbeträge   H 4.12
– Werbungskosten   AF § 9, § 9
Verpflegungsmehraufwendungen
– Gewinnermittlung   Anl. 004-22

Verpflegungszuschuss
– Steuerbefreiung   AF § 3 Nr. 4, § 3 Nr. 4
Verpflichtungsübernahme   AF § 4f, § 4f, Anl. 004f-01
Verrechnung
– Abfluss   H 11
Verrechnungsverpflichtung
– Rückstellung   Anl. § 005-26
Verschulden
– außergewöhnliche Belastung   H 33.1 - H 33.4
Versicherung   H 33.1 - H 33.4
Versicherungsbeiträge
– Abzug von -n als Sonderausgaben   AF § 10, § 10
– Ausschluss vom Sonderausgabenabzug   AF § 10, § 10
– laufende - im Sinne des § 10 Abs. 1 EStG   Anl. § 010-05
Versicherungsberater
– Gewerbebetrieb   H 15.6
Versicherungsunternehmen
– Anzeigepflichten der -   DV § 29 zu § 10
Versicherungsverträge
– Anzeigepflichten bei -n   DV § 29 zu § 10
– Nachversteuerung bei -n   DV § 30 zu § 10, R 10.6
Versicherungsvertreter
– Abfindung   H 24.1
– Arbeitnehmer oder Gewerbetreibender   R 15.1
– Gewerbebetrieb   H 15.6
– Selbständigkeit   R 15.1, H 15.1
Versorgungsabfindungen
– Abgeordnetengesetz   AF § 22, § 22
Versorgungsanwartschaften
– Übertragung auf Pensionsfonds   Anl. § 004e-01
Versorgungsausgleich   R 10.3a, H 10.3a
– als dauernde Last   H 10.3
– Auswirkungen auf Pensionszusagen   H 6a (1)
– Besteuerungsgrundsätze   Anl. § 010-10
– schuldrechtlicher   H 10.3
– Sonderausgabe   AF § 10, § 10
– sonstige Einkünfte   AF § 22, § 22
Versorgungsausgleichsgesetz
– Steuerfreiheit von Leistungen   AF § 3 Nr. 55a
Versorgungsbezüge   AF § 19, § 19
– aufgrund des Abgeordnetengesetzes   AF § 22, § 22
– Nachzahlung von -   H 34.4
– Steuerfreiheit bestimmter - aufgrund gesetzlicher Vorschriften   AF § 3 Nr. 1, AF § 3 Nr. 3, § 3 Nr. 1, § 3 Nr. 3

Versorgungseinrichtung
– Beiträge der Ärzte   H 18.2
– Liste berufsständischer -en   H 10.4
Versorgungseinrichtungen
– berufsständische -   Anl. § 010-13
Versorgungsfreibetrag   AF § 9a, § 9a, § 19
– Höchstbetragstabelle   AF § 19, § 19
– Kindereinkünfte   AF § 32
Versorgungskrankengeld   AF § 32b, § 32b
Versorgungsleistung
– Sonderausgabe   Anl. § 010-01
Versorgungsleistungen
– Abgrenzung zu Unterhaltsleistungen   H 12.6
– Abzug als Sonderausgaben   AF § 10, § 10, H 10.3
– Abzug bei beschränkter Steuerpflicht   AF § 1a, § 1a
– an ausgeschiedene Mitunternehmer oder deren Rechtsnachfolger   AF § 15, § 15
– Aufteilung   Anl. § 022-05
– Sonderausgaben   AF § 10, § 10, R 10.3
– sonstige Einkünfte   AF § 22, § 22
– Vermögensübergabe   H 10.3
Versorgungsverpflichtungen
– Übertragung auf Pensionsfonds   Anl. § 004e-01
Verspätungszuschläge
– nicht abziehbar   H 12.4
Verständigungsverfahren
– Kosten eines -s keine Veräußerungskosten   H 17 (7)
Versteckte Mängel   R 21.1
Vertrag
– Maßgeblichkeit des obligatorischen -s   AF § 7h, AF § 7i, R 7.2, § 7h, § 7i
– zwischen Ehegatten   H 4.8
Vertragseintritt
– Lebensversicherung   H 10.5
Vertreter
– selbständig oder unselbständig   R 15.1
Vertreterrecht
– immaterielles Wirtschaftsgut   H 5.5
Vertriebenenzuwendungsgesetz
– Steuerbefreiung von Leistungen nach dem -   AF § 3 Nr. 7, § 3 Nr. 7
Veruntreuung
– von Betriebseinnahmen   H 4.7
Vervielfältigungstheorie
– sonstige selbständige Arbeit   Anl. § 018-02
Verwaltungsgebäude
– sachliche Verflechtung   H 15.7 (5)
Verwaltungsgebühren
– bei Darlehensschulden   H 6.10

Verwaltungskosten
– Vermietung und Verpachtung   R 21.2
Verwaltungsrechtsweg
– Bescheinigungsverfahren nach § 7h EStG   R 7h
Verwaltungsverfahrensgesetz
– Rücknahme von Verwaltungsakten bei erhöhten Absetzungen   H 7h
Verwarnungsgelder   H 12.3
– Abzugsverbot von -n   AF § 4, § 4, R 4.13
Verwendungszeitraum   AF § 7k
– erhöhte Absetzungen   AF § 7k, § 7k
Verwitwete
– Ermittlung der ESt bei -n   AF § 32b, § 32b
Verzeichnis
– der ausländ. Steuern, die der deutschen ESt entsprechen   Anl. § 034c-01
Videokassetten
– als GWG   R 6.13, H 6.13
Vieh
– Bewertung   R 13.3, H 13.3, Anl. § 013-01
– Richtwerte   Anl. § 013-01
– Umrechnungsschlüssel für -   R 13.2
Vieheinheiten   AF § 13
– Einkünfte aus Land- und Forstwirtschaft   AF § 13, AF § 13a, § 13, R 13.2, § 13a
VIP-Loge
– Betriebsausgabe   H 4.10
– Betriebsausgaben   Anl. § 004-47
– in Sportstadien   Anl. § 004-47
– Vereinfachungsregelung   H 4.10
Vollarbeitskräfte
– Einkünfte aus Land- und Forstwirtschaft   AF § 13a, § 13a
Vollkaufleute (siehe Kaufleute)
Vollverzinsung
– Bilanzierung von Ansprüchen und Schulden   Anl. § 004-40
Vollzeitpflege
– Kinder   Anl. § 018-06
Vorausvermächtnis   Anl. § 016-05
Vorauszahlungen
– abweichende Zeitpunkte für -   AF § 37, § 37
– Anpassung von - bei Beteiligung an einer Abschreibungsgesellschaft oder Bauherrengemeinschaft   Anl. § 021-06
– Anrechnung auf die ESt   AF § 36, § 36
– Arbeitnehmer   H 37
– auf die ESt   AF § 37, § 37
– auf Zuschlagsteuern   AF § 51a, § 51a
– Entstehung der -   AF § 37, § 37
Vorbehalte
– bei Pensionszusagen   H 6a (4)

2463

Vorbehaltsnießbrauch
- bei Einkünften aus Kapitalvermögen Anl. § 020-01
- bei Einkünften aus Vermietung und Verpachtung Anl. § 021-08
- Einlage H 4.3 (1)
- Entnahme H 4.3 (2-4)
- Vermietung und Verpachtung H 21.4

Vorbezugskosten
- Abzug nach § 10e Abs. 6 EStG AF § 10e, § 10e

Vordienstzeiten
- Pensionsrückstellungen H 6a (9), Anl. § 006a-07

Vorfälligkeitsentschädigung H 21.2
- als Veräußerungskosten H 16 (12)

Vorführwagen
- als Anlagevermögen H 6.1

Vorkosten
- Abzug als Sonderausgaben AF § 10i, § 10i

Vormietvertrag
- Abstandszahlungen H 24.1

Vormundschaftsgericht
- Gesellschaftsverträge mit minderj. Kindern H 15.9 (2)

Vorratsvermögen
- Bewertung des -s AF § 6, § 6, R 6.8
- im Preis schwankende Waren R 6.8
- Teilwert R 6.8
- zeitliche Erfassung H 5.3

Vor-REIT
- Steuerbefreiung AF § 3 Nr. 70, § 3 Nr. 70

Vorruhestandsgeld AF § 32b, § 32b

Vorschüsse
- als Betriebseinnahmen und Betriebsausgaben R 4.5 (2)

Vorsorgeaufwendungen
- Abzug von - als Sonderausgaben AF § 10, § 10
- ausländische Sozialversicherungsträger Anl. § 010-09
- Ausschluss sparzulagebegünstigter vermögenswirksamer Leistungen AF § 10, § 10
- Beiträge von Kindern Anl. § 010-04
- Höchstbeträge für - AF § 10, § 10
- nichtabziehbare H 10.4
- Sonderausgaben Anl. § 010-11
- Verbot des Zusammenhangs mit steuerfreien Einnahmen AF § 10, § 10
- Vorwegabzug AF § 10, § 10

Vorsorgekuren R 33.4

Vorsorgepauschale AF § 10c
- Berechnung der - bei Ehegatten R 10c
- Berechnungsbeispiele H 10c
- Sonderausgaben AF § 10c, § 10c

Vorsteuer
- ertragsteuerliche Behandlung AF § 9b, § 9b

Vorsteuer-Ansprüche
- Aktivierung von Ansprüchen H 4.2 (1)

Vorsteuerbeträge
- die nach dem UStG nicht abgezogen werden dürfen H 6.2
- einkommensteuerliche Behandlung nach § 15a UStG zurückgezahlter - Anl. § 009b-01

Vorteile
- Gegenrechnung bei Rückstellungen R 6.11

Vorteilszuwendungen
- Betriebsausgaben Anl. § 004-17

Vorwegabzug
- für Vorsorgeaufwendungen AF § 10, § 10
- Gesellschafter-Geschäftsführer H 10.11
- Kürzung H 10.11
- Pflichtversicherte H 10.11

Vorweggenommene Betriebsausgaben
- Abzugsvoraussetzungen H 4.7

Vorweggenommene Erbfolge
- Besteuerungsgrundsätze Anl. § 016-06
- Rücklage nach § 6 b H 6b.3
- wiederkehrende Leistungen H 22.1

Vorzugskurs
- Überlassung von Aktien an Arbeitnehmer zu - § 19a

W

Wählervereinigungen
- unabhängige - AF § 34g, § 34g
- Zuwendungen an - AF § 34g, R 2, § 34g

Wäsche
- eines Hotels als GWG H 6.13

Waffen
- Herstellung, Lieferung im Ausland AF § 2a, § 2a

Wahl
- der Gewinnermittlungsart H 4.5 (1)

Wahlkampfkosten AF § 22, § 22, H 22.9
- Abzugsvoraussetzungen H 4.7

Wahlkonsul
- Steuerbefreiung H 3.29

Wahlrecht
- Ausübung bei Mitunternehmern H 4.4
- Voraussetzung für Ausübung AF § 5, § 5

Wahrscheinlichkeit
- Inanspruchnahme R 5.7 (6)

Waisenrente H 22.4

Wald
- Aufwendungen für die Anschaffung von - im Rahmen der Gewinnermittlung nach § 4 Abs. 3 EStG R 4.5 (3)

Wandelanleihen
- bei beschränkter Steuerpflicht AF § 49, § 49

Waren
- Bewertung von im Preis schwankender - R 6.8
- zeitliche Erfassung H 5.3

Warenausgang
- Aufzeichnungspflicht Anl. § 005-06

Warenzeichen
- Abnutzbarkeit Anl. § 006-05
- Abschreibung H 7.1

Warenzeichengesetz AF § 50a, § 50a

Wartegelder AF § 19, § 19

Waschküchen
- Wohnzwecke R 7.2

Webstuhlmotor
- als GWG H 6.13

Wechsel
- der Steuerpflicht H 1a
- in der Gewinnermittlungsart R 4.6, Anl. § 004-01
- in der Gewinnermittlungsart bei § 6b EStG R 6b.2
- Zeitpunkt der Leistung bei Hingabe von -n AF § 7a, § 7a

Wege
- zwischen Wohnung und Tätigkeitsstätte R 4.12

Wehrdienst
- Berücksichtigung von Kindern, die - leisten AF § 32, § 32
- Steuerbefreiung von Geld- und Sachbezügen § 3 Nr.5

Wehrdienstbeschädigte
- Steuerbefreiung von Bezügen § 3 Nr. 6

Wehrpflichtige AF § 32, § 32

Wehrsold
- Steuerbefreiung AF § 3 Nr. 5, § 3 Nr. 5, H 3.5

Weihnachtsgratifikation
- Rückstellungen H 6.11

Weinbau AF § 13, AF § 13a, § 55
- Einkünfte aus Land- und Forstwirtschaft AF § 13, AF § 13a, § 13, R 13.2, § 13a

Weiterbildung
- Aufwendungen für die - in einem nicht ausgeübten Beruf AF § 10, § 10

Werbeberater H 15.6

Werbeleistungen
- ausländisches Motorsport-Rennteam H 50a.1

Werbungskosten
- Begriff AF § 9, § 9
- bei beschränkter Steuerpflicht AF § 50, § 50
- bei Vermietung und Verpachtung R 21.2

- bei vorübergehend leerstehenden Gebäuden R 21.2
- Fachtagungen H 12.2
- Klassenfahrten H 12.2
- nachträgliche H 24.2
- Pauschbeträge AF § 9a, § 9a
- Rentenansprüche Anl. § 022-03
- sonstige Einkünfte H 22.4
- Spekulationsgeschäft H 23
- Studienreisen H 12.2
- Vermietung und Verpachtung H 21.2

Werkzeuge
- als GWG H 6.13
- Werbungskosten AF § 9, § 9

Werkzeuggeld
- Steuerbefreiung AF § 3 Nr. 30, § 3 Nr. 30

Wert
- der körperl. Arbeitsleistung bei Landwirten AF § 13a, § 13a

Wertaufhellungsgebot
- Beteiligungen H 6.2

Wertaufholungsgebot
- bei Bilanzansätzen H 6.7
- Grundsätze H 6.7

Wertguthaben
- Übertragung von - auf die Rentenversicherung AF § 3 Nr. 53, § 3 Nr. 53

Wertlosigkeit
- Teilwert H 6.8

Wertpapiere
- als Betriebsvermögen H 4.2 (1)
- an- und Verkauf von -n als Vermögensverwaltung oder gewerbl. Tätigkeit H 15.7 (9)
- Nießbrauch an -n Anl. § 020-01, Anl. § 021-09
- private Veräußerungsgeschäfte AF § 23
- privates Veräußerungsgeschäft mit -n AF § 23
- Sonderbetriebsvermögen H 4.2 (2)

Wertpapierfonds
- Anspruch auf Ausschüttungen H 4.2 (1)

Wertpapiergeschäfte
- Gewerblichkeit H 15.7 (9)

Wertpapierpensionsgeschäfte Anl. § 021-09

Wertpapiersondervermögen § 19a

Wertsicherungsklausel H 22.4
- Anschaffungskosten H 6.2
- Behandlung bei Überschussrechnung H 4.5 (4)

Wertverzehr
- des Anlagevermögens als Herstellungskosten R 6.3

Wesentliche Beteiligung
- Absenkung der Beteiligungsgrenze H 17

- Änderung des Veräußerungsgewinns Anl. § 017-02
- Aufteilung Veräußerungspreis H 17
- ausländische Kapitalgesellschaft H 17
- Begriff AF § 17, § 17, R 17, H 17
- beschränkte Steuerpflicht bei Veräußerung einer - AF § 49, § 49
- Bürgschaft des Gesellschafters Anl. § 017-03
- fehlgeschlagene Gründung H 17
- Fünfjahreszeitraum H 17
- Kapitalerhöhung gegen Einlage H 17
- kapitalersetzende Darlehen H 17
- Liquidation Anl. § 017-03
- nachträgliche Anschaffungskosten Anl. § 017-04
- Rückübertragung H 17
- Umwandlung H 17
- verdeckte Einlage H 6.12
- wiederkehrende Leistungen Anl. § 016-06
- wirtschaftliches Eigentum H 17

Wesentliche Beteiligungen
- Absenkung der Beteiligungsgrenze Anl. § 017-01

Wesentliche Betriebsgrundlage
- eines Betriebs oder Teilbetriebs H 15.7 (5), H 16 (8)
- Komplementär-GmbH Anl. § 015-09

Wesentliche Verbesserung
- Baumaßnahme H 6.4

Wettbewerbsverbot
- bei Beteiligungsveräußerung H 17
- Entschädigung für - H 17, H 24.2
- Personengesellschaft H 4.3 (2-4)

Widerrufsvorbehalt
- Pensionsrückstellungen R 6a (3)

Wiederaufforstungskosten
- Ermittlung der Einkünfte aus forstwirtschaftlichen Betrieben DV § 51 zu § 13

Wiederbeschaffungskosten
- als außergewöhnliche Belastung R 33.2
- im Beitrittsgebiet H 7.3

Wiedergutmachungsrecht
- Steuerbefreiung von Leistungen nach dem - AF § 3 Nr. 8, § 3 Nr. 8, H 3.8

Wiederherstellungskosten
- Ermittlung im Beitrittsgebiet H 7.3

Wiederholungshonorar
- selbständige Arbeit H 18.1

Wiederkehrende Bezüge (siehe Renten)
Wiederkehrende Leistungen
- Halbeinkünfteverfahren Anl. § 016-06
- Vermögensübertragungen gegen - R 12.6

Wiener Übereinkommen H 3.29
Wiesbadener Modell
- Betriebsaufspaltung H 15.7 (7)

Windkraftanlagen AF § 51, § 51
Windpark
- Bilanzierung H 4.2 (2)

Winterausfallgeld AF § 32b, § 32b
- Steuerbefreiung AF § 3 Nr. 2, § 3 Nr. 2

Wirtschaftliche Abnutzung
- Grundsätze H 7.1

Wirtschaftlicher Eigentümer
- bei Ausschluss aus der Gesellschaft H 15.8 (1)
- bei Mietereinbauten und Mieterumbauten Anl. § 004-04

Wirtschaftliches Eigentum
- bei Anteilen an Kapitalgesellschaften H 17 (4)
- wesentliche Beteiligung H 17

Wirtschaftsberatende Berufe H 15.6
Wirtschaftserschwernisse
- Einkünfte aus Land- und Forstwirtschaft H 14

Wirtschaftsgebäude
- AfA AF § 7, § 7, R 7.2
- Leasing Anl. § 004-10

Wirtschaftsgüter (siehe auch geringwertige und immaterielle Wg.)
- Abgrenzung materielle und immaterielle - H 5.5
- Abzug von Aufwendungen für abnutzbare bewegliche - als Werbungskosten AF § 9, § 9
- AfA bei unbeweglichen -n, die keine Gebäude sind H 7.1
- AfA bei unentgeltlich erworbenen -n R 7.3
- als selbständige Gebäudeteile R 4.2 (3)
- Begriff H 4.2 (1)
- Begriff bewegliche - R 7.1
- Bewertung AF § 6, § 6
- Bewertung von -n des Vorratsvermögens R 6.8
- Bewertungsfreiheit für abnutzbare - des Anlagevermögens privater Krankenhäuser AF § 7f, § 7f
- Entnahme von -n R 4.3 (4)
- erhöhte Absetzungen für - die dem Umweltschutz dienen AF § 7d, § 7d
- Leasingverträge über bewegl. - Anl. § 004-05
- Leasingverträge über unbewegl. - Anl. § 004-06
- Leistungs-AfA R 7.4
- steuerfreie Rücklage bei Überführung bestimmter - in Gesellschaften, Betriebe oder Betriebsstätten im Ausland Anh. 1
- unentgeltliche Übertragung von -n, die zu einem BV gehören AF § 6, § 6

– verlustbringende H 4.2 (1)
Wirtschaftsjahr
– abweichendes - bei Betriebsaufspaltung H 4a
– bei Land- und Forstwirten DV § 8c zu § 4a
– bei Land- und Forstwirten und Gewerbetreibenden DV § 8b zu § 4a
– bei Umwandlungen H 4a
– bei Verpachtung eines Betriebs der Land- und Forstwirtschaft H 4a
– Gesellschafterwechsel oder Ausscheiden einzelner Gesellschafter H 4a
– Gewinnermittlung bei einem vom Kalenderjahr abweichenden - AF § 4a, § 4a, R 4a
– Rumpf- H 4a
– Steuerpause bei Umstellung H 4a
– Umstellung auf ein vom Kalenderjahr abweichendes - AF § 4a, § 4a, R 4a
Wirtschaftsprüfer § 18
– freiberufliche Tätigkeit AF § 18, § 18
Wirtschaftsraum
– europäischer H 1a
Wirtschaftsstrafgesetz
– Abführung von Mehrerlösen als Betriebsausgabe R 4.13
Wirtschaftsüberlassungsvertrag
– AfA H 7.1
– Einkünfte aus Land- und Forstwirtschaft H 13.4
– zwischen Angehörigen H 4.8
Wirtschaftswert AF § 14a
– Einkünfte aus Land- und Forstwirtschaft AF § 14a, § 14a
Wissenschaftliche Tätigkeit H 15.6
– Pauschsätze für Betriebsausgaben Anl. § 004-14
Witwen- und Waisengelder AF § 19, § 19
Witwen- und Witwerrente
– Besonderheiten R 22.4
Wochenendhaus
– Errichtung auf einem Betriebsgrundstück als Entnahme H 4.3 (2-4)
Wohnberechtigung AF § 7k
– erhöhte Absetzungen AF § 7k, § 7k
Wohneigentum
– Altersvorsorgeförderung AF § 92a, § 92a
Wohneigentumsförderung
– Abzug nach § 10e EStG AF § 10e, § 10e
Wohnflächenverordnung Anh. 18
Wohngeld
– Steuerbefreiung des -es AF § 3 Nr. 58, § 3 Nr. 58

Wohngeldsondergesetz
– Steuerbefreiung von Leistungen nach dem - AF § 3 Nr. 58, § 3 Nr. 58
Wohngemeinschaft
– außergewöhnliche Belastung H 33.1 - H 33.4
Wohnrecht
– Ablösung durch Miterben H 6.4
– Ablösungsbetrag als Anschaffungskosten H 6.4
– Anschaffungskosten eines Gebäudes H 7.3
– Bestellung gegen Grundstücksübertragung Anl. § 021-09
Wohn-Riester-Förderung AF § 92a, § 92a
Wohnsitz
– Schweiz H 1a
Wohnsitzverlegung
– in niedrigbesteuernde Gebiete Anh. 2
Wohnung
– erhöhte Absetzung bei -en mit Sozialbindung AF § 7k, § 7k
– erhöhte Absetzungen zur Schaffung neuer -en AF § 7c, § 7c
– inländisches und forstwirtschaftliches Betriebsvermögen H 13.5
– Kraftfahrzeugkosten für Fahrten zwischen - und Tätigkeitsstätte (Betrieb) AF § 9, § 4, R 4.12, § 9
– unentgeltlich überlassene - AF § 10h, § 10h
Wohnungsbau- und Familienheimgesetz (Zweites Wohnungsbaugesetz) Anh. 17
Wohnungsbaudarlehen
– Abzinsung H 6.10
Wohnungsbauunternehmen
– Teilbetrieb H 16 (3)
Wohnungsbindungsgesetz AF § 7k
– erhöhte Absetzungen AF § 7k, § 7k
Wohnungsförderkonto
– Scheidungsfolge AF § 92a
– selbstgenutzte Wohnung AF § 92b
Wohnungsüberlassung
– Abzug als Sonderausgabe H 10.2
Wohnwirtschaftliche Berechnungen
– VO über - Anh. 18
Wohnzwecke
– Begriff R 7.2

Z

Zählkinder
– Kindergeld H 66
Zahlungsunfähigkeit
– Bewertung von Verbindlichkeiten H 6.10
Zahngold
– bei Einnahmenüberschussrechnung H 4.5 (2)

Zebra-Gesellschaft
- Einkunftsermittlung   Anl. § 015-15

Zeitpunkt der Aufwendungen
- bei Anzahlungen, Schecks und Wechseln
  AF § 7a, § 7a

Zeitrenten   H 16 (11), H 22.1, H 22.4

Zentrale Stelle
- Aufgaben   AF § 22a, § 22a

Zentralheizungsanlagen
- Umbau von -   Anl. § 021-01

Zero-Bonds   AF § 20, § 20
- Bilanzierung   Anl. § 004-36

Ziegen
- Einkünfte aus Land- und Forstwirtschaft
  R 13.2

Zimmervermietung   R 21.2

Zinsabschlag   AF § 43a, § 43a

Zinsen
- Abfindungsschulden nach Höfeordnung   H 4.7
- Abzug von - als Werbungskosten   AF § 9, § 9
- Abzug von - bei vorweggenommener Erbfolge
  Anl. § 004-23
- auf hinterzogene Steuern   AF § 4, § 4
- Aufteilung von Leasing-Raten in - und Tilgung   Anl. § 004-07
- außergewöhnliche Belastung   H 33.1 - H 33.4
- Betriebsaufgabe   Anl. § 004-39
- Betriebsausgabe   AF § 4, § 4
- Betriebsveräußerung   Anl. § 004-39
- bilanzsteuerliche Behandlung von -
  gem. § 233a AO   Anl. § 004-40
- Einkünfte aus Kapitalvermögen   AF § 20, § 20
- Erbersatzverbindlichkeiten   H 4.7
- Erbfolgeregelungen   Anl. § 004-23
- erweiterter Schuldzinsenabzug
  AF § 10e, § 10e
- Fremdkapital keine Herstellungskosten   H 6.3
- kalkulatorische - für Eigenkapital keine Herstellungskosten   H 6.3
- Nachfolgeklausel   H 4.7
- nachträgliche Betriebsausgaben/Werbungskosten   H 24.2
- Pflichtteilsverbindlichkeiten   H 4.7
- rechnungsmäßige - aus Lebensversicherungen als Einkünfte aus Kapitalvermögen
  AF § 20, § 20, R 20.2, Anl. § 020-02
- rechnungsmäßige und außerrechnungsmäßige - bei Versicherungsverträgen   AF § 20, § 20
- Rentenversicherung   H 22.3
- Schuldzinsenabzug   Anl. § 004-46
- selbstgenutztes Wohneigentum
  AF § 10e, § 10e

- verbundener EU-Unternehmen
  AF § 50g, § 50g
- Vermächtnisschulden   H 4.7
- Vermietung und Verpachtung   H 21.2,
  Anl. § 021-23
- Werbungskosten   AF § 9, § 9
- Zinsschranke   AF § 4h, § 4h
- Zufluss   H 11
- Zugewinnausgleichsschulden   H 4.7

Zinsinformationsverordnung
  AF § 45e, § 43e, § 45e, Anh. 3
- Ermächtigung   AF § 45e

Zinsscheine
- Veräußerung von -n   AF § 20, § 20

Zinsschranke
- Anwendungsschreiben   Anl. § 004h-01
- Betriebsausgabenabzug für Zinsen
  AF § 4h, § 4h

Zivildienst
- Berücksichtigung von Kindern, die - leisten
  AF § 32, § 32
- Steuerbefreiung von Geld- und Sachbezügen
  § 3 Nr.5
- Steuerbefreiung von Geld- und Sachbezügen nach dem -Gesetz   AF § 3 Nr. 5, H 3.5

Zivilprozess
- außergewöhnliche Belastung   H 33.1 - H 33.4

Zölle und Verbrauchsteuern
- Aktivierung der als Aufwand berücksichtigten
  -   AF § 5, § 5

Zu versteuerndes Einkommen
- Ermittlung   AF § 2, § 2, R 2

Zubehörräume
- Einbeziehung in Berechnung   H 4.2 (8)

Zufallserfindung
- Nachhaltigkeit   H 15.2

Zufluss
- bei Forderungsübergang   H 11
- bei Gesamtgläubigern   H 11
- bei Gewinnanteilen   H 11
- bei Gutschrift   H 11
- bei Novation   H 11
- bei Provisionen   H 11
- bei Scheck, Scheckkarte   H 11
- bei Überweisung   H 11
- bei Verrechnung   H 11
- Sperrkonto   H 11
- von Betriebseinnahmen   H 4.5 (2)
- von Einnahmen   H 11
- von Zinsen   H 11

Zuflussbesteuerung
- Betriebsveräußerung   H 16 (11)

Zuflusszeitpunkt
– Dividenden   H 44
Zugaben
– als Geschenk   H 4.10 (2-4)
Zugabeverordnung
– Geltungsbereich   H 4.10 (2-4)
Zugewinnausgleichsschulden
– Schuldzinsenabzug   H 4.7
Zugewinngemeinschaft
– einkommensteuerliche Wirkungen   H 26a
Zukauf
– steuerlich schädlicher - von fremden Erzeugnissen in der Land- und Forstwirtschaft   R 15.5
Zukunftssicherung
– Steuerfreiheit von Arbeitgeberleistungen § 3 Nr. 62
Zukunftssicherungsleistungen
– Ausgaben des Arbeitgebers für die - des Arbeitnehmers   AF § 10, § 10
– bei Ehegatten-Arbeitsverhältnissen   H 4.8, Anl. § 006a-08
– Leistungen der -   H 10.5
– Pauschalierung der LSt bei bestimmten Leistungen zur -   AF § 40b, § 40b
– Sonderausgabenabzug   H 10.1
– Steuerfreiheit   AF § 3 Nr. 62
Zusammenveranlagung
– Altersentlastungsbetrag   AF § 24a, § 24a
– Anwendung des § 46 EStG   AF § 46, § 46
– Ermittlung der Einkünfte und des Einkommens bei der - von Ehegatten   AF § 26b, § 26b
– Kinderfreibetrag   AF § 32, § 32
– Pauschbeträge für Werbungskosten bei der - von Ehegatten   AF § 9a, § 9a
– Sonderausgaben-Pauschbetrag bei der - von Ehegatten   AF § 10c, § 10c
Zusatzversorgungseinrichtung
– Pensionskasse i. S. d. § 4c EStG   H 4c
Zuschläge
– nach § 162 Abs. 4 AO   AF § 4, § 4
– Steuerfreiheit von -n für Sonntags- Feiertags- oder Nachtarbeit   AF § 3b, § 3b
Zuschlagsteuern
– Bemessungsgrundlage   AF § 51a, § 51a
– Festsetzung und Erhebung von -   AF § 51a, § 51a
– Vorauszahlungen auf -   AF § 51a, § 51a
Zuschüsse
– Behandlung bei erhöhten Absetzungen   AF § 7d, § 7d
– Behandlung von -n nach § 7d Abs. 7 EStG   AF § 7d, § 7d
– bei Baudenkmalen   AF § 11b, § 11b

– bei den erhöhten Absetzungen für Baudenkmale   AF § 7i, § 7i
– bei den erhöhten Absetzungen nach § 7h EStG   AF § 7h, § 7h, R 7h
– Berücksichtigung von -n bei der Bewertung von Anlagegütern   R 6.5, R 6.13, R 7.3
– erhöhte Absetzungen und Sonderabschreibungen   R 7a
– erhöhte AfA bei -   H 7a
– im voraus gewährte -   R 6.5
– Leistungen der Betriebsunterbrechungsversicherung   H 6.5
– Mieter-   H 6.5
– nachträglich gewährte -   R 6.5
– Rechnungsabgrenzungsposten für öffentliche -   Anl. § 005-10
– Steuerbefreiung nach dem Gesetz über eine Alterssicherung der Landwirte   AF § 3 Nr. 1, AF § 3 Nr. 17, § 3 Nr. 1, § 3 Nr. 17
– verlorene -   H 6.5
– wiederkehrende -   R 22.1
– zur Finanzierung von Baumaßnahmen   R 21.5
– zur Krankenversicherung aufgrund des Abgeordnetengesetzes   AF § 10, AF § 22, § 10, § 22
– zur Krankenversicherung der Rentner   H 3.14
Zuständigkeit
– des Bundesamts für Finanzen   AF § 44b
Zustimmungsbedürftigkeit
– der Bilanzänderung   AF § 4, § 4
– der Umstellung des Wirtschaftsjahrs   AF § 4a, § 4a, H 4a
– des Antrags auf Sonderausgabenabzug von Unterhaltsleistungen   R 10.2
Zuwendungen
– Abzug von -   AF § 10b, § 10b, R 12.5
– an Pensionskassen   AF § 4c, § 4c, R 4c
– an politische Parteien   AF § 10b, AF § 34g, § 10b, H 10b.2, § 34g
– an unterhaltsberechtigte Personen   AF § 12, R 10.3, § 12
– an Unterstützungskassen   AF § 4d, § 4d
– Anwendungsschreiben zu § 10b EStG n. F. Anl. § 010b-03
– Aufwandsspenden   Anl. § 010b-04
– Beitrittsspende   H 10b.1
– Bestätigung   R 10b.1, H 10b.1
– des Arbeitgebers an Pensionskassen   AF § 3 Nr. 56, § 3 Nr. 56
– Durchlaufspende   R 10b.1, H 10b.1
– Elternleistungen an Schulvereine   H 10b.1
– Ermächtigung zur Anerkennung gemeinnütziger Zwecke   AF § 51, § 51

- Ermächtigung zur Beschränkung des Abzugs AF § 51, § 51
- freiwillige - und Zuwendungen auf Grund einer freiwillig begründeten Rechtspflicht AF § 12, § 12
- für steuerbegünstigte Zwecke AF § 10b, § 10b
- Großspendenregelung AF § 10b, § 10b, R 10b.3
- Grundzüge des - Abzugs Anl. § 010b-08
- Haftung H 10b.1, Anl. § 010b-05
- Höchstbetrag R 10b.3
- Listenverfahren H 10b.1
- Mitgliedsbeiträge R 10b.2
- Nachweis R 10b.1
- Spendenbestätigung (Muster) Anl. § 010b-01
- Sponsoring Anl. § 004-42
- Steuerbefreiung von - aufgrund des Fulbright-Abkommens AF § 3 Nr. 42, § 3 Nr. 42
- steuerbegünstigte Zwecke AF § 10b, § 10b
- Steuerermäßigung bei Ausgaben zur Förderung von Parteien AF § 34g, § 34g
- Stiftungen AF § 10b, § 10b, Anl. § 010b-02, Anl. § 010b-06
- Tatbestände des Straf- und Ordnungswidrigkeitenrechts H 4.13
- vereinfachter Spendennachweis R 10b.1
- Vertrauensschutz H 10b.1
- Verwendungsvermutung R 10b.1

Zuwendungsbestätigung
- Haftung H 10b.1
- Muster Anl. § 010b-01
- Voraussetzungen R 10b.1

Zuwendungsnachweis
- für Zuwendungen nach §§ 10b und 34g EStG DV § 50 zu § 10b

Zuwendungsnießbrauch
- bei Einkünften aus Kapitalvermögen Anl. § 020-01

Zwang
- Veräußerung infolge wirtschaftlicher Zwangslage H 6.6 (2)

Zwangsgelder
- nicht abziehbar H 12.4

Zwangsläufigkeit R 33.4
- rechtliche Pflicht H 33.1 - H 33.4
- sittliche Pflicht H 33.1 - H 33.4

Zwangsversteigerung
- Anschaffungskosten H 6.2

Zweckbindung
- von Wirtschaftsgütern, die dem Umweltschutz dienen AF § 7d, § 7d

Zweifamilienhaus
- als Betriebsvermögen H 4.2 (7)

Zweigniederlassung H 16 (2)

Zweite Berechnungsverordnung Anh. 18

Zweites Wahlrecht
- Pensionsrückstellungen R 6a (11)

Zweites Wohnungsbaugesetz Anh. 17
- Steuerbefreiung von Zuschüssen nach dem - AF § 3 Nr. 59, § 3 Nr. 59

Zwischenbilanz
- bei Gesellschafterwechsel H 5.2

Zwischengesellschaft
- Beteiligung an ausländischen -en Anh. 2

Zwischenheimfahrten
- außergewöhnliche Belastung H 33.1 - H 33.4

Zwischenmeister R 15.1

Zwischenstaatliche Vereinbarungen
- Steuerbefreiung H 3.0

– Notizen –

– Notizen –

– Notizen –

– Notizen –

– Notizen –

– Notizen –

– Notizen –

– Notizen –

– Notizen –

– Notizen –

– Notizen –

– Notizen –

– Notizen –

– Notizen –

IDW Textausgaben – handlich – aktuell – rechtssicher

IDW (Hrsg.)
Wirtschaftsgesetze
IDW Textausgabe
31., aktualisierte Auflage,
März 2015, 2.308 Seiten, Hardcover, mit Online-Zugang unter www.idw-verlag.de/wirtschaftsgesetze
€ 43,00
ISBN 978-3-8021-1991-0
https://shop.idw-verlag.de/11544

IDW (Hrsg.)
International Financial Reporting Standards IFRS
IDW Textausgabe, 8., aktualisierte Auflage,
November 2014, 2.108 Seiten, mit Online-Zugang zur IFRS Digitalen Bibliothek
€ 79,00
ISBN 978-3-8021-1988-0
https://shop.idw-verlag.de/11541

IDW (Hrsg.)
International Standards on Auditing (ISAs)
IDW Textausgabe Englisch – Deutsch
2011, 1.127 Seiten, mit Online-Zugang
€ 99,00
ISBN 978-3-8021-1822-7
https://shop.idw-verlag.de/11215

Verpassen Sie keine Neuerscheinungen aus dem IDW Verlag!
Jetzt kostenfrei zum neuen Newsletter anmelden:
www.idw-verlag.de/newsletter

Bestellen Sie jetzt unter www.idw-verlag.de
Tel. 0211 4561-222 • Fax 0211 4561-206 • E-Mail kundenservice@idw-verlag.de
IDW Verlag GmbH • Postfach 320580 • 40420 Düsseldorf

Ihre Steuerfachbücher aus dem IDW Verlag

Steuer-Paket 2014
Ertragsteuern und Umsatzsteuer
- Einkommensteuer 2014
- Körperschaftsteuer 2014
- Umsatzsteuer 2014
- Gewerbesteuer 2014

Energie- und Stromsteuergesetz 2014
- Kompakte Darstellung der wichtigsten energierechtlichen Normen
- Verknüpfung von Energie- und Stromsteuerrecht und EEG
- System. Zusammenstellung von Gesetzen, Verordnungen, Anweisungen und Urteilen

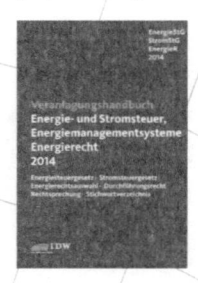

4 Bände inkl. Online-Zugang
ISBN 978-3-8021-1992-7
€ 119,00 bis zum 30.06.2015, danach € 149,00

ISBN 978-3-8021-2002-2
ca. 1.500 Seiten, Hardcover
€ 89,00

Lohnsteuer 2015
- Einkommensteuergesetz
- LSt-Durchführungsverordnung
- LSt-Richtlinien und -Hinweise
- Anlagen
- Rechtsprechung
- Nebengesetze

Bewertung des Grundvermögens 2015
- Bewertungsgesetz
- Richtlinien
- Grundsteuergesetz
- Grundsteuerrichtlinien
- Anlagen
- Rechtsprechung

ISBN 978-3-8021-1997-2
ca. 1.500 Seiten, Hardcover
€ 44,00 bis zum 30.06.2015, danach € 49,00

ISBN 978-3-8021-2001-5
ca. 1.000 Seiten, Hardcover
€ 49,00 bis zum 30.06.2015, danach € 55,00

Bestellen Sie jetzt unter www.idw-verlag.de
Tel. 0211 4561-222 • **Fax** 0211 4561-206 • **E-Mail** kundenservice@idw-verlag.de
IDW Verlag GmbH • Postfach 320580 • 40420 Düsseldorf